Pourquoi activer mon Code en ligne :

Selon mon édition, l'activation de mon Code me permet d'accéder aux enrichissements suivants, sur ordinateur, tablette et smartphone :

	CODE ÉDITION LIMITÉE*	CODE ÉDITION CLASSIQUE
Lettre d'actualité du Code	✓*	✓*
Accès aux codes officiels secs	✓	✓
Mise à jour en continu		✓
Liens vers la jurisprudence		✓
Accès aux commentaires et textes complémentaires		✓
Accès aux articles des revues Dalloz		✓

www.activation-dalloz.fr

La clé d'activation se trouve sous l'étiquette de couverture

* Disponible pour les titres suivants :
Code civil, Code de procédure civile, Code pénal, Code de procédure pénale, Code de commerce et Code du travail.

16e édition

CODE DE L'ÉDUCATION

Annoté & commenté

Papier & numérique

DALLOZ

16e édition

Commentaires rédigés par

Marc DEBÈNE
Professeur émérite de droit public
Recteur d'académie

Annotations jurisprudentielles et bibliographiques rédigées par

Françoise MARILLIA
Ancien vice-président d'université
Ancien conseiller scientifique HCERES
(Département de l'évaluation des établissements)

avec le concours de

Christelle de GAUDEMONT
Rédactrice aux Éditions Dalloz

DALLOZ

ÉDITIONS DALLOZ

31-35, rue Froidevaux, 75685 Paris Cedex 14

ISBN 978-2-247-20504-2

Avant-propos

En 1991, la décision a été prise de codifier le droit de l'éducation. L'idée était de rassembler, de classer et d'articuler l'ensemble des dispositions législatives et réglementaires concernant l'éducation. La partie législative a été adoptée en 2000 ; la codification de la partie réglementaire s'acheva en 2015. L'entreprise supposait que fût d'abord définie la notion d'éducation, dont l'objectif est de permettre à chacun « de développer sa personnalité, d'élever son niveau de formation initiale et continue, de s'insérer dans la vie sociale et professionnelle, d'exercer sa citoyenneté » (art. L. 111-1). Elle englobe l'instruction (obligatoire), l'enseignement (scolaire ou supérieur, agricole ou maritime), comme les formations qui peuvent être, au pluriel, technologiques, professionnelles ou universitaires et, au singulier, « permanentes » ou « tout au long de la vie ». Cette mission relève des ministères de l'éducation nationale et de l'enseignement supérieur, mais aussi d'autres ministères, comme celui de l'agriculture. Une centaine de lois adoptées ont alors fait l'objet d'une présentation dite « ***à droit constant*** *» permettant d'améliorer la cohérence rédactionnelle et de respecter la hiérarchie des normes sans introduire de modification de fond. Au gré des alternances politiques, des modifications ultérieures ont été introduites : la loi sur l'avenir de l'école de 2005 ; la loi LRU (libertés et responsabilités des universités) de 2007; la loi de refondation de l'école de la République et la loi ESR (enseignement supérieur et recherche), adoptées en juillet 2013 ; la loi pour une école de la confiance du 26 juillet 2019 ; les lois du 24 décembre 2020 de programmation de la recherche et du 24 août 2021 confortant le respect des principes de la République.*

Le livre I énonce les « ***principes généraux de l'éducation*** *». Leur place dans le code, leur formulation comme leur contenu en font évidemment des principes juridiques, des règles fondamentales qui peuvent d'ailleurs avoir une valeur supra-législative : le «* ***droit à l'éducation*** *», affirmé au premier rang, reprend les engagements internationaux de la France ; les principes de gratuité et de laïcité répètent l'énoncé du treizième alinéa du préambule de la Constitution de 1946 ; la liberté d'enseignement est un des principes fondamentaux reconnus par les lois de la République. On retrouve en* ***filigrane les valeurs de la République*** *auxquelles la loi donne un prolongement : liberté (liberté pédagogique, franchises universitaires), égalité (inclusion scolaire de tous les enfants, égalité des chances), fraternité (service public de l'éducation gratuit, instruction obligatoire).*

Sur cette base, le code de l'éducation fixe le cadre de ***l'organisation du système éducatif****. Le livre II est consacré à «* ***l'administration de***

l'éducation *», précisant le rôle de l'État, lequel fixe les programmes, emploie les enseignants, délivre les diplômes et détermine les compétences des collectivités territoriales en charge des écoles, collèges et lycées. Les livres suivants fixent les règles concernant les établissements publics locaux pour le second degré (EPLE), nationaux pour l'enseignement supérieur (EPSCP), leur gestion autonome et les modalités de leur contrôle. S'agissant des établissements privés, le code régit le pouvoir de police de l'État, qui contrôle leur ouverture et leur fonctionnement, et reprend les dispositions de la loi de 1959 introduisant un mécanisme contractuel d'association au service public.*

Dans ce cadre, la loi et le règlement précisent ***les droits et obligations des membres de la communauté éducative****. Le livre I reconnaît le rôle et les droits des parents d'élèves. Le livre IX est consacré aux personnels sans reprendre les statuts particuliers des différents corps. De nombreuses dispositions, disséminées dans les divers livres, régissent les droits et obligations des usagers que sont les élèves et les étudiants, en fonction desquels « le service public de l'éducation est conçu et organisé » (art. L. 111-1). Les droits des élèves résultent d'abord de la déclinaison du droit à l'éducation : droit à la formation scolaire, droit au conseil en orientation et à l'information sur les enseignements, droit de poursuivre des études au-delà de la scolarité obligatoire pour obtenir un diplôme ou une formation qualifiante ; pour assurer la continuité éducative, la scolarité est organisée en cycles au sein desquels l'enseignement doit être adapté à la diversité des élèves pour assurer leur réussite ; dans la continuité du lycée, chaque bachelier est en principe libre de s'inscrire à l'université... En outre, les usagers participent à la vie des établissements en désignant leurs représentants et en jouissant des libertés d'information, d'expression et de réunion, au lycée et pleinement à l'université, mais l'exercice de ces droits se fait dans le respect de l'ordre public et du bon fonctionnement du service. Les usagers peuvent faire l'objet de poursuites disciplinaires tant dans les établissements secondaires qu'à l'université, où la discipline est confiée en première instance à une juridiction administrative spéciale compétente pour les enseignants-chercheurs et les enseignants ; dans l'un et l'autre cas, la procédure respecte les principes généraux du droit, dont le rappel s'inscrit aussi dans une démarche éducative.*

Liste des abréviations

🏛	Hyperlien vers la décision intégrale accessible sur le Code en ligne
✎	Hyperlien vers un article de doctrine dans une revue accessible sur le Code en ligne
🏛	Hyperlien vers un texte complémentaire accessible sur le Code en ligne
A	Décision du Conseil d'État publiée au *Lebon (Dalloz)*
ACL	Annuaire des collectivités locales
Aff.	Affaire
AJDA	Actualité juridique de droit administratif (Dalloz)
AJFP	Actualité juridique Fonctions publiques (Dalloz)
Al.	Alinéa
ALD	Actualité législative Dalloz (années 1983-1995)
App.	Appendice
Arr.	Arrêté
Art.	Article
Ass.	Assemblée
Ass. nat.	Assemblée nationale
Assoc.	Association
Ass. plén.	Assemblée plénière de la Cour de cassation
B	Décision du Conseil d'État mentionnée aux Tables du *Lebon (Dalloz)*
BIBL.	Bibliographie
BIBL. GÉN.	Bibliographie générale
BO	Bulletin officiel
BOEN	Bulletin officiel du ministère de l'éducation nationale
Bull. civ.	Bulletin des arrêts des chambres civiles de la Cour de cassation
Bull. crim.	Bulletin des arrêts de la chambre criminelle de la Cour de cassation
C.	Code
c/	Contre
CAA	Cour administrative d'appel
CADA	Commission d'accès aux documents administratifs
Cah. dr. entr.	Cahiers de droit de l'entreprise
Cah. éduc.	Les cahiers de l'éducation
Cah. fonct. publ.	Les cahiers de la fonction publique et de l'Administration
CASF	Code de l'action sociale et des familles Dalloz
C. assoc.	Code des associations et fondations Dalloz
CCAS	Centre communal d'action sociale
CCH	Code de la construction et de l'habitation Dalloz

C. civ.	Code civil Dalloz
C. comptes	Cour des comptes
CDBF	Cour de discipline budgétaire et financière
C. dom. Ét.	Code du domaine de l'État
CE	Conseil d'État
CEDH	Cour européenne des droits de l'homme
C. éduc.	Code de l'éducation Dalloz
C. élect.	Code électoral Dalloz
C. ens. techn.	Code de l'enseignement technique
CESEDA	Code de l'entrée et du séjour des étrangers et du droit d'asile Dalloz
C. fonct. publ.	Code de la fonction publique Dalloz
C. for.	Code forestier
CGCT	Code général des collectivités territoriales Dalloz
CGI	Code général des impôts Dalloz
chron.	Chronique
CIDE	Convention internationale des droits de l'enfant
Circ.	Circulaire
Civ.	Chambre civile de la Cour de cassation
CJA	Code de justice administrative Dalloz
CJCE	Cour de justice des Communautés européennes
CJEG	Cahiers juridiques de l'électricité et du gaz
CJF	Code des juridictions financières
CJUE	Cour de justice de l'Union européenne
CNDP	Centre national de documentation pédagogique
Cne	Commune
CNFPT	Centre national de la fonction publique territoriale
coll.	Collection
Com.	Chambre commerciale de la Cour de cassation
comm.	Commentaire
Comm. EDH	Commission européenne des droits de l'homme
Comp.	Comparer
concl.	Conclusions
conf.	Solution conforme
Cons. const.	Conseil constitutionnel
Contra	Solution contraire
Conv. EDH	Convention européenne de sauvegarde des droits de l'homme et des libertés fondamentales
C. pén.	Code pénal Dalloz
CPI	Code de la propriété intellectuelle Dalloz
CRDP	Centre régional de documentation pédagogique
C. rech.	Code de la recherche
Crim.	Chambre criminelle de la Cour de cassation
crit.	Critique
C. route	Code de la route Dalloz
CRPA	Code des relations entre le public et l'administration Dalloz
C. rur.	Code rural et de la pêche maritime Dalloz
CSE	Conseil supérieur de l'éducation
CSP	Code de la santé publique Dalloz
C. sport	Code du sport Dalloz

CSS	Code de la sécurité sociale Dalloz
Cté	Communauté
C. trav.	Code du travail Dalloz
Cts	Consorts
C. urb.	Code de l'urbanisme Dalloz

D.	Recueil Dalloz
DC	Contrôle de constitutionnalité des lois ordinaires et des lois organiques
Décis.	Décision
Décr.	Décret
Décr.-L.	Décret-loi
Doctr.	Doctrine
Doc. fr.	Documentation française
Dpt	Département
DR	Décision et rapports de la Commission européenne des droits de l'homme
Dr. adm.	Droit administratif

éd.	Édition
EDCE	Études et documents du Conseil d'État
eod. loc.	Au même endroit
eod. v°, eisd. v^is	Même(s) mot(s) que celui (ceux) qui vient (viennent) d'être cité(s)
EPCI	Établissement public de coopération intercommunale
Épx	Époux
Err.	Erratum
esp.	Espèce

fasc.	Fascicule
Féd.	Fédération
Féd. nat.	Fédération nationale
FEN	Fédération de l'éducation nationale

GACE	Les grands avis du Conseil d'État (Dalloz)
GAJA	Les grands arrêts de la jurisprudence administrative (Dalloz)
Gaz. Pal.	Gazette du Palais
GDCC	Les grandes décisions du Conseil constitutionnel (Dalloz)
GIP	Groupement d'intérêt public

ibid.	Au même endroit
IGAEN	Inspection générale de l'administration de l'éducation nationale
IGEN	Inspection générale de l'éducation nationale
infra	Ci-dessous
IR	Informations rapides du Recueil Dalloz

J.-Cl. Adm.	Juris-Classeur Administratif

JCP	Juris-Classeur périodique (Semaine juridique), édition générale
JCP adm.	Juris-Classeur périodique, édition Administration et collectivités territoriales
JCP E	Juris-Classeur périodique, édition Entreprise
JDJ	Journal du droit des jeunes
JO	Journal officiel
L.	Loi
Lebon	Recueil des décisions du Conseil d'État (Dalloz)
Lebon T.	Recueil des décisions du Conseil d'État (Dalloz), Tables
LIJ	Lettre d'information juridique
Liv.	Livre
LOLF	Loi organique relative aux lois de finances
LPA	Les Petites Affiches
MEN	Ministre de l'éducation nationale
Min.	Ministre
Mod.	Modifié
n°	Numéro
nat.	National(e)
Ndlr.	Note de la rédaction
Nouv.	Nouveau
obs.	Observations
Ord.	Ordonnance
P	Arrêt publié au bulletin civil ou au bulletin criminel de la Cour de cassation
p.	Page
Pan.	Panorama
Pouvoirs	Revue Pouvoirs
préc.	Précité
QPC	Question prioritaire de constitutionnalité
Quot. jur.	Quotidien juridique
Rapport public	Rapport public annuel du Conseil d'État
Rappr.	Rapprocher
RD publ.	Revue du droit public et de la science politique en France et à l'étranger
RDSS	Revue de droit sanitaire et social (Dalloz)
Rec. CJCE	Recueil des arrêts de la Cour de justice et du Tribunal de première instance des Communautés européennes
Rec. Cons. const.	Recueil des décisions du Conseil constitutionnel
Rect.	Rectificatif
réf.	Référé
Règl.	Règlement
RÉP. COLLECTIVITÉS LOCALES	Répertoire collectivités locales Dalloz

RÉP. INTERNAT.	Répertoire de droit international Dalloz
RÉP. SOCIÉTÉS	Répertoire des sociétés Dalloz
Req.	Chambre des requêtes de la Cour de cassation
req.	Requête
Rev. adm.	Revue administrative
Rev. crit. DIP	Revue critique de droit international privé (Dalloz)
Rev. ens. sup.	Revue de l'enseignement supérieur
Rev. fr. éco.	revue française de l'économie
Rev. Trésor	Revue du Trésor
RFAP	Revue française d'administration publique
RFDA	Revue française de droit administratif Dalloz
RFDC	Revue française de droit constitutionnel
RFFP	Revue française des finances publiques
RJS	Revue de jurisprudence sociale
RRJ	Revue de recherche juridique - Droit prospectif
RTDH	Revue trimestrielle des droits de l'homme

---

s.	Et suivants
Savoir	Revue Savoir
Sect.	Section
SGEN	Syndicat général de l'éducation nationale
SIVOM	Syndicat intercommunal à vocation multiple
Soc.	Chambre sociale de la Cour de cassation
sol. impl.	Solution implicite
Somm.	Sommaires
ss.	Sous
Sté	Société
supra	Ci-dessus
Synd.	Syndicat

---

t.	Tome
TA	Tribunal administratif
T. confl.	Tribunal des conflits
Territoires	Revue Territoires
TGI	Tribunal de grande instance

Univ.	Université

V.	Voir
Vie cnale et dptale	La vie communale et départementale
v° ou v^is	Mot ou mots

TABLE DES MATIÈRES

CODE DE L'ÉDUCATION

PREMIÈRE PARTIE
DISPOSITIONS GÉNÉRALES ET COMMUNES

LIVRE PREMIER
PRINCIPES GÉNÉRAUX DE L'ÉDUCATION

LIVRE DEUXIÈME
L'ADMINISTRATION DE L'ÉDUCATION

DEUXIÈME PARTIE

LES ENSEIGNEMENTS SCOLAIRES

LIVRE TROISIÈME

L'ORGANISATION DES ENSEIGNEMENTS SCOLAIRES

LIVRE QUATRIÈME

LES ÉTABLISSEMENTS D'ENSEIGNEMENT SCOLAIRE

LIVRE SEPTIÈME

LES ÉTABLISSEMENTS D'ENSEIGNEMENT SUPÉRIEUR

LIVRE HUITIÈME

LA VIE UNIVERSITAIRE

QUATRIÈME PARTIE
LES PERSONNELS

LIVRE NEUVIÈME
LES PERSONNELS DE L'ÉDUCATION

APPENDICE

CODE DE L'ÉDUCATION

COMMENTAIRE

I. LA CODIFICATION : DE L'IDÉE À SA RÉALISATION

A. DE L'IDÉE AU PROJET

En février 1991, M. Lionel Jospin, ministre d'État, ministre de l'éducation nationale, décide de l'élaboration d'un code de l'éducation.

Les ***textes applicables*** en matière éducative se caractérisaient tant par leur ***complexité*** que par leur ***hétérogénéité***, rassemblant des dispositions d'époques et d'inspirations diverses, nombreuses, parfois contradictoires, apparues au gré des politiques successives. A l'exception du code de l'enseignement technique adopté par décret en 1956, ***le droit de l'éducation n'avait jamais fait l'objet d'un travail autorisé de réflexion, de classement et de présentation***. Tout au plus, les praticiens des services et des établissements pouvaient-ils recourir à une compilation connue sous la dénomination de RLR, Recueil des Lois et Règlements, présentés dans une série de classeurs de couleur bleue, en principe régulièrement mis à jour grâce à une actualisation par fiches reproduisant les nouveaux textes parus au *Journal officiel de la République française (JO)* ou au Bulletin officiel de l'éducation nationale (*BOEN*).

Le code administratif Dalloz comportait une rubrique Enseignement rassemblant les morceaux choisis des principaux textes avant que sa 29e édition n'y fasse figurer des extraits du code de l'éducation. D'autres éditeurs avaient pu mettre à la disposition des enseignants des recueils de textes avec un bref commentaire ; certains, tel le *« code Soleil »* (du nom de son auteur, Joseph Soleil, publié à partir de 1923 par le Syndicat national des instituteurs, éditions Sudel) conçu pour les instituteurs, ont tenu une place importante dans la culture juridique de la communauté éducative.

Le ***premier objectif*** était de regrouper en un seul instrument, en suivant un plan *« sinon intelligent, du moins intelligible »* (Guy Braibant), l'ensemble des dispositions régissant le système éducatif. Pour la partie législative, il s'agissait de rassembler plus d'une centaine de lois alors en vigueur. Ce travail devait permettre un ***accès plus simple et plus direct au droit de l'éducation*** pour les praticiens mais aussi pour les usagers (parents, élèves, étudiants), pour les enseignants et tous les autres agents de l'éducation nationale ainsi que pour les partenaires de l'école (élus et agents des collectivités territoriales, militants des associations péri-éducatives…).

Le ***code de l'éducation*** figurait dans le ***programme général de codification*** 1996-2000 élaboré dans le cadre de la commission supérieure de codification créée par le décret n° 89-647 du 12 septembre 1989, présidée par le Premier ministre, et dont le vice-président était M. Guy Braibant, conseiller d'État. Vingt ans après, de très nombreuses règles du droit français (estimées à 45 % du corpus) sont rassemblées dans 72 codes consultables sur le site Légifrance (Peretti, La rédaction des textes dans un univers codifié, *supplément à la LIJ n° 143, mars 2010*).

En avril 1991, une ***mission de codification*** est constituée auprès de la direction des affaires juridiques du ministère de l'éducation nationale sous la responsabilité de M. Henri Peretti, inspecteur général de l'administration de l'éducation nationale et de la recherche. Le plan du code n'est défini par la commission qu'en mars 1994 ; les neuf livres qui vont le constituer sont examinés dans le courant de l'année 1995. Une fois arrêté, le projet de code est transmis au Premier ministre en mars 1996, puis pour avis au Conseil d'État en septembre de la même année. L'Assemblée générale rend son avis le 3 juillet 1997, permettant au Gouvernement de déposer le projet de loi relatif à la partie législative sur le bureau de l'assemblée nationale le 30 juillet 1997.

Malgré une longue réflexion de la commission supérieure de codification, des travaux importants des services, des arbitrages interministériels et un examen approfondi du texte par le Conseil d'État, le projet de loi n'a pu être adopté par l'Assemblée nationale. Une question de principe (la codification *« à droit constant »* ne serait-elle pas la négation des pouvoirs du Parlement ?) jointe à des problèmes de forme entraîne le blocage du processus.

Contrairement à la pratique antérieure de codification administrative telle qu'elle découlait du décret du 10 mai 1948 (avec validation législative tardive comme celle réalisée par la loi du 3 avril 1958 portant sur quinze codes dont certains avaient été publiés en 1951), tous les projets de code doivent désormais être soumis à l'approbation du Parlement qui leur donne ainsi force de loi ; les lois anciennes dont les dispositions sont intégrées dans le code sont abrogées ; les incertitudes subsistant sur la valeur juridique des dispositions codifiées sont levées, notamment quand elles résultent des anciennes codifications réalisées par décret.

La ***codification « à droit constant »*** permet d'introduire *« des modifications nécessaires pour améliorer la cohérence rédactionnelle des textes rassemblés, assurer le respect de la hiérarchie des normes et harmoniser l'état du droit »* (L. n° 2000-321 du 12 avr. 2000 relative aux droits des citoyens dans leur relation avec l'administration, art. 3). Elle n'entraîne ***aucune modification de fond***. Elle présente les textes dans leur rédaction en vigueur au moment de leur codification, avec au plus une actualisation des formulations, constat des abrogations implicites ou éradication des dispositions devenues caduques par désuétude ou obsolescence. En effet, *« certaines dispositions sont dépassées. La loi Ferry sur l'école prévoyait des exercices militaires pour les garçons et des travaux d'aiguille pour les filles... A l'éducation nationale, on abroge rarement... La codification permet autant une mise à jour qu'une mise en forme »* (Guy Braibant, Entretien, *RFDA 2000. 493*). Le législateur a ici la responsabilité non de changer la loi mais de la moderniser et de la rationaliser, de la mettre en ordre. Ainsi, le codificateur peut actualiser la terminologie en substituant à la notion d'*« enseignement libre »* de la loi Falloux de 1850, la formule *« établissements d'enseignement privés »* (avec un adjectif portant la marque du pluriel car ce sont les établissements et non l'enseignement qui sont privés) de la loi Debré de 1959. Dans certains cas la codification implique de choisir de maintenir la règle spéciale, préférée à la règle générale ; ainsi, en codifiant les dispositions de la loi du 27 février 1880 sur la suspension des membres de l'enseignement supérieur nonobstant l'intervention de l'article 30 de la loi du 13 juillet 1983 (art. L. 951-4), l'ordonnance a n'a pas méconnu le principe de codification à droit constant (CE 5 nov. 2001, n° 224380).

La codification n'est pas une simple compilation. Elle présente les textes selon un plan cohérent nécessitant modernisation et harmonisation. Les dispositions législatives et réglementaires insérées sont en même temps abrogées.

La ***commission des affaires culturelles, familiales et sociales de l'Assemblée nationale***, après un long examen du projet, rend son rapport le 27 mai 1998. Elle relève de très nombreuses imperfections et erreurs ; aussi souhaite-t-elle notamment la généralisation du présent de l'indicatif, l'harmonisation de certaines dénominations, préférant *« représentant de l'État »* à *« préfet »* et rappelant que les *« collectivités locales »* sont aujourd'hui des *« collectivités territoriales »*, écrivant *« langues et cultures régionales »* en lieu et place de *« parlers locaux »*, renonçant aux *« chaires »* des professeurs des universités. Une modification substantielle de l'architecture du code est en outre apportée par la commission avec le déplacement de la plupart des dispositions relatives à l'enseignement privé passant du livre Ier, qui traite des principes généraux, aux livres IV et VII relatifs aux établissements. Répondant aux inquiétudes et critiques de certaines organisations attachées au principe de laïcité qui redoutaient que la codification ne fût une entreprise de contournement des principes fondamentaux du service public, il est décidé de ne traiter dans le premier livre que du principe de la liberté de l'enseignement renvoyant les dispositions spécifiques aux établissements privés, à leur contrôle et à leurs relations avec l'État et les collectivités aux livres présentant les règles applicables aux établissements d'enseignement scolaire ou supérieur.

L'hypothèse du recours aux ordonnances est envisagée dès le premier rapport de la commission supérieure de codification (Guy Braibant, entretien préc.). Si le souci de ne pas relancer la *« guerre scolaire »* est certainement pris en considération dans la décision du Gouvernement d'utiliser la procédure prévue par l'article 38 de la Constitution, la volonté de débloquer le processus en est le motif principal. Tant sur le plan technique que politique (encombrement de l'ordre du jour parlementaire), il y avait en effet une situation de blocage.

B. L'ADOPTION DU CODE DE L'ÉDUCATION

Le Gouvernement peut, pour l'exécution de son programme, demander au Parlement l'autorisation de prendre par ***ordonnances***, pendant un délai limité, des mesures qui sont normalement du domaine de la loi (Const. 58, art. 38). Ces ordonnances prises en conseil des ministres après avis du Conseil d'État entrent en vigueur dès leur publication ; elles deviennent caduques si le projet de loi de ratification n'est pas déposé devant le Parlement avant la date fixée par la loi d'habilitation. (La loi constitutionnelle du 23 juill. 2008 ajoute qu'« elles ne peuvent être ratifiées que de manière expresse » ; par ailleurs, le Conseil constitutionnel condamne les « cavaliers législatifs », pratique consistant à introduire des articles de ratification dans des textes sans rapport direct avec l'objet de l'ordonnance). La partie législative du code de l'éducation a été adoptée dans le cadre de l'article 38, le Parlement étant intervenu pour habiliter le Gouvernement à prendre une ordonnance par la suite ratifiée par une loi expressément consacrée à sa ratification.

a. La loi nº 99-1071 du 16 décembre 1999 portant habilitation du Gouvernement à procéder par ordonnances à l'adoption législative de certains codes

L'article 1er de la loi d'habilitation précise le domaine d'intervention en autorisant le Gouvernement à adopter par ordonnances neuf codes dont le code de l'éducation. Chaque code doit faire l'objet d'une ordonnance regroupant et organisant les dispositions législatives relatives à la matière. Les dispositions codifiées sont celles en vigueur au moment de la publication de l'ordonnance avec toutefois deux réserves ; outre la modernisation et la rationalisation qu'impose la cohérence rédactionnelle, il est nécessaire de veiller au respect de la hiérarchie des normes, tant en prenant en considération les engagements internationaux de la France (les traités régulièrement ratifiés qui ont une autorité supérieure à celle des lois : art. 55 de la Constitution) qu'en respectant les compétences respectives du Parlement et du Gouvernement (telles qu'elles résultent notamment des art. 34 et 37 Const. 58).

L'article 1er précise en outre que le Gouvernement peut étendre l'application des dispositions aux collectivités d'outre-mer. Il s'agit d'ailleurs là de la seule exception au principe de codification *« à droit constant »* dans la mesure où, dans le cadre des compétences de l'État, il est possible d'étendre le champ d'application territoriale des dispositions si cela vise à combler une lacune.

b. La décision du Conseil constitutionnel nº 99-421 DC du 16 décembre 1999

Conformément au deuxième alinéa de l'article 61 de la Constitution, plus de 60 députés ont déféré au Conseil constitutionnel la loi d'habilitation votée par le Parlement soutenant notamment que le texte en question ne respectait pas les articles 34, 37, et 38 de la Constitution en privant les parlementaires du plein exercice du droit d'amendement que leur reconnaît son article 44.

Rejetant les griefs tirés de ces articles, le Conseil constitutionnel, validant le principe de la *« codification à droit constant »*, déclare la **loi conforme à la Constitution** après avoir souligné *« l'intérêt général qui s'attache à l'achèvement des neuf codes »* et surtout dégagé ***« l'objectif de valeur constitutionnelle d'accessibilité et d'intelligibilité de la loi »*** ; l'*« égalité devant la loi »* (art. 6) comme la *« garantie des droits »* (art. 16) contenues dans la Déclaration des droits de l'homme et du citoyen de 1789 n'étant effectives que si les citoyens disposent d'une connaissance suffisante des normes applicables. Si *« nul n'est censé ignorer la loi »*, encore faut-il que la loi soit accessible et intelligible pour tous. L'œuvre de codification permet *« la mise à disposition et la diffusion de textes »* qui *« constituent une mission de service public au bon accomplissement de laquelle il appartient à l'État de veiller »* (CE 17 déc. 1997, nº 181611 A).

c. L'ordonnance nº 2000-549 du 15 juin 2000 relative à la partie législative du code de l'éducation

Comme pour les autres codes, l'ordonnance présente en annexe la partie législative du code de l'éducation (art. 1er). En conséquence, les ***références aux textes codifiés existant dans l'ensemble de la législation sont remplacées par des références au code*** (art. 3).

L'article 2 précise l'articulation entre le code de l'éducation et les autres codes. A de nombreuses reprises, la même disposition doit en effet figurer dans plusieurs codes, par exemple lorsqu'il s'agit des compétences éducatives des collectivités territoriales dans le code de l'éducation et dans le code général des collectivités territoriales. La pratique distingue alors le ***« code pilote »*** du ***« code suiveur »***. Les articles 4 et 5 précisent les cas dans lesquels le code de l'éducation est pilote ; l'article 6 renvoie au code rural et de la pêche maritime, code pilote pour les formations agricoles présentées dans le code de l'éducation pour permettre au lecteur d'avoir une vue d'ensemble du système éducatif. On trouve de même des références au code du travail, au code de la santé publique ou au code général des collectivités territoriales…

Pour des raisons diverses, les praticiens du droit de l'éducation auront en outre à se référer à d'autres codes aussi différents que le code pénal, le code de procédure pénale, le code de la route, le code de la santé publique ou le code de la propriété intellectuelle. La grande proximité de l'enseignement supérieur et de la recherche amène les éditions Dalloz à les réunir dans ce même ouvrage.

Les nombreuses dispositions abrogées résultant de la ***codification de 119 textes législatifs*** sont prévues par l'article 7. L'abrogation systématique des dispositions législatives ayant fait l'objet de la codification est un progrès important par rapport à la pratique antérieure de la codification par décret en Conseil d'État qui laissait subsister les textes qui pourtant avaient été intégrés à un code ; c'était là une source d'erreurs potentielles, notamment lorsqu'une loi postérieure modifiait une disposition sans rectifier le code ou vice-versa. Quant aux dispositions de nature réglementaire contenues dans quatorze des textes législatifs, l'article 8 précise qu'elles sont abrogées à compter de l'entrée en vigueur de la partie réglementaire du code.

A l'exception des abrogations énumérées à l'article 7 portant sur des dispositions qui relèvent de la compétence des collectivités d'outre-mer, l'ordonnance est applicable dans les îles Wallis-et-Futuna, à Mayotte, à Nouvelle-Calédonie et en Polynésie française (art. 9). Ces collectivités ont été consultées comme l'exige l'article 74 de la Constitution (ex. : avis n° 104 du 6 juin 2000 du conseil des ministres de la Polynésie française ; ce gouvernement a ensuite introduit un recours pour excès de pouvoir contre l'ordonnance estimant ses dispositions contraires au statut du territoire de 1996 ; le Conseil d'État a rejeté sa requête : CE 29 mars 2002, n° 224574).

d. La loi n° 2003-339 du 14 avril 2003 portant ratification de l'ordonnance n° 2000-549 du 15 juin 2000 relative à la partie législative du code de l'éducation

(JO 15 avr. 2003, V. Sénat, Rapport Richert n° 140, 19 mars 2003 ; Ass. nat., Rapport Luca n° 704)

Conformément aux dispositions de la loi d'habilitation, le projet de loi de ratification a été déposé devant le Parlement dans le délai de deux mois à compter de la publication de l'ordonnance le 27 juillet 2000. Son article 1er procède expressément à la ratification de l'ordonnance ; le principe de codification à droit constant n'a pas amené le Parlement à procéder à des modifications de fond.

Le code de l'éducation ainsi ratifié n'était déjà plus le même que celui qui avait été adopté par l'ordonnance. En effet, une loi n° 2000-627 du 6 juillet 2000 modifiant la loi du 16 juillet 1984 sur l'organisation et la promotion des activités physiques et sportives, ainsi que la loi d'orientation sur l'enseignement technologique du 16 juillet 1971, publiée le même jour que l'ordonnance du 15 juin 2000, n'ont évidemment pas pu être intégrées. L'article 3 de la loi de ratification introduit dans le code des modifications que la loi du 6 juillet 2000 avait apportées à la loi de 1984 ; l'article 2 procède en conséquence à l'actualisation de la liste des dispositions de la loi de 1984 qu'il convient d'abroger du fait de leur codification. Depuis lors, la partie législative a fait l'objet de modifications régulières, de détail ou d'une certaine ampleur, notamment avec la loi du 15 mars 2004 encadrant, en application du principe de laïcité, le port de signes ou de tenues manifestant une appartenance religieuse dans les écoles, collèges et lycées publics, la loi du 13 août 2004 relative aux libertés et responsabilités locales, la loi n° 2005-380 du 23 avril 2005 d'orientation et de programme pour l'avenir de l'école et la loi de programme du 18 avril 2006 ; la loi n° 2007-293 du 5 mars 2007 réformant la protection de l'enfance (renforcement des dispositifs de prévention, amélioration du signalement des situations à risque, protection contre les dérives sectaires) et la loi n° 2007-297 du même jour relative à la prévention de la délinquance (renforcement du rôle des maires, accompagnement parental) ont modifié quatorze articles ; la loi n° 2007-1199 du 10 août 2007 relative aux libertés et responsabilités universitaires modifie vingt-sept articles et en introduit quatorze nouveaux ; la loi n° 2008-790 du 20 août 2008 instituant un droit d'accueil pour les élèves des écoles élémentaires et maternelles pendant le temps scolaire ajoute un chapitre au titre III du livre Ier. La loi n° 2013-595 du 8 juillet 2013 d'orientation et de programmation pour la refondation de l'École de la République et la loi n° 2013-660 du 22 juillet 2013 relative à l'enseignement supérieur et à la recherche modifient plusieurs dizaines d'articles du code de l'éducation et, pour la seconde, du code de la recherche (V. ci-dessous).

L'ordonnance n° 2008-1304 du 11 décembre 2008 modifiant la partie législative du code de l'éducation vient à nouveau corriger certaines imperfections introduites dans la partie législative du code à l'occasion par des textes ultérieurs. L'article 29 de la loi n° 2007-1787 du 20 décembre 2007 de simplification du droit habilite en effet le Gouvernement à modifier par ordonnance la partie législative du code de l'éducation afin d'y inclure les dispositions de nature législative qui n'ont pas été codifiées, de remédier aux éventuelles erreurs ou insuffisances de codification et d'abroger les dispositions obsolètes, inadaptées ou devenues sans objet. C'est ainsi qu'à la suite de la loi n° 2005-102 du 11 février 2005 pour l'égalité des droits et des chances, la participation et la citoyenneté des personnes handicapées, il a été nécessaire de supprimer la référence à l'« éducation spéciale » (suppression du contenu de l'art. L. 112-3 qui ne correspond plus à l'état du droit et insertion, sous ce numéro, des dispositions de l'art. L. 112-2 afin de rétablir une numérotation continue). De même a-t-il fallu modifier l'article L. 123-7 relatif aux actions de coopération internationale entreprises par les établissements d'enseignement supérieur, en mentionnant après la Communauté européenne, l'Espace économique européen.

Contrairement aux articles L. 613-3 et L. 613-4, qui prévoyaient l'intervention d'un jury en vue de l'obtention d'un diplôme de l'enseignement supérieur, l'article L. 613-5 ne doit mentionner qu'une commission pédagogique qui donne un avis au président d'université.

En outre plusieurs renvois à d'autres codes ont dû être rectifiés pour tenir compte de modifications : est ainsi substituée la référence à l'article L. 711-5 sur la création des écoles de commerce à l'article L. 711-6 du code de commerce (art. L. 443-1 et L. 753-1). L'adoption du code du sport par l'ordonnance n° 2006-596 du 23 mai 2006 a imposé la correction des articles L. 552-4 et L. 841-4 ; la refonte du code du travail par l'ordonnance n° 2007-329 du 12 mars 2007 a nécessité l'actualisation des références figurant dans la partie législative du code de l'éducation (à cette occasion, les reproductions intégrales en code suiveur sont remplacées par de simples renvois aux articles correspondants du nouveau code du travail).

e. La partie réglementaire : les décrets du 13 juillet 2004, du 23 mai 2006, du 14 mars 2008, du 19 décembre 2008, du 15 mai 2009 et du 10 juin 2015, relatifs à certaines dispositions réglementaires du code de l'éducation

La ***partie réglementaire*** des ***livres Ier et II du code de l'éducation*** a été publiée au *Journal officiel* du 17 juillet 2004 sous la forme de trois décrets, comportant chacun un texte en annexe : le décret n° 2004-701 du 13 juillet 2004 abroge dix-sept décrets (dont celui de 1854 sur l'organisation académique) et introduit les dispositions prises « le Conseil d'État entendu » et délibérées en Conseil des ministres (Décrets en Conseil d'État et en Conseil des ministres) qui ne pourront être modifiées que dans les mêmes formes (art. R. 141-1 à R. 141-8, laïcité de l'enseignement public) ; le décret n° 2004-702 du 13 juillet 2004 abroge deux décrets et introduit les dispositions adoptées par décrets en Conseil des ministres (art. D.* 242-1 à D. 264-10, Conseil national d'évaluation) ; le décret n° 2004-703 du 13 juillet 2004 abroge 79 textes et introduit les autres dispositions réglementaires des livres I et II (Décrets en Conseil d'État, notés D., et Décrets, notés R.).

Le ***livre III*** a fait l'objet des décrets n°s 2006-582 et 2006-583 du 23 mai 2006, publiés au *JO* du 24 mai. Quatre-vingt-onze décrets sont alors abrogés.

Le ***livre IV*** adopté par le décret n° 2008-263 du 14 mars 2008 (Décrets en Conseil d'État et décrets) abroge en tout ou en partie soixante-dix-sept décrets dont le décret n° 85-924 du 30 août 1985 relatif aux établissements publics locaux d'enseignement dont subsistent toutefois les articles 3 à 8 concernant les droits et obligations des élèves.

Le ***livre V*** relatif à la vie scolaire issu du décret n° 2009-553 du 15 mai 2009 (*JO 20 mai*) s'attache aux droits et obligations des élèves. Il codifie notamment les derniers articles du décret n° 85-924 du 30 août 1985 relatif aux établissements publics locaux d'enseignement et le décret n° 85-1348 du 18 décembre 1985 relatif aux procédures disciplinaires dans les collèges, les lycées et les établissements d'éducation spéciale, l'organisation du temps et de l'espace scolaires, les aides à la scolarité (bourses, tarifs de la restauration scolaire), la santé scolaire, et enfin, les activités périscolaires, sportives et culturelles.

Les ***livres VI et VII*** relatifs à l'organisation des enseignements supérieurs et aux établissements d'enseignement supérieur ont été intégrés par le décret n° 2013-756 du 19 août 2013 relatif aux dispositions réglementaires de ces livres (Décrets en Conseil d'État et Décrets) abrogeant des dispositions issues de cent quarante et un décrets.

S'agissant du livre IX consacré aux personnels de l'éducation, il est prévu de laisser en dehors du code les statuts particuliers des différents corps de fonctionnaires. Mais leur recensement devrait faire l'objet d'une publication (Commission supérieure de la codification, 12e rapport, 2002) *[V. ces textes en Appendice de ce code]*. Néanmoins le décret n° 2008-1429 du 19 décembre 2008 relatif aux dispositions réglementaires du ***chapitre IV du titre Ier du livre IX*** du code de l'éducation (Décrets en Conseil d'État et Décrets) codifie les textes relatifs aux personnels des établissements d'enseignement privés.

Le décret n° 2015-652 du 10 juin 2015 achève la codification de la partie réglementaire en adoptant le ***livre VIII*** (vie universitaire) et en complétant le ***livre IX*** (dispositions concernant les personnels de l'éducation nationale et de l'enseignement supérieur). Il apporte une série de modifications aux livres I, II, IV, V, VI et VII de la partie réglementaire déjà publiés afin de fournir des compléments, de rectifier des erreurs ou des omissions et d'harmoniser l'état du droit. Ce décret réunit les dispositions d'une dernière série de quarante-six décrets qui sont ainsi abrogés.

L'année 2015 met un terme à l'entreprise initiale de codification (sachant que le code est vivant et change chaque année, qu'il s'agisse de modifications de détails ou, pourquoi pas, d'une restructuration plus forte de telle ou telle partie).

On notera que les dispositions législatives ou réglementaires du code de l'éducation peuvent renvoyer à des instruments juridiques qui peuvent certainement entrer dans la catégorie du « droit souple » dégagée le Conseil d'État (Étude annuelle, 2013) qui modifie les comportements sans créer de droits ou d'obligations pour les destinataires. Tel est le cas des chartes qui peuvent rappeler les règles existantes (Charte de la laïcité à l'école, 2013) ou fixer un cadre d'élaboration des textes (Charte des programmes, 2014). Des réflexions du même type pourraient être faites à propos des présentations contractuelles des politiques éducatives comme le « nouveau contrat pour l'école » (1993) ou le « pacte de la réussite éducative » (2013), qui ont pour but de mobiliser l'ensemble des acteurs.

II. LE DÉPART ENTRE LA LOI ET LE RÈGLEMENT

La ***division du code de l'éducation*** en ***deux parties***, l'une ***législative***, l'autre ***réglementaire***, tient compte des principes de ***répartition des compétences entre le Parlement et le Gouvernement*** fixés par la Constitution et interprétés par la pratique de la Ve République sous le double contrôle du Conseil constitutionnel et du Conseil d'État.

Avant 1958, le législateur avait une compétence de principe mais laissait souvent au Gouvernement le soin de fixer les règles qu'il devait mettre en œuvre. Si l'article 34 de la Constitution de 1958, tel qu'il résulte de la loi constitutionnelle du 23 juillet 2008, affirme que *« Le Parlement vote la loi »*, permettant d'en donner une définition formelle, celle-ci est complétée par une approche matérielle qui la limite à la fois horizontalement et verticalement.

L'article 34 de la Constitution fixe en effet un ***domaine à la loi***. Dix-sept rubriques mentionnent les matières fondamentales parmi lesquelles figure l'enseignement. Les rédacteurs du code doivent aussi tenir compte du caractère législatif de l'état et la capacité des personnes, de la détermination des crimes et délits et des peines applicables, de la procédure pénale, de la création des catégories d'établissements publics, de la libre administration des collectivités territoriales, du droit du travail, du droit syndical ou des garanties fondamentales qui sont accordées aux citoyens pour l'exercice des libertés publiques et aux fonctionnaires civils de l'État.

En 1958, le constituant a introduit une distinction entre ces chefs de compétence. Dans certains cas, le Parlement fixe les *« règles »*, dans d'autres, les *« principes fondamentaux »*. C'est le cas de l'enseignement : *« La loi détermine... les principes fondamentaux de l'enseignement »* (art. 34, al. 3).

« Les matières autres que celles qui sont du domaine de la loi ont un caractère réglementaire » (art. 37). Le Gouvernement s'est vu alors reconnaître une compétence de principe qu'il peut exercer en édictant des règlements présentés comme « autonomes ». Chargé de l'exécution des lois, il édicte aussi des règlements d'application. Formellement, les règlements sont pris par décret du Premier ministre, ou s'ils sont délibérés en Conseil des ministres, du Président de la République.

La pratique constitutionnelle a remis en cause la première lecture du texte de 1958 qui avait pu y voir une révolution juridique, passant d'une conception formelle à une définition matérielle de la loi, doublée d'un système de confinement du législateur. Si les craintes initiales se sont avérées non fondées, d'autres dérives appellent aujourd'hui de nouvelles réactions.

A. LES RÉSULTATS DE LA PRATIQUE CONSTITUTIONNELLE

La pratique constitutionnelle est placée sous le double contrôle du Conseil constitutionnel et du Conseil d'État. Le ***Conseil constitutionnel*** connaît des actes formellement législatifs, des textes qui ont été votés par le Parlement et, depuis la loi constitutionnelle de 2008 introduisant un contrôle *a posteriori*, des lois en vigueur. Saisi par le Premier ministre, il est habilité à déclarer que les dispositions contenues dans une loi ont un caractère réglementaire et peuvent être modifiées par décret (sauf pour les textes antérieurs à 1958 pour lesquels un avis du Conseil d'État suffit). Il peut aussi intervenir au cours de la procédure législative pour déterminer la nature législative ou réglementaire d'un amendement ou d'une proposition (art. 41). De son côté, le ***Conseil d'État*** connaît des actes formellement administratifs dont il apprécie la régularité.

Les décisions du Conseil constitutionnel et les arrêts du Conseil d'État qui concernent dans quelques cas l'enseignement ont apporté des solutions parfois éloignées de la première analyse du texte constitutionnel.

L'***interprétation*** des articles de la ***Constitution*** répartissant les compétences a tout d'abord pris en compte l'état antérieur de la législation. Les principes fondamentaux comme les garanties fondamentales mentionnées à l'article 34 *« doivent être appréciés dans le cadre des limitations de portée générale qui y ont été introduites par la législation antérieure »* ; ils sont pris en considération tels qu'ils se présentent, avec les limitations décidées avant 1958 (Cons. const. 27 nov. 1959, *Proposition de loi déposée par MM. Bajeux et Boulanger, sénateurs, tendant à la stabilisation des fermages,* n° 59-1 FNR : *Rec. Cons. const. 71 ; GDCC n° 6*).

Le ***domaine de la loi*** a fait l'objet d'une ***interprétation extensive***, notamment pour le principe de libre administration des collectivités territoriales auxquelles *« seule la loi peut imposer une sujétion nouvelle »* (Cons. const. 29 déc. 1983, *Loi relative au prix de l'eau*, n° 83-166 DC : *Rec. Cons. const. 77*). En outre, il n'est pas uniquement fixé par l'article 34. Plusieurs dispositions mentionnées dans le Préambule de la Constitution de 1958 imposent la compétence du législateur. Seule la loi peut fixer les bornes de la liberté (art. 4 de la Déclaration de 1789), régir la liberté d'opinion et de communication (art. 10 et 11), garantir l'égalité des droits entre l'homme et la femme (Préambule de 1946, al. 7). De même la loi est seule compétente pour déroger aux principes généraux du droit et pour assurer la conciliation entre les différents droits ou objectifs constitutionnels.

La ***distinction*** faite par l'***article 34*** entre les cas où la loi *« fixe les règles »* et ceux où elle *« détermine les principes fondamentaux »* a été peu à peu effacée. Dès 1959, le Conseil constitutionnel a décidé d'une part que lorsque la loi fixait les règles il restait un espace au pouvoir réglementaire pour édicter les mesures d'application nécessaires à la mise en œuvre de ces règles (Cons. const. 27 nov. 1959, *RATP*, n° 59-1 L : *Rec. Cons. const. 67 ; GDCC n° 5*). D'autre part, même quand il *« fixe les règles »*, le législateur doit s'en tenir aux plus importantes, à celles qui sont essentielles, fondamentales. On est alors très proche des *« principes fondamentaux »* d'une matière.

Le ***Conseil constitutionnel*** et le ***Conseil d'État*** utilisent une autre méthode pour faire le départ entre le domaine de la loi et celui du règlement. Ils se demandent si la disposition en cause a ou non un caractère déterminant, opposant alors la mise en cause et la mise en œuvre. Les dispositions qui mettent en cause les règles sont du domaine de la loi, celles qui les mettent en œuvre, du domaine du règlement.

Dans le ***domaine de l'enseignement***, le Conseil constitutionnel reprenant la distinction faite dans sa décision de principe rendue à propos de la RATP, entre le principe de la présence de représentants des collectivités territoriales au conseil d'administration et la fixation de leur nombre qui relève de sa mise en œuvre, a ainsi décidé que les dispositions instituant un conseil dont la consultation est obligatoire préalablement à la détermination des conditions de reconnaissance des établissements privés relève du domaine de la loi, contrairement aux règles de composition et de fonctionnement qui sont fixées par le règlement (Cons. const. 27 avr. 1977, *Nature juridique de dispositions contenues dans divers textes relatifs à l'enseignement et à la formation professionnelle agricole*, n° 77-96 L : *Rec. Cons. const. 52*). Par la suite, il a décidé que le nombre des représentants des étudiants élus au conseil de direction de l'IEP de Paris siégeant au conseil d'administration de la Fondation nationale des sciences politiques avait un caractère réglementaire (Cons. const. 13 févr. 2015 : *n° 2015-253 L*). De même, à propos de la liberté d'accès à l'enseignement qui constitue l'un des principes fondamentaux de l'enseignement, la limitation *a priori* du nombre des étudiants en médecine et en pharmacie ainsi que l'institution d'un concours de recrutement ressortissent du domaine de la loi alors que la détermination des circonscriptions à l'intérieur desquelles ces principes seront appliqués constituent des mesures d'application nécessaires à la mise en œuvre du principe (Cons. const. 19 déc. 1991, *Nature juridique des dispositions des articles 48, 48 bis et 60, pour partie, de la loi n° 68-978 du 12 novembre 1968 modifiée et concernant l'organisation des concours d'internat en médecine et en pharmacie*, n° 91-167 L : *Rec. Cons. const. 134*). Se rattachent aussi à un principe fondamental les dispositions donnant compétence à l'État pour accorder l'habilitation à délivrer le titre d'ingénieur, contrairement à celles qui désignent les autorités habilitées à le délivrer (Cons. const. 18 mars 1999, *Nature juridique de dispositions de la loi n° 84-52 du 26 janvier 1984 sur l'enseignement supérieur*, n° 99-185 L : *Rec. Cons. const. 67*).

Au fil des décisions on apprend ainsi que le caractère électif d'une commission paritaire dont les autorités de l'État doivent recueillir l'avis constitue un principe fondamental (Cons. const. 11 juill. 1973, *Nature juridique de certaines dispositions de l'article 3 de la loi du 7 juillet 1971 relative à l'enseignement de la biologie et au statut des laboratoires hospitaliers de biologie*, n° 73-77 L : *Rec. Cons. const. 39*) ; que les dispositions désignant l'autorité compétente pour approuver les délibérations financières des établissements publics à caractère scientifique, culturel et professionnel relèvent du domaine de la loi (Cons. const. 18 mars 1999, *Nature juridique des dispositions des articles 48, 48 bis et 60, pour partie, de la loi n° 68-978 du 12 novembre 1968 modifiée et concernant l'organisation des concours d'internat en médecine et en pharmacie*, n° 99-185 L : *préc.*). Parallèlement, le Conseil d'État a jugé qu'*« au nombre des principes fondamentaux de l'enseignement »* figurent l'exigence de l'examen par un jury pour la délivrance des diplômes (CE 12 juill. 1969, *Chambre de commerce et d'industrie de St-Étienne : Lebon 379 ; AJDA 1969. 565*), l'absence de l'institution d'un monopole de préparation à des examens (CE 13 nov. 1970, *Lebon 674 ; AJDA 1971. 359*), l'égalité entre les étudiants (CE 28 avr. 1971, *Centre universitaire de Vincennes et dame Bernardini : Lebon 302 ; AJDA 1971. 418*), l'indépendance des professeurs (CE, sect., 5 avr. 1974, *Leroy : AJDA 1974. 444, concl. Théry* ; érigé en principe constitutionnel par le Conseil constitutionnel – Décis. n° 83-165 DC du 20 janv. 1984 – qui l'a étendu à l'ensemble des enseignants-chercheurs – Décis. n° 93-322 DC du 28 juill. 1993 –, V. Livre IX). Il a aussi été jugé que le pouvoir de notation et d'appréciation des enseignants ne pouvait leur être retiré sans mettre en cause un principe fondamental de la compétence du législateur (CE, sect., 10 nov. 1978, *Confédération des groupes autonomes de l'enseignement public : Lebon 569*).

Au contraire, ne touchent pas aux principes fondamentaux les dispositions fixant la durée de l'internat en médecine (Cons. const. 30 mars 2000, *Nature juridique de certaines dispositions de la loi n° 68-978 du 12 novembre 1968 modifiée d'orientation de l'enseignement supérieur*, n° 2000-188 L : *JO 2 avr. 2000, p. 5118*), l'extension de la mission des enseignants aux actions éducatives (CE 28 oct. 1974), la disposition confiant au conseil d'administration le soin de fixer les modalités de participation des élèves et des parents d'élèves au conseil de classe (CE, sect., 14 nov. 1976, *Min. de l'éducation nationale c/ dame Simon : AJDA 1976. 426, concl. Théry*), la création d'un conseil académique des langues régionales (CE, sect., 29 nov. 2002, *SNES*), la désignation de l'autorité chargée au nom de l'État de procéder à l'enregistrement de diplômes, titres et certificats de qualification dans le répertoire national des certifications professionnelles ainsi que le rattachement au Premier ministre de la Commission nationale de la certification professionnelle figurant respectivement aux deuxième et quatrième alinéas du II de l'article L. 335-6 du code de l'éducation (Cons. const. 24 mars 2005, *Nature juridique de dispositions du code de l'éducation*, n° 2005-200 L : *Rec. Cons. const. 54*). Plus tard, après un débat national d'envergure suscité par le vote d'un amendement d'origine parlementaire intégrant la prise en compte du « *rôle positif de la présence française outre-mer* », devenu l'article 4 de la loi du 23 février 2005, le Conseil constitutionnel a déclassé la disposition en cause « *considérant que le contenu des programmes scolaires ne relève ni des "principes fondamentaux... de l'enseignement", que l'article 34 de la Constitution réserve au domaine de la loi, ni d'aucun autre principe ou règle que la Constitution place dans ce domaine* » (Cons. const. 31 janv. 2006, *Nature juridique d'une disposition de la loi n° 2005-158 du 23 février 2005 portant reconnaissance de la Nation et contribution nationale en faveur des Français rapatriés*, n° 2006-203 L : *Rec. Cons. const. 37*). De même, une disposition de la partie législative de code prévoyant qu'un décret doit être pris en conseil des ministres est reconnue comme ayant un caractère réglementaire (Cons. const. 15 juin 2006, *Nature juridique d'une disposition du code de l'éducation*, n° 2006-204 L : *Rec. Cons. const. 65*, à propos de l'article L. 442-18). Un décret peut modifier les dispositions législatives s'il a « *pour seul objet de désigner l'autorité habilitée à exercer au nom de l'État des attributions qui, en vertu de la loi, relèvent de la compétence du pouvoir exécutif* » (Cons. const. 22 déc. 2011, n° 2011-228 L ; à propos du Décr. n° 2012-16 du 5 janv. 2012 relatif à l'organisation académique, entré en vigueur le 1er févr. dernier, modifiant plusieurs dispositions du code de l'éducation et une série de textes visant l'autorité académique ainsi délégalisés par le Conseil constitutionnel).

Les mêmes questions se posent à propos des autres dispositions constitutionnelles pouvant s'appliquer à l'enseignement supérieur ; ainsi, les règles concernant « *la création des catégories d'établissements publics* » englobent les « *règles constitutives* » (Cons. const. 28 juill. 1993, *Loi relative aux établissements publics à caractère scientifique, culturel et professionnel*, n° 93-322 DC : *Rec. Cons. const. 204*, les établissements publics à caractère scientifique, culturel et professionnel constituent une catégorie particulière d'établissements publics ; à ce titre, la détermination et le rôle des organes de direction et d'administration, les conditions de leur élection, les catégories de ressources dont ils peuvent bénéficier ou la nature des composantes internes relèvent de la loi). Il en est de même de l'article 51 de la loi LRU n° 2007-1199 du 10 août 2007 régissant le comité de suivi chargé d'évaluer l'application de la loi relative aux libertés et responsabilités des universités (Cons. const. 15 oct. 2015, n° 2015-259 L). S'agissant de l'organisation des services, il a été décidé que la division de la France en circonscriptions académiques administrées par un recteur (art. L. 222-1) comme la règle selon laquelle les CROUS fonctionnent au niveau de chaque académie (art. L. 822-3), ne mettant en cause aucun principe constitutionnel ni aucun principe relevant de la loi, ont un caractère réglementaire (Cons. const. 15 oct. 2015, n° 2015-258 L).

B. LA DÉCISION N° 2005-512 DC DU CONSEIL CONSTITUTIONNEL DU 21 AVRIL 2005 – LOI D'ORIENTATION SUR L'AVENIR DE L'ÉCOLE

Après un long débat national, le Parlement a adopté la loi d'orientation sur l'avenir de l'école qui modifie de nombreuses dispositions de la partie législative du code de l'éducation. Le Conseil constitutionnel a été saisi dans les conditions prévues par l'article 61 par plus de 60 députés et sénateurs. ***La décision du 21 avril 2005 est importante sur deux plans :***

a. La présence dans la loi de dispositions réglementaires

Les requérants soutenant, de façon générale, que la ***loi déférée comporte de nombreuses dispositions sans aucune portée législative*** en contradiction avec les articles 34 et 37 de la Constitution, le ***Conseil constitutionnel*** décide que quatre de ses articles « ne mettent en cause ni les « *principes fondamentaux de l'enseignement* »... ni aucun principe ou règle que la Constitution place dans le domaine de la loi ; que ***ces***

dispositions ont, à l'évidence, le caractère réglementaire ». Pour la première fois, en dehors de l'article 37, alinéa 2, le Conseil constitutionnel, allant d'ailleurs au-delà de la demande des requérants, sanctionne la ***violation de la frontière entre les domaines législatif et réglementaire***. Auparavant, il avait pourtant décidé qu'« *une loi qui empiète sur le domaine du règlement n'en est pas pour autant inconstitutionnelle* » (Cons. const. 30 juill. 1982, *Loi sur les prix et les revenus*, n° 82-143 DC : *Rec. Cons. const. 57*). Ici, il ***déclasse une série de dispositions*** ayant « à l'évidence » un caractère réglementaire (visant à instituer dans chaque académie une commission sur l'enseignement des langues vivantes, à rebaptiser une commission, à prévoir les conditions d'attribution du label « *lycée des métiers* », à définir le projet d'école ou d'établissement et le règlement intérieur), dispositions prises en forme législative mais matériellement réglementaires. On peut s'interroger sur le devenir contentieux de telles dispositions ; la rédaction de la décision semble limiter cette nouvelle possibilité aux cas évidents ; une autre solution priverait le législateur de la possibilité d'adopter des mesures symboliques ou rendrait incompréhensible certains textes ; on remarquera ici qu'il est vraisemblable que la partie législative du code de l'éducation contienne, malgré l'abrogation initiale d'une série de dispositions de cette nature, un certain nombre de dispositions qui auraient dû figurer dans la partie réglementaire.

b. La portée normative de certaines dispositions

Comme la loi d'orientation de 1989, la ***loi d'orientation sur l'avenir de l'école de 2005*** était accompagnée d'un ***rapport annexé*** fixant « *les orientations et les objectifs de la politique nationale en faveur de l'éducation ainsi que les moyens programmés* » ; ce rapport était approuvé dans le corps même du texte de la loi par son article 12.

De manière générale, s'agissant des normes applicables, le Conseil constitutionnel, reprenant une démarche déjà suivie (Cons. const. 29 juill. 2004, *Loi organique relative à l'autonomie des collectivités territoriales*, n° 2004-500 DC : *Rec. Cons. const. 116*), part de l'article 6 de la Déclaration de 1789 selon lequel « *la loi est l'expression de la volonté générale* » et en déduit que « *la loi a pour vocation d'énoncer des règles de droit et doit par suite être revêtue d'une portée normative* ». Le « *principe de clarté de la loi* » (art. 34), comme l'« *objectif de valeur constitutionnelle d'intelligibilité et d'accessibilité de la loi* » (V. ci-dessus) « *lui imposent d'adopter des dispositions suffisamment précises et des formules non équivoques afin de prémunir les sujets de droit contre une interprétation contraire à la Constitution ou contre le risque d'arbitraire, sans reporter sur des autorités administratives ou juridictionnelles le soin de fixer des règles dont la détermination n'a été confiée par la Constitution qu'à la loi* ».

Constatant alors que les ***engagements qui figurent dans le rapport annexé « ne sont pas revêtus de la portée normative qui s'attache à la loi »***, le Conseil décide que l'article 12 qui approuve le rapport est ***contraire à la Constitution*** (ce qu'il avait déjà tranché dans la décision du 22 août 2002, *Loi d'orientation et de programmation sur la sécurité intérieure*, n° 2002-460 DC) ; il en est de même pour le II de l'article 7, « *l'objectif de l'école est la réussite de tous les élèves* », … dispositions « *manifestement dépourvues de toute portée normative* ». Contrairement à sa position antérieure (Cons. const. 14 août 2003, *Loi portant réforme des retraites*, n° 2003-483 DC : *Rec. Cons. const. 499*), le Conseil constitutionnel considère désormais de manière générale qu'une disposition dépourvue de caractère normatif est contraire à la Constitution. Le Conseil constitutionnel a censuré, comme dépourvu de portée normative, l'article 68 de la loi égalité et citoyenneté de 2017 qui affirme que la Nation reconnaît le droit de chaque jeune atteignant l'âge de 18 ans à compter de 2020 à bénéficier d'une expérience professionnelle ou associative à l'étranger (contrairement aux dispositions qui imposent des obligations de faire : inciter les lycéens à participer à un projet citoyen au sein d'une association d'intérêt général, imposer à chaque académie de se doter d'un pôle de stage au moins, imposer aux recteurs d'académie de présenter devant le conseil départemental de l'éducation nationale l'évolution de la mixité sociale et scolaire de tous les établissements scolaires de chaque district (Cons. const. 26 janv. 2017, Loi relative à l'égalité et à la citoyenneté, n° 2016-745 DC). Ces décisions s'inscrivent dans une ***volonté nouvelle de redonner à la loi son sens premier***. La loi dispose ; la loi est acte de volonté, de commandement. Dans la pratique, le législateur s'est souvent laissé aller à discourir, à formuler des souhaits, à procéder par déclaration d'intention, à adopter des lois trop bavardes. On notera toutefois que si de telles formules peuvent donner l'impression de n'être que des *« banalités »*, la matière éducative impose une mobilisation des acteurs et des partenaires qui peut passer par un discours qui en l'occurrence s'appuyait sur une réflexion nationale éclairée par un rapport ambitieux pour la réussite des élèves (pour la réussite de tous les élèves : rapport de la Commission du débat national sur l'avenir de l'École présidée par Claude Thélot, oct. 2004, *Doc. fr.*).

S'il s'agit de fixer des objectifs, le Conseil constitutionnel rappelle dans cette décision que les lois de programme ont notamment ce rôle : *« des lois de programme déterminent les objectifs de l'action économique et sociale de l'État »* ; sous l'empire de l'ordonnance organique du 2 janvier 1959, le Conseil constitutionnel avait décidé que seules les lois comportant des prévisions de dépenses chiffrées constituaient des lois de programme (Cons. const. 26 juin 1986, *Loi autorisant le Gouvernement à prendre diverses mesures d'ordre économique et social*, n° 86-207 DC, cons. 7 : *Rec. Cons. const. 61*) ; la loi organique du 1er août 2001 relative aux lois de finances, la LOLF, a entraîné une modification de cette définition : tout projet de loi définissant les objectifs de la politique de l'État en matière économique et sociale revêt désormais le caractère d'un projet de loi de programme. Le Conseil constitutionnel aurait pu ajouter que la notion d'objectif est au cœur même de la philosophie de la loi organique. Il se contente de rappeler une règle de procédure, tout projet de loi de programme étant soumis à avis du Conseil économique et social (art. 70), et sanctionne de ce chef l'article approuvant le rapport annexé. Si celui-ci n'a pas la portée normative qui s'attache à la loi, ses dispositions pouvaient trouver place dans une loi de programme dans la mesure où il contenait *« des dispositions dénuées d'effet juridique mais fixant des objectifs qualitatifs et quantitatifs à l'action de l'État en matière éducative »* (*« les lois de programme »* ont été remplacées par *« les lois de programmation »* qui définissent *« les orientations pluriannuelles des finances publiques »* par la loi constitutionnelle du 23 juill. 2008 modifiant l'art. 34, al. 6).

S'agissant en outre de *« dispositions de portée normative incertaine »*, le Conseil constitutionnel va les sauver en recourant à la technique des réserves d'interprétation, dégagées en se référant notamment aux travaux préparatoires. Si des aménagements appropriés ou des actions particulières peuvent être prévus au profit de certains élèves, il ne peut s'agir pour les établissements que d'une obligation de moyens et non de résultat ; de même si en cas de contrôle continu l'évaluation des connaissances se fait dans le respect des conditions d'équité, celles-ci imposent une procédure d'harmonisation.

Portalis souhaitait *« fixer par des grandes vues les maximes générales du droit, établir des principes féconds sans se perdre dans les détails »*. Si le Conseil constitutionnel semble retrouver l'inspiration du code civil, force est de constater que si cette directive était prise aujourd'hui au pied de la lettre le code de l'éducation serait à réécrire. Ne contient-il pas en effet de nombreuses affirmations non normatives accolées à des dispositions dont le degré de précision devrait entraîner le déclassement !

C. LE CODE DE L'ÉDUCATION ET LA QUESTION PRIORITAIRE DE CONSTITUTIONNALITÉ

Si les dispositions de la partie réglementaire du code de l'éducation ont pu faire l'objet d'un contrôle de légalité (par les juridictions administratives soit par voie d'action, notamment par le biais du recours pour excès de pouvoir introduit dans un délai de deux mois à partir de la publication du décret ou de l'arrêté, soit par voie d'exception), celles de la partie législative peuvent ne jamais avoir été contrôlées vis-à-vis de la norme supérieure qu'est la Constitution (par contre, le juge peut les écarter si elles sont contraires aux traités régulièrement ratifiés dans le cadre du contrôle de conventionnalité). Longtemps, le contrôle de la constitutionnalité n'a pu intervenir qu'*a priori*, après le vote de la loi par le Parlement et avant sa promulgation par le président de la République. Ne pouvant être saisi que par les autorités désignées par la Constitution (le président de la République, le Premier ministre, les Présidents de l'Assemblée nationale et du Sénat et, depuis 1973, par soixante députés ou soixante sénateurs), le Conseil constitutionnel n'avait pu exercer son contrôle que sur un petit nombre de dispositions.

La révision constitutionnelle du 23 juillet 2008 a introduit un article 61-1 et modifié l'article 62 de la Constitution pour permettre un contrôle *a posteriori* des lois votées qui, si elles ne respectent pas les droits et libertés garantis par la Constitution, peuvent désormais être abrogées. La loi organique du 10 décembre 2009 a précisé la procédure suivie pour les questions prioritaires de constitutionnalité (QPC).

Dorénavant, toute personne peut, à l'occasion d'un procès ordinaire, soulever devant toute juridiction la question de la constitutionnalité de la loi applicable au litige ; prioritaire, cette question doit être traitée rapidement et avant les autres, notamment celles qui mettent en cause la conventionnalité. Il s'agit ici de vérifier que les dispositions législatives respectent les droits et libertés garantis par la Constitution, au sens large du terme (articles de la Constitution, Déclaration de 1789, Préambule de la Constitution de 1946, principes fondamentaux reconnus par les lois de la République, parmi lesquels le Conseil constitutionnel a classé la liberté de l'enseignement et l'indépendance des professeurs des universités mais non le monopole de la collation des grades ou l'autonomie des universités) ; toutefois, l'article 75-1 de la Constitution, qui depuis 2008 affirme que les langues régionales font partie du patrimoine de la France, n'institue ni liberté ni droit garanti à l'enseignement des langues (Cons. const. 20 mai 2011, *Mme Cécile L. et a*, n° 2011-130 QPC : *JO 21 mai, p. 8889 ; D. 2011. 1491 ; AJDA 2011. 1963, note Verpeaux ; JCP Adm. 2011, n° 27, p. 48, note Legrand ; LPA 2011, n° 174-175, p. 15, note Gicquel).* De même, le second alinéa de l'article 1er de la Constitution – « la loi favorise l'égal accès des femmes et des hommes aux mandats électoraux et fonctions électives, ainsi qu'aux responsabilités professionnelles et sociales » –, s'il permet au législateur d'instaurer tout dispositif tendant à rendre effectif l'égal accès des femmes et des hommes aux responsabilités professionnelles et sociales, il n'institue pas un droit ou une liberté que la Constitution garantit (Cons. const. 24 avr. 2015, *CPU*, n° 2015-465 QPC).

La question peut être soulevée devant tout juge, administratif ou judiciaire, par un mémoire distinct et motivé. La disposition doit ne pas avoir déjà été déclarée conforme à la Constitution par le Conseil constitutionnel sauf « changement de circonstances » de fait ou de droit en cas de modification de la Constitution. Ainsi, l'article 75-1 de la Constitution présente un « caractère nouveau » (CE 21 mars 2011, n° 345193 : *Cah. Cons. const. 2011. 221, chron. Vidal-Naquet).* Si elle n'est pas dépourvue de caractère sérieux le juge doit saisir dans les trois mois le Conseil d'État ou la Cour de Cassation. Les hautes juridictions, si elles jugent la question sérieuse, doivent alors saisir le Conseil constitutionnel qui statue dans les trois mois. (CE 15 juin 2011, n° 347581 : *AJDA 2011. 1233 ; ibid. 1966, concl. Vialettes ; Cah. Cons. const. 2012. 186, obs. Gay*, jugeant qu'il n'y a pas lieu de saisir le Conseil constitutionnel de la L. du 28 sept. 2010 visant à lutter contre l'absentéisme scolaire).

Le Conseil constitutionnel peut alors abroger la disposition législative. Si l'abrogation a en principe un effet immédiat, l'article 62 de la Constitution, introduit en 2008, donne au Conseil constitutionnel la possibilité d'en différer le moment, laissant ainsi au Parlement le délai nécessaire pour mettre la loi en conformité. La décision de conformité peut aussi être assortie de réserves d'interprétation (Cons. const. 6 août 2010, *Collectif pour la défense de l'Université*, n° 2010-20/21 QPC : *JO 7 août, p. 14615 ; AJDA 2011. 1791, note Verpeaux ; AJFP 2010. 245 ; D. 2010. 2335, note Melleray ; JCP 2010, n° 36, p. 1602, note Mathieu ; Gaz. Pal. 2010, n° 251-252, p. 14, note Touzeil-Divina ; Commentaire 2011, n° 134, p. 509, note Beaud ; RFDC 2011, n° 186, p. 284, note Dargent ; LPA 2011, n° 89, p. 46, note Touzeil-Divina* à propos des dispositions de la LRU intégrées au code de l'éducation ; Cons. const. 13 juill. 2011, *Dpt de la Haute Savoie*, n° 2011-149 QPC : *JO 14 juill., p. 1224 ; D. 2011. 1974 ; AJDA 2011. 2067, note Verpeaux*, relative aux centres d'orientation scolaire, art. L. 315-5).

III. LES MATÉRIAUX

A. LA PARTIE LÉGISLATIVE DU CODE DE L'ÉDUCATION

Publiée en 2000, la partie législative permit alors de rassembler et de présenter logiquement et dans la cohérence des dispositions issues de ***119 textes*** édictés au cours des ***150 années*** précédentes.

Si les souvenirs de l'Université impériale sont ici ou là encore sensibles, le plus ancien texte codifié est la loi Falloux du 15 mars 1850, dont le fameux article 69 limitant l'aide publique aux établissements d'enseignement général du second degré privés au dixième des dépenses annuelles de l'établissement est repris par l'article L. 151-4. Le Second Empire est encore présent avec la loi Duruy du 10 avril 1867 instituant la caisse des écoles (art. L. 212-10). Mais les grands textes fondateurs datent de la IIIe République, qu'il s'agisse de la loi Dupanloup du 12 juillet 1875, qui constitue toujours la base de la liberté de l'enseignement supérieur (art. L. 151-6), ou des grandes lois laïques du 16 juin 1881 instaurant la gratuité de l'enseignement primaire public (art. L. 132-1), la loi Ferry du 28 mars 1882 le déclarant obligatoire (art. L. 131-1), la loi Goblet du 30 octobre 1886 laïcisant le personnel enseignant (art. L. 141-5), parachevées par la loi Briand du 9 décembre 1905 de séparation des Églises et de l'État imposant que l'enseignement religieux soit donné en dehors des heures de classe (art. L. 141-4). Dans l'Entre-deux-guerres, la loi de finances du 31 mai 1933 conclut la marche vers la gratuité de l'enseignement secondaire (art. L. 132-2) et la loi du 5 avril 1937 substituant la responsabilité de l'État à celle des instituteurs constitue la base du régime applicable aujourd'hui aux membres de l'enseignement public (art. L. 911-4).

Si deux articles laissent subsister des dispositions adoptées par l'État français (art. L. 421-21 sur le régime d'indemnisation des élèves des lycées maritimes en cas d'accident ; art. L. 212-12 sur la comptabilité de la caisse des écoles), les ordonnances de 1945 réaffirmant le principe de gratuité mis à mal par le régime de Vichy (art. L. 132-2) ou créant les instituts d'études politiques (art. L. 621-1) gardent le souvenir du rétablissement la légalité républicaine. Si le Préambule de la Constitution de 1946 fait l'objet d'une citation à l'article L. 141-1, rappelant que *« l'organisation de l'enseignement public gratuit et laïque à tous les degrés est un devoir de l'État »* après avoir déclaré que *« la Nation garantit l'égal accès de l'enfant et de l'adulte à l'instruction, à la formation et à la culture »*, la législation adoptée par la IVe République n'a laissé que quelques traces : loi Deixonne du 11 janvier 1951 pour les langues et cultures régionales (art. L. 312-10), loi Marie du 21 septembre 1951 étendant le régime des bourses à l'enseignement privé (art. L. 531-4), loi du 16 avril 1955 réorganisant les services des œuvres universitaires en faveur des étudiants (art. L. 822-1 s.).

L'apport des lois de la Ve République est, quantitativement au moins, beaucoup plus important. Si l'ordonnance du 6 janvier 1959 (réforme Berthoin) qui prolonge l'obligation scolaire de deux ans n'a laissé son empreinte que sur deux articles (art. L. 131-1 et L. 131-2), la loi Debré du 31 décembre 1959 sur les relations entre l'État et les établissements privés est reprise par vingt-six articles répartis dans les livres I (dont les art. L. 141-2 et L. 141-2 qui correspondent à son art. 1er), III, IV, V et IX.

Pour l'***enseignement scolaire***, la loi d'orientation du 10 juillet 1989 relative à l'éducation, dite loi Jospin, marque fortement l'ensemble. Dans sa rédaction de 2000, plus de 100 articles en sont issus. Ils se combinent avec quarante articles qui subsistent de la loi Haby du 11 juillet 1975. Par contre la loi de programmation du nouveau contrat pour l'école, ou loi Bayrou du 13 juillet 1995, ne survit que dans un seul article (art. L. 911-7). Depuis la publication du code, la loi Fillon du 23 avril 2005 d'orientation et de programme pour l'avenir de l'école a modifié une soixantaine d'articles. La loi n° 2008-790 du 20 août 2008 instituant un droit d'accueil pour les élèves des écoles maternelles et élémentaires pendant le temps scolaire ajoute un chapitre au titre III du livre Ier. Issue d'une proposition de loi du sénateur J.-C. Carle, la loi n° 2009-1312 du 28 octobre 2009 abroge l'article 89 de la loi n° 2004-809 du 13 août 2004 et adopte un dispositif tendant à garantir la parité du financement entre les écoles élémentaires publiques et privées sous contrat d'association lorsqu'elles accueillent des élèves scolarisés en dehors de leur commune. ***La loi Peillon n° 2013-595 du 8 juillet 2013 d'orientation et de programmation pour la refondation de l'École de la République*** crée ou modifie quatre-vingt-treize articles, introduisant la notion d'inclusion scolaire, traduisant une nouvelle approche de la scolarisation des enfants en situation de handicap. Elle fixe une série d'objectifs d'élévation du niveau de connaissances, de compétences et de culture de tous les enfants, de réduction des inégalités sociales et territoriales et de diminution du nombre des sorties du système scolaire sans qualification ; elle instaure le service public de l'enseignement numérique, crée un Conseil supérieur des programmes, refonde le socle commun de connaissances, de compétences et de culture et celui des programmes assorti d'un parcours d'éducation artistique et culturelle, d'un enseignement moral et civique et de l'enseignement d'une langue vivante ; elle institue le Conseil national d'évaluation du système éducatif et refonde la formation des maîtres en substituant les Écoles supérieures du professorat et de l'éducation (ÉSPÉ) aux IUFM. ***La***

loi Blanquer n° 2019-791 pour une école de la confiance du 26 juillet 2019 porte sur cent-cinquante-quatre articles. Pour garantir les savoirs fondamentaux pour tous, elle étend l'obligation scolaire aux enfants de trois ans, complète l'obligation d'instruction par une obligation de formation ; elle renforce le contrôle de l'instruction et l'école inclusive ; elle enrichit l'offre de formation en créant les EPLEI ; et souhaite améliorer la formation des personnels d'enseignement et d'éducation en substituant les INSPÉ aux ÉSPÉ. ***La loi n° 2021-1109 du 24 août 2021 confortant le respect des principes de la République*** soumet l'instruction en famille à autorisation et renforce le contrôle des établissements privés hors contrat.

Pour l'***enseignement supérieur,*** la plupart des dispositions sont issues de la loi Savary du 26 janvier 1984 (122 articles) complétées notamment par la loi Allègre du 12 juillet 1999 sur l'innovation et la recherche.

Il subsiste toutefois deux articles de la loi Edgar Faure n° 68-978 du 12 novembre 1968, les articles L. 952-4 et L. 952-5 (le Conseil constitutionnel a en effet considéré que l'abrogation de dispositions qui donnaient aux enseignants des garanties conformes aux exigences constitutionnelles, qui n'ont pas été remplacées dans la loi du 26 janv. 1984 relative à l'enseignement supérieur par des garanties équivalentes, n'était pas conforme à la Constitution : Cons. const. 20 janv. 1984, *Loi relative à l'enseignement supérieur*, n° 83-165 DC : *Rec. Cons. const. 30 ; V. ss. art. L. 952-2*). Le code est structuré par les dispositions issues de la loi Savary du 26 janvier 1984 (122 articles) complétées notamment par la loi Allègre du 12 juillet 1999 sur l'innovation et la recherche. La loi Pécresse n° 2007-1199 du 10 août 2007 relative aux libertés et responsabilités des universités, dite loi LRU, modifie ou ajoute une quarantaine d'articles de la partie législative du code, adaptant le cadre institutionnel pour améliorer la « gouvernance » et prévoyant de doter les établissements de nouvelles responsabilités (« budget global », gestion des ressources humaines…). Par la suite, ***la loi Pécresse n° 2007-1199 du 10 août 2007 relative aux libertés et responsabilités des universités, dite loi LRU***, s'attache à la gouvernance des établissements en leur conférant des responsabilités et compétences élargies, notamment pour la gestion des ressources humaines. Pour la première fois, ***la loi Fioraso n° 2013-660 du 22 juillet 2013 relative à l'enseignement supérieur et à la recherche*** (dite loi ESR), traite à la fois de la recherche et de l'enseignement supérieur. Elle a été conçue autour de quatre objectifs : accroître la réussite étudiante en misant sur la rénovation pédagogique ; permettre à la recherche de mieux répondre aux enjeux sociétaux ; favoriser la coopération de sites et garantir la collégialité et l'efficacité dans la gouvernance des universités ; ouvrir à l'Europe et à l'international. Elle est articulée autour des divisions du code de l'éducation et du code de la recherche : les missions de l'enseignement supérieur et de la recherche sont précisées en introduisant des objectifs de croissance, de compétitivité et d'attractivité ; la gouvernance des universités est revue pour équilibrer les pouvoirs du président ; les structures de coopération et de regroupement sont redéfinies ; le système d'évaluation de l'enseignement supérieur et de la recherche est repensé (suppression de l'AERES et création du Haut Conseil d'évaluation de la recherche et de l'enseignement supérieur). Elle consacre deux titres enchevêtrés aux formations de l'enseignement supérieur (titre III) et aux stages en milieu professionnel (titre IV, art. L. 611-5), question reprise par la loi n° 2014-788 du 10 juillet 2014 tendant au développement, à l'encadrement des stages et à l'amélioration du statut des stagiaires. La loi ESR insiste sur la continuité des enseignements entre le lycée et l'enseignement supérieur (L. du 22 juill. 2013, art. 32 : art. L. 612-2), esquissant un parcours bac-3/bac+3. ***La loi n° 2018-166 du 8 mars 2018 relative à l'orientation et à la réussite des étudiants, dite loi ORE***, modifie les règles d'accès au premier cycle, en introduisant Parcoursup ; ***l'ordonnance n° 2018-1131 du 12 décembre 2018 permettant d'expérimenter de nouvelles formes de regroupement des établissements*** d'enseignement supérieur et de recherche introduit notamment la notion d'établissement public expérimental (ratifiée et modifiée par l'art. 43 LPR 2020 ; à noter toutefois que le président nouvellement élu a pris une première décision mettant un terme à l'opération visant à créer une nouvelle université rassemblant l'université Paris-Sud, l'École polytechnique et d'autres écoles). Enfin, ***la loi n° 2020-1674 du 24 décembre 2020 de programmation de la recherche pour les années 2021 à 2030 et portant diverses dispositions relatives à la recherche et à l'enseignement supérieur*** comporte de nombreuses dispositions relatives notamment à la gestion des personnels (*tenure tracks* à la française, allègement de l'exigence de qualification nationale, recours au contrat), au financement et à l'évaluation du système, au fonctionnement des établissements et aux parcours de formation.

S'agissant de l'***enseignement technique***, la codification antérieure (code de l'enseignement technique, 14 sept. 1956) avait rassemblé les dispositions de la loi Astier du 25 juillet 1919, de la loi du 10 juillet 1934, de la loi du 4 août 1942 et de la loi du 21 février 1949 ; 50 articles de la partie législative en sont issus. Ils ont été complétés par la loi d'orientation du 16 juillet 1971 sur l'enseignement technologique publiée le même jour que la loi sur la formation professionnelle continue et une loi sur l'apprentissage, et quatorze ans plus tard, par la loi Carraz du 23 décembre 1985 sur l'enseignement technologique et professionnel. La loi n° 2009-1437 du 24 novembre 2009 relative à l'orientation et à la formation professionnelle tout au long de la vie comporte une série d'articles régissant notamment les stages en entreprise.

Plusieurs séries d'articles de la partie législative sont en outre issues de lois consacrées à des ***disciplines*** (L. du 16 juill. 1984 relative à l'organisation et à la promotion des activités physiques et sportives, L. du 6 janv. 1988 relative aux enseignements artistiques, L. du 10 juill. 1989 relative à l'enseignement de la danse) ou aux ***droits des personnes*** (art. L. du 30 juin 1975 d'orientation en faveur des personnes handicapées, L. du 18 déc. 1998 renforçant le contrôle de l'obligation scolaire).

L'association des ***collectivités territoriales*** au développement du service public a amené les rédacteurs du code de l'éducation à intégrer directement ou par citation d'articles du code général des collectivités territoriales les dispositions des lois de décentralisation concernant l'éducation, notamment des lois Defferre des 7 janvier et 22 juillet 1983 répartissant les compétences. La loi Raffarin du 13 août 2004 relative aux libertés et responsabilités locales comporte une série de dispositions modifiant près de quarante articles. La loi n° 2009-1437 du 24 novembre 2009 relative à l'orientation et à la formation professionnelle tout au long de la vie modifie notamment les articles concernant les compétences de la région qui doit dorénavant conclure un contrat de développement des formations avec l'État (art. L. 214-13, I).

Outre la référence aux divers ***« codes pilotes »***, la partie législative a intégré les dispositions déjà codifiées qui figuraient au code de la famille et de l'aide sociale, au code des juridictions financières, au code de la santé publique, au code du service national et au code précité de l'enseignement technique. Le code de l'éducation est alors code suiveur, reproduisant en italique les dispositions du code pilote. Des modifications sont aujourd'hui envisageables pour introduire des références au code des relations entre le public et l'administration, issu d'une ordonnance et d'un décret du 23 octobre 2015 « destiné à être la *lex generalis* des relations du public avec l'administration » (Rapport au Président de la République) qui réunit les dispositions issues des lois relatives aux droits des administrés (L. n° 78-753 du 17 juill. 1978 portant diverses mesures d'amélioration des relations entre l'administration et le public, L. n° 79-587 du 11 juill. 1979 relative à la motivation des actes administratifs et à l'amélioration des relations entre l'administration et le public, L. n° 2000-321 du 12 avr. 2000 relative aux droits des citoyens dans leurs relations avec l'administration, dite loi DCRA...).

Des adaptations dans l'agencement général du code étant apparues nécessaires à l'occasion de la codification, par le décret n° 2013-756 du 19 août 2013, des livres VI et VII de la partie réglementaire, une ***ordonnance n° 2014-807 du 17 juillet 2014 modifie la partie législative du code de l'éducation***. Suivant les souhaits de la Commission supérieure de codification, elle intègre tout d'abord au livre VI les dispositions relatives aux formations de santé figurant dans le code de la santé publique (formation des sages-femmes) ; elle modifie ensuite le titre V du livre VII, relatif aux établissements d'enseignement supérieur spécialisés, pour tenir compte de l'ensemble des établissements placés sous une tutelle autre que celle du ministre chargé de l'enseignement supérieur ; enfin, elle corrige des erreurs matérielles, actualise des références et veille à assurer une meilleure coordination entre les dispositions du code et les lois les ayant récemment modifiées, notamment la loi n° 2013-660 du 22 juillet 2013. De même, la loi n° 2014-788 du 10 juillet 2014 sur les stages, qui concerne tant les élèves du second degré que les étudiants, a supprimé la section qui leur était consacrée dans le livre VI et créé un nouveau chapitre au Livre Ier.

La loi n° 2019-791 du 26 juillet 2019 pour une école de la confiance, initialement justifiée par l'abaissement de l'âge de l'instruction obligatoire à trois ans, modifie une série de dispositions législatives dont les objectifs sont de garantir les savoirs fondamentaux pour tous (en soulignant le lien de confiance qui doit unir les membres de la communauté éducative, en renforçant les contrôles de l'instruction obligatoire et l'école inclusive), d'innover pour s'adapter aux besoins des territoires (en introduisant les établissements publics locaux d'enseignement international, EPLEI), d'améliorer la gestion des ressources humaines et simplifier le système éducatif.

En dehors des grandes lois consacrées à l'évolution du système éducatif, le législateur peut, à l'occasion du vote de textes portant d'autres politiques publiques, modifier certaines dispositions législatives du code de l'éducation. Ainsi, la loi n° 2015-1541 du 27 novembre 2015 visant à protéger les sportifs de haut niveau et professionnels et à sécuriser leur situation juridique et sociale modifie les articles L. 331-6 et L. 611-4 du code de l'éducation remplaçant la notion de sportif de haut niveau par une référence à « la pratique sportive d'excellence et d'accession au haut niveau » ; de même la loi n° 2016-41 du 26 janvier 2016 de modernisation de notre système de santé complète les articles L. 121-4-1, II et L. 541-1 (V. en outre, l'Ord. n° 2017-31 du 12 janv. 2017 de mise en cohérence des textes au regard des dispositions de la loi n° 2016-41 du 26 janvier 2016 de modernisation de notre système de santé modifiant les art. L. 633-2, L. 633-5 et L. 731-6-1). La loi n° 2016-297 du 14 mars 2016 relative à la protection de l'enfant, à son article 5, ajoute un nouvel alinéa à l'article L. 131-8 du code de l'éducation. La loi n° 2016-1321 du 7 octobre 2016 pour une République numérique modifie plusieurs articles concernant l'enseignement supérieur (art. L. 611-8 et L. 822-1) et le code de la recherche (art. L. 533-4) ; elle fixe des éléments de procédure administrative applicable à l'administration de l'éducation et de l'enseignement supérieur (sur les décisions prises sur la base d'un traitement algorithmique, CRPA, art. L. 311-3-1). La loi n° 2016-1888 du 28 décembre 2016 de modernisation, de développement et de protection des territoires de montagne rétablit l'article L. 212-3 abrogé en 2000 (imposant alors de tenir compte des équipements sportifs lors de la création d'une école élémentaire) pour assouplir les règles d'ouverture et de fermeture des classes. La loi n° 2017-86 du 27 janvier 2017 relative à l'égalité et à la citoyenneté modifie les articles L. 131-5, L. 131-13, L. 611-5 et L. 611-9, crée les articles L. 911-6-1 (réserve citoyenne de l'éducation nationale) et prévoit deux expérimentations (art. 38 et 40 ; V. Cons. const. 26 janv. 2017, n° 2016-745 DC).

B. S'ATTACHANT AUX LOIS ET AUX RÈGLEMENTS QUI FORMENT LA MATIÈRE ÉDUCATIVE, LES RÉDACTEURS DU CODE N'ÉPUISENT PAS TOUTES LES SOURCES DU DROIT

En droit interne, il n'est pas d'usage de codifier la Constitution : l'article L. 141-1 n'en cite pas moins *expressis verbis* (« *comme il est dit au treizième alinéa du préambule…* ») ; cette technique peut toutefois permettre de contourner l'obstacle de la « loi écran » et permettre au juge de confronter un acte au contenu de la norme constitutionnelle.

La codification portant sur le droit écrit, la jurisprudence est par principe exclue du travail. Comment alors saisir la portée d'une disposition comme celle contenue dans l'article L. 911-4 issue de la loi sur la responsabilité des instituteurs ? « *Inscrire dans la loi une règle qui était auparavant d'origine purement jurisprudentielle, c'est en modifier l'autorité juridique en déplaçant la frontière entre ce qui relève du choix du Parlement et ce qui appartient au pouvoir d'interprétation du juge* » (Robineau, A propos des limites d'une codification à droit constant, *AJDA 1997. 655*) ; mais la commission peut s'y référer pour éclairer ses choix, ce qui est bien là une exigence du droit constant.

Sont de même exclues les normes internationales, qu'il s'agisse des traités et conventions (il est vrai nombreuses à évoquer le droit à l'éducation) ; si elles sont parfois mentionnées (par exemple dans l'art. L. 216-10 prescrivant de veiller à ce que les produits achetés n'aient pas requis l'emploi de main-d'œuvre enfantine dans des conditions contraires aux conventions internationales), elles ne peuvent être intégrées dans le texte du code. Celui-ci n'est pas en effet une simple compilation mais un ensemble de dispositions normatives qui doivent pouvoir être modifiées par les autorités compétentes, le Parlement pour la partie législative, le Gouvernement pour la partie réglementaire.

IV. CHAMP D'APPLICATION

A. ÉTENDUE DU MOT « ÉDUCATION »

Le ***mot éducation*** est ici pris dans un ***sens large***. Préparé au ministère de l'éducation nationale, le code concerne tant l'enseignement scolaire, du premier et du second degré public comme privé, enseignement, vie scolaire et administration scolaire que l'enseignement supérieur. Seule, la recherche qui relève le plus souvent du même département ministériel, est dotée d'un autre code, le code de la recherche dont la partie législative a été adoptée par l'ordonnance n° 2004-545 du 11 juin 2004 (le titre VI du livre VI C. éduc. intitulé *« La recherche universitaire »* ne comprend pas de dispositions législatives, à l'instar de plusieurs autres rubriques).

Mais le code de l'éducation a un champ d'application plus large que celui du ministère de l'éducation nationale. Ainsi, le service public de l'enseignement supérieur comprend *« l'ensemble des formations post-secondaires relevant des différents départements ministériels »* (art. L. 123-1). Le plan du code, même si les chapitres correspondant ne contiennent aucune disposition législative, permet de présenter les règles concernant les formations supérieures et les établissements agricoles et vétérinaires, les écoles d'architecture, les écoles des mines, les écoles de commerce et les écoles supérieures militaires. Pour l'enseignement secondaire, il comprend des dispositions spécifiques à l'enseignement agricole et mentionne l'enseignement maritime et les lycées militaires. Dans plusieurs cas, il renvoie au *« code pilote »*, code rural et de la pêche maritime pour l'enseignement agricole, code du travail pour la formation professionnelle continue, la formation en alternance ou l'apprentissage, code de la santé publique pour les CHU ou le statut des professeurs d'université-praticiens hospitaliers. On trouvera encore des séries de dispositions sur l'enseignement de la danse ou des arts qui relèvent du ministre de la culture ou sur les activités physiques et sportives qui peuvent concerner le ministre des sports.

En l'absence d'une définition organique du service public de l'éducation, il est possible de s'interroger sur la portée matérielle des dispositions liminaires. Les principes généraux formulés dans le livre Ier sont souvent assortis d'exceptions qui en limitent le champ d'application.

Le ***contenu du code*** est ***hétérogène***. S'il comporte de nombreuses déclarations sur la normativité desquelles il est désormais loisible de s'interroger, notre outil contient des articles dont la portée ne fait aucun doute, telles les dispositions pénales, qu'elles soient directement prévues dans le corps de l'article (tel l'art. L. 441-4 modif. par L. n° 2018-266 du 13 avr. 2018, qui sanctionne d'une amende de 15 000 euros l'ouverture ou la direction d'une école sans autorisation), ou rappelées par une référence au code pénal (art. L. 131-11 renvoyant au C. pén., art. 227-17-1 et 227-17-2 pour les manquements à l'obligation scolaire ; art. L. 511-3 renvoyant au C. pén., art. 225-16-1 qui sanctionne le *« bizutage »*). On peut toutefois se demander pour certaines interdictions si le véhicule juridique le plus adapté n'aurait pas été le règlement intérieur (à propos du renouvellement et de l'extension de l'interdiction du téléphone portable dans les établissements scolaires, art. L. 511-5, V. F. Melleray, *AJDA 2018. 593* ✐).

B. APPLICATION DU CODE

Le code de l'éducation s'applique en principe sur le territoire de la République. A noter qu'il contient toutefois des dispositions concernant les établissements français à l'étranger (V. comm. ss. art. L. 541-1) et, dans le domaine de la recherche universitaire, les écoles françaises à l'étranger (art. L. 781-1 s.). Mais dans ce cas, l'ensemble des dispositions du code ne s'appliquent pas *ipso facto* (ainsi, si aux termes de l'art. L. 112-2 l'intégration scolaire des jeunes handicapés est favorisée, aucune mesure réglementaire n'a été prise pour déterminer les conditions dans lesquelles cette obligation doit être satisfaite dans les établissements à l'étranger, CE 20 févr. 2002, *Mme Miller*, n° 220191.

Sur le ***territoire français***, la loi tient compte des particularités régionales, héritage historique ou synthèse récente, précisant que *« les dispositions particulières régissant l'enseignement dans les départements du Bas-Rhin, du Haut-Rhin et de la Moselle y demeurent en vigueur »* (art. L. 481-1 ; l'Ord. du 15 juin 2000 adoptant la partie législative du code n'a abrogé aucune disposition particulière à l'Alsace-Moselle, CE 6 juin

2001, *Archevêque de Strasbourg et a.*) ou se référant au statut particulier de la collectivité territoriale de Corse (art. L. 215-1 renvoyant aux art. L. 4424-1 s. CGCT, issus de la L. n° 2002-92 du 22 janv. 2002 mod. par L. n° 2009-526 du 12 mai 2009). Il est rappelé que les décrets peuvent comporter les adaptations nécessitées par l'organisation particulière de la Corse mais aussi de Paris et des départements d'outre-mer (art. L. 234-1 à propos du CAEN, art. L. 235-1 pour le CDEN).

S'agissant de la ***France d'outre-mer***, on distingue traditionnellement les territoires soumis au régime d'« assimilation législative » (cas des départements d'outre-mer depuis 1946 avec application de principe des lois et règlements de la République) de ceux régis par la « spécialité législative » (cas des anciens territoires d'outre-mer, avec nécessité d'une mention expresse d'applicabilité).

Dans les départements et régions d'outre-mer, comme dans les collectivités uniques résultant du regroupement département/région (Mayotte depuis 2011, Martinique et Guyane depuis 2015), « les lois et règlements sont applicables de plein droit » (art. 73 de la Constitution). Toutefois, « ils peuvent faire l'objet d'adaptations tenant aux caractéristiques et contraintes particulières de ces collectivités » (art. 73). La loi peut ainsi prévoir des règles particulières (pour les compétences des régions d'outre-mer, art. L. 214-17 s.). Depuis la révision constitutionnelle du 28 mars 2003, des adaptations peuvent en outre être décidées par ces collectivités dans les matières où s'exercent leurs compétences (par exemple dans le domaine des constructions scolaires) ; elles peuvent aussi intervenir après habilitation législative (sauf pour La Réunion). La loi organique n° 2007-223 du 21 février 2007 portant dispositions statutaires et institutionnelles relatives à l'outre-mer précise les conditions d'application des dispositions constitutionnelles aux départements d'outre-mer (CGCT, art. L.O. 3445-1 s.) et aux régions d'outre-mer (CGCT, art. L.O. 4435-1 s.).

Pour les îles Wallis-et-Futuna, Mayotte (devenue département en 2007), la Polynésie française, Saint-Pierre-et-Miquelon (pour qui l'art. L. 251-1 renvoie au code des communes) et la Nouvelle-Calédonie, le code de l'éducation précise dans le titre terminal de chaque livre, tant pour la partie législative que pour la partie réglementaire, les articles applicables. Lorsqu'un texte a été rendu applicable, ses modifications ultérieures sont inapplicables en l'absence de dispositions le prévoyant expressément (CE, ass. 9 févr. 1990, Él. mun. de Lifou, n° 107400) ; aussi, pour étendre une législation ou une réglementation, la section de l'intérieur du Conseil d'État préconise d'y insérer lors d'une première extension une disposition la déclarant applicable « dans sa rédaction résultant de la loi (ou ordonnance, ou décret) n° .. du ... » avec une référence au texte opérant cette extension, puis de remplacer cette référence (servant ainsi de « compteur ») par la référence au texte modificatif.

Le régime de spécialité législative s'applique aux collectivités d'outre-mer régies par l'article 74 de la Constitution. Les îles Wallis-et-Futuna et la Polynésie française ont ce statut depuis 2003 ; la loi organique n° 2007-223 du 21 février 2007 avait ajouté à cette catégorie la « collectivité départementale de Mayotte » (qui est devenue le 101e département français, DOM, après le référendum local de 2009), la « collectivité territoriale de Saint-Pierre-et-Miquelon » ainsi que les îles détachées de la Guadeloupe, Saint-Barthélemy et Saint-Martin sans toutefois leur transférer de compétences particulières dans le domaine de l'éducation.

L'article 60 de la loi pour une école de la confiance de 2019 autorise le Gouvernement à prendre, par ordonnance de l'article 38 de la Constitution, les dispositions nécessaires à la révision et à l'actualisation des dispositions de nature législative particulières à l'outre-mer en vigueur à la date de publication de l'ordonnance, au sein du code de l'éducation, en vue de remédier aux éventuelles erreurs ou insuffisances de la codification, d'abroger les dispositions obsolètes, inadaptées ou devenues sans objet, de procéder aux adaptations nécessaires aux particularités des collectivités régies par l'article 73 de la Constitution et aux extensions aux collectivités régies par l'article 74 dans le respect de leurs compétences. Se fondant également sur l'article 44 de la loi n° 2020-1674 du 24 décembre 2020 de programmation de la recherche, l'ordonnance n° 2021-552 du 5 mai 2021 clarifie la répartition des compétences entre l'État et des collectivités régies par le principe de spécialité législative, en particulier la Polynésie française et la Nouvelle-Calédonie, tient compte de la transformation en collectivité d'outre-mer de Saint-Barthélemy et de Saint-Martin et de la création de l'académie de Mayotte et prend en considération les spécificités de tous les territoires, qu'ils soient régis par l'article 73 ou par l'article 74 de la Constitution. Aussi, le titre regroupant les dispositions relatives à l'outre-mer à la fin de chacun des neuf livres contient sept chapitres, le premier regroupant les dispositions applicables aux territoires au principe d'assimilation législative (Chap. Ier, Guadeloupe, Guyane, Martinique, La Réunion, Mayotte), les six autres étant consacrés aux collectivités d'outre-mer (Chap. 2 Saint-Barthélémy, Chap. 3 Saint-Martin, Chap. 4, Saint-Pierre et Miquelon, Chap. 5, Wallis-et-Futuna, Chap. 6 Polynésie française) et à la Nouvelle-Calédonie (Chap. 7). Lorsqu'un texte a été rendu applicable, ses modifications ultérieures sont inapplicables en l'absence de dispositions le prévoyant expressément (CE, ass., 9 févr. 1990, *Él. mun. de Lifou*, n° 107400) ; aussi, pour étendre une législation ou une réglementation, la section de l'intérieur du Conseil d'État préconise d'y insérer lors d'une première extension une disposition la déclarant applicable « dans sa rédaction résultant de la loi (ou ordonnance, ou décret) n° ... du ... » avec une référence au texte opérant cette extension, puis de remplacer cette référence (servant ainsi de « compteur ») par la référence au texte modificatif.

La loi organique adoptée pour chaque collectivité fixe les conditions dans lesquelles les lois et règlements de la République y sont applicables et les compétences qu'elle exerce, si la collectivité est dotée de l'« autonomie ». En principe, les lois et décrets doivent préciser si elles sont applicables ; mais, par exemple en Polynésie française, l'article 7 de la loi statutaire du 27 février 2004 précise que certains textes s'appliquent de droit, tels ceux concernant le statut des agents publics (comme les enseignants) ou ceux dont l'objet concerne l'ensemble du territoire de la République (telle la réglementation des examens et concours). L'État n'intervenant que dans le cadre des attributions énumérées à l'article 14 de la loi statuaire (dont 13° : Enseignement universitaire ; recherche ; collation et délivrance des grades, titres et diplômes nationaux ; règles applicables aux personnels habilités des établissements d'enseignement privés liés par contrat...), la Polynésie française exerce les compétences dévolues à l'État en métropole tant pour l'enseignement primaire que pour l'enseignement secondaire. Aussi le « conseil des ministres » doit-il fixer les règles concernant l'enseignement dans les établissements (dont l'enseignement des langues locales) et les bourses et allocations allouées par le pays (L. org. n° 2004-192, art. 90) les « principes fondamentaux de l'enseignement » que l'article 34 de la Constitution réserve au législateur relèvent de la « loi du pays », acte administratif voté par l'assemblée et soumis en premier et dernier ressort au contrôle du Conseil d'État. Il a toutefois été jugé que la priorité nationale que constitue la lutte contre l'illettrisme, la règle qui impose l'usage du français comme langue de l'enseignement, des examens ou des concours et le renforcement du contrôle de l'obligation scolaire n'empiètent pas sur les attributions de la Polynésie française et pouvaient lui être légalement étendus par les dispositions du code (CE 29 mars 2002, n° 22474).

Régie par le titre XIII de la Constitution, la Nouvelle-Calédonie, qui n'est plus au sens strict une collectivité territoriale de la République, exerce les compétences dans le cadre évolutif fixé par la loi organique n° 99-209 du 19 mars 1999. La compétence de principe est attribuée aux provinces. L'État est toutefois compétent pour l'enseignement universitaire et la recherche (art. 21-III-7°, attributions transférables à partir de 2009), l'enseignement secondaire public et privé (art. 21-III-2°), ainsi que l'enseignement primaire privé (art. 21-III-3°). La Nouvelle-Calédonie est aujourd'hui compétente pour l'enseignement primaire public, à l'exception de ce qui relève de l'adaptation des programmes aux réalités locales qui relève des provinces (art. 22, 28°).

V. LE PLAN ET LA PRÉSENTATION

A. LES DIVISIONS

Les règles d'élaboration et de présentation des codes sont précisées par une circulaire du Premier ministre du 30 mai 1996 qui a systématisé la pratique de la Commission supérieure de codification.

Le code de l'éducation est divisé en neuf livres, eux-mêmes regroupés en ***quatre parties*** (à ne pas confondre avec les parties législatives et réglementaires). Il aurait été plus lisible de procéder comme il sera fait en 2015 pour le code des relations entre le public et l'administration en adoptant une numérotation continue des articles législatifs et réglementaires.

La ***première partie*** est consacrée aux ***« dispositions générales et communes »***. Le livre premier présente les principes généraux de l'éducation et le livre II s'attache à l'administration de l'éducation.

La ***deuxième partie*** présente les ***enseignements scolaires*** en traitant tour à tour de leur organisation, des établissements et de la vie scolaire.

La ***troisième partie*** a pour objet les ***enseignements supérieurs***, abordant dans une présentation parallèle à celle de la partie précédente leur organisation, les établissements et la vie universitaire.

Enfin, la ***quatrième partie*** ne comporte qu'un seul livre intitulé ***« les personnels »*** (livre IX, sept titres, trente et un chapitres).

Les subdivisions du code, conçues pour présenter de manière claire et intelligible les règles de droit, n'ont pas par elles-mêmes valeur législative.

B. L'ARTICULATION

A l'intérieur de chaque chapitre les dispositions sont articulées, présentées en articles numérotés. En principe, chaque article est identifié par une série de quatre chiffres : le premier correspond au numéro du livre, le deuxième à celui du titre, le troisième se réfère au chapitre, le quatrième à sa place dans le chapitre. La lettre L. qui les précède indique que l'article relève de la partie législative. Ainsi, l'article L. 111-1 est l'article 1er du chapitre I du titre I du livre I de la partie législative. Si le texte de l'article est long, il peut faire l'objet de divisions internes notées en chiffres romains et être présenté en alinéas non numérotés. Pour la partie réglementaire qui suit le même plan et dont les articles sont identifiés par le même système, la notation alphabétique fait appel au R. (décrets en Conseil d'État), R.* (décrets en Conseil d'État et délibérés en Conseil des ministres), D. (décrets simples) et D.* (décrets délibérés en Conseil des ministres), actes administratifs de portée générale pris par le Premier ministre ou, s'ils sont délibérés en Conseil des ministres, par le Président de la République. ❑

PREMIÈRE PARTIE : LÉGISLATIVE

(Ord. nº 2000-549 du 15 juin 2000, ratifiée par L. nº 2003-339 du 14 avr. 2003, art. 1er, JO 15 avr.)

PREMIÈRE PARTIE DISPOSITIONS GÉNÉRALES ET COMMUNES

LIVRE PREMIER PRINCIPES GÉNÉRAUX DE L'ÉDUCATION

BIBL. GÉN. ▸ **Aspects historiques :** ERNOULT, L'école depuis la Révolution : quelques jalons historiques, *Regards croisés sur l'économie, éd. La découverte, 2012/2, nº 12, p. 50.* – GAY-LESCOT, L'éducation générale et sportive de l'État français de Vichy (1940-1944), *Thèse, Univ. Bordeaux 3, 1988.* – KOTOVTCHIKHINE, Paul Bert et l'instruction publique, *Thèse, Univ. Bourgogne, 1996.* – LÉON et ROCHE, Histoire de l'enseignement en France, *PUF, coll. Que sais-je ?, 2008.* – LEBRUN, VENARD et QUENIART, Histoire de l'enseignement et de l'éducation (1480-1789), *t. 2, Perrin, coll. Tempus, 2003.* – MAYEUR, Histoire générale de l'enseignement et de l'éducation en France, De la Révolution à l'école républicaine (1789-1930), *t. 3, Librairie Académique Perrin, coll. Tempus, 2004.* – MÜLLER, L'éducation de l'Antiquité au XXIe siècle : une expansion massive, mais peu de refonte, *Le Monde Europa 31 mai 2012. XV.* – NOVOA, La construction du « modèle scolaire » dans l'Europe du Sud-Ouest (Espagne, France, Portugal) : des années 1860 aux années 1920, *Thèse, Univ. Paris 4, 2006.* – ORIZET, Le service public de l'éducation nationale sous la troisième République, *Thèse, Univ. Nantes, 2017.* – PROST, Histoire de l'enseignement et de l'éducation, L'école et la famille dans une société en mutation, depuis 1930, *t. 4, Librairie académique Perrin, coll. Tempus, 2004.* – ROUCHE, Histoire de l'enseignement et de l'éducation, *t. 1, Perrin, coll. Tempus, 2003.* – TROLONG, Du pouvoir de l'État sur l'enseignement d'après l'ancien droit public français, *1844.* – TROGER et BORBALAN, Histoire du système éducatif, *PUF, coll. Que sais-je ?, 2e éd., 2010.*

▸ **Système éducatif :** ALGAN et ERNOULT, L'importance de l'investissement dans l'éducation pour la croissance, *Regards croisés sur l'économie, éd. La découverte, 2012/2, nº 12, p. 25.* – AUDUC, Le système éducatif : un état des lieux, Hachette, *coll. Le nouveau CRPE, Objectif concours, 2011.* – BLANQUER, L'école de demain, *Odile Jacob, 2016.* – BUTTNER et MAURIN, Le droit de la vie scolaire, *Dalloz, coll. États de droits, 2016.* – CARLE, De la pyramide aux réseaux : une nouvelle architecture pour l'école, *Sénat, 2010-2011* ; Mission commune d'information sur le système scolaire, *Rapport d'information nº 649.* – CHAMPAGNE, L'organisation scolaire et universitaire, *PUF, coll. Major, 2003.* – COUR DES COMPTES, L'Éducation nationale face à l'objectif de la réussite de tous les élèves, *Rapport thématique, Cour des comptes, 2010.* – DEBÈNE, Du droit à l'éducation à l'éducation au droit, *in Mél. offerts à Raymond Goy, PUF Rouen, 1998, p. 63 s.* – DEUBEL, HUART, MONTOUSSE et VIN-DATICHE, 100 fiches pour comprendre le système éducatif, *Bréal, 2004.* – DUPONT-MARILLIA, Institutions scolaires et universitaires, *Gualino éditeur, coll. Concours de la fonction publique, 2e éd., 2007.* – DURAND-PRINBORGNE, Le Droit de l'éducation, *Hachette éducation, 2e éd., 1998.* – GOUSSEAU, Enseignement public. Institutions et décentralisation scolaires, *J.-Cl. Adm. 231.* – HÉNAFF et MERLE, Le droit et l'école (ouvrage sous la direction de), *Presses universitaires de Rennes, coll. Didact Éducation, 2003.* – JAMET, Éducation française, l'heure de vérité, *Essai, 2016.* – LAVIEILLE, Les principes fondamentaux de l'enseignement dans le droit positif français, *AJDA 1978. 195.* – PENA-RUIZ, Qu'est-ce que l'école ?, *Gallimard, coll. Folio actuel, 2005.* – RUANO-BORBALAN et, TROGER, Histoire du système éducatif, *PUF, coll. Que sais-je ?, 2017.* – SIMON et LESAGE, Organisation et gestion de l'Éducation nationale, *Berger-Levrault Éducation, 2004.* – TOULEMONDE (ouvrage sous la direction de), Le système éducatif en France, *Doc. fr., coll. Les notices, 2003.* – VAN ZANTEN, Les politiques d'éducation, *PUF, Que sais-je ?, 2015.* – VAN ZANTEN et RAYOU, Dictionnaire de l'éducation, *PUF, 2017.* – L'Éducation nationale face à l'objectif de la réussite de tous les élèves, *Rapport thématique, Cour des comptes, 2010.* – Éducation et enseignement supérieur, approches territoriales. Fiche d'analyse 2017, *Observatoire des territoires : http://www.observatoire-des-territoires.gouv.fr/observatoire-des-territoires/sites/default/files/Fiche-OT-education_ES.pdf.*

▸ **Données chiffrées :** V. Bibl. ss. art. L. 211-8 ; ss. Livre III, titre I.

COMMENTAIRE

Le ***code de l'éducation*** s'ouvre par une ***première partie*** intitulée ***« Dispositions générales et communes »*** composée des deux premiers livres, consacrés tour à tour aux *« Principes généraux de l'éducation »* (livre I) et à l'*« Administration de l'éducation »* (livre II).

La loi comme le règlement *« disposent »*, prescrivent des comportements, confèrent des droits ou imposent des obligations. Les *« dispositions »* rassemblées ont par principe une portée normative, de nature législative ou réglementaire. Produits de la volonté du Parlement ou du Gouvernement, elles sont d'application générale, qu'elles soient *« communes »* à tous ou *« particulières »* à certaines personnes (enfants et adolescents souffrant d'un handicap : art. L. 112-1 s. ; enfants d'âge préscolaire : art. L. 113-1) ou à un niveau d'enseignement (enseignement scolaire : art. L. 122-1 s. ; enseignement supérieur : art. L. 123-1 s.).

Le livre I est divisé en ***cinq titres*** intitulés *« Droit à l'éducation », « Objectifs et missions du service public de l'enseignement », « Obligation et gratuité scolaire », « Laïcité de l'enseignement public »* et *« Liberté de l'enseignement »* présentés comme autant de *« Principes généraux de l'éducation »*. Conçu pour la partie législative, ce plan est repris par la partie réglementaire qui comprend des dispositions disparates relatives aux parents d'élèves (art. D. 111-1 à D. 111-5), aux missions du service public, notamment la formation continue des adultes (art. D. 122-4 à D. 122-9), à la valorisation des résultats de la recherche (art. D. 123-2 à D. 123-7), à la coopération internationale des établissements d'enseignement supérieur (art. D. 123-15 à D. 123-21) ; plusieurs rubriques ne comprennent aucune disposition réglementaire (titre IV, chapitre II : gratuité de l'enseignement scolaire ; titre V : liberté de l'enseignement). La loi du 8 juillet 2013 d'orientation et de programmation pour la refondation de l'École de la République comporte une première section (dans le chapitre Ier de son titre Ier) intitulée « Les principes de l'éducation » qui précise plusieurs objectifs législatifs et introduit notamment des valeurs et symboles républicains. La notion de « principe » est ambivalente dans la mesure où elle peut relever du droit mais aussi de la morale ou de la logique ; en droit, elle doit être définie dans la mesure où le code de l'éducation traite dans son livre Ier des ***« Principes généraux de l'éducation ». Ces principes ne doivent être confondus ni avec les « Principes généraux du droit », ni avec les « Principes du service public », ni avec les « Principes fondamentaux de l'enseignement ».***

1° LES « PRINCIPES GÉNÉRAUX DU DROIT »

Les *« principes généraux du droit »* sont des ***règles de droit non écrites*** qui, en l'absence de textes applicables, sont ***imposées à l'administration par le juge***, en principe le Conseil d'État, mais aussi le Conseil constitutionnel. Sont ainsi considérés comme principes jurisprudentiels les droits de la défense, l'intangibilité des effets juridiques des actes administratifs individuels, la non-rétroactivité des actes administratifs... De même, *« le principe d'égalité qui régit le fonctionnement des services publics »* a pu être dégagé par le Conseil d'État pour annuler une mesure refusant l'accès au service public (CE 9 mars 1951, *Sté des concerts du conservatoire : GAJA, n° 67*). En fait, ils peuvent s'appuyer sur des textes de diverse nature. Ainsi, le principe d'égalité dont on retrouve un écho dans le premier article du code (art. L. 111-1) est présent tant dans de nombreux traités que dans la Déclaration des droits de l'homme et du citoyen de 1789, le Préambule de 1946 ou le texte même de la Constitution de 1958. On admet généralement que les principes généraux du droit, s'ils s'imposent à l'administration, cèdent devant la loi, se situant ainsi à un niveau « infralégislatif et supradécrétal » (Chapus, *D. 1960. Chron. 119*).

Si sur la liste aujourd'hui très fournie des *« principes généraux du droit »* on trouve des règles qui peuvent s'appliquer à l'éducation et à son administration, et si parmi elles, ont pu ou pourraient figurer des *« principes généraux de l'éducation »*, les deux catégories sont indépendantes l'une de l'autre. Les principes en cause affirmés par des dispositions législatives du code de l'éducation s'imposent à l'administration, à ses agents et aux usagers mais peuvent, sauf au cas où ils contiendraient un principe par ailleurs constitutionnel, être modifiés par la loi.

2° LES « OBJECTIFS ET MISSIONS DU SERVICE PUBLIC DE L'ENSEIGNEMENT »

L'analyse des *« objectifs et missions du service public de l'enseignement »* amènera à présenter les ***« principes du service public »*** tels qu'ils sont dégagés par la doctrine et connus sous le nom de ***« lois de Rolland »*** *(du nom de l'auteur d'un précis Dalloz de droit administratif qui les exposa pour la première fois en 1926)*. Initialement, l'objectif doctrinal était d'ordre théorique ; les auteurs souhaitaient souligner les traits généraux de cette construction juridique, dégageant par un raisonnement inductif de l'analyse du fonctionnement des différents services publics des principes communs. Les trois principes généralement retenus ont toutefois été consacrés par le juge ; le ***principe d'égalité*** tant par le juge administratif que par le Conseil constitutionnel ; le ***principe de continuité*** du service public, principe général du droit pour le Conseil d'État, principe à valeur constitutionnelle pour le Conseil constitutionnel ; le ***principe d'adaptabilité*** reste une présentation synthétique qui part toutefois de diverses solutions de la jurisprudence administrative. Les *« principes du service public »* sont donc à la fois descriptifs et normatifs. A ce titre, ils peuvent avoir une valeur législative ou constitutionnelle. Reste à se demander si aujourd'hui les *« principes du service public »* n'ont pas été renouvelés et transformés en principes de management (qualité, transparence, participation...), reprenant leur place sur le registre de l'analyse descriptive de la théorie du service public.

3° LES « PRINCIPES FONDAMENTAUX DE L'ENSEIGNEMENT »

Les *« principes généraux de l'éducation »* ne sont pas non plus assimilables aux *« principes fondamentaux de l'enseignement »*. ***L'article 34*** de la Constitution réserve au ***Parlement*** le ***soin de les fixer*** ; la pratique les assimile aux règles qu'il lui revient d'adopter. *A priori*, ***toutes les dispositions contenues dans la partie législative du code constituent des principes fondamentaux***, sauf à démontrer que leur absence de portée normative ou leur degré de précision les excluent de cet ensemble.

4° LES « PRINCIPES GÉNÉRAUX DE L'ÉDUCATION »

De quoi s'agit-il alors ?

On pourrait d'abord envisager qu'il s'agisse simplement d'une présentation théorique. Le *« principe général »* constituerait un procédé de classement, d'exposé du droit positif. Placé au début du code, le principe serait alors uniquement ce que l'étymologie peut indiquer : le *« principium »*, le commencement, la base à partir de laquelle les règles se déroulent.

Mais l'analyse des différents *« principes généraux »* montre qu'ils ne sont pas uniquement descriptifs. Directement issus de normes écrites, supérieures à la loi, le juge leur a donné des effets de droit. Ainsi, le *« droit à l'éducation »*, contenu dans plusieurs traités internationaux dont l'autorité est supérieure à celle de la loi, a pu être considéré comme une liberté fondamentale permettant de recourir au référé liberté de l'article L. 521-2 du code de justice administrative (TA Paris, ord., 30 janv. 2001, *Mme Ben Ayed : DA 2001*, n° 102-3. TA Versailles, 18 mars 2006, *Univ. de Paris X-Nanterre*, n° 0602618. Pour une position plus prudente : CE, ord., 8 oct. 2004, *Fteme El H*, n° 272926). D'autres principes trouvent leur source dans la Constitution : c'est en se référant au Préambule de la Constitution de 1946 que le Conseil constitutionnel considère la liberté de l'enseignement comme un *« principe fondamental reconnu par les lois de la République »* (Cons. const. 23 nov. 1977, *Loi complémentaire à la loi n° 59-1557 du 31 décembre 1959 modifiée par la loi n° 71-400 du 1er juin 1971 et relative à la liberté de l'enseignement*, n° 77-87 DC : *Rec. Cons. const. 42*). Quant à *« l'organisation de l'enseignement public gratuit et laïque à tous les degrés »*, le même préambule la classe parmi les *« principes politiques, économiques et sociaux particulièrement nécessaires à notre temps »*, n'en permettant pas moins au Conseil constitutionnel de considérer comme une exigence constitutionnelle l'égal accès à l'instruction (Cons. const. 11 juill. 2001, n° 2001-450 DC § 33), et de préciser que le principe de laïcité figure au nombre des droits et libertés que la Constitution garantit (Cons. const. 5 août 2011, n° 2011-157 QPC § 4). Plus récemment, le Conseil constitutionnel a considéré que le principe d'égal accès à l'instruction (Cons. const. 8 mars 2018, 11 oct. 2019, n° 2018-763 DC), comme l'exigence constitutionnelle de gratuité (Cons. const. n° 2019-809 QPC § 6), concernait tant l'enseignement scolaire que l'enseignement supérieur.

Les ***« principes généraux de l'éducation » sont des normes***, comme les *« principes généraux du droit »* ou les *« principes à valeur constitutionnelle »*. Intégrés à la loi, et à ce titre assimilables aux *« principes fondamentaux de l'enseignement »*, ils peuvent toutefois trouver leur fondement dans les normes supra-législatives. Aussi ont-ils une ***double fonction*** ; ils contribuent à ***structurer ce livre introductif***, permettant de présenter l'ensemble des dispositions en précisant le sens à leur donner ; ils ***apportent*** autant de ***clefs à l'administration*** qui les met en œuvre et au juge chargé d'interpréter les règles rassemblées dans le code.

5° LES PRINCIPES, VALEURS ET SYMBOLES RÉPUBLICAINS

La loi du 8 juillet 2013 précise dans son article 2 certaines des ***« valeurs de la République »***, référence que la loi de 2005 avait introduite dans l'article L. 111-1. Le service public de l'éducation doit en effet faire *« acquérir à tous les élèves le respect de l'égale dignité des êtres humains, la liberté de conscience et la laïcité »* ; de même doit-il favoriser la *« coopération entre les élèves »* ; plus loin, à l'article L. 131-1-1, le législateur a précisé que le droit de l'enfant à l'instruction lui permet de développer non seulement *« sa personnalité »* mais aussi *« son sens moral et son esprit critique »* et de *« partager les valeurs de la République »*. De même, la loi du 22 juillet 2013 sur l'enseignement supérieur et la recherche ajoute à l'article L. 123-6 consacré à la mission de diffusion de la culture et des connaissances du service public deux phrases nouvelles, résultant d'amendements introduits à l'Assemblée nationale qui se rattachent à l'ordre des valeurs. Sont alors citées *« les valeurs d'éthique, de responsabilité et d'exemplarité »* (art. L. 123-6).

La notion de « valeur » relève du registre de la morale. Apparue dans la second moitié du XIXe siècle elle désigne ce qui répond à des normes idéales, ce qui est vrai, beau, et dans notre domaine ce qui est bien selon un jugement personnel ou collectif plus ou moins en rapport avec l'état de la société. On pourrait aussi parler de « principe » au sens moral du terme, conçu comme règle d'action s'appuyant sur un jugement de valeur (principe moral, principe de conduite). Certaines valeurs sont largement partagées ; on parlera alors de valeurs communes, ou même de valeurs universelles (tel pourrait être le cas de la dignité). D'autres se réfèrent à un milieu donné, à une société partielle ; ainsi les « valeurs d'éthique, de responsabilité et d'exemplarité » pourraient relever de l'éthique de l'entreprise, de la morale professionnelle ou des valeurs du service public. Quant aux « ***valeurs de la République*** », elles traduisent l'idée de bien commun telle qu'elle s'est développée dans le cadre de l'organisation politique française autour des thèmes qui figurent dans la devise de la République (liberté, égalité, fraternité) que dans l'institution de la laïcité.

A priori, il y a une distinction nette entre valeurs (et principes moraux) et principes juridiques. Les premiers relèvent d'un jugement moral (un jugement de valeur), les seconds d'un acte de volonté d'une autorité publique. Les principes présentés ci-dessus (principes fondamentaux de l'enseignement, principes généraux du droit, principes constitutionnels) ont un point commun : ce sont des règles de droit qui résultent d'une décision par laquelle le législateur (ou le constituant) fixe une norme, prescrit un comportement et qui doit être respectée (quel que soit son contenu). Mais le législateur peut transformer une valeur en règle de droit. Ainsi, les « valeurs de la République » que sont la liberté, l'égalité, la fraternité ou la laïcité sont des principes juridiques. On peut en effet les approuver moralement ou politiquement (considérer que la liberté est une bonne chose, un bien, une valeur) ou les désapprouver mais être tenu dans les deux cas de les respecter par une décision constitutionnelle ou législative.

La nouvelle rédaction de l'article L. 111-1-1 résultant de la loi n° 2019-791 du 26 juillet 2019 pour une école de la confiance matérialise et symbolise à la fois la référence aux *« valeurs de la République »*. Même si à la suite d'instructions anciennes et répétées dans lesquelles on pouvait voir un usage républicain, les façades des écoles et établissements étaient généralement porteuses de la devise de la République (Liberté, Égalité, Fraternité) et de l'emblème national qu'est le drapeau tricolore, définis l'un et l'autre comme symboles de la République par l'article 2 de la Constitution de 1958, le législateur en fait une obligation (pour les établissements publics comme pour les établissements privés sous contrat) ; il ajoute le drapeau européen (non mentionné par la Constitution). Par ailleurs le texte de la Déclaration des droits de l'homme et du citoyen de 1789, élément du bloc de constitutionnalité qui peut aussi être considéré comme un recueil de valeurs historiquement situées, doit être affiché de manière visible dans les locaux des mêmes écoles et établissements. Si ces symboles de la République ne constituent pas en eux-mêmes des éléments juridiques, l'article L. 111-1 qui les impose en milieu scolaire est bien porteur d'une règle de droit, d'un principe dont la loi impose le respect. Une circulaire du 6 septembre 2013 relative aux valeurs et symboles de la République impose en outre aux établissements publics l'affichage d'une charte de la laïcité à l'école.

A son tour, la loi n° 2019-791 du 26 juillet 2019 pour une école de la confiance donne force de droit à certaines valeurs en se référant tant à l'engagement et à l'exemplarité des personnels qu'au respect des élèves et de leur famille à l'égard des personnels (art. 1er et art. L. 111-3-1), en imposant l'affichage de l'emblème national, du drapeau européen et des paroles de l'hymne national dans les classes (art. 3 et art. L. 111-1-2) et en prohibant les faits de harcèlement pour préserver la dignité et la santé des élèves (art. 5 et art. L. 511-3-1).

Quant à la loi n° 2021-1109 du 24 août 2021 confortant le respect des principes de la République (qu'elle n'énumère pas mais cite au gré de ses articles : égalité, laïcité, neutralité, respect de la liberté de conscience et de la dignité, fraternité...), elle ajoute une précision à l'article L. 111-1 : si les établissements privés hors contrat ne sont pas tenus comme les établissements publics et les établissements privés sous contrat d'afficher la devise de la République sur leur façade et la Déclaration des droits de l'homme et du citoyen de 1789 dans les locaux, l'autorité académique doit désormais leur proposer une charte des valeurs et principes républicains (art. 56). ❑

TITRE PREMIER LE DROIT À L'ÉDUCATION

COMMENTAIRE

Le titre Ier débute par une formule issue de la loi d'orientation de 1989, « *L'éducation est la première priorité nationale* », constat ou souhait qui précède une affirmation soulevant la même hésitation : « *Le service public de l'éducation est conçu et organisé en fonction des élèves* » (art. L. 111-1). Proclamation évoquant l'aphorisme de Danton (« *Après le pain, l'éducation est le premier besoin du peuple* »), cet article liminaire se situe encore dans la tradition française qui se caractérise par une approche globale, objective, affirmant la nécessité de bâtir un système institutionnel répondant aux besoins de la Nation. Dès 1791, les Constituants voulurent créer et organiser « *une instruction publique commune à tous les citoyens, gratuite à l'égard des parties d'enseignement indispensables à tous les hommes* » ; en 1793, l'article 22 de la Constitution précisait : « *la société doit favoriser de tout son pouvoir les progrès de la raison publique et mettre l'instruction à la portée de tous les citoyens* », disposition dont l'écho se fait entendre dans le Préambule de la Constitution de 1848 : « *La République doit protéger le citoyen... et mettre à la portée de chacun l'instruction indispensable à tous les hommes* ». Même si, en négatif, on peut voir poindre la créance ainsi reconnue à l'homme ou au citoyen en devenir, l'approche choisie part, comme ce sera encore le cas avec le ***Préambule de la Constitution de 1946,*** du ***« devoir d'État »***, qualifiant alors « *l'organisation de l'enseignement public, gratuit et laïque à tous les degrés* », après avoir déclaré que « *la Nation garantit l'égal accès de l'enfant et de l'adulte à l'instruction, à la formation et à la culture* » (formule reprise par l'art. L. 141-1). Cette approche globale est toujours présente quand la loi qualifie d'« *obligation nationale* » l'éducation permanente (art. L. 122-5) ou la formation professionnelle continue (art. L. 122-7).

A. LA RECONNAISSANCE DU DROIT À L'ÉDUCATION

L'***expression*** est ***apparue*** dans les ***instruments internationaux*** adoptés après la Seconde Guerre mondiale. L'article 26 de la Déclaration universelle des droits de l'homme proclame : « *Toute personne a droit à l'éducation* ». La Déclaration des droits de l'enfant du 20 novembre 1959 souligne tant « *le droit d'être élevé par ses parents* », disposant à titre prioritaire du « *droit de choisir le genre d'éducation à donner à leurs enfants* », que « *le droit à l'éducation* ». L'article 13 du Pacte international relatif aux droits économiques, sociaux et culturels adopté en 1966 qui, à la différence des Déclarations, engage les États parties, reconnaît le même droit, dans la même formulation ;

l'article 17 de la Convention internationale sur l'élimination de toutes les formes de discrimination raciale adoptée en 1965 vise *« le droit à l'éducation et à la formation professionnelle »* ; par la Convention internationale sur l'élimination de toutes les formes de discrimination à l'égard des femmes adoptée en 1979, les États parties s'engagent, à l'article 10, à prendre les mesures appropriées afin d'assurer aux femmes des droits égaux à ceux des hommes en matière d'éducation.

1° LA CONVENTION DE NEW YORK – PRÉSENTATION

Quant à la ***convention de New York relative aux droits de l'enfant du 20 novembre 1989***, signée le 26 janvier 1990, elle reconnaît ***« le droit de l'enfant à l'éducation »*** et en développe les conséquences dans ses articles 28 (objectifs à atteindre par les États pour assurer progressivement l'exercice de ce droit : enseignement primaire obligatoire et gratuit pour tous, organisation de différentes formes d'enseignement secondaire, accès à l'enseignement supérieur, information et orientation scolaires, réduction de l'absentéisme et des taux d'abandon, respect de la dignité de l'enfant en matière disciplinaire) et 29 (objectifs à atteindre pour l'enfant : épanouissement de sa personnalité, développement de ses aptitudes, respect des droits de l'homme, respect de ses parents, de son identité, de sa langue, de ses valeurs...). Au-delà de ces engagements éducatifs, ce dernier texte peut être analysé comme le moteur d'une révolution visant à ***considérer l'enfant comme une personne ayant des droits propres, opposables, notamment à ses parents***.

2° APPLICABILITÉ

Une forte incertitude a longtemps pesé sur son applicabilité en droit interne et donc sur la possibilité de l'invoquer devant le juge. La ***Cour de cassation***, après avoir considéré qu'aucune de ses stipulations n'avait d'effet direct (Civ. 1re, 10 mars 1993, n° 91-11.310 : *D. 1993. 361* ; Soc. 13 juill. 1994, n° 93-10.991, fondant cette solution sur l'art. 4 de la Convention), admet dorénavant que l'article 3-1 qui accorde une *« considération primordiale »* à *« l'intérêt supérieur de l'enfant »* (Civ. 1re, 18 mai 2005, n° 02-20.613 ; Civ. 1re, 14 juin 2005, n° 04-16.942 ; Civ. 1re, 13 juill. 2005, n° 05-10.519) puisse être invoqué à l'appui des demandes et recours individuels.

La Cour rejoint ainsi, à propos du même article, le ***Conseil d'État*** qui juge que *« l'intérêt de l'enfant... doit être une considération primordiale »* dans toutes les décisions le concernant (CE 22 sept. 1997, Dlle Cinar c/ Préfet de Moselle, n° 161364 A ; *JCP 1998. II. 10052 ; RFDA 1998. 562, concl. Abraham*) qu'elles aient pour objet de régler sa situation personnelle ou de l'affecter de manière suffisamment directe et certaine (CE 25 juin 2014, n° 359359). Il en est de même pour les dispositions de l'article 12 reconnaissant à l'enfant le droit d'exprimer librement son opinion et la possibilité d'être entendu (CE 27 juin 2008, n° 291561 A, à propos d'un acte dit de « kafala » qui s'analyse comme un simple transfert de l'autorité parentale). Pour d'autres articles, la Haute Juridiction administrative écarte l'applicabilité directe ; il en est ainsi pour ceux par lesquels les États reconnaissent à l'enfant le droit de jouir du meilleur état de santé possible (art. 24), le droit de bénéficier de la sécurité sociale (art. 26) ou le droit à un niveau de vie suffisant (art. 27) (CE, sect., 23 avr. 1997, n° 163043 A (concl. Abraham). Si la haute juridiction administrative ne s'est pas encore expressément prononcée sur le droit à l'éducation, elle a toutefois considéré que les requérants ne peuvent utilement se prévaloir à l'appui d'un recours pour excès de pouvoir des stipulations de l'article 5 selon lesquelles les États respectent la responsabilité, le droit et le devoir qu'ont les parents de donner à l'enfant l'orientation et les conseils appropriés pour l'exercice des droits qui leur sont reconnus par la Convention (CE 6 oct. 2000, *Assoc. Promouvoir et a.*, nos 216901, 217800, 217801, 218213 A).

La convention de New York est souvent invoquée en cas d'éloignement des étrangers ; le Conseil d'État a reconnu dans une série de décisions la possibilité que la continuité de la scolarisation de l'enfant en France puisse être un élément déterminant de l'appréciation de son intérêt supérieur susceptible de faire obstacle à l'éloignement de ses parents du territoire (CE 23 juin 2000, n° 204257 ; 23 nov. 2005, n° 274313). Certaines juridictions inférieures ont annulé des décisions d'éloignement d'étrangers pour violation de l'article 3-1 de la CIDE en considération de « la qualité des résultats scolaires » (CAA Bordeaux, 2 avr. 2009, n° 08BX02608) de l'enfant ou de la circonstance qu'il n'avait été « scolarisé qu'en France » ; mais les décisions les plus nombreuses écartent l'article 3-1 pour l'enfant (CAA Bordeaux, 8 mars 2010, n° 09BX01219) scolarisé dont les deux parents sont en situation irrégulière (CAA Bordeaux, 8 mars 2010, n° 09BX01219 ; Langronet, L'intérêt supérieur de l'enfant lors de l'éloignement des étrangers, *RFDA 2014. 1131*).

Si ces engagements n'obligent que les États, d'autres conventions, ayant un contenu proche, pourront avoir un effet direct.

3° LA CONVENTION EUROPÉENNE DES DROITS DE L'HOMME

Tel est le cas de la ***Convention européenne des droits de l'homme de 1950*** dont le protocole additionnel n° 1 stipule en son article 2 : ***« Nul ne peut se voir refuser le droit à l'instruction »***. Combiné avec la seconde phrase du même article qui affirme le respect du « droit des parents d'assurer cette éducation et cet enseignement conformément à leurs convictions religieuses et philosophiques », il est considéré par la Cour européenne des droits de l'homme comme un droit fondamental (CEDH 25 mars 1993, *Costello-Roberts c/ Royaume-Uni : JCP 1994. II. 22262, note Mazière*). Les États ne pouvant se soustraire aux obligations qui en découlent doivent assurer le droit à l'enseignement (ce qu'ils peuvent faire dans le cadre des structures préexistantes) en garantissant la liberté d'accès aux établissements scolaires ou aux autres moyens d'éducation ; ils doivent donc instituer un système de scolarité obligatoire ; mais aussi respecter les choix éducatifs des parents, notamment lorsqu'ils sont déterminés par leurs convictions, croyances ou valeurs, l'article 2 ayant été conçu comme une garantie contre toute forme d'endoctrinement de la jeunesse ; cette disposition s'applique à tous les modes d'éducation, y compris en dehors des structures scolaires. Il ne serait toutefois être tiré de la Convention un droit à ne pas être exposé à des convictions ou opinions contraires aux siennes (CEDH 11 sept. 2006, *Konrad et a. c/ Allemagne*, n° 35504/03). Le Conseil d'État considère aujourd'hui que l'égal accès à l'instruction garanti par le treizième alinéa du préambule de la Constitution de 1946, auquel se réfère celui de la Constitution de 1958, est confirmé par l'article 2 du premier protocole additionnel à la Convention européenne (auquel le Conseil d'État peut se référer directement, CE 20 mars 2018, n° 393866) et, en outre, rappelé à l'article L. 111-1 du code de l'éducation qui énonce que le droit à l'éducation est garanti à chacun (CE, réf., 15 déc. 2010, n° 344729, qui y voit une liberté fondamentale au sens de l'art. L. 521-2 CJA). « Dans une société démocratique, le droit à l'instruction est indispensable à la réalisation des droits de l'homme et occupe une place fondamentale » (CEDH 27 mai 2014, *Velyo Velev c/ Bulgarie*, n° 16032/07).

4° LA CHARTE DES DROITS FONDAMENTAUX DE L'UNION EUROPÉENNE

Par contre, la ***Charte des droits fondamentaux de l'Union européenne*** adoptée à Nice en 2000 n'a pour l'instant ***aucune valeur contraignante*** (CE 7 oct. 2015, *SNES*, n° 386436, à propos du principe de dialogue social). Elle n'en affirme pas moins que *« toute personne a droit à l'éducation ainsi qu'à l'accès à la formation professionnelle et continue »* ; ce droit comporte la faculté de suivre gratuitement l'enseignement obligatoire (art. 14, § 2) ; la liberté de créer des établissements s'exerce dans le respect du *« droit des parents d'assurer l'éducation de leurs enfants conformément à leurs convictions religieuses, philosophiques et pédagogiques »* (art. 14, § 3), formule qui pourrait fonder une autre solution que celle dégagée par la Cour européenne des droit de l'homme. (Si en cas de maladie contagieuse, l'interdiction d'accès à l'établissement scolaire poursuit un *« but légitime »*, à savoir *« la protection de la santé des enfants et des enseignants de l'école »*, le délai dans l'instauration de la commission chargée de se prononcer sur la réintégration des enfants en classe n'est pas *« proportionnel au but légitime poursuivi »* ; les enfants ayant été empêchés d'assister aux cours pendant plus de trois mois, la Cour a conclu à la violation de l'article 2 du Protocole n° 1 de la Convention, CEDH 6 oct. 2015, *Memlika c/ Grèce*, n° 37991/12. Par ailleurs, le refus d'accorder les prestations familiales aux enfants entrés en France en dehors du cadre du regroupement familial ne constitue pas une discrimination au regard des art. 8 et 14 combinés de la Conv. EDH. CEDH 1er oct. 2015, *Okitaloshima Okonda Osungu c/ France et Selpa Lokongo c/ France* (2 aff. jtes) nos 76860/11 et 51354/13.)

5° DU DROIT INTERNATIONAL AU DROIT INTERNE

Le ***droit international*** et le ***droit européen*** ont ainsi introduit un ***droit*** qui s'énonce comme une ***revendication***, une demande de prestation. Il s'agit là de l'un des ***droits de l'homme*** dits de la ***deuxième génération*** qui permettent d'afficher son *« droit à »*, rêvant parfois de pouvoir opposer un droit créance à l'État providence. Les instruments qui les proclament ou les reconnaissent ont introduit une nouvelle formulation, une nouvelle structuration.

Certainement en partie sous leur influence, et notamment sous celle de la convention de New York, le ***législateur français*** va reprendre la formule. Si l'article 1er de la loi Haby du 11 juillet 1975 rappelait simplement le caractère obligatoire de l'instruction de 6 à 16 ans, il affirmait déjà que *« tout enfant a droit à une formation scolaire »*. Mais c'est la loi d'orientation sur l'éducation du 10 juillet 1989 qui pose clairement et fortement que *« le droit à l'éducation est garanti à chacun »* (art. 1er, al. 2, inséré à l'art. L. 111-1), intitulant ainsi le chapitre Ier de son titre Ier. Replaçant cette innovation dans la tradition nationale, le rapport annexé à la loi d'orientation précise : *« Le droit à l'éducation et à la formation est assuré en France. Dans le respect des principes fondamentaux d'égalité, de liberté et de laïcité, l'État garantit l'exercice de ce droit à tous les enfants et les jeunes qui vivent sur le territoire national quelle que soit leur origine sociale, culturelle ou géographique »*. La loi de refondation de l'école de la République du 8 juillet 2013 approfondit la démarche en précisant que le service public « veille à l'inclusion scolaire de tous les enfants, sans aucune distinction » (L. RER, art. 2 ; art. L. 111-1, al. 1er). Le Défenseur des droits en déduit qu'il s'agit d'un « ***droit fondamental à l'éducation*** » garantissant une école pour tous, et un droit pour chacun (Rapport du Défenseur des droits, 2016, p. 152, visant notamment à assurer la mise en œuvre effective de l'accès à l'école sur la base du principe de non-discrimination contenu dans la Convention internationale des droits de l'enfant).

Sur cette base le Conseil constitutionnel reconnaît l'égal accès à l'instruction (Cons. const. 11 juill. 2001, n° 2001-450 DC ; 24 avr. 2003, n° 2003-471 DC ; 8 mars 2018, n° 2018-763 DC), le Conseil d'État, le droit à l'instruction (CE 28 mars 2018, n° 393866).

L'approche subjective a pu être reprise pour décliner le droit de l'éducation : droit pour les parents de choisir l'établissement scolaire de leur enfant ; droit de chaque enfant d'être accueilli dans son école durant le temps scolaire, y compris les jours de grève ; droit pour les élèves handicapés de connaître une scolarité normale ; droit pour chaque élève en difficulté de bénéficier, dans son école ou son établissement scolaire, de plages horaires spécialement dédiées au soutien scolaire ; droit de poursuivre sa scolarité au-delà de seize ans (art. L. 122-2) ; droit au conseil en orientation et à l'information sur les enseignements (art. L. 313-1).

Même si le titre Ier est intitulé *« Droit à l'éducation »*, la formule doit être précisée. Les articles qui constituent les chapitres de ce titre et du titre suivant font en effet place non seulement au *« droit à l'éducation »* (art. L. 111-1), mais aussi au *« droit de l'enfant à l'instruction »* (art. L. 131-1-1) ou aux différents aspects du *« droit à la formation »* (dont le plus récent, le droit à la validation des aptitudes et de l'expérience, affirmé par l'art. L. 122-7). Quel est le contenu de ce droit ? Qui en est titulaire ? Comment l'État peut-il le garantir ?

B. LE CONTENU DU DROIT À L'ÉDUCATION

Éducation ? Instruction ? Formation ? Quel est le contenu du ou des droits reconnus et garantis ? La question est nouvelle mais revient en fait à se demander ***quelle est la mission de l'école, au sens large du mot ?*** De nombreuses réflexions ont pu y être consacrées (V. par ex., France stratégie, Quelle finalité pour quelle école ?, Rapport sept. 2016, envisageant 3 modèles d'évolution de l'école selon que la finalité principale est « une école qui prépare au monde professionnel », « l'accomplissement de la personnalité » ou « l'acquisition d'une culture commune »). Les dispositions du titre Ier consacrées au *« droit à l'éducation »* (notamment, l'art. L. 111-1, al. 4, selon lequel il est garanti à chacun afin de lui permettre de développer sa personnalité, d'élever son niveau de formation initiale et continue, de s'insérer dans la vie sociale et professionnelle, d'exercer sa citoyenneté) qu'il faut compléter par des articles du titre II où figure notamment la définition du *« droit de l'enfant à l'éducation »* (art. L. 131-1-1) constituent l'envers d'une construction dont l'avers serait le titre II présentant les objectifs et missions de l'éducation. Que l'approche soit *« subjective »*, en termes de *« droit à »*, ou *« objective »*, du point de vue du service public et de ses obligations, il est possible de rassembler les prestations/missions autour de ***trois axes***, savoir, savoir-faire, savoir être.

1° SAVOIR

Être scolarisé donne d'abord la possibilité d'***acquérir*** les instruments fondamentaux du savoir, les connaissances de base et les éléments de culture générale (art. L. 131-1-1) ; la loi du 8 juillet 2013 part du postulat selon lequel tout élève a *« la capacité d'apprendre et de progresser »* (art. L. 111-1), posant un principe d'éducabilité ; au-delà du droit à l'***enseignement de base***, la progression suivie permettra ***d'élever son niveau de formation*** et ***d'acquérir une culture*** (art. L. 111-1 et L. 111-2). Pour permettre à chacun de maîtriser ces éléments, le ***service public*** est chargé de ***transmettre les connaissances*** (art. L. 121-1) mais aussi de ***les produire*** (mission du service public de l'enseignement supérieur et de la recherche, art. L. 123-1 s.). On peut s'interroger sur le contenu de ces savoirs. Les questions de principe (par exemple, sur la place du « fait religieux » ou de la « sexualité » à l'école) trouvent leurs réponses dans certaines dispositions du code (livre III, dispositions particulières) mais aussi dans les « programmes » arrêtés par l'autorité ministérielle (V. Livre III, l'organisation des enseignements scolaires) mais aussi dans les démarches pédagogiques et éducatives comme par exemple le débat argumenté.

2° SAVOIR-FAIRE

L'***acquisition de méthodes de travail*** tant dans l'enseignement général que technique ou professionnel (art. L. 121-1), l'***obtention d'une qualification reconnue*** (art. L. 111-1) et la ***possibilité de s'insérer dans la vie professionnelle*** (art. L. 131-1-1) sont autant de prestations que le service public, tant en formation initiale qu'en formation continue, fournit à celles et ceux qui vont bénéficier du droit à l'éducation. Le droit au conseil en orientation et à l'information sur les enseignements, l'obtention d'une qualification professionnelle, les professions ainsi que les débouchés et les perspectives professionnelles font à ce titre partie du droit à l'éducation (art. L. 313-1).

3° SAVOIR ÊTRE

L'éducation doit permettre le ***développement de la personnalité*** et l'***épanouissement de l'enfant*** mais aussi ***préparer*** les uns et les autres ***à s'insérer dans la vie sociale*** et les ***initier à l'exercice de la citoyenneté*** (art. L. 111-1, L. 111-2 et L. 131-11). C'est notamment là que prend place la référence au registre moral des valeurs, qu'il s'agisse des *« valeurs républicaines »* rappelées par l'article 2 de la loi Fillon, Avenir de l'école, du 23 avril 2005 et développées par la loi d'orientation et de programmation pour la refondation de l'école de la République du 8 juillet 2013 (art. L. 111-1) ou des différentes valeurs mentionnées par l'article 29 de la convention de New York, les États parties ayant convenu que l'éducation de l'enfant doit viser à lui inculquer le respect des droits de l'homme mais aussi de *« ses valeurs culturelles ainsi que le respect des valeurs nationales... et des civilisations différentes de la sienne »*. Si la *« formation »*, surtout si elle est qualifiée de *« professionnelle »*, concerne essentiellement le savoir-faire, l'*« instruction »* comme l'*« éducation »* recouvre les trois rubriques. Le *« droit à l'instruction de l'enfant »* dont le contenu est précisé par l'article L. 131-1-1 (la loi du 8 juillet 2013 introduit un objectif de développement moral et d'esprit critique) va, tout comme le *« droit à l'instruction »* du protocole n° 2 de la Convention européenne des droits de l'homme, bien au-delà de la seule acquisition des savoirs.

C. LE TITULAIRE DU DROIT À L'ÉDUCATION

Le droit à l'éducation est garanti à « chacun » (art. L. 111-1) ; *« tout enfant »* a droit à une formation scolaire (art. L. 111-2). D'autres articles visent *« tout élève »* (art. L. 122-2), *« tout jeune »* (art. L. 122-3) ou concernent les adultes (art. L. 122-5 et L. 122-6). L'***éducation pour tous*** impose que des ***dispositions particulières*** soient prises pour assurer la scolarisation de certaines personnes comme celles qui souffrent de ***handicap*** (art. L. 112-1 s.) ou d'une ***maladie*** qui nécessite leur ***hospitalisation*** (CSP, art. L. 1110-6).

Le ***titulaire du droit*** est d'abord l'***enfant*** qui *« a droit à une formation scolaire qui, complétant l'action de sa famille, concourt à son éducation »* (art. L. 111-2). Contrairement à l'opinion de ***Danton*** selon laquelle *« les enfants appartiennent à la République avant d'appartenir aux parents »*, chacun s'accorde aujourd'hui à considérer que l'***intérêt de l'enfant est d'être accompagné par ses parents, responsables d'une éducation préalable puis concomitante aux prestations de l'école.*** Mais le ***droit de l'enfant à l'instruction*** qui ***implique*** sa ***scolarisation*** (le droit de devenir élève) et son ***éducation*** (par la transmission et l'acquisition d'un savoir, d'un savoir-faire et d'un savoir être) est un ***droit*** qui est ***propre*** au sujet de droit qu'est l'enfant ; la ***mise en œuvre*** de ce droit impose l'***action conjointe des parents et du service public***. Les parents assistent l'enfant, l'accompagnent, le représentent tant qu'il n'a pas atteint la majorité (dont l'âge est fixé à 18 ans depuis la loi du 5 juill. 1974 ; avec possibilité d'émancipation à 16 ans, C. civ., art. 476 s.).

Les majeurs peuvent être soit sous statut scolaire, soit en apprentissage ou inscrits en formation continue des adultes, bénéficiant ainsi du *« droit à l'éducation »* ou du *« droit à la formation »*.

Le Défenseur des droits, dénonçant les obstacles à la scolarisation (pour les élèves souffrant de handicaps comme pour les allophones et primo-arrivants) qui vont à l'encontre de l'idée d'école inclusive, insiste sur un « Droit fondamental à l'éducation : une école pour tous, un droit pour chacun » (Rapport 2016 ; V. aussi : Défenseur des droits (2017) « Droits de l'enfant en 2017, au miroir de la Convention internationale des droits de l'enfant »).

D. LA GARANTIE DU DROIT À L'ÉDUCATION

« Le droit à l'éducation est garanti à chacun » (art. L. 111-1, al. 4). Dans le vocabulaire juridique, le mot « garantie » est polysémique tant en droit privé (au sens large, il recouvre tout mécanisme qui prémunit une personne d'une perte pécuniaire) qu'en droit public où il est notamment utilisé pour désigner l'ensemble des dispositions et procédés permettant aux personnes de concrétiser les droits ou les libertés que la Constitution ou la loi a institué en leur faveur ; dans un sens plus technique on parle de la garantie de l'État ; ici, lorsqu'il est dit que « l'État garantit le respect de la personnalité de l'enfant et de l'action éducative des familles », il renvoie aux dispositifs juridiques que les pouvoirs publics doivent alors mettre en place. L'article L. 111-1 utilisant plusieurs fois le mot se situe sur plusieurs registres. En précisant ce que l'éducation doit faire acquérir à tous les élèves, il institue une garantie scolaire qui pourra par exemple tenir compte des besoins particuliers de certains élèves, la garantie pouvant alors imposer un traitement particulier au nom de l'égalité des chances. Des distinctions doivent aussi être faites sur le plan financier par l'attribution des aides aux élèves et aux étudiants « selon leurs ressources et leurs mérites » (V. pour les élèves, art. L. 533-1 s. ; pour les étudiants, art. L. 821-1 s.) et pour la répartition des moyens du service public (humains et financiers) « en tenant compte des différences de situation, notamment en matière économique et sociale » (art. L. 111-1, al. 6). Mais cette garantie financière est un des éléments des politiques qui peuvent être décidées et mises en œuvre par les pouvoirs publics, les politiques éducatives pouvant alors être considérées comme des systèmes de garantie.

Enfin, revenant au droit, il faut noter que l'article liminaire du code de l'éducation ne dit mot de la garantie juridictionnelle alors que certains ont pu même souhaiter que le droit à l'éducation pour tous soit considéré comme un « droit opposable ».

La garantie scolaire : l'école est son propre recours.

De manière globale, le droit de l'éducation peut être analysé comme une garantie du droit à l'éducation ou du droit à l'instruction. Pour la Cour européenne des droits de l'homme, la mise en œuvre du « droit à l'instruction » impose que l'organisation et la réglementation de l'enseignement qui relèvent des compétences de l'État soient exercées conformément aux exigences de la Convention. La réglementation « peut varier dans le temps et dans l'espace en fonction des besoins et des ressources de la communauté et des individus » (CEDH 23 juill. 1968, *Aff. linguistique belge : série A, n° 9*). L'obligation scolaire (art. L. 131-1 s.), la gratuité de l'enseignement scolaire public (art. L. 141-1 s.) qui avec la laïcité caractérisent le service public de l'enseignement (art. L. 151-1 s.) sont autant de garanties. Il en est de même des obligations imposées aux collectivités territoriales pour créer les écoles, collèges et lycées et leur permettre de fonctionner (V. Livre II). Quant aux établissements privés qu'ils soient ou non associés au service public, l'État dispose par le biais des moyens financiers pour les uns de la police pour les autres des moyens permettant de s'assurer que l'acquisition des connaissances et des compétences est effectif (V. livre IV).

Au niveau de chaque personne, créancière d'éducation, la garantie mentionnée par l'article L. 111-1 doit « lui permettre de développer sa personnalité, d'élever son niveau de formation initiale et continue, de s'insérer dans la vie sociale et professionnelle, d'exercer sa citoyenneté » (al. 4), comportant l'« acquisition d'une culture générale et d'une qualification reconnue à tous les jeunes quelle que soit leur origine sociale, culturelle ou géographique » (al. 8). Reprenant ici les objectifs et missions de l'école, le même article précise que parmi les connaissances et compétences figurent au premier rang l'apprentissage et maîtrise de la langue française, outil fondamental pour tous les élèves impliquant la mise en place de dispositifs adaptés pour les allophones (al. 7). La garantie du droit à l'éducation est aussi celle de l'égalité des chances ; elle concerne tous les élèves sans discrimination mais doit tenir compte des difficultés plus ou moins grandes rencontrées par les élèves en fonction de leur situation concrète. Il s'agit alors de l'élève situé ; « la répartition des moyens du service public tient compte des différences de situation, notamment en matière économique et sociale » (al. 5, auquel l'art. 2 de la loi du 26 juill. 2019 ajoute « territoriale »). La loi de 2005 ajoute une référence aux difficultés relevant de la santé des élèves, dimension développée au chapitre II contenant les dispositions particulières aux enfants et adolescents souffrant d'un handicap ou d'un trouble de la santé invalidant (art. L. 112-1). Elle est complétée par la loi de 2013 qui se situe dans une perspective d'« école inclusive ».

En 2005, la loi AE a introduit une nouvelle exigence : « La scolarité obligatoire doit garantir à chaque élève les moyens nécessaires à l'acquisition d'un socle commun de connaissances et de compétences » (art. L. 122-1-1 modifié par la loi RER de 2013 qui ajoute une référence à la « culture »). Pour tenir compte des « besoins particuliers » variant selon le niveau et la nature des difficultés rencontrées, la loi prévoit que « des dispositions appropriées rendent possible l'accès de chacun, en fonction de ses aptitudes... aux différents types ou niveaux de la formation scolaire » (art. L. 111-2, al. 3), notamment par des « actions de soutien individualisé » (art. L. 111-2, al. 6). A tout moment de la scolarité des dispositifs d'aide peuvent être mis en place, notamment sous la forme d'un programme personnalisé de réussite scolaire (art. L. 311-3-1 modifié par la loi de 2013) ; des actions de soutien sont prévues dans les écoles (art. L. 321-4) et en collège (art. L. 332-4). Pour assurer la garantie de l'égalité des chances (art. L. 112-4), la loi prévoit des dispositifs pour assurer la scolarisation des personnes souffrant d'un handicap (art. L. 351-1 s.). D'autres dispositions prennent en compte d'autres situations : allophones nouvellement arrivés en France, enfants du voyage (schéma départemental, art. L. 213-10)...

Des systèmes de garantie : les politiques éducatives.
Les politiques éducatives sont des politiques publiques menées dans le domaine éducatif (au sens large recouvrant instruction, éducation, enseignement, formation). Les objectifs des politiques nationales sont fixés par la loi, notamment les lois d'orientation et de programmation, et par les lois de finances qui depuis la LOLF sont articulées sur les objectifs à atteindre. Les collectivités territoriales sont appelées à y participer dans le cadre de leur compétence, leur association au développement du service public national ne se limitant pas aux infrastructures mais les amenant à mener des politiques propres (villes éducatives) ou, le plus souvent en collaboration avec l'éducation nationale et les autres ministères (par exemple, labellisation « cité éducatives »). Les politiques sont formalisées par des documents stratégiques (Strates, plan autisme, pacte pour la réussite éducative, schéma, contrats) ; elles sont souvent interministérielles (lutte contre l'illettrisme, le décrochage scolaire, le handicap) ; elles sont mises en œuvre par l'ensemble des acteurs, notamment ceux que l'on retrouve dans la « communauté éducative » ou dans la « communauté universitaire », notamment dans le cadre des établissements (projet, PEDT). Sont alors utilisées des techniques diverses qui, en elles-mêmes, peuvent constituer autant de garanties (réglementation, crédits, actions, GRH) ; leur suivi impose une évaluation qui peut être interne aux services ou aux établissements (auto-évaluation) ou confiée à des autorités indépendantes (CNESCO, CEE), spécialisées ou généralistes. Un regard externe peut révéler de graves insuffisances mettant ainsi en cause la garantie du droit à l'éducation ; ainsi, une étude remise au Défenseur des droits sur la scolarisation des élèves allophones et des enfants issus de familles itinérantes relève les limites de l'inclusion en

classe ordinaire, les inégalités entre académies, une absence de formation des enseignants et de pilotage du dispositif (INSHEA 21 déc. 2018).

Une illustration : la politique d'éducation prioritaire. L'article L. 111-1 part de la question de la répartition des moyens qui doit prendre en compte les différences de situation, notamment en matière économique et sociale (al. 5 auquel la loi de 2019 ajoute « territoriale ») et précise : « elle a pour but de renforcer l'encadrement des élèves dans les écoles et établissements situés dans des zones d'environnement social défavorisé et des zones d'habitat dispersé, et de permettre de façon générale aux élèves en difficulté... de bénéficier d'actions de soutien individualisé » (al. 6). Issue de la loi d'orientation de 1989, cette disposition permit alors de tenir compte *a posteriori* d'une politique lancée huit ans plus tôt. C'est en effet en 1981 que le ministre Alain Savary, concrétisant une promesse de campagne de François Mitterrand, créa les ***zones d'éducation prioritaire (ZEP)*** « pour corriger l'inégalité sociale par le renforcement sélectif de l'action éducative dans les milieux sociaux où le taux d'échec scolaire est le plus élevé » (Circ. du 9 juill. 1981). Malgré la prolongation de la scolarité obligatoire décidée en 1959 et la création du collège unique en 1977, des études sociologiques montraient comment la conjugaison des inégalités sociales et des disparités spatiales débouchait sur la concentration d'élèves en grande difficulté dans certains territoires. L'idée était de « donner plus à ceux qui ont le moins », d'agir pour compenser les handicaps, de rechercher les conditions de l'égalité des chances, non par une discrimination (positive) des élèves mais par une différenciation territoriale. Si une augmentation des moyens était prévue pour les écoles et établissements de ZEP regroupant alors 10 % des élèves, l'essentiel relevait du projet (centré sur l'élève en termes de remédiation, sur l'école et le collège s'inscrivant dans un projet inter-degré). La loi de 1989 permit une première relance, articulant la carte des ZEP avec la politique de la ville, prévoyant un projet de zone et une évaluation au bout de trois ans. En 1997, un rapport sur « les déterminants de la réussite scolaire en ZEP » (Catherine Moisan, Jacky Simon), notamment ses recommandations sur les pratiques pédagogiques, la vie scolaire, le pilotage et les partenariats, permit une seconde relance (Circ. du 19 juillet 1998). Les ZEP deviennent alors REP (réseaux d'éducation prioritaire), un nouvel outil de pilotage est introduit avec les contrats de réussite. Après les émeutes de banlieue de 2005, une troisième relance créa les réseaux ambition réussite (RAR, définis au niveau national, correspondant aux situations les plus difficiles, dotés de quatre enseignants supplémentaires) et des réseaux de réussite scolaire (RRS, définis au niveau académique) ; après le plan Espoir banlieue de 2008, le programme CLAIR de 2010 (collèges-lycées pour l'ambition et la réussite) est élargi en 2011 aux écoles en ajoutant un E pour le programme ECLAIR qui prévoyait notamment la possibilité de recruter les enseignants sur poste à profil après « entretien d'embauche » (V. CE, réf., 25 oct. 2010, n° 343397 : *LIJ n° 150, p. 6*, rejet de la demande de suspension de l'exécution de la Circ. du 7 juill. 2010 relative à l'expérimentation du programme ECLAIR ; CE 14 oct. 2011, n° 343396, légalité de la circulaire à l'exception des dispositions prévoyant la nomination des enseignants pour une durée de 5 ans). Ces dispositifs dont le cadrage national était limité et la mise en œuvre contrastée avaient pu être analysés comme des signes avant-coureurs de la disparition des ZEP (V. IGAENR-IGEN, La mise en œuvre du programme CLAIR, *Rapport n° 2011-069*). Pour assurer la justice entre les territoires, le Rapport sur la refondation de l'école (2012) envisage une quatrième relance par une nouvelle approche de l'éducation prioritaire qui concernait alors 18 % des écoliers et 2 % des lycéens. Cette politique s'appuie sur un millier de réseaux d'éducation prioritaire (REP), dont un tiers pour les situations les plus difficiles (REP+). Elle comporte trois volets : un volet pédagogique misant sur l'innovation, avec pour objectif un taux de scolarisation des enfants de moins de trois ans de 30 %, une extension progressive du dispositif « plus de maîtres que de classes » dans les 7 000 écoles de l'éducation prioritaire ; la prise en charge continue des élèves de sixième jusqu'à 16 h 30 par des assistants d'éducation, le développement des internats de la réussite ; un volet « ressources humaines » pour soutenir les personnels (revalorisation des indemnités, temps accordé pour le travail en équipe et le suivi des élèves, formation continue, avancement facilité) et stabiliser les équipes éducatives ; et un volet « environnement scolaire » pour créer un cadre propice aux apprentissages – innovations (liens avec les parents, prévention). C'est dans ce cadre qu'est décidé en 2017 de procéder au dédoublement des classes de CP et CE1 en REP+ puis en REP. Au-delà de la répartition inégalitaire des moyens (qui se traduit notamment par le versement des primes et des personnels en surnombre), la politique d'éducation prioritaire appelle une nouvelle politique de gestion des ressources humaines (recrutement sur profil) ; la réussite de la politique d'éducation prioritaire impose un effort de formation (innovation) et de cohérence (pilotage central, académique, zonal) et un partenariat (entre écoles et établissements, collectivités territoriales, par exemple dans le cadre de l'opération Cités éducatives, label créé à la suite du rapport Borloo de 2018 pour assurer la continuité éducative sur les territoires de la politique de la ville). Examinant les résultats qu'elle estime globalement décevants, la Cour des comptes (2018) propose un nouveau mode de distribution des moyens ; s'interrogeant sur la labellisation « éducation prioritaire », elle souhaite que les financements soient plus concentrés mais recommande aussi que des établissements réunissant écoles et collèges (écoles du socle) aient plus d'autonomie, notamment pour le recrutement des enseignants. Le rapport « mission territoires et réussite » d'Ariane Azéma et Pierre Mathiot (nov. 2019), soulignant la grande diversité des situations, propose de sanctuariser les REP+ correspondant aux zones urbaines en très grande difficulté (350 sur 700 REP) en déconcentrant la gestion au niveau académique, souhaitant ainsi introduire plus de souplesse pour mieux marquer la priorité éducative. Une expérimentation est prévue avec la signature de « contrats locaux d'accompagnement triennaux » (renouvelables) dans trois académies ; est ainsi envisagée, pour les zones rurales en décrochage économique, les établissements isolés et les écoles orphelines actuellement hors carte de l'éducation prioritaire, une approche plus souple. On peut craindre une remise en cause du pilotage national.

Ont intérêt à agir contre l'arrêté ministériel fixant la liste des établissements en REP tant la commune (CE 1er juin 2018, *Cne de Sainte-Marie-aux-Mines*, n° 392196) qu'un enseignant, eu égard aux conséquences du classement sur ses obligations de service (CE 1er juin 2018, n° 391518 ; annulation en l'absence de consultation du comité technique ministériel du ministère de l'éducation nationale).

La garantie juridictionnelle : le droit à l'éducation, droit opposable ?
Le « droit à l'éducation » (le droit à l'instruction, à la scolarisation) est garanti par la possibilité de ***saisir le juge***. S'agissant des prestations d'un service public, dont le caractère administratif ne fait pas de doute, et des décisions prises par des autorités administratives, le juge administratif sera compétent. Les décisions positives ou négatives (refus d'inscription, V. note 11 ss. art. L. 111-1) peuvent faire l'objet d'un recours pour excès de pouvoir qui peut être précédé d'une procédure d'urgence s'il y a un doute sérieux sur la légalité de la décision, référé-suspension ou même référé-liberté, le droit de l'éducation étant considéré comme une « liberté fondamentale » au sens de l'article L. 521-1 du code de justice administrative. La responsabilité de l'administration peut en outre être engagée pour faute, notamment en cas de défaillance du service public causant un préjudice à l'élève (TA Versailles, 3 nov. 2003, *M. Kepeklian c/ MEN*, n° 0104490, 11 jugements rendus le même jour : *AJDA 2004. 937*), mais aussi sans faute, pour rupture de l'égalité devant les charges publiques (TA Lyon, 29 sept. 2005, *M. et Mme Hebri : note ESEN*, la non-scolarisation d'un enfant handicapé fait peser sur l'enfant et ses parents une charge anormale et spéciale). Le juge judiciaire est toutefois compétent quand le droit à l'éducation de l'enfant est entravé par ses parents ou lorsque l'enfant est scolarisé dans un établissement privé (Civ. 1re, ord., 21 juin 2005, *Fatima X. c/ Collège privé Charles-de-Foucault*, n° 02-19.831). Au pénal, les parents pourront être poursuivis en cas de manquement à l'obligation scolaire (si cela a nui « gravement » à l'éducation de l'enfant, C. pén., art. 227-17, Crim. 11 juill. 1994 : *Bull. crim. n° 269* ; art. 227-17-1 cité par art. L. 131-12 : le fait par les parents de ne pas l'inscrire à l'école sans excuse valable est puni de 6 mois d'emprisonnement).

Il a été souhaité qu'à l'instar du droit au logement, les personnes handicapées puissent disposer d'un « droit opposable ». Le droit à l'éducation étant reconnu à « tout enfant, tout adolescent présentant un handicap » (art. L. 112-1), l'État peut déjà voir sa responsabilité engagée pour faute en raison de la non-scolarisation d'un enfant handicapé ; il a été récemment jugé que l'administration ne peut se contenter d'indiquer qu'elle a été diligente, considérant alors qu'elle n'a qu'une obligation de moyens, mais qu'elle doit prendre toutes les mesures et mettre en œuvre tous les moyens nécessaires pour donner un caractère effectif au droit à l'éducation et à l'obligation pour les enfants handicapés de recevoir une éducation adaptée (CE 8 avr. 2009, n° 311434 : *D. 2009. 1208, note de Gaudemont*). L'État a donc en ce domaine une obligation de résultat qui garantit aux enfants et à leur famille l'effectivité du droit à l'éducation. Si l'égalité en ce domaine passe par une amélioration et une accélération des procédures permettant d'assurer l'effectivité des recours juridictionnels, elle impose surtout une meilleure organisation pour mettre en place les moyens nécessaires afin d'accueillir tous les élèves dans les établissements. ❑

CHAPITRE PREMIER **DISPOSITIONS GÉNÉRALES**

BIBL. GÉN. ▶ Bompard, Le droit à l'éducation, *Thèse, Univ. Grenoble Alpes (ComUE), déc. 2017.* – Daila, L'universalisme du droit à l'éducation : portée et limites, *Thèse, Univ. Nantes, 2017.* – Durand-Prinborgne, L'enseignement et le droit, problèmes actuels et permanents, *RFDA 1988. 580.* – Georgel, Enseignement public, *J.-Cl. Adm., fasc. 230.* – Kissangoula, Dictionnaire des droits de l'homme, *v° Droit à l'instruction, PUF, 2008.* – Lavieille, Les principes fondamentaux de l'enseignement dans le droit positif français, *AJDA 1978. 188.* – Mann, De l'importance de l'éducation dans une république, *Paris, 1873.* – Plouvin, La notion de principes fondamentaux de l'enseignement au sens de l'article 34 de la Constitution et la liberté de l'enseignement, *RD publ. 1979. 53.* – Schlemmer, Droit au travail et droit à l'éducation, *in* Le droit et l'école, *Presses universitaires de Rennes, coll. Didact Éducation, 2003. 187.* – Schwartz, Éducation : une confluence de libertés publiques, *AJDA 1998. 177* ; Les Français et leur école. Le miroir du débat, Commission du débat national sur l'avenir de l'école, *Dunod, 2004.*

Art. L. 111-1 L'éducation est la première priorité nationale. Le service public de l'éducation est conçu et organisé en fonction des élèves et des étudiants. Il contribue à l'égalité des chances *(L. n° 2013-595 du 8 juill. 2013, art. 2)* **« et à lutter contre les inégalités sociales et territoriales en matière de réussite scolaire et éducative. Il reconnaît que tous les enfants partagent la capacité d'apprendre et de progresser. Il veille à** *(L. n° 2019-791 du 26 juill. 2019, art. 27)* **« la scolarisation inclusive » de tous les enfants, sans aucune distinction. Il veille également à la mixité sociale des publics scolarisés au sein des établissements d'enseignement. Pour garantir la réussite de tous, l'école se construit avec la participation des parents, quelle que soit leur origine sociale. Elle s'enrichit et se conforte par le dialogue et la coopération entre tous les acteurs de la communauté éducative. »**

(L. n° 2005-380 du 23 avr. 2005, art. 2) **« Outre la transmission des connaissances, la Nation fixe comme mission première à l'école de faire partager aux élèves les valeurs de la République. »** *(L. n° 2013-595 du 8 juill. 2013, art. 2)* **« Le service public de l'éducation fait acquérir à tous les élèves le respect de l'égale dignité des êtres humains, de la liberté de conscience et de la laïcité. Par son organisation et ses méthodes, comme par la formation des maîtres qui y enseignent, il favorise la coopération entre les élèves. »**

(L. n° 2005-380 du 23 avr. 2005, art. 2) **« Dans l'exercice de leurs fonctions, les personnels mettent en œuvre ces valeurs. »**

Le droit à l'éducation est garanti à chacun afin de lui permettre de développer sa personnalité, d'élever son niveau de formation initiale et continue, de s'insérer dans la vie sociale et professionnelle, d'exercer sa citoyenneté.

(L. n° 2005-380 du 23 avr. 2005, art. 2) **« Pour garantir ce droit dans le respect de l'égalité des chances, des aides sont attribuées aux élèves et aux étudiants selon leurs ressources et leurs mérites. La répartition des moyens du service public de l'éducation tient compte des différences de situation, notamment en matière économique** *(L. n° 2019-791 du 26 juill. 2019, art. 2)* **« , territoriale » et sociale. »**

Elle a pour but de renforcer l'encadrement des élèves dans les écoles et établissements d'enseignement situés dans des zones d'environnement social défavorisé et des zones d'habitat dispersé, et de permettre de façon générale aux élèves en difficulté *(L. n° 2005-102 du 11 févr. 2005, art. 19)* **« , quelle qu'en soit l'origine, en particulier de santé, » de bénéficier d'actions de soutien individualisé.**

(L. n° 2006-396 du 31 mars 2006, art. 1er ; L. n° 2013-595 du 8 juill. 2013, art. 2) **« L'école garantit à tous les élèves l'apprentissage et la maîtrise de la langue française. »**

L'acquisition d'une culture générale et d'une qualification reconnue est assurée à tous les jeunes, quelle que soit leur origine sociale, culturelle ou géographique.

(L. n° 2021-1109 du 24 août 2021, art. 58) **« L'autorité de l'État compétente en matière d'éducation veille, en lien avec les établissements scolaires publics et privés**

sous contrat et en concertation avec les collectivités territoriales, à l'amélioration de la mixité sociale au sein de ces établissements. »

BIBL. ▸ **Service public :** V. Bibl. ss. art. L. 211-1.

Obligation scolaire : Martin, Droit à l'école et obligation scolaire, *in* Le droit et l'école, *Presses universitaires de Rennes, coll. Didact Éducation, 2003. 161.*

▸ **Égalité et inégalités :** Baumard, Paris, capitale de la ségrégation sociale au lycée, *Le Monde, 2 juill. 2014. 7* ; École : les moyens attribués renforcent les inégalités, *Le Monde, 13 avr. 2012. 11.* – Berlioux, Restaurer la promesse républicaine, *Rapp. Mission orientation et égalité des chances dans la France des zones rurales et des petites villes, 5 mars 2020.* – Blanchard-Schneider, Botton, Miletto et Caro, Justice à l'école et territoires. Panorama des inégalités scolaires d'origine territoriale en France, *CNESCO et Normandie Université, UNICAEN, CNRS ESO, oct. 2018.* – Bodin, Diversité sociale dans les classes préparatoires aux grandes écoles : mettre fin à une forme de « délit d'initié », *Rapport Sénat, n° 441, 2006-2007.* – Brodaty, du Parquet et Petit, La discrimination à l'entrée des établissements scolaires privés, *Rev. fr. éco., vol. XXIX, oct. 2014.* – Calero, Spain, Country Analytical Report, Equity, *in* Education Thematic Review, *Rapp. remis à l'OCDE, 2005.* – Canto-Sperber, L'oligarchie de l'excellence. Les meilleures études pour le plus grand nombre, *PUF, 2017.* – Cedelle, En dix ans, aucune réforme n'a eu d'effet notable sur l'échec scolaire, *Le Monde, 29 août 2007. 9.* – Delahaye, Grande pauvreté et réussite scolaire : le choix de la solidarité pour la réussite de tous, *Rapp. IGEN, mai 2015.* – Derouet, École et justice. De l'égalité des chances aux compromis locaux ?, *Paris, Métailié, 1992.* – Dubet et Duru-Bellat, L'hypocrisie scolaire. Pour un collège enfin démocratique, *Le Seuil, 2000.* – Dumay, Dupriez et Maroy, Ségrégation entre écoles, effets de la composition scolaire et inégalités de résultats, *Revue française de sociologie, 51-3, 2010. 461.* – Durand-Prinborgne, Le principe d'égalité et l'enseignement, *RFDA 1988. 584.* – Duru-Bellat, Les inégalités sociales à l'école. Genèse et mythes, *PUF, 2002.* – Duru-Bellat et Marin, La mixité scolaire, une thématique (encore) d'actualité ?, *Revue française de pédagogie, n° 171, 2010/2. 168.* – Duru-Bellat et Van Zaten, Sociologie de l'école, *Armand Colin, coll. U, 2012.* – Euriat et Thélot, Le recrutement de l'élite scolaire depuis 40 ans, *Éducation & formations, n° 41, 1995. 2.* – Fack, Grenet et Benhenda, Étude sur la mixité sociale et scolaire : l'impact des procédures de sectorisation et d'affectation dans les lycées d'Île-de-France, *IEP-École d'économie de Paris/GENES, Rapport final, juill. 2014.* – Fassin, Ségrégation, l'expérience américaine, *Le Monde, 1er août 2007. 13.* – Gauthier, Fractures sociales et inégalités scolaires, *in CIEP, Revue internationale d'éducation de Sèvres, n° 52, déc. 2009.* – Hébrard, La mixité sociale à l'école et au collège, *MENESR, 2002.* – Janta et Harte, Education of migrant children. Education policy responses for the inclusion of migrant children *in* Europe, *Rand Corporation, 2016 : http://www.rand.org/content/dam/rand/pubs/research_reports/RR1600/RR1655/RAND_RR1655.pdf.* – Le Donné et Rocher, Une meilleure mesure du contexte socio-éducatif des élèves et des écoles. Construction d'un indice de position sociale à partir de la profession des parents, *Éducation & formations, n° 79. 2010. 103.* – Long, Discrimination positive et accès à Sciences-Po Paris, *AJDA 2004. 688* . – Ly, École : jusqu'où va la ségrégation ?, *Billet, France-Statégie, 5 juin 2015.* – Ly (rapp.), Cabrera, Dacunha-Castelle, Goyet, Loiseau, Poissonnier, Pouts-Lajus, Rivoallon et Troger, Quelle finalité pour quelle École ?, *France Stratégie, rapp. sept. 2016.* – Ly, Maurin et Riegert, La mixité sociale et scolaire en Île-de-France : le rôle des établissements, *Synthèse du rapport au conseil régional d'Île-de-France, juin 2014.* – Maugis, Six types de collèges différenciés par la population accueillie et la situation géographique, *MENJ-DEPP, Note d'information, n° 20.01, janv. 2020.* – Maurin, La nouvelle question scolaire. Les bénéfices de la démocratisation, *Le Seuil, 2007.* – Monseur et Crahay, Composition académique et sociale des établissements, efficacité et inégalités scolaires : une comparaison internationale, *Revue française de pédagogie, n° 164, 2008. 55.* – Morin, L'école face au risque d'explosion des inégalités, *Le Monde. 1er sept. 2020. 11.* – Rayou, Bautier, Les inégalités d'apprentissage : Programmes, pratiques et malentendus scolaires, *PUF, coll. Éducation & société, 2e éd., 2015.* – Oberti, Éducation, migration, inégalités et intégration en Europe, *INRP, Dossier d'actualité n° 35, mai 2008.* – Van Zanten, Choisir son école, *PUF, 2009.* – Filles et garçons sur le chemin de l'égalité de l'école à l'enseignement supérieur, *MEN, DEPP mars 2011.* – C. comptes, L'égalité des chances et la répartition des moyens dans l'enseignement scolaire, réf. n° 64421, *11 juill. 2012* ; L'égalité des chances dans l'enseignement scolaire et les politiques publiques interministérielles, réf. n° 64415, *11 juill. 2012.* – École : pourquoi la France est devenue le pays le plus inégalitaire de l'OCDE, *Conseil national d'évaluation du système scolaire, sept. 2016.*

▸ **Droit à l'éducation des filles :** V. Bibl. ss. art. L. 121-1.

▸ **Politiques éducatives :** Defresne et Krop, La massification scolaire sous la Ve République. Une mise en perspective des statistiques de l'Éducation nationale (1958-2014), *MENESR, DEPP, Éducation et Formations, n° 91, sept., 2015. 5.* – Dutercq, Les régulations des politiques d'éducation, *Presses universitaires de Rennes, 2005.* – Grenet, Démocratisation scolaire, politiques éducatives et inégalités : une évaluation économique, *Thèse, Paris EHESS, 2008.* - Mons, Les nouvelles politiques éducatives, *PUF, coll. Éducation et société, 2007.* – Nozarian, Les mondes de la « démocratisation » des grandes écoles et la sociodicée des élites : le cas des conventions ZEP/Sciences Po Paris, *Thèse, Univ. Paris 1, 2013.* – Robert, De l'apprentissage au changement : les politiques scolaires de compensation en France et aux États-Unis (1965-2006), *Thèse, Paris, Institut d'études politiques, 2007.* – Rochex, Les politiques de lutte contre les inégalités scolaires d'un pays à l'autre, *Revue française de pédagogie, n° 178, janv.-mars 2012.* – Soubiron, L'action publique expérimentale : les dispositifs d'égalité des chances et de diversité dans les grandes écoles françaises, *Thèse, Univ. Paris 9, 2010.* – Van Zanten, Les politiques d'éducation, *PUF, coll. Que sais-je ?, 2e éd., 2011* ; L'éducation peut-elle favoriser la croissance ?, *France Stratégie, La note d'analyse, n° 48, juin 2016.*

V. aussi Bibl. ss. Livre 3, Titre 1er.

▸ **Analyses et données chiffrées :** Fournier, Lefresne et Rakocevic, Les dépenses d'éducation, *in* L'Europe de l'éducation en chiffres, *MEN-MESRI, DEPP, 2018. 32* ; Les systèmes éducatifs, *in* L'Europe de l'éducation en chiffres, *MEN-MESRI, DEPP, 2018. 18* ; L'Europe de l'éducation en chiffres, *MEN-MESRI, DEPP, 2018.*

V. aussi Bibl. ss. Livre 3, Titre 1er.

▸ **Lutte contre l'échec scolaire – Éducation prioritaire – Politique de réussite éducative – Déscolarisation :** V. ss. art. L. 332-4.

▸ **Divers :** Bassy, Dupuis, Jammes et autres, L'accompagnement à la scolarité : pour une politique coordonnée, équitable et adossée aux technologies de l'information et de la communication, *MEN, Rapp. conjoint IGAEN, IGEN, n° 2006-10, mai 2006.* – Brown et Duru-Bellat, La méritocratie scolaire. Un modèle de justice à l'épreuve du marché, *Revue sociologie, n° 1, avr. 2010, PUF.* – Cannard, Colmou, Azema et Mecheri, Évaluation du plan interministériel de lutte contre le racisme et l'antisémitisme [2015-2017], *Rapp. IGA-IGAENR, n° 2017-110, déc. 2017.*

I. DROIT À L'ÉDUCATION

1. Convention européenne des droits de l'homme. Le droit à l'éducation est garanti à chacun. Cette formulation large n'a, jusqu'à ce jour, pas été précisée par le juge administratif. Sur le plan international, la Cour européenne des droits de l'homme consacre le droit à l'instruction comme un droit fondamental et considère que l'État ne peut se soustraire aux obligations qui en découlent. • CEDH 25 mars 1993, *Costello-Roberts c/ Royaume-Uni : JCP 1994. II. 22262, note Mazière.*

2. Liberté fondamentale. L'égal accès à l'instruction, garanti par le treizième alinéa du préambule de la Constitution de 1946, auquel se réfère celui de la Constitution de 1958, et confirmé par l'art. 2 du premier protocole additionnel à la Conv. EDH, est une liberté fondamentale au sens de l'art. L. 521-2 CJA. • CE, ord., 15 déc. 2010, n° 344729 : *AJDA 2010. 2453 ; ibid. 2011. 859, note Prélot.*

3. Convention relative aux droits de l'enfant. Le droit à l'éducation est aussi affirmé par la Convention relative aux droits de l'enfant adoptée par l'assemblée générale des Nations unies le 20 nov. 1989 et signée à New York le 26 janv. 1990. Toutefois, il n'est pas possible de se prévaloir utilement, à l'appui d'un recours pour excès de pouvoir, de cette convention qui est dépourvue d'effet direct. • CE 6 oct. 2000, *Assoc. Promouvoir,* nos 216901, 217800, 217801 et 218813 A. ♦ Ainsi garanti, ce droit à l'instruction n'interdit pas aux États signataires de cette convention européenne de réglementer son exercice pour des motifs d'intérêt général, par exemple en imposant, dans l'intérêt de la santé publique, certaines vaccinations préalablement à l'admission à l'école. • CE 10 janv. 1996, *Huret,* n° 153477.

4. Mineur isolé étranger. Constitution de 1946. Préambule, 13e al. Atteinte grave et manifestement illégale à une liberté fondamentale. Saisi dans le cadre d'un référé-liberté d'une demande de scolarisation d'un enfant de nationalité albanaise âgé de treize ans pris en charge par le service de l'aide sociale à l'enfance (ASE) d'un département, le juge des référés du tribunal administratif de Nancy a rappelé que la privation pour un enfant de cet âge, compte tenu notamment de sa qualité de mineur isolé sur le territoire français, de la possibilité de bénéficier d'une scolarisation ou d'une formation scolaire ou professionnelle adaptée, selon les modalités que le législateur a définies afin d'assurer le respect de l'égal accès à l'instruction garanti par le 13e al. du Préamb. Const. 1946, est susceptible de constituer une atteinte grave et manifestement illégale à une liberté fondamentale au sens de l'art. L. 521-2 CJA., sous réserve qu'une urgence particulière rende nécessaire l'intervention d'une mesure de sauvegarde sous 48 heures. En l'espèce, le juge des référés du tribunal administratif de Nancy a retenu que la situation dans laquelle se trouvait le requérant âgé de treize ans constituait en elle-même une situation d'urgence et une atteinte grave à une liberté fondamentale. • TA Nancy, 7 févr. 2019, n° 1900320 : *LIJ 2019, n° 206, p. 6.*

5. Heures de formation et seuils de dédoublement. La réduction du volume global des horaires de formation et la modification des seuils de dédoublement ne sont pas contraires au droit à l'éducation affirmé à cet art. • CE 14 juin 2006, *Synd. nat. de l'enseignement technique agricole SNETAP-FSU*, n° 284933.

6. Urgence sanitaire. Droit à l'éducation. Égalité des chances. La commission nationale consultative des droits de l'homme alerte sur l'urgence de garantir l'égalité des chances et le droit à l'éducation pour tous et offre de nouvelles perspectives pour construire une école plus respectueuse des droits. Cet avis formule onze recommandations à l'attention des pouvoirs publics parmi lesquelles une recommandation sur la nécessité d'augmenter les effectifs des enseignants et une autre invitant à l'élaboration d'un plan vacances favorisant la mixité sociale et l'égalité des chances. • CNCDH, avis, 26 mai 2020 : *État d'urgence sanitaire : le droit à l'éducation à l'aune de la Covid-19.*

7. Urgence sanitaire. Droit à l'éducation. Enfants de trois ans. Le juge des référés a rappelé que la scolarité est également obligatoire pour les très jeunes enfants et que l'enseignement à distance ne peut en tout état de cause être considéré comme permettant de répondre, pendant une période de plus de quatre mois, aux objectifs de continuité pédagogique. Il en conclut que la carence de la commune de Marseille à organiser les conditions de la reprise des élèves, qui ont atteint l'âge de trois ans, des petites sections et toutes petites sections des écoles maternelles doit être regardée comme constitutive d'une atteinte grave et manifestement illégale au droit à l'éducation et à l'égal accès à l'instruction. Il est fait injonction de définir et de mettre en œuvre, dans un délai de 3 jours, les modalités d'accueil des élèves âgés de trois ans et plus dans les classes de petites sections et de toutes petites sections, en prenant les mesures strictement proportionnées aux risques sanitaires encourus, dans le respect des prescriptions du Décr. n° 2020-663 du 31 mai 2020. • TA Marseille, ord., 5 juin 2020, n° 2004097 : *AJCT 2020. 542*.

8. Urgence sanitaire. Réouverture écoles. Déconfinement scolaire. Dans le cadre de l'urgence sanitaire déclaré par le législateur, l'accueil des enfants dans les établissements scolaires a été suspendu. Un décret a ensuite autorisé à nouveau l'accueil des usagers dans les écoles maternelles et élémentaires ainsi que les classes correspondantes des établissements d'enseignement privé, dans des conditions de nature à permettre le respect des règles d'hygiène et de distanciation sociale définies au niveau national pour ces établissements. Le principe est donc désormais que les écoles maternelles et élémentaires accueillent du public. Un certain nombre de communes ont différé l'ouverture des classes. En l'espèce, la commune de Marseille a indiqué que les toutes petites sections et les petites sections des écoles maternelles ne recommenceraient à accueillir des élèves qu'à compter du mois de septembre. Plusieurs parents d'élèves ont demandé au juge des référés d'enjoindre à la commune de rouvrir ces classes. A cet effet, le droit à l'éducation a pu être utilement invoqué contre les communes qui refusaient de rouvrir une école, dès lors que l'État en a décidé ainsi, y compris dans le cadre d'un référé-liberté. Les juges ont dès lors enjoint aux communes de rouvrir les classes concernées dans un délai fixé par les mêmes ordonnances. • TA Montreuil, ord., 20 mai 2020, n° 2004683 : *AJCT 2020. 542* • TA Toulon, ord., 28 mai 2020, n° 201320 : *AJCT 2020. 542, obs. Bompard* • TA La Réunion, ord., 29 mai 2020, n° 2000415 • TA Guadeloupe, ord., 5 juin 2020, n° 2000422 • TA Nîmes, ord., 9 juin 2020, n° 2001571 : *AJCT 2020. 542* • TA Nîmes, ord., 10 juin 2020, n° 2001594 : *AJCT 2020. 542* • CE, ord., 23 juin 2020, n° 441106 : *AJCT 2020. 542, note Bompard*. ♦ Dans le même sens, pour la commune de Marseille, qui ne se prévalait d'aucune circonstance sanitaire particulière, située en zone de vigilance verte au regard du plan de déconfinement arrêté par les autorités nationales, ne révélait pas l'existence de raisons impérieuses propres à ce territoire rendant nécessaire la fermeture généralisée de certains niveaux de classes des écoles maternelles. Elle se bornait à invoquer la configuration des salles de repos qui ne permettraient pas d'accueillir l'ensemble des élèves scolarisés dans le respect des normes sanitaires exigées et l'indisponibilité des personnels d'ATSEM chargés de leur accompagnement. • TA Marseille, ord., 5 juin 2020, n° 2004097 : *AJCT 2020. 542*.

II. ÉGALITÉ DES USAGERS

A. PRINCIPE

9. L'acquisition d'une culture générale et d'une qualification reconnue est assurée à tous les jeunes, quelle que soit leur origine sociale, culturelle ou géographique. • CE 15 juill. 2004, n° 245357 A : *AJDA 2004. 1948 ; ibid. 2465, note Jobart ; RTD eur. 2005. 839, chron. Ritle*.

10. Base de données élèves. Si l'enregistrement dans le traitement en litige de données relatives à la nationalité, à la date d'entrée en France des élèves, à leur niveau de maîtrise du français ou encore aux difficultés sociales rencontrées par leurs familles est susceptible d'exclure des élèves du bénéfice de certains droits, le recueil de telles informations, qui vise à assurer une organisation de la réponse éducative aux situations individuelles des élèves, ne saurait avoir par lui-même pour effet de porter atteinte au principe d'égalité entre élèves, qui n'exclut pas que des élèves placés dans des situations différentes soient traités de façon différente. Dès lors, le recueil de ces informations est proportionné aux buts en vue desquels la décision en litige a été prise. • CE 19 juill. 2010, n°s 317182 A et 334014 B : *AJDA 2010. 1454 ; ibid. 1930, chron. Botteghi et Lallet.*

B. REFUS D'INSCRIPTION

11. Refus du maire. Illégalité, au regard du principe d'égalité des usagers devant le service public, d'un refus opposé par un maire d'une admission en classe maternelle fondé sur la nationalité. • TA Bordeaux, 14 juin 1988, n° 00-1062. ♦ Du fait de l'obligation pour les communes de scolariser tous les enfants résidant sur leur territoire, la délibération par laquelle un conseil municipal a refusé d'admettre dans les écoles de la commune des pupilles de l'aide sociale à l'enfance, accueillis dans un établissement installé dans cette commune, ce refus n'étant pas motivé par la situation particulière de quelques enfants, mais par la volonté de ce conseil municipal de n'admettre dans les écoles communales aucun des enfants hébergés dans les maisons d'enfants installées sur le territoire de la commune, est illégale. • TA Grenoble, 7 avr. 1976, *Assoc. d'entraide des pupilles et anciens pupilles de l'aide sociale à l'enfance du Rhône c/ Cne de Villars-de-Lans : Lebon 628* . ♦ La décision d'une association de fermer sa maison d'enfants, à compter de la rentrée scolaire suivante, doit être regardée comme la conséquence directe du refus de la commune de scolariser ces enfants. • Même jugement.

12. Discrimination. Suite à une modification des limites territoriales, un accord est intervenu entre des communes limitrophes aux termes duquel la première s'est engagée à accueillir dans ses écoles maternelles et primaires les enfants de l'autre commune sur la base des 140 habitations existantes et jusqu'à une limite de 30 % de constructions supplémentaires ; toutefois, le conseil municipal ayant entendu contraindre ces enfants à fréquenter obligatoirement un groupe scolaire déterminé, établissement le plus éloigné de leur domicile, alors même que les autres enfants domiciliés dans ces deux communes conserveraient la liberté de choix entre les trois groupes scolaires publics ; une telle décision, même si elle est motivée par le souci d'offrir aux premiers les services d'une cantine scolaire, institue une grave discrimination entre les enfants qui n'est justifiée ni par des différences appréciables de situation, ni par une nécessité d'intérêt général en rapport avec les conditions d'exploitation du service public ; par suite, elle est contraire au principe d'égalité des usagers devant le service public. • TA Lyon, 9 nov. 1989, *M. et Mme Martin Bruno : Lebon 400* .

C. PROCÉDURES DE SÉLECTION. ENSEIGNEMENT SUPÉRIEUR

13. V. notes et Bibl. ss. art. L. 122-3 et art. L. 612-6 pour les masters.

III. SERVICE PUBLIC DE RESTAURATION SCOLAIRE

14. Mission de service public. Le service de restauration scolaire répond à un besoin d'intérêt général et constitue une mission de service public. • CE, sect., 11 janv. 1952, *Assoc. des parents d'élèves de l'enseignement libre de Seine-et-Oise*, n° 98051 A. ♦ Ce service a le caractère d'un service administratif. • CE, avis, 7 oct. 1986, n° 340609 : *GACE.* ♦ Confirmé au contentieux à plusieurs reprises. • T. confl., 4 nov. 1991, *de Guerequiz*, n° 02669 B • T. confl., 22 juin 1992, *Rouquier*, n° 02693 B : *JCP 1992. IV. 2347* • CAA Paris, 30 janv. 1997, n° 95PA00646.

15. Service public. Caractère obligatoire. Absence. Infirmant la position de la cour (• CAA Nantes, 10 févr. 2017, n° 15NT01973 : *AJDA 2017. 1332, note Long*), le Conseil d'État confirme que la loi de 2004 qui a transféré de l'État au département le service de restauration scolaire dans les collèges n'a pas créé un service obligatoire. En l'espèce, la commune qui, jusqu'au transfert de compétences assurait le fonctionnement du service, n'est donc pas fondée à soutenir que les dépenses qu'elle a exposées au titre de ce service pour les collégiens auraient conduit à un enrichissement sans cause du département d'Indre-et-Loire, dès lors que ces dépenses résultent de l'engagement librement consenti par la commune et que le département n'était pas tenu de les reprendre à sa charge. • CE 24 juin 2019, n° 409659 A : *AJDA 2019. 1309, note Pastor ; AJCT 2019. 525, obs. Defert* .

16. Égalité d'accès. V. notes ss. art. L. 131-13.

17. Tarification. V. notes ss. art. R. 531-52.

18. Gestion du service. V. notes ss. art. L. 421-23.

Art. L. 111-1-1 *(L. n° 2013-595 du 8 juill. 2013, art. 3)* **La devise de la République, le drapeau tricolore et le drapeau européen sont apposés sur la façade des écoles et des établissements d'enseignement du second degré publics et privés sous contrat. La Déclaration des droits de l'homme et du citoyen du 26 août 1789 est affichée de manière visible dans les locaux des mêmes écoles et établissements.** *(L. n° 2021-1109 du 24 août 2021, art. 56)* **« Les établissements qui n'ont pas conclu de contrat avec l'État se voient proposer par l'autorité de l'État compétente en matière d'éducation une charte des valeurs et principes républicains. »**

Art. L. 111-1-2 *(L. nº 2019-791 du 26 juill. 2019, art. 3)* **L'emblème national de la République française, le drapeau tricolore, bleu, blanc, rouge, le drapeau européen, la devise de la République et les paroles de l'hymne national sont affichés dans chacune des salles de classe des établissements du premier et du second degrés, publics ou privés sous contrat.**

Art. L. 111-1-3 *(L. nº 2019-791 du 26 juill. 2019, art. 4)* **Lorsqu'une carte de France est affichée dans une salle de classe d'un établissement du premier ou du second degré, elle représente les territoires français d'outre-mer.**

Art. L. 111-2 **Tout enfant a droit à une formation scolaire qui, complétant l'action de sa famille, concourt à son éducation.**

La formation scolaire favorise l'épanouissement de l'enfant, lui permet d'acquérir une culture, le prépare à la vie professionnelle et à l'exercice de ses responsabilités d'homme *(L. nº 2019-791 du 26 juill. 2019, art. 6)* **« ou de femme » et de citoyen** *(L. nº 2019-791 du 26 juill. 2019, art. 6)* **« ou de citoyenne ».** *(L. nº 2013-595 du 8 juill. 2013, art. 4)* **« Elle prépare à l'éducation et à la formation tout au long de la vie.** *(L. nº 2019-791 du 26 juill. 2019, art. 6)* **« Elle favorise également l'éducation manuelle. »** *(L. nº 2021-1104 du 22 août 2021, art. 5)* **« Elle développe les connaissances scientifiques, les compétences et la culture nécessaires à la compréhension des enjeux environnementaux, sanitaires, sociaux et économiques de la transition écologique et du développement durable. » Elle développe les connaissances, les compétences et la culture nécessaires à l'exercice de la citoyenneté dans la société contemporaine de l'information et de la communication. Elle favorise l'esprit d'initiative** *(L. nº 2019-791 du 26 juill. 2019, art. 6)* **« et l'esprit d'équipe, notamment par l'activité physique et sportive ». » Les familles sont associées à l'accomplissement de ces missions.**

Pour favoriser l'égalité des chances, des dispositions appropriées rendent possible l'accès de chacun, en fonction de ses aptitudes *(L. nº 2005-102 du 11 févr. 2005, art. 19)* **« et de ses besoins particuliers », aux différents types ou niveaux de la formation scolaire.**

L'État garantit le respect de la personnalité de l'enfant et de l'action éducative des familles.

BIBL. ► Boisson-Cohen, Garner et Zamora, L'insertion professionnelle des jeunes, *Rapp. à la ministre du Travail, de l'Emploi, de la Formation professionnelle et du Dialogue social, France Stratégie, janv. 2017.* – Bolch, Pas de classe sans enseignant, *Rapport MEN, févr. 1998.* – Fortier, Le défi de la continuité du service public de l'éducation nationale : assurer les remplacements, *AJDA 2006. 1822* ✎. – Reiss, Travaux préparatoires de la loi nº 2005-380 du 23 avril 2005 d'orientation et de programme pour l'avenir de l'école, *Doc. AN nº 2085 (12e législ.), 9 févr. 2005.* – Cour des comptes, Rapport sur la gestion, par le ministère chargé de l'enseignement scolaire, des personnels détachés dans d'autres fonctions que d'enseignement ou demeurant sans affectation, *Rapport, janv. 2005.*

Identités. ► Keravec, Le droit à l'enseignement minoritaire, *Thèse, Univ. Cergy-Pontoise, 2010.* – Morel, École, territoires et identités : l'idéal scolaire républicain à l'épreuve de la réforme territoriale et du pluralisme culturel dans la France contemporaine, *Thèse, Univ. Paris 1, 2000.*

I. PRINCIPE DU DROIT À LA FORMATION SCOLAIRE

1. *Enseignements non assurés.* L'enseignement constitue un droit pour les élèves et la mission d'intérêt général d'enseignement impose à l'État une obligation légale d'assurer l'enseignement de toutes les matières obligatoires inscrites aux programmes selon les horaires réglementairement prescrits. Le manquement à cette obligation légale, en l'espèce, une absence totale de cours dans une matière ou de manière prolongée pendant plus de deux mois, a pour effet de priver, en l'absence de toute justification tirée des nécessités de l'organisation du service, un élève de l'enseignement considéré pendant une période appréciable, est constitutif d'une faute de nature à engager la responsabilité de l'État. • CE 27 janv. 1988, *MEN c/ Giraud,* nº 64076 : *Lebon 39* ✎ ; *AJDA 1988. 352, note Moreau ; RFDA 1988. 321, note Durand-Prinborgne ; JCP 1988. II. 21063, note Plouvin.* ♦ Par contre, le fait que quelques heures ne soient pas effectivement dispensées (absence de professeur s'élevant au total à 9 heures pour toute l'année scolaire) n'est pas de nature à engager la responsabilité de l'État. • TA Versailles, 13 mai 2003, *Mme Ponroy,* nº 014.453. ♦ En s'abstenant de prendre les mesures nécessaires pour faire dispenser aux élèves l'enseignement de la philosophie dans les conditions prévues au programme du baccalauréat, l'État commet une faute de nature à engager sa responsabilité. • TA Clermont-Ferrand, 14 juin 2006, *Jérôme C.,* nº 0500025 : *AJDA 2006. 1244* ✎.

2. Dans le même sens, une décision administrative ayant imposé un changement d'école à un enfant pour motif disciplinaire, le préjudice constitué par l'absence de fréquentation d'un établissement scolaire, pendant deux ans, conséquence exclusive de la volonté des parents pourtant mis en demeure à plusieurs reprises, n'est pas indemnisable. • CAA Paris, 12 nov. 1998, *M. et Mme Vasquez-Mora,* n° 96PA04500 : *Juris-Data n° 1998-045695.*

3. Fermeture d'établissements. La fermeture d'un établissement, pendant une durée excédant largement celle qui est nécessaire à l'organisation et au déroulement des épreuves du baccalauréat dans les locaux non partitionnés de l'établissement, méconnaît au détriment des élèves du collège les principes d'égalité devant le service public de l'éducation et de continuité de ce service. • CE 13 févr. 1987, *Toucheboeuf et Mme Royer,* n°s 62008 et 62009 : *Lebon 45.*

4. Nature de l'obligation. L'État doit tout mettre en œuvre, dans les meilleurs délais, pour scolariser un enfant mais il n'a, en la matière, qu'une obligation de moyens et ne peut pas être tenu pour responsable de la déscolarisation d'un enfant résultant de son comportement ou de celui de sa famille. • TA Melun, 6 avr. 2004, *Mme B. c/ MEN,* n° 024187/5 : *AJDA 2004. 798.*

II. CONSÉQUENCE DU NON-RESPECT DU PRINCIPE DU DROIT À LA FORMATION SCOLAIRE : RESPONSABILITÉ DE L'ÉTAT

5. Le juge administratif évalue le préjudice subi par les parents en fonction des « troubles dans les conditions d'éducation » de leur enfant. Il refuse d'exonérer l'administration qui invoque le déficit de professeurs ou le manque de crédits budgétaires. En n'assurant pas plusieurs enseignements obligatoires, ou seulement de manière incomplète, l'État a commis une faute, justifiant sa condamnation. • TA Versailles, 3 nov. 2003, *M. Kepeklian c/ MEN,* n° 0104490 (11 jugements rendus le même jour) : *AJDA 2004. 937, note Deliancourt.*

III. CONTENU DU DROIT À L'ÉDUCATION

6. Problèmes de la vie. Le juge déduit du deuxième al. de l'art. L. 111-2 C. éduc., issu de la L. du 11 juill. 1975 relative à l'éducation (art. 1er), combiné aux termes de la L. du 11 juill. 1973 portant création d'un Conseil supérieur de l'information sexuelle, de la régulation des naissances et de l'éducation familiale, art. 1er selon lequel l'information de la population sur les problèmes de la vie est une responsabilité nationale, qu'il n'est pas possible de soutenir valablement que l'information sur la contraception relèverait exclusivement de la vie privée et ne pourrait par conséquent faire l'objet d'une campagne organisée par les pouvoirs publics ou être abordée à l'école. • CE 6 oct. 2000, *Assoc. Promouvoir,* n°s 216901, 217800, 217801 et 218813 : *Lebon 391 ; AJDA 2000. 1060, concl. Boissard ; D. 2000. 268.*

Art. L. 111-3 *(L. n° 2005-380 du 23 avr. 2005, art. 3)* **Dans chaque école, collège ou lycée, la communauté éducative rassemble les élèves et tous ceux qui, dans l'établissement scolaire ou en relation avec lui, participent à l'accomplissement de ses missions.**

Elle réunit les personnels des écoles et établissements, les parents d'élèves, les collectivités territoriales *(L. n° 2013-595 du 8 juill. 2013, art. 5)* **« , les associations éducatives complémentaires de l'enseignement public » ainsi que les acteurs institutionnels, économiques et sociaux, associés au service public de l'éducation.** *(L. n° 2019-791 du 26 juill. 2019, art. 25)* **« Dans le cadre d'une école inclusive, elle fonde sa cohésion sur la complémentarité des expertises. »**

Associations. Bourses aux livres scolaires. V. notes ss. art. D. 111-6.

Art. L. 111-3-1 *(L. n° 2019-791 du 26 juill. 2019, art. 1er)* **L'engagement et l'exemplarité des personnels de l'éducation nationale confortent leur autorité dans la classe et l'établissement et contribuent au lien de confiance qui doit unir les élèves et leur famille au service public de l'éducation. Ce lien implique le respect des élèves et de leur famille à l'égard des professeurs, de l'ensemble des personnels et de l'institution scolaire.**

COMMENTAIRE

L'article 1er du projet de loi pour une école de la confiance, conçu comme un prologue dont devait découler une série de dispositions pour renforcer la confiance dans l'école mentionnait expressément la « communauté éducative ». Si cette mention a disparu au cours des débats parlementaires, l'article 1er de la loi du 26 juillet 2019 pour une école de la confiance ouvre toutefois un chapitre intitulé « l'engagement de la communauté éducative ». L'idée, même implicite, est donc bien présente dans l'article liminaire qui ajoute au Code de l'éducation un article L. 111-3-1.

Contrairement à la tradition scolaire républicaine issue des lois Ferry qui reposait sur les seuls maîtres et élèves, l'idée de communauté, apparue notamment dans l'enseignement privé, cherche à intégrer les parents et à ouvrir l'école sur son environnement. Issu de la loi d'orientation de 1989, l'article L. 111-3 dispose que « dans chaque école, collège ou lycée, la communauté éducative rassemble les élèves et tous ceux qui, dans l'établissement scolaire ou en relation avec lui, participent à l'accomplissement de ses missions » (art. L. 111-3, al. 1er) ; elle réunit les personnels des écoles et établissements, les parents d'élèves, les collectivités territoriales, ainsi que les acteurs institutionnels, économiques et sociaux, associés au service public de l'éducation auxquels la loi du 8 juillet 2013 a ajouté les associations éducatives complémentaires de l'enseignement public (art. L. 111-3, al. 2 modifié par art. 5 de la L. du 8 juill. 2013).

« Dans le cadre d'une école inclusive », l'article 25 de la loi du 26 juillet 2019 précise qu'« elle fonde sa cohésion sur la complémentarité des expertises », soulignant ainsi que font partie de la communauté éducative toutes les personnes concernées par la scolarisation des élèves souffrant de handicap, notamment celles chargées de l'aide individuelle ou mutualisée (mentionnées à l'art. L. 112-2-1 sur les équipes de suivi de la scolarisation). Définie pour chaque école et établissements, la notion devrait s'écrire au pluriel (les communautés éducatives à la recherche de leur identité) ; au singulier, elle peut paraître ambiguë dans la mesure où elle peut s'appliquer globalement (la communauté éducative conçue alors comme le soubassement du service public national de l'éducation) ou, comme y invite une lecture stricte du code, ponctuellement. En soulignant « le lien de confiance qui doit unir les élèves et leur famille au service public de l'éducation », l'article 1er de la loi du 26 juillet 2019 peut toutefois se lire à différents niveaux.

Si « l'école de la confiance » est celle à laquelle il est possible de se fier (en ce sens, la confiance est la version laïque de la foi), c'est aussi celle qui est basée sur des relations de confiance mutuelle entre les acteurs de l'école, entre les membres de la communauté éducative. L'article 1er, sans référence explicite à la communauté éducative, vise les professeurs et les autres personnels, maladroitement rattachés à la seule éducation nationale, alors que quelle que soit leur fonction (direction, éducation, orientation, administration, entretien, restauration...) et leur employeur (l'État certes mais aussi les collectivités de rattachement pour les ATSEM et les ATTEE), ils ont tous droit au respect des élèves et de leur famille. En tant que fonctionnaires ou agents, ils sont tous concernés par la référence à l'engagement, étant les uns et les autres au service d'une cause, celle des élèves et de l'institution, et à l'exemplarité, leur attitude pouvant être perçue comme un modèle à suivre ou à ne pas suivre, engagement et exemplarité fondant leur autorité dans la classe (les professeurs) ou dans l'établissement (tous les personnels). L'idée est que si la confiance que la société met dans son école dépend de l'action de l'État (et des collectivités territoriales), sur le terrain, elle est fortement liée au comportement des personnels et aux réactions des usagers.

Si certains professeurs ont vu là une marque de défiance, pour le Conseil d'État, donnant son avis sur le projet de loi, « si ces dispositions expriment certaines des valeurs incontestables autour desquelles l'école républicaine est construite, elles ne produisent par elles-mêmes aucun effet de droit et réitèrent des obligations générales qui découlent du statut des fonctionnaires comme de lois particulières assorties, le cas échéant, de sanctions pénales » (CE, avis, 29 nov. 2018, n° 396047). Pour tenter d'atténuer les critiques, l'Assemblée nationale en première lecture, avait ajouté une précision par la suite retirée : « Dans le respect de la loi n° 83-634 du 13 juillet 1983 portant droits et obligations des fonctionnaires » ; on sait en effet qu'au-delà de l'exécution des tâches qui lui sont confiées (L. 1983, art. 28), « le fonctionnaire exerce ses fonctions avec dignité, impartialité, intégrité et probité » (L. 1983, art. 25, modifié par art. 1er de la loi n° 2016-483 du 20 avr. 2016 relative à la déontologie et aux droits et obligations des fonctionnaires). Dans ce cadre, le juge interprète les obligations prévues par la loi ou peut recourir à la notion jurisprudentielle de réserve (peu utilisée pour les enseignants) en fonction des circonstances, notamment de l'âge des usagers. Sans viser expressément le devoir de dignité, la Conseil d'État avait d'ailleurs jugé, à propos d'une agression sexuelle lors d'un stage de plongée sous-marine par un enseignant en dehors de son service « qu'eu égard à l'exigence d'exemplarité et d'irréprochabilité qui incombe aux enseignants dans leurs relations avec des mineurs, y compris en dehors du service, et compte tenu de l'atteinte portée, du fait de la nature des fautes commises par l'intéressé, à la réputation du service public de l'éducation nationale ainsi qu'au lien de confiance qui doit unir les enfants et leurs parents aux enseignants du service », seule la mise à la retraite d'office était justifiée (CE 18 juill. 2018, n° 401527). L'article 1er de la loi reprend donc des éléments (exemplarité, lien de confiance) que la haute juridiction avait elle-même retenus pour lui donner des effets de droit.

Loin de considérer qu'il ne s'agissait là que de formules sans portée, le Gouvernement précisait dans l'exposé des motifs que ces dispositions pourront ainsi être invoquées notamment en cas d'atteinte à la réputation du service public (CE 18 juill. 2018, n° 401527 ; CE 8 juill. 2002, n° 237642, recel de cassette pornographique par un enseignant) ; allant au-delà de la question sexuelle, il ressort de l'étude d'impact accompagnant le projet de loi qu'il envisage que ces dispositions puissent servir de base à des actions contre des fonctionnaires cherchant à dénigrer auprès du public par des propos gravement mensongers ou diffamatoires tant leurs collègues que l'institution scolaire. Il pourrait en être de même en cas de violence contre les personnels ou d'atteintes au droit au respect de leur vie privée, notamment par le biais de publications sur des réseaux sociaux. Dans ces cas, les enseignants et les autres personnels peuvent aussi être poursuivis et sanctionnés au pénal. La loi du 26 juillet 2019 réécrit l'article L. 911-5 disposant les enseignants (du premier comme du second degré) qui ont subi une condamnation judiciaire (définitive) pour crime ou délit contraire à la probité et aux mœurs peuvent être radiés des cadres par le ministre qui tire la conséquence de la condamnation et frappés d'une incapacité à enseigner. ☐

Art. L. 111-4 Les parents d'élèves sont membres de la communauté éducative. *(L. n° 2019-791 du 26 juill. 2019, art. 7)* **« Les formulaires administratifs qui leur sont destinés permettent de choisir entre les termes père, mère ou représentant légal et tiennent ainsi compte de la diversité des situations familiales. »**

Leur participation à la vie scolaire et le dialogue avec les enseignants et les autres personnels sont assurés dans chaque école et dans chaque établissement.

Les parents d'élèves participent, par leurs représentants aux conseils d'école, aux conseils d'administration des établissements scolaires et aux conseils de classe.

Sur le rôle et la place des parents à l'école, V. ci-dessous Circ. n° 2006-137 du 25 août 2006.

BIBL. ▶ LECOMTE, L'acte usuel de l'autorité parentale, *LIJ 2021, n° 214, p. 16.* – LESAGE et WARZEE, Le rôle et la place des parents à l'école, *Rapp. IGEN et IGAENR, oct. 2006.* – ZOÏA, Retour à l'école : sachons infléchir le cours d'un système éducatif productiviste, *Le Monde, 6 Mai 2020. 29.*

COMMENTAIRE

En affirmant que *« Tout enfant a le droit à une formation scolaire qui, complétant l'action de sa famille, concourt à son éducation »* (art. L. 111-2, al. 1er), la loi consacre implicitement le rôle principal de l'action éducative de la famille (art. L. 111-2, al. 3) ; *« pour garantir la réussite de tous, l'école se construit avec la participation des parents, quelle que soit leur origine sociale »*, précise la loi RER du 8 juillet 2013, qui ajoute : *« Elle s'enrichit et se conforte par le dialogue et la coopération entre tous les acteurs de la communauté éducative »* (art. L. 111-1, al. 1er), consacrant ainsi l'idée de ***coéducation***. D'ailleurs, comme les personnels des écoles et établissements, *« les parents d'élèves sont membres de la communauté éducative »* (art. L. 111-4, al. 1er) et, à ce titre, *« associés au service public »* (art. L. 111-3, al. 2). *« Leur participation à la vie scolaire et le dialogue avec les enseignants et les autres personnels sont assurés dans chaque école et dans chaque établissement »* (art. L. 111-4, al. 2). Ces dispositions législatives ont été précisées par des dispositions réglementaires éparses rassemblées par le décret n° 2006-935 du 28 juillet 2006 et codifiées aux articles D. 111-1 et suivants. La circulaire n° 2006-137 du 25 août 2006 explicite les droits des parents d'élèves : droit d'information et d'expression ; droit de réunion ; droit de participation. Elle insiste sur la nécessité de mettre en place dans l'école ou l'établissement *« un dialogue confiant et efficace avec chacun des parents d'élèves »* ; elle a été complétée par les circulaire n° 2010-106 du 15 juillet 2010 (mallette des parents), n° 2012-63 du 7 février 2012 (soutien à la parentalité), du 20 mars 2013 (projet éducatif territorial) et n° 2013-142 du 15 octobre 2013 (*« renforcer la coopération entre les parents et l'école dans les territoires »*).

Parents d'élèves et autorité parentale

La loi reconnaît la place des parents d'élèves dans le système éducatif mais emploie aussi d'autres formules quand les dispositions du code de l'éducation consacrées à l'orientation utilisent le mot « ***famille*** » (art. L. 313-2 et L. 331-8 : *« le choix de l'orientation est de la responsabilité de la famille ou de l'élève quand il est majeur »* ; l'art. L. 131-2 introduisant toutefois une distinction en envisageant l'instruction *« dans les familles par les parents »*), ou quand sont visés « ***les responsables d'un mineur*** » (art. L. 122-2, al. 3), les « ***responsables légaux de l'élève*** » (art. D. 511-30 s., pour la procédure disciplinaire) ou *« les personnes ayant la responsabilité légale d'un ou de plusieurs élèves »* (Circ. n° 2006-137 du 25 août 2006 relative au rôle et à la place des parents d'élèves à l'école qui les assimile aux parents d'élèves). Pour le respect de l'obligation scolaire, l'article L. 131-4 précise que les *« personnes responsables » sont « les parents, le tuteur ou ceux qui ont la charge de l'enfant »*, de droit ou de fait.

Si ces expressions peuvent être parfois considérées comme synonymes, elles doivent être éclairées par une référence au code civil, qui fixe l'âge de la majorité (C. civ., art. 388) et précise les règles applicables à la notion et à l'exercice de l'*« autorité parentale »* (C. civ., art. 371 s.).

La circulaire du 25 août 2006 insiste sur la nécessité de tenir compte de l'évolution sociologique des familles en soulignant que l'institution peut avoir affaire à deux interlocuteurs, le père et la mère ; la prise en compte de la diversité des situations juridiques amène à nuancer cette recommandation, l'autorité parentale pouvant être exercée par un seul des parents, par un tiers, par deux pères ou deux mères. Après avoir envisagé que les formulaires administratifs fassent mention d'un parent 1 et d'un parent 2 (Ass. nat), formule qui aurait introduit une hiérarchie entre parents et plongé les familles dans la plus grande confusion, le législateur précise finalement que « Les formulaires administratifs qui leur sont destinés permettent de choisir entre les termes père, mère ou représentant légal et tiennent ainsi compte de la diversité des situations familiales. » (L. du 26 juill. 2019, art. 7).

*« L'**autorité parentale** est un ensemble de droits et de devoirs ayant pour finalité l'intérêt de l'enfant »* (C. civ., art. 371-1, al. 1er) ; *« elle appartient aux parents »* (et non plus aux père et mère depuis la L. n° 2013-404 du 17 mai 2013 ouvrant le mariage aux couples de personnes de même sexe, même si les articles suivants comme le nouvel art. 1242, al. 4, substitué à l'ancien art. 1384, al. 4, par l'Ord. n° 2016-131 du 10 févr. 2016 qui les déclarent *« solidairement responsables du dommage causé par leurs enfants »*, visent toujours « le père et la mère ») quelle que soit la nature de la filiation (dans le mariage, hors mariage, adoption) et des relations entre les parents (mariés ou non, pacsés ou non, séparés, divorcés...).

Elle est conçue non comme un droit (comme l'était la puissance paternelle du code Napoléon) mais comme une fonction ayant pour finalité l'intérêt de l'enfant, la protection de sa sécurité, sa santé et sa moralité, *« pour assurer son éducation et son développement, dans le respect dû à sa personne »* (C. civ., art. 371-1, al. 2).

Elle confère aux parents, selon la formule antérieure à la loi du 4 mars 2002, un « ***devoir d'éducation*** » qu'ils doivent exercer de manière compréhensive : « Les parents associent l'enfant aux décisions qui le concernent, selon son âge et son degré de maturité » (C. civ., art. 371-1, al. 3).

L'autorité parentale est conçue pour protéger et accompagner les mineurs (jusqu'à 18 ans depuis 1974. A noter toutefois que le mineur peut être émancipé soit de plein droit, en cas de mariage, soit par décision du juge des tutelles à l'âge de 16 ans à la demande des parents ou du conseil de famille ; il peut alors « faire tout acte de la vie civile », C. civ., art. 413-6), ce qui inclut les actes de la vie scolaire, par exemple la décision de poursuivre des études au-delà de seize ans (V. art. L. 122-2, L. n° 2005-380 du 23 avr. 2005, art. 10).

La notion d'éducation peut être entendue restrictivement ; elle est alors le résultat de l'ensemble des processus de socialisation qui amènent l'enfant puis l'adolescent à adopter un comportement civil (exempt d'incivilités, d'impolitesses ou de manque de savoir-vivre) et ne causant pas de dommages à autrui. Mais au-delà de ce seuil minimal de bonne éducation, l'éducation des enfants est aussi « la somme des procédés par lesquels, dans toute société, les adultes tentent d'inculquer aux plus jeunes leurs croyances, coutumes et valeurs » (CEDH 25 févr. 1982, *Campbell et Cosans c/ Royaume-Uni : série A, n° 48*), pour la transmission desquelles les parents ont un « ***droit d'éducation*** » (DUDH, art. 26 ; CIDE, art. 28). Les parents ont le droit de diriger l'éducation de leurs enfants, notamment en choisissant le genre d'éducation (DUDH, art. 26-3), le mode de scolarisation (instruction dans la famille, établissement privé ou public) et les grands choix éducatifs (orientation, options, sections, filière, langues d'enseignement...) dans le respect de l'obligation scolaire qui impose aux parents d'inscrire leurs enfants dans un établissement public ou privé ou bien de déclarer que leur instruction sera donnée dans la famille (art. L. 131-5 s.), de veiller à leur assiduité (art. L. 131-2) ou d'assurer qu'ils ont bien acquis les connaissances et compétences de base (art. L. 131-10). La loi peut prévoir des sanctions pour les parents défaillants (C. pén., art. 227-17-1 : pour non-inscription dans un établissement d'enseignement, sans excuse valable) ; elle peut aussi garantir le droit de l'enfant à l'instruction (V. art. L. 122-2 ; le droit à la poursuite des études au-delà de 16 ans est garanti au mineur non émancipé par la possibilité de requérir une mesure d'assistance éducative, C. civ., art. 375 s.).

L'exercice en commun de l'autorité parentale est la règle (C. civ., art. 372) : les deux parents doivent donc être associés aux décisions relatives à l'enfant. Dès son plus jeune âge, ceux-ci ont l'obligation naturelle de l'accompagner dans sa croissance, de l'intégrer dans la famille, et de le préparer pour cette première étape de la vie en société qu'est l'entrée à l'école maternelle (V. en cas de mariage, C. civ., art. 213, les époux *« pourvoient à l'éducation des enfants et préparent leur avenir »*).

En cas d'autorité parentale exercée conjointement par des parents séparés, l'article 372-2 du code civil dispose qu'*« à l'égard des tiers de bonne foi, chacun des parents est réputé agir avec l'accord de l'autre, quand il fait seul un acte usuel de l'autorité parentale relativement à la personne de l'enfant »*. Pour les actes usuels (actes de la vie quotidienne sans conséquence grave), il y a donc une présomption d'accord ; tel sera le cas pour la première inscription dans un établissement scolaire public, une demande de dérogation à la carte scolaire, les justifications d'absence, une autorisation de sortie scolaire en France, ou la fréquentation de la restauration scolaire (les parents séparés restant solidairement tenus au paiement, TA Strasbourg, 12 mai 2016, n° 1400126 ; TA Clermont-Ferrand, 26 mai 2016, n° 1400267). Mais l'opposition de l'un des parents à ces actes fait cesser la présomption. Pour les actes considérés comme importants, il faut au contraire l'accord des deux parents ; il en est ainsi pour les décisions d'orientation, de redoublement ou d'inscription dans un établissement religieux pour l'élève venant du public, ou pour le choix de la langue d'enseignement (Civ. 1re, 8 nov. 2005). Les parents doivent alors trouver un accord ou saisir le juge des affaires familiales. La fixation de la résidence de l'enfant chez l'un de ses parents est sans influence sur l'exercice de l'autorité parentale. En cas de désaccord sur le choix de l'école, et dans l'attente d'une décision de justice, l'administration peut inscrire l'enfant dans l'école la plus proche de la résidence du parent qui en a la garde afin de respecter le principe de l'obligation scolaire (TA Dijon, 22 avr. 2008, n° 0700573 ; même sans radiation de l'école précédemment fréquentée : TA Rouen, 21 oct. 2010, n° 1002098). Le tribunal administratif a commis une erreur de droit en jugeant qu'une demande de changement d'établissement scolaire ne revêtait pas le caractère d'un acte usuel de l'autorité parentale, sans rechercher si, eu égard à la nature de cet acte, l'ensemble des circonstances dont l'administration avait connaissance était de nature à la faire regarder comme régulièrement saisie de cette demande (CE 13 avr. 2018, n° 392949 A).

Lorsque les parents abusent de leur autorité ou sont au contraire défaillants, les autorités publiques, notamment le juge, peuvent intervenir. Si un enfant est en danger ou si les conditions de son éducation sont gravement compromises, des ***mesures d'assistance éducative*** peuvent être ordonnées par le juge des enfants soit à la requête des parents soit par le juge lui-même qui, à titre exceptionnel, peut s'autosaisir ; la décision est prise pour une durée maximale de deux ans renouvelable (C. civ., art. 375, mod. par la L. n° 2016-297 du 14 mars 2016 relative à la protection de l'enfant). L'enfant peut être maintenu dans son milieu familial avec aide et conseil par une personne qualifiée ou un service d'observation, d'éducation ou de rééducation en milieu ouvert qui peut assurer un hébergement ; la mesure peut être assortie d'obligations particulières : fréquenter régulièrement un établissement sanitaire ou d'éducation, ordinaire ou spécialisé, le cas échéant sous régime de l'internat (C. civ., art. 375-2). Si la protection de l'enfant l'exige, le juge des enfants peut décider de le confier à l'autre parent, à un autre membre de la famille ou à un tiers digne de confiance, au service départemental de l'aide sociale à l'enfance ou à un établissement sanitaire ou d'éducation, ordinaire ou spécialisé (C. civ., art. 375-3). Les parents de l'enfant bénéficiant d'une mesure d'assistance éducative continuent d'exercer tous les attributs de l'autorité parentale qui ne sont pas inconciliables avec cette mesure, sauf décision prise par le juge (C. civ., art. 375-7). Si l'autorité parentale ne peut être aliénée (C. civ., art. 376), son exercice peut être délégué ; la ***délégation d'autorité parentale***, prononcée par le juge des affaires familiales, peut être volontaire (à la demande des parents, ensemble ou séparément, lorsque les circonstances l'exigent, C. civ., art. 377) ou forcée. Le juge est alors saisi par le ministère public, ou par le particulier, par l'établissement ou par le service départemental de l'aide sociale à l'enfance qui a recueilli l'enfant ou un membre de la famille ; le juge peut déléguer tout ou partie de l'exercice de l'autorité parentale à un tiers, un membre de la famille, un proche digne de confiance, un établissement agréé pour le recueil des enfants ou au service départemental de l'aide sociale à l'enfance. Le jugement de délégation peut prévoir, pour les besoins d'éducation de l'enfant, que les parents partageront tout ou partie de l'exercice de l'autorité parentale avec le tiers délégataire.

Connu dans certains droits étrangers, l'acte de *kafala*, qui peut résulter d'un jugement ou d'un acte notarié, peut s'analyser comme un transfert d'autorité parentale (tutelle des orphelins et enfants abandonnés, CE 24 nov. 2006, n° 275527) ou comme une délégation d'autorité parentale (CE 15 déc. 2010, n° 335457).

Le ***« retrait » de l'autorité parentale***, total ou partiel, peut résulter d'une décision du juge pénal en cas de crime ou de délit commis sur leur enfant ou en complicité avec leur enfant ; en l'absence de condamnation pénale, il peut être prononcé par le juge civil en cas de mauvais traitements, consommation habituelle et excessive de boissons alcooliques ou usage de stupéfiants, inconduite notoire ou comportements délictueux, défaut de soins ou manque de direction (C. civ., art. 378 s.). Cette mesure peut s'appliquer au parent *« ne réussissant pas à faire aller (ses) enfants à l'école »*, démontrant ainsi son *« incapacité à leur assurer une éducation »* (Civ. 1re, 7 nov. 1973). La mesure n'est pas définitive ; le tribunal peut restituer aux parents leur autorité, au besoin en l'assortissant de mesures éducatives (C. civ., art. 381). Un parent d'élève s'étant vu retirée l'autorité parentale ne peut plus être électeur ou éligible au conseil d'école ou au conseil d'administration d'un EPLE (art. R. 421-26, al. 7). Si les parents sont privés de l'autorité parentale (ou s'ils sont décédés), le mineur bénéficie de la tutelle dans les conditions prévues par les articles 390 et suivants du code civil, le tuteur étant alors son représentant légal.

Parents d'élèves, usagers du service public et laïcité

Comme les élèves, les parents d'élèves sont des usagers du service public ; c'est cette qualification que retient le législateur, quand il prévoit la représentation des parents d'élèves dans les organes consultatifs (pour le CAEN, V. art. L. 234-1). En tant qu'usagers, ils sont *« membres de la communauté éducative »* qui réunit aussi les personnels, les collectivités territoriales et les acteurs institutionnels associés au service public de l'éducation (art. L. 111-3, al. 2) ; à ce titre, ils participent à l'accomplissement des missions de l'école, du collège ou du lycée (art. L. 111-3, al. 1er). La loi du 26 juillet 2019 désirant forger un « lien de confiance » unissant les élèves et leur famille au service public de l'éducation précise que ce lien implique, parallèlement à l'engagement et à l'exemplarité des enseignants, le respect des élèves et de leur famille à l'égard des professeurs, de l'ensemble des personnels et de l'institution scolaire (art. L. 111-3-1).

En principe, les usagers du service public bénéficient pleinement de la liberté d'opinion et d'expression. Ainsi, les parents d'élèves ne sont pas tenus à l'obligation de respecter la neutralité religieuse ; aussi, rien ne s'oppose à ce que les parents portant une tenue ou un signe religieux manifestant une appartenance religieuse accèdent à l'établissement, participent aux réunions, rencontrent les personnels et, s'ils sont élus, participent au conseil d'école ou au conseil d'administration (Circ. n° 2006-137 du 25 août 2006 sur la place des parents à l'école, *BOEN 2006, n° 31*, V. cette Circ. ss. art. L. 111-4). Toutefois, le directeur d'école ou le chef d'établissement, tenu de s'assurer de l'identité des personnes venant chercher les enfants, doit pouvoir reconnaître la personne ; il veille donc au respect de la loi n° 2010-1192 du 11 octobre 2010 interdisant la dissimulation du visage dans l'espace public (déclarée conforme à la Constitution par la décision du Cons. const. du 7 oct. 2010, n° 2010-613 DC). Est ainsi prohibé le port du *nikab* (voile intégral, qui ne doit pas être confondu avec le *hijab*) non seulement sur les voies publiques mais aussi dans les lieux ouverts au public ou affectés à un service public, ce qui concerne évidemment les établissements scolaires. En outre, le directeur de l'école ou le chef d'établissement veillent à ce que les parents ne se livrent à aucun prosélytisme ou ne troublent pas l'ordre public ni le bon fonctionnement du service par le port ostentatoire ou revendicatif des signes et tenues.

Qu'en est-il lorsque les parents d'élèves participent aux activités éducatives ? Si leur participation aux activités scolaires à l'intérieur des classes les assimile aux agents publics et leur imposent de respecter les mêmes exigences de neutralité scolaire imposées pour le respect de la liberté de conscience des élèves (CAA Lyon, 23 juill. 2019, n° 17LY04351), la question de l'encadrement des sorties et des voyages scolaires reste ouverte ; s'il ne s'agit pas de sorties facultatives dans le cadre extra ou périscolaire mais bien d'activités pédagogiques obligatoires constituant des séquences d'apprentissage, l'insuffisance de l'encadrement impose l'appel au bénévolat des parents sans lesquels la sortie ou le voyage ne seraient pas possibles. En l'absence de dispositions législatives ou réglementaires, le règlement intérieur de l'école ou de l'établissement ou une décision du directeur peuvent-ils imposer le respect de la neutralité de l'école laïque en prohibant le port des signes et tenues à caractère religieux ?

Une réponse positive a pu être donnée en considérant que « si les parents d'élèves participant au service public d'éducation bénéficient de la liberté de conscience qui interdit toute discrimination fondée sur leur religion ou sur leurs opinions, le principe de neutralité de l'école laïque interdit qu'ils manifestent, dans le cadre de l'accompagnement d'une sortie scolaire, par leur tenue ou par leur propos, leurs convictions religieuses, politiques ou philosophiques » (TA Montreuil, 22 nov. 2011, *Mme Osman*, n° 1012015).

Pour l'année 2012-2013, la circulaire de rentrée n° 2012-056 du 27 mars 2012, dite circulaire Chatel, recommandait d'utiliser le règlement intérieur pour empêcher que les parents d'élèves « manifestent, par leur tenue ou leurs propos, leurs convictions religieuses, politiques ou philosophiques lorsqu'ils accompagnent les élèves lors des sorties et voyages scolaires » (*BOEN 2012, n° 13*). Certains ont pu alors considérer que cette participation à une mission de l'école imposait aux parents les obligations pesant sur les agents publics, notamment en matière religieuse.

Dans un avis du 23 décembre 2013, le Conseil d'État affirme au contraire que les mères voilées accompagnant des sorties scolaires, n'étant ni des agents ni des collaborateurs du service public, et donc des usagers du service public, ne sont pas soumises, par principe, à la neutralité religieuse. Il rappelle cependant que « les exigences liées au bon fonctionnement du service public de l'éducation peuvent conduire l'autorité compétente, s'agissant des parents qui participent à des déplacements ou des activités scolaires, à recommander de s'abstenir de manifester leur appartenance ou leurs croyances religieuses »

Il a été ainsi jugé que les parents d'élèves autorisés à accompagner une sortie scolaire à laquelle participe leurs enfants doivent être regardés comme des usagers du service public de l'éducation ; les restrictions à la liberté de manifester leurs opinions religieuses ne peuvent alors résulter que de dispositions législatives ou réglementaires ou de considérations liées à l'ordre public ou au bon fonctionnement du service qu'il convient à l'autorité d'établir (TA Nice, 9 juin 2015, n° 1305386 : annulant le refus d'accompagner une sortie scolaire pour erreur de droit, en l'absence d'une quelconque disposition législative ou réglementaire, notamment d'une disposition du règlement intérieur, les considérations de maintien de l'ordre public et de bon fonctionnement du service public, invoquées par le recteur, n'étant pas établies pour justifier légalement le refus opposé).

Ainsi, « les exigences liées au bon fonctionnement du service public de l'éducation peuvent conduire l'autorité compétente, s'agissant des parents qui participent à des déplacements ou des activités scolaires, à recommander de s'abstenir de manifester leur appartenance ou leurs croyances religieuses » (CE, étude demandée par le Défenseur des droits, 19 déc. 2013). Concrètement, la question est donc traitée au cas par cas, au regard du bon fonctionnement du service public (qui a besoin du concours des parents) et de l'ordre public (la question du voile porté par les mères pouvant provoquer des troubles). Cette solution entraîne des différences peu compréhensibles d'une école à l'autre, amenant les représentants des personnels à souhaiter l'édiction d'une règle générale. Tout au moins peut-on souhaiter une clarification.

Les droits des parents d'élèves à l'information

La loi du 8 juillet 2013 a modifié l'article consacré à l'architecture scolaire en prévoyant l'existence dans tous les établissements d'enseignement d'un espace à l'usage des parents d'élèves et de leurs délégués (art. L. 521-4, al. 2) dans lequel peuvent se dérouler des réunions d'information ou des activités type « café des parents ».

Le droit d'information des parents concerne tant le suivi de la scolarité de chaque élève que l'organisation de la vie scolaire. L'information est destinée à tous les parents. Le directeur de l'école ou le chef d'établissement doit réunir les parents des élèves nouvellement inscrits dans les premiers jours suivant la rentrée (art. D. 111-1). Des rencontres entre parents et enseignants doivent être organisées dans chaque classe au moins deux fois par an (art. D. 111-2). Elles doivent permettre un contact régulier, des échanges, un dialogue. Les conditions d'organisation sont examinées lors de la première réunion du conseil d'école ou du conseil d'administration qui peuvent prévoir des actions supplémentaires pour tenir compte des spécificités locales (par ex. pour les parents les plus éloignés de l'école ou pour ceux ne parlant pas le français) ; les parents doivent être informés des conditions d'accueil, du nombre et de la date des rencontres ainsi que des possibilités d'accès aux espaces numériques de travail (art. D. 111-5). Les réunions doivent être organisées à des horaires compatibles avec les contraintes horaires et matérielles des parents. Individuellement, les parents sont en outre régulièrement informés non plus seulement des résultats de leurs enfants mais également de leurs acquis scolaires et du respect de leurs obligations définies à l'article L. 511-1 : travail scolaire, assiduité, respect des règles. Cette information, dont la périodicité est définie par l'école (conseil des maîtres sans la présence des parents) ou par l'établissement (conseil d'administration qui comprend des parents élus), est notamment transmise par l'intermédiaire du carnet de suivi des apprentissages à l'école maternelle, du livret scolaire à l'école élémentaire et au collège, ainsi que du bulletin et du livret scolaire dans les lycées (dans le cadre de la coéducation ou coresponsabilité éducative), toute leur place est donnée aux familles. Une information claire et complète sur le parcours scolaire de leurs enfants leur est délivrée. Le livret scolaire unique du CP à la 3e est un des instruments nécessaires de cette information (V. Circ. rentrée 2017). Ce document, dont une version numérisée doit être généralisée, sert d'instrument de liaison entre les enseignants et les parents ou le responsable légal de l'élève (art. D. 311-6, al. 1er). L'école ou l'établissement scolaire prend toute mesure adaptée pour que les parents ou le responsable légal de l'élève prennent connaissance de ces documents (art. D. 111-3). Les représentants de l'institution scolaire veillent à ce que les parents prennent connaissance de ces documents (art. D. 111-3) et apportent une réponse à leurs demandes d'information ou d'entrevue (art. D. 111-4, précisant que toute réponse négative doit être motivée). Le dialogue avec les parents s'appuie également sur « La mallette des parents » (expérimentée à Créteil en 2008, étendue aux autres académies par la Circ. n° 2010-106) contenant des outils que les équipes éducatives utilisent pour animer la discussion avec les familles. Ces dispositifs permettent d'appréhender le sens de la scolarité, de comprendre le fonctionnement de l'institution et le rôle que les parents y jouent, et de débattre des questions sociétales (la santé et, plus particulièrement, les addictions, l'alimentation, le sommeil, etc.). La loi du 26 juillet pour une école de la confiance renforce l'information des parents des élèves en situation de handicap (art. L. 112-2-1 : accompagnement des familles ; art. L. 351-4 : entretien annuel) et des parents ayant choisi de donner l'instruction obligatoire en famille, renforçant par ailleurs les sanctions encourues par ceux qui ne respectent pas leurs obligations (art. L. 131-5).

Les parents d'élèves ont la possibilité de saisir le médiateur de l'éducation (art. L. 23-10-1, le médiateur national reçoit les réclamations concernant le fonctionnement du service public dans ses relations avec les usagers ; V. art. D. 222-37), les médiateurs académiques étant compétents pour les services et établissements situés dans leur circonscription, académie ou département (art. D. 222-40). Ils peuvent aussi saisir le juge administratif dans la mesure où ils ont intérêt à agir.

La participation des parents d'élèves : représentants et délégués des parents d'élèves

« Les parents d'élèves participent, par leurs représentants aux conseils d'école, aux conseils d'administration et aux conseils de classe » (art. L. 111-4, al. 2). Des élections sont organisées chaque année pour désigner ***les représentants des parents***

d'élèves. Chaque parent (ou personne responsable) est électeur et éligible, sans condition de nationalité (art. R. 421-29), et ne dispose que d'une voix, quel que soit le nombre de ses enfants inscrits dans l'établissement (art. R. 421-26). Les élections se déroulent au plus tard avant la fin de la septième semaine de l'année scolaire selon les modalités prévues par l'article R. 421-30 ; en cas de contestation, le recteur d'académie doit être saisi dans les cinq jours d'un recours administratif préalable au recours contentieux et dispose de huit jours pour statuer (art. R. 421-30 ; CE 30 mars 2011, n° 344811).

Le rôle de ces représentants est de faciliter les relations entre les parents et les personnels, d'intervenir auprès du directeur ou du chef d'établissement pour évoquer un problème particulier, ou d'assurer une médiation à la demande des parents ; ils sont alors tenus à une obligation de confidentialité (art. D. 111-11) ; pour participer aux conseils, ils sont destinataires des mêmes documents que les autres membres (art. D. 111-13). Ils peuvent rendre compte des travaux des instances auxquelles ils participent en respectant les principes du service public, notamment le respect de la vie privée (art. D. 111-15). Dans les écoles, les représentants des parents d'élèves siègent au conseil d'école en nombre égal à celui des classes (art. D. 411-1). Dans les collèges et lycées, le conseil d'administration comprend des représentants élus des parents d'élèves, sept en collège, cinq en lycée pour permettre une représentation plus forte des élèves (art. R. 421-14), huit dans les EREA (art. R. 421-17) ; l'élection se fait au scrutin de liste à la représentation proportionnelle au plus fort reste (art. R. 421-26). Les représentants des parents d'élèves au conseil d'administration élisent parmi eux ceux qui siègent à la commission permanente (art. R. 421-38), au conseil des délégués pour la vie lycéenne à titre consultatif (art. R. 421-43), à la commission éducative (art. R. 511-19-1) et au conseil de discipline (art. R. 511-21). Dans les conseils de classe siègent deux délégués des parents d'élèves (et 2 suppléants) désignés par le chef d'établissement en fonction des suffrages obtenus par les listes de candidats au conseil d'administration (art. R. 421-50).

Les résultats aux élections aux conseils d'école et aux conseils d'administration des EPLE servent de base pour déterminer la représentativité des diverses associations de parents d'élèves, prise en considération pour désigner les représentants qui siègent au Conseil supérieur de l'éducation (CSE, V. art. L. 231-2 et L. 231-3 ; R. 231-1 : 9 représentants des parents du public, 3 du privé), et dans les conseils académiques (CAEN, art. L. 234-1 ; R. 234-3 : 8 nommés par le préfet de région sur proposition des APE) et départementaux de l'éducation nationale (CDEN, art. L. 235-1 ; R. 235-2 : 7 nommés par le préfet). C'est aussi sur cette base que le recteur d'académie désigne deux représentants des parents d'élèves au conseil de discipline départemental après avoir recueilli les propositions des associations (art. D. 511-51).

Pour encourager et faciliter l'engagement des parents d'élèves dans le fonctionnement du système éducatif, la loi d'orientation de 1989 prévoyait qu'un décret en Conseil d'État déterminerait les conditions dans lesquelles les représentants des parents d'élèves aux conseils départementaux, régionaux et nationaux pourraient bénéficier d'autorisations d'absence et d'indemnités (art. L. 236-1). Si le décret annoncé n'a jamais été édicté, le code du travail pour les salariés de droit privé (C. trav., art. L. 3142-60 à L. 3142-63 et R. 3142-27 à R. 3142-33) et les dispositions législatives et réglementaires applicables aux fonctionnaires et aux agents publics ont prévu des autorisations d'absence et un congé de représentation de neuf jours ouvrables maximum avec maintien du traitement pour les fonctionnaires et indemnité compensatrice dans le secteur privé. Si ces dispositions s'appliquent à tous les délégués siégeant dans les instances nationales, régionales et départementales, seuls les fonctionnaires peuvent en bénéficier lorsqu'ils siègent dans les conseils des écoles et établissements. En novembre 2016, un dispositif similaire au congé de représentation des parents d'élèves salariés et agents publics a été créé pour les parents non-salariés, leur permettant de participer à toutes les instances ; les modalités de remboursement des frais de déplacement des représentants aux conseils départementaux, régionaux, académiques et nationaux ont par ailleurs été simplifiées (V. Décr. n° 2016-1574 du 23 nov. 2016 ; art. R. 236-2 : indemnité forfaitaire pour participation aux réunions des conseils ; art. R. 236-4 : remboursement des frais de déplacement).

Pour renforcer la reconnaissance des représentants des parents, leur donner le temps et les moyens nécessaires pour remplir leurs missions, certains ont revendiqué l'adoption d'un statut du parent délégué (sur cette question, V. IGAS/IGAENR, Rapport sept. 2015). Un référentiel des activités du parent délégué a été élaboré en 2016 avec les fédérations d'associations de parents d'élèves pour faciliter la reconnaissance des compétences développées par les parents délégués au sein des écoles et des établissements scolaires comme au sein des instances nationales, académiques et départementales ; la création du compte personnel d'activité (CPA) doit permettre de recenser toutes les activités bénévoles ou volontaires dans le cadre de l'engagement citoyen, facilitant leur reconnaissance pour la validation des acquis par l'expérience (VAE). Enfin, la diffusion dans les entreprises d'une *Charte du parent délégué*, définie en lien avec l'Observatoire de l'équilibre des temps et de la parentalité, doit encourager la prise de conscience par les employeurs du rôle des parents d'élèves délégués et l'importance de la valorisation de cet engagement pour les salariés.

Parmi les expérimentations inscrites au projet d'école ou d'établissement avec l'autorisation préalable des autorités académiques, la loi du 26 juillet 2019 pour une école de la confiance a prévu la possibilité qu'elles portent sur la participation des parents d'élèves à la vie de l'école ou de l'établissement (art. 38 ; art. L. 314-2).

Les associations de parents d'élèves

Les associations de parents d'élèves (APE) ont pour objet la défense des intérêts moraux et matériels communs aux parents d'élèves. Elles regroupent exclusivement des parents d'élèves auxquels sont assimilées les personnes ayant la responsabilité légale d'un ou de plusieurs élèves. Elles sont représentées au conseil d'école et au conseil d'administration des collèges, lycées, établissements d'éducation spéciale et établissements de formation professionnelle agricoles comme aux conseils nationaux, académiques et départementaux (art. D. 111-6). Elles ont pour rôle d'informer les familles sur la vie de l'établissement ; elles peuvent organiser des réunions d'information, proposer certains services à l'attention des parents ou des élèves, et fairefaire distribuer des documents sur leur action (V. note 2 ss. art. L. 111-4) : elles sont les seules à pouvoir faire distribuer aux parents par l'intermédiaire des élèves les propositions d'assurance scolaire (assurance facultative pour l'admission dans l'école ou l'établissement mais obligatoire pour les activités facultatives : sorties scolaires, séjour linguistique…).

Les associations ne peuvent fixer leur siège social dans l'enceinte scolaire mais elles ont la possibilité de disposer de locaux accordés par le directeur d'école avec autorisation du maire, ou par le chef d'établissement après autorisation du conseil d'administration, en fonction des disponibilités. Elles doivent bénéficier de moyens matériels d'action (boîtes aux lettres, tableau d'affichage…, V. art. D. 111-8, al. 2) ou administratifs : elles ont accès à la liste des noms et adresses des parents d'élèves de l'établissement ayant donné leur accord à cette communication (art. D. 111-8, al. 1er ; V. CADA 10 oct. 2013).

Pour faire connaître aux parents d'élèves leur action, les associations peuvent remettre au directeur ou au chef d'établissement des documents pour distribution aux élèves et remise aux parents. Ces documents doivent être clairement identifiés comme émanant d'une association. Comme pour les autres activités des parents, ces documents doivent respecter des principes de fonctionnement du service public d'éducation : laïcité, neutralité excluant toute propagande en faveur d'un parti politique ou toute publicité pour un produit ou une entreprise, respect de la vie privée et de la dignité des personnes (art. D. 111-9, al. 2). Si le directeur ou le chef d'établissement estime que le contenu d'un document ne respecte pas ces principes, il peut, comme l'association, saisir le recteur d'académie qui dispose alors de sept jours pour se prononcer. A défaut de réponse dans ce délai, le document est diffusé (art. D. 111-9, al. 4).

Les APE peuvent organiser dans les écoles et les établissements scolaires des réunions de travail ou d'information à l'attention des parents d'élèves ou des élèves de l'établissement en y associant ou non les enseignants ; elles peuvent également assurer certains services en faveur des parents d'élèves ou des élèves, comme par exemple des prêts et bourses de livres. Si les activités ne sont pas directement liées à l'enseignement (kermesses, bourses aux vêtements…), elles doivent obtenir l'autorisation d'utiliser les locaux scolaires donnée par la collectivité propriétaire des locaux (art. L. 212-15 ; Circ. du 15 oct. 1993 sur l'utilisation des locaux scolaires par les associations en dehors des heures de formation) qui peut proposer la conclusion d'une convention précisant, notamment, les obligations de l'association pour la sécurité et la réparation des dommages éventuels.

Dans chaque école et établissement, la liste des associations de parents, avec mention des noms et coordonnées des responsables, est affichée dans un lieu accessible aux parents (art. D. 111-7) ; elle est accompagnée de la liste des fédérations qui peuvent regrouper les APE : Fédération des conseils de parents d'élèves de l'enseignement public (FCPE) créée en 1947, Fédération des parents d'élèves de l'enseignement public (PEEP) reconnue en 1926, Union nationale des associations autonomes de parents d'élèves (UNAAPE) pour le public, Union nationale des associations de parents d'élèves de l'enseignement libre (UNAPEL) pour le privé. ❑

1. Parents d'élèves. Membres de la communauté éducative, les parents d'élèves participent aux trois conseils par l'intermédiaire de leurs représentants élus. Ils justifient dès lors d'un intérêt suffisant pour exercer un recours contre la modification du temps scolaire décidée par l'inspecteur d'académie sans consultation du conseil d'école. • TA Lyon, 6 juill. 2001, *Boulle*, n° 0003087. ♦ Pour le second degré. • CE, sect., 22 mars 1996, *Paris et Roignot*, n° 151719 : *Juris-Data n° 1996-050066 ; RD publ. 1996. 893, concl. Schwartz ; Dr. adm. 1996. 328, obs. R. S. ; AJDA 1996. 362, chron. Stahl et Chauvaux*.

2. Droit à diffusion de documents au sein de l'école. Modalités d'exercice. • TA Nancy, 2 oct. 2012, *Féd. des conseils de parents d'élèves des Vosges (F.C.P.E. 88) c/ Recteur de l'académie de Nancy-Metz*, n° 1100716 : *LIJ 2013, n° 172, p. 7.* ♦ Suite au rejet de la demande d'un élu au conseil d'école parmi un groupe de parents non constitué en association par le DASEN, le juge administratif estime que, le groupe de parents n'étant pas constitué en association, il ne pouvait pas se prévaloir des possibilités très larges de diffusion offertes par l'art. D. 111-9 et ne pouvait bénéficier que des dispositions de l'art. D. 111-15, qui limitent les documents distribuables aux élèves aux comptes rendus des travaux des instances auxquels ces parents ont participé. Les documents en cause étaient un appel à la mobilisation et à la manifestation dans le cadre d'un projet de fusion d'écoles dans une commune. • TA Orléans, 13 mars 2012, *Mme X c/ Recteur de l'académie d'Orléans-Tours*, n° 1001985 : *LIJ 2013, n° 172, p. 7.*

Circulaire n° 2006-137 du 25 août 2006,

Relative au rôle et à la place des parents à l'école.

Conformément à l'article L. 111-4 du code de l'éducation, « les parents d'élèves sont membres de la communauté éducative. Leur participation à la vie scolaire et le dialogue avec les enseignants et les autres personnels sont assurés dans chaque école et dans chaque établissement. Les parents d'élèves participent par leurs représentants aux conseils d'école, aux conseils d'administration des établissements scolaires et aux conseils de classe. »

Ces dispositions méritaient d'être précisées et ancrées dans un texte réglementaire notamment en prenant appui sur les bonnes pratiques déjà mises en œuvre dans les écoles et les établissements scolaires.

En effet, la régularité et la qualité des relations construites avec les parents constituent un élément déterminant dans l'accomplissement de la mission confiée au service public de l'éducation. L'obligation faite à l'État de garantir l'action éducative des familles requiert de soutenir et renforcer le partenariat nécessaire entre l'institution scolaire et les parents d'élèves, légalement responsables de l'éducation de leurs enfants.

L'école doit en conséquence assurer l'effectivité des droits d'information et d'expression reconnus aux parents d'élèves et à leurs représentants ainsi que, selon les procédures prévues à cette fin, leur participation aux instances collégiales de l'établissement. Elle doit également reconnaître les droits des associations de parents d'élèves. L'article D. 111-6 du code de l'éducation (issu du décret n° 2006-935 du 28 juillet 2006) précise que les associations de parents d'élèves regroupent exclusivement des parents d'élèves, auxquels sont assimilées les personnes ayant la responsabilité légale d'un ou plusieurs élèves, et ont pour objet la défense des intérêts moraux et matériels communs aux parents d'élèves. Les droits définis par le décret s'appliquent aux associations de parents représentées au conseil d'école ou au conseil d'administration ainsi qu'à celles représentées au Conseil supérieur de l'éducation, au conseil académique ou au conseil départemental de l'éducation nationale même si elles n'ont pas d'élus dans les instances de l'école ou de l'établissement.

La présente circulaire précise les modalités d'application du décret susmentionné du 28 juillet 2006 relatif aux parents d'élèves, aux associations de parents d'élèves et aux représentants des parents d'élèves. Elle remplace la circulaire n° 85-246 du 11 juillet 1985 portant mesures concernant le rôle des parents dans l'école, la note de service n° 86-265 du 16 septembre 1986 relative aux rencontres des enseignants et des parents et la circulaire n° 2001-

078 du 3 mai 2001 relative à l'intervention des associations de parents d'élèves dans les établissements scolaires.

C'est au niveau local de l'école ou de l'établissement scolaire que doit se mettre en place un dialogue confiant et efficace avec chacun des parents d'élèves. L'ensemble des personnels des écoles et des établissements scolaires sont impliqués dans ces démarches.

Ainsi, lors de sa première réunion, le conseil d'école ou le conseil d'administration examine les conditions d'organisation du dialogue avec les parents. Celui-ci doit en effet être renforcé, ce qui suppose de définir précisément les modalités d'information des parents d'élèves, les conditions d'organisation des rencontres avec les parents et de garantir aux associations de parents d'élèves et aux représentants des parents les moyens d'exercer pleinement leurs missions.

I. *Droit d'information et d'expression*

Ce droit s'analyse principalement pour les parents d'élèves comme le droit d'avoir accès aux informations nécessaires au suivi de la scolarité de leurs enfants et à celles relatives à l'organisation de la vie scolaire.

Les membres des associations de parents d'élèves auront en outre le droit et les moyens de communiquer des informations sur leurs actions.

I.1. L'information des parents par l'école ou l'établissement scolaire

Le suivi de la scolarité par les parents implique que ceux-ci soient bien informés des résultats et du comportement scolaires de leurs enfants.

Compte tenu de l'évolution sociologique des familles, il est aujourd'hui nécessaire de considérer que l'institution peut avoir affaire à deux interlocuteurs pour un élève, le père et la mère. En effet, conformément aux dispositions de l'article 371-1 du code civil, l'autorité parentale est en principe exercée conjointement par les père et mère, quelle que soit leur situation (mariés ou non, séparés, divorcés...). Les écoles et établissements scolaires doivent pouvoir entretenir avec les deux parents les relations nécessaires au suivi de la scolarité de leurs enfants. Lorsque l'autorité parentale a été confiée à un tiers par le juge aux affaires familiales, celui-ci dispose des mêmes droits et devoirs dans ses rapports avec l'institution scolaire.

En conséquence, la fiche de renseignements demandés aux familles en début d'année mentionnera les coordonnées des deux parents. Lorsque deux adresses sont indiquées, les informations communiquées par courrier le sont aux deux adresses.

Le déroulement des enseignements, ainsi que les évolutions du système éducatif et les dispositifs nouveaux seront portés à la connaissance des parents. Ils seront notamment informés des actions de soutien qui peuvent être mises en œuvre à l'école et au collège (programme personnalisé de réussite éducative...) et de la possibilité de parcours différenciés au collège (4e et 3e de découverte professionnelle, apprentissage junior...).

I.1.1. *Les résultats et le comportement scolaires*

Les directeurs d'école et les chefs d'établissement doivent prendre toute mesure adaptée afin que les parents puissent effectivement prendre connaissance des résultats scolaires de leur enfant.

Dans le cadre des mesures que le conseil d'école ou le conseil d'administration adopte sur la conduite du dialogue avec les parents ou dans le cadre du projet d'école ou du projet d'établissement, il appartient à chaque école et à chaque établissement de définir, compte tenu de ses spécificités (type d'établissement, population scolaire, nombre d'élèves...), les mesures les mieux à même de porter ces résultats à la connaissance des parents.

Le livret scolaire dans le premier degré, le bulletin scolaire dans le second degré pourront, par exemple, être remis en mains propres dans le cadre de rencontres individuelles ou collectives.

Pour les élèves relevant de l'éducation prioritaire, cette démarche est particulièrement importante.

En outre, aussi souvent que l'intérêt de l'élève le nécessite, le point sera effectué régulièrement sur ses résultats et son comportement scolaires par le biais d'échanges d'informations, notamment au moyen du carnet de correspondance.

Les parents doivent être prévenus rapidement de toute difficulté rencontrée par l'élève, qu'elle soit scolaire ou comportementale. La question de l'assiduité scolaire, élément fondamental de la réussite scolaire, fait l'objet d'une attention particulière.

Les nouvelles technologies, en fonction de l'équipement des établissements et des familles, pourront être un support pour mieux communiquer. Ainsi, l'utilisation des SMS et des autres moyens accessibles par Internet (messagerie et portail électroniques...) doivent permettre, chaque fois que possible, des échanges plus rapides avec les parents (absences, réunions...).

I.1.2. *Les demandes d'information et d'entrevues présentées par les parents*

Les directeurs d'école ou les chefs d'établissement, les enseignants et l'ensemble des personnels de l'établissement veilleront à être à l'écoute des attentes des parents.

Les demandes individuelles d'information ou d'entrevue devront recevoir une réponse. Les demandes de rendez-vous seront orientées vers le bon interlocuteur, selon la nature de la demande.

Une réponse négative devra toujours être motivée.

Les parents seront également invités à répondre aux demandes de l'équipe éducative dans l'intérêt de l'enfant.

I.2. Les associations de parents d'élèves

Les associations de parents d'élèves doivent être en mesure de se faire connaître auprès de l'ensemble des parents d'élèves et de les informer sur leur action. Elles peuvent prendre connaissance et obtenir copie de la liste des parents d'élèves de l'école ou de l'établissement scolaire mentionnant leurs noms, adresses postale et électronique, à la condition que ceux-ci aient donné leur accord exprès à cette communication. Certains moyens sont mis à leur disposition.

I.2.1. *Moyens matériels*

• Affichage des coordonnées

Ainsi, dans chaque école et établissement scolaire est affichée, dans un endroit facilement accessible aux parents, la liste des associations de parents d'élèves représentées dans les instances de l'école ou de l'établissement avec les noms et adresses de leurs responsables. Est affichée, dans les mêmes conditions, la liste des fédérations, unions ou associations de parents d'élèves représentées au Conseil supérieur de l'éducation, aux conseils académiques et départementaux de l'éducation nationale.

En outre, toutes ces associations de parents d'élèves doivent disposer de boîtes aux lettres et de tableaux d'affichage.

Une association de parents d'élèves ne peut fixer son siège social dans un local scolaire. Néanmoins, la présence régulière dans l'enceinte scolaire d'une association de parents d'élèves peut s'avérer très utile et s'inscrire dans le prolongement de l'action éducative. Dès lors, en fonction des possibilités, le directeur de l'école, avec l'accord du maire de la commune, ou le chef d'établissement, après autorisation du conseil d'administration de l'établissement, peut mettre à sa disposition un local, de manière temporaire. La souscription d'une assurance par l'association de parents d'élèves est recommandée.

Par ailleurs, si cela est matériellement possible et selon les mêmes procédures, une salle peut être mise en permanence à la disposition des parents d'élèves et ouverte aux associations de parents d'élèves.

I.2.2. *Diffusion de documents*

La connaissance par les familles de la vie de l'école ou de l'établissement et de l'activité des associations de parents d'élèves nécessite la diffusion de documents. Ces communications revêtent donc une importance toute particulière.

a) Contenu des documents

Identifiés clairement comme émanant des associations de parents d'élèves, les documents remis aux responsables d'établissement doivent cependant respecter le principe de laïcité, les dispositions relatives à la vie privée et prohibant les injures et diffamations et exclure toute propagande en faveur d'un parti politique ou d'une entreprise commerciale.

Même si le contenu de ces documents relève de la seule responsabilité des associations, l'institution se doit d'en prendre connaissance. En effet l'école, dans le cadre de sa mission de service public, ne peut distribuer de documents en s'affranchissant du respect des règles et principes rappelés au paragraphe précédent. Il ne s'agit en aucun cas d'exercer un contrôle *a priori* portant sur le fond. Le directeur d'école ou le chef d'établissement n'a pas à s'interroger sur l'opportunité de diffuser les documents émanant des associations de parents d'élèves.

b) Modalités de diffusion

Les documents remis par les associations sont distribués aux élèves pour être donnés à leurs parents au fur et à mesure de leur remise. Toutefois, la semaine de la rentrée, afin de garantir l'égalité de traitement entre les associations, les opérations de distribution de leurs documents se déroulent simultanément et dans les mêmes conditions. Les documents remis en retard seront distribués dans les meilleurs délais.

Les modalités de diffusion des documents sont définies en concertation entre le directeur d'école ou le chef d'établissement et les associations de parents d'élèves. Les documents sont remis par l'association en nombre suffisant pour leur distribution, pour tout ou partie des classes selon les cas, sauf disposition contraire arrêtée par le conseil d'école ou le conseil d'administration concernant la prise en charge de la duplication.

c) Recours en cas de litige

En cas de désaccord sur les modalités de diffusion des documents ainsi que, dans le cas où le directeur d'école ou le chef d'établissement estime que leur contenu méconnaît le principe, les dispositions ou l'interdiction mentionnés au I.2.2 *a)* ci-dessus, l'association de parents d'élèves concernée ou le directeur d'école ou le chef d'établissement peut saisir l'autorité académique qui dispose d'un délai de sept jours pour se prononcer. A défaut de réponse dans ce délai, les documents sont diffusés dans les conditions initialement prévues.

d) Cas particulier des propositions d'assurances scolaires

• Information préalable des familles

L'admission d'un enfant dans une école ou un établissement scolaire, tout comme sa participation aux activités scolaires obligatoires, c'est-à-dire se déroulant dans le cadre des programmes et sur le temps scolaire, ne peut être subordonnée à la présentation d'une attestation d'assurance. L'assurance est toutefois vivement conseillée. A cet égard les familles doivent être informées par les directeurs d'école et les chefs d'établissement en début d'année qu'elles ont le libre choix de leur assurance.

L'assurance est en revanche obligatoire pour les activités facultatives auxquelles participent les enfants, comme certaines sorties scolaires, pour couvrir à la fois les dommages dont l'enfant serait l'auteur (assurance de responsabilité civile) ainsi que ceux qu'il pourrait subir (assurance individuelle — accidents corporels).

En ce qui concerne le premier degré, il convient de se référer à la circulaire n° 99-136 du 21 septembre 1999, relative à l'organisation des sorties scolaires dans les écoles maternelles et élémentaires publiques.

• Distribution des propositions d'assurances scolaires

Les associations de parents d'élèves sont les seules à pouvoir faire distribuer aux parents par l'intermédiaire des élèves des propositions d'assurances scolaires. La proposition d'assurance et le bulletin d'adhésion à l'association doivent être présentés en une seule fois, dans un seul document ou groupe de documents. Aucune proposition d'assurance ne peut être distribuée en dehors de ces documents.

II. *Droit de réunion*

II.1. Réunions avec les parents

Lors de sa première réunion, le conseil d'école ou le conseil d'administration examine notamment les conditions d'accueil des parents. Celles-ci pourront être développées, au-delà des dispositions prévues par le décret, selon les particularités, ou les pratiques déjà satisfaisantes, de l'école ou de l'établissement.

Les parents sont informés par écrit des rencontres prévues (réunions d'information, rencontres parents — professeurs, remises des bulletins...). Il leur est ainsi précisé le nombre, la date et l'objet de ces rencontres rythmant l'année scolaire.

Les parents des élèves nouvellement inscrits doivent désormais être réunis par le directeur d'école ou le chef d'établissement en début d'année scolaire. Les modalités d'organisation sont laissées à l'appréciation du directeur d'école ou du chef d'établissement en fonction des contraintes propres à l'établissement mais ces rencontres devront nécessairement se tenir au tout début de l'année scolaire et au plus tard avant la fin de la troisième semaine suivant la rentrée.

Cette exigence nouvelle n'interdit naturellement pas aux établissements qui ont la possibilité ou la tradition de réunir l'ensemble des parents de le faire.

Le conseil des maîtres présidé par le directeur d'école dans le premier degré, le chef d'établissement dans le second degré sont également désormais tenus d'organiser au moins deux fois par an et par classe une rencontre entre les parents et les professeurs. Ces rencontres, dans le premier comme dans le second degré, n'ont pas toujours le même objet et donc ne revêtent pas nécessairement la même forme : rencontres individuelles de chaque parent avec chaque enseignant, ou rencontres collectives... Au moins une fois par an, dans les collèges et lycées, une information sur l'orientation est assurée dans ce cadre, en tenant compte de l'autonomie et de l'âge de l'élève.

II.1.1. *Les réunions collectives*

Elles doivent être organisées à des horaires compatibles avec les contraintes horaires et matérielles des parents. La prise en compte des obligations des parents permettra l'instauration de conditions favorables aux échanges. L'organisation des rencontres devra être soigneusement préparée et la communication assurée afin de faciliter la venue du plus grand nombre.

Les rencontres collectives seront organisées soit pour l'ensemble des parents (informations de rentrée, parents d'élèves nouvellement inscrits...) soit pour un groupe de parents d'élèves : par classe, ou même, selon la question abordée, en sous-groupes.

II.1.2. *Les rencontres individuelles*

avec les enseignants ou les autres personnels de la communauté scolaire se dérouleront dans le cadre le mieux adapté à la demande, dans le respect de la confidentialité des propos échangés. Il conviendra de veiller à faciliter les échanges avec les parents qui n'ont pas l'habitude de ces rencontres ou qui ne maîtrisent pas bien la langue française.

Le dialogue avec les parents d'élèves est fondé sur une reconnaissance mutuelle des compétences et des missions des uns et des autres (le professionnalisme des enseignants dans le cadre de leurs fonctions, les responsabilités éducatives des parents) ainsi que sur le souci commun du respect de la personnalité de l'élève.

II.2. Réunions à l'initiative des associations de parents d'élèves

Le directeur d'école ou le chef d'établissement prend, en accord avec les responsables des associations de parents d'élèves, toutes les mesures qui lui paraîtront nécessaires pour offrir à ces associations les meilleures possibilités de réunion dans l'enceinte scolaire, sans apporter de perturbation au fonctionnement de l'établissement.

Il peut s'agir de réunions de travail ou d'information organisées à l'attention des parents d'élèves ou des élèves de l'établissement et prévoyant ou non la participation d'enseignants. Ces associations doivent également pouvoir proposer et organiser certains services en faveur des parents d'élèves ou des élèves, comme par exemple des prêts et bourses de livres ou des bourses aux fournitures.

Ces réunions et services, qui sont directement liés aux activités d'enseignement ou présentent un intérêt particulier pour les élèves et les familles, apparaissent comme satisfaisant aux besoins de la formation initiale et continue et à ce titre ne relèvent pas de la procédure de l'article L. 212-15 du code de l'éducation (cf. circulaire du 22 mars 1985 et circulaire n° 93-294 du 15 octobre 1993). Toutefois, même lorsque l'autorisation du maire n'est pas en principe requise pour de telles utilisations des locaux scolaires, il convient qu'il en soit informé. La souscription d'une assurance par l'association de parents d'élèves est recommandée.

En revanche, l'organisation, par une association de parents d'élèves, d'activités autres que celles se rattachant directement aux nécessités de la formation (comme des kermesses, des bourses aux vêtements, etc.) oblige à recourir à la procédure prévue à l'article L. 212-15, qui est explicitée par les deux circulaires précitées. Le maire est, en effet, compétent pour décider de l'utilisation des locaux scolaires en dehors des périodes où ils sont utilisés pour les besoins de la formation initiale et continue. En conséquence, toute demande de cette nature formulée par une association suppose l'autorisation préalable du maire et l'accord de la collectivité territoriale propriétaire des locaux. Elle peut, éventuellement, faire l'objet d'une convention.

III. *Droit de participation*

Tout parent d'élève, membre ou non d'une association de parents d'élèves, peut présenter une liste de candidats aux élections des représentants des parents d'élèves au conseil d'école ou au conseil d'administration des établissements publics locaux d'enseignement (EPLE).

Dans la plupart des autres instances des EPLE (commission permanente, conseil de discipline, conseil des délégués pour la vie lycéenne), les représentants des parents sont élus par et parmi les représentants des parents au conseil d'administration. Les représentants des parents au conseil de classe sont pour leur part désignés par le chef d'établissement sur proposition des responsables des listes de candidats ayant obtenu des voix lors de l'élection des représentants de parents d'élèves au conseil d'administration, compte tenu des suffrages obtenus lors de cette élection.

III.1. Les élections des représentants des parents d'élèves

Une information précise doit être donnée en début d'année sur l'organisation des élections et sur le fonctionnement de l'école ou de l'établissement afin de permettre aux parents qui le souhaitent d'être candidats et de favoriser la participation électorale. Par ailleurs une attention particulière doit être portée à la bonne organisation des élections.

III.1.1. *Consultation et communication de la liste des parents d'élèves de l'école ou de l'établissement*

Dès lors qu'une liste de candidatures a été déposée, son responsable a la possibilité de prendre connaissance de la liste comportant les noms, adresses postale et électronique des parents d'élèves de l'établissement ou de l'école à la condition que ceux-ci aient donné leur accord exprès à cette communication. Il peut en prendre copie s'il le souhaite. Cette possibilité s'exerce, dans les écoles et dans les établissements du second degré, pendant une période de quatre semaines précédant le jour du scrutin.

Les représentants d'associations de parents d'élèves représentées au Conseil supérieur de l'éducation, dans les conseils académiques et dans les conseils départementaux de l'éducation nationale peuvent bénéficier, selon les mêmes conditions, de l'accès à ces informations dans les établissements scolaires situés dans le ressort de ces instances collégiales, même si ces associations n'y sont pas représentées.

Lorsqu'il est demandé aux parents de donner leur accord à la communication de leurs coordonnées, ils doivent être informés de ce que cette communication peut être faite aux associations de parents d'élèves reconnues représentatives conformément à l'article D. 111-6 du code de l'éducation (issu du décret du 28 juillet 2006) et aux responsables de listes de candidatures aux élections.

III.1.2. *Distribution de documents en vue des élections*

Conformément à la circulaire du 30 août 1985 modifiée pour le second degré et à la circulaire n° 2000-082 du 9 juin 2000 modifiée pour le premier degré, la distribution, par l'intermédiaire des élèves, des documents relatifs aux élections des représentants de parents d'élèves, des bulletins et des professions de foi, doit s'effectuer dans des conditions de parfaite égalité de traitement entre toutes les listes. Le contenu de ces documents ne fait pas l'objet d'un contrôle *a priori* sous les réserves mentionnées au I.2.2 *a)*.

III.2. Les droits des représentants des parents dans les instances

III.2.1. *Les moyens nécessaires à l'exercice du mandat*

Les représentants des parents d'élèves, qu'ils soient élus ou désignés, sont membres à part entière des instances dans lesquelles ils siègent. Il convient de veiller à ce qu'ils détiennent les informations nécessaires à l'exercice de leur mandat : ils doivent disposer des mêmes documents que les autres membres de l'instance concernée. Cela ne signifie pas qu'ils ont dans tous les cas connaissance en même temps des mêmes informations. Ainsi, par exemple, pour le conseil de classe, les enseignants disposent de fait des informations concernant les résultats scolaires des élèves avant les représentants des parents ; toutefois ces derniers doivent détenir ces documents pendant la réunion du conseil pour leur permettre de se prononcer en toute connaissance de cause.

Par ailleurs, un local peut être mis à la disposition des représentants de parents d'élèves, de manière temporaire ou permanente, dans les mêmes conditions que pour les associations de parents d'élèves.

III.2.2. *Les heures de réunion des instances*

Les réunions des conseils d'école, des conseils d'administration, des conseils de classe et des conseils de discipline sont fixées de manière à permettre la représentation des parents d'élèves, c'est-à-dire en prenant en compte leurs contraintes, notamment professionnelles.

Dans le premier degré, les réunions du conseil d'école s'inscrivent dans le cadre de la 27e heure du temps de service hebdomadaire des enseignants (cumulée sur l'année), à raison de trois conseils annuels de deux heures chacun.

Dans le second degré, le calendrier de ces réunions doit tenir compte des horaires des classes. Selon les périodes, les spécificités de l'établissement, le calendrier des activités scolaires ou le calendrier de l'orientation et des examens, des aménagements pourront être envisagés. Le chef d'établissement, lorsqu'il doit procéder à des adaptations en fonction de ces contraintes, organise une concertation préalable avec les représentants des parents d'élèves après consultation des représentants des enseignants et des élèves.

III.3. La possibilité de rendre compte de l'exercice du mandat

Tout représentant des parents d'élèves, qu'il soit ou non membre d'une association, doit pouvoir rendre compte des travaux des instances dans lesquelles il siège (conseil d'école, conseil d'administration, conseil de classe, conseil de discipline, conseil des délégués pour la vie lycéenne, etc.). Ces comptes rendus doivent être rédigés et diffusés dans le strict respect des règles de confidentialité qui protègent les informations à caractère personnel dont ils ont connaissance notamment à l'occasion des conseils de classe et des conseils de discipline. Leur distribution s'effectue dans les conditions précisées au I.2.2 ci-dessus.

La publication du décret relatif aux parents d'élèves, aux associations de parents d'élèves et aux représentants des parents d'élèves est une étape importante dans la construction du dialogue entre les parents d'élèves et l'école. Ce décret est le fruit d'une large concertation qui a associé l'ensemble des partenaires concernés ainsi que les membres des deux inspections générales.

Une mobilisation de l'ensemble du système éducatif est nécessaire. Je fais toute confiance à chacun selon ses compétences (recteurs, inspecteurs d'académie, inspecteurs de l'éducation nationale, responsables d'école ou d'établissement, enseignants, personnels d'éducation, d'orientation, administratifs, sociaux, de santé scolaire, techniques, ouvriers et de service), pour mettre en œuvre ces dispositions avec esprit d'initiative et dans l'intérêt bien compris des élèves.

Art. L. 111-5 **Le service public de l'enseignement supérieur rassemble les usagers et les personnels qui assurent le fonctionnement des établissements et participent à l'accomplissement des missions de ceux-ci dans une communauté universitaire.**

Il associe à sa gestion, outre ses usagers et son personnel, des représentants des intérêts publics et des activités économiques, culturelles et sociales.

(L. no 2013-660 du 22 juill. 2013, art. 1er) **« L'État est le garant de l'égalité devant le service public de l'enseignement supérieur sur l'ensemble du territoire. »**

1. Association des personnels et des usagers à la gestion des établissements d'enseignement supérieur. Les écoles nationales d'ingénieurs font partie du service public de l'enseignement supérieur ; en ne prévoyant pas la participation de représentants des enseignants et des élèves dans la composition de leurs conseils de perfectionnement, qui ont pour mission de formuler des propositions sur le plan des études, les programmes et l'organisation des stages, d'élaborer le règlement intérieur et de veiller à la bonne marche de l'établissement ainsi qu'à ses intérêts moraux et pédagogiques, et donc participent à la gestion du service public, le ministre de l'éducation nationale, de l'enseignement supérieur et de la recherche a méconnu les dispositions de l'art. L. 111-5. • CE 10 juin 1998, *Synd. indépendant de l'enseignement supérieur,* nos 186923 et 187242 : *Lebon T. 939*.

2. Des statuts qui se bornent à prévoir une seconde délibération pour que leur adoption soit définitive au cas où la totalité des représentants élus des étudiants au sein des conseils aurait émis un vote négatif lors d'une première délibération, sans imposer une condition de délai minimum pour cette seconde délibération, ne confèrent pas à la représentation des étudiants un pouvoir de blocage des décisions des conseils ; par suite, ces dispositions ne portent aucune atteinte illégale au principe d'égalité entre les membres des différentes composantes de la communauté universitaire. • CE 7 juin 1995, *M. Ghozi,* no 108468 : *Lebon 228*.

3. Étudiants étrangers. En accordant aux étudiants étrangers, sans condition de réciprocité, l'éligibilité aux conseils des établissements publics à caractère scientifique et culturel et à ceux des unités d'enseignement et de recherche, le législateur n'a pas méconnu les dispositions de l'art. 55 de la Constitution. • Cons. const. 30 oct. 1981, *Loi d'orientation de l'enseignement supérieur*, n° 81-130 DC : *JO 1er nov. 1981, p. 2998 ; Rec. Cons. const. 31 ; AJDA 1982. 596.* ♦ Même solution pour les organes de gestion des CROUS. Aucun principe général du droit ne s'oppose à ce que les étudiants étrangers soient électeurs et éligibles aux élections dans les CROUS. Le pouvoir réglementaire pourrait cependant adopter des restrictions en raison des nécessités propres et de la mission de service public. • CE, sect., 12 mai 1978, *Él. des membres étudiants au CA du CROUS de Nancy-Metz*, n° 07407 : *Lebon 205 ; RD publ. 1978. 1148, note Waline.*

CHAPITRE II DISPOSITIONS PARTICULIÈRES AUX ENFANTS ET ADOLESCENTS EN SITUATION DE HANDICAP *(L. n° 2019-791 du 26 juill. 2019, art. 27).*

Art. L. 112-1 *(L. n° 2005-102 du 11 févr. 2005, art. 19)* **Pour satisfaire aux obligations qui lui incombent en application des articles L. 111-1 et L. 111-2, le service public de l'éducation assure une formation scolaire, professionnelle ou supérieure aux enfants, aux adolescents et aux adultes présentant un handicap ou un trouble de la santé invalidant. Dans ses domaines de compétence, l'État met en place les moyens financiers et humains nécessaires à la scolarisation en milieu ordinaire des enfants, adolescents ou adultes** *(L. n° 2019-791 du 26 juill. 2019, art. 27)* **« en situation de handicap ».**

Tout enfant, tout adolescent présentant un handicap ou un trouble invalidant de la santé est inscrit dans l'école ou dans l'un des établissements mentionnés à l'article L. 351-1, le plus proche de son domicile, qui constitue son établissement de référence.

Dans le cadre de son projet personnalisé, si ses besoins nécessitent qu'il reçoive sa formation au sein de dispositifs adaptés, il peut être inscrit dans une autre école ou un autre établissement mentionné à l'article L. 351-1 par l'autorité administrative compétente, sur proposition de son établissement de référence et avec l'accord de ses parents ou de son représentant légal. Cette inscription n'exclut pas son retour à l'établissement de référence.

De même, les enfants et les adolescents accueillis dans l'un des établissements ou services mentionnés au 2° du I de l'article L. 312-1 du code de l'action sociale et des familles ou dans l'un des établissements mentionnés au livre Ier de la sixième partie du code de la santé publique peuvent être inscrits dans une école ou dans l'un des établissements mentionnés à l'article L. 351-1 du présent code autre que leur établissement de référence, proche de l'établissement où ils sont accueillis. Les conditions permettant cette inscription et cette fréquentation sont fixées par convention entre les autorités académiques et l'établissement de santé ou médico-social.

Si nécessaire, des modalités aménagées d'enseignement à distance leur sont proposées par un établissement relevant de la tutelle du ministère de l'éducation nationale.

Cette formation est entreprise avant l'âge de la scolarité obligatoire, si la famille en fait la demande.

Elle est complétée, en tant que de besoin, par des actions pédagogiques, psychologiques, éducatives, sociales, médicales et paramédicales coordonnées dans le cadre d'un projet personnalisé prévu à l'article L. 112-2.

Lorsqu'une scolarisation en milieu ordinaire a été décidée par la commission mentionnée à l'article L. 146-9 du code de l'action sociale et des familles *[commission des droits et de l'autonomie des personnes handicapées, V. **CASF**]* **mais que les conditions d'accès à l'établissement de référence la rendent impossible, les surcoûts imputables au transport de l'enfant ou de l'adolescent** *(L. n° 2019-791 du 26 juill. 2019, art. 27)* **« en situation de handicap » vers un établissement plus éloigné sont à la charge de la collectivité territoriale compétente pour la mise en accessibilité des locaux. Cette disposition ne fait pas obstacle à l'application de l'article L. 242-11 du même code lorsque l'inaccessibilité de l'établissement de référence n'est pas la cause des frais de transport.**

En application de l'art. L. 231-5 CRPA, et par exception à l'application du délai de 2 mois prévu à l'art. L. 231-1 du même code, le délai à l'expiration duquel le silence gardé par l'administration vaut décision de rejet est fixé à 4 mois pour les décisions de la commission des droits et de l'autonomie des personnes handicapées sur les droits des personnes handicapées (hors attributions de prestations financières) (Décr. n° 2015-1451 du 10 nov. 2015).

Sur le parcours de formation des élèves présentant un handicap, V. art. D. 351-3 s.

Sur l'aide individuelle et l'aide mutualisée apportées aux élèves en situation de handicap, V. art. D. 351-16-1 s.

BIBL. ▶ **Ouvrages et rapports** : Amara, Vigneron-Meleder, Caraglio et Delaubier, L'accompagnement des élèves en situation de handicap, Les prescriptions : état des lieux – propositions, *Rapp. IGAS-IGAENR, n° 2012-162, 15 mars 2013 ; AJDA 2013. 603* ; *http://www.ladocumentationfrancaise.fr/var/storage/rapports-publics/134000180/0000.pdf.* – Bizot, Les difficultés perdurent pour les « dys » et autres candidats qui ont besoin d'aménagements pour les examens, IN Vers une administration inclusive, *Rapp. 2018 de la médiatrice de l'éducation nationale et de l'enseignement supérieur, MENJ-MESRI, 27 juin 2020. 36.* – Delaubier, Les classes pour l'inclusion scolaire (CLIS) en 2010, *Rapport MEN IGEN, n° 2011-104, sept. 2011.* – Georget et Mosnier, La politique d'accueil des étudiants handicapés, *Rapp. IGAENR, n° 2006-050, juill. 2006 ; www.ladocumentationfrancaise.fr.* – Gillig, Intégrer l'enfant handicapé à l'école, *Dunod, 1999.* – Godeau, Sentenac, Pacoricona, Alfaro et Ehlinger, Élèves handicapés ou porteurs de maladies chroniques. Perception de leur vie et de leur bien-être au collège, *in MENESR, Éducation et Formations, Climat scolaire et bien-être à l'école, n° 8-89, déc. 2015. 145.* – Gossot, Mollo et Naves, ... Accès à l'enseignement des enfants et adolescents handicapés, *Rapp. IGEN et Ministère de l'emploi et de la solidarité, 1999.* – Komites, Professionnaliser les accompagnants pour la réussite des enfants et adolescents en situation de handicap, *Rapport au ministre, avr. 2013.* – Lafay, L'intégration scolaire des enfants et adolescents handicapés, *Doc. fr., coll. Rapports officiels, 1986. 2000.* – Lachaud, Rapport relatif à l'intégration des enfants handicapés en milieu scolaire, *MENESR, 2003.* – Mathias, Ambrogi (pilotes), Jardin, Rojat, Foucault, Imbert et Brison, La scolarisation discontinue des élèves en situation de handicap, *in IGAENR-IGEN, Rapp. annuel 2014. 201.* – Menard, la scolarisation des enfants handicapés dans le primaire depuis la loi du 11 févr. 2005, *in Ass. Nat., Avis commission affaires culturelles sur le projet de loi de finances pour 2013, n° 252, 10 oct. 2012. 15.* – Naves, Neuschwander et Pellet, Les structures ayant une activité d'adaptation des œuvres au bénéfice des personnes en situation de handicap. Réalités observées et perspectives, *Rapp. IGAS – IGAC – IGAENR, n° 2016-105, déc. 2016.* – Roca, Contribution à l'histoire de l'éducation des enfants inadaptés 1909-1975, *Thèse, Univ. Paris 7, 1989.* – Rapport du Gouvernement au Parlement relatif au bilan et aux orientations de la politique du handicap, *12 févr. 2009, Doc. fr.* – Accueillir et scolariser les enfants en situation de handicap de la naissance à 6 ans et accompagner leur famille, Conseil de l'enfance et de l'adolescence, *Rapp. 5 juill. 2018 : https ://www.vie-publique.fr/sites/default/files/rapport/pdf/184000581.pdf.*

▶ **Mise en œuvre** : Biget, Recommandations de La Halde en faveur de la scolarisation des enfants handicapés, *AJDA 2009. 346* ; Recommandations pour une plus large scolarisation des élèves handicapés, *AJDA 2011. 870*. – Blanchet et Brondel, Améliorer la scolarisation des enfants handicapés, *AJDA 2011. 1119*. – Blanchet et Lawson, Les conditions d'intervention des assistants d'éducation exerçant les fonctions d'auxiliaire de vie scolaire pour l'intégration des élèves handicapés, *LIJ 2004, n° 87.* – Champault, Dos Santos et Herrero, Première évaluation des acquis des élèves en situation de handicap, *MEN, DEPP-B2, Note d'information, n° 19.01, févr. 2019.* – Défenseur des droits, Avis sur l'inclusion des élèves handicapés dans l'école et l'université de la République, quatorze ans après la loi du 11 février 2005, *n° 19-06, 10 avr. 2019.* – Durup De Baleine, Aide à l'inclusion scolaire des élèves en situation de handicap – Qui prend en charge le temps périscolaire ?, *AJDA 2018. 1546*. – Espagnol et Prouchandy, La scolarisation des enfants et adolescents handicapés, *MEN, Note d'information, n° 07-23, mai 2007.* – Gavini-Chevet, Delécluse et Bigaut, Les aménagements d'épreuves d'examens pour les élèves et étudiants en situation de handicap, *MEN, Rapp. IGAENR, n° 2018-036, avr. 2018.* – Graveleau, Scolariser son enfant handicapé, « une bataille permanente », *Le Monde, 4 sept. 2019. 10.* – Jacquemoire, Vie scolaire et extrascolaire des enfants porteurs de handicap. Entre obligation de moyens et de résultat, le rôle essentiel de la commune, *AJCT 2020. 287*. – Le Laidier, À l'école et au collège, les élèves en situation de handicap constituent une population fortement différenciée scolairement et socialement, *MENESR-DEPP, Note d'information, n° 15.04, 2015* ; Les enfants en situation de handicap. Parcours scolaires à l'école et au collège, *in Éducation & formations, n° 95, déc. 2017. 33* ; Les enseignants accueillant des élèves en situation de handicap à l'école, *MEN-DEPP, Note d'information, n° 18-26, oct. 2018* ; À 17 ans, quatre élèves sur dix en situation de handicap nés en 2001 ont passé le diplôme national du brevet (DNB), *MEN-DEPP, Note d'information, n° 19.16, mai 2019.* – Le Laidier, Prouchandy, Pour la première fois, un regard sur les parcours à l'école primaire des élèves en situation de handicap, *MENESR-DEPP, Note d'information, n° 26, oct. 2016.* – Mathieu-Cabouat, Jeunes handicapés et éducation spéciale : pour une philosophie contractuelle, *Thèse, Univ. Montpellier 1, 1987.* – De Montecler, Des mesures pour l'accueil des enfants handicapés à l'école, *AJDA 2019. 256* . – Ott, Une pratique silencieuse : la déscolarisation douce, *JDJ, n° 206, 2001. 34.* – Passerat De Silans, La scolarisation des enfants handicapés et les aménagements d'épreuves, *LIJ 2012, n° 164, p. 17* – Roets, La mise en œuvre du droit à la scolarisation des enfants et adolescents handicapés (à propos du décret n° 2005-1752 du 30 décembre 2005 relatif au parcours de formation des élèves présentant un handicap), *RDSS 2006. 731* . – Taudou, Projet d'accueil individualisé et administration médicamenteuse en milieu scolaire, aspects juridiques, *LIJ 2002, n° 63.* – Les enfants en situation de handicap : parcours scolaire à l'école et au collège, *MEN-MESRI-DEPP, Éducation & formations, 2017, n° 95.*

▸ **Responsabilité** : Alzamora, Responsabilité de l'État en matière de scolarisation des enfants et adolescents handicapés, *AJDA 2004. 1431* . – Gosselin, Le cadre juridique et les aspects contentieux de la scolarisation des élèves handicapés, *LIJ 2008, n° 124.* – Markus, Quand le juge oblige l'État à solder la « dette légale », *AJDA 2015. 1769* .

▸ V. aussi : Bibl., Liv. III, Tit. V, Chap. I.

COMMENTAIRE

La loi n° 2005-102 du 11 février 2005 pour l'égalité des droits et des chances, la participation et la citoyenneté des personnes handicapées a affirmé le principe de la scolarisation en milieu ordinaire des enfants handicapés. A la suite de la ratification en 2010 de la Convention des Nations unies relative aux droits des personnes handicapées (2006) qui préconise ***l'éducation inclusive*** et stipule que les États parties veillent à ce que les enfants et les personnes handicapées ne soient pas exclus, sur le fondement de leur handicap, du système d'enseignement général, la loi d'orientation et de programmation pour la refondation de l'école de la République du 8 juillet 2013, en reconnaissant que tous les enfants partagent la capacité d'apprendre et de progresser a ajouté au premier article du code définissant le droit à l'éducation que le service public de l'éducation « veille à l'inclusion scolaire de tous les enfants sans exception » (art. L. 111-1, al. 1er). ***La loi n° 2019-781 du 26 juillet 2019 pour une école de la confiance*** qui affiche la volonté de renforcer l'école inclusive, substitue l'expression « ***scolarisation inclusive*** » (art. L. 111-1, al. 1er) à la formule « inclusion scolaire ». Par bienveillance et respect des personnes, elle corrige les différentes dispositions contenues dans le Code de l'éducation préférant la précision « en situation de handicap », à la mention des élèves handicapés (notamment dans l'intitulé du chapitre, art. 27). Elle souligne l'importance de la communauté éducative qui fonde ici sa cohésion sur la complémentarité des expertises (art. L. 111-3, al. 2), notamment celle des personnels d'accompagnement (AESH), dont la stabilité, la formation, l'intégration dans les ESS et la gestion (PIAL) sont renforcées. Elle consacre plusieurs dispositions aux familles dont l'accompagnement est une mission des équipes de suivi de la scolarisation (ESS), qui ont désormais un enseignant-référent comme interlocuteur pour la mise en place du PPS et bénéficient d'un entretien avant la rentrée scolaire avec les enseignants et AESH (art. L. 351-4). Elle indique que les élèves accompagnés sont comptabilisés dans les effectifs ; que la Commission précise les activités principales des aides mutualisées. Elle impose en outre la mention du principe de l'école inclusive dans le RI. Elle régit la coopération entre établissements et services organisée par convention pour la continuité du parcours de scolarisation et met en place un dispositif intégré (CASF). En adoptant ces dispositions, le législateur donne une base légale à la politique éducative présentée avant le vote du Parlement par une circulaire n° 2019-088 du 5 juin 2019, Pour une école inclusive (à laquelle s'ajoute un vade-mecum).

Est ainsi modifié le titre Ier du livre Ier consacré au « droit de l'éducation » qui contient un chapitre II présentant les dispositions particulières aux enfants en situation de handicap (art. L. 112-1 à L. 112-5 modifiés par la loi du 11 févr. 2005). Il est complété par le titre V du livre III sur les enseignements pour ces enfants et adolescents handicapés divisé en deux chapitres, traitant tour à tour de la « scolarité » (art. L. 351-1 à L. 351-3 modifiés par les lois de 2005, de 2011 et de 2013), et non plus de l'« éducation spéciale » (formule absente du code de l'éducation depuis la rectification tardive effectuée par l'Ord. n° 2008-1304 du 11 déc. 2008), ainsi que de « la formation professionnelle et l'apprentissage des jeunes en situation de handicap » (art. L. 352-1). Si la partie réglementaire renvoie au code du travail pour la formation professionnelle et l'apprentissage des jeunes en situation de handicap (art. R. 352-1), la scolarité fait l'objet des articles

D. 351-1 (renvoyant aux art. D. 321-4, D. 321-5, D. 332-8 et D. 333-10 pour les adaptations) à D. 351-3. De plus, la partie réglementaire contient des dispositions sur les examens et concours dont les épreuves doivent être aménagées (art. D. 112-1 ; le Décr. n° 2015-1051 du 25 août 2015 simplifie la procédure de demande d'aménagement d'examens et concours de l'enseignement scolaire pour les candidats en situation de handicap en prévoyant que la demande doit être effectuée au plus tard avant la date de clôture des inscriptions) et sur le transport des élèves en situation de handicap qui relève de la compétence du département (art. R. 212-13 s.).

Si les deux livres du code de l'éducation présentent ainsi les dispositions particulières aux enfants et adolescents en situation de handicap (livre I) et aux enseignements qui leur sont destinés (livre II), les textes rassemblés ont une portée plus large, visant non seulement les enfants et les adolescents mais aussi les adultes (art. L. 112-1, al. 1er, et L. 112-2), qu'ils soient étudiants (art. L. 112-4, sur l'adaptation des examens de l'enseignement scolaire et de l'enseignement supérieur ; V. à propos des STS, CAA Nantes, 14 nov. 2014, n° 13NT01496 : *AJDA 2015. 31*), stagiaires de la formation continue ou apprentis. La loi du 26 juillet 2019, poursuivant les quelques modifications terminologiques introduites par la loi de 2013, a abandonné l'expression « personnes handicapées » au profit de « personnes ou élèves en situation de handicap », marque de respect introduite en signe de bienveillance.

Quant à la référence au handicap, elle peut, comme dans les intitulés retenus par les rédacteurs du code, être faite sous forme d'adjectif (élèves handicapés) ou recourir à des paraphrases se voulant plus respectueuses de la personne « présentant un handicap ou un trouble de santé invalidant » (L. 112-1, L. 351-1 issu de la L. de 2005 qui utilise par ailleurs l'adjectif « handicapé », L. 112-2) ou « en situation de handicap » (art. L. 351-1 mod. par la L. du 8 juill. 2013, art. 7). Pour la loi n° 2005-102 du 11 février 2005 pour l'égalité des droits et des chances, constitue un handicap « toute limitation d'activité ou restriction de participation à la vie en société subie dans son environnement par une personne en raison d'une altération substantielle, durable ou définitive d'une ou plusieurs fonctions physiques, sensorielles, mentales, cognitives ou psychiques, d'un polyhandicap ou d'un trouble de santé invalidant » (CASF, art. L. 114). Affectant les personnes, il ne doit pas leur interdire de bénéficier de leurs droits, notamment de celui à la formation scolaire (art. L. 111-2) qui doit être organisée en fonction de leurs besoins, notamment par des mesures de compensation (art. L. 112-2 ; CASF art. L. 146-8). Les dispositions du code peuvent s'appliquer à toutes les formes de handicap, qu'elles soient d'ordre physique, sensoriel ou mental. A noter que des dispositions spécifiques sont consacrées aux « jeunes sourds » qui ont la liberté de choisir entre une communication bilingue langue des signes, langue française, et une communication en français (art. L. 112-3 et R. 351-21 s.). Le principe de scolarisation en milieu ordinaire des dispositions particulières ou des politiques spécifiques sont adoptées pour d'autres handicaps, notamment les syndromes autistiques (« stratégie nationale pour l'autisme 2018-2022 »).

Le principe de scolarisation en milieu ordinaire. Des dispositions particulières ou des politiques spécifiques sont adoptées pour d'autres handicaps, notamment les syndromes autistiques (« stratégie nationale pour l'autisme 2018-2022 »).

Si les élèves présentant un handicap peuvent être accueillis dans des établissements spécialisés, établissements ou services d'éducation adaptée associant un suivi social ou médico-social (CASF, art. L. 312-1), ou dans un établissement de santé (CSS, 6e partie, livre I), ce n'est aujourd'hui qu'à titre exceptionnel. Le débat opposant les tenants d'une éducation spéciale (avec ses établissements et ses personnels propres) à ceux d'une école ouverte à tous a été tranché. L'idée est que la scolarisation dans une classe ordinaire, avec les autres élèves, est positive tant pour les uns que pour les autres. Elle impose toutefois que l'école s'adapte, que les dispositifs se diversifient et que ses personnels reçoivent une formation adaptée.

Le principe retenu par la loi est la ***scolarisation en milieu ordinaire***, c'est-à-dire dans les écoles (écoles maternelles et élémentaires, collèges, lycées, établissements publics et privés sous contrat, éducation nationale et agriculture, art. L. 351-1) où les élèves en situation de handicaps doivent être scolarisés avec les autres élèves.

Tout enfant ou adolescent présentant un handicap a le droit d'être inscrit, selon les règles communes, dans l'école ou l'établissement le plus proche de son domicile que la loi qualifie d'***établissement de référence*** (art. L. 112-1, al. 2), dans lequel il reste inscrit en cas d'interruption momentanée pour raison de santé, même s'il recourt alors à l'enseignement à distance, dont les modalités peuvent être aménagées (art. D. 351-4). Si les besoins l'exigent, l'élève en situation de handicap peut être inscrit dans une autre école ou un autre établissement, notamment quand l'école ou l'établissement le plus proche de son domicile ne dispose pas des unités d'enseignement adaptées. Dans ce cas, la décision est prise par l'IA-DASEN sur proposition de l'établissement de référence, avec l'accord des représentants légaux. A noter que ce changement d'école ou d'établissement peut ne pas être définitif ; la loi précise qu'il n'exclut pas le retour dans l'établissement de référence.

A la rentrée 2018, étaient scolarisés en milieu ordinaire 321 300 élèves en situation de handicap, dont 181 000 dans le premier degré et 140 300 dans le second, 74 000 élèves relevant des établissements spécialisés médico-sociaux. Toutefois, le comité des droits de l'enfant de l'ONU (qui peut se référer à l'art. 24 de la convention des Nations unies relative au droit des personnes handicapées qui impose aux États de veiller à ce qu'elles ne soient pas exclues du système scolaire) dans son rapport sur l'état des droits de l'enfant en France (*janv. 2016*) s'inquiète de la tendance à placer les enfants handicapés dans les classes spécialisées, retenant que seul un enfant sur cinq serait intégré.

Pour assurer l'accueil en milieu ordinaire, encore faut-il que les écoles et établissements s'adaptent à ces nouveaux publics. La question concerne l'ensemble de la communauté éducative, qu'il s'agisse des personnels, des familles et des partenaires de l'école qui en ce domaine « fonde sa cohésion sur la complémentarité des expertises » (art. L. 111-3, modifié par la L. du 26 juill. 2019, art. 5). Oubliant le projet d'établissement pourtant mieux adapté, la loi du 26 juillet 2019 impose aux établissements d'inscrire dans leur règlement intérieur le principe de l'école inclusive, en précisant les principaux droits et devoirs qui y sont attachés (art. 28 ; art. L. 401-2). De même, elle prescrit aux collectivités de rattachement (communes, départements, régions, Corse) de suivre les recommandations pour une école inclusive de l'Observatoire national de la sécurité et de l'accessibilité des établissements d'enseignement (ONSAES) lors de la construction ou la réhabilitation des écoles, collèges ou lycées (modifiant les art. L. 212-4, L. 213-2, L. 214-6). Dans son rapport de 2018, l'ONSAES propose de clarifier la répartition des compétences entre l'exploitant et le propriétaire des établissements d'enseignement dans la mise en œuvre du registre public d'accessibilité ; et d'assurer dans chaque académie une formation de tous les personnels concernés dans les établissements à l'accueil et à l'accompagnement des personnes en situation de handicap. Étendant ces préoccupations aux établissements français à l'étranger, la loi du 26 juillet 2019 inscrit le respect des principes de l'école inclusive parmi les critères à remplir pour leur homologation (art. L. 452-3-1).

Inscrits dans des écoles et établissements ordinaires, les élèves en situation de handicap ont, par définition, des « besoins particuliers ». Il convient d'y répondre en mettant en place les aides et accompagnements par la mobilisation des moyens que l'État, dans le cadre de ses compétences, leur délègue (art. 25 ; art. L. 351-1). Si les élèves accompagnés dans le cadre de ces dispositifs sont désormais comptabilisés dans les effectifs scolarisés (art. 25 ; art. L. 351-1), cette mesure est insuffisante. En effet, l'État a ici une obligation de résultat ; il est en effet tenu de prendre toutes les mesures nécessaires pour rendre effectif le droit à l'éducation des enfants souffrant d'un handicap (CE 8 avr. 2009, *Mme Laruelle*, n° 311434 : « en vertu d'une obligation de résultat, il incombe à l'État, au titre de sa mission d'organisation générale du service public de l'éducation, de prendre l'ensemble des mesures et de mettre en œuvre les moyens nécessaires pour que le droit à l'éducation et l'obligation scolaire aient, pour les enfants handicapés, un caractère effectif »). Il appartient aux autorités de l'État éclairées par les expertises médicales de décider au cas par cas, dans l'intérêt de l'enfant, des modalités de sa scolarisation ; chaque personne souffrant d'un handicap a un droit à l'évaluation de ses compétences, de ses besoins et des mesures à mettre en œuvre (CEDH 18 déc. 2018, *Bettina Dupin*, n° 2282/17, écartant l'existence d'un droit d'être scolarisé en milieu ordinaire d'un enfant autiste). Par huit jugements du 15 juill. 2015 (n°s 1416868/1 s.), le TA de Paris considère que la prise en charge pluridisciplinaire obligatoire des personnes autistes (CASF, art. L. 246-1) combinée au droit à l'éducation pour tous (art. L. 131-1) et à l'obligation de mettre en place les moyens financiers et humains nécessaires à la scolarisation ordinaire des enfants en situation de handicap (art. L. 112-1) impose à l'État de proposer un lieu d'accueil adapté ; constatant la « carence dans la mise en œuvre des moyens nécessaires », le juge condamne l'État à dédommager les parents qui avaient dû scolariser leurs enfants en Belgique.

Les aides et accompagnements des élèves

Selon la nature ou le degré du handicap ou du trouble invalidant, l'élève peut avoir besoin d'aides et d'accompagnements d'intensité variable (art. L. 351-1). Des dispositifs adaptés peuvent donc être prévus. La formation peut être complétée par des actions pédagogiques, psychologiques, éducatives, sociales, médicales et paramédicales. La coordination des actions est assurée dans le cadre du ***projet personnalisé de scolarisation (PPS)*** proposé pour déterminer le parcours scolaire sur la base d'une évaluation des compétences et des besoins réalisée par une équipe pluridisciplinaire qui invite l'élève ou ses parents à s'exprimer (art. L. 112-2).

La loi n° 2013-595 du 8 juillet 2013 de refondation de l'école de la République a en outre créé le ***plan d'accompagnement personnalisé (PAP)*** (art. D. 311-13) à destination des élèves présentant des difficultés scolaires graves et durables en lien avec un trouble des apprentissages. Ces mesures permettent une prise en compte au plus près des besoins des élèves présentant un trouble des apprentissages et une meilleure graduation des réponses. Dans le cas où l'élève n'a pas besoin d'aides spécifiques, un ***projet d'accueil individualisé (PAI)*** élaboré avec le médecin de l'éducation nationale et la famille par le directeur de l'école ou le chef d'établissement remplace le PPS (art. D. 351-9). Si celui-ci doit favoriser évidemment, chaque fois que possible, la formation en milieu scolaire, d'autres voies sont envisageables à titre d'exception.

A côté des dispositifs reposant sur l'aide individuelle, d'autres sont collectifs. Il en est ainsi des ***ULIS ou « unités localisées pour l'inclusion scolaire »*** qui ont d'abord remplacé les UPI (unités pédagogiques intégrées au collège ou au lycée, art. D. 351-7 ; Circ. n° 2015-129 du 21 août 2015) et puis les CLIS (classes d'intégration scolaire à l'école accueillant des enfants présentant un handicap mental, auditif, visuel ou moteur, pouvant tirer profit d'une intégration en milieu scolaire, V. Circ. n° 2002-113 du 30 avr. 2002 ; Circ. n° 2009-135 du 5 oct. 2009 les qualifiant de « classe à part entière de l'école dans l'école »). Pour favoriser la continuité éducative, existent en effet « ULIS école », « ULIS collège » et « ULIS lycée » ; ces dispositifs accueillent les élèves en fonction des besoins découlant de la nature de leurs troubles (troubles du langage, des fonctions motrices, auditives, visuelles, ou autisme). Dans chaque académie, une unité d'enseignement pour les élèves autistes doit être créée en maternelle.

Si la situation de l'élève le justifie, il peut être accueilli à temps complet ou partiel dans un établissement de santé ou dans un établissement médico-social où l'éducation nationale prend en charge l'enseignement (CASF, art. L. 312-1). Il reste inscrit dans son établissement de référence (art. D. 351-4). Des unités d'enseignement adaptées sont alors prévues dans le cadre d'une convention entre l'organisme d'accueil et l'État (préfet et IA-DASEN, art. D. 351-18). Les conditions de la formation sont conçues pour assurer la continuité du parcours de scolarisation par des conventions passées entre les établissements (art. L. 351-1-1). La loi du 8 juillet 2013 prévoit en outre que la coopération entre les écoles et établissements scolaires et les établissements médico-sociaux assurant l'éducation adaptée, l'accompagnement des handicapés ou l'aide par le travail est organisée par des conventions afin d'assurer la continuité du parcours de scolarisation des élèves en situation de handicap qu'ils accompagnent et de déterminer les conditions permettant l'intervention dans les établissements (art. L. 351-1-1). Les parents doivent être étroitement associés au processus d'orientation et à la décision qui en résulte ; ils peuvent se faire aider par une tierce personne (art. L. 351-1). Le choix de dispositifs adaptés, comme l'inscription dans une autre école ou établissement, ne peut se faire qu'avec l'accord des parents ou du représentant légal de l'élève, suite à la proposition de l'établissement de référence (art. L. 112-1, al. 3). Restant inscrit dans son établissement de référence, l'élève peut être accueilli dans un établissement ou un service d'éducation adaptée ou de santé publique, à temps plein ou partagé (art. D. 351-4), au sein desquels peuvent être créées des unités d'enseignement adaptées (sur les unités d'enseignement dans les établissements médico-sociaux et de santé, V. Rapport conjoint IGEN/IGAENR, *10 déc. 2014*). La loi du 26 juillet 2019 prévoit qu'en cas de dispositif partenarial, une convention peut permettre un fonctionnement en **dispositif intégré** (art. 31 ; art. L. 312-7-1, al. 3). Est ainsi élargi à l'ensemble des établissements et services médico-sociaux la possibilité de diversifier les modalités d'accompagnement, modulables et évolutives en fonction des besoins des enfants, des adolescents et des jeunes adultes qu'ils accueillent, en articulation avec leurs parcours scolaires sur le modèle des instituts thérapeutiques, éducatifs et pédagogiques ITEP de la loi n° 2016-41 du 26 janvier 2016 pour la modernisation de notre système de santé.

La régulation par la CDAPH

Le système d'accueil et d'accompagnement des élèves en situation de handicap est régulé par ***la commission des droits et de l'autonomie des personnes handicapées (CDAPH) qui a été instituée*** au sein des maisons départementales des personnes handicapées (MDPH) pour prendre les décisions relatives à l'ensemble des droits des personnes porteuses de handicaps, notamment en matière d'attribution de prestations et d'orientation (CASF, art. L. 146-9) ; en matière scolaire, elle se prononce, en accord avec ses représentants légaux (art. L. 351-1), au vu du projet personnel de scolarisation élaboré par l'équipe pluridisciplinaire chargée de l'évaluation de ses besoins et de ses compétences (art. D. 351-6 et D. 351-7). Elle désigne l'établissement en mesure d'accueillir l'élève (art. L. 351-2), qu'il s'agisse d'« établissements ordinaires », établissements publics ou privés sous contrat d'association avec le service public auxquels ses décisions s'imposent (TA Poitiers, 17 sept. 2009, n° 08011761), ou d'établissements spécialisés. Même si la loi autorise l'accès aux lieux d'activité éducative aux chiens d'assistance (CASF, art. L. 241-3), l'exercice de ce droit pendant le temps scolaire nécessite une décision de la CDAPH (CAA Versailles, 19 avr. 2016, n° 14VE03280). La commission est aussi compétente pour accorder une « aide humaine » (art. L. 351-3 mod. par LF pour 2012), qu'elle soit individuelle ou mutualisée, hier confiée aux auxiliaires de vie scolaire, désormais remplacés par les accompagnants des élèves en situation de handicap (AESH), qui peuvent, dans le cadre d'un processus de professionnalisation, obtenir un contrat à durée indéterminée (LF n° 2013-1278 du 29 déc. 2013, art. 124, ajoutant un art. L. 917-1 ; V. Circ. n° 2014-083 du 8 juill. 2014, conditions de recrutement et d'emploi des accompagnants des élèves en situation de handicap). L'article 25 de la loi du 26 juillet 2019 conforte la situation des accompagnants des élèves en situation de handicap (AESH), désormais recrutés par contrat d'une durée de trois ans, renouvelable une fois ; leur formation professionnelle continue est fixée conformément à un référentiel national et adaptée à la diversité des situations des élèves accueillis dans les écoles et établissements d'enseignement. Dans chaque département, le directeur académique des services de l'éducation nationale désigne, parmi les accompagnants des élèves en situation de handicap répondant à des critères d'expérience fixés par arrêté, un ou plusieurs référents chargés de fournir à d'autres accompagnants des élèves en situation de handicap un appui dans leurs missions auprès des élèves en situation de handicap. » (art. L. 917-1).

Malgré la loi n° 2013-1005 du 12 novembre 2013 introduisant le principe selon lequel le silence de l'administration vaut acceptation, l'absence de réponse à une demande formulée par une personne handicapée s'analysera toujours comme une décision de rejet dans les cas prévus par le décret n° 2014-1274 du 23 octobre 2014. Tel sera le cas tant pour les étudiants (aménagement de la formation pour un étudiant présentant un handicap, art. L. 123-4-2 ; aménagement des conditions d'examen pour un candidat présentant un handicap, art. D. 613-26) que pour les élèves (aménagement, dispense ou étalement de la session d'examen pour un candidat présentant un handicap, art. D. 351-28).

L'article L. 351-1 pose le principe de l'aide humaine. Le décret n° 2012-903 du 23 juillet 2012 relatif à l'aide individuelle et à l'aide mutualisée apportées aux élèves handicapés précise les conditions dans lesquelles une aide humaine est apportée aux élèves handicapés scolarisés dans une classe de l'enseignement public ou d'un établissement sous contrat. Il distingue et définit deux types d'aide humaine en fonction des besoins de l'élève : l'aide individuelle (art. D. 351-16-1) et l'aide mutualisée (art. D. 351-16-2). L'aide mutualisée est destinée à répondre aux besoins d'accompagnement d'élèves qui ne requièrent pas une attention soutenue et continue. Ces aides permettent aux élèves d'accéder à la classe mais sont aussi justifiées par des motifs pédagogiques, les AESH (au nombre de 46 500 pour 321 000 élèves en 2018) pouvant notamment s'appuyer sur les ressources numériques. La prise en charge par l'État du financement des emplois des accompagnants des élèves en situation de handicap (AESH) « n'est pas limitée aux interventions pendant le temps scolaire », dès lors que l'accès aux activités périscolaires apparaît comme une « composante nécessaire à la scolarisation de l'enfant » (CAA Nantes, 15 mai 2018, n° 16NT02951). La loi 2019 précise que la commission définit les activités principales de l'AESH (art. L. 351-3). Les aides sont attribuées par la CDAPH qui se prononce au regard d'une évaluation de la situation scolaire de l'élève handicapé, en prenant en compte notamment son environnement scolaire, la durée du temps de scolarisation, la nature des activités à accomplir par l'accompagnant, la nécessité que l'accompagnement soit effectué par une même personne identifiée, les besoins de modulation et d'adaptation de l'aide et sa durée. Cet accompagnement s'appuiera sur des coopérations renforcées et facilitées avec les services médico-sociaux. Mais la scolarisation en milieu ordinaire impose la formation des enseignants et des personnels d'encadrement, d'accueil, techniques et de service, qui doivent recevoir une information sur le handicap et les différentes modalités de l'accompagnement scolaire. Aussi, la formation initiale des personnels d'enseignement et d'éducation organisée dans le cadre des instituts nationaux supérieurs du professorat et de l'éducation (INSPÉ) devra s'attacher aux problématiques et aux pédagogies spécifiques adaptées aux élèves à besoins éducatifs particuliers ; le handicap doit être intégré dans le tronc commun de cette formation dans la mesure où il doit être pris en compte par tous les enseignants, de la maternelle à l'université.

Si l'État doit mettre en place les moyens financiers (sans pouvoir invoquer le caractère limitatif des crédits budgétaires pour échapper à sa responsabilité) et humains pour assurer la scolarisation en milieu ordinaire de enfants, adolescents ou adultes handicapés (art. L. 112-1), ce qu'il fait en recrutant les AESH ou en assurant la formation initiale et continue des enseignants, les collectivités territoriales partagent cette charge en aménageant les locaux, ou pour les départements en assurant le transport des élèves. En outre, pour les services et activités hors temps scolaire, les collectivités territoriales organisatrices (restauration scolaire, activités périscolaires) doivent s'assurer que les élèves en situation de handicap puissent y accéder avec, le cas échéant, le concours des aides techniques et des aides humaines ; il appartient alors à l'État de déterminer avec la collectivité territoriale les conditions d'accompagnement et de financement de l'AESH de façon à assurer, dans l'intérêt de l'enfant, la continuité de l'aide qui lui est apportée (CE 30 déc. 2020, n° 437167).

La loi du 26 juillet 2019 souligne l'importance du suivi de la scolarisation en apportant plusieurs modifications à L. 112-2. ***Les équipes mises en place depuis la loi de 2005*** dans chaque département comprennent l'ensemble des personnes qui concourent à la mise en œuvre du projet personnalisé de scolarisation et en particulier le ou les enseignants qui ont en charge l'enfant ou l'adolescent ; la loi ajoute les personnes chargées de l'aide individuelle ou mutualisée et envisage la possibilité d'y associer le représentant de la collectivité territoriale compétente. Ces équipes assurent le suivi des décisions de la CDAPH, et, dorénavant « l'accompagnement des familles » (art. 25) ; elles peuvent, avec l'accord des parents, proposer à la commission toute révision de l'orientation d'un enfant ou d'un adolescent qu'elles jugeraient utile. Enfin, elle désigne « l'enseignant référent qui coordonne les équipes de suivi de la scolarisation » comme l'interlocuteur des familles pour la mise en place du projet personnalisé de scolarisation (art. 25).

Éléments pour un service public de l'école inclusive

Avant même l'adoption de la loi du 26 juillet 2019, une circulaire de rentrée n° 2019-088 du 6 juin 2019, *Pour une école inclusive*, précisant les actions et moyens à mettre en œuvre affiche l'ambition d'instituer dans chaque académie et dans chaque département un service public de l'école inclusive. Si la gestion des AESH fait l'objet d'un pilotage académique mis en place par le recteur d'académie (Circ. DGRH n° 2019-090 du 5 juin 2019), un service départemental école inclusive est placé sous l'autorité de l'IA-DASEN pour assurer l'organisation, la mise en œuvre, le suivi et l'évaluation de la politique de scolarisation des élèves en situation de handicap avec mise en place d'une cellule d'écoute et de conseil chargé d'apporter des réponses aux familles.

Dans cette perspective, doivent être organisés des ***pôles inclusifs d'accompagnement localisés (PIAL)*** déployés dans les circonscriptions et les établissements. Après une phase d'expérimentation en 2018, la loi du 26 juillet 2019 les généralise : ils sont créés dans chaque département pour apporter une réponse aux demande issues des notifications de la commission des droits et de l'autonomie des personnes handicapées (CDAPH) et de l'évaluation de l'ensemble des besoins des élèves en situation de handicap ; leur objet est d'assurer « la coordination des moyens d'accompagnement humain au sein des écoles et établissements scolaires de l'enseignement public et de l'enseignement privé sous contrat ». Ils constituent des pôles ressources pour la communauté éducative. Ils associent à cet effet des professionnels de santé et les gestionnaires des établissements et services médico-sociaux ; leur objectif est de « mieux prendre en compte les besoins éducatifs particuliers de l'élève en situation de handicap en vue du développement de son autonomie » (art. 26 ; art. L. 351-3), en introduisant plus de souplesse dans la gestion des moyens. Les pôles doivent mobiliser l'ensemble des personnels pour identifier les besoins des élèves et mettre en œuvre les réponses adéquates au niveau de la classe, mais aussi de l'école et/ou de l'établissement scolaire (d'où leur mention dans les projets d'école et d'établissement avec les principes de l'école inclusive). Ils sont pilotés par l'inspecteur de l'éducation nationale (IEN) dans la circonscription du premier degré et par le chef d'établissement dans le second degré, qui fixent l'emploi du temps des AESH et assurent la coordination de leurs actions. La circulaire insiste en outre sur la nécessité de mieux accueillir les parents (entretien) et mieux scolariser les élèves, de reconnaître le travail des enseignants, les soutenir et déployer une offre de formation accessible et de renforcer l'appartenance des AESH à la communauté éducative.

Le contentieux

Sur le plan contentieux, le juge compétent est soit la juridiction de la sécurité sociale (CASF, art. L. 241-9, pour les décisions d'orientation prises par la CDAPH, y compris pour les demandes d'indemnité fondées sur une illégalité, T. confl., 18 oct. 1999, n° 3087 A), soit la juridiction administrative pour les recours contre les décisions des autorités académiques, notamment celles des IA-DASEN, ou les autorités sanitaires et sociales de l'État. L'inspecteur d'académie-DASEN ne peut pas invoquer l'absence de moyens disponibles pour refuser l'accompagnement d'un élève par un assistant de vie scolaire (AVS) (TA Bordeaux, 6 mars 2007, n° 07007079 ; TA Poitiers, 17 sept. 2009, n° 0801761). La décision de l'inspecteur d'académie refusant de mettre un auxiliaire de vie scolaire auprès de l'enfant peut ainsi faire l'objet d'un recours pour excès de pouvoir. Il est aussi possible de rechercher la responsabilité de l'administration.

Avant la mise en œuvre de la loi du 11 février 2005, le juge administratif avait reconnu la responsabilité de l'État pour défaut de scolarisation d'un enfant handicapé (CAA Paris, 11 juill. 2007, n° 06PA01579 : *AJDA 2007. 2151, concl. Folscheid*). Si certaines décisions ont pu atténuer ***cette responsabilité pour faute*** (V. note 1 ss. art. L. 112-1 ; et en outre : CAA Paris, 19 juill. 2005, n° 04PA03069, jugeant que les dispositions en vigueur ne garantissaient pas à chaque enfant le bénéfice de l'ensemble des mesures ; CAA Marseille, 31 janv. 2008, n° 05MA0186, appréciant cette responsabilité dans la limite de la décision de la CDES, l'excluant pour l'absence d'AVS dans une école autre que celle désignée par la commission), la juridiction a pu retenir ***la responsabilité sans faute*** pour indemniser les parents de la charge anormale et spéciale qu'ils avaient supportée du fait de la longueur de la période pendant laquelle leur enfant autiste n'avait pu être scolarisé (TA Lyon, 29 sept. 2005 : *AJDA 2005. 2359*). D'autres juridictions continuent à se référer à la faute sanctionnant le manquement de l'État à « l'obligation légale d'offrir aux enfants handicapés une prise en charge éducative au moins équivalente, compte tenu de leurs besoins propres, à celle dispensée aux enfants scolarisés en milieu ordinaire » (TA Cergy-Pontoise, 12 déc. 2008, *LIJ n° 133, p. 6*). L'État ne peut alors s'exonérer de sa responsabilité en invoquant l'insuffisance des moyens budgétaires, la carence des autres personnes publiques ou privées ou la circonstance que des allocations ont été versées aux parents. Il a été récemment jugé que l'administration ne peut se contenter d'indiquer qu'elle a été diligente, considérant alors qu'elle n'a qu'une obligation de moyens, mais qu'elle doit également prendre toutes les mesures et mettre en œuvre les moyens nécessaires pour donner un caractère effectif au droit à l'éducation et à l'obligation pour les enfants handicapés de recevoir une éducation adaptée (CE 8 avr. 2009, *M. et Mme Laruelle*, n° 311434 : *D. 2009. 1208, note de Gaudemont*). L'État a donc en ce domaine une obligation de résultat qui garantit aux enfants et à leur famille l'effectivité du droit à l'éducation (V. note 1 ss. art. L. 112-1). Il ne peut plus écarter sa responsabilité en démontrant qu'il a fait toutes les diligences nécessaires (mais ce droit à la scolarisation n'est effectif que pour les enfants soumis à l'obligation scolaire, non pour les moins de 6 ans, V. CAA Versailles, 15 juill. 2010, n° 09VE01330). Il en est de même pour toute personne atteinte d'un syndrome autistique qui doit bénéficier d'une prise en charge prévue par l'article L. 246-1 du code de l'action sociale et des familles imposant à l'administration une obligation qui ne peut pas être conditionnée par les moyens disponibles (CE 16 mai 2011, n° 318501). Si l'égalité en ce domaine passe par une amélioration et une accélération des procédures permettant d'assurer l'effectivité des recours juridictionnels, elle impose surtout une meilleure organisation afin de mettre en place les moyens nécessaires pour accueillir tous les élèves dans les établissements.

Si l'on ajoute que les requérants peuvent saisir le juge des référés pour demander la suspension d'une décision de l'administration refusant la mise en œuvre d'une décision de la CDAPH (TA Bordeaux, 6 mars 2007, n° 0700779, retenant l'urgence ; TA Toulouse, réf., 6 déc. 2002, n° 02-3440, ayant pour sa part rappelé que le droit à l'éducation est au nombre des droits fondamentaux), ou le remplacement d'un AVS (CE 15 déc. 2010, n° 344729 : *AJDA 2010. 2453* ; *RDSS 2011. 176* , la privation pour un enfant, notamment lorsqu'il souffre d'un handicap, de toute possibilité de bénéficier d'une scolarisation ou d'une formation adaptée est susceptible de constituer une atteinte grave à une liberté fondamentale au sens de l'art. L. 521-2 CJA), il est possible de conclure sinon comme la Cour des comptes qui voit dans la « jurisprudence naissante sur la mise en œuvre des mesures d'orientation décidée par l'ancienne CDES… un droit opposable à la scolarisation » (Rapport public, *2008*), du moins comme un droit justiciable et effectif. De même, le juge administratif saisi par la famille d'un enfant dont l'AVS démissionnaire n'avait pas été remplacé a pu, vu l'urgence et l'atteinte portée au droit à la scolarisation, qualifié de liberté fondamentale, enjoindre l'administration de désigner un nouvel auxiliaire dans un délai de huit jours sans toutefois prononcer d'astreinte (TA Marseille, réf., 18 nov. 2010, n° 1007392). En appel, le Conseil d'État confirme que le droit à la scolarisation est bien une liberté fondamentale au sens de l'article L. 521-2 du code de justice administrative, mais que « le caractère grave et manifestement illégal d'une telle atteinte s'apprécie en tenant compte, d'une part de l'âge de l'enfant (distinction qui peut se comprendre au regard du droit scolaire mais peu cohérente avec le principe d'égalité réelle entre les élèves selon qu'ils sont ou non handicapés), et d'autre part des diligences accomplies par l'autorité administrative compétente, au regard des moyens dont elle dispose » (formule qui semble en recul par rapport à l'arrêt *Laruelle* si l'on ne tient pas compte de l'âge préscolaire de l'élève : CE 15 déc. 2010, n° 344729 : *AJDA 2011. 858, note Prélot*). En revanche, l'affectation dans un collège ne comportant pas la section d'enseignement général et professionnel adapté (SEGPA) demandée alors que l'élève est parallèlement pris en charge dans un internat médico-éducatif et bénéficie d'un aménagement de scolarité ne porte pas atteinte à une liberté fondamentale (CE 23 févr. 2011, n° 346846).

Les enfants ont droit à réparation de leur préjudice. Il en est de même de leurs parents si leur préjudice est en lien direct avec le fait de l'administration et s'il est réel ; leur indemnité varie en fonction des pertes réellement subies (pertes de revenus…). Le juge administratif tient toutefois compte tant de l'âge de l'enfant que « des diligences accomplies par l'autorité administrative au regard des moyens dont elle dispose » (CE 15 déc. 2010, n° 344729 : *préc.*).

Enseignement supérieur et formation professionnelle

Dans l'enseignement supérieur, la loi fixe aux établissements des obligations compensatrices (art. L. 123-4-2, L. 712-6-1, D. 613-1 et D. 612-26 s.). Ils doivent mettre en œuvre les aménagements nécessaires dans l'organisation, le déroulement et l'accompagnement des étudiants souffrant d'un handicap.

Pour l'inscription en premier cycle dans les filières non sélectives, les dispositifs d'accompagnement pédagogiques et parcours de formation personnalisés doivent tenir compte des aménagements et des adaptations dont bénéficient les candidats en situation de handicap (LPR 2020, art. 37 ; L. 612-3, I, al. 4). Pour l'admission en master, l'état de santé ou le handicap d'un étudiant constitue des circonstances exceptionnelles justifiant qu'il saisisse le recteur de région académique pour procéder au réexamen de sa candidature et tenir compte de sa situation particulière (L. de programmation pour la recherche du 24 déc. 2020, art. 40 ; art. L. 612-6, al. 5).

Les modalités du contrôle des connaissances doivent être adaptées aux contraintes spécifiques des étudiants ou personnes bénéficiant de la formation continue présentant un handicap ou un trouble invalidant de la santé. Le Conseil d'État a jugé que l'université doit nécessairement faire preuve de bienveillance dans la mise en œuvre des aménagements des épreuves ; une carence caractérisée de sa part serait susceptible d'être regardée comme portant une atteinte manifestement illégale à une liberté fondamentale (CE, réf., 20 sept. 2018, n° 423727. – Sur les aménagements des épreuves, V. Rapport IGAENR, *avr. 2018*, recommandant de revoir la réglementation). Les établissements dispensant des formations en activités physiques et sportives (art. L. 624-1) doivent tenir compte des différentes formes de handicap (art. L. 624-2). Plus généralement, le président de l'université doit veiller à l'accessibilité des enseignements et des bâtiments aux personnes handicapées, qu'il s'agisse des étudiants ou des personnels (art. L. 712-2-9°) ; le conseil académique doit adopter les mesures nécessaires à l'accueil et à la réussite des étudiants présentant un handicap ou un trouble invalidant de la santé et proposer au conseil d'administration un schéma directeur pluriannuel en matière de politique du handicap (art. L. 712-6-2).

L'État participe à la formation professionnelle et à l'apprentissage des jeunes handicapés soit en passant des conventions avec les organismes de formation et les CFAs, soit en attribuant des aides spéciales aux organismes de formation agricole (art. L. 352-1). L'article 32 de la loi n° 2018-771 du 5 septembre 2018 pour la liberté de choisir son avenir professionnel complète l'article L. 112-2 par un nouvel alinéa : « Les élèves ou étudiants en situation de handicap ayant suivi une formation professionnelle ou technologique se voient délivrer par l'établissement de formation une attestation des compétences acquises au cours de la formation ». ❑

I. NATURE DE L'OBLIGATION. ÉVOLUTION

1. D'une obligation de moyens... Le Conseil d'État, traditionnellement, considérait que si l'obligation pour l'État de scolariser les enfants handicapés était certaine, elle ne constituait toutefois qu'une obligation de moyens, non de résultat, en raison des difficultés objectives à la satisfaire. • TA Cergy-Pontoise, 18 déc. 2003, n° 0205215 : *AJDA 2004. 1431, note Alzamora* (pour un enfant, âgé de six ans, atteint d'une forme d'épilepsie sévère résistant aux traitements médicamenteux habituels, qui n'a pas été régulièrement scolarisé pendant plus de deux ans, l'école maternelle, dans laquelle il était scolarisé auparavant ayant refusé de continuer à l'accueillir, à la suite de quoi l'enfant est passé par divers établissements soit « ordinaires », soit « spécialisés », pendant des périodes plus ou moins longues, interrompues par des séjours à son domicile). ♦ Dans le même sens et dans un domaine voisin, celui du placement d'un jeune adulte handicapé dans un centre d'aide par le travail. • CAA Paris, 12 nov. 1992, n° 91PA01092 B. ♦ Il ne résultait pas de ces dispositions que la scolarisation en école maternelle d'un enfant de moins de six ans, qu'il soit handicapé ou qu'il ne le soit pas, constituait un droit. • CAA Lyon, 20 nov. 2007, n° 05LY00112 : *LIJ 2008, n° 121, p. 7.* ♦ A noter toutefois que, dans l'affaire *Giraud*, le Conseil d'État avait jugé que le manquement à l'obligation légale d'assurer l'enseignement de toutes les matières obligatoires inscrites aux programmes d'enseignement, constitutif d'une faute de nature à engager la responsabilité de l'État, concernait précisément des enfants handicapés. • CE 27 janv. 1988, n° 64076 A.

2. ... A une obligation de résultats. Aujourd'hui, le Conseil d'État impose à l'État une obligation de résultat. Ainsi, l'État a l'obligation légale d'offrir aux enfants handicapés une prise en charge éducative au moins équivalente, compte tenu de leurs besoins propres, à celle dispensée aux enfants scolarisés en milieu ordinaire. • CAA Paris, 11 juill. 2007, n°s 06PA01579 et 06PA02793 B : *AJDA 2007. 2151, concl. Folscheid*. ♦ Il précise que le droit à l'éducation étant garanti à chacun quelles que soient les différences de situation et que l'obligation scolaire s'appliquant à tous, les difficultés particulières que rencontrent les enfants handicapés ne sauraient avoir pour effet ni de les priver de ce droit, ni de faire obstacle au respect de cette obligation ; il incombe donc à l'État, au titre de sa mission d'organisation générale du service public de l'éducation, de prendre l'ensemble des mesures et de mettre en œuvre les moyens nécessaires pour que ce droit et cette obligation aient, pour les enfants handicapés, un caractère effectif. • CE 8 avr. 2009, n° 311434 A : *D. 2009. 1508, note de Gaudemont et com. Raimbault ; AJDA 2009. 678 ; ibid.1262, concl. Keller ; RDSS 2009. 556, note Rihal*. ♦ Des requérants ayant saisi le tribunal d'une demande tendant à la condamnation de l'État sur le fondement que le lycée n'avait pas mis tout en œuvre pour permettre à l'intéressé de suivre normalement son BTS, le juge administratif étend l'obligation qui pesait sur l'État à l'égard des enfants handicapés aux adultes handicapés. Il rappelle que le droit à l'éducation est garanti à chacun quelles que soient les différences de situation et qu'il incombe au service public de l'éducation d'assurer notamment une formation aux adultes présentant un handicap ou un trouble de la santé invalidant. Il juge donc que, pour satisfaire à cette obligation, il revient à l'État, dans ses domaines de compétence, de mettre en place les moyens financiers et humains nécessaires à la réalisation de cet objectif afin que ce droit ait, pour les personnes handicapées qui entendent poursuivre leur scolarisation, un caractère effectif et que lorsqu'elle est avérée, la carence de l'État est constitutive d'une faute de nature à engager sa responsabilité. • CAA Nantes, 14 nov. 2014, n° 13NT01496 : *AJDA 2015. 31, note Giraud* ; *LIJ 2015, n° 187, p. 3.* ♦ Le Conseil d'État rappelle qu'il résulte de l'ensemble des dispositions du C. éduc. (art. L. 111-1, L. 111-2, L. 351-1 et L. 351-2) et du CASF, d'une part, que, le droit à l'éducation étant garanti à chacun quelles que soient les différences de situation, et, d'autre part, que l'obligation scolaire s'appliquant à tous, les difficultés particulières que rencontrent les enfants handicapés ne sauraient avoir pour effet ni de les priver de ce droit, ni de faire obstacle au respect de cette obligation ; qu'il incombe à l'État, au titre de sa mission d'organisation générale du service public de l'éducation, de prendre l'ensemble des mesures et de mettre en œuvre les moyens nécessaires pour que ce droit et cette obligation aient, pour les enfants handicapés, un caractère effectif ; que la carence de l'État est constitutive d'une faute de nature à engager sa responsabilité, sans que l'administration puisse utilement se prévaloir de l'insuffisance des structures d'accueil existantes ou du fait que des allocations compensatoires sont allouées aux parents d'enfants handicapés, celles-ci n'ayant pas un tel objet ; que la seule circonstance que la commission des droits et de l'autonomie des personnes handicapées n'a pas prononcé de décision d'orientation de l'enfant handicapé ne saurait décharger l'État de sa responsabilité, sans préjudice de la responsabilité d'autres organismes publics, dès lors que cette absence de décision résulte, non du manque de diligence des parents ou responsables légaux de l'enfant, mais de l'insuffisance des structures d'accueil existantes. • CE 29 déc. 2014, n° 371707. ♦ Plus récemment, le Conseil d'État rappelle que le droit à l'éducation étant garanti à chacun quelles que soient les différences de situation, et, d'autre part, le caractère obligatoire de l'instruction s'appliquant à tous, les difficultés particulières que rencontrent les enfants en situation de handicap ne sauraient avoir pour effet ni de les priver de ce droit, ni de faire obstacle au respect de cette obligation. Il incombe à cet égard à l'État, au titre de sa mission d'organisation générale du service public de l'éducation, de prendre l'ensemble des mesures et de mettre en œuvre les moyens nécessaires pour que ce droit et cette obligation aient, pour les enfants en situation de handicap, un caractère effectif. • CE 20 nov. 2020, n° 422248 A : *AJDA 2020. 2285* ; *ibid. 2488, chron. Malverti et Beaufils* ; *RDSS 2021.179, obs. Dagorne-Labbe.* ♦ Même solution : • CE 30 déc. 2020, n° 423549. ♦ Interrogée sur les difficultés que rencontrent un certain nombre d'établissements du second degré à recruter des auxiliaires de vie scolaire (AVS), le ministre rappelle que la L. n° 2013-595 du 8 juill. 2013 d'orientation et de programmation pour la refondation de l'école de la République a affirmé pour la première fois le principe de l'école inclusive et consacré ainsi une approche nouvelle. En 2014/2015, près de 260 000 élèves en situation de handicap étaient scolarisés à l'école. Le nombre d'élèves en situation de handicap, scolarisés en milieu ordinaire, a ainsi plus que doublé depuis 2006. Le nombre d'élèves handicapés scolarisés chaque année augmente d'environ 10 %. Pour certains de ces élèves, la Commission des droits et de l'autonomie des personnes handicapées (CDAPH) prévoit dans leur projet personnalisé de scolarisation (PPS) un accompagnement pour mieux répondre à leurs besoins. Pour mettre en œuvre cet accompagnement, les missions d'aide à l'inclusion scolaire des élèves en situation de handicap étaient – jusqu'à la création des accompagnants des élèves en situation de handicap (AESH) en 2014 – confiées aux assistants d'éducation auxiliaires de vie scolaire (AED-AVS) recrutés sur des contrats de droit public dont la durée était limitée à 6 ans, ainsi qu'à des agents recrutés par contrat unique d'insertion-contrat d'accompagnement dans l'emploi (CUI-CAE), contrat de droit privé dont la durée ne peut dépasser 2 ans. Afin de stabiliser la prise en charge des enfants et de pérenniser l'expérience des AED-AVS, l'art. 124 de la L. n° 2013-1278 du 29 déc. 2013 de finances pour 2014 a introduit dans le C. éduc. l'art. L. 917-1 pour permettre à ces personnels d'accéder au CDI après 6 ans de service dans les fonctions d'AED-AVS et/ou d'AESH. * Rép. min. n° 90729 : *JOAN Q 5 janv. 2016, p. 145.*

3. Droit de chaque enfant à l'éducation. Respect des obligations. Effectivité. Responsabilité. Principes applicables. Le droit à l'éducation est garanti à chacun quelles que soient les différences de situation, et l'obligation scolaire s'applique à tous. Ainsi, les difficultés particulières que rencontrent les enfants handicapés ne sauraient avoir pour effet ni de les priver de ce droit, ni de faire obstacle au respect de cette obligation. Il incombe à l'État, au titre de sa mission d'organisation générale du service public de l'éducation, de prendre l'ensemble des mesures et de mettre en œuvre les moyens nécessaires pour que ce droit et cette obligation aient, pour les enfants handicapés, un caractère effectif. La carence de l'État dans l'accomplissement de cette mission est constitutive d'une faute de nature à engager sa responsabilité, sans que l'administration puisse utilement se prévaloir de l'insuffisance des structures d'accueil existantes ou du fait que des allocations compensatoires sont allouées aux parents d'enfants handicapés, celles-ci n'ayant pas un tel objet. • CE 8 nov. 2019, n° 412440 B : *AJDA 2020. 1109, note Rihal* ; *ibid. 2019. 2275* ; *RDSS 2020. 168, concl. Dieu* ; *LIJ 2020, n° 209, p. 4.*

4. Plan autisme. État. Méconnaissance de l'obligation de mettre en place les moyens financiers et humains nécessaires à la scolarisation en milieu ordinaire des enfants handicapés. Absence. L'association requérante avait formé devant le Conseil d'État un recours en annulation de l'instruction interministérielle du 13 févr. 2014 relative à la mise en œuvre des plans régionaux d'action, des créations de places et des unités d'enseignement prévus par le troisième plan autisme (2013-2017). Le Conseil d'État rejette la demande en estimant notamment, suivant les dispositions combinées des art. D. 351-17 et D. 351-18, que les unités d'enseignement, quelle que soit leur implantation, doivent être gérées par des établissements de santé ou des établissements ou services médico-sociaux. Dès lors, le moyen tiré de ce que les ministres auraient méconnu l'obligation impartie à l'État de mettre en place les moyens financiers et humains nécessaires à la scolarisation en milieu ordinaire des enfants handicapés, découlant de l'art. L. 112-1, en confiant la gestion des unités d'enseignement créées au sein d'écoles maternelles à des établissements ou services médico-sociaux doit être écarté. Il estime, d'autre part, que si l'association requérante soutient que de telles structures sont inadaptées pour des enfants âgés de trois à six ans, pour lesquels il serait impossible de parler de troubles sévères justifiant une scolarisation spécifique, et que l'orientation des enfants souffrant d'un syndrome autistique par les maisons départementales des personnes handicapées est inadaptée, il ne ressort pas des pièces du dossier que les ministres, en prévoyant la création d'unités d'enseignement au sein d'écoles maternelles, auraient entaché l'instruction attaquée d'erreur manifeste d'appréciation. • CE 4 mai 2015, ♘ n° 378198 : *LIJ 2015, n° 189, p. 4.*

5. Autisme. Privation de soutien scolaire en raison de l'absence de ressources financières suffisantes. Conv. EDH (violation). Une jeune fille autiste non verbale a été privée d'un soutien scolaire spécialisé pendant ses 2 premières années d'école primaire, au motif que l'administration ne disposait pas des ressources financières suffisantes. Les demandes des parents de condamnation de l'administration pour non-respect du droit de bénéficier de l'assistance spécialisée prévue par la loi ayant été rejetées par le juge italien, l'affaire a été portée devant la CEDH. En l'espèce, le juge européen estime que l'Italie a violé l'art. 14 Conv. EDH en refusant à une élève autiste une aide spécialisée en raison d'un manque de ressources financières, sans chercher à ménager un juste équilibre entre les besoins éducatifs et la capacité de l'administration à y répondre. Il précise que les autorités n'ont pas cherché à déterminer les véritables besoins de la requérante et les solutions susceptibles d'y répondre afin de lui permettre de fréquenter l'école primaire dans des conditions équivalentes dans la mesure du possible à celles dont bénéficiaient les autres enfants sans pour autant imposer à l'administration une charge disproportionnée ou indue et que cette discrimination est d'autant plus grave qu'elle a eu lieu dans le cadre de l'enseignement primaire, qui apporte les bases de l'instruction et de l'intégration sociale et les premières expériences de vivre ensemble – et qui est obligatoire dans la plupart des pays. • CEDH 10 sept. 2020, n° 59751/15 : *AJDA 2020. 1687, comm. Maupin* ✎.

6. Enfant autiste. Scolarisation en milieu spécialisé. Mise en balance du niveau de son handicap et du bénéfice qu'il pourrait tirer de l'accès à l'enseignement inclusif. Manquement de l'État à ses obligations. Absence. Dans une affaire où la mère d'un enfant autiste, qui avait demandé sa scolarisation en classe pour l'inclusion scolaire (CLIS) avec un accompagnement en service d'éducation spéciale et de soins à domicile et où la commission des droits et de l'autonomie des personnes handicapées (CDAPH) avait rejeté sa demande et orienté l'enfant en institut médico-éducatif (IME) et, dans l'attente qu'une place se libère dans un tel institut, en hôpital de jour, avait saisi la CEDH du refus opposé par les juridictions internes de scolariser son enfant en milieu ordinaire, en soutenant que le juge aurait dû donner priorité à l'inclusion scolaire. La Cour constate que le droit d'accès à l'instruction des enfants en situation de handicap est garanti *de jure* par le système éducatif français, que ce soit sous la forme d'une éducation spéciale dans des établissements spéciaux comme les IME ou d'une éducation inclusive au sein des écoles ordinaires. Elle relève qu'en l'espèce, une scolarisation en milieu spécialisé au sein d'un IME avec des méthodes adaptées au handicap et conformes à celles préconisées par les experts, permettait à l'enfant de bénéficier d'une prise en charge adaptée à ses troubles autistiques, comprenant un temps de scolarité. La Cour a également retenu que les autorités françaises avaient analysé le niveau de handicap de l'enfant, mis en balance le niveau de son handicap et le bénéfice qu'il pourrait tirer de l'accès à l'enseignement inclusif et, finalement, après avoir constaté que l'enfant n'était pas capable d'assumer les contraintes et les exigences minimales de comportement qu'implique la vie dans une école ordinaire, opté pour l'éducation la mieux appropriée à ses besoins, en milieu spécialisé. La Cour précise que ce choix répondait aux besoins de l'enfant et ne résultait pas d'une déficience de moyens et de l'assistance scolaire au sein de l'école ordinaire. Elle en conclut que le refus d'admettre le fils de la requérante en milieu scolaire ordinaire ne saurait constituer un manquement de l'État à ses obligations. • CEDH 24 janv. 2019, n° 22282/17 : *LIJ 2019, n° 206, p. 7.* ♦ Dans la même décision, la Cour a par ailleurs rappelé qu'il ne lui appartient pas de définir les moyens à mettre en œuvre par les autorités nationales pour assurer le droit à l'éducation des enfants en situation de handicap, les autorités nationales, qui s'appuient sur un réseau d'acteurs du secteur médico-éducatif, étant mieux placées que le juge international pour se prononcer sur la situation et les besoins locaux à cet égard. Elle a cependant à nouveau souligné que les autorités nationales doivent être particulièrement attentives à l'impact des choix qu'elles opèrent sur les groupes dont la vulnérabilité est la plus grande, au nombre desquels figurent les enfants autistes. • CEDH 24 janv. 2019, n° 22282/17 : *préc.*

7. Atteinte grave et manifestement illégale à une liberté fondamentale. Le juge des référés, à qui les parents d'un enfant handicapé demandaient d'ordonner à l'inspecteur d'académie de désigner un établissement scolaire adéquat pour scolariser leur enfant, a solennellement réaffirmé que le droit à l'éducation « est au nombre des droits fondamentaux » en ce qu'il est « un droit essentiel à l'épanouissement de l'enfant et spécialement protégé par la loi en ce qui concerne la scolarité obligatoire des enfants de moins de seize ans à laquelle sont soumis les enfants et adolescents handicapés ». En ne proposant aucune solution pour la scolarisation de l'enfant dans un établissement approprié, l'inspection académique a porté ainsi une atteinte grave et manifestement illégale à une liberté fondamentale. • TA Toulouse, réf., 6 déc. 2002, n° 02-3440. ♦ Le droit d'égal accès à l'instruction en faveur des élèves handicapés est garanti par la Constitution, par le 1er protocole additionnel de la Conv. EDH et par l'art. L. 111-1, et il implique, pour les élèves présentant un handicap, qu'une formation scolaire adaptée leur soit assurée. La privation pour un enfant, notamment s'il souffre d'un handicap, de toute possibilité de bénéficier d'une scolarisation ou d'une formation scolaire adaptée, selon les modalités que le législateur a définies afin d'assurer le respect de l'exigence constitutionnelle d'égal accès à l'instruction, est susceptible de constituer une atteinte grave et manifestement illégale à une liberté fondamentale. Ce caractère grave et manifestement illégal s'apprécie en tenant compte, d'une part, de l'âge de l'enfant, d'autre part, des diligences accomplies par l'autorité administrative compétente, au regard des moyens dont elle dispose. • CE 15 déc. 2010, n° 344729 A : *AJDA 2010. 2453, comm. Grand ; ibid. 2011. 859, note Prélot ; LIJ 2011, n° 151, p. 11.* ♦ En l'espèce, cette condition n'est pas remplie s'agissant d'un enfant handicapé de 3 ans qui, à la suite de la démission de l'auxiliaire de vie qui l'assistait et faute d'un remplacement trouvé, ne bénéficie plus d'une assistance depuis octobre 2010 mais reste malgré cela scolarisé. • CE 15 déc. 2010, n° 344729 A : *préc.* ♦ Dans le même sens, le juge des référés rappelle que le principe d'égal accès à l'instruction en faveur des élèves handicapés est garanti par la Constitution et que le droit à l'éducation pour tous les élèves, prévu à l'art. L. 111-1, implique aussi qu'une formation scolaire adaptée soit assurée. Il poursuit que la privation pour un enfant, notamment s'il souffre d'un handicap, de toute possibilité de bénéficier d'une scolarisation ou d'une formation scolaire adaptée, selon les modalités que le législateur a définies afin d'assurer le respect de l'exigence constitutionnelle d'égal accès à l'instruction, est susceptible de constituer une atteinte grave et manifestement illégale à une liberté fondamentale sous réserve qu'une urgence particulière rende nécessaire l'intervention d'une mesure de sauvegarde dans les quarante-huit heures. • TA Nice, réf., 27 nov. 2012, n° 1204121 : *LIJ 2013, n° 177, p. 7.*

8. Atteinte grave et manifestement illégale. Éléments d'appréciation. Dans la même affaire, le juge précise que « le caractère grave et manifestement illégal d'une telle atteinte s'apprécie en tenant compte, d'une part, de l'âge de l'enfant, d'autre part, des diligences accomplies par l'autorité administrative compétente, au regard des moyens dont elle dispose ». • TA Nice, réf., 27 nov. 2012, n° 1204121 : *préc. note 7.*

9. Atteinte grave et manifestement illégale. Absence. La famille d'un enfant handicapé avait saisi le juge des référés du tribunal administratif pour que celui-ci enjoigne au recteur de scolariser leur enfant en unité localisée pour l'inclusion scolaire plutôt que dans une classe de 6e ordinaire où il bénéficiait de différents accompagnements spécifiques suite à la décision de la commission des droits et de l'autonomie des personnes handicapées. Par ordonnance, le juge des référés avait rejeté leur demande, et la famille avait saisi en appel le Conseil d'État. Ce dernier affirme que la privation pour un enfant, notamment s'il souffre d'un handicap, de toute possibilité de bénéficier d'une scolarisation ou d'une formation adaptée est susceptible de constituer une atteinte grave et illégale à une liberté fondamentale et est, dès lors, de nature à justifier l'intervention du juge des référés dans le cadre du référé-liberté, sous réserve qu'une urgence particulière rende nécessaire la prise d'une mesure de sauvegarde dans les 48 heures. L'arrêt rappelle en outre que l'âge de l'enfant et les diligences accomplies par l'administration, au regard des moyens dont elle dispose, doivent être pris en compte pour déterminer si l'atteinte à la liberté fondamentale d'instruction est de nature ou non à justifier une mesure de sauvegarde. En l'espèce, la requête est rejetée, la situation ne caractérisant pas une atteinte grave et manifestement illégale à une liberté fondamentale car si l'orientation de l'enfant en classe de 6e ne répondait pas pleinement aux besoins de l'enfant, en dépit des mesures d'accompagnement, les difficultés rencontrées n'entraînaient pas, y compris sur le plan psychique, des conséquences telles qu'elles caractériseraient une atteinte grave et manifestement illégale à son droit à l'instruction. • CE 27 févr. 2017, n° 404483 : *AEF, Dépêche n° 557509, 13 mars 2017, comm. Toulemonde.* ♦ Le juge des référés a déduit dans 2 espèces que compte tenu des diligences accomplies par l'administration, des conditions et délais auxquels est subordonné le recrutement d'un AESH et de la circonstance qu'un recrutement était en cours dans chacune des instances, les circonstances ne permettaient pas de caractériser une atteinte grave et manifestement illégale au droit à l'éducation et à l'instruction des deux enfants, âgés de 3 ans et demi et de 5 ans. • TA Rennes, ord., 10 janv. 2020, n° 2000045 : *LIJ 2020, n° 210, p. 3* • TA Nice, ord. 3 févr. 2020, n° 2000494 : *LIJ 2020, n° 210, p. 3.*

10. Droit à l'éducation. Moyens nécessaires. Obligation pour l'État. Caractère effectif. Le département de Mayotte a soutenu qu'en dépit de l'évolution démographique de Mayotte, qui se caractérise par un taux d'accroissement naturel élevé et une immigration significative, rendant les besoins actuels en matière de scolarisation particulièrement importants dès lors qu'en moyenne, chaque année, le système éducatif de Mayotte accueille 1 500 élèves supplémentaires dans le premier degré et 1 600 dans le second degré, l'État n'a pas pris les mesures suffisantes pour assurer la représentation de toutes les filières et pour pallier la pénurie de places disponibles dans l'enseignement secondaire à Mayotte, où les 18 collèges et 10 lycées actuels ne permettent pas de faire face à l'accroissement du nombre d'élèves, ce qui l'a contraint à verser des bourses au profit de nombreux jeunes lycéens mahorais afin d'assurer leur scolarisation en dehors du département, à la Réunion ou en métropole. Le juge précise notamment qu'il résulte de l'instruction que pour faire face à l'évolution démographique de Mayotte, qui se caractérise par un taux d'accroissement naturel élevé, rendant les besoins actuels en matière de scolarisation particulièrement importants notamment dans le second degré, l'État a pris des mesures suffisantes pour assurer la représentation de toutes les filières et pour pallier la pénurie de places disponibles dans l'enseignement secondaire à Mayotte en procédant à l'extension et à la création de lycées et en programmant pour les années postérieures à celles concernées par le présent litige de nouvelles extensions et créations d'établissements. • CAA Bordeaux, 9 mai 2017, n° 15BX01040.

II. RESPONSABILITÉ

11. Compétence juridictionnelle. Principe. De manière générale, le juge administratif statue sur les litiges mettant en jeu la responsabilité de l'État pour défaut de scolarisation d'un enfant handicapé. • TA Cergy-Pontoise, 26 janv. 2012, n° 0813919.

12. Compétence juridictionnelle. Décisions de la CDAPH. MDPH. Le Conseil d'État a jugé que les décisions de la commission des droits et de l'autonomie des personnes handicapées (CDAPH) prises en matière d'orientation et d'accueil des personnes en situation de handicap, notamment la désignation des établissements ou services correspondant aux besoins de l'enfant ou de l'adolescent en situation de handicap en âge d'être scolarisé, auparavant susceptibles de recours devant les tribunaux du contentieux de l'incapacité, doivent donc, depuis la suppression de ces derniers par la L. n° 2016-1547 du 18 nov. 2016 de modernisation de la justice du XXIe siècle, être contestées devant les tribunaux de grande instance, depuis le 1er janv. 2019. Le juge judiciaire est également compétent pour connaître d'éventuelles actions en responsabilité engagées à l'encontre de la maison départementale des personnes handicapées (MDPH) à raison de telles décisions. • CE 8 nov. 2019, n° 412440 B : *préc. note 3.* ♦ Sur la compétence du juge judiciaire, en ce sens déjà : • T. confl. 18 déc. 1999, n° 03087 A.

13. Charge de la preuve. Différents cas de figure se présentant. Dans une affaire où les parents d'un enfant autiste qui n'avait pas bénéficié d'une prise en charge conforme aux orientations de la CDAPH et avaient alors engagé la responsabilité de l'État pour ses carences dans la prise en charge de leur fille, le tribunal apporte des précisions sur la charge de la preuve en la matière. Il rappelle « qu'en vertu de l'article L. 241-6 du code de l'action sociale et des familles, il incombe à la commission des droits et de l'autonomie des personnes handicapées (CDAPH), à la demande des parents, de se prononcer sur l'orientation des enfants atteints du syndrome autistique et de désigner les établissements ou les services correspondant aux besoins de ceux-ci et étant en mesure de les accueillir, ces structures étant tenues de se conformer à la décision de la commission ; qu'ainsi, lorsqu'un enfant autiste ne peut être pris en charge par l'une des structures désignées par la CDAPH en raison d'un manque de place disponible, l'absence de prise en charge pluridisciplinaire qui en résulte est, en principe, de nature à révéler une carence de l'État dans la mise en œuvre des moyens nécessaires pour que cet enfant bénéficie effectivement d'une telle prise en charge dans une structure adaptée ; qu'en revanche, lorsque les établissements désignés refusent d'admettre l'enfant pour un autre motif, ou lorsque les parents estiment que la prise en charge effectivement assurée par un établissement désigné par la commission n'est pas adaptée aux troubles de leur enfant, l'État ne saurait, en principe, être tenu pour responsable de l'absence ou du caractère insuffisant de la prise en charge, lesquelles ne révèlent pas nécessairement, alors, l'absence de mise en œuvre par l'État des moyens nécessaires ; qu'en effet, il appartient alors aux parents, soit, s'ils estiment que l'orientation préconisée par la commission n'est en effet pas adaptée aux troubles de leur enfant, de contester la décision de cette commission, qui rend ses décisions au nom de la maison départementale des personnes handicapées (MDPH), laquelle a le statut de groupement d'intérêt public, devant la juridiction du contentieux technique de la sécurité sociale en application de l'article L. 241-9 du code de l'action sociale et des familles, soit, dans le cas contraire, de mettre en cause la responsabilité des établissements désignés n'ayant pas respecté cette décision en refusant l'admission ou n'assurant pas une prise en charge conforme aux dispositions de l'article L. 241-6 du code de l'action sociale et des familles ; qu'enfin, en l'absence de toute démarche engagée par les parents auprès de la CDAPH, la responsabilité de l'État ne saurait être engagée du fait de l'absence ou du caractère insatisfaisant de la prise en charge de leur enfant ; que compte tenu des difficultés propres à l'administration de la preuve en ce domaine, s'il appartient aux parents de soumettre au juge des éléments de fait susceptibles de faire présumer une carence de l'État dans la mise en œuvre des décisions de la CDAPH, il incombe à l'État de renverser cette présomption en produisant tous ceux permettant d'établir que l'absence de prise en charge ne lui est pas imputable ». • TA Versailles, 8 mars 2018, n° 1507496.

14. *Responsabilité. Autres fondements. Responsabilité sans faute de l'État. Rupture de l'égalité devant les charges publiques.* La responsabilité sans faute de l'État, sur le fondement de la rupture de l'égalité devant les charges publiques, a pu être retenue. • TA Lyon, 29 sept. 2005, n° 0403829 : *AJDA 2005. 2359, note Cursoux-Bruyère ; JCP Adm. 2005. 1393, note Deliancourt ; LPA 2005, n° 259, p. 10, note Delprat.*

15. *Responsabilité de l'État. Caractère fautif. Appréciation.* L'appréciation du caractère fautif ou non de l'action administrative s'effectue en tenant compte de tous les éléments du dossier, notamment, de la difficulté particulière de trouver une solution adaptée pour certains enfants, eu égard à la nature et à la gravité de leur handicap. • TA Cergy-Pontoise, 18 déc. 2003, n° 0205215 : *préc. note 1.*

16. *Responsabilité de l'État. Caractère fautif. Appréciation. Éléments d'appréciation. Prise en charge éducative au moins équivalente.* L'État a l'obligation légale d'offrir aux enfants handicapés une prise en charge éducative au moins équivalente, compte tenu de leurs besoins propres, à celle dispensée aux enfants scolarisés en milieu ordinaire. Le manquement à cette obligation légale, qui a pour effet de priver un enfant de l'éducation appropriée à ses besoins, est constitutif d'une faute de nature à engager la responsabilité de l'État, sans que celui-ci puisse utilement se prévaloir de l'insuffisance des moyens budgétaires, de la carence d'autres personnes publiques ou privées dans l'offre d'établissements adaptés ou de la circonstance que des allocations sont accordées aux parents d'enfants handicapés pour les aider à assurer leur éducation. • CAA Paris, 11 juill. 2007, n°s 06PA01579 et 06PA02793 : *préc. note 2.*

17. *Responsabilité de l'État. Caractère fautif. Appréciation. Causes d'exonération. Insuffisance des structures d'accueil existantes (non).* Le Conseil d'État confirme aujourd'hui que la carence de l'État est constitutive d'une faute de nature à engager sa responsabilité, sans que l'administration puisse utilement se prévaloir de l'insuffisance des structures d'accueil existantes ou du fait que des allocations compensatoires sont allouées aux parents d'enfants handicapés, celles-ci n'ayant pas un tel objet. • CE 8 avr. 2009, n° 311434 A : *préc. note 2.*

18. *Responsabilité de l'État. Enfant autiste.* Le juge administratif a reconnu la responsabilité sans faute de l'État à raison du défaut de scolarisation d'un enfant autiste. • TA Lyon, 29 sept. 2005, n° 0403829 : *préc. note 15.* ♦ Il précise par ailleurs les conditions d'engagement de la responsabilité de l'État en réparation des préjudices subis tant par les parents que par leurs enfants en raison des carences de l'État dans la prise en charge des troubles autistiques qu'ils présentaient. Après avoir rappelé que le droit à l'éducation est garanti à chacun quelles que soient les différences de situation, que l'obligation scolaire s'applique à tous, que les difficultés particulières que rencontrent les enfants handicapés ne sauraient avoir pour effet ni de les priver de ce droit, ni de faire obstacle au respect de cette obligation ; que le droit à une prise en charge pluridisciplinaire est garanti à toute personne atteinte du handicap résultant du syndrome autistique, quelles que soient les différences de situation ; que, si, eu égard à la variété des formes du syndrome autistique, le législateur a voulu que la prise en charge, afin d'être adaptée aux besoins et difficultés spécifiques de la personne handicapée, puisse être mise en œuvre selon des modalités diversifiées, notamment par l'accueil dans un établissement spécialisé ou par l'intervention d'un service à domicile, c'est sous réserve que la prise en charge soit effective dans la durée, pluridisciplinaire, et adaptée à l'état et à l'âge de la personne atteinte de ce syndrome, il juge en l'espèce qu'en l'absence de toute démarche engagée par les parents auprès de la CDAPH, la responsabilité de l'État ne saurait être engagée du fait de l'absence ou du caractère insatisfaisant de la prise en charge de leur enfant. • TA Paris, 15 juill. 2015, n° 1421688/2-1 : *AJDA 2015. 2327, concl. Le Garzic*

19. *Prise en charge dans une structure adaptée. Absence. Carence fautive de l'État. Conditions. Responsabilité de l'établissement d'accueil.* Le juge précise que si l'absence de prise en charge spécifiquement adaptée aux troubles d'un enfant autiste, conformément à l'orientation préconisée par la CDAPH, est de nature à révéler une carence de l'État, c'est à la condition qu'elle trouve son origine dans un manque de structures susceptibles de l'accueillir compte tenu de son état ou dans un manque de places disponibles dans les structures existantes. Il suit de là que lorsqu'un enfant atteint du syndrome autistique ne bénéficie pas d'une prise en charge en dépit de l'existence de places disponibles dans une structure adaptée à son état, cette situation n'est pas susceptible de révéler en elle-même une carence de l'État, mais, le cas échéant, d'engager la responsabilité de l'établissement ayant refusé d'accueillir l'enfant. • TA Nîmes, 21 juin 2019, n° 1701563 : *AJDA 2019. 2258, concl. L'Hôte*.

20. Responsabilité de la MDPH du fait de l'illégalité d'une décision d'orientation prise par la CDAPH. Sur la possibilité d'engager la responsabilité de la MDPH du fait de l'illégalité d'une décision d'orientation prise par la CDAPH, V. • CE 28 déc. 2018, n° 414685. ♦ Dans une affaire où les parents d'une enfant en situation de handicap demandaient l'indemnisation des préjudices qu'ils estimaient avoir subis en raison du défaut de scolarisation de leur fille pendant deux ans du fait des décisions prises par la CDAPH, qui avait décidé d'orienter leur enfant en établissement d'éducation sensorielle pour déficients auditifs pour une durée de deux ans, sans toutefois désigner aucun établissement d'accueil en particulier, le Conseil d'État rappelle qu'il est institué dans chaque département une maison départementale des personnes handicapées (MDPH) sous forme de groupement d'intérêt public, au sein de laquelle une commission des droits et de l'autonomie des personnes handicapées (CDAPH) prend les décisions relatives à l'ensemble des droits de ces personnes. Cette commission se prononce en particulier sur l'orientation de la personne handicapée et les mesures propres à assurer son insertion scolaire ou professionnelle et sociale et désigne les établissements ou services correspondant aux besoins de l'enfant ou de l'adolescent en situation de handicap en âge d'être scolarisé. Les décisions de la CDAPH, prises au nom de la MDPH, ne peuvent être contestées que devant le juge judiciaire, également compétent pour connaître des actions en responsabilité engagées à l'encontre de la MDPH. • CE 28 déc. 2018, n° 414685. ♦ Le Conseil d'État a jugé que l'ensemble des décisions de la CDAPH prises en matière d'orientation et d'accueil des personnes en situation de handicap, notamment la désignation des établissements, n'engagent pas la responsabilité de l'État, mais celle de la MDPH. • CE 8 nov. 2019, n° 412440 B : *préc. note 3.*

21. Responsabilité de l'État. Enfant de trois ans. Si aucune obligation de scolarisation n'incombe aux parents avant que leur enfant, handicapé ou non, ait atteint l'âge de six ans, ces derniers bénéficient toutefois d'un droit, dès lors qu'ils en font la demande, à ce que leur enfant soit accueilli, dès l'âge de trois ans dans une école maternelle ou une classe enfantine, le plus près possible de son domicile. Dès lors l'obligation d'offrir aux enfants handicapés une prise en charge éducative au moins équivalente, compte tenu de leurs besoins propres, à celle dispensée aux enfants scolarisés en milieu ordinaire, incombe à l'État dès lors que l'enfant a atteint l'âge de trois ans si les parents demandent une telle prise en charge. • TA Cergy-Pontoise, 12 déc. 2008, n° 0408765 : *AJDA 2009. 72*.

22. Responsabilité de l'État. Absence de carence fautive. Dans une affaire où la CDAPH de la Vienne, qui s'était abstenue de désigner nominativement au moins un établissement adapté aux besoins d'un enfant, compte tenu de l'orientation qu'elle avait décidée – sans que cette abstention soit imputable à une insuffisance de places dans les structures d'accueil existantes –, alors que les parents souhaitaient que leur enfant soit accueilli à l'Institut régional de jeunes sourds de Poitiers, sans qu'un protocole d'accueil n'ait pu être signé, le Conseil d'État confirme qu'en jugeant qu'aucune carence ne pouvait, en l'espèce, être reprochée aux services de l'État, lesquels ne tenaient d'aucun texte compétence pour prendre une décision d'orientation vers un établissement ou service donné à la place de la commission ou remettre en cause l'orientation décidée par celle-ci, ni pour imposer à l'Institut régional de jeunes sourds de Poitiers, après l'échec de la médiation entre les parents et la direction de l'établissement, d'accueillir l'intéressé, la cour administrative d'appel n'a pas commis d'erreur de droit, ni inexactement qualifié les faits de l'espèce. Par suite, le Conseil d'État juge que le moyen tiré de ce que la cour aurait inexactement qualifié les faits et dénaturé les pièces du dossier, en refusant de reconnaître l'existence d'un lien direct entre le défaut de scolarisation de leur fille et la carence des services de l'État, ne peut qu'être écarté. • CE 8 nov. 2019, n° 412440 B : *préc. note 3.*

23. Annulation de la décision de la CDAPH. Exécution d'un jugement civil (non). La DAJ a été interrogée sur l'exécution d'un jugement par lequel une juridiction civile a annulé la décision de la commission des droits et de l'autonomie des personnes handicapées. Le tribunal de grande instance a jugé en l'espèce que le maintien du fils des requérants en milieu ordinaire avec l'affectation d'un accompagnant (AESH) était préférable à une orientation en unité localisée pour l'inclusion scolaire (ULIS). Sur le fondement de ce jugement, les requérants ont sollicité auprès du rectorat la mise à disposition d'un AESH auprès de leur fils. La DAJ précise que dans la mesure où les services académiques n'étaient pas parties à l'instance et que le jugement n'a pas été déclaré commun au rectorat et à la maison départementale des personnes handicapées (MDPH), défendeur, il n'existe aucune obligation pour les services académiques de faire droit à la demande des parents. * Note DAJ A1 n° 2020-0016 du 25 févr. 2020 : *LIJ 2020, n° 211, p. 17.*

24. Frais de transport scolaire. Stages de formation professionnelle. La prise en charge par le département des frais de transport scolaire exposés par les élèves handicapés, prévue à l'art. R. 213-13, s'étend aux frais de déplacement liés aux stages de formation professionnelle effectués dans le cadre de leur scolarité. Saisie par la mère d'un élève handicapé du refus d'un syndicat mixte de transports en commun de prendre en charge ces frais, la HALDE a recommandé à ce dernier de modifier son règlement intérieur afin de le mettre en conformité avec les dispositions du code. • HALDE 2 juill. 2007, délib. n° 2007-172 : *AJDA 2007. 1559.*

25. Intégration en milieu scolaire. Sur la mise en œuvre d'une politique de développement de la scolarisation en langue des signes : V. * Rép. min. n° 22798 : *JOAN Q 4 juin 2013, p. 5881.* ♦ Sur la scolarisation des enfants autistes : V. * Rép. min. n° 38793 : *JOAN Q 7 janv. 2014, p. 244.*

Art. L. 112-2 *(L. n° 2005-102 du 11 févr. 2005, art. 19)* **Afin que lui soit assuré un parcours de formation adapté, chaque enfant, adolescent ou adulte** *(L. n° 2019-791 du 26 juill. 2019, art. 27)* **« en situation de handicap » a droit à une évaluation de ses compétences, de ses besoins et des mesures mises en œuvre dans le cadre de ce parcours, selon une périodicité adaptée à sa situation. Cette évaluation est réalisée par l'équipe pluridisciplinaire mentionnée à l'article L. 146-8 du code de l'action sociale et des familles. Les parents ou le représentant légal de l'enfant sont obligatoirement invités à s'exprimer à cette occasion.**

En fonction des résultats de l'évaluation, il est proposé à chaque enfant, adolescent ou adulte *(L. n° 2019-791 du 26 juill. 2019, art. 27)* **« en situation de handicap », ainsi qu'à sa famille, un parcours de formation qui fait l'objet d'un projet personnalisé de scolarisation assorti des ajustements nécessaires en favorisant, chaque fois que possible, la formation en milieu scolaire ordinaire. Le projet personnalisé de scolarisation constitue un élément du plan de compensation visé à l'article L. 146-8 du code de l'action sociale et des familles. Il propose des modalités de déroulement de la scolarité coordonnées avec les mesures permettant l'accompagnement de celle-ci figurant dans le plan de compensation.**

(L. n° 2018-771 du 5 sept. 2018, art. 32) **« Les élèves ou étudiants en situation de handicap ayant suivi une formation professionnelle ou technologique se voient délivrer par l'établissement de formation une attestation des compétences acquises au cours de la formation. »**

Sur le parcours de formation des élèves présentant un handicap, V. art. D. 351-3 s.

Sur la maison départementale des personnes handicapées, V. ci-dessous CASF, art. L. 146-3.

1. Affectation dans un établissement. Le juge administratif est saisi des requêtes concernant l'affectation d'un enfant handicapé dans un établissement adapté. • TA Lyon, 19 sept. 2012, n° 1205693.

2. Commission des droits et de l'autonomie des personnes handicapées. Décisions. Actions en responsabilité. Compétence judiciaire. Le Conseil d'État a précisé que les décisions de la commission des droits et de l'autonomie des personnes handicapées (CDAPH) décidant l'orientation d'un enfant en situation de handicap sont susceptibles de recours devant l'autorité judiciaire, laquelle est également compétente pour connaître d'éventuelles actions en responsabilité engagées à l'encontre de la maison départementale des personnes handicapées, groupement d'intérêt public, à raison de telles décisions. • CE 8 nov. 2019, n° 412440 B : *AJDA 2020. 1109, note Rihal ; ibid. 2019. 2275 ; RDSS 2020. 168, concl. Dieu ; LIJ 2020, n° 209, p. 4.*

3. Scolarisation d'un enfant aveugle. Chien d'accompagnement. Évolution. Un chef d'établissement peut interdire l'accès des locaux au chien d'accompagnement d'un élève handicapé, en se fondant sur une exigence d'hygiène et de sécurité (risques pour des autres usagers lourdement handicapés dont l'état nécessitait une hygiène optimale et une surveillance constante), le personnel de l'établissement étant par ailleurs qualifié pour apporter l'assistance nécessaire. • CAA Nancy, 21 oct. 1999, n° 96NC00826 : *JCP 2000. II. 10297, note Labbé ; LPA 28 janv. 2000, n° 20, p. 17, concl. Rousselle.* ♦ Le juge administratif a précisé qu'il appartient à un élève ou à ses représentants légaux désireux d'introduire un chien d'assistance durant le temps scolaire de solliciter l'inscription de cet animal dans le plan personnalisé de scolarisation en se conformant à la procédure décrite aux art. L. 146-8 et L. 146-9 CASF et de solliciter, le cas échéant et en application de l'art. L. 245-1 du même code, auprès de la commission des droits et de l'autonomie des personnes handicapées, une prestation compensatoire de handicap destinée à être affectée aux charges liées à l'entretien de cette aide animalière conformément à l'art. D. 245-24 CASF. • TA Amiens, 15 déc. 2015, n° 1401059 : *LIJ 2016, n° 192, p. 4.* ♦ Le juge d'appel confirme que si l'accès aux lieux permettant une activité éducative est autorisé aux chiens d'assistance accompagnant les personnes titulaires d'une carte d'invalidité, l'exercice de ce droit ne peut se concevoir que dans le cadre des modalités prévues par l'art. L. 112-2 et par les art. L. 146-8 et L. 146-9 CASF. • CAA Versailles, 19 avr. 2016, nº 14VE03280 : *AJDA 2016. 1665*.

4. Chien d'assistance. Conditions. Saisi du recours dirigé contre le refus de l'autorité académique d'autoriser qu'un enfant handicapé, en l'espèce autiste, scolarisé en milieu ordinaire à être accompagné d'un chien d'assistance pendant ses heures de classe, le juge estime que, de la combinaison des textes applicables, le C. éduc. (art. L. 112-1 s.) et le CASF (art. L. 146-8 s.), le droit d'accès de l'enfant dans les lieux permettant une activité éducative avec un chien d'assistance ne peut s'exercer que dans le cadre des mesures arrêtées par la Commission des droits et de l'autonomie des personnes handicapées. • CAA Versailles, 19 avr. 2016, nº 14VE03280 : *AJDA 2016. 1665 ; LIJ 2016, nº 194, p. 4 ; AEF 29 sept. 2016, Dépêche nº 546055, comm. Toulemonde.*

5. Voyage scolaire. Rejet d'un référé tendant à la suspension de la décision d'une directrice d'école élémentaire refusant d'associer un élève handicapé, âgé de onze ans, à un voyage scolaire d'une durée de quinze jours, de la classe de CE2 fréquentée par lui quatre demi-journées par semaine. La réticence de l'enseignante se fondait d'une part sur les troubles du comportement et les problèmes diphasiques de l'enfant et d'autre part sur l'avis défavorable de la commission d'éducation spéciale à sa participation à la classe de neige. • TA Versailles, 21 févr. 2001, nº 010469.

6. Établissements d'enseignement relevant du ministère des affaires étrangères. Les dispositions de la L. du 30 juin 1975 relatives à la scolarisation des enfants handicapés sont inapplicables en dehors du territoire français. Si, aux termes de l'art. 1er de la L. du 10 juill. 1989, applicable aux établissements scolaires français à l'étranger, « l'intégration scolaire des jeunes handicapés est favorisée », aucune mesure réglementaire n'a été prise pour déterminer les conditions dans lesquelles cette obligation doit être satisfaite dans ces établissements. • CE 20 févr. 2002, nº 220191.

Code de l'action sociale et des familles

Maison départementale des personnes handicapées

Art. L. 146-3 *(L. nº 2005-102 du 11 févr. 2005, art. 64)* Afin d'offrir un accès unique aux droits et prestations mentionnés aux articles L. 241-3 et L. 245-1 à L. 245-11 du présent code et aux articles L. 412-8-3, L. 432-9, L. 541-1, L. 821-1 et L. 821-2 du code de la sécurité sociale, à toutes les possibilités d'appui dans l'accès à la formation et à l'emploi et à l'orientation vers des établissements et services ainsi que de faciliter les démarches des personnes handicapées et de leur famille, il est créé dans chaque département une maison départementale des personnes handicapées.

(L. nº 2011-901 du 28 juill. 2011, art. 7) « L'évaluation des demandes et l'attribution des droits et prestations mentionnés au premier alinéa relèvent de la compétence de la maison départementale des personnes handicapées du département où le demandeur réside, dès lors que cette résidence est acquisitive d'un domicile de secours, dans les conditions prévues aux articles L. 122-2 et L. 122-3 du présent code. Lorsqu'elle n'est pas acquisitive d'un domicile de secours, la maison départementale des personnes handicapées compétente est celle du département du domicile de secours du demandeur.

« Le cas échéant, lorsqu'une personne réside dans un département distinct de celui de son domicile de secours et que l'équipe pluridisciplinaire compétente n'est pas en mesure de procéder elle-même à l'évaluation de sa situation, le président du groupement d'intérêt public mentionné à l'article L. 146-4 peut déléguer cette évaluation à la maison départementale des personnes handicapées du département d'accueil selon des modalités définies par convention.

« Pour les Français établis hors de France, la maison départementale des personnes handicapées compétente pour instruire leurs demandes est celle par l'intermédiaire de laquelle un droit ou une prestation leur a été antérieurement attribué. En cas de première demande, les Français établis hors de France peuvent s'adresser à la maison départementale des personnes handicapées du département de leur choix. »

La maison départementale des personnes handicapées exerce une mission d'accueil, d'information, d'accompagnement et de conseil des personnes handicapées et de leur famille, ainsi que de sensibilisation de tous les citoyens au handicap. Elle met en place et organise le fonctionnement de l'équipe pluridisciplinaire mentionnée à l'article L. 146-8 de la commission des droits et de l'autonomie des personnes handicapées prévue à l'article L. 146-9, de la procédure de conciliation interne prévue à l'article L. 146-10 et désigne la personne référente mentionnée à l'article L. 146-13. La maison départementale des personnes handicapées assure à la personne handicapée et à sa famille l'aide nécessaire à la formulation de son projet de vie, l'aide nécessaire à la mise en œuvre des décisions prises par la commission des droits et de l'autonomie des personnes handicapées, l'accompagnement et les médiations que cette mise en œuvre peut requérir. Elle met en œuvre l'accompagnement nécessaire aux personnes handicapées et à leur famille après l'annonce et lors de l'évolution de leur handicap.

Pour l'exercice de ses missions, la maison départementale des personnes handicapées peut s'appuyer sur des centres communaux ou intercommunaux d'action sociale ou des organismes assurant des services d'évaluation et d'accompagnement des besoins des personnes handicapées avec lesquels elle passe convention.

La maison départementale des personnes handicapées organise des actions de coordination avec les autres dispositifs sanitaires et médico-sociaux concernant les personnes handicapées.

Un référent pour l'insertion professionnelle est désigné au sein de chaque maison départementale des personnes handicapées.

Art. L. 112-2-1 *(L. n° 2005-102 du 11 févr. 2005, art. 19)* **Des équipes de suivi de la scolarisation sont créées dans chaque département. Elles assurent le suivi des décisions de la commission des droits et de l'autonomie des personnes handicapées, prises au titre du 2° du I de l'article L. 241-6 du code de l'action sociale et des familles** *(L. n° 2019-791 du 26 juill. 2019, art. 25)* **« , et l'accompagnement des familles ».**

Ces équipes comprennent l'ensemble des personnes qui concourent à la mise en œuvre du projet personnalisé de scolarisation et en particulier le ou les enseignants qui ont en charge l'enfant ou l'adolescent *(L. n° 2019-791 du 26 juill. 2019, art. 25)* **« ainsi que les personnes chargées de l'aide individuelle ou mutualisée prescrite par la commission mentionnée à l'article L. 146-9 du même code. Le représentant de la collectivité territoriale compétente peut y être associé. »**

Elles peuvent, avec l'accord de ses parents ou de son représentant légal, proposer à la commission mentionnée à l'article L. 241-5 du code de l'action sociale et des familles toute révision de l'orientation d'un enfant ou d'un adolescent qu'elles jugeraient utile.

(L. n° 2019-791 du 26 juill. 2019, art. 25) **« L'enseignant référent qui coordonne les équipes de suivi de la scolarisation est l'interlocuteur des familles pour la mise en place du projet personnalisé de scolarisation. »**

Art. L. 112-3 *(L. n° 2005-102 du 11 févr. 2005, art. 19)* **Dans l'éducation et le parcours scolaire des jeunes sourds, la liberté de choix entre une communication bilingue, langue des signes et langue française, et une communication en langue française est de droit. Un décret en Conseil d'État fixe, d'une part, les conditions d'exercice de ce choix pour les jeunes sourds et leurs familles, d'autre part, les dispositions à prendre par les établissements et services où est assurée l'éducation des jeunes sourds pour garantir l'application de ce choix** *[V. art. R. 351-21 s.]*.

Art. L. 112-4 *(L. n° 2005-102 du 11 févr. 2005, art. 19-VI)* **Pour garantir l'égalité des chances entre les candidats, des aménagements aux conditions de passation des épreuves orales, écrites, pratiques ou de contrôle continu des examens ou concours de l'enseignement scolaire et de l'enseignement supérieur, rendus nécessaires en raison d'un handicap ou d'un trouble de la santé invalidant, sont prévus par décret** *[V. art. D. 351-27 s. et art. D. 613-26 s.]*. **Ces aménagements peuvent inclure notamment l'octroi d'un temps supplémentaire et sa prise en compte dans le déroulement des épreuves, la présence d'un assistant, un dispositif de communication adapté, la mise à disposition d'un équipement adapté ou l'utilisation, par le candidat, de son équipement personnel.**

Sur l'organisation de la procédure et les adaptations et aménagements des épreuves d'examen et concours pour les candidats en situation de handicap, V. Circ. du 8 déc. 2020 (BOEN n° 47 du 10 déc.).

Pour un motif de bonne administration, sont exclues du champ d'application du droit des usagers de saisir l'administration par voie électronique les demandes d'aménagement et de dispense d'épreuve, ou d'étalement de la session d'examen pour les candidats présentant un handicap (Décr. n° 2015-1410 du 5 nov. 2015).

DÉROULEMENT DES EXAMENS

1. Aménagements. Aux termes de l'art. L. 114 CASF, constitue un handicap toute limitation d'activité ou restriction de participation à la vie en société subie dans son environnement par une personne en raison d'une altération substantielle, durable ou définitive d'une ou plusieurs fonctions physiques, sensorielles, mentales, cognitives ou psychiques, d'un polyhandicap ou d'un trouble de santé invalidant. Pour estimer qu'une inspectrice d'académie avait commis une erreur d'appréciation dans l'application des dispositions précitées ainsi que celles du C. éduc., le tribunal a retenu qu'il ressort des pièces du dossier, notamment d'un rapport établi par une orthophoniste, ainsi que de l'avis favorable émis par le professeur principal de la classe sur la demande d'aménagement des conditions d'examen, que la dyslexie-dysorthographie phonologique dont souffre le jeune Joris rend nécessaire pour lui de disposer d'un tiers-temps supplémentaire pour exprimer ses capacités et connaissances à égalité de chance avec les autres élèves, nonobstant son handicap cognitif. Le tribunal a, au surplus, relevé que l'inspectrice d'académie se bornait à se référer à l'avis laconique du médecin de la commission des droits et de l'autonomie, qui ne fournit aucune précision sur les motifs susceptibles de justifier le refus opposé ; que le ministre, qui admet la réalité des troubles dont souffre le jeune Joris, se borne à soutenir que l'avis médical sur lequel s'est fondée l'inspectrice d'académie ne serait pas soumis à obligation de motivation et qu'il n'appartiendrait pas à l'administration d'apprécier la pertinence d'un tel avis ; que, toutefois, l'inspectrice d'académie n'était pas tenue de se conformer à l'avis qui lui avait été soumis ; qu'il lui appartenait en outre, dès lors que les requérants faisaient valoir dans le cadre du débat contradictoire des arguments précis et sérieux sur la nature et la gravité des troubles justifiant qu'un aménagement des conditions d'examen soit mis en place, d'indiquer, le cas échéant, pour quels motifs ces éléments ne pouvaient être retenus ; qu'à défaut de toute contestation sérieuse de la réalité et de la gravité des troubles dont souffre le jeune Joris, la décision de refus doit être annulée comme entachée d'erreur d'appréciation. • CAA Lyon, 9 déc. 2010, n° 09LY01666 : *AJDA 2011. 406*.

2. Dispenses. Aménagements. Un élève handicapé, bénéficiant d'un projet personnalisé de scolarisation, a contesté le refus de le dispenser des épreuves d'histoire-géographie, d'allemand et de littérature étrangère en langue étrangère d'allemand à l'examen du baccalauréat. Le juge se livre à un examen de chacune des demandes de dispense d'épreuve formulée par le candidat. Il juge que si l'Arr. du 15 févr. 2012 relatif à la dispense et l'adaptation de certaines épreuves ou parties d'épreuves obligatoires de langue vivante à l'examen du baccalauréat général permet de dispenser partiellement ou totalement un candidat de l'épreuve orale de L.V.2 lorsqu'il est atteint d'une déficience du langage oral ou de la parole, ce qui était le cas en l'espèce, il ne contient aucune disposition similaire en ce qui concerne l'épreuve d'histoire-géographie ou l'épreuve de littérature étrangère en langue étrangère, qui peuvent seulement faire l'objet d'adaptations et non d'une dispense. En l'espèce, il estime donc que le recteur était tenu de refuser la dispense sollicitée pour les épreuves d'histoire-géographie et de littérature étrangère en langue étrangère et annule les décisions en tant qu'elles refusaient de dispenser le candidat de l'épreuve de L.V.2, en estimant que, compte tenu du handicap dont était atteint l'élève, ces décisions étaient entachées d'erreur d'appréciation. • TA La Réunion, 29 sept. 2016, n°s 1600654 et 1600715 : *LIJ 2017, n° 196, p. 4.*

3. Demande. Il appartient aux personnes affectées d'un handicap permanent ou non, qui se présentent à des épreuves d'examen ou de concours, de demander, avant qu'elles ne débutent, à l'institution qui les organise de procéder aux adaptations rendues nécessaires par leur handicap, dès lors que ces adaptations sont conformes au principe d'égalité entre les candidats. • CE 25 mai 2007, n° 289050 B.

4. Respect du principe d'égalité entre les candidats. La Circ. du 22 mars 1994 du ministre de l'éducation nationale relative à l'organisation des examens et concours au bénéfice des étudiants handicapés se borne à adresser des recommandations aux autorités universitaires sur les aménagements susceptibles d'être apportés aux modalités de déroulement des épreuves pour permettre aux étudiants handicapés de participer aux examens dans des conditions adaptées à leur situation et dans le respect du principe d'égalité entre les candidats. Ces recommandations sont dépourvues de valeur normative. • CAA Paris, 8 nov. 2005, n° 02PA00582 : *LIJ 2006, n° 101, p. 11.* ♦ En refusant la demande d'un étudiant, présentée neuf jours après les examens, de passer ceux-ci sous forme orale, l'université, loin de méconnaître le principe d'égalité entre les candidats handicapés et les candidats valides, s'y est conformée et n'a pas méconnu, en tout état de cause, les dispositions de la Circ. du 22 mars 1994 relative à l'organisation des examens et concours au bénéfice des étudiants handicapés, qui définissent les conditions d'application de ce principe. L'université n'était donc tenue ni de lui proposer d'autres modalités d'examen adaptées à son état, ni de le faire bénéficier de la deuxième session prévue par les textes. • CE 25 mai 2007, n° 289050 B.

5. Aménagements. Autorisation d'utiliser un logiciel d'écriture. Mise en œuvre des obligations. Carences (absence). Un candidat diagnostiqué dyslexique et dysorthographique contestait le refus de l'autorisation d'utiliser le logiciel « Antidote », outil d'écriture avancé, lors de l'épreuve de philosophie du baccalauréat. Après avoir relevé que ce logiciel, qui avait été utilisé par le candidat pour les contrôles de philosophie au cours de l'année scolaire, était de nature à opérer une surcompensation et, par suite, à rompre l'équité due à l'ensemble des candidats alors que la bonne maîtrise de la langue est une compétence évaluée dans les compositions écrites au baccalauréat, le juge des référés a jugé que, dès lors que la représentante du recteur s'était engagée à s'assurer que l'ordinateur autorisé était bien équipé du correcteur orthographique Word, il ne pouvait être retenu une carence caractérisée des services de l'académie de Nantes dans ses obligations à l'égard du requérant. • TA Nantes, 14 juin 2019, n° 1906292 : *LIJ 2019, n° 207, p. 4.*

6. *Mise en œuvre des obligations. Carences (absence). Atteinte à l'exercice d'une liberté fondamentale (absence).* Le Conseil d'État rappelle que, compte tenu du droit reconnu aux élèves et étudiants atteints d'un handicap ou d'un trouble de santé invalidant à des aménagements des conditions de passation de leurs épreuves d'examen ou de concours, une carence caractérisée dans la mise en œuvre, par une personne publique, des obligations qui en découlent, eu égard, d'une part, à l'état de santé de l'intéressé et, d'autre part, aux pouvoirs et moyens dont cette personne publique dispose, est susceptible d'être regardée comme portant une atteinte manifestement illégale à une liberté fondamentale. En l'espèce, le juge des référés relève que l'université Paris V – Paris Descartes a conclu un contrat, à ses frais, avec un prestataire spécialisé pour fournir à la requérante les bouteilles d'oxygène dont l'étudiante aura besoin, aux rythmes et aux horaires qu'elle indiquera au préalable ; qu'en second lieu, l'université a également fait part de sa décision de fractionner les épreuves écrites dont la durée serait supérieure à 3 h hors temps majoré, soit 4 h 20 avec temps majoré, sachant que le plan d'aménagement dont bénéficie l'étudiante lui permet également de disposer, afin qu'elle puisse bénéficier de pauses pour se reposer, d'une plage horaire étendue de 9 h le matin à 18 h ou 20 h le soir. Il en conclut qu'il ne peut être retenu une carence caractérisée de l'université dans ses obligations à l'égard de la requérante. • CE, ord., 20 sept. 2018, ♘ n° 423727.

7. *Refus d'aménagements. Troubles qui ne constituent pas un handicap. Avis du médecin désigné par la CDAPH. Contrôle du juge. Contrôle des circonstances de fait.* Saisi d'un recours contre le refus opposé par le directeur du SIEC, le juge considère que cet avis peut être valablement rendu sur pièces, sans qu'une auscultation du candidat ne soit nécessaire. Il relève en l'espèce que l'avis préalable rendu sur pièces par le médecin indiquait que les troubles dont souffrait le candidat n'apparaissaient pas revêtir le caractère d'un handicap et que la circonstance tirée de ce qu'il bénéficiait d'aménagements de scolarité n'impliquait pas automatiquement l'octroi d'aménagements d'épreuves. Ce faisant, le juge a procédé à un examen des circonstances de fait dans lesquelles se trouvait le candidat, notamment au regard de ses bilans médicaux, de ses résultats scolaires éclairés par les appréciations de ses professeurs, des conditions de sa scolarisation en milieu ordinaire et des résultats qu'il avait obtenus aux épreuves anticipées du baccalauréat en l'absence d'aménagements d'épreuves. Il en conclut que ces éléments ne permettaient pas de caractériser un handicap au sens de l'art. L. 114 CASF. • TA Melun, 17 juill. 2020, n° 1906934 : *LIJ 2021, n° 213, p. 10.*

8. *Refus d'aménagements. Faute. Responsabilité de l'établissement.* Le juge condamne une université pour ne pas avoir accordé à une étudiante atteinte de la maladie de Crohn, et s'étant vu reconnaître de ce fait le statut de personne handicapée par la commission des droits et de l'autonomie des personnes handicapées, les aménagements auxquels elle pouvait prétendre pour passer les épreuves d'admission à l'examen d'accès au centre régional de formation professionnelle d'avocats (CRFPA). En l'espèce, l'accès aux sanitaires, durant la préparation de l'une des épreuves orales, avait été refusé à la candidate. Le juge a considéré que ce refus, alors que la pathologie de la requérante était alors en phase aiguë, avait diminué ses capacités de réussite de l'épreuve et en déduit que cette irrégularité, qui a privé la requérante de la garantie légale ayant pour objet de compenser son handicap en vue de rétablir l'égalité entre les candidats, était constitutive d'une faute de nature à engager la responsabilité de l'université. • TA Paris, 7 mars 2018, n° 1710854. ♦ Dans la même affaire, le juge relève que si l'université avait finalement accepté d'organiser de nouveau l'épreuve en litige en vue de remédier à l'irrégularité commise, elle avait néanmoins refusé de reporter momentanément le passage de celle-ci, alors que la candidate avait produit à l'appui de sa demande de report un certificat médical contre-indiquant formellement toute épreuve pendant une durée déterminée en raison d'une aggravation de la pathologie. Il estime que ce refus de report de l'épreuve constituait également une faute de nature à engager la responsabilité de l'université. Il juge que les fautes commises par l'université étaient à l'origine directe de souffrances morales et physiques et d'une perte de chance sérieuse de réussir l'examen d'accès au CRFPA et considère en outre que le refus de faire droit à la demande de report de l'épreuve avait contribué à maintenir une incertitude sur la situation de la candidate et à aggraver un état d'anxiété ayant des répercussions particulièrement défavorables sur sa pathologie (octroi d'une indemnité de 6 000 euros). • TA Paris, 7 mars 2018, n° 1710854.

9. Déroulement des examens. Enseignement supérieur. V. notes ss. art. L. 123-4-2.

Art. L. 112-5 *(L. n° 2005-102 du 11 févr. 2005, art. 19)* **Les enseignants et les personnels d'encadrement, d'accueil, techniques et de service reçoivent, au cours de leur formation initiale et continue, une formation spécifique concernant l'accueil et l'éducation des élèves et étudiants** *(L. n° 2019-791 du 26 juill. 2019, art. 27)* **« en situation de handicap » et qui comporte notamment une information sur le handicap tel que défini à l'article L. 114 du code de l'action sociale et des familles et les différentes modalités d'accompagnement scolaire.**

CHAPITRE III DISPOSITIONS PARTICULIÈRES AUX ENFANTS D'ÂGE PRÉÉLÉMENTAIRE *(L. n° 2019-791 du 26 juill. 2019, art. 14)*.

Art. L. 113-1 *(L. n° 2013-595 du 8 juill. 2013, art. 8)* **« Dans les classes enfantines ou les écoles maternelles, les enfants peuvent être accueillis dès l'âge de deux ans révolus dans des conditions éducatives et pédagogiques adaptées à leur âge visant leur développement moteur, sensoriel et cognitif, précisées par le ministre chargé de l'éducation nationale. Cet accueil donne lieu à un dialogue avec les familles. Il est organisé en priorité dans les écoles situées dans un environnement social défavorisé, que ce soit dans les zones urbaines, rurales ou de montagne et dans les régions d'outre-mer.**

« Dans ces classes et ces écoles, les enfants de moins de trois ans sont comptabilisés dans les prévisions d'effectifs d'élèves pour la rentrée. » *(L. n° 2019-791 du 26 juill. 2019, art. 14)* **« Les enfants de moins de six ans peuvent être scolarisés dans des classes réunissant des enfants relevant de l'enseignement préélémentaire et élémentaire. Les personnels qui interviennent dans ces classes portent une attention particulière aux enfants de moins de six ans qui y sont scolarisés.**

« Afin d'acquérir une expertise et une culture communes et dans le cadre de l'accomplissement de leurs fonctions, les professionnels intervenant auprès d'enfants de moins de six ans bénéficient de modules de formation continue communs dans les conditions définies aux articles L. 6111-1 et L. 6311-1 du code du travail. L'expérience acquise par les personnels non enseignants travaillant dans les écoles maternelles peut être validée dans les conditions définies aux articles L. 6411-1 et L. 6422-1 du même code, en vue de l'obtention d'un diplôme national ou d'un titre professionnel enregistré et classé au niveau 5 ou au niveau 4 du répertoire national des certifications professionnelles. Le contenu de ces modules et les modalités de cette validation sont fixés par décret. La mise en place de ces modules peut donner lieu à la conclusion d'une convention entre l'autorité de l'État compétente en matière d'éducation, l'agence régionale de santé, le département et les communes.

« *(Ord. n° 2021-611 du 19 mai 2021, art. 8)* **« Le schéma départemental des services aux familles élaboré en application de l'article L. 214-5 du code de l'action sociale et des familles » permet le pilotage et favorise la mutualisation des moyens consacrés à l'accueil des enfants de moins de trois ans, quel que soit le type de structure où ils sont accueillis, et des dispositifs d'accueil et de soutien à l'intention de leurs parents, notamment au bénéfice des familles vivant dans un environnement social défavorisé, que ce soit dans les zones urbaines, rurales ou de montagne. »**

En application de l'art. L. 231-5 CRPA, et par dérogation au délai de 2 mois prévu à l'art. L. 231-1 du même code, le délai à l'expiration duquel le silence gardé par la collectivité territoriale vaut décision d'acceptation est fixé à 3 mois pour une demande d'inscription d'un enfant d'âge préscolaire en école maternelle (Décr. n° 2015-1460 du 10 nov. 2015, art. 1er).

BIBL. ▶ Bennett, Nouvelles perspectives des études internationales sur la petite enfance ?, *in* Qualité, équité et diversité dans le préscolaire, *CIEP, Revue internationale d'éducation de Sèvres, n° 53, avr. 2010.* – Brougère, L'école maternelle française, une entrée dans quelle culture ?, *in* Qualité, équité et diversité dans le préscolaire, *CIEP, Revue internationale d'éducation de Sèvres, n° 53, avr. 2010.* – Fournier, Lefresne et Rakocevic, Les systèmes éducatifs, *in* L'Europe de l'éducation en chiffres, *MEN-MESRI, DEPP, 2018. 18.* – Garnier, Préscolarisation ou scolarisation ? L'évolution institutionnelle et curriculaire de l'école maternelle, *Revue française de pédagogie,* *n° 169, 2009/4*. 5. – Papon et Martin, Rapport d'information sur la scolarisation des jeunes enfants, 2008-2009, *n° 47, Sénat*. – de Paz, Inscriptions en école maternelle ou primaire : les règles de sectorisation, les dérogations, les pouvoirs du maire, *LIJ 2001, n° 51*. – Petreault et Buissart, Scolarité des enfants de moins de trois ans : une dynamique d'accroissement des effectifs et d'amélioration de la qualité à poursuivre, *Rapp. IGEN-IGAENR, n° 2014-043, juin 2014*. – Puydebois, Mallet, Stanek et Sultan, Mission d'expertise sur l'avenir des jardins d'enfants, *MENJS, Rapp. IGEN-IGAS, n° 2020-109, juill. 2020*. – Rayna, Quoi de neuf du côté de l'éducation préscolaire ? *in* Qualité, équité et diversité dans le préscolaire, *CIEP, Revue internationale d'éducation de Sèvres, n° 53, avr. 2010*.

► **Sur l'École de la confiance :** V. Bibl. Livre III, Titre I ; art. L. 212-4.

La jurisprudence ci-dessous a été rendue avant l'entrée en vigueur de la L. n° 2019-791 du 26 juill. 2019.

I. DROIT À SCOLARISATION

1. Enfants de moins de trois ans. Droit à être accueilli. Absence. Il ressort des travaux préparatoires de la L. n° 89-486 du 10 juill. 1989 d'orientation sur l'éducation, dont est issu l'art. L. 113-1, que l'accueil des enfants à l'âge de trois ans à l'école maternelle n'est pas un droit. • CAA Versailles, 4 juin 2010, n° 09VE01323. Le Conseil d'État a jugé que les dispositions de l'art. L. 113-1 n'instituent pas un droit pour les enfants de moins de trois ans à être accueillis dans les écoles et classes maternelles, mais se bornent à indiquer au service public de l'enseignement que, lorsque cet accueil peut être organisé, il doit l'être en priorité dans les écoles et classes maternelles situées dans un environnement social défavorisé. En l'espèce, en ne comptabilisant pas les enfants de moins de trois ans dans le calcul prévisionnel des effectifs de l'école maternelle de la commune de Luz-Saint-Sauveur, l'inspecteur d'académie n'a pas commis d'erreur de droit. • CE 19 déc. 2012, n° 338721 B : *AJDA 2013. 7* ; *LIJ 2013, n° 172, p. 8*. ♦ Dans une autre affaire, la commune n'étant pas au nombre de celles figurant dans l'arrêté constatant le classement des communes en zone de revitalisation rurale, le DASEN n'a pas commis d'erreur de droit en ne comptabilisant pas les enfants de moins de trois ans dans le calcul prévisionnel des effectifs de cette école. • TA Limoges, 26 févr. 2015, n° 1401328 : *LIJ 2015, n° 188, p. 4*.

2. Refus d'inscription. Motifs. Dans une affaire où des familles de réfugiés syriens, installées dans les pavillons vacants de la « cité de l'air » à Athis-Mons, quartier proche de l'aéroport d'Orly et promis à la démolition, s'étaient vu opposer un refus d'inscription pour leurs enfants (une cinquantaine) au motif d'un manque de places face à un afflux imprévu, le tribunal juge qu'un maire ne peut refuser l'inscription d'enfants en maternelle que sur le fondement d'un manque de places effectivement avéré. En l'espèce, il précise que pour les enfants à inscrire en maternelle il résulte du code l'éducation et « du principe d'égal accès au service public, que le maire ne pouvait légalement refuser d'accueillir un enfant dans une école maternelle pour un motif tiré du mode d'habitat ou des difficultés d'adaptation des enfants ne parlant pas français ; qu'en revanche, il ressort des travaux préparatoires de la loi n° 89-486 du 10 juillet 1989 d'orientation sur l'éducation, dont est issu l'article L. 113-1, que l'accueil des enfants à l'âge de trois ans à l'école maternelle n'est pas un droit et que le maire pouvait donc légalement opposer le manque de place disponibles ». En l'espèce toutefois, alors que la commune dispose de huit écoles maternelles et étant donné le faible nombre d'enfants concernés, il ne justifie pas de l'insuffisance de places disponibles alléguée. Le tribunal annule donc la décision implicite du maire de refus de scolarisation pour erreur de fait. • TA Versailles, 15 mars 2018, n° 1800317.

3. Enfants de moins de cinq ans. Sections enfantines. Refus d'inscription. Légalité. Le juge estime qu'il résulte des dispositions combinées de cet art. et de l'art. D. 113-1 que les sections enfantines sont, en principe, réservées, à la différence des classes enfantines ou maternelles, aux seuls enfants de cinq ans au moins dont les parents demandent la scolarisation. Il en déduit ainsi que la circonstance qu'un enfant soit âgé de moins de cinq ans est de nature à justifier légalement le refus de son inscription dans une section enfantine d'une école élémentaire. Il ajoute que, toutefois, aucun texte ni aucun principe, et notamment pas la circonstance que les sections enfantines avaient à l'époque des faits pour vocation de permettre aux enfants concernés d'entrer dans le cycle des apprentissages fondamentaux, ne fait obstacle à ce qu'une telle inscription puisse être autorisée à titre gracieux. En l'espèce, l'inspecteur d'académie s'était cru tenu de rejeter, en raison de l'âge des enfants concernés, les demandes dont il était saisi. Eu égard au pouvoir d'autorisation gracieuse dont il dispose, la cour a jugé que ce motif était erroné en droit. • CE 18 mars 2015, n° 365663 : *AJDA 2015. 610*.

4. Âge minimum. Un enfant qui n'a pas atteint six ans peut être admis, exceptionnellement, à l'école primaire, mais les parents n'ont aucun droit à cet égard. Le même principe vaut pour l'admission en maternelle avant l'âge de trois ans accomplis. • CE, sect., 25 mars 1983, n° 28201 A : *D. 1983. 643, concl. Franc ; AJDA 1983. 296 et 327*.

5. Places disponibles. L'inscription se fait dans la limite des places disponibles. La capacité atteinte fonde le refus d'admission. • TA Châlons-sur-Marne, 13 oct. 1998, *Dussart*, n° 98-220. ♦ Si la capacité d'accueil de l'établissement est atteinte, le maire est en droit de refuser l'inscription. • CE 2 mars 1992, n° 115343 : *Gaz. Pal. 1992. 2.* ♦ Cette décision relève de la seule compétence du maire et non pas de celle du conseil municipal. • CE 7 déc. 1990, n° 106863. ♦ Il appartient à l'administration d'établir précisément ce seuil, en particulier lorsque l'arrivée d'un élève n'apparaît pas de nature à perturber le fonctionnement de la classe. • TA Lyon, 12 nov. 1997, n° 97-1854.

6. Seuils réglementaires. Illégalité du refus d'inscription opposé par un maire alors que les classes concernées par l'accueil des deux jeunes enfants ne comptaient que 22 élèves et que la capacité maximale était de 25 enfants ; si le maire indiquait qu'il était nécessaire de conserver des places disponibles en raison des nécessités liées à l'accueil des enfants des gens du voyage ou de l'accueil de nouveaux habitants, il n'apportait aucun élément précis permettant de penser que leur prise en compte conduirait en cours d'année à ce que les seuils réglementaires du nombre d'élèves autorisé soient atteints ; il suit de là que les refus d'inscription reposaient sur des faits matériellement inexacts. • CAA Nancy, 27 sept. 2001, n° 01NC00042.

7. Contrôle du juge. Le juge administratif exerce, sur les refus d'admission en maternelle, un contrôle de l'exactitude matérielle des faits. • TA Marseille, 15 juin 2000, n° 992404. ♦ Pour un refus d'inscription d'une enfant née le 1er janv. 2004, en raison de la volonté de la collectivité de n'inscrire que les enfants nés jusqu'au 31 déc. 2003 au motif d'un manque de places disponibles qui n'est pas établi. • TA Amiens, 7 sept. 2006, n° 0601483. ♦ Un refus d'inscription fondé sur la circonstance que l'école maternelle comporte seulement deux classes avec une moyenne de 30 élèves par classe doit être annulé car les pièces produites montrent en fait un effectif réel moyen de 28 élèves. Sur les motifs du refus, le juge administratif exerce un contrôle de l'erreur manifeste d'appréciation. • TA Strasbourg, 17 oct. 2000, *Tresh c/ Ville de Strasbourg.* ♦ Illégalité du refus d'un maire d'inscrire un enfant en maternelle en se fondant seulement sur la date de naissance. • TA Amiens, 7 sept. 2006.

8. Inscription d'un enfant. Parents divorcés. Le juge aux affaires familiales est seul compétent pour trancher les différends entre les parents sur les modalités d'exercice de l'autorité parentale : MEN, Lettre DAJ A1, n° 07-164 du 24 août 2007 : *LIJ 2007, n° 119, p. 30.*

9. Environnement social défavorisé. Le Conseil d'État a jugé que les dispositions du code de l'éducation n'instituent pas un droit pour les enfants âgés de moins de trois ans à être scolarisés, même dans le cas où les écoles et classes maternelles sont situées dans un environnement social défavorisé. Ces dispositions se bornent à indiquer au service public de l'enseignement que, lorsque cet accueil peut être organisé, il doit l'être en priorité dans les écoles et classes maternelles situées dans un environnement social défavorisé. • CE 19 déc. 2012, n° 338721 B : *préc. note 1.* ♦ Sur une décision de suppression d'un emploi d'enseignant dans une école maternelle contestée par une association de parents d'élèves, le juge administratif précise que la situation d'environnement social défavorisé doit être démontrée par les requérants. Mais le juge, dans cette même affaire, ne statue pas sur la question de la nécessité de comptabiliser l'effectif prévisionnel d'enfants de 2 ans. • TA Pau, 5 mai 2009, n° 0801308 : *LIJ 2009, n° 138, p. 8.* ♦ Sur la fermeture d'une classe de petite section dans une école maternelle classée REP+, le juge estime que cette décision a méconnu le droit particulier des enfants de 3 ans résidant dans une telle zone à être accueillis en petite section de maternelle en déniant aux enfants âgés de 3 ans révolus la possibilité d'être accueillis dans une école maternelle. • TA Guyane, 28 juin 2018, n° 1800476.

10. Enfants français à l'étranger. La scolarisation des enfants français à l'étranger est un droit. Les dispositions du code relatives à la scolarisation des enfants de plus de 3 ans en maternelle sont donc applicables à l'Agence pour l'enseignement français à l'étranger (AEFE). Toutefois, aucun principe ni aucune disposition ne reconnaît aux parents des enfants français établis hors de France le droit de choisir librement l'établissement devant être fréquenté par ces enfants. En l'espèce, le Conseil d'État, qui avait été saisi par l'AEFE d'un pourvoi contre un arrêt qui avait confirmé l'annulation du refus opposé à une famille française voulant inscrire ses enfants au lycée Jean Renoir de Munich (• CAA Paris, 20 mars 2012, n° 10PA04322 : *AJDA 2012. 1544*). Il estime que la cour a commis une erreur de droit en annulant le refus d'inscription sans rechercher si l'AEFE n'avait pas proposé aux requérants une autre solution de scolarisation. • CE 5 mars 2014, n° 359458 B : *AJDA 2014. 534*.

II. COMPÉTENCE

11. Restrictions à l'admission. L'arrêté par lequel le maire apporte des restrictions à l'admission des enfants dès l'âge de deux ans prévue par le Décr. du 28 déc. 1976 constitue une mesure qui, par sa nature, relève de l'organisation générale de l'enseignement et ressortit, par conséquent, à la compétence de l'administration de l'éducation nationale et non à celle de l'administration communale. De telles restrictions justifiées par les circonstances locales ne peuvent être prévues que par les maîtres, sous le contrôle de leur hiérarchie. • TA Nantes, 9 juill. 1987, *Commissaire de la République de Loire-Atlantique c/ Cne de Vigneux-de-Bretagne : Lebon.*

12. Radiation. Le maire, compétent pour procéder aux inscriptions des élèves en application de la L. du 28 mars 1882, est aussi compétent pour radier les élèves. Lorsque cette décision a été prise en raison de troubles apportés au fonctionnement de l'école et non pour des motifs disciplinaires tenant au comportement des élèves, il exerce cette compétence sans être lié par la proposition faite par l'inspecteur d'académie. • TA Nantes, 6 oct. 1998, n° 96-2036.

III. RESPECT DU PRINCIPE D'ÉGALITÉ DES USAGERS

13. Illégalité, au regard du principe d'égalité des usagers devant le service public, du refus opposé par un maire à l'inscription à l'école maternelle d'enfants qui appartenaient à des familles d'« immigrés hors CEE » dont il souhaitait interrompre l'afflux dans la commune. • TA Bordeaux, 14 juin 1988, *El Rhazouani : Lebon*.

CHAPITRE IV DISPOSITIONS RELATIVES À L'OBLIGATION DE FORMATION

(L. n° 2019-791 du 26 juill. 2019, art. 15)

Art. L. 114-1 La formation est obligatoire pour tout jeune jusqu'à l'âge de sa majorité.

A l'issue de l'instruction obligatoire définie à l'article L. 131-1, cette obligation est remplie lorsque le jeune poursuit sa scolarité dans un établissement d'enseignement public ou privé, lorsqu'il est apprenti ou stagiaire de la formation professionnelle, lorsqu'il occupe un emploi ou effectue un service civique ou lorsqu'il bénéficie d'un dispositif d'accompagnement ou d'insertion sociale et professionnelle.

Le contrôle du respect de leur obligation de formation par les jeunes âgés de seize à dix-huit ans est assuré par les missions locales pour l'insertion professionnelle et sociale des jeunes mentionnées à l'article L. 5314-1 du code du travail, qui bénéficient à cet effet d'un dispositif de collecte et de transmission des données placé sous la responsabilité de l'État.

Un décret en Conseil d'État fixe les conditions d'application du présent chapitre ainsi que les motifs d'exemption.

Sur l'obligation de formation des jeunes de seize à dix-huit ans, V. art. R. 114-1 s.

COMMENTAIRE

« *La formation est obligatoire pour tout jeune jusqu'à l'âge de sa majorité* » dispose l'article L. 114-1 du code de l'éducation issu de l'article 15 de la loi n° 2019-791 du 26 juillet 2019 pour une école de la confiance. Si l'idée de fixer à 18 ans le terme de la scolarité obligatoire formulée en 1947 par le plan Langevin-Wallon, en cohérence avec le Préambule de la Constitution de 1946 selon lequel « la Nation garantit l'égal accès de l'enfant et de l'adulte à l'instruction, à la formation professionnelle et à la culture » n'a pas été reprise, la loi fait écho au rapport Schwartz de 1981 recommandant de « garantir une qualification professionnelle et sociale pour tous les jeunes de 16 à 18 ans » dans une démarche à la fois structurelle et conjoncturelle. Face au diagnostic récurent des 60 000 élèves sortant chaque année du système scolaire sans qualification, un nouveau dispositif est mis en place pour la période comprise entre la fin de l'instruction obligatoire (art. L. 131-1) et l'âge de la majorité, pour les 16-18 ans, désignés par l'adjectif substantivé « les jeunes ». Si comme l'instruction, la formation est obligatoire, cette obligation complémentaire couvrant les deux ans allant jusqu'à la majorité est de nature différente ; elle peut être réalisée selon plusieurs voies (scolaire, professionnelle, civique) ; elle est organisée et soumise au contrôle non des services de l'éducation nationale mais du service public de l'emploi, notamment des missions locales. Les conditions d'application de ces dispositions ont ainsi été précisées par le décret n° 2020-978 du 5 août 2020, intégré dans la partie réglementaire (art. R. 114-1 s. ; V. aussi : Instruction interministérielle [MEN, MTE, MSS] du 22 oct. 2020).

L'obligation de formation peut d'abord être remplie par la poursuite de l'instruction, par la scolarité dans un établissement d'enseignement public ou privé, lycée ou lycée professionnel, en présentiel ou à distance, sous condition d'assiduité (art. R. 114-1). Le « jeune » est alors « élève ». Il peut aussi être « apprenti », inscrit dans un CFA. Il peut encore être « stagiaire de la formation professionnelle » ou bénéficier « d'un dispositif d'accompagnement ou d'insertion sociale et professionnelle ». L'article R. 114-2 détaille les dispositifs d'accompagnement ou d'insertion sociale et professionnelle. Afin de satisfaire à l'obligation de formation au titre de ces dispositifs, les jeunes doivent bénéficier soit d'un accompagnement par un acteur du service public de l'emploi (Pôle emploi, Missions locales, Cap emploi, dans les conditions prévues par le code du travail), soit d'un parcours de formation personnalisé (école de la deuxième chance, art. L. 214-14) ; ou encore être accompagnés par un établissement ou un service social (CASF, art. L. 312-1), ou même occuper un emploi – il sont alors considérés comme « salariés ». Enfin, l'obligation peut être satisfaite quand le jeune effectue un service civique (contrat de volontariat pour l'insertion au sein d'un EPIDE, établissement public d'insertion de la défense, CSN, art. L. 130-1).

Si des difficultés de santé attestées par un certificat médical peuvent justifier une exemption (art. R. 114-23), le respect de l'obligation de formation par les jeunes âgés de seize à dix-huit ans est assuré par les missions locales pour l'insertion professionnelle et sociale des jeunes (C. trav., art. L. 5314-1), qui bénéficient d'un dispositif de collecte et de transmission des données placé sous la responsabilité de l'État. Chaque établissement d'enseignement du second degré, public ou privé, et chaque CFA doit lui transmettre les coordonnées de ses anciens élèves ou apprentis non-inscrits dans un cycle de formation (art. R. 114-4). Les missions locales agissent en liaison avec les organismes qui participent au service public de l'orientation tout au long de la vie (art. L. 313-8) : établissements scolaires, PSAD, FOQUALE, CIO, PIJ, CLJ, dispositifs de lutte contre le décrochage scolaire, Pôle Emploi, écoles de la deuxième chance… Les missions locales et ces acteurs traitent les données collectées permettant d'identifier les jeunes, de les mettre en relation avec les acteurs, de contrôler le respect de l'obligation et d'évaluer la mise en œuvre du dispositif (art. R. 114-4) ; si nécessaire peuvent s'y ajouter les données relatives à l'identité et aux coordonnées du jeune et de ses représentants légaux, à sa dernière scolarité du jeune ; et aux solutions et à l'accompagnement proposés au jeune (art. R. 114-5). L'arrêté du 15 octobre 2020 des ministres chargés de l'éducation et du travail précise ces différentes données (identité, adresse, dernière scolarité, solutions et accompagnement proposés), précautions nécessaires s'agissant de données à caractère personnel protégées par la loi n° 78-17 du 6 janvier 1978 modifiée relative à l'informatique, aux fichiers et aux libertés.

Les missions locales doivent repérer, raccrocher, innover pour traiter l'ensemble des publics. Elles s'organisent pour procéder à l'information du jeune sur l'obligation de formation, lui proposer un entretien avec son représentant légal visant à permettre un retour à la scolarité, une solution de formation ou l'accès à un dispositif d'accompagnement ou d'insertion et s'assurer du suivi de ce parcours (art. R. 114-6).

En cas d'absence non justifiée à l'entretien prévu, d'abandon précoce du parcours d'accompagnement ou d'absence de réponse aux sollicitations de la mission locale, le jeune est convoqué par celle-ci avec son représentant légal. Dans un délai de deux mois et en l'absence de respect de l'obligation de formation, la mission locale transmet les informations relatives au jeune au président du conseil départemental (art. R. 114-7). Celui-ci doit alors proposer de nouvelles solutions, mettre en œuvre les actions, notamment des actions de prévention spécialisée (CASF, art. L. 121-2, 2°) ou toute autre mesure adaptée à la situation du jeune en lien notamment avec le programme d'insertion que doit adopter chaque année le département, pour définir la politique départementale d'accompagnement social et professionnel, recenser les besoins d'insertion et l'offre locale d'insertion et planifier les actions d'insertion correspondantes (CASF, art. L. 263-1). Si l'idée est de passer d'un droit formel à un droit réel (Rapport Sylvie Charrière et Patrick Roger, au Premier ministre, juin 2020), elle est réalisée par la mise en œuvre des dispositifs. Les sanctions disponibles restent en deçà de celles prévues pour l'obligation d'instruction, qui relève de l'obligation de résultat, alors que pour la formation, on reste certainement sur le registre de l'obligation de moyens. ❑

TITRE DEUXIÈME OBJECTIFS ET MISSIONS DU SERVICE PUBLIC DE L'ENSEIGNEMENT

COMMENTAIRE

Le titre II fixe les ***« objectifs et missions du service public ».*** Il s'agit ici du ***« service public de l'enseignement »*** et non plus comme à l'article premier du titre précédent du « service public de l'éducation » (art. L. 111-1) ; le contenu du titre montre que cette formule aurait été mieux adaptée (art. L. 111-5). Deux chapitres le composent, l'un consacré aux dispositions générales, l'autre aux objectifs de l'enseignement supérieur traitant alors du « service public de l'enseignement supérieur ».

I. DES NOTIONS AMBIGUËS

« Objectifs » et ***« missions »*** font aujourd'hui l'objet de deux approches. Si le code de l'éducation emploie ces deux termes, ils sont aussi utilisés par la loi organique relative aux lois de finances du 1er août 2001. Les lois de finances prévoient et autorisent dorénavant les crédits par *« mission »*, traduction budgétaire d'une politique publique, regroupant *« un ensemble cohérent de programmes »* ; en se substituant aux anciens chapitres budgétaires, ceux-ci regroupent *« les crédits concourant à la réalisation d'un ensemble cohérent d'objectifs définis en fonction de finalités d'intérêt général et de résultats attendus »* (LOLF, art. 7-I). Depuis le 1er janvier 2006, les ***crédits des programmes*** gérés par le ministère de l'éducation nationale sont intégrés dans les ***missions interministérielles*** *« Enseignement scolaire »* et *« Enseignement supérieur et recherche universitaire »*.

Dans un cas comme dans l'autre, ***les missions du service public se distinguent de ses activités***. Celles-ci relèvent de la pratique, des multiples actes juridiques et des agissements matériels que produit toute administration ; celles-là se définissent en prenant en considération la finalité des actions. La mission est une activité finalisée, une activité à laquelle des objectifs ont été fixés. Les ***missions du service public de l'enseignement ou de l'éducation*** citées par ce titre peuvent être présentées en reprenant le triptyque exposé précédemment ; les ***missions de l'école*** consistent en effet à ***apporter au titulaire du droit à l'éducation les prestations qui lui permettent d'acquérir un savoir*** (le service public est organisé pour transmettre des connaissances…), ***un savoir-faire*** (… et des compétences…), et ***un savoir être*** (… une morale, une culture, des valeurs) ; on peut s'y référer tant pour l'enseignement scolaire que pour l'enseignement supérieur, sous réserve des particularités de l'un et de l'autre qui modifient notamment l'équilibre entre ces trois axes. Au-delà des objectifs communs, chacun se réfère à des objectifs particuliers. Le terme ***« objectif »*** relève aujourd'hui du vocabulaire du *« management »* ou du *« pilotage »*. Pour passer d'une logique de moyens à une logique de résultats, la loi de finances s'accompagne désormais de projets annuels de performance (PAP) fixant une série d'objectifs d'efficacité, de qualité ou d'efficience, assortis d'indicateurs permettant d'évaluer les résultats atteints (ex. : objectif 1 du programme 140 : conduire tous les élèves à la maîtrise des compétences de base exigibles au terme de la scolarité primaire). Pour que cette logique irrigue l'ensemble du système éducatif les établissements ont dorénavant la possibilité de conclure avec l'autorité académique un « contrat d'objectifs » (art. L. 411-1), traduction d'une autonomie pédagogique conçue *« dans le respect des dispositions législatives et réglementaires et des objectifs définis par les autorités compétentes de l'État »* (art. L. 421-4). On retrouve là l'ambiguïté : cette dernière rédaction, issue de la loi n° 83-663 du 22 juillet 1983, mentionne les objectifs sans alors viser la performance. Le code utilise expressément le terme ***« objectif »*** à plusieurs reprises. Ainsi, *« la maîtrise de la langue française et la connaissance de deux autres langues font partie des objectifs fondamentaux de l'enseignement »* (art. L. 121-3) ; de même, *« l'apprentissage est une forme d'éducation alternée, qui concourt aux objectifs éducatifs de la Nation »* (art. L. 122-6 et L. 337-4, C. trav., art. L. 115-1). La mention d'une ***« priorité nationale »*** comme pour la ***lutte contre l'illettrisme*** (art. L. 121-2, mod. par la loi de refondation de 2013 qui l'étend à l'innumérisme) peut avoir le même sens (les circulaires de rentrée ont souvent rappelé que la maîtrise de la langue est l'objectif premier de l'école primaire). D'autres formulations s'analysent comme autant d'objectifs, notamment quand la lettre de la loi recourt à des formules du type *« afin de… développer sa personnalité »* (art. L. 111-1), ou aux verbes *« contribuer »* [*« l'éducation physique et sportive contribue à la lutte contre l'échec scolaire et à la réduction des inégalités sociales et culturelles… »* (art. L. 121-5) ; *« le service public de l'enseignement supérieur contribue à la croissance régionale, à l'essor économique, à la réduction des inégalités sociales… »* (art. L. 123-2)], *« favoriser »* l'épanouissement de l'enfant, l'égalité des chances (art. L. 111-2), ou la mixité et l'égalité entre les hommes et les femmes (art. L. 121-1).

En fait, toutes les lois, et plus généralement, tous les actes juridiques poursuivent des objectifs. C'est la *« cause »* du contrat, le *« but »* de l'acte unilatéral, sous réserve de distinguer ce qui relève de l'intention de l'auteur de l'acte (élément psychologique), de la *« finalité objective »*. ***Ici la loi a simplement formalisé, verbalisé cette finalité***

en précisant les objectifs du service public. Certains pourraient être considérés comme des *« objectifs constitutionnels »* (par exemple la considération du genre qui fixe un objectif de représentation équilibrée dans la composition des jurys mis en place pour la validation des acquis de l'expérience (Cons. const. 12 janv. 2002, *Loi de modernisation sociale*, n° 2001-455 DC : *Rec. Cons. const.* 49) ; les autres s'analyser comme des *« objectifs législatifs »*. Encore faut-il distinguer les objectifs que doit atteindre, ou rechercher à atteindre, la loi (ou objectifs de la loi) des objectifs qu'elle fixe expressément, ici au système éducatif (objectifs dans la loi).

Si le ***Conseil constitutionnel*** a en effet considéré que les objectifs qui figurent dans le rapport annexé à la loi Fillon du 23 avril 2005 étaient dépourvus de portée normative (Cons. const. 21 avr. 2005, *Loi d'orientation sur l'avenir de l'école*, n° 2005-512 DC : *Rec. Cons. const.* 72), il n'a visé que les objectifs de pilotage. Réservant ce type d'indication aux ***lois de programme*** qui *« déterminent les objectifs de l'action économique et sociale de l'État »*, il aurait pu *a fortiori* ajouter les lois de finances, traitant alors des objectifs de pilotage, non des finalités d'intérêt général qu'il est important que le législateur puisse fixer. Les *« lois de programme »* ont été remplacées par *« les lois de programmation »* qui définissent *« les orientations pluriannuelles des finances publiques »* par la loi constitutionnelle du 23 juillet 2008 modifiant l'article 34, alinéa 6, croisant ainsi les objectifs fixés par l'Union européenne dans le cadre de la stratégie de Lisbonne.

La Cour des comptes, désormais chargée de l'évaluation des politiques publiques, a présenté en mai 2010 un rapport public thématique intitulé : ***« L'éducation nationale face à l'objectif de la réussite de tous les élèves »***.

L'article 1er de la loi du 8 juillet 2013 d'orientation et de programmation pour la refondation de l'École de la République approuve un rapport annexé qui s'ouvre par un diagnostic (20 % des élèves de 15 ans ne maîtrisent pas la langue écrite ; les tests internationaux révèlent une baisse des performances en mathématiques à la fin de la scolarité obligatoire ; si 72 % des élèves d'une génération obtiennent le baccalauréat, dont 36 % le baccalauréat général, 12 % des élèves d'une génération quittent le système scolaire sans qualification ; de plus, le système scolaire ne lutte pas assez contre les inégalités sociales et territoriales, en rupture avec la promesse républicaine).

La loi de 2013 reprend enfin les grands objectifs fixés par la nation à son école. La refondation doit en priorité permettre ***une élévation générale du niveau de tous les élèves*** par la maîtrise des compétences de base en français et en mathématiques, la réduction de 10 % de l'écart de maîtrise des compétences en fin de CM2 entre les élèves de l'éducation prioritaire et les autres. De même doit-elle ***diviser par deux de la proportion des élèves sortant du système scolaire sans qualification*** et amener ***tous les élèves à la maîtrise du socle commun de connaissances, de compétences et de culture*** à l'issue de la scolarité obligatoire. Enfin, elle réaffirme les objectifs de conduire ***plus de 80 % d'une classe d'âge au baccalauréat et 50 % d'une classe d'âge à un diplôme d'enseignement supérieur.***

II. L'ORGANISATION DU SERVICE PUBLIC DE L'ÉDUCATION

Cette organisation relève des ***livres II*** (L'administration de l'éducation), ***IV*** (Les établissements d'enseignement scolaire) et ***VII*** (Les établissements d'enseignement supérieur). Le ***livre Ier*** nous donne toutefois un élément important en présentant la ***« communauté éducative »*** (art. L. 111-3), qu'il nomme *« communauté universitaire »* dans l'enseignement supérieur (art. L. 111-4). Ces formules auraient pu être entendues largement visant l'ensemble des personnes qui participent aux activités éducatives ou universitaires. On parle ainsi de la *« communauté scientifique et culturelle internationale »* (art. L. 123-7) mais pour désigner alors l'ensemble des chercheurs et enseignants-chercheurs. La ***notion de communauté*** est ici plus large et plus étroite à la fois.

Plus large dans la mesure où elle ***réunit l'ensemble des personnes concernées*** qu'il s'agisse des ***élèves*** ou de ***tous ceux qui participent aux missions de l'école*** : les personnels, enseignants, personnels de direction, d'éducation, d'accueil, d'entretien, de santé… ; les parents d'élèves auxquels l'article L. 111-4 est consacré qui sont à la fois usagers et partenaires de l'école ; ils sont réunis, informés, consultés (art. D. 111-1 à D. 111-5 V. Circ. n° 2006-137 du 25 août 2006 relative au rôle et à la place des parents à l'école, n° 2013-142 du 15 oct. 2013 sur le renforcement de la coopération entre les parents et l'école dans les territoires, *BOEN n° 38* et n° 2014-165 du 14 nov. 2014 sur le dispositif ouvrir l'école aux parents pour la réussite des élèves, année 2014-2015, *BOEN n° 47*) ; les représentants des collectivités territoriales et tous *« les acteurs institutionnels, économiques et sociaux, associés au service public de l'éducation »* (art. L. 111-3). De même, la *« communauté universitaire »* regroupe les usagers et les personnels, et associe les représentants des intérêts publics et des activités économiques, culturelles et sociales (art. L. 111-5). L'article 5 de la loi du 8 juillet 2013 a ajouté aux membres de la communauté éducative « les associations éducatives complémentaires de l'enseignement public » (art. L. 111-3) qui apportent leur concours à l'enseignement public (appui aux activités d'enseignement pendant le temps scolaire ; organisation d'activités éducatives complémentaires en dehors du temps scolaire) ; elles peuvent faire l'objet d'un agrément lorsque ce concours prend l'une des formes suivantes : contribution au développement de la recherche pédagogique, à la formation des équipes pédagogiques et des autres membres de la communauté éducative ; elles sont agréées par l'autorité académique (art. D. 511-1). Mais ***plus étroite*** car la ***« communauté »*** a pour ***cadre l'école, le collège, le lycée ou l'université***. Cette approche insiste sur la réalité humaine de l'établissement, perçu comme un organisme social (dont les membres font corps, concept justifiant tant la personnalité que l'autonomie de l'unité) et non comme un simple démembrement de l'administration (même si aujourd'hui, les universités sont considérées par les lois de finances comme des « opérateurs de l'État »). Mais au-delà de cette dimension corporative, la notion de communauté insiste sur ce qui unit et dépasse ses membres, soulignant l'existence d'un intérêt commun, d'une solidarité fondée sur des valeurs communes, ce qui a pu entraîner quelques réticences du côté syndical. Il est vrai qu'elle implique l'existence d'une vie en dehors de la classe (la vie scolaire) et des amphithéâtres ! Au ***sein de la communauté***, la ***participation*** et le ***dialogue*** sont des ***valeurs premières***. La loi en dispose expressément pour les parents d'élèves dans ce premier livre, pour les élèves dans le livre consacré à la vie scolaire (livre V) et pour tous dans les dispositions relatives aux établissements scolaires (livre IV) et universitaires (livre VII).

Le code de l'éducation en visant le « service public de l'enseignement » qu'il présente en traitant du « service public de l'éducation » (art. L. 111-1) puis du « service public de l'enseignement supérieur » (art. L. 111-5) adopte une approche tant matérielle (l'éducation comme l'enseignement supérieur représentent en effet des ensembles d'activités d'intérêt général) qu'organique, le service public étant en effet administré par un ensemble de structures autonomes (établissements publics) ou non (services ministériels et académiques). Par contre, quand l'article 16 de la loi de refondation de l'École de la République crée dans le cadre du service public de l'enseignement « le service public numérique éducatif » (art. L. 131-2), il le définit par ses missions sans mettre en place une nouvelle organisation. Les activités d'intérêt général ainsi qualifiées de service public peuvent d'ailleurs faire l'objet d'une administration partagée entre l'État, les collectivités territoriales, en l'occurrence les régions, et des établissements publics, comme c'est par exemple le cas pour le « service public de l'orientation » esquissé par la loi n° 2009-1437 du 24 novembre 2009 relative à l'orientation et la formation professionnelle tout au long de la vie.

III. LES LOIS DU SERVICE PUBLIC

L'***éducation*** est un ***service public national*** à ***caractère administratif***. Les règles applicables sont celles du droit public et le contentieux relève en principe des juridictions administratives. Le droit des services publics, tant pour les services publics administratifs que pour les services publics à caractère industriel et commercial, est souvent présenté en se référant aux principes d'organisation et de fonctionnement qui ont été initialement dégagés par la doctrine, et notamment par Louis Rolland, d'où l'expression classique des ***« lois de Rolland »*** (Précis de droit administratif, *Dalloz, 9e éd., 1947, n° 23*) : les particuliers sont égaux devant le service public ; celui-ci doit fonctionner sans arrêts et peut être modifié à tout moment pour tenir compte des besoins des usagers qui ont droit au fonctionnement normal du service sans avoir de droit acquis à son maintien.

Les lois du service public structurent la politique éducative. Pour assurer la réussite de tous les élèves et combattre les inégalités tout au long de la scolarité, il est nécessaire de mettre en œuvre les principes du service public que sont l'égalité, la continuité et l'adaptation au changement.

A. LE PRINCIPE D'ÉGALITÉ

Présentée comme un ressort du service public, l'égalité devant la loi du service est une application de la Déclaration des droits de l'homme et du citoyen de 1789 (art. 1er, 6 et 13). Il constitue à la fois un principe général du droit dont une des formes est l'égalité d'accès au service public (CE, sect., 9 mai 1951, *Sté des concerts du conservatoire* : *GAJA, n° 67*) et un principe fondamental qui doit être fixé par la loi qui s'impose au législateur (Cons. const. 18 sept. 1986, *Loi relative à la liberté de communication*, n° 86-217 DC, qui mentionne « les principes fondamentaux du service public et notamment le principe d'égalité »).

L'égalité d'accès au service public de l'enseignement découle directement de la Constitution ; le Préambule de la Constitution de 1946 proclame en effet : « La Nation garantit l'égal accès de l'enfant et de l'adulte à l'instruction, à la formation professionnelle et à la culture. L'organisation de l'enseignement public gratuit et laïque à tous les degrés est un devoir de l'État. » (al. 13). Il a été consacré de manière générale par le juge administratif ; en reconnaissant l'égalité d'accès au service public de l'enseignement pour l'ensemble des élèves, même s'ils étudient dans les établissements privés (Cons. const. 8 juill. 1999, n° 99-414 DC), ce que l'État doit assurer en répartissant les moyens qu'il consacre à l'éducation (art. L. 211-1). Il est complété par ***l'égalité de traitement***, un principe fondamental qui concerne tant les fonctionnaires d'un même corps (Cons. const. 15 juill. 1976, *Loi modifiant l'ordonnance n° 59-244 du 4 février 1959 relative au statut général des fonctionnaires*, n° 76-67 DC) que les usagers du service public de l'enseignement (CE 10 juill. 1995, n° 147212).

Interdiction des discriminations et neutralité du service public.

Sa ***première conséquence*** est l'***interdiction des discriminations dans l'accès au service public***. Ainsi, tous les enfants, quelles que soient leur origine sociale, culturelle ou géographique et notamment leur nationalité et la régularité de leur présence sur le territoire français, doivent pouvoir être scolarisés (Circ. n° 2002-063 du 20 mars 2002 relative aux modalités d'inscription des élèves de nationalité étrangère des premier et second degrés : il n'appartient pas au ministère de l'éducation nationale de contrôler la régularité de la situation des élèves étrangers et de leurs parents ; l'inscription dans un établissement scolaire d'un élève de nationalité étrangère ne peut être subordonnée à la présentation d'un titre de séjour).

La réaffirmation par la loi de refondation de l'École de la République du principe d'égalité (l'une des missions du service public de l'éducation étant de « lutter contre les inégalités sociales et territoriales », art. L. 111-1) trouve son illustration dans la notion d'« ***école inclusive*** », utilisée à propos des élèves souffrant de handicap mais qui a dorénavant une portée beaucoup plus large ; l'article L. 111-1 vise désormais l'« inclusion scolaire de tous », condamnant ainsi toutes les formes d'exclusion (origine, milieu social, préférences, problèmes de santé…). Si une société inclusive est une société sans privilèges, exclusivités ni exclusions (Charles Gardou, Société inclusive, parlons-en !, Éreis, Lyon, 2012), on mesure le défi que le législateur offre au service public (Thierry Tuot, La Grande Nation : pour une société inclusive – *Rapport au Premier ministre sur la refondation des politiques d'intégration, févr. 2013*) !

En découle ***l'exigence de neutralité du service public*** qui s'impose tant aux agents qu'aux usagers du service public. Sur le plan religieux, la neutralité est garantie par le principe de laïcité (qui s'impose au service et aux agents tenus par un strict devoir de neutralité ; pour les usagers, si en principe la liberté d'expression prime, celle-ci ne doit pas compromettre le bon fonctionnement du service, ne pas porter atteinte à la liberté des autres usagers comme à l'ordre public ; mais pour les élèves des écoles et établissements publics, la loi du 15 mars 2004, a interdit le port des signes et tenues : art. L. 141-5-1, V. comm. av. l'art. L. 141-1). Sur le plan politique, ce principe interdit de donner le nom d'un responsable politique actuel à une école maternelle (TA Lille, 18 déc. 2007, n° 0601575) et plus généralement l'expression des opinions politiques, notamment leur affichage ou l'organisation de réunions politiques est interdite (CE 8 nov. 1985, *MEN c/ Rudent*, n° 55594). La notion de neutralité a été étendue aux questions sexuelles par le Conseil d'État en sanctionnant des mesures d'information ne précisant pas que certains comportements tombent sous le coup de la loi pénale (CE 15 oct.

2014, n° 369965). Enfin, les uns et les autres sont tenus à la neutralité commerciale (notamment pour les assurances scolaires ; dérogations : photographie de groupe par un photographe professionnel ; Circ. n° 2001-053 du 28 mars 2001 établissant un code de bonne conduite des interventions des entreprises en milieu scolaire, *BOEN n° 14, 2001)*.

Égalité et diversité des situations.

En principe, un texte d'application uniforme est censé satisfaire à l'exigence d'égalité (CE 22 nov. 1999, *Rolland : Lebon T. 607* : possibilité de soumettre aux mêmes épreuves sportives d'un concours des candidats d'âge différent). ***Mais, on sait depuis Aristote que rien n'est plus injuste que de traiter également des situations inégales***. Le ***juge administratif*** a donc dû admettre la possibilité de ***traiter différemment des personnes placées dans des situations différentes*** ; les discriminations introduites ne sont toutefois légales que si elles sont justifiées par la différence de situation appréciable et légitime et en liaison avec le but poursuivi (CE 26 juill. 1982, *GISTI : Lebon 285* : les étudiants étrangers résidant à l'étranger sont dans une situation différente de ceux qui résident en France, justifiant un traitement différent pour leur inscription dans les établissements français ; CE 19 juin 1992, *Dpt du Puy-de-Dôme c/ Bouchon : Lebon 237* ; *AJDA 1992. 479* : les élèves qui fréquentent les établissements d'enseignement situés hors du secteur de ramassage scolaire dont ils dépendent ne se trouvent pas dans la même situation à l'égard du service public des transports scolaires que les élèves qui fréquentent des établissements situés dans le secteur ; CE, sect., 13 mai 1994, *Cne de Dreux : AJDA 1994. 652* : une école municipale de musique, service facultatif, peut être réservée aux élèves ayant un lien avec la commune). ***En l'absence de différences de situation, un traitement particulier peut en outre être justifié par l'intérêt général***. Il en est ainsi lorsque la loi le prévoit, le Conseil constitutionnel ayant à son tour indiqué que rien *« ne s'oppose ni à ce que le législateur règle de façon différente des situations différentes ni à ce qu'il déroge à l'égalité pour des raisons d'intérêt général, pourvu que dans l'un et l'autre cas la différence de traitement qui en résulte soit en rapport direct avec l'objet de la loi qui l'établit »* (Cons. const. 6 mars 1998, *Loi relative au fonctionnement des Conseils régionaux*, n° 98-397 DC : *Rec. Cons. const. 186* ; *GDCC n° 20*). L'administration peut favoriser une catégorie d'usagers pour des raisons d'intérêt général. Ainsi, peut-elle, par exemple, instaurer des tarifs modulés pour certains services, en fonction des ressources des familles (CE, sect., 29 déc. 1997, *Cne de Gennevilliers, Cne de Nanterre : Lebon 499*) ; il en est ainsi pour la restauration scolaire ou les activités péri-éducatives ; le législateur a ratifié cette position en précisant : « Les tarifs des services publics administratifs à caractère facultatif peuvent être fixés en fonction du niveau du revenu des usagers et du nombre de personnes vivant au foyer. Les droits les plus élevés ainsi fixés ne peuvent être supérieurs au coût par usager de la prestation concernée. Les taux ainsi fixés ne font pas obstacle à l'égal accès de tous les usagers au service » (L. n° 98-657 du 29 juill. 1998 d'orientation relative à la lutte contre les exclusions, art. 147). Le principe d'égalité évolue en faisant place à la notion d'accessibilité tarifaire qui renvoie à la notion de service universel. Cette orientation concerne les prestations annexes au service d'enseignement qui, obligatoire, doit être gratuit.

En revanche, même s'ils fréquentent des établissements différents, les élèves des deux ordres d'enseignement sont placés dans la même situation vis-à-vis de l'inscription aux concours et examens, comme à propos de l'attribution d'aides et de prestations diverses, telles que bourses, cantines et transports scolaires (CE 18 mars 1927, *Dlles Bizet et a. : Lebon 360* ; CE 22 mars 1941, *UNAPEL : Lebon 49* ; CE 13 nov. 1970, *Rapidel : Lebon 674* ; CE 20 janv. 1982, *Dpt du Tarn-et-Garonne : Lebon 22*). Le respect de l'égalité s'impose plus encore entre élèves de l'enseignement public et élèves de l'enseignement privé sous contrat, car les uns et les autres sont usagers du service public de l'enseignement (CE 13 juill. 1965, *Gargadennec : Lebon 441 ; AJDA 1965. 612, concl. Braibant* ; CE 1er mars 1972, *Assoc. des parents d'élèves des écoles catholiques de Renazé : Lebon 183*). Les établissements eux-mêmes peuvent invoquer le principe d'égalité, mais l'aide des collectivités territoriales aux établissements privés ne doit pas être identique à leur contribution aux écoles et établissements publics eu égard à leur responsabilité particulière (Cons. const. 13 janv. 1994, *Loi relative aux conditions de l'aide aux investissements des établissements d'enseignement privés par les collectivités territoriales*, n° 93-329 DC : *Rec. Cons. const. 9 (cons. 27 et 30)* ; *RFDA 1994. 209, note Genevois*).

Le principe d'égalité, s'il ne confère pas à l'usager de droit à la différence, lui assure toutefois ***un droit à l'identité de traitement*** en cas d'identité des situations (CE 13 févr. 1970, *Dame Vigan et a. et SNESUP*, n°s 79162, 79247 et 79298). S'agissant des dérogations, le principe de l'égalité de traitement impose que la décision soit semblable à celle prise pour la même demande (CE 10 juill. 1995, n° 147212 : pour rejeter une demande de dérogation à la carte scolaire présentée par le père d'une élève, sur le fondement de l'art. 6 du Décr. n° 80-11 du 3 janv. 1980, en vue de l'inscription de sa fille dans un établissement proche de son lieu de travail, l'inspecteur d'académie s'est uniquement fondé sur ce que le lieu de travail des parents ne figurait pas parmi les critères retenus au niveau départemental. Cette décision méconnaît le principe de l'égalité de traitement des usagers du service public de l'enseignement, dès lors que le requérant soutient sans être sérieusement contredit que des dérogations ont été accordées à des parents d'élèves qui invoquaient le même motif).

De l'égalité en droits, à l'égalité des chances

Dans la ***tradition juridique française, l'égalité s'entend comme une égalité en droits*** (art. 2 de la déclaration de 1789). Le code de l'éducation introduit dès son premier article l' ***« égalité des chances »*** à laquelle le service public doit contribuer (art. L. 111-1, al. 1er). L'expression est à nouveau employée à l'article L. 214-4 qui institue un comité régional de coordination qui tend en particulier à *« une égalité des chances d'accès à l'apprentissage et à la formation professionnelle continue »*, mais il s'agit alors de donner aux intéressés une possibilité d'accès quelle que soit la région considérée. ***L'« égalité des chances » doit permettre à chacun de réussir à l'école.*** Au-delà des politiques d'aide financière, la poursuite de l'égalité a justifié la mise en place de mesures dites de ***« discrimination positive »***. Évoquant la pratique américaine de l'*« affirmative action »*, elle s'en distingue fortement dans la mesure où les critères retenus doivent pour être conformes à la Constitution exclure ceux qui tiendraient à la *« race »*, à la *« religion »* ou au *« sexe »* ; en France, aussi bien dans le cadre de la politique de la ville avec les ZUS que de la politique éducative, le choix fait repose sur une distinction territoriale, prenant en considération les déterminants de la réussite scolaire, des ***zones d'éducation prioritaire*** ont été définies à partir de 1981 pour « donner plus à ceux qui ont le moins » (Alain Savary), pour tenter de rétablir les *« dotations initiales »*, les conditions de l'égalité. A l'origine, le dispositif s'appliquait à 10 % des élèves. Depuis 1981, la politique d'éducation prioritaire a évolué. Relancée en 2000 avec les réseaux d'éducation prioritaire (REP), elle a été relayée par les opérations parallèles menées par l'éducation nationale autour des établissements « ambition réussite » et les réseaux de *« réussite scolaire »* (plan Espoir banlieue de 2008, programme CLAIR en 2010 (collèges-lycée pour l'ambition et la réussite) élargi en 2011 aux écoles en ajoutant un E pour le programme ECLAIR qui prévoyait notamment la possibilité de recruter les enseignants sur poste à profil après « entretien d'embauche », V. CE, réf., 25 oct. 2010, *SNES c/ MEN*, n° 343397 : *LIJ n° 150, p. 6*, rejet de la demande de suspension de l'exécution de la Circ. du 7 juill. 2010 relative à l'expérimentation du programme ECLAIR ; CE 14 oct. 2011, *SNES c/ MEN*, n° 343396, légalité de la circulaire à l'exception des dispositions prévoyant la nomination des enseignants pour une durée de 5 ans). Ces dispositifs dont le cadrage national était limité et la mise en œuvre contrastée avaient pu être analysés comme des signes avant-coureurs de la disparition des ZEP (V. IGAENR-IGEN, La mise en œuvre du programme CLAIR, *Rapport n° 2011-069*).

Le Conseil constitutionnel, après avoir exclu toute possibilité de discrimination positive dans sa décision *« Quotas par sexe » (GDCC n° 31)*, en admet implicitement l'idée dans sa décision *« Troisième voie d'accès à l'ENA » (GDCC n° 20)* ; il semble aujourd'hui admettre la légitimité du recours à ce type de mesures, notamment pour *« privilégier certaines zones ou territoires » (GDCC n° 31, 8°)* ; ainsi a-t-il accepté de valider la loi dispensant d'examen d'entrée à ***l'Institut d'études politiques de Paris*** certains élèves des lycées de *« zones sensibles » « à la condition que les modalités particulières que fixera à cette fin, sous le contrôle du juge de la légalité, le conseil de direction de l'Institut, reposent sur des critères objectifs de nature à garantir le respect de l'exigence constitutionnelle d'égal accès à l'instruction »* (Cons. const. 11 juill. 2001, *Loi portant diverses dispositions d'ordre social, éducatif et culturel*, n° 2001-450 DC : à propos de l'admission dérogatoire à l'IEP de Paris). D'autres établissements d'enseignement supérieur ont préféré apporter un appui aux lycéens des zones moins favorisées pour leur donner l'envie et les outils nécessaires pour réussir. L'idée a été reprise par ***les cordées de la réussite*** qui concernent notamment les établissements du réseau Éclair et les internats d'excellence (Rapport-IGEN-IGAENR, Les cordées de la réussite à l'épreuve de leur généralisation : observations, problématiques et préconisations, *2011*).

Les dispositions particulières aux enfants et adolescents handicapés qui soulignent leurs besoins particuliers et imposent à l'administration de tout mettre en œuvre pour assurer leur scolarisation effective peuvent aussi être considérées comme un autre cas de discrimination positive (V. livre III).

Au nom du principe d'égalité, il a été jugé qu'une réglementation nouvelle (en l'espèce, celle relative à la formation professionnelle dans le notariat) devait comporter des mesures transitoires pour éviter aux étudiants engagés dans ces études de perdre leur année, le principe d'égalité fondant alors un autre principe, celui de la sécurité juridique (CE 23 juill. 2008, *LIJ, n° 128, p. 10*).

B. LE PRINCIPE DE CONTINUITÉ

C'est ***« l'essence du service public »*** (concl. Tardieu sur CE 7 août 1909, *Winkell : Lebon T. 826 et 1296*). C'est ***un des aspects de la continuité de l'État***. Les usagers ont droit à un fonctionnement régulier, non interrompu, du service public. Le Conseil constitutionnel a reconnu sa valeur constitutionnelle (Cons. const. 25 juill. 1979, n° 79-105 DC). Dans le domaine éducatif, le Conseil d'État reconnaît le principe fondamental de continuité du service public qui s'impose aux universités dont les conseils ne peuvent pas suspendre les enseignements pour des motifs tirés de l'insuffisance des dotations attribuées (CE 13 juin 1980, *Dame Bonjean*, n° 17995 : légalité de la retenue sur rémunération en raison de l'inexécution du service d'enseignement). De manière générale, la continuité du service est assurée par l'accomplissement par les agents de leur tâche, permettant ici d'assurer la continuité des enseignements, élément de la continuité éducative.

Continuité du service et service fait

Ce principe de fonctionnement du service public a été dégagé à propos du recours à la ***grève***, définie comme arrêt collectif du travail. Dans un premier temps, considérant que les agents qui participaient au mouvement se mettaient *ipso facto* en dehors du service et des règles de la fonction publique, le juge administratif conclut à son illicéité (arrêt *Winkell*, préc.).

En affirmant que *« le droit de grève s'exerce dans le cadre des lois qui le réglementent »*, le préambule de la Constitution de 1946 a d'abord reconnu sa légitimité pour la défense des intérêts professionnels ; les grèves à motifs politiques ou les mouvements de blocage du service par les usagers continuent à être prohibés et peuvent être sanctionnés (C. pén., art. 431-1). Le constituant a en outre invité le législateur à ***concilier l'exercice du droit de grève avec l'intérêt général*** qui s'attache notamment à la continuité du service public. La loi du 31 juillet 1963 a interdit les grèves inopinées et tournantes. Pour le reste c'est au Gouvernement, responsable du bon fonctionnement des services publics, d'assurer cette conciliation (CE, ass., 7 juill. 1950, *Dehaene : GAJA n° 65*). Le Conseil constitutionnel a rappelé le pouvoir du législateur d'apporter au droit de grève les limitations nécessaires en vue d'assurer la continuité du service public qui revêt, tout comme le droit de grève, le caractère d'un principe de valeur constitutionnelle (Cons. const. 25 juill. 1979, *Loi modifiant les dispositions de la loi n° 74-696 du 7 août 1974 relatives à la continuité du service public de la radio et de la télévision en cas de cessation concertée du travail*, n° 79-105 DC : *GDCC n° 25*).

A l'instar du service minimum institué pour le service public de la radiodiffusion, et plus récemment pour les transports publics, le ministre a souhaité mettre en place ***un service minimum d'accueil*** dans les écoles maternelles et élémentaires en cas de grève des professeurs des écoles ; contrairement aux collèges et aux lycées, les écoles ne sont pas tenues par une obligation d'accueil ; en cas de grève des professeurs, le directeur, estimant que les conditions de sécurité ne sont pas remplies, peut décider de ne pas accueillir les élèves ; dans un premier temps, le ministre a fait appel au volontariat des communes en proposant aux maires de mettre en place un service minimum d'accueil, le ministère de l'éducation nationale s'engageant à financer le coût de l'opération (note aux recteurs et inspecteurs d'académie du 8 janv. 2008). Dans un second temps, c'est-à-dire pour la rentrée scolaire 2008-2009, a été mise en place une obligation d'accueil des élèves des écoles maternelles et élémentaires, publiques et privées sous contrat, pendant le temps scolaire. La loi n° 2008-790 du 20 août 2008 crée un nouveau service public, le service public de l'accueil, complémentaire du service public de l'enseignement, permettant d'assurer la continuité de ce dernier. Ce service est de la compétence de l'État qui doit prendre les mesures nécessaires en cas d'absence imprévisible d'un enseignant et en cas de grève. Mais, si le mouvement prévu est d'une certaine ampleur (quand 25 % des enseignants d'une école ont déclaré leur intention de faire grève), la loi confie la responsabilité du service aux communes qui doivent dans l'urgence mettre en place le service et recruter les personnes nécessaires.

Si l'exercice du droit de grève peut ainsi faire obstacle à la continuité, le recours au ***droit de retrait*** (revendiqué par les enseignants en cas de danger pour leur sécurité, notamment dans les situations de violence) pourrait constituer un autre cas. Mais, contrairement au droit de grève qui a un caractère collectif, les droits d'alerte et de retrait organisés pour les agents publics par le décret n° 82-453 du 28 mai 1982 sont des droits individuels ; les personnes peuvent y recourir uniquement en cas de danger grave et imminent (TA Cergy-Pontoise, 16 juin 2005, *Moreau c/ Recteur de l'Académie de Versailles*, n° 0106154 : un arrêt de travail sans motif raisonnable de penser que la situation est grave et le danger imminent constitue une grève illicite).

Si une situation de violence dans un lycée peut toutefois justifier l'utilisation du droit de retrait, la reprise du service n'est pas subordonnée à une information préalable par l'administration sur les mesures prises pour faire cesser cette situation ni à l'invitation des agents à reprendre leur travail (CE 2 juin 2010, n° 320935 : *AJDA 2010. 2157*).

Continuité des enseignements, continuité éducative et continuité pédagogique

Dès lors que le ministre fixe par arrêté les programmes et les heures de cours des élèves, il appartient aux services de faire en sorte que l'ensemble des enseignements soit assuré, et, en dehors de circonstances particulières, l'absence d'un professeur constitue une faute dans l'organisation du service public de l'éducation. La ***discontinuité*** peut aussi être le ***fait de l'administration***. C'est notamment le cas lorsqu'elle ne dispose plus des moyens humains ou budgétaires pour assurer un enseignement ou le remplacement d'un enseignant absent. L'interruption du service, du moins de manière prolongée, peut alors engager la responsabilité de l'État (pour ne pas avoir mis en place les enseignements prévus par les programmes scolaires : CE 27 janv. 1988, *MEN c/ Giraud V.* : *art. L. 111-2, note 1* ; V. aussi une série de jugements du TA Versailles du 3 nov. 2003 au 27 févr. 2004 et TA Clermont-Ferrand, 14 juin 2006, *Charasse* : *AJDA 2006. 1244*). Il en est de même pour la fermeture d'un établissement, pendant une durée excédant largement celle qui est nécessaire à l'organisation et au déroulement des épreuves du baccalauréat (CE 13 févr. 1987, *Toucheboeuf et Mme Royer*, nos 62008 et 62009 : *Lebon 45*). Par ailleurs, une décision de la rectrice de Créteil organisant une demi-journée banalisée pour permettre aux enseignants de participer à la concertation sur le socle commun a été annulée pour violation du principe de continuité (TA Montreuil, avr. 2015).

Le principe de continuité reçoit aujourd'hui une autre acception territoriale. L'idée de ***continuité territoriale*** pose la question du maintien des services publics en milieu rural, et impose, en cas d'impossibilité, la mise en place de réseaux en favorisant les déplacements des élèves ; le principe s'applique avec force en milieu insulaire où il justifie des politiques d'aide au transport ; l'accessibilité sur l'ensemble du territoire amène les collectivités à organiser le transport et, en liaison avec l'État, à restructurer les réseaux d'écoles et d'établissements en tenant compte des dispositions législatives sur l'organisation du service public en milieu rural.

La loi Fillon du 23 avril 2005 a précisé que les enseignants « contribuent à la continuité de l'enseignement sous l'autorité du chef d'établissement en assurant des enseignements complémentaires » (art. L. 912-1) ; le décret n° 2005-1035 du 26 août 2005 chargeant le chef d'établissement d'organiser les remplacements de courte durée en faisant appel aux équipes pédagogiques introduit une certaine souplesse compensée par une rétribution spéciale pour un nombre d'heures maximal, le tout arrêté dans chaque établissement par un protocole concerté (CE 26 janv. 2007, *SNES et a.*). Ce texte n'a pas répondu au défi du remplacement. Aux congés de maternité et aux congés de maladie s'ajoute la participation des enseignants à des actions de formation ou à des jurys d'examen. L'administration a une connaissance très imparfaite de la réalité des absences. L'insuffisance du vivier des remplaçants, malgré l'appel aux jeunes retraités ou à Pôle emploi, comme la faible réactivité du système mettent en cause la continuité du service et le droit au cours légitimement revendiqué par les usagers (V. IGAEN, Rapport n° 2011-056, Le remplacement des enseignants absents).

On rapprochera du principe de continuité applicable à tous les services publics, la ***« continuité éducative »*** qui *« pour assurer l'égalité et la réussite des élèves »* joue *« au cours de chaque cycle et tout au long de la scolarité »* (art. L. 311-1) ; la loi de 2013 d'orientation et de programmation pour la refondation de l'École de la République insiste sur la continuité entre l'école et le collège et prévoit de mettre en place un cadre de concertation école/collège ; s'appuyant sur l'article 19 du décret du 14 juin 1990 relatif à l'orientation et à l'affectation selon lequel *« tout élève admis dans un cycle de formation doit pouvoir parcourir la totalité de ce cycle dans l'établissement scolaire »*, un tribunal annule pour erreur de droit la décision de transfert d'une filière bilingue dans un établissement voisin (TA Rennes, 11 juill. 2005, *Assoc. Div Yezh-Bro Roazhon*, n° 051638 ; au contraire, dans l'enseignement supérieur, il n'y a pas de rupture d'égalité en cas de non-renouvellement d'une habilitation, les étudiants en cours d'études pouvant les continuer dans un autre établissement : CE 12 févr. 1982, *Univ. Paris VII*, n°s 27098, 27099, note 2 ss. art. L. 612-1 ; note 22 ss. art. L. 613-1). Si le décret visé confère bien un droit à chaque élève de terminer le cycle là où il l'a commencé, la mention de la *« continuité éducative »* par la loi avait un autre objectif : assurer un enseignement adapté à la diversité des élèves en organisant le travail pédagogique au-delà de la seule année scolaire. Le principe de continuité du service public doit être combiné avec le principe d'adaptabilité : l'administration doit pouvoir, pour des raisons d'intérêt général, prendre les mesures de réorganisation du service public lui permettant notamment d'optimiser les moyens dont elle dispose, d'assurer tant l'efficacité que l'efficience du service.

Par continuité éducative, on a pu aussi désigner la continuité entre temps scolaire et autres temps éducatifs (V. Livre V) ; l'aménagement des rythmes de l'enfant impose la recherche d'une cohérence dans une optique de réussite éducative, la continuité éducative devant alors être conçue du point de vue du développement de l'enfant ; « la cohérence des temps de l'enfant » passe par le partenariat des acteurs éducatifs et l'implication des parents. Le Projet Éducatif de Territoire est l'outil créé pour fédérer les acteurs éducatifs. Si la politique ambitieuse conçue en 2012 a été abandonnée, le relai a été pris avec le plan mercredi ou l'opération ***Cités éducatives*** (projets labellisés en sept. 2019 pour 80 quartiers projets, portés par les municipalités concernées, en lien avec les associations, les services de l'État : MEN, JS, Ville et logement).

La crise sanitaire dite du covid-19 a entraîné la fermeture des établissements, la suspension de l'accueil des élèves et étudiants tout en maintenant la présence des personnels indispensables pour la sécurité et la continuité pédagogique en utilisant les techniques de communication. La poursuite à distance des activités scolaires devaient permettre aux élèves de progresser dans leurs apprentissages, maintenir et consolider les acquis et d'acquérir des compétences nouvelles. Dans l'enseignement supérieur, des cours à distance ont pu être organisés, notamment au travers de la plateforme FUN (ouverture des ressources FUN-Moocs par le GIP FUN). Dans l'enseignement secondaire ont pu être utilisés les outils numériques existant au niveau national, dans les académies et les établissements (ENT). La crise a toutefois mis en lumière l'insuffisance des outils et de leur maîtrise par les enseignants et les situations d'inégalité entre les usagers devant recourir à leurs équipements personnels, illustrant la notion de « self-service public » (André Demichel).

C. LE PRINCIPE D'ADAPTABILITÉ

Le service public doit pouvoir s'adapter au ***changement de circonstances***, à l'***évolution des conditions*** dans lesquelles il fonctionne tant sur le plan quantitatif (évolutions démographiques) que qualitatif (évolution des besoins de formation) ; de même, doit-il s'adapter au changement technique, se moderniser pour apporter le meilleur service.

S'adapter au changement

Il n'y a pas de droits acquis au maintien des situations générales et impersonnelles ; les usagers subissent les modifications éventuelles prises dans l'intérêt général.

Les données démographiques, les choix budgétaires comme les changements de programme ou de méthodes pédagogiques peuvent imposer des modifications structurelles :

ouverture ou fermeture d'établissements, de filières, de formations, d'options... La continuité du service public national explique qu'en cas de conflit entre l'État et la collectivité territoriale qui est « associée au développement du service public » (art. L. 121-1), les autorités de l'État puissent avoir le dernier mot ; tel est le cas, tant pour les ouvertures et fermetures de classes (mesures de carte scolaire) que pour l'adaptation de l'offre de formation (art. L. 214-13-IV, pour les ouvertures et fermetures de sections de formation professionnelle initiale, décidées en liaison avec la région). Même si le service public de l'éducation répond à des exigences constitutionnelles, il peut à tout moment faire l'objet de réaménagement. Le principe de mutabilité permet de modifier les règles d'organisation et de fonctionnement du service public (CE, sect., 27 janv. 1961, *Vannier : Lebon 60*, à propos de l'interruption des émissions d'une station de télévision). Le juge exerce un contrôle normal de la décision, qu'elle concerne une université (CE, sect., 14 nov. 1975, *SNESup-FEN : Lebon 82*), des écoles, collèges ou lycées ; ainsi, la désaffectation d'une école ne peut intervenir que compte tenu des besoins du service public de l'enseignement (CE, ass., 2 déc. 1994, *Cne de Pulversheim : Lebon 531*).

La modernisation du service public

L'***adaptation du service public au changement technique*** est une nécessité que le Conseil d'État impose notamment aux cocontractants de l'administration (pour le passage du gaz à l'électricité pour l'éclairage public : CE 10 janv. 1902, *Cie nouvelle du gaz de Déville-lès-Rouen : GAJA n° 9*). ***Sur le plan pédagogique ou éducatif***, il incite à la ***modernisation des méthodes et des outils,*** justifiant par exemple l'introduction des technologies de l'information et de la communication à l'école. Ces techniques permettent en effet aux élèves comme aux personnels d'accéder aux ressources pédagogiques, d'envisager des enseignements par visioconférence, de s'adapter aux besoins particuliers des élèves, notamment pour tenir compte de leur handicap, d'expérimenter de nouveaux modes de relations avec les usagers, les élèves et leur famille (signalement instantané des absences, cahier de texte électronique...). Il suscite des craintes dans les collectivités territoriales qui n'auront pas toutes les moyens pour assurer un service de qualité à tous les élèves. Malgré son coût, le numérique apparaît toutefois aujourd'hui comme une priorité pour la réussite des élèves (Rapport sur la refondation de l'école, 2012) et des étudiants (Assises de l'enseignement supérieur et de la recherche, 2012) ; la mise à disposition des outils, des contenus et des services impose non seulement des investissements mais une formation adaptée des maîtres. La loi d'orientation et de programmation pour la refondation de l'École de la République prévoit la mise en place d'un service public de l'enseignement numérique et à distance permettant notamment de développer l'aide personnalisée. Souhaitant rattraper le retard de l'école française en ce domaine, notamment dans le premier degré, le ministre présente une grande ambition : entrer dans l'ère du numérique, ce qui impose une stratégie globale (V. Peillon, *op. cit.*, p. 101). La loi d'orientation et de programmation pour la refondation de l'École de la République prévoit la mise en place d'un « service public de l'enseignement numérique éducatif » et à distance permettant notamment de développer l'aide personnalisée. Il s'agit de mettre à disposition des écoles et des établissements scolaires une offre diversifiée de services numériques qui permettra notamment d'assurer l'instruction des enfants qui ne pouvant pas être scolarisés dans une école ou dans un établissement scolaire, notamment ceux à besoins éducatifs particuliers, de contribuer au développement de projets innovants et à des expérimentations pédagogiques (art. L. 131-2). Le service public du numérique éducatif devrait permettre d'offrir de nouveaux services : services d'accompagnement personnalisé pour les élèves en difficulté, service d'orientation pour les élèves et leur famille, services de formation pour les enseignants.

L'***objectif*** est alors d'assurer ***la qualité du service public*** (si cet objectif ne figure pas en tant que tel dans ce livre I, l'article L. 311-1, tel qu'il résulte de l'article 75 de la loi du 13 août 2004, impose au Gouvernement de transmettre tous les deux ans un rapport au Parlement évaluant les effets de l'exercice des compétences décentralisées sur *« la qualité du service rendu aux usagers »*, rejoignant ainsi la démarche de performance impulsée par la LOLF).

Égalité, continuité et adaptabilité du service public sont des principes qu'il revient notamment à l'autorité académique d'assurer ; c'est en s'y référant qu'elle pourra notamment annuler les actes des organes des établissements *« de nature à porter atteinte au fonctionnement du service public »* (art. L. 421-14). ❑

CHAPITRE PREMIER DISPOSITIONS GÉNÉRALES

BIBL. GÉN. ▸ AGUILA, Portée du principe d'égalité en matière scolaire, *AJDA 1995. 925*. – BAUDELOT, ESTABLET, LÉGER, GRACIET et DEMONPION, L'élitisme républicain : L'école française à l'épreuve des comparaisons internationales, *Le Seuil, coll. La République des idées, 2009*. – BLANQUER, L'école de demain, *Odile Jacob, 2016*. – DALOUS, LE GAC et LANDREAU, Près de 150 milliards d'euros consacrés à l'éducation en 2016. 6,7 % du PIB, *MEN, DEPP-A3, n° 17.32, déc. 2017*. – DEFRESNE et KROP, La massification scolaire sous la Ve République. Une mise en perspective des statistiques de l'Éducation nationale (1958-2014), *MENSRI, Education & Formations, n° 91, Massification scolaire et mixité sociale, sept. 2016. 5*. – DUBET, L'école des chances : Qu'est-ce qu'une école juste ?, *Le Seuil, coll. La République des idées, 2004*. – DUPUIS, En finir avec les mêmes cours pour tous, *Le Monde, 13 mai 2010. 12*. – MAURIN, A quoi sert l'école ?, *Regards croisés sur l'économie, éd. La découverte, 2012/2, n° 12, p. 11*. – PROST et BAUDRY, Quels enseignements tirer de la démocratisation scolaire, *Regards croisés sur l'économie, éd. La découverte, 2012/2, n° 12, p. 46*. – RAIMBAULT, L'avenir de l'école à la lumière de la loi Fillon, *AJDA 2006. 1421*. – NAU, Les inégalités à l'école, *C. comptes, Les éditions du JO, sept. 2011*. – SAGET, Principe pour l'élaboration d'une politique éducative d'établissement, *Rapp. IGEN, n° 2011-049, mai 2011*. – L'Éducation nationale face à l'objectif de la réussite de tous les élèves, *Rapport thématique 2010*. – Les Français et leur école. Le miroir du débat, Commission du débat national sur l'avenir de l'école, *Dunod, 2004*. – Les grandes mutations qui transforment l'éducation, *OCDE, Centre for Educational Research and Innovation, Latest Editions, 2016*.

Art. L. 121-1 Les écoles, les collèges, les lycées et les établissements d'enseignement supérieur sont chargés de transmettre et de faire acquérir connaissances et méthodes de travail. Ils contribuent à favoriser *(L. n° 2005-380 du 23 avr. 2005, art. 5)* **« la mixité et » l'égalité entre les hommes et les femmes** *(L. n° 2005-380 du 23 avr. 2005, art. 6)* **« , notamment en matière d'orientation ».** *(L. n° 2007-297 du 5 mars 2007, art. 12)* **« Ils concourent à l'éducation à la responsabilité civique** *(L. n° 2018-698 du 3 août 2018, art. 2)* **« , y compris dans l'utilisation d'internet et des services de communication au public en ligne, » et participent à la prévention de la délinquance. » Ils assurent une formation à la connaissance et au respect des droits de la personne ainsi qu'à la compréhension des situations concrètes qui y portent atteinte. Ils dispensent une formation adaptée dans ses contenus et ses méthodes aux évolutions économiques, sociales et culturelles du pays et de son environnement européen et international. Cette formation peut comprendre un enseignement, à tous les niveaux, de langues et cultures régionales.** *(L. n° 2013-595 du 8 juill. 2013, art. 10)* **« L'éducation artistique et culturelle » ainsi que l'éducation physique et sportive concourent directement à la formation de tous les élèves. Dans l'enseignement supérieur, des activités physiques et sportives sont proposées aux étudiants.** *(L. n° 2010-121 du 8 févr. 2010, art. 3)* **« Les écoles, les collèges et les lycées assurent une mission d'information sur les violences** *(L. n° 2020-766 du 24 juin 2020, art. 14)* **« , y compris en ligne, » et une éducation à la sexualité »** *(L. n° 2018-703 du 3 août 2018, art. 10)* **« ainsi qu'une obligation de sensibilisation des personnels enseignants aux violences sexistes et sexuelles** *(L. n° 2021-1109 du 24 août 2021, art. 32)* **« ainsi qu'aux mutilations sexuelles féminines » et à la formation au respect du non-consentement. »**

BIBL. ▸ **Sur les langues d'enseignement :** AKKARI et COSTE, Les langues d'enseignement entre politiques officielles et stratégies des acteurs, *in* Les langues d'enseignement, un enjeu politique, *CIEP, Revue internationale d'éducation de Sèvres, n° 70, déc. 2015*. – BEACCO, Le Conseil de l'Europe et les langues de scolarisation, *in* Les langues d'enseignement, un enjeu politique, *CIEP, Revue internationale d'éducation de Sèvres, n° 70, déc. 2015*.

Sur la langue française : CLAISSE, Le droit et la langue française, *LPA, n° 48, 22 avr. 1994*. – CLAPIE, Le français restera la langue de la République, *LPA 2000, n° 3. 14*. – DAUPS, Le compromis constitutionnel entre la langue de la République et les langues régionales ou les limites et les potentialités de l'unicité, *LPA, 2002, n° 146. 18*. – FRAISSEIX, La France, les langues régionales et la Charte européenne des langues régionales et minoritaires, *RFDA 2001. 59*. – FRANGI, Les collectivités locales face aux langues régionales, *AJDA 2000. 300*. – GRANGE et LEROUX, Le français à l'entrée en sixième, *Gallimard, coll. Le débat, n° 128, janv.-févr. 2004*. – LOYER, Langues nationales et régionales : une relation géopolitique, *Hérodote 2002, n° 105*. – LATOURNERIE, Le droit de la langue française, *EDCE, Doc. fr. n° 36, 1986. 89*. – MÉLIN-SOUCRAMANIEN, La République contre Babel. A propos de la décision du Conseil constitutionnel n° 99-442 DC du 15 juin 1999, Charte européenne des langues régionales ou minoritaires, *RD publ. 1999. 985*. – PONTIER, Langues régionales : la porte ouverte ?, *AJDA 2008. 2193*. – SCOFFONI et GOULLIER, Les dispositifs bilangues, *Rapp. IGEN, 2004.* – TOUBON, La loi du 4 août 1994 : la langue française posée comme langue du service public, *Cah. fonct. publ. 2003, n° 227. 5.* – VIGNER, Le français, langue de l'école, langue à l'école. Sur un consensus encore inentamé en France, *in* Les langues d'enseignement, un enjeu politique, *CIEP, Revue internationale d'éducation de Sèvres, n° 70, déc. 2015.* – VIOLA, Écoles Diwan : l'impossible intégration ?, *RD publ. 2002. 1351.*

► **Sur l'égalité filles-garçons** : AMSELLEM-MAINGUY, Les filles du coin, *Presses de Sciences Po, 2021.* - CHARPENET, Le droit à l'éducation des filles : approche de droit international et européen, *Thèse, Univ. Bordeaux, 2018.* – DURU-BELLAT, La Tyrannie du genre, *Presses de Sciences Po, 2017.* – FARRUGIA, RAKOCEVIC, Objectif de développement durable « éducation » : où en sont les filles et les garçons ?, *MENJS-DEPP, Note d'Information n° 21.13, mars 2021.* - FAYOLLE, Genre, savoir et citoyenneté : les enjeux politiques de l'éducation des filles (de 1789 aux années 1820), *Thèse, Univ. Paris 8, 2013.* – LEROY, BIAGGI, DEBUCHY, DUCHÊNE, GAUBERT-MACON, JELLAB, LOEFFEL, et RÉMY-GRANGER, L'égalité entre filles et garçons dans les écoles et les établissements, *MEN, Rapp. IGEN-IGAENR, n° 2013-041, mai 2013.* – MORIN-MESSABEL, ROUYER et CONSTANS, L'égalité filles-garçons à l'école. Apports des recherches en psychologie sociale et en psychologie du développement au regard des politiques éducatives, *in* L'égalité entre les filles et les garçons, entre les femmes et les hommes, dans le système éducatif, *Éducation et Formations, vol. 3, n° 98, déc. 2018. 47.* – L'égalité entre les filles et les garçons, entre les femmes et les hommes, dans le système éducatif, *Éducation et Formations, vol. 3, n° 98, déc. 2018.* – ROGERS, L'éducation des filles : les maisons d'éducation de la Légion d'Honneur, 1810-1881 : de la sociologie scolaire à la construction des identités, *Thèse, Paris EHESS, 1987.* – Filles et garçons à l'école, sur le chemin de l'égalité, *MEN, DGESCO-DEPP, mars 2008.* – Filles et garçons sur le chemin de l'égalité de l'école à l'enseignement supérieur, *MEN, DEPP mars 2011 ; MENJJS-DEPP, 2021.* – Filles et garçons sur le chemin de l'égalité, de l'école à l'enseignement supérieur, *MENESR, DEPP, éd. 2020.* – L'égalité entre les filles et les garçons, entre les femmes et les hommes, dans le système éducatif, *Éducation et formations, n° 96 (vol. 1), mars 2018, n° 97 (vol. 2), sept. 2018, n° 98 (vol. 3), déc. 2018, n° 99 (vol. 4), juill. 2019.*

► **Sur l'enseignement par immersion :** CHAUFFIN, Diwan, 40 ans déjà, *éd. Yoran Embanner, 2017* ; Diwan, pédagogie et créativité : approche critique des relations entre pédagogie, créativité et revitalisation de la langue bretonne dans les écoles associatives immersives Diwan, *Thèse, Université Rennes 2, 2015.* – MEIRIEU, La riposte. Écoles alternatives. Neurosciences. Bonnes vieilles méthodes. Pour en finir avec les miroirs aux alouettes, *Autrement, 2018.* – POUSSIN, La pédagogie Montessori, *PUF, coll. Que sais-je ?, 2017.* – SAINTOURENS, Maria Montessori, Pionnière de l'éducation, *Le Monde, 4 au 10 août 2020.*

► **Sur les phénomènes sectaires :** GAUTHIER, La protection des phénomènes sectaires dans le champ de l'éducation nationale : où en sommes-nous en 2010 ?, *LIJ 2010, n° 146, p. 29.*

I. ENSEIGNEMENT DE LANGUES ET CULTURES RÉGIONALES

1. Simple faculté. Si diverses lois ont prévu la possibilité de dispenser en partie l'enseignement primaire dans une autre langue que le français, ces dispositions ne créent pas au bénéfice des parents d'élèves le droit à l'organisation d'un enseignement bilingue ; l'administration, qui a la faculté d'organiser un tel enseignement, ne saurait toutefois faire un usage erroné de son pouvoir d'appréciation ou fonder sa décision sur des faits matériellement inexacts. Elle ne saurait de même s'interdire par avance d'exercer le pouvoir discrétionnaire dont elle dispose en la matière en arrêtant une position de principe, ou s'abstraire de son obligation de ne rendre une décision qu'après avoir procédé à un examen particulier des circonstances de l'espèce. • CAA Nancy, 24 juin 2002, *M. Potel et a.*, n° 01NC00524 : *AJDA 2002. 770*.

2. Personnels volontaires. Le service public de l'éducation ne comporte d'enseignement en langue locale que dans la mesure où des instituteurs sont volontaires pour l'assurer ; l'administration n'a pas l'obligation de l'organiser dans les écoles primaires. Du seul fait que l'enseignement du breton dispensé par un instituteur dans une circonscription n'a pas été poursuivi après le départ de celui-ci, l'administration n'a pas méconnu les principes d'égalité des usagers et de continuité du service public. • CE 15 avr. 1996, *Assoc. des parents d'élèves pour l'enseignement du breton*, n° 165114.

II. MÉTHODE DE L'IMMERSION

3. Français : langue officielle. La Constitution de 1958 précise que la langue officielle de la République est le français. Le Conseil constitutionnel a très nettement explicité la portée de la norme constitutionnelle que le législateur a mis en œuvre : « L'usage du français s'impose aux personnes morales de droit public et aux personnes de droit privé dans l'exercice d'une mission de service public (...) les particuliers ne peuvent se prévaloir, dans leurs relations avec les administrations et les services publics, d'un droit à l'usage d'une langue autre que le français, ni être contraints à un tel usage... ». • Cons. const. 15 juin 1999, *Charte européenne des langues régionales ou minoritaires*, n° 99-412 DC : *Rec. Cons. const. 71 ; AJDA 1999. 573, comm. Schoettl* ; *JCP 1999. 10198. 2038, note Debbasch.*

4. Portée du bilinguisme. L'introduction du bilinguisme en tant qu'instrument pédagogique porte atteinte au principe d'indivisibilité de la République. Intervenant dans le cadre de la procédure du référé, des dispositions prises par le ministre de l'éducation nationale sont annulées. • CE, réf., 15 juill. 2002, *UNSA éducation et a.*, n°s 248203 et 248205 : *LPA 2002, n° 217. 17, note Chicot ; LPA 2002, n° 15. 28, note Schoettl.*

5. Langue régionale. La langue nationale ne peut être reléguée en seconde place, derrière une langue régionale, au titre de langue d'enseignement et de communication dans l'établissement. • CE 29 nov. 2002, *Conseil national groupes académiques de l'enseignement public, UNSA et a.*, n°s 248192 et 248204 : *AJDA 2002. 1512*.

6. Il est tout à fait possible d'enseigner une langue régionale, sous réserve que cet enseignement ne revêt pas un caractère obligatoire et qu'il n'ait pas pour objet de soustraire les élèves aux droits et obligations applicables à l'ensemble des usagers des établissements qui assurent le service public de l'éducation ou sont associés à celui-ci. • Cons. const. 9 mai 1991, *Loi portant statut de la collectivité territoriale de Corse*, n° 91-290 DC : *JO 14 mai, p. 6350 ; Rec. Cons. const. 50 ; GDCC, n° 44* • Cons. const. 9 avr. 1996, *Loi organique portant statut d'autonomie de la Polynésie française*, n° 96-373 DC : *JO 13 avr., p. 5724 ; Rec. Cons. const. 43* • Cons. const. 27 déc. 2001, *Loi de finances pour 2002*, n° 2001-456 DC : *JO 29 déc., p. 21159 ; Rec. Cons. const. 180.*

7. Méthode « Diwan ». L'enseignement par immersion dispensé dans les établissements « Diwan », prévu dès la maternelle, consiste en une éducation quasi exclusive en breton, qui est également la langue de vie de l'établissement. Le français est introduit progressivement dans l'enseignement à compter seulement du second cycle de l'école élémentaire. Dans le secondaire, le breton reste la langue principale de tous les enseignements et la langue de vie des établissements. Cet enseignement est manifestement illégal dans le cadre du service public de l'éducation. L'obligation d'utiliser le français comme langue d'enseignement s'impose à tous les établissements participant au service public. Elle ne permet pas un enseignement quasi exclusif en langue régionale. De même, elle ne permet pas un enseignement pour moitié en langue régionale dès lors que n'est pas garantie qu'une partie au moins des enseignements des différentes disciplines se fait en français. • CE 29 nov. 2002, *SNES et a.*, n° 238653 : *AJDA 2003. 1512, note Viola* ; *LPA 2003, n° 111. 9, concl. Schwartz ; Dr. adm. 2003. 9 et 13, comm. R. S. ; JCP Adm. 2002. n° 10. 329, comm. Koubi et Guglielmi ; LPA 2002, n° 217. 17, note Chicot.*

III. ACQUISITION DES CONNAISSANCES ET MÉTHODES DE TRAVAIL

8. La mission du service public de l'éducation consiste non seulement à assurer les enseignements mais aussi à organiser l'évaluation des connaissances à la fin d'un cycle de scolarité. • CE 13 févr. 1987, *Toucheboeuf et Mme Royer*, n°s 62008 et 62009 : *Lebon 45*.

9. En inscrivant leur enfant dans une école Montessori à pédagogie spéciale, les parents qui signent le règlement intérieur apprennent et acceptent que la philosophie et la pédagogie de l'école impliquent une prise de vues vidéo et des photos de l'élève, dans le cadre des activités scolaires. Ils ne peuvent donc pas prétendre que leur bonne foi a été abusée. Ils conservent le droit d'interdire l'utilisation, hors de l'école, des documents ainsi réalisés. • Paris, 14 févr. 2002, *B. : D. 2002. 2004, note Ravanas*.

10. Lutte contre les discriminations. Organisation de campagnes. Obligation de neutralité. En application des dispositions des art. L. 121-1 et L. 312-17-1 C. éduc., et en complément de leur mission d'enseignement, les autorités chargées du service public de l'éducation nationale doivent apporter aux élèves de l'enseignement public une information relative à la lutte contre les discriminations fondées, notamment, sur l'orientation sexuelle, information pour laquelle elles peuvent avoir recours à l'intervention d'associations spécialisées en la matière. L'information ainsi apportée doit être adaptée aux élèves auxquels elle est destinée, notamment à leur âge, et être délivrée dans le respect du principe de neutralité du service public de l'éducation nationale et de la liberté de conscience des élèves. Il incombe à l'administration, avant de lancer une campagne d'information, de s'assurer que les éléments diffusés par le dispositif auquel elle entend avoir recours respectent ces principes. En l'espèce, la décision de mener dans les établissements d'enseignement secondaire une campagne d'information invitant les élèves à consulter un site internet comportant des informations sur l'usage de la drogue, sur la pédophilie et sur des modalités interdites d'insémination artificielle sans mentionner le caractère illégal de ces pratiques méconnaît la neutralité du service public de l'éducation nationale. Le site internet de « Ligne Azur » présentait l'usage de drogues comme susceptible de « faire tomber les inhibitions » et comme « purement associé à des moments festifs » sans mentionner l'illégalité de cette pratique, et définissait la pédophilie comme une « attirance sexuelle pour les enfants » sans faire état du caractère pénalement répréhensible des atteintes ou agressions sexuelles sur mineurs. Le site renvoyait, en outre, à une brochure intitulée « Tomber la culotte », laquelle incitait à la pratique de l'insémination artificielle par sperme frais, interdite par l'art. L. 1244-3 CSS et l'art. 511-12 C. pén. • CE 15 oct. 2014, *Conf. nat. des assoc. familiales catholiques c/ MEN*, n° 369965 : *Lebon ; AJDA 2014. 2032 ; ibid. 2015. 100, note Chevalier ; D. 2014. 2451, note de Dieuleveult*.

Art. L. 121-2 *(L. n° 2013-595 du 8 juill. 2013, art. 9)* **La lutte contre l'illettrisme et l'innumérisme constitue une priorité nationale. Cette priorité est prise en compte par le service public de l'éducation ainsi que par les personnes publiques et privées qui assurent une mission de formation ou d'action sociale. Tous les services publics contribuent de manière coordonnée à la lutte contre l'illettrisme et l'innumérisme dans leurs domaines d'action respectifs.**

BIBL. ▶ De Lescure, L'illettrisme en France, *Doc. fr., coll. Problèmes politiques et sociaux, 1999, n° 828*. – Geoffroy, Lutter contre l'illettrisme, *Ministère du travail, coll. des Rapports officiels, 2002*. – La mise en œuvre du plan de prévention de l'illettrisme au cours préparatoire en 2003-2004, *Rapp. IGEN, 2004*.

Art. L. 121-3 I. – **La maîtrise de la langue française et la connaissance de deux autres langues font partie des objectifs fondamentaux de l'enseignement.**

II. – *(L. n° 2013-660 du 22 juill. 2013, art. 2-I)* **« La langue de l'enseignement, des examens et concours, ainsi que des thèses et mémoires dans les établissements publics et privés d'enseignement est le français. Des exceptions peuvent être justifiées :**

« 1° Par les nécessités de l'enseignement des langues et cultures régionales ou étrangères ;

« 2° Lorsque les enseignants sont des professeurs associés ou invités étrangers ;

« 3° Par des nécessités pédagogiques, lorsque les enseignements sont dispensés dans le cadre d'un accord avec une institution étrangère ou internationale tel que prévu à l'article L. 123-7 ou dans le cadre d'un programme européen ;

« 4° Par le développement de cursus et diplômes transfrontaliers multilingues.

« Dans ces hypothèses, les formations d'enseignement supérieur ne peuvent être que partiellement proposées en langue étrangère et à la condition que l'accréditation concernant ces formations fixe la proportion des enseignements à dispenser en français. Le ministre chargé de l'usage de la langue française en France est immédiatement informé des exceptions accordées, de leur délai et de la raison de ces dérogations.

« Les étudiants étrangers bénéficiant de formations en langue étrangère suivent un enseignement de langue française lorsqu'ils ne justifient pas d'une connaissance suffisante de cette dernière. Leur niveau de maîtrise suffisante de la langue française est évalué pour l'obtention du diplôme.

« Les enseignements proposés permettent aux étudiants francophones d'acquérir la maîtrise de la langue d'enseignement dans laquelle ces cours sont dispensés. »

Les écoles étrangères ou spécialement ouvertes pour accueillir des élèves de nationalité étrangère, ainsi que les établissements dispensant un enseignement à caractère international, ne sont pas soumis à *(L. n° 2013-660 du 22 juill. 2013, art. 2-II)* **« l'obligation prévue au premier alinéa ».**

Sur l'organisation de l'enseignement des langues vivantes étrangères dans l'enseignement scolaire et la réglementation applicable à certains diplômes nationaux, V. art. D. 312-16 s.

BIBL. ▶ Debène, Dix ans de sections européennes, Actes du séminaire du 12 mars 2002, *eduscol.education.fr, MEN, DESCO, mars 2002*.

COMMENTAIRE

Parmi les objectifs fondamentaux de l'enseignement figure la maîtrise de la langue française (art. L. 121-3-I) que l'école garantit à tous les élèves (art. L. 111-1, al. 7) et qui justifie l'érection en priorité nationale de la lutte contre l'illettrisme (art. L. 121-2). La « langue de la République en vertu de la Constitution, la langue française, est un élément fondamental de la personnalité et du patrimoine de la France » (Loi Toubon n° 94-665 du 4 août 1994 relative à l'emploi de la langue française, art. 1er, al. 1er). Elle est la langue de l'administration, des services publics, et donc des établissements publics qui peuvent être symbolisés par un logo à la condition qu'il ne comporte pas de termes étrangers (TA Paris 21 sept. 2017, n° 1609169, à propos de PSL, initialement « *Research university* »). « Elle est la ***langue de l'enseignement***, du travail, des échanges et des services publics » (art. 1er, al. 2) ; à ce titre, elle doit être utilisée dans les colloques organisés en France (art. 6) et les publications (art. 7) financées par des personnes ayant une mission de service public (Cons. const. 29 juill. 1994, n° 94-345 DC). L'article L. 121-3-II codifie son article 11 en précisant que la langue française est celle des examens et des concours, des mémoires et des thèses (pour l'habilitation à diriger des recherches, HDR, la DAJ a estimé que si certains éléments du dossier peuvent être rédigés en anglais, notamment les publications, le mémoire de synthèse doit être présenté en français, V. note 33 ss. art. L. 612-7). La règle s'applique tant dans l'enseignement scolaire que dans l'enseignement supérieur (le Décr. n° 2002-480 du 8 avr. 2002 arrête l'orthographe « master » en reprenant un terme d'origine anglo-saxonne mais internationalement reconnu sans méconnaître l'art. 2 de la Const. : CE 11 juin 2003, *Ass. Avenir de la langue française*, n° 246971, V. note 1 ss. art. L. 612-6), dans les établissements publics comme dans les établissements privés. Aussi, la possibilité d'organiser des épreuves orales du concours d'entrée à l'École normale supérieure pouvant se dérouler dans une autre langue que le français a été jugée illégale (illégalité du Décr. : CE 22 déc. 1999, n° 206127 ; CE 13 oct. 2003, n° 23855 ; illégalité de la délibération du jury : CE 6 nov. 2002, n° 225222). Toutefois, le Conseil d'État avait pu accepter que des épreuves permettent de vérifier la capacité des candidats à maîtriser ces langues dans le champ scientifique, professionnel ou pratique déterminé, en l'occurrence la comptabilité et la gestion, s'agissant de l'accès à une profession où l'usage des langues étrangères est devenu indispensable (CE 13 janv. 2010, nos 313744 et 317825). En pratique des cursus en langues étrangères, essentiellement en anglais, ont peu à peu été mis en place dans de nombreux établissements, notamment dans les écoles de commerce. La loi n° 2020-1674 de programmation de la recherche (LPR) du 24 décembre 2020 dispose que le HCERES favorise l'usage de la langue française comme langue scientifique (LPR, art. 16, C. rech., art. L. 114-3-1) ; quant à l'Agence nationale de la recherche, qui finance les actions de recherche, elle doit favoriser la publication en langue française (LPR, art. 21 ; C. rech., art. L. 329-4).

L'ouverture au monde, l'accueil des étudiants et chercheurs étrangers dans les établissements et les séjours des étudiants et chercheurs français à l'étranger ont imposé un assouplissement du principe.

Initialement, l'article L. 121-3 prévoyait deux exceptions très restrictives justifiées, les unes par les nécessités de l'enseignement des langues et cultures régionales, les autres par la participation à l'enseignement de professeurs associés ou étrangers pouvant d'ailleurs être à la fois associés et étrangers. La volonté de développer les échanges internationaux (enseignements proposés dans le cadre d'accords avec des universités étrangères ou de programmes financés par l'Union européenne, formations binationales, cotutelle des thèses) et d'améliorer l'attractivité de l'enseignement supérieur français vis-à-vis des étudiants étrangers entraîna la réouverture du débat. Les débats parlementaires ont permis une nouvelle fois aux députés et sénateurs d'échanger des arguments classiques (sinon éculés) sur la place du français tant dans les services publics de la République que dans l'espace francophone ; les réticences des uns furent contrebalancées par le réalisme des autres. La loi ESR du 22 juillet 2013, dite loi Fioraso, qui en résulta ajoute des nouvelles exceptions comme « les nécessités pédagogiques, lorsque les enseignements sont dispensés dans le cadre d'un accord avec une institution étrangère ou internationale tel que prévu par l'article L. 123-7 ou dans le cadre d'un programme européen ». Dans ces hypothèses, l'usage d'une langue étrangère ne peut être que partiel, l'accréditation devant fixer la proportion des enseignements dispensés en français. Une exception est toutefois prévue pour « les écoles étrangères ou spécialement ouvertes pour accueillir des élèves de nationalité étrangère ainsi que les établissements dispensant un enseignement à caractère international » (art. L. 121-3, dernier al.). Ainsi, le juge a pu reconnaître le caractère d'un enseignement à caractère international à un master de l'École normale supérieure, formation de très haut niveau scientifique, bénéficiant du label *« laboratoire d'excellence »*, destiné à développer l'attractivité à l'étranger des formations qui en bénéficient, *« ce qui implique notamment que les cours soient dispensés en anglais ; que l'usage de l'anglais comme langue d'enseignement est l'un des atouts de la formation litigieuse qui accueille majoritairement, voire exclusivement pour certaines années, des étudiants étrangers »* (CAA Paris, 21 mars 2017, *Assoc. Avenir de la langue française*, n° 16PA02801). Malgré les termes restrictifs applicables tant aux établissements publics qu'aux établissements privés, il a en outre été jugé que cette protection de la langue française ne concernait pas les diplômes propres des universités (TA Lille, 17 avr. 2018, n° 1500278).

On peut en rapprocher de l'exception internationale la possibilité donnée aux doctorants dans le cadre de la cotutelle de rédiger la thèse dans une autre langue (dans ce cas, l'art. 25 du Décr. du 25 mai 2016 précise toutefois qu'elle doit être accompagnée d'un résumé substantiel en français).

Un amendement déposé à l'Assemblée nationale ajoute un quatrième cas, certainement inspiré par la pratique des universités d'Alsace, visant « le développement de cursus et diplômes transfrontaliers multilingues ». Se référant implicitement à la jurisprudence (CE, sect., 29 nov. 2002, *SNES*, n° 238653) forgée à propos des classes européennes et bilingues de l'enseignement secondaire, l'article ajoute que « dans ces hypothèses, les formations d'enseignement supérieur ne peuvent être que partiellement proposées en langue étrangère ». On peut ici s'interroger sur ce que *« partiellement »* veut dire ; aucune référence n'est faite à l'exigence des juges qui impose dans l'enseignement scolaire un plafond égal à la moitié des heures. A l'université, la proportion des enseignements à dispenser en français devra être stipulée dans le cadre de l'accréditation pour la durée du contrat (V. art. L. 613-1). Il est en outre prévu que le ministre chargé de l'usage de la langue française en France doit être immédiatement informé des exceptions accordées, de leur délai et de la raison de ces dérogations. Conçu pour renforcer l'attractivité des établissements français, l'article L. 121-3 impose aux étudiants étrangers de suivre un enseignement de langue française lorsqu'ils ne justifient pas d'une connaissance suffisante de cette dernière, le caractère suffisant de leur maîtrise de la langue française étant évalué pour l'obtention du diplôme. Un amendement terminal prend en considération le cas des étudiants francophones pour qui les cours dispensés en langues s'inscrivent dans un processus d'apprentissage de la langue. Ces deux cas (français langue étrangère, enseignement en LVE pour étudiants francophones) étant pédagogiquement différents, il sera inévitable de prévoir des proportions différentes. Pour répondre à l'inquiétude souvent exprimée pour la francophonie, un amendement sénatorial introduit à l'article L. 123-7 une disposition qui encourage « le développement des établissements français et des enseignements en langue française à l'étranger ainsi que le développement de services et ressources pédagogiques numériques favorisant la connaissance et la promotion de la langue française ».

Un amendement introduit à l'Assemblée nationale prévoit que le Gouvernement remette dans un délai de trois ans, aux commissions permanentes compétentes de l'Assemblée nationale et du Sénat, un rapport évaluant l'impact, dans les établissements publics et privés d'enseignement supérieur, de l'article 2 de la loi sur l'emploi du français, l'évolution de l'offre de formations en langue étrangère, la mise en place d'enseignements de la langue française à destination des étudiants étrangers et l'évolution de l'offre d'enseignements en langue française dans des établissements étrangers.

S'agissant du français écrit, les programmes scolaires de 2008 ont admis les « rectifications de l'orthographe proposées par le Rapport du Conseil supérieur de la langue française, approuvées par l'Académie française (JO 6 déc. 1990) » ; à l'école primaire en effet « l'orthographe révisée est la référence » (*BOEN, hors-série n° 3 du 19 juin 2008 ; BOEN spécial n° 6 du 28 août 2008*). Il n'en est pas de même pour l'écriture inclusive, conçue pour rompre avec la domination du masculin, condamnée à l'unanimité par l'Académie française en octobre 2017. Si les administrations relevant de l'État ont adopté la féminisation des titres (préfète, rectrice), elles ont été invitées par le Premier ministre à se conformer aux règles grammaticales et syntaxiques, notamment pour des raisons d'intelligibilité et de clarté de la norme (Circ. du 22 nov. 2017 relative aux règles de féminisation et de rédaction des textes). Il en est de même à l'école : « il y a une seule langue française, une seule grammaire, une seule République » (J.-M. Blanquer, *Ass. nat., 15 nov. 2017*). Toutefois, le Conseil d'État a jugé que l'usage de l'écriture dite « inclusive » ne méconnaît pas les exigences posées par l'article 2 de la Constitution, en vertu duquel « la langue de la République est le français » (CE 18 juill. 2018, n° 418844, à propos d'un arrêté de suspension d'un professeur des universités). La circulaire du Premier ministre ne porte atteinte ni à l'égalité des femmes et des hommes, ni à la liberté d'expression des agents de l'État chargés de la rédaction des actes, ni à la liberté d'expression des enseignants-chercheurs (CE 28 févr. 2019, n° 417128). ❑

1. Néologisme. Les dispositions constitutionnelles et législatives n'interdisent pas au gouvernement d'introduire dans la langue française des mots nouveaux, empruntés notamment à des langues étrangères, pour désigner des institutions ou des notions nouvelles ; ainsi en est-il pour la création d'un nouveau grade universitaire, en substituant au néologisme mastaire, utilisé dans un premier temps, mais susceptible de prêter à confusion avec d'autres dénominations voisines, le terme master, d'origine anglaise, mais internationalement reconnu et adopté par la plupart des États européens, alors que la maîtrise correspondait à un autre niveau d'études et qu'il n'existait pas d'autre appellation dans la terminologie relative aux études universitaires susceptible d'être utilisée, qui impliquait soit la création d'un néologisme, soit l'emploi d'un terme d'origine étrangère et eu égard à l'objectif d'harmonisation des diplômes européens poursuivi par le pouvoir réglementaire et au fait que ce terme devait être aisément identifiable dans l'ensemble des pays de l'Union européenne. • CE 11 juin 2003, *Assoc. Avenir de la langue française*, n°s 246971, 246972 et 246973 A : *AJDA 2003. 1672, note Durand-Prinborgne ; Dr. adm., déc. 2003. 28, note R. S.*

2. Langue des examens et des concours. Quel que puisse être, en fait, l'usage de la langue anglaise dans les publications et travaux de recherche en sciences politiques, notamment dans la matière des relations internationales choisie par le requérant, le jury a méconnu la réglementation dudit concours, en insérant dans le dossier qui a été soumis à l'intéressé des documents rédigés en langue anglaise. • CE 2 mai 1990, n°s 85614 et 90096 B. ♦ Cette disposition ne s'oppose pas à ce que des examens en langue étrangère apprécient le niveau d'acquisition de celle-ci. Pour autant, la langue de l'enseignement est le français. Ainsi, hors la circonstance d'un contrôle de connaissance effectué par un professeur associé ou invité, de nationalité étrangère, ou d'un contrôle de connaissance intervenant dans le cadre d'un enseignement de langue étrangère, seul l'emploi de la langue française est autorisé. * Lettre DAJ B1, n° 08-165, du 23 mai 2008 ; *LIJ 2008, n° 127, p. 24.*

3. Épreuves en langue étrangère (position antérieure). En admettant trois candidats à passer les épreuves orales d'admission dans une autre langue que le français, le jury du concours de l'école normale supérieure a méconnu la règle posée par la L. du 4 août 1994 et a porté une atteinte illégale au principe de l'égalité entre candidats ; sa délibération a été annulée. • CE 6 nov. 2002, n° 225222 : *AJDA 2003. 629, note Legrand*. ♦ Dans le même sens, annulation des dispositions réglementaires prévoyant que certaines épreuves de concours de l'école normale supérieure pouvaient être passées dans une langue autre que le français. • CE 22 déc. 1999, n° 206127 B : *Rev. adm. janv. 2000. 18, obs. R. S.* • 13 oct. 2003, n° 238355.

Puis dans un sens contraire : dans un arrêt rendu sur les requêtes de deux associations de défense de la langue française, le Conseil d'État a jugé que les auteurs du décret contesté avaient pu sans erreur d'appréciation estimer que la maîtrise de la langue anglaise est nécessaire dans le champ professionnel auquel permet d'accéder le diplôme supérieur de comptabilité et de gestion. La vérification des connaissances dans la langue obligatoire de ce diplôme est limitée à une seule épreuve, dont le coefficient est fixé à 1 sur 8,5. Les dispositions du code ne font obstacle ni à ce qu'elle consiste en la vérification de la maîtrise de la langue appliquée à l'un des domaines de connaissances exigées des candidats, ni à ce que la même épreuve permette de vérifier les connaissances des candidats dans ce même domaine. • CE 13 janv. 2010, *Assoc. Défense de la langue française et Assoc. Avenir de la langue française*, n°s 313744 et 317825 A : *AJDA 2010. 72, note Royer ; LIJ n° 143, 2010. 8.*

4. Enseignement à caractère international. Qualification. Pour la première fois, le juge administratif reconnaît le caractère d'un enseignement à caractère international à un master qui exonère cette formation de l'obligation posée par l'art. L. 121-3 selon laquelle la langue de l'enseignement dans les établissements publics et privés d'enseignement est le français. En l'espèce, le juge estime que la formation dispensée par le Centre international de physique fondamentale de l'École normale supérieure, de très haut niveau scientifique, se distingue par son caractère unique en France, bénéficie du label « Laboratoire d'Excellence » depuis l'année 2011, après avoir été sélectionnée par un jury exclusivement international dans le cadre d'un appel à projets. Elle constate que l'un des objectifs de ce label consiste à développer l'internationalisation des projets qu'il sélectionne afin d'augmenter l'attractivité à l'étranger des formations qui en bénéficient, ce qui implique notamment que les cours soient dispensés en anglais. Il estime enfin que l'usage de l'anglais comme langue d'enseignement est l'un des atouts de la formation litigieuse qui accueille majoritairement, voire exclusivement pour certaines années, des étudiants étrangers. • CAA Paris, 21 mars 2017, *Assoc. Avenir de la Langue Française*, n° 16PA02801 : *AJDA 2017. 1408, concl. Oriol ; LIJ 2017, n° 197, p. 1, comm. Moreau.*

5. Langue de rédaction du mémoire. HDR. Interrogée sur la possibilité de rédiger un manuscrit d'habilitation à diriger des recherches en anglais, la DAJ a estimé que « si l'on peut admettre que certains éléments du dossier soient rédigés en anglais (notamment pour les publications), cela n'apparaît pas possible pour le manuscrit rédigé pour la soutenance ». * Lettre DAJ B1 n° 09-310, 1er oct. 2009 : *LIJ 2009, n° 139, p. 21.*

6. Diplômes d'université. Le juge estime que compte tenu de la pleine autonomie reconnue par le législateur aux établissements d'enseignement supérieur pour l'organisation des formations conduisant aux diplômes qui leur sont propres, les dispositions de l'art. L. 121-3 ne sauraient faire obstacle à ce que les enseignements intervenant dans le cadre de ces formations le soient intégralement dans une langue étrangère. Les formations dispensées entièrement en langue anglaise, conduisant au diplôme d'université, peuvent donc être dispensées dans une langue étrangère. • TA Lille, 2 mai 2018, n° 1500278.

7. Langue locale. Aucune disposition législative ou réglementaire n'oblige un recteur à accorder l'autorisation de subir en une langue locale les épreuves d'examen, pas même en une matière où l'enseignement a été dispensé dans cette langue. Le refus ne constitue aucune méconnaissance du principe d'égalité. • CE 1er avr. 1996, n° 157146.

8. Langues vivantes étrangères à l'école primaire. Conditions pour enseigner. Ni le I de l'art. L. 121-3 C. éduc., qui dispose que la connaissance de deux langues étrangères fait partie des objectifs fondamentaux de l'enseignement, ni aucune autre disposition législative ou réglementaire ne réglementent les conditions d'agrément des personnes chargées d'enseigner les langues étrangères à l'école primaire. Par suite, le ministre était compétent pour fixer, de manière impérative et générale, par la circulaire n° 2001-222 du 29 oct. 2001, le principe et la procédure d'habilitation applicables aux personnes, agents titulaires et non titulaires de l'État ou personnels d'autres collectivités publiques qui souhaitent enseigner les langues vivantes étrangères à l'école primaire et participer ainsi au fonctionnement du service public de l'enseignement placé sous sa responsabilité et son autorité. • CAA Paris, 30 juin 2009, n° 07PA02026.

Art. L. 121-4 **Les enseignements scolaires et universitaires ont pour objet de dispenser les connaissances de base et les éléments d'une culture générale incluant les données scientifiques et techniques, de préparer à une qualification et de concourir à son perfectionnement et à son adaptation au cours de la vie professionnelle.** – *[L. n° 71-577 du 16 juill. 1971, art. 2.]*

Art. L. 121-4-1 *(L. n° 2013-595 du 8 juill. 2013, art. 12)* **I. – Au titre de sa mission d'éducation à la citoyenneté, le service public de l'éducation prépare les élèves à vivre en société et à devenir des citoyens responsables et libres, conscients des principes et des règles qui fondent la démocratie. Les enseignements mentionnés à l'article L. 312-15 et les actions engagées dans le cadre du comité prévu à l'article L. 421-8 relèvent de cette mission.**

II. – Le champ de la mission de promotion de la santé à l'école comprend :

1° La mise en place d'un environnement scolaire favorable à la santé ;

2° L'élaboration, la mise en œuvre et l'évaluation de programmes d'éducation à la santé destinés à développer les connaissances des élèves à l'égard de leur santé et de celle des autres *(L. n° 2016-41 du 26 janv. 2016, art. 3)* **« et à l'égard des services de santé » ;**

3° La participation à la politique de prévention sanitaire mise en œuvre en faveur des enfants et des adolescents, aux niveaux national, régional et départemental *(L. n° 2016-41 du 26 janv. 2016, art. 3)* **« , et la promotion des liens entre services de santé scolaire, services de prévention territorialisée, services de santé ambulatoire et services hospitaliers » ;**

(L. n° 2016-41 du 26 janv. 2016, art. 3) **« 3° *bis* La coordination des actions conduites dans le cadre de la protection et de la promotion de la santé maternelle et infantile avec les missions conduites dans les écoles élémentaires et maternelles ; »**

4° La réalisation des examens médicaux et des bilans de santé définis dans le cadre de la politique de la santé en faveur des enfants et des adolescents ainsi que ceux nécessaires à la définition des conditions de scolarisation des élèves ayant des besoins particuliers ;

5° La détection précoce des problèmes de santé *(L. n° 2019-791 du 26 juill. 2019, art. 29)* **« physique ou psychique » ou des carences de soins pouvant entraver la scolarité ;**

6° L'accueil, l'écoute, l'accompagnement et le suivi individualisé des élèves ;

7° La participation à la veille épidémiologique par le recueil et l'exploitation de données statistiques.

La promotion de la santé à l'école telle que définie aux 1° à 7° du présent II relève en priorité des *(L. n° 2021-502 du 26 avr. 2021, art. 2)* **« personnels médicaux, infir-**

miers, assistants de service social et psychologues de l'éducation nationale, travaillant ensemble de manière coordonnée. »

(L. nº 2016-41 du 26 janv. 2016, art. 3) **« Elle est conduite, dans tous les établissements d'enseignement, y compris les instituts médico-éducatifs, conformément aux priorités de la politique de santé et dans les conditions prévues à l'article L. 1411-1-1 du code de la santé publique, par les autorités académiques en lien avec les agences régionales de santé, les collectivités territoriales et les organismes d'assurance maladie concernés. Elle veille également à sensibiliser l'environnement familial des élèves afin d'assurer une appropriation large des problématiques de santé publique. »**

(L. nº 2016-41 du 26 janv. 2016, art. 4) **« Des acteurs de proximité non professionnels de santé concourent également à la promotion de la santé à l'école. Des actions tendant à rendre les publics cibles acteurs de leur propre santé sont favorisées. Elles visent, dans une démarche de responsabilisation, à permettre l'appropriation des outils de prévention et d'éducation à la santé. »**

BIBL. ▶ ARZOUMANIAN, CHABANON, RIVIÈRE, DE LA HAYE et GOMBERT, Journée défense et citoyenneté 2016 : environ un jeune Français sur dix en difficulté de lecture, *MEN, Note d'information, nº 17-17, juin 2017.* – CHABANON, Journée défense et citoyenneté 2019 : plus d'un jeune Français sur dix en difficulté de lecture, *MENJ, Note d'information, nº 20.20, juin 2020.* – MORIN, L'enseignement moral et civique fait toujours débat, *Le Monde, 1er-2 nov. 2020. 12.*

Art. L. 121-4-2 *(L. nº 2018-493 du 20 juin 2018, art. 22)* **L'autorité responsable des traitements de données à caractère personnel mis en œuvre dans les établissements publics d'enseignement scolaire met à la disposition du public le registre comportant la liste de ces traitements, établi conformément aux dispositions du règlement (UE) 2016/679 du Parlement européen et du Conseil du 27 avril 2016 relatif à la protection des personnes physiques à l'égard du traitement des données à caractère personnel et à la libre circulation de ces données, et abrogeant la directive 95/46/CE comportant la liste de ces traitements.**

BIBL. ▶ CHARRIER, Le point sur le règlement général sur la protection des données (RGPD) du 27 avril 2016 et la loi de transposition du 20 juin 2018 relative à la protection des données personnelles, *LIJ 2018, nº 204, p. 24.*

Art. L. 121-5 **L'éducation physique et sportive et le sport scolaire et universitaire contribuent à la rénovation du système éducatif, à la lutte contre l'échec scolaire** *(L. nº 2013-595 du 8 juill. 2013, art. 11)* **« , à l'éducation à la santé et à la citoyenneté » et à la réduction des inégalités sociales et culturelles.** *(L. nº 2013-595 du 8 juill. 2013, art. 11)* **« Les contenus et l'enseignement de l'éducation physique et sportive sont de la responsabilité de l'éducation nationale. Le sport scolaire participe de la nécessaire complémentarité avec les pratiques périscolaires et extrascolaires en lien avec les projets éducatifs territoriaux et les partenariats avec le mouvement sportif associatif. »**

BIBL. ▶ LEBLANC, Le sport scolaire dans le premier et le second degré, *Rapp. IGEN, 2001.*

Art. L. 121-6 *(L. nº 2013-595 du 8 juill. 2013, art. 10)* **« L'éducation artistique et culturelle contribue » à l'épanouissement des aptitudes individuelles et à l'égalité d'accès à la culture.** *(L. nº 2013-595 du 8 juill. 2013, art. 10)* **« Elle favorise la connaissance du patrimoine culturel et de la création contemporaine et participe au développement de la créativité et des pratiques artistiques. L'éducation artistique et culturelle est principalement fondée sur les enseignements artistiques. Elle comprend également un parcours pour tous les élèves tout au long de leur scolarité dont les modalités sont fixées par les ministres chargés de l'éducation nationale et de la culture. Ce parcours est mis en œuvre localement ; des acteurs du monde culturel et artistique et du monde associatif peuvent y être associés. »**

(L. nº 2013-595 du 8 juill. 2013, art. 10) **« Les enseignements artistiques » portent sur l'histoire de l'art et sur la théorie et la pratique des disciplines artistiques, en particulier de la musique instrumentale et vocale, des arts plastiques** *(L. nº 2013-595 du 8 juill. 2013, art. 10)* **« et visuels », de l'architecture, du théâtre, du cinéma, de l'expression audiovisuelle, des arts du cirque, des arts du spectacle, de la danse et des arts appliqués.**

Les enseignements artistiques font partie intégrante de la formation scolaire primaire et secondaire. Ils font également l'objet d'enseignements spécialisés et d'un enseignement supérieur.

BIBL. ▶ BULLARA, Favoriser les pratiques culturelles, sportives et citoyennes en faveur de la jeunesse, *Rapport de la mission ministérielle sur les pratiques culturelles, sportives et citoyennes en faveur de la jeunesse, 2004*. – RIOU, Le droit et les enseignements artistiques, *LPA 1996, nº 45. 15*. – JUPPÉ-LEBLOND, CHIFFERT, LESAGE et KRYNEN, L'éducation aux arts et à la culture, *Rapport au ministre délégué à l'enseignement scolaire et au ministre de la culture et de la communication, 2003*. – La place des enseignements artistiques dans la réussite des élèves, *Rapp. IGEN, 2000*. V. également Bibl. ss. art. L. 312-5.

Art. L. 121-7 La technologie est une des composantes fondamentales de la culture. Les écoles, les collèges, les lycées et les établissements d'enseignement supérieur relevant des ministères de l'éducation nationale et de l'agriculture assurent un enseignement de technologie. – *[L. nº 85-1371 du 23 déc. 1985, art. 2.]*

Art. L. 121-8 *(L. nº 2021-1104 du 22 août 2021, art. 5)* **L'éducation à l'environnement et au développement durable, à laquelle concourent l'ensemble des disciplines, permet aux élèves de comprendre les enjeux environnementaux, sanitaires, sociaux et économiques de la transition écologique et du développement durable. Elle est dispensée tout au long de la formation scolaire, d'une façon adaptée à chaque niveau et à chaque spécialisation, afin de développer les connaissances scientifiques et les compétences des élèves en vue de leur permettre de maîtriser ces enjeux, notamment ceux relatifs au changement climatique, à la santé environnementale et à la préservation de la biodiversité terrestre et marine, sur l'ensemble du territoire national, de maîtriser des savoir-faire et de préparer les élèves à l'exercice de leurs responsabilités de citoyen. Le ministère chargé de l'éducation nationale garantit les contenus, les modalités de mise en pratique de ces contenus et la cohérence du déploiement de l'éducation à l'environnement et au développement durable dans le cadre scolaire.**

CHAPITRE II OBJECTIFS ET MISSIONS DE L'ENSEIGNEMENT SCOLAIRE

BIBL. GÉN. ▶ AGACINSKI, HARFI et LY, Quelles priorités éducatives ? Enjeux, France Stratégie, *2017-2027, note mai 2016*. – FABRERON, école et citoyenneté, *LPA 2006. 3*. – HOUCHOT et ROBINE, Les livrets de compétences : nouveaux outils pour l'évaluation des acquis, *Rapp. IGEN, juin 2007*. – KERRERO, École, démocratie et société, *Berger-Levrault, coll. Au fil du débat, 2016*. – POUZARD et ROGER, L'enseignement à distance : sa contribution à la réussite des élèves, *Rapp. IGEN, 2000*.

Art. L. 122-1 *Cet art. est devenu l'art. L. 131-1-1 (L. nº 2005-380 du 23 avr. 2005, art. 7).*

Art. L. 122-1-1 *(L. nº 2013-595 du 8 juill. 2013, art. 13-1º)* **« La scolarité obligatoire doit garantir à chaque élève les moyens nécessaires à l'acquisition d'un socle commun de connaissances, de compétences et de culture, auquel contribue l'ensemble des enseignements dispensés au cours de la scolarité. Le socle doit permettre la poursuite d'études, la construction d'un avenir personnel et professionnel et préparer à l'exercice de la citoyenneté. Les éléments de ce socle commun et les modalités de son acquisition progressive sont fixés par décret, après avis du Conseil supérieur des programmes. »**

L'acquisition du socle commun par les élèves fait l'objet d'une évaluation, qui est prise en compte dans la poursuite de la scolarité.

Le Gouvernement présente tous les trois ans au Parlement un rapport sur la manière dont les programmes prennent en compte le socle commun et sur la maîtrise de celui-ci par les élèves au cours de leur scolarité.

BIBL. ▶ CÉDELLE, Un collégien sur cinq sait à peine lire et compter. Le Haut Conseil de l'éducation propose de passer du « collège unique » à l'école du socle commun, *Le Monde, 2 oct. 2010. 11*. – GROSPERRIN, Rapport sur la mise en œuvre du socle commun de connaissances et de compétences au collège, *Rapport d'information nº 2446, avr. 2010*. – HEYMANN-DOAT, Le socle commun des connaissances et des compétences : un test pour la capacité d'adaptation de l'Éducation nationale, *in Penser la Science administrative dans la post-modernité. Mél. en l'honneur du professeur Jacques Chevallier, LGDJ, 2013*. – HOUCHOT et ROBINE, Les livrets de compétences : nouveaux outils pour l'évaluation des acquis, *Rapp. IGEN, juin 2007*. – MOREAU, Socle commun, *in* Éditorial, *LIJ 2014, nº 183, p. 1*. – RAULIN et BENCHENEB, Le socle commun de connaissances et de compétences, *Hachette éducation, coll. Ressources formation, 2008*. – Recommandations pour le socle commun, *Haut Conseil de l'éducation, 23 mars 2006, www.hce.education.fr* ; Mise en œuvre du socle commun. – Bilan des résultats de l'école, *Haut Conseil de l'éducation, 2011, www.hce.education.fr*.

COMMENTAIRE

La refondation pédagogique qui est le premier volet de la refondation de l'École de la République passe par une redéfinition du socle commun introduit par la loi Fillon du 23 avril 2005 adoptée après le grand débat sur l'avenir de l'école conclu par le rapport Thélot (2004). L'idée de garantir à tous les élèves à l'issue de la scolarité obligatoire les moyens nécessaires pour acquérir les connaissances et compétences pour assurer leur réussite avait été retenue par le législateur (le décret de Robien du 11 juill. 2006 faisant toutefois marche arrière en définissant les compétences par les programmes). Huit ans plus tard, sur la base d'un bilan mitigé, elle est reprise, modifiée, consolidée par la loi du 8 juillet 2013 pour la refondation de l'École de la République sous la nouvelle dénomination de ***socle commun de connaissances, de compétences et de culture (SCCC ou S3C)*** avec la volonté d'améliorer son intégration au déroulement de la scolarité obligatoire qui représente dix années de la vie et de la formation des enfants, de six à seize ans, et regroupe les enseignements de l'école élémentaire et du collège. La scolarité obligatoire poursuit un double objectif de formation et de socialisation et vise à donner aux élèves une culture commune, fondée sur les connaissances et compétences indispensables, leur permettant de s'épanouir personnellement et socialement, de réussir la suite de leur parcours de formation, de s'insérer dans la société et dans la cité (citoyenneté). Le socle commun est désormais conçu pour devenir une référence centrale pour les enseignants, les autres acteurs et partenaires de l'école ; il doit définir les finalités de la scolarité obligatoire et permettre la réussite de tous les élèves (V. annexe ss. art. D. 122-3).

Depuis longtemps, les notions de culture commune, de socle fondamental ou de socle commun de connaissances et de compétences avaient alimenté le débat sur les savoirs qu'il convient d'enseigner pendant la scolarité obligatoire. La réforme Haby instaurant le collège unique en 1977 avait évoqué l'établissement au collège d'un « socle commun de connaissances comprenant compétences technologiques et professionnelles ». Dans leur rapport « Principes pour une réflexion sur les contenus d'enseignement » (mars 1989) remis à Lionel Jospin dans le cadre de l'élaboration de la loi d'orientation pour l'éducation, Pierre Bourdieu et François Gros notaient que « nul ne saurait, en effet, contester que tout enseignement doit former des esprits ouverts, dotés des dispositions et des savoirs nécessaires pour acquérir sans cesse de nouveaux savoirs et s'adapter à des situations toujours renouvelées ». En 1994, le Conseil national des programmes, dans son rapport « Idées directrices pour les programmes de collège », établit un lien direct entre socle et programmes. En 2001, à la suite du sommet de Lisbonne, le conseil « Éducation » du Conseil européen adopte un rapport sur « les objectifs concrets futurs des systèmes d'éducation et de formation », dans lequel est affirmé le principe suivant : « La société attend de l'éducation et de la formation qu'elles permettent à chacun et à chacune d'acquérir les compétences de base nécessaires pour affronter la vie et le travail », et définit des compétences-clés. En octobre 2004, le rapport de la Commission du débat national sur l'avenir de l'école présidée par Claude Thélot préconisait pour « faire réussir tous les élèves... la scolarité obligatoire qui se poursuit jusqu'à 16 ans devrait garantir à tous l'acquisition d'un ensemble de savoirs, savoir-faire et de savoir être » ; d'assurer « un socle commun... de connaissances, de compétences et de règles de comportement... (devant) contenir ce qui est indispensable pour réussir sa vie au XXIe siècle » (Rapport, Doc. fr., Paris 2004, p. 38).

L'article 9 de la loi Fillon du 23 avril 2005 a créé un article L. 121-1-1 dans le code de l'éducation énonçant que « la scolarité obligatoire doit au moins garantir à chaque élève les moyens nécessaires à l'acquisition d'un socle commun constitué d'un ensemble de connaissances et de compétences qu'il est indispensable de maîtriser pour accomplir avec succès sa scolarité, poursuivre sa formation, construire son avenir personnel et professionnel et réussir sa vie en société ». La même année, le rapport de la mission d'information sur les savoirs enseignés à l'école, présidée par Pierre-André Périssol, propose à l'Assemblée nationale une première ébauche de ce qui pourrait constituer le socle commun de connaissances et de compétences prévu dans la loi. En 2006, le Haut Conseil de l'éducation recommande l'inscription de sept compétences dans ce socle, compétences conçues comme « une combinaison de connaissances, de capacités et d'attitudes à mettre en œuvre dans des situations concrètes ». Au même moment, le Parlement européen et le Conseil adoptent une recommandation du 18 décembre 2006 sur les compétences clés pour l'éducation et la formation tout au long de la vie (2006/962/CE).

Le ***socle commun*** institué par la loi comprenait alors la ***« maîtrise de la langue française*** et des ***principaux éléments de mathématiques, les bases d'une culture humaniste et scientifique*** permettant le libre exercice de la citoyenneté, la pratique d'au moins une ***langue vivante étrangère et la maîtrise des techniques usuelles de l'information et de la communication »***. L'annexe à l'article D. 122-1 du code de l'éducation issue du décret n° 2006-830 du 11 juillet 2006 déclinait les exigences du socle commun et y ajoutait deux volets, l'un sur les compétences sociales et civiques et l'autre sur le développement de l'autonomie et de l'initiative des élèves, définissant ainsi sept « piliers » du socle commun ; les cinq premiers regroupaient des éléments figurant dans les programmes scolaires (1 – maîtrise de la langue française ; 2 – pratique d'une langue vivante étrangère ; 3 – principaux éléments de mathématiques et culture scientifique et technologique ; 4 – maîtrise des techniques usuelles de l'information et de la communication ; 5 – culture humaniste) ; les deux derniers ont un caractère transversal (6 – compétences sociales et civiques ; 7 – se préparer à la vie de citoyen). En conséquence, les programmes d'enseignement des cycles de la scolarité obligatoire devaient être revus (V. les Arr. du 4 avr. 2007 modifiant les horaires et les programmes de l'école primaire) ainsi que les modalités d'évaluation et les dispositifs.

L'acquisition du socle commun a alors fait l'objet d'une évaluation des acquis des élèves qui reposait sur plusieurs outils : l'attestation de la maîtrise du socle commun par le diplôme national du brevet (art. L. 332-6) ; l'enregistrement progressif des compétences acquises au titre du socle dans ***un livret de compétences***, dont l'expérimentation est autorisée par l'article 11 de la loi n° 2009-1437 du 24 novembre 2009 relative à l'orientation et à la formation professionnelle tout au long de la vie (généralisé à la rentrée 2010 dans tous les collèges, sans véritable bilan de sa phase expérimentale, le livret de compétences a été vivement critiqué) ; des évaluations annuelles sur échantillons d'élèves en fin de CM2 et en fin de 3e menées par le ministère de l'éducation nationale qui devaient permettre de comparer les acquis des garçons et des filles, des élèves de ZEP et hors ZEP. Il était prévu qu'en cas de résultats insuffisants, le directeur d'école ou le chef d'établissement pouvait à tout moment de la scolarité obligatoire, proposer aux parents la mise en place d'un ***« programme personnalisé de réussite éducative »*** (art. L. 311-3-1). Le décret n° 2006-830 du 11 juillet 2006, codifié aux articles D. 122-1 et suivants, définissait le socle commun dans une annexe intégrée à la partie réglementaire du code. Partant de l'énumération contenue dans la loi, elle réaffirmait l'objectif législatif (« … le socle commun est le ciment de la nation : il s'agit d'un ensemble de valeurs, de savoirs, de langages et de pratiques dont l'acquisition repose sur la mobilisation de l'école et qui suppose, de la part des élèves, des efforts et de la persévérance ») en le confortant par une référence à la proposition de recommandation des autorités européennes en matière de *« compétences clés pour l'éducation et l'apprentissage tout au long de la vie »*, d'aide et de soutien qui seront précisés par la même voie (art. D. 122-3).

Analysant l'état du droit, un rapport parlementaire remarque : « Plus précisément, le législateur fait peser sur l'État une obligation de moyens et non de résultat. Sont garantis à tout élève les moyens nécessaires à l'acquisition du socle commun, mais il n'existe pas de droit-créance qui permettrait aux familles de demander réparation à l'État en cas d'échec avéré dans la maîtrise par l'enfant des connaissances et des compétences formant le socle » (p. 66).

Les premières années de référence au socle commun ont amené à souligner l'absence d'articulation législative avec les programmes disciplinaires fixant des objectifs pour chaque niveau d'enseignement. Au risque de confusion, l'article L. 122-1-1 prévoyait même explicitement que parallèlement à l'acquisition du socle commun, d'autres enseignements seraient dispensés au cours de la scolarité obligatoire (Rapport Cartron). Le socle commun est alors apparu « lourd », et sa mise en œuvre excessivement complexe. La généralisation à la rentrée 2010 dans tous les collèges du livret de compétences, sans véritable bilan de sa phase expérimentale, a été vivement critiquée ; « transformé en outil bureaucratique, générateur de tâches administratives supplémentaires, sans impact pédagogique, il a contribué à vider de son sens le socle commun » (Rapport Françoise Cartron, Sénat, n° 568).

La loi de juillet 2013 sur la refondation de l'École de la République va reprendre l'idée de socle commun en permettant une meilleure articulation entre l'école et le collège pour favoriser la progressivité des apprentissages et améliorer la transition entre le CM2 et la 6e. La création d'un conseil école-collège par le nouvel article L. 401-4, à vocation exclusivement pédagogique, permet de préfigurer le futur cycle d'apprentissage associant le CM2 et la 6e prévu par le rapport annexé et la partie réglementaire du code.

Par ailleurs, la dénomination du socle commun est élargie afin qu'il ne comprenne pas seulement des connaissances et des compétences mais aussi l'acquisition d'une culture. Cet élargissement du concept est à rapprocher de la volonté de mettre en place une éducation artistique et culturelle par le biais d'un parcours pour tous les élèves tout au long de leur scolarité (art. L. 121-6).

En outre, la maîtrise du socle commun est présentée comme indispensable non seulement pour permettre la poursuite des études et la construction d'un avenir personnel et professionnel mais aussi pour préparer les élèves à l'exercice de la citoyenneté (art. L. 122-1-1), objectif renforcé par le nouvel article L. 121-4 qui affirme que « le service public de l'éducation prépare les élèves à vivre en société et à devenir des citoyens responsables et libres, conscients des principes et des règles qui fondent la démocratie », et le nouvel article L. 311-4 qui introduit l'enseignement moral et civique à l'école.

Le socle commun garde sa vocation unificatrice mais est dorénavant mieux articulé avec les disciplines. En effet, c'est désormais « l'ensemble des enseignements dispensés au cours de la scolarité » qui « contribue à l'acquisition du socle commun des connaissances, des compétences et de culture » (art. L. 122-1-1). Renonçant à énumérer les éléments qui constituent le contenu du socle, l'article 7 de la loi de juillet 2013 renvoie à un décret, pour également fixer les modalités d'acquisition des connaissances, des compétences et de la culture. Pour lever les ambiguïtés du droit en vigueur, est également supprimée la mention d'enseignements dispensés en parallèle à l'acquisition du socle commun.

Le Conseil des programmes, créé par la loi de refondation de l'École de la République, doit désormais veiller à ce que les programmes prennent en considération les objectifs énoncés par les articles L. 111-1 et L. 111-2 du code de l'éducation. Il doit élaborer les nouveaux programmes en cohérence avec la logique du socle commun de connaissances, de compétences et de culture.

Le décret no 2015-372 du 31 mars 2015 assure la publication du nouveau socle commun de connaissances, de compétences et de culture applicable à la rentrée scolaire 2016. Il modifie la partie réglementaire du code (qui résultait du Décr. du 11 juill. 2006, art. D. 122-1 s. suivis d'une annexe). Il reprend les principes généraux du nouveau socle commun élaboré par le Conseil supérieur des programmes (CSP) qui a en outre précisé les conditions d'évaluation de son acquisition.

Le nouveau socle est composé de ***cinq domaines de formation*** qui remplacent les sept piliers précédents ; ils définissent les grands enjeux de formation de la scolarité obligatoire (art. D. 122-1) ; chaque domaine fixe des objectifs de connaissance et de compétence présentés par l'annexe reproduite après l'article D. 123-3 ; leur atteinte nécessite une contribution transversale et conjointe de toutes les disciplines et démarches éducatives (art. D. 122-2).

1. – Le premier domaine « *des langages pour penser et communiquer* » regroupe les éléments figurant dans les anciens piliers « maitrise de la langue française », « pratique des langues vivantes étrangères » et « principaux éléments de mathématiques et de culture scientifique et technique ». La notion de langage est entendue très largement : elle englobe tant l'apprentissage de la langue française que des langues étrangères et, cette fois-ci en les citant expressément, des langues régionales mais aussi des langages scientifiques, des langages informatiques et des médias ainsi que des langages des arts et du corps (intégrant ainsi les objectifs de l'éducation physique et sportive).

2. – Le domaine « *méthodes et outils pour apprendre* » souligne l'importance de l'objectif « *apprendre à apprendre* » qui passe tant par l'organisation du travail personnel, la coopération et la réalisation de projets, l'usage des médias que par la démarche de recherche et de traitement de l'information et l'utilisation des outils numériques pour échanger et communiquer, reprenant alors les éléments qui figuraient auparavant dans le pilier 4 qui insistaient sur la maitrise des TIC.

3. – Le domaine « *formation de la personne et du citoyen* » reprend les éléments des piliers 6 (compétences sociales et civiques) et 7 (autonomie, initiative) : ce domaine vise un apprentissage de la vie en société, de l'action collective et de la citoyenneté par une formation morale et civique respectueuse des choix personnels et des responsabilités individuelles ; les libertés, la règle de droit, le principe de laïcité imposent réflexion et discernement, responsabilité, sens de l'engagement et initiative.

4. – Le domaine « *systèmes naturels et systèmes techniques* » a pour objectif de donner à l'élève les fondements de la culture mathématique, scientifique et technologique nécessaires à la découverte de la nature ainsi que des techniques. Il reprend une partie du pilier 3 qui était consacré aux principaux éléments de mathématiques et de culture scientifique et technique. Il s'agit de développer la curiosité, l'envie, l'inventivité et d'initier aux grands défis. L'observation, la manipulation, l'expérimentation, la conception, la création, la réalisation mais aussi la conscience des responsabilités individuelles et collectives de chacun sont au cœur du domaine qui impose des connaissances qui seront développées dans les programmes ; principales fonctions du corps, structure de l'univers, énergies, nombres…

5. – Le domaine « *représentation de l'activité humaine* » fait écho au pilier 5 qui était consacré à la culture humaniste. Il s'agit de permettre à l'élève de comprendre le monde dans lequel il vit, de lui donner conscience de l'espace géographique et du temps historique mais aussi de développer ses capacités d'imagination, de conception et d'action. Là aussi sont mentionnés des éléments à décliner dans les programmes : les principales périodes de l'histoire (avec le sens de la chronologie), les grandes découvertes, les principaux modes d'organisation politique, économique et sociale.

Les objectifs de connaissances et de compétences de chaque domaine de formation et la contribution de chaque discipline ou enseignement doivent être déclinés dans les programmes d'enseignement prévus à l'article L. 311-1 et suivants (art. D. 122-2).

La nouvelle approche du socle ne devrait pas enfermer les enseignants dans un contrôle tatillon et paperassier (suppression envisagée des grilles de compétences et du livret personnel de compétences) mais leur ouvrir des espaces nouveaux de liberté fondés sur la responsabilité et l'initiative.

L'évaluation devrait se faire dans le cadre disciplinaire, sur la base des nouveaux programmes. Les acquis des élèves dans chacun des domaines de formation seront évalués au cours de la scolarité sur la base des connaissances et compétences attendues à la fin de chaque cycle telles qu'elles sont fixées par les programmes d'enseignement (art. D. 122-3). L'évaluation des différents langages (langue française ; langues vivantes ; langages mathématiques, scientifiques et informatiques ; langages des arts et du corps) doit se faire séparément. Les différentes évaluations ne seront pas compensables. Chaque élève doit en effet acquérir les connaissances et maîtriser les compétences de base sans pouvoir compenser une défaillance dans un domaine (ou un sous-domaine pour les différents langages) par une meilleure performance dans un autre domaine. En fin de scolarité obligatoire, le diplôme national du brevet atteste la maîtrise du socle commun ; sa conception devra être modifiée pour tenir compte de la philosophie générale du socle et de son évolution.

A noter que la nouvelle rédaction réglementaire ne mentionne plus les mesures d'aide aux élèves qui éprouvent des difficultés pour acquérir les connaissances, compétences et culture qui figurent au livre III (V. art. D. 321-3 à D. 321-6).

La notion de socle commun a fait florès. Ainsi, la loi du 5 mars 2014 relative à la formation professionnelle, à l'emploi et à la démocratie sociale a prévu la nécessité d'acquérir ***un socle commun de connaissances et de compétences professionnelles*** pour l'accès au compte personnel de formation (C. trav., art. L. 6121-2, L. 6324-1 et L. 6323-6). Le décret n° 2015-172 du 13 février 2015 précise « l'ensemble des connaissances et des compétences qu'il est utile pour un individu de maîtriser afin de favoriser son accès à la formation professionnelle et son insertion professionnelle » et identifie sept modules qui recoupent les domaines de formation (communication en français ; utilisation des règles de base de calcul et du raisonnement mathématique ; utilisation des techniques usuelles de l'information et de la communication numérique ; capacité à apprendre à apprendre tout au long de la vie) mais s'en détachent en prenant en considération les exigences professionnelles (aptitude à travailler en équipe ;

à travailler de manière autonome ; maîtrise des gestes et postures et respect des règles d'hygiène, de sécurité et environnementales élémentaires).

Choix de la langue vivante à l'entrée au collège. Le juge estime que les élèves entrant en 6e ne sont astreints qu'à une langue vivante obligatoire et que celle-ci peut être choisie par l'élève en fonction des choix qui lui sont proposés dans l'établissement où il est scolarisé. Dès lors, aucune disposition législative ou réglementaire ne fait obligation à un élève de continuer au collège la langue commencée dans le primaire. • TA Toulouse, 18 déc. 2008, *Mme C. et a. c/ Recteur de l'académie de Toulouse ; Collectif des parents d'élèves de l'école de Luzenac c/ Recteur de l'académie de Toulouse*, nos 074667, 070229, 073144 et 070188 ; *LIJ 2009, no 134, p. 7.* ♦ En imposant aux classes de 6e et 5e l'enseignement obligatoire de l'allemand pour les enfants ayant commencé cette langue en primaire et en proposant l'anglais en enseignement optionnel, sans laisser de choix aux enfants désirant apprendre seulement l'anglais, l'inspecteur d'académie entache sa décision d'une erreur de droit. • TA Toulouse, 18 déc. 2008, *Mme C. et a. c/ Recteur de l'académie de Toulouse ; Collectif des parents d'élèves de l'école de Luzenac c/ Recteur de l'académie de Toulouse : préc.*

Art. L. 122-2 *(L. no 2013-595 du 8 juill. 2013, art. 14)* **« Tout élève qui, à l'issue de la scolarité obligatoire, n'a pas atteint un niveau de formation sanctionné par un diplôme national ou un titre professionnel enregistré et classé au** *(Ord. no 2019-861 du 21 août 2019, art. 2)* **« niveau 3 » du répertoire national des certifications professionnelles doit pouvoir poursuivre des études afin d'acquérir ce diplôme ou ce titre. » L'État prévoit les moyens nécessaires, dans l'exercice de ses compétences, à la prolongation de scolarité qui en découle.**

(L. no 2013-595 du 8 juill. 2013, art. 14) **« Tout jeune sortant du système éducatif sans diplôme bénéficie d'une durée complémentaire de formation qualifiante qu'il peut utiliser dans des conditions fixées par décret. Cette durée complémentaire de formation qualifiante peut consister en un droit au retour en formation initiale sous statut scolaire. »**

(L. no 2005-380 du 23 avr. 2005, art. 10) **« Tout mineur dispose du droit de poursuivre sa scolarité au-delà de l'âge de seize ans.**

« Lorsque les personnes responsables d'un mineur s'opposent à la poursuite de sa scolarité au-delà de l'âge de seize ans, une mesure d'assistance éducative peut être ordonnée dans les conditions prévues aux articles 375 et suivants du code civil afin de garantir le droit de l'enfant à l'éducation. »

Sur la durée complémentaire de formation qualifiante, V. C. éduc., art. D. 122-3-1 s.

COMMENTAIRE

Tout élève qui, à l'issue de la scolarité obligatoire, n'a pas atteint un niveau de formation reconnu, c'est-à-dire, précise l'article 14 de la loi du 8 juillet 2013, sanctionné par un diplôme national ou un titre professionnel enregistré et classé au niveau V du répertoire national des certifications professionnelles, doit pouvoir poursuivre des études afin d'acquérir ce diplôme ou ce titre. Ce droit implicite à la poursuite des études est complété par un nouvel alinéa reconnaissant à « tout jeune sortant du système éducatif sans diplôme » le bénéfice (la garantie) d'une durée complémentaire de formation qualifiante. Cette durée complémentaire de formation qualifiante qui doit être fixée par décret peut consister en un « droit au retour en formation initiale sous statut scolaire » (art. L. 122-2), un droit explicitement affirmé pour garantir le droit implicite présenté initialement.

Pour assurer l'effectivité de ce droit, le dernier alinéa de l'article L. 122-2 envisage le cas dans lequel les parents (les personnes responsables de l'élève, celles qui exercent l'autorité parentale) s'opposeraient à la poursuite des études ; pour garantir le droit à l'éducation, l'élève mineur pourrait alors saisir le juge des enfants en requérant une mesure d'assistance éducative (C. civ., art. 365 s.). Cette saisine ne sera pas utile si le mineur est émancipé soit de plein droit, en cas de mariage, soit par décision du juge des tutelles à l'âge de seize ans à la demande des parents ou du conseil de famille. Il peut alors « faire tout acte de la vie civile » (C. civ., art. 413-6), ce qui inclut les actes de la vie scolaire.

Art. L. 122-3 **Tout jeune doit se voir offrir, avant sa sortie du système éducatif et quel que soit le niveau d'enseignement qu'il a atteint, une formation professionnelle.** – *[L. no 89-486 du 10 juill. 1989, art. 7 bis (1re phr.).]*

Art. L. 122-4 **L'État assure ou encourage des actions d'adaptation professionnelle au profit des élèves qui cessent leurs études sans qualification professionnelle.** – *[L. n° 75-620 du 11 juill. 1975, art. 6.]*

Sur la formation professionnelle des jeunes sortant sans qualification professionnelle du système éducatif, V. C. éduc., art. D. 122-3-6 s.

Art. L. 122-5 **L'éducation permanente constitue une obligation nationale. Elle a pour objet d'assurer à toutes les époques de sa vie la formation et le développement de l'homme, de lui permettre d'acquérir les connaissances et l'ensemble des aptitudes intellectuelles ou manuelles qui concourent à son épanouissement comme au progrès culturel, économique et social.**

L'éducation permanente fait partie des missions des établissements d'enseignement ; elle offre à chacun la possibilité d'élever son niveau de formation, de s'adapter aux changements économiques et sociaux et de valider les connaissances acquises. – *[L. n° 71-577 du 16 juill. 1971, art. 1er et L. n° 89-486 du 10 juill. 1989, art. 1er, al. 11.]*

Art. L. 122-6 **Comme il est dit** *(Ord. n° 2008-1304 du 11 déc. 2008, art. 1er)* **« aux articles L. 6211-1 et L. 6211-2 du code du travail** *[V. ces art. ss. l'art. L. 337-4]*, **» l'apprentissage est une forme d'éducation alternée, qui concourt aux objectifs éducatifs de la Nation.**

BIBL. ▸ V. ss. art. L. 337-3-1.

Art. L. 122-7 *(Ord. n° 2008-1304 du 11 déc. 2008, art. 1er)* **Les missions et les objectifs de la formation professionnelle tout au long de la vie sont fixés par les dispositions des articles L. 6111-1, L. 6111-2, L. 6311-1, L. 6411-1 et L. 6422-1 du code du travail** *[V. ces art. ci-dessous]*.

Sur la validation des acquis de l'expérience pour la délivrance d'une certification professionnelle, V. art. R. 335-5 s.

Sur le comité de développement de la validation des acquis de l'expérience, V. ci-dessous Décr. n° 2006-166 du 15 févr. 2006.

BIBL. ▸ Bejean et Monthubert, Pour une société apprenante. Propositions pour une stratégie nationale de l'enseignement supérieur, *MENESR, sept. 2015* ; La StraNES en poche. Les 40 propositions, *MENESR, sept. 2015*. – Germinet, Le développement de la formation continue dans les universités, *Rapp. de la mission, 6 nov. 2015*. – Gomez-Mustel, Le rôle des acteurs dans la formation professionnelle continue, *Thèse, Univ. Aix-Marseille 3, 1999*. – Szymankiewicz, Caffin-Ravier, Caraglio, Gavini-Chevet, Ambrogi et Pradeaux, L'implication des universités dans la formation tout au long de la vie, *Rapp. IGAENR, n° 2014-061, juill. 2014*. – Les séjours à l'étranger à des fins d'apprentissages ou professionnelles et l'insertion professionnelle des sortants de l'enseignement secondaire. Exploitation de l'enquête Génération 2013 du Céreq, *Notes de L'Observatoire Erasmus +, n° 8, 2018 : https ://www.agence-erasmus.fr/docs/2700_observatoire_8.pdf.*

COMMENTAIRE

L'article L. 122-7 du code de l'éducation renvoie au code du travail dont l'article L. 6111-1 qualifie d'« obligation nationale » « la formation professionnelle tout au long de la vie », formule autrefois évoquée par Condorcet, introduite en France par l'accord national interprofessionnel du 20 septembre 2003 repris par la loi n° 2004-391 du 4 mai 2004, relative à la formation professionnelle tout au long de la vie et au dialogue social (titre Ier) pour se conformer aux objectifs de l'Union européenne, se substituant alors à l'expression « formation professionnelle continue dans le cadre de l'éducation permanente » utilisée par la loi n° 71-575 du 16 juillet 1971. Au-delà de la formation initiale, elle est destinée aux jeunes et aux adultes qui souhaitent poursuivre leur formation. Dès 1985 a été instituée une procédure destinée à valider des études, expériences professionnelles ou acquis personnels (procédure dite **VAP**) en vue de l'accès aux différents niveaux de l'enseignement supérieur (Décr. n° 85-906 du 23 août 1985). La loi n° 2002-73 du 17 janvier 2002 de modernisation sociale a par la suite considérablement élargi les possibilités de validation permettant non seulement d'accéder aux différents niveaux d'enseignement, mais aussi d'obtenir par cette voie un diplôme ou une certification, à « toute personne engagée dans la vie active (étant) en droit de faire valider son expérience, notamment professionnelle » (L. n° 2002-73, art. 133 ; C. trav., art. L. 6111-1, al. 3) ; on en déduira le droit à la ***validation des acquis de***

l'expérience (VAE). L'objet de la validation est précisé par l'article L. 6411-1 du code du travail : il s'agit d'acquérir un diplôme, un titre à finalité professionnelle ou un certificat de qualification. Pour préparer cette validation, le salarié peut bénéficier d'un congé (C. trav., art. L. 6422-1). Ces dispositions de la loi n° 2002-73 du 17 janvier 2002 ont été intégrées dans le code de l'éducation auquel l'article L. 6412-1 du code du travail renvoie pour en fixer le régime juridique ; elles ont été complétées par la loi n° 2014-288 du 5 mars 2014 relative à la formation professionnelle, à l'emploi et à la démocratie sociale dont l'un des objectifs est de développer la VAE.

Le code de l'éducation consacre deux séries de dispositions à la validation, l'une au livre III pour l'enseignement scolaire, l'autre au livre VI pour l'enseignement supérieur. Au livre III, le chapitre contenant les dispositions communes aux formations technologiques et aux formations professionnelles consacre à la validation son article L. 335-5, dont les conditions d'application ont été déterminées par décret en Conseil d'État (art. R. 335-5 s.). En effet, les diplômes et les titres à finalité professionnelle peuvent être obtenus tant par la VAE que par la voie scolaire (et universitaire, précise cet art. figurant pourtant au livre III ; logiquement, l'art. R. 335-5 exclut de la procédure organisée par le livre III les titres et diplômes délivrés par les établissements d'enseignement supérieur), par l'apprentissage ou la formation professionnelle continue des adultes. La validation produit les mêmes effets que les modes de contrôle des connaissances et des aptitudes des autres voies ; un diplôme obtenu par la VAE donne à son titulaire les mêmes droits (art. L. 335-5-II, al. 6). Elle permet d'acquérir tous les diplômes à finalité professionnelle de l'éducation nationale comme les titres à finalité professionnelle délivrés par les GIP FCIP et les Greta, classés aux niveaux V, IV, III, II et I de la nomenclature des niveaux de formation. Toutefois, si la validation peut être totale (attribuant le diplôme ou le titre), elle peut aussi être partielle (une partie du diplôme ou du titre est ainsi acquise et doit être complétée, faisant alors l'objet d'un contrôle complémentaire, art. L. 335-5-II, al. 8 ; art. 335-9). Si la préparation d'un diplôme ou d'un titre professionnel exige la possession d'un autre diplôme ou titre, le candidat peut en être dispensé au vu de ses acquis professionnels (art. L. 335-5, III) Cette voie est ouverte à toute personne justifiant d'une activité professionnelle, salariée ou non salariée, bénévole, relevant du volontariat (notamment au titre du service civique, C. serv. nat., art. L. 120-1, L. n° 2015-917 du 28 juill. 2015) ou des responsabilités syndicales ou électives. L'activité retenue doit être en rapport direct avec le contenu de la certification (art. L. 335-5-II, al. 2). La durée minimale des activités qui était de trois ans a été ramenée à un an par la loi n° 2016-188 du 8 août 2016, qu'elles aient été exercées de façon continue ou non, de manière homogène (une seule activité toujours du même type) ou non (art. L. 335-5-II, al. 3). La validation est effectuée par un jury dont la composition est doublement équilibrée, entre hommes et femmes (mais la considération de genre ne doit pas primer sur les compétences, aptitudes et qualifications, Cons. const. 12 janv. 2002, n° 2001-455 DC, V. note ss. art. L. 335-6) et entre enseignants et représentants des professions concernées, dont la présence doit être « significative » (art. L. 335-5-II, al. 7 ; l'art. R. 335-8 précise la proportion : un quart ; un seul ne suffit pas ! V. note ss. art. L. 335-5). Le candidat présente un dossier décrivant ses activités, qu'il adresse à l'autorité délivrant le diplôme ou le titre (art. R. 335-7) ; ce dossier est examiné par le jury, peut donner lieu à un entretien (à l'initiative du jury ou du candidat) et à une mise en situation professionnelle (quand celle-ci est prévue par l'autorité qui délivre la certification, art. L. 335-5-II, al. 9 ; Circ. n° 2019-010 du 30 janv. 2019 MENJ-DGESCO A2-4, abrogeant et remplaçant la Circ. n° 2003 du 1er août 2003). Cette procédure fait l'objet d'un contrôle restreint par le juge administratif (pour un ex., V. note ss. art. L. 335-6).

Pour l'enseignement supérieur, une section du livre VI est consacrée à « la validation des acquis de l'expérience pour la délivrance des diplômes », regroupant les articles L. 613-3 à L. 613-6 issus de la loi n° 2002-73 du 17 janvier 2002, précisée par les articles R. 613-32 et suivants classés en deux sous-sections, l'une reprenant les dispositions sur la VAE (art. D. 613-33 à D. 613-37), l'autre celles sur la validation des acquis personnels (VAP : art. D. 613-38 à D. 613-50). On y retrouve les mêmes dispositions qu'au livre III, la validation étant ouverte aussi largement aux mêmes personnes (art. L. 613, al. 1er), pour une même durée minimale d'activité (art. L. 613, al. 2), et le passage par un jury dont la composition est soumise aux mêmes exigences (art. L. 613-4 et R. 613-36) et dont les appréciations sont souveraines (V. notes ss. art. L. 613-4), la validation pouvant là aussi être totale ou partielle (CE 3 mai 2004, *Laurent X.*, n° 238187, notes ss. art.

L. 613-4), produisant les mêmes effets que le succès aux épreuves qu'elle remplace (art. L. 613-4, al. 2). Mais le jury est ici universitaire ; il est désigné par le président de l'université ou le chef d'un établissement d'enseignement supérieur ; il comprend une majorité d'enseignants-chercheurs ; l'entretien avec le candidat n'est plus une simple possibilité mais une obligation (art. L. 613-4, al. 1er et R. 613-37). Les mères de famille et les personnes chargées de famille bénéficient des mêmes possibilités alors que, curieusement, elles n'étaient pas mentionnées au livre VI (art. L. 613-6). Et surtout, la validation a ici un double objet ; elle peut permettre la délivrance (totale ou partielle) d'un diplôme universitaire (licence, master, doctorat) ou simplement permettre l'inscription dans un établissement d'enseignement supérieur afin d'accéder aux différents niveaux de l'enseignement supérieur (art. L. 613-5 et D. 613-8 s.). Dans ce cas, la demande de validation est examinée par le président de l'université, qui prend sa décision sur proposition non d'un jury mais d'une commission pédagogique dont il désigne les membres après avis de la commission de la formation et de la vie universitaire du conseil académique (enseignants-chercheurs avec possibilité d'appel à des professionnels) ; elle est en principe présidée par un professeur des universités (art. D. 613-45). La commission tient alors compte non seulement des diplômes acquis, français ou étranger, mais aussi de l'aptitude du candidat à suivre les enseignements au niveau demandé (V. note ss. art. L. 613-5). La décision de validation permet aux candidats de s'inscrire pour préparer le diplôme demandé ; ceux-ci peuvent être dispensés de certains enseignements ou, au contraire, être tenus à suivre des enseignements complémentaires (art. D. 613-46) ; la décision de refus, qui doit être écrite et motivée, peut être assortie de conseils d'orientation vers une autre formation (art. D. 613-47). Elle peut faire l'objet d'un recours devant le juge administratif, qui exerce alors un contrôle restreint lui permettant une annulation pour erreur manifeste d'appréciation (CE 29 oct. 1990, *M. Dabies*, n° 87147. – V. notes ss. art. L. 613-5). ❑

Développement de la formation continue. Interrogé sur la traduction concrète des mesures contenues dans le rapport Germinet (V. Bibl.), le ministre répond que les mesures préconisées relèvent de trois catégories : des mesures qui s'adressent aux établissements et requièrent une mutation de leur positionnement et de leurs pratiques (mise en valeur d'une expertise issue de la recherche grâce à l'implication d'enseignants chercheurs dans la formation continue, construction d'un modèle économique pérenne, adaptation des modalités pédagogiques), des mesures qui s'adressent à l'État afin de soutenir l'action des établissements et des mesures innovantes permettant le changement d'échelle souhaité. Les deux premiers types de préconisations s'articulent parfaitement aux actions définies par la direction générale de l'enseignement supérieur et de l'insertion professionnelle (DGESIP) dans la feuille de route qu'elle a conçue dès la fin de l'année 2014 pour accompagner les établissements dans le développement de la formation tout au long de la vie. Les mesures qui relèvent des établissements ont déjà commencé à être mises en œuvre à travers les objectifs définis dans la feuille de route. Afin de parvenir à une meilleure prise en compte de la dimension de la formation tout au long de la vie dans les établissements, diverses actions ont été engagées pour aider ces derniers à repenser leur stratégie d'ensemble, leur organisation, leur politique de ressources humaines, ou encore leurs systèmes d'information et outils de gestion. Le second type de mesures, qui concerne l'État, vise pour l'essentiel à faire reconnaître les formations du supérieur comme des formations professionnelles par les instances nationales et régionales où se négocient et se décident les politiques de formation professionnelle continue. A cette fin, le ministère chargé de l'enseignement supérieur œuvre pour : – améliorer la qualité des formations du supérieur au regard de leur capacité à répondre aux besoins économiques *via*, notamment, la création progressive de conseils sectoriels nationaux qui faciliteront le lien entre formation et emploi ; – rendre plus lisibles/visibles les diplômes du supérieur par l'élaboration de nomenclatures qui réduisent le nombre de mentions pour les diplômes de licence, licence professionnelle et master. C'est au niveau de ces mentions que sont désormais inscrits les diplômes au répertoire national des certifications professionnelles, cette inscription étant elle-même un préalable pour que les formations soient éligibles au compte personnel de formation. Enfin, afin de mettre en œuvre les mesures les plus innovantes du rapport de François Germinet, le secrétariat d'État à l'enseignement supérieur et à la recherche a lancé, début novembre 2015, un appel à manifestation d'intérêt visant à la constitution d'un groupe pilote d'établissements désireux d'expérimenter les innovations proposées. Les établissements retenus seront dotés par des emplois (30 emplois ont été réservés à cet effet sur les 1 000 emplois prévus en 2016 consacrés à l'enseignement supérieur). La généralisation de cette expérimentation dans tous les établissements, dans un deuxième temps, devra permettre de réaliser le changement d'échelle voulu par le Gouvernement. *Rép. min. n° 89329 : *JOAN Q 5 janv. 2016, p. 143.*

Code du travail

Formation professionnelle tout au long de la vie

Art. L. 6111-1 La formation professionnelle tout au long de la vie constitue une obligation nationale. *(L. nº 2009-1437 du 24 nov. 2009, art. 1er)* « Elle vise à permettre à chaque personne, indépendamment de son statut, d'acquérir et d'actualiser des connaissances et des compétences favorisant son évolution professionnelle, ainsi que de progresser d'au moins un niveau de qualification au cours de sa vie professionnelle. *(L. nº 2013-504 du 14 juin 2013, art. 5)* « Elle constitue un élément déterminant de sécurisation des parcours professionnels et de la promotion des salariés. » Une stratégie nationale coordonnée est définie et mise en œuvre par l'État, les régions et les partenaires sociaux *(L. nº 2014-288 du 5 mars 2014, art. 24)* « , dans les conditions prévues au 2° de l'article L. 6123-1 ». » *(L. nº 2014-288 du 5 mars 2014, art. 24)* « Cette stratégie est déclinée dans chaque région dans le cadre du comité régional de l'emploi, de la formation et de l'orientation professionnelles. »

Elle comporte une formation initiale, comprenant notamment l'apprentissage, et des formations ultérieures, qui constituent la formation professionnelle continue, destinées aux adultes et aux jeunes déjà engagés dans la vie active ou qui s'y engagent.

En outre, toute personne engagée dans la vie active est en droit de faire valider les acquis de son expérience, notamment professionnelle *(L. nº 2019-1461 du 27 déc. 2019, art. 110)* « , liée à l'exercice d'un mandat d'élu au sein d'une collectivité territoriale » *(L. nº 2008-789 du 20 août 2008, art. 7)* « ou liée à l'exercice de responsabilités syndicales ».

(L. nº 2013-504 du 14 juin 2013, art. 5) « Afin de favoriser son accès à la formation professionnelle tout au long de la vie, chaque personne dispose dès son entrée sur le marché du travail *(L. nº 2014-288 du 5 mars 2014, art. 1er)* « et jusqu'à la retraite », indépendamment de son statut, d'un compte personnel de formation *(L. nº 2014-288 du 5 mars 2014, art. 1er)* « qui contribue à l'acquisition d'un premier niveau de qualification ou au développement de ses compétences et de ses qualifications en lui permettant, à son initiative, de bénéficier de formations ».

« Peuvent être mobilisés en complément du compte les autres dispositifs de formation auxquels son titulaire peut prétendre. »

Art. L. 6111-2 *(L. nº 2009-1437 du 24 nov. 2009, art. 2)* « Les connaissances et les compétences mentionnées au premier alinéa de l'article L. 6111-1 prennent appui sur le socle mentionné à l'article L. 122-1-1 du code de l'éducation, qu'elles développent et complètent. »

(L. nº 2017-86 du 27 janv. 2017, art. 157) « Les actions de lutte contre l'illettrisme et en faveur de l'apprentissage et de l'amélioration de la maîtrise de la langue française ainsi que des compétences numériques font partie de la formation professionnelle tout au long de la vie. Tous les services publics, les collectivités territoriales et leurs groupements, les entreprises et leurs institutions sociales, les associations et les organisations syndicales et professionnelles concourent à l'élaboration et la mise en œuvre de ces actions dans leurs domaines d'action respectifs. »

Orientation professionnelle tout au long de la vie

Art. L. 6111-3 *(L. nº 2009-1437 du 24 nov. 2009, art. 4) (L. nº 2017-86 du 27 janv. 2017, art. 54)* « I. — » Toute personne dispose du droit à être informée, conseillée et accompagnée en matière d'orientation professionnelle, au titre du droit à l'éducation garanti à chacun par l'article L. 111-1 du code de l'éducation.

Le service public de l'orientation tout au long de la vie *(L. nº 2014-288 du 5 mars 2014, art. 22)* « garantit » à toute personne l'accès à une information gratuite, complète et objective sur les métiers, les formations, les certifications, les débouchés et les niveaux de rémunération, ainsi que l'accès à des services de conseil et d'accompagnement en orientation de qualité et organisés en réseaux. *(L. nº 2014-288 du 5 mars 2014, art. 22)* « Il concourt à la mixité professionnelle en luttant contre les stéréotypes de genre.

« L'État et les régions assurent le service public de l'orientation tout au long de la vie *(L. nº 2017-86 du 27 janv. 2017, art. 54)* « et garantissent à tous les jeunes l'accès à une information généraliste, objective, fiable et de qualité ayant trait à tous les aspects de leur vie quotidienne ».

« L'État définit, au niveau national, la politique d'orientation des élèves et des étudiants dans les établissements scolaires et les établissements d'enseignement supérieur. Avec l'appui, notamment, des centres publics d'orientation scolaire et professionnelle et des services communs internes aux universités chargés de l'accueil, de l'information et de l'orientation des étudiants mentionnés, respectivement, aux articles L. 313-5 et L. 714-1 du même code, il met en œuvre cette politique dans ces établissements scolaires et d'enseignement supérieur et délivre à cet effet l'information nécessaire sur toutes les voies de formation aux élèves et aux étudiants *(L. n° 2018-771 du 5 sept. 2018, art. 18)* « ainsi que l'accompagnement utile aux élèves, étudiants ou apprentis pour trouver leur voie de formation.

« La région organise des actions d'information sur les métiers et les formations aux niveaux régional, national et européen ainsi que sur la mixité des métiers et l'égalité professionnelle entre les femmes et les hommes en direction des élèves et de leurs familles, des apprentis ainsi que des étudiants, notamment dans les établissements scolaires et universitaires. Lorsque ces actions ont lieu dans un établissement scolaire, elles sont organisées en coordination avec les psychologues de l'éducation nationale et les enseignants volontaires formés à cet effet. Pour garantir l'unité du service public de l'orientation et favoriser l'égalité d'accès de l'ensemble des élèves, des apprentis et des étudiants à cette information sur les métiers et les formations, un cadre national de référence est établi conjointement entre l'État et les régions. Il précise les rôles respectifs de l'État et des régions et les principes guidant l'intervention des régions dans les établissements. » « La région coordonne les actions des autres organismes participant au service public régional de l'orientation et met en place un réseau de centres de conseil sur la validation des acquis de l'expérience. *(L. n° 2018-771 du 5 sept. 2018, art. 18)* « Avec le concours de l'établissement public national mentionné à l'article L. 313-6 dudit code, elle élabore la documentation de portée régionale sur les enseignements et les professions et, en lien avec les services de l'État, diffuse l'information et la met à disposition des établissements de l'enseignement scolaire et supérieur, selon des modalités fixées par décret. »

« Les organismes mentionnés *(L. n° 2018-771 du 5 sept. 2018, art. 3)* « à l'avant-dernier » alinéa de l'article L. 6111-6 du présent code ainsi que les organismes consulaires participent au service public régional de l'orientation.

« Une convention annuelle conclue entre l'État et la région dans le cadre du contrat de plan régional de développement des formations et de l'orientation professionnelles prévu au I de l'article L. 214-13 du code de l'éducation détermine les conditions dans lesquelles l'État et la région coordonnent l'exercice de leurs compétences respectives dans la région. »

(L. n° 2017-86 du 27 janv. 2017, art. 54) « II. — La région coordonne également, de manière complémentaire avec le service public régional de l'orientation et sous réserve des missions de l'État, les initiatives des collectivités territoriales, des établissements publics de coopération intercommunale et des personnes morales, dont une ou plusieurs structures d'information des jeunes sont labellisées par l'État dans les conditions et selon les modalités prévues par décret. Ces structures visent à garantir à tous les jeunes l'accès à une information généraliste, objective, fiable et de qualité touchant tous les domaines de leur vie quotidienne. »

(L. n° 2018-771 du 5 sept. 2018, art. 18) « La région établit annuellement un rapport publié rendant compte des actions mises en œuvre par les structures en charge de l'orientation professionnelle et garantissant la qualité de l'information disponible auprès des jeunes, notamment en termes de lutte contre les stéréotypes et les classifications sexistes. »

Art. L. 6111-4 *(L. n° 2009-1437 du 24 nov. 2009, art. 4)* Il est créé un service dématérialisé gratuit et accessible à toute personne, lui permettant :

1° De disposer d'une première information et d'un premier conseil personnalisé en matière d'orientation et de formation professionnelles ;

2° D'être orientée vers les structures susceptibles de lui fournir les informations et les conseils nécessaires à sa bonne orientation professionnelle.

Une convention peut être conclue entre l'État, les régions et le fonds visé à l'article L. 6332-18 pour concourir au financement de ce service.

Art. L. 6111-5 *(L. n° 2014-288 du 5 mars 2014, art. 22)* « Sur le fondement de normes de qualité élaborées par la région à partir d'un cahier des charges qu'elle arrête, peuvent être reconnus comme participant au service public régional de l'orientation tout au long de la vie les organismes qui proposent à toute personne un ensemble de services lui permettant : »

1° De disposer d'une information exhaustive et objective sur les métiers, les compétences et les qualifications nécessaires pour les exercer, les dispositifs de formation et de certification, ainsi que les organismes de formation et les labels de qualité dont ceux-ci bénéficient ;

(L. n° 2017-86 du 27 janv. 2017, art. 54) « 2° S'agissant des jeunes de seize ans à trente ans, de disposer d'une information sur l'accès aux droits sociaux et aux loisirs ;

« 3° » De bénéficier de conseils personnalisés afin de pouvoir choisir en connaissance de cause un métier, une formation ou une certification adapté à ses aspirations, à ses aptitudes et aux perspectives professionnelles liées aux besoins prévisibles de la société, de l'économie et de l'aménagement du territoire et, lorsque le métier, la formation ou la certification envisagé fait l'objet d'un service d'orientation ou d'accompagnement spécifique assuré par un autre organisme, d'être orientée de manière pertinente vers cet organisme.

....

Formation professionnelle continue. Objet

Art. L. 6311-1 La formation professionnelle continue a pour objet de favoriser l'insertion ou la réinsertion professionnelle des travailleurs, de permettre leur maintien dans l'emploi, de favoriser le développement de leurs compétences et l'accès aux différents niveaux de la qualification professionnelle, de contribuer au développement économique et culturel *(L. n° 2009-1437 du 24 nov. 2009, art. 1er)* « , à la sécurisation des parcours professionnels » et à leur promotion sociale.

Elle a également pour objet de permettre le retour à l'emploi des personnes qui ont interrompu leur activité professionnelle pour s'occuper de leurs enfants ou de leur conjoint ou ascendants en situation de dépendance.

....

Validation des acquis de l'expérience. Objet

Art. L. 6411-1 *(L. n° 2018-771 du 5 sept. 2018, art. 4)* La validation des acquis de l'expérience mentionnée à l'article L. 6111-1 a pour objet l'acquisition d'une certification professionnelle enregistrée dans le répertoire national des certifications professionnelles mentionné à l'article L. 6113-1.

....

Congé de validation des acquis de l'expérience

Art. L. 6422-1 *(L. n° 2018-771 du 5 sept. 2018, art. 9)* Lorsqu'un salarié fait valider les acquis de son expérience en tout ou partie pendant le temps de travail et à son initiative, il bénéficie d'un congé à cet effet.

Le salarié demande à l'employeur une autorisation d'absence prévue à l'article L. 6323-17. L'employeur peut refuser cette autorisation pour des raisons de service, motivant son report sous un délai et selon des modalités définis par décret.

Art. L. 6422-2 *(L. n° 2018-771 du 5 sept. 2018, art. 9)* La durée de cette autorisation d'absence ne peut excéder vingt-quatre heures par session d'évaluation. Cette durée peut être augmentée par convention ou accord collectif pour les salariés n'ayant pas atteint un niveau de qualification fixé par décret ou dont l'emploi est menacé par les évolutions économiques ou technologiques.

Décret n° 2006-166 du 15 février 2006,

Relatif au comité de développement de la validation des acquis de l'expérience.

Art. 1er Il est créé un comité de développement de la validation des acquis de l'expérience auprès du ministre chargé de l'emploi et de la formation professionnelle. Le délégué général à l'emploi et à la formation professionnelle assure la fonction de délégué interministériel au développement de la validation des acquis de l'expérience.

Art. 2 Ce comité, présidé par le délégué interministériel, comprend un représentant de chacun des ministres suivants :

1° Ministre chargé des affaires sociales ;
2° Ministre chargé de l'agriculture ;
3° Ministre chargé du budget ;
4° Ministre chargé de la culture ;
5° Ministre de la défense ;
6° Ministre chargé de l'éducation ;
7° Ministre chargé de l'emploi et de la formation professionnelle ;

8° Ministre chargé de la fonction publique ;
9° Ministre de l'intérieur ;
10° Ministre chargé de la jeunesse et des sports ;
11° Ministre chargé des petites et moyennes entreprises ;
12° Ministre chargé de la santé ;
13° Ministre chargé des transports.

En tant que de besoin, les autres départements ministériels sont invités, par le délégué interministériel, à participer au comité.

Art. 3 Le comité définit et met en œuvre les actions de promotion relatives à la validation des acquis de l'expérience et propose toutes mesures ou actions susceptibles de concourir au développement de la validation des acquis de l'expérience en favorisant :

1° Les actions visant à simplifier les procédures ;
2° La mutualisation des moyens mis à disposition, notamment en proposant un schéma d'organisation territoriale optimisée ;
3° L'amélioration des méthodes d'orientation, d'accompagnement et de validation ;
4° La coordination des services statistiques et d'observation de la validation des acquis de l'expérience.

Le comité mobilise les partenaires nationaux et territoriaux de la validation des acquis de l'expérience.

Art. 4 Le comité est créé pour une durée de trois ans. Le délégué interministériel établit chaque année un rapport d'activité adressé au Premier ministre.

CHAPITRE III OBJECTIFS ET MISSIONS DE L'ENSEIGNEMENT SUPÉRIEUR

COMMENTAIRE

Si les enseignement supérieurs font l'objet de la troisième partie du code de l'éducation formée par les livres VI (Organisation des enseignements supérieurs), VII (Établissements d'enseignement supérieur) et VIII (Vie universitaire) auxquels il faut ajouter les dispositions du livre II concernant l'administration (notamment sur les compétences de l'État : art. L. 211-1, et des régions : art. L. 214-2 ; et sur les instances consultatives, notamment le CNESER : art. L. 232-1 s.), IX (personnels) et de nombreuses dispositions du code de la recherche, plusieurs articles de la première partie énonçant des principes généraux de l'éducation les concernant.

La partie législative du code reprend les dispositions de la loi Savary relative à l'enseignement supérieur, n° 84-52 du 26 janvier 1984, sachant toutefois que le Conseil constitutionnel a considéré que la loi d'orientation du 12 novembre 1968 n'avait pas pu être totalement abrogée dans la mesure où *« l'abrogation totale de la loi d'orientation du 12 novembre 1968 dont certaines dispositions donnaient aux enseignants des garanties conformes aux exigences constitutionnelles qui n'ont pas été remplacées dans la présente loi par des garanties équivalentes n'est pas conforme à la Constitution »* (Cons. const. 20 janv. 1984, n° 83-165 DC, § 42). Depuis la promulgation du code, elle a été fortement modifiée, notamment par les lois LRU n° 2007-1199 du 10 août 2007 et ESR n° 2013-660 du 22 juillet 2013, et par un article de la loi n° 2020-1674 de programmation de la recherche (LPR) du 24 décembre 2020 (art. 41).

En affirmant en incipit que *« l'éducation est la première priorité nationale »*, la première phrase de l'article L. 111-1 issu de la loi d'orientation de 1989 englobe assurément l'enseignement supérieur. En effet, la phrase suivante dispose que *« le service public de l'éducation est conçu et organisé en fonction des élèves et des étudiants »* (même si ensuite, les dispositions de cet art. et des art. suivants ne visent plus que les élèves). Comme *« les écoles, les collèges et les lycées, les établissements d'enseignement supérieur sont chargés de transmettre et de faire acquérir connaissances et méthodes de travail »* et ont des missions civiques et morales (favoriser la mixité et l'égalité entre les hommes et les femmes, éducation à la responsabilité civique, prévention de la délinquance, respect des droits de la personne) et des responsabilités pour l'avenir professionnel des élèves et des étudiants (orientation, prises en compte des évolutions économiques, sociales et culturelles… V. art. L. 121-1). Pour les étudiants comme pour les élèves, la loi précise même quelques éléments d'enseignement : mention est ainsi faite de l'enseignement des langues et cultures régionales (mais non des langues étrangères !) et de l'éducation artistique et culturelle (V. aussi art. L. 121-6). Des activités physiques et sportives peuvent être proposées aux étudiants (art. L. 121-1 et L. 221-5). Le dernier article du chapitre Ier est consacré à la technologie (art. L. 121-7). Une présentation plus concise est contenue dans l'article L. 121-4, issu de la loi du 16 juillet 1971 soulignant l'importance de la culture générale.

Comme le service public de l'éducation, ***le service public de l'enseignement supérieur est national et républicain*** (à ce titre, les personnels et les usagers sont tenus d'utiliser la langue de la République, art. L. 121-3) ; contrairement au service public de l'éducation qui est assuré dans des écoles communales ou dans des établissements publics locaux rattachés aux départements et aux régions, il est principalement confié à des ***établissements publics nationaux***, notamment aux universités et aux autres EPSCP (Grands établissements, Écoles normales supérieures...) qui disposent de l'autonomie pédagogique et scientifique, administrative et financière (art. L. 711-1). Comme les autres services publics, le service public de l'enseignement supérieur est aussi « ***laïque*** » ; l'article L. 141-6 issu de la loi de 1984 ajoute qu'il est « *indépendant de toute emprise politique, économique, religieuse et idéologique* », et doit ainsi tendre à l'objectivité du savoir, respecter la diversité des opinions et garantir à l'enseignement et à la recherche les possibilités de libre développement scientifique, créateur et critique (art. L. 141-6).

L'article L. 111-5 présente le service public de l'enseignement supérieur, la *communauté universitaire* est composée des usagers (étudiants, dont les étudiants étrangers, qui sont électeurs et éligibles sans condition de réciprocité, V. Cons. const. 30 oct. 1981, n° 81-130 DC, stagiaires de la formation continue) et des personnels (enseignants-chercheurs, enseignants et chercheurs, personnels administratifs et techniques). Un alinéa 3 ajouté par la Loi n° 2013-660 du 22 juillet 2013 précise que l'État est garant de l'égalité sur l'ensemble du territoire. Pour remplir sa mission, il dispose d'une série de prérogatives : il a le monopole de la collation des grades et des titres universitaires, réglemente les formations et les conditions de délivrance des diplômes (art. L. 613-1), recrute et affecte les personnels, notamment les enseignants-chercheurs (Livre IX), et finance les établissements.

Le chapitre III « ***Objectifs et missions de l'enseignement supérieur*** », fortement enrichi sinon surchargé par la loi ESR du 22 juillet 2013, rassemble dans la partie législative du code une série d'articles qui s'ouvre par une définition fonctionnelle du service public, et s'attache à définir les objectifs (articles employant le verbe contribuer) et les missions. Il contient en outre des dispositions consacrées à des questions diverses (ressources numériques et logiciels libres, art. L. 123-4-1 introduit en 2013 ; aménagements nécessaires à la situation des étudiants handicapés, art. L. 123-4-2 ; accords internationaux des établissements, art. L. 123-7) ; Ce chapitre se termine par un article issu de la loi Faure du 12 novembre 1968 consacré à l'indépendance des enseignants-chercheurs, des enseignants et des chercheurs auxquels les établissements doivent assurer les moyens d'exercer leur activité d'enseignement et de recherche (art. L. 123-9). On se demandera ici si un autre plan n'aurait pas été envisageable pour souligner l'importance des « franchises universitaires » telles qu'elles sont énoncées dans la loi de 1968. Cette thématique a trouvé un écho en 2020, la loi n° 2020-1674 de programmation de la recherche (LPR) du 24 décembre 2020 introduisant dans l'article L. 952-2, qui consacre la pleine indépendance et l'entière liberté d'expression des universitaires une référence (il est vrai purement rhétorique) aux libertés académiques conçues comme le gage de l'excellence de l'enseignement supérieur et de la recherche français (LPR, art. 15).

Notion et organisation du service public de l'enseignement supérieur

Initialement, l'article L. 123-1 ne comportait qu'une seule phrase indiquant que ***l'enseignement supérieur comprend « l'ensemble des formations post-secondaires*** des différents départements ministériels » (enseignement supérieur mais aussi agriculture, culture, défense, santé..., V. livre VI). Il regroupe ainsi toutes les formations post-baccalauréat qu'il s'agisse des formations supérieures des établissements secondaires (lycée pour les CPGE et STS) ou des formations universitaires (ou assurées par les autres EPSCP définis par la loi autour des trois principes d'autonomie, pédagogique et scientifique, administrative et financière, de participation, notamment dans le cadre des conseils élus qui gèrent les établissements et leurs composantes, et de pluridisciplinarité, art. L. 711-1).

Cet article liminaire a été considérablement enrichi par l'article 4 de la loi ESR du 22 juillet 2013 précisant que ***leur coordination est assurée par le ministre chargé de l'enseignement supérieur*** (al. 2 qui en déduit qu'il assure la cotutelle des établissements d'enseignement supérieur relevant d'un autre ministère et qu'il participe à la définition de leur projet pédagogique et est associé aux habilitations et accréditations). De même, c'est au ministre chargé de l'enseignement supérieur de veiller à la mise en œuvre de la ***stratégie nationale de l'enseignement supérieur*** (art. L. 123-1, loi ESR de 2013, V. comm. ss. art. L. 123-1).

Objectifs et missions

Les objectifs et les missions du service public de l'enseignement supérieur ont été revus par la loi ESR du 22 juillet 2013. Si le résultat donne une impression de grand bavardage, c'est le Parlement qui en est le premier responsable, le projet de loi, somme toute sobre, ayant été fortement amendé par les députés et les sénateurs. L'objectif du Gouvernement était avant tout de moderniser la rédaction du code issue principalement de la loi Savary de 1984 en introduisant dans les missions la contribution à la compétitivité de l'économie (rapport Gallois, nov. 2012) et à l'attractivité du territoire national, le transfert des résultats de la recherche vers le monde socio-économique et l'appui aux politiques publiques. Il souhaitait également renforcer la dimension internationale du service public de l'enseignement supérieur et de la recherche et affirmer que le développement du numérique est une mission essentielle du service public de l'enseignement supérieur.

L'article L. 123-2 qui fixe les objectifs du service public de l'enseignement supérieur présentés en huit rubriques s'ouvre désormais par une référence *« à la réussite de toutes les étudiantes et de tous les étudiants »*, formule qui reprend pour l'enseignement supérieur l'objectif central de l'enseignement scolaire — la réussite de tous les élèves —, en précisant qu'il concerne tant les hommes que les femmes (V. Rapport Dominique Gillot, Sénat, n° 659 : l'objectif prioritaire de réussite doit être atteint par l'organisation de la continuité de l'enseignement scolaire et de l'enseignement universitaire, l'amélioration de l'insertion professionnelle des étudiants et des doctorants, le rapprochement entre l'université et les filières sélectives, l'accréditation dans un cadre national et l'expérimentation de nouvelles passerelles). L'article L. 123-4 consacré aux formations précise dorénavant que le service public concourt non seulement à l'orientation mais aussi à la réussite des étudiants ; le verbe concourir laisse alors entendre qu'il existe d'autres facteurs de réussite, position qui semble ici plus réaliste.

Les trois rubriques initiales ont été complétées en 2013. Le développement de la recherche inclut *« la diffusion des connaissances dans leur diversité »* (art. L. 123-2, 1°). La référence à l'économie a fait l'objet d'une nouvelle rédaction conservant les notions de croissance et de politique de l'emploi mais supprimant la planification au profit de la *« compétitivité de l'économie »*, le tout prenant en compte les besoins économiques, sociaux, *« environnementaux »* et culturels et leur évolution prévisible (art. L. 123-2, 2°). La réduction des inégalités sociales passe par *« la lutte contre les discriminations »* qui impose *« l'amélioration des conditions de vie étudiante, la promotion du sentiment d'appartenance des étudiants à la communauté de leur établissement, le renforcement du lien social et le développement des initiatives collectives ou individuelles en faveur de la solidarité et de l'animation de la vie étudiante »* (art. L. 123-2, 3°). Une rubrique 3 *bis* a été ajoutée, visant la construction d'une *« société inclusive »*, expression qui reprend la notion d'inclusion, utilisée notamment dans la nouvelle rédaction de l'article L. 111-1 qui fixe par le service public de l'enseignement l'objectif d'*« inclusion scolaire de tous »*. Au départ envisagé pour les seuls élèves souffrant d'un handicap, cet objectif est aujourd'hui élargi tant pour les élèves que pour les étudiants dont le service public *« veille à favoriser l'inclusion... sans distinction d'origine, de milieu social et de condition de santé »*. L'article 6 de la loi ESR du 22 juillet 2013 ajoute quatre autres rubriques qu'il place après la mention de la construction de l'espace européen de l'enseignement supérieur et de la recherche (art. L. 123-2, 4°). Le service public doit en effet contribuer à *« l'attractivité et au rayonnement des territoires »* tant au niveau local que régional et national (art. L. 123-2, 5°). La loi insiste toutefois sur le développement et la cohésion sociale du territoire national (art. L. 123-2, 6°). Revenant à la question de la langue, le même article vise la promotion et la diffusion de la francophonie dans le monde (art. L. 123-2, 7°). Sans craindre l'effet inventaire à la Prévert, la loi ajoute une référence au renforcement des interactions entre sciences et société (art. L. 123-2, 8°), assurant toutefois une transition somme toute logique avec l'article L. 123-3 présentant les missions du service public. On retrouve la référence aux interactions entre les sciences et la société à l'article L. 123-5, qui ajoute que le service public facilite la participation du public à la prospection, à la collecte de données et au progrès de la connaissance scientifique. En écho à une des priorités scientifiques retenues par le rapport annexé à la loi n° 2020-1674 de programmation de la recherche (LPR) du 24 décembre 2020, celle-ci ajoute une référence à la sensibilisation et à la formation aux enjeux de la transition écologique et du développement durable (LPR, art. 41 ; L. 123-2, 4° *bis*).

L'article L. 123-3, complété par l'article 7 de la loi ESR du 22 juillet 2013, présente ***les missions du service public de l'enseignement supérieur***, celles qui permettent de définir l'objet spécial des établissements publics d'enseignement supérieur, notamment les EPSCP qui, comme tous les établissements publics, sont tenus par le principe de spécialité (qui n'interdit toutefois pas les activités annexes devant être le complément normal de l'objet principal, avoir un but d'intérêt général et être directement utiles à l'établissement public, V. CE, avis, 7 juill. 1994 ; CE 12 déc. 1994, *M. Colin*, n° 98455 ; CE 10 mai 1996, *SARL La Roustane*, n° 142064). Ne craignant pas la répétition, le législateur précise par une série de verbes l'action du service public qui, pour offrir les formations qu'il dispense, doit accueillir, dispenser, participer, assurer… (art. L. 123-4). Les personnels des établissements publics d'enseignement supérieur (enseignants-chercheurs, enseignants, chercheurs, art. L. 952-1) participent aux missions du service public ainsi définies (art. L. 952-2-1). Les fonctions des enseignants-chercheurs sont définies sous les même rubriques (enseignement, recherche, diffusion de connaissances, coopération internationale) auxquelles il faut ajouter l'administration et la gestion des établissements (art. L. 952-3 modifié par la L. n° 2020-1674 de programmation de la recherche (LPR) du 24 déc. 2020, insistant sur le transfert des connaissances).

La première mission du service public est ***la formation***. Elle est à la fois initiale et continue, tout au long de la vie (art. L. 123-3, 1° ; sur la formation continue, l'art. D. 123-1 renvoie aux art. D. 122-1 s.). Les formations peuvent être scientifiques, culturelles et professionnelles (art. L. 123-4, al. 1er) ; aussi le service public doit-il accueillir les étudiants et concourir à leur orientation (art. L. 123-3, 3° et L. 123-4, al. 3) et à leur réussite, dispenser la formation initiale et participer à la formation continue (pour laquelle le service public est alors en concurrence avec d'autres opérateurs, publics ou privés, V. art. L. 123-4, al. 4). L'orientation et l'insertion professionnelle auxquelles la loi ESR du 22 juillet 2013 ajoute la promotion sociale sont aussi considérées comme des missions du service public (art. L. 123-3, 3). Les articles suivants insistent sur les ressources pédagogiques numériques (art. L. 123-4-1), les aménagements nécessaires aux étudiants handicapés (art. L. 123-4-2) et la formation des maîtres (art. L. 123-8).

La mission ***recherche***, conçue comme le support nécessaire des formations dispensées (art. L. 123-2, 2°), englobe la recherche fondamentale, la recherche appliquée et la technologie (art. L. 123-5 ; V. C. rech.), mais aussi la diffusion et la valorisation des résultats (qui s'étend à l'édition et à la commercialisation d'ouvrages et de périodiques scientifiques, art. L. 123-6, al. 6 ; V. aussi art. D. 123-2 s., régissant les prestations de services, le recrutement des agents non titulaires et les transactions et conventions d'arbitrage). La loi ESR de 2013 précise que cette mission *« au service de la société »* repose sur le développement de l'innovation, du transfert de technologie et de la capacité d'expertise (art. L. 123-3, 2°, même formulation à l'art. L. 123-5, al. 2, V. aussi art. L. 123-6). Elle ajoute que la diffusion concerne non seulement la culture scientifique, technique et industrielle, mais aussi la culture humaniste telle qu'elle peut être saisie à travers le développement des sciences humaines (art. L. 123-3, 4°, l'art. 48 de la L. n° 2020-1674 de programmation de la recherche [LPR] du 24 déc. 2020 donne un délai de 6 mois au Gouvernement pour dresser un état des lieux exhaustif des politiques menées en faveur de la culture scientifique, technique et industrielle ainsi qu'un premier bilan de la stratégie nationale de culture scientifique, technique et industrielle établie en 2017).

La participation à la construction de l'espace européen de l'enseignement supérieur et de la recherche est aussi citée parmi ces missions (art. L. 123-3, 5°, qui répète ce qui était déjà écrit au titre des contributions du service public à l'art. L. 123-2, 4°, mais en ordre inverse ; art. D. 123-12 s. : construction de l'espace européen de l'enseignement supérieur ; art. D. 123-15 s. : mission de coopération internationale, accueil des étudiants étrangers). Une dernière mission est annoncée au 6° du même article. Ces points sont repris à l'article L. 126-7 dont la rédaction issue de la loi ESR situe les missions du service public dans un contexte européen et international (partage des savoirs, diffusion des connaissances, coopération transfrontalière, notamment dans les DOM-ROM, périodes d'études à l'étranger, accueil des étudiants étrangers en lien avec le réseau des CROUS-CNOUS et avec l'EPIC Campus-France créé par l'art. 6 de la L. n° 2010-873 du 27 juill. 2010). Une dernière phrase est ajoutée à l'article L. 123-7 précisant que les accords passés par les établissements français avec des établissements des États de l'Union européenne ou avec des établissements partiellement ou entièrement de langue française « visent la délivrance de diplômes nationaux ou d'établissement, conjointement ou non avec des établissements d'enseignement supérieur à l'étranger ».

Comme la loi sur la refondation de l'école, la loi sur l'enseignement supérieur et la recherche de 2013 mise sur le numérique. Un nouvel article L. 123-4-1 (l'ancien devenant l'art. L. 123-4-2) dispose que *« le service public de l'enseignement supérieur met à disposition de ses usagers des services et des ressources pédagogiques numériques »*. Il s'agit ici de favoriser l'investissement des établissements en ce domaine, tant pour qu'ils puissent assurer le transfert des résultats de la recherche vers le monde socio-économique, élément essentiel d'une politique de compétitivité, que pour la réussite des étudiants. C'est en effet un vecteur stratégique du développement de l'innovation et de l'expérimentation dans l'enseignement supérieur (art. L. 123-5). Celles-ci pourront aussi découler de *« la liaison nécessaire entre les activités d'enseignement, de recherche et d'innovation »* (art. L. 123-5).

Complétant la référence aux ressources pédagogiques numériques, l'article L. 123-4-1, répondant à un souhait parlementaire, prévoit l'utilisation prioritaire des « logiciels libres » qui donnent aux utilisateurs la liberté d'exécuter, de copier, de distribuer, d'étudier, de modifier et d'améliorer le logiciel, que leurs droits soient disponibles (dans le domaine public) ou établis par une licence libre, dans le respect de la législation applicable aux droits d'auteur. Pour assurer la protection des droits des enseignants-chercheurs, le code de la propriété intellectuelle prévoit que la limitation du droit reconnu à l'auteur d'une œuvre de l'esprit pour les agents publics (CPI, art. L. 121-7-1) « ne s'applique pas aux agents auteurs d'œuvres dont la divulgation n'est soumise, en vertu de leur statut ou des règles qui régissent leurs fonctions, à aucun contrôle préalable de l'autorité hiérarchique ». Dans l'enseignement supérieur, les enseignants-chercheurs, les enseignants et les chercheurs jouissent d'une pleine indépendance et d'une entière liberté d'expression dans l'exercice de leurs fonctions d'enseignement et de leurs activités de recherche (art. L. 952-2). Par ailleurs, le Conseil constitutionnel, dans une décision n° 94-345 DC du 29 juillet 1994 rendue à la suite de l'examen de la loi relative à l'emploi de la langue française, a rappelé que des contraintes excessives (résumés en français de textes publiés en langue étrangère) peuvent être de nature à « porter atteinte à l'exercice de la liberté d'expression et de communication dans l'enseignement et la recherche ».

La loi ESR du 22 juillet 2013 ajoute à l'article L. 123-6 consacré à la mission de diffusion de la culture et des connaissances du service public deux nouvelles phrases qui se rattachent à l'ordre des valeurs. La première cite trois séries de valeurs qui ressortissent tant du registre professionnel (ou valeurs du service) que de l'universel : « les valeurs d'éthique, de responsabilité et d'exemplarité ». La formule doit être explicitée : l'éthique renvoie à des valeurs morales ; responsabilité et exemplarité peuvent relever de l'éthique, mais le premier concept peut aussi être une notion au contenu juridique. En insistant sur l'intégrité scientifique visant à garantir « l'impartialité des recherches et l'objectivité des résultats », « leur caractère honnête et scientifiquement rigoureux et à consolider le lien de confiance avec la société », l'article 16 de la loi n° 2020-1674 de programmation de la recherche (LPR) du 24 décembre 2020 s'inscrit dans le même registre. La deuxième phrase relève de l'application du principe d'égalité des femmes et des hommes ; le service public est en effet chargé « de mener une action contre les stéréotypes sexués, tant dans les enseignements que dans les différents aspects de la vie de la communauté éducative » (art. L. 123-6).

Le dernier article souligne l'obligation pour les établissements d'assurer aux enseignants-chercheurs, aux enseignants et aux chercheurs les moyens d'exercer leurs missions en toute indépendance (art. L. 123-9 ; l'indépendance des enseignants-chercheurs étant un principe constitutionnel, Cons. const. 20 janv. 1984, n° 83-165 DC, pour les professeurs, étendu aux maîtres de conférences par Cons. const. 28 juill. 1993, n° 93-322 DC. V. art. L. 952-2).

Stratégie nationale de l'enseignement supérieur

L'article L. 123-1 du code de l'éducation avait pour seul objet de définir le service public de l'enseignement supérieur comme l'ensemble des formations post-secondaires (universitaires et non universitaires : formations supérieures des lycées, grandes écoles) en précisant qu'elles relevaient de différents départements ministériels (enseignement supérieur, agriculture, culture...) ; « les formations qui relèvent de l'autorité ou du contrôle du ministère de l'enseignement supérieur » (art. L. 611-1) représentant toutefois plus de 80 % des effectifs des étudiants. Même si plusieurs dispositifs de coordination avaient pu être institués (écoles doctorales, diplômes de commerce et de gestion, enseignement agronomique), aucune disposition législative ne prévoyait de coordination organisée. Si, depuis 2006, les lois de finances, en adoptant les crédits de la MIRES (mission interministérielle de l'enseignement supérieur et de la recherche en mode LOLF), avaient reconnu le caractère interministériel de l'enseignement supérieur et de la recherche, les outils d'une gouvernance cohérente restaient à mettre en place. Le choix du LMD (licence master doctorat) comme la dimension territoriale de l'enseignement supérieur imposent une meilleure coordination. Une première étape résulte de l'article L. 671-1 du code l'éducation qui, reprenant les termes de l'article L. 812-1 du code rural et de la pêche maritime, prévoit que « le ministre chargé de l'enseignement supérieur est associé à la tutelle et à la définition du projet pédagogique des établissements d'enseignement supérieur agricoles publics ». La seconde étape date de 2013.

La loi précise que le ministre chargé de l'enseignement supérieur « assure, conjointement avec les autres ministres concernés, la tutelle des établissements d'enseignement supérieur relevant d'un autre département ministériel » (l'art. 5 modifie les art. L. 741-1 et L. 762-2 en envisageant la possibilité d'une tutelle conjointe avec le ministre de l'Agriculture) ; ainsi va-t-il participer à la définition de leur projet pédagogique et être associé aux accréditations et habilitations des établissements qui ne relèvent pas initialement de sa tutelle.

La loi ESR du 22 juillet 2013 ajoute à l'article L. 121-3 plusieurs alinéas consacrés à la stratégie nationale de l'enseignement supérieur (art. 15) et introduit dans le code de la recherche un article sur la stratégie nationale de la recherche (art. 15 ; C. rech., art. L. 111-6).

Issue du vocabulaire militaire, la stratégie est une démarche prospective visant à coordonner un ensemble d'actions en vue d'atteindre un objectif. Cette définition matérielle peut être complétée par une approche formelle. Si la prospective en matière d'enseignement supérieur et de recherche a pu avoir une dimension territoriale et se traduire par l'adoption d'une carte des formations supérieures et de la recherche qui devait être compatible avec les orientations du schéma des services collectifs de l'enseignement supérieur et de la recherche (malgré l'art. L. 614-3), ces instruments ont toutefois été abandonnés. Elle peut aussi avoir une ambition plus globale ; tel est le cas avec les documents adoptés en 2015, dénommés « stratégie nationale de l'enseignement supérieur » (StratNES) et « stratégie nationale de la recherche », réunis dans un Livre blanc, érigé sur la base d'un rapport, intitulé *Pour une « société apprenante »* (S. Béjean et B. Monthubert). Mais le contenu de ces documents s'apparentant à d'autres instruments inclus dans les lois de finances (MIRES) ou dans les lois de programmation (rapport annexé), les articles peuvent être lus comme des énoncés matériels.

La stratégie nationale de l'enseignement supérieur qui repose sur le principe selon lequel les EPSCP sont au centre du système de l'enseignement supérieur, est élaborée et révisée tous les cinq ans sous la responsabilité du MESRI, chargé de la coordination des actions concernant l'enseignement supérieur et la recherche. Elle se définit d'abord par son contenu ; elle énonce des priorités, doit comporter une programmation pluriannuelle des moyens (ce que font aussi les lois de finances pluriannuelles et les lois de programmation) dont elle fixe les principes de répartition. La loi insiste ensuite sur le processus. Les priorités arrêtées par le ministre doivent faire l'objet d'une concertation avec les partenaires culturels, sociaux et économiques, la communauté scientifique et de l'enseignement supérieur, les ministères concernés et les collectivités territoriales ; les commissions permanentes compétentes de l'Assemblée nationale et du Sénat doivent être saisies avant la décision du ministre qui veille à la mise en œuvre de la stratégie nationale de l'enseignement supérieur. La stratégie et les conditions de sa mise en œuvre font l'objet d'un rapport biennal présenté au Parlement. Il présente une vision consolidée de l'ensemble des financements publics et privés, au niveau national et par site, activité, filière et niveau d'études, ainsi qu'une évaluation des besoins de financement. Il analyse notamment, au regard de cette stratégie, les résultats des politiques mises en œuvre en faveur de la qualité de la vie étudiante, de la réussite et de l'insertion professionnelle des étudiants et peut également formuler des recommandations en vue de la révision périodique de cette stratégie.

Un article similaire figure au code de la recherche (art. L. 111-6, créé par l'art. 15 de la loi ESR). Il comporte une mention de la société civile et de la communauté scientifique avec lesquelles le ministre doit mener une concertation ; il mentionne les défis à relever, insiste sur la valorisation et l'innovation ; il précise que le ministre veille à sa cohérence avec la stratégie élaborée par l'Union européenne. Sa mise en œuvre passe par les contrats pluriannuels conclus par les organismes de recherche (EPST) et les établissements d'enseignement supérieur (EPSCP).

La loi n° 2020-1674 de programmation de la recherche (LPR) du 24 décembre 2020, dont le rapport annexé recourt à seize reprises à l'occurrence « stratégie », ne fait aucune référence aux documents StratNES et StratNR adoptés cinq ans plus tôt. Mais comme les lois de finances annuelles et de programmation annuelle à travers les objectifs et les programmations de la MESRI, cette loi porte assurément une stratégie (matérielle) de l'enseignement supérieur et de la recherche. ❑

Art. L. 123-1 Le service public de l'enseignement supérieur comprend l'ensemble des formations postsecondaires relevant des différents départements ministériels.

(L. n° 2013-660 du 22 juill. 2013, art. 4) **« Le ministre chargé de l'enseignement supérieur en assure la coordination. Il assure, conjointement avec les autres ministres concernés, la tutelle des établissements d'enseignement supérieur relevant d'un autre département ministériel et participe à la définition de leur projet pédagogique. A cette fin, il peut être représenté à leur conseil d'administration. Il est associé aux accréditations et habilitations de ces établissements. Des modalités complémentaires peuvent être prévues dans les statuts des établissements.**

« Une stratégie nationale de l'enseignement supérieur, comportant une programmation pluriannuelle des moyens, est élaborée et révisée tous les cinq ans sous la responsabilité du ministre chargé de l'enseignement supérieur. Les priorités en sont arrêtées après une concertation avec les partenaires culturels, sociaux et économiques, la communauté scientifique et d'enseignement supérieur, les ministères concernés et les collectivités territoriales. Avant d'être arrêtées définitivement, elles sont transmises aux commissions permanentes compétentes de l'Assemblée nationale et du Sénat.

« La stratégie nationale de l'enseignement supérieur repose sur le principe selon lequel les établissements publics à caractère scientifique, culturel et professionnel définis au titre Ier du livre VII de la troisième partie sont au centre du système d'enseignement supérieur.

« Le ministre chargé de l'enseignement supérieur veille à la mise en œuvre de la stratégie nationale de l'enseignement supérieur.

« Les principes de répartition des moyens entre les acteurs de l'enseignement supérieur sont définis par la stratégie nationale.

« Cette stratégie et les conditions de sa mise en œuvre font l'objet d'un rapport biennal présenté au Parlement. Ce rapport présente une vision consolidée de l'ensemble des financements publics et privés, au niveau national et par site, activité, filière et niveau d'études, ainsi qu'une évaluation des besoins de financement. Les éléments quantitatifs de ce rapport sont composés de données sexuées. Ce rapport analyse notamment, au regard de cette stratégie, la situation des établissements d'enseignement supérieur ayant bénéficié des responsabilités et compétences élargies prévues aux articles L. 712-9, L. 712-10 et L. 954-1 à L. 954-3. Il évalue l'impact du transfert de la gestion de la masse salariale sur la situation financière des établissements concernés. Il analyse les résultats des politiques mises en œuvre en faveur de la qualité de la vie

étudiante, de la réussite et de l'insertion professionnelle des étudiants. Ce rapport peut également formuler des recommandations en vue de la révision périodique de cette stratégie. »

BIBL. ▶ Attali, Pour un modèle européen d'enseignement supérieur, *Rapport MENESR, 1998*. – Bernard, Brassens, Cage, Fitoussi et Le Vert, Rapport sur l'accueil des talents étrangers, *Rapp. IGAENR-IGAE-IGA-IGF, n° 2013-031, avr. 2013*. – Chenuaud-Frazier, L'éducation et la communauté européenne, *Thèse, Univ. Paris 11, 1993*. – Gacem, La France et la construction de l'Espace Européen de l'Enseignement Supérieur (EEES) depuis le début des années soixante à l'époque contemporaine, *Thèse, Université de Paris 3, 2013*. – Garriga Cots, Le droit à l'éducation au sein de l'UE comme droit de l'homme, *Thèse, Univ. Paris 2, 2018*. – Grille, La formation continue universitaire forme toujours plus de salariés, *MENESR, DEPP, Note d'information n° 27, oct. 2016*. – Grosbon, Le droit à l'enseignement supérieur et la libéralisation internationale du commerce des services, *Thèse, Univ. Paris 10, 2008*. – Le Bris, Les universités à la loupe, *Economica, 1986*. – Lecoq, Intégration européenne et enseignement supérieur français : influences et mutations, *Thèse, Univ. Lille 2, 1994*. – Martin, La stratégie de Lisbonne et l'économie de l'éducation : vers l'émergence d'un cadre juridique européen des services de l'éducation ?, *Thèse, Univ. Nantes, 2010*. – Musselin, L'évolution des universités depuis vingt ans, *Doc. fr., 2003* ; Le Processus de Bologne : quels enjeux européens ?, *in* L'enseignement supérieur : une compétition mondiale ?, *Revue internationale d'éducation, n° 45, sept. 2007*. – Pertek, L'Europe des universités, *AJDA 1990. 233* ⌀.

▶ **Stratégie nationale :** Béjean et Monthubert, Stratégie nationale de l'enseignement supérieur, Rapport d'étape remis au ministre de l'éducation nationale, de l'enseignement supérieur et de la recherche et au secrétaire d'État à l'enseignement supérieur et à la recherche, *juill. 2014*. – Bossard, Sherringham et Saint-Geours, Les objectifs et l'organistion de l'action internationale au ministère de l'éducation nationale et au ministère de l'enseignement supérieur, de la recherche et de l'innovation, *MEN-MESRI, Rapp. n° 2018-001, janv. 2018*. – La stratégie nationale de culture scientifique, technique et industrielle, *MENESR – Min. cult. Com. : https ://cache.media.enseignementsup-recherche.gouv.fr/file/CSTI/57/3/SNCSTSI_728573.pdf*. – Une stratégie internationale pour l'enseignement supérieur français, *Terra Nova, 24 févr. 2019 : http://tnova.fr/system/contents/files/000/001/706/original/Terra-Nova_Note-Strategie-internationale_Ens-Sup_210219.pdf?1550761979*.

▶ **Culture scientifique :** Cervel, Bresson, Cormier et Gauthier, La diffusion de la culture scientifique : *bilan et perspectives, MENESR, Rapp. IGAENR n° 2012-014, janv. 2012*. – de Condorcet, Cinq mémoires sur l'instruction publique, *1791*. Présentation, notes, bibliographie et chronologie par Coutel et Kintzler, *Garnier-Flammarion, Coll. Texte intégral, 1994*. – Lévy-Leblond, La science expliquée à mes petits-enfants, *Éd. du Seuil, 2014*. – Olivier et Leleux, Faire connaître et partager les cultures scientifiques, techniques et industrielles, un impératif, *OPECST, Paris, janv. 2014*. – Étude sur les représentations de la culture dans la population française : *http://www.culturecommunication.gouv.fr/ Politiques-ministerielles/Etudes-et-statistiques/ Publications/Collections-de-synthese/Culture-etudes-2007-2016/Les-representations-de-la-culture-dans-la-population-francaise-CE-2016-1*.

1. Premier grade de l'enseignement supérieur. Le décret qui crée de nouvelles séries au baccalauréat de l'enseignement du second degré ne remet pas en cause le fait que ce diplôme est le premier grade de l'enseignement supérieur. • CE 4 nov. 1977, *Synd. nat. des lycées et collèges, Sté des agrégés de l'université*, n°s 98986, 00834 et 00835 : *Lebon 419* ⌀.

2. Notion de niveau d'enseignement supérieur. En vertu des art. 1er et 3 du Décr. du 23 nov. 1994, les classes préparatoires aux grandes écoles établies dans les lycées constituent des formations de premier cycle de l'enseignement supérieur et sont organisées en deux ans. • CE 11 févr. 2002, *Mme Pinard*, n° 227157 : *Lebon T. 783* ⌀. ♦ Saisi du recours d'un établissement d'enseignement supérieur privé, le juge administratif a défini cette notion. Il considère ainsi que les quatre années d'enseignement de cet établissement formant un tout indivisible, cette qualification ne peut être refusée à la seule première année. • CAA Nantes, 3 mai 2006, *MEN c/ École de Communication visuelle Atlantique*, n° 04NT01135 : *AJDA 2006. 1851, concl. Artus* ⌀.

3. Accès aux formations postsecondaires. Ont vocation à suivre un tel enseignement : les titulaires du baccalauréat, premier grade de l'enseignement supérieur. • CE 4 nov. 1977, *Synd. nat. des lycées et collèges, Sté des agrégés de l'université*, n°s 98986, 00834 et 00835 : *préc. note 1*. ♦ ... Les titulaires d'un diplôme d'accès aux études universitaires (DAEU). • CE 10 nov. 1999, *Caisse primaire d'assurance maladie de Montpellier*, n° 199137.

4. Conséquences de l'accès à une formation postsecondaire. Si, aux termes de la L. du 12 nov. 1968 d'orientation de l'enseignement supérieur, « le droit de suffrage est réservé aux étudiants ayant satisfait aux exigences normales de la scolarité l'année précédente », cette disposition ne saurait avoir pour effet de priver du droit de suffrage les étudiants qui ont été régulièrement inscrits dans un établissement d'enseignement supérieur sans avoir eu à justifier d'un diplôme ou d'un titre obtenu avant leur entrée dans l'enseignement supérieur. Ainsi, les étudiants de première année de capacité en droit, dont l'inscription n'est subordonnée à aucune condition préalable d'études ou de diplômes, ne peuvent être exclus du droit de suffrage. • CE 25 févr. 1976, *Recteur de l'académie de Lyon c/ Sieur Banos,* n° 99146 : *Lebon 115*.

Art. L. 123-2 **Le service public de l'enseignement supérieur contribue :**

(L. n° 2013-660 du 22 juill. 2013, art. 6) **« 1° A A la réussite de toutes les étudiantes et de tous les étudiants ; »**

1° Au développement de la recherche, support nécessaire des formations dispensées, *(L. n° 2013-660 du 22 juill. 2013, art. 6)* **« à la diffusion des connaissances dans leur diversité » et à l'élévation du niveau scientifique, culturel et professionnel de la nation et des individus qui la composent ;**

(L. n° 2013-660 du 22 juill. 2013, art. 6) **« 2° A la croissance et à la compétitivité de l'économie et à la réalisation d'une politique de l'emploi prenant en compte les besoins économiques, sociaux, environnementaux et culturels et leur évolution prévisible ; »**

3° *(L. n° 2013-660 du 22 juill. 2013, art. 6)* **« A la lutte contre les discriminations, » à la réduction des inégalités sociales ou culturelles et à la réalisation de l'égalité entre les hommes et les femmes en assurant à toutes celles et à tous ceux qui en ont la volonté et la capacité l'accès aux formes les plus élevées de la culture et de la recherche.** *(L. n° 2013-660 du 22 juill. 2013, art. 6)* **« A cette fin, il contribue à l'amélioration des conditions de vie étudiante, à la promotion du sentiment d'appartenance des étudiants à la communauté de leur établissement, au renforcement du lien social et au développement des initiatives collectives ou individuelles en faveur de la solidarité et de l'animation de la vie étudiante.**

« 3° *bis* A la construction d'une société inclusive. A cette fin, il veille à favoriser l'inclusion des individus, sans distinction d'origine, de milieu social et de condition de santé ; »

(L. n° 2006-450 du 18 avr. 2006, art. 41) **« 4° A la construction de l'espace européen de la recherche et de l'enseignement supérieur ; »**

(L. n° 2020-1674 du 24 déc. 2020, art. 41) **« 4° *bis* A la sensibilisation et à la formation aux enjeux de la transition écologique et du développement durable ; »**

(L. n° 2013-660 du 22 juill. 2013, art. 6) **« 5° A l'attractivité et au rayonnement des territoires aux niveaux local, régional et national ;**

« 6° Au développement et à la cohésion sociale du territoire national, par la présence de ses établissements ;

« 7° A la promotion et à la diffusion de la francophonie dans le monde ;

« 8° Au renforcement des interactions entre sciences et société. »

BIBL. ▸ CATTANEO et WOLTER, La formation, un investissement rentable ? Des calculs récents montrent que les investissements dans la formation débouchent sur un avantage salarial global de plus de 8 %. Les formations du degré tertiaire sont les plus rentables, Centre suisse de coordination pour la recherche en éducation, *La vie économique, n° 3/2018.* – DE GAUDEMAR (entr.), La francophonie dans un monde universitaire en transformation, *in Géopolitique des universités, Hérodote, 1er trim. 2018, n° 168. 101.* – SCHMIDT, RENAUDIN, PERRIN et SEDOUD, Universités et Territoires : un état des lieux des pratiques en termes de responsabilité sociétale des universités, *ORSU, mars 2013.* – STRASSEL, Les enjeux géopolitiques de la mondialisation universitaire, *in Géopolitique des universités, Hérodote, 1er trim. 2018, n° 168. 9.* – Quelle incidence les différences de milieu social et culturel ont-elles sur l'accès à l'enseignement supérieur et la réussite des études ? *OCDE, Indicateurs de l'éducation à la loupe, n° 35, oct. 2015.* – Les enjeux territoriaux de l'enseignement supérieur et de la recherche – Synthèse des travaux du bloc local pour l'Enseignement supérieur et la recherche [2014-2017], *Séminaires du réseau des collectivités locales pour l'enseignement supérieur et la recherche : http://www.cpu.fr/wp-content/uploads/2018/03/synthese_esr_bd.pdf.*

▸ **Lutte contre les inégalités et discriminations.** BALAUDE et BAILLAT, Université et économie sociale et solidaire, *CPU, coll. Guide pratique, juin 2015.* – BENNINGHOFF (dir.), Inégalités sociales et enseignement supérieur, *de Boeck, 2012.* – FERRY, À la tête de l'étudiant-e ? Les discriminations perçues dans l'enseignement supérieur, *OVE Infos, n° 35, sept. 2017.* – HIRSCH, Diversité sociale et territoriale dans l'enseignement supérieur, *MESRI, Rapp., 8 déc. 2020.* – JAOUL-GRAMMARE, Évolution des inégalités de rendements éducatifs des diplômés du supérieur. Une comparaison

Génération 1998 - Génération 2010, *in* CALMAND (dir), *Rendement éducatif, parcours et inégalités dans l'insertion des jeunes. Recueil d'études sur la génération 2010, CEREQ, CEREQ Échanges, n° 5, mai 2017. 149.* – PELLISSIER, Principe de l'égal accès au service public de l'enseignement supérieur, *Quot. jur., 6 mai 1997, n° 36.* – Avis pour un enseignement supérieur respectueux des droits fondamentaux : se doter des moyens de cette ambition, *CNCDH, Ass. Gén. 27 mai 2021.* – Lutter contre la haine et les discriminations anti-LGBT+ dans l'enseignement supérieur et la recherche, *MESRI-CPU-CGE-CEDEFI-CPED, Guide 2021.* – Égalité et lutte contre les discriminations. ESRI : chiffres-clés de l'égalité femmes-hommes (parution 2020), *MESRI, 7 juin 2021.* – Plan national d'actions pour l'égalité des droits, contre la haine et les discriminations anti-LGBT+ 2020-2023, Min. de l'Égalité entre les femmes et les hommes, de la Diversité et de l'Égalité des chances, *DILCRAH, oct. 2020.* – Baromètre sur les LGBTphobies dans l'enseignement supérieur en France, *Caélif, 2020.*

▶ **Mobilité sociale.** BONNEAU, CHAROUSSET, GRENET et THEBAULT, Quelle démocratisation des grandes écoles depuis le milieu des années 2000 ?, *Institut d'études publiques, Rapp. IPP n° 30, janv. 2021.* – FONTANINI, PAIVANDI et RESVE, Mobilité sociale des étudiant-e-s de milieux populaires en Classes Préparatoires technologie et ATS, *Rapp., Université de Lorraine, 15 janv. 2019.* – HIRSCH, Diversité sociale et territoriale dans l'enseignement supérieur, *Rapp., déc. 2020.* – Ouverture sociale dans les grandes écoles, *Conf. des grandes écoles, déc. 2019.*

1. Procédures de sélection. Respect du principe d'égalité. Si, pour des raisons de capacité d'accueil limitées, une université doit mettre en œuvre des modalités d'inscription particulières, ces dernières doivent respecter le principe d'égalité à l'accès au service public de l'enseignement supérieur entre les usagers. La procédure d'inscription par voie télématique, mise en œuvre par le conseil d'administration d'une université en 1996, consistait à retenir, dans l'ordre chronologique des connexions effectives, les confirmations de demandes d'inscription reçues sur un serveur « minitel », la date et l'heure précises auxquelles seraient prises en compte ces connexions ayant été annoncées à l'avance à tous les candidats. Une telle procédure méconnaît le principe de l'égalité de traitement entre ces candidats, eu égard aux conditions d'équipement télématique et informatique des intéressés, aux possibilités techniques de connexion et aux différences qui en résultent dans les conditions d'acheminement de leurs appels vers le serveur télématique de l'université. • CE, avis cont., 15 janv. 1997, *M. Gouzien*, n° 182777 : *Lebon 19.*

2. Procédures de sélection. Universités. Principes. V. notes ss. art. L. 612-3.

3. Procédures de sélection. Deuxième cycle. Master. V. notes ss. art. L. 612-6.

4. Procédures de sélection. Troisième cycle. V. notes ss. art. L. 612-7.

5. Procédures de sélection légales. V. notes ss. art. L. 612-3.

6. Procédures de sélection. Étudiants étrangers. V. notes ss. art. L. 612-3.

Art. L. 123-3 *(L. n° 2007-1199 du 10 août 2007, art. 1er)* **Les missions du service public de l'enseignement supérieur sont :**

1° La formation initiale et continue *(L. n° 2013-660 du 22 juill. 2013, art. 7)* **« tout au long de la vie » ;**

2° La recherche scientifique et technologique, la diffusion et la valorisation de ses résultats *(L. n° 2013-660 du 22 juill. 2013, art. 7)* **« au service de la société. Cette dernière repose sur le développement de l'innovation, du transfert de technologie lorsque celui-ci est possible, de la capacité d'expertise et d'appui aux associations et fondations, reconnues d'utilité publique, et aux politiques publiques menées pour répondre aux défis sociétaux, aux besoins sociaux, économiques et de développement durable ; »**

3° L'orientation *(L. n° 2013-660 du 22 juill. 2013, art. 7)* **« , la promotion sociale » et l'insertion professionnelle ;**

(L. n° 2013-660 du 22 juill. 2013, art. 7) **« 4° La diffusion de la culture humaniste, en particulier à travers le développement des sciences humaines et sociales, et de la culture scientifique, technique et industrielle ; »**

5° La participation à la construction de l'Espace européen de l'enseignement supérieur et de la recherche ;

6° La coopération internationale.

BIBL. ▶ **Sur la formation continue :** BECCHETTI-BIZOT, HOUZEL et TADDEI, Vers une société apprenante. Rapport sur la recherche et développement de l'éducation tout au long de la vie, *MENESR, mars 2017 : http://cache.media.education.gouv.fr/file/04_-_avril/42/1/Rapport_recherche_et_developpement_education_752421.pdf.* – GRILLE, La place de la formation continue universitaire s'affirme entre 2002 et 2004, *MEN, Note d'information n° 07-29, juin 2007* ; En 2015, la formation continue universitaire a délivré près de 100 000 diplômes, *MEN, DEPP, Note d'information n° 17. 22, oct. 2017.* – LETROUBLON, La formation continue dans l'enseignement supérieur public en 2016, *MESRI-SIES, Note d'information du SIES n° 19.03, févr. 2019.* – SZYMANKIEWICZ, CAFFIN-RAVIER, CARAGLIO, GAVINI-CHEVET, AMBROGI et PRADEAUX, L'implication des universités dans la formation tout au long de la vie, *Rapp. IGAENR, n° 2014-061, juill. 2014.* – Formation initiale et continue : quels enjeux pour une économie fondée sur la connaissance ?, *Direction du trésor, Trésor-éco, n° 165, mars 2016 : http://www.tresor.economie.gouv.fr/File/422665.*

▸ **Sur l'orientation et l'insertion professionnelle :** CANZITTU, Comment l'éducation à l'orientation est-elle intégrée dans les systèmes scolaires ?, *Cnesco, 2018.* – DELAIR et RITZENTHALER, L'orientation des jeunes, *Les avis du CESE, n° 12, avr. 2018.* – GOUTEYRON, BERNADAUX et CAMOIN, S'orienter pour mieux réussir. Mission d'information sur l'information et l'orientation des étudiants des premiers cycles universitaires, *Sénat, Rapport d'information, 1996-1997, n° 81, nov. 1996.* – LICHTENBERGER, L'université et l'insertion professionnelle, *in* L'Université française : une nouvelle autonomie, un nouveau management, *Presses universitaires de Grenoble (PUG), coll. Libres cours, 2012. 455.* – PIOZIN, KRETCHNER, PICARONNY et REY, La mission d'insertion professionnelle de l'université : bilan dix ans après la loi relative aux libertés et responsabilités des universités, *MESRI, Rapp. IGESR, n° 2020-101, oct. 2020.*

▸ **Sur l'innovation :** V. Bibl. ss. art. L. 123-5.

COMMENTAIRE

Voir le commentaire sous l'article L. 952-2.

1. Autres activités. Activités économiques. Le principe de spécialité qui s'applique à tout établissement public signifie que la personne morale, dont la création a été justifiée par la mission qui lui a été confiée, n'a pas de compétence générale au-delà de cette mission. Toutefois, ce principe ne s'oppose pas par lui-même à ce qu'un établissement public se livre à d'autres activités économiques à la double condition que d'une part ces activités annexes soient techniquement et commercialement le complément normal de sa mission principale et que d'autre part, ces activités soient à la fois d'intérêt général et directement utiles à l'établissement public, notamment par son adaptation à l'évolution technique, aux impératifs d'une bonne gestion des intérêts confiés à l'établissement, le savoir-faire des personnels, la vigueur de sa recherche et la valorisation de ses compétences, tous moyens mis au service de son objet principal. • CE, avis, 7 juill. 1994. ♦ Le Conseil d'État a ainsi admis la présence de kinésithérapeutes au profit des étudiants et enseignants d'une UFR d'éducation physique et sportive. • CE 12 déc. 1994, *M. Colin*, n° 98455 : *Lebon T. 976*. ♦ Même solution pour l'exploitation d'une librairie. • CE 10 mai 1996, *SARL La Roustane*, n°s 142064 et 142066 : *Lebon 168*. ♦ Pour l'implantation d'une agence bancaire dans les locaux d'une université : * Lettre DAJ B1, n° 08-316, du 23 oct. 2008 : *LIJ 2008, n° 130, p. 22.*

2. Association. Création. Un président d'établissement d'enseignement supérieur avait sollicité l'avis de la DAJ sur la création, par son établissement, d'une association dont l'objet serait la promotion et la sensibilisation de l'art contemporain auprès des étudiants et des personnels. La DAJ, dans sa réponse, précise qu'il convient de s'assurer que l'objet de la mission entre dans les missions du service public de l'enseignement supérieur et s'inscrit dans le principe de spécialité de l'établissement. Les missions de l'association doivent donc être compatibles avec les dispositions des art. L. 123-3 et L. 123-6 C. éduc. Il importe aussi de vérifier si les services de l'établissement contrôlent ou pas cette association et lui procurent l'essentiel de ses ressources. Si tel était le cas, l'association devrait être regardée comme transparente, ses fonds auraient la qualité de deniers publics devant être maniés par un comptable public ou agissant sous son contrôle sous peine de gestion de fait. Par conséquent, si une telle association paraît possible au regard du principe de spécialité de l'établissement public, en revanche l'implication des services dans la gestion de cette association pourrait être qualifiée de gestion de fait par le juge des comptes. * *Lettre DAJ B1 n° 2010-216, 15 sept. 2010 : LIJ 2010, n° 149, p. 20.*

Art. L. 123-4 **Le service public de l'enseignement supérieur offre des formations à la fois scientifiques, culturelles et professionnelles.**

A cet effet, le service public :

1° Accueille les étudiants et concourt *(L. n° 2013-660 du 22 juill. 2013, art. 8)* **« à leur réussite et » à leur orientation ;**

2° Dispense la formation initiale ;

3° Participe à la formation continue ;

4° Assure la formation des formateurs.

L'orientation des étudiants comporte une information sur le déroulement des études, sur les débouchés, sur les passages possibles d'une formation à une autre.

La formation continue s'adresse à toutes les personnes engagées ou non dans la vie active. Organisée pour répondre à des besoins individuels ou collectifs, elle inclut l'ouverture aux adultes des cycles d'études de formation initiale, ainsi que l'organisation de formations professionnelles ou à caractère culturel particulières.

BIBL. ▸ Charles et Délès, Quels parcours d'études pour quelle conception de l'enseignement supérieur ?, *Cnesco, 2018.* – Retterer, Le contentieux relatif aux organismes de formation professionnelle continue, *AJDA 2010. 2408*. – Comment l'école française aide-t-elle les élèves à construire leur orientation ?, *Dossier de synthèse, Cnesco, 2018.*

▸ **Orientation comparaisons internationales :** Dutercq, Michaut et Troger, Quel bilan des politiques d'orientation en France et à l'étranger ?, *Rapp. d'évaluation international, Cnesco, 2018.*

Missions du service public de l'enseignement supérieur. Par un Arr. du 25 nov. 1994, le ministre de l'enseignement supérieur avait institué dans chaque région un coordonnateur régional à la formation continue dans l'enseignement supérieur ; en lui donnant la mission d'« organiser et d'animer la coordination des actions de formation des établissements d'enseignement supérieur », le ministre a porté atteinte aux compétences reconnues à ces établissements dans le cadre de l'autonomie qui leur a été conférée par la L. du 26 janv. 1994. L'arrêté attaqué était dès lors sur ce point entaché d'illégalité. • CE 16 mars 1998, *Univ. Paul-Sabatier Toulouse III,* n° 165323 : *Lebon T. 936*.

Art. L. 123-4-1

(L. n° 2013-660 du 22 juill. 2013, art. 9) **Le service public de l'enseignement supérieur met à disposition de ses usagers des services et des ressources pédagogiques numériques.**

Les logiciels libres sont utilisés en priorité.

BIBL. ▸ V. Bibl. ss. art. L. 611-8.

Art. L. 123-4-2

(L. n° 2005-102 du 11 févr. 2005, art. 20) **Les établissements d'enseignement supérieur inscrivent les étudiants** *(L. n° 2019-791 du 26 juill. 2019, art. 27)* **« en situation de handicap » ou présentant un trouble de santé invalidant, dans le cadre des dispositions réglementant leur accès au même titre que les autres étudiants, et assurent leur formation en mettant en œuvre les aménagements nécessaires à leur situation dans l'organisation, le déroulement et l'accompagnement de leurs études.**

En application de l'art. L. 231-5 CRPA, le silence gardé pendant 2 mois par l'administration vaut décision de rejet pour une demande d'aménagement de la formation pour un étudiant présentant un handicap (Décr. n° 2014-1274 du 23 oct. 2014, art. 1er).

BIBL. ▸ Fraisse et Gangloff-Ziegler (dir.), La parole aux acteurs du handicap à l'université, *CPU, juin 2014.* – Georget et Mosnier, La politique d'accueil des étudiants handicapés, *Rapp. IGAENR, n° 2006-050, juill. 2006 ; www.ladocumentationfrancaise.fr.* – Passerat De Silans, La scolarisation des enfants handicapés et les aménagements d'épreuves, *LIJ 2012, n° 164, p. 17.* – Thomas-Bion, Les étudiants et le handicap, *Vie universitaire, n° 102, févr. 2007. 29.* – Enquête de la LME : l'accueil des étudiants handicapés à l'université, *Vie universitaire, n° 102, févr. 2007. 22.* – Observatoire national de la sécurité et de l'accessibilité des établissements d'enseignement : pour la lutte contre discriminations et handicap, *Rapp. 2012.* – La poursuite et la réussite des études supérieures pour les jeunes en situation de handicap, *in Rapp. de la médiatrice de l'éducation nationale et de l'enseignement supérieur, La médiation : plus de proximité pour plus d'équité, 2017.*

DÉROULEMENT DES EXAMENS

1. Aménagements. La Circ. du 22 mars 1994 du ministre de l'éducation nationale relative à l'organisation des examens et concours au bénéfice des étudiants handicapés se borne à adresser des recommandations aux autorités universitaires sur les aménagements susceptibles d'être apportés aux modalités de déroulement des épreuves pour permettre aux étudiants handicapés de participer aux examens dans des conditions adaptées à leur situation et dans le respect du principe d'égalité entre les candidats. Ces recommandations sont dépourvues de valeur normative. • CAA Paris, 8 nov. 2005, *Univ. de Paris I c/ M. Thierry Durand,* n° 02PA00582 : *LIJ 2006, n° 101, p. 11.* ♦ Une circulaire prévoit que les étudiants qui ne peuvent pas écrire à la main ou utiliser leur propre matériel sont assistés d'un secrétaire qui écrira sous leur dictée. La Halde a été saisie par un étudiant tétraplégique qui estimait avoir été pénalisé lors d'une épreuve informatique car les secrétaires qui l'assistaient n'avaient pas un niveau suffisant. La Halde demande au ministre de modifier la circulaire pour prévoir une assistance assurée prioritairement par un enseignant de la discipline ou à défaut par un secrétaire ayant un niveau suffisant. • HALDE 1er sept. 2008, *délib.* n° 2008-170 : *AJDA 2008. 1916*.

2. Respect du principe d'égalité entre les candidats. Il appartient aux personnes affectées d'un handicap permanent ou non, qui se présentent à des épreuves d'examen ou de concours, de demander, avant qu'elles ne débutent, à l'institution qui les organise, de procéder aux adaptations rendues nécessaires par leur handicap, dès lors que ces adaptations sont conformes au principe d'égalité entre les candidats. • CE 25 mai 2007, n° 289050 B. ♦ En refusant la demande d'un étudiant, présentée neuf jours après les examens, de passer ceux-ci sous forme orale, l'université, loin de méconnaître le principe d'égalité entre les candidats handicapés et les candidats valides, s'y est conformée et n'a pas méconnu, en tout état de cause, les dispositions de la Circ. du 22 mars 1994 relative à l'organisation des examens et concours au bénéfice des étudiants handicapés, qui définissent les conditions d'application de ce principe. L'université n'était donc tenue ni de lui proposer d'autres modalités d'examen adaptées à son état, ni de le faire bénéficier de la deuxième session prévue par les textes. • CE 25 mai 2007, n° 289050 B.

3. Responsabilité de l'administration. Absence d'aménagement des épreuves. Faute. L'autorité organisatrice d'un concours qui ne met pas en œuvre les aménagements d'épreuves adaptés au handicap d'un candidat commet une faute de nature à engager la responsabilité de l'administration. En l'espèce, le requérant s'était rapprochée du service chargé de l'organisation du concours plusieurs mois avant les épreuves afin de pouvoir bénéficier des aménagements rendus nécessaires par son handicap. Elle a notamment produit à l'appui de sa demande un avis médical établi par un médecin agréé par la maison départementale des personnes handicapées (MDPH), précisant la nature des aménagements appropriés et préconisant, notamment, la mise à disposition d'un ordinateur et l'assistance d'une tierce personne durant les épreuves. Le service a accusé réception de la demande en indiquant que le dossier était complet et ne nécessitait pas l'envoi de documents complémentaires. Toutefois, lors des épreuves, la requérante a été privée de tout matériel informatique. Par ailleurs, si elle a pu bénéficier, pour la rédaction de ses copies, de l'assistance d'une tierce personne, cette dernière ne disposait d'aucune qualification particulière dans le champ disciplinaire des épreuves du concours. Le tribunal a considéré que le service chargé de l'organisation du concours, en privant la requérante de l'un des aménagements préconisés par la MDPH et en lui apportant une aide humaine inadaptée à la nature des épreuves, a commis une faute de nature à engager la responsabilité de la puissance publique. • TA Paris, 12 juill. 2019, n° 1814897.

Art. L. 123-5 **Le service public de l'enseignement supérieur s'attache à développer et à valoriser, dans toutes les disciplines et, notamment, les sciences humaines et sociales, la recherche fondamentale, la recherche appliquée et la technologie.**

(L. n° 2013-660 du 22 juill. 2013, art. 10) **« Il soutient la valorisation des résultats de la recherche au service de la société. A cet effet, il veille au développement de l'innovation, du transfert de technologie lorsque celui-ci est possible, de la capacité d'expertise et d'appui aux associations et fondations, reconnues d'utilité publique, et aux politiques publiques menées pour répondre aux défis sociétaux, aux besoins sociaux, économiques et du développement durable.**

« Il assure la liaison nécessaire entre les activités d'enseignement, de recherche et d'innovation. » Il offre un moyen privilégié de formation à la recherche et par la recherche. *(L. n° 2013-660 du 22 juill. 2013, art. 10)* **« A cette fin, il assure le développement continu de l'innovation et de l'expérimentation pédagogiques en son sein. Il favorise les interactions entre sciences et société. Il facilite la participation du public à la prospection, à la collecte de données et au progrès de la connaissance scientifique. »**

(Ord. n° 2004-545 du 11 juin 2004, art. 4) **« Il participe à la politique de développement scientifique et technologique, reconnue comme priorité nationale, en liaison avec les grands organismes nationaux de recherche. Il contribue à la mise en œuvre des objectifs définis par le code de la recherche. »**

Il concourt à la politique d'aménagement du territoire par l'implantation et le développement dans les régions d'équipes de haut niveau scientifique. Il renforce les liens avec les secteurs socio-économiques publics et privés.

Il améliore le potentiel scientifique de la nation en encourageant les travaux des jeunes chercheurs et de nouvelles équipes en même temps que ceux des formations confirmées, en favorisant les rapprochements entre équipes relevant de disciplines complémentaires ou d'établissements différents, en développant diverses formes d'association avec les grands organismes publics de recherche, en menant une politique de coopération et de progrès avec la recherche industrielle et l'ensemble des secteurs de la production.

Les conditions dans lesquelles les établissements *(L. n° 2013-660 du 22 juill. 2013, art. 10)* **« et les regroupements mentionnés au 2° de l'article L. 718-3 » qui participent à ce service public assurent, par voie de convention, des prestations de services, exploitent des brevets et licences et commercialisent les produits de leurs activités sont fixées par leurs statuts. En vue de la valorisation des résultats de la recherche dans leurs domaines d'activité, ils peuvent, par convention et pour une durée limitée avec information de l'instance scientifique compétente, fournir à des entreprises ou à des personnes physiques des moyens de fonctionnement, notamment en mettant à leur disposition des locaux, des équipements et des matériels, dans des conditions fixées par décret** *[V. art. R. 123-2 s.]* **; ce décret définit en particulier les prestations de services qui peuvent faire l'objet de ces conventions, les modalités de leur évaluation et celles de la rémunération des établissements** *(L. n° 2013-660 du 22 juill. 2013, art. 10)* **« et des regroupements mentionnés au même 2° ».**

Les activités mentionnées au précédent alinéa peuvent être gérées par des services d'activités industrielles et commerciales *(L. n° 2006-450 du 18 avr. 2006, art. 22)* **« dans les conditions fixées par l'article L. 714-1 ». Pour le fonctionnement de ces services et la réalisation de ces activités, les établissements peuvent recruter, dans des conditions définies, en tant que de besoin, par décret en Conseil d'État** *[V. art. R. 123-8 s.]*, **des agents non titulaires par des contrats de droit public à durée déterminée ou indéterminée.**

Sur les conditions dans lesquelles les établissements publics à caractère scientifique et technologique et les établissements d'enseignement supérieur peuvent fournir des moyens de fonctionnement à des entreprises ou à des personnes physiques, V. C. éduc., art. D. 123-2 s.

Sur les services d'activités industrielles et commerciales des établissements publics à caractère scientifique, culturel et professionnel, V. art. D. 714-83 s.

Sur l'intéressement de certains fonctionnaires et agents de l'État et de ses établissements publics ayant participé directement à la création d'un logiciel, à la création ou à la découverte d'une obtention végétale ou à des travaux valorisés, V. Décr. n° 96-858 du 2 oct. 1996 (V. ***C. fonct. publ.****).*

Sur la prime d'intéressement et la prime au brevet d'invention attribuées à certains fonctionnaires et agents de l'État et de ses établissements publics auteurs d'une invention, V. CPI, art. R. 611-14-1. – ***CPI****.*

Pour un motif de bonne administration, sont exclues du champ d'application du droit des usagers de saisir l'administration par voie électronique les demandes relatives aux recrutements et aux candidatures des agents non titulaires des services d'activités industrielles et commerciales (SAIC) des établissements d'enseignement supérieur (Décr. n° 2015-1410 du 5 nov. 2015).

BIBL. ▶ ADNOT, Les SATT : des structures de valorisation de la recherche publique qui doivent encore faire la preuve de leur concept, *Sén., Rapp. d'information, n° 683 (2016-2017), 26 juill. 2017.* – BLÉMONT, PIMMEL et ELBAUM, Le « modèle économique » des instituts hospitalo-universitaires, *Rapp. IGAS-IGAENR, n° 2016-095, déc. 2016.* – BOURGOU, La loi du 12 juillet 1999 sur l'innovation et la recherche, *LPA 2000, n° 37. 12.* – COULHON, Les investissements d'avenir et la transformation de l'enseignement supérieur français : premier bilan, *in* L'Université française : une nouvelle autonomie, un nouveau management, *Presses universitaires de Grenoble (PUG), coll. Libres cours, 2012. 510.* – DENISSE, Université et recherche, *RFDA 1980. 835.* – DURANTON, LEGEAIS et MAURIN, La valorisation de la recherche, *Rapport Comité national d'évaluation, 1999.* – FINANCE, FOUCHER, BILLI RIZZA, SCHOTT-CARRIÈRE, GOIFFON, COVO, MOGUEROU, MAURICE et DUPAS, Mémento des programmes européens 2014-2020 pour l'enseignement supérieur, la recherche et l'innovation. Outils stratégiques à l'intention des responsables et des différents acteurs des établissements d'enseignement supérieur et de recherche, *CPU, mars 2014.* – HELMLINGER, Innovation et recherche. Loi n° 99-587 du 12 juillet 1999 sur l'innovation et la recherche, *AJDA 2000. 72* ✎. – HODEMON et WISLER, Le service d'activités industrielles et commerciales : une innovation bienvenue ?, *AJDA 2003. 165* ✎. – LE DÉAUT, Refonder l'université, dynamiser la recherche, *Rapport au Premier ministre, janv. 2013.* – OBERDORFF, Le droit, la démocratie et la maîtrise sociale des technologies, *RD publ. 1992. 983.* – ROUBAN, L'État et la science. La politique publique de la science et de la technologie, *Éditions du CNRS, 1988.* – SEVINO, Le concours apporté par les chercheurs publics aux entreprises privées, *AJDA 2003. 162* ✎. – Cour des comptes, Valorisation de la recherche dans les établissements publics à caractère scientifique et technologique. Rapport public particulier, *Éditions du Journal officiel, 1997.* – Les universités et l'innovation. Agir pour l'économie de la société, Actes du colloque de la Conférence des présidents d'université, Lyon 21-23 mai 2014, *CPU, 31 oct. 2014.*

Art. L. 123-6 **Le service public de l'enseignement supérieur a pour mission le développement de la culture et la diffusion des connaissances et des résultats de la recherche.**

Il favorise l'innovation, la création individuelle et collective dans le domaine des arts, des lettres, des sciences et des techniques. Il assure le développement de l'activité physique et sportive et des formations qui s'y rapportent.

Il veille à la promotion et à l'enrichissement de la langue française et des langues et cultures régionales. Il participe à l'étude et à la mise en valeur des éléments du patrimoine national et régional. Il assure la conservation et l'enrichissement des collections confiées aux établissements.

(L. nº 2013-660 du 22 juill. 2013, art. 11) **« Il promeut des valeurs d'éthique, de responsabilité et d'exemplarité.**

« Il mène une action contre les stéréotypes sexués, tant dans les enseignements que dans les différents aspects de la vie de la communauté éducative. »

Les établissements qui participent à ce service public peuvent être prestataires de services pour contribuer au développement socio-économique de leur environnement. Ils peuvent également assurer l'édition et la commercialisation d'ouvrages et de périodiques scientifiques ou techniques ou de vulgarisation, ainsi que la création, la rénovation, l'extension de musées, de centres d'information et de documentation et de banques de données. Ils sont autorisés à transiger au sens de l'article 2044 du code civil et à recourir à l'arbitrage en cas de litiges nés de l'exécution de contrats passés avec des organismes étrangers, dans des conditions fixées par décret *[V. art. D. 123-9 s.]*.

BIBL. ► DREYFUS, Une personne publique peut-elle voir sa responsabilité engagée pour diffusion de contrefaçon ?, *AJDA 2007. 2441*. – SCHMIDT, RENAUDIN, PERRIN et SEDOUD, Universités et Territoires : un état des lieux des pratiques en termes de responsabilité sociétale des universités, *ORSU, mars 2013*.

► **Éthique :** Libertés et responsabilités dans la recherche académique, *Comité d'éthique du CNRS (COMETS), Avis nº 2018-35, 1er févr. 2018 : http://www.cnrs.fr/comets/IMG/pdf/avis_2018-35.pdf* – Quelles nouvelles responsabilités pour les chercheurs à l'heure des débats sur la post-vérité ?, *Comité d'éthique du CNRS (COMETS), Avis nº 2018-37, 12 avr. 2018 : http://www4.cnrs-dir.fr/comets/IMG/pdf/avis_2018-37.pdf*. – V. aussi notes C. rech, art. L. 211-1.

1. Cours polycopiés. L'art. 7 du Décr. du 6 juin 1984 modifié précise que les professeurs des universités ont vocation prioritaire à assurer leur service d'enseignement sous forme de cours. Le cours dispensé par un professeur et mis par écrit par lui sous la forme d'un polycopié constitue une œuvre de l'esprit au sens du premier alinéa de l'art. L. 111-1 CPI. Toutefois, la conception et la réalisation de cet ouvrage sont intervenues dans le cadre de l'exécution des obligations de service public du requérant et son objet est le contenu même de ces obligations. Dès lors, si le cours polycopié en question a été réalisé de la propre initiative du requérant, il doit être regardé comme faisant partie par nature du cours que celui-ci avait pour vocation d'assurer. • CAA Versailles, 15 mars 2007, *M. Jean-Charles Allary*, nº 04VE338 : *AJDA 2007. 918, concl. Pellissier*.

2. Droit d'auteur des étudiants. Responsabilité de l'université. La mission de diffusion des résultats de la recherche n'est susceptible d'être assurée que dans le respect du droit exclusif de divulgation reconnu aux étudiants, auteurs des écrits scientifiques concernés. Il appartient donc à l'université qui diffuse un mémoire ou une thèse, notamment par la consultation sur place en bibliothèque, d'apporter la preuve de l'autorisation de diffusion qui lui a été délivrée par l'auteur du mémoire ou de la thèse, le dépôt par les étudiants de leurs travaux auprès de l'établissement d'enseignement supérieur dans le cadre de leur soutenance n'emportant pas à lui seul autorisation de divulgation. • TA Toulouse, 4 nov. 2008, *Mlle Chahi*, nº 0400129 : *AJDA 2009. 384, concl. Truilhé*.

Sur la question des droits d'auteurs des enseignants-chercheurs : V. aussi notes ss. art. L. 952-2.

Art. L. 123-7 **Le service public de l'enseignement supérieur contribue, au sein de la communauté scientifique et culturelle internationale, au débat des idées, au progrès de la recherche et à la rencontre des cultures.** *(L. nº 2013-660 du 22 juill. 2013, art. 12)* **« Il promeut, aux plans européen et international, un meilleur partage des savoirs et leur diffusion auprès des sociétés civiles. Il encourage les coopérations transfrontalières et incite, à cet effet, les établissements d'enseignement supérieur implantés dans les collectivités relevant de l'article 73 de la Constitution à contribuer au rayonnement**

international des départements et régions d'outre-mer. Il favorise le développement de parcours comprenant des périodes d'études et d'activités à l'étranger sans porter préjudice au déroulement de carrière ou d'études des personnels et étudiants concernés. Il favorise également l'accueil des personnels de recherche étrangers pour la durée de leurs missions scientifiques. Il assure l'accueil des étudiants étrangers, en lien avec le réseau des œuvres universitaires et scolaires mentionné à l'article L. 822-1 et l'établissement public mentionné à l'article 6 de la loi n° 2010-873 du 27 juillet 2010 relative à l'action extérieure de l'État ainsi que leur formation. Il soutient le développement des établissements français et des enseignements en langue française à l'étranger ainsi que le développement de services et ressources pédagogiques numériques favorisant la connaissance et la promotion de la langue française. » Il concourt au développement de centres de formation et de recherche dans les pays qui le souhaitent. *(L. n° 2013-660 du 22 juill. 2013, art. 12)* **« Il favorise l'orientation vers l'enseignement supérieur français des élèves français scolarisés à l'étranger et des élèves étrangers scolarisés dans des établissements d'enseignement français à l'étranger. » Les programmes de coopération qu'il met en œuvre permettent notamment aux personnels français et étrangers d'acquérir une formation aux technologies nouvelles et à la pratique de la recherche scientifique.**

Dans le cadre défini par les pouvoirs publics, les établissements qui participent à ce service public passent des accords avec des institutions étrangères ou internationales, notamment avec les institutions d'enseignement supérieur des différents États et nouent des liens particuliers avec celles des États membres *(Ord. n° 2008-1304 du 11 déc. 2008, art. 1er)* **« de** *(L. n° 2013-660 du 22 juill. 2013, art. 12)* **« l'Union » européenne ou d'un autre État partie à l'accord sur l'Espace économique européen » et avec les établissements étrangers qui assurent leurs enseignements partiellement ou entièrement en langue française.** *(L. n° 2013-660 du 22 juill. 2013, art. 12)* **« Ces accords visent à la délivrance de diplômes nationaux ou d'établissement, conjointement ou non avec des établissements d'enseignement supérieur à l'étranger. »**

Sur la rémunération de services de formation proposés dans le cadre de leur mission de coopération internationale par les établissements publics d'enseignement supérieur, V. art. D. 719-181 s.

BIBL. ▸ **International :** CHARLES et DELPECH, Investir dans l'internationalisation de l'enseignement supérieur, *Rapp. France Stratégie, 27 janv. 2015.* – FROMENT, Relations et politiques internationales, *in* Les universités en France. Fonctionnement et enjeux (dir.), *PURH (Presses des universités de Rouen et du Havre), 2012. 145.* – RAMANANTSOA, DELPECH et DIAGNE (collab.), L'enseignement supérieur français par-delà les frontières. L'urgence d'une stratégie, *France Stratégie, Rapp. sept. 2016.* – C. comptes, Écoles françaises à l'étranger, *réf. n° 63663, 24 mai 2012* ; L'enseignement français à l'étranger, *réf. n° 66854, 3 juill. 2013* ; C. comptes, Le réseau culturel de la France à l'étranger, *Communication au président de l'Ass. nat. pour le comité d'évaluation et de contrôle des politiques publiques, sept. 2013.* – Flux internationaux d'étudiants : quatre fois plus nombreux qu'en 1975, *MESR, Note d'information, n° 11.11, juill. 2011.*

▸ **Europe :** ATTALI, Pour un modèle européen d'enseignement supérieur, *Rapport MENESR, 1998.* – CHENUAUD FRAZIER, L'éducation et la communauté européenne, *Thèse, Univ. Paris 11, 1993.* – CICCHELLI, L'Esprit cosmopolite : voyages de formation des jeunes en Europe, *Presses de Sciences Po, 2012.* – DELAUNAY, De l'Europe des universités aux universités européennes, *AJDA 2017. 1913* . – FLOC'H, En vingt ans, le programme d'échanges Erasmus a créé un esprit européen, *Le Monde, 2 juin 2009. 8.* – MARMOUYET, Erasmus+ : l'Europe conviée à aller plus loin, *Le Monde, Universités & grandes écoles, 26 mai 2016, p. 3.* – MUSSELIN, Le Processus de Bologne : quels enjeux européens ?, *in* L'enseignement supérieur : une compétition mondiale ?, *Revue internationale d'éducation, n° 45, sept. 2007.* – PERTEK, L'Europe des universités, *AJDA 1990. 233* . – PERUCCA, L'essoufflement d'Erasmus, *Le Monde, 10 déc. 2008. 2* ; L'expansion de l'espace européen des facs, *Le Monde, Éducation, 16 avr. 2009. 3* ; Le Processus de Bologne attise la fronde universitaire, *Le Monde, 11 avr. 2009. 2.* – RODRIGUES PENEDA DA SILVA, L'accès à l'enseignement supérieur en Europe - Analyse comparée des systèmes d'accès à l'enseignement supérieur et de leur management, *Thèse, Univ. Paris-Saclay (ComUE), 2018.* – Mémento des programmes européens 2014-2020 pour l'enseignement supérieur, la recherche et l'innovation. Outils Stratégiques à l'intention des responsables et des différents acteurs des établissements d'enseignement supérieur et de recherche, *CPU, mars 2014.* – La coopération européenne en éducation et en formation : valeur ajoutée et effets, *L'Observatoire Erasmus+, notes, n° 6, nov. 2017.* – Concl. du Conseil sur l'initiative « universités européennes » – Mettre en relation l'enseignement supérieur, la recherche, l'innovation et la société pour jeter les bases d'une nouvelle dimension pour l'enseignement supérieur, *Conseil de l'Union européenne, n° 8658/21, 17 mai 2021.*

▶ **Europe-Bologne :** Beaucher et Charvet, Bibliographie : L'Europe de l'enseignement supérieur : quels enjeux pour les étudiants ?, *CIEP, déc. 2017.* – Fournier et Rakocevic, Le bilan annuel de la stratégie européenne en matière d'éducation et formation (« EF 2020 »), *MEN-DEPP, Note d'information, n° 19-09, mars 2019.* – Le processus de Bologne et la construction de l'Espace européen de l'enseignement supérieur (23 fiches), *MESRI.* – Combined evaluation of Erasmus+ and predecessor programmes, *Final report, European Commission, 2017.*

▶ **Mobilité :** Balatore, Erasmus et la mobilité des jeunes européens, *PUF, coll. Éducation et société, 2010.* – Bono-Vandorme et Deprez-Audebert, Bilan et les perspectives d'Erasmus+, *Ass. Nat., Rapp. information n° 3646, 9 déc. 2020.* – Calmand, Rouaud et Sulzer, Séjours à l'étranger en cours d'études, une plus-value sur l'insertion en France ?, *Céreq, Bref du Céreq, n° 348, juill.-août 2016.* – Eckhardt, Jungblut, Pietkiewicz, steinhardt, Vukasovic et Santa, Refugees Welcome ? Recognition of qualifications held by refugees and their access to higher education in Europe – country analyses, *European Students' Union, avr. 2017 : https ://www.esu-online.org/wp-content/uploads/2017/05/ESU-Are-Refugees-Welcome_-WEBSITE-1.compressed-1.pdf.* – Garcia-Peñalosaa et Wasmerb, Préparer la France à la mobilité internationale croissante des talents, *Les notes du conseil d'analyse économique, n° 31, mai 2016.* – Hauschildt, What are the obstacles to student mobility during the decision and planning phase ?, *Eurostudent.eu, Intelligence brief n° 02/2016 : http://www.eurostudent.eu/download_files/documents/EV_IB_mobility_obstacles.pdf.* – Le genre et la mobilité étudiante internationale, *Campus France, Les notes, n° 52, sept. 2016.* – Mobilité internationale. Enquête nationale. Conditions de vie des étudiants 2013, *Observatoire national de la vie étudiante, juill. 2016.* – C. comptes européenne, Éducation : les programmes sont alignés sur les objectifs de l'UE mais la mesure de la performance est insuffisante. Accompagné des réponses de la Commission, *Rapport spécial n° 16/2016 (présenté en vertu de l'article 287, paragraphe 4, deuxième alinéa, du TFUE), 2016.* – Une vision commune de l'enseignement secondaire et supérieur pour tous en Europe, *Union des étudiants européens, juin 2016 : https ://www.esu-online.org/wp-content/uploads/2016/07/FR_joint-vision.pdf.* – Les actions des conseils régionaux en faveur de la mobilité internationale des jeunes, *Rapport de l'ARF 2005.* – La mobilité sortante des étudiants de France : Un marqueur social, des attentes, des contraintes et des opportunités. 26 000 étudiants témoignent, *Campus France, Les notes, n° 48, févr. 2016.* – Mobilité internationale étudiante. Pourquoi le rang de la France varie-t-il entre 2012 et 2013 ?, *Campus France, note oct. 2016.* – La mobilité internationale des étudiants européens, *Campus France, Les notes, HS, n° 17, juin 2017.* – L'internationalisation des études de doctorat et de master, *OCDE, Indicateurs de l'éducation à la loupe, n° 39, févr. 2016.* – Les États-Unis et la mobilité étudiante internationale, *Campus France, Les notes, n° 53, mai 2017* ; Développement de l'employabilité et des aptitudes citoyennes au cours d'une mobilité Erasmus, *Observatoire Erasmus, Agence Erasmus+, Notes, n° 4, mai 2017.* – Erasmus+ et les Français : résultats et perspectives dans la cadre des élections législatives et de la relance européenne, *Agence Erasmus+, Dossier de presse mai 2017.* – The Guild's recommendations for Erasmus+ Empowering citizens and raising the aspirations for European higher education, *The Guild of European Research-Intensive Universities, 2017 : http://www.the-guild.eu/Publications/guild_position-paper-on-erasmus%2B.pdf.* – Erasmus +, Résultats d'Erasmus+ en France en 2018, Rapp. d'activité.

▶ **Accueil des étudiants étrangers. Attractivité :** Artus, Statut ou qualité d'étudiant ? La jurisprudence administrative en matière de refus des étrangers inscrits en capacité en droit, *Gaz. Pal. 1993. 2. Doctr. 1289.* – Bellan, La France n'est pas la meilleure terre d'accueil, *Le Monde, Campus, 5 nov. 2005. 18.* – Benoit et Becquart, Les étudiants étrangers en France. Enquête sur la perception et les attentes, en matière de services, des étudiants étrangers en mobilité en France. Vague 3. Rapport de résultats, *Campus France, 12 déc. 2017.* – Bernard, Brassens, Cage, Fitoussi et Le vert, Rapport sur l'accueil des talents étrangers, *Rapp. IGAENR 2013-031, IGF M-022-03, avr. 2013.* – Blanchet, Gillet, Pham, Strassel et Zalio, Rapp. de la mission de concertation sur la stratégie « Bienvenue en France », *févr. 2019.* – Brindeau et Lenne, L'accueil des étudiants étrangers en France, *Ass. Nat., Rapp. d'information n° 1763, 13 févr. 2019.* – Cerisier-Ben Guiga et Blanc, L'accueil des étudiants étrangers : l'université, un enjeu international pour la France, *Sénat, Rapport d'information, 2004-2005, n° 446, juin 2005.* – Cohen, Accueil des étudiants étrangers en France, *Rapport MENESR, 2001.* – Collas, Étudiants chinois. La grande loterie, *Le Monde, 25 févr. 2011. 17.* – Le Bris, Les universités à la loupe, *Economica, 1986.* – Lefeuvre, Les étudiants étrangers en mobilité de diplôme universitaire en 2017-2018, *MESRI – SIES, Note Flash du SIES, n° 4, févr. 2019.* – Turpin, Étudiants, *Rép. intern. Dalloz, 2010.* – Vanco, Mobilité étudiante : la France séduit toujours, mais pour combien de temps ?, *Institut Montaigne, Des idées pour demain, 24 mars 2016.* – Szymankiewicz, Boutet-Waiss, Luc, Roignot et Simon, Les conditions d'inscription et d'accueil des étudiants étrangers dans les universités, *Rapport MEN, n° 2005-023, juin 2005.*

– Stratégies de développement de la mobilité internationale des étudiants et attractivité de l'enseignement supérieur français, *Rapport annuel 2003-2004 du Conseil national pour le développement de la mobilité internationale des étudiants, MEN, 2004.* – Rapport d'information sur l'accueil des étudiants étrangers en France, *Sénat, nº 446, 2005.* – Le droit des étudiant-e-s étranger-e-s en France, *GISTI, coll. Les cahiers juridiques, mars 2011.* – Flux internationaux d'étudiants : quatre fois plus nombreux qu'en 1975, *MESR, Note d'information, Enseignement supérieur & Recherche, nº 11.11, juill. 2011.* – New rules to attract non-EU students, researchers and interns to the EU, *European parliament, Plenary sessions, 11 mai 2016.* – Les sites internet des universités françaises : comment sont accueillis et informés les étudiants étrangers ?, *Campus France, Les notes, nº 51, juill. 2016.* – Le livre blanc de l'attractivité de la France. Pour se repérer entre réalités et perceptions. Classements économiques internationaux 2016. Compétitivité, Attractivité, Innovation et Enseignement supérieur, *Business France, 2016.* – Près de 3 millions d'étudiants en mobilité internationale dans l'OCDE, *MESR, Note d'information, nº 16-03, juin 2016.*

▸ **Sur les droits d'inscription des étudiants étrangers :** V. Bibl. ss. art. L. 719-4.

I. CONDITIONS D'INSCRIPTION DES ÉTUDIANTS ÉTRANGERS

1. Autonomie des universités. En fixant les conditions d'inscription des étudiants étrangers dans les universités françaises par décret et arrêtés, le gouvernement ne fait que définir le cadre de l'exercice de l'action internationale de ces établissements. Il ne porte donc pas atteinte à leur autonomie. • CE 14 mars 1986, nº 65241 A. ♦ Il résulte des dispositions de l'art. 16 du Décr. du 13 mai 1971 relatif à l'inscription des étudiants dans les universités que, seuls, les établissements d'enseignement supérieur sont compétents pour statuer sur la demande d'inscription formée par un étudiant étranger. • CE 26 janv. 2007, nº 280912 B.

2. Pouvoirs des services académiques. Les dispositions législatives prévoient qu'un étranger puisse être admis, au moins à titre provisoire, dans un établissement d'enseignement avant d'avoir obtenu un premier titre de séjour. Les autorités académiques ne peuvent donc subordonner l'inscription d'un candidat à des études en France à la possession d'un titre de séjour. • CE 24 janv. 1996, nº 153746 A.

3. Carte de séjour temporaire « étudiant ». Principe. L'étudiant poursuivant des études en France doit être titulaire d'une carte de séjour temporaire « étudiant » valable un an et renouvelable. Ce titre est délivré sur justification d'une attestation d'inscription dans un établissement français d'enseignement supérieur et d'un visa temporaire long séjour. En revanche, l'inscription dans un établissement assurant seulement une formation continue ne confère pas la qualité d'étudiant. • TA Marseille, 1er juill. 1996, nº 93MA6065. ♦ ... Pas plus que celle d'auditeur libre. • TA Marseille, 21 oct. 1997, nos 97MA1557 et 97MA1558.

4. Carte de séjour « étudiant ». Notion. Dans une affaire où une ressortissante gabonaise, qui avait bénéficié d'une carte de séjour portant la mention « étudiant », contestait la décision du préfet lui refusant un nouveau titre de séjour et ayant émis une obligation de quitter le territoire français (OQTF), le juge précise que l'autorisation de séjour provisoire délivrée sur le fondement de l'art. 2.2 de l'accord franco-gabonais du 5 juill. 2007 ne constitue pas un titre de séjour « étudiant ». En l'espèce, il précise qu'il résulte des dispositions du 4º de l'art. L. 511-4 CESEDA, en vertu desquelles ne peut faire l'objet d'une OQTF ou d'une mesure de reconduite à la frontière l'étranger qui réside régulièrement en France depuis plus de dix ans, sauf s'il a été, pendant toute cette période, titulaire d'une carte de séjour temporaire portant la mention étudiant, que les étrangers n'ayant obtenu de titre de séjour qu'en qualité d'étudiant, en vue de suivre en France un enseignement ou d'y faire des études, ne peuvent bénéficier de l'interdiction d'éloignement qu'elles prévoient. Il ajoute qu'il résulte des stipulations de l'art. 2.2 de l'accord franco-gabonais du 5 juill. 2007 que l'autorisation provisoire de séjour délivrée sur ce fondement à un ressortissant gabonais a pour objet de lui permettre de rechercher et d'exercer un emploi afin d'obtenir une première expérience professionnelle, et non de suivre un enseignement ou des études en France. Par suite, un étranger ayant séjourné régulièrement sur le territoire français pendant plus de dix ans et ayant, durant cette période, bénéficié d'une autorisation de séjour provisoire d'une durée de neuf mois, renouvelée une fois pour la même durée, peut se prévaloir des dispositions du 4º de l'art. L. 511-4 CESEDA. • CE 17 mai 2017, nº 398516 B : *AJDA 2017. 1486*.

5. Carte de séjour « étudiant ». Condition de ressources minimales. Légalité. Les dispositions du Décr. nº 2011-1049 du 6 sept. 2011 posant une condition de ressources minimales pour la délivrance d'une carte de séjour « étudiant » n'imposent aucune restriction de nature à constituer une violation des règles du principe d'égal accès à l'instruction et à la formation. Elles ne portent pas davantage une atteinte excessive au droit à l'instruction rappelé à l'art. 2 du premier protocole additionnel à la Conv. EDH. • CE 13 févr. 2013, nº 353864 B : *AJDA 2013. 374* ; *LIJ 2013, nº 174, p. 6.*

6. Renouvellement du titre de séjour. Il est conditionné par la réalité et le sérieux des études poursuivies. • CAA Nantes, 13 nov. 1997, n° 96NT00150. ♦ En estimant que l'intéressé ne pouvait plus être regardé comme ayant la qualité d'étudiant du fait qu'il avait été pendant six ans, depuis sa première inscription à l'université, absent ou ajourné à tous les examens auxquels il devait se présenter, le préfet n'a pas commis une erreur manifeste d'appréciation. Il n'a pas davantage commis d'erreur manifeste en estimant que la circonstance que l'intéressé se serait inscrit, après six années d'échecs universitaires, en 2e année de DEUG à l'université, ne saurait suffire, à elle seule, à lui donner la qualité d'étudiant qu'il avait perdue. • CE 18 nov. 1983, n° 26030 B. ♦ Même solution concernant la vérification de la participation effective de l'étudiant aux examens, condition pour une poursuite effective d'études. • CE 14 mars 1986, n° 65241 A : *préc. note 1.* ♦ Sauf précision contraire apportée par le requérant, le juge administratif a tendance à considérer que des échecs répétés suivis d'une réorientation démontrent un manque de sérieux des études. • CAA Douai, 7 oct. 1999, n° 96DA00369. ♦ Le juge administratif fait aujourd'hui référence le plus souvent à la notion de projet universitaire sérieux. Il précise que les autorités consulaires disposent d'un large pouvoir pour apprécier la réalité et le caractère sérieux du projet d'études en France des personnes sollicitant un visa. En l'espèce le requérant avait obtenu le baccalauréat en Tunisie il y a plus de quatre ans. Il ne justifiait d'aucune activité avant son inscription dans une université allemande en septembre 2005 pour étudier la langue allemande, ses résultats obtenus au baccalauréat ne lui permettaient pas d'entreprendre des études de médecine en Tunisie, il soutenait à tort avoir réussi un concours d'entrée en première année de médecine en France. C'est donc à bon droit que le consul général de France à Francfort a rejeté sa demande de visa. • CE 25 sept. 2007, n° 308954 • CE, ord., 5 déc. 2007, n° 310567 B : *AJDA 2008. 110*.

7. Droit au séjour des étudiants étrangers dans un État de l'Union européenne. Les États membres ne peuvent refuser l'admission à des fins d'études à un ressortissant de pays tiers que si cet étudiant ne remplit pas les conditions prévues par le droit de l'Union. En aucun cas, ils ne peuvent introduire des conditions d'admission supplémentaires. • CJUE 10 sept. 2014, *Allemagne,* n° C-491/13 : *AJDA 2014. 1689 ; D. 2014. 1878*.

8. Refus de visa. Le visa de long séjour peut être refusé en cas d'absence d'un projet d'études précis. • CE 16 nov. 2001, n° 214634. ♦ ... En cas de mauvais résultats universitaires obtenus dans le pays d'origine, de connaissance insuffisante de la langue française, du fait de l'existence d'établissements de formation de même nature dans le pays d'origine ou de l'insuffisante justification des ressources. • CE 14 mars 1986, n° 65241 A : *préc. note 1* • CE 9 févr. 1998, n° 176483. ♦ Même solution pour le fait de suivre, depuis son pays d'origine, des cours par correspondance dans un établissement français d'enseignement à distance. • CE 14 déc. 1992, n° 112451 B • CAA Bordeaux, 22 mars 1999, n° 96BX00471.

9. Refus de visa. Nature du contrôle du juge. Contrôle restreint. En matière de refus de visa, les autorités consulaires disposent d'un large pouvoir d'appréciation. Le juge administratif exerce sur ces décisions un contrôle restreint en recherchant si l'autorité n'a pas entaché sa décision d'une erreur manifeste d'appréciation. • CE 16 nov. 2001, n° 214634. ♦ En cas d'annulation d'un refus de délivrance, il peut enjoindre, sous astreinte, au préfet de délivrer au requérant une carte de séjour temporaire en qualité d'étudiant. • CAA Paris, 27 oct. 1998, n° 97PA00391 : *AJDA 1999. 221*. ♦ Cette position est aussi celle de la CJUE, qui dans une affaire où une ressortissante iranienne, dont le projet de recherche portait sur la sécurité des systèmes mobiles et, notamment, la reconnaissance d'attaques sur des smartphones, s'était vu refusé sa demande de visa d'études pour réaliser un doctorat. La demande avait été rejetée par les autorités allemandes, craignant que les connaissances que l'intéressée serait susceptible d'acquérir puissent être employées en Iran à des fins abusives. La Cour précise que, s'agissant du contrôle juridictionnel de la marge d'appréciation dont disposent les autorités nationales compétentes, le juge national doit notamment vérifier si la décision attaquée repose sur une base factuelle suffisamment solide. Elle ajoute que le contrôle juridictionnel est limité, s'agissant de cette appréciation, à l'absence d'erreur manifeste. Ainsi, ce contrôle doit notamment porter sur le respect des garanties procédurales parmi lesquelles figurent l'obligation pour ces autorités d'examiner, avec soin et impartialité, tous les éléments pertinents de la situation en cause et, également, l'obligation de motiver la décision de façon suffisante pour permettre au juge national de vérifier si les éléments de fait et de droit dont dépend l'exercice du pouvoir d'appréciation étaient réunis. A ce dernier égard, la Cour estime important de relever que le refus d'admission doit reposer sur des motifs dûment justifiés. • CJUE 4 avr. 2017, n° C-544/15 : *AJDA 2017. 714 ; D. 2017. 817*.

10. Frais d'inscription. Étudiants non européens. Référé-suspension. Rejet. Saisi d'une demande de suspension de l'arrêté du 19 avr. 2019 prévoyant une augmentation des frais d'inscription à l'université pour les étudiants étrangers non ressortissants de l'Union européenne, le Conseil d'État estime que ces étudiants qui viennent en France dans le seul but d'y poursuivre des études peuvent être regardés comme placés dans une situation différente de celle des étrangers ayant vocation à résider durablement sur le territoire. Il rejette la demande constatant de plus que l'augmentation est assortie de mesures d'accompagnement et que les frais d'inscription restent inférieurs au coût réel de la formation. • CE, ord., 21 mai 2019, n° 430122 : *AJDA 2019. 1080 ; ibid. 1469, note Legrand ; LIJ 2019, n° 206, p. 1.*

II. LIMITES AU DROIT D'INSCRIPTION

11. Actes de Gouvernement. La circulaire en date du 24 sept. 1990 par laquelle le ministre de l'éducation nationale a demandé aux établissements d'enseignement supérieur de suspendre toute coopération scientifique et technique avec l'Irak et d'interdire aux ressortissants de ce pays de s'inscrire pour l'année universitaire 1990-1991 n'est pas détachable de la conduite des relations diplomatiques de la France et échappe ainsi à tout contrôle juridictionnel. La juridiction administrative n'est pas compétente pour connaître de ces mesures qui ne sont pas détachables de la conduite des relations diplomatiques et qui font ainsi partie de la catégorie des actes de Gouvernement. • CE 23 sept. 1992, n°s 120437 et 120737 A : *AJDA 1992. 752, concl. Kessler et obs. R. s.*

III. DROITS DES ÉTUDIANTS ÉTRANGERS EN FRANCE

12. Précarité du statut. Le statut des étudiants étrangers se caractérise par sa précarité dans la mesure où il existe une dissociation entre le séjour de l'étranger pour la poursuite d'études et celui qui s'inscrit dans un projet d'installation durable. Si l'étudiant n'a pas vocation à demeurer sur le territoire français, il bénéficie toutefois de certains droits tant qu'il effectue ses études. Ainsi, les étudiants qui ont satisfait aux conditions prescrites ont les mêmes droits que les étudiants français. Ils figurent d'office sur les listes électorales dès lors qu'ils sont régulièrement inscrits. • CAA Nancy, 19 mars 1992, n° 91NC00644 A. ♦ Et sont éligibles dans les conseils sans condition de réciprocité. • Cons. const. 30 oct. 1981, *Loi d'orientation de l'enseignement supérieur,* n° 81-130 DC.

13. Vie familiale normale. Ils ont le droit de « mener une vie familiale normale ». • CE, ass., 19 avr. 1991, *M. Belgacem,* n° 107470 A : *AJDA 1991. 551, note Julien-Laferrière ; Rev. crit. DIP 1991. 677, note Turpin* • TA Lille, 26 juin 1997 : *LPA 1997, n° 149. 17, concl. Célérier.*

14. Séjour. Carte de séjour temporaire. La possibilité est aujourd'hui reconnue aux étrangers ayant poursuivi des études en France de se voir délivrer une carte de séjour temporaire portant la mention « vie privée et familiale » sous réserve de justifier résider habituellement en France durant plus de 15 ans, alors qu'un autre étranger, même ayant suivi des études, pourra en bénéficier au bout de 10 ans. Le critère de distinction est celui du titre de séjour portant le mention « étudiant » et non le fait d'avoir poursuivi des études au cours de son séjour. • CE 1er déc. 2004, n° 259493 B : *AJDA 2005. 777, note de Montecler.*

15. Séjour. Autorisation de travail. La délivrance à un ressortissant étranger d'un pays tiers d'un titre de séjour « étudiant » lui permet d'exercer parallèlement à ses études une activité professionnelle dans un quota d'heures autorisé ou même, à titre dérogatoire, à temps plein, mais ne lui ouvre pas droit à percevoir des allocations chômage en cas de rupture de son contrat de travail. Toutefois, lorsque l'administration lui permet d'exercer une activité professionnelle à temps plein, cette autorisation lui ouvre droit à être inscrit sur la liste des demandeurs d'emploi de Pôle emploi et à bénéficier de ces allocations en cas de rupture du contrat de travail à l'initiative de l'employeur. • CAA Paris, 12 nov. 2012, n° 11PA03865 : *AJDA 2013.62, concl. Ladreyt.*

16. Étudiant poursuivant ses études dans un État membre. Qualité de travailleur. Protection sociale. Un citoyen de l'Union qui poursuit des études dans un État membre d'accueil et y exerce en parallèle une activité salariée réelle et effective de nature à lui conférer la qualité de « travailleur » au sens de l'art. 45 TFUE ne peut se voir refuser des aides d'entretien aux études accordées aux ressortissants de cet État membre. Il appartient à la juridiction de renvoi de procéder aux vérifications de fait nécessaires afin d'apprécier si les activités salariées du requérant au principal sont suffisantes ou non pour lui conférer cette qualité. • CJUE, 21 févr. 2013, n° C-46/12 : *RTD eur. 2013. 855, obs. Robin-Olivier ; LIJ 2013, n° 174, p. 8.*

17. Naturalisation. Les demandes de naturalisation émanant des étudiants étrangers sont souvent rejetées si les intéressés n'ont pas transporté en France le centre de leurs intérêts ou ne satisfont pas pleinement aux conditions de ressources et de résidence requises. • CE 6 févr. 1995, n° 145957.

IV. DROITS DES ÉTUDIANTS CITOYENS DE L'UNION EUROPÉENNE

18. Non-discrimination. Une demande a été présentée dans le cadre d'un litige au gouvernement de la Communauté française belge, aux fins d'apprécier la constitutionnalité d'un décret régulant le nombre d'étudiants dans certains cursus de premier cycle de l'enseignement supérieur. Or la citoyenneté de l'Union confère à chaque citoyen de l'Union un droit fondamental et individuel de circuler et de séjourner librement sur le territoire des États membres, sous réserve des limitations et des restrictions fixées par le traité et des mesures adoptées en vue de leur application. En vertu de l'interdiction des discriminations fondées sur la nationalité, chaque citoyen de l'Union et les membres de sa famille séjournant dans un État membre devrait bénéficier, dans cet État membre, de l'égalité de traitement avec ses ressortissants dans les domaines d'application du traité, sous réserve des dispositions spécifiques figurant expressément dans le traité et le droit dérivé. Le juge rappelle que si le droit de l'Union ne porte pas atteinte à la compétence des États membres en ce qui concerne l'organisation de leurs systèmes éducatifs et de la formation professionnelle – en vertu des art. 165 § 1 et 166 § 1 TFUE –, il demeure toutefois que, dans l'exercice de cette compétence, ces États doivent respecter le droit de l'Union et, notamment, les dispositions relatives à la liberté de circuler et de séjourner sur le territoire des États membres. Les États membres sont ainsi libres d'opter soit pour un système d'enseignement fondé sur un accès libre à la formation, sans limitation d'inscription du nombre d'étudiants, soit pour un système fondé sur un accès régulé qui sélectionne les étudiants. Cependant, dès lors qu'ils optent pour l'un de ces systèmes ou pour une combinaison de ceux-ci, les modalités du système choisi doivent respecter le droit de l'Union et, en particulier, le principe de non-discrimination en raison de la nationalité. • CJUE 13 avr. 2010, n° C-73/08 : *AJDA 2010. 939*. ♦ Le juge rappelle d'autre part que le principe de non-discrimination prohibe non seulement les discriminations directes, fondées sur la nationalité, mais encore toutes formes indirectes de discrimination qui, par application d'autres critères de distinction, aboutissent en fait au même résultat. A moins qu'elle ne soit objectivement justifiée et proportionnée à l'objectif poursuivi, une disposition nationale doit être considérée comme indirectement discriminatoire lorsqu'elle est susceptible, par sa nature même, d'affecter davantage les ressortissants d'autres États membres que les ressortissants nationaux et qu'elle risque, par conséquent, de défavoriser plus particulièrement les premiers. • CJUE 13 avr. 2010, n° C-73/08 : *préc.* ♦ Le juge européen estime enfin que les art. 18 et 21 TFUE s'opposent à une réglementation nationale qui limite le nombre d'étudiants non-résidents pouvant s'inscrire pour la première fois dans les cursus médicaux et paramédicaux d'établissements de l'enseignement supérieur, à moins que la juridiction de renvoi, ayant apprécié tous les éléments pertinents présentés par les autorités compétentes, ne constate que ladite réglementation s'avère justifiée au regard de l'objectif de protection de la santé publique. • CJUE, 13 avr. 2010, n° C-73/08 : *préc.*

19. Droits. Le traité de Maastricht signé le 7 févr. 1992 a introduit la notion de citoyenneté de l'Union. La CJCE a jugé que les étudiants citoyens de l'Union conservent, lorsqu'ils se déplacent dans un autre État membre pour y poursuivre leurs études, les droits que le traité confère à ces citoyens. • CJCE 20 sept. 2001, n° C-184/99 : *D. 2001. 2943 ; Dr. soc. 2001. 1103, note Lhernould ; RDSS 2002. 396, obs. Daugareilh ; RTD eur. 2003. 553, note David*.

20. Mesures sociales. La citoyenneté de l'Union ouvre droit, dans certaines conditions, à un séjour dans un autre État membre qui permet ensuite à la personne concernée, de bénéficier des mesures sociales attribuées aux nationaux. • CJCE 23 mars 2004, n° C-138/02 : *AJDA 2004. 1076, chron. Belorgey, Gervasoni et Lambert ; ibid. 2005. 1108, chron. Belorgey, Gervasoni et Lambert ; D. 2005. 2187, obs. Willmann, Labouz, Gamet et Antoine-Lemaire* • CJCE 7 sept. 2004, n° C-456/02 : *AJDA 2005. 1108, chron. Belorgey, Gervasoni et Lambert ; ibid. 2004. 2545 ; RDSS 2005. 245, note Kessler*.

21. Égalité de traitement. La seule invocation de la qualité d'étudiant, bénéficiaire à ce titre d'un droit de séjour, n'ouvre pas droit à un prêt étudiant ou à une bourse d'études. Les étudiants ne bénéficient pas, dès leur première rentrée universitaire dans un autre État membre, d'un droit aux mêmes aides que celles versées pas cet État à ses nationaux. En revanche, lorsqu'un étudiant démontre avoir noué un lien suffisant avec la société de cet État d'accueil, l'art. 12 du traité impose à cet État de lui réserver le même traitement qu'à ses propres ressortissants. En l'espèce, droit à un prêt étudiant pour un ressortissant français établi au Royaume Uni depuis plus de trois ans. • CJCE 15 mars 2005, n° C-209/03 : *AJDA 2005. 1108, chron. Belorgey, Gervasoni et Lambert*.

Art. L. 123-7-1 *(Ord. n° 2014-807 du 17 juill. 2014, art. 3)* **Les établissements publics à caractère scientifique, culturel et professionnel contractent librement avec les institutions étrangères ou internationales, universitaires ou non.**

Tout projet d'accord est transmis au ministre chargé de l'enseignement supérieur et au ministre des affaires étrangères.

Si, à l'expiration d'un délai d'un mois à compter de la réception du projet, le ministre chargé de l'enseignement supérieur n'a pas notifié une opposition totale ou partielle de l'un ou l'autre ministre, l'accord envisagé peut être conclu.

A son expiration, l'accord fait l'objet d'une évaluation communiquée au ministre chargé de l'enseignement supérieur et au ministre des affaires étrangères.

Un décret précise les modalités d'application du présent article.

Art. L. 123-8 Les établissements d'enseignement supérieur ont la responsabilité de la formation initiale et continue de tous les maîtres de l'éducation nationale, et concourent, en liaison avec les départements ministériels concernés, à la formation des autres formateurs. Cette formation est à la fois scientifique et pédagogique. Elle inclut des contacts concrets avec les divers cycles d'enseignement. Pour cette action, les établissements d'enseignement supérieur développent une recherche scientifique concernant l'éducation et favorisent le contact des maîtres avec les réalités économiques et sociales. – *[L. n° 84-52 du 26 janv. 1984, art. 18.]*

Délivrance d'une formation à l'étranger. Possibilité de déléguer à un État étranger la gestion administrative et financière de cette formation. Rappels de règles applicables. Gestion des enseignants-chercheurs. Subdélégation illégale. Une université a demandé à la direction des affaires juridiques s'il était légalement possible de déléguer à un État étranger la gestion administrative et financière d'une formation qu'elle délivre dans ce pays. Cette formation y est assurée par ses propres enseignants, appuyés par des formateurs locaux, et délivre des diplômes nationaux aux étudiants qu'elle a régulièrement inscrits. La DAJ rappelle dans cette note les règles relatives aux diplômes en partenariat international dans la mesure où, conformément aux art. L. 123-7 et L. 123-7-1, les universités peuvent délivrer un diplôme issu de leur offre de formation (diplôme national ou diplôme d'établissement) sur le territoire d'un pays étranger. Elle précise ensuite que la délivrance par l'université de diplômes en partenariat international ne peut pas conduire l'établissement à se dessaisir de la responsabilité de ses actions de formation en vue de la délivrance de l'un de ses diplômes. Elle rappelle enfin que la gestion des enseignants-chercheurs ne peut être subdéléguée. * *Note DAJ B1 n° 2018-27 du 23 avr. 2018 ; LIJ 203, juill. 2018. 27.*

Art. L. 123-9 A l'égard des enseignants-chercheurs, des enseignants et des chercheurs, les universités et les établissements d'enseignement supérieur doivent assurer les moyens d'exercer leur activité d'enseignement et de recherche dans les conditions d'indépendance et de sérénité indispensables à la réflexion et à la création intellectuelle. – *[L. n° 68-978 du 12 nov. 1968, art. 1er, al. 4.]*

BIBL. ▶ BEAUD, Les libertés universitaires à l'abandon ?, *Dalloz, 2010.* – DELVOLVÉ, Le Conseil constitutionnel et la liberté de l'enseignement, *RFDA 1985. 624.* – GAUDEMET, La situation du personnel des universités, *RFAP 1980, n° 14. 299* ; L'indépendance des professeurs d'université, principe commun des droits constitutionnels européens, *RFDA 1984. 100.* – KURI et MARGUÉNAUD, Le droit à la liberté d'expression des universitaires, *D. 2010. 2921*. – MEKHANTAR, Délimitation du principe de l'indépendance des professeurs, *AJDA 1996. 699*. – MONIOLLE, Indépendance et liberté d'expression des enseignants-chercheurs, *AJDA 2001. 226*.

I. LIBERTÉ D'EXPRESSION ET INDÉPENDANCE DES ENSEIGNANTS-CHERCHEURS : PRINCIPE

1. *Principe fondamental.* Le Conseil d'État a, tout d'abord, rattaché cette règle nouvelle aux principes fondamentaux de l'enseignement. • CE, sect., 5 avr. 1974, *Leroy*, n° 88572 : *Lebon 214 ; AJDA 1974. 441, concl. Théry ; D. 1974. 650, note Durupty ; Dr. adm. 1974. comm. 142* • CE 29 déc. 1997, *Tranquard*, nos 188347 et 188423 : *Lebon 497 ; Dr. adm. 1998, comm. 120.*

2. *Conseil constitutionnel.* Par la suite, le Conseil constitutionnel l'a admis pour le principe d'indépendance des seuls professeurs de l'enseignement supérieur : « par leur nature même, les fonctions d'enseignement et de recherche non seulement permettent mais demandent, dans l'intérêt même du service, que la libre expression et l'indépendance des personnels soient garanties par les dispositions qui leur sont applicables ». • Cons. const. 20 janv. 1984, n° 83-165 DC : *JO 21 janv. ; Rec. Cons. const. 30 ; RD publ. 1984. 687, comm. Favoreu ; Rev. adm. 1984. 261, comm. De Villiers ; D. 1984, jur. 594, comm. Luchaire ; AJDA 1984. 163, note Boulouis ; Gaz. Pal. 19-20 déc. 1984, n° 354-355, note Hamon.* ♦ La participation des médecins hospitaliers non enseignants à la délibération sur la nomination ou le renouvellement d'un chef de service hospitalier n'est pas contraire au principe d'indépendance. • Cons. const. 12 janv. 1989, *Loi portant diverses mesures d'ordre social*, n° 88-249 DC : *JO 13 janv., p. 523 ; Rec. Cons. const. 7.* ♦ La décision du Conseil constitutionnel du 20 janv. 1984 n'est pas explicite. • Cons. const. 20 janv. 1984, n° 83-165 DC : *préc.* ♦ Celle rendue le 28 juill. 1993 vise les enseignants-chercheurs dans leur ensemble. • Cons. const. 28 juill. 1993, n° 93-322 DC : *JO 30 juill., p. 10750 ; Rec. Cons. const. 204 ; RFDC 1993. 830, comm. Philippe ; Rev. adm. 1993. 443, comm. Étien ; LPA 4 mars 1994. 4, obs. Verpeaux et Mathie.* ♦ Par contre, la décision du 10 janv. 1995 affirme que l'indépendance dont bénéficient les maîtres de conférences est garantie par un principe de valeur constitutionnelle. • Cons. const. 10 janv. 1995, *Loi organique modifiant l'ordonnance n° 58-1270 du 22 déc. 1958 relative au statut de la magistrature*, n° 94-355 DC : *JO 14 janv., p. 727 ; Rec. Cons. const. 151 ; RD publ. 1996. 1, chron. Rousseau.*

3. Conseil d'État. La jurisprudence du Conseil d'État est plus difficile à cerner. Mais pour la Haute Assemblée, les enseignants-chercheurs non professeurs ne bénéficient que d'une protection législative. • CE 5 avr. 1974, *Leroy*, n° 88572 : *préc. note 1* • 18 févr. 1994, *Archambaud de Beaune*, n° 135717 : *Lebon T. 750* • 29 juill. 1994, *Le Calvez*, n° 66966 : *Lebon T. 977* • 10 nov. 2004, *Roynard*, n° 262252 • 10 nov. 2004, *Roynard*, n° 255409 : *AJDA 2005. 500, note Legrand*. ♦ Le Conseil d'État affirme désormais clairement que « le principe à valeur constitutionnelle d'indépendance des professeurs ne s'applique qu'aux professeurs des universités ». • CE 17 janv. 2003, *Synd. des agrégés de l'enseignement supérieur*, n° 229659 • 10 nov. 2004, *Roynard*, n° 255409 : *préc.*

4. CEDH. Le requérant avait distribué lors d'une conférence universitaire un article dans lequel il critiquait la procédure de sélection des professeurs assistants, sans citer de noms précis. Au cours de la même année un professeur assistant intenta contre le requérant une procédure civile en réparation en alléguant que certains des commentaires figurant dans l'article constituaient une atteinte à sa réputation et le rendait coupable de diffamation. La Cour a jugé que le requérant avait exprimé une opinion sur une question importante d'intérêt général, à savoir le système de nomination et de promotion à l'université. Sachant qu'il avait formulé ses déclarations en se fondant sur son expérience personnelle et que les informations qu'il avait divulguées étaient déjà connues dans les milieux universitaires, son discours contenait des jugements de valeur se prêtant à une démonstration de leur véracité, au moins partiellement. Les tribunaux turcs ne lui ayant pas donné l'occasion d'étayer ses déclarations, mais ayant conclu qu'elles constituaient une atteinte à la réputation de l'intéressé, ont donc accordé plus d'importance à la protection d'un individu anonyme, jusqu'à lui octroyer une indemnité assez conséquente, qu'à la liberté d'expression dont doit normalement bénéficier un universitaire dans le cadre d'un débat public. La Cour a ainsi souligné l'importance de la liberté universitaire, qui comprend notamment la liberté pour un universitaire d'exprimer librement son avis au sujet de l'institution ou du système au sein desquels il travaille et de diffuser des connaissances et répandre la vérité sans restriction. • CEDH 23 juin 2009, *Sorguç c/ Turquie*, n° 17089/03.

II. LIBERTÉ D'EXPRESSION ET INDÉPENDANCE DES ENSEIGNANTS-CHERCHEURS : CONSÉQUENCES

5. Représentation dans les conseils. Cette indépendance suppose que les professeurs aient une représentation propre et authentique dans les conseils des établissements publics à caractère scientifique, culturel et professionnel (EPSCP) ; elle est incompatible avec l'instauration, pour l'élection desdits conseils, d'un collège regroupant les professeurs et d'autres catégories de personnels, des personnels scientifiques des bibliothèques par exemple. • CE 9 juill. 1997, *Picard*, n° 161929 : *Lebon 294* ; *AJDA 1997. 718* ; *AJFP 1998. 28, obs. Mekhantar* • 9 juill. 1997, *Mme Turquet*, n° 158594 : *RFDA 1998. 625, concl. Roul* • 28 juill. 2000, *Mmes Annie Maury, Françoise Le Coz et a.*, n° 183460 • 24 sept. 1999, *Féd. nat. des synd. autonomes de l'enseignement supérieur et Synd. autonome des enseignants en odontologie*, n° 196923.

6. Appréciation des travaux. Elle interdit de faire apprécier les travaux d'un professeur par une commission où ne figureraient pas les seuls professeurs. • CE 22 mars 2000, *Ménard*, nos 195638 et 195639 : *Lebon 124* ; *AJFP sept.-oct. 2000. 9, comm. Moniolle* ; *Dr. adm. juin 2000. 13, note R. S.* • CE 30 juill. 2003, *Sulzer*, n° 246666 : *Dr. adm. déc. 2003, note C. M.*

7. Délibérations. Ce principe d'indépendance impose que la commission qui procède à l'évaluation des travaux effectués par les enseignants-chercheurs au sein des écoles doctorales siège dans une formation restreinte aux seuls professeurs d'université dès lors qu'elle est appelée à se prononcer sur les mérites de ces derniers. • CE 30 juill. 2003, *Sulzer*, n° 246666 : *préc. note 6.* ♦ De la même manière, ce principe exclut la participation d'un maître de conférences à une délibération concernant le recrutement d'un professeur, même s'il s'agit de la directrice de l'institut bénéficiant du recrutement. • CE 4 mai 2001, *Mme Chabrier*, n° 222117 : *Lebon T. 983*.

8. Jugements. Dans le cadre du déroulement de leur carrière et pour l'obtention de l'éméritat, l'appréciation portée sur les titres et mérites des professeurs ne peut émaner que d'organismes où les intéressés disposent d'une représentation propre et authentique impliquant qu'ils ne puissent être jugés que par leurs pairs. • CE 7 juin 2004, *Vives*, n° 251173 : *AJDA 2004. 2407, note Durand-Prinborgne*.

9. Professeurs agrégés. Ces dispositions ne font pas obstacle à ce que la notation des professeurs agrégés affectés dans les établissements d'enseignement supérieur soit fixée, comme le prévoit l'art. 12 du Décr. du 4 juill. 1972, par le ministre de l'éducation nationale compte tenu des notes et appréciations portées par le président de l'université d'affectation. • CE 11 févr. 2004, n° 250222 • CE 17 janv. 2003, *Synd. des agrégés de l'enseignement supérieur*, n° 229659.

10. Liberté d'expression. Atteintes. Diffamation. Dénigrement. Procédure. V. Bibl. et notes ss. art. L. 952-2.

III. ÉVALUATION DES ENSEIGNEMENTS

11. Procédure d'évaluation. L'Arr. du 26 mai 1992 a pu légalement prévoir la possibilité, pour les conseils d'administration des universités, d'organiser des procédures d'évaluation des enseignants. • CE 13 mars 1996, *Gohin*, n° 138749 : *Lebon 73 ; AJDA 1996. 699, note Mekhantar*.

12. En ouvrant à l'ensemble des universités, dans le respect de leur autonomie, la faculté d'établir une telle procédure d'évaluation, le ministre n'a pas méconnu le principe d'égalité. Les différences de situations produites par l'application ou non de l'arrêté ne sont que le résultat du respect de l'autonomie des universités. • CE 13 mars 1996, *Gohin*, n° 138749 : *préc. note 11.*

13. Évaluation par les étudiants. L'indépendance des professeurs de l'enseignement supérieur s'oppose toutefois à une évaluation de l'enseignant par les étudiants : c'est l'enseignement seul, non son auteur, que ces derniers sont en droit d'évaluer, l'enseignant ne pouvant être évalué que par ses pairs. Dans cette affaire, le commissaire du gouvernement Jacques Théry faisait remarquer que « le membre de l'enseignement supérieur ne peut dépendre des étudiants même s'il apparaît très souhaitable qu'une concertation s'établisse entre professeurs et étudiants sur les finalités, les contenus et les méthodes de l'enseignement supérieur [...] Il n'a pas à enseigner aux élèves ou aux étudiants ce que ceux-ci souhaitent entendre, il a la charge de leur dire ce qu'il estime indispensable à leur éducation ou à leur formation ». • CE, sect., 5 avr. 1974, *Leroy*, n° 88572 : *préc. note 1.*

14. Par ailleurs, « le déroulement de la carrière du personnel (enseignant) [...] ne peut être soumis au contrôle des étudiants ». • CE, sect., 5 avr. 1974, *Leroy*, n° 88572 : *préc. note 1.* ♦ Le Conseil d'État considère que le principe d'indépendance des professeurs de l'enseignement supérieur n'est pas remis en cause si « la procédure d'évaluation [...] ne comporte aucune incidence sur les prérogatives ou la carrière des enseignants ». • CE 13 mars 1996, *Gohin*, n° 138749 : *préc. note 11.*

IV. PRODUCTIONS DES ENSEIGNANTS-CHERCHEURS

15. Juge administratif compétent. La juridiction judiciaire déclare son incompétence pour connaître des actions dirigées contre les productions des enseignants-chercheurs indépendamment du support et de la date de la diffusion. • Civ. 1re, 23 févr. 2011, *Mme Maurel-Indart : AJDA 2011. 420, comm. Brondel ; ibid. 2011. 738, note Guglielmi*.

CHAPITRE IV STAGES ET PÉRIODES DE FORMATION EN MILIEU PROFESSIONNEL *(L. n° 2014-788 du 10 juill. 2014, art. 1er).*

La démarche concernant le recrutement de stagiaires est exclue du champ d'application du droit des usagers de saisir l'administration par voie électronique (Décr. n° 2015-1407 du 5 nov. 2015).

COMMENTAIRE

Issue d'une proposition des députés Bruno Le Roux et autres, la loi n° 2014-788 du 10 juillet 2014 tendant au développement, à l'encadrement des stages et à l'amélioration du statut des stagiaires crée un nouveau chapitre intitulé « stages et périodes de formation en milieu professionnel » classés ainsi parmi les objectifs et les missions du service public de l'enseignement (chapitre IV du titre II du livre Ier). En conséquence, est supprimée au livre VI la section introduite en 2011 par la loi Cherpion consacrée aux stages en entreprise (devenus stages en milieu professionnel depuis la L. n° 2013-660 du 22 juill. 2013, visant ainsi tant les entreprises que les administrations publiques ou les associations désignées sous le nom générique d'« organisme d'accueil »). La modification du plan du code est logique dans la mesure où les dispositions concernent tant les élèves du second degré que les étudiants (à l'exclusion des dispositions du code du travail régissant les visites d'information ou séquences d'observation ou les stages s'inscrivant dans le cadre de la formation tout au long de la vie) dont le stage ou la période de formation en milieu professionnel doit faire l'objet d'une ***convention*** les liant à l'organisme d'accueil (entreprise, administration publique, association) et à l'établissement d'enseignement (lycée, université). Le législateur a prévu que les modalités de ces conventions sont fixées par décret (Décr. n° 2014-1420 du 27 nov. 2014 relatif à l'encadrement des périodes de formation en milieu professionnel et des stages : art. D. 124-1 s. précisant notamment les modalités d'intégration des périodes de formation et des stages en milieu professionnel dans un cursus pédagogique scolaire ou universitaire en fixant un volume pédagogique minimal de formation dans les établissements d'enseignement et celles de l'encadrement pédagogique des stagiaires par l'enseignant-référent dans l'établissement d'enseignement et le tuteur de stage dans l'organisme d'accueil. V. Arr. du 29 déc. 2014 relatif aux conventions de stage dans l'enseignement supérieur). Le décret n° 2017-1652 du 30 novembre 2017 abaisse les exigences dans l'enseignement supérieur ; le volume pédagogique d'enseignement passe de 200 heures à 50 (art. D. 124-2) ; le nombre d'étudiants stagiaires par enseignant référent est porté de 16 à 24 (art. D. 124-3).

L'objectif pédagogique de ces périodes passées en milieu professionnel est précisé par l'alinéa 3 de l'article L. 124-1 : permettre l'acquisition de compétences professionnelles et mettre en œuvre les acquis de la formation en vue d'obtenir un diplôme ou une certification et favoriser l'insertion professionnelle. Le bon déroulement des périodes de formation et des stages est garanti par l'action conjuguée d'un enseignant référent désigné par l'établissement d'enseignement (art. L. 124-2) et du tuteur désigné par l'organisme professionnel pour assurer l'accueil et l'accompagnement du stagiaire (art. L. 124-9).

La loi insiste sur l'intégration de ces périodes à un cursus pédagogique scolaire ou universitaire en prévoyant un volume pédagogique minimal de formation en établissement ainsi que les modalités d'encadrement fixées par décret et précisées conventionnellement (art. L. 124-3). La loi n° 2020-1674 de programmation de la recherche (LPR) du 24 décembre 2020 assouplit ces dispositions en permettant que les périodes de césure puissent se dérouler sous forme de stage (LPR, art. 37, créant l'art. L. 124-1-1) et ouvre la possibilité de remplacer l'enseignement présentiel en établissement par des modalités d'enseignement à distance proposées par l'établissement (LPR, art. 37 mod. par l'art. L. 124-3).

La finalité formative s'oppose à ce que l'élève ou l'étudiant soit seulement considéré comme un remplaçant ; le législateur prend la précaution de rappeler que ces périodes en entreprise ne peuvent imposer aux étudiants et aux élèves l'exécution d'une tâche régulière correspondant à un poste de travail permanent de l'entreprise (art. L. 124-7). La qualité de l'accueil est évaluée par l'élève ou l'étudiant dans un document adressé à l'établissement d'enseignement qui n'en tient pas compte pour son évaluation (art. L. 124-4). Sauf dérogation prévue par décret, la durée du stage est au maximum de six mois (art. L. 124-5). Lorsque sa durée est supérieure à deux mois, le stage fait l'objet d'une gratification mensuelle qui n'a pas le caractère de salaire (art. L. 124-6). Les stagiaires n'ont cependant pas droit à l'indemnité de fin de contrat prévue par l'article L. 1243-10 du code du travail pour les périodes effectuées pendant les vacances scolaires et universitaires (règle conforme à la Const., Cons. const. 13 juin 2014, *M. David V.*, n° 2014-401 QPC). Le nombre de stagiaires est limité en fonction des effectifs de l'organisme d'accueil et du nombre des tuteurs (art. L. 124-8 ; l'art. 18 de la L. n° 2018-727 du 10 août 2018 pour un État au service d'une société de confiance introduit un art. L. 124-8-1 imposant à l'autorité administrative de se prononcer explicitement sur les demandes des organismes d'accueil désirant connaître les modalités de prise en compte des effectifs servant de base au calcul du plafond de stagiaires autorisé). Les stagiaires bénéficient des protections et des droits mentionnés aux articles L. 1121-1 (libertés individuelles et collectives), L. 1152-1 (harcèlement moral) et L. 1153-1 (harcèlement sexuel) du code du travail, dans les mêmes conditions que les salariés. En outre, la loi du 10 juillet 2014 précise que les stagiaires disposent de congés et d'autorisations d'absence et ont accès aux restaurants d'entreprise (art. L. 124-13) comme aux activités sociales et culturelles (art. L. 124-16). Enfin, la loi encourage la mobilité internationale (art. L. 124-19). Le décret n° 2014-1420 du 27 novembre 2014 relatif à l'encadrement des périodes de formation en milieu professionnel et des stages prévoit notamment les modalités d'intégration des périodes de formation et des stages en milieu professionnel dans un cursus pédagogique scolaire. En multipliant les règles protectrices des stagiaires, le législateur prend le risque de limiter le nombre de stages et de périodes de formation en milieu professionnel. Une politique concertée donnant du sens aux conventions encadrées par la loi devrait permettre aux uns et aux autres de saisir l'importance du milieu professionnel dans l'acquisition des compétences et dans l'intérêt des entreprises et autres organismes. L'étendue de la responsabilité d'un établissement d'enseignement pour les faits survenus lors d'un stage a été précisée par le Conseil d'État. L'élève ou l'étudiant stagiaire demeure en effet sous la responsabilité de l'établissement d'enseignement qui doit s'assurer, au titre du bon fonctionnement du service public, que le stage se déroule dans des conditions ne mettant pas en danger la sécurité du stagiaire. Un manquement à cette obligation est susceptible d'entraîner la responsabilité pour faute de l'établissement d'enseignement (CE 15 oct. 2014, n° 369427 : *AJDA 2014. 2036* ✎, cassant l'arrêt de la CAA de Lyon exonérant l'INSA de Lyon à la suite d'un accident mortel sur un chantier en Égypte).

La loi n° 2018-771 du 5 septembre 2018 pour la liberté de choisir son avenir professionnel ajoute un article L. 124-3-1 qui prévoit la possibilité, déjà existante pour les collégiens et les lycéens pendant les vacances scolaires (art. L. 332-3-1), de proposer aux étudiants des périodes d'observation en milieu professionnel d'une durée maximale d'une semaine en vue de l'élaboration de leur projet d'orientation professionnelle. ❑

Art. L. 124-1 *(L. n° 2014-788 du 10 juill. 2014, art. 1er)* **Les enseignements scolaires et universitaires peuvent comporter, respectivement, des périodes de formation en milieu professionnel ou des stages. Les périodes de formation en milieu professionnel sont obligatoires dans les conditions prévues à l'article L. 331-4 du présent code.**

Les périodes de formation en milieu professionnel et les stages ne relevant ni du 2° de l'article L. 4153-1 du code du travail, ni de la formation professionnelle tout au long de la vie, définie à la sixième partie du même code, font l'objet d'une convention entre le stagiaire, l'organisme d'accueil et l'établissement d'enseignement, dont les mentions obligatoires sont déterminées par décret.

Les périodes de formation en milieu professionnel et les stages correspondent à des périodes temporaires de mise en situation en milieu professionnel au cours desquelles l'élève ou l'étudiant acquiert des compétences professionnelles et met en œuvre les acquis de sa formation en vue d'obtenir un diplôme ou une certification et de favoriser son insertion professionnelle. Le stagiaire se voit confier une ou des missions conformes au projet pédagogique défini par son établissement d'enseignement et approuvées par l'organisme d'accueil.

L'enseignant référent prévu à l'article L. 124-2 du présent code est tenu de s'assurer auprès du tuteur mentionné à l'article L. 124-9, à plusieurs reprises durant le stage ou la période de formation en milieu professionnel, de son bon déroulement et de proposer à l'organisme d'accueil, le cas échéant, une redéfinition d'une ou des missions pouvant être accomplies.

Sur les modalités d'application concernant les stages et les périodes de formation en milieu professionnel, V. art. D. 124-1 s.

1. Stage en entreprise. Durée de l'année universitaire. Possibilité de prolonger un stage au-delà de l'année universitaire. Saisie de cette question, la DAJ rappelle que le Décr. n° 2010-1426 du 18 nov. 2010 modifiant le Décr. n° 71-376 du 13 mai 1971, relatif à l'inscription des étudiants dans les universités et les établissements publics à caractère scientifique et culturel indépendants des universités et abrogeant le Décr. du 21 mars 1959 modifiant le début et la fin de l'année universitaire, a supprimé les dispositions réglementaires qui fixaient le début et la fin de l'année universitaire respectivement au 1er oct. et au 30 juin. Elle constate donc qu'il appartient désormais aux établissements de fixer les bornes de l'année universitaire. Ainsi, une université peut fixer le terme de l'année universitaire au 30 sept., par exemple. Dans ce cas, les stages et l'évaluation afférente peuvent se dérouler jusqu'à cette date, sans qu'un avenant soit nécessaire. Elle relève que néanmoins certaines dispositions réglementaires encadrent les périodes de formation et donc de stage dans une année universitaire. Par conséquent, le stage doit impérativement être effectué avant la fin de l'année universitaire, telle que définie par l'établissement. Si des étudiants n'ont pas achevé la formation pratique leur permettant d'obtenir leur diplôme de licence selon les modalités prévues par la réglementation de ce dernier avant le terme de l'année universitaire, ils sont dans l'obligation de se réinscrire pour l'année universitaire suivante pour bénéficier d'une prolongation de stage. Les diplômes étant délivrés au titre d'une année universitaire, dans ces conditions, tout diplôme délivré après un stage qui s'est prolongé sur l'année universitaire suivante ne peut être délivré qu'au titre de cette année, et non au titre de l'année universitaire à laquelle l'étudiant était initialement inscrit. Toutefois, dans l'hypothèse particulière où l'université aurait fixé la fin de l'année universitaire (sessions d'examen incluses) au 30 juin, par exemple, et où des stages et l'évaluation afférente se seraient exceptionnellement prolongés pendant l'été, mais terminés avant le début de l'année universitaire suivante, une prolongation des stages par voie d'avenant peut être envisagée pour éviter que les étudiants concernés ne se retrouvent dans une situation de non-droit. * Lettre DGESIP B2 n° 2012-0232 du 14 mai 2012 : *LIJ 2012, n° 167, p. 19.*

2. Convention de stage – Double cursus. Sur les modalités de conclusion d'une convention de stage pour un étudiant effectuant un double cursus dans deux établissements de formation distincts et, au titre de chacun de ces deux cursus, un stage unique dans un même organisme d'accueil. A cet égard, la DAJ estime que deux options sont envisagées : la signature de deux conventions tripartites, au titre des deux établissements d'enseignement, ou d'une convention quadripartite signée par les deux établissements d'enseignement, l'étudiant et l'organisme d'accueil. L'objectif des dispositions des deux Décr. du 29 août 2006 et du 21 juill. 2009 est que toutes les parties déclarent leur consentement aux clauses de la convention de stage par leur signature. A cet égard, la limitation à trois parties n'est pas obligatoire. Par suite, si la signature de deux conventions apparaît juridiquement possible, la deuxième option, à savoir une convention quadripartite signée par les deux établissements d'enseignement, l'étudiant et l'organisme d'accueil, semble cependant préférable, dans la mesure où le stage est commun aux deux cursus de formation. Dans ce cas, il convient de fixer dans la convention de stage un certain nombre de points, comme les responsabilités respectives des deux établissements pour le suivi pédagogique ou les modalités de concertation entre ces derniers en cas de difficultés apparues en cours de stage. * Lettre DAJ B1 n° 2012-270 du 31 juillet 2012 : *LIJ 2012, n° 168, p. 22.*

3. Stages en télétravail. La direction des affaires juridiques, saisie par un responsable d'établissement supérieur a précisé que, outre le fait qu'un tel stage ne doit pas avoir pour objet l'exécution d'une tâche régulière correspondant à un poste de travail permanent de l'entreprise, la question à se poser est celle de sa compatibilité avec les objectifs du stage. En effet, la découverte de l'environnement de travail de l'entreprise et l'intégration à une équipe, les objectifs souvent donnés à un stage, semblent peu compatibles avec du télétravail. La direction estime donc avoir des doutes sur le déroulement d'un stage réalisé uniquement sous cette forme. * DAJ B1 n° 2013-88 du 19 avr. 2013 : *LIJ 2013, n° 176, p. 21.*

4. Responsabilité de l'université à l'égard des étudiants stagiaires. A propos d'un accident survenu à un élève d'une école d'ingénieurs, le juge administratif rappelle que, lorsqu'un élève ou un étudiant effectue un stage dans le cadre de ses études, il demeure sous la responsabilité de l'établissement d'enseignement dont il relève. L'exercice de cette responsabilité implique, notamment, que l'établissement s'assure, au titre du bon fonctionnement du service public dont il a la charge, que le stage se déroule dans des conditions ne mettant pas en danger la sécurité du stagiaire, en particulier lorsque le stage se déroule à l'étranger. Un manquement à cette obligation est susceptible d'entraîner la responsabilité pour faute de l'établissement d'enseignement. • CE 15 oct. 2014, n° 369427 : *Lebon ; AJDA 2014. 2036 ; LIJ 2015, n° 186, p. 14.*

5. Stagiaires de la formation continue. Stage prévu dans le cursus. Affiliation et couverture des accidents du travail. Interrogée sur le point de savoir quelles sont les modalités d'affiliation et de couverture du risque accidents du travail et maladies professionnelles pour les personnes bénéficiaires de la formation continue, notamment lorsqu'elles effectuent un stage prévu dans leur cursus, la DAJ a répondu que les personnes bénéficiaires de la formation continue relèvent d'un régime juridique distinct de celui des étudiants de la formation initiale. Pendant leur formation, elles sont obligatoirement affiliées à un régime de protection sociale. Les modalités de couverture sociale diffèrent selon le statut occupé à la date précédant leur entrée en formation continue (demandeurs d'emploi indemnisés, personnes sans emploi et non rémunérées ou personnes bénéficiaires d'un contrat de travail). * Note DAJ B1 n° 15-274 du 24 déc. 2015 : *LIJ 2016, n° 192, p. 16.*

Art. L. 124-1-1 *(L. n° 2020-1674 du 24 déc. 2020, art. 37)* **Par dérogation au troisième alinéa de l'article L. 124-1 et à l'article L. 124-3, les périodes de césure prévues à l'article L. 611-12 peuvent se dérouler sous forme de stage dans des conditions fixées par décret.**

V. art. D. 611-16.

Art. L. 124-2 *(L. n° 2014-788 du 10 juill. 2014, art. 1er)* **L'établissement d'enseignement est chargé :**

1° D'appuyer et d'accompagner les élèves ou les étudiants dans leur recherche de périodes de formation en milieu professionnel ou de stages correspondant à leur cursus et à leurs aspirations et de favoriser un égal accès des élèves et des étudiants, respectivement, aux périodes de formation en milieu professionnel et aux stages ;

2° De définir dans la convention, en lien avec l'organisme d'accueil et le stagiaire, les compétences à acquérir ou à développer au cours de la période de formation en milieu professionnel ou du stage et la manière dont ce temps s'inscrit dans le cursus de formation ;

3° De désigner un enseignant référent au sein des équipes pédagogiques de l'établissement, qui s'assure du bon déroulement de la période de formation en milieu professionnel ou du stage et du respect des stipulations de la convention mentionnée à l'article L. 124-1. Le nombre de stagiaires suivis simultanément par un même ensei-

gnant référent et les modalités de ce suivi pédagogique et administratif constant sont définis par le conseil d'administration de l'établissement, dans la limite d'un plafond fixé par décret ;

4° D'encourager la mobilité internationale des stagiaires, notamment dans le cadre des programmes de l'Union européenne.

Art. L. 124-2-1 *(L. n° 2017-86 du 27 janv. 2017, art. 187)* Chaque académie comporte au moins un pôle de stages qui associe aux établissements publics locaux d'enseignement les acteurs du monde éducatif, professionnel et associatif. Il accompagne les élèves des classes de troisième des collèges et des lycées professionnels dans la recherche de lieux de stages et de périodes de formation en milieu professionnel et leur assure un accès équitable et de qualité à ces stages et périodes.

Art. L. 124-3 *(L. n° 2014-788 du 10 juill. 2014, art. 1er)* Les périodes de formation en milieu professionnel et les stages sont intégrés à un cursus pédagogique scolaire ou universitaire, selon des modalités déterminées par décret. Un volume pédagogique minimal de formation en établissement *(L. n° 2020-1674 du 24 déc. 2020, art. 37)* « ou selon les modalités d'enseignement à distance proposées par l'établissement » ainsi que les modalités d'encadrement de la période de formation en milieu professionnel ou du stage par l'établissement d'enseignement et l'organisme d'accueil sont fixés par ce décret et précisés dans la convention de stage.

V. art. D. 124-2.

Art. L. 124-3-1 *(L. n° 2018-771 du 5 sept. 2018, art. 18)* Des périodes d'observation en milieu professionnel dans une entreprise, une administration ou une association, d'une durée maximale d'une semaine, peuvent être proposées, en dehors des semaines réservées aux cours et au contrôle de connaissances, aux étudiants de l'enseignement supérieur, en vue de l'élaboration de leur projet d'orientation professionnelle. Dans l'exercice de leurs compétences, les chambres consulaires apportent leur appui à l'organisation de ces périodes.

Art. L. 124-4 *(L. n° 2013-660 du 22 juill. 2013, art. 28)* Tout élève ou étudiant ayant achevé *(L. n° 2014-788 du 10 juill. 2014, art. 1er)* « sa période de formation en milieu professionnel ou » son stage transmet aux services de son établissement d'enseignement chargés de l'accompagner dans son projet d'études et d'insertion professionnelle un document dans lequel il évalue la qualité de l'accueil dont il a bénéficié au sein de l'organisme. Ce document n'est pas pris en compte dans son évaluation ou dans l'obtention de son diplôme.

Art. L. 124-5 *(L. n° 2011-893 du 28 juill. 2011, art. 27)* La durée du ou des stages *(L. n° 2014-788 du 10 juill. 2014, art. 1er)* « ou périodes de formation en milieu professionnel » effectués par un même stagiaire dans *(L. n° 2014-788 du 10 juill. 2014, art. 1er)* « un même organisme d'accueil » ne peut excéder six mois par année d'enseignement.

Art. L. 124-6 *(L. n° 2011-893 du 28 juill. 2011, art. 27)* Lorsque la durée *(L. n° 2014-788 du 10 juill. 2014, art. 1er)* « du stage ou de la période de formation en milieu professionnel au sein d'un même » *(L. n° 2013-660 du 22 juill. 2013, art. 27)* « organisme d'accueil » est supérieure à deux mois consécutifs ou, au cours d'une même année scolaire ou universitaire, à deux mois consécutifs ou non, le ou les stages *(L. n° 2014-788 du 10 juill. 2014, art. 1er)* « ou la ou les périodes de formation en milieu professionnel » font l'objet d'une gratification versée mensuellement dont le montant est fixé par convention de branche ou par accord professionnel étendu ou, à défaut, par décret *(L. n° 2014-788 du 10 juill. 2014, art. 1er)* « , à un niveau minimal de 15 % du plafond horaire de la sécurité sociale défini en application de l'article L. 241-3 du code de la sécurité sociale ». Cette gratification n'a pas le caractère d'un salaire au sens de l'article L. 3221-3 du code du travail.

(L. n° 2013-660 du 22 juill. 2013, art. 27) « Le premier alinéa s'applique sans préjudice des dispositions de l'article L. 4381-1 du code de la santé publique".

(L. n° 2014-788 du 10 juill. 2014, art. 1er) « La gratification mentionnée au premier alinéa est due au stagiaire à compter du premier jour du premier mois de la période

de stage ou de formation en milieu professionnel. Son montant minimal forfaitaire n'est pas fonction du nombre de jours ouvrés dans le mois.

« Un décret fixe les conditions dans lesquelles il peut être dérogé à la durée prévue au premier alinéa du présent article pour les périodes de formation en milieu professionnel réalisées dans le cadre des formations mentionnées à l'article L. 813-9 du code rural et de la pêche maritime. »

Stages. Gratification mensuelle. Élèves de lycée professionnel effectuant un stage en entreprise. P.M., avant la réforme du 10 juill. 2014, un recteur d'académie avait interrogé la DAJ sur la possibilité, pour les élèves de lycée professionnel effectuant un stage en entreprise, d'obtenir une gratification mensuelle dont le montant serait fixé par convention de branche ou par accord professionnel ou, à défaut, par décret. La DAJ avait répondu que, dès leur intégration dans le code de l'éducation et bien que celle-ci ait été effectuée dans le livre VI relatif aux enseignements supérieurs, les dispositions relatives aux stages ont été conçues comme devant s'appliquer tant aux cursus scolaires qu'aux cursus relevant de l'enseignement supérieur. En conséquence, l'art. L. 612-11 C. éduc. de l'époque était bien applicable aux élèves de lycée professionnel effectuant un stage dans le cadre de leur formation scolaire. * Lettre DAJ B1 n° 2014-16 du 30 janv. 2014 : *LIJ 2014, n° 183, p. 18.*

Art. L. 124-7 *(L. n° 2014-788 du 10 juill. 2014, art. 1er)* Aucune convention de stage ne peut être conclue pour exécuter une tâche régulière correspondant à un poste de travail permanent, pour faire face à un accroissement temporaire de l'activité de l'organisme d'accueil, pour occuper un emploi saisonnier ou pour remplacer un salarié ou un agent en cas d'absence ou de suspension de son contrat de travail.

Art. L. 124-8 *(L. n° 2014-788 du 10 juill. 2014, art. 1er)* Le nombre de stagiaires dont la convention de stage est en cours sur une même semaine civile dans l'organisme d'accueil ne peut pas être supérieur à un nombre fixé par décret en Conseil d'État. Ce nombre tient compte des effectifs de l'organisme d'accueil. Pour l'application de cette limite, il n'est pas tenu compte des périodes de prolongation prévues à l'article L. 124-15.

Par dérogation au premier alinéa du présent article, l'autorité académique fixe, dans des conditions déterminées par le décret en Conseil d'État prévu au même premier alinéa, le nombre de stagiaires qui peuvent être accueillis dans un même organisme d'accueil pendant une même semaine civile au titre de la période de formation en milieu professionnel prévue par le règlement du diplôme qu'ils préparent.

Art. L. 124-8-1 *(L. n° 2018-727 du 10 août 2018, art. 21)* L'autorité administrative se prononce de manière explicite sur toute demande précise et circonstanciée d'un organisme d'accueil ayant pour objet de connaître les modalités de prise en compte des effectifs servant de base au calcul du plafond de stagiaires autorisés.

La demande mentionnée au premier alinéa n'est pas recevable dès lors que les services chargés de l'application de la législation du travail ont engagé un contrôle sur le respect des dispositions de l'article L. 124-8.

La réponse de l'autorité administrative ne s'applique qu'à l'organisme d'accueil demandeur et est opposable pour l'avenir à l'autorité administrative tant que la situation de fait exposée dans la demande ou la législation au regard de laquelle la situation a été appréciée n'ont pas été modifiées ou jusqu'à ce que l'autorité administrative notifie au demandeur une modification de son appréciation.

Art. L. 124-9 *(L. n° 2014-788 du 10 juill. 2014, art. 1er)* L'organisme d'accueil désigne un tuteur chargé de l'accueil et de l'accompagnement du stagiaire. Le tuteur est garant du respect des stipulations pédagogiques de la convention prévues au 2° de l'article L. 124-2.

Un accord d'entreprise peut préciser les tâches confiées au tuteur, ainsi que les conditions de l'éventuelle valorisation de cette fonction.

Art. L. 124-10 *(L. n° 2014-788 du 10 juill. 2014, art. 1er)* Un tuteur de stage ne peut pas être désigné si, à la date de la conclusion de la convention, il est par ailleurs désigné en cette qualité dans un nombre de conventions prenant fin au-delà de la semaine civile en cours supérieur à un nombre fixé par décret en Conseil d'État.

Art. L. 124-11 *(L. n° 2011-893 du 28 juill. 2011, art. 27)* L'accueil successif de stagiaires, au titre de conventions de stage différentes, pour effectuer des stages dans un même poste n'est possible qu'à l'expiration d'un délai de carence égal au tiers de la durée du stage précédent. Cette disposition n'est pas applicable lorsque ce stage précédent a été interrompu avant son terme à l'initiative du stagiaire.

Art. L. 124-12 *(L. nº 2014-788 du 10 juill. 2014, art. 1er)* Les stagiaires bénéficient des protections et droits mentionnés aux articles L. 1121-1, L. 1152-1 et L. 1153-1 du code du travail, dans les mêmes conditions que les salariés.

Art. L. 124-13 *(L. nº 2014-788 du 10 juill. 2014, art. 1er)* En cas de grossesse, de paternité ou d'adoption, le stagiaire bénéficie de congés et d'autorisations d'absence d'une durée équivalente à celles prévues pour les salariés aux articles L. 1225-16 à L. 1225-28, L. 1225-35, L. 1225-37 et L. 1225-46 du code du travail.

Pour les stages et les périodes de formation en milieu professionnel dont la durée est supérieure à deux mois et dans la limite de la durée maximale prévue à l'article L. 124-5 du présent code, la convention de stage doit prévoir la possibilité de congés et d'autorisations d'absence au bénéfice du stagiaire au cours de la période de formation en milieu professionnel ou du stage.

Le stagiaire a accès au restaurant d'entreprise ou aux titres-restaurant prévus à l'article L. 3262-1 du code du travail, dans les mêmes conditions que les salariés de l'organisme d'accueil. Il bénéficie également de la prise en charge des frais de transport prévue à l'article L. 3261-2 du même code.

Art. L. 124-14 *(L. nº 2014-788 du 10 juill. 2014, art. 1er)* La présence du stagiaire dans l'organisme d'accueil suit les règles applicables aux salariés de l'organisme pour ce qui a trait :

1º Aux durées maximales quotidienne et hebdomadaire de présence ;

2º A la présence de nuit ;

3º Au repos quotidien, au repos hebdomadaire et aux jours fériés.

Pour l'application du présent article, l'organisme d'accueil établit, selon tous moyens, un décompte des durées de présence du stagiaire.

Il est interdit de confier au stagiaire des tâches dangereuses pour sa santé ou sa sécurité.

Art. L. 124-15 *(L. nº 2014-788 du 10 juill. 2014, art. 1er)* Lorsque le stagiaire interrompt sa période de formation en milieu professionnel ou son stage pour un motif lié à la maladie, à un accident, à la grossesse, à la paternité, à l'adoption ou, en accord avec l'établissement, en cas de non-respect des stipulations pédagogiques de la convention ou en cas de rupture de la convention à l'initiative de l'organisme d'accueil, l'autorité académique ou l'établissement d'enseignement supérieur valide la période de formation en milieu professionnel ou le stage, même s'il n'a pas atteint la durée prévue dans le cursus, ou propose au stagiaire une modalité alternative de validation de sa formation. En cas d'accord des parties à la convention, un report de la fin de la période de formation en milieu professionnel ou du stage, en tout ou partie, est également possible.

Art. L. 124-16 *(L. nº 2011-893 du 28 juill. 2011, art. 27)* Les stagiaires accèdent aux activités sociales et culturelles mentionnées à l'article L. 2323-83 du code du travail dans les mêmes conditions que les salariés.

Art. L. 124-17 *(L. nº 2014-788 du 10 juill. 2014, art. 1er)* La méconnaissance des articles L. 124-8, L. 124-14 et de la première phrase du premier alinéa de l'article L. 124-9 est constatée par les agents de contrôle de l'inspection du travail mentionnés aux articles L. 8112-1 et L. 8112-5 du code du travail.

Les manquements sont passibles d'une amende administrative prononcée par l'autorité administrative.

Le montant de l'amende est d'au plus 2 000 € par stagiaire concerné par le manquement et d'au plus 4 000 € en cas de réitération dans un délai d'un an à compter du jour de la notification de la première amende.

Le délai de prescription de l'action de l'administration pour la sanction du manquement par une amende administrative est de deux années révolues à compter du jour où le manquement a été commis.

L'amende est recouvrée comme les créances de l'État étrangères à l'impôt et au domaine.

Art. L. 124-18 *(L. nº 2014-788 du 10 juill. 2014, art. 1er)* **La durée du ou des stages et de la ou des périodes de formation en milieu professionnel prévue aux articles L. 124-5 et L. 124-6 est appréciée en tenant compte de la présence effective du stagiaire dans l'organisme d'accueil, sous réserve de l'application de l'article L. 124-13.**

Art. L. 124-19 *(L. nº 2014-788 du 10 juill. 2014, art. 1er)* **Pour favoriser la mobilité internationale, les stages ou les périodes de formation en milieu professionnel peuvent être effectués à l'étranger. Les dispositions relatives au déroulement et à l'encadrement du stage ou de la période de formation en milieu professionnel à l'étranger font l'objet d'un échange préalable entre l'établissement d'enseignement, le stagiaire et l'organisme d'accueil, sur la base de la convention définie au deuxième alinéa de l'article L. 124-1.**

Art. L. 124-20 *(L. nº 2014-788 du 10 juill. 2014, art. 1er)* **Pour chaque stage ou période de formation en milieu professionnel à l'étranger, est annexée à la convention de stage une fiche d'information présentant la réglementation du pays d'accueil sur les droits et devoirs du stagiaire.**

TITRE TROISIÈME L'OBLIGATION SCOLAIRE, LA GRATUITÉ ET L'ACCUEIL DES ÉLÈVES DES ÉCOLES MATERNELLES ET ÉLÉMENTAIRES *(L. nº 2008-790 du 20 août 2008, art. 1er)*.

COMMENTAIRE

Le titre III est consacré aux deux principes républicains, gratuité et obligation scolaire, qui sont devenus des standards internationaux. Les États signataires de la convention de New York relative aux droits de l'enfant se sont en effet engagés à rendre l'enseignement primaire obligatoire et gratuit pour tous, et à rendre ouvertes et accessibles les différentes formes d'enseignement secondaire, en prenant des mesures appropriées, telles que l'instauration de la gratuité de l'enseignement ou l'institution d'une aide financière ; enfin, ils assurent à tous l'accessibilité à l'enseignement supérieur (Conv. New York, art. 28, a). ❑

CHAPITRE PREMIER L'OBLIGATION SCOLAIRE

COMMENTAIRE

OBLIGATION SCOLAIRE

L'article 4 de la loi du 28 mars 1882 sur l'enseignement primaire instituant l'instruction obligatoire précisait qu'elle pouvait être donnée soit dans les écoles et établissements, publics ou privés, soit dans les familles. On en déduisait que ce n'était pas l'école qui était obligatoire, mais l'instruction. Toutefois, l'ordonnance nº 59-45 du 6 janvier 1959 portant prolongation de l'obligation scolaire à 16 ans introduit une dualité reprise par le code de l'éducation réaffirmant que « l'instruction est obligatoire » dans un article liminaire d'un titre intitulé « obligation scolaire » (art. L. 131-1, al. 1er). La loi Avenir de l'école nº 2005-380 du 23 avril 2005 précise que l'instruction obligatoire est assurée prioritairement dans les établissements d'enseignement considérés comme les lieux les plus adaptés pour garantir l'acquisition des connaissances et des compétences (art. L. 311-1-1). Un pas supplémentaire est franchi par la loi nº 2021-1109 du 24 août 2021 confortant le respect des principes de la République dont l'article 49 reformule le principe : « l'instruction obligatoire est donnée dans les établissements ou écoles publics ou privés ; elle peut également, par dérogation, être dispensée dans la famille. » (art. L. 131-2, mod.). ***Le principe est donc l'obligation scolaire*** avec une dérogation possible désormais soumise à une autorisation préalable de l'autorité académique que la loi substitue à la traditionnelle déclaration. Réfutant l'argument selon lequel l'instruction en famille, affirmée par la loi fondatrice de 1882, constamment reproduite par les lois postérieures, pouvait constituer un principe fondamental reconnu par les lois de la République, le Conseil constitutionnel valide la nouvelle rédaction : ***l'instruction en famille n'est pas une composante de la liberté de l'enseignement***, l'article 4 de la loi du 28 mars 1882 n'en ayant fait qu'« une modalité de mise en œuvre de l'instruction obligatoire » (Cons. const. 13 août 2021, nº 2021-823 DC § 72 ; jugeant que la loi ne méconnait ni la liberté de l'enseignement, ni la liberté d'opinion et de conscience, ni l'objectif de valeur constitutionnelle d'intelligibilité et d'accessibilité de la loi ; ni le droit au respect de la vie privée).

Le chapitre comporte douze articles issus de la loi du 28 mars 1882, complétés ou modifiés, à plusieurs reprises, avec une volonté forte de ***lutter contre l'absentéisme et la déscolarisation*** (de la L. n° 98-1165 du 18 déc. 1998 tendant à renforcer le contrôle de l'obligation scolaire à la L. du 8 juill. 2013 d'orientation et de programmation pour la refondation de l'École de la République). La ***loi n° 2019-791 du 26 juillet 2019 pour une école de la confiance*** modifie plusieurs articles en abaissant l'âge de la scolarité obligatoire à trois ans et en renforçant le contrôle de l'instruction. La ***loi n° 2021-1109 du 24 août 2021*** renforce le contrôle de l'instruction en famille et de l'évitement scolaire.

Les circonstances exceptionnelles nées en 2020 de la crise sanitaire (covid-19) qui ont entraîné la fermeture des établissements scolaires pendant la période de confinement ont transformé l'obligation scolaire en permettant aux élèves de bénéficier d'une continuité pédagogique à distance sans garantie de l'égale accessibilité au service. La fréquentation scolaire sur la base du volontariat après le déconfinement a pu être présentée comme une atteinte au principe de la scolarisation obligatoire. Il a alors été rappelé que, l'obligation ayant pour objet l'instruction et non sa seule forme scolaire, le lien maintenu avec l'école soit par l'accueil de certains élèves soit à distance permettait de respecter le principe républicain.

Ce chapitre pose un principe qui s'impose tant à l'État qu'aux élèves et à leur famille, précise le contrôle de son application et les sanctions encourues. En partie réglementaire sont réunies les dispositions relatives au contrôle de l'obligation scolaire (de l'inscription, de l'assiduité et du contrôle du contenu des connaissances des enfants instruits dans la famille, art. R. 131-1 s.) et aux sanctions (art. R. 131-17 s.).

I. LE PRINCIPE : L'INSTRUCTION OBLIGATOIRE

La loi n° 2019-791 du 26 juillet 2019 pour une école de la confiance qui abaisse l'âge de l'instruction obligatoire à 3 ans a aussi modifié la rédaction traditionnelle, issue de l'article 4 de la loi du 28 mars 1882 sur l'enseignement primaire ; dorénavant, « ***L'instruction est obligatoire pour chaque enfant dès l'âge de trois ans et jusqu'à l'âge de seize ans*** » (art. L. 131-1). Le législateur n'a pas repris la double précision antérieure, l'obligation pour les enfants des deux sexes, français et étrangers. Par contre, elle introduit un mécanisme de garantie dans la mesure où « en cas de refus d'inscription sur la liste scolaire de la part du maire sans motif légitime, le DASEN agissant sur délégation du préfet procède à cette inscription…, après en avoir requis le maire. » (art. L. 131-5, modifié par art. 12 de la L. du 26 juill. 2019.)

A. LA PÉRIODE D'INSTRUCTION OBLIGATOIRE

L'article 4 de la loi du 28 mars 1882 sur l'enseignement primaire fixait la période d'instruction obligatoire de six à treize ans et confiait le contrôle de cette obligation tant au maire qu'à l'inspecteur d'académie. Ce temps obligatoire était accru d'une année par le Front populaire (L. du 9 août 1936, portant le terme de l'obligation à 14 ans) et de deux autres au début de la Ve République (Ord. n° 59-45 du 6 janv. 1959 prolongeant la scolarité obligatoire à 16 ans). L'idée de la porter de trois à dix-huit ans a été formulée à plusieurs reprises. Elle a même donné lieu à une expérimentation outre-mer autorisée par l'article 58 de la loi n° 2017-256 du 28 février 2017. Sans attendre son évaluation, cette disposition est abrogée par la loi du 26 juillet 2019 qui abaisse l'âge de l'instruction de trois ans sans l'augmenter de deux ans (art. 14, II). Toutefois, elle décide d'imposer une autre obligation, de formation celle-là, aux jeunes de seize à dix-huit ans (art. 15 ; art. L. 114-1).

L'âge d'entrée dans la période d'instruction obligatoire (ou âge scolaire) qui, pendant cent trente-sept ans a été fixée à six ans, est de ***trois ans*** depuis la rentrée 2019. Si dans les faits, la quasi-totalité (98,9 %) des enfants de trois ans était déjà scolarisée dans les écoles publiques ou privées, il subsiste des disparités régionales avec des retards très importants outre-mer (Guyane, Mayotte… où continueront à se poser des questions de capacité d'accueil). L'obligation donne à l'école la possibilité de s'assurer d'une présence continue des enfants, de lutter contre leur absentéisme (ou la fréquentation de l'école à temps partiel). L'école maternelle, spécialement la petite section, est considérée comme fondamentale pour lutter contre les inégalités, notamment pour l'acquisition du langage oral. La mesure s'inscrit dans la politique de priorité au premier degré. Elle a pu être présentée comme une « mesure sociétale » (notamment pour la scolarisation des filles et pour éviter les décrochages ultérieurs) et de « confiance dans l'école » (J.-M. Blanquer). L'extension du principe d'instruction obligatoire conforte le droit à l'instruction (les enfants de 3 ans n'avaient auparavant qu'un droit conditionné par l'existence d'une école maternelle dont la création n'était pas obligatoire pour les communes). Les parents sont désormais tenus d'inscrire leurs enfants (ou de déclarer qu'ils seront instruits dans la famille) dès leurs trois ans. Les visites médicales permettant de détecter les troubles sensoriels, psycho-affectifs, staturo-pondéraux ou neuro-développementaux, en particulier ceux du langage, sont avancées de deux ans (L. du 26 juill. 2019, art. 13, modifiant l'art. L. 541-1). En devenant obligatoire, l'école maternelle perd ses caractéristiques initiales. Elle devient le seul mode d'accueil acceptable (les « jardins d'enfants » que certains pensaient devoir intégrer à un « service public de la petite enfance », structures d'accueil collectif qui assurent des activités de garde et d'éveil des enfants de 2 à 6 ans à temps complet ou partiel, doivent disparaître en 2024, art. 18 de la L. du 26 juill. 2019, dérogation transitoire à l'art. L. 131-2). Si les classes enfantines qui scolarisaient les enfants de trois à six ans en école élémentaire disparaissent, la loi maintient la possibilité de classes uniques et/ou multiniveaux regroupant les enfants de la petite section au CM2 (art. L. 131-2, al. 2). Les personnels qui interviennent dans les écoles maternelles ou dans les classes qui en tiennent lieu doivent porter une attention particulière aux enfants de moins de six ans qui y sont scolarisés. Aussi doivent-ils bénéficier de modules de formation continue communs, l'expérience acquise leur permettant d'obtenir par validation un diplôme national ou un titre professionnel (art. L. 212-2-1, modifié par l'art. 14 de L. du 26 juill. 2019, V. ATSEM).

Que reste-il de la préscolarisation ? L'obligation étant fixée à trois ans, la question de la préscolarisation continue à se poser pour les plus petits. En effet, les enfants qui ont atteint l'âge de deux ans au jour de la rentrée scolaire ***peuvent être admis à l'école maternelle ; depuis la loi d'orientation de 1989, l'accueil des enfants de moins de trois ans doit être assuré en priorité dans les écoles et classes maternelles situées dans un environnement social défavorisé***, que ce soit dans les zones urbaines, rurales ou de montagne, et depuis la loi Fillon du 23 avril 2005, dans les régions d'outre-mer (art. L. 113-1). Un effort particulier doit être fait en zone d'éducation prioritaire (art. L. 111-1 et D. 113-1). La scolarisation des petits peut compenser le handicap linguistique et culturel, notamment pour ceux qui n'entendent pas le français à la maison. La réduction des moyens financiers a entraîné une baisse de la scolarisation des moins de trois ans, par ailleurs très inégale (elle est par ex. traditionnellement forte dans l'académie de Rennes, faible dans l'académie de Strasbourg). Si la scolarisation d'un enfant avant ses trois ans est présentée comme une chance pour lui et sa famille, encore faut-il qu'elle corresponde à ses besoins et se déroule dans des conditions adaptées. Aussi, l'article 8 de la loi du 8 juillet 2013 avait modifié l'article L. 113-1 en précisant que l'accueil des « élèves de deux ans révolus » doit se faire dans des conditions éducatives et pédagogiques adaptées à leur âge visant leur développement moteur, sensoriel et cognitif. La scolarisation des « tout-petits » impose en effet la prise en compte de leurs besoins spécifiques par l'organisation de leurs activités et l'aménagement de l'école. Elle nécessite donc un projet particulier, inscrit dans le projet d'école, soulignant qu'elle constitue la première étape du parcours scolaire à la différence du séjour dans les autres structures d'accueil de la petite enfance. L'idée de développer d'autres modes d'accueil pour les tout-petits a pu donner lieu à des expérimentations (classes passerelles, jardins d'éveil) et des propositions visant à créer un service public de l'accueil de la petite enfance. La loi du 26 juillet 2019 semble aller dans ce sens : « Un plan départemental d'accueil du jeune enfant et de soutien à la parentalité, élaboré conjointement avec le conseil départemental, permet le pilotage et favorise la mutualisation des moyens consacrés à l'accueil des enfants de moins de trois ans, quel que soit le type de structure où ils sont accueillis, et des dispositifs d'accueil et de soutien à l'intention de leurs parents, notamment au bénéfice des familles vivant dans un environnement social défavorisé, que ce soit dans les zones urbaines, rurales ou de montagne » (art. 14 ; art. L. 113-1, al. 4).

Par contre, la fin de l'instruction obligatoire reste fixée à 16 ans. Depuis 1959, cette solution réaffirmée par la loi Haby de 1975 n'a pas été modifiée malgré des propositions qui, il est vrai, vont dans deux sens opposés. Pour les uns, à la suite du rapport Langevin-Wallon de 1948, le monde moderne justifierait une prolongation de la scolarité obligatoire jusqu'à dix-huit ans. Pour d'autres, notamment à l'appui de leur critique du « collège unique », l'âge de seize ans est trop élevé pour les jeunes qui peuvent être allergiques à l'enseignement général et devraient quitter le collège pour l'apprentissage ou pour la vie active. Pour répondre à ces derniers, des formules plus pratiques ont été mises en place au collège, parfois en collaboration avec les entreprises (Décr. n° 2005-1013 du 24 août 2005, dispositifs d'aide et de soutien au collège, V. désormais art. D. 332-2 s.). Mais ***toute dérogation à la règle des seize ans doit être prévue par la loi*** (CE 21 juill. 1970, *Fédération des conseils de parents d'élèves des écoles publiques*, n° 73299). La loi du 31 mars 2006 pour l'égalité des chances qui prévoyait que « les élèves ayant atteint l'âge de 14 ans peuvent être admis… à suivre une formation alternée, dénommée formation d'apprenti junior pouvant déboucher sur la signature d'un contrat d'apprentissage lorsque le jeune atteint l'âge de quinze ans » a été abrogée par l'article 56 de la loi du 8 juillet 2013 qui revient aux conditions antérieures (art. L. 337-3).

Mais l'existence d'une ***période d'obligation scolaire*** « ne fait pas obstacle à l'application des prescriptions particulières imposant une scolarité plus longue » (art. L. 131-1, al. 2). ***La loi encourage d'ailleurs la prolongation du temps scolaire :*** l'État doit ainsi prévoir les moyens nécessaires pour permettre à tous ceux qui n'ont pas atteint un niveau de formation reconnu (sanctionné par un diplôme national ou un titre professionnel de niveau V, précise l'art. 14 de la loi du 8 juill. 2013) à l'âge de seize ans de ***poursuivre des études*** (art. L. 122-2) et ***acquérir une formation professionnelle*** (art. L. 122-3). L'article 10 de la loi du 23 avril 2005 est venu combler une lacune en reconnaissant à tout mineur non émancipé le « ***droit de poursuivre sa scolarité au-delà de l'âge de seize ans*** » ; en cas d'opposition des personnes responsables, une mesure d'assistance éducative peut être ordonnée pour garantir son droit à l'éducation (art. L. 122-2). L'article 14 de la loi du 8 juillet 2013 ajoute que tout élève doit pouvoir poursuivre des études afin d'acquérir un titre ou un diplôme (al. 1er) et que tout jeune sortant du système éducatif sans diplôme bénéficie d'une durée complémentaire de formation qualifiante qui peut notamment constituer « ***un droit au retour en formation initiale sous statut scolaire*** » (al. 2), droit dont l'usage entraînera en général un dépassement de l'âge auquel finit l'obligation scolaire. Dans les faits, ***l'objectif*** fixé par la loi d'orientation en 1989 dit des ***80 %, « quatre élèves sur cinq parviennent jusqu'au niveau du baccalauréat »*** (Rapport annexé à la loi d'orientation sur l'éducation du 10 juill. 1989), confirmé après quelques atermoiements en 2005 (Rapport annexé à la L. du 23 avr. 2005 d'orientation et de programme pour l'avenir de l'école qui ajoute l'objectif de 50 % d'une classe d'âge diplômés de l'enseignement supérieur), ***a permis une progression importante des poursuites d'études***. Si 80 % des élèves entrent au lycée, le taux d'accès au niveau IV dépasse de deux points les 70 %. Le passage de la scolarité obligatoire à la phase facultative des études se fait le plus souvent au lycée. « Tout élève admis dans un cycle de formation doit pouvoir poursuivre la totalité de ce cycle dans l'établissement scolaire » (art. D. 331-41). En cas de ***redoublement après un échec à l'examen terminal***, l'élève doit avoir la possibilité de préparer à nouveau l'examen, mais son ***inscription*** se fera ***dans la limite des places disponibles***. Un ***refus de scolariser un jeune qui n'est plus soumis à l'obligation scolaire*** doit toutefois ***être motivé*** (CE 28 oct. 1987, *Cts Métrât*, n° 66977).

La loi du 26 juillet 2019 pour une école de la confiance ne prolonge pas la durée de l'instruction obligatoire mais prévoit que « ***la formation est obligatoire pour tout jeune jusqu'à sa majorité*** » (art. 15, art. L. 114-1). Elle reprend ainsi un des éléments du plan de lutte contre la pauvreté présenté en septembre 2018 ; cette nouvelle obligation peut être remplie selon plusieurs voies : le jeune peut tout d'abord poursuivre sa scolarité dans un établissement d'enseignement public ou privé, scolarisation et formation étant alors assimilées ; il peut aussi choisir une formation par apprentissage ou accomplir un stage de formation professionnelle ; il en est de même lorsqu'il occupe un emploi, effectue un service civique, bénéficie d'un dispositif d'accompagnement ou d'insertion sociale et professionnelle. Le contrôle du respect l'obligation de formation doit être assuré par les missions locales (C. trav., art. L. 5314-1).

B. UNE OBLIGATION UNIVERSELLE

En affirmant que l'instruction obligatoire concerne « chaque enfant », le législateur rappelle que le droit à l'éducation (ou à l'instruction) est universel, concerne tous les enfants présents sur le territoire de la République. Le principe d'égalité comme celui de non-discrimination interdit les exclusions qui seraient fondées sur le genre, l'origine, la religion…le service public de l'éducation « veille à l'inclusion de tous les enfants sans exception » (art. L. 111-1).

Garçons et filles : la mixité scolaire. L'obligation concerne les enfants et les adolescents, filles et garçons. Historiquement la scolarisation des filles a été plus lente, mais les politiques mises en place dès le XIXe siècle ont permis de les accueillir, d'abord dans le premier puis dans le second degré. A l'origine scolarisés dans des écoles et établissements réservés aux uns et aux autres (écoles des filles, lycées de jeunes filles), ***les élèves sont depuis les années 1960 accueillis dans des établissements mixtes***, la mixité étant obligatoire depuis la loi Haby de 1975. L'article R. 321-11 précise expressément : « les classes maternelles et élémentaires sont mixtes ». Le mot « mixité » apparaît dans les années 1950 pour définir la réunion dans une même école de filles et de garçons. La tradition tant catholique que républicaine reposait sur la séparation justifiée par des préoccupations tant morales que pédagogiques. Le postulat était la nécessité d'une école de la vie. Aujourd'hui, le débat a été rouvert tant pour certaines activités (ex. piscine) qu'en termes d'efficacité pédagogique. Une étude a récemment rappelé que la présence de garçons et de filles dans les mêmes classes ne permet pas d'assurer leur égalité (Marie Duru-Bellat, OFCE, juill. 2010), allant même jusqu'à conforter chaque genre dans son rôle ; l'auteur préconise donc un retour à la non-mixité contrôlé, partiel et ponctuel. Par contre, la Haute Autorité de lutte contre les discriminations et pour l'égalité recommande de mettre fin aux internats non mixtes dans les lycées disposant de classes préparatoires aux grandes écoles (Délib. 11 oct. 2010). Toutefois, au détour du vote d'une loi transposant des directives européennes dans le domaine de la lutte contre les discriminations, la loi n° 2008-496 du 27 mai 2008 (art. 2) dispose que si les différences de traitement dans la fourniture des services ne peuvent pas être fondées sur le genre, il est toutefois possible d'« organiser des enseignements par regroupement des élèves en fonction de leur sexe ». « Les écoles, les collèges, les lycées et les établissements d'enseignement supérieur (…) contribuent à favoriser la mixité et l'égalité entre les hommes et les femmes », notamment en matière d'orientation (C. éduc., art. L. 121-1). L'égalité réelle entre filles et garçons, la lutte contre les disparités entre les sexes en termes de réussite et scolaire, contre les stéréotypes dans le processus d'orientation et d'insertion, imposent une action volontariste des pouvoirs publics, de l'ensemble des acteurs de la communauté éducative et des partenaires de l'École (Convention interministérielle pour l'égalité entre les filles et les garçons, les femmes et les hommes dans le système éducatif, 2013-2018). Les politiques suivies, notamment par l'expérimentation des « ABCD de l'égalité », outil préconisé par la Charte interministérielle pour l'égalité 2013-2018, ont fait l'objet de critiques virulentes, s'en prenant notamment à la « théorie du genre » ; l'outil mis en cause a été remplacé par une « mallette pédagogique » à la disposition des enseignants (généralisation de la formation à l'égalité, séquences pédagogiques, inscription de l'égalité dans les projets d'école, V. communiqué du 30 juin 2014). La mise en œuvre de la politique éducative en faveur de l'égalité entre les filles et les garçons a fait l'objet de la circulaire n° 2015-003 du 20 janvier 2015 (*BOEN* n° 4, 22 janv. 2015) qui prévoit la généralisation de la formation initiale et continue de l'ensemble des personnels, la mobilisation de nouvelles ressources, le renforcement du pilotage académique de la politique en faveur de l'égalité et les modalités de son évaluation.

La scolarisation des étrangers. Longtemps exclus du champ de la scolarisation obligatoire, les ***jeunes étrangers vivant sur le territoire de la République*** sont vis-à-vis de l'instruction ***dans la même situation que leurs camarades de nationalité française*** (Circ. n° 2002-063 du 20 mars 2002 relative aux modalités d'inscription des élèves de nationalité étrangère des premier et second degrés). Il n'appartient pas au ministère de l'éducation nationale de contrôler la régularité de la situation des élèves étrangers et de leurs parents ; l'inscription dans un établissement scolaire d'un élève de nationalité étrangère ne peut être subordonnée à la présentation d'un titre de séjour. Les engagements internationaux de la France excluent toute discrimination (Conv. EDH, art. 14 ; Protocole n° 1, art. 2 ; CIDE, art. 28). La Cour souligne « l'importance particulière, dans les systèmes où la scolarisation au sein d'établissements publics ou privés est obligatoire de l'inscription à l'école de tous les enfants en âge scolaire, importance encore accrue lorsque les enfants appartiennent à des minorités » (CEDH 5 juin 2008, *Sampanis et a. c/ Grèce*, n° 32526/05, formule qui peut s'appliquer aux élèves immigrés dépourvus de titre de séjour même si l'arrêt a été rendu à propos de la minorité rom). ***Tout enfant doit être scolarisé quel que soit le titre auquel il séjourne en France***, les autorités scolaires n'ayant pas à exercer de contrôle de la régularité de leur situation ; aucune distinction ne peut être faite entre élèves de nationalité française et élèves de nationalité étrangère pour l'accès au service public de l'éducation ; aucun titre ou justificatif de séjour ne peut être exigé pour l'inscription d'un élève (la détention d'un titre de séjour n'est obligatoire que pour les étrangers de plus de 18 ans, CESEDA, art. L. 311-1). Pour les ***étrangers non francophones***, allophones, primo-arrivants, nouveaux arrivants ou ENAF (élèves nouvellement arrivés en France) selon la terminologie du moment, un accueil différencié peut être prévu dans des ***classes d'accueil ou d'initiation*** dont l'objectif est de permettre à l'élève de rejoindre au plus tôt la classe regroupant les élèves de son âge ou de son niveau (V. Circ. n° 2002-063 du 20 mars 2002, modalités d'inscription et de scolarisation des élèves de nationalité étrangère, ss. art. L. 131-4 ; V. Circ. n° 2012-141 du 2 octobre 2012 relative à l'organisation de la scolarité des élèves allophones nouvellement arrivés). Pour la Cour européenne des droits de l'homme (CEDH) le placement des élèves (roms) dans des classes spéciales qui leur sont réservées ne constitue pas une discrimination interdite s'il est fondé sur un critère d'aptitude linguistique (connaissance insuffisante de la langue) et ne relève donc pas d'une politique scolaire générale qui serait alors ségrégationniste (CEDH, 17 juill. 2008, *Orsus et a. c/ Croatie*, n° 15766/03). Les États peuvent donc créer des écoles ou des classes spéciales fondées sur un objectif de mise à niveau des populations scolaires défavorisées, notamment pour les enfants en difficulté qui bénéficient ainsi de programmes spécifiques répondant à leurs besoins particuliers. L'article 193 de la loi n° 2017-86 du 27 janvier 2017 relative à l'égalité et à la citoyenneté, visant tant les étrangers que ***les enfants des familles du voyage*** dispose que « le statut ou le mode d'habitat des familles installées sur le territoire de la commune ne peut être une cause de refus d'inscription d'un enfant soumis à l'obligation scolaire » ; elle précise que « lorsque la famille n'a pas de domicile stable, l'inscription dans un établissement public ou privé peut être cumulée avec l'inscription auprès du service public du numérique éducatif et de l'enseignement à distance » (art. L. 131-5).

L'inclusion scolaire. Si les élèves souffrant de handicap peuvent être accueillis dans des établissements adaptés dans le cadre de l'éducation spéciale, ***la loi n° 2005-102 du 11 février 2005 pour l'égalité des droits et des chances, la participation et la citoyenneté des personnes handicapées*** a posé le principe de la scolarisation en milieu ordinaire des enfants handicapés. La loi d'orientation et de programmation pour la refondation de l'école de la République du 8 juillet 2013, en reconnaissant que tous les enfants partagent la capacité d'apprendre et de progresser, a ajouté au premier article du code définissant le droit à l'éducation que le service public de l'éducation « veille à l'inclusion scolaire de tous les enfants sans exception » (art. L. 111-1, al. 1er). La loi du 26 juillet 2019 pour une école de la confiance dont l'un des objectifs est de renforcer l'école inclusive substitue l'expression « ***scolarisation inclusive*** » (art. L. 111-1, al. 1er) à la formule « inclusion scolaire ». En adoptant une série de dispositions pour renforcer les dispositifs mis en place pour les élèves en situation de handicap (***pôles inclusifs d'accompagnement localisés PIAL, entretien préalable avec les enseignants et l'accompagnant de l'élève***), le législateur a donné une base légale à la politique éducative présentée avant le vote du Parlement par une circulaire n° 2019-088 du 5 juin 2019, Pour une école inclusive.

II. LES MODES D'INSTRUCTION

Si « l''instruction obligatoire est donnée dans les établissements ou écoles publics ou privés. Elle peut également, par dérogation, être dispensée dans la famille par les parents, par l'un d'entre eux ou par toute personne de leur choix, sur autorisation… » (art. L. 131-2 modifié par la loi confortant le respect des principes de la République (RPR) du 24 août 2021).

Même si le droit de choisir l'instruction à donner aux enfants est un droit fondamental (CEDH 7 déc. 1976, *Kjeldsen, Busk Madsen et Pedersen c/ Danemark*, nos 5095/71 ;

5920/72 ; 5926/72), l'instruction en famille a pu être interdite dans certains États européens (Allemagne, Espagne). La Cour européenne des droits de l'homme, relevant la diversité des pratiques des États parties à la Convention, n'exclut pas la possibilité pour eux de prévoir une obligation de scolarisation (CEDH 11 sept. 2006, *Konrad c/ Allemagne*, n° 35504/03), cette question relèvant « de la marge d'appréciation des États contractants dans la mise en place et l'interprétation des règles de leurs systèmes éducatifs » (CEDH 10 janv. 2019, *Wunderlich c/ Allemagne*, n° 18925/19) ; s'il est loisible au législateur de permettre l'instruction au sein de la famille, il lui appartient également de déterminer les principales modalités de son contrôle dans le respect des principes constitutionnels et conventionnels (CE, ass., 29 nov. 2018, n° 396047).

A. LE PRINCIPE : LA SCOLARISATION

Si le législateur envisage deux modes d'instruction, il privilégie celle donnée dans les écoles et établissements scolaires. Confronté à de nombreuses situations discriminantes (enfants étrangers, mal logés...), le Défenseur des droits traitant du droit fondamental à l'éducation (Rapport 2016) a pu en déduire un ***droit d'accéder à l'école*** : tous les enfants vivant sur le territoire de la commune ont le droit d'être inscrits tant à l'école élémentaire pour les enfants âgés de trois ans tenus à l'obligation scolaire qu'à l'école maternelle. Si la ***scolarisation en établissement*** a été retenue, les familles peuvent choisir entre ***école publique*** et ***établissement privé***. ***Si elles ont fait le choix du public***, aucune règle ni aucun principe général ne reconnait aux parents le droit de choisir librement l'établissement (CE 12 oct. 1973, n° 84690 A). Dans ***le premier degré***, *« les familles domiciliées à proximité de deux ou plusieurs écoles publiques ont la faculté de faire inscrire leurs enfants à l'une ou l'autre de ces écoles, qu'elle soit ou non sur le territoire de leur commune, à moins qu'elle ne compte déjà le nombre maximum d'élèves autorisé par voie réglementaire »* (art. L. 131-5). Mais cette possibilité de principe est assortie d'une limite générale. En effet, le maire hier, le ***conseil municipal*** depuis la loi du 13 août 2004 (art. L. 131-5, note 6) ***détermine le ressort de chaque école publique*** (art. L. 212-7), le périmètre scolaire, fixant les limites des secteurs géographiques (art. L. 131-5, notes 3 et 5, V. art. D. 211-9) ; les ***familles doivent se conformer à la répartition territoriale*** des élèves qui en résulte. L'école que l'enfant doit fréquenter est indiquée par le maire. Une ***solution du même type*** a été adoptée pour les ***collèges*** par la loi du 13 août 2004 qui a donné ***compétence au conseil départemental*** pour déterminer leur secteur de recrutement *« en tenant compte des critères d'équilibre démographique, économique et social »*, la loi n° 2013-595 du 8 juillet 2013 pour la refondation de l'école de la République leur donnant ensuite la faculté de partager un même secteur de recrutement entre plusieurs collèges *« lorsque cela favorise la mixité sociale »* (art. L. 213-1) (V. art. D. 211-10 : secteurs et districts, zones de desserte des collèges et lycées ; D. 211-11, al. 1er : collèges et lycées accueillant les élèves résidant dans leurs zones de desserte, avec possibilité de dérogation). Mais ***l'IA-DASEN*** conserve la responsabilité d'affecter les élèves et d'accorder des *dérogations*. Il en est de même pour les ***lycées***, même si l'autorité académique qui fixait la carte des districts de recrutement des élèves partage désormais cette responsabilité avec le conseil régional (art. L. 214-5, modifié par la loi NOTRe n° 2015-991 du 7 août 2015 ; en cas de désaccord, la délimitation des districts reste toutefois arrêtée par le recteur). Les décisions d'affectation, tant dans le premier degré où le maire est compétent que dans le second degré, doivent faire l'objet d'un ***examen particulier*** ; le refus de dérogation doit être motivé et ne pas méconnaître le principe d'égalité devant le service public (V. notes ss. art. L. 131-5). Ces règles connues depuis 1963 sous le nom de « ***carte scolaire*** » ont d'abord été conçues comme des outils de planification, qu'il s'agisse des secteurs de collège (un collège par secteur) ou des districts comprenant plusieurs lycées pour tenir compte de la diversité de l'offre. Elles ont ensuite été justifiées par l'idée de « ***mixité sociale*** ». Le recours aux établissements privés et les diverses stratégies de contournement suivies par les familles les mieux informées ont débouché sur une critique de la répartition administrative des élèves. En 2007, il a été envisagé de supprimer progressivement la carte scolaire pour donner une « liberté nouvelle aux familles ». Toutefois, les règles générales fixées par les articles D. 211-10 et D. 211-11 n'ont pas été modifiées. En principe, chaque élève est affecté par l'IA-DASEN au collège ou au lycée le plus proche de son domicile. Pour faciliter les dérogations des priorités fixées par instruction ministérielle fixent des lignes directrices que doivent prendre en compte les commissions d'affectation qui donnent un avis aux IA-DSDEN : les élèves souffrant d'un handicap ont une priorité absolue ; les élèves faisant l'objet d'une prise en charge médicale proche de l'établissement sont ensuite visés ; priorité est ensuite donnée aux boursiers au mérite, puis aux boursiers sur critères sociaux ; on tiendra compte du choix de suivre un parcours scolaire particulier (source de tous les abus, les familles informées jouant alors avec la diversité des options, notamment les langues rares) ; selon la tradition, les familles pourront demander à ce que leurs enfants soient scolarisés dans le même établissement ; enfin les circulaires citent la localisation du domicile, proche mais situé dans une zone voisine (note du ministre à l'attention des principaux et proviseurs, 4 juin 2007 ; Circ. de rentrée 2008, *BOEN n° 15, 10 avr. 2008*). On est donc loin de la disparition de la carte scolaire que le deuxième rapport de la RGPP (mai 2009) n'hésitait pourtant pas à inscrire à l'actif du bilan du ministère de l'éducation nationale. Les secteurs et les districts n'ont pas été supprimés : le respect de la carte constitue un droit pour les personnes qui remplissent les conditions légales ; le fait d'habiter dans la zone donne une priorité ; toute dérogation doit être motivée (V. André Legrand, note ss. TA Paris, 11 févr. 2010 : n° 0913418 : *AJDA 2010. 1214* ✐). Pour éviter les risques de « ghettoïsation », diverses mesures ont pu être prises modifications des circuits de ramassage ; déplacements d'élèves justifiés par la volonté de les affecter dans des écoles plus hétérogènes que celles qu'ils fréquentent dans leur quartier ; une expérience de « *busing* », l'implantation de nouveaux équipements dans le cadre de la rénovation urbaine, création des sites d'excellence dans trente lycées de banlieue autour d'une section internationale, de classes à horaire aménagé, musicales ou de formations professionnelles relevant du label « lycée des métiers ». Enfin, des internats d'excellence construits autour d'un projet éducatif devaient être mis en place. L'article 20 de la loi du 8 juillet 2013 précise seulement que « lorsque cela favorise la mixité sociale, un même secteur de recrutement peut être partagé par plusieurs collèges publics situés à l'intérieur d'un même périmètre de transports urbains » (art. L. 213-1). ***Le décret n° 2014-800 du 15 juillet 2014 relatif à la coopération entre les services de l'État et le conseil départemental en vue de favoriser la mixité sociale*** prévoit qu'un même secteur de recrutement est commun à plusieurs collèges publics situés à l'intérieur d'un même périmètre de transports urbains ; une convention peut être conclue entre le conseil départemental et les services départementaux de l'éducation nationale pour préciser les modalités de leur coopération, dans le respect de leur domaine de compétences. Une instance coprésidéepar le président du conseil départemental et le IA-DASEN peut également être créée pour le suivi de cette convention.

B. L'AUTORISATION DÉROGATOIRE DE L'INSTRUCTION DANS LA FAMILLE

La possibilité laissée aux familles d'instruire leurs enfants à domicile par l'article 4 de la loi du 28 mars 1882 tenait compte de la tradition existant dans certains milieux de faire appel à un précepteur. Son maintien par les lois postérieures aurait pu permettre d'y voir une tradition républicaine donnant aux parents un « droit… de choisir, pour leurs enfants, des méthodes éducatives alternatives à celles proposées par le système scolaire public » (CE 19 juill. 2017, *Assoc. les enfants d'abord*, n° 406150 ; CE 28 mars 2018, *Assoc. UNIE*, n° 393866). Le Conseil constitutionnel précise toutefois que l'instruction des enfants au sein de la famille ne constitue pas une composante de la liberté de l'enseignement, principe fondamental reconnu par les lois de la République, mais une modalité de mise en œuvre de l'instruction obligatoire (Cons. const. 13 août 2021, n° 2021-823 DC § 72).

Si les motivations des familles peuvent être de l'ordre de la transmission de valeurs et connaissances religieuses, morales, linguistiques ou culturelles, permettant alors de craindre un risque séparatiste, une logique de repliement communautaire, elles sont en fait d'une grande diversité, tenant aux enfants qui peuvent être malades, handicapés, atteints de phobie scolaire ou craignant le harcèlement ou à l'école, inaccessible ou éloignée, inadaptée à l'itinérance des familles ; les parents peuvent vouloir recourir à des méthodes pédagogiques alternatives, désirer respecter le rythme de l'enfant, mieux prendre en considération son individualité, ses difficultés comme ses potentialités. La pratique reste marginale ; on estime le nombre des enfants instruit en famille à 50.000, ce qui représente 0, 5 % des élèves scolarisés, avec des différences fortes notamment en fonction de l'âge, la scolarisation obligatoire des enfants de trois ans décidée par loi du 26 juillet 2019 ayant augmenté les cas. Les défauts et les dérives du système ont régulièrement justifié la mise en place et le renforcement des contrôles administratifs (enquête du maire ou du préfet) et pédagogiques (contrôle et évaluation académiques). Ainsi la prévention des dérives sectaires fut la raison essentielle de la loi du 18 décembre 1998 ; l'inscription des enfants à des cours par correspondance (délivrés par le CNED mais aussi par de nombreux organismes privés) avec un suivi plus ou moins lâche de la famille a amené la législateur à assimiler enseignement à distance et instruction dans la famille (L. n° 2007-297 du 5 mars 2007 relative à la prévention de la délinquance, l'instruction dans la famille recouvre l'enseignement à distance).

Dans le cadre de la lutte contre le séparatisme islamiste présenté comme une cause de déscolarisation des enfants, le Président de la République annonça dans son discours des Mureaux du 20 février 2020 sa « décision » de rendre obligatoire l'instruction à l'école, l'instruction à domicile étant strictement limitée aux impératifs de santé. Les résistances de divers milieux comme les réticences exprimées par le Conseil d'État, dans son avis du 9 décembre 2020, amenèrent le Gouvernement à maintenir l'instruction en famille en la subordonnant toutefois à une autorisation accordée par l'autorité de l'État compétente en matière d'éducation, en l'occurrence l'IA-DASEN ; en abandonnant la formule traditionnelle de la déclaration, en général considérée comme plus adaptée à un régime de liberté, la loi n° 2021-1109 du 24 août 2021 n'en a pas moins été jugée conforme à la Constitution dans la mesure où l'instruction en famille elle-même ne constitue pas un élément de la liberté de l'enseignement et que la loi fixe les différents motifs permettant à l'autorité académique d'accorder ou de refuser l'autorisation (Cons. const. 13 août 2021, n° 2021-823 DC, § 72 s). La fonction d'information de la déclaration qui permettait d'avertir le maire est maintenue dans la mesure où le maire, et dorénavant le président du conseil départemental, sont informés de la délivrance d'une autorisation (art. L. 131-5, al. 9).

La demande des parents

Il revient aux parents non plus d'effectuer un choix entre la scolarisation et l'instruction en famille, mais de solliciter l'autorité académique pour bénéficier d'une autorisation.

Les parents sont ici les « personnes responsables » que l'article L. 131-4 définit largement. Il vise d'une part les diverses situations de droit : le père et la mère qui exercent leur autorité parentale, conjointement ou individuellement, notamment lorsque l'intérêt de l'enfant aura amené le juge des affaires familiales à en décider ainsi (C. civ., art. 373-2-1 ; V. note ss. art. L. 131-4) ; le tuteur, parent ou non, désigné par les parents ou par le conseil de famille (C. civ., art. 397 s.) ; la ou les personnes qui ont la charge de l'enfant, soit à la demande des parents qui ont pu déléguer leur autorité parentale (C. civ., art. 376 s.), soit par décision du juge confiant l'enfant à un autre membre de la famille, à un tiers digne de confiance, ou à un service ou établissement spécialisé (C. civ., art. 375-3). Allant plus loin, le législateur vise d'autre part les situations de fait, mentionnant « les personnes qui exercent... de façon continue une autorité de fait » (art. L. 131-4) ; dans ce cas, l'administration devra vérifier la situation des personnes se présentant comme responsables, mais celles-ci peuvent établir qu'elles exercent leur autorité en apportant la preuve par tous moyens. Quelle que soit la situation de l'enfant, la personne responsable se doit de l'associer à la décision, en tenant compte de son âge et de sa maturité (C. civ., art. 371-1).

L'instruction peut être donnée « par les parents ou l'un d'entre eux ou toute personne de leur choix » (art. L. 131-2, al. 1er). L'idée est de s'assurer de la dignité et des capacités des personnes assurant l'instruction en famille. La lutte contre le séparatisme justifie l'exclusion des personnes définitivement condamnées par le juge pénal pour crime ou délit à caractère terroriste ; une interdiction du même type est prévue pour prévenir les atteintes sexuelles et les violences en visant les personnes inscrites au fichier judiciaire national automatisé des auteurs de ce type d'infractions pour condamnation définitive (art. L. 131-11-2). Alors que dans le régime déclaratif, il n'était exigé ni titre ni compétence pour assurer l'instruction en famille, la loi subordonne l'autorisation à la vérification de la « ***capacité... d'instruire*** » de la personne en charge de l'enfant ; cette exigence est précisée à l'appui du projet éducatif motivé par la situation propre de l'enfant, des pièces (diplômes, attestations...) devant justifier la capacité à assurer l'instruction en famille (art. L. 315-1, al. 4, 4°) ; de manière générale, l'autorité académique peut convoquer les personnes chargées d'instruire l'enfant pour un entretien de vérification de capacité (art. L. 315-1, al. 6) ; dans l'un et l'autre cas, l'autorité académique doit en effet pouvoir s'assurer que la personne est en mesure de permettre à l'enfant d'acquérir le socle commun de connaissances, de compétences et de culture défini à l'article L. 122-1-1 du code de l'éducation au regard des objectifs de connaissances et de compétences attendues à la fin de chaque cycle d'enseignement de la scolarité obligatoire (Cons. const. 13 août 2021, n° 2021-823 DC § 72 s.), lui assurant une instruction complète et de qualité ; la loi contient par ailleurs une esquisse sinon de professionnalisation du moins de reconnaissance pédagogique. En effet, les personnes responsables d'un enfant autorisées à donner l'instruction dans la famille ayant satisfait aux obligations des contrôles effectués par l'IA-DASEN ou le préfet bénéficient après deux années complètes de la valorisation des acquis de leur expérience professionnelle (art. L. 131-10-1, renvoyant à un décret, pris sur rapport des ministres chargés de l'éducation et du travail, fixant les modalités de cette validation ; il devra clarifier la notion de personne responsable).

L'instruction dans la famille ne peut être organisée que pour les enfants d'une seule famille (art. L. 131-10 mod. par la L. n° 2007-293 du 5 mars 2007 réformant la protection de l'enfance ; la loi du 26 juillet 2019 maintient cette disposition en la changeant d'alinéa). ***Si des enfants de plusieurs familles sont réunis pour un enseignement en commun***, il s'agit d'un ***établissement de fait dont la situation est illégale*** ; faute de régularisation, cette situation peut désormais faire l'objet d'une mesure administrative, ***le préfet, après avis de l'autorité académique, peut interrompre leur accueil et fermer les locaux ; dans ce cas l'IA-DASEN met en demeure les parents d'inscrire les enfants dans un établissement d'enseignement scolaire dans les quinze jours*** (art. L. 441-3-1 ; L. n° 2021-1109 du 24 août 2021, art. 53).

Les motifs de l'autorisation

Comme le recommandait le Conseil d'État, l'autorisation d'instruire un enfant dans la famille n'est envisageable que pour les motifs limitatifs. La ***loi n° 2021-1109 du 24 août 2021*** les énumère en distinguant ***quatre cas d'autorisation*** (art. L. 131-5, al. 4) auxquels elle ***ajoute une situation transitoire*** (art. L. 131-5, al. 10), justifiés les uns et l'autre par l'intérêt supérieur de l'enfant. Quel que soit le motif invoqué, l'autorisation ne peut être accordée pour d'autres raisons (art. L. 131-5, al. 4), reprenant cette considération primordiale issue de la Convention relative aux droits de l'enfant de 1989 qui vise tant le développement global de l'enfant que la nécessité de tenir compte de son avis. Pour le Conseil constitutionnel, cette formule n'a « ni pour objet ni pour effet de porter atteinte à la liberté de conscience ou d'opinion des personnes qui présentent un projet d'instruction en famille » (Cons. const. 13 août 2021, n° 2021-823 DC § 72) ; le respect des convictions de la famille n'interdit pas d'examiner les raisons du choix du recours à l'instruction en famille.

L'article L. 131-5, alinéa 4 introduit par la loi n° 2021-1109 du 24 août 2021, cite quatre rubriques. Même si la politique d'inclusion scolaire vise à en limiter la portée, le premier motif reste ***l'état de santé ou le handicap de l'enfant*** (art. L. 131-5, 1°) ; malgré l'existence de classes à horaires aménagées, il est vrai peut-être inadaptées à l'intensité des exercices, c'est ensuite le cas de ***la pratique d'activités sportives ou artistiques intensives*** (art. L. 131-5, 2°) ; sans préjudice des formules d'accueil existantes, c'est encore le cas de ***l'itinérance de la famille en France ou l'éloignement géographique de tout établissement scolaire public*** (art. L. 131-5, 3°) ; une dernière rubrique (art. L. 131-5, 4°) vise « ***l'existence d'une situation propre à l'enfant... motivant le projet éducatif*** », pouvant recouvrir volonté de donner une éducation alternative ou de transmettre certaines valeurs. Pour le Conseil constitutionnel, « le législateur a entendu que l'autorité administrative s'assure que le projet d'instruction en famille comporte les éléments essentiels de l'enseignement et de la pédagogie adaptés aux capacités et au rythme d'apprentissage de l'enfant » (Cons. const. 13 août 2021, n° 2021-823 DC § 76). On remarquera que cette considération faite à propos du projet éducatif fondé sur la situation propre de l'enfant devrait s'appliquer aux autres motifs, tous les enfants instruits en famille ayant droit à ces éléments essentiels ; il en est de même s'agissant de l'engagement d'assurer cette instruction majoritairement en langue française, cette disposition visant à prévenir les dérives communautaires (art. L. 131-5, 4°). Le Conseil constitutionnel a cru devoir faire une réserve d'interprétation en ajoutant : « Enfin, il appartiendra, sous le contrôle du juge, au pouvoir réglementaire de déterminer les modalités de délivrance de l'autorisation d'instruction en famille conformément à ces critères et aux autorités administratives compétentes de fonder leur décision sur ces seuls critères excluant toute discrimination de quelque nature que ce soit » (Cons. const. 13 août 2021, n° 2021-823 DC § 76).

C'est aussi dans l'intérêt supérieur de l'enfant qu'une autre situation a été envisagée par le législateur : lorsque l'intégrité physique ou morale de l'élève est menacée (harcèlement, phobie scolaire), imposant après concertation avec le directeur son retrait soudain de l'établissement d'enseignement public ou privé dans lequel il est inscrit, il peut être instruit dans la famille avant même d'avoir reçu une réponse à la demande d'autorisation (demande alors fondée sur la « situation propre à l'élève », dans le délai restant à courir avant que cette autorisation ne leur soit accordée ou refusée : art. L. 131-5, al. 14).

Le régime de l'autorisation

L'autorisation d'instruire un enfant dans sa famille doit être renouvelée chaque année ; toutefois lorsqu'elle est justifiée par des raisons de santé ou par un handicap, elle peut être pluriannuelle, tant que l'état de santé ou la situation de handicap persiste (art. L. 131-5, al. 9, décret annoncé). Elle est accordée ou refusée par l'autorité de l'État compétente en matière d'éducation, en l'occurrence par l'IA-DASEN, qui peut convoquer l'enfant, ses responsables et, le cas échéant, les personnes chargées d'instruire l'enfant à « un entretien afin d'apprécier la situation de l'enfant et de sa famille et de vérifier leur capacité à assurer l'instruction en famille » (art. L. 131-5, al. 10). Le silence gardé pendant deux mois sur une demande d'autorisation vaut décision d'acceptation (art. L. 131-5, al. 11 ; CRPA, art. L. 231-1). La décision de refus d'autorisation peut faire l'objet d'un recours administratif préalable auprès d'une commission présidée par le recteur d'académie (art. L. 131-5, al. 12, V. le Décr. fixant les conditions). L'IA-DASEN informe de l'autorisation le maire de la commune de résidence et le président du conseil départemental (art. L. 131-5, al. 13) qui transmet au DASEN les informations préoccupantes relatives aux mineurs en danger ou qui risquent de l'être (CASF, art. L. 226-3). ***A titre dérogatoire, jusqu'à 2024***, l'autorisation est accordée de plein droit aux enfants régulièrement instruits dans la famille dont les résultats du contrôle ont été jugés suffisants (LPR, art. 49, IV).

Pour assurer l'efficacité de l'instruction dans la famille, la loi n° 2021-1109 du 24 août 2021 a complété les mesures de contrôle par des dispositions marquant le lien de l'enfant scolarisé en famille avec le service public : pour renforcer le suivi de l'instruction obligatoire par le maire et l'IA-DASEN, ***un identifiant national est attribué à chaque enfant*** (art. L. 131-6-1), imposant un élargissement de l'Identifiant National Élèves attribué par le traitement de données à caractère personnel (Arr. 16 févr. 2012). En outre, ***l'enfant instruit dans la famille est rattaché administrativement à une circonscription d'enseignement du premier degré ou un établissement d'enseignement scolaire public*** désigné par l'IA-DASEN (L. 131-5, al. 15).

La loi de refondation de l'École de la République du 8 juillet 2013 avait intégré à l'article L. 131-2 sur les différentes modalités d'instruction des dispositions relatives au service public du numérique et de l'enseignement à distance permettant notamment d'assurer l'instruction des enfants qui ne peuvent pas être scolarisés (art. L. 131-2) ; si le secteur est constitué d'un opérateur public dominant, le CNED, et d'organismes privés la loi ne vise que le service public. S'agissant de l'instruction en famille, la loi n° 2021-1109 du 24 août 2021 ajoute qu'il doit « mettre à la disposition des familles assurant l'instruction obligatoire ainsi que de leurs circonscriptions ou établissements de rattachement, une offre numérique minimale assurant pour chaque enfant le partage des valeurs de la République et l'exercice de la citoyenneté », ainsi qu'« une offre diversifiée et adaptée pour les parents et les accompagnants des enfants instruits en famille » et « des outils adaptés et innovants de suivi, de communication, d'échanges et de retour d'expérience avec les familles assurant l'instruction obligatoire. » (art. L. 131-2, 5°). Revenant au présentiel, l'article 52 de la loi de 2021 introduit à titre expérimental la mise en place par l'autorité académique d'une journée pédagogique consacrée à la citoyenneté, aux principes républicains, à la transmission des instructions et informations en matière d'éducation au corps et aux droits de l'enfant et à la lutte contre les violences ordinaires pour les enfants instruits dans la famille.

Quand un enfant reçoit l'instruction dans la famille sans autorisation (art. 131-5-1, I) ou que cette autorisation a été obtenue par fraude (art. L. 131-5-1, II), l'IA-DASEN doit mettre en demeure les personnes responsables de l'enfant de l'inscrire, dans un délai de quinze jours, dans un établissement d'enseignement scolaire public ou privé ; en cas de fraude, la mise en demeure est précédée du retrait sans délai de l'autorisation. Lorsqu'un enfant recevant l'instruction dans la famille ou l'un des enfants du même foyer fait l'objet de l'information préoccupante (CASF, art. L. 226-3), le président du conseil départemental en informe l'autorité de l'État compétente en matière d'éducation, qui peut alors suspendre ou abroger l'autorisation qui a été délivrée aux personnes responsables de l'enfant. Dans cette hypothèse, ces dernières sont mises en demeure de l'inscrire dans un établissement d'enseignement scolaire (art. L. 131-5).

III. LE CONTRÔLE DE L'OBLIGATION SCOLAIRE

Les modalités du contrôle de l'obligation, de la fréquentation et de l'assiduité scolaires ont été déterminées par décret en Conseil d'État (art. L. 131-12), reproduites dans la partie réglementaire [contrôle de l'inscription, art. R. 131-1 s. ; contrôle de l'assiduité, art. R. 131-5 s., Circ. n° 2011-018 du 31 janv. 2011 (*BOEN n° 5, 3 févr. 2011*) ; contrôle du contenu des connaissances, art. D. 131-11 s. ; sanctions disciplinaires, art. R. 131-17, et pénales, art. R. 131-18 s.]. La partie législative désigne les ***autorités compétentes*** en confiant des responsabilités au ***maire***, agissant ici en tant que représentant de l'État, ***au directeur d'académie IA-DASEN par délégation du recteur*** et, plus récemment, ***au représentant de l'État dans le département*** et au ***président du conseil départemental***. Le ***rôle central*** est joué par ***le IA-DASEN*** qui, aussi bien pour l'***inscription des élèves*** que pour leur ***assiduité*** ou le ***contenu de l'instruction*** qui leur est donnée, va devoir, si les contrôles révèlent une défaillance, ***inviter*** les ***personnes responsables*** de l'enfant à se conformer à la loi et leur ***faire connaître*** les ***sanctions pénales*** encourues (art. L. 131-7) ; dans un ***second temps***, il devra ***saisir le procureur de la République*** des faits constitutifs d'***infraction*** aux dispositions de ce chapitre (art. L. 131-9) et le ***président du conseil départemental*** pour la suspension des prestations familiales. Associant les services de l'État compétents, les services municipaux concernés, le conseil départemental, l'organisme chargé du versement des prestations familiales et le ministère public, la loi n° 2021-1109 du 24 août 2021 met en place une instance départementale chargée de la prévention de ***l'évitement scolaire*** (art. L. 131-5-2).

A. LE CONTRÔLE DE L'INSCRIPTION (art. L. 131-6 ; R. 131-1 s.)

« ***Chaque année, à la rentrée scolaire, le maire dresse la liste de tous les enfants résidant dans sa commune et qui sont soumis à l'obligation scolaire*** » (art. L. 131-6, al. 1er ; R. 131-3, al. 1er). Les personnes responsables ont l'obligation de faire inscrire les enfants dont ils ont la garde sur cette liste (art. L. 131-6, al. 2) où doivent figurer tous les enfants, qu'ils soient scolarisés ou aient obtenu l'autorisation d'être instruits dans la famille. En principe, les parents ou tout autre personne responsable d'un enfant soumis à l'obligation scolaire, désormais fixée à trois ans, doivent le faire inscrire dans un établissement d'enseignement public ou privé. Ils reçoivent alors un certificat d'inscription délivré par le directeur de l'école ou le chef d'établissement (art. R. 131-12). Si l'inscription à l'école peut alors précéder l'inscription sur la liste communale, celle-ci précède impérativement celle-là quand existent plusieurs écoles publiques dans la commune, le maire devant alors indiquer l'école que l'enfant doit fréquenter en se référant à la délibération du conseil municipal fixant le ressort de chaque école (*le DASEN et les directeurs d'école peuvent procéder à l'admission provisoire des enfants, même en l'absence de certificat d'inscription délivré par la mairie, en tenant compte cependant de la sectorisation des écoles arrêtée par la commune et dans la limite des capacités d'accueil*). Pour instruire l'enfant dans la famille, les personnes responsables doivent chaque année demander une autorisation au DASEN (art. L. 131-5, sauf pour raisons de santé ou handicap justifiant une autorisation pluriannuelle), autorisation transmise au maire permettant ainsi son inscription sur la liste. Les mêmes formalités doivent être accomplies dans les huit jours qui suivent tout changement de résidence (art. L. 131-5, la L. n° 2021-1109 du 24 août 2021 exclut le choix d'instruction, l'instruction en famille étant désormais soumise à autorisation). La liste scolaire est mise à jour le premier de chaque mois ; les directeurs des écoles ou les chefs des établissements scolaires, publics ou privés, doivent déclarer au maire et au DASEN, dans les huit jours qui suivent la rentrée des classes, les enfants fréquentant leur établissement (art. R. 131-2, al. 3). S'agissant des enfants instruits dans la famille, le maire est tenu de diligenter, dès la première année, et tous les deux ans, une enquête concernant chaque famille. Il s'agit alors d'établir les raisons alléguées par les personnes responsables pour choisir ce mode d'instruction ; et de vérifier ensuite si l'instruction donnée est compatible avec l'état de santé de l'enfant et les conditions de vie de la famille. Le résultat de cette enquête communiquée à l'autorité académique doit aussi l'être aux personnes responsables de l'enfant depuis la loi du 26 juillet 2019 (art. 19 ; art. L. 131-10, al. 1er).

La liste dressée par le maire mentionne les nom, prénoms, date et lieu de naissance de l'enfant, les nom, prénoms, domicile, profession des personnes qui en sont responsables (art. R. 131-3, al. 2). Pour attester ces éléments, les seuls documents que les maires peuvent demander sont : une copie d'un document d'identité ; un justificatif de domicile dans la commune (les éléments de fait priment sur les considérations administratives pour la détermination du domicile, Paris, 17 mai 2016, lieu dans lequel l'on peut « se dire chez soi » quel que soit le titre juridique de son occupation, Crim., 26 juin 2002) ; un document attestant que l'enfant a subi les vaccinations obligatoires ou justifie d'une contre-indication, à présenter dans les trois mois, sans faire obstacle à l'inscription administrative. A propos de l'outre-mer, la CNDH avait recommandé d'encadrer strictement par décret les pièces justificatives pouvant être réclamées par les mairies lors de la procédure d'inscription scolaire, pour justifier du domicile (dont une attestation sur l'honneur) et de son identité (par tout moyen, dont la notoriété publique), et en rappelant le principe d'identification de la personne responsable ainsi que le délai de transmission du certificat médical. Considérant que l'incertitude n'était pas seulement ultra-marine, la loi du 26 juillet 2019 dispose qu'un décret fixera la liste des pièces qui peuvent être demandées à l'appui de cette demande d'inscription (art. L. 131-6, al. 2).

Le maire, agissant alors au nom de l'État, a l'obligation de recenser tous les enfants d'âge scolaire (depuis 2019, tous ceux qui ont atteint l'âge de 3 ans), quelles que soient leur nationalité et leurs conditions de résidence (CE 19 déc. 2018, n° 408710 qui a jugé que la décision du maire refusant toute scolarisation à des enfants *roms* à la rentrée scolaire 2012 devait être regardée, à raison de sa généralité, non comme un refus d'admission dans une école primaire particulière de la commune, mais comme un refus d'inscription sur la liste des enfants soumis à l'obligation scolaire). Le maire est seul compétent pour accepter ou refuser l'inscription d'un enfant dans une école sans pouvoir sélectionner les élèves. Il a compétence liée dès l'instant où le dossier d'inscription déposé correspond aux critères légaux. Il est donc « tenu d'inscrire à l'école primaire l'enfant du requérant, âgé de plus de six ans à la rentrée scolaire et dont la famille réside sur le territoire de la commune même de façon précaire, sans pouvoir légalement opposer l'insuffisance des infrastructures d'accueil ni les difficultés d'adaptation des enfants ne parlant pas français » (TA Versailles, 15 mars 2018, n° 1800315). En cas de refus d'inscription scolaire, le maire délivre un récépissé mentionnant les motifs permettant aux parents d'exercer les recours. Si ces motifs ne sont pas légitimes, le DASEN procède à cette inscription après en avoir requis le maire (art. 12 de la L. du 26 juill. ; art. L. 131-5, al. 6 ; CGCT, art. L. 2122-34). Par contre, le maire agit au nom de la commune lorsqu'il précise sur le certificat d'inscription sur la liste scolaire qu'il délivre l'école que l'enfant doit fréquenter en application de la délibération du conseil municipal fixant le ressort des écoles publiques (art. L. 212-7).

Les manquements à l'obligation d'inscription dans une école ou un établissement d'enseignement ou d'autorisation d'instruction dans la famille pour les enfants soumis à l'obligation scolaire doivent être signalés sans délai par le maire au DASEN ; les omissions peuvent aussi être signalées au maire qui en accuse réception (art. R. 131-4, al. 2) par les conseillers municipaux, les délégués départementaux de l'éducation nationale (DDEN), les assistants de service social, les membres de l'enseignement, les agents de l'autorité qui, les uns et les autres, ont la possibilité de consulter la liste communale (art. R. 131-3). L'autorité académique (DASEN) invite les personnes responsables de l'enfant à se conformer à la loi et leur fait connaître les sanctions pénales encourues (art. L. 131-7).

Lorsqu'un enfant est instruit dans la famille sans autorisation (ou que l'autorisation a été obtenue par fraude), l'IA-DASEN met en demeure les personnes responsables de l'enfant de l'inscrire, dans un délai de quinze jours, dans un établissement d'enseignement scolaire public ou privé et de faire aussitôt connaître au maire l'école ou l'établissement choisi, le maire en informant l'IA-DASEN (art. L. 131-5-1). Les élèves scolarisés à la suite de cette mise en demeure font l'objet d'un suivi par ***l'instance départementale chargée de la prévention de l'évitement scolaire***, créée par la loi n° 2021-1109 du 24 août

2021 (art. L. 131-5-2.). Quand plusieurs enfants de familles différentes sont instruites ensemble sans que la création d'un établissement n'ait fait l'objet de déclaration, le préfet, après avis de l'IA-DASEN, peut interrompre leur accueil et fermer les locaux ; dans ce cas l'IA-DASEN met en demeure les parents d'inscrire ces enfants dans un établissement d'enseignement scolaire dans les quinze jours (art. L. 441-3-1 ; LRPR de 2021, art. 53).

Traitement automatisé. La loi n° 2007-297 du 5 mars 2007 permet au maire de mettre en œuvre ***un traitement automatisé***, pour procéder au recensement nécessaire pour établir la liste des enfants soumis à l'obligation scolaire et améliorer le suivi de l'obligation d'assiduité (art. L. 131-6, al. 3). Il enregistre des données à caractère personnel relatives aux enfants en âge scolaire domiciliés dans la commune, notamment celles transmises par les organismes chargés du versement des prestations familiales ainsi que par l'autorité académique ou par le directeur de l'établissement d'enseignement (notamment en cas d'exclusion temporaire ou définitive de l'établissement ou lorsqu'un élève inscrit dans un établissement le quitte en cours ou en fin d'année). Un décret en Conseil d'État, pris après avis de la CNIL, en détermine les conditions d'application, notamment en précisant la liste des données à caractère personnel collectées, leur durée de conservation, les modalités d'habilitation des destinataires ainsi que les conditions dans lesquelles les personnes intéressées peuvent exercer leur droit d'accès (art. L. 131-6, al. 4).

Pour moderniser la gestion administrative et pédagogique du premier degré (inscription et affectation dans les classes) et améliorer la connaissance des effectifs (statistiques, indicateurs nécessaires au pilotage), le ministère de l'éducation nationale a expérimenté une application informatique dite ***Base élèves 1er degré*** qui recense les données relatives à tous les élèves des écoles maternelles et élémentaires, publiques et privées. S'agissant de données personnelles qui vont pouvoir être utilisées tant par les directeurs d'école et les autorités académiques que, dans le cadre de leurs compétences, par les maires et leurs services, la CNIL a été appelée à vérifier le fonctionnement du système. ***Un arrêté du 20 octobre 2008*** donne une base légale à ce traitement informatique. Il précise les données à caractère personnel enregistrables tant pour identifier l'élève et ses responsables légaux, que pour retracer sa scolarité et recenser les activités périscolaires auxquelles il participe (garderie, études surveillées, restaurant et transport scolaires). « Aucune donnée relative à la nationalité et l'origine raciale ou ethnique des élèves et de leurs parents ou responsables légaux ne peut être enregistrée » (art. 4). La langue parlée à la maison, les données d'ordre médical, les besoins pédagogiques particuliers ou les résultats des évaluations ne sont ni expressément exclus ni cités par l'arrêté. Celui-ci n'a d'ailleurs pu reprendre que les éléments découlant de l'obligation scolaire, seule base légale de ce dispositif. Les données ne peuvent être conservées que le temps nécessaire à leur exploitation, c'est-à-dire pour la seule année scolaire pour celles relatives à la gestion administrative (autorisations, assurances scolaires et activités périscolaires), et pour la durée de la scolarité dans le premier degré pour la gestion et le pilotage (avec une année supplémentaire permettant aux services académiques et ministériels de traiter les données qui sont alors anonymes et aux principaux de collège de les utiliser pour une meilleure liaison école/collège). Les parents ou les responsables légaux de l'enfant ont un droit d'accès et de rectification (mais ne disposent pas du droit d'opposition) dans les conditions prévues aux articles 39 et 40 de la loi du 6 janvier 1978 relative à l'informatique et aux libertés. On peut regretter qu'à l'instar du traitement automatisé municipal (art. L. 131-6), les principes de base n'aient pas pu être déterminés par la loi et qu'un décret en Conseil d'État n'ait pas arrêté la liste des données à caractère personnel enregistrables et déterminé leurs conditions de transmission aux autorités habilitées (à l'instar de l'art. R. 131-10-2 pour le système municipal). Ce système a été admis par le Conseil d'État par un arrêt du 19 juillet 2010 (CE 19 juill. 2010, nos 317182 et 323441) ; il a toutefois imposé à l'administration de régulariser une série d'erreurs au regard de la loi du 6 janvier 1978 relative à l'informatique, aux fichiers et aux libertés en censurant la collecte des données relatives à l'affectation des élèves en classes d'insertion scolaire (CLIS) dans la mesure où elles permettent d'identifier la nature du handicap et en sanctionnant l'omission dans la déclaration faite à la CNIL des possibilités de rapprochement avec d'autres données. Dans une décision du même jour rendue à propos d'une autre base de données, la Haute Juridiction a relevé l'illégalité du fichier prévu pour conserver les données pour une durée (35 ans) disproportionnée avec les besoins de l'administration (CE 19 juill. 2010, n° 334014). Le ministre a pris les mesures d'exécution nécessaires dans les trois mois ; la CNIL a délivré les récépissés sans aucune réserve. La partie réglementaire purgée de la disposition illégale est bien opposable. Pour faire jouer leur droit d'opposition, les usagers devront présenter des motifs légitimes, exercice difficile dans la mesure où les bases ne contiennent que des données générales (Pilven, *LIJ 2010, n° 150, p. 45*). Le fait que les données concernant un élève « ont cessé d'être conservées » dans une base de données (BE1D ou BNIE) prive d'objet le recours contre la décision de refus de faire droit à l'opposition à ce traitement ; en se bornant à « invoquer des craintes d'ordre général » « sans faire état de considérations qui lui seraient propres ou seraient propres à ses enfants », l'opposition ne s'appuie pas sur des « motifs légitimes » de nature à la justifier (CE, 18 mars 2019, n° 406313).

B. LE CONTRÔLE DE L'ASSIDUITÉ (art. L. 131-8 ; R. 131-5 s.)

L'obligation scolaire implique une présence assidue de l'élève dont les absences doivent être justifiées (art. L. 511-1, l'obligation d'assiduité imposant de suivre l'intégralité des enseignements concerne aussi les élèves de plus de 16 ans, élément à prendre en compte pour la lutte contre le décrochage scolaire des jeunes de 16 à 18 ans ; V. Circ. réseaux Formation Qualification Emploi (FOQUALE) du 29 mars 2013). L'article L. 310-8 organisant le contrôle de l'assiduité (V. aussi, art. R. 131-5 s.) a été plusieurs fois modifié. La loi n° 98-1165 du 18 décembre 1998 tendant à renforcer le contrôle de l'obligation scolaire, la loi n° 2007-297 du 5 mars 2007 relative à la prévention de la délinquance, la loi n° 2010-1127 du 28 septembre 2010 visant à lutter contre l'absentéisme scolaire (CE, QPC, 15 juin 2011, *Assoc. « Justice pour toutes les familles »*, n° 347581, jugeant qu'il y a pas lieu de renvoyer au Conseil constitutionnel la question prioritaire de constitutionnalité relative à la loi n° 2010-1127 du 28 sept. 2010, aucune exigence constitutionnelle n'interdisant que le bénéfice des allocations familiales soit subordonné à une condition d'assiduité scolaire). Si la loi n° 2013-108 du 31 janvier 2013 abroge plusieurs dispositions issues de la loi de 2010, mettant ainsi fin aux mesures de suspension des allocations familiales et au contrat de responsabilité parentale, elle a pour objectif de renforcer l'accompagnement des familles dans le suivi de la scolarité de leur enfant, améliorer le dialogue avec les parents d'élèves dans un esprit de coéducation, notamment grâce à la mise en place d'un personnel d'éducation référent (le Décr. n° 2014-1376 du 18 novembre 2014 régit la procédure à suivre en cas d'absence injustifiée d'un élève ou d'absences répétées dans un même mois sans motif légitime, art. R. 131-7 s. ; V. Circ. n° 2014-159 du 24 déc. 2014, la prévention de l'absentéisme scolaire abrogeant la Circ. n° 2011-0018 du 31 janv. 2011 « Vaincre l'absentéisme »). La loi n° 2016-207 du 14 mars 2016 relative à la protection de l'enfance ajoute un alinéa 5 imposant une information réciproque entre le directeur de l'établissement d'enseignement, les collectivités territoriales et les autorités concernées par la protection de l'enfance (art. L. 131-8, al. 5). Enfin, l'article 14 de la loi du 26 juillet 2019, prenant en compte l'abaissement de l'âge d'instruction obligatoire qui impose aux élèves une présence assidue dès l'âge de trois ans, permet toutefois d'aménager le temps de présence à l'école maternelle pour les enfants scolarisés en petite section (3-4 ans) ; sur demande des responsables légaux, après avis du directeur de l'école arrêté dans le cadre d'un dialogue avec l'équipe éducative, l'autorité académique (en l'occurrence l'IEN chargé de la circonscription) peut autoriser un aménagement du temps de présence (art. L. 131-8, dans les conditions définies par le Décr. n° 2019-826 du 2 août 2019 modifiant l'art. R. 131-1-1, uniquement sur les heures de l'après-midi en tenant compte des horaires d'entrée et de sortie des classes, du fonctionnement général de l'école et de son règlement intérieur ; ces autorisations peuvent être modifiées à la demande des personnes responsables de l'enfant, en cours d'année scolaire, selon les mêmes modalités ; le silence gardé 15 jours par l'IEN vaut décision d'acceptation ; les modalités de l'aménagement décidé par l'inspecteur sont communiquées par écrit par le directeur de l'école aux personnes responsables de l'enfant).

C'est au niveau de l'école ou de l'établissement que la question doit d'abord être repérée et analysée. Lors de la première inscription d'un élève, le projet d'école ou d'établissement et le règlement intérieur (qui précise les modalités du contrôle de l'assiduité) sont présentés, au cours d'une réunion ou d'un entretien, aux personnes responsables de l'enfant (art. L. 401-1). Au-delà de la prévention de l'absentéisme, il revient à l'institution de réagir. D'abord en relevant les absences. Chaque enseignant dans sa classe comme tout responsable d'une activité organisée pendant le temps scolaire ou dans le cadre des dispositifs d'accompagnement procède à l'appel des élèves. L'absence ainsi relevée est immédiatement signalée au directeur de l'école, ou au chef d'établissement (service de la vie scolaire, CPE). Dans le second degré, le recours à des dispositifs d'enregistrement électronique est possible dans le respect de la loi n° 78-17 du 6 janvier 1978 relative à l'informatique, aux fichiers et aux libertés (application SIECLE Vie scolaire). Les familles doivent être contactées immédiatement par tout moyen (appel téléphonique, service de message court (SMS) ou courrier électronique), afin de les inviter à faire connaître au plus vite le motif de l'absence. Il est tenu, dans chaque école et établissement scolaire public ou privé, un ***registre d'appel*** sur lequel sont mentionnées, pour chaque classe, les absences des élèves selon des modalités arrêtées par le règlement intérieur (art. R. 131-5). Les absences d'un élève, avec leur durée et leurs motifs, sont mentionnées dans un ***dossier***, ouvert pour la seule année scolaire (art. R. 131-6). Les données recueillies doivent être analysées ; dans chaque école et établissement, les taux d'absentéisme sont suivis classe par classe et niveau par niveau ; le conseil d'école pour les écoles primaires et le conseil d'administration pour les collèges et les lycées examinent chaque année un rapport d'information sur l'absentéisme scolaire (L. du 28 sept. 2010, art. 6). Cette question constitue un axe de réflexion pour le comité d'éducation à la santé et à la citoyenneté (CESC).

Toute absence est immédiatement signalée aux personnes responsables de l'enfant qui doivent aussitôt en faire connaître les motifs ; en cas d'absence connue des parents ou prévue par eux, ils doivent « sans délai, faire connaître au directeur ou à la directrice de l'établissement d'enseignement les motifs de cette absence » (art. L. 131-8, al. 1er). « Les seuls motifs réputés légitimes sont les suivants : maladie de l'enfant, maladie transmissible ou contagieuse d'un membre de la famille, réunion solennelle de famille, empêchement résultant de la difficulté accidentelle des communications, absence temporaire des personnes responsables lorsque les enfants les suivent » (art. L. 131-8, al. 2). Il s'agit d'absences momentanées, de courte durée, exceptionnelles qui peuvent faire l'objet d'une autorisation préalable. Si les autres motifs sont appréciés par le DASEN qui peut consulter les assistantes sociales agréées, et les charger de conduire une enquête (art. L. 131-8, al. 2), ce n'est que dans un second temps que l'autorité académique peut prendre une décision. Auparavant, la question doit être traitée au plus près des élèves dans le cadre du ***dialogue*** entre les familles et les responsables éducatifs dans l'école (maîtres, directeur) ou l'établissement (professeurs, conseillers principaux d'éducation, chef d'établissement) en faisant appel aux infirmières et assistantes sociales (art. R. 131-6, dialogue obligatoire en cas d'absences répétées, justifiées ou non). La loi n° 2013-108 du 31 janvier 2013 visant à lutter contre l'absentéisme scolaire modifie l'article L. 131-8 du code de l'éducation qui prévoit désormais que le directeur de l'établissement saisit l'autorité académique pour qu'elle adresse un avertissement aux parents, leur rappelant les sanctions pénales applicables et les informant des dispositifs d'accompagnement envisageables. L'absentéisme pour motifs illégitimes ou systématique peut faire l'objet de poursuites disciplinaires (débouchant sur un avertissement, un blâme ou des mesures éducatives).

Ce n'est que dans un second temps que le directeur de l'établissement d'enseignement saisit l'autorité académique. L'article L. 131-8, résultant de la loi de 2010, prévoit deux cas : lorsque, malgré l'invitation du directeur, les personnes responsables n'ont pas fait connaître les motifs d'absence de l'enfant ou qu'elles ont donné des motifs d'absence inexacts ; et en cas d'absence sans motif légitime ni excuses valables au moins quatre demi-journées dans le mois. Saisi par le directeur de l'établissement, le DASEN adresse « un avertissement aux personnes responsables de l'enfant, leur rappelant les sanctions pénales applicables et les informant sur les dispositifs d'accompagnement parental auxquels elles peuvent avoir recours ». Il peut diligenter une enquête sociale (art. R. 131-7), convoquer les personnes responsables pour un entretien et leur proposer des mesures de nature pédagogique ou éducative (art. R. 131-7). En cas de persistance du défaut d'assiduité (dix demi-journées complètes d'absence dans le mois), le directeur d'école ou le chef d'établissement réunit les membres concernés de la communauté éducative (art. L. 111-3, al. 4 issu de la L. de 2013) pour élaborer avec les personnes responsables de l'enfant un dispositif d'aide et d'accompagnement adapté et contractualisé avec elles (art. R. 131-7 mod. par Décr. du 18 nov. 2014). Il propose toute mesure complémentaire de nature à rétablir l'assiduité de l'élève avec le souci de poursuivre le dialogue avec les personnes responsables de l'enfant. Pour suivre les mesures mises en œuvre au sein de l'établissement d'enseignement est désigné un « personnel référent » (art. L. 131-8, al. 4), par exemple un professeur qui assure un suivi régulier des mesures mises en œuvre et de l'évolution de la situation de l'élève concerné. Lorsque, à l'issue de toutes les tentatives de remédiation et de dialogue avec la famille et l'élève et en dépit de cet accompagnement, l'assiduité n'a pas été rétablie, l'inspecteur d'académie-DASEN peut saisir le procureur de la République des faits constitutifs de l'infraction prévue à l'article R. 624-7 du code pénal qui juge des suites à donner et qui pourra, dans ce cadre, effectuer un rappel à la loi.

Au-delà de l'institution scolaire, la société tout entière est concernée par la lutte contre l'absentéisme scolaire. En écho à l'article 7 de la loi du 28 mars 1882, la partie réglementaire dispose toujours que « lorsqu'un enfant d'âge scolaire est trouvé par un agent de l'autorité publique dans la rue ou dans une salle de spectacles ou dans un lieu public, sans motif légitime, pendant les heures de classe, il est conduit immédiatement à l'école ou à l'établissement scolaire auquel il est inscrit ... Le directeur ou la directrice d'école informe, sans délai, l'inspecteur d'académie ou son délégué » (art. R. 131-9). De plus, « Les organismes ou services débiteurs des prestations familiales peuvent, lorsqu'ils ont connaissance des manquements notoires à l'obligation scolaire, provoquer une enquête de l'administration académique » (art. R. 131-10).

Au niveau départemental, pour favoriser la mise en place rapide de solutions adaptées, la coopération entre les services de l'éducation nationale, les autres services d'État (notamment la PJJ), la Caisse d'allocations familiales (CAF) et les collectivités territoriales permet de mettre en cohérence les besoins identifiés par les responsables d'établissement et les dispositifs de soutien à la parentalité. Une convention conclue entre le préfet, l'inspecteur d'académie-DASEN, la PJJ, le président du conseil départemental et le directeur de la Caisse d'allocations familiales peut organiser la concertation et la coopération des différents partenaires, en cohérence avec les priorités locales de soutien à la parentalité, pour prendre part à la prévention de l'absentéisme scolaire en accord avec les politiques développées par chacun. Dans ce cadre, « Le directeur de l'établissement d'enseignement informe les collectivités territoriales et les autorités concernées par la protection de l'enfance des mesures prises dans l'établissement scolaire contre l'absentéisme et le décrochage scolaire. Il est l'interlocuteur de ces collectivités et de ces autorités et doit être informé, en retour, du soutien dont il peut bénéficier afin de mener à bien les missions d'accompagnement des personnes responsables de l'enfant et de prévention de l'absentéisme » (art. L. 131-8, al. 5). La loi n° 2021-1109 du 24 août 2021 prévoit la mise en place d'une instance départementale chargée de la prévention de l'évitement scolaire (art. L. 131-5-2).

C. LE CONTRÔLE DE L'ACQUISITION DES CONNAISSANCES ET DES COMPÉTENCES (art. L. 131-10)

Pour les élèves scolarisés dans les écoles et établissements publics comme dans les classes sous contrat des établissements privés, le contrôle de l'acquisition des connaissances et des compétences est réalisé par des évaluations régulières. L'instruction dans la famille fait l'objet d'un contrôle administratif (enquête du maire établissant les raisons alléguées par les personnes responsables et vérifiant la compatibilité avec leur état de santé et les conditions de vie de la famille, art. L. 131-10, al. 1er). Il en est de même s'ils sont inscrits dans un établissement à distance (art. L. 131-10 mod. par L. n° 2007-297 du 5 mars 2007), font l'objet d'un contrôle de l'autorité académique (l'inscription dans un établissement d'enseignement à distance ne fait pas obstacle à la mise en œuvre du contrôle prévu par les dispositions de l'art. L. 131-10, TA Nice, 4 déc. 2018, n° 1602811). Si, dans un premier temps, ce contrôle était fondé principalement sur des considérations d'ordre public, le développement de nouvelles formes de rejet de l'école, notamment dans les milieux intégristes, a justifié les mesures introduites par le décret n° 2016-1452 du 28 octobre 2016 relatif au contrôle de l'instruction dans la famille ou des établissements d'enseignement privés hors contrat (modifiant l'art. D. 131-12 et introduisant les art. R. 131-13 et R. 131-14). Mais il s'est enrichi, évoluant vers un contrôle de qualité présenté dans la partie réglementaire dans une section consacrée au « contrôle du contenu des connaissances requis des enfants instruits dans la famille ou dans les établissements d'enseignement privés hors contrat ». L'article 19 de la loi du 26 juillet 2019 modifie et complète l'article L. 131-10 ; il pose le principe du contrôle à domicile ; il renforce les pouvoirs de l'autorité académique qui peut dorénavant mettre en demeure les personnes responsables de l'enfant de l'inscrire dans un établissement d'enseignement scolaire. Parallèlement, il améliore l'information des familles concernant l'objet et les modalités des contrôles pédagogiques dont elles font l'objet et les sanctions auxquelles elles s'exposent en cas de non-respect de la loi. L'autorité de l'État compétente en matière d'éducation ou autorité académique est ici l'IA-DASEN qui peut désigner pour procéder au contrôle un membre des corps d'inspection (IEN, IPR) qui peut se faire assister par un psychologue de l'éducation nationale. En outre, l'article 41 de la loi pour une école de la confiance permet aux parents de demander que leur enfant participe aux évaluations organisées au niveau national (art. L. 311-1).

L'objet du contrôle est double. Si, avant 2019, le contrôle de l'autorité académique était exclusivement pédagogique, la loi du 26 juillet 2019 introduit un préalable : elle doit d'abord « faire vérifier… que l'instruction dispensée au même domicile l'est pour les enfants d'une seule famille », que ne sont pas regroupés au domicile d'un élève plusieurs enfants issus de familles différentes, révélant l'existence d'un établissement privé non déclaré ou « école de fait » (V. art. L. 441-4). Il peut alors s'adosser sur l'enquête administrative que doit lui communiquer le maire qui vérifie régulièrement les raisons pour lesquelles les personnes responsables de « l'enfant » (art. 19) ont choisi ce mode d'instruction, et sa compatibilité avec l'état de santé de l'enfant et les conditions de vie de la famille (art. L. 131-10, al. 1er). La loi n° 2021-1109 du 24 août 2021 précise que ***l'enquête de la mairie*** qui doit avoir lieu dès la première année et tous les deux ans a uniquement pour but de ***vérifier la réalité des motifs avancés par les personnes responsables de l'enfant pour obtenir l'autorisation d'instruction en famille*** ; dans le cadre de cette enquête, une attestation de suivi médical est fournie par les personnes responsables de l'enfant (art. L. 131-10).

L'autorité académique s'assure ensuite que « l'enseignement assuré est conforme au droit de l'enfant à l'instruction tel que défini à l'article L. 131-1-1 », qu'il a donc bien garanti « d'une part, l'acquisition des instruments fondamentaux du savoir, des connaissances de base, des éléments de la culture générale et, selon les choix, de la formation professionnelle et technique et, d'autre part, l'éducation lui permettant de développer sa personnalité, son sens moral et son esprit critique, d'élever son niveau de formation initiale et continue, de s'insérer dans la vie sociale et professionnelle, de partager les valeurs de la République et d'exercer sa citoyenneté » (art. L. 131-1-1, résultant de l'art. 15 de la L. du 8 juill. 2013). « A cet effet, ce contrôle permet de s'assurer de l'acquisition progressive par l'enfant de chacun des domaines du socle commun de connaissances, de compétences et de culture (SCCC) défini à l'article L. 122-1-1 au regard des objectifs de connaissances et de compétences attendues à la fin de chaque cycle d'enseignement de la scolarité obligatoire » (art. L. 131-10, al. 3). Le contrôle porte à la fois sur la réalité de l'instruction dispensée et sur les acquisitions de l'enfant et sa progression. L'autorité académique doit faire vérifier que l'enfant reçoit bien une instruction qui a pour objet de l'amener, à l'issue de la période de l'instruction obligatoire, à la maîtrise de l'ensemble des exigences du socle commun. Le contrôle porte donc sur le contenu de l'enseignement dispensé et sur les compétences et connaissances acquises par l'enfant (V. art. R. 131-12 s.). Si l'article 19 de la loi du 26 juillet 2019 abroge la disposition de l'article L. 131-10, alinéa 6, précisant que *le contenu des connaissances requis des élèves est fixé par décret*, il annonce qu'un décret en Conseil d'État fixera les modalités d'application de l'article L. 131-10 (qui devra rependre le décret codificateur de 2004, modifié par le Décr. n° 2009-259 du 5 mars 2009, art. D. 131-12). « L'équilibre entre les connaissances et compétences que les enfants doivent acquérir et le respect des choix éducatifs et pédagogiques des parents et des établissements devra être scrupuleusement respecté par les inspecteurs chargés du contrôle des acquisitions des enfants instruits dans leur famille et de l'enseignement dispensé dans les établissements d'enseignement privés hors contrat », écrit Catherine Moreau (DAJ) dans son éditorial de la *LIJ* de juillet 2017 à propos de la décision du Conseil d'État du 29 juillet 2017 (*Assoc. Les enfants d'abord et a.*, n° 406150).

Les modalités du contrôle. « Le contrôle est prescrit par l'autorité de l'État compétente en matière d'éducation selon des modalités qu'elle détermine » (L. du 26 juill. 2019, art. 19 ; art. L. 131-10, al. 4). Toutefois, la loi du 26 juillet 2019 en fixe la périodicité : il doit être effectué « au moins une fois par an, à partir du troisième mois suivant la déclaration d'instruction par les personnes responsables de l'enfant » (L. du 26 juill. 2019, art. 19 ; art. L. 131-10, al. 2). Il est toutefois effectué sans délai en cas de défaut de déclaration d'instruction sans préjudice de l'application des sanctions pénales (art. L. 131-10, al. 5). La loi précise ensuite : « Il est organisé en principe au domicile où l'enfant est instruit » (art. L. 131-10, al. 4, art. 19) ; auparavant, les juridictions administratives avaient pu donner des réponses variables (CAA Paris, 18 déc. 2007, n° 07PA01764 ; TA Limoges, 6 févr. 2014, n° 1201087), laissant le choix entre le contrôle sur place ou son organisation dans d'autres locaux, scolaires ou administratifs. Le principe posé par la loi est justifié tant par la volonté de débusquer les « écoles de fait » ou écoles clandestines que par l'importance de la prise en compte de l'environnement familial dans lequel l'enseignement est donné. La loi pour une école de la confiance précise en outre que le contrôle doit être « adapté à l'âge de l'enfant » (adaptation d'autant plus nécessaire que l'abaissement de l'obligation scolaire à 3 ans va entraîner l'organisation du contrôle des acquisitions pour les petits de 3 à 6 ans) « et, lorsqu'il présente un handicap ou un trouble de santé invalidant, à ses besoins particuliers » (art. L. 131-10, al. 3, art. 19). Le décret n° 2019-791 du 2 août 2019 créant les articles R. 131-15 à R. 131-16-4 reprend les dispositions précédentes, pour rappeler que le contrôle doit être individualisé et spécifique à chaque enfant. Il se déroule en langue française, langue de l'enseignement (L. n° 94-665 du 4 août 1994) et doit être organisé de telle façon qu'il permette un dialogue avec la famille, notamment au cours de l'entretien avec la personne chargée du contrôle ; et permettre à la famille d'expliciter ses choix éducatifs ainsi que, dans la mesure du possible, la progression retenue (V. Circ. interministérielle MENJ, MI, n° 2017-056 du 10 avr. 2017, instruction à domicile). Ledit décret prévoit en outre la possibilité d'organiser des contrôles inopinés (V. CE 2 avr. 2021, n° 435002 : *LIJ 2021, n° 216* : le caractère inopiné des contrôles ne porte atteinte ni à la liberté de l'enseignement ni au droit au respect de la vie privée et familiale, ni au principe d'égalité) ; le juge considère qu'ils sont assortis de garanties suffisantes.

Les résultats du contrôle. La loi du 26 juillet 2019 ajoute deux nouveaux alinéas à l'article L. 131-10 précisant notamment les conséquences qui peuvent être tirées des résultats des contrôles. Elle précise d'abord qu'ils sont ***notifiés aux personnes responsables de l'enfant ; s'ils sont jugés insuffisants, celles-ci sont en outre « informées du délai au terme duquel un second contrôle est prévu »***. Ce délai laissé avant le nouveau contrôle qui doit permettre d'améliorer la situation ou de fournir des explications constitue une garantie pour l'ensemble des membres de la famille (TA Dijon, 12 janv. 2017, n° 1602088). L'information doit aussi permettre de prendre conscience des « ***insuffisances de l'enseignement dispensé auxquelles il convient de remédier*** » ; il doit leur être précisé en quoi l'instruction donnée ne permet pas la progression de l'enfant vers l'acquisition, à la fin de la période de l'instruction obligatoire, des compétences et connaissances fixées par l'article D. 131-11 du code de l'éducation dans chacun des cinq domaines de compétence et de connaissances déclinés dans le socle commun ; enfin, elles sont également avisées des sanctions dont elles peuvent faire l'objet au terme de la procédure (C. pén., art. 227-17-1). Si les résultats du second contrôle sont à nouveau jugés insuffisants, la loi du 26 juillet 2019 permet à l'autorité académique d'adresser aux personnes responsables de l'enfant une mise en demeure. Elles doivent alors inscrire l'enfant dans un établissement d'enseignement scolaire public ou privé dans les quinze jours suivant la notification de cette mise en demeure (et faire aussitôt connaître au maire, qui en informe l'autorité de l'État compétente en matière d'éducation, l'école ou l'établissement qu'elles auront choisi). Les personnes responsables ainsi mises en demeure sont tenues de scolariser l'enfant dans un établissement d'enseignement scolaire public ou privé au moins jusqu'à la fin de l'année scolaire suivant celle au cours de laquelle la mise en demeure leur a été notifiée (art. L. 131-1, al. 7).

Le refus de contrôle. La loi du 26 juillet 2019 ajoute un dernier alinéa pour tirer les conséquences du refus de soumettre l'enfant au contrôle annuel prévu par la loi opposé par les personnes responsables de l'enfant, en réservant l'éventualité d'un motif légitime (maladie…) ; lorsque le contrôle s'effectue en dehors du domicile, sauf impossibilité avérée pour la famille de se rendre sur le lieu de contrôle fixé par l'IA-DASEN, un refus de déplacement équivaut à une opposition de la famille au déroulement du contrôle. Si le refus n'est pas motivé légalement, les personnes responsables de l'enfant sont informées qu'en cas de second refus, sans motif légitime, l'autorité académique est en droit de les mettre en demeure d'inscrire leur enfant dans un établissement d'enseignement scolaire public ou privé (art. L. 131-1, al. 8). Elles sont également avisées des sanctions dont elles peuvent faire l'objet, au terme de la procédure, en application du premier alinéa de l'article 227-17-1 du code pénal (art. L. 131-1, al. 8). Auparavant, le refus des parents de se plier au contrôle entraîne la saisine du procureur de la République (art. L. 131-9) ; le refus réitéré du contrôle n'étant pas assimilé à un contrôle révélant une instruction insuffisante, il ne pouvait conduire à la mise en demeure de scolariser l'enfant, alors même que son instruction pourrait être défaillante (CE 13 janv. 2014, n° 370323 : seul le motif de l'insuffisance de l'enseignement dispensé à l'enfant peut légalement fonder une mise en demeure de le scolariser dans un établissement d'enseignement prise, l'administration entachant cette mise en demeure d'une erreur de droit si elle la fonde sur le refus de la famille de déférer au contrôle diligenté par l'administration). En assimilant le refus de contrôle au domicile à un contrôle défaillant et en lui attachant les mêmes conséquences, la loi du 26 juillet 2019 utilise une formule proche de celles existant en matière de vérification du respect des conditions permettant à un étranger de faire bénéficier des membres de sa famille de la procédure de regroupement familial (CESEDA, art. L. 421-2) ou de contre-visite médicale pour un fonctionnaire placé en congé de maladie (CE 27 janv. 2017, n° 281514).

IV. LES SANCTIONS

A. LES MESURES RÉPRESSIVES

Le ***titulaire de l'autorité parentale*** qui, ***après*** avoir reçu un ***avertissement*** du directeur d'académie rappelant ses obligations légales et les sanctions encourues, n'impose pas à l'enfant de fréquenter régulièrement l'école sans pouvoir donner de motif légitime ou d'excuse valable, est passible d'une ***amende*** sanctionnant une contravention de quatrième catégorie (C. pén., art. R. 624-7). La loi du 26 juillet 2019 réprime le fait, pour les parents d'un enfant ou pour toute personne exerçant à son égard l'autorité parentale ou une autorité de fait de façon continue, d'inscrire cet enfant dans un établissement d'enseignement privé qui a ouvert malgré l'opposition de l'autorité ou sans déclarer qu'ils feront donner à cet enfant l'instruction dans la famille, est passible des peines prévues au premier alinéa de l'article 441-7 du code pénal (art. L. 131-5, al. 3).

A un degré supérieur, figure la répression de la ***« mise en péril des mineurs »***, incrimination qui vise tant la ***privation de soins et d'aliments*** (C. pén., art. 227-15) que ***les atteintes graves à la santé, la sécurité, la moralité et l'éducation des mineurs*** (C. pén., art. 227-17). C'est sous cette rubrique que figure l'article 227-17-1 du code pénal tel qu'il résulte de la loi n° 98-1165 du 18 décembre 1998. Il prévoit d'abord une peine de ***six mois d'emprisonnement et de 7 500 euros pour les parents coupables de ne pas avoir inscrit leur enfant dans un établissement d'enseignement sans pouvoir présenter d'excuse valable alors qu'ils avaient été mis en demeure par le directeur d'académie.***

Des ***sanctions pénales*** sont encourues par le ***directeur d'un établissement privé hors contrat*** qui n'aurait pas pris, malgré les mises en demeure du préfet ou de l'autorité académique, les dispositions nécessaires pour remédier aux manquements relevés (notamment au cas où l'enseignement dispensé ne serait pas conforme à l'objet de l'instruction obligatoire prévu par la loi, art. L. 131-1-1 et L. 131-10) ou n'aurait pas procédé à la fermeture des classes concernées, sanctions qui ont été aggravées par la loi n° 2021-1109 du 24 août 2021, doublant le montant de l'amende (15 000 euros) et prévoyant en outre une peine d'un an d'emprisonnement (C. pén., art. 227-17-1). Le juge peut également ordonner une interdiction de diriger ou d'enseigner. Parallèlement, le DASEN peut déférer au Conseil académique de l'éducation nationale, compétent en matière disciplinaire, tout enseignant ou directeur d'établissement privé qui, bien qu'il ait reçu un avertissement écrit, ne s'est pas conformé à ses obligations réglementaires ; dans ce cas, il peut recevoir un blâme avec ou sans publicité et, en cas de récidive, être frappé d'une interdiction d'exercer, temporaire ou définitive (art. R. 131-7).

B. LES MESURES SUSPENSIVES

Quand un enfant est d'***âge scolaire***, le ***versement des prestations familiales est subordonné à la présentation d'un certificat de scolarité*** (attestant de l'inscription dans un établissement public ou privé sous contrat). Ce certificat d'inscription peut être remplacé par l'autorisation d'instruction dans la famille délivrée par l'IA-DASEN ; « en l'absence de production effective de l'une de ces pièces, aucune de ces prestations ne peut être versée. » (CSS, art. L. 552-4, al. 2 mod. par L. n° 2021-1109 du 24 août 2021, art. 21).

L'article 48 de la loi Borloo n° 2006-396 du 31 mars 2006 pour l'égalité des chances avait inséré dans le code de l'action sociale et des familles un article L. 222-4-1 qui permettait au ***président du conseil général***, « lorsqu'il constate que les obligations incombant aux parents... n'ont pas été respectées ou lorsque, sans motif légitime, le contrat (de responsabilité parentale) n'a pu être signé de leur fait », ***de décider la suspension des prestations familiales*** ; son article 49 rétablissait dans le code de la sécurité sociale un article L. 552-3 qui fixait de nouvelles modalités de suspension des prestations familiales par l'organisme débiteur à la suite de la décision du président du conseil général. Le directeur de l'organisme qui versait les prestations les suspend pour la durée et dans les proportions décidées par le président du conseil général. La ***durée maximale de la suspension était de trois mois, renouvelables sans toutefois pouvoir dépasser une année***. Dès que le président du conseil général constatait que les parents se conformaient aux obligations stipulées dans le contrat de responsabilité parentale, les prestations devaient être rétablies.

La loi avait ici établi une sanction décidée par une autorité administrative agissant dans le cadre de prérogatives de puissance publique. Le ***Conseil constitutionnel*** l'a déclarée conforme à la Constitution en considérant d'une part, « que les faits susceptibles de justifier la suspension de certaines prestations familiales sont définis en termes suffisamment clairs et précis au regard des obligations qui pèsent sur les parents ; qu'en particulier, la notion de « carence parentale » fait référence à l'article 371-1 du code civil » ; d'autre part, « que la décision du président du conseil général de faire suspendre le versement des allocations familiales et du complément familial n'interviendra qu'après que les parents ou le représentant légal du mineur auront été mis à même de présenter des observations écrites et, le cas échéant, à leur demande, des observations orales, en se faisant assister par un conseil ou représenter par un mandataire de leur choix », respectant ainsi les droits de la défense (Cons. const. 30 mars 2006, *Loi pour l'égalité des chances*, n° 2006-535 DC : *Rec. Cons. const. 50*).

La loi n° 2013-108 du 31 janvier 2013 abroge l'article L. 222-4-1 du code de l'action sociale et des familles portant sur la signature, sur proposition du président du conseil départemental, d'un contrat de responsabilité parentale en cas d'absentéisme scolaire d'un enfant mineur. Elle abroge aussi les articles L. 552-3 et L. 552-3-2 du code de la sécurité sociale portant sur les conditions de suspension des allocations familiales en cas de non-respect des obligations du contrat ou de non-signature du contrat du fait des parents ou du représentant légal du mineur. ❑

Art. L. 131-1 *(L. n° 2019-791 du 26 juill. 2019, art. 11)* **« L'instruction est obligatoire pour chaque enfant dès l'âge de trois ans et jusqu'à l'âge de seize ans. »**

La présente disposition ne fait pas obstacle à l'application des prescriptions particulières imposant une scolarité plus longue.

BIBL. ► ARMAGNAGUE et RIGONI (coord.), Étude sur la scolarisation des élèves allophones nouvellement arrivés (EANA) et des enfants issus de familles itinérantes et de voyageurs (EFIV), *Défenseur des droits - Institut national supérieur formation et recherche - handicap et enseignements adaptés, déc. 2018*. - BATTAGLIA, Une enquête sur le « vrai coût » de l'école gratuite pour les parents d'élèves, *Le Monde, 26 juin 2019. 12*. - DARCOS, L'école de Jules Ferry 1880-1905, *Hachette Littératures, 2005*. - DETOURBET, La loi de 1882 sur l'enseignement primaire obligatoire : commentaires, exposé de doctrine, jurisprudence, formules, *1re éd. 1884, LEN POD 2017*. - FOURNIER, LEFRESNE et RAKOCEVIC, Les systèmes éducatifs, *in* L'Europe de l'éducation en chiffres, *MEN-MESRI, DEPP, 2018. 18*. - LELIÈVRE, L'école obligatoire : pour quoi faire ? Une question trop souvent éludée, *Retz, 2004*. - LE NEVE, L'école à la maison, amplificateur des inégalités sociales, *Le Monde, 12 mai 2020. 12*. - PERUCCA, « Base élèves » traîné devant l'ONU, *Le Monde, 28 mars 2009. 3*.

► **Sur la loi pour une école de la confiance :** V. Bibl. ss. Livre 3, Titre I.

I. OBLIGATION SCOLAIRE

1. Contrôle. Le contrôle de l'obligation scolaire appartient notamment à l'inspecteur d'académie. • CAA Nancy, 27 janv. 2005, *MEN c/ M. Hubert*, n° 04NC00035.

2. Dérogations. Régime antérieur à la loi de 2019. L'obligation scolaire vise les élèves de six à seize ans. Ce principe ne peut supporter des dérogations qu'à titre exceptionnel, celles-ci devant être édictées par voie législative. Ainsi, une circulaire du ministre de l'éducation nationale visant à la mise en place de sections d'éducation professionnelle associant des établissements d'enseignement et des entreprises pour certains élèves contrevient aux dispositions relatives à l'instruction obligatoire qui doit être donnée soit dans les établissements d'enseignement soit dans les familles. En l'absence de toute disposition législative autorisant une telle dérogation, cette circulaire est illégale. • CE 21 juill. 1970, n° 73299 A : *Dr. adm. 1970, comm. n° 277.*

3. Enfants de plus de seize ans. Ceux-ci ne sont plus soumis à l'obligation scolaire mais peuvent être accueillis dans la limite des places disponibles. Les dispositions réglementaires instaurent en faveur des élèves un droit à une nouvelle préparation de l'examen auquel ils ont échoué. S'agissant des élèves de classe terminale des lycées d'enseignement général et technologique, elles n'ouvrent à l'administration que le droit, en cas d'absence de places vacantes dans l'établissement scolaire d'origine, de prononcer un changement d'établissement mais non de refuser toute inscription en classe de terminale d'un lycée d'enseignement général et technologique. • CAA Paris, 23 nov. 1999, *MEN c/ Mme Nolin*, n° 97PA001135. ♦ L'administration ne remplit pas ses obligations en se bornant à conseiller à l'intéressé une inscription au Centre national d'enseignement à distance. • Même décision.

4. Enfants français à l'étranger. La scolarisation des enfants français à l'étranger est un droit. Les dispositions du code relatives à l'obligation scolaire sont donc applicables à l'Agence pour l'enseignement français à l'étranger (AEFE). Toutefois, aucun principe ni aucune disposition ne reconnaît aux parents des enfants français établis hors de France le droit de choisir librement l'établissement devant être fréquenté par ces enfants. En l'espèce, le Conseil d'État, qui avait été saisi par l'AEFE d'un pourvoi contre un arrêt qui avait confirmé l'annulation du refus opposé à une famille française voulant inscrire ses enfants au lycée Jean Renoir de Munich (• CAA Paris, 20 mars 2012, n° 10PA04322 : *AJDA 2012. 1544*). Il estime que la cour a commis une erreur de droit en annulant le refus d'inscription sans rechercher si l'AEFE n'avait pas proposé aux requérants une autre solution de scolarisation. • CE 5 mars 2014, n° 359458 : *AJDA 2014. 534*.

5. Mineur isolé étranger. Constitution de 1946. Préambule, 13e al. Atteinte grave et manifestement illégale à une liberté fondamentale. Saisi dans le cadre d'un référé-liberté d'une demande de scolarisation d'un enfant de nationalité albanaise âgé de treize ans pris en charge par le service de l'aide sociale à l'enfance (ASE) d'un département, le juge des référés du tribunal administratif de Nancy a rappelé que la privation pour un enfant de cet âge, compte tenu notamment de sa qualité de mineur isolé sur le territoire français, de la possibilité de bénéficier d'une scolarisation ou d'une formation scolaire ou professionnelle adaptée, selon les modalités que le législateur a définies afin d'assurer le respect de l'égal accès à l'instruction garanti par le 13e al. Préamb. Const. 1946, est susceptible de constituer une atteinte grave et manifestement illégale à une liberté fondamentale au sens de l'art. L. 521-2 CJA, sous réserve qu'une urgence particulière rende nécessaire l'intervention d'une mesure de sauvegarde sous 48 h. En l'espèce, le juge des référés du tribunal administratif de Nancy a retenu que la situation dans laquelle se trouvait le requérant âgé de treize ans constituait en elle-même une situation d'urgence et une atteinte grave à une liberté fondamentale. • TA Nancy, 7 févr. 2019, n° 1900320 : *LIJ 2019, n° 206, p. 6.*

6. Situation d'urgence. La nécessité pour un enfant de poursuivre sa scolarité en résidant auprès de sa mère qui séjourne régulièrement en France peut présenter un caractère d'urgence. • CE 22 janv. 2008, n° 311235 : *AJDA 2008. 662*. ♦ Dans le même sens : • TA Nancy, 7 févr. 2019, n° 1900320 : *LIJ 2019, n° 206, p. 6.*

II. CONDITIONS D'ADMISSION

V. aussi notes ss. art. L. 131-6.

7. Vaccinations. V. notes ss. art. L. 541-1.

8. Interdiction d'accès. Motifs sanitaires. But légitime. Proportionnalité. Absence. Dans une affaire concernant deux enfants scolarisés dans une école publique grecque dont les parents avaient été diagnostiqués comme atteints de la lèpre pour lesquels les autorités grecques avaient indiqué que les enfants ne pouvaient plus se rendre à l'école tant que la commission sanitaire compétente prévue par la loi, mais non encore instituée, ne se serait pas prononcée sur leur cas et alors que de nouveaux examens médicaux plus poussés réalisés par la suite avaient établi que le père des enfants n'était pas atteint par la maladie, la CEDH a rappelé qu'elle avait conscience de la nécessité pour les autorités chargées de la protection de la santé publique de prendre les mesures appropriées afin de s'assurer qu'une maladie aussi grave et infectieuse que celle en cause en l'espèce cesse de produire ses effets et d'éviter ainsi tout risque de contamination. Elle a donc jugé en l'espèce que l'interdiction d'accès à l'établissement scolaire poursuivait un « but légitime », à savoir « la protection de la santé des enfants et des enseignants de l'école ». Elle a toutefois considéré « que, afin de respecter la proportionnalité entre la protection des intérêts de la collectivité et celle de l'intérêt des individus soumis à de telles mesures, lesquelles peuvent avoir par leur nature même de graves conséquences sur la vie de ces derniers, les autorités ont l'obligation de faire preuve de diligence et de célérité dans la gestion de ces mesures ». Elle en a déduit en l'espèce que le délai dans l'instauration de la commission chargée de se prononcer sur la réintégration des enfants à l'école n'avait pas été proportionnel au but légitime poursuivi. Les enfants ayant été empêchés d'assister aux cours pendant plus de trois mois, la Cour a conclu à la violation de l'art. 2 du Protocole n° 1 de la Conv. EDH. • CEDH 6 oct. 2015, n° 37991/12 : *LIJ 2015, n° 190, p. 14.*

III. SANCTIONS DU NON-RESPECT DE L'OBLIGATION

9. Les sanctions encourues par les responsables des enfants méprisant l'obligation scolaire varient selon les législations. Selon la législation en vigueur, elles peuvent consister en l'amende, l'emprisonnement, l'interdiction ou la déchéance des droits, la suspension des prestations familiales. • CE 5 janv. 1966, *CAF Lyon*, n° 64014 : *Lebon 3 ; RD publ. 1996. 1113, note Waline.*

IV. CRISE SANITAIRE

10. Accueil restreint. Le Décr. n° 2020-663 du 31 mai 2020 a levé progressivement la suspension de l'accueil des usagers des écoles, collèges et lycées sur l'ensemble du territoire. Une circulaire a précisé le cadre d'accueil des usagers pour une scolarisation en présentiel reposant sur le libre choix des familles. Le juge des référés a alors été saisi d'un certain nombre de requêtes de parents d'élèves demandant à ce qu'il soit enjoint à l'autorité académique de scolariser les enfants en présentiel pendant l'intégralité du temps scolaire.

11. Accueil restreint. Nature. Discrimination (absence). Le juge des référés en déduit que la décision de l'autorité académique de ne pas accueillir les élèves pendant l'intégralité du temps scolaire ne constituait pas une discrimination en fonction de la situation familiale au sens des dispositions de l'art. 225-1 C. pén. En effet, d'une part, l'ensemble des élèves de l'école étaient accueillis à raison de deux jours par semaine et, d'autre part, l'accueil dont bénéficiaient les enfants des personnels indispensables à la gestion de la crise sanitaire et à la continuité de la vie de la Nation était justifié par le fait que ces personnels avaient vocation à gérer la catastrophe sanitaire que représente l'épidémie. • TA Toulouse, 5 juin 2020, n° 2002139 : *LIJ 2020, n° 212, p. 6.*

12. Respect de l'obligation d'instruction. Modalités d'accueil. Le juge des référés rejette les demandes de scolarisation pendant l'intégralité du temps scolaire au motif que les modalités d'accueil étaient justifiées par des contraintes d'ordre matériel liées au respect des règles sanitaires et que la continuité pédagogique était assurée par un enseignement à distance. • TA La Réunion, 11 juin 2020, n° 2000438 : *la continuité pédagogique étant assurée par un enseignement à distance* • TA Dijon, 9 juin 2020, n° 2001358 : *LIJ 2020, n° 212, p. 6 : la conclusion avec la commune d'une convention "Sport, Santé, Culture et Civisme", permettant d'accueillir sur les jours d'école restants tous les élèves non encore scolarisés à raison de trois jours par semaine.*

13. Sur la question : obligation scolaire et des enfants handicapés. V. notes ss. art. L. 112-1.

14. Sur la question de l'instruction dans la famille. V. notes ss. art. L. 131-10.

15. Caméras thermiques. Cadre juridique applicable. Traitement automatisé de données personnelles. Dans le cadre de l'épidémie de covid-19, le déploiement de caméras dites « intelligentes » et de caméras thermiques a été envisagé par les acteurs publics. Afin de prévenir les risques de contamination, une commune avait décidé d'utiliser des caméras thermiques portables dans ses écoles pour contrôler la température corporelle des personnes accédant aux établissements scolaires. Le Conseil d'État a estimé que la seule prise de température au moyen d'un appareil électronique ne pouvait être regardée comme automatisée, dès lors qu'elle se bornait à la mesure d'une variable quantifiée. En revanche, le signalement d'un écart à la moyenne, qui suppose que la donnée mesurée soit ensuite comparée à une norme de référence pour aboutir au signalement de la conformité ou de l'écart à la norme, en ce qui concerne les caméras thermiques par l'affichage d'un code couleur, constitue une automatisation du traitement de la donnée qui le fait relever du RGPD. Ce traitement, s'il porte sur des personnes identifiables et dès lors qu'il vise à apprécier l'état d'un paramètre significatif de leur état de santé au regard d'une pathologie particulière, porte sur des données personnelles de santé. Il poursuit en précisant qu' au regard de la sensibilité des données concernées et de leur impact sur la vie privée, un tel traitement, lorsqu'il repose sur des dispositifs antérieurement peu utilisés, et dont l'utilité pour la santé publique est controversée, ne peut être mis en œuvre qu'au terme d'une analyse d'impact permettant d'en préciser les conditions et risques de fonctionnement et de décider des mesures nécessaires à la prévention des risques élevés qu'il comporte. Il rappelle aussi que le traitement de telles données personnelles de santé est interdit, sauf si, pour ce qui concerne les caméras thermiques, soit il est conduit sur la base d'un texte encadrant le motif d'intérêt public l'ayant rendu nécessaire et comportant les protections adéquates, soit il est conduit dans le cadre d'une politique de prévention par des professionnels de santé tenus au secret médical et sur le fondement d'un texte régissant cette politique, soit il fait l'objet du consentement de chaque personne intéressée à ce traitement qui doit être libre, exprès, spécifique, retirable et traçable, et s'il concerne des mineurs, respecter les règles de protection de l'art. 8 RGPD. En l'espèce, l'audience avait permis d'établir que les caméras thermiques portables manipulées par des agents municipaux dans les écoles étaient utilisées pour mesurer la température corporelle des élèves, des enseignants et des personnels municipaux actifs au sein des locaux scolaires. Lorsqu'un écart anormal de température est relevé, les enseignants ou les personnels municipaux sont invités à quitter le service et, pour ce qui concerne les élèves, les parents sont immédiatement contactés afin de venir chercher les enfants qui doivent quitter l'école. Le Conseil d'État a estimé que la collecte de données de santé ainsi opérée était constitutive d'un traitement automatisé et que les données traitées étaient personnelles. • CE, ord., 26 juin 2021, n° 441065 : *AJDA 2020. 1319* ; *ibid. 2568, note Bioy* ; *AJCT 2020. 594, obs. Perray et Adda* ; *Dalloz IP/IT 2020. 636, obs. Haas et Goutorbe*. ♦ Pour sa part, la CNIL avait déjà appelé à la vigilance estimant que certains dispositifs envisagés ne respectaient pas le cadre légal applicable à la protection des données personnelles. Elle relève en particulier que si les objectifs assignés à ces dispositifs, c'est-à-dire participer à la lutte contre la propagation du virus ou veiller à la salubrité publique, sont le plus souvent légitimes, leur déploiement implique une collecte et une analyse systématiques de données d'individus circulant dans l'espace public ou dans des lieux recevant du public. • CNIL, com. 17 juin 2020.

16. Caméras thermiques. Illégalité. Dans la même affaire, le Conseil d'État estime que faute de texte régissant l'emploi des caméras thermiques déployées par la commune et précisant l'intérêt public qui peut le rendre nécessaire, les conditions prévues au RGPD (nécessité du traitement au regard d'une politique de santé, existence d'une base légale pour la conduite d'une politique de santé menant à la mise en œuvre de ce traitement, exigence de la manipulation de ces données par des professionnels de santé tenus au secret médical) ne peuvent être regardées comme réunies. Il en déduit que l'atteinte aux libertés fondamentales résultant du traitement de données de santé personnelles ainsi mis en œuvre paraît donc manifestement illégale. • CE, ord. 26 juin 2021, n° 441065 : *préc. note 15.*

17. Mesures de confinement. Demande de suspension. Rejet. Plusieurs requêtes adressées au juge des référés du Conseil d'État visaient à obtenir la suspension de l'exécution du Décr. n° 2020-1310 du 29 oct. 2020 prescrivant les mesures générales nécessaires pour faire face à l'épidémie de covid-19 dans le cadre de l'état d'urgence sanitaire. Après avoir rappelé le cadre sanitaire du décret et notamment la nouvelle progression de l'épidémie au cours des mois de septembre et d'octobre, le juge des référés rejette les moyens soulevés (atteinte grave et manifestement illégale à la liberté d'aller et venir et au droit au respect de la vie privée ; atteinte grave et manifestement illégale au droit au respect de la santé ; atteinte grave et manifestement illégale aux droits et libertés fondamentales). • CE, ord., 7 nov. 2020, n° 445821 : *LIJ 2021, n° 215, p. 12.*

18. Obligation de port du masque pour les élèves des écoles. Sur les conclusions tendant à ce que soit ordonnée la suspension de l'obligation de porter un masque en tant qu'elle s'applique aux enfants de 6 à 10 ans, le juge des référés estime que dans la situation actuelle de circulation particulièrement rapide du virus et eu égard à l'objectif primordial que les enfants de 6 à 11 ans puissent continuer à avoir accès à l'éducation dans les établissements scolaires, l'obligation qui leur est faite de porter le masque, sous l'encadrement et la supervision d'adultes ainsi que le recommandent l'OMS et l'UNICEF, dans les établissements scolaires et, dans la mesure du possible, dans les autres lieux, n'apparaît pas comme portant à leurs droits une atteinte grave et manifestement illégale. • CE, ord., 7 nov. 2020, n° 445821 : *préc. note 17.* ♦ Étaient aussi contestés la base légale de l'obligation de port du masque pour les enfants de 6 à 10 ans, le bénéfice pour la santé publique et l'efficacité réelle d'une telle mesure, l'impact du port du masque sur la santé et les conditions d'apprentissage des enfants. Le juge des référés estime que dans le présent état de la connaissance scientifique et au vu de la circulation encore très intense du virus à la date de la présente ordonnance, l'obligation ne porte pas d'atteinte excessive aux droit garantis par les conventions internationales et ne porte pas non plus d'atteinte grave et manifestement illégale aux libertés fondamentales des enfants. • CE, ord., 23 nov. 2020, n° 445983 et 446310 : *LIJ 2021, n° 215, p. 12.* ♦ Dans le même sens : • CE, ord., 11 janv. 2021, n° 447993 : *LIJ 2021, n° 215, p. 12.*

19. Obligation de port du masque. Refus d'admission des élèves dans les établissements. Saisi à de multiples reprises par des parents demandant la suspension des refus d'admission opposés par les chefs d'établissement, le juge des référés rejette les requêtes. Certains ont relevé que l'urgence à suspendre la décision en litige résultait de la seule volonté des parents de ne pas voir leur enfant porter un masque en milieu scolaire • TA Nîmes, ord., 16 nov. 2020, n° 2003472 • TA Toulon, ord., 12 nov. 2020, n° 2003115. ♦ Une amende pour recours abusif a été infligée à une requérante au motif qu'elle se bornait à invoquer des dispositions de portée générale présentées en l'absence de tout raisonnement articulé et dans une démarche parfois contradictoire, en soutenant notamment que le refus d'accueillir son fils en milieu scolaire au motif qu'il n'était pas pourvu d'un masque l'exposait ainsi à la contagion et était contraire à l'intérêt supérieur de l'enfant. • TA Strasbourg, ord., 10 nov. 2020, n° 2006990. ♦ A aussi été écarté le port d'une visière de protection qui ne satisfait pas à l'obligation du port du masque, justifiant ainsi la décision de refus d'admission de l'élève. • TA Amiens, ord., 17 nov. 2020, n° 2003662 : *LIJ 2021, n° 215, p. 12.*

Art. L. 131-1-1 *(L. n° 2005-380 du 23 avr. 2005, art. 7)* **Le droit de l'enfant à l'instruction a pour objet de lui garantir, d'une part, l'acquisition des instruments fondamentaux du savoir, des connaissances de base, des éléments de la culture générale et, selon les choix, de la formation professionnelle et technique et, d'autre part, l'éducation lui permettant de développer sa personnalité** *(L. n° 2013-595 du 8 juill. 2013, art. 15)* **« , son sens moral et son esprit critique », d'élever son niveau de formation initiale et continue, de s'insérer dans la vie sociale et professionnelle** *(L. n° 2013-595 du 8 juill. 2013, art. 15)* **« , de partager les valeurs de la République » et d'exercer sa citoyenneté.**

Cette instruction obligatoire est assurée prioritairement dans les établissements d'enseignement.

BIBL. ► LACROIX, (entretien avec), Le Centre national d'enseignement à distance, *Vie Universitaire, n° 102, févr. 2007. 18.* – POUZARD et ROGER, L'enseignement à distance : sa contribution à la réussite des élèves, *Rapp. IGEN, 2000.*

1. Motifs invoqués. Saisi d'une demande d'autorisation d'inscrire un enfant en classe de cours élémentaire 1re année du Centre national d'enseignement à distance en raison du risque de mobilité professionnelle de son père, l'inspecteur d'académie a pu, sans commettre d'erreur manifeste d'appréciation, estimer que le motif invoqué ne faisait pas obstacle à ce que l'enfant puisse suivre une formation dans un établissement scolaire de l'académie et a ainsi pu inviter ses parents à inscrire leur enfant dans une école. • CAA Nancy, 15 mai 2001, ♔ *MEN c/ M. et Mme Fauveau*, n° 00NC01559 : *Lebon T. 978.*

2. Nature du contrôle du juge. Contrôle limité à l'appréciation de l'exactitude matérielle des faits et à l'appréciation de l'erreur manifeste d'appréciation. Appréciation en fonction des éléments du dossier : éloignement du domicile, pratique d'activités complémentaires par ex. • CAA Nancy, 27 janv. 2005, ♔ n° 04NC00035 • TA Lyon, 15 sept. 2009, n° 0708452 : *LIJ 2009, n° 140, p. 8.*

Art. L. 131-2 **L'instruction obligatoire peut être donnée soit dans les établissements ou écoles publics ou privés, soit dans les familles par les parents, ou l'un d'entre eux, ou toute personne de leur choix.**

(L. n° 2013-595 du 8 juill. 2013, art. 16) **« Dans le cadre du service public de l'enseignement et afin de contribuer à ses missions, un service public du numérique éducatif et de l'enseignement à distance est organisé pour, notamment :**

« 1° Mettre à disposition des écoles et des établissements scolaires une offre diversifiée de services numériques permettant de prolonger l'offre des enseignements qui y sont dispensés, d'enrichir les modalités d'enseignement et de faciliter la mise en œuvre d'une aide personnalisée à tous les élèves ;

« 2° Proposer aux enseignants une offre diversifiée de ressources pédagogiques, des contenus et des services contribuant à leur formation ainsi que des outils de suivi de leurs élèves et de communication avec les familles ;

« 3° Assurer l'instruction des enfants qui ne peuvent être scolarisés dans une école ou dans un établissement scolaire, notamment ceux à besoins éducatifs particuliers. Des supports numériques adaptés peuvent être fournis en fonction des besoins spécifiques de l'élève ;

« 4° Contribuer au développement de projets innovants et à des expérimentations pédagogiques favorisant les usages du numérique à l'école et la coopération.

« Dans le cadre de ce service public, la détermination du choix des ressources utilisées tient compte de l'offre de logiciels libres et de documents au format ouvert, si elle existe. »

Par dérogation à l'art. L. 131-2, l'instruction obligatoire peut, au cours des années scolaires 2019-2020 à 2023-2024, être donnée aux enfants âgés de 3 à 6 ans dans un établissement d'accueil collectif recevant exclusivement des enfants âgés de plus de 2 ans dit « jardin d'enfants » qui était ouvert à la date d'entrée en vigueur de la présente loi.

Les personnes responsables d'un enfant soumis à l'obligation d'instruction prévue à l'art. L. 131-1 doivent déclarer au maire et à l'autorité de l'État compétente en matière d'éducation, dans les condi-

tions prévues à l'art. L. 131-5, qu'elles l'inscrivent dans un établissement mentionné au 1er al. du présent art. (« jardin d'enfants »).

L'autorité de l'État compétente en matière d'éducation prescrit le contrôle des établissements mentionnés au même 1er al. afin de s'assurer que l'enseignement qui y est dispensé respecte les normes minimales de connaissances requises par l'art. L. 131-1-1 et que les élèves de ces établissements ont accès au droit à l'éducation tel que celui-ci est défini par l'art. L. 111-1.

Ce contrôle est organisé selon les modalités prévues aux 3e à dernier al. du II de l'art. L. 442-2 (L. no 2019-791 du 26 juill. 2019, art. 18). Sur le contrôle de l'obligation scolaire pour les enfants soumis à l'instruction obligatoire et inscrits dans des établissements d'accueil collectif dits « jardins d'enfants », V. Décr. no 2019-822 du 2 août 2019 et sur le contrôle des établissements d'accueil collectif dits « jardins d'enfants » recevant des enfants soumis à l'instruction obligatoire, V. Décr. no 2019-825 du 2 août 2019.

BIBL. ▶ DESRAMEAUX, L'instruction à domicile : une survivance sous surveillance, *AJDA 2009. 135*. – HUYETTE, Les sectes et l'enfermement des mineurs, *D. 2007, chron. 682*. – LEROY, Rapport sur le contrôle de l'obligation scolaire, *Ass. Nat., no 1250, 10 déc. 1998*. – MACHARD, Les manquements à l'obligation scolaire, Ministère délégué à la famille, *Rapport officiel 2003*. – SCHOETTL, LARZUL et CAMBY, Instruction obligatoire : pour un principe fondamental reconnu par les lois de la République, *AJDA 2018. 2486*.

Instruction dans la famille : V. Bibl. ss. art. L. 131-10.

1. Droit fondamental. Le droit de choisir l'instruction à donner aux enfants est un droit fondamental, adossé à celui du respect des convictions philosophiques et religieuses des parents. • CEDH 7 déc. 1976, *Kjeldsen, Busk Madsen et Pedersen c/ Danemark : série A, no 23.* ♦ Il comprend la liberté d'organiser l'enseignement et d'opter pour une éducation hors structures scolaires, l'éducation des enfants étant « la somme des procédés par lesquels, dans toute société, les adultes tentent d'inculquer aux plus jeunes leurs croyances, coutumes et autres valeurs », pour la transmission desquelles les parents ont un « droit d'éducation ». • CEDH 25 févr. 1982, *Campbell et Cosans : série A, no 48.*

2. Libre choix des parents. L'instruction obligatoire est assurée prioritairement dans les établissements d'enseignement. Le Centre national d'enseignement à distance a pour mission de dispenser et de promouvoir un enseignement à distance, notamment en faisant appel aux techniques modernes de communication. L'enseignement s'adresse entre autres à la population scolaire et aux personnes qui ne peuvent suivre une formation dans les établissements d'enseignement relevant du ressort territorial des académies. Dans le cadre de la rédaction antérieure de cet art., le juge administratif considérait qu'il résultait de la combinaison de l'ensemble de ces dispositions que dès lors que les parents concernés décidaient, en vertu du choix qui leur est conféré par la loi, de solliciter l'inscription de leur enfant dans un établissement public d'enseignement, tel que le Centre national d'enseignement à distance, établissement public national à caractère administratif soumis à la tutelle du ministre chargé de l'éducation, l'inspecteur d'académie, directeur des services départementaux de l'éducation nationale, était compétent pour se prononcer sur cette demande et vérifier ainsi la légitimité des motifs avancés pour justifier une telle inscription au regard du principe selon lequel l'instruction est obligatoire. • CAA Nancy, 27 janv. 2005, *MEN c/ M. Y.*, no 04NC00035.

3. Contrôle de l'instruction à domicile. Modalités. L'inspection d'académie peut fixer le lieu de l'évaluation pédagogique hors du domicile des parents et en dehors de leur présence. • TA Paris, 15 mars 2007, *M. A. et Mme D. c/ Recteur de l'Académie de Paris*, no 0614267/7 : *LIJ 2007, no 115, p. 7.*

Nouvel art. L. 131-2 *(L. no 2021-1109 du 24 août 2021, art. 49)* ***« L'instruction obligatoire est donnée dans les établissements ou écoles publics ou privés. Elle peut également, par dérogation, être dispensée dans la famille par les parents, par l'un d'entre eux ou par toute personne de leur choix, sur autorisation délivrée dans les conditions fixées à l'article L. 131-5. »***

(L. no 2013-595 du 8 juill. 2013, art. 16) ***« Dans le cadre du service public de l'enseignement et afin de contribuer à ses missions, un service public du numérique éducatif et de l'enseignement à distance est organisé pour, notamment :***

« 1o Mettre à disposition des écoles et des établissements scolaires une offre diversifiée de services numériques permettant de prolonger l'offre des enseignements qui y sont dispensés, d'enrichir les modalités d'enseignement et de faciliter la mise en œuvre d'une aide personnalisée à tous les élèves ;

« 2o Proposer aux enseignants une offre diversifiée de ressources pédagogiques, des contenus et des services contribuant à leur formation ainsi que des outils de suivi de leurs élèves et de communication avec les familles ;

« 3° Assurer l'instruction des enfants qui ne peuvent être scolarisés dans une école ou dans un établissement scolaire, notamment ceux à besoins éducatifs particuliers. Des supports numériques adaptés peuvent être fournis en fonction des besoins spécifiques de l'élève ;

« 4° Contribuer au développement de projets innovants et à des expérimentations pédagogiques favorisant les usages du numérique à l'école et la coopération ;

(L. n° 2021-1109 du 24 août 2021, art. 49) ***« 5° Mettre à la disposition des familles assurant l'instruction obligatoire conformément au premier alinéa du présent article ainsi que de leurs circonscriptions ou établissements de rattachement, dans le respect des conditions fixées à l'article L. 131-5 :***

« a) Une offre numérique minimale assurant pour chaque enfant le partage des valeurs de la République et l'exercice de la citoyenneté, tels que prévus à l'article L. 111-1 ;

« b) Une offre diversifiée et adaptée pour les parents et les accompagnants des enfants instruits en famille ;

« c) Des outils adaptés et innovants de suivi, de communication, d'échange et de retour d'expérience avec les familles assurant l'instruction obligatoire. »

« Dans le cadre de ce service public, la détermination du choix des ressources utilisées tient compte de l'offre de logiciels libres et de documents au format ouvert, si elle existe. »

Le nouvel art. entre en vigueur à la rentrée scolaire 2022 (L. n° 2021-1109 du 24 août 2021, art. 49-IV).

Par dérogation à l'art. L. 131-2, l'instruction obligatoire peut, au cours des années scolaires 2019-2020 à 2023-2024, être donnée aux enfants âgés de 3 à 6 ans dans un établissement d'accueil collectif recevant exclusivement des enfants âgés de plus de 2 ans dit « jardin d'enfants » qui était ouvert à la date d'entrée en vigueur de la présente loi. Les personnes responsables d'un enfant soumis à l'obligation d'instruction prévue à l'art. L. 131-1 doivent déclarer, avant le début de l'année scolaire, au maire et à l'autorité de l'État compétente en matière d'éducation qu'elles l'inscrivent dans un établissement mentionné au 1er al. du présent art. (« jardin d'enfants »). L'autorité de l'État compétente en matière d'éducation prescrit le contrôle des établissements mentionnés au même 1er al. afin de s'assurer que l'enseignement qui y est dispensé respecte les normes minimales de connaissances requises par l'art. L. 131-1-1 et que les élèves de ces établissements ont accès au droit à l'éducation tel que celui-ci est défini par l'art. L. 111-1. Ce contrôle est organisé selon les modalités prévues aux 3e à dern. al. du II de l'art. L. 442-2 (L. n° 2019-791 du 26 juill. 2019, art. 18, mod. par L. n° 2021-1109 du 24 août 2021, art. 49). Sur le contrôle de l'obligation scolaire pour les enfants soumis à l'instruction obligatoire et inscrits dans des établissements d'accueil collectif dits « jardins d'enfants », V. Décr. n° 2019-822 du 2 août 2019 et sur le contrôle des établissements d'accueil collectif dits « jardins d'enfants » recevant des enfants soumis à l'instruction obligatoire, V. Décr. n° 2019-825 du 2 août 2019.

Art. L. 131-3 **Le versement des prestations familiales afférentes à un enfant soumis à l'obligation scolaire est subordonné aux conditions fixées** *(L. n° 2017-86 du 27 janv. 2017, art. 193)* **« à l'article L. 552-4 du code de la sécurité sociale. »**

Code de la sécurité sociale

Prestations familiales – obligation scolaire

Art. L. 552-4 Le versement des prestations familiales afférentes à un enfant soumis à l'obligation scolaire est subordonné à la présentation soit du certificat d'inscription dans un établissement d'enseignement public ou privé, soit d'un certificat de l'autorité compétente de l'État attestant que l'enfant est instruit dans sa famille, soit d'un certificat médical attestant qu'il ne peut fréquenter régulièrement aucun établissement d'enseignement en raison de son état de santé.

Les prestations ne sont dues qu'à compter de la production de l'une des pièces prévues à l'alinéa ci-dessus. Elles peuvent toutefois être rétroactivement payées ou rétablies si l'allocataire justifie que le retard apporté dans la production de ladite pièce résulte de motifs indépendants de sa volonté.

Un arrêté interministériel fixe les modalités d'application du présent article et, notamment, le délai dans lequel les pièces citées au premier alinéa du présent article doivent être produites.

Nouvel art. L. 552-4 *Le versement des prestations familiales afférentes à un enfant soumis à l'obligation scolaire est subordonné à la présentation soit du certificat d'inscription dans un établissement d'enseignement public ou privé, (L. n° 2021-1109 du 24 août 2021, art. 49) « soit de l'autorisation délivrée par l'autorité compétente de l'État en application de l'article L. 131-5 du code de l'éducation ».*

Les prestations ne sont dues qu'à compter de la production de l'une des pièces prévues à l'alinéa ci-dessus. (L. n° 2021-1109 du 24 août 2021, art. 49) « En l'absence de production effective de l'une de ces pièces, aucune de ces prestations ne peut être versée. » Elles peuvent toutefois être rétroactivement payées ou rétablies si l'allocataire justifie que le retard apporté dans la production de ladite pièce résulte de motifs indépendants de sa volonté.

Un arrêté interministériel fixe les modalités d'application du présent article et, notamment, le délai dans lequel les pièces citées au premier alinéa du présent article doivent être produites.

Le nouvel art. entre en vigueur à la rentrée scolaire 2022 (L. n° 2021-1109 du 24 août 2021, art. 49-IV).

Modalités de calcul de la part des allocations familiales suspendues en cas d'absentéisme scolaire. Légalité. L'association « Justice pour toutes les familles » demandait au Conseil d'État d'annuler le Décr. du 21 janv. 2011 relatif aux modalités de calcul de la part des allocations familiales suspendues ou supprimées en cas d'absentéisme scolaire. Après avoir refusé de transmettre au Conseil constitutionnel une question prioritaire de constitutionnalité, • CE, QPC, 15 juin 2011, *Assoc. Justice pour toutes les familles*, n° 347581 : *Lebon T. 951 ; AJDA 2011. 1966, concl. Vialettes ; Cah. Cons. const. 2012, n° 34, p. 186, obs. Gay ; ibid., n° 37, p. 189, chron. Raimbault* ♦ La Haute Juridiction a rejeté le recours. Elle estime notamment que l'art. L. 552-3-1 CSS ne prévoit de mécanisme de suspension, en cas d'absentéisme scolaire, que pour les seules allocations familiales. L'art. R. 552-4 du même code, introduit par le Décr. attaqué, ne pouvait dès lors légalement prévoir de suspension pour d'autres prestations familiales. Le moyen tiré de ce que cet art. violerait le principe d'égalité entre les bénéficiaires des prestations familiales en raison de ce qu'il porte sur les seules allocations familiales ne peut qu'être écarté. • CE 13 févr. 2012, *Assoc. « Justice pour toutes les familles »*, n° 347581 : *AJDA 2012. 1128*.

Art. L. 131-4 **Sont personnes responsables, pour l'application du présent chapitre, les parents, le tuteur ou ceux qui ont la charge de l'enfant, soit qu'ils en assument la charge à la demande des parents, du tuteur ou d'une autorité compétente, soit qu'ils exercent sur lui, de façon continue, une autorité de fait.** — *[L. 28 mars 1882, art. 5, al. 6.]*

Sur les modalités d'inscription et de scolarisation des élèves de nationalité étrangère des premier et second degrés, V. ci-dessous Circ. n° 2002-063 du 20 mars 2002.

1. Détermination des personnes responsables. En cas de désaccord des parents séparés au sujet du mode de scolarisation de leur enfant, le juge des affaires familiales est seul compétent pour trancher le conflit survenu entre les parents. Chaque parent, titulaire de l'autorité parentale, a ainsi la qualité de personne responsable de l'enfant et a intérêt à agir contre une décision qui conditionne le mode de scolarisation de l'enfant et qui est prise unilatéralement par l'autre responsable dont il est séparé. • CAA Nancy, 27 janv. 2005, n° 04NC00035.

2. Parents exerçant en commun l'autorité parentale. Acte usuel de l'autorité parentale. Dans une affaire où était contestée la décision d'un recteur de procéder à la radiation d'un élève d'un collège et son inscription dans un autre collège, cette décision ayant été prise sur la demande de l'un des parents et sans accord exprès de l'autre qui, bien que séparé exerçait en commun l'autorité parentale sur leur enfant, le juge de cassation précise que pour l'application de l'art. 372-2 C. civ., l'administration appelée à prendre, à la demande d'un des parents exerçant en commun l'autorité parentale avec l'autre parent, une décision à l'égard d'un enfant, doit apprécier si, eu égard à la nature de la demande et compte tenu de l'ensemble des circonstances dont elle a connaissance, cette demande peut être regardée comme relevant d'un acte usuel de l'autorité parentale. Il ajoute que dans l'affirmative, l'administration doit être regardée comme régulièrement saisie de la demande, alors même qu'elle ne se serait pas assurée que le parent qui la formule dispose de l'accord exprès de l'autre parent. Il ajoute enfin que dans l'hypothèse où l'administration ferait droit, pour un enfant, à une demande émanant d'un parent qu'elle ne pourrait, en vertu de la règle rappelée ci-dessus, regarder comme réputé agir avec l'accord de l'autre parent, l'illégalité qui entacherait, par suite, sa décision, ne serait susceptible d'engager sa responsabilité qu'à raison de la part imputable à sa faute dans la survenance du préjudice. • CE 13 avr. 2018, n° 392949 A : *AJDA 2018. 827*.

3. Crise sanitaire. Retour à l'école. Autorité parentale. Parents divorcés. Désaccord des parents. Acte usuel. La DAJ a été interrogée sur la question de savoir si la décision du retour en présentiel des enfants à l'école, qui appartenait à chaque famille, était un acte usuel ou non de l'autorité parentale, sachant que la qualification d'acte non usuel emporte la nécessite de requérir l'accord exprès des deux parents. La DAJ rappelle que cette appréciation est guidée par une approche *in concreto*, tenant compte de la nature et de la portée ou des effets de la demande. Elle précise que le retour en présentiel des enfants à l'école n'avait aucune incidence sur la continuité des apprentissages qui leur étaient dispensés. Au contraire, il pouvait même renforcer ces apprentissages par rapport à l'enseignement délivré à distance. La réouverture des écoles était par ailleurs conditionnée au respect des conditions sanitaires d'accueil. Dès lors, la décision selon laquelle les parents souhaitaient que leur enfant poursuive sa scolarité en présentiel n'était pas susceptible d'entraîner des conséquences importantes pour l'avenir de celui-ci, de sorte qu'elle pouvait être prise par un seul des détenteurs de l'autorité parentale. **Note DAJ A1 n° 2020-0507 du 7 mai 2020.*

Circulaire n° 2002-063 du 20 mars 2002,

Modalités d'inscription et de scolarisation des élèves de nationalité étrangère des premier et second degrés.

L'objet de la présente circulaire est de reconsidérer et de préciser les modalités d'inscription et de scolarisation des élèves de nationalité étrangère du premier et du second degrés en prenant en compte les évolutions législatives et réglementaires intervenues depuis la circulaire du 16 juillet 1984.

En l'état actuel de la législation aucune distinction ne peut être faite entre élèves de nationalité française et de nationalité étrangère pour l'accès au service public de l'éducation. Rappelons, en effet, que l'instruction est obligatoire pour les enfants des deux sexes, âgés entre six et seize ans, qu'ils soient français ou étrangers, dès l'instant où ils résident sur le territoire français. Les personnes responsables, au sens de l'article L. 131-4 du code de l'éducation, d'un enfant de nationalité étrangère soumis à l'obligation scolaire, sont donc tenues de prendre les dispositions prévues par la loi pour assurer cette instruction. En outre, la convention internationale relative aux droits de l'enfant du 20 novembre 1989, ratifiée par la France, garantit à l'enfant le droit à l'éducation en dehors de toute distinction qui tienne à sa nationalité ou à sa situation personnelle.

I. *Inscriptions scolaires*

Il importe, au préalable, de préciser qu'en l'absence de toute compétence conférée par le législateur, il n'appartient pas au ministère de l'éducation nationale de contrôler la régularité de la situation des élèves étrangers et de leurs parents au regard des règles régissant leur entrée et leur séjour en France. Il est précisé, en outre, que la loi n° 89-548 du 2 août 1989 a reporté de seize à dix-huit ans l'âge de détention obligatoire d'une carte de séjour temporaire ou d'une carte de résident. Enfin, pour les jeunes de plus de dix-huit ans, le conseil d'État, dans une décision du 24 janvier 1996, a considéré que les dispositions de l'article 12 de l'ordonnance n° 45-2658 du 2 novembre 1945 *[V. désormais, CESEDA, art. L. 313-6 s.]* subordonnant la délivrance de la carte de séjour temporaire portant la mention « étudiant » à la preuve que l'intéressé suit un enseignement en France « impliquent nécessairement qu'un étranger venu en France comme étudiant puisse être admis, au moins à titre provisoire, dans un établissement d'enseignement avant d'avoir obtenu un premier titre de séjour ».

En conséquence, l'inscription, dans un établissement scolaire, d'un élève de nationalité étrangère, quel que soit son âge, ne peut être subordonnée à la présentation d'un titre de séjour. Les dispositions ci-après ont simplement pour objet d'apporter certaines précisions sur les conditions d'inscription des élèves étrangers dans les établissements scolaires.

1. Dans le second degré

Pour un jeune de moins de seize ans séjournant en France, sans ses parents mais avec une personne qui déclare en avoir la responsabilité, et à ce titre demande son inscription dans un établissement scolaire, il y a lieu de vérifier la situation de cette personne par rapport à l'enfant. Celle-ci peut reposer sur un fondement juridique : tutelle ou délégation d'autorité parentale ; dans ce dernier cas, l'attestation sur le droit de l'acte de délégation de l'autorité parentale est établie par les services consulaires en France du pays dont le jeune étranger est ressortissant. Toutefois, les dispositions législatives relatives à l'obligation scolaire imposent à toute personne exerçant une simple autorité de fait sur un enfant la charge d'assurer son instruction (article L. 131-4 du code de l'éducation). Dans ce cas la preuve que l'enfant est régulièrement confié à cette personne peut être effectuée par tout moyen (lettre des parents, notoriété publique...). L'inscription dans un établissement scolaire ne peut donc être subordonnée à la présentation par la personne qui inscrit l'enfant d'un acte de délégation de l'autorité parentale. Si l'enfant se présente seul et, d'une manière générale, en cas de présomption d'enfant en danger, il conviendra de procéder à un signalement selon les procédures en vigueur (cf. titre II de la circulaire n° 97-119 du 15 mai 1997).

Pour les mineurs étrangers de seize ans à dix-huit ans, même s'ils ne sont pas soumis à l'obligation scolaire, il y a lieu de veiller à ce que leur scolarisation puisse être assurée, en prenant en compte naturellement leur degré de maîtrise de la langue française et leur niveau scolaire. La vérification de leur situation familiale et sociale peut être effectuée dans les conditions prévues au paragraphe précédent.

Il est précisé que le refus de scolariser un jeune qui n'est plus soumis à l'obligation scolaire doit être motivé (arrêt de section du Conseil d'État du 23 octobre 1987, Consorts Métrat). Ce refus peut être justifié par un motif pédagogique.

2. Dans le premier degré

Les dispositions législatives relatives à l'obligation scolaire (livre I, titre III, chapitre Ier du code de l'éducation) sont les mêmes que pour le second degré. En conséquence, les dispositions du premier paragraphe du titre I-1 ci-dessus sont également applicables à l'enseignement du premier degré. Toutefois, il appartient au maire, comme pour les enfants français, de délivrer le certificat d'inscription au vu duquel le directeur de l'école procède à l'admission de l'enfant.

II. *Scolarisation des élèves de nationalité étrangère*

Ces élèves ont les mêmes droits à être instruits que les élèves de nationalité française. Toutefois, des difficultés particulières peuvent être rencontrées, notamment lorsque ces élèves ne sont pas en situation régulière au regard des lois relatives à l'immigration. Plusieurs situations justifient des précisions complémentaires :

1. La poursuite d'études

Les dispositions du titre premier du code de l'éducation relatives au droit à l'éducation sont applicables aux élèves de nationalité étrangère comme aux élèves français. Il en est ainsi de l'alinéa 1 de l'article L. 111-2 qui dispose que « tout enfant a droit à une formation scolaire, qui, complétant l'action de la famille concourt à son éducation » et de l'article L. 122-2 qui prévoit que « tout élève qui, à l'issue de la scolarité obligatoire, n'a pas atteint un niveau de formation reconnu doit pouvoir poursuivre des études afin d'atteindre un tel niveau ». Par ailleurs, l'article L. 131-4 dont le premier alinéa pose le principe de l'obligation scolaire de 6 à 16 ans, dispose, dans son 2e alinéa que « la présente disposition ne fait pas obstacle à l'application de prescriptions particulières imposant une scolarité plus longue ».

A cet égard, doivent être notamment rappelées les dispositions de l'article 19 du décret n° 90-484 du 14 juin 1990 relatif à l'orientation et à l'affectation des élèves *[V. désormais, C. éduc., art. D. 331-41]* ; elles s'appliquent à tous les jeunes scolarisés : « Tout élève admis dans un cycle de formation doit pouvoir parcourir la totalité de ce cycle dans l'établissement scolaire, sous réserve des dispositions réglementaires relatives aux procédures disciplinaires ».

En conséquence, les élèves de nationalité étrangère doivent pouvoir, comme les élèves de nationalité française, poursuivre des études engagées. Toutefois, la poursuite d'études ne confère pas aux jeunes étrangers de plus de 18 ans, ressortissants d'un État tiers à l'Union européenne et à l'Espace économique européen, un droit au séjour sur le territoire français. Seuls, en effet, les étrangers ressortissants d'un État membre de l'Union européenne et de l'Espace économique européen peuvent se prévaloir d'un droit au séjour sur le fondement de la poursuite d'études.

2. Les examens

Un jeune étranger scolarisé a le droit de s'inscrire à un examen.

Certains candidats étrangers peuvent cependant ne pas être en mesure d'obtenir une pièce d'identité. Étant scolarisés, ils devront au moins présenter un certificat de scolarité très récent, avec une photographie, certifiée par le chef d'établissement d'origine.

3. Les stages en entreprise

Les services de l'éducation nationale ont été à plusieurs reprises confrontés à des difficultés pour permettre aux jeunes de nationalité étrangère d'effectuer des stages en entreprise. Ces difficultés sont souvent liées à une confusion entre la situation des jeunes sous statut scolaire qui doivent, dans le cadre de leur scolarité, effectuer une période de formation en entreprise et celle des jeunes, titulaires d'un contrat d'apprentissage passé avec une entreprise. Il convient donc de bien distinguer ces deux situations :

a. *Sous statut scolaire*

Lorsqu'ils sont sous statut scolaire, les élèves mineurs de nationalité étrangère quelle que soit leur situation administrative au regard du séjour, doivent effectuer les stages et les périodes de formation prévus dans les programmes d'enseignement. L'entreprise n'a pas à contrôler la régularité de leur situation.

Pour les élèves majeurs, le chef d'entreprise est en droit de demander un titre de séjour régulier. Il est précisé à cet égard que la carte de séjour temporaire portant la mention « étudiant » permet à son détenteur de suivre un enseignement en alternance dans le cadre d'une convention de stage entre l'établissement d'enseignement et le jeune.

Les modalités de la présence de l'élève, mineur ou majeur, dans l'entreprise d'accueil sont fixées par cette convention de stage.

Étant sous statut scolaire :

— l'élève bénéficie des dispositions de la législation sur les accidents du travail (article L. 412-8 du code du travail) pour les dommages qu'il subirait dans le cadre du stage ;

— l'élève stagiaire, qu'il soit de l'enseignement général ou professionnel, continue de relever, pendant la durée du stage, de l'autorité et de la responsabilité du chef d'établissement, ainsi que le rappelle, pour les élèves de l'enseignement professionnel, la note de service n° 96-241 du 15 octobre 1996 relative à une convention type sur la formation en milieu professionnel des élèves de lycées professionnels ;

— l'élève stagiaire ne peut prétendre à aucune rémunération, en vertu de l'article D. 412-6 du code de la sécurité sociale, mais à une rétribution d'un montant égal ou inférieur à 30 % du SMIC.

b. *Sous contrat d'apprentissage*

Le contrat d'apprentissage relève des dispositions du code du travail.

En effet, l'article L. 117-1 du code du travail définit le contrat d'apprentissage comme étant « ... un contrat de type particulier par lequel un employeur s'engage, outre le versement d'un salaire, à assurer à un jeune travailleur une formation professionnelle méthodique et complète, dispensée pour partie en entreprise et pour partie au centre de formation d'apprenti... ».

De ce fait, il résulte de la combinaison des dispositions de l'ordonnance n° 45-2658 du 2 novembre 1945 modifiée relative à l'entrée et au séjour des étrangers en France (articles 9, 12 *bis* et 15) *[V. désormais, CESEDA, art. L. 311-3, L. 313-11 s., L. 314-11 s. et L. 321-4]* et des dispositions du code du travail (notamment articles L. 341-4 et R. 341-4) que l'apprenti étranger, ressortissant d'un État tiers à l'Union européenne et à l'Espace économique européen, doit, pour bénéficier d'un tel contrat, être en situation régulière au regard du séjour et titulaire d'une autorisation de travail.

En revanche, l'accès à un contrat d'apprentissage par un ressortissant d'un État membre de l'Union européenne et de l'Espace économique européen n'est pas subordonné à la présentation préalable d'un titre de séjour.

4. Les voyages à l'étranger

Avec les élèves :	**Sortie scolaire à destination :** *(Circ. n°2013-106 du 16 juill. 2013)*		
	d'un État membre de l'espace Schengen	d'un État membre de l'Union européenne n'appartenant pas à l'espace Schengen	d'un État tiers à l'Union européenne et à l'espace Schengen
ressortissants d'un État membre de l'Union européenne ou de l'espace Schengen	1) L'autorisation de participation à une sortie à caractère facultatif signée par la ou les personnes exerçant l'autorité parentale sur l'enfant (*cf. annexe, Circ. n°2013-106 du 16 juill. 2013, BOEN n°29 du 18 juill. 2013) (1)*	1) L'autorisation de participation à une sortie à caractère facultatif signée par la ou les personnes exerçant l'autorité parentale sur l'enfant (*cf. annexe, Circ. n°2013-106 du 16 juill. 2013, BOEN n° 29 du 18 juill. 2013) (1)*	1) L'autorisation de participation à une sortie à caractère facultatif signée par la ou les personnes exerçant l'autorité parentale sur l'enfant (*cf. annexe, Circ. n°2013-106 du 16 juill. 2013, BOEN n° 29 du 18 juill. 2013) (1)*
	2) - soit un titre certifiant l'identité du mineur (carte nationale d'identité ou passeport au nom de l'enfant en cours de validité).	2) - soit un titre certifiant l'identité du mineur (carte nationale d'identité ou passeport au nom de l'enfant en cours de validité).	2) Un titre certifiant l'identité du mineur : - soit la carte nationale d'identité en cours de validité, qui est acceptée sous certaines conditions dans certains pays tiers (se renseigner lors de la préparation de la sortie en consultant http://www.diplomatie.gouv.fr/fr/conseils-aux-voyageurs_909/index.html) - soit le passeport au nom de l'enfant en cours de validité, revêtu d'un visa en cours de validité délivré par le pays de destination si celui-ci l'exige pour la nationalité de l'élève considéré. Il convient de se renseigner auprès du consulat du pays de destination sur les exigences d'entrée et de séjour pour les ressortissants d'un État membre de l'Union européenne ou de l'espace Schengen.

Avec les élèves :	**Sortie scolaire à destination :** *(Circ. n°2013-106 du 16 juill. 2013)*		
	d'un État membre de l'espace Schengen	d'un État membre de l'Union européenne n'appartenant pas à l'espace Schengen	d'un État tiers à l'espace Schengen et à l'Union européenne
ressortissants d'un État tiers n'appartenant pas à l'Union européenne ou à l'espace Schengen	1) L'autorisation de participation à une sortie à caractère facultatif signée par la ou les personnes exerçant l'autorité parentale sur l'enfant (*cf. annexe, Circ. n°2013-106 du 16 juill. 2013, BOEN n°29 du 18 juill. 2013) (1)*	1) L'autorisation de participation à une sortie à caractère facultatif signée par la ou les personnes exerçant l'autorité parentale sur l'enfant (*cf. annexe, Circ. n°2013-106 du 16 juill. 2013, BOEN n°29 du 18 juill. 2013) (1)*	1) L'autorisation de participation à une sortie à caractère facultatif signée par la ou les personnes exerçant l'autorité parentale sur l'enfant (*cf. annexe, Circ. n°2013-106 du 16 juill. 2013, BOEN n°29 du 18 juill. 2013) (1)*

	2) - soit le passeport au nom de l'enfant en cours de validité accompagné d'un document en cours de validité justifiant de sa situation au regard du séjour (à savoir soit un visa de long séjour, soit un document de circulation pour étranger mineur (DCEM) si l'enfant est né à l'étranger ou un titre d'identité républicain (TIR) si l'enfant est né en France, ces deux derniers documents étant délivrés en préfecture). - soit le document de voyage collectif intitulé « liste d'écoliers voyageant dans le cadre d'une excursion scolaire à l'intérieur de l'Union européenne » qui tient lieu de passeport collectif et de visa d'entrée sur le territoire de la plupart des autres États membres de l'Union européenne ou de l'espace Schengen (2) (*cf. circulaire du 2 janvier 1996 et note du 16 octobre 1996 prises en application de la décision 94/795/JAI du Conseil de l'Union européenne du 30 novembre 1994*).	2) - soit un passeport au nom de l'enfant en cours de validité, . revêtu d'un visa en cours de validité délivré par le pays de destination si celui-ci l'exige pour la nationalité de l'élève considéré . accompagné d'un document en cours de validité permettant son retour en France (à savoir soit un visa de long séjour, soit un document de circulation pour étranger mineur (DCEM) si l'enfant est né à l'étranger ou un titre d'identité républicain (TIR) si l'enfant est né en France), ces deux derniers documents étant délivrés en préfecture). Il convient également de se renseigner auprès du consulat du pays de destination sur les exigences d'entrée et de séjour pour la nationalité de l'élève considéré (notamment visa si requis selon la nationalité de l'enfant). - soit le document de voyage collectif intitulé « liste d'écoliers voyageant dans le cadre d'une excursion scolaire à l'intérieur de l'Union européenne » qui tient lieu de passeport collectif et de visa d'entrée sur le territoire de la plupart des autres États membres de l'Union européenne ou de l'espace Schengen (2) (*cf. circulaire du 2 janvier 1996 et note du 16 octobre 1996 prises en application de la décision 94/795/JAI du Conseil de l'Union européenne du 30 novembre 1994*).	2) Passeport au nom de l'enfant en cours de validité, . revêtu d'un visa en cours de validité délivré par le pays de destination si celui-ci l'exige pour la nationalité de l'élève considéré. . accompagné d'un document en cours de validité permettant son retour en France (à savoir soit un visa de long séjour, soit un document de circulation pour étranger mineur (DCEM) si l'enfant est né à l'étranger ou un titre d'identité républicain (TIR) si l'enfant est né en France), ces deux derniers documents étant délivrés en préfecture). Il convient également de se renseigner auprès du consulat du pays de destination sur les exigences d'entrée et de séjour pour la nationalité de l'élève considéré (notamment visa si requis selon la nationalité de l'enfant).

(1) Le régime des attestations d'autorisation de sortie du territoire français, auparavant délivrées par le maire ou le préfet, a été supprimé par la circulaire n° INTD1237286C du 20 novembre 2012 qui est entrée en vigueur le 1er janvier 2013. Toutefois, certains pays n'acceptent l'entrée des mineurs sur leur territoire (ou la sortie de leur territoire) que s'ils sont munis d'une autorisation parentale visée par les autorités compétentes. Il convient donc de se renseigner auprès du consulat du pays de destination afin de vérifier qu'un tel document n'est pas exigé.

(2) Il convient de se renseigner auprès du consulat du pays de destination sur la reconnaissance du document de voyage collectif émis par la France.

La circulaire n° 84-246 du 16 juillet 1984 relative aux modalités d'inscription des élèves étrangers dans l'enseignement du premier et du second degrés est abrogée.

Art. L. 131-5 **Les personnes responsables d'un enfant soumis à l'obligation scolaire définie à l'article L. 131-1 doivent le faire inscrire dans un établissement d'enseignement public ou privé, ou bien déclarer au maire et à** *(Décr. n° 2012-16 du 5 janv. 2012, art. 7)* **« l'autorité de l'État compétente en matière d'éducation » qu'elles lui feront donner l'instruction dans la famille. Dans ce cas, il est exigé une déclaration annuelle.**

Les mêmes formalités doivent être accomplies dans les huit jours qui suivent tout changement de résidence ou de choix d'instruction.

La présente obligation s'applique à compter de la rentrée scolaire de l'année civile où l'enfant atteint l'âge de *(L. n° 2019-791 du 26 juill. 2019, art. 14)* **« trois » ans.**

(L. n° 2019-791 du 26 juill. 2019, art. 20) **« Le fait, pour les parents d'un enfant ou pour toute personne exerçant à son égard l'autorité parentale ou une autorité de fait**

de façon continue, d'inscrire cet enfant dans un établissement d'enseignement privé qui a ouvert malgré l'opposition prévue au chapitre Ier du titre IV du livre IV du présent code ou sans remplir les conditions prescrites au même chapitre Ier, alors qu'ils ont déclaré qu'ils feront donner à cet enfant l'instruction dans la famille, est passible des peines prévues au premier alinéa de l'article 441-7 du code pénal. »

Les familles domiciliées à proximité de deux ou plusieurs écoles publiques ont la faculté de faire inscrire leurs enfants à l'une ou l'autre de ces écoles, qu'elle soit ou non sur le territoire de leur commune, à moins qu'elle ne compte déjà le nombre maximum d'élèves autorisé par voie réglementaire.

(L. nº 2004-809 du 13 août 2004, art. 80) **« Toutefois, lorsque le ressort des écoles publiques a été déterminé conformément aux dispositions de l'article L. 212-7** *(L. nº 2019-791 du 26 juill. 2019, art. 20)* **« du présent code », les familles doivent se conformer à la délibération du conseil municipal ou de l'organe délibérant de l'établissement public de coopération intercommunale compétent, déterminant le ressort de chacune de ces écoles.**

« Lorsque le ressort des écoles publiques a été déterminé conformément aux dispositions de l'article L. 212-7, l'inscription des élèves, dans les écoles publiques ou privées, se fait sur présentation d'un certificat d'inscription sur la liste scolaire prévue à l'article L. 131-6. Ce certificat est délivré par le maire, qui y indique l'école que l'enfant doit fréquenter. *(L. nº 2019-791 du 26 juill. 2019, art. 12)* **« En cas de refus d'inscription sur la liste scolaire de la part du maire sans motif légitime, le directeur académique des services de l'éducation nationale agissant sur délégation du préfet procède à cette inscription, en application de l'article L. 2122-34 du code général des collectivités territoriales, après en avoir requis le maire. »**

« La domiciliation des parents à l'étranger ne peut être une cause de refus d'inscription d'un enfant soumis à l'obligation scolaire. Chaque enfant est inscrit soit dans la commune où ses parents ont une résidence, soit dans celle du domicile de la personne qui en a la garde, soit dans celle où est situé un établissement ou une section d'établissement destinés plus particulièrement aux » *(Ord. nº 2005-461 du 13 mai 2005, art. 3)* **« enfants de Français établis hors de France ».**

(L. nº 2017-86 du 27 janv. 2017, art. 193) **« Le statut ou le mode d'habitat des familles installées sur le territoire de la commune ne peut être une cause de refus d'inscription d'un enfant soumis à l'obligation scolaire. Lorsque la famille n'a pas de domicile stable, l'inscription dans un établissement public ou privé peut être cumulée avec l'inscription auprès du service public du numérique éducatif et de l'enseignement à distance prévu à l'article L. 131-2. »**

(L. nº 2005-157 du 23 févr. 2005, art. 50) **« La conclusion d'un contrat de travail à caractère saisonnier ouvre le droit de faire inscrire ses enfants dans une école de la commune de son lieu de résidence temporaire ou de travail. »**

A titre expérimental, est mise en place, par l'autorité de l'État compétente en matière d'éducation, une journée pédagogique consacrée à la citoyenneté, aux principes républicains, à la transmission des instructions et informations en matière d'éducation au corps et aux droits de l'enfant et à la lutte contre les violences éducatives ordinaires pour les enfants recevant une instruction dans la famille. Cette journée est organisée dans toutes les écoles volontaires (L. nº 2021-1109 du 24 août 2021, art. 52).

En application de l'art. L. 231-5 CRPA, et par exception à l'application du délai de 2 mois prévu au 1er al. du I de cet art., le délai à l'expiration duquel le silence gardé par l'administration vaut décision d'acceptation est fixé à 3 mois pour une demande d'inscription dans une école en dehors du secteur scolaire (Décr. nº 2014-1275 du 23 oct. 2014, art. 1er).

BIBL. ▸ Carte scolaire : AGULHON et PALMA, Sectorisation et assouplissement de la carte scolaire. Des actions segmentées et contradictoires, *in* Les effets de l'assouplissement de la carte scolaire, *Éducation & formations, nº 83, juin 2013. 75.* – BARRAULT, Les résistances de la carte scolaire. Les limites du volontarisme dans l'action publique, *Politix 2012, nº 98, p. 109* ; Une politique autosubversive. L'attribution des dérogations scolaires, *Sociétés contemporaines 2011, nº 82, p. 31.* – BEN AYDED, A qui profite le choix de l'école ? Changements d'établissement et destins scolaires des élèves de milieux populaires, *Revue française de pédagogie 2011, nº 175.* – BEN AYED, BROCCOLICHI et MONTROY, Quels impacts de l'assouplissement de la carte scolaire sur la ségrégation sociale au collège ? Tendances nationales et déclinaisons locales contrastées, *in* Les effets de l'assouplissement de la carte scolaire, *Éducation & formations 2013, nº 83, p. 39.* – CARTRON,

Mission d'information sur la carte scolaire, *Rapp. d'information au Sénat, n° 617, 27 juin 2012.* – Derouet, École et justice. De l'égalité des chances aux compromis locaux, *Métailié, 1992.* – Duterq et Mons, Les principaux de collège face à l'assouplissement de la carte scolaire : un repositionnement stratégique, *in* Les effets de l'assouplissement de la carte scolaire, *Éducation & formations 2013, n° 83, p. 87.* – Freck et Grenet, Les effets de l'assouplissement de la carte scolaire dans l'éducation prioritaire, *in* Les effets de l'assouplissement de la carte scolaire, *Éducation & formations 2013, n° 83, p. 25.* – Lefresne, Que nous enseignent les comparaisons internationales en matière de carte scolaire ?, *in* Les effets de l'assouplissement de la carte scolaire, *Éducation & formations 2013, n° 83, p. 109.* – Legrand, Non ! La carte scolaire n'a pas disparu, *AJDA 2010. 1214*. – Merle, La carte scolaire et son assouplissement. Politique de mixité sociale ou de ghettoïsation des établissements ?, *Sociologie, n° 1, vol 2, 2011. 37.* – Oberti, Le jeu faussé de la carte scolaire, *Le Monde, 8-9 oct. 2006. 15.* – Oberti (dir.), La carte scolaire, *Problèmes politiques et sociaux, n° 956, Doc. fr. 2009.* – Obin et Peyroux, Les nouvelles dispositions de la carte scolaire, *Rapport des inspections générales, n° 2007-094, nov. 2007.* – Pajot et Gauthier (coord.), Conséquences des mesures d'assouplissement de la carte scolaire après 2007, *Rapp. IGEN-IGAENR, n° 2013-037, juin 2013 ; AJDA 2013. 1600*. – Pastor, Assouplissements de la carte scolaire : les inspections générales sont sceptiques, *AJDA 2013. 1602*. – De Paz, Inscriptions en école maternelle ou primaire : les règles de sectorisation, les dérogations, les pouvoirs du maire, *LIJ 2001, n° 51, p. 27.* – Van Zanten, Choisir son école. Stratégies familiales et médiations locales, *PUF, 2009* ; Vers une régulation territoriale des établissements d'enseignement en France ? Le cas de deux départements de la région parisienne. *Recherches sociologiques, vol. 35, n° 2, 2008. 47.* – Van Zanten et Obin, La carte scolaire, *PUF, coll. Que sais-je ?, 2e éd., 2010* ; La carte scolaire : faits, révélations, analyses, *PUF, coll. Que sais-je ?, 2008.*

▶ **Maire :** Rihal, Le maire agent de l'État en matière d'enseignement, *Cah. administratifs et politistes du Ponant, automne 1999, n° 2. 34.*

▶ **Maire. Communes. Compétences :** V. Bibl. ss. Livre 2, Titre 1, Ch. 2 et ss. art. L. 212-1.

I. COMPÉTENCE

1. Conseil municipal. La rédaction de cet art. remet en cause la jurisprudence traditionnelle selon laquelle le maire était seul compétent pour fixer le ressort territorial de chaque école et pour autoriser les dérogations à cette sectorisation. • CE 28 mai 1986, nos 39775 et 47115 B. • CE 7 déc. 1990, n° 106868 B : *AJDA 1991. 151* ; *ibid. 117, chron. Honorat et Schwartz* • CAA Nancy, 4 juill. 2002, n° 96NC02262.

2. Maire. Seul le maire est compétent pour accepter ou refuser l'inscription d'un enfant dans une école. La décision prise par le directeur de l'école est entachée d'incompétence. • TA Paris, 11 oct. 2002, n° 0112261/7 : *AJDA 2003. 147, note Chouvel*. ♦ Lorsqu'il participe à la procédure d'admission dans les écoles publiques, le maire agit en qualité de représentant de l'État. • CAA Bordeaux, 19 déc. 2006, n° 05BX01967 : *LIJ 2007, n° 112, p. 9.* ♦ Le maire agit au nom de l'État lorsqu'il admet dans les écoles publiques de sa commune des enfants ne résidant pas sur le territoire de la commune. • CAA Nantes, 2 déc. 2005, n° 04NT01185 : *LIJ 2006, n° 104, p. 7* • TA Dijon, 12 déc. 2006, n° 0502046 : *AJDA 2007. 549*. ♦ Le maire établit chaque année la liste de tous les enfants résidant dans sa commune qui sont soumis à l'obligation scolaire. * Rép. min.n° 14071 : *JO Sénat Q 9 juill. 2020, p. 3183.*

3. Préfet. Incompétence. La demande de parents d'inscrire leur enfant à l'école maternelle de la commune voisine ayant été refusée par le maire de cette commune et l'inspecteur d'académie ayant infirmé cette position, le préfet s'était substitué au maire pour inscrire l'enfant. Le juge administratif estime que le préfet, en application de l'art. L. 2122-34 CGCT, ne peut se substituer au maire que dans la seule hypothèse où la carence du maire a pour effet de faire obstacle au droit à la scolarité obligatoire de l'enfant. Il considère en l'espèce que tel n'est pas le cas car, d'une part, l'enfant n'avait pas atteint l'âge de la scolarité obligatoire, d'autre part, il existait dans la commune de résidence une école maternelle plus proche du domicile des parents. • TA Amiens, 23 oct. 2007, n° 0700219 : *AJDA 2008. 550*.

4. Obligations. Information de la commune de résidence. L'information de la commune de résidence au sujet de l'inscription d'enfants de cette commune dans une école de la commune d'accueil revêt un caractère nécessaire et par suite obligatoire, afin que le maire de la commune de résidence soit en mesure, le cas échéant, de donner son accord à une telle inscription et de connaître l'étendue des obligations financières susceptibles d'en découler. En l'espèce, la commune de résidence dispose de capacités d'accueil pour les enfants de sa commune et assure un service de restauration et de garde pour ces derniers. Si le maire de cette commune était susceptible de consentir à la scolarisation d'enfants dans des écoles de la commune d'accueil, il n'est pas établi qu'il ait donné un tel accord alors, en outre, qu'il n'est ni démontré ni même allégué que l'inscription d'un ou plusieurs des élèves concernés était justifiée par un des cas dérogatoires (motifs énoncés par l'art. R. 212-21 pour lesquels la contribution financière de la commune de résidence est obligatoire). Si la commune d'accueil a, par courriers, informé le maire de résidence qu'une contribution financière lui serait demandée, ces courriers, qui ne comportaient aucune information sur le motif de la scolarisation des enfants en cause, n'avaient pas pour objet de solliciter l'accord du maire de la commune de résidence. Dès lors, l'absence de réponse ne peut être réputée valoir acceptation. Ainsi, le titre de perception en litige avait été émis au terme d'une procédure irrégulière. • CAA Lyon, 23 juill. 2019, n° 17LY03015.

II. REFUS D'INSCRIPTION

5. Absence de résidence à titre personnel sur le territoire communal. Dans une affaire où le maire d'une commune avait refusé l'inscription d'un enfant dans une école maternelle au motif, notamment, que l'intéressée, qui habitait dans un logement financé par le SAMU social, ne résidait pas sur le territoire communal, le juge a estimé que l'absence de financement personnel par la requérante de son logement dont le loyer étant pris en charge par le SAMU social n'était pas susceptible de justifier la décision attaquée sans porter une atteinte discriminatoire à la possibilité pour la requérante de solliciter la scolarisation de son enfant, dès lors qu'elle n'était pas davantage justifiée par des considérations tirées de l'intérêt du service. • TA Cergy-Pontoise, 15 nov. 2013, n° 1101769 : *LIJ 2014, n° 182, p. 5.* ♦ Pour un refus d'inscription au motif que la caravane dans laquelle demeurait le demandeur avec ses enfants était stationnée irrégulièrement sur un terrain inondable. • TA Bordeaux, 21 oct. 2004, n°s 0202058 et 022073.

6. Hétérogénéité sociale. Le refus d'inscription d'un enfant dans une école ne peut être légalement motivé par le souci d'assurer l'hétérogénéité sociale dans les écoles publiques. • TA Paris, 11 oct. 2002, n° 0112261/7 : *AJDA 2003. 147, note Chouvel.*

7. Habitat précaire. Dans une affaire où des réfugiés syriens, installés de façon précaire dans une maison abandonnée, s'étaient vu refuser l'inscription leur fils de cinq ans dans une des écoles maternelles de la commune, le juge rappelle qu'un maire ne peut légalement refuser l'inscription d'un enfant dans une école maternelle au motif que, ne parlant pas français, il souffrira de difficultés d'adaptation ou que ses parents ne disposent pas d'un habitat stable. Il a toutefois relevé qu'il résulte des travaux préparatoires à la L. n° 89-486 du 10 juill. 1989 d'orientation sur l'éducation dont est issu l'art. L. 113-1 que l'inscription d'un enfant de trois ans en école maternelle n'est pas un droit et qu'un maire peut légalement fonder un refus d'inscription en classe maternelle sur le manque de places disponibles, ce qui n'était pas le cas en l'espèce. La décision de refus est donc annulée et il est enjoint au maire de procéder à l'inscription de l'enfant sous quinze jours. • TA Versailles, 15 mars 2018, n° 1800382 : *LIJ 203, juill. 2018. 8.*

8. Manque de place. Difficultés d'adaptation. Illégalité. Dans une affaire où des familles de réfugiés syriens, installées dans les pavillons vacants de la « cité de l'air » à Athis-Mons, quartier proche de l'aéroport d'Orly et promis à la démolition, s'étaient vu opposer un refus d'inscription pour leurs enfants (une cinquantaine) au motif d'un manque de places face à un afflux imprévu, le tribunal juge qu'un maire ne peut pas se réfugier derrière le manque de places pour refuser de scolariser un enfant qui est en âge de l'être obligatoirement. Le tribunal juge en effet que le maire était tenu d'inscrire à l'école primaire l'enfant âgé de plus de six ans à la rentrée scolaire et dont la famille réside sur le territoire de la commune même de façon précaire, sans pouvoir légalement opposer l'insuffisance des infrastructures d'accueil ni les difficultés d'adaptation des enfants ne parlant pas français. • TA Versailles, 15 mars 2018, n° 1800315.

9. Radiation. Désaccord entre les parents. Un chef d'établissement suffisamment averti de l'opposition de l'un des parents ne peut procéder à la radiation ou à l'inscription d'un élève en l'absence de toute décision de justice statuant sur le désaccord opposant les parents. • TA Rouen, 21 oct. 2010, n° 1002098 : *AJDA 2011. 120, concl. Coudert.*

III. SECTORISATION

10. Principe. Libre choix des parents. Absence. L'inscription d'un enfant dans une école primaire hors de sa commune de résidence n'est pas un droit. • TA Limoges, 24 mai 2007, n° 0501128 : *LIJ 2007, n° 117, p. 7.* ♦ Aucun principe général du droit ni aucune disposition législative ou réglementaire ne reconnaît aux parents le droit de choisir librement l'établissement scolaire devant être fréquenté par leurs enfants. • TA Nantes, 6 oct. 1998, n° 96NT2036 A. • CE 12 oct. 1973, n° 84690 A. ♦ Un élève a droit à une affectation conforme aux règles posées par le C. éduc., qui lui donnent une priorité pour les établissements de la zone de desserte où se trouve son domicile. • TA Paris, 11 févr. 2010, n° 0913418 : *AJDA 2010. 1214, note Legrand.*

11. Secteurs géographiques. Les nécessités de l'organisation du service public de l'enseignement conduisent au contraire à définir des secteurs géographiques dont la population scolaire doit fréquenter les établissements désignés pour desservir ces secteurs. Une décision de l'inspecteur d'académie prononçant l'affectation d'un élève dans un établissement dispensant le type d'enseignement choisi par l'intéressé est régulière. • CE 12 oct. 1973, n° 84690 A.

12. Limites. Les familles domiciliées à proximité de deux ou plusieurs écoles publiques ont la faculté de faire inscrire leurs enfants à l'une ou l'autre de ces écoles, qu'elle soit ou non sur le territoire de leur commune, à moins qu'elle ne compte déjà le maximum d'élèves autorisé par les règlements. Ni cette disposition ni aucun autre texte ne permettent à une commune de subordonner l'inscription, dans les écoles primaires, d'élèves domiciliés hors de son territoire, au versement d'une contribution financière par leur commune de résidence. • CE 27 juin 1990, n° 64690 : *Dr. adm. 1990, comm. n° 444 ; AJDA 1990. 829, obs. Hecquart-Théron*.

13. Nécessités du service public. Si les dispositions de la L. du 28 mars 1882 ont donné aux familles domiciliées à proximité de plusieurs écoles publiques la faculté de faire inscrire leurs enfants à l'une ou l'autre de ces écoles, elles ont explicitement réservé les cas dans lesquels les nécessités de l'organisation du service public de l'enseignement conduisent à définir des secteurs géographiques dont la population scolaire doit fréquenter les établissements désignés pour desservir lesdits secteurs. • CE 28 mai 1986, nos 61062, 61063, 61106 et 61107 B.

14. Contrôle du juge. La décision d'un maire fixant le ressort d'une école de la commune est soumise au contrôle restreint du juge de l'excès de pouvoir. • CE 28 mai 1986, nos 61062, 61063, 61106 et 61107 B.

IV. DÉROGATIONS

15. Modalités de contrôle du juge. Le tribunal administratif de Toulouse, saisi d'une demande d'annulation d'un refus d'accéder à une demande de dérogation, précise le mode opératoire du contrôle. En l'espèce, il s'assure que l'inspecteur d'académie a compétemment fixé l'ordre de priorités des critères à prendre en compte pour examiner les demandes de dérogations. Il vérifie ensuite que cette même autorité n'a pas commis une erreur de droit ou de fait dans l'application de l'ordre de priorité prévu par l'art. D. 211-11, que pour ce faire elle s'est assurée que les dérogations attribuées, dans la limite des capacités d'accueil de l'établissement concerné, l'avaient bien été pour des motifs correspondant à des situations à prendre en compte en priorité par rapport au motif invoqué tenant au rapprochement des deux filles du requérant. • TA Toulouse, 27 juill. 2012, n° 1103869 : *LIJ 2013, n° 174, p. 6.* ♦ Dans le même sens : • TA Lille, 2 nov. 2006, n° 0604765 : *LIJ 2007, n° 112, p. 10.*

16. Examen de la situation. Les refus de demande de dérogation de secteur doivent être décidés à la suite d'un examen particulier de la situation. En se bornant à indiquer aux parents qu'il n'était pas possible de donner une suite favorable à leur demande au motif que l'admission anticipée d'un élève dans une classe primaire ne pouvait en aucune manière faire l'objet d'une telle dérogation, le maire a opposé une règle que la commune s'est elle-même fixée sans examiner si, compte tenu des circonstances particulières invoquées par les parents, il n'était pas possible d'y déroger ; la commune a ainsi commis une erreur de droit. • CAA Nancy, 4 juill. 2002, n° 96NC02262 : *préc. note 1.*

17. Contentieux. L'annulation par le tribunal administratif de la décision du maire de refuser l'octroi d'une demande de dérogation a pour effet de saisir à nouveau le maire de la demande mais l'exécution du jugement n'implique pas nécessairement que cette autorité accorde l'autorisation demandée ; par suite, des conclusions tendant à ce que le juge enjoigne au maire d'inscrire l'enfant à l'école choisie par les parents sont irrecevables. • CAA Nancy, 31 janv. 2002, n° 01NC00895.

18. Motivation. Le refus d'accorder une dérogation à la sectorisation scolaire se rattache à la catégorie des décisions refusant une autorisation, au sens de la L. du 11 juill. 1979 relative à la motivation des actes administratifs et à l'amélioration des relations entre l'administration et le public. Il doit être assorti des motifs justificatifs. • CE 10 mai 1996, n° 136258 B : *RD publ. 1996. 1197, concl. Roul.*

19. Principe d'égalité. Méconnaît le principe d'égalité de traitement des usagers du service public de l'enseignement la décision de l'inspecteur d'académie refusant une dérogation de secteur scolaire dans un collège au motif que le lieu de travail des parents ne figure pas parmi les critères retenus à l'échelon départemental, alors que d'autres dérogations ont été accordées sur la base du même motif et que le décret en vigueur prévoit que, dans la limite des places disponibles, des inscriptions à titre dérogatoire peuvent être accordées après satisfaction des demandes normales. L'inspecteur d'académie ne devait ni refuser d'examiner la demande ni refuser l'application d'un critère retenu pour accorder d'autres dérogations. • CE 10 juill. 1995, n° 147212 A : *AJDA 1995. 925, concl. Aguila ; JCP 1995. IV. 268.* ♦ Méconnaît le principe d'égalité des usagers devant le service public la décision d'un maire qui refuse à une famille le bénéfice du regroupement d'une fratrie alors que les enfants se trouvaient dans la même situation que ceux d'une autre famille à laquelle avait été accordé le regroupement. • CAA Versailles, 27 sept. 2007, n° 06VE00526 : *LIJ 2007, n° 119, p. 8.*

20. Critère étranger à la situation objective de l'élève. Le maire ne peut légalement fonder un refus de dérogation au périmètre de scolarisation sur le comportement de la mère vis-à-vis de l'institution scolaire et des enseignants, même si ce comportement était de nature à troubler le bon fonctionnement de l'école, ce critère n'ayant pas trait à la situation objective de l'élève. • CAA Lyon, 6 févr. 2001, n° 99LY02955 B.

21. Intérêt supérieur de l'enfant. Des parents ont scolarisé leurs deux enfants au sein d'une école maternelle, l'un en grande section l'autre en toute petite section sur la base d'une dérogation accordée par le maire. A l'issue de l'année scolaire, ils ont demandé de prolonger la scolarisation du plus petit en petite section de la même école et l'inscription du plus grand à l'école élémentaire accolée à cette école maternelle. Le maire a refusé l'inscription des deux enfants et de les inscrire dans deux établissements relevant de leur secteur scolaire. Le juge des référés a considéré que les parents justifiaient de l'existence d'une urgence compte tenu de la date rapprochée de la rentrée des classes. Pour ce qui concerne le plus grand enfant, il a estimé que celui-ci sera en tout état de cause scolarisé dans une autre école que celle fréquentée par son frère et que dès lors aucun des moyens invoqués par les requérants n'était de nature à faire naître un doute sérieux sur la légalité de la décision. Pour ce qui concerne le plus jeune enfant, le juge s'appuie sur l'art. 3-1 de la convention relative aux droits de l'enfant du 26 janv. 1990 en vertu duquel dans toutes les décisions qui concernent les enfants, qu'elles soient le fait d'instructions politiques ou privées, de protection sociale, des tribunaux, des autorités administratives ou des organes législatifs, l'intérêt supérieur de l'enfant doit être une considération primordiale. Le juge a ainsi prononcé la suspension de la mesure litigieuse. • TA Versailles, 18 août 2006, n° 0607067 : *LIJ 2006, n° 110, p. 6.*

22. Référé. Urgence. Appréciation. La proximité de la rentrée scolaire ne suffit pas à elle seule à caractériser la situation d'urgence nécessaire à l'admission d'un référé-suspension. En l'espèce, pour annuler l'ordonnance du juge des référés, le Conseil d'État a considéré que pour estimer qu'il y avait urgence à suspendre la décision par laquelle le directeur académique a refusé l'inscription de l'enfant, le juge des référés du tribunal s'est borné à relever la proximité de la rentrée scolaire, sans rechercher si la décision préjudiciait de manière suffisamment grave et immédiate à un intérêt public, à la situation du requérant ou aux intérêts que celui-ci entendait défendre ; il a ainsi commis une erreur de droit. • CE 12 déc. 2013, ⚖ n° 371750 : *LIJ 2014, n° 182, p. 6.*

23. Capacités d'accueil de l'établissement. Dans le contentieux des refus de demandes de dérogation, le juge rappelle que, selon l'art. D. 211-11, les élèves qui ne relèvent pas du secteur géographique de l'établissement dans lequel ils demandent à être inscrits ne disposent d'aucun droit à bénéficier d'une dérogation à la carte scolaire. Il appartient au DASEN, dans la limite des places disponibles restantes après l'affectation des élèves du secteur, de procéder à l'inscription de ces élèves selon les critères de priorité qu'il détermine. En l'espèce, le juge relève que le DASEN s'était fondé sur la circonstance que les capacités d'accueil en classe de 6e dans le collège sollicité étaient atteintes par les seules affectations des élèves relevant de la zone de desserte de cet établissement et que 16 autres demandes de dérogation avaient, de ce fait, également été refusées (absence d'erreur manifeste d'appréciation). • TA Versailles, 27 févr. 2020, n° 1805061 : *LIJ 2020, n° 211, p. 6.* ♦ Dans le même sens : • TA Strasbourg, 1er mars 2012, n° 1005242 : *LIJ 2012, n° 167, p. 6.*

Nouvel art. L. 131-5 ***Les personnes responsables d'un enfant soumis à l'obligation scolaire définie à l'article L. 131-1 doivent le faire inscrire dans un établissement d'enseignement public ou privé,*** (L. n° 2021-1109 du 24 août 2021, art. 49) ***« ou bien, à condition d'y avoir été autorisées par l'autorité de l'État compétente en matière d'éducation, lui donner l'instruction en famille ».*** (Abrogé par L. n° 2021-1109 du 24 août 2021, art. 49) ***« Dans ce cas, il est exigé une déclaration annuelle. »***

Les mêmes formalités doivent être accomplies dans les huit jours qui suivent tout changement de résidence (Abrogé par L. n° 2021-1109 du 24 août 2021, art. 49) ***« ou de choix d'instruction. »***

La présente obligation s'applique à compter de la rentrée scolaire de l'année civile où l'enfant atteint l'âge de (L. n° 2019-791 du 26 juill. 2019, art. 14) ***« trois » ans.***

(L. n° 2021-1109 du 24 août 2021, art. 49) ***« L'autorisation mentionnée au premier alinéa est accordée pour les motifs suivants, sans que puissent être invoquées d'autres raisons que l'intérêt supérieur de l'enfant :***

« 1° L'état de santé de l'enfant ou son handicap ;

« 2° La pratique d'activités sportives ou artistiques intensives ;

« 3° L'itinérance de la famille en France ou l'éloignement géographique de tout établissement scolaire public ;

« 4° L'existence d'une situation propre à l'enfant motivant le projet éducatif, sous réserve que les personnes qui en sont responsables justifient de la capacité de la ou des personnes chargées d'instruire l'enfant à assurer l'instruction en famille dans le respect de l'intérêt supérieur de l'enfant. Dans ce cas, la demande d'autorisation comporte une présentation écrite du projet éducatif, l'engagement d'assurer cette instruction majoritairement en langue française ainsi que les pièces justifiant de la capacité à assurer l'instruction en famille.

« L'autorisation mentionnée au premier alinéa est accordée pour une durée qui ne peut excéder l'année scolaire. Elle peut être accordée pour une durée supérieure lorsqu'elle est justifiée par l'un des motifs prévus au 1°. Un décret en Conseil d'État précise les modalités de délivrance de cette autorisation.

« L'autorité de l'État compétente en matière d'éducation peut convoquer l'enfant, ses responsables et, le cas échéant, les personnes chargées d'instruire l'enfant à un entretien afin d'apprécier la situation de l'enfant et de sa famille et de vérifier leur capacité à assurer l'instruction en famille.

« En application de l'article L. 231-1 du code des relations entre le public et l'administration, le silence gardé pendant deux mois par l'autorité de l'État compétente en matière d'éducation sur une demande d'autorisation formulée en application du premier alinéa du présent article vaut décision d'acceptation.

« La décision de refus d'autorisation fait l'objet d'un recours administratif préalable auprès d'une commission présidée par le recteur d'académie, dans des conditions fixées par décret.

« Le président du conseil départemental et le maire de la commune de résidence de l'enfant sont informés de la délivrance de l'autorisation. Lorsqu'un enfant recevant l'instruction dans la famille ou l'un des enfants du même foyer fait l'objet de l'information préoccupante prévue à l'article L. 226-3 du code de l'action sociale et des familles, le président du conseil départemental en informe l'autorité de l'État compétente en matière d'éducation, qui peut alors suspendre ou abroger l'autorisation qui a été délivrée aux personnes responsables de l'enfant. Dans cette hypothèse, ces dernières sont mises en demeure de l'inscrire dans un établissement d'enseignement scolaire, dans les conditions et selon les modalités prévues à l'article L. 131-5-1 du présent code.

« Lorsque, après concertation avec le directeur de l'établissement d'enseignement public ou privé dans lequel est inscrit un enfant, il est établi que l'intégrité physique ou morale de cet enfant est menacée, les personnes responsables de l'enfant peuvent lui donner l'instruction dans la famille après avoir sollicité l'autorisation mentionnée au premier alinéa du présent article, dans le délai restant à courir avant que cette autorisation ne leur soit accordée ou refusée.

« L'enfant instruit dans la famille est rattaché administrativement à une circonscription d'enseignement du premier degré ou à un établissement d'enseignement scolaire public désigné par l'autorité de l'État compétente en matière d'éducation. »

(L. n° 2019-791 du 26 juill. 2019, art. 20) *« Le fait, pour les parents d'un enfant ou pour toute personne exerçant à son égard l'autorité parentale ou une autorité de fait de façon continue, d'inscrire cet enfant dans un établissement d'enseignement privé qui a ouvert malgré l'opposition prévue au chapitre Ier du titre IV du livre IV du présent code ou sans remplir les conditions prescrites au même chapitre Ier, alors qu'ils ont* (L. n° 2021-1109 du 24 août 2021, art. 49) *« obtenu l'autorisation mentionnée au premier alinéa », est passible des peines prévues au premier alinéa de l'article 441-7 du code pénal. »*

Les familles domiciliées à proximité de deux ou plusieurs écoles publiques ont la faculté de faire inscrire leurs enfants à l'une ou l'autre de ces écoles, qu'elle soit ou non sur le territoire de leur commune, à moins qu'elle ne compte déjà le nombre maximum d'élèves autorisé par voie réglementaire.

(L. n° 2004-809 du 13 août 2004, art. 80) *« Toutefois, lorsque le ressort des écoles publiques a été déterminé conformément aux dispositions de l'article L. 212-7* (L. n° 2019-791 du 26 juill. 2019, art. 20) *« du présent code », les familles doivent se conformer à la délibération du conseil municipal ou de l'organe délibérant de l'établissement public de coopération intercommunale compétent, déterminant le ressort de chacune de ces écoles.*

« Lorsque le ressort des écoles publiques a été déterminé conformément aux dispositions de l'article L. 212-7, l'inscription des élèves, dans les écoles publiques ou privées, se fait sur présentation d'un certificat d'inscription sur la liste scolaire prévue à l'article L. 131-6. Ce certificat est délivré par le maire, qui y indique l'école que l'enfant doit fréquenter. (L. n° 2019-791 du 26 juill. 2019, art. 12) *« En cas de refus d'inscription sur la liste scolaire de la part du maire sans motif légitime, le directeur académique des services de l'éducation nationale agissant sur délégation du préfet procède à cette inscription, en application de l'article L. 2122-34 du code général des collectivités territoriales, après en avoir requis le maire. »*

« La domiciliation des parents à l'étranger ne peut être une cause de refus d'inscription d'un enfant soumis à l'obligation scolaire. Chaque enfant est inscrit soit dans la commune où ses parents ont une résidence, soit dans celle du domicile de la personne qui en a la garde, soit dans celle où est situé un établissement ou une section d'établissement destinés plus particulièrement aux" (Ord. n° 2005-461 du 13 mai 2005, art. 3) *"enfants de Français établis hors de France ».*

(L. n° 2017-86 du 27 janv. 2017, art. 193) *« Le statut ou le mode d'habitat des familles installées sur le territoire de la commune ne peut être une cause de refus d'inscription d'un enfant*

soumis à l'obligation scolaire. Lorsque la famille n'a pas de domicile stable, l'inscription dans un établissement public ou privé peut être cumulée avec l'inscription auprès du service public du numérique éducatif et de l'enseignement à distance prévu à l'article L. 131-2. »

(L. n° 2005-157 du 23 févr. 2005, art. 50) ***« La conclusion d'un contrat de travail à caractère saisonnier ouvre le droit de faire inscrire ses enfants dans une école de la commune de son lieu de résidence temporaire ou de travail. »***

Le nouvel art. entre en vigueur à la rentrée scolaire 2022. Par dérogation, l'autorisation prévue à cet art. est accordée de plein droit, pour les années scolaires 2022-2023 et 2023-2024, aux enfants régulièrement instruits dans la famille au cours de l'année scolaire 2021-2022 et pour lesquels les résultats du contrôle organisé en application du 3e al. de l'art. L. 131-10 ont été jugés suffisants (L. n° 2021-1109 du 24 août 2021, art. 49-IV).

A titre expérimental, est mise en place, par l'autorité de l'État compétente en matière d'éducation, une journée pédagogique consacrée à la citoyenneté, aux principes républicains, à la transmission des instructions et informations en matière d'éducation au corps et aux droits de l'enfant et à la lutte contre les violences éducatives ordinaires pour les enfants recevant une instruction dans la famille. Cette journée est organisée dans toutes les écoles volontaires (L. n° 2021-1109 du 24 août 2021, art. 52).

Art. L. 131-5-1 *(L. n° 2021-1109 du 24 août 2021, art. 49, en vigueur à la rentrée scolaire 2022)* I. — Lorsqu'elle constate qu'un enfant reçoit l'instruction dans la famille sans l'autorisation mentionnée à l'article L. 131-5, l'autorité de l'État compétente en matière d'éducation met en demeure les personnes responsables de l'enfant de l'inscrire, dans un délai de quinze jours à compter de la notification de la mise en demeure, dans un établissement d'enseignement scolaire public ou privé et de faire aussitôt connaître au maire, qui en informe l'autorité de l'État compétente en matière d'éducation, l'école ou l'établissement qu'elles ont choisi.

II. — Lorsqu'elle est obtenue par fraude, l'autorisation mentionnée à l'article L. 131-5 est retirée sans délai, sans préjudice des sanctions pénales. Ce retrait est assorti d'une mise en demeure d'inscrire l'enfant dans un établissement d'enseignement scolaire public ou privé, dans les conditions et selon les modalités prévues au I du présent article.

Art. L. 131-5-2 *(L. n° 2021-1109 du 24 août 2021, art. 49, en vigueur à la rentrée scolaire 2022)* Une instance départementale chargée de la prévention de l'évitement scolaire associe les services de l'État compétents, les services municipaux concernés, le conseil départemental, l'organisme chargé du versement des prestations familiales et le ministère public. Elle assure notamment le suivi des élèves scolarisés à la suite de la mise en demeure mentionnée à l'article L. 131-10. Les modalités d'application du présent article sont précisées par décret.

Art. L. 131-6 Chaque année, à la rentrée scolaire, le maire dresse la liste de tous les enfants résidant dans sa commune et qui sont soumis à l'obligation scolaire.

Les personnes responsables doivent y faire inscrire les enfants dont elles ont la garde. *(L. n° 2019-791 du 26 juill. 2019, art. 16)* « La liste des pièces qui peuvent être demandées à l'appui de cette demande d'inscription est fixée par décret. »

(L. n° 2007-297 du 5 mars 2007, art. 12) « Afin de procéder au recensement prévu au premier alinéa et d'améliorer le suivi de l'obligation d'assiduité scolaire, le maire peut mettre en œuvre un traitement automatisé de données à caractère personnel où sont enregistrées les données à caractère personnel relatives aux enfants en âge scolaire domiciliés dans la commune, qui lui sont transmises par les organismes chargés du versement des prestations familiales ainsi que par *(Décr. n° 2012-16 du 5 janv. 2012, art. 7)* « l'autorité de l'État compétente en matière d'éducation » et par le directeur ou la directrice de l'établissement d'enseignement ainsi qu'en cas d'exclusion temporaire ou définitive de l'établissement ou lorsqu'un élève inscrit dans un établissement le quitte en cours ou en fin d'année.

« Un décret en Conseil d'État, pris après avis de la Commission nationale de l'informatique et des libertés, détermine les conditions d'application du troisième alinéa. Il précise la liste des données à caractère personnel collectées, la durée de conservation de ces données, les modalités d'habilitation des destinataires ainsi que les conditions dans lesquelles les personnes intéressées peuvent exercer leur droit d'accès. »

Sur le traitement automatisé de données à caractère personnel relatif au pilotage et à la gestion des élèves de l'enseignement du premier degré, V. ci-dessous Arr. du 20 oct. 2008.

Sur la liste des pièces pouvant être demandées à l'appui d'une demande d'inscription, V. art. D. 131-3-1.

Sur le traitement automatisé relatif au recensement des enfants soumis à l'obligation scolaire et à l'amélioration du suivi de l'assiduité, V. art. R. 131-10-1 s.

BIBL. ▶ André-Pina, Le maire et les dérogations scolaires, encadrement et conséquences, *AJCT 2016. 311*. – De Paz, Inscriptions en école maternelle ou primaire : les règles de sectorisation, les dérogations, les pouvoirs du maire, *LIJ 2001, n° 51*. – Rihal, Le maire, agent de l'État en matière d'enseignement, *Cahiers administratifs et politistes du Ponant, automne 1999, n° 2. 34.*

1. Compétence du maire. Le maire est compétent pour procéder aux inscriptions. Il l'est également pour procéder aux radiations si des motifs légitimes le justifient. Ainsi, la radiation peut être prononcée en raison des troubles apportés au fonctionnement de l'école et non pour des motifs disciplinaires tenant au comportement des élèves ; le maire n'est donc pas lié à cet égard par la proposition de l'inspecteur d'académie. • TA Nantes, 6 oct. 1998, n° 96NT2036 A. ♦ Le maire exerce cette compétence au nom de l'État. • CE 28 mai 1986, n°s 39775 et 47115 B • CE 19 déc. 2018, n° 408710 B : *AJDA 2019. 15 ; ibid. 640, concl. Lieber ; AJCT 2019. 211 ; LIJ 2019, n° 206, p. 5.*

2. Limites. Incompétence du maire pour fixer des restrictions à l'admission des enfants dans les écoles maternelles. • TA Nantes, 9 juill. 1987, *Commissaire de la République de Loire-Atlantique c/ Cne de Vigneux-de-Bretagne : Lebon 485.*

3. Limites. Refus illégal. Responsabilité de l'État pour la faute du maire qui a agi en son nom. Lorsque le maire, qui agit au nom de l'État, oppose un refus illégal d'inscrire des enfants à scolariser dans sa commune, il engage la responsabilité de l'État et non celle de la commune. Des parents demandaient au juge des référés de leur allouer une provision en réparation du préjudice moral subi par eux et par leurs enfants en raison d'un refus de scolarisation qui leur a été opposé de la rentrée scolaire au mois de janvier suivant. En l'espèce, le maire avait, dans un premier temps, implicitement refusé toute scolarisation et avait ensuite expressément prononcé l'admission des deux enfants dans une classe aménagée en dehors d'un établissement scolaire. Sur réquisition du préfet, ces modalités de scolarisation spécifiques avaient pris fin et les enfants ont été inscrits dans une école de la commune. Saisi à son tour, le Conseil d'État rappelle que le maire agissant au nom de l'État, les « décisions prises dans l'exercice de cette compétence ne peuvent, par suite, engager que la responsabilité de l'État ». En l'espèce, le Conseil d'État considère que la décision par laquelle le maire a refusé toute scolarisation à ces enfants doit être regardée, à raison de sa généralité, non comme un refus d'admission dans une école primaire particulière de la commune, mais comme un refus d'inscription sur la liste des enfants qui, résidant dans la commune, étaient soumis à l'obligation scolaire. Il conclut au caractère fautif du refus de scolarisation opposé aux parents et à la responsabilité de l'État pour la faute du maire qui a agi en son nom. • CE 19 déc. 2018, n° 408710 B : *préc. note 1.*

4. Absence de compétence du conseil municipal. Aucun texte ne donne au conseil municipal le pouvoir d'édicter des règles générales relatives à l'admission dans les écoles. • CE 7 déc. 1990, n° 106868 B : *AJDA 1991. 117, chron. Honorat et Baptiste*. ♦ De la même manière, il n'appartient pas au conseil municipal de prendre une décision d'inscription des enfants dans une école alors que les parents en demandaient une autre. • CE 28 mai 1986, n°s 39775 et 47115 B.

5. Absence de compétence du directeur de l'école. Le maire étant seul compétent pour accepter ou refuser l'inscription d'un enfant dans une école, la décision prise par le directeur d'une école est entachée d'incompétence. • TA Paris, 11 oct. 2002, n° 0112261/7 : *AJDA 2003. 147, note Chouvel*.

6. Traitement de données « Base élèves 1er degré ». Méconnaissance du droit d'opposition. De façon générale, l'exercice du droit d'opposition, par les personnes concernées, à la collecte des données dans la base élèves premier degré a été consacré dans son principe. En l'espèce, l'arrêté litigieux du 20 oct. 2008, excluant toute possibilité pour les personnes concernées de s'opposer à l'enregistrement de données personnelles quels que soient les motifs fondant ce refus, est illégal en tant qu'il interdit expressément la possibilité pour les personnes concernées de s'opposer, pour des motifs légitimes, à l'enregistrement de données personnelles les concernant au sein de « Base élèves 1er degré ». • CE 19 juill. 2010, n°s 317182 et 334014 A : *AJDA 2010. 1454 ; ibid. 1930, chron. Botteghi et Lallet ; LIJ 2010, n° 148, p. 8.* ♦ Ces motifs légitimes doivent être entendus comme tenant à la situation particulière de la personne concernée, selon les termes de l'art. 14 de la Dir. 95/46/CE du Parlement européen et du Conseil du 24 oct. 1995 relative à la protection des personnes physiques à l'égard des traitements de données à caractère personnel et à la libre circulation de ces données. Le motif prévu par la L. du 6 janv. 1978 ne peut être un motif d'ordre général, mais il doit être lié précisément à la situation personnelle de chaque personne souhaitant l'invoquer. • TA Strasbourg, 28 nov. 2013, n° 1103513 : *LIJ 2014, n° 182, p. 20.* ♦ Saisi d'une demande d'annulation d'une délibération du 7 juin 2012 par laquelle la CNIL a dispensé de déclaration les traitements automatisés de données personnelles relatifs à la gestion administrative, comptable et pédagogique des écoles et des établissements d'enseignement secondaire des secteurs public et privé, le Conseil d'État estime qu'au regard de l'objectif de meilleure gestion des établissements concernés, la collecte des données personnelles qu'ils prévoient est pertinente. En effet, le juge précise que les données relatives aux absences et aux sanctions disciplinaires, ainsi qu'aux vœux d'orientation, se rapportent à la scolarité des élèves ; que celles qui concernent les remises et réductions tarifaires permettent d'appréhender la situation financière du foyer auquel appartiennent les élèves ; que la collecte des données relatives à la catégorie socioprofessionnelle du ou des responsables légaux de l'élève permet quant à elle l'établissement, par le ministère de l'éducation nationale, de statistiques anonymes. Il considère de plus qu'eu égard, d'une part, aux finalités des traitements litigieux et à la nature des données collectées, qui sont en adéquation avec ces finalités, auxquelles elles sont proportionnées, et compte tenu, d'autre part, tant des conditions de leur collecte, qui suppose, s'agissant des données relatives à la catégorie socioprofessionnelle et au numéro de téléphone professionnel, le consentement du ou des responsables légaux des élèves concernés, que des restrictions d'accès qui sont prévues, la dispense de déclaration préalable de ces traitements ne porte pas au droit au respect de la vie privée et familiale des intéressés une atteinte excessive de nature à caractériser une méconnaissance de l'art. 8 Conv. EDH. • CE 16 févr. 2015, n° 362781 B : *AJDA 2015. 374 ; LIJ 2015, n° 190, p. 13.*

7. Traitement de données « Base élèves 1er degré ». Droit d'opposition. Exercice. Dans une affaire où la demande d'une mère d'élèves, qui s'était opposée à la collecte et au traitement de données relatives à ses deux enfants, avait été rejetée, le Conseil d'État, saisi en cassation, rappelle que si la personne responsable du traitement, au sens des dispositions du I de l'art. 3 de la L. n° 78-17 du 6 janv. 1978, est, en principe, celle auprès de laquelle s'exerce le droit d'opposition, ni cette loi, ni le Décr. n° 2005-1309 du 20 oct. 2005 pris pour son application ne font obstacle à ce qu'elle délègue sa compétence en la matière. Il estime donc en l'espèce que la base élève premier degré (BE1D) a pour finalités d'assurer la gestion administrative et pédagogique des élèves du premier degré, la gestion et le pilotage de l'enseignement du premier degré dans les circonscriptions scolaires du premier degré et les inspections d'académie et le pilotage académique et national, et la base nationale identifiant élève (BNIE) a la finalité d'attribuer un identifiant unique à chaque élève, afin de permettre le suivi de toute sa scolarité. Il en conclut que ces bases concourent aux missions relatives à l'action éducatrice et à son organisation, au sens des dispositions des art. R. 222-25 et R. 222-26 et, dès lors, la compétence en matière d'exercice du droit d'opposition doit être regardée comme étant exercée à l'échelon départemental des services de l'éducation nationale. • CE 27 juin 2016, n° 392145 B : *AJDA 2016. 1371 ; LIJ 2016, n° 194, p. 16 ; AEF 5 juill. 2016, Dépêche n° 541491, comm. Toulemonde.*

8. Traitement de données « Base élèves 1er degré ». Droit d'opposition. Motifs légitimes d'opposition. Saisi du refus d'une demande d'opposition à l'inscription de données relatives à leur enfant dans les traitements automatisés de données personnelles « base élèves premier degré », le Conseil d'État précise que le droit pour une personne de s'opposer à ce que les données la concernant fassent l'objet d'un traitement doit reposer sur des raisons prépondérantes et légitimes tenant à sa situation particulière. En l'espèce, les motifs invoqués par les intéressés pour faire valoir leur droit d'opposition prévu à l'art. 38 de la L. du 6 janv. 1978 n'avaient aucune incidence sur la situation personnelle de leur fille. Des objections d'ordre général ou de principe ne peuvent donc constituer des motifs légitimes d'opposition au sens de la L. du 6 janv. 1978. • CE 18 nov. 2015, n° 384869 : *AJDA 2016. 1047 ; LIJ 2016, n° 191, p. 13; AEF 2 déc. 2015, Dépêche n° 511623, comm. Toulemonde.*

9. Dispositif spécial de scolarisation. Enfants roms. Illégalité. Des familles roms installées sur une parcelle de terrain de la commune avaient sollicité auprès des services de la commune l'inscription de leurs enfants au sein de l'école de secteur. Le maire avait cependant décidé d'accueillir les enfants au sein d'un local municipal attenant à un gymnase de la commune aménagé en salle de classe, hors de l'enceinte de l'école de secteur. Trois enseignants avaient été affectés sur ce site par le ministère. Les familles des enfants avaient demandé au tribunal l'annulation de la décision du maire. En l'espèce, le tribunal a constaté que le dispositif d'accueil particulier des enfants concernés avait eu pour effet de les tenir à l'écart des autres enfants scolarisés dans la commune et de les priver de l'accès aux services liés à la scolarisation, tels que les activités périscolaires. En application du principe d'égalité, un traitement différencié des enfants ne pouvait être fondé que sur des considérations objectives en lien avec le but poursuivi par le service public de l'éducation. Contrairement à ce qu'affirmait la commune, le dispositif n'avait pas pour objet d'évaluer le niveau des enfants pour déterminer une orientation scolaire adaptée. Il n'existait donc aucune justification objective du traitement différencié réservé aux enfants des demandeurs. La décision du maire de Ris-Orangis est annulée. • TA Versailles 3 avr. 2017, n° 1300665.

Arrêté du 20 octobre 2008,

Portant création d'un traitement automatisé de données à caractère personnel relatif au pilotage et à la gestion des élèves de l'enseignement du premier degré.

Art. 1er Il est créé au ministère de l'éducation nationale un traitement automatisé de données à caractère personnel, dénommé *(Arr. du 13 janv. 2017, art. 1er)* « Outil numérique pour la direction d'école (ONDE) », dont l'objet est d'assurer :

La gestion administrative et pédagogique des élèves du premier degré (inscription, admission, radiation, affectation dans les classes, passage dans une classe supérieure) ;

La gestion et le pilotage de l'enseignement du premier degré dans les circonscriptions scolaires du premier degré et les inspections d'académie ;

Le pilotage académique et national (statistiques et indicateurs).

Art. 2 Le système d'information *(Arr. du 13 janv. 2017, art. 2)* « Outil numérique pour la direction d'école » est mis en œuvre dans les écoles maternelles, élémentaires et primaires publiques et privées, dans les circonscriptions scolaires du premier degré, dans les inspections d'académie et dans les mairies qui le demandent pour les données qui les concernent. Les données sont enregistrées dans des bases académiques.

(Arr. du 13 janv. 2017, art. 2) « Il pourra être mis en œuvre au Centre national d'enseignement à distance (CNED) pour les élèves relevant de l'instruction obligatoire pour lesquels il dispense, pour le compte de l'État, un service d'enseignement à distance en vertu des dispositions du dernier alinéa de l'article R. 426-2 du code de l'éducation, après signature d'une convention avec le ministre chargé de l'éducation nationale et sous réserve de l'accomplissement préalable des formalités de déclaration nécessaires auprès de la Commission nationale de l'informatique et des libertés.

« Il pourra également être mis en œuvre dans les établissements français à l'étranger relevant de l'Agence pour l'enseignement français à l'étranger (AEFE), après que le ministre chargé de l'éducation nationale aura signé une convention avec l'Agence et avec chaque établissement souhaitant bénéficier du système d'information ONDE et sous réserve de l'accomplissement préalable des formalités de déclaration nécessaires auprès de la Commission nationale de l'informatique et des libertés. »

Art. 3 Les données à caractère personnel enregistrées sont les suivantes :

I — Identification et coordonnées de l'élève (nom, prénoms, sexe, date et lieu de naissance, adresse de résidence, identifiant national élève).

II — Identification du ou des responsables légaux de l'élève (nom, prénoms, lien avec l'élève, *(Arr. du 13 janv. 2017, art. 3)* « profession et catégorie socio-professionnelle-PCS, » coordonnées, autorisations, assurances scolaires).

III — Autres personnes à contacter en cas d'urgence ou autorisées à prendre en charge l'élève à la sortie de l'école (identité, lien avec l'élève, coordonnées).

IV — Scolarité de l'élève (dates d'inscription, d'admission et de radiation, classe, niveau, cycle *(Arr. du 13 janv. 2017, art. 3)* « , langues vivantes étudiées »).

V — Activités périscolaires (garderie, études surveillées, restaurant et transport scolaires).

Art. 4 Aucune donnée relative à la nationalité et l'origine raciale ou ethnique des élèves et de leurs parents ou responsables légaux ne peut être enregistrée.

Art. 5 Les données à caractère personnel recueillies seront conservées suivant les dispositions suivantes :

1° Pour ce qui concerne les données relatives aux autorisations, aux assurances scolaires et aux activités périscolaires, leur conservation n'excédera pas l'année scolaire en cours ;

2° Pour ce qui concerne les autres données appartenant aux catégories visées aux I à III de l'article 3, seule sera conservée la dernière mise à jour de chaque année scolaire ;

3° Pour ce qui concerne les autres données visées au IV de l'article 3, les mises à jour successives de chaque année scolaire seront conservées.

La durée maximum de conservation des données dans Base élèves premier degré n'excédera pas le terme de l'année civile au cours de laquelle l'élève n'est plus scolarisé dans le premier degré.

Art. 6 Les directeurs d'école, les inspecteurs de l'éducation nationale chargés de circonscription et les directeurs académiques des services de l'éducation nationale agissant sur délégation du recteur d'académie ont accès à l'ensemble des données mentionnées à l'article 3.

Les maires, à leur demande, et les agents municipaux chargés des affaires scolaires individuellement désignés par eux, dans la limite de leurs attributions, sont habilités à accéder aux données à caractère personnel nécessaires à l'accomplissement de leurs missions : données relatives à l'identification et aux coordonnées de l'élève, à l'identité et aux coordonnées des parents ou responsables légaux ainsi que des autres personnes à contacter en cas d'urgence ou autorisées à prendre en charge l'élève à la sortie de l'école, à la scolarité suivie et aux activités périscolaires.

Le principal du collège d'affectation de l'élève entrant en classe de sixième est habilité à recevoir les données relatives à l'identification et aux coordonnées de l'élève, à l'identité et aux coordonnées des parents ou responsables légaux.

(Arr. du 18 janv. 2013, art. 1er) « Le service statistique ministériel et les services statistiques de chaque rectorat ont accès aux données nécessaires au suivi de la scolarité des élèves sélectionnés dans des panels, préalablement déclarés à la Commission nationale de l'informatique et de *[des]* libertés, et ne portant que sur des échantillons comprenant moins de 5 % de la population couverte par le champ de l'enquête. »

Art. 7 *(Arr. du 18 janv. 2013, art. 2)* « Outre l'accès prévu au quatrième alinéa de l'article 6, » le service statistique de chaque rectorat est destinataire des données strictement anonymes issues de la base académique, à des fins exclusivement statistiques.

Le service statistique ministériel et les directions de l'administration centrale du ministère de l'éducation nationale ayant à en connaître dans le cadre de leurs missions sont destinataires de données strictement anonymes issues des bases académiques, à des fins exclusivement statistiques.

Art. 8 Les droits d'accès et de rectification des parents ou des responsables légaux des élèves à l'égard du traitement de données à caractère personnel, prévus par les articles 39 et 40 de la loi du 6 janvier 1978 susvisée *[nº 78-17]*, s'exercent soit sur place, soit par voie postale, soit par voie électronique auprès du directeur d'école, de l'inspecteur de l'éducation nationale de la circonscription ou *(Décr. nº 2012-16 du 5 janv. 2012, art. 7)* « du directeur académique des services de l'éducation nationale agissant sur délégation du recteur d'académie ».

Art. 9 Le droit d'opposition prévu à l'article 38 de la loi du 6 janvier 1978 susvisée *[nº 78-17] (Arr. du 13 janv. 2017, art. 4)* « s'exerce auprès du directeur académique des services de l'éducation nationale (DASEN) agissant sur délégation du recteur d'académie ».

Art. L. 131-6-1 *(L. nº 2021-1109 du 24 août 2021, art. 51)* **Afin notamment de renforcer le suivi de l'obligation d'instruction par le maire et l'autorité de l'État compétente en matière d'éducation et de s'assurer ainsi qu'aucun enfant n'est privé de son droit à l'instruction, chaque enfant soumis à l'obligation d'instruction prévue à l'article L. 131-1 se voit attribuer un identifiant national.**

Art. L. 131-7 *(Décr. nº 2012-16 du 5 janv. 2012, art. 7)* **« L'autorité de l'État compétente en matière d'éducation » invite les personnes responsables de l'enfant à se conformer à la loi et leur fait connaître les sanctions pénales encourues.**

Mineur isolé étranger. Notion de personne responsable de l'enfant. Autorité de fait. Saisi dans le cadre d'un référé-liberté d'une demande de scolarisation d'un enfant de nationalité albanaise âgé de treize ans pris en charge par le service de l'aide sociale à l'enfance (ASE) d'un département, le juge des référés rappelle les prérogatives que l'autorité de l'État compétente en matière d'éducation tient des art. L. 131-7 et L. 131-9 afin de faire respecter l'obligation d'instruction par les personnes responsables de l'enfant d'âge scolaire. Il souligne en l'espèce qu'il appartenait au président du conseil départemental, responsable du jeune garçon puisqu'il détient sur lui, de façon continue depuis sept. 2018, une autorité de fait, et ce, quand bien même il ne s'est pas vu confier l'autorité parentale par le juge des enfants, de saisir les autorités de l'éducation nationale, ainsi que la rectrice de l'académie de Nancy le lui avait d'ailleurs demandé, afin que soit assurée l'instruction de l'enfant. Il a par conséquent enjoint au département de Meurthe-et-Moselle, en sa qualité d'autorité responsable du jeune mineur de treize ans, de procéder, dans le délai de cinq jours, aux démarches nécessaires en vue de son inscription dans un établissement scolaire ou, à défaut, de mettre en œuvre dans le même délai toute procédure alternative répondant aux exigences du code de l'éducation. Il a par ailleurs enjoint à la rectrice d'académie, dans le cas où, au terme de ce délai de cinq jours, le département n'aurait entrepris aucune démarche en vue d'assurer l'obligation d'instruction de l'enfant, de mettre en œuvre les mesures prévues par les art. L. 131-7 et L. 131-9 aux fins de faire respecter cette obligation d'instruction par le département, au besoin en saisissant le procureur de la République. • TA Nancy, 7 févr. 2019, n° 1900320 : *LIJ 2019, n° 206, p. 6.*

Art. L. 131-8 **Lorsqu'un enfant manque momentanément la classe, les personnes responsables doivent, sans délai, faire connaître au directeur ou à la directrice de l'établissement d'enseignement les motifs de cette absence.**

Les seuls motifs réputés légitimes sont les suivants : maladie de l'enfant, maladie transmissible ou contagieuse d'un membre de la famille, réunion solennelle de famille, empêchement résultant de la difficulté accidentelle des communications, absence temporaire des personnes responsables lorsque les enfants les suivent. Les autres motifs sont appréciés par *(Décr. n° 2012-16 du 5 janv. 2012, art. 7)* **« l'autorité de l'État compétente en matière d'éducation ».** *(Décr. n° 2012-16 du 5 janv. 2012, art. 7)* **« Celle-ci » peut consulter les assistantes sociales agréées par** *(Décr. n° 2012-16 du 5 janv. 2012, art. 7)* **« elle », et les charger de conduire une enquête, en ce qui concerne les enfants** *(L. n° 2010-1127 du 28 sept. 2010, art. 1er)* **« en cause ».**

(L. n° 2010-1127 du 28 sept. 2010, art. 1er) **« Le directeur ou la directrice de l'établissement d'enseignement saisit** *(Décr. n° 2012-16 du 5 janv. 2012, art. 7)* **« l'autorité de l'État compétente en matière d'éducation » afin qu'***(Décr. n° 2012-16 du 5 janv. 2012, art. 7)* **« elle » adresse un avertissement aux personnes responsables de l'enfant, leur rappelant les sanctions pénales applicables et les informant sur les dispositifs d'accompagnement parental auxquels elles peuvent avoir recours : »**

1° Lorsque, malgré l'invitation du directeur ou de la directrice de l'établissement d'enseignement, *(L. n° 2010-1127 du 28 sept. 2010, art. 1er)* **« elles » n'ont pas fait connaître les motifs d'absence de l'enfant ou qu'***(L. n° 2010-1127 du 28 sept. 2010, art. 1er)* **« elles » ont donné des motifs d'absence inexacts ;**

2° Lorsque l'enfant a manqué la classe sans motif légitime ni excuses valables au moins quatre demi-journées dans le mois.

(L. n° 2013-108 du 31 janv. 2013) **« En cas de persistance du défaut d'assiduité, le directeur de l'établissement d'enseignement réunit les membres concernés de la communauté éducative, au sens de l'article L. 111-3, afin de proposer aux personnes responsables de l'enfant une aide et un accompagnement adaptés et contractualisés avec celles-ci. Un personnel d'éducation référent est désigné pour suivre les mesures mises en œuvre au sein de l'établissement d'enseignement. »**

(L. n° 2016-297 du 14 mars 2016, art. 5) **« Le directeur de l'établissement d'enseignement informe les collectivités territoriales et les autorités concernées par la protection de l'enfance des mesures prises dans l'établissement scolaire contre l'absentéisme et le décrochage scolaire. Il est l'interlocuteur de ces collectivités et de ces autorités et doit être informé, en retour, du soutien dont il peut bénéficier afin de mener à bien les missions d'accompagnement des personnes responsables de l'enfant et de prévention de l'absentéisme. »**

(L. n° 2019-791 du 26 juill. 2019, art. 14) **« L'autorité de l'État compétente en matière d'éducation peut, sur demande des responsables légaux de l'enfant et après avis du directeur de l'école arrêté dans le cadre d'un dialogue avec l'équipe éducative, autoriser un aménagement du temps de présence à l'école maternelle des enfants scolarisés en petite section, dans les conditions définies par décret. »**

Sur les modalités d'aménagement de l'obligation d'assiduité en petite section d'école maternelle, V. art. R. 131-1-1.

Sur le contrôle de l'assiduité, V. art. R. 131-5 s.

BIBL. ▶ BAUMARD, La « sanctuarisation de l'école », héritage historique, *Le Monde, 20 oct. 2013. 7.* – BRUGGEMAN, La sanction de l'absentéisme scolaire, au cœur de l'ambiguité de l'obligation scolaire, *Dr. fam. 2011, n° 12. dossier 19.* – CRISTOFOLI, En 2015-2016, l'absentéisme touche en moyenne 4,5 % des élèves du second degré public, *MENESR-DEPP, Note d'information, n° 17.06, mars 2017* ; En 2016-2017, l'absentéisme touche en moyenne 4,9 % des élèves du second degré public, *MEN-DEPP, Note d'information, n° 18.06, mars 2018* ; En 2017-2018, l'absentéisme touche en moyenne 5,6 % des élèves du second degré public, *MEN-DEPP, Note d'information, n° 19.04, mars 2019* ; En 2018-2019, l'absentéisme touche en moyenne 6 % des élèves du second degré public, *MENJ, Note d'information, n° 20.18, mai 2020* ; En janvier 2020, l'absentéisme touche en moyenne 6,8 % des élèves du second degré public, *MENJS-DEPP, Note d'infor-*

mation n° 21.14, mars 2021. – JAN, L'obligation de scolarité ; Le rôle des organismes débiteurs de prestations familiales, *Recherches et Prévisions, n° 73. 2003. 72.* – LAFFARGUE et LE DORH, Lutte contre l'absentéisme et décrochage scolaires. Trois dispositifs de responsabilisation parentale dans le cadre de la prévention de la délinquance, *Rapport annuel, IGA, 2011. 34.* – MACHARD, Les manquements à l'obligation scolaire, *Rapp. au MEN, Doc. fr., 2003.* – TAILLEFAIT, Contrôle de l'assiduité de la fréquentation scolaire, *JCP Adm. 2004. Actu. 1208.* – L'absentéisme des élèves dans le second degré public en 2010-2011, *MEN, DEPP-NI, Note d'information, n° 12-08, mai 2012 : http://media.education.gouv.fr/file/2012/58/0/DEPP-NI-2012-08-absenteisme-eleves-second-degre-public_214580.pdf.*

1. Suspension des allocations familiales. Les familles bénéficiaires d'allocations familiales sont placées, au regard des avantages sociaux dont elles disposent du fait de leurs enfants, dans une situation différente de celle des autres familles. Dès lors que le versement des prestations familiales est subordonné par l'art. L. 552-4 CSS au respect de l'obligation scolaire, cette différence de situation est en rapport direct avec l'objet de l'art. L. 131-8 C. éduc., dans sa rédaction issue de l'art. 1er de la L. n° 2010-1127 du 28 sept. 2010 visant à sanctionner l'absentéisme scolaire. Dès lors, cet art. pouvait introduire une sanction de l'absentéisme propre aux familles bénéficiaires des allocations familiales sans méconnaître le principe d'égalité (caractère non sérieux du moyen tiré de la non-conformité de cette sanction au principe d'égalité). • CE, QPC, 15 juin 2011, *Assoc. Justice pour toutes les familles,* n° 347581 : *Lebon T. 951 ; AJDA 2011. 1966, concl. Vialettes ; Cah. Cons. const. 2012. 34, p. 186, obs. Gay ; ibid., n° 37, p. 189, chron. Raimbault ; LIJ 2011, n° 160, p. 6.* ♦ Au fond, le Conseil d'État rejette le recours en considérant notamment que l'art. L. 552-3-1 CSS cité ne prévoit de mécanisme de suspension, en cas d'absentéisme scolaire, que pour les seules allocations familiales ; que l'art. R. 552-4 du même code, introduit par le Décr. attaqué, ne pouvait dès lors légalement prévoir de suspension pour d'autres prestations familiales. Ainsi, le moyen tiré de ce que cet art. violerait le principe d'égalité entre les bénéficiaires des prestations familiales en raison de ce qu'il porte sur les seules allocations familiales ne peut, en tout état de cause, qu'être écarté. Enfin, l'association requérante n'est pas fondée à soutenir que le Décr. litigieux aurait institué, sans base légale, une règle nouvelle d'attribution des allocations familiales, la disposition appliquée pour le calcul de la retenue sur les allocations familiales étant conforme aux règles générales fixées par le CSS de versement de ces allocations en cas de résidence alternée d'un enfant. • CE, 13 févr. 2012, *Assoc. Justice pour toutes les familles,* n° 347581 : *AJDA 2012. 784 ; LIJ 2012, n° 164, p. 6.*

2. Dispositions de nature réglementaire. Les mots : « par courrier ou à l'occasion d'un entretien avec lui ou son représentant », figurant à l'art. L. 131-8, précisent la procédure administrative par laquelle l'inspecteur d'académie adresse un avertissement aux responsables de l'enfant en cas d'absentéisme scolaire ; ils ne mettent en cause aucun des principes ou règles placés par la Constitution dans le domaine de la loi et ont dès lors un caractère réglementaire. • Cons. const. 22 déc. 2011, *Nature juridique de dispositions du code de l'éducation, du code de l'action sociale et des familles, du code pénal, du code rural et de la pêche maritime et du code de la sécurité sociale,* n° 2011-228 L : *JO 24 déc., p. 22248.*

3. Assiduité scolaire. V. note de jurisprudence ss. art. L. 511-1.

Art. L. 131-9 *(Décr. n° 2012-16 du 5 janv. 2012, art. 7)* **« L'autorité de l'État compétente en matière d'éducation »** *(L. n° 2019-791 du 26 juill. 2019, art. 24)* **« ou le maire » saisit le procureur de la République des faits constitutifs d'infraction aux dispositions du présent chapitre.**

Art. L. 131-10 **Les enfants soumis à l'obligation scolaire qui reçoivent l'instruction dans leur famille** *(L. n° 2007-297 du 5 mars 2007, art. 12)* **« , y compris dans le cadre d'une inscription dans un établissement d'enseignement à distance, » sont dès la première année, et tous les deux ans, l'objet d'une enquête de la mairie compétente, uniquement aux fins d'établir quelles sont les raisons alléguées par les personnes responsables** *(L. n° 2019-791 du 26 juill. 2019, art. 19)* **« de l'enfant », et s'il leur est donné une instruction dans la mesure compatible avec leur état de santé et les conditions de vie de la famille. Le résultat de cette enquête est communiqué à** *(Décr. n° 2012-16 du 5 janv. 2012, art. 7)* **« l'autorité de l'État compétente en matière d'éducation »** *(L. n° 2019-791 du 26 juill. 2019, art. 19)* **« et aux personnes responsables de l'enfant ».**

Lorsque l'enquête n'a pas été effectuée, elle est diligentée par le représentant de l'État dans le département.

(L. n° 2019-791 du 26 juill. 2019, art. 19) **« L'autorité de l'État compétente en matière d'éducation doit au moins une fois par an, à partir du troisième mois suivant**

la déclaration d'instruction par les personnes responsables de l'enfant prévue au premier alinéa de l'article L. 131-5, faire vérifier, d'une part, que l'instruction dispensée au même domicile l'est pour les enfants d'une seule famille et, d'autre part, que l'enseignement assuré est conforme au droit de l'enfant à l'instruction tel que défini à l'article L. 131-1-1. A cet effet, ce contrôle permet de s'assurer de l'acquisition progressive par l'enfant de chacun des domaines du socle commun de connaissances, de compétences et de culture défini à l'article L. 122-1-1 au regard des objectifs de connaissances et de compétences attendues à la fin de chaque cycle d'enseignement de la scolarité obligatoire. Il est adapté à l'âge de l'enfant et, lorsqu'il présente un handicap ou un trouble de santé invalidant, à ses besoins particuliers.

« Le contrôle est prescrit par l'autorité de l'État compétente en matière d'éducation selon des modalités qu'elle détermine. Il est organisé en principe au domicile où l'enfant est instruit. Les personnes responsables de l'enfant sont informées, à la suite de la déclaration annuelle qu'elles sont tenues d'effectuer en application du premier alinéa de l'article L. 131-5, de l'objet et des modalités des contrôles qui seront conduits en application du présent article. »

Ce contrôle est effectué sans délai en cas de défaut de déclaration d'instruction *(L. nº 2019-791 du 26 juill. 2019, art. 19)* **« dans la famille par les personnes responsables de l'enfant », sans préjudice de l'application des sanctions pénales.**

(L. nº 2019-791 du 26 juill. 2019, art. 19) **« Les résultats du contrôle sont notifiés aux personnes responsables de l'enfant. Lorsque ces résultats sont jugés insuffisants, les personnes responsables de l'enfant sont informées du délai au terme duquel un second contrôle est prévu et des insuffisances de l'enseignement dispensé auxquelles il convient de remédier. Elles sont également avisées des sanctions dont elles peuvent faire l'objet, au terme de la procédure, en application du premier alinéa de l'article 227-17-1 du code pénal.**

« Si les résultats du second contrôle sont jugés insuffisants, l'autorité de l'État compétente en matière d'éducation met en demeure les personnes responsables de l'enfant de l'inscrire, dans les quinze jours suivant la notification de cette mise en demeure, dans un établissement d'enseignement scolaire public ou privé et de faire aussitôt connaître au maire, qui en informe l'autorité de l'État compétente en matière d'éducation, l'école ou l'établissement qu'elles auront choisi. Les personnes responsables ainsi mises en demeure sont tenues de scolariser l'enfant dans un établissement d'enseignement scolaire public ou privé au moins jusqu'à la fin de l'année scolaire suivant celle au cours de laquelle la mise en demeure leur a été notifiée.

« Lorsque les personnes responsables de l'enfant ont refusé, sans motif légitime, de soumettre leur enfant au contrôle annuel prévu au troisième alinéa du présent article, elles sont informées qu'en cas de second refus, sans motif légitime, l'autorité de l'État compétente en matière d'éducation est en droit de les mettre en demeure d'inscrire leur enfant dans un établissement d'enseignement scolaire public ou privé dans les conditions et selon les modalités prévues au septième alinéa. Elles sont également avisées des sanctions dont elles peuvent faire l'objet, au terme de la procédure, en application du premier alinéa de l'article 227-17-1 du code pénal.

« Un décret en Conseil d'État fixe les modalités d'application du présent article. »

Sur le contrôle de l'instruction dispensée dans la famille ou dans les établissements d'enseignement privés hors contrat et les sanctions des manquements aux obligations relatives au contrôle de l'inscription ou de l'assiduité dans les établissements d'enseignement privés, V. art. R. 131-14 s.

BIBL. ▶ BATTAGLIA, L'instruction à domicile sera limitée aux « impératifs de santé », *Le Monde, 4-5 oct. 2020. 8.* – CARRE, Le contrôle des élèves inscrits dans la famille ou dans les établissements privés hors contrat, *LIJ 2004, nº 86.* – CAMBY, Éduquer à domicile, *RFDA 2021. 234* . – DARAME, « Retirer son enfant de la société est une forme de séparatisme », entretien avec Anne Brugnera, *Le Monde, 13 févr. 2021. 10.*

I. DROIT ET PRATIQUE

1. Instruction au sein de la famille. Droit et pratique des États européens. Le Conseil d'État, dans son avis sur le projet de loi confortant le respect des principes de la République, constate que, sur cette question, le droit et la pratique des États européens diffèrent, l'instruction à domicile étant, par exemple, autorisée au Royaume-Uni, en Irlande, en Autriche, en Belgique et en Italie, mais interdite ou très strictement encadrée en Allemagne, aux Pays-Bas, en Grèce, en Suède et en Espagne. Pour sa part, la

CEDH, juge que l'art. 2 Prot. add. n° 1 Conv. EDH, qui consacre le droit à l'instruction, implique pour l'État « le droit d'instaurer une scolarisation obligatoire, qu'elle ait lieu dans les écoles publiques ou au travers de leçons particulières de qualité et que la vérification et l'application des normes éducatives fait partie intégrante de ce droit ». • CEDH 6 mars 1984, *Royaume-Uni,* n° 10233/83. ♦ Relevant la diversité des pratiques des États parties à la convention, la Cour n'exclut pas la possibilité pour eux de prévoir une obligation de scolarisation. • CEDH 11 sept. 2006, *Konrad c/ Allemagne,* n° 35504/03. ♦ La Cour estime en effet que cette question relève « de la marge d'appréciation des États contractants dans la mise en place et l'interprétation des règles de leurs systèmes éducatifs ». • CEDH 10 janv. 2019, *Wunderlich c/ Allemagne,* n° 18925/19 • CE 3 déc. 2020, n° 401549 § 58 s. (dispositions relatives à l'instruction au sein de la famille) : *AJDA 2021. 270* .

II. CONTRÔLE. SITUATION ISSUE DU Décr. DU 2 AOÛT 2019

2. Contestant les dispositions relatives à l'instauration de contrôles inopinés mis en place par le Décr. n° 2019-823 du 2 août 2019 relatif au contrôle de l'instruction dispensée dans la famille, le Conseil d'État juge que ces contrôles ont pour objet légitime de s'assurer qu'il n'est pas porté atteinte au droit à l'instruction de l'enfant et estime que des garanties suffisantes d'information préalable sont apportées aux personnes responsables de l'enfant aux différentes étapes de la procédure. Il en conclut que le contrôle inopiné apparaît proportionné aux motifs d'intérêt général poursuivis. • CE 2 avr. 2021, n° 435002 : *AJDA 2021. 773* ; *AJ fam. 2021. 204* .

III. CONTRÔLE. SITUATION ANTÉRIEURE À LA L. n° 2019-791 du 26 juill. 2019

3. Instruction à domicile. Modalités pratiques. Lieu. Le juge rappelle que si le législateur a prévu que le contrôle de l'enseignement délivré dans la famille se déroule en principe au domicile où cet enseignement est délivré à l'enfant, il n'a cependant pas exclu que ce contrôle puisse se dérouler dans des locaux de l'administration si des circonstances particulières font craindre qu'il soit fait obstacle à son bon déroulement. Il en déduit que l'administration ne dispose pas d'une totale liberté de choix du lieu du contrôle. Elle ne peut décider d'un contrôle hors du domicile de la famille que si des éléments objectifs lui permettent de considérer qu'il ne pourra pas se dérouler dans de bonnes conditions au domicile de la famille. Cette décision de l'administration est soumise à un contrôle restreint du juge (contrôle de l'erreur manifeste d'appréciation). • CAA Paris, 18 déc. 2007, n° 07PA01764. ♦ Même solution dans le cas où le comportement des parents révélait des tentatives de faire obstacle au contrôle de l'enseignement dispensé à leurs enfants justifiant que le lieu du contrôle soit fixé dans les locaux de l'administration. Il estime en l'espèce que les dispositions prises n'étaient pas entachées d'une erreur manifeste d'appréciation. • TA Limoges, 6 févr. 2014, n° 1201087 : *LIJ 2014, n° 183, p. 4.* ♦ Pour une décision fixant le lieu de l'évaluation pédagogique de l'enfant hors du domicile de la famille et en dehors de leur présence entachée d'aucune illégalité : • TA Paris, 15 mars 2007, n° 0614267/7 : *LIJ 2007, n° 115, p. 7.*

4. Instruction à domicile. Mise en demeure de l'inspecteur d'académie d'inscrire les enfants dans un établissement scolaire. Motifs. Résultats insuffisants. Insuffisance de l'enseignement dispensé à l'enfant. Légalité. Dans une affaire où, après un second contrôle et en l'absence d'amélioration suffisante du niveau scolaire des trois enfants, l'inspecteur d'académie avait mis en demeure les parents d'inscrire leurs enfants dans un établissement scolaire, le tribunal a d'abord jugé qu'au regard des objectifs de l'art. L. 131-10, le délai de trois mois donné aux requérants pour améliorer le niveau scolaire de leurs enfants était suffisant pour constater les progrès des trois enfants et n'avait pas à être proportionné au nombre d'enfants. Puis il a rappelé qu'il appartient à l'administration, dans l'exercice de son pouvoir d'appréciation et sous le contrôle du juge, de déterminer, en les modifiant éventuellement d'une année sur l'autre, les modalités du contrôle de l'instruction d'un enfant à domicile, et en particulier de décider du lieu de ce contrôle. Le tribunal relève de plus que les requérants ne font valoir aucun aménagement justifiant le retard pris par les enfants quant à la maîtrise du socle commun de compétences et qu'ils n'apportent pas la preuve des exercices réalisés, des projets engagés et des sorties éducatives qu'ils invoquent au soutien de leur argumentation relative à la méconnaissance de leurs choix et programmes éducatifs • TA Toulouse, 29 mai 2013, n° 1105271 : *LIJ 2013, n° 178, p. 7.*

5. Instruction à domicile. Mise en demeure de l'inspecteur d'académie d'inscrire les enfants dans un établissement scolaire. Substitution de motif. Dans une affaire où des parents demandaient au tribunal d'annuler une injonction de scolarisation dans un établissement d'enseignement, le tribunal rejette leur requête, après avoir procédé à une substitution du motif de la décision attaquée. Après avoir relevé que la décision contestée était fondée sur le refus des requérants de soumettre leur enfant à un second contrôle pédagogique à leur domicile, après que les résultats du premier contrôle avaient été jugés insuffisants, le tribunal a fait droit à la demande de substitution de motif présentée par le recteur en substituant au motif tiré du refus de présentation à un second contrôle celui tiré de l'insuffisance des résultats de l'évaluation des connaissances et compétences de la jeune fille, constatée lors du premier contrôle. En l'espèce, le tribunal relève que ce motif était de nature à fonder légalement la décision attaquée et que cette substitution de motif ne privait pas les requérants d'une garantie procédurale. • TA Nice, 4 déc. 2018, nº 1602811 : *LIJ 2019, nº 205, p. 5.*

6. *Instruction à domicile. Mise en demeure de l'inspecteur d'académie d'inscrire les enfants dans un établissement scolaire. Illégalité.* Pour un non-respect de la procédure en vigueur, en l'espèce, mise en demeure sans qu'un délai ne soit octroyé à la famille afin de fournir ses explications ou d'améliorer la situation. • TA Paris, 3 juin 2014, nº 1313801 : *LIJ 2014, nº 185, p. 5.* ♦ Même solution dans une autre affaire où l'examen des pièces révélait qu'un premier contrôle n'avait fait l'objet d'aucune notification précise des résultats, ni d'un délai permettant aux intéressés de fournir des explications ou de proposer des explications. En l'absence de notification explicite, il était difficile de reprocher aux parents une insuffisance qu'ils n'étaient pas capables de corriger en connaissance de cause. • Pau, 18 juin 2002 : *LIJ 2014, nº 185, p. 5.* ♦ Pour un autre cas de méconnaissance des règles procédurales : • TA Rennes, 12 févr. 2016, nº 1404163 : *LIJ 2016, nº 193, p. 4.*

7. *Instruction à domicile. Refus de se soumettre au contrôle. Mise en demeure. Erreur de droit.* Après deux refus successifs d'un père de se soumettre, avec son fils, au contrôle prévu par la loi, le directeur académique des services de l'éducation nationale a mis en demeure celui-ci de scolariser son enfant sous peine d'un signalement au procureur de la République. Se fondant, non pas sur l'insuffisance de l'enseignement dispensé mais sur le refus de l'intéressé de déférer à ce contrôle, nonobstant la possibilité d'engager des poursuites pénales, l'autorité académique prend une décision propre à créer, en l'état de l'instruction, un doute sérieux sur la légalité de la décision litigieuse. De plus, considérant que la mise en demeure contestée portait une atteinte suffisamment grave et immédiate aux intérêts du demandeur ainsi qu'à ceux de son enfant, le juge estime que la condition d'urgence peut être regardée comme étant remplie en l'espèce. • CE 13 janv. 2014, nº 370323.

8. *Instruction à domicile. Refus de se soumettre au contrôle. Mise en demeure. Urgence à suspendre.* Le juge administratif a jugé que les parents qui instruisent leur enfant à domicile ne peuvent être mis en demeure de le scolariser qu'en raison de l'insuffisance de cette instruction et non pour refus de contrôle. • CE 13 janv. 2014, nº 370323 : *AJDA 2014. 960.*

9. *Instruction à domicile. Annonce du contrôle. Acte préparatoire insusceptible de recours.* Dans une affaire où les parents de deux enfants instruits dans la famille informés qu'un contrôle des acquis et connaissances de leurs enfants serait effectué quelques semaines plus tard, demandaient d'annuler ce contrôle et de prononcer la suppression de leur dossier du rapport établi à la suite du contrôle qui s'était déroulé l'année précédente en enjoignant à l'administration de le réécrire, le juge déclare par ordonnance l'ensemble des conclusions des requérants comme manifestement irrecevables. Il juge que les courriers du recteur, qui avaient pour seul objet d'informer les requérants du contrôle qui serait effectué à leur domicile par l'autorité compétente en matière d'éducation, constituaient un acte préparatoire aux éventuelles décisions susceptibles d'être prises à l'issue de ce contrôle et étaient donc insusceptibles d'être déférés au juge administratif par la voie du recours pour excès de pouvoir. • TA Lille, 14 janv. 2019, nº 1805199 : *LIJ 2019, nº 206, p. 6.* ♦ En l'espèce, il rappelle, s'agissant des conclusions des requérants tendant à la suppression de leur dossier du rapport rédigé à la suite du contrôle réalisé l'année précédente et à ce qu'il soit enjoint au recteur d'académie de leur fournir des conseils méthodologiques et organisationnels afin que leurs enfants puissent acquérir progressivement le socle commun de connaissances et de compétences, qu'il n'appartenait pas à la juridiction administrative d'accueillir des conclusions tendant à d'autres fins qu'une annulation ou une condamnation à verser une somme d'argent. Par suite, il a jugé que ces conclusions étaient irrecevables par leur objet même. • TA Lille, 14 janv. 2019, nº 1805199 : *préc.*

10. *Contrôle annuel des connaissances. Grille d'analyse et de références pédagogiques. Légalité.* Le Conseil d'État rejette trois requêtes dirigées contre le Décr. nº 2016-1452 du 28 oct. 2016 relatif au contrôle de l'instruction dans la famille ou des établissements privés hors contrat modifiant l'art. D. 131-12 et créant deux nouveaux art. (R. 131-13 et R. 131-14). Le Conseil d'État rappelle que le principe de la liberté de l'enseignement peut justifier l'encadrement de la liberté de l'enseignement, dans la mesure où celui-ci n'a ni pour objet ni pour effet de vider de sa substance la liberté de l'enseignement. Il juge que les dispositions contestées, en ce qu'elles exigent « la maîtrise progressive de chacun des domaines du socle commun [...] au regard des objectifs de connaissances et de compétences attendues à chaque fin de cycle d'enseignement de la scolarité obligatoire », se bornent à fixer une grille d'analyse et de références pédagogiques pour les inspecteurs d'académie chargés de procéder au contrôle annuel et ne peuvent donc être regardées comme portant une atteinte disproportionnée à la liberté de l'enseignement. Il ajoute que ces dispositions ont pour seul objet de vérifier que, au cours de la période d'instruction obligatoire, l'enfant a acquis des compétences et des connaissances en se référant à celles qui sont attendues des enfants qui sont scolarisés dans les établissements publics ou dans les établissements d'enseignement privés qui ont conclu un contrat avec l'État, tout en tenant compte des choix éducatifs effectués et de l'organisation pédagogique propre à chaque établissement. • CE 19 juill. 2017, nos 406150, 406426 et 406446 : *LIJ 2017, n° 199, p. 1, note Moreau.*

Nouvel art. L. 131-10 ***Les enfants soumis à l'obligation scolaire qui reçoivent l'instruction dans leur famille*** *(L. n° 2007-297 du 5 mars 2007, art. 12)* ***« , y compris dans le cadre d'une inscription dans un établissement d'enseignement à distance, » sont dès la première année, et tous les deux ans, l'objet d'une enquête de la mairie compétente, uniquement aux fins*** *(L. n° 2021-1109 du 24 août 2021, art. 49)* ***« de vérifier la réalité des motifs avancés par les personnes responsables de l'enfant pour obtenir l'autorisation mentionnée à l'article L. 131-5 », et s'il leur est donné une instruction dans la mesure compatible avec leur état de santé et les conditions de vie de la famille.*** *(L. n° 2021-1109 du 24 août 2021, art. 49)* ***« Dans le cadre de cette enquête, une attestation de suivi médical est fournie par les personnes responsables de l'enfant. » Le résultat de cette enquête est communiqué à*** *(Décr. n° 2012-16 du 5 janv. 2012, art. 7)* ***« l'autorité de l'État compétente en matière d'éducation »*** *(L. n° 2019-791 du 26 juill. 2019, art. 19)* ***« et aux personnes responsables de l'enfant ».***

Lorsque l'enquête n'a pas été effectuée, elle est diligentée par le représentant de l'État dans le département.

(L. n° 2019-791 du 26 juill. 2019, art. 19) ***« L'autorité de l'État compétente en matière d'éducation doit au moins une fois par an, à partir du troisième mois suivant*** *(L. n° 2021-1109 du 24 août 2021, art. 49)* ***« la délivrance de l'autorisation » prévue au premier alinéa de l'article L. 131-5, faire vérifier, d'une part, que l'instruction dispensée au même domicile l'est pour les enfants d'une seule famille et, d'autre part, que l'enseignement assuré est conforme au droit de l'enfant à l'instruction tel que défini à l'article L. 131-1-1. A cet effet, ce contrôle permet de s'assurer de l'acquisition progressive par l'enfant de chacun des domaines du socle commun de connaissances, de compétences et de culture défini à l'article L. 122-1-1 au regard des objectifs de connaissances et de compétences attendues à la fin de chaque cycle d'enseignement de la scolarité obligatoire. Il est adapté à l'âge de l'enfant et, lorsqu'il présente un handicap ou un trouble de santé invalidant, à ses besoins particuliers.***

« Le contrôle est prescrit par l'autorité de l'État compétente en matière d'éducation selon des modalités qu'elle détermine. Il est organisé en principe au domicile où l'enfant est instruit. Les personnes responsables de l'enfant sont informées, à la suite *(L. n° 2021-1109 du 24 août 2021, art. 49)* ***« de l'autorisation qui leur est accordée » en application du premier alinéa de l'article L. 131-5, de l'objet et des modalités des contrôles qui seront conduits en application du présent article. »***

(L. n° 2019-791 du 26 juill. 2019, art. 19) ***« Les résultats du contrôle sont notifiés aux personnes responsables de l'enfant. Lorsque ces résultats sont jugés insuffisants, les personnes responsables de l'enfant sont informées du délai au terme duquel un second contrôle est prévu et des insuffisances de l'enseignement dispensé auxquelles il convient de remédier. Elles sont également avisées des sanctions dont elles peuvent faire l'objet, au terme de la procédure, en application du premier alinéa de l'article 227-17-1 du code pénal.***

« Si les résultats du second contrôle sont jugés insuffisants, l'autorité de l'État compétente en matière d'éducation met en demeure les personnes responsables de l'enfant de l'inscrire, dans les quinze jours suivant la notification de cette mise en demeure, dans un établissement d'enseignement scolaire public ou privé et de faire aussitôt connaître au maire, qui en informe l'autorité de l'État compétente en matière d'éducation, l'école ou l'établissement qu'elles auront choisi. Les personnes responsables ainsi mises en demeure sont tenues de scolariser l'enfant dans un établissement d'enseignement scolaire public ou privé au moins jusqu'à la fin de l'année scolaire suivant celle au cours de laquelle la mise en demeure leur a été notifiée.

« Lorsque les personnes responsables de l'enfant ont refusé, sans motif légitime, de soumettre leur enfant au contrôle annuel prévu au troisième alinéa du présent article, elles sont informées qu'en cas de second refus, sans motif légitime, l'autorité de l'État compétente en matière d'éducation est en droit de les mettre en demeure d'inscrire leur enfant dans un établissement d'enseignement scolaire public ou privé dans les conditions et selon les modalités prévues au *(L. n° 2021-1109 du 24 août 2021, art. 49)* ***« sixième » alinéa. Elles sont également avisées des sanctions dont elles peuvent faire l'objet, au terme de la procédure, en application du premier alinéa de l'article 227-17-1 du code pénal.***

« Un décret en Conseil d'État fixe les modalités d'application du présent article. »

Le nouvel art. entre en vigueur à la rentrée scolaire 2022 (L. nº 2021-1109 du 24 août 2021, art. 49-IV).

Art. L. 131-10-1 *(L. nº 2021-1109 du 24 août 2021, art. 49, en vigueur à la rentrée scolaire 2022)* **Les personnes responsables d'un enfant qui sont autorisées à donner l'instruction dans la famille et qui ont satisfait aux obligations des contrôles effectués par l'autorité de l'État compétente en matière d'éducation ou par le représentant de l'État dans le département bénéficient, après deux années complètes d'instruction en famille, de la valorisation des acquis de leur expérience professionnelle, dont les modalités sont déterminées par décret pris sur le rapport des ministres chargés du travail et de l'éducation.**

Art. L. 131-11 **Les manquements aux obligations résultant des articles** *(L. nº 2021-1109 du 24 août 2021, art. 49, en vigueur à la rentrée scolaire 2022)* **« L. 131-5-1, » L. 131-10 et L. 442-2 du présent code sont sanctionnés par les dispositions des articles 227-17-1 et 227-17-2 du code pénal, ci-après reproduites :**

Art. 227-17-1 Le fait, par les parents d'un enfant ou toute personne exerçant à son égard l'autorité parentale ou une autorité de fait de façon continue, de ne pas l'inscrire dans un établissement d'enseignement, sans excuse valable, en dépit d'une mise en demeure de *(Décr. nº 2012-16 du 5 janv. 2012, art. 7)* « l'autorité de l'État compétente en matière d'éducation », est puni de six mois d'emprisonnement et de 7 500 € d'amende.

Le fait, par un directeur d'établissement privé accueillant des classes hors contrat, de n'avoir pas pris, malgré la mise en demeure de *(Décr. nº 2012-16 du 5 janv. 2012, art. 7)* « l'autorité de l'État compétente en matière d'éducation », les dispositions nécessaires pour que l'enseignement qui y est dispensé soit conforme à l'objet de l'instruction obligatoire, tel que celui-ci est défini par *(L. nº 2005-380 du 23 avr. 2005, art. 8)* « les articles L. 131-1-1 » *(L. nº 2018-266 du 13 avr. 2018, art. 4)* « du code de l'éducation, et permette aux élèves concernés l'acquisition progressive du socle commun défini à l'article L. 122-1-1 du même code », et de n'avoir pas procédé à la fermeture de ces classes est puni de six mois d'emprisonnement et de *(L. nº 2018-266 du 13 avr. 2018, art. 4)* « 15 000 € » d'amende. En outre, le tribunal peut ordonner à l'encontre de celui-ci l'interdiction de diriger ou d'enseigner ainsi que la fermeture de l'établissement.

(L. nº 2019-791 du 26 juill. 2019, art. 23) « Il en est de même lorsque le directeur d'établissement privé accueillant des classes hors contrat n'a pas respecté la mise en demeure mentionnée au III de l'article L. 442-2 dudit code. »

Art. 227-17-2 *(L. nº 2009-526 du 12 mai 2009, art. 124)* Les personnes morales déclarées responsables pénalement, dans les conditions prévues par l'article 121-2, des infractions définies aux articles 227-15 à 227-17-1 encourent, outre l'amende suivant les modalités prévues par l'article 131-38, les peines prévues par l'article 131-39.

Art. L. 131-11-1 *(L. nº 2021-1109 du 24 août 2021, art. 50)* **Ne peuvent être chargées de l'instruction en famille d'un enfant les personnes qui ont été définitivement condamnées par le juge pénal pour crime ou délit à caractère terroriste ni les personnes inscrites au fichier judiciaire national automatisé des auteurs d'infractions sexuelles ou violentes pour une condamnation définitive.**

Art. L. 131-12 *(L. nº 2004-1 du 2 janv. 2004, art. 5)* **Les modalités du contrôle de l'obligation, de la fréquentation et de l'assiduité scolaires sont déterminées par décret en Conseil d'État** *[V. art. R. 131-1 s.].*

Art. L. 131-13 *(L. nº 2017-86 du 27 janv. 2017, art. 186)* **L'inscription à la cantine des écoles primaires, lorsque ce service existe, est un droit pour tous les enfants scolarisés. Il ne peut être établi aucune discrimination selon leur situation ou celle de leur famille.**

Sur la mission de service public, V. art. L. 111-1.

Sur les tarifs, V. art. R. 531-52.

Sur la gestion du service, V. art. L. 421-23.

Sur les exclusions, V. art. L. 421-23.

BIBL. ▶ Biget, Propositions du Défenseur des droits en faveur de l'égal accès aux cantines scolaires, *AJDA 2013. 720*. – Florin et Guimard, La qualité de vie à l'école, *CNESCO, oct. 2017*. – Long, Le service public de la restauration scolaire entre rigidité et souplesse, *Dr. adm. 1998. Chron. 21*. – Biométrie. Système de reconnaissance du contour de la main. Contrôle d'accès au restaurant scolaire. Compétences respectives du chef d'établissement et de la collectivité territoriale, *Lettre DAJ A1, nº 08-258 du 8 oct. 2008, LIJ 2008, nº 129, p. 21*. – La restauration scolaire, *in Laïcité et collectivités locales, Observatoire de la laïcité, 2013. 9*. – L'égal accès des enfants à la cantine de l'école primaire, *Rapp. du Défenseur des droits, 28 mars 2013*. – Enquête sur la restauration et l'architecture scolaires, *CNESCO, 2017*. – Un droit à la cantine scolaire pour tous les enfants. Intérêt supérieur de l'enfant, égalité des droits et non-discrimination, *Rapp. Défenseur des droits, juin 2019*.

I. DROIT D'ACCÈS

1. Nature juridique. Service public administratif. Caractère obligatoire. Absence. Le service de la restauration scolaire fourni aux élèves des écoles maternelles et élémentaires constitue un service public administratif. • CE 11 juin 2014, nºs 359931 et 359932. Bien que facultatif, ce service, dès lors qu'il a été créé, doit respecter les grands principes du service public que sont, notamment, l'égalité d'accès et de traitement des usagers. Cette obligation prend tout son sens à l'heure où le législateur a pris soin de préciser qu'il « ne peut être établi aucune discrimination selon leur situation ou celle de leur famille » (art. L. 131-13). ♦ Infirmant la position de la cour (• CAA Nantes, 10 févr. 2017, nº 15NT01973 : *AJDA 2017. 1332, note Long*), le Conseil d'État confirme que la loi de 2004 qui a transféré de l'État au département le service de restauration scolaire dans les collèges n'a pas créé un service obligatoire. En l'espèce, la commune qui, jusqu'au transfert de compétences assurait le fonctionnement du service, n'est donc pas fondée à soutenir que les dépenses qu'elle a exposées au titre de ce service pour les collégiens auraient conduit à un enrichissement sans cause du département d'Indre-et-Loire, dès lors que ces dépenses résultent de l'engagement librement consenti par la commune et que le département n'était pas tenu de les reprendre à sa charge. • CE 24 juin 2019, nº 409659 A : *AJDA 2019. 1309, note Pastor ; AJCT 2019. 525, obs. Defert*.

2. Obligation de tenir compte de l'intérêt général des enfants. Lorsque les collectivités ayant fait le choix d'assurer le service public de restauration scolaire définissent ou redéfinissent les règles d'organisation de ce service public, il leur appartient de prendre en compte l'intérêt général qui s'attache à ce que tous les enfants puissent bénéficier de ce service public, au regard des exigences du bon fonctionnement du service et des moyens humains et financiers dont disposent ces collectivités. En l'espèce, le Conseil d'État juge que ni les principes de laïcité et de neutralité du service public ni le principe d'égalité des usagers devant le service public ne font, par eux-mêmes, obstacle à ce que ces mêmes collectivités territoriales puissent proposer des repas différenciés permettant aux enfants de ne pas consommer des aliments proscrits par leurs convictions religieuses. • CE 11 déc. 2020, nº 426483 A (concl. Cytermann) : *AJDA 2021. 461, concl. Cytermann ; ibid. 2020. 2464 ; AJCT 2021. 157, obs. Bouillon*. ♦ Dans le même sens : • CE 22 mars 2021, nº 429361 A : *AJDA 2021. 655 ; ibid. 959, chron. Malverti et Beaufils*.

3. Capacité d'accueil. Capacité maximale du service atteinte. Possibilité de refuser un élève (oui). Éclairé par les travaux préparatoires de l'art. 186 de la L. nº 2017-86 du 27 janv. 2017, le Conseil d'État a jugé que par l'art. L. 131-13, le législateur a entendu rappeler que les collectivités territoriales ayant fait le choix d'instituer un service public de restauration scolaire ne peuvent légalement refuser d'y admettre un élève sur le fondement de considérations contraires au principe d'égalité. Pour autant, ces dispositions ne font pas obstacle à ce qu'elles puissent légalement refuser d'y admettre un élève lorsque, à la date de leur décision, la capacité maximale d'accueil de ce service public est atteinte. • CE 22 mars 2021, nº 429361 A : *préc. note 2*. ♦ Ce pourvoi en cassation infirme donc la position du TA, confirmée en appel, annulant la décision du maire de Besançon refusant de faire droit à une demande en raison du manque de places disponibles. • TA Besançon, 7 déc. 2017, nº 1701724 : *AJDA 2018. 223, note Hache ; ibid. 2017. 2437 ; AJCT 2018. 20, étude Defert ; ibid. 2018. 175*. ♦ Mais l'obligation d'inscription ainsi affirmée n'oblige pas les collectivités concernées à créer ce service. • Cons. const, 26 janv. 2017, nº 2016-745 DC * Rép. min. nº 18573 : *JO Sénat Q. 11 mai 2017, p. 1819*.

Pour le refus d'inscription aux services périscolaires : V. notes ss. art. L. 551-1.

II. ACCÈS. SITUATION ANTÉRIEURE À LA LOI DU 27 JANV. 2017

4. Égalité d'accès. Un conseil municipal avait modifié le règlement de la restauration scolaire pour les écoles de la commune en posant notamment le principe selon lequel les enfants dont les deux parents travaillent, ainsi que ceux qui bénéficient de dispositifs particuliers, pourraient seuls manger à la cantine tous les jours, tandis que les autres enfants ne pourraient être accueillis qu'une fois par semaine, dans la limite des places disponibles, sauf urgence ponctuelle dûment justifiée. Le juge administratif a estimé que cette délibération avait interdit illégalement l'accès au service public de la restauration scolaire à une partie des enfants scolarisés, en retenant au surplus un critère de discrimination sans rapport avec l'objet du service public en cause. • CE 23 oct. 2009, n° 329076 : *AJDA 2010. 265, note Verpeaux*.

5. Capacités d'accueil. Dans une affaire où le requérant soutenait qu'en prévoyant que le nombre d'enfants accueillis dans les cantines ne pouvait excéder leur capacité d'accueil et en privilégiant un système d'abonnement, la commune avait mis en place un système portant atteinte à plusieurs libertés fondamentales, notamment l'égalité d'accès au service public, le droit des enfants à la santé, le droit de mener une vie familiale normale et la liberté d'entreprendre, le Conseil d'État juge qu'en instaurant un système d'accès par abonnement (de 1 à 4 jours par semaine fixés à l'avance) complété par un système de fréquentation ponctuelle permettant l'accès occasionnel des enfants à la cantine, le ticket n'étant valable que le jour considéré, la vente de tickets étant limitée au capacités d'accueil du restaurant scolaire et les demandes étant servies dans leur ordre d'arrivée, la commune ne peut être regardée comme ayant mis en place un système discriminatoire portant atteinte à une liberté fondamentale. • CE 25 oct. 2002, n° 251161.

6. Restrictions par la commune de l'accès des enfants atteints d'allergies alimentaires. Étant donné, d'une part la variété des allergies d'origine alimentaire et leurs conséquences possibles sur la santé des enfants, d'autre part les conditions de fonctionnement d'un service de restauration collective, un conseil municipal a pu sans méconnaître le principe d'égalité des usagers devant le service public limiter l'accès au service de restauration de la commune, service non obligatoire, des enfants présentant une allergie alimentaire médicalement constatée. • TA Versailles, 10 avr. 1998, n° 97654 A.

7. Autres restrictions d'accès. D'autres règlements communaux restrictifs avaient été invalidés par le juge dès lors qu'ils interdisaient l'accès des élèves à la restauration scolaire en fonction : de leur âge : • TA Versailles, 3 mai 2002, n° 985889. ♦ ... de leur lieu de résidence : • TA Grenoble, 13 juin 2002, n° 014609. ♦ ... de l'existence d'une intolérance alimentaire : • CAA Marseille, 9 mars 2009, n° 08MA03041.

III. AUTRES QUESTIONS

8. Qualité nutritionnelle. V. notes ss art. L. 421-23.

9. Composition des menus. Dans une affaire où le requérant soutenait que la composition des repas servis dans les cantines scolaires de la commune d'Orange portait atteinte à la liberté religieuse en ce que, ne comportant pas de viande le vendredi, elle privilégiait les enfants de confession chrétienne, le Conseil d'État précise que les dispositions relatives aux menus qui ne font référence à aucun interdit alimentaire ne présentent pas un caractère discriminatoire en fonction de la religion des enfants ou de leurs parents. • CE 25 oct. 2002, n° 251161.

10. Menus de substitution. Compétence. Maire (absence). Saisi d'une demande tendant à l'annulation de la décision du maire de Beaucaire, révélée dans le bulletin municipal de la commune, portant suppression des repas de substitution jusqu'alors proposés aux élèves fréquentant les cantines scolaires de la commune et ne mangeant pas de viande de porc, le tribunal a jugé que le conseil municipal, à qui incombe la fixation de mesures générales d'organisation des services publics communaux conformément à l'art. L. 2121-29 CGCT, est seul compétent pour définir de telles mesures. Il a constaté que si le conseil municipal avait, par délibération, donné délégation au maire pour exercer un certain nombre de compétences, cette délégation ne portait pas sur l'organisation du service public de la restauration scolaire et périscolaire. Le tribunal administratif en a déduit qu'à défaut de justifier d'une délégation du conseil municipal, le maire de Beaucaire n'était pas compétent pour prendre la décision attaquée. • TA Nîmes, 9 oct. 2018, n°s 1800342, 1800350, 1801251 et 1801601.

11. Menus de substitution. Obligation. Absence. V. notes ss art. L. 421-23.

12. Exclusion d'élève. Règlement intérieur. Il a été demandé à la DAJ si le conseil d'administration d'un EPLE peut maintenir ou reprendre dans le règlement intérieur du service annexe d'hébergement une disposition permettant l'expulsion d'un élève de ce service pour défaut de paiement, qui figurait dans le Décr. n° 85-934 du 4 sept. 1985 relatif au fonctionnement du service annexe d'hébergement des EPLE, abrogé par le Décr. n° 2013-756 du 19 août 2013. La DAJ répond que si l'art. R. 511-13 fait référence à la possibilité d'exclure temporairement ou définitivement un élève d'un service annexe, il ne peut s'agir que d'une sanction infligée en fonction d'un comportement répréhensible et non d'un défaut de paiement. Il n'est donc pas possible de faire figurer dans le règlement intérieur d'un EPLE une clause d'exclusion de ce service en cas d'impayés. Seule la collectivité responsable du service peut désormais instaurer une telle mesure en cas de non-paiement, dans le cadre de la définition des modalités d'exploitation du service prévue par cet article. * Note DAJ A1 n° 14-079 du 10 mars 2014 : *LIJ 2014, n° 183, p. 17.*

CHAPITRE II LA GRATUITÉ DE L'ENSEIGNEMENT SCOLAIRE PUBLIC

COMMENTAIRE

Le chapitre II comporte deux articles, l'un consacré au premier degré (art. L. 132-1), l'autre au second (art. L. 132-2). Un troisième aurait pu y figurer dans la mesure où l'article L. 141-1 ouvre le titre suivant consacré à la laïcité de l'enseignement public en citant le Préambule de la Constitution de 1946 qui concerne aussi la gratuité et, à ce titre, aurait pu être mis en facteur. Malgré la formulation générale de la norme constitutionnelle (« gratuité à tous les degrés »), l'existence des droits d'inscription universitaires fondés sur des dispositions législatives (art. L. 719-4) limite le champ de la gratuité à l'enseignement scolaire. Le code ne comporte ici aucune disposition réglementaire.

Ce ***chapitre II est consacré au seul enseignement public***, plus précisément à l'enseignement dispensé dans les écoles et établissements publics du second degré. Il faut toutefois rappeler que dans les établissements privés *« le régime de l'enseignement pour les classes placées sous le régime de l'association est la gratuité... »* (Décr. n° 60-745 du 28 juill. 1960, art. 15, devenu art. R. 442-8), les autres prestations pouvant être payantes.

Techniquement, la ***gratuité du service public*** peut se définir comme l'***« absence de participation directe demandée à l'usager en contrepartie de la prestation que lui procure le service »*** (Lachaume, Droit des services publics, *Masson, 1989, p. 222*). Si le principe de gratuité n'est pas un principe général du droit qui caractériserait tous les services publics administratifs (CE 10 juill. 1976, *Assoc., Sté Direct Mail Promotion*, n°s 168702, 168734, 169631 et 169951), la gratuité de l'enseignement scolaire public constitue un principe général de l'éducation (dont l'art. L. 132-2 détermine le champ) fondé sur le principe constitutionnel découlant de l'alinéa 13 du Préambule de la Constitution de 1946.

Mais, si l'école n'a pas de prix, l'éducation a un coût estimé en 2001 à 7 % du PIB, soit plus de 100 milliards d'euros pour la dépense d'éducation, avec une croissance annuelle de 2,6 %. Le financement se fait essentiellement par l'impôt qui alimente le budget de l'État et, diversement, celui des collectivités territoriales (20 %). Si la gratuité permet l'accès de tous à l'enseignement et constitue un élément fondamental dans la lutte contre l'exclusion, elle donne un avantage aux familles aisées qui, sur le plan fiscal, sont les premières à bénéficier du quotient familial, aujourd'hui plafonné. La contribution des ménages qui était de 10,7 % de la dépense d'éducation en 1975 ne représentait plus en 2001 que 6,5 % *« du fait de l'augmentation forte des bourses et de l'extension du champ de la gratuité »* (Cytermann, Le coût de l'éducation, *in* Bernard Toulemonde, Le système éducatif en France, *Doc. fr.*).

La ***notion*** de ***« gratuité de l'enseignement public »*** telle qu'elle peut être dégagée de ce chapitre II est ***plus étroite que celle utilisée dans le débat public***. Ce chapitre n'épuise pas la matière ; les collectivités territoriales doivent ou peuvent en effet intervenir pour assurer certaines dépenses d'éducation soit à titre obligatoire, soit librement. ***Le « champ de la gratuité » est en effet plus large que le « principe général de l'éducation » ici présenté***, même si, en pratique, le recours à certaines formules (aide aux élèves encouragée par la fiscalité, préparation privée aux études supérieures ou aux concours) en amenuise la portée.

I. LE PRINCIPE

Même si elle n'était pas inconnue sous l'Ancien Régime quand l'accès gratuit aux petites écoles pouvait être un effet de la charité chrétienne, la gratuité fut une idée révolutionnaire reprise par les textes constitutionnels (Const. de 1791 : *« il sera créé une instruction publique, commune à tous les citoyens, gratuite à l'égard des parties d'enseignement indispensables à tous les hommes... »*, titre I). Revendication républicaine sous le Second Empire, elle permit à Jean Macé et à la Ligue de l'enseignement d'obtenir la création de la caisse des écoles par la loi Duruy du 10 avril 1867 pour venir en aide aux plus démunis (CE 22 mai 1903, *Caisse des écoles du VIe arrondissement de Paris : Lebon 390, concl. Romieu*, et art. L. 212-10). Affirmée pour l'enseignement primaire par la loi Ferry du 16 juin 1881, cette conquête de la IIIe République fut réaffirmée à la Libération après avoir été mise à mal par l'État français puis confortée par le

Préambule de la Constitution de 1946 avant d'être reprise par la Ve République, notamment par la loi Haby de 1975. Le principe est aujourd'hui largement admis comme en attestent divers instruments internationaux (DUDH, art. 26 ; CIDE, art. 28).

Les dispositions législatives applicables sont contenues dans les deux articles du chapitre (art. L. 132-1 issu des lois de 1881 et de 1975 ; art. L. 132-2 issu de la loi de finances de 1933 et d'une ordonnance de 1945).

A. LA GRATUITÉ DE L'ENSEIGNEMENT PRIMAIRE

La loi n° 2019-791 du 26 juillet 2019 pour une école de la confiance après avoir abaissé l'âge de l'instruction obligatoire à trois ans réaffirme que « *L'enseignement public dispensé dans les écoles maternelles et élémentaires est gratuit* » (art. 13 ; art. L. 132-1, supprimant ainsi la référence aux classes enfantines figurant dans la rédaction précédente de cet article). Est ainsi repris l'article 1er de la loi Ferry du 16 juin 1881 qui supprimait toute contribution scolaire et fut étendu aux écoles maternelles et aux classes enfantines par la loi du 30 octobre 1886. En affirmant la gratuité de l'enseignement public, le législateur rendait possible le caractère obligatoire de l'instruction. Mais, dès 1886, les deux notions ne se recouvrent plus ; ***si la gratuité couvre la période d'obligation scolaire – qui va aujourd'hui de six à seize ans et donc au-delà de l'enseignement du premier degré – la préscolarisation qui reste pour les familles facultative est, elle aussi, gratuite***. Le juge administratif veille au strict respect de cette règle considérant comme illégale l'imposition à des parents résidant dans une autre commune d'un droit de scolarité correspondant à une participation aux dépenses pédagogiques (V. notes ss. art. L. 132-1) ; aucune participation aux frais d'acquisition, d'entretien et de renouvellement ne peut être demandée aux familles (CE 9 nov. 1990, n° 56049 ; CE 10 janv. 1986, n° 58908 A). Le juge s'attache à assurer la gratuité de l'enseignement, que le cours soit obligatoire ou facultatif, dès qu'il fait partie des programmes, comme c'est le cas des classes à horaires aménagés. L'enseignement musical spécialisé est gratuit, ce qui exclut tout droit d'inscription spécifique tant dans le premier que le second degré (TA Versailles, 17 déc. 1999, n°s 993717, 993719, 993751 et 993753 A : *LPA 2000, n° 63, p. 15, concl. Lemoyne de Forges*). Il en serait autrement si était organisé un enseignement complémentaire, facultatif, en dehors des heures prévues au programme. Tel est aussi le cas des activités péri-éducatives qui prolongent et complètent le service public de l'éducation organisées par les communes dans les écoles (études surveillées-garderie ; notamment dans le cadre de la réorganisation des rythmes scolaires, V. Livre V) ou par les établissements (foyer coopératif d'un collège), désormais prévues dans le cadre du projet éducatif territorial (PEDT) associant à l'éducation nationale les collectivités territoriales et les associations. Une contribution des familles peut être alors demandée. On peut s'étonner de la complexité des montages mis en œuvre et de la diversité des pratiques locales, les activités étant payantes dans certaines communes (ce qui est légal pour des activités facultatives), gratuites dans d'autres ; le législateur a seulement souhaité que « les établissements scolaires » (visant certainement les écoles alors que la compétence appartient aux communes) « veillent, dans l'organisation des activités périscolaires à caractère facultatif à ce que les ressources des familles ne constituent pas un facteur discriminant entre les élèves » (art. L. 551-1). Le principe s'applique à tous, sans discrimination, notamment en fonction de la nationalité.

B. LA GRATUITÉ DE L'ENSEIGNEMENT SECONDAIRE

« L'enseignement est gratuit pour les élèves des lycées et collèges publics... » (art. L. 132-2). L'extension de la gratuité, déjà réalisée pour les classes du primaire supérieur, a été décidée pendant l'entre-deux-guerres par les lois de finances, année par année à partir de 1930 pour la sixième, 1931 pour la cinquième, 1932 pour la quatrième, la loi de finances pour 1933 terminant l'opération en assurant la gratuité jusqu'au baccalauréat. Considérant comme inexistantes les mesures prises par l'État français, l'ordonnance de 1945 étend la gratuité aux classes préparatoires. L'article L. 132-2 qui résulte de cette évolution et reprend les termes de l'article 1er de la loi Haby de 1975 concerne non seulement l'enseignement secondaire donné dans les collèges et les lycées publics – dont les lycées professionnels – mais s'applique aussi aux formations postbaccalauréat implantées dans les lycées, qu'il s'agisse des ***« classes préparatoires aux grandes écoles et à l'enseignement supérieur »***, citées expressément par l'article, ou des ***classes de techniciens supérieurs***, malgré le silence du texte. Les élèves des établissements publics d'enseignement du second degré, alors même qu'ils ont après le baccalauréat le statut d'étudiant, bénéficient donc de la gratuité, n'ayant pas à acquitter de droits d'inscription. Comme les autres élèves, ils n'auront pas à contribuer aux dépenses de fonctionnement des établissements. Toutefois, la loi ESR du 22 juillet 2013 souhaitant rapprocher les classes préparatoires aux grandes écoles (CPGE) et universités prévoit l'inscription simultanée des élèves dans un lycée public et un établissement d'enseignement supérieur liés par convention, leur imposant le paiement des droits d'inscription universitaires (art. L. 612-3, al. 6, prévoyant l'intervention d'un décret).

Le principe de gratuité s'étend à toute activité organisée sur le temps scolaire, donc obligatoire (gratuité des remontées mécaniques pour une activité ski sur temps scolaire, TA Besançon, 28 mars 2001, *préc.*). A propos des classes musicales à horaires aménagés, il a été jugé que les élèves des établissements publics « doivent bénéficier de la gratuité de la totalité de l'enseignement qui leur est dispensé » ; en conséquence, le tribunal annule la délibération de la ville de Versailles fixant le montant des droits d'inscription au conservatoire à acquitter par les élèves des classes à horaires aménagés (TA Versailles, 17 déc. 1999, n° 993717 A : *préc.*). A noter que, pour les élèves des collèges publics inscrits au conservatoire municipal, les dépenses d'enseignement qui, en raison de la gratuité de cet enseignement, sont à la charge des collectivités publiques, ne sont à la charge de l'État que si elles figurent parmi celles mentionnées à l'article L. 211-8 (CE 16 déc. 2016, *Assoc. des parents d'élèves du conservatoire de Rouen*, n° 403899 : *AJDA 2017. 209* ∅).

Les activités pédagogiques dispensées dans les établissements d'enseignement sont soumises au droit commun. La circulaire n° 95-223 relative à la reproduction à usage pédagogique d'œuvres protégées dans les EPLE rappelle ainsi aux chefs d'établissement les principes de la propriété littéraire et artistique ; conformément au code de la propriété intellectuelle modifié par la loi n° 95-4 du 3 janvier 1995, le droit de reproduction peut faire l'objet d'une gestion collective dans un cadre conventionnel garantissant la sécurité juridique des établissements et des utilisateurs, enseignants et élèves ; les photocopies d'œuvres protégées donnent lieu à redevance prise en charge par l'État.

La gratuité de l'enseignement secondaire implique la gratuité des examens (CAP/BEP, DNB, baccalauréats) ; tous les droits d'inscription ont été supprimés. La pratique suivie dans certaines académies, notamment par le SIEC en Île-de-France, de réclamer une participation aux frais d'affranchissement aux candidats aux seuls CAP et BEP (décidée à la suite de la RGPP) doit être abandonnée en 2018 (V. Rép. min. 4 juin 2014, *JO Sénat, p. 4414*).

C. PORTÉE ET NATURE DU PRINCIPE DE GRATUITÉ

« L'organisation de l'enseignement public gratuit... à tous les degrés est un devoir d'État », proclame le ***Préambule*** de la Constitution de ***1946*** (al. 13, 2e phrase). L'adjectif gratuit qualifiait déjà l'enseignement dans le projet d'avril qui ajoutait qu'il devait *« être rendu accessible à tous par une aide matérielle à ceux qui, sans elle, ne pourraient poursuivre leurs études »*. La formulation plus simple du texte, qui fait aujourd'hui partie du bloc de constitutionnalité, tranche : il ne s'agit que de la gratuité de l'enseignement scolaire public, et non des études, les familles conservant à leur charge les frais annexes.

Il s'agit là d'un des ***« principes politiques, économiques et sociaux particulièrement nécessaires à notre temps »*** introduits par le Préambule de la Constitution de 1946. Longtemps considérés comme des affirmations pouvant tout au plus inspirer le législateur, ces principes peuvent depuis trente ans être invoqués devant le Conseil constitutionnel et appliqués par lui. De manière générale, ils n'ont entraîné que fort peu d'invalidations (V. obs. ss. Cons. const. 15 janv. 1975, *IVG*, n° 74-54 DC : *GDCC n° 22*) ; s'agissant de la gratuité, le ***Conseil constitutionnel*** a pu récemment l'analyser comme une « obligation constitutionnelle... (qui) ne s'impose pas à l'État hors du territoire de la République » (Cons. const. 9 août 2012 : *n° 2012-654 DC*). Pour l'enseignement supérieur *a priori* concerné par le Préambule qui vise *« tous les degrés »*, aucune objection n'a même été faite lors de l'examen de la loi de 1984 à propos de l'article 41 qui prévoit le versement de droits d'inscription (Cons. const. 20 janv. 1984, *Libertés universitaires*, n° 83-165 DC : *GDCC n° 33*). Ce mode de financement avait déjà été prévu par la loi de finances du 24 mai 1951 ; les requérants qui contestaient devant le Conseil d'État un arrêté ministériel fixant le montant des droits d'inscription en invoquant la lettre du Préambule se virent opposer l'*« écran législatif »* constitué par la loi de 1951 donnant compétence au ministre de l'éducation nationale (CE 28 janv. 1972, *Conseil transitoire de la faculté des lettres de Paris : Lebon 86*). Considérant que le moyen tiré de la méconnaissance des droits constitutionnellement protégés par le treizième alinéa du Préambule de la Constitution de 1946 par la loi du 24 mai 1951 et l'article L. 719-4 présente un caractère sérieux, le Conseil d'État a toutefois décidé de renvoyer au Conseil constitutionnel la question prioritaire de constitutionnalité (CE 24 juill. 2019, n° 430121). Si le Conseil constitutionnel décide alors que « l'exigence constitutionnelle de gratuité s'applique à l'enseignement supérieur public », celle-ci n'est pas incompatible avec des « droits d'inscription modiques », tenant compte, le cas échéant, des capacités financières des étudiants. On peut ici se demander si la modicité et la prise en compte des capacités financières des étudiants sont des conditions cumulatives ou alternatives à l'instauration de droits d'inscription pour l'accès à l'enseignement supérieur. Quoi qu'il en soit, le troisième alinéa de l'article 48 de la loi n° 51-598 du 24 mai 1951 de finances pour l'exercice 1951 est conforme à la Constitution ; « il appartient donc aux ministres de fixer, sous le contrôle du juge, le montant de ces droits, dans le respect des principes de gratuité de l'enseignement public et d'égal accès à l'instruction » (Cons. const. 11 oct. 2019, n° 2019-809 QPC : *AJDA 2019. 2022* ; *D. 2019. 1938* ; *ibid. 2310, point de vue Fardet* ; *LIJ 2019, n° 208*). ***De manière générale, la gratuité du service public n'est pas reconnue***. En dehors de l'enseignement public, elle ne constitue ni un principe à valeur constitutionnelle, ni un principe général du droit ; *« tout moyen tiré de la violation d'un principe de gratuité du service public administratif ne peut, en tout état de cause, qu'être rejeté »* (CE 10 juill. 1996, *Sté Direct mail promotion : Lebon 277*). Présentée comme un corollaire de l'égalité pour garantir l'accès de tous au service public, la gratuité ne concerne en fait qu'un nombre très restreint de services publics ; dans d'autres cas, par exemple la santé publique pour laquelle la gratuité est limitée aux plus démunis (CSP, art. L. 711-7-1), la logique est celle du service universel permettant un accès généralisé au service à « un prix abordable ». En fait, ***« le principe de gratuité n'a pas de réalité juridique... ; (c'est) un idéal à atteindre dans la construction d'un droit du service public »*** (Guglielmi et Koubi, Droit du service public, *Montchrestien, p. 434-435*). Cet ***idéal*** est ***atteint pour l'enseignement public*** dont le caractère gratuit est classé par le code de l'éducation dans les *« principes généraux de l'éducation »*. Il ne s'attache qu'à l'*« enseignement »*, à l'exclusion des activités annexes, qu'elles soient de l'ordre périéducatif ou des services d'hébergement ou de restauration. Principe fondamental de l'enseignement dont la fixation est réservée au législateur par l'article 34 de la Constitution, le Parlement serait compétent pour son éventuelle *« mise en cause »* qui se heurterait à la lettre du Préambule de la Constitution de 1946.

II. CHAMP DE LA GRATUITÉ

Le champ de la gratuité doit être précisé ; il existe en effet des cas où, par exception, l'enseignement public est payant alors que des prestations hors enseignement peuvent être assurées gratuitement.

A. UNE EXCEPTION : LA SCOLARISATION PAYANTE

La scolarisation dans les ***établissements français d'enseignement à l'étranger*** (art. L. 451-1 s.) impose le versement de droits d'écolage que l'établissement soit privé ou public. L'Agence pour l'enseignement français à l'étranger (AEFE) peut seulement aider les familles à supporter les frais liés à l'enseignement, veiller à la stabilisation des frais de scolarité et accorder des bourses sur critères sociaux. S'agissant des établissements publics, cette exception à la gratuité de l'enseignement a été jugée légale dans la mesure où les usagers ne se trouvent pas dans la même situation vis-à-vis du service public (CE sect., 9 avr. 1976, *Conseil des parents d'élèves des écoles publiques de la mission universitaire et culturelle française au Maroc,* n° 89821 A ; de même : CE 4 févr. 2004, *Assoc. d'administration et de liaison des écoles françaises d'Antananarivo*, n° 244591). En 2007, une promesse de campagne faite au nom de la gratuité avait entraîné la mise en place d'une aide à la scolarité des lycéens. Le coût de la mesure qui profitait surtout aux familles aisées et risquait d'évincer les élèves du pays fit l'objet de critiques, notamment au Sénat (M. Josselin de Rohan, séance de la commission des affaires étrangères du 28 oct. 2008 ; V. aussi, A. Juppé, Livre blanc sur la politique étrangère de la France). Aussi les dispositions législatives adoptées en 2010 permettant la prise en charge des frais de scolarité furent-elles abrogées par la loi de finances rectificative pour 2012. Le Conseil constitutionnel a alors précisé que « l'obligation constitutionnelle d'organiser un enseignement public gratuit et laïque ne s'impose pas à l'État hors du territoire de la République » et rappelé que « le principe d'égalité devant la loi n'impose pas davantage la gratuité de la scolarité des enfants français scolarisés à l'étranger » (Cons. const. 9 août 2012, n° 2012-654 DC).

C'est certainement sur le même fondement que le ***service public de l'enseignement à distance*** délivre ses prestations contre le paiement d'une somme d'argent que l'on peut analyser comme une redevance (pour les usagers) ou comme un prix (pour les clients), organisé notamment pour assurer l'instruction des enfants qui ne peuvent être scolarisés dans un établissement (art. L. 131-2, al. 2, introduit par la loi avenir de l'école de 2005), pouvant résider en France ou à l'étranger, handicapés par la maladie ou aptes à être scolarisés mais ne supportant plus l'encadrement scolaire. Le décret n° 2009-238 du 27 février 2009 précise les conditions dans lesquelles le service public de l'enseignement à distance est gratuit pour les seuls élèves relevant de l'instruction obligatoire qui sont exonérés de droits d'inscription. Par contre, les autres élèves peuvent se voir demander d'acquitter des droits qui ne peuvent excéder le coût résultant des charges spécifiques de l'enseignement à distance. Pour certains, notamment les élèves exclus des établissements publics après avoir refusé d'abandonner le signe ou la tenue manifestant leur appartenance religieuse, c'est l'ultime possibilité que l'inspecteur d'académie – DASEN leur proposera pour poursuivre leurs études et pour bénéficier du droit à l'éducation. Pour d'autres, c'est une possibilité de choisir une option non offerte dans l'établissement, ou de bénéficier de la continuité éducative en poursuivant un enseignement commencé ailleurs. Quand il s'agit d'un enseignement complémentaire (sinon de confort), l'établissement a souvent la possibilité de prendre en charge les frais. On peut s'étonner qu'une solution législative n'ait pas été adoptée pour assurer la continuité de l'enseignement dans le premier cas.

B. LA SANCTION DU PRINCIPE DE GRATUITÉ

Les décisions juridictionnelles ont censuré certaines pratiques imposant aux usagers des *« contributions »* qui n'ont aucun fondement juridique. Il en fut ainsi pour les ***frais de photocopie*** ; utilisées pour les relations avec les familles, pour des raisons pédagogiques ou dans le cadre du contrôle des connaissances (TA Paris, 28 déc. 1994, *LIJ déc. 1994 ;* TA Besançon, 29 mars 2001 : *D. 2001.1283 ; Dr. adm. 2001, comm. 165*), elles relèvent du fonctionnement de l'établissement ; les ***carnets de correspondance*** et les ***frais d'affranchissement*** doivent également être financés par l'établissement (TA Bordeaux, 29 juin 1999, *Solana c/ Recteur de l'académie de Bordeaux* ; TA Besançon, 29 mars 2001, *préc.*) ; il en est de même des ***matières nécessaires aux objets confectionnés*** par les élèves en technologie (CE 4 févr. 2004, *Solana : JCP Adm. 2004. 1288, note Moreau*). En revanche, s'agissant des cahiers d'exercice de langue vivante, il a été admis que les élèves pouvaient se les procurer en s'adressant à la coopérative scolaire (CAA Bordeaux, 17 janv. 2002, *Solana*, n° 99BX02225, confirmé par : CE 27 avr. 2012, n° 352844). Les circulaires ministérielles précisent que les ***contributions demandées par les coopératives scolaires*** (très répandues dans le premier degré où elles peuvent apporter une aide aux familles des élèves les plus démunies) et par les associations, sportives ou lycéennes, ne peuvent avoir qu'un ***caractère facultatif***. Il en est de même dans l'***enseignement supérieur*** (V. notes ss. art. L. 132-2) ; les universités n'ont pas la possibilité d'imposer aux étudiants des contributions complémentaires aux droits d'inscription : contribution pédagogique pour l'accès à certaines bibliothèques ou à certains documents pédagogiques, contribution pour prestations complémentaires, en fait nécessaires pour les études poursuivies. ***La rémunération pour des services rendus n'est possible que si elle a un caractère facultatif et que la prestation n'est pas nécessaire pour les études poursuivies***.

Dans l'***enseignement scolaire***, les diverses ***activités*** proposées aux élèves peuvent faire l'objet d'une ***distinction*** du même type. Certaines sont ***nécessaires*** à l'enseignement et auront donc un ***caractère obligatoire*** (Le principe de gratuité s'étend à toute activité organisée sur le temps scolaire, donc obligatoire : gratuité des remontées mécaniques pour une activité ski sur temps scolaire, TA Besançon, 29 mars 2001, préc.) : ce sont les activités éducatives organisées dans le temps scolaire ou les stages en entreprise, qu'ils soient facultatifs ou obligatoires. D'autres sont ***complé-***

mentaires et facultatives : ces ***activités périscolaires*** ont lieu pendant le ***temps libre des élèves***. En bonne logique, les premières doivent être gratuites.

C. LA POSSIBLE GRATUITÉ DES ACTIVITÉS COMPLÉMENTAIRES

Outre l'enseignement, l'élève peut profiter de prestations diverses : soutien scolaire, fournitures scolaires, accueil, restauration, hébergement, transport et voyage scolaires, activités périscolaires... souvent assurées par le service public local. Le principe repose ici sur la distinction entre les activités obligatoires pour les élèves qui doivent être gratuites et les activités facultatives pour les élèves (mais qui peuvent être obligatoires pour les collectivités) qui peuvent donner lieu à une contribution des familles. Mais la gratuité n'est pas toujours exclue, soit qu'elle soit imposée par la loi (accueil des élèves des écoles maternelles et élémentaires), soit qu'elle résulte d'un choix politique des collectivités territoriales.

La loi n° 2008-790 du 20 août 2008 institue un droit d'accueil au profit des élèves des écoles maternelles et élémentaires pendant le temps scolaire. Elle crée, au sein du titre III du livre Ier, un chapitre III intitulé « L'accueil des élèves des écoles maternelles et élémentaires », divisé en deux sections concernant tour à tour les écoles publiques (art. L. 133-1 et L. 133-2) et les écoles privées sous contrat (art. L. 133-11 et L. 133-12). Tous les élèves du premier degré peuvent désormais disposer d'un ***nouveau service public gratuit*** (art. L. 133-1) : leur accueil doit en effet être assuré en cas d'interruption du service public de l'enseignement due tant à l'impossibilité de remplacer un professeur dont l'absence était imprévisible qu'à la grève des enseignants. Pour les élèves et leurs familles, il s'agit là d'un ***nouveau droit qui complète le droit à l'éducation***. L'État doit organiser ce nouveau service en collaboration avec les communes dans le cas des grèves d'une certaine ampleur pour les élèves des écoles publiques (V. comm. ss. art. L. 133-2 s.).

L'article 6 de la loi n° 2013-595 du 8 juillet 2013 rappelle le principe de gratuité en indiquant que « Les visites médicales et de dépistage obligatoires ne donnent pas lieu à contribution pécuniaire de la part des familles » (C. éduc., art. L. 541-1 ; CSP, art. L. 2325-1). Dans d'autres cas, le principe a été étendu par des décisions politiques prises notamment par les collectivités territoriales (le rapport Delahaye sur « *la grande pauvreté et la réussite scolaire ; le choix de la solidarité pour la réussite de tous* » de mai 2015 souligne toutefois l'insuffisance de ces politiques). Il en est ainsi pour les ***fournitures scolaires*** qui constituent un poste important dans le coût de la rentrée, la distinction se fait selon leur destination, individuelle ou collective. A la différence des matériels pédagogiques et outils utilisés en commun, ***les fournitures individuelles sont à la charge des familles***. Mais, dans le ***premier degré***, il est courant que les communes mettent à la disposition des élèves le petit matériel scolaire : crayons, cahiers... En cas contraire ou pour le surplus, l'administration recommande de modérer les exigences pour ne pas grever les budgets des familles et créer des inégalités entre élèves (régulièrement sont rappelés la nécessaire concertation avec les parents d'élèves et le souhait que les listes de fournitures individuelles soient soumises au conseil d'école ou au conseil d'administration avec en annexe une liste de fournitures individuelles essentielles susceptibles d'être demandées aux familles ; la mise en place d'une commission fournitures est encouragée ; il est également demandé aux directeurs d'école et chefs d'établissement de soutenir les initiatives des parents d'élèves pour obtenir des fournitures à prix réduit, V. Circ. n° 2016-054 du 13 avr. 2016). Le rapport Delahaye appelle les directeurs et les chefs d'établissement mais aussi les inspecteurs à se mobiliser pour faire respecter ces recommandations ; il souhaite en outre que les responsables éducatifs s'informent de la situation réelle de la famille avant de décider d'une punition pour défaut de matériel scolaire (Rapp. préc., *mai 2015*).

Pour les ***manuels scolaires*** qui peuvent être à la charge des familles, des solutions ont peu à peu été mises en place. Elles partent du principe selon lequel ces ouvrages scolaires utilisables plusieurs années peuvent ne pas être susceptibles d'appropriation individuelle, à la différence des cahiers de travaux pratiques annexés au manuel qui, une fois remplis, ne peuvent être réutilisés (CAA Nantes, 26 mai 2005, *Chevaucher*, n° 04NT00480). ***La quasi-totalité des communes met les manuels à la disposition des élèves des écoles.*** Pour les ***collèges et les établissements d'éducation spéciale,*** un décret de 1977, pris en application de la loi Haby de

1975, a rangé parmi « *les dépenses pédagogiques* » à la ***charge de l'État « la fourniture des manuels scolaires dans les collèges et les établissements d'éducation spéciale*** » (art. D. 211-15). Dans les ***lycées et lycées professionnels,*** les ***manuels*** restent à la ***charge des familles.*** Aussi, les ***régions***, avec l'État dans le cadre de plusieurs contrats de plan, puis seules, ont prévu des ***financements mis en place*** selon des modalités différentes (chèques-livre, prêt de manuels…). Des solutions voisines ont été retenues pour aider les élèves de l'enseignement professionnel à acquérir l'équipement nécessaire, souvent très onéreux.

Le ***trajet entre le domicile de l'élève et l'établissement scolaire*** peut être un poste important dans le budget familial. En principe, une contribution est demandée aux familles par l'autorité organisatrice (d'abord le département, et, à partir du 1er janv. 2017, la région : art. L. 213-11). Les frais de déplacement des élèves qui ne peuvent utiliser les moyens de transport en commun en raison de la gravité de leur handicap sont, par contre, pris en charge par le département (art. R. 213-13) qui les rembourse directement aux familles (art. R. 213-15). Certains départements ont pu en outre mettre en place une gratuité totale ou partielle des déplacements des autres élèves (à la rentrée 2012, 28 départements assuraient la gratuité des transports scolaires, 7 autres prenant en charge au moins une partie du coût du transport ; les autres participant à hauteur de 50 à 94 %, chiffres de l'association nationale pour les transports éducatifs de l'éducation nationale ; on assiste, depuis cette date, à une remise en cause de cette politique de gratuité dans plusieurs départements). En 2018, une proposition de loi a relancé le débat (AN, 2018, n° 584, proposition de loi relative à la gratuité des transports scolaires).

Les ***services de restauration scolaire*** (cantines dans le premier degré, demi-pension dans les collèges et lycées) comme l'hébergement en ***internat*** sont ***financés,*** en partie du moins et sauf exception, par les ***familles***. C'est un service facultatif pour les communes dans les écoles (CE, sect., 5 oct.1984, *Commissaire de la République de l'Ariège*, n° 47875), comme pour les départements dans les collèges (CE 24 juin 2019, n° 409659) et les régions dans les lycées. Les tarifs de la restauration scolaire sont fixés par l'assemblée délibérante de la collectivité qui en a la charge (art. R. 531-52 ; et non par la caisse des écoles, CE 11 juin 2014, n° 359431) qui peut les moduler pour prendre en considération les différences de situation (revenu des familles, nombre d'enfants, domicile), sous le contrôle du juge (V. jurisprudence ss. art. R. 531-52) sans pouvoir être supérieurs à leur coûts (art. R. 531-53). L'article L. 131-13, issu de l'article 186 de la loi n° 2017-86 du 27 janvier 2017 relative à l'égalité et à la citoyenneté – prévoyant que « l'inscription à la cantine des écoles primaires, lorsque ce service existe, est « un droit pour tous les enfants scolarisés » – souligne la responsabilité des communes qui ne peuvent établir aucune discrimination pour l'accès au service. Il a été jugé, en se référant aux débats parlementaires, que cette disposition impose aux communes d'accepter toutes les demandes d'inscription à la cantine scolaire, en dépit de leur capacité d'accueil (TA Besançon, 7 déc. 2017, n° 1701724). Présentant un plan de lutte contre la pauvreté en septembre 2018, le Président de la République a annoncé que pour « pour permettre à tous les enfants de manger correctement, des petits déjeuners seront proposés gratuitement dans tous les collèges de zones prioritaires » ; le plan prévoit également une aide aux communes ainsi sollicitées pour instaurer des tarifs de cantine plus accessibles. Les investissements des collectivités territoriales comme le traitement public des agents permettent de faire fonctionner ces services publics à vocation sociale en arrêtant des tarifs ne dépassant pas leur coût de revient, en fixant des redevances proportionnées au service rendu, en introduisant une tarification différenciée pouvant aller jusqu'à la gratuité. L'article 186 de la loi égalité et citoyenneté du 27 janvier 2017 dispose désormais que « l'inscription à la cantine des écoles primaires, lorsque ce service existe, est un droit pour tous les enfants scolarisés. Il ne peut être établi aucune discrimination selon leur situation ou celle de leur famille » (art. L. 131-13 ; la différence de traitement établie par les dispositions contestées entre ceux qui disposent de ce service et ceux qui n'en disposent pas, au regard du droit d'accès à ce service facultatif de restauration scolaire, repose sur une différence de situation, en rapport direct avec l'objet de la loi, ne méconnaissant pas le principe d'égalité, Cons. const. 26 janv. 2017, n° 2016-745 DC, § 9 s.). Le rapport Delahaye (préc., *mai 2015*) préconise que la restauration scolaire devienne un droit sans aucune condition restrictive. Il rappelle que, pour l'instant, il existe dans le second degré des fonds sociaux, parmi lesquels un fonds cantine créé en 1997 dont il souligne l'inadaptation. Au niveau communal, la caisse des écoles, « *destinée* *à faciliter la fréquentation de l'école par des aides aux élèves en fonction des ressources de leur famille* » (art. L. 212-10), peut jouer ce rôle, notamment en remettant des chèques d'accompagnement personnalisés (art. L. 212-11). Dans le premier degré, les coopératives scolaires, malgré leurs dérives, peuvent aussi être sollicitées. En 2019, dans le cadre de la stratégie nationale de prévention et de lutte contre la pauvreté, l'État met en place des crédits contribuant au financement de petits déjeuners dans les écoles volontaires de territoires prioritaires.

Une problématique du même type s'attache aux ***sorties et voyages scolaires éducatifs*** (VSE). Gratuits lorsqu'ils sont prévus dans le cadre des programmes et des activités obligatoires, ils sont facultatifs quand ils sont organisés hors temps scolaire. Il est alors possible de demander aux familles une participation qui est fixée par le conseil d'administration, celle-ci devant alors être « *raisonnable* » (Circ. n° 2011-117 du 3 août 2011) ; comme pour toute activité périscolaire à caractère facultatif, leur organisation impose de veiller à ce que « *les ressources des familles ne constituent pas un facteur discriminant entre élèves* » (art. L. 551-1 mod. par la L. n° 2013-595 du 8 juill. 2013). Inscrits au projet d'établissement, autorisés par le conseil d'administration, organisés par le chef d'établissement, les sorties et voyages éducatifs peuvent bénéficier de financements complémentaires. Les uns peuvent être imputés au budget de l'EPLE qui peut utiliser tant les crédits d'État (crédits pédagogiques, dotations aux projets) que ses ressources propres ; les autres peuvent résulter de contributions (FSE au collège, MDL au lycée), et de subventions diverses (collectivités territoriales, caisses d'allocations familiales, entreprises privées sans contrepartie publicitaire, vente de produits par les élèves ou leurs parents). Ces différentes possibilités doivent être utilisées pour financer le voyage des accompagnants qui ne peut être à la charge des familles. La pratique révèle encore des dérives (coût, utilité pédagogique). Aussi est-il utile de rappeler, comme le fait le rapport Delahaye (préc., *mai 2015*), qu'aucun élève ne devrait être empêché d'y participer pour des raisons financières, en souhaitant que tout élève puisse bénéficier d'un voyage au cours de sa scolarité obligatoire.

S'agissant du soutien scolaire, des particuliers et de plus en plus des entreprises proposent des services payants, encouragés par l'existence d'un crédit d'impôt de 50 % dans la limite d'un plafond. Toutefois, il existe aussi des services gratuits. Le soutien scolaire peut être proposé par des associations (parfois agréées par l'éducation nationale, type ligue de l'enseignement) et assuré par des étudiants, des enseignants ou des retraités ; une « heure d'étude » après la classe peut être organisée par les communes et assurée par des enseignants volontaires pour un coût, fonction du quotient familial (V. Cour des comptes, Le suivi individualisé des élèves : une ambition à concilier avec l'organisation du système éducatif, Rapport public thématique, Synthèse, *mars 2015*).

Les élèves scolarisés dans les établissements privés sous contrat d'association peuvent bénéficier des mesures à caractère social prises par les collectivités territoriales, les EPCI et les caisses des écoles (art. L. 533-1) qui constituent une faculté (CE, ass., 5 juill. 1985, n° 44706). Toutefois, si l'aide à caractère social est accordée aux élèves (et non aux établissements), elle peut s'appliquer aux seuls élèves de l'enseignement public ; ainsi, le bénéfice du « chéquier réussite » institué par le département de Seine-Saint-Denis pouvait ne pas être étendu aux collèges privés (CAA de Versailles, 29 mars 2018, n° 15VE03008). Au contraire, les élèves du public et du privé doivent être traités de la même manière pour l'octroi de bourses par les départements (CGCT, art. L. 3214-2) et pour les transports scolaires (CE 19 juin 1992, n° 108367). ☐

Art. L. 132-1 *(L. n° 2019-791 du 26 juill. 2019, art. 14)* **L'enseignement public dispensé dans les écoles maternelles et élémentaires est gratuit.**

BIBL. ▶ CHAPUIS, Exclusion et pauvreté en milieu scolaire, *CNDP-Hachette, 1997*. – LONG, La tarification des services publics locaux, *LGDJ, Systèmes, 2001*. – PLOUVIN, Les principes de continuité et de gratuité du service public de l'enseignement dans le cadre de la décentralisation, *Quot. jur. 29 nov. 1986. 3*. – TOMASI, Le principe de gratuité de l'enseignement public, *AJDA 1988. 499*. – TOULEMONDE, La gratuité de l'enseignement, passé, présent, avenir, *Rapport au ministre de l'éducation nationale, 2002*.

▶ **Sur les manuels scolaires :** BORNE, Le manuel scolaire, *Rapp. IGEN, juin 1998*. – LEROY, Les manuels scolaires : situation et perspectives, *Rapp. IGEN n° 2012-036, mars 2012*. – SERRE, BASSY, Le manuel scolaire à l'heure du numérique. Une « nouvelle donne » de la politique de ressources pour l'enseignement, *Rapp. IGEN-IGAENR, n° 2010-087, juill. 2010*. – TABAROT, Rapport d'information sur les manuels scolaires, *Ass. nat. n° 4225, janv. 2012*. – Toulemonde, Rapport : Les manuels scolaires, *in* La gratuité de l'enseignement : passé, présent, avenir, 2002, http://fcpe.brumath.pagesperso-orange.fr/dossiers_gratuite_tlm_manuels.htm.

I. ÉTENDUE DU PRINCIPE DE GRATUITÉ

1. L'école a été longtemps payante. La L. du 10 avr. 1867 (loi Duruy) a organisé la caisse des écoles pour assurer aux plus démunis la gratuité scolaire. • CE 22 mai 1903, *Caisse des écoles du VIe arrondissement de Paris : Lebon 390, concl. Romieu.*

2. Écoles concernées. La L. du 16 juin 1881 a établi la gratuité absolue de l'enseignement primaire dans les écoles publiques ; en application de l'art. 1er de la L. du 30 oct. 1886, ce principe de gratuité s'applique aux écoles maternelles, aux écoles élémentaires et aux écoles ou classes assimilées. La délibération du conseil municipal décidant de mettre à la charge des familles domiciliées en dehors de la commune mais y scolarisant leurs enfants un droit de scolarité correspondant à une participation aux dépenses exposées par la commune au titre des fournitures scolaires et d'autres prestations est illégale. • CE 9 nov. 1990, n° 56049.

3. Acquisition, entretien et renouvellement du matériel d'enseignement. Absence de participation aux frais. Aucune participation aux frais ne peut être demandée aux parents d'élèves d'une école publique, maternelle, élémentaire ou d'une école ou classe assimilée, qu'ils soient ou non domiciliés dans la commune dans laquelle se situe l'école, dès lors qu'il s'agit des frais d'acquisition, d'entretien et de renouvellement du matériel d'enseignement. • CE 9 nov. 1990, *Cne de Compiègne*, n° 56049 • CE 10 janv. 1986, n° 58908 A.

4. Frais postaux. Cahiers de correspondance. Absence de participation aux frais. Aucune contribution de ce type ne peut être demandée aux familles au titre de participation aux dépenses de fonctionnement de l'établissement tels que les frais postaux ou les achats de cahiers de correspondance. • CAA Bordeaux, 7 janv. 2002, n° 99BX02225.

5. Classes aménagées. Enseignements renforcés. Enseignements obligatoires (oui). Gratuité. Le juge a rappelé que l'enseignement artistique renforcé dont bénéficient les élèves inscrits en classe à horaires aménagés constitue un enseignement organisé et assuré dans le cadre de la scolarité obligatoire de ces élèves. Dès lors, alors même qu'il est dispensé avec le concours des conservatoires ou de certaines écoles de musique gérés par les collectivités territoriales et que ces dernières n'ont pas l'obligation de fournir une telle formation, cet enseignement artistique renforcé doit respecter le principe de gratuité. Il en conclut que la mise en place d'une tarification modulée selon le quotient familial pour l'inscription d'élèves et collégiens dans des classes à horaires aménagés comportant un enseignement artistique renforcé assuré par le conservatoire à rayonnement régional de Rouen n'est pas compatible avec le principe de gratuité de l'enseignement public. • CAA Douai 3 déc. 2020, nos 18DA00435, 18DA00436 et 19DA01793 : *LIJ 2021, n° 214, p. 4.*

III. PRESTATIONS COMPLÉMENTAIRES ET FACULTATIVES

6. Activités périscolaires facultatives. Les activités organisées par le foyer coopératif d'un collège constituent des activités périscolaires facultatives, qui ne s'inscrivent pas dans le déroulement normal de la scolarité mais viennent en complément des missions du service public de l'enseignement assurées par l'établissement. Par suite, les sommes destinées à alimenter le budget de la coopérative scolaire ne font pas partie des dépenses pédagogiques de fonctionnement à la charge de l'État. Il est dès lors loisible au chef d'établissement de rappeler la possibilité de contribuer au fonctionnement du foyer, association autonome dotée d'une personnalité distincte de celle du collège. • CE 4 févr. 2004, n° 253376.

7. Rythmes scolaires. Égalité. Le ministre a été interrogé sur l'évaluation de la mise en place des rythmes scolaires sous l'angle de l'égalité entre les enfants ainsi que sous celui de l'égalité des familles devant le coût éventuel du dispositif. Le ministre rappelle l'ensemble des engagements financiers de l'État et précise qu'il a également mis en place un accompagnement technique auprès des communes, et notamment les petites communes et communes rurales, pour les aider dans la mise en place de leurs projets éducatifs territoriaux, qui structurent la complémentarité des temps scolaires et périscolaires pour les enfants et assurent des activités de qualité. S'agissant de la tarification des activités périscolaires, le ministre rappelle que cette question relève d'une décision locale. Ces activités étant facultatives, les familles ne sont pas tenues d'y inscrire leurs enfants, mais chaque enfant doit avoir la possibilité d'en bénéficier lorsque de telles activités sont mises en place. Pour faire en sorte que ces activités bénéficient à tous, les élus ont été incités à veiller à ce que les ressources des familles ne constituent pas un facteur discriminant entre les élèves (art. L. 551-1). S'il n'existe donc pas, comme pour les autres services publics locaux facultatifs, de principe de gratuité, concrètement c'est un choix que font de nombreuses communes. Le ministre conclut que ces nouveaux rythmes, accompagnés par l'État, loin d'accroître des inégalités entre élèves, visent au contraire à les combattre et à les réduire. * Rép. min. n° 91639 : *JOAN Q 8 mars 2016, p. 2011.*

8. Études surveillées-garderies. Des participations financières peuvent toutefois être demandées aux familles qui envoient leurs enfants en étude surveillée ou garderie. La délibération votée par le conseil municipal instituant une participation financière d'un montant de 50 francs par enfant et par mois, qui présente le caractère de redevance pour services rendus, est sensiblement inférieure au coût réel du service mis à la disposition des parents. Dès lors, bien que le système retenu d'un forfait mensuel ne permette pas aux utilisateurs épisodiques dudit service de ne verser qu'une somme strictement proportionnelle à cette utilisation, la délibération ne saurait être regardée comme reposant sur une appréciation manifestement erronée. • CAA Lyon, 22 oct. 1991, ♧ n° 89LY01556 B.

IV. VOYAGES SCOLAIRES

9. Voyages scolaires facultatifs. Vote du CA. Saisie de plusieurs questions relatives aux modalités de financement des voyages scolaires facultatifs au regard du principe de gratuité de l'enseignement, la DAJ apporte plusieurs précisions. Sur la répartition des dons et subventions, il était demandé si le CA de l'établissement devait voter d'abord le montant demandé aux familles, le don ou la subvention venant abonder globalement le budget consacré au voyage sans affectation à une ligne de dépense particulière, ou si le don ou la subvention devaient être répartis de façon égale entre les élèves et leurs accompagnateurs, de sorte de représenter un même montant pour chacun d'eux. Il a été répondu que cette seconde hypothèse devait en tout état de cause être écartée, car elle reviendrait à imputer, même indirectement, sur les élèves et leurs familles une partie du coût du voyage des accompagnateurs. * DAJ A1, 24 févr. 2016, n° 2016-043 : *LIJ 2016, n° 193, p. 17.*

10. Voyages scolaires facultatifs. Affectation de dons ou de subventions. Sur la possibilité d'affecter directement un don ou une subvention au financement du voyage des accompagnateurs, la DAJ rappelle que, dès lors que l'art. R. 421-66 C. éduc. prévoit qu'un don ou une subvention attribués à un l'EPLE conservent l'affectation souhaitée par le donataire, il paraît possible de financer les dépenses d'encadrement d'un voyage scolaire facultatif par ce biais. Toutefois, il a été précisé qu'une subvention d'un foyer socio-éducatif ou d'une maison des lycéens ne peut pas, dans la plupart des cas, être affectée à une telle dépense. En effet, le financement de ces associations résulte en bonne partie des cotisations des élèves adhérents et donc de leurs familles, d'où il résulte que le financement spécifique du voyage des accompagnateurs par une subvention provenant de ces associations aboutirait à un financement indirect par les familles. Par conséquent, sauf à ce que leurs statuts prévoient expressément de telles opérations de financement, ces associations ne peuvent participer qu'au seul financement du voyage des élèves. * DAJ A1, 24 févr. 2016, n° 2016-043 : *préc. note 9.*

11. Voyages scolaires facultatifs. Financements participatifs. La DAJ confirme qu'un foyer socio-éducatif ou une association sportive, qui sont des associations relevant de la loi de 1901, peuvent avoir recours au financement participatif, cette éligibilité s'appréciant au regard de l'art. 238 *bis* CGI. Il en va de même pour une coopérative scolaire ou une association de parents d'élèves lorsqu'elles sont constituées sur le même fondement législatif. Une caisse des écoles, établissement public communal autonome créé par délibération du conseil municipal, est elle aussi en mesure de recourir à un tel financement puisqu'elle peut, aux termes de l'art. L. 212-10 C. éduc., bénéficier de dons et legs. Les communes, en revanche, sont soumises au principe d'universalité budgétaire qui impose la règle de la non-affectation des recettes et des dépenses. Or, l'art. 17 de l'Ord. n° 2014-559 du 30 mai 2014 relative au financement participatif oblige les bénéficiaires à affecter une ressource à un projet déterminé. Il en résulte qu'une commune ne peut pas procéder à un financement « fléché » par le biais du financement participatif. Les communes recourent à leurs établissements publics ou à des associations *ad hoc* pour mener à bien leurs projets en utilisant le financement participatif. * DAJ A1, 24 févr. 2016, n° 2016-043 : *préc. note 9.*

12. Voyages scolaires facultatifs. Dons. Plates-formes spécialisées. Dans la même réponse, il a été indiqué que l'appel aux dons sur les plates-formes spécialisées ne peut résulter d'une initiative d'un enseignant ou d'un parent d'élèves, lesquels ne peuvent juridiquement engager, respectivement, ni l'établissement scolaire ni une association, dont seul le conseil d'administration est compétent pour décider de recourir à un tel mode de financement et pour accepter les sommes ainsi collectées. En revanche, rien n'interdit à des membres de la famille d'un élève de contribuer au financement d'un voyage scolaire sur une plate-forme, leur contribution étant sans lien avec la participation demandée aux familles par l'établissement. Il a également été répondu que cette participation pouvait éventuellement donner lieu, envers les donateurs, à une contrepartie à caractère symbolique de la part de l'établissement (invitation à la fête de fin d'année, par ex.), à condition qu'elle n'ait pas de caractère commercial et ne se traduise pas par une dépense qui ne saurait être valablement inscrite au budget de l'établissement ou d'une association. * DAJ A1, 24 févr. 2016, n° 2016-043 : *préc. note 9.*

13. Sur les règles de responsabilité et le régime des assurances applicables aux élèves dans le cadre de leurs activités réalisées en dehors des établissements scolaires. V. note * DAJ A1, 24 févr. 2016, n° 2016-065 : *LIJ 2016, n° 193, p. 18.*

V. MANUELS SCOLAIRES

14. *Manuels scolaires. Notion.* V. aussi notes ss. art. L. 211-8.

15. *Étendue de la gratuité. Cahiers d'exercice. Absences.* Les dispositions du C. éduc. relatives à la gratuité des manuels scolaires dans les collèges ne sauraient être interprétées comme mettant à la charge de l'État la fourniture des ouvrages venant en complément, même regardés comme indispensables par le collège, dès lors qu'ils sont destinés à une appropriation individuelle par les élèves. Ces dispositions en effet se bornent à mettre à la charge de l'État, au titre de l'aide apportée aux familles, la fourniture des manuels scolaires dans les collèges. Un cahier d'exercices destiné à l'usage exclusif d'un élève ne constitue pas un manuel scolaire au sens de l'art. D. 211-15 C. éduc. • CE 27 avr. 2012, n° 352844 A : *AJDA 2012. 911 ; ibid. 1917, note Toulemonde ; LIJ 2012, n° 167, p. 6.* ♦ (Cet arrêt met fin aux positions divergentes adoptées par les différentes juridictions administratives.) ♦ Dans le même sens • CAA Bordeaux, 13 juin 2013, n° 12BX01161 : *LIJ 2013, n° 179, p. 6.* ♦ Sur l'illégalité des demandes de contribution aux familles • TA Bordeaux, 29 juin 1999. • CAA Bordeaux, 17 janv. 2002, n° 99BX02225 • TA Melun, 13 févr. 2001 : *Sieber c/ Collège Le Luzard à Noisiel* • CAA Bordeaux, 6 sept. 2011, n° 10BX02892. ♦ En sens contraire • CAA Nantes, 26 mai 2005, n° 04NT00480 : *AJDA 2005. 2031* .

16. *Livres prêtés et non restitués. Facturation.* Le juge administratif tranche les litiges relatifs à la facturation de livres prêtés et non restitués. • TA Nice, 25 oct. 2012, n° 0904134.

VI. FOURNITURES SCOLAIRES INDIVIDUELLES

17. *Caractère obligatoire (non).* Les fournitures scolaires individuelles ne sont pas au nombre des dépenses qui présentent un caractère obligatoire pour les communes. • TA Nantes, 15 déc. 1988, *OGEC de Saint-Hermeland : Lebon T. 825.*

18. *Remboursement (absence).* Lorsqu'une commune reçoit dans une école maternelle des enfants domiciliés dans une commune voisine, elle ne peut demander, ni à cette commune, ni aux parents, le remboursement des dépenses de fonctionnement occasionnées par ces élèves, ni mettre à la charge des familles des frais de fournitures scolaires qui sont gratuites pour les autres élèves. • TA Châlons-sur-Marne, 15 mai 1979 : *Lebon 750* • CE 11 déc. 1987, n° 48642 B.

Les élèves des établissements publics d'enseignement primaire et secondaire appartenant à des classes à horaires aménagés pour leur permettre de recevoir un enseignement musical spécialisé doivent bénéficier de la gratuité de la totalité de l'enseignement qui leur est dispensé, même lorsque ces classes ne préparent pas au baccalauréat de technicien « musique ». Est illégale la délibération par laquelle un conseil municipal décide d'instituer des droits d'inscription applicables aux élèves de telles classes. • TA Versailles, 17 déc. 1999, n°s 993717, 993719, 993751 et 993753 A : *LPA, n° 63, 29 mars 2000. 15, concl. Lemoyne de Forges.*

VII. RESTAURATION SCOLAIRE

BIBL. Long, Restauration scolaire : quelles modalités d'accès ?, *JCP Adm. 2005, n° 1315.*

19. *Service complémentaire.* La création d'une cantine scolaire est facultative et n'est pas au nombre des obligations incombant aux communes pour le fonctionnement du service public de l'enseignement (V. : art. L. 111-1). Une commune peut donc faire payer ce service complémentaire, mais le tarif le plus élevé ne doit pas dépasser le coût de revient réel du service. • CE, sect., 5 oct. 1984, *Commissaire de la République de l'Ariège c/ Cne de Lavelanet*, n° 47875 A : *RFDA 1985. 241, concl. Delon.*

20. *Redevances.* Les participations demandées aux familles ont la qualité de redevances pour service rendu et doivent donc être proportionnelles au service rendu. Pour les cantines scolaires, la règle applicable est celle de la proportionnalité, et non de la stricte équivalence, comme cela est le cas pour la plupart des services publics administratifs. • CE 25 juin 1986, n° 65053 : *LPA 6 oct. 1986. 6, concl. Lasserre ; Dr. adm. 1986, comm. n° 384.* ♦ Cette règle n'interdit pas l'adoption d'une tarification forfaitaire dans la mesure où elle reste proportionnée au service rendu. • CAA Lyon, 22 oct. 1991, n° 89LY01556 : *préc. note 8.* ♦ La Cour de cassation a précisé que les dettes relatives aux frais de restauration scolaire n'ont pas un caractère alimentaire. • Cass., avis, 8 oct. 2007, n° 0070013 : *AJDA 2007. 2167* .

21. *Service public à vocation sociale.* En raison de son objet, le service public de la restauration scolaire est considéré comme un service public à vocation sociale. Cette qualification résulte de l'intérêt général qui s'attache à ce que les restaurants scolaires puissent être utilisés par tous les parents qui désirent y placer leurs enfants, sans distinction selon les possibilités financières dont dispose chaque foyer. Cette qualification a permis de mettre en place une tarification différenciée en fonction des revenus des parents, sans méconnaître le principe d'égalité entre les usagers du service public, à une époque où le juge distinguait entre les services publics à vocation sociale et les autres. • CE 13 févr. 1993, n° 95563 • CE 18 mars 1994, n° 140870 B. ♦ Eu égard au système retenu pour l'approvisionnement des cantines scolaires de la commune de Marignane, qui implique la préparation des repas 48 heures à l'avance, les parents qui ne réservent pas à l'avance les repas de leurs enfants à la cantine font peser sur le service une sujétion particulière, qui justifie qu'un tarif plus élevé que le tarif ordinaire leur soit appliqué. L'institution de tarifs différents pour les repas dits « permanents » et pour les repas dits « imprévus » ne contrevient pas, dès lors, au principe d'égalité des usagers devant le service public. • CE 9 mars 1998, n° 158334 B.

22. *Tarification différenciée.* Après avoir refusé dans un premier temps de reconnaître la légalité d'une tarification différenciée en fonction du domicile. • CE, sect., 10 mai 1974, *Denoyez et Chorques,* n°s 88032 et 88148 A. ♦ Le Conseil d'État a opéré un revirement de jurisprudence. • CE, sect., 5 oct. 1984, n° 47875 A : *préc. note 19.*

23. *Lien suffisant avec la collectivité.* En matière d'accès au service, le juge administratif n'a pas retenu la notion de domicile, trop restrictive, mais celle de lien suffisant avec la collectivité. Si une commune ne peut pas réserver l'accès de ses services publics facultatifs aux seuls résidents, elle peut cependant en limiter l'accès aux personnes qui ont un lien suffisant avec la collectivité. • CE, sect., 13 mai 1994, *Cne de Dreux,* n° 116549 A : *AJDA 1994. 652, obs. Hecquard-Théron* ; *RFDA 1994. 711* .

VIII. FOYER COOPÉRATIF

24. Les activités organisées par le foyer coopératif du collège constituent des activités périscolaires facultatives, qui ne s'inscrivent pas dans le déroulement normal de la scolarité mais viennent en complément des missions du service public de l'enseignement assurées par l'établissement. Par suite, les sommes destinées à alimenter le budget de la coopérative scolaire ne font pas partie des dépenses pédagogiques de fonctionnement à la charge de l'État. Le chef de l'établissement pouvait donc légalement rappeler aux familles la possibilité de contribuer au fonctionnement du foyer, association autonome dotée d'une personnalité distincte de celle du collège. • CE 4 févr. 2004, n° 253376.

IX. TRANSPORTS SCOLAIRES

25. Le conseil général n'a pas méconnu le principe d'égalité des usagers devant le service public en organisant des circuits de transports scolaires auxquels les élèves scolarisés dans un établissement du secteur de leur domicile accèdent gratuitement et un régime d'indemnisation forfaitaire en faveur des élèves qui fréquentent un établissement situé hors de ce secteur, ni en distinguant, pour le calcul de ce remboursement forfaitaire, entre les élèves orientés vers une filière d'enseignement n'existant pas dans l'établissement de leur secteur, pour lesquels le forfait est calculé sur la base du trajet du domicile à l'établissement fréquenté, et les autres élèves ne fréquentant pas l'établissement de leur secteur, pour lesquels le forfait est calculé sur la base du trajet du domicile à l'établissement du secteur. • CE 4 mai 1998, n° 160752 B.

Art. L. 132-2 L'enseignement est gratuit pour les élèves des lycées et collèges publics qui donnent l'enseignement du second degré, ainsi que pour les élèves des classes préparatoires aux grandes écoles et à l'enseignement supérieur des établissements d'enseignement public du second degré. – *[L. de finances du 31 mai 1933, art. 25, et Ord. n° 45-26 du 8 janv. 1945, art. 2.]*

BIBL. ▶ OCDE, Regards sur l'Éducation : Panorama, *OCDE 2011, www.oecd.org/dataoecd/61/3/48631572.pdf.*

▶ Sur la gratuité de l'enseignement supérieur : V. Bibl. ss. art. L. 719-4.

▶ Sur la légalité des droits universitaires spécifiques : V. Bibl. ss. art. L. 719-4.

I. ENSEIGNEMENT SECONDAIRE

1. V. notes ss. art. L. 132-1.

II. ENSEIGNEMENT SUPÉRIEUR

V. aussi notes ss. art. L. 719-4.

2. *Principe.* Le Conseil d'État a très tôt écarté l'idée de l'existence d'un principe de gratuité des établissements d'enseignement supérieur. • CE ass., 28 janv. 1972, *Conseil transitoire de la faculté des lettres et des sciences humaines de Paris,* n° 79200 A : *JCP 1973. II. 17296,* note *Chevallier.* ♦ Si les établissements d'enseignement supérieur peuvent percevoir, en sus des droits d'inscription en vue de l'obtention d'un diplôme national, des rémunérations pour services rendus, cette faculté ne leur est offerte qu'à la condition que les prestations correspondantes soient facultatives et clairement identifiées. • CE 7 juill. 1993, n° 144310 B : *D. 1993. 533, concl. Schwartz* . ♦ Si l'université a instauré des tarifs différenciés en fonction des principaux cycles d'enseignement qu'elle a organisés en son sein, il ressort des pièces du dossier que les droits ainsi institués étaient perçus forfaitairement en début d'année universitaire sans que soient d'ailleurs clairement identifiées celles des prestations qui doivent être normalement assurées sans contrepartie financière spécifique à la charge des étudiants de celles qui, en raison de leur caractère complémentaire et facultatif, peuvent faire l'objet d'une rémunération de services. Ainsi, les droits instaurés au titre des polycopiés et des documents pédagogiques ainsi que de la participation informatique constituent, en réalité, un supplément de droits d'inscription. Illégalité de la délibération du conseil. • CAA Paris, 27 avr. 1999, n° 97PA00311 A : *Lebon 512*. ♦ La délibération du conseil d'administration d'une université instituant, en sus des droits d'inscription fixés par arrêté ministériel, une contribution des étudiants d'un montant de 250 francs pour l'année, « correspondant à des prestations complémentaires », institue en réalité un supplément illégal de droits d'inscription. Eu égard au caractère forfaitaire et obligatoire de ces droits spécifiques, ladite délibération est annulée. • CE 7 juill. 1993, n° 144310 B : *préc.*

3. Principe de gratuité. Exigence constitutionnelle. Saisi par le Conseil d'État d'une QPC, le Conseil constitutionnel a déduit du 13e al. du Préamb. Const. 1946 que l'exigence constitutionnelle de gratuité de l'enseignement public, s'applique à l'enseignement supérieur public. Les associations requérantes soutenaient que ces dispositions faisaient obstacle à la perception de droits d'inscription pour l'accès à l'enseignement supérieur. Le Conseil précise que cette exigence ne fait pas obstacle, pour ce degré d'enseignement, à ce que des droits d'inscription modiques soient perçus en tenant compte, le cas échéant, des capacités financières des étudiants. Il relève que les dispositions contestées se limitent à prévoir que le pouvoir réglementaire fixe les montants annuels des droits perçus par les établissements publics d'enseignement supérieur et acquittés par les étudiants. Il juge qu'il appartient aux ministres compétents de fixer, sous le contrôle du juge, les montants de ces droits dans le respect des exigences de gratuité de l'enseignement supérieur public et d'égal accès à l'instruction. • Cons. const. 11 oct. 2019, n° 2019-809 QPC : *AJDA 2019. 2022 ibid. 2627, note M. Verpeaux ; D. 2019. 1938 ; ibid. 2310, point de vue Fardet ; RFDA 2019. 1123, chron. Roblot-Troizier ; D. 2019. 1938*.

4. Contribution pédagogique. Aucun décret n'ayant défini les modalités selon lesquelles certaines prestations des universités pouvaient être rémunérées, un conseil d'université ne saurait, sans méconnaître sa compétence, décider que l'accès à certaines bibliothèques et la délivrance de documents d'études seront réservés aux étudiants ayant acquitté une contribution pédagogique, en plus de leurs droits d'inscription. Un étudiant est donc fondé à se prévaloir de l'illégalité de la délibération instituant cette contribution pour demander l'annulation du refus de remboursement de celle-ci, qui lui a été opposé par le conseil de l'université. • TA Lyon, 16 mai 1991, *M. Christian Desfontaine : Lebon 625*.

5. Droits d'inscription. Suppléments. Notion. Toute rémunération correspondant à une prestation normalement assurée par le service public sans contrepartie financière doit être regardée en réalité comme un supplément aux droits d'inscription. Ainsi l'université qui se prévaut de ce que la contribution pédagogique qu'elle a instituée (140 F) correspondait à une « rémunération de service » et présentait un caractère facultatif dès lors que tout étudiant avait la possibilité, en renonçant à l'ensemble des prestations correspondantes, d'en obtenir le remboursement alors qu'il résulte de l'instruction que lesdites prestations concernaient notamment l'accès aux bibliothèques des facultés et aux salles de travail, commet une illégalité. • CE 10 déc. 1993, nos 80720, 84086 et 84087 B.

6. Rémunération pour services rendus. La possibilité de percevoir, en sus des droits d'inscription, des rémunérations pour services rendus n'est ouverte aux établissements qu'à la condition que les prestations correspondantes ne soient pas rendues nécessaires par le type d'études poursuivies et ne présentent pas un caractère obligatoire. • TA Grenoble, 4 nov. 1992, *Gauthier Manuel : Lebon T. 1022*.

7. Publicité. Le montant de ces droits comporte un caractère réglementaire en tant qu'il détermine les tarifs applicables pour une année universitaire. Ils doivent dès lors être régulièrement publiés. • CAA Nancy, 18 mars 2004, n° 98NC01131.

8. Connaissance acquise. La circonstance que le requérant ait acquitté les droits litigieux lors de son inscription à l'université et le fait qu'il ait figuré sur une liste d'étudiants disposant d'élus au sein du conseil d'administration de l'université ne sauraient manifester la connaissance acquise par l'intéressé de la décision de l'université portant refus du remboursement des droits en cause. La seule circonstance que l'intéressé ait participé à une réunion du conseil des études et de la vie universitaire au cours de laquelle la question du remboursement des droits aux étudiants boursiers a été évoquée par le président ne saurait pas davantage faire regarder le requérant comme ayant eu connaissance de la décision de refus de remboursement, alors que, selon les indications mêmes de l'université, ladite décision de principe n'a été prise par le conseil d'administration qu'ultérieurement. • CAA Nancy, 18 mars 2004, n° 98NC01131.

9. Affiliation à la sécurité sociale étudiante. Le juge considère que les étudiants qui sont déjà assurés sociaux ou ayants droit d'un assuré social au moment de l'inscription dans un établissement d'enseignement supérieur ne peuvent se voir imposer une affiliation immédiate au régime étudiant de la sécurité sociale. Si un étudiant venait à perdre la qualité d'assuré social en cours d'année, il ne devient redevable du paiement d'une cotisation que dans un délai de 30 jours à compter de la perte de cette qualité. • TA Paris, 28 janv. 2010, n° 0716398 : *LIJ 2010, n° 144, p. 8.*

III. ÉTABLISSEMENTS D'ENSEIGNEMENT FRANÇAIS À L'ÉTRANGER

10. Droits de scolarité dans les établissements français à l'étranger. Légalité. Les usagers des établissements d'enseignement français à l'étranger ne se trouvent pas dans la même situation à l'égard du service public que les usagers des établissements d'enseignement situés en France. Par suite, en instituant des droits d'inscription et de scolarité dans les établissements du premier et du second degré relevant du ministère des affaires étrangères et en imposant ainsi à leurs usagers une rémunération pour les services qui sont rendus gratuitement sur le territoire national, le Décr. du 20 oct. 1972 n'a pas méconnu le principe d'égalité devant les charges publiques. • CE, sect., 9 avr. 1976, *Conseil des parents d'élèves des écoles publiques de la mission universitaire et culturelle française au Maroc*, n°s 89821 et 89822 A. ♦ Inversement, dès lors qu'aucun arrêté ministériel n'est intervenu pour fixer les droits de scolarité, la décision de l'intendant de l'établissement enjoignant d'acquitter les droits d'écolage au lycée français de Madrid est dépourvue de base légale. • CE 12 sept. 1994, n°s 138780 et 139533 A. ♦ Même solution pour les frais d'externat au lycée français de Londres. • CE 4 févr. 1976, n° 97831 A.

11. Droits de scolarité dans les établissements français à l'étranger. Méconnaissance du principe d'égalité. Absence. Après avoir rappelé que le principe de la perception des droits de scolarité pour les établissements français à l'étranger a été posé par la loi, le Conseil d'État a jugé que les familles des enfants de nationalité française résidant à l'étranger, qui sont placées dans une situation différente de celles des familles des enfants français résidant en France, peuvent être assujetties à des frais de scolarité. Le principe d'égalité ne s'oppose pas à ce que les établissements d'enseignement français à l'étranger placés dans des situations différentes prévoient des droits de scolarité différents. • CE 4 févr. 2004, n° 244591. ♦ Le Conseil constitutionnel a pour sa part considéré que la seconde phrase du treizième alinéa du Préambule de la Constitution de 1946 disposant que « L'organisation de l'enseignement public gratuit et laïc à tous les degrés est un devoir de l'État » ne s'impose pas à l'État hors du territoire de la République et que « le principe d'égalité devant la loi n'impose pas davantage la gratuité de la scolarité des enfants français scolarisés à l'étranger ». • Cons. const. 9 août 2012, n° 2012-654 DC, § 76 : *LIJ 2012, n° 168, p. 8.*

CHAPITRE III **L'ACCUEIL DES ÉLÈVES DANS LES ÉCOLES MATERNELLES ET ÉLÉMENTAIRES** *(L. n° 2008-790 du 20 août 2008, art. 1er-II).*

Art. L. 133-1 *(L. n° 2008-790 du 20 août 2008, art. 2)* **Tout enfant scolarisé dans une école maternelle ou élémentaire publique ou privée sous contrat est accueilli pendant le temps scolaire pour y suivre les enseignements prévus par les programmes. Il bénéficie gratuitement d'un service d'accueil lorsque ces enseignements ne peuvent lui être délivrés en raison de l'absence imprévisible de son professeur et de l'impossibilité de le remplacer. Il en est de même en cas de grève, dans les conditions prévues aux articles L. 133-3 à L. 133-12.**

Sur la mise en œuvre de la loi n° 2008-790 du 20 août 2008 créant un droit d'accueil au profit des élèves des écoles maternelles et élémentaires, V. ci-dessous Circ. n° 2008-111 du 26 août 2008.

BIBL. ▸ **Service minimum d'accueil :** Brondel, Vague de contentieux sur le service minimum d'accueil des élèves en cas de grève, *AJDA 2008. 2196* ; Petites hypocrisies sur l'accueil des élèves en cas de grève des enseignants, *note sous TA Paris, ord., 22 oct. 2008, req. n° 0816694* ; *AJDA 2008. 2036*. – Calley, La fourniture du service minimum d'accueil des élèves en temps de grève face au juge des référés, *AJDA 2008. 2464* ; Une nouvelle figure du service minimum : l'accueil des élèves dans les écoles maternelles et élémentaires pendant le temps scolaire, *RFDA 2008. 1187*. – Chaminade, Service d'accueil des élèves : à propos de la loi du 20 août 2008, *JCP A 2008, n° 39*. – Escande-Vilbois, Auverlot, Buissart et Pichon, Bazelly, La mise en place du droit d'accueil pour les élèves des écoles maternelles et élémentaires pendant le temps scolaire, institué par la loi n° 2008-790 du 20 août 2008, *MEN, Rapp. IGEN-IGAENR n°s 12-115/12-086/01/2012-159, déc. 2012*. – de Montecler, L'application de la loi sur le service minimum d'accueil : bilan illustré, *AJDA 2010. 1188*. – Service minimum d'accueil : l'État mettra fin aux actions contre les petites communes de bonne foi, *AJDA 2008. 2259* ; Les maires ne veulent pas être de simples exécutants des politiques de l'État, *AJDA 2008. 2198*. – Gazagnes, Le juge des référés va-t-il devenir le nouveau régulateur public ?, *JCP Adm. 2009. 174*. – Janicot, Le conflit relatif au service minimum d'accueil. Le pouvoir de contrainte de l'État mis à l'épreuve, *AJDA 2009. 292*. – Jégouzo, L'impossible service minimum d'accueil ?, *AJDA 2008. 2417*. – Pastor, Découpage territorial, SMA... le président de la République lance des pistes de réflexion, *AJDA 2008. 2254*. – Poupeau, Bilan contrasté pour le droit d'accueil des élèves pendant le temps scolaire, *AJDA 2013. 1604* . – Raimbault, Un droit d'accueil pour la rentrée, *AJDA 2008. 1949* . – Richert, Rapport n° 166, Sénat ; *AJDA 2009. 69, comm. de Montecler* . – Royer, Une circulaire pour la mise en œuvre du droit d'accueil des élèves, *AJDA 2008. 1633* . – Salon, Prévenir et gérer les conflits sociaux à l'école, *Cah. fonct. publ. et de l'administration, sept. 2009, n° 292. 15*. – Seban et Heintz, Le SMA, *Gaz. cnes, 29 sept. 2008. 56*. – Verpeaux, Accueil minimum des élèves : le partage des rôles entre l'État et les communes, *AJDA 2008. 2410* . – L'accueil périscolaire, *Vie cnale et dptale, n° 967, juin 2009. 155*. – La mise en œuvre du service minimum d'accueil dans les écoles, *Les informations administratives et juridiques, n° 2, févr. 2009, Doc. fr.*

▸ **Du service minimum dans les transports à l'accueil des enfants dans les écoles, 28/01/2009 :** http://www.vie-publique.fr/discours/selection-discours/du-service-minimum-transports-accueil-enfants-ecoles.html – La loi du 20 août 2008 instituant un droit d'accueil pour les élèves des écoles maternelles et élémentaires pendant le temps scolaire, 21/08/2008 : http://www.vie-publique.fr/actualite/panorama/texte-vote/loi-du-20-aout-2008-instituant-droit-accueil-pour-eleves-ecoles-maternelles-elementaires-pendant-temps-scolaire.html – Le service minimum d'accueil dans le primaire, 12/03/2008 : http://www.premier-ministre.gouv.fr/gouvernement/le-service-minimum-d-accueil-dans-le-primaire – Droit d'accueil pour les élèves des écoles maternelles et élémentaires pendant le temps scolaire, 6/09/2010 : http://www.education.gouv.fr/cid21749/droit-accueil-pour-les-eleves-des-ecoles.html – Accueil des élèves des écoles primaires et maternelles en cas d'absence du professeur, 11/09/2008 : http://vosdroits.service-public.fr/particuliers/F19364.xhtml – Service minimum d'accueil à l'école – Organisation des communes, 3/02/2011 : http://www.lagazettedescommunes.com/7313/service-minimum-daccueil-a-lecole-organisation-des-communes/ – Service minimum d'accueil : le service d'accueil peine toujours à être appliqué, 3/02/2011 : http://www.lagazettedescommunes.com/6391/service-minimum-daccueil-le-service-daccueil-peine-toujours-a-etre-applique/ – Service minimum à l'école : le tribunal administratif considère que les délais sont trop courts pour contraindre les maires, 3/02/2011 : http://www.lagazettedescommunes.com/7829/service-minimum-a-lecole-le-tribunal-administratif-considere-que-les-delais-sont-trop-courts-pour-contraindre-les-maires/ – Service minimum d'accueil dans les écoles : quelle sécurité pour vos enfants ? 20/11/2008 : http://www.latribune.fr/actualites/economie/france/20081119trib000312042/service-minimum-daccueil-dans-les-ecoles-quelle-securite-pour-vos-enfants-.html.

Sur les conditions de la compensation financière : *Rép. min. n° 07030 : JO Sénat Q, 14 mai 2009, p. 1222.*

Sur la responsabilité pénale : *Rép. min. n° 44395 : JOAN Q, 9 juin 2009, p. 5629.*

Sur le régime de responsabilité applicable aux auxiliaires de vie scolaire en charge d'un élève handicapé lorsque celui-ci bénéficie du SMA : *Note DAJ A1 n° 15-179 du 2 juill. 2015 : LIJ 2016, n° 192, p. 16.*

COMMENTAIRE

L'ACCUEIL DES ÉLÈVES DES ÉCOLES MATERNELLES ET ÉLÉMENTAIRES PENDANT LE TEMPS SCOLAIRE

La loi n° 2008-790 du 20 août 2008 institue un droit d'accueil au profit des élèves des écoles maternelles et élémentaires pendant le temps scolaire (*JO 21 août*).

Elle crée, au sein du titre III du livre Ier, un chapitre III intitulé « L'accueil des élèves des écoles maternelles et élémentaires », divisé en deux sections concernant tour à tour les écoles publiques (art. L. 133-1 à L. 133-2) et les écoles privées sous contrat (art. L. 133-11 et L. 133-12).

Tous les élèves du premier degré peuvent désormais disposer d'un ***nouveau service public gratuit*** (art. L. 133-1) : leur accueil doit en effet être assuré en cas d'interruption du service public de l'enseignement due tant à l'impossibilité de remplacer un professeur dont l'absence était imprévisible qu'à la grève des enseignants. Pour les élèves et leurs familles, il s'agit là d'un ***nouveau droit qui complète le droit à l'éducation***. L'État doit organiser ce nouveau service en collaboration avec les communes dans le cas des grèves d'une certaine ampleur pour les élèves des écoles publiques. Le Parlement a souhaité étendre cette mesure aux écoles sous contrat mais a confié cette responsabilité à leurs organes de gestion.

Déclarée conforme à la Constitution (décision n° 2008-569 DC du 7 août 2008), la loi a été complétée par le décret n° 2008-1246 du 1er décembre 2008 relatif aux règles d'organisation et de déroulement de la négociation préalable et le décret n° 2008-901 du 4 septembre 2008 relatif à la compensation financière de l'État au service d'accueil (JO 6 sept.) ; la circulaire n° 2008-111 du 26 août précise les modalités de sa mise en œuvre (BOEN n° 33 du 4 sept., V. cette Circ. ss. art. L. 133-1).

LA PRÉVENTION DES CONFLITS DANS L'ENSEIGNEMENT PRIMAIRE

L'idée est lancée le 15 mai 2008 par le président de la République en réponse à une journée de grève dans l'éducation nationale. La loi, adoptée trois mois après, tente tout d'abord de prévenir les conflits dans l'enseignement du premier degré. Elle reprend la même logique que celle à l'œuvre dans la loi n° 2007-1224 du 21 août 2007 sur le dialogue social et la continuité du service public dans les transports terrestres de voyageurs qui, sans parvenir à instituer un « service minimum », tente de rendre la grève indolore pour les usagers.

Aussi la loi met-elle en place un mécanisme d'alarme et de dialogue social en prévoyant une ***phase préalable de négociation***. Tant pour les enseignants des écoles publiques (art. L. 333-2) que pour ceux des écoles privées (art. L. 133-11), le ***préavis de grève*** prévu par l'article L. 2512-2 du code du travail ne peut être déposé par les organisations syndicales représentatives qu'à l'issue d'une négociation préalable entre l'État et ces organisations. Le décret n° 2008-1246 du 1er décembre 2008 précise les règles d'organisation et de déroulement de cette négociation préalable dans le cadre prévu par les articles L. 133-2 et L. 133-11 du code de l'éducation. Les organisations syndicales doivent ***notifier à l'autorité administrative*** qui, selon les cas sera le ministre, le recteur d'académie ou le directeur académique des services (énumération qui tient compte des compétences de chaque autorité, mais qui, en pratique, vu les délégations, risque de susciter quelques questions), les motifs pour lesquels elles envisagent de déposer un préavis de grève ; l'autorité administrative est tenue de réunir les organisations syndicales dans les trois jours ; la négociation ne peut excéder une durée de huit jours, soit un total maximal de 13 jours en comptant 5 jours de préavis ; l'autorité administrative doit transmettre aux organisations syndicales les informations nécessaires dans les délais ; un relevé de conclusion est adressé aux personnels enseignants concernés.

Reprenant la formule introduite dans la loi sur les transports, le législateur a en outre interdit la pratique des « préavis glissants », tant dans les écoles publiques (art. L. 133-2, III) que dans les écoles privées sous contrat (art. L. 133-11) : un nouveau préavis ne pourra être déposé par la ou les mêmes organisations et pour les mêmes motifs qu'à l'issue de la période en cours couverte par le préavis et avant la mise en place de la négociation préalable.

S'assurant que les limitations apportées au droit de grève sont bien nécessaires pour assurer *« la conciliation nécessaire entre la défense des intérêts professionnels, dont la grève est un moyen, et la sauvegarde de l'intérêt général... »* (consid. 8), le Conseil constitutionnel a notamment décidé qu'en portant de 5 à 13 jours le délai maximal entre la notification des motifs du mouvement collectif à l'autorité administrative et le début de la grève, la loi n'apporte pas une restriction injustifiée aux conditions d'exercice du droit de grève dans la mesure où « ce délai est destiné à permettre d'abord une négociation effective susceptible d'éviter la grève, puis, le cas échéant, l'organisation d'un accueil des élèves pendant le temps scolaire... » (consid. 9).

L'ORGANISATION DU SERVICE D'ACCUEIL GRATUIT ET OBLIGATOIRE

La loi du 20 août 2008 a entendu *« créer un service public distinct du service public de l'enseignement »* mais qui *« lui est directement associé et contribue à sa continuité en permettant, le cas échéant, aux personnels enseignants présents dans les circonstances envisagées de continuer à assurer leur enseignement sans avoir à s'en détourner pour assurer l'accueil des enfants dont les enseignants sont absents »* (cons. 7).

L'organisation du service d'accueil, gratuit et obligatoire, garant de la continuité du service public, mais lui-même discontinu puisqu'il vise à parer les interruptions par essence exceptionnelles, relève par principe de la ***compétence de l'État***. L'administration de l'éducation nationale doit pourvoir au remplacement des maîtres et organiser l'accueil des élèves en cas d'absence imprévisible ou de grève. L'élève doit alors bénéficier d'un service gratuit que l'État doit obligatoirement organiser et assurer (art. L. 133-3).

L'article 2 du décret n° 89-122 du 24 février 1989 relatif aux directeurs d'école leur confiait le soin de prendre « toute disposition utile pour que l'école assure sa fonction de service public » et notamment « organiser l'accueil et la surveillance des élèves et le dialogue avec leurs familles ». L'obligation d'accueil existait déjà mais ne permettait pas d'imposer un service d'accueil ; il appartenait aux enseignants présents d'apprécier dans quelles conditions ils pouvaient accueillir les élèves des collègues grévistes ; si aucune solution n'était trouvée, les parents devaient être informés en temps utile de l'impossibilité de l'accueil ou de la fermeture de l'école (au contraire, les collèges et lycées sont tenus de rester ouverts en cas de grève).

Dorénavant, ***l'accueil est garanti***. Mais, pour les grèves d'une certaine importance, le législateur a prévu le ***concours des communes***. Compétentes pour le fonctionnement des écoles publiques, elles peuvent déjà assurer l'accueil, hors temps scolaire, à titre facultatif et parfois payant (avant et après l'école, accueil pouvant se combiner avec des activités périscolaires, de loisirs, d'accompagnement…). Depuis janvier 2008, des communes volontaires expérimentaient le dispositif « service minimum d'accueil » financé par l'État grâce aux retenues sur le traitement des grévistes. Désormais elles se voient confier une nouvelle charge, obligatoire et assurée à titre gratuit pour les usagers. ***Le service d'accueil relève de la commune si le nombre de grévistes prévu dépasse le quart des effectifs des personnels assurant des fonctions d'enseignement*** (art. L. 133-4 qui fixe la barre à 25 % là où le projet de loi proposait 10 %). Bien que les communes financent le fonctionnement des écoles privées sous contrat, une solution différente a été retenue, en confiant l'organisation du service à leur organe de gestion (art. L. 133-12).

La première difficulté relève de la prévision. Si l'institution d'un préavis complétée par la procédure de négociation préalable constitue une procédure d'alerte, encore faut-il déterminer si le seuil des 25 % sera ou non atteint. Aussi, la loi a-t-elle imposé aux personnels qui enseignent dans les écoles qu'ils ***déclarent à l'autorité administrative*** (DASEN ou IEN de la circonscription auquel cette mission a été confiée) leur intention de participer au mouvement (art. L. 133-4 et L. 133-12) ; la formalité qui doit être écrite et faire l'objet d'un écrit et d'un envoi à l'autorité académique est obligatoire : « *La personne qui participerait à un mouvement de grève sans s'être préalablement déclarée gréviste encourrait une sanction disciplinaire* » (circulaire) ; mais elle n'impose pas au déclarant de participer à la grève, celui-ci pouvant toujours y renoncer. Pour donner des garanties aux enseignants qui pouvaient craindre les risques de fichage ou les pressions hiérarchiques, la loi a prévu que les informations ainsi rassemblées ne peuvent être utilisées que pour l'organisation du service d'accueil et qu'elles sont couvertes par le secret professionnel (art. L. 133-5), ce qui correspond aux exigences formulées par le Conseil constitutionnel dans le cas des transports de voyageurs (n° 2007-556 DC, consid. 31). De plus, il est prévu que, dans le cadre de la négociation préalable, l'État et les organisations syndicales représentatives peuvent s'entendre sur les modalités selon lesquelles ces déclarations préalables sont portées à la connaissance de l'autorité administrative (art. L. 133-4, al. 2) ; ces dispositions sont conformes sous réserve d'interprétation : « *l'accord entre l'État et les syndicats sur les modalités selon lesquelles les déclarations préalables sont portées à la connaissance de l'autorité administrative ne saurait conduire à ce que la transmission de ces déclarations soit assurée par les organisations syndicales ni avoir pour effet d'entraver la liberté de chaque enseignant de décider personnellement de participer ou non à la grève* » (consid. 17).

L'autorité académique (DASEN) doit recenser ces déclarations dont l'addition permet de préciser si le seuil du déclanchement du dispositif est atteint. Le constat est alors communiqué par écrit, sans délai, au maire et au préfet pour information ; il indique le nombre des déclarants pour chaque école (art. L. 133-4). La commune doit alors assurer la mise en place du service dans les écoles publiques ; elle peut accueillir les élèves dans les locaux des écoles maternelles et élémentaires, même si des classes continuent à y fonctionner avec des enseignants non grévistes (art. L. 133-6) ; mais elle peut aussi envisager de réunir les élèves dans une autre structure, pourvu qu'elle soit adaptée. La commune peut confier l'organisation du service d'accueil par convention à une autre commune ou à un établissement public de coopération intercommunale. Quand les compétences relatives au fonctionnement des écoles publiques ainsi qu'à l'accueil des enfants en dehors du temps scolaire ont été transférées à un établissement public de coopération intercommunale, celui-ci exerce de plein droit la compétence d'organisation du service d'accueil. A la demande expresse du président de la caisse des écoles, l'organisation du service peut être confiée à cet établissement public (art. L. 133-

10). Au contraire, la loi n'a pas donné à la commune la possibilité de recourir à d'autres mécanismes conventionnels d'association ou de délégation du service, en particulier aux associations gestionnaires d'un centre de loisirs (CE 17 juin 2009, *Synd. des enseignants UNSA, Cne de Brest*, n° 321897 : *D. 2009. 1831, note de Gaudemont* ; *AJDA 2009. 1223, comm. de Montecler*, annulant la disposition prévoyant cette possibilité de la Circ. n° 2008-111 du 24 août 2008).

Pour assurer le fonctionnement du service, la commune ou l'établissement public doivent disposer des personnes susceptibles d'assurer l'accueil. C'est là une autre difficulté. La commune peut faire appel à des agents municipaux mais aussi à des assistantes maternelles, des animateurs d'association, des enseignants retraités, des étudiants, des parents d'élèves..., dont le maire doit établir la liste en s'assurant de leurs qualités nécessaires pour encadrer des enfants. La liste doit être transmise à l'autorité académique qui s'assure, par une vérification opérée dans les conditions prévues au 3° de l'article 706-53-7 du code de procédure pénale, que ces personnes, préalablement informéesde la vérification, ne figurent pas dans le fichier judiciaire national automatisé des auteurs d'infractions sexuelles ou violentes. Si l'autorité académique est conduite à écarter certains noms de la liste, elle en informe le maire sans en divulguer les motifs (mais non le préfet, CE 17 juin 2009, *Synd. des enseignants UNSA, Cne de Brest*, n° 321897 : *préc.*). La liste est transmise pour information aux représentants des parents d'élèves élus au conseil d'école. Les personnes y figurant sont préalablement informées de cette transmission (art. L. 133-7). Une fois recrutées, elles deviennent des agents publics temporaires de la commune tenus au respect des obligations de neutralité et de laïcité (interdiction des tenues et signes religieux).

Les familles sont informées des modalités d'organisation du service d'accueil par le maire (ses services) et, le cas échéant, par les maires d'arrondissement (art. L. 133-4, al. 5).

LE SOUTIEN DE L'ÉTAT AUX COMMUNES

La loi impose une nouvelle obligation aux communes et prévoit, conformément à l'article 72 de la Constitution, une compensation financière leur permettant notamment de faire face aux dépenses de rémunérations des personnes chargées de cet accueil. Pour les écoles privées sous contrat, cette compensation est versée à l'organisme de gestion (art. L. 133-12). La loi fixe ses bases de calcul que précise le décret. Elle est fonction du nombre d'élèves accueillis avec un plancher égal au multiple 9 du SMIC horaire par enseignant gréviste et la garantie d'un montant minimum par commune. Elle fait l'objet d'une réévaluation régulière. La loi précise même que cette compensation doit être versée dans un délai de trente-cinq jours à compter de la notification par le maire à l'autorité académique des éléments nécessaires à son calcul (art. L. 133-8). En donnant ces précisions, le législateur « a suffisamment déterminé le niveau des ressources accompagnant la création de ce service public » (consid. 14).

En outre, la loi a prévu deux mécanismes juridiques permettant à l'État de soutenir les communes. Elle décide tout d'abord de substituer la responsabilité administrative de l'État à celle de la commune en raison des faits dommageables commis ou subis par un élève du fait de l'organisation ou du fonctionnement du service d'accueil (art. L. 133-9). Si cette disposition permet d'engager la responsabilité de l'État pour une faute de service commise par un agent communal (mais non une faute personnelle, l'agent ne bénéficiant pas du régime de responsabilité dit des instituteurs prévu par la loi de 1937, reprise par l'art. L. 911-4), la loi ne prévoit pas de substitution en cas de dommage causé par le mauvais entretien ou le mauvais fonctionnement des ouvrages publics appartenant à la commune. Elle prévoit ensuite que l'État accorde sa protection juridique au maire en cas de poursuites pénales à l'occasion de faits ne constituant pas une faute détachable de l'exercice de ses fonctions (art. L. 133-9 par dérogation à l'art. L. 2123-34 CGCT).

Malgré ces dispositions, la mise en œuvre de la loi du 20 août 2008 s'est heurtée dans de nombreuses communes, de taille très différente, à de nombreux obstacles. La difficulté de disposer à temps des informations permettant de déclencher la procédure, les délais très courts laissés aux communes, comme les difficultés de constituer les listes de personnes mobilisables en urgence, peuvent notamment expliquer les raisons de l'inertie ou du refus de mettre en place le service. La loi n'ayant pas prévu de mécanisme permettant à l'État de se substituer aux communes, les préfets n'ont eu le choix qu'entre le rappel des maires à leur obligation de respecter la loi et la saisine du juge administratif des référés, référé-suspension (CGCT, art. L. 3132-1) ou référé mesures utiles (CJA, art.

L. 521-3). Mais ces procédures ont eu peu d'effet tant pour mobiliser les communes en urgence que pour les mettre devant leurs responsabilités pour faire face aux grèves ultérieures. Dans le premier cas, les délais très brefs ont souvent interdit aux juges de prendre des mesures utiles (V. par exemple, TA Cergy-Pontoise, 7 oct. 2008 ; TA Paris, 21 oct. 2008) ; dans le second cas, l'absence d'urgence et de décision expresse du maire explique l'inefficacité de la procédure. Aussi, le juge administratif a pu être amené à condamner la commune au versement d'une astreinte (TA Montpellier, 2 avr. 2009 : *n° 0901281*).

L'article 17 de la loi n° 2013-595 du 8 juillet 2013 d'orientation et de programmation pour la refondation de l'école de la République, en écho aux critiques autrefois adressées à la loi du 20 août 2008, impose au Gouvernement d'établir un rapport évaluant l'impact des dispositions instituant un droit d'accueil pour les élèves des écoles maternelles et élémentaires pendant le temps scolaire. Ce rapport doit être remis au plus tard le 31 décembre 2014 aux commissions compétentes de l'Assemblée nationale et du Sénat.

I. PRINCIPES

1. Conformité de la loi du 20 août 2008 à la Constitution. La L. du 20 août 2008 ne viole ni le droit de grève ni le principe de libre administration des collectivités territoriales. • Cons. const. 7 août 2008, Loi instituant un droit d'accueil pour les élèves des écoles maternelles et élémentaires pendant le temps scolaire, n° 2008-569 DC : *AJDA 2008. 1565, comm. Royer ; ibid. 2410, note Verpeaux.*

2. Conformité de la loi avec la convention de New York relative aux droits de l'enfant. Dans toutes les décisions qui concernent les enfants, qu'elles soient le fait des institutions publiques ou privées de protection sociale, des Tribunaux, des autorités administratives ou des organes législatifs, l'intérêt supérieur de l'enfant doit être une considération primordiale. La mise en place d'un service minimal d'accueil des élèves des écoles maternelles et élémentaires pendant le temps scolaire, qui a pour objet de garantir aux enfants un accueil et un encadrement en cas d'absence du personnel enseignant, ne saurait méconnaître les stipulations précitées de l'art. 3-1 CIDE. • CAA Douai, 11 mars 2010, *Cne de Veniziel*, n° 09DA00485 : *AJDA 2010. 790, note Lepers* • TA Dijon, 5 mars 2009, *Préfet de l'Yonne c/ Cne de Migennes*, n° 0802737.

3. Légalité du décret n° 2008-901 du 4 septembre 2008. Le Décr. du 4 sept. 2008 relatif à la compensation financière de l'État au titre du service d'accueil au profit des élèves des écoles maternelles et élémentaires. • CE 17 juin 2009, *Synd. des enseignants UNSA et Cne de Brest*, n°s 321897 et 322167 : *Lebon 776 ; D. 2009. 1831, note de Gaudemont ; AJDA 2009. 1223, comm. de Montecler ; JCP Adm. 2009. 2233, note Raimbault.*

4. Légalité de la circulaire n° 2008-111 du 26 août 2008. La Circ. du 26 août 2008 relative à la mise en œuvre de la loi n° 2008-790 du 20 août 2008 créant un droit d'accueil des élèves des écoles maternelles et élémentaires. • CE 17 juin 2009, *Synd. des enseignants UNSA et Cne de Brest*, n°s 321897 et 322167 : *préc. note 3.*

5. Illégalité de deux dispositions de la circulaire n° 2008-111 du 26 août 2008. Le Conseil d'État a invalidé l'information au préfet d'une personne retenue pour le remplacement des enseignants lorsque celle-ci a fait l'objet d'un signalement pour violence sexuelle dans le passé. De même le juge a estimé inopportune la possibilité laissée par la circulaire de confier la garde des élèves à une autorité délégataire, renvoyant de ce fait aux seules personnes morales mentionnées par la loi (autre commune ou EPCI). • CE 17 juin 2009, *Synd. des enseignants UNSA et Cne de Brest*, n°s 321897 et 322167 : *Lebon T. 776 ; D. 2009. 1831 ; préc. note 3.*

6. Continuité du service public. En instituant un droit d'accueil des enfants scolarisés dans les écoles maternelles ou élémentaires publiques ou privées sous contrat, le législateur a entendu créer un service public. Si ce dernier est distinct du service public de l'enseignement, il lui est directement associé et contribue à sa continuité en permettant, le cas échéant, aux personnels enseignants présents dans les circonstances envisagées de continuer à assurer leur enseignement sans avoir à s'en détourner pour assurer l'accueil des enfants dont les enseignants sont absents. • Cons. const. 7 août 2008, *Loi instituant un droit d'accueil pour les élèves des écoles maternelles et élémentaires pendant le temps scolaire*, n° 2008-569 DC : *préc. note 1.*

7. Limitations nécessaires à l'exercice du droit de grève. « Le droit de grève s'exerce dans le cadre des lois qui le réglementent » ; en édictant cette disposition, les constituants ont entendu marquer que le droit de grève est un principe de valeur constitutionnelle mais qu'il a des limites et ont habilité le législateur à tracer celles-ci en opérant la conciliation nécessaire entre la défense des intérêts professionnels, dont la grève est un moyen, et la sauvegarde de l'intérêt général auquel la grève peut être de nature à porter atteinte ; notamment en ce qui concerne les services publics, la reconnaissance du droit de grève ne saurait avoir pour effet de faire obstacle au pouvoir du législateur d'apporter à ce droit les limitations nécessaires en vue d'assurer la continuité du service public qui, tout comme le droit de grève, a le caractère d'un principe de valeur constitutionnelle. • Cons. const. 7 août 2008, *Loi instituant un droit d'accueil pour les élèves des écoles maternelles et élémentaires pendant le temps scolaire*, n° 2008-569 DC : *préc. note 1.* ♦ Le Conseil d'État, pour sa part, considère que la Circ. du 26 août 2008 relative à la mise en œuvre de la L. du 20 août 2008 n'a pas porté au droit de grève des agents concernés une restriction illégale. • CE 17 juin 2009, *Synd. des enseignants UNSA, Cne de Brest*, n° 321897 : *préc. note 3.*

II. CONTENTIEUX ADMINISTRATIF

8. Refus du maire. Existence d'une décision. Un courrier du maire adressé au préfet manifestant l'impossibilité matérielle d'organiser le SMA pour le 20 nov. a été considéré comme une décision de principe qui peut être suspendue. • TA Nîmes, ord., 19 nov. 2008, *Préfet du Gard*, n° 0803477. ♦ Le juge déduit de certains comportements l'existence d'une décision refusant de mettre en place le service d'accueil : une déclaration publique du maire • TA Amiens, 22 janv. 2009, *Préfet de l'Oise c/ Cne de Creil*, n°s 0802914 et 0803144. ♦ Une déclaration publique d'un adjoint • TA Paris, 30 janv. 2009, *Préfet de Paris*, n° 0816692 : *Dr. adm. 2009. comm. 56, note Raimbault ; AJDA 2009. 184.* ♦ En réponse à la demande de l'inspection académique, un courriel adressé par le maire auquel était annexée la liste des personnes susceptibles d'assurer l'accueil dans les écoles publiques portant la mention « zéro agent ». • CAA Marseille, 21 déc. 2012, *Cne de Cabestany*, n° 10MA01026 : *LIJ 2013, n° 175, p. 6.*

9. Refus du maire. Absence de décision. Des déclarations du maire dans la presse ne constituent pas une décision administrative. • TA Amiens, ord., 20 nov. 2008, *Préfet de l'Oise*, n° 0803137. ♦ Un courrier et des déclarations du maire indiquant ses difficultés ne peuvent pas être assimilés de façon certaine à une décision de refus d'exécuter l'obligation légale. • TA Toulouse, ord., 15 nov. 2008, *Préfet de la Haute-Garonne*, n° 0804812. ♦ ... Ou encore le refus de mettre en œuvre le SMA lors de la grève précédente ne constitue pas une décision de principe valable pour la grève suivante. • TA Nice, ord., 19 nov. 2008, *Préfet des Alpes-Maritimes*, n° 0806413. ♦ Enfin, le juge des référés du TA de Lyon a estimé, pour sa part, qu'il n'y avait pas de décision mais un simple constat d'impossibilité d'organiser l'accueil des élèves dans la ville de Lyon. • TA Lyon, ord., 19 nov. 2008, *Préfet du Rhône*, n° 0807174.

10. Refus du maire. Motifs. La circonstance que le dispositif d'accueil puisse générer des difficultés d'organisation, compte tenu notamment du nombre de personnes nécessaires pour remplacer les grévistes, n'autorise cependant pas la ville à refuser de mettre en œuvre la loi • TA Paris, 30 janv. 2009, *Préfet de Paris*, n° 0816692 : *AJDA 2009. 184, note Brondel.* ♦ Cette décision avait déjà fait l'objet d'une suspension. • TA Paris, ord., 23 oct. 2008, *Préfet de Paris*, n° 0816694 : *AJDA 2008. 2036.* ♦ Un conseil municipal a décidé à l'unanimité des suffrages exprimés d'agir en conformité avec les principes républicains qu'il défend en ne mettant pas en place de service d'accueil dans les écoles de la commune. Une demande de suspension a présentée par le préfet. Le Conseil d'État, estimant qu'il existait un doute sérieux quant à la légalité de cette délibération, a jugé qu'étaient sans effet sur la légalité de cette délibération les moyens tirés par la commune, d'une part, de ce qu'elle serait dans l'impossibilité d'organiser le service d'accueil, notamment par manque d'effectif d'animateurs et, d'autre part, de ce qu'il était peu probable que le taux de personnel en grève dans les écoles maternelles et primaires de la commune atteigne le seuil de 25 % à partir duquel seulement s'imposerait à elle l'obligation d'organiser le service d'accueil institué par la L. du 20 août 2008. • CE 7 oct. 2009, *Cne de Plessis-Pâté*, n° 325829 : *Lebon T. 922 ; D. actu. 14 nov. 2009, obs. de Gaudemont ; AJDA 2009. 1863, note Brondel ; Vie cnale et dptale, févr. 2010, n° 975, p. 35 ; ibid. oct. 2011, n° 995, p. 251 ; JCP Adm. 2009. 2273, note Raimbault.*

11. Référé-suspension. Dans certains cas, le juge des référés a estimé que la décision devait être suspendue mais le délai avant la grève ne permettait pas d'enjoindre à la commune d'organiser le SMA. • TA Limoges, ord., 19 nov. 2008, *Préfet de la Corrèze c/ Cne d'Ussel*, n° 0801505 : *AJDA 2008. 2196.* ♦ Le juge peut aussi enjoindre au maire de prendre des mesures pour qu'à l'avenir le SMA puisse être mis en œuvre. • TA Limoges, 19 nov. 2008, *Préfet de la Corrèze c/ Cne de Tulle*, n° 0801492 : *AJDA 2008. 2196.* ♦ Certaines décisions invitent le maire à se rapprocher des services de l'État. • TA Rennes, ord., 19 nov. 2008, *Préfet du Morbihan*, n° 085056 • TA Paris, ord., 22 oct. 2008, n° 0816694 : *AJDA 2008. 2036, obs. Brondel.* ♦ Éventuellement, cette invitation est effectuée sous astreinte. • TA Montpellier, ord., 26 nov. 2008, *Préfet de l'Hérault*, n° 0804796 : *AJDA 2008. 2196.* ♦ Toutefois, certains juges des référés estiment ne pas pouvoir aller au-delà de la suspension car, dans le cadre du référé, ils ne peuvent prendre que des mesures qui ont un caractère provisoire. Or, toute injonction a un caractère définitif. • TA Versailles, ord., 19 nov. 2008, *Préfecture des Yvelines*, n° 0810940 : *AJDA 2008. 2196.*

12. Référé mesures utiles. Pour certains, les mesures utiles peuvent être accordées dans le principe. • TA Cergy-Pontoise, ord., 18 nov. 2008, *Préfet de la Seine-Saint-Denis,* n° 0812089 : *AJDA 2008. 2196*. ♦ Mais les mesures prononcées par le juge des référés ne doivent pas faire obstacle à l'exécution de décisions administratives. • TA Lyon, ord., 17 nov. 2008, *Préfet du Rhône,* n° 0807138 : *AJDA 2008. 2146, comm. Brondel*. ♦ Le juge des référés estime « que la présente décision, dans la mesure où elle ordonne la suspension de la décision du maire de ne plus appliquer la loi sur le service minimum d'accueil des enfants à l'école, pour toute autre grève éventuellement à venir, implique nécessairement, qu'à titre conservatoire, la ville procède, en liaison avec les services de l'État, à un nouvel examen des modalités d'application de ce texte. • TA Paris, ord., 22 oct. 2008, n° 0816694 : *AJDA 2008. 2036, obs. Brondel*. ♦ Parfois à condition toutefois que le préfet ait introduit sa demande suffisamment tôt. • TA Toulouse, ord., 15 nov. 2008, *Préfet de la Haute-Garonne,* n° 0804811 : *AJDA 2008. 2196* • TA Versailles, ord., 17 nov. 2008, *Préfet de l'Essonne,* n° 0810808 : *AJDA 2008. 2196*. ♦ Certains juges des référés se refusent à prononcer une quelconque mesure contraignante de nature à forcer un maire à organiser le service minimum d'accueil des enfants en temps de grève. • TA Cergy-Pontoise, ord., 7 oct. 2008, *Préfet de la Seine-Saint-Denis,* n° 0810617 : *AJDA 2008. 2464, note Calley* (pour une requête parvenue au greffe du tribunal le 6 oct. 2008 à 21 h 39 et eu égard, d'une part, aux contraintes entourant la mise en place d'un service approprié pour l'accueil des jeunes enfants, et, d'autre part, à la nécessité que les familles soient informées des modalités d'organisation du service avant l'heure d'ouverture des établissements scolaires). ♦ Pour d'autres juges, les mesures utiles ne peuvent pas être prononcées en dehors de toute demande de suspension puisque cela aboutirait à empêcher l'exécution d'une décision administrative. • TA Versailles, ord., 19 nov. 2008, *Préfet des Hauts-de-Seine,* n° 0810883 : *AJDA 2008. 2196*. ♦ Le juge des référés saisi de la demande de mettre en demeure les maires récalcitrants de restituer à l'État 1/365e de la partie de la dotation globale de fonctionnement calculée sur le nombre d'enfants scolarisés dans les écoles maternelles et élémentaires de chacune de leurs communes a estimé « qu'à supposer même qu'une telle demande soit fondée, d'une part, elle ne présente pas de caractère d'urgence, et, d'autre part, elle n'entre pas dans les mesures que le juge des référés est susceptible de prendre en application de l'art. L. 521-3 CJA ». • TA Melun, ord., 9 oct. 2008, *Préfet du Val-de-Marne,* n° 0807427 : *AJDA 2008. 1921*.

13. Astreintes. Certains juges ont prononcé des astreintes pour forcer les communes à organiser le SMA. • TA Toulon, ord., 19 nov. 2008, *Préfet du Var c/ Cne de Brignoles,* n° 0806216 : *AJDA 2008. 2196* (astreintes de 10 000 € par heure de retard à compter de l'ouverture des écoles le jour de la grève) • TA Montpellier, 2 avr. 2009, *Préfet de région Languedoc-Roussillon,* n° 0901291 : *Dr. adm. 2009. 101, comm. Maillot.* ♦ Pour une condamnation de la commune de Montpellier à verser à l'État la somme de 30 000 € pour une période de trois mois. ♦ Décision confirmée en appel • CAA Marseille, 10 juill. 2009, *Cne de Montpellier,* n° 09MA01386. ♦ 5 000 € par jour de retard • TA Toulouse, 16 oct. 2009, *Préfet de la Haute-Garonne,* n° 0804813.

Circulaire n° 2008-111 du 26 août 2008,

Relative à la mise en œuvre de la loi n° 2008-790 du 20 août 2008 créant un droit d'accueil au profit des élèves des écoles maternelles et élémentaires.

La loi n° 2008-790 du 20 août 2008 crée un droit d'accueil au profit des élèves des écoles maternelles et élémentaires. La présente circulaire a pour objet de préciser les conditions de mise en œuvre de ce droit.

I. ORGANISATION DU SERVICE D'ACCUEIL DANS LES ÉCOLES PUBLIQUES

A) *Rôles respectifs de l'État et de la commune*

1) Organisation par l'État

L'article L. 133-1 du code de l'éducation rappelle que l'obligation d'accueil des élèves des écoles maternelles et élémentaires publiques pendant le temps scolaire incombe au premier chef à l'État. Lorsque l'enseignement est interrompu du fait d'une grève ou de l'absence imprévisible d'un enseignant, il appartient donc à l'État de mettre en place un service d'accueil des enfants concernés.

En cas de grève, lorsque le nombre de personnes ayant déclaré leur intention de faire grève est supérieur ou égal à 25 % des enseignants de l'école, le service d'accueil est assuré par la commune.

2) Organisation par la commune

La commune met en place le service d'accueil au profit des élèves des écoles dans lesquelles le nombre de personnes qui ont déclaré leur intention de participer à une grève est égal ou supérieur à 25 % du nombre des personnes qui y exercent des fonctions d'enseignement.

Le calcul s'effectue par rapport au nombre total de personnes qui exercent des fonctions d'enseignement dans chaque école. Ce nombre comprend les personnes appartenant aux corps des personnels enseignants ainsi que les enseignants non titulaires, qui exercent à temps plein ou à temps partiel dans l'école.

En revanche, les directeurs d'école, qui bénéficient d'une décharge totale d'enseignement, ne sont pas comptés dans l'effectif des personnes qui exercent des fonctions d'enseignement.

B) *Procédure préalable au déclenchement de la grève*

1) Déclaration préalable des agents chargés de fonctions d'enseignement

Lorsqu'un préavis de grève a été déposé, toute personne exerçant des fonctions d'enseignement dans une école, telle que définie au paragraphe A 2) ci-dessus, doit déclarer au moins 48 heures avant la grève son intention d'y participer.

La personne qui participerait à un mouvement de grève sans s'être préalablement déclarée gréviste encourrait une sanction disciplinaire. En revanche, la personne qui aurait fait connaître son intention de participer au mouvement de grève peut librement y renoncer.

Le délai de déclaration préalable de 48 h doit nécessairement comprendre un jour ouvré.

Les jours ouvrés sont les jours travaillés, c'est-à-dire les jours de la semaine pendant lesquels des cours sont assurés dans l'école au sein de laquelle est affecté l'agent, même si l'intéressé n'a aucun service à assurer ce jour-là. En raison de la nouvelle organisation du temps scolaire applicable à compter de la rentrée 2008, les samedis ne peuvent être des jours ouvrés dans les écoles publiques.

En conséquence, la participation à un mouvement de grève débutant un lundi devra faire l'objet d'une déclaration individuelle au plus tard le jeudi soir de la semaine précédente. Si le mouvement de grève doit débuter un jeudi, la déclaration individuelle devra intervenir au plus tard le lundi soir, que des cours soient organisés le mercredi ou non.

Cette déclaration est faite à l'inspecteur d'académie, ou aux inspecteurs de l'éducation nationale lorsque l'inspecteur d'académie leur a confié la mission de recueillir les déclarations et que les personnels concernés par cette obligation de déclaration en ont été informés.

La déclaration doit être faite par écrit, par lettre ou par télécopie, et doit parvenir à l'autorité compétente 48 h avant l'entrée en grève de l'intéressé.

Cependant, lorsque, en application du deuxième alinéa de l'article L. 133-4, un accord a été trouvé entre l'État et les organisations syndicales représentatives dans le cadre de la négociation préalable régie par l'article L. 133-2, la déclaration est faite selon les modalités résultant de cet accord portées à la connaissance des personnels soumis à l'obligation de déclaration. Cette possibilité de modalités alternatives de déclaration n'entrera toutefois en vigueur qu'avec la publication du décret en Conseil d'État prévue par l'article L. 133-2.

La déclaration indique la date et l'heure à laquelle l'intéressé entend se mettre en grève. Ainsi qu'il est précisé à l'article L. 133-5 du code de l'éducation, les déclarations sont couvertes par le secret professionnel et ne peuvent être utilisées que pour l'organisation du service d'accueil.

Pour permettre aux communes de mettre en place le service d'accueil lorsqu'elles y sont tenues, il appartient à l'inspecteur d'académie de recenser précisément les écoles dans lesquelles le taux prévisionnel de grévistes est égal ou supérieur à 25 %.

2) Transmission de l'information au maire

L'inspecteur de l'éducation nationale ou l'inspecteur d'académie destinataire des déclarations préalables communique au maire dès qu'il en a connaissance, le nombre, par école, de personnes ayant procédé à la déclaration et lui précise quelles sont les écoles pour lesquelles le taux de déclarations préalables est égal ou supérieur à 25 % du nombre des personnes soumises à l'obligation de déclaration.

Cette information est transmise au maire par écrit, par télécopie ou message électronique.

Avant le déclenchement de la grève le préfet est informé par l'autorité académique, des communes et des établissements pour lesquels le service d'accueil devra être organisé.

3) Information des familles

Les directeurs d'école informent les familles des conséquences éventuelles du mouvement social sur le fonctionnement de leur école, par les moyens de communication les plus appropriés (affichage extérieur notamment). Lorsque le taux prévisionnel de grévistes implique l'intervention de la commune, ils facilitent la mise en place des mesures d'information que cette dernière organise à destination des familles en application de l'article L. 133-4 du code de l'éducation.

C) *Organisation du service par la commune*

Le législateur a choisi de laisser aux communes une grande souplesse d'organisation du service. Il n'en revient pas moins à vos services d'être attentifs à leurs difficultés et de leur prodiguer le cas échéant les conseils nécessaires à la meilleure organisation de l'accueil des enfants.

1) Les locaux d'accueil

Les communes déterminent librement le lieu d'accueil des enfants. L'accueil peut être assuré dans l'école, que celle-ci soit fermée ou partiellement ouverte conformément aux dispositions de l'article L. 133-6 du code de l'éducation, ou dans d'autres locaux de la commune. Elles peuvent choisir également de regrouper l'ensemble des enfants concernés dans un même lieu.

Si l'accueil est organisé dans une école dont les locaux continuent d'être en partie utilisés pour les besoins de l'enseignement, le directeur d'école ne peut s'opposer à ce que les salles de classe libérées en raison de l'absence d'un enseignant et les locaux communs (cour de récréation, préau, salle polyvalente, bibliothèque...) soient utilisés par la commune.

Il reviendra en outre au directeur d'école ou, s'il est absent, aux enseignants présents le jour de la grève d'assurer la surveillance de ceux des élèves qui demeurent sous leur responsabilité, y compris lorsque les locaux communs sont également utilisés par la commune.

2) Les personnes assurant l'accueil

L'article L. 133-7 du code de l'éducation prévoit l'établissement dans chaque commune d'une liste des personnes susceptibles d'assurer le service d'accueil. L'identification de ces personnes relève de la seule compétence du maire. Le fait que cette liste ne soit pas établie ne dispense pas la commune de son obligation d'organiser le service d'accueil.

La commune peut faire appel à des agents municipaux, dans le respect de leurs statuts, mais également à des assistantes maternelles, des animateurs d'associations gestionnaires de centre de loisirs, des membres d'associations familiales, des enseignants retraités, des étudiants, des parents d'élèves...

Les dispositions du code de l'action sociale et des familles n'imposent en effet, pour les modes d'accueil des mineurs n'excédant pas 14 jours par an, aucune obligation en termes de qualification des personnels ou de taux d'encadrement.

Conformément aux dispositions de l'article L. 133-7 du code de l'éducation, la liste des personnes susceptibles d'assurer l'accueil est transmise à l'autorité académique. Celle-ci vérifie, dans les conditions prévues au 3° de l'article 706-53-7 du code de procédure pénale, que les personnes qui y sont inscrites ne figurent pas dans le fichier judiciaire national automatisé des auteurs d'infractions sexuelles ou violentes. Les personnes concernées auront été préalablement informées de cette vérification par la commune. Lorsque la consultation fait apparaître qu'une ou plusieurs personnes proposées par le maire figurent sur ce fichier, le préfet en est également informé. — *Les dispositions de la présente circulaire sont annulées entant qu'elles prévoient d'information du préfet lorsque la consultation par l'autorité académique du fichier judiciaire national automatisé des auteurs d'infractions sexuelles ou violents fait apparaître qu'une ou plusieurs personnes proposées par le maire figurent sur ce fichier sont annulées : CE 17 juin 2009, Synd. des enseignants INSA et a., n°s 321897 et 322167.*

Le directeur d'école transmet ensuite la liste qu'il a reçue du maire pour information aux représentants des parents d'élèves élus au conseil d'école. Les personnes y figurant sont préalablement informées de cette transmission par la commune.

Il convient par ailleurs de souligner que les personnes chargées par la commune d'assurer l'encadrement des enfants accueillis deviennent à cette occasion des agents publics de la commune y compris lorsque leur participation au service n'est pas rémunérée. Elles sont par conséquent soumises au principe de neutralité du service public. Elles ne peuvent pour cette raison manifester leur appartenance politique, syndicale ou religieuse. Les agents du ministère signaleront à l'inspection académique toute méconnaissance de ce principe qu'ils auront pu constater afin que ces faits soient portés à la connaissance des maires. Les préfets en seront en ce cas informés.

3) Recours à la convention

Il pourra être rappelé aux maires, notamment dans les petites communes, que la loi autorise tous les mécanismes conventionnels d'association ou de délégation du service. La commune peut ainsi confier le soin d'organiser pour son compte le service d'accueil à une autre commune ou à un établissement public de coopération intercommunale ou encore à une caisse des écoles à la demande expresse de son président ou encore à une association gestionnaire d'un centre de loisirs. Elle peut également s'associer avec une ou plusieurs autres communes afin d'organiser en commun le service.

La loi prévoit par ailleurs que lorsque les compétences en matière de fonctionnement des écoles et d'accueil des enfants en dehors du temps scolaire ont été transférées à un établissement public de coopération intercommunale, c'est ce dernier qui est automatiquement compétent pour assurer le service d'accueil. — *Les dispositions de la présente circulaire sont annulées entant qu'elles prévoient d'information du préfet lorsque la consultation par l'autorité académique du fichier judiciaire national automatisé des auteurs d'infractions sexuelles ou violents fait apparaître qu'une ou plusieurs personnes proposées par le maire figurent sur ce fichier sont annulées : CE 17 juin 2009, Synd. des enseignants INSA et a., n°s 321897 et 322167.*

4) Information des familles

Les communes qui mettent en place le service d'accueil informent les familles conformément aux dispositions de l'article L. 133-4 du code de l'éducation par les moyens qu'elles jugent appropriés (cf. 3) du B) ci-dessus). Cette information porte sur les modalités pratiques d'organisation du service.

5) Modalités de financement

Conformément à l'article 72-2 de la Constitution, la loi a prévu que la nouvelle compétence créée à la charge des communes est accompagnée de ressources versées par l'État.

L'article L. 133-8 du code de l'éducation prévoit donc que ce dernier verse aux communes une compensation financière.

Cette compensation est calculée pour chaque école ayant donné lieu à l'organisation par la commune d'un service d'accueil. Elle correspond au plus élevé de ces deux montants :

— une somme de 110 euros par jour et par groupe de 15 enfants effectivement accueillis, le nombre de groupes étant déterminé en divisant le nombre d'enfants accueillis par quinze et en arrondissant à l'entier supérieur. Ce montant est indexé selon le taux d'évolution de la valeur du point d'indice de la fonction publique ;

— le produit, par jour de mise en œuvre du service, de neuf fois le salaire minimum de croissance horaire par le nombre d'enseignants ayant effectivement participé au mouvement de grève, dans les écoles où la commune était tenue d'organiser le service d'accueil.

En tout état de cause, pour une même commune qui a organisé le service d'accueil, ou le cas échéant pour un même établissement public de coopération intercommunale chargé par convention de l'organisation du service d'accueil en application de l'article L. 133-10, la compensation financière ne peut être inférieure à 200 euros par jour, également indexée selon le taux d'évolution de la valeur du point d'indice de la fonction publique.

Il appartiendra à l'inspecteur d'académie, à partir des éléments de calcul que lui auront adressés les communes, de déterminer le financement le plus avantageux pour elles.

Il importe que vous veilliez à ce que soit strictement respecté le délai de versement de la compensation que la loi a fixé à 35 jours après notification par le maire des informations nécessaires au calcul.

Vous pourrez à cette fin procéder à une fongibilité asymétrique du titre II vers le hors titre II du budget opérationnel de programme du premier degré à hauteur du montant prévisionnel des retenues sur traitements, et ce avant même d'avoir commencé à appliquer ces retenues.

6) Responsabilité

Substitution de la responsabilité administrative de l'État à celle des communes

Le premier alinéa de l'article L. 133-9 du code de l'éducation prévoit un régime de substitution de responsabilité de l'État à celle des communes dans tous les cas où la responsabilité administrative de la commune se trouverait engagée à l'occasion d'un fait dommageable commis ou subi par un élève du fait de l'organisation ou du fonctionnement du service d'accueil. A titre d'exemple, si le dommage subi par un élève résulte d'une faute de service commise par un agent communal chargé du service d'accueil, c'est le ministère de l'éducation nationale, et non la commune, qui pourra voir sa responsabilité engagée devant le tribunal administratif et il reviendra aux recteurs d'académie d'assurer la défense de l'État devant le tribunal. Pour ce faire, il conviendra de prendre l'attache de la commune afin de disposer des éléments d'information nécessaires. En revanche, la loi ne prévoit pas que la responsabilité de l'État se substitue à celle de la commune si le dommage subi par l'élève est dû au mauvais entretien des locaux ou des matériels à la charge des communes.

Corrélativement, le ministère de l'éducation nationale est subrogé aux droits de la commune, notamment pour exercer les actions récursoires qui lui sont ouvertes. De telles actions pourraient être engagées par le ministère de l'éducation nationale notamment lorsque la faute personnelle d'un agent a contribué à la réalisation du dommage ou qu'un tiers est à l'origine du dommage.

Protection juridique accordée au maire en cas de mise en jeu de sa responsabilité pénale

Par dérogation aux dispositions de l'article L. 2123-34 du code général des collectivités territoriales, l'alinéa 2 de l'article L. 133-7-1 du code de l'éducation prévoit qu'il appartient à l'État d'accorder au maire la protection juridique à l'occasion des poursuites pénales qui pourraient être engagées à son encontre résultant de faits ne présentant pas le caractère de faute détachable de l'exercice de ses fonctions, qui ont causé un dommage à un enfant dans le cadre de l'organisation ou du fonctionnement du service d'accueil. Le préfet territorialement compétent assurera la mise en œuvre de cette disposition.

Dans cette hypothèse, la prise en charge des frais liés à cette procédure pénale, en particulier les frais d'avocats, incombera au ministère de l'éducation nationale de la même façon que si le maire était un agent de l'État et relevait à ce titre de la protection prévue à l'article 11 de la loi du 13 juillet 1983. Là encore il importera donc de prendre l'attache du maire mis en cause. Il conviendra également de lui rappeler, si nécessaire, que la prise en charge par l'État de sa protection juridique, qui se concrétisera le plus souvent par la prise en charge de ses frais d'avocats, n'emporte en aucun cas transfert de sa responsabilité pénale.

II. L'ORGANISATION DU SERVICE D'ACCUEIL DANS LES ÉCOLES PRIVÉES SOUS CONTRAT

Dans les écoles maternelles et élémentaires privées sous contrat, le service d'accueil est assuré par les organismes gestionnaires et n'implique en aucune façon les communes.

Les organismes de gestion assurent l'accueil en cas d'absence des enseignants et ce quelle que soit la cause de cette absence. La loi leur confère une totale liberté d'organisation à cet effet. Par analogie avec le cas du service d'accueil organisé au profit des élèves des écoles publiques, elle prévoit toutefois qu'à partir d'un taux effectif de grévistes de 25 %, l'État contribue au financement du service d'accueil en versant à l'organisme de gestion une compensation calculée selon les mêmes règles que celles accordées aux communes.

Les personnels exerçant des fonctions d'enseignement dans une école privée sont soumis à la même obligation de déclaration individuelle préalable que leurs homologues exerçant dans une école publique. La déclaration est toutefois directement adressée au chef d'établissement qui informe l'organisme de gestion du nombre des personnes s'étant déclarées grévistes.

III. L'ÉVALUATION

L'article 14 de la loi n° 2008-790 du 20 août 2008 prévoit que l'application des articles L. 133-4 et L. 133-6 à L. 133-12 du code de l'éducation fait l'objet d'une évaluation présentée par le Gouvernement sous la forme d'un rapport déposé avant le 1er septembre 2009 sur le bureau des assemblées. Cette évaluation retrace notamment les difficultés matérielles rencontrées par les communes pour l'organisation du service d'accueil.

Il revient aux inspecteurs d'académie de recueillir les informations permettant la rédaction de ce rapport. A cet effet, après chaque mouvement de grève ayant conduit à la mise en place du service d'accueil par les communes ou par les organismes de gestion des écoles privées sous contrat, il conviendra de recenser précisément le nombre d'écoles par commune du département dans lesquelles les déclarations préalables à la grève auront atteint 25 % de l'effectif des personnes y exerçant des fonctions d'enseignement, le nombre d'enseignants effectivement grévistes, le nombre d'enfants accueillis dans chaque commune, le nombre de personnes chargées d'assurer l'accueil (des précisions devront être demandées aux maires et aux organismes de gestion des écoles privées sous contrat ou aux directeurs de ces écoles sur le taux d'encadrement retenu, sur la qualité des personnes ayant encadré les enfants). Des données précises devront également être recensées sur les locaux utilisés par les communes pour l'organisation du service d'accueil.

Enfin, les inspecteurs d'académie devront interroger les communes et les organismes de gestion des écoles privées ayant mis en place le service d'accueil sur les difficultés qu'ils auraient rencontrées.

IV. L'ENTRÉE EN VIGUEUR

Les dispositions de la loi portant sur le service d'accueil et sur son corollaire qu'est l'obligation de déclaration individuelle préalable entrent en vigueur au 1er septembre 2008. Elles s'appliquent dans tous les territoires soumis à la règle de l'identité législative, c'est-à-dire sur le territoire métropolitain, dans les départements d'outre-mer ainsi qu'à Mayotte, à Saint-Barthélemy, Saint-Martin et Saint-Pierre-et-Miquelon.

La loi prévoit également un mécanisme collectif de prévention des conflits préalable au dépôt du préavis de grève. Toutefois l'entrée en vigueur de ce volet de la loi nécessite l'adoption d'un décret en Conseil d'État et fera donc l'objet d'une circulaire ultérieure spécifique.

SECTION PREMIÈRE **L'ACCUEIL DES ÉLÈVES DES ÉCOLES MATERNELLES ET ÉLÉMENTAIRES PUBLIQUES** *(L. nº 2008-790 du 20 août 2008, art. 3).*

Art. L. 133-2 *(L. nº 2008-790 du 20 août 2008, art. 3)* **I. — Afin de prévenir les conflits, un préavis de grève concernant les personnels enseignants du premier degré des écoles publiques ne peut être déposé par une ou plusieurs organisations syndicales représentatives qu'à l'issue d'une négociation préalable entre l'État et ces mêmes organisations.**

II. — Les règles d'organisation et de déroulement de cette négociation préalable sont fixées par un décret en Conseil d'État qui détermine notamment :

1º Les conditions dans lesquelles une organisation syndicale représentative procède à la notification à l'autorité administrative des motifs pour lesquels elle envisage de déposer un préavis de grève conformément à l'article L. 2512-2 du code du travail ;

2º Le délai dans lequel, à compter de cette notification, l'autorité administrative est tenue de réunir les organisations syndicales représentatives qui ont procédé à la notification. Ce délai ne peut dépasser trois jours ;

3º La durée dont l'autorité administrative et les organisations syndicales représentatives qui ont procédé à la notification disposent pour conduire la négociation préalable mentionnée au I. Cette durée ne peut excéder huit jours francs à compter de cette notification ;

4º Les informations qui doivent être transmises par l'autorité administrative aux organisations syndicales représentatives qui ont procédé à la notification en vue de favoriser la réussite du processus de négociation, ainsi que le délai dans lequel ces informations doivent être fournies ;

5º Les conditions dans lesquelles la négociation préalable entre les organisations syndicales représentatives qui ont procédé à la notification et l'autorité administrative se déroule ;

6º Les modalités d'élaboration du relevé de conclusions de la négociation préalable ainsi que les informations qui doivent y figurer ;

7° Les conditions dans lesquelles les enseignants du premier degré sont informés des motifs du conflit, de la position de l'autorité administrative et de la position des organisations syndicales représentatives qui ont procédé à la notification ainsi que les conditions dans lesquelles ils reçoivent communication du relevé de conclusions de la négociation préalable.

III. — Lorsqu'un préavis de grève concernant les personnels enseignants des écoles maternelles et élémentaires publiques a été déposé dans les conditions prévues par l'article L. 2512-2 du code du travail par une ou plusieurs organisations syndicales représentatives, un nouveau préavis ne peut être déposé par la ou les mêmes organisations et pour les mêmes motifs qu'à l'issue du délai du préavis en cours et avant que la procédure prévue aux I et II du présent article n'ait été mise en œuvre.

Sur les règles d'organisation et de déroulement de la négociation préalable au dépôt d'un préavis de grève, V. ci-dessous Décr. n° 2008-1246 du 1er déc. 2008.

Sur la négociation préalable dans le cadre du droit d'accueil des élèves des écoles maternelles et élémentaires pendant le temps scolaire, V. ci-dessous Circ. n° 2009-017 du 23 déc. 2008.

Décret n° 2008-1246 du 1er décembre 2008,

Relatif aux règles d'organisation et de déroulement de la négociation préalable au dépôt d'un préavis de grève prévue aux articles L. 133-2 et L. 133-11 du code de l'éducation.

Art. 1er L'organisation et le déroulement de la négociation préalable au dépôt d'un préavis de grève prévue aux articles L. 133-2 et L. 133-11 du code de l'éducation sont régis par les articles 2 à 6 du présent décret.

Art. 2 L'organisation syndicale représentative qui envisage de déposer un préavis de grève notifie, selon le cas, en fonction de leurs compétences respectives, au ministre, *(Décr. n° 2012-16 du 5 janv. 2012, art. 7)* « au recteur d'académie ou au directeur académique des services de l'éducation nationale agissant sur délégation de ce dernier, » les motifs invoqués.

Elle procède à cette notification par écrit, par tout moyen permettant d'attester la date de remise à cette autorité. La notification comporte les mentions, assorties des précisions utiles, des revendications professionnelles qui ont conduit l'organisation syndicale à envisager le recours à la grève et les personnels enseignants concernés par ces revendications.

L'autorité incompétemment saisie transmet sans délai la notification à l'autorité compétente ; elle en informe dans le même temps l'organisation syndicale intéressée.

Art. 3 I. — L'autorité administrative compétente réunit les représentants de l'organisation syndicale intéressée dans le délai de trois jours à compter de la remise de la notification. A cet effet, elle communique sans délai à l'organisation syndicale, par tout moyen permettant d'attester la date de cette remise, les lieu, date et heure de la première réunion de négociation préalable.

II. — L'organisation syndicale communique sans délai à l'administration les noms des membres de la délégation qui la représentent. Le nombre de ces membres ne peut excéder quatre personnes.

Dans le cas où plusieurs organisations syndicales représentatives ont fait part séparément de leur intention de déposer un préavis de grève qui comporte des revendications de même nature, ces organisations peuvent être réunies ensemble. Lorsque plusieurs organisations syndicales sont réunies ensemble, le nombre de membres désignés par chacune d'elles ne peut excéder trois personnes.

Le nombre de représentants de l'autorité administrative qui participent à la négociation ne peut être supérieur au nombre de représentants des organisations syndicales.

III. — L'autorité administrative transmet, en temps utile, avant l'ouverture de la négociation préalable, à l'organisation syndicale qui a procédé à la notification et aux représentants qu'elle a désignés toute information de nature à éclairer les parties à la négociation dans la détermination de leurs positions respectives.

IV. — L'ordre du jour de la discussion porte uniquement sur les revendications professionnelles exposées dans la notification mentionnée à l'article 2.

Art. 4 Les parties disposent d'une durée de huit jours francs à compter de la notification prévue à l'article 2 pour mener à son terme la négociation préalable.

Art. 5 Un relevé de conclusions de la négociation élaboré par l'autorité administrative est proposé à la signature des représentants de l'organisation syndicale ayant participé à la négociation. Ce relevé de conclusions contient au moins :

a) Les motifs ayant conduit à envisager le dépôt d'un préavis de grève, les revendications afférentes ainsi que les autres informations mentionnées au deuxième alinéa de l'article 2 du présent décret ;

b) Les conditions d'organisation et de déroulement de la négociation préalable ;

c) La nature des informations et des réponses apportées par l'autorité administrative saisie, relativement aux motifs invoqués par l'organisation syndicale ;

d) Les positions finales respectives des parties à la négociation et la liste des points d'accord et de désaccord éventuels constatés au terme de la négociation préalable ;

e) Le cas échéant, les modalités selon lesquelles les déclarations préalables prévues à l'article L. 133-4 du code de l'éducation sont transmises à l'autorité administrative.

L'autorité administrative compétente procède par tout moyen de son choix à la communication du relevé de conclusions aux personnels enseignants concernés.

Art. 6 La participation à la négociation des personnes désignées par les organisations syndicales pour les représenter s'impute sur le contingent de décharges d'activité de service prévu à l'article 16 du décret du 28 mai 1982 susvisé *[nº 82-447 relatif à l'exercice du droit syndical dans la fonction publique, V.* ***C. fonct. publ.****]*.

Toutefois dans le cas où l'organisation syndicale ne compte, parmi les personnels concernés par le projet de préavis de grève, aucun représentant syndical bénéficiant d'une décharge d'activité de service, l'autorité administrative accorde une autorisation d'absence au représentant syndical appartenant à ces personnels que l'organisation syndicale lui désigne.

V. ci-dessous Circ. nº 2009-017 du 23 déc. 2008.

Circulaire nº 2009-017 du 23 décembre 2008,

Relative à la négociation préalable dans le cadre du droit d'accueil des élèves des écoles maternelles et élémentaires pendant le temps scolaire.

La loi nº 2008-790 du 20 août 2008 a institué un droit d'accueil pendant le temps scolaire pour les élèves des écoles maternelles et élémentaires publiques et privées sous contrat. L'article 3 de la loi prévoit la mise en place d'une négociation préalable à tout dépôt de préavis de grève concernant les personnels enseignants du premier degré. L'organisation et le déroulement de cette procédure de négociation préalable sont précisés par le décret nº 2008-1246 du 1er décembre 2008.

I. *Champ d'application de la négociation préalable*

Les dispositions de la loi instituant le droit d'accueil, et notamment la négociation préalable, s'appliquent dans tous les territoires soumis à la règle de l'identité législative, c'est-à-dire sur le territoire métropolitain, dans les départements d'outre-mer ainsi qu'à Mayotte, à Saint-Barthélemy, Saint-Martin et Saint-Pierre-et-Miquelon.

Le droit d'accueil concernant les élèves des écoles maternelles et élémentaires publiques et privées sous contrat, l'article 3 de la loi du 20 août 2008 précitée soumet à la procédure de négociation préalable les organisations syndicales représentant les personnels enseignants du premier degré relevant tant de l'enseignement public que de l'enseignement privé.

En revanche, les sections d'enseignement général et professionnel adapté (SEGPA), les établissements régionaux d'enseignement adapté (EREA) et les écoles régionales du premier degré (ERPD) ne sont pas concernés par le droit d'accueil. Aussi, dans l'hypothèse d'un préavis de grève concernant spécifiquement les personnels enseignants du premier degré exerçant dans ces établissements, il n'y a pas lieu de mettre en place la procédure de négociation préalable.

II. *Les participants à la négociation préalable*

a) Les organisations syndicales habilitées à participer à la négociation préalable

L'article 3 de la loi instaurant un droit d'accueil pour les élèves des écoles maternelles et élémentaires prévoit que les organisations syndicales représentatives ne peuvent déposer un préavis de grève concernant les enseignants du premier degré qu'à l'issue d'une négociation préalable avec l'administration. Il convient donc d'apprécier si l'organisation syndicale qui vous saisit d'une demande de négociation préalable est représentative dans le champ du préavis qu'elle entend déposer. C'est à l'autorité administrative compétente qu'il incombe de procéder à cet examen.

La représentativité des organisations syndicales doit s'apprécier au niveau géographique auquel se déroule la négociation ainsi qu'au regard des personnels concernés.

La représentativité peut s'apprécier soit sur le fondement de l'article 9 *bis* de la loi du 13 juillet 1983 modifiée portant droits et obligations des fonctionnaires, soit au regard des critères posés à l'article L. 2121-1 du code du travail.

En l'état actuel du droit, les unions de syndicats bénéficiant de la présomption de représentativité de l'article 9 *bis* de la loi du 13 juillet 1983 sont : la CGT, FO, la CFDT, la CFTC, la CFE-CGC et l'UNSA, ces unions siégeant dans les conseils supérieurs des trois fonctions publiques. Ces unions de syndicats sont automatiquement considérées comme représentatives, à tous les niveaux géographiques, et peuvent donc engager une procédure de négociation préalable en tout lieu.

Pour les organisations syndicales ne bénéficiant pas de la présomption de l'article 9 *bis*, la représentativité s'apprécie au regard des critères prévus par l'article L. 2121-1 du code du travail dans sa rédaction antérieure à l'entrée en vigueur de la loi n° 2008-789 du 20 août 2008 portant rénovation de la démocratie sociale et réforme du temps de travail (V. l'article 11 de cette loi), de la même manière que pour les élections.

Toutefois, à la différence du dispositif prévu pour les élections professionnelles, la présomption de l'article 9 *bis* n'est pas étendue aux syndicats affiliés aux unions qui en bénéficient. Les syndicats en question devront donc, tout comme les autres, prouver leur représentativité dans le champ géographique concerné.

Par ailleurs, un regroupement d'organisations (confédération ou fédération) est habilité à participer à la négociation préalable en son nom propre même si une seule des organisations qui la composent est représentative dans le champ du premier degré (CE, 28 janv. 1970, *Féd. nat. des coopératives artisanales et Ressicaud*, et CE, 31 mai 2002, *Chambre nationale des professions libérales et autres*). Le fait qu'une organisation soit un regroupement n'interdit donc pas, par principe, qu'elle soit reconnue représentative dans l'un des champs couverts par une organisation affiliée à elle.

Si toutefois vous estimez qu'une organisation syndicale n'est pas représentative et ne peut donc engager une procédure de négociation préalable en vue du dépôt d'un préavis de grève, vous devez en informer par écrit cette organisation dans les meilleurs délais, tout en lui rappelant qu'en application de l'article L. 2512-2 du code du travail, elle n'est pas fondée à déposer un préavis de grève. Un préavis déposé par cette organisation serait irrégulier, de même d'ailleurs qu'un préavis qui serait déposé par une organisation n'ayant pas préalablement sollicité une négociation (article L. 133-2-I du code de l'éducation issu de la loi du 20 août 2008 instituant le droit d'accueil).

b) La notion d'autorité administrative compétente

Les seules autorités administratives considérées comme compétentes pour mener une négociation préalable sont : le ministre, les recteurs d'académie et les inspecteurs d'académie, directeurs des services départementaux de l'éducation nationale.

La notion d'autorité compétente s'apprécie au regard du sujet de la négociation.

Les sujets locaux relèvent de la compétence de l'inspecteur d'académie. Le ministre est compétent quant à lui pour les sujets de portée nationale.

Le recteur devra être informé systématiquement et sans délai des préavis reçus au niveau départemental. En concertation avec le ou les inspecteurs concernés, le recteur pourra en effet dans certains cas juger opportun de conduire lui-même la négociation préalable.

III. *La procédure de négociation préalable*

a) Notification des motifs pouvant conduire au dépôt d'un préavis de grève

La ou les organisations syndicales doit (vent) vous notifier par écrit les motifs qui la ou les conduisent à envisager le dépôt d'un préavis de grève. Tout moyen permettant d'attester la date de remise doit être accepté (lettre recommandée avec accusé de réception, télécopie, courriel).

b) Calcul des délais prévus par le décret n° 2008-1246 du 1er décembre 2008

L'autorité administrative compétente est tenue de réunir dans un délai maximal de trois jours la ou les organisations syndicales représentatives qui ont procédé à la notification de motifs pouvant conduire au dépôt d'un préavis de grève. Le délai commence à courir le lendemain de la notification à zéro heure.

Exemple : la notification des motifs est reçue le 4 janvier. Le délai de trois jours commence à courir le 5 janvier à zéro heure. Le jour de l'échéance est le 7 janvier à minuit.

Par ailleurs, la durée dont l'autorité administrative et les organisations syndicales représentatives qui ont procédé à la notification disposent pour conduire la négociation préalable ne peut excéder huit jours francs à compter de cette notification. Dans le cas d'un délai franc, le jour de réception de la notification n'est pas décompté, le délai commence à courir le lendemain à zéro heure et s'achève le lendemain du jour de son échéance.

Exemple : la notification des motifs est reçue le 4 janvier. Le premier jour du délai est le 5 janvier (à zéro heure). Le jour de l'échéance est le 12 janvier à minuit. Le délai de négociation continue de courir le 13 janvier.

Le délai de trois jours prévu à l'article 3 du décret se situe à l'intérieur de celui de huit jours mentionné à l'article 4 du même décret, dès lors qu'ils s'ouvrent tous les deux à compter de la notification.

Le préavis légal de cinq jours francs prévu par les dispositions de l'article L. 2512-2 du code du travail est donc déposé, au plus tôt, à l'issue des huit jours francs de négociations, si ces dernières ont échoué. L'obligation de procéder à une négociation préalable exclut le dépôt d'un nouveau préavis portant sur les mêmes motifs avant l'échéance du premier ("préavis glissant"). Cette pratique est d'ailleurs interdite désormais pour les organisations syndicales représentatives des enseignants du premier degré, en application de l'article L. 133-2-III du code de l'éducation, créé par la loi du 20 août 2008 instituant le droit d'accueil.

c) Informations ou documents à transmettre par l'administration

L'autorité administrative transmet aux organisations syndicales représentatives qui ont procédé à la notification et aux représentants qu'elles ont désignés, les informations ou documents en rapport avec les motifs de la grève envisagée permettant d'engager un processus de négociation. Ces documents doivent être transmis en temps utile aux organisations syndicales et en tout état de cause avant l'ouverture de la négociation.

Les documents transmis peuvent être des documents déjà existants. Vous veillerez néanmoins à ne pas diffuser des documents ayant le statut d'informations nominatives.

d) Conditions matérielles de la négociation

L'autorité administrative informe les organisations syndicales représentatives qui ont procédé à la notification des date, lieu et heure de la première réunion de négociation.

L'organisation syndicale doit communiquer sans délai les noms des personnes qui la représenteront lors de la négociation. L'organisation syndicale ne peut désigner plus de quatre personnes à ce titre.

Dans l'hypothèse où plusieurs organisations syndicales ont notifié séparément des motifs de même nature, vous pouvez les convier à participer ensemble à une négociation commune. Dans ce cas, le nombre de représentants est limité à trois personnes par syndicat.

Les représentants de l'autorité administrative qui participent effectivement à la négociation ne peuvent être plus nombreux que les représentants syndicaux. En revanche, une ou deux autres personnes peuvent être présentes pour assurer le secrétariat, notamment en vue de l'élaboration du relevé de conclusions, sans pouvoir participer à la négociation.

Afin de ne pas pénaliser les élèves, vous veillerez, dans toute la mesure du possible, à ne pas organiser la négociation préalable pendant le temps de service en présence des élèves.

Si la négociation se tient toutefois pendant le temps de service de l'un des représentants syndicaux, la participation de ce dernier s'impute sur le contingent de décharges attribué à l'organisation syndicale en application de l'article 16 du décret n° 82-447 du 28 mai 1982 relatif à l'exercice du droit syndical dans la fonction publique. Elle ne donne ainsi pas lieu à l'attribution d'autorisation d'absence.

Toutefois, si le syndicat ne compte aucun représentant bénéficiant d'une décharge parmi les personnels concernés par le projet de préavis, il vous appartient d'accorder une autorisation d'absence au représentant de ces personnels qui vous sera désigné par le syndicat.

e) Modalité de clôture de la négociation préalable : le relevé de conclusions

Un relevé de conclusions de la négociation préalable est élaboré par l'autorité administrative. Il est ensuite proposé à la signature des organisations syndicales représentatives qui ont participé à la négociation.

Ce relevé de conclusions doit rappeler les motifs ayant conduit à envisager le dépôt d'un préavis de grève, les conditions dans lesquelles s'est déroulée la négociation ainsi que les réponses apportées par l'autorité administrative. Il contient par ailleurs les positions finales des parties à la négociation. A cet égard, il liste les points d'accord et de désaccord constatés au terme de la négociation préalable.

Il peut éventuellement contenir d'autres éléments, notamment les modalités selon lesquelles les déclarations individuelles des enseignants sont portées à la connaissance de l'administration, dans l'hypothèse où un accord a été trouvé sur ce point lors de la négociation. Je vous rappelle que dans sa décision n° 2008-569 DC du 7 août 2008, le Conseil constitutionnel a estimé que la transmission des déclarations préalables à l'administration ne saurait être assurée par les syndicats.

Dans l'hypothèse où les organisations syndicales refuseraient de signer le relevé de conclusions, ce dernier doit néanmoins être diffusé aux personnels.

f) Information des personnels

Le relevé de conclusions est communiqué aux personnels enseignants du premier degré par l'autorité administrative par tout moyen approprié. Cette communication peut notamment être effectuée par voie de publication sur un site internet. Le choix du site dépend du niveau auquel s'est déroulée la négociation (site du rectorat ou site de l'inspection académique). D'autres modes de communication, tels que l'affichage dans les locaux de travail ou la mise en ligne sur l'application i-prof, sont également possibles.

Afin que ce dispositif de prévention des conflits trouve toute sa portée, il est souhaitable que le relevé de conclusions soit porté à la connaissance des personnels concernés dans les cinq jours francs qui suivent la fin de la négociation préalable.

Vous voudrez bien me communiquer les adresses (mèl, télécopie) dédiées à la réception des revendications professionnelles que vous aurez transmises aux organisations syndicales dans le cadre de cette procédure.

Mes services restent à votre disposition pour toute difficulté que vous pourriez rencontrer dans la mise en œuvre de ce dispositif. À cet effet, une adresse mél. dédiée (negoprealable@education.gouv.fr) est mise en place. Elle doit être utilisée de préférence à tout autre moyen pour poser vos questions. Par défaut, le secrétariat de la procédure de négociation préalable sera assuré au 01 55 55 46 02.

Art. L. 133-3 *(L. n° 2008-790 du 20 août 2008, art. 4)* **En cas de grève des enseignants d'une école maternelle ou élémentaire publique, les enfants scolarisés dans cette école bénéficient gratuitement, pendant le temps scolaire, d'un service d'accueil qui est organisé par l'État, sauf lorsque la commune en est chargée en application du quatrième alinéa de l'article L. 133-4.**

Art. L. 133-4 *(L. n° 2008-790 du 20 août 2008, art. 5)* **Dans le cas où un préavis de grève a été déposé dans les conditions prévues par l'article L. 2512-2 du code du travail et en vue de la mise en place d'un service d'accueil, toute personne exerçant des fonctions d'enseignement dans une école maternelle ou élémentaire publique déclare à l'autorité administrative, au moins quarante-huit heures, comprenant au moins un jour ouvré, avant de participer à la grève, son intention d'y prendre part.**

Dans le cadre de la négociation préalable prévue à l'article L. 133-2 du présent code, l'État et la ou les organisations syndicales représentatives qui ont procédé à la notification prévue au II de ce même article peuvent s'entendre sur les modalités selon lesquelles ces déclarations préalables sont portées à la connaissance de l'autorité administrative. En tout état de cause, cette dernière doit être informée, au plus tard quarante-huit heures avant le début de la grève, du nombre, par école, des personnes ayant déclaré leur intention d'y participer.

L'autorité administrative communique sans délai au maire, pour chaque école, le nombre de personnes ayant fait cette déclaration et exerçant dans la commune.

La commune met en place le service d'accueil à destination des élèves d'une école maternelle ou élémentaire publique située sur son territoire lorsque le nombre des personnes qui ont déclaré leur intention de participer à la grève en application du premier alinéa est égal ou supérieur à 25 % du nombre de personnes qui exercent des fonctions d'enseignement dans cette école.

Les familles sont informées des modalités d'organisation du service d'accueil par la commune et, le cas échéant, par les maires d'arrondissement.

Pour les communes de Paris, Lyon et Marseille, le maire de la commune informe sans délai le président de la caisse des écoles de ces modalités.

Contrôle de la mise en œuvre. La justice administrative contrôle la mise en œuvre du service minimum d'accueil dans les écoles élémentaires. • TA Montreuil, 30 janv. 2012, n° 1200787.

Art. L. 133-5 *(L. n° 2008-790 du 20 août 2008, art. 6)* **Les informations issues des déclarations individuelles ne peuvent être utilisées que pour l'organisation, durant la grève, du service mentionné à l'article L. 133-4. Elles sont couvertes par le secret professionnel. Leur utilisation à d'autres fins ou leur communication à toute autre personne que celles qui doivent en connaître est passible des peines prévues à l'article 226-13 du code pénal.**

Art. L. 133-6 *(L. n° 2008-790 du 20 août 2008, art. 7)* **Pour la mise en œuvre du service prévu au quatrième alinéa de l'article L. 133-4, la commune peut accueillir les élèves dans les locaux des écoles maternelles et élémentaires publiques, y compris lorsque ceux-ci continuent d'être utilisés en partie pour les besoins de l'enseignement.**

Art. L. 133-7 *(L. n° 2008-790 du 20 août 2008, art. 8)* **Le maire établit une liste des personnes susceptibles d'assurer le service d'accueil prévu à l'article L. 133-4 en veillant à ce qu'elles possèdent les qualités nécessaires pour accueillir et encadrer des enfants.**

Cette liste est transmise à l'autorité académique qui s'assure, par une vérification opérée dans les conditions prévues au 3° de l'article 706-53-7 du code de procédure pénale, que ces personnes, préalablement informées de la vérification, ne figurent pas dans le fichier judiciaire national automatisé des auteurs d'infractions sexuelles ou violentes.

Lorsque l'autorité académique est conduite à écarter certaines personnes de la liste, elle en informe le maire sans en divulguer les motifs.

Cette liste est transmise pour information aux représentants des parents d'élèves élus au conseil d'école. Les personnes y figurant sont préalablement informées de cette transmission.

I. COMPÉTENCE. MAIRE. LISTE

1. Liste des personnes pouvant participer au service. Nature. La liste des personnes susceptibles d'assurer le service d'accueil donnée par la Circ. n° 2008-111 du 26 août 2008 relative à la mise en œuvre de la L. n° 2008-790 du 20 août 2008 créant un droit d'accueil des élèves des écoles maternelles et élémentaires n'est pas limitative et n'a ni pour objet ni pour effet de dispenser le maire de s'assurer de leur compétence. • CE 17 juin 2009, *Synd. des enseignants UNSA et Cne de Brest*, n°s 321897 et 322167 : *Lebon T. 776* ; *D. 2009. 1831, note de Gaudemont* ; *AJDA 2009. 1223, comm. de Montecler*. ♦ La liste prévue par cet article est une mesure de protection des enfants que le maire est tenu d'établir. Doute sérieux quant à la légalité de la décision d'un maire refusant de transmettre la liste alors même que le maire ne refuse pas d'assurer l'accueil des élèves durant les grèves d'enseignants. • CAA Bordeaux, 27 janv. 2009, *Cne de Lavelanet*, n° 08BX03195 : *AJDA 2009. 615*.

2. Établissement de la liste. Obligation. Le juge des référés peut enjoindre au maire d'établir la liste des personnes susceptibles d'assurer le service d'accueil et de transmettre ladite liste au tribunal avant une date qu'il détermine. • TA Paris, 30 janv. 2009, *Préfet de Paris*, n° 0816692 : *AJDA 2009. 184, note Brondel*. ♦ Une décision refusant de mettre en place le service d'accueil impliquait nécessairement qu'une injonction de transmettre une liste ou de réexaminer les conditions d'application de la loi soit prononcée sous astreinte. • CAA Lyon, 4 mars 2009, *Préfet de l'Allier c/ Cne d'Yzeure*, n° 09LY00067 : *JCP Adm. 2009. 2110, comm. Pontier* • CAA Marseille, 15 avr. 2009, *Cne de Montpellier*, n° 08MA05014.

3. Liste. Contenu. Qualités nécessaires. En indiquant que, pour figurer sur cette liste, la commune peut faire appel à des agents municipaux, dans le respect de leurs statuts, mais également à des assistantes maternelles, des animateurs d'associations gestionnaires de centres de loisirs, des membres d'associations familiales, des enseignants retraités, des étudiants, des parents d'élèves..., la Circ. du 26 août 2008, qui s'est ainsi bornée à donner des exemples non limitatifs et n'a eu ni pour objet ni pour effet de dispenser le maire de s'assurer par ailleurs que ces personnes possèdent les qualités nécessaires pour accueillir et encadrer des enfants, n'a pas méconnu le sens ou la portée des dispositions de la L. du 20 août 2008, lesquelles n'exigent pas que les qualités requises soient justifiées par la possession d'un titre ou d'une qualification professionnelle. • CE 17 juin 2009, *Synd. des enseignants UNSA, Cne de Brest*, n° 321897 : *préc.* ♦ Le maire doit veiller à ce que les personnes du service d'accueil des élèves aient les qualités nécessaires « sans que ne soient toutefois exigées des conditions spécifiques de compétence et de diplôme ». • CAA Douai, 20 mai 2010, *Cne de Douchy-les-Mines*, n° 09DA00993 : *AJFP 2010. 314* ; *Vie Cnale et Déptale, oct. 2011, n° 995, p. 251.*

II. COMPÉTENCE. AUTORITÉ ACADÉMIQUE

4. Compétence de la seule autorité académique. En revanche, en prévoyant que lorsque la consultation par l'autorité académique du fichier judiciaire national automatisé des auteurs d'infractions sexuelles ou violentes fait apparaître qu'une ou plusieurs personnes proposées par le maire figurent sur ce fichier, le préfet en est informé, alors que le 3° de l'art. 706-53-7 C. pr. pén. ne prévoit aucun cas dans lequel le préfet aurait la qualité de destinataire des informations contenues dans le fichier et qu'il restreint l'accès direct au fichier du préfet et des administrations au seul besoin des décisions administratives leur incombant concernant l'exercice ou le contrôle de l'exercice des activités ou professions impliquant un contact avec des mineurs, la Circ. du 26 août 2008 est illégale (annulation sur ce point). En l'espèce c'est à la seule autorité académique, à l'exclusion de toute autre y compris du préfet, que ces dispositions donnent compétence pour écarter certaines personnes de la liste et, dans la limite et pour le seul besoin de l'exercice de cette compétence, pour accéder directement au fichier à partir de l'identité des personnes concernées. • CE 17 juin 2009, *Synd. des enseignants UNSA, Cne de Brest*, n° 321897 : *préc. note 1.*

5. Il peut refuser d'examiner l'impossibilité dans laquelle peut se trouver un maire d'établir une liste d'agents mobilisables un jour de grève. Ainsi une commune ne saurait, pour se dispenser d'établir la liste, valablement se prévaloir de ce que la grève prévue pour le 29 janv. 2009 s'étendrait aux agents travaillant dans les services scolaires et périscolaires ainsi qu'au secteur des transports. • TA Cergy-Pontoise, ord., 26 janv. 2009, n° 0900691 : *AJDA 2009. 127, comm. Brondel* .

Art. L. 133-8 *(L. n° 2008-790 du 20 août 2008, art. 9)* **L'État verse une compensation financière à chaque commune qui a mis en place le service d'accueil prévu au quatrième alinéa de l'article L. 133-4 au titre des dépenses exposées pour la rémunération des personnes chargées de cet accueil.**

Cette compensation est fonction du nombre d'élèves accueillis.

Pour chaque journée de mise en œuvre du service d'accueil par la commune, la compensation ne peut être inférieure à un montant égal à neuf fois le salaire minimum de croissance horaire par enseignant ayant participé au mouvement de grève.

Le montant et les modalités de versement et de réévaluation régulière de la compensation sont fixés par décret. Ce décret fixe également le montant minimal de la compensation versée à toute commune ayant organisé le service d'accueil.

Le versement de cette compensation intervient au maximum trente-cinq jours après notification par le maire, à l'autorité académique ou à son représentant, des éléments nécessaires à son calcul.

Sur la compensation financière de l'État au titre du service d'accueil, V. ci-dessous Décr. n° 2008-901 du 4 sept. 2008.

Financement du service d'accueil. Le législateur a prévu, d'une part, que le montant de la compensation versée à chaque commune qui aura mis en œuvre le service d'accueil sera fonction du nombre d'élèves accueillis ; il a institué, d'autre part, un « montant minimal de cette compensation » versé, en cas d'un trop faible nombre d'élèves accueillis, à toute commune ayant organisé le service d'accueil ; il a enfin disposé que ce montant ne pourra être inférieur, pour chaque journée, à neuf fois le salaire minimum de croissance horaire par enseignant ayant participé au mouvement de grève ; dans ces conditions, il a suffisamment déterminé le niveau des ressources accompagnant la création de ce service public et n'a pas méconnu le quatrième alinéa de l'article 72-2 de la Constitution. • Cons. const. 7 août 2008, *Loi instituant un droit d'accueil pour les élèves des écoles maternelles et élémentaires pendant le temps scolaire*, n° 2008-569 DC : *AJDA 2008. 1565, comm. Royer* ; *ibid. 2410, note Verpeaux* .

Décret n° 2008-901 du 4 septembre 2008,

Relatif à la compensation financière de l'État au titre du service d'accueil.

Art. 1er Pour chaque école dans laquelle a été organisé un service d'accueil dans les conditions définies à l'article L. 133-4 du code de l'éducation, le montant de la compensation financière mentionnée à l'article L. 133-8 du même code est déterminé selon les modalités suivantes.

Son montant est égal à 110 € par jour et par groupe de quinze élèves de l'école accueillis. Le nombre de groupes est déterminé en divisant le nombre d'élèves accueillis par quinze, le résultat étant arrondi à l'entier supérieur.

Pour chaque journée de mise en œuvre du service d'accueil, la compensation ne peut être inférieure à un montant égal à neuf fois le salaire minimum de croissance horaire par enseignant de l'école ayant participé au mouvement de grève.

Art. 2 Pour une même commune, ou le cas échéant pour un même établissement public de coopération intercommunale chargé par convention de l'organisation du service d'accueil en application du l'article L. 133-10 du code de l'éducation, la compensation financière ne peut être inférieure à 200 € par jour.

Art. 3 Les montants mentionnés au deuxième alinéa de l'article 1er et à l'article 2 du présent décret sont indexés sur la valeur du point indiciaire de la fonction publique.

Art. 4 Le versement de la compensation intervient dans un délai de trente-cinq jours à compter de la réception par l'autorité académique ou son représentant d'un document mentionnant la date de l'organisation de l'accueil et le nombre d'élèves accueillis par école.

Art. 5 Les dispositions des articles 1er et 4 ainsi que l'indexation prévue à l'article 3 du présent décret sont applicables à la contribution financière mentionnée à l'article L. 133-12 du code de l'éducation.

Art. L. 133-9 *(L. n° 2008-790 du 20 août 2008, art. 10)* **La responsabilité administrative de l'État est substituée à celle de la commune dans tous les cas où celle-ci se trouve engagée en raison d'un fait dommageable commis ou subi par un élève du fait de l'organisation ou du fonctionnement du service d'accueil. L'État est alors subrogé aux droits de la commune, notamment pour exercer les actions récursoires qui lui sont ouvertes.**

Par dérogation aux dispositions du deuxième alinéa de l'article L. 2123-34 du code général des collectivités territoriales, il appartient à l'État d'accorder sa protection au maire lorsque ce dernier fait l'objet de poursuites pénales à l'occasion de faits, n'ayant pas le caractère de faute détachable de l'exercice de ses fonctions, qui ont causé un dommage à un enfant dans le cadre de l'organisation ou du fonctionnement du service d'accueil.

Légalité de la Circ. n° 2008-111 du 26 août 2008 relative à la mise en œuvre de la L. n° 2008-790 du 20 août 2008 créant un droit d'accueil des élèves des écoles maternelles et élémentaires. La circulaire n'est pas illégale lorsqu'elle précise que la substitution de la responsabilité de l'État à celle de la commune prévue à l'art. L. 133-9 C. éduc. n'englobe pas les dommages causés par le mauvais entretien des locaux et matériels qui sont à la charge des communes. • CE 17 juin 2009, *Synd. des enseignants UNSA et Cne de Brest*, nos 321897 et 322167 : *Lebon T. 776 ; D. 2009. 1831, note de Gaudemont ; AJDA 2009. 1223, comm. de Montecler.*

Art. L. 133-10 *(L. n° 2008-790 du 20 août 2008, art. 11)* **La commune peut confier par convention à une autre commune ou à un établissement public de coopération intercommunale l'organisation, pour son compte, du service d'accueil.**

Elle peut également confier par convention cette organisation à une caisse des écoles, à la demande expresse du président de celle-ci.

Lorsque les compétences relatives au fonctionnement des écoles publiques ainsi qu'à l'accueil des enfants en dehors du temps scolaire ont été transférées à un établissement public de coopération intercommunale, celui-ci exerce de plein droit la compétence d'organisation du service d'accueil en application du quatrième alinéa de l'article L. 133-4.

1. Établissement public de coopération intercommunale. Compétence de plein droit d'un syndicat intercommunal compétent pour délibérer sur les modalités d'organisation du service d'accueil dans les écoles. • TA Montpellier, 29 déc. 2009, *Préfet de région Languedoc-Roussillon, Préfet de l'Hérault*, n° 0804943 : *LIJ 2010, n° 144, p. 7.*

2. Liste limitative. En indiquant que la loi autorise tous les mécanismes conventionnels d'association ou de délégation du service et, en particulier, que la commune peut ainsi confier le soin d'organiser pour son compte le service d'accueil à une association gestionnaire d'un centre de loisirs, alors qu'il résultait de la L. du 20 août 2008 que le législateur a fixé de façon limitative les délégataires autorisés pour l'exercice par la commune du service public d'accueil, la Circ. du 26 août 2008 a illégalement ajouté aux dispositions précitées de la loi (annulation sur ce point). • CE 17 juin 2009, *Synd. des enseignants UNSA, Cne de Brest*, n°s 321897 et 322167 : *Lebon T. 776 ; D. 2009. 1831, note de Gaudemont ; AJDA 2009. 1223, comm. de Montecler.*

SECTION II **L'ACCUEIL DES ÉLÈVES DES ÉCOLES MATERNELLES PRIVÉES SOUS CONTRAT** *(L. n° 2008-790 du 20 août 2008, art. 12).*

Art. L. 133-11 *(L. n° 2008-790 du 20 août 2008, art. 12)* **Un préavis de grève concernant les personnels enseignants des écoles maternelles et élémentaires privées sous contrat ne peut être déposé par une ou plusieurs organisations syndicales représentatives qu'à l'issue d'une négociation préalable entre ces organisations et l'État lorsque les revendications professionnelles qui motivent le préavis relèvent du pouvoir de décision de ce dernier. La négociation est soumise aux règles d'organisation et de déroulement fixées au II de l'article L. 133-2.**

Le III du même article est applicable aux préavis de grève déposés par les organisations syndicales mentionnées à l'alinéa précédent.

Sur les règles d'organisation et le déroulement de la négociation préalable au dépôt d'un préavis de grève, V. Décr. n° 2008-1246 du 1er déc. 2008 et Circ. n° 2009-017 du 23 déc. 2008, ss. art. L. 133-2.

Art. L. 133-12 *(L. n° 2008-790 du 20 août 2008, art. 13)* **L'organisme de gestion des écoles maternelles et élémentaires privées sous contrat est chargé de la mise en place du service d'accueil prévu à l'article L. 133-1 pour les élèves de ces écoles.**

Dans le cas où un préavis de grève a été déposé dans les conditions prévues par l'article L. 2512-2 du code du travail et en vue de la mise en place d'un service d'accueil, toute personne exerçant des fonctions d'enseignement dans une école maternelle ou élémentaire privée sous contrat déclare au chef d'établissement, au moins quarante-huit heures, comprenant au moins un jour ouvré, avant de participer à la grève, son intention d'y prendre part. Le chef d'établissement communique sans délai à l'organisme de gestion de l'école le nombre de personnes ayant fait cette déclaration. L'article L. 133-5 du présent code est applicable aux informations issues des déclarations individuelles.

L'État verse une contribution financière à chaque organisme de gestion qui a mis en place le service d'accueil au titre des dépenses exposées pour la rémunération des personnes chargées de cet accueil, lorsque le nombre de personnes exerçant des fonctions d'enseignement dans chaque école qu'il gère et qui ont participé à la grève est égal ou supérieur à 25 % du nombre d'enseignants de l'école. Cette contribution est fonction du nombre d'élèves accueillis et du nombre effectif de grévistes. Son montant et les modalités de son versement et de sa réévaluation régulière sont fixés par décret.

Sur la compensation financière de l'État au titre du service d'accueil, V. Décr. n° 2008-901 du 4 sept. 2008, ss. art. L. 133-8.

Légalité du décret n° 2008-901 du 4 septembre 2008. Le décret relatif à la compensation financière de l'État au titre du service d'accueil au profit des élèves des écoles maternelles et élémentaires n'a pas méconnu la délégation qu'il tire de l'art. L. 133-12 C. éduc. en adoptant pour le versement aux organismes gestionnaires des écoles maternelles et élémentaires privées sous contrat les mêmes modalités de versement de la contribution que celles fixées pour la compensation versée aux communes. • CE 17 juin 2009, *Synd. des enseignants UNSA et Cne de Brest*, n°s 321897 et 322167 : *Lebon T. 776 ; D. 2009. 1831, note de Gaudemont ; AJDA 2009. 1223, comm. de Montecler.*

TITRE QUATRIÈME LA LAÏCITÉ DE L'ENSEIGNEMENT PUBLIC

COMMENTAIRE

La loi du 8 juillet 2013 de refondation de l'école de la République présente la laïcité comme l'une des « valeurs de la République » (art. L. 111-1) et, à ce titre, comme un élément fondamental de l'enseignement moral et civique (art. L. 311-4). Mais il s'agit d'abord d'un principe juridique, d'une règle de droit issue de la tradition républicaine qui en pose les fondements et développée par la loi. Elle est au cœur de la loi n° 2021-1109 du 24 août 2021 confortant le respect des principes de la République, adoptée après l'assassinat de Samuel Paty, qui prévoit notamment une formation au principe de laïcité pour tous les fonctionnaires (art. 3 modifiant l'art. 25 de la L. n° 83- 634 du 13 juill. 1983 ; une formation des enseignants dans le cadre des INSPE, art. 62 modifiant l'art. L. 721-2) et la désignation d'un référent laïcité dans chaque service (art. 28 *ter* L. n° 83-634, préc.), chargé d'apporter tout conseil utile et d'organiser la journée de la laïcité chaque 9 novembre.

Fondements et constitutionnalisation du principe de laïcité.

Si un premier élément figure dans la ***Déclaration des droits de l'homme et du citoyen du 26 août 1789*** dont l'article **10** affirme que « *Nul ne doit être inquiété pour ses opinions, **même religieuses**, pourvu que leur manifestation ne trouble pas l'ordre public établi par la loi* », les bases juridiques de la laïcité ont été posées par les lois de la IIIe République. D'abord par les lois scolaires : la loi Ferry du 28 mars 1882 sur l'enseignement primaire obligatoire abrogeant la loi Falloux du 15 mars 1850 substitue l'instruction morale et civique à l'instruction religieuse et abroge le droit d'inspection, de surveillance et de direction des ministres des cultes sur les écoles primaires ; la loi Goblet du 30 octobre 1886 sur l'organisation de l'enseignement primaire réserve l'exclusivité de l'enseignement dans les écoles publiques au personnel laïque (art. L. 141-5). Ensuite, la ***loi du 9 décembre 1905 de séparation des Églises et de l'État*** dont l'article 1er dispose que « *la République assure la liberté de conscience* » et « *garantit le libre exercice des cultes sous les seules restrictions édictées... dans l'intérêt de l'ordre public.* », avant que l'article 2 ne prévoie qu'elle « *ne reconnaît, ne salarie ni ne subventionne aucun culte* (L. 1905, art. 30, sur l'instruction religieuse qui ne peut être donnée qu'en dehors des heures de classe).

Si la laïcité a pu être classée parmi les ***principes fondamentaux reconnus par les lois de la République*** que les Préambules des Constitutions des 27 octobre 1946 et 4 octobre 1958 n'auraient fait que réaffirmer (CE 6 avr. 2001, n° 219379), elle fait l'objet de dispositions constitutionnelles depuis 1946. Le Préambule de la Constitution de 1946, après avoir réaffirmé solennellement les droits et libertés de l'homme et du citoyen consacrés par la Déclaration des droits de 1789 et les principes fondamentaux reconnus par les lois de la République, proclame, en outre, comme particulièrement nécessaires à notre temps, les principes politiques, économiques et sociaux. Son alinéa 13 affirme que « *La Nation garantit l'égal accès de l'enfant et de l'adulte à l'instruction, à la formation professionnelle et à la culture.* ***L'organisation de l'enseignement public gratuit et laïque à tous les degrés est un devoir de l'État*** » ; en outre, son article 1er affirme que la France est une « ***République indivisible, laïque, démocratique et sociale*** » » qui « ***assure l'égalité devant la loi de tous les citoyens sans distinction*** *d'origine, de race ou* ***de religion*** ». En 1958, a été ajouté : « *Elle* ***respecte toutes les croyances*** ». Le Conseil constitutionnel a pu en déduire que « *le principe de laïcité figure au nombre des droits et libertés que la Constitution garantit ; qu'il en résulte* ***la neutralité de l'État*** *; qu'il en résulte également que la République ne reconnaît aucun culte ; que le principe de laïcité impose notamment* ***le respect de toutes les croyances****, l'égalité de tous les citoyens devant la loi sans distinction de religion et que la République garantisse le libre exercice des cultes ; qu'il implique que celle-ci ne salarie aucun culte* » (Cons. const. 21 févr. 2013, *Assoc. pour la promotion et l'expansion de la laïcité*, n° 2012-297 QPC, à propos de l'Alsace-Moselle où le principe de laïcité ne comporte pas la séparation).

La Cour européenne des droits de l'homme a noté qu'en France, la laïcité est un principe constitutionnel « auquel l'ensemble de la population adhère et dont la défense paraît primordiale, en particulier à l'école » (CEDH 4 déc. 2008, *Dogru c/ France ; Kervanci c/ France*, n° 27058/05). L'article **9** de la ***Convention européenne de sauvegarde des droits de l'homme*** consacré à la liberté de pensée, de conscience et de religion, précise qu'elle implique « *le droit de changer de religion ou de conviction, ainsi que le droit de manifester sa religion ou sa conviction, individuellement ou collectivement, en public ou en privé, par le culte, l'enseignement, les pratiques et l'accomplissement des rites* ». L'article ***2 du premier protocole additionnel*** à la Convention européenne des droits de l'homme prévoit le droit pour les parents d'assurer l'éducation et l'enseignement de leurs enfants conformément à leurs convictions religieuses. La Cour européenne des droits de l'homme voit dans cet article un élément essentiel pour le fonctionnement des sociétés démocratiques ; elle juge ainsi que : « *la liberté de pensée, de conscience et de religion représente l'une des assises d'une "société démocratique" au sens de la Convention. Elle figure, dans sa dimension religieuse, parmi les éléments les plus essentiels de l'identité des croyants et de leur conception de la vie, mais elle est aussi un bien précieux pour les athées, les agnostiques, les sceptiques ou les indifférents. Il y va du pluralisme – chèrement conquis au cours des siècles – consubstantiel à pareille société* » (V. par ex. : CEDH 25 mai 1993, *Kokkinakis c/ Grèce*, n° 14307/88).

Un principe fondamental du droit de l'éducation

La laïcité de l'enseignement public est un principe fondamental de l'éducation au sens de l'article 34 de la Constitution de 1958 auquel le législateur a consacré le ***titre IV du livre Ier*** qui comporte ***six articles*** issus des lois qui ont construit la laïcité.

Le premier reprend le texte de l'alinéa 13 du Préambule de la Constitution de 1946, le citant expressément avec l'indication de sa source, technique exceptionnelle dans la législation française (art. L. 141-1).

Le deuxième est issu de l'article 1er de la loi Debré du 31 décembre 1959 sur les rapports entre l'État et les établissements d'enseignement privé qui assure aux élèves des établissements publics l'égal respect de toutes les croyances, la liberté des cultes et la possibilité d'une instruction religieuse (art. L. 141-2).

Les trois articles suivants reprennent des dispositions des grandes lois laïques de la IIIe République (les lois scolaires ; la loi Ferry du 28 mars 1882 imposant aux écoles publiques de vaquer un jour par semaine pour permettre l'instruction religieuse, art. L. 141-3 ; la loi Goblet du 30 octobre 1886 confiant l'enseignement dans le premier degré à un personnel laïque, art. L. 141-5) et la loi du 9 décembre 1905 de séparation des Églises et de l'État (L. 1905, art. 30, sur l'instruction religieuse qui ne peut être donnée qu'en dehors des heures de classe). L'article L. 141-6 (issu de la loi Savary du 26 janv. 1984) affirme la laïcité du service public de l'enseignement supérieur. A la veille du centenaire de la loi de 1905, le retour de la laïcité dans le débat public a été marqué par l'adoption de la loi n° 2004-228 du 15 mars 2004 sur les signes et tenues religieux dont l'article 1er a été intégré dans ce titre à l'article L. 141-5-1.

Enfin, l'article 10 de la loi n° 2019-791 du 26 juillet 2019 pour une école de la confiance a pour objectif de protéger la liberté de conscience des élèves en réprimant les pressions et tentatives d'endoctrinement (art. L. 141-5-2).

Si, à l'origine, la laïcité de l'école publique part de l'idée de séparation de l'enseignement et de la religion (neutralité des programmes, personnel laïque, suppression de tout contrôle par la hiérarchie catholique), la loi du 15 mars 2004 limite l'expression des convictions religieuses des élèves avant que la loi n'insiste sur l'adhésion aux valeurs de la République dont la laïcité est un élément clef.

Dans le cadre de la refondation de l'école de la République de 2013 a été publiée une ***Charte de la laïcité à l'école*** (Circ. n° 2013-144 du 6 sept. 2013, valeurs et symboles de la République) affichée dans les écoles et établissements publics à côté de la Déclaration des droits de l'homme et du citoyen de 1789 et présentée aux élèves et à leurs parents au moment de l'inscription annuelle. En janvier 2007, le Premier ministre, sur la proposition du Haut Conseil de l'intégration, avait présenté la ***Charte de la laïcité dans les services publics*** qui expose les garanties et les obligations découlant du principe républicain de laïcité tant pour les agents publics (V. aussi Circ. du 15 mars 2017 relative au respect du principe de laïcité dans la fonction publique) que pour les usagers du service public. Conçue comme un outil pédagogique adapté aux élèves, cette nouvelle charte rappelle les termes de la Constitution et les principes fondamentaux avant de s'attacher aux obligations des personnels et des élèves. Il est recommandé de la joindre au règlement intérieur adopté dans chaque école et établissement public d'enseignement dont elle doit inspirer la rédaction (Circ. du 1er août 2011 sur le règlement intérieur dans les établissements publics locaux d'enseignement).

Le ministère de l'éducation nationale a élaboré un *Vademecum de la laïcité à l'école* régulièrement mis à jour et accessible sur son site *(eduscol)* destiné aux écoles et établissements mais aussi aux équipes académiques dit « valeurs de la République »).

La laïcité de l'enseignement repose sur la ***séparation entre religion et éducation*** (I. notion qui englobe l'enseignement et la vie scolaire à l'exclusion des choix éducatifs qui peuvent être faits par les parents). Elle permet d'assurer à chacun de croire ou de ne pas croire, de pratiquer sa religion ou non (II) ; reste à préciser comment, dans le cadre du service public, les opinions religieuses peuvent s'extérioriser (III).

I. PRINCIPE DE SÉPARATION ENTRE RELIGION ET ÉDUCATION

« *L'organisation de l'enseignement public gratuit et laïque à tous les degrés est un devoir d'État* », affirme le Préambule de la Constitution de 1946 repris par l'article L. 141-1. Le principe constitutionnel de laïcité concerne l'enseignement scolaire comme l'enseignement supérieur, mais n'est attaché qu'au service public, qu'à l'enseignement public. Si les établissements privés sous contrat qui sont associés au service public doivent donner l'enseignement « *dans le respect total de la liberté de conscience* » à « *tous les enfants sans distinction d'origine, d'opinion ou de croyances* » (art. L. 442-1), le « *caractère propre* » qui leur est reconnu par le même article et qui, le plus souvent, est fondé sur une appartenance religieuse, exclut par lui-même la référence laïque et ses conséquences sur les personnels ou les locaux. Revenant à l'origine, on a pu écrire que « la législation française est la seule qui ait établi le régime de laïcité d'une façon logique et complète : laïcité de l'enseignement, laïcité du personnel enseignant » (Ferdinand Buisson, Dictionnaire de la pédagogie, 1887). Les dispositions législatives rassemblées dans le code de l'éducation dans le titre consacré à la laïcité de l'enseignement public concernent les personnels, les locaux et l'enseignement lui-même.

A. LA « LAÏCISATION » ET LA LAÏCITÉ DU PERSONNEL ENSEIGNANT

Étymologiquement, le « laïc » est la personne qui ne fait pas partie du clergé. En découlent l'adjectif « laïque » et le terme « laïcisation » qui s'appliquent d'abord aux personnels.

Premier degré. La laïcisation des personnels fut annoncée, pour les écoles publiques, par Jules Ferry dès 1879 (création des écoles normales primaires pour assurer la formation des instituteurs en dehors des ordres religieux) et décidée par la loi Goblet du 30 octobre 1886 sur l'organisation de l'enseignement primaire dont l'article 17 dispose que « *dans les écoles publiques de tout ordre, l'enseignement est exclusivement confié à un personnel laïque* », phrase reprise par le code qui substitue aux mots « *écoles publiques de tout ordre* » l'expression plus moderne mais non dénuée d'ambiguïté juridique d'« établissements du premier degré publics » (art. L. 141-5). A noter que, pour les écoles de filles, la substitution du personnel laïque aux congréganistes décidée en 1902 (L. de finances du 30 mars 1902, art. 70) ne fut effective qu'en 1913.

Si la question est moins prégnante dans les autres degrés de l'enseignement, elle n'en a pas moins été posée au juge et débattue par la doctrine.

Dans l'***enseignement supérieur***, « la nature de l'enseignement donné » comme le fait que « les auditeurs sont en âge de juger » n'ont pas écarté les ministres du culte (dans ses conclusions sur l'affaire *Abbé Bouteyre* jugée en 1912, le commissaire du Gouvernement Heilbronner indique qu'à cette époque, « un évêque, un rabbin, enseignent dans des chaires publiques à Paris, et un éminent prélat dirige aujourd'hui l'Académie de France, à Rome »). La « pleine indépendance » et « l'entière liberté d'expression » des universitaires (art. L. 952-2) n'entraînent aucune incompatibilité avec un engagement religieux ; un ministre du culte peut avoir le statut d'enseignant-chercheur et, à ce titre, être élu président d'un établissement gérant un service public laïque (art. L. 141-6 ; toutefois, le président est alors tenu « à ne pas manifester ses opinions religieuses dans l'exercice de ses fonctions ainsi qu'à un devoir de réserve en dehors de l'exercice de ces fonctions » (CE 27 juin 2018, n° 419595, rejetant la QPC soulevée par le syndicat devant la cour d'appel).

Pour le ***second degré*** au contraire, le ministre a pu légalement, dans l'intérêt du service, qui impose l'indépendance et la neutralité, refuser d'inscrire un prêtre sur la liste des candidats admis à concourir à l'agrégation de philosophie, le choix de l'état ecclésiastique ayant alors été considéré comme une manifestation incompatible avec la neutralité de l'enseignement secondaire public (CE 10 mai 1912, *Abbé Bouteyre*, n° 46027 – V. les conclusions de Heilbronner : l'acceptation de la prêtrise est une manifestation incompatible avec l'exercice des fonctions de l'enseignement secondaire). Une solution inverse a plus récemment été donnée pour une candidature à l'agrégation d'anglais d'un prêtre, maître contractuel d'un établissement privé (TA Paris, 7 juill. 1970, *Spagnol : Lebon 851*), annonçant peut-être une solution plus souple. S'agissant d'un professeur certifié, en disponibilité et entrant dans les ordres, le Conseil d'État, consulté sur la possibilité pour celui-ci de reprendre ses fonctions, a rappelé que l'administration ne peut mettre fin aux fonctions d'un fonctionnaire titulaire qu'en cas d'abandon de poste ou par mesure disciplinaire ; il en déduit que : « *si les dispositions constitutionnelles qui ont établi la laïcité de l'État et celle de l'enseignement imposent la neutralité de l'ensemble des services publics à l'égard de toutes les religions, elles ne mettent pas obstacle par elles-mêmes à ce que les fonctions de ces services soient confiées à des membres du clergé* » (CE, sect. int., avis, 21 sept. 1972 : *GACE n° 6, note Costa*).

De manière générale, si les agents du service de l'enseignement public bénéficient comme tous les autres agents publics (qu'ils soient ou non en présence du public) de la liberté de conscience qui interdit toute discrimination dans l'accès aux fonctions (ainsi, la pratique d'une religion ne doit en aucun cas constituer un critère discriminant à l'encontre d'un candidat : CE 25 juill. 1939, *Demoiselle Beis, Lebon 52*, ou d'un agent contractuel prétendant à la titularisation : CE 3 mai 1950, *Demoiselle Jamet*, n° 98.284) comme dans le déroulement de la carrière, ni l'appartenance à une religion, ni sa pratique à titre privé, même connue par les autres agents du service, ne peuvent justifier une mesure défavorable à l'encontre d'un agent (CE 16 juin 1982, n° 23277), une sanction (CE 28 avr. 1938, *Demoiselle Weiss : Lebon 379*) ou un licenciement (CE 8 déc. 1948, *Demoiselle Pasteau*, n° 91.406). Par contre, les absences d'un enseignant, le samedi matin, motivées par ses obligations religieuses adventistes, peuvent être imputées d'office sur ses congés réglementaires et justifier une retenue sur traitement (CE 19 juin 1976, *Delle Coralie : Lebon 653*). L'article 25 de la loi n° 83-634 du 13 juillet 1983 portant droits et obligations des fonctionnaires modifié en 2016 précise que tout fonctionnaire est tenu dans l'exercice de ses fonctions à « l'obligation de neutralité » (V. ci-dessous, pour la neutralité des enseignants, I. C) et qu'il les exerce « dans le respect du principe de laïcité » (de stricte neutralité, CE 3 mai 1950, *Demoiselle Jamet*, n° 98.284) dont découle notamment l'obligation de s'abstenir de manifester ses opinions religieuses (notamment par le port d'un signe ou d'une tenue, V. III). Les mêmes obligations s'imposent aux agents non titulaires, enseignants ou non enseignants.

B. LA LAÏCITÉ ET LES LOCAUX

Affectés au service public de l'enseignement, les locaux doivent eux aussi respecter le principe de laïcité. Dans les écoles élémentaires publiques, « *l'enseignement religieux ne peut être donné aux enfants [...] qu'en dehors des heures de classe* » (art. L. 141-4 issu de la loi du 28 mars 1882) et par là même « *en dehors des édifices scolaires* » (art. L. 141-3, R. 141-1 ; art. non applicable en Alsace-Moselle ; pour Mayotte, art. L. 162-4 ; la Polynésie française, art. L. 163-4 ; la Nouvelle-Calédonie, art. L. 164-3). Dans les établissements publics du second degré peut toutefois exister à la demande des parents une ***aumônerie*** créée par décision du recteur (art. R. 141-4), les aumôniers et ministres du culte pouvant pourtant intervenir à l'intérieur du collège ou du lycée (art. R. 141-3). Aussi la construction d'un pavillon affecté à la célébration des cultes catholique, protestant et israélite financé par une association de parents d'élèves a-t-elle pu légalement être programmée dans un lycée doté d'un internat (CE 7 mars 1969, *Ville de Lille*, n° 70734).

Une circulaire du 2 novembre 1882 (puis une autre du 9 avril 1903) prescrit ***l'enlèvement de tous signes religieux sur les édifices scolaires, notamment***

les crucifix, images et statues. L'article 28 de la loi du 9 décembre 1905 interdit d'apposer signes ou emblèmes religieux sur les monuments publics (CE 30 avr. 1909, *Cne de Saint-Mémie : Lebon 432 ; l'autorité compétente pour les retirer est non la commune propriétaire mais l'État affectataire*). La présence du crucifix dans les écoles publiques, pouvant constituer une pression sur les élèves, n'est pas conforme à la neutralité confessionnelle imposée par la Convention européenne des droits de l'homme (CEDH 3 nov. 2009, *Lautsi c/ Italie*, n° 30814/06 ; toutefois, l'arrêt de la grande chambre du 18 mars 2011 (n° 30814/06) juge que, en décidant de maintenir les crucifix dans les salles de classe de l'école publique, les autorités ont agi dans les limites de la marge d'appréciation dont dispose l'État défendeur dans le cadre de son obligation de respecter, dans l'exercice des fonctions qu'il assume dans le domaine de l'éducation et de l'enseignement, le droit des parents d'assurer cette éducation et cet enseignement conformément à leurs convictions religieuses et philosophiques : en Italie, le crucifix est considéré comme un « symbole passif » ayant un faible impact sur les élèves). En France, n'a sa place que la devise de la République, parfois accompagnée du logo de la collectivité de rattachement (comme le département de Vendée dont le logotype comportant une croix et un cœur évoque un souvenir historique compatible avec le principe de laïcité, CAA Nantes, 11 mars 1999, *Assoc. Une Vendée pour tous les Vendéens*, n° 98NT00357 B).

Par dérogation au droit commun (CGCT, art. L. 2122-21-1 et L. 2144-3) qui permet aux collectivités territoriales de contracter avec des associations cultuelles pour leur permettre d'utiliser des bâtiments publics (CE, ord., 30 mars 2007, n° 304053 : le seul caractère cultuel de l'association ne peut motiver un refus), les locaux scolaires, qu'il s'agisse des écoles (art. L. 212-15), des collèges (art. L. 213-2-2) ou des lycées (art. L. 214-6-2), ne peuvent être utilisés pour l'organisation d'activités culturelles ou socio-éducatives que dans le respect du principe de laïcité comme celui de neutralité politique qui s'imposent aux autorités exécutives des collectivités territoriales.

Par contre, aucune disposition législative ou réglementaire, ni aucun principe général du droit n'interdit à un recteur d'académie d'utiliser, lorsque cela est nécessaire, des locaux autres que ceux des établissements publics d'enseignement, « *et notamment ceux d'un établissement d'enseignement privé* », pour organiser les épreuves d'un examen tel que le baccalauréat (TA Bordeaux, 4 mai 2005, n° 0402516). L'administration prendra alors soin de demander que les signes religieux soient enlevés ou masqués pour ne pas heurter la sensibilité des candidats.

C. LA LAÏCITÉ DE L'ENSEIGNEMENT

Le principe de laïcité impose que l'enseignement soit donné « dans un égal respect de toutes les croyances » (art. L. 141-2, al. 1er) ; le principe de neutralité, corollaire du principe d'égalité, est à la fois un ressort de bon fonctionnement du service public de l'enseignement et la garantie de la liberté de conscience des élèves. Envisageant une violation de la loi garantissant la neutralité de l'école, Hauriou pouvait écrire : « si cette loi est violée, un droit individuel l'est aussi, qui est la liberté de conscience ».

La neutralité de l'enseignement

La stricte neutralité de l'enseignant : Si les professeurs bénéficient de la liberté d'expression (de la pleine liberté d'expression pour les enseignants-chercheurs), ils sont tenus, dans l'exercice de leurs fonctions, par l'obligation de neutralité (V. l'art. 25 du titre Ier du statut général des fonctionnaires depuis la loi n° 2016-483 du 20 avr. 2016), par un « devoir de stricte neutralité » ; ils doivent s'interdire toute forme de discrimination, s'abstenir de tout propos ou de tout comportement, de toute forme de manifestation ; ils doivent adopter un comportement édicté uniquement par l'intérêt du service, et non par des convictions politiques (CE 8 nov. 1985, *MEN c/ Rudent*, n° 55594) ou religieuses (CE 8 déc. 1948, *Demoiselle Pasteau*, n° 91406 A). Au début du XXe siècle, l'affaire *Morizot* fut un des épisodes de la guerre scolaire ; un instituteur public, ayant tenu dans sa classe des propos violant gravement la neutralité scolaire en matière religieuse, le Tribunal des conflits avait reconnu, à raison de la nature de ces propos, et des circonstances, une faute personnelle engageant sa responsabilité pécuniaire vis-à-vis des pères de famille, et relevant de l'autorité judiciaire (T. confl. 2 juin 1908, *Girodet c/ Morizot : Lebon 597*). L'arrêt précisait toutefois que « dans d'autres cas, la violation de la neutralité religieuse pourrait constituer une faute administrative, engageant, non plus la responsabilité personnelle du maître, mais la responsabilité de l'État, et relevant du Conseil d'État », voie qui fut développée après l'adoption de la loi substituant la responsabilité de l'État à celle des maîtres d'école pour les fautes commises dans l'exercice de leurs fonctions. Le maître doit avoir une attitude laïque, respectant la conscience et les croyances des enfants qui lui sont confiés. En 1989, la circulaire Jospin du 12 décembre rappelant que l'école est guidée par « *l'esprit du libre examen* » et « *le respect absolu de la liberté de conscience* » précise que les enseignants « *doivent impérativement éviter toute marque distinctive de nature philosophique, religieuse ou politique* », au risque de commettre une faute grave susceptible d'entraîner une suspension immédiate précédant une action disciplinaire.

La neutralité des programmes. La loi du 29 mars 1882 pose le principe de la neutralité des programmes en supprimant l'enseignement religieux au sein de l'école publique. L'offre de formation qui comporte notamment les différentes disciplines enseignées comme les programmes nationaux sont arrêtés par les autorités de l'État. Le Conseil d'État a pu rappeler que « le principe de la laïcité de l'enseignement public... qui est l'un des éléments de la laïcité de l'État et de la neutralité de l'ensemble des services publics, impose que l'enseignement soit dispensé dans le respect, d'une part, de cette neutralité par les programmes » (CE 2 nov. 1992, *M. Kherouaa*, n° 130394 ; CE 14 mars 1994, *Mlle Ylmaz*, n° 145656). Ils ne doivent pas affecter les convictions religieuses des élèves, de leurs parents et des enseignants (à propos de l'éducation à la sexualité, V. CE 18 oct. 2000, *Assoc. Promouvoir et a.*, n° 213303) ; leur neutralité est garantie par l'état des savoirs tel qu'il résulte de la recherche historique, laquelle repose sur une démarche critique, fondée sur la liberté de soumettre à débat toute connaissance (CE 4 juill. 2018, *Assoc. pour la neutralité de l'enseignement de l'histoire turque dans les programmes scolaires*, n° 392400). Même s'ils sont réalisés dans le cadre de la liberté éditoriale et sont librement choisis par les enseignants, la neutralité des manuels scolaires se rattache à la neutralité des programmes (CE 20 janv. 1911, *Porteret : Lebon 69* ; CE 14 janv. 1916, *Assoc. des pères de famille de Gamarde-les-Bains : Lebon 30* ; légalité du refus ministériel d'interdire les livres dénoncés par les évêques). Au-delà de la guerre des manuels qui a opposé au début du XXe siècle l'État dont le projet était la formation d'un citoyen raisonnable et l'Église catholique gardant la volonté de former un fidèle, la question de la neutralité doit être aujourd'hui étendue à l'ensemble des outils documentaires qui permettent de traiter les programmes.

La neutralité des approches et la recherche de l'objectivité. Rappelant que les enseignements sont laïques, la Charte de la laïcité à l'école souligne qu'aucun sujet n'est *a priori* exclu du questionnement scientifique et pédagogique. Le service public doit apporter aux élèves l'ouverture la plus objective possible à la diversité des visions du monde comme à l'étendue et à la précision des savoirs (point 13). La distinction des opinions, des croyances et du savoir est le fondement de l'objectivité ; elle doit être recherchée en développant l'esprit critique et les démarches mettant au centre l'argumentation et le débat. Cette exigence n'entraîne naturellement pas le silence ou l'impasse sur les questions concernant les croyances ou les religions ; l'étude de l'histoire, des lettres, des arts ou de la philosophie impose la prise en compte de ces sujets qui sont autant de clefs pour la compréhension du monde et des hommes. La loi n° 2021-1109 du 24 août 2021 insiste sur la nécessaire sensibilisation des maitres à l'enseignement pluridisciplinaire des faits religieux, élément de la prévention de la radicalisation (art. 62, mod. art. L. 721-2). Selon le degré d'enseignement, l'âge des élèves ou la discipline enseignée, les exigences auxquelles le maître doit répondre sont naturellement variables. Le principe de neutralité s'impose aux enseignants avec une force particulière dans l'enseignement du premier et du second degré, les élèves étant regardés comme n'ayant pas une maturité suffisante pour juger en toute impartialité de l'enseignement qui leur est donné. « Dans les collèges et lycées, les élèves disposent, dans le respect du pluralisme et du principe de neutralité, de la liberté d'information et de la liberté d'expression. L'exercice de ces libertés ne peut porter atteinte aux activités d'enseignement » (L. du 10 juill. 1989, art. 10). Dans l'*enseignement supérieur*, le « *libre développement scientifique, créateur et critique* » que le service public doit garantir aux enseignants-chercheurs leur donne la plus grande latitude ; leur recherche et leur enseignement doivent toutefois se faire « *dans le respect de la diversité des opinions* » et concourir à l'« objectivité *des savoirs* » à laquelle le service public doit tendre (art. L. 141-6).

Liberté de conscience et liberté d'expression.

L'interdiction de se prévaloir de son appartenance religieuse pour s'affranchir des règles scolaires. Les élèves ont l'obligation d'accomplir les tâches inhérentes à leurs études, incluant l'assiduité et le respect des règles de fonctionnement (art. L. 511-1). Aussi doivent-ils assister à l'ensemble des enseignements, même si certaines activités font l'objet de refus ou de réticences religieuses (dès l'école maternelle, pour le chant, danse, dessin ; de manière générale, pour l'éducation physique et sportive, notamment les séances de natation). De même doivent-ils suivre les cours et préparer les devoirs, même si la religion leur inspire des critiques des programmes (en SVT, pour l'origine de la vie, la critique de la théorie de l'évolution au profit du créationnisme qui peut être proposé par des tenants des trois grandes religions monothéistes ; il en est de même de la reproduction, et plus largement de l'éducation sexuelle ; en lettres, le refus peut concerner certains auteurs comme Voltaire ou certaines œuvres comme *Le Tartuffe* ; en histoire, il est souvent délicat de traiter des Croisades, de la Shoah ou de la guerre d'Algérie... *IGEN, Les signes et manifestations d'appartenance religieuse dans les établissements scolaires, juin 2004*). Aussi est-il nécessaire de rappeler que « nul ne peut se prévaloir de son appartenance religieuse ou politique pour contester à un enseignant le droit de traiter d'une question au programme » (Charte de la laïcité à l'école, point 13 ; les dispositions de l'art. 1er de la Constitution affirmant que la France est une République laïque « *interdisent à quiconque de se prévaloir de ses croyances religieuses pour s'affranchir des règles communes régissant les relations entre collectivités publiques et particuliers* » (Cons. const. 19 nov. 2004, *Traité établissant une Constitution pour l'Europe*, n° 2004-505 DC §18). Il est en effet nécessaire de faire primer l'obligation de suivre intégralement la scolarité (CEDH 10 janv. 2017, *Osmanoğlu et Kocabaşc c/ Suisse*, n° 29086/12 : « en faisant primer l'obligation pour les enfants de suivre intégralement la scolarité et la réussite de leur intégration sur l'intérêt privé des requérants de voir leurs filles dispensées des cours de natation mixtes pour des raisons religieuses, les autorités internes n'ont pas outrepassé la marge d'appréciation considérable dont elles jouissaient dans la présente affaire, qui porte sur l'instruction obligatoire ». Il en est de même pour les sorties scolaires obligatoires qui s'inscrivent dans le cadre des programmes officiels d'enseignement ou des dispositifs d'accompagnement obligatoires et qui ont lieu pendant les horaires prévus à l'emploi du temps des élèves.

Le respect de la liberté de conscience. La laïcité « repose sur une culture du respect et de la compréhension de l'autre » (Charte de la laïcité à l'école, point 9). En 1883, dans sa lettre aux instituteurs, Jules Ferry conseillait : « *avant de proposer à vos élèves un précepte, une maxime quelconque, demandez-vous s'il se trouve, à votre connaissance, un seul honnête homme qui puisse être froissé de ce que vous allez dire* ». En 1945, une circulaire de René Capitant recommande « la plus grande réserve, dès que vous risquez d'effleurer un sentiment religieux dont vous n'êtes pas juge...et la même bienveillance, la même affection et le même tact [vis-à-vis des] jeunes Français de toute origine, incroyants ou croyants, et qu'ils soient de confession catholique, protestante, israélite ou musulmane. » Même si la liberté d'expression peut s'étendre aux idées qui « heurtent, choquent ou inquiètent l'État ou une partie de la population » (CEDH 7 déc. 1976, *Handyside c/ RU*, n° 5493/72) et qu'il est légitime de distinguer la critique d'une croyance de celle des croyants, l'enseignant doit tenir compte de la sensibilité des élèves qui varie avec leur âge et les circonstances pour délivrer son message.

La protection des élèves contre le prosélytisme. « *L'enseignement public est laïque. Aucune forme de prosélytisme ne saurait être admise dans les établissements. Je vous demande d'y veiller avec une fermeté sans défaillance* » (Circ. Jean Zay, mai 1937). L'article 10 de la loi du 26 juillet 2019 pour une école de la confiance contient dans son chapitre consacré à l'engagement de la communauté éducative un article assurant la protection de la liberté de conscience des élèves (art. L. 141-5-2, al. 1er). Si l'État qui organise le service public de l'éducation doit assurer leur protection vis-à-vis des enseignants et des autres personnels, « les comportements constitutifs de pressions sur les croyances des élèves ou de tentatives d'endoctrinement de ceux-ci » peuvent aussi être le fait des autres élèves ou des parents d'élèves. Si ces comportements sont interdits (et punis d'une amende prévue pour les contraventions de la cinquième classe (art. L. 141-5-2, al. 3) dans les enceintes des écoles, des collèges et des lycées publics ainsi que dans toute activité liée à l'enseignement (ce qui vise notamment les sorties scolaires même si le législateur n'a pas souhaité interdire le port de tenues et signes religieux aux accompagnateurs), la loi étend cette interdiction aux « abords immédiats » des écoles et établissements », là où en principe le maintien de l'ordre relève de l'autorité de la police municipale. Au-delà de la protection de chaque élève, cette mesure qui doit être soutenue par l'engagement de la communauté éducative doit contribuer au maintien d'un climat scolaire propice au respect des droits de chacun.

D. LES SERVICES : LE CAS DE LA RESTAURATION SCOLAIRE

Les croyances et pratiques religieuses comportent des interdits et prescriptions alimentaires (nécessité de faire maigre certains jours, prohibition de la viande de porc et d'autres aliments, jeûne rituel…) dont l'observation se rattache à la liberté religieuse (CEDH, gr. ch., 27 juin 2000, *Cha'are Shalom Ve Tsedek c/ France*, n° 27417/95 § 73 ; CEDH 7 déc. 2010, *Jakobski c/ Pologne*, n° 18429/06 § 45). Les collectivités territoriales chargées du service public de la restauration scolaire (cantines scolaires communales, restauration en collège et lycée à la charge des départements et régions, services publics administratifs facultatifs) doivent-elles faire primer la neutralité des services publics ou le respect de toutes les croyances qui découlent du principe de laïcité ? Les organes délibérants fixent les règles applicables dans le respect du principe d'égalité des usagers qui exclut toute discrimination (rappelé pour les cantines des écoles primaires par la L. du 27 janv. 2017 relative à l'égalité et à la citoyenneté précisant que l'inscription constitue un droit pour tous les enfants scolarisés, du moins quand le service a été mis en place, art. L. 131-13) et disposent d'une marge de manœuvre qui a pu être éclairée par l'administration. Si une note de service du MEN du 21 décembre 1982 invitait les autorités scolaires à « prendre en compte les habitudes et coutumes alimentaires familiales » (V. dans le même sens, Défenseur des droits, *L'égal accès des enfants à la cantine de l'école primaire*, mars 2013), une circulaire du ministre de l'intérieur du 16 août 2011 relative au principe de laïcité en matière de restauration collective du service public indique que « *le fait de prévoir des menus en raison de pratiques confessionnelles ne constitue ni un droit pour les usagers ni une obligation pour les collectivités* » mais évoque des pratiques accommodantes. Le Conseil d'État estime que la prise en considération des convictions religieuses n'est ni obligatoire, ni interdite (CE 11 déc. 2020, *Cne de Chalon-sur-Saône*, n° 426483, concl. Cytermann).

Il n'existe aucun droit pour les élèves, ni aucune obligation pour les collectivités de prendre en considération les interdits ou recommandations religieuses. La collectivité peut s'en tenir à la neutralité religieuse pour organiser le service de restauration scolaire.

L'usager a un droit d'égal accès au service public. Si ses croyances doivent être respectées et qu'il ne peut faire l'objet de discriminations, il ne dispose d'aucun droit lui garantissant la prise en considération des prescriptions alimentaires attachées à sa religion. Certes, l'administration pénitentiaire doit « *permettre, dans toute la mesure du possible (…) l'observance des prescriptions alimentaires résultant des croyances et pratiques religieuses* » (CE 10 févr. 2016, n° 385929). Tel n'est pas le cas de l'élève, usager du service public de la restauration scolaire qui est facultatif tant pour la collectivité que pour les familles qui peuvent faire le choix d'y recourir ou pas. Une distinction doit toutefois être faite entre les demi-pensionnaires et les internes astreints à prendre tous leurs repas en milieu scolaire. Il a été jugé que l'usager ne peut exciper de l'égalité des religions : la circonstance que la ville d'Orange serve du poisson le vendredi dans ses cantines scolaires mais refuse de tenir compte des prescriptions alimentaires en vigueur dans les autres cultes ne constitue pas une atteinte aux droits fondamentaux (CE, ord., réf., 25 oct. 2002, n° 251161). De même, il ne peut invoquer les pratiques d'autres services : « la circonstance que dans d'autres écoles, situées dans d'autres communes, des demandes identiques auraient été satisfaites pour d'autres enfants est sans influence sur la légalité de la décision attaquée » (TA Cergy-Pontoise, 30 sept. 2015, n° 1411141).

Les collectivités territoriales peuvent s'abstenir de prendre en considération les pratiques religieuses ; la réglementation communale ne prévoyant pas de menus de substitution ne porte pas d'atteinte grave et manifestement illégale à une liberté fondamentale (CE 25 oct. 2002, n° 251161). Le refus d'une collectivité de ne pas servir de viande ou de proposer un plat de volaille à la place d'un plat à base de porc n'est pas discriminatoire (V. TA Marseille, 1er oct. 1996, nos 96-3523 et 96-3524). « Les dispositions relatives aux menus qui ne font référence à aucun interdit alimentaire ne présentent pas non plus un caractère discriminatoire en fonction de la religion des enfants ou de leurs parents » (CE 25 oct. 2002, n° 251161). Il en est de même pour les demandes fondées sur des options éthiques, les « *choix alimentaires dictés [aux] usagers par leur conscience* » ne peuvent remettre en cause la réglementation prévoyant la présence de protéines animales à chaque repas (CE 20 mars 2013, *Assoc. végétarienne de France et a.*, n° 354547).

Le Défenseur des droits a toutefois précisé qu' « afin d'éviter tout litige, les mairies qui s'en tiennent (...) à la neutralité religieuse en matière de repas scolaires devraient pour le moins en informer les parents » en début d'année. Tout au plus, le gestionnaire pourra procéder à une remise d'ordre justifiée un jeûne prolongé lié à la pratique et aux usages d'un culte (ramadan) en cas de non-fréquentation prolongée du service de restauration scolaire par un élève si le règlement de la collectivité territoriale dont dépend l'établissement ou de l'EPLE le permet ; la demande des parents mentionnera les dates de l'absence, à l'exclusion du motif religieux.

Rien n'interdit toutefois aux collectivités de proposer des choix permettant de bénéficier de menus équilibrés sans avoir à consommer des aliments proscrits. En pratique, la plupart des cantines scolaires peuvent servir du poisson le vendredi, ou proposer des substituts au porc, accommodements permettant ainsi de ne pas heurter les convictions des familles et de respecter les prescriptions des principales religions ou autres habitudes alimentaires (solution préconisée par une circulaire du ministre de l'intérieur du 16 août 2011) ; sont ainsi proposés des plats alternatifs ou des menus de substitution équilibrés ; si cette offre n'est pas obligatoire (CE 25 oct. 2002, n° 251161), elle n'est pas non plus proscrite : « ni les principes de laïcité et de neutralité du service public, ni le principe d'égalité des usagers devant le service public, ne font, par eux-mêmes, obstacle à ce que ces mêmes collectivités territoriales puissent proposer de tels repas » (CE 11 déc. 2020, *Cne de Chalon-sur-Saône*, n° 426483 qui souligne que les risques de stigmatisation et de fichage religieux ne sont pas démontrés). Un directeur d'école ne peut invoquer le principe de laïcité pour refuser de servir le repas de substitution préparé par la commune pour respecter les usages des familles ; le retrait d'emploi motivé par le refus d'obéir n'était donc pas fondé sur une erreur de droit (TA Paris, 31 déc. 2008, n° 0600852/5 : *LIJ n° 133*).

Cette possibilité est-elle réversible ? Si les collectivités compétentes peuvent redéfinir les règles d'organisation du service public (principe de mutabilité), elles doivent dans ce cas « prendre en compte l'intérêt général qui s'attache à ce que tous les enfants puissent bénéficier de ce service public, au regard des exigences du bon fonctionnement du service et des moyens humains et financiers dont disposent ces collectivités » (CE 11 déc. 2020, *Cne de Chalon-sur-Saône*, n° 426483). L'intérêt général correspond-il à l'intérêt supérieur de l'enfant ou dépend-il du nombre d'enfants concernés par les menus de substitution ? Quoiqu'il en soit, le Conseil d'État a ici encore souligné que « la laïcité n'est en rien incompatible avec une certaine prise en compte des convictions religieuses lorsque cela ne nuit pas au bon fonctionnement du service public ». Laurent Cyterman qui conclut : « la règle commune est d'autant mieux acceptée lorsque les usagers relevant de situations minoritaires observent que celles-ci sont prises en compte par elle. Réunir à la même table ceux qui mangent du porc et ceux qui n'en mangent pas : cette image de la République en vaut bien une autre ».

II. LAÏCITÉ ET LIBERTÉ RELIGIEUSE

L'École de la République respecte toutes les croyances. Pour l'État, c'est une obligation tant internationale (« droit au respect des convictions » assuré par la CEDH 5 févr. 1990, *Graeme c/ RU : DR, 64, 158*) que constitutionnelle. Aussi prend-il « *toutes dispositions utiles pour assurer aux élèves de l'enseignement public la liberté des cultes et de l'instruction religieuse* » (art. L. 141-2 issu de l'art. 1er de la loi Debré). Mais, si fondamentale qu'elle soit, la liberté religieuse doit être conciliée avec d'autres droits et libertés.

A. LIBERTÉ DES CULTES

Dans un pays de tradition catholique, la liberté des cultes est facilitée par le calendrier qui prévoit autant de jours fériés qu'il y a de dimanches et de fêtes religieuses. Seuls, les élèves internes ne rentrant pas chez eux chaque semaine ont besoin d'une organisation spécifique du temps pour se rendre à l'église. Exceptionnellement une autorisation pourra leur être donnée pour d'autres activités liées au culte ; ainsi un décret du 18 janvier 1887 prévoyait la possibilité d'une autorisation d'absence pour la retraite de communion. Si l'article 42 de la loi de 1905 maintient les jours fériés chrétiens, un décret de 1907 prévoit que, pour les autres religions, les élèves pourront s'absenter ; c'est ce que précise encore aujourd'hui la circulaire du 18 mai 2004 : « des autorisations d'absence doivent pouvoir être accordées aux élèves pour les grandes fêtes religieuses qui ne coïncident pas avec un jour de congé et dont les dates sont rappelées chaque année par une instruction ». Les fêtes religieuses musulmanes, juives ou bouddhistes comme celles des orthodoxes et de la communauté arménienne font chaque année l'objet d'une circulaire donnant aux chefs de service la possibilité d'accorder aux agents des autorisations d'absence ; celle-ci pourra servir de référence au chef d'établissement pour traiter les demandes des élèves (V. Circ. n° 2017-050 du 15 mars 2017). L'observation des rites peut être, tant pour les agents que pour les élèves, un motif d'absence.

Mais ***la liberté religieuse doit être conciliée avec l'obligation d'assiduité*** (art. L. 511-1) ; le droit des élèves à pratiquer leur religion ou à respecter ses rites peut se heurter aux besoins de la scolarité ; si des ***autorisations d'absence*** peuvent être accordées pour les grandes fêtes religieuses qui ne coïncident pas avec un jour de congé, l'administration devant même veiller à ce qu'aucun examen ni aucune épreuve importante ne soient organisés lors de ces grandes fêtes religieuses (Circ. Fillon du 18 mai 2004), il a été jugé qu'elles doivent être compatibles avec les tâches inhérentes aux études et le respect de l'ordre public dans l'établissement (CE, ass., 14 avr. 1995, *Consistoire central des israélites de France,* n° 125148 A : les dispositions réglementaires relatives à l'assiduité des élèves « *n'ont pas eu pour objet et ne sauraient légalement avoir pour effet d'interdire aux élèves qui en font la demande de bénéficier individuellement des autorisations d'absence nécessaires à l'exercice d'un culte ou à la célébration d'une fête religieuse, dans le cas où ces absences sont compatibles avec l'accomplissement des tâches inhérentes à leurs études et avec le respect de l'ordre public dans l'établissement* »), avec une scolarité normale en classe de mathématiques supérieures exclusive de dérogation systématique (cours et colles) pour célébrer chaque semaine le shabbat (CE 14 avr. 1995, *Koen*, n° 157653 A ; dans le même sens, avis de la Haute Autorité de lutte contre les discriminations du 18 févr. 2008, *LIJ n° 126*, s'appuyant sur CEDH, 2e sect., 27 avr. 1999, *Amaro Martins Camiro et Mme Lusitana Maria Cerveira Ferrara* : « le refus par la loi d'octroyer aux requérants une dispense générale de cours le samedi pour leur fils mineur se justifiait dans leur principe pour la protection des droits et libertés d'autrui, et en particulier du droit à l'instruction… elles ont respecté un rapport raisonnable de proportionnalité entre les moyens employés et le but visé »). Le motif tiré de ce qu'un élève ne pourrait bénéficier d'une telle dérogation systématique peut légalement justifier un refus d'inscription (CE 14 avr. 1995, *Koen*, n° 157653 A : *préc.*). La même solution s'applique en cas de jeûne pour le ramadan qui ne peut justifier une absence systématique au cours d'éducation physique (il convient alors de rappeler aux familles les risques liés à l'absence de nutrition et d'hydratation, DAJ A1 du 1er juin 2017 : *LIJ 2017, n° 199*).

Et la prière pour l'élève interne, dans sa chambre ou en ouvrant une salle sans privilégier une religion, est possible sauf caractère ostentatoire ou revendicatif, constituant un acte de pression, de provocation, de prosélytisme ou de propagande, portant atteinte à la dignité ou à la liberté de l'élève ou d'autres membres de la communauté éducative, qui compromettrait leur santé ou leur sécurité, perturberait le déroulement des activités d'enseignement et le rôle éducatif des enseignants, enfin troublerait l'ordre dans l'établissement ou le fonctionnement normal du service public (CE, avis, 27 nov. 1989, n° 346.893).

B. INSTRUCTION RELIGIEUSE (*art. L. 141-3 et L. 141-4*)

Jusqu'en 1882, l'instruction religieuse figure au programme des écoles. La loi Ferry du 28 mars la remplace par l'enseignement moral et civique. « *L'instruction religieuse appartient aux familles et à l'église, l'instruction morale à l'école* » écrit-il aux instituteurs. L'enseignement religieux ne peut plus être donné qu'en dehors de l'école publique (art. L. 141-4). Un jour par semaine – qui fut à l'origine et jusqu'à 1972 le jeudi – est réservé « *afin de permettre aux parents de faire donner, s'ils le désirent, à leurs enfants l'instruction religieuse* » (art. L. 141-3). Depuis le décret du 28 décembre 1976, l'inspecteur d'académie-DASEN peut fixer un autre jour, à la demande de la majorité du conseil d'école et avec l'accord de la collectivité intéressée. S'il n'a pas opté pour la semaine des quatre jours, il a pu reporter les cours du samedi le mercredi matin, solution favorable au week-end en famille mais qui a pu être jugée dangereuse pour le catéchisme par la hiérarchie catholique (mais, dès lors que les enfants sont libres tous les samedis et un mercredi sur deux, l'organisation du temps scolaire ne porte pas atteinte au droit à l'instruction religieuse, TA Clermont-Ferrand, 25 janv. 2007 : *LIJ avr. 2007, n° 114* ; CAA Lyon, 18 sept. 2007, n° 07LY00704 : ce dernier arrêt sonne comme l'annonce par le ministre de l'éducation nationale de la suppression des heures du samedi matin, considérées comme le temps de la famille, sans récupération le mercredi, semble mettre un terme à la « guerre du catéchisme » (Toulemonde, *AJDA 2008. 105*).

C. AUMÔNERIE

Dans le second degré, une solution proche a pu être mise en place avec les aumôneries (V. notes ss. art. L. 141-3).

Si l'article 2 de la loi du 9 décembre 1905 supprime les dépenses liées aux cultes des budgets publics, elle prévoit une dérogation en faveur des « dépenses relatives à des services d'aumônerie et destinées à assurer le libre exercice des cultes dans les établissements publics tels que lycées, collèges, écoles (...) ». Ainsi, le législateur « a reconnu que, dans certains établissements publics, le libre exercice des cultes ne peut être sauvegardé que par l'institution de tels services à l'intérieur desdits établissements » (CE, ass., *Chaveneau*, 1er avr. 1949 : *Lebon*). Pour les établissements scolaires, cette formule a été reconduite par le décret n° 60-391 du 22 avril 1960 pris en application de l'article 1er de la loi Debré (art. R. 141-1 à R. 141-8) ; les aumôneries sont créées à la demande des parents d'élèves par décision du recteur prise après avis du conseil d'administration de l'établissement. Si l'établissement possède un internat, leur création est de droit (CE 28 janv. 1955, *Assoc. des aumôniers de l'enseignement public*) ; en cas contraire, le recteur est juge de l'opportunité de leur création mais la circulaire n° 88-112 du 22 avril 1988 l'incite à accepter les demandes ; en cas de refus, la décision rectorale devra être motivée. L'organisation du service d'aumônerie ne devient définitive qu'après l'agrément du (ou de la) responsable de l'aumônerie par le recteur sur proposition des autorités religieuses. L'enseignement religieux prend place dans le temps scolaire aux heures libres de l'emploi du temps ; il peut être donné à l'intérieur de l'établissement où un local peut être affecté à ce service (et même construit à cet effet, V. CE 7 mars 1969, n° 70734 A) ou en dehors (« le responsable de l'aumônerie n'assiste à aucun conseil de caractère administratif ou pédagogique ; à l'intérieur de l'établissement, son activité est uniquement consacrée à l'instruction et à la formation religieuse des élèves qui lui sont confiés » (Circ.)). Les collectivités territoriales peuvent participer aux frais de fonctionnement des aumôneries (L. 1905, art. 2). Quelle que soit la formule choisie, chaque membre de la communauté scolaire doit veiller au respect des *« principes de laïcité et de pluralisme »*, au *« devoir de tolérance et au respect d'autrui dans sa personnalité et dans ses convictions »* que le règlement intérieur met en application (Décr. n° 85-924 du 30 août 1985, art. 3, relatif aux établissements publics locaux d'enseignement, devenu art. R. 421-5).

D. SPÉCIFICITÉ DU DROIT ALSACIEN-MOSELLAN

Pour le premier comme pour le second degré, ces règles ne sont pas applicables en Alsace et dans le département de la Moselle où le statut scolaire local est toujours fondé sur la loi Falloux du 15 mars 1850 et les lois et ordonnances de l'Empire allemand de 1871, 1873 et 1887 (CE 6 avr. 2001, nos 219379, 221699 et 221700 A ; CE 6 juin 2001, *Archevêque de Strasbourg*, nos 224053, 224138, 224145, 224255 et 224326). Tant qu'elles n'ont pas été remplacées par les dispositions de droit commun ou harmonisées avec elles, les dispositions législatives et réglementaires particulières aux départements du Bas-Rhin, du Haut-Rhin et de la Moselle demeurent en vigueur par la volonté du législateur ; il s'agit là d'un principe fondamental reconnu par les lois de la République qui doit toutefois être concilié avec les autres exigences constitutionnelles (Cons. const. 5 août 2011, *Sté SOMODIA*, n° 2011-157 QPC : *JO 6 août, p. 13476 ; D. 2011. 2049* ; *AJDA 2011. 1590* ; *ibid. 1880, note Lombard ; ibid. 2012. 331, note Jennequin* ; *RFDA 2011. 1209, note Roblot-Troizier* ; *ibid. 2012. 131, note Woehrling* ; *Constitutions 2012. 104, note Radé* ; *RDT 2011. 574, obs. Sander* ; *JCP 2011, n° 47, p. 2297, note Verpeaux ; JCP Adm. 2011, n° 42, p. 11, note Abi Rached ; Gaz. Pal. 2011, n° 282-284, p. 20, note Disant ; LPA*

2011, n° 230, p. 8, note Verpeaux [à propos de l'interdiction du travail le dimanche en Alsace-Moselle]). L'enseignement religieux est obligatoirement prévu à raison d'une heure par semaine (art. 23 de la L. 15 mars 1850). Les familles qui le souhaitent peuvent demander une dispense individuelle accordée au nom de la liberté de pensée, de conscience ou de religion (Décr. 10 oct. 1936 ; CE 6 avr. 2001, n°s 219379, 221699 et 221700 : *préc.*). Dans les écoles publiques, les cours sont assurés par les instituteurs et professeurs des écoles qui ont reçu à l'IUFM puis à l'ESPÉ la formation nécessaire, ou s'ils ne sont pas volontaires, par des intervenants extérieurs qui peuvent être des ministres des cultes. Dans les collèges et lycées les cours sont confiés à des professeurs de religion recrutés par concours (CE 6 avr. 2001, n°s 21937, 221699 et 221700). Ce régime particulier concerne uniquement les quatre *« cultes reconnus »* (catholique, calviniste, luthérien et juif) qui perdurent dans ces départements. Rappelant qu'il n'est pas fondé sur le Concordat et les articles organiques, certains avaient souhaité son extension à d'autres confessions, notamment à l'islam devenu aujourd'hui la deuxième religion d'Alsace et de Moselle (Messner et Woerling, Les statuts de l'enseignement religieux, *Le Cerf-Dalloz, 1996*, préconisé par le rapport Stasi de 2003). Cette solution doit être abandonnée dans la mesure où le Conseil constitutionnel a exclu tout élargissement du champ d'application du droit local (Cons. const. 21 févr. 2013, n° 2012-297 QPC).

La création d'un enseignement d'« éveil religieux » dans les lycées professionnels de l'académie de Strasbourg peut être rapprochée de la mise en place d'un cours d'éthique dans les écoles du Land de Berlin pour transmettre des valeurs communes et s'ouvrir aux autres croyances que la Cour européenne des droits de l'homme a jugé compatible avec le principe de neutralité de l'État et avec l'article 2 du protocole n° 1 (CEDH 6 oct. 2009, *Mme Appel-Irrgang c/ Allemagne*, n° 45216/07).

L'Observatoire de la laïcité (mai 2015) conseille de placer l'enseignement religieux en supplément du temps scolaire, d'inverser la procédure de choix des élèves et de supprimer le complément d'enseignement moral pour ceux qui ne suivent pas le cours de religion.

III. L'INTERDICTION DU PORT DES SIGNES ET TENUES RELIGIEUX

Les choix religieux peuvent être extériorisés par le port de signes ou de tenues. La question a longtemps été posée à propos de la soutane des prêtres catholiques. Le port traditionnel de médailles religieuses, de la kippa ou de foulards de diverse nature a pu être rattaché à la liberté de conscience, à la liberté religieuse et à la liberté d'expression. La vie en société peut toutefois imposer des limites. Ainsi, pour des raisons d'ordre public, les contrôles d'identité imposent que les personnes se présentent tête nue. En France, la loi a pu interdire le voile intégral. La question se pose par ailleurs dans le cadre du service public, notamment de l'enseignement. Le principe de laïcité impose aux agents un devoir de strict neutralité. Le bon fonctionnement du service peut d'autre part imposer des limites aux usagers, interdisant notamment le port ostentatoire des signes et tenues. En 1916, une circulaire de Paul Painlevé évoque les *« insignes portés ostensiblement »* de manière générale sans cependant se limiter aux signes religieux ; en 1937, une circulaire de Jean Zay interdisait le port d'insignes en ajoutant : « L'enseignement public est laïque. Aucune forme de prosélytisme ne saurait être admise dans les établissements ».

Dans les années quatre-vingt-dix, la question du voile à l'école s'ouvre par l'affaire de Creil, amenant le Conseil d'État à juger que si la liberté religieuse des élèves peut être encadrée, une interdiction générale et absolue de porter des signes distinctifs serait contraire à la liberté d'expression des élèves (CE 2 nov. 1992, *Kherouaa*, n° 130394 A : annulation du règlement intérieur d'un collège interdisant le port de tout signe distinctif, vestimentaire ou autre, d'ordre religieux, politique ou philosophique et des mesures d'exclusion prises sur son fondement).

Si la qualité d'usager du service public n'implique en elle-même aucune limitation à la liberté d'opinion et de croyance, ni à la possibilité de les exprimer (Charte de la laïcité dans les services publics de 2007 : « les usagers des services publics ont le droit d'exprimer leurs convictions religieuses »), depuis 2004, le code de l'éducation comporte un article L. 141-5 interdisant aux élèves des écoles, collèges et lycées publics le port ostensible des signes et tenues manifestant une appartenance religieuse (c'est en effet la première fois qu'un texte prescrit clairement une obligation de neutralité religieuse pesant sur des personnes privées : les élèves des écoles, collèges et lycées publics) au nom du principe de laïcité.

L'interdiction de tous signes et tenues pour les agents publics

Un devoir de stricte neutralité. Si les agents du service public de l'enseignement ne peuvent faire l'objet d'aucune discrimination dans l'accès aux fonctions comme dans le déroulement de la carrière en raison de leurs croyances religieuses, le principe de laïcité de l'État leur impose de servir dans le respect d'un « devoir de stricte neutralité » (CE 3 mai 1950, *Dlle Jamet* ; Charte de la laïcité dans les services publics 2007 ; Charte de la laïcité à l'école, point 11 traduisant l'« agnosticisme institutionnel » selon Paul Ricoeur) quelle que soit la nature du service public et les missions de l'agent, leur imposant de traiter également tous les usagers et de respecter leur liberté de conscience. Aussi, doivent-ils s'abstenir de manifester, dans l'exercice de leurs fonctions, leurs opinions religieuses, sauf à manquer à leurs obligations. « Le principe de laïcité de l'enseignement public, lequel est un élément de la laïcité de l'État et de la neutralité de l'ensemble des services publics, impose que l'enseignement soit dispensé dans le respect, d'une part, de cette neutralité par les programmes et par les enseignants et, d'autre part, de la liberté de conscience des élèves » (CE 18 oct. 2000, n° 213303).

Interdiction de porter tout signe d'appartenance. En 1989, la circulaire Jospin du 12 décembre rappelle que l'école est guidée par « *l'esprit du libre examen* » et « *le respect absolu de la liberté de conscience* » et précise que les enseignants « *doivent impérativement éviter toute marque distinctive de nature philosophique, religieuse ou politique* », au risque de commettre une faute grave susceptible d'entraîner une suspension immédiate précédant une action disciplinaire. L'interdiction faite aux agents du service public de l'enseignement public (enseignants ou non) de manifester leurs croyances religieuses leur interdit notamment de porter un signe destiné à marquer leur appartenance à une religion, sauf à manquer à leurs obligations, à commettre une faute professionnelle (CE 3 mai 2000, n° 217017) : « *le principe de laïcité fait obstacle à ce qu'ils disposent, dans le cadre du service public, du droit de manifester leurs croyances religieuses* » (CE, avis, 3 mai 2000, *Mlle Marteaux*, n° 217017). En cas de poursuite disciplinaire, la sanction prononcée doit, sous le contrôle normal du juge, être proportionnée à la faute et tenir compte des circonstances de l'espèce telles que la nature des fonctions exercées, la réitération du manquement malgré des rappels à la règle, le degré d'ostentation du signe d'appartenance religieuse, le port de ce signe au contact ou non du public, la vulnérabilité du public, etc. (V. par ex., CAA Versailles, 23 févr. 2006, n° 04VE03227). La Cour européenne des droits de l'homme a jugé à propos d'une institutrice suisse, qu' « il semble difficile de concilier le port du foulard islamique avec le message de tolérance, de respect d'autrui et surtout d'égalité et de non-discrimination que dans une démocratie tout enseignant doit transmettre à ses élèves » (CEDH 15 févr. 2001, *Dahlab c/ Suisse*, n° 42393/98). A propos de la solution française, la Cour européenne des droits de l'homme juge que l'avis *Marteaux* « détermine clairement les modalités de l'exigence de neutralité religieuse des agents publics dans l'exercice de leur fonction au regard des principes de laïcité et de neutralité, et satisfait à l'exigence de prévisibilité et d'accessibilité de la loi au sens de la jurisprudence de la Cour » ; dans le cas qui lui était soumis, elle décide que les autorités françaises n'ont pas outrepassé leur marge d'appréciation en constatant l'absence de conciliation possible entre les convictions religieuse de la requérante et l'obligation de s'abstenir de les manifester, ainsi qu'en décidant de faire primer l'exigence de neutralité et d'impartialité de l'État (CEDH 26 nov. 2015, *Ehrahimian c/ France*, n° 64846/1).

Quid des enseignants-chercheurs ? Le service public de l'enseignement supérieur est laïque et indépendant de toute emprise, notamment religieuse (art. L. 141-6). Même si la pleine indépendance et l'entière liberté d'expression dont ils bénéficient et le fait qu'ils s'adressent à un public adulte leur confèrent une large autonomie, les enseignants-chercheurs n'en sont pas moins tenus au principe de neutralité qui s'applique à tout fonctionnaire et agent public et au respect de la liberté de conscience et de la dignité des étudiants. Aussi, doivent-ils s'abstenir de toute forme de pression ou de prosélytisme. Ainsi, le refus d'enseigner à un étudiant en raison du port de signes religieux est passible de sanctions disciplinaires et pénales (V. Mestre, « Laïcité et enseignement supérieur », *Guide de la laïcité, CPU, 2015* ; V. aussi les recommandations de l'Observatoire de la laïcité : un règlement intérieur rappelant avec fermeté et clarté les règles applicables en matière de laïcité et de gestion du fait religieux au sein de l'enseignement supérieur public ; une charte d'établissement remise à chaque étudiant et à chaque nouvel enseignant (titulaire ou vacataire) ; l'instauration d'un référent laïcité dans chaque université). S'il est possible de se référer à l'histoire révélant que la soutane a pu être tolérée dans certains établissements où ont enseigné des prêtres et envisager de faire des exceptions pour des enseignants invités, la recherche de la paix universitaire conduit à accepter d'étendre la règle admise dans l'enseignement scolaire à l'enseignement supérieur. On remarquera d'ailleurs que la Cour européenne des droits de l'homme a considéré que l'interdiction faite aux professeurs d'université de porter le foulard islamique dans l'exercice de leur fonction ne pouvait constituer une demande recevable compte tenu de la marge d'appréciation des États contractants en matière religieuse (CEDH 24 janv. 2006, *Kurtulmuş c/ Turquie*, n° 65500/01) : l'État étant en droit, dans une société démocratique, d'imposer un code vestimentaire pour préserver le principe de la laïcité et celui de la neutralité de l'enseignement public et assurer la protection des droits et libertés d'autrui.

L'interdiction du port ostentatoire des signes et tenues aux usagers du service public

La laïcité de l'État et la neutralité des services publics imposent des obligations aux agents vis-à-vis des usagers. Mais le comportement de ces derniers peut porter atteinte au bon fonctionnement du service et troubler l'ordre public. Pour éviter le prosélytisme, l'administration a pu interdire qu'ils portent des signes ostentatoires, qu'ils utilisent ces signes pour exprimer des revendications et faire pression sur les autres usagers ou sur le service.

La solution retenue pour les élèves des écoles, collèges et lycées publics jusqu'en 2004. A la suite de l'affaire de Creil, le Conseil d'État fut invité à répondre à trois questions : le port de signes d'appartenance à une communauté religieuse est-il compatible avec le principe de laïcité ? Si oui, à quelles conditions ? Quelles procédures mettre en œuvre ? Dans son avis du 27 novembre 1989 (CE, ass., sect. intérieur, 27 nov. 1989), il rappelle d'abord les principes en cause : le principe républicain de laïcité qui assure la liberté de conscience et le respect de toutes les croyances doit aussi permettre le respect des différences et être conciliable avec la liberté de manifester sa religion reconnue notamment par l'article 9 de la Convention européenne des droits de l'homme. Il interdit toute discrimination dans l'accès à l'enseignement ; par ailleurs, la loi d'orientation du 10 juillet 1989 reconnaît la liberté d'expression des élèves (art. L. 511-2) qui « *comporte pour eux* ***le droit d'exprimer et de manifester leurs croyances religieuses à l'intérieur des établissements scolaires*** » ; il en résulte que « ***le port par les élèves de signes par lesquels ils entendent manifester leur appartenance à une religion n'est pas par lui-même incompatible avec le principe de laïcité dans la mesure où il constitue l'exercice de la liberté d'expression et de manifestation des croyances religieuses*** ».

Dans son avis, le Conseil assortit toutefois cette solution de principe de plusieurs limites. Les unes tiennent aux ***signes eux-mêmes*** ou à la ***manière de les porter*** qui peuvent revêtir « *un* ***caractère ostentatoire*** *ou revendicatif* », les autres à leurs ***conséquences dans la vie scolaire***. L'obligation d'assiduité implique ainsi que tous les élèves suivent tous les cours en tenant compte des dangers particuliers de certains enseignements (laboratoire, atelier, installations et pratiques sportives) et en refusant toute abstention dictée par des raisons religieuses (enseignement scientifique, philosophie). Le respect des autres membres de la communauté scolaire exclut ensuite tout acte de pression, tout prosélytisme, toute provocation troublant l'ordre et le bon fonctionnement des établissements (la L. n° 2001-504 du 12 juin 2001 visant à prévenir et à lutter contre les dérives sectaires a créé un délit commis par ceux qui tentent de convertir des personnes vulnérables du fait de leur âge, d'une maladie, d'une infirmité ou d'un état de sujétion psychologique ou physique). Enfin, le Conseil d'État souligne que le port de ces signes ne doit pas porter atteinte aux missions du service public, aux valeurs dont l'école est garante telles l'égalité entre hommes et femmes et la dignité des personnes. Ayant ainsi dégagé les principes applicables en la matière, le Conseil d'État renvoie aux autorités scolaires le soin d'en fixer les modalités, en modifiant le règlement intérieur et en prenant les dispositions individuelles nécessaires, précisant toutefois que la méconnaissance par un élève d'un règlement intérieur (qui peut interdire le port des signes et tenues religieux qui perturbent le fonctionnement du service public) constitue une faute disciplinaire qui peut justifier l'exclusion.

Ces éléments ont été repris au contentieux. Dans l'affaire du collège de Montfermeil, après avoir rappelé que « la liberté d'expression et de manifestation de croyances religieuses [...] ne saurait permettre aux élèves d'arborer des signes d'appartenance religieuse qui, par leur nature, par les conditions dans lesquelles ils seraient portés individuellement ou collectivement, ou par leur caractère ostentatoire ou revendicatif, constitueraient un acte de pression, de provocation, de prosélytisme ou de propagande, porteraient atteinte à la dignité ou à la liberté de l'élève ou d'autres membres de la communauté éducative, compromettraient leur santé ou leur sécurité, perturberaient le déroulement des activités d'enseignement et le rôle éducatif des enseignants, enfin troubleraient l'ordre dans l'établissement ou le fonctionnement normal du service public », le Conseil d'État annule l'article du règlement intérieur interdisant le port de tout signe distinctif notamment religieux ; le principe étant la liberté d'expression, le conseil d'administration en adoptant le règlement intérieur ne peut « ***par la généralité de ses termes,... institue[r)] une interdiction générale et absolue*** » (CE 2 nov. 1992, *Kherouaa et a*, n° 130394). Il ne peut subordonner l'accès en salle de cours, en étude ou au réfectoire à l'interdiction permanente d'avoir la tête couverte (CE 14 mars 1994, *Mlle Ylmaz*, n° 145656). Par contre, n'est pas illégale l'exclusion d'élèves ayant refusé d'ôter le foulard qu'elles portaient en signe d'appartenance religieuse, son port étant incompatible avec le bon déroulement des cours d'éducation physique (CE 10 mars 1995, *Aoukili*, n° 159981) ; en refusant de porter une tenue compatible avec le bon déroulement des enseignements d'EPS et de technologie en cause, l'élève a par suite excédé les limites du droit d'exprimer et de manifester ses croyances religieuses à l'intérieur des établissements scolaires (CE 20 oct. 1999, *MEN c /Aït Ahmad*, n° 181486. Solution acceptée par la CEDH, *Dogru c/ France*, n° 27058/05). La conclusion des autorités nationales selon laquelle le port d'un voile, tel le foulard islamique, n'est pas compatible avec la pratique du sport pour des raisons de sécurité ou d'hygiène, n'est pas déraisonnable. Elle admet que les sanctions infligées ne sont que la conséquence du refus par les requérantes de se conformer aux règles applicables dans l'enceinte scolaire dont elles étaient parfaitement informées et non, comme elles le soutiennent, en raison de leurs convictions religieuses (CEDH 4 mars 2009, *Kervanci c/ France*, n° 31645/04). Les requérantes âgées alors de 11 et 12 ans et élèves de 6e au cours de l'année scolaire 1998-1999 dans un collège de Flers refusaient d'ôter leur foulard durant les cours d'enseignement d'éducation physique et sportive et ont donc été exclues définitivement de cet établissement. Le Conseil d'État, le 29 décembre et le 23 février 2004, n'a pas admis les pourvois introduits à l'encontre des arrêts de la cour administrative d'appel de Nantes des 19 décembre 2002 et 31 juillet 2003 qui avaient confirmé les décisions d'exclusion définitive prises par le recteur de l'académie de Caen (*LIJ, n° 132*).

Cette solution est maintenue pour les étudiants et les parents d'élèves. Les étudiants des établissements publics d'enseignement supérieur n'étant pas soumis à la loi du 15 mars 2004 bénéficient de la liberté d'expression qui leur permet de porter des signes et tenues à caractère religieux. Toutefois, cette liberté ne saurait leur permettre d'accomplir les actes qui, par leur caractère ostentatoire, constitueraient des actes de pression, de provocation, de prosélytisme ou de propagande, perturberaient le déroulement des activités d'enseignement et de recherche ou troubleraient le fonctionnement normal du service public. Les autorités universitaires ne peuvent donc interdire l'accès des locaux à des étudiantes portant le foulard islamique que si elles démontrent que l'ordre nécessaire au bon fonctionnement du service public at au respect des droits d'autrui ne pouvait être rétabli par d'autres moyens (CE 26 juill. 1996, *Univ. Lille II*, n° 170106). Par exception, en raison de fonctions exercées (contrat) ou de leur situation administrative (stagiaire), les étudiants peuvent être assimilés à des agents publics auxquels le port de tout signe et tenue est interdit. Il en est de même pour les étudiants qui exercent des fonctions salariées dans l'université (CE 28 juillet 2017, n° 390740).

Pour les parents d'élèves. Usagers du service public, les parents d'élèves bénéficient de la liberté d'expression leur permettant de porter signes et tenues. Toutefois, le directeur d'école ou le chef d'établissement doit s'assurer que leur comportement n'est pas ostentatoire, constitutif de prosélytisme, troublant l'ordre public ou le bon fonctionnement du service. La participation à des activités pédagogiques dans les classes les assimile toutefois aux enseignants, leur interdisant le port de tout signe ou tenue à portée religieuse. La question reste ouverte pour leur participation bénévole aux sorties et voyages scolaires (V. comm. ss. art. L. 111-4).

L'interdiction du port ostensible des signes et tenues

L'analyse du Conseil d'État, reprise par les circulaires des ministres (Jospin, 12 déc. 1989, recommandant le dialogue avec les familles ; Bayrou, 28 oct. 1993 et 20 sept. 1994, invitant à distinguer le discret et l'ostentatoire), amène les chefs d'établissement à souhaiter une ligne plus claire. A la suite des travaux d'une mission d'information de l'Assemblée nationale présidée par Jean-Louis Debré préconisant l'interdiction de tout signe visible, une commission « sur l'application du principe de laïcité dans la République » présidée par Bernard Stasi proposa l'adoption d'une loi interdisant le port des tenues et signes manifestant ostensiblement une appartenance religieuse ou politique (rapport au Président de la République, 11 déc. 2003, p. 64). La loi n° 2004-228 du 15 mars 2004 encadrant, en application du principe de laïcité, le port de signes ou de tenues manifestant une appartenance religieuse dans les écoles, collèges et lycées publics, introduit un nouvel article dans le code de l'éducation (art. L. 141-5-1 ; résultant de son art. 1er, l'art. 2 précise son application en Nouvelle-Calédonie et dans les collectivités d'outre-mer, sauf en Polynésie française) ; si elle n'a fait l'objet d'aucun contrôle de constitutionnalité (ni *a priori*, ni encore par QPC), la circulaire du 18 mai 2004 relative à sa mise en œuvre a par contre été examinée par le Conseil d'État qui l'a jugée conforme aux prescriptions de l'article 9 de la Convention européenne des droits de l'homme et de l'article 18 du Pacte international des droits civils et politiques (CE 8 oct. 2004, n° 269077 : l'atteinte portée à la liberté de pensée, de conscience et de religion par l'interdiction édictée par la loi et rappelée par la circulaire est proportionnée à l'objectif d'intérêt général poursuivi, qui est d'assurer le respect du principe de laïcité dans les établissements scolaires publics ; la décision du Conseil d'État s'inscrit ce faisant dans la ligne de la jurisprudence la plus récente de la Cour européenne des droits de l'homme qui reconnaît aux États une large marge d'appréciation pour définir, compte tenu de leurs traditions nationales, les mesures les plus appropriées pour concilier la liberté de culte avec le principe de laïcité).

La Cour européenne des droits de l'homme a admis la conventionalité des limitations introduites par la loi (CEDH 30 juin 2009, *Aktas c/ France*, n° 43563/08) alors que le Comité des droits de l'homme de l'ONU invite la France à revoir la loi de 2004 (1er nov. 2012, *Singh c/ France*, n° 1852/2008).

Champ d'application de la loi ; écoles, collèges et lycées publics. La loi s'applique aux écoles, collèges et lycées publics. Au lycée, l'ensemble des élèves est concerné, y compris ceux qui sont inscrits dans les classes post-baccalauréat, classes préparatoires aux grandes écoles et classes de techniciens supérieurs alors même qu'ils ont le statut d'étudiant (il en est de même de l'École nationale de commerce de Paris dite ENC Bessières qui ne dispense que des formations supérieures mais dont le régime disciplinaire de ses élèves fixé est celui applicable aux lycéens, CAA Paris, 20 juin 2017, n° 16PA01319). La loi s'applique à l'intérieur des écoles et établissements, dans les classes comme dans les autres espaces (couloirs, cours, foyers, restaurants scolaires, dortoirs...), mais aussi à toutes les activités placées sous la responsabilité de l'établissement qui se déroulent en dehors (sortie scolaire, éducation physique et sportive...). *A contrario*, la loi ne s'applique pas aux élèves des établissements privés, même dans les classes bénéficiant d'un contrat d'association avec le service public. Si, dans ce cas, l'enseignement doit être donné dans le respect total de la liberté de conscience et que tous les enfants sans distinction d'origine, d'opinion ou de croyances y ont accès (art. L. 442-1), le législateur a pu considérer que le « *caractère propre* » des établissements les en exonérait. Si cette notion recouvre le plus souvent une relation forte avec la religion, on peut s'étonner de la non-application d'une loi laïque dans ceux des établissements sous contrat qui affirment fortement leur adhésion à la laïcité (ex. Réseau Diwan). Mais, si la loi n'interdit pas le port des signes religieux, rien n'interdit à l'établissement lui-même de le prohiber (Civ. 1re, ord., 21 juin 2005, n° 02-19.831 P ; en interdisant le port du voile dans ses locaux, le règlement intérieur d'un établissement privé sous contrat d'association aurait uniquement visé « *un simple mode d'expression ostensible* »), en respectant les droits fondamentaux des élèves tel que le rappelait l'avis du Conseil d'État de 1989. Les élèves des établissements privés candidats (candidats libres) à un examen public passant les épreuves dans un établissement public ne sont pas soumis à l'interdiction. Toutefois, s'ils peuvent porter une tenue ou un signe manifestant leur appartenance à une religion, ils doivent s'abstenir de tout acte de prosélytisme, respecter l'ordre et la sécurité (notamment dans les épreuves d'EPS ou sur machines), et permettre la vérifIcation de leur identité pour prévenir les risques de fraudes (interdiction du voile intégral). La loi ne s'applique pas non plus aux autres personnes présentes dans les écoles et établissements publics. Les personnels enseignants et non enseignants qui ont un devoir de stricte neutralité sont soumis à une interdiction plus stricte visant tous les signes et tenues manifestant une croyance. Les autres usagers (parents d'élèves ou stagiaires de la formation continue) et les tiers (visiteur, intervenant extérieur) bénéficient de la liberté de conscience et peuvent donc en principe revêtir les tenues et porter les signes en question. Toutefois, la nécessité d'assurer le bon fonctionnement du service public et le bon ordre dans l'établissement peut justifier des mesures restrictives, des interdictions ponctuelles (pour les stagiaires des GRETA fréquentant les locaux scolaires dans le même temps que les lycéens, V. CAA Paris, 12 oct. 2015, n° 14PA00582). Il en est de même pour les étudiants des universités et autres EPSCP (V. Livre VIII).

L'objet de la loi : l'interdiction du port ostensible des signes et tenues. Les signes et les tenues dont le port est interdit sont ceux par lesquels les élèves des écoles, collèges et lycées publics « manifestent ostensiblement une appartenance religieuse » (art. L. 141-5) ; *a contrario*, les signes discrets, non ostensibles, peuvent être portés librement (CE 5 déc. 2007, *Singh*, n° 285394). Il s'agira par exemple des médailles religieuses (petite croix, images saintes, étoile de David, main de Fatma...) qui peuvent aisément être dissimulés par un vêtement ; il devrait en être de même des tatouages à connotation religieuse. Si la lexicographie ne distingue pas clairement l'ostensible de l'ostentatoire, l'intention du législateur a été d'interdire les signes visibles, ceux qu'on laisse voir, et non ceux que l'on met volontairement en avant pour revendiquer son appartenance et/ou tenter de l'imposer à autrui ; reprenant les cas cités pendant les débats parlementaires, la circulaire cite à titre d'exemple « le voile islamique, quel que soit le nom qu'on lui donne, la kippa ou une croix de dimension excessive », énumération reprise sous une forme proche par le Conseil d'État, précisant que « sont interdits les signes ou tenues, tels notamment un voile ou un foulard islamique, une kippa ou une grande croix ... » (CE 5 déc. 2007, *Singh*, n° 285394). Il ne s'agit que des cas les plus fréquents, la formulation de la loi, non limitative, permettant d'appréhender toutes les croyances ; par leur caractère visible et non équivoque, ils permettent immédiatement de rattacher l'élève à une religion même si la manière de les porter ne relève ni de la provocation ni du prosélytisme. Il en est ainsi du *keshi* sikh (sous-turban) de dimension plus modeste que celle du turban traditionnel et de couleur sombre, qui ne peut être qualifié de signe discret, le seul port de ce signe manifestant l'appartenance de l'élève à la religion sikh (CE 5 déc. 2007, *Singh*, n° 285394). Tel est aussi le cas, pour les séances de natation de l'EPS, du *burkini* (tunique à manches longues, couvrant la tête et portée sur un pantalon) ; souvent interdit pour des raisons d'hygiène et de sécurité dans les piscines, il apparaît en outre comme une tenue manifestant une appartenance religieuse. Donnant une interprétation stricte de la loi, le Conseil d'État a considéré que sont interdits « d'une part les signes ou tenues [...] dont le port par lui-même manifeste ostensiblement une appartenance religieuse, d'autre part, ceux dont le port ne manifeste ostensiblement une appartenance religieuse qu'en raison du comportement de l'élève » (CE 5 déc. 2007, *Singh*, n° 285394). Si la circulaire précise que la loi n'interdit pas le port des accessoires et des tenues communément portées par les élèves sans signification religieuse intrinsèque, pouvant se référer à une tradition culturelle ou s'expliquer par un effet de mode, leur port peut toutefois contribuer à manifester ostensiblement (sinon ostentatoirement) une appartenance religieuse ; tel est le cas d'un carré de tissu de type bandana couvrant la chevelure à partir du moment où l'élève le porte en permanence et persiste avec intransigeance dans le refus d'y renoncer (CE 5 déc. 2007, *M. et Mme Ghazal*, n° 295671 ; de même, CAA Nancy 17 nov. 2008, n° 08NC00101) ; il en est de même d'une jupe longue de couleur sombre portée en même temps que le banana, compte tenu notamment du refus constant de l'élève de modifier sa tenue vestimentaire (CAA Paris, 18 avr. 2017, n° 15PA04525 ; CE, ord., 19 mars 2013, n° 366749). Alors que la loi tentait de cerner objectivement les signes religieux en fonction de leur caractère ostensible, on peut se demander si cette interprétation, tenant compte non de l'objet mais du comportement du sujet, ne revient pas au critère précédent, à l'ostentatoire. Ce « glissement » n'est pas sans portée : « On ne cherche plus ici tant un espace scolaire expurgé de signes religieux que, dans les termes mêmes de la directrice des affaires juridiques du ministère de l'éducation nationale, une « adhésion aux valeurs de la République » (Stéphanie, Hennette-Vauchez, Séparation, garantie, neutralité… les multiples grammaires de la laïcité, *Les Nouveaux Cahiers du Conseil constitutionnel* 2016/4 (n° 53).

Démarche préconisée par la loi : le dialogue. L'interdiction posée par la loi est assez claire pour être appliquée directement ; toutefois, elle précise que le règlement intérieur de chaque établissement public « *rappelle que la mise en œuvre d'une procédure disciplinaire est précédée d'un dialogue avec l'élève* » (art. L. 141-5-1). La circulaire invite les établissements à mettre à jour leur règlement intérieur (en substituant l'ostensible à l'ostentatoire et en indiquant le caractère obligatoire du dialogue préalable à l'engagement de toute procédure disciplinaire). En vertu du principe général des droits de la défense qui s'applique même sans texte (CE, sect., 5 mai 1944, *Dame veuve Trompier-Gravier*), l'élève doit être entendu avant toute sanction ; en insistant sur le dialogue, la loi va plus loin tant sur le plan juridique (la démarche n'est pas une négociation et ne peut aboutir à une dérogation) qu'éducatif (souci de convaincre l'élève et sa famille, démarche pédagogique dans le respect de leurs convictions). Le dialogue peut prendre différentes formes (cours d'entretiens, échanges, écrits ou oraux). Avant d'engager une procédure disciplinaire, le chef d'établissement doit immédiatement engager le dialogue ; il y associe notamment les équipes éducatives ; si des mesures conservatoires peuvent être prises (refus d'accès à la classe), il veille à assurer la continuité éducative en organisant les conditions alternatives de scolarisation (placer l'intéressé en permanence, où des éléments de cours et des travaux lui sont donnés quotidiennement par les enseignants de sa classe, en vue notamment de sa préparation au brevet des collèges, CE 19 mars 2013, n° 366749). Le maintien en permanence pendant la période de dialogue alors qu'un doute existe sur la signification du port du bandana n'est pas manifestement illégal (CE 8 oct. 2004, n° 272926). En cas d'échec du dialogue, la procédure disciplinaire doit être engagée dans des délais raisonnables.

Sanctions. « *Compte tenu de l'intérêt qui s'attache au principe de laïcité dans les établissements scolaires publics, la sanction de l'exclusion définitive… n'entraîne pas une atteinte excessive à la liberté de pensée, de conscience et de religion garantie par l'article 9 (de la Convention européenne des droits de l'homme)… (ni au) principe de non-discrimination édicté par les stipulations de l'article 14* » (CE 5 déc. 2007, *M. Singh*, n° 285394). La Cour européenne des droits de l'homme confirme cette analyse en jugeant manifestement mal fondée la requête d'une élève ayant été définitivement exclue de son lycée public pour port d'une tenue manifestant ostensiblement une appartenance religieuse, nonobstant la substitution du foulard par un bonnet (CEDH 30 juin 2009, *Mlle Tuba Aktas c/ France*, n° 43563/08). Toutefois, cette même Cour rappelle que la liberté religieuse est « une des assises d'une société démocratique » et précise, à propos de l'interdiction en France de la *burqa* et du *niqab*, « *qu'un État qui s'engage dans un tel processus législatif [de restriction de la liberté religieuse] prend le risque de contribuer à consolider des stéréotypes affectant certaines catégories de personnes et d'encourager l'expression de l'intolérance alors qu'il se doit au contraire de promouvoir la tolérance* ». On a pu se demander si la laïcité scolaire à la française échappait vraiment à ce danger.

CHAPITRE UNIQUE

BIBL. GÉN. ▶ AUBIN, Quel rôle pour le droit souple dans la démarche républicaine sur la laïcité à l'école ?, *AJDA 2015. 241*. – ASEUR, Le couple laïcité-liberté religieuse : de l'union à la rupture ? Réflexions à partir de l'affaire Aitahmad, *RTDH, n° 45, janv. 2001. 77*. – BAHOUALA, La laïcité, un principe encore et toujours en vogue, *AJCT 2018. 289*. – BARBIER, Laïcité : questions à propos d'une loi centenaire, *Gallimard, coll. Le débat, n° 127, nov.-déc. 2003* ; La laïcité, *L'Harmattan, 1995*. – BARTHÉLÉMY, Le Conseil d'État et la construction des fondements de la laïcité, *Rev. adm., n° sp. 1999. 37*. – BAUBÉROT, Histoire de la laïcité en France, *Que sais-je ? n° 3571, 7e éd. 2017*. – BAUBÉROT et MILOT, Laïcités sans frontières, *Ed. du Seuil, coll. La Couleur des idées, 2011*. – BÉDOUELLE et COSTA, Les laïcités à la française, *PUF, 1998*. – BELLIARD, Le concept de laïcité n'est pas un concept figé, *JCP A 22 mars 2004, n° 13* ; Genèse et actualité de la notion de laïcité, *Cah. fonct. publ., avr. 2004. 4*. – BENELBAZ, Le principe de laïcité en droit public français, *L'Harmattan, coll. Logiques juridiques, 2011*. – BERGOUNIOUX, La laïcité, valeur de la République, *Pouvoirs, n° 75*. – BUSSY, Le débat sur la laïcité et la loi, *D. 2004. 2666*. – CALVES, Territoires disputés de la laïcité. 44 questions (plus ou moins) épineuses, *PUF, 2018*. – CAMBY, Le principe de laïcité : l'apaisement par le droit ?, *RD publ. 2005. 3*. – Chevallier, La séparation de l'Église et de l'école, Jules Ferry et Léon XIII, *Fayard, 1981*. – Cholvy, La laïcité dans l'histoire de France, *Transversalités, n° 93, 2005. 31*. – Combarnous, L'enfant, l'école et la religion, *Rev. adm., n° spécial – Le Conseil d'État et la liberté religieuse, 1999, p. 66-78*. – Costa-Lascoux, Les trois âges de la laïcité, *Hachette, 1996*. – Debeyre, La laïcité et l'enseignement public, *in* : La laïcité, *PUF, 1960*. – Defois, La laïcité vue d'en face, *Pouvoirs, n° 75, 1995. 27*. – Delahaye, Laïcité de combat, laïcité de droit, *Hachette éducation, 1997*. – Delsenne, De la difficile adaptation du principe républicain de laïcité à l'évolution socioculturelle française, *RD publ. 2005. 427*. – De Naurois, Laïcité de l'État et laïcité de l'école, *2 p., Revue de droit canonique, 1953, 219 et 336* ; Laïcité de l'État et laïcité de l'école, *Revue de droit canonique, 1956. 6* ; La laïcité de l'État et l'enseignement confessionnel, *in* : La laïcité, *PUF, 1960. 361*. – Dieu, L'école, sanctuaire laïque, *D. 2009. 685*. – Dixmier, Lalouette et Durand-Prinborgne, La laïcité, *Dalloz, coll. Connaissance du droit, 1996* ; La loi sur la laïcité, une volonté politique au centre de débats de société, *AJDA 2004. 704*. – Ducomte, Laïcité, laïcité(s), *Privat, 2012*. – Fortier, Laïcité, liberté chérie, *AJFP 2016. 1*. – Frémeaux, Réflexions sur le droit et les croyances, *RRJ 2005. 467*. – Fulchiron et Philip-Gay, La laïcité : un principe, des valeurs, *D. 2015. 274*. – Gaudemet, La laïcité, forme française de la liberté religieuse, *RD publ., n° 2, 2015. 329*. – Gast, *La laïcité en question, in* Lebreton, *Crises sociales et droits fondamentaux de la personne humaine, L'Harmattan, 2009. 221*. – Gérin, La laïcité à l'épreuve du voile intégral, *Regards sur l'actualité, n° 364, oct. 2010. 8*. – Goy, La garantie de la liberté de religion. L'article 9 de la Convention européenne des droits de l'homme, *RD publ. 1991. 5*. – Haarscher, La laïcité, *PUF, Que sais-je ?, 2017*. – Hafiz et Devers, Droit et religion musulmane, *Dalloz, 2005*. – Halperin, La représentation de la laïcité parmi les juristes français et étrangers, *in* : Weil (dir.), Politiques de la laïcité au XXe siècle, *PUF, 2007. 181*. – Koubi, La laïcité dans le texte de la Constitution, *RD publ. 1997. 1301* ; Le concept de « bricolage religieux », un outil pour repenser le rapport entre règles juridiques et croyances religieuses, *RRJ 2005. 435*. – Lalouette, La séparation des Églises et de l'État : genèse et développement d'une idée (1789-1905), *Seuil, 2005*. – Legros, La laïcité, une passion très française, *Le Monde, 5 déc. 2020. 28*. – le Noan, Faire vivre la promesse laïque, *Institut Montaigne, Note, mars 2013*. – Lochak, For intérieur et liberté de conscience, *in* Le for intérieur, *CURAPP, PUF, 1995*. – Mayeur, La question laïque. XIXe-XXe siècle, *Fayard, 1997*. – La séparation des Églises et de l'État, *Éd. de l'Atelier, 2005*. – Mazères, Les rapports entre l'État et l'enseignement privé, *Annales de la faculté de droit de Toulouse, 1996. 6*. – Miaille, A propos de citoyenneté et laïcité : débat sur l'universel, *Droits et libertés en question, Billets d'humeur en l'honneur de Danièle Lochak, LGDJ, coll. Droit et Société, 2007* ; La laïcité, *Dalloz, coll. A savoir, 2014*. – Morange, Peut-on réviser la loi de 1905 ?, *RFDA 2005. 153* ; Le mystère de la laïcité française, *RDP 2013. 509*. – Pasamonik, La République et l'Église : images d'une querelle, *La Martinière, 2005*. – Studer et Minot, Ass. Nat., Rapp. d'information de la mission effectuée à la Guadeloupe et à la Martinique pour la rentrée scolaire (3-8 sept. 2017), *Comm. Affaires culturelles, n° 610, 31 janv. 2018*. – Poupeau, Les maires attendent des clarifications en matière de laïcité, *AJDA 2015. 1247*. – Rémond, La laïcité et ses contraires, *Pouvoirs, n° 75, 1995. 7* ; Cent ans de laïcité française, *Études, n° 1, 2004/1, t. 400, janv. 2004. 55*. – Renaut, Touraine, Un débat sur la laïcité, *Stock, 2005*. – Rivero, La notion juridique de laïcité, *D. 1949. Chron. 137* ; De l'idéologie à la règle de droit : la notion de laïcité dans la jurisprudence administrative, *Centre de sciences politiques de l'Institut juridique de Nice, La laïcité, PUF, 1960. 263*. – Rivero, Lanotion juridique de laïcité, *D. 1949. Chron. 137*. – Schiappa, Laïcité, point !, *L'Aube, 2018*. – Scot, Liberté-égalité-laïcité. Genèse, caractères et enjeux de la loi de 1905, *Cahiers d'histoire. Revue d'histoire critique, n° 100, 2007. 161*. – Ségur, Le principe constitutionnel de laïcité, *Annales de l'université des sciences sociales de Toulouse 1996, XLIV*. – Sève, (sous la direction de), La laïcité, *Dalloz, coll. Archives de philosophie du droit, 2005*. – Turpin, Les libertés publiques, *Dunod, 1995*. – Zarka, Faut-il réviser la loi de 1905 ?, *PUF, 2005*. – Zoller (dir.), La conception américaine de la laïcité, *Dalloz, coll. Thèmes et commentaires, 2005*. – Zuber, La Laïcité en débat. Au-delà des idées reçues, *Éd. Le Cavalier bleu*, 2017, rééd. 2020. – Zylberberg, Laïcité, connaît pas : Allemagne, Canada, États-Unis, Royaume-Uni, *Pouvoirs, n° 75, 1995. 37*. – Conseil d'État, Un siècle de laïcité, Rapport public, *Doc. fr., 2004*. – La loi de séparation des Églises et de l'État a 100 ans. La France laïque, *Dossier Les archives du Monde, Le Monde 2, 15 oct. 2005, p. 59*. – Fait religieux et laïcité (dossier), *AJDA 2017. 1367*. – Rapport annuel 2017-2018, *Observatoire de la laïcité, mai 2018*.

▸ **Laïcité et enseignement :** Battaglia, Face aux communautarismes, M. Peillon présente sa charte de la laïcité, *Le Monde, 8-9 sept. 2013. 8*. – Bidar, Pour une pédagogie de la laïcité à l'école, Haut conseil à l'intégration, *Doc. fr. 2012*. – Carton, La laïcité à l'école : réaffirmation ou refonte d'un principe républicain ?, *RRJ 2005, n° 3. 1737*. – Chauvin, Laïcité scolaire et protection des élèves, *Rev. adm., n° 295, 1997. 10*. – Debeyre, La laïcité et l'enseignement public, in *La laïcité, Centre de sciences politiques de l'IEJ de Nice, PUF, 1960. 309*. – Debré, La laïcité à l'école : un principe républicain à réaffirmer, *Ass. nat., Rapp. n° 1275, déc. 2003*. – Dieu, Le Conseil d'État et la laïcité négative, *JCP Adm. 2008. 2070*. – Durand-Prinborgne, École et religion à l'étranger, *RFDA 1991. 55* ; La laïcité, *Dalloz, coll. Connaissance du droit, 2004* ; Laïcité dans le service public de l'éducation, *Cahiers de la recherche sur les droits fondamentaux, n° 4, 2005. 23* ; Autour du projet de charte de la laïcité dans les services publics, *AJDA 2007. 721*. – Flauss, La CEDH au secours de la laïcité de l'enseignement public, *LPA, n° 142, 26 nov. 1993. 11*. – Haguenau, Laïcité, obligation d'assiduité et pratique religieuse dans les établissements publics d'enseignement, *RD publ. 1996. 867*. – Jan, La laïcité à l'école : le droit national contre le droit local. La loi plutôt que la négociation. Question de valeurs, *RD publ., 2004. 301*. – Jeantet, L'école et la laïcité, *in* La laïcité ou la « religion » de la République, *Revue politique et parlementaire, n° 1038, janv.-mars 2006, p. 29*. – Koubi, Vers une déconstruction du principe de laïcité ?, *RD publ., 2004. 325*. – Maury, Les origines de l'école laïque en France, *PUF, coll. Que sais-je ?, 1996*. – Mejan, L'évolution de la législation scolaire et ses répercussions sur les rapports de l'Église catholique et de l'État, *Rev. adm., n° 25, 1952. 27*. – Maupin, Un projet de loi pour renforcer la laïcité dans les services publics, *AJDA 2020. 1876*. – De Naurois, Laïcité de l'État et laïcité de l'école, *Revue de droit canonique, 1956. 6*. – Obin et Delahaye, Faut-il changer la laïcité ?, *in Laïcité : les cent ans d'une idée neuve, Hommes & migrations, n° 1258, nov.-déc. 2005*. – Prélot, La liberté de l'enseignement dans la séparation des Églises et de l'État, *RD publ. 2006. 618*. – Ravet, Principal de collège ou imam de la République ? *Éd. Kero, 2017*. – Sayah, La laïcité réaffirmée : la loi du 15 mars 2004, *RD publ. 2006. 915*. – Schwartz, Éducation : une confluence de libertés publiques, *AJDA 1998. 177* ; Laïcité et enseignement public, *Cahiers de l'éducation, sept.-oct. 1999. 14*. – Simon, Ostensible laïcité, *AJFP 2004. 57*. – Starck, Éducation religieuse et Constitution, *RFDC, janv.-mars 2003, n° 53. 22*. – Steckel Assouere, La reconnaissance ambivalente de la laïcité par l'Union européenne, *AJDA 2012. 1890*. – Tawil, Faits religieux et services publics locaux : quelle marge de manœuvre pour les collectivités territoriales ?, *JCP Adm., n°s 44-45, oct. 2006. 1431*. – Vatin, Retour critique sur la « Commission STASI » : trois remarques, *Droits et libertés en question, Billets d'humeur en l'honneur de Danièle Lochak, LGDJ, coll. Droit et Société, 2007*. – Viola, Laïcité et école publique : la nécessaire clarification, *LPA, n° 75, 2004. 3*. – Werner, Le Conseil d'État et l'école : démocrate ou républicain ?, *LPA, 18 août 1997, n° 99. 9*. – Zylberberg, Laïcité, connais pas : Allemagne, Canada, États-Unis, Royaume-Uni, *Pouvoirs, n° 75, 1995. 37*. – Assemblée nationale, Mission d'information, La laïcité à l'école : un principe républicain à réaffirmer, *Rapport, déc. 2003*. – Haut conseil à l'intégration, Les défis de l'intégration à l'école et Recommandations du Haut Conseil à l'intégration au Premier ministre relatives à l'expression religieuse dans les espaces publics de la République, *Doc. fr., janv. 2011*. – La commune et la laïcité, *La vie cnale et dptale, n° 1045, déc. 2015. 318*.

▸ **Laïcité et bibliothèques :** Legendre, Carbone, Claud, Duquenne, Grandet et Marcerou, Laïcité et fait religieux dans les bibliothèques publiques, *Min. cult., IGB, sept. 2016*.

▸ **Laïcité et personnels :** V. Bibl. ss. art. L. 141-5.

Art. L. 141-1 Comme il est dit au treizième alinéa du Préambule de la Constitution du 27 octobre 1946 confirmé par celui de la Constitution du 4 octobre 1958, « la Nation garantit l'égal accès de l'enfant et de l'adulte à l'instruction, à la formation et à la culture ; l'organisation de l'enseignement public gratuit et laïque à tous les degrés est un devoir de l'État ».

Sur les valeurs et symboles de la République (Charte de la laïcité), V. ci-dessous Circ. n° 2013-144 du 6 sept. 2013.

BIBL. ▸ Berguin, De la portée du droit local alsacien et mosellan sur le service public de l'éducation nationale, *AJFP 2001, n° 6. 9*. – Bonnet, L'enseignement religieux dans les écoles primaires publiques d'Alsace-Moselle, *in* Les statuts de l'enseignement religieux, *Le Cerf-Dalloz, 1996*. – Debène, La Charte de la laïcité à l'école, outil de refondation de l'école de la République, *AJDA 2013. 2480*. – Flauss, Droit local alsacien-mosellan et Constitution, *RD publ. 1992. 1625*. – Toulemonde, Le principe de neutralité du service public de l'enseignement est compatible avec la tenue d'une réunion des élèves des lycées sur un thème d'ordre civique et social, *AJDA 1993. 881*. – Woehrling, Matières régies par le droit public alsacien-mosellan, *J.-Cl. Adm., fasc. 122-2*.

1. Locaux. L'administration est en droit de prendre toutes mesures utiles pour assurer le libre exercice des cultes au sein d'un établissement scolaire du second degré dès lors que ni la liberté de conscience ni l'intérêt de l'ordre public n'y font obstacle et que les dépenses mises à la charge de la collectivité publique n'excèdent pas celles prévues à l'art. 2 de la L. du 9 déc. 1905. Ainsi, le ministre de l'éducation nationale a pu valablement inclure dans le programme de construction d'un établissement du second degré l'édification d'un pavillon cultuel affecté à la célébration des cultes catholique, protestant et israélite et accepter l'offre de concours par laquelle une association de parents d'élèves s'engageait à supporter les frais de construction de ce pavillon cultuel, eu égard à la présence d'un internat dans le lycée et du fait que les charges consécutives à la cession de la jouissance des locaux qui incombent à l'État n'excédaient pas celles qu'autorise la loi de 1905. • CE 7 mars 1969, n° 70734 A.

2. Emblèmes religieux. Le logotype représentant deux cœurs entrelacés surmontés d'une couronne portant une croix, apposé par le département de la Vendée sur le fronton de deux collèges publics, ne correspond pas, en lui-même, à la transposition directe et immédiate d'une scène ou d'un objet du rituel d'une quelconque religion. En admettant même que chacun de ses éléments puisse être dissocié et représenter un motif religieux, ce logotype, qui n'a pas été réalisé dans un but de manifestation religieuse, n'a pas eu pour objet de promouvoir une religion, ayant pour unique fonction d'identifier, par des repères historiques et un graphisme stylisé, l'action du département. Dès lors, ce logotype ne peut être regardé comme un emblème religieux dont l'art. 28 de la L. du 9 déc. 1905 concernant la séparation des églises et de l'État interdit l'apposition sur les édifices publics. • CAA Nantes, 11 mars 1999, n° 98NT00357 B.

3. Alsace-Lorraine. La législation spéciale relative à l'enseignement religieux obligatoire a été maintenue en vigueur par les textes législatifs organisant le retour de ces départements à la France. Elle n'a pas été abrogée implicitement par la réaffirmation, par les préambules des constitutions de 1946 et 1958, des principes fondamentaux reconnus par les lois de la République, au nombre desquels figure le principe de laïcité. Elle n'est pas non plus contraire à la convention européenne des droits de l'homme relative à la liberté de conscience, dès lors que cet enseignement obligatoire s'accompagne de la faculté de dispenses d'assiduité. • CE 6 avr. 2001, n°s 219379, 221699 et 221700 A : *AJDA 2002. 63, note Toulemonde*.

4. L'Ord. du 15 juin 2000 relative à la partie législative du code de l'éducation n'a abrogé aucune disposition législative particulière régissant l'éducation dans les départements du Haut-Rhin, du Bas-Rhin et de la Moselle. • CE 6 juin 2001, n°s 224053, 224138, 224145, 224255 et 224326.

5. Réunions d'information. Le proviseur d'un lycée a pu valablement autoriser la tenue, en dehors des heures d'activité scolaire, d'une réunion suivie d'un débat, dans l'enceinte de l'établissement, sur le thème « le rôle de l'État dans l'intégration des enfants d'origine étrangère », cette réunion étant animée par le président de l'association « SOS Racisme ». Le Conseil d'État a en effet considéré que cette association ne pouvait être assimilée à un groupement politique, que même s'il avait fait l'objet dans un passé récent de controverse d'ordre politique, le thème retenu concernait un débat d'ordre civique et social et enfin que, ni la proximité d'une consultation électorale, ni la notoriété de l'engagement politique personnel du principal invité n'étaient de nature à retirer ce caractère à la réunion. Le proviseur du lycée n'a ainsi pas porté atteinte au principe de neutralité auquel doivent se conformer les établissements scolaires. • CE 1er mars 1993, n° 119390 : *AJDA 1993. 881, note Toulemonde*. ♦ Même solution pour la tenue, en dehors des heures d'activité scolaire, d'une réunion suivie d'un débat dans l'enceinte du lycée, sur le thème « Égalités, code de la nationalité » à laquelle devait participer le président de l'association « SOS Racisme ». D'une part, les organisations qui ont pris l'initiative de la réunion (« Club des droits de l'homme » du foyer socio-éducatif de l'établissement et « comité SOS Racisme ») ne peuvent être assimilées à des groupements politiques. D'autre part, même s'il avait fait l'objet dans un passé récent de controverses d'ordre politique, le thème retenu concernait un débat d'ordre civique et social. • CE 6 nov. 1991, n° 107115 A.

6. Réunions politiques. En sens contraire, illégalité de la décision d'un proviseur d'autoriser, conformément à la proposition qui lui avait été faite par le conseil de l'établissement, la tenue, par des groupements politiques d'élèves, de réunions dans les locaux scolaires, à condition que ces réunions aient lieu en dehors des heures de cours, sans participation extérieure et sous le contrôle d'une commission désignée par le conseil d'établissement. La circonstance que des groupements politiques d'élèves soient habilités à organiser des réunions politiques au sein du lycée est de nature, malgré les conditions dont cette autorisation était assortie, à porter atteinte au principe de neutralité auquel doivent se conformer, en la matière, les établissements scolaires. • CE 8 nov. 1985, *MEN c/ Rudent*, n° 55594 A.

7. Diffusion de documents pédagogiques. Le centre national de documentation pédagogique, dans le cadre de sa mission d'aide pédagogique aux établissements d'enseignement, a diffusé un exemplaire hors série de la revue Textes et documents consacré exclusivement au traité relatif à la Constitution européenne. En admettant même que cette livraison n'ait pas fait état des arguments des adversaires de ce traité, alors que les enseignants auxquels elle est destinée, qui n'ont nulle obligation d'incorporer ce document pédagogique dans leur programme d'enseignement, disposent de la liberté d'en utiliser le contenu à leur gré, au moment qu'ils auront déterminé, la décision, révélée par des informations de presse, de diffuser ce numéro hors série n'a pu constituer une atteinte grave et manifestement illégale aux principes de la liberté d'expression du suffrage, de la liberté de conscience et d'opinion et de neutralité du service public de l'éducation nationale. • CE 6 mai 2005, ☎ n° 280265.

Circulaire n° 2013-144 du 6 septembre 2013,

Relative aux valeurs et symboles de la République (Charte de la laïcité).

La Charte de la laïcité à l'École, dont le texte est annexé à cette circulaire, a été élaborée à l'intention des personnels, des élèves et de l'ensemble des membres de la communauté éducative. Dans un langage accessible à tous, cette Charte explicite les sens et enjeux du principe de laïcité à l'École, dans son rapport avec les autres valeurs et principes de la République. Elle offre ainsi un support privilégié pour enseigner, faire partager et faire respecter ces principes et ces valeurs, mission confiée à l'École par la Nation et réaffirmée dans la loi d'orientation et de programmation pour la refondation de l'École de la République du 8 juillet 2013.

Adaptée aux spécificités de la mission éducative de l'École, la Charte de la laïcité à l'École vise à réaffirmer l'importance de ce principe indissociable des valeurs de liberté, d'égalité et de fraternité exprimées par la devise de la République française. La laïcité souffre trop souvent de méconnaissance ou d'incompréhension. Ce texte permet d'en comprendre l'importance, comme garante à la fois des libertés individuelles et des valeurs communes d'une société qui dépasse et intègre ses différences pour construire ensemble son avenir. La laïcité doit être comprise comme une valeur positive d'émancipation et non pas comme une contrainte qui viendrait limiter les libertés individuelles. Elle n'est jamais dirigée contre des individus ou des religions, mais elle garantit l'égal traitement de tous les élèves et l'égale dignité de tous les citoyens. Elle est l'une des conditions essentielles du respect mutuel et de la fraternité. Ce texte s'attache aussi à montrer le rôle de l'École dans la transmission du sens et des enjeux de la laïcité. La transmission de ce principe par l'École est indispensable pour permettre l'exercice de la citoyenneté et l'épanouissement de la personnalité de chacun, dans le respect de l'égalité des droits et des convictions, et dans la conscience commune d'une fraternité partagée autour des principes fondateurs de notre République.

Dans les écoles et les établissements d'enseignement du second degré publics, il est demandé de procéder à un affichage visible de la Charte de la laïcité à l'École. La transmission des valeurs et principes de la République requiert en outre, dans l'ensemble des établissements d'enseignement, un affichage visible de ses symboles — drapeau et devise notamment — ainsi que de la Déclaration des droits de l'homme et du citoyen du 26 août 1789. La Charte de la laïcité à l'École prendra ainsi tout son sens, en cohérence avec l'article 3 de la loi du 8 juillet 2013, codifié à l'article L. 111-1-1 du code de l'éducation, qu'il convient de mettre en œuvre en lien avec les collectivités territoriales.

Dans toutes les écoles et tous les établissements scolaires, ces dispositions doivent être accompagnées par une pédagogie de la laïcité et des autres principes et valeurs de la République, qui s'appuie notamment sur la Charte de la laïcité à l'École et qui permette à la communauté éducative de se les approprier.

I *Charte de la laïcité à l'École : diffusion, pistes pour une appropriation par l'ensemble de la communauté éducative et propositions d'exploitation pédagogique*

1. Affichage de la Charte

Dans les écoles et établissements d'enseignement du second degré publics, la Charte de la laïcité à l'École **est affichée de manière à être visible de tous. Les lieux d'accueil et de passage sont à privilégier.** A cette fin, des affiches de grand format vous ont été envoyées pour mise à disposition de l'ensemble des écoles et des établissements. Ces affiches sont également disponibles, en tant que de besoin, auprès des centres régionaux de documentation pédagogique (CRDP). Sur le site Éduscol, la Charte de la laïcité à l'École est téléchargeable dans un format maniable et propice à sa diffusion la plus large possible et à son appropriation par l'ensemble de la communauté éducative.

Il est souhaitable que l'affichage de la Charte de la laïcité à l'École dans les locaux scolaires revête un caractère solennel et constitue un moment fort dans la vie des écoles et des établissements. Le texte de la Charte de la laïcité à l'École devra, à tout le moins, être porté dans les meilleurs délais à la connaissance de l'ensemble des membres de la communauté éducative.

Il revient en priorité aux chefs d'établissement et directeurs d'école d'assurer non seulement l'affichage, mais la diffusion de cette Charte, en direction de l'ensemble de la communauté éducative, ainsi que des partenaires locaux de l'École, acteurs éducatifs et représentants associatifs notamment. Il leur revient aussi de réfléchir avec l'ensemble des équipes pédagogiques aux moyens de faire vivre la réflexion sur la laïcité dans leur établissement, à partir de cette Charte. Les membres des corps d'inspection l'incluront dans leur accompagnement pédagogique. Les conseillers principaux d'éducation, les référents vie lycéenne et les professeurs principaux donneront aux élèves, notamment aux élèves élus, les moyens de se saisir de ce texte et, par là, de participer activement à la connaissance du principe de laïcité au sein de leur établissement scolaire.

2. Diffusion et appropriation

Les moyens d'une diffusion et d'une appropriation de la Charte peuvent être les suivants.

Il est recommandé de joindre la Charte de la laïcité à l'École au **règlement intérieur**. Sa présentation aux parents lors des réunions annuelles de rentrée sera l'occasion, pour les directeurs et directrices d'école et pour les chefs d'établissement, de faire connaître la Charte, d'en éclairer le sens et d'en assurer le respect.

Dans les différentes instances des établissements scolaires (conseil d'école et conseil d'administration), la Charte de la laïcité nourrira les réflexions et les échanges propres à inspirer un axe du projet d'école ou d'établissement. Les modalités de son utilisation à des usages et fins pédagogiques feront l'objet de propositions des conseils pédagogiques. Enfin, les conseils de la vie lycéenne et les conseils de la vie collégienne seront des lieux d'impulsion d'activités visant à faire vivre la laïcité au sein des établissements par l'initiative des élèves eux-mêmes, ainsi que l'article 15 de la Charte les y invite.

3. Ressources pour une pédagogie de la Charte de la laïcité à l'École

La nécessaire maîtrise par les élèves du principe de laïcité et des valeurs qui fondent notre République requiert une pédagogie qui les fasse connaître, comprendre et partager.

La Charte de la laïcité en est un vecteur privilégié, qu'elle soit étudiée dans le cadre des enseignements, notamment en instruction civique et morale, en éducation civique, en éducation civique, juridique et sociale puis, à partir de la rentrée 2015, dans celui de l'enseignement moral et civique, de l'heure de vie de classe ou encore qu'elle soit mise en valeur dans le cadre d'actions éducatives.

La Charte de la laïcité à l'École a été élaborée avec l'intention d'en permettre la pédagogie. Elle énonce dans un langage simple les significations du principe de laïcité, des règles qui en découlent et de leur bien-fondé tout en clarifiant, pour la compréhension de tous, les garanties que ce principe apporte à l'exercice de la liberté, au respect de l'égalité, à la poursuite de l'intérêt général et à la fraternité.

Les cinq premiers articles rappellent les principes fondamentaux de la République indivisible, laïque, démocratique et sociale et le fondement solide que la laïcité offre à l'épanouissement de ces valeurs. Les dix articles suivants expliquent ce que doit être la laïcité de l'École, qui assure aux élèves l'accès à une culture commune et partagée. La neutralité des personnels et la laïcité des enseignements y sont rappelées, de même que les règles de vie, respectueuses de la laïcité, dans les différents espaces des établissements scolaires publics.

En complément du texte de la Charte, des documents offrent des pistes d'approfondissement précises et développées pour faciliter sa lecture et son étude. Ces documents constituent des ressources qui permettent d'accompagner sa mise en œuvre par les personnels. Ils sont téléchargeables sur le site Éduscol et se composent notamment d'un commentaire du préambule et de chacun des quinze articles de la Charte, d'un fascicule rassemblant les textes de référence et des pistes bibliographiques, enfin d'un guide d'entrée par les programmes à partir de mots-clés.

Tout au long de l'année scolaire 2013-2014, le site Éduscol sera alimenté de ressources pédagogiques autour des questions de laïcité.

II *Visibilité des symboles de la République à l'École*

Mise en œuvre de l'article L. 111-1-1 du code de l'éducation

Afin de mettre en œuvre l'article L. 111-1-1 du code de l'éducation, dont les dispositions s'appliquent aux écoles et aux établissements d'enseignement du second degré publics et privés sous contrat, il revient aux chefs d'établissement, aux directrices et directeurs d'école et aux directrices et directeurs d'établissement d'enseignement privé sous contrat :

— d'une part, en lien avec les collectivités territoriales, de prendre les dispositions nécessaires pour que la devise de la République et les drapeaux tricolore et européen soient apposés sur la façade ;

— d'autre part, d'afficher à l'intérieur des locaux la Déclaration des droits de l'homme et du citoyen, de manière visible et dans des endroits accessibles à l'ensemble de la communauté éducative. Les lieux de passage et d'accueil sont à privilégier. A cette fin, des affiches de grand format seront disponibles auprès des centres régionaux de documentation pédagogique (CRDP). La Déclaration du 26 août 1789, ainsi qu'un livret pédagogique élaboré par le CNDP, sont également téléchargeables sur le site Éduscol.

Des indications relatives aux normes en matière de pavoisement et d'inscription de la devise feront l'objet d'une instruction ministérielle séparée et seront les seules faisant foi. Toute sollicitation commerciale relative à la mise en œuvre de l'article L. 111-1-1 du code de l'éducation doit être considérée avec prudence.

ANNEXE

Charte de la laïcité à l'École La Nation confie à l'École la mission de faire partager aux élèves les valeurs de la République

La République est laïque

1. La France est une **République indivisible, laïque, démocratique et sociale.** Elle assure l'égalité devant la loi, sur l'ensemble de son territoire, de tous les citoyens. Elle respecte toutes les croyances.

2. La République laïque organise **la séparation des religions et de l'État.** L'État est neutre à l'égard des convictions religieuses ou spirituelles. Il n'y a pas de religion d'État.

3. La laïcité garantit **la liberté de conscience** à tous. **Chacun est libre de croire ou de ne pas croire.** Elle permet la libre expression de ses convictions, dans le respect de celles d'autrui et dans les limites de l'ordre public.

4. La laïcité permet l'exercice de la citoyenneté, en conciliant **la liberté de chacun** avec **l'égalité et la fraternité de tous** dans le souci de l'intérêt général.

5. La République assure dans les établissements scolaires le respect de chacun de ces principes.

L'École est laïque

6. La laïcité de l'École offre aux élèves les conditions pour forger leur personnalité, exercer leur libre arbitre et faire l'apprentissage de la citoyenneté. **Elle les protège de tout prosélytisme et de toute pression** qui les empêcheraient de faire leurs propres choix.

7. La laïcité assure aux élèves l'accès à **une culture commune et partagée.**

8. La laïcité permet **l'exercice de la liberté d'expression** des élèves dans la limite du bon fonctionnement de l'École comme du respect des valeurs républicaines et du **pluralisme des convictions.**

9. La laïcité implique **le rejet de toutes les violences et de toutes les discriminations,** garantit **l'égalité entre les filles et les garçons** et repose sur une culture du **respect** et de la compréhension de l'autre.

10. Il appartient à tous les personnels de transmettre aux élèves le sens et la valeur de la laïcité, ainsi que des autres principes fondamentaux de la République. Ils veillent à leur application dans le cadre scolaire. Il leur revient de porter la présente charte à la connaissance des parents d'élèves.

11. Les personnels ont un devoir de stricte neutralité : ils ne doivent pas manifester leurs convictions politiques ou religieuses dans l'exercice de leurs fonctions.

12. Les enseignements sont laïques. Afin de garantir aux élèves l'ouverture la plus objective possible à la diversité des visions du monde ainsi qu'à l'étendue et à la précision des savoirs, **aucun sujet n'est *a priori* exclu du questionnement scientifique et pédagogique**. Aucun élève ne peut invoquer une conviction religieuse ou politique pour contester à un enseignant le droit de traiter une question au programme.

13. Nul ne peut se prévaloir de son appartenance religieuse pour refuser de se conformer aux règles applicables dans l'École de la République.

14. Dans les établissements scolaires publics, les règles de vie des différents espaces, précisées dans le règlement intérieur, sont respectueuses de la laïcité. **Le port de signes ou tenues par lesquels les élèves manifestent ostensiblement une appartenance religieuse est interdit.**

15. Par leurs réflexions et leurs activités, **les élèves contribuent à faire vivre la laïcité** au sein de leur établissement.

Art. L. 141-2 **Suivant les principes définis dans la Constitution, l'État assure aux enfants et adolescents dans les établissements publics d'enseignement la possibilité de recevoir un enseignement conforme à leurs aptitudes dans un égal respect de toutes les croyances.**

L'État prend toutes dispositions utiles pour assurer aux élèves de l'enseignement public la liberté des cultes et de l'instruction religieuse. – *[L. n° 59-1557 du 31 déc. 1959, art. 1er, al. 1er et 3.]*

I. PROGRAMMES ET MANUELS SCOLAIRES

1. Neutralité des manuels. Le principe de laïcité implique la neutralité des manuels scolaires. • CE 20 janv. 1911, *Porteret,* n° 39663 A (concl. Pichat) • CE 20 janv. 1911, *Pichon,* n° 40212 A • CE 14 janv. 1916, *Assoc. des pères de famille de Gamarde-les-Bains : Lebon 30.*

2. Neutralité des programmes. Le principe de laïcité de l'enseignement public, lequel est un élément de la laïcité de l'État et de la neutralité de l'ensemble des services publics, impose que l'enseignement soit dispensé dans le respect, d'une part, de cette neutralité par les programmes et par les enseignants et, d'autre part, de la liberté de conscience des élèves. La neutralité des programmes a d'abord été évoquée de façon incidente par le Conseil d'État. • CE 2 nov. 1992, *M. Kherouaa et a.,* n° 130394 A : *RFDA 1993. 112, concl. Kessler ; AJDA 1992. 788 et 833, chron. Maugüé et Schwartz ; D. 1993. 108, note Koubi ; JCP 1993. II. 1998, note Tedeschi ; RD publ. 1993. 221, note Sabourin ; Savoir 1992, p. 745, note Seval.*

3. Neutralité des programmes. Génocide des Arméniens. Contrôle du juge. Erreur manifeste d'appréciation. Une association soutenait que l'arrêté de 2008 fixant le programme d'enseignement d'histoire-géographie-éducation civique portait atteinte aux libertés d'expression, de conscience et d'opinion des élèves, ainsi qu'à la neutralité du service public de l'éducation, en raison de l'usage de l'expression « génocide des Arméniens » et de l'orientation que celui-ci confère à l'enseignement des faits en question. Le Conseil d'État juge que, d'une part, la seule utilisation de ces termes qui se bornent à reprendre une formulation courante, notamment de la part d'historiens, et d'ailleurs reprise par la L. n° 2001-70 du 29 janv. 2001 relative à la reconnaissance du génocide arménien, n'est pas, par elle-même, de nature à porter atteinte à ces principes. D'autre part, l'objet même du programme d'histoire, tel que le fixe l'arrêté litigieux, est de faire enseigner aux élèves l'état des savoirs tel qu'il résulte de la recherche historique, laquelle repose sur une démarche critique, fondée sur la liberté de soumettre à débat toute connaissance. Par suite, la prescription d'un tel enseignement par l'arrêté attaqué est, en elle-même, insusceptible de porter atteinte aux libertés d'expression, de conscience et d'opinion des élèves, ou de méconnaître la neutralité du service public de l'éducation. Il juge que le choix d'inscrire dans un programme scolaire l'enseignement de faits et d'événements est soumis à un contrôle d'erreur manifeste d'appréciation. • CE 4 juill. 2018, n° 392400 A : *AJDA 2018. 1365 ; ibid. 1884, chron. Nicolas et Faure ; LIJ 2018, n° 204, p. 6.*

4. Neutralité de la dénomination d'une école. Le principe de neutralité des services publics s'oppose à ce que soient apposés sur les édifices publics des signes symbolisant la revendication d'opinions politiques, religieuses ou philosophiques. En l'espèce M. Jack Lang était l'un des principaux responsables d'un parti politique d'envergure nationale, ministre de 1981 à 2002 et député dans le département réélu pour la dernière fois en 2002 sous l'étiquette de ce parti. Le juge administratif considère que dans ces circonstances en donnant le nom de celui-ci à un établissement public d'enseignement, le conseil municipal a porté atteinte au principe de neutralité. • TA Lille, 18 déc. 2007, n° 0601575 : *AJDA 2008. 709, note Deliancourt.*

5. Éducation à la sexualité. Les dispositions de la circulaire du ministre de l'éducation nationale, de la recherche et de la technologie qui prévoient l'organisation de séquences d'éducation à la sexualité dans un but global d'éducation à la santé et aux fins, notamment, de prévenir les risques de transmission de maladies sexuellement transmissibles, en définissant les objectifs et les orientations de cette démarche éducative, ne méconnaissent pas les principes de neutralité et de laïcité et n'ont ni pour objet, ni pour effet de porter atteinte aux convictions religieuses et philosophiques tant des élèves, que de leurs parents ou des enseignants. • CE 18 oct. 2000, *Assoc. Promouvoir,* n° 213303 A. ♦ Ces dispositions n'ont ni pour objet, ni pour effet de porter atteinte à l'exercice de l'autorité parentale et à l'action éducative des familles garanties notamment par les dispositions du code civil et de la L. du 11 juill. 1975 relative à l'éducation. • Même décision.

6. Le principe de laïcité ne saurait faire obstacle à ce que soit apportée aux élèves des lycées et aux collégiens de classe de troisième, notamment dans un but de santé publique, une information sur la contraception. Le dépliant distribué aux lycéens et aux collégiens de classe de troisième de l'enseignement public se bornant à donner des informations sur les différents modes de contraception et sur les possibilités offertes, en particulier aux mineures, par la L. du 28 déc. 1967, sans inciter à adopter un comportement sexuel particulier ni comporter de mentions susceptibles de porter atteinte à la liberté de conscience des élèves ou de méconnaître la liberté des parents d'élever leurs enfants mineurs dans un sens conforme à leurs convictions ne porte pas atteinte au principe de neutralité de l'enseignement public ou à l'autorité parentale. Mais il n'appartenait pas au ministre chargé de l'enseignement scolaire de porter à la connaissance des élèves les positions liées, en matière de contraception, aux différentes convictions philosophiques et religieuses. • CE 6 oct. 2000, *Assoc. Promouvoir, Assoc. Pour le respect de l'être humain et de la famille et a.*, n°s 216901, 217800, 217801 et 218213 A : *AJDA 2000. 1060, concl. Boissard* ; *D. 2000. 268* .

II. RESPECT DES CROYANCES

7. *Restauration scolaire.* Il semble, qu'en l'absence de réglementation nationale ou d'indications précises sur ce sujet et malgré une conception souple du principe de laïcité-neutralité à l'époque mise en avant par le Conseil d'État en matière de port du foulard islamique, la cantine étant un service public facultatif, il appartient à chaque organe délibérant compétent de poser des règles en la matière. Ainsi, le Conseil d'État, en appel d'une Ord. du 2 oct. 2002 du tribunal administratif de Marseille dans le cadre d'une procédure de référé-suspension, non seulement ne donne pas raison à la requérante qui met en avant plusieurs décisions de la commune d'Orange qui, selon elle, portent atteinte de façon grave aux droits fondamentaux mais condamne cette dernière pour requête abusive à une amende de 200 euros. La requérante soulignait l'atteinte portée par la ville d'Orange au principe de non-discrimination pour motif religieux dans la mesure où les menus scolaires servis le vendredi ne comportaient pas de viande mais du poisson et où il était refusé de tenir compte des prescriptions en vigueur dans d'autres religions. • CE, ord., 25 oct. 2002, n° 251161.

Sur les menus de substitution. V. notes ss. art. L. 421-23.

8. *Autorisation d'absence.* La liberté de conscience reconnue aux élèves, si elle comporte le droit de manifester leurs croyances religieuses à l'intérieur des établissements scolaires, ne doit pas moins s'exprimer sans qu'il soit porté atteinte aux activités d'enseignement, au contenu des programmes et à l'obligation d'assiduité. Les dispositions relatives à l'obligation d'assiduité n'ont pas eu pour objet et ne sauraient légalement avoir pour effet d'interdire aux élèves qui en font la demande de bénéficier individuellement des autorisations d'absence nécessaires à l'exercice d'un culte ou à la célébration d'une fête religieuse, dans le cas où ces absences sont compatibles avec l'accomplissement des tâches inhérentes à leurs études et avec le respect de l'ordre public dans l'établissement. Dès lors, elles ne portent pas atteinte à la liberté religieuse garantie aux élèves. • CE, ass., 14 avr. 1995, *Consistoire central des israélites de France*, n° 125148 A : *AJDA 1995. 501, chron. Stahl et Chauvaux* ; *D. 1995. 481, note Koubi* .

9. *Shabbat.* Les élèves des établissements publics d'enseignement du second degré peuvent bénéficier individuellement des autorisations d'absence nécessaires à l'exercice d'un culte ou à la célébration d'une fête religieuse dans les cas où ces absences sont compatibles avec l'accomplissement des tâches inhérentes à leurs études et avec le respect de l'ordre public dans l'établissement. Toutefois, les contraintes inhérentes au travail des élèves en classe de mathématiques supérieures font obstacle à ce qu'une scolarité normale s'accompagne d'une dérogation systématique à l'obligation de présence le samedi, dès lors que l'emploi du temps comporte un nombre important de cours et de contrôles de connaissances organisés le samedi matin. Le motif tiré de ce qu'un élève ne pourrait bénéficier d'une telle dérogation systématique peut légalement justifier un refus d'inscription. • CE 14 avr. 1995, *M. Koen*, n° 157653 A : *RFDA 1995. 585, concl. Aguila* ; *AJDA 1995. 501, chron. Stahl et Chauvaux* ; *D. 1995. 481, note Koubi* .

10. Les dispositions du règlement intérieur d'un lycée imposant l'assistance aux cours obligatoires en ce qu'elles visent à assurer le respect, dans l'établissement, et par tous les élèves sans distinction d'origine, de race ou de religion, de l'obligation d'assiduité qui constitue une condition du bon fonctionnement du service public de l'enseignement et, ce faisant, un élément de l'ordre public auquel la liberté d'expression reconnue aux élèves ne peut contrevenir. Ces dispositions ne sauraient constituer une atteinte à la liberté des élèves dans l'expression de leurs convictions ou croyances religieuses et ne méconnaissent pas les règles du droit communautaire telles qu'interprétées par la Cour de justice des Communautés européennes. • TA Nice, 7 déc. 1993, *Koen : Lebon T. 803* .

III. ASSOCIATIONS

11. *Association intervenant en milieu scolaire.* Le juge administratif vérifie qu'une association intervenant en milieu scolaire respecte le principe de neutralité. • TA Paris, 23 nov. 2012, n° 1211193 : *AJDA 2013. 427, concl. Guilloteau* .

12. *Agrément.* L'association Couleurs gaies qui lutte contre les discriminations fondées sur l'orientation sexuelle et l'homophobie demandait au recteur l'agrément prévu par le Décr. du 6 nov. 1992 confié aux associations d'intérêt général qui apportent leurs concours à l'enseignement public. Cette demande est rejetée par le recteur au motif que « l'orientation sexuelle, comme l'appartenance politique ou confessionnelle, relève d'un choix personnel et privé. Son expression n'est pas compatible avec le principe de neutralité qui régit le service public d'éducation ». Le juge administratif estime au contraire que le recteur ne pouvait pas légalement refuser l'agrément sollicité, l'association requérante poursuivant un objectif d'intérêt général consacré par la loi, même si elle ne vise qu'une partie des personnes vivant sur le territoire national et ne contrevenant pas au principe de neutralité de l'enseignement public dans la mesure où l'éducation à la sexualité est dispensée dans les établissements scolaires, que diverses circulaires du ministre relèvent que la lutte contre l'homophobie, les injures sexistes et le machisme constituent des « axes forts des actions qui doivent être menées dans les établissements scolaires » et que l'association requérante, qui avait déjà reçu l'agrément « jeunesse et éducation populaire », s'était engagée à respecter le principe de neutralité et à ne faire aucun prosélytisme. • CAA Nancy, 14 févr. 2008, n° 07NC00335 : *AJDA 2008. 1015*.

Art. L. 141-3 Les écoles élémentaires publiques vaquent un jour par semaine en outre du dimanche, afin de permettre aux parents de faire donner, s'ils le désirent, à leurs enfants l'instruction religieuse, en dehors des édifices scolaires.

L'enseignement religieux est facultatif dans les écoles privées. – *[L. 28 mars 1882, art. 2.]*

BIBL. ▶ BONNET, L'enseignement religieux dans les écoles primaires publiques d'Alsace-Moselle, *in* Les statuts de l'enseignement religieux, *Le Cerf-Dalloz, 1996. 95.* – COMBARNOUS, L'enfant, l'école et la religion, *Rev. adm., n° spécial 1999. 66.* – DAHERON, Les religions au collège et au lycée : qu'apprennent nos enfants ?, *Bayard, 2004.* – CHEVALLIER, La séparation de l'Église et de l'école, *Fayard, 1981.* – DEBRAY, L'enseignement du fait religieux dans l'école laïque, *MEN, Rapport officiel 2002.* – DURAND-PRINBORGNE, La religion au lycée, *Savoir, 1991. 1.* – GOY, La garantie européenne de la liberté de religion, *RD publ. 1991. 5.* – FILLIAIRE, Rythmes scolaires et exercice du droit à l'enseignement religieux, *LPA, 1991, n° 21. 17.* – FLAUSS, Les sources supra-législatives du droit de l'enseignement religieux, *LPA, 25 janv. 1995, n° 11. 7* ; Les sources supra-législatives de l'enseignement religieux *in* MESSNER et WOEHRLING (dir.), Les statuts de l'enseignement religieux, *D. 1996. 17.* – LEMOYNE DE FORGES, La religion dans l'école laïque *in* La laïcité du défi de la modernité, *Tequim 1999. 163.* – MESSNER, Pour un enseignement religieux pluraliste et intégré dans l'école *in* : MESSNER et WOEHRLING (dir.), Les statuts de l'enseignement religieux, *D. 1996. 7.* – MONNOT, L'aménagement du temps scolaire au profit de l'enseignement religieux dans l'école primaire publique, *in* : MESSNER et WOEHRLING (dir.), Les statuts de l'enseignement religieux, *D. 1996. 35.* – PIETRI, L'enseignement religieux dans les établissements secondaires publics d'Alsace-Moselle *in* Les statuts de l'enseignement religieux, *Le Cerf-Dalloz, 1996. 103.* – STARCK, Éducation religieuse et Constitution, *RFDC, janv.-mars 2003, n° 53. 22.*

Aumôneries : PRÉLOT, Les aumôneries dans les établissements secondaires publics, *in* Messner et Woehrling (dir.), Les statuts de l'enseignement religieux, *D. 1996. 63*. – RIVÉRO, Les aumôneries de l'enseignement public, *D. 1960. 79.* – SWERRY, Les aumôneries catholiques de l'enseignement secondaire public. Statut en droit français et en droit canonique, *Thèse, Univ. Paris 11, 1991.* – TEXIER, Les aumôneries de l'enseignement secondaire, incertitudes d'une institution, *RD publ. 1984. 105.*

I. ENSEIGNEMENT RELIGIEUX

1. Principe d'un enseignement de connaissance religieuse. La grande chambre de la cour européenne des droits de l'homme a estimé qu'un enseignement de connaissance religieuse pouvait faire partie intégrante du programme scolaire obligatoire dans les écoles publiques norvégiennes. En l'espèce, le juge a en effet relevé que la disposition de la loi qui était en cause plaçait l'accent sur la transmission d'une connaissance non seulement du christianisme mais aussi des autres religions et philosophies du monde, qu'elle insistait aussi sur la promotion de la compréhension, du respect et de l'aptitude au dialogue entre des personnes ayant des croyances et convictions différentes et que ce cours avait été conçu pour être un cours comme les autres devant normalement rassembler tous les élèves et ne pas être enseigné sur le mode du prêche. Les différentes religions et philosophies devaient être présentées à partir de leurs caractéristiques propres, selon les mêmes principes pédagogiques pour l'enseignement des différents sujets. Il estime que la seconde phrase de l'art. 2 du Protocole n° 1 ne renferme aucunement le droit pour les parents de laisser leurs enfants dans l'ignorance en matière de religion et de philosophie. Cela posé, le fait que le programme de l'enseignement primaire et du premier cycle de l'enseignement secondaire accorde une plus large part à la connaissance du christianisme qu'à celle des autres religions et philosophies ne saurait, aux yeux de la Cour, passer en soi pour une entorse aux principes de pluralisme et d'objectivité susceptible de s'analyser en un endoctrinement (voir, *Angelini c/ Suède* (déc.), n° 1041/83, DR 51). Dès lors, eu égard à la place qu'occupe le christianisme dans l'histoire et la tradition de l'État défendeur, il y a lieu de considérer que cette question relève de la marge d'appréciation dont jouit celui-ci pour définir et aménager le programme des études. • CEDH 29 juin 2007, *Norvège* n° 15472/02 : *AJDA 2007. 1926, chron. Flauss* . ♦ Il apparaît toutefois en l'espèce que l'État défendeur n'a pas suffisamment veillé à ce que les informations et connaissances figurant au programme de ce cours soient diffusées de manière objective, critique et pluraliste pour satisfaire aux exigences de l'art. 2 du Protocole n° 1. • Même décision.

2. Transfert des cours. Si la L. du 22 juill. 1983 relative à la répartition des compétences entre les communes, les départements, les régions et l'État a pu légalement déléguer à l'inspecteur d'académie le soin de procéder aux aménagements d'horaires prévus, elle n'a pas pour objet de lui donner compétence pour écarter la règle fixée, pour l'interruption hebdomadaire des cours, par l'Arr. du 2 mai 1972 du ministre de l'éducation nationale. Par suite, la décision de l'inspecteur d'académie autorisant le transfert des cours du samedi matin au mercredi matin, dans sept écoles publiques de la ville de Bourges en tant qu'elle concerne 29 classes de l'enseignement primaire est illégale. • CE 27 juill. 1990, n°s 100792 et 100920 A : *AJDA 1990. 737* ; *LPA 18 févr. 1991, n° 21. 28, note Filiaire* • TA Poitiers, 25 mai 1988, *Monseigneur Rol, évêque d'Angoulême c/ MEN : Lebon T. 813 ; RFDA 1988. 676, notes Durand-Prinborgne et Clapié.*

3. Organisation de la semaine scolaire. Un inspecteur d'académie avait autorisé un conseil d'école à faire fonctionner une école selon la règle d'un mercredi matin travaillé sur deux. Le curé de la paroisse avait attaqué cette décision au motif qu'elle était de nature à porter atteinte à la liberté religieuse en raison de ses conséquences sur l'organisation matérielle et la qualité de l'enseignement religieux. Le tribunal administratif a estimé que cette organisation satisfaisait aux prescriptions de l'art. L. 141-3 et qu'en outre, les témoignages produits par le requérant ne démontraient pas que le rythme de travail ainsi défini plaçait l'institution religieuse dans l'impossibilité matérielle de dispenser les cours de catéchisme aux enfants intéressés durant les jours laissés vacants par l'école publique ou serait de nature à dégrader la qualité de l'enseignement religieux. • TA Clermont-Ferrand, 25 janv. 2007, n°s 0601235 et 0601236 : *LIJ 2007, n° 114, p. 6.* ♦ La Cour administrative d'appel confirme que cette décision ne porte pas atteinte à la liberté de l'instruction religieuse dès lors que le report ne concerne qu'un mercredi sur deux et qu'aucun enseignement n'est donné le mercredi après-midi et le samedi. • CAA Lyon, 18 sept. 2007, n° 07LY00704 : *AJDA 2008. 105, note Toulemonde* .

4. Modalités pour changer le calendrier scolaire. L'inspecteur d'académie ne peut adopter un projet d'organisation du temps scolaire qui déroge aux règles fixées par l'arrêté ministériel du 12 mai 1972 que si ce projet a été auparavant effectivement élaboré par le conseil d'école lors d'une réunion régulière. • CAA Lyon, 27 févr. 2007, n° 06LY02003 B : *AJDA 2007. 1095* .

5. Professeurs. Le Conseil d'État a admis la légalité des concours spéciaux organisés pour le recrutement de professeurs certifiés chargés de dispenser un enseignement religieux (catholique ou protestant) dans les établissements publics d'Alsace et de Moselle. • CE 6 avr. 2001, n°s 219319, 221699 et 221700 : *AJDA 2002. 63, note Toulemonde* .

II. AUMÔNERIES

6. Écoles primaires. Création d'un service d'aumônerie dans l'école primaire publique de la commune. C'est à bon droit que le préfet déclare nulle de droit une délibération portant vote d'un crédit pour la création d'un service d'aumônerie dans l'école primaire de la commune : l'art. 2 de la L. du 9 déc. 1905 qui autorise l'inscription au budget des établissements publics des dépenses relatives aux services d'aumônerie n'est pas applicable aux écoles primaires. • CE 24 déc. 1909, *Cne de Sarzeau*, n° 25258 B. ♦ La délibération, par laquelle le conseil municipal d'une commune crée pour les enfants de l'école primaire un service d'aumônerie en dehors des locaux scolaires, ne rentre pas dans les cas d'exception à la règle édictée par l'art. 2 de la loi de 1905 et a pour effet d'assurer à des ministres des cultes un traitement payé sur les fonds communaux, contrairement à l'interdiction générale édictée par la loi. Par suite, le préfet fait une exacte application de la L. du 9 déc. 1905 en déclarant cette délibération nulle de droit. • CE 19 mai 1911, *Cne de Boupère*, n° 26126 A.

7. Enseignement secondaire. Dans l'enseignement secondaire, l'État a d'abord eu une conception restrictive des besoins en aumônerie estimant que l'institution de ce service dans un lycée parisien n'était pas nécessaire pour permettre aux élèves le libre exercice de leur culte. • CE 28 janv. 1955, *Assoc. professionnelle des aumôniers de l'enseignement public : Lebon 51.* ♦ Il a ensuite estimé que l'État est en droit de prendre toutes les mesures utiles pour assurer le libre exercice des cultes au sein d'un établissement scolaire du second degré, dès lors que ni la liberté de conscience, ni l'intérêt de l'ordre public n'y font obstacle et que les dépenses mises à la charge de la collectivité publique n'excèdent pas celles prévues à l'art. 2 de la L. du 9 déc. 1905. • CE, sect., 7 mars 1969, *Ville de Lille*, n° 70734 A.

Art. L. 141-4 **L'enseignement religieux ne peut être donné aux enfants inscrits dans les écoles publiques qu'en dehors des heures de classe.** – *[L. 9 déc. 1905, art. 30.]*

Art. L. 141-5 **Dans les établissements du premier degré publics, l'enseignement est exclusivement confié à un personnel laïque.** – *[L. 30 oct. 1886, art. 17.]*

BIBL. ► BELLIARD, Genèse et actualité de la notion de laïcité, *Cah. fonct. publ., avr. 2004. 4.* – BUI-XUAN, Les ambiguïtés de l'étude du Conseil d'État relative à la neutralité religieuse dans les services publics, *AJDA 2014. 249* . – CHAMBRAUD, Laïcité : « En priorité, former les enseignants », Jean-Louis Bianco, président de l'Observatoire de la laïcité, défend son bilan à la tête de cet organisme indépendant, *Le Monde, 1er-2 nov. 2020. 13.* – DEBÈNE, La Charte de la laïcité à l'école, outil de refondation de l'école de la République, *AJDA 2013. 2480* . – DEMUNCK, Sous les jupes des filles, *AJCT 2015. 225* . – GAILLET, Port du voile par les enseignantes des écoles publiques : retour à Karlsruhe. Étude sur la décision de la Cour constitutionnelle allemande du 27 janvier 2015, *AJDA 2015. 1401* . – GUYOMAR et COLLIN, Le fait pour un agent du service public de l'enseignement de porter un signe destiné à marquer son appartenance à une religion constitue un manquement à ses obligations, *AJDA 2000. 602* . – JELLAB, ROLLAND, THIBAU-LÉVÊQUE et WASSENBERG, L'application du principe de laïcité dans les établissements scolaires de l'enseignement public : état des lieux, avancées et perspectives, *MENJS, Rapp. IGESR, n° 2019-115, nov. 2019.* – LOUVARIS, L'application du principe de neutralité par l'administration, *Cah. fonct. publ., 2002, n° 217. 8.* – MARLIAC, Une modulation casuelle de la liberté du parent accompagnant de porter des signes religieux. Liberté d'expression religieuse et neutralité, *La Revue des droits de l'homme [en ligne], Actualités Droits-Libertés, mis en ligne 22 juill. 2015, https ://journals.openedition.org/revdh/1392.* – OBIN, Comment on a laissé l'islamisme pénétrer l'école, *HERMANN, coll. Questions sensibles, 2020.* – PICARD, Le principe de laïcité et son application aux agents des services publics, *Cah. fonct. publ., 2002, n° 217. 4.* – POUPEAU, Pour la CNCDH, la nouvelle loi sur la laïcité est inutile, *AJDA 2013. 1892* . – VALLAUD-BELKACEM, Dans le combat pour la laïcité, ce n'est pas l'école qui a failli mais ce qui l'entoure, *Le Monde, 3 nov. 2020. 26.* – Observatoire de la laïcité, Laïcité et collectivités locales, *Guide, 2013* ; Rappel à la loi à propos de la laïcité et du fait religieux, *15 oct. 2013* ; Avis de l'observatoire de la laïcité sur la diffusion de la « charte de la laïcité à l'école » et sur ses outils pédagogiques, *10 sept. 2013.* – Observatoire des enseignants : les contestations de la laïcité et les formes de séparatisme religieux à l'École, *IFOP, Rapp. d'étude pour la Fondation Jean Jaurès et Charlie Hebdo, Étude en ligne du 10 au 17 déc. 2020 « auprès d'un échantillon de 801 personnes, représentatif des enseignants des 1er et 2e degrés en France métropolitaine ».*
V. aussi : DAJ, note A1 n° 16-093 du 1er avr. 2016 : *LIJ 2016, n° 194, p. 17.*

1. Personnels. Il résulte des textes constitutionnels et législatifs que le principe de liberté de conscience ainsi que celui de la laïcité de l'État et de neutralité des services publics s'appliquent à l'ensemble de ceux-ci. • CE 3 mai 1950, *Mlle Jamet : Lebon 247.* ♦ Si les agents du service de l'enseignement public bénéficient, comme tous les autres agents publics, de la liberté de conscience qui interdit toute discrimination dans l'accès aux fonctions comme dans le déroulement de la carrière qui serait fondée sur la religion, le principe de laïcité fait obstacle à ce qu'ils disposent, dans le cadre du service public, du droit de manifester leurs croyances religieuses. Il n'y a pas lieu d'établir une distinction entre les agents selon qu'ils sont chargés de fonctions d'enseignement ou non. Par suite, le fait pour un agent du service de l'enseignement public de manifester dans l'exercice de ses fonctions ses croyances religieuses, notamment en portant un signe destiné à marquer son appartenance à une religion, constitue un manquement à ses obligations. Les suites à donner à ce manquement, notamment sur le plan disciplinaire, doivent être appréciées par l'administration sous le contrôle du juge, compte tenu de la nature et du degré de caractère ostentatoire de ce signe, comme des autres circonstances dans lesquelles le manquement est constaté. • CE, avis, 3 mai 2000, *Mlle Julie Marteaux*, n° 217017 A : *AJDA 2000. 602, chron. Guyomar et Collin* ; *RFDA 2001. 146, concl. Schwartz* ; *D. 2000. 747, note Koubi* . ♦ V. aussi • TA Paris, 17 oct. 2002, *Mlle Ebrahimian*, n° 0101740/5 : *AJDA 2003. 99* • CAA Lyon, 27 nov. 2003, *Nadget Ben Abdallah*, n° 03LY01392 : *AJDA 2004. 154, note Melleray* ; *AJFP 2004. 88, obs. Mekhantar et note Lemaire* ; *D. 2004. 32* .

2. Intervenants extérieurs en éducation physique et sportive. Situation juridique. Conséquences. Principe de neutralité. La DAJ a précisé que les intervenants extérieurs en EPS intervenant au titre de l'art. L. 312-3, ne sont pas de simples accompagnants mais des intervenants apportant leur concours à l'enseignement de l'EPS dans les écoles publiques. À ce titre, ces intervenants prennent part à la mission d'enseignement et sont au contact direct des enfants lors de l'encadrement des activités physiques et sportives au cours desquelles ils encadrent un groupe d'élèves sous la responsabilité pédagogique de l'enseignant. Ils sont ainsi placés dans une situation comparable à celle des professeurs et distincte de celle des parents qui accompagnent une sortie scolaire. Ces intervenants agréés doivent donc être considérés comme soumis au principe de neutralité au même titre que les agents publics. La DAJ précise que sur la question de savoir si, au moment où les personnes passent le test organisé par les services de l'État en vue d'obtenir la délivrance de l'agrément, elles sont déjà soumises au principe de neutralité, il semble possible de considérer que tant qu'elles n'exercent pas les fonctions pour lesquelles l'agrément est délivré, elles peuvent manifester leurs convictions religieuses au même titre que n'importe quel usager. Toutefois, si le test comporte une mise en situation devant les élèves, le principe de neutralité leur sera applicable dès ce moment. La DAJ ajoute qu'il convient de veiller à informer les candidats à l'agrément qu'ils seront soumis au même devoir de neutralité que tout agent public lorsqu'ils participeront à l'encadrement d'une activité physique et sportive et qu'ils seront ainsi tenus de ne pas faire état de leurs convictions religieuses. * Note DAJ A1, n° 2019-0056, 17 janv. 2020 : *LIJ 2020, n° 201, p. 7.* ♦ En ce sens : • CAA Lyon, 23 juill. 2019, n° 17LY04351 : *LIJ 2019, n° 208, p. 5.*

3. Parents d'élèves accompagnant les sorties scolaires. Les parents d'élèves qui participent volontairement aux activités du service public d'éducation doivent respecter, dans leur tenue comme dans leurs propos, le principe de laïcité. Le règlement intérieur d'une école élémentaire peut imposer aux parents accompagnant les sorties scolaires de respecter les règles de la laïcité. En l'espèce, le juge estime qu'il résulte des textes constitutionnels et législatifs que le principe de liberté de conscience ainsi que celui de la laïcité de l'État et de neutralité des services publics s'appliquent à l'ensemble de ceux-ci ; que les parents d'élèves volontaires pour accompagner les sorties scolaires participent, dans ce cadre, au service public de l'éducation ; que le principe de la laïcité de l'enseignement public, qui est l'un des éléments de la laïcité de l'État et de la neutralité de l'ensemble des services publics, impose que l'enseignement soit dispensé, dans le respect, d'une part, de cette neutralité par les programmes, les enseignants et les personnels qui interviennent auprès des élèves et, d'autre part, de la liberté de conscience des élèves ; que si les parents d'élèves participant au service public d'éducation bénéficient de la liberté de conscience qui interdit toute discrimination fondée sur leur religion ou sur leurs opinions, le principe de neutralité de l'école laïque fait obstacle à ce qu'ils manifestent, dans le cadre de l'accompagnement d'une sortie scolaire, par leur tenue ou par leurs propos, leurs convictions religieuses, politiques ou philosophiques. Il ajoute que, « compte tenu de l'intérêt qui s'attache aux principes de laïcité et de neutralité du service public dans les établissements scolaires publics », la disposition attaquée ne porte pas une atteinte excessive aux libertés garanties par l'art. 9 de la Conv. EDH et par l'art. 18 du pacte international des droits civils et politiques. • TA Montreuil, 22 nov. 2011, n° 1012015 : *AJDA 2011. 2319* ; *AJDA 2012. 163, note Hennette-Vauchez* ; *ibid. 2011. 2319* ; *D. 2012. 72, note Girard* ; *AJCT 2012. 105, obs. Rouquet.* ♦ Le tribunal administratif de Lyon estime pour sa part que les parents d'élèves participant au service public d'éducation bénéficient de la liberté de conscience qui interdit toute discrimination fondée sur leur religion ou sur leurs opinions. Toutefois, s'agissant des parents d'élèves qui participent à des déplacements ou des activités scolaires, les nécessités de l'ordre public et du bon fonctionnement du service peuvent conduire l'autorité administrative compétente à recommander aux parents d'élèves de s'abstenir de manifester leur appartenance ou leurs croyances religieuses. L'autorité administrative ne méconnaît pas le principe de neutralité du service public en réservant aux seuls parents arborant une tenue neutre la possibilité de participer directement aux activités scolaires des élèves en situation d'apprentissage. • TA Lyon, 19 oct. 2017, n° 1505363.

Dans un sens contraire, le tribunal administratif de Nice a annulé la décision d'une école élémentaire refusant à une mère de famille le droit d'accompagner une sortie scolaire en conservant son voile. En l'espèce, le juge a considéré que les parents d'élèves autorisés à accompagner une sortie scolaire à laquelle participe leur enfant doivent être regardés, comme les élèves, comme des usagers du service public de l'éducation. Par suite, les restrictions à la liberté de manifester leurs opinions religieuses ne peuvent résulter que de textes particuliers ou de considérations liées à l'ordre public ou au bon fonctionnement du service. • TA Nice, 9 juin 2015, n° 1305386 : *AJDA 2015. 1125* ; *ibid. 1933, note Brice-Delajoux* ; *AJCT 2015. 544, obs. Rouquet.* ♦ La ministre, quant à elle, saisie d'une question relative à l'application du principe de neutralité religieuse aux personnes mettant en œuvre les activités périscolaires proposées aux élèves par les communes en dehors du temps scolaire, telles que des activités de soutien, rappelle que le Conseil d'État, saisi par le Défenseur des droits, s'est récemment prononcé sur la question du port de signes religieux par les personnes participant au service public de manière occasionnelle (étude adoptée par l'assemblée générale du Conseil d'État le 19 déc. 2013). Ainsi, les agents des services publics sont tenus à une obligation de neutralité religieuse dans l'exercice de leurs missions. En revanche, les usagers et les tiers au service public ne sont pas en tant que tels soumis à l'exigence de neutralité religieuse. Il s'ensuit que des restrictions à la liberté de manifester des opinions religieuses peuvent résulter soit de textes particuliers, soit de considérations liées à l'ordre public ou au bon fonctionnement du service. Dès lors, ces principes sont applicables aux personnes auxquelles les communes confient l'animation et l'encadrement des activités périscolaires qu'elles mettent en place. La ministre précise qu'en revanche, le raisonnement retenu par l'assemblée plénière de la Cour de cassation, dans son arrêt du 25 juin 2014 (n° 13-28.369), ne peut être transposé aux personnes recrutées par les communes puisqu'il est fondé sur l'interprétation des art. L. 1121-1 et L. 1321-3 C. trav., dont il résulte que les restrictions à la liberté du salarié de manifester ses convictions religieuses doivent être justifiées par la nature de la tâche à accomplir et proportionnées au but recherché, dès lors ces dispositions du C. trav. ne sont pas applicables aux collectivités publiques. * Rép. min. n° 77858 : *JOAN Q 8 sept. 2015, p. 6856 ; LIJ 2015, n° 190, p. 20.*

4. CEDH. La Cour européenne des droits de l'homme confirme l'incompatibilité, pour une enseignante, du port du foulard islamique avec le principe de neutralité religieuse de l'enseignement public. • CEDH, 15 févr. 2001, *Mme Dahlab c/ Suisse*, n° 42393/98 : *AJDA 2001. 480, note Flauss ; RFDA 2003. 536, chron. Chauvin.*

5. Inspecteur primaire. La mutation d'office d'un inspecteur primaire, opérée en vue d'éviter des mouvements locaux d'opinion nuisibles à la neutralité de l'enseignement public que risquait de provoquer l'attitude prise publiquement par l'intéressé sur une question de politique générale, faisant l'objet de vives polémiques, n'a pas le caractère d'une sanction disciplinaire. Elle ne porte aucune atteinte à la liberté d'expression et constitue une simple mutation prononcée dans l'intérêt du service. • CE 6 oct. 1965, n° 63261 A.

6. Adresse électronique professionnelle. Agent faisant usage de son adresse électronique professionnelle à des fins personnelles d'échanges entrepris en sa qualité de membre de l'Association pour l'unification du christianisme mondial et figurant, avec cette même adresse, en sa qualité de membre de cette association sur un site de celle-ci destiné à la consultation du public. Le fait d'utiliser des moyens de communication du service au profit de cette association, et celui d'apparaître, dans ces conditions, sur le site de celle-ci en qualité de membre constituent un manquement au principe de laïcité et à l'obligation de neutralité qui s'impose à tout agent public. • CE 15 oct. 2003, n° 244428 A : *AJFP 2004. 31, note Guillaumont ; D. 2003. 2728.*

Art. L. 141-5-1 *(L. n° 2004-228 du 15 mars 2004, art. 1er)* **Dans les écoles, les collèges et les lycées publics, le port de signes ou tenues par lesquels les élèves manifestent ostensiblement une appartenance religieuse est interdit.**

Le règlement intérieur rappelle que la mise en œuvre d'une procédure disciplinaire est précédée d'un dialogue avec l'élève.

Sur le port de signes ou de tenues manifestant une appartenance religieuse dans les écoles, collèges et lycées publics, V. ci-dessous Circ. du 18 mai 2004.

BIBL. ▶ **Signes religieux :** BATTAGLIA, Face aux communautarismes, M. Peillon présente sa charte de la laïcité, *Le Monde, 8-9 sept. 2013. 8.* – BONTEMS, À Dieu foulard... islamique, *Rev. adm. 1993. 583.* – J.-P. C., Le principe de laïcité et les signes d'appartenance à une communauté religieuse, *AJDA 1990. 39.* – BRIBOSIA et RORIVE, Le voile à l'école : une Europe divisée, *RTDH 2004, n° 60, p. 951.* – BURGORGUE-LARSEN, Laïcité : port du voile dans les établissements publics, *Constitutions 2010. 73.* – BURGORGUE-LARSEN et DUBOUT, Le port du voile à l'université. Libres propos sur l'arrêt de la Grande chambre Leyla Sahin c/ Turquie du 10 novembre 2005, *RTDH 2006, n° 66, p. 183.* – CORDONNIER, Le port des signes distinctifs dans les établissements scolaires : liberté ou conformité ?, *in* Le droit et l'école, *Presses universitaires de Rennes, coll. Didact Éducation, 2003. 63.* – COSTA, Le principe de laïcité et les signes d'appartenance à une communauté religieuse, *AJDA 1990. 39.* – DEFFAINS, Le principe de laïcité' de l'enseignement public à l'épreuve du foulard islamique, *RTDH 1998, n° 34, p. 203.* – DIEU, L'école, sanctuaire laïque, *D. 2009. 685* ; Laïcité et enseignement aujourd'hui : les limites de la neutralité, *RFDA 2021. 246.* – DILAS-ROCHERIEUX, Tradition, religion, émancipation : la question du voile chez les jeunes musulmanes, *Gallimard, coll. Le débat, n° 136, sept.-oct. 2005.* – DORD, Laïcité à l'école : l'obscure clarté de la circulaire « Fillon » du 18 mai 2004, *AJDA 2004. 1523.* – DURAND-PRINBORGNE, La loi sur la laïcité, une volonté politique au centre de débats de société, *AJDA 2004. 704* ; Le port des signes extérieurs de convictions religieuses à l'école : une jurisprudence affirmée... une jurisprudence contestée, *RFDA 1997. 151* ; La circulaire Jospin du 12 décembre 1989, *RFDA 1990. 10.* – FABRE-ALIBERT, La loi française du 15 mars 2004 encadrant, en application du principe de laïcité, le port de signes ou de tenues manifestant une appartenance religieuse dans les écoles, collèges et lycées publics : vers un pacte social laïque ?, *RTDH, 2004. 575.* – FLAUSS, Les signes religieux distinctifs à l'école *in* GONZALEZ, Laïcité, libertés de religion et Convention européenne des droits de l'homme, *Droit et Justice, Nemesis-Bruylant, 2006, vol. 67. 115* ; Rideau sur le voile et autres signes ostensibles, *AJDA 2009. 2077.* – GARAY, Laïcité, école et appartenance religieuse : pour un bilan exigeant de la loi n° 2004-228 du 15 mars 2004, *Cahiers de la recherche sur les droits fondamentaux, n° 4, 2005. 33.* – GASPARD et Khosrokhavar, Le foulard et la République, *La Découverte, 1995*. – Gonzalez, L'interdiction du port du foulard islamique dans les universités turques est compatible avec la Convention européenne des droits de l'homme, *AJDA 2006. 315*. – Koubi, Droits et religions, *RD publ. 1992. 725* ; De la laïcité à la liberté de conscience : le port des signes d'appartenance religieuse, *LPA 5 janv. 1990. 6* ; Une précision tenue pour insigne. À propos de la loi n° 2004-228 du 15 mars 2004 encadrant, en application du principe de laïcité, le port de signes ou de tenues manifestant une appartenance religieuse dans les écoles, collèges et lycées publics, *JCP Adm. 2004. 1213* ; L'interprétation administrative de la loi du 15 mars sur le port de signes religieux dans les établissements scolaires, *JCP Adm. 2004. 839*. – Lallet et Geffray, Le Conseil d'État, gardien du temple : bref retour sur 25 ans de laïcité, *AJDA 2014. 104*. – Le Bars, L'école sans le voile, *Le Monde, 8 et 9 avr. 2007. 13*. – Le Goff, Le port du voile islamique dans le domaine scolaire en France et en Allemagne, *RID comp., 2005. 400*. – Lombard, La CEDH et le port des signes religieux, *Dr. adm., 2004, n° 10, comm 146*. – Malaurie, Laïcité, voile islamique et réforme législative. Loi n° 2004-228 du 15 mars 2004, *JCP 2004. I. 124*. – Minot, Droits de l'homme et neutralité de l'État. A propos de l'affaire du foulard, *Rev. adm. 1990. 32*. – Pauti, L'affaire du crucifix dans les écoles italiennes, *AJDA 2004. 746*. – Obin, Les signes et manifestations d'appartenance religieuse dans les établissements scolaires, *Rapp. IGEN, juin 2004*. – Rivero, Laïcité scolaire et signes d'appartenance religieuse, *RFDA 1990. 1*. – Rochefort, Foulard, genre et laïcité, *Vingtième siècle. Revue d'histoire, n° 75, 2002. 145*. – Sayah, La laïcité réaffirmée : la loi du 15 mars 2004, *RD publ. 2006. 916*. – Seiller, Les limites du port de signes religieux à l'école, *JCP 1997. II. 22808*. – Simon, Ostensible laïcité, *AJDA 2004. 5. 7*. – Tawil, L'interprétation de la loi sur les signes religieux à l'école publique, *JCP Adm. 2004, n° 53, p. 1849*. – Toulemonde, Le port des signes d'appartenance religieuse à l'école : la fin des interrogations ?, *AJDA 2005. 2044*. – Tremblay, Les signes religieux à l'école, *Archives Phil. dr., n° 48, 2004. 169*. – Weil, Lever le voile, *Esprit, 2005. 45*. – Wiener, Les foulards noirs de la République, *Mél. en l'honneur de Guy Braibant, L'état du droit, Dalloz 1996. 767*. – William, Propos sur l'avis du 27 novembre 1989, *RF sc. pol. 199. 59*. – Igen, Les signes et manifestations d'appartenance religieuse dans les établissements scolaires, *Rapport, juin 2004*. – Application de la loi n° 2004-228 du 15 mars 2004 encadrant, en application du principe de laïcité, le port de signes ou tenues manifestant une appartenance religieuse dans les écoles, collèges et lycées publics. Un premier bilan après un an d'application, *LIJ 2005, n° 98*.

▸ **Laïcité et sorties scolaires :** V. Bibl. ss. art. L. 141-5-2.

▸ **Laïcité et examens :** Bonnefont, Les candidats du brevet et du bac à l'épreuve de la laïcité, *AJDA 2013. 1537*.

▸ **Laïcité à l'école :** V. aussi Bibl. gén. en début de chapitre.

▸ **Laïcité et restauration scolaire :** V. ss. art. L. 421-23.

▸ **Laïcité et personnels :** V. Note DAJ A1 n° 16-093 du 1er avr. 2016, *LIJ 2016, n° 194, p. 17*.

▸ **Laïcité et enseignants :** V. Bibl. ss. art. L. 912-1.

▸ **Laïcité à l'université :** V. Bibl. ss. art. L. 141-6 et L. 811-1.

I. DE L'INTERDICTION DES SIGNES OSTENTATOIRES...

1. Avant l'intervention de la L. du 15 mars 2004, le Conseil d'État, dans son avis du 27 nov. 1989, établit que le port de signes d'appartenance religieuse, qui relève de la liberté d'expression, n'est pas incompatible avec le principe de laïcité, mais ce port ne saurait constituer un acte de prosélytisme, qui porterait atteinte à la laïcité de l'institution scolaire. A cette limite, s'ajoutent celles que constituent, d'une part, le respect de l'obligation légale d'assiduité, d'autre part, celui du règlement intérieur de l'établissement et l'interdiction de l'atteinte au fonctionnement du service public ou de l'établissement. Le ministre rend public l'avis. • CE, avis cont., 27 nov. 1989, *GACE*, n° 346893 : *RFDA 1990. 6* ; *AJDA 1990. 39, note J.-P. C.*

2. Règlements intérieurs. Saisi de recours en annulation contre des décisions d'exclusions pour port du voile, le Conseil d'État déclare illégales les dispositions des règlements intérieurs d'établissement formulant une interdiction générale et absolue. • TA Paris, 2 juill. 1991, *Épx Kherouaa : JCP 1992. II. 21837, note Bertrand* • CE 2 nov. 1992, *M. Kherouaa et* a., n° 130394 : *Lebon 389* ; *RFDA 1993. 112,* concl. *Kessler* ; *AJDA 1992. 788* et *833, chron.* Maugüé *et Schwartz* ; *D. 1993. 108, note Koubi* ; *JCP 1993. II. 1998, note Tedeschi* ; *RD publ. 1993. 221, note Sabourin* ; *Savoir 1992, p. 745, note Seval* ; *LPA, n° 62. 5, note Lebreton* ; *Gaz. Pal., 24-25 sept. 1993. 9, note Picard.* ♦ La jurisprudence, qui connaît de nombreuses affaires de port de signes religieux s'aligne sur l'avis de 1989. • TA Lyon, 10 mai 1994, *M.* et *Mme Aoukili,* nos 94-00537 et 94-00538 : *LPA, n° 143, 30 nov. 1994,* *concl. Bézard* • CE 14 mars 1994, *Mlle Yilmaz*, n° 145656 : *Lebon 129* ; *AJDA 1994. 415* ; *RD publ. 1995. 227, note Lajarte*; *LPA, n° 26, 1er mars 1995, note Flauss* • 10 mars 1995, *M. et Mme Aoukili*, n° 159981 : *Lebon 122* ; *AJDA 1995. 332, concl. Aguila* • 20 oct. 1999, *MEN c/ Aït Ahmad*, n° 181486 : *Lebon T. 776* ; *AJDA 2000. 165, note de la Morena* ; *D. 2000. 251, concl. Schwartz*.

3. Obligation d'assiduité. Jeunes filles de confession musulmane ayant manqué à leur obligation d'assiduité aux cours d'éducation physique, pour lesquels elles étaient aptes. Leurs absences répétées justifient légalement la mesure d'exclusion définitive prise à leur encontre. Aucune disposition législative ou réglementaire n'obligeait l'administration, avant de prendre cette sanction, à les mettre en demeure d'assister à ces cours. • CE 27 nov. 1996, *Épx Wissaadane et Épx Chedouane*, n° 170209 : *Lebon 463*. ♦ V. aussi notes ss. art. L. 511-1.

4. Pression. Prosélytisme. Élève exclue d'un établissement d'enseignement secondaire au motif, dont le bien-fondé ne ressort pas des pièces du dossier, que le port d'un foulard présentait en l'espèce le caractère d'un acte de pression ou de prosélytisme religieux. Si l'administration a soutenu devant le juge que l'intéressée aurait manqué à l'obligation d'assiduité et porté son foulard dans des conditions de nature à menacer sa sécurité et celle des élèves de sa classe, ces motifs, qui sont de la nature de ceux qui auraient pu fonder légalement une décision d'exclusion, ne sauraient en tout état de cause rendre légale la décision attaquée qui a été prise sur la base d'un autre motif. • TA Clermont-Ferrand, 6 avr. 1995, *M. et Mme Naderan c/ M. le Recteur de l'Académie de Clermont-Ferrand* : *LPA, 18 août 1995, n° 99. 15, note Marliac, Hamme* • CE 27 nov. 1996, *M. et Mme Naderan*, n° 170941 A.

5. Le foulard par lequel l'élève de l'enseignement public entendait exprimer ses convictions religieuses ne saurait être regardé comme un signe présentant par sa nature un caractère ostentatoire ou revendicatif, et dont le port constituerait dans tous les cas un acte de pression ou de prosélytisme. Alors même que l'élève n'aurait commencé à porter un foulard qu'après la modification du règlement intérieur de l'établissement interdisant le port des signes ostentatoires d'appartenance religieuse, il ne ressort pas des pièces du dossier que l'intéressée aurait porté le foulard dans des conditions telles que ce port aurait revêtu le caractère d'un acte de pression ou de prosélytisme. Les troubles à l'ordre public allégués par le ministre de l'éducation nationale n'étant pas établis, illégalité de la décision du recteur confirmant l'exclusion définitive de l'intéressée. • CE 27 nov. 1996, *MEN c/ M. Khalid et Mme Sefiani*, n° 172787 A.

6. Deux élèves ont participé, au cours de l'année 1994, à des mouvements de protestation qui ont troublé le fonctionnement normal de l'établissement, et ont été au surplus soutenues par des éléments extérieurs qui ont cherché à exercer leur influence à l'intérieur de l'établissement, notamment par la diffusion d'une brochure à des fins de pression et de prosélytisme. Les intéressées ont été accompagnées en 1993-1994, lors de réunions de rencontre entre les parents et les professeurs, non par leurs parents, mais par des tiers qui n'avaient aucun titre pour s'immiscer dans le fonctionnement éducatif du lycée où elles effectuaient leurs études, et que leur propre frère s'est introduit dans le lycée en novembre 1994 afin de vérifier si elles portaient durant les cours le foulard susmentionné, perturbant ainsi l'activité éducative. Il est également établi, notamment par le procès-verbal de la commission académique consultée par le recteur, que les deux jeunes filles ont toujours refusé d'ôter, même temporairement, le foulard qu'elles portaient, y compris durant les cours d'éducation physique, alors que le port dudit foulard n'est pas compatible avec ces cours. Ces élèves ont ainsi excédé les limites du droit d'exprimer et de manifester leurs croyances religieuses à l'intérieur des établissements scolaires qu'elles tenaient notamment des dispositions précitées. Ainsi, la sanction de l'exclusion définitive qui leur a été infligée était justifiée par les faits relevés à leur encontre, lesquels constituaient une grave violation du règlement intérieur du lycée, prohibant notamment les comportements susceptibles de constituer des pressions sur d'autres élèves, de perturber le déroulement des activités d'enseignement, ou de troubler l'ordre dans l'établissement, ainsi que les manquements aux obligations de sécurité. • CAA Lyon, 19 déc. 1999, *M. et Mme Kourrad*, n° 96LY02608.

7. Le refus opposé illégalement à l'inscription d'une élève, sur le seul motif que le port du foulard présentait un caractère ostentatoire, est de nature à engager la responsabilité de l'État. • CAA Nantes, 19 déc. 2002, *MEN c/ M. et Mme Kervanci*, nos 00NT00176 et 99NT02802.

II. ... À L'INTERDICTION DU PORT DE SIGNES OU TENUES PAR LESQUELS LES ÉLÈVES MANIFESTENT OSTENSIBLEMENT UNE APPARTENANCE RELIGIEUSE

8. Convention européenne de sauvegarde des droits de l'homme. Le Conseil d'État rejette le recours contre la circulaire d'application de la L. du 15 mars 2004 en la jugeant conforme aux prescriptions de la Convention européenne de sauvegarde des droits de l'homme et du pacte des droits civils et politiques. • CE 8 oct. 2004, n° 269077 A : *AJDA 2005. 43, note Rolin* ; *RFDA 2004. 977, concl. Keller* ; *D. 2004. 2763*. ♦ Les élèves refusant d'ôter un signe par lequel ils manifestent leur appartenance religieuse peuvent être exclus de leur établissement sans que cette décision soit contraire à la Convention européenne des droits de l'homme. • CAA Paris, 19 juill. 2005, M. *Ranjit Singh*, n° 05PA01831 A. *AJDA 2005. 2009, concl. Bachini*. ♦ Dans le même sens : • CEDH 4 déc. 2008, *Kervanci c/ France*, n° 31645/04 : *AJDA 2008. 2311* • CEDH 4 déc. 2008, *Dogru c/ France*, n° 27058/05 : *AJDA 2008. 2311* ; *AJDA 2009. 882, chron. Flauss*. ♦ Confirmation de la position. • CEDH 17 juill. 2009, *Tuba Aktas c/ France*, n°s 43563/08, 14308/08, 18527/08, 29134/08, 25463/08 et 27561/08 : *AJDA 2009. 1404* ; *ibid. 2077, note Gonzalez.*

9. Caractère objectif de l'interdiction. L'interdiction légale, fondée sur l'art. L. 141-5-1 inséré au code de l'éducation par la L. du 15 mars 2004, peut être régulièrement opposée à un lycéen de confession sikhe refusant d'abandonner le sous-turban propre à cette religion, dès lors que celui-ci « adoptait une tenue le faisant reconnaître immédiatement comme appartenant à la religion sikhe, et cela sans que l'administration n'ait à s'interroger sur la volonté de l'intéressé d'adopter une attitude de revendication de sa croyance ou de prosélytisme, ni à établir que l'attitude du requérant était de nature à troubler l'ordre public ». • TA Melun, 19 avr. 2005, *M. Gurdial Singh*, n° 05-0766/5. ♦ Solution confirmée par le juge de cassation dans les termes suivants : si les élèves des écoles, collèges et lycées publics peuvent porter des signes religieux discrets, sont en revanche interdits, d'une part, les signes ou tenues, tels notamment un voile ou un foulard islamique, une kippa ou une grande croix, dont le port, par lui-même, manifeste ostensiblement une appartenance religieuse, d'autre part, ceux dont le port ne manifeste ostensiblement une appartenance religieuse qu'en raison du comportement de l'élève. Le juge considère que le keshi sikh (sous-turban), porté par l'élève dans l'enceinte scolaire, bien qu'il soit d'une dimension plus modeste que le turban traditionnel et de couleur sombre, ne pouvait être qualifié de signe discret et que l'intéressé, par le seul port de ce signe, a manifesté ostensiblement son appartenance à la religion sikhe. • CE 5 déc. 2007, *M. Singh*, n°s 285394, 285395 et 285396 : *Lebon 463* ; *AJDA 2007. 2343, note Pastor* ; *Cah. éduc., avr. 2008. 37* ; *RFDA 2008. 529, concl. Keller*.

10. Identification. Depuis la loi de séparation des églises et de l'État, ce dernier évite d'intervenir sur les questions religieuses et s'en remet généralement aux autorités ecclésiastiques en cas de contestation. • Civ. 1re, 17 oct. 1978, *Abbé Coache c/ Abbé Bellego : D. 1979. 120.* ♦ Si la circulaire du 18 mai 2004 ne donne pas de liste de signes et tenues interdits, le juge administratif se fonde sur le « caractère voyant et non équivoque de la tenue incriminée » : à propos du keshi (sous-turban) sikh. • CAA Paris, 19 juill. 2005, *M. Ranjit Singh*, n° 05PA01831 : *préc. note 8.* ♦ Solution confirmée par le Conseil d'État. • CE 5 déc. 2007, *M. Singh*, n° 285394 : *préc. note 9.* ♦ ... Ou encore à propos d'accessoires substitués au voile tels que les bandanas. • TA Caen, 7 juin 2005, *Mlle Kervanci*, n° 0500301. ♦ Même solution • CE 5 déc. 2007, *M. et Mme Ghazal*, n° 295671 : *AJDA 2007. 2343, note Pastor*. ♦ L'élève qui continue de porter un voile durant toute la période de dialogue préalable doit être regardée, comme portant une tenue par laquelle elle entendait manifester ostensiblement une appartenance religieuse, en méconnaissance des dispositions du code de l'éducation alors même qu'elle n'a pas accepté de renoncer au port de cette tenue, malgré les invitations en ce sens qui lui avaient été adressées par de nombreux membres de la communauté éducative. • CAA Lyon, 6 juill. 2006, *Mlle Essakkaki*, n° 05LY01818 : *AJDA 2006. 1857*.

11. Interdiction dans les établissements privés sous contrat d'association. La Cour de cassation a précisé que la prohibition du port du voile n'est pas contraire à la L. du 31 déc. 1959 relative aux établissements d'enseignement privé, en ce qu'elle n'affecte ni la neutralité de l'enseignement dispensé ni la liberté de conscience des élèves ni leurs convictions religieuses. Cette décision relève au contraire de l'organisation scolaire et du projet éducatif propre du collège sans violer pour autant son obligation d'accueillir les enfants en dehors de toute distinction d'origine, d'opinion ou de croyance. Elle rappelle en outre que le droit de manifester librement sa religion, tel que posé à l'art. 9 de la Conv. EDH, n'est pas absolu mais doit être concilié avec d'autres impératifs qu'il rappelle. • Civ. 1re, 21 juin 2005, n° 02-19.831 P : *AJDA 2005. 1863* ; *D. 2005. IR 1960*.

12. Stagiaires des GRETA. Absence d'interdiction. Limites. Troubles à l'ordre public. Dans une affaire où les stagiaires du GRETA étaient amenés à rencontrer les élèves de ce lycée du fait de la présence simultanée, dans l'enceinte d'un même établissement, de ces élèves soumis à l'interdiction de port de signe manifestant ostensiblement une appartenance religieuse, le juge estime que la présence d'une stagiaire du GRETA portant un tel signe était dès lors de nature à troubler l'ordre dans cet établissement. Le juge précise en effet que le principe de la laïcité de l'enseignement public est l'un des éléments de la laïcité de l'État et de la neutralité de l'ensemble des services publics. Il impose que l'enseignement soit dispensé dans le respect, d'une part, de cette neutralité par les programmes et par les enseignants et, d'autre part, de la liberté de conscience de ceux qui les suivent. Toutefois, il résulte des normes constitutionnelles que la liberté d'expression des stagiaires d'un GRETA, qui suivent un enseignement public dans le cadre de la formation continue, ne saurait leur permettre d'arborer des signes d'appartenance religieuse qui, par leur nature, par les conditions dans lesquelles ils seraient portés individuellement ou collectivement, ou par leur caractère ostentatoire ou revendicatif, constitueraient un acte de pression, de provocation, de prosélytisme ou de propagande, à l'égard des autres usagers du service public, ni de perturber les activités d'enseignement ou le rôle éducatif des enseignants, ou de troubler l'ordre dans l'établissement ou le bon fonctionnement du service public. • CAA 12 déc. 2015, n° 14PA00582. ♦ Dans le même sens pour une stagiaire d'un GRETA qui recevait des enseignements dispensés pour partie dans un lycée professionnel. En dépit de demandes répétées en ce sens de la direction du GRETA, elle avait refusé de retirer dans l'enceinte du lycée professionnel le voile qui lui couvrait les cheveux. • TA Lyon, 17 sept. 2020, n°s 1902740 et 1902349 : *LIJ 2021, n° 213, p. 5.*

III. DIALOGUE PRÉALABLE À TOUTE PROCÉDURE DISCIPLINAIRE

13. Droits à la défense. Cette disposition s'inscrit dans le droit fil de la jurisprudence du Conseil d'État selon lequel le respect des droits de la défense d'un administré avant toute sanction administrative est un principe général du droit. • CE, sect., 5 mai 1944, *Dame veuve Trompier-Gravier : Lebon 133.* ♦ Ce principe s'applique même sans texte. La L. du 15 mars 2004 n'avait donc pas besoin de prévoir expressément que l'élève devait être entendu avant d'être sanctionné.

14. Caractère obligatoire du dialogue préalable. Si la L. du 15 mars 2004 prévoit que le port de signes ou de tenues manifestant une appartenance religieuse est interdit dans l'établissement, elle prévoit aussi qu'un dialogue avec l'élève doit précéder la mise en œuvre d'une procédure disciplinaire. Il résulte donc de la combinaison de ces deux dispositions qu'aucune exclusion de l'élève ne peut être prononcée avant que la procédure du dialogue n'ait été diligentée. • TA Cergy-Pontoise, ord., 21 oct. 2004, *M. Bikramjit Singh,* n° 0407980.

15. Durée. Saisi dans le cadre d'un référé liberté à propos d'un élève portant un turban sikh, le juge administratif, saisi près d'un mois après le refus d'accès à la classe qui lui était opposé, a ordonné la réunion du conseil de discipline sous 15 jours. Il a en effet considéré que cette situation constituait une atteinte grave et manifestement illégale aux droits de la défense. • TA Cergy-Pontoise, ord., 21 oct. 2004, *M. Bikramjit Singh,* n° 0407980 : *préc. note 14.*

IV. RÈGLEMENT INTÉRIEUR

16. Mention de la sanction. Les sanctions autres que celles instituées par les dispositions réglementaires doivent être prévues par le règlement intérieur. Mais ces dispositions n'ont ni pour objet ni pour effet de subordonner l'application des sanctions prévues par les textes réglementaires à leur mention dans le règlement intérieur. • CE 16 janv. 2008, n° 295023 • CE 16 janv. 2008, n° 295026.

17. Interdiction générale de porter un couvre-chef. Illégalité de l'interdiction générale de porter un couvre-chef en tous lieux d'un établissement scolaire, • CAA Nancy, 10 juin 2010, n° 09NC00424 : *AJDA 2010. 1790 ; LIJ 2010, n° 148, p. 8.*

V. MESURES CONSERVATOIRES

18. Contenu. Le chef d'établissement, représentant de l'État dans l'EPLE, prend les mesures nécessaires pour l'organisation du dialogue et les modalités de scolarisation de l'élève durant cette période, ce qui comprend les mesures éducatives et pédagogiques. • TA Strasbourg, 25 juill. 2005, *Bourhayel,* n° 0500687. ♦ Des attestations rédigées par les enseignants du lycée, produites en première instance par l'administration, permettent d'établir qu'une élève a bénéficié, durant la période d'exclusion des cours, d'un suivi pédagogique, par la remise de cours polycopiés et d'exercices dont la correction et la notation ont pu être assurées. • CAA Lyon, 6 juill. 2006, n° 05LY01818 : *préc. note 10.*

19. Nature juridique. Le fait d'organiser, pour une élève voilée, un mode de scolarisation particulier à l'intérieur de l'établissement durant la phase de dialogue, en l'espèce, travail au centre de documentation et d'information, avec suivi pédagogique assuré par les professeurs, remise des cours polycopiés utilisés en classe, des sujets de devoir et des exercices en assurant leur correction, constitue une mesure conservatoire qui n'a pas en soi de caractère disciplinaire et qui est rendue nécessaire pour la mise en œuvre du dialogue préalable à la procédure disciplinaire. • TA Grenoble, 25 mai 2005, *Mlle Essakaki,* n° 0406566 : *AJDA 2005. 1745, concl. Morel.* ♦ Solution confirmée par • CAA Lyon, 6 juill. 2006, *Mlle Essakkaki,* n° 05LY01818 : *préc. note 10.* ♦ De telles mesures font grief et peuvent être déférées directement au juge administratif. • TA Grenoble, 25 mai 2005, *Mlle Essakkaki : préc.* ♦ L'illégalité de telles mesures peut aussi être soulevée à l'occasion de la demande d'annulation de décisions ultérieures d'exclusion, si le juge estime qu'il existe un lien suffisant entre elles. • TA Strasbourg, 25 juill. 2005, *Karakoc,* n° 0500689 • 25 juill. 2005, *Akremi,* n°s 0404116 et 0500405.

20. Motivation. L'élève qui a pu, notamment dans des lettres adressées au rectorat, contester l'appréciation faite par le proviseur du lycée des dispositions de la L. du 15 mars 2004 et de la circulaire ministérielle du 18 mai 2004 relative à la mise en œuvre de cette loi, n'est pas fondée à soutenir que la décision en litige serait intervenue en méconnaissance de la L. du 11 juill. 1979 susvisée relative à la motivation des actes administratifs. • CAA Lyon, 6 juill. 2006, n° 05LY01818 : *préc. note 10.*

21. Légalité. Le proviseur, auquel il incombe de prendre toute mesure pour assurer l'observation des règles en vigueur dans l'établissement, ne commet pas d'erreur de droit en refusant l'accès d'une élève aux cours, tout en lui assurant un suivi pédagogique pendant la période de dialogue et jusqu'à la décision du conseil de discipline. • CAA Lyon, 6 juill. 2006, n° 05LY01818 : *préc. note 10.*

VI. POSITION DE LA COUR EUROPÉENNE DES DROITS DE L'HOMME

22. Obligation des États. Pour la CEDH, il incombe aux autorités nationales, dans le cadre de la marge d'appréciation dont elles jouissent, de veiller avec une grande vigilance à ce que, dans le respect du pluralisme et de la liberté d'autrui, la manifestation par les élèves de leurs croyances religieuses à l'intérieur des établissements scolaires ne se transforme pas en un acte ostentatoire, qui constituerait une source de pression et d'exclusion. Or, aux yeux de la cour, tel est bien ce à quoi semble répondre la conception du modèle français de laïcité. • CEDH 4 déc. 2008, *Dogru c/ France,* n° 27058/05 : *AJDA 2008. 2311*. ♦ La cour a condamné l'Italie pour violation de l'art. 2 du protocole n° 1 sur la liberté de l'éducation et de l'art. 9 de la Conv. EDH sur la liberté de conscience dans l'affaire du crucifix dans les écoles. • CEDH 3 nov. 2009, *Mme Lautsi c/ Italie,* n° 30814/06 : *AJDA 2010. 563, note Pauti*.

23. Limites à la liberté religieuse. La cour note qu'en France, comme en Turquie ou en Suisse, la laïcité est un principe constitutionnel, fondateur de la République, auquel l'ensemble de la population adhère et dont la défense paraît primordiale, en particulier à l'école. La cour réitère qu'une attitude ne respectant pas ce principe ne sera pas nécessairement acceptée comme faisant partie de la liberté de manifester sa religion, et ne bénéficiera pas de la protection qu'assure l'article 9 de la Convention. Eu égard à la marge d'appréciation qui doit être laissée aux États membres dans l'établissement des délicats rapports entre l'État et les églises, la liberté religieuse ainsi reconnue et telle que limitée par les impératifs de la laïcité paraît légitime au regard des valeurs sous-jacentes à la Convention. En l'espèce, la cour estime que la conclusion des autorités nationales selon laquelle le port d'un voile, tel le foulard islamique, n'est pas compatible avec la pratique du sport pour des raisons de sécurité ou d'hygiène, n'est pas déraisonnable. Elle admet que la sanction infligée n'est que la conséquence du refus par la requérante de se conformer aux règles applicables dans l'enceinte scolaire dont elle était parfaitement informée et non, comme elle le soutient, en raison de ses convictions religieuses. • CEDH 4 déc. 2008, *Dogru c/ France,* n° 27058/05 : *préc. note 22.*

24. Burqa. Loi interdisant le port. La Cour européenne des droits de l'homme a validé la loi française de 2010 qui interdit le port du voile intégral en France. La Cour a souligné que la préservation des conditions du « vivre ensemble » était un objectif légitime à la restriction contestée et que, notamment au regard de l'ample marge d'appréciation dont l'État disposait sur cette question de politique générale suscitant de profondes divergences, l'interdiction posée par la L. du 11 oct. 2010 n'était pas contraire à la Conv. EDH. • CEDH, gr. ch., 1er juill. 2014, *S. A. S. c/ France,* n° 43835/11 : *AJDA 2014. 1348 ; ibid. 1763, chron. Burgorgue-Larsen ; ibid. 1866, étude Gervier ; D. 2014. 1451 ; ibid. 1701, chron. Chassang ; Constitutions 2014. 483, chron. Afroukh ; RSC 2014. 626, obs. Marguénaud ; RTD civ. 2014. 620, obs. Hauser*.

25. Mesures disciplinaires. Pour la cour, le droit à l'instruction n'exclut pas en principe le recours à des mesures disciplinaires, y compris des mesures d'exclusion temporaire ou définitive d'un établissement d'enseignement en vue d'assurer l'observation des règles internes des établissements. L'application de sanctions disciplinaires constitue l'un des procédés par lesquels l'école s'efforce d'atteindre le but pour lequel on l'a créée, y compris le développement et le façonnement du caractère et de l'esprit des élèves. • CEDH 4 déc. 2008, *Dogru c/ France,* n° 27058/05 : *préc. note 22* • CEDH 25 févr. 1982, *Campbell et Cosans c/ Royaume Uni : § 33, série A, n° 48.* – V. aussi, en ce qui concerne l'exclusion d'un élève de l'école militaire, • Comm. EDH 6 janv. 1993, *Yanasik c/ Turquie,* n° 14524/89 : *DR 74, p. 14.* ♦ Ou l'exclusion d'un étudiant pour fraude • Comm. EDH 17 janv. 1996, *Sulak c/ Turquie,* n° 24515/94 : *DR 84-B, p. 98.*

26. Enseignement supérieur. Port de signes ou tenues manifestant ostensiblement l'appartenance à une religion. V. Bibl. et notes ss. art. L. 811-1.

Circulaire du 18 mai 2004,

Relative à la mise en œuvre de la loi n° 2004-228 du 15 mars 2004 encadrant, en application du principe de laïcité, le port de signes ou de tenues manifestant une appartenance religieuse dans les écoles, collèges et lycées publics.

Le ministre de l'éducation nationale, de l'enseignement supérieur et de la recherche à Mesdames et Messieurs les recteurs d'académie, Mesdames et Messieurs les inspecteurs d'académie, directeurs des services départementaux de l'éducation nationale.

La loi du 15 mars 2004 encadrant, en application du principe de laïcité, le port de signes ou de tenues manifestant une appartenance religieuse dans les écoles, collèges et lycées publics, marque la volonté très largement partagée de réaffirmer l'importance de ce principe indissociable des valeurs d'égalité et de respect de l'autre. Elle témoigne de la volonté des représentants de la Nation de conforter l'école de la République.

La présente circulaire précise les modalités d'application de la loi du 15 mars 2004. Elle abroge et remplace la circulaire du 12 décembre 1989 relative à la laïcité, au port de signes religieux par les élèves et au caractère obligatoire des enseignements, la circulaire du 26 octobre 1993 sur le respect de la laïcité, et la circulaire du 20 septembre 1994 relative au port de signes ostentatoires dans les établissements scolaires.

I. *Les principes*

La loi du 15 mars 2004 est prise en application du principe constitutionnel de laïcité qui est un des fondements de l'école publique. Ce principe, fruit d'une longue histoire, repose sur le respect de la liberté de conscience et sur l'affirmation de valeurs communes qui fondent l'unité nationale par-delà les appartenances particulières.

L'école a pour mission de transmettre les valeurs de la République parmi lesquelles l'égale dignité de tous les êtres humains, l'égalité entre les hommes et les femmes et la liberté de chacun y compris dans le choix de son mode de vie. Il appartient à l'école de faire vivre ces valeurs, de développer et de conforter le libre arbitre de chacun, de garantir l'égalité entre les élèves et de promouvoir une fraternité ouverte à tous. En protégeant l'école des revendications communautaires, la loi conforte son rôle en faveur d'un vouloir-vivre-ensemble. Elle doit le faire de manière d'autant plus exigeante qu'y sont accueillis principalement des enfants.

L'État est le protecteur de l'exercice individuel et collectif de la liberté de conscience. La neutralité du service public est à cet égard un gage d'égalité et de respect de l'identité de chacun.

En préservant les écoles, les collèges et les lycées publics, qui ont vocation à accueillir tous les enfants, qu'ils soient croyants ou non croyants et quelles que soient leurs convictions religieuses ou philosophiques, des pressions qui peuvent résulter des manifestations ostensibles des appartenances religieuses, la loi garantit la liberté de conscience de chacun. Elle ne remet pas en cause les textes qui permettent de concilier, conformément aux articles L. 141-2, L. 141-3 et L. 141-4 du code de l'éducation, l'obligation scolaire avec le droit des parents de faire donner, s'ils le souhaitent, une instruction religieuse à leurs enfants.

Parce qu'elle repose sur le respect des personnes et de leurs convictions, la laïcité ne se conçoit pas sans une lutte déterminée contre toutes les formes de discrimination. Les agents du service public de l'éducation nationale doivent faire preuve de la plus grande vigilance et de la plus grande fermeté à l'égard de toutes les formes de racisme ou de sexisme, de toutes les formes de violence faite à un individu en raison de son appartenance réelle ou supposée à un groupe ethnique ou religieux. Tout propos, tout comportement qui réduit l'autre à une appartenance religieuse ou ethnique, à une nationalité (actuelle ou d'origine), à une apparence physique, appelle une réponse. Selon les cas, cette réponse relève de l'action pédagogique, disciplinaire, voire pénale. Elle doit être ferme et résolue dans tous les cas où un élève ou un autre membre de la communauté éducative est victime d'une agression (qu'elle soit physique ou verbale) en raison de son appartenance réelle ou supposée à un groupe donné.

Parce que l'intolérance et les préjugés se nourrissent de l'ignorance, la laïcité suppose également une meilleure connaissance réciproque y compris en matière de religion. A cet égard, les enseignements dispensés peuvent tous contribuer à consolider les assises d'une telle connaissance. De même, les activités de « vivre ensemble » à l'école primaire, l'éducation civique au collège ou l'éducation civique, juridique et sociale au lycée constituent des moments privilégiés pour faire progresser la tolérance et le respect de l'autre. Plus spécifiquement, les faits religieux, notamment quand ils sont des éléments explicites des programmes, comme c'est le cas en français et en histoire, doivent être utilisés au mieux dans les enseignements pour apporter aux élèves les éléments de culture indispensables à la compréhension du monde contemporain.

II. *Le champ d'application de la loi*

Aux termes du premier alinéa de l'article L. 141-5-1 du code de l'éducation, « dans les écoles, les collèges et les lycées publics, le port de signes ou tenues par lesquels les élèves manifestent ostensiblement une appartenance religieuse est interdit ».

2.1. La loi interdit les signes et les tenues qui manifestent ostensiblement une appartenance religieuse

Les signes et tenues qui sont interdits sont ceux dont le port conduit à se faire immédiatement reconnaître par son appartenance religieuse tels que le voile islamique, quel que soit le nom qu'on lui donne, la kippa ou une croix de dimension manifestement excessive. La loi est rédigée de manière à pouvoir s'appliquer à toutes les religions et de manière à répondre à l'apparition de nouveaux signes, voire à d'éventuelles tentatives de contournement de la loi.

La loi ne remet pas en cause le droit des élèves de porter des signes religieux discrets.

Elle n'interdit pas les accessoires et les tenues qui sont portés communément par des élèves en dehors de toute signification religieuse. En revanche, la loi interdit à un élève de se prévaloir du caractère religieux qu'il y attacherait, par exemple, pour refuser de se conformer aux règles applicables à la tenue des élèves dans l'établissement.

2.2. La loi s'applique aux écoles, aux collèges et aux lycées publics

La loi s'applique à l'ensemble des écoles et des établissements d'enseignement scolaire publics. Dans les lycées, la loi s'applique à l'ensemble des élèves, y compris ceux qui sont inscrits dans des formations post-baccalauréat (classes préparatoires aux grandes écoles, sections de technicien supérieur).

La loi s'applique à l'intérieur des écoles et des établissements et plus généralement à toutes les activités placées sous la responsabilité des établissements ou des enseignants y compris celles qui se déroulent en dehors de l'enceinte de l'établissement (sortie scolaire, cours d'éducation physique et sportive...).

2.3. La loi ne modifie pas les règles applicables aux agents du service public et aux parents d'élèves

Les agents contribuant au service public de l'éducation, quels que soient leur fonction et leur statut, sont soumis à un strict devoir de neutralité qui leur interdit le port de tout signe d'appartenance religieuse, même discret. Ils doivent également s'abstenir de toute attitude qui pourrait être interprétée comme une marque d'adhésion ou au contraire comme une critique à l'égard d'une croyance particulière. Ces règles sont connues et doivent être respectées.

La loi ne concerne pas les parents d'élèves. Elle ne s'applique pas non plus aux candidats qui viennent passer les épreuves d'un examen ou d'un concours dans les locaux d'un établissement public d'enseignement et qui ne deviennent pas de ce seul fait des élèves de l'enseignement public. Ceux-ci doivent toutefois se soumettre aux règles d'organisation de l'examen qui visent notamment à garantir le respect de l'ordre et de la sécurité, à permettre la vérification de l'identité des candidats ou à prévenir les risques de fraudes.

2.4. Les obligations qui découlent, pour les élèves, du respect du principe de laïcité ne se résument pas à la question des signes d'appartenance religieuse

La loi du 15 mars 2004 complète sur la question du port des signes d'appartenance religieuse le corpus des règles qui garantissent le respect du principe de laïcité dans les écoles, collèges et lycées publics.

Les convictions religieuses des élèves ne leur donnent pas le droit de s'opposer à un enseignement. On ne peut admettre par exemple que certains élèves prétendent, au nom de considérations religieuses ou autres, contester le droit d'un professeur, parce que c'est un homme ou une femme, d'enseigner certaines matières ou le droit d'une personne n'appartenant pas à leur confession de faire une présentation de tel ou tel fait historique ou religieux. Par ailleurs, si certains sujets appellent de la prudence dans la manière de les aborder, il convient d'être ferme sur le principe selon lequel aucune question n'est exclue *a priori* du questionnement scientifique et pédagogique.

Les convictions religieuses ne sauraient non plus être opposées à l'obligation d'assiduité ni aux modalités d'un examen. Les élèves doivent assister à l'ensemble des cours inscrits à leur emploi du temps sans pouvoir refuser les matières qui leur paraîtraient contraires à leurs convictions. C'est une obligation légale. Les convictions religieuses ne peuvent justifier un absentéisme sélectif par exemple en éducation physique et sportive ou sciences de la vie et de la Terre. Les consignes d'hygiène et de sécurité ne sauraient non plus être aménagées pour ce motif.

Des autorisations d'absence doivent pouvoir être accordées aux élèves pour les grandes fêtes religieuses qui ne coïncident pas avec un jour de congé et dont les dates sont rappelées chaque année par une instruction publiée au *Bulletin officiel* de l'éducation nationale. En revanche, les demandes d'absence systématique ou prolongée doivent être refusées dès lors qu'elles sont incompatibles avec l'organisation de la scolarité. L'institution scolaire et universitaire, de son côté, doit prendre les dispositions nécessaires pour qu'aucun examen ni aucune épreuve importante ne soient organisés le jour de ces grandes fêtes religieuses.

III. *Le dialogue*

Aux termes du second alinéa de l'article L. 141-5-1 du code de l'éducation tel qu'il résulte de la loi du 15 mars 2004, « le règlement intérieur rappelle que la mise en œuvre d'une procédure disciplinaire est précédée d'un dialogue avec l'élève ».

3.1. La mise en œuvre de la loi passe d'abord par le dialogue

Le second alinéa de l'article L. 141-5-1 illustre la volonté du législateur de faire en sorte que la loi soit appliquée dans le souci de convaincre les élèves de l'importance du respect du principe de laïcité. Il souligne que la priorité doit être donnée au dialogue et à la pédagogie.

Ce dialogue n'est pas une négociation et ne saurait bien sûr justifier de dérogation à la loi.

3.2. L'organisation du dialogue relève de la responsabilité du chef d'établissement

Lorsqu'un élève inscrit dans l'établissement se présente avec un signe ou une tenue susceptible de tomber sous le coup de l'interdiction, il importe d'engager immédiatement le dialogue avec lui.

Le chef d'établissement conduit le dialogue en liaison avec l'équipe de direction et les équipes éducatives en faisant notamment appel aux enseignants qui connaissent l'élève concerné et pourront apporter leur contribution à la résolution du problème. Mais cette priorité n'est en rien exclusive de tout autre choix que le chef d'établissement pourrait au cas par cas juger opportun.

Pendant la phase de dialogue, le chef d'établissement veille, en concertation avec l'équipe éducative, aux conditions dans lesquelles l'élève est scolarisé dans l'établissement.

Dans les écoles primaires, l'organisation du dialogue est soumise en tant que de besoin à l'examen de l'équipe éducative prévue à l'article 21 du décret n° 90-788 du 6 septembre 1990 *[V. désormais, C. éduc., art. D. 321-16]*.

Le dialogue doit permettre d'expliquer à l'élève et à ses parents que le respect de la loi n'est pas un renoncement à leurs convictions. Il doit également être l'occasion d'une réflexion commune sur l'avenir de l'élève pour le mettre en garde contre les conséquences de son attitude et pour l'aider à construire un projet personnel.

Pendant le dialogue, l'institution doit veiller avec un soin particulier à ne pas heurter les convictions religieuses de l'élève ou de ses parents. Le principe de laïcité s'oppose évidemment à ce que l'État ou ses agents prennent parti sur l'interprétation de pratiques ou de commandements religieux.

3.3. En l'absence d'issue favorable au dialogue

Le dialogue devra être poursuivi le temps utile pour garantir que la procédure disciplinaire n'est utilisée que pour sanctionner un refus délibéré de l'élève de se conformer à la loi.

Si le conseil de discipline prononce une décision d'exclusion de l'élève, il appartiendra à l'autorité académique d'examiner avec l'élève et ses parents les conditions dans lesquelles l'élève poursuivra sa scolarité.

IV. *Le règlement intérieur*

La loi du 15 mars 2004 s'applique à compter de la rentrée scolaire prochaine.

Même si l'interdiction posée par le premier alinéa de l'article L. 141-5-1 est d'application directe, il est utile de la rappeler dans les règlements intérieurs et de veiller à ce que ceux-ci ne comportent plus de référence à la notion de signes ostentatoires qui s'appuyait sur la jurisprudence du Conseil d'État à laquelle la loi nouvelle se substitue.

Les règlements intérieurs doivent rappeler, conformément aux prescriptions du second alinéa de l'article L. 141-5-1, que la mise en œuvre d'une procédure disciplinaire est précédée d'un dialogue avec l'élève.

Les chefs d'établissement sont invités à soumettre aux conseils d'administration les clauses jointes en annexe.

Les recteurs diffuseront prochainement aux établissements une liste des personnes qui auront pour mission de répondre aux questions que pourraient se poser les chefs d'établissement et les équipes éducatives. Ces correspondants académiques, sous l'autorité du recteur, seront eux-mêmes en contact étroit avec la direction de l'enseignement scolaire et la direction des affaires juridiques qui sont chargées de leur apporter toute l'aide nécessaire dans la mise en œuvre de la loi. Les recteurs et les correspondants académiques sont, en tant que de besoin, les points de contact avec les tiers intéressés à la mise en œuvre de la loi.

Chaque chef d'établissement adressera au recteur de son académie avant la fin de l'année scolaire 2004-2005 un compte rendu faisant le bilan des conditions d'application de la loi dans son établissement et des éventuelles difficultés rencontrées. Une attention particulière doit être apportée à la rédaction de ces comptes rendus, qui fourniront les informations nécessaires au travail d'évaluation prévu par l'article 4 de la loi.

ANNEXE

Modèle d'article à insérer dans le règlement intérieur de l'établissement :

« Conformément aux dispositions de l'article L. 141-5-1 du code de l'éducation, le port de signes ou de tenues par lesquels les élèves manifestent ostensiblement une appartenance religieuse est interdit.

« Lorsqu'un élève méconnaît l'interdiction posée à l'alinéa précédent, le chef d'établissement organise un dialogue avec cet élève avant l'engagement de toute procédure disciplinaire. »

Art. L. 141-5-2 *(L. nº 2019-791 du 26 juill. 2019, art. 10)* **L'État protège la liberté de conscience des élèves.**

Les comportements constitutifs de pressions sur les croyances des élèves ou de tentatives d'endoctrinement de ceux-ci sont interdits dans les écoles publiques et les établissements publics locaux d'enseignement, à leurs abords immédiats et pendant toute activité liée à l'enseignement.

La méconnaissance de cette interdiction est punie de l'amende prévue pour les contraventions de la cinquième classe.

BIBL. ▶ BUI-XUAN, Extension du domaine de la neutralité religieuse, *AJDA 2019. 2401*. – JUSTON, La laïcité à l'épreuve des parents d'élèves accompagnateurs des sorties scolaires, *in La laïcité à l'œuvre et à l'épreuve, Presses universitaires de Toulouse 1 Capitole, 2017. 145 : http://books.openedition.org/putc/3797*. – LEGENDRE, Laïcité : Manuel Valls « favorable à l'interdiction » du port du voile par les mères accompagnatrices des sorties scolaires, *Dépêche AEF, Éducation et Jeunesse, nº 167 448, 1er juin 2012*. – MARLIAC, L'école, la liberté d'expression religieuse et le « collaborateur-accompagnateur », *RRJ 2012-1, note ss. TA Montreuil, 22 nov. 2011, Mme O., PUAM*. – VERGELY, Sorties scolaires, la question du voile, *AJDA 2012. 1388*. – Le Sénat contre le voile lors des sorties scolaires, *AJDA 2019. 2150*.

1. Neutralité. Parents élèves dans les classes. Dans une affaire où la rectrice de l'académie de Lyon avait refusé d'intervenir pour mettre fin à la pratique en vertu de laquelle la participation des mères d'élèves aux activités organisées dans les classes d'une école n'était autorisée que sous la réserve qu'elles arborent une tenue neutre, la cour confirme le rejet de la contestation prononcé par le tribunal administratif (• TA Lyon, 19 oct. 2017, nº 1505363). Elle rappelle à cet effet que le principe de laïcité de l'enseignement public, qui est un élément de la laïcité de l'État et de la neutralité de l'ensemble des services publics impose que, quelle que soit la qualité en laquelle elles interviennent, les personnes qui, à l'intérieur des locaux scolaires, participent à des activités assimilables à celles des personnels enseignants, soient astreintes aux mêmes exigences de neutralité. Elle précise qu'en l'espèce l'interdiction faite par la direction de l'école aux mères portant le voile de pénétrer dans les salles de classe et d'y participer aux activités des enfants « n'a ni pour objet, ni pour effet, d'édicter une interdiction générale faite aux mères portant le voile de participer à l'ensemble des activités scolaires, mais doit être regardée comme se limitant à rappeler que l'exigence de neutralité imposée aux parents d'élèves ne trouve à s'appliquer que lorsque ces derniers participent à des activités qui se déroulent à l'intérieur des classes et dans le cadre desquelles ils exercent des fonctions similaires à celles des enseignants ». Une telle décision n'est pas entachée d'illégalité. • CAA Lyon, 23 juill. 2019, n° 17LY04351 : *AJDA 2019. 1670* ; *AJCT 2019. 526, note Villeneuve* ; *JCP Adm. 2019, n° 43-44, concl. Deliancourt et comm. Philip-Gay* ; *Alyoda 2020, n° 1, note Bompard* ; *LIJ 2019, n° 208, p. 4.*

2. Neutralité. Accompagnateurs. Sorties scolaires. Suite à une demande du Défenseur des droits, le Conseil d'État rappelle que ni les collaborateurs occasionnels, ni les participants au service public ne sont soumis au principe de neutralité mais soutient que « les exigences liées au bon fonctionnement du service public de l'éducation peuvent conduire l'autorité compétente, s'agissant des parents d'élèves qui participent à des déplacements ou des activités scolaires, à recommander de s'abstenir de manifester leur appartenance ou leurs croyances religieuses ». • CE 19 déc. 2013 : *AJDA 2014. 249, note Bui-Xuan*.

3. Neutralité. Accompagnateurs. Sorties scolaires. Règlement intérieur. Le tribunal administratif de Montreuil a jugé que le règlement intérieur d'une école pouvait interdire le port de signes religieux aux parents d'élèves d'une école publique accompagnant les sorties scolaires. Il a notamment relevé que les parents d'élèves volontaires pour accompagner les sorties scolaires participent, dans ce cadre, au service public de l'éducation ; que le principe de la laïcité de l'enseignement public, qui est l'un des éléments de la laïcité de l'État et de la neutralité de l'ensemble des services publics, impose que l'enseignement soit dispensé, dans le respect, d'une part, de cette neutralité par les programmes, les enseignants et les personnels qui interviennent auprès des élèves et, d'autre part, de la liberté de conscience des élèves ; que si les parents d'élèves participant au service public d'éducation bénéficient de la liberté de conscience qui interdit toute discrimination fondée sur leur religion ou sur leurs opinions, le principe de neutralité de l'école laïque fait obstacle à ce qu'ils manifestent, dans le cadre de l'accompagnement d'une sortie scolaire, par leur tenue ou par leurs propos, leurs convictions religieuses, politiques ou philosophiques. Il estime en outre que compte tenu de l'intérêt qui s'attache aux principes de laïcité et de neutralité du service public dans les établissements scolaires publics, la disposition attaquée ne porte pas une atteinte excessive à la liberté de pensée, de conscience et de religion garantie par l'art. 9 Conv. EDH. • TA Montreuil, 22 nov. 2011, n° 1012015 : *AJDA 2012. 163, note Hennette-Vauchez*. ♦ En sens inverse, le tribunal administratif de Nice les avait assimilés à des usagers du service public de l'éducation. Par suite, le juge estime que les restrictions à la liberté de manifester leurs opinions religieuses ne peuvent résulter que de textes particuliers ou de considérations liées à l'ordre public ou au bon fonctionnement du service. En l'espèce, il ressort de l'énoncé même de la réponse apportée à la proposition de la requérante d'accompagner la sortie scolaire organisée en 2014 que l'administration a refusé d'y donner suite en ne se prévalant ni d'une disposition légale ou réglementaire précise, ni de considérations liées à l'ordre public ou au bon fonctionnement du service. Annulation de la décision par laquelle elle n'a pas été autorisée à accompagner une sortie scolaire. • TA Nice, 9 juin 2015, n° 1305386 : *AJDA 2015. 1933, note Brice-Delajoux*.

Art. L. 141-6 **Le service public de l'enseignement supérieur est laïque et indépendant de toute emprise politique, économique, religieuse ou idéologique ; il tend à l'objectivité du savoir ; il respecte la diversité des opinions. Il doit garantir à l'enseignement et à la recherche leurs possibilités de libre développement scientifique, créateur et critique.** – *[L. n° 84-52 du 26 janv. 1984, art. 3, al. 1er.]*

BIBL. ► DRAGO, Les libertés universitaires, *Mél. Georgel, Éd. Apogée, 1988. 185.* – MESTRE, Laïcité et enseignement supérieur, *CPU.* – GAUDÉ, Le point sur la laïcité et les usagers de l'enseignement supérieur, *LIJ 2020, n° 211, p. 20.* – MONIOLLE, Indépendance et liberté d'expression des enseignants-chercheurs, *AJDA 2001. 220*. – PRELOT, L'université publique et la laïcité, *AJDA 2017. 1375*. – SARTHOU, Liberté religieuse et obligations inhérentes à la vie scolaire, Note sur l'avis de la HALDE du 18 févr. 2008, *LIJ 2008, n° 126, p. 34.* – VEDEL, Les libertés universitaires, *Rev. ens. sup. 1960. 139.*

V. aussi Bibl. ss. art. L. 811-1.

Sur la laïcité à l'université : V. Bibl. ss. art. L. 811-1.

I. LIBERTÉ D'EXPRESSION ET INDÉPENDANCE DES ENSEIGNANTS-CHERCHEURS

1. V. notes ss. art. L. 123-9.

II. LIBERTÉ D'EXPRESSION DES ÉTUDIANTS

2. V. notes ss. art. L. 811-1.

3. Port de signes ou tenues manifestant ostensiblement l'appartenance à une religion. V. notes ss. art. L. 811-1.

III. OBLIGATIONS DE TOLÉRANCE ET D'OBJECTIVITÉ

4. Négationnisme. Le Conseil national de l'enseignement supérieur et de la recherche statuant en matière disciplinaire a relevé que M. Notin, par l'article publié dans la revue « Économies et Sociétés » et signé en précisant sa qualité de maître de conférences à l'université de Lyon III, d'une part, contribuait à la campagne négationniste en s'appuyant exclusivement sur des arguments non scientifiques, en écartant tous les travaux historiques et en mettant en cause la rigueur des témoins et survivants des chambres à gaz ainsi que celle des historiens et, d'autre part, soutenait avec véhémence des thèses racistes et antisémites. Il a pu légalement en déduire que M. Notin avait manqué aux obligations de tolérance et d'objectivité imposées aux enseignants et aux chercheurs par l'art. 57 de la L. du 26 janv. 1984 sur l'enseignement supérieur. • CE 28 sept. 1998, *Notin*, n° 159236 : *Lebon T. 938*.

5. Une décision du Conseil national de l'enseignement supérieur et de la recherche statuant en matière disciplinaire à l'encontre d'un maître de conférences (sanction d'interdiction d'accéder à une classe, grade, rang ou corps supérieurs pendant une durée de deux ans) se borne, après un rappel des termes de l'art. 57 de la L. du 26 janv. 1984, à relever que l'article « Le rôle des médias dans la vassalisation de la France » publié dans un numéro hors série d'« Économies et Sociétés », 1989, manque gravement – dans la forme et le fond – aux règles de la probité intellectuelle et du respect d'autrui découlant de la déontologie universitaire et des principes susmentionnés de tolérance et d'objectivité », et que « toutefois, divers témoignages tendent à établir que l'enseignement proprement dit de M. Notin s'est maintenu dans les limites définies par ces principes ». En se référant globalement à la publication de cet article signé par M. Notin, sans préciser ni analyser quels passages excédaient les limites de la liberté d'expression des enseignants-chercheurs, et sans qualifier la nature et la gravité des fautes commises dans chaque cas par l'auteur, la décision attaquée est entachée d'une insuffisance de motivation. • CE 19 mai 1993, *Notin*, n° 125948 : *Lebon 161*.

IV. DIVERSITÉ DES OPINIONS DES ÉTUDIANTS

6. Port du foulard. La liberté d'expression reconnue aux étudiants par l'art. 50 de la L. du 26 janv. 1984 comporte pour eux le droit d'exprimer leurs convictions religieuses à l'intérieur des universités mais cette liberté ne saurait leur permettre d'exercer des pressions sur les autres membres de la communauté universitaire, d'avoir un comportement ostentatoire, prosélyte ou de propagande, ni de perturber les activités d'enseignement et de recherche ou de troubler le bon fonctionnement du service public. Si le doyen de l'université avait reçu des menaces mettant en cause la présence d'étudiantes revêtues d'un foulard par lequel elles entendaient exprimer leurs convictions religieuses, il n'établit pas, dans les circonstances de l'espèce, qu'il aurait été dans l'impossibilité d'assurer le maintien de l'ordre dans l'établissement sans interdire l'accès des bâtiments à ces jeunes femmes. Illégalité de l'arrêté par lequel le doyen a interdit à deux étudiantes de pénétrer dans l'université revêtues de ce foulard. • CE 26 juill. 1996, n° 170106 B. ♦ La CEDH confirme que l'interdiction de porter le foulard islamique dans les établissements d'enseignement supérieur en Turquie ne viole pas le droit à la liberté de religion garantie par l'art. 9 de la Conv. EDH, ni le droit à l'instruction garanti par l'art. 2 du premier protocole. • CEDH 10 nov. 2005, *Mme Leyla Sahin c/ Turquie*, n° 4474/98 : *AJDA 2006. 315, note Gonzalez* ; *RTDH 2006. 183, note Burgorgue-Larsen et Dubout.*

7. Conditions d'exercice. L'École normale supérieure, comme tout établissement d'enseignement supérieur, doit veiller à la fois à l'exercice des libertés d'expression et de réunion des usagers du service public de l'enseignement supérieur et au maintien de l'ordre dans les locaux comme à l'indépendance intellectuelle et scientifique de l'établissement, dans une perspective d'expression du pluralisme des opinions. Si les élèves de l'ENS ont droit à la liberté d'expression et de réunion dans l'enceinte de l'école, cette liberté ne saurait permettre des manifestations qui, par leur nature, iraient au-delà de la mission de l'école, perturberaient le déroulement des activités d'enseignement et de recherche, troubleraient le fonctionnement normal du service public ou risqueraient de porter atteinte à l'ordre public. Il incombait à la directrice de l'ENS, en vue de donner ou de refuser son accord préalable à la mise à disposition d'une salle, de prendre toutes mesures nécessaires pour à la fois veiller au respect des libertés dans l'établissement, assurer l'indépendance de l'école de toute emprise politique ou idéologique et maintenir l'ordre dans ses locaux, aux fins de concilier l'exercice de ces pouvoirs avec le respect de ces principes. • CE, réf., 7 mars 2011, n° 347171 A : *AJDA 2011. 481* ; *ibid. 1033* ; *ibid. 585,* *tribune Beaud, note Legrand ; D. 2011. 1195, note Le Bot*. ♦ En l'espèce, la salle est demandée en vue de tenir une série de réunions publiques, même si au cours de l'audience les organisateurs ont proposé de réserver les réunions aux membres de la communauté normalienne, destinées à se faire l'écho de la campagne internationale *Israeli Apartheid Week* qui se déroulera au même moment dans plusieurs pays. En refusant la mise à disposition d'une salle en vue de l'accueil de telles manifestations, pour ne pas associer dans l'opinion publique son établissement à une campagne politique internationale en faveur du boycott des échanges scientifiques et économiques avec un État, la directrice de l'école normale supérieure, qui a pris en compte à la fois la liberté de réunion et la prévention des risques de troubles à l'ordre public et de contre-manifestations, n'a pas, en l'état de l'instruction, porté une atteinte grave et manifestement illégale à la liberté de réunion des élèves alors que les débats de ladite campagne internationale pouvaient se tenir dans tout autre lieu ayant vocation à accueillir ce type de réunion et que l'école avait proposé une solution alternative sous forme d'organisation dans ses locaux d'une journée d'études avec débat public et contradictoire sur le Proche-Orient. • CE, réf., 7 mars 2011, n° 347171 : *préc.*

8. IUFM. Le principe de neutralité du service public s'oppose à ce que les formulaires de candidature à l'admission dans les instituts universitaires de formation des maîtres comportent des demandes de renseignements qui pourraient révéler les opinions confessionnelles, syndicales ou politiques des candidats. Tel n'est cependant pas le cas d'un formulaire qui n'est pas obligatoire, se borne à demander aux candidats s'ils ont participé à une action associative sans leur demander le nom de l'association, et exclut expressément les associations à finalité essentiellement confessionnelle ou politique. • CE 4 nov. 1996, nos 134295 et 139709 A.

V. PRATIQUE DES CULTES

9. Dans les résidences universitaires. En l'absence de disposition législative ou réglementaire spécifique à la pratique des cultes dans les résidences universitaires, le CROUS doit respecter tant les impératifs d'ordre public, de neutralité du service public et de bonne gestion des locaux que le droit de chaque étudiant à pratiquer, de manière individuelle ou collective et dans le respect de la liberté d'autrui, la religion de son choix. Ainsi, en décidant la fermeture d'une salle polyvalente pour y réaliser des aménagements nécessaires à sa sécurité, le CROUS n'a, dans les conditions de l'espèce, porté aucune atteinte manifestement illégale aux libertés fondamentales de culte et de réunion. • CE, ord., 6 mai 2008, n° 315631 B : *D. 2009. 207, note Le Bot ; AJDA 2008. 1279*.

10. Dans l'enceinte de l'université. Toilettes. Une étudiante avait été condamnée à un avertissement par la section disciplinaire de l'université de Lille 1 pour la manifestation ostentatoire d'une pratique religieuse dans les toilettes de l'université dans un contexte, au sein de l'établissement, où plusieurs plaintes provenant de l'apparitrice pour des faits de prières collectives ou individuelles dans les toilettes ou d'autres endroits avaient été signalées. Le CNESER annule pour vice de forme la décision de première instance pour vice de procédure, le président de la section disciplinaire de l'université Lille 1 étant présent lors de la commission d'instruction de première instance. Ce fait constitutif d'un vice de procédure justifie l'annulation de la décision des premiers juges. • CNESER 18 déc. 2016 : *BOESR, 8 déc. 2016, p. 19, n° 45 ; AJDA 2017. 1, comm. Sisyphe*.

11. Examens universitaires. Fêtes religieuses. Un recteur d'académie a demandé à la direction des affaires juridiques un point juridique sur l'organisation des examens universitaires lors des fêtes religieuses se déroulant un jour ouvrable non férié. Il a été répondu que, au regard de la jurisprudence du Conseil d'État, l'administration doit s'efforcer de permettre aux étudiants le libre exercice du culte et tenir compte, dans la mesure du possible, des exigences liées à la pratique de leurs convictions religieuses dans l'organisation du service, notamment lors de l'élaboration du calendrier des examens. Si, pour des raisons liées à l'organisation des cours et aux contraintes afférentes aux études poursuivies, un examen (ou tout autre élément d'une formation où la présence de l'étudiant est indispensable) ne peut être organisé qu'un jour déterminé, la circonstance que la date retenue coïncide avec une fête ou une cérémonie religieuse n'est pas de nature à entacher d'illégalité la décision de l'administration. Une session spéciale des examens ne saurait être organisée pour un nombre limité de candidats. L'égalité de l'ensemble des candidats devant l'examen et, surtout, le respect de l'anonymat des copies, lorsque la réglementation l'a prévu, ne pourraient alors être assurés. Les circulaires publiées au Bulletin officiel de l'éducation nationale mentionnant les principales fêtes religieuses ont pour seul objet d'établir la liste des autorisations d'absence susceptibles d'être accordées aux agents publics par les chefs de service si l'intérêt du service le permet, et le calendrier éventuellement joint, à caractère purement indicatif, a pour seule vocation d'informer les chefs de service des dates des principales fêtes propres à plusieurs confessions. Les étudiants ne sont donc pas concernés par ces dispositions. * *Lettre DAJ B1 n° 2013-135 du 5 juin 2013 : LIJ 2013, n° 178, p. 23.*

12. Association étudiante. Agrément. Objet cultuel. L'université de Versailles – Saint-Quentin-en-Yvelines avait prévu qu'un agrément puisse être délivré à des associations étudiantes « afin de les valoriser et de reconnaître leur contribution à la dynamique de la vie étudiante de l'université » et de leur permettre d'obtenir des facilités matérielles dans le cadre de leurs activités dans l'enceinte de l'université. Une association contestait le refus opposé par le président à l'une d'entre elles. Le juge confirme le refus en relevant que, eu égard au caractère cultuel des activités de l'association et à la nature et l'étendue des avantages matériels et financiers impliqués par la délivrance d'un agrément associatif, la délivrance d'un tel agrément à l'association caractérise une aide à un culte, en méconnaissance des dispositions de la L. du 9 déc. 1905 et de l'art. L. 141-6. Par ailleurs, l'octroi d'un soutien logistique et matériel qu'implique la délivrance de l'agrément associatif ne permettait pas de distinguer entre les divers aspects des activités de l'association qui en bénéficie. • TA Versailles, 4 févr. 2021, n° 1806012 : *LIJ 2021, n° 215, p. 4.*

TITRE CINQUIÈME LA LIBERTÉ DE L'ENSEIGNEMENT

COMMENTAIRE

Un chapitre unique reprend en cinq articles les principes généraux issus notamment des lois Falloux (15 mars 1850, enseignement secondaire), Goblet (30 oct. 1886, enseignement primaire, adoptée un demi-siècle après la loi Guizot qui l'instituait), Dupanloup (12 juill. 1875, enseignement supérieur), Astier (25 juill. 1919, enseignement technique) et Debré (n° 59-1557 du 31 déc. 1959). Ces dispositions principielles, réduites au minimum, sont conçues comme une introduction aux développements qui sont placés au livre IV pour les établissements d'enseignement scolaire privés, au livre VII pour les établissements d'enseignement supérieur privés et au livre IX pour les personnels (art. L. 914-1 s.). L'article 1er de la loi Debré du 31 décembre 1959 est repris par le premier article de ce titre : *« L'État proclame et respecte la liberté de l'enseignement et en garantit l'exercice aux établissements privés régulièrement ouverts »* (art. L. 151-1).

I. LA RECONNAISSANCE DE LA LIBERTÉ D'ENSEIGNEMENT

A. DROIT INTERNATIONAL ET EUROPÉEN

Sur le plan international, l'État s'est engagé *« à respecter la liberté des parents… de choisir pour leurs enfants des établissements autres que ceux des pouvoirs publics… »* (art. 13-3, Pacte international relatif aux droits économiques, sociaux et culturels, adopté le 16 déc. 1966). La question est le plus souvent abordée sous l'angle de la liberté de conscience ou de la liberté religieuse imposant à l'État de respecter *« le droit des parents d'assurer cette éducation et cet enseignement conformément à leurs convictions religieuses ou philosophiques »* (art. 2 du protocole additionnel n° 1 à la Conv. EDH du 20 mai 1952). L'État doit *« sauvegarder la possibilité d'un pluralisme éducatif, essentielle à la préservation d'une « société démocratique » telle que la conçoit la Convention »* (CEDH 5 févr. 1990, *Graeme c/ Royaume Uni : DR, 64. 158*). Quant à la charte des droits fondamentaux de l'Union européenne du 7 décembre 2000, elle proclame « la liberté de créer des établissements d'enseignement…, ainsi que le droit des parents d'assurer l'éducation et l'enseignement de leurs enfants conformément à leurs convictions, religieuses, philosophiques, pédagogiques… ».

B. DROIT INTERNE

Si la ***Déclaration des droits de l'homme et du citoyen*** peut être évoquée à propos de la liberté d'expression (art. 10 : liberté d'opinion ; art. 11 : liberté de communication qui, pour Jules Ferry, impliquait *« le droit d'enseigner et la liberté d'enseignement »*, cité par Favoreu, *RFDA 1985. 598*), aucun de ses articles, pas plus que ceux des autres éléments du bloc de constitutionnalité, ne cite expressément la *« liberté de l'enseignement »*. Longtemps, le juge administratif la considéra comme un principe général du droit s'imposant à l'administration mais non à la loi (CE, ass., 7 janv. 1942, *UNAPEL, Lebon* 2 : jugeant contraire au principe général de la liberté de l'enseignement un règlement soumettant à autorisation ministérielle l'ouverture d'établissements et la nomination des professeurs des établissements privés d'enseignement préparant des candidats à l'obtention d'un diplôme d'État ; dans le même sens, à propos de l'agrément d'établissements d'enseignement technique : CE 6 févr. 1946, *Féd. des artisans bretons et a., Lebon 42*). La Déclaration des droits de l'homme qui ouvrait le projet d'avril 1946 contenait une phrase affirmant que *« tout enfant a droit à* *l'instruction et à l'éducation dans le respect de la liberté* » (art. 25, al. 1er), sans que cette « *liberté* » fut précisée. Lors des débats de la seconde assemblée constituante, un vote de procédure rejeta un amendement reconnaissant expressément « *la liberté de l'enseignement* ». Le préambule de la Constitution du 27 octobre 1946, évitant l'écueil, mentionne seulement, à la dernière ligne de son premier paragraphe, les « *principes fondamentaux reconnus par les lois de la République* », reprenant une formule appliquée à la liberté de l'enseignement par une loi de 1931.

C. CONSEIL CONSTITUTIONNEL

Depuis quarante ans, le Conseil constitutionnel se réfère à la liberté de l'enseignement qui « constitue l'un des principes fondamentaux reconnus par les lois de la République, réaffirmés par le Préambule de la Constitution de 1946 auquel se réfère le Préambule de la Constitution de 1958 » (Cons. const. 23 nov. 1977, *Loi relative à la liberté d'enseignement*, n° 77-87 DC ; Cons. const. 26 janv. 2017, *Loi relative à l'égalité et à la citoyenneté*, n° 2016-745 DC).

Examinant la loi Guermeur de 1977 dont l'article 1er précise que les maîtres doivent respecter le « *caractère propre* » des établissements sous contrat d'association avec l'État, le Conseil constitutionnel précise que cette notion introduite par la loi Debré de 1959 n'est que la mise en œuvre de la liberté de l'enseignement (Cons. const. 23 nov. 1977, *Liberté d'enseignement et de conscience*, n° 77-87 DC ; confirmée par Cons. const. 18 janv. 1985, *Loi Chevènement*, n° 84-185 DC, la reconnaissance du caractère propre des établissements privés assurant la liberté de choix par le pluralisme ainsi créé). Si la décision cite l'article 91 de la loi de finances du 31 mars 1931 qui contient l'expression « *principe fondamental reconnu par les lois de la République* », elle renvoie implicitement aux lois de la IIIe République (loi Dupanloup du 12 juill. 1875 pour le supérieur, loi Astier du 28 juill. 1919 pour l'enseignement technique), mais aussi à la IIe République dont la Constitution affirmait la liberté de l'enseignement (art. 9 de la Constitution de 1848 mis en œuvre par la loi Falloux du 15 mars 1850 qui bénéficia surtout à l'Église catholique), et peut-être même à un texte de la Ire République, le décret du 29 frimaire An II dont l'article 1er affirmait : « *l'enseignement est libre* ». Aussi, la loi précise-t-elle ici que les établissements du premier et du second degré (art. L. 151-3) et, parmi ces derniers, les établissements d'enseignement technique (art. L. 151-4) peuvent être publics ou privés. Plus globalement, le code reprend l'article 1er de la loi Dupanloup du 12 juillet 1875 en affirmant : « *l'enseignement supérieur est libre* » (art. L. 151-5). Le 26 juillet 1875, une loi met fin au monopole d'État dans l'enseignement supérieur et créé le statut d'« *université libre* » supprimé par la loi du 18 mars 1880 relative à la liberté de l'enseignement supérieur qui interdit aux établissements privés de se nommer « *université* » ; depuis la loi de 1896, ils peuvent prendre le nom de « *faculté libre* » suivi de l'indication de leur spécialité et des particuliers ou associations auxquels elles appartiennent (art. L. 731-5). En référence à cette loi ainsi qu'à celle du 18 mars 1880, le Conseil constitutionnel a étendu aux formations supérieures agricoles le champ de la liberté constitutionnelle de l'enseignement (Cons. const. 8 juill. 1999, *Loi d'orientation agricole*, n° 99-414 DC).

Principe constitutionnel, la liberté de l'enseignement doit être combinée avec d'autres exigences. Ainsi, le respect des nécessités de l'ordre public (bonnes mœurs, sécurité, protection de l'enfance) et la garantie du droit à l'éducation peuvent amener l'État à réglementer les activités d'enseignement ou d'éducation, notamment en mettant en place un régime de contrôle de l'ouverture des établissements (sans exclure l'hypothèse d'un régime d'autorisation préalable, V. Cons. const. 26 janv. 2017, *Loi relative à l'égalité et à la citoyenneté*, n° 2016-745 DC).

Pour le Conseil constitutionnel, la liberté d'enseignement implique « l'existence de l'enseignement privé » et inclut le droit de créer librement des établissements d'enseignement privés (Cons. const. 8 juill. 1999, *Loi d'orientation agricole*, n° 99-414 DC). Il en est de même pour le Conseil d'État qui a pu juger que « Le principe de la liberté de l'enseignement, qui figure au nombre des principes fondamentaux reconnus par les lois de la République, implique la possibilité de créer des établissements d'enseignement, y compris hors de tout contrat conclu avec l'État, tout comme le droit pour les parents de choisir, pour leurs enfants, des méthodes éducatives alternatives à celles proposées par le système scolaire public, y compris l'instruction au sein de la famille » (CE 19 juill. 2017, *Assoc. les enfants d'abord*, n° 406150).

Alors que la possibilité d'instruction en famille prévue par la loi du 28 mars 1882 sur l'enseignement primaire avait été constamment maintenue par les lois de la République, le Conseil constitutionnel a jugé qu'il ne s'agit pas d'un principe fondamental reconnu par les lois de la République, d'une composante de la liberté de l'enseignement, mais d'une modalité de mise en œuvre de l'instruction obligatoire (Cons. const. 13 août 2021, n° 2021-823 DC § 72).

II. LES DIVERS ASPECTS DE LA LIBERTÉ DE L'ENSEIGNEMENT

Pour le Conseil d'État, le principe de la liberté de l'enseignement, *« qui figure au nombre des principes reconnus par les lois de la République, implique la possibilité de créer des établissements d'enseignement… tout comme le droit pour les parents de choisir pour leurs enfants des méthodes éducatives alternatives à celles proposées par le système scolaire public, y compris l'instruction au sein de la famille »* (CE 29 juill. 2017, n° 406150 ; la loi du 26 juillet 2019 pour une école de la confiance renforce le contrôle de l'instruction dans la famille dans le respect de la liberté de l'enseignement, V. commentaire Obligation scolaire). Il entraîne la liberté pour les parents de choisir l'établissement dans lequel leur enfant va être scolarisé (A), ce qui suppose une pluralité, dont la liberté de créer un établissement (B) ; elle ne doit pas être confondue avec la liberté des enseignants (C).

A. LIBERTÉ DE CHOISIR UN ÉTABLISSEMENT

Elle peut tout d'abord être rattachée au *« droit à l'éducation »*, les parents d'élèves ou les étudiants, ayant le choix entre plusieurs types d'établissements. La liberté de l'enseignement c'est alors ***le libre choix de son établissement.***

Dans l'état actuel des choses, la liberté de choix joue entre l'enseignement public et les établissements privés.

Tant en droit interne qu'au regard de la Convention européenne des droits de l'homme, le respect de la liberté éducative implique la possibilité pour les parents de faire le choix de l'école privée (CEDH 25 mai 2000, *Alonso et Merino c/ Espagne,* n° 51188/99). Le choix de l'école privée peut être motivé par des raisons d'ordre idéologique (convictions religieuses ou philosophiques), mais aussi par des éléments éducatifs, sociologiques ou consuméristes.

Il existe en France des établissements privés confessionnels (en majorité catholiques mais aussi protestants, juifs et musulmans) et laïques qui peuvent notamment mettre en place un projet ou une méthode pédagogique, notamment linguistique (écoles Diwan en Bretagne, Calandreta en Occitanie). La reconnaissance du caractère propre des établissements privés assure la liberté de choix par le pluralisme ainsi créé (Cons. const. 18 janv. 1985, *Loi Chevènement*, n° 84-185 DC).

S'agissant des écoles et établissements publics, les parents d'élèves n'ont pas, dans l'état actuel de la réglementation, la possibilité de choisir (CE 12 oct. 1973, *Lida : Lebon 558*). Les élèves sont en principe répartis administrativement entre les écoles, les collèges et les lycées publics en fonction de la sectorisation qui détermine la « carte scolaire ». Les familles ont toutefois développé des stratégies de contournement, changeant réellement ou fictivement d'adresse, choisissant les options rares, mobilisant leurs relations pour obtenir une dérogation. Régulièrement la question revient à l'ordre du jour, essentiellement pour les collèges. Pour donner une « nouvelle liberté » aux parents, il a été décidé, sinon de supprimer, du moins d'assouplir, la carte scolaire. Si diverses techniques sont concevables (redécoupage de la carte, accroissement des dérogations, sélection sur dossier, priorité aux boursiers), les questions de fond demeurent : comment conserver l'idéal de « mixité sociale » ? Comment éviter la fuite massive des élèves vers les « bons collèges » ? Comment assurer l'égalité entre établissements ? Le développement de l'autonomie des établissements publics, la diversification des projets pédagogiques comme la place de l'innovation pourraient constituer des éléments de réponse. La participation des établissements privés à cette politique a été vivement souhaitée. L'État pourrait prendre en charge l'équivalent d'un forfait d'internat, remettant ainsi en cause l'équilibre traditionnel entre le public et le privé.

B. LIBERTÉ DE CRÉER UN ÉTABLISSEMENT

Mais la liberté de l'enseignement c'est aussi la liberté des créateurs d'école, des *« particuliers »* ou des *« associations »* par qui les établissements sont *« fondés et entretenus* » (art. L. 151-2) ; la liberté de créer un établissement d'enseignement est un aspect de la liberté d'entreprendre ou de la liberté du commerce et de l'industrie, rejoignant alors les conceptions de Condorcet pour qui en ce domaine « *la concurrence doit être respectée* » (cité par Favoreu). Si dans le secteur de la formation des adultes ou pour l'enseignement par correspondance (art. L. 444-1 s.) et, plus récemment pour le « soutien scolaire », il existe un marché, l'enseignement scolaire et universitaire, qualifié de « *bien public* » par opposition aux notions de marchandise, de produit ou de service, impose une intervention publique plus forte. En France, l'État est plus que l'instance régulatrice d'un hypothétique marché de l'éducation ; le code de l'éducation contient les bases d'une police spéciale des établissements dont les principes sont fixés aux livres IV pour l'enseignement scolaire et VII pour l'enseignement supérieur (CE, sect., 17 oct. 1975, *Institut supérieur de droit et d'économie de l'aménagement et de l'urbanisme*, n° 93665 A ; CE 25 avr. 1986, n° 49775). Contrôlant l'ouverture et le fonctionnement des établissements, l'État s'attache à des considérations d'ordre public et de moralité mais prend aussi en compte la dimension pédagogique et éducative. Si les établissements privés peuvent être « *entièrement libres dans le choix des méthodes (et) des programmes* », comme il est disposé pour les directeurs d'écoles primaires privées à l'article L. 442-3 issu de la loi du 30 octobre 1886, de nombreuses limites existent. Elles sont minimales pour les établissements et classes d'enseignement privés hors contrat d'association (dont les élèves sont placés dans une situation différente de ceux des établissements publics et des établissements privés sous contrat d'association, ce qui justifie leur impossibilité de s'inscrire au concours général, CE 3 sept. 2009, *Assoc. « Créer son école »*, n° 314164) ; maximales pour les classes sous contrat d'association qui doivent respecter les règles et programmes de l'enseignement public (V. livre IV). Souvenir de l'université impériale, le monopole de la collation des grades et des titres universitaires rétabli par la loi du 18 mars 1880 (art. L. 613-1), limite de droit à la liberté de l'enseignement, les établissements privés préparant leurs élèves aux diplômes d'État et ne pouvant délivrer que des attestations.

Pour s'assurer que les conditions minimales tenant, d'une part, aux bonnes mœurs et à l'hygiène, d'autre part, à la personne qui crée ou dirige l'établissement (pas de condamnation, nationalité, diplômes) sont remplies, la loi a prévu un régime déclaratif.

Depuis la loi du 30 octobre 1886, toute personne qui veut ouvrir une école privée doit préalablement déclarer son intention au maire qui lui remet un récépissé et peut, s'il juge que les locaux ne sont pas convenables, former opposition dans les huit jours (art. L. 441-1) ; la déclaration est aussi adressée au préfet, à l'autorité académique et au procureur de la République, l'une et l'autre pouvant former opposition pour des raisons tirées de l'intérêt des bonnes mœurs et de l'hygiène ou dans l'intérêt de l'ordre public (art. L. 442-2). Des conditions du même type ont été imposées pour la création des établissements du second degré privés (L. du 15 mars 1850, art. L. 441-5) et pour les établissements techniques (L. du 25 juill. 1919, art. L. 441-10). Il en est de même pour l'enseignement supérieur (L. du 12 juill. 1875, art. L. 731-2). Hauriou en déduit qu'il y a donc « liberté d'enseigner dans les quatre branches qui embrassent tout l'enseignement, c'est-à-dire droit sans autorisation administrative, pourvu que l'on remplisse certaines conditions ». Dans son rapport de 2012, le médiateur de l'éducation nationale rappelle que la loi fixe le cadre juridique de la liberté en imposant des formalités et des contrôles aux établissements : obligation de déclaration, contrôle du fonctionnement, contrôle de la publicité… mais note que, dans la pratique, ces contrôles ne sont effectués que de façon ponctuelle par des services souvent sous-dimensionnés, ce qui contribue au flou et à l'ambiguïté des rapports entre l'État et les établissements.

Par dérogation, dans les départements d'Alsace et de Moselle, en application de la loi allemande du 12 février 1873 sur l'enseignement restée en vigueur (art. L. 481-1), l'ouverture des établissements privés est soumise à un régime d'autorisation administrative préalable. Constatant qu'il est plus facile d'ouvrir une école qu'un débit de boissons et arguant de la nécessité de moderniser le droit applicable, le Gouvernement a souhaité modifier l'encadrement législatif de la liberté de l'enseignement ; aussi l'article 39 de loi du 27 janvier 2017 relative à l'égalité et à la citoyenneté habilitait, sur le fondement de l'article 38 de la Constitution, le Gouvernement à prendre par ordonnance les mesures nécessaires afin de remplacer, dans le code de l'éducation, les régimes de déclaration d'ouverture préalable des établissements privés d'enseignement scolaire par un régime d'autorisation, de préciser les motifs de refus d'ouverture, de fixer les dispositions régissant l'exercice des fonctions de direction et d'enseignement dans ces établissements et de renforcer la liberté de l'enseignement dont ces derniers bénéficient, une fois ouverts. Le Conseil constitutionnel a toutefois jugé que, « eu égard à l'atteinte susceptible d'être portée à la liberté de l'enseignement par la mise en place d'un régime d'autorisation administrative, en confiant au Gouvernement, sans autre indication, le soin de préciser « les motifs pour lesquels les autorités compétentes peuvent refuser d'autoriser l'ouverture » de tels établissements, le législateur a insuffisamment précisé les finalités des mesures susceptibles d'être prises par voie d'ordonnance » (Cons. const. 26 janv. 2017, *Loi relative à l'égalité et à la citoyenneté*, n° 2016-745 DC, § 13). Sans exclure par principe le système de l'autorisation préalable, le juge constitutionnel indique les conditions de recours aux ordonnances. La loi aurait dû préciser que le contrôle préalable continuerait à reposer sur des motifs objectifs et limitativement énumérés pour assurer l'ordre public et la protection des élèves prévus dans la législation existante, ce qui n'excluait pas la possibilité d'harmoniser ces critères et de reformuler les standards de « bonnes mœurs » ou d'hygiène en modernisant les exigences tirées des considérations d'ordre public, notamment en visant la protection de l'enfance ; de même, le législateur aurait pu indiquer les finalités pédagogiques et éducatives (droit à l'éducation, contrôle de l'enseignement délivré, acquisition du socle de connaissances, de compétences et de culture défini par l'art. L. 122-1-1 ; V. CE 29 juill. 2017 préc. jugeant que les modalités du contrôle de l'acquisition du socle – art. D. 131-12 et R. 131-13 – ne peuvent être regardées comme portant une atteinte disproportionnée à la liberté de l'enseignement, parce qu'elles ont « *pour seul objet de vérifier que, au cours de la période d'instruction obligatoire, l'enfant a acquis des compétences et des connaissances en se référant à celles qui sont attendues des enfants qui sont scolarisés dans les établissements publics ou dans les établissements d'enseignement privés qui ont conclu un contrat avec l'État, tout "en tenant compte des choix éducatifs effectués et de l'organisation pédagogique propre à chaque établissement"* ».).

La loi n° 2018-266 du 13 avril 2018 simplifie la législation en fusionnant les trois régimes existants, substituant l'expression établissements privés à celles d'écoles privées. La loi n° 2019-791 du 22 juillet 2019 pour une école de la confiance impose de nouvelles obligations aux établissements privés hors contrat ; au-delà du contrôle de l'ouverture est désormais prévu un contrôle régulier réalisé à partir de déclarations portant sur le respect du profil de l'établissement (enseignement général ; enseignement technologique ou professionnel), de l'objet de son enseignement et de l'étendue de ses prestations aux élèves et aux familles (art. 22 ; art. L. 441-3).

C. LIBERTÉ DE L'ENSEIGNEMENT ET LIBERTÉ DES ENSEIGNANTS

Même si le Conseil constitutionnel donne un sens plus étroit à la liberté de l'enseignement, on peut aussi la rapprocher de la liberté des enseignants, « *la liberté pour tout homme d'enseigner ce qu'il considère comme conforme à la vérité,... la garantie du maître dans l'exercice de sa fonction* » (Philip, commission de la Constitution, 1946). Fonctionnaires ou agents publics, les enseignants ont un statut protecteur (livre IX) qui leur donne une liberté dont le contenu et le statut varie selon qu'ils servent dans l'enseignement supérieur ou dans l'enseignement scolaire. Le Conseil constitutionnel s'est référé à la liberté d'expression qui découle du droit à la libre communication des pensées et des opinions garantie par l'article 11 de la Déclaration de 1789 pour consacrer le principe d'indépendance des professeurs comme celle des enseignants-chercheurs, principe fondamental reconnu par les lois de la République (Cons. const. 20 janv. 1984, *Libertés universitaires,* n° 83-165 DC ; Cons. const. 6 août 2010, n° 2010-20/21 QPC). Dans le cadre universitaire, la liberté professionnelle qui est une liberté individuelle mais peut aussi être analysée comme la liberté d'un groupe (O. Beaud) s'étend à la liberté de la recherche et de son corollaire qui est celle de publier. « Sans liberté, il n'est pas de travail scientifique, car la recherche de la vérité ne s'accommode pas de la subordination au pouvoir » (Gaudemet, *Revue d'enseignement supérieur* 1960, n° 3, p. 76). Les enseignants des écoles et des établissements du second degré se sont vus reconnaître « la liberté pédagogique », beaucoup plus encadrée que celle des universitaires puisqu'elle s'exerce non seulement dans le respect des programmes et dans le cadre du projet d'école ou d'établissement mais aussi en suivant les instructions du ministre et sous le contrôle des membres des corps d'inspection (art. L. 912-1-1, introduit par l'art. 48 de la loi Avenir de l'école du 23 avr. 2005). En outre, les maîtres de l'enseignement privé sous contrat doivent respecter le caractère propre de l'établissement sans que leur liberté de conscience en soit pour autant limitée (V. art. L. 442-1).

III. LIBERTÉ DE L'ENSEIGNEMENT ET FINANCEMENT PUBLIC DES ÉTABLISSEMENTS PRIVÉS

L'histoire de l'enseignement en France, le poids traditionnel de l'enseignement catholique comme le combat laïque, ont posé la question sur un autre plan. Les uns souhaitant que cette liberté ne soit pas simplement formelle ont revendiqué une aide de l'État, les autres raisonnant selon la formule dont on trouve un écho à l'article L. 151-3 : *« à école privée, fonds privés ; à école publique, fonds publics ».*

Répondant aux parlementaires l'ayant saisi de la loi Guermeur, le ***Conseil constitutionnel*** affirme que la formule du préambule qui fait de l'organisation d'un enseignement public gratuit et laïque un devoir d'État ne saurait exclure ni l'existence de l'enseignement privé ni l'octroi d'une ***aide de l'État*** à cet enseignement dans les conditions fixées par la loi (Cons. const. 23 nov. 1977, *Liberté d'enseignement et de conscience*, n° 77-87 DC). Pareillement, rien n'interdit dans la Convention européenne des droits de l'homme l'organisation de l'enseignement privé, l'État *« en autorisant la création d'une école privée... s'acquitte de son obligation au regard de l'article 2 du protocole n° 2 »* (Comm. EDH, 11 déc. 1985, n° 10476/83 : *DR 45/148*), mais rien non plus ne l'oblige à le subventionner (Comm. EDH, 9 mars 1977, n° 6853/74 : *DR 9/27*), même si l'aide de l'État constitue une condition nécessaire de l'existence de la liberté de l'enseignement (Cons. const. 29 déc. 1984, *Loi de finances pour 1985*, n° 84-184 DC).

Si, après la disparition des actes dits lois de l'État français, un premier pas avait été fait sous la IVe République avec la ***loi Barangé du 21 septembre 1951*** accordant aux écoles, publiques et privées, une allocation calculée en fonction du nombre d'élèves, c'est au début de la Ve République que sont mises en place les bases d'une aide globale de l'État aux établissements privés. Le concours des collectivités territoriales mentionné à l'article L. 151-2 constitue une autre source de financement public que les lois de décentralisation puis la loi Chevènement du 25 janvier 1985 ont développée.

La ***loi Debré du 31 décembre 1959*** prévoit la possibilité d'associer les classes des établissements privés à l'enseignement public soit par *« contrat simple »*, formule conçue comme provisoire toutefois pérennisée par la loi du 7 juillet 1971 pour les seuls établissements du premier degré (art. L. 442-12), soit par *« contrat d'association »* (art. L. 442-5) conclus avec l'État. L'établissement, placé sous le contrôle de l'État, conserve son *« caractère propre »* (qui peut être d'ordre religieux ou linguistique comme avec les écoles Diwan), mais doit assurer l'enseignement *« dans le respect total de la liberté de conscience »* (art. L. 442-1). Le contrat d'association répondant à *« un besoin scolaire reconnu »*, apprécié sur la base tant d'éléments quantitatifs que qualitatifs tels que *« la demande des familles et le caractère propre de l'établissement d'enseignement »* (Cons. const. 18 janv. 1985, *Loi modifiant et complétant la loi n° 83-663 du 22 juill. 1983 et portant dispositions diverses et relatives aux rapports entre l'État et les collectivités territoriales*, n° 84-185 DC), porte sur des classes dans lesquelles doivent être respectés les règles, programmes et horaires de l'enseignement public.

En contrepartie, l'État prend en charge la ***rémunération des enseignants***. Comme pour les personnels de l'enseignement public, les crédits prévus au budget ont, depuis 1985, le même caractère limitatif, solution jugée compatible avec la liberté de l'enseignement (Cons. const. 29 déc. 1984, *Loi de finances pour 1985*, n° 84-184 DC, § 48 et 49). De même, ce principe ne s'oppose pas à ce que l'aide financière de l'État aux établissements d'enseignement privés soit subordonnée à la condition que les maîtres soient nommés par accord entre l'État et la direction de l'établissement privé (Cons. const. 18 janv. 1985, *Loi Chevènement*, n° 84-185 DC) et à ce que l'aide des collectivités publiques aux établissements d'enseignement privés varie selon la nature et l'importance de leur contribution à l'accomplissement de missions d'enseignement (Cons. const. 13 janv. 1994, *Révision de la loi Falloux*, n° 93-329 DC, § 27).

L'entrée en vigueur de la LOLF maintient le caractère limitatif des crédits qu'ils figurent dans le programme *« enseignement privé »* ou dans les programmes *« enseignement public »* de la mission *« enseignement scolaire »* ; le programme *« enseignement privé »* permet en outre à l'État de verser aux établissements du second degré une contribution forfaitaire correspondant aux dépenses relatives au personnel non-enseignant, part état du *« forfait d'externat ».*

Après l'abandon du projet de *« grand service public unifié de l'éducation nationale »* défendu par Alain Savary et voté en première lecture par l'Assemblée nationale, la ***loi Chevènement du 25 janvier 1985*** a tiré les conséquences des lois de décentralisation. La loi Debré avait prévu que *« les dépenses de fonctionnement des classes sous contrat sont prises en charge dans les mêmes conditions que celles des classes correspondantes de l'enseignement public »* (art. L. 442-5), charge reposant alors sur l'État même si les communes pouvaient contribuer aux dépenses des classes sous contrat simple dans la limite des avantages consentis aux écoles publiques (art. L. 442-12). Depuis 1985, les ***dépenses de fonctionnement des classes sous contrat d'association constituent des dépenses à inscrire obligatoirement au budget de la commune*** (CE, ass., 31 oct. 1985, *MEN c/ Assoc. d'éducation populaire Notre-Dame : RFDA 1985. 637*). Les départements et les régions prennent parallèlement en charge la part du forfait d'externat relative aux dépenses d'entretien matériel des locaux des établissements secondaires (V. Circ. n° 2007-142 du 27 août 2007, *LIJ n° 119*).

Pour tenir compte des nouvelles obligations des collectivités territoriales, la loi Chevènement avait prévu de soumettre les contrats d'association des classes à l'avis du département et de la région et à l'accord des communes ; le Conseil constitutionnel a toutefois décidé : *« si le principe de libre administration des collectivités territoriales a valeur constitutionnelle, il ne saurait conduire à ce que les conditions essentielles d'application d'une loi organisant l'exercice* ***d'une liberté publique*** *dépendent de décisions des collectivités territoriales, et ainsi, puissent ne pas être les mêmes sur l'ensemble du territoire »* (Cons. const. 18 janv. 1985, *Loi Chevènement,* n° 84-185 DC). La décision porte sur l'enseignement même qui relève de la compétence de l'État, non sur les conditions matérielles dans lesquelles il est donné qui dépend des collectivités territoriales de la République.

« Contrairement à ce que l'on affirme parfois, il n'existe aucun principe général interdisant aux collectivités publiques... de subventionner les écoles privées, même confessionnelles » (Bernard, concl. sur CE, sect., 11 mars 1966, *Assoc. des parents d'élèves des écoles privées de Mahalon,* n° 63187 A).

L'idée avait pu être formulée à partir du cas des écoles privées du premier degré. En effet, l'article 2 de la loi Goblet du 30 octobre 1886 a été interprété par le Conseil d'État, tant dans ses fonctions consultatives (avis du 19 juill. 1888) que contentieuses (CE 20 févr. 1891, *Ville de Vitré*), comme posant une interdiction générale de toute aide publique tant pour l'investissement que pour le fonctionnement des écoles privées, même partiellement et de façon temporaire, en cas de carence des communes (V. CE 19 mars 1986, n° 60483). Si la loi Debré a modifié la donne, il a été jugé que cette intervention était exclusive de toute autre forme d'aide, sauf disposition législative spécifique (CE, ass., 24 mai 1963, *Féd. nat. des conseils de parents d'élèves des écoles publiques et a. et sieur La Chapelle,* n° 52358 A). Il est interdit aux communes comme aux autres collectivités territoriales et à l'État de financer les investissements destinés aux écoles privées. Toutefois, la loi du 19 août 1986 a prévu des possibilités de financement des matériels informatiques pédagogiques pour les établissements ayant conclu un contrat simple ou d'association tant par l'État que par les collectivités territoriales à titre complémentaire (art. L. 442-16). Si le financement direct des investissements est exclu, la loi permet à l'État comme aux collectivités territoriales de garantir les emprunts contractés par un organisme privé pour investir dans une école privée (art. L. 442-17), garantie allant jusqu'à 100 % du montant de l'emprunt quand l'organisme de gestion n'a pas de but lucratif (CGI, art. L. 238 *bis* ; CE 6 avr. 1990, *Ville de Paris et École alsacienne,* n°s 72873, 73656 et 74359). L'article 89 de la loi du 13 août 2004 étend les mécanismes prévus pour les élèves du public, imposant aux communes de résidence de contribuer au financement des écoles privées sous contrat situées sur le territoire d'une autre commune. Une circulaire adoptée conjointement par le ministre de l'intérieur et le ministre de l'éducation nationale a eu pour objet de commenter l'article 89 et de préciser la liste des dépenses entrant dans le calcul du forfait communal (Circ. n° 2005-206 du 2 déc. 2005 annulée par CE 4 juin 2007, n° 289792 *(pour incompétence des signataires)* ; reprise dans le cadre de l'article L. 442-5 par la Circ. n° 2007-142 du 27 août 2007, *BOEN n° 31.*

Issue d'une proposition de loi du sénateur J.-P. Carle, la loi n° 2009-1312 du 28 octobre 2009 abroge l'article 89 de la loi de 2004 et adopte un dispositif tendant à garantir la parité du financement entre les écoles élémentaires publiques et privées sous contrat d'association lorsqu'elles accueillent des élèves scolarisés en dehors de leur commune (art. L. 442-5-1 et L. 442-5-2. Toulemonde, La loi Carle, un compromis boiteux, *AJDA 2009. 2396* ✐).

Si le financement direct des investissements est exclu, la loi permet à l'État comme aux collectivités territoriales de garantir les emprunts contractés par un organisme privé pour investir dans une école privée (art. L. 442-17), garantie allant jusqu'à 100% de son montant quand l'organisme de gestion n'a pas de but lucratif (CGI, art. L. 238 *bis* ; CE 6 avr. 1990, *Ville de Paris et école alsacienne*, n°s 72873, 73656, 74359). En outre, les collectivités territoriales peuvent aider les établissements secondaires privés à financer leurs investissements grâce à des prêts à taux réduit ou même sans intérêts. Toutefois, cette possibilité est limitée à 10 % (CE 27 mars 1998, *Dpt d'Ille-et-Vilaine*, n° 135041).

Pour l'enseignement secondaire général, la loi Falloux, reprise par l'article L. 151-4, limite l'aide publique aux investissements à 1/10e des dépenses annuelles de l'établissement, avec avis préalable du CAEN sur l'opportunité des subventions (illégalité d'une subvention au taux de 30%, CE 6 avr. 1990, *Dpt d'Ille-et-Vilaine*, n° 81713, « dans la limite du dixième des dépenses autres que les catégories de dépenses couvertes par des fonds publics versés au titre du contrat d'association » ; CE 14 avr. 1995, n° 103195).

S'agissant des dépenses de fonctionnement, le montant du forfait d'externat dû par le département pour les classes sous contrat des collèges privés doit être égal au coût moyen d'un élève externe des collèges publics ; doit correspondre aux dépenses de fonctionnement effectivement supportées par le département, quel que soit leur classement comptable dans le budget du département (CAA Marseille 23 nov. 2012, n° 08MA05019). L'ensemble des dépenses de fonctionnement et d'investissement (hors amortissements et provisions) est alors pris en considération ; les « fonds publics versés au titre du contrat d'association » (forfaits d'externat de l'État et de la collectivité de rattachement, soit donc 10% du solde) sont soustraits de la somme initiale (V. Rép. MEN du 11 mars 1991 : « Le calcul du 10e doit être opéré sur les dépenses qui restent à la charge de l'établissement. Ces dépenses se rapportent en premier lieu à celles couvertes par la contribution des familles, autorisée à l'article 15 du décret n° 60-745 du 28 juillet 1960 modifié. En second lieu, peuvent être prises en compte les dépenses de fonctionnement et les dépenses d'équipement et d'investissement des classes restées éventuellement hors contrat, ainsi que les dépenses afférentes à l'internat, à la demi-pension et aux études surveillées pour les élèves de toutes les classes »). D'autres méthodes ont toutefois été préconisées pour calculer le « potentiel Falloux » ; la comptabilité analytique permet de prendre en compte l'ensemble des charges en retirant le montant des forfaits d'externat de l'État et celui des collectivités territoriales perçus au titre de l'exercice considéré. Il est aussi possible de partir des seules charges non couvertes par les fonds publics versés au titre du contrat d'association (charges visées par l'art. R. 442-48 et autres dépenses liées à un projet pédagogique spécifique, sorties, activités extrascolaires, en ajoutant la quote-part des charges de restauration et d'hébergement).

Pour d'autres niveaux d'enseignement, la loi a été lue comme laissant toute latitude aux collectivités territoriales d'apporter leur concours. Pour l'***enseignement supérieur***, le Conseil d'État a jugé que la législation en vigueur autorisait l'attribution de subventions aux établissements privés ; la solution a été réaffirmée alors même que les collectivités territoriales n'ont pas de compétence dans ce domaine, elles peuvent toutefois accorder des subventions d'investissement et d'équipement (CE, ass., 1er juill. 1956, *Canivez : Lebon 220*) à la condition que la décision ne soit pas étrangère à l'intérêt de la collectivité et ne porte pas atteinte au fonctionnement du service public (V. notes ss. art. L. 151-6 ; CAA Lyon, 17 juin 1999, n° 99LY00287 ; CAA Lyon, 2 févr. 2006, n° 00LY00905).

Il en est de même pour l'***enseignement technique*** et l'***enseignement technique agricole***. La loi Astier du 25 juillet 1919, adoptée à un moment où l'économie française devait être reconstruite, n'a apporté aucune limite au subventionnement. La loi Rocard du 31 décembre 1984 s'inscrit dans la même logique. Les collectivités territoriales, départements, communes et régions peuvent donc apporter leur concours aux établissements privés donnant un enseignement technique, industriel ou commercial, ou agricole (CE 19 mars 1986, n° 60483 A ; CE 11 mars 1992, n° 103195/ consultation CAEN non nécessaire).

Mais, si sous ces différentes réserves, une aide publique est possible, est-elle obligatoire ? Commentant la décision de 1977, L. Favoreu avait pu écrire : *« dans la société actuelle, il ne peut y avoir d'enseignement privé, et donc de choix de la forme d'enseignement, que si, par son aide, l'État transforme cette liberté formelle en liberté réelle »* (Les collectivités publiques et l'école, *RFDA 1985. 597*). En fait, si l'aide publique aux établissements d'enseignement privés n'avait pas été instituée, il n'y aurait pas de moyens juridiques pour contraindre le législateur pour qu'il la crée. Ce n'est que lorsqu'elle a été prévue et qu'elle a permis aux établissements privés d'exercer effectivement leur liberté que sa suppression pure et simple conduirait à la disparition des établissements, et porterait sans doute atteinte à la liberté d'enseignement. Ainsi le législateur avait-il la possibilité de ne pas prévoir d'aide de l'État aux classes préparatoires des lycées agricoles privés en limitant aux sections de techniciens supérieurs les formations supérieures que ces lycées peuvent dispenser sous contrat (Cons. const. 8 juill. 1999, *Loi d'orientation agricole*, n° 99-414 DC).

Enfin, si le financement public est légitime, le principe de parité doit être combiné avec la prise en compte des obligations particulières que les établissements publics assument (Cons. const. 13 janv. 1994, *Révision de la loi Falloux*, n° 93-329 DC (cons. 27 et 30) : *RFDA 1994. 209, note Genevois*). Cette formule vise notamment les contraintes liées à la présence du service public sur l'ensemble du territoire, notamment dans les quartiers défavorisés.

CHAPITRE UNIQUE

BIBL. GÉN. ▶ AUBIN, La question de la liberté de l'enseignement, *Rev. adm., n° spécial, 1999. 56.* – BRODATY, DU PARQUET et PETIT, La discrimination à l'entrée des établissements scolaires privés, *Rev. fr. éco., vol. XXIX, oct. 2014.* – COCATRE-ZILGIEN, Le régime juridique de la liberté d'enseignement, *RD publ. 1977. 783.* – COUILLEROT, Une liberté singulière et plurielle : la liberté publique de l'enseignement privé, *RFDA 2019. 909* . – DEBENE, La liberté et l'efficacité de l'enseignement, *in* Lebreton, Crises sociales et droits fondamentaux de la personne humaine, *L'Harmattan, 2009. 109.* – DURAND-PRINBORGNE, École et religion à l'étranger, *RFDA 1991. 55* . – FAVOREU, La reconnaissance par les lois de la République de la liberté d'enseignement comme principe fondamental, *RFDA 1985. 597.* – GAUDEMET, Liberté religieuse, laïcité, liberté d'enseignement, *RFDA 2021. 241* . – GEORGEL, L'enseignement privé, *J.-Cl. Adm., fasc. 232.* – KERNINON, Le Conseil constitutionnel et la signification de l'aide de l'État aux établissements d'enseignement privé, *Quot. jur. 10 avr. 1985.* – KERLEVEO, L'enseignement libre, service privé d'intérêt général en droit public français, *Secrétariat général de l'enseignement libre, 1955.* – KOUBI, Droits et religions, *RD publ. 1992. 725.* – LANGOUËT et LÉGER, Public Privé ? Le choix des familles, *Publidix, 1997.* – LAVIELLE, Les principes fondamentaux de l'enseignement dans le droit positif français, *AJDA 1978. 188.* – MARCOU, La liberté de l'enseignement et la liberté des enseignants, *RD publ. 1980. 35.* – MONIOLLE, Indépendance et liberté d'expression des enseignants-chercheurs, *AJDA 2001. 220* . – PLOUVIN, La notion de principes fondamentaux de l'enseignement au sens de l'article 34 de la Constitution et la liberté des enseignants, *RD publ. 1980. 35.* – POUCET, L'enseignement privé en France, *Que sais-je ?, 2012.* – ROUX, Libertés locales et liberté d'enseignement devant le Conseil d'État, *RFDA 1985. 635.* – TANGUY, L'État et l'école privée en France, *RF social. 1972. 325.* – TAVERNIER, Les écoles privées hors contrat, une galaxie éclectique à la marge du système, *Le Monde, 27 avr. 2012. 14.* – TOULEMONDE, Enseignement privé, *J.-Cl. Adm., fasc. 233* ; La naissance de l'enseignement privé, *RFAP 1996. 446.* – Divers auteurs, Les collectivités publiques et l'école, *RFDA 1985. 597.*

▶ **Aspects historiques :** GEORGEL et THOREL, L'enseignement privé en France du VIIIe au XXe siècle, *Dalloz, 1995.* – HENRY, La loi Falloux, 4 janvier 1849-15 mars 1850, *Hachette, 1906.* – LECOURT, Entre l'Église et l'État, Concorde sans concordat, 1952-1957, *Paris, Hachette, 1978.* – MOLINA-BÉTANCOUR, La loi Falloux : abrogation ou réforme ?, *LGDJ, Coll. Thèses Bibliothèque constitutionnelle et de science politique, t. 104, 2001.* – PRÉLOT, La liberté de l'enseignement dans la séparation des Églises et de l'État (1879-1905), *RD publ. 2006. 617.* – PROST, Histoire de l'enseignement en France, *Armand Colin, 1986.* – SILD, La conception républicaine de la liberté d'enseignement, de Ferdinand Buisson à Vincent Peillon, *RFDA 2021. 265* .

Art. L. 151-1 **L'État proclame et respecte la liberté de l'enseignement et en garantit l'exercice aux établissements privés régulièrement ouverts.** – *[L. n° 59-1557 du 31 déc. 1959, art. 1er, al. 2.]*

1. Caractère constitutionnel de la liberté d'enseignement. Alors que l'Assemblée constituante d'août 1946 avait refusé d'inscrire la liberté d'enseignement dans le Préambule, le Conseil constitutionnel reconnaît valeur constitutionnelle à cette liberté en invoquant un principe fondamental reconnu par les lois de la République. • Cons. const. 23 nov. 1977, *Loi complémentaire à la loi n° 59-1557 du 31 déc. 1959 modifiée par la loi n° 71-400 du 1er juin 1971 et relative à la liberté de l'enseignement,* n° 77-87 DC : *JO 25 nov., p. 5530 ; Rec. Cons. const. 42 ; Pouvoirs 1978, n° 5. 185, note Avril et Giquel ; Ann. de Clermont, 1978. 310, note Montgroux ; RD publ. 1978. 830, note Favoreu ; GDCC, comm. Favoreu et Philip ; Gaz. Pal. 9-10 et 11-13 juin 1978, note Flauss ; RD publ. 1979. 65 et 85, note Plouvin ; AJDA 1978. 565, note Rivero.*

2. Contenu de la liberté d'enseignement. Des décisions ultérieures vont préciser le contenu de la liberté d'enseignement. Le Conseil constitutionnel va en effet affirmer le caractère obligatoire de l'aide de l'État aux établissements d'enseignement privés en vérifiant que le caractère limitatif des crédits destinés à la rémunération des personnels enseignants des établissements d'enseignement privés s'applique également à l'enseignement public et ne constitue pas une volonté de s'attaquer à la liberté de l'enseignement. Le Conseil constitutionnel déclare ainsi implicitement que l'aide de l'État est une condition nécessaire de l'existence de cette liberté. • Cons. const. 29 déc. 1984, *Loi de finances pour 1985,* n° 84-184 DC : *JO 30 déc., p. 4167 ; Rec. Cons. const. 94.*

3. Établissement d'enseignement privé. Le Conseil constitutionnel affirme ensuite le nécessaire respect du caractère propre des établissements d'enseignement privés les distinguant de ceux de l'enseignement publics, seul capable d'assurer la liberté de choix de l'enseignement par le pluralisme qu'il crée. • Cons. const. 18 janv. 1985, *Loi modifiant et complétant la loi n° 83-663 du 22 juill. 1983 et portant dispositions diverses relatives aux rapports entre l'État et les collectivités territoriales,* n° 84-185 DC : *JO 20 janv., p. 821 ; Rec. Cons. const. 36 ; RFDA 1985. 624, comm. Delvolvé.*

4. Le législateur peut subordonner l'aide apportée par l'État aux établissements d'enseignement privés à la nature et à l'importance de leur contribution à l'accomplissement de missions d'enseignement ; sous réserve de fonder son appréciation sur des critères objectifs et rationnels, il lui appartient, en particulier, de déterminer celles des formations dispensées par ces établissements qui sont susceptibles de bénéficier d'une telle aide. Il a ainsi pu, compte tenu des spécificités de l'enseignement dispensé dans les lycées agricoles privés, ne pas inclure dans le champ du régime de contractualisation prévu par le code rural les formations de l'enseignement supérieur agricole autres que celles conduisant au brevet de technicien supérieur : • Cons. const. 8 juill. 1999, *Loi d'orientation agricole,* n° 99-414 DC : *JO 10 juill., p. 10266 ; Rec. Cons. const. 92 ; AJDA 99. 732, comm. Schoettl ; D. 2000. 421, obs. Car.*

5. Méconnaissance du principe de liberté. Absence. Ni les règles et programmes de l'enseignement public, ni les contrôles destinés à en assurer le respect, ne s'imposent aux établissements ou classes d'enseignement privé hors contrat d'association. Ainsi, les élèves de ces établissements ou de ces classes sont placés dans une situation différente de celle des élèves suivant obligatoirement les programmes de l'enseignement public, au regard de l'objet du concours général des lycées, qui est de fournir aux élèves suivant les programmes de l'enseignement public l'occasion de faire la preuve, dans un cadre plus large que celui du baccalauréat, de leur excellence. Eu égard à cette différence de situation, le fait de réserver aux seuls élèves de l'enseignement public ou de l'enseignement privé sous contrat d'association la possibilité de se présenter aux épreuves du concours général n'a pas méconnu le principe d'égalité. • CE 3 sept. 2009, *Assoc « Créer son école »,* n° 314164 : *Lebon T. 777 ; AJDA 2009. 1581 ; LIJ 2009, n° 139, p. 17.*

Art. L. 151-2 **Les collectivités territoriales de la République concourent à la liberté de l'enseignement dans les conditions prévues par les articles L. 442-6 et L. 442-7.** – *[L. n° 94-51 du 21 janv. 1994, art. 1er.]*

BIBL. ▸ ASHWORTH, Les aides à l'investissement accordées par les collectivités territoriales aux établissements privés, *JCP 1990. I. 3473* ; La loi du 21 janvier 1994 relative aux conditions de l'aide aux investissements des établissements d'enseignement privés par les collectivités territoriales ; échec ou étape d'une réforme, *LPA 4 mai 1994, 19.* – CHOUVEL, L'aide régionale aux investissements immobiliers de l'enseignement privés, *Quot. jur. 26 janv. 1991, n° 12. 2* ; Le juge administratif et les aides locales aux établissements d'enseignement privé, *RRJ, 2003-1. 445.* – DEBY, La participation des communes au fonctionnement des écoles privées, *AJDA 1984. 586.* – MOUSSA, Activités publiques et privées : le financement public de l'enseignement privé,

Quot. jur. 19 août 1986, n° 95 ; 21 août 1986, n° 96. – SEVAL, Aides aux établissements privés. Question de principes, *Savoir 1990. 499* ; Aides aux établissements d'enseignement privés : le *statu quo ante, Savoir 1994. 1.* – TAMION, Les collectivités locales et les établissements d'enseignement privés : les aspects financiers, *LPA 2 juin 1995, n° 66. 9.*

I. LIBERTÉ D'ENSEIGNEMENT ET RÉGIONS

1. Les textes fondateurs de la liberté d'enseignement ne pouvaient concerner les régions qui ne sont devenues des collectivités territoriales qu'en 1982. Le Conseil d'État a d'abord implicitement admis l'application de ces textes aux régions à propos des garanties financières. La Haute assemblée précise ainsi que « si les dispositions de l'art. 69 de la L. du 13 mars 1850, dite « loi Falloux », qui n'ont fait l'objet d'aucune abrogation expresse ou implicite, définissent de façon limitative les subventions que les collectivités territoriales peuvent légalement accorder à des établissements secondaires privés d'enseignement général, la garantie d'un emprunt contracté par un tel établissement n'est pas au nombre des mesures régies par lesdites dispositions. Ni les dispositions de la L. du 31 déc. 1959 modifiée sur les rapports entre l'État et l'enseignement privé, ni aucune autre disposition législative ne font obstacle à ce qu'une collectivité territoriale use de la faculté qui lui est ouverte de garantir de tels emprunts ». • CE 6 avr. 1990, *Ville de Paris c/ Assoc. école alsacienne,* n°s 72873, 73656 et 74359 : *Lebon 92* ; *AJDA 1990. 563*.

2. Cette même disposition permet aussi aux collectivités territoriales de mettre à leur disposition un local existant et de leur accorder des subventions dans la limite du dixième des dépenses autres que les catégories de dépenses couvertes par des fonds publics versés au titre du contrat d'association. Par suite, illégalité de la délibération d'un conseil général décidant de subventionner au taux de 30 % la construction et l'extension de collèges privés, votant un crédit budgétaire à cet effet et accordant des subventions d'investissement à des collèges. • CE 6 avr. 1990, *Dpt d'Ille-et-Vilaine,* n° 81713 : *Lebon 91*. ♦ Le juge administratif a enfin confirmé explicitement cette solution. • CE 11 mai 1992, *Mme Bigaud,* n° 104785 : *Lebon 684* ; *D. 1992. 413, note Chouvel* • TA Rouen, 1er déc. 1992, *Jolly : Lebon 624*.

3. Dans une affaire où les requérants demandaient l'annulation de la délibération du conseil régional du Limousin attribuant une subvention à l'association Calandreta Lemosina et la restitution de la subvention versée pour le fonctionnement de l'école primaire privée de l'association, la région faisait notamment valoir la vocation régionale évidente du fait que les établissements scolaires Calandretas sont des écoles gratuites et laïques ayant pour objectif de transmettre la langue occitane alors que cet établissement est la seule école de ce type en Limousin, aucun établissement public de l'académie ne dispensant cette formation. Le tribunal juge qu'il résulte de l'ensemble des dispositions du C. éduc. que le législateur a entendu définir limitativement les conditions dans lesquelles des fonds publics peuvent être utilisés au bénéfice des écoles primaires privées ; qu'aucune disposition n'autorise les collectivités autres que les communes à consentir une aide financière sous quelque forme que ce soit à des écoles primaires privées ni à prendre en charge, même partiellement et de façon temporaire en cas de carence des communes, les dépenses de fonctionnement d'écoles primaires privées sous contrat d'association ; que, par suite, et alors même que la décision attaquée, qui tend à promouvoir l'apprentissage de l'occitan par les enfants, présenterait un intérêt régional, les requérants sont fondés à soutenir que la décision est entachée d'illégalité. • TA Limoges, 2 oct. 2014, n° 1201179.

II. AIDES LOCALES FINANCIÈRES AUX ÉTABLISSEMENTS D'ENSEIGNEMENT PRIVÉS

4. Il résulte des dispositions et principes à valeur constitutionnelle ci-dessus rappelés que le législateur peut prévoir l'octroi d'une aide des collectivités publiques aux établissements d'enseignement privés selon la nature et l'importance de leur contribution à l'accomplissement de missions d'enseignement ; si le principe de libre administration des collectivités locales a valeur constitutionnelle, les dispositions que le législateur édicte ne sauraient conduire à ce que les conditions essentielles d'application d'une loi relative à l'exercice de la liberté de l'enseignement dépendent de décisions des collectivités territoriales et, ainsi, puissent ne pas être les mêmes sur l'ensemble du territoire ; les aides allouées doivent, pour être conformes aux principes d'égalité et de liberté, obéir à des critères objectifs ; il incombe au législateur, en vertu de l'art. 34 de la Constitution, de définir les conditions de mise en œuvre de ces dispositions et principes à valeur constitutionnelle ; qu'il doit notamment prévoir les garanties nécessaires pour prémunir les établissements d'enseignement publics contre des ruptures d'égalité à leur détriment au regard des obligations particulières que ces établissements assument. • Cons. const. 13 janv. 1994, *Loi relative aux conditions de l'aide aux investissements des Éts d'enseignement privés par les collectivités territoriales,* n° 93-329 DC : *JO 15 janv., p. 829* ; *Rec. Cons. const. 9* ; *JCP 1994. II. 12241, note Ashworth* ; *AJDA 1994. 132, note Costa* ; *RFDA 1994. 209, comm. Genevois*.

Art. L. 151-3 **Les établissements d'enseignement du premier et du second degré peuvent être publics ou privés.**

Les établissements publics sont fondés et entretenus par l'État, les régions, les départements ou les communes.

Les établissements privés sont fondés et entretenus par des particuliers ou des associations. – *[L. 15 mars 1850, art. 17, et L. 30 oct. 1886, art. 2.]*

BIBL. ▸ Bechtel, Le financement public des établissements d'enseignement privés, *RFAP 1990. 343*. – Blaudeau, La contribution des communes aux dépenses de fonctionnement des écoles privées sous contrat d'association avec l'État (le forfait communal), *LIJ 2009, n° 134, p. 29*. – Borella, La conciliation dans la loi Debré, *S. 1960. Chron. 41*. – Glavany, Rapport sur la proposition de loi visant à abroger l'article 89 de la loi n° 2004-809 du 13 août 2004 relative aux libertés et responsabilités locales : *Rapp. Ass. Nat. n° 420, nov. 2007* ; AJDA 2007. 2233, note Pastor. – Le Bos, Le Pourhiet, Les collectivités locales et le financement de l'enseignement privé (l'imposé, le permis, l'interdit), *Savoir 1989. 113*. – Mazères, Les rapports entre l'État et l'enseignement privé, *Annales Fac. Droit Toulouse, 1962. 39*. – Méjean, Les subventions publiques aux écoles primaires privées sont-elles bien illégales ?, *Rev. adm. 1954. 47*. – Robert, La loi Debré, *RD publ. 1962. 213*. – Virieux, Les communes et les établissements d'enseignement privés, *Rev. adm. 1983. 31*.

I. AIDES FINANCIÈRES AUX ÉCOLES PRIVÉES

1. Loi Goblet. Le Conseil d'État a, à l'origine, tiré de l'art. 2 de la L. du 30 oct. 1886 sur l'organisation de l'enseignement primaire (loi Goblet) une interdiction générale de toute aide publique en faveur des écoles privées, en formation administrative tout d'abord. • CE, avis, 19 juill. 1888 : *D. 1890. III. 14, note de Baulny.* ♦ Puis en formation contentieuse, le Conseil d'État a estimé en l'espèce que ce texte mettait fin à l'existence, autrefois reconnue, d'écoles privées financées par les communes. • CE 20 févr. 1891, *Villes de Vitré, Muret et Nantes : Lebon 137, concl. Valabrègue* • CE 25 févr. 1928, *Cne de Montfaucon-en-Valois : S. 1928. 3. 103* • CE 12 juin 1953, *Conseil municipal de Chambéry : Lebon 279 ; RD publ. 1953. 1041, note Waline.* ♦ Cette interdiction concerne les aides publiques non seulement financières mais aussi matérielles. Ainsi, la délibération par laquelle un conseil municipal a approuvé le projet de convention de mise à disposition d'un terrain communal pour l'implantation d'une école primaire de langue basque est illégale. • CAA Bordeaux, 3 mai 2007, *Cne de Saint-Pierre-d'Irube*, n° 04BX01020 : *AJDA 2007. 1551*.

2. Loi Debré. La loi Debré a partiellement levé cette interdiction, sans toutefois abroger la loi Goblet, en rendant obligatoire, pour les communes, la prise en charge des dépenses de fonctionnement matériel des seules écoles primaires privées liées à l'État par contrat d'association. • CE 5 oct. 1966, *Bonneau*, n° 57859 : *Lebon 521* • 11 mars 1966, *MEN c/ Assoc. des parents d'élèves des écoles privées de Mahalon*, n° 63187 : *Lebon 203 ; AJDA 1966. 241, concl. Bernard.* ♦ Mais cette intervention était exclusive de toute autre forme d'aide, sauf disposition législative spécifique. • CE, ass., 24 mai 1963, *Féd. nat. des conseils de parents d'élèves des écoles publiques et a. et Sieur La Chapelle*, n° 52358 : *Lebon 321 ; AJDA 1963. 343, chron. Gentot et Fourré.*

3. Loi Guermeur. Si, depuis sa modification par la L. du 25 nov. 1977 (loi Guermeur), l'art. 4 de la loi Debré (V. art. L. 442-5, al. 3, C. éduc.) n'indique pas par quelle collectivité est versée la contribution forfaitaire aux dépenses de fonctionnement des classes sous contrat d'association, il résulte des travaux préparatoires de cette disposition que le législateur n'a pas entendu revenir sur la règle selon laquelle les dépenses de fonctionnement des classes sous contrat d'association sont à la charge de la collectivité publique qui supporte les dépenses de fonctionnement des classes correspondantes de l'enseignement public, donc la commune, en ce qui concerne les classes des écoles. • CE 12 févr. 1982, *Min. de l'intérieur c/ Cne d'Aurillac*, n° 33212 : *Lebon 682 ; AJDA 1982. 469, note Gaudemet ; RD publ. 1982. 465, note Robert ; Rev. adm. 1982. 275, note Pacteau.*

4. Contentieux. La réticence de certaines communes à financer les dépenses de fonctionnement des écoles élémentaires privées sous contrat d'association a donné lieu à de nombreux contentieux avant que le Conseil d'État ne fixe définitivement la doctrine par l'arrêt d'assemblée du 31 mai 1985, par exemple. • CE, ass., 5 juill. 1985, *Ville d'Albi*, n° 44706 : *Lebon 220* • 1er févr. 1986, *Min. intérieur et décentralisation c/ Cne de Saint-Herblain*, nos 60015 et 60018.

5. Tout contentieux n'étant pas éteint pour autant aujourd'hui. Ainsi, le Conseil d'État rappelle qu'aucune disposition de la L. du 31 déc. 1959, par laquelle le législateur a entendu définir limitativement les conditions dans lesquelles des fonds publics peuvent être utilisés au bénéfice des écoles primaires privées, n'autorise les départements à consentir une aide financière sous quelque forme que ce soit à des écoles primaires privées ni à prendre en charge, même partiellement et de façon temporaire, en cas de carence des communes, les dépenses de fonctionnement d'écoles primaires privées sous contrat d'association que la loi met à la charge de celles-ci. • CE 14 avr. 1995, *Mme Diard et Mlle David*, n° 103930 : *Lebon 182*.

6. *Circulaire du 2 déc. 2005.* Le juge administratif a annulé la circulaire du 2 déc. 2005 prise en application de l'art. 89 de la L. du 13 août 2005 relatives aux libertés et aux responsabilités locales qui avait pour objet le financement par les communes des dépenses de fonctionnement des écoles privées sous contrat. Cet acte était relatif aux affaires des services placés, au ministère de l'éducation nationale, sous l'autorité du directeur des affaires financières et, au ministère de l'intérieur et de l'aménagement du territoire, sous l'autorité du directeur général des collectivités locales. Les deux directeurs d'administration centrale disposant d'une délégation pour signer, au nom de chacun des deux ministres, la circulaire attaquée, les directeurs de cabinet des deux ministres étaient incompétents pour signer ce texte. Cette annulation laisse donc subsister l'obligation de financement et les difficultés d'interprétation de l'art. 89 de la loi. • CE 4 juin 2007, *Ligue de l'enseignement et a.*, n° 289792 : *Lebon 643 ; AJDA 2007. 1101*.

7. *Logements des instituteurs.* Dans une autre affaire, le juge administratif précise que les charges afférentes au logement des instituteurs ne constituent pas des dépenses de fonctionnement matériel de ces classes et ne peuvent donc légalement être assumées par une commune. • CE 20 mai 1994, *Préfet du Calvados*, n° 110776. ♦ V. encore • CAA Nancy, 10 nov. 2004, *Cne d'Arcis-sur-Aube*, n° 00NC01115 • CAA Nantes, 28 juin 2004, *Cne de Plestin-les-Grèves c/ Organisme de gestion de l'école catholique (OGEC) Notre-Dame de Plestin-les-Grèves*, n° 02NT01279.

II. ABSENCE D'OBLIGATION DE FINANCEMENT DES CLASSES MATERNELLES

8. Depuis les lois de décentralisation, le Conseil d'État a reconnu le caractère obligatoire, pour les communes, de la contribution aux dépenses de fonctionnement d'une école sous contrat d'association. Mais si elles sont tenues de prendre en charge les dépenses de fonctionnement des classes élémentaires de ces établissements, elles n'ont à supporter les dépenses de fonctionnement des classes enfantines ou maternelles de ces établissements que lorsqu'elles ont donné leur accord au contrat concernant lesdites classes. • CE, ass., 31 mai 1985, *MEN c/ Assoc. d'éducation populaire de l'école Notre-Dame d'Arc-les-Gray*, n° 55925 : *Lebon 167 ; RFDA 1985. 637, concl. Roux* • CE 31 mai 1985, *Ville de Moissac c/ Nicol et Assoc. d'éducation populaire de l'école privée Jeanne-d'Arc*, n° 42659 : *Lebon 168 ; RFDA 1985. 647, concl. Roux* • CE 25 juin 1999, *Assoc. amicale de bienfaisance des écoles libres de Saint-Marc-sur-Mer*, n° 154589 : *Lebon T. 665 ; AJDA 2000. 81, note Chouvel*.

Art. L. 151-4 **Les établissements d'enseignement général du second degré privés peuvent obtenir des communes, des départements, des régions ou de l'État des locaux et une subvention, sans que cette subvention puisse excéder le dixième des dépenses annuelles de l'établissement. Le conseil académique de l'éducation nationale donne son avis préalable sur l'opportunité de ces subventions.** – *[L. 15 mars 1850, art. 69.]*

1. *Aides financières aux établissements du second degré privés.* Avant 1986, l'État assumait seul les dépenses de fonctionnement des classes d'enseignement secondaire et technique des établissements privés sous contrat d'association, la contribution de l'État étant égale, par élève inscrit, au coût moyen de l'entretien d'un élève externe dans un établissement public de l'État de catégorie correspondante, majoré de 5 %. A plusieurs reprises, le juge administratif a annulé pour illégalité des dispositions réglementaires fixant un taux de contribution de l'État par élève inférieur à ce coût moyen. • CE, ass., 17 oct. 1975, *Assoc. de gestion de l'externat des enfants nantais*, n° 94743 : *Lebon 519 ; Rev. adm. 1976. 153, concl. Labetoulle ; D. 1976. 603, note Pacteau* • CE 13 mars 1987, *Féd. nat. des organismes de gestion des Éts de l'enseignement catholique [FNOGEC]*, nos 51755 et 54861 : *Lebon 93 ; AJDA 1987. 409, concl. Roux.*

2. *Contrôle normal.* En la matière, le juge de l'excès de pouvoir exerce un contrôle normal sur la décision fixant le montant de la contribution de l'État aux dépenses de fonctionnement des établissements privés sous contrat d'association. • CE, ass., 17 oct. 1975, *Assoc. de gestion de l'externat des enfants nantais*, n° 94743 : *préc. note 1.*

3. *Dépenses de fonctionnement.* Depuis le 1er janv. 1986, les dépenses de fonctionnement matériel sont mises à la charge des départements pour les collèges et des régions pour les lycées. La circulaire n° 85-105 du 13 mars 1985 du ministre de l'éducation nationale, en excluant toute subvention par les collectivités territoriales des dépenses d'investissement, a restreint illégalement la possibilité que tiennent ces établissements de l'art. 69 de la L. du 15 mars 1850 de bénéficier, de la part des collectivités locales, de la mise à leur disposition d'un local existant et de subventions n'excédant pas le dixième des dépenses annuelles de l'établissement non couvertes par des fonds publics versés au titre d'un contrat d'association. • CE, ass., 25 oct. 1991, *Synd.*

nat. de l'enseignement chrétien CFTC et a., n°s 68523, 68526, 68529, 68577, 68642, 68643 et 68803 : *Lebon 349* ; *RD publ. 1992. 217, concl. Pochard* ; *AJDA 1991. 885, chron. Maugüé et Schwartz* ; *D. 1992. 136, note Briard* ; *RFDA 1992. 995, note Durand-Prinborgne* ; *LPA 17 juin 1992. 15 ; 17, note Chouvel.*

4. Construction. Illégalité de la délibération d'un conseil général décidant de subventionner au taux de 30 % la construction et l'extension de collèges privés, votant un crédit budgétaire à cet effet et accordant des subventions d'investissement à des collèges. • CE 6 avr. 1990, *Dpt d'Ille-et-Vilaine*, n° 81713 : *Lebon 91* ; *RFDA 1990. 598, concl. Frydman* ; *D. 1990. 337, note Briard* ; *LPA 11 mai 1990. 14, note Fontaine* ; *Quot. jur. 15 mai 1990. 2, note Prélot* ; *AJDA 1990. 519, chron. Honorat et Baptiste*. ♦ Même solution pour une délibération d'un Conseil régional relative au financement de travaux d'aménagement et d'extension d'un lycée privé. • CE 14 avr. 1995, *Mme Bigaud*, n° 103195 : *Lebon 184* ; *RFDA 1996. 79, concl. Savoie* ; *LPA 15 nov. 1995. 33, note Chouvel.*

Art. L. 151-5 Les établissements d'enseignement technique sont publics ou privés. – *[L. 25 juill. 1919, art. 3, al. 1er (C. ens. techn., art. 3, al. 1er).]*

1. Aides à l'enseignement technique agricole. Le régime juridique des aides locales aux établissements privés d'enseignement agricole ou technique est caractérisé par une grande liberté. En l'état actuel de la jurisprudence, les collectivités territoriales ne paraissent assujetties à aucune limite de fonds, la légalité de leur intervention étant seulement subordonnée à la procédure d'octroi de l'aide. Ainsi, le Conseil d'État a jugé que, si le conseil de l'éducation nationale institué dans chaque académie donne son avis sur les locaux et les subventions attribués aux établissements d'enseignement privés, la délibération par laquelle un conseil régional a décidé d'inscrire au budget de la région des crédits destinés à l'aide aux établissements d'enseignement technique privés, décision qui ne trouve pas son fondement dans l'art. 69 de la L. du 15 mars 1850, mais dans la L. du 25 juill. 1919 relative à l'organisation de l'enseignement technique, industriel et commercial, n'est pas soumise à une telle consultation. • CE 11 mars 1992, *Mme Bigaud*, n° 104785 : *Lebon T. 683*.

2. Aucune disposition de la L. du 25 juill. 1919 relative à l'organisation de l'enseignement technique, industriel et commercial ni aucune autre disposition législative ne font obstacle à l'attribution par les départements ou les communes de subventions à des établissements privés d'enseignement technique placés ou non sous le régime d'un des contrats institués par la L. du 31 déc. 1959. • CE 19 mars 1986, *Dpt de Loire-Atlantique*, n° 60483 : *Lebon 76* • CE 7 juill. 1950, *Œuvre de Saint-Nicolas : Lebon 422.*

3. Lorsqu'un même établissement privé d'enseignement du second degré comporte des formations relevant de la voie générale et des formations relevant des voies technologique et professionnelle, la légalité des subventions qui lui sont attribuées par une collectivité territoriale doit être appréciée au regard des dispositions respectives concernant chacune de ces catégories de formation, sans qu'y fasse obstacle la dénomination de l'établissement, dès lors que les structures pédagogiques de celui-ci prévoient expressément ces différentes voies de formation. • CE 18 nov. 1998, *Région Île-de-France*, n° 172320 : *Lebon 424* ; *AJDA 1999. 371, concl. Touvet et note Chouvel*.

Art. L. 151-6 L'enseignement supérieur est libre. – *[L. 12 juill. 1875, art. 1er.]*

BIBL. ▸ PRÉLOT, Les établissements privés d'enseignement supérieur, *LGDJ 1990*.

I. RÉGIME DE LIBERTÉ

1. Dès l'origine, le Conseil d'État a considéré que l'attribution de subventions aux établissements privés d'enseignement supérieur était autorisée par la législation en vigueur. • CE, ass., 1er juill. 1956, *Canivez : Lebon 220* ; *Rev. adm. 1956. 265, concl. Long.*

2. Plus tard, le Conseil d'État confirmera cette jurisprudence pour une délibération du conseil régional de la région des Pays-de-la-Loire attribuant une subvention de 40 000 000 F pour l'investissement et l'équipement d'établissements d'enseignement privés secondaires confessionnels. • CE 10 févr. 1997, *Mmes Sale et Diard*, n°s 139424 et 160151. ♦ Même solution sur le fond pour une subvention de 27 millions de francs destinée au regroupement, sur un terrain d'une superficie de 3 817 mètres carrés occupé par une caserne, et dans une construction de 17 291 mètres carrés de surface, de cinq établissements supérieurs d'enseignement technique et professionnel de l'université catholique de Lyon comptant près de 1 400 étudiants dispersés sur cinq sites, compte tenu de l'intérêt éducatif, social et urbain, d'un tel projet. • CAA Lyon, 17 juin 1999, *Féd. des œuvres laïques du Rhône et a.*, n° 99LY00287 : *Lebon T. 609* ; *LPA 31 mars 2000. 12, note Trémeau et Cammarata.*

II. LIMITES DE CE RÉGIME DE LIBERTÉ

3. Dans différents arrêts, le Conseil d'État vérifie que la délibération accordant une subvention n'est pas étrangère à l'intérêt de la collectivité et que la subvention n'a pas pour objet ou pour effet de porter atteinte au fonctionnement du service public de l'enseignement. • CE, ass., 1er juill. 1956, *Canivez : préc. note 1.*

4. Il vérifie par ailleurs si la collectivité attribue également ou non des subventions d'équipement à des établissements publics de l'enseignement supérieur. Ainsi, il relève que la seule circonstance qu'aucune subvention identique à la subvention litigieuse n'aurait été votée en faveur d'un établissement public, ne suffit pas à établir que la délibération attaquée aurait pour objet ou pour effet de porter atteinte au fonctionnement du service public de l'enseignement. • CAA Lyon, 17 juin 1999, *Féd. des œuvres laïques du Rhône et a.,* n° 99LY00287 : *préc. note 2.*

5. La légalité d'une délibération est enfin liée à la compétence matérielle de la collectivité accordant l'aide. Ainsi la délibération par laquelle un conseil de communauté décide l'octroi d'une subvention à un établissement privé d'enseignement supérieur ne peut, même en prenant en considération ses effets indirects, être regardée comme une opération de développement économique ; la seule circonstance que le projet subventionné comprendrait le réaménagement de locaux militaires pour en changer la destination ne suffit pas pour lui donner la qualification d'action de réhabilitation d'intérêt communautaire ; en tout état de cause, l'opération envisagée ne présente pas, en elle-même, compte tenu de son objet et de sa consistance, le caractère d'une opération d'aménagement au sens des dispositions de l'art. L. 300-1 C. urb. ; suit de là que la délibération attaquée ne se rattache ni aux compétences limitativement énumérées par l'art. L. 5215-20 CGCT, ni à aucune autre compétence de la communauté urbaine de Lyon. • CAA Lyon, 17 juin 1999, *Cté urbaine de Lyon,* n° 99LY00321.

TITRE SIXIÈME DISPOSITIONS APPLICABLES DANS LES ÎLES WALLIS-ET-FUTUNA, À MAYOTTE, EN POLYNÉSIE FRANÇAISE ET EN NOUVELLE-CALÉDONIE

Ce titre est abrogé à compter de l'entrée en vigueur des décrets portant actualisation et adaptation des dispositions réglementaires du code de l'éducation relatives à l'outre-mer et, au plus tard, le 1er janv. 2022 (Ord. n° 2021-552 du 5 mai 2021, art. 13).

CHAPITRE PREMIER DISPOSITIONS APPLICABLES DANS LES ÎLES WALLIS-ET-FUTUNA

Art. L. 161-1 Sont applicables dans les îles Wallis-et-Futuna les premier, deuxième, troisième *(L. n° 2005-380 du 23 avr. 2005, art. 54)* « , quatrième et septième » alinéas de l'article L. 111-1, les articles *(Ord. n° 2014-693 du 26 juin 2014, art. 5)* « L. 111-1-1 à L. 111-5 », L. 112-2 *(Ord. n° 2008-728 du 24 juill. 2008, art. 3)* « , L. 112-4 », le premier alinéa de l'article L. 113-1, les articles L. 121-1 à L. 121-4, *(Ord. n° 2014-693 du 26 juin 2014, art. 5)* « le I de l'article L. 121-4-1, les articles L. 121-5, L. 121-6, » L. 122-1, *(L. n° 2005-380 du 23 avr. 2005, art. 54)* « L. 122-1-1, » L. 122-5, L. 123-1 à L. 123-9, *(L. n° 2005-380 du 23 avr. 2005, art. 54)* « L. 131-1-1, » L. 131-2, L. 131-4, L. 132-1, L. 132-2, L. 141-2, *(L. n° 2004-228 du 15 mars 2004, art. 54)* « L. 141-4, L. 141-5-1, L. 141-6 », L. 151-1, L. 151-3 et L. 151-6.

Les dispositions de l'article L. 131-1 sont applicables à compter du 1er janvier 2001.

Art. L. 161-2 Pour son application dans les îles Wallis-et-Futuna, le deuxième alinéa de l'article L. 151-3 est ainsi rédigé :

"Les établissements publics sont fondés et entretenus par l'État."

Art. L. 161-3 Pour son application dans les îles Wallis-et-Futuna, *(L. n° 2003-339 du 14 avr. 2003, art. 2)* « le premier alinéa » de l'article L. 141-3 est ainsi rédigé :

"Dans les écoles maternelles et élémentaires publiques, l'organisation de la semaine scolaire ne doit pas faire obstacle à la possibilité pour les parents de faire donner, s'ils le désirent, à leurs enfants l'instruction religieuse, en dehors des édifices scolaires et en dehors des heures de classe."

CHAPITRE II DISPOSITIONS APPLICABLES À MAYOTTE

Art. L. 162-1 *Abrogé par Ord. n° 2007-1801 du 21 déc. 2007, art. 6.*

Art. L. 162-2 Pour l'application à Mayotte de l'article L. 112-1, la référence à la commission départementale d'éducation spéciale est supprimée.

Art. L. 162-2-1 *Abrogé par L. n° 2019-791 du 26 juill. 2019, art. 36.*

Art. L. 162-3 Pour son application à Mayotte, le deuxième alinéa de l'article L. 151-3 est ainsi rédigé :

"Les établissements publics sont fondés et entretenus par l'État ou les communes."

Art. L. 162-4 Pour son application à Mayotte, *(L. n° 2003-339 du 14 avr. 2003, art. 2)* « le premier alinéa de » l'article L. 141-3 est ainsi rédigé :

« Dans les écoles maternelles et élémentaires publiques, l'organisation de la semaine scolaire ne doit pas faire obstacle à la possibilité pour les parents de faire donner, s'ils le désirent, à leurs enfants l'instruction religieuse, en dehors des édifices scolaires et en dehors des heures de classe. »

CHAPITRE III DISPOSITIONS APPLICABLES EN POLYNÉSIE FRANÇAISE

BIBL. ▸ Chambre territoriale des comptes de la Polynésie française, Observations définitives - Collectivité de la Polynésie française (politique de l'éducation), *Séance du 9 sept. 2014.*

Art. L. 163-1 Sont applicables en Polynésie française les premier, deuxième, troisième *(L. n° 2005-380 du 23 avr. 2005, art. 70)* « , quatrième et septième » alinéas de l'article L. 111-1, les articles *(Ord. n° 2014-693 du 26 juin 2014, art. 11)* « L. 111-1-1, L. 111-3 à » L. 111-5, L. 112-2, le premier alinéa de l'article L. 113-1, *(Ord. n° 2014-693 du 26 juin 2014, art. 11)* « les articles L. 121-1, L. 121-3, » L. 121-4, *(Ord. n° 2014-693 du 26 juin 2014, art. 11)* « la première phrase du I de l'article L. 121-4-1, les articles » L. 122-1, L. 122-5, L. 123-1 à L. 123-9, L. 131-1, *(L. n° 2005-380 du 23 avr. 2005, art. 70)* « L. 131-1-1, » L. 131-2, L. 131-4, L. 132-1, L. 132-2, L. 141-2, *(L. n° 2004-228 du 15 mars 2004, art. 2)* « L. 141-4, L. 141-5, L. 141-6 », L. 151-1, L. 151-3 et L. 151-6.

(Ord. n° 2014-693 du 26 juin 2014, art. 11) « Les articles L. 111-2 et L. 121-2, ainsi que l'article L. 122-1-1, à l'exception de la dernière phrase de son premier alinéa, sont applicables en Polynésie française sans préjudice de l'exercice de leurs compétences par les autorités locales. »

Art. L. 163-2 Pour son application en Polynésie française, le deuxième alinéa de l'article L. 151-3 est ainsi rédigé :

"Les établissements publics sont fondés et entretenus par la Polynésie française ou les communes."

Art. L. 163-3 Pour l'application en Polynésie française de l'article L. 131-1, une délibération de l'Assemblée de la Polynésie française fixe l'âge de l'obligation scolaire.

Art. L. 163-4 Pour son application en Polynésie française, *(L. n° 2003-339 du 14 avr. 2003, art. 2-I)* « le premier alinéa de l'article » L. 141-3 est ainsi rédigé :

« Dans les écoles maternelles et élémentaires publiques, l'organisation de la semaine scolaire ne doit pas faire obstacle à la possibilité pour les parents de faire donner, s'ils le désirent, à leurs enfants l'instruction religieuse, en dehors des édifices scolaires et en dehors des heures de classe. »

CHAPITRE IV DISPOSITIONS APPLICABLES EN NOUVELLE-CALÉDONIE

Art. L. 164-1 Sont applicables en Nouvelle-Calédonie les premier, deuxième, troisième *(L. n° 2005-380 du 23 avr. 2005, art. 77)* « , quatrième et septième » alinéas de l'article L. 111-1, les articles *(Ord. n° 2014-693 du 26 juin 2014, art. 19)* « L. 111-1-1, L. 111-3 à » L. 111-5, L. 112-2, le premier alinéa de l'article L. 113-1, *(Ord. n° 2014-693 du 26 juin 2014, art. 19)* « les articles L. 121-1, L. 121-3, » L. 121-4, *(Ord. n° 2014-693 du 26 juin 2014, art. 19)* « la première phrase du I de l'article L. 121-4-1, les articles » L. 122-1, *(L. n° 2005-380 du 23 avr. 2005, art. 77)* « L. 122-1-1, *(Ord. n° 2014-693 du 26 juin 2014, art. 19)* « à l'exception, dans le premier degré, de la dernière phrase de son premier alinéa », » le deuxième alinéa de l'article L. 122-5, les articles L. 123-1 à L. 123-9, L. 131-1, *(L. n° 2005-380 du 23 avr. 2005, art. 77)* « L. 131-1-1, » L. 131-2, L. 131-4, L. 132-1, L. 132-2, L. 141-2, *(L. n° 2004-228 du 15 mars 2004, art. 2)* « L. 141-4, L. 141-5, L. 141-6 », L. 151-1, L. 151-3 et L. 151-6.

(Ord. n° 2014-693 du 26 juin 2014, art. 19) « Les articles L. 111-2 et L. 121-2 sont applicables en Nouvelle-Calédonie sans préjudice de l'exercice de leurs compétences par les autorités locales.

« L'article L. 121-6 est applicable en Nouvelle-Calédonie uniquement dans le second degré. »

L'article L. 141-5-1 est applicable aux établissements publics d'enseignement du second degré mentionnés au III de l'article 21 de la loi organique n° 99-209 du 19 mars 1999 relative à la Nouvelle-Calédonie qui relèvent de la compétence de l'État.

Art. L. 164-2 Pour son application en Nouvelle-Calédonie, le deuxième alinéa de l'article L. 151-3 est ainsi rédigé :

« Les établissements publics sont fondés par l'État, la Nouvelle-Calédonie, les provinces ou les communes. »

Art. L. 164-3 Pour son application en Nouvelle-Calédonie, le premier alinéa de l'article L. 141-3 est ainsi rédigé :

« Dans les écoles maternelles et élémentaires publiques, l'organisation de la semaine scolaire ne doit pas faire obstacle à la possibilité pour les parents de faire donner, s'ils le désirent, à leurs enfants l'instruction religieuse, en dehors des édifices scolaires et en dehors des heures de classe. » – *[L. 28 mars 1882, art. 2, et L. du 9 déc. 1905, art. 30.]*

TITRE SIXIÈME *[NOUVEAU]* DISPOSITIONS RELATIVES À L'OUTRE-MER

CHAPITRE PREMIER *[NOUVEAU]* GUADELOUPE, GUYANE, MARTINIQUE, LA RÉUNION, MAYOTTE

(Ord. n° 2021-552 du 5 mai 2021, art. 1er)

Ce titre entre en vigueur à la date d'entrée en vigueur des décrets portant actualisation et adaptation des dispositions réglementaires du code de l'éducation relatives à l'outre-mer et, au plus tard, le 1er janv. 2022 (Ord. n° 2021-552 du 5 mai 2021, art. 13).

Nouvel art. L. 161-1 Pour leur application en Guadeloupe, en Guyane, en Martinique, à La Réunion et à Mayotte, les dispositions du présent livre font l'objet des adaptations prévues au présent chapitre.

SECTION PREMIÈRE *[NOUVELLE]* DISPOSITIONS PARTICULIÈRES À LA GUYANE ET À LA MARTINIQUE

Nouvel art. L. 161-2 Pour l'application du présent livre en Guyane, les références au département et à la région sont remplacées par la référence à la collectivité territoriale de Guyane.

Nouvel art. L. 161-3 Pour l'application du présent livre en Martinique, les références au département et à la région sont remplacées par la référence à la collectivité territoriale de Martinique.

SECTION II *[NOUVELLE]* DISPOSITIONS PARTICULIÈRES À MAYOTTE

Nouvel art. L. 161-4 Pour l'application du présent livre à Mayotte :

1° Les références au département et à la région sont remplacées par la référence au Département de Mayotte ;

2° A l'article L. 124-2-1, les mots : "établissements publics locaux d'enseignement" sont remplacés par les mots : "établissements d'État, collèges et lycées," ;

3° Au premier alinéa de l'article L. 124-13, après les mots : "code du travail", sont insérés les mots : ", sous réserve des adaptations prévues par les articles L. 1524-3 et L. 1524-4 du même code" ;

4° Au deuxième alinéa de l'article L. 151-3, les mots : ", les régions, les départements" sont supprimés.

Nouvel art. L. 161-5 Pour son application à Mayotte, le premier alinéa de l'article L. 141-3 est ainsi rédigé :

"Dans les écoles maternelles et élémentaires publiques, l'organisation de la semaine scolaire ne doit pas faire obstacle à la possibilité pour les parents de faire donner, s'ils le désirent, à leurs enfants l'instruction religieuse, en dehors des édifices scolaires et en dehors des heures de classe."

CHAPITRE II *[NOUVEAU]* SAINT-BARTHÉLEMY

Art. L. 162-1 Les dispositions du présent livre s'appliquent de plein droit à Saint-Barthélemy sous réserve des adaptations prévues au présent chapitre.

Art. L. 162-2 Pour l'application du présent livre à Saint-Barthélemy :

1° Les références au maire ou à la commune sont remplacées, respectivement, par les références au président du conseil territorial ou à la collectivité de Saint-Barthélemy ;

2° A l'article L. 111-3, les mots : "les collectivités territoriales" sont remplacés par les mots : "la collectivité de Saint-Barthélemy" ;

3° A l'article L. 112-2-1, les mots : "sont créées dans chaque département. Elles" sont supprimés ;

4° A l'article L. 131-5 :

a) Au cinquième alinéa, les mots : ", qu'elle soit ou non sur le territoire de leur commune," sont supprimés ;

b) Les sixième et neuvième alinéas sont supprimés ;

c) Au huitième alinéa, la deuxième phrase est supprimée ;

d) Au dernier alinéa, après le mot : "saisonnier", sont insérés les mots : "exécuté à Saint-Barthélemy" et les mots : "de la commune de son lieu de résidence temporaire ou de travail" sont remplacés par les mots : "de la collectivité" ;

5° A l'article L. 131-10, la référence au représentant de l'État dans le département est remplacée par la référence au représentant de l'État ;

6° L'article L. 133-10 est ainsi rédigé :

Art. L. 133-10 La collectivité peut confier par convention à la caisse des écoles l'organisation du service d'accueil.

7° Le deuxième alinéa de l'article L. 151-3 est ainsi rédigé :

"Les établissements publics sont fondés et entretenus par l'État ou la collectivité de Saint-Barthélemy." ;

8° L'article L. 151-4 est ainsi rédigé :

Art. L. 151-4 Les établissements d'enseignement général du second degré privés peuvent obtenir de la collectivité de Saint-Barthélemy ou de l'État des locaux et une subvention, sans que cette subvention puisse excéder le dixième des dépenses annuelles de l'établissement.

CHAPITRE III *[NOUVEAU]* SAINT-MARTIN

Nouvel art. L. 163-1 Les dispositions du présent livre s'appliquent de plein droit à Saint-Martin sous réserve des adaptations prévues au présent chapitre.

Nouvel art. L. 163-2 Pour l'application du présent livre à Saint-Martin :

1° Les références au maire ou à la commune sont remplacées par les références au président du conseil territorial et à la collectivité de Saint-Martin ;

2° Au deuxième alinéa de l'article L. 111-3, les mots : "les collectivités territoriales" sont remplacés par les mots : "la collectivité de Saint-Martin" ;

3° Au premier alinéa l'article L. 112-2-1, les mots : "sont créées dans chaque département. Elles" sont supprimés ;

4° A l'article L. 131-5 :

a) Au cinquième alinéa, les mots : ", qu'elle soit ou non sur le territoire de leur commune," sont supprimés ;

b) Les sixième et neuvième alinéas sont supprimés ;

c) Au huitième alinéa, la deuxième phrase est supprimée ;

d) Au dernier alinéa, après le mot : "saisonnier", sont insérés les mots : "exécuté à Saint-Martin" et les mots : "de la commune de son lieu de résidence temporaire ou de travail" sont remplacés par les mots : "de la collectivité" ;

5° A l'article L. 131-10, la référence au représentant de l'État dans le département est remplacée par la référence au représentant de l'État ;

6° L'article L. 133-10 est ainsi rédigé :

Art. L. 133-10 La collectivité peut confier par convention à la caisse des écoles l'organisation du service d'accueil.

7° Le deuxième alinéa de l'article L. 151-3 est ainsi rédigé :

"Les établissements publics sont fondés et entretenus par l'État ou la collectivité de Saint-Martin." ;

8° L'article L. 151-4 est ainsi rédigé :

Art. L. 151-4 Les établissements d'enseignement général du second degré privés peuvent obtenir de la collectivité de Saint-Martin ou de l'État des locaux et une subvention, sans que cette subvention puisse excéder le dixième des dépenses annuelles de l'établissement.

CHAPITRE IV *[NOUVEAU]* SAINT-PIERRE-ET-MIQUELON

Nouvel art. L. 164-1 I. – Les dispositions du présent livre s'appliquent de plein droit à Saint-Pierre-et-Miquelon sous réserve des adaptations prévues au présent chapitre.

Nouvel art. L. 164-2 Pour l'application du présent livre à Saint-Pierre-et-Miquelon :

1° Les mots : "le département" sont remplacés par les mots : "la collectivité de Saint-Pierre-et-Miquelon" ;

2° Le huitième alinéa de l'article L. 112-1 est ainsi rédigé :

"Lorsqu'une intégration en milieu ordinaire a été décidée pour l'enfant, l'adolescent ou l'adulte en situation de handicap par la commission mentionnée à l'article L. 146-9 du code de l'action sociale et des familles mais que les conditions d'accès à l'établissement la rendent impossible, les surcoûts imputables à la scolarisation dans un établissement plus éloigné sont à la charge de l'État ou de la collectivité territoriale compétente s'agissant de la construction, de la reconstruction ou de l'extension des locaux." ;

3° Au 3° du II de l'article L. 121-4-1, les mots : ", régional et départemental" sont remplacés par les mots : "et territorial" ;

4° A l'article L. 124-16, les mots : "mentionnées à l'article L. 2323-83 du code du travail" sont supprimés ;

5° Au premier alinéa de l'article L. 124-17, les mots : "aux articles L. 8112-1 et L. 8112-5" sont remplacés par les mots : "à l'article L. 8112-1" ;

6° Au septième alinéa de l'article L. 131-5, les mots : "le directeur académique des services de l'éducation nationale agissant sur délégation du préfet" sont remplacés par les mots : "le chef du service de l'éducation de Saint-Pierre-et-Miquelon, agissant sur délégation du représentant de l'État" ;

7° Au dernier alinéa de l'article L. 133-8, les mots : "à l'autorité académique ou à son représentant" sont remplacés par les mots : "au chef du service de l'éducation de Saint-Pierre-et-Miquelon" ;

8° Le deuxième alinéa de l'article L. 151-3 est ainsi rédigé :

"Les établissements publics sont fondés et entretenus par l'État ou les communes." ;

9° L'article L. 151-4 est ainsi rédigé :

Art. L. 151-4 Les établissements d'enseignement général du second degré privés peuvent obtenir des communes, de la collectivité territoriale de Saint-Pierre-et-Miquelon ou de l'État des locaux et une subvention, sans que cette subvention puisse excéder le dixième des dépenses annuelles de l'établissement.

CHAPITRE V *[NOUVEAU]* WALLIS-ET-FUTUNA

Nouvel art. L. 165-1 I. – Sont applicables dans les îles Wallis-et-Futuna, sous réserve des adaptations prévues au II, les dispositions des articles mentionnés dans la colonne de gauche du tableau ci-après, dans leur rédaction indiquée dans la colonne de droite du même tableau :

Tableau mod. par L. n° 2021-1104 du 22 août 2021, art. 5.

DISPOSITIONS APPLICABLES	DANS LEUR RÉDACTION
L. 111-1	Résultant de la loi n° 2019-791 du 26 juillet 2019
L. 111-1-1	Résultant de la loi n° 2013-660 du 22 juillet 2013
L. 111-1-2 et L. 111-1-3	Résultant de la loi n° 2019-791 du 26 juillet 2019 pour une école de la confiance
L. 111-2	Résultant de la loi n° 2021-1104 du 22 août 2021 portant lutte contre le dérèglement climatique et renforcement de la résilience face à ses effets
L. 111-3 a L. 111-4	Résultant de la loi n° 2019-791 du 26 juillet 2019 précitée
L. 111-5	Résultant de la loi n° 2013-660 du 22 juillet 2013
L. 112-1, 1er, 2e et 5e alinéas, et L. 112-2	Résultant de la loi n° 2019-791 du 26 juillet 2019
L. 112-3	Résultant de l'ordonnance n° 2008-1304 du 11 décembre 2008
L. 112-4	Résultant de la loi n° 2005-102 du 11 février 2005
L. 112-5, L. 113-1, 1er alinéa, L. 114-1, 1er, 2e et 4e alinéas	Résultant de la loi n° 2019-791 du 26 juillet 2019
L. 121-1	Résultant de la loi n° 2020-766 du 24 juin 2020
L. 121-2	Résultant de la loi n° 2013-595 du 8 juillet 2013
L. 121-3	Résultant de la loi n° 2013-660 du 22 juillet 2013
L. 121-4	Résultant de l'ordonnance n° 2000-549 du 15 juin 2000
L. 121-4-1, 1er à 4e alinéas et 6e à 13e alinéas	Résultant de la loi n° 2019-791 du 26 juillet 2019
L. 121-4-2	Résultant de la loi n° 2018-493 du 20 juin 2018
L. 121-5 et L. 121-6	Résultant de la loi n° 2013-595 du 8 juillet 2013
L. 121-7	Résultant de l'ordonnance n° 2000-549 du 15 juin 2000

DISPOSITIONS APPLICABLES	DANS LEUR RÉDACTION
L. 121-8	Résultant de la loi n° 2021-1104 du 22 août 2021 portant lutte contre le dérèglement climatique et renforcement de la résilience face à ses effets
L. 122-1-1	Résultant de la loi n° 2013-595 du 8 juillet 2013
L. 122-2	Résultant de la loi n° 2019-791 du 26 juillet 2019
L. 122-3 à L. 122-5	Résultant de l'ordonnance n° 2000-549 du 15 juin 2000
L. 123-1	Résultant de la loi n° 2013-660 du 22 juillet 2013
L. 123-2	Résultant de la loi n° 2020-1674 du 24 décembre 2020
L. 123-3 à L. 123-4-1	Résultant de la loi n° 2013-660 du 22 juillet 2013
L. 123-4-2	Résultant de la loi n° 2019-791 du 26 juillet 2019
L. 123-5 à L. 123-7	Résultant de la loi n° 2013-660 du 22 juillet 2013
L. 123-7-1	Résultant de l'ordonnance n° 2014-807 du 17 juillet 2014
L. 123-8 et L. 123-9	Résultant de l'ordonnance n° 2000-549 du 15 juin 2000
L. 124-1	Résultant de la loi n° 2014-788 du 10 juillet 2014
L. 124-1-1	Résultant de la loi n° 2020-1674 du 24 décembre 2020
L. 124-2	Résultant de la loi n° 2014-788 du 10 juillet 2014
L. 124-3	Résultant de la loi n° 2020-1674 du 24 décembre 2020
L. 124-3-1	Résultant de la loi n° 2018-771 du 5 septembre 2018
L. 124-4 et L. 124-5 ; L. 124-9 ; L. 124-12 ; L. 124-14 ; L. 124-15 ; L.124-18 ; L. 124-19 et L. 124-20	Résultant de la loi n° 2014-788 du 10 juillet 2014
L. 131-1	Résultant de la loi n° 2019-791 du 26 juillet 2019
L. 131-1-1 et L. 131-2	Résultant de la loi n° 2013-595 du 8 juillet 2013

DISPOSITIONS APPLICABLES	DANS LEUR RÉDACTION
L. 131-4	Résultant de l'ordonnance nº 2000-549 du 15 juin 2000
L. 131-5, 1er, 2e, 3e, 4e alinéas	Résultant de la loi nº 2019-791 du 26 juillet 2019
L. 131-7	Résultant du décret nº 2012-16 du 5 janvier 2012
L. 131-8, 1er, 2e, 3e, 4e, 5e et 8e alinéas à L. 131-10, 3e, 4e, 5e, 6e, 7e et 8e alinéas	Résultant de la loi nº 2019-791 du 26 juillet 2019
L. 131-11	Résultant de la loi nº 2018-266 du 13 avril 2018
L. 131-12	Résultant de la loi nº 2004-1 du 2 janvier 2004
L. 132-1	Résultant de la loi nº 2019-791 du 26 juillet 2019
L. 132-2 ; L. 141-2, L. 141-3, 1er alinéa, L. 141-4	Résultant de l'ordonnance nº 2000-549 du 15 juin 2000
L. 141-5-1	Résultant de la loi nº 2004-228 du 15 mars 2004
L. 141-5-2	Résultant de la loi nº 2019-791 du 26 juillet 2019
L. 141-6 ; L. 151-1 ; L. 151-3 ; L. 151-5 et L. 151-6	Résultant de l'ordonnance nº 2000-549 du 15 juin 2000

II. – Pour l'application du I :

1º Aux articles L. 111-1-1 et L. 111-1-2, la mention du drapeau européen est supprimée ;

2º Au deuxième alinéa de l'article L. 112-1, les mots : "ou dans l'un des établissements mentionnés à l'article L. 351-1, le" sont remplacés par le mot : "la" ;

3º A l'article L. 112-2 :

a) Au premier alinéa, la dernière phrase est supprimée ;

b) Au deuxième alinéa, les mots : "constitue un élément du plan de compensation visé à l'article L. 146-8 du code de l'action sociale et des familles. Il" et les mots : "figurant dans le plan de compensation" sont supprimés ;

4º A l'article L. 112-5, les mots : "à l'article L. 114 du code de l'action sociale et des familles" sont supprimés ;

5º A l'article L. 121-2, les mots : "ainsi que par les personnes publiques et privées qui assurent une mission de formation ou d'action sociale. Tous les services publics contribuent de manière coordonnée à la lutte contre l'illettrisme et l'innumérisme dans leurs domaines d'action respectifs" sont supprimés ;

6º A l'article L. 121-4-1 :

a) Au I, les mots : "et les actions engagées dans le cadre du comité prévu à l'article L. 421-8" sont supprimés ;

b) Au onzième alinéa du II, les mots : ", y compris les instituts médico-éducatifs," sont supprimés et les mots : "en lien avec les agences régionales de santé, les collectivités territoriales et les organismes d'assurance maladie concernés" sont remplacés par les mots : "en lien avec l'agence de santé de Wallis-et-Futuna" ;

7º A l'article L. 121-4-2, les mots : "aux dispositions du règlement (UE) 2016/679 du Parlement européen et du Conseil du 27 avril 2016 relatif à la protection des personnes physiques à l'égard du traitement des données à caractère personnel et à la libre circulation de ces données, et abrogeant la directive 95/46/ CE comportant la liste de ces traitements" sont remplacés par les mots : "aux règles en vigueur en métropole en vertu du règlement (UE) 2016/679 du 27 avril 2016" ;

8° Au deuxième alinéa de l'article L. 124-1, les mots : "ne relevant ni du 2° de l'article L. 4153-1 du code du travail, ni de la formation professionnelle tout au long de la vie, définie à la sixième partie du même code," sont supprimés ;

9° L'article L. 124-12 est ainsi rédigé :

Art. L. 124-12 Les stagiaires bénéficient, dans les mêmes conditions que les salariés, des protections et droits fixés par la réglementation applicable à Wallis-et-Futuna, notamment en matière de lutte contre le harcèlement, d'autorisations d'absence et de congé de maternité, de congé de paternité et de congé d'adoption.

10° A l'article L. 124-18, la référence : "L. 124-13" est remplacée par la référence : "L. 124-12" ;

11° Au premier alinéa de l'article L. 131-5, les mots : "au maire et" sont supprimés ;

12° Au septième alinéa de l'article L. 131-10, les mots : "public ou privé et de faire aussitôt connaître au maire, qui en informe l'autorité de l'État compétente en matière d'éducation, l'école ou l'établissement qu'elles auront choisi" et les mots : "public ou privé" sont supprimés ;

13° Le premier alinéa de l'article L. 141-3 est ainsi rédigé :

"Dans les écoles maternelles et élémentaires participant au service public de l'éducation, l'enseignement est donné dans le respect de la liberté de conscience. L'organisation de la semaine scolaire ne doit pas faire obstacle à la possibilité pour les parents de faire donner, s'ils le désirent, à leurs enfants l'instruction religieuse, en dehors des édifices scolaires et en dehors des heures de classe." ;

14° Au deuxième alinéa de l'article L. 141-5-2, les mots : "dans les écoles publiques et les établissements publics locaux d'enseignement" sont remplacés par les mots : "dans les écoles, les collèges et les lycées publics" ;

15° Le deuxième alinéa de l'article L. 151-3 est ainsi rédigé :

"Les établissements publics sont fondés et entretenus par l'État."

CHAPITRE VI *[NOUVEAU]* POLYNÉSIE FRANÇAISE

Nouvel art. L. 166-1 I. – Sont applicables en Polynésie française, sous réserve des adaptations prévues au II, les dispositions des articles mentionnés dans la colonne de gauche du tableau ci-après, dans leur rédaction indiquée dans la colonne de droite du même tableau :

DISPOSITIONS APPLICABLES	DANS LEUR RÉDACTION
L. 111-1	Résultant de la loi n° 2019-791 du 26 juillet 2019
L. 111-1-1	Résultant de la loi n° 2013-595 du 8 juillet 2013
L. 111-5	Résultant de la loi n° 2013-660 du 22 juillet 2013
L. 112-1, 1er alinéa	Résultant de la loi n° 2005-102 du 11 février 2005
L. 112-4	Résultant de la loi n° 2005-102 du 11 février 2005
L. 112-5	Résultant de la loi n° 2019-791 du 26 juillet 2019
L. 121-1	Résultant de la loi n° 2020-766 du 24 juin 2020

DISPOSITIONS APPLICABLES	DANS LEUR RÉDACTION
L. 121-3, 2e à 10e alinéas	Résultant de la loi n° 2013-660 du 22 juillet 2013
L. 121-4 et L. 122-5	Résultant de l'ordonnance n° 2000-549 du 15 juin 2000
L. 123-1	Résultant de la loi n° 2013-660 du 22 juillet 2013
L. 123-2	Résultant de la loi n° 2020-1674 du 24 décembre 2020
L. 123-3 à L. 123-4-1	Résultant de la loi n° 2013-660 du 22 juillet 2013
L. 123-4-2	Résultant de la loi n° 2019-791 du 26 juillet 2019
L. 123-5 à L. 123-7	Résultant de la loi n° 2013-660 du 22 juillet 2013
L. 123-7-1	Résultant de l'ordonnance n° 2014-807 du 17 juillet 2014
L. 123-8 et L. 123-9	Résultant de l'ordonnance n° 2000-549 du 15 juin 2000
L. 124-1	Résultant de la loi n° 2014-788 du 10 juillet 2014
L. 124-1-1	Résultant de la loi n° 2020-1674 du 24 décembre 2020
L. 124-2	Résultant de la loi n° 2014-788 du 10 juillet 2014
L. 124-3	Résultant de la loi n° 2020-1674 du 24 décembre 2020
L. 124-3-1	Résultant de la loi n° 2018-771 du 5 septembre 2018
L. 124-4 à L. 124-5 ; L. 124-9 ; L. 124-12 ; L. 124-14 ; L. 124-15 ; L.124-18 ; L. 124-19 et L. 124-20	Résultant de la loi n° 2014-788 du 10 juillet 2014
L. 131-2	Résultant de la loi n° 2013-595 du 8 juillet 2013
L. 131-4 L. 141-2 ; L. 141-3, 1er alinéa	Résultant de l'ordonnance n° 2000-549 du 15 juin 2000
L. 141-5-2, 2e et 3e alinéas	Résultant de la loi n° 2019-791 du 26 juillet 2019
L. 141-6 ; L. 151-1 ; L. 151- 3, 1er et 3e alinéas	Résultant de l'ordonnance n° 2000-549 du 15 juin 2000

II. — Pour l'application du I :

1° L'article L. 111-1 est ainsi rédigé :

Art. L. 111-1 Le service public de l'enseignement universitaire est conçu et organisé en fonction des étudiants. Il contribue à l'égalité des chances et à lutter contre les inégalités sociales et territoriales.

L'enseignement universitaire permet à tout étudiant de développer sa personnalité, d'élever son niveau de formation initiale et continue, de s'insérer dans la vie sociale et professionnelle, d'exercer sa citoyenneté.

Pour garantir ce droit dans le respect de l'égalité des chances, des aides sont attribuées aux étudiants selon leurs ressources et leurs mérites. La répartition des moyens tient compte des différences de situation, notamment en matière économique, territoriale et sociale.

L'acquisition d'une culture générale et d'une qualification reconnue est assurée à tous les usagers de l'enseignement universitaire, quelle que soit leur origine sociale, culturelle ou géographique.

2° Le premier alinéa de l'article L. 112-1 est ainsi rédigé :

"Pour satisfaire aux obligations qui lui incombent en application de l'article L. 111-1, le service public de l'enseignement universitaire assure une formation supérieure aux adolescents et aux adultes présentant un handicap ou un trouble de la santé invalidant." ;

3° A l'article L. 112-4, les mots : "de l'enseignement scolaire et" sont remplacés par les mots : "nationaux de l'enseignement scolaire et des examens ou concours" ;

4° A l'article L. 112-5, les mots : ", d'accueil, technique et de service" et les mots : "tel que défini à l'article L. 114 du code de l'action sociale et des familles" sont supprimés ;

5° L'article L. 121-1 est ainsi rédigé :

Art. L. 121-1 Les établissements d'enseignement universitaire sont chargés de transmettre et de faire acquérir connaissances et méthodes de travail.

Ils contribuent à favoriser la mixité et l'égalité entre les hommes et les femmes, notamment en matière d'orientation. Ils concourent à l'éducation à la responsabilité civique, y compris dans l'utilisation d'internet et des services de communication au public en ligne, et participent à la prévention de la délinquance. Ils assurent une formation à la connaissance et au respect des droits de la personne ainsi qu'à la compréhension des situations concrètes qui y portent atteinte.

Ils dispensent une formation adaptée dans ses contenus et ses méthodes aux évolutions économiques, sociales et culturelles du pays et de son environnement européen et international.

Dans l'enseignement universitaire, des activités physiques et sportives sont proposées aux étudiants.

6° A l'article L. 121-3 :

a) Au premier alinéa du II, les mots : "publics et privés d'enseignement" sont remplacés par le mot : "universitaires" ;

b) Après le dernier alinéa du II, il est ajouté un III ainsi rédigé :

"III. — La langue des examens et concours nationaux de l'enseignement scolaire est le français, sous réserve des dispositions applicables aux épreuves requérant la connaissance de langues régionales ou étrangères." ;

7° A l'article L. 121-4, les mots : "scolaires et" sont supprimés ;

8° Au deuxième alinéa de l'article L. 122-5, après les mots : "des établissements d'enseignement", il est inséré le mot : "universitaire" ;

9° Au chapitre III du titre II du présent livre, la référence à l'enseignement supérieur est remplacée par la référence à l'enseignement universitaire ;

10° A l'article L. 123-8, les mots : "de tous les maîtres de l'éducation nationale" sont remplacés par les mots : "des maîtres de l'éducation nationale mis à la disposition de la Polynésie française" ;

11° A l'article L. 124-1 :

a) Au deuxième alinéa, les mots : "ne relevant ni du 2° de l'article L. 4153-1 du code du travail, ni de la formation professionnelle tout au long de la vie, définie à la sixième partie du même code," sont supprimés ;

b) Les deuxième, troisième et quatrième alinéas ne sont pas applicables aux périodes de formation en milieu professionnel prises en compte pour la délivrance d'un diplôme technologique ou professionnel national préparé au sein d'un établissement d'enseignement scolaire ;

12° A l'article L. 124-3-1, la dernière phrase est supprimée ;

13° Les articles L. 124-2, L. 124-3-1 à L. 124-5, L. 124-9, L. 124-12, L. 124-14, L. 124-15, L. 124-18 à L. 124-20 ne sont pas applicables aux élèves poursuivant leur formation au sein des établissements d'enseignement scolaire ;

14° L'article L. 124-12 est ainsi rédigé :

Art. L. 124-12 Dans le cadre de leur cursus universitaire, les stagiaires bénéficient, dans les mêmes conditions que les salariés, des protections et droits fixés par la réglementation applicable en Polynésie française, notamment en matière de lutte contre le harcèlement, d'autorisations d'absence et de congé de maternité, de congé de paternité et de congé d'adoption.

15° A l'article L. 124-18, la référence : "L. 124-13" est remplacée par la référence : "L. 124-12" ;

16° L'article L. 131-2 est ainsi rédigé :

Art. L. 131-2 L'instruction peut être donnée soit dans les établissements ou écoles publics ou privés, soit dans les familles par les parents, ou l'un d'entre eux, ou toute personne de leur choix.

Un service public du numérique éducatif est organisé pour proposer aux enseignants une offre diversifiée de ressources pédagogiques ainsi que des contenus et des services contribuant à leur formation.

Dans le cadre de ce service public, la détermination du choix des ressources utilisées tient compte de l'offre de logiciels libres et de documents au format ouvert, si elle existe.

17° L'article L. 141-2 est ainsi rédigé :

Art. L. 141-2 Dans les établissements publics d'enseignement, les enfants et adolescents reçoivent un enseignement qui respecte toutes les croyances.

Des dispositions sont prises pour assurer aux élèves de l'enseignement public la liberté des cultes et de l'instruction religieuse.

18° Le premier alinéa de l'article L. 141-3 est ainsi rédigé :

"Dans les écoles maternelles et élémentaires publiques, l'organisation de la semaine scolaire ne doit pas faire obstacle à la possibilité pour les parents de faire donner, s'ils le désirent, à leurs enfants l'instruction religieuse, en dehors des édifices scolaires et en dehors des heures de classe." ;

19° Au deuxième alinéa de l'article L. 141-5-2, les mots : "dans les écoles publiques et les établissements publics locaux d'enseignement" sont remplacés par les mots : "dans les écoles, les collèges et les lycées publics" ;

20° L'article L. 151-1 est ainsi rédigé :

Art. L. 151-1 L'exercice de la liberté de l'enseignement est garanti aux établissements d'enseignement privés régulièrement ouverts.

CHAPITRE VII *[NOUVEAU]* NOUVELLE-CALÉDONIE

Nouvel art. L. 167-1 I. – Sont applicables en Nouvelle-Calédonie, sous réserve des adaptations prévues au II, les dispositions des articles mentionnés dans la colonne de gauche du tableau ci-après, dans leur rédaction indiquée dans la colonne de droite du même tableau :

DISPOSITIONS APPLICABLES	DANS LEUR RÉDACTION
L. 111-1	Résultant de la loi n° 2019-791 du 26 juillet 2019
L. 111-1-1	Résultant de la loi n° 2013-595 du 8 juillet 2013
L. 111-5	Résultant de la loi n° 2013-660 du 22 juillet 2013
L. 112-1, 1er alinéa	Résultant de la loi n° 2005-102 du 11 février 2005
L. 112-4	Résultant de la loi n° 2005-102 du 11 février 2005
L. 112-5	Résultant de la loi n° 2019-791 du 26 juillet 2019
L. 121-1	Résultant de la loi n° 2020-766 du 24 juin 2020
L. 121-3	Résultant de la loi n° 2013-660 du 22 juillet 2013
L. 121-4 et L. 122-5	Résultant de l'ordonnance n° 2000-549 du 15 juin 2000
L. 123-1	Résultant de la loi n° 2013-660 du 22 juillet 2013
L. 123-2	Résultant de la loi n° 2020-1674 du 24 décembre 2020
L. 123-3 à L. 123-4-1	Résultant de la loi n° 2013-660 du 22 juillet 2013
L. 123-4-2	Résultant de la loi n° 2019-791 du 26 juillet 2019
L. 123-5 à L. 123-7	Résultant de la loi n° 2013-660 du 22 juillet 2013
L. 123-7-1	Résultant de l'ordonnance n° 2014-807 du 17 juillet 2014
L. 123-8 et L. 123-9	Résultant de l'ordonnance n° 2000-549 du 15 juin 2000
L. 124-1	Résultant de la loi n° 2014-788 du 10 juillet 2014
L. 124-1-1	Résultant de la loi n° 2020-1674 du 24 décembre 2020
L. 124-2	Résultant de la loi n° 2014-788 du 10 juillet 2014
L. 124-3	Résultant de la loi n° 2020-1674 du 24 décembre 2020

DISPOSITIONS APPLICABLES	DANS LEUR RÉDACTION
L. 124-3-1	Résultant de la loi n° 2018-771 du 5 septembre 2018
L. 124-4 à L. 124-5 ; L. 124-9 ; L. 124-12 ; L. 124-14 ; L. 124-15 ; L. 124-18 ; L. 124-19 et L. 124-20	Résultant de la loi n° 2014-788 du 10 juillet 2014
L. 131-2	Résultant de la loi n° 2013-595 du 8 juillet 2013
L. 131-4 ; L. 141-2 ; L. 141-3, 1er alinéa	Résultant de l'ordonnance n° 2000-549 du 15 juin 2000
L. 141-5-2, 2e et 3e alinéas	Résultant de la loi n° 2019-791 du 26 juillet 2019
L. 141-6 ; L. 151-1 ; L. 151-3, 1er et 3e alinéas	Résultant de l'ordonnance n° 2000-549 du 15 juin 2000

II. – Pour l'application du I :

1° L'article L. 111-1 est ainsi rédigé :

Art. L. 111-1 Le service public de l'enseignement supérieur est conçu et organisé en fonction des étudiants. Il contribue à l'égalité des chances et à lutter contre les inégalités sociales et territoriales.

L'enseignement supérieur permet à tout étudiant de développer sa personnalité, d'élever son niveau de formation initiale et continue, de s'insérer dans la vie sociale et professionnelle, d'exercer sa citoyenneté.

Pour garantir ce droit dans le respect de l'égalité des chances, des aides sont attribuées aux étudiants selon leurs ressources et leurs mérites. La répartition des moyens tient compte des différences de situation, notamment en matière économique, territoriale et sociale.

L'acquisition d'une culture générale et d'une qualification reconnue est assurée à tous les usagers de l'enseignement supérieur, quelle que soit leur origine sociale, culturelle ou géographique.

2° Le premier alinéa de l'article L. 112-1 est ainsi rédigé :

"Pour satisfaire aux obligations qui lui incombent en application de l'article L. 111-1, le service public de l'enseignement supérieur assure une formation supérieure aux adolescents et aux adultes présentant un handicap ou un trouble de la santé invalidant." ;

3° A l'article L. 112-4, les mots : "de l'enseignement scolaire et" sont remplacés par les mots : "nationaux de l'enseignement scolaire et des examens ou concours" ;

4° A l'article L. 112-5, les mots : ", d'accueil, technique et de service" et les mots : "tel que défini à l'article L. 114 du code de l'action sociale et des familles" sont supprimés ;

5° L'article L. 121-1 est ainsi rédigé :

Art. L. 121-1 Les établissements d'enseignement supérieur sont chargés de transmettre et de faire acquérir connaissances et méthodes de travail.

Ils contribuent à favoriser la mixité et l'égalité entre les hommes et les femmes, notamment en matière d'orientation. Ils concourent à l'éducation à la responsabilité civique, y compris dans l'utilisation d'internet et des services de communication au public en ligne, et participent à la prévention de la délinquance. Ils assurent une formation à la connaissance et au respect des droits de la personne ainsi qu'à la compréhension des situations concrètes qui y portent atteinte.

Ils dispensent une formation adaptée dans ses contenus et ses méthodes aux évolutions économiques, sociales et culturelles du pays et de son environnement européen et international.

Des activités physiques et sportives sont proposées aux étudiants.

6° A l'article L. 121-3 :

a) Au premier alinéa du II, après les mots : "publics et privés d'enseignement", il est inséré le mot : "supérieur" ;

b) Après le dernier alinéa du II, il est ajouté un III ainsi rédigé :

"III. – La langue des examens et concours nationaux de l'enseignement scolaire est le français, sous réserve des dispositions applicables aux épreuves requérant la connaissance de langues régionales ou étrangères." ;

7° A l'article L. 121-4, les mots : "scolaires et" sont supprimés ;

8° Au deuxième alinéa de l'article L. 122-5, après les mots : "des établissements d'enseignement", il est inséré le mot : "supérieur" ;

9° A l'article L. 123-8, les mots : "de tous les maîtres de l'éducation nationale" sont remplacés par les mots : "des maîtres de l'éducation nationale mis à la disposition de la Nouvelle-Calédonie, à l'exception des maîtres de l'enseignement primaire" ;

10° A l'article L. 124-1 :

a) Au deuxième alinéa, les mots : "ne relevant ni du 2° de l'article L. 4153-1 du code du travail, ni de la formation professionnelle tout au long de la vie, définie à la sixième partie du même code," sont supprimés ;

b) Les deuxième, troisième et quatrième alinéas ne sont pas applicables aux périodes de formation en milieu professionnel prises en compte pour la délivrance d'un diplôme technologique ou professionnel national préparé au sein d'un établissement d'enseignement scolaire ;

11° A l'article L. 124-3-1, la dernière phrase est supprimée ;

12° Les articles L. 124-2, L. 124-3-1 à L. 124-5, L. 124-9, L. 124-12, L. 124-14, L. 124-15, L. 124-18 à L. 124-20 ne sont pas applicables aux élèves de l'enseignement du second degré ;

13° L'article L. 124-12 est ainsi rédigé :

Art. L. 124-12 Les stagiaires de l'enseignement supérieur bénéficient, dans les mêmes conditions que les salariés, des protections et droits fixés par la réglementation applicable en Nouvelle-Calédonie, notamment en matière de lutte contre le harcèlement, d'autorisations d'absence et de congé de maternité, de congé de paternité et de congé d'adoption.

14° A l'article L. 124-18, la référence : "L. 124-13" est remplacée par la référence : "L. 124- 12" ;

15° L'article L. 131-2 est ainsi rédigé :

Art. L. 131-2 L'instruction peut être donnée soit dans les établissements ou écoles publics ou privés, soit dans les familles par les parents, ou l'un d'entre eux, ou toute personne de leur choix.

Un service public du numérique éducatif est organisé pour proposer aux enseignants une offre diversifiée de ressources pédagogiques ainsi que des contenus et des services contribuant à leur formation.

Dans le cadre de ce service public, la détermination du choix des ressources utilisées tient compte de l'offre de logiciels libres et de documents au format ouvert, si elle existe.

16° L'article L. 141-2 est ainsi rédigé :

Art. L. 141-2 Dans les établissements publics d'enseignement, les enfants et adolescents reçoivent un enseignement qui respecte toutes les croyances.

Des dispositions sont prises pour assurer aux élèves de l'enseignement public la liberté des cultes et de l'instruction religieuse.

17° Le premier alinéa de l'article L. 141-3 est ainsi rédigé :

"Dans les écoles maternelles et élémentaires publiques, l'organisation de la semaine scolaire ne doit pas faire obstacle à la possibilité pour les parents de faire donner, s'ils le désirent, à leurs enfants l'instruction religieuse, en dehors des édifices scolaires et en dehors des heures de classe." ;

18° Au deuxième alinéa de l'article L. 141-5-2, les mots : "dans les écoles publiques et les établissements publics locaux d'enseignement" sont remplacés par les mots : "dans les écoles, les collèges et les lycées publics" ;

19° L'article L. 151-1 est ainsi rédigé :

Art. L. 151-1 L'exercice de la liberté de l'enseignement est garanti aux établissements d'enseignement privés régulièrement ouverts.

LIVRE DEUXIÈME L'ADMINISTRATION DE L'ÉDUCATION

COMMENTAIRE

Au départ, l'éducation est une affaire locale. Sous l'Ancien Régime, les paroisses avaient pu ouvrir des classes, recruter des maîtres, les rémunérer et les loger. L'histoire de l'éducation va suivre au XIXe siècle un double mouvement de sécularisation et de nationalisation. L'éducation devient alors, comme le préconisait, au XVIIIe siècle, le procureur de la Chalotais, « *nationale* ». L'article 75 de la loi du 13 août 2004 le précise : « *l'éducation est un service public national dont l'organisation et le fonctionnement sont assurés par l'État* » (art. L. 211-1). La loi du 22 juillet 2013 sur l'enseignement supérieur et la recherche ajoute que l'État est « *garant de l'égalité devant le service public de l'enseignement supérieur sur l'ensemble du territoire* » (art. L. 111-5). L'université impériale créée par la loi du 10 mai 1806 et organisée par le décret du 17 mars 1808, telle une « corporation laïque », est placée sous la responsabilité du Grand maître, assisté d'un chancelier et d'un trésorier. En 1824, le Grand maître devient ministre des affaires religieuses et de l'instruction publique et de la seule instruction publique en 1828. Sous la IIIe République, ce ministère pourra être chargé des beaux-arts, de la recherche scientifique, de la jeunesse et des sports ou de l'enseignement technique ; il devient ministère de l'éducation nationale en 1932 (dénomination qui perdure à l'exception des premiers temps du régime de Vichy qui revint à l'instruction publique et de la présidence de V. Giscard d'Estaing quand l'éducation n'était plus qualifiée de nationale, en 1974).

L'éducation nationale est administrée par un ministre (avec la possibilité d'un ministre autonome ou délégué pour l'enseignement supérieur quand ce département n'est pas confié avec la recherche à un ministre de plein exercice, V. comm. ss. art. L. 222-1) qui n'a pas le monopole de l'action éducatrice. D'autres ministres peuvent gérer des services éducatifs (agriculture, justice, défense…) et certaines actions ne peuvent se faire qu'en collaboration interministérielle (par exemple, l'enseignement en milieu pénitentiaire).

Mais la nécessaire présence du service public sur l'ensemble du territoire national, l'importance du nombre d'élèves à scolariser, de classes à construire et à équiper imposent une gestion locale, une « *décentralisation* » au sens générique du terme. Deux techniques d'organisation sont alors envisageables ; le vocabulaire juridique leur réserve des dénominations différentes, opposant « *déconcentration* » (avec représentation locale du pouvoir d'État) et « *décentralisation* » (en confiant des responsabilités aux représentants des populations regroupées en collectivité).

I. LES TECHNIQUES D'ORGANISATION ADMINISTRATIVE : DÉCONCENTRATION ET DÉCENTRALISATION

Des responsabilités peuvent être confiées à des agents nommés par le pouvoir central, on parle alors de ***déconcentration*** ou de déconcentration administrative. Il s'agit d'un mode d'organisation interne à l'État. Les autorités locales représentant le pouvoir central peuvent avoir des compétences générales – le préfet représente chacun des membres du Gouvernement ; il est désigné comme représentant de l'État tant par la Constitution (art. 72, al. 6) que par le code de l'éducation (par ex., art. L. 212-8) –, ou spéciales –, le recteur d'académie représente le ministre chargé de l'éducation (art. R. 222-1), son action étant relayée au niveau départemental par l'inspecteur d'académie, directeur académique des services de l'éducation nationale (JA-DASEN). Les autorités déconcentrées sont soumises au pouvoir hiérarchique de l'autorité centrale qui s'exerce tant sur les agents que sur les actes, elles l'informent et reçoivent des ordres, des instructions, des directives ; elles doivent rendre compte à l'autorité supérieure. Agissant pour l'État, elles engagent sa responsabilité. La déconcentration est évolutive et se renforce au rythme des mesures par lesquelles le ministre peut par exemple déléguer aux autorités académiques ses pouvoirs en matière de recrutement et de gestion des personnels de l'État (art. R. 911-82 s.).

Il y a au contraire ***décentralisation*** quand des compétences sont dévolues à des autorités élues représentant les populations vivant sur le territoire des collectivités territoriales (art. 72, al. 3, de la Constitution : *« dans les conditions prévues par la loi, les collectivités territoriales s'administrent librement »*). Ces collectivités ont en charge des intérêts propres que la loi définit (le conseil municipal gère les affaires de la commune, le conseil départemental et le conseil régional règlent par leurs délibérations les affaires pour lesquelles la loi leur a donné compétence). Elles disposent ***de l'autonomie*** qui se traduit sur le plan financier par un budget propre, sur le plan juridique par la personnalité morale (de droit public) et un patrimoine propre. Contrairement à la déconcentration qui se déploie dans le cadre juridique constitué par la seule personnalité morale de l'État, la décentralisation implique la multiplicité des personnes morales de droit public (les collectivités territoriales pouvant se regrouper ou coopérer dans le cadre d'établissements publics territoriaux, notamment des EPCI). Si les autorités locales ou leurs agents causent un dommage, la responsabilité engagée est celle de la collectivité territoriale pour laquelle ils agissent. L'État, garant de la cohésion nationale et de l'intérêt général, s'assure que leur action se déroule dans le respect des lois et des règlements. Il s'agit alors de « *tutelle* », même si le législateur a préféré l'expression « ***contrôle administratif*** », visant le contrôle de légalité exercé par le représentant de l'État (Const. 58, art. 72, al. 6) ou par le recteur-chancelier vis-à-vis des universités (art. L. 719-7), qui l'un et l'autre doivent en principe saisir le juge administratif (déféré).

La distinction déconcentration/décentralisation, si elle emporte des conséquences de droit, doit toutefois être relativisée. Les territoires qui définissent le champ de compétences des autorités déconcentrées de l'État et des autorités décentralisées sont en principe les mêmes : ainsi, les territoires de la commune, du département et de la région sont aussi des circonscriptions administratives de l'État. Parfois même, une autorité décentralisée peut par ailleurs être agent de l'État ; le maire est un exemple de dédoublement fonctionnel : organe exécutif de la commune il agit aussi pour l'État (notamment en tant qu'officier de police judiciaire ou officier d'état civil, comme pour assurer l'inscription des élèves à l'école, art. L. 131-6, CE 28 mai 1986, *Épx André*, n° 39775). Enfin, au-delà de la pureté des deux modèles, l'analyse des situations concrètes a pu amener la doctrine à envisager des situations intermédiaires de *« semi-décentralisation »* ou de *« déconcentralisation »*, notamment quand la décentralisation territoriale est relayée par la ***décentralisation fonctionnelle*** ou par services (tel est le cas des lycées et collèges devenus en 1985 établissements publics locaux d'enseignement – EPLE – chargés d'un service public national mais rattachés à la collectivité régionale pour les uns, départementale pour les autres, tout en étant placés sous le double contrôle de l'État –préfet et autorité académique– et de la collectivité territoriale, le chef d'établissement, président du conseil d'administration, étant le représentant de l'État dans l'établissement).

II. ÉVOLUTION DE L'ORGANISATION ADMINISTRATIVE

Les souvenirs de l'Université impériale dont l'administration était centralisée autour de son Grand maître comme la construction républicaine de l'instruction publique ont donné une compétence de principe à l'État-éducateur, et un poids fort à son administration centrale. Mais, essentiellement pour des raisons pratiques, des compétences ont été attribuées au niveau local, tant aux autorités académiques déconcentrées (recteur, inspecteur d'académie) qu'aux collectivités décentralisées.

Le modèle communal

La IIIe République a confié aux communes le soin d'assurer le fonctionnement des ***écoles primaires***. La loi Goblet du 30 octobre 1886 sur l'organisation de l'enseignement primaire leur imposa d'inscrire obligatoirement à leur budget les crédits nécessaires à l'établissement des écoles primaires publiques, le logement des instituteurs, l'entretien des écoles, l'acquisition du mobilier scolaire, le chauffage et l'éclairage des classes et *« la rémunération des gens de service, s'il y a lieu »*. Depuis 1889, le traitement des instituteurs est au contraire à la charge de l'État à qui incombe la compétence principale : l'organisation pédagogique (fixation des programmes, gestion des maîtres, inspection, animation pédagogique). La décentralisation a donc un caractère périphérique : la commune n'est alors compétente que pour les questions qui environnent l'acte pédagogique, la collectivité de base étant considérée comme la plus apte à gérer l'accueil des élèves, la gestion des bâtiments scolaires, de l'école au sens matériel du terme. *« Le matériel à la commune, le spirituel à l'État »* disait déjà Guizot. L'*« école communale »* est en fait un service de l'État assuré dans un cadre communal.

Pour faire face à l'émiettement communal, les collectivités de base ont du coopérer, notamment dans le domaine scolaire ; dès le XIXe siècle, les communes ont pu mettre en commun leurs compétences dans le cadre de conventions ou en créant des syndicats de communes (L. du 22 mars 1880), établissements publics auxquels elles confient une (SIVU, syndicat à vocation unique, notamment scolaire) ou plusieurs missions (SIVOM, syndicats à vocation multiple). Au début de la Ve République, l'ordonnance du 5 janvier 1959 instituant des districts urbains dans les grandes agglomérations annonce les réformes ultérieures développant une logique communautaire.

Les lois de décentralisation de 1983

Ce *« modèle communal »* a été étendu aux **collèges** et aux **lycées** par les lois de décentralisation de la Ve République. Les dispositions de la loi n° 83-8 du 7 janvier 1983 complétées par la loi n° 83-663 du 22 juillet 1983 (modifiées par la L. n° 85-97 du 25 janv. 1985, L. n° 86-29 du 9 janv. 1986 modifiée par la L. n° 86-972 du 19 août 1986) relatives à la répartition des compétences confient aux départements pour les collèges et aux régions pour les lycées *« les mêmes responsabilités que celles qui depuis un siècle sont celles des communes à l'égard des écoles »* (Circ. min. du 23 avr. 1985). Comme sous la IIIe République, un bloc de compétences a été constitué pour la gestion du patrimoine scolaire. Ces dispositions législatives, codifiées aux articles L. 211-1 à L. 216-10, ont été précisées par de nombreux règlements et de multiples circulaires qui ont pu être parfois jugés contestables (V. Fialaire, Les attributions des collectivités territoriales en matière d'enseignements scolaires publics, *Rép. collectivités locales*). Elles entraînent des conséquences juridiques importantes ; ainsi, la région en charge des lycées depuis la loi de décentralisation de 1983, est responsable d'un défaut d'entretien ayant provoqué un accident, même si celui-ci résulte d'une négligence commise par un agent de l'État (CE 19 févr. 2007, *Région Champagne-Ardennes,* n° 274758). Les collèges et les lycées qui avaient le statut d'établissements publics nationaux deviennent des établissements publics locaux (L. n° 83-663 du 22 juill. 1983), dénommés « établissements publics d'enseignement » (L. n° 85-97 du 25 janv. 1985, dite loi Chevènement) ou EPLE, dotés de l'autonomie administrative et de responsabilités pédagogiques qu'ils exercent dans le cadre des équipements et des moyens de fonctionnement mis à leur disposition par la collectivité territoriale de rattachement.

Parallèlement, la Ve République a approfondi la logique communautaire en diversifiant les EPCI (établissements publics de coopération intercommunale) ; la loi du 6 février 1992 créa les communautés de communes (CGCT, art. L. 5214-1 s.), la loi Chevènement du 12 juillet 1999 les communautés d'agglomération pour les ensembles de plus de 50 000 habitants (CGCT, art. L. 5216-1 s.) et les communautés urbaines alors prévues pour plus de 500 000 habitants (CGCT, art. L. 5215-1 s.) qui, à titre facultatif ou optionnel (pour les communautés de communes et d'agglomération), peuvent bénéficier du transfert des compétences communales en matière de construction, d'entretien et de fonctionnement des écoles publiques. Dans le même temps, ont été multipliées les mesures de déconcentration dont la logique a pu faire l'objet d'une première présentation globale avec le décret n° 92-604 du 1er juillet 1992 portant ***charte de la déconcentration***.

Le deuxième acte de la décentralisation (2003-2004)

La révision constitutionnelle du 28 mars 2003 a ajouté une phrase à l'article 1er de la Constitution en précisant à propos de la République que : *« son organisation est décentralisée ».* Adoptée quelques mois plus tard, ***la loi n° 2004-809 du 13 août 2004 relative aux libertés et responsabilités locales*** a transféré diverses compétences aux collectivités territoriales dans le domaine de la planification et du transport scolaire, et a conforté les fonctions stratégiques que la région a peu à peu acquises en matière de formation professionnelle et d'apprentissage. Confiant aux régions et aux départements l'entretien général et technique, l'accueil, la restauration et l'hébergement dans les collèges et lycées, son article 82 prévoyait le transfert des personnels techniciens, ouvriers et de service (TOS devenus agents techniques territoriaux des établissements d'enseignement –ATTEE– aujourd'hui au nombre de 93 000). De même, la propriété des bâtiments, qui depuis 2006 étaient mis à la disposition des EPLE par l'État, a été transférée aux départements et aux régions.

Comparée à certaines solutions étrangères, la décentralisation territoriale en matière éducative peut paraître modeste. Le poids des traditions, l'attachement des groupes de pression au cadre national, la crainte des potentats locaux ont amené les pouvoirs publics à privilégier une autre formule, parfois appelée décentralisation fonctionnelle ou décentralisation technique, ou encore par service, qui s'est traduite par l'affirmation de l'autonomie des établissements publics locaux d'enseignement.

Les dispositions administratives des lois sur l'éducation

La loi du 8 juillet 2013 d'orientation et de programmation pour la refondation de l'École de la République et celle du 22 juillet 2013 sur l'enseignement supérieur et la recherche modifient sur plusieurs points l'administration de l'éducation, de l'enseignement supérieur et de la recherche, d'une part en précisant la répartition des compétences entre l'État et les collectivités territoriales, d'autre part en recherchant à améliorer la régulation et le pilotage du système (V. pour la L. du 8 juill. 2013, Sénat, *Rapport de Mme F. Cartron, n° 568 – 2012-2013*).

La loi du 8 juillet 2013 pour la refondation de l'École de la République a pour objectif d'assurer une meilleure cohérence entre les autorités académiques et la région pour l'adoption de la carte des formations professionnelles initiales (art. 18 : art. L. 211-2 ; art. 27 : art. L. 214-12 ; art. 29 : art. L. 214-13) ; elle clarifie ainsi la répartition des compétences en matière informatique, mettant à la charge de l'État les ressources numériques considérées comme des dépenses de fonctionnement à caractère directement pédagogique et laissant aux collectivités départementales et régionales la maintenance des équipements (art. 19 : art. L. 211-8) ; elle tire les conséquences du transfert de propriété des bâtiments scolaires appartenant à l'État et aux communes prévu par la loi du 13 août 2004 relative aux libertés et aux responsabilités locales en renforçant la place des collectivités de rattachement dans les conseils d'administration des collèges et des lycées (art. 60 : art. L. 421-2). Elle prévoit la possibilité pour les collectivités de rattachement de se joindre aux contrats d'objectifs conclus entre l'établissement et l'autorité académique, devenant ainsi contrats d'objectifs tripartites ou COT (art. 61 : art. L. 421-4) ; elle reconnaît l'importance du rôle éducatif des collectivités territoriales en inscrivant les activités périscolaires dans le cadre des projets éducatifs territoriaux (PEdT, art. 66 : art. L. 551-1) et met en place un mécanisme de soutien aux communes pour les accompagner dans la mise en place des nouveaux rythmes scolaires (art. 67).

La loi du 22 juillet 2013 sur l'enseignement supérieur et la recherche ouvre de nouvelles possibilités à la région qui doit dorénavant adopter un schéma régional de l'enseignement supérieur et de l'innovation (art. 19 : art. L. 214-2) ; les contrats pluriannuels conclus par l'État avec les universités (et dorénavant les communautés d'universités et d'établissements) associent la ou les régions et les autres collectivités territoriales accueillant des sites universitaires (art. 62 : art. L. 718-2).

Pour renforcer la régulation et le pilotage du système éducatif, la loi de refondation de l'École de la République supprime le Haut Conseil de l'éducation et crée deux nouvelles instances auprès du ministre de l'éducation nationale, l'une pour formuler des propositions sur la conception générale des enseignements et sur le contenu du socle commun et des programmes, ainsi que sur leur articulation, le Conseil national des programmes (art. 32 : art. L. 231-14 s.), l'autre pour évaluer ou faire évaluer l'organisation et les résultats de l'enseignement scolaire, le Conseil national d'évaluation du système scolaire (CNESSco) qui peut être saisi par les ministres et les commissions parlementaires mais pourra aussi s'autosaisir, avec pour objectif d'assurer la transparence de l'ensemble du processus d'évaluation (art. 33 : art. L. 241-12 s.). De son côté la loi du 22 juillet 2013 qui s'ouvre par un rappel des compétences et des responsabilités de l'État, « garant de l'égalité devant le service public de l'enseignement supérieur sur l'ensemble du territoire » (art. 1er : art. L. 111-5), met en place de nouveaux instruments stratégiques tant pour l'enseignement supérieur (art. 4 : art. L. 123-1 : schéma national de l'enseignement supérieur) que pour la recherche (art. 15 : C. rech., art. L. 111-6 : schéma national de la recherche), et de nouveaux conseils, l'un en amont, le Conseil stratégique de la recherche (art. 95 : C. rech., art. L. 120-1), l'autre en aval, un Haut Conseil d'évaluation de l'enseignement supérieur et de la recherche succédant à l'AERES (art. 90 : C. rech., art. L. 114-3-1).

Les perspectives ouvertes en 2015

Pour atténuer les méfaits du « mille-feuille administratif » (divisant l'administration territoriale en quatre niveaux : régions/départements/intercommunalités/communes), il a été souhaité de modifier l'architecture territoriale, espérant ainsi baisser le niveau des dépenses publiques. Les perspectives ouvertes concernent tant l'organisation de l'État territorial (la déconcentration) que les collectivités territoriales (la décentralisation).

L'État conserve deux niveaux territoriaux d'action. Le département est maintenu comme circonscription territoriale de l'État autour de son représentant, le préfet ; une construction nouvelle dans le cadre des grandes régions qui sont elles aussi des circonscriptions territoriales de l'État doit doter l'État régional de services « puissants et stratèges » (conseil des ministres du 22 avr. 2015 ; V. aussi P. Gérard, Premier point sur la réforme de l'État territorial, *AJDA 2015. 432*). Une nouvelle charte de la déconcentration a été adoptée par le décret n° 2015-510 du 7 mai 2015, modifiant celle de 1992 : elle affirme la nécessité de renforcer la coordination des actions des services de l'État, affiche une série de principes opérationnels (notamment en matière budgétaire) et introduit le ***principe de modularité*** qui permet d'organiser les services différemment selon les territoires pour tenir compte des réalités locales.

Quant aux collectivités territoriales, le projet initial reposait sur leur rénovation (nouvelles métropoles, nouvelles compétences) et leur rassemblement (nouvelles régions).

Afin de renforcer les territoires, le statut de métropole avait été créé par la loi du 16 décembre 2010 pour mieux structurer les grandes agglomérations. L'idée est développée par la ***loi n° 2014-58 du 27 janvier 2014 de modernisation de l'action publique territoriale et d'affirmation des métropoles*** qui constitue le premier volet de la réforme. Un an après, le 1er janvier 2015, ont été créées dix métropoles (Rennes, Bordeaux, Toulouse, Nantes, Brest, Lille, Rouen, Grenoble, Strasbourg et Montpellier) ainsi que la Métropole de Lyon qui est une collectivité territoriale à part entière et dispose d'un statut particulier (Ord. n° 2014-1543 du 19 déc. 2014). Celles du Grand Paris et d'Aix-Marseille-Provence ont été mises en place le 1er janvier 2016. Une métropole est un établissement public de coopération intercommunale (EPCI) qui regroupe plusieurs communes « d'un seul tenant et sans enclave » qui s'associent au sein d'« un espace de solidarité pour élaborer et conduire ensemble un projet d'aménagement et de développement économique, écologique, ***éducatif***, culturel et social de leur territoire afin d'en améliorer la compétitivité et la cohésion » (CGCT, art. L. 5217-1). Les métropoles disposent de compétences propres parmi lesquelles ***les transports scolaires, les équipements socio-éducatifs et culturels ou la politique de la ville***. L'État, les régions et les départements peuvent leur déléguer, par convention, certaines de leurs compétences. La métropole de Lyon exerce de plein droit l'ensemble des compétences cumulées du Grand Lyon et du département du Rhône sur le territoire géographique de la communauté urbaine (donc, les collèges). La création des métropoles, qui met fin à l'adéquation entre collectivité départementale et circonscription départementale de l'État, entraîne quelques modifications au code de l'éducation (art. L. 421-2 : représentation des collectivités territoriales au conseil d'administration des EPLE ; art. L. 719-14 : transfert de biens ; art. L. 913-1 : ATOS). L'article 3 de la même loi MAPAM précise que la région est chargée d'organiser, en qualité de chef de file, les modalités de l'action commune des collectivités territoriales et de leurs établissements publics pour l'exercice des compétences relatives au soutien à l'enseignement supérieur et à la recherche (CGCT, art. L. 1111-9, II, 8°).

Le deuxième volet est ouvert par la loi n° 2015-29 du 16 janvier 2015 qui adopte une nouvelle carte des régions. Si six régions conservent le même cadre, le regroupement par deux ou même par trois des autres collectivités réduit leur nombre à 12 (hormis la Corse et les ROM).

Le troisième volet de la réforme territoriale a été adopté avec la loi n° 2015-991 du 7 août 2015 dite loi NOTRe (Nouvelle organisation territoriale de la République) qui visait à clarifier les compétences des différents échelons territoriaux (régions, départements, intercommunalités, communes). Mettant un terme à la valse-hésitation sur la clause générale de compétence des départements et des régions (supprimée par la L. n° 2010-1563 du 16 déc. 2010 de réforme des collectivités territoriales, mais rétablie pour les régions par la L. n° 2014-58 du 27 janv. 2014 de modernisation de l'action publique territoriale et d'affirmation des métropoles), la loi NOTRe ne maintient cette clause que pour les communes ; toutefois les compétences en matière de culture, de sport, de promotion des langues régionales et d'éducation populaire sont partagées entre les communes, les départements, les régions et les collectivités à statut particulier (L. n° 2015-991, art. 104

modifiant l'art. L. 1111-4 CGCT) ; la région se voit aussi reconnaître une compétence de « ***soutien aux politiques d'éducation*** » (L. n° 2015-991, art. 1er complétant l'art. L. 4221-1 CGCT). Pour assurer l'articulation et la coordination des politiques en faveur de la jeunesse entre les différents niveaux de collectivités et l'État, il est en outre prévu qu'elles peuvent faire l'objet d'un débat au sein de la conférence territoriale de l'action publique (CGCT, art. L. 1111-9-1). Le législateur a voulu, par ailleurs, encourager les regroupements de communes et renforcer les intercommunalités en diminuant leur nombre et en élargissant le champ de leurs compétences (pour les communautés de communes, V. CGCT, art. L. 5214-16). L'une des idées de départ, la suppression des départements (qui aurait imposé la révision de l'art. 72 Const. 58), ayant été abandonnée, les collèges restent de leur compétence ; par contre, la responsabilité de l'organisation des transports scolaires est transférée à la région à la date du 1er janvier 2017 (L. n° 2015-931 du 7 août 2015, art. 15, modifiant le C. transp. et réorganisant le plan du C. éduc., les art. L. 213-11 et L. 213-12 du même code deviennent les art. L. 214-18 et L. 214-19, la section qui les regroupe changeant de chapitre, à partir du 1er sept. 2017) ; dans le premier cas, la loi privilégie la proximité, la scolarité obligatoire étant administrée par les communes (écoles) et les départements (collèges), laissant à la région les lycées qui doivent aujourd'hui s'inscrire dans la logique des parcours bac-3/bac+3 qui imposent une réflexion commune de l'État et des régions ; dans le second, l'idée de cohérence a été mise en avant pour organiser le service public.

La loi n° 2018-771 du 5 septembre 2018 pour la liberté de choisir son avenir professionnel modifie les compétences de la région en lui confiant des missions nouvelles pour l'information sur les métiers et l'orientation (art. 14, modifiant le C. trav. ; avec transfert de compétences des DRONISEP prévu à l'art. 18), et en transférant aux branches professionnelles la responsabilité de l'apprentissage, tout en permettant aux régions de « contribuer au financement des centres de formation d'apprentis quand des besoins d'aménagement du territoire et de développement économique qu'elle identifie le justifient » (art. 34).

La ***loi n° 2019-791 du 26 juillet 2019 pour une école de la confiance*** souhaitant enrichir l'offre de formation et l'adaptation des structures administratives aux réalités locales introduit la possibilité de créer des EPLEI.

Pour parfaire la décentralisation, renforcer la déconcentration et promouvoir la différenciation, le projet de loi dit « 3D » comporte une série de mesures sectorielles. Un seul article est consacré à l'éducation, prévoyant la possibilité d'expérimenter pour assurer une meilleure articulation entre les responsables des établissements scolaires du second degré et la collectivité territoriale de rattachement. Le président du conseil régional ou départemental pourrait alors donner des instructions, sous le couvert du chef d'établissement, à son adjoint chargé des fonctions de gestion matérielle, financière et administrative, pour l'exercice des compétences de la collectivité dans le respect de l'autonomie de l'établissement (projet L3D, art. 41, modifiant l'art. L. 421-23, II). ❑

TITRE PREMIER LA RÉPARTITION DES COMPÉTENCES ENTRE L'ÉTAT ET LES COLLECTIVITÉS TERRITORIALES

BIBL. GÉN. ▶ Auduc et Bayard-Pierlot, Le système éducatif français, *CRDP Créteil, 2003*. – Champagne, L'organisation scolaire et universitaire, *PUF, 2003*. – Deubel, Huart, Montousse et Vin-Datiche, 100 fiches pour comprendre le système éducatif, *Bréal, 2004*. – Dupont-Marillia, Institutions scolaires et universitaires, *Gualino éditeur, coll. Mémentos, 2003*. – Durand-Prinborgne, Le droit de l'éducation, *Hachette éducation, 2e éd. 1998*. – de La Mennais, Du droit du Gouvernement sur l'éducation, *Paris, 1817*. – Lesage et Simon, Organisation et gestion de l'Éducation nationale, *Berger-Levrault, Éducation, 2004*. – Pair, Faut-il réorganiser l'Éducation nationale ? *Hachette éducation, 1998*. – Toulemonde (dir.), Le système éducatif en France, *Doc. fr., coll. Les notices, 2003*.

▶ **Aspects historiques :** V. Bibl. ss. Livre 1.

▶ **Décentralisation :** Da Piedade Chiconela Santana, Éducation et décentralisation : le régime juridique du transfert des compétences de l'État aux collectivités territoriales dans le domaine de l'éducation, *Thèse, Univ. Paris 8, 2013*. – Fialaire, De la décentralisation du service public d'éducation nationale, *Thèse, Univ. Paris 1, 1987*. – Gousseau, Enseignement public. Institutions et décentralisation scolaires, *J.-Cl. Adm., fasc.* – Simon et Toulemonde, Décentralisation et autonomie, *in* Le système éducatif en France, *Doc. fr., coll. Les notices, 2003*.

CHAPITRE PREMIER LES COMPÉTENCES DE L'ÉTAT

COMMENTAIRE

Avant 2003, le chapitre Ier du titre II du livre Ier consacré aux compétences de l'État comportait neuf articles formant un ensemble hétérogène, traitant tour à tour de la structure pédagogique des établissements (art. L. 211-2), des établissements d'enseignement scolaire dont il peut exceptionnellement être responsable (art. L. 211-3 à L. 211-6) et de l'enseignement supérieur (art. L. 211-7 et L. 211-8). L'article terminal, mais de grande importance, rappelait déjà que *« l'État a la charge de la rémunération des personnels enseignants »* (art. L. 211-9 dans sa rédaction ultérieure à la L. du 13 août 2004).

L'article 75 de la loi n° 2004-809 du 13 août 2004 a refondu et complété l'article L. 211-1. Après avoir substitué la notion de *« service public national »* à celle de *« service public de l'État »*, il précise que son organisation et son fonctionnement sont assurés par l'État. Il poursuit par la formule *« sous réserve des compétences attribuées par le présent code aux collectivités territoriales »*. L'État, en adoptant la loi, s'est réservé en matière éducative une compétence de principe, par ailleurs fondée sur l'alinéa 13 du Préambule de la Constitution de 1946 qui fait de l'organisation de l'enseignement public un devoir de l'État. Les compétences transférées aux collectivités territoriales par les lois de décentralisation sont autant d'exceptions qui permettent de *« les associer au développement de ce service public »* (art. L. 211-1, al. 1er).

A ce titre, les collectivités territoriales sont notamment responsables de l'implantation et de la gestion des écoles et établissements scolaires publics. Toutefois, *« l'État peut créer exceptionnellement des établissements d'enseignement public du premier et du second degré »* ; le représentant de l'État, sur proposition de l'autorité académique, peut, en cas de carence de la collectivité compétente qui refuserait *« de pourvoir à une organisation convenable du service public »* (art. L. 211-3), mettre en demeure la collectivité. En cas d'inertie, le préfet pourrait se substituer à la commune en créant la classe ou l'école nécessaire (art. R. 211-2) ou saisir le ministre pour qu'il décide de la création ou de l'extension d'un collège ou d'un lycée (art. R. 212-3). A noter qu'à titre dérogatoire, il subsiste quelques établissements, dont l'État garde la charge, alors même que la loi du 13 août 2004 a souhaité en réduire le nombre (art. 84 transférant notamment le collège et le lycée climatiques de Font-Romeu) ; ils continuent à relever tant du ministère de l'agriculture que de l'éducation nationale (art. L. 211-4 : liste à l'art. D. 211-12), ou de la culture (art. L. 216-2 et art. D. 211-13). L'État a en outre la responsabilité des établissements d'enseignement relevant des ministères de la justice, de la défense et des affaires étrangères (art. L. 211-5).

Le législateur a ajouté un second alinéa dont l'objectif est de rappeler les *« missions »* assumées par l'État dans le cadre de ses compétences. Ce n'est là qu'un rappel : la loi n'ajoute rien mais reprend les différents chefs de compétence déjà présents dans d'autres dispositions. Elle apporte ainsi une réponse à ceux qui craignaient que le service public national de l'éducation fût mis en cause par deux mouvements concomitants, la décentralisation et la mondialisation.

I. ORGANISATION PÉDAGOGIQUE

L'État est responsable de l'organisation pédagogique ; il définit les voies de formation, fixe les programmes nationaux, l'organisation et le contenu des enseignements dont les principes fondamentaux figurent au livre III consacré à l'organisation des enseignements scolaires. L'article L. 312-1 précise ainsi (de manière il est vrai surabondante) que « l'État est responsable de l'enseignement de l'éducation physique et sportive » ; mais, comme pour les autres disciplines, les dépenses de toute nature permettant de mettre à la disposition des élèves les installations nécessaires relèvent, depuis la loi du 22 juillet 1983, de la compétence des départements et des régions (CE 10 janv. 1994, *Assoc. nat. des élus régionaux*, V. note ss. art. L. 312-1). Mais ce n'est qu'un principe auquel la loi a pu apporter des exceptions. Ainsi, les ***dépenses pédagogiques*** des ***collèges***, des ***lycées*** et des ***établissements d'éducation spéciale*** sont en principe à la charge de l'État (art. L. 211-8-5°) qui doit prévoir les crédits nécessaires dans la loi de finances de l'année. En ***investissement***, il s'agit des dépenses relatives au premier équipement en matériel des collèges et lycées pour l'introduction des nouvelles technologies ou l'acquisition des équipements justifiés par la rénovation des enseignements : technologie en collège, électronique, télématique... (art. D. 211-14). En ***fonctionnement***, il subsiste notamment la fourniture des manuels en collège, les documents pédagogiques à usage collectif ou la maintenance des matériels acquis par l'État (art. D. 211-15 ; V. CE, avis, 25 mai 1999, n° 363340 : *V. note ss. art. L. 211-8*). Ce point manquait de clarté. Aussi l'article 19 de la loi d'orientation et de programmation du 8 juillet 2013 pour la refondation de l'École de la République précise que l'État a la charge des dépenses de fonctionnement afférentes aux ressources numériques (contenus et services) à la condition qu'elles aient un caractère pédagogique, le législateur n'hésitant pas à être redondant : la dépense de fonctionnement doit être « directement pédagogique », les ressources « spécifiquement conçues pour un usage pédagogique » (art. L. 211-8).

Pour les ***écoles***, la loi du 13 août 2004 a mis expressément à la charge de l'État les droits de photocopie (art. L. 211-8, 7°), espérant une réduction du recours à une pratique critiquée sur le plan pédagogique. A la différence des charges de fonctionnement des écoles et des établissements publics qui constituent des dépenses obligatoirement inscrites à leur budget, aucune obligation, sinon politique, ne pèse sur l'État. Aussi peut-on constater un certain désengagement ; les collectivités assument alors un transfert de charges pouvant leur permettre d'investir de nouveaux champs, notamment dans le domaine éducatif et pédagogique. En outre, les autorités compétentes de l'État (recteur d'académie, directeur régional de l'agriculture, directeur régional de la jeunesse et des sports, directeur régional des affaires maritimes) arrêtent chaque année la ***structure générale des établissements du second degré*** (filières, options...). Elles doivent prendre en considération le schéma régional des formations adopté par le conseil régional (art. L. 214-1), mais aussi, depuis la loi de 2013, la carte des formations professionnelles initiales arrêtée par la région avec l'accord du recteur (art. L. 214-1). Auparavant, les autorités académiques recensent par ordre de priorité les ouvertures et fermetures de sections professionnelles qu'elles estiment nécessaires ; la région procède au même classement. Une convention annuelle est alors signée par les autorités académiques et la région qui décident d'un ordre de priorité en fonction des moyens disponibles (art. L. 214-13-1). Le législateur a donc mis en place un système de co-administration qui impose un accord là où, auparavant, l'autorité académique avait le dernier mot.

C'est au préfet qu'il revient d'arrêter la liste annuelle des opérations de construction et d'extension des établissements en tenant compte du programme prévisionnel d'investissement et, depuis 2013, des engagements conclus dans le cadre du contrat de plan régional de développement des formations professionnelles et de la convention annuelle conclue entre le recteur et la région (art. L. 211-1) après accord de la commune d'implantation et de la collectivité compétente. L'État doit alors doter l'établissement des postes nécessaires pour son fonctionnement administratif et pédagogique (art. L. 211-2).

Pour l'***enseignement supérieur***, la compétence de l'État est clairement affirmée. La ***carte des formations supérieures et de la recherche*** qui devrait être arrêtée par le ministre pour constituer le cadre des décisions d'implantation, d'habilitation ou de répartition des moyens (art. L. 614-3) n'a jamais été formalisée. L'État a toutefois su mobiliser les collectivités territoriales en les amenant à participer au développement de l'offre d'enseignement supérieur dans le cadre des opérations Université 2000 ou U3M, relayées par les contrats de plan État-Région, devenus contrats de projets avant de reprendre la dénomination initiale en 2014. Les conseils régionaux doivent être consultés par le ministre lors de l'élaboration ou des révisions de la carte. Il en est de même des collectivités concernées par les projets situés sur leur territoire (art. L. 211-6). Dans le respect de ce document, l'État peut confier aux collectivités territoriales ou à leurs groupements la maîtrise d'ouvrage des constructions universitaires (art. L. 211-7). La loi du 22 juillet 2013 s'ouvre par un rappel des compétences et des responsabilités de l'État et affirme qu'il est « garant de l'égalité devant le service public de l'enseignement supérieur sur l'ensemble du territoire » (art. L. 111-5). La création de l'université impériale par le décret du 17 mars 1808 est placée sous la responsabilité du Grand maître, assisté d'un chancelier et d'un trésorier. En 1824, le Grand maître devient ministre des affaires religieuses et de l'instruction publique. Sous la IIIe République, ce ministère pourra être chargé des beaux-arts, de la recherche scientifique, de la jeunesse et des sports ou de l'enseignement technique ; il devient ministère de l'éducation nationale en 1932.

Il résulte d'autres textes, notamment du code du travail, que l'État défflnit, au niveau national, la politique d'orientation des élèves et des étudiants avec l'appui de l'ensemble des structures dédiées, dont les centres d'information et d'orientation (CIO), les services d'orientation et d'insertion professionnelle des établissements d'enseignement supérieur (SCUIO-IP), l'offfice national d'information sur les enseignements et les professions (Onisep) et le réseau jeunesse (V. commentaire ss. art. L. 313-1). Les décisions d'orientation et d'affectation des élèves relèvent toutefois de la compétence des services académiques (IA-DASEN).

II. CERTIFICATION DES CONNAISSANCES ET DES COMPÉTENCES

L'État certifie les connaissances et les compétences et organise leur évaluation. Héritier de l'Université impériale, il a le monopole de la collation des grades et des titres universitaires (art. L. 613-1), il définit et délivre les diplômes nationaux, accrédite les établissements d'enseignement supérieur. Son monopole connaît toutefois des limites ; à côté des diplômes et des titres à finalité professionnelle délivrés par l'État existent en effet des certificats de qualification professionnelle enregistrés par arrêtés du Premier ministre à la demande des organismes qui les ont créés et inscrits au Répertoire national des certifications professionnelles (art. L. 335-5 issu de l'art. 134 de la L. n° 2002-73 du 17 janv. 2002 de modernisation sociale).

III. RECRUTEMENT ET GESTION DES PERSONNELS

L'État recrute et gère les personnels qui relèvent de sa responsabilité. L'article L. 211-8 précise qu'il a la charge de la ***rémunération du personnel enseignant des écoles, collèges et lycées***. A noter, même si la loi passe ici cette charge sous silence, que l'État prend aussi en charge la ***rémunération des maîtres des établissements privés sous contrat***. Il assure en outre la ***rémunération du personnel de l'inspection et de l'administration***. Si, dorénavant, *« l'accueil, la restauration, l'hébergement »* s'ajoutant *« à l'entretien général et technique »* des collèges et lycées sont à la charge des collectivités territoriales ce qui, dans un second temps, implique la prise en charge de la rémunération des personnels affectés à ces services par les collectivités territoriales (art. L. 213-2-1 et L. 214-6-1 issus de la L. du 13 août 2004), les techniciens de laboratoire des établissements comme les TOS des services académiques restent à la charge de l'État. Enfin la collectivité nationale assure la rémunération des personnels de l'enseignement supérieur et de la recherche. La masse salariale nécessaire représente 95 % du budget que l'État consacre à l'éducation (missions enseignement scolaire et enseignement supérieur). A noter que les établissements employeurs de personnels de droit privé prennent en charge leur rémunération pour laquelle ils peuvent recevoir une contribution de l'État (ou des collectivités).

IV. RÉPARTITION DES MOYENS

L'État répartit les moyens qu'il consacre à l'éducation, *« afin d'assurer en particulier l'égalité d'accès au service public »*. Les ***moyens humains*** (personnels) ou ***matériels*** (investissement, fonctionnement ou transferts) sont financés par des crédits prévus et autorisés par les lois de finances. ***La mission de l'administration est d'en assurer une répartition optimale***. Pour l'***enseignement scolaire***, le ministère (Direction générale de l'enseignement scolaire, DGESCO) répartit chaque année les moyens nécessaires pour préparer et assurer la rentrée. La répartition prend en considération les prévisions démographiques, l'évolution de l'offre de formation mais aussi les difficultés sociales et territoriales avec, depuis quelques années, la volonté de réduire les inégalités entre les différents territoires.

Pour le ***premier degré***, la dotation de l'académie, éventuellement abondée ou amputée, est répartie par le recteur entre les départements. Le directeur académique des services départementaux de l'éducation nationale fixe chaque année le nombre d'emplois par école compte tenu des orientations générales fixées par le ministre, et éventuellement par le recteur, et après avis du CTPD (art. D. 211-9). Pour accueillir les élèves de moins de trois ans, la loi du 8 juillet 2013 de refondation de l'École de la République impose qu'ils soient dorénavant comptabilisés dans les prévisions d'effectifs pour la rentrée (art. L. 113-1). Le législateur peut fixer des orientations ; ainsi, dans les zones de montagne, la fixation des seuils d'ouverture et de fermeture de classe doit tenir compte de l'isolement, des difficultés du transport scolaire et de la saisonnalité des activités (art. L. 212-3, L. n° 2016-1888 du 28 déc. 2016 de modernisation, de développement et de protection des territoires de montagne).

Pour permettre aux communes (ou aux EPCI) de faire face aux dépenses imposées par le nouvel aménagement des rythmes scolaires en contribuant au développement des activités périscolaires, l'État a mis en place un fonds de soutien au développement des activités périscolaires (V. comm. livre V).

Dans le ***second degré***, l'unité de compte est l'heure annuelle. L'académie reçoit chaque année une dotation horaire globale (DHG) qui fait l'objet d'une première division entre une enveloppe *« collèges »* (en principe gérée par chaque inspecteur d'académie, sauf en Corse où la compétence collège est territoriale et où le faible nombre d'établissements n'impose pas une gestion départementale) et une enveloppe *« lycées/lycées professionnels »* conservée par le recteur (sauf délégation à l'échelon départemental). L'autorité académique, recteur ou inspecteur d'académie, a ensuite la responsabilité de calculer la dotation (DHG) de chaque établissement (une procédure similaire est suivie par les autres autorités académiques que sont les directeurs régionaux de l'agriculture ou des affaires maritimes).

La ***répartition des moyens horaires*** entre les établissements tient compte des effectifs attendus et de *« la structure pédagogique générale »* des établissements. Présentant les différents types de formation et d'enseignement dispensés en collège ou en lycée, cette répartition est arrêtée chaque année par l'autorité académique. En théorie, elle devrait donner lieu à une décision globale validant les différents éléments de l'offre de formation ; en pratique, l'autorité académique prend des décisions ponctuelles d'ouverture ou de fermeture de formations, sections ou options qui, dans le meilleur des cas, sont formalisées par des documents datés et signés, transmis aux établissements et à la collectivité de rattachement. Ces décisions qui conditionnent la *« structure pédagogique générale »* doivent tenir compte du schéma prévisionnel des formations adopté par le conseil régional (art. L. 211-2). En admettant même que ce document existe (ce qui n'a pas toujours été le cas) et qu'il soit assez précis pour être utilisable, l'autorité académique n'a en quelque sorte qu'une obligation formelle ; ses décisions d'organisation pédagogique sont régulières dès qu'elles l'ont simplement pris en considération ; elles n'ont ni à être conformes ni même à être compatibles avec le schéma régional (au contraire, en cas exceptionnel de création d'office, un rapport de compatibilité est exigé par l'art. L. 211-3).

Dans l'***enseignement supérieur***, les crédits des programmes dont le directeur général de l'enseignement supérieur et de l'insertion professionnelle (DGESIP) est responsable (enseignement et recherche universitaire, vie universitaire) sont répartis entre les établissements en leur attribuant une dotation calculée sur la base de critères nationaux (le système analytique de répartition des moyens dit SANREMO a été remplacé par un nouveau système de répartition des moyens à partir du 1er janv. 2009, SYMPA, système de répartition des moyens à la performance et à l'activité, qui lui-même doit être remplacé) et une dotation contractuelle prenant en considération le projet d'établissement.

V. CONTRÔLE ET ÉVALUATION DES POLITIQUES ÉDUCATIVES

L'État contrôle et évalue les politiques éducatives, *« en vue d'assurer la cohérence d'ensemble du système éducatif »*.

Le titre V du présent livre est consacré à l'inspection et à l'évaluation de l'éducation pouvant aussi relever des organismes présentés au titre IV qui, comme le Haut Conseil de l'éducation, sont amenés à analyser *« les résultats du système éducatif »* (art. L. 230-2).

La volonté de passer d'une logique de moyens à une logique de résultat a amené le législateur organique à ***centrer l'action publique sur la performance***. En mode LOLF, chaque programme est désormais accompagné d'un projet annuel de performance (PAP) affichant les objectifs à atteindre et prévoyant les indicateurs nécessaires pour assurer le suivi. En fin d'année, chaque responsable de programme (le DGESCO, le DGESIP ou le directeur des affaires financières pour le programme enseignement privé) doit présenter un rapport annuel de performance (RAP) permettant au ministre de présenter au Parlement les résultats de son action.

La loi du 13 août 2004 impose en outre au Gouvernement de transmettre au Parlement *« un rapport évaluant les effets de l'exercice des compétences décentralisées sur le fonctionnement du système éducatif et sur la qualité du service rendu aux usagers »* (art. L. 211-1, al. 3). Ces éléments peuvent être mobilisés pour piloter le système scolaire, thème repris par le rapport annexé à la loi de refondation de l'École de la

République qui souligne la nécessité de ***responsabiliser*** et d'***accompagner***, mettant l'administration tant ministérielle qu'académique au service de la pédagogie, renforçant son encadrement, laissant aux équipes locales des marges d'autonomie. Celles-ci doivent permettre d'innover, en recherchant à améliorer l'efficacité de l'école pour la réussite des élèves. Le pilotage des politiques éducatives impose d'avoir une vision globale du fonctionnement et de l'efficacité du système éducatif, nécessite d'évaluer et de mettre en place des processus construits et une démarche indépendante qui a justifié pour l'enseignement scolaire la création du ***Conseil national d'évaluation du système scolaire*** (CNESCO) par la loi du 8 juillet 2013 remplacé en 2019 par le ***Conseil d'évaluation de l'école*** (CEE) plus centré sur l'évaluation des établissements (art. L. 241-12, modifié par la L. du 26 juill. 2019 pour une école de la confiance, art. 40) et du Haut Conseil de la recherche et de l'enseignement supérieur par la loi du 22 juillet 2013 (C. rech., art. L. 114-3-1). ❑

Art. L. 211-1 *(L. n° 2004-809 du 13 août 2004, art. 75)* **L'éducation est un service public national, dont l'organisation et le fonctionnement sont assurés par l'État, sous réserve des compétences attribuées par le présent code aux collectivités territoriales pour les associer au développement de ce service public.**

L'État assume, dans le cadre de ses compétences, des missions qui comprennent :

1° La définition des voies de formation, la fixation des programmes nationaux, l'organisation et le contenu des enseignements ;

2° La définition et la délivrance des diplômes nationaux et la collation des grades et titres universitaires ;

3° Le recrutement et la gestion des personnels qui relèvent de sa responsabilité ;

4° La répartition des moyens qu'il consacre à l'éducation, afin d'assurer en particulier l'égalité d'accès au service public ;

5° Le contrôle et l'évaluation des politiques éducatives, en vue d'assurer la cohérence d'ensemble du système éducatif.

Tous les deux ans à compter de l'entrée en vigueur des dispositions de la loi n° 2004-809 du 13 août 2004 relative aux libertés et responsabilités locales, le Gouvernement transmet au Parlement un rapport évaluant les effets de l'exercice des compétences décentralisées sur le fonctionnement du système éducatif et sur la qualité du service rendu aux usagers. Le Conseil supérieur de l'éducation, le Conseil territorial de l'éducation nationale et le Conseil national de l'enseignement agricole sont saisis pour avis de ce rapport.

Les mots : « le Conseil territorial de l'éducation nationale » figurant au dernier al. de cet art. ont un caractère réglementaire (Cons. const. 21 mars 2013, n° 2013-237 L : JO 24 mars).

BIBL. ▶ Cytermann, Alfandari et Christmann, Quelle évolution de l'État territorial pour l'éducation nationale, l'enseignement supérieur et la recherche ?, *Rapp. IGAENR n° 2015-021, avr. 2015.* – Devès, Gouvernance éducative et collectivités territoriales, *JCP Adm. 2014, n° 20, p. 2157.* – Durand-Prinborgne, A propos de la politique de décentralisation : vers de nouveaux transferts de compétences en éducation et formation ?, *AJDA 2003. 65* ✎. – Frandji, La territorialisation des politiques éducatives en France. Des tensions récurrentes, *in CIEP, Revue internationale d'éducation de Sèvres, n° 76, déc. 2017.* – Frier, Les transferts de compétences dans les secteurs de la formation professionnelle, de l'éducation et de la culture, *AJDA 2004. 1984* ✎. – Gousseau, Enseignement public. Institutions et décentralisation scolaires, *J.-Cl. Adm., Fasc. 231, 2007.* – Gruber, Décentralisation et éducation, *LPA, n° 11, 26 janv. 1994.* – Landreau, Dépense d'éducation des collectivités territoriales : 35,7 milliards d'euros en 2016, *MEN, DEPP-A3, Note d'information, n° 18.01, janv. 2018.* – Lefresne, Du bon usage des comparaisons internationales dans l'aide au pilotage des systèmes éducatifs, *MENSRI, Education & Formations, n° 91, Massification scolaire et mixité sociale, sept. 2016. 133.* – Nissle et Perrain, En 2016, les collectivités territoriales apportent 1,6 Md€ à la recherche et l'enseignement supérieur, *MESRI-SIES, Note Flash du SIES, n° 2, mars 2018.* – Schrameck, Éducation et décentralisation : l'équilibre fragile du partenariat, *AJDA 1992. 85* ✎. – Simon, Le transfert de compétences en matière d'enseignement, *Rev. adm., janv.-févr. 1988. 12* ; Les collectivités publiques et l'école, *RFDA 1985. 597.* – Toulemonde, L'école partagée, Pouvoirs locaux. *Les cahiers de la décentralisation 1995, n° 26, 60-106* ; Pour un bon partage des tâches entre l'État et les collectivités locales, *72-76.* – Werner, Le Conseil d'État et l'école : démocrate ou républicain ?, *LPA 18 août 1997, n° 99, 9.* – C. comptes, La décentralisation et l'enseignement du second degré, *1995.*

▶ **Pilotage :** Debene, La LOLF et le pilotage pédagogique des académies, *Administration et éducation, n° 105, 1er trimestre 2005, p. 107 s.* ; Une expérimentation dans l'Éducation nationale :

l'académie de Rennes et la LOLF, *Revue française de finances publiques, n° 91, sept. 2005, LGDJ, p. 77 s.* ; Le pilotage des organisations publiques : la LOLF et l'Éducation nationale, *Économie et Management, juin 2006, n° 120, p. 5 s., Scéren/Cndp, Poitiers.*

Service public : Orizet, Le service public de l'éducation nationale sous la Troisième République, *RFDA 2021. 261* . – Pair, Rénovation du service public de l'éducation nationale : responsabilité et démocratie, *MEN, Rapports officiels, 1998.*

I. MISSION DU SERVICE PUBLIC

1. Consistance. La mission du service public de l'éducation consiste non seulement à assurer les enseignements mais aussi à organiser l'évaluation des connaissances à la fin d'un cycle de scolarité. • CE 13 févr. 1987, *M. Toucheboeuf et Mme Royer,* nos 62008 et 62009 A.

2. Conséquences de la participation au service public. Une école située dans l'Ile Maurice, liée par une convention avec l'Agence pour l'enseignement français à l'étranger, qui offre à ses élèves une scolarité assimilée à celle qui est effectuée en France dans un établissement d'enseignement public, participe au service public de l'enseignement. Les décisions prises par la personne morale de droit privé qui en assure la gestion ne constituent des actes administratifs susceptibles d'être contestés devant la juridiction administrative que dans la mesure où ces décisions procèdent de l'exercice d'une prérogative de puissance publique. • CE 16 oct. 2002, n° 231629. ♦ Un centre d'apprentissage, établissement d'enseignement technique créé par une chambre de commerce, n'a pas le caractère d'un service industriel et commercial. Les professeurs d'un tel centre d'apprentissage participent de ce fait au service public dont la chambre de commerce a la charge. • T. confl. 13 déc. 1976, *Chambre de commerce et d'industrie de Marseille,* n° 2042 B • T. confl. 28 mai 1979, *Assoc. permanente des chambres de commerce et d'industrie,* n° 02117.

II. PARTAGE DES COMPÉTENCES

BIBL. Laguette, Bigaut, Szymankiewicz, Géraud et Grandjean, Procédures de gestion de crise et sécurisation des établissements d'enseignement face à la menace terroriste, *Rapp. IGAENR – Min. intérieur, n° 2017-007, févr. 2017.*

3. Principe du partage. Le législateur a entendu partager la compétence pour l'organisation du service public de l'enseignement du second degré entre l'État, d'une part, le département ou la région, d'autre part. En procédant à la fermeture d'un collège sans avoir préalablement recueilli l'accord du conseil général, le préfet a entaché son arrêté d'irrégularité. • CAA Nantes, 29 juin 2001, n° 00NT01874.

4. Limites du partage. Les dispositions de la L. n° 83-663 du 22 juill. 1983, qui fixent, notamment, les compétences respectives des régions et des départements, n'ont pas pour effet d'interdire à un conseil général d'accorder des subventions à un lycée ; l'octroi d'une telle subvention ne porte pas atteinte à la répartition des compétences entre la région et le département. • CE 16 juin 1999, n° 161033 : *D. 2000. 581, note Chouvel* .

III. COMPÉTENCE DE L'ÉTAT

5. Recrutement et gestion des personnels. Dans une affaire où l'inspecteur d'académie avait décidé de regrouper les emplois d'enseignants de l'école d'un syndicat intercommunal sur le site de l'une des communes, l'une des communes concernées avait demandé au juge des référés de suspendre l'exécution de cette décision jusqu'à ce qu'il soit statué au fond sur sa légalité. Le juge des référés ayant fait droit à cette demande, le ministre s'était pourvu en cassation. Le Conseil d'État rappelle classiquement que si l'art. L. 2121-30 CGCT dispose que le conseil municipal décide de la création et de l'implantation des écoles et classes élémentaires et maternelles d'enseignement public, après avis du représentant de l'État dans le département, l'art. L. 211-1 C. éduc. prévoit que l'État est compétent pour le recrutement et la gestion des personnels qui relèvent de sa responsabilité. Il résulte donc de ces dispositions que l'État demeure seul compétent pour décider de l'affectation des emplois d'instituteurs dans les établissements maternels et primaires, compétence exercée par l'inspecteur d'académie, directeur départemental des services de l'éducation nationale. • CE 4 mai 2016, n° 393081 : *LIJ 2016, n° 194, p. 5 ; AEF 18 mai 2016, Dépêche n° 538080, comm. Toulemonde.* ♦ Contestant la décision de retirer l'emploi de professeur des écoles de l'école à classe unique d'une commune rurale entraînant la fermeture de cette école pour la rentrée suivante, le juge a rejeté l'appel de la commune requérante en jugeant qu'il résulte des dispositions des art. L. 211-1 et L. 211-8 C. éduc. que l'État demeure seul compétent pour décider de l'affectation des emplois d'instituteurs dans le département ; que les décisions par lesquelles une commune se prononce sur l'implantation de classes ou d'écoles sur son territoire relèvent de procédures indépendantes des décisions prises en matière de gestion des emplois des instituteurs par l'inspecteur d'académie ; qu'au demeurant, aucune disposition législative ou réglementaire ne subordonne le retrait d'emplois d'instituteur à l'intervention préalable d'une délibération du conseil municipal décidant de la fermeture de la classe ou de l'école correspondante. • CAA Marseille, 8 déc. 2014, n° 12MA03514 : *LIJ 2015, n° 187, p. 5.* ♦

Le Décr. du 26 mai 1962 modifiant l'art. 13 de la L. du 30 oct. 1886 a supprimé la consultation obligatoire du conseil municipal sur le nombre de maîtres attachés à chaque école, obligation que n'a pas fait revivre la L. du 22 juill. 1983 relative à la répartition des compétences entre les communes, les départements, les régions et l'État. • CE 28 oct. 1992, n° 87522 A. ♦ Aucune disposition ne subordonne le retrait d'emploi d'instituteurs à une délibération du conseil municipal décidant la fermeture de la classe ou de l'école correspondante. • CE 5 mai 1995, n° 149607.

6. Répartition hebdomadaire des enseignements. Saisie à l'occasion d'un déféré après qu'une commune a délibéré sur les horaires des écoles, le juge d'appel rappelle les compétences respectives des différentes autorités en la matière. Il rappelle à cet effet qu'aucune disposition constitutionnelle ou législative ne donne compétence aux collectivités territoriales pour organiser la répartition hebdomadaire des enseignements dispensés dans les écoles maternelles et élémentaires. Les dispositions de cet art. ne permettent en effet au maire que de modifier les horaires quotidiens d'entrée et de sortie des classes sans qu'il puisse déroger aux principes de répartition hebdomadaire des temps d'enseignement dont les dérogations relèvent de la seule compétence du DASEN en vertu de l'art. D. 521-10. • CAA Versailles, 30 juin 2015, n° 14VE03349.

7. Éducation prioritaire. Liste des établissements. Élaboration. Compétence du ministre. Saisi à l'occasion de la contestation de la révision de la carte de l'éducation prioritaire, le Conseil d'État juge que le ministre est compétent, au titre de son pouvoir d'organisation du service, pour définir par arrêté la liste des établissements publics têtes de réseaux participant au programme REP. Il ajoute en outre en l'espèce qu'aucune disposition législative ou réglementaire ne précise les conditions auxquelles est subordonné l'établissement de la liste des établissements relevant de l'éducation prioritaire ; que, toutefois, afin d'assurer que sa décision arrêtant cette liste respecte les objectifs assignés au service public de l'éducation par les dispositions de cet art. L. 111-1 ainsi que le principe d'égalité devant le service public, il était loisible au ministre chargé de l'éducation d'adresser aux services placés sous son autorité les orientations destinées à guider la conduite des opérations de préparation de cet arrêté, ainsi qu'il l'a fait par sa circulaire du 4 juin 2014 relative à la « Refondation de l'éducation prioritaire ». • CE 1er juin 2018, n° 392196 B : *AJDA 2018. 1128* ; *LIJ 2018, n° 204, p. 7.*

8. Éducation prioritaire. Liste des établissements. Élaboration. Modalités. Consultation du comité technique. Dans une affaire du même type, le Conseil d'État précise qu'eu égard aux conséquences directes et significatives de la définition de la carte des réseaux d'éducation prioritaire sur l'organisation et le fonctionnement de l'ensemble des services déconcentrés du ministère, le comité technique ministériel aurait dû être consulté et pas seulement informé sur le projet d'arrêté. • CE 1er juin 2018, n° 391518 B : *AJDA 2018. 1128*.

9. Éducation prioritaire. Liste des établissements. Élaboration. Modalités. Contrôle du juge. Intérêt à agir. Saisi à l'occasion d'un litige dans lequel la liste des établissements relevant de l'éducation prioritaire ne retenait pas deux collèges situés dans le Haut-Rhin, le Conseil d'État reconnaît implicitement l'intérêt à agir d'une commune contre l'arrêté ministériel fixant cette liste en tant qu'il n'inscrit pas un établissement ayant son siège sur le territoire de celle-ci. • CE 1er juin 2018, n° 392196 : *préc. note 7.* ♦ Compte tenu des conséquences de l'inscription d'un établissement sur les obligations de service des enseignants qui y sont affectés, un enseignant titulaire dans un collège justifie d'un intérêt lui donnant qualité pour demander l'annulation de l'arrêté litigieux. • CE 1er juin 2018, n° 391518 B : *préc. note 8.*

10. Éducation prioritaire. Liste des établissements. Élaboration. Modalités. Contrôle du juge. Restreint. Pour définir la liste, le ministre a pris en compte les orientations mentionnées dans la circulaire du 4 juin 2014, notamment les difficultés sociales rencontrées par la population du ressort des établissements intéressés et, plus particulièrement, celles que rencontrent les élèves scolarisés dans chacun de ces établissements. Opérant un contrôle restreint, le Conseil d'État estime « qu'il ne ressort pas des pièces du dossier que les données statistiques utilisées pour la détermination de cette liste seraient erronées ou manifestement inadaptées pour apprécier les inégalités sociales et territoriales en matière de réussite scolaire et éducative ainsi que les besoins particuliers des élèves ». Il en déduit que « les requérantes ne sont pas fondées à soutenir qu'en ne retenant pas le collège Jean Georges Reber de Sainte-Marie-aux-Mines parmi ceux qui participent aux réseaux d'éducation prioritaire, le ministre chargé de l'éducation nationale aurait méconnu les objectifs poursuivis par l'article L. 111-1 du code de l'éducation ainsi que le principe d'égalité ». • CE 1er juin 2018, n° 392196 : *préc. note 7.*

11. Désaffectation de biens. Sur la base de ce partage de compétence, la décision de désaffectation des biens utilisés par un établissement d'enseignement du second degré ne saurait intervenir qu'au terme d'une procédure permettant de recueillir l'accord tant du représentant de l'État que des organes compétents de la collectivité territoriale dont relèvent ces biens. • CAA Nantes, 29 juin 2001, n° 00NT01874 : *préc. note 3* • CE, ass., 2 déc. 1994, *Dpt de la Seine-Saint-Denis,* n° 110181 A : *AJDA 1995. 40, concl.*

Schwartz ; *RFDA 1995. 655, note Lavialle* . ♦ A la suite de la suppression par l'État d'un emploi d'instituteur affecté au service d'une classe maternelle d'une commune, le conseil municipal a décidé d'affecter à un enseignement bilingue, ouvert à des habitants de plusieurs communes, la classe de l'école maternelle correspondant à cet emploi ainsi que différents locaux communs de l'école maternelle. Cette délibération, qui valait désaffectation de ces locaux du service public de l'école maternelle et non pas simple utilisation de ces locaux en dehors des heures scolaires, a été adoptée sans qu'eût été recueilli l'avis du représentant de l'État. Elle est, de ce fait, entachée d'irrégularité. • CE, ass., 2 déc. 1994, *Cne de Pulversheim*, n°s 133726 et 141881 A : *AJDA 1995. 40, concl. Schwartz* . ♦ En règle générale, la désaffectation des biens appartenant au domaine public s'effectue au regard du critère plus largement entendu de la bonne administration du domaine. Pour ce qui concerne le service public de l'enseignement, seuls les besoins du service sont pris en compte. • Même décision.

12. Enseignement de langue et culture d'origine (ELCO). Mise en place. Refus d'autorisation. Incompétence de la commune. Dans une affaire où un inspecteur d'académie avait fait connaître au maire d'une commune son intention de mettre en place un ELCO de turc dans l'école primaire de la commune pendant le temps scolaire et où le conseil municipal avait refusé d'autoriser et de prendre en charge l'application du programme ELCO sur la commune au motif que celle-ci n'avait pas à supporter les contraintes logistiques et financières du programme ELCO qu'elle n'a pas initié ou négocié, la cour a jugé que la création d'un enseignement ELCO relevait du 1° de l'art. L. 211-1 et, par suite, de la seule autorité du ministre de l'éducation nationale et en a déduit que la commune était incompétente pour « refuser d'autoriser » la création du programme ELCO dans l'école dont elle a la charge. • CAA Lyon, 10 déc. 2015, n° 13LY01400 : *LIJ 2016, n° 192, p. 4.* ♦ Même solution dans une affaire où le maire soutenait que, dès lors qu'ils relèvent de la seule compétence de l'État, les enseignements dispensés au titre du dispositif ELCO ne pouvaient être organisés que sur le temps scolaire. Il invoquait aussi les dispositions de l'art. L. 551-1 comme lui donnant compétence pour interdire l'organisation d'un enseignement d'ELCO sur le temps périscolaire. Le juge relève que la décision du maire, quand bien même elle ne poursuivrait pas explicitement cet objet, avait pour effet de faire obstacle à l'exécution d'une décision étatique tendant à la mise en œuvre d'un enseignement de langues et cultures d'origine dans une école communale. Il rappelle que le maire ne tient d'aucune disposition légale ou réglementaire le pouvoir de faire obstacle à l'exécution d'une décision de l'État, et ce, alors même qu'il l'estimerait illégale, inconventionnelle ou inconstitutionnelle, et que, dans un tel cas, il appartient au maire, s'il s'y croit fondé, de contester cette décision étatique par les voies de droit qui lui sont ouvertes. Il précise enfin que ni la qualité de propriétaire des locaux des écoles publiques de la commune, ni la compétence reconnue à la commune pour l'organisation d'activités extrascolaires, ni sa compétence pour organiser les activités périscolaires ne permettait de fonder en droit l'arrêté du maire interdisant le dispositif ELCO dans l'école communale. • CAA Marseille, 21 déc. 2017, n° 17MA02297 : *LIJ 202, mai 2018. 5.*

13. Responsabilité. La région assure la construction, la reconstruction, l'extension, les grosses réparations, l'équipement et le fonctionnement, à l'exception, d'une part, des dépenses pédagogiques à la charge de l'État dont la liste est arrêtée par décret et, d'autre part, des dépenses de personnels... La région est ainsi responsable des dommages générés par un défaut d'aménagement normal de l'ouvrage public que constitue le lycée. La mise à disposition des lycéens, dans l'enceinte d'un lycée, d'un parc à vélos non clos ne révèle pas un tel défaut d'aménagement, en l'absence de circonstances particulières. Un parent n'est donc fondé à rechercher ni la responsabilité de l'État ni la responsabilité de la région à raison du vol du vélo de son fils dans l'enceinte du lycée. • CAA Nancy, 13 nov. 2003, n° 99NC01096.

14. Responsabilité. Défaut d'organisation du service. Surveillance effective des élèves. Cour de récréation. Dans une affaire où un enfant s'était blessé en tombant dans la cour de récréation d'une école maternelle à la suite d'une bousculade entre élèves, le juge écarte la responsabilité de la ville de Paris pour défaut d'entretien normal du sol de la cour de récréation de l'école et d'un banc qui y était installé et retient la responsabilité de l'État pour défaut d'organisation du service public d'éducation. En l'espèce, la déclaration d'accident rédigée par la directrice de l'école faisait état du fait qu'elle assurait seule la surveillance des 53 enfants jouant dans la cour et qu'aucun adulte n'avait vu se dérouler l'accident et n'avait été, par conséquent, en mesure d'en préciser les circonstances exactes. Il juge qu'en raison de la configuration des lieux, « une surveillance renforcée, comportant à tout le moins un enseignant supplémentaire présent dans la cour de récréation, aurait permis d'éviter que les élèves adoptent un comportement inapproprié susceptible de provoquer la chute de l'un d'entre eux ». • TA Paris, 27 nov. 2015, n°s 1402998 et 1410900 : *LIJ 2016, n° 192, p. 13.*

IV. CONTRÔLE DU JUGE ADMINISTRATIF SUR L'ORGANISATION DU SERVICE PUBLIC DE L'ÉDUCATION

15. Contrôle normal. En règle générale, le juge de l'excès de pouvoir exerce un contrôle étroit sur l'organisation du service public de l'éducation, développant ainsi une jurisprudence atypique. La décision de supprimer une université pour en créer une nouvelle est soumise au contrôle normal du juge administratif. • CE, sect., 14 nov. 1975, *Synd. nat. de l'enseignement supérieur FEN*, n° 93351 A. ♦ Alors que, traditionnellement, la décision de supprimer un établissement public relève du pouvoir discrétionnaire des autorités étatiques et n'est donc soumise qu'au contrôle restreint du juge qui ne sanctionne la décision qu'en présence d'une erreur manifeste d'appréciation de la part de l'autorité administrative. • CE 5 juill. 1989, n° 87188 A.

V. RESPONSABILITÉ

16. Usagers de l'éducation nationale. Il résulte de ces dispositions que les dommages subis à l'occasion de l'exécution de ce service par ses usagers ne sont susceptibles d'engager à l'égard de ces usagers que la responsabilité de l'État, alors même que la cause du dommage résiderait dans l'agissement ou la négligence d'une autre personne publique collaborant à cette exécution. Ainsi, si l'art. R. 412-127 C. communes, alors applicable, imposait aux communes de mettre à la disposition de toutes les classes maternelles un agent territorial spécialisé des écoles maternelles, placé sous l'autorité du directeur de l'école, ces dispositions n'ont pas eu pour effet de transférer aux communes la charge du service public de l'enseignement et, par suite, la responsabilité afférente à celui-ci. Est mal dirigé, dès lors, le recours indemnitaire formé à l'encontre d'une commune par les parents d'un enfant à raison de la contamination alléguée de celui-ci par un agent territorial spécialisé atteint par la tuberculose, recruté par cette commune. • CAA Lyon, 12 déc. 2006, n° 04LY01216 B : *AJDA 2007. 391*.

VI. ORGANISATION DU MINISTÈRE

17. Département ministériel. Périmètre. Saisie par des syndicats qui contestaient le nouveau mode de calcul du contingent global de crédit de temps syndical du ministère de l'éducation nationale, de l'enseignement supérieur et de la recherche au sein de l'éducation nationale, le juge administratif estime qu'à la date du décret attaqué, le MENESR constitue un seul département ministériel, alors même que deux comités techniques ministériels ont été institués auprès de ce ministre. En l'espèce, les syndicats estimaient que ce mode de calcul aboutissait à réduire le volume du contingent par rapport à celui qui était auparavant obtenu sur deux ministères séparés. • CE 26 sept. 2016, n° 393252.

Art. L. 211-2 **Chaque année, les autorités compétentes de l'État arrêtent la structure pédagogique générale des établissements d'enseignement du second degré en tenant compte du schéma prévisionnel des formations mentionné à l'article L. 214-1** *(L. n° 2013-595 du 8 juill. 2013, art. 18)* **« et de la carte des formations professionnelles initiales définie à l'article L. 214-13-1. Cet arrêté est pris après concertation avec la région et recueil de son avis. » Le représentant de l'État arrête la liste annuelle des opérations de construction ou d'extension des établissements que l'État s'engage à doter des postes qu'il juge indispensables à leur fonctionnement administratif et pédagogique. Cette liste est arrêtée compte tenu du programme prévisionnel des investissements** *(L. n° 2013-595 du 8 juill. 2013, art. 18)* **« et des engagements conclus dans le cadre du** *(L. n° 2014-288 du 5 mars 2014, art. 23)* **« contrat de plan régional de développement des formations et de l'orientation professionnelles » et de la convention annuelle définis aux articles L. 214-13 et L. 214-13-1, » et après accord de la commune d'implantation et de la collectivité compétente.**

(L. n° 2005-157 du 23 févr. 2005, art. 14) **« Dans les zones de revitalisation rurale visées à l'article 1465 A du code général des impôts, les services compétents de l'État engagent, avant toute révision de la carte des formations du second degré, une concertation, au sein du conseil académique de l'éducation nationale ou, pour les formations assurées en collège, au sein du conseil départemental de l'éducation nationale, avec les élus et les représentants des collectivités territoriales, des professeurs, des parents d'élèves et des secteurs économiques locaux concernés par cette révision. »**

1. Regroupement pédagogique. Si les communes sont compétentes pour décider de la création d'écoles, le regroupement pédagogique de plusieurs écoles, dès lors qu'il est susceptible de modifier notamment l'affectation des enseignants, ne peut être créé ou supprimé que par l'autorité compétente de l'État, seule habilitée à décider de l'ouverture des classes et de l'affectation des emplois de professeurs. • CAA Nantes, 29 juin 2010, *Préfet d'Ille-et-Vilaine*, n° 10NT00159 : *AJDA 2010. 2279*.

2. Région possédant un statut particulier. Selon l'art. 2 de la L. du 30 juill. 1982 portant statut particulier de la région de Corse, l'assemblée de Corse arrête la carte scolaire des établissements d'enseignement secondaire sur proposition du représentant de l'État dans la région, et après consultation des départements et des communes intéressés ainsi que du conseil de la culture, de l'éducation et du cadre de vie et du conseil économique et social. La carte scolaire de la région de Corse comprend le schéma prévisionnel des formations et le programme prévisionnel des investissements correspondant à ce schéma pour les différents établissements. Par une délibération litigieuse relative à la détermination du lieu d'implantation du collège de la Casinca, l'assemblée de Corse a décidé de reconstruire à Arena de Vescovato le collège de Vescovato alors même que la carte scolaire n'avait pas encore été arrêtée dans son ensemble par l'assemblée, cette décision ne pouvait régulièrement intervenir qu'après la consultation du conseil de la culture, de l'éducation et du cadre de vie et du conseil économique et social. • CE 18 déc. 1991, *Région de Corse et Cne de Vescovato*, n° 90904.

Art. L. 211-3 **L'État peut créer exceptionnellement des établissements d'enseignement public du premier et du second degré dont la propriété est transférée de plein droit à la collectivité territoriale compétente en vertu du présent titre.**

Les créations ne peuvent intervenir que dans le cas où la collectivité compétente refuse de pourvoir à une organisation convenable du service public. Elles doivent, en ce qui concerne les établissements du second degré, être compatibles avec le schéma prévisionnel des formations prévu à l'article L. 214-1.

(L. n° 2002-73 du 17 janv. 2002, art. 81) **« L'État fait l'avance des frais de construction des établissements publics qu'il crée en application du présent article. Le remboursement de cette avance constitue, pour la collectivité, une dépense obligatoire au sens de l'article L. 1612-15 du code général des collectivités territoriales. Le montant des crédits affectés par l'État à ces dépenses est déterminé chaque année par la loi de finances. »**

Un décret en Conseil d'État fixe les modalités d'application du présent article, et notamment les conditions dans lesquelles le représentant de l'État peut procéder aux acquisitions, autoriser les constructions et faire exécuter les travaux *[V. art. R. 211-1 s.].*

Art. L. 211-4 **Par dérogation aux dispositions des articles L. 212-4, L. 213-2 et L. 214-6, un décret fixe la liste des établissements dont la responsabilité et la charge incombent entièrement à l'État** *[V. art. D. 211-12 s.]. – [L. n° 83-663 du 22 juill. 1983, art. 14-VI.]*

Art. L. 211-5 **L'État exerce la responsabilité des établissements d'enseignement relevant du ministère de la défense, du ministère de la justice et du ministère des affaires étrangères.** *– [L. n° 83-663 du 22 juill. 1983, art. 21.]*

BIBL. ▶ DERSY et MONNANTEUIL, Les établissements scolaires français au Canada, *Rapp. IGEN et IGAEN, 2004*. – DURAND-PRINBORGNE, Établissements scolaires à l'étranger, *Savoir, 1994*.

I. ÉTABLISSEMENTS D'ENSEIGNEMENT RELEVANT DU MINISTÈRE DES AFFAIRES ÉTRANGÈRES

1. Mission de service public. Le lycée français de Bangkok, qui est lié par une convention avec l'Agence pour l'enseignement français à l'étranger, et offre à ses élèves une scolarité assimilée à celle qui est effectuée en France dans un établissement d'enseignement public, participe au service public de l'enseignement. • CE 16 oct. 2002, *M. Christian X.*, n° 238021. ♦ La mission confiée au lycée français Pierre-Loti d'Istanbul en vue de permettre, sous le contrôle des autorités françaises, la scolarisation d'élèves français et étrangers et de favoriser la diffusion de la langue et le rayonnement de la culture françaises a le caractère d'une mission de service public. Le juge administratif relève en effet : – La conformité de l'enseignement dispensé aux programmes français. – L'engagement de l'association en charge de la gestion du lycée à soumettre à l'approbation du conseiller culturel de l'ambassade de France, avant chaque rentrée scolaire, la structure pédagogique de l'établissement, notamment les effectifs par classe et par option, les séries de baccalauréat préparées et les langues vivantes et options proposées. – La composition du comité de gestion du lycée comprenant, outre des représentants élus de l'association des parents d'élèves et des personnels, quatre membres de droit représentant le ministre des affaires étrangères désignés par l'Ambassadeur de France en Turquie. – L'apport d'une aide à l'établissement par le ministère des affaires étrangères et le ministère de l'éducation nationale dont les modalités sont précisées dans une lettre annuelle. – L'inspection de l'association de gestion et de l'établissement d'enseignement par le ministère de l'économie, des finances et du budget, le ministère de l'éducation nationale et le ministère des affaires étrangères. • CE 27 avr. 2001, *M. Amar Zembout*, n° 183391.

2. Prérogatives de puissance publique. Les décisions prises par la personne morale de droit privé qui en assure la gestion ne constituent des actes administratifs susceptibles d'être contestés devant la juridiction administrative que dans la mesure où elles procèdent de l'exercice d'une prérogative de puissance publique. Ainsi, la décision du proviseur d'organiser, sous réserve de l'autorisation des familles, un dépistage de la consommation de produits illicites par les élèves de ce lycée, ne procède pas de l'exercice d'une prérogative de puissance publique. • CE 16 oct. 2002, *M. Christian X.*, n° 238021.

3. Personnels. La situation des personnels recrutés localement et payés directement par les établissements d'enseignement français à l'étranger n'est régie par aucune règle de droit public français. • CE 9 févr. 2000, *Mme Boyer*, nos 200856, 200858, 200860 et 200861 : *Lebon T. 892*.

4. Responsabilité. Par une note adressée à l'ambassade de France à Alger, le gouvernement algérien a informé celle-ci que l'Office universitaire et culturel français pour l'Algérie ne pouvait plus procéder à l'inscription ou à la réinscription des enfants algériens dans les établissements scolaires français gérés par ledit office. Le préjudice subi du fait du refus du directeur de l'Office de réinscrire un enfant trouve sa seule source dans un acte du gouvernement algérien et n'est pas imputable à l'activité de l'établissement public, dont la responsabilité ne peut donc être invoquée. • CE 29 juill. 1998, *Mme Jeanine Benhadji*, n° 126654 : *Lebon 329*.

II. ÉTABLISSEMENTS D'ENSEIGNEMENT RELEVANT DU MINISTÈRE DE LA JUSTICE

5. Missions. La décision par laquelle le juge des enfants confie la garde d'un mineur, en vertu des art. 375 s. C. civ. relatifs à l'assistance éducative, à un établissement d'éducation relevant du service de l'État chargé de la protection judiciaire de la jeunesse, confère par là même à cet établissement la mission de contrôler et d'organiser à titre permanent le mode de vie dudit mineur. • CAA Douai, 21 sept. 2004, *Garde des Sceaux, min. de la justice*, n° 01DA00998.

6. Responsabilité sans faute de l'État. Dès lors, l'État demeure responsable, même sans faute, des faits dommageables causés aux tiers par le mineur, tant qu'aucune décision judiciaire n'a suspendu ou interrompu cette mission éducative. • CAA Douai, 21 sept. 2004, *Garde des Sceaux, min. de la justice*, n° 01DA00998 : *préc. note 5.* ♦ Pour s'exonérer de sa responsabilité, l'État ne peut se prévaloir de ce qu'un adolescent était en fugue du centre depuis près de deux mois, malgré une brève apparition ponctuelle, lorsque ce dernier s'est rendu coupable du vol avec dégradations d'un véhicule. • CAA Douai, 25 mai 2004, *Garde des Sceaux, min. de la justice*, n° 01DA00792 : *AJDA 2004. 1727*.

Art. L. 211-6 L'État fixe, après consultation des collectivités concernées par les projets situés sur leur territoire, l'implantation et les aménagements des établissements d'enseignement supérieur. – *[L. n° 83-663 du 22 juill. 1983, art. 13-V.]*

Art. L. 211-7 Dans le respect de la carte des formations supérieures instituée par l'article L. 614-3, l'État peut confier aux collectivités territoriales ou à leurs groupements la maîtrise d'ouvrage de constructions ou d'extensions d'établissements d'enseignement supérieur *(L. n° 2002-276 du 27 févr. 2002, art. 40)* « relevant des divers ministres ayant la tutelle de tels établissements ».

A cette fin, l'État conclut une convention avec la collectivité territoriale ou le groupement intéressé ; cette convention précise notamment le lieu d'implantation du ou des bâtiments à édifier, le programme technique de construction et les engagements financiers des parties.

Ces engagements ne peuvent porter que sur les dépenses d'investissements et tiennent compte, le cas échéant, des apports immobiliers des collectivités territoriales.

Les collectivités territoriales ou leurs groupements bénéficient du fonds de compensation pour la taxe sur la valeur ajoutée au titre des dépenses exposées en application du premier alinéa du présent article. – *[L. n° 90-587 du 4 juill. 1990, art. 18, al. 1 à 4.]*

Art. L. 211-8 L'État a la charge :

1° De la rémunération du personnel enseignant des écoles élémentaires et des écoles maternelles créées conformément à l'article L. 212-1, sous réserve des dispositions prévues à l'article L. 216-1 ;

2° De la rémunération du personnel de l'administration et de l'inspection ;

3° *(L. n° 2004-809 du 13 août 2004, art. 82)* « De la rémunération du personnel exerçant dans les collèges, sous réserve des dispositions des articles L. 213-2-1 et L. 216-1 ;

« 4° De la rémunération du personnel exerçant dans les lycées, sous réserve des dispositions des articles L. 214-6-1 et L. 216-1 ; »

(L. n° 2013-595 du 8 juill. 2013, art. 19) « 5° Des dépenses de fonctionnement à caractère directement pédagogique dans les collèges, les lycées et les établissements

d'éducation spéciale, dont celles afférentes aux ressources numériques, incluant les contenus et les services, spécifiquement conçues pour un usage pédagogique, ainsi que de la fourniture des manuels scolaires dans les collèges, les établissements publics locaux d'enseignement et de formation professionnelle agricole mentionnés à l'article L. 811-8 du code rural et de la pêche maritime *[V. cet art. reproduit à l'art. L. 421-22 C. éduc.]* **et les établissements d'éducation spéciale et des documents à caractère pédagogique à usage collectif dans les lycées professionnels ; »**

6° De la rémunération des personnels de l'enseignement supérieur et de la recherche ;

(L. nº 2004-809 du 13 août 2004, art. 121) **« 7° Des droits dus en contrepartie de la reproduction par reprographie à usage pédagogique d'œuvres protégées dans les écoles élémentaires et les écoles maternelles créées conformément à l'article L. 212-1. »**

Sur la gratuité des manuels scolaires : V. Bibl. et notes de jurispr. ss. art. L. 132-1.

BIBL. ▶ ALGAN et ERNOULT, L'importance de l'investissement dans l'éducation pour la croissance, *Regards croisés sur l'économie, éd. La découverte, 2012/2, nº 12, p. 25.* – BELLIER, JARDIN et MONTI, Bilan de l'usage des moyens attribués aux académies pour la rentrée 2012, *MEN, Rapp. IGEN-IGAENR nº 2012-145, déc. 2012.* – CYTERMAN, Le financement du système éducatif français et l'enjeu de la performance, *in* Le financement de l'éducation, *CIEP, Revue internationale d'éducation de Sèvres, nº 65, avr. 2014.* – LAURIER, Reprographie : mode d'emploi, *LIJ 1999, nº 40, p. 24.* – LE LAIDIE et MONSO, L'allocation des moyens dans le premier degré public. Mise en œuvre d'un nouveau modèle, *Revue Éducation et formations, nº 94, sept. 2017.* – LONGUET, Les heures supplémentaires dans le second degré de l'éducation nationale : un enjeu budgétaire et de gestion des ressources humaines, *Sénat, Rapp. d'information, nº 194 (2016-2017), 7 déc. 2016.*

▶ **Dépenses d'éducation :** BERETTI, DREGOIR et LANDREAU, 161 milliards d'euros consacrés à l'éducation en 2019 : 6,6 % du PIB, *MENJ-DEPP, note d'information nº 20.35, oct. 2020.* – DALOUS, FRATACCI, et LANDREAU-MASCARO, Près de 7 % du PIB consacrés à l'éducation 147,8 milliards d'euros en 2015, *MENESR, DEPP, Note d'information, nº 32, nov. 2016.* – DREGOIR et LANDREAU, La dépense d'éducation des collectivités territoriales : 36,2 milliards d'euros en 2017, *MEN-DEPP, Note d'information nº 19.07, mars 2019* ; 157 milliards d'euros consacrés à l'éducation en 2018 : 6,7 % du PIB, *MENJ-DEPP, Note d'information nº 19.38, oct. 2019.* – FABRE, Les dépenses d'éducation : panorama statistique, *Regards croisés sur l'économie, 2012/2, nº 12, p. 42.* – RUDOLF, La dépense pour le parcours d'un élève ou d'un étudiant en France et dans l'OCDE en 2012, *MEN-DEPP, Note d'information, nº 05, févr. 2016* ; – Le budget et les finances du système éducatif. Les chiffres clés du financement et du budget du ministère de l'Éducation nationale et de la Jeunesse et du système éducatif : *https ://www.education.gouv.fr/le-budget-et-les-finances-du-systeme-educatif-89252* – Dépenses intérieure d'éducation (DIE), *INSEE, 2015 : Downloads/FPORSOC16m6_F5.6_depenses-education.pdf* – Dépenses d'éducation, *OCDE, 2016 : https ://data.oecd.org/fr/eduresource/depenses-d-education.htm#indicator-chart* – Dépenses publiques en éducation (% du PIB), *Banque mondiale-UNESCO : https ://donnees.banquemondiale.org/indicateur/se.xpd.totl.gd.zs* – L'Europe de l'éducation en chiffres 2020, *MENJ-DEPP, 3e éd., 30 juin 2020*, version française : *https ://www.education.gouv.fr/l-europe-de-l-education-en-chiffres-2020-304068.*

▶ **Chiffres. Statistiques** : V. aussi Bibl. ss. Livre III, Titre Ier.

1. Loi École de la confiance. Compensation financière versée aux communes. Conformité à la Constitution. Le Conseil constitutionnel juge conforme à la Constitution l'art. 17 de la loi pour une école de la confiance qui détermine les conditions dans lesquelles l'État attribue aux communes les ressources rendues nécessaires par l'abaissement de l'âge de la scolarité obligatoire à trois ans. Le Conseil constitutionnel reconnaît une différence de traitement entre les communes, selon qu'elles finançaient ou non des classes maternelles avant l'abaissement à trois ans de l'âge de l'instruction obligatoire. Les communes qui n'en finançaient aucune bénéficient, de ce fait, d'une compensation financière de l'État correspondant à la totalité des charges résultant de cet abaissement. Le autres ne bénéficient d'une compensation qu'à hauteur des charges créées par la loi déférée, résultant de l'augmentation du nombre d'élèves scolarisés ou de l'obligation de financer les écoles privées dont le contrat d'association n'avait pas été approuvé par la commune. Le Conseil estime que les communes qui, au cours de l'année scolaire 2018-2019, avaient institué des classes maternelles ne sont pas placées dans une situation identique à celle des autres communes, qui n'exerçaient pas déjà les mêmes compétences et ne supportaient donc pas les charges correspondantes. En outre, il estime que la différence de traitement contestée est en rapport direct avec l'objet de la loi qui l'établit, qui consiste à accompagner de ressources financières une extension de compétence ayant pour conséquence d'augmenter les dépenses des collectivités territoriales. Il en conclut que le grief tiré de la méconnaissance du principe d'égalité devant la loi doit être écarté. • Cons. const. 24 juill. 2019, n° 2019-787 DC : *AJDA 2019. 1613* ; *AJCT 2019. 368, obs. Necib* ; *LIJ 2019, n° 207, p. 1, édito. Chicot.*

2. Dépenses pédagogiques des collèges et des lycées. Le législateur a entendu, en application du principe général selon lequel la répartition des compétences devait intervenir, autant que possible, par blocs de compétence, mettre à la charge de l'État, qui, dans le domaine de l'éducation, a conservé l'exclusivité des compétences pédagogiques, l'ensemble des dépenses directement pédagogiques effectuées dans les établissements scolaires. Si la loi a renvoyé, dans un objectif de clarté, le soin à un décret de préciser la liste des dépenses pouvant être qualifiées de pédagogiques, ce décret ne saurait, sans méconnaître le principe de libre administration des collectivités territoriales, avoir pour objet ou pour effet de décharger l'État du financement de dépenses ayant le caractère de dépenses pédagogiques et de mettre une partie de ces dépenses à la charge des collectivités territoriales. Dès lors, le Décr. du 25 févr. 1985, qui a procédé à l'établissement de la liste prévue par la loi, doit être regardé comme ayant une portée purement indicative. Les dépenses engagées par les établissements pour l'acquisition d'ouvrages pédagogiques destinés à être mis à la disposition collective des élèves en liaison directe avec les enseignements dispensés doivent être regardées comme des dépenses pédagogiques. Il en est de même des dépenses engagées pour la prise en charge des redevances dues en exécution des contrats passés entre le Centre français d'exploitation du droit de copie (CFC) et les établissements pour la libération des droits de reprographie attachés aux ouvrages acquis par eux, compte tenu de ce que ces reprographies sont faites à l'initiative des enseignants, pour l'accomplissement de leur mission et que les droits dus à ce titre sont directement liés à ces choix pédagogiques. Il en est de même de la libération des droits attachés à des œuvres disponibles sur d'autres supports et acquis par les établissements, dès lors qu'il s'agit d'œuvres utilisées à l'initiative des enseignants à des fins pédagogiques. Il appartient dès lors à l'État d'assurer la prise en charge de telles dépenses. • CE, avis, 25 mai 1999, n° 363340.

3. Dépenses issues des classes à horaires aménagés. Dans le cadre d'un litige indemnitaire avec l'État portant sur les dépenses issues des classes à horaires aménagés pour les activités musicales et chorégraphiques assurées par le conservatoire pour les élèves des écoles et collèges de la ville de Rouen, le Conseil d'État a jugé que la QPC sur la mise à la charge des collectivités des dépenses n'était pas sérieuse. Absence de renvoi. • CE 22 févr. 2019, n° 426064 : *AJDA 2019. 1486* ; *LIJ 2019, n° 207, p. 4.*

4. Classes à horaires aménagés. Enseignement artistique renforcé. Prise en charge rémunération enseignants du conservatoire par l'État (non). Si l'enseignement artistique renforcé dont bénéficient les élèves inscrits en classes à horaires aménagés constitue un enseignement organisé dans le cadre de la scolarité obligatoire des élèves, il est dispensé avec le concours des conservatoires ou de certaines écoles de musique et de danse administrés par les collectivités territoriales. Le juge estime que ces dispositions n'imposent pas aux collectivités territoriales d'apporter leur concours à l'organisation des classes à horaires aménagés ni d'assumer les dépenses obligatoires correspondantes. Ces dispositions n'ont donc pas pour effet d'imposer aux collectivités territoriales des dépenses qui incomberaient normalement à l'État. Légalité du refus de l'État de prendre en charge la rémunération des enseignants du conservatoire municipal dispensant des enseignements aux élèves des classes à horaires aménagés musicales (CHAM) et de danse (CHAD). • TA Rouen, 11 juin 2019, n° 1702237 : *LIJ 2019, n° 207, p. 4.* ♦ En appel, la cour juge que la rectrice de l'académie a pu légalement refuser la prise en charge par l'État de la rémunération, supportée par la commune de Rouen, des enseignants intervenant dans le cadre des classes à horaires aménagés et des classes préparant au baccalauréat « Techniques de la musique et de la danse », alors, au demeurant, qu'aucune des conventions produites au dossier pour la mise en place de ces classes ne prévoit une telle obligation. Elle précise que les enseignants du conservatoire à rayonnement régional de Rouen, agents de la fonction publique territoriale et qui dispensent, comme cela ressort des stipulations des conventions produites au dossier mettant en place ces formations, un enseignement artistique renforcé hors des établissements scolaires, ne font partie ni du personnel enseignant des écoles élémentaires et des écoles maternelles ni du personnel exerçant dans les collèges ou lycées au sens des dispositions de l'art. L. 211-8 définissant les personnels enseignants dont l'État a la charge de la rémunération. • CAA Douai, 3 déc. 2020, n° 19DA01793.

5. Suppression de poste de conseiller principal d'éducation en collège. Sur une décision de suppression d'un emploi de conseiller principal d'éducation dans un collège contestée par une association de parents d'élèves, le juge administratif précise que la présence d'un tel emploi dans un collège n'est pas une obligation légale. • TA Toulouse, 18 juin 2009, n° 0902698 : *LIJ 2009, n° 138, p. 9.* ♦ Le juge des référés, ayant été saisi en vue de suspendre l'exécution de la décision au motif que celle-ci allait générer des difficultés graves et immédiates liées à la sécurité (présence d'une SEGPA dans un canton rural défavorisé), estime que, compte tenu des faits, la suppression de poste n'apparaît pas de nature à compromettre les conditions de sécurité. • TA Toulouse, 18 juin 2009, n° 0902698 : *préc.*

6. Suppression de poste d'enseignant du premier degré. V. notes ss. art. L. 211-1.

7. Manuels scolaires. Ouvrages en compléments. Les dispositions du 5° de l'art. L. 211-8 et de l'art. D. 211-15 C. éduc. se bornent à mettre à la charge de l'État, au titre de l'aide apportée aux familles, la fourniture des manuels scolaires dans les collèges. Elles ne sauraient être interprétées comme mettant à la charge de l'État la fourniture des ouvrages venant en complément, même regardés comme indispensables par le collège, de ces manuels, et destinés à une appropriation individuelle par les élèves. • CE 27 avr. 2012, n° 352844 A : *AJDA 2012. 911 ; ibid. 1917, note Toulemonde ; LIJ 2012, n° 167, p. 6.*

8. Manuel scolaire. Définition. Dictionnaire. Saisi à l'occasion d'un litige relatif à un marché qui avait pour objet différentes prestations de personnalisation concernant les dictionnaires destinés aux élèves de 6e des collèges publics et privés de la Loire, le juge a estimé que les diverses modifications apportées aux dictionnaires, par rapport à la version vendue au public, ne suffisant pas à les faire regarder comme des ouvrages distincts du dictionnaire destiné au public, ils ne pouvaient être proposés à un prix inférieur à celui fixé par la loi sur le prix du livre, dès lors qu'il n'est pas contesté qu'un dictionnaire n'avait pas la qualité de livre scolaire. • CE 28 sept. 2016, n° 400393 B : *AJDA 2016. 1842 ; AEF 24 oct. 2016, Dépêche n° 548058, comm. Toulemonde.*

Art. L. 211-9 *(L. n° 2012-409 du 27 mars 2012, art. 6)* **Lorsque, dans les cas prévus aux articles 138-2 et 712-22-1 du code de procédure pénale, une information relative au placement sous contrôle judiciaire ou à la condamnation d'un élève est portée à la connaissance de l'autorité académique, l'élève placé sous contrôle judiciaire ou condamné est, compte tenu des obligations judiciaires auxquelles il est soumis, affecté dans l'établissement public que cette autorité désigne, sauf s'il est accueilli dans un établissement privé, instruit en famille ou par le recours au service public de l'enseignement à distance prévu à l'article L. 131-2 du présent code.**

CHAPITRE II LES COMPÉTENCES DES COMMUNES

BIBL. GÉN. ▸ DURAND-PRINBORGNE, A propos de la politique de décentralisation : vers de nouveaux transferts de compétences en éducation et formation ?, *AJDA 2003. 65*. – FABRE, Les communes et l'école de la République, *C. comptes, Rapport public thématique.* – FRIER, Les transferts de compétences dans les secteurs de la formation professionnelle, de l'éducation et de la culture, *AJDA 2004. 1984*. – DUQUET-METAYER et MONSO, Une typologie des communes pour décrire le système éducatif, *MENJ-DEPP, Note d'information n° 19.35, oct. 2019.* – LEROYER-GRAVET, Les compétences des collectivités territoriales dans le domaine de l'éducation, *LIJ 2009, n° 140, p. 35.* – MARILLIA, Le maire et l'enseignement, *Vie cnale et dptale, 2005. 188.* – MERCO, L'école et la commune, *Pédagofiches, coll. Les essentiels, 2001.* – REISS, Quelle direction pour l'école du XXIe siècle ?, *Rapport au Premier ministre, Ass. nat., sept. 2010.* – Les communes et l'école de la République, *C. comptes, rapport thématique, déc. 2008.* – Le maire et l'école. Guide pratique à l'usage des maires ruraux, *Assoc. des maires ruraux de France - AMRF, sept. 2014 ; http://fr.calameo.com/read/003916559ccc9e55bb4d9.*

▸ **Décentralisation :** V. Bibl. ss. Livre II, Titre I.

▸ **Politique de la ville.** DALLIER et LONGUET, Rapport d'information sur l'enquête de la Cour des comptes sur l'articulation entre les dispositions de la politique de la ville et l'éducation nationale dans les quartiers sensibles, *Rapp. n° 81, nov. 2009.* – C. COMPTES, Rapport d'information sur l'articulation entre les dispositions de la politique de la ville et l'éducation nationale dans les quartiers sensibles, *n° PA56207, sept. 2009.* – L'articulation entre les dispositifs de la politique de la ville et de l'éducation nationale dans les quartiers sensibles, *C. cptes, réf. n° PA 56207, sept. 2009.*

▸ **Orientation :** V. Bibl. ss. art. L. 313-1.

COMMENTAIRE

Les communes, cellules de base de la démocratie, ont traditionnellement la responsabilité des écoles. L'école publique est d'ailleurs couramment appelée « école communale ». La loi Guizot (1833) leur imposa la construction et l'entretien d'une école de garçons, la loi Duruy (1867) d'une école de filles. Selon la terminologie de l'époque, la commune est chargée du « matériel » (lois de 1979 et 1889), l'État qui rémunère les instituteurs et fixe les programmes se réservant le « spirituel ». La loi du 22 juillet 1983, étendant ce partage de compétences aux départements pour les collèges et aux régions pour les lycées, confirme le rôle de la commune en matière scolaire. Les dépenses de fonctionnement des classes sous contrat des établissements privés étant prises en charge dans les mêmes conditions que celles des classes correspondantes de l'enseignement public (art. L. 442-5, al. 4), la commune doit en outre prévoir des crédits pour l'école privée. Les premiers articles de ce chapitre rappellent les différents éléments de ce partage de compétences (I).

L'émiettement communal ne permettant pas de mettre en place ce service public dans toutes les communes (en 2015, 37 % des 36 000 communes n'ont pas d'école !), les bases de la coopération intercommunale dans le domaine scolaire ont été posées dès la fin du XIXe siècle (loi Goblet 1886, premiers syndicats de communes 1890). La création des communautés de communes, des communautés d'agglomération, des communautés urbaines (L. n° 99-586 du 12 juill. 1999) et des métropoles (L. n° 2014-58 du 27 janv. 2014) a pu substituer des établissements publics à caractère intercommunal (EPCI) aux communes pour l'exercice de la compétence scolaire, substituant à la commune un « bloc communal » (II).

Au-delà de la compétence scolaire au sens strict (équipement et fonctionnement des écoles maternelles et élémentaires publiques), les communes ou leurs regroupements peuvent avoir des responsabilités plus larges fondées sur des articles de la présente section ou des dispositions relevant d'autres livres du code, notamment pour l'accueil des élèves (livre I), l'aide aux établissements privés (livre IV) ou les rythmes scolaires (livre V) (III).

En principe, les attributions des communes (et des EPCI) sont exercées par les conseils élus : le conseil municipal qui règle par ses délibérations les affaires de la commune a une compétence de principe (CGCT, art. L. 2121-29), il en est de même pour les comités syndicaux ou conseils de communauté et de métropole ; ils peuvent toutefois donner délégation à l'organe exécutif, au maire ou au président de l'EPCI.

Le bon fonctionnement du service public de l'éducation dépend des communes (qui consacrent en moyenne 15 % de leur budget à l'enseignement primaire, représentant 37 % de la dépense éducative du premier degré) et des services de l'État, notamment des services académiques (IA-DASEN, IEN de la circonscription). La Cour des comptes, dans un rapport de 2018, a pu souhaiter une meilleure articulation entre les différents services tant pour le contrôle de l'obligation scolaire, pour l'élaboration de la carte scolaire et pour la cohésion des temps de l'enfant, en veillant à l'harmonisation des coûts dont l'enjeu est l'égalité, que pour le respect de la parité pour l'enseignement privé (Rapport sur la situation financière des collectivités territoriales). Dans une perspective de simplification, il a été envisagé en 2016 d'adopter une série de mesures permettant d'améliorer cette coopération en recourant notamment au numérique (connexion de « la base des élèves » et des outils de gestion des communes, les unes et les autres pouvant disposer des informations pour le périscolaire, les nouvelles activités périscolaires [NAP], la restauration scolaire, etc., par harmonisation des formulaires, télé-inscription, guichet unique, paiement en ligne des activités périscolaires).

I. LA COMMUNE ET L'ÉCOLE

A. LA CRÉATION DE L'ÉCOLE PUBLIQUE

« Le conseil municipal décide de la création et de l'implantation des écoles et classes élémentaires et maternelles d'enseignement public après avis du représentant de l'État dans le département » (CGCT, art. L. 2121-30, cité par C. éduc., art. L. 212-1).

Le conseil municipal prend des délibérations pour exercer cette compétence propre de la commune ; s'il lui revient d'affecter des locaux appartenant à la commune, il ne peut le faire qu'après avis du préfet (de même en cas de désaffectation, CE, ass., 2 déc. 1994, *Cne de Pulversheim*, n° 133726). La décision de créer une école ou d'ouvrir une classe est indépendante de l'affectation des emplois de professeurs des écoles, qui relève de l'autorité académique, l'État étant compétent pour assurer la gestion des personnels d'enseignement et répartir les moyens en postes (art. L. 211-1).

La création de l'école est en principe obligatoire. L'article 11 de la loi Goblet du 30 octobre 1886 affirmait que *« toute commune doit être pourvue au moins d'une école élémentaire publique »* et précisait qu'il en était de même de tout hameau éloigné de plus de trois kilomètres réunissant au moins quinze enfants d'âge scolaire. Ces dispositions ont été reprises par l'article L. 212-2. Avant 2019, cette obligation ne concernait que l'école élémentaire accueillant les élèves de six ans, tenus à l'obligation scolaire ; la création de l'école maternelle était facultative ; toutefois, dès lors qu'une école maternelle avait été régulièrement créée à la demande d'une commune, les dépenses de fonctionnement de cette école constituaient une dépense obligatoire pour la collectivité (CE 31 mai 1985, *MEN c/ Association d'éducation populaire de l'école Notre-Dame d'Arc-les-Gray*, n° 55925) et celle-ci ne pouvait pas apporter de restrictions à l'accès à cet établissement scolaire (CE 9 juill. 1981, *Commissaire de la République de la Loire-Atlantique c/ Commune de Vigneux-de-Bretagne*). La loi du 26 juillet 2019, abaissant l'âge de l'instruction obligatoire à trois ans (art. L. 131-1) la rend obligatoire et confirme sa gratuité (art. L. 132-1) ; leur établissement intervient dans les conditions prévues à l'article L. 212-2 (L. du 26 juill. 2019, art. 14, art. L. 212-2-1).

La désertification des zones rurales, l'amélioration des transports comme l'évolution de la demande d'éducation ont changé la donne. En fait, près d'une commune sur trois n'a pas (ou plus) d'école publique sur son territoire. Dans l'ouest de la France, des communes sans école publique ont souvent une école privée (dont l'ouverture est soumise à une déclaration au maire, art. L. 441-1). Les regroupements pédagogiques intercommunaux (RPI) ont toutefois diversifié l'offre, tant pour les classes élémentaires que pour les classes maternelles dont la création n'est pas obligatoire. On sait que l'obligation peut être sanctionnée par le pouvoir de substitution que détient l'État ; dans le cas où l'organisation du service public l'exige, le préfet, sur proposition du DASEN et après avis du CDEN, peut mettre en demeure la commune de fournir un local convenable et, à défaut, de créer une école ou une classe (art. R. 211-2). En revanche, aucune procédure particulière n'est prévue en cas de carence de l'État !

Sous l'empire de la loi de 1886, le nombre, la nature et le siège des écoles primaires publiques étaient fixés par le ministre de l'éducation nationale, sur le rapport du préfet, après proposition de l'inspecteur d'académie et consultation du conseil municipal (art. 13). Le système est aujourd'hui inversé. Pour ouvrir une école ou une classe, la décision est prise par le conseil municipal, mais il lui faut au préalable l'avis du représentant de l'État. Si cet avis est favorable, l'État s'engage à implanter les postes nécessaires ; s'il est défavorable, il vide de tout contenu la délibération car il ne peut y avoir de classe ou d'école que si l'enseignement est assuré par un membre de l'enseignement public affecté par l'autorité académique. Le conseil municipal n'est plus comme autrefois consulté sur le nombre de maîtres attachés à chaque école (CE 28 oct. 1992, n° 87522 A), mais il dispose de l'avis circonstancié du préfet et de l'engagement de l'État pour prendre sa décision.

La commune peut donner un nom à l'école mais doit alors respecter le principe de neutralité (TA Lille, 18 déc. 2007, n° 0601575, ss. art. L. 141-2).

Le ***parallélisme des compétences*** devrait imposer la même démarche pour la suppression d'une classe ou d'une école (à distinguer de la fermeture pour raisons de sécurité dans le cadre des pouvoirs de police du maire, CE 10 mars 1995, n° 135563 A). Mais cette procédure est indépendante de celle suivie par les autorités de l'État pour implanter ou retirer des postes (CAA Nancy, 24 févr. 2005, n° 04NC00700). La délibération du conseil municipal ne ferait alors qu'entériner la décision de l'inspecteur d'académie ; souvent, elle sera remplacée par un vœu ou une motion de protestation. L'importance de la suppression d'un service public justifie toutefois qu'elle soit précédée d'une concertation locale organisée par le préfet à partir d'une étude d'impact réalisée par l'autorité qui est à l'origine du projet ; l'inspecteur d'académie-DASEN devrait alors analyser l'objet et le contenu du projet, et ses conséquences économiques et sociales, et préciser les nouvelles conditions d'accès au service ainsi que les mesures d'accompagnement envisagées (CAA Nancy, 21 juin 2001, *Assoc. École et territoire et Mme Philippe*, n° 00NC01168). Cette formalité n'a pas lieu d'être si le retrait d'emploi n'entraîne ni désaffectation des locaux ni fermeture d'école et ne modifie pas les conditions d'accès au service (TA Rennes, 4 févr. 2007 : *LIJ 2008, n° 122*). L'article 106 de la loi n° 2005-157 du 23 février 2005 ajoute que lorsque la fermeture d'une école située en milieu rural est envisagée, l'IA-DASEN doit en informer le président du conseil général, le président du conseil régional et le président de l'association des maires du département et mener une concertation complémentaire dans le cadre de la commission départementale d'organisation et de modernisation des services publics. Pour les zones de montagne, la loi n° 2016-1888 du 28 décembre 2016 a précisé que ces territoires justifient l'application de modalités spécifiques d'organisation scolaire, notamment pour les seuils d'ouverture et de fermeture de classe (art. L. 212-3).

Le ***conseil municipal*** a toutefois ***plénitude de compétence*** quand il décide de l'***implantation ou du regroupement des classes ou des écoles***. Il dispose alors d'un pouvoir discrétionnaire qui ne fait l'objet que d'un contrôle restreint du juge de l'excès de pouvoir (sur la localisation, V. CE 14 oct. 1992, n° 76497 A).

La loi n° 2004-809 du 13 août 2004 (art. 80-II, V. art. L. 212-7) a conféré au ***conseil municipal*** le soin de ***déterminer le ressort de chacune des écoles publiques*** et de répartir les élèves entre elles. Cette compétence appartenait auparavant au maire qui intervenait alors au nom de l'État (CE 28 mai 1988, *Épx André c/ Maire de Châtillon-Le-Duc : Lebon 679*). Elle devient une compétence communale que le conseil municipal peut toutefois déléguer au maire. C'est au nom de l'État (dont il engage alors la responsabilité, CE 19 déc. 2019, n° 408710) qu'il continue à inscrire les enfants soumis à l'obligation scolaire (art. L. 131-5 ; CE 7 déc. 1990, *Di Lello : Lebon 604* ✎ ; *AJDA 1991. 151* ✎). ***Cette nouvelle compétence communale peut être exercée par l'EPCI auquel les dépenses de fonctionnement ont été transférées*** (art. L. 212-7), l'inscription des élèves restant toutefois de la compétence de chaque maire (art. L. 131-5). La répartition des emplois demeure une compétence étatique ; le nombre moyen d'élèves accueillis comme le nombre d'emplois par école restent fixés chaque année par l'IA-DASEN (art. D. 211-9). Contrairement à la carte scolaire du second degré, le principe de la répartition des élèves par décision communale n'a pas été remis en cause, mais, en pratique, il est assez fréquent de constater que cette compétence n'est pas exercée (Cour des comptes, « Les communes et l'école de la République », *2008*).

L'établissement des écoles élémentaires publiques est une dépense obligatoire pour la commune (art. L. 212-5), ce qui avant 2019 n'était pas le cas des classes maternelles dont la création restait facultative (CE, sect., 5 mai 1984, *Commissaire de la République de l'Ariège*, n° 47875 A). Avec la loi du 26 juillet 2019, la commune doit alors prendre en charge les dépenses de fonctionnement matériel des établissements sous contrat d'association. Ces collectivités peuvent en outre assurer, dans des conditions variables, les services publics complémentaires : restauration, transports, accueil et surveillance des élèves hors temps scolaire… (en revanche, l'accueil des élèves du premier degré en cas de grève prévu par la loi du 20 août 2008 impose aux communes des obligations dans certaines conditions, V. livre I). Les autorités communales peuvent prendre des mesures diverses, mettre en place des moyens, afficher des objectifs dont l'ensemble constitue des « politiques éducatives locales » ; elles peuvent ainsi prévoir des dispositifs d'accompagnement scolaire et éducatif ainsi que des activités culturelles et sportives qui peuvent être mis en cohérence avec les actions de l'État dans le cadre de la lutte contre l'échec scolaire, la politique de la ville ou la prévention de la délinquance.

Certaines municipalités placent même leur action sous le label « ville éducatrice ». La réforme des rythmes scolaires constitue une nouvelle opportunité. Elle nécessite une concertation entre l'école et la commune mais impose des charges nouvelles aux collectivités tant pour permettre d'ajouter une demi-journée supplémentaire (ce qui accroît le coût de la restauration et des transports scolaires) que pour assurer les activités complémentaires qui peuvent avoir lieu sur le temps scolaire (activités pédagogiques sous le contrôle des maîtres) ou hors temps scolaire. Un fonds spécifique a été mis en place pour accompagner l'organisation par les communes d'activités périscolaires et garantir ainsi la prise en charge de tous les enfants (système reconduit à la rentrée 2014). C'est l'occasion de réunir l'ensemble des acteurs pour élaborer un projet éducatif territorial (PEdT) permettant d'assurer la cohérence de l'offre scolaire et périscolaire (V. Décr. n° 2013-77 du 24 janv. 2013 relatif à l'organisation du temps scolaire dans les écoles maternelles et élémentaires).

Les communes (ou les EPCI) peuvent alors mener des activités complémentaires de celles du service public de l'enseignement, mettre en place une organisation les amenant à agir directement ou indirectement par le biais d'associations. C'est dans ce cadre que les communes (ou les EPCI) participent à la réforme des rythmes scolaires des élèves des écoles maternelles ou élémentaires. L'article 66 de la loi du 8 juillet 2013 modifie l'article

L. 551-1. Il a introduit la notion de projet éducatif territorial (PET) dont la définition et le contenu ont été précisés par le décret n° 2013-707 du 2 août 2013 [V. désormais art. R. 551-13 issu du Décr. n° 2016-1051 du 1er août 2016]. Ce projet qui peut associer à l'éducation nationale d'autres administrations de l'État, des collectivités territoriales et des associations, notamment les associations complémentaires, concerne au premier chef les communes (ou les EPCI) qui l'élaborent conjointement avec leurs partenaires. Le projet éducatif territorial vise notamment à favoriser, pendant le temps libre des élèves, leur égal accès aux pratiques et activités culturelles et sportives et aux nouvelles technologies de l'information et de la communication.

B. LA GESTION DE L'ÉCOLE

1° DÉPENSES OBLIGATOIRES

Traditionnellement, ***« la commune a la charge des écoles publiques »*** (art. L. 212-4), formule englobant les écoles primaires et les écoles maternelles (dont les dépenses étaient obligatoires pour les communes ayant décidé de les créer, avant même que la loi du 26 juill. 2019 abaissant la scolarité obligatoire à trois ans n'ait décidé d'en rendre la création obligatoire CE, ass., 31 mai 1985, *MEN c/ association d'éducation populaire de l'école Notre-Dame d'Arc-les-Gray*, n° 55925).

Les ***locaux*** dont elle est propriétaire sont affectés au service public de l'enseignement et aménagés spécialement à cet effet, qu'il s'agisse des classes élémentaires ou des classes maternelles régulièrement créées ; ils font à ce titre partie du domaine public communal et ne pourront être désaffectés qu'après avis (conforme) du représentant de l'État (CE, ass., 2 déc. 1994, *Cne de Pulversheim*, nos 133726 et 141881 A ; *AJDA 1995. 40, concl. Schwartz* ✎). La commune *« en assure la construction, la reconstruction, l'extension, les grosses réparations et l'équipement »*. Parallèlement, elle finance le ***fonctionnement*** tant ***matériel*** que ***pédagogique*** des classes, à l'exception des droits de reprographie à usage pédagogique que l'article 121-IX de la loi n° 2004-809 du 13 août 2004 a mis à la charge de l'État (art. L. 212-4) ; auparavant seuls les départements pour les collèges (art. L. 213-2) et les régions pour les lycées (art. L. 214-6) étaient concernés (CE, avis, sect. int., 14 janv. 2003, n° 368577, Enseignement du premier degré – Dépenses incombant aux communes – Droits de reprographie des œuvres protégées).

Il s'agit là pour la commune de dépenses obligatoires (CGCT, art. L. 2321-2) qui doivent chaque année être prévues dans le budget de la commune tant en section d'investissement (dépenses de construction d'équipement) qu'en section de fonctionnement. Le conseil municipal en adoptant la délibération budgétaire autorise les dépenses nécessaires pour acquérir et entretenir le mobilier scolaire, chauffer et éclairer les classes, et assurer les rémunérations des personnels de service, *« s'il y a lieu »*, précise l'article L. 212-15 ; ce qui est le cas dans les classes maternelles qui ne peuvent aujourd'hui fonctionner qu'en présence d'un agent territorial spécialisé des écoles maternelles (ATSEM). Le décret n° 2018-152 du 1er mars 2018 redéfinit le métier de près de 55 000 agents territoriaux spécialisés des écoles maternelles. Participant à la communauté éducative, ils sont chargés de l'assistance au personnel enseignant pour la réception, l'animation et l'hygiène des très jeunes enfants ainsi que de la préparation et la mise en état de propreté des locaux et du matériel servant directement à ces enfants. Ils peuvent, également, assurer la surveillance des très jeunes enfants dans les cantines et être, en outre, chargés, en journée, des mêmes missions dans les accueils de loisirs et assister les enseignants dans les classes ou établissements accueillant des enfants handicapés.

Des hésitations peuvent exister sur la nature de certaines dépenses de fonctionnement pédagogique, notamment du fait de la portée du principe de gratuité (art. L. 132-1). La commune a la charge de toutes les fournitures à usage collectif, mais il est fréquent qu'elle ajoute les fournitures individuelles (cahiers, crayons, manuels..., alors que les frais de photocopie relèvent de l'État). S'agissant des manuels, le texte en vigueur est un décret du 29 janvier 1890 modifié par le décret du 12 avril 1943 qui prévoit simplement que la caisse des écoles fournit gratuitement les livres aux « élèves indigents ».

Pour l'équipement informatique, l'achat et la maintenance des matériels devraient incomber à la commune (mobilier scolaire, art. L. 212-5) et la fourniture des logiciels à l'État (dépenses pédagogiques), ce qui est loin d'être toujours le cas.

Tant que le corps des ***instituteurs*** subsiste, le budget doit aussi prévoir des crédits pour leur ***logement*** (dispositions des L. du 30 oct. 1886 et 19 juill. 1889, art. L. 212-6 renvoyant au CGCT, art. L. 2334-26 à L. 2234-31). La commune a le choix : ou elle leur procure un logement « convenable » (art. D. 212-1), ou bien elle leur verse une indemnité représentative de logement (IRL). Cette obligation concerne les instituteurs nommés dans la commune mais aussi ceux qui y ont leur résidence administrative et exercent leurs fonctions dans plusieurs communes (V. les différents cas cités par l'art. R. 212-8). Une dotation spéciale instituteurs (DSI) prévue au budget de l'État (L. n° 82-213 du 2 mars 1982, art. 4 ; CGCT, art. L. 2334-26 s., reproduits par art. L. 212-6) est répartie entre les communes proportionnellement au nombre des instituteurs logés ou recevant une indemnité de logement (art. L. 921-2) ; elle est diminuée chaque année pour tenir compte des transformations d'emplois d'instituteur ou d'emplois de professeur des écoles, qui ne bénéficient pas de cet avantage (CE 30 nov. 1994, *Préfet de la Haute-Saône*). Les communes reçoivent directement la part afférente aux logements effectivement occupés ; la part correspondant aux indemnités transite par le CNFPT (Centre national de formation des personnels territoriaux), établissement public administratif en principe consacré à la formation.

« Les dépenses de fonctionnement des classes sous contrat sont prises en charge dans les mêmes conditions que celles des classes correspondantes de l'enseignement public » (art. L. 442-5), du moins pour les élèves domiciliés sur le territoire communal (CE 31 mai 1985, *Ministère de l'éducation c/ association d'éducation populaire Notre-Dame-d'Arc-lès-Gray*). La commune prend en charge les dépenses de fonctionnement sur la base d'un ***« forfait communal »*** exclusif de toute participation au logement des maîtres. Il est calculé par élève et par an en fonction du coût de fonctionnement relatif à l'externat des écoles publiques de la commune ou, à défaut, du coût de fonctionnement moyen relatif à l'externat des écoles publiques du département. Avant la loi du 26 juillet 2019, l'accord de la commune était requis dans la mesure où les élèves des classes maternelle et enfantines ne relevaient pas, en raison de leur âge, de l'instruction obligatoire. Depuis l'abaissement de l'âge de l'obligation d'instruction à trois ans, le versement du forfait communal pour les classes préélémentaires privées sous contrat n'est plus conditionné à l'accord donné par la commune au contrat d'association ; en revanche, cet accord demeure exigé pour le versement du forfait au titre des enfants de moins de trois ans accueillis dans ces classes (Décr. n° 2019-1555 du 30 déc. 2019, art. 1er : art. R. 442-44 ; l'art. 2 précise les modalités de mise en œuvre de cet accompagnement financier des communes par l'État). La commune peut en outre participer au fonctionnement matériel des classes élémentaires sous contrat simple (art. L. 442-12). La Cour des comptes a relevé d'importants écarts dans le montant des forfaits, écarts reproduisant l'inégalité qui existe entre les communes mais aussi dus à la complexité de la réglementation (V. établissements privés, livre V).

Pour financer les dépenses obligatoires le budget des communes est notamment alimenté en section d'investissement par la dotation globale d'équipement (DGE créée par la loi n° 83-8 du 7 janv. 1983) qui remplace les dotations spécifiques qui étaient attribuées par le ministère de l'éducation nationale. Pour les dépenses de fonctionnement, les communes disposent notamment de la dotation globale de fonctionnement (DGF) et de la dotation spéciale pour le logement des instituteurs, versée à titre de compensation (art. L. 212-6 ; CGCT, art. L. 2334-26).

L'abaissement de l'âge de l'instruction obligatoire à trois ans entraîne une augmentation des charges et des dépenses obligatoires des communes qui n'avaient pas antérieurement créé ou financé des écoles maternelles publiques ou apporté leur aide aux classes maternelles sous contrat d'association. Aussi, l'article 17 de la loi du 26 juillet 2019 prévoit que « l'État attribue de manière pérenne (précision introduite au Sénat) à chaque commune les ressources correspondant à l'augmentation des dépenses obligatoires qu'elle a prises en charge en application des articles L. 212-4, L. 212-5 (charges et dépenses obligatoires pour les communes du fait des « bâtiments scolaires » (construction, reconstruction, extension, grosses réparations) et du « service des écoles » (acquisition et entretien du mobilier scolaire, chauffage et éclairage des classes, rémunération des personnels de service…) et L. 442-5 (dépenses de fonctionnement des classes sous contrat prises en charge dans les même conditions) au titre de l'année scolaire 2019-2020 par rapport à l'année scolaire 2018-2019 « dans la limite de la part d'augmentation résultant directement de l'abaissement à trois ans de l'âge de l'instruction obligatoire ». Un amendement introduit au Sénat a prévu la possibilité pour une commune de demander « la réévaluation de ces ressources... au titre des années scolaires 2020-2021 et 2021-2022 » ; par contre la loi n'a pas repris le souhait exprimé au Sénat de tenir compte de la prise en charge antérieure des dépenses de fonctionnement des classes maternelles privées sous contrat. Dans son avis sur le projet de loi, le Conseil d'État considère que ces dispositions se conforment ainsi aux exigences de l'article 72-2 de la Constitution ; en effet, l'abaissement de six à trois ans de l'instruction obligatoire ne constitue pas un transfert de compétence imposant « *l'attribution de ressources équivalentes* » (au sens de l'art. 72-2 de la Constitution), c'est-à-dire de « *ressources correspondant aux charges constatées à la date du transfert* » (Cons. const. 13 janv. 2005, n° 2004-509 DC), mais l'extension d'une compétence déjà assumée par les communes (Cons. const. 25 mars 2011, *Département des Côtes d'Armor*, n° 2010-109 QPC), qui n'impose par suite au législateur que « *d'accompagner* (cette extension de compétences) *de ressources dont il lui appartient d'apprécier le niveau, sans toutefois dénaturer le principe de libre administration des collectivités territoriale* » (Cons. const. 13 janv. 2005, n° 2004-509 DC ; Cons. const. 30 juin 2011, n° 2011-143 QPC relative à l'allocation personnalisée d'autonomie et Cons. const. 30 juin 2011, n° 2011-144 QPC relative à la prestation de compensation du handicap). Il relève au surplus que les écoles maternelles et enfantines donnent lieu à des dépenses obligatoires pour les communes lorsque celles-ci ont décidé de les créer, alors même qu'elles n'en ont pas l'obligation en l'état actuel du droit (CE, ass., 31 mai 1985, *MEN c/ association d'éducation populaire de l'école Notre Dame d'Arc-les-Gray*, n° 55925). La constitutionnalité de la loi n'en a pas moins été mise en cause par soixante députés soutenant que ces dispositions ne bénéficiant qu'aux communes qui ne finançaient pas déjà, de façon volontaire, des écoles maternelles, introduisent une différence de traitement entre les communes, contraire au principe d'égalité devant la loi ; le Conseil constitutionnel rejette ce grief en considérant que « les communes qui, au cours de l'année scolaire 2018-2019, avaient institué des classes maternelles ou écoles maternelles publiques ou approuvé des contrats d'association d'écoles maternelles privées... ne sont, ainsi, pas placées dans une situation identique à celle des autres communes, qui n'exerçaient pas déjà les mêmes compétences et ne supportaient donc pas les charges correspondantes » (Cons. const. 25 juill. 2019, n° 2019-787 DC § 7), la différence de traitement contestée étant en rapport direct avec l'objet de la loi qui l'établit (Cons. const. 25 juill. 2019, n° 2019-787 DC § 8).

2° DÉPENSES FACULTATIVES

D'autres dépenses sont facultatives. La commune peut organiser des activités périscolaires qui prolongent le « *service public de l'éducation* » dans les locaux scolaires en dehors des horaires (art. L. 212-15) mais aussi des activités éducatives, sportives et culturelles qui peuvent s'intégrer au temps scolaire (art. L. 216-1) ; elle peut mettre en place un service de restauration scolaire (la création d'une cantine scolaire présente pour la commune un caractère facultatif, CE 5 avr. 1984, *Préfet commissaire du Gouvernement de l'Ariège*, n° 47875) que la commune peut organiser librement en gestion directe ou en délégant sa gestion, service public administratif facultatif (CE 11 juin 2014, n°s 359931 et 359932 A), ou en confier la gestion à la caisse des écoles (mais les tarifs doivent être fixés par le conseil municipal, art. R. 531-52 ; CE 11 juin 2014, n° 359431) ; les usagers n'ont droit ni à la création, ni au maintien, il doit toutefois être accessible ; le principe d'égalité interdit les discriminations d'accès (CE 23 oct. 2009, n° 329076 : *AJDA 2010. 265, note Verpeaux*) tant sur le plan religieux (interdits alimentaires) que financier (selon les capacités financières des familles). L'article 186 de la loi égalité et citoyenneté du 27 janvier 2017 dispose désormais que « l'inscription à la cantine des écoles primaires, lorsque ce service existe, est un droit pour tous les enfants scolarisés. Il ne peut être établi aucune discrimination selon leur situation ou celle de leur famille » (art. L. 131-13 ; la différence de traitement établie par les dispositions contestées entre les uns et les autres, au regard du droit d'accès à ce service facultatif de restauration scolaire, repose sur une différence de situation, en rapport direct avec l'objet de la loi, ne méconnaissant pas le principe d'égalité, Cons. const. 26 janv. 2017, n° 2016-745 DC, § 9 s.). La commune ayant choisi de créer un service est tenu de garantir à chaque élève le droit d'y être inscrit (TA Besançon, 7 déc. 2017, n° 170124). Mais la commune peut moduler les tarifs pour prendre en considération les différences de situation (revenu des familles, nombre d'enfants, domicile), sous le contrôle du juge (V. jurisprudence ss. art. R. 531-52) sans pouvoir être supérieur à leur coût (art. R. 531-53).

La commune peut aussi créer des conservatoires, écoles de musique ou d'arts plastiques : elle fixe le montant des droits d'inscription sans préjudice de la gratuité de l'enseignement qui s'applique aux classes à horaires aménagés (CE 16 déc. 2016, n° 403899).

Des disparités importantes peuvent être constatées entre les communes tant pour les fournitures scolaires que pour l'équipement informatique (Cour des comptes, « Les communes et l'école de la République », 2008, p. 60 s.). Il en est de même pour les interventions communales dans le champ éducatif avec le développement des « politiques éducatives locales » même si elles sont enserrées dans un réseau de partenariats auquel participent notamment les différents services de l'État (contrat éducatif local, contrat local de sécurité, contrat local d'accompagnement scolaire). Regrettant l'insuffisance des échanges d'information entre l'éducation nationale et les communes, la Cour des comptes s'interroge sur l'efficacité éducative de ces diverses actions et souligne les disparités territoriales au regard de l'égalité des chances.

C. LA CAISSE DES ÉCOLES

La commune peut attribuer des ***aides aux familles*** (art. L. 533-1) qui peuvent transiter par la caisse des écoles. Créée à l'époque où l'enseignement primaire n'était pas obligatoire, celle-ci avait pour but initial d'encourager les parents à envoyer leurs enfants à l'école, notamment en distribuant secours et récompenses. Instituée par l'article 15 de la loi du 10 avril 1867, elle est généralisée par l'article 17 de la loi du 28 mars 1882 qui précise qu'elle sera établie dans toutes les communes. En effet, pour *« faciliter la fréquentation de l'école par des aides aux élèves en fonction des ressources de leur famille »*, le conseil municipal peut prendre une délibération créant une caisse des écoles (art. L. 212-10, al. 1er). Il s'agit d'un établissement public communal dont l'originalité est d'être composé d'adhérents ou de sociétaires qui tiennent une assemblée générale annuelle et élisent des représentants au comité chargé d'administrer la caisse sans les empêcher de constituer des établissements publics (CE 22 mai 1903, *Caisse des écoles du VIe arrondissement : S. 1905. 3. 33, note Hauriou*, qui les rapprochait des associations syndicales de propriétaires), leur caractère de sociétaire leur donnant une assez grande liberté pour admettre ou refuser des souscripteurs sans pouvoir exclure de manière générale les parents dont les enfants ne fréquenteraient pas l'école publique (CE 13 janv. 1965, *Caisse des écoles du Xe arrondissement : AJDA 1965. 97*). Leur budget est alimenté par des cotisations volontaires et des subventions de la commune, du département ou de l'État ; la caisse peut en outre recevoir, avec l'autorisation du représentant de l'État dans le département, des dons et des legs (al. 4). Sa mission est de venir en aide aux personnes rencontrant des difficultés sociales auxquelles il peut notamment remettre des titres dénommés *« chèque d'accompagnement personnalisé »* dans les conditions prévues à l'article L. 1611-6 du code général des collectivités territoriales. La caisse est administrée par un comité présidé par le maire et doit comprendre l'inspecteur de l'éducation nationale chargé de la circonscription (art. R. 212-26). Un décret du 12 septembre 1960 qui introduit une distinction entre les caisses de Paris et les autres réduit la représentation des sociétaires. (L'art. 57 de la loi du 26 juillet 2019 pour une école de la confiance autorise la création d'une caisse de préfiguration en vue de la mise en place d'une caisse des écoles unique des écoles des quatre premiers arrondissements parisiens dont l'art. 23 de la L. n° 2017-257 du 28 févr. 2017 relative au statut de Paris et à l'aménagement métropolitain a prévu la fusion à compter des élections municipales de 2020).

La commune peut déléguer à la caisse des écoles la gestion de certains services, par exemple la restauration scolaire ; mais les tarifs des repas doivent être fixés par le conseil municipal (art. R. 531-52 ; CE 11 juin 2014, n° 359931). En cas de grève, elle peut lui confier par convention l'organisation de l'accueil des élèves à la caisse des écoles, à la demande expresse de son président (art. L. 133-10).

Établissement public, ***la caisse des écoles dispose d'une autonomie qui lui donne des capacités d'action et d'intervention***. Aussi le législateur s'est-il récemment appuyé sur elle en précisant que ses compétences peuvent être étendues à des *« actions à caractère éducatif, culturel, social et sanitaire en faveur des enfants relevant de l'enseignement du premier et du second degré. A cette fin, la caisse des écoles peut constituer des dispositifs de réussite éducative »* (al. 2 de l'art. L. 212-10, introduit par l'art. 130 de la L. n° 2005-32 du 18 janv. 2005 de programmation pour la cohésion sociale, généralisant la formule conçue pour Paris par la L. n° 2001-624 du 17 juill. 2001, art. 23). Ces dispositifs pouvant concerner tant les élèves de l'enseignement public que des écoles privées font l'objet d'un suivi par un conseil consultatif de réussite éducative présidé par le maire, et comprenant notamment l'inspecteur d'académie-DASEN ou son représentant, un directeur d'école, un chef d'établissement et des représentants des parents d'élèves. Plusieurs communes peuvent se réunir pour assurer le fonctionnement de cette caisse (art. R. 212-33-1 et R. 212-33-2).

La Cour des comptes a pu relever les pratiques de certaines communes qui sous-traitent à la caisse des écoles une partie de leur politique éducative en méconnaissance du principe de spécialité limitant le rôle de l'établissement public (Rapport préc., p. 31) ; en revanche, de nombreuses caisses des écoles sont inactives, parfois suppléées par le CCAS (Rapport préc., p. 68).

II. L'ÉCOLE DANS LES RELATIONS INTERCOMMUNALES

Deux types de situation doivent ici être envisagés. L'une part du souhait des familles, l'autre des institutions.

A. SCOLARISATION DES ÉLÈVES D'UNE AUTRE COMMUNE

En principe, l'élève est scolarisé dans une école de sa commune de résidence, là où le maire est tenu de l'inscrire (la loi concerne les élèves de l'enseignement primaire, CE 6 juin 2018, n° 410463). Mais cette commune peut ne pas disposer des capacités d'accueil entendues en prenant en considération tant les locaux que les emplois de professeur des écoles ; le maire d'une commune voisine est alors sollicité. Par nécessité ou par commodité, les familles peuvent aussi préférer voir leurs enfants scolarisés dans une autre commune alors même qu'il restait des places dans leur commune de résidence. L'article L. 131-5, al. 4, envisage le cas des familles domiciliées à proximité d'une école qui n'est pas sur le territoire de leur commune : elles ont alors la possibilité d'y demander l'inscription de leurs enfants qui ne peut être refusée dans les cas énumérés par l'article R. 212-21. Le maire, à la demande de la commune de résidence, peut alors accepter d'inscrire les élèves. Dans certains cas, il en aura même l'obligation. L'article 87 de la loi du 13 août 2004 a introduit dans l'article L. 212-8 trois séries de motifs justifiant l'inscription. Les parents peuvent tout d'abord invoquer leurs obligations professionnelles alors que la commune n'assure ni la restauration, ni la garde des enfants (art. 113 de la L. du 25 févr. 2005, relative au développement des territoires ruraux en ajoutant l'absence de service d'assistantes maternelles agréées, semblant accréditer la thèse selon laquelle l'école maternelle n'aurait qu'une fonction de garde !). La scolarisation dans une autre commune permet aussi de ne pas séparer les fratries. La loi vise enfin les raisons médicales attestées par un médecin de santé scolaire ou par un médecin agréé (art. R. 212-20). Au nom de la continuité pédagogique, il est précisé que la situation d'un élève ne peut pas être remise en cause avant la fin de la formation préélémentaire ou de la scolarité primaire (art. L. 212-8, qui se réfère à l'organisation de la scolarité en cycle, peut amener les parents à revendiquer la continuité au-delà de la grande section de maternelle et la commune d'accueil à souhaiter interrompre la scolarisation à la fin de chaque cycle !). Le maire de la commune de résidence est informé dans les deux mois (art. R. 212-22). En 2015, lors des débats sur le projet de loi NOTRe, des députés bretons ont défendu un amendement étendant cette formule aux classes de la filière bilingue : le maire de la commune de résidence dont les écoles ne dispensent pas un enseignement de langue régionale ne peut donc plus s'opposer à la scolarisation d'enfants dans une école d'une autre commune proposant un enseignement de langue régionale et disposant de places disponibles, même lorsque la capacité d'accueil de ces écoles permet de scolariser les enfants concernés ; mais la loi ne prévoit pas ici que le préfet fixe, en cas de désaccord entre les deux communes, la contribution de chacune d'elles aux dépenses de scolarisation, le représentant de l'État étant seulement chargé de tenter une médiation entre les maires des deux communes pour résoudre leur différend, dans l'intérêt de l'enfant (art. L. 212-8 ; L. NOTRe n° 2015-991 du 7 août 2015, art. 101).

Quoi qu'il en soit, en accueillant ces élèves supplémentaires, la commune va supporter des charges indues. L'article L. 212-8 prévoit que les dépenses de fonctionnement devront être réparties par accord entre les communes ; pour le calcul de la contribution de la commune de résidence, il est tenu compte du nombre d'élèves scolarisés par la commune d'accueil et du coût moyen par élève (charges de fonctionnement hors activités périscolaires). L'article R. 212-21 précise que dans les cas introduits par la loi de 2004, la commune de résidence est tenue de participer financièrement. Si les communes n'aboutissent pas à un accord, la contribution est fixée par le représentant de l'État après avis du CDEN. *« L'arbitrage du préfet peut être demandé dans les deux mois de la décision contestée soit par le maire de la commune de résidence ou le maire de la commune d'accueil, soit par les parents ou les tuteurs légaux. Le préfet statue après avis de l'inspecteur d'académie, directeur des services départementaux de l'éducation nationale »* (art. R. 212-23). Le préfet tient compte des dépenses effectivement supportées même si elles n'ont pas un caractère obligatoire (CE 7 avr. 2004, n° 250402 A : *AJDA 2004. 1196, concl. Goulard*). En fait, il n'est pas rare que les communes d'accueil ne réclament pas une participation aux communes de résidence sans d'ailleurs faire accepter cette gratuité, prévue parfois sous réserve de réciprocité, par le conseil municipal (Cour des comptes, Rapport préc., *p. 48*). Mais aucune disposition législative ou réglementaire ne donne au préfet le pouvoir d'accorder une dérogation en vue de l'inscription d'un élève (CAA Lyon, 4 nov. 2008 : *LIJ n° 132*).

La même question se pose pour les établissements d'enseignement privés du premier degré sous contrat d'association. En l'absence d'une école correspondant à leur choix dans leur commune de résidence, les parents peuvent souhaiter inscrire leurs enfants dans une école sous contrat d'association implantée sur le territoire d'une autre commune. Les communes étant appelées à participer au financement des établissements du premier degré sous contrat d'association, la question s'est posée de savoir si une des deux communes, celle de résidence de la famille ou celle sur le territoire de laquelle l'école est située, devait prendre en charge la dépense. Initialement, l'article L. 442-5 affirmant que « les dépenses de fonctionnement des classes sous contrat sont prises en charge dans les mêmes conditions que celles des classes correspondantes de l'enseignement public », on appliquait la même solution que pour les élèves de l'école publique, la question devant faire l'objet d'un accord entre les communes (solution apportée par l'art. 18 de la loi du 25 janv. 1985, repris par l'art. L. 442-9, abrogé). Le juge administratif en avait déduit qu'en absence d'accord, aucune des deux communes n'était tenue de contribuer aux dépenses (CE, ass., 12 avr. 1991, *Synd. nat. de l'enseignement chrétien CFTC et a.*, n°s 68522 et 68525 A). A la suite d'un amendement déposé par le sénateur Michel Charasse, l'article 89 de la loi du 13 août 2004 considéra qu'il s'agissait là de dépenses obligatoires pour les communes, comme pour les écoles publiques, renvoyant alors aux trois premiers alinéas de l'article L. 212-8.

Les dispositions de l'alinéa 4 de cet article n'ayant pas été reprises, certains ont alors analysé la nouvelle règle comme imposant une obligation inconditionnelle de financement. L'article 89 de la loi n° 2005-380 du 23 avril 2005 sur l'avenir de l'école précise alors que le financement ne peut être supérieur au coût moyen d'un élève des écoles publiques de la commune de résidence. En outre, en combinant ces dispositions avec l'article L. 442-5, il était toutefois possible de réduire l'obligation aux mêmes cas que pour la scolarité publique. C'est ce qu'avait indiqué une circulaire interministérielle du 2 décembre 2005 (annulée pour incompétence des signataires par CE 4 juin 2007, n° 289792 B : *AJDA 2007. 1101*), reprise par une circulaire du 27 août 2007. Le législateur a dû intervenir pour mettre fin à cette difficulté d'interprétation.

Issue d'une proposition de loi du sénateur J.-P. Carle, la loi n° 2009-1312 du 28 octobre 2009 a abrogé l'article 89 de la loi de 2004 et adopté un dispositif tendant à garantir la parité du financement entre les écoles élémentaires publiques et privées sous contrat d'association lorsqu'elles accueillent des élèves scolarisés en dehors de leur commune.

L'article L. 442-5-1 issu de l'article 1er de la loi du 28 octobre 2009 ne concernait que les classes élémentaires (excluant les classes maternelles). En supprimant le mot « élémentaire » à l'article L. 445-5-1, l'article 14 de la loi du 26 juillet 2019 pour une école de la confiance a pour conséquence d'étendre l'obligation de participation de la commune de résidence aux élèves des classes maternelles. L'article L. 442-5-1 distingue deux cas de figure pour la commune (à laquelle il assimile le regroupement pédagogique intercommunal, qu'il ait ou non pour support le territoire d'un EPCI). Soit la commune (ou le RPI) de résidence ne dispose pas des capacités d'accueil suffisantes (en école publique) et les élèves qui y résident doivent être scolarisés ailleurs. Soit ces capacités existent, mais les familles peuvent justifier leur souhait de voir leurs enfants scolarisés dans une autre commune en se basant sur les « critères objectifs et rationnels » cités par ledit article qui reprend alors les dispositions en vigueur pour les écoles publiques : obligations professionnelles des parents (lorsqu'ils peuvent invoquer l'absence de restauration scolaire ou de service de garde), inscription préalable d'un autre enfant ou raisons médicales.

Mais, contrairement à la solution dégagée pour les écoles publiques, la loi considère alors que la dépense est obligatoire pour la commune de résidence si toutefois elle l'avait été si l'élève avait été scolarisé sur son territoire. L'article L. 442-5-2 également issu de la loi du 28 octobre 2009 précise, qu'en cas de litige, le montant de la contribution est fixé par le préfet dans les trois mois. Lorsque la contribution n'est pas obligatoire, la commune a toutefois la possibilité de participer volontairement aux frais de fonctionnement de l'établissement, à la condition que son montant n'excède pas le coût moyen des classes élémentaires du département. Le Conseil constitutionnel a considéré que cette différence n'était pas contraire au principe de libre administration des collectivités territoriales, la loi n'emportant ni création ni extension des compétences. (Cons. const. 22 oct. 2009, *Loi tendant à garantir la parité de financement entre les écoles élémentaires publiques et privées sous contrat d'association lorsqu'elles accueillent des élèves scolarisés hors de leur commune de résidence*, n° 2009-591 DC). Si l'intention du législateur était d'étendre, au nom du principe de parité, les solutions conçues pour les écoles publiques aux écoles privées sous contrat d'association, le texte codifié introduit toutefois des disparités et contient quelques ambiguïtés qui ont pu amener à considérer que le compromis n'était peut-être pas définitif (Toulemonde, La loi Carle, un compromis boîteux, *AJDA 2009. 2396*). A la question de savoir si le décret prévu à l'article L. 442-5-1 doit tenir compte des capacités d'accueil des écoles des autres communes d'un réseau pédagogique intercommunal (RPI), le Conseil d'État a répondu que cette possibilité n'est envisageable que si ces écoles publiques sont situées dans le ressort d'un établissement public de coopération intercommunale (EPCI) auquel la commune de résidence a transféré ses compétences en matière scolaire. (CE, sect. int., avis, 6 juill. 2010 : *Rapport public 2011. 357*).

La Cour des comptes fait remarquer, notamment pour les communes-centres, que le transfert de la compétence scolaire à une structure intercommunale résoudrait le problème du partage des charges de fonctionnement et éviterait que les contribuables de certaines communes supportent des charges indues (Rapport préc., *p. 50*) (V. également : Circ. n° 2012-025 du 15 févr. 2012 relative aux règles de prise en charge par les communes des dépenses de fonctionnement des écoles privées sous contrat explicitant la L. n° 2009-1312 du 28 oct. 2009 et le Décr. n° 2010-1348 du 9 nov. 2010, *BOEN n° 11 du 15 mars*).

B. REGROUPEMENT ET INTERCOMMUNAUTÉ SCOLAIRES

Sur le plan institutionnel, l'émiettement communal de notre pays et sa traduction scolaire (28 % des écoles n'ont que deux classes ou moins) imposent des formules de regroupement et de coopération. *« Deux ou plusieurs communes peuvent se réunir pour l'établissement et l'entretien d'une école »*, indique l'article L. 212-2, qui précise que cette réunion est même obligatoire lorsque deux ou plusieurs localités sont distantes de moins de trois kilomètres ; de même, un ou plusieurs hameaux dépendant d'une commune peuvent être rattachés par délibération des conseils municipaux à l'école d'une commune voisine.

Les regroupements pédagogiques intercommunaux (RPI)

Ces formules prévues pour la France rurale ont été complétées depuis les années 1970 par les regroupements pédagogiques intercommunaux (48 000 RPI) ; se développent aussi des réseaux d'écoles qui, s'ils ne sont pas dotés de la personnalité morale, peuvent disposer d'un coordonnateur et d'un conseil de réseau, s'appuyant sur un projet éducatif et une convention entre l'État et les collectivités territoriales (Circ. n° 98-252 du 17 déc. 1998 relative à l'avenir du système éducatif en milieu rural). De même des fusions d'écoles, le regroupement d'écoles dispersées, la constitution de « pôles scolaires », les réseaux d'éducation prioritaire ou les réseaux ruraux d'éducation (RRE) ont pu avoir ce rôle sans que les solutions adoptées soient toujours cohérentes. La création par l'article 86 de la loi du 13 août 2004 des EPEP, établissements publics d'enseignement primaire, pourrait fournir un cadre à ces regroupements. Le décret en Conseil d'État devra le préciser.

Le regroupement pédagogique intercommunal (RPI) est une structure pédagogique d'enseignement dont l'existence repose sur un accord contractuel entre communes, fixant notamment les conditions de répartition des charges des écoles regroupées pour l'accueil des élèves des différentes communes, la situation géographique des classes et la répartition des niveaux d'études est illégale, car contraire au principe d'égalité devant les charges publiques, la répartition financière fondée simultanément sur le principe de la participation forfaitaire de la commune d'accueil d'un établissement scolaire et de la participation des autres communes adhérentes au prorata du nombre d'élèves fréquentant l'école (TA Amiens, 27 janv. 1987, *Cne de Villeneuve-Saint-Germain*). L'inspecteur d'académie-DASEN est consulté et associé à cet accord dont la mise en œuvre est conditionnée par les possibilités d'affectation d'emplois (Réponse du ministère de l'éducation nationale à la question écrite d'un député sur les Regroupements pédagogiques intercommunaux le 29 févr. 1996). Les dépenses de fonctionnement sont déterminées par la règle des « trois tiers » (un tiers fondé sur le nombre d'élèves, un tiers fondé sur le potentiel fiscal, un tiers fondé sur la population totale), répartition proportionnelle aux bases de fiscalité ménage de chaque commune adhérente. Les dépenses d'investissement relèvent de la commune d'implantation de l'équipement scolaire et ne sont pas répercutées sur les autres communes au titre de leur contribution financière.

Les compétences communales vis-à-vis des écoles peuvent alors être exercées par une « entente intercommunale » (V. CGCT, art. L. 5221-1) : les syndicats intercommunaux à vocation scolaire (SIVOS). Le RPI peut aussi être adossé à un EPCI auquel les communes ont transféré les compétences relatives au fonctionnement des écoles publiques (V. CGCT, art. L. 5212-1) ; les dépenses à la charge des communes sont réparties entre elles.

Des syndicats scolaires aux intercommunalités

Dans un premier temps, ont été constitués de nombreux ***syndicats scolaires*** (3 600 d'après la Cour des comptes). Il s'agit de syndicats de communes institués par la loi du 22 mars 1890, intégrée à la loi du 5 avril 1884 relative à l'organisation municipale, reprise par l'ordonnance du 5 janvier 1959 (CGCT, art. L. 5212-1 s.), qui ont pour mission d'assurer en commun la compétence scolaire définie par l'article L. 5214-16 du CGCT : « construction, entretien et fonctionnement d'équipements culturels et sportifs et d'équipements de l'enseignement préélémentaire et élémentaire ». Il peut s'agir d'un ***syndicat à vocation unique*** (SIVU) dont le seul objet est la gestion de l'école, ou d'un ***syndicat à vocation multiple*** (SIVOM) dont l'école sera un objet parmi d'autres (avec par exemple, les activités périscolaires). A noter que les communes ont alors la possibilité de n'adhérer que pour une partie des compétences syndicales, par exemple, les unes pour la gestion et le fonctionnement des équipements scolaires, les autres pour la gestion des activités périscolaires (possibilité de « syndicat à la carte » introduite par l'art. 30 de la loi n° 88-13 du 5 janvier 1988 d'amélioration de la décentralisation, CGCT, art. L. 5212-16). La contribution des communes membres au financement du syndicat scolaire est une dépense obligatoire (art. L. 5212-20) pouvant faire l'objet d'une inscription d'office (CE 25 mars 1992, n° 103845 B) sous réserve de son caractère excessif (CE 28 nov. 1962, *Cne de Fontanès*). Le transfert d'une compétence emporte l'impossibilité, pour les communes concernées, d'intervenir dans la gestion de ladite compétence (principe d'exclusivité, V. CE, ass., 16 oct. 1970, *Cne de Saint-Vallier*, n° 71536 A).

Les EPCI à fiscalité propre traduisent la volonté de créer un espace de solidarité d'un seul tenant et sans enclave ; plusieurs formules ont été mises en place par la loi n° 99-586 du 12 juillet 1999. Si en zone rurale, les syndicats de communes peuvent être relayés par des ***communautés de communes*** (qui ont remplacé les districts en 1999, CGCT, art. L. 5214-1 s.), en zones urbaines le type d'EPCI dépend de l'importance des populations concernées), les ***communautés d'agglomération*** pour les ensembles de plus de 50.000 habitants autour d'une ou de plusieurs communes-centres de plus de 15.000 habitants (CGCT, art. L. 5216-1 s.), les ***communautés urbaines*** pour les ensembles de plus de 250.000 habitants (CGCT, art. L. 5214-1 s.) ; plus récemment, la loi n° 2014-58 du 27 janvier 2014 a institué la ***métropole*** pour les aires urbaines de plus de 400 000 habitants (CGCT, art. L. 5217-1, pour la métropole de Lyon ; l'art. L. 217-1 renvoie au CGCT, art. L. 3641-2 fixant ses compétences en matière d'éducation). Si la métropole et la communauté urbaine exercent de plein droit des compétences en matière d'enseignement supérieur (pour les programmes de soutien à l'enseignement supérieur (CGCT, art. L. 5215-20, L. 5217-2) et pour les lycées et collèges pour la seule communauté urbaine (CGCT, art. L. 5215-20, I, 1°, f), ***la compétence scolaire est facultative pour l'ensemble des EPCI***, du moins pour le fonctionnement des écoles ; s'agissant des équipements, elle est optionnelle pour les communautés de communes (CGCT, art. L. 5214-16), facultative pour les autres EPCI (CGCT, art. L. 5216-5, L. 5215-20, L. 5217-2). Quant aux compétences relatives aux activités périscolaires, elles sont facultatives dans tous les cas ; seules les activités extrascolaires des communautés de communes et des communautés d'agglomérations constituent des compétences optionnelles, celles des communautés urbaines et des métropoles étant facultatives. L'EPCI se substitue aux communes membres ; son organe délibérant est compétent pour adopter les délibérations permettant d'assurer le fonctionnement ou l'équipement scolaire. L'organe délibérant de l'établissement fixe alors le ressort de chaque école (art. L. 212-7). Le président est quant à lui substitué au maire de la commune de résidence pour apprécier la capacité d'accueil des écoles existantes sur le territoire de l'ensemble des communes et donner l'accord à la participation financière (L. du 13 août 2004, art. 87-I, 1° : V. art. L. 212, 8). De même l'EPCI verse le forfait communal aux écoles privées sous contrat (L. du 13 août 2004, art. 87-II : V. art. L. 442-13-1, et Circ. n° 2005-206 du 2 déc. 2005), organise les services d'accueil et les activités périscolaires et peut distribuer les aides sociales (art. L. 533-1).

III. LA COMMUNE AU-DELÀ DE L'ÉCOLE

Au-delà de l'*« école communale »* qui est sa vocation première, la commune peut s'investir dans d'autres domaines. Si les anciens *« collèges municipaux »* ont aujourd'hui disparu, la commune ne peut se désintéresser de l'enseignement secondaire : collèges et lycées sont implantés sur son territoire. Aussi est-elle consultée par le département et la région lors de la préparation des PPI (art. L. 214-5) et donne-t-elle son accord pour la construction d'un collège ou d'un lycée (art. L. 213-1). La commune peut en outre se voir confier la construction ou la réparation d'un établissement par le département ou la région (art. L. 212-9), ce qui est de droit si elle en est propriétaire et en fait la demande, une convention déterminant les conditions, notamment financières, de l'opération. La commune peut en outre se voir confier la responsabilité du fonctionnement. Ces possibilités sont également ouvertes au groupement compétent (EPCI) qui en fait la demande (art. L. 216-5 et L. 216-6). Dans ce cas particulier, la commune (ou l'EPCI) doit proposer la création de l'EPLE qui résulte de la décision du représentant de l'État (art. L. 412-1) et donner son accord préalable au préfet pour la suppression ou la fusion de cet établissement. En revanche aucune disposition n'impose la consultation de la commune d'implantation en cas de fermeture d'un collège ou d'un lycée dont la gestion ne lui a pas été confiée (TA Rennes, 22 juill. 2016, n°s 1601039 et 1601299).

Dans un souci d'ouverture et d'utilisation rationnelle des locaux publics, la loi a donné la possibilité au maire d'utiliser des locaux scolaires pour organiser des activités à caractère culturel, sportif, social ou socio-éducatif, pendant les heures ou les périodes au cours desquelles ils ne sont pas utilisés pour les besoins de la formation initiale et continue (art. L. 212-10). Ces activités doivent être compatibles avec la nature des installations et l'aménagement des locaux. Cette possibilité n'est pas fondée sur le droit de propriété de la commune, puisque tous les établissements, primaires ou secondaires, sont concernés, mais sur leur présence sur le territoire communal. La commune ou, le cas échéant, la collectivité propriétaire peut soumettre toute autorisation d'utilisation à la passation, entre son représentant, celui de l'école ou de l'établissement, et la personne physique ou morale qui désire organiser des activités, d'une convention précisant notamment les obligations pesant sur l'organisateur en ce qui concerne l'application des règles de sécurité, ainsi que la prise en charge des responsabilités et de la réparation des dommages éventuels. A défaut de convention, la commune est responsable dans tous les cas des dommages éventuels, en dehors de ceux où la responsabilité d'un tiers est établie. L'ouverture des locaux ne doit pas porter atteinte à leur affectation au service public de l'enseignement, qui impose leur disponibilité pendant le temps scolaire. Ainsi, la délibération du conseil municipal décidant d'affecter à un enseignement bilingue, ouvert à des habitants de plusieurs communes, une classe et différents locaux de l'école maternelle s'analyse non comme une utilisation des locaux en dehors du temps scolaire mais comme une désaffectation qui impose l'accord préalable du préfet (CE, ass., 2 déc. 1994, *Cne de Pulversheim*, n°s 133726 et 141881 A).

L'article 207 de la loi n° 2005-157 du 23 février 2005 relative au développement des territoires ruraux a ajouté aux locaux les équipements, permettant ainsi aux populations rurales d'accéder aux ressources informatiques (art. L. 212-15). ❑

SECTION PREMIÈRE **ÉCOLES ET CLASSES ÉLÉMENTAIRES ET MATERNELLES**

Art. L. 212-1 **La création et l'implantation des écoles et classes élémentaires et maternelles d'enseignement public sont régies par les dispositions de l'article L. 2121-30 du code général des collectivités territoriales, ci-après reproduites :**

Art. L. 2121-30 Le conseil municipal décide de la création et de l'implantation des écoles et classes élémentaires et maternelles d'enseignement public après avis du représentant de l'État dans le département.

BIBL. ► BRUAND, Le point sur : La fermeture des établissements scolaires, *LIJ 2015, n° 187, p. 18.* – Sécurité à l'entrée et à la sortie des écoles. Intervention des personnels communaux. Présence de la police municipale, *La Vie cnale et dptale, n° 1047, févr. 2016. 59.* – JACQUEMOIRE, La sécurité des bâtiments scolaires. Entre obligation et faculté, le rôle essentiel de la commune, *AJCT 2018. 367*. – LAGUETTE, BIGAUT, SZYMANKIEWICZ, GÉRAUD et GRANDJEAN, Procédures de gestion de crise et sécurisation des établissements d'enseignement face à la menace terroriste, *Rapp. IGAENR - Min. intérieur, n° 2017-007, févr. 2017.* – LANDREAU, Dépense d'éducation des collectivités territoriales : 35,7 milliards d'euros en 2016, *MEN, DEPP-A3, Note d'information, n° 18.01, janv. 2018.* – Dossier : L'école : questions d'actualité, *AJCT 2018. 7*.

I. RÉPARTITION DES COMPÉTENCES ENTRE L'ÉTAT ET LES COMMUNES

1. Compétences de l'État. V. notes ss. art. L. 211-1.

2. Compétence de principe de la commune. Le conseil municipal décide de la création et de l'implantation des écoles et classes élémentaires et maternelles d'enseignement public. • CAA Nancy, 24 févr. 2005, n° 04NC00700. ♦ Le juge de l'excès de pouvoir n'a pas à apprécier l'opportunité du choix du conseil municipal visant à un regroupement de classes. Il exerce donc un contrôle minimum en la matière. • CE 14 oct. 1992, n° 76497 A : *Dr. adm. 1992. Comm. 479 ; JCP 1993. II. 21992, concl. de Froment.* ♦ Le conseil municipal peut légalement procéder au déclassement du bâtiment litigieux en vue de son aliénation, sans recueillir l'avis du représentant de l'État, dès lors que ce bâtiment n'était plus affecté au service public des écoles. • CE 27 janv. 2010, n° 313247 : *AJDA 2010. 182 ; ibid. 1282, note Legrand ; JCP Adm. 2010. Comm. 2275, obs. Chamard-Heim.*

3. Modification de l'implantation des classes maternelles et élémentaires. Il résulte des dispositions de l'art. L. 2121-30 CGCT que s'il appartient au conseil municipal d'affecter, compte tenu des besoins du service public de l'éducation, les locaux dont la commune est propriétaire audit service public, et de décider de l'implantation des classes élémentaires et maternelles au sein des établissements d'enseignement, il ne peut le faire sans avoir au préalable recueilli l'avis du représentant de l'État. • CAA Lyon, plén. 26 juin 2007, n° 05LY00284.

4. Désaffectation des biens des écoles. S'il appartient au conseil municipal d'affecter, compte tenu des besoins du service public des écoles élémentaires et maternelles, les locaux dont la commune est propriétaire audit service public et de prendre les décisions de désaffectation de ces biens, il ne peut le faire sans avoir au préalable recueilli l'avis du représentant de l'État. • CE, ass., 2 déc. 1994, *Cne de Pulversheim*, n°s 133726 et 141881 A : *AJDA 1995. 40, concl. Schwartz ; RDI 1995. 89, obs. Auby et Maugüé*. ♦ La procédure de désaffectation des écoles régies par l'art. 13 de la L. du 30 oct. 1886 n'est applicable que pour les écoles en usage récemment. Les écoles fermées depuis plusieurs années peuvent donc être déclassées par le conseil municipal. • CE 27 janv. 2010, n° 313247 : *préc. note 2.*

5. Éducation prioritaire. Inscription à la liste des établissements. Saisi à l'occasion de la contestation de la révision de la carte de l'éducation prioritaire, le Conseil d'État juge que si le ministre est compétent, au titre de son pouvoir d'organisation du service, pour définir par arrêté la liste des établissements publics têtes de réseaux participant au programme REP, une commune a intérêt pour agir contre l'arrêté ministériel fixant la liste des établissements publics têtes de réseaux participant au programme « Réseau d'éducation prioritaire » (REP) en tant que cette liste n'inscrit pas un établissement ayant son siège sur le territoire de celle-ci. • CE 1er juin 2018, n° 392196 B : *AJDA 2018. 1128*.

6. Responsabilité. En vertu de l'art. L. 211-1, l'éducation est un service public de l'État, sous réserve des compétences attribuées aux collectivités territoriales. Il résulte des dispositions que les dommages subis à l'occasion de l'exécution de ce service par ses usagers ne sont susceptibles d'engager à l'égard de ces usagers que la responsabilité de l'État, alors même que la cause du dommage résiderait dans l'agissement ou la négligence d'une autre personne publique collaborant à cette exécution. Ainsi, si l'art. R. 412-127 C. communes, alors applicable, imposait aux communes de mettre à la disposition de toutes les classes maternelles un agent territorial spécialisé des écoles maternelles, placé sous l'autorité du directeur de l'école, ces dispositions n'ont pas eu pour effet de transférer aux communes la charge du service public de l'enseignement et, par suite, la responsabilité afférente à celui-ci. Est mal dirigé, dès lors, le recours indemnitaire formé à l'encontre d'une commune par les parents d'un enfant à raison de la contamination alléguée de celui-ci par un agent territorial spécialisé atteint par la tuberculose, recruté par cette commune. • CAA Lyon, 12 déc. 2006, n° 04LY01216 B : *AJDA 2007. 391*. ♦ L'organisation générale de la sécurité et de la surveillance dans les transports scolaires relève de la responsabilité du conseil général ou, par délégation, de l'organisateur secondaire qu'il a désigné (la cne ou l'EPCI). Toutefois, la sécurité sur les points d'arrêt ainsi que la montée et la descente des élèves dans les cars de transports scolaires sont à la frontière des compétences détenues par plusieurs acteurs : l'organisateur du transport, le maire et l'éducation nationale. Chacun de ces acteurs doit donc prendre les mesures appropriées dans l'exercice de ses compétences. En tant que détenteur des pouvoirs de police, le maire doit « prendre les mesures de sécurité pour assurer l'entrée et la sortie des élèves des établissements scolaires, leur attente devant les établissements et leur montée dans les transports dans de bonnes conditions ». Une enfant a été blessée par un autocar de ramassage scolaire à la sortie de l'école, alors qu'elle attendait d'emprunter le véhicule qui devait la reconduire à son domicile. Les conditions dans lesquelles s'opérait, à la date de l'accident, le transport des élèves sortant des établissements scolaires de la commune étaient génératrices d'insécurité en raison notamment des jeux et bousculades auxquels ils pouvaient se livrer, alors que les véhicules n'avaient pas encore rejoint leurs points de stationnement. Le maire, qui à l'époque n'avait pas fait usage de ses pouvoirs de police pour prendre des mesures de sécurité en vue notamment d'imposer la mise en place des véhicules avant la sortie des enfants, a ainsi commis une faute de nature à engager la responsabilité de la commune, quelle qu'ait pu être, par ailleurs, la responsabilité du syndicat intercommunal pour les transports scolaires. • CE 4 juill. 1980, n° 07353 A.

7. Responsabilité. Jeux dangereux dans la cour de récréation. Dans une affaire où un élève avait été grièvement blessé à l'œil du fait d'un jet de fruit à coque dure par un autre écolier âgé de onze ans, pendant la pause méridienne, le Conseil d'État a estimé qu'une commune ne peut pas s'exonérer partiellement de sa responsabilité dans l'accident survenu dans la cour de récréation quand il résulte d'un jeu dangereux auquel la jeune victime a participé sans en mesurer la dangerosité et sans que les surveillants ne le fassent cesser. En l'espèce, le Conseil relève que si deux membres du personnel de l'école ont, peu avant l'accident, enjoint à l'auteur du jet d'interrompre son jeu, cette intervention purement verbale est restée sans suite ; que, dans ces conditions, eu égard, d'une part, au jeune âge de l'auteur du jet et au caractère non intentionnel de son geste, d'autre part, au défaut de surveillance fautif du personnel de l'école, il y avait lieu de retenir l'entière responsabilité de la commune. • CE 19 juill. 2017, n° 393288 B : *AJDA 2017. 1966, concl. Marion*.

II. PROCÉDURE RELATIVE À LA CRÉATION ET À LA SUPPRESSION DE POSTES

8. Indépendance des procédures. La décision de la création et de l'implantation des écoles et classes et celle de l'affectation des emplois d'instituteurs, relèvent de procédures indépendantes. • CAA Nancy, 24 févr. 2005, n° 04NC00700.

9. Absence de seuil minimum. Aucune disposition réglementaire ne fixe un effectif minimum pour le maintien d'un emploi d'instituteur dans une école à classe unique. • CE 23 déc. 1994, n° 141146.

10. Consultations préalables. La fermeture d'une classe dans une école maternelle, l'ouverture d'une classe dans une autre école et le transfert de l'institutrice, décidés le 15 sept., c'est-à-dire au moment de la rentrée scolaire, pour faire face à l'afflux imprévu d'élèves et accueillir les enfants de façon satisfaisante, ne sont pas entachés d'illégalité en l'absence des consultations préalables du comité technique paritaire et du conseil départemental de l'éducation nationale. • CE 4 févr. 1994, n° 116323 B. ♦ La Circ. n° 2011-237 du 30 déc. 2011 précise qu'« En amont des consultations d'instances réglementaires, les inspecteurs d'académie [...] réuniront en tant que de besoin les représentants des municipalités ou des établissements publics de coopération intercommunale, des parents d'élèves et des enseignants, aux moments principaux de la préparation de la rentrée scolaire ». La cour juge que ces dispositions « n'ont valeur que de simple recommandation du ministre aux services placés sous son autorité ; que, dès lors, à supposer même que ces dispositions puissent être regardées comme étant impératives et à caractère général, et donc comme faisant grief, elles sont, en revanche, dépourvues de caractère réglementaire ; que, par suite, elles ne peuvent être utilement invoquées au soutien d'un recours pour excès de pouvoir. » • CAA Lyon, 6 juin 2013, n° 12LY02447 : *LIJ 2014, n° 182, p. 4.*

11. Étude d'impact. L'étude d'impact prescrite par le Décr. n° 99-895 du 20 oct. 1999 en cas de fermeture d'une administration civile de l'État, modifiant les conditions d'exécution du service rendu aux usagers, s'applique à la fermeture d'une école. Cette étude doit comporter l'analyse des conséquences économiques et sociales de cette décision. • CAA Nancy, 21 juin 2001, n° 00NC01168.

12. Motivation. La suppression d'un emploi d'enseignant dans une école est une mesure d'organisation du service qui a la caractère d'un acte réglementaire qui, en application des dispositions de la L. du 11 juill. 1979, n'a pas à être motivée. • TA Pau, 5 mai 2009, n° 0801308 : *LIJ 2009, n° 138, p. 8.* ♦ Pour une solution identique mais plus ancienne : • TA Marseille, 26 mars 1993, n° 924303.

13. Contrôle restreint du juge. Le juge administratif exerce un contrôle minimum de l'erreur manifeste d'appréciation sur les décisions ayant trait au retrait d'emploi d'instituteur. • TA Lille, 23 mai 2007, n° 0504335 : *LIJ 2007, n° 117, p. 7.*

III. COMPÉTENCE DU MAIRE

14. Fermeture de l'école. La fermeture de l'école, différente de la suppression de l'école, obéit à des règles différentes qui relèvent des pouvoirs de police du maire, seule autorité compétente en la matière, sous réserve des pouvoirs de substitution du préfet. Les pouvoirs de police générale du maire s'exercent sous le contrôle traditionnel du juge administratif. Ainsi, n'est pas de nature à justifier la fermeture de toutes les écoles de la commune le fait que tous les restaurants scolaires municipaux soient fermés le jour d'une fête traditionnelle. • CE 10 mars 1995, n° 135563 A. ♦ Sur l'appréciation de la légalité de la fermeture d'une école. • TA Besançon, 21 juin 2012, n° 1100913.

15. Pouvoirs de police. En revanche, le motif que le déroulement des festivités traditionnelles pourrait constituer un obstacle pour l'accès des véhicules de secours et d'incendie aux établissements peut justifier la fermeture des seuls établissements pour lesquels l'accès des véhicules de secours ne peut être assuré. • CE 10 mars 1995, n° 135563 A.

16. Personnels communaux en service dans les écoles. Les pouvoirs que le maire détient, en sa qualité de chef du personnel municipal, sur les personnels communaux en service dans les écoles, sont également limités dans la mesure où le maître, directeur de l'école, a autorité sur ces personnels. Cette disposition, qui a pour but d'assurer la bonne marche du service, n'est pas contraire à la L. du 26 janv. 1984 plaçant ces personnels sous l'autorité du maire. • CE 28 déc. 1992, *Cne de Romainville et a.*, n° 86304 B.

17. Transfert de contrat de travail. Dans une affaire où une commune avait repris la gestion de la cantine scolaire en régie directe après mise en liquidation judiciaire de l'association assurant l'activité, le juge des conflits a estimé que si les dispositions du code du travail, imposent le maintien des contrats de travail en cours, y compris dans le cas où l'entité économique transférée d'un employeur à un autre constitue un service public administratif dont la gestion est reprise par une personne morale de droit public normalement liée à son personnel par des rapports de droit public, elles n'ont pas pour effet de transformer la nature juridique des contrats de travail en cause, qui demeurent des contrats de droit privé tant que le nouvel employeur public n'a pas placé les salariés dans un régime de droit public. • T. confl. 26 juin 2006, n° C3508. ♦ Lorsqu'un salarié refuse de signer le contrat de droit public qui lui est proposé, le litige relatif aux conséquences de ce refus relève de la compétence judiciaire, dès lors que ce salarié n'a jamais été lié au nouvel employeur public par un rapport de droit public. • Même décision.

18. Logements de fonction. Expulsion. Le juge des référés peut ordonner l'expulsion des occupants sans titre d'un logement de fonction dès lors que la libération du logement présente un caractère d'urgence. En l'espèce, un agent occupait, par nécessité de service, un logement situé dans les bâtiments d'une école dont il assurait le gardiennage. Le maire ayant mis fin à ses fonctions, celui-ci se trouvait alors dépourvu de tout titre à occuper le logement. La libération du logement de fonctions de gardien de l'école présentait un caractère d'urgence en raison de la nécessité pour la commune de loger le successeur de l'agent licencié. • CE 11 janv. 1991, n° 119209.

IV. CRISE SANITAIRE

19. Crise sanitaire. Reprise de l'accueil des élèves. Partage des compétences. Pouvoirs de police spéciale sanitaire de l'État. Le tribunal administratif a été saisi par le préfet du Gard de plusieurs requêtes ayant pour objet de demander au juge des référés de prendre toute mesure nécessaire à la réouverture d'écoles publiques maintenues fermées à la suite de l'épidémie de covid-19. Le juge rappelle que le législateur a institué une police spéciale donnant à l'État la compétence pour édicter, dans le cadre de l'état d'urgence sanitaire, les mesures générales ou individuelles visant à mettre fin à une catastrophe sanitaire, en vue, notamment, d'assurer, compte tenu des données scientifiques disponibles, leur cohérence et leur efficacité sur l'ensemble du territoire concerné et de les adapter en fonction de l'évolution de la situation. Il rappelle aussi que cette police spéciale fait obstacle, pendant la période où elle trouve à s'appliquer, à ce que le maire prenne au titre de son pouvoir de police générale des mesures destinées à lutter contre la catastrophe sanitaire, à moins que des raisons impérieuses liées à des circonstances locales en rendent l'édiction indispensable et à condition de ne pas compromettre, ce faisant, la cohérence et l'efficacité de celles prises dans ce but par les autorités compétentes de l'État. • TA Nîmes, ord., 9 juin 2020, n°s 2001577, 2001572, 2001573, 2001576, 2001577 : *LIJ 2020, n° 212, p. 5.*

20. Crise sanitaire. Reprise de l'accueil des élèves. Refus. Atteinte grave et manifestement illégale à la liberté fondamentale. Dans les mêmes affaires, le juge des référés constate que les communes concernées n'ont produit devant lui aucun élément de nature à caractériser l'existence de raisons impérieuses propres à leur situation justifiant l'usage par le maire de ses pouvoirs de police générale. Le juge des référés en déduit que les arrêtés contestés refusant la réouverture des écoles portent une atteinte grave et manifestement illégale à la liberté fondamentale que représente le droit à l'éduction et à l'instruction. Il suspend l'exécution des arrêtés contestés et enjoint aux maires concernés d'assurer l'ouverture et le bon fonctionnement des écoles publiques de leur commune, en prenant les mesures strictement proportionnées aux risques sanitaires encourus et appropriées aux circonstances de temps et de lieu. • TA Nîmes, ord., 9 juin 2020, n°s 2001577, 2001572, 2001573, 2001576, 2001577 : *préc. note 19.* ♦ Dans le même sens, sous astreinte de 300 € par jour de retard. • TA La Réunion, ord., 29 mai 2020, n° 2000415 : *AJCT 2020. 542.*

21. Crise sanitaire. Maintien de fermeture des écoles. Absence de toute solution de garde alternative. Atteinte grave et manifestement illégale à cette liberté fondamentale (non). Un certain nombre de recours contre les décisions de maintien de fermeture des écoles ont été formés par les parents d'élèves dénonçant une atteinte au principe de l'égal accès à l'instruction. Sur ce point, le juge des référés a précisé que le moyen tiré de l'absence de toute solution de garde alternative, qui ne présente aucun lien ou rapport avec l'égal accès à l'instruction des enfants, n'est pas de nature à établir l'existence d'une atteinte grave et manifestement illégale à cette liberté fondamentale. • TA Châlons-en-Champagne, ord., 29 mai 2020, n° 2000920 : *LIJ 2020, n° 212, p. 5.*

22. Crise sanitaire. Maintien de fermeture des écoles. Absence de toute solution de garde alternative. Atteinte grave et manifestement illégale à cette liberté fondamentale. Éléments d'appréciation. Saisi d'une demande d'injonction à la commune d'ouvrir les grandes sections des écoles maternelles, le juge des référés a jugé que le caractère grave et manifestement illégal de l'atteinte au droit d'accès à l'instruction s'apprécie en tenant compte, d'une part, de l'âge de l'enfant et, d'autre part, des diligences accomplies par l'autorité administrative compétente au regard des moyens dont elle dispose. Il a également précisé que cette liberté fondamentale devait être conciliée avec l'objectif de valeur constitutionnelle de protection de la santé. • TA Marseille, ord., 5 juin 2020, n° 2004097 : *AJCT 2020. 542 ; LIJ 2020, n° 212, p. 5.* ♦ Dans la même affaire, la commune de Marseille, qui ne se prévalait d'aucune circonstance sanitaire particulière, située en zone de vigilance verte au regard du plan de déconfinement arrêté par les autorités nationales, ne révélait pas l'existence de raisons impérieuses propres à ce territoire rendant nécessaire la fermeture généralisée de certains niveaux de classes des écoles maternelles. Pour justifier son refus de permettre la scolarisation des enfants des classes de petites sections et de toutes petites sections, le maire se bornait à invoquer, d'une part, la configuration des salles de repos qui ne permettraient pas d'accueillir l'ensemble des élèves qui y sont scolarisés dans le respect des normes sanitaires exigées et, d'autre part, l'indisponibilité des personnels d'ATSEM chargés de leur accompagnement. • TA Marseille, ord., 5 juin 2020, n° 2004097 : *préc.* ♦ Dans une affaire du même type, le juge des référés a suspendu l'arrêté de fermeture du maire en jugeant que la commune n'invoquait aucune circonstance sanitaire particulière à son territoire, mais seulement le classement du département en « zone rouge », alors que le Décr. du 11 mai 2020 sur la réouverture des établissements scolaires ne prévoit pas d'exception à ce titre. Si la commune affirmait ne pas être en mesure de respecter le protocole sanitaire, en invoquant des difficultés de personnels, d'ailleurs liées à ses propres choix d'ouverture d'autres établissements d'enseignements, aucun élément concret suffisamment précis n'était apporté pour établir l'existence d'une raison impérieuse particulière à la commune. Le juge des référés-libertés a donc donné jusqu'au 3 juin 2020 à la commune pour définir les modalités d'accueil dans les grandes sections de ses écoles maternelles. • TA Montreuil, ord., 20 mai 2020, n° 2004683 : *AJCT 2020. 542 ; LIJ 2020, n° 212, p. 5.* ♦ Dans une autre affaire, le juge des référés a considéré que le choix de la commune de n'ouvrir qu'une école dans chaque quartier, dès lors que le personnel municipal en charge de l'application du protocole sanitaire n'était pas suffisant et que le nombre d'enfants qui se sont présentés depuis la réouverture des sites était très inférieur aux capacités d'accueil des écoles ouvertes, n'a pas porté une atteinte grave et manifestement illégale au droit à l'éducation et à l'instruction. • TA Montreuil, ord., 30 mai 2020, n° 2004988 : *LIJ 2020, n° 212, p. 5.*

23. Crise sanitaire. Maintien de fermeture des écoles. Fin du contentieux. Le Conseil d'État a rejeté les conclusions de la requête d'appel de la commune de Marseille qui ont perdu leur objet : le Décr. n° 2020-759 du 21 juin 2020 modifiant le Décr. n° 2020-663 du 31 mai 2020 prévoyant qu'au plan national, sous réserve du respect de certaines conditions, toutes les écoles, tous niveaux de classe confondus, accueilleraient à nouveau l'ensemble de leurs élèves à compter du 22 juin 2020. • CE, ord., 23 juin 2020, n° 441106 : *AJCT 2020. 542*.

24. Crise sanitaire. Respect de l'obligation d'instruction. Modalités d'accueil. : V. notes ss. art. L. 131-1.

25. Crise sanitaire. Sécurité des agents. Droit de retrait. V. notes ss. art. L. 931-1.

Art. L. 212-2 Toute commune doit être pourvue au moins d'une école élémentaire publique. Il en est de même de tout hameau séparé du chef-lieu ou de toute autre agglomération par une distance de trois kilomètres et réunissant au moins quinze enfants d'âge scolaire.

Toutefois deux ou plusieurs communes peuvent se réunir pour l'établissement et l'entretien d'une école. Cette réunion est obligatoire lorsque, deux ou plusieurs localités étant distantes de moins de trois kilomètres, la population scolaire de l'une d'elles est inférieure régulièrement à quinze unités.

Un ou plusieurs hameaux dépendant d'une commune peuvent être rattachés à l'école d'une commune voisine. Cette mesure est prise par délibération des conseils municipaux des communes intéressées. – *[L. 30 oct. 1886, art. 11.]*

I. OBLIGATION DE CRÉATION

1. Champ d'application de l'obligation. En vertu de l'art. 11 de la L. du 30 oct. 1886, toute commune doit être pourvue d'une école primaire publique, sauf dans le cas où elle est autorisée à se réunir à une autre commune pour établir une école intercommunale. • CE, ass., 31 mai 1985, *MEN c/ Assoc. d'éducation populaire de l'école Notre-Dame d'Arc-lès-Gray*, n° 55925 A • CE 31 mai 1985, n° 42659 A. ♦ Dès lors que l'autorité académique a demandé à la commune de procéder à l'ouverture d'une école, le conseil municipal n'est pas en mesure de s'opposer à cette ouverture, même en invoquant la proximité d'une école primaire publique dans la commune voisine. • TA Rennes, 10 févr. 2000, n° 9903270.

2. Exclusion du champ d'application. Seul l'établissement des écoles primaires élémentaires publiques destinées à recevoir les élèves soumis à l'obligation scolaire étant prescrit, une commune n'est pas tenue de créer une école maternelle. • CE 22 juin 1906, *Cne de Craon : Lebon 542* • CE, sect., 5 mai 1984, *Commissaire de la République de l'Ariège*, n° 47875 A.

II. DROIT AU MAINTIEN D'UNE ÉCOLE

3. Effectifs inférieurs au seuil légal. Les usagers d'un service public qui n'est pas obligatoire n'ayant aucun droit au maintien de ce service, l'administration peut y mettre fin lorsqu'elle l'estime nécessaire. • CE 25 avr. 1994, n° 137793 A. ♦ Dès lors que l'effectif est inférieur au seuil légal, ces dispositions n'interdisent pas la fermeture d'une école à classe unique par suite du retrait de l'emploi d'instituteur qui y était affecté. • Même décision.

4. Regroupement pédagogique. Si les communes sont compétentes pour décider de la création d'écoles, le regroupement pédagogique de plusieurs écoles, dès lors qu'il est susceptible de modifier notamment l'affectation des enseignants, ne peut être créé ou supprimé que par l'autorité compétente de l'État, seule habilitée à décider de l'ouverture des classes et de l'affectation des emplois de professeurs. • CAA Nantes, 29 juin 2010, n° 10NT00159 : *AJDA 2010. 2279*.

5. Regroupement pédagogique. Participation d'une commune. Retrait. Motifs. Légalité. Absence. Dans une affaire où un syndicat intercommunal de regroupement pédagogique (SIRP) demandait au tribunal d'annuler l'arrêté du préfet retirant du périmètre du syndicat la commune d'Ubexy, le juge affirme que n'est pas privée d'objet la participation d'une commune à un SIRP du seul fait que seulement quelques-uns de ses enfants restent scolarisés dans les établissements scolaires de ce syndicat. En l'espèce, le préfet s'était fondé sur le fait que la grande majorité des enfants domiciliés dans la commune étaient scolarisés dans une commune qui se situait en dehors du périmètre de ce syndicat intercommunal. Le juge estime qu'une telle circonstance de fait ne saurait être regardée, alors qu'il est constant que trois enfants de la commune en cause sont scolarisés au sein des écoles du syndicat, comme un changement de la situation de la commune au regard de la réglementation, rendant sans objet sa participation au SIRP, lequel continue de proposer pour l'ensemble des enfants des communes participantes l'ensemble des services correspondant aux compétences qui lui ont été transférées. Dès lors, le préfet ne pouvait autoriser la commune à se retirer de son périmètre. • TA Nancy, 8 nov. 2018, n° 1702303.

6. Fermeture de classe. Le juge administratif donne raison à une petite commune, qui avait demandé l'annulation de la décision de fermeture de son unique classe élémentaire et monolingue qui a entraîné la fermeture de l'école. Dans son jugement, le juge rappelle la nécessité pour toute commune d'être pourvue au moins d'une école élémentaire publique et précise qu'il en est de même de tout hameau séparé du chef-lieu ou de toute autre agglomération par une distance de 3 km et réunissant au moins 15 enfants d'âge scolaire. Toutefois, des regroupements sont possibles dans certaines conditions. 2 ou plusieurs communes peuvent se réunir pour l'établissement et l'entretien d'une école. Cette réunion est obligatoire lorsque, 2 ou plusieurs localités étant distantes de moins de 3 km, la population scolaire de l'une d'elles est inférieure régulièrement à 15 unités. Dans le cas d'espèce, la commune, qui n'a conclu aucune convention avec une autre commune, avait conservé une école élémentaire qui ne comportait qu'une seule classe et cette commune comptait à la date de la décision attaquée une population scolaire de 25 élèves. • TA Strasbourg, 5 avr. 2012, n° 0905024. ♦ Dans une autre affaire où l'inspectrice d'académie avait informé le maire d'une commune de sa décision de procéder à la suppression de l'emploi de professeur des écoles de la classe unique de sa commune, le juge considère que si les requérants soutiennent que l'effectif des élèves scolarisés dans l'école, qui était de dix élèves à la rentrée scolaire, devait augmenter et passer de quinze à vingt élèves dans les deux prochaines années en raison de l'augmentation du nombre des habitants de la commune, liée à la création de deux lotissements, cette circonstance, à la supposer vérifiée, ne suffit pas à établir que l'administration aurait commis une erreur de fait dans l'appréciation des effectifs à la date à laquelle la décision en litige a été prise. Le juge rappelle « qu'il n'existe pas de seuil d'effectif d'élèves, légal ou réglementaire, plaçant l'inspecteur d'académie en situation de compétence liée pour procéder à la suppression d'un poste d'enseignant ». Par la suite, il considère « que la décision de supprimer un poste d'enseignant dans une école est prise au regard de l'évolution des effectifs des classes concernées, et non en considération de la qualité des infrastructures de l'école, des modalités pratiques d'accueil des élèves, des conditions de transport scolaire et de restauration des enfants et donc qu'ainsi, l'inspectrice d'académie n'avait pas à prendre ces éléments en considération dans la gestion des postes d'enseignant et du réseau scolaire du département ». D'autre part, estimant que les requérants n'établissant pas que la scolarisation des élèves dans les classes de l'école de l'autre commune distante de trois kilomètres seulement serait de nature à nuire à la bonne scolarité des enfants, il juge que les moyens de la requête tirés de l'erreur manifeste d'appréciation et de la méconnaissance de l'intérêt des enfants doivent être écartés. • CAA Nancy, 13 juin 2013, n° 12NC01472 : *LIJ 2014, n° 181, p. 6.*

7. Fermeture de classe. Limites. Dans une affaire où la commune avait décidé de fermer une classe de petite section dans une école maternelle classée REP+, le juge estime que cette décision a méconnu le droit particulier des enfants de 3 ans résidant dans une telle zone à être accueillis en petite section de maternelle en déniant aux enfants âgés de 3 ans révolus la possibilité d'être accueillis dans une école maternelle. • TA Guyane, 28 juin 2018, n° 1800476.

III. DROIT À LA RÉOUVERTURE D'UNE ÉCOLE

8. Urgence sanitaire. Déconfinement scolaire. Dans le cadre de l'urgence sanitaire déclaré par le législateur, l'accueil des enfants dans les scolaires a été suspendu. Un décret a ensuite autorisé à nouveau l'accueil des usagers dans les écoles maternelles et élémentaires ainsi que les classes correspondantes des établissements d'enseignement privé, dans des conditions de nature à permettre le respect des règles d'hygiène et de distanciation sociale définies au niveau national pour ces établissements. Le principe est donc désormais que les écoles maternelles et élémentaires accueillent du public. Un certain nombre de communes ont différé l'ouverture des classes. En l'espèce, la commune de Marseille a indiqué que les toutes petites sections et les petites sections des écoles maternelles ne recommenceraient à accueillir des élèves qu'à compter du mois de septembre. Plusieurs parents d'élèves ont demandé au juge des référés d'enjoindre à la commune de rouvrir ces classes. A cet effet, le droit à l'éducation a pu être utilement invoqué contre les communes qui refusaient de rouvrir une école, dès lors que l'État en a décidé ainsi, y compris dans le cadre d'un référé-liberté. Les juges ont dès lors enjoint aux communes de rouvrir les classes concernées dans un délai fixé par les mêmes ordonnances. • TA Montreuil, ord., 20 mai 2020, n° 2004683 • TA Toulon, ord., 28 mai 2020, n° 201320 • TA La Réunion, ord., 29 mai 2020, n° 2000415 • TA Marseille, ord., 5 juin 2020, n° 2004097 • TA Guadeloupe, 5 juin 2020, n° 2000422 • TA Nîmes, ord., 9 juin 2020, n° 2001571 • TA Nîmes, ord., 10 juin 2020, n° 2001594 • CE, ord., 23 juin 2020, n° 441106 : *AJCT 2020. 542, note Bompard*.

IV. CONTRÔLE DU JUGE

9. Contrôle de l'erreur de fait. En écartant, dans ses estimations, des inscriptions qui avaient été annoncées par des lettres rédigées par les parents des élèves concernés dans le seul but de conserver l'école à classe unique du hameau, l'inspecteur d'académie n'a pas entaché sa décision d'erreur de fait. • CE 28 juin 1995, n° 143856.

10. Contrôle du détournement de procédure. Le moyen tiré de ce que la décision portant retrait d'un emploi d'instituteur serait entachée d'un détournement de procédure dans la mesure où elle conduit à la fermeture de l'école à classe unique du hameau doit être écarté. • CE 7 juill. 1995, n° 145690.

11. Contrôle des motifs. Contrôle normal. La décision, qui a pour objet d'affecter les élèves en fonction de leur niveau dans des écoles à classes multiples, tend à les faire bénéficier de prestations comparables à celles qui sont offertes sur le reste du territoire national. Les requérants font valoir la fatigue occasionnée aux enfants par la longueur et la pénibilité des trajets, alors qu'il ressort des pièces du dossier que l'école du chef-lieu de la commune est distante de 3, 5 km du hameau concerné et que les conditions de circulation sont normales. L'inspecteur d'académie a donc pu légalement décider de retirer l'emploi d'instituteur de l'école du hameau. • CE 7 juill. 1995, n° 145690.

V. RÉFÉRÉ-SUSPENSION

12. Retrait d'emploi. Absence d'urgence du fait que le retrait d'un des trois postes d'enseignants dans l'école n'a pas pour conséquence la fermeture de la classe maternelle. • TA Bordeaux, 18 avr. 2007, n° 0700641 : *LIJ 2007, n° 116, p. 7.*

13. Fermeture de classe. Urgence remplie eu égard à l'imminence de la rentrée scolaire pour une décision de fermeture d'une classe unique, à compter de la rentrée scolaire, confirmée le 1er juill. • TA Clermont-Ferrand, 14 août 2003, n° 031134 : *J.-Cl. Coll. terr., mars 2004. 9, note Chenevoy-Guériaud.*

Art. L. 212-2-1 *(L. n° 2019-791 du 26 juill. 2019, art. 14)* **L'établissement des écoles maternelles publiques intervient dans les conditions prévues à l'article L. 212-2. Toutefois, la scolarisation des enfants de moins de six ans peut être assurée dans des classes maternelles ouvertes dans une école élémentaire.**

Art. L. 212-3 *(L. n° 2016-1888 du 28 déc. 2016, art. 15)* **Dans les départements dont le territoire comprend des zones de montagne délimitées conformément à l'article 3 de la loi n° 85-30 du 9 janvier 1985 relative au développement et à la protection de la montagne, la mise en œuvre de la carte scolaire permet l'identification des écoles publiques ou des réseaux d'écoles publiques qui justifient l'application de modalités spécifiques d'organisation scolaire, notamment en termes de seuils d'ouverture et de fermeture de classe, au regard de leurs caractéristiques montagnardes, de la démographie scolaire, de l'isolement, des conditions d'accès et des temps de transports scolaires.**

Le nombre d'enseignants du premier degré affectés à chaque département par le recteur d'académie est déterminé en prenant en compte les effectifs scolaires liés à la population des saisonniers.

Art. L. 212-4 **La commune a la charge des écoles publiques. Elle est propriétaire des locaux et en assure la construction, la reconstruction, l'extension, les grosses réparations, l'équipement et le fonctionnement** *(L. n° 2004-809 du 13 août 2004, art. 121)* **« , à l'exception des droits dus en contrepartie de la reproduction par reprographie à usage pédagogique d'œuvres protégées ».** *(L. n° 2019-791 du 26 juill. 2019, art. 26)* **« Lorsque la construction ou la réhabilitation d'une école maternelle ou élémentaire d'enseignement public est décidée, le conseil municipal tient compte, pour le projet de construction ou de réhabilitation, des recommandations pour une école inclusive de l'Observatoire national de la sécurité et de l'accessibilité des établissements d'enseignement mentionné à l'article L. 239-2. »**

L'État attribue de manière pérenne à chaque commune les ressources correspondant à l'augmentation des dépenses obligatoires qu'elle a prises en charge en application des art. L. 212-4, L. 212-5 et L. 442-5 au titre de l'année scolaire 2019-2020 par rapport à l'année scolaire 2018-2019 dans la limite de la part d'augmentation résultant directement de l'abaissement à trois ans de l'âge de l'instruction obligatoire. La réévaluation de ces ressources peut être demandée par une commune au titre des années scolaires 2020-2021 et 2021-2022. Un décret en Conseil d'État fixe les modalités d'application du présent art. (L. n° 2019-791 du 26 juill. 2019, art. 17).

La demande d'attribution de ressources prévue par l'art. 17 de la loi du 26 juill. 2019 (V. ci-dessus) pour les dépenses obligatoires de fonctionnement est adressée par la commune au recteur d'académie au plus tard le 30 sept. de l'année qui suit l'année scolaire au titre de laquelle elle sollicite cette attribution, après approbation des comptes financiers correspondants. / Un arrêté du ministre chargé de l'éducation nationale précise les informations et les pièces à fournir et fixe les conditions de délivrance d'un accusé de réception. / Le recteur d'académie dispose d'un délai de 3 mois à compter de la date de réception d'un dossier complet pour répondre à la demande. / Lorsque la compétence en matière de dépenses de fonctionnement des écoles a été transférée à un établissement public de coopération intercommunale, celui-ci adresse la demande dans les conditions définies au présent art. Les ressources attribuées sont versées à cet établissement. / Les demandes de réévaluation des ressources attribuées sont présentées et examinées selon les mêmes modalités (Décr. nº 2019-1555 du 30 déc. 2019, art. 2).

BIBL. ▸ BOMPARD, Focus sur... l'extension des obligations des communes en matière scolaire. Loi nº 2019-791 du 26 juillet 2019 pour une école de la confiance, *AJCT 2020. 28*. – CHARTIER et DOYELLE, Activité des chambres régionales des comptes : dépenses obligatoires, *AJDA 1991. 196*. – CHOUVEL, La création et le financement des écoles d'enseignement préélémentaire ne sont pas des dépenses obligatoires pour les communes, *AJDA 2000. 81*. – CORBIER, Le financement des écoles maternelles privées risque de coûter cher aux grandes villes, *lesechos.fr, 15-16 oct. 2018*. – LAURIER, Reprographie : mode d'emploi, *LIJ 1999, nº 40, p. 24*. – MARILLIA, La commune et les dépenses d'enseignement, *Vie cnale et dptale, 1999. 130, 158, 195 et 219*. – PASTOR, Organisation et coût des nouveaux temps périscolaires, *AJDA 2015. 2122*. – SIAT, Collectivités territoriales et dépenses d'éducation : des contraintes nationales jusqu'aux politiques locales les plus volontaristes, *ACL, nº 31, 2011. 113*. – TSOULIDES, La participation financière intercommunale au fonctionnement des écoles primaires, *Quot. jur. 19 janv. 1990, nº 5*. – VÉROT, Les dépenses obligatoires des collectivités territoriales décentralisées et de leurs établissements publics, *Rev. Trésor, 1987. 39*. – Les communes et l'école de la République, *C. comptes, rapport thématique, déc. 2008*.

▸ **Établissement public d'enseignement primaire – Expérimentation :** TOULEMONDE, Adieu l'école communale d'antan ? L'établissement public d'enseignement primaire arrive..., *AJDA 2004. 1673*. – **Fin de l'expérimentation :** DE MONTECLER et JÉGOUZO, Florilège de la loi du 17 mai 2011, *AJDA 2011. 1204*.

▸ **Sur les rythmes scolaires :** V. ss. art. L. 521-2.

I. PROPRIÉTÉ DES BÂTIMENTS

1. Obligation de la commune. Il appartient au conseil municipal d'affecter, compte tenu des besoins du service public des écoles élémentaires et maternelles, les locaux dont la commune est propriétaire audit service public. • CE, ass., 2 déc. 1994, *Cne de Pulversheim*, nºˢ 133726 et 141881 A : *AJDA 1995. 40, concl. Schwartz ; RFDA 1995. 655, note Lavialle ; Dr. adm. 1995. 77.*

2. Caméras thermiques. Cadre juridique. Lorsqu'une caméra thermique, installée à la disposition d'un public donné, a pour seule fonction de donner aux personnes qui le souhaitent une information instantanée, sans intervention d'un tiers ou d'une personne manipulant l'équipement, sans aucune conséquence quant à l'accès à un lieu, un bien ou un service, et sans enregistrement ou communication de la donnée autrement qu'à l'intéressé, de sorte que l'information instantanée saisie par l'équipement n'est pas accessible ni utilisable par son responsable, qui ne pratique ainsi avec cet équipement aucune collecte de données, cette caméra ne peut être regardée comme donnant lieu à un traitement au sens et pour l'application du RGPD. En revanche, alors même que des caméras thermiques utilisées ne procèdent pas à l'enregistrement de données, si elles permettent la saisie d'une information, par une personne agissant au nom de celle qui en a décidé l'emploi, et que cette dernière, sur le fondement de cette donnée, décide d'une action, elles doivent être regardées comme donnant lieu à des opérations de collecte et d'utilisation de données, donc à un traitement au sens de l'art. 4 du RGPD. • CE, ord., 26 juin 2020, nº 441065 : *AJDA 2020. 1313, note de Montecler*.

3. Caméras thermiques. Prise de température. Signalement de la conformité ou de l'écart à la norme. Cadre juridique. L'enregistrement des données recueillies dans un fichier suffit, d'une part, à entrainer l'application du RGPD au fichier. Il en va de même si le traitement est automatisé en tout ou en partie. Ainsi, la seule prise de température au moyen d'un appareil électronique ne peut être regardée comme automatisée, dès lors qu'elle se borne à la mesure d'une variable quantifiée. En revanche, le signalement d'un écart à la moyenne, qui suppose que la donnée mesurée soit ensuite comparée à une norme de référence pour aboutir au signalement de la conformité ou de l'écart à la norme, en ce qui concerne les caméras thermiques par l'affichage d'un code couleur, constitue une automatisation du traitement de la donnée qui le fait relever du RGPD. Ce traitement, s'il porte sur des personnes identifiables et, dès lors qu'il vise à apprécier l'état d'un paramètre significatif de leur état de santé au regard d'une pathologie particulière, porte sur des données personnelles de santé. Lorsque la mise en œuvre du traitement implique nécessairement que la personne au sujet de laquelle une donnée est recueillie soit connue ou identifiée à cette occasion, alors même que la donnée collectée ne serait pas la source ou le fondement de l'identification, le traitement doit être regardé comme portant sur une donnée personnelle au sens du RGPD. D'autre part, le traitement de telles données personnelles de santé est interdit, sauf si, pour ce qui concerne les caméras thermiques, soit il est conduit sur la base d'un texte encadrant le motif d'intérêt public l'ayant rendu nécessaire et comportant les protections adéquates, soit il fait l'objet du consentement de chaque personne intéressée à ce traitement. Dans ce dernier cas, le consentement doit être libre, exprès, spécifique, retirable et traçable et, s'il concerne des mineurs, respecter les règles de protection de l'art. 8 du RGPD. • CE, ord., 26 juin 2020, n° 441065 : *préc. note 2.*

4. Caméras thermiques dans l'enceinte de l'école. Dans une affaire où la Ligue des droits de l'Homme demandait au juge des référés d'annuler le rejet de la demande adressée au tribunal administratif de Versailles (ord., 22 mai 2020, n° 2002891) de suspendre l'exécution de la décision, révélée par voie de presse et sur Facebook, par laquelle la commune de Lisses a décidé d'installer des caméras thermiques fixes et portables dans l'enceinte des locaux des services municipaux et notamment de l'école, afin de contrôler la température corporelle des personnes entrant dans ces locaux, le Conseil d'État, après avoir rappelé l'ensemble du cadre juridique de la question (V. ci-dessus) estime qu'à la différence des caméras fixes installées dans les locaux municipaux qui n'enregistrent aucune donnée, ne sont manipulées par personne et dont l' usage n'est ni contraint ni même suggéré, les caméras installées dans les écoles sont manipulées par des agents municipaux, non seulement au début de la journée scolaire mais également pendant le déroulement de celle-ci, pour mesurer la température corporelle des élèves, des enseignants et des personnels municipaux actifs au sein des locaux scolaires. Lorsqu'un écart anormal de température est relevé, les enseignants ou les personnels municipaux sont invités à quitter le service et, pour ce qui concerne les élèves, les parents sont immédiatement contactés afin de venir chercher les enfants qui doivent quitter l'école. Le Conseil d'État en conclut que la collecte de données de santé ainsi opérée est constitutive d'un traitement automatisé au sens de l'art. 4 du RGPD. En l'espèce, il relève que les caméras affichent instantanément les contours d'un corps humain et un code couleur indiquant l'écart à la normale de la température corporelle et qu'il est possible que l'image traitée par le système, même non conservée, soit suffisamment précise pour être identifiante. Il en déduit que dans le contexte même de mise en œuvre des caméras, l'identité des personnes donnant lieu à leur utilisation est nécessairement connue dès avant la collecte de la donnée et afin de l'exploiter et que les données traitées sont donc personnelles au sens du RGPD. La commune ne démontrant pas qu'un consentement conforme aux règles du RGPD ait été recueilli, le Conseil d'État conclue que « L'atteinte aux libertés fondamentales résultant du traitement de données de santé personnelles ainsi mis en œuvre paraît donc manifestement illégal. La réalisation d'une analyse d'impact aurait permis d'établir les dangers du déploiement de ces caméras thermiques dans ces conditions, analyse dont le défaut, en méconnaissance de l'article 35 du RGPD, suffirait en outre à lui seul à entraîner l'illégalité du traitement ». Il ordonne donc de mettre fin sans délai à l'utilisation des caméras thermiques portables déployées dans les établissements scolaires. • CE, ord., 26 juin 2020, n° 441065 : *AJDA 2020. 1313, note de Montecler.*

II. DÉPENSES OBLIGATOIRES

5. Principes. Les dépenses obligatoires sont supportées par la commune qui ne peut demander de participation aux familles même dans le cas des écoles maternelles. • CE 11 déc. 1987, n° 48642 B.

6. Limites. Chaque commune n'est tenue de supporter les dépenses de fonctionnement des écoles primaires élémentaires publiques établies sur son territoire que pour les élèves résidant dans la commune. Il suit de là qu'une commune sur le territoire de laquelle se trouve un établissement d'enseignement privé sous contrat d'association comportant des classes élémentaires doit prendre en charge les dépenses de fonctionnement de ces classes, mais seulement en ce qui concerne les élèves résidant dans la commune. • CE, ass., 31 mai 1985, *MEN c/ Assoc. d'éducation populaire de l'école Notre-Dame d'Arc-les-Gray,* n° 55925 A : *RFDA 1985. 637, concl. Roux* • CE 11 oct. 1985, *Cne de Revel : Dr. adm. 1985, comm. n° 551.*

III. MODALITÉS D'APPLICATION

7. Loi école de la confiance. Compensation financière versée aux communes. Conformité à la Constitution. V. note ss. art. L. 211-8.

8. Les dépenses obligatoires « conditionnelles ». Certaines dépenses ne sont néanmoins devenues obligatoires que parce que la commune a demandé ou accepté l'acte générateur de la dépense. Les communes n'ont donc à supporter les dépenses de fonctionnement des classes enfantines ou maternelles des établissements privés sous contrat que lorsqu'elles ont donné leur accord au contrat concernant lesdites classes. • CE 31 mai 1985, n° 42659 A. ♦ N'est donc pas obligatoire pour une commune la dépense d'une école maternelle si le conseil municipal a refusé la scolarisation des enfants trop jeunes pour être soumis à l'obligation légale. • CE 6 déc. 1993, n° 92978 B : *Quot. jur. 24 mars 1994, n° 2. 3 ; Dr. adm. 1994, comm. n° 34.* ♦ Même solution pour la prise en charge les dépenses de fonctionnement des classes enfantines ou maternelles des établissements d'enseignement sous contrat d'association, une commune n'a à supporter les dépenses de fonctionnement que lorsqu'elle a donné son accord au contrat concernant lesdites classes. • CE, ass., 31 mai 1985, *MEN c/ Assoc. d'éducation populaire de l'école Notre-Dame d'Arc-les-Gray*, n° 55925 A : *préc. note 6.* ♦ La commune qui avait donné son accord pour la durée correspondant à celle du contrat et qui, avant le terme de celui-ci, a manifesté son intention de ne pas renouveler cet accord, se trouve déliée de l'obligation de prendre en charge les dépenses de fonctionnement matériel des classes maternelles et infantiles. • CE, sect., 22 mars 1996, *Assoc. de gestion des écoles Saint-Martin, Jeanne-d'Arc et a.*, n° 110303 A (concl. Touvet) : *AJDA 1996. 472*.

9. La participation des familles aux dépenses à caractère facultatif. Les communes peuvent demander aux parents une participation aux dépenses non obligatoires comme les études surveillées. • CAA Lyon, 22 oct. 1991, *Ville de Privas*, n° 89LY01556 : *Lebon T. 679*. ♦ Même solution pour les dépenses liées à la cantine scolaire ou à l'organisation de classes de découverte. • CE 22 janv. 1988, n° 67680 B.

10. Aides à caractère social. Les collectivités locales ont la faculté, mais non l'obligation, d'accorder aux élèves des écoles privées les mêmes aides qu'aux élèves des écoles publiques. Il appartient au conseil municipal d'apprécier, à l'occasion de chacune des mesures à caractère social qu'il institue en faveur des enfants scolarisés, s'il y a lieu d'en étendre le bénéfice aux élèves des écoles privées. Dans le cas d'une commune ayant, d'une part, créé une cuisine centrale chargée de fournir des repas aux restaurants scolaires, d'autre part, institué une aide financière destinée à abaisser les prix de ces repas au-dessous du prix de revient, le conseil municipal a pu légalement offrir aux associations gestionnaires des écoles privées l'accès à la cuisine centrale municipale, mais il n'était pas tenu de faire bénéficier ces mêmes associations de la seconde mesure sociale, à l'égard de laquelle elle disposait du même pouvoir d'appréciation. Le moyen tiré de la violation du principe d'égalité entre les usagers du service public est donc inopérant. • CE, ass., 5 juill. 1985, *Ville d'Albi*, n° 44706 A • CE, sect., 5 oct. 1984, *Commissaire de la République de l'Ariège*, n° 47875 A • 26 avr. 1985, n° 41169 A (concl. Lasserre).

IV. EXCEPTION

11. Droits de reprographie. L'exception introduite par la loi de 2004 vient mettre un point final à la question des droits dus au titre de la reprographie de documents pédagogiques. Auparavant, le Conseil d'État considérait qu'eu égard à leur objet les reprographies d'œuvres protégées réalisées dans les écoles du premier degré devaient être regardées comme du matériel d'enseignement destiné à l'usage des élèves. La simple circonstance que ces reprographies intervenaient à l'initiative des enseignants pour l'accomplissement de leur mission était sans incidence au regard de la loi. Leur prise en charge incombait donc à la commune, au titre des dépenses obligatoires de fonctionnement. • CE, sect. intérieur, avis, 14 janv. 2003, n° 368577.

V. COMMUNAUTÉS URBAINES

12. Étendue de l'obligation communautaire en matière d'entretien. Aux termes de l'art. 57 de la L. du 31 déc. 1982 relative à l'organisation administrative de Paris, Marseille, Lyon et des établissements publics de coopération intercommunale dans sa rédaction en vigueur au 10 avr. 1985, « sont transférées à la communauté urbaine les compétences attribuées aux communes dans les domaines suivants... 2°) Création et équipements des zones d'habitation, des zones de rénovation urbaine, des zones de réhabilitation, des zones industrielles, des zones artisanales et des zones portuaires ; 3°) Construction, aménagement et entretien des locaux scolaires dans les zones mentionnées au 2°) et réalisés par la communauté ». En prévoyant la seule prise en charge des travaux de grosses réparations et d'entretien des locaux scolaires à l'exclusion des réparations locatives, le président d'une communauté urbaine a commis un excès de pouvoir. • CE 25 nov. 1991, n°s 75224 et 79845 B : *Dr. adm. 1992, comm. n° 20* ; *JCP 1992. IV. 599.* ♦ L'aménagement des locaux scolaires comprend, non seulement les dépenses d'acquisition du mobilier scolaire de premier équipement, mais également les dépenses liées au renouvellement de ce mobilier. • Même arrêt.

Art. L. 212-5 L'établissement des écoles publiques, créées par application de l'article L. 212-1, est une dépense obligatoire pour les communes.

Sont également des dépenses obligatoires, dans toute école régulièrement créée :

1° Les dépenses résultant de l'article L. 212-4 ;

2° Le logement de chacun des instituteurs attachés à ces écoles ou l'indemnité représentative de celui-ci ;

3° L'entretien ou la location des bâtiments et de leurs dépendances ;

4° L'acquisition et l'entretien du mobilier scolaire ;

5° Le chauffage et l'éclairage des classes et la rémunération des personnels de service, s'il y a lieu.

De même, constitue une dépense obligatoire à la charge de la commune le logement des instituteurs qui y ont leur résidence administrative et qui sont appelés à exercer

leurs fonctions dans plusieurs communes en fonction des nécessités du service de l'enseignement.

V. ndlr ss. art. L. 212-4.

BIBL. ▶ BACHELIER, Le logement des instituteurs, *AJDA 1988. 509*. – PRÉTOT, Conditions du droit au logement des instituteurs, *AJDA 1990. 120*. – SOLER-COUTEAUX, La jurisprudence récente relative au logement des instituteurs, *LPA n° 18, 9 févr. 1990. 7*. – Les ATSEM, *coll. Dossiers d'experts, territorial Éditions.*

I. DÉPENSES CORRESPONDANT AU LOGEMENT DES INSTITUTEURS

1. *Obligation de la commune.* Les communes sont tenues de mettre un « logement convenable » à la disposition des instituteurs, titulaires ou stagiaires, obligation maintes fois rappelée par le juge administratif. • CE, sect., 10 juill. 1987, *Cne de Château-Garnier*, n° 64289 : *Lebon 255*. ♦ Cette obligation ne concerne que les écoles régulièrement créées. • CE, ass., avis, 7 juill. 1989, *Mme Cale*, n° 106902 : *Lebon 159*. ♦ Les dispositions de l'art. 1er de la L. du 2 mars 1982 selon lesquelles « les communes, les départements et les régions s'administrent librement par des conseils élus » n'ont eu ni pour objet ni pour effet d'abroger les dispositions de l'art. 7 de la L. du 19 juill. 1889 aux termes desquelles le législateur a habilité le préfet à fixer le montant de l'indemnité représentative de logement due aux instituteurs. • CE 20 janv. 1992, *Ville de Caen et Min. de l'intérieur*, nos 93979 et 94029 : *Lebon 28*. ♦ Lorsqu'un instituteur quitte, de sa propre initiative, un logement convenable qui lui avait été attribué par la commune, il perd de ce fait tout droit à l'indemnité représentative, sauf à présenter ultérieurement une nouvelle demande justifiée par des modifications de sa situation professionnelle ou familiale. • CE 11 mai 1994, *Mme Bertrand-Lesage*, n° 87252. ♦ Un instituteur qui a quitté son logement de fonction à la demande de la commune, ne peut être regardé comme ayant quitté volontairement ledit logement et, en l'absence d'offre d'un autre logement, a droit à l'indemnité représentative. La circonstance que la commune disposait d'un autre logement de fonction, loué à un tiers, qu'elle aurait dû proposer à l'intéressé, était sans influence sur les droits de ce dernier à cette indemnité. • CE 11 mai 1994, *Préfet de la Moselle*, n° 111538.

2. *Indemnité représentative de logement. Appréciation de la qualité d'ayant droit.* Le maire, et non l'inspecteur d'académie, est compétent concernant le logement d'une institutrice dont le conjoint est lui-même logé. • TA Strasbourg, 1re ch., 15 janv. 1996, *Mme Marmillot*, n° 91579 : *AJFP 1996. 30*.

3. *Travaux de remise en état d'habitabilité.* Les travaux de remise en état d'habitabilité incombent normalement à la commune propriétaire. Elle ne peut s'exonérer de son obligation de fournir un logement convenable en invoquant les dispositions de l'art. 1733 C. civ., qui sont applicables aux relations de droit privé entre propriétaires bailleurs et locataires. Il en est de même de la circonstance qu'elle puisse, le cas échéant, mettre en cause la responsabilité pour faute d'un tiers. Dans le cas où les travaux de remise en état ont été pris en charge par l'assureur de l'occupant du logement de fonction, l'action en remboursement des frais engagée par l'assureur doit être accueillie. • CAA Marseille, 2e ch., 14 mars 2006, *M. Joël Javon c/ Cne d'Aix-en-Provence*, n° 02MA001879 : *AJDA 2006. 1492, note Bourrachot*.

4. *Absence de caractère convenable du logement.* Un logement dépourvu de système de chauffage ne présente pas un caractère convenable. Illégalité du refus de verser à l'instituteur l'indemnité représentative, malgré l'engagement de la commune, dans le cas où celui-ci accepterait le logement, de le doter d'un système de chauffage. • CE 29 nov. 1993, *Mme Jouannaud*, nos 94728, 95189 et 95586 : *Lebon T. 659*. ♦ Même solution pour un logement qui comporte une installation électrique vétuste ne satisfaisant pas aux normes en vigueur. • CAA Paris, 15 oct. 2002, *M. Moreau*, n° 02PA01846 : *AJDA 2003. 199*.

5. *Vie familiale normale.* Des élèves-maîtres mariés avaient refusé, comme incompatible avec leur situation matrimoniale, l'hébergement séparé qui leur était proposé à l'internat de l'école normale. Dès lors que les locaux de cet internat ne leur permettaient pas de leur donner un hébergement leur autorisant de mener une vie familiale normale, ils pouvaient prétendre au versement de l'indemnité représentative de logement. • CE 26 oct. 1994, *Épx Colliez*, n° 128413 : *Lebon T. 971*.

II. EXCLUSIONS

6. *Logement des professeurs des écoles.* Le bénéfice d'un logement ou d'une indemnité représentative de logement est réservé aux seuls instituteurs. Les professeurs des écoles, dont le statut particulier a été fixé par le Décr. du 1er août 1990, sont exclus de cet avantage. • CE 30 nov. 1994, *Préfet de la Haute-Saône*, n° 150797 : *Lebon T. 833* • CAA Nancy, 18 nov. 2004, *Cne de Mercy-le-Bas*, n° 00NC01100.

7. *Logement des instituteurs des écoles privées.* Le législateur n'a pas étendu le bénéfice de ces dispositions aux instituteurs des écoles privées placées ou non sous le régime de l'un des contrats prévus par la L. du 31 déc. 1959 (V. désormais C. éduc.). Ainsi, la commune a l'obligation de prendre en charge, s'il s'agit de classes élémentaires sous contrat d'association, ou la faculté de prendre en charge, s'il s'agit soit de classes maternelles sous contrat d'association soit de classes élémentaires ou maternelles sous contrat simple, uniquement les dépenses de fonctionnement matériel de ces classes. Les charges afférentes au logement des instituteurs exerçant dans ces classes ne constituent pas des dépenses de fonctionnement matériel de ces classes et ne peuvent donc légalement être assumées par une commune. La délibération du conseil municipal accordant une aide indirecte aux écoles privées sous contrat de la commune, pour le versement d'indemnités de logement aux instituteurs des écoles privées, est illégale. • CE 20 mai 1994, *Préfet du Calvados c/ Ville de Caen*, n° 110775 : *Lebon 249*.

8. *Autres cas.* Sont aussi écartés de ces dispositions les enseignants mis à la disposition des établissements spécialisés pour enfants handicapés. • CE 21 déc. 1994, *Cne d'Aurillac c/ Valentin*, n° 124303 et 125397 : *Lebon T. 971*.

III. PROBLÈMES SPÉCIFIQUES

9. *Retrait illégal d'une décision individuelle créatrice de droits.* Un instituteur qui bénéficiait d'un logement de fonctions qui avait été intégré dans le corps des professeurs des écoles se voyait opposer une redevance d'occupation avec effet rétroactif à la date de son intégration. Contrairement à ce qu'a jugé le tribunal administratif, la cour administrative d'appel considère que, sous réserve de dispositions législatives ou réglementaires contraires et hors le cas où il est satisfait à une demande du bénéficiaire, l'administration ne peut retirer une décision individuelle explicite créatrice de droits, si elle est illégale, que dans le délai de quatre mois suivant la prise de cette décision. En continuant à mettre le logement de M. X. gratuitement à sa disposition après son intégration, la commune doit être regardée comme ayant pris une décision individuelle de principe de maintenir la gratuité de son logement qui a créé des droits au profit du requérant ; par suite, cette décision, ne pouvait être légalement retirée, après l'expiration du délai de quatre mois suivant son édiction. • CAA Marseille, 12 oct. 2004, *Eledjam*, n° 00MA01394 : *AJDA 2004. 2292* • CAA Marseille, 2 déc. 2003, *M. Robert X.*, n° 00MA00155.

10. *Absence de déchéance du droit au logement.* Les dispositions qui régissent le droit au logement des instituteurs ne prescrivent pas que ceux-ci doivent, à peine de déchéance de ce droit, présenter une demande de logement dès leur nomination dans une commune. Dès lors, lorsqu'ils présentent cette demande postérieurement à leur nomination ils ont, en l'absence de logement convenable mis à leur disposition, droit à l'indemnité représentative de logement. • CE 14 nov. 2001, *Cne de Saint-Amans-de-Pellagal*, n° 215226.

11. *Prescription quadriennale.* Le point de départ du délai de la prescription quadriennale opposable par l'État à une commune qui demande le versement de la dotation spéciale pour le logement des instituteurs est la date à laquelle la commune verse effectivement l'indemnité représentative de logement à l'instituteur. • CAA Lyon, 29 déc. 1998, *Cne de St-Jean-de-Losne*, n° 97LY21582.

Art. L. 212-6 La dotation spéciale pour le logement des instituteurs est régie par les dispositions des articles L. 2334-26 à L. 2334-31 du code général des collectivités territoriales, ci-après reproduites :

Art. L. 2334-26 A compter de l'exercice 1986, les communes reçoivent une dotation spéciale, prélevée sur les recettes de l'État, au titre des charges qu'elles supportent pour le logement des instituteurs.

Cette dotation évolue, chaque année, comme la dotation globale de fonctionnement. *(L. n° 2011-1977 du 28 déc. 2011, art. 30)* « A compter de 2011, cette évolution ne s'applique pas. » *(L. n° 2002-276 du 27 févr. 2002, art. 61)* « Le Comité des finances locales peut majorer cette dotation de tout ou partie du reliquat comptable afférent au dernier exercice connu. »

Cette dotation est répartie par le comité des finances locales proportionnellement au nombre des instituteurs, exerçant dans les écoles publiques, qui sont logés par chaque commune ou qui reçoivent d'elle une indemnité de logement.

Elle est diminuée chaque année par la loi de finances initiale du montant de la dotation versée au titre du logement des instituteurs dont les emplois sont transformés en emplois de professeurs des écoles.

(L. n° 2008-1443 du 30 déc. 2008, art. 5) « Le comité des finances locales procède à un nouveau calcul de cette diminution du montant inscrit en loi de finances initiale, au plus tard le 31 juillet de l'année suivant la répartition, en fonction du taux de variation entre l'effectif réel du corps des instituteurs recensé au 1er octobre de l'année précédant celle au titre de laquelle la dotation a été répartie et

celui de l'antépénultième année. L'écart éventuel entre la dotation inscrite en loi de finances et le montant ainsi calculé est prioritairement financé par mobilisation du reliquat comptable net global constaté au terme de la répartition de la dotation spéciale pour le logement des instituteurs au titre de l'année considérée. »

Art. L. 2334-27 La dotation spéciale pour le logement des instituteurs prévue à l'article L. 2334-26 est divisée en deux parts :

— la première part est versée aux communes pour compenser les charges afférentes aux logements effectivement occupés par des instituteurs ayant droit au logement ;

— la seconde part est destinée à verser l'indemnité communale prévue par *(Ord. n° 2003-1212 du 18 déc. 2003, art. 3)* « l'article L. 921-2 du code de l'éducation ».

Art. L. 2334-28 Chaque année, le comité des finances locales :

— fait procéder au recensement des instituteurs bénéficiant d'un logement mis à leur disposition par la commune ou de l'indemnité communale en tenant lieu ;

— fixe le montant unitaire de la dotation spéciale en divisant le montant total de cette dotation par le nombre total d'instituteurs recensés ;

— fixe le montant de la première et de la seconde part de la dotation spéciale proportionnellement au nombre d'instituteurs logés et au nombre d'instituteurs indemnisés tels qu'ils ont été recensés.

Art. L. 2334-29 Les communes perçoivent directement les sommes leur revenant au titre de la première part de la dotation spéciale.

Les sommes afférentes à la seconde part sont attribuées *(L. n° 2002-276 du 27 févr. 2002, art. 61)* « , sous réserve des dispositions de l'alinéa suivant, » au Centre national de la fonction publique territoriale qui verse, au nom de la commune, dans les conditions fixées par décret en Conseil d'État et sans que cela n'entraîne de charges pour cet établissement, l'indemnité communale aux instituteurs ayants droit, sur la base du montant fixé pour chaque commune par le représentant de l'État dans le département et dans la limite du montant unitaire fixé sur le plan national à l'article L. 2334-28.

(L. n° 2002-276 du 27 févr. 2002, art. 61) « A compter de 2003, la dotation versée au Centre national de la fonction publique territoriale est minorée du montant du reliquat comptable de la dotation spéciale pour le logement des instituteurs du pénultième exercice. »

Sur la participation financière des communes, V. C. éduc., art. R. 212-21.

Art. L. 2334-30 Lorsque le montant de l'indemnité communale est supérieur au montant unitaire de la dotation spéciale tel qu'il a été fixé par le comité des finances locales, la commune verse directement la différence à l'instituteur concerné.

Aucune somme n'est reversée directement aux communes au titre des opérations visées au second alinéa de l'article L. 2334-29.

Art. L. 2334-31 Les dispositions des articles L. 2334-27 à L. 2334-30 sont applicables à compter du 1er janvier 1990.

Conditions d'attribution. La dotation spéciale pour le logement des instituteurs ne peut être attribuée qu'aux communes sur le territoire desquelles se situent l'école ou les écoles où exercent les instituteurs dont le logement entraîne les charges que cette dotation a pour objet de compenser. Ne peut donc prétendre au bénéfice de la dotation spéciale une commune qui, alors qu'aucune école n'est ouverte sur son territoire et qui n'est donc pas tenue d'assurer le logement d'un instituteur, héberge une institutrice exerçant ses fonctions dans une autre commune. • CE 14 juin 1996, *Cne du Puiset*, n° 95919 : *Lebon T. 757*.

Art. L. 212-7 *(L. n° 2004-809 du 13 août 2004, art. 80)* « Dans les communes qui ont plusieurs écoles publiques, le ressort de chacune de ces écoles est déterminé par délibération du conseil municipal. Lorsque les dépenses de fonctionnement des écoles publiques ont été transférées à un établissement public de coopération intercommunale sur le territoire duquel il existe plusieurs écoles publiques, le ressort de chacune de ces écoles est déterminé par délibération de l'organe délibérant de cet établissement. » L'inscription des élèves par les personnes responsables de l'enfant au sens de l'article L. 131-4 se fait conformément aux dispositions de l'article L. 131-5.

1. Applicabilité. Dans les communes qui ont plusieurs écoles publiques, le ressort de chacune de ces écoles est déterminé par un arrêté du maire. Les familles doivent se conformer aux dispositions de cet arrêté. • CE 27 juill. 1990, *M. Michel Labbez*, n° 67032.

2. Compétence. Conseil municipal. La rédaction de cet art. remet en cause la jurisprudence traditionnelle selon laquelle le maire était seul compétent pour fixer le ressort territorial de chaque école et pour autoriser les dérogations à cette sectorisation. • CE 28 mai 1986, *Épx André et maire de Chatillon-le-Duc*, n°s 39775 et 47115 : *Lebon T. 421* • CE 7 déc. 1990, *Di Lello*, n° 106868 : *Lebon 606 ; AJDA 1991. 117, chron. Honorat et Schwartz* • CAA Nancy, 4 juill. 2002, *M. et Mme Marcopoulos*, n° 96NC02262.

3. Sur la carte scolaire, V. notes ss. art. L. 131-5.

Art. L. 212-8 Lorsque les écoles maternelles ou les écoles élémentaires publiques d'une commune reçoivent des élèves dont la famille est domiciliée dans une autre commune, la répartition des dépenses de fonctionnement se fait par accord entre la commune d'accueil et la commune de résidence. *(L. n° 2004-809 du 13 août 2004, art. 87)* « Lorsque les compétences relatives au fonctionnement des écoles publiques ont été transférées à un établissement public de coopération intercommunale, le territoire de l'ensemble des communes constituant cet établissement est assimilé, pour l'application du présent article, au territoire de la commune d'accueil ou de la commune de résidence et l'accord sur la répartition des dépenses de fonctionnement relève de l'établissement public de coopération intercommunale. »

A défaut d'accord entre les communes intéressées sur la répartition des dépenses, la contribution de chaque commune est fixée par le représentant de l'État dans le département après avis du conseil départemental de l'éducation nationale.

Pour le calcul de la contribution de la commune de résidence, il est tenu compte des ressources de cette commune, du nombre d'élèves de cette commune scolarisés dans la commune d'accueil et du coût moyen par élève calculé sur la base des dépenses de l'ensemble des écoles publiques de la commune d'accueil. Les dépenses à prendre en compte à ce titre sont les charges de fonctionnement, à l'exclusion de celles relatives aux activités périscolaires. Un décret en Conseil d'État détermine, en tant que de besoin, les dépenses prises en compte pour le calcul du coût moyen par élève ainsi que les éléments de mesure des ressources des communes.

Toutefois, les dispositions prévues par les alinéas précédents ne s'appliquent pas à la commune de résidence si la capacité d'accueil de ses établissements scolaires permet la scolarisation des enfants concernés, sauf si le maire de la commune de résidence, consulté par la commune d'accueil, a donné son accord à la scolarisation de ces enfants hors de sa commune. Pour justifier d'une capacité d'accueil au sens du présent alinéa, les établissements scolaires doivent disposer à la fois des postes d'enseignants et des locaux nécessaires à leur fonctionnement.

(L. n° 2015-991 du 7 août 2015, art. 101) « En outre, le maire de la commune de résidence dont les écoles ne dispensent pas un enseignement de langue régionale ne peut s'opposer, y compris lorsque la capacité d'accueil de ces écoles permet de scolariser les enfants concernés, à la scolarisation d'enfants dans une école d'une autre commune proposant un enseignement de langue régionale et disposant de places disponibles. La participation financière à la scolarisation des enfants concernés fait l'objet d'un accord entre la commune d'accueil et la commune de résidence. A défaut d'accord, le représentant de l'État dans le département réunit les maires de ces communes afin de permettre la résolution du différend en matière de participation financière, dans l'intérêt de la scolarisation des enfants concernés. »

(L. n° 2004-809 du 13 août 2004, art. 87) « Par dérogation *(L. n° 2015-991 du 7 août 2015, art. 101)* « aux quatrième et cinquième alinéas », un décret en Conseil d'État précise les modalités selon lesquelles, sans préjudice du dernier alinéa du présent article, une commune est tenue de participer financièrement à la scolarisation d'enfants résidant sur son territoire lorsque leur inscription dans une autre commune est justifiée par des motifs tirés de contraintes liées :

« 1° Aux obligations professionnelles des parents » *(L. n° 2005-157 du 23 févr. 2005, art. 113)* « lorsqu'ils résident dans une commune qui n'assure pas directement ou

indirectement la restauration et la garde des enfants ou si la commune n'a pas organisé un service d'assistantes maternelles agréées » ;

(L. n° 2004-809 du 13 août 2004, art. 87) **« 2° A l'inscription d'un frère ou d'une sœur dans un établissement scolaire de la même commune ;**

« 3° A des raisons médicales.

« Ce décret précise, en outre, les conditions dans lesquelles, en l'absence d'accord, la décision est prise par le représentant de l'État dans le département.

« Lorsque les compétences relatives au fonctionnement des écoles publiques ont été transférées à un établissement public de coopération intercommunale, le président de cet établissement est substitué au maire de la commune de résidence pour apprécier la capacité d'accueil et donner l'accord à la participation financière. »

La scolarisation d'un enfant dans une école d'une commune autre que celle de sa résidence ne peut être remise en cause par l'une ou l'autre d'entre elles avant le terme soit de la formation préélémentaire, soit de la scolarité primaire de cet enfant commencées ou poursuivies durant l'année scolaire précédente dans un établissement du même cycle de la commune d'accueil.

Sur la participation financière des communes, V. art. R. 212-21 s.

BIBL. ▸ JENNEPIN, La répartition des dépenses de fonctionnement des écoles élémentaires entre commune de résidence et commune d'accueil, *LIJ 2015, n° 190, p. 24.* – MARILLIA, L'inscription des élèves non-résidents, *Vie cnale et dptale, 2000. 168.* – TSOULIDES, La participation financière intercommunale au financement des écoles primaires, *Quot. jur. 19 janv. 1990, n° 5.*

▸ **Pour la participation des écoles privées :** TOULEMONDE, La loi Carle, un compromis boiteux, *AJDA 2009. 2396* ; V. aussi art. L. 442-5.

▸ **Dérogations scolaires :** ANDRE-PINA, Le maire et les dérogations scolaires, encadrement et conséquences, *AJCT 2016. 311*. – DESPRAIRIES, Application du principe « silence vaut acceptation » dans le secteur éducatif : les demandes de parents d'élèves, *AJCT 2016. 158*.

I. PRINCIPES

1. Commune de résidence. Notion. Cas des enfants placés en famille d'accueil dans une commune pendant la semaine et retrouvant en fin de semaine leurs parents, détenteurs de l'autorité parentale, habitant dans une autre commune, et qui vont à l'école dans une troisième commune. Ces dispositions de cet article avec celles de l'art. 373-4 C. civ., qui précise que : « La personne à qui l'enfant a été confié accomplit tous les actes usuels relatifs à sa surveillance et à son éducation » dont, notamment, les formalités relatives à l'inscription scolaire, fait donc que la commune de résidence est celle où résident habituellement les personnes responsables de l'enfant, c'est-à-dire la famille d'accueil, même si l'autorité parentale continue d'être exercée par les père et mère. La notion de « personnes responsables » s'entend en effet très largement. Aux termes de l'art. L. 131-4 relatif à l'obligation scolaire, elle désigne non seulement les parents mais aussi « le tuteur ou ceux qui ont la charge de l'enfant, soit qu'ils en assument la charge à la demande des parents, du tuteur ou d'une autorité compétente, soit qu'ils exercent sur lui, de façon continue, une autorité de fait ». * Rép. min. n° 25232 : *JO Sénat Q 17 avr. 2008. 770.*

2. Autorisation du maire de la commune de résidence. Le maire de la commune de résidence conserve la possibilité de donner son accord à la scolarisation d'enfants de sa commune dans une autre commune, la commune de résidence participant alors financièrement à cette scolarisation. A défaut d'accord, le maire de la commune d'accueil peut consentir à inscrire les enfants domiciliés dans une autre commune sans attendre de contrepartie financière de la commune de résidence. * Rép. min. n° 40926 : *JOAN Q 30 juin 2009. 6569.* ♦ Les dispositions de cet article sont applicables aux établissements privés sous contrats d'association. En l'absence de toute disposition législative en ce sens, il ne saurait être exigé des parents d'élèves qu'ils demandent une autorisation au maire de leur commune de résidence avant de scolariser leurs enfants dans une école privé située sur le territoire d'une autre commune. • TA Dijon, 28 févr. 2008, n° 0702443 : *AJDA 2008. 926, concl. Tainturier*.

3. Droit à la poursuite des études. La scolarisation d'un enfant dans une école d'une commune autre que celle de sa résidence ne peut être remise en cause par l'une ou l'autre d'entre elles avant le terme soit de la formation préélémentaire, soit de la scolarité primaire de cet enfant commencée ou poursuivie durant l'année scolaire précédente dans un établissement du même cycle de la commune d'accueil. Dès lors, un maire ne peut refuser d'accueillir dans l'école de sa commune les enfants d'une autre commune qui y ont commencé leur scolarité. • TA Besançon, 13 nov. 1987, n° 91588 B.

4. Conséquences de l'accord passé entre communes limitrophes. Lorsqu'un accord est intervenu entre deux communes limitrophes pour la scolarisation des enfants, la commune d'accueil ne peut contraindre, sans porter atteinte au principe d'égalité, les enfants de l'autre commune à fréquenter obligatoirement un établissement particulier, alors que les élèves domiciliés dans la commune d'accueil ainsi que ceux dont les parents, bien que non domiciliés dans cette commune, y acquitteraient des impôts locaux, bénéficieraient de la liberté du choix de l'établissement. • TA Lyon, 9 nov. 1989, n° 89-42449 A.

II. DÉROGATIONS SCOLAIRES

5. Dérogations liées aux obligations professionnelles des parents. Les parents avaient des obligations professionnelles qui justifiaient la scolarisation de leurs enfants dans une autre commune que celle du lieu de leur résidence. La présence de cinq assistantes maternelles agréées dans la commune de résidence ne permet pas de regarder cette dernière comme assurant, même indirectement, une garderie scolaire ; par suite, et quand bien même les enfants concernés ne fréquentent aucun restaurant scolaire dans la commune d'accueil, la commune de résidence n'est pas fondée à contester sa participation financière aux dépenses exposées par la commune d'accueil pour la scolarisation de ces enfants. • CAA Douai, 22 janv. 2002, n° 99DA00205.

6. Autres dérogations. Sur une absence de service périscolaire (garderie) non fondée. • TA Amiens, 26 mai 2009, n°s 0702407 et 0702406 : *LIJ 2009, n° 137, p. 6* • TA Besançon, 29 janv. 2009, n° 0701577 : *LIJ 2009, n° 134, p. 7.*

7. Dérogations. Transfert de compétences à un EPCI. Compétence du maire. Absence. Le maire n'est pas compétent pour accorder une « dérogation scolaire » en cas de transfert de compétence à l'EPCI. Dans le ressort territorial d'un établissement public de coopération intercommunale qui avait en charge le fonctionnement des écoles publiques de trois communes, un parent d'élève avait sollicité le maire de sa commune de résidence pour obtenir une dérogation afin d'inscrire ses enfants à l'école primaire d'une autre commune de l'EPCI. Le maire sollicité ayant refusé d'y faire droit, l'intéressé a formé un recours gracieux qui a été rejeté par une nouvelle décision de la même autorité. L'administré a alors saisi le juge administratif d'une demande d'annulation de ces décisions, ainsi que d'une demande indemnitaire. Le juge rappelle que la commune mise en cause était membre d'un syndicat intercommunal d'intérêt scolaire ayant en charge le fonctionnement des écoles publiques des trois communes. Il affirme que, par suite, en vertu des dispositions de l'art. L. 212-8, le maire de la commune de résidence du requérant n'était pas compétent pour prendre les décisions en litige. S'agissant de la demande indemnitaire, s'il appartient au juge administratif d'accorder réparation des préjudices de toute nature, directs et certains, qui résultent de l'illégalité fautive entachant une décision administrative, le juge estime que la réalité de ces préjudices n'est aucunement établie en l'espèce. • CAA Lyon, 12 juill. 2018, n° 16LY03037 : *AJCT 2018. 627, comm. Didriche.*

III. OBLIGATIONS DE LA COMMUNE DE RÉSIDENCE

Sur les inscriptions hors de la commune de résidence : V. notes ss. art. L. 131-5.

Sur la participation des communes aux frais de scolarisation d'élèves d'une école privée : V. notes ss. art. L. 442-5.

Sur la loi n° 2009-1312 du 28 oct. 2009 tendant à garantir la parité de financement entre les écoles élémentaires publiques et privées sous contrat d'association lorsqu'elles accueillent des élèves scolarisés hors de leur commune de résidence : V. Bibl.

8. Participation financière. La commune de résidence est tenue de participer financièrement à la scolarisation d'enfants admis dans une école maternelle ou primaire d'une autre commune s'il est justifié que ces enfants remplissent les conditions prévues pour être scolarisés dans une autre commune. • CAA Douai, 22 janv. 2002, n° 99DA00219. ♦ La commune de résidence ne peut tirer argument de l'absence d'autorisation du maire de cette commune pour refuser de participer aux frais de fonctionnement de l'école privée située sur le territoire d'une autre commune. • TA Dijon, 28 févr. 2008, n° 0702443 : *préc. note 2.* ♦ La présence des grands-parents dans la commune d'accueil n'oblige pas la commune de résidence à prendre en charge les frais de fonctionnement correspondants. • TA Nancy, 2 août 2002, n° 011330.

9. Participation financière. Conditions. Fratrie. Notion d'établissement scolaire. Le Conseil d'État affirme qu'il résulte des travaux préparatoires de la L. n° 86-29 du 9 janv. 1986 dont est issu l'art. L. 212-8 que la prise en charge obligatoire de la scolarisation d'un enfant en raison de ce qu'il est scolarisé dans la même commune qu'un frère ou une sœur, doit s'entendre comme relative aux enfants dont un frère ou une sœur est scolarisé dans une école de cette commune, à l'exclusion, notamment, des situations dans lesquelles le frère ou la sœur serait scolarisé dans un collège ou un lycée implanté sur cette commune. Par suite, en limitant la prise en charge obligatoire des frais de scolarisation des enfants dont un frère ou une sœur est scolarisé dans une autre commune aux seules hypothèses de scolarisation de ce frère ou de cette sœur dans un établissement scolaire de cette commune, à savoir une école maternelle, une classe enfantine ou une école élémentaire publique, le 3° de l'art. R. 212-21 ne méconnaît pas l'art. L. 212-8. • CE 6 juin 2018, n° 410463 A : *AJDA 2018.*

1196 ; AJFP 2018. 532, note Defert ; LIJ 2018, n° 204, p. 7.

10. Participation financière. Conditions. Fratrie. Enfant ayant un frère ou une sœur qui poursuit sa scolarité dans la commune d'accueil. Le Conseil d'État précise que lorsqu'un enfant a un frère ou une sœur qui poursuit sa formation préélémentaire ou sa scolarité primaire dans cette autre commune, la commune de résidence est tenue de participer financièrement à la scolarisation de l'enfant alors même qu'elle n'y était pas tenue et ne l'avait jamais été en ce qui concerne le frère ou la sœur en question. • CE 4 oct. 2019, n° 422992 A : *AJDA 2019. 1965* .

11. Participation financière. Conditions. Justifications. Le tribunal administratif de Dijon a estimé que si une commune de résidence est tenue de participer aux charges de fonctionnement de l'école située en dehors de son territoire et qui scolarise certains de ses enfants, c'est à la condition qu'on lui adresse annuellement les justificatifs de cette scolarisation dans une autre école. En l'espèce, le juge a relevé que ni la commune ni le préfet n'ont justifié, devant le tribunal, de la réalité de telles obligations en 2014/2015 ; il en déduit que l'arrêté a donc fait une inexacte application des art. L. 212-8 et R. 212-21. • TA Dijon, 4 déc. 2017, n° 1701266.

12. Déménagement. Contribution de la commune de résidence. L'obligation de laisser un enfant terminer un cycle scolaire entamé dans l'école d'une autre commune n'implique pas en elle-même l'obligation de la commune de résidence de contribuer aux dépenses de fonctionnement de cette école. La scolarisation d'un enfant dans une école d'une commune autre que celle de sa résidence ne peut être remise en cause avant le terme du cycle scolaire. D'autre part, la commune de résidence qui dispose d'une capacité d'accueil suffisante n'est pas tenue de participer financièrement à la scolarisation d'enfants admis dans une école d'une autre commune sauf s'il est justifié que ces enfants remplissent les conditions prévues à l'art. R. 212-21 C. éduc. (obligations professionnelles des parents, inscription d'un frère ou d'une sœur dans un établissement scolaire de la même commune, raisons médicales). Dès lors, la commune de résidence n'a pas à participer aux frais de scolarisation d'enfants qui bénéficient d'un droit à achever le cycle entamé dans une école maternelle ou primaire de la commune d'accueil, mais ne justifient plus remplir, à titre personnel, une des conditions précitées (• CAA Douai, 16 janv. 2002, n° 99DA00183). Le déménagement ne constitue pas un des trois cas dérogatoires (• CAA Douai, 16 janv. 2002, n° 99DA00189). * Rép. min. n° 12802 : *JO Sénat Q. 25 déc. 2014, p. 2861.*

13. Répartition des dépenses entre commune d'accueil et commune de résidence des élèves. Les familles domiciliées à proximité de deux ou plusieurs écoles publiques ont la faculté de faire inscrire leurs enfants à l'une ou l'autre de ces écoles, qu'elle soit ou non sur le territoire de leur commune, à moins qu'elle ne compte déjà le maximum d'élèves autorisé par les règlements. Ni cette disposition ni aucun autre texte ne permettent à une commune de subordonner l'inscription, dans les écoles primaires, d'élèves domiciliés hors de son territoire, au versement d'une contribution financière par leur commune de résidence. • CE 27 juin 1990, n° 64690 A : *Dr. adm. 1990, comm. n° 444 ; AJDA 1990. 829, obs. Hecquart-Théron* • TA Clermont-Ferrand, 9 mars 1995 : *LPA, n° 111, 15 sept. 1995. 4, concl. Depaix.* ♦ La circonstance que la commune A. se refuserait à participer financièrement aux frais de la scolarisation dans les écoles maternelles ou primaires de la commune B. d'enfants domiciliés sur son territoire ne dispense pas la commune B. de payer la participation légalement mise à sa charge pour l'accueil dans les écoles de la commune A. des enfants résidant à B. • CAA Douai, 22 janv. 2002, n° 99DA00182. ♦ L'art. 89 de la loi n° 2004-809 du 13 août 2004, modifié par la loi n° 2005-850 du 27 juill. 2005, rend applicables, pour le calcul des contributions des communes aux dépenses obligatoires concernant les classes des écoles privées sous contrat d'association, les trois premiers alinéas de l'art. L. 212-8. La circulaire n° 2007-142 du 27 août 2007 du ministre de l'éducation nationale et du ministre de l'Intérieur n'a pas méconnu l'art. 89 en considérant que n'étaient pas applicables les autres alinéas de l'art. L. 212-8, qui permettent de tenir compte de la capacité d'accueil de la commune de résidence et énumèrent un certain nombre de cas dans lesquels celle-ci n'est pas tenue de contribuer au financement des écoles de la commune d'accueil. Elle n'a pas davantage méconnu le même art. en ajoutant qu'il devait être lu au regard du principe général d'équivalence, énoncé à l'art. L. 442-5, qui implique notamment que les capacités d'accueil des établissements scolaires de la commune de résidence soient prises en compte pour les élèves admis dans des établissements tant publics que privés d'une autre commune, ce qui fait obstacle à ce que soit mise à la charge de la commune de résidence une contribution supérieure par élève à celle qui lui incomberait si cet élève était scolarisé dans une école publique. Aucune disposition législative ou réglementaire n'interdit, une fois arrêté le montant de la participation de la commune de résidence de l'élève aux dépenses de fonctionnement de la classe accueillant l'élève, le versement direct de cette participation par la commune de résidence à l'établissement privé. • CE 2 juin 2010, n°s 309948, 310344 et 310402 B : *AJCT 2010. 40 ; AJDA 2010. 1120 ; LIJ 2010, n° 148, p. 30.*

14. Participation aux frais de scolarité en cas de garde alternée. Lorsqu'un des deux parents séparés inscrit l'enfant à l'école de sa commune de résidence ou dans une autre commune, l'accord préalable du maire de la commune de résidence de l'autre parent n'est pas nécessaire pour l'inscription de l'enfant à l'école. La question de l'inscription de l'enfant à l'école et du partage de la répartition des charges financières entre les communes d'accueil et de résidence de l'enfant doit donc être réglée au cas par cas et ne peut résulter que d'un accord entre les communes concernées, le maire de la commune d'accueil étant, en tout état de cause, seul compétent pour délivrer le certificat d'inscription dans une école de sa commune, dans la limite de ses capacités d'accueil. * Rép. min. n° 2943 : *JO Sénat Q 24 avr. 2008. 827.*

15. Cette participation, qui présente un caractère obligatoire, peut faire l'objet d'une procédure de mandatement d'office. • CAA Nancy, 31 oct. 1996, n° 952080 • CE 14 janv. 1998, n° 170105 B.

16. Enseignement bilingue. Le juge administratif estime que les dispositions de cet art. sont applicables aux écoles qui accueillent un enseignement bilingue. Dès lors, le maire ne peut subordonner l'inscription d'enfants dans une école bilingue au versement par la commune de résidence de ces élèves d'une contribution financière. • CAA Nancy, 1er déc. 2005, n° 05NC00416 : *AJDA 2006. 566*.

17. Limites. Absence de prise en charge. Cantine. La cantine scolaire constitue un service public facultatif. Les dépenses liées à son fonctionnement ne constituent donc pas des dépenses obligatoires. Par suite, elles ne peuvent être mises à la charge de la commune de résidence des enfants. • TA Clermont-Ferrand, 10 mars 2009, nos 080846 et 081659.

18. Limites. Absence de prise en charge. Activités périscolaires. Interrogée sur la question de la prise en compte des dépenses occasionnées par la mise en place des temps d'activités périscolaires liés à la réforme des rythmes scolaires dans le calcul de la répartition des charges de fonctionnement de l'école entre les communes de résidence et d'accueil, la DAJ répond que tout comme l'accueil avant ou après la classe se déroule sans que soient organisées des activités particulières, les temps d'activités périscolaires mis en place dans le cadre d'un PEDT constituent un service public facultatif que les communes ne sont pas obligées d'organiser dès lors que ces activités ne figurent pas parmi les dépenses obligatoires mises à leur charge au sens de l'art. L. 212-5. Elle rappelle que l'art. L. 212-8 exclut expressément les dépenses relatives aux activités périscolaires des dépenses qui peuvent être prises en charge par la commune de résidence au titre des dépenses de fonctionnement de l'école de la commune d'accueil. Par conséquent, les dépenses occasionnées par l'organisation d'activités périscolaires dans une commune d'accueil qui a conclu un PEDT, dès lors qu'elles ne figurent pas parmi les dépenses de fonctionnement de l'école, ne peuvent pas donner lieu à une contribution de la commune de résidence. * Note DAJ A1, n° 15-244, 11 sept. 2015 : *LIJ 2016, n° 191, p. 14.* ♦ Elle rappelle toutefois que la circonstance que les dépenses engagées pour organiser des temps d'activités périscolaires ne puissent pas donner lieu à remboursement de la part de la commune de résidence ne permet pas pour autant à la commune d'accueil d'exclure pour ce motif du bénéfice des activités périscolaires les enfants domiciliés dans une autre commune. En effet, lorsqu'une collectivité territoriale met en place un service public facultatif, elle doit respecter le principe d'égal accès à ce service. C'est pourquoi l'institution de différences de traitement n'est possible que s'il existe entre les usagers potentiels des différences de situation de nature à les justifier ou si des nécessités d'intérêt général en rapport avec l'objet du service commandent la discrimination (cf. CAA Paris, 2 juill. 2010, n° 09PA00974). Le Conseil d'État a admis que le service public puisse n'être offert aux administrés que s'ils ont un lien suffisant avec la commune, mais le fait de réserver l'accès au service aux seuls résidents méconnaît le principe d'égalité. * Note DAJ A1, n° 15-244, 11 sept. 2015 : *préc.*

IV. DÉTERMINATION DU MONTANT DE LA PARTICIPATION

19. Principe du coût moyen par élève. La contribution due par la commune de résidence aux dépenses de fonctionnement liées à l'accueil d'enfants de cette commune par les écoles d'une autre commune ne permet pas de faire contribuer la commune de résidence au financement des dépenses supportées par la commune d'accueil pour un montant supérieur au coût moyen de la scolarisation d'un élève, effectivement supporté par cette dernière. • CE 17 juin 1998, n° 169953 B. ♦ Une circulaire ne méconnaît pas les dispositions de l'art. L. 442-5, qui prévoient la prise en charge par les collectivités publiques des dépenses de fonctionnement des classes sous contrat dans les mêmes conditions que celles des classes de l'enseignement public, en faisant figurer parmi ces dépenses de fonctionnement le coût de remplacement occasionnel du mobilier scolaire et du matériel collectif d'enseignement. • CE 2 juin 2010, n° 309948 : *préc. note 13.*

20. Détermination du coût moyen. Le coût moyen s'apprécie en fonction des dépenses effectivement supportées par la commune d'accueil pour assurer le fonctionnement de ses écoles, même si ces dépenses ne revêtent pas le caractère de dépenses obligatoires, et dès lors toutefois qu'elles ne résultent pas de décisions illégales. Ainsi, un préfet a pu légalement, pour calculer le coût moyen par élève des écoles publiques d'une commune, prendre en compte les avantages particuliers consentis par le conseil municipal de cette commune au personnel de ses écoles, en matière de durée du travail, ces avantages ne méconnaissant aucune disposition législative ou réglementaire. • CE 7 avr. 2004, n° 250402 A : *AJDA 2004. 1196, concl. Goulard*. ♦ De la même manière, ont pu être légalement pris en compte, pour le calcul du coût moyen par élève les frais d'assurances relatifs aux immeubles scolaires et la subvention attribuée à la caisse des écoles, dont il n'est pas contesté qu'elle a été utilisée pour des achats de fournitures et pour l'entretien desdits immeubles. • CAA Bordeaux, 15 févr. 2005, n° 01BX01241.

21. Absence d'influence de la richesse fiscale de la commune. La circonstance que la commune de résidence disposerait de ressources non fiscales que son potentiel fiscal ne refléterait pas est sans incidence sur la légalité de l'arrêté fixant le montant de la participation, dès lors que la méconnaissance de ces éventuelles ressources n'a pu avoir pour effet que de minorer le montant de sa participation. • CAA Douai, 22 janv. 2002, n° 99DA00219 : *préc. note 8.*

22. Information sur les modalités de calcul. Si les coûts moyens par élève retenus par le préfet ne correspondaient pas à ceux fixés par le conseil municipal, les communes requérantes ne pouvaient se plaindre de ne pas avoir été informées des modalités de calcul des contributions litigieuses, dans la mesure où ces informations avaient été apportées lors de la réunion du conseil départemental de l'éducation nationale où les communes étaient représentées. • CAA Bordeaux, 8 juill. 2002, n° 99BX02300.

23. Délibération rétroactive. Illégalité. Une délibération fixant forfaitairement le montant de la participation annuelle aux frais de scolarité des élèves des communes extérieures intervenant en cours d'année scolaire est entachée de rétroactivité illégale. En l'espèce, le conseil municipal de la commune d'accueil avait fixé, par une délibération intervenue en cours d'année scolaire, une participation forfaitaire due par les communes extérieures. La commune d'accueil ayant ainsi entendu fixer forfaitairement pour l'ensemble de l'année scolaire le montant de cette participation, le juge a estimé que la délibération était entachée de rétroactivité illégale dès lors qu'elle prenait effet à une date antérieure à celle de son entrée en vigueur. L'illégalité de la délibération privant de base légale le titre exécutoire, le tribunal a déchargé la commune de résidence de l'obligation de payer la somme en litige. • TA Amiens, 3 mai 2019, n° 1700718 : *AJDA 2019. 1911*.

Art. L. 212-9 La commune peut se voir confier la construction ou la réparation d'un établissement public local d'enseignement par le département ou la région dans les conditions fixées aux articles L. 216-5 et L. 216-6.

BIBL. ▶ BOUZELY, La suppression de la participation des communes aux dépenses des collèges, *Rev. adm. 1990. 359.* – DUPONT-MARILLIA, Le maire et les EPLE, *Vie cnale et dptale, 2002. 232, 264 et 295.*

SECTION II CAISSE DES ÉCOLES

Art. L. 212-10 Une délibération du conseil municipal crée, dans chaque commune, une caisse des écoles, destinée à faciliter la fréquentation de l'école par des aides aux élèves en fonction des ressources de leur famille.

(L. n° 2005-32 du 18 janv. 2005, art. 130) **« Les compétences de la caisse des écoles peuvent être étendues à des actions à caractère éducatif, culturel, social et sanitaire en faveur des enfants relevant de l'enseignement du premier et du second degrés. A cette fin, la caisse des écoles peut constituer des dispositifs de réussite éducative. »**

(L. n° 2001-624 du 17 juill. 2001, art. 23) **« Lorsque la caisse des écoles n'a procédé à aucune opération de dépenses ou de recettes pendant trois ans, elle peut être dissoute par délibération du conseil municipal. »**

Le revenu de la caisse se compose de cotisations volontaires et de subventions de la commune, du département ou de l'État. Elle peut recevoir, avec l'autorisation du représentant de l'État dans le département, des dons et des legs.

Plusieurs communes peuvent se réunir pour la formation et l'entretien de cette caisse.

BIBL. ▶ **Caisse des écoles :** DIDRICHE, Les caisses des écoles. Bilan et perspectives d'un « vieux satellite » municipal, *AJCT 2018. 12*.

Sur la restauration scolaire : V. égal. Bibl. ss. art. L. 421-23.

1. Nature juridique. La caisse des écoles est un établissement public communal pourvu d'une personnalité juridique distincte de celle de la commune. • CAA Paris, 2 févr. 2005, *Mme Jocelyn X.*, n° 03PA03284.

2. Service public social. Dans un premier temps, le tribunal des conflits s'est engagé dans la voie de la reconnaissance des services publics sociaux. • T. confl., 22 janv. 1955, *Naliato : Lebon 614.* ♦ On retrouve cette reconnaissance notamment à propos d'une colonie de vacances gérée par l'administration. • CE 27 janv. 1971, *Caisse des écoles de La Courneuve*, n° 72707 : *D. 1973. 521.* ♦ Ensuite, le Tribunal des conflits, a, quelques années plus tard, mis fin à cette jurisprudence et a fini par renoncer à la catégorie des services publics sociaux. Les activités sociales relèvent donc, désormais, le plus souvent, des services à caractère administratif. • T. confl., 4 juill. 1983, *Préfet, commissaire de la République du Dpt de la Haute-Corse c/ Cour d'appel de Bastia*, n° 02306 : *Lebon 540*.

3. Fonctionnement. A la demande d'un sénateur sur les actions à engager pour répondre aux souhaits des écoliers, le ministre a répondu que les cantines et restaurants d'enfants attachés aux écoles élémentaires et maternelles sont organisés en application de l'art. 16 du Décr. n° 76-1301 du 28 déc. 1976 modifié qui prévoit qu'en dehors des heures d'activité scolaire la garde des enfants peut être assurée dans les locaux de l'école avec l'avis du conseil d'école et qu'elle est organisée et financée par la commune ou par une association régulièrement constituée conformément à la L. du 1er juill. 1901, en accord avec l'inspecteur d'académie, directeur des services départementaux de l'éducation nationale et la commune. Les problèmes touchant à l'organisation des cantines ne relèvent donc pas directement des services du ministère de l'éducation nationale mais des organisateurs (municipalité ou association type loi 1901) qui règlent toutes les questions qui s'y rapportent : financement, effectifs, assurances, montant de la participation demandée aux familles, personnel de surveillance. Cela étant, il reste que le ministère de l'éducation nationale attache une grande importance au bon fonctionnement des cantines scolaires, en particulier en ce qui concerne la qualité des repas servis aux enfants. Dans cette perspective, la note de service n° 82-598 du 21 déc. 1982, Éducation et Nutrition : « Premières recommandations pour la mise en œuvre d'actions éducatives concernant la restauration scolaire – sensibilisation, information et formation des enseignants et des différents personnels concernés » – énonce un certain nombre de suggestions allant dans le sens d'une meilleure organisation de la restauration scolaire en général. * Rép. min. n° 03835 : *JO Sénat Q 19 févr. 1987, p. 250.*

4. Compétence. Absence. Même si une caisse des écoles s'est vu confier par une commune la gestion de la restauration scolaire, le conseil municipal reste seul compétent pour en fixer les tarifs. • CE 11 juin 2014, *M. Legaret et a.*, n° 359931 : *Lebon ; AJDA 2014. 1231 ; ibid. 2137, note Long*. ♦ Le juge administratif confirme aussi la compétence du conseil de la ville de Paris pour fixer les tarifs de restauration scolaire dans les vingt arrondissements, alors même que le service est confié en gestion aux caisses des écoles. • CE 11 juin 2014, n° 359931 : *préc.*

5. Modalités de fonctionnement. Si les caisses des écoles constituent des établissements publics communaux, la détermination des conditions d'organisation et de fonctionnement de ces établissements n'appartient cependant pas aux autorités communales. • CE, ass., 24 mai 1963, *Féd. nat. des conseils de parents d'élèves des écoles publiques et a. et Sieur La Chapelle*, n° 52358 : *Lebon 321*.

6. Dissolution. Conditions. Dans une affaire où était contestée la dissolution de la caisse des écoles, le juge rappelle qu'une caisse des écoles ne peut être dissoute que si elle n'a procédé à aucune opération de dépenses ou de recettes pendant trois ans. En l'espèce, contrairement aux arguments développés par la commune de Roquebrune-sur-Argens, le juge précise qu'il ne ressort pas des travaux parlementaires de la L. n° 2001-624 du 17 juill. 2001 portant diverses dispositions d'ordre social, éducatif et culturel que l'intention du législateur était de permettre la dissolution d'une caisse des écoles, sans respecter la règle précitée de l'absence d'opération de dépenses ou de recettes pendant le délai prévu, dans le cas particulier où les compétences qu'elle exerce sont transférées à un autre établissement public administratif. • TA Toulon, 6 juin 2017, *Préfet du Var*, n° 1601737.

7. Audits. Documents communicables. Ces documents administratifs qui se rapportent à la gestion d'établissements publics communaux, sont intégralement communicables à toute personne qui en fait la demande. En l'espèce, s'ils contenaient une analyse complète de la structure des dépenses et des recettes de ces établissements, et notamment des éléments très précis sur le prix de revient du service public, il ne ressortait pas des informations transmises que la Ville de Paris envisageait à court ou moyen terme le lancement d'une procédure aboutissant à la mise en concurrence des caisses des écoles avec des prestataires de service extérieurs. La communication demandée n'était donc pas de nature fausser une telle procédure et à méconnaître de ce fait le secret industriel et commercial protégé par la loi. • CADA 31 août 2006, *Maire de Paris (Inspection générale)*, n° 20062651.

Art. L. 212-11 Les caisses des écoles peuvent remettre aux personnes qui rencontrent des difficultés sociales des titres dénommés "chèque d'accompagnement personnalisé" dans les conditions prévues à l'article L. 1611-6 du code général des collectivités territoriales.

Compétence. Aucune disposition de loi ne fait obstacle à ce que le conseil municipal qui règle les affaires de la commune, vote un crédit destiné à allouer des secours en nature aux élèves indigents de toutes les écoles privées et publiques et mette cette somme à la disposition du maire, appelé à exécuter les délibérations. Une telle délibération n'empiète pas sur les attributions de la caisse des écoles. • CE 26 juin 1914, *Cne de Questembert,* nº 53751 : *Lebon 776*. ♦ Mais en décidant, non pas d'accorder une subvention, comme il lui était loisible de le faire, mais d'assurer directement la gestion des activités de classe de neige pour une année donnée par l'inscription des frais correspondant au budget de la commune, un conseil municipal empiète illégalement sur les compétences de la caisse des écoles, établissement public communal à vocation scolaire auquel l'organisation et la gestion de cette activité avaient été antérieurement transférées. • TA Lille, 15 déc. 1992, *Segard c/ Cne de Sangatte : Lebon T. 1009*.

Art. L. 212-12 **Le receveur municipal assure gratuitement les fonctions de comptable des caisses des écoles publiques ou privées. Les opérations qu'il effectue en cette qualité sont décrites et justifiées dans un compte annexe qui est rattaché en un seul article aux services hors budget de la commune.**

Le comité ou conseil d'administration de la caisse des écoles peut, avec l'assentiment du receveur des finances, désigner un régisseur de recettes et de dépenses qui rend compte de ses opérations au receveur municipal. – *[L. nº 591 du 12 juin 1942, art. 1er.]*

SECTION III COLLÈGES

Art. L. 212-13 *et* L. 212-14 *Abrogés par L. nº 2003-339 du 14 avr. 2003, art. 2.*

SECTION IV UTILISATION DES LOCAUX SCOLAIRES

Art. L. 212-15 **Sous sa responsabilité et après avis du conseil d'administration ou d'école et, le cas échéant, accord de la collectivité propriétaire ou attributaire des bâtiments, en vertu des dispositions du présent titre, le maire peut utiliser les locaux** *(L. nº 2005-157 du 23 févr. 2005, art. 207)* **« et les équipements » scolaires dans la commune pour l'organisation d'activités à caractère culturel, sportif, social ou socio-éducatif pendant les heures ou les périodes au cours desquelles ils ne sont pas utilisés pour les besoins de la formation initiale et continue. Ces activités doivent être compatibles avec la nature des installations** *(L. nº 2013-595 du 8 juill. 2013, art. 24)* **« , l'aménagement des locaux et le fonctionnement normal du service. Elles doivent également respecter les principes de neutralité et de laïcité. »**

La commune ou, le cas échéant, la collectivité propriétaire peut soumettre toute autorisation d'utilisation à la passation, entre son représentant, celui de l'école ou de l'établissement et la personne physique ou morale qui désire organiser des activités, d'une convention précisant notamment les obligations pesant sur l'organisateur en ce qui concerne l'application des règles de sécurité, ainsi que la prise en charge des responsabilités et de la réparation des dommages éventuels.

A défaut de convention, la commune est responsable dans tous les cas des dommages éventuels, en dehors des cas où la responsabilité d'un tiers est établie.

BIBL. ▸ DURAND-PRINBORGNE et FIALAIRE, Espace et temps scolaire à l'épreuve de la décentralisation, *CRDP de Bourgogne et des Pays de la Loire, 1997*. – SCHWARTZ, Qui est compétent pour décider du sort des locaux scolaires ?, *AJDA 1995. 40* ; L'accueil périscolaire, *Vie cnale et dptale, nº 967, juin 2009. 155.*

1. Notion. La délibération d'un conseil municipal décidant d'affecter à un enseignement bilingue, ouvert à des habitants de plusieurs communes, une classe et différents locaux de l'école maternelle, vaut désaffectation de ces locaux du service public de l'école maternelle et non pas simple utilisation des locaux en dehors des heures scolaires. • CE 2 déc. 1994, nos 133726 et 141881 A : *AJDA 1995. 40, concl. Schwartz*.

2. Occupation illicite des locaux. Le juge des référés a rejeté une requête en référé liberté tendant à la réouverture d'un établissement scolaire bloqué par les opposants au CPE au motif de l'absence d'urgence du fait des vacances scolaires. L'association requérante demandait qu'il soit enjoint au chef d'établissement de faire cesser toute occupation illicite des locaux. Le juge des référés ne se prononce pas sur l'atteinte éventuelle à une liberté fondamentale. • TA Paris, ord., 10 avr. 2006, nº 0605334/9 : *AJDA 2006. 790*.

3. Occupation des locaux. Consultation du conseil d'école. Le juge administratif annule une convention conclue entre la ville de Reims et une association ayant pour objet l'occupation d'une partie du groupe scolaire pour y établir une école hors contrat en raison de l'absence de consultation préalable du conseil d'école. • TA Châlons-en-Champagne, 23 avr. 2019, n° 1800665.

4. Occupation des locaux. Convention. Une convention peut être passée entre l'organisateur de l'activité, la commune propriétaire des locaux scolaires et le représentant de l'école dans l'hypothèse où la commune ne serait pas propriétaire. La convention précise les obligations pesant sur l'organisateur en ce qui concerne l'application des règles de sécurité, ainsi que la prise en charge des responsabilités et la réparation des dommages éventuels. * Rép. min. n° 14596 : *JO Sénat Q 21 mai 2020, p. 2340.*

5. École ouverte. Accident de service. Saisie d'un cas relatif à un accident survenu dans le cadre d'une activité « école ouverte », la DAJ a rappelé que ce dispositif s'inscrit dans le prolongement du service d'enseignement et a un caractère complémentaire à ce service aux termes de la Circ. du 23 janv. 2003. Dans ces conditions, et en fonction des circonstances de l'espèce, il est possible d'appliquer la législation sur les accidents de service pour une personne recrutée dans le cadre de ce dispositif. * Lettre DAJ A2, n° 09-034, du 9 févr. 2009 : *LIJ 2009, n° 133, p. 23.*

6. Groupements politiques d'élèves. Un proviseur avait décidé, conformément à la proposition qui lui avait été faite par le conseil de l'établissement, d'autoriser la tenue, par des groupements politiques d'élèves, de réunions dans les locaux scolaires, à condition que ces réunions aient lieu en dehors des heures de cours, sans participation extérieure et sous le contrôle d'une commission désignée par le conseil d'établissement. Le juge estime que la circonstance que des groupements politiques d'élèves soient habilités à organiser des réunions politiques au sein du lycée est de nature, nonobstant les conditions dont cette autorisation est assortie, à porter atteinte au principe de neutralité auquel doivent se conformer, en la matière, les établissements scolaires. • CE 8 nov. 1985, n° 55594 A.

7. Réunion publique. Campagne électorale. En l'absence de toute disposition législative l'interdisant, les locaux des écoles primaires publiques et des établissements secondaires publics peuvent être utilisés, en dehors des heures ou périodes où se déroulent des heures d'enseignement initial réservé aux élèves et les actions de formation continue, pour les réunions d'information ou les débats précédant les différents scrutins dans le respect des dispositions jurisprudentielles. • CE, avis, 2 mai 1995, n° 357502. ♦ La DAJ, interrogée sur la possibilité pour un maire d'accueillir dans ces conditions une réunion dans le cadre des élections régionales, rappelle que l'organisation de tels réunions et débats ne doit pas nuire au fonctionnement du service public de l'enseignement ni conduire à une utilisation des locaux incompatible avec leur destination ; l'autorité dont dépend l'autorisation doit respecter le principe d'égalité de traitement entre les usagers : l'autorisation peut également être refusée pour des motifs tirés du maintien de l'ordre public. * *Lettre DAJ A1, n° 2010-097 du 21 avr. 2010 ; LIJ 2010, n° 147, p. 22.*

8. Utilisation de la cour de récréation. Dans une affaire où la convention en litige portait sur les locaux d'un groupe scolaire, propriété de la ville de Reims, qui n'étaient pas utilisés pour les besoins de la formation initiale et continue mais avait également pour objet d'attribuer à l'association en cause une partie de la cour de récréation qui, par suite, pendant la période fixée par la convention en litige, ne sera plus utilisée pour les besoins de la formation initiale et continue, le juge estime que la convention d'occupation du domaine public scolaire a été prise à l'issue d'une procédure irrégulière, le conseil d'école devant être consulté avant que le maire ne signe la convention attaquée, la compétence de ce conseil s'étendant ainsi à l'utilisation de la cour de récréation. • TA Châlons-en-Champagne, 23 avr. 2019, n° 1800665.

9. Bourses aux livres scolaires. Associations. V. notes ss. art. D. 111-6.

CHAPITRE III LES COMPÉTENCES DES DÉPARTEMENTS

BIBL. ► DOUENCE, La porte étroite (réflexions sur la réforme du système éducatif français par la loi du 25 janvier 1985), *RFDA 1985. 604.* – DURAND-PRINBORGNE, A propos de la politique de décentralisation : vers de nouveaux transferts de compétence en éducation et formation ?, *AJDA 2003. 65*. – DUTERCQ, La politique française de décentralisation en éducation : bilan et perspectives, *in* Éducation, les enjeux, *Doc. fr., coll. Regards sur l'actualité, n° 293, août-sept. 2003.* – FRIER, Les transferts de compétences dans les secteurs de la formation professionnelle, de l'éducation et de la culture, *AJDA 2004. 1984*. – JOUGUELET et LOLOUM, Effets juridiques du transfert des compétences en matière d'établissements publics d'enseignement, *AJDA 1991. 129*. – LAMARQUE et MILLER, Les chambres régionales des comptes et l'école, *AJDA 2001. 551*. – LANDREAU, Dépense d'éducation des collectivités territoriales : 35,7 milliards d'euros en 2016, *MEN, DEPP-A3, Note d'information, n° 18.01, janv. 2018.* – LEGRAND, L'éducation nationale en transition ?, *RFAP juill.-sept. 1996, n° 79.* – LEROYER-GRAVET, Les compétences des collectivités territoriales dans le domaine de l'éducation, *LIJ 2009, n° 140, p. 35.* – SCHRAMECK, Éducation et décentralisation : l'équilibre fragile du partenariat, *AJDA 1992. 85*. – SIMON, Le transfert de compétences en matière d'enseignement. Réflexions sur la genèse et la mise en œuvre d'une réforme, *Rev. adm. 1988. 12.* – SIMON, CARLE, LEGRAND et autres, La décentralisation du système éducatif, *RFAP juill.-sept. 1996, n° 79.*

COMMENTAIRE

Résultat du découpage révolutionnaire du territoire national, le département n'a eu longtemps qu'un rôle très limité dans le domaine scolaire. La loi du 9 juillet 1889 mit toutefois à sa charge les dépenses d'entretien du mobilier et du matériel pédagogique des écoles normales d'instituteurs. A l'époque où les écoles étaient déjà communales et les lycées à la charge de l'État, le département avait pu intervenir dans le secteur intermédiaire des écoles secondaires, catégorie résiduelle à côté des collèges souvent municipaux et des premiers cycles des lycées.

La loi n° 83-8 du 7 janvier 1983 a renforcé sa mission de solidarité et de péréquation, confortant notamment ses compétences dans le domaine social. Il est responsable de l'aide sociale à l'enfance. Le département est compétent pour l'enfance (aide sociale à l'enfance : ASE, protection maternelle et infantile : PMI, adoption, soutien aux familles en difficulté financière) et les personnes handicapées (prestations de compensation du handicap, transport individuel et collectif, maison départementale des personnes handicapées : MDPH).

A ce titre, il se voit confier des responsabilités éducatives ; c'est ainsi qu'il revient au département d'élaborer le schéma départemental de scolarisation des enfants du voyage (art. L. 213-10). Il prend en charge les frais de déplacement des élèves et étudiants handicapés. Le président du conseil général participe à la lutte contre l'absentéisme scolaire (V. livre Ier, art. L. 131-8) et à l'obligation de formation des jeunes de 16 à 18 ans (V. art. L. 114-1 ; R. 114-7 ; CASF, art. L. 121-2, L. 263-1).

Par ailleurs, il élabore le schéma départemental de développement des enseignements artistiques (art. L. 213-10). La loi n° 2019-791 du 26 juillet 2019 pour une école de la confiance lui confie en outre une responsabilité prospective en liaison avec l'État dans le champ de la préscolarisation, désormais réduit aux moins de trois ans. En effet son article 14 prévoit qu'un ***plan départemental d'accueil du jeune enfant et de soutien à la parentalité***, élaboré avec le conseil départemental, doit permettre le pilotage et favoriser la mutualisation des moyens consacrés à l'accueil des enfants de moins de trois ans, quel que soit le type de structure où ils sont accueillis, et des dispositifs d'accueil et de soutien à l'intention de leurs parents, notamment au bénéfice des familles vivant dans un environnement social défavorisé, que ce soit dans les zones urbaines, rurales ou de montagne.

En outre, la loi lui a conféré des responsabilités importantes dans le domaine scolaire en le chargeant des collèges et du transport scolaire.

En 2014, la suppression de l'échelon départemental avait été envisagée. La loi NOTRe n° 2015-991 du 7 août 2015 retire au département la compétence en matière de transport scolaire, transférée à la région à partir du 1er janvier 2017, mais lui laisse les collèges et, sur plusieurs points, conforte ce niveau d'administration. Ainsi, le département, conjointement avec l'État, élabore un schéma départemental d'amélioration de l'accessibilité des services au public, en associant les établissements publics de coopération intercommunale (EPCI) à fiscalité propre pour définir un programme d'actions destiné à renforcer l'offre de services dans les zones présentant un déficit d'accessibilité des services qui comprend un plan de développement de mutualisation des services (L. du 7 août 2015 préc., art. 98).

Les compétences du département (ou de la région) en matière de construction, de reconstruction, d'aménagement, d'entretien et de fonctionnement des collèges peuvent en outre être exercées par une autre collectivité territoriale ou un établissement public de coopération intercommunale à fiscalité propre (CGCT, art. L. 1111-8) et par les métropoles (CGCT, art. L. 4221-1, loi de modernisation de l'action publique territoriale n° 2014-58 du 27 janv. 2014), collectivités à statut particulier au sens de l'article 72 de la Constitution qui exercent de plein droit les compétences du département en matière d'investissement, d'équipement et de fonctionnement des collèges en application de l'article L. 3641-2 du code général des collectivités territoriales et peuvent se voir déléguer, par convention, les compétences de la région en matière d'investissement, d'équipement et de fonctionnement des lycées en application de l'article L. 3641-4 du code général des collectivités territoriales.

LES ÉTABLISSEMENTS SECONDAIRES

Dans la logique des *« blocs de compétence »*, le département a la charge des collèges, la région des lycées (en précisant qu'il s'agit tant des lycées *« éducation nationale »* auxquels s'ajoutent les établissements d'éducation spéciale que des lycées qui relèvent de l'agriculture ou des affaires maritimes, art. L. 214-5). La similitude des solutions, les formulations identiques de plusieurs articles ou les renvois d'un chapitre à l'autre (art. L. 214-8) nous amènent à traiter ici non seulement de la compétence des départements mais aussi de celle des régions, les uns et les autres se voyant ériger en collectivités de rattachement des établissements publics locaux d'enseignement que sont tant les collèges que les lycées. L'intervention des collectivités est désormais globale, s'attachant tant à l'investissement qu'au fonctionnement (sur l'intervention des collectivités territoriales dans le financement des établissements privés sous contrat, V. livre Ier, chapitre VI ; livre IV).

I. INVESTISSEMENT

A. PROGRAMME PRÉVISIONNEL DES INVESTISSEMENTS

Si les établissements publics locaux d'enseignement sont créés par arrêté du représentant de l'État (préfet) sur la proposition du conseil départemental, pour les collèges, et du conseil régional, pour les lycées, celui-ci est préalablement saisi d'une proposition de la collectivité (art. L. 421-1). Auparavant, l'organe délibérant, conseil départemental (art. L. 213-1) ou conseil régional (art. L. 214-5) établit le programme prévisionnel des investissements (PPI). Ce document est conçu comme la déclinaison opérationnelle du schéma prévisionnel des formations des lycées et collèges arrêté par le Conseil régional (art. L. 214-1). ***Il a pour objet de fixer « la localisation des établissements, leur capacité d'accueil... et leur mode d'hébergement »*** en tenant compte de critères d'équilibre, démographique, économique et social (il en est de même pour la sectorisation qui doit prendre en considération ces différents critères, CAA Nantes, 7 juin 2017, n° 17NT00898). Le projet doit être soumis au CDEN (PPI collèges) ou au CAEN (PPI lycées) où les différents partenaires, élus, personnels de l'éducation nationale et parents d'élèves sont appelés à donner leur avis à l'issue d'un débat général. La localisation envisagée pour les établissements impose que les collectivités sur le territoire desquelles une construction est programmée, communes (ou EPCI) pour le conseil général, départements et communes (EPCI) pour le conseil régional, donnent leur accord préalable. L'article 20 de la loi du 8 juillet 2013 de refondation de l'École de la République souhaite favoriser la mixité sociale en réunissant dans un même secteur de recrutement plusieurs collèges publics d'un même périmètre de transports urbains (art. L. 213-1).

La Cour des comptes a pu considérer que la programmation était de qualité variable ; basée sur une mauvaise connaissance du patrimoine scolaire transféré (les procès-verbaux constatant la mise à disposition prévue à l'article L. 1321-1 du CGCT établis contradictoirement par le représentant de l'État et les collectivités n'ont pas permis de dresser un inventaire complet de l'état des bâtiments et des travaux effectués), elle ne traduit pas souvent une vision synthétique, listant parfois des projets mal évalués générateurs de surcoût (*« La gestion du système éducatif »*, 19 mars 2003).

L'article 81 de la loi n° 2004-809 du 13 août 2004 a ajouté une rubrique au PPI collèges. Désormais, le conseil départemental doit dans ce cadre arrêter le *« secteur de recrutement »* de chaque collège (art. L. 213-1, al. 2). Auparavant, la *« sectorisation »*, la délimitation des *« secteurs scolaires »* définis comme les zones de desserte de chaque collège public (art. D. 211-10), était une compétence de l'État exercée par l'Inspecteur d'académie. Le département reçoit une nouvelle responsabilité, alors cohérente avec sa compétence dans le domaine des transports scolaires ; si cette liaison concerne surtout le milieu rural, le véritable enjeu concerne les zones urbaines : c'est au Conseil départemental d'assurer désormais la *« mixité sociale »*, de fixer la « carte scolaire » répartissant les élèves entre les collèges (toute réforme ou assouplissement passe donc par une réflexion associant les conseils départementaux). L'État peut toutefois inciter les autorités départementales à agir en leur apportant une aide financière. Ainsi, le plan « Espoir banlieue » présenté en février 2008 propose de briser les ghettos scolaires en procédant à la destruction des collèges les plus délabrés et à leur reconstruction dans le cadre du programme national de rénovation urbaine avec un financement de l'ANRU. Une fois les secteurs définis, les élèves sont affectés dans les collèges par l'autorité compétente de l'État que reste l'IA-DASEN (art. L. 213-1, al. 4 ; la formulation de ce nouvel alinéa impose une réécriture de l'art. D. 211-11 aux termes duquel l'IA-DSDEN détermine l'effectif maximum que chaque collège peut accueillir, ce qui relève aujourd'hui du conseil départemental, et donne une autorisation d'inscription aux seuls élèves ne résidant pas dans le secteur). Par contre pour les lycées, la règle n'a pas changé : l'IA-DSDEN détermine l'effectif maximum et doit donner son autorisation pour l'inscription des élèves ne résidant pas dans la zone de desserte du lycée désignée sous le nom de *« district »*, regroupant une variété suffisante de formations pour y permettre l'orientation (art. D. 211-11).

B. CONSTRUCTIONS

Le département pour les collèges (art. L. 213-1), la région pour les lycées (art. L. 214-6) assurent *« la construction, la reconstruction, l'extension, les grosses réparations, l'équipement »*. Les dépenses de construction et **grosses réparations** des collèges sont classées parmi les dépenses obligatoires pour le département (CGCT, art. L. 3321-1, 14°), comme *« les dépenses dont elle a la charge en matière d'éducation nationale »* (CGCT, art. L. 4321-1, 7°) pour la région. Le budget de la collectivité prévoit les crédits nécessaires en section d'investissement, alimenté en recettes par la dotation départementale d'équipement des collèges (CGCT, art. L. 3323-3 ; C. éduc., art. L. 213-9 qui reprend les règles applicables à sa détermination et son affectation du CGCT, art. L. 3334-16), par la dotation régionale d'équipement scolaire pour les lycées (art. L. 214-11 ; CGCT, art. L. 4332-3).

Pour les ***opérations de construction et d'équipement***, les collectivités peuvent confier à l'État l'exercice, en son nom et pour son compte, de tout ou partie de la maîtrise d'ouvrage : définition des conditions administratives et techniques, préparation du choix du maître d'œuvre et des entrepreneurs, réception de l'ouvrage (art. 3 de la L. n° 85-704 du 12 juill. 1985 relative à la maîtrise d'ouvrage publique et à ses rapports avec la maîtrise d'œuvre privée ou loi MOP, *JO 13 juill., p. 7914*). D'autres personnes publiques, collectivités territoriales ou établissements publics peuvent se voir confier les mêmes attributions (art. 4). L'EPLE peut être ainsi délégataire pour les travaux d'entretien et de maintenance mais aussi des travaux plus importants pour lesquels il est nécessaire de conclure une convention de mandat (au sens de la L. du 12 juill. 1985 préc.).

Les départements et régions ont en outre la faculté d'accorder aux établissements secondaires privés d'enseignement général sous contrat d'association des subventions dans la limite du dixième des dépenses annuelles hors dépenses couvertes par les deniers publics (CE 19 déc. 1986, *Dpt de l'Aveyron : Lebon 657* ; CE, sect., 10 nov. 1993, *Préfet de la région Île-de-France : Lebon 318*), sauf pour l'enseignement technique aux termes de la loi Astier du 25 juillet 1919 (CE 18 nov. 1998, *Région Île-de-France : AJDA 1999. 371*).

C. PROPRIÉTÉ DES LOCAUX

Le département pour les collèges (art. L. 213-3), comme la région pour les lycées (art. L. 214-7), est aujourd'hui en principe propriétaire des locaux utilisés par les établissements publics locaux d'enseignement.

Dans un premier temps, après les premières lois de décentralisation, le transfert de compétences avait été accompagné de ***la mise à disposition*** de la collectivité compétente des biens meubles et immeubles (constructions existantes) utilisés par les établissements (art. L. 213-4 citant art. L. 1321-1 à L. 1321-6 CGCT, références de principe auxquelles il apporte plusieurs dérogations) que le propriétaire soit l'État ou une autre collectivité.

Cette mise à disposition de plein droit s'effectuait à titre gratuit. Le département, comme la région, assumait l'ensemble des obligations du propriétaire et disposait de tous les pouvoirs de gestion, renouvelant les biens mobiliers, pouvant autoriser l'occupation des biens remis (dans le respect des règles prévues pour l'utilisation des locaux scolaires), agissant en justice en lieu et place de la collectivité propriétaire ; il pouvait procéder à tous travaux de grosses réparations, de reconstruction, de démolition, de surélévation ou d'extension à la condition toutefois de ne pas remettre en cause l'affectation des biens au service public de l'éducation. Le département, comme la région, était substitué à la collectivité propriétaire dans ses droits et obligations découlant des contrats et marchés qu'elle avait conclus, la collectivité conservant toutefois la charge des emprunts contractés avant le transfert (de même la collectivité est substituée à l'État quand il n'était qu'utilisateur des biens, art. L. 213-6-III). En cas de désaffectation totale ou partielle des biens, la collectivité propriétaire recouvrait ses droits et obligations (art. L. 213-6-I ; CGCT, art. L. 1321-3).

Toutefois, les biens mis à disposition pouvaient être transférés au département (ou à la région) en *« pleine propriété »* (art. L. 213-6-II). Une convention fixait alors les modalités du transfert de propriété qui ne donnait lieu à la perception d'aucun droit, taxe ou honoraire (art. L. 213-6-II). De même, le département comme la région *« est propriétaire des locaux dont il a assuré la construction et la reconstruction »* (art. L. 213-3) ; au cas où le terrain appartenait à une autre collectivité, à l'État dans le cas d'un établissement préexistant au transfert, à la commune, à un EPCI ou à une autre collectivité territoriale, la solution consistait en une régularisation ultérieure.

L'article 79 de la loi n° 2004-809 du 13 août 2004 dispose d'ailleurs que *« les biens immobiliers des collèges (des lycées) appartenant à une commune ou un groupement de communes peuvent être transférés en pleine propriété au département (à la région), à titre gratuit »* (art. L. 213-3, al. 3 ; art. L. 214-7 qui vise aussi le cas où le propriétaire est le département alors que l'article L. 213-3 ne cite pas la région dont le patrimoine est, il est vrai, traditionnellement limité). Si ce transfert est suspendu à l'accord des parties, il est « de droit » quand le département (la région) a effectué sur ces biens des travaux de construction, de reconstruction ou d'extension.

Quant aux biens immobiliers des collèges (ou lycées) appartenant à l'État à la date d'entrée en vigueur de la loi du 13 août 2004, ils sont transférés au département (art. L. 213-3, al. 2) ou à la région (art. L. 214-7, al. 2) *« en pleine propriété »*.

En principe, la collectivité de rattachement est donc propriétaire. Il ne subsiste que quelques exceptions (biens communaux n'ayant donné lieu à aucuns travaux). L'évolution législative est importante ; les collectivités territoriales entrent pleinement dans une logique patrimoniale. Lors des débats sur l'évolution de l'offre de formation, elles pourront prendre en considération non seulement l'aménagement du territoire éducatif mais aussi la valeur du bien et l'intérêt de sa réalisation. Si le département et la région ont bien la *« pleine propriété »*, les biens en cause sont affectés au service public de l'éducation et spécialement aménagés à cet effet ; ils font donc partie de leur domaine public. Leur aliénation n'est possible que si, préalablement, ils ont fait l'objet d'une décision de désaffectation. Si *« la loi n'a pas précisé qui était compétent pour désaffecter les établissements secondaires »* (concl. Schwartz), le Conseil d'État a jugé que si la collectivité propriétaire peut changer l'affectation, il lui faut au préalable l'accord de l'État (CE ass., 2 déc. 1994, *Dpt de la Seine-Saint-Denis : AJDA 1995. 40, concl. Schwartz* ✐).

Gestionnaire de ses biens classés dans le domaine public, la collectivité départementale (ou régionale) peut accorder des concessions de logement à certaines catégories de personnels de l'État (art. L. 213-7 ; art. L. 214-9) soit pour nécessité absolue de service (chef d'établissement, adjoints, intendant…), soit pour simple utilité de service (art. R. 216-4 s. introduits par le décret n° 2008-263 du 14 mars 2008 relatif aux dispositions réglementaires du livre IV). Le transfert des personnels TOS amènera les collectivités à prendre le même type de mesure pour ses propres personnels (personnels de gardiennage, d'accueil…).

Les articles L. 216-1 et L. 551-1 permettent aux départements d'organiser, dans les établissements scolaires dont ils ont la responsabilité et pendant les heures d'ouverture de ces derniers, des activités éducatives, sportives et culturelles complémentaires, ou d'apporter leur concours à l'organisation d'activités périscolaires prolongeant le service public de l'éducation. Le maire de la commune (avec l'accord de la collectivité propriétaire) peut utiliser les locaux pour des activités à caractère culturel, sportif, social ou socio-éducatif s'ils ne sont pas utilisés pour la formation initiale ou continue (l'art. 24 de la loi du 8 juillet 2013 précise que cette utilisation doit être compatible avec l'aménagement des locaux et le fonctionnement normal du service et respecter les principes de neutralité et de laïcité (art. L. 212-5). L'article 25 va plus loin en insérant un article L. 213-2-2, issu d'un amendement introduit à l'Assemblée nationale, qui dispose que le président du conseil général (comme le président du conseil régional) peut autoriser l'utilisation de locaux et d'équipements scolaires des collèges, pendant les heures ou les périodes au cours desquelles ils ne sont pas utilisés pour les besoins de la formation initiale et continue, par des entreprises et par des organismes de formation (pour y organiser des formations). Il s'agit alors de valoriser le potentiel représenté par les locaux scolaires, ce qui semble être une solution de bon sens si tant est que les collectivités compétentes n'abusent pas de cette possibilité (avis CESC du 16 janv. 2013). A noter toutefois, que l'autorisation peut être aussi donnée à des associations, pour les besoins de l'éducation populaire, de la vie citoyenne et des pratiques culturelles et artistiques. Les activités organisées dans les locaux des EPLE doivent être compatibles avec la nature des installations, l'aménagement des locaux et le fonctionnement normal du service ; elles doivent également respecter les principes de neutralité et de laïcité. L'autorisation est subordonnée à la passation d'une convention entre le représentant de la collectivité, celui de l'établissement et la personne physique ou morale qui organise ces activités (convention obligatoire alors qu'elle est facultative dans le cas prévu à l'art. L. 212-5) ; elle précise les obligations pesant sur l'organisateur en ce qui concerne l'application des règles de sécurité, la prise en charge des responsabilités et de la réparation des dommages éventuels ainsi que les conditions financières de l'utilisation des locaux et équipements dans le respect du code général de la propriété des personnes publiques (art. L. 233-2-2).

D. DÉPENSES D'ÉQUIPEMENT

Outre la charge des constructions, les départements et les régions ont celle de l'équipement (art. L. 213-2 ; art. L. 214-6) à l'exception des *« dépenses relatives au premier équipement »* (art. D. 211-14) réalisées dans le cadre d'un programme d'intérêt national et correspondant à l'introduction de nouvelles technologies ou à la fourniture de matériels spécialisés indispensables à la rénovation des enseignements (matériels informatiques et logiciels ; matériels périphériques, notamment audiovisuels ; matériels de bureautique et de productique ; équipements spécialisés en électronique du domaine de cette filière ; équipements technologiques de communication télématique ou audiovisuelle ; équipement des ateliers pour l'enseignement de la technologie dans les collèges...). Cette énumération qui, à défaut de définition claire, permet d'approcher la notion de *« premier équipement »* demanderait à être revue. A une époque où les progrès techniques frappent rapidement d'obsolescence les matériels et logiciels utilisés dans les établissements scolaires, on peut se demander si la location ne constitue pas une meilleure formule. L'État a voulu ainsi affirmer sa compétence dans le domaine pédagogique et marquer sa volonté de moderniser les établissements. Mais les difficultés budgétaires qu'il connaît amènent parfois ses représentants à solliciter les partenaires locaux en leur demandant de prendre le relais, notamment dans le cadre des contrats de plan État-région.

II. FONCTIONNEMENT

Le département, comme la région, assure le fonctionnement des établissements, collèges (art. L. 213-2) et lycées (art. L. 214-6) à l'exception des dépenses qui sont à la charge de l'État. Outre les dépenses de personnel (rémunérations et indemnités des personnels d'enseignement, de surveillance, d'éducation, d'administration et de direction V. art. L. 211-8, sous réserve de l'art. L. 216-1), l'État assure les dépenses pédagogiques dont la liste est fixée par décret en Conseil d'État. L'article D. 211-15 mentionne la fourniture des manuels scolaires (dans les collèges et les établissements d'éducation spéciale, mais non dans les lycées) et des documents pédagogiques à usage collectif dans les lycées professionnels, les projets d'action éducative, la recherche et l'expérimentation pédagogiques, et la maintenance des matériels acquis par l'État au titre du premier équipement. En dehors de ces postes, les dépenses de fonctionnement des collèges et lycées sont pour le département et la région des dépenses obligatoires (CGCT, art. L. 3321-1, 7° *dépenses de fonctionnement des collèges* ; CGCT, art. L. 4321-1, 7° *dépenses dont elle a la charge en matière d'éducation nationale*). Parmi celles-ci figurent notamment celles qui permettent la mise à disposition des élèves des installations sportives (CE 3 sept. 1997, *Ville de Montpellier : ACL 1998. 272*). L'organe délibérant, conseil général ou conseil régional, est tenu de les voter ; en cas contraire, le préfet doit inscrire d'office au budget de la collectivité les crédits nécessaires pour effectuer ces dépenses.

L'article 19 de la loi de refondation de l'École de la République tient compte des besoins du service public de l'enseignement numérique. Il précise que l'État a la charge « des dépenses de fonctionnement à caractère directement pédagogique dans les collèges, dont celles afférentes aux ressources numériques, incluant les contenus et les services, spécifiquement conçues pour un usage pédagogique, ainsi que de la fourniture des manuels scolaires dans les collèges ». Par contre, « l'acquisition et la maintenance des infrastructures et des équipements, dont les matériels informatiques et les logiciels prévus pour leur mise en service, nécessaires à l'enseignement et aux échanges entre les membres de la communauté éducative sont à la charge du département » (art. 21 ; art. L. 213-2).

III. LES MISSIONS DE SERVICE PUBLIC DES COLLECTIVITÉS DE RATTACHEMENT

En transférant au département et à la région « ***l'accueil, la restauration, l'hébergement*** », ainsi que « ***l'entretien général et technique*** », l'article 82-I de la loi n° 2004-809 du 13 août 2004 (art. L. 213-2, al. 2 et L. 214-6) impose au département (et à la région) d'organiser de nouvelles missions de service public mises en œuvre au sein des établissements, notamment par les personnels ATTEE (Décr. n° 2017-913 du 15 mai 2017 relatif aux statuts du cadre d'emploi des ATTEE, catégorie C) placés sous l'autorité hiérarchique du président de la collectivité et sous l'autorité fonctionnelle du chef d'établissement assisté par son adjoint gestionnaire, chargé notamment, sous son autorité, d'organiser le travail des personnels administratifs et techniques et des relations avec la collectivité de rattachement (art. R. 421-13, II). Une convention passée entre l'établissement et la collectivité précise les modalités d'exercice des compétences respectives de la direction de l'établissement et de la collectivité (art. L. 421-23, II). Ces compétences matérielles sont exclusives des « missions d'encadrement et de surveillance des élèves » qui restent à la charge des établissements chargés du service public national de l'éducation.

Le service d'accueil assure les fonctions de concierge (contrôle de l'accès aux locaux, réception, renseignement, orientation des personnels et du public accédant à l'établissement) et de vaguemestre (transmission des messages et documents). Le ***service d'entretien*** regroupe l'entretien général (nettoyage quotidien des salles, couloirs, accès, espaces extérieurs, agencement intérieur, notamment préparation des salles de classe...) et l'entretien technique (petite maintenance mobilière et immobilière, installations électriques, sanitaires et thermiques, équipements bureautiques et audiovisuels... V. Décr. n° 2017-913 du 15 mai 2017 relatif aux statuts du cadre d'emploi des ATTEE). ***Le service d'hébergement*** répond aux besoins de l'internat ; ***le service de la restauration*** permet d'accueillir pensionnaires et demi-pensionnaires.

La restauration est un service public facultatif. Il en est ainsi tant pour les communes s'agissant des écoles (CE 5 avr. 1984, *Préfet commissaire du Gouvernement de l'Ariège*, n° 47875), que pour les départements et les régions ; tel était le cas avant le transfert de compétence (Décr. n° 85-935 du 4 sept. 1985, art. 1er ; CE, avis de 1986) ; la jurisprudence a repris la même solution pour la période postérieure (CE 11 juin 2014, n° 359931 : « le service de la restauration scolaire fournie aux élèves des écoles maternelles et élémentaires, des collèges et des lycées de l'enseignement public constitue un service public administratif à caractère facultatif » ; CE 24 juin 2019, *Dpt d'Indre et Loire*, n° 409659, annulant un arrêt retenant la solution contraire, CAA Nantes, 10 févr. 2017, *Cne de Fondettes*, n° 15NT01973). La collectivité fixe les modalités d'organisation du service et détermine les tarifs de la restauration scolaire fournie aux élèves (art. R. 531-52, Décr. n° 2006-753 du 29 juin 2006 qui ne dit mot des commensaux, personnels, tiers) ; une délibération du conseil de la collectivité est nécessaire, les taux fixés devant respecter le principe d'égal accès des usagers (ce qui n'interdit pas une différenciation sur la base du quotient familial, suivant les revenus des familles et le nombre d'enfants, la fixation des tarifs étant contrôlée par le juge administratif). Les tarifs les plus élevés ne peuvent être supérieurs au coût par usager, résultant des charges supportées par le service, après déduction des subventions qui lui sont versées (art. R. 531-53).

Les services sont organisés par les collectivités qui choisissent le mode d'exploitation ; la gestion peut être assurée directement par la collectivité compétente, déléguée à l'établissement (sauf travaux dits du « propriétaire »), confiée à la caisse des écoles (pour les communes : CE 11 juin 2014, n° 359931) ou externalisée par une convention de délégation de service public, marché de service, ou contrat de partenariat public privé (PPP) tant pour la totalité du service que pour une partie (pour la maintenance, l'entretien, le remplacement ; la livraison des plats servis par les agents...). Le service restauration et hébergement (SRH) peut faire l'objet d'un budget annexe au budget de l'établissement ; pour la restauration, la collectivité notifie les tarifs de chaque catégorie d'usager avec la dotation de fonctionnement ; elle donne à l'EPLE des instructions concernant certains postes du SRH (crédit-nourriture, charges de fonctionnement, frais de personnels, FCSH) et peut lui adresser des préconisations pour l'affectation du fonds de roulement et leur utilisation. La collectivité élabore le règlement du service d'hébergement et de la restauration : modalités de fonctionnement (hygiène et sécurité, nutrition, jours de fonctionnement, politique d'achat, remises d'ordre pour les élèves n'ayant pas pu déjeuner pendant un certain temps pour des raisons diverses : maladie, stages, ramadan).

Le département comme la région doit alors financer la dépense de personnel : la collectivité de rattachement « assure le recrutement et la gestion des personnels techniciens, ouvriers et de service (TOS) » exerçant leurs missions dans les collèges (art. L. 213-2-1) et dans les lycées (art. L. 214-6-1) dont ils sont « membres de la communauté éducative ». Leurs rémunérations et indemnités sont désormais à la charge des collectivités de rattachement, alors même qu'« ils concourent directement aux missions du service public de l'éducation nationale » (art. L. 213-2-1 et L. 214-6-1). Leurs missions sont fixées par le décret n° 2007-913 du 15 mai 2007 relatif au statut particulier du cadre d'emploi des ATTEE.

Comme pour les écoles, une partie des élèves peut venir d'un autre territoire que celui de la collectivité qui finance l'établissement. La loi n° 2004-809 du 13 août 2004 a introduit une solution inspirée par la règle applicable aux communes. Si plus de 10 % des élèves d'un collège résident dans un autre département, une participation aux charges de fonctionnement et de personnel pourra être demandée (art. L. 213-9). Il en est de même quand 10 % des élèves d'un lycée résident dans une autre région, la proportion étant ramenée à 5 % pour les lycées d'enseignement professionnel (art. L. 214-1). Le montant de cette participation doit être fixé par convention entre les deux départements ou entre les deux régions. En cas de désaccord, le ou les préfets de région concernés fixe (nt) les modalités de cette participation (art. L. 213-9 et L. 214-1). août 2004 dispose d'ailleurs que « les biens immobiliers des collèges (des lycées) appartenant à une commune ou un groupement.

III. LES CITÉS SCOLAIRES

Un même ensemble immobilier peut abriter à la fois un collège et un lycée auxquels s'ajoute parfois même un lycée professionnel. Le cas est fréquent tant dans les petites que dans les grandes agglomérations (cas des *« grands »* lycées parisiens ou de province qui ont conservé le *« petit lycée »*). L'un dépend du département, l'autre de la région avec des espaces et des services communs. Aussi est-il nécessaire de déterminer comment les charges se répartissent entre les deux collectivités.

Une convention doit être conclue par la région et le département. Elle porte sur les charges d'investissement (grosses réparations, équipement) et de fonctionnement. Depuis le 1er janvier 2005, date d'entrée en vigueur de la loi du 13 août 2004, elle doit aussi permettre de déterminer la collectivité chargée du recrutement et de la gestion des personnels techniciens, ouvriers et de service (art. L. 216-4).

IV. L'APPEL DE RESPONSABILITÉ (OU DE COMPÉTENCES)

La répartition des compétences telle qu'elle est fixée par la loi peut être modifiée à l'initiative des collectivités. Les articles L. 216-5 et L. 216-6 donnent en effet la possibilité au département et à la région de confier la responsabilité des opérations de construction et d'équipement mais aussi du fonctionnement des établissements secondaires à une autre collectivité. L'article L. 216-5 concerne les établissements existant avant le transfert de compétences et donne cette possibilité à la collectivité territoriale propriétaire (commune, département ou région) ; l'article L. 216-6 envisage la situation après le transfert de compétences et réserve la possibilité d'appel de compétences à la commune siège, même si elle n'est pas propriétaire des locaux. Dans les deux cas, la collectivité concernée peut laisser agir le groupement dont elle fait partie (EPCI), si celui-ci en fait la demande. Une convention est passée entre la collectivité compétente (département ou région) et celle qui souhaite se substituer à elle. Les crédits prévus pour les travaux sont alors versés à la collectivité appelante qui procède aux opérations d'extension, reconstruction, grosses réparations et équipement dans le premier cas, à la construction et à l'équipement dans le second. La collectivité appelante peut en outre se voir confier la charge du fonctionnement de l'établissement pour une durée minimale de 6 ans et au-delà si elle le souhaite.

La loi du 16 décembre 2010 portant réforme des collectivités territoriales prévoit que le département pour les collèges et la région pour les lycées peuvent confier à la métropole la compétence en matière de construction, d'aménagement, d'entretien et de fonctionnement des collèges, ainsi que l'accueil, la restauration, l'hébergement et l'entretien général et technique. L'article L. 5217-4 du CGCT dispose en outre que la métropole exerce de plein droit, en lieu et place des communes membres, les compétences en matière d'organisation des transports urbains, notamment pour les transports scolaires. ❑

SECTION PREMIÈRE COLLÈGES

Art. L. 213-1 **Le conseil départemental établit, après accord de chacune des communes concernées ou, le cas échéant, de chacun des établissements publics de coopération intercommunale concernés par les projets situés sur leur territoire, le programme prévisionnel des investissements relatifs aux collèges qui résulte du schéma prévisionnel des formations mentionné à l'article L. 214-1 du présent code.**

(L. nº 2004-809 du 13 août 2004, art. 81) **« A ce titre, le conseil départemental arrête après avis du conseil départemental de l'éducation nationale, en tenant compte de critères d'équilibre démographique, économique et social, la localisation des établissements, leur capacité d'accueil, leur secteur de recrutement et le mode d'hébergement des élèves. »** *(L. nº 2013-595 du 8 juill. 2013, art. 20)* **« Lorsque cela favorise la mixité sociale, un même secteur de recrutement peut être partagé par plusieurs collèges publics situés »** *(L. nº 2015-991 du 7 août 2015, art. 18)* **« dans le ressort territorial de l'autorité organisatrice de la mobilité ».**

(L. nº 2003-339 du 14 avr. 2003, art. 4) **« Les dispositions de l'article L. 214-4 sont applicables au département pour les collèges. »**

(L. nº 2004-809 du 13 août 2004, art. 81) **« Toutefois, les autorités compétentes de l'État affectent les élèves dans les collèges publics. »**

Sur la coopération entre les services de l'État et le conseil départemental en vue de favoriser la mixité sociale dans les collèges publics, V. art. D. 211-10 s.

1. Compétences conjointes. La fermeture d'un EPLE relève de la compétence conjointe du préfet et de la collectivité de rattachement. La délibération fixant la redéfinition de la sectorisation scolaire et la fermeture d'un établissement n'est pas subordonnée à la décision préalable de création ou de fermeture de l'EPLE qui incombe au préfet. • TA Châlons-en-Champagne, 14 juin 2007, nº 0601310 : *LIJ 2007, nº 117, p. 9.*

2. Localisation des collèges. Décision. Nature. Acte faisant grief. La délibération du conseil départemental modifiant la localisation des collèges afin de permettre la fermeture de l'un d'entre eux par le préfet est un acte faisant grief et non un acte préparatoire à la décision de fermeture. Il est donc susceptible de faire l'objet d'un recours pour excès de pouvoir. • CE 18 juill. 2018, ☎ nº 420043 B : *AJDA 2018. 1516* ✎ ; *AJCT 2018. 629, obs. Devidas* ✎ ; *LIJ 2018, nº 204, p. 8.*

3. Secteur de recrutement. Création. Secteur commun à plusieurs collèges publics. La création par le conseil de Paris d'un secteur scolaire « multi-collèges » dans le 18ᵉ arrondissement ne relève pas d'une expérimentation au sens de l'art. 37-1 Const. 58 et n'est pas davantage entachée d'une erreur manifeste d'appréciation au regard de l'objectif de favoriser la mixité sociale. En l'espèce, au regard de l'étude réalisée par un chargé de recherche au CNRS et des statistiques dont se prévalait le département de Paris, dont les requérants ne contestaient pas utilement la pertinence, le tribunal a relevé qu'il existait un écart sensible dans les profils sociaux des élèves des deux collèges concernés par la création d'un secteur de recrutement commun. Il a jugé en conséquence que la création de ce secteur commun était à même de favoriser la mixité sociale et n'était pas, par suite, entachée d'une erreur manifeste d'appréciation. • TA Paris, 19 déc. 2018, nº 1705656.

4. Degré de contrôle sur la définition du périmètre des secteurs scolaires. Au vu de l'évolution démographique du Morbihan qui a pour corollaire le tassement du nombre de collégiens à Vannes et au contraire leur forte augmentation en première et surtout en seconde couronne vannetaise, de la situation du nouveau collège de Plescop, de l'acquisition de la propriété du terrain d'assiette du collège à construire ainsi que des terrains avoisinants dotés d'équipements collectifs pouvant être mis à la disposition du futur établissement, de la localisation bien desservie par les voies de communication qui limite la longueur des transports scolaires, de la construction qui sera de nature à rétablir l'équilibre compromis dans le secteur entre l'enseignement public et l'enseignement privé, le juge conclut à l'absence d'une erreur manifeste d'appréciation. • CAA Nantes, 15 juin 2010, n° 09NT01892. ♦ Même solution pour une délibération litigieuse, la commune de Noisy-le-Grand ne démontrant pas que la révision litigieuse de la sectorisation des collèges de la commune serait entachée d'une erreur manifeste d'appréciation : • CAA Versailles, 5 juill. 2018, n° 17VE02857.

Art. L. 213-2 *(L. n° 2013-595 du 8 juill. 2013, art. 21)* **« Le département a la charge des collèges. Il en assure la construction, la reconstruction, l'extension, les grosses réparations, l'équipement et le fonctionnement.** *(L. n° 2019-791 du 26 juill. 2019, art. 26)* **« Lorsque la construction ou la réhabilitation d'un collège d'enseignement public est décidée, le conseil départemental tient compte, pour le projet de construction ou de réhabilitation, des recommandations pour une école inclusive de l'Observatoire national de la sécurité et de l'accessibilité des établissements d'enseignement mentionné à l'article L. 239-2. » A ce titre, l'acquisition et la maintenance des infrastructures et des équipements, dont les matériels informatiques et les logiciels prévus pour leur mise en service, nécessaires à l'enseignement et aux échanges entre les membres de la communauté éducative sont à la charge du département. »**

(L. n° 2004-809 du 13 août 2004, art. 82) **« Le département assure l'accueil, la restauration, l'hébergement ainsi que l'entretien général et technique, à l'exception des missions d'encadrement et de surveillance des élèves, dans les collèges dont il a la charge. »**

Pour la construction, la reconstruction, l'extension, les grosses réparations ainsi que l'équipement de ces établissements, le département peut confier à l'État, dans les conditions définies par les articles 3 et 5 de la loi n° 85-704 du 12 juillet 1985 relative à la maîtrise d'ouvrage publique et à ses rapports avec la maîtrise d'œuvre privée, l'exercice, en son nom et pour son compte, de tout ou partie de certaines attributions de la maîtrise d'ouvrage.

Dans ce cas, le département bénéficie du fonds de compensation pour la taxe sur la valeur ajoutée au titre des dépenses d'investissement correspondantes.

Le département bénéficie également du fonds de compensation pour la taxe sur la valeur ajoutée au titre des dépenses d'investissement qu'il verse aux établissements publics locaux d'enseignement qui lui sont rattachés, en vue de la construction, la reconstruction et les grosses réparations de ces établissements.

En application de l'art. L. 231-5 CRPA, et par dérogation au délai de 2 mois prévu à l'art. L. 231-1 du même code, le délai à l'expiration duquel le silence gardé par le département vaut décision d'acceptation est fixé à 3 mois pour les demandes d'accueil, de restauration et d'hébergement dans les collèges publics (Décr. n° 2015-1460 du 10 nov. 2015, art. 1er).

BIBL. ▸ Bouzely, La suppression de la participation des communes aux dépenses des collèges, *Rev. adm. 1979. 621.* – Duquet-Metayer, Monso, Une typologie des communes pour décrire le système éducatif, *MENJ-DEPP, Note d'information, n° 19.35, oct. 2019.* – Réglementation applicable aux internats scolaires, *Lettre DAJ A1, n° 08-268, du 23 oct. 2008, LIJ 2008, n° 130, p. 24.*

I. RÉPARTITION DES COMPÉTENCES

1. *Acquisition de terrains.* La commune ou l'établissement public de coopération intercommunale peut procéder à l'acquisition de terrains. Dans ce cas, un arrêté préfectoral de déclaration d'utilité publique peut intervenir au profit de la commune sans que l'on puisse tirer argument de la compétence du département. • CAA Marseille, 29 juill. 2004, *M. Paul X.*, n° 99MA02326.

2. *Participation des départements aux dépenses de fonctionnement.* Le conseil d'administration d'un collège ne peut légalement autoriser la passation d'une convention qui aurait pour effet de mettre à la charge de l'établissement des dépenses non prévues à son budget et excédant la limite des ressources dont il dispose, principalement constituées par le montant des participations arrêté par le département. Illégalité des délibérations de conseils d'administration de collèges autorisant la signature, par les principaux de ces collèges, d'une convention régissant la mise à disposition d'installations sportives par une municipalité, dont l'application devait entraîner des dépenses qui n'avaient pas été prises en compte dans les orientations budgétaires définies par le département, lequel n'avait donné aucun accord à la majoration correspondante de sa participation aux dépenses de fonctionnement des collèges concernés. • CE 3 sept. 1997, n° 154486 A : *D. 1999. 85, obs. Lachaume*.

3. Dépenses de fonctionnement. Limites. La fourniture d'un cahier d'exercices ne constitue pas une dépense de fonctionnement d'un collège devant être assurée par le département. En l'espèce il était soutenu qu'à défaut de l'État, le cahier d'exercices devait être mis à la charge du département, en tant que dépense de fonctionnement du collège. La cour rejette cet argument en jugeant que la seule circonstance qu'un cahier d'exercices destiné à l'usage exclusif d'un élève ne constitue pas un manuel scolaire, au sens de l'art. D. 211-15 C. éduc. dont la fourniture dans les collèges est mise à la charge de l'État, n'implique pas que la fourniture d'un tel document, destiné à une appropriation individuelle par les élèves et qui ne constitue donc pas une dépense de fonctionnement d'un collège, doive être assurée par le département, en application des dispositions de l'art. L. 213-2 C. éduc. • CAA Bordeaux, 13 juin 2013, n° 12BX01161 : *AJDA 2013. 2292*.

4. Dépenses de fonctionnement. Restauration scolaire. Dans une affaire où une commune demandait le remboursement des sommes qu'elle estimait avoir indûment supportées, le juge rappelle qu'à compter du 1er janv. 2005, les départements avaient, en vertu de la loi, la charge de la restauration dans les collèges et qu'ils étaient donc tenus d'assurer ce service public, les dépenses afférentes étant pour eux des dépenses obligatoires. Il souligne en outre que le principe de libre administration des collectivités territoriales invoqué par le département ne saurait faire échec à la répartition des compétences entre collectivités telle qu'elle est définie par la loi. • CAA Nantes, 10 févr. 2017, n° 15NT01973 : *LIJ 2017, n° 200, p. 5.*

5. Responsabilité de l'EPLE. Les établissements publics locaux d'enseignement étant dotés de la personnalité juridique et de l'autonomie financière, les décisions prises par l'organe délibérant de ces établissements en ce qui concerne l'utilisation des ressources qu'ils reçoivent de la collectivité de rattachement ne peuvent engager la responsabilité de cette dernière à l'égard des tiers. Une commune n'est en conséquence pas fondée à rechercher la responsabilité du département pour le refus d'un collège d'acquitter les sommes qu'elle lui réclame à raison de la mise à disposition des gymnases municipaux. • CAA Lyon, 23 juin 1992, n° 91LY00099 B • CAA Nancy, 10 juill. 1990, nos 89NC01543 et 90NC00139 A.

6. Responsabilité du département. Accident. Établissement neuf. Dommages de travaux publics. Faute. Lors de la fermeture du portail de l'établissement par une surveillante qui filtrait la sortie des élèves, le portail est tombé sur un parent d'élève qui se trouvait à l'extérieur de l'établissement. Le tribunal estime que la victime ne saurait être regardée comme étant totalement étrangère à la présence et au fonctionnement de l'ouvrage. Il en déduit qu'elle n'avait pas, lors de la survenance du dommage, la qualité de tiers mais celle d'usager de l'ouvrage public qui en est la cause. En l'espèce, le juge relève que si le portail était affecté d'un vice de conception dès sa réception des travaux de reconstruction du collège, aucune des réserves posées lors de la réception des aménagements extérieurs ne concernait le portail. Il relève aussi que le vice de conception présentait, eu égard à son importance et à sa visibilité, le caractère d'un vice apparent que le département ne pouvait légitimement ignorer lors de la réception de l'ouvrage. Il résulte enfin de l'instruction que ce vice de conception est à l'origine exclusive du dommage subi par la victime. Alors même que le laps de temps qui s'est écoulé entre la réception du portail par le département de la Moselle et le dommage est relativement restreint, le juge conclue que la requérante est fondée à soutenir que l'accident dont elle a été victime est imputable à un défaut d'entretien normal de l'ouvrage public et que le département de la Moselle a commis une faute de nature à engager sa responsabilité. • TA Strasbourg, 19 nov. 2019, n° 1801013 : *AJDA 2020. 748, concl. Sibileau*.

II. PROBLÈMES LIÉS AUX INSTALLATIONS SPORTIVES

7. Dépenses obligatoires. L'art. 14 de la L. du 22 juill. 1983, qui a transféré aux départements les dépenses d'investissement et de fonctionnement des collèges, est applicable aux dépenses de toute nature destinées à mettre à la disposition des élèves les installations sportives nécessaires à l'enseignement de l'éducation physique et sportive. Ces dépenses ont un caractère obligatoire. • CE 10 janv. 1994, nos 138121, 138182 et 141441 A : *AJDA 1994. 244*. ♦ Le préfet peut procéder à l'inscription d'office de ces dépenses au budget des collèges et, par voie de conséquence, au budget du département dont ils dépendent. • CE 3 sept. 1997, n° 154487 B : *D. 1999. 86, obs. Lachaume*.

Art. L. 213-2-1 *(L. n° 2004-809 du 13 août 2004, art. 82)* **Le département assure le recrutement et la gestion des personnels techniciens, ouvriers et de service exerçant leurs missions dans les collèges. Ces personnels sont membres de la communauté éducative et concourent directement aux missions du service public de l'éducation nationale dans les conditions fixées à l'article L. 421-23 et à l'article L. 913-1.**

BIBL. ► COSTANZO, Des changements de statut qui font peur, *in* Décentralisation de l'école. Réforme ou dégraissage ?, *Territoires, n° 440, sept. 2003.* – DURAND-PRINBORGNE, Décentralisation et transferts de personnels, *AJFP 2003, n° 4. 1* . – FERSTENBERT, Le transfert des personnels dans la loi relative aux libertés et responsabilités locales, *AJDA 2004. 1996* . – GONTCHAROFF, L'éducation bien plus qu'une matière administrative : la décentralisation de l'éducation Acte II (2003-...), *in* Décentralisation de l'école. Réforme ou dégraissage ?, *Territoires, n° 440, sept. 2003.* – HERTZOG, Des TOS et des sous, *AJFP 2004. 169* . – KADA, Emploi public et transferts de personnel, *RD publ. 2002. 847.* – VULBEAU, La communauté éducative, *in* Décentralisation de l'école. Réforme ou dégraissage ?, *Territoires, n° 440, sept. 2003.* – La gestion des personnels TOS, *coll. Dossiers d'experts, territorial Éditions.*

1. Compétences de la collectivité. Personnels TOS. Suite à un comportement jugé agressif et inapproprié à l'égard d'agents techniques territoriaux des établissements d'enseignement, le département demandait au recteur de prendre les mesures nécessaires pour faire cesser cette situation et retirait au gestionnaire toute autorité fonctionnelle au profit du seul principal du collège. Saisi aux fins d'annulation de cette dernière décision, le juge estime qu'aucun texte n'autorise la collectivité à retirer à un gestionnaire l'autorité fonctionnelle dont il dispose à l'égard de ces agents. • CAA Versailles, 9 juin 2016, n° 15VE01823 : *AJFP 2016. 348* ; *LIJ 2017, n° 196, p. 5.*

2. Emplois transférés. Nombre. Les modalités prévues par la convention type en vue de la détermination des effectifs des services ou parties de services mis à disposition pendant la période transitoire doivent respecter la règle du transfert définitif aux collectivités territoriales des « emplois pourvus » au 31 déc. de l'année précédant celle du transfert des compétences, sous réserve que leur nombre global ne soit pas inférieur à celui constaté le 31 déc. 2002. Cette disposition apporte une garantie quant au nombre des emplois transférés, elle n'implique pas, non plus qu'aucune autre disposition de la L. du 13 août 2004, que l'effectif des agents des services ou parties de service de l'État mis à disposition pendant la période transitoire ne connaisse aucune variation, en plus ou en moins, au cours de cette période. • CE 21 mars 2007, *Région des Pays de la Loire*, n° 278327 : *Lebon T. 698* ; *AJDA 2006. 660* .

Art. L. 213-2-2 *(L. n° 2013-595 du 8 juill. 2013, art. 25)* **Sous sa responsabilité, après avis du conseil d'administration et, le cas échéant, accord de la collectivité propriétaire des bâtiments, le président du conseil départemental ou le président du conseil exécutif de Corse peut autoriser l'utilisation de locaux et d'équipements scolaires des collèges, pendant les heures ou les périodes au cours desquelles ils ne sont pas utilisés pour les besoins de la formation initiale et continue, par des entreprises, par des organismes de formation et, pour les besoins de l'éducation populaire, de la vie citoyenne et des pratiques culturelles et artistiques, par des associations. Ces activités doivent être compatibles avec la nature des installations, l'aménagement des locaux et le fonctionnement normal du service. Elles doivent également respecter les principes de neutralité et de laïcité.**

Cette autorisation est subordonnée à la passation d'une convention entre le représentant du département ou de la collectivité territoriale de Corse, celui de l'établissement et la personne physique ou morale qui désire organiser ces activités, précisant notamment les obligations pesant sur l'organisateur en ce qui concerne l'application des règles de sécurité, la prise en charge des responsabilités et de la réparation des dommages éventuels ainsi que les conditions financières de l'utilisation des locaux et équipements dans le respect du code général de la propriété des personnes publiques.

Art. L. 213-3 **Le département est propriétaire des locaux dont il a assuré la construction et la reconstruction.**

(L. n° 2004-809 du 13 août 2004, art. 79) **« Les biens immobiliers des collèges appartenant à l'État à la date d'entrée en vigueur de la loi n° 2004-809 du 13 août 2004 relative aux libertés et responsabilités locales lui sont transférés en pleine propriété à titre gratuit. Ce transfert ne donne lieu au versement d'aucun droit, taxe** *(L. n° 2005-1720 du 30 déc. 2005, art. 72)* **« , »** *(Ord. n° 2010-638 du 10 juin 2010, art. 9)* **« contribution prévue à l'article 879 du code général des impôts » ou honoraires.**

« Les biens immobiliers des collèges appartenant à une commune ou un groupement de communes peuvent être transférés en pleine propriété au département, à titre gratuit et sous réserve de l'accord des parties. Lorsque le département effectue sur ces biens des travaux de construction, de reconstruction ou d'extension, ce transfert est de droit, à sa demande, et ne donne lieu au versement d'aucun droit, taxe *(L. n° 2007-*

1824 du 25 déc. 2007, art. 81) « , » *(Ord. n° 2010-638 du 10 juin 2010, art. 9)* « contribution prévue à l'article 879 du code général des impôts » ou honoraires. »

Logements de fonction. Taxe foncière. En vertu du 1° de l'art. 1382 CGI, sont exonérés de la taxe foncière sur les propriétés bâties les logements de fonction concédés par nécessité absolue de service. • CE 21 déc. 2006, *Région d'Île-de-France,* n° 282627. ♦ Mais les logements de fonction concédés par utilité de service et ceux qui font l'objet d'une convention d'occupation précaire sont imposables à la taxe foncière. Il ressort de la combinaison de ces deux articles qu'il appartient au conseil général de s'acquitter de cette taxe pour les logements assujettis à cet impôt situés dans un collège : * Lettre DAJ A1 n° 07-157 du 20 août 2007 : *LIJ 2007, n° 119, p. 31.*

Art. L. 213-4 Les dispositions des articles L. 1321-1 à L. 1321-6 du code général des collectivités territoriales, relatifs à l'exercice des compétences et à la mise à disposition des biens utilisés pour l'exercice des compétences transférées, s'appliquent aux constructions existantes sous réserve des dispositions ci-après.

Par dérogation aux dispositions du dernier alinéa de l'article L. 1321-1 et des articles L. 1321-4 et L. 1321-5 du code général des collectivités territoriales, les règles prévues aux articles L. 213-4 à L. 213-6 du présent code sont applicables à l'exercice des compétences et à la mise à disposition du département des collèges existants à la date du transfert de compétences en matière d'enseignement public et dont l'État n'est pas propriétaire.

I. — Les biens meubles et immeubles sont de plein droit, à compter de la date du transfert de compétences, mis à la disposition du département à titre gratuit.

Le département assume l'ensemble des obligations du propriétaire. Il possède tous pouvoirs de gestion. Il assure le renouvellement des biens mobiliers ; sous réserve des dispositions des articles L. 216-1 et L. 212-15 du présent code, il peut autoriser l'occupation des biens remis. Il agit en justice au lieu et place du propriétaire.

Le département peut procéder à tous travaux de grosses réparations, de reconstruction, de démolition, de surélévation ou d'addition de constructions qui ne remettent pas en cause l'affectation des biens.

Sous réserve des dispositions du paragraphe II ci-dessous en ce qui concerne les emprunts affectés, le département est substitué à la collectivité propriétaire dans ses droits et obligations découlant des marchés et contrats que la collectivité propriétaire a pu conclure pour l'aménagement, l'entretien et la conservation des biens remis ainsi que pour le fonctionnement des services. La collectivité propriétaire constate la substitution et la notifie à ses cocontractants.

Le procès-verbal constatant la mise à disposition prévu à l'article L. 1321-1 du code général des collectivités territoriales est établi contradictoirement entre les représentants de l'État, du département et de la collectivité propriétaire.

Les opérations en cours à la date du transfert de compétences sont achevées selon le régime juridique et financier sous lequel elles ont été commencées.

II. — La collectivité propriétaire conserve la charge du remboursement des emprunts qu'elle avait contractés avant le transfert de compétences, au titre des biens mis à disposition. — *[L. n° 83-663 du 22 juill. 1983, art. 14-1, I et II.]*

Art. L. 213-5 Une convention entre le département et la collectivité territoriale propriétaire passée après consultation des instances paritaires compétentes détermine la situation des personnels que la collectivité propriétaire affectait, au sein de ses propres services, antérieurement au transfert de compétences, à l'entretien et aux grosses réparations des biens mis à disposition. Cette convention précise également le devenir des moyens matériels utilisés pour ces prestations. Elle prévoit la mise à disposition du département des personnels et des moyens matériels et la possibilité de leur transfert à terme par accord des parties. Elle fixe également les modalités financières de la mise à disposition ou du transfert. A défaut de convention dans un délai d'un an à compter du transfert de compétences, il est procédé à la mise à disposition des personnels et des moyens matériels par le représentant de l'État dans le département dans des conditions fixées par décret en Conseil d'État et après avis des instances paritaires compétentes.

Jusqu'à l'intervention de la convention ou, à défaut, de la décision du représentant de l'État dans le département, ces personnels et ces moyens sont mis à disposition du département. — *[L. n° 83-663 du 22 juill. 1983, art. 14-1, III.]*

Art. L. 213-6 **I. – Les dispositions de l'article L. 1321-3 du code général des collectivités territoriales relatives au sort des biens en cas de désaffectation totale ou partielle sont applicables aux biens mis à disposition du département.**

II. – Par accord entre le département et la collectivité propriétaire, les biens mis à disposition du département peuvent être transférés à ce dernier en pleine propriété. Une convention fixe les modalités du transfert de propriété.

Ce transfert ne donne pas lieu à la perception de droit, taxe ou honoraire.

III. – Le département est également substitué à l'État dans les droits et obligations que celui-ci détenait en tant qu'utilisateur des biens mis à disposition.

Le département est substitué à l'État dans les contrats de toute nature que celui-ci avait conclus pour l'aménagement, l'entretien et la conservation des biens ainsi que pour le fonctionnement des services. L'État constate cette substitution et la notifie à ses cocontractants.

IV. – Lorsqu'un établissement public de coopération intercommunale a reçu compétence au lieu et place de la collectivité territoriale propriétaire, ce groupement exerce les prérogatives dévolues à la collectivité locale propriétaire par les articles L. 213-4 à L. 213-6 du présent code. – *[L. n° 83-663 du 22 juill. 1983, art. 14-1, IV à VII.]*

BIBL. ▶ ANDRIANTSIMBAZOVINA, La gestion du domaine public secondaire à l'épreuve de la décentralisation. La désaffectation des bâtiments des collèges et des lycées, *Rev. fr. décentralisation, mars 1996. 164.*

Le législateur a entendu partager la compétence pour l'organisation du service public de l'enseignement du second degré entre l'État d'une part, le département ou la région d'autre part. La décision de désaffectation des biens utilisés par un établissement d'enseignement du second degré ne saurait dès lors intervenir qu'au terme d'une procédure permettant de recueillir l'accord tant du représentant de l'État que des organes compétents de la collectivité territoriale dont relèvent ces biens. • CE, ass., 2 déc. 1994, *Dpt de la Seine-Saint-Denis*, n° 110181 : *Lebon 533* ; *AJDA 1995. 40, concl. Schwartz* ; *RFDA 1995. 655, note Lavialle*.

Art. L. 213-7 **Les conditions dans lesquelles le maintien des concessions de logement et des prestations accessoires est assuré à certaines catégories de personnels de l'État dans les établissements de la compétence des départements sont fixées par décret en Conseil d'État.** – *[L. n° 83-663 du 22 juill. 1983, art. 14-3.]*

Sur les concessions de logement accordées aux personnels de l'État dans les établissements publics locaux d'enseignement, V. art. R. 216-4 s.

1. Octroi. L'octroi de concessions de logements pour nécessité absolue de service doit permettre au chef d'établissement d'organiser les permanences des agents de manière à assurer la totalité du service intérieur et la permanence administrative dans l'établissement dont il a la charge. Les périodes durant lesquelles un agent est astreint à être présent dans le logement qui lui est attribué dans le cadre d'une concession de logement pour nécessité absolue de services ne font pas partie du temps de travail effectif. • CE 30 déc. 2002, *Féd. des synd. généraux de l'éducation nationale et de la recherche publique CFDT*, n° 214518.

2. Conditions requises. Selon l'art. R. 94 C. dom. Ét., applicable aux concessions de logement accordées dans les établissements publics locaux d'enseignement par les collectivités de rattachement : « Il y a nécessité absolue de service, lorsque l'agent ne peut accomplir normalement son service sans être logé dans les bâtiments où il doit exercer ses fonctions. Il y a utilité de service lorsque, sans être absolument nécessaire à l'exercice de la fonction, le logement présente un intérêt certain pour la bonne marche du service ». Dès lors qu'un ouvrier d'entretien n'a plus, dans ses attributions de service, l'obligation d'assurer en permanence la maintenance et le dépannage des installations de chauffage de l'établissement, cette mission ayant été confiée à une entreprise privée, il ne remplit plus les conditions pour bénéficier d'un logement par nécessité absolue de service. La circonstance que l'intéressé participait au service d'astreinte institué la semaine en dehors des heures normales de service à raison d'une semaine sur trois n'exigeait pas qu'il soit logé dans le bâtiment où il exerçait ses fonctions. • CAA Bordeaux, 1er déc. 1987, *M. Félix Biscay*, n° 95BX00185.

3. Ordre d'attribution. Aucune disposition législative ou réglementaire ne donne compétence au président du conseil exécutif de Corse pour transformer en ordre de priorité une simple énumération et ainsi restreindre le pouvoir de proposition du conseil d'administration de l'établissement public local d'enseignement. • CAA Marseille, 17 avr. 2007, *Collectivité territoriale de Corse*, n° 04MA00715 : *LIJ 2007, n° 117, p. 18.*

4. Perte du bénéfice du logement. L'art. R. 99 C. dom. État prévoit que la durée d'une concession de logement « est strictement limitée à celle pendant laquelle les intéressés occupent effectivement les emplois » qui la justifie. Ces dispositions limitent la durée de la concession à l'occupation effective de l'emploi mais ne font nullement obstacle à ce qu'il y soit mis fin alors même que l'emploi est encore occupé, en raison du caractère précaire et révocable à tout moment de la concession. • CAA Paris, 18 mai 1995, *Mlle Micheline Z.*, n° 94PA00526. ♦ Un agent ayant fait l'objet d'une mutation d'office à titre disciplinaire se trouve privé de tout titre à occuper son logement à compter de l'intervention de l'arrêté de mutation et alors même que l'intéressé a formé contre cet arrêté un recours pour excès de pouvoir. • CAA Lyon, 7 déc. 1993, *M. Roger Bensoussan*, n° 93LY00936. ♦ Même solution pour un agent placé en congé de longue maladie. • CAA Marseille, 10 juill. 2001, *Mme Y.*, nos 99MA00467 et 99MA01448.

5. Transformation de la concession. Sur la transformation d'une concession de logement par nécessité absolue de service en concession accordée par utilité de service pour un agent en congé longue maladie : V. MEN, Lettre DAJ A1 n° 08-036 du 18 févr. 2008 : *LIJ 2008, n° 124, p. 26.*

6. Expulsion. Le maintien dans les lieux de l'agent faisant obstacle à l'installation sur place de son successeur au poste de gestionnaire du collège et perturbant de ce fait le fonctionnement normal du service public, la libération du logement présentait un caractère d'urgence de nature à justifier la mesure d'expulsion prescrite par le juge des référés. • CAA Lyon, 7 déc. 1993, *M. Roger Bensoussan*, n° 93LY00936 : *préc. note 4.* ♦ Dans le même sens, pour un proviseur adjoint exclu temporairement de ses fonctions. • CAA Paris, 20 févr. 2001, *M. Nesterenko*, n° 00PA02638.

7. Pouvoir de police. S'il appartient au chef d'établissement de veiller à ce que les fonctionnaires auxquels une concession de logement a été accordée jouissent des locaux en bon père de famille, aucun texte ne permet de soumettre, de manière générale, à autorisation préalable l'accès du logement de fonction, dans les établissements publics locaux d'enseignement, à des personnes étrangères à la famille du fonctionnaire. Le ministre de l'éducation nationale ne pouvait donc créer par circulaire un régime d'autorisation préalable. • CE 7 juin 2000, *Féd. CFDT des synd. généraux de l'éducation nationale et de la recherche publique*, n° 198626 : *Lebon T. 667*.

8. Concessions par nécessité absolue de service. Prestations accessoires. Remboursement. Les concessions de logement sont attribuées par nécessité absolue ou utilité de service, selon les conditions fixées à l'art. R. 92 C. dom. État. Seules les concessions de logement accordées par nécessité absolue de service comportent la gratuité du logement nu. Les arrêtés qui les accordent doivent préciser si cette gratuité s'étend à la fourniture de l'eau, du gaz, de l'électricité et du chauffage ou à certains seulement de ces avantages. Il résulte de ces dispositions que les titulaires de logements de fonction accordés par nécessité absolue de service, qu'ils bénéficient ou non d'un chauffage collectif, ne peuvent être dispensés du paiement des diverses charges accessoires qu'à la condition que l'arrêté de concession le précise expressément. Il s'ensuit qu'en l'absence de toute décision intervenue antérieurement ou au cours de la période d'occupation du logement litigieux et précisant que la gratuité de leur mise à disposition s'étendait aux fournitures d'eau, d'électricité, de gaz et de chauffage, le requérant n'était pas dispensé du paiement des frais de cette nature. • CAA Lyon, 22 nov. 2011, *M. X*, n° 11LY00618.

Art. L. 213-8 **Lorsque 10 % au moins des élèves d'un collège résident dans un autre département que celui dont relève l'établissement, une participation aux charges de fonctionnement** *(L. n° 2004-809 du 13 août 2004, art. 82)* **« et de personnel » peut être demandée au département de résidence. Le montant de cette participation est fixé par convention entre les départements intéressés.**

En cas de désaccord, le représentant de l'État dans la région fixe les modalités de cette participation. Si les départements appartiennent à des régions différentes, ces modalités sont conjointement fixées par les représentants de l'État dans les régions intéressées.

Art. L. 213-9 **La dotation départementale d'équipement des collèges est régie par les dispositions de l'article L. 3334-16 du code général des collectivités territoriales, ci-après reproduites :**

Art. L. 3334-16 *(L. n° 2007-1822 du 24 déc. 2007, art. 41)* En 2008, le montant de la dotation départementale d'équipement des collèges est fixé à 328 666 225 €.

Le montant alloué en 2008 à chaque département exerçant les compétences définies à l'article L. 213-2 du code de l'éducation est obtenu en appliquant un coefficient au montant total de la dotation départementale d'équipement des collèges fixé pour cette même année. Ce coefficient est calculé pour chaque département sur la base du rapport entre la moyenne actualisée des crédits de paiement qui lui ont été versés de 1998 à 2007 et la moyenne actualisée des crédits de paiement versés par l'État à l'ensemble des départements au titre de la dotation départementale d'équipement des collèges au cours de ces mêmes années.

(L. n° 2011-1977 du 28 déc. 2011, art. 30) « A compter de 2009 » *(L. n° 2008-1425 du 27 déc. 2008, art. 44)* « , le montant alloué à chaque département est égal à celui de 2008. »

La dotation départementale d'équipement des collèges est versée aux départements en une seule fois au cours du troisième trimestre de l'année en cours.

La dotation est inscrite au budget de chaque département, qui l'affecte à la reconstruction, aux grosses réparations, à l'équipement et, si ces opérations figurent sur la liste établie en application de l'article L. 211-2 du code de l'éducation, à l'extension et la construction des collèges.

Sur la dotation départementale d'équipement des collèges, V. **CGCT**, *art. R. 3334-16 s.*

Décentralisation. Transfert de compétences. Compensation financière. Insuffisance. Un département a présenté une requête tendant à la condamnation de l'État au versement d'une somme de 75 058 356 euros en réparation des préjudices qu'il estimait avoir subis du fait de l'insuffisance du mécanisme de compensation de ce transfert de compétences sur le fondement d'une méconnaissance de l'art. 9 de la Charte européenne de l'autonomie locale du 15 oct. 1985 ratifiée par la France le 17 janv. 2007. Le tribunal administratif a rejeté la requête en considérant que ces stipulations ne garantissent pas aux collectivités locales un droit à une compensation spécifique et intégrale des charges liées à l'exercice de chacune de leurs compétences. Il a également précisé que la circonstance que les concours de l'État au financement par les départements des dépenses engendrées par ces transferts sont, d'après le département requérant, insuffisantes pour couvrir les dépenses supportées à ce titre ne méconnaît pas non plus ces stipulations. • TA Toulouse, 20 mai 2014, n° 1102609 : *LIJ 2015, n° 186, p. 4.*

Art. L. 213-10 **Les conditions de scolarisation des enfants du voyage font l'objet d'un schéma départemental conformément aux dispositions de l'article 28 de la loi n° 90-449 du 31 mai 1990 visant à la mise en œuvre du droit au logement.**

BIBL. ► Armagnague et Rigoni (coord.), Étude sur la scolarisation des élèves allophones nouvellement arrivés (EANA) et des enfants issus de familles itinérantes et de voyageurs (EFIV), *Défenseur des droits - Institut national supérieur formation et recherche - handicap et enseignements adaptés, déc. 2018.* – Aubin, La commune et les gens du voyage, *Berger-Levrault, coll. Le point sur, 2005.* – Basset, Gens du voyage. L'école au fil de la route, *Le Monde, de l'éducation, nov. 1999. 60.* – Bruneau, Le maire et les gens du voyage, *Vie cnale et dptale, 1998, dossier spécial n° 833 B.* – Carre, La scolarisation des enfants du voyage, *LIJ févr. 2002. 23.* – Rihal, Du nouveau sur l'accueil et la protection de l'enfance, *RDSS 2004. 433.*

1. Compétence de l'inspecteur d'académie. La loi impose la même obligation d'instruction pour les enfants du voyage que pour les autres citoyens. Des aménagements de scolarisation sont toutefois organisés. L'inspecteur d'académie qui a pris un arrêté qui n'a eu ni pour objet, ni pour effet de supprimer les classes d'accueil spécifiques permettant d'intégrer dans ces écoles les enfants de gens du voyage ne pouvant suivre une scolarité normale, et qui a décidé d'affecter prioritairement dans une commune un instituteur remplaçant pour répondre aux nécessités périodiques et difficilement prévisibles de leur scolarisation, n'a pas commis d'erreur manifeste d'appréciation, en ne tenant pas compte, notamment, de la spécificité de la population scolaire locale, comprenant un nombre important d'enfants de gens du voyage. • CAA Nantes, 2 juin 2000, *Cne de Gièvres,* n° 96NT00792.

2. Compétences du maire. Un maire ne peut refuser l'inscription d'un enfant dans une école primaire au motif qu'il doit conserver des places disponibles en raison du nécessaire accueil des enfants du voyage. • CAA Nancy, 27 sept. 2001, *M. et Mme Bonnefon c/ Cne de Phalsbourg,* n° 01NC00042.

SECTION II TRANSPORTS SCOLAIRES

(Ord. n° 2010-1307 du 28 oct. 2010, art. 5)

Art. L. 213-11 et L. 213-12 *Abrogés par L. n° 2015-991 du 7 août 2015, art. 15.*

CHAPITRE IV LES COMPÉTENCES DES RÉGIONS

BIBL. GÉN. ► Caffin-ravier, Pradeaux, d'Autume, Arambourou, Lugnier, Jardin, Brisset, Romulus, Hostalier et Jugnet, Évaluation des préfigurations du service public régional de l'orientation (SPRO),

Rapp. IGAENR-IGEN, IGAS, IGJS, n° 2015-036, mai 2015. – Douence, La porte étroite ; Réflexions sur la réforme du système éducatif français par la loi du 25 janvier 1985, *RFDA 1985. 604.* – Dutercq, La politique française de décentralisation en éducation : bilan et perspectives, *in* Éducation, les enjeux, *Doc. fr., coll. regards sur l'actualité, n° 293, août-sept. 2003.* – Landreau, Dépense d'éducation des collectivités territoriales : 35,7 milliards d'euros en 2016, *MEN, DEPP-A3, Note d'information, n° 18.01, janv. 2018.* – Legrand, L'éducation nationale en transition ?, *RFAP, n° 79, juill.-sept. 1996.* – Leroyer-Gravet, Les compétences des collectivités territoriales dans le domaine de l'éducation, *LIJ 2009, n° 140, p. 35.* – Maupin, Un décret sur les nouvelles compétences de la région en matière d'orientation, *AJDA 2019. 668*. – de Montecler, Les régions veulent être les stratèges de la formation professionnelle, *AJDA 2017. 2167*. – Pontier, Les nouvelles compétences de la région, *AJDA 2004. 1968*. – Simon, Le transfert de compétences en matière d'enseignement, réflexions sur la genèse et la mise en œuvre d'une réforme, *Rev. adm. 1988. 12.* – Simon, Carle, Legrand et autres, La décentralisation du système éducatif, *RFAP, n° 79, juill.-sept. 1996.* – Turpin, Les nouvelles compétences des régions, *AJDA 2008. 1645* ; La région, *Economica, coll. Collectivités territoriales, 1992* ; Compétences régionales, *J.-Cl. Coll. terr., fasc. 412.* – Vier, Région, *J.-Cl. Adm., fasc. 118.* – Les actions des conseils régionaux en faveur de la mobilité internationale des jeunes, *Rapport de l'ARF 2005.*

COMMENTAIRE

Dans la répartition des *« blocs de compétences »*, la région s'est vu confier, dès 1983, *« la charge des lycées »* (art. L. 214-6) ; la formule vise les établissements *« éducation nationale »*, qu'il s'agisse des lycées d'enseignement général, technologique ou des lycées professionnels comme les établissements de l'enseignement agricole ; le texte cite expressément les établissements d'éducation spéciale, tels les EREA, et les lycées professionnels maritimes. La région a les mêmes responsabilités que les départements vis-à-vis des collèges, en assurant la construction, la reconstruction, l'extension, les grosses réparations, l'équipement et le fonctionnement d'établissements dont elle est propriétaire des locaux (art. L. 214-7). A ces missions qui englobaient déjà l'entretien, l'article 82 de la loi n° 2004-809 du 13 août 2004, après avoir précisé qu'il s'agit d'entretien général et technique, ajoute l'accueil, la restauration et l'hébergement dans les lycées, excluant expressément les missions d'encadrement et de surveillance des élèves. L'article 19 de la loi du 8 juillet 2013 précise que sont à la charge de l'État les dépenses de fonctionnement à caractère directement pédagogique incluant celles afférentes aux ressources numériques, tant pour les contenus que pour les services, dans la mesure où elles ont été spécifiquement conçues pour un usage pédagogique (art. L. 211-8, 5°). Si la répartition des élèves entre les lycées était de l'entière compétence de l'autorité académique, elle est désormais partagée ; en effet, la loi NOTRe du 7 août 2015 dispose que les districts de recrutement des élèves pour les lycées de l'académie sont définis conjointement par le recteur d'académie et le conseil régional ; en cas de désaccord, la délimitation est décidée par le recteur de l'académie dont dépend par ailleurs l'affectation des élèves dans chaque lycée (art. L. 214-5). A noter qu'après avoir envisagé de transférer la compétence en matière de collège à la région, le législateur, privilégiant la proximité, n'a pas modifié la répartition des compétences, ajoutant toutefois un article L. 216-12 précisant que les régions et les départements peuvent conclure des conventions fixant des modalités d'actions communes et de mutualisation des services pour l'exercice de leurs compétences respectives pour les collèges (pour les départements, V. art. L. 213-2) et les lycées (pour les régions, V. art. L. 214-6). Des conventions de ce type précisent la répartition des charges dans les cités scolaires. La loi du 26 juillet 2019 pour une école de la confiance créant les établissements publics locaux d'enseignement international (EPLEI) prévoit la conclusion d'une convention entre la commune, le département et la région à l'origine d'un établissement scolarisant les élèves de la maternelle à la classe terminale (art. L. 421-19-1).

Les ***constructions régionales*** font l'objet d'un ***Programme prévisionnel d'investissements*** que le conseil régional doit établir, après accord de chacune des collectivités concernées par les projets situés sur leur territoire ; il s'agit alors de définir la localisation des établissements, leur capacité d'accueil et le mode d'hébergement des élèves (art. L. 214-5). Ce document est la traduction opérationnelle du schéma prévisionnel des formations (art. L. 214-1) et doit tenir compte du contrat de plan régional des formations professionnelles devenu contrat de plan régional de développement des formations et de l'orientation professionnelles (art. L. 214-13, mod. par la L. n° 2014-288 du 5 mars 2014).

La région, collectivité territoriale de la République depuis 1982, est l'héritière des régions de programmes créées en 1955 et des circonscriptions d'action régionale de 1964 instituées pour mettre en œuvre la politique de développement économique et d'aménagement du territoire ; érigée en établissement public régional en 1972, elle a toujours eu un rôle stratégique. La loi du 2 mars 1982 a confirmé sa vocation principale dans le domaine économique et social, en y ajoutant des attributions culturelles. Le conseil régional élabore alors le plan régional, intervient pour soutenir les entreprises, adopte le contrat de plan État-région (CPER, devenu contrat de projet en 2006, avant de reprendre sa dénomination initiale en 2014) négocié par le président du conseil régional avec le représentant de l'État.

La loi du 13 août 2004, acte II de la décentralisation, renforce les compétences de la région, notamment pour les lycées et la formation professionnelle. Administration de mission, peu préparée à assurer la gestion du réseau des lycées et encore moins de ses personnels ouvriers et de service (art. L. 214-6), la région a dû s'adapter et développer ses services au moment même où ses ***missions stratégiques*** (prospective et programmation) s'accroissaient. Tel est son rôle lorsqu'elle prépare entre autres ces deux documents stratégiques que sont le SPF (schéma prévisionnel des formations) et le CPRDFOP (contrat de plan régional de développement des formations et de l'orientation professionnelles).

En 2013, les compétences de la région sont modifiées tant par la loi du 8 juillet sur la refondation de l'École de la République que par celle du 22 juillet sur l'enseignement supérieur et la recherche. La première modifie les dispositions du code de l'éducation ainsi que celles du code général des collectivités territoriales pour mieux adapter l'offre de formation professionnelle aux besoins des territoires, anticiper et accompagner les mutations économiques, en renforçant le partenariat entre l'État et les régions ; la seconde associe la collectivité régionale à la mission nationale de la recherche. Quelques mois plus tard, la loi n° 2014-588 du 5 mars 2014 relative à la formation professionnelle, à l'emploi et à la démocratie sociale confie à la région le soin d'organiser le service public régional de l'orientation (SPRO) tout au long de la vie professionnelle en assurant la mise en réseau des services, structures et dispositifs (art. L. 214-16-1). La loi n° 2015-29 du 16 janvier 2015 relative à la délimitation des régions adopte une nouvelle cartographie. Six régions conservent le même cadre. Le regroupement par deux ou même par trois des autres collectivités réduit leur nombre à 12 (hormis la Corse et les ROM). Si la loi NOTRe n° 2015-991 du 7 août 2015 a supprimé la clause générale de compétence pour la région, elle a précisé la liste de ses attributions en y ajoutant le transport scolaire, auparavant dévolu au département (art. 15 de la L. modifiant le C. transp. et réorganisant le plan du C. éduc., les art. L. 213-11 et L. 213-12 du même code devenant les art. L. 214-18 et L. 214-19, la section qui les regroupe changeant de chapitre, à partir du 1er janv. 2017). Diverses dispositions concernent l'enseignement supérieur (not., l'art. 3 qui charge la région d'organiser, en qualité de chef de file, les modalités de l'action commune des collectivités territoriales et de leurs établissements publics pour l'exercice des compétences relatives au soutien à l'enseignement supérieur et à la recherche, CGCT, art. L. 1111-9, II, 8° ; l'art. 27 de la L. n° 2015-991 rétablit un art. L. 216-11 concernant les possibilités de contribution régionale au financement des sites) et la formation professionnelle. Ladite loi ajoute que les compétences en matière de culture, de sport, de promotion des langues régionales et d'éducation populaire sont partagées par la région avec les communes et les départements (L. n° 2015-991, art. 104 modifiant l'art. L. 1111-4 CGCT). La région se voit aussi reconnaître une compétence de *« soutien aux politiques d'éducation »* (L. n° 2015-991, art. 1er complétant l'art. L. 4221-1 CGCT).

La loi n° 2018-771 du 5 septembre 2018 pour la liberté de choisir son avenir professionnel modifie les compétences de la région en lui confiant des missions nouvelles pour l'information sur les métiers et l'orientation (art. 14, mod. C. trav.) et en confiant aux branches professionnelles la responsabilité de l'apprentissage tout en permettant aux régions de « contribuer au financement des centres de formation d'apprentis quand des besoins d'aménagement du territoire et de développement économique qu'elle identifie le justifient » (art. 34).

I. LE SCHÉMA PRÉVISIONNEL DES FORMATIONS (ART. L. 214-1)

Dans le cadre des orientations nationales, la région élabore les documents dont elle a la responsabilité tant pour le second degré que dans le champ universitaire, de l'enseignement supérieur et de la recherche. Elle doit prendre en compte l'*« ensemble des besoins de formation »* (art. L. 214-3).

Le conseil régional (art. L. 214-5) tout comme les conseils départementaux pour les collèges (art. L. 213-1) adoptent leur PPI, programme prévisionnel d'investissements des établissements, *« qui résulte du schéma prévisionnel des formations »*. Le choix de l'échelon régional est cohérent : si, avant 2016, il correspondait la plupart du temps au découpage académique, la multiplication des régions comprenant plusieurs académies a justifié la création des régions académiques par le décret n° 2015-1617 du 10 décembre 2015, l'un des recteurs, le recteur de région académique, se voyant confier le soin de représenter l'ensemble des académies de la région auprès du conseil régional et de ses services ; c'est là que sont traitées les questions de développement, d'aménagement et de formation professionnelle.

Le terme « formations » a ici un sens large ; il vise non seulement les formations qualifiantes qui sont en place dans les lycées professionnels mais aussi toutes les formations générales ou techniques qui existent en collège, en lycée, établissement d'éducation spéciale, lycée professionnel maritime ou lycée agricole. Toutes les possibilités de formation, qu'elles soient le fait des établissements publics comme des établissements privés, rentrent dans le champ du schéma.

Pour élaborer cet outil stratégique, la région tient compte des *« orientations nationales »*, formule moins précise que l'ancienne référence au plan national aujourd'hui disparu, mais qui englobe les objectifs contenus notamment dans les lois d'orientation et dans les lois de finances. L'état et les perspectives de la démographie scolaire, l'analyse des structures d'accueil existantes comme les besoins de formation éclairés par l'analyse des liens emploi/formation (en prenant en compte le contrat de plan régional CPRDFOP) sont autant d'éléments de base du travail qui permettent de définir les besoins de formation tant sur le plan quantitatif que qualitatif. Le schéma doit spécialement mentionner les équipements nécessaires à la pratique de l'éducation physique et sportive (art. L. 214-4) ; la mention de ces équipements aurait été mieux à sa place dans le PPI que dans le SPF, qui devrait s'en tenir à une analyse globale, éventuellement territorialisée, des besoins quantitatifs et qualitatifs (l'art. L. 213-1 sur le PPI collège le mentionne d'ailleurs expressément).

Le schéma prévisionnel est une projection pluriannuelle, au départ conçue pour être en phase avec le plan. Il fixe des orientations qui peuvent prendre la forme d'objectifs, stratégiques ou opérationnels, répondant aux besoins régionaux : rattraper le retard de scolarisation, développer l'enseignement professionnel... ; ces objectifs peuvent être assortis d'échéances de réalisation (Circ. du 18 juin 1985, *JO 12 juill.*). Le SPF peut faire l'objet de révisions. Le conseil régional associe à la ***préparation du document*** les services de l'État, au premier chef le recteur de région académique. La loi lui fait obligation d'associer en outre les représentants des établissements privés sous contrat (art. L. 214-1, al. 2) et même de consulter la fantomatique commission de concertation prévue sous une forme tripartite (collectivités territoriales, établissements privés, personnes désignées par l'État à l'art. L. 442-11).

Après avoir obtenu l'accord des conseils départementaux, lui-même précédé de l'avis du CDEN, le conseil régional soumet le schéma au CAEN avant d'en délibérer.

Une fois adopté par le conseil régional et transmis au préfet de région, le SPF devient un document de référence tant pour la région et les départements que pour l'État. Les PPI régionaux et départementaux « en résulte(nt) » (art. L. 213-1 et L. 214-5) ; ils assurent la mise en œuvre de ses orientations.

Chaque année, les recteurs d'académie et les autres autorités académiques (agriculture, maritime) arrêtent ***la structure pédagogique générale des établissements, précisant ainsi l'offre de formation, les différentes sections*** « en tenant compte du SPF » (art. L. 211-2) et, depuis la loi du 8 juillet 2013, de la carte des formations professionnelles initiales (art. L. 214-13-1). Notons enfin que les formations offertes par les établissements privés sous contrat d'association ne peuvent bénéficier d'une aide aux investissements que si elles sont « compatibles avec les orientations définies par le schéma » (art. L. 442-6, non modifié en 2013 et ne faisant donc pas référence à la carte des formations professionnelles initiales).

La portée du schéma varie avec la question à traiter. Si, en général, il doit simplement être *« pris en compte »*, ce qui n'est qu'une formalité de procédure, il peut avoir des conséquences de fond. La loi n'exige jamais un lien de conformité ; le schéma ne contient pas de *« dispositions »* qui pourraient s'analyser comme des obligations de faire. Par contre, l'article L. 442-6 qui exige la *« compatibilité »* montre qu'il n'est pas dénué de toute portée juridique. Dans la pratique, l'absence de schéma prévisionnel des formations fragilise les décideurs, notamment l'autorité académique ; en l'absence d'analyse et d'orientations régionales, les décisions d'ouverture ou de fermeture de formations, tant dans les établissements publics que dans les établissements privés, ne reposent que sur des éléments de fait avancés par le décideur académique.

II. ORIENTATION ET FORMATION PROFESSIONNELLE

Initialement, la loi du 7 janvier 1983 avait confié à la région la définition et la mise en œuvre de la formation professionnelle continue (telle que l'avait définie la L. du 16 juill. 1971, l'inscrivant dans l'éducation permanente et la distinguant clairement de la formation initiale) et de l'apprentissage. Dans ce cadre, la région devait arrêter chaque année un programme régional des formations professionnelles et la liste des actions qu'elle s'engageait à financer. La loi quinquennale n° 93-1313 du 20 décembre 1993 relative à l'emploi et à la formation professionnelle institua le plan régional de formation des jeunes (PRDFJ) pour doter la région d'un outil de cohérence de l'offre de formation professionnelle des jeunes, tenant compte à la fois des filières sous statut scolaire et de l'apprentissage. Cet instrument a été étendu à la formation des adultes par la loi n° 2002-276 du 27 février 2002 relative à la démocratie de proximité. La loi n° 2004-809 du 13 août 2004 a souhaité clarifier la répartition des compétences entre l'État et les régions et renforcer la cohérence de l'action publique. L'article 27 de la loi du 8 juillet 2013 donne une nouvelle rédaction du premier alinéa de l'article L. 214-12 en précisant que cette politique régionale concerne les jeunes et les adultes sans emploi (et non plus à la recherche d'un emploi), et ajoute que la région élabore le contrat de plan régional de développement des formations professionnelles (CPRDFP) défini à l'article L. 214-13 et arrête la carte des formations professionnelles initiales du territoire régional (CFPITR) définie à l'article L. 214-13-1.

En précisant la seconde phrase de l'article L. 611-3, l'article 19 de la loi du 22 juillet 2013 souligne le rôle principal tenu par la région pour contribuer au projet d'orientation universitaire et professionnelle des étudiants.

L'article L. 214-12 résultant de la loi de 2014, modifiée en 2018 (suppression de la compétence apprentissage), confie à la région trois missions en matière de formation professionnelle et d'orientation : elle définit en lien avec l'État et met en œuvre le service public de l'orientation ; elle est chargée de la politique régionale de formation professionnelle ; elle élabore le contrat de plan régional de développement des formations et de l'orientation professionnelle conclu avec l'État.

a. L'information et l'orientation

La loi n° 2014-288 du 5 mars 2014 relative à la formation professionnelle, à l'emploi et à la démocratie sociale réforme notamment le service public de l'orientation tout au long de la vie. Elle définit les rôles respectifs de l'État et de la région en fonction des publics. L'article L. 6111-3 du code du travail créé par la loi n° 2009-1437 du 24 novembre 2009 relative à l'orientation et à la formation professionnelle tout au long de la vie, après avoir affirmé que le droit à l'éducation englobe le « droit (pour toute personne) à être informée, conseillée et accompagnée en matière d'orientation professionnelle », ajoute que ce droit est garanti par « ***le service public de l'orientation tout au long de la vie*** » qui assure l'accès à une information gratuite, complète et objective sur les métiers, les formations, les certifications, les débouchés et les niveaux de rémunération, ainsi que l'accès à des services de conseil et d'accompagnement en orientation de qualité et organisés en réseaux.

La loi n° 2014-288 du 5 mars 2014 relative à la formation professionnelle, à l'emploi et à la démocratie sociale précise que ce service public est assuré par l'État et les régions (art. L. 6111-3, al. 4) qui « garantissent à tous les jeunes l'accès à une information généraliste, objective, fiable et de qualité ayant trait à tous les aspects de leur vie quotidienne » (ajouté par la loi de 2018) ; elle fixe leurs compétences respectives. L'État définit, au niveau national, la politique d'orientation des élèves et des étudiants dans les établissements scolaires et les établissements d'enseignement supérieur, notamment avec l'appui des centres publics d'orientation scolaire et professionnelle (CIO) et des services communs internes aux universités chargés de l'accueil, de l'information et de l'orientation des étudiants (SCUIO). Il met en œuvre cette politique dans les établissements scolaires et d'enseignement supérieur et délivre l'information nécessaire sur toutes les voies de formation aux élèves et aux étudiants.

La région quant à elle coordonne les actions des autres organismes participant au ***service public régional de l'orientation (SPRO)***, notamment les missions locales et les organismes consulaires. Elle assure le conseil en évolution professionnelle, assure un rôle d'information et un réseau de centres de conseil sur la validation des acquis de l'expérience. Des conventions annuelles conclues entre l'État et les régions dans le cadre du CPDRFOP (V. ci-dessous) déterminent les conditions dans lesquelles l'État et la région coordonnent l'exercice de leurs compétences respectives dans la région. Un accord-cadre conclu le 28 novembre 2014 par l'État (6 ministères) et l'association des régions de France (ARF) fixe le cadre de leur mise en œuvre. Les conventions se déclinent progressivement au niveau des régions selon les spécificités territoriales. Ce texte indique comment les structures existantes travaillent ensemble et établit un lien entre les différents services de l'État et la région. Depuis le 1er janvier 2015, les régions organisent sur leur territoire le service public régional de l'orientation (SPRO) dont la vocation est de conforter le droit de chacun à l'orientation professionnelle tout au long de la vie par la mise en réseau de l'ensemble des acteurs de l'orientation du territoire et par la coordination de leurs actions (art. L. 214-16-1).

La loi nº 2018-771 du 5 septembre 2018 pour la liberté de choisir son avenir professionnel, qui retire aux régions la compétence en matière d''apprentissage, renforce leur rôle dans le domaine de l'orientation (art. 18 ; Décr. nº 2019-218 du 21 mars 2019 relatif aux nouvelles compétences des régions en matière d'information sur les métiers et les formations), réaffirme la responsabilité de la région sur la coordination des services participant au SPRO et introduit une évolution de son champ d'intervention en renforçant sa compétence d'information sur les métiers et les formations, au service de l'orientation et de l'évolution professionnelle tout au long de la vie, par un élargissement de sa responsabilité aux publics scolaire, apprenti et étudiant. Si l'État conserve la définition de la politique nationale de l'orientation, « ***la région organise des actions d'information sur les métiers et les formations*** aux niveaux régional, national et européen ainsi que sur la mixité des métiers et l'égalité professionnelle entre les femmes et les hommes en direction des élèves et de leurs familles, des apprentis ainsi que des étudiants, notamment dans les établissements scolaires et universitaires » (art. 18, I, 2°, modifiant l'art. L. 6111-3 C. trav.). La région peut mandater à cet effet des acteurs des secteurs économique, professionnel et associatif (art. D. 331-23 ; mod. par. Décr. nº 2019-218 du 21 mars 2019). Cet article complète les outils dont disposaient déjà la région qui élabore la carte des formations professionnelles, et assure le service public régional de l'orientation (SPRO) qui ne s'étendait pas à l'orientation scolaire. La région peut ainsi agir de manière cohérente dans le cadre de la chaîne qui va de l'éducation/formation à l'orientation et à l'insertion professionnelle. Elle doit informer les élèves, collégiens et lycéens ainsi que les étudiants sur les métiers et les évolutions de l'emploi. « Lorsque ces actions ont lieu dans un établissement scolaire, elles sont organisées en coordination avec les psychologues de l'éducation nationale et les enseignants volontaires formés à cet effet » (art. 18, I, 2°, modifiant l'art. L. 6111-3 C. trav.). Le décret permet aux chefs d'établissement, aux psychologues de l'éducation nationale, aux conseillers principaux d'éducation et aux enseignants de donner aux élèves scolarisés en collège et lycée les moyens d'accéder à l'information sur les professions en lien avec les régions. L'enseignement supérieur est également concerné pour les actions conduites par le service commun universitaire chargé d'organiser l'accueil, l'information et l'orientation des étudiants. Pour l'élaboration de la documentation de portée régionale sur les enseignements et les professions et pour la diffusion de cette information et sa mise à disposition des établissements, la région bénéficie du concours de l'Office national d'information sur les enseignements et les professions (ONISEP), établissement public national (avec lequel elle élabore la documentation de portée régionale sur les enseignements et les professions et, en lien avec les services de l'État, diffuse l'information et la met à disposition des établissements de l'enseignement scolaire et supérieur (art. 18, I,

4°). Les missions exercées par les délégations régionales de l'ONISEP (DRONISEP) en matière de diffusion de la documentation ainsi que d'élaboration des publications à portée régionale relatives à l'orientation scolaire et professionnelle des élèves et des étudiants sont transférées aux régions (art. 18, V), ainsi que « 200 équivalents temps plein » (ETP) (au 1er janv. 2019 ; sur les modalités des mises à disposition et transfert, V. art. 80 et 81, au I de l'art. 82). Les actions qu'elles mènent sur leurs territoires en faveur du développement économique et de l'emploi placent les régions en situation d'apporter une valeur ajoutée importante pour l'enrichissement des bases nationales existantes à partir des réalités locales attestées. Ainsi la région devient pleinement partie prenante de ce processus en agissant de manière concrète et opérationnelle sur l'information produite et sur les modalités de transmission et de mise à disposition de cette information.

Si l'information sur les métiers est transférée aux régions, l'État garde la compétence globale et continue à disposer de la partie nationale de l'ONISEP et des personnels des centres d'information et d'orientation (CIO). Pour favoriser le rapprochement entre ces différents services, l'État peut, à titre expérimental, et pour une durée de trois ans, avec l'accord des intéressés, mettre à la disposition des régions des agents exerçant dans les services et établissements relevant du ministre chargé de l'éducation nationale, selon des modalités définies par décret.

Pour garantir l'unité du service public de l'orientation (à la fois national et régional) et favoriser l'égalité d'accès de l'ensemble des élèves, des apprentis et des étudiants à cette information sur les métiers et les formations, la loi prévoit ***un cadre national de référence*** établi conjointement entre l'État et les régions, qui doit préciser les rôles respectifs de l'État et des régions et les principes guidant l'intervention des régions dans les établissements » (art. 18, I, 2°, modifiant l'art. L. 6111-3 C. trav.). Un document portant cette dénomination a été signé le 28 mai 2019 par les autorités de l'État (5 ministres, transition écologique et solidaire, travail, éducation nationale et de la jeunesse, enseignement supérieur, de la recherche et de l'innovation, agriculture) et Régions de France (organisme qui regroupe les régions) fixant notamment les principes et objectifs partagés, avec en annexe un modèle de convention type entre l'État et la région qui doit notamment permettre d'articuler les actions d'information des instances régionales avec les priorités définies par la région académique et ainsi de donner davantage de cohérence aux actions des différents acteurs.

b. Le contrat de plan régional de développement des formations et de l'orientation professionnelles (CPRDFOP)

Si dans un premier temps, le conseil régional adoptait le programme régional des formations professionnelles, devenu plan régional de développement de la formation des jeunes puis des adultes (PRDFP), la ***loi n° 2009-1437 du 24 novembre 2009 relative à l'orientation et à la formation professionnelle tout au long de la vie***, dont l'un des objectifs est d'assurer une meilleure coordination des politiques publiques, substitue au PRDFP, document prospectif unilatéral, ***le contrat de plan régional de développement de la formation professionnelle (CPRDFP)*** conclu entre l'État et la région, passant ainsi des « compétences séparées » aux « compétences partagées » (Rapport J.-C. Carle, Sénat), formule soulignant la recherche de cohérence inhérente à la « nouvelle gouvernance de la formation professionnelle » en réponse au procès en recentralisation. L'article 27 de la loi du 8 juillet 2013 en tient compte en précisant à l'article L. 214-12 que la région élabore le contrat de plan régional de développement des formations professionnelles défini à l'article L. 214-13. Le même article précise en outre qu'elle arrête la carte des formations professionnelles initiales du territoire régional définie à l'article L. 214-13-1. La loi du 5 septembre 2018, *Avenir professionnel*, conserve cette démarche en modifiant à la marge ces articles, notamment pour tenir compte de la disparition de la compétence de la région en matière d'apprentissage et en enrichissant le document contractuel d'un volet orientation, consacrant alors ***le contrat de plan régional de développement des formations et de l'orientation professionnelles (CPRDFOP)***.

Même si la loi *Avenir professionnel* lui retire la compétence apprentissage, la région conserve un rôle global : elle est en effet « chargée de la politique régionale de formation professionnelle des jeunes et des adultes à la recherche d'un emploi ou d'une nouvelle orientation » (art. L. 214-12, al. 2 ; C. trav., art. L. 6121-1 à L. 6121-7). Aussi lui revient-il d'élaborer le contrat de plan régional de développement des formations et de l'orientation professionnelles (art. L. 214-12, al. 3).

L'article L. 214-12 précise son rôle dans la mise en œuvre de cette politique en lui confiant une triple mission d'organisation : pour assister les candidats à la VAE, elle organise un réseau de centres et de points d'information et de conseil ; elle met en place des actions destinées à répondre aux besoins de formation ; elle assure l'accueil en formation des stagiaires, sans discrimination géographique (des conventions entre régions pouvant préciser les conditions de prise en charge des stagiaires venant d'une autre région). Si la formation n'est pas prise en charge par l'employeur ou par l'assurance chômage, elle ne relève plus que de la région. Celle-ci a alors une double mission, stratégique quand le conseil régional approuve le contrat de plan régional de développement des formations et de l'orientation professionnelles (CPRDFOP) après concertation avec l'État, les collectivités territoriales intéressées et les organisations professionnelles d'employeurs et de salariés, et opérationnelle en mettant en œuvre les actions prévues.

Le recteur de région académique négocie et conclut les conventions-cadres qui portent les orientations stratégiques comme celles relatives à la mise en place de service public régional de l'orientation, de lutte contre le décrochage scolaire, le contrat de plan régional de développement des formations et de l'orientation professionnelles prévu à l'article L. 214-13, et les contrats d'objectifs prévus à l'article L. 6211-3 du code du travail.

L'objet du CRDFOP est à la fois analytique et prospectif. Le document contractuel repose sur des études permettant d'effectuer « l'analyse des besoins à moyen terme du territoire régional en matière d'emplois, de compétences et de qualifications ». Sur cette base, il assure comme l'ancien PRDFP « la programmation des actions de formation des jeunes et des adultes » en tenant compte de la situation et des objectifs de développement économique du territoire régional (art. L. 214-13, I, al. 1er) tels qu'ils peuvent figurer dans les documents de prospective régionale, comme le schéma régional de développement économique, d'innovation et d'internationalisation (SRDEII).

Les stipulations du contrat sont diverses. Il définit en effet pour le territoire régional et, le cas échéant, par bassin d'emploi des ***objectifs*** (dans le domaine de l'offre de conseil et d'accompagnement en orientation, art. L. 214-13, I, al. 2, 1°), des ***orientations*** (pour la formation initiale et continue, tenant compte de l'émergence de nouveaux métiers dans le domaine de la transition écologique et énergétique, art. L. 214-13, I, al. 2, 2°), des ***priorités*** (pour l'information, l'orientation et la VAE, art. L. 214-13, I, al. 2, 6°), des ***actions*** (de la formation professionnelle des adultes, pour l'accès, le maintien et le retour à l'emploi, art. L. 214-13, I, al. 2, 4°). Dans d'autres cas, la définition est plus élaborée, présentée sous la forme de schéma de développement. Tel était le cas avant 2018 en matière d'apprentissage ; tel est le cas pour la formation professionnelle des jeunes du ***schéma de développement de la formation professionnelle initiale (SDFPI)*** qui intègre le schéma régional des formations sociales et le schéma des formations sanitaires devant les uns et les autres favoriser la représentation équilibrée des hommes et des femmes dans les différentes filières (art. L. 214-13, I, al. 2, 3°). De même le service public régional de l'orientation fait lui aussi l'objet d'un schéma prévisionnel de développement (art. L. 214-13, I, al. 2, 5°).

Le CRDFOP est élaboré par la région au sein du comité régional de l'emploi, de la formation et de l'orientation professionnelles (C. trav., art. L. 6123-3) sur la base de documents préparés par le président du conseil régional, le préfet de région, les autorités académiques (le recteur de région académique, les directeurs régionaux chargés de l'enseignement agricole et maritime), des organisations syndicales (salariés et employeurs), en concertation avec les collectivités territoriales concernées, les organismes consulaires et les représentants des organismes de formation professionnelle (art. L. 214-13, II, al. 1er). Le contrat de plan est établi dans l'année qui suit le renouvellement du conseil régional (art. L. 214-13, II, al. 2). Il est adopté par le comité régional avant d'être signé par le président du conseil régional (qui a dû auparavant consulter les autres collectivités territoriales et recueillir l'approbation du conseil régional), le préfet de région et les autorités académiques. Il est proposé à la signature des organisations syndicales (salariés et employeurs) représentées au sein du comité régional (art. L. 214-13, II, al. 3).

La mise en œuvre de la stratégie régionale définie par le contrat de plan passe par d'autres documents ; ***les conventions annuelles d'application*** précisent, pour l'État et la région, la programmation et le financement des actions. Elles sont conclues par le président du conseil régional, le préfet de région et les différents acteurs concernés (art. L. 214-13, IV). Les ***contrats d'objectifs***, annuels ou pluriannuels, peuvent être conclus par l'État et une ou plusieurs régions ainsi que des organismes professionnels pour coordonner les différentes voies de formation, notamment pour le développement de l'apprentissage (art. L. 214-13, V). Un programme annuel de formation professionnelle continue est arrêté après avis du comité régional (art. L. 214-13, VI). Les autorités académiques et la région concluent ***une convention annuelle*** dont l'objet est de classer par ordre de priorité des ouvertures et fermetures de sections de formation professionnelle initiale en fonction des moyens disponibles (art. L. 214-13-1, al. 1er). Chaque année, après accord du recteur, la région arrête ***la carte régionale des formations professionnelles initiales*** (art. L. 214-13-1, al. 2). Elle est mise en œuvre en fonction des moyens disponibles conformément au classement par ordre de priorité (art. L. 214-13-1, al. 3).

La loi du 8 juillet 2013 introduit un nouvel article L. 214-13-1 précisant les conditions de la préparation de rentrée, tirant les conséquences logiques de la répartition des compétences entre la région et l'autorité académique. Cet article vise à renforcer la concertation entre l'État et les régions pour les décisions d'ouverture et de fermeture de sections de formation professionnelle initiale dans les établissements d'enseignement du second degré. Il reprend l'esprit de la *« déclaration commune »*, signée le 12 septembre 2012 à l'Élysée par le Président de la République et l'Association des régions de France (ARF), par laquelle l'État et les régions ont pris des engagements réciproques qui concernent notamment l'emploi, l'orientation et la formation.

Initialement, l'article L. 214-13, tel qu'il résultait de la loi du 13 août 2004, disposait qu'à défaut d'accord, les autorités de l'État prenaient les décisions nécessaires à la continuité du service public de l'éducation et pouvaient donc décider seules des ouvertures et fermetures de formation dans les établissements. En fait, cette formule a souvent conduit les autorités académiques à éviter de dialoguer avec la région. Aussi, de nombreuses régions, refusant le fait accompli, n'ont plus conclu de conventions annuelles ; pour la préparation de la rentrée 2012, plus de la moitié des régions n'auraient pas été consultées par les rectorats pour les ouvertures et fermetures de sections en lycée professionnel (source AFR, cité par Rapport AN). Les dispositions du code de l'éducation ne garantissaient donc pas la complémentarité des politiques d'apprentissage (région) et de formation professionnelle initiale sous statut scolaire (État). Aussi la loi de 2013 a-t-elle supprimé la phrase du troisième alinéa du IV de l'article L. 214-13 qui donnait aux autorités de l'État le dernier mot (art. L. 214-13, IV).

L'article L. 214-13-1 introduit par la loi du 8 juillet 2013 a pour objectif d'assurer une meilleure cohérence. La procédure mise en place comporte deux phases. Dans un premier temps (art. L. 214-13-1, al. 1er), les autorités académiques qui arrêtent chaque année la structure pédagogique générale des établissements (art. L. 211-2) recensent par ordre de priorité les ouvertures et fermetures qu'elles estiment nécessaires de sections de formation professionnelle initiale dans les établissements d'enseignement du second degré. Parallèlement, la région, après concertation avec les branches professionnelles et les organisations syndicales professionnelles des employeurs et des salariés concernées, procède au même classement.

Dans un deuxième temps (art. L. 214-13-1, al. 2), la région et les autorités académiques (recteur d'académie, directeur régional de l'agriculture, directeur régional de la jeunesse et des sports, directeur régional des affaires maritimes) signent la convention annuelle d'application qui classe par ordre de priorité les ouvertures et fermetures de sections de formation professionnelle initiale, en fonction des moyens disponibles. Les autorités académiques doivent alors indiquer celles des évolutions proposées par la région que les moyens d'enseignement dont elles disposent permettent de prendre en compte.

Enfin, la loi de 8 juillet 2013 précise que la région arrête ***la carte régionale des formations professionnelles initiales*** (pour lesquelles les autorités académiques ont donné leur accord), précisant chaque année les sections nouvelles, fermées ou maintenues. Ce document est arrêté par la région conformément aux choix retenus dans la convention signée avec l'État. La carte est mise en œuvre par la région et par l'État dans l'exercice de leurs compétences respectives. Elle est communiquée aux organismes et services participant au service public de l'orientation (art. L. 214-13-1).

La région, chef de file du développement économique et de l'innovation sur son territoire, peut ainsi mieux articuler l'offre de formation avec les besoins économiques exprimés par les représentants régionaux des différents secteurs professionnels. Dans ce dispositif, ni l'État, ni la région n'ont le dernier mot. La nouvelle rédaction oblige les deux parties à se mettre d'accord.

Si, en droit, l'État a ainsi perdu ses compétences (il ne conserve même plus la responsabilité d'assurer les actions menées à l'égard des Français établis hors de France en matière de formation professionnelle et d'apprentissage : art. L. 214-12-1), ses services peuvent toujours, malgré le transfert des personnels, apporter un appui technique à la région (art. L. 214-16).

Le préfet de région aura pu profiter de la réorganisation de l'administration en région et de l'adoption du projet d'action stratégique de l'État en région (PASER) pour constituer un pôle regroupant les services traitant des questions de formation professionnelle. L'éducation nationale met en place les formations sous statut scolaire et intervient sur le marché de la formation continue (GRETA) ; elle joue un rôle important d'information et d'orientation (CIO) et reste le principal organe de validation. La préparation, comme la mise en œuvre du CPRDFOP, document qui traite de ces différents points, nécessite que l'État soit organisé pour intervenir de manière cohérente et que l'éducation nationale soit pleinement reconnue (à défaut de s'être vu reconnu par décret responsable d'un pôle éducation/formation, le recteur d'académie (désormais recteur de région académique) a pu se voir confier par le préfet de région le rôle de chef de file des services de l'État pour le travail avec la région).

III. L'ENSEIGNEMENT SUPÉRIEUR ET LA RECHERCHE (ART. L. 214-2)

L'État a conservé la compétence dans les domaines de l'enseignement supérieur et de la recherche. En 1982, la loi avait prévu une carte nationale des formations supérieures et de la recherche constituant le cadre des décisions d'implantation, d'habilitation ou de répartition des moyens, arrêtée et révisée par le ministre chargé de l'enseignement supérieur, compte tenu des orientations du plan alors en vigueur, après consultation des établissements et des conseils régionaux et du CNESER (art. L. 614-3 ; en fait, ce document national n'a jamais été formalisé ; quant au schéma de services collectifs de l'enseignement supérieur et de la recherche avec lequel la carte devait être compatible (L. 614-3, al. 2), prévu par la L. n° 95-115 du 4 févr. 1995 d'orientation pour l'aménagement et le développement du territoire modifiée en 1999, son édition de 2002 n'a jamais été actualisée) ; il est tout au plus possible de se référer aux documents exposant les stratégies nationales de l'enseignement supérieur (art. L. 123-1) et de la recherche (C. rech., art. L. 116-1). La région est ainsi « consultée sur les aspects régionaux de la carte des formations supérieures et de la recherche » (art. L. 214-2, notion à entendre au sens matériel puisque formellement elle n'existe pas !) de manière informelle ou ponctuelle lors de la négociation des contrats de plan État-région (CPER) ou lors du montage d'opérations hors contrat ; à noter toutefois que la loi ESR du 22 juillet 2013 a prévu qu'avec les autres collectivités territoriales, elle participe à la concertation qui préside l'élaboration des stratégies de l'enseignement supérieur et de la recherche (art. L. 123-1, al. 3). Sur le plan académique, les recteurs chanceliers, responsables de la coordination des enseignements supérieurs avec les autres ordres d'enseignement (art. L. 222-2, al. 2, responsabilité désormais confiée au recteur de région académique), ont pu décider de « schémas concertés des formations post-baccalauréat » pour les formations à bac +2 ; en concertation avec la région et les autres partenaires, adoptant « un document de référence établi en cohérence avec les CPER, traduction académique des directives de l'État conjuguant politique nationale, initiatives régionales et autonomie des établissements » (note de service du 22 juill. 1993) ; plus récemment, tenant compte de la réforme LMD et de la loi ESR du 22 juillet 2013 soulignant la nécessité du continuum entre les formations secondaires et supérieures, ils ont pu travailler sur des schémas bac–3/bac+3.

Même si elle n'est pas par principe compétente en ce domaine, la région ne peut pas être indifférente à l'enseignement supérieur dont les établissements jouent un rôle fort tant dans le développement que dans l'aménagement régional. La formation professionnelle continue comme l'existence dans les lycées de formations supérieures relèvent de ses compétences. Le schéma prévisionnel des formations (SPF) et le programme prévisionnel des investissements (PPI) doivent aussi prendre en considération les brevets de techniciens supérieurs (BTS) et les classes préparatoires aux grandes écoles (CPGE). Depuis la loi du 5 mars 2014, elle assure le service public régional de l'orientation tout au long de la vie (art. L. 214-16-1). Enfin, malgré la suppression de la clause de compétence générale, la pratique suivie antérieurement a été validée par l'article 27 de la loi NOTRe du 7 août 2015, qui permet aux collectivités territoriales de contribuer au financement des sites et établissements d'enseignement supérieur et de recherche implantés sur leur territoire ainsi qu'aux œuvres universitaires et scolaires (art. L. 216-12). L'effort financier des régions pour l'enseignement supérieur et la recherche (y compris pour les lycées qui accueillent des STS et des CPGE) n'est pas négligeable (10 % des dépenses concernant l'ESR sont supportées par les collectivités territoriales ; 70 % de cet apport provenant des régions).

Les régions ont d'abord accepté d'accompagner l'État dans le développement de l'enseignement supérieur et de la recherche, en participant (avec les autres collectivités territoriales) au financement des programmes d'investissement des plans Université 2000 (1991-1995) et Université du troisième millénaire (U3M, 1998) traduits dans les engagements des CPER (augmentation des capacités d'accueil, équipements scientifiques, hébergement et restauration universitaires) ; elles ont ainsi participé au cofinancement des programmations immobilières universitaires (extension, création d'établissements, antennes délocalisées, départements d'IUT), accompagnant ainsi la massification de l'enseignement supérieur. Un second volet a ensuite été constitué par l'aide à la recherche et aux chercheurs (financement de thèses, post-doctorants, contribution aux financements des laboratoires).

La loi de programme n° 2006-450 du 18 avril 2006 pour la recherche a permis la mise en place de pôles de recherche et d'enseignement supérieur (PRES) créés par convention entre plusieurs établissements d'enseignement supérieur et organismes de recherche auxquels les collectivités territoriales pouvaient être associées ; ainsi les régions ont pu participer à des opérations de cohérence territoriale, même si leurs finalités ont pu apparaître ambiguës. L'hésitation est levée avec le grand emprunt de 2009, destiné à faire émerger des sites universitaires de rang mondial les « initiatives d'excellence » (IDEX) traduisant une logique nationale (portée par le CGI), même si les régions ont été admises à soutenir les projets, les universités intervenant depuis la loi de 1999 pour assurer la valorisation de la recherche, les régions vont toutefois se doter de schémas régionaux d'innovation (2005, Rhône-Alpes). Les régions ont pu développer leur politique de recherche et d'innovation en lançant des appels à projets compétitifs, en mettant en place des fonds d'amorçage pour des réseaux régionaux de recherche ou des dispositifs de soutien à des projets de sites universitaires structurants, en aidant la recherche collaborative ou en finançant des chaires pour attirer des chercheurs étrangers.

Une étape importante est constituée par la loi ESR du 22 juillet 2013. Elle confie tout d'abord à la région une nouvelle mission, le développement et la diffusion de la culture scientifique, technique et industrielle (al. 1er) ; elle est chargée de coordonner les initiatives territoriales visant à développer et diffuser cette culture et participe au financement, notamment grâce aux crédits que l'État lui transfère (al. 2 : « L'État transfère aux régions les crédits qu'il accordait à ces initiatives. »). Elle rend ensuite obligatoire l'adoption par chaque région d'un ***schéma régional de l'enseignement supérieur, de la recherche et de l'innovation (SRESRI)***. « En cohérence avec les stratégies nationales de l'enseignement supérieur et de recherche », cet instrument doit déterminer « les principes et les priorités de ses interventions » (al. 3). La loi ESR du 22 juillet 2013 a aussi veillé à mieux coordonner les initiatives des collectivités territoriales. La région, « chef de file » en ce domaine (CGCT, art. L. 1111-9, depuis la L. n° 2014-58 du 27 janv. 2014 de modernisation de l'action publique territoriale et d'affirmation des métropoles), doit « associer » les collectivités territoriales et les établissements publics de coopération intercommunale (EPCI) accueillant des sites universitaires ou de recherche à l'élaboration de ce schéma (al. 4). Fixant les objectifs des programmes pluriannuels d'intérêt régional en matière de recherche, la région « détermine les investissements qui y concourent ».

Dans un souci de cohérence intrarégionale, la loi du 22 juillet de 2013 avait ajouté que « les orientations du schéma régional de l'enseignement supérieur, de la recherche et de l'innovation sont prises en compte par les autres schémas établis par la région en matière de formation, d'innovation et de développement économique ». L'article 23 de la loi n° 2014-288 du 5 mars 2014 relative à la formation professionnelle, à l'emploi et à la démocratie sociale dispose, en outre, que le schéma régional de l'enseignement supérieur, de la recherche et de l'innovation (SRESRI) inclut un volet relatif à l'intervention des établissements d'enseignement supérieur au titre de la formation professionnelle continue, en liaison avec le contrat de plan régional de développement des formations et de l'orientation professionnelles (CPRDFOP) mentionné à l'article L. 214-13. L'article 26 de la loi NOTRe n° 2015-991 du 7 août 2015, dans un souci de cohérence territoriale, ajoute que c'est « en concertation avec les collectivités territoriales et leurs groupements compétents » que la région élabore le SRESRI, qui vise ainsi à « définir des orientations partagées entre la région et les autres collectivités territoriales et établissements publics de coopération intercommunale et des priorités d'interventions », et « précise les opérations que la région soutient (al. 3) ». La formule de la première phrase de l'alinéa 3 est complétée en imposant aux communes, aux EPCI, pôles métropolitains et départements qui se dotent de schémas de développement universitaire et scientifique (SDUS) propres de prendre en compte les orientations du schéma régional de l'enseignement supérieur, de la recherche et de l'innovation. Dans le cadre de ces schémas et en cohérence avec les contrats pluriannuels d'établissement, les collectivités territoriales et leurs groupements peuvent contribuer au financement des sites et établissements d'enseignement supérieur et de recherche implantés sur leur territoire, ainsi qu'aux œuvres universitaires et scolaires (art. L. 216-11 issu de l'art. 27 de la loi NOTRe n° 2015-991 du 7 août 2015).

Avec les schémas prévisionnels des formations (art. L. 214-1), les SRESRI ainsi définis (art. L. 214-2), les plans régionaux et la carte des formations supérieures « tiennent compte de l'ensemble des besoins de formation » (art. L. 214-3) et sont les outils grâce auxquels la région éclaire son rôle de « chef de file » pour fixer les modalités de l'action commune des collectivités territoriales et de leurs établissements publics pour l'exercice des compétences relatives « au soutien à l'enseignement supérieur et à la recherche » (CGCT, art. L. 1111-9, II, 8°). ❑

SECTION PREMIÈRE PLANIFICATION DES FORMATIONS

Art. L. 214-1 *(L. n° 2004-809 du 13 août 2004, art. 77)* **« Compte tenu des orientations nationales et après accord des conseils départementaux pour les établissements relevant de leur compétence, le conseil régional adopte et transmet au représentant de l'État dans la région le schéma prévisionnel des formations des collèges, des lycées et des établissements d'éducation spéciale, des lycées professionnels maritimes et des établissements d'enseignement agricole mentionnés aux articles L. 811-8 et L. 813-1 du code rural et de la pêche maritime. »** *[V. ces art. aux art. L. 421-22 et L. 341-11.]*

Le conseil régional associe les représentants désignés par les établissements d'enseignement privés sous contrat à l'élaboration du schéma prévisionnel des formations.

1. Suppression d'un collège. V. jurisprudence ss. art. L. 213-2.

2. Autorité fonctionnelle des gestionnaires. V. jurisprudence ss. art. L. 942-1.

Art. L. 214-2 *(L. n° 2013-660 du 22 juill. 2013, art. 19)* **La région coordonne, sous réserve des missions de l'État et dans le cadre de la stratégie nationale de recherche, les initiatives territoriales visant à développer et diffuser la culture scientifique, technique et industrielle, notamment auprès des jeunes publics, et participe à leur financement.**

L'État transfère aux régions les crédits qu'il accordait à ces initiatives.

(L. n° 2015-991 du 7 août 2015, art. 26) **« Dans le respect des stratégies nationales de l'enseignement supérieur et de la recherche, la région élabore, en concertation avec les collectivités territoriales et leurs groupements compétents, un schéma régional de l'enseignement supérieur, de la recherche et de l'innovation. Ce schéma vise à définir des orientations partagées entre la région et les autres collectivités territoriales et établissements publics de coopération intercommunale et des priorités d'interventions. Il précise les opérations que la région soutient. »** *(L. n° 2014-288 du 5 mars 2014, art. 23)* **« Ce schéma inclut un volet relatif à l'intervention des établissements d'enseignement supérieur au titre de la formation professionnelle continue, en cohérence avec le contrat de plan régional de développement des formations et de l'orientation professionnelles mentionné à l'article L. 214-13. »** *(L. n° 2021-1104 du 22 août 2021, art. 5)* **« Il inclut un volet relatif aux enjeux de la lutte contre le changement climatique et de**

la transition écologique, en cohérence avec le schéma régional d'aménagement, de développement durable et d'égalité des territoires mentionné à l'article L. 4251-1 du code général des collectivités territoriales. »

Les collectivités territoriales et les établissements publics de coopération intercommunale qui accueillent des sites universitaires ou des établissements de recherche sont associés à l'élaboration du schéma régional. *(L. n° 2015-991 du 7 août 2015, art. 26)* « Les orientations des schémas d'enseignement supérieur et de recherche et des schémas de développement universitaire définis par les communes, les établissements publics de coopération intercommunale à fiscalité propre, les pôles métropolitains et les départements prennent en compte les orientations du schéma régional de l'enseignement supérieur, de la recherche et de l'innovation. »

La région fixe les objectifs des programmes pluriannuels d'intérêt régional en matière de recherche et détermine les investissements qui y concourent. Les orientations du schéma régional de l'enseignement supérieur, de la recherche et de l'innovation sont prises en compte par les autres schémas établis par la région en matière de formation, d'innovation et de développement économique. La région est consultée sur les aspects régionaux de la carte des formations supérieures et de la recherche.

Art. L. 214-3 Les schémas prévisionnels, *(L. n° 2013-660 du 22 juill. 2013, art. 19)* « les schémas régionaux d'enseignement supérieur, de la recherche et de l'innovation, » les plans régionaux et la carte des formations supérieures prévus aux articles L. 214-1 et L. 214-2 tiennent compte de l'ensemble des besoins de formation.

Le juge administratif procède à un contrôle restreint sur l'appréciation par le préfet du besoin scolaire reconnu. Contrôle de l'erreur manifeste d'appréciation. • CAA Douai, 1er avr. 2004, *Min. de l'intérieur*, n° 02DA00414.

Art. L. 214-4 *(L. n° 2003-339 du 14 avr. 2003, art. 4)* I. — Les équipements nécessaires à la pratique de l'éducation physique et sportive doivent être prévus à l'occasion de la création d'établissements publics locaux d'enseignement, ainsi que lors de l'établissement du schéma prévisionnel des formations mentionné à l'article L. 214-1.

II. — Des conventions sont passées entre les établissements publics locaux d'enseignement, leur collectivité de rattachement et les propriétaires d'équipements sportifs afin de permettre la réalisation des programmes scolaires de l'éducation physique et sportive.

III. — L'utilisation des équipements se fait conformément aux dispositions de l'article *(Ord. n° 2006-460 du 21 avr. 2006, art. 3)* « L. 1311-15 » du code général des collectivités territoriales, sauf dans l'hypothèse où des conventions de mise à disposition gracieuse ont été négociées.

BIBL. ▸ CATHALA, Les équipements sportifs en France, *Rapport MEN, 2002.*

1. Équipements nécessaires à la pratique sportive. Bien avant la nouvelle rédaction de cet art., le juge administratif avait précisé que l'art. 14 de la L. du 22 juill. 1983, qui a transféré aux collectivités territoriales les dépenses d'investissement et de fonctionnement des collèges et des lycées, est applicable aux dépenses de toute nature destinées à mettre à la disposition des élèves les installations sportives nécessaires à l'enseignement de l'éducation physique et sportive. Ces dépenses ont un caractère obligatoire. • CE 10 janv. 1994, *Assoc. nat. des élus régionaux et a.*, n°s 138121, 138182 et 141441 : *Lebon 12* ; *AJDA 1994. 244*. ♦ Le préfet peut, dès lors, procéder à l'inscription d'office de ces dépenses au budget des établissements scolaires et, par voie de conséquence, au budget de la collectivité dont ils dépendent. • CE 3 sept. 1997, *Ville de Montpellier*, n° 154487 : *Lebon T. 838* ; *D. 1999. 86, obs. Lachaume*.

2. Obligations de la région. Là encore, avant la nouvelle rédaction de cet art., le juge a considéré que si l'art. 14 de la L. du 22 juill. 1983 avait eu pour effet de conférer un caractère obligatoire aux dépenses relatives à la mise à disposition des élèves des installations sportives nécessaires à l'éducation physique et sportive, cette disposition n'impliquait pas nécessairement que la région construise elle-même de telles installations, dès lors qu'elle s'était assurée que les élèves d'un lycée pourraient utiliser, dans des conditions compatibles avec les exigences pédagogiques, des installations sportives non intégrées appartenant à un tiers dans le cadre d'une convention de mise à disposition passée avec le propriétaire par la région elle-même ou par l'établissement public local d'enseignement. • CAA Paris, 6 févr. 2001, *Synd. intercommunal du lycée d'Aubergenville (SILYA)*, n° 98PA00559.

SECTION II LYCÉES, ÉTABLISSEMENTS D'ÉDUCATION SPÉCIALE, LYCÉES PROFESSIONNELS MARITIMES ET ÉTABLISSEMENTS D'ENSEIGNEMENT AGRICOLE

Art. L. 214-5 Le conseil régional établit, après accord de chacune des collectivités concernées par les projets situés sur leur territoire, le programme prévisionnel des investissements relatifs aux lycées, aux établissements d'éducation spéciale, aux lycées professionnels maritimes et aux établissements d'enseignement agricole visés à l'article L. 811-8 du code rural et de la pêche maritime *[V. cet art. à l'art. L. 421-22]* qui résulte du schéma prévisionnel mentionné à l'article L. 214-1 du présent code.

A ce titre, le conseil régional définit la localisation des établissements, leur capacité d'accueil et le mode d'hébergement des élèves.

(L. n° 2015-991 du 7 août 2015, art. 25) « Les districts de recrutement des élèves pour les lycées de l'académie sont définis conjointement par *(L. n° 2019-791 du 26 juill. 2019, art. 54)* « l'autorité académique » et le conseil régional, en tenant compte des critères d'équilibre démographique, économique et social et en veillant à la mixité sociale. Toutefois, en cas de désaccord, la délimitation des districts est arrêtée par *(L. n° 2019-791 du 26 juill. 2019, art. 54)* « l'autorité académique ».

« L'autorité académique affecte les élèves dans les lycées publics en tenant compte des capacités d'accueil des établissements. »

Art. L. 214-6 *(L. n° 2013-595 du 8 juill. 2013, art. 23)* « La région a la charge des lycées, des établissements d'éducation spéciale et des lycées professionnels maritimes. Elle en assure la construction, la reconstruction, l'extension, les grosses réparations, l'équipement et le fonctionnement. *(L. n° 2019-791 du 26 juill. 2019, art. 26)* « Lorsque la construction ou la réhabilitation d'un lycée d'enseignement public est décidée, le conseil régional tient compte, pour le projet de construction ou de réhabilitation, des recommandations pour une école inclusive de l'Observatoire national de la sécurité et de l'accessibilité des établissements d'enseignement mentionné à l'article L. 239-2. » A ce titre, l'acquisition et la maintenance des infrastructures et des équipements, dont les matériels informatiques et les logiciels prévus pour leur mise en service, nécessaires à l'enseignement et aux échanges entre les membres de la communauté éducative sont à la charge de la région. Pour le fonctionnement des établissements publics locaux d'enseignement et de formation professionnelle agricole mentionnés à l'article L. 811-8 du code rural et de la pêche maritime, la région a la charge du transport pédagogique des élèves assuré dans le cadre des enseignements réguliers. »

(L. n° 2004-809 du 13 août 2004, art. 82) « La région assure l'accueil, la restauration, l'hébergement ainsi que l'entretien général et technique, à l'exception des missions d'encadrement et de surveillance des élèves, dans les établissements dont elle a la charge. »

Pour la construction, la reconstruction, l'extension, les grosses réparations ainsi que l'équipement de ces établissements, la région peut confier à l'État, dans les conditions définies par les articles 3 et 5 de la loi n° 85-704 du 12 juillet 1985 relative à la maîtrise d'ouvrage publique et à ses rapports avec la maîtrise d'œuvre privée, l'exercice, en son nom et pour son compte, de tout ou partie de certaines attributions de la maîtrise d'ouvrage.

Dans ce cas, la région bénéficie du fonds de compensation pour la taxe sur la valeur ajoutée au titre des dépenses d'investissement correspondantes.

La région bénéficie également du fonds de compensation pour la taxe sur la valeur ajoutée au titre des dépenses d'investissement qu'elle verse aux établissements publics locaux d'enseignement et aux établissements publics locaux d'enseignement et de formation professionnelle agricole qui lui sont rattachés, en vue de la construction, la reconstruction, l'extension et les grosses réparations de ces établissements.

En application de l'art. L. 231-5 CRPA, et par dérogation au délai de 2 mois prévu à l'art. L. 231-1 du même code, le délai à l'expiration duquel le silence gardé par la région vaut décision d'acceptation est fixé à 3 mois pour les demandes d'accueil, de restauration et d'hébergement dans les lycées publics (Décr. n° 2015-1460 du 10 nov. 2015, art. 1er).

BIBL. ▶ **Sur la réglementation applicable aux internats scolaires :** Lettre DAJ A1, n° 08-268, du 23 oct. 2008 : *LIJ 2008, n° 130, p. 24.*

1. Contrôle administratif. Le tribunal administratif avait rejeté pour incompétence le déféré du préfet de région demandant l'annulation d'une délibération du conseil d'administration d'un lycée professionnel ayant refusé d'autoriser le chef de cet établissement à recruter des assistants d'éducation. Le juge d'appel confirme cette solution en considérant que les dispositions de cet article n'ont ni pour objet, ni pour effet d'attribuer aux préfets de région le contrôle administratif de ces établissements. • CAA Bordeaux, 10 oct. 2006, n° 04BX00354 : *AJDA 2006. 2301*.

2. Compétence. Marché de fourniture de combustible. La région ne peut légalement se substituer aux établissements scolaires qui relèvent de sa compétence, tout au moins sans l'accord préalable des organes compétents de ces établissements, pour prendre la décision de passer un marché ayant pour objet la fourniture de combustible de chauffage pour les besoins de ces établissements ni pour entamer une procédure de consultation collective ayant le même objet. • CE 25 avr. 1994, n° 99926.

3. Compétences. Contrôle d'accès par reconnaissance faciale. Expérimentation (non). Était contestée la délibération par laquelle le conseil régional de PACA a engagé l'expérimentation d'un dispositif dit de contrôle d'accès virtuel dans deux lycées consistant en l'installation de portiques de reconnaissance faciale à l'entrée de ces établissements. Cette expérimentation comportait, d'une part, un volet « contrôle d'accès biométrique » concernant les personnes identifiées (lycéens) et, d'autre part, un volet « suivi de trajectoire » concernant les personnes identifiées et non identifiées (visiteurs occasionnels). Le juge annule la délibération, dont l'un des objectifs était le renforcement de la sécurité dans les établissements scolaires, mission qui relève non des missions d'accueil, d'hébergement ou d'entretien des lycées, mais des missions d'encadrement et de surveillance des élèves qui incombent aux chefs d'établissements. En outre, la région PACA ne s'est pas bornée à munir les lycées en cause des équipements de reconnaissance faciale ou même à leur proposer l'adoption d'un dispositif expérimental de reconnaissance faciale, mais a elle-même pris la décision d'initier cette expérimentation, quand bien même les établissements scolaires retenus auraient eu donné leur consentement. • TA Marseille, 27 févr. 2020, n° 1901249 : *AJDA 2020. 492, note Pastor* ; *Dalloz IP/IT 2020. 148, obs. Crichton*.

4. Responsabilité. Il résulte de ces dispositions que les dommages imputables à des travaux exécutés dans un lycée engagent la responsabilité de la région, gardienne de cet ouvrage. Dans une affaire où un enfant, qui occupait avec sa mère un logement de fonction, avait été blessé lors d'une chute, le juge administratif reconnaît à la victime la qualité d'usager de l'ouvrage public qui a causé le dommage. Dès lors qu'il résulte de l'instruction qu'aucune précaution n'avait été prise pour signaler, dans l'obscurité, le vide sanitaire, situé à proximité du bâtiment où étaient hébergés les internes et des personnels du lycée, et dont un agent d'entretien avait ouvert la trappe pour réparer une fuite d'eau, la région n'apporte pas la preuve, qui lui incombe, de l'entretien normal de l'ouvrage. La responsabilité de la région est engagée à l'égard de la victime, alors même que l'agent d'entretien affecté au lycée était un agent de l'État et, d'autre part, que la région ne saurait utilement invoquer la faute qu'aurait commise le chef d'établissement en ne prenant pas les mesures de sécurité nécessaires. • CE 19 févr. 2007, n° 274758 B : *AJDA 2007. 455* ; *ibid 2007. 1766, note Ngampio-Obélé-Bélé*. ♦ Au cours d'une manifestation lycéenne, des élèves ont tenté de pénétrer par la force à l'intérieur d'un lycée. Les lycéens ayant été repoussés contre une balustrade, celle-ci s'est effondrée et a blessé l'un d'eux au pied. Compte tenu de ce que le lycéen blessé, qui participait au rassemblement, ne se trouvait pas sur le perron de l'établissement au moment de la chute de la balustrade mais sur le trottoir situé en contrebas, de ce que cette balustrade, qui borde le perron du lycée, n'est pas incorporée audit trottoir et de ce que l'intéressé ne s'y appuyait pas ni n'essayait de l'escalader au moment de l'accident, le juge administratif considère que la victime a la qualité de tiers par rapport à l'ouvrage public dont l'existence est à l'origine du dommage. La responsabilité de la région est alors engagée sur le fondement de la responsabilité sans faute. • CE 19 mai 2000, n° 203546 A : *D. 2002, SC 527, obs. De Béchillon.* ♦ Alors qu'il suivait un cours dans le gymnase du lycée un élève s'est blessé après avoir perdu l'équilibre et s'être appuyé contre une vitre du gymnase qui s'est brisée. Cette vitre, située à 1 mètre 25 seulement du niveau du sol, alors même qu'elle était armée, ne présentait pas pour les élèves fréquentant le gymnase, des garanties de sécurité suffisantes contre les risques de chute ou de heurts. Ainsi, ce défaut d'aménagement normal de l'ouvrage public engage envers la victime, usager de cet ouvrage public, l'entière responsabilité de la région qui assurait l'ensemble des obligations du propriétaire. • CAA Bordeaux, 10 sept. 2002, n° 98BX01052 : *AJDA 2002. 1078*.

5. Dégradation des locaux. Occupants sans titre. Le juge rappelle que la responsabilité des régions est susceptible d'être engagée à l'égard du propriétaire de ces locaux en cas de manquement dans l'exercice de ces obligations, au nombre desquelles figure celle de veiller à la conservation de ceux-ci. Il résulte, en l'espèce, de l'instruction, que la région Nord-Pas-de-Calais, affectataire des locaux du lycée professionnel et dont la responsabilité a été recherchée par le SIVOM de Crespin, Quiévrechain, Saint-Aybert et Thivencelle, propriétaire de ces locaux, à raison des très importantes dégradations commis sur ceux-ci, avant leur désaffectation au service public de l'éducation, par des occupants sans titre, ne peut voir sa responsabilité écartée en faisant valoir, d'une part, qu'elle a dépêché des agents sur les lieux afin de nouer un contact avec les occupants sans titre qui s'y étaient installés, d'autre part, que le SIVOM a pris des initiatives le conduisant à se substituer à elle dans l'accomplissement des obligations qui lui incombaient. La responsabilité de la région Nord-Pas-de-Calais, aux droits et obligations de laquelle est venue la région Hauts-de-France, est ainsi engagée à raison de l'intégralité des conséquences dommageables subies par ces locaux avant leur désaffectation. • CAA Douai, 13 févr. 2020, n° 17DA00681.

6. Dépenses. Prise en charge. Logiciels informatiques. Interrogée sur la répartition des compétences entre l'État et la région en matière de prise en charge des dépenses relatives aux logiciels informatiques utilisés en lycée dans certaines filières professionnelles, la DAJ précise qu'il résulte de la combinaison des art. L. 214-6 et L. 211-8 que la région a la charge des logiciels qui se révèlent indispensables au fonctionnement du matériel informatique des lycées. Elle ajoute que « concrètement, il s'agit des logiciels dits « pilotes » (par exemple, selon le prestataire, pour des imprimantes) ou des systèmes d'exploitation (par exemple, Windows pour les ordinateurs), et de l'ensemble des logiciels permettant la communication entre les différentes composantes du matériel connecté au serveur informatique de l'établissement (dont le service de messagerie électronique) ». Elle poursuit en ajoutant que les « outils de traitement de texte et les tableurs informatiques (par exemple les logiciels Word et Excel), susceptibles d'être installés sur tout poste informatique de l'établissement, sont également au nombre des matériels et logiciels informatiques dont l'acquisition est à la charge de la région en application de l'art. L. 214-6. En revanche, les logiciels conçus spécifiquement pour un usage pédagogique et utilisés comme support de l'enseignement avec les élèves afin de leur permettre l'apprentissage dans une matière qui leur est enseignée doivent être pris en charge par l'État ». Elle termine en précisant que « dans les filières professionnelles, les logiciels spécifiquement conçus pour un usage pédagogique s'entendent, au regard de leurs caractéristiques pratiques, des logiciels dont les élèves ont vocation à manipuler les fonctionnalités en milieu professionnel, ou d'applications de simulation informatique ayant pour objet de donner la possibilité aux élèves d'acquérir les connaissances qui leur seront nécessaires en milieu professionnel ». * Note DAJ A1 n° 2018-066 du 26 févr. 2018 : *LIJ 2018, n° 203, p. 26.*

Art. L. 214-6-1 *(L. n° 2004-809 du 13 août 2004, art. 82)* **La région assure le recrutement et la gestion des personnels techniciens, ouvriers et de service exerçant leurs missions dans les lycées. Ces personnels sont membres de la communauté éducative et concourent directement aux missions du service public de l'éducation nationale dans les conditions fixées aux articles L. 421-23 et L. 913-1.**

BIBL. ▸ Costanzo, Des changements de statut qui font peur, *in* Décentralisation de l'école. Réforme ou dégraissage ?, *Territoires, n° 440, sept. 2003.* – Durand-Prinborgne, Décentralisation et transferts de personnels, *AJFP 2003, n° 4. 1.* – Ferstenbert, Le transfert des personnels dans la loi relative aux libertés et responsabilités locales, *AJDA 2004. 1996.* – Gontcharoff, L'éducation bien plus qu'une matière administrative : la décentralisation de l'éducation Acte II *in* Décentralisation de l'école. Réforme ou dégraissage ?, *Territoires, n° 440, sept. 2003.* – Hertzog, Des TOS et des sous, *AJFP 2004. 169.* – Kada, Emploi public et transferts de personnel, *RD publ. 2002. 847.* – Vulbeau, La communauté éducative, *in* Décentralisation de l'école. Réforme ou dégraissage ?, *Territoires, n° 440, sept. 2003.* – La gestion des personnels TOS, *coll. Dossiers d'experts, territorial Éditions.*

1. Compétences de la collectivité. Personnels TOS. Suite à un comportement jugé agressif et inapproprié à l'égard d'agents techniques territoriaux des établissements d'enseignement, le département demandait au recteur de prendre les mesures nécessaires pour faire cesser cette situation et retirait au gestionnaire toute autorité fonctionnelle au profit du seul principal du collège. Saisi aux fins d'annulation de cette dernière décision, le juge estime qu'aucun texte n'autorise la collectivité à retirer à un gestionnaire l'autorité fonctionnelle dont il dispose à l'égard de ces agents. • CAA Versailles, 9 juin 2016, n° 15VE01823 : *AJFP 2016. 348 ; LIJ 2017, n° 196, p. 5.*

2. Compétences de la région. Logements de fonction. Sur le fondement de ces dispositions, ainsi que de celles de l'art. 21 de la L. du 28 nov. 1990, le conseil régional a pu adopter la liste des emplois de personnels techniques, ouvriers et de service pour lesquels un logement de fonction est attribué au sein du parc de logements des établissements publics locaux d'enseignement. Cette décision, qui détermine la liste des emplois concernés, ainsi que l'ordre de priorité dans l'attribution des concessions en fonction de la catégorie d'établissements et du parc de logements disponibles, est applicable aux seuls agents gérés par la région et n'a pas pour objet, et ne pourrait avoir légalement pour effet, de modifier les conditions d'attribution des logements de fonction aux fonctionnaires de l'État en poste dans ces établissements, telles qu'elles sont fixées par les dispositions du Décr. du 14 mars 1986 relatif aux concessions de logement accordées aux personnels de l'État dans les établissements publics locaux d'enseignement. • CE 5 sept. 2008, *Synd. nat. des enseignements de second degré (SNES)*, n° 299582 : *AJDA 2009. 116*.

Art. L. 214-6-2 *(L. n° 2013-595 du 8 juill. 2013, art. 26)* **Sous sa responsabilité, après avis du conseil d'administration de l'établissement et, le cas échéant, accord de la collectivité propriétaire des bâtiments, le président du conseil régional ou le président du conseil exécutif de Corse peut autoriser l'utilisation de locaux et d'équipements scolaires des lycées et établissements régionaux d'enseignement adapté, pendant les heures ou les périodes au cours desquelles ils ne sont pas utilisés pour les besoins de la formation initiale et continue, par des entreprises ou des organismes de formation et, pour les besoins de l'éducation populaire, de la vie citoyenne et des pratiques culturelles et artistiques, par des associations. Ces activités doivent être compatibles avec la nature des installations, l'aménagement des locaux et le fonctionnement normal du service. Elles doivent également respecter les principes de neutralité et de laïcité.**

Cette autorisation est subordonnée à la passation d'une convention entre le représentant de la région ou de la collectivité territoriale de Corse, celui de l'établissement et la personne physique ou morale qui désire organiser ces activités, précisant notamment les obligations pesant sur l'organisateur en ce qui concerne l'application des règles de sécurité, la prise en charge des responsabilités et de la réparation des dommages éventuels ainsi que les conditions financières de l'utilisation des locaux et équipements dans le respect du code général de la propriété des personnes publiques.

Art. L. 214-7 **La région est propriétaire des locaux dont elle a assuré la construction et la reconstruction.**

(L. n° 2004-809 du 13 août 2004, art. 79) **« Les biens immobiliers des établissements visés à l'article L. 214-6 appartenant à l'État à la date d'entrée en vigueur de la loi n° 2004-809 du 13 août 2004 relative aux libertés et responsabilités locales lui sont transférés en pleine propriété à titre gratuit. Ce transfert ne donne lieu au versement d'aucun droit, taxe** *(L. n° 2005-1720 du 30 déc. 2005, art. 72)* **« , »** *(Ord. n° 2010-638 du 10 juin 2010, art. 9)* **« contribution prévue à l'article 879 du code général des impôts » ou honoraires.**

« Les biens immobiliers des établissements visés à l'article L. 214-6 appartenant à un département, une commune ou un groupement de communes peuvent être transférés en pleine propriété à la région, à titre gratuit et sous réserve de l'accord des parties. Lorsque la région effectue sur ces biens des travaux de construction, de reconstruction ou d'extension, ce transfert est de droit, à sa demande, et ne donne lieu au versement d'aucun droit, taxe *(L. n° 2005-1720 du 30 déc. 2005, art. 72)* **« , »** *(Ord. n° 2010-638 du 10 juin 2010, art. 9)* **« contribution prévue à l'article 879 du code général des impôts » ou honoraires. »**

Art. L. 214-8 **Les dispositions prévues aux articles L. 213-4, L. 213-5 et L. 213-6 du présent code sont applicables à la région pour les lycées, les établissements d'éducation spéciale, les lycées professionnels maritimes, ainsi que pour les établissements d'enseignement agricole visés à l'article L. 811-8 du code rural et de la pêche maritime** *[V. cet art. à l'art. L. 421-22]. — [L. n° 83-663 du 22 juill. 1983, art. 14-2.]*

Art. L. 214-9 **Les conditions dans lesquelles le maintien des concessions de logement et des prestations accessoires est assuré à certaines catégories de personnel de l'État dans les établissements relevant de la compétence des régions sont fixées par décret en Conseil d'État.** — *[L. n° 83-663 du 22 juill. 1983, art. 14-3.]*

Sur les concessions de logement accordées aux personnels de l'État dans les établissements publics locaux d'enseignement, V. art. R. 216-4 s.

V. notes ss. art. L. 213-7.

Art. L. 214-10 **Lorsque 10 % au moins des élèves d'un lycée, d'un établissement d'éducation spéciale, d'un lycée professionnel maritime ou d'un établissement agricole**

visé à l'article L. 811-8 du code rural et de la pêche maritime *[V. cet art. à l'art. L. 421-22]*, **ou 5 % au moins si l'établissement est un lycée d'enseignement professionnel, résident dans une autre région que celle dont relève cet établissement, une participation aux charges de fonctionnement** *(L. n° 2004-809 du 13 août 2004, art. 82)* **« et de personnel » peut être demandée à la région de résidence. Le montant de cette participation est fixé par convention entre les régions intéressées.**

En cas de désaccord, les représentants de l'État dans les régions intéressées fixent conjointement les modalités de cette participation.

Art. L. 214-11 **La dotation régionale d'équipement scolaire est régie par les dispositions de l'article L. 4332-3 du code général des collectivités territoriales, ci-après reproduites :**

Art. L. 4332-3 *(L. n° 2007-1822 du 24 déc. 2007, art. 41)* En 2008, le montant de la dotation régionale d'équipement scolaire est fixé à 661 841 207 €.

Le montant alloué en 2008 à chaque région exerçant les compétences définies à l'article L. 214-6 du code de l'éducation est obtenu en appliquant un coefficient au montant total de la dotation régionale d'équipement scolaire fixé pour cette même année. Ce coefficient est calculé pour chaque région sur la base du rapport entre le montant des crédits de paiement qui lui ont été versés en 2007 et le montant total des crédits de paiement versés par l'État à l'ensemble des régions au titre de la dotation régionale d'équipement scolaire en 2007.

(L. n° 2011-1977 du 28 déc. 2011, art. 30) « A compter de 2009 » *(L. n° 2008-1425 du 27 déc. 2008, art. 44)* «, le montant alloué à chaque région est égal à celui de 2008. »

(L. n° 2015-1785 du 29 déc. 2015, art. 39) « A compter du 1er janvier 2016, lorsqu'une région est constituée par regroupement de plusieurs régions, conformément à l'article 1er de la loi n° 2015-29 du 16 janvier 2015 relative à la délimitation des régions, aux élections régionales et départementales et modifiant le calendrier électoral *[V. **CGCT**, art. L. 4111-1]*, le montant de la dotation qui lui est versé correspond à la somme des montants versés aux régions auxquelles elle succède dans les conditions applicables avant le regroupement. »

La dotation régionale d'équipement scolaire est versée aux régions en une seule fois au cours du troisième trimestre de l'année en cours.

La dotation est inscrite au budget de chaque région, qui l'affecte à la reconstruction, aux grosses réparations, à l'équipement et, si ces opérations figurent sur la liste établie en application de l'article L. 211-2 du code de l'éducation, à l'extension et à la construction des lycées, des établissements d'éducation spéciale, des écoles de formation maritime et aquacole et des établissements d'enseignement agricole visés à l'article L. 811-8 du code rural et de la pêche maritime *[V. cet art. à l'art. L. 421-22]*.

Sur la dotation régionale d'équipement scolaire, V. **CGCT**, *art. R. 4332-9 s.*

SECTION III **ORIENTATION ET FORMATION PROFESSIONNELLE** *(L. n° 2018-771 du 5 sept. 2018, art. 34).*

Art. L. 214-12 *(L. n° 2014-288 du 5 mars 2014, art. 23)* **La région définit en lien avec l'État et met en œuvre le service public régional de l'orientation tout au long de la vie professionnelle dans le cadre fixé à l'article L. 6111-3 du code du travail.**

Elle est chargée de la politique régionale de formation professionnelle des jeunes et des adultes à la recherche d'un emploi ou d'une nouvelle orientation professionnelle conformément aux articles L. 6121-1 à L. 6121-7 du même code.

Elle élabore le contrat de plan régional de développement des formations et de l'orientation professionnelles.

BIBL. ► FRIER, Les transferts de compétences dans les secteurs de la formation professionnelle, de l'éducation et de la culture, *AJDA 2004. 1984*. – DREYFUS, Le service public régional de formation professionnelle face au code des marchés publics, *AJDA 2010. 1323*. – GOMEZ-MUSTEL, Formation professionnelle continue, *Rép. Trav. 2007*. – GORCE, Les perspectives et le financement de la formation professionnelle, *Rapp. AN, n° 1596, avr. 2009*. – LUTTRINGER, La formation professionnelle : une recherche difficile de partenaires ?, *RFAP, juill.-sept. 1996, n° 79*. – RETTERER, Le contentieux relatif aux organismes de formation professionnelle continue, *AJDA 2010.*

2408 ✎. – Santelmann, La formation professionnelle continue, *Doc. fr., coll. Problèmes politiques et sociaux, n° 819, avr. 1999.* – La formation professionnelle tout au long de la vie, *C. comptes, oct. 2008.* – Cherpion et Gille, Rapport d'information sur la mise en application de la loi n° 2009-1437 du 24 novembre 2009 relative à l'orientation et à la formation professionnelle tout au long de la vie, *Ass. nat. n° 3208, mars 2011.*

▸ **Orientation :** V. Bibl. ss. art. L. 313-1.

Art. L. 214-12-1 *(L. n° 2004-809 du 13 août 2004, art. 9)* **Les actions menées à l'égard des Français établis hors de France en matière de formation professionnelle** *(L. n° 2018-771 du 5 sept. 2018, art. 34)* **« continue » relèvent de la compétence** *(L. n° 2014-288 du 5 mars 2014, art. 23)* **« de la région ».** *(L. n° 2014-288 du 5 mars 2014, art. 23)* **« La convention prévue au 5° du II de l'article L. 6121-2 du code du travail précise les conditions d'accès au service public régional de la formation professionnelle des Français établis hors de France souhaitant se former sur le territoire métropolitain. »**

L'Assemblée des Français de l'étranger, la commission permanente pour l'emploi et la formation professionnelle des Français de l'étranger et, dans chaque pays considéré, le *(L. n° 2013-659 du 22 juill. 2013, art. 57)* **« conseil » consulaire compétent sont consultés sur la politique de formation professionnelle et d'apprentissage des Français établis hors de France.**

Art. L. 214-13 *(L. n° 2014-288 du 5 mars 2014, art. 23)* **« I. – Le contrat de plan régional de développement des formations et de l'orientation professionnelles a pour objet l'analyse des besoins à moyen terme du territoire régional en matière d'emplois, de compétences et de qualifications et la programmation des actions de formation professionnelle des jeunes et des adultes, compte tenu de la situation et des objectifs de développement économique du territoire régional.**

« Ce contrat de plan définit, sur le territoire régional et, le cas échéant, par bassin d'emploi :

« 1° Les objectifs dans le domaine de l'offre de conseil et d'accompagnement en orientation, dans le cadre de l'article L. 6111-3, afin d'assurer l'accessibilité aux programmes disponibles ;

« *(L. n° 2018-771 du 5 sept. 2018, art. 34)* **« 2° Les orientations en matière de formation professionnelle initiale et continue, y compris celles relevant des formations sanitaires et sociales. Ces orientations stratégiques sont cohérentes avec les conventions d'objectifs et de moyens mentionnées au III de l'article L. 6211-3 du code du travail et tiennent compte des besoins des entreprises en matière de développement des contrats d'apprentissage et des contrats de professionnalisation. Elles constituent le schéma prévisionnel de développement de l'alternance. Elles visent également à identifier l'émergence de nouvelles filières économiques ainsi que de nouveaux métiers, notamment dans le domaine de la transition écologique et énergétique. Elles tiennent compte également de la définition des actions de développement des compétences dans le cadre des besoins spécifiques des quartiers prioritaires de la politique de la ville ;**

« 3° Dans sa partie consacrée aux jeunes, les actions destinées à favoriser une représentation équilibrée des femmes et des hommes dans chacune des filières, incluant l'enseignement préparant à l'entrée dans les établissements d'enseignement supérieur de la création artistique dans le domaine du spectacle vivant. Cette partie prend également en compte les besoins liés à l'hébergement et à la mobilité de ces jeunes, permettant de faciliter leur parcours de formation. Elle encourage la signature de conventions entre des centres de formation d'apprentis et des lycées professionnels visant à faciliter le passage des jeunes entre ces deux types d'établissements et incitant à la mutualisation de leurs plateaux techniques ; »

« 4° Dans sa partie consacrée aux adultes, les actions de formation professionnelle ayant pour but de favoriser l'accès, le maintien et le retour à l'emploi *(L. n° 2018-771 du 5 sept. 2018, art. 34)* **« ou l'accès à la certification professionnelle ;**

« 4° ***bis*** **Dans sa partie consacrée aux personnes en situation de handicap, les actions de formation professionnelle ayant pour but de favoriser l'insertion professionnelle en milieu ordinaire ou celles en lien avec la réorientation professionnelle, lorsqu'il s'agit de personnes en situation de handicap à la suite d'un accident ou d'une maladie dégénérative ; »**

« 5° *(L. nº 2018-771 du 5 sept. 2018, art. 34)* « Les objectifs » de développement du service public régional de l'orientation ;

« 6° Les priorités relatives à l'information, à l'orientation et à la validation des acquis de l'expérience.

« Les conventions annuelles conclues en application de l'article L. 214-13-1 du présent code, s'agissant des cartes régionales des formations professionnelles initiales, et de l'article L. 6121-3 du code du travail et du IV du présent article, s'agissant des conventions sectorielles, concourent à la mise en œuvre de la stratégie définie par le contrat de plan régional.

« II. – Le contrat de plan régional de développement des formations et de l'orientation professionnelles est élaboré par la région au sein du comité régional de l'emploi, de la formation et de l'orientation professionnelles mentionné à l'article L. 6123-3 du code du travail sur la base des documents d'orientation présentés par le président du conseil régional, le représentant de l'État dans la région, les autorités académiques, les organisations syndicales de salariés et les organisations professionnelles d'employeurs. Le comité procède à une concertation avec les collectivités territoriales concernées, *(L. nº 2018-771 du 5 sept. 2018, art. 34)* « Pôle emploi », les organismes consulaires, des représentants de structures d'insertion par l'activité économique et des représentants d'organismes de formation professionnelle, notamment *(Ord. nº 2016-1519 du 10 nov. 2016, art. 7)* « l'établissement mentionné à l'article L. 5315-1 du code du travail ».

« Le contrat de plan régional est établi dans l'année qui suit le renouvellement du conseil régional.

« Le contrat de plan régional adopté par le comité régional de l'emploi, de la formation et de l'orientation professionnelles est signé par le président du conseil régional après consultation des départements et approbation par le conseil régional, ainsi que par le représentant de l'État dans la région et par les autorités académiques. Il est proposé à la signature des organisations syndicales de salariés et des organisations professionnelles d'employeurs représentées au sein du comité régional de l'emploi, de la formation et de l'orientation professionnelles.

« Un décret en Conseil d'État fixe les modalités du suivi et de l'évaluation des contrats de plan régionaux. »

III. *Abrogé par L. nº 2014-288 du 5 mars 2014, art. 23.*

(L. nº 2002-276 du 16 févr. 2002, art. 108) « IV. – Des conventions annuelles d'application précisent, pour l'État et la région, la programmation et les financements des actions.

« Elles sont signées par le président du conseil régional, le représentant de l'État dans la région ainsi que, selon leur champ d'application, par les divers acteurs concernés. »

(L. nº 2009-1437 du 24 nov. 2009, art. 57) « S'agissant des demandeurs d'emploi, ces conventions, lorsqu'elles comportent des engagements réciproques de l'État, de la région et de *(L. nº 2018-771 du 5 sept. 2018, art. 34)* « Pôle emploi », sont également signées par cette institution. »

V. – *(L. nº 2004-809 du 13 août 2004, art. 11)* « L'État, une ou plusieurs régions, une ou plusieurs organisations représentatives des milieux socioprofessionnels et, le cas échéant, *(L. nº 2018-771 du 5 sept. 2018, art. 34)* « Pôle emploi » peuvent conclure des contrats fixant des objectifs de développement coordonné des différentes voies de formation professionnelle initiale et continue, notamment de formation professionnelle *(L. nº 2018-771 du 5 sept. 2018, art. 34)* « par alternance » et de financement des formations des demandeurs d'emploi. Ces contrats d'objectifs peuvent être annuels ou pluriannuels. »

(L. nº 2006-340 du 23 mars 2006, art. 27) « Ces contrats déterminent notamment les objectifs qui concourent à favoriser une représentation équilibrée des femmes et des hommes dans les métiers auxquels préparent les différentes voies de formation professionnelle initiale et continue. »

(L. nº 2018-771 du 5 sept. 2018, art. 34) « Ces contrats déterminent également les objectifs qui concourent à favoriser une insertion professionnelle des jeunes gens en situation de handicap ayant suivi une voie professionnelle initiale ou un apprentissage. »

(L. nº 2002-276 du 16 févr. 2002, art. 108) « Les chambres de métiers, les *(L. nº 2010-853 du 23 juill. 2010, art. 8)* « chambres de commerce et d'industrie territoriales » et les chambres d'agriculture peuvent être associées aux contrats d'objectifs. »

VI. – *(L. nº 2004-809 du 13 août 2004, art. 11)* « Dans le cadre *(L. nº 2009-1437 du 24 nov. 2009, art. 57)* « du contrat de » plan régional de développement des formations professionnelles, » *(L. nº 2002-276 du 16 févr. 2002, art. 108)* « chaque région arrête annuellement un programme régional de formation professionnelle continue, après avis du comité de coordination régional de l'emploi et de la formation professionnelle. »

(L. nº 2004-809 du 13 août 2004, art. 11) « Les départements, les communes ou groupements de communes qui ont arrêté un programme de formation sont associés, à leur demande, à l'élaboration du programme régional. »

(L. nº 2002-276 du 16 févr. 2002, art. 108) « Pour la mise en œuvre de ce programme, des conventions sont passées avec les établissements d'enseignement publics et les autres organismes de formation concernés. »

Art. L. 214-13-1 *(L. nº 2013-595 du 8 juill. 2013, art. 29)* Chaque année, les autorités académiques recensent par ordre de priorité les ouvertures et fermetures qu'elles estiment nécessaires de sections de formation professionnelle initiale *(L. nº 2018-771 du 5 sept. 2018, art. 34)* « hors apprentissage » dans les établissements d'enseignement du second degré, les établissements relevant des articles L. 811-1 et L. 813-1 du code rural et de la pêche maritime *[V. ces art. à l'art. L. 341-1]* et les établissements relevant du ministre chargé des sports. Parallèlement, la région, après concertation avec les branches professionnelles et les organisations syndicales professionnelles des employeurs et des salariés concernés, procède au même classement.

Dans le cadre de la convention annuelle prévue au IV de l'article L. 214-13 du présent code, signée par les autorités académiques et la région, celles-ci procèdent au classement par ordre de priorité des ouvertures et fermetures de sections de formation professionnelle initiale *(L. nº 2018-771 du 5 sept. 2018, art. 34)* « hors apprentissage », en fonction des moyens disponibles.

(L. nº 2018-771 du 5 sept. 2018, art. 34) « Chaque année, après accord *(L. nº 2019-791 du 26 juill. 2019, art. 54)* « de l'autorité académique », la région arrête la carte régionale des formations professionnelles initiales hors apprentissage, conformément aux choix retenus par la convention mentionnée au deuxième alinéa du présent article. »

Cette carte est mise en œuvre par la région et par l'État dans l'exercice de leurs compétences respectives, notamment celles qui résultent de l'article L. 211-2 du présent code et de l'article L. 814-2 du code rural et de la pêche maritime *[V. cet art. à l'art. L. 238-1]*. Elle est communiquée aux organismes et services participant au service public de l'orientation. Les autorités académiques mettent en œuvre les ouvertures et fermetures de sections de formation professionnelle initiale sous statut scolaire en fonction des moyens disponibles et conformément au classement par ordre de priorité mentionné au deuxième alinéa du présent article.

Carte des formations professionnelles. Ouvertures et fermetures de sections. Coordination entre autorités académiques et région. Un recteur était revenu sur la proposition d'ouverture dans un lycée d'une spécialité du baccalauréat professionnel précédemment retenue par la convention annuelle conclue avec la région pour l'année scolaire précédente et avait décidé l'ouverture dans ce même lycée d'une demi-division supplémentaire d'un autre baccalauréat professionnel afin d'augmenter les capacités d'accueil de l'établissement dans cette filière qu'il estimait prioritaire, au regard du nombre d'établissements dispensant la première spécialité, des difficultés d'insertion des élèves et des faibles possibilités de poursuite d'études qui leur étaient offertes. Une organisation syndicale contestait cette décision au motif qu'il méconnaissait les priorités arrêtées par la région dans la carte des formations professionnelles. Le juge précise qu'il revient au recteur d'académie, dans le cadre de ses compétences propres, en application de l'art. D. 333-4, de fixer les spécialités professionnelles de baccalauréat professionnel par établissement, dans le respect des stipulations de la convention annuelle déterminant les priorités en matière de formation professionnelle signée avec la région. En l'espèce, aucune convention annuelle formalisant leur accord n'ayant été signée entre le président de région et le recteur pour l'année considérée, en raison d'une modification unilatérale du projet de carte des formations par la commission permanente du conseil régional, le juge estime que le recteur pouvait légalement fixer les spécialités professionnelles par établissement scolaire. • TA Châlons-en-Champagne, 22 févr. 2018, n° 1600884 : *LIJ 2018, n° 203, p. 7.*

Art. L. 214-14 *(L. n° 2007-297 du 5 mars 2007, art. 12)* **Les écoles de la deuxième chance** *(L. n° 2014-288 du 5 mars 2014, art. 22)* **« participent au service public régional de la formation professionnelle et » proposent une formation à des personnes de** *(L. n° 2009-1437 du 24 nov. 2009, art. 15)* **« seize » à vingt-cinq ans dépourvues de qualification professionnelle ou de diplôme. Chacune d'entre elles bénéficie d'un parcours de formation personnalisé.**

Ces écoles délivrent une attestation de fin de formation indiquant le niveau de compétence acquis de manière à faciliter l'accès à l'emploi ou à une certification inscrite au répertoire national des certifications professionnelles.

(L. n° 2009-1437 du 24 nov. 2009, art. 38) **« Le réseau des écoles de la deuxième chance tend à assurer une couverture complète et équilibrée du territoire national, en concertation avec les collectivités territoriales. »**

Un décret, pris après avis du *(L. n° 2014-288 du 5 mars 2014, art. 22)* **« Conseil national de l'emploi, de la formation et de l'orientation professionnelles mentionné à l'article L. 6123-1 du code du travail », fixe les modalités d'application du présent article.**

L'État et les régions apportent leur concours aux formations dispensées dans les conditions déterminées par convention. — *V. art. D. 214-9 s.*

Art. L. 214-15 *(L. n° 2004-809 du 13 août 2004, art. 8)* **Le fonds régional de la formation professionnelle continue est régi par les dispositions de l'article L. 4332-1 du code général des collectivités territoriales ci-après reproduites :**

Art. L. 4332-1 Les charges en matière de formation professionnelle sont compensées selon la procédure prévue aux articles L. 1614-1, L. 1614-2 et L. 1614-3. Il est créé dans chaque région un fonds régional de la formation professionnelle continue, qui est géré par le conseil régional.

Ce fonds est alimenté chaque année par :

1° Les crédits transférés par l'État au titre de la formation professionnelle continue. Ces crédits sont répartis notamment en fonction de la structure et du niveau de qualification de la population active, ainsi que de la capacité d'accueil de l'appareil de formation existant. Au sein de ces crédits, les sommes représentatives des rémunérations des stagiaires évoluent de façon à compenser intégralement les charges résultant de toute modification par l'État des normes fixées pour ces rémunérations. Un décret en Conseil d'État fixe les modalités d'application du présent alinéa *[V.* ***CGCT****, art. R. 4332-1 s. et R. 4434-3]* ;

(L. n° 2004-1484 du 30 déc. 2004, art. 37) « Les crédits mentionnés à l'alinéa précédent sont diminués en 2005, 2006 et à compter de 2007 d'un montant de respectivement 197,92 millions d'euros, 395,84 millions d'euros et 593,76 millions d'euros, en valeur 2005 et à indexer chaque année selon le taux d'évolution de la dotation globale de fonctionnement » ;

2° Les crédits transférés par l'État dont le montant est égal aux versements au Trésor public effectués l'année précédente en application *(Ord. n° 2009-1530 du 10 déc. 2009, art. 5)* « des articles L. 6354-2 et L. 6331-28 du code du travail », et dont la répartition obéit aux mêmes critères que ceux mentionnés au 1° ci-dessus ;

3° Le cas échéant, les autres ressources susceptibles de lui être régulièrement attribuées ;

4° Les crédits votés à cet effet par le conseil régional ;

(L. n° 2018-771 du 5 sept. 2018, art. 34) (L. n° 2013-1278 du 29 déc. 2013, art. 41) « 5° » « Le montant des ressources fiscales attribuées aux régions mentionnées aux articles 41 et 140 de la loi n° 2013-1278 du 29 décembre 2013 de finances pour 2014. »

Les crédits prévus aux 1° et 2° du présent article ne sont pas inclus dans la dotation générale de décentralisation visée à l'article L. 1614-4.

Le montant total des crédits visés aux 1° et 2° du présent article évolue dans les conditions prévues à l'article L. 1614-1.

Art. L. 214-16 *(L. nº 2014-288 du 5 mars 2014, art. 22)* **Outre le transfert de certains personnels dans les conditions fixées par le code général des collectivités territoriales, un appui technique est apporté à la région par les services déconcentrés de l'État dans les conditions définies à l'article 7 de la loi d'orientation nº 92-125 du 6 février 1992 relative à l'administration territoriale de la République** *[V. cet art. au* **CGCT***.]*.

Art. L. 214-16-1 *(L. nº 2014-288 du 5 mars 2014, art. 22)* **La région organise le service public régional de l'orientation tout au long de la vie. Elle assure la mise en réseau de tous les services, structures et dispositifs qui concourent sur son territoire à la mise en œuvre de ce service public.**

Art. L. 214-16-2 *(L. nº 2014-288 du 5 mars 2014, art. 22)* **Le représentant de l'État dans la région et le président du conseil régional déterminent, par convention, les services de l'État concourant à la mise en œuvre de la compétence prévue à l'article L. 214-16-1.**

SECTION IV LES COMPÉTENCES DES RÉGIONS D'OUTRE-MER

Art. L. 214-17 *(Abrogé par Ord. nº 2021-552 du 5 mai 2021, art. 10, à compter de l'entrée en vigueur des décrets portant actualisation et adaptation des dispositions réglementaires du code de l'éducation relatives à l'outre-mer et, au plus tard, le 1er janv. 2022)* ***Les compétences particulières des régions d'outre-mer en matière d'éducation sont fixées par les dispositions des articles L. 4433-25 et L. 4433-26 du code général des collectivités territoriales, ci-après reproduites :***

Art. L. 4433-25 Le conseil régional détermine, après avis du conseil de la culture, de l'éducation et de l'environnement, les activités éducatives et culturelles complémentaires relatives à la connaissance des langues et des cultures régionales, qui peuvent être organisées dans les établissements scolaires relevant de la compétence de la région.

Ces activités, qui peuvent se dérouler pendant les heures d'ouverture des établissements concernés, sont facultatives et ne peuvent se substituer ni porter atteinte aux programmes d'enseignement et de formation définis par l'État.

Elles sont financées par la région. L'organisation et le fonctionnement de ces activités sont précisés par des conventions conclues entre la région, la collectivité gestionnaire de l'établissement, le responsable de l'établissement et, le cas échéant, l'association ou l'organisme prestataire de service.

Les autres activités éducatives, sportives et culturelles complémentaires peuvent être également organisées par la région et par les autres collectivités territoriales dans les conditions prévues à (Ord. nº 2003-1212 du 18 déc. 2003, art. 5) « l'article L. 216-1 du code de l'éducation ».

Art. L. 4433-26 Les conseils régionaux établissent, le cas échéant, sur proposition des présidents de l'université des (L. nº 2015-737 du 25 juin 2015, art. 1er) « Antilles, de l'université de la Guyane » et de l'université de la Réunion, en fonction des priorités qu'ils ont définies en matière de développement économique, social et culturel, des projets de programmes de formations supérieures et d'activités de recherche universitaire.

La carte de ces formations et de ces activités est arrêtée par l'État, après avis des conseils régionaux.

BIBL. ▶ DELINDE, Politique d'éducation et d'instruction en Martinique (1635-1883), *Thèse, Univ. Paris 7, 1999.* – Le système éducatif dans l'académie de Guadeloupe : bilan et perspectives, *Rapp. IGAEN, 2003.*

Particularisme. Déférée au Conseil constitutionnel, la loi nº 2004-809 du 13 août 2004 relative aux libertés et aux responsabilités locales a été déclarée conforme à la Constitution à l'exception de son art. 203 qui prévoyait que le transfert des personnels techniques, ouvriers et de service de l'éducation nationale serait subordonné, dans les départements et région d'outre-mer, à un rééquilibrage des effectifs. Le Conseil constitutionnel a en effet estimé que les écarts existant entre les besoins de personnels et les effectifs réels de ces personnels sont plus importants dans certaines académies de métropole qu'ils ne le sont dans certaines académies d'outre-mer. Ces écarts ne constituent donc pas, au sens de l'art. 73 de la Constitution, des « caractéristiques et contraintes particulières » de nature à différer l'entrée en vigueur de la loi dans les départements et les régions d'outre-mer. • Cons. const. 12 août 2004, *Loi relative aux libertés et responsabilités locales*, n° 2004-503 DC : *JO 17 août, p. 14648 ; Rec. Cons. const. 144.*

SECTION V **TRANSPORTS SCOLAIRES**

(L. n° 2015-991 du 7 août 2015, art. 15)

Art. L. 214-18 *(Ord. n° 2010-1307 du 28 oct. 2010, art. 15)* **L'organisation des transports scolaires en dehors de la région Île-de-France est régie par les dispositions des articles L. 3111-7 à L. 3111-10 du code des transports** *[V. ces art. ci-dessous].*

COMMENTAIRE

L'évolution démographique, l'exode rural puis, plus tard, la *« rurbanisation »* contemporaine de l'accès du plus grand nombre à l'enseignement secondaire, vont imposer le *« ramassage scolaire »*, l'organisation d'un service public du transport scolaire, facilitant l'accès au service public de l'enseignement dans le cadre de le carte scolaire. Aujourd'hui, quatre millions d'élèves, soit près du tiers de la population scolarisée, empruntent régulièrement ces transports qui desservent près de quinze mille écoles et établissements grâce à cinq mille points de desserte.

Avant 1983, l'État disposait du pouvoir d'organiser les transports scolaires, même si un système complexe de financements croisés engageait les collectivités territoriales, notamment le département. La création de services spéciaux de ramassage, institués à défaut de services réguliers, relevait de la compétence du préfet. Ils pouvaient être organisés par les départements, les communes ou syndicats de communes, les établissements d'enseignement, établissements publics, associations de parents d'élèves ou associations familiales ; à qualité de service et à prix équivalents, l'exploitation du service devait être assurée par une entreprise de transport. Dans un premier temps le Conseil d'État avait reconnu que les dispositions réglementaires en vigueur ouvraient aux entreprises une vocation et non un droit à l'exploitation du service (CE 8 oct. 1965, *Sté Finand*, n° 63479) ; un décret du 7 décembre 1965 imposa des règles plus strictes, la gestion directe par les collectivités publiques n'étant envisageable qu'en cas de carence de l'initiative privée.

Le code des transports adopté pour sa partie législative par l'ordonnance n° 2010-1307 du 28 octobre 2010 intègre notamment les principes reconnus par la loi d'orientation des transports intérieurs (LOTI) n° 82-1153 du 30 décembre 1982. Il reconnaît ainsi le ***« droit au transport »***, dont « la mise en œuvre progressive permet à l'usager de se déplacer dans des conditions raisonnables d'accès, de qualité, de prix et de coût pour la collectivité, notamment, par l'utilisation d'un moyen de transport ouvert au public » (C. transp., art. L. 1111-2) et les missions du ***« service public des transports »*** (C. transp., art. L. 1111-3) visant notamment « la desserte des territoires à faible densité démographique ». Le code des transports reprend les dispositions de la LOTI confirmant le rôle principal de l'État pour fixer les orientations générales, mais conférant des compétences aux collectivités territoriales. Si le département est alors compétent pour « les services réguliers publics non urbains de personnes », le transport urbain relève des communes ou de leurs groupements (art. 27).

Il était donc dans la logique des choses que l'article 29 de la loi du 22 juillet 1983, complétant la loi du 7 janvier 1983, transfère aux départements la responsabilité de l'organisation et du fonctionnement des transports scolaires, avec le transfert parallèle des ressources nécessaires. Dans une autre logique, celle de la cohérence à plus grande échelle, la ***loi NOTRe (nouvelle organisation territoriale de la République) n° 2015-991 du 7 août 2015 transfère des départements aux régions la responsabilité de l'organisation et du fonctionnement des transports scolaires*** : à compter du 1er septembre 2017, « la région a la responsabilité de l'organisation et du fonctionnement de ces transports » (CGCT, art. L. 3111-7, al. 2). Toutefois, le département conserve, au nom de la proximité et de la solidarité sociale, les services de transport spécial des élèves et des étudiants souffrant d'un handicap vers les établissements (CGCT, art. L. 3111-1).

En conséquence, la section II du chapitre III (compétences du département) du titre Ier du livre II de la première partie du code de l'éducation a été remplacée par la section V du chapitre IV (compétences de la région) du même titre, les articles L. 213-11 et L. 213-12 faisant place aux articles L. 214-18 (renvoyant aux dispositions législatives du C. transp., art. L. 3111-7 à L. 3111-10) et L. 214-19 (pour l'Île-de-France, C. transp., art. L. 3111-14 à L. 3111-16). Le décret n° 2016-1550 du 17 novembre 2016 abroge les articles R. 213-4 à R. 213-16 ; la nouvelle rédaction de l'article R. 213-3 renvoie aux dispositions réglementaires du code des transports (C. transp., art. R. 3111-5 ; R. 3111-15 à D. 3111-6) ; cet article reste classé dans les dispositions réglementaires concernant les compétences du département dans la mesure où le département conserve la responsabilité du transport des élèves et étudiants souffrant d'un handicap (C. transp., art. R. 3111-33 s., V. aussi C. transp., art. L. 3111-7-1 : mise en accessibilité des points d'arrêt ; matériel roulant accessible ; transport de substitution, art. R. 3111-24 s.).

Les transports scolaires ne doivent pas être confondus avec les transports organisés par les établissements pour le besoin des enseignements ou des activités éducatives ou par les organisateurs de voyages scolaires. Il s'agit alors de services privés de transport routier de personnes (art. R. 213-17). Les transports pour les besoins de l'éducation nationale peuvent bénéficier de conditions tarifaires spécifiques aux établissements scolaires organisant des voyages scolaires dans le cadre d'un accord conclu par le ministre chargé des transports, en collaboration avec le ministre chargé de l'éducation nationale (C. transp., art. L. 1253-4, créé par l'art. 16 de la L. n° 2016-1888 du 28 déc. 2016).

I. SERVICE PUBLIC DES TRANSPORTS SCOLAIRES

Les transports scolaires sont des « services réguliers publics », au sens de l'article 29 de la loi du 30 décembre 1982 d'orientation des transports intérieurs (C. transp., art. L. 3111-7 et R. 3111-5 : « services publics réguliers routiers créés pour assurer principalement à l'intention des élèves la desserte des établissements d'enseignement »). Ils permettent le déplacement des élèves, notamment ceux résidant dans les zones de montagne et les élèves des écoles maternelles en zone rurale mentionnés expressément par la loi (C. transp., art. L. 3111-7, renvoyant au CGCT) de leur résidence à l'établissement scolaire qu'ils fréquentent. Les élèves peuvent utiliser les lignes régulières, tant en ville qu'à la campagne, par la route ou le fer ; mais les collectivités peuvent aussi organiser des services spéciaux. En principe, les déplacements sont collectifs ; toutefois pour les élèves et les étudiants souffrant d'un handicap dont la gravité, médicalement établie, leur interdit d'utiliser les transports en commun, les déplacements individuels peuvent être pris en charge (C. transp., art. R. 3111-25 s. L'art. L. 1111-5 C. transp. précise que des mesures particulières peuvent être prises en faveur des personnes à mobilité réduite pour qu'elles bénéficient du droit au transport qui s'étend aux frais de déplacement liés aux stages de formation professionnelle dans le cadre de la scolarité des élèves handicapés, V. la Décis. de la HALDE, 2 juill. 2007).

Alors service public départemental (CE 19 juin 1982, *Dpt du Puy-de-Dôme c/ M. Marc Bouchon*, n° 108367, toutefois, en cas de délégation de compétence à la commune, l'activité est qualifiée de service municipal, au sens du code électoral qui vise le entrepreneurs chargés d'une telle mission, CE 29 déc. 1989, n° 108582 ; CE 16 févr. 1990, n° 108664), le transport scolaire a été qualifié de service public administratif (CE 24 mars 1978, n° 99477 ; T. confl. 5 juill. 1982, n° 02231 ; 23 juin 2003, n° 3360) ; doit être réservé aux élèves et aux personnes qui assurent leur sécurité (CE 4 mars 1983, n° 27214). Toutefois, il est susceptible d'être ouverts à d'autres usagers (V. L. n° 2019-1428 d'orientation des mobilités (LOM) du 24 déc. 2019).

L'accès à ce service est soumis au respect du principe d'égalité ; l'autorité administrative, si elle peut traiter différemment les usagers qui ne sont pas dans une situation comparable, doit toutefois fonder sa décision sur des éléments objectifs ; si elle n'a pas la possibilité d'introduire une discrimination fondée sur le seul caractère public ou privé de l'établissement fréquenté, elle pourra au contraire se référer au lieu de résidence de l'élève en traitant différemment ceux qui fréquentent l'établissement de leur secteur et ceux qui ont choisi d'être scolarisés hors secteur ; les uns pourront par exemple bénéficier de la gratuité quand les autres se verront réclamer une contribution (CE 4 mai 1998, *Dpt de la Côte-d'Or*, n° 160752 : *Lebon T. 932*. – CE 19 juin 1992, *Dpt du Puy-de-Dôme c/ M. Marc Bouchon*, n° 108367 : *Lebon 238* ; V. ss. art. L. 213-11 ; V. aussi Borot, Transport scolaire et principe d'égalité, *AJDA 2007. 96* ✐). Toutefois, si les élèves qui fréquentent un établissement d'enseignement public ou privé, situé hors du ramassage scolaire correspondant au secteur de l'enseignement public dont ils dépendent, ne se trouvent pas, à l'égard du service public du transport scolaire, dans la même situation que les élèves qui fréquentent un établissement situé à l'intérieur de ce secteur, il n'en est pas de même des élèves contraints de fréquenter un établissement hors secteur pour des motifs tirés de l'absence de certaines filières ou formations, qui sont alors dans la même situation que les élèves de l'enseignement privé ne disposant pas d'établissement dans le secteur (CE 4 mai 2011, *M. et Mme S. c/ Conseil général des Ardennes*, n° 322901). La fixation de tarifs différents pour un même service rendu, si elle n'est pas expressément prévue par la loi, peut être décidée légalement s'il existe entre les usagers des différences de situation objectives justifiées par l'intérêt général en rapport avec le service (CE 4 mai 2011, *Épx Sanchez*, n° 322901 : *AJDA 2011. 1704*). La nouvelle conception de la carte scolaire peut en effet entraîner des modifications des circuits de ramassage mais aussi des déplacements d'élèves que l'on peut déjà assimiler au « busing », permettant aux élèves de quartiers défavorisés de rejoindre d'autres établissements dans d'autres quartiers. La réforme des rythmes scolaires peut également avoir des conséquences sur les transports scolaires ; aussi, l'article 4 du décret n° 2013-77 du 24 janvier 2013 relatif à l'organisation du temps scolaire dans les écoles maternelles et élémentaires précise que le maire doit saisir l'autorité compétente en matière d'organisation et de financement des transports scolaires ; si, au terme d'un délai de vingt jours après sa saisine, l'autorité compétente n'a pas fait connaître son avis sur la demande mentionnée au deuxième alinéa, cet avis est réputé favorable.

II. L'AUTORITÉ ORGANISATRICE DES TRANSPORTS SCOLAIRES (AOTS)

A. LA RÉGION, AOTS DE PRINCIPE

La loi de 1983, en donnant compétence au département pour les transports scolaires, en avait fait l'autorité organisatrice des transports scolaires (AOTS) de principe. En transférant la compétence en matière de transports scolaires à la région à partir du 1er janvier 2017, l'article 15 de la loi NOTRe lui confère cette qualité.

L'organisation du transport scolaire se traduit notamment par un document de planification : les services non urbains, réguliers ou à la demande, aujourd'hui organisés par les départements devaient être inscrits au plan départemental ; ils doivent l'être désormais au plan régional par la (grande) région, en concertation avec les autres collectivités territoriales, qui donneront leur avis dans le cadre de la conférence territoriale de l'action publique (CGCT, art. L. 1111-9-1) ; dans un souci de cohérence, il est aussi prévu que les régions limitrophes soient également consultées. Le nombre des collectivités concernées justifie certainement la consultation par voie électronique prévue par la loi (C. transp., art. L. 3111-1) mais ne saurait éviter le passage par les organismes consultatifs traditionnels, qui ne sont pas les conseils académiques de l'éducation nationale (CAEN, pourtant en phase avec les régions) mais les conseils départementaux de l'éducation nationale intéressés (CDEN).

Lorsqu'une décision prise par l'autorité académique est susceptible d'entraîner une modification substantielle des transports scolaires, elle doit obligatoirement consulter la région (C. transp., art. L. 3111-7). Le recteur d'académie doit ainsi présenter les modifications de la structure pédagogique générale des collèges et lycées ou des adaptations du calendrier scolaire ; l'IA-DASEN, agissant par délégation du recteur d'académie, transmet les projets de création ou de suppression d'écoles, de réseaux pédagogiques intercommunaux ou d'établissements secondaires, et les chefs d'établissement les projets d'aménagement du temps scolaire.

B. EXCEPTIONS

Les exceptions sont de deux ordres : général pour les collectivités responsables du transport urbain, particulier pour la région capitale.

Transport urbain. Au départ, une première exception a été prévue « à l'intérieur des périmètres de transport urbain (PTU) existant au 1er septembre 1984 », au profit des communes ou de leurs groupements (EPCI) ou des syndicats mixtes de transport territorial, devenus autorités d'organisation du transport urbain (AOTU). L'exigence d'un acte déterminant le PTU a été supprimée par la loi du 7 aout 2015, substituant à l'AOTU l'autorité organisatrice de la mobilité (AOM), en visant son « ressort territorial », découlant de son existence même. A ce titre, « *elles organisent des services réguliers de transport public de personnes et peuvent organiser des services de transport à la demande* », ce qui englobe le transport scolaire à l'intérieur de leurs ressorts territoriaux ; toute création ou extension de ressort territorial opère un transfert automatique de la compétence de transport public routier de voyageurs de l'autorité organisatrice des transports interurbains vers l'AOM.

Lors de la création ou de la modification d'un périmètre postérieurement à la mise en place initiale résultant du transfert de compétences (et de sa mise en œuvre au 1er sept. 1984), la région doit conclure une convention avec l'autorité compétente pour l'organisation des transports urbains prévoyant les conditions de financement des services de transports scolaires dans le nouveau périmètre (C. transp., art. L. 3111-8). En cas de litige, l'arbitrage de l'État peut être sollicité dans les conditions prévues par décret en Conseil d'État. L'idée est d'assurer la compensation intégrale des moyens nécessaires à l'exercice de la compétence transférée. Le président de l'organe exécutif de l'autorité compétente pour l'organisation des transports scolaires (maire, président EPCI…) saisit le préfet de région (C. transp., art. R. 3111-21), qui peut agir d'office si aucune convention n'est passée dans un délai de trois mois (art. R. 3111-22, al. 2). Le préfet de région transmet le dossier au président de la chambre régionale des comptes qui charge un conseiller d'une mission de conciliation (art. R. 3111-2, al. 1er) qui dispose de quarante-cinq jours pour dégager un accord ou faire des propositions au préfet de région ; prenant en considération les propositions du conciliateur et les observations des parties, le préfet de région fixe par arrêté les conditions de financement des services de transports scolaires (art. R. 3111-23).

Île-de-France. La seconde exception tient compte des particularités de la région capitale. L'organisation des transports scolaires en Île-de-France est régie par les dispositions des articles L. 3111-14 à L. 3111-16 du code des transports. La loi du 13 août 2004 confie l'organisation des transports publics des personnes dans cette région au syndicat des transports d'Île-de-France (STIF), syndicat mixte regroupant la région Île-de-France, les sept départements, la ville de Paris. Dénommé « Île-de-France Mobilités » depuis 2017, il est responsable de l'organisation et du fonctionnement des transports scolaires qui, contrairement au droit commun, englobent les « frais de transport individuel des élèves handicapés » (C. transp., art. L. 3111-16) ; il consulte le conseil interacadémique d'Île-de-France au moins une fois par an. La loi du 1er juillet 2008 sur les transports scolaires relative à l'organisation des transports scolaires en Île-de-France donne la possibilité aux départements agissant pour « Île-de-France Mobilités » de déléguer par convention tout ou partie de cette mission aux autres collectivités territoriales, à leurs groupements ou à des personnes morales de droit public ou de droit privé (C. transp., art. L. 3111-4 à L. 3111-16).

III. ORGANISATION DU SERVICE DES TRANSPORTS SCOLAIRES

L'organisation et le fonctionnement du service public du transport scolaire peuvent être pris en charge directement par la région ou par l'autorité organisatrice de la mobilité (commune, EPCI…). Mais cette compétence peut être déléguée, en tout ou en partie, non seulement à des collectivités et établissements territoriaux (à une commune, à un EPCI ou syndicat mixte et dorénavant à un département) mais aussi à des établissements d'enseignement (dans le cas des EPLE) ou à des personnes privées (associations de parents d'élèves, associations familiales, CGCT, art. L. 3111-9 ; dans le cas où l'autorité compétente pour l'organisation des transports urbains n'est pas la région, elle peut toutefois confier à cette dernière, dans les mêmes conditions, tout ou partie de l'organisation des transports scolaires). L'autorité délégante ayant un choix plus large de personnes délégataires, la délégation de compétence n'est pas soumise au droit commun (CGCT, art. L. 1111-8), mais à des règles spécifiques prévues pour les transports scolaires par l'article L. 3111-9. Toutefois, comme en droit commun, les compétences déléguées à une collectivité territoriale ou à un EPCI exercées au nom et pour le compte de la collectivité territoriale délégante sont excercées dans des conditions qui sont précisées par convention sans possibilité de subdélégation (CGCT, art. L. 1111-8).

L'organisateur de premier rang, la région ou une AOM, doit conclure ***une convention d'organisation des services de transports scolaires*** avec ces personnes qui deviennent ainsi organisatrices de second rang. Cette convention, conclue pour une ou plusieurs années scolaires, définit les objectifs à atteindre et les modalités du contrôle de l'autorité délégante sur l'autorité délégataire ; sauf résiliation par l'autorité organisatrice. Elle ne peut prendre fin par dénonciation par l'une ou l'autre des parties qu'après notification par lettre recommandée au moins cent cinq jours avant la date prévue pour la rentrée scolaire suivante ; elle ne peut être interrompue en cours d'année scolaire (CGCT, art. R. 3111-17).

Lorsque l'exercice de la compétence régionale est confié à des personnes morales autres que des collectivités territoriales, il s'agit non d'une délégation de compétence mais d'une prestation de services. Les personnes morales de droit privé (associations familiales ou de parents d'élèves) souhaitant exploiter un service de transport scolaire doivent obtenir préalablement la qualité d'entreprise de transport public de voyageurs impliquant notamment leur inscription au registre tenu par le préfet de région subordonnée aux conditions de capacité prévues par décret (Décr. n° 85-891 du 16 août 1985 relatif aux transports urbains de personnes et aux transports routiers non urbains de personnes).

Les organisateurs de second rang, quel que soit leur statut (à propos d'une association de parents d'élèves, CE 4 mars 1983, *Assoc. familiale rurale de circuit et de transport des élèves de la région de Meslay-du-Maine*, n°s 27214 et 27215 : *Lebon 91*), exercent alors une mission de service public. Mais la région, organisatrice de premier rang, reste responsable de la sécurité en matière de transport scolaire et doit adopter un règlement qui définit les droits et les devoirs des élèves transportés.

La ***convention d'organisation*** ne doit pas être confondue avec la ***convention d'exécution des services de transport***, dont la durée ne doit pas excéder la sienne.

IV. EXÉCUTION DES SERVICES DE TRANSPORT SCOLAIRE

Les transports scolaires constituent un service public local, régi par le principe de libre administration. L'autorité organisatrice (la région ou autre AOM) a le choix d'organiser ou non des transports scolaires spécifiques et de décider de leur mode de gestion.

Le choix du type de transport. L'autorité organisatrice peut d'abord apprécier l'opportunité de recourir à des services de transport scolaire ou à d'autres services réguliers de transport public de personnes ; le choix doit tenir compte des enjeux de qualité et de sécurité du transport des élèves (CCGT, art. L. 3111-7). Dès lors qu'un service public régulier de transport routier de personnes est consacré principalement au transport d'élèves, il répond toutefois à la définition du transport scolaire et est soumis aux dispositions applicables au transport en commun d'enfants (CCGT, art. L. 3111-7). La loi n° 2019-1428 d'orientation des mobilités (LOM) du 24 décembre 2019 ajoute que l''autorité organisatrice peut ouvrir les services de transport scolaire à d'autres usagers sous réserve que cette ouverture n'ait pas de conséquences sur la qualité du service pour les élèves ; ces services demeurent soumis aux dispositions applicables au transport en commun d'enfants (CCGT, art. L. 3111-7).

Le choix du mode de gestion *se fait dans le cadre général déterminé par le code des transports* pour les services de transport public de personnes réguliers et à la demande (C. transp., art. L. 1421-1 s.). Le service peut être exploité directement par la région ou une autorité organisatrice selon le procédé de la régie sous forme d'un service public industriel et commercial (C. transp., art. L. 1221-3) ; mais son exécution peut aussi être confiée pour une durée limitée (par périodes entières d'une ou plusieurs années scolaires (C. transp., art. R. 3111-17) à une entreprise inscrite à un registre tenu par l'État ayant passé une convention avec l'autorité organisatrice (délégation de service public ou marché public) dont les modalités sont déterminées par décret en Conseil d'État. Cette convention relative à l'exécution de services de transport scolaires *« fixe la consistance générale et les conditions de fonctionnement et de financement du service »* (C. transp., art. L. 1221-4) ; elle précise notamment les établissements scolaires et les points d'arrêt à desservir, l'itinéraire et le kilométrage quotidien, le nombre d'élèves à transporter, les responsabilités respectives des parties (C. transp., art. R. 3111-15). Elle est conclue pour une ou plusieurs années scolaires entières (C. transp., art. R. 3111-17) et peut prendre fin par dénonciation de l'une ou l'autre des parties. Dans ce cas, une lettre recommandée notifiée au moins 105 jours avant la rentrée scolaire suivante est exigée, la continuité du service imposant en outre que cette dénonciation ne puisse prendre effet au cours de l'année scolaire (C. transp., art. R. 3111-17). Les modalités des conventions passées avec les entreprises, et notamment leurs conditions de dénonciation, sont fixées par décret en Conseil d'État (C. transp., art. L. 3111-7). Elle peut toutefois être résiliée de plein droit en cas de radiation de l'entreprise du registre ou de disparition de l'entreprise. S'agissant d'un contrat administratif, elle peut aussi être résiliée unilatéralement par la personne publique contractante.

V. FINANCEMENT DES TRANSPORTS SCOLAIRES

Transfert de compétences et transfert des ressources. Initialement, il avait été prévu le transfert des ressources équivalentes aux dépenses supportées par l'État pour le transport scolaire en 1984 (bourses de fréquentation scolaire, frais de premier établissement des services de transport réservés aux élèves, frais de transport des élèves et étudiants gravement handicapés, élèves des écoles maternelles en zone rurale, élèves des zones de montagne : C. transp., art. L. 3111-7). Les articles R. 1614-65 et suivants du code général des collectivités territoriales définissent le droit à compensation, les règles de répartition et le versement des crédits. Ceux-ci sont chaque année inscrits au budget de l'État dans la dotation générale de décentralisation au titre des transports scolaires pour être répartis entre les départements et les autorités organisatrices du transport urbain (en cas de litige, arbitrage du préfet). L'article 88 de la loi du 13 août 2004 ouvre la possibilité à la région de participer au financement des frais de transport individuels des élèves vers les établissements scolaires dont elle a la charge ; donne la même possibilité au département que celui-ci exerce ou non la compétence (une autre convention conclue par la région – ou le département – et l'autorité compétente prévoit les conditions de ce financement). Une convention avec le département ou l'autorité compétente pour l'organisation des transports scolaires prévoit alors les conditions de participation de la région ou du département au financement de ces transports scolaires (C. transp., art. L. 3111-10). En 2015, les modalités de transfert des charges et ressources entre le département et la région ont été fixées dans le cadre d'une commission locale pour l'évaluation des ressources et des charges transférées (CLERCT), composée paritairement de quatre représentants de chacune des collectivités concernées et présidée par le président de la chambre régionale des comptes (CRC). C'est désormais à la région qu'échoit la possibilité de participer au financement des frais de transport individuel des élèves vers les établissements scolaires ; dans le cas où l'autorité compétente n'est pas la région, une convention qu'elle conclut avec cette dernière prévoit les conditions de participation de la région au financement de ces transports scolaires (C. transp., art. L. 3111-10). Le département est toutefois compétent, au titre de ses compétences sociales (CGCT, art. L. 3211-1) pour financer des avantages tarifaires au profit des élèves et des services d'accompagnement des élèves.

Reste l'usager, qui dans le droit commun des transports publics assure en priorité le financement (C. transp., art. L. 1221-3) ; si une redevance peut lui être demandée, l'autorité organisatrice qui détermine la politique tarifaire peut décider la gratuité (à la rentrée 2012, 28 départements assuraient la gratuité des transports scolaires, 7 autres prenant en charge au moins une partie du coût du transport ; les autres participant à hauteur de 50 à 94 % : chiffres de l'association nationale pour les transports éducatifs de l'éducation nationale. On assiste, depuis cette date, à une remise en cause de cette politique de gratuité dans plusieurs départements. Si la gratuité des transports scolaires est une simple possibilité pour les collectivités organisatrices, elle est obligatoire pour le département concernant le transport des élèves handicapés ; AN, 2018, n° 584, proposition de loi relative à la gratuité des transports scolaires).

En pratique, les situations sont d'une grande diversité. Si l'élève utilise les lignes régulières, il achète une carte d'abonnement au tarif élèves négocié par la région ; s'il utilise les services spéciaux, il paie une redevance ; s'il ne peut profiter de l'une de ces possibilités, la région pourra prendre en charge tout ou partie du transport individuel en lui versant une bourse. L'autorité organisatrice n'a pas compétence pour fixer le montant de la part des dépenses de transport scolaire laissées à la charge des familles que les communes peuvent décider de prendre en charge (CE 14 janv. 1998, n° 163251).

VI. RESPONSABILITÉ DU TRANSPORTEUR SCOLAIRE

En cas de préjudice subi par un élève, on distinguera l'accident survenu pendant le transport lui-même de l'accident survenu à la montée ou à la descente du car. Pendant le transport, le responsable est le transporteur, collectivité ou entreprise de transport. Le contrat de transport impose une obligation de sécurité : l'exécution du contrat de transport comporte pour le transporteur l'obligation de conduire le voyageur sain et sauf à destination. Si le dommage a été causé par le véhicule, la loi du 31 décembre 1957 est applicable, le juge judiciaire compétent, les règles du droit civil applicables (Civ. 1re, 15 avr. 1975, *Bull. civ. I, n° 127*). Le transport scolaire étant un service public administratif, la responsabilité de l'administration sera engagée en cas de faute de service. L'organisation défectueuse du service public de transport scolaire entraîne la responsabilité de la collectivité organisatrice pour faute simple (ex. : défaut de surveillance des élèves à la sortie de l'autocar, absence de consigne de sécurité donnée au chauffeur pour tenir compte du jeune âge des élèves, CE 26 mars 1976, *Épx Salabaras*, n° 94807 ; élève renversé par le car qu'il attendait sur l'aire de stationnement aménagée devant son établissement, aucune mesure de sécurité propre à éviter un tel accident n'ayant été prise, CE 24 mars 1978, n° 99477 ; conducteur de car ayant laissé deux enfants traverser seuls la route après son départ, sans qu'il se soit assuré de la présence de leurs parents, alors même que le car avait cinq minutes d'avance sur l'heure prévue, CE 30 déc. 2009, n° 306221). Cette responsabilité peut être atténuée par la faute de la victime (CE 26 mai 1976, n° 94807 ; CE 24 mars 1978, *Sieur Laporta*, n° 99477) ou d'un tiers impliqué dans l'accident (CE 30 déc. 2009, n° 306221).

La responsabilité de l'AOT ne s'étend pas à la sécurité des élèves lors de l'attente, la montée et la descente des véhicules, qui relève du maire de la commune (CE 4 juill. 1980, n° 75353) ; le fait d'avoir conclu une convention avec une entreprise privée ne l'exonère pas de l'obligation de prendre les mesures nécessaires pour assurer le bon fonctionnement du service public (CE 30 mai 1986, n° 39080), notamment en ce qui concerne la sécurité des élèves.

Plusieurs collectivités peuvent être mises en cause, individuellement ou solidairement. Si l'organisation générale de la sécurité et de la surveillance… relève de la responsabilité de la collectivité organisatrice (département aujourd'hui, région demain) ou, par délégation, de l'organisateur secondaire qu'il a désigné (commune, établissement public territorial…), la commune est responsable de la sécurité sur la voie publique et en particulier de l'aménagement des aires de stationnement des cars scolaires. « Par conséquent, les enseignants et le directeur n'assurent pas la surveillance de la montée et de la descente des cars » (Circ. de 1997). Le principal d'un collège n'a pas à faire assurer la surveillance de la descente du car au seuil du collège ; seuls les transporteurs, la collectivité compétente et éventuellement le maire peuvent voir leur responsabilité engagée (CAA Nantes, 19 oct. 1994, *SIVOM et Blangy-sur-Bresle*, n° 93NT00001).

Les collectivités peuvent voir engagée leur responsabilité civile mais aussi leur responsabilité pénale (pour le département, V. Crim. 6 avr. 2004).

Si l'établissement n'a pas à assurer la surveillance des élèves entre le seuil de l'établissement et le point de départ des cars, le chef d'établissement prend l'attache du maire de la commune et de l'organisateur des transports, pour assurer la sécurité optimale, notamment en réduisant au maximum le temps d'attente des élèves avant le début et après la fin des cours (Circ. n° 96-248 du 25 oct. 1996 relative à la surveillance des élèves). ❑

I. PRINCIPES GÉNÉRAUX

1. *Nature juridique.* Le service des transports scolaires constitue un service public administratif. • T. confl. 5 juill. 1982, *M. Dris*, n° 02231 • CE 4 mars 1983, *Assoc. familiale et rurale de circuit et de transport des élèves de la région Meslay-du-Maine*, n° 27214 A. ♦ Un service de transport par autocar n'est pas un service spécial de transport public d'élèves dès lors qu'il n'est pas réservé aux seuls élèves et aux personnes chargées d'assurer leur sécurité. • CE, ass., 6 juill. 1973, *Maury*, n° 81553 A. ♦ Depuis l'entrée en vigueur de la L. du 22 juill. 1983, ce service est un service public départemental. • CE 19 juin 1992, *Dpt du Puy-de-Dôme c/ M. Marc Bouchon*, n° 108367 A : *AJDA 1992. 479, chron. Maugüé et Schwartz* ; *ibid.* 528.

2. *Compétence.* Le département n'a pas compétence pour fixer le montant de la part des dépenses de transport scolaire laissées à la charge des familles que les communes peuvent décider de prendre en charge. • CE 14 janv. 1998, *Cne de Domme*, n° 163251 B.

3. Transport par les enseignants. Pour des raisons de sécurité évidente, le transport des élèves et des accompagnateurs, en particulier à l'étranger, doit être assuré par un professionnel. Il n'entre pas dans les obligations statutaires des enseignants de conduire des véhicules, qu'ils soient personnels, de location ou de service, pour ce type d'activité même si une note de service n° 86-101 du 5 mars 1986 précise qu'un chef d'établissement ne peut autoriser une enseignante à conduire un véhicule personnel qu'à titre exceptionnel et uniquement pour des activités scolaires obligatoires et certaines activités périscolaires en cas d'absence momentanée de personnels qualifiés ou d'urgence. * Lettre DAJ A1, n° 09-083, du 2 mars 2009 : *LIJ 2009, n° 134, p. 23.*

4. Transports scolaires lors des activités périscolaires. Sur la réglementation applicable en matière de transports scolaires organisés par les conseils départementaux et aux contraintes financières en résultat pour les communes, V. * Rép. min. n° 90732 : *JOAN Q 5 avr. 2016, p. 2834.*

II. PRINCIPE D'ÉGALITÉ

5. Principe. L'organisation et le fonctionnement des transports scolaires présente le caractère d'un service public dont l'accès est soumis au respect du principe d'égalité entre les usagers. • CAA Nancy, 27 mai 2004, *Dpt des Ardennes*, n° 01NC00304 : *AJDA 2004. 1671*. ♦ Tous les élèves utilisant le service des transports scolaires sont placés dans une situation identique à l'égard de ce service public. • TA Montpellier, 9 juill. 1984 : *Lebon T. 641.*

6. Tarifs. De manière générale, le juge administratif est amené à trancher des litiges sur les tarifs applicables au transport scolaire. • TA Rouen, 27 mars 2012, n°s 1102131 et 1102482. ♦ L'organisation et le fonctionnement des transports scolaires, dont la responsabilité a été transférée aux départements en vertu des dispositions de l'art. 29 de la L. du 22 juill. 1983 complétant la L. du 7 janv. 1983 relative à la répartition des compétences entre les communes, les départements, les régions et l'État, présentent le caractère d'un service public dont la gestion est soumise au respect du principe d'égalité entre les usagers. La fixation de tarifs différents applicables, pour un même service rendu, à diverses catégories d'usagers d'un service public implique, à moins qu'elle ne soit la conséquence nécessaire d'une loi, soit qu'il existe entre les usagers des différences de situation objectives, soit qu'une nécessité d'intérêt général en rapport avec les conditions d'exploitation du service commande cette mesure. Dès lors, seules des différences de situation au regard de l'objet même du service public peuvent légalement justifier, en l'absence de motif d'intérêt général, une différence de traitement entre les usagers de ce service. • CE 4 mai 2011, *Épx Sanchez*, n° 322901 : *AJDA 2011. 1704* ; *LIJ 2011, n° 157, p. 14.*

7. Situations. Les élèves qui fréquentent un établissement d'enseignement, public ou privé, situé hors du secteur de ramassage scolaire correspondant au secteur de l'enseignement public dont ils dépendent ne se trouvent pas, à l'égard du service public du transport scolaire, dans la même situation que les élèves qui fréquentent un établissement situé à l'intérieur de ce secteur. D'autre part, les élèves qui sont contraints de fréquenter un établissement d'enseignement public situé hors du secteur de ramassage scolaire correspondant au secteur scolaire dont ils relèvent, notamment pour des motifs tirés de l'absence de certaines filières, de certaines formations ou de certains enseignements dans leur établissement de rattachement, ne sont pas, au regard du service public du transport scolaire, dans une situation différente de ceux qui fréquentent un établissement d'enseignement privé également situé en dehors du secteur de ramassage scolaire correspondant au secteur de l'enseignement public dont ils relèvent, en raison de l'absence d'établissement privé à l'intérieur de ce secteur. Par suite, en jugeant que les élèves qui fréquentent un établissement d'enseignement public situé hors du secteur du ramassage scolaire correspondant au secteur scolaire dont dépend leur domicile ne se trouvaient pas, à l'égard du service public du transport scolaire, dans la même situation que les élèves qui fréquentent l'établissement privé le plus proche de leur domicile, sans rechercher si ces derniers devaient, pour fréquenter cet établissement, sortir du secteur de ramassage scolaire correspondant au secteur de l'enseignement public dont ils relèvent et en en déduisant que la décision litigieuse ne méconnaissait pas le principe d'égalité entre les usagers du service public, la cour administrative d'appel a commis une erreur de droit. • CE 4 mai 2011, *Épx Sanchez*, n° 322901 : *préc. note 6.*

8. Absence de rupture d'égalité. Les élèves qui fréquentent un établissement d'enseignement situé hors du secteur de ramassage scolaire dont ils dépendent ne se trouvent pas, à l'égard du service public des transports scolaires, dans la même situation que les élèves qui fréquentent un établissement situé dans ce secteur. Dans ces conditions, en les excluant du bénéfice de la subvention départementale, les autorités compétentes du département du Puy-de-Dôme n'ont pas méconnu le principe d'égalité entre usagers du service public des transports scolaires, alors même que, comme le soutient le requérant, il n'existerait pas dans le secteur de ramassage scolaire auquel son fils est rattaché d'établissement du type de ceux que ses parents désiraient lui faire fréquenter. • CE 19 juin 1992, *Dpt du*

Puy-de-Dôme c/ M. Marc Bouchon, n° 108367 : *préc. note 1.* ♦ Même solution, avant l'intervention de la L. du 27 juill. 1983. • CE 14 janv. 1987, *Dpt du Pas-de-Calais*, nos 52961 et 59658 B. • CE, ass., 5 juill. 1985, *Ville d'Albi*, n° 44706 A. • TA Nîmes, 16 mars 2007, n° 046752 : *LIJ 2007, n° 116, p. 8.* ♦ Eu égard aux modalités d'affectation des élèves dans l'enseignement public et dans l'enseignement privé, le département a pu légalement distinguer la situation des élèves de l'enseignement public et des élèves de l'enseignement privé. Ainsi, les élèves qui fréquentent un établissement d'enseignement public situé hors du secteur de ramassage scolaire dont dépend leur domicile ne se trouvent pas, à l'égard du service public des transports scolaires dans la même situation que les élèves qui fréquentent un établissement privé. • CAA Nancy, 27 mai 2004, *Dpt des Ardennes*, n° 01NC00304 : *préc. note 5.* ♦ Le conseil général n'a pas méconnu le principe d'égalité des usagers devant le service public en organisant des circuits de transports scolaires, auxquels les élèves scolarisés dans un établissement du secteur de leur domicile accèdent gratuitement et un régime d'indemnisation forfaitaire en faveur des élèves qui fréquentent un établissement situé hors de ce secteur, ni en distinguant, pour le calcul de ce remboursement forfaitaire, entre les élèves orientés vers une filière d'enseignement n'existant pas dans l'établissement de leur secteur, pour lesquels le forfait est calculé sur la base du trajet du domicile à l'établissement fréquenté, et les autres élèves ne fréquentant pas l'établissement de leur secteur, pour lesquels le forfait est calculé sur la base du trajet du domicile à l'établissement du secteur. • CE 4 mai 1998, *Dpt de la Côte-d'Or*, n° 160752 B.

9. Rupture d'égalité. La liberté d'appréciation dont dispose un département pour attribuer des subventions au service public des transports scolaires ne lui permet pas d'opérer entre les usagers du service une discrimination fondée sur le seul caractère public ou privé de l'établissement scolaire choisi par les intéressés. Eu égard notamment aux contrôles auxquels sont soumis les établissements privés sous contrat de la part de l'autorité publique, et sous réserve de la prise en compte éventuelle de la distance séparant le domicile des élèves des établissements scolaires, les élèves des établissements privés sous contrat ne peuvent être regardés en ce qui concerne le service des transports scolaires comme placés dans une situation différente de celle qui est faite aux élèves de l'enseignement public. • TA Montpellier, 9 juill. 1984, *André et a. : préc. note 5.* ♦ Les dispositions par lesquelles les élèves qui fréquentent un établissement public du second degré, en dérogation à la carte scolaire, ne bénéficient d'aucune prise en charge de leurs frais de transport alors que les élèves qui fréquentent un établissement privé du second degré et qui ne sont donc pas assujettis au respect de la carte scolaire, se voient accorder la gratuité du transport scolaire pour une distance équivalente à celle comprise entre leur domicile et l'établissement public de rattachement, sont contraires au principe d'égalité entre les usagers du service public, cette discrimination ne trouvant sa justification ni dans la différence de situation entre ces deux catégories d'usagers, ni dans aucune nécessité d'intérêt général en rapport avec le service public des transports scolaires. • CAA Bordeaux, 26 avr. 1999, n° 97BX01636 • CAA Nancy, 27 mai 2004, *Dpt des Ardennes*, n° 01NC00304 : *préc. note 5.* ♦ De manière générale, le refus de gratuité du transport d'un élève scolarisé par dérogation à la carte scolaire méconnaît le principe d'égalité, dès lors que la gratuite est accordée, pour la même destination aux élèves de l'établissement privé le plus proche. • TA Châlons-en-Champagne, 19 oct. 2006, *M. et Mme Sanchez*, n° 02011694 : *AJDA 2007. 96, note Borot*. ♦ Dès lors que la tarification est forfaitaire et ne prend pas en compte le nombre de voyages réellement effectués par les élèves, la circonstance que certains élèves seulement aient cours le mercredi et qu'un transport non prévu initialement ait dû être mis en place le mercredi ne saurait avoir pour effet de placer lesdits élèves dans une situation différente à l'égard du service public. Illégalité d'une délibération d'un syndicat intercommunal imposant aux seules familles de ces élèves une contribution supplémentaire, alors même que cette mesure avait pour objet de couvrir par des recettes complémentaires le surcoût engendré par le transport des élèves le mercredi. • TA Nantes, 7 nov. 1984, *Rovarch : Lebon T. 485*. ♦ Un syndicat de communes, dont la compétence est d'assurer le transport de tous les élèves des communes adhérentes, qui prend la décision de ne faire peser la charge de ce service que sur les seules communes dont les élèves bénéficient de cette desserte en exemptant celles qui ne sont pas directement concernées, méconnaît le principe d'égalité. • TA Châlons-en-Champagne, 19 oct. 2006, *Cnes d'Echenay, d'Effincourt, de Gillaume, de Pansey, de Saudron*, n° 0200468 : *AJDA 2007. 96, note Borot*.

10. Élèves handicapés. Frais de transport scolaire. La prise en charge par le département des frais de transport scolaire exposés par les élèves handicapés prévue à l'art. R. 213-13, s'étend aux frais de déplacement liés aux stages de formation professionnelle effectués dans le cadre de leur scolarité. Saisie par la mère d'un élève handicapé, du refus d'un syndicat mixte de transports en commun de prendre en charge ces frais, la Halde a recommandé à ce dernier de modifier son règlement intérieur afin de le mettre en conformité avec les dispositions du code. • HALDE 2 juill. 2007, délib. n° 2007-172 : *AJDA 2007. 1559*.

III. RESPONSABILITÉ

11. Responsabilité de la collectivité en charge du transport scolaire. La collectivité compétente est responsable des dommages causés aux usagers sur le fondement de la faute simple. Accident survenu à un élève âgé de 6 ans et demi qui, après être descendu de l'autocar chargé du transport des enfants d'âge scolaire, a traversé la rue et a été heurté par une voiture qui l'a projeté sous un camion. La circonstance que cet enfant ait pu descendre sans contrôle à un arrêt autre que celui correspondant à son école révèle que les dispositions nécessaires pour assurer une surveillance particulière et, par suite, la sécurité des jeunes enfants n'avaient pas été prises par la commune, dont les préposés affectés à la conduite des autocars n'avaient reçu aucune consigne à cet égard. Ainsi l'accident est dû à une organisation défectueuse du service public de ramassage scolaire. La responsabilité de la collectivité est donc engagée pour faute simple dans l'organisation du service, pour défaut de surveillance, pour absence de mesures ou de consignes de sécurité données à ses préposés. • CE 26 mai 1976, *Épx Salabaras*, n° 94807 A. ♦ Sur une route départementale un véhicule automobile a heurté deux fillettes qui, après être descendues d'un car de ramassage scolaire, traversaient la route pour rejoindre leurs domiciles respectifs. En l'espèce, le car de ramassage scolaire est arrivé à l'arrêt avec cinq minutes d'avance par rapport à l'horaire prévu de sorte qu'aucun parent d'élève n'était présent pour attendre les enfants descendant à cet arrêt. Quatre enfants sont alors descendus du car avec l'aide de la conductrice qui s'est bornée à leur indiquer qu'il fallait attendre le départ du car pour traverser la route. Si aucune stipulation de la convention relative à l'exécution du transport public en cause ou aucune disposition du cahier des charges générales relatif aux transports scolaires dans le département ne prévoit l'obligation de respecter les horaires prévus en cas d'arrivée prématurée, la circonstance que les enfants aient traversé la route sans avoir été accompagnés révèle que les dispositions nécessaires pour assurer la surveillance et leur sécurité n'avaient pas été prises. Ces carences engagent la responsabilité du département organisateur principal du service public de ramassage scolaire, et celle de la commune, organisateur secondaire du transport en cause, en vertu de la convention conclue entre ces deux collectivités territoriales. • CAA Nantes, 8 févr. 2007, *MATMUT*, n° 06NT00171 : *AJDA 2007. 2103*.

12. Responsabilité solidaire. Enfant renversé par un car de ramassage scolaire alors qu'il l'attendait sur l'aire de stationnement aménagée devant un collège. En s'abstenant de prendre des mesures de sécurité propres à éviter un tel accident, la ville et le syndicat intercommunal de transport des élèves ont commis des fautes de nature à engager leur responsabilité solidaire. Toutefois l'imprudence commise par la victime, alors âgée de 15 ans, qui s'est trouvée mêlée à une bousculade lors de l'arrivée du car, est de nature à réduire cette responsabilité de moitié. • CE 24 mars 1978, *Sieur Laporta*, n° 99477 A. ♦ Garçonnet âgé de 8 ans bousculé par des écoliers qui sortaient comme lui d'un établissement scolaire et précipité sous le car qu'il devait emprunter. Le département, bien qu'il n'ait pas organisé un service spécial de ramassage scolaire et se soit borné à passer une convention avec une entreprise privée en vue d'assurer le transport des élèves par les cars desservant les lignes exploitées par cette entreprise, n'était pas pour autant exonéré de l'obligation qui lui incombe de prendre les mesures nécessaires pour assurer le bon fonctionnement de ce service public, notamment en ce qui concerne la sécurité des élèves. En l'espèce, le département n'avait pris aucune mesure de surveillance propre à éviter un tel accident. Il a ainsi commis une faute susceptible d'engager sa responsabilité. Aucune faute ne peut, en revanche, être retenue à l'encontre de la jeune victime ou de ses parents. • CE 30 mai 1986, *Épx Faix*, n° 39080 B.

13. Responsabilité de la commune. La sécurité sur les points d'arrêt ainsi que la montée et la descente des élèves dans les cars de transports scolaires sont à la frontière des compétences détenues par plusieurs acteurs : l'organisateur du transport, le maire et l'éducation nationale. Chacun de ces acteurs doit donc prendre les mesures appropriées dans l'exercice de ses compétences. En tant que détenteur des pouvoirs de police, le maire doit « prendre les mesures de sécurité pour assurer l'entrée et la sortie des élèves des établissements scolaires, leur attente devant les établissements et leur montée dans les transports dans de bonnes conditions ». Une enfant a été blessée par un autocar de ramassage scolaire à la sortie de l'école, alors qu'elle attendait d'emprunter le véhicule qui devait la reconduire à son domicile. Les conditions dans lesquelles s'opérait, à la date de l'accident, le transport des élèves sortant des établissements scolaires de la commune étaient génératrices d'insécurité en raison notamment des jeux et bousculades auxquels ils pouvaient se livrer, alors que les véhicules n'avaient pas encore rejoint leurs points de stationnement. Le maire, qui à l'époque n'avait pas fait usage de ses pouvoirs de police pour prendre des mesures de sécurité en vue notamment d'imposer la mise en place des véhicules avant la sortie des enfants, a ainsi commis une faute de nature à engager la responsabilité de la commune, quelle qu'ait pu être, par ailleurs, la responsabilité du syndicat intercommunal pour les transports scolaires. • CE 4 juill. 1980, *Épx Chevrier*, n° 07353. ♦ Accident mortel survenu à un enfant qui a été renversé par le car de ramassage scolaire dont il sortait. Le tribunal de grande instance a condamné *in solidum* le chauffeur de car, son employeur, la société de transport et la compagnie d'assurance. L'affaire revient devant le juge administratif sur la question de la responsabilité de la commune appelée en garantie. Un agent de la commune était préposé à la surveillance des enfants de l'école maternelle dans le car de transport scolaire. Alors même que la commune n'était pas l'organisatrice directe du service de transport, elle n'était pas pour autant exonérée de l'obligation qui lui incombait, de son propre fait, de prendre les mesures pour assurer le bon fonctionnement du service qu'elle s'était engagée à assumer, notamment en ce qui concerne la sécurité des très jeunes enfants. Il résulte de l'instruction que l'accident en cause s'est déroulé dans des conditions révélant un défaut de surveillance caractérisé, lui-même constitutif, dans les circonstances de l'espèce, d'un défaut d'organisation du service ayant concouru à la réalisation du dommage de nature à engager pour moitié la responsabilité de la commune. • TA Amiens, 24 févr. 2005, n° 9901251 : *AJDA 2005. 1591*

IV. TRANSFERT DE COMPÉTENCE À UN EPCI

14. Financement. Lorsqu'un périmètre de transports urbains est créé ou étendu, le département est tenu de verser à l'autorité compétente pour l'organisation des transports urbains, devenue compétente en lieu et place du département pour l'organisation et le fonctionnement des transports scolaires, une compensation financière au titre des charges transférées. A défaut d'accord afin de déterminer les conditions de financement du service des transports scolaires à l'intérieur du nouveau périmètre de transports urbains, il appartient au préfet de prévoir la compensation des charges transférées en se fondant sur le montant des dépenses exposées par le département, au titre de la compétence transférée, au cours de l'année scolaire précédant la prise en charge effective de la compétence par l'autorité organisatrice des transports urbains et en tenant compte, d'une part, des charges que le département continue de supporter pour la desserte du périmètre de transports urbains au titre de sa compétence en matière de transports scolaires interurbains et, d'autre part, des économies qui découlent, à service constant et indépendamment de tout choix de gestion, de l'exercice de la compétence transférée par l'autorité organisatrice des transports urbains, eu égard notamment aux conditions de réglementation des transports publics de voyageurs à l'intérieur d'un périmètre de transports urbains. S'il est loisible au préfet d'arrêter un montant de compensation provisoire dans l'hypothèse où il ne dispose pas, à la date de sa décision, des éléments lui permettant d'évaluer avec une précision suffisante le montant des charges transférées et celui des charges conservées par le département, il lui appartient, une fois ces éléments connus, d'arrêter les conditions de financement du transfert de compétence de façon définitive. Sa décision s'impose alors aux collectivités concernées jusqu'à ce qu'elles parviennent, le cas échéant, à un accord. • CE 12 oct. 2011, *Cté d'agglo. du pays de Saint-Malo*, n° 347782 A : *AJDA 2011. 1984, obs. Grand* ; *AJCT 2012. 99, obs. Houser*.

Code des transports

Transports scolaires. Autorités organisatrices des services hors de la région Île-de-France

Art. L. 3111-7 Les transports scolaires sont des services réguliers publics.

(L. n° 2015-991 du 7 août 2015, art. 15) « La région » a la responsabilité de l'organisation et du fonctionnement de ces transports. *(L. n° 2015-991 du 7 août 2015, art. 15)* « Elle consulte à leur sujet les conseils départementaux de l'éducation nationale intéressés ».

L'autorité compétente de l'État consulte *(L. n° 2015-991 du 7 août 2015, art. 15)* « la région », dans des conditions fixées par voie réglementaire, avant toute décision susceptible d'entraîner une modification substantielle des besoins en matière de transports scolaires.

Toutefois, à l'intérieur des périmètres de transports urbains existant au 1er septembre 1984, *(L. n° 2019-1428 du 24 déc. 2019, art. 8)* « devenus depuis des ressorts territoriaux, » cette responsabilité est exercée par l'autorité compétente pour l'organisation *(L. n° 2015-991 du 7 août 2015, art. 18)* « de la mobilité » *(Ord. n° 2021-408 du 8 avr. 2021, art. 4)* « et, le cas échéant, par l'autorité organisatrice des mobilités des territoires lyonnais ».

(L. n° 2019-1428 du 24 déc. 2019, art. 8) « L'autorité organisatrice apprécie l'opportunité de recourir à des services de transport scolaire ou à d'autres services réguliers de transport public de personnes, en tenant compte des enjeux de qualité et de sécurité du transport des élèves. Dès lors qu'un service public régulier de transport routier de personnes est consacré principalement au transport d'élèves, il répond à la définition du transport scolaire et est soumis aux dispositions applicables au transport en commun d'enfants.

« L'autorité organisatrice peut ouvrir les services de transport scolaire à d'autres usagers sous réserve que cette ouverture n'ait pas de conséquences sur la qualité du service pour les élèves. Ces services demeurent soumis aux dispositions applicables au transport en commun d'enfants. »

Le transfert des ressources équivalentes aux dépenses supportées par l'État au titre des bourses de fréquentation scolaire, au titre du financement des frais de premier établissement des services de transport réservés aux élèves, des frais de transport des élèves et étudiants gravement handicapés, des élèves des écoles maternelles en zone rurale et des élèves des zones de montagne, s'effectue dans les conditions prévues par le code général des collectivités territoriales.

Les modalités des conventions passées avec les entreprises, et notamment leurs conditions de dénonciation, sont fixées par décret en Conseil d'État.

Art. L. 3111-7-1 *(Ord. n° 2014-1090 du 26 sept. 2014, art. 6)* Les représentants légaux d'un élève handicapé scolarisé dont le projet personnalisé de scolarisation mentionné à l'article L. 112-2 du code de l'éducation prévoit l'utilisation du réseau de transport scolaire peuvent demander *(L. n° 2015-988 du 5 août 2015, art. 8)* « , avec l'appui de l'équipe pluridisciplinaire mentionnée à l'article L. 146-8 du code de l'action sociale et des familles, » la mise en accessibilité des points d'arrêt de ce réseau les plus proches de son domicile et de l'établissement scolaire fréquenté. La mise en accessibilité ne peut alors être refusée qu'en cas d'impossibilité technique avérée définie à l'article L. 1112-4. Dans ce cas, un moyen de transport de substitution est organisé. Les autres points d'arrêt à l'usage exclusif du service de transport scolaire ne sont pas soumis à l'obligation d'accessibilité. Du matériel roulant routier accessible est affecté aux lignes dont certains points d'arrêt sont soumis à l'obligation d'accessibilité dans les conditions définies au présent article.

Art. L. 3111-8 *(Ord. n° 2021-408 du 8 avr. 2021, art. 4)* « En cas de création ou de modification d'un ressort territorial d'une autorité organisatrice de la mobilité ou de l'autorité organisatrice des mobilités des territoires lyonnais, et dès lors que sont inclus les transports scolaires, une convention est passée entre l'autorité organisatrice de la mobilité, le cas échéant l'autorité organisatrice des mobilités des territoires lyonnais, et la région. » Cette convention fixe les conditions de financement des services de transports scolaires dans le nouveau périmètre.

Les procédures d'arbitrage par l'autorité administrative compétente de l'État, en cas de litige, sont déterminées par décret en Conseil d'État. En ce qui concerne les modalités financières du transfert, cet arbitrage prend en compte le montant des dépenses effectuées par *(L. n° 2015-991 du 7 août 2015, art. 15)* « la région » au titre des compétences transférées à l'autorité compétente au cours de l'année scolaire précédant le transfert, de sorte que soit assurée la compensation intégrale des moyens nécessaires à l'exercice de la compétence transférée.

Art. L. 3111-9 *(L. n° 2015-991 du 7 août 2015, art. 15)* Si elles n'ont pas décidé de la prendre en charge elles-mêmes, la région ou l'autorité compétente pour l'organisation des transports urbains peuvent confier par convention, dans les conditions prévues à l'article L. 1111-8 du code général des collectivités territoriales, tout ou partie de l'organisation des transports scolaires au département ou à des communes, des établissements publics de coopération intercommunale, des syndicats mixtes, des établissements d'enseignement ou des associations de parents d'élèves et des associations familiales. L'autorité compétente pour l'organisation des transports urbains peut également confier, dans les mêmes conditions, tout ou partie de l'organisation des transports scolaires à la région.

Art. L. 3111-10 La région *(L. n° 2015-991 du 7 août 2015, art. 15)* « peut » participer au financement des frais de transport individuel des élèves vers les établissements scolaires.

Une convention avec l'autorité compétente pour l'organisation des transports scolaires prévoit les conditions de participation de la région au financement de ces transports scolaires.

Art. L. 214-19 *(Ord. n° 2010-1307 du 28 oct. 2010, art. 5)* **L'organisation des transports scolaires dans la région Île-de-France est régie par les dispositions des articles L. 3111-14 à L. 3111-16 du code des transports** *[V. ces art. ci-dessous]*.

Code des transports

Transports scolaires. Autorité organisatrice des services en région Île-de-France

Art. L. 3111-14 Le syndicat des transports d'Île-de-France organise les services de transports publics réguliers de personnes et peut organiser des services de transport à la demande conformément aux dispositions des articles L. 1241-1 et L. 1241-2.

Le Syndicat est responsable de l'organisation et du fonctionnement des transports scolaires et consulte à leur sujet, au moins une fois par an, le conseil interacadémique d'Île-de-France institué par l'article L. 234-8 du code de l'éducation.

(L. nº 2019-1428 du 24 déc. 2019, art. 8) « L'autorité organisatrice peut ouvrir les services de transport scolaire à d'autres usagers sous réserve que cette ouverture n'ait pas de conséquences sur la qualité du service pour les élèves. Ces services demeurent soumis aux dispositions applicables au transport en commun d'enfants. »

Les dispositions de l'article L. 3111-10 *[V. cet art. ss. C. éduc., art. L. 214-18]* sont applicables en région Île-de-France.

(L. nº 2019-1428 du 24 déc. 2019, art. 8) « Île-de-France Mobilités apprécie l'opportunité de recourir à des services de transport scolaire ou à d'autres services réguliers de transport public de personnes, en tenant compte des enjeux de qualité et de sécurité du transport des élèves. Dès lors qu'un service public régulier de transport routier de personnes est consacré principalement au transport d'élèves, il répond à la définition du transport scolaire et est soumis aux dispositions applicables au transport en commun d'enfants. »

Art. L. 3111-15 *(L. nº 2019-1428 du 24 déc. 2019, art. 8)* Île-de-France Mobilités peut confier par convention tout ou partie de l'organisation des transports scolaires à des départements ou à des communes, des établissements publics de coopération intercommunale, des syndicats mixtes, des établissements d'enseignement ou des associations de parents d'élèves et des associations familiales.

Les départements de la région d'Île-de-France qui bénéficient d'attributions déléguées par Île-de-France Mobilités en matière d'organisation et de fonctionnement des transports scolaires peuvent également déléguer, par convention, tout ou partie de ces attributions à d'autres collectivités territoriales ou d'autres groupements de collectivités ou à des personnes morales de droit public ou de droit privé, sur des périmètres ou pour des services définis d'un commun accord.

Art. L. 3111-16 Les frais de transport individuel des élèves handicapés vers les établissements scolaires et des étudiants handicapés vers les établissements universitaires rendus nécessaires du fait de leur handicap sont supportés par le Syndicat des transports d'Île-de-France.

CHAPITRE V LES COMPÉTENCES DE LA COLLECTIVITÉ TERRITORIALE DE CORSE

COMMENTAIRE

En Corse, rien n'a jamais été comme ailleurs. Au début de la Vᵉ République, l'île était un département intégré à la région de programme Provence-Alpes-Côte d'Azur-Corse (PACAC) ; un inspecteur d'académie représentant le ministre de l'éducation nationale à Ajaccio avec le titre de vice-recteur, le département faisant partie de l'académie d'Aix-Marseille, puis, lors de sa création, de celle de Nice. En 1976, la bidépartementalisation permit la nomination de deux inspecteurs d'académie-directeurs des services départementaux de l'éducation nationale, l'un à Ajaccio (Corse-du-Sud), l'autre à Bastia (Haute-Corse). La même année fut créée une nouvelle académie et nommé le premier recteur de Corse, chancelier de l'université. L'insularité, les difficultés économiques et sociales comme l'attachement des Corses à leur culture et à leur langue motivèrent des revendications, souvent exprimées de façon tonitruante. A plusieurs reprises le législateur tenta d'apporter des réponses. Sous l'impulsion de Gaston Defferre, furent promulguées le même jour la loi nº 82-213 relative aux droits et libertés des communes, départements et régions et la loi nº 82-214 du 2 mars 1982 portant statut particulier de la région Corse ; *« l'organisation de la région Corse tient compte des spécificités de cette région résultant notamment de sa géographie et de son histoire »* (art. 1ᵉʳ, al. 2). La loi nº 82-659 du 30 juillet 1982 la compléta en précisant les compétences exercées. S'agissant *« de l'identité culturelle de la Corse » (titre I), « composante essentielle de la spécificité de l'île »* (exposé des motifs), trois articles posèrent les fondations du régime particulier en matière d'éducation et de formation avant même que le droit commun ne soit fixé pour les régions du continent. Neuf ans plus tard, un pas supplémentaire fut accompli par la loi Joxe nº 91-428 du 13 mai 1991 qui transforma la région en *« collectivité territoriale de Corse »* (CTC) et la dota d'une organisation particulière (avec notamment un conseil exécutif, responsable devant l'Assemblée de Corse). Si le Conseil constitutionnel a supprimé la mention faite par le législateur du *« peuple corse, composante du peuple français »* qu'il jugea contraire à la Constitution, laquelle ne connaît que le peuple français (Cons. const. 9 mai 1991, *Statut de la Corse*, n° 91-290 DC : *Rec. Cons. const. 50*), il a admis que la loi puisse doter la Corse d'un « statut spécifique » (distinct du *« particularisme »* des TOM) et conférer à la nouvelle collectivité des compétences plus étendues qu'aux régions du continent, notamment dans le domaine de l'enseignement. Sous le titre *« de l'identité culturelle de la Corse »* (titre III), les articles 53 à 54 complètent les règles de 1982, en donnant à l'Assemblée de Corse compétence pour adopter un plan de développement de l'enseignement de la langue et de la culture corses et la carte des formations supérieures et des activités de recherche universitaire. La loi n° 2002-92 du 22 janvier 2002 relative à la Corse introduit de nouvelles modifications aujourd'hui reprises par les articles L. 4424-1 à L. 4424-5 et L. 4424-34 du code général des collectivités territoriales auxquels renvoie l'article L. 215-1 du code de l'éducation.

L'article 30 de la loi NOTRe n° 2015-991 du 7 août 2015 crée à compter du 1er janvier 2018 une nouvelle « collectivité de Corse » remplaçant la collectivité territoriale de Corse et les départements de Corse-du-Sud et de Haute-Corse (par contre, les départements subsistent comme circonscriptions territoriales de l'État). Le conseil économique, social, environnemental et culturel de Corse est préalablement consulté par le président du conseil exécutif de Corse sur les projets de délibérations relatifs aux compétences en matière d'éducation, de culture et de langue corse (CGCT, art. L. 4422-36, modifié par Ord. n° 2016-1562 du 21 nov. 2016 portant diverses mesures institutionnelles relatives à la collectivité de Corse). Deux décrets du 29 décembre 2017 en tirent les conséquences en ce qui concerne les commissions administratives consultatives (Décr. n° 2017-1881) et adaptent les compositions de la commission académique sur l'enseignement des langues vivantes étrangères, du conseil académique des langues régionales et du conseil académique de la vie lycéenne, à la création de la collectivité unique (Décr. n° 2017-1883). Depuis le décret de 2014, le recteur est aussi recteur de région académique.

La Corse est une académie de petite taille ; on n'y compte qu'un peu plus de 50 000 élèves ; dans le second degré, une trentaine de collèges et une vingtaine de lycées les accueillent. On comprend donc aisément que le législateur ait souhaité simplifier les règles de répartition des compétences en confiant leur charge à la même collectivité. *Dès l'origine,* ***c'est en effet à la seule collectivité de Corse (CT) qu'il revient de financer, construire, équiper et entretenir les collèges et les lycées*** (art. L. 4424-2 CGCT). Il en est de même pour les centres d'information et d'orientation (CIO) qui sur le continent sont soit d'État, soit départementaux. Les départements ont été privés de la compétence collège dès 1982 ; en 1991, le Conseil constitutionnel a estimé que la loi n'affectait pas de façon substantielle les attributions des deux départements de Corse (Cons. const. 9 mai 1991, *Statut de la Corse*, n° 91-290 DC (cons. 34 : *préc.*). L'article 30 de la loi NOTRe n° 2015-991 du 7 août 2015, qui supprime les deux départements et transfère leurs compétences à la collectivité de Corse, confirme ce rôle renforcé en matière d'éducation. A côté des lycées et établissements éducation nationale et des établissements agricoles ou maritimes, on notera que la loi de 1991 a mis à la charge de la collectivité les établissements d'enseignement artistique. L'article 59 de la loi n° 2007-209 du 17 février 2007 relative à la fonction publique territoriale précise explicitement la compétence de la collectivité de Corse pour l'accueil, la restauration, l'hébergement ainsi que l'entretien général et technique des établissements d'enseignement du second degré (mod. de l'art. L. 4424-1 CGCT, repris par C. éduc., art. L. 215-2).

S'agissant de la ***répartition des charges entre la collectivité de rattachement et l'État,*** on retrouve le ***droit commun*** ; l'État assure aux établissements *« les moyens financiers liés à leur activité pédagogique »*, formule utilisée depuis 1982 dont on peut toutefois regretter le caractère réducteur (*quid* des activités éducatrices, *quid* du programme *« vie de l'élève »* ?) qui renvoie à la liste des dépenses pédagogiques à la charge de l'État (Décr. n° 85-269 du 25 févr. 1985, V. désormais art. D. 211-14 s.) mais surtout aux lois de finances, qui prévoient chaque année la masse salariale des personnels de l'État. L'Assemblée de Corse de son côté répartit les subventions de fonctionnement et d'investissement entre les établissements avec le concours des services académiques, mis à disposition en tant que de besoin (CGCT, art. R. 4424-3 inséré dans C. éduc., art. R. 215-1 ; pour cette mission, les services académiques sont mis en tant que de besoin à la disposition de la collectivité – art. L. 4422-43 ; les autorités académiques notifient le montant des subventions à chaque établissement).

Les règles spécifiques applicables en Corse ont été adoptées pour préserver et développer son identité culturelle. Le conseil exécutif, après avoir recueilli l'avis du CESECC, peut déterminer les activités éducatives complémentaires que la collectivité peut organiser (CGCT, art. L. 4424-5, al. 1er), mais comme toutes les autres collectivités territoriales de France, communes, départements et régions ont la même possibilité (art. L. 216-1). Si la Corse n'est pas la seule collectivité attachée à sa langue et à sa culture, la reconnaissance de choix de cette compétence justifie à elle seule le traitement législatif spécifique dont elle fait l'objet. En 1982, l'enseignement de la langue corse était présenté comme une des activités éducatives complémentaires que l'Assemblée pouvait organiser et qui, à ce titre, était présenté comme facultatif pour les élèves. En 1991, le législateur, toujours dans le cadre des activités éducatives complémentaires, donne mission à l'Assemblée de Corse d'adopter ***un plan de développement de l'enseignement de la langue et de la culture corses*** prévoyant notamment les modalités de son insertion dans le temps scolaire ; dans la mesure où cet enseignement n'est pas obligatoire et ne soustrait pas les élèves scolarisés en Corse aux droits et obligations applicables à l'ensemble des usagers, le Conseil constitutionnel a jugé cette formule conforme à la Constitution (Cons. const. 9 mai 1991, *Statut de la Corse*, n° 91-290 DC cons. 37 : *préc.*). En outre, et c'est là une autre garantie, ces modalités font l'objet d'une ***convention entre l'État et la collectivité de Corse*** (L. du 31 mai 1991, art. 53 ; CGCT, art. L. 4424-5, al. 2) précisant que cette convention prévoit les mesures d'accompagnement nécessaires, et notamment celles relatives à la formation initiale et à la formation continue des enseignants. Ces dispositions, reprises en 2002, figurent aujourd'hui dans le code de l'éducation qui fait toutefois une distinction entre l'insertion dans le temps scolaire (qui n'est plus mentionnée dans le chapitre relatif aux compétences de la collectivité de Corse mais est prévue par l'article L. 312-11-1 comme *« matière enseignée dans le cadre de l'horaire normal »* pour les seules écoles maternelles et élémentaires, disposition jugée conforme par la décision Cons. const. 17 janv. 2001, *Loi relative à la Corse*, n° 2001-454 DC) et les modalités d'application conventionnelles qui doivent dorénavant comporter les mesures d'accompagnement nécessaires, notamment celles relatives à la formation initiale et continue des enseignants (CGCT, L. 4424-34, V. C. éduc., art. L. 215-1).

Dans l'***enseignement supérieur et la recherche***, la collectivité de Corse peut aussi organiser *« ses propres actions complémentaires »* par convention avec l'université ou les organismes de recherche (CGCT, art. L. 4424-3, disposition insérée par la L. de 2002, V. C. éduc., art. L. 215-1). Naturellement, celles-ci pourront contribuer au développement culturel, contribuer à la conservation de l'identité culturelle. Mais ces actions peuvent avoir d'autres objectifs, s'inscrivant alors dans le cadre du développement économique et social de l'île.

De manière plus générale, les autres dispositions du statut éducatif de la Corse ne peuvent se rattacher ni à la petite taille du système ni à la dimension culturelle. Les formules mises au point depuis 1982 pour la gestion du second degré et de l'enseignement supérieur auraient pu être mises en place ailleurs, testées dans une autre région. L'adoption de la loi du 30 juillet 1982 à un moment où la réflexion sur la répartition des compétences était en cours plaçait déjà la Corse dans le champ de l'expérimentation. Le fait que les solutions originales ici introduites n'aient pas été généralisées peut d'ailleurs nous interroger sur leur pertinence. Avec le temps, on voit que certaines formules ont été corrigées, se rapprochant ou s'éloignant du droit commun.

En 1982, un an avant l'institution des schémas prévisionnels des formations et des programmes prévisionnels des investissements, était instituée en Corse la carte scolaire des établissements d'enseignement. L'État gardait un rôle important puisque si cette carte devait être arrêtée par l'Assemblée de Corse, l'initiative appartenait au préfet de Corse. Si cette solution avait été conservée par la loi de 1991, la loi de 2002 l'abandonna. La CTC, comme les régions de droit commun, dut alors adopter ***« le schéma prévisionnel des formations »*** (SPF) qu'elle transmet au préfet. Ce document concerne les collèges et les lycées, publics et privés, mais aussi, ce qui est spécifique, les CIO. De même, la CTC dut élaborer ***un programme prévisionnel des investissements*** (PPI) ; avec l'accord des collectivités territorialement concernées, cet outil définit la localisation des établissements, leur capacité d'accueil et le mode d'hébergement des élèves. Le législateur a donc repris pour la Corse les règles générales en matière prévisionnelle ; l'assimilation est encore plus forte avec l'introduction du ***plan régional de développement des formations des jeunes et des adultes*** que la collectivité de Corse devait élaborer en concertation avec l'État et dont elle assurait la mise en œuvre avant que la loi n° 2009-526 du 12 mai 2009 ne le transforme en contrat de plan régional de développement des formations professionnelles (CGCT, art. L. 4424-34, V. C. éduc., art. L. 215-1). Mais, s'agissant des mesures d'exécution prises chaque année, le législateur renoue avec la spécificité. Si, comme pour les autres régions, doivent être arrêtées ***la liste des opérations de construction ou d'extension des établissements*** (en tenant compte du PPI) et ***la structure pédagogique générale des établissements*** (en tenant compte du SPF), ce n'est pas le préfet dans le premier cas, le recteur dans le second, qui prennent la décision mais le président du conseil exécutif de la Corse. Toutefois, la structure pédagogique des établissements ne devient définitive qu'après la signature d'une convention État/collectivité de Corse portant sur les moyens (CGCT, art. L. 4442-1).

La question des ***moyens***, c'est avant tout celle des ***emplois***. Sur ce plan, la Corse connaît aussi un régime spécifique depuis 1982. Il y a tout d'abord une concertation spécifique portant sur l'enveloppe de moyens que l'État va déléguer en Corse, sur le nombre des emplois à prévoir pour les lycées et collèges. C'est ensuite une procédure spéciale : la loi de 1991 prévoyait que l'autoritécompétente, le recteur, faisait une proposition de répartition des emplois au président du conseil exécutif qui prenait la décision. Depuis la loi de 2002 qui maintient la phase de concertation avec le président du conseil exécutif, la convention qui rend définitive la structure pédagogique générale des établissements porte sur les moyens attribués par l'État et sur leurs modalités d'utilisation, notamment leur répartition.

S'agissant de l'***enseignement supérieur et de la recherche***, la loi de 2002 a introduit un changement radical. En Corse, c'est désormais la collectivité territoriale qui a la charge, comme pour les collèges et les lycées, du financement de la construction, de l'équipement et de l'entretien des établissements d'enseignement supérieur (en fait, l'Université de Corse et l'INSPÉ qui a succédé à l'ESPÉ, elle-même issues de l'IUFM ; V. notamment, art. L. 722-17 : les biens meubles et immeubles qui lui sont affectés sont pris en charge par la collectivité de Corse substituée à l'État par les art. L. 722-1 à L. 722-9. La loi n° 2010-1536 du 13 décembre 2010 relative aux activités immobilières des établissements d'enseignement supérieur précise toutefois que la collectivité de Corse peut, comme l'État pour les autres universités, confier à l'université les droits et obligations du propriétaire sur le patrimoine immobilier et l'exercice de la maîtrise d'ouvrage sans préciser les conditions dans lesquelles pourraient être constitués des droits réels (CGCT, art. L. 4422-44). L'État assure à ces établissements les moyens financiers directement liés à leurs activités pédagogiques et de recherche, en mettant notamment en place les crédits permettant de rémunérer les personnels enseignants-chercheurs, enseignants et BIATOS. Dans le cadre de la politique nationale de l'enseignement supérieur, le président du conseil exécutif présente à l'Assemblée de Corse, après avis de l'université, des propositions sur la base desquelles elle établit la ***carte de l'enseignement supérieur et de la recherche*** (ex. : carte des formations supérieures et des activités de recherche universitaire).

Ce document qui définit les types de formation, d'actions de recherche et de documentation pour l'université, l'INSPÉ et l'IUT mais aussi les STS des lycées (CGCT, art. R. 4224-4, V. C. éduc., art. R. 215-1) devient définitif lorsqu'il est approuvé par ***une convention tripartite liant l'État, la collectivité de Corse et l'université*** (CGCT, art. L. 4424-3, V. C. éduc., art. L. 215-1), qui détermine notamment l'engagement financier pluriannuel des trois parties (CGCT, art. R. 4424-5). Cette formule doit garantir le respect des compétences de chacun et notamment de l'État qui accrédite l'université à organiser les formations, les titres et les grades. ❑

Art. L. 215-1 *(L. n° 2009-526 du 12 mai 2009, art. 97)* **Les compétences de la collectivité territoriale de Corse en matière d'éducation et de formation professionnelle sont fixées par les articles L. 4424-1 à L. 4424-5 et L. 4424-34 du code général des collectivités territoriales.**

BIBL. ▶ CHAUVIÈRE, Collectivité territoriale de Corse, *J.-Cl. Adm. fasc. 124*. – BOUZELY, Le régime spécifique de la Corse, *Rev. adm. 1989. 159*. – PASTOREL, Les compétences de la collectivité territoriale de Corse, *RFDA 1991. 741*.

V. note ss. art. L. 211-2.

CHAPITRE VI LES COMPÉTENCES COMMUNES AUX COLLECTIVITÉS TERRITORIALES

COMMENTAIRE

Si la loi NOTRe n° 2015-991 du 7 août 2015 supprime la clause générale de compétence des départements et des régions, elle dispose que certaines compétences sont partagées entre les communes, les départements, les régions et les collectivités à statut particulier. Il en est ainsi en matière de culture, de sport, de promotion des langues régionales et d'éducation populaire qui concernent, les unes et les autres, les activités périscolaires et même certaines activités scolaires. la loi n° 2014-58 du 27 janvier 2014 de modernisation de l'action publique territoriale et d'affirmation des métropoles (MAPAM) avait auparavant précisé que la région est chargée d'organiser, en qualité de chef de file, les modalités de l'action commune des collectivités territoriales et de leurs établissements publics pour l'exercice des compétences relatives au soutien à l'enseignement supérieur et à la recherche (CGCT, art. L. 1111-9, II, 8I, 1). Par ailleurs, la loi NOTRe donne une orientation de méthode en ajoutant que les politiques publiques en faveur de la jeunesse menées par l'État, les régions, les départements, les communes et les collectivités à statut particulier peuvent faire l'objet d'un débat au sein de la conférence territoriale de l'action publique, mentionnée à l'article L. 1111-9-1 du code général des collectivités territoriales, portant notamment sur l'articulation et la coordination de ces politiques entre les différents niveaux de collectivités et l'État. A noter enfin que cette loi introduit deux nouveaux articles au chapitre VI du code de l'éducation, l'un habilitant les collectivités territoriales et leurs groupements à contribuer au financement des sites et établissements d'enseignement supérieur et établissements de recherche implantés sur leur territoire, ainsi qu'aux œuvres universitaires et scolaires (art. L. 216-11), l'autre (art. L. 216-12) pour autoriser les régions et les départements à conclure des conventions fixant des modalités d'action communes et de mutualisation des services pour l'exercice des compétences en matière de collèges (départements, art. L. 213-2) et lycées (régions, art. L. 214-6).

Ces articles renforcent encore l'hétérogénéité des dispositions de ce chapitre que l'on peut classer en plusieurs rubriques : activités éducatives complémentaires (art. L. 216-1), établissements d'enseignement artistique (art. L. 216-2 à L. 216-3, les deux premiers art. résultant de l'art. 101 de la L. n° 2004-809 du 13 août 2004), les cités scolaires (art. L. 216-4), les relations entre les collectivités propriétaires et les collectivités de rattachement (L. 126-8 à art. L. 216-15 ; D. 216-1 et D. 216-2). Après un article à caractère éthique appelant les gestionnaires à veiller à ce que *« la fabrication des produits achetés n'ait pas requis l'emploi d'une main-d'œuvre enfantine »* (art. L. 216-10), le chapitre se clôt par l'importante innovation introduite par l'article 91 de la loi du 13 août 2004 donnant aux collectivités la possibilité de constituer un GIP (art. L. 216-11).

I. ACTIVITÉS ÉDUCATIVES COMPLÉMENTAIRES

L'article L. 216-1 est issu de la loi du 22 juillet 1983. Après son article 25 qui permet l'utilisation des locaux en dehors des heures scolaires (art. L. 212-15), son article 26 envisage l'organisation d'activités éducatives complémentaires. Les collectivités territoriales peuvent en effet organiser dans les établissements scolaires (écoles et établissements publics, V. note 1 ss. art. L. 216-1), pendant les heures d'ouverture, des activités éducatives, sportives et culturelles à titre complémentaire, dans le prolongement de l'enseignement obligatoire, sans se substituer à lui (V. art. L. 121-1 sur les activités périscolaires). Organisées avec l'accord du conseil d'école ou du conseil d'administration du collège ou du lycée, ces activités facultatives doivent être ouvertes à tous les élèves, respecter le principe de laïcité et être gratuites pendant le temps scolaire (Circ. n° 95-243 du 31 oct. 1995).

L'***organisation de ces activités*** est fixée par une convention entre la collectivité organisatrice et les autorités compétentes pour engager l'école (inspecteur d'académie) ou l'établissement public local d'enseignement (principal ou proviseur). Les collectivités territoriales supportent la charge financière, assumant le fonctionnement et pouvant prendre en charge la rémunération des agents de l'État mis à leur disposition pour ces activités dans les conditions fixées par la convention.

La question des *« activités éducatives complémentaires »* fait l'objet d'un traitement particulier en Corse (CGCT, art. L. 4424-5, V. C. éduc., art. L. 215-1) et dans les régions d'outre-mer (CGCT, art. L. 4433-25, V. C. éduc., art. L. 214-17). Outre des particularités de procédure, ces articles rangent dans cette catégorie les actions pour les langues et cultures. Mais rien n'empêche que d'autres régions (Alsace, Bretagne) ou départements (Pyrénées-Atlantiques) n'utilisent la solution de droit commun avec le même objectif. La loi du 8 juillet 2013 de refondation de l'École de la République ajoute à l'article L. 216-1 une précision qui confirme la pratique de certaines collectivités : les activités complémentaires peuvent porter sur la connaissance des langues et des cultures régionales.

L'article L. 216-1 précise les conditions dans lesquelles les collectivités territoriales sont autorisées à organiser des activités éducatives, culturelles et sportives, facultatives et complémentaires au service public obligatoire. C'est notamment sur cette base qu'ont pu se développer des « politiques éducatives locales » auxquelles l'éducation nationale mais aussi d'autres ministères apportent leur concours. La politique familiale, la prévention de la délinquance, l'éducation à la santé ou la politique de la ville ont ainsi pu donner lieu à la conclusion de partenariats divers et variés (contrats éducatifs locaux, contrat temps libre, contrat petite enfance, contrat local de sécurité, contrat local d'accompagnement scolaire...). Mais l'éducation nationale n'est pas toujours en première ligne, ce qui peut poser, notamment pour l'accompagnement scolaire, un problème de cohérence. La Cour des comptes souligne l'insuffisance du pilotage et de l'évaluation des différentes actions partenariales, relevant les empiètements des actions éducatives locales sur le temps scolaire et l'offre scolaire obligatoire (cas bien connu de la ville de Paris), regrettant l'insuffisance des échanges d'information et s'interrogeant sur l'efficacité éducative des actions d'accompagnement scolaire et sur les disparités territoriales en termes d'égalité des chances (Cour des comptes, « Les communes et l'école de la République », 2008).

Les activités complémentaires pouvant être éducatives, sportives ou culturelles sont très proches des activités périscolaires (ou périéducatives) qui visent à permettre un accès aux pratiques culturelles et sportives (art. L. 551-1). Aussi, seront-elles prises en considération dans le cadre du ***projet éducatif territorial*** (PEdT) associant notamment aux services et établissements relevant du ministre chargé de l'éducation nationale d'autres administrations, des collectivités territoriales, des associations (art. L. 551-1 mod. par la L. du 8 juill. 2013). Le projet éducatif territorial (PEdT) permet à une commune ou un établissement public de coopération intercommunale de bénéficier d'aides spécifiques ainsi que de l'appui des services de l'État (éducation nationale, protection judiciaire de la jeunesse, jeunesse et sports...). Il associe tous les membres de la communauté éducative et garantit la continuité éducative entre les projets des écoles et des établissements et les activités proposées aux élèves en dehors du temps scolaire. Il permet d'offrir aux enfants l'accès à des activités culturelles ou sportives même s'il n'est pas exclu que les familles apportent leur contribution.

Souhaitant mobiliser toutes les ressources des territoires pour l'acte II de la refondation, le Gouvernement annonce en janvier 2015 un partenariat renouvelé avec les collectivités territoriales pour la réussite éducative, envisageant alors d'ajouter un volet laïcité et citoyenneté aux projets éducatifs territoriaux.

II. ÉTABLISSEMENTS D'ENSEIGNEMENT ARTISTIQUE

La musique, la danse et l'art dramatique (art. L. 216-2) mais aussi les arts plastiques (art. L. 216-3) peuvent faire l'objet d'un enseignement organisé par les collectivités territoriales qui créent et gèrent des établissements. La loi du 13 août 2004 a clarifié les responsabilités en conférant une base légale aux initiatives prises à chaque niveau territorial.

La ***commune*** (ou l'EPCI) conserve ses compétences pour l'enseignement initial ainsi que l'offre d'éducation artistique en partenariat avec les établissements scolaires. Elle organise et finance les missions d'enseignement initial et d'éducation artistique des établissements. Toutefois, les autres collectivités qui gèrent de tels établissements peuvent poursuivre leur mission. Le service public ainsi assuré n'étant pas obligatoire, l'accès des usagers peut être subordonné à l'existence d'un lien avec le territoire de la collectivité organisatrice (note 1 ss. art. L. 216-2). La politique tarifaire peut introduire des modulations (prise en compte des ressources de la famille) à la condition que le tarif le plus élevé ne soit pas supérieur au coût de fonctionnement par élève (notes 2 et 3 ss. art. L. 216-2).

Le ***département*** adopte un schéma départemental de développement des enseignements artistiques (sauf arts plastiques) en concertation avec les communes pour améliorer l'offre de formation et les conditions d'accès à l'enseignement. Le département définit l'organisation du réseau et fixe alors les conditions de sa participation au financement de l'enseignement initial.

La ***région*** organise et finance le cycle d'enseignement professionnel initial dispensé par les établissements d'enseignement artistique dans le cadre du PDEF (art. L. 214-13-II). L'État procède au classement des établissements (régional, départemental, communal), définit les qualifications des enseignants, évalue leurs activités.). Pour les établissements d'enseignement public d'arts plastiques dont certains sont à sa charge, l'État contrôle le recrutement du directeur et des enseignants. Il continue à apporter son concours financier aux collectivités territoriales (art. L. 216-3).

L'***État*** transfère par convention aux départements et aux régions les concours financiers qu'il accorde aux communes pour le fonctionnement des écoles nationales de musique, de danse et d'art dramatique et des conservatoires nationaux de régions (art. L. 216-1).

Les ***établissements d'enseignement supérieur*** dans les domaines de la musique, de la danse, du théâtre et des arts du cirque qui assurent la formation aux métiers du spectacle continuent à relever de la ***responsabilité de l'État*** (L. 13 août 2004, art. 102).

III. CITÉS SCOLAIRES

Voir commentaire du livre II, titre Ier, chapitre III.

IV. RELATIONS ENTRE LA COLLECTIVITÉ PROPRIÉTAIRE ET LA COLLECTIVITÉ DE RATTACHEMENT

Voir commentaire du livre II, titre Ier, chapitre III. ❑

Art. L. 216-1 Les communes, départements ou régions peuvent organiser dans les établissements scolaires, pendant leurs heures d'ouverture et avec l'accord des conseils et autorités responsables de leur fonctionnement, des activités éducatives, sportives et culturelles complémentaires. Ces activités sont facultatives et ne peuvent se substituer ni porter atteinte aux activités d'enseignement et de formation fixées par l'État. Les communes, départements et régions en supportent la charge financière. Des agents de l'État, dont la rémunération leur incombe, peuvent être mis à leur disposition.

(L. nº 2013-595 du 8 juill. 2013, art. 30) **« Les activités complémentaires mentionnées au premier alinéa peuvent porter sur la connaissance des langues et des cultures régionales. »**

L'organisation des activités susmentionnées est fixée par une convention, conclue entre la collectivité intéressée et l'établissement scolaire, qui détermine notamment les conditions dans lesquelles les agents de l'État peuvent être mis à la disposition de la collectivité.

BIBL. ▶ FRIER, Les transferts de compétences dans les secteurs de la formation professionnelle, de l'éducation et de la culture, *AJDA 2004. 1984* ✎. – GOUSSEAU, Les collectivités territoriales et l'éducation : élus locaux, établissements d'enseignement et territoires, *Dexia – Le Moniteur – Imprimerie nationale, coll. Action locale, 2006.*

1. Organisation d'activités complémentaires. Il résulte des termes mêmes de la L. du 22 juill. 1983 que son art. 26 qui prévoit les conditions dans lesquelles les communes, les départements ou les régions peuvent organiser dans les établissements scolaires des activités éducatives, sociales et culturelles complémentaires et supportent les charges qui en résultent, n'est applicable qu'aux établissements d'enseignement publics. Ni la L. du 22 juill. 1983, ni aucune autre loi n'ont prévu l'extension à l'enseignement privé des dispositions. • CE 12 avr. 1991, *Synd. nat. de l'enseignement chrétien CFTC et a.,* nos 68521, 68524, 68527, 68579, 68640, 68645 et 68801 : *Lebon T. 970* ✎.

2. Utilisation des locaux scolaires. La délibération d'un conseil municipal décidant d'affecter à un enseignement bilingue, ouvert à des habitants de plusieurs communes, une classe et différents locaux de l'école maternelle, vaut désaffectation de ces locaux du service public de l'école maternelle et non pas simple utilisation de ces locaux en dehors des heures scolaires au sens de l'art. 25 de la L. du 22 juill. 1983 ni organisation d'activités complémentaires au sens de l'art. 26 de la même loi. Cette délibération est illégale pour avoir omis de recueillir l'avis préalable du représentant de l'État. • CE, ass., 2 déc. 1994, *Cne de Pulversheim,* n°s 133726 et 141881 : *Lebon 531 ; AJDA 1995. 40, concl. Schwartz .*

3. Surveillance pendant le temps non scolaire. Qualité de membre de l'enseignement public. La qualité de membre de l'enseignement public doit être étendue à toutes les personnes qui, dans l'établissement ou au dehors, participent à l'encadrement des enfants dans toutes les activités réalisées dans un but d'enseignement. Elle ne saurait s'appliquer aux personnes, agents de la commune, chargées de la surveillance des enfants pendant le déroulement de la cantine et les périodes qui la précèdent, après la sortie de classe, et la suivent, jusqu'à la rentrée en classe, dès lors que l'activité ainsi organisée se limite à la prise en charge des enfants en vue de les nourrir et de les détendre, sans poursuivre une fin éducative. • T. confl. 30 juin 2008, *Préfet des Alpes-Maritimes c/ Caisse régionale Groupama,* n° C3671 : *Lebon T. 760 ; AJDA 2009. 706, note Bouteiller .* ♦ Dans cette hypothèse, seule la responsabilité de la commune ou, éventuellement, de la caisse des écoles, peut être engagée selon la procédure de droit commun. Le litige susceptible de s'élever à cette occasion doit être porté devant les juridictions de l'ordre administratif. • T. confl., 30 juin 2008, *Préfet des Alpes-Maritimes c/ Caisse régionale Groupama : préc.*

Art. L. 216-2 *(L. n° 2004-809 du 13 août 2004, art. 101)* **Les établissements d'enseignement public de la musique, de la danse et de l'art dramatique dispensent un enseignement initial, sanctionné par des certificats d'études, qui assure l'éveil, l'initiation, puis l'acquisition des savoirs fondamentaux nécessaires à une pratique artistique autonome** *(L. n° 2016-925 du 7 juill. 2016, art. 51)* **« , à vocation professionnelle ou amateur ». Ils participent également à l'éducation artistique des enfants d'âge scolaire. Ils peuvent proposer** *(L. n° 2016-925 du 7 juill. 2016, art. 51)* **« un enseignement préparant à l'entrée dans les établissements d'enseignement supérieur de la création artistique dans le domaine du spectacle vivant. Ils peuvent délivrer un diplôme national. Leur mission est également la formation des amateurs et le développement de leur pratique ; à ce titre, ces établissements peuvent apporter, avec leurs enseignants, leur concours aux actions conduites en matière d'éducation artistique et culturelle.**

« L'État et les collectivités territoriales garantissent une véritable égalité d'accès aux enseignements artistiques, à l'apprentissage des arts et de la culture. Cette politique s'exprime notamment par le financement de l'enseignement artistique spécialisé au travers des établissements d'enseignement public de la musique, de la danse et de l'art dramatique. Ces derniers sont ouverts à toutes et tous et sont des lieux essentiels pour l'initiation, l'éducation et le perfectionnement artistique et culturel. »

Ces établissements relèvent de l'initiative et de la responsabilité des collectivités territoriales dans les conditions définies au présent article.

Les communes et leurs groupements organisent et financent les missions d'enseignement initial et d'éducation artistique de ces établissements. Les autres collectivités territoriales ou les établissements publics qui gèrent de tels établissements, à la date de publication de la loi n° 2004-809 du 13 août 2004 relative aux libertés et responsabilités locales, peuvent poursuivre cette mission ; ces établissements sont intégrés dans *(L. n° 2016-925 du 7 juill. 2016, art. 51)* **« les schémas régional et départemental ».**

Le département adopte, dans un délai de deux ans à compter de l'entrée en vigueur de la loi n° 2004-809 du 13 août 2004 précitée, un schéma départemental de développement des enseignements artistiques dans les domaines de la musique, de la danse et de l'art dramatique. Ce schéma, élaboré en concertation avec les communes concernées *(L. n° 2016-925 du 7 juill. 2016, art. 51)* **« ou, le cas échéant, avec leurs groupements », a pour objet de définir les principes d'organisation des enseignements artistiques, en vue d'améliorer l'offre de formation et les conditions d'accès à l'enseignement. Le département fixe au travers de ce schéma les conditions de sa participation au financement des établissements d'enseignement artistique au titre de l'enseignement initial.**

(L. n° 2016-925 du 7 juill. 2016, art. 51) **« La région organise l'enseignement préparant à l'entrée dans les établissements d'enseignement supérieur de la création artistique dans le domaine du spectacle vivant. Elle peut participer à son financement dans des conditions précisées par convention avec les collectivités gestionnaires des établissements, après concertation dans le cadre de la conférence territoriale de l'action publique.**

« En concertation avec les collectivités concernées et après avis de la conférence territoriale de l'action publique, la région peut adopter un schéma régional de développement des enseignements artistiques dans les domaines de la musique, de la danse et de l'art dramatique. Ce schéma a pour objet de définir les principes d'organisation des enseignements artistiques, en vue d'améliorer l'offre de formation et les conditions d'accès à l'enseignement. Il prend en compte les principes d'organisation définis par les schémas départementaux mentionnés au présent article. La région peut fixer au travers de ce schéma les conditions de sa participation au financement des établissements d'enseignement artistique au titre de l'enseignement initial. »

L'État procède au classement des établissements en catégories correspondant à leurs missions et à leur rayonnement régional, départemental, intercommunal ou communal. Il définit *(L. nº 2016-925 du 7 juill. 2016, art. 51)* **« un schéma national d'orientation pédagogique dans le domaine de l'enseignement public spécialisé de la musique, de la danse et de l'art dramatique ainsi que » les qualifications exigées du personnel enseignant de ces établissements et assure l'évaluation de leurs activités ainsi que de leur fonctionnement pédagogique. Il apporte une aide technique à l'élaboration du** *(L. nº 2009-1437 du 24 nov. 2009, art. 57)* **« contrat de » plan mentionné à l'article L. 214-13 et** *(L. nº 2016-925 du 7 juill. 2016, art. 51)* **« des schémas prévus » au présent article.** *(L. nº 2016-925 du 7 juill. 2016, art. 51)* **« Il coordonne, au plan régional ou interrégional, l'organisation des examens du diplôme national prévu au présent article et délivre ledit diplôme. »**

Des décrets en Conseil d'État fixent les conditions d'application du présent article.

Sur la création du diplôme d'État d'enseignement du théâtre, V. art. R. 361-3 s.

Sur le classement des établissements d'enseignement public de la musique, de la danse et de l'art dramatique, V. art. R. 461-1 s.

BIBL. ▶ FRIER, Les transferts de compétences dans les secteurs de la formation professionnelle, de l'éducation et de la culture, *AJDA 2004. 1984*. – JUPPÉ-LEBLOND, CHIFFER, LESAGE et KRYNEN, L'éducation aux arts et à la culture, *Rapport MEN, 2003*. – DE MONTECLER, Les nouvelles règles de classement des établissements d'enseignement artistique, *AJDA 2006. 1925*. – RIZZARDO, La décentralisation culturelle, *Doc. fr. 1990*.

I. ACCÈS AU SERVICE PUBLIC

1. S'agissant d'un service public non obligatoire, dont l'objet n'exclut pas que son accès puisse être réservé à certaines catégories d'usagers, un conseil municipal peut limiter l'accès à ce service en le réservant à des élèves ayant un lien particulier avec la commune et se trouvant de ce fait dans une situation différente de l'ensemble des autres usagers potentiels du service. Toutefois, un conseil municipal qui limite l'accès de l'école de musique aux personnes domiciliées ou habitant dans la commune, en refusant d'accueillir des élèves qui, parce qu'ils sont scolarisés dans la commune ou parce que leurs parents y ont le lieu de leur travail, ont avec celle-ci un lien suffisant, méconnaît ce principe. • CE, sect., 13 mai 1994, *Cne de Dreux*, nº 116549 : *Lebon 223* ; *AJDA 1994. 652, obs. Hecquard-Théron*.

II. MODULATIONS TARIFAIRES

2. *Modulations tarifaires légales.* Il existe un intérêt général qui s'attache à ce que les enseignements dispensés par une école de musique, qui constitue un service public municipal à caractère administratif, puissent être accessibles au plus grand nombre possible d'enfants qui le souhaitent. Pour favoriser la réalisation de l'objectif qu'il s'est fixé, un conseil municipal peut, sans méconnaître le principe d'égalité entre les usagers du service public, fixer des droits d'inscription selon une modulation tarifaire dégressive prenant en compte le nombre d'enfants par famille s'inscrivant à l'école et le nombre d'instruments ou de disciplines choisies, les adultes étant par ailleurs admis à s'inscrire en acquittant une cotisation plus élevée tout en bénéficiant, le cas échéant, d'un « forfait famille » lorsqu'il s'agit de parents d'enfants également inscrits à l'école. • CAA Paris, 5 mai 1998, *Cne de Le Mee-sur-Seine*, nº 97PA00327 : *Lebon T. 709*. ♦ Un conseil municipal peut encore, sans méconnaître le principe d'égalité entre les usagers du service public, fixer des droits d'inscription différents selon les ressources des familles, dès lors notamment que les droits les plus élevés restent inférieurs au coût par élève du fonctionnement de l'école. • CE, sect., 29 déc. 1997, *Cne de Gennevilliers*, nº 157425 : *Lebon 499* ; *AJDA 1998. 102, chron. Girardot et Raynaud* • 26 avr. 1985, *Ville de Tarbes*, nº 41169 : *Lebon 119*. ♦ Pour établir un barème des tarifs d'accès à un service public, le conseil municipal ne commet pas d'erreur manifeste d'appréciation en se fondant sur les revenus imposables pour évaluer les ressources de chaque foyer, en dépit de l'écart qui peut exister entre les ressources réelles d'un foyer et son revenu imposable. • CE 18 mars 1994,

Mme Dejonckeere et a., n° 140870 : *Lebon T. 762*.

3. Modulations tarifaires illégales. S'il existe entre les usagers de l'école nationale de musique de Romainville, domiciliés sur le territoire de cette commune, et les usagers non domiciliés sur le territoire de cette commune, une différence de situation de nature à justifier des tarifs différents, il n'y a pas, en l'espèce, entre la qualité d'ancien ou de nouvel élève de cette école, de différence de situation de nature à justifier l'application d'une discrimination de tarifs. • CE 2 déc. 1987, *Cne de Romainville*, n° 71028 : *Lebon T. 556*.

Art. L. 216-2-1 *(L. n° 2016-925 du 7 juill. 2016, art. 51)* Par convention, l'État transfère aux régions qui participent au financement de l'enseignement préparant à l'entrée dans les établissements d'enseignement supérieur de la création artistique dans le domaine du spectacle vivant les concours financiers qu'il accorde à ce titre pour le fonctionnement des établissements d'enseignement public de la musique, de la danse et de l'art dramatique sur le territoire de ces régions. Ces concours sont déterminés sur la base de la moyenne des dépenses de l'État à ce titre dans les régions concernées sur les années 2010, 2011 et 2012.

Art. L. 216-3 Les établissements d'enseignement public des arts plastiques relèvent de l'initiative et de la responsabilité des communes, des départements et des régions. Toutefois, un décret fixe la liste des établissements dont la responsabilité et la charge incombent entièrement à l'État *[V. art. D. 211-13]*.

Ces établissements peuvent être habilités à dispenser des enseignements sanctionnés par des diplômes délivrés par l'État ou agréés par lui. L'État exerce son contrôle sur le recrutement et les activités du directeur et des personnels enseignants ainsi que sur le fonctionnement pédagogique des établissements habilités.

Les collectivités territoriales continuent de bénéficier des concours financiers de l'État dans les conditions en vigueur à la date du transfert de compétences. – *[L. n° 83-663 du 22 juill. 1983, art. 64.]*

Art. L. 216-4 Lorsqu'un même ensemble immobilier comporte à la fois un collège et un lycée, une convention intervient entre le département et la région pour déterminer celle des deux collectivités qui assure *(L. n° 2004-809 du 13 août 2004, art. 82)* « le recrutement et la gestion des personnels autres que ceux mentionnés à l'article L. 211-8, » les grosses réparations, l'équipement et le fonctionnement de l'ensemble ; cette convention précise la répartition des charges entre les deux collectivités. Si cette convention n'est pas signée à la date du transfert de compétences, le représentant de l'État dans la région, dans un délai d'un mois, *(L. n° 2005-380 du 23 avr. 2005, art. 13)* « désigne, en tenant compte du nombre d'élèves à la charge de chacune de ces collectivités, celle » qui assure, jusqu'à l'intervention d'une convention, *(L. n° 2004-809 du 13 août 2004, art. 82)* « le recrutement et la gestion des personnels autres que ceux mentionnés à l'article L. 211-8, » les grosses réparations, l'équipement et le fonctionnement de l'ensemble ; il fixe également la répartition des charges entre ces deux collectivités en tenant compte des effectifs scolarisés et de l'utilisation des superficies des établissements en cause.

Sur les logements de fonction, V. notes ss. art. R. 216-4.

Art. L. 216-5 La collectivité territoriale propriétaire ou le groupement compétent au lieu et place de celle-ci, s'il le demande, se voit confier de plein droit par le département ou la région la responsabilité d'une opération de grosses réparations, d'extension, de reconstruction ou d'équipement d'un collège, d'un lycée, d'un établissement d'éducation spéciale, d'un établissement d'enseignement agricole visé à l'article L. 811-8 du code rural et de la pêche maritime *[V. cet art. à l'art. L. 421-22]* existant à la date du transfert de compétences. Cette opération doit avoir fait l'objet d'une décision préalable de financement du département ou de la région conformément aux dispositions des articles L. 213-1 et L. 214-1 du présent code.

Une convention entre la collectivité territoriale propriétaire ou le groupement et le département ou la région détermine les conditions, notamment financières, dans lesquelles est réalisée cette opération. Les sommes versées par la région ou le département pour cette opération ne peuvent être inférieures à celles que la région ou le département avait prévu d'y consacrer dans sa décision de financement mentionnée au premier alinéa au titre de la dotation régionale d'équipement scolaire ou de la dotation départementale d'équipement des collèges. Lorsqu'il s'agit d'une opération de reconstruction ou d'extension, la collectivité propriétaire ou le groupement se voit également confier de plein droit, dans des conditions fixées par la convention, la responsabilité du fonctionnement de l'établissement pour une durée qui ne peut être inférieure à six ans ; à l'issue de cette période, la collectivité propriétaire ou le groupement conserve, s'il le souhaite, cette responsabilité dans les conditions mentionnées ci-dessus.

Dans les cas autres que ceux mentionnés ci-dessus, à la demande de la collectivité territoriale propriétaire ou d'un groupement compétent au lieu et place de celle-ci, la responsabilité du fonctionnement des établissements mentionnés au premier alinéa du présent article relevant du département ou de la région et existant à la date du transfert de compétences lui est confiée de plein droit par la collectivité compétente pour une durée qui ne peut être inférieure à six ans. Une convention entre la collectivité propriétaire ou le groupement et le département ou la région fixe les modalités, notamment financières, dans lesquelles cette demande est satisfaite. A l'issue de cette période, la collectivité territoriale propriétaire ou le groupement conserve, s'il le souhaite, la responsabilité du fonctionnement de l'établissement dans les conditions mentionnées ci-dessus.

A défaut d'accord dans les cas prévus aux alinéas précédents sur le montant des ressources que le département ou la région doit verser à la collectivité territoriale propriétaire ou au groupement au titre du fonctionnement de l'établissement, le département ou la région verse à la collectivité propriétaire ou au groupement une contribution calculée, dans des conditions fixées par décret, en fonction de l'importance de l'établissement et des ressources dont il disposait antérieurement à ce titre *[V. art. D. 216-1]*.

Lorsqu'il est fait application du présent article, les biens nécessaires à l'exercice des compétences transférées sont mis à la disposition du département ou de la région, selon le cas. – *[L. n° 83-663 du 22 juill. 1983, art. 14-VII bis.]*

Art. L. 216-6 La commune siège ou le groupement compétent au lieu et place de celle-ci, s'il le demande, se voit confier de plein droit par le département ou la région la responsabilité de la construction et de l'équipement d'un collège, d'un lycée, d'un établissement d'éducation spéciale, d'un établissement d'enseignement agricole visé à l'article L. 811-8 du code rural et de la pêche maritime *[V. cet art. à l'art. L. 421-22]* réalisé postérieurement à la date du transfert de compétences. Ces opérations doivent avoir fait l'objet d'une décision préalable de financement du département ou de la région conformément aux dispositions des articles L. 213-1 et L. 214-1 du présent code.

Une convention entre la commune siège ou le groupement et le département ou la région détermine les conditions, notamment financières, dans lesquelles cette construction est réalisée. Les sommes versées par la région ou le département ne peuvent être inférieures à celle que la région ou le département avait prévu d'y consacrer dans sa décision de financement mentionnée à l'alinéa précédent au titre de la dotation régionale d'équipement scolaire ou de la dotation départementale d'équipement des collèges. La commune siège ou le groupement se voit également confier de plein droit, dans les conditions fixées par la convention, la responsabilité du fonctionnement de l'établissement pour une durée qui ne peut être inférieure à six ans. A l'issue de cette période, la commune siège ou le groupement conserve, s'il le souhaite, cette responsabilité dans les conditions mentionnées ci-dessus.

A défaut d'accord sur le montant des ressources que le département ou la région doit verser à la commune siège ou au groupement au titre du fonctionnement de l'établissement, le département ou la région verse à la commune ou au groupement une contribution calculée, dans des conditions fixées par décret, en fonction du coût moyen par élève de l'ensemble des établissements de même nature *[V. art. D. 216-2]*.

Pour les autres opérations d'investissement relatives à des établissements réalisés après le transfert de compétences, les dispositions des deux premiers alinéas de l'article L. 216-5 sont applicables.

Dans les cas autres que ceux visés à l'alinéa précédent, la responsabilité du fonctionnement peut être confiée à la commune siège ou au groupement compétent avec l'accord du département ou de la région. – *[L. n° 83-663 du 22 juill. 1983, art. 14-VII ter.]*

A l'occasion de la reconstruction d'un collège qui existait à la date du transfert de compétences entre l'État et les collectivités territoriales en matière d'établissements scolaires, une commune, membre du syndicat intercommunal de gestion du collège ne pouvait faire appel de responsabilité, le syndicat étant seul habilité à le faire. La circonstance que la commune soit membre de ce syndicat et assume une partie significative des charges dudit collège ne pouvait la faire regarder comme copropriétaire majoritaire de ce collège. C'est donc à bon droit que le département a refusé de lui adresser le projet de convention prévu par ces dispositions. • CAA Douai, 8 juill. 2003, ♔ *Cne d'Avesnes-lez-Aubert*, n° 00DA00279.

Art. L. 216-7 *Abrogé par L. n° 2015-991 du 7 août 2015, art. 44.*

Art. L. 216-8 La collectivité territoriale propriétaire ou l'établissement public de coopération intercommunale compétent continue à supporter la part lui incombant des dépenses d'investissement réalisées dans les établissements transférés à la région avant le 1er janvier 1986 ou en cours à cette date. – *[L. n° 83-663 du 22 juill. 1983, art. 15-2.]*

Art. L. 216-9 *(L. n° 2007-1822 du 24 déc. 2007, art. 41)* **La dotation régionale d'équipement scolaire et la dotation départementale d'équipement des collèges sont calculées et attribuées respectivement aux régions et aux départements dans les conditions prévues aux articles L. 3334-16, L. 3443-2, L. 4332-3, et L. 4434-8 du code général des collectivités territoriales.**

A compter de l'entrée en vigueur des décrets portant actualisation et adaptation des dispositions réglementaires du code de l'éducation relatives à l'outre-mer et, au plus tard, le 1er janv. 2022, les références : « L. 3334-16, L. 3443-2 et L. 4332-3, et L. 4434-8 » sont remplacées par les références : « L. 3334-16 et L. 4332-3 » (Ord. n° 2021-552 du 5 mai 2021, art. 10).

Art. L. 216-10 Pour les achats de fournitures destinés aux établissements scolaires, les collectivités publiques et établissements concernés veillent à ce que la fabrication des produits achetés n'ait pas requis l'emploi d'une main-d'œuvre enfantine dans des conditions contraires aux conventions internationales reconnues.

Les renseignements correspondants peuvent être demandés à l'appui des candidatures et des offres. – *[L. n° 99-478 du 9 juin 1999, art. 1er.]*

Art. L. 216-11 *(L. n° 2015-991 du 7 août 2015, art. 27)* **Dans le cadre de leurs schémas de développement universitaire et scientifique propres et en cohérence avec les contrats pluriannuels d'établissement, les collectivités territoriales et leurs groupements peuvent contribuer au financement des sites et établissements d'enseignement supérieur et établissements de recherche implantés sur leur territoire, ainsi qu'aux œuvres universitaires et scolaires.**

Art. L. 216-12 *(L. n° 2015-991 du 7 août 2015, art. 24)* **Les régions et les départements peuvent conclure des conventions fixant des modalités d'actions communes et de mutualisation des services pour l'exercice des compétences définies aux articles L. 213-2 et L. 214-6.**

CHAPITRE VII LES COMPÉTENCES DE LA MÉTROPOLE DE LYON

(Ord. n° 2014-1543 du 19 déc. 2014, art. 37-I)

Art. L. 217-1 Les compétences de la métropole de Lyon en matière d'éducation sont fixées à l'article L. 3641-2 du code général des collectivités territoriales.

TITRE DEUXIÈME L'ORGANISATION DES SERVICES DE L'ADMINISTRATION DE L'ÉDUCATION

COMMENTAIRE

Le titre est bref. Au départ deux articles dans la partie législative, un seul depuis l'abrogation de l'article L. 222-1 par le décret du 10 décembre 2015 à la suite de la décision du Conseil constitutionnel déclarant la matière réglementaire (Cons. const. 15 oct. 2015, n° 2015-258 L) ; la partie réglementaire fixe les règles concernant les services déconcentrés (art. R. 221-1 à R. 222-36-3) et les médiateurs (art. D. 227-37 à

D. 227-42) ; l'organisation de l'administration centrale relève du décret (Décr. n° 2014-133 du 17 févr. 2014). Le titre est divisé en deux chapitres consacrés tour à tour aux services de l'administration centrale et aux services déconcentrés, académiques et départementaux.

Héritier de l'université impériale (1808), le ministère de l'instruction publique a été créé en 1828 avant de devenir ministère de l'éducation nationale en 1932. En 1974, l'adjectif « national » disparaît pour une courte période. Au cours de son histoire, le ministère a pu se voir rattacher les cultes, les beaux-arts, la culture ou la jeunesse et les sports mais jamais la formation professionnelle. A partir de 1974, l'enseignement supérieur et la recherche ont pu être confiés à un secrétariat d'État ou à un ministère autonome. D'autres missions ont pu être attribuées à des secrétaires d'État ou à des ministres délégués, notamment pour l'enseignement technique, l'enseignement professionnel, l'enseignement scolaire ou la réussite éducative (2012). En 2007, la nomination d'un ministre de l'enseignement supérieur et de la recherche (MESR) distinct du ministre de l'éducation nationale (MEN) ne conservant que l'enseignement scolaire a imposé une adaptation de l'organisation des services centraux. La formule a été conservée en 2012 avec, auprès du ministre de l'éducation nationale, une ministre déléguée à la réussite éducative. La constitution d'un nouveau Gouvernement en avril 2014 a entraîné le retour à un grand ministère de l'éducation nationale, de l'enseignement supérieur et de la recherche (MENESR, Décr. n° 2014-402 du 16 avr. 2014), assisté d'un secrétariat d'État à l'enseignement supérieur et à la recherche (Décr. n° 2014-432 du 29 avr. 2014 relatif aux attributions déléguées à la secrétaire d'État chargée de l'enseignement supérieur et de la recherche). La solution inverse est retenue en mai 2017 avec un ministre de l'éducation nationale (dont les compétences sont étendues à la jeunesse et à la vie associative incluant l'engagement civique, Décr. n° 2017-1080 du 24 mai 2017) et une ministre de l'enseignement supérieur, de la recherche et de l'innovation (Décr. n° 2017-1083 du 24 mai 2017). Le décret n° 2018-908 du 24 octobre 2018 confie au ministre de l'éducation la responsabilité de la jeunesse, chargé de la mise en œuvre du service national universel ; revenant à la configuration de 1989, le décret du 6 juillet 2020 élargit la compétence aux sports (MENJS) et nomme à ses côtés un ministre délégué aux sports et deux secrétaires d'État, l'un chargé de la jeunesse et de l'engagement, l'autre de l'éducation prioritaire (26 juill. 2020). On remarquera que la répartition des compétences ministérielles n'est pas toujours cohérente avec la présentation des lois de finances axées sur les grandes politiques publiques. Si le ministre chargé de l'enseignement supérieur et de la recherche a un rôle fort dans le cadre de la MIRES (mission interministérielle recherche et enseignement supérieur), les chapitres qu'elle regroupe sont rattachés à 6 ministres ; si le ministre chargé de l'éducation nationale est principalement concerné par la MIES (mission interministérielle enseignement scolaire, qui comprend toutefois un chapitre enseignement technique agricole), ses compétences dans le domaine de la jeunesse et de la vie associative l'amènent à gérer une seconde mission à la MISJVA (mission interministérielle sport, jeunesse et vie associative).

I. SERVICES CENTRAUX

Le chapitre Ier ne comporte aucune disposition législative. L'article R. 221-1 renvoie simplement au texte portant organisation centrale du ministère. Le décret n° 2006-572 du 17 mai 2006 a été abrogé et remplacé par le décret n° 2014-133 du 17 février 2014 fixant l'organisation de l'administration centrale des ministères de l'éducation nationale et de l'enseignement supérieur et de la recherche *[V. ce texte ss. art. R. 221-1* ; V. aussi l'Arr. du 13 avr. 2016 fixant la liste des emplois de chef de service et de sous-directeur des ministères de l'éducation nationale, de l'enseignement supérieur et de la recherche, les Décr. n° 2016-663 et n° 2016-664 du 24 mai 2016 et l'Arr. du 6 juin 2016 sur le comité d'audition pour la nomination des directeurs d'administration centrale nommés par décret du Président de la République pris en conseil des ministres et des chefs de service des administrations de l'État]. Le passage du budget en mode LOLF, structuré en missions (« enseignement scolaire », « enseignement supérieur et recherche universitaire »), a entraîné des modifications fortes. Il existe dorénavant trois directions générales chargées de la gestion des programmes budgétaires : la ***direction générale de l'enseignement scolaire (DGESCO***, le directeur général étant responsable des programmes nos 140, enseignement public premier degré, 141, enseignement public second degré et 230, vie de l'élève). Elle est divisée en deux services. Le « service de l'instruction publique et de l'action pédagogique », ainsi dénommé en mai 2010, comprend deux sous-directions, l'une consacrée à la scolarité obligatoire dont l'objectif est l'acquisition du socle commun, l'autre au lycée et à la formation tout au long de la vie. Le « service budgétaire de la performance et des établissements » est notamment chargé du dialogue avec les académies. Un troisième service consacré à l'accompagnement des politiques éducatives a été créé en juin 2019. La loi de refondation de l'École de la République ayant créé un Conseil supérieur des programmes chargé de faire des propositions tant pour l'école que pour le collège et les lycées, la DGESCO n'est plus compétente pour les élaborer mais simplement pour les mettre en œuvre (Décr. n° 2014-133 du 17 févr. 2014, art. 10) ; de même, pour mettre en place et déployer le « service public du numérique éducatif », a été instituée une direction du numérique pour l'éducation, direction commune à la DGESCO et au secrétariat général (Décr. n° 2014-133 du 17 févr. 2014, art. 11).

Pour l'enseignement supérieur et la recherche, le ministre a autorité sur la ***direction générale pour l'enseignement supérieur et l'insertion professionnelle*** (DGESIP, dont le directeur général est responsable des programmes n°s 150, enseignement supérieur et recherche universitaire, et 231, vie de l'étudiant) et la ***direction générale de la recherche et de l'innovation*** (DGRI, dont le directeur général est responsable des programmes n°s 172, Recherches scientifiques et technologiques pluridisciplinaires, 187, Recherche dans le domaine de la gestion des milieux et des ressources et 193, recherche spatiale), qui comprend en son sein une direction de la stratégie ; le décret du 16 mars 2009 avait tenu compte de la nécessité de s'adapter aux nouvelles responsabilités des universités, insistant sur la coordination stratégique et des territoires pour décloisonner recherche et enseignement supérieur, et instituant un pôle de financement et de contractualisation érigé en service à compétence nationale chargé notamment de l'établissement d'une comptabilité analytique et de l'analyse de la performance (Arr. du 16 mars 2009). Le décret n° 2014-133 du 17 février 2014 a pour objectif de modifier l'organisation des services centraux de l'enseignement supérieur et de la recherche pour la rendre plus lisible, plus rationnelle, et mieux à même de répondre aux enjeux de modernisation, dans un contexte d'autonomie renforcée des opérateurs et d'accompagnement de la politique de site, en l'inscrivant dans les objectifs de la loi du 22 juillet 2013 sur l'enseignement supérieur et la recherche. L'organisation de la DGESIP a été modifiée en 2014, avec la création d'une sous-direction du financement de l'enseignement supérieur regroupant les départements de la synthèse budgétaire, de l'allocation des moyens et de l'analyse financière pour disposer d'une vision consolidée des sources de financement des établissements.

Dans un référé du 27 janvier 2015, la Cour des comptes note toutefois que le ministère chargé de l'enseignement supérieur n'a fait évoluer que tardivement son organisation pour l'adapter au contexte d'autonomie des universités ; les modes d'allocation des moyens ne lui permettent pas d'assurer un pilotage stratégique de l'enseignement supérieur. La relation avec les opérateurs de l'État qui participent à la politique publique d'enseignement supérieur, de recherche et d'innovation (148 EPSCP, 6 EPST, mais aussi des EPIC, des EPA telles que les écoles d'architecture et les écoles d'art, des fondations, etc.) passe nécessairement par une évolution du positionnement des administrations centrales qui doivent se recentrer sur les fonctions de pilotage stratégique et d'arbitrage (LPR 2020, rapport annexé).

Un ***secrétariat général***, placé sous l'autorité du ou des ministres (MENJS-MESRI), regroupe une direction générale des ressources humaines (DGRH, recrutement, formation, dialogue social…), trois autres directions (affaires financières, DAF ; affaires juridiques, DAJ ; évaluation, prospective et performance, DEPP), deux délégations, la délégation à la communication (DELCOM) et la délégation aux relations européennes, internationales et à la coopération (DREIC : un décret n° 2018-496 du 19 juin 2018 procède à une nouvelle répartition de la fonction internationale en maintenant la DREIC au MENJ et en transformant la mission européenne et internationale pour la recherche, l'innovation et l'enseignement supérieur en délégation, DAEI, auprès du MESRI), et enfin un service (action administrative et moyens).

En 2014, la direction du numérique pour l'éducation (DNE) commune au secrétariat général et à la DGESCO a été créée pour assurer la mise en place et le déploiement du service public du numérique éducatif (ses missions ont été redéfinies par un Arr. du 28 juin 2019). Le secrétaire général, assisté par un secrétaire général adjoint, doit notamment veiller à la cohérence de l'action ministérielle en assurant la coordination administrative entre les quatre directions générales et l'animation territoriale. Il conduit les réflexions stratégiques relatives à l'organisation des services, s'attache à leur modernisation et s'assure de la prise en compte des objectifs de performance des programmes budgétaires. Il coordonne les dispositifs de contrôle interne pour la maîtrise des risques mis en place au sein de ces ministères, organise l'exercice de la tutelle des établissements publics nationaux relevant de l'enseignement scolaire, et assure la coordination des travaux du conseil supérieur de l'éducation et des comités techniques ministériels (Décr. n° 2012-567 du 24 avr. 2012 relatif au contrôle et à l'audit internes des ministères chargés de l'éducation nationale et de l'enseignement supérieur et de la recherche). Il comprend désormais quatre pôles : cabinet, action territoriale, modernisation, innovation, transformation et appui au pilotage et contrôle interne (Arr. du 28 juin 2019). Il a la responsabilité du programme n° 214 « soutien de la politique de l'éducation nationale » (Décr. n° 2014-133 du 17 févr. 2014, art. 2). A la DGRH est rattaché un service à compétence nationale dénommé « Institut des hautes études de l'éducation et de la formation » (IHEEF) créé en décembre 2018 pour remplacer l'« école supérieure de l'éducation nationale, de l'enseignement supérieur et de la recherche » (ESENR), chargé de la formation de l'encadrement. La direction de l'encadrement, rattachée à la DGRH, est devenue « service de l'encadrement » (Décr. n° 2011-1003 du 24 août 2011 ; Arr. du 24 août 2011 ; Arr. du 9 sept. 2015 fixant la composition et les modalités de fonctionnement de son conseil scientifique, « lieu de réflexion, d'échanges et de propositions d'évolutions de l'offre de formation »). Dans le cadre des projets de réorganisation des administrations centrales et de la gestion des empois d'encadrement supérieur, le décret n° 2019-760 du 24 juillet 2019 renforce les compétences des secrétaires généraux des ministères.

Le DAF, directeur des affaires financières, coordonne la préparation du budget de la mission interministérielle « enseignement scolaire » (MIES en assumant en outre la responsabilité du programme n° 139, enseignement privé premier et second degrés) et de la mission interministérielle « recherche et enseignement supérieur » (MIRES). Il est responsable de la fonction financière ministérielle telle que la définit le décret n° 2012-1246 du 7 novembre 2012 relatif à la gestion budgétaire et comptable publique.

En fonction des priorités du moment, des structures nouvelles peuvent être créées. Ainsi, à la suite du débat « université/emploi » mené en 2006 (rapport Hetzel, oct. 2006), a été mise en place auprès du Premier ministre une « délégation interministérielle à l'orientation » dont l'objectif est de faciliter l'insertion professionnelle des étudiants (Décr. n° 2006-1137 du 11 sept. 2006, C. trav., art. L. 6123-4). Certaines structures sont éphémères ; ainsi, la délégation aux usages de l'internet (DUI), créée en 2003 pour remplacer la Mission d'accès public à l'informatique auprès du ministre chargé des nouvelles technologies puis rattachée au ministère de l'enseignement supérieur et de la recherche, et mise à disposition du ministère de l'éducation nationale a été supprimée par le décret n° 2013-957 du 25 octobre 2013.

A la suite de l'élargissement des missions du ministre (MENJS), le décret n° 2020-1727 du 28 décembre 2020 intègre au ministère deux nouvelles directions : d'une part, la direction des sports (DS) et, d'autre part, la direction de la jeunesse, de l'éducation populaire et de la vie associative (DJEPVA), rattachés au secrétariat général du ministère de l'éducation nationale et de la jeunesse et du MESRI (SG MENJ-MESRI). Si la gestion des personnels est assurée par la DGRH, l'idée est préserver l'identification de services chargés des missions de jeunesse, d'engagement et de sport, de manière à maintenir les compétences métier ainsi que la dimension fortement interministérielle des missions.

A la suite de l'élargissement des missions du ministre (MENJS), le décret n° 2020-1727 du 28 décembre 2020 intègre au ministère deux nouvelles directions : d'une part, la direction des sports (DS) et, d'autre part, la direction de la jeunesse, de l'éducation populaire et de la vie associative (DJEPVA), rattachées au secrétariat général du ministère de l' éducation nationale et de la Jeunesse et du MESRI (SG MENJ-MESRI). Si la gestion des personnels est assurée par la DGRH, l'idée est de préserver l'identification de services chargés des missions de jeunesse, d'engagement et de sport, de manière à maintenir les compétences métier ainsi que la dimension fortement interministérielle des missions.

Le décret n° 2012-567 du 24 avril 2012 relatif au contrôle et à l'audit internes des ministères de l'éducation nationale et de l'enseignement supérieur et de la recherche a prévu la mise en place d'un comité ministériel d'audit interne avec deux formations spéciales (enseignement scolaire et enseignement supérieur et recherche) pouvant être réunies en formation plénière ; un comité commun de contrôle interne pour la maîtrise des risques ; et une mission ministérielle d'audit interne dirigée par un IGAENR chargée de fournir à chaque ministre une analyse sur le degré de maîtrise des risques de lui apporter ses conseils pour l'améliorer et contrôlant l'efficacité des dispositifs de contrôle interne.

Le décret n° 2014-1092 du 26 septembre 2014 relatif à la création de comités techniques auprès de la ministre de l'éducation nationale, de l'enseignement supérieur et de la recherche, par dérogation aux dispositions du décret n° 2011-184 du 15 février 2011 relatif aux comités techniques institue trois comités techniques auprès de la ministre de l'éducation nationale, de l'enseignement supérieur et de la recherche, dont deux comités techniques ministériels. Le comité technique ministériel de l'éducation nationale et le comité technique ministériel de l'enseignement supérieur et de la recherche conservent les mêmes compétences et le même périmètre que les comités techniques ministériels existants dont le mandat des membres court jusqu'au prochain renouvellement général. En outre, le décret prévoit la création d'un comité technique des personnels enseignants titulaires et stagiaires de statut universitaire.

Par dérogation au décret du 28 mai 1982 qui prévoit un comité d'hygiène, de sécurité et des conditions de travail (CHSCT) par département ministériel, le décret n° 2014-1560 du 22 décembre 2014 en institue deux, l'un pour l'éducation nationale, l'autre pour l'enseignement supérieur et la recherche.

II. SERVICES ACADÉMIQUES, DÉPARTEMENTAUX ET RÉGIONAUX

Depuis plus de deux siècles le système éducatif est administré par **un réseau d'autorités administratives locales spécialisées**, qui ont compétence dans le domaine éducatif. Dans le cadre de l'université impériale, chaque académie était « gouvernée » par un recteur (Décr. du 17 mars 1808), assisté d'un inspecteur d'académie, installé en résidence dans chaque département à partir de 1854 ; après avoir été placé sous la double autorité du recteur (pour l'administration des collèges et des lycées) et du préfet (pour l'enseignement primaire), l'inspecteur d'académie partagea la qualité d'autorité académique avec le recteur sous la dénomination de directeur départemental des services (Décr. n° 47-375 du 28 févr. 1947), puis de directeur des services départementaux de l'éducation nationale, DSDEN (Décr. n° 79-772 du 10 sept. 1979). Selon la formule de l'article 6 du décret n° 82-390 du 10 mai 1982 relatif aux pouvoirs des préfets, reprise par la partie réglementaire du code de l'éducation, l'autorité académique est chargée de « l'exercice des missions relatives au contenu et à l'organisation de l'action éducatrice ainsi qu'à la gestion des personnels et des établissements qui y concourent » (art. R. 222-25). Dans ce champ, elle a une compétence de principe sous réserve des attributions du représentant de l'État, représentant de chacun des membres du Gouvernement qui a la charge des intérêts nationaux, du contrôle administratif et du respect des lois (Const. 58, art. 92, al. 6), déterminées tant par les textes généraux comme le décret n° 2004-374 du 29 avril 2004 relatif aux pouvoirs des préfets de régions et de départements (art. 20 : le préfet est ordonnateur secondaire des services déconcentrés des administrations civiles de l'État) que par les dispositions du code de l'éducation (le préfet de département décide de la création des EPLE, art. L. 421-1 ; rend exécutoire leur budget, art. L. 421-11 ; conclut les contrats d'association au service public ; préside les conseils académiques et départementaux de l'éducation nationale, CAEN et CDEN, pour les questions relevant de l'État, art. L. 234-1 et L. 235-1).

Dans ce cadre, l'organisation des services déconcentrés de l'éducation nationale a fait l'objet de deux réformes présentées en termes d'amélioration de la « **gouvernance académique** », néologisme au contenu flou renvoyant tant à la procédure (recherche de la cohérence) qu'à la stratégie (objectifs, actions, évaluation). Le décret n° 2012-16 du 5 janvier 2012 relatif à l'organisation académique a recentré les services académiques autour du recteur d'académie. L'idée générale était de garantir la cohérence académique pour mettre en œuvre plus efficacement la politique éducative et l'adapter aux évolutions nécessaires à la réussite des élèves ; le recteur devient alors l'autorité académique de principe, les inspecteurs d'académie, désormais directeurs académiques des services de l'éducation nationale (DASEN), agissant par délégation du recteur dont ils sont les adjoints ; ils participent à la définition d'ensemble de la stratégie académique relative à l'enseignement scolaire (art. R. 222-24-1) et siègent au comité de direction de l'académie avec le secrétaire général d'académie (art. R. 222-19-1). Le retour subreptice de l'appellation « inspecteur d'académie » (note de service du 15 janv. 2014 acceptant l'acronyme « IA-DASEN » dans l'usage courant en dehors des actes à caractère réglementaire) comme la volonté de renforcer le pilotage départemental amènent à repenser la structure d'ensemble des services déconcentrés de l'éducation nationale et de l'enseignement supérieur et de la recherche. Tenant compte de la mise en place des grandes régions par la loi n° 2015-29 du 16 janvier 2015, le décret n° 2015-1616 du 10 décembre 2015 crée un nouvel échelon, les régions académiques, et précise les compétences d'attribution du recteur de région académique, qui préside le comité régional académique (CoRéA) réunissant les recteurs des académies de la région et se dotant d'une « charte de gouvernance » pour organiser les modalités de l'action commune et coordonner les politiques académiques (art. R. 222-1 ; Circ. n° 2016-025 du 4 mars 2016 déterminant les modalités de mise en place et d'organisation des régions académiques).

Affichant parmi ses objectifs la volonté de simplifier le système éducatif, l'article 54 de la loi du 26 juillet 2019 pour une école de la confiance procède à une série de rectifications terminologiques, substituant au recteur l'« autorité académique » (ce qui permet d'une part de tenir compte de la pluralité des autorités académiques, d'autre part de laisser au règlement le soin de désigner l'autorité académique compétente), et précise qu'à partir du 1er janvier 2020, pour les questions relevant de l'enseignement supérieur, notamment celle du contrôle des établissements, et de la recherche, l'autorité compétente est le recteur de région académique, désormais chancelier des universités. L'article 55 de la loi aménage provisoirement la présidence des conseils académiques de l'éducation nationale dans l'attente de l'ordonnance de simplification des conseils de l'éducation nationale (CDEN) et des conseils académiques de l'éducation nationale (CAEN) prévue par l'article 55 de la loi du 26 juillet 2019.

Les dispositions relatives aux services académiques relevant essentiellement du domaine réglementaire (Cons. const. 15 oct. 2015, n° 2015-258 L), la nouvelle organisation de la région académique est fixée par le décret n° 2019-1200 du 20 novembre 2019, complété par le décret n° 2019-1554 du 30 décembre 2019 relatif à l'organisation des services déconcentrés des ministres chargés de l'éducation nationale et de l'enseignement supérieur, de la recherche et de l'innovation, qui ***renforce le rôle et les compétences des recteurs de région académique, qui ont désormais autorité sur les recteurs d'académie (art. R. 222-1), et crée un recteur délégué à l'ESRI*** dans les sept régions les plus importantes pour les assister dans le champ de l'enseignement supérieur, de la recherche et de l'innovation (art. R. 222-16-3).

En 2020, au nom de la cohérence des politiques publiques et au gré des changements de périmètres ministériels, les autorités académiques ont vu leur champ de responsabilités s'accroître. La volonté de mettre en place « une organisation territoriale adaptée pour accompagner les écosystèmes d'enseignement supérieur, de recherche et d'innovation » (rapport annexé à la L. n° 2020-1674 du 24 déc. 2020 de programmation de la recherche pour les années 2021 à 2030) a justifié le rattachement du DRRT au recteur de région académique (Décr. n° 2020-1555 du 9 déc. 2020). L'extension des compétences du ministre chargé de l'éducation nationale à la jeunesse puis aux sports a été déclinée dans les régions et départements par le transfert des services déconcentrés (Décr. n° 2020-1542 du 9 déc. 2020), envisageant la possibilité d'une politique éducative globale intégrant les politiques de la jeunesse, de l'éducation populaire, de la vie associative, de l'engagement civique et des sports. Mais dans l'un et l'autre cas, le représentant de l'État (préfet de région, préfet de département) conserve une autorité fonctionnelle pour l'exercice de ses compétences.

A. LA CARTOGRAPHIE ACADÉMIQUE

Les autorités académiques exercent leurs compétences dans le cadre de circonscriptions définies par le pouvoir réglementaire (initialement prévue par l'art. L. 222-1, cette division du territoire relève toutefois du règlement dans la mesure où elle ne met en cause aucun principe constitutionnel ni aucun principe réservé à la loi par l'art. 34 de la Constitution, Cons. const. 15 oct. 2015, n° 2015-258 L). Si, pour les autres autorités académiques (agriculture, affaires maritimes), la circonscription était déjà la région, pour les autorités de l'éducation nationale il existe des circonscriptions spécifiques (la circonscription académique ou académie) coexistant avec les circonscriptions de droit commun qui déterminent la compétence des représentants de l'État (préfet de département, préfet de région) : le département (inspecteur d'académie, DASEN) et, depuis le décret de 2015, la région (région académique). Modifié par le décret n° 2019-1200 du 20 novembre 2019, l'alinéa premier de l'article R. 222-1 dispose dorénavant « La France est divisée en régions académiques, composées d'une ou de plusieurs circonscriptions académiques ». Si les départements et régions d'outre-mer (Const. 58, art. 73) constituent des régions académiques, il en est différemment pour les collectivités d'outre-mer de l'article 74 de la Constitution qui disposent de compétences autonomes en matière d'éducation.

De l'Université impériale aux académies républicaines. Depuis la création de l'Université impériale par le décret du 17 mars 1808, le territoire national est divisé en circonscriptions administratives spéciales dénommées ***« académies »***, déterminant la compétence territoriale de chaque recteur. Correspondant alors au ressort des cours d'appel, elles sont quarante en 1814, ramenées à dix-sept à la chute de l'Empire ; elles deviennent départementales en 1850 avec la loi Falloux qui crée quatre-vingt-six « petites académies », le recteur siégeant au même lieu que le préfet et l'évêque ; elles reprennent leur forme initiale sous le Second empire (1854). Elles se multiplient au XXe siècle, notamment en 1962 avec la restructuration des académies de Paris et de Lille, l'harmonisation avec les limites des circonscriptions régionales et la création des académies d'outre-mer. Elles sont aujourd'hui trente, vingt-six en métropole (art. R. 222-2), cinq outre-mer depuis 1996 – année de l'éclatement de l'académie Antilles-Guyane en trois académies (art. R. 222-8) – et la création de l'académie de Mayotte en 2019 (L. du 26 juill. 2019, art. 36 ; Décr. n° 2019-1553 du 30 déc. 2019). En général, elles ont alors la même délimitation que les régions, monodépartementales comme les régions d'outre-mer ou l'académie de Paris ou réunissant de deux (Strasbourg) à huit (Toulouse) départements. Dans les régions les plus étendues plusieurs académies avaient pu être mises en place, deux en Rhône-Alpes (Lyon et Grenoble) et Provence-Alpes-Côte d'Azur (Aix-Marseille et Nice), trois en région Île-de-France (Paris, Créteil, Versailles, V. art. D. 222-4 à D. 222-7). Malgré leurs différences démographiques (le nombre d'élèves étant par exemple dix fois plus important à Versailles qu'à Limoges), économiques, sociales et culturelles (notamment linguistiques), la logique administrative en a fait un cadre homogène doté d'une organisation uniforme (sous réserve des particularités parisiennes et ultra-marines).

Académie et région académique. Pour tenir compte du regroupement des régions décidé par la loi n° 2015-29 du 16 janvier 2015 deux possibilités étaient théoriquement envisageables ; soit ne rien changer en conservant le cadre académique initial utilisé pour la gestion des carrières et l'affectation des personnels enseignants mais aussi pour assurer la conception et le suivi des projets académiques ; soit opter pour la constitution de grandes académies sur une base régionale, évitant les trop grandes distorsions démographiques et assurant la cohérence avec les politiques régionales déconcentrées (préfet de région et autres services de l'État) et décentralisées (conseil régional). Si, dans un premier temps, des possibilités de fusion ont pu être envisagées, cette perspective a été rapidement abandonnée au profit d'une convergence interacadémique. Une solution intermédiaire, étonnante au regard de l'objectif de simplification, a été choisie en maintenant les trente académies, tout en permettant une expression commune et cohérente en matière de politique éducative, à travers l'action concertée des recteurs d'académie d'une même région (communication du Premier ministre sur la réforme de l'administration territoriale de l'État du 31 juill. 2015).

La région académique de 2016. Le décret n° 2015-1616 du 10 décembre 2015 a créé un nouvel ensemble, la région académique dont le périmètre correspond à celui de la grande région mise en place au 1er janvier 2016, regroupant d'une à trois circonscriptions académiques, lesquelles sont maintenues dans leurs limites géographiques. La région académique détermine la compétence territoriale du recteur de région académique, qui est un des recteurs des académies de la région ou de l'académie correspondant aux limites de la région comme c'est le cas en Corse, à Nantes, Orléans, Rennes, ou dans les académies ultramarines ; dans les régions regroupant plusieurs académies (trois en Auvergne-Rhône-Alpes, Île-de-France, Grand-Est, Nouvelle-Aquitaine ; deux en Bourgogne-Franche-Comté, Hauts-de-France, Occitanie, Provence-Alpes-Côte d'Azur), la constitution du nouvel ensemble détermine la composition du comité régional académique (CoRéA) présidé par le recteur de région académique (RRA), réunissant les recteurs d'académie de la région ; elle est ainsi un espace de coordination. Pour assurer un équilibre entre les métropoles régionales, la ville siège de la région académique n'est pas toujours la même que celle de la préfecture de région ou de la région ; il en est ainsi dans le Grand Est, le RRA siège à Metz et non à Strasbourg, en Occitanie à Montpellier et non à Toulouse, en Bourgogne-Franche-Comté à Besançon et non à Dijon (art. R. 222-2). Le cadre régional est en effet la référence pour confier au RRA le soin de représenter les recteurs des académies de la région auprès des autorités régionales ou en siégeant à leur place dans les instances régionales, notamment au comité régional de l'emploi, de la formation et de l'orientation professionnelles (CREFOP), au conseil de surveillance de l'Agence régionale de santé (ARS), ou au comité régional de l'enseignement agricole (art. L. 238-3). Le RRA siège au comité de l'administration régionale (CAR) réunissant les chefs de pôles régionaux de l'État pour se prononcer sur les orientations stratégiques de l'État en région (Décr. n° 2004-374 du 29 avr. 2004, art. 35 et 36, modifié par le Décr. n° 2020-1442 du 9 déc. 2020) ; le préfet de région peut toutefois y associer les autres recteurs d'académie de la région. Le décret n° 2017-1543 du 6 novembre 2017 permet de confier au recteur de région académique l'administration des autres académies de la même région académique (art. R. 222, al. 6). Cette possibilité d'« union personnelle », qui rend inutile les dispositions relatives au comité régional académique, a fait l'objet d'une expérimentation en région Normandie préalable à la création de l'académie de Normandie par le décret n° 2019-1056 du 15 octobre 2019 (CE, ord., 19 déc. 2019, n° 436472). La Cour des comptes a souligné la fragilité de ces régions académiques, ne disposant ni d'autorité hiérarchique ni de missions d'allocation des moyens (Cour des comptes, Les Services déconcentrés de L'État. Clarifier leurs missions, adapter leur organisation, leur faire confiance, Rapport public thématique, 2017) ; elles ont pu être présentées comme des arrangements complexes et illisibles, ayant en peu de temps démontré leur inefficience (F. Weil, O. Dugrip, M.-P. Luigi et A. Perritaz, Réorganisation territoriale des services déconcentrés du MEN et du MESRI, (Rapport n° 2018-029, mars 2018).

Regrouper les académies semblait une idée simple et efficace même si l'hétérogénéité des situations appelait à présenter des « scénarios d'évolution différenciés selon la taille et l'importance des académies » (Rapport F. Weil et alii, préc.). Mais les craintes exprimées par les personnels à un moment où un mouvement social inédit (les « gilets jaunes ») évoquait le spectre de l'abandon des territoires amena le Gouvernement à prendre une autre direction. Voulant éviter de se focaliser sur la forme au détriment du fond, souhaitant ne pas risquer d'entraver les réformes pédagogiques (scolarisation obligatoire à trois ans, priorité aux savoirs fondamentaux, nouveau baccalauréat, nouvelle voie professionnelle...), les projets de fusion furent alors abandonnés. Le Gouvernement n'en réaffirma pas moins sa volonté d'améliorer la gouvernance territoriale. Dans la logique de la réforme de l'organisation territoriale de l'État basée sur la nécessité de rendre le service au plus près des usagers, considérant le département comme l'échelon de mise en œuvre des politiques publiques, la région étant celui de l'impulsion, de l'évaluation et de la coordination (Circ. du Premier ministre du 12 juin 2019), deux objectifs sont alors affichés : la proximité dans un esprit de subsidiarité (renforcement du pilotage pédagogique départemental pour l'école des savoirs fondamentaux) et l'action stratégique à l'échelle de la région (par ex. l'orientation et le lien bac-3/bac+3)... tout en laissant subsister le niveau intermédiaire des académies.

La région académique de 2020, espace de cohérence. Sans modifier le découpage précédent, le décret n° 2019-1200 du 20 novembre 2019 veut faire de la région académique un espace de cohérence dont le RRA est le garant au niveau régional. Cette cohérence est d'une part horizontale, recouvrant le champ des politiques publiques en matière d'éducation mais aussi d'enseignement supérieur et de recherche (art. R. 221-1, al. 1er). Elle est d'autre part verticale : dans les régions comportant plusieurs académies, le RRA a en effet autorité sur les recteurs d'académie dont les décisions s'inscrivent dans les orientations stratégiques qu'il définit (art. R. 221-1, al. 4). Pour renforcer la cohérence régionale, le décret n° 2018-1200 du 20 novembre 2019 renforce le rôle et les attributions du RRA, qui dispose d'un pouvoir d'évocation d'une compétence d'un ou des recteurs d'académie à des fins de coordination régionale. Le CoRéa, qui les réunit, n'est plus consulté pour organiser les modalités de l'action commune des recteurs et assurer la coordination des politiques académiques (art. R. 222-3, abrogé), mais simplement pour formuler des avis sur la création des services ; le préfet de région peut toujours associer les recteurs d'académie aux séances du CAR mais uniquement sur proposition du RRA (art. R. 222-16-1). Parmi les huit régions comprenant plusieurs académies, sept ont été considérées comme présentant un enjeu assez fort dans le domaine de l'enseignement supérieur, de la recherche et de l'innovation pour installer un recteur-délégué à l'ESRI pour assister le RRA (seule la région Bourgogne-Franche-Comté n'en dispose pas). L'académie, élément constitutif de la région académique, continue à être administrée par un recteur sous réserve des compétences du RRA (art. R. 222-1, al. 5). Le recteur d'académie peut être le recteur de région académique (c'est le cas de dix-huit recteurs, dont les cinq recteurs des académies d'outre-mer) ou un recteur placé sous l'autorité du recteur de région académique (pour treize d'entre eux). L'académie reste un espace de gestion de l'action éducatrice, des établissements et des personnels.

Le territoire départemental. Le principe remonte à la loi du 14 juin 1854 : le recteur est « assisté d'autant d'inspecteurs d'académies qu'il y a de départements », l'inspecteur ainsi « en résidence » étant placé sous la double autorité du recteur et du préfet (qui, jusqu'en 1944, est compétent pour la gestion des instituteurs). La circonscription départementale a déterminé la compétence de l'inspecteur d'académie, directeur départemental des services de l'éducation nationale (Décr. n° 47-375 du 28 févr. 1947), puis de l'inspecteur d'académie, directeur des services départementaux de l'éducation nationale (Décr. n° 79-772 du 10 sept. 1979). Depuis le décret du 5 janvier 2012, si les inspecteurs d'académie sont les adjoints du recteur d'académie en tant que directeurs académiques des services de l'éducation nationale (DASEN), ils assurent par délégation les fonctions de directeurs des services départementaux de l'éducation nationale (DSDEN, art. R. 222-24). Ils siègent dans le collège des chefs de service présidé par le préfet de département en tant que « directeur académique des services de l'éducation nationale agissant sur délégation du recteur d'académie » (Décr. n° 2004-374 du 29 avr. 2004, art. 40, 5°). C'est dans ce cadre que le représentant de l'État, en alternance avec le président du conseil départemental selon la compétence dont relèvent les questions à l'ordre du jour, assure la présidence du conseil de l'éducation nationale (CDEN) institué dans chaque circonscription départementale (art. L. 235-1). Si les académies sont généralement pluridépartementales, il existe toutefois des académies monodépartementales ; dans les académies ultramarines, le RRA, recteur d'académie, exerce les fonctions de DSDEN ; en Corse, malgré la suppression en 2018 des départements collectivités territoriales subsistent deux circonscriptions départementales et deux DSDEN, l'un au Nord, l'autre Sud ; à Paris, où l'académie conserve une organisation particulière.

Les divisions intra-départementales. Le département est à son tour subdivisé en territoires pour les besoins du premier degré d'une part, du second degré d'autre part. Les **circonscriptions du premier degré** regroupent plusieurs écoles d'une même commune ou de plusieurs communes en fonction de la démographie ; dans ce cadre, le recteur d'académie charge les inspecteurs de l'éducation nationale (IEN-CCPD) d'une double mission, de contrôle (inspection des professeurs des écoles) et de gestion (art. R. 222-12). On a pu souligner « l'inadaptation de la circonscription du premier degré », qui ne coïncide ni avec les territoires éducatifs (secteurs de collège, bassins) ni avec les limites communales ; elle ne constitue pas non plus un réseau d'écoles alors que l'IEN est une institution reconnue tant par les acteurs que les partenaires de l'école (Rapport IGEN/IGAENR, « Pilotage et fonctionnement des circonscriptions du premier degré », 20 nov. 2015, qui préconise leur remplacement par les établissements publics du premier degré [EPEP] ou par des établissements publics du socle commun [EPSC]). Même s'ils structurent le territoire éducatif, les **secteurs de collèges** (ou secteurs de recrutement correspondant aux zones de desserte d'un ou de plusieurs collèges) et les **districts** de recrutement de lycées, représentant une variété d'enseignements pour permettre le bon fonctionnement de l'orientation (art. D. 211-10 et D. 211-11), ne constituent pas des circonscriptions académiques. Ce découpage, qui doit tenir compte des critères d'équilibre démographique, économique et social et veiller à la mixité sociale, est en effet de la compétence des collectivités de rattachement, complète pour le département qui détermine les secteurs de collège (art. L. 213-2, l'IA-DASEN n'intervenant dans ce cadre que pour affecter les élèves) ou partagée pour les districts ; en effet, depuis la loi n° 2015-991 du 7 août 2015 ils sont définis conjointement par le recteur et le conseil régional, même si, en cas de désaccord, le recteur arrête la délimitation (art. L. 214-5, al. 3). A noter qu'ils peuvent, du moins pour les districts, être installés sur plusieurs départements. Il en est de même des « bassins d'éducation et de formation », dont la composition est arrêtée par les autorités académiques sous des dénominations diverses et avec des fonctions variables selon les académies, lesquelles ne donnent pas toujours une vision claire de l'action académique (Circ. n° 2001-114 du 20 juin 2001).

Les territoires ultra-marins. Dans les départements et régions d'outre-mer (DOM-ROM) ont été mises en place des académies puis des régions académiques ; les recteurs y exercent à la fois les fonctions de RRA, de recteur d'académie et de DSDEN (art. R. 222-2-2). Tel n'est pas le cas des territoires relevant de l'article 74 de la Constitution. Dans les collectivités autonomes de Polynésie française, de Wallis-et-Futuna et en Nouvelle-Calédonie dont les autorités sont compétentes dans le domaine de l'éducation, le vice-recteur représente les ministres sous l'autorité du représentant de l'État, haut-commissaire ou préfet, sans être chancelier de l'université. À Saint-Barthélemy et Saint-Martin, le décret n° 2019-1145 du 6 novembre 2019 crée un emploi de vice-recteur, chef du service de l'éducation nationale, adjoint du recteur de l'académie de la Guadeloupe, redonnant à la particule son sens originel de remplaçant. A Saint-Pierre et Miquelon, le décret n° 2008-1363 du 18 décembre 2008 prévoit que les attributions de l'inspecteur d'académie directeur des services départementaux de l'éducation nationale (IA-DSDEN) sont exercées par le chef du service de l'éducation (art. D. 251-1), les compétences rectorales par le recteur de l'académie de Normandie (art. D. 251-2).

B. LES AUTORITÉS ACADÉMIQUES OU DÉCONCENTRÉES

La loi emploie le singulier, désignant l'« autorité académique » (art. L. 401-1 et L. 421-3), ou la remplace au pluriel par les « autorités de l'État compétentes en matière d'éducation », visant parfois l'ensemble des autorités académiques, celles de l'éducation nationale mais aussi de l'agriculture et des affaires maritimes (art. L. 211-2), ainsi que celle de la jeunesse et des sports dans leur fonction de certification, parfois les seules autorités académiques de l'éducation nationale, hier le recteur ou l'IA-DSDEN, aujourd'hui le recteur d'académie et les DASEN, qui agissent sur délégation du recteur (art. L. 131-7 s.) et, depuis le 1er janvier 2020, les recteurs de région académique (qui sont aussi recteurs d'académie) et les recteurs délégués à l'ESRI.

Les autorités académiques sont à la fois des autorités administratives (au sens juridique du terme, elles peuvent prendre des décisions pour exercer leurs compétences quand la loi ou le règlement les habilite) et des « autorités éducatrices », leur légitimité professionnelle leur permettant d'exercer sinon toujours un *leadership* pédagogique et éducatif, du moins une mission d'organisation de la pédagogie et de l'éducation. La partie réglementaire du livre II consacre une section aux seules « autorités académiques » de l'éducation nationale en traitant tour à tour du recteur d'académie (art. R.* 222-13 s.), du recteur de région académique (R.* 222-16 s.) et du directeur académique des services de l'éducation nationale, DASEN (art. R. 222-24 s.) alors que la partie législative concerne aussi les autorités académiques déconcentrées de l'agriculture ou des affaires maritimes.

Si recteurs et DASEN ont une place différente dans la hiérarchie des services déconcentrés de l'éducation nationale, leur « statut » respectif reflète cette différence ; s'ils sont les uns et les autres nommés par décret du Président de la République, les recteurs sont des hauts fonctionnaires « à la décision du gouvernement » nommés en conseil des ministres ; les DASEN sont nommés par décret simple dans des emplois fonctionnels.

1. Le recteur, autorité académique à la décision du Gouvernement

Nomination en conseil des ministres. Les ***recteurs*** des académies comme les conseillers d'État, les préfets, les ambassadeurs ou les directeurs des administrations centrales sont ***nommés par décret du Président de la République délibéré en conseil des ministres*** (Const. 58, art. 13, al. 3 ; sur le statut constitutionnel du recteur V. *P. Gérard, Le recteur d'académie, AJDA. 1996. 836* ✎) ; si, au départ, cette disposition ne concernait que les recteurs des académies, elle s'applique aujourd'hui aux recteurs de région académique et a été étendue aux recteurs délégués (RD-ESRI) qui les assistent (Décr. n° 2019-779 du 20 nov. 2019 modifiant le décret n° 85-779 du 24 juill. 1985 portant application de l'art. 25 de la loi n° 84-16 du 11 janv. 1984) ; même si les uns sont sous l'autorité des autres, ils ont la même légitimité ; pour respecter la lettre de la constitution, il aurait peut-être été plus adapté de conserver le titre « recteur d'académie », en le faisant suivre de l'énoncé des autres fonctions.

Un choix discrétionnaire. La seule condition longtemps mise au choix de la personne attestait de sa place dans la hiérarchie universitaire ; le décret du 22 août 1854 exigeait en effet qu'elle fût « docteur », qu'elle possédât le plus haut grade délivré par l'Université. L'habitude est alors prise de nommer des professeurs des universités, une loi républicaine du 30 octobre 1886 imposant qu'ils fissent partie de l'enseignement public. Le décret n° 2001-245 du 21 mars 2001 a modernisé cette exigence en se référant à l'habilitation à diriger des recherches (HDR, art. R.* 222-13, al. 1er), titre universitaire désormais le plus élevé auquel peuvent accéder les titulaires du doctorat dont le haut niveau scientifique et l'aptitude à encadrer de jeunes chercheurs sont reconnus par l'université, titre dorénavant exigé pour accéder au corps des professeurs des universités (Décr. n° 84-573 du 5 juill. 1984, Arr. du 23 nov. 1988) ; les titulaires du doctorat d'État ou d'un doctorat délivré avant la réforme de 1973 en sont toutefois dispensés (art. R.* 222-14). Si, dans un avis de 1998, le Conseil d'État avait pu se référer au principe d'indépendance des universités, auquel il conférait alors une valeur constitutionnelle, pour considérer que les pouvoirs de tutelle de l'État sur les universités ne pouvaient pas être confiés à un fonctionnaire ne répondant pas aux conditions de titres universitaires exigées pour les recteurs (CE, sect. intérieur, avis, 1998, à propos des vice-recteurs de Nouvelle-Calédonie et de Polynésie française, Rapport public, *EDCE, 1999. 71*), son assemblée générale a depuis considéré que ni « le principe d'autonomie des universités, ni aucun principe de droit n'imposent au pouvoir réglementaire de subordonner l'accès à cet emploi à une condition de diplôme ou de titre universitaire » (cité par P. Gérard, Le recteur et son académie, *Mél. Pierre Grégory, 2013*). Saisi au contentieux par la CPU, le Conseil d'État a repris cette analyse : « Ni le principe d'autonomie ainsi consacré ni aucune autre disposition ou principe n'imposent au pouvoir réglementaire, compétent pour fixer les conditions de nomination à l'emploi de recteur, de subordonner l'accès à cet emploi à une condition de diplôme ou de titre universitaire » (CE 23 nov. 2016, n° 399523). Aussi, le pouvoir réglementaire a élargi le vivier de recrutement à des personnes qui ne détiennent pas l'habilitation (art. R.* 222-13, al. 2). Le décret du 21 mars 2001 a réalisé un premier assouplissement : à raison d'un emploi sur dix, les recteurs peuvent être des « personnalités qualifiées en matière d'enseignement ou de recherche [...] justifiant d'une expérience professionnelle de dix ans dans le domaine de la formation » (art. R.* 222-13), ce qui a permis le choix d'inspecteurs généraux « titulaires du doctorat » (art. R.* 222-13). Le décret n° 2010-889 du 29 juillet 2010 modifie le deuxième alinéa de l'article R.* 222-13 en portant cette limite à 20 % de l'effectif des emplois et en ajoutant une nouvelle exception qui, pour la première fois, supprime l'exigence du doctorat, en ouvrant la possibilité de nommer des personnes ayant exercé les fonctions de secrétaire général de ministère ou de directeur d'administration centrale pendant au moins trois ans. **Le décret n° 2015-1617 du 10 décembre 2015** franchit une nouvelle étape en ouvrant plus largement la fonction de recteur en prévoyant l'intervention d'une commission chargée de rendre un avis permettant d'apprécier l'aptitude des intéressés sans condition de diplôme (art. R.* 222-13, al. 2°) ; composée de six membres nommés pour une durée de trois ans, elle est présidée par un conseiller d'État et comprend un conseiller maître à la Cour des comptes, un recteur, un ancien recteur, le directeur général de la fonction publique et le secrétaire général du ministère (Décr. n° 2015-1618 du 10 déc. 2015 relatif à la composition et aux modalités de fonctionnement de la commission prévue à l'art. R.* 222-13 ; V. CE 8 janv. 2016, n° 395650, rejetant la demande de suspension des Décr. nos 2015-1617 et 1618 du 10 déc. 2015 ; CE 23 nov. 2016, n° 395652 : « Aucune disposition ni aucun principe n'imposait au pouvoir réglementaire de préciser la nature de ces éléments ou de préciser un niveau de diplôme dont elles devraient faire état »). Le décret n° 2018-838 du 3 octobre 2018 (art. R. 222-13, al. 2) fait un nouveau pas au détriment du « recteur universitaire » : la proportion des emplois pouvant être pourvus par des personnes non titulaires de la HDR est portée à 40 % (et non à 30 % comme prévu lors de la consultation du CSE) ; est supprimée toute exigence d'une expérience professionnelle de dix années pour les personnalités de niveau équivalent ou d'exercice préalable des fonctions de direction ou de secrétariat général de ministère.

Le métier de recteur. Ces modifications successives ont été motivées par la transformation du métier due aux évolutions administratives (déconcentration, décentralisation, régionalisation, autonomie des universités) et financières (LOLF, LRU). « Eu égard à la nature de ces attributions qui comportent, en plus de la mise en œuvre des pouvoirs de tutelle exercés par le ministre chargé de l'enseignement supérieur sur les universités, des responsabilités étendues en matière d'enseignement primaire et secondaire ainsi que d'administration générale, les dispositions dont l'abrogation est demandée ne sont pas, en tant qu'elles autorisent la nomination de personnes ayant exercé les fonctions de secrétaire général de ministère ou de directeur d'administration centrale pendant au moins trois ans, entachées d'erreur manifeste d'appréciation » (CE 23 nov. 2016, n° 395652). Sur le long terme, la fonction a fortement évolué, passant d'une magistrature morale ancrée sur la présidence du conseil de l'université (avant 1968) à un rôle de manager responsable des opérations complexes et récurrentes permettant le fonctionnement du système éducatif de la maternelle à l'université. Certains ont pu penser que ces nouveaux recteurs seraient plus aptes à s'intégrer dans les rouages de l'État territorial, les considérant alors comme les futurs directeurs régionaux des services de l'éducation nationale, mieux en phase avec la nouvelle organisation des services autour du préfet de région (Circ. du 19 mars 2008 sur la réforme des services déconcentrés). Déjà les recteurs devaient assurer les fonctions de délégué de la zone de défense qui les placent alors « sous l'autorité du préfet de zone » (Circ. n° 2008-22 du 31 janv. 2008) ou être considérés comme chefs de pôle régional siégeant au comité de l'administration régionale (CAR) sous la présidence du préfet de région pour se prononcer sur les orientations stratégiques de l'État en région (Décr. n° 2004-374 du 29 avr. 2004, art. 35 et 36). Mais, si le recteur doit évidemment agir en bonne intelligence avec le représentant de l'État, on ne peut oublier les spécificités de ses missions, sa responsabilité forte dans le pilotage de l'action éducative, ou ses relations avec les universités dont les traditions restent assez éloignées de la logique hiérarchique. L'apparition des recteurs de région académique, en 2015, et la hiérarchisation des fonctions résultant de la réforme de 2019 renforceront-elles cette tendance ? Si l'élargissement du vivier rompt avec la tradition, les recteurs devraient rester choisis, dans leur très grande majorité, parmi les universitaires. Ils sont alors placés en position de détachement, bénéficiant dans leur corps d'origine de promotions au choix hors contingent ; ils doivent naturellement abandonner leurs fonctions antérieures, notamment celles de président d'université ou de directeur d'UFR pour lesquelles la loi a expressément prévu une incompatibilité (art. L. 222-1) ; de même ne peuvent-ils exercer les fonctions de membre du CNU (Décr. n° 2019-1458 du 24 déc. 2019, art. 1er). Dans la logique de la LOLF, le décret n° 2010-1405 du 12 novembre 2010 crée pour les recteurs d'académie une indemnité de responsabilité comprenant une part fixe dite fonctionnelle et une part variable tenant compte de la manière de servir et de la réalisation des objectifs qui leur ont été assignés (indemnité étendue au recteur délégué à l'ESRI, Décr. n° 2019-1557 du 30 déc. 2019). L'ouverture des fonctions aux hauts fonctionnaires comme la rémunération au mérite rompent avec la tradition.

Recteurs et rectrices. Après l'adoption de la loi du 4 août 2014 pour l'égalité réelle entre les femmes et les hommes, le décret du 30 avril 2012, recherchant l'équilibre dans l'encadrement supérieur de la fonction publique, place les recteurs (et selon le néologisme consacré par les décrets de nomination, les rectrices) dans la liste des hauts fonctionnaires pour lesquels est désormais fixé un objectif minimal de nominations de 40 % de personnes de chaque sexe à compter de 2018 (20 % en 2013 et 2014, puis 30 % jusqu'à 2018. A noter que ce délai a été raccourci d'un an par le décret n° 2014-1747 du 30 décembre 2014, qui fixe désormais la cible des 40 % à 2017). Au 1er avril 2020, 15 femmes et 16 hommes occupent des emplois de recteurs.

Fin des fonctions. Nommés discrétionnairement, les recteurs et rectrices, comme les autres fonctionnaires ainsi désignés par le Gouvernement (préfets, ambassadeurs, directeurs d'administration centrale), sont révocables *ad nutum*, à tout moment et sans que le Gouvernement ait à motiver sa décision. Si la nature de l'emploi de recteur d'académie permet à l'autorité compétente de décider ainsi de mettre fin à ses fonctions, cette mesure, même si elle est dépourvue de caractère disciplinaire, est prise en considération de la personne et doit être précédée de la communication du dossier permettant à l'intéressé de faire connaître ses observations (CE 26 févr. 2014, n° 364153, annulation du décret de nomination de la rectrice de l'académie de Lyon en tant qu'il met fin aux fonctions de son prédécesseur). L'ancien recteur est alors réintégré dans son corps d'origine, où il peut bénéficier d'un congé de reconversion (CRCT), à moins qu'il ne soit nommé dans d'autres fonctions ou intégré dans un autre corps, par exemple à l'inspection générale ou au Conseil d'État. Ils peuvent aussi être atteints par la **limite d'âge** ; avant 2007, elle était de fait fixée à 65 ans, âge limite pour l'exercice des fonctions de directeur et de président du conseil d'administration d'un établissement public, ce qui visait le recteur qui dirigeait la chancellerie dont il présidait le conseil d'administration (sur la suppression des chancelleries voir ci-dessous), et assurait la présidence du conseil d'administration du CRDP (transformé en comité académique sans personnalité morale) comme il assure toujours celle du CROUS. Cette contrainte l'empêchait de bénéficier des dispositions applicables tant aux professeurs des universités (qui peuvent rester en activité, en surnombre, jusqu'à 68 ans) qu'à l'ensemble des fonctionnaires. Le décret n° 2007-1109 du 18 juillet 2007 prévoit que les recteurs, bénéficiant des reculs prévus par les textes applicables à l'ensemble des fonctionnaires de l'État, continuent d'exercer, jusqu'à ce qu'ils atteignent la limite d'âge ainsi fixée, les fonctions de directeur et de président du conseil d'administration des établissements publics qui leur sont conférées par les textes régissant ces établissements (art. R.* 222-5). La loi n° 2011-606 du 31 mai 2011 a modifié la loi n° 84-834 du 13 septembre 1984 relative à la limite d'âge dans la fonction publique en précisant que les fonctionnaires occupant un des emplois supérieurs mentionnés à l'article 25 de la loi n° 84-16 du 11 janvier 1984, lorsqu'ils atteignent la limite d'âge qui leur est applicable, peuvent être, à titre exceptionnel, dans l'intérêt du service et avec leur accord, maintenus dans cet emploi pour une durée maximale de deux ans, par une décision prise dans les mêmes formes que leur nomination ; cette décision fixe la durée du maintien dans les fonctions, auquel il peut être mis fin à tout moment.

2. Le directeur académique des services de l'éducation nationale (DASEN), autorité académique déléguée à statut d'emploi

Les DASEN et leurs adjoints (DAASEN) sont, comme les vice-recteurs, nommés par décret simple (non délibéré en conseil des ministres) du Président de la République sur proposition du ministre chargé de l'éducation nationale (art. R. 222-24). Un décret est de même nécessaire pour la nomination des vice-recteurs en Polynésie française (art. R. 263-1) et en Nouvelle-Calédonie (art. R. 264-1) ; les vice-recteurs de Wallis-et-Futuna (art. D. 261-1) ou de Saint-Barthélémy et Saint-Martin (art. D. 271-2) sont, en revanche, nommés par arrêté conjoint des ministres chargés de l'éducation nationale et de l'outre-mer. Ils sont ainsi nommés dans un des emplois fonctionnels des services déconcentrés de l'éducation nationale comme les secrétaires généraux de région académique nommés par un arrêté conjoint des ministres chargés de l'éducation nationale et de l'enseignement supérieur ou les cadres nommés par arrêté du ministre de l'éducation nationale : secrétaire général d'académie, conseillers du recteur, directeur de cabinet du recteur, secrétaire général des services départementaux... En fonction de l'importance des responsabilités fonctionnelle et territoriale qu'ils exercent, ils appartiennent à un des trois groupes (les DASEN, DAASEN, SGRA et SGA ressortissant des deux premiers groupes comprenant le premier 26 départements, le second, 71), déterminant notamment leur niveau de rémunération (Décr. n° 2016-1413 du 20 oct. 2016 relatif aux emplois fonctionnels des services déconcentrés de l'éducation nationale abrogeant le Décr. n° 90-676 du 18 juill. 1990).

Ces emplois sont pourvus par la voie du **détachement** (ou congé de mobilité) de fonctionnaires de catégorie A ou assimilés dont l'indice terminal est au moins égal à hors-échelle B (ce qui est le cas des IPR-IA, dont le statut particulier est fixé par le Décr. n° 90-675 du 18 juill. 1990, constituant le principal vivier ; 5 % de l'effectif budgétaire des emplois peuvent être pourvus par des administrateurs civils), justifiant de huit ans de services accomplis ; s'y ajoutent les fonctionnaires ayant occupé un autre emploi fonctionnel (conseiller du recteur) pendant quatre ans, ou détachés sur ces emplois pendant huit ans, ou encore les fonctionnaires de catégorie A ayant une certaine ancienneté. Depuis la loi n° 2019-828 du 6 août 2019 de transformation de la fonction publique, dont l'article 16 prévoit l'ouverture des emplois de direction de l'État, aux personnes n'ayant pas la qualité de fonctionnaire, ils peuvent aussi être recrutés par contrat (Décr. n° 2019-1594 du 31 déc. 2019 relatif aux emplois de direction de l'État, art. 3) en précisant la durée d'occupation, les éventuelles modalités de reconduction et les éléments de rémunération et en prévoyant une période probatoire.

La nomination est prononcée pour quatre ans, renouvelable (par dérogation à la durée maximale de six ans résultant de l'art. 12 du Décr. n° 2019-1594 du 31 déc. 2019), avec prolongation exceptionnelle de détachement, dans l'intérêt du service et sur sa demande, pour le délai correspondant et dans la limite de deux ans le séparant de la liquidation des droits à pension, la limite d'âge (art. 9). Trois mois au moins avant le terme de son détachement, de son congé de mobilité ou de son contrat, l'agent peut demander à être reconduit dans ses fonctions. Au moins deux mois avant ce terme, l'autorité dont relève l'emploi lui notifie la décision (Décr. n° 2019-1594 du 31 déc. 2019 relatif aux emplois de direction de l'État, art. 12).

S'ils ne sont pas, comme les recteurs, nommés dans un emploi supérieur à la discrétion du Gouvernement (CE 1er oct. 1954, Guille : *D. 1955. 431, note Braibant*), les DASEN peuvent faire l'objet **d'un retrait d'emploi dans l'intérêt du service** (Décr. n° 2016-1413 du 20 oct. 2016 relatif aux emplois fonctionnels des services déconcentrés de l'éducation nationale, art. 12), qui peut aussi révéler une mesure disciplinaire (CE 27 avr. 2012, n° 327732 B : *AJDA 2012. 1182* ; *AJFP 2012. 266, concl. Keller* , annulation pour vice de procédure sans réintégration).

C. LES COMPÉTENCES ACADÉMIQUES

Principe et attributions. Pour appliquer les décisions prises par les ministres et assurer la cohérence des politiques de l'État dans le département et la région, les préfets, représentants de l'État, ont une compétence de principe ; toutefois, celle-ci ne s'étend pas « au contenu et à l'organisation de l'action éducatrice ainsi qu'à la gestion des personnels et des établissements qui y concourent » (Décr. n° 2004-374 du 29 avr. 2004 relatif aux pouvoirs des préfets, à l'organisation et à l'action des services de l'État dans les régions et départements, art. 33) ; ces questions relèvent des autorités académiques ; dans le champ des compétences des ministres chargés de l'éducation nationale et de l'enseignement supérieur, il s'agit des recteurs (de région académique et d'académie) et par délégation des DASEN.

Action éducatrice. En 2012, le recteur d'académie s'était vu reconnaître une compétence de droit commun dans le domaine relatif « au contenu et à l'organisation de l'action éducatrice ainsi qu'à la gestion des personnels et des établissements qui y concourent » qui échappe à l'autorité des préfets (Décr. n° 2004-374 du 29 avr. 2004, art. 33) ; il englobe tant les formations scolaires, le parcours des élèves ou la vie scolaire que la gestion des personnels du premier et du second degré (fonction gestion des ressources humaines) et le contrôle des établissements (allocations des moyens, contrôle de légalité des EPLE ; contrôle des établissements privés). En créant le RRA, le décret de 2015 lui conférait des compétences d'attribution pour les questions stratégiques à traiter en liaison avec les autorités régionales ; l'échelon « région académique » était toutefois mentionné à l'article R.* 222-25, reproduisant la formule réservant à l'autorité académique l'organisation et le contenu de l'action éducatrice. Le décret n° 2019-1200 du 20 novembre 2019 supprime cette mention, de nouveau réservée au bloc recteur d'académie /DASEN.

Compétences académiques et compétences déconcentrées. L'extension des compétences des autorités académiques à la jeunesse, à l'engagement et aux sports et, dans une moindre mesure, le rattachement du délégué à la recherche au recteur de région académique, dépassent le champ traditionnel de l'action éducatrice. Si une conception extensive de cette notion pourrait permettre de l'étendre aux politiques éducatives englobant l'ensemble des questions concernant l'enfant, l'adolescent, le jeune et son engagement (SNU, service civique) et dans une moindre mesure à la politique de la recherche, celles-ci intègrent des questions relevant des compétences du préfet de région ou du préfet de département. Les autorités académiques, sauf pour les questions de formation/certification dans le champ de la jeunesse et des sports ou de la gestion des personnels et des établissements en matière de recherche, ne sont pas placées vis-à-vis du représentant de l'État dans la même situation que dans le domaine éducatif. Elles doivent alors respecter les compétences du représentant de l'État (par ex. quand le RRA fixe les orientations stratégiques en matière de jeunesse, engagement et sports – art. R. 222-16, modifié en 2020) ce qui se traduira notamment par un dédoublement de l'autorité, le préfet de région (en matière de recherche et de jeunesse/engagement/sports) et le préfet de département (pour les services jeunesse/engagement/sports) conservant une autorité fonctionnelle leur permettant de donner des instructions aux services déconcentrés rattachés aux autorités académiques disposant de l'autorité hiérarchique (carrière, discipline). D'autres dispositions organisent la coordination de l'action du recteur et du préfet. Ainsi, le pilotage du déploiement du séjour cohésion organisé dans le cadre du service national universel (Décr. n° 2020-922 du 29 juill. 2020 portant diverses dispositions relatives au service national universel, V. CASF) est confié au RRA qui dispose de l'appui du préfet de région avec lequel il copréside l'instance de coordination ; plus globalement, cette coordination a pour cadre le CAR auquel participe le RRA non seulement en tant qu'autorité académique mais aussi pour ce qui relève des questions jeunesse, engagement, sports.

1. Les compétences du recteur de région académique

Un pouvoir d'orientation général. Le décret de 2015 disposait que dans les régions comportant plusieurs académies, pour les questions requérant une coordination avec les politiques conduites par la région ou le préfet de région, le RRA fixait, après avoir recueilli l'avis du CoRéA (art. R. 222-3-2, abrogé), les orientations stratégiques des politiques de la région académique dans une série de domaines énumérés en sept rubriques. Le décret n° 2019-1200 conserve un pouvoir d'orientation stratégique mais élargit son champ. Il concerne désormais « l'ensemble des compétences relevant des ministres chargés de l'éducation nationale et de l'enseignement supérieur, de la recherche et de l'innovation » (art. R. 222-16), qu'elles ressortent ou non des domaines nécessitant une coordination avec les autorités régionales, qu'elles relèvent des attributions du RRA ou des recteurs d'académie (par exemple la gestion des personnels ou le contrôle des EPLE). Si le RRA peut ainsi intervenir dans le champ le plus large, il n'a pas une compétence de principe pour prendre des décisions mais simplement pour fixer des orientations régionales, dans le respect des orientations nationales, des objectifs stratégiques qui devront être complétées sur le plan opérationnel.

Un pouvoir de décision dans les domaines stratégiques. Le décret n° 2019-1200 du 20 novembre dispose en outre que le RRA prend « les décisions dans les matières entrant dans le champ des ministres chargés de l'éducation nationale et de l'enseignement supérieur... » (art. R. 222-24-2, I, al. 1er). Si cette rédaction semble lui reconnaitre une compétence de principe dans le champ éducatif, le second alinéa réintroduit une liste de domaines dans lesquels le RRA peut intervenir « à ce titre », sans préciser s'il s'agit d'une illustration indicative ou d'attributions limitatives. Toutefois, l'article R. 222-24-5, habilitant le RRA à créer par arrêté des services régionaux distinguant les cas dans lesquels il agit dans le cadre de ses attributions de ceux situés en dehors incite à considérer qu'elles sont définies limitativement.

Sont ainsi repris, en y ajoutant trois rubriques (politique des achats de l'État ; politique immobilière de l'État ; relations européennes, internationales et coopération), les domaines figurant dans le décret de 2015 pour cerner le champ de la stratégie régionale. Désormais, pour traiter de questions ayant des interférences avec les compétences de la région ou du préfet de région, le RRA dispose d'un pouvoir d'orientation mais aussi de compétences décisoires.

C'est ainsi qu'il peut créer par arrêté des services régionaux ; les uns sont obligatoires ; l'article R. 222-24-4 lui donne ainsi compétence liée pour mettre en place immédiatement les services compétents pour l'enseignement supérieur, la recherche et l'innovation, l'information, l'orientation et la lutte contre le décrochage scolaire, la formation professionnelle, initiale et continue et l'apprentissage, les achats de l'État, la politique immobilière de l'État, et dans un délai de deux ans le numérique éducatif et les relations européennes et internationales et coopération. Pour les domaines relevant des autres attributions énumérées par l'article R. 222-24-2, le RRA a la possibilité de créer des services (facultatifs). Il en est ainsi pour la définition du schéma prévisionnel des formations des établissements publics d'enseignement du second degré qui est adopté par le conseil régional (art. L. 214-1) sur la base d'informations fournies par les autorités académiques ; on peut alors envisager la création d'un service régional d'études et de statistiques ; il en est de même pour l'utilisation des fonds européens ou la participation du RRA à la préparation et au suivi des contrats de plan État-région, quant aux documents d'orientation adressés à la région pour l'élaboration du contrat de plan régional de développement des formations et de l'orientation professionnelles (CPRDFOP) que doit signer l'autorité académique aux côtés du président du conseil régional et du préfet de région (art. L. 214-13, II), si le RRA exerce ces attributions (après avis du CoRéA, art. R. 222-24-2, II). En précisant que des services interacadémiques sont créés par arrêté du RRA dans les domaines des affaires juridiques et des systèmes d'information s'il n'existe pas de service régional chargé de ces mêmes questions, l'article R. 222-36-4 ajoute implicitement deux domaines à la liste de ses attributions. A ces arrêtés entrant dans le cadre de son pouvoir de décision stratégique s'ajoutent les arrêtés pris par le RRA pour assurer l'organisation fonctionnelle et territoriale de la région académique ainsi que le schéma de mutualisation des moyens des services se superposant aux mêmes documents pris dans chaque académie par le recteur.

A plusieurs reprises, l'énumération des attributions du RRA est assortie de réserves tenant compte des compétences des ministres ou des établissements (gestion des personnels de l'enseignement supérieur et de la recherche) ou du recteur d'académie (formations professionnelles second degré, procédure d'orientation, administration des centres d'information et d'orientation).

En précisant que le recteur d'académie continue à administrer la circonscription académique « sous réserve des compétences du recteur d'académie de région académique » (art. R. 222-1, al. 5), le décret n° 2019-1200 du 20 novembre 2019, recourt à un pluriel qui évoque une compétence d'attribution ; il en est de même du décret n° 2019-1554 du 30 décembre 2019 qui précise les attributions du RRA et du recteur d'académie ; l'un et l'autre ont des attributions limitatives, même si celles du recteur d'académie sont en partie fondées sur la référence à l'« action éducatrice ». Il n'empêche que l'intérêt régional des questions pour lesquelles le RRA est appelé à fixer des orientations et à prendre des décisions atteste de sa supériorité, confirmée par l'autorité que le décret lui confère sur les recteurs d'académie.

C'est par référence à la région (espace stratégique) que le RRA s'est vu confier des responsabilités nouvelles résultant de la réunion de jeunesse et des sports au sein du ministère chargé de l'éducation. Le décret n° 2020-1542 du 9 décembre 2020 ajoute une onzième rubrique à l'article R. 222-24-2. Le RRA doit fixer les orientations stratégiques des politiques en matière de jeunesse, d'éducation populaire, de vie associative, d'engagement civique et de sports dans le respect des compétences du représentant de l'État.

2. L'autorité du RRA sur les recteurs d'académie

Reprenant les dispositions du décret n° 2010-146 du 16 février 2010 relatif aux préfets, le décret n° 2019-1200 du 20 novembre 2019 affirme l'autorité du RRA sur les recteurs d'académie en l'assortissant d'un pouvoir d'évocation (art. R. 222-1, al. 2 et 3) ; si ces décrets disposent que cette autorité et ce pouvoir ne peuvent être délégués, ils ne précisent pas sa nature ; tout au plus présentent-ils ses diverses manifestations.

Instructions et orientations. Alors que « les préfets de département prennent leurs décisions conformément aux instructions que leur adresse le préfet de région » (Décr. n° 2010-146 du 16 févr. 2010, art. 2), les décisions des recteurs d'académie doivent s'inscrire dans les orientations stratégiques fixées par le RRA (art. R. 222-1, al. 3). Si les décisions prises sur instruction doivent y être rigoureusement conformes, qu'en est-il du respect des « orientations stratégiques ». Doit-on y voir des instructions (académiques) ainsi dénommées pour ne pas heurter les sensibilités rectorales ou des recommandations ? Là où l'instruction impose, commande, l'orientation recommande, à moins que, telle une directive, elle indique le but à atteindre, laissant au recteur d'académie le choix de la mise en œuvre ?

Le pouvoir d'évocation du recteur de région académique. Comme le préfet de région (Décr. n° 2010-146 du 16 févr. 2010, art. 2 ; Circ. du 20 juill. 2010 relative à l'exercice du droit d'évocation par le préfet de région), le RRA « peut évoquer... tout ou partie d'une compétence d'un ou des recteurs d'académie de la région, à des fins de coordination régionale » (art. R. 222-1, al. 4) ; cette possibilité est soumise aux mêmes conditions de forme (arrêté publié au recueil des actes administratifs de la préfecture de région) et de temps (pour une durée limitée). Contrairement au préfet de région (qui ne peut évoquer les compétences des préfets de département pour le contrôle de légalité des collectivités territoriales, l'ordre public et la sécurité des populations, le droit des étrangers), le RRA a la possibilité de modifier la répartition des compétences résultant des dispositions réglementaires sans aucune limite, si ce n'est la nécessité de la coordination régionale. Pouvant s'analyser comme un pouvoir de substitution *ex ante*, il doit être distingué du pouvoir d'annuler et de réformer les actes d'un subordonné, qui est un attribut du pouvoir hiérarchique. Comme le préfet de région, le RRA ne doit pas devenir une instance d'appel des décisions du recteur d'académie.

Quelle autorité ? Si le RRA dispose d'un pouvoir d'orientation et dans certains cas d'un pouvoir de décision conforté par un pouvoir d'évocation (d'où découlent son pouvoir d'organisation et les possibilités de déléguer sa signature aux recteurs d'académie, lui permettant aussi de retirer cette délégation), il ne possède pas l'ensemble des prérogatives qui caractérisent le pouvoir hiérarchique, ni sur les personnes (nomination, affectation, sanction), ni sur leurs actes (annulation, réformation) ; les recours hiérarchiques sont adressés aux ministres compétents qui sont les seuls supérieurs hiérarchiques. Sachant que le pouvoir hiérarchique est entouré d'un certain flou (André Legrand, « Un instrument flou : le pouvoir hiérarchique », dans Mél. en l'hommage à Roland Drago, Économica, 1996, p. 59-78) et peut prendre diverses formes, conférant une série de prérogatives qui peuvent exister isolément, on a pu admettre que le pouvoir hiérarchique pouvait être incomplet, partiel, limité, caractérisant les relations découlant de la superposition des autorités. Le fait que les recteurs, comme les préfets, disposent de la même légitimité, fondée sur leur statut constitutionnel, et partagent une même culture rend difficile la reconnaissance pleine et entière d'un pouvoir hiérarchique. Aussi doit-on se demander, comme pour le préfet de région, si le RRA n'exerce pas un simple ascendant fonctionnel sur les autres recteurs d'académie (à moins d'envisager une autorité fonctionnelle, ce qui parait faible ou, sans craindre la contradiction dans les termes, une « hiérarchie fonctionnelle »). Si l'autorité du RRA sur les recteurs, n'est pas plus qualifiée que celle du RRA sur le SGRA, ou du recteur d'académie sur le secrétaire général de l'académie ou sur les DASEN, les liens qui existent entre ces différentes autorités s'inscrivent dans la hiérarchie des services et des administrations, traduisant une évidente hiérarchisation sans conférer au supérieur tous les attributs du pouvoir hiérarchique.

3. *Les compétences du recteur d'académie*

Sous réserve des attributions du représentant de l'État dans la région (préfet de région) et dans le département (préfet de département), l'article R.* 222-25 rappelle que le recteur d'académie est compétent pour l'exercice des missions relatives au « contenu et *[à l']* organisation de l'action éducatrice » ainsi qu'à la gestion des personnels et des établissements d'enseignement et d'éducation qui y concourent ; autorité déconcentrée, il prend les décisions dans les matières relevant de la compétence du ministre de l'éducation nationale et, exceptionnellement, même s'il n'est plus chancelier, du ministre de l'enseignement supérieur. Les deux critères employés (action éducatrice, compétence ministérielle) caractérisent un champ large qui confère au recteur d'académie une compétence de principe qu'il exerce dans le cadre fixé par les ministres et le recteur de région académique. Le recteur d'académie peut être habilité à prendre des décisions concernant le fonctionnement des établissements, la vie scolaire, la promotion de la santé des élèves, l'aide de l'État aux élèves qui relèvent du champ « éducation nationale » (art. D. 222-27). Le ministre peut en outre habiliter le recteur à prendre certaines décisions qui concernent les élèves tant pour leur parcours scolaire (admission, organisation des examens, orientation, V. liv. III) que pour leur éducation (vie scolaire, promotion de la santé en milieu scolaire, aide de l'État aux élèves, V. liv. V). La loi n° 2017-86 du 27 janvier 2017 relative à l'égalité et à la citoyenneté impose au recteur d'académie de présenter chaque année devant le CDEN l'évolution de la mixité sociale et scolaire de tous les établissements scolaires de chaque district (art. 190). Le recteur d'académie administre l'enseignement scolaire (questions relatives aux écoles, collèges, lycées, établissements d'éducation spéciale, formation continue des adultes) avec le concours de ses adjoints DASEN. Pour l'enseignement supérieur, il peut recevoir délégation de compétence pour viser ou signer les diplômes (art. D. 222-27, al. 2).

Administrateur de l'académie. Autorité administrative, le recteur doit s'assurer de l'application des lois et règlements et transmettre les instructions ministérielles, notamment celles qui font l'objet de circulaires ou d'instructions, et les orientations régionales fixées par le recteur de région académique. Il rend compte de leur exécution et informe le ministre de l'état de l'académie. Ordonnateur secondaire délégué du budget de l'État, il utilise les crédits et les emplois qui lui sont délégués dans le cadre de l'exécution des programmes des lois de finances (programmes 140 – enseignement public premier degré, 141 – enseignement public second degré et 230 — vie de l'élève), qui sont déclinés en trois budgets opérationnels de programmes (BOP) constituant le « budget académique » dont la consommation doit permettre d'atteindre les objectifs affichés dans le cadre des projets annuels de performance (PAP, les résultats étant retracés par le recteur dans les rapports annuels de performance, RAP, chaque année il doit rendre compte au directeur de programme des résultats atteints). Sur cette base, le recteur prépare la rentrée en répartissant les emplois entre les départements (premier degré, public et privé) et entre les établissements (collèges, lycées, lycées professionnels, publics et privés). Dans un second temps, il procède à l'affectation des personnels, notamment des enseignants dont il est le supérieur hiérarchique. En revanche, le programme 214 "Soutien à la politique de l'éducation nationale" est délégué au recteur de région académique.

Gestion des personnels. Les compétences du recteur en matière de gestion de personnel s'exercent selon les dispositions prévues au livre IX (art. R. 222-34) qu'il s'agisse des enseignants du premier et du second degré publics ou des maîtres de l'enseignement privé ayant passé un contrat avec l'État. De nombreuses mesures de déconcentration (Décr. n° 2008-1313 du 12 déc. 2008, gestion du personnel) avaient été prises en sa faveur et en celle de l'inspecteur d'académie, avant que le décret de 2012 lui confie la responsabilité totale ou partielle de la gestion des différents corps de fonctionnaires qu'il peut alors recruter, nommer (ou proposer de nommer), noter (évaluation) ou sanctionner (il exerce le pouvoir disciplinaire après avis du conseil de discipline de chaque corps). Le ministre peut en outre déléguer au recteur le pouvoir de fixer le nombre de sièges composant les CAP des instituteurs et des professeurs des écoles pour chaque département de l'académie (art. R. 222-29) et d'établir la liste des organisations syndicales aptes à désigner des représentants au sein de chaque comité technique (art. R. 222-30, mod. par le Décr. n° 2011-184 du 15 févr. 2011). Il est compétent en matière de formation continue des personnels, adopte les plans académiques de formation des personnels (PAF) qui peuvent être mis en œuvre notamment par les INSPE pour les professeurs et personnels d'éducation. Par un arrêté du 21 octobre 2019 délégation de pouvoirs a été donnée aux recteurs d'académie pour accorder aux fonctionnaires la protection fonctionnelle prévue par l'article 11 de la loi n° 83-634 du 13 juillet 1983.

Contrôle des établissements. Le recteur exerce en outre des compétences pour la gestion des établissements d'enseignement ; si les EPLE bénéficient de l'autonomie administrative, financière et pédagogique et sont rattachés aux régions et départements, le service public national qui leur est confié fonde les compétences de l'autorité académique qui fixe la structure pédagogique après concertation avec la région (compte tenu du SPF, art. L. 211-2, et de la carte des formations professionnelles initiales, art. L. 214-13-1) et contrôle le bon fonctionnement du service tant sur le plan pédagogique et éducatif que sur le plan administratif et financier (avec la collectivité de rattachement, art. L. 421-11). Le chef d'établissement lui rend compte des mesures prises en cas de difficultés graves (art. L. 421-3). Il a en outre la responsabilité de veiller au plein emploi des locaux et des moyens d'enseignement de l'académie (art. D. 222-27, al. 4), ce qui, pour le premier point, ne peut se faire qu'en liaison avec les collectivités de rattachement. Les expérimentations sont soumises à son autorisation préalable (art. L. 314-12). Il a en outre la possibilité de négocier et de conclure des contrats avec les EPLE auxquels peuvent être associées les collectivités (contrats d'objectifs « tripartites », art. R. 421-4) ; malgré les compétences attribuées aux seuls recteurs de région académique par le décret du 10 décembre 2015, il conserve la possibilité de négocier et de signer les conventions annuelles conclues pour la mise en œuvre de la stratégie définie par le contrat de plan régional de développement des formations et de l'orientation professionnelle (art. L. 214-13-1).

Le recteur exerce le pouvoir disciplinaire à l'égard de l'enseignement privé (art. L. 914-6) ou des organismes privés d'enseignement à distance (art. L. 444-3 et L. 444-9 ; V. Ord. n° 2014-691 du 26 juin 2014 portant suppression des compétences contentieuses et disciplinaires du Conseil supérieur de l'éducation et des conseils académiques de l'éducation nationale) ; il décide des sanctions prévues par décret pour les manquements aux dispositions relatives au contrôle de la fréquentation et de l'assiduité scolaire, le CAEN n'intervenant plus qu'à titre consultatif (art. L. 234-6).

Contentieux. A l'occasion des litiges relatifs aux décisions prises dans le cadre des compétences académiques, le recteur est compétent pour présenter les mémoires en défense devant les tribunaux administratifs, le secrétaire général pouvant recevoir délégation pour les signer (art. D. 222-35, étendu aux mémoires en défense devant les cours administratives d'appel, sauf conclusions incidentes, par le Décr. n° 2019-889 du 27 août 2019) ; en outre, le décret n° 2019-890 du même jour étend la compétence des recteurs d'académie pour représenter l'État en défense devant les tribunaux administratifs et les cours administratives d'appel pour les litiges nés de décisions prises par le ministre chargé de l'éducation nationale sur leur proposition conforme ; dans le contentieux indemnitaire, le recteur est en outre compétent pour décider d'un règlement amiable (montant inférieur à 10 000 euros, porté à 50 000 euros par le Décr. n° 2019-889 du 27 août 2019) et prendre les décisions à caractère financier pour l'exécution des décisions de justice mettant en cause la responsabilité des services déconcentrés (art. R. 222-36). L'article 15 de la loi n° 2015-177 du 16 février 2015 a modifié l'article L. 911-4 du code de l'éducation : les actions en responsabilité intentées à l'encontre de l'État au titre d'une faute d'un membre de l'enseignement public, qui sont exercées devant les juridictions judiciaires, sont désormais dirigées contre l'autorité académique et non plus contre le représentant de l'État dans le département ; c'est désormais le recteur d'académie qui assure la défense de l'État dans les contentieux portés devant les juridictions judiciaires sur le fondement de l'article L. 911-4. Le décret n° 2019-889 du 27 août 2019 attribue aux recteurs d'académie la compétence pour engager, au nom de l'État, les actions récursoires (soit à l'encontre des tiers responsables des dommages subis par les agents en fonction dans leurs académies ou les élèves et les étudiants qui leur sont confiés, soit à l'encontre de ces agents, élèves et étudiants lorsqu'ils sont les auteurs de dommages dont l'État a été amené à assurer l'indemnisation) et les actions subrogatoires contre les tiers responsables de faits dommageables dont sont victimes des personnels de l'éducation nationale (art. R. 222-36 complété par 4 alinéas). Le décret n° 2019-890 du 27 août 2019 étend la possibilité pour le recteur d'académie de déléguer sa signature à l'effet de signer les mémoires en défense dans les conditions de droit commun.

Pilotage académique. Les différentes compétences du recteur lui permettent d'administrer son académie, et pour reprendre le verbe impérial de la gouverner, de lui donner un cap, de coordonner l'action de ses services, de mobiliser ses partenaires, notamment les collectivités, de vérifier si les résultats sont atteints. Autorité de proximité, il doit prendre en considération les données locales pour décliner la politique nationale, notamment les objectifs nationaux portés par la loi ou la loi de finances, en adoptant un « **projet académique** » pluriannuel qui peut prévoir des actions dans les domaines de l'innovation pédagogique, du numérique éducatif, de la formation des enseignants, de la politique documentaire et de l'éducation artistique et culturelle ou de l'ouverture internationale (le comité académique Canopé peut alors identifier les axes d'accompagnement et de valorisation des pratiques pédagogiques des enseignants qui seront développés conjointement avec le Réseau Canopé, art. D. 314-93). La mobilisation de la communauté éducative passe alors par un travail concerté avec les partenaires de l'école, notamment avec les collectivités territoriales, au premier rang desquelles figure la région.

4. Les compétences du DASEN

Les DASEN (et leurs adjoints DAASEN), directeurs des services départementaux de l'éducation nationale (DSDEN), représentent le recteur d'académie et le recteur de région dans le département où ils sont nommés. Sous l'autorité du recteur d'académie, ils mettent en œuvre la stratégie académique organisant l'action éducatrice dans les écoles, les collèges, les lycées et les établissements d'éducation spéciale de leur département ; ils peuvent signer, au nom du recteur d'académie et par délégation, l'ensemble des actes relatifs aux affaires des services placés sous leur autorité se rapportant à la mise en œuvre de la politique éducative relative aux enseignements primaires et secondaires ainsi qu'aux établissements qui les dispensent et aux personnels qui y sont affectés ; le recteur d'académie peut mettre fin à cette délégation à tout moment mais le changement de recteur d'académie n'y met pas fin automatiquement (art. R. 222-19-3). Sous l'autorité du recteur d'académie agissant par délégation du recteur de région académique, ils participent à la mise en œuvre des politiques régionales dans leur département (art. R. 222-24, al. 1er). Dans le cadre de l'organisation fonctionnelle et territoriale arrêtée par le recteur d'académie (art. R.* 222-19), ils ont autorité sur les services départementaux de l'éducation nationale chargés de la mise en œuvre de l'action éducatrice et de la gestion des personnels et des établissements qui y concourent. Ils peuvent se voir confier la responsabilité des services interdépartementaux ou en charge de la mutualisation (art. R. 222-36-2 et R. 222-36-3).

Si le DASEN agit par délégation du recteur d'académie (art. R. 222-24-1 ; dans les conditions prévues par l'art. R. 222-19-3), il n'en est pas moins désigné comme « l'autorité compétente de l'État en matière d'éducation » pour l'application d'articles visés par l'article R. 222-24-1. Tel est le cas pour le suivi de l'obligation scolaire ; c'est au DASEN (ou au maire) que doit être adressée chaque année la déclaration d'assurer l'instruction par la famille ; le DASEN peut agir par délégation du préfet pour procéder à l'inscription sur la liste des enfants de la commune à scolariser en cas de refus du maire sans motif légitime (art. L. 131-5, al. 7 ; CGCT, art. L. 2122-34) ; comme les directeurs d'école il doit transmettre au maire les données à caractère personnel relatives aux enfants d'âge scolaire demeurant dans la commune (art. L. 131-6) ; le DASEN doit inviter les personnes responsables de l'enfant à se conformer à la loi et leur faire connaître les sanctions encourues (art. L. 131-7) avant de saisir le procureur de la République des faits constitutifs d'infraction (art. L. 131-9 ; C. pén., art. 227-17-1) ; il doit faire vérifier que l'instruction donnée dans la famille l'est pour l'enfant d'une seule famille et qu'il est conforme au droit de l'enfant à l'instruction défini à l'article L. 131-1-1 (art. L. 131-10).

Depuis la loi du 26 juillet 2019 pour une école de la confiance, le DASEN peut autoriser un aménagement du temps de présence à l'école pour les enfants de trois ans (art. L. 131-8). Dans le cadre de l'école inclusive, c'est au DASEN qu'il revient de donner son accord pour que l'aide individuelle à l'élève souffrant de handicap soit assurée par une association (art. L. 351-3 ; V. aussi CASF, art. L141-2). Pour les personnels enseignants des établissements privés n'ayant pas conclus de contrat avec l'État, le DASEN peut engager des poursuites disciplinaires (même si l'enseignement donné relève du supérieur, art. L. 914-6). Le code de l'éducation ajoute un cas concernant l'enseignement supérieur : la déclaration d'ouverture d'un cours privé doit être adressée au DASEN dans les départements qui ne sont pas le siège de l'académie (art. L. 731-3) ; c'est donc la proximité qui est ici privilégiée. Le rapprochement de l'éducation, de la jeunesse et des sports se traduit, dans le cadre départemental, par de nouvelles responsabilités pour le DASEN, par délégation du recteur de région académique et du recteur d'académie ainsi que du préfet de département, qui dispose d'une autorité fonctionnelle sur les services départementaux de la jeunesse et des sports (V. art. D. 2020-922 du 29 juill. 2020 ; dans les 20 départements les plus importants, le DASEN est assisté d'un conseiller jeunesse et sports, Arr. du 5 févr. 2021).

D. LES COMPÉTENCES DANS LE DOMAINE DE L'ENSEIGNEMENT SUPÉRIEUR, LA RECHERCHE ET L'INNOVATION (ESRI)

En substituant au recteur d'académie le RRA dans une série de dispositions législatives du code de l'éducation et du code de la recherche, la loi du 26 juillet 2019 a mis un terme à la période du recteur-chancelier ouverte par la loi Edgar Faure du 12 novembre1968 ; depuis 1897, le recteur présidait le conseil d'université ; son remplacement par un président élu ne l'exclut pas de l'institution universitaire, l'article 10 lui conférant la qualité de chancelier des universités (L. du 12 nov. 1968, art. 10 ; art. L. 122-2). Du plan Université 2000 à Parcoursup en 2018, le rôle du recteur dans l'enseignement supérieur s'est amplifié, l'amenant à participer à la stratégie de développement territorial (contrat de plan État-région), à accompagner les politiques de regroupement des établissements, à assurer la continuité des parcours des étudiants sans toujours disposer de l'expertise et de la disponibilité nécessaires, ni même du soubassement réglementaire fondant son action. En 2015, l'apparition du recteur de région académique en fit l'interlocuteur et le tuteur des établissements d'enseignement supérieur. La loi du 26 juillet 2019 et le décret n° 2019-1554 du 30 décembre 2019 modifient les dispositions du code de l'éducation. L'autorité compétente n'est plus le recteur mais le RRA qu'il agisse ou non en qualité de chancelier, sans toutefois lui donner compétence exclusive dans le domaine de l'enseignement supérieur, les recteurs d'académie (art. D. 222-27 ; loi de 2016 ; loi ORE 2018) et exceptionnellement les DASEN (art. L. 731-3) pouvant intervenir sur les questions en relevant, au nom de la proximité. L'importance et la complexité des questions relevant de l'ESRI a en outre justifié la création d'un recteur délégué pour assister le RRA dans sept des huit régions pluri-académiques (art. R. 222-16-3 : Auvergne-Rhône-Alpes, Grand Est, Hauts-de-France, Île-de-France, Nouvelle-Aquitaine, Occitanie, Provence-Alpes-Côte d'Azur).

1. Le recteur de région académique, chancelier des universités

Le titre de chancelier, d'origine latine, repris sous l'Ancien Régime pour désigner notamment le garde des Sceaux, a pu traditionnellement avoir un lien avec la justice, même s'il fut à un moment utilisé pour désigner « le premier fonctionnaire d'une université » (en 1278 d'après Le *Robert historique*) ; on peut y voir un legs de l'université médiévale. Même si, dans les régions au plus fort potentiel ESRI, il est désormais assisté d'un recteur délégué (RD-ESRI), la fonction de chancelier est attachée au seul RRA. Les recteurs d'académie subissent ainsi une *« capitis deminutio »* (du moins pour les douze d'entre eux qui ne sont pas en même temps RRA).

Chanceliers sans chancellerie. Logiquement, la perte du titre retire au recteur d'académie la direction de la chancellerie, « établissement public national à caractère administratif qui, notamment, assure l'administration des biens et charges indivis entre plusieurs établissements » (art. L. 222-1, al. 3) ; son rôle se limitant le plus souvent à répartir la dotation de fonctionnement de la résidence du recteur d'académie, il a été décidé, au titre de la simplification, de supprimer cette institution (Décr. n° 2019-1600 du 31 déc. 2019 portant dissolution de chancelleries dont les biens, droits et obligations sont transférés non aux universités mais à l'État, art. 2) ; malgré les recommandations de la Cour des comptes (Rapport public annuel, 2014) une exception est faite pour la chancellerie de Paris, et provisoirement pour celles de Lyon, Toulouse et Versailles. S'il y a désormais des chanceliers sans chancellerie, dans ces deux dernières académies perdurent une chancellerie sans chancelier !

En qualité de chancelier des universités, le RRA, représentant le ministre chargé de l'enseignement supérieur auprès des EPSCP, assiste ou se fait représenter aux séances du conseil d'administration des universités (et autres EPSCP dont la liste est fixée par le décret n° 2019-1554 du 30 déc. 2019, art. 18). Il reçoit sans délai communication des délibérations ainsi que des décisions à caractère réglementaire des présidents ou directeurs (art. L. 711-8), formalité qui conditionne leur entrée en vigueur (art. L. 719-7). Il a ainsi la responsabilité de veiller au contrôle de légalité des actes des organes de ces établissements, réglementaires ou individuels (sauf compétence directe du ministre pour certains établissements) ; s'ils lui paraissent entachés d'illégalité, le chancelier peut saisir d'une demande d'annulation le tribunal administratif (procédure de référé dite déféré rectoral) ; si la mesure attaquée serait de nature à porter gravement atteinte au fonctionnement, le chancelier peut en suspendre l'application pour un délai de trois mois (art. L. 719-7, al. 2 ; la décision du chancelier étant elle-même susceptible d'être soumise au contrôle du juge, ces dispositions législatives ne portent aucune atteinte à des règles ou principes de valeur constitutionnelle, Cons. const. 20 janv. 1984, n° 83-165 DC, § 33 et § 34), ce qui ne porte pas atteinte au principe d'autonomie des universités (Cons. const. 20 janv. 1984, n° 83-165 DC § 33). Le caractère exceptionnel de ces procédures est attesté par le faible écho donnée à l'exigence d'un rapport annuel sur l'exercice du contrôle de légalité prévue par l'article 34 de la LRU (art. L. 711-8, al. 2). Le RRA peut en outre contribuer à assurer la continuité du service public. En cas de difficulté grave dans le fonctionnement des organes statutaires ou de défaut d'exercice de leurs responsabilités, il peut prendre, à titre provisoire, les mesures conservatoires nécessaires après avoir consulté le président ou le directeur de l'établissement, avant que le ministre ne prenne les dispositions imposées par les circonstances (art. L. 719-8). Il dispose enfin de prérogatives destinées à limiter les risques financiers ; par exception au principe de l'applicabilité directe des délibérations, il approuve celles relatives aux emprunts, aux prises de participations et aux créations de filiales (art. L. 719-1 ; approbation conjointe avec le directeur régional des finances publiques, art. R. 711-11 ; R. 719-93) ; un décret en Conseil d'État précise les cas et les conditions dans lesquelles les budgets des établissements sont soumis à approbation ainsi que les mesures exceptionnelles prises en cas de déséquilibre (art. L. 719-9). Le décret n° 2019-1554 du 30 décembre 2019 modifie la partie réglementaire consacrée au régime financier des EPSCP, modifiée par le décret n° 2008-618 du 27 juin 2008 tirant les conséquences de l'élargissement des responsabilités et compétences des établissements par la LRU (art. R. 719-51 à R. 719-208). Le contrôle budgétaire et financier est désormais assuré par le RRA, chancelier de universités (avec toutefois une exception ou un oubli, pour l'accord que doit donner l'autorité de tutelle pour créer au sein du budget des enveloppes destinées aux contrats de recherche, art. R. 719-54).

Les lacunes du contrôle ayant notamment été dues à l'insuffisance des services académiques, les recteurs ont pu solliciter l'expertise du directeur régional des finances publiques. En 2015, a été créé dans les régions comprenant plusieurs académies un service interacadémiques chargé du contrôle budgétaire des EPSCP ainsi que du contrôle administratif et financier des délibérations des conseils d'administration et des décisions des présidents et directeurs des établissements (art. R. 222-3-5, abrogé) ; l'idée de pôle d'expertise juridique et financière a été reprise par le décret n° 2019-1200 du 20 novembre 2019 sous la forme d'un service régional obligatoire (art. R. 222-24-2, al. 2).

2. L'enseignement supérieur entre recteur de région académique et recteurs d'académie

La diversité des attributions du RRA. Au-delà des questions de contrôle, la qualité de chancelier des universités peut justifier que le RRA reçoive délégation de compétence du ministre chargé de l'enseignement supérieur à l'effet de signer les diplômes sanctionnant des formations d'enseignement supérieur ou des diplômes d'État (art. D. 222-24-3). De même, la désignation d'un jury rectoral en l'absence de convention entre un établissement privé et un établissement public est une attribution du RRA-chancelier (art. L. 613-7). Mais le RRA dispose d'attributions qui ne sont pas rattachées à sa qualité de chancelier des universités. C'est ainsi qu'il est compétent en matière disciplinaire (s'agissant de la juridiction des enseignants-chercheurs et enseignants, il peut récuser les membres de la formation disciplinaire du CNESER – art. L. 232-3 – et des sections disciplinaires – art. L. 712-6-2 –, engager des poursuites – art. R. 712-29 –, interjeter appel – art. R. 712-49 ; pour la discipline des usagers, V. Décr. n° 2020-785 du 26 juin 2020, art. R. 811-10 s. ; notamment pour saisir la section disciplinaire, art. R. 811-25, désigner la section disciplinaire compétente en cas de fraude des étudiants des établissements privés, art. R. 811-13, et le renvoi à une autre section disciplinaire, art. R. 811-23), pour la vie universitaire (attributions des bourses d'enseignement supérieur et aides – art. D. 222-24-3 –, contrôle des élections – art. L. 822-1 – et présidence du conseil d'administration du CROUS – art. R. 821-10 qui mentionne toutefois la qualité de chancelier), assurer le contrôle des établissements privés d'enseignement supérieur (art. R. 731-2 s.) ; il peut également accorder des dérogations aux personnes ne remplissant pas les conditions pour exercer des fonctions de direction ou d'enseignement dans les établissements d'enseignement supérieur technique privés (Décr. n° 2020-832 du 30 juin 2020, art. R. 913-5 s.) ou participer au choix du directeur de l'INSPE et désigner une partie des personnalités extérieures au conseil de l'institut (art. L. 721-3). Ces différentes questions amènent le recteur de région académique, chancelier à travailler avec les présidents des universités et les directeurs d'établissement de la région académique. Il en est surtout ainsi dans le domaine financier ; ordonnateur secondaire délégué du budget de l'État, le recteur d'académie, chancelier participe à la mise en place et à l'exécution des autorisations de programmes et des crédits de paiement permettant de financer les opérations d'équipement prévues au contrat de plan État-région, à la programmation des opérations et aux différentes étapes de leur déroulement (signature des marchés publics, ordonnancement des travaux, contrôle de leur exécution). Aussi doit-il réunir régulièrement les présidents et chefs d'établissement. Il joue alors un rôle variable selon les époques, les académies et la personnalité des uns et des autres, allant d'une simple information réciproque à un travail coopératif pour le développement des établissements d'enseignement supérieur.

La fonction de coordination. Comme avant 2020 le recteur d'académie, le RRA est chargé d'« assurer la coordination des enseignements supérieurs avec les autres ordres d'enseignement » (art. L. 222-2, al. 2, reprenant l'al. 1er de l'art. 10 de la loi de 1968, qui distinguait clairement cette mission de celle de chancelier). Cette mission peut avoir une finalité prospective. Dès 1989, les recteurs furent ainsi amenés à adopter un schéma prévisionnel des formations post-baccalauréat, aujourd'hui relayé par le schéma concerté des formations allant de bac -3 à bac +3 imposant une coopération entre les lycées et les universités pour une meilleure information, une meilleure orientation (orientation active au lycée, dispositif admission post-bac, orientation progressive tout au long du cursus, réorientation choisie), et l'aide à la réussite des élèves et des étudiants.

Même si la question n'est pas expressément abordée, la fonction de coordination assurée par le RRA concerne les établissements d'enseignement supérieur qui participent au service public de l'enseignement supérieur et de la recherche dont les pouvoirs publics doivent assurer la cohésion. En l'absence de documents nationaux (la carte des formations supérieures prévue à l'art. L. 614-3 n'a jamais été formellement établie ; le schéma des services collectifs de l'enseignement supérieur et de la recherche, art. L. 614-2, établi en 2002, n'a jamais été mis à jour), il lui revient de veiller à la cohérence de l'offre de formation tant initiale que continue (notamment en participant à la préparation des contrats d'établissement en liaison avec les services du MESRI) et aux bonnes conditions de la vie étudiante (président du conseil d'administration du CROUS, il est amené à aborder la question des aides aux étudiants et de la vie sur les campus) ; il doit ainsi favoriser le rapprochement des établissements tout en respectant leur diversité (art. L. 614-2) et veiller à ce que l'organisation des enseignements supérieurs facilite les changements d'orientation et la poursuite des études (al. 2). La préparation du contrat de plan État-région comme le rapprochement des établissements dans le cadre d'une politique de site l'amènent à exposer les positions du ministre et à dialoguer avec les différents acteurs.

La coordination doit aussi porter sur la formation continue ; à ce titre, un arrêté a pu légalement prévoir l'institution d'un coordonnateur régional de la politique de l'État en matière de formation continue pour assister le recteur dans sa mission de coordination des différents ordres d'enseignement dans le respect de l'autonomie des universités (CE 16 mars 1998, n° 165323, V. notes ss. art. L. 711-1). Enfin, la formation continue des professeurs des écoles et des lycées et collèges, qui est de la compétence du recteur d'académie, impose un travail de collaboration avec les établissements d'enseignement supérieur, notamment avec les INSPÉ (nouvelle dénomination des ESPÉ décidée par la L. du 26 juill. 2019 pour une école de la confiance qui associe le RRA au choix de son directeur, V. art. 45, art. L. 721-3).

Stratégie et proximité. Les dispositions législatives adoptées pour l'admission en second cycle (L. n° 2016-1828 du 23 déc. 2016 ; art. L. 612-6) et en premier cycle (L. n° 2018-166 du 8 mars 2018 relative à l'orientation et à la réussite des étudiants, art. L. 612-3) ont fortement renforcé le rôle régulateur de l'autorité académique. Pour le deuxième cycle, la loi de 2016 a prévu que les étudiants titulaires d'une licence n'ayant pas obtenu une inscription en master peuvent saisir le RRA (art. R. 612-36-3). En revanche, pour le premier cycle, le choix a été fait, au nom de la proximité, de conserver la compétence du recteur d'académie dans les différentes étapes du processus : l'article 54 de la loi du 26 juillet 2019 ne vise pas les dispositions précisant le rôle de l'autorité académique (art. L. 612-3 issu de la L. n° 2018-166 du 8 mars 2018 relative à l'orientation et à la réussite des étudiants). Dans un premier temps, le décret n° 2019-231 du 26 mars 2019 donnait compétence au recteur d'académie pour exercer les attributions confiées par la loi à l'autorité académique, privilégiant ainsi la proximité tant pour la garantie des droits des candidats (art. L. 612-3, VIII et IX : mise en place d'une commission non plus académique mais régionale d'accès à l'enseignement supérieur, art. D. 612-1-21 ; inscription après saisine du RRA par un candidat, art. D. 612-1-24 s.) que pour la régulation des flux d'entrants par la détermination des capacités d'accueil, la fixation d'un pourcentage minimal de boursiers pour les filières non sélectives et sélectives, du pourcentage maximal de recrutement hors académie, pourcentage minimal de bacheliers technologiques en IUT, de bacheliers professionnels en STS (art. L. 612-3). Ce choix initial a été remis en cause huit mois plus tard par le décret n° 2019-1558 du 30 décembre 2019 substituant le RRA au recteur d'académie pour l'application l'article L. 612-3, en privilégiant cette fois-ci une logique de bloc de compétences, le recteur de région académique ayant une vocation à traiter des questions d'enseignement supérieur. Dans le même ordre d'idée, l'article 4 du décret n° 2020-1558 du 9 décembre 2020 précise que les déclarations d'ouverture des établissements techniques privés d'enseignement supérieur doivent être adressées non plus au recteur d'académie, mais au recteur de région académique (art. D. 441-1, al. 2). Toutefois, pour assurer des services de proximité, des dérogations peuvent être prévues par délégation du RRA au recteur d'académie (art. D. 612-1-21, pour la mise en place de commissions académiques d'accès à l'enseignement supérieur).

Le recteur de région académique et les capacités d'accueil. Si les capacités d'accueil des formations de deuxième cycle sont fixées par les établissements en dialogue avec l'État (art. L. 612-6 modifié par la loi de 2016), c'est désormais à l'autorité académique (le recteur d'académie) qu'il incombe de fixer les capacités d'accueil des formations de premier cycle (après dialogue avec chaque établissement), tant pour celles qui sont organisées en lycées que pour celles qui sont organisées dans les universités (art. L. 612-3, III ; L. ORE de 2018). L'adoption de la loi ORE du 8 mars 2018 permet de sortir de l'ambiguïté qui résultait de la loi Savary de 1984 ; les capacités d'accueil devaient être fixées par l'« autorité administrative », sans autre précision ; selon les académies et les établissements, la pratique avait pu varier, certains recteurs estimant qu'ils étaient compétents alors que des présidents demandaient à leur conseil d'administration de délibérer ; la loi de 1984 avait précisé que les inscriptions au-delà de la capacité d'accueil devaient être prononcées par le recteur chancelier après avis du président ; la loi ORE inverse cette solution ; lorsque le nombre de candidatures excède les capacités d'accueil, les inscriptions sont prononcées par le président de l'université ou le directeur de l'établissement (IV) ; mais il revient à l'autorité académique (désormais, le recteur de région académique, art. D. 612-1-3) d'arrêter chaque année les capacités d'accueil après dialogue avec chaque établissement ; le Conseil constitutionnel a jugé que le fait de confier à l'autorité académique, et non aux universités elles-mêmes, le soin d'arrêter les capacités d'accueil des formations ne met en cause aucune exigence constitutionnelle (Cons. const. 8 mars 2018, n° 2018-763 DC, § 20 à 22). Pour déterminer ces capacités d'accueil, la loi impose de tenir compte non seulement de l'évolution des projets de formation exprimés par les candidats et du projet de formation et de recherche de l'établissement mais aussi des perspectives d'insertion professionnelle des formations (art. L. 612-3, III), ce qui implique de prendre en considération les analyses tant nationales que régionales.

Le recteur de région académique et la régulation des flux. La loi ORE reprenant la technique des quotas déjà présente dans la loi ESR pour l'admission des bacheliers technologiques en IUT et des bacheliers professionnels en STS (art. L. 612-3, VII) l'étend au domaine social et territorial. Dorénavant, le recteur de région académique fixe un pourcentage minimal de bacheliers retenus bénéficiaires d'une bourse nationale de lycée tant pour les formations sélectives (art. L. 612-3,VI) que pour les formations non sélectives mais en tension ; dans ce cas, le pourcentage doit tenir compte du rapport entre le nombre de ces bacheliers boursiers candidats à l'accès à cette formation et le nombre total de demandes d'inscription dans cette formation enregistrées dans le cadre de la procédure de préinscription (art. L. 612-3,V). La priorité donnée aux bacheliers issus de l'académie ayant été supprimée par la loi ORE, l'autorité académique peut toutefois fixer, pour les formations en tension, un pourcentage maximal de bacheliers retenus résidant dans une académie autre que celle dans laquelle est situé l'établissement afin de faciliter l'accès des bacheliers qui le souhaitent aux formations d'enseignement supérieur situées dans l'académie où ils résident ; l'autorité académique doit alors tenir compte du nombre de candidats à ces formations résidant dans l'académie. Seule l'obligation de respecter le pourcentage minimal de bacheliers boursiers retenus peut conduire à déroger au pourcentage maximal de bacheliers retenus résidant dans une autre académie. Pour les formations dont le bassin de recrutement diffère du périmètre de l'académie, le ministre chargé de l'enseignement supérieur détermine par arrêté la zone géographique de résidence des candidats prise en compte en lieu et place de l'académie pour la mise en œuvre des dispositions du même deuxième alinéa.

Le recteur de région académique, garant du droit de poursuivre ses études. Enfin, l'autorité académique est garante de la possibilité de poursuivre des études supérieures. La solution avait été adoptée pour le second cycle en 2016 : un étudiant titulaire du diplôme national de licence qui n'a reçu aucune réponse positive d'admission en M1 a la possibilité de s'adresser au recteur de région académique qui, avec l'accord des présidents, lui fait des propositions en rapport avec sa demande et ses capacités (art. R. 612-36-3). Pour le premier cycle, le recteur de région académique propose, après un dialogue avec le candidat et le président ou le directeur de l'établissement concerné, aux candidats auxquels aucune proposition d'admission n'a été faite dans le cadre de la procédure nationale de préinscription, une inscription dans une formation, dans la limite des capacités d'accueil, en tenant compte, d'une part, des caractéristiques de cette formation et, d'autre part, du projet de formation des candidats, des acquis de leur formation antérieure et de leurs compétences (art. L. 612-3, VIII) ; des dispositions similaires sont prévues pour les handicapés et les sportifs de haut niveau (art. L. 612-3, VIII, sans mention de l'accord du président). Pour remplir cette dernière mission, le recteur de région académique met en place une commission d'accès à l'enseignement supérieur associant les représentants des établissements.

3. L'ESRI et le recteur délégué

Le décret n° 2019-1200 du 20 novembre 2019 élargit le champ de compétence du RRA en tenant compte de l'ensemble des attributions du MESRI, définissant ainsi un domaine ESRI englobant une série de questions pouvant être confiées à un recteur délégué qui, dans les sept régions retenues, assiste le RRA.

Le champ de l'ESRI. Il englobe l'enseignement supérieur et la recherche, qu'il s'agisse de la recherche universitaire, qui est l'une des missions du service public de l'enseignement supérieur, conçue comme le support nécessaire des formations, ou de la recherche menée dans les organismes, notamment les EPST (CNRS, IRD...). Par « recherche », on entend tant la recherche fondamentale que la recherche appliquée ; elle s'étend à la valorisation qui recouvre les transferts de technologie comme l'innovation (C. rech., art. L. 123-5 ; L. 123-6). Longtemps la recherche a été rattachée à un ministère économique, notamment au ministère chargé de l'industrie. La création d'un secrétariat d'État, d'un ministère délégué ou d'un ministère chargé de l'enseignement supérieur a pu attraire la recherche. Depuis 2006, les lois de finances comportent une mission ESR coordonnée par le MESRI, les programmes qu'elle regroupe ressortant de six ministères. Depuis la loi NOTRe du 7 août 2015 (art. 26), la région en qualité de collectivité chef de file doit adopter un Schéma Régional (SRESRI), conçu en cohérence avec les stratégies nationales de l'enseignement supérieur et de recherche en concertation avec les collectivités territoriales et leurs groupements compétents. La loi ESR du 22 juillet 2013 a pu pour la première fois traiter ensemble enseignement supérieur et recherche. En matière de recherche, le rôle du recteur est toutefois limité ; le code de la recherche ne comporte qu'un article, modifié au profit du RRA, chancelier, lui conférant les fonctions de commissaire de gouvernement auprès des fondations de coopération scientifique (C. rech., art. L. 314-14). En région, les domaines de la recherche, de la technologie, de l'innovation et de la culture scientifique et technique relevaient du représentant de l'État ; placé sous l'autorité du préfet de région (SGAR), délégué régional à la recherche et à la technologie (DRRT), créé par la loi d'orientation sur la recherche de 1982 pour animer et coordonner le développement de la recherche et de la technologie en région était toutefois reconnu depuis 2009 comme conseiller du recteur, désormais du RRA (Décr. n° 2009-589 du 25 mai 2009 relatif au délégué régional à la recherche et à la technologie, modifié par le Décr. n° 2015-1834 du 30 déc. 2015). La circulaire du Premier ministre du 12 juin 2019 relative à la mise en œuvre de la réforme de l'organisation territoriale de l'État, souhaitant conduire une clarification des compétences au sein de l'État, envisageait le transfert auprès des recteurs (de région académique) des délégations régionales à la recherche et à la technologie. La création du délégué régional académique à la recherche et à l'innovation (DRARI) par le décret n° 2020-1555 du 9 décembre 2020 place l'ancien DRRT sous l'autorité du RRA ou par délégation de ce dernier, sous l'autorité du recteur délégué à l'ESRI. Nommé pour trois ans par arrêté du MESRI, auquel le RRA transmet la liste des candidats, accompagnée de son avis, le délégué (dont le mandat est renouvelable une fois) assiste le RRA dans les domaines de la recherche, de la technologie, de l'innovation et de la culture scientifique, technique et industrielle (art. R. 222-16-6, al. 1er). Ses missions sont énumérées par l'article 3 : développer les actions de valorisation et organiser les transferts de technologie, diffuser de la culture scientifique et technique, répartir les des subventions (examinées en CAR) crédit d'impôt recherche. Le DRARI dispose, le cas échéant, d'un ou de plusieurs adjoints placés sous son autorité directe et d'autres collaborateurs qui peuvent être mis à disposition par d'autres ministères ou organismes d'enseignement supérieur ou de recherche. Toutefois, le délégué régional académique est placé sous l'autorité fonctionnelle du préfet de région, dont il est le conseiller en matière de recherche et d'innovation (art. R. 222-16-6, al. 2).

Le recteur délégué assiste le recteur de région académique. Pour tenir compte de l'importance des questions à traiter, de leur complexité et de la disponibilité nécessaire pour dialoguer avec les multiples partenaires, une nouvelle fonction rectorale a été créée sur le modèle du vice-chancelier des universités de Paris. L'article R. 222-16-3 dispose que dans sept grandes régions pour les questions relatives à l'ESRI, le RRA est assisté par un recteur délégué, dénomination plus neutre qui évite la référence au chancelier même assorti du préfixe, sauvegardant ainsi le caractère propre de la fonction dévolue au RRA. En région Île de France cette création entraîne la suppression du vice-chancelier des universités de Paris, dont la compétence territoriale avait été étendue à l'ensemble de la région en 2015 et une réorganisation de l'académie capitale (art. R.* 222-1 s.).

Le RRA peut déléguer sa signature au recteur délégué (art. R. 222-17, 2°) qui peut, à son tour, donner délégation au SGRA (art. R. 222-17, 3°) ; la mention du RRA ne précisant pas sa qualité de chancelier, les délégations peuvent-elles porter sur l'ensemble de ses attributions ? Une lecture stricte de la disposition amènerait à exclure toute délégation dans le domaine du contrôle de légalité et du contrôle budgétaire, domaine pour lequel un service académique doit obligatoirement être créé, sans le concours duquel le recteur-délégué ne pourra pas être l'interlocuteur expert des établissements.

L'idée est de constituer un pôle expert permettant de veiller à la liaison entre enseignement et recherche, en partenariat avec les directions régionales des grands organismes, et à la cohérence des politiques publiques, avec une responsabilité forte dans les processus contractuels, dans la préparation et le suivi des contrats de plan État-région et des contrats de site avec les établissements et leur regroupement. Quelle va être la place du recteur délégué ? Peut-il être reconnu comme l'interlocuteur des établissements alors qu'en droit la représentation du ministre est une compétence du RRA, chancelier ? Peut-il être l'interface entre l'enseignement supérieur et la recherche, plus encore vis-à-vis de l'innovation, alors que le DRRT est toujours lié au préfet de région ? Sera-t-il reconnu par le représentant de l'État alors que le décret ne prévoit même pas qu'il puisse être invité au CAR ? Quelles seront ses relations avec les deux directions générales du MESRI ?

E. L'ORGANISATION DES SERVICES

Traditionnellement, les services académiques étaient organisés sous l'autorité du recteur d'académie (services académiques, services dits « du rectorat ») et de l'inspecteur d'académie-DSDEN (services dits « de l'inspection académique »). Les réformes introduites par les décrets de 2012 et de 2015 ont eu pour objectif d'assurer la cohérence de l'ensemble tant sur le plan interne (le recteur d'académie, autorité de principe pouvant réorganiser les services des DASEN, autorités déléguées) que sur le plan externe (pour assurer les relations avec la région et s'inscrire dans la logique de l'État territorial). Au-delà des organisations traditionnelles l'accent est mis sur la coordination des autorités et sur la mutualisation des services. Ces axes sont repris par le décret de 2019 qui a en outre permis de créer des services régionaux. Selon les régions académiques les fonctions assurées par l'administration académique (gestion et missions information et orientation, formation initiale et continue, numérique…) peuvent être coordonnées par le secrétaire général d'académie (SGA) ou relever de services régionaux et coordonnés par un secrétaire général de région académique (SGRA).

1. Les différents niveaux de services

Le recteur d'académie a autorité sur les services académiques (le rectorat) et sur les services départementaux (IA-DASEN) animés et coordonnés les uns par le secrétaire général d'académie, les autres par le secrétaire général des services départementaux, nommés par arrêté du ministre de l'éducation nationale pour occuper des emplois fonctionnels pour une période maximale de quatre ans renouvelable une fois qui peut faire l'objet d'un retrait dans l'intérêt du service (Décr. n° 2016-1413 du 20 oct. 2016 modifié par le Décr. n° 2019-1594 du 31 déc. 2019, art. 1er et 8). Il en est de même du secrétaire général de région académique (SGRA) responsable auprès du RRA de l'administration des services régionaux.

Le rectorat d'académie. Si les services académiques peuvent être organisés différemment selon les académies, on retrouve le même type de structure dans chacune d'elles. Les services assurant des fonctions de gestion sont en effet regroupés en divisions placées sous la responsabilité d'un administrateur (enseignement supérieur et chancellerie, organisation scolaire, vie scolaire, examens et concours, enseignement privé, personnels enseignants, personnels administratifs, techniques, ouvriers et de service, affaires financières, affaires juridiques). Certains services peuvent être autonomes ou rattachés au SGA : service statistique, aide au pilotage, informatique… Dans certaines académies, ils peuvent constituer des pôles (établissements, ressources humaines…) auxquels peuvent participer les conseillers du recteur qui occupent des emplois fonctionnels énumérés par l'article 1er du décret n° 2016-1413 du 20 octobre 2016 contribuant ainsi à l'harmonisation des organisations académiques ; doivent en effet être nommés par arrêté ministériel non seulement le secrétaire général d'académie et son ou ses adjoint ; mais aussi les conseillers du recteur qui peuvent notamment occuper les fonctions de chef de services (académiques) d'information et d'orientation (CSAIO), de délégué (académique) aux enseignements techniques (DAET), de délégué (académique) à la formation continue (DAFCO) ou, dans les académies où ces deux fonctions ont été regroupées, de délégué (académique) à la formation professionnelle initiale et continue (DAFPIC) et de délégué (académique) au numérique (DAN). Il en est de même pour le conseiller technique de recteur pour les établissements et la vie scolaire (EVS) chargé des questions relatives à la vie des élèves dans les établissements scolaires et des relations avec les parents qui participent notamment à la conception et à la mise en œuvre du projet académique dans le domaine de la vie scolaire, ainsi qu'à la définition des actions de formation initiale et continue des personnels de direction. Ces conseillers se voient confiée l'animation de structures d'importance variable (délégation, cellule, service, pôle...) et participent à de véritables réseaux avec leurs homologues des autres académies. Si le recteur dispose d'un cabinet qui peut, selon les académies, être plus ou moins étoffé (chef de cabinet, chargés de mission...), le directeur de cabinet est nommé depuis 2016 par arrêté ministériel sur un emploi fonctionnel. Rien n'est dit en revanche des délégués aux relations internationales et à la coopération ou DARIC, à l'action culturelle, de l'ingénieur régional de l'équipement (IRE), du médecin conseiller, de l'assistant(e) social(e), de l'infirmier(ière), pourtant eux aussi conseillers techniques du recteur. Le décret n° 2020-986 du 5 août 2020 complète les missions des conseillers des recteurs d'académie en précisant qu'ils peuvent également occuper des fonctions d'adjoints aux conseillers des recteurs de région académique.

Le secrétaire général d'académie (SGA) est chargé de l'administration de l'académie (art. R. 222-19-2) ; adjoint du recteur d'académie, au même titre que les DASEN (art. R. 222-19-1), le SGA est en fait le numéro deux de l'académie à qui il revient de suppléer le recteur d'académie en cas d'absence ou d'empêchement (art. R. 222-19-2, al. 1er) et d'assurer son intérim en cas de vacance momentanée (art. R. 222-19-2, al. 2, sauf à Paris où l'intérim est assuré par le directeur de l'académie de Paris pour les questions relatives à l'enseignement scolaire) ; en cas d'absence du recteur régulièrement nommé, il doit assurer la continuité administrative, même si aucune disposition ne prévoit expressément son intervention (pour la présidence du conseil d'administration du CROUS, V. courriel DAJ B1 n° 2010-303 du 1er déc. 2010, LIJ n° 150, p. 13). Le SGA est assisté par un ou plusieurs adjoints qui contribuent à coordonner le travail des services académiques ; ils peuvent se voir confier des missions particulières, notamment transversales (affaires financières, ressources humaines, enseignement supérieur...). En cas d'absence ou d'empêchement du SGA, le recteur peut déléguer sa signature au secrétaire général adjoint et aux chefs de division du rectorat, dans la limite de leurs attributions (art. R. 222-20, al. 1er).

Les services départementaux. Dans le cadre de l'organisation fonctionnelle et territoriale arrêtée par le recteur d'académie, les DASEN ont autorité sur les services départementaux par délégation du recteur d'académie (art. R. 222-24, al. 3). Dans chaque département, le directeur académique des services départementaux de l'éducation nationale (DASEN) peut déléguer sa signature, pour tous les actes pour lesquels il a lui-même reçu la délégation de pouvoir prévue par le décret de 2012 (art. R. 222-19-3), aux DASEN adjoints (DAASEN dont les compétences peuvent être territorialisées dans les grands départements, par exemple en Seine-Maritime où un DAASEN siège au Havre), au secrétaire général de direction des services départementaux de l'éducation nationale chargé de l'organisation et de la coordination de ces services et à l'IEN adjoint chargé du premier degré inspecteurs de l'éducation nationale adjoints (art. R. 222-20), nommés sur des emplois fonctionnels par arrêté du ministre. En outre, le DASEN peut déléguer sa signature aux chefs des services administratifs (art. R. 222-20) généralement organisés en divisions (organisation scolaire, examens et concours, enseignement privé...). Le DASEN dispose de conseillers techniques ; outre l'IENA chargé du premier degré, d'autres inspecteurs peuvent être chargés de l'adaptation-intégration scolaire (IEN-AIS), de l'information et de l'orientation (IEN-IIO), de l'enseignement technique (IENET), ou de l'apprentissage (IEN-A) ; ils sont nommés par le recteur d'académie comme les IEN chargés d'une circonscription du premier degré (IEN-CCPD) placés l'autorité des DASEN par délégation du recteur d'académie (art. R. 222-12). Depuis 2021, un service départemental à la jeunesse, à l'engagement et aux sports est placé sous l'autorité hiérarchique du DASEN, sauf dans les académies d'outre-mer (art. R. 222-24) tout en étant placé sous l'autorité fonctionnelle du préfet pour les missions relevant de sa compétence (Décr. n° 2020-1542 du 9 déc. 2020, art. 8, III).

Les services régionaux. Le décret n° 2019-1200 du 20 novembre 2019 innove en instituant les services régionaux (art. R. 222-24-4) créés soit par arrêté du RRA dans le cadre de ses attributions soit par arrêté ministériel pris sur sa proposition en dehors de ses attributions (art. R. 222-24-6) ; les arrêtés fixent les attributions des services et en désignent les responsables (art. R. 222-24-5). Dans le premier cas, il s'agit d'abord des services régionaux obligatoires que le RRA doit mettre en place dans les sept domaines énumérés par l'article R. 222-24-4, alinéa 1er : service régional de l'enseignement supérieur, la recherche et l'innovation (SRESRI) auquel pourrait être rattaché le DRARI (ex DRRT), même si ces missions propres en tant que délégué et sa relation avec le préfet de région qu'il conseille et assiste peut lui donner de instructions devraient le détacher du SGRA ; plusieurs missions académiques pouvant être érigées en services régionaux dont les responsables sont nommés sur emploi fonctionnel, telles que l'information, l'orientation et la lutte contre le décrochage scolaire (SRIIO), la formation professionnelle initiale, continue et l'apprentissage (SRFPICA) et le numérique éducatif (SRNE) ; d'autres services tels que les achats de l'État : la politique immobilière de l'État et les relations européennes et internationales et la coopération (DREIC). Depuis 2021, les services compétents dans le domaine de la jeunesse, de l'engagement et des sports, placés sous l'autorité du délégué RAJES, peuvent être érigés en service régional, placé sous l'autorité hiérarchique du RRA, tout en restant sous l'autorité fonctionnelle du préfet de région (Décr. n° 2020-1542 du 9 déc. 2020, art. 5).

Au-delà de cette liste, le RRA peut créer d'autres services régionaux, cette faculté devant toutefois s'inscrire dans ses attributions (art. R. 222-24-4, al. 3 ; notamment pour les affaires juridiques et la gestion des systèmes d'information). Au-delà de la régionalisation des services académiques traditionnels (DRAFPIC, DRAIO...) ont pu être mis en place des services régionaux consacrés à l'action culturelle, l'évaluation et le pilotage des politiques éducatives (Grand Est, Hauts-de-France), les personnels d'encadrement (Nouvelle-Aquitaine, ARA), transfrontalier et plurilinguisme (Grand-Est). Sur le plan territorial, l'idée de proximité a permis de justifier la distribution des services entre les villes sièges des académies. Ainsi, en Nouvelle-Aquitaine, la délégation régionale en charge de l'information, de l'orientation et de la lutte contre le décrochage est basée à Limoges, la délégation régionale du numérique éducatif et la structure en charge de la formation des cadres à Poitiers. Un même service peut être installé sur plusieurs sites : dans la région académique Grand-Est, le service ESRI est implanté dans les trois anciennes académies, à la différence de la région Auvergne-Rhône-Alpes qui a opté pour une concentration à Lyon, avec toutefois des relais à Grenoble et Clermont-Ferrand ; dans cette région les services régionaux dédiés à l'information et à l'orientation, à la formation professionnelle, au numérique éducatif comme aux affaires internationales et européennes, comme plusieurs services interacadémiques sont répartis sur trois sites. Si cette formule permet de rassurer les personnels (en excluant toute mobilité géographique imposée) et d'apporter des satisfactions aux collectivités, le recours aux échanges numériques ne règle pas la totalité des questions soulevées par l'éloignement (en termes de déplacement) et l'éclatement (en termes de management, de cohérence des équipes).

Le secrétaire général de la région académique (art. R. 222-16-4). En 2015 avait été mis en place un service pour les affaires régionales dont le responsable était nommé par le RRA. Le renforcement de ses attributions et la création des services régionaux ont imposé l'institution dans les régions comportant plusieurs académies d'un secrétaire général de région académique (SGRA), distinct du secrétaire général d'académie (SGA) ; occupant un emploi fonctionnel, il est nommé par arrêté interministériel pour une durée maximale de quatre ans, renouvelable une fois ; il en est de même des emplois d'adjoint au SGRA chargé de missions particulières se rapportant à l'administration de la région académique et, le cas échéant, de missions transversales (Décr. n° 2016-1413 du 20 oct. 2016 modifié par le Décr. n° 2019-1594 du 31 déc. 2019, art. 1er). Le SGRA est chargé, sous l'autorité du RRA, de l'administration de la région académique. A ce titre, il assure le pilotage des services régionaux et dispose, en tant que de besoin, des services académiques, des services interacadémiques ainsi que des services interrégionaux qui concourent à la mise en œuvre des politiques de la région académique. Le SGRA supplée le RRA en cas d'absence ou d'empêchement ; il assure son intérim en cas de vacance momentanée de l'emploi (à l'exception des questions les plus importantes pour lesquelles le recteur de région académique a un pouvoir propre, notamment le droit d'évocation [art. R. 222-16-5, al. 2] et des questions relatives à l'enseignement supérieur, la recherche et l'innovation dans les régions où a été nommé un recteur délégué [art. R. 222-16-5, al. 3], sauf en Île-de-France) ; il peut recevoir délégation de signature du RRA et donner dans ce cadre délégation à ses adjoints et aux responsables des services régionaux et interrégionaux (art. R. 222-17, mod. par Décr. n° 2020-1543 du 9 décembre 2020). Dans les sept régions où il a été créé, le SGRA assiste le recteur délégué à l'ESRI ; pour les questions communes aux enseignements scolaires et supérieurs, il assure la coordination entre les services concernés, en lien avec le recteur délégué (art. R. 222-16-4).

2. La mutualisation des services académiques

Dès 1982 avait été créé le service interacadémique des examens et concours (SIEC ; art. D. 222-4 à D. 222-7) ; des initiatives de mutualisation des services d'une même académie avaient pu être prises (V. annexe 25, Cour des comptes, Rapport 2017, préc.) avant que le décret du 5 janvier 2012 n'impose au recteur d'académie d'arrêter un schéma organisant la mutualisation des moyens entre les services académiques et les services départementaux, sur le modèle du schéma mis en place pour les services déconcentrés de l'État (Décr. n° 2004-374 du 29 avr. 2014, art. 23-1), en conformité avec lui (art. R. 222-36-1). « Le recteur arrête, conformément aux orientations ministérielles, l'organisation territoriale et fonctionnelle de l'académie ainsi que les attributions des services de l'académie et des services départementaux de l'éducation nationale placés sous son autorité » (art. R.* 222-19). Rompant avec le modèle de l'organisation uniforme, le décret permet au recteur d'adapter les structures et les solutions administratives aux caractéristiques de l'académie. L'exercice doit respecter les « orientations ministérielles ». Dans ce cadre, il est possible de revoir l'implantation géographique des services académiques et de redistribuer entre eux les diverses fonctions administratives. La réflexion et les décisions peuvent concerner tant les services du rectorat que les divers services départementaux placés les uns et les autres sous l'autorité du recteur (art. R. 222-19-3). Pour restructurer les services le recteur a la possibilité de mettre fin, totalement ou partiellement, aux délégations accordées aux directeurs académiques (art. R. 222-19-3). Il peut ainsi charger un service académique ou départemental d'une mission d'étude, d'expertise, de gestion (y compris de gestion des ressources humaines), d'appui technique à la maîtrise d'ouvrage (comparer avec Décr. n° 2004-374 du 29 avr. 2004, art. 24). De même peut-il décider de réunir les différents services qui assurent la préparation des actes administratifs ou le contrôle du budget et ceux qui assurent la préparation des actes des établissements publics locaux d'enseignement ; un arrêté rectoral fixe alors la compétence territoriale et matérielle du service et désigne son responsable qui, tout en restant placé sous l'autorité hiérarchique du recteur, pourra dépendre de l'autorité fonctionnelle d'un des directeurs d'académie (art. R. 222-36-2). De même, le recteur a la possibilité de créer un service interdépartemental pour la conduite durable d'actions communes à plusieurs services départementaux (art. R. 222-36-3 ; comparer avec Décr. n° 2004-374 du 29 avr. 2004, art. 28). Pour la jeunesse, l'engagement et les sports, le RRA peut, par arrêté, mutualiser au sein de la délégation régionale académique les attributions du service du département siège de la région académique (Décr. n° 2020- 1542 du 9 déc. 2020, art. 7). Si des mesures peuvent être prises ponctuellement, au gré des besoins, une réflexion préalable doit permettre l'élaboration d'un schéma dont l'objet principal sera d'organiser la mutualisation des moyens entre les services académiques et départementaux (art. R. 222-36-1). Le décret prend la précaution de rappeler que ce document doit être en cohérence avec les orientations des schémas organisant la mutualisation des moyens entre services de l'État que doit élaborer l'autorité préfectorale (Décr. n° 2004-374 du 29 avr. 2004, art. 23-1).

Le décret du 10 décembre 2015, puis le décret du 20 novembre 2019, reprennent cette démarche au niveau interacadémiques. Après avis du comité régional académique, le recteur de région académique arrête un **schéma de mutualisation des moyens** entre les services des académies qui intègre depuis le décret de 2019 les services régionaux, interacadémiques et interrégionaux (art. R. 222-16-2). Sous réserve des compétences du préfet de région, le recteur de région académique arrête l'organisation fonctionnelle et territoriale de la région académique (art. R. 222-16-2). Il détermine les attributions des services régionaux (art. R. 222-24-4) et des services interacadémiques (art. R. 222-36-4), sachant que les services interrégionaux sont créés par arrêté ministériel. Le décret n° 2019-1200 étend les possibilités de mutualisation soit dans le cadre de la région académique, entre académies, soit entre régions académiques.

Les services interacadémiques (art. R. 222-36-4) sont créés par arrêté du RRA, notamment à partir de 2012 pour les affaires juridiques et les systèmes d'information quand n'ont pas été créés de services académiques et pour toute autre question pour laquelle peuvent être menées des « politiques coordonnées » entre les académies de la région. L'arrêté qui fixe les attributions, le champ territorial, les moyens et les modalités d'évaluation désigne aussi son responsable, placé sous l'autorité hiérarchique du recteur d'académie de son lieu d'implantation et sous l'autorité fonctionnelle des autres recteurs ; chaque recteur peut déléguer sa signature au responsable du service ; le responsable du service interacadémique a autorité fonctionnelle sur les services académiques qui concourent à la définition des politiques concernées dans la limite des attributions du SIA (art. R. 222-36-4).

Des services interrégionaux peuvent être créés par arrêté ministériel (MEN, MESRI), sur proposition de plusieurs RRA, après avis de chaque CoRéA quand ils relèvent des compétences des recteurs d'académie, pour la mise en place de politiques communes. L'arrêté ministériel fixe l'étendue de la compétence territoriale, le attributions et l'autorité hiérarchique dont relève le service. Il désigne le responsable, placé sous l'autorité fonctionnelle de chaque recteur (art. R. 222-36-5). La DRAJES peut être chargée, par arrêté des ministres chargés de la jeunesse, des sports, de l'engagement civique et de la vie associative, de missions dans plusieurs régions (Décr. n° 2020-1542 du 9 déc. 2020, art. 7).

3. La coordination des services et la gouvernance académique

Avant 2012, pour gouverner l'académie, le recteur avait pu mettre en place des instances de coordination sous des appellations diverses (comité de pilotage académique, conseil rectoral, conférence académique). Souhaitant améliorer la gouvernance, le décret de 2012 les avait institutionnalisés, à l'image du comité de l'administration régionale présidé par le préfet de région (Décr. n° 2004-374 du 29 avr. 2004, art. 35). Le **comité de direction de l'académie** réunit autour du recteur le secrétaire général de l'académie et les DASEN _ (art. R. 222-19-1), en nombre variable selon les académies, de huit dans l'académie de Toulouse à un à La Réunion. Ce comité peut être élargi aux adjoints et collaborateurs (secrétaires généraux d'académie, IA-DASEN, directeurs de cabinet, conseillers techniques) et peut associer à ses travaux le délégué régional à la recherche et à la technologie (DRRT). En 2015, la création de la région académique s'est faite au nom de la gouvernance. Auprès du recteur de région académique est institué un comité régional académique (CRA) qui réunit les recteurs de la région (en Île-de-France, il remplace le comité des recteurs de la région Île-de-France) ; les recteurs de chaque région académique devaient définir, d'un commun accord, ***une charte de gouvernance*** précisant notamment le mode de fonctionnement, la composition et la fréquence de réunion de ce comité. Le comité régional académique est chargé d'organiser les modalités de l'action commune des recteurs et d'assurer la coordination des politiques académiques ; il rend obligatoirement un avis lorsque le recteur de région académique exerce les attributions qui lui sont confiées par le décret du 10 décembre 2015. Le décret du 20 novembre 2019 confiant cette mission au RRA, le CoRéA, maintenu dans les régions comportant plusieurs académies (avec la participation du recteur délégué à l'ESRI là où il existe) voit ses compétences réduites à la formulation d'avis, notamment en cas de création de certains services régionaux (art. R. 222-24-6 ; R. 222-36-4, I ; R. 222-36-5). La gouvernance de l'académie passe par la délibération, par la collaboration entre les différentes autorités. La réflexion préalable à la mise en place de la nouvelle organisation fonctionnelle et territoriale montre qu'elle est possible. Il appartiendra au RRA de faire vivre la réunion des recteurs et d'associer à leurs travaux les autres autorités académiques (les DASEN) et les principaux acteurs académiques, notamment le SGRA et les SGA comme les conseillers, notamment quand ils sont chefs de service. ❑

CHAPITRE PREMIER LES SERVICES DE L'ADMINISTRATION CENTRALE

Le présent chapitre ne comprend pas de dispositions législatives.

BIBL. GÉN. ▶ BOSSARD, SHERRINGHAM et SAINT-GEOURS, Les objectifs et l'organisation de l'action internationale au ministère de l'éducation nationale et au ministère de l'enseignement supérieur, de la recherche et de l'innovation, *MEN-MESRI, Rapp. n° 2018-001, janv. 2018*. – BUISSON-FENET, L'administration de l'Éducation nationale, *PUF, coll. Que sais-je ?, 2008*. – CYTERMANN (coord.), ORTUSI et DE GIMEL, Évaluation et organisation de la fonction statistique au ministère de l'éducation nationale, de l'enseignement supérieur et de la recherche, *Rapp. IGAENR, IGINSEE, n° 2016-026, mai 2016*. – DUPONT-MARILLIA, Institutions scolaires et universitaires, *Gualino éditeur, coll. Concours de la fonction publique, 2e éd., 2007*. – DURAND-PRINBORGNE, Le Droit de l'éducation, *Hachette éducation, 2e éd., 1998*. – FAUROUX, Pour l'école, *Calmann-Lévy, 1996*. – LEGRAND, Le Système E, *Denoël, 1994*. – LESAGE et SIMON, Organisation et gestion de l'Éducation nationale, *Berger-Levrault Éducation, 2004*. – LESOURNE, Éducation et société : les défis de l'an 2000, *La*

Découverte, 1988. – Perie, L'Éducation nationale à l'heure de la décentralisation, *Doc. fr., 1987.* – Ravier, Quand l'Instruction publique devint Éducation publique : le ministère Guizot, *Savoir Éducation Formation, nos 3/4, juill.-déc. 1996. 297.* – Toulemonde, Le système éducatif en France, *Doc. fr., coll. Les notices, 2003* ; Petite histoire d'un grand ministère, L'Éducation nationale, *Hachette, 1990.* – Wiener, Administration de l'Éducation nationale : 110, rue de Grenelle, *AJDA 1996. 881* .

▸ **Pilotage :** REY, Pilotes et pilotage dans l'éducation, *Dossier de veille de l'IFÉ, n° 128, févr. 2019.* – L'éducation nationale : organiser son évaluation pour améliorer sa performance. Enquête demandée par le Comité d'évaluation et de contrôle des politiques publiques de l'Assemblée nationale, *C. comptes, déc. 2017.* – Le système d'information des ressources humaines de l'Éducation nationale : une modernisation dans l'impasse, *in* Le numérique au service de la transformation de l'action publique, *C. comptes, Rapp. public 2020, t. II, 195.*

▸ **Médiation :** V. Bibl. ss. art. L. 23-10-1.

CHAPITRE II LES SERVICES ACADÉMIQUES ET DÉPARTEMENTAUX

BIBL. GÉN. ▸ Belloc et Mourrier, L'académie au pays du capital, *PUF, coll. L'innovation politique, 2011.* – Cytermann, Alfandari, Christmann, Quelle évolution de l'État territorial pour l'éducation nationale, l'enseignement supérieur et la recherche ?, *Rapp. IGAENR, n° 2015-021, avr. 2015.* – Durand-Prinborgne, Le recours à la décentralisation au ministère de l'éducation nationale, *RFAP 1979. 806.* – Geoffroy, L'administration de l'Éducation nationale, *in* Le système éducatif en France, *Doc. fr., coll. Les notices, 2003.* – Lesourne, Éducation et société demain, rapport au ministre de l'Éducation nationale, *1987.* – Rouche, Histoire générale de l'enseignement et de l'éducation en France, *Nouvelle Librairie de France, 1981.* – Weil, Dugrip, Luigi et Perritaz, La réorganisation territoriale des services déconcentrés des ministères de l'éducation nationale et de l'enseignement supérieur, de la recherche et de l'innovation, *MEN-MESRI, Rapp. n° 2018-029, mars 2018.* – Wiener, L'adaptation de l'administration centrale aux données nouvelles ?, *RFAP, n° 79, juill.-sept. 1996.* – Les services déconcentrés de l'État. Clarifier leurs missions, adapter leur organisation, leur faire confiance, *C. comptes, Rapp. public thématique, 2017.*

▸ **Recteurs et académies :** André, Portrait du recteur d'académie en chancelier des universités, *in* de Raulin et Pastorel (études coordonnées par), Gouvernance et réforme administrative, Mél. en l'honneur de Marc Debène, *PUAM, 2018, 30.* – Baumard et Collas, Recteurs et managers, *Le Monde, 14 avr. 2011. 17.* – Bouyssou, La gouvernance académique. Actes de la journée annuelle des responsables juridiques d'académie, *LIJ 2012, n° 163, p. 17.* – Cazajous, Lacoste, Perritaz, et Peyroux, Fonctionnement des services académiques, *MEN, Rapp. IGAENR, n° 2011-055, juin 2011.* – Condette et Legoherel (dir.), Le recteur d'académie. Deux cents ans d'histoire, *Cujas 2008.* – Debène, Le recteur de région académique, version 2020. Pourquoi faire simple quand on peut faire compliqué ?, *AJDA 2020. 1044* ; L'autorité académique, *Administration et éducation 2002, n° 2.* – Le recteur et la LOLF, *Cahiers administratifs et politistes du Ponant, IFSA, n° 9, 2003. 47* ; La LOLF et le pilotage pédagogique des académies, *www.ac-rennes.fr, sept. 2004* ; Organisation et gouvernance des académies, *AJDA 2012. 827* . – Fialaire, L'évolution récente des compétences décisionnelles du recteur d'académie, *Savoir, 1992. 57.* – Gérard, Le recteur d'académie, *AJDA 1996. 836* . – Lepetit, Polaillon, Simler, Lacoste et Renaudineau, Pilotage du système éducatif dans les académies à l'épreuve de la LOLF, *Rapp. IGEN-IGAENR-IGF, n° 2006-085, mars 2007.* – Maupin, Nouvelle organisation de la région académique, *AJDA 2019. 2404* . – de Montecler, Les rectorats à l'heure des nouvelles régions, *AJDA 2015. 2409* . – Niveau, Le métier de recteur et son évolution, *Administration et éducation, AFAE, 1990, n° 1.* – Olivier, Gouvernance de l'Éducation nationale : vers un alignement sur le droit commun ? (analyse de B. Toulemonde), *AEF 24 févr. 2016, Dépêche n° 532285.* – Sellier, Quelques réflexions sur la fonction de recteur, *Administration et éducation, AFAE, 1990, n° 1.* – Toulemonde, Comment le Gouvernement peut-il se séparer d'un recteur ?, *AEF, Dépêche n° 477053, 13 mars 2014* ; L'irrésistible ascension des recteurs d'académie ?, *AJDA 2012. 513* ; L'évolution de la fonction rectorale, *in* La Décentralisation, dix ans après, *LGDJ, 1993* ; Les académies en avance sur leur temps, *AJDA 2008. 721* ; Les « recteurs universitaires », une espèce en voie de disparition, *AJDA 2010. 1617* ; Nouvelle organisation des académies, nouveaux recteurs. Vers un alignement sur le droit commun ?, *AJDA 2016. 260* ; L'évolution de la fonction rectorale, *in* de Raulin et Pastorel (études coordonnées par), Gouvernance et réforme administrative, Mél. en l'honneur de Marc Debène, *PUAM, 2018, p. 25* ; Du recteur d'hier au recteur de demain ?, Nouvel élargissement du vivier de recrutement des recteurs, *AJDA 2018. 2397* .

▸ **Inspecteurs d'académie et inspections d'académie :** Bottin et Marchal, L'inspecteur d'académie : directeur des services départementaux de l'Éducation nationale, *AJDA 1996. 856* . – Collas, Le corps des inspecteurs de l'académie de Paris est dissous, *Le Monde, 3 nov. 2011.* –

Delahaye, Antonmattei, Safra et autres, La place et le rôle des inspecteurs d'académie et des services départementaux dans l'administration, le pilotage et l'animation de l'Éducation nationale, *MEN, Rapport conjoint IGEN-IGAENR, n° 2006-054, juill. 2006.* – Gaillard et Pons, (coord.), Les inspecteurs territoriaux : médiateurs du changement, *Afae, n° 1, mars 2016.* - Weltzer (pilote), Lecuivre, Schmidt (pilote), Fardet et Franchi, Gouvernance académique du premier degré, *Rapp. IGEN-IGAENR, n° 2018-067, sept. 2018.* – Men, Consultation de la DAJ sur les délégations de signature du directeur académique des services de l'éducation nationale à la suite de l'entrée en vigueur du décret n° 2012-16 du 5 janv. 2012 relatif à l'organisation académique, *Note DAJ A1, n° 12-363 du 11 oct. 2012, LIJ 2012, n° 169, p. 15.*

▸ **Crise sanitaire :** Les conséquences de l'ordonnance n° 2020-347 du 27 mars 2020 sur le fonctionnement des instances collégiales des EPLE, des écoles et des services académiques : *Le point sur, LIJ 2020, n° 212, p. 21.*

Art. L. 222-1 Les fonctions de recteur sont incompatibles avec celles de président d'un établissement public à caractère scientifique, culturel et professionnel et avec celles de directeur d'une unité de formation et de recherche.

1. Académie. Création. Consultation du CHSCT. La FSU contestait la création de l'académie de Normandie au motif que les CT ministériels s'étaient prononcés sur la fusion des académies de Caen et de Rouen sans attendre les avis des CHSCT. Le Conseil d'État précise qu'il résulte des art. 34 du Décr. n° 2011-184 du 15 févr. 2011, de l'art. 47 et du 1° de l'art. 57 du Décr. n° 82-453 du 28 mai 1982 qu'une question ou un projet de disposition ne doit être soumis à la consultation du CHSCT que si le CT ne doit pas lui-même être consulté sur la question en cause. Le CHSCT ne doit ainsi être saisi que d'une question concernant exclusivement la santé, la sécurité ou les conditions de travail. En revanche, lorsqu'une question ou un projet de disposition concerne ces matières et l'une des matières énumérées à l'art. 34 du Décr. de 2011, seul le CT doit être obligatoirement consulté. Ce comité peut, le cas échéant, saisir le CHSCT de toute question qu'il juge utile de lui soumettre. En outre, l'administration a toujours la faculté de consulter le CHSCT. Il en déduit que, dès lors que les CT ministériels avaient à émettre un avis sur un projet de texte, la circonstance que ces comités aient décidé de consulter les CHSCT ne faisait pas obstacle à ce qu'ils se prononcent, sans attendre l'avis des CHSCT. • CE 18 nov. 2020, n° 436471 B : *AJDA 2020. 2289 ; LIJ 2021, n° 213, p. 10.*

2. Restructuration de services. Primes. Saisie d'un contentieux indemnitaire né à l'occasion d'une restructuration de services académiques, le juge rappelle qu'aux termes de l'art. 1er du Décr. du 17 avr. 2008 instituant une prime de restructuration de service et une allocation d'aide à la mobilité du conjoint : « En cas de restructuration d'une administration de l'État, de l'un de ses établissements publics ou d'un établissement public local d'enseignement, une prime de restructuration de service peut être versée aux magistrats, aux fonctionnaires et agents non titulaires de l'État de droit public recrutés pour une durée indéterminée. Les opérations de restructuration de service ouvrant droit à la prime sont fixées par arrêté ministériel, pris après avis des comités techniques compétents. Cette prime peut, le cas échéant, être complétée par une allocation d'aide à la mobilité du conjoint » ; que l'art. 2 du même Décr. dispose que « la prime de restructuration de service peut être attribuée aux agents mutés ou déplacés dans le cadre de la restructuration du service dans lequel ils exercent leurs fonctions » ; que, contrairement à ce que soutient le syndicat requérant, ni ces dispositions ni celles du Décr. du même jour instituant un complément indemnitaire en faveur de certains fonctionnaires de l'État à l'occasion d'opérations de restructuration n'imposent que toute opération de restructuration fasse l'objet d'un arrêté ministériel ouvrant droit à la prime de restructuration de service. En l'espèce, il juge qu'eu égard à la portée des opérations de réorganisation intervenues dans les services déconcentrés, consistant principalement en la mutualisation de services entre inspections académiques d'une même académie afin de constituer des pôles de spécialisation, ainsi qu'à leurs incidences sur les conditions de travail et la mobilité des agents y exerçant leurs fonctions, le ministre n'a pas entaché sa décision d'une erreur manifeste d'appréciation en refusant de prendre un arrêté étendant le bénéfice de la prime de restructuration instituée par l'art. 1er du Décr. préc. du 17 avr. 2008 aux réorganisations intervenues dans ces services et qu'il n'a pas davantage méconnu le principe d'égalité ; qu'enfin le détournement de pouvoir allégué n'est pas établi. • CE 3 juill. 2013, *Synd de l'adm. et de l'intendance UNSA*, n° 347226 : *AJDA 2013. 2128* .

Art. L. 222-2 Le recteur *(L. n° 2019-791 du 26 juill. 2019, art. 54)* **« de région académique », en qualité de chancelier des universités, représente le ministre chargé de l'enseignement supérieur auprès des établissements publics à caractère scientifique, culturel et professionnel dans les conditions fixées à l'article L. 711-8.**

Il assure la coordination des enseignements supérieurs avec les autres ordres d'enseignement.

Il dirige la chancellerie, établissement public national à caractère administratif qui, notamment, assure l'administration des biens et charges indivis entre plusieurs établissements.

Sur la chancellerie, V. art. D. 762-1 s.

I. RECTEUR. STATUT

1. Nomination des recteurs. Modalités. Le Décr. n° 2015-1617 du 10 déc. 2015 modifie la condition de détention d'un doctorat par l'intervention obligatoire, pour les personnes qui n'en sont pas titulaires, d'un avis rendu par une commission chargée d'apprécier l'aptitude des intéressés à exercer les fonctions de recteur. La conférence des présidents d'université ayant demandé l'annulation de ce décret, le juge rappelle que le principe d'autonomie des universités, consacré par l'art. L. 711-1, n'a pas de valeur constitutionnelle et que, dès lors, les requérants ne sauraient soutenir que le décret attaqué serait contraire à la Constitution pour cette raison. Le Conseil d'État estime par ailleurs que le principe d'autonomie des universités, ni aucune autre disposition ni aucun principe n'imposent au pouvoir réglementaire, compétent pour fixer les conditions de nomination à l'emploi de recteur, de subordonner l'accès à cet emploi à une condition de diplôme ou de titre universitaire. Le Conseil estime enfin qu'eu égard à la nature de ces attributions, qui comportent, en plus de la mise en œuvre des pouvoirs de tutelle exercés par le ministre chargé de l'enseignement supérieur sur les universités, des responsabilités étendues en matière d'enseignement primaire et secondaire ainsi que d'administration générale, les dispositions par lesquelles le décret attaqué remplace, pour des personnes justifiant d'une expérience professionnelle de dix ans au moins dans les domaines de l'éducation, de l'enseignement, de la formation ou de la recherche, la condition additionnelle de doctorat par une condition tenant, si elles ne justifient pas d'un tel grade, à ce que leurs compétences soient appréciées par une commission d'aptitude, ne sont pas entachées d'une erreur manifeste d'appréciation. • CE 23 nov. 2016, *Conférence des présidents d'universités,* n° 395652 : *Lebon T ; AJDA 2016. 2304, comm. de Montecler ; LIJ 2017, n° 197, p. 4.*

2. Retrait d'emploi. Les recteurs sont nommés sur des emplois à la discrétion du Gouvernement qui peut donc à tout moment mettre fin à leurs fonctions sans avoir à motiver sa décision. Pour autant, le Conseil d'État, se fondant sur une L. de 1905, exige que l'intéressé soit préalablement mis à même de consulter son dossier et de présenter éventuellement ses observations. Dès lors, l'annulation du retrait illégal d'emploi d'un recteur ouvre droit à une indemnisation pour le préjudice matériel et moral subi. • CE 26 févr. 2014, *M. Debbasch,* n° 364153 : *AJDA 2014. 936 , note Toulemonde ; AEF, Dépêche n° 477053, 13 mars 2014, comm. Toulemonde.*

3. Retrait d'emploi. Procédure. Légalité. Conditions. Le juge vérifie si l'intéressé a été informé précisément de la mesure envisagée à son égard. En l'espèce, le recteur faisait valoir qu'au cours des entretiens téléphoniques qu'il a eus avec les directeurs de cabinet, un doute planait sur la nature de la décision, une mutation étant envisagée et non un retrait pur et simple d'emploi. Le juge a considéré que d'un côté il y avait des « allégations précises » et de l'autre une « brève attestation » du directeur de cabinet pour en déduire un défaut d'information de l'intéressé. • CE 26 févr. 2014, *M. Debbasch,* n° 364153 : *préc. note 2.*

II. INSPECTEUR D'ACADÉMIE. STATUT

4. V. notes ss. art. L. 941-1.

III. INSPECTEUR D'ACADÉMIE. COMPÉTENCES

5. Changer le calendrier scolaire. L'inspecteur d'académie ne peut adopter un projet d'organisation du temps scolaire qui déroge aux règles fixées par l'arrêté ministériel du 12 mai 1972 que si ce projet a été auparavant effectivement élaboré par le conseil d'école lors d'une réunion régulière. • CAA Lyon, 27 févr. 2007, *M. Bongiraud,* n° 06LY02003 : *Lebon T. 875 ; AJDA 2007. 1095 .*

TITRE TROISIÈME LES ORGANISMES COLLÉGIAUX NATIONAUX ET LOCAUX

BIBL. GÉN. ▸ DUPONT-MARILLIA, Institutions scolaires et universitaires, *Gualino éditeur, coll. Mémentos, 2003.* – DURAND-PRINBORGNE, Le Droit de l'éducation, *Hachette éducation, 2e éd. 1998.* – LESAGE et SIMON, Organisation et gestion de l'Éducation nationale, *Berger-Levrault Éducation, 2004.*

▸ **Crise sanitaire :** Les conséquences de l'ordonnance n° 2020-347 du 27 mars 2020 sur le fonctionnement des instances collégiales des EPLE, des écoles et des services académiques : *Le point sur, LIJ 2020, n° 212, p. 21.*

COMMENTAIRE

Ce titre III présente une série d'organismes dont le seul point commun est d'être de caractère collégial sans être paritaires. Réunissant un certain nombre de personnes (de 18 pour le conseil supérieur des programmes à 100 au CNESER et à 250 pour la Commission nationale pour l'éducation, la science et la culture, qui joue un rôle incertain auprès de l'Unesco, art. D. 239-15), ces organismes se distinguent des institutions constituées à parité administration/représentants du personnel chargées de donner à l'administration des avis pour la gestion de chaque corps de fonctionnaires (CAP, commissions administratives paritaires), ou pour l'organisation des services (CTP, comité technique paritaire).

La ***partie législative*** du code institue le Conseil supérieur de l'éducation (CSE, art. L. 231 s. et R. 231-1), le Conseil supérieur des programmes (CSP, créé par la L. du 8 juill. 2013 qui supprime le Haut Conseil de l'éducation, art. L. 231-14 et D. 231-34 s.), le Conseil national de l'enseignement supérieur et de la recherche (CNESER, art. L. 232-1 s. et D. 232-1 s.), la Conférence des chefs d'établissements de l'enseignement supérieur (art. L. 233-1 s.) qui regroupe la Conférence des présidents d'université (CPU, art. D. 233–1 s.) et la Conférence des directeurs des écoles françaises d'ingénieurs (CDEFI, art. D. 233-7 s.) (à noter que cette énumération omet le Conseil national des universités, CNU, « instance nationale » compétente pour le recrutement et la carrière des enseignants-chercheurs, V. art. L. 952-6) ; il en est de même des conseils académiques et départementaux de l'éducation nationale (CAEN, art. L. 234-1 s. ; CDEN, art. L. 235-1 et R. 235-1 s.), auxquels il faut ajouter des instances consultatives en matière de formation professionnelle (art. L. 237-1 s.) ; la partie réglementaire ajoute les instances consultatives en matière de relations éducation-économie (art. D. 237-9 s.), des organismes particuliers à l'enseignement agricole (art. L. 238-1 s. et R. 238-1), la commission nationale pour l'éducation, la science et la culture qui conseille le Gouvernement pour les questions relevant de l'UNESCO (art. D. 239-15) et l'Observatoire national de la sécurité et de l'accessibilité des établissements d'enseignement (art. D. 239-25).

Cette liste n'est pas exhaustive. D'autres organismes figurent sous une autre rubrique du code de l'éducation ; le Conseil national d'évaluation du système éducatif (art. L. 241-12 s.) créé par la loi du 8 juillet 2013 (remplacé par le Conseil d'évaluation de l'école par l'art. 40 de la L. du 26 juill. 2019 pour une école de la confiance) comme le Haut Conseil de l'évaluation de la recherche et de l'enseignement supérieur institué par la loi ESR du 22 juillet 2013 (HCEES, art. L. 242-1) sont régis par des chapitres du titre IV du même livre consacré à l'évaluation (pour le HCERES, V. aussi, C. rech., art. L. 114-3-1) ; la partie réglementaire du livre III institue la commission académique sur l'enseignement des langues vivantes étrangères (art. D. 312-24) et le conseil académique des langues régionales (art. D. 312-33). En 2012 a été créé un Conseil national de l'innovation pour la réussite éducative ; en 2013 un Haut Conseil de l'enseignement artistique et culturel.

Au-delà de leur caractère collégial, ces organismes sont les plus divers. Leur dénomination (Haut Conseil, Conseil supérieur, Conseil national, Conférence, Haut Comité, Observatoire…) en est un premier signe confirmé tant sur le plan statutaire que pour leurs attributions.

Pour éviter la multiplication des commissions à caractère consultatif, le décret n° 2006-672 du 8 juin 2006 (modifié par le Décr. n° 2009-613 du 4 juin 2009) imposait aux autorités de l'État et de ses établissements publics de s'interroger périodiquement sur l'utilité de ces instances (sont toutefois exclus de la réflexion les commissions créées par la loi, les autorités administratives indépendantes, les commissions composées exclusivement d'agents de l'État, les instances d'études et d'expertise mais aussi les organes consultatifs internes aux EPLE comme le CDVL). Après une étude menée par le ministère de l'éducation nationale, le décret n° 2009-627 du 6 juin 2009 a ainsi prorogé pour une durée de cinq ans diverses commissions ou instances nationales (Conseil national de la vie lycéenne, Conseil national des associations éducatives complémentaires de l'enseignement public…), académiques (commission d'appel en matière disciplinaire pour les élèves, Conseil académique des langues régionales, Conseil académique sur l'enseignement des langues vivantes étrangères…) ou départementales (commission départementale d'orientation vers les enseignements adaptés du second degré…) ; elles ont été à nouveau prorogées pour deux ans par le décret n° 2015-623 du 5 juin 2015.

I. DIVERSITÉ STATUTAIRE

Certains des organismes collégiaux sont des institutions bien enracinées dans notre histoire administrative. Ainsi, l'origine du Conseil supérieur de l'éducation (CSE) remonte au Conseil supérieur de l'instruction publique créé en l'an VII, transformé en Conseil de l'Université impériale en 1806 qui était à la fois une juridiction et un organe consultatif. Devenu Conseil de l'Instruction publique en 1852 modifié en 1880 pour assurer sa cohérence avec les institutions de la République (composition), il est érigé en Conseil supérieur de l'éducation nationale (CSEN) en 1946 ; en 1968, la loi crée le CNESER ; le CSEN prend sa forme actuelle et le nom de CSE en fusionnant avec le Conseil général de l'enseignement technique en 1989 (art. L. 231-1 s. résultant de la loi d'orientation du 10 juill. 1989).

Comme l'indique l'intitulé même du titre, les uns sont nationaux (HCE, CSE, CNESER, CTEN...), les autres sont locaux, académiques (CAEN) ou départementaux (CDEN). Ils peuvent aussi être rattachés à un seul ministère, en général à l'éducation nationale, mais aussi à l'agriculture (voir Chap. VIII : CNEA, CNESRAAV, CREA), à la culture (art. L. 239-1) et, pour la formation professionnelle, au ministère du travail, comme ils peuvent avoir à connaître de l'ensemble du système éducatif (c'est le cas du CSE).

Leurs ***membres*** peuvent être élus ou nommés, discrétionnairement ou sur proposition d'une institution ou d'une organisation. Ils peuvent représenter les personnels, les usagers, les partenaires, ou être choisis pour leur expertise. Dans certains cas siègent des parlementaires, députés et sénateurs (V. L. n° 2018-699 du 3 août 2018, art. 51 modifiant l'art. L. 239-1 sur la composition du CNESER).

En général, la présidence est assurée par le ministre ou son représentant. Dans quelques cas, il s'agit d'une personnalité nommée (par le Président de la République pour l'ancien HCE, par le Premier ministre pour le Conseil supérieur des bibliothèques). La conférence des chefs d'établissement de l'enseignement supérieur qui comprend notamment les responsables réunis dans la conférence des présidents d'université et dans la conférence des directeurs d'écoles d'ingénieurs élit désormais son président (art. L. 233-1 modifié par l'art. 36 de la loi LRU du 10 août 2007).

Pour les organismes locaux, CAEN et CDEN, la présidence revient au préfet de région, et, en son absence, au recteur, ou au préfet de département pour les questions de la compétence de l'État, au président du conseil régional ou du conseil général pour celles de la compétence de la collectivité. L'article 55 de la loi du 26 juillet 2019 pour une école de la confiance habilite le Gouvernement à prendre par voie d'ordonnance, dans un délai d'un an, les mesures relevant du domaine de la loi permettant, d'une part, de simplifier l'organisation et le fonctionnement, sur l'ensemble du territoire national, des conseils de l'éducation nationale, d'autre part, de redéfinir et d'adapter les attributions de ces conseils, afin de tenir compte notamment de l'évolution des compétences des collectivités territoriales. De manière générale on peut opposer les conseils fonctionnant sur le modèle *« représentation des intérêts »* dont le nombre des membres est important au modèle *« autorité administrative indépendante »* : ainsi le HCE était composé de neuf membres, désignés par le Président de la République, le Président de l'Assemblée nationale, le Président du Sénat et le président du Conseil économique et social (pour le HCERES, autorité administrative indépendante, V. C. rech., art. L. 114-3-1 ; Décr. n° 2014-1365 du 14 nov. 2014, art. 3).

Les lois du 8 et 22 juillet 2013 consacrent la parité hommes/femmes pour la composition de ces conseils. La loi n° 2017-86 du 27 janvier 2017 relative à l'égalité et à la citoyenneté étend ce principe à la représentation des lycéens au CNESER (art. L. 231-3, al. 5 ; de même pour la composition des commissions consultatives nationales et académiques compétentes en matière de vie lycéenne et collégienne, art. L. 511-2-1).

L'article 36 de la loi LRU a innové en donnant la possibilité à la conférence des présidents d'université et à la conférence des directeurs d'écoles d'ingénieurs de se constituer en associations de la loi de 1901 pour représenter notamment auprès de l'État et de l'Union européenne les intérêts communs des établissements qu'elles regroupent (art. L. 233-2). En revanche, les autres institutions sont, comme le CNESER, des organes de l'État sans personnalité morale.

II. DIVERSITÉ DES ATTRIBUTIONS

A. ATTRIBUTIONS CONSULTATIVES

Le domaine dans lequel les organismes peuvent être consultés est précisé par la loi ou le décret. Ainsi, le **CSE** est habilité à intervenir sur les *« questions d'intérêt national concernant l'enseignement ou l'éducation quel que soit le département ministériel intéressé »* (note ss. art. L. 231-1, ce qui exclut les dispositions sans lien avec la pédagogie même si elles ont des conséquences sur le fonctionnement du service, CE 16 déc. 2009, n° 324516). Le **CNESER** donne son avis sur les questions relatives aux établissements publics à caractère scientifique, culturel et professionnel (EPSCP) (art. L. 232-1) ; il doit ainsi être saisi pour : la création d'établissements d'enseignement supérieur, leur fonctionnement, les décisions réglementaires relatives aux emplois dans ces établissements, le régime des diplômes, les classes préparatoires aux grandes écoles, ou les programmes d'enseignement. Outre ses compétences générales qui ne sont pas précisées autrement que par la référence aux *« questions »* qui lui sont soumises par l'État ou la région (et qui déterminent sa présidence, art. L. 234-1), le **CAEN** est notamment consulté sur les subventions attribuées aux établissements d'enseignement privés (art. L. 234-6).

Selon leur statut, les organismes collégiaux peuvent formuler des avis mais aussi adopter des vœux (CPU, CAEN, CSP), mener des études (CPU), faire des propositions (HCE, CNESER, CSP) ou formuler des recommandations (CTEN). Certains peuvent en outre se voir charger d'un bilan annuel (HCE) ou d'un rapport bisannuel (CTEN, art. L. 211-1).

S'agissant des ***avis, certains*** sont ***sollicités*** (sur saisine, à la demande du ministre ou du recteur), ***d'autres*** peuvent être ***formulés « proprio motu »***. Ils sont alors facultatifs. Mais souvent l'avis est obligatoire, c'est-à-dire obligatoirement demandé et formulé, mais non obligatoirement suivi. L'absence de consultation entraîne l'illégalité de l'acte (notes ss. art. L. 231-1) sauf urgence (notes ss. art. L. 232-1 et art. L. 235-1). S'il liait l'autorité administrative, il constituerait alors un avis conforme, élément d'une véritable codécision (si l'avis n'était pas alors suivi, l'acte serait illégal ; CE, ass., 26 oct. 2001, *Eisenchteter : RFDA 2001. 1342*). Il en est de même pour les propositions qui peuvent être l'expression d'un avis ou, au contraire, lier l'autorité administrative (ex. nomination sur proposition).

Lorsque l'avis demandé par l'autorité administrative est le préalable obligatoire d'une décision concernant les usagers ou des tiers, le décret n° 83-1025 du 28 novembre 1983 relatif aux relations entre l'administration et les usagers impose le respect de certaines règles de procédure (convocation, quorum, procès-verbal, non-participation au débat de tout membre de l'organisme ayant un intérêt à l'affaire) ; pour être suffisamment éclairés les membres de l'organisme doivent avoir reçu un dossier complet. L'avis une fois rendu, l'autorité administrative doit prendre sa décision dans un délai raisonnable, ni trop rapidement, ni trop tardivement. Si elle peut modifier le texte ayant donné lieu à l'avis, la modification ne peut porter sur des éléments substantiels (notes ss. art. L. 231-1) à moins que l'avis n'ait été facultatif (notes ss. art. L. 231-1).

B. ATTRIBUTIONS DISCIPLINAIRES ET JURIDICTIONNELLES

Au niveau national, le CSE comme le CNESER, et, dans les académies, le CAEN, ont longtemps eu des attributions de type juridictionnel qui sont exercées par des formations restreintes. Dans un souci de simplification l'article 82 de la loi n° 2013-595 du 8 juillet 2013 autorise le Gouvernement à supprimer par voie d'ordonnance les compétences contentieuses et disciplinaires du Conseil supérieur de l'Éducation (CSE) et, par voie de conséquence, celles des conseils dont les décisions sont susceptibles d'appel devant le CSE : conseils académiques de l'éducation nationale (CAEN), commission des titres d'ingénieur (CTI). L'ordonnance n° 2014-691 du 26 juin 2014 modifie plusieurs dispositions de la partie législative, abrogeant la section II du chapitre concernant le CSE, remplaçant et abrogeant plusieurs des articles concernant les compétences de ces conseils. Comme d'autres ministères, l'éducation nationale contribue ainsi à la simplification de la juridiction administrative.

Le Gouvernement a constaté que ces procédures contentieuses et disciplinaires sources de complexité, n'avaient aucune nécessité (rapport au Président de la République). L'ordonnance n° 2014-691 du 26 juin 2014 supprime les compétences contentieuses et disciplinaires des CAEN (abrogation des art. L. 234-3 à L. 234-5 par l'art. 8). Les attributions disciplinaires concernant les membres de l'enseignement privé sont désormais dévolues au recteur d'académie qui décide, après avis du CAEN réuni dans la formation prévue à l'article L. 234-2 (art. 7, 9, 10 et 17) ; la décision rectorale est susceptible d'être déférée devant les juridictions administratives de droit commun. Les attributions des CAEN relatives à l'opposition à l'ouverture des établissements d'enseignement privé sont elles aussi supprimées (abrogation des art. L. 441-3 et L. 441-12 par les art. 11 et 15 et modification de l'art. L. 441-7 par l'art. 13). La décision d'opposition à l'ouverture d'un établissement privé pourra donc être contestée directement devant la juridiction administrative, selon la procédure de droit commun.

L'ordonnance n° 2014-691 du 26 juin 2014 supprime les compétences contentieuses et disciplinaires du CSE ainsi que la formation du CSE qui exerçait ces compétences ; le CSE n'est donc plus compétent pour statuer en appel sur les jugements des CAEN et sur les décisions de la CTI (art. 1er) ; les compétences qu'il exerçait en matière de relèvement des déchéances et incapacités sont désormais confiées au ministre de l'éducation nationale (art. L. 911-5-1 nouveau remplaçant les art. L. 231-10 à L. 231-13).

Alors que l'article 82 de la loi du 8 juillet 2013 autorisait le Gouvernement à les supprimer, les compétences contentieuses et disciplinaires de la commission des titres d'ingénieur (CTI) sont par contre maintenues en raison de la technicité des questions dont elle connaît. La CTI demeure compétente pour autoriser les écoles techniques privées à délivrer des diplômes d'ingénieur et pour procéder au retrait de ces autorisations (art. L. 642-4 et L. 642-6), mais ses décisions rendues en premier et dernier ressort ne sont plus contestables en appel devant le CSE ; elles relèvent directement du Conseil d'État par la voie de la cassation.

S'agissant des enseignants-chercheurs (et enseignants) et des usagers (étudiants), l'autorité compétente est le CNESER statuant en matière disciplinaire. Institué pour statuer en appel et en dernier ressort sur les décisions prises par les sections disciplinaires des conseils académiques des universités, il statue en premier et dernier ressort en cas de carence de l'établissement (la section disciplinaire n'est pas préalablement constituée, aucun jugement n'a été rendu dans les 6 mois). Composée des seuls représentants des enseignants-chercheurs, la formation disciplinaire du CNESER est présidée par un conseiller d'État depuis la loi n° 2019-828 du 6 août 2019 de transformation de la fonction publique qui lui retire la compétence concernant les usagers (art. L. 232-3), qui réduit sa compétence aux seuls enseignants-chercheurs et enseignants.

Le CNESER en formation disciplinaire comprend des représentants des enseignants-chercheurs qui élisent un professeur des universités comme président et des représentants des usagers qui ne peuvent siéger que dans les instances les concernant (art. L. 232-3). Il connaît des décisions disciplinaires prises par les conseils académiques en formation disciplinaire à l'égard des enseignants-chercheurs, enseignants et usagers. La récusation d'un membre du CNESER en formation disciplinaire peut être prononcée s'il existe une raison objective de mettre en doute son impartialité (art. L. 232-3, al. 3 résultant de l'art. 53-1° de la L. n° 2014-873 du 4 août 2014 pour l'égalité réelle entre les femmes et les hommes qui précise que la demande de récusation est formée par la personne poursuivie, par le président ou directeur de l'établissement, le recteur d'académie ou le médiateur académique). Si en principe, il statue en appel, il est appelé à statuer en premier et dernier ressort lorsqu'une section disciplinaire n'a pas été constituée (V. CE, QPC, 10 oct. 2011, ci-dessous). Telle était la solution en cas de fraude au baccalauréat que avant le décret n° 2012-640 du 3 mai 2012 constitue une instance *ad hoc*.

Intervenant dans ces domaines, les organismes collégiaux sont alors considérés comme des juridictions. Leurs séances doivent être publiques (CE 19 janv. 2000, *Pawlowski : JCP 2000. 284*), sauf huis clos décidé par le président. Le conseil est tenu de répondre à tous les moyens invoqués devant lui ; pour respecter le principe du contradictoire, les jugements doivent analyser l'ensemble des conclusions et moyens des parties (CE 10 sept. 1994, n° 104697) ; le rapport et les pièces du dossier ont dû préalablement être mis à leur disposition (CE 27 juin 1994, n° 101453 B). Aucun principe général du droit ni l'article 6 de la Convention européenne des droits de l'homme n'imposent toutefois la séparation des phases d'instruction et de jugement (à propos d'une décision du CNESER, V. CE 7 juin 2000, *M. Zurmely*, n° 206362 B). Statuant en dernier ressort, leurs décisions peuvent faire l'objet d'un recours en cassation (recours de droit commun existant même en l'absence de texte, CE, ass., 7 févr. 1947, *d'Aillères : GAJA n° 60*). ❑

CHAPITRE PRÉLIMINAIRE *[ABROGÉ]* LE HAUT CONSEIL DE L'ÉDUCATION

(Abrogé par L. n° 2013-595 du 8 juill. 2013, art. 32)

BIBL. GÉN. ▶ RAIMBAULT, L'avenir de l'école à la lumière de la loi Fillon, *AJDA 2006. 1421*.

Art. L. 230-1 à L. 230-3 *Abrogés par L. n° 2013-595 du 8 juill. 2013, art. 32.*

CHAPITRE PREMIER LE CONSEIL SUPÉRIEUR DE L'ÉDUCATION

SECTION PREMIÈRE LE CONSEIL SUPÉRIEUR DE L'ÉDUCATION DÉLIBÉRANT EN MATIÈRE CONSULTATIVE *(Abrogée par Ord. n° 2014-691 du 26 juin 2014, art. 1er).*

Art. L. 231-1 **Le Conseil supérieur de l'éducation est obligatoirement consulté et peut donner son avis sur toutes les questions d'intérêt national concernant l'enseignement ou l'éducation quel que soit le département ministériel intéressé.**

Il donne des avis sur les objectifs et le fonctionnement du service public de l'éducation.

(L. n° 2004-809 du 13 août 2004, art. 75) **« Il est saisi pour avis du rapport d'évaluation mentionné à l'article L. 211-1. »**

BIBL. ▶ GÉRARD, Un nouveau paysage consultatif au ministère de l'Éducation nationale : le Conseil supérieur de l'éducation, *Savoir 1991. 479*. – LAMBERT et LANTIGNER, La formation contentieuse et disciplinaire du conseil supérieur de l'éducation, *LIJ 2011, n° 151, p. 14.*

1. Notion de « questions d'intérêt national concernant l'enseignement ou l'éducation ». Sont au nombre des questions d'intérêt national concernant l'enseignement ou l'éducation les principes de l'organisation administrative et financière de l'école nationale supérieure des arts décoratifs. • CE 27 mars 1981, *Synd. gén. de l'éducation nationale (SGEN-CFDT)*, n° 12300 : *Lebon T. 757*. ♦ Mais, eu égard à son objet et à sa portée, un décret définissant les règles d'organisation administrative et financière des établissements publics locaux d'enseignement et de formation professionnelle agricoles ne peut être regardé comme soulevant une question d'intérêt national concernant l'enseignement ou l'éducation. • CE 28 juin 1995, *Synd. nat. de l'enseignement technique agricole public (SNETAP)*, n° 75448 : *Lebon T. 811*. ♦ ... Ni un texte relatif aux questions relatives à la composition du conseil scientifique de l'Institut national de la recherche pédagogique et à ses modalités de fonctionnement. • CE 15 mars 1978, *Synd. gén. de l'éducation nationale (SGEN-CFDT)*, n° 07310 : *Lebon T. 828*. ♦ De la même manière, eu égard à son objet et à sa portée, un décret fixant à Lyon le siège de l'institut national de la recherche pédagogique ne peut être regardé comme soulevant une question d'intérêt national relative à l'enseignement ou à l'éducation. • CE 19 févr. 2003, *Paget*, n° 234385 : *Lebon T. 795*. ♦ L'arrêté définissant les conditions de désignation de certains membres du conseil d'administration de l'AEFE, eu égard à son objet et à sa portée, ne peut être regardé comme soulevant une question d'intérêt national concernant l'enseignement ou l'éducation au sens de l'art. L. 231-1 C. éduc. Aucun texte législatif ou réglementaire n'imposait que cet arrêté fût soumis à l'examen du Conseil supérieur de l'éducation nationale. • CE 24 nov. 2006, *M. Bertrand*, n° 277733. ♦ Le décret qui fixe les règles générales de l'organisation et du fonctionnement des lycées de la défense, notamment les conditions d'accès, le déroulement de la scolarité et les droits et obligations des élèves ainsi que l'arrêté qui se borne à préciser les conditions d'application de ce décret ne peuvent être regardés, eu égard à leur objet et à leur portée, comme soulevant une question d'intérêt national relative à l'enseignement ou à l'éducation au sens de cet article. • CE 22 févr. 2007, *M. Berguin*, nos 291903 et 291950 : *AJDA 2007. 934*. ♦ La réglementation de santé publique prévue par le décret n° 2006-1386 du 15 nov. 2006 fixant les conditions d'application de l'interdiction de fumer dans les lieux affectés à un usage collectif, qui s'applique à tous les lieux affectés à un usage collectif, n'est pas au nombre des questions pour lesquelles la consultation du Conseil supérieur de l'éducation est obligatoire. Toutefois, alors même qu'il n'y était pas tenu, le ministre chargé de l'éducation a consulté cet organisme. Le juge administratif considère que l'avis de celui-ci a pu être régulièrement émis par sa section permanente dès lors qu'à cette date, le Conseil ne siégeait pas en session plénière. • CE 19 mars 2007, *Mme Le Gac et a.*, nos 300467, 300500, 300680, 300682, 300683, 300898 : *Lebon 124*.

2. Consultation obligatoire. Sur la base de ce fondement, le juge administratif considère que la consultation du Conseil supérieur de l'éducation est obligatoire pour l'institution d'un nouvel enseignement dans les collèges, relatif à l'éducation à la sexualité, à raison de deux heures au minimum dans l'horaire global annuel des élèves des collèges. En l'espèce, annulation de la circulaire du 15 avr. 1996 relative à la prévention du sida en milieu scolaire et à l'éducation à la sexualité en tant qu'elle institue, à titre obligatoire, des séquences d'éducation à la sexualité. • CE 29 juill. 1998, *Conf. nat. des assoc. familiales catholiques et Mme Lemoine*, n° 180803 : *Lebon T. 934*. ♦ Même solution pour la définition des règles relatives à la composition et à l'organisation de la commission des titres d'ingénieurs. • CE 12 janv. 1977, *M. Pierre Lavigne*, n° 01886 : *Lebon 13*.

3. Conséquences en cas d'avis obligatoire. L'autorité compétente, qui a recueilli l'avis obligatoire du Conseil supérieur de l'éducation nationale, ne peut plus modifier ce projet de texte sur plusieurs points importants sans consulter à nouveau le conseil. Dans le cas contraire, cette instance n'aurait pas été mise à même de délibérer de l'ensemble des questions sur lesquelles il devait être consulté. • CE 27 mars 1981, *Synd. général de l'éducation nationale (SGEN-CFDT)*, n° 12300 : *Lebon T. 757*. ♦ Elle ne peut pas non plus apporter à son projet des modifications qui posent des questions nouvelles. • CE, ass., 23 oct. 1998, *Union des féd. CFDT des fonctions publiques et assimilées (UFFA-CFDT)*, n° 169797 : *Lebon 360* ; *D. 1998. 258*. ♦ L'absence d'avis d'un organisme consultatif, qui refuse d'émettre un avis et qui demande le renvoi global du dossier adoptant ainsi une attitude purement dilatoire, n'entache pas d'irrégularité la procédure suivie. • CE, sect., 14 nov. 1975, *Synd. nat. de l'enseignement supérieur (FEN)*, n° 93351 : *Lebon 571*.

4. Consultation obligatoire. Absence. Le Conseil d'État a jugé que la création d'un traitement automatisé de données à caractère personnel pour la gestion des ressources humaines des ministères chargés de l'éducation nationale, de la jeunesse, de la vie associative, de l'enseignement supérieur et de la recherche, qui ne porte sur aucune question d'intérêt national concernant l'enseignement ou l'éducation au sens de l'art. L. 231-1, n'est pas au nombre des questions pour lesquelles la consultation du Conseil supérieur de l'éducation est obligatoire. • CE 28 mars 2014, *Synd. nat. des enseignants du second degré (SNES)*, n° 361042 : *Lebon ; AJDA 2014. 715* ; *ibid. 2197, note Salen et Perray*.

5. Conséquences en cas d'avis non obligatoire. Dès lors que la réglementation d'un organisme consultatif, dont la compétence est limitée aux questions statutaires, ne soulève aucune « question d'intérêt national concernant l'enseignement ou l'éducation », la consultation préalable du Conseil supérieur de l'éducation nationale n'est pas requise. Si, dans le cas où, sans y être légalement tenue, l'autorité compétente demande, au sujet d'un projet de texte, l'avis d'un organisme consultatif, cette autorité doit procéder à cette consultation dans des conditions régulières mais elle conserve la faculté d'apporter à ce projet, après consultation, toutes les modifications qui lui paraissent utiles, quelle qu'en soit l'importance, sans avoir l'obligation de saisir à nouveau le même organisme. • CE, ass., 18 avr. 1980, *Synd. nat. de l'enseignement supérieur (FEN) et a.*, nos 09102, 09399 et 09425 : *Lebon 183* ; *Rev. adm. 1980. 383, concl. Massot ; AJDA 1980. 409, chron. Robineau et Feffer.*

6. Contentieux. Attributions. Aux termes de l'art. 68 de la loi sur l'enseignement du 15 mars 1850 : « Tout chef d'établissement libre d'enseignement secondaire, toute personne attachée à l'enseignement ou à la surveillance d'une maison d'éducation peut, sur la plainte du ministère public ou du recteur, être traduit pour cause d'inconduite ou d'immoralité, devant le conseil académique et être interdit de sa profession à temps ou à toujours, sans préjudice des peines encourues pour crimes et délits prévus par le code pénal. » En jugeant que le fait, pour un chef d'établissement, de laisser publier dans la revue du collège dont il assurait la direction un article attaquant violemment les personnes de religion musulmane immigrées d'Afrique du Nord constituait un manquement aux obligations de sa charge entrant dans le champ des dispositions précitées, le Conseil supérieur de l'éducation n'a pas entaché sa décision d'une erreur de qualification juridique des faits. • CE 10 janv. 2000, *M. Claude X c/ Conseil de l'éducation nationale de l'académie de Dijon*, n° 190041.

7. Procédure. Garanties. Dispositions de l'article 6-1 de la Conv. EDH. Règles de publicité. Les décisions en matière contentieuse et en matière disciplinaire sont publiées au bulletin officiel de l'éducation nationale. Toutefois, en matière disciplinaire, mention n'est faite au bulletin du nom des parties que dans le cas où la peine prononcée est l'interdiction absolue d'enseigner ou de diriger. La publication au bulletin officiel de l'éducation nationale prévue par ces dispositions, qui permet l'accès du public aux décisions du Conseil supérieur tout en tenant compte des effets qu'elles pourraient comporter pour les intéressés, assure la publicité de ces décisions dans les conditions et garanties prévues par l'art. 6-1 de la Conv. EDH. • CE 10 janv. 2000, *M. Claude X c/ Conseil de l'éducation nationale de l'académie de Dijon*, n° 190041.

8. Procédure. Règles générales. Le CSE, lorsqu'il statue en matière disciplinaire, a le caractère d'une juridiction devant laquelle doivent être observées les règles générales de procédure dont l'application n'a pas été écartée par une disposition législative expresse ou n'est pas inconciliable avec son organisation ; au nombre de ces règles est comprise celle d'après laquelle la rédaction des jugements doit analyser l'ensemble des conclusions et moyens des parties. • CE 19 sept.

1994, M. Hossein X., n° 104697 : *LIJ 2011, n° 151, p. 15.*

9. Procédure. Règles de publicité. V. notes ss. art. R. 231-21.

10. Procédure. Audience publique. V. notes ss. art. R. 231-22.

Art. L. 231-2 Le Conseil supérieur de l'éducation est présidé par le ministre chargé de l'éducation ou son représentant et composé de représentants des enseignants, des enseignants-chercheurs, des autres personnels, des parents d'élèves, des étudiants, des élèves des lycées, des collectivités territoriales, des associations périscolaires et familiales, des grands intérêts éducatifs, économiques, sociaux et culturels.

Il comprend une section permanente et des formations spécialisées. — *[L. n° 89-486 du 10 juill. 1989, art. 22, al. 3, et L. n° 89-486 du 10 juill. 1989, art. 22, al. 9.]*

Art. L. 231-3 Les représentants des enseignants-chercheurs sont élus par les représentants des mêmes catégories élus au Conseil national de l'enseignement supérieur et de la recherche.

Les représentants des enseignants et des autres personnels sont désignés par le ministre chargé de l'éducation, proportionnellement aux résultats des élections professionnelles, sur proposition des organisations syndicales les plus représentatives du personnel ayant présenté des candidats à ces élections.

Les représentants des parents d'élèves sont désignés par le ministre chargé de l'éducation, sur proposition des associations de parents d'élèves proportionnellement aux résultats des élections aux conseils d'administration et aux conseils d'école.

Les représentants des étudiants sont désignés par le ministre chargé de l'éducation, sur proposition des associations d'étudiants proportionnellement aux résultats des élections au Conseil national de l'enseignement supérieur et de la recherche.

Les représentants des élèves des lycées sont élus par les représentants au niveau académique de leurs délégués. *(L. n° 2017-86 du 27 janv. 2017, art. 32)* « Le scrutin est organisé de manière à ce qu'un nombre égal de représentants des lycéens de chaque sexe soit élu. »

Sur la parité entre les femmes et les hommes parmi les représentants des lycéens au Conseil supérieur de l'éducation, V. art. R. 231-2.

Art. L. 231-4 Tout ministre peut, en accord avec le ministre chargé de l'éducation, désigner un représentant qui a accès au Conseil supérieur de l'éducation pour assister avec voix consultative aux délibérations de nature à intéresser spécialement son département. — *[L. n° 64-1325 du 26 déc. 1964, art. 2, al. 2.]*

Art. L. 231-5 Les modalités d'application des articles L. 231-1 à L. 231-4 sont fixées, en tant que de besoin, par décret en Conseil d'État *[V. art. R. 231-1 s.]*. — *[L. n° 85-1469 du 31 déc. 1985, art. 9.]*

Quorum. Lors d'une séance, le quorum n'étant pas à 9 heures à l'ouverture de la réunion, le président a pris la décision d'adresser une nouvelle convocation aux membres du Conseil pour le même jour à 10 heures et, à partir de 10 heures, a fait délibérer les participants sur les projets de textes soumis au Conseil. Il résulte de ces circonstances que ces délibérations doivent être regardées comme ayant eu lieu, non au cours d'une deuxième réunion, mais lors de la poursuite, après une courte interruption, de la réunion initiale. A défaut de quorum, le Conseil n'a donc pas valablement siégé. • CE 6 avr. 2001, *Sté des agrégés de l'université,* n°s 213087, 213088, 213089 et 213090 : *Lebon T. 977*

SECTION II *[ABROGÉE]* LE CONSEIL SUPÉRIEUR DE L'ÉDUCATION STATUANT EN MATIÈRE CONTENTIEUSE ET DISCIPLINAIRE

(Abrogée par Ord. n° 2014-691 du 26 juin 2014, art. 1er)

Art. L. 231-6 à L. 231-13 *Abrogés par Ord. n° 2014-691 du 26 juin 2014, art. 1er.*

CHAPITRE PREMIER *BIS* LE CONSEIL SUPÉRIEUR DES PROGRAMMES

(L. n° 2013-595 du 8 juill. 2013, art. 32)

Art. L. 231-14 Le Conseil supérieur des programmes est placé auprès du ministre chargé de l'éducation nationale. Il travaille en toute indépendance.

Il est composé, à parité de femmes et d'hommes, de dix-huit membres désignés pour cinq ans. Il comprend trois députés, trois sénateurs, désignés, respectivement, par les commissions permanentes compétentes en matière d'éducation de l'Assemblée nationale et du Sénat, deux membres du Conseil économique, social et environnemental, désignés par son président, et dix personnalités qualifiées nommées par le ministre chargé de l'éducation nationale. Les membres du Conseil supérieur des programmes ne peuvent pas simultanément appartenir au *(L. nº 2019-791 du 26 juill. 2019, art. 40)* « conseil d'évaluation de l'école ». Le décret prévu à l'article L. 231-17 précise la répartition par sexe des personnes désignées par chacune des instances et autorités compétentes. – *[V. art. D. 231-34 s.].*

Art. L. 231-15 Le Conseil supérieur des programmes émet des avis et formule des propositions sur :

1º La conception générale des enseignements dispensés aux élèves des écoles, des collèges et des lycées et l'introduction du numérique dans les méthodes pédagogiques et la construction des savoirs ;

2º Le contenu du socle commun de connaissances, de compétences et de culture et des programmes scolaires, en veillant à leur cohérence et à leur articulation en cycles, ainsi que les modalités de validation de l'acquisition de ce socle ;

3º La nature et le contenu des épreuves des examens conduisant aux diplômes nationaux de l'enseignement du second degré et du baccalauréat ainsi que les possibilités d'adaptation et d'aménagement de ces épreuves pour les élèves présentant un handicap ou un trouble de la santé invalidant ;

4º La nature et le contenu des épreuves des concours de recrutement d'enseignants des premier et second degrés, les possibilités d'adaptation et d'aménagement de ces épreuves pour les candidats présentant un handicap ou un trouble de la santé invalidant ainsi que les objectifs et la conception générale de la formation initiale et continue des enseignants.

Art. L. 231-16 Le Conseil supérieur des programmes remet chaque année aux ministres chargés de l'éducation nationale et de l'agriculture un rapport sur ses travaux et les suites qui leur ont été données. Ce rapport est transmis au Parlement et au Conseil économique, social et environnemental. Les avis et propositions du Conseil supérieur des programmes sont rendus publics.

Art. L. 231-17 Un décret précise l'organisation et le fonctionnement du Conseil supérieur des programmes.

CHAPITRE II LE CONSEIL NATIONAL DE L'ENSEIGNEMENT SUPÉRIEUR ET DE LA RECHERCHE

BIBL. GÉN. ► MINOT, Le conseil de l'enseignement supérieur et de la recherche, *Rev. adm. 1971. 318.* – SARTHOU, Les décisions du CNESER disciplinaire, *LIJ 2006, nº 107, p. 25.* – CNESER disciplinaire : la mission d'inspection du Conseil d'État fait trois propositions pour réformer la juridiction, *Dépêche AEF nº 190325, 22 nov. 2013.*

SECTION PREMIÈRE LE CONSEIL NATIONAL DE L'ENSEIGNEMENT SUPÉRIEUR ET DE LA RECHERCHE DÉLIBÉRANT EN MATIÈRE CONSULTATIVE

Art. L. 232-1 Le Conseil national de l'enseignement supérieur et de la recherche assure la représentation, d'une part, des établissements publics à caractère scientifique, culturel et professionnel *(L. nº 2013-660 du 22 juill. 2013, art. 20)* « et des établissements publics de recherche » et, d'autre part, des grands intérêts nationaux, notamment éducatifs, culturels, scientifiques, économiques et sociaux.

(L. nº 2007-1199 du 10 août 2007, art. 37) « Les établissements publics à caractère scientifique, culturel et professionnel sont représentés par les deux conférences composant la Conférence des chefs d'établissements de l'enseignement supérieur, qui désignent leurs représentants, et par des représentants élus des personnels et des étudiants, élus au scrutin secret par collèges distincts. » *(L. nº 2013-660 du 22 juill. 2013, art. 20)* « Les établissements publics de recherche sont représentés par des dirigeants de ces établissements nommés par le ministre chargé de la recherche et des représentants élus des personnels. *(L. nº 2016-925 du 7 juill. 2016, art. 52)* « Le Conseil national de

l'enseignement supérieur et de la recherche artistiques et culturels prévu à l'article L. 239-1 du présent code, » le *(L. n° 2014-288 du 5 mars 2014, art. 24)* « Conseil national de l'emploi, de la formation et de l'orientation professionnelles », prévu à la section I du chapitre III du titre II du livre Ier de la sixième partie du code du travail, et le Conseil national de l'enseignement supérieur et de la recherche agricole, agroalimentaire et vétérinaire, prévu à l'article L. 814-3 du code rural et de la pêche maritime, désignent leurs représentants qui siègent avec voix consultative. » Les représentants des grands intérêts nationaux sont nommés *(L. n° 2013-660 du 22 juill. 2013, art. 20)* « conjointement » par le ministre chargé de l'enseignement supérieur *(L. n° 2013-660 du 22 juill. 2013, art. 20)* « et par le ministre chargé de la recherche ».

Le conseil est présidé par le ministre chargé de l'enseignement supérieur. *(L. n° 2013-660 du 22 juill. 2013, art. 20)* « ou par le ministre chargé de la recherche, en fonction de l'ordre du jour ». *(L. n° 2018-699 du 3 août 2018, art. 50)* « Il comprend parmi ses membres un député et un sénateur, et leurs suppléants. »

Le conseil donne son avis sur les questions relatives aux missions confiées aux établissements publics à caractère scientifique, culturel et professionnel dans les cas prévus par le présent code *(L. n° 2013-660 du 22 juill. 2013, art. 20)* « ou aux établissements publics de recherche, dans les cas prévus par le code de la recherche ».

Le conseil donne également son avis sur la mise en œuvre des conventions passées entre les établissements publics et les entreprises ou les personnes physiques pour la mise à disposition de locaux, d'équipements et de matériels, dans les conditions prévues à l'article 10 de la loi n° 99-587 du 12 juillet 1999 sur l'innovation et la recherche *[V. désormais C. rech., art. L. 114-5, App., v° Code de la recherche]*.

Il est obligatoirement consulté sur :

(L. n° 2013-660 du 22 juill. 2013, art. 20) « 1° La stratégie nationale de l'enseignement supérieur et la stratégie nationale de recherche ; »

2° Les orientations générales des contrats d'établissements pluriannuels prévus à l'article L. 711-1 *(L. n° 2013-660 du 22 juill. 2013, art. 20)* « du présent code et à l'article L. 311-2 du code de la recherche » ;

3° La répartition des *(L. n° 2013-660 du 22 juill. 2013, art. 20)* « moyens » entre les différents établissements ;

(L. n° 2013-660 du 22 juill. 2013, art. 20) « 4° Les projets de réformes relatives à l'emploi scientifique. »

Il fait toutes propositions sur les mesures à prendre pour améliorer le fonctionnement des établissements à caractère scientifique, culturel et professionnel *(L. n° 2013-660 du 22 juill. 2013, art. 20)* « et des établissements publics de recherche ».

Il peut être enfin saisi de toutes questions à l'initiative du ministre chargé de l'enseignement supérieur *(L. n° 2013-660 du 22 juill. 2013, art. 20)* « ou du ministre chargé de la recherche ».

Un décret précise les attributions, la composition et les règles de fonctionnement de ce conseil ainsi que les conditions de nomination ou d'élection de ses membres *[V. art. D. 232-1 s.]*. *(L. n° 2013-660 du 22 juill. 2013, art. 20)* « Ce décret fixe les conditions dans lesquelles est assurée la parité entre les femmes et les hommes dans les listes de candidats et pour la nomination des représentants des grands intérêts nationaux. »

BIBL. ▶ DÉROCHE et ROUSSEL, Les élections des représentants étudiants au Conseil national de l'enseignement supérieur et de la recherche, *Rapp. IGAENR, n° 2012-120, oct. 2012.*

I. RÈGLES GÉNÉRALES

1. *Composition.* En nommant, au titre des personnalités représentant les grands intérêts nationaux, des membres qui relèvent tous de l'enseignement supérieur, le ministre des universités a commis une illégalité. • CE 29 mai 1992, *MM. Olivier, Morel, Chevallier et Leman*, nos 40926, 40927, 40928 et 40470 : *Lebon 215*.

2. *Urgence.* Compte tenu de la nécessité de pourvoir une université d'un organe délibérant dans les délais les plus rapides, à la demande pressante des administrateurs provisoires, l'intervention de la décision ministérielle présentait un caractère d'urgence ne permettant pas au secrétaire d'État de consulter au préalable le CNESER. • CE 9 avr. 1976, *Synd. gén. de l'éducation nationale (SGEN)*, n° 98423 : *Lebon 198*.

II. CONSULTATION OBLIGATOIRE

Le juge administratif a été saisi à de multiples reprises sur la question de l'obligation de requérir l'avis du CNESER avant de prendre une décision administrative. Il a ainsi conclu à l'obligation, pour l'autorité administrative compétente de saisir le CNESER pour avis dans les cas suivants :

3. Création d'établissements d'enseignement supérieur. Pour un projet de décret supprimant et créant une université. • CE, sect., 14 nov. 1975, *Synd. nat. de l'enseignement supérieur (FEN),* n° 93351 : *Lebon 571* • CE 2 avr. 1997, *Univ. de Lille-II,* n° 133068 : *Lebon 126* • CE 10 nov. 1978, *Sieur Benoît,* n° 03033 : *Lebon 435*. ♦ Pour un décret créant un institut universitaire de technologie. • CE 7 oct. 1977, *Sieur Lavigne,* n° 02415 : *Lebon T. 844*. ♦ Toutefois, en refusant d'émettre un avis et en demandant « le renvoi global du dossier » jusqu'à ce que des consultations des instances élues et des intéressés eux-mêmes aient fait connaître les souhaits des enseignants, des personnels et des étudiants intéressés, le CNESER a adopté une attitude purement dilatoire et l'absence de son avis n'a pas entaché la légalité du décret. • CE, sect., 14 nov. 1975, *Synd. nat. de l'enseignement supérieur (FEN),* n° 93351 : *préc.*

4. Fonctionnement des établissements d'enseignement supérieur. Le CNESER est obligatoirement consulté sur la politique proposée par les pouvoirs publics pour assurer la cohésion des formations supérieures dépendant du ministère de l'éducation nationale, les orientations générales des contrats d'établissement pluriannuels, la répartition des dotations d'équipement et de fonctionnement entre les différents établissements. • CE 12 déc. 1994, *Synd. autonome du personnel enseignant des sciences juridiques, politiques, économiques et de gestion des universités,* n° 135553.

5. Décisions réglementaires relatives aux emplois dans ces établissements. En application des règles en vigueur à la date des contentieux, avis obligatoire pour la liste des emplois affectés par l'État à un institut universitaire de technologie, qu'il s'agisse de création, de transformation ou de suppression d'emploi. • CE 20 oct. 1978, *Sieur Chèze,* n° 08391 : *Lebon T. 829*. ♦ ... Ou encore pour la répartition des emplois d'enseignants entre deux universités. • TA Lyon, 7 juill. 1977, *Univ. Lyon II* : *Lebon T. 844*.

6. Régime des diplômes. Illégalité de la circulaire du secrétaire d'État aux Universités du 14 oct. 1975 interdisant aux étudiants de prendre la même année des inscriptions en vue de la préparation simultanée à deux diplômes d'études approfondies ou à un diplôme d'études approfondies et à un diplôme d'études supérieures spécialisées, dès lors que ces prescriptions, qui ne résultent pas de l'Arr. du 16 avr. 1974 relatif aux diplômes d'études approfondies, n'auraient pu être légalement adoptées qu'après consultation du CNESER. • CE 7 oct. 1977, *Sieur Blaisse et a. professeurs à l'Univ. de Parix X,* n° 03089 : *Lebon 378*.

7. Classes préparatoires aux grandes écoles. Le CNESER doit être consulté sur les objectifs nationaux relatifs aux classes préparatoires aux grandes écoles organisées dans les lycées relevant des ministres chargés de l'éducation, de l'agriculture et des armées. • CE 19 oct. 2001, *Mme Vuaillat,* n° 222773 : *Lebon T. 983*.

III. CONSULTATION NON OBLIGATOIRE

8. Programmes de l'enseignement secondaire. Ni la réglementation des programmes et des épreuves du baccalauréat, ni la note de service n° 2002-213 en date du 15 oct. 2002 du ministre de l'éducation nationale et de la recherche relative à l'évaluation des travaux personnels encadrés au baccalauréat, séries ES, L et S n'entrent dans le champ des dispositions qui doivent obligatoirement faire l'objet d'un avis du CNESER. • CE 30 déc. 2003, *Synd. nat. des enseignements du second degré (SNES) et a.,* n° 251820.

9. Fonctionnement des établissements d'enseignement supérieur. Consultation non obligatoire : pour un arrêté modifiant le montant des droits de scolarité dans les établissements d'enseignement supérieur. • CE 29 mars 1993, *Union nat. des étudiants en droit, gestion, sciences économiques et sciences politiques et a.,* n° 130488. ♦ ... Pour les décisions relatives à la création, la transformation, la fermeture ou au transfert de classes préparatoires. • CE 19 oct. 2001, *Mme Vuaillat,* n° 222773 : *Lebon T. 983*. ♦ ... Pour un décret relatif aux commissions de spécialistes de l'enseignement. • CE 12 déc. 1994, *Synd. autonomes du personnel enseignant des sciences juridiques, politiques, économiques et de gestion des universités,* n° 135553 : *préc. note 4*. ♦ ... Pour un décret fixant la liste des diplômes permettant de faire usage professionnel du titre de psychologue, psychothérapeute ou psychanalyste. • CE 19 juill. 1991, *M. Berlin, M. Pierre, Groupement syndical des praticiens de la psychologie, psychothérapie, psychanalyse et a.,* nos 116394, 116762, 116812, 116891 et 116897 : *Lebon T. 966*. ♦ ... Pour la modification d'un arrêté relatif à un diplôme d'études supérieures même si le conseil a été consulté préalablement à l'édiction de l'arrêté de création du diplôme. • CE 16 mai 2001, *M. Rebouillat et a.,* n° 199801. ♦ ... Pour un décret relatif aux commissions paritaires d'établissement des établissements publics d'enseignement supérieur. • CE 9 févr. 2001, *Synd. nat. des personnels de recherche et Éts d'enseignement supérieur FO,* n° 207809. ♦ ... Pour un arrêté modifiant les conditions d'accès aux concours des écoles vétérinaires. • CE 16 mars 1998, *Assoc. des élèves, parents d'élèves et professeurs des classes préparatoires vétérinaires et Mlle Poujol,* n° 190768 : *Lebon 84*.

10. Personnels. Le décret, qui fixe le statut

particulier des corps d'enseignants-chercheurs de l'enseignement supérieur, en application de la L. du 11 janv. 1984 portant dispositions statutaires relatives à la fonction publique de l'État et de la L. du 26 janv. 1984 sur l'enseignement (V. désormais C. éduc.), ne soulève aucune question d'intérêt national concernant l'enseignement ou l'éducation. Il n'a donc pas à être soumis à l'avis du CNESER. • CE 2 mars 1988, *Féd. des synd. généraux de l'éducation nat. CFDT*, n° 61225 : *Lebon 98*. ♦ Même solution pour ce qui concerne les statuts des personnels enseignants, qu'il s'agisse de personnels de l'État affectés aux établissements publics à caractère scientifique et culturel ou de personnels propres à ces établissements. • CE 3 déc. 1980, *Synd. nat. de l'enseignement supérieur (FEN)*, n° 15026 : *Lebon 454*. ♦ Même solution pour un décret relatif aux indemnités pour enseignements complémentaires institués dans les établissements publics à caractère scientifique et culturel et les autres établissements d'enseignement supérieur relevant du ministère de l'éducation nationale prévoyant qu'il s'appliquera dorénavant à différents professeurs enseignant dans des établissements qui ne relevaient pas de ce décret. • CE 17 mai 2002, *Synd. nat. de l'enseignement supérieur-FSU*, n°s 231017 et 231018.

11. Conséquences. Lorsqu'elle demande au sujet d'un projet de texte l'avis d'un organisme consultatif sans y être légalement tenue, l'autorité compétente conserve la faculté d'apporter à ce projet, après ladite consultation, toutes les modifications qui lui paraissent utiles, quelle qu'en soit l'importance, sans avoir l'obligation de saisir à nouveau ce même organisme. • CE 30 déc. 2003, *Synd. nat. des enseignements du second degré (SNES) et a.*, n° 251820.

SECTION II LE CONSEIL NATIONAL DE L'ENSEIGNEMENT SUPÉRIEUR ET DE LA RECHERCHE STATUANT EN MATIÈRE DISCIPLINAIRE

SOUS-SECTION 1 DISPOSITIONS GÉNÉRALES

Art. L. 232-2 Le Conseil national de l'enseignement supérieur et de la recherche statue en appel et en dernier ressort sur les décisions disciplinaires prises par les instances universitaires compétentes à l'égard des enseignants-chercheurs *(L. n° 2019-828 du 6 août 2019, art. 33)* « et enseignants ». Toutefois, il est appelé à statuer en premier et dernier ressort lorsqu'une section disciplinaire n'a pas été constituée ou lorsque aucun jugement n'est intervenu six mois après la date à laquelle les poursuites ont été engagées devant la juridiction disciplinaire compétente.

Ancien art. L. 232-2 ***Le Conseil national de l'enseignement supérieur et de la recherche statue en appel et en dernier ressort sur les décisions disciplinaires prises par les instances universitaires compétentes à l'égard des enseignants-chercheurs, enseignants et usagers. Toutefois, il est appelé à statuer en premier et dernier ressort lorsqu'une section disciplinaire n'a pas été constituée ou lorsque aucun jugement n'est intervenu six mois après la date à laquelle les poursuites ont été engagées devant la juridiction disciplinaire compétente.*** – *[L. n° 89-486 du 10 juill. 1989, art. 23, al. 1er, 1re et 3e phr.]*

L'ancien art. demeure applicable aux procédures en cours à la date de publication de la L. n° 2019-828 du 6 août 2019, ainsi qu'aux appels formés contre les décisions disciplinaires intervenues avant la date de publication de ladite loi devant le Conseil national de l'enseignement supérieur et de la recherche (L. préc., art. 94).

Sur les décisions disciplinaires prises à l'égard des enseignants-chercheurs, V. plus précisément art. L. 952-7.

I. RÈGLES GÉNÉRALES

1. Principes. Afin d'assurer l'indépendance inhérente à l'exercice de leurs fonctions, les corps d'enseignants-chercheurs relèvent d'instances qui leur sont propres et qui ont la qualité de juridictions administratives spécialisées. • CE, sect., 27 févr. 2004, *Mme Popin*, n° 217257 A : *AJDA 2004. 672, concl. Schwartz, chron. Donnat et Casas* ; *D. 2004. 1922, note Legrand, obs. Frier*. ♦ A l'appui d'un pourvoi formé contre une décision rendue par le CNESER statuant en matière disciplinaire, un requérant demandait au Conseil d'État de renvoyer au Conseil constitutionnel la question de la conformité aux droits et libertés garantis par la Constitution des art. L. 232-2 et L. 232-3. Le Conseil d'État a décidé qu'il n'y avait pas lieu de transmettre cette question prioritaire de constitutionnalité au Conseil constitutionnel. Il a rappelé que les dispositions relatives à la procédure devant les juridictions administratives relèvent de la compétence réglementaire dès lors qu'elles ne mettent en cause aucune des matières réservées au législateur par l'art. 34 Const. 58 ou d'autres dispositions constitutionnelles. Il a jugé que la procédure suivie devant le CNESER disciplinaire a trait à l'organisation interne et au fonctionnement d'une juridiction administrative et relève, par suite, du domaine du règlement. Par conséquent, le requérant ne pouvait soutenir que le législateur avait méconnu sa compétence en omettant d'édicter une telle disposition. • CE 10 nov. 2014, n° 383978 : *LIJ 2015, n° 186, p. 12.*

*2. **Compétence.*** Le CNESER est compétent pour connaître de l'appel dirigé contre la décision d'un conseil d'université ayant prononcé la nullité d'un examen pour fraude. • CE 9 déc. 1988, n° 73127 B. ♦ ... Contre le refus de la section disciplinaire d'un conseil d'université de reconnaître le bénéfice d'une loi d'amnistie. • CE 15 avr. 1983, n° 38835 A. ♦ Le CNESER, après avoir instruit l'affaire et respecté les formes et délais de la procédure contradictoire, peut évoquer l'affaire en état d'être jugée, alors même que le requérant s'était borné à demander que soit constatée la nullité de la procédure de première instance. • CE 21 févr. 1973, n° 76331 A. ♦ Le CNSER est appelé à statuer en premier et dernier ressort lorsqu'une section disciplinaire n'a pas été constituée ou lorsque aucun jugement n'est intervenu 6 mois après la date à laquelle les poursuites ont été engagées devant la juridiction disciplinaire compétente. Ces dispositions n'ont ni pour objet ni pour effet de laisser aux présidents d'université le soin de décider si les auteurs présumés de faits commis au sein de l'établissement disposeront d'un double degré de juridiction, mais seulement de permettre que le CNESER soit directement saisi d'une poursuite disciplinaire lorsqu'une section disciplinaire n'a pu être constituée au sein de l'université concernée. Dès lors, le requérant n'est pas fondé à soutenir que le législateur aurait méconnu l'étendue de sa compétence en donnant un tel pouvoir aux présidents d'université. • CE, QPC, 10 oct. 2011, n° 350969 : *AJDA 2011. 1985*. ♦ Les justiciables visés par cet art., relevant d'universités dont les conseils d'administration n'ont pas été constitués en sections disciplinaires, se trouvent placés dans une situation différente de celle des autres enseignants-chercheurs, enseignants et usagers. La différence de traitement prévue par ces dispositions a pour but de permettre le bon fonctionnement de la juridiction disciplinaire et de garantir aux intéressés que leur cause sera entendue dans un délai raisonnable. Par suite, la disposition contestée ne porte pas atteinte au principe d'égalité devant la justice. Il résulte de ce qui précède que la question soulevée, qui n'est pas nouvelle, ne présente pas un caractère sérieux. Ne peut donc être renvoyée au Conseil constitutionnel la question prioritaire de constitutionnalité invoquée. • CE, QPC, 10 oct. 2011, n° 350969 : *préc.*

*3. **Compétence de premier et de dernier ressort.*** Ces dispositions n'ont ni pour objet ni pour effet de laisser aux présidents d'université le soin de décider si les auteurs présumés de faits commis au sein de l'établissement disposeront d'un double degré de juridiction, mais seulement de permettre que le Conseil national de l'enseignement supérieur et de la recherche soit directement saisi d'une poursuite disciplinaire lorsqu'une section disciplinaire n'a pu être constituée au sein de l'université concernée. Dès lors, le requérant n'est, en tout état de cause, pas fondé à soutenir que le législateur aurait méconnu l'étendue de sa compétence en donnant un tel pouvoir aux présidents d'université. • CE, QPC, 10 oct. 2011, n° 350969 : *préc. note 2.* ♦ Les justiciables visés par l'art. L. 232-2, relevant d'universités dont les conseils d'administration n'ont pas été constitués en sections disciplinaires, se trouvent placés dans une situation différente de celle des autres enseignants-chercheurs, enseignants et usagers. En outre, la différence de traitement prévue par ces dispositions a pour but de permettre le bon fonctionnement de la juridiction disciplinaire et de garantir aux intéressés que leur cause sera entendue dans un délai raisonnable. Par suite, la disposition contestée ne porte pas atteinte au principe d'égalité devant la justice. • CE, QPC, 10 oct. 2011, n° 350969 : *préc. note 2.*

*4. **Compétence de premier et de dernier ressort. Conditions. Procédure de dessaisissement.*** Le Conseil d'État a jugé qu'il résulte des art. L. 232-2 et R. 232-31 que si, lorsque la section disciplinaire saisie d'une plainte n'a pas statué au-delà d'un délai de six mois après la date de sa saisine, le CNESER, statuant en formation disciplinaire, est compétent pour statuer sur cette plainte en premier et dernier ressort, c'est à la condition toutefois qu'il soit saisi à cette fin par l'autorité compétente pour engager des poursuites, le dessaisissement de la section disciplinaire intervenant à la date de cette saisine. • CE 8 nov. 2017, n° 404627 : *AJDA 2017. 2227 ; LIJ 2018, n° 202, p. 12.*

*5. **Droit de la défense. Principe du contradictoire.*** Le principe du caractère contradictoire de la procédure contentieuse impose que les parties soient avisées de ce qu'elles peuvent prendre connaissance des pièces du dossier au secrétariat du Conseil national de l'enseignement supérieur et de la recherche. En tenant à la disposition des parties dans le délai requis le dossier et le rapport, l'université requérante n'ayant été informée ni de ce qu'elle pouvait prendre connaissance des pièces du dossier, ni des modalités de cette consultation, le caractère contradictoire de la procédure n'a pas été respecté. • CE 30 mars 2005, n° 262928.

*6. **Rapidité de la procédure.*** L'intérêt qui s'attache au règlement rapide des procédures disciplinaires engagées dans le cas d'une fraude ou d'une tentative de fraude commise à l'occasion du baccalauréat est de nature à justifier que la procédure d'appel applicable soit la plus courte possible et, notamment, que le délai d'appel soit abrégé, dans des proportions qui ne font pas obstacle à l'exercice d'un tel recours. Dans ces conditions, les dispositions instituant un délai d'appel de quinze jours à compter de la notification de la décision relative à une fraude ne violent ni le principe général d'égalité devant la justice, ni les stipulations des art. 6 et 13 de la Conv. EDH et des art. 14 et 26 du pacte international relatif aux droits civils et politiques. • CE 7 juin 2000, n° 206362 B.

7. Délai raisonnable. Il résulte des principes généraux qui gouvernent le fonctionnement des juridictions administratives que les justiciables ont droit à ce que leurs requêtes soient jugées dans un délai raisonnable. Si la méconnaissance de cette obligation est sans incidence sur la validité de la décision juridictionnelle prise à l'issue de la procédure, les justiciables doivent néanmoins pouvoir en faire assurer le respect. Ainsi, lorsque la méconnaissance du droit à un délai raisonnable de jugement leur a causé un préjudice, ils peuvent obtenir la réparation de l'ensemble des dommages, tant matériels que moraux, directs et certains, ainsi causés par le fonctionnement défectueux du service public de la justice. Le juge rappelle que le caractère raisonnable du délai de jugement d'une affaire doit s'apprécier de manière à la fois globale, compte tenu, notamment, de l'exercice des voies de recours, particulière à chaque instance et concrète, en prenant en compte sa complexité, les conditions de déroulement de la procédure et, en particulier, le comportement des parties tout au long de celle-ci, mais aussi, dans la mesure où la juridiction saisie a connaissance de tels éléments, l'intérêt qu'il peut y avoir, pour l'une ou l'autre, compte tenu de sa situation particulière, des circonstances propres au litige et, le cas échéant, de sa nature même, à ce qu'il soit tranché rapidement. Lorsque la durée globale du jugement n'a pas dépassé le délai raisonnable, la responsabilité de l'État est néanmoins susceptible d'être engagée si la durée de l'une des instances a, par elle-même, revêtu une durée excessive, notamment s'agissant d'une procédure d'urgence. En l'espèce, eu égard à l'absence de difficultés particulières propres à cette affaire et à l'intérêt qui s'attachait à ce que la demande de sursis à exécution du requérant fût examinée rapidement, le délai de 11 mois qui s'est écoulé entre la date à laquelle le requérant l'a présentée devant le CNESER et celle où elle est devenue sans objet du fait de la décision rendue au fond est excessif. • CE 13 févr. 2012, n° 346549 : *AJDA 2012. 357*. ♦ Dans le même sens, s'agissant de poursuites disciplinaires dirigées contre un professeur de médecine, le Conseil d'État considère qu'une durée de jugement de trois ans et deux mois à compter de la date où la juridiction disposait des éléments pour statuer constitue un délai excessif, qui engage la responsabilité de l'État. • CE 23 déc. 2015, n° 385172 : *AEF 2 févr. 2016, Dépêche n° 514385, comm. Toulemonde.*

8. Jonction des requêtes. Faculté ouverte au CNESER. Rien ne s'oppose à ce que le CNESER, saisi de différentes procédures disciplinaires, en particulier lorsqu'elles sont relatives à des poursuites disciplinaires engagées contre un même enseignant-chercheur, use de la faculté dont il dispose de joindre ces procédures pour statuer par une seule décision se prononçant alors sur l'ensemble du comportement professionnel de l'intéressé, dès lors que chaque affaire a été instruite conformément aux dispositions des art. R. 232-36 et R. 232-37. Lorsqu'il décide de faire usage de cette faculté de joindre plusieurs affaires, le CNESER n'est pas tenu d'en informer préalablement les parties afin de les mettre en mesure de présenter des observations sur la jonction. Par suite, le moyen tiré de ce que le CNESER, en substituant aux deux interdictions temporaires d'exercice prononcées par les premiers juges, une sanction unique de révocation, aurait méconnu le principe de neutralité de la jonction des requêtes ne peut qu'être écarté. • CE 9 oct. 2020, n° 425459 B : *AJDA 2020. 1933* ; *LIJ 2021, n° 213, p. 20.*

9. Impartialité. Aucun principe général du droit n'impose la séparation des phases d'instruction et de jugement au sein d'un même procès. Les fonctions dévolues à la commission d'instruction ne diffèrent pas de celles de la formation collégiale de jugement et ses membres peuvent participer au délibéré de la formation de jugement dans le respect de l'exigence d'un tribunal impartial prévue par l'art. 6 de la Conv. EDH et l'art. 14 du pacte international relatif aux droits civils et politiques. • CE 7 juin 2000, n° 206362 : *préc. note 6.*

10. Convocation. Irrégularité. Le juge estime qu'une convocation à l'audience publique par lettre remise au gardien de l'immeuble du requérant, alors que ce dernier n'avait pas qualité pour la recevoir en son nom, est irrégulière. • CE 11 sept. 2013, n° 362391 : *AEF 9 oct. 2013, Dépêche n° 188536, comm. Toulemonde.*

11. Publicité des séances. Dès lors que les formations de jugement du CNESER peuvent prononcer des sanctions à l'encontre des usagers des établissements publics d'enseignement supérieur de nature à priver les intéressés de la liberté d'accéder aux professions soumises à une condition de diplôme et peuvent ainsi porter atteinte à un droit de caractère civil au sens de l'art. 6-1 de la Conv. EDH, elles doivent être publiques. • CE 7 juin 2000, n° 206362 : *préc. note 6.* ♦ Un requérant est fondé à demander l'annulation de la décision du CNESER statuant en matière disciplinaire en séance non publique. • CE 21 nov. 2001, n° 211911. ♦ Les séances peuvent faire l'objet d'un enregistrement sonore ou audiovisuel. • CE 29 juill. 2002, n° 240050 A : *AJDA 2003. 47*. ♦ Le Conseil d'État est compétent en premier et dernier ressort pour connaître du recours dirigé contre le refus du président du CNESER d'autoriser l'enregistrement sonore ou audiovisuel des débats. • CE 7 juin 2000, n° 206362 : *préc. note 6.*

12. Obligations. Les décisions du CNESER statuant en matière disciplinaire doivent respecter les règles de procédure applicables aux juridictions administratives. Elles doivent ainsi viser et analyser les conclusions et les moyens des parties sauf à répondre expressément dans leurs motifs aux divers moyens contenus dans les mémoires. • CE 20 mars 2009, n° 320837 B : *AJDA 2009. 626 ; ibid. 1212, note Dord* .

13. Délai de transmission du rapport de la commission d'instruction. Le délai maximal de trois mois au terme duquel le rapport écrit de la commission d'instruction doit, en principe, être transmis au président du CNESER n'est pas prescrit à peine d'irrégularité de la procédure (absence d'irrégularité de la procédure). • CE 9 oct. 2020, n° 425459 : *AJDA 2020. 1933, comm. Zaoui* .

14. Procédure contentieuse. Caractère contradictoire. Consultation du dossier. Le Conseil d'État a jugé qu'afin de respecter le principe du caractère contradictoire de la procédure contentieuse, les dispositions de l'art. R. 232-37 impliquent nécessairement que les parties soient avisées qu'elles peuvent prendre connaissance des pièces du dossier et des modalités de cette consultation. • CE 30 mars 2005, n° 262928.

15. Procédure contentieuse. Caractère contradictoire. Communication des pièces. Pour engager contre un enseignant la procédure disciplinaire qui a conduit le CNESER à prendre la décision contestée, le président de l'université s'est principalement fondé sur le visionnage d'un enregistrement vidéo réalisé pour une chaîne de télévision qui, selon ses dires, faisait apparaître l'existence de malversations relatives à des inscriptions. Cet enregistrement constituait, dès lors, une pièce déterminante de l'instruction. En refusant de livrer à l'instruction cette pièce déterminante qui avait été remise par le président au CNESER pour qualifier la plainte, le CNESER a vicié la procédure. Pour engager contre un enseignant la procédure disciplinaire qui a conduit le CNESER à prendre la décision contestée, le président de l'université s'est principalement fondé sur le visionnage d'un enregistrement vidéo réalisé pour une chaîne de télévision qui, selon ses dires, faisait apparaître l'existence de malversations relatives à des inscriptions. Cet enregistrement constituait, dès lors, une pièce déterminante de l'instruction. En refusant de livrer à l'instruction cette pièce déterminante qui avait été remise par le président au CNESER pour qualifier la plainte, le CNESER a vicié la procédure. • CE 29 juin 2012, n° 350969 : *LIJ 2012, n° 168, p. 14.*

16. Caractère contradictoire. Production d'un mémoire contenant des éléments nouveaux après la clôture de l'instruction. Obligation de réouverture. En vertu de l'art. R. 232-37, le président ordonne la réouverture de l'instruction dans le cas où la juridiction est saisie de nouveaux éléments. Production du premier mémoire en défense postérieurement au dépôt du rapport de la commission d'instruction : ce mémoire, qui discutait de manière substantielle l'ensemble des faits reprochés au mis en cause et comportait certains éléments supplémentaires par rapport à ceux déjà débattus en première instance, devait être regardé comme comportant des éléments nouveaux au sens des dispositions de l'art. R. 232-7. Conformément à ces dispositions, il appartenait, dès lors, au président du CNESER de rouvrir l'instruction. Au surplus, cette production n'a été communiquée au mis en cause que moins de 48 h avant l'audience disciplinaire, ce qui l'a privé d'un délai suffisant pour préparer utilement sa défense : méconnaissance des droits de la défense. • CE 8 juin 2015, n° 365205 A : *AJDA 2015. 1184 ; AJFP 2015. 301* . ♦ Dans une affaire où deux mémoires en réplique avaient été produits postérieurement au dépôt du rapport de la commission d'instruction, le Conseil d'État estime que ces mémoires, qui discutaient de manière substantielle l'ensemble des faits reprochés au mis en cause et comportaient des développements supplémentaires par rapport à ceux dont la commission d'instruction avait eu à connaître, accompagnés de pièces nouvelles, devaient être regardés comme comportant des éléments nouveaux au sens de l'art. R. 232-37. Le juge estime qu'il appartenait donc au président du CNESER statuant en formation disciplinaire de rouvrir l'instruction. Il en conclut une erreur de droit du CNESER à avoir jugé, alors que l'instruction n'avait pas été rouverte, qu'il lui appartenait de statuer puisque ces éléments avaient été soumis au contradictoire. • CE 8 nov. 2017, n° 404627 : *préc. note 4.*

17. Caractère contradictoire. Principe de neutralité. Jonction de procédures disciplinaires engagées contre un même enseignant. Le Conseil d'État juge que rien ne s'oppose à ce que le CNESER, saisi de différentes procédures disciplinaires, en particulier lorsqu'elles sont relatives à des poursuites disciplinaires engagées contre un même enseignant-chercheur, use de la faculté dont il dispose de joindre ces procédures pour statuer par une seule décision se prononçant alors sur l'ensemble du comportement professionnel de l'intéressé. Lorsqu'il décide de faire usage de cette faculté de joindre plusieurs affaires, le CNESER n'est pas tenu d'en informer préalablement les parties afin de les mettre en mesure de présenter des observations sur la jonction. Par suite, le moyen tiré de ce que le caractère contradictoire de la procédure aurait été méconnu, faute pour le CNESER d'avoir, à l'issue de l'instruction, informé l'intéressé de la jonction de ses deux appels et des appels incidents de l'université de Poitiers ne peut qu'être écarté. • CE 9 oct. 2020, n° 425459 : *préc. note 13.*

18. Principe « non bis in idem ». Sanction disciplinaire et mesure de police. Applica-

tion. Absence. Le Conseil d'État a retenu que le principe *non bis in idem* n'avait pas été méconnu dès lors que les premières poursuites engagées contre le requérant par le directeur de l'établissement devant la section disciplinaire n'avaient conduit à aucune décision, qu'il s'agisse d'une décision d'infliger une sanction ou de ne pas en infliger. Ces premières poursuites disciplinaires avaient en effet été abandonnées et seules les secondes poursuites engagées par le directeur avaient conduit à une décision, la sanction objet du litige. En l'espèce de surcroît, le juge écarte une nouvelle fois le moyen tiré de la méconnaissance du principe *non bis in idem* en ce que la sanction disciplinaire infligée à l'étudiant aurait été prononcée pour les mêmes faits que la mesure d'interdiction d'accès aux locaux de l'établissement prise à son encontre en rappelant qu'une mesure d'interdiction d'accès aux locaux, prise sur le fondement des dispositions de l'art. R. 712-1 en vue de prévenir des risques de désordre au sein de l'établissement, n'est pas une sanction disciplinaire, mais une mesure de police. • CE 27 févr. 2019, n° 410644 B : *LIJ 2019, n° 206, p. 9.*

19. Motivation. En se bornant à relever que l'instruction et le jugement intervenus en première instance ont suivi les procédures normales, le CNESER n'a pas suffisamment motivé sa décision. • CE 3 sept. 1997, n° 160487. ♦ Même solution pour une sanction prise à l'encontre d'un maître de conférences d'accéder à une classe, grade, rang ou corps supérieurs pendant une durée de deux ans, au motif global de la publication d'un art. manquant gravement aux règles de la probité intellectuelle et du respect d'autrui, sans préciser ni analyser quels passages excédaient la liberté d'expression des enseignants-chercheurs et sans qualifier la nature et la gravité des fautes commises par l'auteur. • CE 19 mai 1993, n° 125948 A. ♦ Même solution, pour une décision en indiquant successivement que l'intéressé avait commis un plagiat dans le cadre de son mémoire de master et que l'absence volontaire de référencement correct des textes utilisés était constitutive d'une faute disciplinaire, sans qu'il soit possible de déterminer précisément la faute sur laquelle se fonde la sanction, le CNESER n'a pas mis le juge de cassation à même d'exercer son contrôle. • CE 11 sept. 2013, n° 362391 : *préc. note 10.* ♦ En se contentant de dénoncer le comportement de l'intéressé « signalé » par le département et par le laboratoire où il effectue son service par convention entre cette institution et l'université, mais sans expliciter ce qui a été « signalé », la saisine de la section disciplinaire par l'université ne mentionne pas les faits reprochés au déféré ; en outre, la décision de la formation de jugement de l'université se bornant à reprocher des comportements et propos du déféré sans les décrire ni les citer précisément et seulement relatifs à son service à l'université, sans avoir examiné ceux qui lui sont reprochés par le laboratoire de recherche, le CNSER estime que la formation de jugement de l'université n'a pas complètement rempli son office ni suffisamment motivé sa décision. • CNESER, sect. discipl., 17 nov. 2009, *NOR : ESRS1000156S, ESR – DGESIP : BOEN, n° 21, 27 mai 2010.* ♦ Pour prononcer l'exclusion temporaire d'un étudiant, la section disciplinaire du conseil d'administration d'une université a relevé que cet étudiant a été trouvé, pendant l'épreuve de micro-économie de première année du diplôme d'études universitaires générales, mention « sciences économiques », en possession d'une calculatrice alphanumérique contenant en mémoire toutes les formules du cours de 1re année de sciences économiques, y compris celles de micro-économie, et ce dans l'ordre correspondant au plan du cours et a estimé que ces informations constituaient un document dont la détention était interdite pendant l'examen. En se fondant, pour annuler cette décision de la section disciplinaire du conseil d'administration et pour l'étudiant, sur la seule circonstance qu'aucune disposition législative ou réglementaire n'interdisait l'usage des calculatrices pendant l'épreuve en cause, le CNESER n'a pas légalement justifié sa décision. • CE 14 mai 1997, n° 154876.

20. Pouvoir de la juridiction d'appel. Aggravation de la sanction. Illégalité. Il résulte des principes généraux du droit disciplinaire qu'une sanction infligée en première instance par une juridiction disciplinaire ne peut être aggravée par le juge disciplinaire d'appel saisi du seul recours de la personne sanctionnée, y compris lorsque le juge d'appel statue par voie d'évocation après avoir annulé le jugement de première instance. Le juge disciplinaire d'appel qui méconnaît cette règle ignore l'étendue de sa compétence. Cette règle appartient, dès lors, à l'ordre public qu'il appartient au juge de cassation de protéger, au besoin en relevant d'office sa méconnaissance. • CE 17 juill. 2013, n° 362481 : *AJDA 2013. 1542* ; *AEF 2013, Dépêche n° 186893, comm. Toulemonde.* ♦ Une juridiction d'appel ne peut aggraver la sanction prononcée en première instance si elle n'est saisie que par la personne sanctionnée. En l'espèce, un étudiant avait été convaincu de plagiat dans son mémoire de master et exclu définitivement de l'université par décision de la section disciplinaire de son conseil d'administration. Le Conseil d'État annule la décision du CNESER statuant en matière disciplinaire, pour n'avoir pas suffisamment caractérisé la faute d'une part et pour avoir aggravé la sanction prononcée en première instance. • CE 11 sept. 2013, n° 362391 : *préc. note 10.* ♦ Est aussi rappelé par le Conseil d'État le principe général du droit disciplinaire selon lequel une sanction infligée en première instance par une juridiction disciplinaire ne peut être aggravée par le juge d'appel saisi du seul recours de la personne frappée par la sanction. • CE 7 oct. 2016, n° 393144 : *AEF 17 oct. 2016, Dépêche n° 547753, comm. Toulemonde.*

21. Pouvoir de la juridiction d'appel. Aggravation de la sanction. Appréciation. Pour l'application de ce principe, la gravité d'une sanction d'interdiction s'apprécie au regard de son objet et de sa durée, indépendamment de ses modalités d'exécution, dont notamment l'octroi éventuel d'un sursis. Le Conseil d'État estime que les modalités d'exécution, dont l'octroi éventuel du sursis, n'entrent pas en ligne de compte dans le niveau de gravité de la sanction elle-même. En l'espèce, en portant la durée de la sanction d'interdiction à trois ans dont deux avec sursis, au lieu de deux ans sans sursis, le CNESER a aggravé la sanction prononcée en première instance. Le Conseil d'État annule la décision du CNESER. • CE 21 janv. 2015, n° 361529 A : *AJDA 2015. 137 ; AEF 4 févr. 2015, Dépêche n° 494695, comm. Toulemonde.*

22. Pourvoi en cassation. Refus d'admission. La présidente de l'université des Antilles a engagé contre un professeur des poursuites disciplinaires, renvoyées par le CNESER devant la section disciplinaire du conseil d'administration de l'université Toulouse 1 Capitole qui, en 2015, a infligé la sanction d'interdiction d'exercer des fonctions de direction de laboratoire de recherche à l'université des Antilles pendant cinq ans. En 2016, le CNESER, sur appels a annulé cette décision et infligé à ce dernier la sanction de la révocation, assortie de l'interdiction définitive d'exercer toute fonction dans un établissement public ou privé. Sur le pourvoi et la requête en sursis à exécution, le Conseil d'État a annulé la décision de 2016 du CNESER, a renvoyé à ce dernier le jugement de l'affaire et décidé qu'il n'y avait plus lieu de statuer sur la requête tendant au sursis à exécution de la décision du CNESER (CE 8 nov. 2017, n°s 404627, 404630). En 2018, l'intéressé demande au Conseil d'État d'ordonner les mesures de nature à assurer l'exécution de cette dernière décision qui se déclare incompétent pour accueillir cette demande, considérant qu'eu égard à la nature de cette décision, qui fait droit à un pourvoi en cassation et renvoie le jugement du litige aux juges du fond, une telle demande ne saurait être accueillie. • CE 27 févr. 2019, n° 422164 B : *AJFP 2019. 303, comm. Zarca ; AJDA 2019. 1680 .*

23. Pourvoi en cassation. Refus d'admission. Un enseignant-chercheur à l'université des Antilles et de la Guyane a fait l'objet d'une révocation par le CNESER pour différents motifs et notamment instigation de fraude aux fonds européens. La décision a été annulée pour procédure irrégulière par le Conseil d'État (CE 2 mai 2012, n° 331465) qui a renvoyé l'affaire au CNESER qui a de nouveau prononcé la révocation. L'intéressé échoue à obtenir une nouvelle cassation de cet arrêt, le Conseil d'État estimant qu'aucun des moyens n'est de nature à permettre l'admission du pourvoi (irrégularités de la procédure, insuffisance de la motivation, dénaturation des pièces du dossier et sanction hors de proportion avec les fautes reprochées). • CE 25 nov. 2019, n° 426767 : *AJFP 2020. 232, note Fortier .*

24. Amnistie. Le CNESER statuant en formation disciplinaire a prononcé contre le requérant la sanction du blâme au motif qu'il se serait rendu coupable de menaces et de pressions à l'encontre d'autres enseignants et d'étudiants à l'occasion d'élections universitaires au sein d'un département où les relations entre enseignants s'étaient gravement dégradées. Ces griefs ne concernant pas des faits constituant, en l'espèce, des manquements à la probité, aux bonnes mœurs ou à l'honneur professionnel au sens des dispositions de la L. du 6 août 2002, le conseil, en refusant le bénéfice de l'amnistie, a méconnu ces dispositions. • CE 29 déc. 2004, n° 260806.

II. CONTRÔLE DES DÉCISIONS

25. Erreur de droit. Pour annuler la décision par laquelle la section disciplinaire du conseil d'administration d'une université avait prononcé la révocation de l'intéressé, la section disciplinaire du CNESER s'est fondée sur l'intervention de l'arrêt de la cour d'appel qui a ordonné que soit supprimée du casier judiciaire n° 2 du requérant la mention de la condamnation pénale prononcée à raison des faits qui étaient à l'origine de la plainte du président de l'université. En s'estimant liée par l'arrêt de la cour d'appel, lequel n'avait pas d'incidence sur la procédure disciplinaire engagée, et en s'abstenant de se prononcer sur l'existence et la gravité des faits reprochés à l'intéressé, la section disciplinaire du CNESER a entaché sa décision d'erreur de droit. • CE 12 janv. 2005, n° 257917.

26. Appréciation des faits. En retenant que le requérant s'était rendu coupable, dans le cadre de ses enseignements pratiqués de judo, de propos et de gestes indécents et déplacés à l'égard d'une étudiante, à des fins d'humiliation et de domination dans le but d'asseoir son autorité, même sans tenir compte du contexte familier de l'enseignement, le CNESER n'a pas fait une inexacte qualification des faits de l'espèce. • CE 9 juill. 2003, n° 241930. ♦ Dans une affaire où le CNESER avait annulé une sanction contre un enseignant au motif que les accusations n'étaient pas étayées, le Conseil d'État, juge de cassation, a considéré que le conseil avait dénaturé les faits dans la mesure où des rapports et témoignages établissaient les nombreux retards et absences de l'intéressé. Le dossier comportait en outre des lettres et des pétitions émanant de collègues, des parents d'élèves et des élèves concernés, faisant état de ce que celui-ci avait, à de nombreuses reprises, dénigré publiquement et de manière offensante ses collègues et gravement injurié ses élèves et le personnel administratif. • CE 3 févr. 2003, n° 231952.

27. Qualification juridique des faits. Le CNESER statuant en matière disciplinaire a relevé que M. N., par l'article publié dans la revue « Économies et sociétés » et signé en précisant sa qualité de maître de conférences à l'université de Lyon III, d'une part, contribuait à la campagne négationniste en s'appuyant exclusivement sur des arguments non scientifiques, en écartant tous les travaux historiques et en mettant en cause la rigueur des témoins et survivants des chambres à gaz ainsi que celle des historiens et, d'autre part, soutenait avec véhémence des thèses racistes et antisémites. Il a pu légalement en déduire que M. N. avait manqué aux obligations de tolérance et d'objectivité imposées aux enseignants et aux chercheurs. • CE 28 sept. 1998, n° 159236 B. ♦ Le CNESER statuant en matière disciplinaire a pu, sans erreur de qualification juridique, juger que sont contraires à la déontologie universitaire, et qu'ils justifient une sanction disciplinaire, les propos d'un professeur d'université, par ailleurs élu, qui, lors d'une rencontre avec la presse dans sa permanence politique, avait tenu des propos contestant la neutralité et l'objectivité d'une personnalité scientifique, notamment en raison de son appartenance religieuse, et de nature à semer le doute sur l'existence des chambres à gaz dans les camps d'extermination. • CE 19 mars 2008, n° 296984 B : *AJDA 2008. 1055, concl. Keller* .

28. Principe de proportionnalité. Le juge de cassation était saisi d'un contentieux mettant en cause un enseignant qui avait signé une convention avec un organisme privé de Guadeloupe au nom de l'université Lumière Lyon II sans avoir eu l'accord de son conseil d'administration, qui avait exercé une activité rémunérée auprès de cet organisme privé sans avoir obtenu, ni même demandé, d'autorisation de cumul et qui n'avait pas respecté les conditions d'inscription en licence et en master des étudiants issus de cet organisme ni les conditions de délivrance de ces diplômes à ces mêmes étudiants. Le juge constate que, pour limiter la sanction à un blâme, le CNESER a retenu que les dysfonctionnements de l'université et les relations conflictuelles entre l'intéressé et le président de l'université expliquaient en partie les manquements de l'enseignant relatifs aux inscriptions des étudiants et à la délivrance des diplômes et qu'une retenue sur traitement l'avait déjà privé du bénéfice qu'il avait tiré de l'exercice d'une activité privée lucrative. Le Conseil d'État rappelle à cet effet que si le choix de la sanction relève de l'appréciation des juges du fond au vu de l'ensemble des circonstances de l'espèce, il appartient au juge de cassation de vérifier que la sanction retenue n'est pas hors de proportion avec la faute commise et qu'elle a pu dès lors être légalement prise. Il estime en l'espèce que le CNESR, en n'infligeant à l'enseignant-chercheur qu'une sanction du niveau le plus faible de celles susceptibles d'être infligées, a retenu une sanction hors de proportion avec les fautes commises. Il renvoie l'affaire au CNESER statuant en matière disciplinaire. • CE 6 avr. 2016, n° 389821 : *AJDA 2016. 1723* ; *AJFP 2016. 231, comm. Aubin* ; *AEF 12 avr. 2016, Dépêche n° 536267, comm. Toulemonde.*

29. Procédure contentieuse. Caractère contradictoire. Le Conseil d'État a jugé qu'afin de respecter le principe du caractère contradictoire de la procédure contentieuse, les dispositions de l'art. R. 232-37 impliquent nécessairement que les parties soient avisées qu'elles peuvent prendre connaissance des pièces du dossier et des modalités de cette consultation. • CE 30 mars 2005, n° 262928. ♦ Pour engager contre un enseignant la procédure disciplinaire qui a conduit le CNESER à prendre la décision contestée, le président de l'université s'est principalement fondé sur le visionnage d'un enregistrement vidéo réalisé pour une chaîne de télévision qui, selon ses dires, faisait apparaître l'existence de malversations relatives à des inscriptions. Cet enregistrement constituait, dès lors, une pièce déterminante de l'instruction. En refusant de livrer à l'instruction cette pièce déterminante qui avait été remise par le président au CNESER pour qualifier la plainte, le CNESER a vicié la procédure. • CE 29 juin 2012, n° 350969 : *LIJ 2012, n° 168, p. 14.*

Art. L. 232-3 *(L. n° 2019-828 du 6 août 2019, art. 33)* **« Le Conseil national de l'enseignement supérieur et de la recherche statuant en matière disciplinaire est présidé par un conseiller d'État désigné par le vice-président du Conseil d'État.**

« Hormis son président, le Conseil national de l'enseignement supérieur et de la recherche statuant en matière disciplinaire ne comprend que des enseignants-chercheurs d'un rang égal ou supérieur à celui de la personne faisant l'objet d'une procédure disciplinaire devant lui.

« Le président du Conseil national de l'enseignement supérieur et de la recherche statuant en matière disciplinaire désigne pour chaque affaire les membres appelés à former une commission d'instruction. La fonction de rapporteur de cette commission peut être confiée par le président à un magistrat des juridictions administrative ou financière extérieur à la formation disciplinaire.

« Le rapporteur de la commission d'instruction n'a pas voix délibérative au sein de la formation de jugement. »

(L. n° 2014-873 du 4 août 2014, art. 53) **« La récusation d'un membre du Conseil national de l'enseignement supérieur et de la recherche peut être prononcée s'il existe une raison objective de mettre en doute son impartialité. La demande de récusation est formée par la personne poursuivie, par le président ou le directeur de l'établissement, par le recteur** *(L. n° 2019-791 du 26 juill. 2019, art. 54)* **« de région académique » ou par le médiateur académique. »**

La composition, les modalités de désignation des membres *(L. n° 2019-828 du 6 août 2019, art. 33)* **« du Conseil national de l'enseignement supérieur et de la recherche statuant en matière disciplinaire »** *(L. n° 2014-873 du 4 août 2014, art. 53)* **« ,** *(L. n° 2019-828 du 6 août 2019, art. 33)* **« son » fonctionnement et les conditions de récusation de** *(L. n° 2019-828 du 6 août 2019, art. 33)* **« ses » membres sont fixés » par décret en Conseil d'État** *[V. art. R. 232-23 s.].*

Ancien art. L. 232-3 *Le Conseil national de l'enseignement supérieur et de la recherche statuant en matière disciplinaire comprend des représentants des enseignants-chercheurs et des représentants des usagers. Dans le cas où les usagers n'usent pas de leur droit de se faire représenter au sein de la formation compétente du Conseil national de l'enseignement supérieur et de la recherche statuant en matière disciplinaire et dans le cas où, étant représentés, ils s'abstiennent d'y siéger, cette formation peut valablement délibérer en l'absence de leurs représentants. Le président du Conseil national de l'enseignement supérieur et de la recherche statuant en matière disciplinaire est un professeur des universités, élu en leur sein par l'ensemble des enseignants-chercheurs, membres de cette juridiction.*

Lorsque le Conseil national de l'enseignement supérieur et de la recherche statuant en matière disciplinaire statue à l'égard d'enseignants-chercheurs et d'enseignants, la formation compétente ne comprend que des enseignants-chercheurs d'un rang égal ou supérieur à celui de la personne déférée devant elle.

(L. n° 2014-873 du 4 août 2014, art. 53) *« La récusation d'un membre du Conseil national de l'enseignement supérieur et de la recherche peut être prononcée s'il existe une raison objective de mettre en doute son impartialité. La demande de récusation est formée par la personne poursuivie, par le président ou le directeur de l'établissement, par le recteur* (L. n° 2019-791 du 26 juill. 2019, art. 54) *« de région académique » ou par le médiateur académique. »*

La composition, les modalités de désignation des membres des formations compétentes à l'égard des enseignants et des usagers (L. n° 2014-873 du 4 août 2014, art. 53) *« , leur fonctionnement et les conditions de récusation de leurs membres sont fixés » par décret en Conseil d'État* [V. art. R. 232-23 s.].

L'ancien art. demeure applicable aux procédures en cours à la date de publication de la L. n° 2019-828 du 6 août 2019, ainsi qu'aux appels formés contre les décisions disciplinaires intervenues avant la date de publication de ladite loi devant le Conseil national de l'enseignement supérieur et de la recherche (L. préc., art. 94).

1. Composition. Le CNESER statuant en matière disciplinaire comprend quatorze membres dont quatre élus parmi les représentants des étudiants. Il ne peut valablement délibérer que si la moitié au moins des membres appelés à siéger sont présents. L'absence de l'un des membres élus parmi les représentants des étudiants ne saurait, compte tenu, notamment, de la règle de quorum rappelée, entacher d'irrégularité la composition du CNESER et donc la procédure suivie en la matière. • CE 27 juill. 2005, n° 261570.

2. Présidence. En application des dispositions de l'art. R. 232-36 C. éduc., le juge administratif a précisé que le président de la section disciplinaire du CNESER ne pouvait avoir préalablement siégé dans la commission d'instruction qui instruit l'affaire en cause. • CE 13 janv. 2010, n° 317564 : *AJDA 2010. 69*.

3. Organisation des élections. De nombreux électeurs étudiants ont demandé que le matériel électoral nécessaire à leur vote par correspondance leur soit adressé au siège de l'organisation syndicale à laquelle ils appartiennent, et nombre d'entre eux se sont rendus au siège de cette organisation pour participer à une rencontre nationale spécialement organisée pour accomplir les formalités électorales. Le déroulement des opérations électorales ne présente plus les garanties d'indépendance et de neutralité qui doivent présider à l'organisation de ce scrutin par correspondance. Eu égard au nombre élevé de domiciliation au siège de l'organisation syndicale et au quotient électoral, l'irrégularité commise a été de nature à fausser les résultats de l'ensemble du scrutin pour le collège étudiant. • CAA Paris, 18 mai 2000, *M. Delafosse, Mlle Selier et a.*, nos 99PA00809 et 99PA00875 : *Lebon T. 1011*.

4. Annulation des élections. Pour demander l'annulation de l'Arr. du 16 févr. 2001 relatif au recensement automatisé des vœux d'orientation des élèves en premier cycle de l'enseignement supérieur et à la répartition des effectifs en cas de saturation des capacités d'accueil en Île-de-

France, le requérant fait valoir que ce décret a été pris après la consultation du CNESER où siégeaient des représentants des étudiants dont l'élection a été annulée. L'art. 82 de la L.i du 17 janv. 2002 de modernisation sociale ayant validé, sous réserve des décisions de justice passées en force de chose jugée, en tant que leur régularité est mise en cause sur le fondement de l'illégalité de l'élection des représentants des étudiants, les décisions et actes réglementaires pris après consultation de ce conseil, l'exception d'illégalité soulevée par le requérant doit être écartée. • CE 6 févr. 2004, ♁ n° 234428. ♦ L'élection des représentants étudiants au CNESER ayant été annulée par un jugement du tribunal administratif devenu définitif, le conseil, irrégulièrement composé, ne peut plus valablement siéger. • CE 21 nov. 2001, ♁ *Mme Herbert*, n° 211911.

5. Organismes collégiaux. Fonctionnement. Visioconférence. Interrogée sur la possibilité de réunir par visioconférence des commissions ou comités quand cette modalité n'est pas expressément prévue par les textes, la direction des affaires juridiques a apporté les précisions suivantes. Il n'existe pas de texte de portée générale prévoyant la possibilité pour des organismes collégiaux, quels qu'ils soient, consultatifs ou décisionnels, de recourir pour leurs consultations ou délibérations à des nouvelles technologies de l'information telles que la visioconférence ou internet. La possibilité de recourir à ces nouvelles technologies et, en particulier, à la visioconférence pour délibérer ou rendre des avis à distance est ouverte cependant pour certains organismes collégiaux par des textes spécifiques qui fixent des modalités particulières souvent différentes d'un organisme à un autre, si bien qu'il est difficile de leur donner une unité rétrospective. Au nombre de ces textes spécifiques figure le Décr. n° 2006-672 du 8 juin 2006 relatif à la création, à la composition et au fonctionnement de commissions administratives à caractère consultatif. L'art. 7 de ce Décr. prévoit ainsi qu'« avec l'accord du président, les membres d'une commission peuvent participer aux débats au moyen d'une conférence téléphonique ou audiovisuelle. Ce moyen ne peut être utilisé lorsque le vote est secret ». Cette disposition pose donc le principe du recours possible à la visioconférence par des organismes consultatifs, étant rappelé cependant que le champ d'application du Décr. du 8 juin 2006 est restreint puisqu'il ne s'applique pas, par exemple, aux commissions créées pour l'application de l'art. 9 de la L. n° 83-634 du 13 juill. 1983 modifiée portant droits et obligations des fonctionnaires (principe de participation des fonctionnaires). * DAJ A2, n° 2013-0157 du 17 sept. 2013 : *LIJ 2013, n° 180, p. 19.*

SOUS-SECTION 2 RELÈVEMENT DES EXCLUSIONS, DÉCHÉANCES ET INCAPACITÉS

Art. L. 232-4 *(Ord. n° 2014-691 du 26 juin 2014, art. 2)* **« Les membres de l'enseignement supérieur public peuvent être relevés des déchéances ou incapacités résultant des décisions disciplinaires ayant prononcé à leur encontre l'interdiction du droit d'enseigner ou la suspension du droit de diriger un établissement d'enseignement privé. »**

Le bénéfice de cette disposition est étendu :

1° Aux enseignants-chercheurs et enseignants titulaires de l'enseignement public supérieur, pour les déchéances ou incapacités résultant de leur révocation ou de leur suspension par les conseils disciplinaires ;

2° Aux étudiants et aux candidats aux examens qui ont été exclus des établissements d'enseignement supérieur publics.

Art. L. 232-5 *(Ord. n° 2014-691 du 26 juin 2014, art. 3)* **Les demandes en relèvement formées en vertu de l'article L. 232-4 ne peuvent être présentées qu'après un délai minimum** *[minimal]* **écoulé depuis la notification des décisions définitives.**

Le délai est de deux ans pour une suspension, une interdiction ou une exclusion temporaires.

Il est de cinq ans pour une interdiction ou une exclusion ayant un caractère perpétuel.

Lorsque la demande a été rejetée, après examen au fond, elle ne peut être présentée de nouveau qu'après un délai égal au premier délai exigé.

Art. L. 232-6 *(Ord. n° 2014-691 du 26 juin 2014, art. 4)* **Si l'intéressé peut établir qu'il a été sanctionné à raison de faits amnistiés ou de condamnations judiciaires annulées par suite d'un arrêt de révision, la nécessité d'un délai antérieur à sa première demande de relèvement est supprimée, mais non celle des délais nécessaires aux demandes subséquentes, si la demande est rejetée.**

Art. L. 232-7 **La demande est adressée au ministre chargé de l'enseignement supérieur qui en saisit le Conseil national de l'enseignement supérieur et de la recherche**

statuant en matière disciplinaire, en y joignant *(L. n° 2019-828 du 6 août 2019, art. 33)* « , le cas échéant, » l'avis de l'instance universitaire qui a connu en premier ressort de l'affaire disciplinaire.

Le Conseil national de l'enseignement supérieur et de la recherche statue après avoir entendu l'intéressé ou son conseil ; la décision prononçant le relèvement doit être prise aux deux tiers des suffrages.

Un décret en Conseil d'État détermine les formes à suivre pour l'instruction et le jugement des demandes en relèvement, ainsi que les autres mesures nécessaires à l'exécution de la présente sous-section *[V. art. R. 232-44 s.]*.

Les dispositions issues de l'art. 33 de la L. n° 2019-828 du 6 août 2019 ne s'appliquent pas aux procédures en cours à la date de publication de la L. préc., ainsi qu'aux appels formés contre les décisions disciplinaires intervenues avant la date de publication de ladite loi devant le Conseil national de l'enseignement supérieur et de la recherche (L. préc., art. 94).

CHAPITRE III LA CONFÉRENCE DES CHEFS D'ÉTABLISSEMENTS DE L'ENSEIGNEMENT SUPÉRIEUR

(L. n° 2007-1199 du 10 août 2007, art. 36)

Art. L. 233-1 I. — La Conférence des chefs d'établissements de l'enseignement supérieur est composée des responsables des écoles françaises à l'étranger, des directeurs des instituts et des écoles extérieurs aux universités ainsi que des membres de deux conférences constituées respectivement :

— des présidents d'université, des responsables des grands établissements et des directeurs d'écoles normales supérieures ;

— des responsables d'établissements d'enseignement supérieur, d'instituts ou écoles internes à ces établissements *(L. n° 2013-660 du 22 juill. 2013, art. 38)* « accrédités » à délivrer le diplôme d'ingénieur et des directeurs des écoles d'ingénieurs, autres que celles relevant du ministre chargé de l'enseignement supérieur, ayant, le cas échéant, reçu l'approbation de leur autorité de tutelle.

Ces deux conférences se réunissent séparément pour examiner les questions qui les concernent.

Chacune de ces deux conférences peut se constituer en une association régie par la loi du 1er juillet 1901 relative au contrat d'association.

II. — La Conférence des chefs d'établissements de l'enseignement supérieur, en formation plénière, élit en son sein un président et un bureau pour une durée de deux ans. Elle étudie toutes les questions intéressant les établissements qu'elle représente. Elle peut formuler des vœux à l'intention du ministre chargé de l'enseignement supérieur. Celui-ci lui soumet les problèmes pour lesquels il requiert son avis motivé.

Art. L. 233-2 Les associations mentionnées au dernier alinéa du I de l'article L. 233-1 ont vocation à représenter auprès de l'État, de l'Union européenne et des autres instances internationales compétentes en matière d'enseignement supérieur et de recherche les intérêts communs des établissements qu'elles regroupent. Elles bénéficient, sous réserve de leur agrément par le ministre chargé de l'enseignement supérieur, du régime des associations reconnues d'utilité publique.

A cette fin, elles peuvent percevoir, outre les cotisations annuelles versées par les établissements qu'elles représentent, des subventions de l'État et des autres collectivités publiques, ainsi que toute autre ressource conforme à leur statut. Elles sont soumises au contrôle de la Cour des comptes.

Ces associations peuvent bénéficier du concours d'agents publics titulaires ou contractuels mis à leur disposition par l'administration ou l'établissement public dont ils dépendent ou de fonctionnaires placés en position de détachement.

CHAPITRE IV LES CONSEILS ACADÉMIQUES DE L'ÉDUCATION NATIONALE

Art. L. 234-1 Le conseil de l'éducation nationale institué dans chaque académie comprend des représentants *(Ord. n° 2014-1543 du 19 déc. 2014, art. 37)* « des collectivités territoriales, » des personnels et des usagers.

La présidence est exercée par le représentant de l'État ou le représentant de la collectivité concernée selon que les questions soumises aux délibérations du conseil sont de la compétence de l'État *(Ord. n° 2014-1543 du 19 déc. 2014, art. 37)* **« ou de celle de cette collectivité ».**

(L. n° 2004-809 du 13 août 2004, art. 78) **« Ce conseil peut siéger en formations restreintes. »**

Un décret en Conseil d'État précise notamment l'organisation et les compétences de ce conseil. Ce décret peut comporter les adaptations rendues nécessaires par l'organisation particulière de Paris *(Ord. n° 2014-1543 du 19 déc. 2014, art. 37)* **« , de la métropole de Lyon, du département du Rhône », de la Corse** *(Ord. n° 2007-1801 du 21 déc. 2007, art. 6)* **« , des départements d'outre-mer »** *(L. n° 2017-256 du 28 févr. 2017, art. 57)* **« , de Mayotte, de Saint-Martin et de Saint-Barthélemy ».**

Composition. Le législateur a donné une large délégation au gouvernement pour fixer la composition des conseils de l'éducation nationale, sans lui imposer l'obligation que toutes les catégories de personnels soient représentées sans exception. Par suite, les décrets ont pu également limiter la représentation des personnels aux personnels titulaires. • CE 29 mai 1992, *Synd. nat. des enseignants du second degré (SNES)*, n° 123360 : *Lebon T. 1008*.

Art. L. 234-2 Le conseil de l'éducation nationale, institué dans chaque académie par l'article L. 234-1, lorsqu'il exerce les compétences prévues par *(Ord. n° 2014-691 du 26 juin 2014, art. 7)* **« l'article L. 234-6 », comprend, sous la présidence du recteur :**

1° Un président d'université nommé par le recteur ;

2° Deux inspecteurs d'académie-inspecteurs pédagogiques régionaux, dont un chargé de l'enseignement technique, et un inspecteur de l'éducation nationale nommés par le recteur ;

3° Quatre représentants des personnels de l'enseignement public du premier et du second degré, élus en son sein par le conseil de l'éducation nationale dans chaque académie parmi les personnels enseignants titulaires de l'éducation nationale ;

4° Trois représentants des personnels enseignants des établissements d'enseignement privés sous contrat, nommés par le recteur sur proposition des organisations syndicales les plus représentatives, proportionnellement aux résultats des élections professionnelles, et un représentant des personnels de direction en fonction dans les établissements d'enseignement privés hors contrat, nommé par le recteur sur proposition de l'organisation la plus représentative.

Lorsque le conseil exerce des compétences relatives à l'enseignement supérieur, un administrateur d'un établissement privé relevant de cet enseignement, nommé par le recteur, lui est adjoint.

La durée du mandat des membres nommés ou élus est de trois ans. Les membres nommés ou élus qui cessent, pour quelque cause que ce soit, notamment parce qu'ils ont perdu la qualité en laquelle ils ont été nommés, de faire partie du conseil avant le terme normal de leur mandat sont remplacés dans leurs fonctions. Le mandat de leurs successeurs expire lors du renouvellement général.

Art. L. 234-3 à L. 234-5 *Abrogés par Ord. n° 2014-691 du 26 juin 2014, art. 8.*

Art. L. 234-6 *(Ord. n° 2014-691 du 26 juin 2014, art. 9)* **« I. — » Le conseil de l'éducation nationale institué dans chaque académie, siégeant dans la formation prévue à l'article L. 234-2, donne son avis sur :**

1° *Abrogé par L. n° 2018-266 du 13 avr. 2018, art. 4.*

(L. n° 2018-266 du 13 avr. 2018, art. 4) **« 2° Les autorisations prévues par l'article L. 731-8 ; »**

3° L'habilitation donnée à des établissements du second degré privés de recevoir des boursiers nationaux prévue par l'article L. 531-4 ;

4° Les locaux et les subventions attribués aux établissements d'enseignement privés, dans les conditions prévues par l'article L. 151-4.

(Ord. n° 2014-691 du 26 juin 2014, art. 9) **« II. — La formation prévue à l'article L. 234-2 tient également lieu de conseil de discipline et rend, à ce titre, un avis préalable à la décision du recteur compétent pour se prononcer sur :**

« 1° Les sanctions prévues par l'article L. 914-6 ;

« 2° Les sanctions prévues par l'article L. 444-9 ;

« 3° Les sanctions prévues par décret pour les manquements aux dispositions relatives au contrôle de la fréquentation et de l'assiduité scolaire. »

« III. — » Les avis du conseil sont émis à la majorité. En cas de partage égal des voix, la voix du président est prépondérante.

Compétence. Le conseil académique de l'éducation nationale donne son avis préalablement sur l'opportunité des subventions octroyées aux établissements d'enseignement général du second degré privés par les communes, départements, régions ou par l'État sans que cette subvention puisse excéder le dixième des dépenses annuelles de l'établissement. • CE 18 févr. 2005, *OGEC du collège de la Madeleine et a.*, n° 264064. ♦ La délibération, par laquelle un conseil régional décide d'inscrire au budget de la région des crédits destinés à l'aide aux établissements d'enseignement technique privés, ne trouve pas son fondement dans l'art. 69 de la L. du 15 mars 1850, mais dans la L. du 25 juill. 1919 relative à l'organisation de l'enseignement technique, industriel et commercial. Aucune disposition n'impose, dans un tel cas, une consultation du conseil de l'éducation nationale. • CE 11 mars 1992, *Mme Bigaud*, n° 104785 : *Lebon T. 683*. ♦ La L. du 31 déc. 1985 a transféré l'ensemble des attributions des conseils académiques aux conseils de l'éducation nationale. • CE 19 juin 1992, *Ville de Paris*, nos 72872 et 74360.

Art. L. 234-7 Les modalités d'application *(Ord. n° 2014-691 du 26 juin 2014, art. 10)* « des articles L. 234-2 et L. 234-6 » sont fixées, en tant que de besoin, par décret en Conseil d'État *[V. art. R. 234-34 s.]*.

Art. L. 234-8 La composition et les attributions du conseil de l'éducation nationale institué dans chaque académie par l'article L. 234-1 sont étendues à l'enseignement supérieur, sous réserve des dispositions *(Ord. n° 2014-691 du 26 juin 2014, art. 10)* « des articles L. 234-2 et L. 234-6 ».

Lorsque les questions soumises aux délibérations des conseils relèvent de l'enseignement supérieur, le recteur, chancelier des universités, est rapporteur.

En ce qui concerne l'Île-de-France, il est institué un seul conseil académique pour les trois académies concernées.

Un décret en Conseil d'État fixe les modalités d'application du présent article *[V. art. R. 234-39 s.]*.

CHAPITRE V LES CONSEILS DÉPARTEMENTAUX DE L'ÉDUCATION NATIONALE

Art. L. 235-1 Le conseil de l'éducation nationale institué *(Ord. n° 2014-1543 du 19 déc. 2014, art. 37)* « dans chaque circonscription départementale » comprend des représentants *(Ord. n° 2014-1543 du 19 déc. 2014, art. 37)* « des collectivités territoriales, » des personnels et des usagers.

La présidence est exercée par le représentant de l'État ou le représentant de la collectivité concernée selon que les questions soumises aux délibérations du conseil sont de la compétence de l'État *(Ord. n° 2014-1543 du 19 déc. 2014, art. 37)* « ou de celle de cette collectivité ».

Un décret en Conseil d'État précise notamment l'organisation et les compétences de ce conseil. Ce décret peut comporter les adaptations rendues nécessaires par l'organisation particulière de Paris *(Ord. n° 2014-1543 du 19 déc. 2014, art. 37)* « , de la métropole de Lyon, du département du Rhône », de la Corse *(Ord. n° 2007-1801 du 21 déc. 2007, art. 6)* « , des départements d'outre-mer et de Mayotte ».

I. COMPÉTENCE

1. Transfert. La L. du 31 déc. 1985 ayant supprimé les conseils départementaux de l'enseignement primaire institués par la L. du 30 oct. 1886 et les conseils académiques institués par la L. du 27 févr. 1880, les dispositions du Décr. du 12 nov. 1886 relatif aux élections des membres des conseils départementaux de l'enseignement primaire sont caduques. • CE 4 juill. 1986, *Synd. gén. de l'éducation nationale CFDT*, n° 46649 : *Lebon 188*.

II. CONSULTATION OBLIGATOIRE

2. Principe. La consultation du conseil départemental de l'éducation nationale est obligatoire avant toute mesure de suppression ou d'implantation d'emplois d'instituteurs. • CE 16 oct. 1995, *MEN c/ Cne de Poligny, l'assoc. des parents d'élèves de l'école de Poligny et Mme Bucher*, n° 143940 : *Lebon T. 814*. ♦ Même solution pour la fermeture d'une école. • CAA Nancy, 24 févr. 2005, *Assoc. école et territoire et a.*, n° 04NC00700. ♦ Le conseil de l'éducation nationale donne son avis sur la répartition des dépenses de fonctionnement entre la commune d'accueil et la commune de résidence lorsque aucun accord n'a pu intervenir entre les communes concernées. • CAA Bordeaux, 8 juill. 2002, *Cnes de Rioux, Soulignonne, Thézac et a.*, n° 99BX02300. ♦ Si les communes se plaignent de ne pas avoir été informées des modalités de calcul des contributions litigieuses, il résulte de l'instruction que ces informations ont été apportées lors de la réunion du conseil départemental de l'éducation nationale, conseil où les communes sont représentées. • CAA Bordeaux, 8 juill. 2002, *Cnes de Rioux, Soulignonne, Thézac et a.*, n° 99BX02301.

3. Urgence. La fermeture d'une classe dans une école maternelle, l'ouverture d'une classe dans une autre école et le transfert de l'institutrice, décidés au moment de la rentrée scolaire, pour faire face à l'afflux imprévu d'élèves et accueillir les enfants de façon satisfaisante, ne sont pas entachés d'illégalité en l'absence des consultations préalables du comité technique paritaire et du conseil départemental de l'éducation nationale. • CE 4 févr. 1994, *MEN c/ SGEN CFDT-93*, n° 116323 : *Lebon T. 751*.

4. Recevabilité du moyen. Le moyen tiré de ce que le conseil départemental de l'éducation nationale n'avait pas été régulièrement consulté, qui est soulevé pour la première fois en cassation, est irrecevable. • CE 2 juill. 2003, *Assoc. École et territoire*, n° 251526.

5. Désignation des maires membres du CDEN à la suite de la création d'une commune nouvelle. V. note * DAJ A1, 24 févr. 2016, n° 2016-081 : *LIJ 2016, n° 194, p. 18.*

CHAPITRE VI DISPOSITIONS COMMUNES AUX ORGANISMES COLLÉGIAUX ET LOCAUX

Art. L. 236-1 Un décret en Conseil d'État détermine les conditions dans lesquelles les représentants des parents d'élèves aux conseils départementaux ou régionaux, académiques et nationaux bénéficieront d'autorisations d'absence et seront indemnisés.

L'État apporte une aide à la formation des représentants des parents d'élèves appartenant à des fédérations de parents d'élèves représentées au Conseil supérieur de l'éducation. – *[L. n° 89-486 du 10 juill. 1989, art. 11, al. 4 et 5.]*

Sur le bénéfice du congé de représentation en faveur des représentants des parents d'élèves siégeant dans les conseils départementaux, régionaux, académiques et nationaux, V. art. R. 236-1 s.

CHAPITRE VII LES INSTANCES CONSULTATIVES EN MATIÈRE DE FORMATION PROFESSIONNELLE

SECTION PREMIÈRE LES INSTANCES CONSULTATIVES NATIONALES

Art. L. 237-1 *(Ord. n° 2008-1304 du 11 déc. 2008, art. 1er)* Les institutions de la formation professionnelle sont organisées conformément aux dispositions des articles L. 6123-1 *(L. n° 2014-288 du 5 mars 2014, art. 24)* « à L. 6123-3 » du code du travail.

SECTION II *[ABROGÉE]* LES INSTANCES CONSULTATIVES DÉPARTEMENTALES

(Abrogée par L. n° 2004-809 du 13 août 2004, art. 78)

Art. L. 237-2 *Abrogé par L. n° 2004-809 du 13 août 2004, art. 78.*

CHAPITRE VIII LES INSTANCES CONSULTATIVES EN MATIÈRE D'ENSEIGNEMENT AGRICOLE

SECTION PREMIÈRE LE CONSEIL NATIONAL DE L'ENSEIGNEMENT AGRICOLE

Art. L. 238-1 La composition et les compétences du Conseil national de l'enseignement agricole sont fixées par les dispositions des articles L. 814-1 et L. 814-2 du code rural et de la pêche maritime, ci-après reproduites :

Art. L. 814-1 Le Conseil national de l'enseignement agricole est présidé par le ministre de l'agriculture et composé de *(L. n° 99-574 du 9 juill. 1999)* « soixante-quatre » membres ainsi répartis :

1° *a)* Huit représentants de l'État ;

b) Trois représentants des régions ;

c) Trois représentants des établissements publics intéressés ;

d) Six représentants des associations et organismes responsables d'établissements d'enseignement agricole privés ayant passé un contrat avec l'État et de leurs fédérations représentatives ;

2° Vingt représentants des organisations syndicales représentatives des personnels des établissements d'enseignement agricole publics et privés, dont cinq au moins représentant les organisations syndicales représentatives des personnels des établissements d'enseignement agricole privés ayant passé un contrat avec l'État ;

3° *a*) Dix représentants des organisations représentatives des parents d'élèves de l'enseignement agricole dont deux au moins représentant les organisations représentatives des parents d'élèves des établissements d'enseignement agricole privés ayant passé un contrat avec l'État et un représentant des organisations nationales représentatives des associations familiales rurales ;

b) Dix représentants des organisations professionnelles et syndicats représentatifs des employeurs, des exploitants et des salariés agricoles.

(L. n° 99-574 du 9 juill. 1999) « 4° Quatre représentants des élèves et étudiants. »

Ce conseil peut également comprendre, à titre consultatif et dans la limite du dixième de ses membres, des personnalités désignées en raison de leurs compétences, notamment dans le domaine de la recherche et des activités para-agricoles.

Le Conseil national de l'enseignement agricole assure la représentation de l'enseignement agricole au sein du Conseil supérieur de l'éducation.

Les modalités d'application du présent article sont fixées par décret en Conseil d'État.

Art. L. 814-2 Le Conseil national de l'enseignement agricole peut être saisi pour avis de toute question de son ressort par un quart de ses membres ou par le Gouvernement. Il donne obligatoirement son avis sur tout avant-projet de loi ou de décret concernant l'enseignement agricole.

(L. n° 2004-809 du 13 août 2004, art. 75) « Il est saisi pour avis du rapport d'évaluation mentionné à l'article L. 211-1 du code de l'éducation. »

(L. n° 99-574 du 9 juill. 1999) « Il donne un avis sur le projet de schéma prévisionnel national des formations de l'enseignement agricole. Ce schéma, qui tient compte des besoins de formation exprimés par les régions, est arrêté pour une période de cinq années par le ministre de l'agriculture. *(L. n° 2014-1170 du 13 oct. 2014, art. 60)* « Il est établi en respectant le projet stratégique national pour l'enseignement agricole, qui est également arrêté pour une période de cinq ans par le même ministre, après une concertation avec l'ensemble des composantes de l'enseignement agricole, les collectivités territoriales et les organisations professionnelles et syndicales représentatives des employeurs, des exploitants et des salariés agricoles. » La conduite du dispositif national de l'enseignement général, technologique et professionnel et de la *(L. n° 2010-874 du 27 juill. 2010, art. 9)* « formation professionnelle aux métiers de l'agriculture, de la forêt, de la nature et des territoires » est assurée par l'État sur le fondement de ce schéma *(L. n° 2014-1170 du 13 oct. 2014, art. 60)*« et de ce projet stratégique ». »

En cas de modifications substantielles, au cours de la période de validité du schéma, des bases qui ont servi à son établissement, ce schéma peut faire l'objet de modifications partielles sur proposition du Conseil national de l'enseignement agricole.

Les modalités d'application du présent article sont fixées par décret en Conseil d'État.

SECTION II LE CONSEIL NATIONAL DE L'ENSEIGNEMENT SUPÉRIEUR ET DE LA RECHERCHE AGRICOLE, AGRO-ALIMENTAIRE ET VÉTÉRINAIRE

Art. L. 238-2 **La composition et les compétences du Conseil national de l'enseignement supérieur et de la recherche agricole, agroalimentaire et vétérinaire sont fixées par les dispositions de l'article L. 814-3 du code rural et de la pêche maritime, ci-après reproduites :**

Art. L. 814-3 Le Conseil national de l'enseignement supérieur et de la recherche agricole, agro-alimentaire et vétérinaire est placé auprès du ministre de l'agriculture. Il est consulté notamment sur les questions relatives aux missions des établissements publics assurant des formations supérieures relevant du ministre de l'agriculture et sur la politique proposée par les pouvoirs publics pour assurer la cohésion de ces formations. Les représentants des personnels et des étudiants sont élus. La composition, les attributions et les modalités de fonctionnement de ce conseil sont fixées par décret.

Il exerce notamment une partie des compétences dévolues au Conseil national de l'enseignement agricole.

Le ministre de l'agriculture présente chaque année au Conseil national de l'enseignement supérieur et de la recherche agricole, agro-alimentaire et vétérinaire un rapport sur l'état de l'enseignement supérieur agricole, agro-alimentaire et vétérinaire. Ce rapport est rendu public.

Le Conseil national de l'enseignement agricole reste informé et consulté sur les grandes orientations de l'enseignement supérieur dépendant du ministre de l'agriculture.

SECTION III LES COMITÉS RÉGIONAUX DE L'ENSEIGNEMENT AGRICOLE

Art. L. 238-3 La composition et les compétences des comités régionaux de l'enseignement agricole sont fixées par les dispositions de l'article *(Ord. n° 2009-1534 du 10 déc. 2009, art. 1er)* **« L. 814-5 » du code rural et de la pêche maritime, ci-après reproduites :**

Art. L. 814-5 Dans chaque région siège un comité régional de l'enseignement agricole composé de représentants des mêmes catégories que celles visées à l'article L. 814-1 du présent code *[V. cet art. à l'art. L. 238-1]* et dans les mêmes proportions. Ce comité est saisi pour avis du projet de schéma prévisionnel régional des formations qui doit comporter une section relative à l'enseignement agricole. *(Ord. n° 2009-1534 du 10 déc. 2009, art. 1er)* « Son avis est transmis, d'une part, au conseil régional et, d'autre part, au conseil institué dans chaque académie en application de l'article L. 234-1 du code de l'éducation, qui est également compétent en matière d'enseignement agricole public. Ce conseil émet un avis sur le schéma prévisionnel des formations de l'enseignement agricole et sur les demandes d'ouverture des établissements privés. »

(L. n° 99-574 du 9 juill. 1999) « Le comité régional de l'enseignement agricole est consulté sur le projet de plan régional de développement des formations *(L. n° 2014-288 du 5 mars 2014, art. 23)* « et de l'orientation » professionnelles des jeunes prévu par l'article L. 214-13 du code de l'éducation et sur le projet régional de l'enseignement agricole.

« Le schéma prévisionnel régional prévu à *(Ord. n° 2009-1534 du 10 déc. 2009, art. 1er)* « l'article L. 214-1 du code de l'éducation » et le plan régional de développement des informations professionnelles des jeunes défini par *(Ord. n° 2009-1534 du 10 déc. 2009, art. 1er)* « l'article L. 214-13 du code de l'éducation » prennent en compte les orientations et objectifs du schéma prévisionnel national des formations de l'enseignement agricole. »

Les modalités d'application du présent article sont fixées par décret en Conseil d'État *[V. art. R. 238-3]*.

Code rural et de la pêche maritime

Art. L. 814-4 *(Ord. n° 2009-1534 du 10 déc. 2009, art. 1er)* Le Conseil national de l'enseignement supérieur et de la recherche agricole, agroalimentaire et vétérinaire statue en appel et en dernier ressort sur les décisions prises par les instances disciplinaires des établissements d'enseignement supérieur relevant du ministre chargé de l'agriculture compétentes à l'égard des enseignants-chercheurs, enseignants et usagers de ces établissements.

(L. n° 2011-525 du 17 mai 2011, art. 34) « Toutefois, il est appelé à statuer en premier et dernier ressort lorsqu'une section disciplinaire n'a pas été constituée ou lorsqu'aucun jugement n'est intervenu six mois après la date à laquelle les poursuites disciplinaires ont été engagées devant la juridiction disciplinaire compétente. »

Le Conseil national de l'enseignement supérieur et de la recherche agricole, agroalimentaire et vétérinaire est également compétent pour examiner les demandes en relèvement des exclusions, déchéances et incapacités prononcées par les instances disciplinaires mentionnées au premier alinéa, dans les conditions prévues aux articles *(Ord. n° 2014-691 du 26 juin 2014, art. 6)* « L. 232-5 à L. 232-7 » du code de l'éducation.

Le Conseil national de l'enseignement supérieur et de la recherche agricole, agroalimentaire et vétérinaire statuant en matière disciplinaire comprend des représentants des enseignants-chercheurs, des enseignants et des représentants des usagers. Dans le cas où les usagers n'usent pas de leur droit de se faire représenter au sein de la formation compétente du Conseil national de l'enseignement supérieur et de la recherche agricole, agroalimentaire et vétérinaire statuant en matière disciplinaire et dans le cas où, étant représentés, ils s'abstiennent d'y siéger, cette formation peut valablement délibérer en l'absence de leurs représentants. Le président du Conseil national de l'enseignement supérieur et de la recherche agricole, agroalimentaire et vétérinaire statuant en matière disciplinaire est un professeur de l'enseignement supérieur agricole, élu en leur sein par l'ensemble des enseignants-chercheurs membres de cette juridiction.

Lorsque le Conseil national de l'enseignement supérieur et de la recherche agricole, agroalimentaire et vétérinaire statuant en matière disciplinaire statue à l'égard d'enseignants-chercheurs ou d'enseignants, la formation compétente ne comprend que des enseignants-chercheurs et enseignants d'un rang égal ou supérieur à celui de la personne déférée devant elle.

La composition, les modalités et la durée de désignation des membres des formations compétentes à l'égard des enseignants-chercheurs, des enseignants et des usagers et leur fonctionnement sont définies par décret en Conseil d'État.

CHAPITRE IX LES AUTRES INSTANCES CONSULTATIVES

(L. n° 2016-925 du 7 juill. 2016, art. 52)

SECTION I LES INSTANCES CONSULTATIVES EN MATIÈRE D'ENSEIGNEMENT SUPÉRIEUR ET DE RECHERCHE DANS LES DOMAINES RELEVANT DU MINISTRE CHARGÉ DE LA CULTURE *(L. n° 2018-699 du 3 août 2018, art. 13)*.

Art. L. 239-1 **Le Conseil national de l'enseignement supérieur et de la recherche artistiques et culturels est placé auprès du ministre chargé de la culture.**

Il est consulté sur les orientations générales de la politique du ministre chargé de la culture en matière d'enseignement supérieur et de recherche dans les domaines de la création artistique, de l'architecture et du patrimoine.

Il a notamment pour mission d'assurer la cohérence des formations et de la recherche dans ces domaines au regard des enjeux des secteurs professionnels concernés.

Il donne un avis sur l'accréditation des établissements assurant des formations supérieures dans les domaines susmentionnés relevant du ministre chargé de la culture, à l'exception de celle prévue à l'article L. 752-1.

Il peut être également consulté sur les projets de textes législatifs ou réglementaires relatifs à l'enseignement supérieur et à la recherche dans les domaines susmentionnés. Il peut faire des propositions au ministre chargé de la culture sur toute question relative à son domaine de compétence.

(L. n° 2018-699 du 3 août 2018, art. 51) **« Il comprend notamment parmi ses membres un député, un sénateur, et leurs suppléants, ainsi que des représentants élus des personnels et des étudiants de ces établissements et des représentants des secteurs professionnels principalement concernés. » Le Conseil national de l'enseignement supérieur et de la recherche prévu à l'article L. 232-1 désigne son représentant, qui siège avec voix consultative.**

Un décret précise les attributions, la composition et les règles de fonctionnement du conseil, ainsi que les conditions de nomination ou d'élection de ses membres, notamment les conditions dans lesquelles est assurée la parité entre les femmes et les hommes.

SECTION II *[ABROGÉE]* L'OBSERVATOIRE NATIONAL DE LA SÉCURITÉ ET DE L'ACCESSIBILITÉ DES ÉTABLISSEMENTS D'ENSEIGNEMENT

(Abrogée par L. n° 2020-1525 du 7 déc. 2020, art. 10).

Art. L. 239-2 *Abrogé par L. n° 2020-1525 du 7 déc. 2020, art. 10.*

CHAPITRE X LE MÉDIATEUR DE L'ÉDUCATION NATIONALE ET DE L'ENSEIGNEMENT SUPÉRIEUR

(L. n° 2007-1199 du 10 août 2007, art. 40)

Art. L. 23-10-1 Un médiateur de l'éducation nationale et de l'enseignement supérieur, des médiateurs académiques et leurs correspondants reçoivent les réclamations concernant le fonctionnement du service public de l'éducation nationale et de l'enseignement supérieur dans ses relations avec les usagers et ses agents.

BIBL. ▶ DEBENE, Le médiateur académique vu par un recteur d'académie : autorité et sagesse, *in Rapport du médiateur de l'éducation nationale, année 2004, Doc. fr., p. 29 s.* – SASSIER, La médiation à l'éducation nationale et dans l'enseignement supérieur, *LIJ 2010, n° 148, p. 35.* – SIMON, Médiation institutionnelle et déontologie au ministère de l'éducation nationale, *in* de Raulin et Pastorel (études coordonnées par), Gouvernance et réforme administrative, Mél. en l'honneur de Marc Debène, *PUAM, 2018, p. 55.* – Rapport 2012 de la médiatrice de l'éducation nationale et de l'enseignement supérieur, *AJDA 2013. 1136* ; *http://cache.media.education.gouv.fr/file/05_Mai/98/3/Mediateur_de_l_Education_nationale_rapport_2012_web_253983.pdf.*

COMMENTAIRE

La partie réglementaire du code de l'éducation comporte une section IV relative aux médiateurs (art. R. 222-37 à R. 222-42). En 1988, Claude Pair avait préconisé la mise en place de « médiateurs de l'école » pour apporter aide et conseil aux usagers ; l'idée fut reprise en 1998 par Claude Allègre nommant médiateur Jacky Simon. Près de dix ans après le décret n° 98-1082 du 1er décembre 1998 instituant des médiateurs à l'éducation nationale (au sens large incluant l'enseignement supérieur, le décret étant pris sous le double visa de la loi d'orientation du 10 juill. 1989 sur l'éducation et de la loi sur l'enseignement supérieur du 26 janv. 1984), l'institution a reçu une consécration législative. L'article 40 de la loi LRU du 10 août 2007 introduit un article L. 23-10-1 mentionnant l'existence d'« ***un médiateur de l'éducation nationale et de l'enseignement supérieur*** » (il aura fallu attendre dix nouvelles années pour que cette nouvelle dénomination soit prise en compte dans la partie réglementaire du code, art. D. 222-37 mod. par le Décr. n° 2017-610 du 24 avr. 2017). Son action est relayée par celle des « ***médiateurs académiques*** » et de leurs correspondants mis en place dans les académies ou les départements les plus importants (art. R. 222-37). Si la loi se borne à disposer qu'ils « reçoivent les réclamations concernant le fonctionnement du service public de l'éducation nationale et de l'enseignement supérieur dans ses relations avec les usagers et les agents », son objectif a été de consacrer la mise en place d'un mécanisme de médiation institutionnelle facilitant la recherche de solutions amiables aux différends par l'écoute et le dialogue avec les usagers dans une perspective d'amélioration de la qualité du service public (médiation externe), mais aussi avec les agents, la médiation (interne) étant alors un élément de la gestion des ressources humaines. Sur ce point, le médiateur de l'éducation se distinguait du Médiateur de la République créé par la loi du 3 janvier 1973 qui avait servi de modèle (et dont il était le correspondant, Décr. n° 98-1082 du 1er déc. 1998, art. 2) comme du Défenseur des enfants institué par loi du 6 mars 2000, l'un et l'autre disposant de correspondants départementaux, devenus correspondants du Défenseur des droits. La loi constitutionnelle du 23 juillet 2008 (nouveau titre XI *bis* de la Constitution, art. 71-1), en substituant le Défenseur des droits au Médiateur de la République et au Défenseur des enfants, met en pleine lumière ce type de recours non juridictionnel, largement ouvert aux citoyens, permettant de rechercher une solution en équité sans confier à l'autorité indépendante de pouvoir de contrainte ; il est chargé de veiller au respect des droits et libertés par les administrations de l'État, les collectivités territoriales, les établissements publics et dispose d'attributions spéciales (défense des enfants, lutte contre les discriminations, promotion de l'égalité) ; il peut être saisi par toute personne s'estimant lésée par le fonctionnement d'un service public et a la possibilité de se saisir d'office (Const. 58, art. 71-1) ; il peut ainsi connaître de questions concernant le service public de l'éducation (en 2015, il a été saisi de cas d'absence d'AVS, de refus de scolarisation d'enfants roms, de refus d'accès à la cantine scolaire, de la maltraitance subie en apprentissage... cas qui lui ont permis de présenter un rapport intitulé *« Droit fondamental à l'éducation : une école pour tous, un droit pour chacun », nov. 2016*). Il a pu aussi connaître de questions relatives à l'enseignement supérieur (décision du Défenseur des droits n° 2019-191 du 24 juillet 2019, recommandant de mettre en application la procédure de médiation et l'information des doctorants prévues par cet article sur la possibilité de prolonger la préparation de leur doctorat en cas d'interruption pour raisons médicales ou familiales). Toutefois, contrairement aux médiateurs de l'éducation, le Défenseur des droits ne peut être saisi par les agents, à raison de l'exercice de leurs fonctions, formule qui n'exclut toutefois pas les agents retraités (L. org. n° 2011-333 du 29 mars 2011 relative au Défenseur des droits, art. 10).

Le médiateur de l'éducation nationale et de l'enseignement supérieur est nommé pour trois ans par arrêté des ministres chargés de l'éducation et de l'enseignement supérieur (art. D. 222-38). Le choix de la personne est fondamental ; la fonction nécessite en effet une bonne connaissance pratique des arcanes de l'éducation nationale et de l'enseignement supérieur et des qualités pour exercer une autorité reconnue. Si le médiateur de l'éducation nationale est placé *« sous l'autorité »* des ministres, son mandat ne peut être interrompu (sauf par décès ou démission) ; il est dans une situation juridique qui doit lui permettre de se comporter en « autorité indépendante », à l'instar de l'ancien Médiateur de la République. Si le médiateur est incontestablement une autorité morale, il est difficile de lui reconnaître la qualité d'autorité administrative dans la mesure où il n'a pas compétence pour édicter des décisions exécutoires ou prendre des sanctions, comme c'est par exemple le cas de la CNIL, créée par la loi n° 78-17 du 6 janvier 1978 (*contra* TA Lille, 13 févr. 2006, n° 0102466). En droit, il n'est ni une autorité administrative, ni bien sûr une autorité juridictionnelle, ni même une autorité administrative indépendante. Il en est de même des médiateurs académiques et de leurs correspondants choisis parmi les retraités ayant une expérience forte de l'éducation nationale (anciens inspecteurs, chefs d'établissement ou parfois universitaires) pour exercer une fonction bénévole ; nommés au départ pour un an, désormais pour une durée maximale de trois années renouvelable (Décr. n° 2019-918 du 30 août 2019) par arrêté des ministres, sur proposition du médiateur de l'éducation nationale et de l'enseignement supérieur, leur lien avec ce dernier et le travail collectif qu'ils mènent ensemble sont garants de leur indépendance (art. D. 222-40). Ils sont compétents pour recevoir les réclamations concernant le fonctionnement des services (rectorat, DASEN) et établissements (collèges, lycées, universités) de leur académie, le médiateur national étant le destinataire de celles mettant en cause les services nationaux (ministère) ou les établissements dont la tutelle est directement exercée par le ministre tels l'AEFE, la CNED ou certains grands établissements (art. D. 222-38, al. 2).

Les usagers (élèves ou parents d'élèves, étudiants, stagiaires de la formation continue) ou les agents (fonctionnaires ou contractuels, enseignants et personnels ATOS) peuvent adresser aux médiateurs des ***réclamations individuelles*** qui doivent avoir été précédées de démarches auprès des services et établissements concernés (art. D. 222-41, sauf en cas de réclamations concernant les opérations électorales des EPSCT, Décr. n° 2017-610 du 24 avr. 2017). Si, dans un premier temps, les réclamations émanaient majoritairement des personnels, les usagers ont pris le relais, la clef de répartition se fixant au rapport 70 % (usagers), 30 % (personnels).

L'idée initiale était fondée sur une approche modeste et pragmatique ; disposant de peu de moyens, les médiateurs ont un rôle d'écoute et d'alerte et doivent en « bricoleurs du social » (Jacky Simon) raisonner en équité (sans aller contre la loi, sans créer de précédent, sans humilier les bureaux).

La procédure est caractérisée par sa ***simplicité*** et sa ***gratuité***. La réclamation peut se faire sur papier libre ou par courrier électronique. Le site du médiateur de l'éducation nationale fournit un formulaire. Les usagers et les agents doivent mentionner l'autorité dont la décision est contestée (ministre, recteur, proviseur...), la décision contestée pouvant relever de domaines divers (scolarité, examen, bourse, vie scolaire, orientation, inscription à l'université, élections universitaires..., pour les usagers ; carrière, affectation, rémunération..., pour les agents), les démarches préalables faites auprès des services ou établissements et les raisons de la réclamation avec, éventuellement, les pièces jointes.

Les médiateurs examinent la ***recevabilité*** des réclamations. Elles doivent tout d'abord entrer dans leur champ de compétence. Les médiateurs vérifient la qualité du réclamant (usager ou agent du service public d'éducation ou d'enseignement supérieur), l'existence et la nature du différend (excluant les simples demandes de conseils et les litiges entre personnes privées) et veillent à ce que la même question n'ait pas fait l'objet d'une action juridictionnelle (la réclamation est indépendante des procédures juridictionnelles et n'interrompt ni ne suspend par elle-même les délais de prescription des actions en matière civile, administrative ou pénale, pas plus que ceux relatifs à l'exercice de recours administratifs ou contentieux) ou d'une saisine du Défenseur des droits. Si celui-ci a été saisi de la même question (par un usager ou un agent retraité), la procédure de réclamation est alors interrompue (art. D. 222-41, al. 2). Pour être recevable, la réclamation adressée aux médiateurs de l'éducation nationale (comme celle adressée au Défenseur des droits) doit avoir été précédée des démarches nécessaires auprès des services ou des établissements ; celles-ci prenant la forme d'un recours gracieux (recours adressé à l'administration sollicitant le réexamen du dossier par l'administration) ou d'un recours hiérarchique qui doit avoir fait l'objet d'un refus ; si l'autorité saisie a gardé le silence, il convient de distinguer selon la signification donnée à ce silence ; s'il vaut rejet, le médiateur peut alors être saisi de la décision implicite qui en résulte ; mais, quand le silence vaut acceptation, ce qui est aujourd'hui le principe, la décision implicite donne en principe satisfaction au demandeur. La réclamation est recevable quand ces démarches ont échoué (art. D. 222-41, al. 1er ; de même pour le Défenseur des droits). Si aucun délai n'est expressément prévu pour saisir les médiateurs de ces réclamations, on peut considérer qu'il est nécessaire de ne pas trop attendre, de rester dans des délais raisonnables.

Pour l'instruction de ces affaires, le médiateur de l'éducation nationale peut faire appel aux services du ministère ainsi qu'aux inspections générales (art. D. 222-38, al. 3). Les médiateurs académiques peuvent solliciter les services académiques. Mais leur démarche doit être indépendante et faire l'objet d'une approche à la fois technique (analyse des éléments) et humaine (recherche de l'équité et de l'amélioration du fonctionnement du service). La démarche doit être marquée par la ***confidentialité*** (sauf accord des réclamants et des services ou établissements ou obligation de révéler des faits délictueux). L'instruction doit être ***contradictoire***, tous les éléments devant pouvoir être analysés et discutés par chaque partie. L'objectif est de dégager une solution avec le service ou l'établissement, d'aboutir à un accord amiable. A la différence du conciliateur qui cherche simplement à rapprocher les personnes en conflit, le médiateur recommande une solution sans être investi du pouvoir juridictionnel de l'imposer comme le serait un arbitre. Le processus peut être interrompu à tout moment.

Le médiateur qui en a été saisi et a considéré la réclamation recevable doit se prononcer sur son bien-fondé ; il doit alors informer le réclamant des raisons de droit ou de fait pour lesquelles il ne retient pas cette réclamation, développant clairement son argumentation. Si, au contraire, la réclamation paraît fondée, le médiateur adresse aux services ou établissements des ***recommandations*** qui n'imposent pas une solution (le médiateur n'a pas de pouvoir de contrainte) mais invitent à agir dans un sens déterminé, suggérant une solution. Les destinataires doivent informer le médiateur des suites qui leur ont été données ou leur faire connaître les raisons pour lesquelles ils maintiennent leur position (art. D. 222-42).

Les réponses données aux réclamants ne sont pas considérées comme des décisions exécutoires et ne peuvent donc faire l'objet de recours contentieux (TA Grenoble, 20 oct. 2016, n° 1606761) ; il en est de même de la réponse de l'administration aux recommandations d'un médiateur (CAA Nancy, 4 août 2006, n° 04NC00968).

Le médiateur de l'éducation nationale coordonne l'activité des médiateurs académiques (art. D. 222-38, al. 5) mais ne constitue pas un échelon d'appel. Chaque année, il remet au ministre un rapport dans lequel il formule les propositions qui lui paraissent de nature à améliorer le fonctionnement du service public de l'éducation nationale et de l'enseignement supérieur ; il en assure le suivi en faisant le bilan des suites qui ont lui ont été données (art. D. 222-39). Si le Rapport annuel du médiateur de l'éducation nationale est public, les rapports de services du médiateur ou des médiateurs académiques sur la base desquels le Rapport est élaboré ne sont pas communicables ; il n'en est pas de même des rapports des médiateurs académiques destinés à informer ou alerter le recteur qui, après occultation des mentions permettant d'identifier les personnes, doivent être communiqués (CADA 7 déc. 2006, n° 20065311)

En 2012, dans le cadre de la lutte contre le harcèlement sexuel à l'université, des députés ont déposé un amendement visant à permettre à une personne extérieure à l'établissement, en l'occurrence le médiateur académique déjà compétent pour recevoir une réclamation, de transmettre un avis au chef d'établissement sur la suite qu'il conviendrait de donner à la plainte. Si la loi n° 2014-873 du 4 août 2014 pour l'égalité réelle entre les femmes et les hommes n'a pas retenu cette possibilité, son article 53 donne compétence au médiateur académique comme à la personne poursuivie, au président ou au directeur de l'établissement ainsi qu'au recteur d'académie pour récuser un membre de la section au cas où il aurait détecté une raison objective de mettre en doute son impartialité (art. L. 712-6-2). De même, si les raisons de soupçonner l'impartialité concernent la section dans son ensemble, le médiateur académique pourra demander au CNESER statuant en matière disciplinaire par lettre recommandée avec demande d'avis de réception le renvoi à une autre section disciplinaire (Décr. n° 2015-79 du 28 janv. 2015 insérant l'art. R. 712-27-1). Il peut également procéder à la récusation d'un membre du CNESER saisi en appel en matière disciplinaire (art. L. 232-3).

Par ailleurs, le décret n° 2015-79 du 28 janvier 2015 prévoit que le médiateur académique est informé des poursuites disciplinaires contre les enseignants et usagers du service public de l'enseignement supérieur (art. R. 712-31) ; il est donc destinataire des lettres de saisine des sections disciplinaires des établissements d'enseignement supérieur (art. R. 712-32, Décr. n° 2015-652 du 10 juin 2015, substituant au Médiateur de la République, le médiateur académique). « Cette loi, qui a introduit le médiateur dans une posture inhabituelle, mériterait d'être complétée sur la participation de la présumée victime dans la procédure, qui, en l'état, en est absente » (*Rapport 2015, p. 77*). De même peut-on s'étonner que cette obligation de transmission concerne les seuls établissements d'enseignement supérieur et non ceux de l'enseignement secondaire.

A la suite de la loi n° 2016-1547 du 18 novembre 2016 de modernisation de la justice du XXIe siècle dont l'un des objectifs est de favoriser les modes alternatifs de règlement des différends, le code de justice administrative a été modifié (dans ses parties législative et réglementaire, Décr. n° 2017-566 du 18 avr. 2017) : la loi a prévu, à titre expérimental et pour une durée de quatre ans au maximum, que les recours contentieux formés par les fonctionnaires à l'encontre d'actes relatifs à leur situation personnelle peuvent faire l'objet d'une médiation préalable obligatoire. Le décret n° 2018-101 du 16 février 2018 précise notamment que les recours au juge administratif des « agents de la fonction publique de l'État affectés dans les services académiques et départementaux, les écoles maternelles et élémentaires et les établissements publics locaux d'enseignement du ressort des académies dont la liste est fixée par arrêté du garde des sceaux, ministre de la justice et du ministre chargé de l'éducation nationale » (art. 1er, II, 3°) devront, à peine d'irrecevabilité, être précédés d'une médiation pour une série de décisions défavorables concernant leur situation individuelle (rémunération, positions, congés, formation, aménagement des conditions de travail, notamment pour les personnes handicapées, art. 1er, I). Cette médiation préalable obligatoire est alors assurée par le médiateur académique territorialement compétent (art. 1er, III). Dans le cadre de l'article 5 de cette loi, le tribunal administratif de Lyon a conclu le 27 septembre 2018 avec l'Université Jean Moulin Lyon III et le médiateur académique une convention pour favoriser la médiation comme mode de résolution des conflits pour une durée d'un an à titre expérimental.

Par ailleurs, une nouvelle compétence concernant l'enseignement supérieur est donnée aux médiateurs académiques par le décret n° 2017-610 du 24 avril 2017. Dorénavant, ils reçoivent les réclamations concernant les opérations électorales relatives aux conseils des universités (conseil d'administration, conseil académique) et autres EPSCT, comme pour leurs autres activités. Cette nouvelle compétence est coordonnée par le médiateur de l'éducation nationale et de l'enseignement supérieur (art. D. 222-42, mod. par le Décr. n° 2017-610 du 24 avr. 2017). Cette évolution du rôle de la médiation institutionnelle a pu entraîner une certaine perplexité. On peut d'ailleurs se demander si l'institution reste dans l'épure initiale fondée sur l'écoute, la confiance et l'indépendance. S'agissant de l'enseignement supérieur, ces principes sont rappelés par la convention conclue par le médiateur de l'éducation nationale et la Conférence des présidents d'université, qui mentionne les valeurs et principes qu'ils partagent pour développer des modes alternatifs de règlement des litiges.

Par ailleurs, le code rural et de la pêche maritime institue un médiateur de l'enseignement agricole technique et supérieur (C. rur., art. D. 810-2 à D. 810-5, Décr. n° 2015-457 du 21 avr. 2015). A noter enfin que certaines universités se sont dotées d'un médiateur, en général choisi parmi les enseignants-chercheurs, qui, selon les établissements, peut être saisi par les seuls usagers ou l'ensemble de la communauté universitaire. Il serait bon que ces médiateurs qui interviennent dans un secteur proche (enseignement agricole) ou dans un même domaine (enseignement supérieur) puissent vérifier qu'ils partagent la même démarche avec les médiateurs de l'éducation nationale, par exemple en se dotant ensemble d'une charte de la médiation, à l'instar de celle adoptée par le club des médiateurs où le médiateur de l'éducation nationale et de l'enseignement supérieur côtoie ses homologues d'autres administrations (médiateur de l'économie et des finances), d'établissements ou entreprises (La Poste, la SNCF…), ou de secteurs stratégiques (médiateur de l'Eau…).

TITRE QUATRIÈME **L'INSPECTION ET L'ÉVALUATION DE L'ÉDUCATION**

BIBL. GÉN. ▶ Armand, Mc Gregor, Cytermann, Pascal et Allal, Quelles évolutions pour les inspections générales des ministères en charge de l'éducation nationale et de l'enseignement supérieur et de la recherche ?, *MEN-MESRI, Rapp. IGAENR, IGEN n° 2018-004, janv. 2018*. – Bottin, Connaître et reconnaître les inspecteurs de l'éducation nationale, *Rapport MEN, 200*. – Dupont-Marillia, Institutions scolaires et universitaires, *Gualino éditeur, coll. Mémentos, 2003*. – Durand-Prinborgne, Le Droit de l'éducation, *Hachette éducation, 2e éd. 1998*. – Effroy, L'inspecteur d'académie en résidence départementale. Hier, aujourd'hui, demain, *Université de Paris XIII-Villetaneuse, 1985*. – Lesage et Simon, Organisation et gestion de l'Éducation nationale, *Berger-Levrault Éducation, 2004*. – Marchal et Bottin, Inspecteur d'académie : directeur des services départementaux de l'Éducation nationale, *AJDA 1996. 856*. – Rapp. d'activité, *IGAENR, 2015*.

COMMENTAIRE

Au départ était l'***inspection***. Pour aller voir à l'intérieur (*« inspectare »*) de l'école ou des services furent mis en place, au XIXe siècle, un inspecteur d'académie auprès de chaque recteur, puis lorsqu'il fut installé en résidence, des inspecteurs généraux des études chargés de contrôler tant l'enseignement que l'administration (1802). L'Inspection générale de l'instruction publique créée par un décret de 1852 a par la suite laissé la place, d'une part, à l'Inspection générale de l'éducation nationale (1980) et, d'autre part, à l'Inspection générale de l'administration de l'éducation nationale (1965) et de la recherche (1999). Le décret n° 2019-1001 du 27 septembre 2019 réunit en une seule entité dénommée ***inspection générale de l'éducation, du sport et de la recherche (IGESR)*** les compétences jusqu'alors dévolues aux inspections générales des ministères chargés de l'éducation, de l'enseignement supérieur et de la recherche (IGEN, IGAENR, IG des bibliothèques), des sports et de la jeunesse (IGJS créée en 1946) et de la culture. Ses membres exercent des missions d'inspection, de contrôle, d'audit, d'évaluation, d'expertise, d'appui et de conseil dans les domaines de l'éducation, de l'enseignement supérieur, de la jeunesse, de la recherche et des sports, de la lecture publique, de la documentation et des bibliothèques. L'IGESR est organisée en collèges par métiers (expertise pédagogique et disciplinaire ; établissements, territoires et politiques éducatives ; jeunesse, sports et vie associative ; enseignement supérieur, recherche et innovation ; bibliothèques, documentation, livre et lecture publique), en missions (enseignement primaire, correspondants académiques, audit interne) et en pôles transversaux (coordination des missions, affaires juridiques et contrôle, affaires internationales, voie professionnelle et apprentissage, ressources humaines et formation, coordination). Les inspecteurs généraux exerçant les fonctions de chefs de collège, responsables de mission et chefs de pôle, désignés par le chef de l'IGESR, constituent le comité de direction de l'inspection générale (la substitution de la référence à l'IGESR aux anciennes IG et l'adaptation de diverses dispositions de la partie réglementaire ont fait l'objet des Décr. n° 2020-1676 et n° 2020-1677 du 23 déc. 2020).

Comme les anciens IGEN et IGAENR, les IG, sont nommés par décret du Président de la République (V. Décr. n° 2019-1001 du 27 sept. 2019, art. 6 à 10). Le décret n° 2021-7 du 6 janvier 2021 ajoute, comme pour les autres inspections générales, la possibilité de nommer des fonctionnaires expérimentés (ayant notamment exercé des fonctions de direction en EPSCP ou EPST) inspecteurs généraux en service extraordinaire avec une possibilité d'intégration au terme d'une période de cinq ans.

Ils sont placés sous l'autorité directe du ministre (autorité désormais conjointe des ministres chargés de l'éducation, de l'enseignement supérieur, de la jeunesse, de la recherche et des sports) qui, dans le cadre de leur statut, est seul compétent pour leur confier des missions ; s'ils ne disposent pas de l'indépendance des magistrats, les inspecteurs généraux doivent remplir leurs missions avec une « grande indépendance d'esprit » (avis des collèges de déontologie, *BOEN* du 25 juill. 2019). Comme les IGEN, ils interviennent sur le champ pédagogique (ou du moins disciplinaire) et éducatif (vie scolaire) dans les écoles, collèges et lycées ; comme les IGAENR, ils sont compétents pour les questions administratives et financières tant pour l'enseignement scolaire que pour l'enseignement supérieur et la recherche. A ce titre, ils procèdent à des vérifications sur pièces et sur place des institutions bénéficiant du concours de l'État ou d'autres financements publics ; ils veillent à l'application de la loi et à la régularité des comptes (art. L. 241-2). La loi n° 2013-593 du 22 juillet 2013 d'orientation et de programmation pour la refondation de l'École de la République a précisé que « Les vérifications de l'inspection générale de l'administration de l'éducation nationale et de la recherche portent également sur la gestion des ressources humaines des établissements » (art. L. 241-2). Un arrêté du 26 décembre 2013 étend aux inspecteurs généraux la prime de fonctions et de résultats. Les deux corps d'inspection s'étaient dotés d'une charte de déontologie, l'IGAENR en juillet 2012, l'IGEN en juillet 2014. Ces documents élaborés collégialement rappellent les principes et valeurs de la République (notamment la laïcité) et de la fonction publique (neutralité, réserve, intégrité, probité, dignité...) qui constituent tant les bornes que les garanties de leur indépendance. Chaque charte prévoit la mise en place d'un collège de déontologie composé de trois membres, deux inspecteurs généraux et une personnalité extérieure. Les inspecteurs généraux peuvent aussi être détachés dans des emplois de directeur, de chef de service de centrale ou de projet. Ils peuvent aussi être membres des conseils d'administration d'établissements publics ou commissaires du gouvernement pouvant être soumis au contrôle des inspections sans que cela « ne se heurte à aucun obstacle de texte ou d'ordre déontologique » sous réserve de précautions particulières, notamment pour prévenir les conflits d'intérêts dans les fonctions associées au subventionnement d'État (avis des collèges de déontologie, *BOEN* du 25 juill. 2019). Comme l'IGEN et l'IGAENR, l'IGESR remet chaque année aux ministres des rapports établis conformément au programme de travail et aux lettres de mission ministérielle ; ils ont vocation à être publiés, même si l'autorité ministérielle peut s'y opposer. (Décr. n° 2019-1556 du 30 déc. 2019 modifiant le Décr. n° 2014-133 du 17 févr. 2014 modifié fixant l'organisation de l'administration centrale des ministères de l'éducation nationale et de l'enseignement supérieur et de la recherche). Rassemblant des compétences diverses, la nouvelle inspection générale a été conçue comme un outil de cohérence pour le contrôle, l'évaluation et le suivi des politiques publiques. Sa grande taille et son hétérogénéité peuvent aussi avoir des effets négatifs, revenant sur les acquis constitutifs de la culture d'évaluation de certains secteurs, notamment en matière administrative et financière.

Les inspecteurs généraux ne sont pas les seuls à pouvoir inspecter les établissements d'enseignement, du premier et du second degré, publics ou privés. L'article L. 241-4 précise que les autorités académiques, recteurs et directeurs académiques des services de l'éducation nationale ont aussi cette possibilité. Contrairement à l'inspection administrative pour laquelle le recteur doit demander au ministre l'intervention de l'IGAENR, il dispose pour l'inspection pédagogique de *« corps territoriaux »* : inspecteurs pédagogiques régionaux pour les collèges et lycées (devenus IPR-IA puis IA-IPR), inspecteurs de l'éducation nationale pour l'enseignement technique (IEN-ET) et le premier degré (IEN). Si leurs missions sont aujourd'hui d'une grande diversité, ils restent dénommés, par référence à l'inspection, par la possibilité d'aller voir à l'intérieur de l'établissement et de la classe. Dans la conception traditionnelle de l'inspecteur, l'acte majeur est la notation de l'enseignant qui conclut la visite.

La liste établie par l'article L. 241-4 se poursuit en citant les membres du conseil départemental de l'éducation nationale désignés à cet effet, le maire et les délégués départementaux de l'éducation nationale nommés dans chaque circonscription par l'inspecteur d'académie (art. D. 241-24 s. ; bénévoles chargés de vérifier le bon fonctionnement matériel des écoles, ils ne peuvent être choisis parmi les parents des élèves de l'école ou les élus de la commune, V. L. n° 2006-636 du 1er juin 2006 relative aux délégués départementaux de l'éducation nationale). S'il s'agit toujours d'aller voir sur place, l'objet de la visite est exclusif de l'enseignement. Le maire ne peut intervenir que sur des questions rattachées à ses compétences : inscription et fréquentation scolaire, aménagement et équipement, moralité et ordre public. Il en est de même des délégués départementaux de l'éducation nationale (DDEN) ; créés par la loi Falloux du 25 mars 1850 pour « surveiller les écoles publiques et libres du canton », les délégués cantonaux ont reçu des lois de 1882 et 1886 des missions concernant la fréquentation scolaire et l'organisation matérielle des écoles. Désormais nommés par l'inspecteur d'académie-DASEN dans chaque circonscription scolaire, ces délégués gardent les mêmes compétences ; ils ne peuvent s'attacher qu'à l'état des locaux, à la sécurité, à l'hygiène, à la salubrité et à la fréquentation scolaire ; dans les écoles publiques ils ont en outre la possibilité de s'intéresser aux questions qui relèvent de la vie scolaire (art. D. 241-26). Membres du conseil d'école (art. R. 411-1), ils sont en contact tant avec l'autorité académique qu'avec les autorités municipales.

Aujourd'hui, ***l'inspection est relayée par l'évaluation***. L'article L. 241-1 qui ouvre le chapitre Ier consacré à l'exercice des missions d'inspection et d'évaluation présente l'IGESR (substitué aux inspections générales par le Décr. n° 2019-1008 du 30 sept. 2019) uniquement par référence à l'évaluation. Cet article est, il est vrai, issu de la loi du 10 juillet 1989 qui consacre son titre V à l'évaluation du système éducatif et dont le rapport annexé soulignait le caractère général (*« L'évaluation s'applique à tout le système éducatif : les élèves, les étudiants, les établissements, les services extérieurs, l'administration centrale. Elle contribue à l'amélioration du système éducatif en vérifiant la mise en œuvre des objectifs éducatifs nationaux, en les adaptant aux différents publics auxquels ils s'adressent et en opérant une régulation permanente de l'ensemble du système éducatif »*). Il s'agit à la fois de rendre compte à la société des résultats et du fonctionnement du système éducatif (transparence) et de donner aux responsables du système à tous les niveaux les outils pour piloter (pilotage par les résultats, objectif qualité). Cette action s'inscrit dans un ensemble plus large d'évaluation des politiques publiques, *« dans une double perspective de modernisation du fonctionnement des administrations et d'amélioration des mécanismes de la décision publique »* (Circ. du Premier ministre du 28 déc. 1998 ; *« Évaluer une politique c'est rechercher si les moyens juridiques, administratifs et financiers mis en œuvre permettent de produire les effets attendus de cette politique et d'atteindre les objectifs qui lui sont assignés »*, art. 1er, Décr. du 22 janv. 1990, abrogé par le Décr. du 4 juill. 2008).

Aussi les inspecteurs généraux, s'ils gardent leur rôle initial, se voient confier de nouvelles missions. Ils doivent procéder à des évaluations territoriales (départementales, académiques, régionales) et nationales qui sont transmises au Parlement. A partir de 2000, IGEN et IGAENR avaient ainsi procédé en commun à des évaluations globales des académies. Les inspecteurs généraux sont alors en liaison avec les services tant académiques que nationaux. Les outils et systèmes mis en place par la Direction de l'évaluation, de la prospective et de la performance (DEPP) leur permettent de rassembler les informations nécessaires à leurs analyses. Chaque année, elles présentent chacune un rapport public.

La loi Savary de 1984 avait confié l'évaluation des établissements publics à caractère scientifique, culturel et professionnel à une « autorité administrative indépendante », le Comité national d'évaluation (CNE) ; il disposait d'un pouvoir d'investigation sur pièces et sur place et devait apprécier les résultats des contrats passés avec le ministère ; il pouvait recommander des mesures pour améliorer le fonctionnement des établissements et l'efficacité de l'enseignement et de la recherche ; ses rapports étaient largement diffusés. Il a été supprimé par la loi n° 2006-450 du 18 avril 2006 pour la recherche qui confie la mission d'évaluer les établissements à l'Agence de l'évaluation de l'enseignement supérieur et de la recherche (AERES), qualifiée elle aussi d'autorité administrative indépendante (art. L. 242-1 ; C. rech., art. L. 114-3-1), elle-même remplacée par le Haut Conseil de l'évaluation de la recherche et de l'enseignement supérieur (HCERES) par la loi ESR du 22 juillet 2013 (art. L. 242-1 ; C. rech., art. L. 114-3-1 ; Décr. n° 2014-1365 du 14 nov. 2014 relatif à son organisation et à son fonctionnement). La loi n° 2020-1674 de programmation de la recherche (LPR) du 24 décembre 2020 souhaitant accroître l'efficience de l'évaluation des activités de recherche et de l'enseignement supérieur, élargit les compétences du HCERES et redéfinit son organisation en le transformant en Autorité publique indépendante (API) dotée de la personnalité morale (LPR, art. 16 ; C. rech., art. L. 114-3-1, al. 1er).

Pour l'enseignement scolaire, le Haut Conseil de l'évaluation de l'école créé en 2000 n'avait pas pour objet d'évaluer l'école mais de contribuer à la diffusion de son évaluation. Le Haut Conseil de l'école qui l'a remplacé en 2005 pouvait notamment donner son avis ou formuler des propositions sur les questions relatives *« à l'organisation et aux résultats du système éducatif »* (art. L. 230-2). L'article 33 de la loi du 8 juillet 2013 reprend cette idée en créant, auprès du ministre de l'éducation nationale, ***le Conseil national de l'évaluation du système scolaire*** (CNESCO) régi par les articles L. 241-12 à L. 241-15 qui constituent un nouveau chapitre du code de l'éducation (chap. Ier *bis* du titre IV du livre II), ce conseil étant chargé d'évaluer l'organisation et les résultats de l'enseignement scolaire. Il pouvait être saisi par les commissions compétentes en matière d'éducation de l'Assemblée nationale et du Sénat, par les ministres compétents en matière d'éducation (ministre de l'éducation nationale, ministre de l'agriculture...) et par lui-même (autosaisine), pouvant procéder lui-même à des évaluations ou déléguer cette mission. Il se prononce sur les méthodes et les résultats des évaluations conduites par le ministère de l'éducation (notamment par la DEPP) et donne des avis sur les évaluations européennes ou internationales (PISA...). Il formule des recommandations. Malgré les avancées importantes réalisées par le CNESCO pour la fonction évaluative, il est supprimé par la loi pour une école de la confiance du 26 juillet 2019 qui lui substitue un ***Conseil d'évaluation de l'école (CEE) qui, comme lui, est placé auprès du ministre de l'éducation nationale*** pour « évaluer en toute indépendance l'organisation et les résultats de l'enseignement scolaire » ; outre son président nommé par le Président de la République, il comprend treize membres de nationalité française ou étrangère, dont six personnalités compétentes nommées pour six ans par les présidents de l'Assemblée nationale et du Sénat et par le chancelier de l'Institut de France ; deux députés et deux sénateurs ;trois représentants du ministre chargé de l'éducation nationale (art. L. 241-13 ; Décr. n° 2019-1058 du 17 oct. 2019 fixant les modalités de désignation et de déroulement du mandat des membres et les règles de fonctionnement du conseil d'évaluation de l'école) ; son rôle est global dans la mesure où il veille à la cohérence des évaluations conduites par le ministère tant pour évaluer les acquis des élèves, les dispositifs éducatifs, les établissements d'enseignement scolaire et le système éducatif, du moins pour l'enseignement scolaire, primaire et secondaire, pouvant englober l'enseignement agricole (en accord avec le ministre de l'agriculture) ; il définit le cadre méthodologique et les outils des auto-évaluations et des évaluations des établissements ; comme le CNESCO, il donne un avis sur les méthodologies, sur les outils et sur les résultats des évaluations du système éducatif organisées au niveau national par les services du ministre chargé de l'éducation nationale ou dans le cadre de programmes de coopération européens ou internationaux ; il propose des méthodologies de mesure des inégalités territoriales scolaires et formule toute recommandation utile pour les réduire et formule toute recommandation utile au regard des résultats des évaluations. Il doit en outre veiller à la cohérence des évaluations conduites par le ministère qui portent sur les acquis des élèves, les dispositifs éducatifs et les établissements scolaires (art. L. 241-12, 1°) ; il établit une synthèse des travaux d'évaluation sur le système éducatif et a pour mission d'enrichir le débat public : ce dernier aspect se rapproche des travaux du CNESCO, qui pouvait réaliser ou faire réaliser des évaluations ; il propose des mesures des inégalités scolaires territoriales et fait des recommandations pour réduire ces inégalités (art. L. 241-12, 4). Le changement institutionnel a été justifié par la volonté de mettre en place l'évaluation des enseignements secondaires ; il revient au CEE de définir le cadre méthodologique et les outils des évaluations des établissements conduites par le ministère chargé de l'éducation nationale et d'analyser les résultats de ces évaluations, de s'assurer de leur fréquence régulière et de définir les modalités de leur publicité (art. L. 241-12, 2°)

La mise en œuvre de la LOLF à compter du 1er janvier 2006 qui met l'accent sur la performance impose un approfondissement et une généralisation de la démarche d'évaluation. Dans chaque école, collège et lycée, la démarche de projet repose sur une capacité d'autoévaluation ; le rapport annuel adopté par le conseil d'administration des EPLE doit rendre compte des résultats atteints ; de même au niveau académique la déclinaison des objectifs nationaux complétés par des objectifs spécifiques comme la présentation des éléments qui permettront de renseigner le rapport annuel de performance (RAP) reposent sur l'évaluation. Si celle-ci concerne l'ensemble des acteurs, elle recentre le travail des inspecteurs. Ainsi, les IA-IPR et les IEN qui doivent veiller à la mise en œuvre de la politique éducative évaluent le travail individuel et en équipe des enseignants et concourent à l'évaluation des disciplines et des établissements (art. R. 241-22 ; Décr. n° 90-675 du 15 juill. 1990). En arrêtant le Plan de travail annuel en liaison avec le correspondant académique de l'inspection générale le recteur veille à mobiliser l'ensemble des inspecteurs (dont ceux de l'orientation professionnelle qui apportent leur précieuse expertise) autour de ce thème. Une circulaire parue au *BOEN* du 28 mai 2009 (Circ. n° 2009-064 du 19 mai 2009) redéfinit la mission des inspecteurs autour des notions de pilotage pédagogique, management et conseils.

A noter enfin que les « audits de modernisation » pilotés par la direction générale de la modernisation de l'État « en vue d'améliorer la qualité et l'efficacité du point de vue des usagers, des fonctionnaires et des contribuables » et formalisant des « propositions de simplification concrètes, d'amélioration de la qualité du service… » (Circ. du Premier ministre du 29 sept. 2005) ont pu porter sur les questions relevant de l'éducation (par exemple : la gestion des frais de déplacement, l'aide financière aux élèves, la contribution des nouvelles technologies au système éducatif, la grille horaire des enseignements, les décharges statutaires…). Ces analyses, menées avec des méthodes proches, complètent celles des corps de contrôle ou de la Cour des comptes (*Rapport général 2006, p. 193* : les marges d'initiative des établissements publics d'enseignement du second degré).

Il en est de même de la « révision générale des politiques publiques (RGPP) » mise en place en 2007 qui devait amener à évaluer les politiques d'éducation et à proposer des pistes d'amélioration débouchant sur des gains de productivité. Toutefois, le deuxième rapport sur la RGPP présenté en mai 2009 qui rappelle les grands objectifs des ministères de l'éducation nationale (diviser par trois l'échec scolaire à la sortie de l'école…) et de l'enseignement supérieur (le choix de l'économie de la connaissance…) fait simplement le point sur le degré d'avancement des grands chantiers de réforme. En 2012, l'alternance politique a entraîné l'abandon de la RGPP au profit de la ***MAP, Modernisation de l'action publique***, relayée en 2018 par ***Action publique 2022***. L'affirmation de la nécessité de réformer les services publics pour renforcer leur efficacité au profit de la compétitivité du pays peut aussi concerner l'éducation. Sous son égide ont ainsi été élaborés des programmes ministériels de simplification qui concernent tant le MEN (stratégie numérique, réorientation des DASEN vers le pilotage pédagogique, modernisation des fonctions support) que le MESR (réussite en licence, réorganisation et simplification des structures de recherche). ❑

CHAPITRE PREMIER L'EXERCICE DES MISSIONS D'INSPECTION ET D'ÉVALUATION

Art. L. 241-1 *(Décr. n° 2019-1008 du 30 sept. 2019, art. 1er)* **« L'inspection générale de l'éducation, du sport et de la recherche procède », en liaison avec les services administratifs compétents, à des évaluations départementales, académiques, régionales et nationales qui sont transmises aux présidents et aux rapporteurs des commissions chargées des affaires culturelles du Parlement.**

Les évaluations prennent en compte les expériences pédagogiques afin de faire connaître les pratiques innovantes. *(Décr. n° 2019-1008 du 30 sept. 2019, art. 1er)* **« L'inspection générale de l'éducation, du sport et de la recherche établit » un rapport annuel qui est rendu public.**

Inspections générales. Mention. Nature juridique. Réglementaire. Saisi par le Premier ministre, le Conseil constitutionnel avait jugé qu'avaient le caractère réglementaire les dispositions suivantes : les mots « l'inspection générale de l'éducation nationale et l'inspection générale de l'administration de l'éducation nationale et de la recherche » qui figuraient à l'art. L. 241-1 ainsi que les mots « l'inspection générale de l'administration de l'éducation nationale et de la recherche » aux art. L. 241-2, L. 241-3 et L. 719-9 et les mots « les inspecteurs généraux de l'éducation nationale et les inspecteurs généraux de l'administration de l'éducation nationale et de la recherche » aux art. L. 241-4, L. 261-2, L. 262-5, L. 263-2 et L. 264-3. • Cons. const. 15 nov. 2018, n° 2018-276 L. ♦ Ces mots ont été modifiés par le Décr. n° 2019-1008 du 30 sept. 2019.

Art. L. 241-2 **I. — Les services, établissements, institutions ou organismes qui participent ou qui concourent à l'application des législations relatives à l'éducation, à**

l'enseignement supérieur, à la recherche et à la technologie sont soumis, quelle que soit leur nature juridique, aux vérifications de *(Décr. n° 2019-1008 du 30 sept. 2019, art. 1er)* « l'inspection générale de l'éducation, du sport et de la recherche », lorsqu'ils bénéficient ou ont bénéficié, sous quelque forme que ce soit, de concours de l'État, d'une collectivité territoriale, d'un établissement public, ainsi que de concours financiers provenant de la Communauté européenne, ou lorsqu'ils sont financés par des cotisations obligatoires.

Quand les services, établissements, institutions ou organismes mentionnés à l'alinéa précédent attribuent des concours, sous quelque forme que ce soit, à d'autres organismes, ces derniers peuvent également faire l'objet des vérifications de *(Décr. n° 2019-1008 du 30 sept. 2019, art. 1er)* « l'inspection générale de l'éducation, du sport et de la recherche ».

Les vérifications de *(Décr. n° 2019-1008 du 30 sept. 2019, art. 1er)* « l'inspection générale de l'éducation, du sport et de la recherche » portent sur le respect de ces législations et sur l'utilisation de ces concours ou cotisations, dont la destination doit demeurer conforme au but pour lequel ils ont été consentis.

(L. n° 2013-660 du 22 juill. 2013, art. 13) « Les vérifications de *(Décr. n° 2019-1008 du 30 sept. 2019, art. 1er)* « l'inspection générale de l'éducation, du sport et de la recherche » portent également sur la gestion des ressources humaines des établissements. »

II. — Dans les domaines de l'éducation, de l'enseignement supérieur, de la recherche et de la technologie, *(Décr. n° 2019-1008 du 30 sept. 2019, art. 1er)* « l'inspection générale de l'éducation, du sport et de la recherche » exerce également, dans des conditions fixées par décret en Conseil d'État *[V. art. R. 241-8 s.]*, un contrôle du compte d'emploi des ressources collectées auprès du public *(Abrogé par L. n° 2021-875 du 1er juill. 2021, art. 9)* *« dans le cadre de campagnes menées à l'échelon national »* par les organismes visés à l'article 3 de la loi n° 91-772 du 7 août 1991 relative au congé de représentation en faveur des associations et des mutuelles et au contrôle des comptes des organismes faisant appel à la générosité *(L. n° 2021-875 du 1er juill. 2021, art. 9)* « du public », afin de vérifier la conformité des dépenses engagées par ces organismes aux objectifs poursuivis par l'appel à la générosité *(L. n° 2021-875 du 1er juill. 2021, art. 9)* « du public ».

Ce contrôle peut comporter des vérifications auprès d'autres organismes qui reçoivent des organismes mentionnés au premier alinéa du présent paragraphe, sous quelque forme que ce soit, des ressources collectées *(L. n° 2021-875 du 1er juill. 2021, art. 9)* « auprès du public ».

Les rapports établis par *(Décr. n° 2019-1008 du 30 sept. 2019, art. 1er)* « l'inspection générale de l'éducation, du sport et de la recherche », en application du présent paragraphe, sont adressés aux organismes concernés qui disposent d'un délai de deux mois pour faire valoir leurs observations. Les rapports définitifs, auxquels sont jointes, le cas échéant, les réponses des organismes concernés, sont ensuite adressés aux présidents de ces organismes qui sont tenus de les communiquer au conseil d'administration et à l'assemblée générale lors de la première réunion qui suit. Un décret en Conseil d'État fixe les modalités de la publicité de ces rapports *[V. art. R. 241-15 s.]*.

III. — Pour l'exercice de leurs missions, les membres de *(Décr. n° 2019-1008 du 30 sept. 2019, art. 1er)* « l'inspection générale de l'éducation, du sport et de la recherche » ont libre accès à toutes les administrations de l'État et des collectivités publiques, ainsi qu'à tous les services, établissements, institutions ou organismes mentionnés au I et au II.

Les administrations de l'État, les collectivités publiques, les services, établissements, institutions ou organismes mentionnés à l'alinéa précédent sont tenus de prêter leur concours aux membres de l'inspection générale, de leur fournir toutes justifications et tous renseignements utiles et leur communiquer tous documents nécessaires à l'accomplissement de leurs missions.

Pour les opérations faisant appel à l'informatique, le droit de communication implique l'accès aux logiciels et aux données, ainsi que la faculté d'en demander la transcription par tout traitement approprié dans des documents directement utilisables pour les besoins du contrôle.

Pour les besoins du contrôle de l'emploi des concours mentionnés au I et des ressources collectées auprès du public mentionnées au II, les commissaires aux comptes des organismes contrôlés sont déliés du secret professionnel à l'égard des membres de *(Décr. n° 2019-1008 du 30 sept. 2019, art. 1er)* « l'inspection générale de l'éducation, du sport et de la recherche ».

Art. L. 241-3 Le fait de faire obstacle, de quelque manière que ce soit, au contrôle de *(Décr. n° 2019-1008 du 30 sept. 2019, art. 1er)* « l'inspection générale de l'éducation, du sport et de la recherche » défini à l'article L. 241-2 est passible d'une amende de 15 000 euros et entraîne la répétition des concours financiers dont l'utilisation n'aura pas été justifiée. Le ministre chargé de l'éducation peut saisir le procureur de la République près la juridiction compétente en vue de déclencher l'action publique.

Art. L. 241-4 I. — L'inspection des établissements d'enseignement du premier et du second degré publics ou privés est exercée :

1° Par *(Décr. n° 2019-1008 du 30 sept. 2019, art. 1er)* « les inspecteurs généraux de l'éducation, du sport et de la recherche » ;

2° Par les recteurs *(L. n° 2019-791 du 26 juill. 2019, art. 54)* « d'académie » et les *(Décr. n° 2012-16 du 5 janv. 2012, art. 7)* « directeurs académiques des services de l'éducation nationale agissant sur délégation de ces derniers » ;

3° Par les inspecteurs de l'éducation nationale ;

4° Par les membres du conseil départemental de l'éducation nationale désignés à cet effet.

Toutefois, les établissements d'enseignement privés ne peuvent être inspectés par les personnels enseignants de l'enseignement public qui font partie du conseil départemental ;

5° Par le maire et les délégués départementaux de l'éducation nationale. *(L. n° 2006-636 du 1er juin 2006, art. 1er)* « Toutefois, lorsqu'ils exercent un mandat municipal, les délégués départementaux de l'éducation nationale ne peuvent intervenir dans les écoles situées sur le territoire de la commune dans laquelle ils sont élus, ni dans les écoles au fonctionnement desquelles cette commune participe. »

II. — L'inspection des établissements d'enseignement privés porte sur la moralité, l'hygiène, la salubrité et sur l'exécution des obligations imposées à ces établissements par le présent code. Elle ne peut porter sur l'enseignement que pour vérifier s'il n'est pas contraire à la morale, à la Constitution, aux lois et notamment à l'instruction obligatoire.

BIBL. ▶ LADAIQUE, Les délégués départementaux de l'éducation nationale, *LIJ 2006, n° 108, p. 28.*

Art. L. 241-5 Le fait, pour tout chef d'établissement d'enseignement du premier et du second degré privé, de refuser de se soumettre à la surveillance et à l'inspection des autorités scolaires, dans les conditions établies à l'article L. 241-4, est puni de *(L. n° 2018-266 du 13 avr. 2018, art. 4)* « 15 000 euros » d'amende *(Abrogé par L. n° 2021-1109 du 24 août 2021, art. 53) (L. n° 2018-266 du 13 avr. 2018, art. 4)* « ***et de la fermeture de l'établissement*** ».

La peine de fermeture de l'établissement prévue à cet art., dans sa rédaction en vigueur à la date de publication de la L. n° 2021-1109 du 24 août 2021, demeure applicable aux infractions commises avant cette date (L. préc., art. 53).

Art. L. 241-6 L'inspection des établissements d'enseignement technique publics ou privés est assurée par des inspecteurs nommés par le ministre chargé de l'éducation.

Les cadres et l'organisation de l'inspection, les conditions exigées des candidats à ces fonctions sont déterminés par décrets. — *[L. 25 juill. 1919, art. 7 (C. ens. techn., art. 8).]*

Art. L. 241-7 I. — L'inspection des établissements d'enseignement technique privés porte sur la moralité, l'hygiène, la salubrité et sur l'exécution des obligations légales imposées à ces établissements. Elle peut porter sur l'enseignement pour vérifier s'il n'est pas contraire à la morale, à la Constitution et aux lois et s'il est conforme aux programmes présentés par le directeur lors de la déclaration d'ouverture de l'établissement.

Toutefois, dans les établissements d'enseignement technique privés reconnus par l'État conformément aux dispositions de l'article L. 443-2, l'inspection de l'enseignement

s'exerce dans les mêmes conditions que pour les établissements d'enseignement technique publics.

II. – Le fait, pour un directeur d'établissement d'enseignement technique privé, de refuser de se soumettre à la surveillance et à l'inspection, dans les conditions établies par le I, est puni de 15 000 euros d'amende.

(Abrogé par L. nº 2021-1109 du 24 août 2021, art. 53) ***« Le tribunal peut prononcer la fermeture de l'établissement. »***

La peine de fermeture de l'établissement prévue à cet art., dans sa rédaction en vigueur à la date de publication de la L. nº 2021-1109 du 24 août 2021, demeure applicable aux infractions commises avant cette date (L. préc., art. 53).

Art. L. 241-8 **Une inspection de l'orientation professionnelle dont le fonctionnement est entièrement à la charge de l'État est organisée dans chaque académie.** – *[L. nº 51-630 du 24 mai 1951, art. 11, al. 1 (C. ens. techn., art. 135).]*

Art. L. 241-9 *(L. nº 2018-771 du 5 sept. 2018, art. 24)* **Le contrôle pédagogique des formations par apprentissage conduisant à un diplôme est organisé dans les conditions fixées à l'article L. 6211-2 du code du travail** *[V. cet art. ci-dessous]*.

Code du travail

Art. L. 6211-2 L'apprentissage est une forme d'éducation alternée associant :

1º Une formation dans une ou plusieurs entreprises, fondée sur l'exercice d'une ou plusieurs activités professionnelles en relation directe avec la qualification objet du contrat entre l'apprenti et l'employeur ;

(L. nº 2018-771 du 5 sept. 2018, art. 24) « 2º Des enseignements dispensés pendant le temps de travail dans un centre de formation d'apprentis, dont tout ou partie peut être effectué à distance.

« La durée de formation en centre de formation tient compte des exigences propres à chaque niveau de qualification et des orientations prévues par les conventions ou les accords de branches nationaux ou conclus à d'autres niveaux territoriaux mentionnés à l'article L. 2261-23.

« Sous réserve, le cas échéant, des règles fixées par l'organisme certificateur du diplôme ou titre à finalité professionnelle visé, cette durée ne peut être inférieure à 25 % de la durée totale du contrat.

« Les formations par apprentissage conduisant à l'obtention d'un diplôme sont soumises à un contrôle pédagogique associant les corps d'inspection ou les agents publics habilités par les ministres certificateurs et des représentants désignés par les branches professionnelles et les chambres consulaires, selon des modalités déterminées par décret en Conseil d'État. »

Art. L. 241-10 et L. 241-11 *Abrogés par L. nº 2013-595 du 8 juill. 2013, art. 78 et 79.*

CHAPITRE PREMIER *BIS* LE CONSEIL D'ÉVALUATION DE L'ÉCOLE

(L. nº 2019-791 du 26 juill. 2019, art. 40)

Art. L. 241-12 **Le conseil d'évaluation de l'école, placé auprès du ministre chargé de l'éducation nationale, est chargé d'évaluer en toute indépendance l'organisation et les résultats de l'enseignement scolaire. A ce titre :**

1º Il veille à la cohérence des évaluations conduites par le ministère chargé de l'éducation nationale portant sur les acquis des élèves, les dispositifs éducatifs, dont ceux en faveur de l'école inclusive, et les établissements d'enseignement scolaire. A ce titre, il établit une synthèse des différents travaux d'évaluation sur le système éducatif et a pour mission d'enrichir le débat public sur l'éducation en faisant réaliser des évaluations ;

2º Il définit le cadre méthodologique et les outils des autoévaluations et des évaluations des établissements conduites par le ministère chargé de l'éducation nationale et analyse les résultats de ces évaluations ; pour ce faire, il s'appuie sur toutes les expertises scientifiques, françaises et internationales, qu'il estime nécessaires. Il s'assure de

la fréquence régulière de ces évaluations d'établissements et définit les modalités de leur publicité.

L'accès aux données utilisées pour ces évaluations à des fins de statistiques et de recherche est garanti, sous réserve du respect de la réglementation applicable en matière de protection des données à caractère personnel et du livre III du code des relations entre le public et l'administration ;

3° Il donne un avis sur les méthodologies, sur les outils et sur les résultats des évaluations du système éducatif organisées au niveau national par les services du ministre chargé de l'éducation nationale ou dans le cadre de programmes de coopération européens ou internationaux ;

4° Il propose des méthodologies de mesure des inégalités territoriales scolaires et formule toute recommandation utile pour les réduire.

Il formule toute recommandation utile au regard des résultats des évaluations mentionnées au présent article.

Il établit un programme de travail annuel, qu'il transmet au ministre chargé de l'éducation nationale. Ce programme est rendu public. En accord avec le ministre chargé de l'agriculture, ses travaux peuvent prendre en compte l'enseignement agricole.

Sur le conseil d'évaluation de l'école, V. art. D. 241-36 s.

Art. L. 241-13 Le conseil d'évaluation de l'école comprend, outre son président nommé par le Président de la République, treize membres de nationalité française ou étrangère, à parité de femmes et d'hommes pour chacun des collèges mentionnés aux 1° et 2° :

1° Six personnalités choisies pour leur compétence en matière d'évaluation ou dans le domaine éducatif :

a) Deux personnalités désignées par le président de l'Assemblée nationale en dehors des membres de cette assemblée, après avis de la commission permanente compétente en matière d'éducation ;

b) Deux personnalités désignées par le président du Sénat en dehors des membres de cette assemblée, après avis de la commission permanente compétente en matière d'éducation ;

c) Deux personnalités désignées par le chancelier de l'Institut de France ;

2° Deux députés et deux sénateurs désignés, respectivement, par les commissions permanentes de l'Assemblée nationale et du Sénat compétentes en matière d'éducation ;

3° Trois représentants du ministre chargé de l'éducation nationale.

La durée du mandat du président et des membres mentionnés au 1° est de six ans. Les modalités de renouvellement du mandat des membres mentionnés au même 1° sont fixées par décret. Les membres mentionnés au 2° sont désignés pour la durée de leur mandat parlementaire.

Art. L. 241-14 Les rapports, les avis et les recommandations du conseil d'évaluation de l'école sont rendus publics.

CHAPITRE II L'ÉVALUATION DES ÉTABLISSEMENTS PUBLICS À CARACTÈRE SCIENTIFIQUE, CULTUREL ET PROFESSIONNEL

(L. n° 2006-450 du 18 avr. 2006, art. 11)

Art. L. 242-1 *(L. n° 2020-1674 du 24 déc. 2020, art. 16)* L'évaluation des établissements publics à caractère scientifique, culturel et professionnel est assurée en application des dispositions du chapitre IV du titre Ier du livre Ier du code de la recherche *[V. App., v° Code de la recherche]*.

Sur l'organisation et le fonctionnement du Haut Conseil de l'évaluation de la recherche de l'enseignement supérieur, V. Décr. n° 2014-1365 du 14 nov. 2014, ss. C. rech., art. L. 114-3-1.

BIBL. ► BARTHÉLÉMY, Les évaluateurs de l'AERES sont-ils des pairs ? Réflexions sur le débat à l'EHESS sur le thème « L'AERES et après ? », *2009, http://www.sauvonsluniversite.com/spip.php ?article 2313.* – BASLE, Standards et déontologie des modes d'évaluation des universités en France depuis 10 ans, *in Finanziamento, competizione ed accountability nel governo del l'università, vol. 1, La mutation de la gouvernance des universités en France et en Italie, Editoriale Scientifica, Napoli, 2013. 325.* – DE BOISDEFFRE, SENERS et PACOUD, « L'évaluation n'est pas l'alpha et l'oméga des politiques publiques », *AJDA 2020. 1572* ✎. – Boure, De l'évaluation collégiale à l'évaluation à dominante gestionnaire. Le cas de l'AERES, *Communication & Organisation 2010, n° 38, p. 41*. – Detourbe, Les enjeux de l'évaluation dans l'enseignement supérieur : le cas des universités britanniques, *Presses universitaires du Mirail, déc. 2014*. – Harouel, L'évaluation quadriennale ou le mépris envers les universitaires, in L'autonomie des universités : une faillite ? A propos de la loi LRU, *PUF, coll. Cités, n° 50, 2012/2*. – Rege Colet, Encore à propos de l'évaluation !, *RIPES (Revue internationale de pédagogie de l'enseignement supérieur), n° 29-1.02013, http://ripes.revues.org/684*. – Conseil d'État, Les agences : une nouvelle gestion publique ?, *Doc. fr. coll. Droits et débats 2013, n° 8 ; Étude annuelle, 11 sept. 2012*. – Faire de l'évaluation des politiques publiques un véritable outil de débat démocratique et de décision, *Conseil d'État, Étude annuelle 2020, 3 sept. 2020*.

▸ **De l'AERES au HCERES :** Brafman et Rey-Lefebvre, Fin de vie pour l'Aéres, *Le Monde, Sciences et techno, 3 janv. 2013*. – Pumain et Dardel, L'évaluation de la recherche et de l'enseignement supérieur, *Rapp. au min. enseignement supérieur et de la recherche, janv. 2014*.

TITRE CINQUIÈME **DISPOSITIONS RELATIVES À SAINT-PIERRE-ET-MIQUELON**

Ce titre est abrogé à compter de l'entrée en vigueur des décrets portant actualisation et adaptation des dispositions réglementaires du code de l'éducation relatives à l'outre-mer et, au plus tard, le 1er janv. 2022 (Ord. n° 2021-552 du 5 mai 2021, art. 13).

CHAPITRE UNIQUE

Art. L. 251-1 **Pour l'application à Saint-Pierre-et-Miquelon des dispositions du chapitre II du titre Ier, les références aux dispositions du code général des collectivités territoriales sont remplacées par les références aux dispositions du code des communes applicables à cette collectivité.**

Les articles L. 213-1 à L. 213-9 et L. 214-5 à L. 214-10 ne sont pas applicables à Saint-Pierre-et-Miquelon.

(L. n° 2005-102 du 11 févr. 2005, art. 93) **« Pour l'application du présent code à Saint-Pierre-et-Miquelon, les mots mentionnés ci-dessous sont respectivement remplacés par les mots suivants :**

« – "le département" par "la collectivité de Saint-Pierre-et-Miquelon" ;

« – "préfet de région" et "préfet de département" par "représentant de l'État dans la collectivité".

« Le quatrième alinéa de l'article L. 112-1 est ainsi rédigé :

"Lorsqu'une intégration en milieu ordinaire a été décidée pour l'enfant, l'adolescent ou l'adulte *(L. n° 2019-791 du 26 juill. 2019, art. 27)* **« en situation de handicap » par la commission mentionnée à l'article L. 146-9 du code de l'action sociale et des familles** [*commission des droits et de l'autonomie des personnes handicapées*] **mais que les conditions d'accès à l'établissement la rendent impossible, les surcoûts imputables à la scolarisation dans un établissement plus éloigné sont à la charge de l'État ou de la collectivité territoriale compétente s'agissant de la construction, de la reconstruction ou de l'extension des locaux ».**

TITRE CINQUIÈME *[NOUVEAU]* **DISPOSITIONS RELATIVES À L'OUTRE-MER**

(Ord. n° 2021-552 du 5 mai 2021, art. 2)

Ce titre entre en vigueur à la date d'entrée en vigueur des décrets portant actualisation et adaptation des dispositions réglementaires du code de l'éducation relatives à l'outre-mer et, au plus tard, le 1er janv. 2022 (Ord. n° 2021-552 du 5 mai 2021, art. 13).

CHAPITRE PREMIER *[NOUVEAU]* **GUADELOUPE, GUYANE, MARTINIQUE, LA RÉUNION, MAYOTTE**

Nouvel art. L. 251-1 **Pour leur application en Guadeloupe, en Guyane, en Martinique, à La Réunion et à Mayotte, les dispositions du présent livre font l'objet des adaptations prévues au présent chapitre.**

SECTION PREMIÈRE *[NOUVELLE]* DISPOSITIONS GÉNÉRALES

Nouvel art. L. 251-2 Les compétences particulières des régions d'outre-mer en matière d'éducation sont fixées par les dispositions des articles L. 4433-25 et L. 4433-26 du code général des collectivités territoriales.

Nouvel art. L. 251-3 Dans les académies de Guadeloupe, Guyane, Martinique, Mayotte et La Réunion, les références au conseil départemental de l'éducation nationale ou au conseil académique de l'éducation nationale sont remplacées par la référence au conseil de l'éducation nationale.

Nouvel art. L. 251-4 Pour son application en Guadeloupe, en Guyane, en Martinique, à Mayotte et à La Réunion, l'article L. 237-1 est complété par les mots : "sous réserve des dispositions de l'article L. 6523-6-1 du même code".

SECTION II *[NOUVELLE]* DISPOSITIONS PARTICULIÈRES À LA GUADELOUPE, LA GUYANE, LA MARTINIQUE ET LA RÉUNION

Nouvel art. L. 251-5 Pour l'application du présent livre en Guyane :

1° Les références au département et à la région sont remplacées par la référence à la collectivité territoriale de Guyane ;

2° Les références au conseil départemental et au conseil régional sont remplacées par la référence à l'assemblée de Guyane ;

3° Les références au président du conseil général ou au président du conseil régional sont remplacées par la référence au président de l'assemblée de Guyane ;

4° Les références au représentant de l'État dans le département ou au représentant de l'État dans la région sont remplacées par la référence au représentant de l'État.

Nouvel art. L. 251-6 Pour l'application du présent livre en Martinique :

1° Les références au département ou à la région sont remplacées par la référence à la collectivité territoriale de Martinique ;

2° Les références au conseil départemental et au conseil régional sont remplacées par la référence à l'assemblée de Martinique ;

3° Les références au président du conseil général et au président du conseil régional sont remplacées par la référence au président du conseil exécutif de Martinique ;

4° Les références au représentant de l'État dans le département ou au représentant de l'État dans la région sont remplacées par la référence au représentant de l'État.

Nouvel art. L. 251-7 La dotation départementale d'équipement des collèges allouée aux départements de Guadeloupe et de La Réunion est régie par les dispositions de l'article L. 3443-2 du code général des collectivités territoriales.

Nouvel art. L. 251-8 La dotation régionale d'équipement scolaire allouée aux régions de Guadeloupe et de La Réunion est régie par les dispositions de l'article L. 4434-8 du code général des collectivités territoriales.

Nouvel art. L. 251-9 Conformément aux dispositions de l'article L. 71-112-1 du code général des collectivités territoriales, la collectivité territoriale de Guyane est éligible à la dotation départementale d'équipement des collèges, à la dotation régionale d'équipement scolaire et au fonds régional de l'apprentissage et de la formation professionnelle continue régis respectivement par les dispositions des articles L. 3334-16, L. 4332-3 et L. 4332-1 du même code.

Nouvel art. L. 251-10 Conformément aux dispositions de l'article L. 72-102-1 du code général des collectivités territoriales, la collectivité territoriale de Martinique est éligible à la dotation départementale d'équipement des collèges, à la dotation régionale d'équipement scolaire et au fonds régional de l'apprentissage et de la formation professionnelle continue régis respectivement par les dispositions des articles L. 3334-16, L. 4332-3 et L. 4332-1 du même code.

Nouvel art. L. 251-11 Pour l'application en Guyane et en Martinique de l'article L. 214-1, les mots : "et après accord des conseils départementaux pour les établissements relevant de leur compétence" sont supprimés.

Nouvel art. L. 251-12 Les articles L. 216-4 et L. 216-12 ne sont pas applicables en Guyane et en Martinique.

SECTION III *[NOUVELLE]* DISPOSITIONS PARTICULIÈRES APPLICABLES À MAYOTTE

Nouvel art. L. 251-13 Pour l'application du présent livre à Mayotte :

1° Les références au département ou à la région sont remplacées par la référence au Département de Mayotte ;

2° La référence au conseil régional est remplacée par la référence au conseil départemental ;

3° Les références au représentant de l'État dans le département ou au représentant de l'État dans la région sont remplacées par la référence au représentant de l'État à Mayotte.

Nouvel art. L. 251-14 La dotation spéciale de construction et d'équipement des établissements scolaires allouée aux communes de Mayotte est régie par les dispositions de l'article L. 2564-27 du code général des collectivités territoriales.

Nouvel art. L. 251-15 Lors de la planification des formations du second degré, il est tenu compte de la nécessité d'accompagner toute construction d'un établissement scolaire des équipements nécessaires à la pratique de l'éducation physique et sportive.

Nouvel art. L. 251-16 Pour l'application à Mayotte de l'article L. 211-2 :

1° Au premier alinéa :

a) Les deux premières phrases sont remplacées par une phrase ainsi rédigée : "Chaque année, les autorités compétentes de l'État arrêtent la structure pédagogique générale des établissements d'enseignement du second degré en tenant compte du schéma prévisionnel des formations mentionné à l'article L. 251-6." ;

b) La dernière phrase est ainsi rédigée : "Cette liste est arrêtée compte tenu du programme prévisionnel des investissements et après accord de la commune d'implantation." ;

2° Au second alinéa, les mots : "ou, pour les formations assurées en collège, au sein du conseil départemental de l'éducation nationale" sont remplacés par les mots : "de Mayotte".

Nouvel art. L. 251-17 A Mayotte, la dotation spéciale pour le logement des instituteurs mentionnée à l'article L. 212-6 est régie par les dispositions de l'article L. 2572-61 du code général des collectivités territoriales.

Nouvel art. L. 251-18 A Mayotte, le schéma prévisionnel des formations des collèges, des lycées, des établissements d'éducation spéciale, des lycées professionnels maritimes et des établissements d'enseignement agricole et le schéma mahorais de l'enseignement supérieur, de la recherche et de l'innovation sont établis par le représentant de l'État, après avis du conseil départemental.

Nouvel art. L. 251-19 Pour l'application à Mayotte de l'article L. 214-13 :

1° Au troisième alinéa du II, les mots : "consultation des départements et" sont supprimés ;

2° Au premier alinéa du V, les mots : "L'État, une ou plusieurs régions," sont remplacés par les mots : "L'État, le Département de Mayotte et, le cas échéant, une ou plusieurs autres collectivités exerçant les compétences dévolues aux régions en matière d'orientation, de formation professionnelle et d'apprentissage," ;

3° Au deuxième alinéa du VI, les mots : "départements, les" sont supprimés.

Nouvel art. L. 251-20 Pour son application à Mayotte, le I de l'article L. 241-4 est ainsi rédigé :

"I. – L'inspection des établissements d'enseignement du premier et du second degré publics ou privés est exercée :

"1° Par les inspecteurs généraux de l'éducation, du sport et de la recherche ;

"2° Par le recteur d'académie ;

"3° Par les inspecteurs de l'éducation nationale ;

"4° Par le maire."

Nouvel art. L. 251-21 Les articles L. 211-3, 212-9, L. 213-1 à L. 213-10, L. 214-1 à L. 214-11, L. 214-12-1, L. 214-13-1, L. 216-4 à L. 216-9, et L. 216-12 ne sont pas applicables à Mayotte.

CHAPITRE II *[NOUVEAU]* SAINT-BARTHÉLEMY

Nouvel art. L. 252-1 Les dispositions du présent livre s'appliquent de plein droit à Saint-Barthélemy sous réserve des adaptations suivantes :

1° Les références aux communes, au département et à la région sont remplacées par la référence à la collectivité de Saint-Barthélemy ;

2° Les références au conseil municipal, au conseil départemental et au conseil régional sont remplacées par la référence au conseil territorial ;

3° Les références au maire et au président du conseil régional sont remplacées par la référence au président du conseil territorial ;

4° Les références au représentant de l'État dans le département ou au représentant de l'État dans la région sont remplacées par la référence au représentant de l'État.

Nouvel art. L. 252-2 Pour l'application du présent livre à Saint-Barthélemy, sont supprimés :

1° Au premier alinéa de l'article L. 212-15, les mots : "et, le cas échéant, accord de la collectivité propriétaire ou attributaire des bâtiments, en vertu des dispositions du présent titre" et les mots : "ou, le cas échéant, la collectivité propriétaire" ;

2° Au premier alinéa de l'article L. 213-1, les mots : ", après accord de chacune des communes concernées ou, le cas échéant, de chacun des établissements publics de coopération intercommunale concernés par les projets situés sur leur territoire," ;

3° Au premier alinéa de l'article L. 213-2-2, les mots : "et, le cas échéant, accord de la collectivité propriétaire des bâtiments" ;

4° Au premier alinéa de l'article L. 214-1, les mots : "et après accord des conseils départementaux pour les établissements relevant de leur compétence".

Nouvel art. L. 252-3 Les articles L. 214-12 à L. 214-13 et L. 214-14 à L. 214-16-2 sont applicables à Saint-Barthélemy sous réserve des adaptations suivantes :

1° Les mots : "régional" et "régionale" sont respectivement remplacés par les mots : "territorial" et "territoriale" ;

2° A l'article L. 214-13 :

a) Au troisième alinéa du II, les mots : "consultation des départements et" sont supprimés ;

b) Au premier alinéa du V, les mots : "L'État, une ou plusieurs régions," sont remplacés par les mots : "L'État, la collectivité de Saint-Barthélemy et, le cas échéant, une ou plusieurs autres collectivités exerçant les compétences dévolues aux régions en matière d'orientation, de formation professionnelle et d'apprentissage," ;

c) Le deuxième alinéa du VI est supprimé.

Nouvel art. L. 252-4 La dotation globale de construction et d'équipement scolaire instituée au bénéfice de la collectivité territoriale de Saint-Barthélemy est régie par les dispositions de l'article L. 6264-5 du code général des collectivités territoriales.

Nouvel art. L. 252-5 Pour l'application à Saint-Barthélemy de l'article L. 237-1, après les mots : "code du travail", sont ajoutés les mots : "sous réserve des dispositions de l'article L. 6523-6-1 du même code".

Nouvel art. L. 252-6 Pour son application à Saint-Barthélemy, le I de l'article L. 241-4 est ainsi rédigé :

"I. – L'inspection des établissements d'enseignement du premier et du second degré publics ou privés est exercée :

"1° Par les inspecteurs généraux de l'éducation, du sport et de la recherche ;

"2° Par le vice-recteur, chef du service de l'éducation nationale de Saint-Barthélemy et de Saint-Martin, agissant sur délégation du recteur de l'académie de la Guadeloupe ;

"3° Par les inspecteurs de l'éducation nationale ;

"4° Par le président du conseil territorial."

Nouvel art. L. 252-7 L'article L. 212-3, les deuxième et troisième phrases de l'article L. 212-7, les articles L. 212-8, L. 212-9, le dernier alinéa de l'article L. 212-10, le dernier alinéa de l'article L. 213-3, l'article L. 213-5, les I, II et IV de l'article L. 213-6, les articles L. 213-9 et L. 213-10, les troisième, quatrième et cinquième alinéas de l'article L. 214-2, les articles L. 214-3, L. 214-5 à L. 214-11, L. 214-18, L. 214-19, L. 215-1, L. 216-4 à L. 216-9, L. 216-11, L. 216-12, L. 217-1, L. 222-1, L. 222-2, L. 235-1 et L. 242-1 ne sont pas applicables à Saint-Barthélemy.

CHAPITRE III *[NOUVEAU]* SAINT-MARTIN

Nouvel art. L. 253-1 Les dispositions du présent livre s'appliquent de plein droit à Saint-Martin sous réserve des adaptations suivantes :

1° La référence aux communes, au département et à la région est remplacée par la référence à la collectivité de Saint-Martin ;

2° La référence au conseil municipal, au conseil départemental et au conseil régional est remplacée par la référence au conseil territorial ;

3° La référence au maire et au président du conseil régional est remplacée par la référence au président du conseil territorial ;

4° La référence au représentant de l'État dans le département ou au représentant de l'État dans la région est remplacée par la référence au représentant de l'État.

Nouvel art. L. 253-2 Pour l'application du présent livre à Saint-Martin sont supprimés :

1° Au premier alinéa de l'article L. 212-15, les mots : "et, le cas échéant, accord de la collectivité propriétaire ou attributaire des bâtiments, en vertu des dispositions du présent titre" et les mots "ou, le cas échéant, la collectivité propriétaire" ;

2° Au premier alinéa de l'article L. 213-1, les mots : ", après accord de chacune des communes concernées ou, le cas échéant, de chacun des établissements publics de coopération intercommunale concernés par les projets situés sur leur territoire," ;

3° Au premier alinéa de l'article L. 213-2-2, les mots : "et, le cas échéant, accord de la collectivité propriétaire des bâtiments" ;

4° Au premier alinéa de l'article L. 214-1, les mots : "et après accord des conseils départementaux pour les établissements relevant de leur compétence".

Nouvel art. L. 253-3 Les articles L. 214-12 à L. 214-13 et L. 214-14 à L. 214-16-2 sont applicables à Saint-Martin sous réserve des adaptations suivantes :

1° Les mots : "régional" et "régionale" sont respectivement remplacés par les mots : "territorial" et "territoriale" ;

2° A l'article L. 214-13 :

a) Au troisième alinéa du II, les mots : "consultation des départements et" sont supprimés ;

b) Au premier alinéa du V, les mots : "L'État, une ou plusieurs régions," sont remplacés par les mots : "L'État, la collectivité de Saint-Martin et, le cas échéant, une ou plusieurs autres collectivités exerçant les compétences dévolues aux régions en matière d'orientation, de formation professionnelle et d'apprentissage," ;

c) Le deuxième alinéa du VI est supprimé.

Nouvel art. L. 253-4 La dotation globale de construction et d'équipement scolaire instituée au bénéfice de la collectivité territoriale de Saint-Martin est régie par les dispositions de l'article L. 6364-5 du code général des collectivités territoriales.

Nouvel art. L. 253-5 Les compétences de la collectivité territoriale de Saint-Martin en matière d'enseignement complémentaire dispensé en anglais sont fixées par l'article LO 6314-9 du code général des collectivités territoriales.

Nouvel art. L. 253-6 Pour l'application à Saint-Martin de l'article L. 237-1, après les mots : "code du travail", sont ajoutés les mots : "sous réserve des dispositions de l'article L. 6523-6-1 du même code".

Nouvel art. L. 253-7 Pour son application à Saint-Martin, le I de l'article L. 241-4 est ainsi rédigé :

"I. – L'inspection des établissements d'enseignement du premier et du second degré publics ou privés est exercée :

"1° Par les inspecteurs généraux de l'éducation, du sport et de la recherche ;

"2° Par le vice-recteur, chef du service de l'éducation nationale de Saint-Barthélemy et de Saint-Martin, agissant sur délégation du recteur de l'académie de la Guadeloupe ;
"3° Par les inspecteurs de l'éducation nationale ;
"4° Par le président du conseil territorial."

Nouvel art. L. 253-8 L'article L. 212-3, les deuxième et troisième phrases de l'article L. 212-7, les articles L. 212-8, L. 212-9, le dernier alinéa de l'article L. 212-10, le dernier alinéa de l'article L. 213-3, l'article L. 213-5, les I, II et IV de l'article L. 213-6, les articles L. 213-9 et L. 213-10, les troisième, quatrième et cinquième alinéas de l'article L. 214-2, les articles L. 214-3, L. 214-11, L. 214-18, L. 214-19, L. 215-1, L. 216-4 à L. 216-9, L. 216-11, L. 216-12, L. 217-1, L. 222-1, L. 222-2, L. 235-1 et L. 242-1 ne sont pas applicables à Saint-Martin.

CHAPITRE IV *[NOUVEAU]* SAINT-PIERRE-ET-MIQUELON

Nouvel art. L. 254-1 Les dispositions du présent livre s'appliquent de plein droit à Saint-Pierre-et-Miquelon sous réserve des adaptations suivantes :
1° Les références au département et à la région sont remplacées par la référence à la collectivité territoriale de Saint-Pierre-et-Miquelon ;
2° Les références au conseil départemental et au conseil régional sont remplacées par la référence au conseil territorial ;
3° La référence au président du conseil régional est remplacée par la référence au président du conseil territorial ;
4° Les références au représentant de l'État dans le département ou au représentant de l'État dans la région sont remplacées par la référence au représentant de l'État.

Nouvel art. L. 254-2 Les articles L. 214-12 à L. 214-13 et L. 214-14 à L. 214-16-2 sont applicables à Saint-Pierre-et-Miquelon sous réserve des adaptations suivantes :
1° Les mots : "régional" et "régionale" sont respectivement remplacés par les mots : "territorial" et "territoriale" ;
2° A l'article L. 214-13 :
a) Au troisième alinéa du II, les mots : "consultation des départements et" sont supprimés ;
b) Au premier alinéa du V, les mots : "L'État, une ou plusieurs régions," sont remplacés par les mots : "L'État, la collectivité territoriale de Saint-Pierre-et-Miquelon et, le cas échéant, une ou plusieurs autres collectivités exerçant les compétences dévolues aux régions en matière d'orientation, de formation professionnelle et d'apprentissage," ;
c) Au deuxième alinéa du VI, les mots : "départements, les" sont supprimés.

Nouvel art. L. 254-3 La prise en charge par l'État des frais de formation et des dépenses afférentes à la rémunération et à la protection sociale des stagiaires de la formation professionnelle est fixée par l'article L. 6523-6 du code du travail.

Nouvel art. L. 254-4 Pour l'application de l'article L. 237-1 à Saint-Pierre-et-Miquelon, après les mots : "code du travail", sont ajoutés les mots : "sous réserve des dispositions de l'article L. 6523-6-1 du même code".

Nouvel art. L. 254-5 Pour son application à Saint-Pierre-et-Miquelon, le I de l'article L. 241-4 est ainsi rédigé :
"I. — L'inspection des établissements d'enseignement du premier et du second degré publics ou privés est exercée :
"1° Par les inspecteurs généraux de l'éducation, du sport et de la recherche ;
"2° Par le chef du service de l'éducation nationale de Saint-Pierre-et-Miquelon agissant sur délégation du recteur de l'académie de Normandie ;
"3° Par les inspecteurs de l'éducation nationale ;
"4° Par le maire."

Nouvel art. L. 254-6 Les articles L. 212-9, L. 213-1 à L. 213-10, L. 214-1 à L. 214-11, L. 214-13-1, L. 215-1, L. 216-4 à L. 216-9, L. 216-11, L. 216-12, L. 217-1, L. 222-1, L. 222-2, L. 234-1 à L. 235-1 et L. 242-1 ne sont pas applicables à Saint-Pierre-et-Miquelon.

CHAPITRE V *[NOUVEAU]* WALLIS-ET-FUTUNA

Nouvel art. L. 255-1 I. – Sont applicables dans les îles Wallis-et-Futuna, sous réserve des adaptations prévues au II, les dispositions des articles mentionnés dans la colonne de gauche du tableau ci-après, dans leur rédaction indiquée dans la colonne de droite du même tableau : – *Tableau mod. par L. n° 2021-1109 du 24 août 2021, art. 100.*

DISPOSITIONS APPLICABLES	DANS LEUR RÉDACTION
L. 211-9	Résultant de la loi n° 2012-409 du 27 mars 2012
L. 216-10 ; L. 231-1 et L. 231-2	Résultant de l'ordonnance n° 2000-549 du 15 juin 2000
L. 231-3	Résultant de la loi n° 2017-86 du 27 janvier 2017
L. 231-4 et L. 231-5	Résultant de l'ordonnance n° 2000-549 du 15 juin 2000
L. 231-14	Résultant de la loi n° 2019-791 du 26 juillet 2019
L. 231-15 à L. 231-17	Résultant de la loi n° 2013-595 du 8 juillet 2013
L. 232-1	Résultant de la loi n° 2018-699 du 3 août 2018
L. 232-2 et L. 232-3	Résultant de la loi n° 2019-828 du 6 août 2019
L. 232-4 à L. 232-6	Résultant de l'ordonnance n° 2014-691 du 26 juin 2014
L. 232-7	Résultant de la loi n° 2019-828 du 6 août 2019
L. 233-1	Résultant de la loi n° 2013-660 du 22 juillet 2013
L. 233-2	Résultant de la loi n° 2007-1199 du 10 août 2007
L. 236-1	Résultant de l'ordonnance n° 2000-549 du 15 juin 2000
L. 23-10-1	Résultant de la loi n° 2007-1199 du 10 août 2007
L. 241-1 à L. 241-4, 1er, 2e, 3e, 4e et 8e alinéas	Résultant du décret n° 2019-1008 du 30 septembre 2019
L. 241-5	Résultant de la loi n° 2021-1109 du 24 août 2021 confortant le respect des principes de la République
L. 241-6	Résultant de l'ordonnance n° 2000-549 du 15 juin 2000
L. 241-7	Résultant de la loi n° 2021-1109 du 24 août 2021 confortant le respect des principes de la République

DISPOSITIONS APPLICABLES	DANS LEUR RÉDACTION
L. 241-12 à L. 241-14	Résultant de la loi n° 2019-791 du 26 juillet 2019
L. 242-1	Résultant de la loi n° 2020-1674 du 24 décembre 2020

II. — Pour l'application du I :

1° Au premier alinéa de l'article L. 236-1, les mots : "départementaux ou régionaux, académiques et" sont supprimés ;

2° Au troisième alinéa de l'article L. 241-4, les mots : "les recteurs d'académie et les directeurs académiques des services de l'éducation nationale agissant sur délégation de ces derniers" sont remplacés par les mots : "le vice-recteur" ;

3° Les montants exprimés en euros sont applicables dans les îles Wallis-et-Futuna sous réserve de leur contrevaleur en monnaie locale.

CHAPITRE VI *[NOUVEAU]* POLYNÉSIE FRANÇAISE

Nouvel art. L. 256-1 I. — Sont applicables en Polynésie française, sous réserve des adaptations prévues au II, les dispositions des articles mentionnés dans la colonne de gauche du tableau ci-après, dans leur rédaction indiquée dans la colonne de droite du même tableau : — *Tableau mod. par L. n° 2021-1109 du 24 août 2021, art. 100.*

DISPOSITIONS APPLICABLES	DANS LEUR RÉDACTION
L. 211-9	Résultant de la loi n° 2012-409 du 27 mars 2012
L. 231-1 et L. 231-2	Résultant de l'ordonnance n° 2000-549 du 15 juin 2000
L. 231-3	Résultant de la loi n° 2017-86 du 27 janvier 2017
L. 231-4 et L. 231-5	Résultant de l'ordonnance n° 2000-549 du 15 juin 2000
L. 231-14	Résultant de la loi n° 2019-791 du 26 juillet 2019
L. 231-15, 1er, 4e et 5e alinéas, L. 231-16 et L. 231-17	Résultant de la loi n° 2013-595 du 8 juillet 2013
L. 232-1	Résultant de la loi n° 2018-699 du 3 août 2018
L. 232-2 et L. 232-3	Résultant de la loi n° 2019-828 du 6 août 2019
L. 232-4 à L. 232-6	Résultant de l'ordonnance n° 2014-691 du 26 juin 2014
L. 232-7	Résultant de la loi n° 2019-828 du 6 août 2019
L. 233-1	Résultant de la loi n° 2013-660 du 22 juillet 2013
L. 233-2	Résultant de la loi n° 2007-1199 du 10 août 2007

DISPOSITIONS APPLICABLES	DANS LEUR RÉDACTION
L. 236-1	Résultant de l'ordonnance n° 2000-549 du 15 juin 2000
L. 23-10-1	Résultant de la loi n° 2007-1199 du 10 août 2007
L. 241-1 à L. 241-4, 8e alinéa	Résultant du décret n° 2019-1008 du 30 septembre 2019
L. 241-5	Résultant de la loi n° 2021-1109 du 24 août 2021 confortant le respect des principes de la République
L. 241-7, 1er et 3e alinéas	Résultant de l'ordonnance n° 2000-916 du 19 septembre 2000
L. 242-1	Résultant de la loi n° 2020-1674 du 24 décembre 2020

II. — Pour l'application du I :

1° Au premier alinéa de l'article L. 236-1, les mots : "départementaux ou régionaux, académiques et" sont supprimés ;

2° L'article L. 23-10-1 est ainsi rédigé :

Art. L. 23-10-1 Un médiateur de l'éducation nationale et de l'enseignement supérieur, des médiateurs académiques et leurs correspondants reçoivent les réclamations concernant le fonctionnement du service public de l'enseignement universitaire dans ses relations avec les usagers et les agents.

Le médiateur de l'éducation nationale et de l'enseignement supérieur et ses correspondants peuvent recevoir les réclamations des fonctionnaires et agents publics de l'État exerçant dans le domaine de l'enseignement scolaire en Polynésie française lorsqu'elles concernent leurs relations avec le ministère chargé de l'éducation nationale.

3° A l'article L. 241-1, les mots : "départementales, académiques, régionales et nationales" sont remplacés par les mots : "du service public de l'enseignement universitaire" ;

4° Au II de l'article L. 241-4, les mots : "notamment à l'instruction obligatoire" sont remplacés par les mots : "à la réglementation applicables" ;

5° Au premier alinéa du I de l'article L. 241-7, après le mot : "légales", sont insérés les mots : "et réglementaires" ;

6° Les montants exprimés en euros sont applicables en Polynésie française sous réserve de leur contrevaleur en monnaie locale.

CHAPITRE VII *[NOUVEAU]* NOUVELLE-CALÉDONIE

Nouvel art. L. 257-1 I. — Sont applicables en Nouvelle-Calédonie, sous réserve des adaptations prévues au II, les dispositions des articles mentionnés dans la colonne de gauche du tableau ci-après, dans leur rédaction indiquée dans la colonne de droite du même tableau : – *Tableau mod. par L. n° 2021-1109 du 24 août 2021, art. 100.*

DISPOSITIONS APPLICABLES	DANS LEUR RÉDACTION
L. 211-9	Résultant de la loi n° 2012-409 du 27 mars 2012
L. 212-10 ; L. 231-1 et L. 231-2	Résultant de l'ordonnance n° 2000-549 du 15 juin 2000

DISPOSITIONS APPLICABLES	DANS LEUR RÉDACTION
L. 231-3	Résultant de la loi n° 2017-86 du 27 janvier 2017
L. 231-4 et L. 231-5	Résultant de l'ordonnance n° 2000-549 du 15 juin 2000
L. 231-14	Résultant de la loi n° 2019-791 du 26 juillet 2019
L. 231-15, 1er, 3e, 4e et 5e alinéas ; L. 231-16 et L. 231-17	Résultant de la loi n° 2013-595 du 8 juillet 2013
L. 232-1	Résultant de la loi n° 2018-699 du 3 août 2018
L. 232-2 et L. 232-3	Résultant de la loi n° 2019-828 du 6 août 2019
L. 232-4 à L. 232-6	Résultant de l'ordonnance n° 2014-691 du 26 juin 2014
L. 232-7	Résultant de la loi n° 2019-828 du 6 août 2019
L. 233-1	Résultant de la loi n° 2013-660 du 22 juillet 2013
L. 233-2	Résultant de la loi n° 2007-1199 du 10 août 2007
L. 236-1	Résultant de l'ordonnance n° 2000-549 du 15 juin 2000
L. 23-10-1	Résultant de la loi n° 2007-1199 du 10 août 2007
L. 241-1, 1er alinéa, à L. 241-4, 8e alinéa	Résultant du décret n° 2019-1008 du 30 septembre 2019
L. 241-5	Résultant de la loi n° 2021-1109 du 24 août 2021 confortant le respect des principes de la République
L. 241-7, 1er et 3e alinéas	Résultant de l'ordonnance n° 2000-916 du 19 septembre 2000
L. 242-1	Résultant de la loi n° 2020-1674 du 24 décembre 2020

II. – Pour l'application du I :

1° L'article L. 212-10 est ainsi rédigé :

Art. L. 212-10 Dans chaque commune du territoire de la Nouvelle-Calédonie, une délibération du conseil municipal crée une caisse des écoles, établissement public destiné à faciliter la fréquentation scolaire et pouvant prendre en charge l'organisation des cantines et de toute activité parascolaire.

Les ressources de la caisse des écoles se composent de cotisations volontaires, des produits pour services rendus, de subventions de la commune et éventuellement de la province.

La caisse des écoles peut recevoir des dons et legs.

Les modalités d'organisation administrative et financière de la caisse des écoles sont définies par décret en Conseil d'État.

2° Au 3° de l'article L. 231-15 :

***a)* Les mots : "du socle commun de connaissances, de compétences et de culture et" et les mots : ", en veillant à leur cohérence et à leur articulation en cycles, ainsi que les modalités de validation de l'acquisition de ce socle" sont supprimés ;**

***b)* Après les mots : "programmes scolaires", sont insérés les mots : "de l'enseignement du second degré" ;**

3° Au premier alinéa de l'article L. 236-1, les mots : "départementaux ou régionaux, académiques et" sont supprimés ;

3° L'article L. 23-10-1 est ainsi rédigé :

Art. L. 23-10-1 Un médiateur de l'éducation nationale et de l'enseignement supérieur, des médiateurs académiques et leurs correspondants reçoivent les réclamations concernant le fonctionnement du service public de l'enseignement universitaire dans ses relations avec les usagers et les agents.

Le médiateur de l'éducation nationale et de l'enseignement supérieur et ses correspondants peuvent recevoir les réclamations des fonctionnaires et agents publics de l'État exerçant dans le domaine de l'enseignement scolaire en Nouvelle-Calédonie lorsqu'elles concernent leurs relations avec le ministère chargé de l'éducation nationale.

4° A l'article L. 241-1, les mots : "départementales, académiques, régionales et nationales" sont remplacés par les mots : "du service public de l'enseignement supérieur" ;

5° Au II de l'article L. 241-4, les mots : "notamment à l'instruction obligatoire" sont remplacés par les mots : "à la réglementation applicables" ;

6° Les montants exprimés en euros sont applicables en Nouvelle-Calédonie sous réserve de leur contrevaleur en monnaie locale.

TITRE SIXIÈME DISPOSITIONS APPLICABLES DANS LES ÎLES WALLIS-ET-FUTUNA, À MAYOTTE, EN POLYNÉSIE FRANÇAISE, ET EN NOUVELLE-CALÉDONIE

Ce titre est abrogé à compter de l'entrée en vigueur des décrets portant actualisation et adaptation des dispositions réglementaires du code de l'éducation relatives à l'outre-mer et, au plus tard, le 1er janv. 2022 (Ord. n° 2021-552 du 5 mai 2021, art. 13).

CHAPITRE PREMIER DISPOSITIONS APPLICABLES DANS LES ÎLES WALLIS-ET-FUTUNA

Art. L. 261-1 Sont applicables dans les îles Wallis-et-Futuna les articles L. 216-10, L. 231-1 à *(Ord. n° 2014-693 du 26 juin 2014, art. 6)* « L. 231-5 », *(L. n° 2019-791 du 26 juill. 2019, art. 62)* « L. 231-14 à L. 231-17, » *(L. n° 2019-828 du 6 août 2019, art. 33)* « L. 232-4 à L. 232-6 », L. 233-1 *(Ord. n° 2008-728 du 24 juill. 2008, art. 3)* « , L. 233-2 », L. 236-1 *(Ord. n° 2008-728 du 24 juill. 2008, art. 3)* « , L. 23-10-1 », L. 241-4 *(Ord. n° 2014-693 du 26 juin 2014, art. 6)* « , L. 241-12 à L. 241-15 » *(L. n° 2006-450 du 18 avr. 2006, art. 44)* « et L. 242-1 » *(L. n° 2017-86 du 27 janv. 2017, art. 224)* « du présent code, dans leur rédaction résultant de la loi n° 2017-86 du 27 janvier 2017 relative à l'égalité et à la citoyenneté ».

***(L. n° 2018-699 du 3 août 2018, art. 50)* « L'article L. 232-1 est applicable dans sa rédaction résultant de la loi n° 2018-699 du 3 août 2018 visant à garantir la présence des parlementaires dans certains organismes extérieurs au Parlement et à simplifier les modalités de leur nomination. »**

***(L. n° 2019-828 du 6 août 2019, art. 33)* « Les articles L. 232-2, L. 232-3 et L. 232-7 sont applicables dans leur rédaction résultant de la loi n° 2019-828 du 6 août 2019 de transformation de la fonction publique. »**

***(Décr. n° 2019-1008 du 30 sept. 2019, art. 4)* « Les articles L. 241-1 à L. 241-3 sont applicables dans leur rédaction résultant du décret n° 2019-1008 du 30 septembre 2019. »**

Art. L. 261-2 Pour son application dans les îles Wallis-et-Futuna, le I de l'article L. 241-4 est ainsi rédigé :

"L'inspection des établissements d'enseignement du premier et du second degré publics ou privés est exercée :

"1° Par (*Décr. n° 2019-1008 du 30 sept. 2019, art. 1er*) « les inspecteurs généraux de l'éducation, du sport et de la recherche » ;

"2° Par le vice-recteur ;

"3° Par les inspecteurs de l'éducation nationale."

CHAPITRE II DISPOSITIONS APPLICABLES À MAYOTTE

Art. L. 262-1 (*Ord. n° 2007-1801 du 21 déc. 2007, art. 6*) Les articles L. 211-3, L. 212-9, L. 213-1 à L. 213-5, L. 213-7 à L. 213-9, L. 214-1 à L. 214-11, (*Ord. n° 2014-692 du 26 juin 2014, art. 2*) « L. 214-13-1 » (*L. n° 2019-791 du 26 juill. 2019, art. 36*) « et L. 216-4 à L. 216-9 » ne sont pas applicables à Mayotte.

Art. L. 262-2 Lors de la planification des formations du second degré, il est tenu compte de la nécessité d'accompagner toute construction d'un établissement scolaire des équipements nécessaires à la pratique de l'éducation physique et sportive.

Droit à l'éducation. Moyens nécessaires. Obligation pour l'État. Caractère effectif. Le département de Mayotte a soutenu qu'en dépit de l'évolution démographique de Mayotte, qui se caractérise par un taux d'accroissement naturel élevé et une immigration significative, rendant les besoins actuels en matière de scolarisation particulièrement importants dès lors qu'en moyenne, chaque année, le système éducatif de Mayotte accueille 1 500 élèves supplémentaires dans le premier degré et 1 600 dans le second degré, l'État n'a pas pris les mesures suffisantes pour assurer la représentation de toutes les filières et pour pallier la pénurie de places disponibles dans l'enseignement secondaire à Mayotte, où les 18 collèges et 10 lycées actuels ne permettent pas de faire face à l'accroissement du nombre d'élèves, ce qui l'a contraint à verser des bourses au profit de nombreux jeunes lycéens mahorais afin d'assurer leur scolarisation en dehors du département, à la Réunion ou en Métropole. Le juge précise notamment qu'il résulte de l'instruction que pour faire face à l'évolution démographique de Mayotte, qui se caractérise par un taux d'accroissement naturel élevé, rendant les besoins actuels en matière de scolarisation particulièrement importants notamment dans le second degré, l'État a pris des mesures suffisantes pour assurer la représentation de toutes les filières et pour pallier la pénurie de places disponibles dans l'enseignement secondaire à Mayotte en procédant à l'extension et à la création de lycées et en programmant pour les années postérieures à celles concernées par le présent litige de nouvelles extensions et créations d'établissements. • CAA Bordeaux, 9 mai 2017, n° 15BX01040.

Art. L. 262-2-1 (*Ord. n° 2014-692 du 26 juin 2014, art. 3*) Pour l'application à Mayotte de l'article L. 211-2 du code de l'éducation :

1° Les deux premières phrases du premier alinéa sont remplacées par une phrase ainsi rédigée : "Chaque année, les autorités compétentes de l'État arrêtent la structure pédagogique générale des établissements d'enseignement du second degré en tenant compte du schéma prévisionnel des formations mentionné à l'article L. 262-3." ;

2° La dernière phrase du premier alinéa est ainsi rédigée : "Cette liste est arrêtée compte tenu du programme prévisionnel des investissements et après accord de la commune d'implantation." ;

3° Au second alinéa, les mots : "au sein du conseil académique de l'éducation nationale ou, pour les formations assurées en collège, au sein du conseil départemental de l'éducation nationale" sont remplacés par les mots : "au sein du conseil de l'éducation nationale de Mayotte".

Art. L. 262-2-2 (*Ord. n° 2007-1801 du 21 déc. 2007, art. 6*) A Mayotte, la dotation spéciale pour le logement des instituteurs mentionnée à l'article L. 212-6 est régie par les dispositions de l'article L. 2572-61 du code général des collectivités territoriales.

Art. L. 262-3 (*Ord. n° 2009-664 du 11 juin 2009, art. 3*) A Mayotte, le schéma prévisionnel des formations des collèges, des lycées, des établissements d'éducation spéciale, des lycées professionnels maritimes et des établissements d'enseignement agricole (*Ord. n° 2015-25 du 14 janv. 2015, art. 2-2°*) « et le schéma mahorais de l'enseignement supérieur, de la recherche et de l'innovation sont établis » par le représentant de l'État, après avis du conseil départemental.

Art. L. 262-4 *(Ord. n° 2009-664 du 11 juin 2009, art. 3)* Les articles L. 214-12 à L. 214-16 sont applicables à Mayotte sous réserve des dispositions des articles L.O. 6114-1 et L.O. 6161-9 du code général des collectivités territoriales et des adaptations suivantes :

1° Les compétences dévolues à la région, au conseil régional et à son président sont respectivement attribuées *(Ord. n° 2014-692 du 26 juin 2014, art. 4)* « au Département de Mayotte », à son conseil départemental et à son président ;

2° Les compétences dévolues au représentant de l'État dans la région sont attribuées au représentant de l'État à Mayotte ;

3° Le mot : "régional" et le mot : "régionale" sont respectivement remplacés par le mot : "mahorais" et le mot : "mahoraise" ;

4° *Abrogé par Ord. n° 2017-1491 du 25 oct. 2017, art. 16.*

(Ord. n° 2014-692 du 26 juin 2014, art. 4) « 5° A l'article L. 214-13 :

a) à c) Abrogés par Ord. n° 2017-1491 du 25 oct. 2017, art. 16.

« *d)* Au troisième alinéa du II, les mots : "consultation des départements et" sont supprimés ;

« *e)* Au premier alinéa du V, les mots : "l'État, une ou plusieurs régions," sont remplacés par les mots : "L'État, le Département de Mayotte," ;

f) Abrogé par Ord. n° 2017-1491 du 25 oct. 2017, art. 16.

« *g)* Au deuxième alinéa du VI, les mots : "Les départements," sont supprimés ; »

6° *Abrogé par Ord. n° 2017-1491 du 25 oct. 2017, art. 16.*

« 7° A l'article L. 214-16, les mots : "à l'article 7 de la loi d'orientation n° 92-125 du 6 février 1992 relative à l'administration territoriale de la République" sont remplacés par les mots : "par l'article L. O. 6154-2 du code général des collectivités territoriales". »

Art. L. 262-5 Pour son application à Mayotte, le I de l'article L. 241-4 est ainsi rédigé :

"L'inspection des établissements d'enseignement du premier et du second degré publics ou privés est exercée :

"1° Par *(Décr. n° 2019-1008 du 30 sept. 2019, art. 1er)* « les inspecteurs généraux de l'éducation, du sport et de la recherche » ;

"2° Par le *(L. n° 2019-791 du 26 juill. 2019, art. 36)* « recteur d'académie » ;

"3° Par les inspecteurs de l'éducation nationale ;

"4° Par le maire."

CHAPITRE III DISPOSITIONS APPLICABLES EN POLYNÉSIE FRANÇAISE

Art. L. 263-1 Sont applicables en Polynésie française les articles L. 216-10, *(Ord. n° 2014-691 du 26 juin 2014, art. 23)* « L. 231-1 à L. 231-5 », *(Ord. n° 2014-693 du 26 juin 2014, art. 12)* « L. 231-14, les premier, deuxième, quatrième et cinquième alinéas de l'article L. 231-15, les articles L. 231-16, L. 231-17, » *(L. n° 2019-828 du 6 août 2019, art. 33)* « L. 232-4 à L. 232-6 », L. 233-1 *(L. n° 2007-1199 du 10 août 2007, art. 42)* « , L. 233-2 », L. 236-1 *(Ord. n° 2008-727 du 24 juill. 2008, art. 4)* « , L. 23-10-1 », L. 241-4 *(Ord. n° 2014-693 du 26 juin 2014, art. 12)* « , L. 241-12 à L. 241-15 » *(L. n° 2006-450 du 18 avr. 2006, art. 44)* « et L. 242-1 » *(L. n° 2017-86 du 27 janv. 2017, art. 224)* « du présent code, dans leur rédaction résultant de la loi n° 2017-86 du 27 janvier 2017 relative à l'égalité et à la citoyenneté ».

(L. n° 2018-699 du 3 août 2018, art. 50) « L'article L. 232-1 est applicable dans sa rédaction résultant de la loi n° 2018-699 du 3 août 2018 visant à garantir la présence des parlementaires dans certains organismes extérieurs au Parlement et à simplifier les modalités de leur nomination. »

(L. n° 2019-828 du 6 août 2019, art. 33) « Les articles L. 232-2, L. 232-3 et L. 232-7 sont applicables dans leur rédaction résultant de la loi n° 2019-828 du 6 août 2019 de transformation de la fonction publique. »

(Décr. n° 2019-1008 du 30 sept. 2019, art. 4) « Les articles L. 241-1 à L. 241-3 sont applicables dans leur rédaction résultant du décret n° 2019-1008 du 30 septembre 2019. »

Art. L. 263-2 Pour son application en Polynésie française, le I de l'article L. 241-4 est ainsi rédigé :

"L'inspection des établissements d'enseignement du premier et du second degré publics ou privés est exercée :

"1° Par *(Décr. n° 2019-1008 du 30 sept. 2019, art. 1er)* « les inspecteurs généraux de l'éducation, du sport et de la recherche » ;

"2° Par le vice-recteur ;

"3° Par les inspecteurs de l'éducation nationale ;

"4° Par le maire."

CHAPITRE IV DISPOSITIONS APPLICABLES EN NOUVELLE-CALÉDONIE

Art. L. 264-1 Sont applicables en Nouvelle-Calédonie les articles L. 216-10, *(Ord. n° 2014-691 du 26 juin 2014, art. 23)* « L. 231-1 à L. 231-5 », *(Ord. n° 2014-693 du 26 juin 2014, art. 20)* « L. 231-14, L. 231-15 à l'exception, dans le premier degré, de son troisième alinéa, les articles L. 231-16, L. 231-17, » *(L. n° 2019-828 du 6 août 2019, art. 33)* « L. 232-4 à L. 232-6 », L. 233-1 *(L. n° 2007-1199 du 10 août 2007, art. 42)* « , L. 233-2 », L. 236-1 *(Ord. n° 2008-727 du 24 juill. 2008, art. 4)* « , L. 23-10-1 », L. 241-4 *(Ord. n° 2014-693 du 26 juin 2014, art. 20)* « , L. 241-12 à L. 241-15 » *(L. n° 2006-450 du 18 avr. 2006, art. 44)* « et L. 242-1 » *(L. n° 2017-86 du 27 janv. 2017, art. 224)* « du présent code, dans leur rédaction résultant de la loi n° 2017-86 du 27 janvier 2017 relative à l'égalité et à la citoyenneté ».

(L. n° 2018-699 du 3 août 2018, art. 50) « L'article L. 232-1 est applicable dans sa rédaction résultant de la loi n° 2018-699 du 3 août 2018 visant à garantir la présence des parlementaires dans certains organismes extérieurs au Parlement et à simplifier les modalités de leur nomination. »

(L. n° 2019-828 du 6 août 2019, art. 33) « Les articles L. 232-2, L. 232-3 et L. 232-7 sont applicables dans leur rédaction résultant de la loi n° 2019-828 du 6 août 2019 de transformation de la fonction publique. »

(Décr. n° 2019-1008 du 30 sept. 2019, art. 4) « Les articles L. 241-1 à L. 241-3 sont applicables dans leur rédaction résultant du décret n° 2019-1008 du 30 septembre 2019. »

Art. L. 264-2 Dans chaque commune du territoire de la Nouvelle-Calédonie, une délibération du conseil municipal crée une caisse des écoles, établissement public destiné à faciliter la fréquentation scolaire et pouvant prendre en charge l'organisation des cantines et de toute activité parascolaire.

Les ressources de la caisse des écoles se composent de cotisations volontaires, des produits pour services rendus, de subventions de la commune et éventuellement de la province.

La caisse des écoles peut recevoir des dons et legs.

Les modalités d'organisation administrative et financière de la caisse des écoles sont définies par décret en Conseil d'État. – *[L. n° 95-97 du 1er févr. 1995, art. 8.]*

Art. L. 264-3 Pour son application en Nouvelle-Calédonie, le I de l'article L. 241-4 est ainsi rédigé :

"L'inspection des établissements d'enseignement du premier et du second degré publics ou privés est exercée :

"1° Par *(Décr. n° 2019-1008 du 30 sept. 2019, art. 1er)* « les inspecteurs généraux de l'éducation, du sport et de la recherche » ;

"2° Par le vice-recteur ;

"3° Par les inspecteurs de l'éducation nationale ;

"4° Par le maire."

Art. L. 264-4 *(Ord. n° 2009-537 du 14 mai 2009, art. 11)* Les dépenses de fonctionnement des classes de l'enseignement du premier degré sous contrat d'association, prévues à l'article L. 442-5, s'appliquent notamment :

1° Aux fournitures scolaires ;

2° A l'entretien des bâtiments et à leurs dépendances ;

3° A l'ensemble des dépenses de fonctionnement de ces locaux, en particulier l'eau, l'électricité, et à la rémunération des personnels de service s'il y a lieu ;

4° A l'acquisition et à l'entretien du mobilier scolaire.

DEUXIÈME PARTIE LES ENSEIGNEMENTS SCOLAIRES

LIVRE TROISIÈME L'ORGANISATION DES ENSEIGNEMENTS SCOLAIRES

COMMENTAIRE

Le livre III intitulé « L'organisation des enseignements scolaires » s'ouvre par un titre consacré à l'organisation générale des enseignements. Les articles ici rassemblés doivent être lus en tenant compte des dispositions énoncées au livre I, notamment celles consacrées au socle commun de connaissances, de compétences et de culture introduites à l'article L. 122-1-1 qui redéfinissent les objectifs de la scolarité obligatoire (V. comm. ss. art. L. 122-1-1). Les deux titres suivants traitent du premier puis du second degré. Après un titre spécifique à l'enseignement agricole et maritime et un autre consacré aux enseignements pour les enfants et adolescents handicapés viennent un ensemble de dispositions qui s'attachent surtout à la préparation des professions artistiques et sportives. La partie réglementaire suit le même plan et comporte des dispositions transversales sur les structures ; s'agissant de l'information et de l'orientation, elle reprend les règles concernant les services (CIO, centre d'information et d'orientation) et les statuts des établissements publics intervenant (ONISEP, CEREQ) ; il en est de même pour la recherche et la documentation pédagogique (CIEP, réseau Canopé).

Si de nombreux textes, dont le plus ancien remontait à 1942, ont servi de matériaux pour la codification, les trois premiers titres sont fortement structurés par la loi d'orientation de 1989 qui affirmait la nécessité d'*« offrir une formation moderne »* en plaçant *« l'élève au centre du système éducatif » (Rapport annexé)*. Pour que l'école permette à chacun d'acquérir un savoir et de construire sa personnalité par sa propre activité, le législateur posa alors la question des ***parcours scolaires*** et de leur ***organisation***. Classiquement, on distinguait degrés (qualifiés par les ordinaux premier et second) et niveaux (désignés par ordre décroissant de la 6e au baccalauréat, par qualification des *« cours »* dans le primaire, parfois encore numérotés à partir de la douzième), l'élève passant chaque année d'une classe à l'autre, de l'école au collège puis au lycée ou au lycée professionnel, jusqu'à sa sortie du système scolaire. La ***loi d'orientation de 1989***, reprenant une des idées-force de la pédagogie nouvelle, voulut rompre en introduisant les ***cycles***, réforme qui va se heurter à une série de résistances décelables dans le texte même du code de l'éducation.

La loi de 2005 sur l'avenir de l'école a maintenu le cadre ainsi tracé en introduisant un nouvel objectif : la scolarité obligatoire doit au moins garantir à chaque élève les moyens nécessaires à l'acquisition d'***un socle commun de connaissances et de compétences*** (art. L. 122-1-1).

Le rapport annexé à la loi d'orientation et de programmation du 8 juillet 2013 pour la refondation de l'École de la République dont les premiers objectifs sont d'améliorer les résultats et de renforcer l'équité du système éducatif pour la réussite des élèves reprend la logique de 1989 en fixant des orientations pour une *refondation pédagogique*. Il s'agit d'abord de placer les contenus des enseignements au cœur du processus en repensant le ***socle commun de connaissances, de compétences et désormais de culture (S3C)*** à l'acquisition duquel contribuent tous les enseignements (L. du 8 juill. 2013, art. 13 ; art. L. 122-1-1), en faisant évoluer les modalités d'évaluation et de notation des élèves, en mettant en place de nouveaux contenus (enseignement moral et civique : L. du 8 juill. 2013, art. 41 ; art. L. 311-4 ; parcours d'éducation artistique et culturel : L. du 8 juill. 2013, art. 10 ; art. L. 121-1 ; enseignement des langues vivantes dès le cours préparatoire : L. du 8 juill. 2013, art. 39 ; art. L. 312-9-2 ; enseignement des langues et cultures régionales : L. du 8 juill. 2013, art. 40 ; art. L. 312-10 ; éducation à l'environnement et au développement durable : L. du 8 juill. 2013, art. 42 ; art. L. 312-19 ; promotion de la culture scientifique et technologique). Reprenant le parcours de l'élève, le législateur a d'abord voulu « commencer par le commencement » en donnant la priorité à l'école primaire (en redéfinissant les missions de l'école maternelle : L. du 8 juill. 2013, art. 44, art. L. 321-2 ; en augmentant l'accueil des moins de trois ans : L. du 8 juill. 2013, art. 8 ; art. L. 113-1 ; en faisant évoluer les pratiques pédagogiques, notamment par la mise en place du dispositif « plus de maîtres que de classes » ; en réformant les rythmes scolaires : L. du 8 juill. 2013, art. 66 et 67). Reprenant la volonté politique de la loi d'orientation de 1989, la loi d'orientation de 2013 souhaite assurer la progressivité des apprentissages de la maternelle au collège en redéfinissant les cycles (L. 8 juill. 2013, art. 34 et 35 ; art. L. 311-1 et L. 311-3). La loi prévoit de repenser le collège unique (L. du 8 juill. 2013, art. 50 ; art. L. 333-2, ce qui a été acté par le décret n° 2015-544 du 19 mai 2015 relatif à l'organisation de l'enseignement en collège, V. comm. ci-dessous), afin de mieux réussir au lycée et de valoriser l'enseignement professionnel. Pour réussir la refondation pédagogique, un double pari est fait : refonder la formation des maîtres par la création des écoles supérieures du professorat et de l'éducation (ESPÉ, L. du 8 juill. 2013, art. 68 s. ; art. L. 625-1 et L. 721-1) ; développer une grande ambition pour le numérique à l'école qui passe par la création d'un service public du numérique éducatif (L. du 8 juill. 2013, art. 18, art. L. 131-2) et le développement des contenus numériques et des pratiques pédagogiques.

La loi n° 2019-791 du 26 juillet 2019 pour une école de la confiance dont l'un des objectifs est la garantie des savoirs fondamentaux pour tous modifie quelques articles du livre III, notamment en rassemblant les dispositions concernant les expérimentations dans un de ses chapitres (art. L. 314-2, L. 314-3), la scolarisation des élèves en situation de handicap (art. L. 351-1, L. 351-3, L. 351-4) ou l'éducation à l'environnement et au développement durable (art. L. 312-9).

I. UNE VOLONTÉ POLITIQUE : LES CYCLES

Un quart de siècle après la loi d'orientation, la loi de refondation de l'École de la République du 8 juillet 2013 réaffirme la même volonté politique : les cycles doivent assurer la progressivité des apprentissages de la maternelle au collège. La politique des cycles doit être relancée en évitant les transitions brutales d'un cycle à l'autre. Toutefois, le nombre et la durée des cycles sont modifiés pour assurer, d'une part, l'unité et la spécificité de l'école maternelle (dont les trois niveaux constituent un seul cycle), d'autre part, la continuité école/collège (par la création d'un cycle regroupant CM2 et sixième). La revitalisation des cycles devrait permettre de réduire progressivement le nombre de redoublements, pratique considérée comme peu efficiente, financièrement coûteuse et pédagogiquement inefficace. Pour éviter le redoublement (ou le rendre exceptionnel), la politique des cycles doit permettre d'apporter aux élèves les aides nécessaires, notamment dans le cadre des projets personnalisés de réussite éducative (PPE).

A. ORGANISATION DE LA SCOLARITÉ

« La scolarité est organisée en cycles » disposait l'article 4, alinéa 1er, de la loi d'orientation de 1989 reprise par l'article L. 311-1 du code de l'éducation. La formule n'était pas alors inconnue ; l'école primaire était divisée en trois cycles, préparatoire, élémentaire et moyen, constitués d'un niveau pour le premier (CP), de deux pour les autres (CE1 et CE2 ; CM1 et CM2). On pouvait alors parler de « cycles pédagogiques » ; le rapport annexé introduit la notion de « ***cycle d'apprentissage*** ». Regroupant un, deux ou trois niveaux, ces cycles doivent permettre de mieux tenir compte de l'évolution psychologique et physiologique de chaque élève, au-delà de son âge et des structures qui l'accueillent. La cohérence de chaque cycle réside dans la définition des objectifs et des programmes nationaux de formation qui doivent comporter une progression annuelle (rythme que l'art. 34 de la loi d'orientation de 2013 remet en cause en lui substituant une « ***progression régulière*** ») et des critères d'évaluation.

Depuis 1989, le nombre des cycles était fixé par la loi et leur durée par décret (art. L. 321-1 pour le premier degré, art. L. 332-1 pour les collèges et art. L. 333-1 pour le second degré, abrogés). La loi de 2013 dispose que le décret fixe dorénavant leur nombre et leur durée (L. du 8 juill. 2013, art. 34 ; art. L. 311-1). Le nombre des cycles qui était considéré comme un principe fondamental de l'enseignement dont la fixation était réservée au législateur est donc désormais reconnue comme une règle que le pouvoir réglementaire peut décréter.

B. ORGANISATION EN CYCLES

Le décret n° 2013-682 du 24 juillet 2013 relatif aux cycles d'enseignement à l'école primaire et au collège (codifié aux art. D. 311-10 pour l'école et D. 332-3 s. pour le collège) entre en vigueur progressivement à partir de la rentrée 2014 (dans chaque premier niveau de chaque cycle). Il prévoit un découpage de la scolarité obligatoire en donnant une composition à deux des quatre cycles et en adoptant un découpage triennal. La scolarité ***de l'école maternelle à la fin du collège*** est organisée en ***quatre cycles pédagogiques*** successifs (art. D. 311-10), tant dans les écoles et établissements publics que dans les établissements privés. Le cycle 1 ou ***cycle des apprentissages premiers*** correspond aux seules classes de l'école maternelle (petite, moyenne et grande sections) ; ce cycle unique est conçu comme le fondement de la scolarité, visant à prévenir les difficultés d'apprentissage et à réduire les inégalités. Sont ainsi soulignées l'unité et la spécificité de l'école maternelle dont les missions sont redéfinies par la loi (art. L. 331-2) ; le rapport annexé à la loi de 2013 précise qu'« il ne s'agit pas de refermer l'école maternelle sur elle-même, mais de lui permettre de préparer progressivement les enfants aux apprentissages fondamentaux dispensés à l'école élémentaire ».

Présentant les priorités pour l'école primaire, la note de service n° 2019-087 du 28 mai 2019 présente l'école maternelle comme l'école de l'épanouissement et du langage ; l'abaissement de l'âge de l'instruction obligatoire à trois ans, point central de la loi pour une école de la confiance (art. 11, modifiant l'art. L. 131-1) doit permettre de renforcer la préparation aux apprentissages fondamentaux avec une priorité : l'enseignement structuré du vocabulaire oral.

Le cycle 2 ou ***cycle des apprentissages fondamentaux*** regroupe le cours préparatoire, le cours élémentaire première année et le cours élémentaire deuxième année. Le cycle 3 ou ***cycle de consolidation*** comprend dorénavant deux classes de l'école, le cours moyen première année et le cours moyen deuxième année, et la classe de sixième qui, depuis la réforme Bayrou, constituait à elle seule le premier cycle du collège (ancien cycle d'adaptation). La coopération nécessaire entre les maîtres du primaire et les professeurs de collège a motivé la création des conseils école-collège qui doit favoriser les échanges de pratiques inter-degrés. Enfin, le cycle 4 ou ***cycle des approfondissements*** est dorénavant constitué des classes de cinquième, quatrième et troisième, regroupant l'ancien cycle central qui avait été conçu pour éviter le palier de la fin de cinquième, la troisième constituant alors un cycle à elle seule (ancien cycle d'orientation). Le ministre chargé de l'éducation nationale définit par arrêté, pour chaque cycle, les objectifs d'apprentissage, les horaires et les programmes d'enseignement incluant des repères réguliers de progression ainsi que les niveaux de fin de cycle requis pour l'acquisition du socle commun prévu à l'article L. 122-1-1 (à noter que le Décr. n° 2015-1023 du 19 août 2015 reporte au 1er sept. 2016 la date d'entrée en vigueur des dispositions du Décr. n° 2013-682 du 24 juill. 2013 ; en conséquence, le Décr. n° 2015-1394 du 2 nov. 2015 reporte à la rentrée 2016 l'entrée en vigueur de dispositions relatives à l'organisation d'instances pédagogiques dans les écoles et les collèges portant sur la participation d'enseignants du second degré aux conseils de cycle 3 à l'école élémentaire et sur la participation d'enseignants du premier degré aux conseils des classes de sixième de collège).

Pour le ***lycée***, quelle que soit la voie de formation, générale, technologique ou professionnelle, la loi indique simplement que la durée des cycles est fixée par décret (art. L. 333-1). Le décret n° 76-1304 du 28 décembre 1976 *[V. désormais, C. éduc., art. D. 333-2]* opte pour une organisation binaire opposant un *« cycle de détermination »* d'un an pour la voie générale et technologique (la classe de seconde dite de détermination) ou de deux ans pour la voie professionnelle (BEP ou CAP) et un *« cycle terminal »* de deux ans. En 2009, le passage au « bac pro en trois ans » amène à distinguer pour la voie professionnelle un cycle de deux ans conduisant aux diplômes de niveau 5 (CAP/BEP) et « un cycle de référence » de trois ans conduisant au baccalauréat professionnel constitué des classes de seconde (qui n'est donc pas ici de détermination), première et de terminale professionnelles (art. D. 332-2). Malgré la réforme intervenue à partir de 2009 en suivant les principales recommandations du rapport commandé au directeur de l'IEP de Paris, Richard Descoings (2009), qui devaient permettre de mieux orienter, mieux accompagner et mieux préparer les élèves à l'enseignement supérieur, l'organisation du lycée ne semble pas satisfaisante : « L'objectif de faire de la classe de seconde une véritable classe de détermination n'est pas atteint », note le rapport annexé à la loi de 2013 qui souligne que « le lycée d'enseignement général et technologique de même que le lycée professionnel sont les premiers segments de l'espace « bac −3, bac +3 » qui permettent d'articuler la transition entre l'enseignement secondaire et des études supérieures réussies ».

A noter que l'***enseignement supérieur*** est lui aussi organisé en cycles (du 1er au 3e sanctionnés par les grades formant le LMD (licence, master, doctorat) selon les dispositions législatives intégrées au livre VI.

C. RÔLE DU POUVOIR RÉGLEMENTAIRE

Le pouvoir réglementaire aura ici un rôle important. Reprenant la formule antérieure à 1989, celle de l'article 8 de la loi du 11 juillet 1975, l'article L. 311-2 rappelle que les formations voient leur organisation définie par ***décrets*** ; c'est dans cette forme que sont ainsi fixés le nombre et la durée de chaque cycle, que sont précisées les conditions de la continuité éducative ou déterminés les principes (non fondamentaux, ceux-ci étant de la compétence du législateur) de l'autonomie dont disposent les établissements ou les écoles dans le domaine pédagogique (art. L. 311-2 et les notes qui l'accompagnent). Quant au contenu de chaque cycle, il est déterminé par ***arrêtés*** (CE 24 nov. 1982, *Conf. nat. des groupes autonomes de l'enseignement public*, n° 29521, V. note ss. art. L. 311-2). C'est le cas des programmes qui, traditionnellement, font l'objet d'arrêtés du ministre chargé de l'éducation ; pour chaque cycle, il s'agit alors de déterminer les connaissances et compétences essentielles à acquérir et les méthodes à assimiler. Les dispositions réglementaires nouvelles s'appliquent immédiatement (V. à propos de l'évaluation des TPE déjà mis en place, CE 11 juin 2004, *Sté des agrégés de l'Université*, n° 244108, note ss. art. L. 311-2).

Le ministre pourra, avec moins de formalisme, préciser les objectifs pédagogiques de chaque cycle par simple instruction, notamment chaque année dans ***la circulaire de rentrée***. Exercice annuel traditionnel faisant l'objet de critiques récurrentes, cette formule a été abandonnée à la rentrée 2018. Le ministre peut en outre y recourir dans son domaine de compétence, par exemple pour organiser l'information sur la sexualité (CE 18 oct. 2000, *Assoc. Promouvoir*, n° 213303).

Quoi qu'il en soit, le ministre aura ainsi donné un cadre national au sein duquel les enseignants doivent organiser leurs enseignements ; s'ils bénéficient de la « liberté pédagogique », c'est en effet dans le respect des programmes et des instructions du ministre, dans le cadre du projet d'école ou d'établissement et sous le contrôle des inspecteurs (art. L. 912-1-1). Le respect de la loi les amène ainsi à prendre en compte le rythme d'apprentissage des élèves (art. L. 311-3). Pour assurer l'égalité et la réussite des élèves en adaptant l'enseignement à leur diversité tout en assurant une continuité éducative (art. L. 311-1), les enseignants devront travailler en équipe, notamment en équipe pédagogique de cycle (pour le premier degré, art. D. 321-14).

D. CONTINUITÉ ÉDUCATIVE

« Pour assurer l'égalité et la réussite des élèves, l'enseignement est adapté à leur diversité par ***une continuité éducative*** *au cours de chaque cycle et tout au long de la scolarité »* concluait l'article 4 de la loi d'orientation repris par l'alinéa 2 de l'article L. 311-1. Ainsi, la formation secondaire qui débute au collège pour tous les élèves *« succède sans discontinuité à la formation primaire »* (art. L. 332-2).

La ***continuité éducative, version pédagogique de la continuité du service public***, s'impose à l'administration. Mais sa force est plus grande dans le cadre de chaque cycle. En effet, *« tout élève admis dans un cycle doit pouvoir parcourir la totalité de ce cycle dans l'établissement scolaire, sous la seule réserve des dispositions réglementaires relatives aux procédures disciplinaires »* précise l'article 10 du décret n° 90-484 du 14 juin 1990 relatif à l'orientation et à l'affectation des élèves *[V. désormais, C. éduc., art. D. 331-32]*, ce qui en principe interdit les changements d'établissement autres que ceux motivés par les conséquences d'une mesure disciplinaire et pourrait même amener l'administration à renoncer à une mesure de fermeture d'un enseignement, d'une formation ou même d'un établissement, tant qu'un élève n'a pas terminé le cycle (TA Rennes, 11 juill. 2005, *Assoc. Div Yezh-Bro*, n° 051638 : *AJDA 2005. 2199* ✐).

La notion de parcours souligne dans divers domaines la continuité des enseignements. C'est le cas du ***parcours citoyen***, appuyé notamment sur la mise en place à tous les niveaux d'enseignement à la rentrée 2015 de l'enseignement moral et civique, qui devra être organisé de l'école élémentaire à la terminale ; du ***parcours d'éducation artistique et culturelle*** dont l'objectif est de favoriser un égal accès de tous les jeunes à l'art et à la culture, contribuant pendant la scolarité obligatoire à l'acquisition des connaissances et des compétences du socle (art. D. 122-1 ; Arr. du 1er juill. 2015) ; du parcours individuel d'information, d'orientation et de découverte du monde économique rebaptisé, ***parcours avenir***, qui doit permettre à chaque élève, de la 6e à la terminale, de comprendre le monde économique et professionnel, de connaître la diversité des métiers et des formations et d'élaborer et de réaliser son « projet d'orientation scolaire et professionnelle » (art. L. 331-7 ; Arr. du 1er juill. 2015).

La loi d'orientation et de programmation pour la refondation de l'École de la République tente de concrétiser la continuité école/collège en créant un cadre de concertation réunissant les différents acteurs (L. du 8 juill. 2013, art. 57 ; art. L. 401-4). Au-delà de la continuité CM2/sixième, la loi de 2013 souligne la continuité qui domine l'ensemble de la scolarité obligatoire, visant la progression des acquisitions du socle commun de connaissances, de compétences et de culture (L. du 8 juill. 2013, art. 50 ; art. L. 332-2). Elle vise plus particulièrement la continuité des apprentissages en langues vivantes étrangères entre école et collège (L. du 8 juill. 2013, art. 39, art. L. 312-9-2). Une autre continuité, plus diverse et plus adaptée aux parcours de chacun est désormais ouverte de bac–3 à bac+3 (L. ESR du 22 juill. 2013, Circ. n° 0012 du 18 juin 2014 relative au renforcement du *continuum* de formation de l'enseignement scolaire à l'enseignement supérieur). Mais la continuité pédagogique, notamment pour les matières fondamentales que sont les mathématiques et le français, doit, notamment être assurée pour organiser le soutien des élèves en seconde, être assurée du collège au lycée.

E. AMÉNAGEMENTS ET ACTIONS DE SOUTIEN

Dans le cadre de chaque cycle, les enseignants doivent prendre en considération chaque élève avec ses atouts et ses faiblesses, ses aptitudes et les difficultés qu'il peut rencontrer. A l'école (art. L. 321-4) comme au collège (art. L. 332-4) des aménagements particuliers et des actions de soutien doivent être prévus pour les élèves qui éprouvent des difficultés. Les articles 27 et 31 de la loi du 23 avril 2005 précisent qu'il en est notamment ainsi pour les élèves atteints de troubles du langage oral et/ou écrit, telle la dyslexie ; le même article prévoit des actions particulières pour l'accueil et la scolarisation des élèves allophones nouvellement arrivés en France (EANAF) et des aménagements appropriés au profit des élèves intellectuellement précoces ou manifestant des aptitudes particulières ; la scolarité peut alors être accélérée en fonction du rythme d'apprentissage de l'élève.

La création du socle commun de connaissances et de compétences par la loi Fillon du 23 avril 2005 s'est accompagnée d'une nouvelle présentation des mesures d'aide aux élèves qui éprouvent des difficultés (art. D. 122-3). A tout moment, le directeur de l'école (art. D. 321-3) ou le principal du collège (art. D. 332-6) peut proposer un programme personnalisé de réussite éducative (PPRE), projet individualisé qui doit permettre la progression et l'évaluation de l'élève en associant sa famille au dispositif. La transformation du socle commun de connaissances et de compétences en socle commun de connaissances, de compétences et de culture par la loi de 2013 doit permettre de garantir à chaque élève les moyens nécessaires à son acquisition (art. L. 122-1) et d'introduire plus de souplesse dans les dispositifs d'aide. Le programme personnalisé de réussite éducative (PPRE) doit désormais être mis en place en associant les parents plus étroitement (art. L. 311-3-1 modifié).

Autrefois, la classe était suivie d'une heure d'études ; dans les lycées, la plupart des élèves étaient internes ou demi-pensionnaires. La création de nouveaux établissements, l'amélioration des transports et l'évolution des conditions de vie ont remis en cause ces dispositifs au moment même où arrivaient dans le système scolaire des jeunes issus de familles éloignées de l'école. Les difficultés rencontrées par les élèves imposent aujourd'hui de nouvelles formes d'***accompagnement éducatif*** hors temps scolaire. A la suite de l'élection présidentielle de 2007, il a été envisagé de répondre à la demande sociale de prise en charge des « orphelins de 16 heures » en organisant des activités éducatives pour les élèves (volontaires) des collèges de ZEP dans un premier temps, pour l'ensemble des élèves des écoles, collèges et lycées à terme, avec les assistants d'éducation et des intervenants extérieurs (rémunérés par des vacations), devaient assurer trois types d'activités : l'aide aux devoirs et aux leçons (aide méthodologique, approfondissement disciplinaire, recherches documentaires, travail sur projet interdisciplinaire) ; pratique sportive en liaison avec les associations ; pratique artistique et culturelle. Sur une base de deux heures quatre fois par semaine, le programme de ces activités devait être intégré au projet d'établissement (Circ. n° 2007-115 du 13 juill. 2007, *BOEN n° 28, 19 juill. 2007* : mise en place de l'accompagnement éducatif à compter de la rentrée 2008 dans les écoles élémentaires de l'éducation prioritaire ; Circ. n° 2008-081 du 5 juin 2008, *BOEN 19 juin 2008* : mise en place de l'accompagnement éducatif à compter de la rentrée 2008 dans les écoles élémentaires de l'éducation prioritaire ; Circ. n° 2008-080 du 5 juin 2008, *BOEN n° 25, 19 juin 2008* : généralisation de l'accompagnement éducatif à compter de la rentrée 2008 à tous les collèges).

Le Rapport sur la refondation de l'école de la République (2012) réaffirme le caractère impératif de la lutte contre le décrochage scolaire qui impose la mobilisation de tous les acteurs et préconise la systématisation de l'accompagnement personnalisé en reconnaissant notamment un droit d'accès à la qualification et un « droit au retour » effectif pour tous les « décrochés » en diversifiant les dispositifs.

Le thème du décrochage a été repris lors du lancement du dispositif « objectif formation-emploi » pour les jeunes en décembre 2012 (Conseil des ministres, 5 déc. 2012) ; des dispositifs d'identification des décrocheurs (élèves de 16 à 25 ans sortis du système éducatif sans diplôme) et d'aide (contact, entretien) doivent déboucher sur des parcours personnalisés de retour en formation avec accompagnement d'un tuteur. L'article 14 de la loi du 8 juillet 2013 énonce le droit de tout élève de poursuivre des études au-delà de la scolarité obligatoire pour acquérir un diplôme ou un titre professionnel (art. L. 122-2-1°) et précise que ce droit englobe un autre droit, celui de revenir en formation initiale (art. L. 122-2-2°).

Pour mettre en œuvre le principe de l'école inclusive (art. L. 111-1), selon lequel tous les enfants sans aucune distinction sont capables d'apprendre et de progresser, le décret n° 2014-1377 du 18 novembre 2014 relatif au suivi et à l'accompagnement pédagogique des élèves met en place les éléments d'une école bienveillante ne stigmatisant pas les difficultés mais accompagnant tous les élèves dans leur parcours scolaire. A cette fin, il modifie le code de l'éducation pour prévoir que, quels que soient leurs besoins, tous les élèves sont accompagnés pédagogiquement tout au long de leur parcours scolaire ; il introduit une nouvelle section dans la partie réglementaire consacrée à l'accompagnement pédagogique des élèves (art. D. 311-11). L'accompagnement passe par des aides appropriées aux difficultés des élèves. Pour assurer la continuité des apprentissages, notamment au sein de chaque cycle, des dispositifs d'aide peuvent être mis en place (art. D. 321-3).

Un autre chantier a été ouvert dans le cadre de la recherche d'une école bienveillante. Celui de l'évaluation positive, opposée à la notation, qui peut être stigmatisante. C'est un arrêté de 1890 qui introduit la notation sur 20 dans l'enseignement public pour assurer le caractère incontestable des prix et des accessits. Remis en cause en 1969 par Edgar Faure, ce système fut un temps remplacé par des lettres. Aujourd'hui, des expérimentations sont menées dans certaines écoles (classes sans note, contrat de confiance avec les élèves…). Tout au plus peut-on souhaiter une meilleure approche de la docimologie par les professeurs (notamment dans le cadre de leur formation) et par les familles.

Le Conseil constitutionnel, saisi de la loi d'orientation et de programme pour l'avenir de l'école (L. n° 2005-380 du 23 avr. 2005), a jugé que : « […] les articles 27 [désormais article L. 321-4 du code de l'éducation] et 31 [désormais article L. 332-4 du même code] de la loi déférée disposent que, dans les écoles et collèges, des aménagements appropriés ou des actions particulières sont prévus au profit des élèves intellectuellement précoces, manifestant des aptitudes particulières […] » et que « […] en raison de la généralité des termes qu'ils emploient, ces articles font peser sur les établissements d'enseignement des obligations dont la portée est imprécise ; […] il résulte cependant des travaux parlementaires qu'ils imposent des obligations, non pas de résultat mais de moyens […] » (Cons. const. 21 avr. 2005, n° 2005-512 DC).

F. REDOUBLEMENT

« Le redoublement ne peut être qu'exceptionnel », dispose la loi de refondation de l'école de la République du 8 juillet 2013 concluant l'article L. 311-7 déjà complété par la loi Avenir pour l'école de 2005 ; celle-ci précisait qu'au terme de chaque année scolaire, à l'issue d'un dialogue et après avoir recueilli l'avis des parents, le conseil des maîtres (à l'école) ou le conseil de classe (au collège ou au lycée) « se prononce sur les conditions dans lesquelles se poursuit la scolarité de l'élève » ; s'il l'estime nécessaire, il propose la mise en place d'un dispositif de soutien, notamment dans le cadre d'un programme personnalisé de réussite éducative, ou, comme l'ajoute la loi de 2013, d'un plan d'accompagnement personnalisé.

Le décret du 18 novembre 2014 précise les conditions dans lesquelles peut être décidé à titre exceptionnel le redoublement. Il pose d'abord une condition de fond : il ne peut être décidé que pour pallier une période importante de rupture des apprentissages scolaires (art. D. 321-6 pour le premier degré ; art. D. 331-62 pour le second degré ; ce qui n'est pas le cas pour l'insuffisance du niveau scolaire de l'élève et/ou des handicaps constitués par l'état dyslexique et dyspraxique : TA Toulouse, 21 mars 2017, n° 1602994) ; il fixe ensuite la procédure : pour le premier degré, la décision est prise après avis de l'IEN-CPD ; la proposition du conseil des maîtres est adressée aux parents qui ont quinze jours pour répondre (contrairement aux écoles privées sous contrat, la proposition acceptée ne vaut pas décision, art. D. 321-22 ; TA Lille, 2 juin 2010, n° 0905662) ; à l'issue de ce délai, le conseil des maîtres arrête sa décision (qui peut être contestée dans les 15 jours devant la commission départementale) ; aucun redoublement ne peut intervenir à l'école maternelle (sous réserve de l'art. D. 351-7 concernant les élèves souffrant d'un handicap). Pour le second degré, le décret de 2014 subordonnant le redoublement à l'accord écrit des parents (art. D. 331-62) a été jugé légal dans la mesure où il ne rendait pas le redoublement impossible (CE 7 nov. 2016, n° 387271).

Le décret du 20 février 2018 redéfinit les dispositions réglementaires dans un sens plus favorable au redoublement. L'objectif législatif est certes maintenu : éviter le redoublement. Aussi, le décret prévoit que les dispositifs d'accompagnement pédagogique peuvent être mis en place non seulement comme alternative au redoublement ou pour accompagner la seconde année dans la même classe, mais à tout moment, immédiatement, en cours d'année au sein de la classe tant à l'école élémentaire (art. D. 321-6 pour les écoles publiques ; art. D. 321-22 pour les classes privées sous contrat d'association) qu'au collège (art. D. 331-62). Mais si ce dispositif de prévention n'a pas permis de pallier les difficultés importantes d'apprentissage, le conseil des maîtres (école) ou l'équipe pédagogique (la loi parle du conseil de classe) peut proposer un redoublement, mesure apparaissant alors nécessaire. Le décret limite cette possibilité à un seul redoublement dans le premier degré (art. D. 331-6 ; la version précédente permettait non de rallonger la scolarité d'un an mais de la raccourcir d'un an puis de deux après avis de l'IEN-CCPD) ; dans le second degré, où réapparait la décision de redoublement du chef d'établissement (qui avait été biffée des art. R. 451-6 et R. 451-9) peut être prise une seule fois par le chef d'établissement agissant seul, puis une seconde fois avec l'accord du DASEN. Pour tenter d'assurer l'efficacité du redoublement, l'élève doit bénéficier d'un dispositif d'accompagnement pédagogique spécifique pouvant prendre la forme d'un programme personnalisé de réussite éducative selon les termes de la loi (art. D. 311-12).

C'est sur l'expérimentation des dispositifs d'aide et, au-delà, la réforme de l'organisation du système éducatif qu'insiste la conférence de consensus organisée par le Conseil national de l'évaluation du système scolaire (CNESCO) en 2015, proposant quelques pistes (former les maîtres des apprentissages fondamentaux suivant les élèves au cycle 2 et n'envisager l'éventuel redoublement qu'en fin de cycle, organiser des examens en septembre avec appui sur des écoles d'été, lutter contre les représentations favorables au redoublement...). Dans le cadre de la lutte contre le décrochage scolaire, les candidats recalés au baccalauréat général et technologique ont désormais la possibilité de conserver leurs notes égales ou supérieures à 10 sur 20 et ont un droit au « ***redoublement au sein de l'établissement d'origine*** ».

II. LE POIDS DES TRADITIONS

Texte composite, réunion de dispositions législatives d'origines diverses, le code de l'éducation, éclairé par la pratique, révèle les pesanteurs, les contraintes de toute sorte qui ont limité la volonté réformiste de 1989. Les modifications des articles du code au gré des différentes réforme législatives (2005, 2013) et des évolutions réglementaires tentent de placer le système éducatif sur la voie du changement, même si les institutions classiques (l'établissement, la classe, les programmes nationaux, les diplômes nationaux) sont autant de points autour desquels peuvent se forger des résistances.

A. LA PRÉGNANCE DES STRUCTURES

Le ***cycle*** n'a pas fait disparaître les structures préexistantes, ni les établissements, ni les classes. Ce n'était certes pas son objectif prioritaire, mais la reconnaissance législative de ces éléments jointe aux résistances du terrain peut expliquer les difficultés rencontrées pour faire entrer la notion dans les faits.

La loi d'orientation de 1989 distingue clairement les missions de l'école maternelle (art. L. 321-2 : favoriser l'éveil de la personnalité, prévenir les difficultés scolaires, dépister les handicaps) et celles de l'école élémentaire (art. L. 321-3 : acquisition des instruments fondamentaux de la connaissance…). La loi Fillon ajoute à la confusion en précisant à l'article L. 321-2 que l'école maternelle prépare les enfants aux apprentissages fondamentaux dispensés à l'école élémentaire, oubliant alors que le cycle ainsi nommé commence en grande section ! La loi du 8 juillet 2013 redéfinit les missions de l'école. L'article 44 souligne la spécificité de l'école maternelle, justifiant ainsi qu'elle constitue dorénavant un cycle à elle seule : « Elle favorise l'éveil des enfants, stimule leur développement sensoriel, moteur, cognitif et social, développe l'estime de soi et concourt à leur développement affectif », marquant ainsi sa fonction propédeutique (art. L. 321-2, 1°). C'est à l'école élémentaire qu'il revient de donner aux élèves la possibilité d'acquérir les instruments fondamentaux de la connaissance : lire, écrire, compter. L'article 45 ajoute une référence aux éléments d'une culture historique, géographique, scientifique et technique, à l'éducation aux arts visuels et musicaux, à l'enseignement des langues vivantes et à l'éducation morale et civique, soulignant ainsi que l'ensemble des disciplines contribue à l'acquisition du socle (art. L. 321-3, 2, *b*).

Si les ***difficultés des élèves*** doivent être prises en compte dans le cadre des cycles, le code reprend la formulation antérieure issue de l'article 7 de la loi du 11 juillet 1975 : *« lorsque celles-ci sont graves et permanentes, les élèves reçoivent un enseignement adapté »* (art. L. 321-4 et L. 332-4). Si la loi exclut expressément les difficultés passagères, le fait qu'elle ne précise pas de quelles difficultés il s'agit (difficultés d'apprentissage et/ou de comportement) et ne donne aucun critère pour juger de leur gravité peut expliquer le recours parfois abusif à ces structures spéciales. Certes, si la difficulté est très grave et peut s'analyser comme un handicap, la loi a prévu des dispositifs particuliers présentés sous la dénomination d'*« éducation spéciale »* (titre V, chapitre 1) ; c'est alors la commission départementale d'éducation spéciale (CDES) prévue par l'article 6 de la loi d'orientation en faveur des ***personnes handicapées*** qui désigne l'établissement ou le service qui accueillera les enfants (art. L. 351-2). Mais ceux-ci doivent être scolarisés *« de préférence dans des classes ordinaires… malgré leur handicap »* (art. L. 351-1), principe que la loi du 8 juillet 2013 amplifie en faisant le choix d'une ***école inclusive***. Dans un tout autre domaine, curieusement mentionné dans le même article, celui des ***mineurs délinquants ou en danger*** qui relèvent de l'autorité judiciaire, les mesures d'isolement ou d'exclusion n'interviendront que dans les cas extrêmes. Pour les difficultés qui ne relèvent pas de ces deux champs, qu'elles soient cognitives ou comportementales, le principe est un traitement de droit commun, c'est-à-dire dans le cycle, avec éventuellement une aide apportée aux équipes pédagogiques, comme celles des RASED (réseau d'aides spécialisées aux élèves en difficulté, Circ. n° 90-082 du 9 avr. 1990) dans le premier degré. Le recours aux classes relevant de l'enseignement spécialisé devrait rester exceptionnel.

Depuis la loi Haby de 1975, le collège est en principe unique. Mais, si il accueille la quasi-totalité d'une classe d'âge, de multiples dispositifs ont été mis en place pour les élèves en difficulté ; sous prétexte de traiter les problèmes scolaires, ils ont souvent eu pour effet de mettre en place des filières ségrégatives [des classes technologiques au dispositif « apprenti junior » et le dispositif d'initiation aux métiers en alternance (DIMA) mis en place par la loi Cherpion du 28 juill. 2011, abrogée par la L. du 8 juill. 2013]. Or, les comparaisons internationales montrent que les systèmes éducatifs les plus performants sont ceux qui sont organisés autour d'un tronc commun de formation le plus long pour les élèves. Le rapport annexé à la loi du 8 juillet 2013 réaffirme donc le principe du collège unique, institution fondamentale de l'acquisition du socle commun de connaissances, de compétences et de culture. Toutefois, le collège unique ne doit pas être uniforme : pour permettre l'acquisition du socle commun, il est nécessaire de différencier les pratiques pédagogiques pour répondre aux besoins des élèves en comptant notamment sur les initiatives des équipes pédagogiques et sur les innovations qu'elles produisent. Le décret n° 2015-544 du 19 mai 2015 relatif à l'organisation de l'enseignement en collège met en place un nouveau dispositif d'accompagnement pédagogique et d'enseignements pratiques interdisciplinaires pour la rentrée 2016.

B. LES PROGRAMMES

L'une des particularités du système éducatif français est de disposer de programmes nationaux arrêtés par le ministre (le fait que le ministre de l'éducation ait édicté, dans un acte dénommé « circulaire », des dispositions réglementaires relatives au contenu d'un enseignement était sans influence sur leur légalité dès lors que le ministre avait bien compétence, par la loi, pour définir le contenu des formations et des programmes des enseignements (CE 18 oct. 2000, *Assoc. Promouvoir*, n° 213303 ; V. aussi CE 6 avr. 2016, *SNES*, n° 391423, annulant la décision du ministre refusant de retirer sa circulaire sur la dissection des animaux en SVT). L'idée remonte à l'Université impériale à laquelle il était demandé de construire la Nation en diffusant la langue française, en imposant la réforme des poids et mesures ou en posant les fondations de l'Histoire de France. Aujourd'hui, l'institution demeure solidement ancrée. Mais malgré la centralisation du processus, on déplore un manque de cohérence des programmes tant entre les disciplines qu'entre les niveaux d'enseignement ; leur forme et leur contenu restent très divers : texte court ou long, parfois accompagné d'instructions, de commentaires ou de documents, définitions d'épreuves... Obsession des enseignants et des parents d'élèves, ils font l'objet d'un procès récurrent ; on dénonce leur rigidité, leur lourdeur (encyclopédisme) ; on s'étonne de l'opacité de leur conception, traditionnellement réservée à l'inspection générale de l'éducation nationale (IGEN), parfois suivie de consultations ponctuelles (journées banalisées) ; on notera que seul l'article L. 312-2 consacré à l'éducation physique et sportive fait référence aux « concertations nécessaires ».

Les programmes scolaires doivent être neutres (en vertu du principe de neutralité de l'enseignement public : CE 30 avr. 1909, *Cne de Saint-Mémie : Lebon 432* ; dégagée sur le fondement de la loi du 28 mars 1882, corollaire du principe de laïcité, leur neutralité constitue à la fois une garantie pour les élèves en protégeant leur liberté de conscience et un gage de bon fonctionnement du service public de l'enseignement. V. CE 4 juill. 2018, *Assoc. pour la neutralité de l'enseignement de l'histoire turque dans les programmes scolaires*, n° 392400).

Pour rendre plus transparente leur confection, la loi d'orientation de 1989 avait créé un Conseil national des programmes conçu comme un outil de pilotage du système éducatif ; présidé par Luc Ferry qui avait mis en place vingt-deux groupes disciplinaires de travail, il fut supprimé par la loi de 2005 sur l'avenir de l'école. L'article 32 de la loi de juillet 2013 institue un nouveau ***Conseil supérieur des programmes*** (art. L. 231-14 ; art. D. 231-35 à D. 231-42 créés par le Décr. n° 2013-681 du 24 juill. 2013) qui doit être consulté sur la conception générale des enseignements et la nature des épreuves aux examens mais aussi sur le contenu du socle commun de connaissances, de compétences et de culture en veillant à leur cohérence et à leur articulation en cycles (art. L. 231-15). Cette mise en cohérence devrait amener à ouvrir une réflexion sur la nature des programmes nationaux. La comparaison avec les modèles étrangers de *curricula* qui vise les objectifs, le contenu global et les modalités d'évaluation pourrait alors faire évoluer l'approche nationale et les règles qui l'encadrent.

En avril 2014, le Conseil supérieur des programmes a adopté ***une charte des programmes*** qui formule les principes visant à garantir, depuis leur élaboration (transparence et accessibilité) jusqu'à leur mise en œuvre, la qualité des programmes de l'enseignement scolaire tels qu'ils sont prescrits, enseignés et assimilés par les élèves. L'évaluation des acquis est pensée conjointement avec l'élaboration des programmes (art. D. 231-39).

Si la loi ne définit pas la notion de programme, elle donne quelques indications sur leur contenu. Ainsi, l'article L. 311-4, il est vrai issu de la loi n° 89-548 du 2 août 1989 relative aux conditions de séjour et d'entrée des étrangers en France, dispose que « les programmes scolaires comportent... des enseignements destinés à faire connaître la diversité et la richesse des cultures représentées en France », « y compris dans ses territoires d'outre-mer » ajoute l'article 8 de la loi du 26 juillet 2019 pour une école de la confiance. Au-delà de cette disposition transversale, le code comporte une ***série de dispositions pour certaines disciplines*** : l'éducation physique et sportive (le ministre chargé de l'éducation définit les programmes scolaires, art. L. 312-2 ; art. L. 312-4, les programmes tiennent compte des spécificités liés aux diverses formes de handicap ; art. L. 214-4 sur les équipements nécessaires à la pratique de l'éducation physique et sportive et pour suivre les programmes ; la loi de 2019 pour une école de la confiance indique que l'activité physique et sportive, notion qui dépasse mais inclut l'EPS, contribue au développement de l'esprit d'équipe, art. 6, modifiant l'art. L. 111-2), les enseignements artistiques (art. L. 312-5 à L. 312-8), de technologie et d'informatique (art. L. 312-9), des langues vivantes étrangères (art. L. 312-9-2 abrogé en 2006, réintroduit en 2013), des langues et cultures régionales (art. L. 312-10). D'autres dispositions introduisent des problématiques transversales comme celles de l'esprit de défense (art. L. 312-11 ; CSN, art. L. 114-1), de la sécurité (art. L. 312-12 qui prévoit l'enseignement obligatoire du code de la route qui est inclus dans les programmes du premier et du second degré ; au cours de la scolarité obligatoire, sensibilisation à la prévention des risques, apprentissage des gestes de premiers secours), des problèmes démographiques dans leur rapport avec les questions morales et familiales (art. L. 312-13) ; la loi du 8 avril 2013 met en place de nouveaux contenus avec l'enseignement moral et civique (art. L. 311-4), le parcours d'éducation artistique et culturelle (art. L. 121-6) ou l'éducation à l'environnement et au développement durable, EEDD (art. L. 312-9, modifié par l'art. 9 de la loi du 26 juillet 2019 qui précise qu'elle débute dès l'école primaire et a pour objet la sensibilisation aux enjeux que sont la biodiversité ou le changement climatique). Certaines rubriques peuvent traduire le poids des lobbies disciplinaires, d'autres des effets de mode ou une vraie nécessité ; souvent il s'est agi d'intégrer là des éléments de textes législatifs consacrés directement ou non à ces domaines, tels la loi n° 84-610 du 16 juillet 1984 relative à la promotion des activités physiques et sportives *[V. désormais, C. sport]*, la loi n° 88-20 du 6 janvier 1988 relative aux enseignements artistiques *[V. désormais, C. éduc.]*, le code du service national ou celui de l'action sociale et des familles. La loi n° 2009-669 du 12 juin 2009 précise que dans le cadre des enseignements artistiques, les élèves reçoivent une information sur les dangers du téléchargement et sur la protection des œuvres (art. L. 312-6) ; en technologie et informatique, notamment lors de la préparation du B2I, une information sur les risques liés aux usages des TIC (art. L. 312-9).

Des ***questions de politique générale*** peuvent avoir les programmes comme enjeu. Tel est par exemple le cas des lois dites mémorielles. Ainsi, la loi Taubira n° 2001-434 du 21 mai 2001 tendant à la reconnaissance de la traite et de l'esclavage en tant que crime contre l'humanité prévoit que *« les programmes scolaires (leur) accordent… la place conséquente qu'ils méritent »* (art. 2, non intégré dans le code). Dans une toute autre optique, l'article 4, al. 2, de la loi n° 2005-158 du 23 février 2005 portant reconnaissance de la Nation et contribution nationale en faveur des Français rapatriés indique que *« les programmes scolaires reconnaissent le rôle positif de la présence française outre-mer, notamment en Afrique du Nord, et accordent à l'histoire et aux sacrifices des combattants de l'armée française issus de ces territoires la place éminente à laquelle ils ont droit »*. Cette disposition, déclarée réglementaire par la décision du Conseil constitutionnel du 31 janvier 2006, n° 2006-203 L, a été abrogée par le décret du 15 février 2006 qui n'a méconnu aucun principe général de l'éducation (CE 9 nov. 2007, *Union synd. de défense des intérêts des Français rapatriés d'Algérie*, n° 292573). Le gouvernement a ainsi implicitement admis que le contenu des savoirs relève plus de la compétence technique des historiens que de la compétence juridique des organes de l'État. En mai 2008, le Président de la République pourra par contre annoncer le projet d'introduire dans les programmes de l'école l'esclavage et la traite des Noirs, envisageant ainsi d'appliquer dans le premier degré l'article 2 de la loi Taubira, loi n° 2001-434 du 21 mai 2001. Quelque temps plus tôt une initiative présidentielle concernant la mémoire de la Shoah avait dû être reformulée. Il est ici nécessaire de distinguer l'idée forte légitimement exprimée par l'autorité politique de sa mise en œuvre qui ne peut résulter que d'une réflexion académique, administrative, éducative et pédagogique à la fois. La loi du 29 janvier 2001 relative à la reconnaissance du génocide arménien a été invoquée par une « Association pour la neutralité de l'histoire turque » à l'appui d'une demande d'annulation des programmes de 2008, pour les quatre niveaux du collège en histoire-géographie-éducation civique ; le Conseil d'État rappelle qu'une disposition législative qui a pour objet de « reconnaître » un crime de génocide n'a pas de portée normative et n'est donc pas « applicable » à un litige (CE 19 oct. 2015, n° 392400 ;

CE 13 janv. 2017, *Assoc. pour la neutralité de l'enseignement de l'histoire turque*, n° 404850). S'agissant des arrêtés de 2015 fixant les programmes au collège, il est enfin jugé que l'enseignement du « génocide des Arméniens » prescrit par les arrêtés ne porte pas atteinte aux libertés d'expression, de conscience et d'opinion des élèves et ne méconnaît pas la neutralité du service public de l'éducation (CE 4 juill. 2018, n° 392400 : le choix d'inscrire cette question au programme n'est pas entaché d'erreur manifeste d'appréciation ; l'objet même du programme d'histoire est de faire enseigner aux élèves l'état des savoirs tel qu'il résulte de la recherche historique, laquelle repose sur une démarche critique, fondée sur la liberté de soumettre à débat toute connaissance).

Exceptionnellement, l'affirmation de principe relève d'une disposition constitutionnelle ; ainsi, *« l'éducation et la formation à l'environnement doivent contribuer à l'exercice des droits et devoirs définis par la présente Charte »* (art. VIII, Charte de l'environnement introduite par la loi constitutionnelle n° 2005-205 du 1er mars 2005). D'autres dispositions peuvent donner un fondement constitutionnel aux programmes scolaires (Const. 58, art. 1er, relatif à la laïcité et à l'égalité entre les hommes et les femmes ; art. 2 disposant notamment que l'hymne national est la Marseillaise ; V. s'agissant de la contestation de son apprentissage à l'école : CE 23 déc. 2011, *Assoc. DIH mouvement de protestation civique*, n° 350541) ; si l'article 34 de la Constitution laisse au législateur le soin de déterminer « les principes fondamentaux de l'enseignement », parmi lesquels figure l'existence d'un socle commun de connaissances (Cons. const. 21 avr. 2005, n° 2005-512 DC), les parcours scolaires et leur organisation pour lesquels la loi détermine les grands équilibres entre les disciplines et prévoit pour certaines d'entre elles des dispositions particulières (C. éduc., art. L. 312-1 s., s'agissant notamment des langues vivantes, de l'éducation civique ou encore de l'éducation à l'environnement), il ne lui appartient pas de fixer le contenu des programmes, notamment en histoire.

Les ***autres disciplines***, littéraires, scientifiques ou économiques ne font pas l'objet de dispositions législatives spécifiques, si ce n'est pour les dernières la mention d'un enseignement obligatoire d'une mystérieuse initiation économique et sociale au collège au même titre que la technologie (art. L. 332-5). Par contre, le ***législateur veille aux grands équilibres***. Ainsi, au ***collège***, la formation repose sur un équilibre entre disciplines intellectuelles, artistiques, manuelles, physiques et sportives (art. L. 332-2). Le ***lycée d'enseignement général*** délivre une formation équilibrée qui comporte un niveau de culture et des connaissances définis par les enseignements des lycées que le législateur ne cite pas (art. L. 334-1). Pour l'***enseignement technologique et professionnel***, la loi vise simplement *« l'élévation générale des connaissances et des niveaux de qualification »* (art. L. 335-1) ; là non plus, le type de connaissances comme le contenu des qualifications ne sont pas précisés ; mais la loi indique la procédure à suivre : *« les structures de l'enseignement, les programmes... sont établis et périodiquement révisés... (par)... une concertation permanente... entre l'État,... (les professionnels)... et les représentants de l'enseignement »* (art. L. 335-8).

Par contre, pour le ***premier degré***, la loi a toujours été plus prolixe. L'article L. 321-3, issu de la loi de 1975, indique que la formation primaire assure l'acquisition des instruments fondamentaux de la connaissance (expression orale et écrite, lecture, calcul), suscite le développement de l'intelligence, de la sensibilité artistique, des aptitudes manuelles, physiques et sportives et offre une initiation aux arts (art. L. 321-3), savant mélange de connaissances et de compétences que le maître polyvalent doit faire acquérir à ses élèves. L'article 9 de la loi du 23 avril 2005, désormais article L. 122-1-1, décide que la ***scolarité obligatoire***, c'est-à-dire le temps passé par tous à l'école et au collège, *« doit au moins garantir à chaque élève les moyens nécessaires à l'acquisition d'un socle commun constitué d'un ensemble de connaissances et de compétences qu'il est indispensable de maîtriser... Ce socle comprend : la maîtrise de la langue française, la maîtrise des principaux éléments de mathématiques, une culture humaniste et scientifique permettant le libre exercice de la citoyenneté, la pratique d'au moins une langue vivante étrangère, la maîtrise des techniques usuelles de l'information et de la communication »*. L'introduction de cette notion de ***socle commun***, inspiré du rapport Thélot, peut faire l'objet d'une double critique. Perçu comme un *« SMIC culturel »*, on lui a reproché de faire l'impasse sur les disciplines ; aussi, la loi précise-t-elle : *« parallèlement... d'autres enseignements sont dispensés au cours de la scolarité obligatoire »*. La loi Fillon introduit cette exigence sans faire référence aux cycles, aux six périodes de la scolarité obligatoire. Ils ont toutefois été pris en considération par le ministre, notamment lors de la modification des horaires et des programmes de l'école par les arrêtés du 4 avril 2007 (V. ci-dessus).

La priorité que donne la loi de refondation à l'école primaire (révision des cycles, renforcement de l'encadrement, plus de maîtres que de classes, suppression des devoirs à la maison, rythmes scolaires) et la nécessité de mieux tenir compte du socle commun de connaissances, de compétences et de culture imposent une refonte de ces textes, une réécriture des programmes de l'école et du collège.

Le Conseil supérieur des programmes, dans un souci de cohérence, doit veiller à ce que les programmes prennent en considération les objectifs énoncés par les articles L. 111-1 et L. 111-2 du code de l'éducation : reconnaissant « la capacité d'apprendre et de progresser pour tous les enfants », l'école a pour mission d'assurer la « transmission des connaissances », de « faire partager aux élèves les valeurs de la République », de « faire acquérir à tous les élèves le respect de l'égale dignité des êtres humains, de la liberté de conscience et de la laïcité », de « favoriser la coopération entre les élèves », de garantir à chacun « un droit à l'éducation lui permettant de développer sa personnalité, d'élever son niveau de formation initiale et continue, de s'insérer dans la vie professionnelle et d'exercer sa citoyenneté » et à tous les élèves l'apprentissage et la maîtrise de la langue française », de permettre « l'acquisition d'une culture générale et d'une qualification », de favoriser « l'épanouissement de l'enfant » ou « l'esprit d'initiative », et de développer « les connaissances, les compétences et la culture nécessaires à l'exercice de la citoyenneté dans la société contemporaine de l'information et de la communication ». Le Conseil supérieur devra ainsi s'attacher à traduire ces objectifs ainsi que la logique du socle commun dans la rédaction des nouveaux programmes. A noter qu'une disposition réglementaire adoptée en 1990 précise que les programmes n'entrent en vigueur que douze mois après leur publication (le temps étant laissé aux éditeurs de revoir les manuels) ; toutefois, le ministre de l'éducation peut après avis du CSE passer outre (art. D. 311-5).

L'adaptation des programmes aux spécificités locales est prévu tant pour les DOM (art. L. 311-6 ; proposition du CEN) que pour la Corse ou les établissements français à l'étranger.

C. ÉVALUATION ET EXAMENS

« L'État sanctionne par des diplômes nationaux les formations secondaires », affirme avec force l'article L. 331-1, alinéa 1er. La mission de l'éducation nationale consiste non seulement à dispenser des enseignements mais aussi à évaluer les acquis (notamment en organisant l'évaluation des connaissances en fin de scolarité, CE 13 févr. 1987, nos 62008 et 62009).

La loi du 23 avril 2005 a renforcé l'importance de l'***examen*** en ajoutant un article L. 332-6 au chapitre concernant les enseignements dispensés dans les ***collèges***. « Le diplôme national du brevet sanctionne la formation acquise à l'issue de la scolarité suivie dans les collèges ou dans les classes de niveau équivalent situées dans d'autres établissements. »

D'autres diplômes nationaux sanctionnent les formations professionnelles, au niveau V de avec le certificat d'aptitude professionnelle-CAP (art. L. 333-2 ; CAP, art. D. 337-1 s.) et le brevet d'études professionnelles-BEP (art. D. 337-26 s.), ou au niveau IV avec le brevet professionnel (art. D. 337-95 s.) et le baccalauréat professionnel. Ce dernier confère à ses titulaires, comme le baccalauréat technologique et, naturellement, le baccalauréat général, le premier grade universitaire, celui de bachelier.

Le rapport annexé à la loi du 8 juillet 2013 de refondation de l'École de la République affiche la volonté de « faire évoluer les modalités d'évaluation et de notation des élèves ». De manière générale, même si la question est plus lancinante pour l'enseignement du premier degré, l'idée est de passer d'une « notation-sanction » à faible valeur pédagogique à une évaluation permettant de mesurer le degré d'acquisition des connaissances et des compétences ainsi que la progression de l'élève. La mise en place des cycles pédagogiques en 1989, revisités en 2013, comme celle du socle commun de connaissances et de compétences en 2005 (auquel la culture a été ajoutée en 2013) ont mis la démarche d'évaluation au cœur des réformes qui visent à structurer la scolarité obligatoire. Conçues pour permettre au maître de disposer d'un diagnostic du groupe classe, les évaluations mises aujourd'hui en place permettent essentiellement de mesurer les acquis des élèves dans les apprentissages fondamentaux (lecture, calcul en fin de CE1 ; maîtrise de la langue française et autres compétences en fin de CM2). La circulaire de rentrée 2016 annonce la mise en place d'une évaluation diagnostique du niveau des élèves de CE2 en mathématiques et en français pour permettre aux équipes d'identifier leurs difficultés. Une banque d'outils est à la disposition des enseignants. La loi fait toutefois une distinction en disposant : « Dans l'enseignement primaire, l'évaluation sert à mesurer la progression de l'acquisition des compétences et des connaissances de chaque élève. Cette logique d'évaluation est aussi encouragée dans l'enseignement secondaire » (art. L. 311-1). Dans certaines matières, les dispositifs d'évaluation ont pu évoluer ; tel est le cas pour l'apprentissage des langues avec la mise en place du cadre commun de référence du Conseil de l'Europe (annexe ss. art. D. 312-23). La lourdeur des dispositifs et leur faible coordination ont souvent été relevés. Ainsi, a-t-il été décidé de réformer le livret personnel de compétences et de diversifier les modalités d'évaluation. Si l'évaluation doit être régulière et reposer sur des outils adaptés, elle reste dans la tradition française, subordonnée à l'examen terminal qui permet de délivrer à l'élève un diplôme national.

La loi n° 2013-595 du 8 juillet 2013 d'orientation et de programmation pour la refondation de l'École de la République appelle à faire évoluer les modalités d'évaluation des élèves vers une évaluation positive, simple et lisible, valorisant les progrès, encourageant les initiatives et compréhensible par les familles, pour mesurer le degré d'acquisition des connaissances et des compétences ainsi que la progression de l'élève (préciser à l'avance les objectifs, les contenus et les critères d'évaluation, compléter la forme comptable par des commentaires complémentaires). Cette perspective repose sur une critique des formes classiques d'évaluation, la notation étant pouvant être binaire (succès/réussite), stigmatisante et décourageante (portant atteinte à l'estime de soi) et techniquement critiquable (notamment par le jeu des moyennes). La réforme du collège présentée en 2015 prévoit de nouvelles modalités d'évaluation avec une réduction du recours aux notes chiffrées. A l'école élémentaire où les notes avaient pendant un temps été remplacées par des lettres (Circ. Edgar Faure du 6 janv. 1969), elles devraient être remplacées par des évaluations par compétences.

Le décret n° 2015-1929 du 31 décembre 2015 relatif à l'évaluation des acquis scolaires des élèves et au livret scolaire, à l'école et au collège vise à faire évoluer et à diversifier les modalités de notation et d'évaluation des élèves de l'école primaire et du collège pour éviter une « notation-sanction » à faible valeur pédagogique et privilégier une évaluation positive, simple et lisible, valorisant les progrès, encourageant les initiatives et compréhensible par les familles. L'évaluation doit permettre de mesurer le degré d'acquisition des connaissances et des compétences ainsi que la progression de l'élève en fonction des objectifs de chaque cycle. Désormais les parents d'élèves sont régulièrement tenus informés non plus des résultats et du comportement scolaire de leurs enfants mais de leurs « acquis scolaires » et du respect de leurs obligations scolaires ; si la note de vie scolaire a été supprimée, les parents reçoivent les informations notamment sur la ponctualité, l'assiduité ou le comportement scolaire de leurs enfants (art. D. 111-3). A l'école maternelle, cette information se fait par le carnet de suivi des apprentissages grâce auquel le maître rend compte régulièrement des progrès de l'élève ; en outre, une synthèse mentionnant ses points forts et les besoins à prendre en compte pour lui apporter une aide est établie en fin de maternelle selon un modèle national fixé par arrêté ministériel qui retient 22 rubriques rassemblées autour de trois axes : langage, activités physiques, artistiques, structure de la pensée ; pour faciliter le passage à l'école élémentaire, elle est transmise aux maîtres du cycle 2 (art. D. 311-10, al. 2 ; D. 321-3, al. 3 ; Arr. du 31 déc. 2015). A l'école élémentaire et au collège est mis en place un ***livret scolaire de la scolarité obligatoire*** (suppression du bulletin scolaire et du livret de compétences introduit en 2007 et critiqué pour sa complexité) dont les éléments constitutifs doivent faire l'objet d'une numérisation (livret scolaire unique numérique, LSUN). Créé au moment de la première inscription et suivant son parcours, notamment en cas de changement d'école ou de collège (transmission numérique), ce document doit permettre de rendre compte de l'évolution des acquis scolaires de l'élève tout au long de la scolarité obligatoire. Il sert d'instrument de liaison entre les enseignants et les parents ou le responsable légal de l'élève (art. D. 311-6) ; il contient pour chaque cycle, les bilans périodiques de l'évolution des acquis scolaires, des bilans de fin de cycle comprenant une évaluation du niveau de maîtrise de chacune des composantes du socle commun selon une échelle de quatre niveaux (maîtrise insuffisante, maîtrise fragile, maîtrise satisfaisante et très bonne maîtrise) ; les notes chiffrées ne sont plus mentionnées. Le livret contient en outre diverses ***attestations*** (formation aux premiers secours, sécurité routière, « *savoir-nager* », art. D. 312-47-2 ; les compétences numériques étant désormais évaluées dans le cadre d'un nouveau référentiel, commun à l'enseignement scolaire et à l'enseignement supérieur, qui se substitue au B2informatique, celui-ci ne figure plus dans la liste. V. art. D. 311-7). Les bilans sont élaborés à l'école par les maîtres du cycle, au collège par les professeurs, sous la coordination du professeur principal (art. D. 311-8). Les modalités d'évaluation des apprentissages des élèves au regard des objectifs des programmes sont définies par l'équipe pédagogique de cycle. L'évaluation des acquis de l'élève est réalisée par l'enseignant (art. D. 321-23, al. 1er). L'arrêté du 31 décembre 2015 fixant le contenu du livret scolaire de l'école élémentaire et du collège précise le contenu des bilans périodiques de l'évolution des acquis scolaires établis par chaque école pour les trois cycles concernés. Pour l'instant, aucune modification des évaluations au lycée n'a été prévue, les bulletins scolaires avec notes chiffrées et appréciations sont conservées ; toutefois, les synthèses du suivi et les bilans des évaluations réalisées pendant la scolarité obligatoire figurent au dossier scolaire de l'élève (art. D. 341-3).

Cette nouvelle évaluation entraîne une modification des modalités d'attribution du diplôme national du brevet (DNB) (Arr. du 31 déc. 2015, l'évaluation finale tenant compte du niveau de maitrise du socle commun mais aussi d'épreuves dont un oral portant sur un des projets menés dans le cadre des enseignements pratiques interdisciplinaires du cycle 4, du parcours Avenir, du parcours citoyen ou du parcours d'éducation artistique et culturelle. Un arrêté du 27 novembre 2017 modifie à nouveau l'organisation du brevet (5 épreuves finales ayant le même poids que le contrôle continu ; renforcement du poids du français et des mathématiques ; maintien de l'épreuve orale portant sur un projet réalisé dans le cadre de d'un EPI ou d'un parcours éducatif ou, comme avant 2017, de l'enseignement des arts). ❑

TITRE PREMIER L'ORGANISATION GÉNÉRALE DES ENSEIGNEMENTS

BIBL. GÉN. ▸ Le système éducatif. AUDUC et BAYARD-PIERLOT, Le système éducatif français, *CRDP Créteil, 2003.* – BARRÈRE et DELVAUX, La fragmentation des systèmes scolaires nationaux à l'heure de la mondialisation, *in CIEP, Revue internationale d'éducation de Sèvres, n° 76, déc. 2017.* – BEZBAKH, 1794 : Lakanal pose les bases du système éducatif, *Le Monde, Économie et entreprises, 4 sept. 2012. 16.* – CHAMPAGNE, L'organisation scolaire et universitaire, *PUF, 2003.* – DALOUS, LE GAC et LANDREAU, Près de 150 milliards d'euros consacrés à l'éducation en 2016. 6,7 % du PIB, *MEN, DEPP-A3, n° 17.32, déc. 2017.* – DEUBEL, HUART, MONTOUSSE et VIN-DATICHE, 100 fiches pour comprendre le système éducatif, *Bréal, 2004.* – DUPONT-MARILLIA, Institutions scolaires et universitaires, *Gualino éditeur, coll. Mémentos, 2003.* – DUQUET-METAYER et MONSO, Une typologie des communes pour décrire le système éducatif, *MENJ-DEPP, Note d'information, n° 19.35, oct. 2019.* – DURAND-PRINBORGNE, Le droit de l'éducation, *Hachette éducation, 2e éd., 1998.* – FABRERON, La loi d'orientation sur l'éducation du 10 juillet 1989, *AJDA 1989. 491.* – FERRY et BOISSINOT, La plus belle histoire de l'école, *Robert Laffont, 2017.* – PERETTI (dir.), Dix-huit questions sur le système éducatif, *Doc. fr., coll. Les études, 2004.* – SIMON, LESAGE et CHAZEAU, Organisation et gestion de l'Éducation nationale, *Berger-Levrault, coll. Les indispensables, 10e éd., 2010.* – TOULEMONDE (dir.), Le système éducatif en France, *Doc. fr., coll. Les notices, 2003.* – VEYRUNES, La classe : hier, aujourd'hui et demain ?, *Presses universitaires du Midi, 2017.* – Les grandes mutations qui transforment l'éducation, *OCDE, Centre for Educational Research and Innovation, Latest Editions, 2016.* – Regards sur l'Éducation : Panorama, OCDE 2011, *www.oecd.org/dataoecd/61/3/48631572.pdf.* – Géographie de l'École, *MENESR-DEPP, 12e éd., 2017 : http://www.education.gouv.fr/cid57105/geographie-de-l-ecole-douzieme-edition-2017.html.*

▸ Les politiques éducatives. ALGAN, HUILLERIE et PROST, Confiance, coopération et autonomie : pour une école du XXIe siècle, *CAE, Les notes du conseil d'analyse économique, n° 48, oct. 2018.* – BLANQUER, L'École de la Vie, *Odile Jacob, 2014* ; L'École de demain. Propositions pour une Éducation nationale rénovée, *Odile Jacob, oct. 2016* ; Construisons ensemble l'École de la confiance, *Odile Jacob, 2018.* – BOISIVON, FORESTIER, LUC, RICHARD, SEPTOURS et TOULEMONDE, L'école, notre cause commune, *Le Monde, 31 mars 2007. 23.* – BOUVIER, Un seul monde, une seule école ? Un avenir pluriel et hybride. Introduction, *in CIEP, Revue internationale d'éducation de Sèvres, n° 52, déc. 2009* ; Propos iconoclastes sur le système éducatif français, *Berger Levrault, oct. 2019.* – BURBAN et SCHMIDT, Groupe d'études et d'expertise « École du socle », *Rapp. IGEN-IGAENR, n° 2019-041,* *mai 2019.* – Charlot, Convergence internationale et diversification interne des modèles scolaires, *in CIEP, Revue internationale d'éducation de Sèvres, n° 52, déc. 2009.* – Cornu, L'éducation, segment du marché scolaire ?, *in CIEP, Revue internationale d'éducation de Sèvres, n° 52, déc. 2009.* – Crahay et Dolz, Raisons éducatives, curriculum enseignement et pilotage, Université de Genève, *éd. de Baeck univ. 2006.* – Debarbieux, Du « climat scolaire » : définitions, effets et politiques publiques, *in MENESR, Éducation & Formations, Climat scolaire et bien-être à l'école, n° 88-89, déc. 2015. 11.* – Dehaene, L'école doit être une cause nationale, *Le Monde, 24-25 févr. 2019. 22.* – Demeuse et Baye, Pourquoi parler d'équité ?, *in* Vers une école juste et efficace. 26 contributions sur les systèmes d'enseignement et de formation, *Bruxelles, De Boeck, 2005.* – Hussenet et Sellier, Pour une école de la confiance, *in* Bance et Fournier, *Éducation et intérêt général, PURH, 2018.* – Dupuis, En finir avec les mêmes cours pour tous, *Le Monde, 13 mai 2010. 12.* – Frandji, La territorialisation des politiques éducatives en France. Des tensions récurrentes, *in CIEP, Revue internationale d'éducation de Sèvres, n° 76, déc. 2017.* – Joutard et Thélot, Réussir l'école. Pour une politique éducative, *Le Seuil, 1999.* – Lussault, Dale, Istance et N'Doye, Des mondes, des écoles, *in CIEP, Revue internationale d'éducation de Sèvres, n° 52, déc. 2009.* – Maroy (sous la direction de), École, régulation et marché, *Paris, PUF, 2006.* – Martin-Van Der Haegen, L'école et ses héritages, *in CIEP, Revue internationale d'éducation de Sèvres, n° 52, déc. 2009* – Michel, L'ouverture internationale et européenne du système éducatif, *in* Le système éducatif en France, *Doc. fr., coll. Les notices, 2003. 179.* – Prost, Du changement dans l'école. Les réformes de l'éducation de 1936 à nos jours, *Le Seuil, 2013.* – Raimbault, L'avenir de l'école à la lumière de la loi Fillon, *AJDA 2006. 1421* . – Saint-Philippe, Présentation générale de notre système éducatif : L'état de l'École, *MENJ-DEPP, Note d'information n° 19.43, nov. 2019.* – Toulemonde (sous la direction de), Éléments pour un diagnostic sur l'école. Document général préparatoire au grand débat sur l'avenir de l'école. – Rapport remis au Haut Conseil de l'évaluation de l'école, *MEN, oct. 2003.* – L'Éducation nationale face à l'objectif de la réussite de tous les élèves, *C. comptes, Rapp. thématique 2010.* – Éducation et enseignement supérieur, approches territoriales. Fiche d'analyse 2017, *Observatoire des territoires : http://www.observatoire-des-territoires.gouv.fr/observatoire-des-territoires/sites/default/files/Fiche-OT-education_ES.pdf.* – L'éducation nationale : organiser son évaluation pour améliorer sa performance. Enquête demandée par le Comité d'évaluation et de contrôle des politiques publiques de l'Assemblée nationale, *C. comptes, déc. 2017.*

▸ **Les politiques éducatives. Statistiques :** OCDE, Regards sur l'Éducation : Panorama, *OCDE 2011, www.oecd.org/dataoecd/61/3/48631572.pdf.* – L'état de l'école, 2019 : *https://cache.media.education.gouv.fr/file/État29/02/2/depp-2019-ee1191022.pdf.* – L'Éducation nationale en chiffres, *MENJ-DEPP, Éd. 2020, août 2020.* – Repères et références statistiques (RERS), *MENJ-DEPP, Éd. 2020, août 2020.*

▸ **Les politiques éducatives. Données économiques et financières :** V. Bibl. ss. art. L. 211-8.

▸ **Les politiques éducatives. International :** Adamson, Les politiques éducatives aux États-Unis. Entre privatisation et investissement public, *in CIEP, Revue internationale d'éducation de Sèvres, n° 76, déc. 2017.* – Benhenda, Education policy, inequalities and student achievement, *Thèse, Paris EHESS, 2020.* – Capron, La contribution des organisations internationales aux politiques éducatives, *Thèse, Univ. Nantes, 2010.* – Repères et références statistiques sur les enseignements, la formation et la recherche 2018, *MEN-MESRI, Études et statistiques de la Depp, 2018.* – L'Éducation nationale en chiffres 2019, *MEN-DEPP, 2019 : https://www.education.gouv.fr/l-education-nationale-en-chiffres-2019-6551* – L'Europe de l'éducation en chiffres 2020, MENJ-DEPP, 3e éd., 30 juin 2020, version française : *https://www.education.gouv.fr/l-europe-de-l-education-en-chiffres-2020-304068*

▸ **Sur la refondation de l'école :** Demunck, Refondation de l'école, *AJCT 2013. 61* . – Dulot, rapporteur général, Bonneau, Colombani, Forestier, Mons, Refondons l'école de la République. Rapport de la concertation, *oct. 2012 ; AJDA 2012. 1883* . – Poupeau, Le Gouvernement dévoile son projet de loi d'orientation et de programmation pour la refondation de l'école, *AJDA 2013. 141* ; Adoption définitive du projet de loi de refondation de l'école, *AJDA 2013. 1312.* – Thibau-Lévêque, La loi n° 2013-595 du 8 juillet 2013 d'orientation et de programmation pour la refondation de l'école de la République et ses décrets d'application, *LIJ 2013, n° 178, p. 25.* – Toulemonde, Loi sur l'école : le bavardage continue !, *AJDA 2013. 1937* . – Refondation de l'école de la République – Loi d'orientation et de programmation, *LIJ 2013, n° 178, p. 31.*

▸ **Sur l'École de la confiance :** Blanquer, Les bases d'une école qui inspire confiance, *Le Monde, 12 févr. 2019. 12.* – Bompard, Focus sur... l'extension des obligations des communes en matière scolaire. Loi n° 2019-791 du 26 juillet 2019 pour une école de la confiance, *AJCT*

2020. 28. – Chicot, *Éditorial, LIJ 207, juill. 2019. 1.* – Debene, L'École sous le pavillon de la confiance, *AJDA 2019. 2300.* – de Gaudemont de la Montforiere, Loi pour une école de la confiance. La consolidation des codes impactés par la loi en un coup d'œil, *Dalloz, coll. Les textes/Dalloz, 2019.* – Lespinard, Les principales dispositions de la loi n° 2019-791 du 26 juillet 2019 pour une école de la confiance et ses premiers décrets d'application, *LIJ 208, nov. 2019. 15.* – Maupin, Adoption de la loi pour une école de la confiance, *AJDA 2019. 1365*. – Necib, L'école de la confiance fait sa rentrée !, *AJCT 2019. 368*.

▸ **Sur l'École et la crise sanitaire (covid) :** Barhoumi, Confinement : un investissement scolaire important des élèves du second degré, essentiellement différencié selon leur niveau scolaire, *MENJS-DEPP, Note d'information n° 20.42, nov. 2020.* – Baude, Dispositif d'évaluation des conséquences de la crise sanitaire : le point de vue des directeurs et directrices d'école, *DEPP, Note d'information n° 21.04, janv. 2021.* – Baude, Ben Ali, Bret, Bencic, Eteve, Fabre, Heidmann et Lacroix, Dispositif d'évaluation des conséquences de la crise sanitaire : comment les élèves ont-ils vécu le confinement de mars-avril 2020 ?, *MENJS-DEPP, Note d'information n° 21.19, avr. 2021.* – Duru-Bellat, « C'est toute la société qui, sans école, s'est retrouvée en apesanteur », *Propos recueillis Battaglia, Le Monde, 9 sept. 2020.* – Graveleau, Le COVID 19 popularise l'école en plein air, *Le Monde, 9 sept. 2020. 6.* – Long, La protection de l'enfance pendant la crise sanitaire (covid-19). Entre continuité et ruptures, *AJCT 2020. 459*. – Morin, Impact de la pandémie sur la scolarité : les pistes de l'OCDE, *Le Monde, 9 sept. 2020. 7.* – Crise sanitaire de 2020 et continuité pédagogique : les élèves ont appris de manière satisfaisante, *MENJ, Note d'information, juill. 2020, n° 20. 26.* – Mars 2020 – mars 2021 : un an de continuité pédagogique et de gestion de la crise sanitaire dans les écoles et les établissements, *MENJS : https://www.education.gouv.fr/mars-2020-mars-2021-un-de-continuite-pedagogique-et-de-gestion-de-la-crise-sanitaire-dans-les-ecoles-322704.* – COVID-19 : les questions-réponses de la CNIL sur les tests salivaires de dépistage des élèves dans les établissements scolaires, *CNIL, 30 avr. 2021 : https://www.cnil.fr/fr/covid-19-questions-reponses-de-la-cnil-sur-les-tests-salivaires-de-depistage-des-eleves.*

CHAPITRE PREMIER DISPOSITIONS COMMUNES

Art. L. 311-1 La scolarité est organisée en cycles pour lesquels sont définis des objectifs et des programmes nationaux de formation comportant une progression *(L. n° 2013-595 du 8 juill. 2013, art. 34)* **« régulière » ainsi que des critères d'évaluation.**

(L. n° 2013-595 du 8 juill. 2013, art. 34) **« Le nombre des cycles et leur durée sont fixés par décret. »**

(L. n° 2019-791 du 26 juill. 2019, art. 41 et 42) **« L'évaluation sert à mesurer et à valoriser la progression de l'acquisition des compétences et des connaissances de chaque élève.**

« Les personnes responsables d'un enfant instruit dans la famille sont informées par l'autorité de l'État compétente en matière d'éducation, à la suite de la déclaration annuelle prévue à l'article L. 131-5, des modalités selon lesquelles elles peuvent demander que leur enfant participe aux évaluations qui peuvent être organisées au niveau national par le ministre chargé de l'éducation nationale. Les résultats de ces évaluations leur sont transmis. »

Pour assurer l'égalité et la réussite des élèves, l'enseignement est adapté à leur diversité par une continuité éducative au cours de chaque cycle et tout au long de la scolarité.

A compter de la rentrée scolaire 2022, à la 1re phrase de l'avant-dernier al., les mots : « la déclaration annuelle » sont remplacés par les mots : « l'autorisation » (L. n° 2021-1109 du 24 août 2021, art. 49-IV).

Sur les modalités selon lesquelles les personnes responsables d'un enfant instruit dans la famille peuvent demander que leur enfant participe aux évaluations qui peuvent être organisées au niveau national par le ministre chargé de l'éducation nationale, V. art. R. 131-15.

BIBL. ▸ Dehaene, Apprendre ! Les talents du cerveau, le défi des machines, *Odile Jacob, 2018.* – Enlart et Charbonnier, « Faut-il encore apprendre ? », *éd. Dunod, coll. Tendances psy, juin 2010.* – Gauthier, Les contenus d'enseignement, enjeu technique ou politique ?, *RFAP, n° 79, juill.-sept. 1996.* – Gauthier et Robine, Contenus et valeurs. Bigarrure du monde, convergence des questions, *in CIEP, Revue internationale d'éducation de Sèvres, n° 52, déc. 2009.* – Houchot et Robine, Les livrets de compétences : nouveaux outils pour l'évaluation des acquis, *Rapp. IGEN, Juin 2007.* – Leclerq, La fin des politiques éducatives ? Analyse comparative, *RFAP, n° 79, juill.-sept. 1996.* – Le Duc, Diplômes et formations. Guide juridique et pratique, *Éd. du Puits Fleuri, coll. Le conseiller juridique pour tous, n° 275, 2011.* – Pigeassou et Vimont, Les acquis des élèves, pierre de touche de la valeur de l'école, *MEN, Rapp. IGEN-IGAEN, nº 2005-111, nov. 2005.* – Rôle et responsabilité des communes dans l'aménagement des rythmes scolaires, *coll. Dossiers d'experts, territorial Éditions.* – L'aménagement des rythmes scolaires : outils, pratiques, *coll. Dossiers d'experts, territorial Éditions.*

▶ **Comparaisons internationales :** MATHIAS, AMBROGI (Pilotes), JARDIN, ROJAT, FOUCAULT, IMBERT et BRISON, Les ordres d'enseignement en Europe et dans le monde, *in IGAENR-IGEN, Rapp. annuel 2014. 220.*

▶ **Sur la continuité éducative :** BOLCH, Pas de classe sans enseignant, *Rapport MEN, févr. 1998.* – FORTIER, Le défi de la continuité du service public de l'éducation nationale : assurer les remplacements, *AJDA 2006. 1822*. – REISS, Travaux préparatoires de la loi nº 2005-380 du 23 avril 2005 d'orientation et de programme pour l'avenir de l'école, *Doc. AN nº 2085 (12e législ.), 9 févr. 2005.* – COUR DES COMPTES, Rapport sur la gestion, par le ministère chargé de l'enseignement scolaire, des personnels détachés dans d'autres fonctions que d'enseignement ou demeurant sans affectation, *janv. 2005.*

▶ **Sur les performances scolaires :** V. Bibl. ss. art. L. 332-4.

▶ **Sur la notation :** GROS, Le zéro juridique, *AJDA 2011. 2459*.

▶ V. aussi Bibl. ss. art. L. 111-1.

1. Organisation en cycles. La combinaison de l'art. L. 311-1, de l'art. 19 du Décr. du 14 juin 1990, de l'art. 2 du Décr. du 29 mai 1996 et de l'art. 2 du Décr. du 28 déc. 1976 impose que les élèves de cinquième et de première, achevant la première année de leur cycle de formation respectif, doivent normalement pouvoir finir leur cycle de formation en classe de troisième et de terminale dans l'établissement dans lequel ils ont été scolarisés. La décision du recteur de l'académie de Rennes de supprimer l'enseignement du breton d'un collège pour le transférer dans un autre établissement à compter de la prochaine rentrée scolaire pour l'ensemble des élèves concernés par l'enseignement du breton est entachée d'une erreur de droit. Cette décision n'est pas fondée sur des raisons impératives d'intérêt général. • TA Rennes, 11 juill. 2005, nº 051638 : *AJDA 2005. 2199*.

2. Continuité éducative. Objectif. Portée. Éclairé par les travaux parlementaires, le Conseil d'État a jugé que l'objectif de continuité éducative, qui répond à la volonté d'atténuer les difficultés rencontrées par les élèves lors du passage d'un degré ou d'un cycle d'enseignement à l'autre, implique, le cas échéant, une coopération entre des établissements correspondant à des niveaux d'enseignement différents. Il juge toutefois que cet objectif n'a ni pour objet ni pour effet d'imposer qu'un élève puisse suivre l'enseignement d'une même discipline tout au long de sa scolarité. • CE 4 nov. 2020, nº 424236 B : *AJDA 2020. 2187* ; *LIJ 2021, nº 213, p. 6.*

3. Évaluation. La mission du service public de l'enseignement consiste non seulement à assurer les enseignements mais aussi à organiser l'évaluation des connaissances à la fin d'un cycle de scolarité. • CE 13 févr. 1987, nºs 62008 et 62009 A.

4. Critères d'évaluation. Selon l'art. 8 du Décr. du 15 sept. 1993, les membres du jury ne peuvent pas examiner leurs élèves de l'année en cours au cours de la session d'examen organisée à la fin de l'année scolaire. Mais en prévoyant que la notation repose partiellement sur les appréciations des professeurs ayant encadré le TPE (travaux personnels encadrés) du candidat portant sur la démarche personnelle de l'élève lors de la réalisation du TPE et sa participation au travail collectif, ces éléments permettant aux examinateurs d'apprécier cette première composante de l'évaluation jusqu'à hauteur de 8 points, les dispositions précitées ne sont pas méconnues compte tenu des éléments d'appréciation dont dispose le jury et du fait que les notes définitives résultent de la délibération du jury. • CE 11 juin 2004, nº 244108.

5. Changements des enseignements de langue. Saisi d'un recours contre la décision du recteur de l'académie de Rennes de supprimer l'enseignement du breton d'un établissement pour le transférer dans un autre établissement, le juge administratif relève que les élèves de cinquième et première concernés doivent pouvoir achever leur cycle de formation en quatrième et en terminale dans l'établissement dans lequel ils ont été scolarisés. La décision attaquée, devant prendre effet pour tous les élèves concernés par l'enseignement du breton, n'a pas tenu compte de la situation particulière des élèves entrant en quatrième et en terminale. Ni les raisons impératives invoquées par le recteur, ni le principe de mutabilité du service public ne s'opposait à la mise en œuvre de dispositions transitoires devant se concilier avec l'application de ce principe. • TA Rennes, 11 juill. 2005, nº 051638 : *préc. note 1.*

6. Suppression de l'apprentissage d'une langue. Un inspecteur d'académie a supprimé l'apprentissage de la langue allemande dans une école primaire et l'a remplacé par celui de la langue anglaise sans consultation préalable des parents d'élèves. Le juge administratif a estimé qu'aucune disposition législative ou réglementaire alors en vigueur ne subordonnait la prise de décision à une consultation ou une information des parents d'élèves ; que les mesures relatives à l'enseignement des langues vivantes à l'école primaire sont de nature réglementaire et que dès lors les parents n'ont aucun droit acquis au maintien d'un enseignement d'une langue déterminée ; enfin, que la décision attaquée, en cohérence avec l'enseignement dispensé dans le cycle primaire, ne pouvait être regardée comme contraire à l'intérêt des élèves. • TA Dijon, 10 oct. 2006, n° 0501710 : *LIJ 2006, n° 110, p. 6.*

Art. L. 311-2 L'organisation et le contenu des formations sont définis respectivement par des décrets et des arrêtés du ministre chargé de l'éducation. Des décrets précisent les principes de l'autonomie dont disposent les écoles, les collèges et les lycées dans le domaine pédagogique. – *[L. n° 75-620 du 11 juill. 1975, art. 8.]*

Sur l'organisation et le fonctionnement des écoles maternelles et élémentaires, V. art. D. 321-1 s., D. 411-1 s. et D. 521-10 s.

Sur l'organisation de l'enseignement dans les écoles maternelles et élémentaires privées sous contrat d'association et sous contrat simple, V. art. D. 321-18.

Sur l'organisation de la formation au collège, V. art. D. 332-1 s.

Sur l'organisation des formations dans les lycées, V. art. D. 333-1 s.

Sur les horaires des écoles maternelles et élémentaires, V. Arr. du 9 nov. 2015 ci-dessous.

BIBL. ▶ Comment s'organise le temps d'apprentissage dans l'enseignement primaire et secondaire ?, OCDE, *Indicateurs de l'éducation à la loupe, n° 387, janv. 2016.* – MONTESSORI, *Revue Initiales, École nationale supérieure des beaux-arts de Lyon, n° 10, 2017.* – POUSSIN, La pédagogie Montessori, *PUF, coll. Que sais-je ?, 2017.* – VIAUD, Les écoles Montessori dans le monde. La diversité interne d'un réseau en expansion, *in* CIEP, *Revue internationale d'éducation de Sèvres, n° 76, déc. 2017.*

I. CONTENU DES FORMATIONS

1. Compétence. L'organisation de l'enseignement dans les lycées relève de la compétence du gouvernement. Cette organisation comporte l'institution de types de formation distincts préparant à des diplômes différents et entre lesquels tous les élèves doivent être répartis lors de leur accès à l'établissement. Il appartient seulement au ministre, agissant par arrêté, de définir pour chaque classe de chacun de ces types de formation le contenu, c'est-à-dire les matières, horaires et programmes des enseignements. • CE 24 nov. 1982, n° 29521 B • CE 11 févr. 2004, n° 248224. ♦ Même solution pour l'organisation de l'enseignement dans les collèges. • CE 29 juill. 1998, n° 180803 B. ♦ Le ministre de l'éducation nationale est donc compétent pour instituer, par voie de circulaire, un nouvel enseignement dans les collèges qui prévoit des séquences obligatoires d'éducation à la sexualité, à raison de deux heures au minimum, dans l'horaire global annuel des élèves et en précisant que ces séquences doivent être mises en œuvre par des équipes de volontaires, associant enseignants et personnels d'éducation, sociaux et de santé et, le cas échéant, des intervenants extérieurs. • CE 18 oct. 2000, *Assoc. Promouvoir*, n° 213303 A : *AJDA 2001. 45, obs. Mekhantar* ; *D. 2000. 291*.

2. Application immédiate de dispositions réglementaires nouvelles. L'autorité administrative peut, sans méconnaître le principe général de non rétroactivité des actes administratifs, prévoir l'application immédiate, aux élèves engagés dans un cycle de formation sanctionné par un diplôme, de dispositions réglementaires nouvelles relatives à la formation qui leur est dispensée. La circonstance que les enseignements de travaux personnels encadrés aient déjà débuté ne faisait pas obstacle à la mise en place à compter de la session 2002 de l'examen du baccalauréat, d'une évaluation des travaux personnels encadrés (TPE) organisée pour les candidats des séries ES, S et L, dès lors que l'épreuve instituée ne reposait pas sur un contrôle continu mais sur un examen terminal et que, au surplus, les nouvelles dispositions, selon lesquelles seuls les points supérieurs à la moyenne sont pris en compte dans le calcul de la note pour l'obtention du baccalauréat, ne préjudicient aux intérêts d'aucun candidat. • CE 11 juin 2004, n° 244108.

3. SVT. Procédures expérimentales. Élevage d'animaux. Utilisation à des fins d'enseignement. Le ministre ayant refusé de retirer une circulaire relative à la dissection animale en cours sur le nouveau cadre réglementaire résultant du Décr. n° 2013-118 du 1er févr. 2013 relatif à la protection des animaux utilisés à des fins scientifiques et transposant une directive européenne n'autorisant les travaux pratiques de SVT que sur les invertébrés, à l'exception des céphalopodes, et sur les vertébrés qui font l'objet d'une commercialisation destinée à l'alimentation et interdisant la dissection des souris dans toutes les classes jusqu'au baccalauréat, un recours pour excès de pouvoir contre ce refus a été présenté. Le Conseil d'État a alors précisé qu'il résulte des art. R. 214-87 et R. 214-89 C. rur. que, dès lors qu'ils ne donnent lieu à aucune expérimentation sur les animaux vivants, l'élevage d'animaux en vue de l'utilisation de leurs organes ou tissus dans l'enseignement, la mise à mort d'animaux aux fins d'une telle utilisation, et enfin l'utilisation dans l'enseignement de ces organes ou tissus d'animaux morts ne revêtent pas le caractère de procédures expérimentales au sens de l'art. R. 214-89 ; qu'ainsi les dispositions des art. R. 214-87 à R. 214-137 relatives aux procédures expérimentales ne sont pas applicables aux travaux pratiques de sciences de la vie et de la terre et de bio-physiopathologie humaine utilisant de tels organes ou tissus. Le Conseil d'État estime donc que contrairement à ce que soutient le ministre, aucune autre disposition du C. rur. ne fait obstacle à l'élevage d'animaux vertébrés, à leur mise à mort et à l'utilisation de leurs tissus et organes lorsque cette utilisation est destinée à l'enseignement scientifique dans les classes du secondaire. • CE 6 avr. 2016, n° 391423 : *LIJ 2016, n° 195, p. 6 ; AEF 12 avr. 2016, Dépêche n° 536307, comm. Toulemonde.* ♦ En l'espèce, le Conseil d'État estime qu'il résulte de tout ce qui précède que, s'il était loisible au ministre, dans le cadre du pouvoir réglementaire que lui confère l'art. L. 311-2 et dans le respect des procédures légales, d'interdire la dissection d'animaux vertébrés dans les classes du secondaires, il ne pouvait, sans en faire une interprétation erronée, se prévaloir des dispositions de la Dir. du 22 sept. 2010 et du Décr. du 1er févr. 2013 pour interdire, par voie de circulaire, dans les établissements d'enseignement secondaire, les travaux pratiques de SVT réalisés sur des vertébrés ou des céphalopodes mis à mort dans le but d'une utilisation expérimentale de leurs tissus et organes. • CE 6 avr. 2016, n° 391423 : *préc.*

4. *Contenu des programmes. Histoire-géographie-éducation civique. Atteinte aux libertés d'expression, de conscience et d'opinion des élèves. Méconnaissance de la neutralité. Absence.* Une association contestait l'arrêté du 15 juill. 2008 fixant le programme d'enseignement d'histoire-géographie-éducation civique pour les classes de sixième, de cinquième, de quatrième et de troisième du collège en tant qu'elle porte atteinte aux libertés d'expression, de conscience et d'opinion des élèves, ainsi qu'à la neutralité du service public de l'éducation, en raison de l'usage de l'expression génocide des Arméniens et de l'orientation que celui-ci confère à l'enseignement des faits en question. Le Conseil d'État juge que la seule utilisation de ces termes, qui se bornent à reprendre une formulation courante, notamment de la part d'historiens, et d'ailleurs reprise par la L. n° 2001-70 du 29 janv. 2001 relative à la reconnaissance du génocide arménien, n'est pas, par elle-même, de nature à porter atteinte à ces principes. Il estime aussi que l'objet même du programme d'histoire, tel que le fixe l'arrêté litigieux, est de faire enseigner aux élèves l'état des savoirs tel qu'il résulte de la recherche historique, laquelle repose sur une démarche critique, fondée sur la liberté de soumettre à débat toute connaissance. Il en déduit que la prescription d'un tel enseignement par l'arrêté attaqué est, en elle-même, insusceptible de porter atteinte aux libertés d'expression, de conscience et d'opinion des élèves, ou de méconnaître la neutralité du service public de l'éducation. • CE 4 juill. 2018, n° 392400 A : *AJDA 2018. 1365 ; ibid. 1884, chron. Nicolas et Faure.*

5. *Contenu des programmes. Contrôle du juge. Restreint.* Dans la même affaire, le Conseil d'État juge que le choix d'inscrire dans un programme scolaire l'enseignement de faits et d'événements est soumis à un contrôle d'erreur manifeste d'appréciation. • CE 4 juill. 2018, n° 392400 A : *préc. note 4.*

II. ORGANISATION DES FORMATIONS

6. *Mesures relatives aux seuils de dédoublement.* En se bornant à constater que les dédoublements de classe prévus par les horaires réglementaires ne donnent pas lieu à des seuils définis nationalement, le ministre n'a ni édicté de mesure impérative, ni confié aux établissements d'enseignement le soin d'en adopter. Cette disposition ne peut donc être critiquée par la voie du recours pour excès de pouvoir. • CE 27 févr. 2004, nos 256475 et 256726.

7. *Globalisation des moyens pour l'aide individualisée et les modules.* Le champ d'application de l'autonomie dont disposent les lycées dans le domaine pédagogique est déterminé par les limites arrêtées par le ministre de l'éducation. Elle porte notamment sur l'emploi des contingents annuels d'heures d'enseignement mis à la disposition des établissements (Décr. du 28 déc. 1976 relatif à l'organisation des formations dans les lycées, art. 7). En se bornant à constater que les lycées peuvent, en classe de seconde, en fonction des besoins des élèves, globaliser les moyens qui leur sont dévolus au titre de l'aide individualisée avec les heures de modules, le ministre de l'éducation, qui n'a pas modifié le volume horaire des enseignements des classes de seconde fixé, n'a édicté aucune mesure impérative. • CE 27 févr. 2004, nos 256475 et 256726.

8. *Réforme du collège. Décrets sur la mise en œuvre. Principe d'autonomie. Rejet du recours.* Le Conseil d'État rejette les recours contre les deux textes réglementaires mettant en œuvre la réforme du collège (Décr. du 19 mai 2015 relatif à l'organisation des enseignements au collège et Arr. du 19 mai 2015 relatif à l'organisation des enseignements dans les classes de collège) à l'exception d'une disposition relative à l'organisation du temps scolaire. Il estime en effet qu'en prévoyant que le contenu et le volume horaire des enseignements complémentaires seraient, dans des conditions fixées par arrêté, définis ou modulés par chaque établissement d'enseignement, le décret attaqué n'a pas méconnu les dispositions de cet article, ni violé aucune autre disposition ni aucun principe, notamment pas le principe d'égal accès à l'instruction rappelé par l'art. L. 141-1 • CE 1er juin 2016, *Assoc. Arrête ton char – Les langues et cultures de l'Antiquité, Synd. nat. des enseignements de second degré et a.*, nos 390956, 390958, 390987, 390988, 391424, 391674, 391733, 391771, 391868 et 391874 B : *AJDA 2016. 1150 ; LIJ 2016, no 194, p. 6.* ♦ En l'espèce, le Conseil d'État annule les dispositions des deux derniers al. du II de l'art. D. 332-4 introduites par le décret attaqué, aux termes desquelles : « L'amplitude quotidienne ne dépasse pas six heures d'enseignement pour les élèves de sixième, sauf dérogation accordée par le recteur d'académie en cas de contrainte spécifique. Une pause méridienne d'une durée minimale d'une heure trente minutes est assurée à chaque élève, sauf dérogation accordée par le recteur d'académie en cas de contrainte spécifique », qui affectent l'organisation et le fonctionnement des EPLE et les conditions dans lesquelles ceux-ci organisent le temps scolaire et les modalités de la vie scolaire qui devaient ainsi être prises par décret en Conseil d'État. (nos 390956, 390958, 390987, 390988, 391424, 391674, 391733, 391771, 391868, 391874). • Même arrêt. ♦ V. aussi note ss. art. L. 332-3.

Arrêté du 9 novembre 2015,

Fixant les horaires d'enseignement des écoles maternelles et élémentaires.

Art. 1er La durée hebdomadaire des enseignements à l'école maternelle et à l'école élémentaire est de vingt-quatre heures.

Art. 2 Sous réserve des dispositions prévues à l'article 5, les horaires d'enseignement à l'école élémentaire sont répartis par domaines disciplinaires comme suit :

Horaires de l'école élémentaire

Cycle des apprentissages fondamentaux (CP – CE1 – CE2)

DOMAINES DISCIPLINAIRES	Horaires	
	Durée annuelle	Durée hebdomadaire moyenne
Français	360 heures	10 heures
Mathématiques	180 heures	5 heures
Langues vivantes (étrangères ou régionales)	54 heures	1 heure 30
Éducation physique et sportive	108 heures	3 heures
Enseignements artistiques	72 heures	2 heures
Questionner le monde Enseignement moral et civique (**)	90 heures	2 heures 30
Total	864 heures	24 heures (*)

(*) 10 heures hebdomadaires sont consacrées à des activités quotidiennes d'oral, de lecture et d'écriture qui prennent appui sur l'ensemble des champs disciplinaires.
(**) Enseignement moral et civique : 36 heures annuelles, soit 1 heure hebdomadaire dont 0 h 30 est consacrée à des situations pratiques favorisant l'expression orale.

Cycle de consolidation (CM1 et CM2)

DOMAINES DISCIPLINAIRES	Horaires	
	Durée annuelle	Durée hebdomadaire moyenne
Français	288 heures	8 heures
Mathématiques	180 heures	5 heures
Langues vivantes (étrangères ou régionales)	54 heures	1 heure 30
Éducation physique et sportive	108 heures	3 heures
Sciences et technologie	72 heures	2 heures
Enseignements artistiques	72 heures	2 heures
Histoire et géographie Enseignement moral et civique (**)	90 heures	2 heures 30
Total	864 heures	24 heures (*)

(*) 12 heures hebdomadaires sont consacrées à des activités quotidiennes d'oral, de lecture et d'écriture qui prennent appui sur l'ensemble des champs disciplinaires.

(**) Enseignement moral et civique : 36 heures annuelles, soit 1 heure hebdomadaire dont 0 h 30 est consacrée à des situations pratiques favorisant l'expression orale.

Art. 3 Sous réserve que l'horaire global annuel de chaque domaine disciplinaire soit assuré, la durée hebdomadaire des enseignements par domaine figurant à l'article 2 peut être ajustée en fonction des projets pédagogiques menés.

Art. 4 Les temps de récréation, d'environ quinze minutes en école élémentaire et trente minutes en école maternelle, sont déterminés en fonction de la durée effective de la demi-journée d'enseignement. Le temps dévolu aux récréations est à imputer de manière équilibrée dans la semaine sur l'ensemble des domaines d'enseignement.

Art. 5 L'enseignement de la langue régionale peut s'imputer sur les horaires prévus selon des modalités précisées dans le projet d'école ou selon les modalités définies par l'arrêté du 12 mai 2003 susvisé.

Art. 6 Les dispositions de l'arrêté du 9 juin 2008 fixant les horaires des écoles maternelles et élémentaires sont abrogées.

Art. 7 Les dispositions du présent arrêté entrent en application à la rentrée scolaire 2016.

Art. L. 311-3 *(L. nº 2013-595 du 8 juill. 2013, art. 35)* **« Les programmes définissent, pour chaque cycle, les connaissances et les compétences qui doivent être acquises au cours du cycle et les méthodes qui doivent être assimilées. » Ils constituent le cadre national au sein duquel les enseignants organisent leurs enseignements en prenant en compte les rythmes d'apprentissage de chaque élève.**

BIBL. ► BAUMARD, Trop de contenus tue les contenus, *Le Monde, Culture et idées, 7 sept. 2013. 4.* – BAYROU, Le nouveau contrat pour l'école. 158 décisions, *1994 : http://www.formapex.com/telechargementpublic/textesofficiels/1994_1.pdf.* – BOURDIEU, Propositions pour l'enseignement de l'avenir, *Rapp. du Collège de France, Éd. de Minuit, 1985.* – BOISSINOT, Un peu d'histoire : la fabrique des programmes, *AEF, Dépêche nº 587216, 15 juin 2018.* – BOURDIEU et GROS, Principes pour une réflexion sur les contenus de l'enseignement, *mars 1989.* – GAUTHIER, L'enfer des programmes scolaires, Le Monde, *Culture et idées, 7 sept. 2013. 1.* – Raulin, Les programmes scolaires : Des disciplines souveraines au socle commun, *Rapp. du CNP, Retz, déc. 1994.*

Art. L. 311-3-1 *(L. n° 2005-380 du 23 avr. 2005, art. 16)* **A tout moment de la scolarité obligatoire, lorsqu'il apparaît qu'un élève risque de ne pas maîtriser les connaissances et les compétences indispensables à la fin d'un cycle, le directeur d'école ou le chef d'établissement** *(L. n° 2013-595 du 8 juill. 2013, art. 36)* **« met en place, dans des conditions fixées par le ministre chargé de l'éducation nationale, des dispositifs d'aide qui peuvent prendre la forme d'un » programme personnalisé de réussite éducative.** *(L. n° 2013-595 du 8 juill. 2013, art. 36)* **« Le directeur d'école ou le chef d'établissement associe les parents ou le responsable légal de l'élève à la mise en place de ce dispositif. »**

Sur la réussite scolaire : V. Bibl. ss. art. L. 332-4.

Sur les autres politiques publiques de réussite éducative : V. Bibl. ss. art. L. 332-4.

BIBL. ▶ Morlaix, L'influence de l'origine sociale sur les performances scolaires : par où passe-t-elle ?, (collab. Meuret), *Rev. fçaise de sociologie, vol. n° 47, n° 1, p. 49-80* ; Optimiser l'utilisation du temps scolaire pour répondre à la diversité des élèves, *Éducation comparée, n° 52, mai 1998, p. 231-242.* – C. comptes, Le suivi individualisé des élèves : une ambition à concilier avec l'organisation du système éducatif, *Rapp. public thématique, févr. 2015.* – Pisa, Les élèves en difficulté : *Pourquoi décrochent-ils et comment les aider à réussir ?, Éditions OCDE, Paris, 2016 : http://www.oecd.org/pisa/keyfindings/PISA-2012-Les-eleves-en-difficulte-France-FRA.pdf.*

Art. L. 311-4 **Les programmes scolaires comportent, à tous les stades de la scolarité, des enseignements destinés à faire connaître la diversité et la richesse des cultures représentées en France** *(L. n° 2019-791 du 26 juill. 2019, art. 8)* **« , y compris dans ses territoires d'outre-mer ».** *(L. n° 2013-595 du 8 juill. 2013, art. 41)* **« L'école, notamment grâce à un enseignement moral et civique, fait acquérir aux élèves le respect de la personne, de ses origines et de ses différences, de l'égalité entre les femmes et les hommes ainsi que de la laïcité. »**

Art. L. 311-5 *Abrogé par L. n° 2005-380 du 23 avr. 2005, art. 15.*

Art. L. 311-6 *(Abrogé par Ord. n° 2021-552 du 5 mai 2021, art. 10, à compter de l'entrée en vigueur des décrets portant actualisation et adaptation des dispositions réglementaires du code de l'éducation relatives à l'outre-mer et, au plus tard, le 1er janv. 2022) (L. n° 2000-1207 du 13 déc. 2000, art. 35)* ***Le conseil de l'éducation nationale institué dans les départements et les régions de Guadeloupe, de Guyane, de Martinique et de La Réunion peut être consulté et émettre des vœux sur le calendrier et les rythmes scolaires, rendre tout avis sur les programmes des enseignements dispensés dans les écoles, collèges et lycées implantés dans ces départements et régions et émettre toute proposition en vue de l'adaptation de ceux-ci aux spécificités locales.***

Art. L. 311-7 **Durant la scolarité, l'appréciation** *(L. n° 2013-595 du 8 juill. 2013, art. 37)* **« de l'acquisition progressive des connaissances et des compétences » s'exerce par un contrôle continu assuré par les enseignants sous la responsabilité du directeur ou du chef d'établissement.**

(L. n° 2005-380 du 23 avr. 2005, art. 17) **« Au terme de chaque année scolaire, à l'issue d'un dialogue et après avoir recueilli l'avis des parents ou du responsable légal de l'élève, le conseil des maîtres dans le premier degré ou le conseil de classe présidé par le chef d'établissement dans le second degré se prononce sur les conditions dans lesquelles se poursuit la scolarité de l'élève. S'il l'estime nécessaire, il propose la mise en place d'un dispositif de soutien, notamment dans le cadre d'un programme personnalisé de réussite éducative »** *(L. n° 2013-595 du 8 juill. 2013, art. 37)* **« ou d'un plan d'accompagnement personnalisé. Le redoublement ne peut être qu'exceptionnel. »**

Sur le programme personnalisé de réussite éducative, V., pour l'enseignement du premier degré, art. D. 321-3, et pour le collège, art. D. 332-6.

1. Compétence des enseignants. Le législateur réserve aux seuls enseignants « l'appréciation des aptitudes et de l'acquisition des connaissances ». Ces dispositions n'autorisent pas le conseil de classe, au sein duquel sont appelés à siéger des délégués des parents d'élèves et des élèves, à remettre en cause ce qui, dans la « synthèse trimestrielle » ou le « bilan scolaire » établi par le conseil des professeurs, porte sur cette appréciation mais lui confèrent seulement le pouvoir de délibérer sur les conclusions formulées par le conseil des professeurs à partir de ces appréciations quant au déroulement de la scolarité des élèves et à leur orientation, en prenant en considération tous les éléments personnels, familiaux ou sociaux de chacun d'eux. Ces dispositions n'ont pas ainsi pour effet de retirer aux professeurs leur pouvoir propre de notation et d'appréciation. • CE, sect., 10 nov. 1978, *Confédération nat. des groupes autonomes de l'enseignement public*, n° 06390 : *Lebon 272*.

2. Principe fondamental de l'enseignement. Des dispositions réglementaires qui auraient pour effet de retirer au personnel enseignant et de surveillance son pouvoir de notation et d'appréciation mettraient en cause un des principes fondamentaux de l'enseignement, dont la détermination relève du domaine de la loi en vertu de l'art. 34 de la Constitution du 4 oct. 1958. • CE, sect., 14 nov. 1975, *MEN c/ Dame Simon et synd. nat. des lycées et des collèges*, n° 95455 : *Lebon 569*.

3. Caractère exceptionnel. Le syndicat requérant demandait l'annulation de l'art. 27 du Décr. n° 2014-1377 du 18 nov. 2014 qui introduit un art. D. 331-62 précisant les conditions dans lesquelles peut être décidé le redoublement d'un élève d'un établissement du second degré. Le Conseil d'État a rejeté la requête en jugeant que les dispositions attaquées se bornent à préciser le caractère exceptionnel du redoublement posé par l'art. L. 311-7 et en retenant qu'en limitant les redoublements des élèves à la seule hypothèse dans laquelle il convient de pallier une période importante de rupture des apprentissages scolaires, l'article n'avait pas méconnu la loi et n'était pas entaché d'erreur manifeste d'appréciation. • CE 7 avr. 2016, *Synd. nat. des lycées et collèges (SNALC)*, n° 387271 : *LIJ 2016, n° 194, p. 6.* ♦ Dans la même affaire, il juge qu'en subordonnant le redoublement à l'accord écrit des représentants légaux de l'élève, le décret ne rendait pas ce redoublement impossible et ne méconnaissait donc pas davantage la loi. • CE 7 avr. 2016, *Synd. Nat. des lycées et collèges (SNALC)*, n° 387271 : *préc.*

4. Redoublement. Caractère exceptionnel. Conditions. Saisi de la contestation d'une décision de redoublement fondée sur l'insuffisance du niveau scolaire de l'élève et sur ses handicaps (celui-ci ayant été diagnostiqué dyslexique et dyspraxique), le juge annule la décision en constatant que de tels motifs ne constituaient pas une période importante de rupture des apprentissages scolaires qu'il conviendrait de pallier au sens de l'art. D. 331-62. Il constate de plus en l'espèce que les parents de l'élève n'avaient pas donné leur accord au redoublement. • TA Toulouse, 21 mars 2017, n° 1602994 : *LIJ 2017, n° 198, p. 5.*

CHAPITRE II DISPOSITIONS PROPRES À CERTAINES MATIÈRES D'ENSEIGNEMENT

SECTION PREMIÈRE L'ÉDUCATION PHYSIQUE ET SPORTIVE

Art. L. 312-1 L'État est responsable de l'enseignement de l'éducation physique et sportive, placé sous l'autorité du ministre chargé de l'éducation.

BIBL. ▸ BULLARA, Favoriser les pratiques culturelles, sportives et citoyennes en faveur de la jeunesse, Rapport de la mission ministérielle sur les pratiques culturelles, sportives et citoyennes en faveur de la jeunesse, *MEN, févr. 2004*. – CATHALA, Les équipements sportifs en France, *MEN, avr. 2002*. – LEBLANC, Le sport scolaire dans le premier et le second degré, *Rapp. IGEN, 2001*.

Responsabilité de l'État. L'État est responsable de l'enseignement de l'éducation physique et sportive mais en application de la L. du 22 juill. 1983, qui a transféré aux départements et aux régions les dépenses d'investissement et de fonctionnement des collèges, les dépenses de toute nature destinées à mettre à la disposition des élèves les installations sportives nécessaires à l'enseignement de l'éducation physique et sportive relèvent de la compétence des départements et des régions. • CE 10 janv. 1994, *Assoc. nat. des élus régionaux*, n°s 138121, 138182 et 141441 A : *AJDA 1994. 244*.

Art. L. 312-2 Après les concertations nécessaires, le ministre chargé de l'éducation définit les programmes scolaires de l'éducation physique et sportive. Cet enseignement est sanctionné par des examens et concours compte tenu des indications médicales. – *[L. n° 84-610 du 16 juill. 1984, art. 3.]*

ÉVALUATION DES CONNAISSANCES

1. *Contrôle continu.* Aucun des éléments de l'arrêté fixant les modalités du contrôle continu pour l'épreuve d'éducation physique et sportive du baccalauréat de l'enseignement du second degré et établissant un barème de notation des élèves visant à évaluer leur « conduite motrice », leurs connaissances techniques et leur participation n'est étranger, eu égard aux particularités de l'enseignement d'éducation physique et sportive, à l'appréciation des aptitudes et à l'évaluation du degré d'acquisition des connaissances qui peuvent donner lieu à un contrôle continu en vertu de l'art. 10 de la L. du 11 juill. 1975. • CE 4 oct. 1985, *Féd. nat. de l'enseignement privé laïque et a.*, nos 61583, 62596 et 64602 : *Lebon 272*.

2. *Assiduité.* Un candidat à la session 1986 du baccalauréat, s'est vu attribuer la note de 0/20 en éducation physique et sportive. Son dossier ne comportait pas le certificat d'assiduité à cette discipline permettant de le faire bénéficier des dispositions finales de l'art. 6 du Décr. du 29 sept. 1962. Ce certificat n'avait pas été délivré à l'intéressé en raison du fait qu'il n'aurait été noté présent ou valablement dispensé que lors de neuf des vingt-six séances d'éducation physique et sportive en cours d'année. Les attestations de trois des camarades de classe du candidat ne sauraient suffire à infirmer les absences relevées par l'administration le jour même et consignées sur un document figurant au dossier. Les absences trop fréquentes de l'intéressé avaient en outre été mentionnées sur les trois bulletins trimestriels le concernant. Le requérant n'est ainsi fondé à soutenir ni que la décision lui refusant la délivrance du certificat d'assiduité, qui ne constitue pas une sanction, était fondée sur des faits matériellement inexacts ou sur une erreur manifeste d'appréciation, ni que la décision du 9 juill. 1986 du recteur de l'académie de Besançon refusant de saisir à nouveau de son cas le jury du baccalauréat était illégale. • CE 19 oct. 1988, *M. Finot*, n° 90772 : *Lebon 344*.

3. *Caractère non détachable de la note.* La note d'éducation physique attribuée trimestriellement à un élève n'est pas détachable de la décision prise au terme de l'année scolaire sur l'admission dans la classe supérieure, l'autorisation de redoubler ou l'orientation vers une autre forme d'enseignement. Elle n'est dès lors pas susceptible d'être déférée au juge de l'excès de pouvoir. En l'absence de conclusions dirigées contre la décision prise à l'issue de l'année scolaire, ou contre les résultats de l'examen du brevet des collèges qui a pris cette note en compte, la circonstance que ladite note aurait été inspirée par des considérations étrangères à l'évaluation des capacités et des connaissances de l'élève, ou qu'elle aurait modifié les résultats obtenus à l'examen du brevet des collèges, auquel l'intéressé a d'ailleurs été reçu, est sans influence sur le caractère détachable de ladite note. • CAA Bordeaux, 10 déc. 1999, *Mlle Burgaud*, n° 96BX32942.

Art. L. 312-3 L'enseignement de l'éducation physique et sportive est dispensé dans les écoles maternelles et élémentaires et dans les établissements d'enseignement du second degré et d'enseignement technique.

Il est assuré :

1° *(L. n° 2003-339 du 14 avr. 2003, art. 4)* « Dans les écoles maternelles et élémentaires, par les enseignants du premier degré, réunis en équipe pédagogique. Ceux-ci acquièrent une qualification pouvant être dominante en éducation physique et sportive pendant leur formation initiale ou continue. Toutefois, un personnel agréé et disposant d'une qualification définie par l'État peut assister l'équipe pédagogique, avec son accord et sous la responsabilité de celle-ci ; »

2° Dans les établissements du second degré, par les personnels enseignants d'éducation physique et sportive.

1. *Intervenants extérieurs en éducation physique et sportive. Situation juridique. Conséquences. Principe de neutralité.* La DAJ a précisé que les intervenants extérieurs ne sont pas de simples accompagnants mais des intervenants apportant leur concours à l'enseignement de l'EPS dans les écoles publiques. À ce titre, les intervenants prennent part à la mission d'enseignement et sont au contact direct des enfants lors de l'encadrement des activités physiques et sportives au cours desquelles ils encadrent un groupe d'élèves sous la responsabilité pédagogique de l'enseignant. Ils sont ainsi placés dans une situation comparable à celle des professeurs et distincte de celle des parents qui accompagnent une sortie scolaire. Les intervenants agréés doivent donc être considérés comme soumis au principe de neutralité au même titre que les agents publics. La circonstance qu'ils soient ou non parents d'élèves est, à cet égard, inopérante. * Note DAJ A1 n° 2019-0056, 17 janv. 2020 : *LIJ 2020, n° 201, p. 7.* ♦ En ce sens : • CAA Lyon, 23 juill. 2019, n° 17LY04351 : *LIJ 2019, n° 208, p. 5.*

2. *Natation scolaire. Intervenant extérieur. Agrément. Condition de qualification définie par l'État.* Le requérant, opérateur territorial des activités physiques et sportives, avait demandé l'annulation de la décision par laquelle l'inspecteur d'académie avait décidé de ne pas renouveler à son profit l'agrément pour l'encadrement des activités de natation dans le cadre scolaire, au motif qu'il n'avait pas été intégré dans cet emploi lors de la constitution initiale du cadre d'emploi de la fonction publique territoriale. Le juge a considéré que, s'il est constant que le requérant titulaire du diplôme du brevet d'État d'éducateur sportif du 1er degré des activités de natation n'a pas été admis au concours d'éducateur territorial, il ressort des pièces du dossier qu'en réservant ainsi le bénéfice de l'agrément aux seuls opérateurs intégrés lors de la constitution initiale du cadre d'emploi, l'inspecteur d'académie s'est fondé sur une condition ne résultant d'aucun texte législatif ou réglementaire ; que si le recteur d'académie se prévaut des dispositions selon lesquelles le personnel agréé qui assiste l'équipe pédagogique dispose d'une qualification définie par l'État, cela ne signifie pas pour autant qu'il est libre de définir comme il l'entend la qualification du personnel assistant l'équipe pédagogique auquel l'inspecteur d'académie délivrera l'agrément ; que le recteur ne saurait, à cet égard, utilement invoquer ni la Circ. n° 2004-139 du 13 juill. 2004 relative à l'enseignement de la natation dans les établissements scolaires du premier et du second degré modifiée par la Circ. n° 2004-173 du 15 oct. 2004, ni l'annexe 2 à la Circ. n° 2010-191 du 19 oct. 2010 relative à l'enseignement de la natation dans les premier et second degrés, lesquelles n'ont pas de valeur réglementaire et ont fixé, en réservant l'agrément aux seuls opérateurs intégrés lors de la constitution initiale du cadre d'emploi, une condition sans rapport avec l'aptitude à encadrer les activités scolaires de natation. • TA Châlons-en-Champagne, 14 févr. 2013, n° 102032 : *LIJ 2013, n° 177, p. 8.*

Art. L. 312-4 *(L. n° 2003-339 du 14 avr. 2003, art. 4)* **L'organisation et les programmes de l'éducation physique et sportive dans les établissements d'enseignement et de formation professionnelle et dans les établissements spécialisés tiennent compte des spécificités liées aux différentes formes de handicap.**

Les éducateurs et les enseignants facilitent par une pédagogie adaptée l'accès des jeunes *(L. n° 2019-791 du 26 juill. 2019, art. 27)* **« en situation de handicap » à la pratique régulière d'activités physiques et sportives.**

Une formation spécifique aux différentes formes de handicap est donnée aux enseignants et aux éducateurs sportifs, pendant leurs formations initiale et continue.

SECTION II LES ENSEIGNEMENTS ARTISTIQUES

COMMENTAIRE

Parmi les missions des écoles et établissements scolaires figure *« l'éducation artistique et culturelle »* (EAC), expression substituée par l'article 10 de la loi de refondation de l'École de la République du 8 juillet 2013 à la mention des enseignements artistiques. Le rapport annexé indique qu'elle est conçue comme un levier d'émancipation et d'intégration scolaire. L'article L. 121-6 disposait déjà que les enseignements artistiques contribuent à l'épanouissement des aptitudes individuelles et à l'égalité d'accès à la culture ; si comme par le passé elle favorise la connaissance du patrimoine culturel, la rédaction issue de la loi de 2008 mentionne expressément la création contemporaine et ajoute qu'elle participe au développement de la créativité. En effet, si l'éducation artistique et culturelle est principalement fondée sur les enseignements artistiques, elle comprend également un parcours pour tous les élèves tout au long de leur scolarité. Ce parcours, dont l'objectif est de favoriser un égal accès de tous les jeunes à l'art et à la culture, doit permettre aux élèves d'acquérir des connaissances constituant autant de repères culturels mais aussi de découvrir des artistes et des œuvres et d'accéder aux pratiques artistiques individuelles et collectives dans les différents domaines, contribuant pendant la scolarité obligatoire à l'acquisition des connaissances et des compétences du socle (art. D. 122-1 ; Arr. du 1er juill. 2015 relatif au parcours d'éducation artistique et culturelle, EAC, V. référentiel, *BOEN 9 juill. 2015*) ; mis en œuvre localement, des acteurs du monde culturel et artistique et du secteur associatif peuvent être associés à l'EAC (V. Circ. intermin. n° 2013-073 du 3 mai 2013. Une convention-cadre nationale a été établie le 27 sept. 2013 par le ministre de l'éducation nationale, le ministre de la Culture, le CNDP et l'Association des régions de France, qui sont notamment responsables des fonds régionaux d'art contemporain [FRAC], pour mettre en place le dispositif intitulé « Un établissement, une œuvre »). Elle doit être complétée localement par la conclusion de contrats locaux d'éducation artistique et culturelle. En 2017, le président de la République a fixé un objectif ambitieux : 100 % des enfants doivent pouvoir accéder aux différents dispositifs d'éducation artistique et culturelle (communiqué du conseil des ministres du 14 sept. 2017).

On peut s'étonner que l'expression ainsi introduite dans le livre Ier ne le soit pas dans le livre III, qui consacre une section non à l'EAC mais aux « enseignements artistiques ». La loi prévoit toutefois une *« éducation artistique »* dans les écoles maternelles (art. L. 312-5) et des *« enseignements artistiques obligatoires »* dans les écoles élémentaires (2 h par semaine : Arr. du 9 nov. 2015), les collèges et les lycées (art. L. 312-6) ; pour certaines formations, notamment dans les lycées agricoles et maritimes, ces enseignements peuvent toutefois être facultatifs (art. L. 312-7).

Il s'agit d'abord des enseignements de musique et d'arts plastiques pour lesquels sont recrutés des professeurs de lycées et de collèges spécialisés. La loi prévoit en outre une initiation à l'histoire de l'art et aux pratiques artistiques (art. L. 312-6, al. 2) et envisage la possibilité d'ouvrir des enseignements dans d'autres disciplines artistiques, à l'école et au collège (art. L. 312-6, al. 3).

Pour assurer une culture commune aux élèves, il a été prévu de développer l'enseignement de l'histoire des arts en l'intégrant dans les programmes de l'école primaire (2008) et des collèges et lycées (2009) ; c'est un enseignement pluridisciplinaire (il fait partie des programmes de plusieurs matières comme l'histoire, les arts plastiques, l'éducation musicale, le français…) et transversal ; il est construit autour de six domaines artistiques : arts de l'espace, du son, du visuel (précision intégrée de manière générale par l'art. 10 de la loi de 2008 à l'art. 121), arts du langage, arts du spectacle et arts du quotidien. Le programme et l'organisation de cette matière hors norme sont cependant très ouverts, et chaque établissement ou chaque professeur est libre d'aborder ce cours sous des angles différents.

Cet enseignement faisait depuis 2013 l'objet d'une épreuve obligatoire au brevet, remplacée à partir de 2016 par une nouvelle épreuve orale portant sur un des projets menés dans le cadre des enseignements pratiques interdisciplinaires ou des parcours, notamment du parcours d'éducation artistique et culturelle (Arr. du 31 janv. 2015).

L'enseignement artistique existe aussi sous forme optionnelle dans d'autres domaines : arts plastiques, cinéma-audiovisuel, musique, théâtre. Les établissements peuvent aussi comporter des classes à horaires aménagés pour la musique ou la danse (CHAM), fonctionnant notamment en liaison avec les conservatoires.

Pour éviter de réserver ces possibilités aux publics les plus favorisés, il est possible, par des politiques académiques volontaristes, d'implanter classes ou options dans des établissements défavorisés avec l'idée d'en faire des « sites d'excellence » (notamment dans le cadre de l'éducation prioritaire). Mais l'égalité des chances impose que tous les élèves puissent accéder aux arts. C'est la raison pour laquelle chaque école et chaque établissement doivent prévoir un volet culturel dans leur projet. C'est l'idée qui sous-tend la notion de parcours, revivifiée par la loi d'orientation et de programmation pour la refondation de l'École de la République qui le considère comme un élément fondamental de la formation scolaire, un levier de réussite et d'épanouissement pour tous.

C'est dans ce cadre que doit être prévu le développement des pratiques artistiques à l'école ; notamment dans le domaine de la musique (chant choral, pratique orchestrale) du théâtre, du livre et de la lecture ; elles sont d'ailleurs un des éléments forts des dispositifs d'accompagnement éducatif et trouvent place dans le temps des activités périscolaires (art. L. 551-1 : le projet éducatif territorial vise notamment à favoriser, pendant le temps libre des élèves, leur égal accès aux pratiques culturelles). Mais l'accès aux œuvres et aux artistes doit aussi être organisé sur le temps scolaire ; il peut être réalisé par la mise en place de résidences d'artistes, la découverte de lieux culturels, la fréquentation des bibliothèques et médiathèques). Le partenariat avec des établissements culturels est garant de la qualité de cet enseignement. L'action concertée des services de l'État (rectorat, direction régionale des affaires culturelles) et des collectivités territoriales doit permettre une régulation d'ensemble (V. Circ. intermin. n° 2008-059 du 29 avr. 2008 sur le développement de l'éducation artistique et culturelle).

Le Haut Conseil à l'éducation artistique et culturelle créé en 2006, réorganisé par le décret du 28 août 2013 qui réunit des représentants des deux ministères, des collectivités territoriales, des parents d'élèves et des acteurs éducatifs et culturels est notamment chargé de recenser et diffuser les meilleures pratiques développées dans les territoires, notamment à travers une politique de labellisation. Le développement de l'éducation artistique et culturelle doit être évalué chaque année.

Aux côtés des professeurs, les écoles et établissements peuvent recourir à des ***intervenants extérieurs*** justifiant d'une compétence professionnelle (attestée par un diplôme ou une pratique d'au moins 3 ans, art. R. 911-60) dans les domaines de la création ou de l'expression artistique, de l'histoire de l'art ou de la conservation du patrimoine (art. L. 911-6) ; ces personnes qualifiées apportent leur concours aux enseignements artistiques sous la responsabilité pédagogique des enseignants (pour le contenu, les méthodes et l'évaluation) dans le cadre d'un programme d'enseignement ou d'un projet engagé par l'école ou l'établissement ; sauf en cas de concours exceptionnel ou occasionnel (art. R. 911-59, al. 3), les intervenants sont choisis par le chef d'établissement ou le directeur d'école sur proposition de l'enseignant responsable après avoir consulté le conseil d'école ou le conseil d'administration du collège ou du lycée, l'autorité académique pouvant s'y opposer dans les quinze jours (art. R. 911-59, al. 2 ; sur un refus d'agrément fondé en droit, voir note 2 ss. art. L. 911-6). Participant à une mission de service public administratif, les personnes ainsi recrutées sont soumises à un régime de droit public (T. confl. 22 oct. 2001, *M. Cabanel c/ Recteur de l'académie de Grenoble*, n° 3271) ; il en est de même de l'association qui a conclu avec l'autorité académique une convention dont les modalités sont fixées par un arrêté interministériel éducation/culture mentionnant les personnes auxquelles les écoles et établissements peuvent faire appel (art. R. 911-61).

La loi n° 2009-669 du 12 juin 2009, favorisant la diffusion et la protection de la création sur internet, a modifié l'article L. 312-6 en précisant que, dans le cadre de ces enseignements, les élèves reçoivent une information sur les dangers du téléchargement et de la mise à disposition illicites d'œuvres ou d'objets protégés par un droit d'auteur ou un droit voisin pour la création artistique.

Le Rapport sur la refondation de l'école (2012) affirmait la nécessité d'un engagement fort de l'État, garant de l'égalité, pour l'éducation culturelle, artistique et scientifique et proposait la mise en place d'une « charte nationale » de l'intervention culturelle en milieu scolaire. La loi confirme l'importance de l'éducation culturelle en intégrant un troisième C au socle commun de connaissances et de compétences comportera dorénavant le C de la culture (SCC). Le parcours d'éducation artistique et culturelle comprendra classiquement trois volets complémentaires : les enseignements (dont l'histoire des arts), la pratique artistique et la rencontre avec des œuvres et des artistes.

Le Gouvernement a présenté au Conseil des ministres du 21 novembre 2012 un objectif bien connu : permettre à tous les jeunes, sur tous les territoires, d'accéder à l'art et à la culture, de la petite enfance à l'université. Les ministères de l'éducation et de la culture doivent donc agir, avec les moyens qui leur restent, en collaboration avec les collectivités territoriales, les associations culturelles, de jeunesse et d'éducation populaire, les structures culturelles et les artistes.

A la rentrée 2018, les ministres de l'éducation nationale et de la culture ont présenté un plan d'ensemble pour permettre à tous les élèves de bénéficier d'un parcours artistique de qualité de la maternelle au baccalauréat : quatre axes (livre, musique et chant choral, théâtre et cinéma) ont été retenus tant pour les temps scolaire et périscolaire qu'extrascolaire. ❑

Art. L. 312-5 **Une éducation artistique est dispensée dans les écoles maternelles.**

BIBL. ▶ Bichat, L'enseignement des disciplines artistiques à l'école, *Rapport Conseil économique et social, févr. 2004*. – Bouysse, Maestracci, Moirin, Saint-Marc, La mise en œuvre de l'éducation artistique et culturelle à l'école primaire, *Rapp. IGEN, mai 2007*. – Bullara, Favoriser les pratiques culturelles, sportives et citoyennes en faveur de la jeunesse, Rapport de la mission ministérielle sur les pratiques culturelles, sportives et citoyennes en faveur de la jeunesse, *MEN, févr. 2004*. – Grabowski, L'éducation artistique dans le système scolaire français de 1968 à 2000, *Thèse, Paris, Institut d'études politiques, 2013*. – Juppe-Leblond, Chiffert, Lesage et Krynen, L'éducation aux arts et à la culture, Rapport au ministre délégué à l'enseignement scolaire et au ministre de la culture et de la communication, *MEN, janv. 2003*. – Martin, Les classes artistiques favorisent la mixité dans les collèges, *Le Monde, 14 juin 2019. 13*. – Touahir et Thoumelin, Éducation artistique et culturelle : résultats de l'enquête 2018-2019 dans les écoles et les collèges, *MENJ-DEPP, Note d'information n° 20.40, nov. 2020*. – Wismann et Judet de La Combe, Premières réflexions sur l'enseignement des langues et des cultures classiques, Rapport de la mission ministérielle sur l'enseignement des langues et cultures de l'Antiquité, *MEN, sept. 2003*. – La place des enseignements artistiques dans la réussite des élèves, *Rapp. IGEN, 2000*.

Art. L. 312-6 Des enseignements artistiques obligatoires sont dispensés dans les écoles élémentaires et dans les collèges et dans les classes correspondantes des établissements d'éducation spéciale, des lycées professionnels maritimes et des établissements d'enseignement agricole visés à l'article L. 811-8 du code rural et de la pêche maritime *[V. cet art. à l'art. L. 421-22]*.

Ces enseignements comportent au moins un enseignement de la musique et un enseignement des arts plastiques. Ils ont pour objet une initiation à l'histoire des arts et aux pratiques artistiques.

Des enseignements artistiques portant sur des disciplines non visées à l'alinéa précédent peuvent être institués, à titre facultatif, dans les écoles élémentaires et les collèges.

(L. n° 2009-669 du 12 juin 2009, art. 15) « Dans le cadre de ces enseignements, les élèves reçoivent une information sur les dangers du téléchargement et de la mise à disposition illicites d'œuvres ou d'objets protégés par un droit d'auteur ou un droit voisin pour la création artistique. »

Art. L. 312-7 Dans les lycées et les classes correspondantes des établissements d'éducation spéciale, des lycées professionnels maritimes et des établissements d'enseignement agricole mentionnés à l'article L. 811-8 du code rural et de la pêche maritime *[V. cet art. à l'art. L. 421-22]*, les enseignements artistiques sont assurés à titre obligatoire ou facultatif selon les formations suivies. – *[L. n° 88-20 du 6 janv. 1988, art. 4.]*

Art. L. 312-8 Le *(L. n° 2005-380 du 23 avr. 2005, art. 22)* « Haut Conseil de l'éducation artistique et culturelle » est chargé de suivre la mise en œuvre des mesures administratives et financières relatives au développement *(L. n° 2005-380 du 23 avr. 2005, art. 22)* « de l'éducation artistique et culturelle ».

Ce *(L. n° 2005-380 du 23 avr. 2005, art. 22)* « haut conseil » comprend notamment des représentants de l'État et des collectivités territoriales et des personnalités du monde artistique ; il est présidé conjointement par le ministre chargé de la culture et par le ministre chargé de l'éducation ; il établit et publie chaque année un rapport sur son activité et sur l'état *(L. n° 2005-380 du 23 avr. 2005, art. 22)* « de l'éducation artistique et culturelle ».

Des décrets précisent la composition et le mode de désignation du *(L. n° 2005-380 du 23 avr. 2005, art. 22)* « haut conseil », ainsi que les modalités de son fonctionnement.

SECTION III LA FORMATION À L'UTILISATION DES OUTILS ET DES RESSOURCES NUMÉRIQUES

(L. n° 2013-595 du 8 juill. 2013, art. 38)

Art. L. 312-9 La formation à l'utilisation *(L. n° 2018-698 du 3 août 2018, art. 3)* « responsable » des outils et des ressources numériques est dispensée dans les écoles et les établissements d'enseignement *(L. n° 2014-1170 du 13 oct. 2014, art. 63)* « , y compris agricoles, » ainsi que dans les unités d'enseignement des établissements et services médico-sociaux et des établissements de santé. Elle comporte une *(L. n° 2018-698 du 3 août 2018, art. 3)* « éducation » aux droits et aux devoirs liés à l'usage de l'internet et des réseaux, dont la protection de la vie privée et le respect de la propriété intellectuelle *(L. n° 2018-698 du 3 août 2018, art. 3)* « , de la liberté d'opinion et de la dignité de la personne humaine » *(L. n° 2018-493 du 20 juin 2018, art. 17)* « , ainsi qu'aux règles applicables aux traitements de données à caractère personnel ». *(L. n° 2018-698 du 3 août 2018, art. 3)* « Elle contribue au développement de l'esprit critique *(L. n° 2020-766 du 24 juin 2020, art. 13)* « , à la lutte contre la diffusion des contenus haineux en ligne » et à l'apprentissage de la citoyenneté numérique. »

(L. n° 2018-703 du 3 août 2018, art. 12) « Cette formation comporte également une sensibilisation sur l'interdiction du harcèlement commis dans l'espace numérique, la manière de s'en protéger et les sanctions encourues en la matière. »

(L. n° 2021-1109 du 24 août 2021, art. 44) « A l'issue de l'école primaire et du collège, les élèves reçoivent une attestation certifiant qu'ils ont bénéficié d'une sensibilisation au bon usage des outils numériques et des réseaux sociaux ainsi qu'aux dérives et aux risques liés à ces outils. »

Sur le développement des compétences numériques dans l'enseignement scolaire, dans l'enseignement supérieur et la formation continue, et le cadre de référence des compétences numériques, V. art. D. 121-1.

BIBL. ▸ **Bibl. gén.** CORNU et VÉRAN, Le numérique et l'éducation dans un monde qui change : une révolution ?, *in* Pédagogie et révolution numérique, *CIEP, Revue internationale d'éducation de Sèvres, nº 67, déc. 2014.* – ERHEL et PIRON, L'évaluation de la modernisation numérique de l'État, *Ass. nat., Comité d'évaluation et de contrôle des politiques publiques, Rapp. d'information, nº 3721, 4 mai 2016.* – PONTIER, Lutte contre l'illectronisme ?, *AJDA 2020. 2225*. – VALL, Illectronisme et inclusion numérique, *Sén. Rapp. d'information nº 711 (2019-2020), 17 sept. 2020.* – VILLANI, Donner un sens à l'intelligence artificielle. Pour une stratégie nationale et européenne, *Mission parlementaire, mars 2018.*

▸ **École numérique.** ALLUIN, Les technologies de l'information et de la communication (TIC) en classe au collège et au lycée : éléments d'usages et enjeux, *MEN, Les Dossiers - Enseignement scolaire, nº 197, oct. 2010.* – AZMAT, FOUGERE, LERMITE, LOBUT et TOUW, Évaluation multidimensionnelle de l'impact d'équipements numériques mobiles sur les apprentissages des élèves : premiers résultats des effets du Plan numérique de 2015, *MENJS-DEPP, Note d'Information nº 21.05, févr. 2021.* – BASSY, DUPUIS, JAMMES et a., L'accompagnement à la scolarité : pour une politique coordonnée, équitable et adossée aux technologies de l'information et de la communication, *MEN, Rapport conjoint IGAEN, IGEN, nº 2006-10, mai 2006.* – BECCHETTI-BIZOT, Repenser la forme scolaire à l'heure du numérique. Vers de nouvelles manières d'apprendre et d'enseigner, *MEN, Rapp. IGEN, nº 2017-056, mai 2017.* – BENHAÏM-GROSSE, MOREAU et BESSONNEAU, Les collèges connectés : une utilisation plus fréquente des outils numériques par les élèves, associée à une évolution des pratiques pédagogiques des enseignants, *MEN-DEPP, Note d'information nº 2, janv. 2016.* – BENHAÏM-GROSSE, BESSONNEAU et CHESNE, Le numérique au service de l'apprentissage des élèves : premières observations du dispositif « Collèges connectés », *MEN-DEPP, Note d'information nº 2, janv. 2015.* – BENHAÏM-GROSSE, LONGHI, MONSEUR, SOLNON, VERDON, CHARPENTIER et RAFFAËLLI, Premiers résultats de l'enquête sur les pratiques d'enseignement des professeurs des écoles, EPODE, en 2018, *MENJ-DEPP, note d'information, nº 20.32, sept. 2020.* – BIHOUIX et MAUVILLY, Le désastre de l'école numérique. Plaidoyer pour une école sans écran, *Seuil, 2016 ; AEF 5 sept. 2016, Dépêche nº 544875, comm. Monteil.* – BOCQUET, BRUILLARD, CORNU, GUIGNOLET, MOATTI et VÉRAN, Le numérique à l'école : évolution ou révolution pédagogique ? Un état des réflexions en France. Table ronde, *in* Pédagogie et révolution numérique, *CIEP, Revue internationale d'éducation de Sèvres, nº 67, déc. 2014.* – FOURGOUS, « Apprendre autrement » à l'ère numérique. Se former, collaborer, innover : un nouveau modèle éducatif pour une égalité des chances, *Rapp. mission parlementaire sur l'innovation des pratiques pédagogiques par le numérique et la formation des enseignants, 24 févr. 2012.* – SÉRÉ et BASSY, Le manuel scolaire à l'heure du numérique. Une « nouvelle donne » de la politique de ressources pour l'enseignement, *MEN, Rapp. IGEN-IGAENR, nº 2010-087, juill. 2010.* – Le numérique pour réussir dès l'école primaire, *Institut Montaigne, mars 2016 : http://www.institutmontaigne.org/res/files/publications/institut_montaigne_le_numerique_pour_reussir_des_l_ecole_primaire.pdf* – STUDER, L'école dans la société du numérique, *Ass. nat., Rapp. d'information 1296, 10 oct. 2018.*

▸ **Données numériques.** BRAUN, CAVAILLÈS, MOULLET, MERRIAUX, PAQUIS et PELLET, Données numériques à caractère personnel au sein de l'Éducation nationale, *IGEN-IGAENR, Rapp. nº 2018-016, févr. 2018.* – CHATAIN-MARCEL, L'éducation au numérique. Vers un renforcement de la protection des données personnelles dans le milieu scolaire à l'heure du numérique, *LIJ 2013, nº 175, p. 21.*

▸ **Équipement numérique.** CHAUMERON, Disparités d'équipement numérique dans les lycées : les lycées professionnels globalement mieux dotés, *MEN-DEPP, Note d'information, nº 18.20, 2018.* – CORMIER et RUDOLF, L'équipement informatique a doublé en dix ans dans les collèges publics, *MEN-DEPP, Note d'information nº 1, janv. 2015.*

▸ **Évaluation.** LE CAM et PAC, ICILS 2018 : évaluation internationale des élèves de quatrième en littératie numérique et pensée informatique, *MENJ-DEPP, Note d'information, nº 19.40, nov. 2019.* – Évaluation numérique des compétences du socle en début de sixième : des niveaux de performance contrastés selon les académies, *MENESR, DEPP, Note d'information, nº 18, juin 2016 : http://www.education.gouv.fr/cid102737/evaluation-numerique-des-competences-du-socle-en-debut-de-sixieme-des-niveaux-de-performance-contrastes-selon-les-academies.html.* – Dispositif d'évaluation des usages des ENT (EVALuENT), Synthèse des résultats de l'enquête nationale EVALuENT 2016 portant sur les usages des Espaces Numériques de Travail (ENT) du second degré, *MENESR, nov. 2016 : http://eduscol.education.fr/cid55740/dispositifs-evaluation-des-usages-des-ent.html.*

▶ **Formation.** Morin-Desailly, Prendre en main notre destin numérique : l'urgence de la formation, *Sénat, Rapp. au nom de la commission de la culture, de l'éducation et de la communication sur la formation à l'heure du numérique, n° 607, 27 juin 2018*. – Schechter, Bergmann, Gaubert-Macon, Azéma, Christmann, Castellazzi et Laval, Les besoins et l'offre de formation aux métiers du numérique, *Rapp. IGEN-IGAENR-CGEIET-IGAS, n° 2015-097, févr. 2016*.

International. Ho, Le numérique éducatif : un portrait européen, *MEN-DEPP, Note d'information n° 14, avr. 2014* – Le Cam et Pac, ICILS 2018 : enquête internationale auprès des enseignants de quatrième sur l'utilisation des technologies de l'information et de la communication, *MENJ-DEPP, Note d'information n° 20.04, févr. 2020*. – Plan d'action numérique en éducation et en enseignement supérieur, *Ministère de l'Éducation et de l'Enseignement supérieur, Direction des communications, Québec, 2018 : http://www.education.gouv.qc.ca/fileadmin/site_web/documents/ministere/PAN_FINAL.pdf*.

Campus numériques. V. Bibl. ss. art. L. 611-8.

COMMENTAIRE

Comme la langue d'Ésope, le numérique peut être la pire et la meilleure des choses. Aussi le législateur est-il intervenu tant pour en limiter que pour en faciliter les usages. La version initiale de l'article L. 312-9, issue de l'ordonnance codificatrice ne comportait qu'une phrase : « Tous les élèves sont initiés à la technologie et à l'usage de l'informatique ». A plusieurs reprises, le législateur a modifié et enrichi cette disposition. La loi n° 2021-1099 du 24 août 2021 confortant le respect des principes de la République en tire les conséquences en disposant qu'à l'issue de l'école primaire et du collège, les élèves reçoivent une attestation certifiant qu'ils ont bénéficié d'une sensibilisation au bon usage des outils numériques et des réseaux sociaux ainsi qu'aux dérives et aux risques liés à ces outils.

La loi n° 2009-669 du 12 juin 2009 favorisant la diffusion et la protection de la création sur internet, conçue dans le cadre de la préparation du brevet informatique et internet mis en place en 2000, introduit une sensibilisation aux risques liés aux usages des services de communication en ligne ; elle impose que soit organisée une information sur les dangers du téléchargement et de la mise à disposition illicites d'œuvres ou d'objets protégés par le droit d'auteur ou un droit voisin tant dans le cadre des enseignements artistiques (art. L. 312-6) que dans celui de l'acquisition des compétences informatiques et internet (art. L. 312-9).

La loi n° 2013-595 du 8 juillet 2013 d'orientation et de programmation sur la refondation de l'école supprime la référence au B2I tout en consacrant la formation à l'utilisation des outils numériques en insistant sur la progression des apprentissages et des compétences de l'école au lycée, comme dans les établissements médico-sociaux et de santé. L'article 53 de la loi n° 2014-1170 du 13 octobre 2014 étend l'article L. 312-9 aux établissements agricoles, malheureusement oubliés par la législation antérieure. S'agissant des thèmes objets de sensibilisation, elle ajoute la protection de la vie privée. Dans son discours du 9 octobre 2012, le Président de la République avait en effet souhaité une consécration de « l'e-éducation ». La politique menée par le Gouvernement vise tout d'abord les élèves qui doivent pouvoir bénéficier d'un service public d'aide personnalisée aux élèves en difficulté et d'un service d'accompagnement à l'apprentissage des langues pour les élèves du primaire développés avec le Centre national d'enseignement à distance (CNED). Elle s'adresse ensuite aux enseignants qui disposeront ainsi de ressources pédagogiques culturelles et scientifiques avec la mise en ligne des sujets de concours et d'examen de l'enseignement public. Enfin, les parents pourront recevoir une assistance, par exemple pour suivre la progression de leurs enfants dans l'apprentissage de la lecture, conçue par le Centre national de documentation pédagogique (CNDP devenu réseau Canopé).

La loi n° 2016-1321 du 7 octobre 2016 pour une République numérique prévoit de nombreuses mesures indispensables au fonctionnement d'une société numérique, établissant un équilibre entre la circulation des données, la protection des individus et l'accès pour tous au numérique permettant notamment de lutter contre l'illettrisme numérique. Si les dispositions sur l'équivalence des enseignements mis à disposition sous forme numérique et des enseignements dispensés en présence des étudiants concernent uniquement l'enseignement supérieur et la formation tout au long de la vie (art. L. 611-8), la loi peut concerner l'enseignement scolaire dans la mesure où elle incite l'éducation nationale à encourager l'utilisation des logiciels libres et des formats ouverts (art. 16) ou assure le libre accès aux publications scientifiques issues d'une activité de recherche financée par des fonds publics (art. 30, V. C. rech., art. L. 533-4).

La loi n° 2018-493 du 20 juin 2018 relative à la protection des données personnelles qui adapte le règlement (UE) 2016/679 du Parlement européen et du Conseil complète deux articles du code de l'éducation. L'article 17 ajoute une mention à la formation à l'utilisation responsable des outils et des ressources numériques dans les écoles et les établissements d'enseignement : une éducation « aux règles applicables aux traitements de données à caractère personnel » (art. L. 312-9) ; la liberté d'opinion, la dignité de la personne humaine, le développement de l'esprit critique et l'apprentissage de la citoyenneté numérique sont introduits dans l'alinéa 1er par la loi n° 2018-703 du 3 août 2018 renforçant la lutte contre les violences sexuelles et sexistes qui crée un alinéa 2 mentionnant la sensibilisation sur l'interdiction du harcèlement commis dans l'espace numérique, la manière de s'en protéger et les sanctions encourues. L'article 22 de la loi n° 2018-493 crée un article L. 121-4-2 disposant que : « L'autorité responsable des traitements de données à caractère personnel mis en œuvre dans les établissements publics d'enseignement scolaire met à la disposition du public le registre comportant la liste de ces traitements, établi conformément aux dispositions du [RGPD] (...). ».

Au-delà de la loi, les Gouvernements ont régulièrement lancé des plans pour le numérique. Dès 1971, avaient été envisagées des mesures d'introduction de l'informatique, notamment dans le secondaire. En 1985, Laurent Fabius lance le plan ***informatique pour tous*** (IPT) qui devait permettre de généraliser l'outil informatique et de soutenir l'industrie nationale. En 1997, Claude Allègre et Ségolène Royal présentent un plan d'introduction des nouvelles technologies de l'information et de la communication « de la maternelle à l'université » prenant en compte à la fois l'équipement, la production de logiciels mais aussi la formation des enseignants. Pour Claude Allègre, au-delà des « tuyaux et de la quincaillerie », il s'agit d'« un changement profond de civilisation et de pédagogie ». En 2009, Xavier Darcos lance le « plan École numérique rurale », visant à réduire la fracture numérique et les nombreuses disparités dans l'emploi des nouvelles technologies dans les écoles du territoire français. En 2010, avait été présenté « un plan de développement des usages numériques à l'École ». Un « grand plan numérique » a enfin été annoncé par le Président de la République François Hollande. La question des usages pédagogiques (notamment pour les apprentissages fondamentaux, la pédagogie différenciée, l'individualisation des parcours, la lutte contre le décrochage scolaire) est au cœur de la concertation nationale lancée sur le ***numérique pour l'éducation*** ; elle est structurée autour de cinq grands thèmes : les apprentissages et la réussite de tous les élèves ; le renouvellement et la diversification des pratiques pédagogiques et éducatives ; les compétences de demain ; la réduction des inégalités : l'ouverture de l'école à son territoire et à son environnement.

L'acquisition d'une culture numérique par tous les élèves (et par tous les enseignants), qui passe notamment par un enseignement du codage informatique, doit permettre de comprendre le fonctionnement de l'outil et de développer l'esprit critique des élèves, objectif s'inscrivant dans le cadre d'une éducation aux médias et à l'information, élément du parcours citoyen permettant de prendre en considération les potentialités et les dangers des réseaux sociaux.

Le développement des usages du numérique doit prendre en considération les règles (non intégrées dans le C. éduc.) inspirées par le principe de précaution ; ainsi, la loi n° 2015-136 du 9 février 2015 relative à la sobriété, à la transparence, à l'information et à la concertation en matière d'exposition aux ondes électromagnétiques, issue d'une proposition de loi déposée par les députés écologistes qui souhaitaient notamment protéger les enfants des effets d'une exposition continue aux ondes électromagnétiques, dispose que dans les classes des écoles primaires, les accès sans fil des équipements sont désactivés lorsqu'ils ne sont pas utilisés pour les activités numériques pédagogiques ; toute nouvelle installation d'un réseau radioélectrique fait l'objet d'une information préalable du conseil d'école (art. 7).

Lors des débats sur la proposition de loi sur l'interdiction du téléphone portable à l'école et au collège (et au lycée par le règlement intérieur), les parlementaires ont souhaité renforcer le rôle de l'école dans l'éducation au numérique. La **loi n° 2018-698 du 3 août 2018 relative à l'encadrement de l'utilisation du téléphone portable**

dans les établissements d'enseignement scolaire précise que l'éducation à la responsabilité civique s'étend à « l'utilisation d'internet et des services de communication au public en ligne » (art. L. 121-1). La formation doit viser à l'utilisation responsable des outils et des ressources numériques ; il s'agit non de sensibiliser mais d'éduquer aux droits et aux devoirs liés à l'usage de l'internet, dont la protection de la vie privée et le respect de la propriété intellectuelle mais aussi « de la liberté d'opinion et de la dignité de la personne humaine », contribuant ainsi « au développement de l'esprit critique et à l'apprentissage de la citoyenneté numérique » (art. L. 312-9), les projets d'établissement pouvant prévoir des expérimentations de « l'utilisation des outils et ressources numériques » (art. L. 401-1).

La certification des compétences et de la maîtrise des outils introduites par la loi n° 2009-669 du 12 juin 2009, supprimées par la loi n° 2013-595 du 8 juillet 2013, a fait l'objet du brevet informatique et internet (BEI), créé en 2000 (Note de service 2000-206 du 16 nov. 2000), comportant trois niveaux (B2I école, intégré aux programmes de l'enseignement primaire en 2002 ; B2I collège, pris en compte dans le DNB ; B2I lycée, Arr. du 14 juin 2006), délivré par le directeur d'école ou le chef d'établissement. A partir de 2018, le B2I est remplacé dans les établissements et écoles par « un cadre de référence des compétences numériques » donnant lieu à une certification en fin de cycle au collège et au lycée via une plateforme en ligne par le GIP PIX. C'est dans ce cadre que prend place l'alinéa 3 de l'article L. 312-9, introduit par l'article 44 de la loi n° 2021-1109 du 24 août 2021 créant une nouvelle attestation pour les élèves des écoles et des collèges. ❑

SECTION III *BIS* L'ENSEIGNEMENT DE LA LANGUE DES SIGNES

(L. n° 2005-102 du 11 févr. 2005, art. 75)

Art. L. 312-9-1 **La langue des signes française est reconnue comme une langue à part entière.**

Tout élève concerné doit pouvoir recevoir un enseignement de la langue des signes française.

Le Conseil supérieur de l'éducation veille à favoriser son enseignement. Il est tenu régulièrement informé des conditions de son évaluation. Elle peut être choisie comme épreuve optionnelle aux examens et concours, y compris ceux de la formation professionnelle. Sa diffusion dans l'administration est facilitée.

Intégration en milieu scolaire. Sur la mise en œuvre d'une politique de développement de la scolarisation en langue des signes : V. * Rép. min. n° 22798 : *JOAN Q 4 juin 2013, p. 5881.* ♦ Sur la scolarisation des enfants autistes : V. * Rép. min. n° 38793 : *JOAN Q 7 janv. 2014, p. 244.*

SECTION III *TER* L'ENSEIGNEMENT DES LANGUES VIVANTES ÉTRANGÈRES

(L. n° 2013-595 du 8 juill. 2013, art. 39)

Art. L. 312-9-2 **Tout élève bénéficie, dès** *(L. n° 2019-791 du 26 juill. 2019, art. 14)* **« la première année de l'école élémentaire », de l'enseignement d'une langue vivante étrangère.**

Dans chaque académie peut être favorisé l'apprentissage des langues étrangères parlées dans les pays avec lesquels des accords de coopération régionale sont en vigueur.

Une continuité des apprentissages de langues vivantes étrangères doit être assurée entre le primaire et le collège.

Outre les enseignements de langues qui leur sont dispensés, les élèves peuvent bénéficier d'une initiation à la diversité linguistique. Les langues parlées au sein des familles peuvent être utilisées à cette fin.

BIBL. ► CHARBONNIER et GOURSOLAS, Classes bi-langues et sections européennes ou de langues orientales (SELO) en collège, *Rapp. IGAENR-IGEN, n° 2014-083, déc. 2014.* – FOURNIER et GAUDRY-LACHET, L'apprentissage des langues vivantes étrangères dans l'Union européenne : formation initiale et mobilité des enseignants du secondaire inférieur, *MEN, DEPP-MIREI, Note d'information, n° 17.16, juin 2017.* – GRIN, L'enseignement des langues étrangères comme politique publique, Haut Conseil de l'évaluation de l'école, *Rapp. n° 19, sept. 2005.* – LEGENDRE, L'enseignement des langues étrangères en France, *Sénat, Rapport d'information 2003-2004, n° 63, nov. 2003.* – Plus de 80 % des élèves de l'enseignement primaire dans l'UE étudiaient une langue étrangère en

2014, *Eurostat, communiqué de presse, n° 182/2016, 23 sept. 2016 : http://ec.europa.eu/eurostat/documents/2995521/7662404/3-23092016-AP-FR.pdf/8ac241c8-91b4-4d99-b919-c5bb70b19d35.*

COMMENTAIRE

Les enquêtes internationales soulignant régulièrement la faiblesse des compétences linguistiques des élèves français, le législateur a affirmé qu'à côté de la maîtrise de la langue française, la connaissance de deux autres langues fait partie des objectifs fondamentaux de l'enseignement (art. L. 121-3, al. 1er).

La loi de refondation de l'École de la République du 8 juillet 2013 a introduit une nouvelle section identifiée comme III *ter*, placée entre la section III *bis* relative à l'enseignement de la langue des signes (art. L. 312-9 qui aurait pu être intégré au titre V relatif aux enseignements destinés aux enfants et adolescents handicapés) et la section IV consacrée à l'enseignement des langues et cultures régionales. La partie législative est constituée d'un seul article (art. L. 312-9-1) que complète la partie réglementaire par une série d'articles consacrés à l'organisation de cet enseignement (art. D. 312-16 s.).

L'enseignement d'une langue vivante étrangère fait désormais partie du contenu de la formation dans les écoles élémentaires, tel qu'il est fixé par l'article L. 321-3, alinéa 2. L'article 14 de la loi du 26 juillet 2019 pour une école de la confiance précise que cet enseignement débute « la première année de l'école élémentaire » (art. L. 312-9-2, al. 1er ; à l'école maternelle, les élèves peuvent toutefois bénéficier d'un premier éveil à la diversité linguistique, les exposant à des langues variées, première étape d'un parcours linguistique de l'élève (note de service n° 2019-087 du 28 mai 2019) ; V. aussi note de service n° 2019-086 du 28 mai 2019, LVE à l'école maternelle sur la base du rapport Alex Taylor-Chantal Manes-Bonnisseau : « Propositions pour une meilleure maîtrise des langues vivantes étrangères », septembre 2018). Le législateur consacre ainsi le caractère obligatoire de l'enseignement d'une langue vivante dès le cours préparatoire (à raison d'une 1h 30 par semaine, Arr. du 9 nov. 2015), alors qu'il ne fut pendant longtemps qu'une simple possibilité. Si, dans un premier temps, la question relevait de l'expérimentation et du volontariat, elle a peu à peu été intégrée dans les programmes, se heurtant toutefois à de nombreuses résistances et carences (absence d'objectifs clairs, impréparation des maîtres impliquant le recours à des intervenants divers habilités par l'autorité académique, CAA Paris, 30 juin 2009, n° 07PA02026). Désormais, il s'agit d'ailleurs d'un des éléments du socle commun des connaissances, des compétences et de culture que la scolarité obligatoire doit permettre d'acquérir. Le domaine 1, « les langages pour penser et communiquer », inclut les langues vivantes étrangères et régionales (art. D. 122-3). A noter toutefois qu'un enseignement précoce à l'école maternelle est envisageable, consistant en une sensibilisation visant à donner les premières compétences langagières (avec possibilité d'aller plus loin, V. Charte de qualité franco-allemande pour les écoles maternelles bilingues signée le 22 janv. 2013).

Quelle langue enseigner à l'école ? Si, en principe, il est tenu compte de la diversité des langues, l'anglais est dans une situation prédominante. En 2004, le rapport Thélot préconisait de rendre obligatoire l'« anglais de communication internationale ». La loi de 2013 admet une certaine diversité dans la mesure où, « Dans chaque académie peut être favorisé l'apprentissage des langues parlées dans les pays avec lesquels des accords de coopération régionale sont en vigueur » (art. L. 312-9-1, al. 2), visant notamment les départements d'Alsace et de Moselle où la langue allemande est à la fois considérée comme la langue du voisin et la forme écrite des langues régionales. Le réseau franco-allemand des écoles maternelles bilingues « Élysée 2020 » est inégalement réparti sur le territoire (80% dans la région Grand-Est) et comporte des différences importantes d'heures d'enseignement, allant de la sensibilisation au bilinguisme paritaire en Alsace). La loi n° 2019-816 du 2 août 2019 créant la Collectivité européenne d'Alsace permet la création d'un comité stratégique de l'enseignement de la langue allemande en Alsace (CEA), dans sa forme standard (« Hochdeutsch ») et ses variantes dialectales, qui réunit les services académiques et les collectivités territoriales concernées (essentiellement la CEA puisque les deux départements ont disparu en tant que collectivité territoriale) pour définir une stratégie de promotion des langues d'Alsace et évaluer leur enseignement (CGCT, art. L. 3431-4).

Dans la mesure où la loi dispose qu'« une continuité des apprentissages de LVE doit être assurée entre le primaire et le collège » (art. L. 312-9-1, al. 3), la diversité des langues étudiées impose un effort de cohérence qui doit être traduit par une carte académique des langues. Chaque recteur en a la responsabilité et la dresse sans omettre de consulter la Commission académique sur l'enseignement des langues vivantes étrangères qu'il doit mettre en place depuis le décret du 22 août 2005 (l'art. D. 312-24 précise la diversité de l'offre et la continuité des parcours, l'art. D. 312-25 fixe sa composition, V. Circ. n° 2015-173 du 20 oct. 2015. Sur la fragilité juridique de cette continuité, V. toutefois, TA Dijon, 10 oct. 2006, n° 0501710 : légalité de la suppression de la langue allemande dans une école primaire par l'IA-DASEN sans consultation préalable des parents ; aucun droit acquis au maintien, note ss. art. L. 311-1).

« Outre les enseignements de langues qui leur sont dispensés, les élèves peuvent bénéficier d'une initiation à la diversité linguistique. Les langues parlées au sein des familles peuvent être utilisées à cette fin », conclut l'article L. 312-9-1, alinéa 4, envisageant alors une pédagogie de la diversité, soulignant la richesse du patrimoine linguistique, valorisant la langue des parents et permettant d'introduire des comparaisons pour traiter d'autres questions.

Les langues parlées à la maison, notamment par les familles immigrées, peuvent aussi faire l'objet d'un enseignement facultatif, en dehors des horaires obligatoires (entrant dans le cadre des programmes et horaires déterminés par l'État, n'imposant pas l'accord de la commune dans laquelle est située l'école, CAA Lyon, 10 déc. 2015, n° 13LY01400, V. ss. art. L. 211-1). La maîtrise de la langue maternelle est en effet un préalable nécessaire à l'apprentissage de la langue seconde qu'est alors le français. Tel est l'objet de ***l'enseignement des langues et cultures d'origine*** (ELCO) assuré par des enseignants mis à disposition par les États dont ils sont les ressortissants (Algérie, Croatie, Espagne, Italie, Maroc, Portugal, Serbie, Tunisie, Turquie, dans le cadre d'accords bilatéraux conclus sur la base d'une directive européenne du 25 juill. 1977 visant à la scolarisation des enfants des travailleurs migrants ; ces accords, régulièrement publiés, ont en vertu de l'art. 55 Const. 58 une autorité supérieure à celle des lois), leur rémunération directe ou indirecte par les autorités étrangères pour enseigner en France justifiant leur titre de séjour (CAA Nantes, 26 juin 2009, n° 99NT00110). L'organisation de l'ELCO fait partie intégrante du service public de l'éducation qui incombe à l'État (art. L. 211-1) ; il ne s'agit pas d'activités périscolaires mais d'enseignements facultatifs complémentaires ; le maire n'a aucune compétence pour refuser la mise en place d'un ELCO dans une école (CAA Marseille, 21 déc. 2017, n° 17MA02297 : *LIJ, n° 202*). Si cet enseignement a pu être l'objet de polémiques, il a été jugé qu'il n'était pas manifestement illégal de demander à un directeur d'école de transmettre aux services académiques la liste des élèves étrangers suivant cet enseignement (CE 29 oct. 2012, n° 356512 : *AJDA 2013. 151*). Pour la rentrée 2016, il a été décidé de faire évoluer ce dispositif offert aux élèves volontaires à partir de la classe de CE1, à raison d'une heure et demie de cours par semaine en plus des vingt-quatre heures hebdomadaires, en veillant à la qualité de l'enseignement qui devra être assuré par des enseignants parlant parfaitement le français et donnera lieu à une évaluation systématique des compétences acquises. Le nouveau dispositif, baptisé ***« enseignements internationaux de langues étrangères »*** (EILE), pourra en outre être poursuivi au collège dans le cadre des enseignements de langues vivantes de droit commun. En février 2020, le Président de la République, dans le cadre de la lutte contre le séparatisme, a réaffirmé la nécessité de supprimer les ELCO.

Au collège, on distinguait traditionnellement l'enseignement de la LV1, qui commençait en sixième (et se situe désormais dans la continuité de l'enseignement linguistique suivi en primaire), de celui de la LV2, débutant en quatrième. Le sous-emploi des professeurs d'allemand comme la volonté d'accroître le nombre de germanistes (notamment pour respecter le Traité franco-allemand du 22 janv. 1963) ont justifié la création de ***classes ou de sections bi-langues***, permettant aux collégiens d'étudier deux langues dès leur entrée au collège (V. IGEN, Rapport n° 2014-083 de déc. 2014). Pour éviter la constitution de filières élitistes, la réforme du collège de 2014 qui avance le début de l'apprentissage de la seconde langue en cinquième devait en principe entraîner leur fermeture. Toutefois, pour tenir compte du fait que certains élèves étudient à l'école une autre langue que l'anglais, l'article 8 de l'arrêté du 19 mai 2015 relatif à l'organisation des enseignements dans les classes de collège prévoyait que ceux-ci pouvaient se voir proposer, en plus de la poursuite de l'apprentissage de cette langue, de commencer l'anglais dès la classe de sixième (il en était de même pour les élèves ayant suivi un enseignement de langues et cultures régionales ou de langues et cultures d'origine pouvant attester du niveau exigé de la langue étudiée en primaire). Il a toutefois été jugé que les élèves entrant en sixième ne sont astreints à l'étude que d'une seule langue vivante et qu'aucune disposition législative ou réglementaire ne leur impose l'obligation de continuer au collège la langue préalablement étudiée (TA Toulouse, 18 déc. 2008 : *LIJ 2009, n° 134, p. 7*). L'arrêté du 16 juin 2017 (de J.-M. Blanquer) permet de revenir à l'état antérieur en réintroduisant la possibilité d'enseigner deux langues vivantes dès la sixième (dans la limite de 6 h de cours par semaine) ; au nom de la liberté (autonomie pédagogique, liberté pédagogique des équipes et des enseignants) est donc rétablie la possibilité de diversifier l'offre de formation en la rendant ambitieuse et attractive, au risque de discrimination sociale.

Au lycée, les élèves continuent d'étudier deux langues et ont la possibilité de choisir une troisième langue en seconde (la LV3 peut être choisie comme enseignement d'exploration ou enseignement facultatif ; comme pour la LV1 et la LV2, peut s'y ajouter une heure de cours avec un assistant de langue, V. annexe de l'Arr. du 12 juin 2015). Si l'anglais, l'espagnol et, dans une moindre mesure, l'allemand et l'italien sont les langues les plus choisies, les épreuves linguistiques du baccalauréat peuvent résulter d'un choix portant sur vingt-deux langues pour les épreuves obligatoires et trente pour les épreuves facultatives.

En 2001, le Conseil de l'Europe a adopté un ***Cadre européen commun de référence pour les langues (CECRL)*** qui décrit les compétences attendues à chaque niveau d'enseignement, permettant ainsi une reconnaissance réciproque des qualifications ; des référentiels établis pour chaque langue et chaque niveau s'articulent sur une échelle comportant trois degrés (annexe ss. art. D. 313-23, introduit par le Décr. n° 2005-1011 du 22 août 2005). L'article D. 312-16 dispose que le niveau A1 (première découverte de la langue) correspond à la fin de l'école élémentaire ; à la fin de la scolarité obligatoire, le niveau A2 (maîtrise des moyens linguistiques usuels) est attendu pour la LV2 et le niveau B1 (capacité de produire un discours simple et cohérent) pour la LV1 ; à la fin des études du second degré, ce sera le niveau B1 pour la LV2 et B2 (conversation aisée, expression claire et détaillée) pour la LV1. Les programmes et méthodes d'enseignement sont définis en fonction de ces objectifs (art. D. 312-16, al. 2).

Pour permettre aux élèves d'atteindre ces différents niveaux, l'enseignement des langues vivantes étrangères peut être dispensé en ***groupes de compétences*** tant à l'école qu'au collège ou au lycée (l'art. D. 312-17 prévoit que les principes de constitution de ces groupes, différents des classes ou des divisions, sont arrêtés par le conseil d'école sur proposition du conseil des maîtres ou le conseil d'administration des EPLE dans le cadre du projet d'établissement). D'autres techniques relèvent de l'expérimentation : tel est le cas de la globalisation des horaires de langue en collège qui, en introduisant de la souplesse dans l'organisation du temps scolaire, cherche à s'adapter aux différents besoins des élèves et à leurs rythmes d'apprentissage. D'autres modes d'apprentissage peuvent être proposés, par exemple des périodes intensives d'enseignement ou des cours hebdomadaires à la durée limitée mais dont la régularité facilite les apprentissages. Des stages intensifs ont pu être mis en place pendant les vacances scolaires pour lutter contre les inégalités. Le recours aux nouvelles technologies éducatives permet de diversifier les méthodes. L'enseignement à distance, pouvant utiliser les outils pédagogiques produits par le réseau Canopé, permet de développer l'offre linguistique.

Dans le respect de l'article L. 121-3 (maîtrise de la langue française et connaissance de deux autres langues), les enseignements des ***disciplines non linguistiques (DNL)*** peuvent être dispensés dans une autre langue vivante à la condition qu'une part significative des enseignements soit assurée en français (CE 29 nov. 2002, *SNES et a.*, n° 238653, jugeant à propos des langues régionales « qu'une partie au moins des enseignements de ces disciplines se fait en français ») et qu'une place soit réservée à la LV2. C'est le principe mis en œuvre dans les ***sections européennes et orientales (SELO)*** prévues pour les lycées (Circ. n° 92-234 du 19 août 1992), étendues aux lycées professionnels en 2001, mais qui ont pu être implantées en collège (en 2014, 10 % des élèves de quatrième sont concernés, IGEN, Rapport n° 2014-083, *déc. 2014*) : les élèves suivent alors certains « enseignements spécifiques », pour lesquels ils sont regroupés en dehors de leurs classes habituelles (la section européenne n'est pas une classe au sens global du terme) ; le projet est fondé sur un apprentissage renforcé d'une langue vivante étrangère, l'enseignement en langue étrangère d'une partie du programme d'histoire-géographie, de mathématiques ou de SVT…, et la connaissance approfondie de la culture du pays de la section, qui peut passer par des activités culturelles et d'échanges intégrées au projet d'établissement. Le rapport annexé de la loi d'orientation de 2005 préconisait des ***SELO*** de 20 % pour l'horizon 2010, objectif rapidement dépassé. En 2015, il existe plus de 2 000 sections, scolarisant 12 % des élèves de lycée, 10 % des élèves de collège et 2,2 % des élèves de lycée professionnel. Si, au nom de la mixité sociale, la réforme de 2014 envisageait leur suppression en collège, l'arrêté du 16 juin 2017 rétablissant la possibilité d'enseigner deux langues vivantes dès la sixième et prévoyant un enseignement de langues et cultures européennes (2 h) ou de langues et cultures régionales (Arr. préc., art. 7) permet de maintenir les sections européennes ou régionales (avec possibilité d'enseigner d'autres disciplines en langues vivantes étrangères ou régionales) dans la limite d'un horaire inférieur à la moitié du volume horaire (Arr. préc., art. 5, V. art. L. 121-3).

Contrairement aux sections européennes qui ne leur consacrent aucune disposition spécifique, le code de l'éducation traite dans sa partie réglementaire des sections internationales et binationales dont les élèves peuvent aussi suivre des enseignements spécifiques ; contrairement aux sections européennes qui relèvent de l'autorité académique, elles sont créées par arrêté du ministre (art. D. 421-131 et D. 421-143-1). Les horaires et programmes peuvent faire l'objet des aménagements nécessaires : DNL, enseignement complémentaire ou spécifique… (art. D. 421-134 et art. D. 421-143-3). Les ***sections internationales*** qui peuvent être créées à l'école, au collège et au lycée sont destinées à faciliter l'accueil des élèves étrangers et à former les élèves français à la pratique approfondie des langues vivantes (art. D. 421-132. – Sur les critères d'admission, V. art. D. 421-33 ; TA Strasbourg, 8 déc. 2016, n° 1604449, illégalité d'une décision tenant compte non de l'aptitude linguistique de l'élève mais de la nationalité de ses parents), les enseignements particuliers étant pris en compte pour l'option internationale du baccalauréat (art. D. 421-135). Les ***sections binationales*** ne sont implantées qu'au lycée sur la base des accords conclus avec les pays partenaires ; elles permettent aux élèves de développer leur aptitude en communication dans la langue de la section et leur connaissance de la civilisation du pays partenaire (art. D. 421-143-2), préparant la double délivrance du baccalauréat et du diplôme étranger équivalent : *Abibac* pour l'allemand, *Bachibac* pour l'espagnol et *Esabac* pour l'italien (art. D. 421-143-1). La loi pour une école de la confiance du 26 juillet 2019 institue une nouvelle forme d'EPLE, l'« ***établissement public local d'enseignement international*** » (EPLEI) constitué de classes du premier et du second degré (art. L. 421-19-1, al. 1er) qui peuvent aussi préparer soit à l'option internationale du diplôme national du brevet et à l'option internationale du baccalauréat, soit au baccalauréat européen, délivré dans les conditions prévues par l'accord relatif à la modification de l'annexe au statut de l'école européenne et portant règlement du baccalauréat européen, signé à Luxembourg le 11 avril 1984 (art. L. 421-19-1 s.).

Les établissements scolaires ayant la possibilité de mettre en place des partenariats (art. L. 421-7) avec des établissements étrangers peuvent ainsi organiser des échanges linguistiques et culturels qui pouvant se faire dans le cadre d'une mobilité d'élèves ou d'enseignants, individuelle ou collective, avec des activités sur place ou à distance mentionnées dans le projet d'établissement (art. L. 124-19). La reconnaissance des compétences acquises en mobilité peut se faire sur la base d'un « contrat d'études » (Circ. n° 2011-116 du 3 août 2011) ; mention peut en être faite dans l'application post bac ApB (Rép. min. n° 92247 : *JOAN 12 janv. 2016*).

Si les enseignements de langues vivantes étrangères font l'objet de la même évaluation que les autres enseignements, notamment dans le cadre des examens nationaux, brevet ou baccalauréat, par des épreuves écrites ou orales, le décret du 22 août 2005 prévoit que les connaissances et compétences acquises fassent l'objet d'une ***certification*** spécifique (art. D. 313-8) délivrée par l'autorité académique (art. D. 312-20), qui peut être prise en compte pour la délivrance des diplômes nationaux (art. D. 312-21). Il est aujourd'hui proposé gratuitement une certification en langue vivante étrangère adossée au Cadre européen commun de référence pour les langues (CECRL) de niveau B1, avec obtention possible du niveau A2 selon les résultats, organisée dans un premier temps en allemand ; pour l'anglais et l'espagnol sont concernés les élèves volontaires des sections européennes en classe de seconde. Les quatre compétences testées sont : compréhension orale, compréhension écrite, expression écrite et expression orale. Ces certifications sont organisées par le ministère de l'éducation nationale qui peut se placer dans un cadre défini conjointement avec les organismes délivrant des certifications étrangères internationalement reconnues avec lesquels l'État passe des conventions (art. D. 312-19) : le Cambridge ESOL pour l'anglais, l'Institut Cervantes pour l'espagnol, la KMK (Conférence permanente des ministres de l'éducation des Länder) pour l'allemand. Le décret n° 2020-398 du 3 avril 2020 subordonne la délivrance du BTS à la passation d'une certification en langue anglaise délivrée par un organisme extérieur aux établissements de formation et reconnue au niveau international (art. D. 643-13-1) ; annoncée en 2018, cette mesure de « privatisation » de l'évaluation met à mal le principe du monopole de l'État pour la délivrance des diplômes nationaux.

Dans le cadre de la formation des adultes, un diplôme national professionnel, appelé ***diplôme de compétences en langue (DCL)***, est régi par le décret n° 2010-469 du 7 mai 2010 (art. D. 338-33 s.) pour attester les compétences acquises en situation de communication usuelle et professionnelle dans les conditions prévues par arrêté ministériel fixant, pour chaque spécialité (13 langues étrangères auxquelles il faut ajouter deux langues régionales, la langue des signes et le français professionnel), le référentiel (en référence aux différents niveaux du Cadre européen commun de référence pour les langues) et le règlement particulier de l'examen organisé par le recteur (art. D. 338-36 s.). ❑

SECTION IV L'ENSEIGNEMENT DES LANGUES ET CULTURES RÉGIONALES

COMMENTAIRE

La loi constitutionnelle du 23 juillet 2008 introduit dans la Constitution un article 75-1 selon lequel ***« Les langues régionales appartiennent au patrimoine de la France »***. Si la formule ne recouvre pas l'ensemble des « langues de France » (que Bernard Cerquiglini avait recensées en distinguant les langues régionales de France métropolitaine, les langues non territorialisées comme l'arabe ou le yiddish et les langues de l'outre-mer), elle vise notamment celles qui font l'objet d'un enseignement tant dans le premier que dans le second degré pour lequel ont été ouverts des CAPES ***« langues et cultures régionales »*** (et création en 2017 d'un concours d'agrégation avec 7 options). De nombreuses académies sont en fait concernées, au premier rang desquelles celles de Bordeaux (basque et occitan), Corse, Montpellier (catalan et occitan), Rennes (breton), Strasbourg…, sans oublier les académies ultramarines (créoles) et les collectivités d'outre-mer (langues mélanésiennes en Nouvelle-Calédonie, langues polynésiennes…).

Depuis l'ordonnance de Villers-Cotterêts d'août 1539, la justice, la législation, l'administration comme les particuliers pour leurs actes juridiques doivent recourir à la langue française. Supplantant le latin, elle devient la langue de l'enseignement. La révolution combat les idiomes (*« Le fédéralisme et la superstition parlent breton ; l'émigration et la haine de la République parlent allemand ; la contre-révolution parle italien, et le fanatisme parle basque »* lançait Barrère en l'an II). Sous la IIIe République, l'école agit en mettant en pratique le commandement de l'abbé Grégoire : *« anéantir les patois et universaliser l'usage de la langue française »*.

Malgré les compromissions constatées ici et là pendant l'Occupation, l'enseignement des langues et cultures régionales revient à l'ordre du jour quelques années après la Libération. La loi Deixonne du 11 janvier 1951 autorise en effet les maîtres à recourir aux *« parlers locaux »* dans les écoles primaires et maternelles chaque fois qu'ils peuvent en tirer profit pour leur enseignement, notamment pour l'étude de la langue française (art. 2, aujourd'hui art. L. 312-11, qui substitue *« langues régionales »* à *« parlers locaux »*) ; l'enseignant peut alors demander à assurer deux heures maximum en *« activités dirigées »*, cet enseignement restant facultatif pour les élèves (art. 3) ; le Conseil supérieur de l'éducation nationale (aujourd'hui CSE, art. L. 231-1) est consulté sur les moyens de favoriser l'étude des langues et cultures régionales (art. L. 312-11, al. 2) ; initialement prévue pour le breton, le basque, l'occitan et le catalan, cette possibilité est étendue à l'allemand, présentée comme la forme écrite des dialectes d'Alsace et de Moselle en 1952 ; dans les années qui suivent, trente propositions de loi sont déposées pour étendre le champ d'application de la loi Deixonne ; il faudra attendre 1974 pour le corse, 1981 pour le tahitien, 1992 pour les langues mélanésiennes (Nouvelle-Calédonie) et 1996 pour les langues polynésiennes (autres que le tahitien, marquisien, paumotu, mangarévien rassemblés dans le *reo maohi*).

Entre-temps, la ***loi Haby du 11 juillet 1975*** introduit la possibilité d'un ***enseignement de langue et culture régionale tout au long de la scolarité***, l'étendant ainsi au second degré (art. 12, devenu art. L. 312-10). Après les circulaires Savary de 1982 (programmes d'actions pour l'enseignement en école, collège et lycée) et 1983 (méthodologie), la ***loi Jospin du 10 juillet 1989*** affirmant que les établissements dispensent une formation adaptée aux évolutions économiques, technologiques, sociales et culturelles, ajoute : *« cette formation peut comprendre un enseignement, à tous les niveaux, de langues et cultures régionales »* (art. 1er, al. 4 ; devenu art. L. 121-1).

Pour ***lutter contre la place grandissante de l'anglo-américain*** dans la vie économique, la loi Bas-Lauriol du 31 décembre 1975 avait affirmé que l'emploi de la langue française était obligatoire en matière commerciale (art. 1er). Quelques années plus tard, la loi constitutionnelle du 25 juin 1992 ajoutant à la Constitution un titre sur l'intégration européenne introduit, peut-être à titre compensatoire, une nouvelle affirmation pour ouvrir l'article 2 de la Constitution : *« La langue de la République est le français. » « Cette mention n'apporte rien que l'évidence n'ait déjà assuré, si ce n'est de dresser un obstacle à la reconnaissance, même raisonnable, des langues régionales ou minoritaires »* (G. Carcassonne). Toutefois, la loi Toubon du 4 août 1994 relative à l'emploi de la langue française, élément fondamental de la personnalité et du patrimoine de la France (art. 1er), langue de l'enseignement et des services publics (art. 1er, al. 2) dont la maîtrise fait partie des objectifs fondamentaux de l'enseignement (art. 11, devenu L. 121-3), précise qu'elle est appliquée sans préjudice de la législation relative aux langues régionales et ne s'oppose pas à leur usage (art. 21). On doit en déduire que pour le contrôle des connaissances, notamment dans l'enseignement supérieur ou dans les concours, seul l'emploi de la langue française est autorisé (sauf exceptions justifiées par les nécessités de l'enseignement des langues régionales ou étrangères ou lorsque les enseignants sont des professeurs associés ou invités étrangers, ou encore dans les écoles étrangères ou internationales (art. L. 121-3, modifiée par l'art. 2 de la L. du 22 juill. 2013 relative à l'enseignement supérieur et à la recherche qui élargit les possibilités d'enseignement en langues étrangères pour tenir compte des nécessités pédagogiques, formule qui s'applique également aux langues et cultures régionales).

En Corse (lois de 1982, 1991, 2002) comme en Polynésie française (loi de 1984, lois organiques de 1996 et 2004), les langues sont reconnues comme un des éléments de l'identité culturelle et constituent une matière enseignée dans le cadre de l'horaire normal des écoles et des établissements du second degré. « Cet enseignement n'est pas contraire au principe d'égalité dès lors qu'il ne revêt pas un caractère obligatoire ; qu'il n'a pas davantage pour objet de soustraire les élèves scolarisés dans les établissements… aux droits et obligations applicables à l'ensemble des usagers des établissements qui assurent le service public de l'enseignement ou sont associés à celui-ci » (Cons. const. 9 mai 1991, *Statut de la Corse*, n° 91-290 DC ; Cons. const. 9 juill. 1996, *Polynésie française I*, n° 96-373 DC) ; cet enseignement doit revêtir un caractère facultatif « dans son principe comme dans ses modalités de mise en œuvre » (pour le corse, Cons. const. 17 janv. 2002, *Loi relative à la Corse*, n° 2001-454 DC) ; « cet enseignement ne saurait revêtir… un caractère obligatoire ni pour les élèves et étudiants, ni pour les enseignants » (pour la Polynésie française, Cons. const. 12 févr. 2004, *Loi organique portant statut d'autonomie de la Polynésie française*, n° 2004-490 DC).

Aussi, la circulaire Bayrou-Darcos du 7 avril 1995 pourra relancer l'enseignement des langues et cultures régionales en précisant les modalités de l'enseignement d'initiation (1 à 3 heures par semaine) et en introduisant l'enseignement bilingue à parité horaire (la moitié des enseignements en français, la moitié en langue régionale).

Le Conseil de l'Europe avait proposé en 1992 une ***Charte européenne des langues régionales*** que la France a signée à Budapest en 1999 ; elle énumère 98 mesures en faveur de ces langues dans divers domaines dont l'enseignement (une vingtaine de mesures concernant les différents niveaux, art. 8), chaque État devant s'engager à mettre en place trente-cinq d'entre elles en précisant les langues concernées. Mais ce ***texte n'a jamais pu être ratifié***, le Conseil constitutionnel, saisi par le président de la République, considérant qu'en conférant des droits spécifiques à des « groupes » de locuteurs de langues régionales ou minoritaires, à l'intérieur de « territoires » dans lesquels ces langues sont pratiquées, la charte porte atteinte aux principes constitutionnels d'indivisibilité de la République, d'égalité devant la loi et d'unicité du peuple français ; que ces dispositions sont également contraires au premier alinéa de l'article 2 de la Constitution en ce qu'elles tendent à reconnaître un droit à pratiquer une langue autre que le français non seulement dans la « vie privée » mais également dans la « vie publique », à laquelle la Charte rattache la justice et les autorités administratives et services publics (Cons. const. 15 juin 1999, *Charte européenne des langues régionales,* n° 99-412 DC). Le Conseil des ministres du 31 juillet 2015 a adopté un projet de loi constitutionnelle autorisant la ratification de la Charte européenne des langues régionales ou minoritaires en tentant de contourner l'obstacle constitutionnel par l'ajout d'un article 53-3 à la Constitution faisant mention de la déclaration interprétative annoncée lors de la signature de la Charte, le 7 mai 1999, l'objectif étant de permettre de souscrire 39 des 59 engagements qu'elle contient. La veille, le Conseil d'État avait réitéré son avis du 7 mars 2013 soulignant en outre l'incohérence qui serait introduite dans la Constitution entre, d'une part, les articles 1er, 2 et 3 qui affirment les principes constitutionnels mentionnés dans la décision du Conseil constitutionnel du 15 juin 1999 et fondent le pacte social et, d'autre part, la disposition nouvelle qui doit permettre la ratification de la Charte ; en mentionnant la déclaration interprétative, la Constitution ferait en outre référence à deux textes, la Charte et la déclaration, difficilement compatibles entre eux, y introduirait une contradiction interne génératrice d'insécurité juridique et produirait une contradiction entre l'ordre juridique interne et l'ordre juridique international (CE, ass., avis, 30 juill. 2015, n° 390268). Le Sénat a rejeté ce projet de loi constitutionnelle ; des sénateurs ont alors déposé une proposition de loi visant à « donner une assise juridique plus claire à des pratiques ou usages existants et à promouvoir l'utilisation des langues régionales » prévoyant notamment que la mise en place d'un enseignement bilingue en langue française et langue régionale est de droit lorsqu'une demande suffisante est constatée (proposition n° 96 déposée par MM. Philippe Bas et a., le 21 oct. 2015 ; V. aussi la proposition n° 4096 déposée par les députés Bruno Leroux et autres le 7 oct. 2016 relative à la promotion des langues régionales).

En l'absence de ratification de la Charte européenne, le ministre de l'éducation nationale a pu reprendre les divers points concernant l'enseignement dans les mesures adoptées en 2001 par un arrêté du 31 juillet et trois circulaires du 5 septembre mettant en place un ***enseignement bilingue en langues régionales*** dont l'objectif était non seulement l'enseignement de la langue mais aussi dans la langue, soit dans des écoles ou établissements *« langues régionales »*, soit dans des *« sections régionales »* de ces établissements, la langue étant utilisée *« à parité horaire »*, soit selon la méthode dite de l'*« immersion »* en pratique notamment dans les écoles bretonnes Diwan (avec utilisation de la langue régionale, non exclusive du français, comme langue d'enseignement et comme langue de communication au sein de l'établissement). Après les avoir suspendus (CE, réf., 30 oct. 2001, nos 238654, 23856 et 23860, V. note ss. art. L. 312-11), le Conseil d'État a annulé, d'une part, la décision du ministre de signer un protocole d'intégration avec Diwan, d'autre part, l'arrêté et la circulaire de 2001 organisant la méthode dite immersive considérant que la place faite à la langue régionale dans l'enseignement des autres disciplines et dans la vie de l'établissement allait au-delà des nécessités de son apprentissage ; il en a jugé de même pour les sections « langues régionales » dispensant l'enseignement pour moitié en langue régionale et pour moitié en français en ne permettant d'assurer qu'une partie au moins des enseignements de ces disciplines se font en français (CE, sect., 29 nov. 2002, *SNES*, n° 238653 ; CE 11 févr. 2004, n° 248224).

Un décret du 31 juillet 2001 avait auparavant créé le Conseil académique des langues régionales, mis en place dans douze académies, qui doit notamment être consulté sur les conditions de développement des langues régionales dans le cadre de l'élaboration d'un plan pluriannuel. Si son avis est requis pour les projets de création de filières bilingues, il n'en est pas de même pour les modalités de leur organisation (TA Strasbourg, 1er déc. 2001, n° 0904900).

Examinant une disposition de la loi de finances pour 2002 qui devait permettre cette intégration dans l'enseignement public, le Conseil constitutionnel rappelle qu'*« il résulte des termes précités de l'article 2 de la Constitution que l'usage d'une langue autre que le français ne peut être imposé aux élèves des établissements de l'enseignement public ni dans la vie de l'établissement, ni dans l'enseignement des disciplines autres que celles de la langue considérée »* (Cons. const. 27 déc. 2001, *Loi de finances pour*

2002, n° 2001-456 DC). L'***enseignement des langues régionales*** (et *a fortiori* en langues régionales) ***ne saurait*** en effet ***revêtir un caractère obligatoire***, ni pour les élèves, ni pour les enseignants (à propos de la langue corse : Cons. const. 9 mai 1991, *Statut de la Corse,* n° 91-290 DC ; de la langue tahitienne : Cons. const. 12 juill. 1996, *Polynésie française III,* n° 96-376 DC ; et, à nouveau de la langue corse, *« matière enseignée dans le cadre de l'horaire normal des écoles maternelles et élémentaires de Corse »* (art. L. 312-11-1, introduit par l'art. 7 de la loi n° 2002-92 du 22 janv. 2002) sous réserve de son caractère facultatif (Cons. const. 17 janv. 2001, *Loi relative à la Corse,* n° 2001-454 DC).

Le Conseil d'État, statuant au fond, annule l'arrêté, la circulaire n° 2001-168 et le protocole signé par le ministre avec l'association Diwan qui allaient *« au-delà des nécessités de l'apprentissage d'une langue régionale et excédaient ainsi les possibilités de dérogation à l'obligation d'utiliser le français »* (CE, sect., 29 nov. 2002, *SNES,* n° 238653). Pour permettre le fonctionnement des classes bilingues ou des sections régionales (fonctionnant sur les mêmes principes que les sections européennes), le décret n° 2010-100 du 27 janvier 2010 relatif aux enseignements du second degré des voies générale et technologique et à l'information et l'orientation et modifiant le code de l'éducation (partie réglementaire – livre III) précise que les enseignements des disciplines non linguistiques (DNL) peuvent être dispensés en partie dans une langue régionale (comme en LVE, art. D. 312-16-1). Mais, il est entendu qu'***aucune discipline ne peut être enseignée exclusivement en langue régionale*** (pas plus qu'en langue étrangère, règle qui doit être prise en compte pour les *« sections européennes ou orientales »*).

La ***loi Fillon*** du 25 avril 2005 sur l'avenir de l'école a repris cette approche en termes généraux : *« Un enseignement de langues et culture régionale peut être dispensé tout au long de la scolarité. »* L'article L. 312-10, modifié par la loi, précise alors que les ***modalités*** de cet ***enseignement*** sont ***définies par voie de convention entre l'État et les collectivités territoriales***. Au-delà du cas de la Corse, de telles conventions avaient déjà été conclues en Alsace, en Bretagne où elle se présentait comme un acte additionnel au contrat de plan État-région et au Pays basque (convention avec le département des Pyrénées-Atlantiques). Comme pour toutes les autres disciplines, l'organisation des enseignements de langue et culture régionales est fixée par décrets, leur contenu devant faire l'objet d'arrêtés ministériels (art. L. 311-2) ; les conventions conclues entre l'État et les collectivités territoriales où elles sont en usage (art. L. 312-10, al. 2) ne portent que sur les modalités d'enseignement et doivent respecter les dispositions d'ordre public contenues dans les décrets et arrêtés (CE 1er juin 2016, *Assoc. Arrête ton char – Les langues et cultures de l'Antiquité aujourd'hui et autres*, nos 390956, 390958, 390987, 390988, 391424, 391674, 391733, 391771, 391868 et 391874).

La révision constitutionnelle de 2008 suscita beaucoup d'espoir. Mais cette reconnaissance constitutionnelle du caractère patrimonial des langues régionales ne confère aucun droit ou liberté nouveaux (Cons. const. 20 mai 2011, *Mme Cécile L. et a.*, n° 2011-130 QPC). Le Conseil constitutionnel, saisi par le Conseil d'État (CE 21 mars 2011, *Cécile B., Assoc. pour le bilinguisme franco-allemand en Moselle*, n° 345193, les requérantes soutenant que l'art. L. 312-10 C. éduc. ne garantit pas une protection efficace et effective de l'enseignement des langues régionales) d'une question prioritaire de constitutionnalité, a écarté l'article de la Constitution pour déclarer conformes aux droits et libertés que la Constitution garantit les dispositions de l'article L. 312-10 du code de l'éducation. Lors des débats précédant l'adoption de la loi n° 2015-991 du 7 août 2015 dite loi NOTRe, des députés bretons firent voter un amendement interdisant au maire de la commune de résidence dont les écoles ne dispensent pas un enseignement de langue régionale de s'opposer, même lorsque la capacité d'accueil des écoles de sa commune le permet, à la scolarisation d'enfants dans une école d'une autre commune proposant un enseignement de langue régionale et disposant de places disponibles. La participation financière à la scolarisation des enfants concernés doit alors faire l'objet d'un accord entre la commune d'accueil et la commune de résidence (art. L. 212-8).

Aussi, la loi de refondation de l'École de la République du 8 juillet 2013, se référant à l'article 75-1 de la Constitution, aura à son tour une approche patrimoniale en précisant que *« leur enseignement est favorisé prioritairement dans les régions où elles sont en usage »* (art. L. 312-10), se situant ainsi dans la perspective de *« diversité linguistique »* qui concerne aussi les langues vivantes étrangères et les « *langues parlées au sein des familles* » (art. L. 312-9). Les élèves n'ayant pas de droit reconnu, il reste aux familles à espérer que la bonne intention du législateur soit perçue par l'administration. Il est toutefois possible de se demander si pourra être maintenue la jurisprudence selon laquelle l'administration n'a aucune obligation et n'est pas responsable pour manquement aux principes d'égalité ou de continuité du service public en cas de cessation de l'enseignement à la suite du départ de l'enseignant (CE 15 avr. 1996, *Assoc. des parents d'élèves pour l'enseignement du breton,* n° 165114). Toutefois, il a été jugé, au nom de la continuité éducative, que les collégiens et lycéens doivent pouvoir achever le cycle pédagogique dans le même établissement, interdisant ainsi le transfert immédiat de la filière langue régionale dans un autre établissement (TA Rennes, 11 juill. 2005, n° 051368) ; mais ce principe n'impose pas à l'administration d'assurer l'effectivité d'un enseignement à parité horaire qui n'est qu'une des modalités de l'enseignement bilingue (TA Strasbourg, 1er déc. 2001, n° 0904900). Les difficultés d'organisation de l'offre d'enseignement des langues régionales trouvent un écho dans le rapport annexé à la loi du 8 juillet 2013 : après avoir souligné l'importance de la précocité de l'exposition et de l'apprentissage linguistiques (tant pour les langues vivantes étrangères que pour les langues régionales qui interviennent toutefois à titre « complémentaire »), on y retrouve le discours du possible ; il s'agit en effet de « favoriser » l'accès aux écoles dispensant un enseignement de langue régionale, les élèves n'ayant qu'une « possibilité » d'être inscrits dans une école d'une autre commune dispensant cet enseignement, « sous réserve de l'existence de places disponibles ». A la suite de nouveaux amendements présentés par les députés bretons, l'article 34 de la loi du 26 juillet 2019 pour une école de la confiance permet d'étendre cette formule aux écoles privées sous contrat (art. L. 442-5-1). Auparavant, le contrat d'action publique pour la Bretagne, signé le 8 février 2019 par le Premier ministre, engageait l'État à faire bénéficier du forfait scolaire communal les écoles bilingues sous contrat d'association.

L'article 40 de la loi de refondation de l'École de la République du 8 juillet 2013 complète l'article L. 312-10 par une première phrase affirmant que « leur enseignement est favorisé prioritairement dans les régions où elles sont en usage ». Un nouvel alinéa précise que cet « enseignement facultatif » peut être organisé sous les deux formes que sont un « enseignement de la langue et de la culture régionale » et un « enseignement bilingue en langue française et en langue régionale ». Aucune précision n'est alors donnée sur les diverses formes d'enseignement bilingue (notamment sur l'immersion), dans la mesure où la jurisprudence ne semble compatible qu'avec sa forme paritaire, la langue française devant être utilisée pour la moitié au moins des heures enseignées. Si « les familles sont informées des différentes offres d'apprentissage des langues et cultures régionales », la loi ne précise pas qui, de la collectivité territoriale ou du service public de l'enseignement, est responsable de cette obligation.

Dans le cadre de la réforme des enseignements au collège entrant en vigueur à la rentrée 2016 était prévu un enseignement pratique interdisciplinaire (EPI) : « Langues et cultures étrangères et régionales » en classes de cinquième, quatrième et troisième. Les élèves volontaires pourront en outre suivre, de la classe de cinquième à la classe de troisième, l'enseignement de complément de langue régionale. Ce dispositif a été modifié par l'arrêté du 16 juin 2017 qui conserve les EPI sans préciser les thématiques et élargit l'offre des enseignements facultatifs qui comprennent les langues et cultures régionales en classe de sixième et au cycle 4 (Arr. préc., art. 7) et prévoit la possibilité d'enseigner en langue régionale une partie des enseignements communs et complémentaires (Arr. préc., art. 5). L'enseignement bilingue reste organisé par l'arrêté du 12 mai 2003. Les sections bilingues de langue régionale, les dispositifs bi-langues de continuité en classe de sixième et les enseignements d'initiation et de sensibilisation en classe de sixième sont maintenus (Circ. n° 2015-106 du 30 juin 2015), les élèves ayant commencé la langue régionale en primaire ont la possibilité d'étudier une autre langue dès la classe de sixième.

L'article 12 de l'arrêté du 31 décembre 2015 relatif aux modalités d'attribution du diplôme national du brevet (DNB) précise qu'il peut être assorti d'une mention « langue régionale », suivie de la désignation d'une des onze langues retenues (basque, breton, catalan, corse, créole, gallo, occitan-langue d'oc, langues régionales d'Alsace, langues régionales des pays mosellans, langues mélanésiennes et tahitien), délivrée aux élèves qui ont obtenu la validation du niveau A2 du cadre européen commun de référence pour les langues (CECRL, défini par l'annexe de l'art. D. 312-16) Les élèves des classes de troisième des sections bilingues français-langue régionale peuvent en outre choisir de composer en français ou en langue régionale lors de l'épreuve écrite qui porte sur les programmes de français, histoire et géographie et enseignement moral et civique, du moins pour les exercices ouvrant cette possibilité.

Les règles applicables à l'enseignement des langues et cultures régionales ont été reformulées par la circulaire n° 2017-072 du 12 avril 2017 qui insiste sur son intégration à l'offre d'enseignement, notamment sous la forme bilingue et sur la nécessité du pilotage national et académique en le replaçant dans le cadre de la politique nationale d'apprentissage des langues. Soulignant symboliquement l'égale dignité des langues, un arrêté du 15 mars 2017 crée un concours d'agrégation externe pour les langues régionales (basque, breton, catalan, corse, occitan, langue d'oc) et ultramarines (créole, tahitien) comportant une épreuve commune en français sur un sujet d'histoire ou de sociolinguistique, et des épreuves linguistiques optionnelles.

Les langues et cultures régionales peuvent aussi donner lieu à des ***activités éducatives et culturelles complémentaires***. Tel était le cas dans les ***régions d'outre-mer*** (art. L. 214-17 ; CGCT, art. L. 4433-25) et en ***Corse*** où l'Assemblée adopte un plan de développement de l'enseignement de la langue et de la culture corses dont les modalités font l'objet d'une convention conclue entre la collectivité territoriale de Corse et l'État (art. L. 215-1 ; CGCT, art. L. 4424-5). La loi de refondation de l'École de la République du 8 juillet 2013 étend la formule aux autres collectivités territoriales en précisant que « les activités complémentaires mentionnées au premier alinéa peuvent porter sur la connaissance des langues et des cultures régionales » (art. L. 216-1). Comme les enseignements, les activités complémentaires permettent aux élèves de prendre connaissance et d'apprécier les œuvres se rattachant aux langues et cultures régionales et d'utiliser les ressources pédagogiques permettant d'y accéder, notamment les ressources numériques. La loi NOTRe du 7 août 2015 renforce l'assise de l'intervention des collectivités territoriales en disposant que « les compétences en matière de culture…(et) de promotion des langues régionales … sont partagées entre les communes, les départements, les régions et les collectivités à statut particulier » (CGCT, art. L. 1111-4).

Malgré l'article 75-1 de la Constitution qui reconnaît depuis 2008 que les langues régionales font partie du patrimoine de la France, le statut législatif de leur enseignement (qui ne peut être obligatoire pour les élèves) n'avait pas permis d'intégrer leur maîtrise dans le socle commun des connaissances et des compétences. La loi du 8 juillet 2013, en précisant que les enseignants peuvent s'appuyer sur des éléments de langue et de culture régionale non seulement pour en tirer profit pour leur enseignement (sans reproduire la formule de la loi Deixonne qui soulignait l'intérêt pour l'apprentissage de la langue française), mais aussi « pour favoriser l'acquisition du socle commun de connaissances, de compétences et de culture et des programmes scolaires » (art. L. 312-11), devrait amener à revoir la question. Le recours aux langues régionales peut en effet permettre aux élèves d'acquérir plus aisément certaines connaissances et compétences. Ainsi, un amendement parlementaire a prévu que « dans les académies d'outre-mer, des approches pédagogiques spécifiques sont prévues dans l'enseignement de l'expression orale ou écrite et de la lecture au profit des élèves issus de milieux principalement créolophone ou amérindien » (art. L. 321-4) ; de même la loi du 26 juillet 2019 prévoit que, dans les académies d'outre-mer, la formation des enseignants délivrée par les INSPÉ les prépare aux enjeux du plurilinguisme (art. L. 721-2 modifié par. l'art. 46 de la L. de 2019). La seule mention des académies d'outre-mer surprend dans la mesure où la même problématique est posée tant dans les territoires ultra-marins non érigés en académie que dans les académies de métropole disposant de langues régionales. L'article 33 de la loi pour une école de la confiance qui prévoyait que les pouvoirs publics sont tenus d'organiser non seulement l'information des familles sur les formes d'enseignement des langues régionales mais aussi leur intérêt et leurs enjeux a été déclaré non conforme par le Conseil constitutionnel dans la mesure où il avait été adopté à la suite d'un amendement alors qu'il ne présentait pas de lien, même indirect, avec le projet de loi (Cons. const. 25 juill. 2019, *Loi pour une école de la confiance*, n° 2019-787 DC).

Depuis la loi n° 2019-816 du 2 août 2019, la Collectivité européenne d'Alsace peut proposer, en complément des heures d'enseignement dispensées par le ministère de l'éducation nationale, un enseignement facultatif de langue et culture régionales, tout au long de la scolarité, selon des modalités définies par la convention mentionnée à l'article

L. 312-10 du code de l'éducation (CE, avis, 21 déc. 2018, n° 396789, § 13). A cet effet, la nouvelle collectivité peut recruter par contrat des intervenants bilingues pour assurer cet enseignement. Le même article envisage la création d'un comité stratégique de l'enseignement de la langue allemande en Alsace, dans sa forme standard (« Hochdeutsch ») et ses variantes dialectales, qui réunit les services académiques et les collectivités territoriales concernées (essentiellement la CEA puisque les deux départements ont disparu en tant que collectivité territoriale), pour définir une stratégie de promotion des langues d'Alsace et évaluer leur enseignement (CGCT, art. L. 3431-4).

Issue d'une proposition de loi (AN, Paul Molac et a.), la loi n° 2021-641 du 21 mai 2021 relative à la protection patrimoniale des langues régionales et à leur promotion a été partiellement censurée par la décision n° 2021-818 DC du 21 mai 2021 ; si le Conseil constitutionnel valide les dispositions relatives à la participation financière d'une commune à la scolarisation d'un enfant résidant sur son territoire suivant un enseignement de langues régionales dans une classe d'un établissement privé du premier degré sous contrat situé sur le territoire d'une autre commune (art. L. 442-5-1, accord entre les communes), il déclare non conformes à la Constitution celles relatives à l'« enseignement immersif » qui consiste à utiliser une langue régionale comme langue principale d'enseignement et pour la communication au sein de l'établissement ; l'usage du français s'imposant aux personnes morales de droit public et aux personnes de droit privé dans leur mission de service public, les particuliers ne peuvent se prévaloir, dans leurs relations avec les services publics, d'un droit à l'usage d'une langue autre que le français, ni être contraints à un tel usage. Un rapport parlementaire (AN, Christophe Euzet et Yannick Kerlogot, juill. 2021) rédigé à la demande du Premier ministre, considérant l'idée de réviser la Constitution « recevable mais peu opportune à court terme », recommande la création d'un organe national de concertation sur l'enseignement des langues régionales, un renforcement de l'évaluation quantitative et qualitative des résultats de cette méthode sur la maîtrise de la langue française et de la langue régionale ainsi qu'une réflexion spécifique à l'outre-mer, propositions peu aptes à sécuriser l'enseignement immersif. ❑

Art. L. 312-10 *(L. n° 2013-595 du 8 juill. 2013, art. 40)* **Les langues et cultures régionales appartenant au patrimoine de la France, leur enseignement est favorisé prioritairement dans les régions où elles sont en usage.**

Cet enseignement peut être dispensé tout au long de la scolarité selon des modalités définies par voie de convention entre l'État et les collectivités territoriales où ces langues sont en usage.

Le Conseil supérieur de l'éducation est consulté, conformément aux attributions qui lui sont conférées à l'article L. 231-1, sur les moyens de favoriser l'étude des langues et cultures régionales dans les régions où ces langues sont en usage.

L'enseignement facultatif de langue et culture régionales est proposé dans l'une des deux formes suivantes :

1° Un enseignement de la langue et de la culture régionales ;

2° Un enseignement bilingue en langue française et en langue régionale.

Les familles sont informées des différentes offres d'apprentissage des langues et cultures régionales.

BIBL. ► Battaglia et Garicoïx, Forte demande pour les écoles en langue régionale, *Le Monde, 28 août 2019. 9.* – Clapie, Le français restera la langue de la République, *LPA 2000, n° 3. 14.* – Daups, Le compromis constitutionnel entre la langue de la République et les langues régionales ou les limites et les potentialités de l'unicité, *LPA 2002, n° 146. 18.* – Fraisseix, La France, les langues régionales et la Charte européenne des langues régionales et minoritaires, *RFDA 2001. 59* ✎. – Frangi, Les collectivités locales face aux langues régionales, *AJDA 2000. 300* ✎. – Melin-Soucramanien, La République contre Babel. A propos de la décision du Conseil constitutionnel n° 99-442 DC du 15 juin 1999, Charte européenne des langues régionales ou minoritaires, *RD publ. 1999. 985.* – Melot, Rapport sur la proposition de loi relative au développement des langues et cultures régionales, *Sénat, Rapp. n° 657, 2010-2011.* – De Montecler, Une loi pour encourager l'enseignement des langues régionales, *AJDA 2021. 767* ✎. – Scoffoni et Goullier, Les dispositifs bilangues, *Rapp. IGEN, 2004.* – Viola, Écoles Diwan : l'impossible intégration ?, *RD publ. 2002. 1351.*

1. Emploi des langues régionales. Les principes d'indivisibilité de la République, d'égalité devant la loi et d'unicité du peuple français s'opposent à ce que des droits spécifiques soient reconnus à des locuteurs de langue régionale. L'art. 2 de la Constitution fait de plus obstacle à la reconnaissance d'un droit à pratiquer une langue autre que le français dans la vie publique. • Cons. const. 15 juin 1999, *Charte européenne des langues régionales ou minoritaires*, n° 99-412 DC : *Rec. Cons. const. 71 ; RJC I-824 ; JO 18 juin, p. 8964 ; AJDA 1999. 573, note Schoettl ; ibid. 2000. 300, note Frangi ; LPA 21 sept. 1999, p. 18, note Verpeaux ; ibid. 5 janv. 2000, p. 8, note Piastra ; ibid. 5 janv. 2000, p. 14, note Clapie ; RD publ. 1999. 985, obs. Mélin-Soucramanien ; RFDC 1999. 594, note Verpeaux ; D. 1999. 598, note Larralde ; ibid. 2000. 198, obs. Mélin-Soucramanien ; ibid. 2000. 225, note Chaltiel ; JCP 1999. 10198, note Debbasch ; JDI 2000. 35, note Pinto ; Pouvoirs 2000, n° 93, p. 209, note Olivesi ; RFDA 2001. 59, note Fraisseix*. ♦ Saisi sur renvoi du Conseil d'État, le Conseil constitutionnel a jugé qu'aux termes de l'art. L. 312-10 C. éduc. un enseignement de langues et cultures régionales peut être dispensé tout au long de la scolarité selon des modalités définies par voie de convention entre l'État et les collectivités territoriales où ces langues sont en usage. Le Conseil supérieur de l'éducation est consulté, conformément aux attributions qui lui sont conférées par l'art. L. 231-1, sur les moyens de favoriser l'étude des langues et cultures régionales dans les régions où ces langues sont en usage. Aux termes de l'art. 75-1 Const. : « Les langues régionales appartiennent au patrimoine de la France » ; cet art. n'institue pas un droit ou une liberté que la Const. garantit. • Cons. const. 20 mai 2011, *Mme Cécile L. et a.*, n° 2011-130 QPC : *JO 21 mai, p. 8889 ; D. 2011. 1491 ; AJDA 2011. 1963, note Verpeaux ; JCP Adm. 2011, n° 27, p. 48, note Legrand ; LIJ 2011, n° 158, p. 6.*

2. Enseignement bilingue. Droit à l'organisation. Absence. Les dispositions de cet art. ne créent pas au bénéfice des élèves le droit à l'organisation d'un enseignement bilingue. • CAA Nancy, 17 mars 2011, n° 10NC00200 : *AJDA 2011. 1494, note Wiernasz*. ♦ L'association requérante s'était pourvue contre cette décision. Le Conseil d'État n'a pas admis son pourvoi. • CE 30 janv. 2012, n° 349354 : *LIJ 2012, n° 167, p. 7.* ♦ Cette affaire avait donné lieu, en appel, à une question prioritaire de constitutionnalité par laquelle l'association faisait valoir que l'article L. 312-10 du code de l'éducation n'était pas conforme à l'article 75-1 de la Constitution, qui prévoit que : « Les langues régionales appartiennent au patrimoine de la France. » Par une Ord. du 28 octobre 2010, la CAA. de Nancy a rejeté cette demande en raison de son absence de caractère sérieux ; *LIJ 2012, n° 167, p. 7.* ♦ Le principe de continuité éducative au cours de chaque cycle et tout au long de la scolarité de l'art. L. 311-1 ne saurait en tout état de cause être interprété comme impliquant l'organisation d'un enseignement bilingue à parité horaire ou se rapprochant de cette modalité d'enseignement. • CAA Nancy, 17 mars 2011 : *préc.* ♦ Dans la continuité, l'association avait saisi le tribunal administratif de Strasbourg de deux requêtes tendant à l'annulation des décisions par lesquelles le recteur avait décidé de créer, au sein de deux écoles élémentaires, deux classes d'enseignement bilingue à raison de 8 heures hebdomadaires en langue régionale. Le juge d'appel confirme à cet effet que, si les dispositions de l'art. L. 312-10 ont prévu la possibilité de dispenser en partie l'enseignement primaire et secondaire dans une autre langue que le français, elles ne créent pas au bénéfice des élèves le droit à l'organisation d'un enseignement bilingue à parité horaire. • CAA Nancy, 3 juill. 2014, nos 13NC01696 et 13NC01597 : *LIJ 2015, n° 186, p. 5.*

3. Enseignement immersif d'une langue régionale. Si, pour concourir à la sauvegarde des langues régionales, l'État et les collectivités territoriales peuvent apporter leur aide aux associations ayant cet objet, il résulte des termes de l'art. 2 de la Constitution que l'usage d'une langue autre que le français ne peut être imposé aux élèves des établissements de l'enseignement public ni dans la vie de l'établissement, ni dans l'enseignement des disciplines autres que celles de la langue considérée. • Cons. const. 27 déc. 2001, *Loi de finances pour 2002*, n° 2001-456 DC : *JO 29 déc., p. 21159 ; Rec. Cons. const. 180 ; D. 2002. 1954, obs. Ribes*. ♦ Dans le même sens, le Cons. const. a déclaré contraire à la Constitution la disposition de la loi relative à la protection des langues régionales et à leur promotion (dite « loi Molac ») qui permet aux écoles publiques de pratiquer un enseignement immersif en langue régionale. Le Conseil a estimé que si, pour concourir à la protection et à la promotion des langues régionales, leur enseignement peut être prévu dans les établissements qui assurent le service public de l'enseignement ou sont associés à celui-ci, c'est à la condition de respecter les exigences précitées de l'art. 2 Const. 58 (§ 18). S'appuyant notamment sur les travaux préparatoires de la loi déférée, il a constaté que l'enseignement immersif d'une langue régionale est une méthode qui ne se borne pas à enseigner cette langue mais consiste à l'utiliser comme langue principale d'enseignement et comme langue de communication au sein de l'établissement (§ 19). Il en a déduit qu'au sein du service public de l'enseignement, une telle forme d'enseignement est en contradiction avec les exigences résultant de l'art. 2 Const. 58. • Cons. const. 21 mai 2021, n° 2021-818 DC : *DAE 16 juin 2021, note de Gaudemont ; AJDA 2021. 1062 ; ibid. 1297, tribune Gahdoun ; AJCT 2021. 273, obs. Pailler ; LIJ 2021, n° 214, édito Chicot.*

V. égal. notes de jurispr. ss. art. L. 121-1.

Art. L. 312-11 *(L. n° 2013-595 du 8 juill. 2013, art. 40)* **Sans préjudice des dispositions de l'article L. 121-3, les enseignants des premier et second degrés sont autorisés à recourir aux langues régionales, dès lors qu'ils en tirent profit pour leur enseignement. Ils peuvent également s'appuyer sur des éléments de la culture régionale pour favoriser l'acquisition du socle commun de connaissances, de compétences et de culture et des programmes scolaires.**

BIBL. ► Grin, L'enseignement des langues comme politique publique, *Rapport du Haut Conseil de l'évaluation de l'école, sept. 2005.*

Enseignement bilingue. Limites. La circulaire n° 2001-167 du 5 sept. 2001 attaquée prévoyait, dans les zones d'influence des langues régionales, les modalités d'organisation d'un enseignement bilingue à parité horaire. Selon les dispositions attaquées, la langue régionale était à la fois la langue enseignée et la langue d'enseignement dans plusieurs domaines d'activité et d'apprentissage. Ces dispositions ne comportant aucune règle relative à la répartition des disciplines entre l'enseignement en français et l'enseignement en langue régionale et ne garantissant pas qu'une partie au moins de l'enseignement de ces disciplines se fasse en français, elles ouvrent des possibilités qui vont au-delà des nécessités de l'enseignement d'une langue régionale et excèdent les possibilités de déroger à l'obligation d'user de la langue française comme langue d'enseignement. • CE 11 févr. 2004, *Sté des agrégés de l'Université,* n° 248224.

Art. L. 312-11-1 *(L. n° 2002-92 du 22 janv. 2002, art. 7)* **La langue corse est une matière enseignée dans le cadre de l'horaire normal des écoles maternelles et élémentaires de Corse.**

CONFORMITÉ À LA CONSTITUTION. CONDITIONS

1. Absence de caractère obligatoire. Le statut de la Corse adopté en 1991 prévoyait l'insertion dans le temps scolaire de l'enseignement de la langue et de la culture corses. Cet enseignement n'est pas contraire au principe d'égalité dès lors qu'il ne revêt pas un caractère obligatoire, qu'il n'a pas davantage pour objet de soustraire les élèves scolarisés dans les établissements de la collectivité territoriale de Corse aux droits et obligations applicables à l'ensemble des usagers des établissements qui assurent le service public de l'enseignement ou sont associés à celui-ci. Par suite, le fait pour le législateur d'autoriser la collectivité territoriale de Corse à promouvoir l'enseignement de la langue et de la culture corses, ne saurait être regardé comme portant atteinte à aucun principe de valeur constitutionnelle. • Cons. const. 9 mai 1991, *Loi portant statut de la collectivité territoriale de Corse,* n° 91-290 DC : *JO 14 mai, p. 6350 ; Rec. Cons. const. 50 ; GDCC n° 44.*

2. Autres conditions. Si l'enseignement de la langue corse, prévu « dans le cadre de l'horaire normal des écoles maternelles et élémentaires », revêt, tant dans son principe que dans ses modalités de mise en œuvre, un caractère facultatif et ne présente pas de caractère obligatoire ni pour les élèves, ni pour les enseignants, s'il n'a pas non plus pour effet de soustraire les élèves aux droits et obligations applicables à l'ensemble des usagers des établissements qui assurent le service public de l'enseignement ou sont associés à celui-ci, il en résulte que cette disposition n'est contraire ni au principe d'égalité ni à aucun autre principe ou règle de valeur constitutionnelle. • Cons. const. 17 janv. 2002, *Loi relative à la Corse,* n° 2001-454 DC : *JO 23 janv., p. 1526 ; Rec. Cons. const. 70 ; AJDA 2002. 100, chron. Schoettl ; D. 2003. 1124, obs. Magnon.*

Art. L. 312-11-2 *(L. n° 2021-641 du 21 mai 2021, art. 7)* **Sans préjudice de l'article L. 312-11-1, dans le cadre de conventions entre l'État et les régions, la collectivité de Corse, la Collectivité européenne d'Alsace ou les collectivités territoriales régies par l'article 73 de la Constitution, la langue régionale est une matière enseignée dans le cadre de l'horaire normal des écoles maternelles et élémentaires, des collèges et des lycées sur tout ou partie des territoires concernés, dans le but de proposer l'enseignement de la langue régionale à tous les élèves.**

BIBL. ► Pailler, Langues régionales : la loi Molac publiée au *Journal officiel, AJCT 2021. 273.*

SECTION V L'ENSEIGNEMENT DE LA DÉFENSE

Art. L. 312-12 **Les principes et l'organisation de la défense nationale et de la défense européenne ainsi que l'organisation générale de la réserve font l'objet d'un enseignement obligatoire dans le cadre de l'enseignement de l'esprit de défense et des programmes de tous les établissements d'enseignement du second degré.**

Cet enseignement a pour objet de renforcer le lien armée-Nation tout en sensibilisant la jeunesse à son devoir de défense. – *[C. serv. nat., art. L. 114-1 et L. n° 99-894 du 22 oct. 1999, art. 3.]*

BIBL. ▶ Arzoumanian, Chabanon, Rivière, De La Haye et Gombert, Journée défense et citoyenneté 2016 : environ un jeune Français sur dix en difficulté de lecture, *MEN, Note d'information, n° 17-17, juin 2017*. – Chabanon, Journée défense et citoyenneté 2018 : plus d'un jeune Français sur dix en difficulté de lecture. Élèves et apprentis, *MEN-DEPP, Note d'information n° 19.20, juin 2019*.

SECTION VI LES ENSEIGNEMENTS DE LA SÉCURITÉ

Art. L. 312-13 L'enseignement du code de la route est obligatoire et est inclus dans les programmes d'enseignement des premier et second degrés.

(L. n° 2015-990 du 6 août 2015, art. 28) « Le passage de l'épreuve théorique du permis de conduire peut être organisé, en dehors du temps scolaire, dans les locaux des lycées et établissements régionaux d'enseignement adapté, dans les conditions et selon les modalités prévues à l'article L. 214-6-2 du présent code, au bénéfice des élèves qui le souhaitent et qui remplissent les conditions fixées par le code de la route pour apprendre à conduire un véhicule à moteur en vue de l'obtention du permis de conduire. »

Sur l'enseignement des règles de sécurité routière et la délivrance du brevet de sécurité routière, V. art. D. 312-43 s.

Art. L. 312-13-1 *(L. n° 2020-840 du 3 juill. 2020, art. 2)* Tout élève bénéficie, dans le cadre de la scolarité obligatoire, d'une sensibilisation à la prévention des risques et aux missions des services de secours ainsi que d'un apprentissage des gestes de premiers secours.

Cet apprentissage se fait suivant un continuum éducatif du premier au second degrés. Il comprend notamment une sensibilisation à la lutte contre l'arrêt cardiaque et aux gestes qui sauvent organisée dès l'entrée dans le second degré.

Les formations aux premiers secours de cet apprentissage sont assurées par des organismes habilités ou des associations agréées conformément à l'article L. 726-1 du code de la sécurité intérieure.

Sur la sensibilisation à la prévention des risques, aux missions des services de secours, à la formation aux premiers secours et à l'enseignement des règles générales de sécurité, V. art. D. 312-40 s.

Art. L. 312-13-2 *(L. n° 2019-1428 du 24 déc. 2019, art. 57)* L'apprentissage de l'usage du déplacement à vélo en sécurité a pour objectif de permettre à chaque élève de maîtriser, à son entrée dans les établissements du second degré, la pratique autonome et sécurisée du vélo dans l'espace public.

Cet apprentissage est organisé dans un cadre scolaire, périscolaire ou extrascolaire.

Les programmes d'enseignement du premier degré visent à faire acquérir, à l'élève, la compétence d'adapter ses déplacements à des environnements variés et contribuent à cet apprentissage.

Les écoles veillent à ce que tous les élèves et leurs familles aient la connaissance des offres de formation proposées par les structures locales partenaires dans les temps périscolaire et extrascolaire.

Les écoles délivrent à chaque élève l'attestation scolaire de première éducation à la route, laquelle participe d'une validation d'une partie du socle commun de compétences du savoir rouler à vélo.

SECTION VII L'ENSEIGNEMENT DES PROBLÈMES DÉMOGRAPHIQUES

Art. L. 312-14 L'enseignement des problèmes démographiques, sous leur aspect statistique et dans leurs rapports avec les questions morales et familiales, est obligatoire et est inclus dans les programmes d'enseignement des premier et second degrés. – *[CASF, art. 38, al. 1er.]*

SECTION VIII **L'ENSEIGNEMENT MORAL ET CIVIQUE** *(L. n° 2013-595 du 8 juill. 2013, art. 41).*

Art. L. 312-15 **Outre les enseignements concourant aux objectifs définis à l'article** *(L. n° 2005-380 du 23 avr. 2005, art. 8)* **« L. 131-1-1 »,** *(L. n° 2013-595 du 8 juill. 2013, art. 41)* **« l'enseignement moral et civique vise notamment à amener les élèves à devenir des citoyens responsables et libres, à se forger un sens critique et à adopter un comportement réfléchi** *(L. n° 2018-1202 du 22 déc. 2018, art. 16)* **« , y compris dans leur usage de l'internet et des services de communication au public en ligne ». Cet enseignement » comporte, à tous les stades de la scolarité, une formation** *(L. n° 2005-380 du 23 avr. 2005, art. 18)* **« aux valeurs de la République, » à la connaissance et au respect des droits de l'enfant consacrés par la loi ou par un engagement international et à la compréhension des situations concrètes qui y portent atteinte. Dans ce cadre est donnée une information sur le rôle des organisations non gouvernementales œuvrant pour la protection de l'enfant.**

Lors de la présentation de la liste des fournitures scolaires, les élèves reçoivent une information sur la nécessité d'éviter l'achat de produits fabriqués par des enfants dans des conditions contraires aux conventions internationalement reconnues.

(L. n° 2005-102 du 11 févr. 2005, art. 22) **« L'enseignement** *(L. n° 2013-595 du 8 juill. 2013, art. 41)* **« moral et » civique comporte également, à l'école primaire et au collège, une formation consacrée à la connaissance et au respect des problèmes des personnes** *(L. n° 2019-791 du 26 juill. 2019, art. 27)* **« en situation de handicap dans une société inclusive ».**

« Les établissements scolaires s'associent avec les centres accueillant des personnes *(L. n° 2019-791 du 26 juill. 2019, art. 27)* **« en situation de handicap » afin de favoriser les échanges et les rencontres avec les élèves. »**

(L. n° 2010-241 du 10 mars 2010, art. 9) **« L'enseignement** *(L. n° 2013-595 du 8 juill. 2013, art. 41)* **« moral et » civique sensibilise également les élèves de collège et de lycée** *(L. n° 2021-874 du 1er juill. 2021, art. 4)* **« à la vie associative et » au service civique prévu au titre Ier *bis* du livre Ier du code du service national. »**

(L. n° 2021-874 du 1er juill. 2021, art. 4) **« Une information destinée à la communauté éducative, pour se familiariser avec le milieu associatif local et national et les liens qui peuvent être créés entre associations et établissements scolaires, est éditée par le ministère chargé de l'éducation nationale. »**

(L. n° 2011-302 du 22 mars 2011, art. 23) **« Dans le cadre de l'enseignement** *(L. n° 2013-595 du 8 juill. 2013, art. 41)* **« moral et » civique, les élèves sont formés afin de développer une attitude critique et réfléchie vis-à-vis de l'information disponible et d'acquérir un comportement responsable dans l'utilisation des outils interactifs lors de leur usage des services de communication au public en ligne. Ils sont informés des moyens** *(L. n° 2018-1202 du 22 déc. 2018, art. 16)* **« de vérifier la fiabilité d'une information, » de maîtriser leur image publique, des dangers de l'exposition de soi et d'autrui, des droits »** *(Ord. n° 2018-1125 du 12 déc. 2018, art. 7)* **« qu'ils tiennent du règlement (UE) 2016/679 du Parlement européen et du Conseil du 27 avril 2016 relatif à la protection des personnes physiques à l'égard du traitement des données à caractère personnel et à la libre circulation de ces données et de la loi n° 78-17 du 6 janvier 1978 relative à l'informatique, aux fichiers et aux libertés en matière de protection de leurs données personnelles en termes d'information, d'opposition, d'accès, de rectification, d'effacement, de limitation du traitement et de portabilité des données », ainsi que des missions de la Commission nationale de l'informatique et des libertés.**

(L. n° 2017-86 du 27 janv. 2017, art. 33) **« Dans le cadre de l'enseignement moral et civique, les collégiens et les lycéens sont incités à participer à un projet citoyen au sein d'une association d'intérêt général. »**

BIBL. ▸ BERT, L'instruction civique à l'école (notions fondamentales), *Paris, Librairie Picard-Bernheim et Cie, 11e éd., 1883.* – BULLARA, Favoriser les pratiques culturelles, sportives et citoyennes en faveur de la jeunesse, Rapport de la mission ministérielle sur les pratiques culturelles, sportives et citoyennes en faveur de la jeunesse, *MEN, févr. 2004.* – FABERON, École et citoyenneté, *LPA 2006, n° 223, p. 3.* – GASPARINI, Les tentatives d'éducation civique par les conseils d'élèves. L'exemple des classes novatrices de cycle 3 *in* Le droit et l'école. De la règle aux pratiques, *Didact Éducation, 2003. 105.* – MENG, Entre sentiment et raison : l'éducation morale et civique à l'école laïque dans la République en France (1870-1914), *Thèse, Univ. Toulouse 2, 2016.* – RICHARD, L'enseignement moral et civique de 1944 à 2014, *Thèse, EPHE, 2015.*

COMMENTAIRE

DE L'INSTRUCTION CIVIQUE À L'ENSEIGNEMENT MORAL ET CIVIQUE (EMC)

L'article L. 312-15, modifié par l'article 41 de la loi n° 2013-595 du 8 juillet 2013 de refondation de l'école de la République, qui substitue l'« enseignement moral et civique » à l'instruction civique et à l'éducation civique donnant cet intitulé à la section VIII dont il constitue le seul article, ne se caractérise ni par la simplicité, ni par la cohérence. Il ouvre pourtant un nouveau chapitre de l'histoire de l'éducation à la citoyenneté en renouvelant ses objectifs et en y introduisant de nouveaux outils.

Dès 1791, ***Talleyrand*** proposait de donner aux élèves des instructions simples et claires sur les devoirs communs à tous les citoyens et sur les lois indispensables à connaître, intégrant en outre dans ce projet de « catéchisme républicain » quelques exemples d'« actions vertueuses ». Sous la ***IIIe République***, la loi du 28 mars 1882 relative à l'enseignement primaire obligatoire remplace l'« instruction morale et religieuse » par l'« instruction morale et civique » qui permettra aux « hussards noirs de la République » de présenter à leurs élèves les rudiments institutionnels nécessaires aux futurs citoyens et des leçons de morale républicaine (distinction du bien et du mal) respectant l'éthique de l'école laïque. (V. Lettre aux instituteurs, Jules Ferry 1883 ; Jean Jaurès 1888). Ce nouvel enseignement est inséré dans les programmes du primaire de 1883 et 1887, et donne lieu à deux cours distincts : une instruction morale, dont l'objet principal est de « développer l'homme dans l'homme lui-même, c'est-à-dire un cœur, une intelligence, une conscience », et une instruction civique, centrée sur un apprentissage plus juridique et institutionnel. Rattachée à l'histoire, cette dernière entend fournir aux élèves les notions essentielles sur l'organisation de la France, ainsi que sur les droits et devoirs du citoyen. L'enseignement secondaire ne comprenait alors pas d'instruction morale et civique, la sensibilisation des élèves et le développement de leurs capacités critiques devant se faire de manière plus implicite, à travers l'apprentissage des humanités.

Effaçant les souvenirs de l'État français, les programmes de 1945 réinstaurent un enseignement moral et civique, souhaitant ainsi refonder les valeurs de la République bafouées sous l'Occupation. Introduite dans le premier cycle du secondaire, l'instruction civique a le plus souvent été conçue comme une annexe du cours d'histoire-géographie et sacrifiée sur l'autel des programmes.

Dans les années 1960, l'objectif de formation morale et civique passe au second plan, l'enseignement d'instruction morale et civique étant même supprimé à compter de 1975.

En réponse à la crise scolaire du début des années 1980, Jean-Pierre Chevènement, alors ministre de l'éducation nationale, réinstaure en 1985, au primaire et au collège, un enseignement d'éducation civique, avec un horaire dédié.

L'abaissement de la majorité à dix-huit ans et l'émergence de la notion de droits de l'enfant ont amené dans les années 1980 à revoir la philosophie de l'instruction civique, au moins dans son intitulé, puisqu'elle devient éducation civique (à l'école et au collège), sans entraîner toutefois de changement significatif. L'article 1er de la loi d'orientation du 10 juillet 1989 garantit à chacun le droit à l'éducation afin de lui permettre de développer sa personnalité, d'élever son niveau de formation, de s'insérer dans la vie professionnelle et sociale et d'exercer sa citoyenneté (V. art. L. 312-15).

La diversification des publics accueillis et des cultures de référence a justifié un désir de renouveau qui s'est traduit par l'idée d'« éducation à la citoyenneté » ou de parcours citoyen. En 2001, est introduit au lycée l'enseignement civique, juridique et social (ECJS) qui, comme l'éducation civique au collège reste le plus souvent un appendice de l'histoire-géographie.

La loi pour l'avenir de l'école du 23 avril 2005 ajouta une référence aux « valeurs de la République », l'***éducation civique*** étant alors conçue comme « une formation aux valeurs de la République et aux droits de l'enfant… ». Si les valeurs en question sont « nationales » (la même loi Fillon impose que l'école, à côté de l'« éducation morale », « offre un enseignement d'éducation civique qui comporte obligatoirement l'apprentissage de l'hymne national et de son histoire » (V. note ss. art. L. 321-3), elles ont aussi une portée « universelle » (la Convention de New York relative aux droits de l'enfant de 1989 vise à la fois à inculquer le respect des droits de l'homme, des libertés fondamentales, des principes consacrés par la Charte de l'ONU et le respect des valeurs culturelles de l'enfant, comme des valeurs nationales du pays dans lequel il vit : art. 29). Aussi les programmes seront structurés autour des concepts d'égalité, de solidarité, de sécurité (5e), soulignant libertés, droits et justice (4e).

Malgré les termes de la loi, les programmes de l'école adoptés par les arrêtés Darcos du 9 juin 2008 reprirent pour la seule école élémentaire la terminologie abandonnée en 1955 en remplaçant l'éducation civique (expression toutefois conservée pour intituler la section) par l'instruction civique et morale, insistant sur la politesse (dont le vouvoiement), la morale et les symboles de la République. Sur la base des programmes de 2008, la circulaire Chatel n° 2011-131 du 25 août 2011 était consacrée à l'instruction morale à l'école, insistant notamment sur la distinction du bien et du mal, la politesse et le respect, et imposant au maître neutralité et laïcité mais aussi exemplarité. Le ministre préconisait alors de revenir à la maxime quotidienne, autrefois perçue comme élément du « catéchisme républicain », dont le formalisme de l'exposé à des élèves passifs a pu faire l'objet de critiques. Au collège, il était alors prévu que la morale soit intégrée dans une charte de la civilité à joindre au règlement intérieur (respect des règles de la scolarité, des personnes et du bien commun).

Dans le cadre de la refondation de l'école de la République, le ministre de l'éducation nationale, Vincent Peillon, a souhaité qu'un enseignement de ***morale laïque*** (définie, à la suite de Ferdinand Buisson, comme une morale commune basée sur les exigences de raison et de justice qui fondent les valeurs de la République) et ***civique*** (en lien étroit avec les principes et valeurs de la citoyenneté républicaine et démocratique, intégrant ainsi l'éducation à la citoyenneté) puisse être donné de l'école au lycée, constituant la ligne directrice d'un parcours citoyen.

La loi n° 2013-595 du 8 juillet 2013 de refondation de l'école de la République introduit cet enseignement qui doit permettre de compléter la formation du « citoyen libre et responsable » (art. L. 121-4-1 et L. 311-4) par celle des personnes avec pour objectif de développer leur « esprit critique » (art. L. 131-1-1) ou « sens critique » (art. L. 311-4), leur « comportement réfléchi » (art. L. 311-4) ou leur « esprit d'initiative » (art. L. 111-2). L'enseignement moral vise à former le « sujet moral », à renouer le lien entre l'individu et la communauté, la personne et la cité, à retrouver les conditions pour « vivre en société » (art. L. 121-4-1), pour « faire communauté ». Cela impose de dégager « le principe de l'intérêt général » et de s'appuyer sur les valeurs communes qui fondent la République, contenues dans le corpus constitutionnel (Déclaration des droits de l'homme et du citoyen de 1789, Préambule de la Constitution de 1946) et rappelées par le code de l'éducation : dignité (art. L. 111-1), liberté (not. liberté de conscience, art. L. 111-1), égalité (not. des hommes et des femmes, art. L. 311-4), solidarité, laïcité (art. L. 111-1 et L. 311-4), esprit de justice, respect de la personne, de ses origines et des différences (art. L. 311-4)...

En avril 2013, un rapport intitulé « Morale laïque : pour un enseignement laïque de la morale », remis au ministre par ses auteurs, Alain Bergounioux, Laurence Loeffel et Rémy Schwartz, en trace les objectifs et les principes et envisage ses modalités. L'école doit transmettre ces valeurs non seulement en les enseignant mais en veillant à ce qu'elles soient respectées et mises en œuvre (dans la classe, dans la vie scolaire, dans la conduite personnelle de l'élève, dans son engagement). Il s'agit de former le jugement moral dans un cadre social en insistant sur les principes de délibération et de participation. L'enseignement de la morale doit faire appel à la réflexion des élèves, privilégiant le libre examen pour construire des références destinées à être mises en pratique. A l'école, le rapport préconise l'abandon des maximes remises à l'ordre du jour en 2008 ; les maîtres s'appuieront sur divers supports (textes, images...) resitués dans une démarche d'apprentissage systématique. Au collège, les programmes d'éducation civique devront être repris pour intégrer la dimension éthique et la formation du jugement moral ; des travaux interdisciplinaires autour de projets collectifs seront aussi proposés. Les élèves seront évalués au brevet mais également selon d'autres modalités, formatives, valorisant leur participation et leur engagement dans la communauté. Pour assurer ce nouvel enseignement, les professeurs recevront une formation dans les écoles supérieures du professorat et de l'éducation (ESPÉ, rebaptisées instituts supérieurs du professorat et de l'éducation, INSPÉ, par la loi du 26 juillet 2019) qui devront mettre en place des modules consacrés à l'enseignement moral et à la transmission des valeurs de la République.

Si l'article L. 312-15 est le seul de la section consacrée à l'EMC, la détermination de son contenu doit tenir compte des autres dispositions présentées aux sections qui la précèdent :

– section V, enseignement de la défense (art. L. 312-12 issu du C. serv. nat.) et sensibilisation au service civique (L. du 10 mars 2010) ;

– section VI, enseignements de la sécurité (C. route, art. L. 312-13, exigeant, il est vrai, une « morale routière et citoyenne » ; V. art. D. 312-40 s.) ;

– section VII, enseignement des questions démographiques (art. L. 312-13, visant leurs rapports avec les « questions morales et familiales »).

Il en est de même des sections qui suivent :

– la section, consacrée à l'éducation à la santé et à la sexualité, prévoit une information et une éducation dans les écoles, collèges et lycées (art. L. 312-16 issu de la loi n° 2001-588 du 4 juill. 2001 relative à l'interruption volontaire de grossesse ; trois séances annuelles doivent être organisées par groupe d'âges homogène avec possibilité d'associer des personnels de santé, d'autres intervenants et éventuellement des élèves ayant reçu une formation ; V. CE 18 oct. 2000, *Assoc. Promouvoir : cité note 1 ss. art. L. 312-16* ; V. aussi, CEDH 7 déc. 1976, *Kjeldsen, Busk Madsen et Pedersen c/ Danemark : série A, n° 23*), mais aussi sur l'égalité entre les hommes et les femmes, sur la lutte contre les préjugés sexistes et les violences (art. L. 312-17-1) ou sur le don d'organes (art. L. 312-17-2) ;

– la section X sur la prévention et l'information sur les toxicomanies (art. L. 312-18) ;

– la section XI sur l'éducation à l'environnement et au développement durable (EEDD, art. L. 312-19) approche divers domaines qui visent, comme l'EMC, à accroître le sens de la responsabilité des élèves dans le respect des valeurs de liberté, égalité, dignité ou laïcité. Ces différentes questions sont examinées dans le cadre des travaux des ***comités d'éducation à la santé et à la citoyenneté*** (CESC). Réunissant autour du chef d'établissement, les personnels d'éducation, sociaux et de santé, des représentants des personnels et des usagers et des partenaires notamment de la commune, cette instance contribue à l'éducation à la citoyenneté en préparant un plan de prévention de la violence, en luttant contre les comportements à risque et en s'attaquant à la question de l'exclusion (Circ. n° 2006-197 du 30 nov. 2006, *BOEN n° 45 du 7 déc.*).

Pour l'enseignement obligatoire, le socle commun de connaissances et de culture (SCCC ou S3C) tel qu'il a été arrêté par ***le décret n° 2015-372 du 31 mars 2015 (art. D. 122-3)*** affiche les compétences sociales et civiques à acquérir à l'école et au collège ; cet objectif impose de mettre en place un véritable ***parcours civique de l'élève***, constitué de valeurs, de savoirs, de pratiques et de comportements dont le but est de favoriser une participation efficace et constructive à la vie sociale et professionnelle, d'exercer sa liberté en pleine conscience des droits d'autrui et de refuser la violence. Pour cela, les élèves devront apprendre à établir la différence entre les principes universels (les droits de l'homme), les règles de l'État de droit (la loi) et les usages sociaux (la civilité). Les objectifs sont présentés par l'article annexe sous deux rubriques : vivre en société (A) et se préparer à la vie de citoyen (B). Cela implique d'acquérir des connaissances qui relèvent de l'EMC mais aussi de l'enseignement scientifique, des humanités ou de l'éducation physique et sportive, des capacités (notamment de communiquer, de travailler en équipe, d'esprit critique…), et des attitudes (respect de soi, des autres, de l'environnement (ce que Valéry appelait la civilité).

C'est sur cette base que ***les programmes de l'enseignement moral et civique (EMC)*** ont été adoptés, après une consultation organisée en janvier 2015, par vingt et un arrêtés du 12 juin 2015. Ils permettent de mettre en œuvre le nouvel enseignement pour tous les élèves de l'école au lycée à partir de la rentrée 2015 (ces arrêtés constituent les décisions ministérielles expresses prises après avis du CSE auxquelles l'art. D. 311 subordonne l'entrée en vigueur des programmes avant l'échéance du délai normal de 12 mois après leur publication). L'EMC se substitue aux anciennes formules, qu'il s'agisse de l'instruction civique et morale à l'école, de l'éducation civique au collège, de l'enseignement civique, juridique et social (ECJS) dans les classes de seconde générale et technologique et celles du cycle terminal des séries générales, de l'éducation civique, au sein du programme d'histoire-géographie-éducation civique dans le cycle terminal des séries technologiques, ou de l'éducation civique au lycée professionnel et dans les classes préparatoires au certificat d'aptitude professionnelle (CAP). L'EMC doit transmettre le socle de valeurs nécessaires dans une société démocratique : la dignité, la liberté, l'égalité, la solidarité, la laïcité, l'esprit de justice, le respect de la personne, l'égalité entre les femmes et les hommes, la tolérance et l'absence de toute forme de discrimination ; il doit développer le sens moral et l'esprit critique, permettre à l'élève d'apprendre à adopter un comportement réfléchi, préparer à l'exercice de la citoyenneté et sensibiliser à la responsabilité individuelle et collective. L'objectif est de faire adhérer les élèves aux valeurs de la République par des pédagogies innovantes et participatives, par l'initiation au débat démocratique. Chaque arrêté est accompagné d'une annexe présentant les principes généraux, les finalités et les objectifs de formation qui doivent être atteints par une construction progressive et continue permettant d'acquérir les connaissances, les compétences et attitudes : la liste des objets d'enseignement est accompagnée d'exemples de pratiques en classe, à l'école ou dans l'établissement.

Ainsi, à l'école élémentaire et au collège, il développe de cycle en cycle les objectifs de connaissances prévus par le SCC : « sensibilité : soi et les autres », « le droit et la règle : des principes pour vivre avec les autres », « réflexion et discernement : le jugement ; penser par soi-même et avec les autres » et responsabilité ; sens de « l'engagement : agir individuellement et collectivement », développés pour chaque cycle.

Au lycée, il s'agit de la personne et de l'État de droit, de l'égalité et des discriminations, de l'exercice de la citoyenneté dans la République française et l'Union européenne, du pluralisme des croyances et laïcité (classes de première), de la biologie, de l'éthique, de la société et de l'environnement (classes terminales).

Les arrêtés du 12 juin 2015 fixent les horaires qui doivent y être consacrés. Au collège, le bloc histoire-géographie-EMC est toujours de 3 heures (3h 30 en 3e), au lycée un temps d'une demi-heure est consacré à l'EMC, indépendamment de l'histoire-géographie. Il en est de même en bac professionnel et en CAP, sur une base annuelle (BOEN spécial du 25 juin 2015). Mais, ***à côté de la demi-heure de cours consacrée au programme d'éducation civique au collège, ses objectifs doivent être partagés par les autres enseignants***. Un cours de français, de sciences ou d'éducation physique et sportive peut aussi constituer un moment d'éducation civique, de débat sur les valeurs, d'interrogation sur le sens d'une action ou sur les applications d'une idée ou d'un concept dans la cité. Il est aussi possible d'utiliser les différents dispositifs transversaux [itinéraires de découverte et, en 2016, les enseignements pratiques interdisciplinaires (EPI) au collège, travaux personnels encadrés au lycée, projet pluridisciplinaire à caractère professionnel au lycée professionnel] pour aborder avec des regards croisés les questions de la cité. Ces moments s'inscrivent dans le cadre du parcours citoyen qui doit insister sur les valeurs républicaines et développer la culture de l'engagement (Circ. de rentrée 2015).

En 2018, eurent lieu quelques ajustements de programmes, supprimant toute référence aux pédagogies innovantes et insistant sur la nécessité de débattre sur la base de situations concrètes, mettant l'accent sur le respect. En octobre 2020, à la suite de l'assassinat d'un professeur par un terroriste islamiste, le ministre annonce sa volonté de renforcer le travail en classe sur les valeurs de la République, de diversifier les intervenants et les formes d'enseignement, l'augmentation de l'horaire dédiée la prise en compte de l'engagement civique au brevet (Lettre aux enseignants du 30 oct. 2020).

Si les élèves peuvent s'engager dans la classe ou dans l'établissement (CA, CVL, CESC), notamment en participant aux élections ou en utilisant les droits (liberté de réunion, d'association ou d'expression des lycéens) que le code leur reconnaît (V. livre V), ils peuvent aussi se mobiliser pour une cause et mener des « actions vertueuses » (Talleyrand).

Les ***occasions de mobilisation*** sont ***nombreuses***. Chaque année, la lecture du *Bulletin officiel* rappelle que sont organisées des journées nationales ou mondiales dédiées aux droits de l'enfant, à l'abolition de l'esclavage, à la mémoire des victimes de la déportation, à la Shoah, à la mémoire des génocides et à la prévention des crimes contre l'humanité et à la lutte contre le racisme ou à la solidarité internationale. De même le ministère et les académies organisent des concours consacrés à la Résistance ou aux droits de l'homme ou permettant de mettre en valeur les performances et le comportement citoyen des élèves (Prix de l'éducation). Le calendrier politique peut offrir des opportunités ; ainsi la présidence française de l'Union européenne au second semestre 2008 fut une occasion d'organiser des actions dans les établissements en termes de mobilité et de partenariats (Circ. de rentrée 2008, point 10). Ces opérations sont en général menées en collaboration avec d'autres administrations (ministère des Anciens Combattants), des collectivités territoriales, des associations (l'Académie des sports) ou même des entreprises. On retrouve ces partenariats dans le cadre de certaines actions éducatives (protocole d'accord défense-éducation nationale, sensibilisation au développement durable…). Par ailleurs, le dernier alinéa de l'article L. 312-15, introduit par la loi du 11 février 2005, envisage ainsi que « les établissements scolaires s'associent avec les centres accueillant des personnes handicapées afin de favoriser les échanges et les rencontres avec les élèves ». ❑

Objectif pédagogique. Les dispositions de cet article sont issues de la loi n° 99-478 du 9 juin 1999. Elles visent à inciter au respect des droits de l'enfant dans le monde à travers l'éducation civique, principe proclamé par la convention de New York relative aux droits de l'enfant. • CE 29 mars 2002, *Gouvernement de la Polynésie française*, n° 224574.

SECTION IX L'ÉDUCATION À LA SANTÉ ET À LA SEXUALITÉ

(L. n° 2001-588 du 4 juill. 2001, art. 22)

Art. L. 312-16 **Une information et une éducation à la sexualité sont dispensées dans les écoles, les collèges et les lycées à raison d'au moins trois séances annuelles et par groupes d'âge homogène.** *(L. n° 2016-444 du 13 avr. 2016, art. 19)* **« Ces séances présentent une vision égalitaire des relations entre les femmes et les hommes. Elles contribuent à l'apprentissage du respect dû au corps humain** *(L. n° 2021-1109 du 24 août 2021, art. 33)* **« et sensibilisent aux violences sexistes ou sexuelles ainsi qu'aux mutilations sexuelles féminines ». Elles peuvent » associer les personnels contribuant à la mission de santé scolaire et des personnels des établissements mentionnés au premier alinéa de l'article L. 2212-4 du code de la santé publique ainsi que d'autres intervenants extérieurs conformément à l'article 9 du décret n° 85-924 du 30 août 1985 relatif aux établissements publics locaux d'enseignement. Des élèves formés par un organisme agréé par le ministère de la santé** *(L. n° 2016-444 du 13 avr. 2016, art. 19)* **« peuvent » également y être associés.**

(L. n° 2004-806 du 9 août 2004, art. 48) **« Un cours d'apprentissage sur les premiers gestes de secours est délivré aux élèves de collège et de lycée, selon des modalités définies par décret** *[V. art. D. 312-40 s.]*. **»**

BIBL. ▶ Le Mat, Parler de sexualité à l'école : Controverses et luttes de pouvoir autour des frontières de la vie privée, *Thèse, Univ. Lille 2, 2018.*

ÉDUCATION À LA SEXUALITÉ

1. *Principe de neutralité.* Les dispositions de la circulaire du ministre de l'éducation nationale, de la recherche et de la technologie qui prévoient l'organisation de séquences d'éducation à la sexualité dans un but global d'éducation à la santé et aux fins, notamment, de prévenir les risques de transmission de maladies sexuellement transmissibles, en définissant les objectifs et les orientations de cette démarche éducative, ne méconnaissent pas les principes de neutralité et de laïcité et n'ont ni pour objet, ni pour effet de porter atteinte aux convictions religieuses et philosophiques tant des élèves, que de leurs parents ou des enseignants. • CE 18 oct. 2000, *Assoc. Promouvoir*, n° 213303 : *Lebon 424* ; *AJDA 2001. 45, obs. Mekhantar* ; *AJFP 2001, juill.-août 2001. 45, comm. Mekhantar* ; *D. 2000. 291*.

2. *Limites.* Le dépliant distribué aux lycéens et aux collégiens de classe de troisième de l'enseignement public se bornant à donner des informations sur les différents modes de contraception et sur les possibilités offertes, en particulier aux mineures, par la L. du 28 déc. 1967, sans inciter à adopter un comportement sexuel particulier ni comporter de mentions susceptibles de porter atteinte à la liberté de conscience des élèves ou de méconnaître la liberté des parents d'élever leurs enfants mineurs dans un sens conforme à leurs convictions ne porte pas atteinte au principe de neutralité de l'enseignement public ou à l'autorité parentale. Mais il n'appartenait pas au ministre chargé de l'enseignement scolaire de porter à la connaissance des élèves les positions liées, en matière de contraception, aux différentes convictions philosophiques et religieuses. • CE 6 oct. 2000, *Assoc. Promouvoir, Assoc. Pour le respect de l'être humain et de la famille et a.*, n°s 216901, 217800, 217801 et 218213 : *Lebon 391* ; *AJDA 2000. 1060, concl. Boissard* ; *D. 2000. 268*.

Art. L. 312-17 *(L. nº 2004-806 du 9 août 2004, art. 49)* Une information est également délivrée sur les conséquences de la consommation d'alcool par les femmes enceintes sur le développement du fœtus, notamment les atteintes du système nerveux central, dans les collèges et les lycées, à raison d'au moins une séance annuelle, par groupe d'âge homogène. Ces séances pourront associer les personnels contribuant à la mission de santé scolaire ainsi que d'autres intervenants extérieurs.

Art. L. 312-17-1 *(L. nº 2010-769 du 9 juill. 2010, art. 23)* Une information consacrée à l'égalité entre les hommes et les femmes, à la lutte contre les préjugés sexistes et à la lutte contre les violences faites aux femmes et les violences commises au sein du couple est dispensée à tous les stades de la scolarité. Les établissements scolaires, y compris les établissements français d'enseignement scolaire à l'étranger, peuvent s'associer à cette fin avec des associations de défense des droits des femmes et promouvant l'égalité entre les hommes et les femmes et des personnels concourant à la prévention et à la répression de ces violences.

Lutte contre les discriminations. Organisation de campagnes. Obligation de neutralité. Saisi d'une requête tendant à l'annulation d'une lettre du ministre invitant les recteurs à relayer la campagne de communication relative à la « Ligne Azur », ligne d'écoute pour les jeunes en questionnement à l'égard de leur orientation ou leur identité sexuelles, le Conseil d'État a été amené à se prononcer sur la légalité de l'organisation en milieu scolaire de campagnes de lutte contre les discriminations fondées sur l'orientation sexuelle au regard des principes de neutralité scolaire et de liberté de conscience des élèves ainsi que sur la légalité de l'intervention en milieu scolaire d'associations militant dans ce domaine. Il confirme la légalité de l'organisation, dans les établissements publics d'enseignement, de telles campagnes rappelant qu'elles devaient être menées dans le respect du principe de neutralité du service public et de la liberté de conscience des élèves. Il censure toutefois la circulaire en relevant qu'elle ne pouvait relayer une campagne qui présentait certaines pratiques illicites sans mentionner leur caractère illégal ou répréhensible. • CE 15 oct. 2014, *Conf. nat. des assoc. familiales catholiques c/ MEN,* nº 369965 : *Lebon ; AJDA 2014. 2032 ; ibid. 100, note Chevalier ; D. 2014. 2451, note de Dieuleveult.*

Art. L. 312-17-1-1 *(L. nº 2016-444 du 13 avr. 2016, art. 18)* Une information sur les réalités de la prostitution et les dangers de la marchandisation du corps est dispensée dans les établissements secondaires, par groupes d'âge homogène. La seconde phrase de l'article L. 312-17-1 du présent code est applicable.

Art. L. 312-17-2 *(L. nº 2011-814 du 7 juill. 2011, art. 8)* Une information est dispensée dans les lycées et les établissements d'enseignement supérieur sur la législation relative au don d'organes à fins de greffe et sur les moyens de faire connaître sa position de son vivant soit en s'inscrivant sur le registre national automatisé prévu à l'article L. 1232-1 du code de la santé publique, soit en informant ses proches. Ces séances peuvent associer les personnels contribuant à la mission de santé scolaire ainsi que des intervenants extérieurs, issus notamment des associations militant pour le don d'organes. De même, une sensibilisation au don du sang est dispensée dans les lycées et les établissements d'enseignement supérieur, au besoin avec l'assistance d'intervenants extérieurs.

SECTION IX *BIS* L'ÉDUCATION À L'ALIMENTATION

(L. nº 2014-1170 du 13 oct. 2014, art. 40)

Art. L. 312-17-3 Une information et une éducation à l'alimentation *(L. nº 2016-138 du 11 févr. 2016, art. 3)* « et à la lutte contre le gaspillage alimentaire », cohérentes avec les orientations du programme national relatif à la nutrition et à la santé mentionné à l'article L. 3231-1 du code de la santé publique et du programme national pour l'alimentation mentionné à l'article L. 1 du code rural et de la pêche maritime, sont dispensées dans les *(L. nº 2018-938 du 30 oct. 2018, art. 90)* « établissements d'enseignement scolaire », dans le cadre des enseignements ou du projet éducatif territorial mentionné à l'article L. 551-1 du présent code. *(L. nº 2018-938 du 30 oct. 2018, art. 90)* « Cette information et cette éducation s'accompagnent d'un état des lieux du gaspillage alimentaire constaté par le gestionnaire des services de restauration collective scolaire de l'établissement. »

Organisation interprofessionnelle. Agrément. Conditions. Absence de caractère d'intérêt général. Une association exerçant une activité d'organisation interprofessionnelle dans la filière des fruits et légumes contestait le refus du ministre de lui délivrer l'agrément pour réaliser des interventions pendant le temps scolaire, en appui aux activités d'enseignement conduites par les établissements. Le juge confirme le motif tiré de l'absence d'intérêt général des actions poursuivies par l'association en relevant que l'association a originellement pour objet d'assurer la promotion des produits et des métiers de la filière et de ses intérêts collectifs auprès de l'ensemble des catégories de la population et que la mention de la poursuite d'« actions pédagogiques ou de formation » n'avait été ajoutée dans les statuts de l'association qu'après le rejet d'une première demande d'agrément. Il relève également que, si l'éducation alimentaire à l'école constitue un axe prioritaire de santé publique, ces actions de pédagogie, qui ne sont pas menées uniquement en direction des enfants mais auprès de l'ensemble de la population, et qui visent, indirectement et à terme, à encourager et promouvoir la consommation des produits visés par l'objet de l'association ne mettent pas clairement en évidence la distance nécessaire qu'elles doivent prendre avec les intérêts de la filière, ni, donc, leur caractère d'intérêt général. • TA Paris, 28 mars 2018, n° 1610405 : *LIJ 2008, n° 203, p. 8.*

SECTION X PRÉVENTION ET INFORMATION SUR LES TOXICOMANIES ET LES CONDUITES ADDICTIVES *(L. n° 2021-695 du 1er juin 2021, art. 2).*

Art. L. 312-18 *(L. n° 2004-806 du 9 août 2004, art. 51)* **Une information est délivrée sur** *(L. n° 2021-695 du 1er juin 2021, art. 2)* **« les conduites addictives et leurs risques », notamment concernant les effets neuropsychiques et comportementaux du cannabis, dans les collèges et les lycées, à raison d'au moins une séance annuelle, par groupes d'âge homogène. Ces séances pourront associer les personnels contribuant à la mission de santé scolaire ainsi que d'autres intervenants extérieurs.**

SECTION XI L'ÉDUCATION À L'ENVIRONNEMENT ET AU DÉVELOPPEMENT DURABLE

(L. n° 2013-595 du 8 juill. 2013, art. 42)

Art. L. 312-19 *(L. n° 2019-791 du 26 juill. 2019, art. 9)* **« L'éducation à l'environnement et au développement durable débute dès l'école primaire. Elle a pour objectif de sensibiliser les enfants aux enjeux environnementaux et à la transition écologique.**

« Elle permet la transmission et l'acquisition des connaissances et des savoirs relatifs à la nature, à la nécessité de préserver la biodiversité, à la compréhension et à l'évaluation de l'impact des activités humaines sur les ressources naturelles et à la lutte contre le *(L. n° 2021-1104 du 22 août 2021, art. 5)* **« changement » climatique. »**

(L. n° 2020-105 du 10 févr. 2020, art. 24) **« Elle comporte également une sensibilisation à la réduction des déchets, au réemploi et au recyclage des produits et matériaux, ainsi qu'au geste de tri. »**

(L. n° 2015-992 du 17 août 2015, art. 181) **« Les formations dispensées dans les établissements d'enseignement technologique, professionnel, agricole et les centres de formation des apprentis veillent à favoriser la connaissance des techniques de mise en œuvre et de maintenance des énergies renouvelables, ainsi que des dispositifs d'efficacité énergétique** *(L. n° 2020-105 du 10 févr. 2020, art. 24)* **« , de réparation » et de recyclage. »**

CHAPITRE III L'INFORMATION ET L'ORIENTATION

Art. L. 313-1 Le droit au conseil en orientation et à l'information sur les enseignements, sur l'obtention d'une qualification professionnelle sanctionnée dans les conditions définies à l'article *(Ord. n° 2008-1304 du 11 déc. 2008, art. 1er)* **« L. 6211-1 » du code du travail** *[V. cet art. ss. l'art. L. 337-4]* *(L. n° 2005-380 du 23 avr. 2005, art. 21)* **« , sur les professions ainsi que sur les débouchés et les perspectives professionnels » fait partie du droit à l'éducation.**

(L. n° 2009-1437 du 24 nov. 2009, art. 5) **« Les conseillers d'orientation psychologues exerçant dans les établissements d'enseignement du second degré et les centres visés à l'article L. 313-4 sont recrutés dans des conditions définies par décret. Leur formation initiale leur assure une connaissance étendue des filières de formation, du monde économique, de l'entreprise, des dispositifs de qualification, des métiers et des compé-**

tences qui sont nécessaires à leur exercice. Ils sont tenus d'actualiser régulièrement leurs connaissances au cours de leur carrière. »

Sur l'orientation des élèves, V. art. D. 331-23 s.

Sur la mise en œuvre des compétences de l'État et des régions en matière d'information et d'orientation pour les publics scolaire, étudiant et apprenti, V. ci-dessous la convention-cadre du 28 mai 2019.

BIBL. ▶ BECKERS, Développement et évaluation des compétences à l'école, *Bruxelles, éd. Labor, 2002.* – CAFFIN-RAVIER, PRADEAUX, D'AUTUME, ARAMBOUROU, LUGNIER, JARDIN, BRISSET, ROMULUS, HOSTALIER et JUGNET, Évaluation des préfigurations du service public régional de l'orientation (SPRO), *Rapp. IGAENR-IGEN, IGAS, IGJS, nº 2015-036, mai 2015.* – CAILLOT, JELLAB, VIN-DATICHE et BERNARD, CERVELL, Le service public de l'orientation : état des lieux et perspectives dans le cadre de la prochaine réforme de décentralisation, *Rapp. public, IGAS-IGEN-IGAENR, nº 2013-008, avr. 2013 ; AJDA 2013. 714, comm. Poupeau* ✎. – CHARVET, LUGNIER et LACROIX, Refonder l'orientation : un enjeu État-régions, *Rapp., 25 juin 2019.* – COLLAS, L'auto-orientation a de beaux jours devant elle, *Le Monde, Éducation, 13 avr. 2011. 6.* – DURU-BELLAT et PERRETIER (collab.), L'orientation dans le système éducatif français au collège et au lycée, *Rapport pour le Haut Conseil de l'Éducation, févr. 2007 : http://www.hce.education.fr.* – HAMON, Le contentieux de l'orientation, *LIJ MEN, 1997, nº 15, p. 97.* – KENNEL, Rapport de la mission d'information sur l'orientation scolaire, *Sénat, Rapp. d'information nº 737, juin 2016.* – LAFORE, Vers un service public de l'insertion, *Terra Nova, 29 mai 2019.* – LELOUP et LUSSIANA, Expertise sur la continuité pédagogique entre l'école et le collège, *Rapp. IGAENR-IGEN, nº 2016-040, juill. 2016.* – Le fonctionnement des services d'information et d'orientation, *Rapp. IGEN, IGAEN, nº 2005-101, oct. 2005.* – L'orientation active, *Vie universitaire, nº 117, juin 2008. 17.*

COMMENTAIRE

Le « droit au conseil en orientation et à l'information » fait partie du « droit à l'éducation ». L'information et le conseil ont pour objet les enseignements, les qualifications professionnelles et les professions (art. L. 313-1 qui renvoie au C. trav., art. L. 6211-1). Issue de la loi du 31 décembre 1959, cette disposition ouvre le même droit à tout enfant, quel que soit l'établissement qu'il fréquente (CE 29 mars 2002, *Polynésie française*, nº 224574) ; dans les établissements privés liés à l'État par contrat d'association au service public, l'orientation est assurée selon des principes compatibles avec les objectifs fixés pour l'enseignement public (art. L. 313-3 ; sur la procédure, V. art. D. 331-46 s.).

Le choix de l'orientation est de la responsabilité de la famille ou de l'élève, s'il est majeur (art. L. 131-7 ; en droit, de l'élève majeur, et pour le mineur de ses représentants légaux, précision apportée par le Décr. nº 2014-1377 du 18 nov. 2014). Chaque élève a le droit d'être informé et conseillé pour déterminer la voie de formation qui lui permettra de trouver la voie de son insertion professionnelle et qui, dans l'immédiat, éclairera ses choix d'orientation.

Si l'État définit la politique nationale d'orientation des élèves et des étudiants dans les établissements scolaires et les établissements d'enseignement supérieur, la région, responsable du service public régional d'orientation (SPRO, L. nº 2014-288 du 5 mars 2014 relative à la formation professionnelle, à l'emploi et à la démocratie ; art. L. 214-16-1) doit organiser des actions d'information sur les métiers et les formations. Pour garantir l'unité du service public de l'orientation et favoriser l'égalité d'accès à cette information, un cadre national de référence est établi conjointement entre l'État et les régions ; il précise les rôles respectifs de l'État et des régions et les principes guidant l'intervention des régions dans les établissements (L. nº 2018-771 du 5 sept. 2018, art. 18 « pour la liberté de choisir son avenir professionnel » ; Décr. nº 2019-218 du 21 mars 2019 relatif aux nouvelles compétences des régions en matière d'information sur les métiers et les formations).

L'éducation à l'orientation.

L'éducation à l'orientation est une mission fondamentale de l'école. Elle repose sur ***trois éléments***. Tout d'abord ***sur l'objectif***, l'insertion professionnelle, la perspective de l'entrée dans la vie active pour laquelle l'élève doit disposer d'informations sur les métiers et professions, sur le monde des entreprises comme sur les autres activités ; la question est complexe, vu la multiplicité des données et la rapidité des évolutions. Si l'insertion professionnelle est l'objectif terminal, l'orientation doit permettre à l'élève de franchir les différentes étapes qui y mènent. Il faut alors à l'élève et à sa famille des informations ***sur le système de formation***, sur les diverses voies qui permettent d'obtenir une qualification, notamment en fin de scolarité obligatoire (enseignement général, enseignement technologique, enseignement professionnel, apprentissage), en fin de seconde (choix des voies et spécialités au lycée et au lycée professionnel ; V. Arr. du 19 juill. 2019 qui précise les voies d'orientation ; art. D. 331-36) ou pour l'entrée dans l'enseignement supérieur (V. la loi ORE du 8 mars 2018 relative à l'orientation et à la réussite des élèves mettant en place les bases de la plateforme Parcoursup, art. L. 612-3), et prendre conscience que les formations reçues ne débouchent pas automatiquement sur un emploi (il n'y a pas de stricte adéquation entre les unes et les autres) ou que la formation initiale n'est que le premier temps de la formation tout au long de la vie (rappel qui peut justifier tant une formation courte que la poursuite des études, l'efficacité de la formation continue variant avec le niveau acquis initialement). Enfin, ***sur lui-même, l'élève*** doit pouvoir formuler ses aspirations, prendre conscience de ses aptitudes et des perspectives professionnelles, faire régulièrement le point sur ses connaissances et ses compétences et analyser ses forces et ses faiblesses. L'orientation doit participer à la lutte contre les discriminations, concrétiser l'égalité des chances et assurer la mixité des choix en veillant à une représentation équilibrée entre les femmes et les hommes et en combattant les stéréotypes de genre (art. L. 331-7).

La loi confie une responsabilité majeure aux enseignants qui doivent entretenir des relations d'information mutuelle avec la famille ou l'élève majeur, leur permettant d'avoir connaissance des différents éléments d'appréciation qu'ils réunissent (art. L. 313-2). A leur côté, ***les psychologues de l'éducation nationale*** (auparavant appelés conseillers d'orientation, puis conseillers d'orientation psychologues, Copsy) qui exercent soit dans les établissements soit dans les CIO (centres d'information et d'orientation) apportent aux élèves, aux familles, aide personnalisée et conseils experts. Leur recrutement parmi les titulaires d'une licence de psychologie a amené le législateur à préciser qu'ils doivent posséder en outre une connaissance étendue des filières de formation, du monde économique, de l'entreprise, des dispositifs de qualification, des métiers et des compétences qui sont nécessaires à leur exercice ; ils sont tenus d'actualiser régulièrement leurs connaissances au cours de leur carrière (art. L. 313-1, al. 2). Le rapport Charvet pour « refonder l'orientation » (juin 2019) propose de les placer en « tête de réseau » pour soutenir les professeurs dans leur travail d'orientation de proximité et le proviseur dans l'élaboration du projet d'orientation, tout en continuant à conseiller les élèves les plus en difficulté dans les apprentissages scolaires.

Avec les élèves et les familles, les enseignants et les psychologue de l'éducation nationale réunissent au collège puis au lycée les différents éléments permettant à l'élève de préparer son *« projet d'orientation scolaire et professionnelle »* (art. L. 313-7), encore appelé *« projet personnel de formation et d'insertion sociale et professionnelle »* (art. D. 331-23). Pour préparer leur projet et éclairer leurs choix, les élèves se voient proposer un ***parcours individuel d'information, d'orientation et de découverte du monde économique et professionnel*** (art. L. 331-7, mod. par l'art. 47 de la L. n° 2015-595 du 8 juill. 2013), dit PIIODME, rebaptisé ***parcours Avenir*** par un arrêté du 1er juillet 2015 ; il doit permettre aux élèves de la 6e à la terminale de construire progressivement, tout au long de leurs études secondaires, au collège, lycée ou lycée professionnel, leur projet d'orientation ; il est défini, sous la responsabilité du chef d'établissement, avec l'élève (qui, même mineur, doit avoir un rôle actif, prenant conscience de ses goûts et de ses aptitudes, développant ses ambitions), ses représentants légaux, les acteurs du système éducatif et les différents organismes et entreprises qui peuvent contribuer à la mise en œuvre du parcours (art. L. 331-7, al. 2).

Dans le processus d'orientation, ***l'établissement a un rôle central***. Le chef d'établissement propose au conseil d'administration un programme annuel ou pluriannuel d'activités, en mettant en place l'information des élèves dans le cadre de la semaine de travail et en organisant des opérations en liaison avec les professions et les collectivités (forum des métiers...). Ce programme est un élément du projet d'établissement (art. L. 401-1) qui doit désormais prendre en compte les actions d'information sur les métiers et les formations organisées par la région le sont en coordination avec les psychologues de l'éducation nationale et les enseignants volontaires formés à cet effet (L. n° 2018-771 du 5 sept. 2018, art. 18 « pour la liberté de choisir son avenir professionnel »). Depuis 2010, l'aide à l'orientation pouvait s'inscrire dans l'heure d'accompagnement personnalisé (AP) inscrite à l'emploi du temps hebdomadaire des élèves ; la réforme du lycée prévoit un créneau exclusif de 54 heures par an (indicatif) dans chaque classe sans être prévu dans la nouvelle grille horaire des enseignements (Cour des comptes, 27 févr. 2020 souligne le risque de régression par rapport à la situation préexistante dans la mesure où l'heure d'AP était inscrite dans la grille horaire et que chaque élève bénéficiait de 2 heures par semaine au cours desquelles l'orientation pouvait être évoquée).

L'État et la politique d'orientation.
L'État définit la politique nationale d'orientation des élèves et des étudiants dans les établissements scolaires et les établissements d'enseignement supérieur. Il peut ainsi insister sur la nécessité d'une « orientation positive » (entretien d'orientation pour tous les élèves de troisième, V. Circ. n° 2006-213 du 14 déc. 2006) ou préconisant une « orientation active » pour les élèves des classes terminales aux marches de l'enseignement supérieur (art. 20 de la loi LRU). Si le ministre chargé de l'éducation nationale élabore des directives et fixe les objectifs en matière d'information et d'orientation des élèves (art. D. 313-2), le ministre chargé de l'enseignement supérieur est impliqué dans l'orientation des étudiants. A la suite du débat « université/emploi » soulignant l'insuffisance de l'orientation dans l'enseignement supérieur (rapport Hetzel, oct. 2006) a été mise en place une « délégation interministérielle à l'orientation » dont l'objectif est de faciliter l'insertion professionnelle des étudiants (Décr. n° 2006-1137 du 11 sept. 2006). La loi n° 2009-1437 du 24 novembre 2009 transforme cette institution en plaçant le délégué à l'information et à l'orientation auprès du Premier ministre (C. trav., art. L. 6123-3 et L. 6123-5) et en créant, sous son autorité, un service dématérialisé gratuit et accessible à tous pour une première information en matière d'orientation et de formation professionnelle.

Le recteur, pilote de la politique académique, présente un rapport annuel au CAEN sur les actions d'information, les flux d'orientation, les résultats de l'affectation avec le concours du ***chef des services académiques d'information et d'orientation (CSAIO)*** ; celui-ci devrait être rattaché au recteur de région académique qui assure désormais la liaison avec la région (Décr. n° 2015-1616 du 10 déc. 2015) ; au niveau départemental, le DASEN assure la responsabilité des actions (art. D. 313-5), avec le concours de l'***inspecteur de l'information et de l'orientation*** (IIO) ; les psychologues de l'éducation nationale, qui doivent apporter aide et conseils aux élèves et aux familles, contribuent à l'organisation de l'information et de l'orientation par les autorités académiques (art. D. 313-1) auxquelles elles fournissent des données statistiques.

L'établissement peut s'appuyer sur les ***services d'orientation***. Chaque chef d'établissement peut en effet solliciter les conseils d'un psychologue de l'éducation nationale qui partage son service entre le collège ou le lycée et le CIO. L'orientation des élèves des établissements privés sous contrat d'association doit être organisée suivant des principes compatibles avec les objectifs retenus pour l'enseignement public, dans des conditions fixées par décret (art. L. 313-3).

En outre, chaque département doit disposer d'un *« centre public d'orientation scolaire et professionnelle »* (art. L. 313-4) ; cette expression (issue d'un décret-loi de 1938) vise en fait les ***centres d'information et d'orientation*** (CIO, **créés à partir de 1971**), régis par les articles D. 313-7 et suivants ; créés par arrêté du ministre chargé de l'éducation dans le cadre des districts scolaires (art. D. 211-10), leur mission est d'accueillir gratuitement tout public et en priorité les élèves et leur famille pour leur donner l'information sur les études, les formations professionnelles, les qualifications et les professions, et le conseil individuel ; ils sont chargés de l'observation, de l'analyse des transformations locales du système éducatif et des évolutions du marché du travail ; ils produisent des documents de synthèse à destination des équipes éducatives ou des élèves, assurent l'animation des échanges et des réflexions entre les partenaires du système éducatif, les parents, les jeunes, les décideurs locaux et les responsables économiques (art. D. 313-7) ; chaque CIO est dirigé par un directeur nommé par arrêté du ministre et placé sous l'autorité du DASEN (art. D. 313-9) ; en principe les CIO sont à la charge de l'État qui fixe leurs modalités de fonctionnement et d'organisation (art. D. 313-8), mais ils peuvent être créés à la demande d'un département ou d'une commune qui assurent alors les charges d'investissement et de fonctionnement, en dehors des rémunérations des psychologues de l'éducation nationale (art. D. 313-10 à D. 313-12) ; les CIO « départementaux ou communaux » peuvent être transformés en services d'État par arrêté du ministre chargé de l'éducation dans la limite des crédits inscrits aux lois de finances (art. L. 313-5 ; D. 313-13) ; « cette mesure ne peut entraîner de changement dans l'affectation, au centre transformé, de locaux n'appartenant pas à l'État. L'usage de ces locaux par le service nouveau donne lieu à versement d'un loyer » (art. L. 313-5, al. 2) ; saisi d'une QPC portant sur la conformité de cette disposition législative à la libre administration des collectivités territoriales garantie par l'article 72 de la Constitution, le Conseil constitutionnel a considéré que la contribution de la collectivité territoriale au financement d'un centre public d'information et d'orientation répond à une fin d'intérêt général. Si cette collectivité demande à ne plus assumer la charge correspondant à l'entretien d'un centre supplémentaire dont l'État n'a pas décidé la transformation en service d'État, l'article L. 313-5 a pour conséquence nécessaire d'obliger la collectivité et l'État à organiser sa fermeture (Cons. const. 13 juill. 2011, n° 2011-149 QPC). Dans les universités, le même rôle est tenu par les services communs universitaires d'information et d'orientation (SCUIO, V. L.VII, services communs ; art. D. 714-1 s.).

Pour mettre à la disposition des enseignants, des parents, des élèves et des étudiants la documentation nécessaire à leur information et à l'orientation des élèves a été créé par le décret n° 70-238 du 19 mars 1970 ***l'Office national d'information sur les enseignements et les professions*** (ONISEP), établissement public, doté de la personnalité civile et de l'autonomie financière, soumis à la tutelle conjointe du ministre chargé de l'éducation et du ministre chargé de l'enseignement supérieur et placé, en ce qui concerne la documentation professionnelle, sous le contrôle technique du ministre chargé du Travail (art. L. 313-6) ; succédant au Bureau universitaire de statistiques (BUS) créé en 1932, il élabore et diffuse cette documentation en liaison avec les régions et les représentants des professions et des administrations intéressées (art. L. 313-6). Dix-sept délégations régionales ont été regroupées dans le cadre des régions académiques (art. D. 313-24, modifié par le Décr. n° 2015-1616 du 10 déc. 2015), services régionaux (art. D. 313-1). Au-delà de l'élaboration de la documentation, l'office contribue aux recherches et études relatives aux méthodes de documentation et peut passer des conventions avec des organismes de recherche (sur son organisation administrative et financière, art. D. 313-14 à D. 313-36). Le décret de 1970 a aussi créé le Centre d'études sur les recherches et les qualifications (CEREQ). La loi n° 2018-771 du 5 septembre 2018 pour la liberté de choisir son avenir professionnel transfère aux régions les DRONISEP (délégation régionale de l'ONISEP ; V. Décr. n° 2019-10 du 4 janv. 2019 relatif aux modalités de compensation financière ; Décr. n° 2019-1552 du 30 déc. 2019 fixant la date et les modalités des transferts définitifs des parties de services dont la mise à disposition est intervenue par convention conclue entre le préfet de région, le recteur de région académique, le président du conseil régional et la directrice générale de l'ONISEP).

Le service public régional de l'orientation.

La loi n° 2009-1437 du 24 novembre 2009 oblige les établissements à recenser et à transmettre les coordonnées de leurs anciens élèves ou apprentis sortis sans diplôme ni qualification aux organismes désignés par le préfet et à la mission locale pour l'insertion professionnelle et sociale des jeunes de seize à vingt-cinq ans qui peuvent aussi être accueillis par les missions locales ou le réseau des Centres d'information Jeunesse (CIDJ) qui ont une mission plus large (art. L. 313-6, mod. par la L. n° 2009-1437 du 24 nov. 2009). Le recensement doit se faire grâce à un module de l'application informatique du second degré Sconet, SDO, suivi de l'orientation. Il s'agit d'automatiser le repérage des élèves sans solution de formation et de faciliter le travail de suivi des élèves en risque de rupture. Si cette base de données (approuvée par la CNIL le 24 mars 2010) ne doit pas comporter d'éléments étrangers à la scolarité et ne devrait pouvoir être consultée que par les chefs d'établissement et les services de l'orientation, les risques d'un « fichage des décrocheurs » ne sont pas totalement absents. Le décret n° 2010-1781 du 31 décembre 2010 fixe le niveau de qualification prévu à l'article L. 313-7 en ajoutant une référence au baccalauréat général et à un diplôme à finalité professionnelle au niveau V ou IV (art. D. 313-59).

Cette solution réaffirmée en 2004 avec l'abandon du projet de transfert à la région des services et des personnels d'information et d'orientation a été relayée par la création du service public régional d'orientation (SPRO) par la loi n° 2014-288 du 5 mars 2014. Dix ans plus tard, la loi n° 2014-288 du 5 mars 2014 relative à la formation professionnelle, à l'emploi et à la démocratie sociale précise les compétences de l'État et des régions en matière de service public régional de l'orientation, notamment pour permettre à tout jeune âgé de seize à dix-huit ans sorti sans un diplôme national ou sans qualification et sans emploi de se réinscrire dans un parcours de formation, d'accompagnement ou d'exercer une activité d'intérêt général lui permettant de préparer son entrée dans la vie active. (Depuis la loi du 26 juillet 2019 pour une école de la confiance, cette période correspond à celle de l'obligation de formation, art. 15 ; art. L. 114-1.). Le service public régional de l'orientation ne s'étend pas à l'orientation scolaire.

La loi n° 2018-771 du 5 septembre 2018 pour la liberté de choisir son avenir professionnel modifie les compétences de la région en lui confiant des missions nouvelles pour l'information sur les métiers et l'orientation (art. 14, modifiant C. trav.). Les régions doivent organiser des ***actions d'information sur les métiers et les formations*** aux niveaux régional, national et européen à destination des élèves et de leurs familles, des apprentis et des étudiants, l'État conservant les missions sur l'accompagnement pédagogique des élèves et leur affectation, et la définition de la politique nationale d'orientation des élèves ; dans les établissements, les actions doivent être organisées en coordination avec les psychologues de l'éducation nationale et les enseignants volontaires formés à cet effet. Pour garantir l'unité du service public de l'orientation et favoriser l'égalité d'accès de l'ensemble des élèves, des apprentis et des étudiants à cette information sur les métiers et les formations, un cadre national de référence est établi conjointement entre l'État et les régions. Au-delà des précisions qui devront être apportées sur le rôle de chacun, la nouvelle répartition des compétences nécessite la construction d'une culture commune de l'orientation au sein des établissements publics de chaque région qui impose une réflexion sur les modalités de collaboration entre l'éducation nationale et les régions pour diffuser des informations sur les modalités d'organisation et d'animation de l'ensemble des structures existant en matière d'orientation (ONISEP, CIO…). « Conformément au cadre national de référence établi conjointement entre l'État et les régions pendant la scolarité en collège et en lycée, les régions organisent, en lien avec les services de l'État, des actions d'information sur les métiers, les formations et sur la carte des formations qui y préparent. Dans le cadre de l'accompagnement au choix de l'orientation, les psychologues de l'éducation nationale, les conseillers principaux d'éducation et les enseignants participent à la diffusion de cette information à son appropriation par les élèves et leurs représentants légaux » (art. D. 331-26, modifié par Décr. n° 2019-218 du 21 mars 2019 relatif aux nouvelles compétences des régions en matière d'information sur les métiers et les formations).

Dans un rapport issu d'une conférence internationale de décembre 2018, le Cnesco, reconnaissant l'engagement des professionnels, souligne l'insuffisance de l'accompagnement et les inégalités sociales qui en résulte. Dans son rapport « Refonder l'orientation. Un enjeu État-régions » (juin 2019), Pascal Charvet souhaite restaurer la confiance en faisant de l'orientation une mission de l'ensemble de la communauté éducative ; la question est l'affaire de tous, de l'intérieur de la classe à l'environnement social, dans la continuité et la mise en cohérence des années d'études entre elles ; elle doit faire l'objet d'une culture commune partagée par l'État, les régions et les collectivités territoriales ; suivent 27 recommandations (un « référent orientation » dans chaque établissement, des séquences sur l'orientation…).

Des fonds du plan d'investissement d'avenir (PIA) sont mis en place pour renforcer la coordination des différents acteurs de l'orientation sur un territoire – lycées, universités et régions. L'appel à projet « Dispositifs territoriaux pour l'orientation vers les études supérieures » de l'action Territoires d'innovation pédagogique, doté de 70 M€ sur dix ans, vise ainsi à mettre en place des écosystèmes d'orientation dans les territoires grâce à la mobilisation d'outils de coordination entre les différents acteurs de l'orientation (Cour des comptes, 27 févr. 2020, qui fait remarquer que faire reposer sur des appels à projets sélectifs le bon fonctionnement actuel de la politique d'orientation méconnaît l'objectif d'égalité des élèves dans leur accompagnement au lycée, quel que soit leur académie ou leur établissement). ❑

Application du principe. Cet article, issu de la L. du 31 déc. 1959, ouvre un droit à l'orientation à tout enfant, quel que soit l'établissement qu'il fréquente. • CE 29 mars 2002, *Gouvernement de la Polynésie française*, n° 224574.

Convention-cadre du 28 mai 2019,

Relative à la mise en œuvre des compétences de l'État et des régions en matière d'information et d'orientation pour les publics scolaire, étudiant et apprenti.

Exposé des motifs

Tout au long de la formation initiale, l'orientation est un processus complexe, progressif et continu de construction, par le jeune, de son parcours personnel. L'accélération des mutations économiques, sociales et environnementales rend incertain et source d'inquiétude le choix d'une voie de formation, d'un secteur d'activité, d'un métier et rend essentielle une véritable éducation à l'orientation. Dans ce cadre, l'insuffisante prise en compte des enjeux d'une plus grande ouverture aux réalités du monde socio-économique est très largement reconnue.

Dans ce processus, le rôle joué par l'État et par les régions a connu, dans la période récente, des évolutions sensibles que la loi du 5 septembre 2018 pour la liberté de choisir son avenir professionnel vient à nouveau de modifier.

L'État définit, au niveau national, la politique d'orientation des élèves et des étudiants avec l'appui de l'ensemble des structures dédiées, dont les centres d'information et d'orientation (CIO), les services d'orientation et d'insertion professionnelle des établissements d'enseignement supérieur (SCUIO-IP), l'office national d'information sur les enseignements et les professions (Onisep) et le réseau jeunesse. Il prend les décisions d'orientation et d'affectation des élèves.

Depuis le 1er janvier 2015, les régions organisent sur leur territoire le service public régional de l'orientation (SPRO) dont la vocation est de conforter le droit de chacun à l'orientation professionnelle tout au long de la vie par la mise en réseau de l'ensemble des acteurs de l'orientation du territoire et par la coordination de leurs actions (C. éduc., art. L. 214-16-1).

La loi du 5 septembre 2018 réaffirme la responsabilité de la région sur la coordination des services participant au SPRO et introduit une évolution de son champ de compétence en renforçant sa compétence d'information sur les métiers et les formations, au service de l'orientation et de l'évolution professionnelle tout au long de la vie, par un élargissement de sa responsabilité aux publics scolaire, apprenti et étudiant.

La région doit ainsi organiser « des actions d'information sur les métiers et les formations aux niveaux régional, national et européen ainsi que sur la mixité des métiers et l'égalité professionnelle entre les femmes et les hommes, en direction des élèves et de leurs familles, des apprentis ainsi que des étudiants, notamment dans les établissements scolaires et universitaires » *[C. trav., art. L. 6111-3]*.

Pour l'exercice de cette nouvelle responsabilité d'information, « les missions exercées par les Dronisep sur la diffusion de la documentation et sur l'élaboration des publications à portée régionale relatives à l'orientation scolaire et professionnelle des élèves et des étudiants, sont transférées aux régions ».

Les actions qu'elles mènent sur leurs territoires en faveur du développement économique et de l'emploi placent les régions en situation d'apporter une valeur ajoutée importante pour l'enrichissement des bases nationales existantes à partir des réalités locales attestées.

Ainsi la région devient pleinement partie prenante de ce processus en agissant de manière concrète et opérationnelle sur l'information produite et sur les modalités de transmission et de mise à disposition de cette information.

Pour sa part, l'État garde la responsabilité de l'orientation, de la validation des choix et de l'affectation. Dans l'enseignement secondaire, l'accompagnement à l'orientation est renforcé à tous les niveaux. Un horaire dédié à l'accompagnement au choix de l'orientation est mis en place au collège, pour les niveaux de quatrième et de troisième, ainsi qu'au lycée général et technologique dans le cadre de la réforme du baccalauréat. Sa mise en œuvre a lieu à partir de 2018 pour les classes de seconde, 2019 pour les classes de première et 2020 pour les classes de terminale. La réforme de la voie professionnelle renforce également la préparation à l'orientation, notamment dans le cadre des heures de « consolidation, accompagnement personnalisé et préparation à l'orientation » pour les élèves en centre de formation d'apprentis (CFA) et en lycée professionnel.

Le double objectif de ces transformations est de permettre aux jeunes, d'une part, d'élaborer progressivement leur projet d'orientation et, d'autre part, de formuler des choix d'orientation réfléchis et éclairés, constituant l'une des conditions de leur réussite et de leur meilleure insertion professionnelle, par la présentation de toutes les voies de formation (formation initiale scolaire et apprentissage) et de tous les diplômes proposés dans le cadre du service publique d'éducation par les établissements relevant de l'éducation nationale ainsi que par les établissements agricoles et maritimes.

Ce travail dans l'enseignement scolaire se fait en liaison avec les établissements d'enseignement supérieur, dans le cadre de la loi du 8 mars 2018 relative à l'orientation et à la réussite des étudiants et de Parcoursup, qui participent pleinement à l'accompagnement des élèves dans le choix de leur poursuite d'études. Au-delà de cette action dans le cadre de la transition de l'enseignement scolaire vers l'enseignement supérieur, les établissements d'enseignement supérieur proposent de multiples dispositifs pour soutenir les étudiants dans les choix qu'ils ont à opérer tout au long de leur cursus d'études et jusqu'à leur insertion professionnelle. Cet accompagnement repose sur une double collaboration avec l'Onisep pour l'élaboration de la documentation sur les formations, et avec les régions pour l'appréhension des besoins socio-économiques dans les différents territoires et les perspectives d'insertion professionnelle.

Art. 1er *Objet du cadre national de référence*

L'objet du présent cadre national de référence est de définir les conditions dans lesquelles l'État et les régions exercent leurs missions respectives et les principes guidant leur intervention dans les domaines de l'information et de l'orientation à destination de tous les publics (C. trav., art. L. 6111-3). Ce cadre national de référence concerne tous les publics scolaires, étudiants, apprentis des établissements de l'enseignement secondaire publics et privés sous contrat relevant des ministères en charge de l'éducation nationale et de la jeunesse, de l'agriculture et de la transition écologique et solidaire, les établissements publics et privés sous contrat d'association avec l'État de l'enseignement supérieur ainsi que les CFA.

L'État et les régions s'accordent pour garantir :

— le droit de toute personne à être « informée, conseillée et accompagnée en matière d'orientation professionnelle, au titre du droit à l'éducation garanti à chacun par l'article L. 111-1 du Code de l'éducation » (C. trav., art. L. 6111-3) ;

— leur rôle conjoint d'information auprès de tous les publics ;

— la bonne articulation de leurs missions respectives en matière d'information et d'orientation ;

— l'unité du service public offert à tous les usagers sur tout le territoire national, et ainsi la diffusion d'une information exhaustive et objective, selon des principes de neutralité et du respect des règles déontologiques, qui favorise la découverte et la connaissance du monde économique et professionnel, et contribue à ouvrir le champ des possibles, tant au niveau régional qu'aux niveaux national et européen ;

— leur rôle conjoint de production de connaissance en matière de parcours de formation et d'insertion. Les missions de l'État et des régions en matière d'information et d'orientation sont étroitement liées et visent, dans le respect des compétences respectives de chacun, à favoriser des parcours de réussite des élèves, apprentis et étudiants.

Au plan national, les sources d'information sur les relations entre formations et emploi sont nombreuses, riches et de qualité. Il est cependant indispensable de les rendre plus opérationnelles pour les différents publics bénéficiaires et plus interactives entre elles ; l'État et les régions s'attacheront à favoriser les rapprochements nécessaires entre leurs opérateurs respectifs.

Ainsi, l'État :

— conserve sa compétence au niveau national dans la définition de la politique d'orientation des élèves et des étudiants, et dans sa mise en œuvre, avec l'appui notamment des CIO et des services internes aux universités chargés de l'accueil, de l'information et de l'orientation des étudiants. À cet effet, il transmet, en lien avec les services de la région, aux élèves et aux étudiants, l'information nationale relative aux différentes voies de formation produite et certifiée par l'Onisep ;

— prend les décisions d'orientation des élèves à l'issue du dialogue avec les familles ;

— procède à l'affectation des élèves ;

— prend en charge la dimension éducative et pédagogique de l'orientation et de l'affectation des élèves.

L'accompagnement des élèves, qui relève de ses missions de service public de l'éducation, est assuré dans l'enseignement secondaire de manière coordonnée par les membres des équipes éducatives, notamment les psychologues de l'éducation nationale "éducation, développement et conseil en orientation scolaire et professionnelle". La mission d'orientation est également une prérogative des établissements de l'enseignement supérieur qui en leur sein, par une action coordonnée des équipes enseignantes et des personnels des services chargés de l'information et l'orientation, proposent un accompagnement dans la construction du parcours de l'étudiant et un suivi en vue de sa réussite ;

— garantit les conditions permettant de disposer d'informations fines en matière d'insertion professionnelle des jeunes sortant des formations initiales, quelle que soit la voie de formation, au niveau régional ;

— contribue à l'appropriation par les élèves, les apprentis et les étudiants de l'information sur les métiers et les formations, notamment celle diffusée par les régions, dans le cadre des actions organisées dans les établissements par les équipes éducatives dont les enseignants et les psychologues de l'éducation nationale pour l'enseignement secondaire et les personnels chargés de l'information et l'orientation dans les établissements d'enseignement supérieur.

La région :

— inscrit son action dans le cadre du SPRO (constitué des réseaux qui participent au niveau régional à la mission d'information et d'orientation) dont elle assure l'animation et la coordination ;

— construit une représentation objective du monde économique et social et des métiers qui le composent ;

— propose une offre de services concourant à favoriser l'ouverture sur le monde économique et professionnel, notamment par l'organisation d'actions d'information sur les métiers et les formations, et de découverte de l'entreprise à destination des élèves, des apprentis ainsi que des étudiants et de leurs familles, sur l'ensemble du territoire régional, en complément des actions qui peuvent être délivrées par les établissements eux-mêmes, notamment ceux de l'enseignement supérieur. À ce titre, elle mobilise l'ensemble des réseaux d'acteurs concernés, dont les branches, les entreprises et les représentants du monde économique. L'information mise à disposition porte sur l'offre régionale, nationale et européenne ;

— délivre une information qui contribue à la mixité des métiers et l'égalité professionnelle entre les femmes et les hommes ;

— est amenée à intervenir dans les établissements scolaires et universitaires et les CFA en concertation avec les personnels de direction, les équipes éducatives et les psychologues de l'éducation nationale « éducation, développement et conseil en orientation scolaire et professionnelle » intervenant dans les établissements ; dans l'enseignement secondaire, elle le fait notamment dans le cadre des temps dédiés à l'accompagnement à l'orientation ;

— élabore la documentation de portée régionale sur les enseignements et les professions avec le concours de l'Onisep (C. éduc., art. L. 313-6 et D. 313-14) et les réseaux jeunesse, notamment le CIDJ ;

— diffuse l'information de portée régionale en lien avec les services de l'État et la met à disposition des établissements de l'enseignement scolaire et supérieur et des CFA (article L. 6111-3 du Code du travail) ;

— bénéficie du concours de l'ensemble des autres organismes qui contribuent à l'exercice de la mission d'information sur les métiers et les formations, dans le respect des règles déontologiques, des principes de neutralité et d'objectivité, en particulier les acteurs membres du SPRO (réseaux Information Jeunesse, missions locales) et des centres d'animation, de ressources et d'information sur la formation et observatoires régionaux sur l'emploi et la formation (Carif-Oref) ;

— peut bénéficier, à titre expérimental et pour une période de trois ans, de la mise à disposition d'agents volontaires des services de l'État, selon des modalités définies par décret.

Art. 2 *Déclinaison en région académique*

Au niveau de chaque région académique, l'État et la région précisent leurs rôles respectifs et les modalités de coordination de leurs actions, en conformité avec la loi du 5 septembre 2018, par voie de convention dont un modèle-type, qui a vocation à être adapté aux situations locales, est proposé en annexe de ce document (V. *BOEN* n° 23 du 6 juin 2019). L'objectif est d'assurer de manière efficace et cohérente une articulation des priorités nationales, mises en œuvre par les autorités académiques, avec les priorités de la région, en déclinaison des orientations définies dans le cadre du contrat de plan régional de développement des formations et d'orientation professionnelles (CPRDFOP). L'offre de service proposée par la région fait l'objet d'une déclinaison annuelle précisant le plan d'actions à destination des publics scolaires, apprentis, étudiants et des professeurs principaux. Ce plan d'actions résulte de la concertation avec les services de l'État, en bonne articulation avec les initiatives existantes de l'État et autres partenaires. Il fait l'objet d'une communication conjointe à l'ensemble des chefs établissements afin que les actions proposées puissent s'inscrire dans le projet pédagogique de l'établissement.

Dans le cadre d'actions ciblées spécifiquement sur certains établissements, notamment dans le cadre d'expérimentations, une contractualisation pourra être proposée sous forme d'une convention établie :

— pour les lycées, avec la région et l'État ;

— pour les collèges, avec le département, la région et l'État ;

— pour les établissements de l'enseignement supérieur, avec la région et le président d'université ou le chef d'établissement.

Pour les collèges et les lycées, cette convention s'inscrit dans le projet d'établissement voté en conseil d'administration, au sens du 4° de l'article 421-4 du Code de l'éducation.

D'autres conventionnements pourront être conclus entre la région et des CFA.

Le chef d'établissement est garant dans son établissement de la cohérence de la politique mise en œuvre au niveau de la région académique, en appui avec les équipes éducatives dont les psychologues de l'éducation nationale en matière d'information et d'orientation de ses élèves, étudiants, apprentis.

Lorsque des interventions de la région sont organisées dans les établissements du second degré, elles le sont dans le cadre de l'horaire dédié et s'inscrivent dans les axes pédagogiques du « parcours individuel d'information, d'orientation et de découverte du monde économique et professionnel », dit parcours Avenir, défini à l'article L. 331-7 du code de l'éducation. Elles s'effectuent après concertation avec le chef d'établissement, et en coordination avec les professeurs principaux et les psychologues de l'éducation nationale. Lorsque des interventions sont réalisées dans les établissements de l'enseignement supérieur, elles sont programmées après concertation avec le président d'université ou le chef d'établissement, et en lien avec les enseignants et personnels en charge de l'information et de l'orientation des étudiants pour répondre à des besoins communément identifiés d'information sur les formations et les métiers qui tiennent compte des populations d'étudiants à accompagner, quel que soit leur niveau d'études.

Dans ce cadre, la région peut mandater des acteurs des secteurs économique, professionnel et associatif qu'elle choisit pour mener les actions d'information dans le respect des principes déontologiques, de la qualification des intervenants et de l'absence de conflit d'intérêt. Elle s'assure qu'ils présentent toutes les garanties nécessaires à la diffusion d'une information gratuite, objective et exhaustive. Le chef d'établissement reste le garant de la sécurité des élèves et du respect des engagements des acteurs.

Art. 3 *Principes et objectifs partagés par les signataires*

L'État et la région interviennent de manière coordonnée et complémentaire ; ils doivent veiller à la cohérence et à la continuité de leurs interventions respectives ou conjointes en matière d'information et d'orientation. Ils veillent tout particulièrement à :

— améliorer la démarche d'information des élèves, apprentis et étudiants pour leur permettre d'élaborer leur projet de manière progressive et réfléchie et ainsi mieux réussir dans la voie qu'ils auront choisie ;

— lutter contre l'autocensure des jeunes et contre les discriminations, et ouvrir le champ des possibles, notamment auprès des publics à profil particulier (handicap, etc.) ;

— prévenir le décrochage scolaire ;

— concourir à la mixité dans les métiers et à l'égalité professionnelle entre les femmes et les hommes en luttant contre les stéréotypes sexistes ;

— présenter dans leur diversité les mondes économique et professionnel ainsi que les différentes voies et modalités de formation dans l'enseignement secondaire et supérieur relevant de différents ministères (formations de l'éducation nationale, de l'agriculture, établissements maritimes, formations de l'enseignement supérieur) ;

— garantir la qualité des prestations proposées définies à l'article 2 ainsi que leur évaluation régulière pour juger de leur pertinence ;

— favoriser la mutualisation des initiatives et la co-organisation des actions conduites avec les partenaires du SPRO et les entreprises pour faciliter et optimiser la participation des acteurs au service de l'éducation et de l'orientation ;

— s'appuyer sur les ressources et compétences de l'Onisep pour renforcer la formation à l'orientation des enseignants et des équipes éducatives, ainsi que leur sensibilisation sur les enjeux socio-économiques des territoires ;

— construire une stratégie partagée entre l'Onisep et chaque région, pour maîtriser au mieux la spécificité des cibles grand public auprès desquelles l'information sur l'orientation est délivrée (collégiens, lycéens, étudiants, apprentis), que ce soit par des ressources traditionnelles ou numériques ;

— coordonner les expertises respectives de l'Onisep et des régions pour construire un plan d'actions régional en matière de production et de diffusion d'information à destination des scolaires et des étudiants.

Art. 4 *Communication*

Les signataires conviennent de mettre en place les moyens de communication relatifs aux actions menées, de manière concertée, tant au niveau national que régional.

Art. L. 313-2 **Des relations d'information mutuelle sont établies entre les enseignants et chacune des familles des élèves, au moins jusqu'à la majorité de ces derniers. Elles ont notamment pour objet de permettre à chaque famille ou, s'il est majeur, à chaque élève d'avoir connaissance des éléments d'appréciation concernant celui-ci.** — *[L. n° 75-620 du 11 juill. 1975, art. 13, al. 2.]*

Art. L. 313-3 **L'orientation scolaire et professionnelle des élèves fréquentant les établissements d'enseignement privés ayant passé avec l'État un des contrats prévus au titre IV du livre IV est assurée, suivant des principes compatibles avec les objectifs retenus pour l'enseignement public, dans des conditions fixées par décret.**

Ce décret fixe notamment les conditions dans lesquelles les structures des établissements susmentionnés doivent, pour chacun d'entre eux ou grâce à un groupement de plusieurs d'entre eux, permettre cette orientation scolaire et professionnelle *[V. art. D. 331-46 s.]*. — *[L. n° 59-1557 du 31 déc. 1959, art. 5 bis.]*

Art. L. 313-4 **Dans chaque département est organisé un centre public d'orientation scolaire et professionnelle.** — *[Décr.-L. du 24 mai 1938, art. 5, al. 1er, et L. n° 51-630 du 24 mai 1951, art. 11, al. 2 (C. ens. techn., art. 141, al. 1er, 1re phr.).]*

Sur l'organisation et le fonctionnement des services chargés de l'information et de l'orientation, V. art. D. 313-1 s.

Art. L. 313-5 **Les centres publics d'orientation scolaire et professionnelle peuvent être transformés en services d'État. Lorsqu'il est procédé à la transformation de ces centres, les dépenses de fonctionnement et d'investissement de ceux-ci, précédemment à la charge du département ou de la commune à la demande desquels ils ont été constitués, sont prises en charge par l'État.**

Cette mesure ne peut entraîner de changement dans l'affectation, au centre transformé, de locaux n'appartenant pas à l'État. L'usage de ces locaux par le service nouveau donne lieu à versement d'un loyer. — *[L. n° 66-935 du 17 déc. 1966, art. 67.]*

BIBL. ▸ GRAND, Le financement des centres d'orientation scolaire est constitutionnel, sous réserve, *AJDA 2011. 1467*.

Centres d'orientation scolaire. La contribution d'une collectivité territoriale au financement d'un centre public d'information et d'orientation répond à une fin d'intérêt général. • Cons. const. 13 juill. 2011, *Dpt de Haute-Savoie*, n° 2011-149 QPC : *JO 14 juill., p. 12249 ; D. 2011. 1974 ; AJDA 2011. 2067, note Verpeaux*. ♦ L'art. L. 313-4 C. éduc. impose l'organisation d'un centre public d'orientation scolaire et professionnelle dans chaque département. En dehors de cette exigence légale, un ou plusieurs centres supplémentaires peuvent être créés par l'État à la demande d'une collectivité territoriale. Si cette collectivité demande à ne plus assumer la charge correspondant à l'entretien d'un centre supplémentaire dont l'État n'a pas décidé la transformation en service d'État, l'art. L. 313-5 a pour conséquence nécessaire d'obliger la collectivité et l'État à organiser sa fermeture. • Cons. const. 13 juill. 2011, *Dpt de Haute-Savoie*, n° 2011-149 QPC : *préc.*

Art. L. 313-6 Un établissement public, doté de la personnalité civile et de l'autonomie financière, soumis à la tutelle conjointe du ministre chargé de l'éducation et du ministre chargé de l'enseignement supérieur et placé, en ce qui concerne la documentation professionnelle, sous le contrôle technique du ministre chargé du travail, a pour mission de mettre à la disposition des éducateurs, des parents, des étudiants et des élèves des établissements d'enseignement, la documentation nécessaire à ces derniers en vue de leur orientation scolaire et professionnelle.

Il élabore et diffuse cette documentation en liaison avec *(L. n° 2018-771 du 5 sept. 2018, art. 18)* « les régions et » les représentants des professions et des administrations intéressées. *(L. n° 2009-1437 du 24 nov. 2009, art. 4)* « Il participe » à l'insertion professionnelle des étudiants et diplômés à leur sortie des établissements d'enseignement.

Le conseil d'administration de cet établissement public comprend notamment des représentants des familles, des parents d'élèves de l'enseignement public et de l'enseignement privé *(L. n° 2014-288 du 5 mars 2014, art. 22)* « , des étudiants, ainsi que des représentants des régions ».

Sur l'Office national d'information sur les enseignements et les professions (ONISEP), V. art. D. 313-14 s.

Art. L. 313-7 *(L. n° 2009-1437 du 24 nov. 2009, art. 36)* Afin d'apporter, sans délai et dans un cadre coordonné entre acteurs de la formation et de l'insertion sociale et professionnelle des jeunes, des solutions de formation, d'accompagnement ou d'accès à l'emploi aux jeunes sortant sans *(L. n° 2014-288 du 5 mars 2014, art. 22)* « un diplôme national ou un titre professionnel enregistré et classé au répertoire national des certifications professionnelles » du système de formation initiale, chaque établissement d'enseignement du second degré, y compris les établissements privés ayant passé avec l'État l'un des contrats prévus par le présent code et ceux de l'enseignement agricole, et chaque centre de formation d'apprentis transmet, dans le respect de la législation relative à l'informatique et aux libertés, à des personnes et organismes désignés par le *(L. n° 2014-288 du 5 mars 2014, art. 22)* « président du conseil régional » ainsi qu'à la mission locale pour l'insertion professionnelle et sociale des jeunes visée à l'article L. 5314-1 du code du travail compétente ou, à défaut, à l'institution visée à l'article L. 5312-1 du même code les coordonnées de ses anciens élèves ou apprentis qui ne sont plus inscrits dans un cycle de formation et qui n'ont pas atteint un niveau de qualification fixé par voie réglementaire *[V. art. D. 313-59]*.

(L. n° 2014-288 du 5 mars 2014, art. 22) « Le dispositif de collecte et de transmission des données prévu au présent article est mis en œuvre et coordonné au niveau national par l'État. Les actions de prise en charge des jeunes sortant du système de formation initiale sans un diplôme national ou un titre professionnel enregistré et classé au répertoire national des certifications professionnelles sont mises en œuvre et coordonnées au niveau local par la région, en lien avec les autorités académiques. »

Art. L. 313-8 *(L. n° 2010-241 du 10 mars 2010, art. 7) (L. n° 2014-288 du 5 mars 2014, art. 22)* « Sous l'autorité de la région, » le service public de l'orientation tout au long de la vie et tous les organismes qui y participent s'organisent au plan régional et local pour permettre à tout jeune âgé de seize à dix-huit ans sorti sans *(L. n° 2014-288 du 5 mars 2014, art. 22)* « un diplôme national ou un titre professionnel enregistré et classé au répertoire national des certifications professionnelles » du système de formation initiale et sans emploi de se réinscrire dans un parcours de formation, d'accompagnement ou d'exercer une activité d'intérêt général lui permettant de préparer son entrée dans la vie active.

Pour l'application de cette obligation, le jeune est reçu conjointement avec son représentant légal par l'un ou l'autre des organismes visés au premier alinéa, dans les trois mois qui suivent le signalement par son établissement d'origine dans les conditions mentionnées à l'article L. 313-7, pour bénéficier d'un entretien de réorientation.

Cet entretien, assuré dans le cadre de la coordination mentionnée à l'article L. 313-7, vise à proposer au jeune et à son représentant légal des solutions de reprise d'études, d'entrée en formation, d'exercice d'une activité d'intérêt général ou d'accompagnement personnalisé vers l'emploi ou la création d'entreprise. *(L. n° 2019-791 du 26 juill.*

2019, art. 15) **« Cet entretien permet également de rappeler au jeune et à son représentant légal l'obligation de formation définie à l'article L. 114-1. »**

CHAPITRE IV LA RECHERCHE, L'EXPÉRIMENTATION ET LA DOCUMENTATION PÉDAGOGIQUES *(L. n° 2019-791 du 26 juill. 2019, art. 38).*

Art. L. 314-1 *(L. n° 2019-791 du 26 juill. 2019, art. 38)* **Des travaux de recherche en matière pédagogique peuvent se dérouler dans des écoles et des établissements publics ou privés sous contrat. Ces travaux peuvent également se dérouler dans un établissement dispensant un enseignement adapté à destination des élèves en situation de handicap.**

Lorsque ces travaux de recherche impliquent des expérimentations conduisant à déroger aux dispositions du présent code, ces dérogations sont mises en œuvre dans les conditions prévues à l'article L. 314-2.

COMMENTAIRE

L'article 38 de la loi du 26 juillet 2019 pour une école de la confiance, traitant du « recours à l'expérimentation », regroupe les dispositions législatives qui figuraient d'une part au livre III (chapitre IV du Titre 1er intitulé « la recherche et la documentation pédagogique » comprenant les art. L. 314-1 et L. 314-2 ; D. 314-1-à D. 314-7 sur les « établissements expérimentaux » ; D. 314-8 à D. 314-10 sur les établissements chargés d'expérimentation, dispositions aujourd'hui tombées en désuétude, V. Étude d'impact), d'autre part au Livre IV avec les deux derniers alinéas de l'article L. 401-1 issu de la loi n° 2005-380 du 23 avril 2005 d'orientation et de programme pour l'avenir de l'école relatif au projet d'école et d'établissement. Ce changement rédactionnel vise à éviter la redondance partielle entre les articles L. 401-1 et L. 314-1 et à reformuler le cadre expérimental sans que les notions d'innovation et d'expérimentation soient mieux distinguées et que la nécessaire évaluation des réalisations issues de l'expérimentation ne soit fondée sur des dispositions spécifiques. Le chapitre intitulé « la recherche, l'expérimentation et la documentation pédagogiques » ne comporte toutefois que deux articles, l'un sur la recherche, l'autre sur l'expérimentation, et ne contient aucune disposition sur la documentation ; la partie réglementaire est à réécrire.

L'article L. 314-1, issu de l'article 38 de la loi du 26 juillet 2019, rappelle que des travaux de recherche en matière pédagogique peuvent se dérouler dans des écoles et des établissements publics ou privés sous contrat, notamment dans ceux dispensant un enseignement adapté à destination des élèves en situation de handicap (al. 1er). Lorsque ces travaux de recherche impliquent des expérimentations conduisant à déroger aux dispositions du code de l'éducation, elles sont mises en œuvre dans les conditions prévues à l'article L. 314-2 (autorisation préalable des autorités académiques, durée, évaluation).

Les expérimentations pédagogiques sont ici définies par leur cadre (« tout ou partie de l'école ou de l'établissement », et leur domaine déterminé par une liste d'objets d'expérimentation dont le degré de précision a été relevé par le Conseil d'État (avis sur le projet de loi) ; elles doivent être prévues après concertation avec les équipes pédagogiques par le projet d'école ou d'établissement conçu pour une durée de trois à cinq ans (art. L. 401-1, dans les conditions prévues par décret) ; elles sont soumises à l'autorisation préalable des autorités académiques ; elles sont soumises à une évaluation dont les conditions seront précisées par décret (art. L. 314-2, al. 2) pour décider de leurs éventuels reconduction, abandon ou généralisation ; elles ne méconnaissent donc aucune règle de valeur constitutionnelle (Cons. const. 12 août 2004, *Loi relative aux libertés et responsabilités locales*, n° 2004-503 DC ; CE, avis, 23 nov. 2017 sur un projet de loi pour un État au service d'une société de confiance, n° 393.744, point 5). Ces expérimentations dont l'objectif est d'optimiser le service rendu s'imposent aux usagers auxquels il n'est pas garanti, comme l'envisageait le projet de loi, reprenant l'ancienne rédaction de l'article L. 314-2 consacré aux recherches, de pouvoir accéder à une autre école ou à un autre établissement.

La liste des questions susceptibles d'expérimentation a été modifiée par la loi du 26 juillet 2019. La mention de « l'enseignement de l'ensemble des disciplines, l'interdisciplinarité » qui figurait dans la rédaction issue de la loi Avenir de l'école de 2005 disparaît ; elle ne reprend ni ne fait allusion à son contenu antérieur issu de la loi Haby de 1975 qui autorisait les dérogations aux dispositions législatives réunies dans le code de l'éducation pour réaliser des expériences pédagogiques, base sur laquelle il fut possible de créer des établissements expérimentaux, de plein exercice ou chargés d'expérimentation, dans l'enseignement public ou privé (art. D. 314-1 s.).

Par contre, elle reconduit les questions contenues dans l'avant-dernier alinéa de l'ancien article L. 401-1 issu de la loi de 2005 (l'organisation pédagogique de la classe, de l'école ou de l'établissement ; la coopération avec les partenaires du système éducatif ; l'enseignement dans une langue vivante étrangère ou régionale ; les échanges avec des établissements étrangers d'enseignement scolaire) ainsi que l'ajout de la loi n° 2018-698 du 3 août 2018 relative à l'encadrement de l'utilisation du téléphone portable concernant l'utilisation des outils et les ressources numériques. C'est sur cette base qu'avait été expérimenté le programme d'actions « Collèges et lycées pour l'ambition, l'innovation et la réussite » (CLAIR), intégrant par la suite les écoles (ECLAIR), justifiant les différences de traitement entre établissements prévus par le pouvoir réglementaire (CE 24 juin 2013, n° 353956). L'article 38, II de la loi du 26 juillet 2019 indique que les expérimentations autorisées sur le fondement de l'article L. 401-1 dans sa rédaction antérieure à la présente loi se poursuivent jusqu'au terme de la période pour laquelle elles ont été autorisées.

Le domaine de l'expérimentation est enrichi de ***quatre nouvelles thématiques*** par l'article 38, I, 3° de la loi du 26 juillet 2019. Il s'agit tout d'abord de la ***liaison entre les différents niveaux d'enseignement*** qui devrait permettre de mieux assurer la continuité des parcours en expérimentant des dispositifs permettant de surmonter les coupures institutionnelles entre école et collège, collège et lycée, enseignement scolaire et enseignement supérieur. Elle vise ensuite les ***procédures d'orientation des élèves*** qui pourrait permettre aux établissements qui le souhaitent de poursuivre, éventuellement selon des modalités différentes, l'expérimentation sur le choix de l'orientation par la famille (dite « dernier mot laissé aux parents ») qui avait été prévue par l'article 48 de la loi du 8 juillet 2013 de refondation de l'école. Elle mentionne en outre que la ***participation des parents d'élèves à la vie de l'école ou de l'établissement*** permettrait de favoriser toutes les initiatives visant à promouvoir l'idée de coéducation. Elle prévoit aussi la ***répartition des heures d'enseignement sur l'ensemble de l'année scolaire*** ; dans ce cadre, et sous réserve de l'accord des enseignants concernés, la périodicité des obligations réglementaires de service peut être modifiée (art. L. 314-2, al. 3), notamment pour mener à bien les différentes expérimentations envisagées, ce qui pourrait permettre une organisation de l'emploi du temps des élèves échappant partiellement au rythme hebdomadaire, par exemple, en concentrant certains enseignements sur une partie de l'année.

Même si ces différentes questions relèvent des compétences de l'État, la loi du 26 janvier 2019 dispose que « les collectivités territoriales sont systématiquement associées à la définition des grandes orientations des expérimentations menées par l'éducation nationale ainsi qu'à leurs déclinaisons territoriales » (art. L. 314-2, al. 2) ; il est en effet possible qu'ici aussi elles puissent accompagner le service public de l'éducation en prenant des mesures connexes relevant de leurs compétences (par ex. en matière d'orientation pour la région ou pour améliorer le cadre de travail ou de vie) ; communes, départements et régions pourraient d'ailleurs s'engager dans le cadre de contrat d'orientation tripartite (EPLE/autorité académique/collectivité de rattachement) ou quadripartite (avec la région, en matière d'orientation).

Alors que la rédaction antérieure prévoyait une évaluation annuelle des expérimentations (dont le CNESCO devait dresser un bilan annuel) inscrites au projet d'école ou d'établissement, la loi du 6 juillet 2019 ne mentionne pas cette périodicité précisant seulement que les modalités d'évaluation de ces expérimentations et de leur éventuelle reconduction sont fixées par décret. Elle ajoute que lorsque des expérimentations ont été autorisées sur le fondement de l'article L. 401-1 dans sa rédaction antérieure, elles se poursuivent jusqu'au terme de la période pour laquelle elles ont été autorisées (et doivent donc être évaluées chaque année).

L'idée de mieux articuler la recherche et l'expérimentation pédagogiques a donné lieu à la création d'équipes mixtes (Instituts Carnot de l'éducation créés à titre expérimental dans les académies de Lyon, Grenoble et Clermont-Ferrand ; lieux d'éducation associés hébergés par l'institut français de l'éducation, IFE) a amené le législateur à prévoir un cadre pour les relations entre les deux mondes ; l'article 39 de la loi pour une école de la confiance garantit l'accès aux résultats des travaux de recherche en matière pédagogique et d'expérimentations à des fins statistiques et de recherche dans le champ de l'éducation, du moins si les données ainsi transmises sont anonymisées (art. L. 341-3, al. 1er) ; par ailleurs, un chercheur peut être invité à siéger au conseil d'école ou au conseil d'administration de l'établissement dans lequel se déroule une expérimentation, sans disposer du droit de vote, pour la durée des expérimentations (art. L. 341-3, al. 2). ❑

Art. L. 314-2 *(L. nº 2019-791 du 26 juill. 2019, art. 38)* **Sous réserve de l'autorisation préalable des autorités académiques et après concertation avec les équipes pédagogiques, le projet d'école ou d'établissement mentionné à l'article L. 401-1 peut prévoir la réalisation, dans des conditions définies par décret, d'expérimentations pédagogiques portant sur tout ou partie de l'école ou de l'établissement, d'une durée limitée à cinq ans. Ces expérimentations peuvent concerner l'organisation pédagogique de la classe, de l'école ou de l'établissement, la liaison entre les différents niveaux d'enseignement, la coopération avec les partenaires du système éducatif, l'enseignement dans une langue vivante étrangère ou régionale, les échanges avec des établissements étrangers d'enseignement scolaire, l'utilisation des outils et ressources numériques, la répartition des heures d'enseignement sur l'ensemble de l'année scolaire, les procédures d'orientation des élèves et la participation des parents d'élèves à la vie de l'école ou de l'établissement. Les collectivités territoriales sont systématiquement associées à la définition des grandes orientations des expérimentations menées par l'éducation nationale ainsi qu'à leurs déclinaisons territoriales.**

Dans le cadre de ces expérimentations, et sous réserve de l'accord des enseignants concernés, la périodicité des obligations réglementaires de service peut être modifiée.

Les modalités d'évaluation de ces expérimentations et de leur éventuelle reconduction sont fixées par décret.

Art. L. 314-3 *(L. nº 2019-791 du 26 juill. 2019, art. 39)* **Les résultats des travaux de recherche en matière pédagogique et d'expérimentations sont aisément accessibles à des fins statistiques et de recherche dans le champ de l'éducation. Les données ainsi transmises sont anonymisées.**

Dans les établissements où ont lieu des expérimentations, un chercheur peut être invité à siéger au conseil d'école ou au conseil d'administration, sans bénéfice du droit de vote, pour la durée des expérimentations.

TITRE DEUXIÈME L'ENSEIGNEMENT DU PREMIER DEGRÉ

BIBL. GÉN. ▶ Baumard et Floc'h, école primaire. Travailler moins mais mieux ?, *Le Monde, 30 août 2008. 18.* – Bottin, L'école de la République et le savoir républicain, Haut Conseil de l'éducation, *Rapport, déc. 2006.* – Bydanova, Mingat et Suchaut, Qualité et efficience de l'école primaire française : éléments de comparaisons spatiales et temporelles, *IREDU, 2008.* – Cédelle, L'enseignement primaire sévèrement mis en cause, *Le Monde, 24 août 2007. 7.* – Claus, Organiser l'école primaire pour la conduire, Haut conseil de l'éducation, *Rapport janv. 2007.* – Claus, Houchot, Pétreault, Louis et Genty, Note de synthèse sur le suivi de la réforme de l'enseignement primaire : pilotage local et suivi des élèves, *MEN, Rapp. IGEN-IGAENR, nº 2011-075, juill. 2011.* – d'Enfert, Quelles mathématiques pour l'école élémentaire ? Une perspective historique (1945-début XXIe siècle), *Éducation et formations, nº 94, sept. 2017.* – Evain, Taille des classes du premier degré : dans le secteur public, la baisse s'observe au-delà des classes dédoublées, *MENJ-DEPP, Note d'information, nº 19.47, nov. 2019* ; Dans le premier degré, la diminution de la taille des classes se poursuit à la rentrée 2020, *MENJS-DEPP, Note d'information nº 21.01, janv. 2021.* – Ferrier et Safra, L'école primaire, *in* Le système éducatif en France, *Doc. fr., coll. Les notices, 2003. 67.* – Florin, L'école primaire en France, *Haut Conseil de l'éducation, Rapport, 2007.* – Laronche, Rythmes scolaires : la semaine de quatre jours contestée, *Le Monde, 21 avr. 2009. 25.* – de Montecler, Faire de l'école primaire une priorité, *AJDA 2011. 1709* ⌀. – Morlaix, Rechercher une meilleure répartition du temps en primaire pour favoriser l'insertion au collège, *Revue française de pédagogie, nº 130, janv.-mars 2000, p. 121.* – Suchaut, Regards croisés sur l'école primaire française : éléments d'évaluation macro et micro, *Éducation. Université de Bourgogne, 2007.*

▶ **Données chiffrées :** Brun et Cavan, Les élèves du premier degré à la rentrée 2019, *MENJ-DEPP, Note d'information, nº 19.45, nov. 2019.* – Cavan, Prévisions d'effectifs d'élèves du premier degré : la baisse des effectifs devrait se poursuivre jusqu'en 2023, *MEN-DEPP, Note d'information, n° 19.05, mars 2019* ; Prévisions d'effectifs d'élèves du premier degré : la baisse des effectifs devrait se poursuivre jusqu'en 2024, *MEN-DEPP, Note d'information n° 20.08, mars 2020.* – Croguennec, Les élèves du premier degré à la rentrée 2020, *MENJ-DEPP, Note d'information n° 20.36, nov. 2020.* – de Monredon, Les élèves du premier degré à la rentrée 2007 dans les écoles publiques et privées, *MEN, Note d'information, janv. 2008.* – Géographie de l'École 2017, Indicateurs 7 et 15, *MENESR-DEPP, 2017.*

▸ **Évaluation :** Allard, Masselot, Peltier-Barbier, Roditi, Solnon et Tempier, Premiers résultats de l'enquête sur les pratiques d'enseignement des mathématiques, Praesco, en classe de CM2 en 2019, *MENJS-DEPP, Note d'information n° 21.10, févr. 2021.* – Andreu et Steinmetz, Les performances en orthographe des élèves en fin d'école primaire (1987-2007-2015), *MENESR, DEPP, Note d'information, n° 28, nov. 2016.* – Beckers, Développement et évaluation des compétences à l'école, *Bruxelles, éd. Labor, 2002.* – Bydanova, Mingat et Suchaut, Qualité et efficience de l'école primaire française, éléments de comparaisons spatiales et temporelles, *IRÉDU, janv. 2008.* – Colmant et Le Cam, TIMSS 2019 – Évaluation internationale des élèves de CM1 en mathématiques et en sciences : les résultats de la France toujours en retrait, *MENJS-DEPP, Note d'information n° 20.46, déc. 2020.* – Julienne, Évaluation scolaire : copie à revoir, dit la science, *Le Monde, Science et techno, 5 nov. 2011. 4.* – Suchaut (coord.), Éléments d'évaluation de l'école primaire française, *Rapport pour le Haut Conseil de l'éducation, Irédu-CNRS, févr. 2007.* – Évaluations repères 2019 de début de CP : des résultats stables, *MENJ-DEPP, Note d'information, n° 20.05, mars 2020.* – Évaluations repères 2019 de début de CE1 : des performances en hausse, *MENJ-DEPP, Note d'information n° 20.06, mars 2020.*

▸ **École maternelle :** Bouysse, Claus et Szymankiewicz, L'école maternelle, *MEN, Rapp. IGEN-IGAENR, n° 2011-108, oct. 2011.* – Laronche et Rollot, La maternelle doit se recentrer sur l'apprentissage du langage oral, *Le Monde, 6 déc. 2007.* – Leloup, Audry-Iljic, Brisset, Dupuis et Lepetit, La scolarisation en petite section de maternelle, *MEN, Rapp. IGEN, n° 2017-032, mai 2017.*

CHAPITRE UNIQUE

Art. L. 321-1 *Abrogé par L. n° 2013-595 du 8 juill. 2013, art. 43.*

Art. L. 321-2 *(L. n° 2013-595 du 8 juill. 2013, art. 44)* **« La formation dispensée dans** *(Abrogé par L. n° 2019-791 du 26 juill. 2019, art. 14)* ***« les classes enfantines et »*** **les écoles maternelles favorise l'éveil de la personnalité des enfants, stimule leur développement sensoriel, moteur, cognitif et social, développe l'estime de soi et des autres et concourt à leur épanouissement affectif. Cette formation s'attache à développer chez chaque enfant l'envie et le plaisir d'apprendre afin de lui permettre progressivement de devenir élève. Elle est adaptée aux besoins des élèves en situation de handicap pour permettre leur scolarisation. » Elle tend à prévenir des difficultés scolaires, à dépister les handicaps et à compenser les inégalités.** *(L. n° 2005-380 du 23 avr. 2005, art. 24)* **« La mission éducative de l'école maternelle comporte une première approche des outils de base de la connaissance, prépare les enfants aux apprentissages fondamentaux dispensés à l'école élémentaire et leur apprend les principes de la vie en société. »**

L'État affecte le personnel enseignant nécessaire à ces activités éducatives. *(L. n° 2013-595 du 8 juill. 2013, art. 44)* **« Des éléments de formation initiale et continue spécifiques sont dispensés à ce personnel dans les écoles mentionnées à l'article L. 721-1. »**

BIBL. ▸ Benhaïm-Grosse, Longhi, Monseur, Solnon, Verdon, Charpentier et Raffaëlli, Premiers résultats de l'enquête sur les pratiques d'enseignement des professeurs des écoles, EPODE, en 2018, *MENJ-DEPP, Note d'information, n° 20.32, sept. 2020.* – Bressoux, Évaluation et orientation, *Rapport pour le Haut Conseil de l'éducation, déc. 2006, www.hce.education.fr.* – Careil et Guibert, Le droit à la réussite scolaire au regard de la mobilisation socialement différenciée des ressources parentales, *in* Le droit et l'école. De la règle aux pratiques, *Didact Éducation, 2003. 145.* – Cuby, Moulin, Roze et autres, L'évolution du réseau des écoles primaires, *Rapp. IGAEN, IGEN, 2003.* – Émin et Œuvrard, Les zones d'éducation prioritaires, *in* Le système éducatif en France, *Doc. fr., coll. Les notices, 2003. 149.* – Julienne, Évaluation scolaire : copie à revoir, dit la science, *Le Monde, Sciences & Techno, 5 nov. 2011. 4.* – Mathias, Ambrogi (Pilotes), Jardin, Rojat, Foucault, Imbert et Brison, Les transitions entre les ordres d'enseignement. Les transitions dans la scolarisation de la petite enfance, *in IGAENR-IGEN, Rapp. annuel 2014. 18.* – Van Zanten, Les inégalités sociales : l'école de la périphérie, *in* Le système éducatif en France, *Doc. fr., coll. Les notices, 2003. 157.*

École maternelle. Enseignement. Nature. A propos d'une affaire où était en cause l'exercice du droit de séjourner avec les enfants dont le parent a effectivement la garde, de manière à faciliter l'exercice de ce droit, sans qu'il soit tenu de satisfaire aux conditions de disposer de ressources suffisantes et d'une assurance maladie complète, le juge administratif estime que l'enseignement dispensé en maternelle ne constitue pas, au vu des dispositions des art. L. 321-1 et L. 321-2, un cours d'enseignement général au sens du Règl. UE du 5 avr. 2011 relatif à la libre circulation à l'intérieur de l'Union. • CAA Bordeaux, 17 févr. 2014, n° 13BX01544 : *AJDA 2014. 1803*.

Art. L. 321-3 La formation dispensée dans les écoles élémentaires suit un programme unique réparti sur les cycles mentionnés à l'article *(L. n° 2013-595 du 8 juill. 2013, art. 45)* « L. 311-1 » ; la période initiale peut être organisée sur une durée variable.

Cette formation assure l'acquisition des instruments fondamentaux de la connaissance : expression orale *(L. n° 2013-595 du 8 juill. 2013, art. 45)* « et » écrite, lecture, calcul *(L. n° 2013-595 du 8 juill. 2013, art. 45)* « et résolution de problèmes » ; elle suscite le développement de l'intelligence, de la sensibilité artistique, des aptitudes manuelles, physiques et sportives. *(L. n° 2013-595 du 8 juill. 2013, art. 45)* « Elle dispense les éléments d'une culture historique, géographique, scientifique et technique. Elle offre une éducation aux arts visuels et aux arts musicaux. Elle assure l'enseignement d'une langue vivante étrangère et peut comporter une initiation à la diversité linguistique. Elle contribue également à la compréhension et à un usage autonome et responsable des médias, notamment numériques. Elle assure l'acquisition et la compréhension de l'exigence du respect de la personne, de ses origines et de ses différences. Elle transmet également l'exigence du respect des droits de l'enfant et de l'égalité entre les femmes et les hommes. Elle assure conjointement avec la famille l'éducation morale et civique qui comprend, pour permettre l'exercice de la citoyenneté, l'apprentissage des valeurs et symboles de la République et de l'Union européenne, notamment de l'hymne national et de son histoire. »

BIBL. ▶ BERT, L'instruction civique à l'école. Notions fondamentales (éd. 1882), *Hachette-BNF*, *2012*. – VIBERT, DELAUBIER, KERRERO, PAULIN-MOULARD, PONCELET, SZYMCZAK, CAZAJOUS et ROIGNOT, La mise en place des conseils école-collège, *Rapp. IGEN-IGAENR, n° 2014-026, mai 2014*.

Apprentissage de l'hymne national. Le juge considère qu'il ne saurait être sérieusement soutenu que l'apprentissage de l'hymne national à l'école primaire méconnaîtrait la Constitution au motif que ses paroles seraient contraires à l'art. 10 DDH, qui garantit la liberté d'opinion, et à l'art. 1er de la Constitution selon lequel la France assure l'égalité devant la loi de tous les citoyens sans distinction d'origine, de race ou de religion et respecte toutes les croyances. Par suite, non renvoi au Conseil constitutionnel de la question prioritaire de constitutionnalité invoquée à l'encontre de cette disposition législative. • CE 23 déc. 2011, *Assoc. DIH-Mouvement de protestation civique*, req n° 350541 : *AJDA 2012. 6*.

Art. L. 321-4 *(L. n° 2005-380 du 23 avr. 2005, art. 27)* Dans les écoles, des aménagements particuliers et des actions de soutien sont prévus au profit des élèves qui éprouvent des difficultés, notamment les élèves atteints de troubles spécifiques du langage oral et/ou écrit, telle la dyslexie. Lorsque ces difficultés sont graves et permanentes, les élèves reçoivent un enseignement adapté.

Des aménagements appropriés sont prévus au profit des élèves *(L. n° 2019-791 du 26 juill. 2019, art. 27)* « à haut potentiel » ou manifestant des aptitudes particulières, afin de leur permettre de développer pleinement leurs potentialités. La scolarité peut être accélérée en fonction du rythme d'apprentissage de l'élève.

(Abrogé par Ord. n° 2021-552 du 5 mai 2021, art. 10, à compter de l'entrée en vigueur des décrets portant actualisation et adaptation des dispositions réglementaires du code de l'éducation relatives à l'outre-mer et, au plus tard, le 1er janv. 2022) (L. n° 2013-595 du 8 juill. 2013, art. 46) « Dans les académies d'outre-mer, des approches pédagogiques spécifiques sont prévues dans l'enseignement de l'expression orale ou écrite et de la lecture au profit des élèves issus de milieux principalement créolophone ou amérindien. »

Des actions particulières sont prévues pour l'accueil et la scolarisation des élèves non francophones nouvellement arrivés en France.

Pour l'application des dispositions du présent article, des établissements scolaires peuvent se regrouper pour proposer des structures d'accueil adaptées.

BIBL. ▸ Delaubier, La scolarisation des élèves « intellectuellement précoces », *Rapport MEN, janv. 2002.*

1. Passage anticipé. Motivation de la décision. Absence. Commission d'appel. Absence. Les parents d'une jeune fille inscrite en classe de 5e, qui estimaient que l'enfant était intellectuellement précoce, avaient demandé son passage anticipé en classe de 3e pour l'année scolaire suivante. Le conseil de classe, après avoir constaté le bon niveau de l'élève, avait néanmoins proposé un passage en classe de 4e au chef d'établissement, qui avait suivi cet avis et en avait informé les parents. Ces derniers avaient formé un recours hiérarchique auprès de l'inspecteur d'académie et voulaient saisir la commission d'appel prévue à l'art. D. 331-35. Le juge administratif saisi relève que les dispositions des art. L. 332-4 et D. 332-6 ne créent aucun droit à un passage anticipé ou à un saut de classe mais impliquent seulement que l'équipe pédagogique prenne en compte le rythme de travail de l'élève. Le tribunal juge que la décision du chef d'établissement refusant un passage anticipé en classe supérieure n'avait pas à être motivée ni à faire l'objet d'une formalisation spécifique pour son édiction et que, ne constituant pas une décision d'orientation, elle n'était pas susceptible d'appel devant la commission d'appel prévue à l'art. D. 331-35. • TA Paris, 4 avr. 2016, no 1406260 : *LIJ 2016, no 195, p. 5.*

2. Passage anticipé. Refus. Contrôle juge. Nature. Contrôle restreint. Dans cette même affaire, le juge précise que dans le cadre du contrôle restreint qu'il opère sur ce type de décisions relatives au déroulement de la scolarité des élèves, le tribunal considère qu'aucune erreur manifeste d'appréciation n'entachait les décisions contestées, relevant notamment que les tests réalisés pour apprécier la précocité de l'élève ne s'étaient pas révélés probants. • TA Paris, 4 avr. 2016, no 1406260 : *préc. note 1.*

3. Dispositif spécial de scolarisation – Enfants roms – Illégalité. Des familles roms installées sur une parcelle de terrain de la commune avaient sollicité auprès des services de la commune l'inscription de leurs enfants au sein de l'école de secteur. Le maire avait cependant décidé d'accueillir les enfants au sein d'un local municipal attenant à un gymnase de la commune aménagé en salle de classe, hors de l'enceinte de l'école de secteur. Trois enseignants avaient été affectés sur ce site par le ministère. Les familles des enfants avaient demandé au tribunal l'annulation de la décision du maire. En l'espèce, le tribunal a constaté que le dispositif d'accueil particulier des enfants concernés avait eu pour effet de les tenir à l'écart des autres enfants scolarisés dans la commune et de les priver de l'accès aux services liés à la scolarisation, tels que les activités périscolaires. En application du principe d'égalité, un traitement différencié des enfants ne pouvait être fondé que sur des considérations objectives en lien avec le but poursuivi par le service public de l'éducation. Contrairement à ce qu'affirmait la commune, le dispositif n'avait pas pour objet d'évaluer le niveau des enfants pour déterminer une orientation scolaire adaptée. Il n'existait donc aucune justification objective du traitement différencié réservé aux enfants des demandeurs. La décision du maire de Ris-Orangis est annulée. • TA Versailles, 3 avr. 2017, no 1300665.

TITRE TROISIÈME LES ENSEIGNEMENTS DU SECOND DEGRÉ

CHAPITRE PREMIER DISPOSITIONS COMMUNES AUX ENSEIGNEMENTS DU SECOND DEGRÉ

BIBL. GÉN. ▸ Jouvenceau, et Monso, Présentation générale de notre système éducatif : l'état de l'École, *MENJS-DEPP, Note d'information no 20.41, nov. 2020.* – Laronche, L'école selon l'OCDE. France : 9/20, *Le Monde, 22 sept. 2006. 22.*

▸ **Données chiffrées** Bellamy, 201 500 élèves du second degré sont internes à la rentrée 2018, *MENJ-DEPP, Note d'information, no 19.31, juill. 2019.* Bellamy, Blanche, Gasq et George, Les élèves du second degré à la rentrée 2018 : plus de collégiens et moins de lycéens, *MEN, note d'information, DEPP-B1, no 18-28, nov. 2018.* – Bellamy, Blanche, Dieusaert, George et Tilly, Les élèves du second degré à la rentrée 2020 : moins d'élèves en formations générales et technologiques mais plus en formations professionnelles en lycée, *MENJ-DEPP, Note d'information no 20.37, nov. 2020.* – Bellamy, Blanche, Dieusaert et George, Les élèves du second degré à la rentrée 2019 : toujours plus de collégiens et toujours moins de lycéens, *MENJ-DEPP, Note d'information, no 19.46, nov. 2019.* – Bellamy, Blanche, Gasq et George, Les élèves du second degré à la rentrée 2018 : plus de collégiens et moins de lycéens, *MENJ-MESRI-DEPP, Note d'information, no 18.28, 2018.* – Miconnet, Prévision des effectifs du second degré pour les années 2020 à 2024, *MEN-DEPP, Note d'information no 20.09, mars 2020.* – Géographie de l'École, *MENESR-DEPP, 2017.* – Thomas, Les effectifs d'élèves à chaque heure de cours dans le second degré en 2017, *MEN-DEPP, note d'information, no 18-31, déc. 2018.*

SECTION PREMIÈRE LES EXAMENS ET DIPLÔMES NATIONAUX

BIBL. ▶ Chemin, La note, religion bien française, *Le Monde, Culture & idées, 24 sept. 2011. 2.* – Jamet, Éducation française, l'heure de vérité, *ebook, déc. 2016.* – Javoy, La communication de documents relatifs aux examens et concours, *LIJ 2010, n° 141, p. 50.*

Art. L. 331-1 L'État sanctionne par des diplômes nationaux les formations secondaires.

Sous réserve des dispositions de l'article L. 335-14, les jurys sont composés de membres des personnels enseignants de l'État. Ils peuvent également comprendre des maîtres contractuels des établissements d'enseignement privés du second degré sous contrat d'association bénéficiant d'un contrat définitif.

(L. n° 2005-380 du 23 avr. 2005, art. 28) **« Les jurys des examens conduisant à la délivrance du diplôme national du brevet option internationale et du baccalauréat option internationale peuvent comprendre des membres de corps d'inspection ou d'enseignement étrangers. Les jurys des baccalauréats binationaux peuvent comprendre des membres de corps d'inspection ou d'enseignement des pays concernés. »**

(L. n° 2005-380 du 23 avr. 2005, art. 29) **« En vue de la délivrance des diplômes, il peut être tenu compte, éventuellement en les combinant, des résultats d'examens terminaux, des résultats des contrôles en cours de formation, des résultats du contrôle continu des connaissances, et de la validation des acquis de l'expérience.**

« Lorsqu'une part de contrôle continu est prise en compte pour la délivrance d'un diplôme national, l'évaluation des connaissances des candidats s'effectue dans le respect des conditions d'équité. »

Les diplômes peuvent être obtenus sous forme d'unités de valeur capitalisables.

Sur l'ouverture des jurys à des membres étrangers pour les options internationales du baccalauréat, V. art. D. 334-21.

Sur les modalités d'évaluation prises en compte pour la délivrance des diplômes internationaux, V. art. D. 334-8.

Sur la Charte nationale des examens du 15 janv. 2007, V. ci-dessous.

COMMENTAIRE

I. LES DIPLÔMES NATIONAUX

En prescrivant que « l'État sanctionne par des diplômes nationaux les formations secondaires » (art. L. 331-1), le législateur vise tant le brevet, appelé aujourd'hui « diplôme national du brevet-DNB » (art. L. 332-6 et D. 332-16 s. modifiés par Décr. du 31 déc. 2015), que les diplômes attestant d'une capacité professionnelle (art. L. 333-2 ; certificat d'aptitude professionnelle, CAP, art. D. 337-1 s. ; titre professionnel, art. R. 338-1 s. ; diplôme « un des meilleurs ouvriers de France », art. D. 338-9 s. ; diplôme initial de langue française, art. D. 338-23 ; diplôme de compétence en langue, art. D. 338-33). Parmi ceux-ci figure le baccalauréat professionnel qui, tout en attestant d'une qualification professionnelle (art. L. 333-2), constitue comme le baccalauréat général ou le baccalauréat technologique le premier grade de l'enseignement supérieur (le baccalauréat professionnel coexiste toutefois avec les diplômes intermédiaires de niveau V, après la suppression du BEP par le décret n° 2020-1277 du 20 oct. 2020, seul subsiste le CAP). Un arrêté du 23 mai 2018 autorise la mise en œuvre d'un traitement automatisé de données à caractère personnel dénommé « Service d'attestation numérique des diplômes » (SAND) et ayant pour finalité de permettre à toute personne d'obtenir en ligne, par voie dématérialisée, les attestations numériques de ses diplômes et d'adresser à un ou à plusieurs tiers un lien d'accès à l'application permettant de vérifier l'authenticité du ou des diplômes dont elle se prévaut (V. Délib. CNIL n° 2018-138 du 19 avr. 2018).

L'article 55 de la loi n° 2013-595 du 8 juillet 2013 d'orientation et de programmation pour la refondation de l'école de la République ajoute un article L. 333-4, précisant que l'examen du baccalauréat général, technologique ou professionnel, sanctionne une formation équilibrée qui ouvre la voie à la poursuite d'études supérieures et à l'insertion professionnelle. Reprenant les trois composantes du socle commun acquis en fin de scolarité obligatoire, cette disposition ajoute qu'il assure la vérification d'un niveau de connaissances, de compétences et de culture définies par les programmes du lycée, dans des conditions fixées par décret.

La double finalité du baccalauréat, sanction de l'enseignement secondaire et grade universitaire, est un legs de l'histoire. Clef de l'université impériale, le baccalauréat a été créé en 1808. Il est d'abord classique (« A ceux qui, nourris de grec et de latin… » Jules Vallès), oral (devant un jury universitaire muni de trois séries de boules, dont les noires qui « blackboulent ») et élitiste. Longtemps considéré comme un « brevet de bourgeoisie », il sera complété par un baccalauréat scientifique (n'ouvrant pas les mêmes voies de l'enseignement supérieur que le premier), puis dédoublé, en distinguant les humanités qui peuvent être classiques ou modernes. Peu à peu, l'organisation et le contenu du bac se complexifient : multiplication des épreuves, dédoublement de l'examen avec un premier bac en fin de première, session de rattrapage, multiplication des disciplines et des épreuves…

En 1902, une réforme d'envergure aura (déjà) pour objectif d'assurer l'« égale dignité » des deux voies en précisant que l'une comme l'autre débouchent sur un diplôme conférant le grade de bachelier, celui qui permet de porter la robe et un premier parement d'hermine. Une part toujours plus grande de la jeunesse y verra le sésame lui donnant accès à l'université qui forme les médecins, avocats, professeurs…

II. DIVERSITÉ DES BACCALAURÉATS

Dans les années 1960, le baccalauréat se diversifia tant au sein de la voie générale en organisant les séries qu'en ouvrant d'autres voies, technologiques (1968) et professionnelles (le « bac pro » est créé en 1985 au moment même où le Gouvernement fixe l'objectif des 80 % d'une classe d'âge au niveau du baccalauréat). Au départ obtenu après quatre ans d'études, il est désormais aligné sur les autres bacs, en trois ans, décision de généralisation prise par Xavier Darcos en 2008 après une expérimentation pourtant peu concluante (sur l'histoire du baccalauréat, V. « Un monument national en perpétuel chantier », 1361 textes sur la période 1808-1937, et Sénat, Rapport Legendre, À quoi sert le baccalauréat ?, *3 juin 2008*).

La voie générale comportait trois séries (art. D. 334-3 : S, scientifique ; ES, économique et sociale, et L, littéraire). Le décret n° 2018-614 du 16 juillet 2018 dont les dispositions entreront en vigueur pour la session 2021 supprime la référence aux séries et met en place des enseignements communs, des enseignements de spécialité choisis par l'élève et des enseignements optionnels. L'examen évalue désormais les enseignements communs, les enseignements de spécialités choisis par l'élève et, le cas échéant, des enseignements optionnels (art. D. 334-3).

La voie technologique compte huit séries qui ont été rebaptisées en 2008 (art. D. 336-3 : sciences et technologies de la santé et du social, ST2S ; sciences et technologies de l'industrie et du développement durable, STI2D ; sciences et technologies du laboratoire, STL ; sciences et technologies du management et de la gestion, STMG ; sciences et technologies de l'agronomie et du vivant : agronomie, alimentation, environnement, territoires, STAV ; hôtellerie, avec dispositions particulières ; art. D. 336-23 s. : techniques de la musique et de la danse ; et sciences et technologies du design et des arts appliqués, chaque série pouvant comprendre diverses spécialités et options). Le décret n° 2018-614 du 16 juillet 2018 conserve la référence aux séries existantes pour les baccalauréats technologiques.

La voie professionnelle permet elle aussi d'obtenir un baccalauréat tant par la voie scolaire que par l'apprentissage (art. D. 337-55) ; les spécialités du « bac pro » sont créées par arrêté ministériel (art. D. 337-53).

En principe, les titulaires du « bac techno » sont considérés comme « aptes à exercer une activité de technicien » (art. D. 336-1, abrogé en 2010), et ceux du « bac pro » comme « aptes à exercer une activité professionnelle hautement qualifiée » (art. D. 337-51). Toutefois, leur aptitude ainsi consacrée leur confère aussi le premier grade de l'enseignement supérieur [pour l'enseignement général, art. D. 334-1 ; pour le baccalauréat technologique, art. D. 336-1 (Décr. n° 2010-100 du 27 janv. 2010) ; pour le « bac pro », art. D. 337-51].

Malgré la référence ainsi faite à l'enseignement supérieur, les programmes et la réglementation des épreuves du baccalauréat ne sont pas soumis à l'avis du CNESER, organe consultatif national pour toutes les questions concernant l'enseignement supérieur (CE 30 déc. 2003, n° 251820 B). Les liens avec l'enseignement supérieur ne sont pas institutionnels mais individuels, un universitaire co-préside avec un inspecteur général la commission de choix des sujets, un enseignant-chercheur assurant la présidence de chaque jury des baccalauréats généraux et technologiques et de la commission disciplinaire (V. ci-dessous).

La partie réglementaire du code de l'éducation regroupe les règles qui fixent les conditions de délivrance du diplôme et l'organisation administrative de l'examen en distinguant les trois voies, celles du baccalauréat général (art. D. 334-2 à D. 334-24), du baccalauréat technologique (art. D. 336-1 à D. 336-22) et du baccalauréat professionnel (art. D. 337-51 à D. 337-94), les dispositions concernant le baccalauréat général pouvant être considérées comme la matrice à laquelle les deux autres séries d'articles apportent des modifications ou des adaptations. Quant à la procédure disciplinaire applicable aux candidats telle qu'elle a été réorganisée par le décret n° 2012-640 du 3 mai 2012, elle figure dans une section IV du chapitre concernant le baccalauréat général à laquelle renvoient les articles terminaux des chapitres relatifs au baccalauréat technologique et au baccalauréat professionnel.

III. CRÉATION, DÉFINITION ET DÉLIVRANCE DES DIPLÔMES NATIONAUX

La ***création***, la ***définition*** et la ***délivrance*** des diplômes nationaux sont de la compétence de l'État. L'organisation des opérations annuelles qui amènent les services académiques (ou interacadémiques en Île-de-France avec le SIEC) à traiter de centaines de milliers de candidatures. Pour tenter d'éviter les erreurs et incidents qui surviennent régulièrement, une ***Charte nationale des examens*** a été adoptée le 15 janvier 2007 pour énoncer les principes devant guider les « prescripteurs », tant ceux qui créent les diplômes ou en modifient les règles (en recommandant une étude d'impact pédagogique, organisationnel, financier et informatique) que les personnes participant à leur déroulement annuel (dont les enseignants qui ont l'obligation statutaire de participer aux examens déjà prévue par le Décr. du 17 déc. 1933). Une ***charte de déontologie relative aux examens*** qui s'applique à tous les agents publics intervenant dans les diverses opérations a été en outre adoptée le 4 avril 2012.

ORGANISATION ADMINISTRATIVE ET DÉLIVRANCE DU DIPLÔME

1° ORGANISATION ADMINISTRATIVE

Le ***baccalauréat*** et les ***autres examens*** sont ***organisés chaque année***, une session étant prévue par arrêté ministériel en fin d'année scolaire, en général au mois de juin avec une session de remplacement au cours ou à la fin de l'année scolaire (art. D. 334-19 ; Décr. n° 2015-1066 du 26 août 2015) pour cause de force majeure dûment constatée (pour les épreuves que les candidats n'auraient pu subir). Les membres de l'inspection générale de l'éducation nationale sont responsables devant le ministre de la qualité des sujets du baccalauréat ; leur action est relayée au niveau académique par les inspecteurs d'académie-inspecteurs pédagogiques régionaux (baccalauréats général et technologique) et les inspecteurs de l'éducation nationale (baccalauréat professionnel).

Sujets. Les sujets des épreuves écrites terminales sont choisis par le ministre ou, sur délégation, par les recteurs (art. D. 334-18) qui les préparent en liaison avec l'inspection générale en mettant en place des commissions d'élaboration ou de choix des sujets ne devant pas excéder dix membres et dont la présidence est confiée conjointement à un inspecteur général de l'éducation nationale et à un universitaire. La Charte nationale des examens rappelle que les sujets principaux comme ceux de remplacement ou de secours doivent faire l'objet d'un essai pour en vérifier la qualité, la faisabilité et la neutralité (Charte, point 10) ; la charte de déontologie insiste sur le secret qui doit être gardé par les agents participant aux opérations. Les sujets sont modifiés, si nécessaire, pour tenir compte de l'avis des professeurs d'essai. Le recteur procède au choix définitif des sujets et à leur envoi dans les autres académies. Si les programmes ne s'appliquent qu'après un délai, rien n'interdit une application immédiate des dispositions réglementaires applicables à une formation en cours (pour le TPE, CE 11 juin 2004, *Sté des Agrégés de l'université,* n° 244108).

Les recteurs sont responsables des ***opérations matérielles*** assurées par leurs services (duplication et acheminement des sujets, inscription des candidats, désignation des centres d'examen et de leur chef, constitution des jurys, convocations, réclamations, conservation des copies pendant 12 mois).

Centres d'examen. La liste des centres d'examen (qui peuvent utiliser des locaux d'établissements privés sans porter atteinte au principe de laïcité, TA Bordeaux, 4 mai 2005, n° 0402516. L'administration prendra alors soin de demander que les signes religieux soient enlevés ou masqués pour ne pas heurter la sensibilité des candidats) est arrêtée par le recteur qui désigne les chefs de centre, en général le proviseur de l'établissement accueillant les candidats ; ils sont responsables de la préparation des locaux, de l'organisation de la surveillance, du bon déroulement des épreuves, du secrétariat des jurys, de la remise des relevés de notes aux candidats et de la gestion des recours.

Les ***épreuves*** comme les ***délibérations*** (art. D. 334-21-1) peuvent être organisées par des moyens de communication audiovisuelle pour la totalité ou une partie des candidats en veillant à ce que l'emploi de cette technique permette d'identifier chaque candidat dans le respect de la sécurité et de la confidentialité (art. D. 334-15-1 créé par Décr. n° 2014-314 du 10 mars 2014 ; Arr. du 10 mars 2014).

La Charte nationale des examens rappelle que les personnes responsables de la conception des sujets (inspecteurs, professeurs) et de l'organisation des examens (recteurs, chefs de centre, personnels administratifs) doivent, comme les membres des jurys, respecter les principes de neutralité, de probité et de confidentialité ainsi que l'égalité de traitement des candidats (Circ. n° 2012-059 du 3 avr. 2012, préparation, déroulement et suivi des épreuves).

Candidats au baccalauréat. La liberté de candidature au baccalauréat est un principe fondamental de l'enseignement (CE 4 nov. 1977, *SNALC, Sté des Agrégés*, n°s 98986 et 00834 B). En principe, les candidats se présentent dans l'académie où ils ont accompli leur dernière année d'études, sauf dérogation rectorale (art. D. 334-15). Outre les élèves des établissements publics et des établissements privés sous contrat, des candidats individuels ou inscrits dans des établissements privés hors contrat peuvent se présenter ; « compte tenu de la liberté... reconnue à ces établissements en matière de programmes d'enseignement et de déroulement de la scolarité », le Conseil d'État a jugé que l'article D. 334-4 prévoyant la possibilité de « modalités distinctes de fixation de la note de contrôle continu du baccalauréat » ne méconnaissait « ni la liberté de l'enseignement, ni la liberté d'expression et de conscience, ni l'intérêt supérieur de l'enfant » (CE, ord., 14 avr. 2021, n° 450307). Ainsi, le décret n° 2021-983 du 27 juillet 2021 a pu prévoir d'organiser des évaluations ponctuelles spécifiques, organisées au titre du contrôle continu, pour les candidats individuels (D. 334-3). Les candidats déjà titulaires d'un autre baccalauréat peuvent être dispensés de subir certaines épreuves (art. D. 334-7). Certains candidats (non scolarisés, salariés, demandeurs d'emploi, stagiaires de la formation professionnelle, sportifs de haut niveau...) peuvent conserver leurs notes pendant cinq sessions (art. D. 334-13). Cette possibilité a été élargie dans le cadre de la lutte contre le décrochage scolaire : le décret n° 2015-1351 du 26 octobre 2015 prévoit que les élèves ayant échoué aux examens des différents baccalauréats (mais aussi des BT, BTS et CAP, V. Décr. n° 2017-961 du 10 mai 2017) peuvent conserver leurs notes égales ou supérieures à la moyenne pendant les cinq sessions suivantes (art. D. 334-13 et D. 336-13) ainsi q'un droit au « redoublement au sein de l'établissement d'origine » (art. D. 331-42, D. 331-61, D. 341-20 et D. 331-39). En maintenant la possibilité pour ces candidats d'obtenir le baccalauréat avec mention au terme de plusieurs sessions, le décret a introduit une « différence de traitement » avec les candidats qui doivent passer l'oral de rattrapage sans pouvoir obtenir de mention, sans que le motif d'intérêt général tenant à la lutte contre le décrochage scolaire soit suffisant (CE 31 mars 2017, *SOS Éducation*, n° 395506 : annulation de l'art. 7 du Décr. du 26 oct. 2015 et de ses art. 6 et 8 en tant qu'ils ne reprennent pas les derniers alinéas des art. D. 334-13 et D. 336-13). Cette affirmation ne devrait pas être transposée aux dispositions particulières prévues pour les candidats porteurs de handicap qui sont autorisés à étaler sur plusieurs sessions le passage de la totalité des épreuves de l'examen (art. D. 334-6 s.), l'intérêt général étant alors certainement mieux protégé (V. comm. ss. art. L. 112-1).

Épreuves. Selon la tradition, le baccalauréat général est délivré au vu des résultats à ***un examen terminal*** qui sanctionne les enseignements des classes de première et de terminale (art. D. 334-2). L'examen comprend des ***épreuves obligatoires*** vérifiant les connaissances dispensées dans le cadre des enseignements obligatoires et des ***épreuves facultatives*** (2 épreuves à options au maximum, art. D. 334-4, al. 5, et D. 336-4). Un enseignement obligatoire peut toutefois être assorti d'une épreuve facultative (CE 30 déc. 2003, n° 251820 B). Depuis 2005, la loi dispose qu'il peut être tenu compte non seulement des résultats d'examens terminaux mais aussi de ceux des ***contrôles en cours de formation*** et du ***contrôle continu des connaissances***, ainsi que de la ***validation des acquis de l'expérience*** (art. L. 331-1, al. 4, la combinaison du contrôle continu et de l'examen terminal étant déjà reconnue pour l'EPS sans porter atteinte à l'égalité des candidats, CE 4 oct. 1985, n° 61583 A). Des épreuves correspondant au programme de première peuvent être subies par anticipation (art. D. 334-5) ; certains résultats obtenus en cours d'année scolaire, notamment en éducation physique et sportive, peuvent en outre être pris en compte dans des conditions fixées par arrêté ministériel (art. D. 334-4, al. 7). La réforme du baccalauréat a accru le contrôle continu, prévoyant des évaluations communes puis des évaluations ponctuelles (V. ci-dessous). Pour le bac professionnel, le succès à l'examen (qui peut être passé sous la forme globale ou par « unités de valeur capitalisables », art. L. 331-1) peut être remplacé par la validation des acquis de l'expérience (VAE) (art. L. 335-5 s. et D. 337-68). Le décret n° 2015-846 du 9 juillet 2015 permet qu'au sein d'une même épreuve les unités soient évaluées par des modes différents. Les évaluations sous forme d'examen ponctuel ou de contrôle en cours de formation prévus s'appliquaient jusqu'à présent sur le périmètre d'une épreuve, le décret prévoit désormais que le périmètre de référence pour un mode d'évaluation soit l'unité. Le principe d'égalité entre candidats à un même diplôme s'applique entre candidats placés dans une même situation. Ainsi, les élèves des établissements privés hors contrat qui bénéficient de la liberté en matière de programmes et de déroulement de la scolarité sont placés dans une situation différente de celle des élèves des établissements publics et des établissements privés sous contrat d'association et peuvent être soumis à une répartition différente des épreuves terminales et du contrôle continu (CE 24 juill. 2019, n° 424260). La rétention des copies de certains candidats lors de la session 2019 du baccalauréat ayant amené un jury à prendre en compte les notes de contrôle continu pour certaines épreuves, le juge des référés a pu considérer qu'il n'y avait aucun doute sérieux sur la légalité de la décision du jury, les modalités d'évaluation appliquées aux élèves concernés ne constituant pas une rupture d'égalité (TA Paris, ord., 7 août 2019, n° 1915503/1).

Correction. Les épreuves écrites sont corrigées sous couvert de l'anonymat. Les membres du jury ne peuvent pas examiner leurs élèves de l'année en cours (art. D. 334-9 et D. 336-9). Alors que le règlement indiquait que les noms des candidats étaient portés à la connaissance du jury au moment de la délibération, le décret n° 2015-1066 du 26 août 2015, applicable aux baccalauréats généraux et technologiques, dispose que le jury délibère sans avoir connaissance des noms des élèves et de leur établissement (art. D. 334-9 et D. 336-9). La valeur de chacune des épreuves est exprimée par une note de 0 à 20, en points entiers. Elle est multipliée par un coefficient prévu par l'arrêté. Pour les épreuves facultatives (et pour certaines épreuves obligatoires), seuls les points excédant 10 sont retenus et multipliés. L'absence non justifiée à une épreuve est sanctionnée par la note zéro (art. D. 334-8). L'annulation d'épreuves ayant eu lieu dans un centre d'examen ne porte pas atteinte au principe d'égalité (CE, ass., 26 févr. 1965, *Sieur Romani et Dlle Fraggi*, n°s 64643 et 65828 A).

Pour concilier la liberté pédagogique du correcteur, la souveraineté du jury et l'égalité des candidats, l'administration procède à la régulation du processus de correction. Le recteur réunit pour chaque épreuve des commissions d'entente placées sous la présidence de l'inspecteur de la discipline (IPR-IA, IEN-ET) pour fixer les principes communs de correction et les directives concernant l'échelle de notation. Après la correction, des réunions d'harmonisation visent à rapprocher les notes des différents correcteurs pour proposer au jury une approche cohérente.

Jury. Le jury est désigné par le recteur. Il est présidé par un enseignant-chercheur (sauf pour le bac pro) qui peut être assisté par un président adjoint. Il est « composé de personnels enseignants de l'État » (art. L. 331-1), « des professeurs de l'enseignement privé et des représentants qualifiés des professions » (pour les formations technologiques et professionnelles, art. L. 335-14, issu d'une loi du 4 août 1942), et peut comprendre des enseignants-chercheurs en activité ou à la retraite, des inspecteurs d'académie-inspecteurs pédagogiques régionaux (IA-IPR) (sauf pour le bac techno) et des professeurs de lycée public ou privé sous contrat d'association ayant un « contrat définitif » (art. L. 331-1 et D. 334-21).

La délivrance du diplôme du baccalauréat résulte de la délibération du jury, qui est souverain (art. D. 324-20 et D. 336-19) ; il arrête les notes définitives de chaque épreuve (avec application des coefficients) et prend sa décision en fonction des résultats de l'ensemble des épreuves, et dans certains cas, des résultats obtenus dans l'année ; il peut consulter le livret scolaire du candidat dans lequel sont consignés ses résultats en classe et les appréciations de ses professeurs ; cette consultation est obligatoire avant tout ajournement (le Décr. n° 2015-1066 du 26 août 2015, en interdisant au jury d'avoir connaissance des noms des élèves et de leur établissement, devrait imposer de rendre le livret anonyme). En revanche, les correcteurs, pris individuellement, n'ont aucune obligation de s'y référer (CE 3 oct. 1979, *MEN c/ M. Soulé*, n° 14396). La décision du jury est sans appel. Toutefois, en cas d'erreur matérielle susceptible de modifier le résultat, le jury peut être réuni pour procéder aux rectifications nécessaires.

Pour saisir le juge administratif d'un recours contentieux, le candidat doit d'abord avoir intérêt à agir (ce qui est le cas d'un candidat ajourné mais pour son seul cas) et respecter les délais (2 mois). S'agissant d'une opération complexe, le requérant peut demander l'annulation de la décision finale mais non des mesures préparatoires que sont les barèmes ou les grilles de notation ; il en est de même des notes contestées en elles-mêmes, sauf si elles ont été utilisées non pour apprécier la valeur du travail mais pour sanctionner une fraude pour laquelle une procédure disciplinaire aurait dû intervenir. En cas de faute de l'administration, le candidat a aussi la possibilité de demander au juge une indemnité (notamment pour composition irrégulière du jury entraînant une perte de chance sérieuse d'être reçu, V. note ss. art. L. 613-1). Les procédures d'urgence permettent d'obtenir une réponse dans des délais plus brefs.

Si le jury est souverain, le juge administratif n'en assure pas moins un contrôle minimal. Il s'attache tout d'abord à la régularité externe de la décision vérifiant qu'ont bien été appliquées les règles de composition, de nomination, de fonctionnement (présence des membres du jury à toutes les délibérations, sauf motif légitime), que les formes ont bien été respectées, sous réserve de leur caractère substantiel (ce qui est le cas de la mention du nom et du prénom du président du jury). Il examine ensuite la régularité interne de la décision en contrôlant l'erreur de droit (non-respect du règlement, par ex., en substituant une épreuve orale à une épreuve écrite, rupture d'égalité), l'erreur de fait et le détournement de pouvoir ; ce contrôle peut, exceptionnellement, s'étendre à l'erreur manifeste d'appréciation (V. note ss. art. L. 613-1). Mais le juge ne peut se prononcer sur les notes (non détachables de la décision prise par le jury d'examen, elles n'ont pas le caractère de décisions susceptibles de faire grief : TA Saint-Denis de La Réunion, n° 0401760), ni apprécier la valeur des épreuves, c'est-à-dire contrôler l'appréciation portée par le jury sur les épreuves d'un candidat.

Admis-ajournés. Après délibération du jury à l'issue du premier groupe d'épreuves, les candidats ayant obtenu une moyenne générale égale ou supérieure à 10 sont déclarés admis ; les candidats dont la moyenne est inférieure à 8 sont ajournés ; entre 8 et 10, ils sont autorisés à se présenter à un second groupe d'épreuves et déclarés admis s'ils atteignent la moyenne de 10 (sans pouvoir obtenir de mention, art. D. 334-8). ***Le jury est souverain*** (art. D. 334-20). Le juge ne connaît ni des principes de correction, ni de l'appréciation de la valeur des copies (CE 12 janv. 1994, *M. Bisson*, n° 83441), sauf contrôle de la légalité des barèmes.

Les résultats sont affichés. Les candidats ont la possibilité de demander à obtenir communication de leur copie pour vérifier que la note indiquée sur leur relevé correspond bien à celle qui est portée sur la copie et à l'appréciation correspondante.

Des ordonnances de la juge des référés du tribunal administratif de Cergy-Pontoise obligent la DSDEN des Hauts-de-Seine (académie de Versailles) à scolariser en classe de terminale six lycéens ayant échoué au baccalauréat 2019.

2° DÉLIVRANCE DES DIPLÔMES

Le diplôme du baccalauréat est délivré par le recteur de l'académie dans laquelle l'examen a été passé. Il confère le grade de bachelier qui attribue à tous les bacheliers les mêmes droits quelles que soient la série et la mention portées sur le diplôme (art. D. 334-22). Même si le diplôme du baccalauréat confère le premier grade universitaire, il sanctionne les études secondaires et n'est pas régi par le livre VI qui a pour objet les formations supérieures (CE 30 déc. 2003, *Sté des agrégés de l'université*, n° 251820).

Les diplômes délivrés peuvent en effet porter une mention (assez bien, bien, très bien) et une indication (section européenne, section langue orientale, option internationale, V. art. D. 334-11). Un certificat de fin d'études secondaires (ou de fin d'études professionnelles, art. D. 387-87) est délivré par le recteur aux candidats ajournés ayant obtenu 8 de moyenne (art. D. 334-12). Depuis 1994, la possibilité est donnée aux élèves de passer en même temps le baccalauréat et l'examen correspondant en Allemagne (*Abitur*). Cette formule, connue sous le nom d'*Abibac*, est étendue à l'Espagne (*Bachibac*) et à l'Italie (*Esa bac*) par le décret n° 2010-592 du 2 juin 2010. Une section précise les dispositions particulières aux baccalauréats binationaux (accord interétatique, examen unique pour la double délivrance, art. D. 334-23 s. ; V. aussi les dispositions concernant les sections binationales qui préparent cet examen, art. D. 421-143-1 s. ; V. égal. l'art. L. 331-1 sur la composition des jurys).

A noter que le code de l'éducation fait aussi référence à deux formes de baccalauréat dont le contenu est déterminé par des accords internationaux, l'option internationale du baccalauréat (art. D. 421-136, à ne pas confondre avec le « baccalauréat international » organisé par l'Organisation du baccalauréat international (OBI) dont le siège est à Genève, qui n'est pas de droit reconnu en France et doit faire l'objet d'une validation des études pour l'inscription à l'université), et le « baccalauréat européen », préparé notamment par « l'École européenne de Strasbourg » (art. L. 421-19-12).

3° RÉFORME DU BACCALAURÉAT

Alors que l'objectif législatif de 80 % d'une classe d'âge au niveau du baccalauréat est non seulement atteint (il l'était en 2000) mais dépassé (en 2015, 77,2 % d'une génération obtiennent le baccalauréat, le taux d'accès de 80 % s'accompagnant d'un taux de succès de 90 %, dont 50 % avec mention !), le monument national fait l'objet de ses critiques débouchant sur autant de propositions. La complexité de son organisation, la lourdeur des opérations due non seulement au nombre de candidats (720 000 en 2017 dans 4 500 centres d'examen mobilisant 18 000 correcteurs ou examinateurs) mais aussi à la multiplicité des épreuves et des options (notamment linguistiques) se traduisent par un coût important tant direct (rémunérations) qu'indirect (nombre d'heures perdues). La double fonction du baccalauréat est remise en cause : certificat de fin d'études secondaires, il ne certifie pas, du fait de la compensation des notes et faute de seuils éliminatoires, que toutes les connaissances et compétences sont acquises ; premier grade de l'enseignement supérieur, il ne garantit ni la bonne orientation (APB n'en tient d'ailleurs pas compte) ni la réussite ultérieure. Les propositions se multiplient pour transformer le baccalauréat, simplifier son organisation, revoir son calendrier et alléger son coût ; l'idée est de donner plus de place au contrôle continu en cours de formation et de ne conserver que quelques épreuves terminales pour garantir sa fonction certificative et mieux assurer l'orientation. Les mesures à prendre se heurtent à de multiples résistances, notamment celles qui invoquent le caractère national du diplôme opposé au contrôle maison. Elles doivent pourtant être conçues dans le cadre du *continuum* « bac-3/bac+3 » qui implique une réforme tant du lycée (qui doit mieux prendre en considération les compétences nécessaires pour la réussite dans l'enseignement supérieur) que de l'orientation des élèves et le recrutement des étudiants (prérequis). En 2017 a été annoncée une concertation visant à « resserrer les épreuves finales autour d'un petit nombre de matières et définir ce qui relève du contrôle continu », devant aboutir avant septembre 2018 pour une mise en œuvre complète de cette réforme pour le bac 2021 (Édouard Philippe, Déclaration de politique générale, *4 juill. 2017*). Une mission de réflexion a été confiée à Pierre Mathiot dont le rapport « Un nouveau baccalauréat pour construire le lycée des possibles » (*24 janv. 2018*) propose de supprimer les séries du baccalauréat général et de limiter le nombre d'épreuves terminales, (français en première, seulement quatre épreuves en terminale dont la philosophie et un grand oral pour tous, ainsi que deux épreuves correspondant à des disciplines majeures choisies par les élèves) et de faire une place importante au contrôle continu (40 % avec organisation d'épreuves communes anonymes et prise en compte du bulletin scolaire). La réforme annoncée en Conseil des ministres le 14 février 2018 ne concerne que le baccalauréat général ; elle devrait permettre d'assurer un socle de culture commune en donnant le choix aux lycéens des disciplines de spécialité (trois en première, deux en terminale rebaptisée « classe de maturité »), l'idée étant de mieux articuler l'enseignement secondaire et l'enseignement supérieur et de favoriser une approche par les compétences. Encore faudra-t-il disposer des moyens pour assurer les différentes options dans les lycées, ou rationaliser l'offre par des cartes académiques.

Le décret n° 2018-614 du 16 juillet 2018 dont les dispositions entrent en vigueur pour la session 2021 du baccalauréat général (nouvel art. D. 334-3) et du baccalauréat technologique modifie les dispositions réglementaires (art. D. 333-3 et D. 334-3 s.). L'examen du baccalauréat général (sans référence aux séries) et technologique (nouvel art. D. 336-3) comporte une épreuve anticipée, écrite et orale, de français en classe de première et seulement quatre épreuves en classe de terminale : deux portant sur les enseignements de spécialité (Arr. du 18 juill. 2018, note de service, *BOEN 6 sept. 2018*, mod. par Arr. du 11 oct. 2019), une épreuve de philosophie et une épreuve terminale d'un nouveau type, un « grand oral » à partir des spécialités du candidat. Une part de contrôle continu est introduite dans l'évaluation des enseignements (art. D. 334-4, Arr. du 16 juill. 2018), le décret prévoyant une série de garanties : épreuves communes de contrôle continu (E3C), sujets centralisés réunis dans une banque nationale (art. D. 334-18), anonymat des copies et examinateurs extérieurs (art. D. 334-9), avec mise en place d'une commission d'harmonisation des notes dans chaque académie (art. D. 334-4-1). Seules les notes des épreuves terminales supérieures ou égales à 10 peuvent désormais être conservées, après un échec à l'examen, pendant les cinq sessions qui suivent la première session à laquelle les candidats se sont présentés. La première session des E3C (2020) a été émaillée d'une série d'incidents (retard, bugs...) suscitant des critiques diverses (inadaptation des épreuves, préparation insuffisante, lourdeur de l'organisation...). L'état d'urgence sanitaire mis en place pour lutter contre le covid-19 a entraîné pour la première fois dans l'histoire du baccalauréat la suppression des épreuves terminales ainsi que les E3C et l'écrit anticipé de français au profit du seul « contrôle continu » (résultats obtenus au cours des trois trimestres de l'année de terminale, hors temps de confinement ; prise en compte des livrets notamment pour les élèves du CNED et des établissements privés hors contrat), le ministre s'engageant à garantir « *la qualité et l'équité* » du bac 2020.

Pour la session 2021, les « épreuves communes de contrôle continu » deviennent « évaluations communes ». (Décr. n° 2020-923 du 29 juill. 2020 modifiant les art. D. 334-4-1 et D. 336-4-1).

La crise sanitaire due au covid-19 a justifié des aménagements ponctuels. En 2020, l'épreuve anticipée de français du baccalauréat général et technologique (partie écrite et partie orale) est remplacée par la prise en compte des notes de contrôle continu obtenues, avec possibilité d'épreuves de remplacement ; une commission d'harmonisation présidée par un IA-IPR est mise en place par le recteur d'académie (Décr. n° 2020-721 du 13 juin 2020).

Pour la session 2021, l'état d'urgence sanitaire justifie une nouvelle adaptation des modalités du baccalauréat (Ord. n° 2020-1694 du 24 déc. 2020) ; à titre exceptionnel, les épreuves de spécialité sont évaluées en contrôle continu ; pour assurer l'égalité de traitement, un guide relatif à l'évaluation en contrôle continu en précise les modalités en insistant sur la diversité des exercices et en veillant à la robustesse des moyennes (BOEN 11 févr. 2021).

Ces éléments ont été repris par le décret n° 2021-983 du 27 juillet 2021 (et l'Arr. du 27 juill. 2021 portant adaptations des modalités d'organisation du baccalauréat général et technologique à compter de la session 2022 ; V. aussi Note de service du 28 juill. 2021). Il y a un équilibre général entre contrôle terminal et contrôle continu (60/40 des coefficients), mais la suppression des évaluations communes banalise ce dernier. Des évaluations ponctuelles sont prévues dans le cadre de la classe pour les disciplines ne donnant pas lieu à épreuves terminales. Pour assurer l'objectivité, la robustesse et l'équité de l'évaluation, les éléments de régulation (guide d'évaluation, banque nationale de sujets, commission rectorale d'harmonisation) sont complétés par un processus local : un projet d'évaluation établi en conseil d'enseignement doit être validé en conseil pédagogique et présenté au conseil d'administration (Arr. préc., art. 2 qui prévoit une concertation de l'équipe pédagogique dans les établissements privés sous contrat). Les options sont rétablies ; outre les langues anciennes, chaque élève peut choisir un enseignement optionnel en première, deux en terminale, reposant la question de l'équité entre établissements.

IV. FRAUDE AUX EXAMENS

Si les fraudes commises dans les examens et concours publics sont réprimées au pénal (art. L. 331-3 ; L. 23 déc. 1901, trois ans d'emprisonnement, 900 € d'amende), la question relève aussi du pouvoir disciplinaire. La section IV de la partie réglementaire présente la procédure disciplinaire telle qu'elle a été établie par le décret n° 2012-640 du 3 mai 2012, applicable aux candidats au bac général (art. D. 324-25 s.), au bac technologique (art. D. 336-22-1) et au bac professionnel (art. D. 337-94-1), qui reprend de nombreuses dispositions applicables aux étudiants (V. comm. ss. art. L. 811-5) et modifiée par le décret n° 2013-469 du 5 juin 2013 portant modification de la procédure disciplinaire applicable aux candidats au baccalauréat (V. aussi Circ. n° 2011-072 du 3 mai 2011 fixant les conditions d'accès et de sortie des salles de composition aux épreuves des examens de l'éducation nationale et les dispositions relatives aux fraudes).

Traditionnellement, les cas de fraude au baccalauréat, premier grade de l'enseignement supérieur, étaient déférés à la section disciplinaire du conseil de l'université. Le décret n° 2012-640 du 3 mai 2012 relatif à la procédure disciplinaire applicable aux candidats au baccalauréat modifie le décret du 13 juillet 1992 (art. D. 334-25 s.), en créant une commission administrative qui rapproche la procédure disciplinaire applicable aux baccalauréats de celles prévues pour les autres examens (V. Arr. du 19 mai 1950 sur les fraudes aux examens de l'enseignement technique donnant compétence au préfet et au recteur saisis par le président du jury, et au ministre en cas de fraude découverte *a posteriori* pour qu'il procède au retrait de la décision).

Si la multiplication des évaluations ponctuelles réalisées dans le cadre de la classe peut justifier que la gestion des situations de fraude relève de la responsabilité des professeurs et s'exerce dans le cadre défini par le règlement intérieur de l'établissement (Note de service du 28 juill. 2021), encore faudrait-il que cette possibilité soit prévue par le code de l'éducation, ce qui n'est pas le cas quand le décret n° 2021-983 du 27 juillet 2021, qui modifie les articles D. 324-27 et D. 324-32, assimile les évaluations ponctuelles aux autres épreuves.

A. COMPOSITION DE LA COMMISSION DE DISCIPLINE DU BACCALAURÉAT

Une commission de discipline du baccalauréat est instituée dans chaque académie pour connaître des auteurs et complices des fraudes ou tentatives de fraude au baccalauréat (art. D. 334-25). Elle est présidée par un enseignant-chercheur (et non plus par un professeur d'université, Décr. n° 2013-469 du 5 juin 2013), président de jury de bac (d'un autre jury que celui qu'il a présidé), nommé par le recteur (art. D. 334-26). Elle est composée de six membres désignés par le recteur (dont deux vice-présidents) : un inspecteur d'académie-inspecteur pédagogique régional, un inspecteur de l'éducation nationale, un chef de centre, un enseignant membre d'un jury, un étudiant sur proposition de l'université désignée par le recteur et un lycéen de terminale sur proposition du conseil académique de la vie lycéenne (art. D. 334-26).

B. DIVERSES FORMES DE FRAUDE

La fraude aux examens prend des formes diverses qui évoluent avec les progrès techniques : il s'agit des cas de communication entre les candidats pendant les épreuves, d'utilisation d'informations ou de documents non autorisés lors des épreuves, ou de documents interdits, notamment de notes personnelles, mais aussi de substitution d'identité lors du déroulement des épreuves. L'usage des téléphones portables, d'assistants personnels ou autres matériels de communication a ouvert de nouvelles possibilités de fraude amenant l'autorité administrative à prendre des mesures préventives (Circ. n° 99-018 du 1er févr. 1999, sur l'utilisation des calculatrices interdisant notamment les échanges entre candidats) n'excluant pas les sanctions.

C. PROCÉDURE

1° CONSTAT DE LA FRAUDE

En cas de fraude ou de tentative de fraude flagrante, le surveillant prend toutes mesures pour la faire cesser sans interrompre la participation du candidat, saisit les pièces ou matériels et dresse un procès-verbal qui est adressé au recteur. En cas de substitution de personne ou de troubles affectant le déroulement des épreuves, le chef de centre peut toutefois procéder à l'expulsion du candidat (art. D. 334-27 ; même solution : art. D. 811-10 ; V. Circ. n° 2011-072 du 3 mai 2011, sur les conditions d'accès et de sortie des salles de composition et les dispositions relatives aux fraudes).

2° ENGAGEMENT DES POURSUITES

Le recteur engage les poursuites et rassemble les éléments utiles permettant à la commission de statuer (art. D. 334-28). Il peut décider de ne pas donner suite aux poursuites (art. D. 334-29). Avant la réunion de la commission, le dossier est mis à la disposition du candidat poursuivi et, le cas échéant, de son représentant légal ainsi qu'éventuellement de son conseil.

Le recteur convoque le candidat poursuivi par lettre recommandée avec accusé de réception et, le cas échéant, son représentant légal, dix jours au moins avant la date de réunion de la commission. La convocation mentionne le droit pour l'intéressé de présenter des observations écrites et orales et de se faire assister d'un conseil de son choix ou, le cas échéant, de se faire représenter par ce dernier (art. D. 334-28).

3° SÉANCE ET DÉLIBÉRATION

La séance de la commission de discipline du baccalauréat n'est pas publique. Elle se tient valablement même en l'absence du candidat poursuivi. La procédure respecte le principe du contradictoire et les droits de la défense. Le candidat est entendu et peut à tout moment demander l'autorisation au président de présenter des observations orales. L'audition de témoins a lieu contradictoirement en présence du candidat poursuivi, et sauf s'il est absent, le cas échéant, de son représentant légal et éventuellement de son conseil (art. D. 334-30).

La commission de discipline du baccalauréat statue dans un délai de deux mois suivant la proclamation des résultats. Elle ne peut valablement délibérer que si quatre membres (ayant assisté à la totalité de la séance) au moins sont présents. Le vote a lieu à bulletin secret. La décision prise à la majorité des membres présents est motivée. Elle est signée par le président (art. D. 334-31).

4° SANCTIONS

Les sanctions susceptibles d'être prononcées reprennent celles prévues pour les étudiants par le décret en Conseil d'État du 12 juillet 1992, codifié par le décret n° 2015-652 du 10 juin 2015 (art. D. 811-11), à l'exception de l'avertissement : le blâme, la privation de toute mention au baccalauréat, l'interdiction de subir tout examen conduisant à l'obtention du baccalauréat ou d'un titre ou diplôme délivré par un établissement public dispensant des formations postbaccalauréat pour une durée maximale de cinq ans (avec possibilité de sursis si l'interdiction n'excède pas 2 ans), l'interdiction de prendre toute inscription dans un établissement public dispensant des formations postbaccalauréat pour une durée maximale de cinq ans. Alors que l'inscription au livret scolaire, s'il existe, était initialement prévue pour le seul blâme, le décret n° 2013-469 du 5 juin 2013 a étendu cette possibilité à toutes les sanctions, précisant toutefois qu'elle sera effacée dans un délai d'un an dans les seuls cas du blâme et de la privation de mention (art. D. 334-28). Toute sanction prononcée entraîne, pour l'intéressé, la nullité de l'épreuve au cours de laquelle la fraude ou la tentative de fraude a été commise. L'intéressé est réputé avoir été présent sans l'avoir subie. La commission de discipline du baccalauréat peut en outre décider de prononcer à l'égard de l'intéressé la nullité du groupe d'épreuves ou de la session d'examen (art. D. 334-33). Le recteur saisit alors le jury qui devra à nouveau délibérer.

5° RECOURS

Les sanctions prononcées peuvent faire l'objet d'un recours de plein contentieux devant le tribunal administratif (art. R. 334-35). Auparavant, les jugements de la section disciplinaire du conseil d'administration de l'université pouvaient être frappés d'appel devant la section disciplinaire du Conseil national de l'enseignement supérieur et de la recherche (CNESER) (avec possibilité de recours en cassation devant le Conseil d'État). Désormais, les sanctions sont des décisions d'une commission administrative, dont la légalité est appréciée par le juge administratif de droit commun, qui donnent lieu non à un recours pour excès de pouvoir mais de plein contentieux. Sous l'effet de la Cour européenne des droits de l'homme, le contentieux des sanctions ne relève plus de l'excès de pouvoir (CE, ass., 16 févr. 2009, *Sté Atom*, n° 274000 : du moins pour les personnes qui ne sont pas des usagers du service public). La recevabilité d'un recours de pleine juridiction qui doit être introduit dans les deux mois est subordonnée à l'existence d'un droit véritablement lésé. Si l'administré doit constituer avocat, le juge dispose des pouvoirs les plus étendus : il peut annuler une décision illégale mais aussi la réformer (la modifier), voire lui en substituer une nouvelle, et en outre condamner l'administration à verser des dommages et intérêts à la personne lésée. Cette procédure, qui exclut le recours préalable au recteur ou au ministre, est conçue pour garantir les droits de la défense et la séparation entre l'autorité qui engage les poursuites disciplinaires et l'autorité collégiale qui prend la décision de sanction. ❑

APPRÉCIATION DES MÉRITES

1. Modalités d'appréciation des mérites. Décret ayant fixé les modalités d'organisation de l'épreuve obligatoire d'éducation physique et sportive à l'examen du baccalauréat de l'enseignement secondaire. L'art. 11 de la L. du 11 juill. 1975 habilitait le gouvernement à tenir compte, en vue de la délivrance des diplômes, soit des résultats du contrôle continu, soit de la combinaison de ces résultats avec ceux d'examens terminaux, soit des examens terminaux. En distinguant les modalités d'appréciation des mérites des candidats lors de leur épreuve d'éducation physique selon leur établissement d'origine, le décret n'a pas porté une atteinte illégale à l'égalité des candidats, dès lors que les établissements dans lesquels le contrôle en cours de formation est retenu pour noter les élèves ne sont pas dans la même situation que les établissements privés n'ayant pas conclu avec l'État de contrat sur le fondement de la L. du 31 déc. 1959, eu égard notamment aux relations qu'ils établissent avec l'État. • CE 4 oct. 1985, ⚖ n° 61583 A. ♦ De la même manière, les établissements publics, dans lesquels le contrôle en cours de formation est retenu pour noter les élèves, ne sont pas dans la même situation que les établissements d'enseignement ou de formation agricoles privés, eu égard notamment aux relations que ceux-ci établissent avec l'État et au fait qu'ils ne sont pas liés avec l'État par un contrat sur le fondement de la L. du 31 déc. 1959. Dès lors, en distinguant les modalités d'appréciation des mérites des candidats selon qu'ils étaient ou non originaires des établissements publics d'enseignement agricole, l'arrêté n'a pas porté atteinte à l'égalité des candidats. • CE 4 oct. 1985, ⚖ n° 57511 A.

2. Grille de notation. Ni les principes de correction retenus par le jury, ni l'appréciation par celui-ci de la valeur des copies remises par le candidat ne peuvent être utilement discutés devant le juge administratif. • CE 12 janv. 1994, ⚖ n° 83441. ♦ Épreuve du concours de fin de première année de pharmacie comportant des questions divisées en sous-questions. Il entrait dans les pouvoirs du jury de décider qu'une mauvaise réponse à l'une des sous-questions entraînerait l'attribution de la note zéro pour l'ensemble de la question concernée. Cet élément d'appréciation, partie intégrante des critères de notation arrêtés par le jury, n'avait pas à être porté préalablement à la connaissance des candidats, et son bien-fondé ne peut pas être discuté devant le juge de l'excès de pouvoir. • CE 25 oct. 1996, ⚖ n° 170200 B : *Dr. Adm. 1997, n° 21.* ♦ Illégalité d'une échelle de notation dont la note maximale différait de celle fixée par le règlement de l'examen. • CE 26 janv. 2007, ⚖ n° 266332. ♦ Dans le même sens : illégalité des barèmes rigides limités à trois notes. • CAA Paris, 6 juill. 1999, ⚖ n° 97PA01789. • CAA Paris, 11 juill. 2001, n° 99PA00326.

3. Note zéro. Note éliminatoire. Dès lors que le règlement d'une épreuve prévoit une note de 0 à 20, rien n'interdit légalement au jury de mettre la note zéro. Dans un concours où il était prévu que « Les épreuves des candidats (...) sont notées de zéro à vingt. La note zéro est éliminatoire ». Le juge estime qu'il résulte de ces dispositions que la note zéro présente un caractère éliminatoire quelle que soit la nature de l'épreuve d'admissibilité ou d'admission. • CE 28 juill. 2000, ⚖ n° 214928.

4. Note zéro. Défaillance. Étudiant, averti par les services qu'il pouvait pour la seconde session d'examens soit conserver les notes de contrôle obtenues à la première session « qui seront moyennes avec les notes d'oral pour donner les notes d'examen », soit « renoncer aux notes de contrôle », avait choisi par écrit la première solution. Eu égard à la teneur de cet échange de lettres et aux conditions dans lesquelles la session d'examen a été organisée, l'intéressé, qui a été noté comme un candidat présent aux autres épreuves de la session, n'a pas été en mesure de connaître, de façon suffisamment claire et certaine, les épreuves auxquelles il devait se présenter. Dès lors le jury de la seconde session a commis une erreur de fait en le regardant comme défaillant à 2 des épreuves, auxquelles il avait obtenu à la session précédente des notes égales ou supérieures à la moyenne, et en lui attribuant la note de zéro sur vingt. • CE 16 déc. 1983, ⚖ n° 41128 B.

5. Documents communicables. Cahiers, exercices et feuilles de contrôle. Même annotés par un enseignant, ces documents ne peuvent pas être considérés comme des documents administratifs rentrant dans le champ d'application de la L. du 17 juill. 1978. La commission d'accès aux documents administratifs se déclare donc incompétente pour connaître de la demande d'un parent d'élève alors même que l'élève suivait une scolarité en rapport avec les aménagements prévus à l'art. L. 321-4. • CADA, 24 mai 2007, *Recteur de l'académie de Rennes*, avis n° 21122007 • CADA 27 avr. 2006, avis n° 20060261.

6. *Documents communicables. Grilles d'évaluation.* Les grilles d'évaluation non renseignées, utilisées par les enseignants pour corriger des épreuves scolaires ou universitaires, constituent des documents administratifs communicables de plein droit à toute personne qui en fait la demande. • CADA 10 janv. 2008, *Recteur de l'académie de Bordeaux : avis n° 20080186.* ♦ Même solution pour les grilles renseignées par le jury (notes, appréciations), la commission estimant qu'aucune disposition de la L. du 17 juill. 1978 ne permet de fonder légalement un refus de communication. En particulier, le « secret des délibérations du jury » qu'invoque l'administration n'est pas au nombre des motifs légaux de refus. • CADA 10 janv. 2008, *Recteur de l'académie de Bordeaux : V. note 4.*

7. *Affichage des résultats.* Les résultats issus de la délibération des jurys, qui sont disponibles sous forme électronique, constituent, indépendamment de toute vérification ou retraitement par les rectorats, des documents administratifs au sens de la L. du 17 juill. 1978, qui perdent leur caractère inachevé dès lors qu'ils ont été proclamés et affichés, dans chaque centre d'examen, sous forme papier. A compter de cet affichage, ils deviennent communicables de plein droit à toute personne qui en fait la demande. Parallèlement, ces résultats bruts sont transmis au rectorat qui centralise l'ensemble des résultats émanant des centres d'examen de son ressort. Après vérification et mise en forme, ces derniers sont mis en ligne sur le site de l'éducation nationale et font l'objet, à compter de cet instant, d'une diffusion publique, qui fait obstacle à l'exercice du droit d'accès prévu par la loi. • CADA 7 févr. 2008, *MEN*, conseil n° 20080241.

AUTRES QUESTIONS

8. *Contenu des programmes scolaires.* V. notes ss. art. L. 141-2.

9. *Évaluation. Modification par le chef d'établissement des moyennes des notes. Liberté pédagogique et pouvoir hiérarchique. Mesure non susceptible de recours.* Dans une affaire où un professeur contestait les modifications apportées par le proviseur aux moyennes des notes qu'il avait initialement attribuées à ses élèves, le juge rappelle que la modification, sous la responsabilité du proviseur et dans le cadre d'échanges pédagogiques avec les enseignants, des notes et moyennes mentionnées dans les relevés trimestriels de notes et reportées dans les livrets scolaires des élèves s'inscrit dans l'exercice de la mission pédagogique des enseignants, sans pour autant porter atteinte aux droits et prérogatives que ces derniers tirent de leur statut de fonctionnaire de l'État soumis au pouvoir hiérarchique. Il constate qu'en l'espèce, les moyennes de notes initialement attribuées comprenaient les résultats obtenus lors d'une épreuve dite « baccalauréat blanc », en méconnaissance directe d'une consigne donnée par le chef d'établissement. Le tribunal a considéré, par suite, que la modification apportée par le chef d'établissement ne présentait pas la nature d'une décision susceptible de recours et qu'ainsi, le professeur n'était pas recevable à demander l'annulation des modifications contestées. • TA Rouen, 28 févr. 2019, n°s 1602239, 1603673, 1703537 et 1704008 : *LIJ 2019, n° 208, p. 11.*

10. *Réutilisation des résultats du baccalauréat à des fins commerciales.* Dans plusieurs avis et conseils rendus en 2006 et 2007, la CADA avait émis un avis favorable à la réutilisation des résultats du baccalauréat à des fins commerciales par la société France Examen, moyennant l'élaboration d'une licence et le versement d'une redevance par cette société. La commission avait alors estimé que cette réutilisation commerciale impliquait que l'administration communique les résultats à la société France-Examen au moment où elle les rend publics. Ces règles relatives à la réutilisation des informations publiques ne sauraient faire obligation à l'administration de retarder l'affichage des résultats aussi longtemps qu'elle n'est pas en mesure de les mettre en ligne et de les communiquer à la société France-Examen. L'intérêt qui s'attache à ce que les candidats aux examens puissent avoir connaissance des résultats dès leur proclamation par le jury y fait en effet obstacle. • CADA 7 févr. 2008, *MEN*, conseil n° 20080241. ♦ La société France-Examen a droit, comme toute autre personne qui en fait la demande, à la communication sous forme électronique des résultats bruts issus des délibérations des jurys, dès leur affichage sous forme papier. Il appartient par conséquent à chaque rectorat, lorsqu'il reçoit d'un centre d'examen les résultats délibérés par le jury et affichés sur place, de procéder, dès cette réception, à leur transmission à la société France-Examen. Cette transmission ne pourra en aucun cas précéder l'affichage des résultats dans chaque centre. La commission invite par conséquent l'administration à s'assurer que les centres d'examen ont procédé à l'affichage des résultats sous forme papier avant de les communiquer à des tiers. A compter de leur mise en ligne sur le site de l'éducation nationale, les résultats retraités par les rectorats font l'objet d'une diffusion publique : l'administration n'est alors plus tenue de les communiquer à la demande d'une personne. • CADA 7 févr. 2008, *MEN*, conseil n° 20080241.

11. *Déroulement des épreuves. Incidents. Conséquences.* Le juge administratif a refusé de suspendre la décision du ministre imposant qu'il ne soit pas tenu compte d'un exercice à l'épreuve de mathématiques du baccalauréat scientifique. Il a en effet considéré que le requérant avait fait valoir que ces décisions privaient sa fille d'une chance d'obtenir son baccalauréat, dans la mesure où l'exercice neutralisé était le plus facile ; que toutefois rien ne permettait de préjuger que l'exécution des décisions critiquées aurait nécessairement pour effet de baisser la note finale du candidat ; que les conséquences négatives ainsi alléguées des modes d'application des nouveaux barèmes mis en œuvre à la suite de cette décision étaient purement hypothétiques ; que, compte tenu des pouvoirs qui lui sont dévolus, si le juge des référés ordonnait la suspension des décisions contestées, il incomberait alors au ministre d'apprécier s'il doit de nouveau modifier le barème ou organiser une nouvelle épreuve ; qu'il ressort des pièces du dossier que l'application d'un barème différent de celui retenu nécessiterait de procéder à une nouvelle correction des 160 166 copies des candidats, désorganiserait les modalités d'inscription dans les établissements d'enseignement supérieur de tous les bacheliers en retardant la proclamation de l'ensemble des résultats du baccalauréat ; que l'organisation d'une nouvelle épreuve la différerait encore davantage, mobiliserait des moyens humains et matériels très importants et n'aboutirait pas nécessairement à la satisfaction de l'intérêt particulier invoqué par le requérant, compte tenu de la part d'aléa inhérente à chaque examen ; qu'ainsi la suspension de la décision litigieuse créerait de graves difficultés de fonctionnement du service public de l'éducation nationale et de celui de l'enseignement supérieur et porterait une atteinte excessive à l'intérêt public ; que dans ces conditions, compte tenu également des intérêts privés des autres candidats qui ne rejoignent pas nécessairement celui du requérant, la condition d'urgence qui doit s'apprécier globalement ainsi qu'il a été dit ne saurait être, en l'espèce, regardée comme remplie. • TA Paris, réf., 1er juill. 2011, n° 1111177 : *AJDA 2011. 1354*.

12. Mobilité à l'international. Reconnaissance des périodes. Interrogé à de très nombreuses reprises sur la reconnaissance de la période de scolarité passée à l'étranger dans l'enseignement primaire et secondaire et une possible homologation des années ou trimestres scolaires à l'étranger pour les collégiens et les lycéens, le ministre rappelle que la mobilité est encadrée par plusieurs textes de référence (rapport annexé de la L. n° 2013-595 du 8 juill. 2013 d'orientation et de programmation pour la refondation de l'École de la République, code de l'éducation et circulaires de rentrée depuis plusieurs années). Le C. éduc., notamment, invite les lycées à nouer un partenariat scolaire avec des lycées européens et internationaux (art. D. 421-2-1). En outre, l'art. L. 124-19 dispose que pour favoriser la mobilité internationale, les stages ou les périodes de formation en milieu professionnel peuvent être effectués à l'étranger. Enfin, plusieurs dispositifs d'apprentissage des langues vivantes et des cultures (sections européennes et de langues orientales, sections internationales et binationales) favorisent l'ouverture sur l'Europe et le monde. Ils sont l'occasion d'une reconnaissance spécifique des compétences des élèves. La reconnaissance de l'expérience de mobilité est recommandée et inscrite dans la Circ. n° 2011-116 du 3 août 2011, publiée au BOEN n° 30 du 25 août 2011. Cette circulaire propose d'établir un « contrat d'études » entre deux établissements scolaires, ce qui permet d'évaluer, de valoriser et de faire reconnaître les compétences acquises par les élèves, facilitant ainsi leur retour dans l'établissement scolaire. Le ministre précise en outre que, depuis la rentrée 2012, les élèves qui le souhaitent ont la possibilité de faire valoir, dans l'application « admission post-bac », les mobilités qu'ils ont effectuées. Par ailleurs, l'ensemble des dispositifs spécifiques d'enseignement des langues et des cultures apparaissent directement dans cette application. Concernant les collégiens, les acquis d'apprentissage relevant des compétences liées à la maîtrise des techniques de l'information et de la communication mais aussi d'autres compétences telles que la pratique des langues, la culture humaniste, les compétences civiques et sociales, l'autonomie et l'initiative sont reconnus. Une expérimentation est également en cours pour valoriser les échanges à distance et la mobilité dans le parcours du collégien. Le ministère continue à s'investir pour favoriser la mobilité, en particulier par le biais de la production d'un guide d'accompagnement à l'attention des parents pour la prochaine rentrée scolaire. En outre, des réflexions sont en cours sur les conditions de mise en œuvre et de reconnaissance des mobilités dans le parcours scolaire. * Rép. min. n° 92248 : *JOAN Q 12 janv. 2016, p. 369*.

Charte nationale des examens du 15 janvier 2007,

Préambule

Suite à la mission d'audit et de modernisation sur l'organisation des examens de l'éducation nationale (décembre 2005), le comité national de pilotage des examens a été créé en mars 2006.

Ce comité a pour mission d'émettre un avis sur tous les projets de textes ayant une incidence sur les examens. Il a décidé qu'un cadre général de travail pour les concepteurs de réglementation de diplômes nationaux devait être élaboré car ces concepteurs sont, *ipso facto*, "prescripteurs" d'examens.

En effet, par délégation du ministre chargé de l'éducation, doit être considérée comme "prescriptrice" toute personne participant à la conception de la réglementation relative aux diplômes nationaux aussi bien qu'aux sujets d'examen nécessaires à la mise en œuvre de l'évaluation.

La création, la définition et la délivrance des diplômes nationaux relèvent de la seule compétence de l'État : la présente Charte nationale des examens se limite à énoncer des principes devant guider tout "prescripteur".

Sont concernés par ces principes les diplômes nationaux régis par les dispositions législatives et réglementaires énumérées en annexe.

I. Préparation de la réglementation des examens

1 — Tout projet de création de diplôme national doit énoncer précisément les principes, la finalité, le public concerné, les modalités d'évaluation (contrôle continu, ou contrôle en cours de formation et/ou examen terminal) ainsi que les modalités d'obtention du diplôme.

2 — Dans ce cadre, tout projet de création de diplôme national, de même que tout projet de modification de la réglementation d'un diplôme national, comporte une étude d'impact pédagogique, organisationnel, financier et informatique.

3 — Cette étude est réalisée dans le cadre d'un protocole national fixé par le Comité national de pilotage des examens. Au vu du résultat de l'étude, ce dernier prononce un avis sur les modalités de mise en œuvre, au regard des enjeux qui y sont associés.

II. Organisation des examens

4 — Les personnes responsables de la conception des sujets, de l'organisation des examens ou les membres du jury doivent respecter des principes de neutralité, de probité, de confidentialité, ainsi que celui de l'égalité de traitement des candidats.

5 — A destination du public et des autorités ayant en charge l'organisation des différentes opérations de gestion, le calendrier des examens précise les dates des épreuves, selon la réglementation applicable à chaque examen.

6 — La participation aux examens fait partie intégrante des obligations de service de l'enseignant.

7 — Chaque sujet doit être proportionné aux objectifs de l'épreuve (durée, faisabilité, connaissance(s) et compétence(s) visée(s)). Le cas échéant, il doit comporter l'estimation d'un coût raisonnable de matière d'œuvre.

8 — Le nombre des membres de chaque commission d'élaboration ou de choix de sujet doit être limité au minimum nécessaire et ne pas excéder 10 membres.

9 — L'auteur du sujet s'engage à préserver la confidentialité de celui-ci. Il s'assure de son caractère inédit, de sa neutralité, de sa conformité aux programmes, aux référentiels et aux recommandations du ministre. L'auteur du sujet engage sa responsabilité et ne peut déléguer sa fonction.

10 — Tout sujet écrit doit faire l'objet d'un essai visant à en vérifier la qualité, la faisabilité et la neutralité. Les observations des professeurs d'essai doivent être prises en compte.

11 — Les principes énoncés aux paragraphes 7 à 10 s'appliquent à l'ensemble des sujets réalisés : sujet principal, sujet de secours et sujet de remplacement.

Art. L. 331-2 Les enseignements artistiques dispensés dans les collèges, dans les classes correspondantes des établissements d'éducation spéciale, des lycées professionnels maritimes, des établissements d'enseignement agricole visés à l'article L. 811-8 du code rural et de la pêche maritime *[V. cet art. à l'art. L. 421-22]*, dans les lycées d'enseignement général et technologique et les lycées professionnels sont sanctionnés dans les mêmes conditions que les enseignements dispensés dans les autres disciplines. — *[L. nº 88-20 du 6 janv. 1988, art. 5.]*

Art. L. 331-3 Les fraudes commises dans les examens et les concours publics qui ont pour objet l'acquisition d'un diplôme délivré par l'État sont réprimées dans les condi-

tions fixées par la loi du 23 décembre 1901 réprimant les fraudes dans les examens et concours publics.

Sur les examens, V. ci-dessous la L. du 23 déc. 1901 et Charte de déontologie du 4 avr. 2012.

Sur la répression des fraudes dans les examens et concours publics, V. ci-dessous, L. du 23 déc. 1901.

BIBL. ▶ BATTAGLIA, Entre smartphones et calculettes, la triche au bac facilitée, *Le Monde, 15 juin 2012. 12.* – GOYER-JENNEPIN, Le point sur la procédure disciplinaire applicable aux candidats au baccalauréat. Examen des premières décisions de justice. *LIJ 2014, n° 183, p. 23.* – Charte de déontologie pour les agents intervenant dans les examens et concours, 4 avr. 2012, *AJDA 2012. 859*.

▶ V. aussi art. D. 334-25 s.

1. Objet de la délibération du jury. Un jury conclut à une présomption de fraude à l'encontre de deux candidats dont les copies étaient pour partie identiques. A la suite d'un recours gracieux, le jury se réunit à nouveau et estime, d'une part, que les deux candidats ont commis une fraude caractérisée mais que celle-ci ne doit pas être sanctionnée eu égard à l'insuffisance de la surveillance des épreuves et d'autre part qu'après examen des livrets scolaires des candidats, et il n'y a pas lieu de rajouter au total des points acquis par les candidats les points qui seraient nécessaires à leur admission. Au vu des pièces du dossier, le juge administratif a estimé que le jury de l'examen n'avait pas entendu sanctionner la fraude mais avait noté les épreuves subies par les candidats à leur valeur et que le jury n'était tenu par aucun texte réglementaire d'accorder aux candidats, dont le total des points était proche du total minimum exigé pour être déclaré admis, les points supplémentaires qui leur étaient nécessaires pour atteindre ce minimum. Par ailleurs, la circonstance qu'à la suite de l'examen des livrets scolaires, certains candidats auraient bénéficié de ce rattrapage alors que le requérant, dont le livret scolaire a également été examiné, n'en a pas bénéficié n'était pas de nature à établir le détournement de pouvoir allégué. • CE 12 juin 1987, n° 73782.

2. Régularité de la délibération. Le jury d'examen a décidé, par une première délibération, d'attribuer la note zéro à un candidat convaincu de fraude lors d'une épreuve, puis, par une seconde délibération, de prononcer la nullité de l'examen passé par ce candidat. Cette seconde délibération a été votée, sans que soient pris en compte les mandats donnés par quelques membres absents, par la majorité des membres du jury tel que composé lors de la première délibération. Ainsi, s'agissant du seul réexamen d'un comportement individuel, ces absences n'ont pas entaché d'irrégularité cette seconde délibération. • CE 23 avr. 1980, *M. Esteban*, n° 16581 A.

3. Fraude au bac. Inscription à l'université. Référé-suspension. Urgence. Condition. Le juge administratif, ayant été saisi, dans le cadre d'un référé-suspension, pour suspendre les effets d'une sanction qui avait pour conséquence d'entraîner la nullité des épreuves de français et la non-délivrance du diplôme du baccalauréat, avait refusé de faire droit à la demande de suspension de l'exécution de la décision de la commission disciplinaire. Le Conseil d'État saisi en cassation rappelle que la décision du juge de suspendre les effets d'un acte administratif et d'assortir cette suspension d'une injonction est subordonnée notamment à la condition d'urgence qui n'est pas remplie si, à la date où celui-ci statue, la suspension ne peut plus avoir d'effet utile. Tel est le cas en l'espèce où une décision disciplinaire interdit une inscription à l'université, alors que les inscriptions sont définitivement closes. • CE 4 mai 2016, n° 394869 : *LIJ 2016, n° 194, p. 8 ; AEF 2016, Dépêche n° 538320, comm. Toulemonde.*

4. Fraude au bac. Inscription à l'université. Référé-suspension. Injonction. Effets. Caractère provisoire. Dans la même affaire, il rappelle aussi que le juge des référés peut non seulement suspendre l'exécution d'une décision administrative, même de rejet, mais aussi assortir cette suspension d'une injonction, s'il est saisi de conclusions en ce sens, ou de l'indication des obligations qui en découleront pour l'administration mais que, toutefois, les mesures qu'il prescrit ainsi, alors qu'il se borne à relever l'existence d'un doute sérieux quant à la légalité de la décision en litige, doivent présenter un caractère provisoire. Il suit de là que le juge des référés, saisi sur le fondement de l'art. L. 521-1 CJA, ne peut, sans excéder sa compétence, ordonner une mesure qui aurait des effets en tous points identiques à ceux qui résulteraient de l'exécution par l'autorité administrative d'un jugement annulant la décision administrative contestée. En l'espèce, la demande de suspension soumise n'impliquait pas nécessairement que lui soit délivré le diplôme du baccalauréat à titre définitif, le juge des référés pouvant enjoindre que soit délivré à l'intéressé un relevé de notes à titre provisoire. Par suite, le Conseil d'État estime que le juge des référés du tribunal administratif, en jugeant que la mesure sollicitée aurait eu les mêmes effets qu'une décision exécutant un jugement d'annulation de la délibération litigieuse, a commis une erreur de droit. • CE 4 mai 2016, n° 394869 : *préc. note 3.*

5. Fraude. Sanction. Principe du contradictoire. Une candidate conteste la décision par laquelle le recteur lui avait infligé la sanction lui interdisant de se présenter à l'examen durant un an. Le juge annule la décision au motif que cette dernière présente le caractère d'une sanction et que, par conséquent, elle ne peut intervenir qu'à l'issue d'une procédure contradictoire permettant à l'intéressée de présenter ses observations avant l'intervention de la décision, en vertu de l'art. 24 de la L. n° 2000-321 du 12 avr. 2000 relative aux droits des citoyens dans leurs relations avec les administrations (CRPA, art. L. 122-1). En l'espèce, le tribunal estime que la circonstance que la candidate avait reconnu la fraude et qu'elle avait signé le procès-verbal établi en ce sens le jour de l'épreuve n'était pas de nature à faire présumer qu'elle avait été informée de la possibilité pour le recteur de lui infliger une sanction, ni de la nature de la sanction envisagée, de sorte qu'elle avait, en l'espèce, effectivement été privée de la garantie que constitue la procédure contradictoire. • TA Montpellier, 10 mai 2017, n° 1602036 : *LIJ 2017, n° 199, p. 7.* ♦ V. aussi notes ss. art. L. 811-6.

6. Fraude. Sanction. Contrôle de l'existence d'une fraude. Dans une affaire où un élève, pris en possession d'un téléphone portable, moyen de communication vers l'extérieur prohibé dans le cadre de l'examen, s'était vu infliger un blâme, le téléphone saisi étant éteint, le juge affirme que « lorsqu'il est saisi d'un recours à l'encontre d'une sanction prononcée à la suite d'une fraude au baccalauréat, il appartient au juge non seulement d'apprécier la légalité de cette décision, mais également de se prononcer lui-même sur l'adéquation de la sanction prononcée aux faits reprochés à la personne sanctionnée ». En l'espèce, le juge précise que les consignes données par l'administration pour prévenir toute fraude ou tentative de fraude ont été portées à la connaissance des candidats au début des épreuves et qu'elles étaient affichées à l'entrée de la salle d'examen. Ces consignes précisaient notamment que « l'utilisation des téléphones, et plus largement, de tout appareil non autorisé permettant des échanges ou la consultation d'informations est interdite » et que « tous ces appareils doivent être impérativement éteints et rangés dans le sac, porte-documents ou cartables ». Il en déduit que, contrairement à ce que soutient le requérant, « la seule détention au cours d'une épreuve d'un appareil permettant de stocker des données est en elle-même constitutive d'une tentative de fraude au sens de l'article D. 334-25 et susceptible de faire l'objet d'une sanction ». La commission de discipline, en qualifiant ces faits de tentative de fraude de nature à justifier une sanction, n'a pas entaché sa décision d'erreur d'appréciation. • TA Poitiers, 22 févr. 2018, n° 1502711.

7. Fraude. Sanction. Principe de proportionnalité. Dans la même affaire, sur la proportionnalité de la sanction prononcée, le tribunal juge que le candidat, qui se borne à faire valoir que son téléphone portable était éteint mais a reconnu les faits, a été trouvé en possession d'un tel appareil alors qu'il était en train de le rentrer dans l'une de ses poches, dans ces conditions, la sanction de blâme infligée, qui est la plus faible des sanctions prévues par l'article D. 334-32, n'est pas disproportionnée mais adaptée au regard des faits reprochés. • TA Poitiers, 22 févr. 2018, n° 1502711. ♦ Même solution pour une exclusion définitive. Le juge relève qu'il ressortait des témoignages écrits et concordants de plusieurs élèves que l'intéressé avait pratiqué plusieurs fois le salut nazi en cours, tenu des propos antisémites, commis des faits de harcèlement répétés envers un camarade de classe, proféré des injures antisémites et deux mois auparavant, l'élève avait déjà fait l'objet pour des faits similaires d'une décision d'exclusion temporaire d'une semaine. Le tribunal a jugé que la sanction n'était pas disproportionnée au regard des faits reprochés à l'élève. • TA Poitiers, 20 sept. 2017, n° 1501349 : *LIJ 2018, n° 201, p. 5.* ♦ Dans une affaire concernant un élève de lycée qui s'était rendu coupable de faits de violences sur un autre élève accompagnés d'insultes antisémites, le juge estime que ces agissements, dont la répétition n'était pas établie, justifiaient une sanction allant jusqu'à l'exclusion temporaire de l'établissement, sans que puisse être immédiatement appliquée à cet élève la sanction la plus sévère d'exclusion définitive sans possibilité de sursis. • CAA Paris, 11 août 2004, ☎ n° 04PA02022.

Loi du 23 décembre 1901,

Réprimant les fraudes dans les examens et concours publics (DP 1902. 4. 22).

Art. 1er Toute fraude commise dans les examens et les concours publics qui ont pour objet l'entrée dans une administration publique ou l'acquisition d'un diplôme délivré par l'État constitue un délit.

Art. 2 Quiconque se sera rendu coupable d'un délit de cette nature, notamment en livrant à un tiers ou en communiquant sciemment, avant l'examen ou le concours, à quelqu'une des parties intéressées, le texte ou le sujet de l'épreuve, ou bien en faisant usage de pièces fausses, telles que diplômes, certificats, extraits de naissance ou autres, ou bien en substituant une tierce personne au véritable candidat, sera condamné à un emprisonnement de trois ans et à une amende de 9 000 euros ou à l'une de ces peines seulement.

Art. 3 Les mêmes peines seront prononcées contre les complices du délit.

Art. 4 *Abrogé par L. nº 92-1336 du 16 déc. 1992, art. 323.*

Art. 5 L'action publique ne fait pas obstacle à l'action disciplinaire dans tous les cas où la loi a prévu cette dernière.

Charte de déontologie du 4 avril 2012,

Relative aux examens.

Préambule

La présente charte s'applique à tous les agents publics (titulaires, stagiaires, contractuels et vacataires) qui interviennent, à quelque niveau que ce soit, dans la conception des sujets ou l'organisation des examens terminaux ainsi qu'aux membres de jury. Le non-respect des principes qui y sont énoncés engage leur responsabilité.

S'agissant des prestataires de service concernés par le déroulement des examens ou qui interviennent dans des locaux affectés à des tâches de préparation ou d'organisation des examens, les marchés de prestations les liant à l'administration doivent comporter une clause prévoyant la signature d'un engagement de confidentialité.

Dispositions générales

1 — Les personnes auxquelles s'applique la présente charte doivent respecter des principes de neutralité, de probité, de confidentialité, ainsi que celui de l'égalité de traitement des candidats.

2 — Toute personne responsable au sens de l'article précédent est tenue de respecter le secret le plus absolu sur l'objet de sa mission : elle est tenue à une discrétion totale, que ce soit dans un cadre public ou privé, sur toutes les informations relatives à l'examen dont elle aurait connaissance.

3 — Un agent ayant un enfant ou un proche parent candidat à un examen doit en faire la déclaration écrite à son supérieur hiérarchique. Il appartient au recteur d'apprécier les mesures éventuelles de précaution à prendre.

4 — Il est interdit de se décharger de tout ou partie de ses missions sans y être explicitement autorisé par l'autorité compétente.

5 — Quiconque intervient dans le processus de conception des sujets ou d'organisation des examens, à quelque moment que ce soit, est tenu de veiller avec une particulière vigilance à la sécurité des opérations dont il est chargé et au respect des procédures qui ont été définies. Cette obligation s'impose à toutes les personnes participant à l'élaboration des sujets, à leur transmission, à leur impression, à leur diffusion et à leur conservation ainsi qu'à l'organisation des épreuves ponctuelles et des jurys d'examen.

6 — En aucun cas les notes attribuées ou les résultats ne peuvent être communiqués aux candidats ou à des tiers avant leur communication officielle.

Dispositions spécifiques relatives à l'élaboration des sujets

Ces dispositions s'appliquent aux concepteurs des sujets, aux membres des commissions d'élaboration et aux enseignants qui testent les sujets.

7 — Une attention toute particulière doit être portée à la qualité du sujet. Son auteur s'assure de sa neutralité, de sa conformité à la réglementation de l'épreuve, aux programmes, aux référentiels et aux recommandations du ministre. Il s'assure également qu'il ne contrevient pas aux règles de la propriété intellectuelle.

8 — L'auteur certifie que le sujet proposé à l'écrit est strictement inédit et qu'il n'a pas, à sa connaissance, déjà été diffusé sous quelque forme que ce soit. Il certifie en outre ne pas l'avoir proposé au cours de ses enseignements ou à des organismes de formation.

9 — L'auteur s'engage à ne pas divulguer un sujet qu'il a élaboré, ni avant ni après la session d'examen, ceci pendant une période de cinq ans. Il s'engage également à ne pas proposer à ses élèves un sujet identique ou se rapprochant de celui qu'il a élaboré.

Les membres des commissions d'élaboration ainsi que les enseignants ayant testé les propositions de sujets sont soumis aux mêmes obligations.

Dispositions concernant les membres de jury

10 — Les membres de jury sont tenus au strict respect du principe d'impartialité à l'égard de tous les candidats.

11 — Chaque correcteur est responsable de ses copies qui doivent être corrigées et conservées dans des conditions de sécurité optimales.

12 — Les examinateurs sont soumis à une obligation d'objectivité et de neutralité lors des épreuves orales où ils doivent impérativement s'abstenir de toute allusion à la valeur de la prestation du candidat interrogé, à la qualité de l'enseignement qu'il paraît avoir reçu ou de toute demande et commentaire concernant son établissement d'origine, son âge, son sexe, son origine ou sa formation.

Lors de ces épreuves, les candidats sont traités avec autant de bienveillance que d'exigence.

13 — Un secret absolu doit être observé sur les interrogations orales et les délibérations.

SECTION II LA FORMATION EN ALTERNANCE

COMMENTAIRE

ÉDUCATION, MÉTIERS, ENTREPRISE ET MONDE ÉCONOMIQUE

L'un des objectifs du service public de l'éducation est de permettre l'insertion professionnelle et sociale (art. L. 111-1). Aussi est-il nécessaire d'adapter les formations aux besoins des métiers et aux perspectives d'emploi, en partenariat avec les acteurs économiques et sociaux pour mieux faire connaître le monde économique, l'entreprise et les professions en développant le goût d'entreprendre et l'esprit d'initiative (art. L. 111-2 mod. par L. n° 2013-595 du 8 juill. 2013 de refondation de l'école de la République). Le livre III comporte une série de dispositions (notamment aux art. L. 331-4 s. et L. 331-5, relatives aux formations en alternance, et aux art. L. 335-1 s. à L. 337-4, relatives aux formations technologiques et professionnelles, l'art. L. 337-4 renvoyant aux dispositions du C. trav. sur l'apprentissage) qui permettent au système éducatif de remplir sa mission de formation, initiale et continue, et qui sont nécessaires pour donner la possibilité de s'insérer dans la vie sociale et professionnelle, notamment dans le secteur de la production. Traditionnellement école et entreprise constituent deux mondes éloignés : les professeurs, notamment au collège, ont longtemps privilégié les objectifs culturels au nom de l'égalité des chances alors que les chefs d'entreprise pensaient en termes d'employabilité immédiate. Peu à peu, s'est effectué un rapprochement : la montée de l'enseignement technologique et professionnel comme l'exigence de qualifications supérieures pour s'adapter en permanence aux avancées technologiques ont changé la donne. Régulièrement, on insiste sur la nécessité de mieux présenter le monde de l'entreprise aux élèves et aux professeurs. Ainsi, en 2009, le rapport Proglio proposait d'intégrer sa connaissance dans le cursus scolaire et universitaire ; il souhaitait en outre développer l'alternance et préconisait l'immersion dans l'entreprise. La réforme du lycée a entraîné une modification des programmes de sciences économiques et sociales et la possibilité en seconde de remplacer cette option par un enseignement de gestion, plus compréhensif pour le monde de l'entreprise. En 2012, le Rapport Gallois, Pacte pour la compétitivité de l'industrie française, soulignant l'importance de redonner une priorité absolue à l'éducation fait une série de propositions sur l'enseignement technique et professionnel : rapprocher le système éducatif et les entreprises, systématiser la présence des entreprises dans la gouvernance éducative, doubler le nombre de formations en alternance et développer les formations qualifiantes et diplômantes tout au long de la vie. La loi du 8 juillet 2013 d'orientation et de programmation pour la refondation de l'école de la République insiste sur la nécessité ***d'une formation qualifiante pour tous*** (art. L. 122-2, D. 122-2 et D. 122-3-1 à D. 122-3-8, garantissant aux jeunes sortis prématurément du système scolaire de revenir en formation pour obtenir une qualification qui a pu être présentée comme un droit opposable au retour en formation). La revalorisation de l'enseignement professionnel est un thème récurrent ; en 2018, Jean-Michel Blanquer reprend la promesse de faire de l'enseignement professionnel une « voie d'excellence » dont l'un des symboles est l'introduction et la présentation d'un « chef d'œuvre » pour l'examen du CAP (Arr. du 28 nov. 2019 ; art. D. 337-3-1) et du baccalauréat professionnel (art. D. 337-66-1 ; Arr. du 23 juill. 2020).

LA CONCERTATION AVEC LE MONDE ÉCONOMIQUE.

Comme les régions qui ont un rôle clef, dans la formation et l'orientation professionnelles (V. comm. ss. liv. II), l'État travaille en concertation avec les organisations professionnelles et le monde de l'entreprise. Les diplômes et titres professionnels délivrés au nom de l'État sont créés par décret après avis des organisations représentatives des employeurs et des salariés (art. L. 335-5). Une concertation permanente est organisée tant au niveau national que régional avec ces organisations et les chambres de commerce et d'industrie, les chambres de métiers, les chambres d'agriculture et les organisations familiales (art. L. 335-8). Plusieurs institutions ont récemment été supprimées : le décret n° 2017-960 du 10 mai 2017 a abrogé les dispositions relatives aux ***conseillers de l'enseignement technologique*** nommés par les recteurs pour assurer une mission générale de liaison et d'information entre les branches d'activités professionnelles et l'éducation nationale (art. R. 335-38 s. abrogés par le Décr. n° 2017-960 du 10 mai 2017). Des établissements publics au conseil d'administration desquels participent des représentants du monde économique assurent l'information sur les enseignements et les formations (ONISEP, art. L. 313-6 et D. 313-14 s.) comme les études et les recherches sur les qualifications (CEREQ, art. R. 313-7 s.).

LE MONDE PROFESSIONNEL AU COLLÈGE

Dès le collège où « tous les enfants reçoivent une formation secondaire », qui repose sur un équilibre de disciplines notamment intellectuelles et manuelles (art. L. 332-2), est prévue une initiation à la technologie qui donne lieu à un enseignement ainsi qu'une initiation économique et sociale plus diffuse (art. L. 332-5). Elle permet d'acquérir le socle commun de connaissances, de compétences et de culture (SCCC) qui est le support des formations générales ou professionnelles ultérieures, immédiates ou à terme dans le cadre de la formation professionnelle continue (art. L. 332-2) ; un enseignement de « découverte professionnelle » était proposé depuis la rentrée 2005 en classe de troisième ; sa forme lourde (6 h par semaine) constitue un de ces enseignements complémentaires qui peuvent préparer à une formation professionnelle, avec éventuellement des stages professionnels et une association avec un lycée professionnel (art. L. 332-3). Cette approche préprofessionnelle se traduisait hier par l'existence de classes spécialisées appelées quatrième et troisième technologiques (qui perdurent dans les lycées agricoles et maritimes, laissant ainsi en place le palier d'orientation de fin de cinquième près de vingt ans après sa suppression !), puis des classes « découverte professionnelle », des classes d'initiation professionnelle en alternance qui peuvent être implantées en collège, lycée professionnel ou centre de formation en apprentissage (art. L. 337-3 abrogé par la L. du 8 juill. 2013). Le rapport annexé à la loi de refondation de l'École de la République rappelle que le fonctionnement du collège doit permettre d'organiser un tronc commun de formation pour tous au cours du premier cycle grâce à une différenciation des approches pédagogiques et à des actions de soutien pour les élèves qui éprouvent des difficultés. Pour favoriser la réussite des élèves et préparer la suite de leur scolarité, notamment dans l'enseignement professionnel, après la classe de troisième, des modules d'enseignement complémentaires au tronc commun peuvent être proposés. Les enseignements complémentaires peuvent comporter des stages contrôlés par l'État et accomplis auprès de professionnels agréés. La loi d'orientation et de programmation pour la refondation de l'École de la République modifie les dispositions antérieures en retenant la possibilité d'approches pédagogiques différenciées sous la forme d'enseignements complémentaires pour la formation professionnelle dans la seule classe de troisième. La réforme du collège décidée par le décret n° 2015-544 du 19 mai 2015 prévoit un thème d'enseignement pratique interdisciplinaire consacré au « monde économique et professionnel ». La loi précisant qu'au cours de la dernière année au collège, les élèves peuvent recevoir une préparation à la formation professionnelle avec éventuellement des stages en entreprise et une association des lycées professionnels (art. L. 332-3) ; l'arrêté du 19 mai 2015 ajoute que pour les classes de troisième dites « préparatoires à l'enseignement professionnel », installées dans des collèges ou des lycées, les volumes horaires sont identiques à ceux des autres classes de troisième ; toutefois, les enseignements complémentaires doivent permettre aux élèves de ces classes de découvrir différents champs professionnels afin de construire leur projet de formation et d'orientation. Pour les sections d'enseignement général et professionnel adapté (SEGPA) qui permettent aux élèves éprouvant de graves difficultés d'être mieux pris en compte dans le cadre de leur scolarité (art. L. 332-4 et D. 332-7 ; Circ. n° 2015-176 du 28 oct. 2015). L'orientation de chaque élève devait être préparée par un parcours individuel d'information, d'orientation et de découverte du monde économique, rebaptisé parcours Avenir, qui doit permettre à chaque élève, de la 6e à la classe terminale, de comprendre le monde économique et professionnel, de connaître la diversité des métiers et des formations et d'élaborer et de réaliser son « projet d'orientation scolaire et professionnelle » (art. L. 313-7 ; Arr. du 1er juill. 2015). Pour les élèves de quatrième et de troisième comme d'ailleurs les lycéens, il est possible d'organiser durant les vacances scolaires des « périodes d'observation en entreprise » d'une durée maximale d'une semaine pour leur permettre d'élaborer leur projet d'orientation professionnelle (art. L. 332-3-1, ajouté par la L. du 8 juill. 2013 qui précise que les chambres consulaires apportent leur appui). Cette nouvelle disposition devrait logiquement conduire à revoir la partie réglementaire qui traite à la suite du code du travail (art. L. 211-1) de l'accueil d'élèves mineurs de moins de seize ans en milieu professionnel (art. D. 331-1 à D. 331-22) ; si les visites d'information (art. D. 331-5) et les séquences d'observation (art. D. 331-6) peuvent être inscrites dans le nouveau cadre législatif, les stages d'initiation (art. D. 331-11) et d'application (art. D. 331-13) et les périodes de formation (art. D. 331-15), même s'ils sont organisés dans le cadre de la formation, du projet d'établissement ou du projet d'orientation (art. D. 331-2), demandent certainement à être précisés.

A compter de la rentrée 2015, les académies pourront proposer un parcours aménagé de « stagiaire de la formation initiale » pour prévenir l'abandon scolaire précoce. Il concernera les jeunes à partir de quinze ans scolarisés dans un établissement du second degré ; ceux-ci conserveront le statut scolaire et bénéficieront d'un parcours de formation « sur mesure » et d'un accompagnement personnalisé formalisés sous forme de contrat.

LES FORMATIONS TECHNOLOGIQUES ET PROFESSIONNELLES

Après la troisième, l'élève peut être orienté vers ***« l'enseignement technologique et professionnel »*** que certains désignent toujours sous le nom d'« enseignement technique ». S'il contribue à l'objectif commun d'« élévation générale des connaissances et des niveaux de qualification » tout en permettant à ceux qui le suivent « l'entrée dans la vie professionnelle » (art. L. 335-1), il se divise en deux branches aux finalités différentes, technologiques et professionnelles, l'une et l'autre étant sanctionnées par des diplômes attestant d'une qualification professionnelle (art. L. 333-2).

Les formations technologiques dispensent un enseignement général qui inclut des connaissances et des compétences techniques et professionnelles ; si elles n'excluent pas l'accès direct à la vie active, le baccalauréat technologique qui les sanctionne ouvre logiquement la voie de formations supérieures : sections de techniciens supérieurs, instituts universitaires de technologie... (art. L. 336-1). Les formations technologiques du second degré dispensent des formations de haut niveau incluant l'acquisition de compétences techniques et professionnelles (art. L. 336-1).

Le rapport annexé à la loi du 8 juillet 2013 réaffirme la nécessité ***de la valorisation de l'enseignement professionnel***. Les formations professionnelles du second degré délivrent des connaissances et des compétences techniques spécialisées débouchant sur une certification assurée par des diplômes et des titres professionnels. Tel est le cas du certificat d'aptitude professionnelle sanctionnant une formation courte en deux ans (CAP, art. D. 337-1 s.), des brevets d'études professionnelles (BEP, art. D. 337-26 s.), des titres professionnels (art. R. 338-1 s.) ou du diplôme « un des meilleurs ouvriers de France » (art. D. 338-9 s.) et, depuis la loi n° 85-1371 du 23 décembre 1985, des baccalauréats professionnels (art. L. 337-1) attestant d'une qualification professionnelle (art. L. 333-2) mais constituant aussi, comme le baccalauréat général ou le baccalauréat technologique, le premier grade de l'enseignement supérieur qui sanctionne une formation équilibrée ouvrant la voie à la poursuite d'études supérieures et à l'insertion professionnelle (art. L. 333-4, art. 55, I, 2° de la L. du 8 juill. 2013). Le bac professionnel en trois ans (au lieu de 4) a été à la base de la rénovation de l'enseignement professionnel. Au cours de ce cycle, les élèves se présentent aux épreuves du BEP (qui devient une étape vers le baccalauréat) ou du CAP. Cette redéfinition des cursus s'accompagne de la construction de modules individuels d'accompagnement à la scolarité et de passerelles entre les formations de certificat d'aptitude professionnelle et de baccalauréat professionnel. Cette rénovation a pris effet à la rentrée 2009 (Décr. nos 2009-145 du 10 févr. 2009 relatif au baccalauréat professionnel, 2009-146 du 10 févr. 2009 relatif aux brevets d'études professionnelles et 2009-148 du 10 févr. 2009 relatif à l'organisation de la voie professionnelle). Le décret n° 2014-725 du 27 juin 2014 poursuit la modernisation de ce diplôme en introduisant la possibilité pour les candidats au baccalauréat professionnel d'effectuer une partie de la période obligatoire de formation en milieu professionnel dans une entreprise d'un pays européen (« bac pro européen »). Les académies mènent des expérimentations visant à organiser une période de détermination de quelques semaines en début de seconde professionnelle ou en première année de CAP, pour permettre aux jeunes de choisir au mieux leur spécialité.

Des passerelles pour aller des formations technologiques aux formations professionnelles peuvent être mises en place en créant des « structures pédagogiques appropriées » (art. L. 335-4), telles les « premières d'adaptation » (classes technologiques accueillant des élèves de l'enseignement professionnel).

Les diplômes peuvent être obtenus tant à l'issue de la formation initiale, par la voie scolaire (en établissement d'enseignement public ou privé sous contrat) ou l'apprentissage (art. L. 337-4), que dans le cadre de la formation professionnelle continue (art. L. 335-5).

Le ministre de l'éducation nationale a présenté, en mai 2018, une réforme visant transformer la voie professionnelle autour de trois axes : les campus des métiers, les formations et la pédagogie. La plupart de ses mesures entreront en vigueur à la rentrée 2019.

L'APPRENTISSAGE

L'apprentissage est une forme d'éducation en alternance destinée en principe aux jeunes travailleurs ayant satisfait à l'obligation scolaire associant formation en entreprise et enseignements dispensés pendant le temps de travail dans un centre de formation d'apprentis (CFA), une section d'apprentissage ou une unité de formation d'apprentis qui peut notamment être créée dans un établissement public ou privé sous contrat, créées en application du contrat de plan régional de développement des formations et de l'orientation professionnelles (V. comm. ss. livre II). Des parcours intégrant l'alternance et la formation sous statut scolaire, favorables à l'insertion professionnelle, ont été mis en place dans les établissements scolaires, notamment dans les EPLE. Le Gouvernement a même affiché un nouvel objectif : 60 000 apprentis supplémentaires seront accueillis dans les établissements publics locaux d'enseignement, essentiellement en lycées technologiques et professionnels, les lycées des métiers étant particulièrement mobilisés. L'apprentissage est alors fondé sur l'article L. 337-4 renvoyant au code du travail, qui s'applique tant dans les CFA que dans les EPLE et les établissements privés sous contrat dans les conditions prévues par une convention dont le contenu est déterminé par la région (C. trav., art. L. 6232-6 ; V. Circ. de rentrée 2014, annexe 7 : Développer l'apprentissage en EPLE, qui insiste sur la nécessité d'élargir l'offre de formation, de favoriser la mixité des parcours élèves-apprentis et de tirer parti de la mixité des publics). L'apprentissage est régi par le code du travail (C. trav., art. L. 6211 s.). Il est basé sur le contrat d'apprentissage, contrat de travail de type particulier conclu entre un apprenti et un employeur qui s'engage à verser un salaire et à assurer une formation professionnelle. L'apprentissage est réservé aux jeunes de seize à vingt-cinq ans. Les élèves de quinze ans (mais non plus ceux qui auraient « accompli la scolarité du premier cycle de l'enseignement secondaire », formule introduite par la L. du 28 juill. 2011 ; abrogation complémentaire de la même formule à l'art. D. 337-172) reçoivent cette formation professionnelle « tout en leur permettant de poursuivre l'acquisition du socle commun de connaissances, de compétences et de culture mentionné à l'article L. 122-1-1 (V. aussi art. L. 337-3-1 : à tout moment, l'élève peut soit signer un contrat d'apprentissage s'il a 16 ans ou a accompli la scolarité obligatoire, soit reprendre sa scolarité). Le décret n° 2013-769 du 26 août 2013 abroge les articles D. 337-161 à D. 337-171 qui régissaient l'apprentissage junior.

La loi n° 2018-771 du 5 septembre 2018 « pour la liberté de choisir son avenir professionnel » a notamment pour objectif de réformer en profondeur l'apprentissage qui n'est plus de la compétence des régions : la procédure de conclusion, d'exécution et de rupture du contrat est simplifiée ; la limite d'âge permettant d'entrer en apprentissage est relevée, passant de 26 à 29 ans révolus ; la création d'une classe de troisième dite « prépa-métiers » doit remplacer l'actuel DIMA ; les conditions de création et de fonctionnement des CFA sont simplifiées ; certaines informations (le taux d'obtention des diplômes ou titres professionnels) doivent être mises à la disposition du public ; une aide unique aux employeurs d'apprentis versée au titre des contrats d'apprentissage conclus dans les entreprises de moins de 250 salariés est mise en place.

LES PÉRIODES DE FORMATION EN MILIEU PROFESSIONNEL

« La scolarité peut comporter, à l'initiative des établissements scolaires et sous leur responsabilité, des périodes de formation dans des entreprises, des associations ou des collectivités territoriales, en France ou à l'étranger. » Conçues en fonction de l'enseignement, il s'agit de ***stages d'initiation ou d'application en milieu professionnel*** (art. L. 335-2). La loi n° 2017-86 du 27 janvier 2017 relative à l'égalité et à la citoyenneté précise que les collèges et lycées doivent faire connaître aux élèves cette possibilité et garantit aux élèves boursiers et à ceux des établissements d'éducation prioritaire la possibilité d'accomplir une période d'observation dans une administration de l'État, une collectivité territoriale ou un établissement public (art. L. 332-3-2). Les périodes de formation en entreprise (PFE) sont obligatoires dans les enseignements conduisant à un diplôme technologique ou professionnel (art. L. 331-4). Leur organisation repose sur un contrat entre l'établissement et l'entreprise (art. L. 335-2). Les stagiaires sous statut scolaire sont, comme les apprentis, soumis aux règles du code du travail (l'art. L. 331-5 renvoie aux art. L. 4153-1 s. C. trav.). Si les enfants ne peuvent être employés avant seize ans, cela ne fait pas obstacle aux « stages d'initiation ou d'application en milieu professionnel » durant les deux dernières années de la scolarité obligatoire dans les entreprises « agréées ». ***Les professionnels qui encadrent les stages*** participent aussi au contrôle des connaissances et des compétences et à la certification. Ainsi sont-ils membres des jurys, notamment des CAP dont la composition est paritaire (art. L. 337-1), ou pour la validation des acquis de l'expérience (VAE) (art. L. 335-5, exigeant que leur présence soit « significative »). De même sont-ils associés à l'évaluation obligatoire des diplômes technologiques et professionnels (art. L. 335-7) et à leur rénovation. Les diverses formations sont en effet sanctionnées par des diplômes créés par décret après avis d'instances consultatives associant employeurs et salariés ; une commission nationale établit le répertoire national des certifications professionnelles (art. L. 335-6). Cette « concertation permanente » (art. L. 335-8) doit garantir une réponse formative adaptée à la demande de qualification. Les stages intégrés au cursus pédagogique doivent faire l'objet d'une convention tripartite entre le stagiaire, l'entreprise d'accueil et l'établissement d'enseignement ; une gratification est prévue si le stage est d'une durée supérieure à deux mois (L. n° 2009-1437 du 24 nov. 2009, relative à l'orientation et à la formation professionnelle tout au long de la vie, art. 30). Le livre vert du Haut-Commissaire à la jeunesse, Martin Hirsch, du 7 juillet 2009 avait souhaité mettre les « stages hors cursus » hors la loi. ***Le décret n° 2010-956 du 25 août 2010 précise que les stages, obligatoires ou facultatifs, s'intégrant dans une formation diplômante ou non diplômante*** sont intégrés au cursus pédagogique, ce qui impose que leur finalité et leurs modalités soient définies dans l'organisation de la formation et qu'ils fassent l'objet d'une restitution de la part de l'étudiant donnant lieu à une évaluation par l'établissement. Le décret prévoit toutefois d'autres cas (stages pour réorientation, formations complémentaires, acquisition de compétences) qu'ils assimilent aux stages intégrés aux cursus encadrés en exigeant alors quelques garanties (validation par l'établissement, contrat pédagogique). Un décret n° 2015-284 du 11 mars 2015 prévoit les conditions de validation des stages en entreprise pour le régime d'assurance vieillesse sous réserve du versement des cotisations.

La loi égalité et citoyenneté du 27 janvier 2017 impose la constitution d'un pôle académique des stages dans chaque académie associant aux EPLE les acteurs du monde éducatif, professionnel et associatif ; ils sont chargés d'accompagner les élèves des classes de troisième des collèges et des lycées professionnels dans la recherche de lieux de stages et de périodes de formation en milieu professionnel et leur assure un accès équitable et de qualité à ces stages et périodes (art. L. 124-2-1).

LA FORMATION PROFESSIONNELLE CONTINUE

Les formations technologiques et professionnelles doivent « faciliter l'accès à des formations ultérieures » (art. L. 335-1). Dans une perspective de développement des compétences, il est possible de se former ou d'acquérir un diplôme à tout âge. L'alinéa 13 du préambule de la Constitution de 1946 proclame que la Nation garantit l'égal accès de l'enfant et de l'adulte non seulement à l'instruction, mais aussi à la formation professionnelle et à la culture. Si la loi Debré de 1959 sur la promotion sociale permet aux centres de formation de proposer des cours du soir, c'est la loi du 30 décembre 1966 qui fera de la formation un service public en obligeant l'État à intervenir dans ce domaine. Les accords de Grenelle de 1968 prévoient une négociation sur la formation professionnelle à la fois pour répondre aux besoins en main-d'œuvre qualifiée des entreprises, aux aspirations individuelles de promotion liées à la croissance et à la société de consommation, et pour corriger les inégalités du système scolaire. La loi Delors du 16 juillet 1971 impose aux entreprises de contribuer à la formation (0,80 % de la masse salariale brute pour les entreprises de plus de dix salariés) conçue comme un moyen de développement personnel et de promotion sociale. La loi pose le principe d'un financement privé de la formation et crée un marché de la formation (offre et demande). Les salariés, demandeurs d'emploi et, plus largement, tous les adultes qui souhaitent se perfectionner, bénéficier d'un bilan de compétences ou faire valider leur expérience professionnelle peuvent s'adresser à un organisme de formation continue. L'éducation nationale se place dans le cadre de l'enseignement tout au long de la vie en participant à l'offre de formation aujourd'hui régulée par la région qui adopte le contrat de plan régional de développement des formations et de l'orientation professionnelles, CPRDFOP (art. L. 337-2). Des groupements d'établissements publics locaux d'enseignement (GRETA) permettent de mutualiser les compétences et les moyens des lycées (notamment technologiques et professionnels) pour proposer des actions de formation pour adultes. Un label qualité, Eduform depuis le décret n° 2017-239 du 28 février 2017, révisé par le décret n° 2019-1390 du 18 décembre pour tenir compte de l'évolution de la réglementation concernant la certification en matière de qualité, garantit la conformité des prestations (art. D. 122-9-1). Les groupements mobilisent les équipements et les personnels des établissements pour construire une offre de formation adaptée à l'économie locale ; ainsi peuvent-ils accueillir et orienter le public adulte, salarié ou demandeur d'emploi, aider à la définition du projet et du parcours de qualification et mettre en place les formations et prestations définies. Un label qualité, Eduform existant depuis le décret n° 2017-239 du 28 février 2017et révisé par le décret n° 2019-1390 du 18 décembre 2019 a été mis en place pour tenir compte de l'évolution de la réglementation concernant la certification en matière de qualité et garantit la conformité des prestations (art. D. 122-9-1). Le code reprend les principes adoptés notamment par la loi n° 71-577 du 16 juillet 1971 permettant notamment d'obtenir des ***« crédits d'enseignement »*** donnant la possibilité de reprendre des études dans le cadre de l'éducation permanente (art. L. 335-17).

La validation des acquis professionnels (VAP), transformée en ***validation des acquis de l'expérience*** (VAE) par l'article 134 de la loi n° 2002-73 du 17 janvier 2002 (art. L. 335-5 et R. 335-5 à R. 335-11), a joué un rôle important pour dynamiser la formation continue : il est en effet désormais possible de prendre en compte les compétences acquises dans l'exercice d'une activité salariée, non salariée ou bénévole pour obtenir un diplôme ou certains de ses éléments (validation totale ou partielle) en soutenant un dossier suivi d'un entretien. L'accompagnement des candidats pour les préparer à ces épreuves comme la possibilité qui leur est donnée de poursuivre leur formation à un niveau supérieur s'inscrivent dans la formation tout au long de la vie (Jacques, Marchand et Neyrat, La mise en œuvre du droit à validation des acquis de l'expérience, *Dr. soc., mai 2007, p. 600*).

LYCÉE ET CAMPUS DES MÉTIERS

Les différentes voies de formation peuvent être regroupées (voie scolaire, apprentissage, formation continue, formations technologiques et professionnelles, art. L. 335-1) dans le cadre du ***« lycée des métiers » (art. D. 335-1 s.)***, prolongés depuis la loi de refondation de 2013 par les ***« campus des métiers et des qualifications »*** (art. D. 335-33 s. issus du Décr. n° 2014-1100 du 29 sept. 2014). Si les deux démarches se distinguent tant par leur périmètre (la première ne concerne que l'enseignement secondaire, la seconde l'enseignement secondaire et l'enseignement supérieur), leur moteur (dynamique d'établissement, dynamique académico-régionale) et leur objectif (politique éducative/ développement économique et social), elles reposent toutes les deux sur la recherche de qualité et la labellisation, académique pour le « lycée des métiers », nationale pour le « campus des métiers et des qualifications ». Pour donner une nouvelle impulsion et distinguer clairement les deux processus, un décret n° 2016-48 du 27 janvier 2016 modifie une nouvelle fois les dispositions du code de l'éducation concernant le lycée des métiers (V. Circ. n° 2016-129 du 22 août 2016, évolution du label).

L'idée de « lycée des métiers » a été lancée par Jean-Luc Mélenchon en 2000 pour valoriser les filières technologiques et professionnelles d'un même métier ou d'un ensemble cohérent de métiers (lycée hôtelier, lycée de l'automobile, lycée de la vente, lycée des métiers de la mer...) en partenariat avec les professions et la région, se traduisant notamment par des transferts de technologie. Il ne s'agissait pas de créer de nouveaux établissements, ni de changer leur statut (lycée d'enseignement général et technologique, lycée professionnel, bien que la formule la plus logique soit le « lycée polyvalent »), mais de leur attribuer un label, type « label de qualité ». Au départ, si les dossiers étaient instruits dans les académies, la décision était prise par le ministre. Cette responsabilité a ensuite été confiée au recteur. L'idée a été reprise par l'article 33 de la loi Fillon du 23 avril 2005 (art. L. 335-1), insistant sur la cohérence locale (ensemble cohérent de métiers) et nationale (cahier des charges national) sans remettre en cause la compétence académique, un décret du 26 mai 2006 allégeant même la procédure académique de labellisation et ouvrant la possibilité à tout lycée quelle que soit son offre de formation, d'entrer dans la démarche (art. D. 335-1).

Le label de « lycée des métiers » (délivré pour 5 ans, renouvelable après évaluation, art. D. 335-4) permet d'identifier des pôles de compétences en matière de formation professionnelle, de certification et de coopération avec les entreprises (art. D. 335-1, al. 1er, mod. en 2016). Le cahier des charges national fixe sept critères : 1. une offre de formation construite autour d'un ensemble de métiers et de parcours de formation (parcours ascendant, passerelles, parcours mixtes) ; 2. accueil de publics de statuts différents (élèves, apprentis, stagiaires de la formation continue, étudiants) ; 3. partenariat actif avec le tissu économique local, branches, missions locales, dispositifs… ; 4. organisation d'actions culturelles ; 5. ouverture internationale ; 6. lutte contre le décrochage scolaire, parcours adapté, retour en formation initiale ; 7. politique active de communication. (art. D. 335-1, al. 2) ; d'autres critères pouvant être exigés sur le plan académique. Le label est délivré par le recteur de région académique (art. D. 335-2, modifié par le Décr. n° 2019-1558 du 30 déc. 2019) sur proposition du « groupe académique » qu'il désigne et du CAEN (art. D. 335-3). Le recteur de région académique transmet au ministre la liste des établissements labellisés, qui fera l'objet d'une publication annuelle (art. D. 335-4) (V. CE 16 janv. 2004, n° 246749 : « Considérant que, par la décision attaquée du 6 mars 2002, le ministre délégué à l'enseignement professionnel s'est borné à arrêter la liste des lycées bénéficiant à la date du 1er février 2002 du label lycée des métiers et que l'octroi de ce label ne produit par lui-même aucun effet juridique »).

Depuis 2013, la démarche de labellisation a été poursuivie par des appels à projets visant à créer des ***campus des métiers et des qualifications***. Le rapport annexé à la loi de refondation de l'école de la République du 8 juillet 2013 souhaite valoriser l'enseignement professionnel, notamment par le développement de campus constituant des pôles de compétitivité soutenus par la région. L'article 21 de la loi du 5 septembre 2018 Avenir professionnel le définit comme « un réseau d'établissements d'enseignement secondaire et supérieur, d'organismes de formation, de laboratoires de recherche et de partenaires économiques et associatifs qui développent des formations initiales et continues centrées sur un secteur d'activité ». Le décret n° 2014-1100 du 29 septembre 2014 crée le label « campus des métiers et des qualifications » permettant d'identifier sur un territoire donné un réseau de partenaires développant ensemble une gamme de formations professionnelles, générales et technologiques, associant les établissements secondaires et supérieurs. Le label « campus des métiers et des qualifications » est attribué par les ministres chargés de l'éducation nationale, de la formation professionnelle, de l'enseignement supérieur et de l'économie, après examen par un groupe d'experts et avis du Conseil national éducation économie, à des projets présentés conjointement par le recteur de région académique, chancelier des universités, et le président du conseil régional, après consultation du conseil académique de l'éducation nationale et du comité de coordination régional de l'emploi, de la formation et de l'orientation professionnelles (art. D. 335-33, mod. par Décr. n° 2019-1558 du 30 déc. 2019). L'idée est de faire émerger, dans des filières économiques et industrielles d'avenir, au moins un campus par académie (V. Circ. de rentrée 2014, fiche annexe « Le campus des métiers et des qualifications »). Les campus font l'objet d'appel à projets. En lui-même, le label, n'ayant aucun effet de droit, ne contrevenait pas aux dispositions du code de la propriété intellectuelle interdisant la contrefaçon ; il ne pourrait en être ainsi que si l'arrêté interministériel attribuant le label sans autorisation des propriétaires des marques introduisait un risque de confusion (CE 23 nov. 2016, n° 386023).

A l'issue des trois premières vagues de labellisations, quarante-neuf campus des métiers et des qualifications sont désormais labellisés, dans des champs d'activité très divers. En 2017, soixante-dix-sept sites ont déjà reçu le label campus des métiers et des qualifications. Un cinquième appel à projets a été lancé en février 2017 dont l'objectif est de favoriser l'émergence de projets dans le secteur tertiaire, de l'efficacité énergétique ou encore des filières impactées par les enjeux du numérique. Quinze autres campus ont été labellisés en 2018 au moment où il a été souhaité dans le cadre de la réforme de la voie professionnelle que se créent de véritables lieux de vie et de formation pour les élèves.

Les inspections générales ont dressé un premier bilan des campus des métiers et des qualifications ; elles considèrent qu'il est « impossible de mesurer une quelconque plus-value liée à la création du dispositif » ; la priorité doit être « la mise en œuvre effective de parcours permettant notamment d'alterner formation initiale et apprentissage » (IGAENR/IGEN, *avr. 2018*). ❑

Art. L. 331-4 La scolarité peut comporter, à l'initiative des établissements scolaires et sous leur responsabilité, des périodes de formation dans des entreprises, des associations, des administrations ou des collectivités territoriales en France ou à l'étranger. Ces périodes sont conçues en fonction de l'enseignement organisé par l'établissement qui dispense la formation. Elles sont obligatoires dans les enseignements conduisant à un diplôme technologique ou professionnel. – *[L. nº 89-486 du 10 juill. 1989, art. 7, al. 1er.]*

BIBL. ▶ Battaglia et Collas, L'apprentissage précoce, nouvelle brèche dans la scolarité obligatoire, *Le Monde, 30 juin 2011. 11.* – Cahuzac, Georget et Metoudi, La mise en place des formations en alternance au collège Forstmann, *Rapp. IGAEN, 2005.* – Clenet, Formations en alternance au cœur de l'aventure humaine, *Champ social, coll. Formation des adultes et professionnalisation, 2020.*

Interrogée sur les difficultés rencontrées par les jeunes pour trouver un contrat en alternance, la ministre répond que le Gouvernement a fait de la lutte contre le chômage des jeunes l'un des axes de sa politique de l'emploi. Favoriser, dans ce contexte, la souscription de contrats d'apprentissage et de contrats de professionnalisation constitue l'une de ses priorités. La valorisation de l'alternance sous statut scolaire délivrée par les lycées professionnels est également au cœur de la politique gouvernementale. De nombreuses actions ont été entreprises pour promouvoir l'alternance auprès du grand public et plus particulièrement auprès des jeunes dans le cadre de l'orientation scolaire. Il est toutefois exact de souligner que le développement de l'alternance ne peut se faire sans la mobilisation des entreprises elles-mêmes. Pour créer les conditions favorables à l'accueil de jeunes en alternance dans les entreprises, le Gouvernement a depuis un an levé tous les obstacles financiers qui dissuadaient auparavant certaines entreprises, s'agissant notamment de l'apprentissage. L'État accorde en effet des exonérations de charges sociales pour les entreprises qui emploient un apprenti. Il accorde en outre des avantages fiscaux sous forme de crédit d'impôt d'apprentissage pour la première année de formation de jeunes en apprentissage de niveaux V, IV et III. En outre, depuis le 1er juin 2015, les très petites entreprises (moins de 11 salariés) qui embauchent un nouvel apprenti de moins de dix-huit ans sont éligibles à l'aide « TPE jeunes apprentis » dans les conditions prévues par le Décr. nº 2015-773 du 29 juin 2015. Cette aide forfaitaire de l'État est attribuée pendant les douze premiers mois d'exécution du contrat d'apprentissage, à raison de 1 100 euros à l'échéance de chaque trimestre d'exécution de la première année du contrat d'apprentissage. Au total, cette aide s'élève à 4 400 euros. Par ailleurs, le Gouvernement a déployé sur le terrain 266 développeurs de l'apprentissage dont la mission est d'aller dans chacune des régions à la rencontre des entreprises pour relancer l'alternance et les épauler dans les démarches administratives. Leur action sera prioritairement ciblée sur les entreprises n'employant aucun apprenti et sur les branches où l'apprentissage est peu développé. * Rép. min. nº 88275 : *JOAN Q 1er déc. 2015, p. 9704.*

Art. L. 331-5 *(Ord. nº 2008-1304 du 11 déc. 2008, art. 1er)* **Les conditions dans lesquelles les élèves peuvent effectuer des périodes de formation en alternance dans les entreprises sont fixées par les dispositions des articles L. 4153-1, L. 4153-2 et L. 4153-3 du code du travail, ci-après reproduites :**

Art. L. 4153-1 Il est interdit d'employer des travailleurs de moins de seize ans, sauf s'il s'agit :

1º De mineurs de quinze ans et plus titulaires d'un contrat d'apprentissage, dans les conditions prévues à l'article L. 6222-1 ;

2° D'élèves de l'enseignement général lorsqu'ils font des visites d'information organisées par leurs enseignants ou, durant les deux *(L. n° 2018-771 du 5 sept. 2018, art. 19)* « derniers niveaux de l'enseignement des collèges ou durant la scolarité au lycée », lorsqu'ils suivent *(L. n° 2011-893 du 28 juill. 2011, art. 16)* « des périodes d'observation mentionnées à l'article L. 332-3-1 du code de l'éducation ou » des séquences d'observation et selon des modalités déterminées par décret ;

3° D'élèves qui suivent un enseignement alterné ou un enseignement professionnel durant les deux dernières années de leur scolarité obligatoire, lorsqu'ils accomplissent des stages d'initiation, d'application ou des périodes de formation en milieu professionnel selon des modalités déterminées par décret.

Art. L. 4153-2 Dans les cas prévus aux 2° et 3° de l'article L. 4153-1, une convention est passée entre l'établissement d'enseignement dont relèvent l'élève et l'entreprise.

Aucune convention ne peut être conclue avec une entreprise pour l'admission ou l'emploi d'un élève dans un établissement lorsque les services de contrôle ont établi que les conditions de travail sont de nature à porter atteinte à la sécurité, à la santé ou à l'intégrité physique ou morale des personnes qui y sont présentes.

Art. L. 4153-3 Les dispositions de l'article L. 4153-1 ne font pas obstacle à ce que les mineurs de plus de quatorze ans soient autorisés pendant leurs vacances scolaires à exercer des travaux adaptés à leur âge, à condition de leur assurer un repos effectif d'une durée au moins égale à la moitié de chaque période de congés.

Les modalités d'application de ces dispositions sont déterminées par décret.

SECTION III LA PRATIQUE SPORTIVE DE HAUT NIVEAU

Art. L. 331-6 *(L. n° 2012-158 du 1er févr. 2012, art. 12)* **Les établissements scolaires du second degré permettent, selon des formules adaptées, la préparation des élèves en vue de :**

(L. n° 2015-1541 du 27 nov. 2015, art. 6) **« 1° La pratique sportive d'excellence et d'accession au haut niveau ; »**

2° La pratique professionnelle d'une discipline sportive lorsqu'ils ont conclu une convention mentionnée à l'article L. 211-5 du code du sport.

(L. n° 2017-261 du 1er mars 2017, art. 27) **« Les établissements du réseau de l'Agence pour l'enseignement français à l'étranger favorisent la pratique sportive de haut niveau. »**

BIBL. ▶ LECOU, Le sport à l'école, Rapport au Président de la République, *févr. 2012.*

Droit de pratiquer un sport et de participer à des compétitions sportives. En dépit du caractère d'intérêt général reconnu par la L. du 16 juill. 1984 aux activités physiques et sportives et, en particulier, au développement du sport de haut niveau, ni le droit de pratiquer un sport ni celui de participer à des compétitions sportives ne constituent des libertés fondamentales au sens de l'art. L. 521-2 CJA. • CE, ord., 22 oct. 2001, *Caillat, Malecki et Smajlagic et assoc. Livry-Handball*, n° 239194 : *Lebon 479* ; *D. 2002. 2709, obs. Lachaume*.

SECTION IV LA PROCÉDURE D'ORIENTATION

Art. L. 331-7 *(L. n° 2013-595 du 8 juill. 2013, art. 47)* **L'orientation et les formations proposées aux élèves tiennent compte du développement de leurs aspirations et de leurs aptitudes et des perspectives professionnelles liées aux besoins prévisibles de la société, de l'économie et de l'aménagement du territoire. Elles favorisent la représentation équilibrée entre les femmes et les hommes parmi les filières de formation.**

Afin d'élaborer son projet d'orientation scolaire et professionnelle et d'éclairer ses choix d'orientation, un parcours individuel d'information, d'orientation et de découverte du monde économique et professionnel est proposé à chaque élève, aux différentes étapes de sa scolarité du second degré.

Il est défini, sous la responsabilité du chef d'établissement et avec l'élève, ses parents ou son responsable légal, par les *(L. n° 2018-771 du 5 sept. 2018, art. 18)* **« psychologues de l'Éducation nationale », les enseignants et les autres professionnels compétents. Les administrations concernées, les collectivités territoriales, les organisations**

professionnelles, les entreprises et les associations contribuent à la mise en œuvre de ce parcours.

BIBL. ▶ BELLAMY, À la rentrée 2020, les élèves de terminale précisent leur choix de parcours, *MENJ-DEPP, Note d'information n° 20.38, nov. 2020.* – BLUNTZ, Choix d'orientation en terminale et mobilité géographique, *MESRI-SIES, Note d'information du SIES, n° 18.01, janv. 2018.* – BONNAL et FAVARD, Conséquences de l'augmentation du nombre de diplômés sur la relation formation-emploi, *Rapp. final pour le Haut Conseil de l'éducation, janv. 2007 : http://www.hce.education.fr.* – BRESSOUX, Évaluation et orientation, *Rapp. pour le Haut Conseil de l'Éducation, déc. 2006 : http://www.hce.education.fr.* – BUTTNER, MAURIN et THOUVENY, Le droit de la vie scolaire, *Dalloz, 2005.* – CHAN-PANG-FONG, Les bacheliers 2014, où en sont-ils à la rentrée 2015 ?, *MESRI-SIES, note d'information du SIES, n° 17.09, nov. 2017.* – CHARVET, LUGNIER et LACROIX, Refonder l'orientation : un enjeu État-régions, *MEN, Rapp., 25 juin 2019.* – DELAIR et RITZENTHALER, L'orientation des jeunes, *JO, Les avis du CESE, CESE 12, avr. 2018.* – DEMONTÈS, Évaluation du partenariat de l'éducation nationale et de l'enseignement supérieur avec le monde économique pour l'insertion professionnelle des jeunes, *MENESR, SGMAP, oct. 2015.* – DURU-BELLAT et PERRETIER (collab.), L'orientation dans le système éducatif français au collège et au lycée, *Rapp. pour le Haut Conseil de l'éducation, févr. 2007.* – GARY-BOBO et ROBIN, Le redoublement est-il inefficace et nuisible ? Débats et difficultés d'analyse, *Regards croisés sur l'économie, éd. La découverte, 2012/2, n° 12, p. 98.* – GUICHARD, Pour une approche copernicienne de l'orientation à l'école, *Rapp. au Haut Conseil de l'Éducation, nov. 2006 : http://www.hce.education.fr.* – GUILLERM et TESTAS, L'orientation en apprentissage après la troisième. Quel apport de la mesure de compétences conatives ?, *Éducation & formations, n° 100, déc. 2019. 145.* – HAMON, Le contentieux de l'orientation, *LIJ 1997, n° 15, p. 14.* – HÉNOQUE et LEGRAND, L'évaluation de l'orientation à la fin du collège et du lycée. Rêves et réalité de l'orientation, *Rapp. Haut Conseil de l'évaluation de l'école, juin 2004.* – ORAND, Les réorientations dans l'enseignement professionnel sont majoritairement de la voie scolaire vers l'apprentissage, *MENJS-DEPP, Note d'information n° 21.08, févr. 2021.* – PAUL et TRONCIN, Les apports de la recherche sur l'impact du redoublement comme moyen de traiter les difficultés scolaires au cours de la scolarité obligatoire, *Haut Conseil de l'évaluation de l'école, Rapp. n° 14, déc. 2004.* – THARIN, Orientation, réussite scolaire : ensemble, relevons le défi, *Rapp. au Premier ministre, sept. 2005.* – Le fonctionnement des services d'information et d'orientation, *Rapp. IGEN-IGAEN, n° 2005-101, oct. 2005.* – C. comptes, L'orientation à la fin du collège : la diversité des destins scolaires selon les académies, *Communication à la commission des finances de l'Ass. nat., sept. 2012.*

Art. L. 331-8 La décision d'orientation est préparée par une observation continue de l'élève.

Le choix de l'orientation est de la responsabilité de la famille ou de l'élève quand celui-ci est majeur. Tout désaccord avec la proposition du conseil de classe fait l'objet d'un entretien préalable à la décision du chef d'établissement. Si cette dernière n'est pas conforme à la demande de l'élève ou de sa famille, elle est motivée.

La décision d'orientation peut faire l'objet d'une procédure d'appel. – *[L. n° 89-486 du 10 juill. 1989, art. 8, al. 7 à 9.]*

Sur l'expérimentation d'une procédure d'orientation des élèves dérogeant à l'art. L. 331-8 C. éduc., V. ci-dessous Décr. n° 2017-597 du 21 avr. 2017.

Sur l'orientation et l'affectation des élèves dans les établissements d'enseignement publics et dans les établissements d'enseignement privés sous contrat, V. art. D. 331-23 s.

BIBL. ▶ JELLAB, BISSON-VAIVRE, COLLIGNON, GAUBERT-MACON, MIRAUX, VIN-DATICHE, ZAYANA et TAUPIN, Suivi de l'expérimentation du choix donné à la famille dans la décision d'orientation au collège, *Rapp. d'étape IGEN-IDAENR, n° 2014-073, sept. 2014.*

COMMENTAIRE

La procédure d'orientation fait l'objet des articles L. 331-7 (projet) et L. 331-8 (qui en fixe les grandes étapes) et de dispositions réglementaires intégrées au livre III tant pour les établissements publics (art. D. 331-23 s.) que pour les établissements privés sous contrat (art. D. 331-46 s.) ou ceux dépendant du ministère de l'agriculture qu'ils soient publics (art. D. 341 s.) ou privés sous contrat (art. D. 341-23 s.). En effet, les décisions d'orientation prises dans l'enseignement public sont applicables dans les établissements privés ayant des classes sous contrat et réciproquement (art. D. 331-39 ; CE 14 mars 1997, n° 1142513 ; CE 4 juill. 1997, n° 162264, même si, en l'absence de prérogative de puissance publique, ces établissements ne peuvent prendre de décisions). A la suite de la loi n° 2015-595 du 8 juillet 2015 de refondation de l'école de la République, le décret n° 2014-1377 du 18 novembre 2014 a modifié une série d'articles de la partie réglementaire (à nouveau mod. par le Décr. du 20 févr. 2018), notamment pour tenir compte tant du caractère exceptionnel du redoublement (art. L. 311-7, mod. par L. du 8 juill. 2013, art. 37) que de l'importance du suivi des acquis des élèves (l'intitulé de la section de la partie réglementaire consacrée à la procédure d'orientation a ainsi été modifiée par ce Décr. dont l'art. 7 la rebaptise « le suivi des acquis scolaires et la procédure d'orientation »). De nouvelles modifications ont été introduites tant par le décret n° 2018-119 du 20 février 2018 sur le redoublement que par le décret n° 2019-218 du 21 mars 2019 relatif aux nouvelles compétences des régions en matière d'information sur les métiers et les formations.

Si l'accent ainsi mis sur le suivi des acquis inscrit la procédure dans une démarche pédagogique, il n'en reste pas moins que les différents actes qui la constituent relèvent du droit qui s'applique tant à l'orientation (choix des voies aux paliers d'orientation de fin de 3ᵉ et de 2ᵈᵉ, V. Arr. du 19 juill. 2019) qu'à l'affectation dans une classe d'un établissement (y compris en cas de redoublement). A noter que si elles sont distinctes, ces deux opérations sont soumises à des règles communes (dialogue avec les familles, appel) et peuvent faire l'objet d'un traitement automatique commun. Ainsi, l'administration dispose depuis 2008 d'un système d'aide à la décision dénommé ***AFFELNET*** (affectation des élèves par le net) qui met en place une procédure informatisée d'affectation permettant l'orientation des élèves à l'issue de la scolarisation obligatoire (par contre, là où il existe AFFELNET, se limite à l'affectation des élèves à la sortie de l'école).

Au-delà des actes préparatoires non détachables (ex. appréciation d'un professeur portée sur le bulletin scolaire, CE, sect., 15 oct. 1982, n° 37626), ***les décisions peuvent donner lieu à contentieux***. Pour les établissements publics, la juridiction administrative est compétente pour connaître des décisions prises par l'autorité administrative ; pour les établissements privés ayant des classes sous contrat, c'est la juridiction civile qui est saisie. En effet, si les établissements privés sont ainsi associés au service public, ils ne disposent pas de prérogatives de puissance publique et ni peuvent édicter d'actes administratifs (CE 4 juill. 1997, n° 162264 A). Autrefois exceptionnel (CE 10 janv. 1969, *Gauthier*, n° 74293 A), ce contentieux s'est développé dans les vingt dernières années. La juridiction administrative peut connaître du contentieux de la légalité et de la responsabilité. L'institution du référé-suspension permet aujourd'hui d'obtenir une réponse compatible avec les délais scolaires, autrement dit d'obtenir une réponse avant la rentrée (V. Buttner, Maurin et Thouveny, Droit de la vie scolaire, *Dalloz 2005. 35* ; encore faut-il que le juge considère qu'il y a bien urgence, V. CE 7 oct. 2016, n° 401330).

I. LA PRÉPARATION DE LA DÉCISION D'ORIENTATION

L'élève élabore son projet d'orientation scolaire et professionnelle avec l'aide de l'établissement et de la communauté éducative, notamment des enseignants et des conseillers d'orientation-psychologues, qui lui en facilitent la réalisation tant en cours de scolarité qu'à l'issue de celle-ci (art. L. 331-7). La décision d'orientation est préparée par une observation continue de l'élève. Le choix de l'orientation est de la responsabilité de la famille ou de l'élève quand celui-ci est majeur (art. L. 331-8).

La décision d'orientation est le résultat d'un processus continu constituant un *parcours individuel d'information, d'orientation et de découverte du monde économique et professionnel* (PIIODME, art. L. 331-7 mod. par l'art. 47 de la L. du 8 juill. 2013 ; art. D. 331-23), rebaptisé ***parcours Avenir*** par un arrêté du 1ᵉʳ juillet 2015, qui doit permettre à chaque élève, de la 6ᵉ à la classe terminale, de comprendre le monde économique et professionnel, de connaître la diversité des métiers et des formations et d'élaborer et de réaliser son *« projet d'orientation scolaire et professionnelle »* (art. L. 331-7). Même s'il a été préparé avec l'aide de ses parents, le projet doit avoir un caractère personnel ; l'élève n'est pas simplement consulté (ancienne réd. de l'art. D. 331-23), il doit participer à l'élaboration de ce projet en fonction de ses aspirations et de ses capacités (art. D. 321-23). Comme ses représentants légaux, il doit disposer d'une évaluation régulière de sa progression et des informations apportées par l'équipe éducative, par les enseignants auxquels se joignent les conseillers d'éducation et d'orientation au sein des équipes pédagogiques. Les professeurs principaux sont désignés par le chef d'établissement (art. R. 421-10) et ils assurent une préparation progressive aux choix d'orientation en liaison avec les psychologues de l'éducation nationale dans le cadre de leur parcours Avenir (art. L. 331-7 ; Circ. n° 2018-108 du 10 oct. 2018, rôle du professeur principal dans les collèges et les lycées ; pour assurer un suivi renforcé des élèves en terminale, il y a désormais à ce niveau deux professeurs principaux par classe, Décr. n° 2018-120 du 20 févr. 2018). Ensemble, ils doivent en effet assurer une observation continue de l'élève, en évaluant sa progression et en dialoguant avec sa famille. Des objectifs pédagogiques et les moyens de réaliser le projet personnel sont proposés à l'élève. Les « acquis » sont évalués par les enseignants, en référence au socle commun de connaissances, de compétences et de culture pour la scolarité obligatoire (art. D. 331-25, mod. par le Décr. n° 2015-1929 du 31 déc. 2015) ; sur la base des notes et des appréciations de chaque enseignant, le professeur principal communique un bilan à l'élève et à ses parents. Une synthèse des bilans et observations est versée au dossier scolaire de l'élève (art. D. 331-25). A la fin du cycle 4, c'est-à-dire en fin de scolarité obligatoire, ce bilan vérifie que les objectifs ont été atteints (art. D. 331-30, mod. en 2014). Le décret n° 2019-218 du 21 mars 2019 précise que la région et les acteurs des secteurs économique, professionnel et associatif qu'elle mandate apportent leur contribution en organisant des actions d'information sur les métiers et les formations conformément au cadre national de référence établi conjointement entre l'État et les régions.

Les notes, les observations portées sur le bulletin (CE, sect., 15 oct. 1982, *MEN c/ M. et Mme Rode*, n° 37626 A) comme les bilans et synthèses sont des mesures préparatoires, non détachables de la décision d'orientation. Ils sont donc insusceptibles de recours contentieux et ne lient pas le chef d'établissement (V. Buttner, Maurin et Thouveny, Le droit de la vie scolaire, *Dalloz, 2005, n° 36*).

II. LA DEMANDE DES FAMILLES

« Le choix de l'orientation est de la responsabilité de la famille ou de l'élève quand celui-ci est majeur » (art. L. 331-8). Le terme « famille » est précisé dans la partie réglementaire qui avant 2014 visait les parents, mot remplacé par le décret n° 2014-1377 du 18 novembre 2014 par la référence au « représentant légal », écrit au singulier ou au pluriel (art. 5 modifiant les art. D. 321-8 s., laissant toutefois, ici ou là, la présence des « parents »). L'avis de l'élève mineur peut toutefois être sollicité en cas d'interruption du cycle (art. D. 331-32). Ce choix doit être formulé par une demande expresse. Tenant compte des informations fournies par les psychologues de l'éducation nationale, des résultats du dialogue avec les membres de l'équipe éducative et du bilan établi par le conseil de classe au cours de l'année terminale de chacun des cycles du collège (6e, 4e et 3e ; art. D. 331-36 renvoyant à un arrêté ministériel fixant les « voies d'orientation », V. Arr. du 17 janv. 1992 : après la classe de 3e : 2de GT, 2de professionnelle, CAP ; après la classe de 2de GT en fonction des séries ; pour les voies technologiques ou professionnelles, les demandes peuvent porter sur une ou sur plusieurs des spécialités réparties en 47 groupes). On peut aussi envisager une possibilité de parcours scolaire différent pour des cas particuliers ; des aménagements pédagogiques autorisés par le chef d'établissement après consultation des conseils de classe sont alors proposés aux parents ou à l'élève qui doivent demander à en bénéficier ou exprimer leur accord (art. D. 331-62).

Il est nécessaire de distinguer le redoublement (qui peut, certes de manière exceptionnelle, être décidé à chaque niveau) et l'orientation (qui n'offre un choix qu'à certains paliers) ; si la famille n'a pas le même rôle (depuis 2014, le redoublement ne peut plus faire l'objet de demande de la famille), la procédure est en certains points similaires (la commission d'appel est la même, art. D. 331-62 et D. 331-63).

Depuis 2010, l'article D. 331-29 en ouvre une possibilité de réorientation au cours du cycle terminal des lycées ; qu'il s'agisse d'une réorientation en fin ou en cours d'année, la demande est formulée par l'élève majeur ou les responsables légaux de l'élève mineur.

III. LA PROPOSITION DU CONSEIL DE CLASSE

Le conseil de classe examine les demandes d'orientation des familles ou des élèves (art. D. 331-32). Présidé par le chef d'établissement ou son représentant, il réunit les enseignants de la classe ou d'un groupe de classes, deux délégués des parents d'élèves, deux délégués des élèves, le conseiller principal d'éducation (CPE) et le psychologue de l'éducation nationale, avec éventuellement la participation du médecin, de l'assistant social et de l'infirmier (art. R. 421-50).

Prenant connaissance des vœux de l'élève ou de ses représentants légaux et de l'ensemble des informations dont il dispose sur lui, le conseil de classe émet alors des propositions d'orientation (formule exclusive du redoublement depuis 2014) qui, comme les demandes, sont formulées en fonction des voies d'orientation (art. D. 331-36, n'excluant pas les parcours scolaires particuliers avec aménagements particuliers ; pour l'enseignement professionnel, les demandes et propositions peuvent porter sur un ou plusieurs champs ou spécialités) ; lorsque ces propositions ne sont pas conformes aux demandes, il peut recommander que l'élève suive un dispositif de remise à niveau (art. D. 331-32). En l'absence de dispositions particulières imposant un quorum ou une majorité qualifiée, ces propositions sont régulières si elles émanent d'un conseil de classe dont au moins la moitié des membres sont présents et qui s'est prononcé à la majorité simple (CE 5 oct. 1990, n° 70677). La proposition du conseil de classe est elle aussi une mesure préparatoire ; seule la décision du chef d'établissement peut faire grief.

Hors le cas d'erreur manifeste d'appréciation, le juge administratif refuse de contrôler les appréciations que le conseil de classe a portées sur l'aptitude d'un élève à poursuivre ses études dans le même établissement ou dans un autre établissement dispensant un enseignement général, technologique ou professionnel (CE 10 janv. 1969, n° 74293)

En cas de demande de réorientation à l'intérieur du cycle terminal des lycées, le conseil de classe doit donner son avis et peut recommander la mise en place d'un dispositif de remise à niveau. Elle est prononcée par le chef d'établissement ou par le DASEN lorsqu'elle implique un changement d'établissement (art. D. 331-29). Face à l'intention d'interrompre les études en cours de cycle, le conseil de classe prend toute disposition pour inciter l'élève à terminer le cycle et pour l'informer des possibilités ultérieures de retour en formation (art. D. 331-32).

IV. LA DÉCISION DU CHEF D'ÉTABLISSEMENT

Deux cas de figure sont à prendre en considération selon que la famille ou l'élève est ou non en accord avec la proposition du conseil de classe.

1. En cas d'accord, le chef d'établissement ne peut que le constater. Il a compétence liée. Il doit alors notifier cette décision conforme tant à la demande qu'à la proposition aux parents de l'élève ou à l'élève majeur (art. D. 331-33) ; il ne peut par exemple invoquer le manque de places dans la voie choisie. Lorsque la proposition du conseil de classe – concernant l'orientation en fin de troisième ou en fin de seconde générale et technologique ou le redoublement à la fin de l'un des cycles de collège ou de lycée – est conforme aux demandes formulées par l'élève ou sa famille, le chef d'établissement prend la décision d'orientation ou de redoublement conformément à cette proposition et la notifie aux intéressés (art. D. 331-3). Tout désaccord avec la proposition du conseil de classe fait l'objet d'un entretien préalable à la décision du chef d'établissement. Si cette dernière n'est pas conforme à la demande de l'élève ou de sa famille, elle est motivée (art. L. 331-8).

2. En cas de désaccord, quand les propositions du conseil de classe ne sont pas conformes aux demandes, une phase de dialogue doit être ouverte. Le chef d'établissement ou son représentant doit recevoir les parents ou l'élève majeur pour un entretien préalable (art. L. 331-8, al. 2) ; il les informe alors des propositions du conseil de classe et recueille leurs observations (art. D. 331-34). Le chef d'établissement a ici une compétence discrétionnaire et une marge de manœuvre. Il peut alors soit donner satisfaction aux parents ou à l'élève majeur, soit reprendre la proposition du conseil de classe, soit dégager une troisième voie, par exemple en conseillant, notamment quand le conseil de classe l'a recommandé, un dispositif de remise à niveau (art. D. 331-34, modifié). A noter que, malgré le caractère exceptionnel du redoublement, sont conservées les dispositions qui reconnaissent à l'élève n'ayant pas obtenu l'orientation demandée le droit d'être maintenu dans sa classe d'origine pour la durée d'une seule année scolaire (art. D. 331-37).

Dans tous les cas, le chef d'établissement prend la décision d'orientation ou de redoublement, en informe l'équipe pédagogique et la notifie aux parents ou à l'élève majeur. Il en est de même pour la décision de changement d'orientation à l'intérieur du cycle terminal des lycées lorsque le changement peut se faire dans l'établissement ; en cas de changement d'établissement, elle est prononcée par l'inspecteur d'académie-DASEN (art. D. 331-29).

La décision négative, non conforme à la demande des parents ou de l'élève majeur, doit être motivée. L'exigence de motivation ainsi posée par l'article L. 331-8 correspond à la philosophie de la loi n° 79-587 du 11 juillet 1979 qui impose à l'auteur d'une décision individuelle de préciser les motifs dans les cas où elle est défavorable. L'absence de motivation constitue un vice de procédure (CAA Marseille, 25 sept. 2001, n° 97MAO11791). Le chef d'établissement doit alors préciser les éléments objectifs ayant fondé sa décision (manque de connaissances, de capacités, d'intérêts) sur lesquels il a fondé sa décision. Le juge sanctionne les décisions non motivées (CE 20 oct. 1995, *MEN c/ Kouchnir*, n° 131543 : *refus d'inscription en classe préparatoire*) comme celles dont la motivation est jugée insuffisante ou stéréotypée (simple renvoi au dossier, maintien de la proposition du conseil de classe… mais la mention du caractère insuffisant des résultats a été admise).

La décision motivée est adressée aux parents ou à l'élève majeur qui peuvent faire appel dans les trois jours (art. D. 331-34). Elle doit être signée par son auteur et indiquer ses nom, prénoms et qualité (CRPA, art. L. 111-2).

Créatrice de droits, la décision d'orientation ne peut être retirée qu'en cas d'illégalité et dans le délai de quatre mois suivant la prise de cette décision (CE 26 oct. 2001, n° 197018). Le retrait en septembre d'une autorisation de triplement d'une classe de terminale accordée en juin au profit d'un élève majeur a ainsi été annulé ; aucun texte n'interdisant la réinscription d'un élève pour une troisième année de terminale, la décision n'était donc pas entachée d'illégalité (CAA Douai, 7 mai 2002, n° 99DA008).

L'article 48 de la loi du 8 juillet 2013 pour la refondation de l'École de la République prévoit qu'à titre expérimental, pour une durée maximale de trois ans, que la procédure d'orientation peut être modifiée ; après proposition du conseil de classe et au terme d'une concertation approfondie avec l'équipe éducative, la décision d'orientation reviendrait alors à l'élève ou à ses responsables légaux.

En fait, l'expérimentation du dernier mot aux familles fait l'objet d'appréciations critiques : elle « n'entraîne pas, en moyenne, d'augmentation ou de diminution majeure des taux de passage vers la seconde générale et technologique ou le second cycle professionnel » (DEPP, note d'information n° 47) ; les objectifs initialement affichés (reconnaissance de la place des parents, valorisation de la voie professionnelle, réflexion sur les pratiques d'évaluation et le pilotage pédagogique de l'orientation) ne sont pas atteints (IGEN, Rapport nov. 2015 qui recommande de repenser le fonctionnement du conseil de classe pour en faire une véritable instance de concertation et d'aide aux élèves et parents et d'inscrire la liaison entre les équipes éducatives de collège et de lycée dans le contrat d'objectif et la lettre de mission des chefs d'établissement).

La loi n° 2017-86 du 27 janvier 2017 relative à l'égalité et à la citoyenneté n'en prévoit pas moins, à titre expérimental, pour une durée maximale de deux ans, dans des académies et dans des conditions déterminées par le ministre chargé de l'éducation nationale, que la procédure d'orientation prévue à l'article L. 331-8 peut être modifiée afin que, après avoir fait l'objet d'une proposition du conseil de classe et au terme d'une concertation approfondie avec l'équipe éducative, la décision d'orientation revienne aux responsables légaux de l'élève ou à celui-ci lorsqu'il est majeur (V. Décr. n° 2017-597 du 21 avr. 2017 portant expérimentation d'une procédure d'orientation des élèves dérogeant à l'art. L. 331-8).

V. L'APPEL (ART. D. 331-35)

En cas de désaccord entre la décision et la demande de la famille, les parents doivent saisir la commission d'appel avant tout recours contentieux. Il s'agit là d'un recours administratif préalable obligatoire (RAPO, CAA Nancy, 6 janv. 2000, n° 96NC02415 concernant le caractère obligatoire de la saisine de la commission d'appel avant de saisir la juridiction administrative) qui a pour effet de laisser l'autorité compétente pour en connaître le soin d'arrêter définitivement la position de l'administration (CAA Marseille, 29 nov. 2005, n° 01MA0271), acte de ***procédure administrative non contentieuse***.

L'appel doit en effet être porté devant une commission présidée par l'inspecteur d'académie DASEN (ou son représentant) qui en nomme les membres : chefs d'établissement (en veillant à ce qu'il ne soit pas le chef d'établissement concerné), enseignants, parents d'élèves, conseillers d'éducation et d'orientation (art. D. 331-35 al. 3 ; Arr. du 14 juin 1990 relatif à la commission d'appel ; le dossier de l'élève est présenté à la commission d'appel par un professeur de la classe à laquelle appartient l'élève et par le conseiller d'orientation intervenant dans l'établissement scolaire fréquenté par l'élève, art. 3 ; les rapporteurs n'ont pas voix délibérative). La date de la réunion doit être portée à la connaissance de la famille dans un délai leur permettant de s'organiser pour y assister (art. D. 331-35 ; CE 26 janv. 2007, n° 283065).

Le chef d'établissement transmet à cette commission d'appel les décisions motivées et tous les éléments susceptibles de l'éclairer.

Les parents ou l'élève majeur qui en font la demande écrite doivent être entendus (ce qui implique qu'on les laisse parler !). Il en est de même pour l'élève mineur avec l'accord de ses parents (art. D. 331-35, al. 1er). Ils peuvent adresser au président de la commission tous documents susceptibles de compléter l'information de cette instance (art. D. 331-35).

Les ***décisions prises par la commission d'appel se substituent à celles du chef d'établissement.*** Elles valent décisions d'orientation (ou de redoublement) définitives (Art. D. 331-5). Elles ne peuvent faire l'objet d'aucun recours gracieux ou hiérarchique : seul le juge administratif peut être saisi (CAA Marseille, 25 sept. 2001, n° 97MA01791 et 99MA00231).

La décision de la commission d'appel doit être motivée. Le juge administratif a ainsi considéré que la décision de la commission d'appel, motivée par la mention « niveau requis non atteint » pour justifier le refus de passage en classe de seconde d'un élève, ne comportait pas les éléments de faits sur lesquels elle se fondait et qu'elle ne satisfaisait pas aux exigences de la motivation posées par la loi de 1979, sur la motivation des actes administratifs (CAA Marseille, 20 juill. 1999, n° 97MA05508).

Le contrôle exercé par le juge est un contrôle restreint qui porte notamment sur le contrôle de la composition de la commission, qui doit exclure toute partialité, et l'erreur manifeste d'appréciation (CAA Paris, 1er oct. 2002, n° 02PA01330).

La circonstance que des camarades de classe auraient des résultats ou des aptitudes identiques, voire inférieurs, à ceux de l'élève dont le dossier est examiné par la commission d'appel n'est pas de nature à entacher d'illégalité la décision de celle-ci, qui procède à un examen particulier des mérites de l'élève en cause, indépendamment de l'appréciation des mérites de ses condisciples (TA Poitiers, 11 oct. 1989, n° 60189).

Le recours auprès de la commission d'appel constitue un recours administratif préalable obligatoire (CAA Nancy, 6 janv. 2000, n° 96NC02415).

La décision de la commission d'appel se substitue à celle du chef d'établissement dont elle purge les irrégularités de forme et de procédure qui ne sauraient être ultérieurement invoquées (CAA Marseille, 29 nov. 2005, n° 01MA02719).

Si aucune disposition n'exige expressément que la commission d'appel motive ses décisions, la référence à la loi de 1979 l'impose, notamment lorsqu'on analyse un refus d'orientation comme une décision défavorable qui *« restreint l'exercice des libertés publiques »* (pour un refus d'orientation en CPGE). La ***motivation*** adoptée par la commission serait insuffisante si elle n'avait pas pu tenir compte des motifs de la décision du chef d'établissement. L'inspecteur d'académie, président de la commission d'appel, doit signer la décision.

La décision de la commission d'appel est définitive. Il n'y a aucune possibilité de recours gracieux ou hiérarchique devant le recteur (CE 30 déc. 1996, n° 164768) ou le ministre. Il ne reste alors que la voie juridictionnelle. Il sanctionne les vices de procédure (absence du conseiller d'orientation à la commission d'appel, commission d'appel présidée par le chef de l'établissement concerné). Mais, sauf erreur manifeste d'appréciation, le juge administratif refuse de contrôler l'appréciation à laquelle s'est livré le chef d'établissement ou la commission d'appel sur les mérites et les aptitudes d'un élève (CE 10 janv. 1969, *Gauthier*, n° 74293 A). L'appréciation à laquelle se livre la commission n'est pas susceptible d'être discutée (CE 27 janv. 2007, n° 283065).

Le fait que l'élève ait obtenu son brevet des collèges n'a aucune influence sur la légalité de la décision attaquée (CAA Bordeaux, 6 juill. 2004, n° 01BX00461). Les élèves de 3e ou de 2de, en cas de décision défavorable, peuvent demander le maintien dans leur classe d'origine (art. D. 331-35, al. 2 ; D. 331-37). Tout élève ayant échoué au bac, BT, BTS ou CAP a droit à une nouvelle inscription, une seule fois (art. D. 331-42).

VI. LES SUITES DE L'ORIENTATION : L'AFFECTATION DES ÉLÈVES

Lorsque la décision d'orientation est prise, l'élève doit être affecté dans un établissement. La décision d'affectation est de la compétence de l'inspecteur d'académie-DASEN, délégataire du recteur dans le département, qui est aussi compétent pour le changement d'établissement en cours de cycle, soit dans la même voie d'orientation, soit dans une voie différente selon l'article D. 331-29.

Pour ***décider de l'affectation***, l'autorité académique départementale va tenir compte de la ***localisation des établissements*** mais aussi du ***choix des options ou des spécialités*** faits par les parents ou par l'élève majeur (art. D. 331-38, al. 1er).

L'inspecteur d'académie DASEN est assisté d'une ***commission départementale préparatoire à l'affectation des élèves,*** dont la composition est fixée par un arrêté du 14 juin 1990 (à ***ne pas confondre*** avec la commission départementale d'orientation vers les enseignements adaptés du second degré qui examine les dossiers des élèves pour lesquels une proposition d'orientation vers des enseignements adaptés, SEGPA ou EREA) ; la commission d'affectation peut utiliser les travaux préparatoires réalisés par les services, notamment à l'aide des outils informatiques. (**AFFELNET** met en place une procédure informatisée d'affectation traitant les demandes des élèves de classe de 3e des collèges publics et privés sous contrat souhaitant intégrer une seconde générale et technologique ou seconde professionnelle dans un établissement public, à l'exclusion de certaines sections spécifiques comme les sections internationales… l'idée est d'assurer une plus grande transparence du processus, une meilleure cohérence des décisions tenant compte des demandes des familles, des capacités d'accueil des établissements et des prérequis de la formation demandée ; les critères et barèmes retenus traduisent les axes prioritaires des politiques académiques d'affectation (résultats scolaires, maîtrise des compétences du socle commun, bourses, fratries, bonus éducation prioritaire) ; les résultats obtenus sur la base du traitement algorithmique débouchent sur des propositions ; si elles correspondent au choix des familles, la décision (orientation, affectation) est prise ; l'appel à la commission est toujours possible). ❑

I. DÉCISIONS D'ORIENTATION

1. Acte non détachable. L'appréciation portée par un professeur sur le bulletin de notes du troisième trimestre d'une élève de la classe de première d'un lycée n'est pas détachable de la décision prise au terme de l'année scolaire sur l'admission dans la classe supérieure, l'autorisation de redoubler ou l'orientation vers une autre forme d'enseignement. Elle n'est dès lors pas susceptible d'être déférée au juge de l'excès de pouvoir. • CE, sect., 15 oct. 1982, *MEN c/ M. et Mme Rode*, n° 37626 A.

2. Décompte des votes. Dans le silence du texte, il y a lieu de considérer que les votes sont acquis à la majorité simple des présents, après décompte des abstentions. • CE 5 oct. 1990, n° 70677.

3. Régularité de la procédure. La décision du proviseur adjoint d'orienter vers un BEP un élève de seconde, décision non conforme à la demande d'orientation en 1re S formulée par ses parents, n'était pas motivée. Par suite, cette décision est illégale et, par voie de conséquence, il en est de même pour la décision de la commission d'appel à laquelle aucune décision motivée n'a pu être communiquée. • CAA Marseille, 25 sept. 2001, nos 97MA01791 et 99MA00231.

4. Contrôle du juge. En l'absence de fait matériellement inexact, d'erreur de droit ou d'erreur manifeste, il n'appartient pas au juge administratif de contrôler les appréciations auxquelles le conseil de classe se livre au sujet de l'aptitude d'un élève à poursuivre ses études. Les appréciations en matière d'orientation sont donc soumises au contrôle restreint du juge administratif. • CE 10 janv. 1969, n° 74293 A.

II. CHAMP D'APPLICATION DES DISPOSITIONS

5. Enseignement agricole privé. Recours pour excès de pouvoir contre l'art. 16 du Décr. du 7 sept. 1992 relatif à l'orientation des élèves dans les établissements d'enseignement agricole privé sous contrat, prévoyant que les décisions d'orientation ou de redoublement prises dans l'enseignement public sont applicables dans les établissements privés sous contrat, et réciproquement. Ces dispositions trouvent leur base légale dans la loi d'orientation sur l'éducation du 10 juill. 1989 qui a défini les règles générales de la procédure d'orientation des élèves et prévu qu'elles s'appliqueraient à l'enseignement public et à l'enseignement privé sous contrat et notamment à l'enseignement agricole privé. Est dès lors inopérant le moyen tiré de ce qu'elles méconnaîtraient la L. du 31 déc. 1984 portant réforme des relations entre l'État et les établissements d'enseignement agricole privés, qui n'a pas prévu l'application à l'enseignement agricole privé sous contrat de la procédure d'orientation applicable dans l'enseignement public. • CE 14 mars 1997, n° 142513 A.

6. *Établissements privés sous contrat.* Si les établissements d'enseignement privé sous contrat d'association participent au service public de l'éducation, les actes pris à l'égard des élèves par les responsables de ces établissements ne ressortissent à la compétence de la juridiction administrative que pour autant qu'ils comportent l'exercice d'une prérogative de puissance publique. La circonstance que les décisions relatives à l'orientation des élèves des établissements d'enseignement privés sous contrat sont applicables dans l'enseignement public ne saurait à elle seule faire regarder ces décisions comme comportant l'exercice d'une prérogative de puissance publique. Dès lors, la juridiction judiciaire est compétente pour connaître d'un litige relatif à une telle décision. • CE 4 juill. 1997, n° 162264 A : *D. 1997. 187*.

7. *Sections internationales.* Les dispositions réglementaires relatives à l'orientation des élèves sont applicables aux sections internationales dans les écoles, les collèges et les lycées. • CE 30 déc. 1996, n° 164768 B.

III. COMMISSIONS D'APPEL

8. *Obligation de saisine.* En cas de désaccord entre les propositions de la commission d'orientation et les vœux formulés par la famille relatifs à l'orientation d'un élève, les parents doivent saisir la commission d'appel avant tout recours contentieux. • CAA Nancy, 6 janv. 2000, n° 96NC02415.

9. *Nature du recours devant la commission d'appel.* Le recours devant la commission d'appel constitue un recours administratif préalable obligatoire. Par suite, la décision de la commission d'appel se substitue à celle du chef d'établissement. • CAA Marseille, 29 nov. 2005, n° 01MA0271 : *LIJ 2006, n° 102, p. 6.*

10. *Procédure irrégulière.* Le conseiller d'orientation d'un lycée n'était pas présent à la réunion de la commission d'appel de fin de seconde chargée de délibérer sur le refus d'admission en classe de première d'un élève et son orientation vers un brevet d'études professionnelles. La décision de la commission d'appel refusant le passage de l'intéressé en première est dès lors intervenue sur une procédure irrégulière. • CAA Nantes, 18 oct. 2001, n° 98NT00673. ♦ Dans le même sens, le juge, saisi d'une demande d'annulation de la décision de la commission départementale d'appel, rappelle qu'en raison de sa nature et de sa gravité, la décision qui refuse à un élève l'orientation souhaitée lors du passage dans une classe supérieure ne saurait être prononcée hors la présence du conseiller d'orientation intervenant dans l'établissement scolaire fréquenté par l'élève. En l'espèce, le juge estime que l'absence du psychologue conseiller d'orientation, qui est chargé de présenter le dossier de l'élève lors de la séance de la commission d'appel, a eu pour effet de priver l'élève d'une garantie. Par suite, le tribunal a annulé la décision attaquée, comme étant intervenue à l'issue d'une procédure irrégulière. • TA Toulouse, 20 mars 2019, n° 1803198 : *LIJ 2019, n° 207, p. 5.*

11. *Commission d'appel. Présidence. Chef d'établissement. Procédure irrégulière.* Dans une affaire où les parents d'un collégien contestaient son redoublement de la classe de 4e du fait que la commission d'appel avait été présidée par le chef d'établissement à l'origine de la décision d'orientation, le juge estime qu'il résulte des dispositions de cet article qu'un membre d'un corps de direction de l'éducation nationale qui est affecté en qualité de chef d'établissement mais qui ne figure pas au nombre des collaborateurs du directeur académique des services de l'éducation nationale ne peut être désigné pour assurer la présidence d'une commission d'appel dans le ressort de laquelle est situé l'établissement qu'il dirige. • TA Versailles, 24 sept. 2015, n° 1405862.

12. *Délais.* Les dispositions de l'art. 13 du Décr. du 14 juin 1990, repris à l'art. D. 331-35, imposent que la date de la réunion de la commission d'appel soit portée à la connaissance des parents de l'élève concerné dans un délai leur permettant d'assister à cette réunion. Elles ne prévoient ni n'impliquent que ceux-ci, qui disposent d'un délai de huit jours pour faire appel, bénéficient d'un délai supplémentaire avant la réunion de cette commission. • CE 26 janv. 2007, n° 283065 B : *AJDA 2007. 823*.

13. *Contrôle du juge.* Les décisions prises par la commission d'appel valent décisions d'orientation ou de redoublement définitives. Le juge administratif exerce un contrôle de l'erreur manifeste d'appréciation. • CAA Bordeaux, 6 juill. 2004, n° 01BX00461. ♦ Mais l'appréciation, à laquelle se livre la commission pour confirmer la décision du chef d'établissement, qui avait suivi les propositions du conseil de classe, n'est pas susceptible d'être discutée devant le juge de l'excès de pouvoir. • CE 26 janv. 2007, n° 283065 B : *préc. note 12.*

IV. AUTRES DÉCISIONS

14. *Affectation dans une classe.* L'affectation d'un élève dans une classe de 4e, regroupant des élèves ayant choisi l'option technologie, qui relève des pouvoirs d'organisation du chef d'établissement et qui est sans incidence sur ses possibilités ultérieures d'orientation, constitue une mesure d'ordre intérieur qui n'est pas susceptible d'être déférée au juge de l'excès de pouvoir. • CE, sect., 5 nov. 1982, *M. Attard,* n° 23394 A.

15. Changements d'options. La décision par laquelle un chef d'établissement refuse de substituer à l'option choisie par un élève une nouvelle option demandée après la rentrée scolaire est une décision faisant grief, susceptible de recours devant le juge administratif. • CE, sect., 5 nov. 1982, *M. Attard,* n° 23394 A. ♦ Il appartient au chef d'établissement d'apprécier, sous le contrôle du juge de l'excès de pouvoir, s'il y a lieu d'autoriser l'abandon, au cours de l'année scolaire, d'une option choisie par un élève, en tenant compte tant de l'intérêt de l'élève que de celui du service. En décidant d'opposer un refus systématique à toutes les demandes présentées au cours d'une année scolaire, en raison des perturbations qui en résulteraient dans le fonctionnement du service, et en refusant de procéder à l'examen particulier d'une demande qui lui est soumise, le chef d'établissement excède ses pouvoirs. • CE 11 févr. 1983, n° 38176 B.

16. Affectation. Contestation. Caractère d'urgence. Absence. Saisi dans le cadre d'un référé-suspension, le juge des référés décide que la décision d'orientation contestée, alors même qu'elle était susceptible de conduire à ce que, en fonction de l'orientation qui serait alors la sienne, l'intéressée ait le cas échéant à changer de lycée en fin de seconde, ne pouvait être regardée comme revêtant un caractère d'urgence. • CE 7 oct. 2016, n° 401330 : *AEF 26 oct. 2016, Dépêche n° 547815, comm. Toulemonde.*

17. Enseignements d'exploration. Procédure de sélection. Conditions de légalité. Il ressort de ces dispositions combinées des art. D. 211-10, D. 211-11 et D. 331-38 que l'élève choisit librement les enseignements d'exploration qu'il souhaite suivre. Aucune sélection en fonction du nombre de places n'est prévue en ce qui concerne ce choix dès lors que les enseignements d'exploration choisis sont assurés dans un établissement de la zone de desserte du lieu de résidence de l'élève ou du secteur de rattachement. Si ces dispositions prévoient l'instauration d'une procédure de sélection lorsque le souhait d'affectation formulé déroge aux principes régissant l'affectation des élèves dans leur zone de desserte, une telle sélection ne peut légalement être mise en œuvre qu'à la condition que les demandes de dérogation excèdent les possibilités d'accueil de l'établissement. • TA Lyon, 6 déc. 2018, n° 1604746.

Décret n° 2017-597 du 21 avril 2017,

Portant expérimentation d'une procédure d'orientation des élèves dérogeant à l'article L. 331-8 du code de l'éducation.

Art. 1er A titre expérimental et pour une durée de deux ans, en application de l'article 38 de la loi du 27 janvier 2017 susvisée *[n° 2017-86 relative à l'égalité et à la citoyenneté]*, la procédure d'orientation des élèves du collège peut déroger aux dispositions des articles D. 331-33 à D. 331-35 du code de l'éducation dans les établissements scolaires dont la liste est fixée par arrêté du ministre chargé de l'éducation nationale.

Art. 2 Dans ces établissements, l'expérimentation porte sur la procédure et les conditions dans lesquelles est prise la décision d'orientation des élèves scolarisés dans les classes de troisième pendant les années scolaires 2016-2017 et 2017-2018.

Art. 3 Après la mise en œuvre des dispositions prévues par les articles D. 331-26 à D. 331-32 du code de l'éducation, lorsque les propositions du conseil de classe sont conformes aux demandes des responsables légaux de l'élève ou de l'élève majeur, le chef d'établissement prend les décisions d'orientation conformément à ces demandes et les notifie aux responsables légaux de l'élève ou à l'élève majeur.

Lorsque ces propositions ne sont pas conformes aux demandes, le chef d'établissement ou son représentant, avec le professeur principal de la classe, reçoit l'élève et ses responsables légaux afin de leur expliquer les propositions du conseil de classe, de recueillir leurs observations et de proposer un entretien avec un conseiller d'orientation-psychologue dans un délai de cinq jours ouvrables. Si, au terme de ces cinq jours, le cas échéant après une nouvelle rencontre avec le chef d'établissement ou son représentant organisée à la demande de l'élève et ses responsables légaux, ces derniers maintiennent leur choix, le chef d'établissement prononce une décision d'orientation conforme à ce choix. Il en informe l'équipe éducative.

Art. 4 Dans les six mois qui suivent le terme de l'expérimentation, le rapport d'évaluation prévu par l'article 38 de la loi du 27 janvier 2017 susvisée est établi à partir de l'évolution d'indicateurs, définis par le ministre chargé de l'éducation nationale, permettant de suivre le parcours des élèves des établissements dans lesquels l'expérimentation a été conduite.

CHAPITRE II LES ENSEIGNEMENTS DISPENSÉS DANS LES COLLÈGES

BIBL. ▸ Battaglia, Collège en faillite cherche modèle, *Le Monde, Éducation, 13 avr. 2011. 3.* – Boissinot, Un peu d'histoire. Le collège, à la recherche de son équilibre, *Tribune, AEF 16 sept. 2016, Dépêche n° 545434.* – Cousin, De l'efficacité des collèges. Sociologie de l'effet établissement, *PUF, 1998.* – Cousin et Felouzis, Le collège : enjeux et débats, *Doc. fr., coll. Problèmes politiques et sociaux, n° 876, juin 2002.* – Davidenkoff et Tassart, Collège. Votre enfant de la 6e à la 3e. Enseignement général et technologique ; Lycée 2. Enseignement professionnel, coédition *France Info/Jacob Duvernet, 2001.* – Duru-Bellat et Mingat, Le déroulement de la scolarité au collège : le contexte « fait de différences », *Revue française de sociologie, 29-4, 1988. 649.* – Gauthier, Les contenus d'enseignement, enjeu technique ou politique, *RFAP, n° 79, juill.-sept. 1996.* – Goyet, Collège de France, *Fayard, 2003* ; Tombeau pour un collège, *Flammarion, 2008.* – Lelièvre, Le collège : perspectives historiques et débats contemporains, *Regards croisés sur l'économie, éd. La découverte, 2012/2, n° 12, p. 54.* – Lepetit, Peretti, Sorbe et Beurrier, Rapport sur la grille horaire des enseignements au collège, *Rapp. IGAENR, oct. 2006.* – Saget, Principe pour l'élaboration d'une politique éducative d'établissement, MEN, *Rapp. IGEN, n° 2011-049, mai 2011.* – Savoie, La construction de l'enseignement secondaire (1802-1914). Aux origines d'un service public, *ENS éd., 2013.* – Sere et Bassy, Le manuel scolaire à l'heure du numérique. Une « nouvelle donne » de la politique de ressources pour l'enseignement, MEN, *Rapp. IGEN-IGAENR, n° 2010-087, juill. 2010.* – Truong, Comment réinventer l'école ?, *Le Monde, 3 sept. 2011. 18.* – Vibert, Delaubier, Kerrero, Paulin-Moulard, Poncelet, Szymczak, Cazajous et Roignot, La mise en place des conseils école-collège, *Rapp. IGEN-IGAENR, n° 2014-026, mai 2014.*

▸ **Collège unique** : Baumard, Le collège unique sur le gril : un rapport du Haut Conseil de l'éducation pointe ses mauvais résultats, *Le Monde, Éducation, 14 oct. 2010. 3.* – Blanquer, Le collège unique pour quoi faire ?, *Retz, 2006.* – Cédelle et Lelièvre, « On confond collège unique et collège uniforme », *Le Monde, 8 sept. 2007. 11.* – Damas, Le collège : entre unité et diversité, *in* Le système éducatif en France, *Doc. fr., coll. Les notices, 2003. 75.* – Derouet, Le collège unique en question, *PUF, 2003.* – Dubet et Quiniou, Pour ou contre le collège unique, in Éducation, les enjeux, *Doc. fr., coll. regards sur l'actualité, n° 293, août-sept. 2003.* – Mons, Réinventer le collège unique, *Le Monde, 16 nov. 2010. 22.*

▸ **Évaluation :** Arzoumanian, Chabanon, Rivière, de la Haye et Gombert, Journée défense et citoyenneté 2016 : environ un jeune Français sur dix en difficulté de lecture, *MEN, Note d'information, n° 17-17, juin 2017.* – Dalibard, Fumel, Lima et Cedre 2015. Nouvelle évaluation en fin de collège : compétences langagières et littératie, *MENESR, DEPP, Note d'information, n° 21, juill. 2016.*

▸ **Évaluation internationale :** Battaglia, Pourquoi le « choc PISA » n'a pas eu lieu en France, *Le Monde, 9-10 oct. 2016, p. 10.* – Bart et Daunay, Les blagues à PISA : Le discours sur l'école d'une institution internationale, *éd. du Croquant, sept. 2016.* – Bottani et Vrignaud, La France et les évaluations internationales, *MEN, Rapp. pour le Haut Conseil de l'évaluation de l'école, n° 16, janv. 2005.* – Cytermann, Classements, indicateurs et politiques éducatives en France, *in* Palmarès et classements en éducation, *CIEP, Revue internationale d'éducation de Sèvres, n° 54, sept. 2010.* – Cytermann et Demeuse, La lecture des indicateurs internationaux en France, *Haut conseil de l'évaluation de l'école, Rapp. n° 18, mai 2005.* – Goldstein, Interprétation des comparaisons internationales des résultats scolaires, *UNESCO, Études et documents d'éducation, 1995, p. 11-32.* – de Ketele, L'évaluation de l'école par les standards internationaux, *in CIEP, Revue internationale d'éducation de Sèvres, n° 52, déc. 2009* ; Faces visibles et cachées des classements internationaux. Une tentative de modélisation des tensions dans l'enseignement obligatoire, *in* Palmarès et classements en éducation, *CIEP, Revue internationale d'éducation de Sèvres, n° 54, sept. 2010.* – Laughlin et Lachance, L'Indice composite d'apprentissage : au-delà d'un classement des villes « intelligentes », *in* Palmarès et classements en éducation, *CIEP, Revue internationale d'éducation de Sèvres, n° 54, sept. 2010.* – Lefresne, Du bon usage des comparaisons internationales dans l'aide au pilotage des systèmes éducatifs, *MENESR, DEPP, Éducation et Formations, n° 91, sept., p. 133.* – Mons et Pons, Pourquoi n'y a-t-il pas eu de « choc PISA » en France ? Sociologie de la réception d'une enquête internationale (2001-2008), *Revue française de pédagogie. Recherches en éducation, n° 182, 2013/1, p. 9-18.* – Pons, Qu'apprend-on vraiment de Pisa ? Sociologie de la réception d'une enquête internationale dans trois pays européens (2001-2008), *in* Palmarès et classements en éducation, *CIEP, Revue internationale d'éducation de Sèvres, n° 54, sept. 2010.* – Rochex, Pisa et les enquêtes internationales. Enjeux scientifiques, enjeux politiques, *Revue fran-*

çaise de pédagogie. Recherches en éducation, n° 164, juill.-sept. 2008, p. 81-85. – Vinokur, Mesure de la qualité des services d'enseignement et restructuration des secteurs éducatifs, *Cahiers de la Recherche sur l'Éducation et les Savoirs, HS n° 1, Pouvoirs et mesure en éducation, 2005, p. 83-108.*

▸ **Lutte contre l'échec scolaire – Éducation prioritaire – politique de réussite éducative** : V. ss. art. L. 332-4.

▸ **Climat scolaire** : V. ss. art. L. 421-8.

Art. L. 332-1 *Abrogé par L. n° 2013-595 du 8 juill. 2013, art. 49.*

Art. L. 332-2 *(L. n° 2013-595 du 8 juill. 2013, art. 50)* **« Dans la continuité de l'école primaire et dans le cadre de l'acquisition progressive du socle commun de connaissances, de compétences et de culture, tous les enfants reçoivent dans les collèges une formation secondaire accordée à la société de leur temps. » Elle repose sur un équilibre des disciplines intellectuelles, artistiques, manuelles, physiques et sportives et permet de révéler les aptitudes et les goûts. Elle constitue le support de formations générales ou professionnelles ultérieures, que celles-ci suivent immédiatement ou qu'elles soient données dans le cadre de l'éducation permanente.**

BIBL. ▸ Blanquer, L'école de demain. Propositions pour une éducation nationale rénovée, *Odile Jacob, 2016* ; L'école de la vie. Pour que chacun puisse réussir, *Odile Jacob 2014.* – Grange et Leroux, Le français à l'entrée en sixième, *Gallimard, coll. Le débat, n° 128, janv.-févr. 2004.* – Hébrard, La mixité sociale à l'école et au collège, *Rapport MEN, mars 2002.* – Mathias, Ambrogi (Pilotes), Jardin, Rojat, Foucault, Imbert et Brison, Les transitions entre les ordres d'enseignement. La transition entre l'école et le collège, *in IGAENR-IGEN, Rapp. annuel 2014. 32.*

COMMENTAIRE

Le collège est un élément de la chaîne éducative, depuis longtemps présenté comme son maillon faible ; même si les difficultés apparaissent dès l'école, c'est en effet à ce stade que peuvent se concentrer l'échec scolaire et la violence.

Autrefois, on appelait « collèges » tant les établissements privés, concurrents des lycées publics, qui accueillaient leurs élèves de la 11e au baccalauréat, que les collèges publics financés par les communes à la différence des lycées d'État. Parallèlement aux premiers cycles de ces établissements d'enseignement secondaire, l'enseignement primaire avait été complété par des écoles primaires supérieures (créées par la loi Guizot de 1833, transformées en collèges modernes en 1941) et des cours complémentaires dont le développement fut favorisé en 1936 par Jean Zay. En 1947, le plan Langevin-Wallon préconisa la création d'un tronc commun à tous les élèves. En 1959, la réforme Berthoin, portant la scolarité obligatoire à 16 ans, transforma les cours complémentaires en collèges d'enseignement général (CEG). Les élèves scolarisés en collèges modernes, CEG ou lycées pouvaient alors être orientés en fin de cinquième vers les centres d'apprentissage remplacés à partir de 1959 par les collèges d'enseignement technique (CET).

En 1963, la réforme Capelle-Fouchet permit la création des collèges d'enseignement secondaire (CES) rassemblant dans un même établissement enseignement long (moderne et classique, assuré par des professeurs certifiés ou agrégés) et enseignement court (confié aux instituteurs et professeurs des CEG, PEGC). Des débats vifs ont longtemps agité le monde syndical, les uns voyant dans le collège le prolongement de l'école (idée d'école moyenne), les autres comme un petit-lycée.

Le collège unique.

La loi Haby du 11 juillet 1975 créa le « collège unique » rassemblant dans un même type d'établissement l'ensemble des élèves de la sixième à la troisième avec pour objectif « l'acquisition d'une même culture pour tous les jeunes Français... dans une même école et un collège identique... élément essentiel de l'unité de la société française et de réduction de l'inégalité des chances » (V. Giscard d'Estaing, 2 mars 1977). La mise en place du collège unique s'accompagna toutefois d'une certaine diversification avec l'organisation d'actions de soutien et de mise à niveau des élèves en difficulté, les élèves les plus faibles pouvant être accueillis dans des classes préprofessionnelles de niveau (CPPN) ou de préapprentissage. La loi autorise à procéder à des « expérimentations pédagogiques » (art. L. 314-2), des dérogations instituées par décret permettant la création d'établissements expérimentaux, de plein exercice ou chargés d'expérimentation, dans l'enseignement public ou privé (art. D. 314-1 à D. 314-23). Par le jeu des options (latin, grec ; langues rares ; sections européennes...) fut par ailleurs maintenue une certaine hiérarchisation.

En 1983, le rapport de Louis Legrand, « Pour un collège démocratique », insista sur le fait que l'autonomie pédagogique devait permettre de tenir compte de la diversité des publics, proposant de compléter l'enseignement devant des classes indifférenciées par des groupes de niveau revus périodiquement et de supprimer les redoublements.

En 1994, à la suite du « Nouveau contrat pour l'école », le collège fut organisé en trois cycles (observation en 6e, cycle central 5e-4e rendant en principe impossibles les sorties en fin de 5e, orientation en 3e) avec l'idée de renforcer la diversification et l'aide aux élèves (études dirigées). La suppression du palier d'orientation de fin de cinquième laissera toutefois subsister les classes de quatrième et de troisième technologiques (existant par ailleurs dans l'enseignement agricole, recrutant *de facto* après la 5e).

En 1999, à la suite du rapport du sociologue François Dubet « Le collège de l'an 2000 », soulignant l'écart croissant entre les collèges et la question des élèves incapables de suivre les enseignements alors estimés de 10 à 15 %, l'accent fut mis sur la continuité CM2/6e, la diversification des méthodes et la vie scolaire avec la création des heures de vie de classe.

En 2001, la recherche d'un « collège républicain » entraîna la mise en place des « itinéraires de découverte » pluridisciplinaires, reprenant une démarche déjà présente dans la circulaire Fontanet de 1973 préconisant de réserver 10 % de l'horaire global pour encourager le travail en équipe et décloisonner les disciplines dans un objectif socio-culturel.

Parfois incompris et souvent critiqué (un ministre a même pu le brocarder en paraphrasant Voltaire, « collège unique, collège inique »), le collège unique, dont le principe a été réaffirmé par la loi du 6 juillet 2013 de refondation de l'école de la République, constituant aujourd'hui le second temps de la scolarité obligatoire, doit permettre à tous les élèves d'acquérir les connaissances, les compétences et la culture formant le socle commun (art. L. 122-1-1) : *« Dans la continuité de l'école primaire et dans le cadre de l'acquisition progressive du socle commun de connaissances, de compétences et de culture,* ***tous les enfants reçoivent dans les collèges une formation accordée à la société de leur temps*** » (art. L. 332-2). La période passée au collège doit amener les élèves à prendre conscience de leurs aptitudes et de leurs goûts grâce à la diversité des disciplines offertes : intellectuelles, artistiques, manuelles, sportives, et d'atteindre *« le meilleur niveau de maîtrise »* du socle commun, constituant le « support » des formations ultérieures, formations générales en lycée, formation professionnelle en lycée professionnel ou formation permanente (art. D. 332-1 s.). Si le collège a pour objectif de garantir à tous la maîtrise des fondamentaux, il doit aussi s'adapter à chacun ; la différenciation au sein du collège par la création de classes ou de sections adaptées comme l'individualisation du soutien, l'approfondissement ou l'accompagnement personnalisé permettent d'envisager un collège cadre commun à des parcours diversifiés. La notion d'école inclusive s'étendant au collège, les élèves les plus en difficulté peuvent être scolarisés en SEGPA (section d'enseignement général et professionnel adapté, V. ci-dessous) ; les collèges doivent aussi accueillir les élèves souffrant de handicaps (physiques ou psychiques) dans le cadre des ULIS (unités localisées pour l'inclusion scolaire).

C'est dans ce cadre législatif qu'intervint ***la réforme du collège*** voulue par la ministre Najat Valaud-Belkacem, adoptée par le ***décret nº 2015-544 du 19 mai 2015*** et l'arrêté du 19 mai 2015 applicables à la rentrée 2016 (avec expérimentations dans certains collèges dès 2015). Les objectifs affichés visaient à approfondir l'approche égalitaire : assurer la mixité sociale pour traiter la question de l'échec des plus faibles et prévenir le décrochage scolaire. La suppression des classes bilangues (créées en 2005 notamment pour éviter que les professeurs d'allemand ne soient en sous-service, regroupant 16 % des élèves de 6e, elles sont toutefois maintenues pour les élèves ayant débuté une autre langue que l'anglais ou ayant étudié une langue régionale à l'école), des sections européennes (concernant 10 % des élèves de quatrième et de troisième, V. Rapp. conjoint IGEN/IGAENR, déc. 2014) et de certaines options (latin, grec) comme l'accent mis sur le travail collectif et interdisciplinaire (création des EPI, enseignements pratiques interdisciplinaires) entraînèrent de multiples protestations [V. au contentieux : des recours contre le Décr. du 19 mai 2015, arguant notamment du fait que la démarche interdisciplinaire modifierait les conditions de travail des enseignants, furent rejetés par le Conseil d'État (CE 1er juin 2016, *Assoc. Arrête ton char – les langues et cultures de l'Antiquité aujourd'hui et a.*, nos 390956, 390958, 390987, 390988, 391424, 391674, 391733, 391771, 391868 et 391874]). Ces résistances trouvèrent un écho lors de la campagne présidentielle de 2017 : le candidat élu avait indiqué qu'il souhaitait redonner de la liberté dans l'organisation des collèges, enrichir les enseignements, avec le rétablissement des classes bilangues ou le développement des langues anciennes. En conséquence, un ***arrêté du 16 juin 2017*** pris par le ministre Jean-Michel Blanquer modifie l'arrêté du 19 mai 2015 relatif à l'organisation des enseignements dans les classes de collège ; l'idée est à nouveau de donner davantage de souplesse aux équipes pédagogiques pour s'adapter aux besoins des élèves et permettre aux collèges de développer des projets pédagogiques spécifiques mais en insistant plus sur la liberté que sur l'égalité (20 % de l'horaire global). Est ainsi esquissé un collège commun combinant un socle fondamental redessiné (avec horaire minimal en français et math) et des parcours personnalisés permettant l'expression des intelligences (avec groupes de compétences en français, math, langues) ; les collèges proposent en outre une aide aux devoirs gratuite en dehors des heures de cours pour les élèves volontaires (*« Devoirs faits »*) ; à terme, l'évolution de la carte scolaire devrait permettre d'élargir le périmètre de choix offert à chaque élève et de fermer les collèges les plus faibles.

Enseignements communs, complémentaires, facultatifs.

Si les collèges continuent à dispenser un enseignement réparti sur quatre niveaux successifs (6e, 5e, 4e, 3e), ceux-ci sont répartis non plus en trois cycles (résultant du Décr. no 96-465 du 29 mai 1996) mais en deux : soulignant la continuité école/collège, le cycle 3 ou ***cycle de consolidation*** comprend depuis 2013 les deux derniers niveaux de l'école, CM1 et CM2 et la classe de sixième ; le cycle 4 ou ***cycle des approfondissements*** est dorénavant constitué des classes de cinquième, quatrième et troisième, regroupant l'ancien cycle central et l'ancien cycle d'orientation du collège (Décr. no 2013-682 du 24 juill. 2013, art. D. 311-10).

Le chapitre consacré aux enseignements dispensés dans les collèges distingue un enseignement commun et des enseignements complémentaires (art. L. 332-3). Des aménagements particuliers et des actions de soutien peuvent être prévus au profit des élèves qui éprouvent des difficultés. Si elles sont graves et permanentes, les élèves peuvent recevoir un enseignement adapté (art. L. 332-4). Par ailleurs, des activités d'approfondissement dans les disciplines de l'enseignement commun peuvent être organisées (art. L. 332-4, al. 2).

Les enseignements communs dont les programmes et le volume horaire fixés par le ***tableau annexé à l'arrêté du 16 juin 2017 (reprenant sans modification l'Arr. du 19 mai 2015)*** sont identiques pour tous les élèves (23 h en 6e, 22 h en cycle 4 auxquelles s'ajoutent les enseignements complémentaires). Ainsi les enseignements de langue sont prévus en 6e (4 h permettant de conforter les acquis de l'école) et en cycle 4, l'enseignement de la seconde langue débutant désormais en 5e (LV1 : 3 h ; LV2 : 2 h 30). L'apprentissage de deux langues à partir de la première année du cycle 4 bénéficie de six heures hebdomadaires. Les élèves doivent être répartis sur plusieurs classes pour éviter toute constitution de filières.

Les ***enseignements complémentaires*** introduits par la loi de 2013 *« peuvent être proposés afin de favoriser l'acquisition du socle commun »* (art. L. 332-3). S'ils constituent une simple faculté, rien ne s'oppose à ce que le pouvoir réglementaire les rende obligatoires (CE 1er juin 2016, *Assoc. Arrête ton char – les langues et cultures de l'Antiquité aujourd'hui et a., préc.*). L'arrêté de 2015 les présentait sous deux formes : un temps d'accompagnement personnalisé (AP) destiné à tous les élèves dès la 6e selon leurs besoins pour soutenir leur capacité d'apprendre et de progresser, notamment dans leur travail personnel, améliorer leurs compétences et contribuer à la construction de leur autonomie intellectuelle ; en cycle 4, le texte de 2015 prévoyait que s'y ajoutent ***les enseignements pratiques interdisciplinaires (EPI)***, dont les contenus sont établis en fonction des objectifs du socle commun de connaissances, de compétences et de culture et des programmes des cycles concernés. L'arrêté de 2017 réduit ces possibilités, passant du « et » cumulatif au « ou » optionnel (Arr. préc., art. 3, II), les élèves bénéficiant soit de l'AP soit de l'EPI, sachant qu'à l'issue du cycle 4, ils auront dû suivre chacune des formes d'enseignements complémentaires (2017). L'arrêté de 2015 précisait que « toutes les disciplines d'enseignement contribuent aux enseignements complémentaires » ; la précision a été supprimée en 2017.

L'accompagnement personnalisé (AP) s'adresse à tous les élèves selon leurs besoins ; il est destiné à soutenir leur capacité d'apprendre et de progresser, notamment dans leur travail personnel, à améliorer leurs compétences et à contribuer à la construction de leur autonomie intellectuelle (Arr. du 16 juin 2017, art. 3, II, *a*) ; en sixième, trois heures par semaines lui sont consacrées ; en cycle 4, chaque élève en bénéficie, à raison d'une à deux heures hebdomadaires (ce qui n'est qu'une possibilité depuis 2017). L'accompagnement personnalisé prend des formes variées : approfondissement ou renforcement, développement des méthodes et outils pour apprendre, soutien, entraînement, remise à niveau. Quelles que soient les formes retenues, il repose sur les programmes d'enseignement pour la maîtrise du socle commun de connaissances, de compétences et de culture, notamment le domaine 2 « les méthodes et outils pour apprendre ». Les élèves peuvent être regroupés en fonction de leurs besoins, au sein de groupes dont la composition peut varier durant l'année.

Les ***enseignements pratiques interdisciplinaires*** (EPI), reprenant une approche déjà présente avec les itinéraires de découverte, reposent sur une démarche de projet produisant une réalisation concrète, individuelle ou collective, permettant aux élèves de construire et d'approfondir des connaissances et des compétences. L'arrêté du 19 mai 2015 précisait qu'ils devaient porter sur huit thématiques dont six devaient être traitées au cours du cycle 4 à raison de deux par année (Arr. de 2015, art. 6). Ce cadrage national a été supprimé par l'arrêté du 16 juin 2017, qui laisse donc le contenu des EPI et les méthodes (notamment l'usage des outils numériques et la pratique des langues vivantes étrangères qui étaient mentionnés par l'Arr. de 2015) à l'initiative des établissements et des équipes pédagogiques. L'arrêté de 2017 reprend toutefois la phrase précisant l'un des objectifs de cette forme d'enseignement complémentaire : les EPI « contribuent, avec les autres enseignements, à la mise en œuvre du parcours citoyen, du parcours d'éducation artistique et culturelle, du parcours éducatif de santé ainsi que du parcours avenir » (Arr. du 16 juin 2017, art. 3, II, *b*). La répartition entre les enseignements complémentaires est déterminée par l'établissement (en conseil d'administration), en fonction des besoins des élèves accueillis et du projet pédagogique de l'établissement. Elle est identique pour tous les élèves d'un même niveau (Arr. du 16 juin 2017, art. 4).

Les élèves volontaires peuvent en outre être dispensés des ***enseignements facultatifs*** prévus par arrêté (art. D. 332-4, I, al. 3). Pour répondre aux critiques sur l'abandon de l'enseignement du latin et du grec, l'arrêté de 2015 avait ainsi prévu sur la base du volontariat un enseignement de complément (en fait facultatif) aux EPI d'une heure en 5ᵉ et de deux heures en 4ᵉ et 3ᵉ. L'arrêté de 2017 élargit l'offre d'enseignement facultatif tant pour le latin et le grec (le portant à 3 heures en 4ᵉ et 3ᵉ) que pour la LV2 en 6ᵉ (2 langues dans la limite de 6 h par semaine) et un enseignement de langues et cultures européennes (2 h) et de langues et cultures régionales (art. 7). Ces dispositions permettent de redonner vie aux classes bilangues et aux sections européennes ou régionales (avec possibilité d'enseignement d'autres disciplines en langues vivantes étrangères ou régionales dans la limite d'un horaire inférieur à la moitié du volume horaire (V. art. L. 121-3).

Autonomie pédagogique des collèges.

« Les collèges [...] disposent d'une autonomie qui porte sur l'organisation de l'établissement en classes et en groupes d'élèves ainsi que les modalités de répartition des élèves » (art. R. 421-2). L'autonomie de l'établissement et des équipes enseignantes se traduit par une démarche collective se déroulant en trois temps. Les ***conseils d'enseignement*** réunissant les professeurs d'une même discipline réfléchissent à la mise en œuvre des programmes dans chaque cycle ; le ***conseil pédagogique*** est consulté sur la préparation de l'organisation des enseignements (art. R. 421-41-3) qui est fixée par le ***conseil d'administration***, conformément au projet d'établissement (art. R. 421-2). Dans les établissements d'enseignement privés sous contrat, l'organisation des enseignements est fixée par le chef d'établissement en concertation avec les professeurs qui doivent être informés des suites de cette consultation (art. D. 332-4-II). Le décret du 19 mai 2015 fixe un cadre horaire uniquement pour les établissements publics en précisant que l'amplitude quotidienne ne doit pas dépasser six heures d'enseignement pour les élèves de sixième et impose une pause méridienne d'une durée minimale d'une heure trente minutes (sauf dérogation accordée pour l'une et l'autre par le recteur d'académie

en cas de contraintes spécifiques, par exemple pour des problèmes de transports scolaires ou dans le cadre de classes à horaires aménagés musique, danse et théâtre et sections sportives).

Chaque établissement a la possibilité de moduler la répartition du volume horaire hebdomadaire par discipline. Il doit toutefois respecter le cadre fixé par l'article 9 de l'arrêté du 16 juin 2017 (volume horaire global de chaque discipline d'enseignement obligatoire pour la durée du cycle, volume horaire global annuel des enseignements obligatoires pour chaque élève, obligations réglementaires de service des enseignants). La modulation de la répartition du volume horaire hebdomadaire est fixée pour la durée du cycle. La répartition du volume horaire doit rester identique pour tous les élèves d'un même niveau. Toutes les disciplines d'enseignement obligatoire sont assurées chaque année du cycle (V. CE 1er juin 2016, *Assoc. Arrête ton char – les langues et cultures de l'Antiquité aujourd'hui et a., préc.* ; en introduisant cette modulation le pouvoir réglementaire n'a pas porté atteinte au principe d'égal accès à l'instruction).

Chaque établissement dispose d'une dotation horaire de trois heures par semaine et par division ; il en arrête l'emploi en favorisant le travail en groupes à effectifs réduits (organisation pédagogique appropriée à la diversité des élèves, art. D. 332-5) et les interventions conjointes de plusieurs enseignants ; en outre, il est possible de proposer dans ce cadre un ou plusieurs enseignements facultatifs (Arr. de 2017, art. 6) sans toutefois pouvoir constituer de filières (art. D. 332-5, ce qui doit logiquement empêcher la constitution de classes spécialisées, les élèves des différentes classes pouvant être rassemblés pour certains enseignements en section). Cette dotation est répartie proportionnellement aux besoins définis dans le projet d'établissement pour chaque niveau d'enseignement. Un complément de dotation horaire spécifique est prévu pour permettre d'offrir un enseignement de découverte professionnelle aux élèves des classes de 3e, dites « préparatoires à l'enseignement professionnel », installées dans des collèges ou des lycées (Arr. de 2017, art. 8).

Collège et formation professionnelle.

La loi précise qu'au cours de la dernière année au collège, les élèves peuvent recevoir une préparation à la formation professionnelle avec éventuellement des stages en entreprise et une association des lycées professionnels (art. L. 332-3 ; dans le cadre des mesures de simplification annoncées en 2016, une convention de stage dématérialisée devrait être disponible sur un portail recensant par ailleurs les offres des entreprises), l'arrêté du 19 mai 2015 ajoute que pour les classes de troisième, dites « préparatoires à l'enseignement professionnel », installées dans des collèges ou des lycées, les volumes horaires sont identiques à ceux des autres classes de troisième. Toutefois, les enseignements complémentaires doivent permettre aux élèves de ces classes de découvrir différents champs professionnels afin de construire leur projet de formation et d'orientation (Arr. du 2 févr. 2016 ; depuis l'Arr. du 10 août 2017 « l'enseignement de découverte professionnelle » cesse d'être « de complément », ce qui entraîne la suppression du fléchage de la dotation).

Pour les élèves éprouvant des difficultés graves et persistantes, des ***sections d'enseignement général et professionnel adapté (SEGPA)*** peuvent être implantées en collège (art. L. 332-4, al. 5, et D. 332-7). Créées en 1996, elles ont pris la suite des classes d'enseignement spécialisés. Il s'agit de structures spécifiques mises en place de la 6e à la 3e qui réunissent des effectifs limités. Les élèves sont pré-orientés en classe de 6e, avant une éventuelle orientation définitive en 5e. Leur inclusion dans le collège doit se faire par leur participation à des projets communs, mais aussi à des groupes de besoins et séquences d'enseignements communs dans les classes ordinaires du collège. L'individualisation des parcours de formation est conçue de telle façon que tous les élèves soient en mesure, à l'issue de la scolarité obligatoire, d'accéder à une formation conduisant au minimum à une qualification de niveau 5 (Décr. du 21 oct. 2015 relatif aux classes des sections d'enseignement général et professionnel adapté, Arr. du 21 oct. 2015 relatif aux classes des sections d'enseignement général et professionnel adapté mod. par Arr. du 31 juill. 2017 ; Circ. n° 2015-6176 du 28 oct. 2015). La demande d'admission formulée par l'élève et ses représentants légaux est soumise à une commission rectorale qui examine le dossier présenté par le chef d'établissement après consultation de l'équipe éducative et propose l'affectation (art. D. 337-173). La formation comporte des enseignements communs et complémentaires, des séquences d'observation et des stages en milieu professionnel (art. D. 331-1 s.), ainsi que des périodes d'immersion dans des lycées, dans des CFA. Une convention est conclue entre collèges et lycées professionnels ou polyvalents pour définir les modalités pédagogiques et d'organisation des enseignements (art. D. 337-12, modifié par Décr. n° 2019-176 du 7 mars 2019 relatif à la classe de troisième dite « prépa-métiers »). ❑

Art. L. 332-3 **Les collèges dispensent un enseignement commun, réparti sur quatre niveaux successifs.** *(L. n° 2013-595 du 8 juill. 2013, art. 51)* **« A chacun d'entre eux, des enseignements complémentaires peuvent être proposés afin de favoriser l'acquisition du socle commun de connaissances, de compétences et de culture et de faciliter l'élaboration du projet d'orientation mentionné à l'article L. 331-7. Au cours de la dernière année de scolarité au collège, ceux-ci peuvent préparer les élèves à une formation professionnelle et, dans ce cas, comporter éventuellement des stages contrôlés par l'État et accomplis auprès de professionnels agréés. Les lycées professionnels et les établissements d'enseignement agricole peuvent être associés à cette préparation. Dans les établissements d'enseignement agricole, ces enseignements complémentaires peuvent comporter des stages contrôlés par l'État et accomplis auprès de professionnels agréés, au cours des deux dernières années de scolarité du collège. »**

1. Réforme du collège. Décrets sur la mise en œuvre. Rejet du recours. Le Conseil d'État rejette les recours contre les deux textes réglementaires mettant en œuvre la réforme du collège (Décr. du 19 mai 2015 relatif à l'organisation des enseignements au collège et Arr. du 19 mai 2015 relatif à l'organisation des enseignements dans les classes de collège) à l'exception d'une disposition relative à l'organisation du temps scolaire. Il estime en effet que si les dispositions ce cet article définissent les enseignements complémentaires comme une faculté qui peut être proposée aux différents niveaux d'enseignement, elles ne font pas obstacle à ce que de tels enseignements complémentaires soient rendus obligatoires; qu'elles n'ont, par suite, pas été méconnues par le décret attaqué qui prévoit, au titre des enseignements en classes de collège, outre des enseignements communs à tous les élèves, l'obligation de suivre des enseignements complémentaires; que, ce faisant, le décret n'a pas davantage méconnu le principe constitutionnel d'égal accès à l'instruction rappelé par l'art. L. 141-1 C. éduc. • CE 1er juin 2016, *Assoc. Arrête ton char – Les langues et cultures de l'Antiquité, Synd. nat. des enseignements de second degré et a.*, nos 390956, 390958, 390987, 390988, 391424, 391674, 391733, 391771, 391868 et 391874 B : *AJDA 2016. 1150* ; *LIJ 2016, n° 194, p. 6.* ♦ En l'espèce, le Conseil d'État annule les dispositions des deux derniers al. du II de l'art. D. 332-4 introduites par le décret attaqué, aux termes desquelles : « L'amplitude quotidienne ne dépasse pas six heures d'enseignement pour les élèves de sixième, sauf dérogation accordée par le recteur d'académie en cas de contrainte spécifique. Une pause méridienne d'une durée minimale d'une heure trente minutes est assurée à chaque élève, sauf dérogation accordée par le recteur d'académie en cas de contrainte spécifique » qui affectent l'organisation et le fonctionnement des EPLE et les conditions dans lesquels ceux-ci organisent le temps scolaire et les modalités de la vie scolaire qui devaient ainsi être prises par décret en Conseil d'État. • CE 1er juin 2016, *Assoc. Arrête ton char – Les langues et cultures de l'Antiquité, Synd. nat. des enseignements de second degré et a.*, nos 390956, 390958, 390987, 390988, 391424, 391674, 391733, 391771, 391868, 391874 B : *préc.* ♦ V. aussi note ss. art. L. 332-3.

2. Principe d'autonomie dont disposent les écoles, les collèges et les lycées dans le domaine pédagogique. V. note ss. art. L. 311-2

Art. L. 332-3-1 *(L. n° 2011-893 du 28 juill. 2011, art. 15) (L. n° 2018-771 du 5 sept. 2018, art. 18)* **« Dans le cadre du parcours individuel d'information, d'orientation et de découverte du monde économique et professionnel défini à l'article L. 331-7, » des périodes d'observation en** *(L. n° 2017-86 du 27 janv. 2017, art. 188)* **« milieu professionnel, dans une entreprise, une administration ou une association, » d'une durée maximale d'une semaine peuvent être proposées durant les vacances scolaires aux élèves des deux derniers niveaux de l'enseignement des collèges ou aux élèves des lycées, en vue de l'élaboration de leur projet d'orientation professionnelle. Dans l'exercice de leurs compétences, les chambres consulaires apportent leur appui à l'organisation de ces périodes.**

(L. n° 2018-771 du 5 sept. 2018, art. 18) **« A leur demande et sous réserve de l'accord du chef d'établissement, les élèves mentionnés au premier alinéa du présent article peuvent effectuer une période d'observation en milieu professionnel, d'une durée maximale d'une journée par an, sur leur temps scolaire. »**

Art. L. 332-3-2 *(L. nº 2017-86 du 27 janv. 2017, art. 188)* **Les collèges et les lycées font connaître à leurs élèves la possibilité de réaliser les périodes d'observation en milieu professionnel dans une administration de l'État, une collectivité territoriale ou un établissement public, sans préjudice de leur information sur les périodes d'observation dans une entreprise ou une association.**

Tout élève qui bénéficie d'une bourse nationale de collège ou d'une bourse de lycée et tout élève d'un établissement d'éducation prioritaire peut, à sa demande, accomplir cette période d'observation dans une administration de l'État, une collectivité territoriale ou un établissement public.

Art. L. 332-4 **Dans les collèges, des aménagements particuliers et des actions de soutien sont prévus au profit des élèves qui éprouvent des difficultés. Lorsque celles-ci sont graves et permanentes, les élèves reçoivent un enseignement adapté.**

Par ailleurs, des activités d'approfondissement dans les disciplines de l'enseignement commun des collèges sont offertes aux élèves qui peuvent en tirer bénéfice.

(L. nº 2005-380 du 23 avr. 2005, art. 31) **« Des aménagements appropriés sont prévus au profit des élèves** *(L. nº 2019-791 du 26 juill. 2019, art. 27)* **« à haut potentiel » ou manifestant des aptitudes particulières, afin de leur permettre de développer pleinement leurs potentialités. La scolarité peut être accélérée en fonction du rythme d'apprentissage de l'élève. »**

(L. nº 2005-380 du 23 avr. 2005, art. 31) **« Des actions particulières sont prévues pour l'accueil et la scolarisation des élèves non francophones nouvellement arrivés en France.**

« Pour l'application des dispositions du présent article, des établissements scolaires peuvent se regrouper pour proposer des structures d'accueil adaptées. »

BIBL. ▸ **Élèves précoces :** DELAUBIER, La scolarisation des élèves « intellectuellement précoces », *Rapport MEN, janv. 2002.*

▸ **Mixité sociale :** AUGEREAU et BEN-ALI, La motivation et le sentiment d'efficacité des élèves baissent de façon socialement différenciée au cours du collège, *MEN-DEPP, Note d'information nº 19.02, mars 2019.* – BARHOUMI et CAILLE, Les élèves sortent de l'enseignement secondaire de plus en plus diplômés mais au terme de parcours scolaires encore socialement différenciés, *MEN-DEPP, Note d'information, nº 20.07, mars 2020.* – BATTAGLIA et MONIEZ, L'évitement scolaire au cœur du projet de loi, *Le Monde, 10 déc. 2020. 13.* – BOUTCHENIK et MAILLARD, Élèves hétérogènes, pairs hétérogènes. Quels effets sur les résultats au baccalauréat ?, *in Éducation & formations, nº 100, déc. 2019. 53.* – BRINBAUM, Trajectoires scolaires des enfants d'immigrés jusqu'au baccalauréat : rôle de l'origine et du genre. Résultats récents, *in Éducation & formations, nº 100, déc. 2019. 73.* – BRUN et LE CAIGNEC, 64 350 élèves allophones nouvellement arrivés en 2017-2018 : 8 sur 10 étaient déjà scolarisés précédemment, *MENJ-DEPP, Note d'information, nº 19.52, déc. 2019.* – COURTIOUX, Dix ans de mixité sociale au collège : le public fait-il vraiment mieux que le privé ?, *EDHEC, Pôle de recherche en Économie, mai 2016.* – FACK et GRENET, L'impact du choix scolaire régulé sur la mixité sociale et scolaire dans les lycées parisiens Les enseignements de la procédure Affelnet, *MENSRI, Éducation & Formations, nº 91, Massification scolaire et mixité sociale, sept. 2016.77 ; Peut-on accroitre la mixité sociale à l'école ?, Regards croisés sur l'économie, éd. La découverte, 2012/2, nº 12, p. 165.* – FOUGÈRE, KIEFER, MONSO et PIRUS, La concentration des enfants étrangers dans les classes de collèges. Quels effets sur les résultats scolaires ?, *in Éducation & formations, nº 95, déc. 2017. 139.* – GIVORD, GUILLERM, MONSO et MURAT, Comment mesurer la ségrégation dans le système éducatif ? Une étude de la composition sociale des collèges français, *MENESR, DEPP, Éducation et Formations 2016, nº 91 p. 21* ; La ségrégation sociale entre les collèges. Quelles différences entre public et privé, aux niveaux national, académique et local ?, *MENESR, DEPP, Éducation et Formations 2016, nº 91 p. 53.* – GRENET, Démocratisation scolaire, politiques éducatives et inégalités : une évaluation économique, *Thèse, Paris EHESS, 2008.* – GUYON, Mixité ou ségrégation : quelle école bénéficie le plus aux élèves ?, *Regards croisés sur l'économie, éd. La découverte, 2012/2, nº 12, p. 151.* – KELLER, L'avenir des « années collège » dans les quartiers sensibles, *Sénat, Rapport d'information nº 352 (2010-2011).* – LANIER, L'accueil des enfants (d') immigrés dans les écoles françaises : éducation entre culture familiale et culture du pays d'arrivée, *Thèse, Univ. Dijon, 2011.* – MARTIN, Les classes artistiques favorisent la mixité dans les collèges, *Le Monde, 14 juin 2019. 13.* – MONS (dir. publ.), CHESNE (rédac. chef), BLANCHARD-SCHNEIDER, COUDROY, DOUMENC, EL HAOUARI, HELMEID, LOPES, PIQUET et SOUIDI, Inégalités sociales et migratoires. Comment l'école amplifie-t-elle les inégalités sociales et migratoires *CNESCO-Conseil national d'évaluation du système scolaire, Rapp. scientifique, sept. 2016.* – MAUGIS, Six types de collèges différenciés par la population accueillie et la situation géographique, *MENJ-*

DEPP, Note d'information, n° 20.01, janv. 2020. – Morlaix et Meuret, L'influence de l'origine sociale sur les performances scolaires : par où passe-t-elle ?, *Rev. fr. de sociologie, vol. n° 47, n° 1, p. 49-80.* – Navarro, Massification de l'enseignement, inégalités d'apprentissage et pratiques pédagogiques, *Regards croisés sur l'économie, éd. La découverte, 2012/2, n° 12, p. 203.* – di Paola, Moullet, Olympio et Verdier, D'une génération à l'autre : enseignements professionnels et inégalités sociales, *in* Rendement éducatif, parcours et inégalités dans l'insertion des jeunes – Rocher, Construction d'un indice de position sociale des élèves, *MEN-DEPP, Éducation & formations, n° 90, 2016.* – Prost et Baudry, Quels enseignements tirer de la démocratisation scolaire, Regards croisés sur l'économie, *éd. La découverte, 2012/2, n° 12, p. 46.* – Van Zanten, Choisir son école, *PUF, 2009.* – Recueil d'études sur la génération 2010, *CEREQ, CEREQ Échanges, n° 5, mai 2017. 319.*

▸ **Égalité filles-garçons :** V. Bibl. ss. art. L. 121-1.

▸ **Égalité des chances :** V. Bibl. ss. art. L. 111-1.

▸ **Décrochage scolaire. Lutte contre l'échec scolaire :** Aubrée, Le décrochage scolaire. Un phénomène qui déstabilise les acteurs de l'institution scolaire, *MENESR, DEPP, Éducation et Formations 2016, n° 91, p. 115.* – Biaggi, Cherifi, Obert et Raynal, Mission de suivi et d'observation de la mise en œuvre des réformes en cours « Devoirs faits ». Note d'étape, *MENJS, Rapp. IGESR, n° 2020-118, août 2020* ; Note d'étape, *MENJS, Rapp. IGESR, n° 2020-031, févr. 2020.* – Blaya, Le décrochage scolaire dans les pays de l'OCDE, *Regards croisés sur l'économie, éd. La découverte, 2012/2, n° 12, p. 69.* – Boudesseul, Caro, Grelet, Minassian, Vivent et Monso, Atlas des risques sociaux d'échec scolaire : l'exemple du décrochage, France métropolitaine et Dom (données 2011), *MENESR, DEPP-CEREP, 2016.* – Brun, 67 909 élèves allophones nouvellement arrivés en 2018-2019 : neuf sur dix bénéficient d'un soutien linguistique ou d'une scolarité dans un dispositif spécifique, *MENJ-DEPP, Note d'information n° 20.39, nov. 2020.* – Careil et Guibert, Le droit à la réussite scolaire au regard de la mobilisation socialement différenciée des ressources parentales *in* Le droit et l'école. De la règle aux pratiques, *Didact Éducation, 2003. 145.* – Chabanon, Journée défense et citoyenneté 2018 : plus d'un jeune Français sur dix en difficulté de lecture, *MENJ-DEPP, Note d'information, n° 19.20, juin 2019.* – Cristofari, Bouysse, Chudeau, de Groer, Durpaire, Leloup, Sueur et Bresson, Le dispositif « plus de maîtres que de classes » – projet et mise en œuvre pédagogiques, *Rapp. IGEN-IGAENR, n° 2014-031, juin 2014.* – Desvignes et Venet, « Retard » et « sous-développement » ? Représentations et réalités des difficultés scolaires dans une académie à dominante populaire et rurale, *in Éducation & formations, n° 100, déc. 2019. 105.* – Duru-Bellat, L'échec scolaire : rouages sociaux, politiques possibles, *in* Éducation, les enjeux, *Doc. fr., coll. Regards sur l'actualité, n° 293, août-sept. 2003.* – Gossot et Dubreuil, Les élèves en difficulté à l'entrée au collège, *Rapp. IGEN, 2003.* – Hussenet et Santana, Le traitement de la grande difficulté scolaire au collège et à la fin de la scolarité obligatoire, *Haut Conseil de l'évaluation de l'école, Rapp. n° 13, nov. 2004.* – Ines, Réinsertion scolaire. Chronique d'un échec annoncé, *Le Monde, 19 nov. 2010. 18.* – Jurus et Musine, Quel impact de la taille des classes sur les performances scolaires ?, *Regards croisés sur l'économie, éd. La découverte, 2012/2, n° 12, p. 81.* – Klein, Favoriser la rénovation du patrimoine scolaire des quartiers populaires pour créer une école moderne et attractive, *Rapp. interministériel, MENESR-Min.VJS, mars 2017.* – Monteil et Huguet, Réussir ou échouer à l'école : une question de contexte ?, *Presses universitaires de Grenoble, coll. « Vies sociales », nov. 2013.* – Morin, Un dosage entre réussite et accompagnement pour classer les lycées, *Le Monde 19 mars 2020. 19.* – Reuter (dir.), Vivre les disciplines scolaires. Vécu disciplinaire et décrochage à l'école, *ESF, coll. Pédagogies, 2016.* – Robin, Les élèves du premier degré à la rentrée 2018 : le dédoublement des classes de CP et de CE1 dans l'éducation prioritaire s'amplifie, *MENJ-MESRI-DEPP, Note d'information, n° 18.27.* – Seibel, L'échec scolaire n'est pas une fatalité, *Le Monde, 28 juin 2011. 19.* – Seve et Ménager, Devoirs faits, *MENJ, Rapp. IGEN-IGAENR, n° 2019-055, juill. 2019.* – Studer et Minot, Ass. Nat., Rapp. d'information de la mission effectuée à la Guadeloupe et à la Martinique pour la rentrée scolaire (3-8 sept. 2017), *Comm. Affaires culturelles, n° 610, 31 janv. 2018.* – Zaffran et Vollet, Est-il raisonnable de ne pas croire au diplôme ? Le cas des décrocheurs scolaires, *Éducation et formations, n° 94, sept. 2017* ; – Le décrochage scolaire : un défi à relever plutôt qu'une fatalité, MEN-DEPP, *Éducation & formations, n° 84, déc. 2013.* – Pisa, Les élèves en difficulté : Pourquoi décrochent-ils et comment les aider à réussir ?, *Éditions OCDE, Paris, 2016.*

▸ **Lutte contre l'échec scolaire (études internationales et études comparées) :** Brown et Kurzweil, Institutional transformation for student success, *Report, Ithaka S + R, 20 oct. 2016.* – Colmant, Le Cam et Pirls 2016 : Évaluation internationale des élèves de CM1 en compréhension de l'écrit – Évolution des performances sur quinze ans, *MEN, DEPP-B2, Note d'information, n° 17.24, déc. 2017.* – Doepke et Zilibotti, Love, Money & Parenting. How Economics Explains the Way We Raise Our Kids, Princeton University Press, 2019. – Finnie, Fricker, Bozkurt, Poirier, Pavlic et Pratt, L'aide pédagogique à l'école : mesurer les effets des interventions « proactives » sur les résultats des élèves, *Toronto, Conseil ontarien de la qualité de l'enseignement supérieur, 2017.* – Fournier, Rakocevic, L'Union européenne s'est fixé de nouveaux objectifs en éducation et formation pour 2030, *DEPP, Note d'information n° 21.25, mai 2021.* – Robert, De l'apprentissage au changement : les politiques scolaires de compensation en France et aux États-Unis (1965-2006), *Thèse, Paris, Institut d'études politiques, 2007.* – Agir face au décrochage scolaire : bilan et préconisations du Cnesco, *CNESCO, Conférence de comparaisons internationales, Dossier de synthèse, 9 et 10 nov. 2017.*

▶ **Éducation prioritaire :** Armand et Gille, La contribution de l'éducation prioritaire à l'égalité des chances des élèves, *MEN, Rapp. IGEN-IGAENR, n° 2006-076, oct. 2006 ; Doc. fr. 2006.* – Azema et Mathiot, Mission Territoires et réussite, *Rapp., 5 nov. 2019 ; AJDA 2019. 2213, note de Montecler* . – Benhenda, La politique d'éducation prioritaire depuis 2006 : d'un échec à l'autre ?, *Regards croisés sur l'économie, éd. La découverte, 2012/2, n° 12, p. 127.* – Blouet, Charpentier et Odin-Steiner, Dédoublement des classes de CP en éducation prioritaire : exploitation des enquêtes auprès des enseignants après deux années de déploiement, *MENJ-DEPP, Note d'information n° 20.15, avr. 2020.* – Cédelle, Est-ce la fin des ZEP ? Comment le gouvernement va-t-il les remplacer ?, *Le Monde, 8 oct. 2010. 14.* – Collas, En ZEP, l'instabilité des équipes est source d'inégalités, *Le Monde, 9-10 oct. 2016. 10.* – Cresas, Depuis 1981, l'école pour tous ? Zones d'éducation prioritaire, *Paris, INRP-L'Harmattan, 1985.* – Demeuse, Frandji, Gréger et Rochex (dir.), Les politiques d'éducation prioritaire en Europe. Conceptions, mises en œuvre, débats, Institut national de recherche pédagogique, *Coll. Éducation, Politiques, Sociétés, 2008.* – Dupuis et Lepetit, Mise en œuvre de l'année 2 de la refondation de l'éducation prioritaire : suivi du volet pédagogique, *Rapp. IGEN, n° 2016-050, juill. 2016.* – Éloi-Roux, Christin, Guichard, Alfandari, Lhermet, Lussiana, Pellet et Plaud, Pilotage académique de l'éducation prioritaire, *Rapp. IGAENR-IGEN, n° 2016-058, juill. 2016.* – Goulam, Poncelet, Romulus, Sève, Reverchon-Billot, Roser et Sultan, Modalités d'intégration des internats d'excellence dans une politique renouvelée des internats au service de la réussite éducative des élèves, *MEN, Rapp. IGA-IGEN-IGAENR, n°s 13-050/13-024/01/2013-049, juin 2013.* – de Montecler, Un bilan sévère de l'éducation prioritaire, *AJDA 2018. 1993.* – Morin, Éducation prioritaire : une réforme qui inquiète, *Le Monde, 20-21 déc. 2020. 14.* – Poupeau, Les mesures du Gouvernement pour refonder l'éducation prioritaire, *AJDA 2014. 1180* . – Prost, La politique d'éducation prioritaire : quel bilan ?, *Regards croisés sur l'économie, éd. La découverte, 2012/2, n° 12, p. 114.* – Reuter (dir.), Vivre les disciplines scolaires. Vécu disciplinaire et décrochage à l'école, *ESF, coll. Pédagogies, 2016.* –Robert, Les politiques d'éducation prioritaire, les défis de la réforme, *PUF, Coll. éducation et sociétés, 2009.* – Robin, Les élèves du premier degré à la rentrée 2018 : le dédoublement des classes de CP et de CE1 dans l'éducation prioritaire s'amplifie, *MENJ-MESRI-DEPP, Note d'information, n° 18.27, nov. 2018.* – Rochex, Les trois « âges » des politiques d'éducation prioritaire : une convergence européenne ?, *in* Ben Ayed (dir.), L'école démocratique. Vers un renoncement politique ?, *Paris, Armand Colin, 2010* ; La politique ZEP en France, laboratoire des politiques d'éducation ?, *Revue française de pédagogie, n° 177, oct.-déc. 2011.* – Stefanou, L'éducation prioritaire. État des lieux, *MEN, DEPP-B3, Note d'information, n° 18-02, févr. 2018.* – Éducation prioritaire. Scolarité des élèves au collège de 2007 à 2012, *MEN, Éducation & formations, n° 95, déc. 2017. 87.* – Vers un système d'éducation plus inclusif en France ? Point d'étape sur les enjeux en matière d'égalité du système d'éducation et sur les réformes en cours, OCDE, *Série « Politiques meilleures », juill. 2015.* – L'éducation prioritaire, *C. comptes, Rapp., oct. 2018.*

▶ **Réussite éducative :** Ayoub et Maugis, Près de 26 000 élèves scolarisés dans des classes à horaires aménagés, *MEN-DEPP, Note d'information, n° 19.21, juin 2019.* – Bressoux, Gurgand, Guyon, Monnet et Pernaudet, Évaluation des programmes de réussite éducative, *Rapp. Institut des Politiques Publiques (IPP), DEPP et le CGET, n° 13, mars 2016.* – Cristofoli, La moitié des élèves absentéistes concentrés dans 10 % des établissements, *MENESR, DEPP, Note d'information n° 11, avr. 2016.* – Delahaye, Grande pauvreté et réussite scolaire. Le choix de la solidarité pour la réussite de tous, *Rapp. IGEN, mai 2015.* – Delahaye et Dulot, La mise en place des premiers internats d'excellence, *MEN, Rapp. IGEN-IGAENR, n° 2011-057, juin 2011.* – Dupuis, En finir avec les mêmes cours pour tous, *Le Monde, 13 mai 2010. 12.* – Florin et Guimard, Qualité de vie à l'école. Comment l'école peut-elle proposer un cadre de vie favorable à la réussite et au bien-être des élèves ?, *Rapp. scientifique, CNESCO, oct. 2017.* – Mathiot, Parcours d'excellence. Faire face avec ambition et méthode à un enjeu de société, *Rapp. Cahier des charges, juin 2016.* – Perrot, Bajou, Billy, Goyheneix, Kamoun, Séré, Tyvaert, Raynal et Fattet, Les cordées de la réussite à l'épreuve de leur généralisation : observations, problématiques et préconisations, *MEN, Rapp. IGEN-IGAENR, n° 2011-084, juill. 2011.* – Pittoors et Hagnerelle, La mise en œuvre du programme CLAIR (collèges et lycées pour l'ambition, l'innovation et la réussite) (année scolaire 2010-2011), *MEN, Rapp. IGEN-IGAENR, n° 2011-069, juin 2011.* – Rochex, Les politiques de lutte contre les inégalités scolaires d'un pays à l'autre, *Revue française de pédagogie, n° 178,* *janv.-mars 2012.* – Stéphanou, Les réseaux « Ambition réussite ». État des lieux en 2006-2007, *Note d'information, n° 09.09, MEN-DEPP, 2009.* – Watrelot, Innover pour une École plus juste et plus efficace – Conseil national de l'innovation pour la réussite éducative, *MENESR, Cniré – Conseil national de l'innovation pour la réussite éducative, Rapp., 2017.* – Cour des comptes, L'Éducation nationale face à l'objectif de la réussite de tous les élèves, *Rapp. public thématique, Doc. fr., mai 2010* ; Le suivi individualisé des élèves : une ambition à concilier avec l'organisation du système éducatif, *Rapp. public thématique, Doc. fr., févr. 2015.* – La réussite des élèves : contextes familiaux, sociaux et territoriaux, *Éducation & formations, n° 100, déc. 2019.*

► **Déscolarisation :** Brugnera et Pau-Langevin, Communication, Mission flash sur la déscolarisation, *Ass. Nat., Comm. des affaires culturelles et de l'éducation, 18 juill. 2018.* – Morin, Roms, mineurs isolés... La CNCDH alerte sur la déscolarisation, *Le Monde, 8-9 sept. 2019.9.*

► **Absentéisme :** V. Bibl. ss. art. L. 131-8.

► **Inégalités scolaires :** V. Bibl. ss. art. L. 111-1.

► **Performances scolaires. Indicateurs.** Evain et Évrard, Une meilleure mesure de la performance des lycées. Refonte de la méthodologie des IVAL (session 2015), Éducation et formations, *n° 94, sept. 2017.* – Fournier, Lefresne et Rakocevic, Les résultats : performance et équité, *in* L'Europe de l'éducation en chiffres, *MEN-MESRI, DEPP 2018. 48.* – L'état de l'école 2016. Coûts, activités, résultats. 30 indicateurs sur le système éducatif français, *MENESR, n° 26, déc. 2016.* – L'état de l'école 2020. 31 indicateurs sur le système éducatif français, *MEN-DEPP, n° 30, déc. 2020.* – Éducation et compétences. Vers une distribution plus inclusive ?, *OCDE, Indicateurs de l'éducation à la loupe, n° 32, juin 2015.*

► **Performances scolaires. Indicateurs. 2020.** Andreu, Ben ali, Bret, Dos santos, Durand de monestrol, Lambert, M'Bafoumou, Paillet, Rocher et Vourc'h, 800 000 élèves évalués en début de sixième en 2020 : des performances en hausse, mais toujours contrastées selon les caractéristiques des élèves et des établissements, *DEPP, Note d'information n° 21.03, janv. 2021.* – Andreu, Cioldi, Conceicao, Etève, Fabre, Le Breton, Persem, Portelli, Rocher, Rue, Vourc'h et Wuillamier, Évaluations repères 2020 de début de CP et de CE1 : baisse des performances par rapport à 2019, notamment en français en CE1, et hausse des écarts selon les secteurs de scolarisation, *DEPP, Note d'information n° 21.02, janv. 2021.* – Andreu, Bret, Chabanon, Dos Santos, Durand De Monestrol, Heidmann, Marin, Philippe, Rocher, Salles, Vourc'h, Test de positionnement de début de seconde 2020 : des performances en hausse en français, mais des résultats toujours contrastés selon les caractéristiques des élèves et des établissements, *MENJS-DEPP, Note d'information n° 21.17, mars 2021.* – Chabanon, Journée défense et citoyenneté 2020 : près d'un jeune Français sur dix en difficulté de lecture, *DEPP, Note d'information n° 21.27, juin 2021.* - Morin, Les élèves français toujours aussi mauvais en maths, *Le Monde, 9 déc. 2020. 15.* – Géographie de l'École, *MENJS-DEPP, juin 2021.*

► **Performances scolaires. Indicateurs 2019.** Bret, Durand de MonestroL, Ndiaye et Philippe, Test de positionnement de début de seconde 2019 : des écarts de performances selon la voie de formation, le profil des élèves et les académies, *MENJ, Note d'information n° 20.24, juill. 2020.* – Coppe, Grugeon-Allys, Horoks, Pilet, Solnon, Raffaëlli, Charpentier, Premiers résultats de l'enquête sur les pratiques d'enseignement des mathématiques, Praesco, en classe de troisième en 2019, *MENJ-DEPP, Note d'information n° 21.11, févr. 2021.* – Ninnin, Salles, Cedre, 2008-2014-2019 Mathématiques en fin de collège : des résultats en baisse, *MENJ-DEPP, Note d'information n° 20.34, sept. 2020.* – Les indicateurs de résultats des lycées. Enseignement général, technologique et professionnel, *MEN-DEPP, Note d'information n° 19.03, mars 2019.*

► **Performances scolaires. Indicateurs 2018.** Andreu, Ben ali, Faille, Rocher et Vourc'h, 810 000 élèves évalués en début de sixième sur support numérique : des niveaux de maîtrise contrastés selon les académies et les caractéristiques des élèves, *MEN, DEPP-B2, Note d'information, n° 18. 19, août 2018.* – Faille, Lambert, Ndiaye, Paillet et Vourc'h, 810 000 élèves évalués en début de sixième sur support numérique en 2018 : des résultats stables par rapport à 2017, *MEN-DEPP, Note d'information, n° 19.26, juin 2019.* – Thomas, Les effectifs d'élèves à chaque heure de cours dans le second degré en 2018, *MENJ-DEPP, Note d'information, n° 19.39, oct. 2019.*

► **Performances scolaires. Indicateurs.** Chabanon et Pastor, L'évolution des performances en calcul des élèves de CM2 à trente ans d'intervalle (1987-2017), *MEN-DEPP, Note d'information, n° 19.08, mars 2019.*

► **Performances scolaires. PISA (*Program for International Student Assessment* – Programme international pour le suivi des acquis des élèves) :** Bernigole, Bret, Chabanon, Roussel et Verlet, PISA 2018 : culture mathématique, culture scientifique et vie de l'élève, *MENJ-DEPP, Note d'information, n° 19.50, déc. 2019.* – Chabanon, Durand De Monestrol et Verlet, PISA

2018 : stabilité des résultats en compréhension de l'écrit, *MENJ-DEPP, Note d'information, n° 19.49, déc 2019.* – CÉDELLE, Alerte sur le « niveau » scolaire, *Le Monde, 16-17 déc. 2007. 2.* – CHEVALIER, Ce que PISA veut dire : usages et mésusages des évaluations en éducation comparée, *Regards croisés sur l'économie, éd. La découverte, 2012/2, n° 12, p. 65.* – ROLLOT et DE VERGÈS, La France paralysée devant ses mauvais résultats scolaires, *Le Monde, 5 déc. 2007. 10.* – Comparaison des évaluations PISA et TIMSS – Acquis des élèves : comprendre les évaluations internationales, vol. 1 : Analyse comparative des cadres de référence, vol. 2 : Analyse comparative des contenus des deux enquêtes, *CNESCO, Conseil national d'évaluation du système scolaire.* – PISA 2015. Les défis du système éducatif français et les bonnes pratiques internationales, *OCDE, déc. 2016.* – L'état de l'École 2016. Coûts, activités, résultats. 30 indicateurs sur le système éducatif français, *MENESR, n° 26, déc. 2016.* – *Structural Indicators for Training Systems, European Commission/EACEA/Eurydice, Eurydice Background Report to the Education and Training Monitor 2016. Eurydice Report. Luxembourg : Publications Office of the European Union, oct. 2016.*

▸ **Performances scolaires. PIRLS (*Progress in International Reading Literacy Study*) :** COLMANT et LE CAM, PIRLS 2011. Étude internationale sur la lecture des élèves au CM1. Évolution des performances à dix ans, *MEN-DEPP, Note d'information, n° 12.21* ; PIRLS 2016 : évaluation internationale des élèves de CM1 en compréhension de l'écrit. Évolution des performances sur quinze ans, *MENSR-DEPP, Note d'information, n° 17.24, 2017.*

▸ **Performances scolaires. TIMSS (*Trends in international mathematics and science study*) :** TIMSS 2019 Assessment Frameworks, *IEA. TIMSS & PIRLS International Study Center, 2019.* – ANDLER et WISNIA-WEILL, Il y a urgence à inclure la question des bons niveaux en mathématiques dans la réforme de notre école, *Le Monde, 20-21 déc. 2020. 34.* – BATTAGLIA, Le niveau des élèves en maths continue de baisser, *Le Monde, 3 oct. 2020. 16.* – BRET, ROUSSEL et LE CAM, TIMSS 2019 Sciences au niveau de la classe de quatrième : les résultats de la France en retrait à l'échelle internationale, *MENJS-DEPP, Note d'information n° 20.48, déc. 2020.* – COLMANT et LE CAM, TIMSS 2015 mathématiques et sciences. Évaluation internationale des élèves de CM1, *MENESR-DEPP, Note d'information, n° 16.33, 2016.* – COLMANT et LE CAM, TIMSS 2019 – Évaluation internationale des élèves de CM1 en mathématiques et en sciences : les résultats de la France toujours en retrait, *MENJS-DEPP, Note d'information n° 20-46, déc. 2020.* – NINNIN, PASTOR et CEDRE, 2008-2014-2019 Mathématiques en fin d'école : des résultats en baisse, *MENJ-DEPP, Note d'information n° 20.33, sept. 2020.* – NINNIN, SALLES et CEDRE, 2008-2014-2019. Mathématiques en fin de collège : des résultats en baisse, *MENJ-DEPP, Note d'information, n° 20.34, sept. 2020.* – SALLES et LE CAM, TIMSS 2019. Mathématiques au niveau de la classe de quatrième : des résultats inquiétants en France, *MENJS-DEPP, Note d'information n° 20.47, déc. 2020.* – VILLANI et TOROSSIAN, 21 Mesures pour l'enseignement des mathématiques, *Rapp. 12 févr. 2018.*

1. *Échec scolaire. Statistiques. Qualité.* Interrogé sur la qualité des statistiques concernant les élèves en rupture avec l'école, la ministre répond que les statistiques que la direction de l'évaluation, de la prospective et de la performance (DEPP) publie chaque année sur les élèves en rupture avec l'école portent sur les jeunes sortis sans diplôme (ou seulement avec le diplôme national du brevet) du système éducatif. Produites à partir des résultats de l'enquête Emploi de l'INSEE, elles donnent deux mesures différentes et complémentaires du phénomène : – le nombre de jeunes quittant chaque année le système éducatif sans être diplômé (mesure du « flux » des sortants) : ils représentent 15 % de l'ensemble des sortants ; – la proportion des 18-24 ans qui ne sont plus en formation et n'ont pas de diplôme (mesure du « stock » de sortis) : on l'estime aujourd'hui à 8,7 %. Ces deux statistiques présentent des limites : – elles sont calculées sur un échantillon de jeunes (en l'espèce ceux ayant répondu à l'enquête Emploi) et, de ce fait, restent imprécises. Les deux taux ou pourcentages donnés ci-dessus ont une marge d'incertitude d'au moins un point ; – elles ne couvrent que la métropole. Les départements d'outre-mer sont en cours d'intégration ; – ces taux ou pourcentages ne peuvent être déclinés par territoire infranational (région ou académie, par exemple), à cause des problèmes de précision déjà soulevés ; – le questionnaire de l'enquête est périodiquement revu et les procédures de collecte améliorées. Pour contourner ces limites, des travaux ont d'ores et déjà été entrepris par le ministère, conformément aux préconisations du Conseil national de l'information statistique (CNIS), qui « souhaite que la statistique publique fournisse des données permettant de mesurer et d'analyser le processus de sortie sans diplôme, si possible comparables avec d'autres pays » (avis n° 14 du programme statistique 2014-2018). Ces travaux consistent à utiliser les informations collectées auprès des personnes interrogées lors des différentes vagues du recensement de la population de l'INSEE, au lieu de s'appuyer sur l'enquête Emploi. La précision des indicateurs serait substantiellement augmentée et le taux de sortis sans diplôme (celui que l'enquête Emploi estime à 8,7 %) pourrait être calculé par département, y compris pour les DOM. Une autre source de données pourra être à terme mobilisée pour calculer le nombre de jeunes quittant chaque année le système éducatif. Il s'agit des informations collectées par le système interministériel d'échange d'informations (SIEI). Son objectif est aujourd'hui d'identifier les décrocheurs scolaires afin de les contacter et de leur proposer des solutions de « raccrochage » ou de réinsertion sociale ou professionnelle. Il ne permet pas, en l'état, de produire des statistiques vraiment fiables sur les décrocheurs. Les évolutions du SIEI sont engagées afin de disposer d'indicateurs robustes et à un niveau local sur ces sortants. * Rép. min. n° 86892 : *JOAN Q 1er déc. 2015, p. 9703.*

2. Décrochage scolaire. Lutte. Interpellé sur cette question, la ministre répond que l'absentéisme est l'une des premières étapes d'un processus pouvant conduire au décrochage scolaire. La prévention de l'absentéisme scolaire contribue donc à prévenir le décrochage et demeure une priorité absolue du Gouvernement qui doit mobiliser tous les membres de la communauté éducative. Chaque élève, qu'il soit soumis à l'obligation scolaire ou qu'il n'en relève plus, a droit à l'éducation, un droit qui a pour corollaire le respect de l'obligation d'assiduité, condition première de la réussite scolaire. L'implication des parents, dans la prévention comme dans le traitement du phénomène de l'absentéisme, est essentielle. C'est pourquoi conformément aux dispositions de l'art. L. 401-3, lors de la première inscription d'un élève, le projet d'école ou d'établissement et le règlement intérieur sont systématiquement présentés, au cours d'une réunion ou d'un entretien, aux personnes responsables de l'enfant. Il s'agit de leur donner une meilleure connaissance de l'environnement scolaire et de leur permettre de mieux s'impliquer dans les enjeux de l'éducation et l'accompagnement de leur enfant. L'accent doit être mis sur l'importance de la fréquentation de chaque séquence de cours qui, seule, assure la régularité des apprentissages. En signant le règlement intérieur de l'établissement scolaire, les parents prennent connaissance des modalités de contrôle de l'assiduité. Ils sont ainsi systématiquement informés des obligations qui leur incombent en ce qui concerne le respect de l'assiduité de leur enfant. Dans le cadre fixé par la L. n° 2013-108 du 31 janv. 2013, un nouveau dispositif réglementaire relatif à la prévention de l'absentéisme scolaire a été adopté en 2014 : le Décr. n° 2014-1376 du 18 nov. 2014 relatif à la prévention de l'absentéisme scolaire et la Circ. interministérielle n° 2014-159 du 24 déc. 2014. Ce dispositif renforce l'accompagnement des familles, parfois très éloignées du monde de l'École, dans le suivi de la scolarité de leur enfant. Il améliore ainsi le dialogue avec les parents d'élèves dans un esprit de coéducation, notamment grâce à la mise en place d'un personnel d'éducation référent. La Circ. du 24 déc. 2014 prévoit notamment une alerte systématique des personnes responsables de l'élève en cas d'absence. Lorsque l'absence d'un élève est constatée par un enseignant ou par tout personnel responsable d'une activité organisée pendant le temps scolaire, elle est signalée dans les meilleurs délais : – dans les écoles, au directeur d'école ; – dans les établissements du second degré, au conseiller principal d'éducation (CPE) ou, en l'absence de CPE, directement au chef d'établissement ou à la personne qu'il aura désignée. Les établissements du second degré recourent déjà fréquemment, en complément des autres canaux de communication, à l'envoi de SMS aux parents d'élèves. Cette fonctionnalité, généralement offerte par les applications informatiques de gestion de la vie scolaire, est proposée par le module « Vie scolaire » du système d'information SIECLE, fourni gratuitement par le ministère aux collèges et lycées. * Rép. min. n° 85819 : *JOAN Q 22 déc. 2015, p. 10576.* ♦ V. aussi : * Rép. min. n° 85818 : *JOAN Q 15 déc. 2015, p. 10244.*

3. Éducation prioritaire. Compétence de l'État. Liste des établissements. Établissement de la liste. V. notes ss. art. L. 211-1.

Art. L. 332-5 **La formation dispensée à tous les élèves des collèges comprend obligatoirement une initiation économique et sociale et une initiation technologique** *(L. n° 2013-595 du 8 juill. 2013, art. 53)* **« ainsi qu'une éducation aux médias et à l'information »** *(L. n° 2018-1202 du 22 déc. 2018, art. 17)* **« qui comprend une formation à l'analyse critique de l'information disponible ».**

BIBL. ▶ Isambert et Louis, Les conditions d'enseignement de la technologie dans les collèges, *Rapp. IGAEN, 2002.*

Art. L. 332-6 *(L. n° 2005-380 du 23 avr. 2005, art. 32)* **Le diplôme national du brevet sanctionne la formation acquise à l'issue de la scolarité suivie dans les collèges ou dans les classes de niveau équivalent situées dans d'autres établissements.**

Des mentions sont attribuées aux lauréats qui se distinguent par la qualité de leurs résultats.

Des bourses au mérite, qui s'ajoutent aux aides à la scolarité prévues au titre III du livre V, sont attribuées, sous conditions de ressources et dans des conditions déterminées par décret, aux lauréats qui obtiennent une mention ou à d'autres élèves méritants *[V. art. D. 531-37 s.].*

(L. n° 2013-595 du 8 juill. 2013, art. 54) **« Ce diplôme atteste la maîtrise du socle commun de connaissances, de compétences et de culture, dans des conditions fixées par décret. »**

Sur le diplôme national du brevet, V. art. D. 332-16 s.

BIBL. ▶ GUESSAN, Diplôme national du brevet 2018, *MEN-DEPP, Note d'information, n° 19.17, mai 2019.* – MORIN, Le diplôme national du brevet, un examen qui cherche son utilité, *Le Monde, 2 juill. 2019. 12.* – Diplôme national du brevet. Session 2011. Une réussite qui se stabilise, *MEN, DEPP-NI, Note d'information, n° 12-02, avr. 2012 : http://media.education.gouv.fr/file/2012/25/6/DEPP-NI-2012-02-diplome-national-brevet-session-2011_212256.pdf.*

CHAPITRE III DISPOSITIONS COMMUNES AUX ENSEIGNEMENTS DISPENSÉS DANS LES LYCÉES

BIBL. GÉN. ▶ DUTERTRE, Le lycée : entre massification et élitisme, *in* Le système éducatif en France, *Doc. fr., coll. Les notices, 2003. 83.* – KLEIN et SOLER, L'enseignement des langues et cultures de l'Antiquité dans le second degré, *MEN, Rapp. IGEN, n° 2011-098, août 2011.* – LEPETIT, DULOT, CHARBONNIER et BEURRIER, Rapport sur la grille horaire des enseignements au lycée, *Rapp. I-GAENR, oct. 2006.* – NEMO (Dir.), Quel lycée au XXIe siècle ?, *Éd. De Boeck Supérieur, 2017.* – PIETRYK, NICODÈME, SÉRÉ, SÈVE, TOROSSIAN, ALLAL, FOUCAULT et SALLÉ, Évaluation des expériences de rapprochement et d'articulation des formations de premier cycle du supérieur entre lycées et universités, *Rapp. IGEN-IGAENR, n° 2013-050, juin 2013.* – SAGET, Principe pour l'élaboration d'une politique éducative d'établissement, *MEN, Rapp. IGEN, n° 2011-049, mai 2011.* – SERE et BASSY, Le manuel scolaire à l'heure du numérique. Une « nouvelle donne » de la politique de ressources pour l'enseignement, *MEN, Rapp. IGEN-IGAENR, n° 2010-087, juill. 2010.*

▶ **Réforme du lycée :** APPARU, Rapport d'information sur la réforme du lycée, *Ass. nat., n° 1694, mai 2009.* – BELLAMY, Choix de trois spécialités en première générale à la rentrée 2019 : 15 combinaisons pour 80 % des élèves, *MENJ-DEPP, Note d'information, n° 19.48, nov. 2019.* – BELLOUBET-FRIER, 30 propositions pour l'avenir du lycée, *Rapp., 20 mars 2002 : http://media.education.gouv.fr/file/92/2/5922.pdf.* – DESCOINGS, Préconisations sur la réforme du lycée, *Rapport au Président de la République, juin 2009* ; Un lycée pavé de bonnes intentions, *Robert Laffont, 2010.* – DURAND et APPARU, *Rapp. d'information sur la réforme du lycée, Ass. nat., 27 mai 2009 : http://www.assemblee-nationale.fr/13/rap-info/i1694.asp.* – GUIGNARD et SAINT-MARC, Les lycées et leurs études au seuil du XXIe siècle, *Rapp. du groupe de travail national sur les seconds cycles, présidé par M. Antoine Prost, Revue française de pédagogie, vol. 69, 1984. 111.* – MEIRIEU, Quels savoirs enseigner dans les lycées ?, *Rapp. final du comité d'organisation, mai 1998.* – MOISAN et CUISINIER (coord.), Suivi de la mise en œuvre de la réforme du lycée général et technologique, *MEN, Rapp. IGEN-IGAENR, n° 2012-003, janv. 2012.* – THELOT, Pour la réussite de tous les élèves, *Rapp. de la Commission du débat national sur l'avenir de l'École, Doc. fr., oct. 2004.*

Art. L. 333-1 **Les cycles des lycées d'enseignement général et technologique et des lycées professionnels conduisent aux diplômes d'enseignement général, technologique et professionnel, notamment au baccalauréat.**

La durée de ces cycles est fixée par décret. – *[L. n° 89-486 du 10 juill. 1989, art. 4, al. 4 et 5.]*

Art. L. 333-2 **La formation secondaire dispensée dans les collèges peut être prolongée dans les lycées en associant, dans tous les types d'enseignement, une formation générale et une formation spécialisée. Elle est sanctionnée :**

1° Soit par des diplômes attestant une qualification professionnelle, qui peuvent conduire à une formation supérieure ;

2° Soit par le diplôme du baccalauréat, qui peut comporter l'attestation d'une qualification professionnelle. – *[L. n° 75-620 du 11 juill. 1975, art. 5, al. 1er.]*

BIBL. ▶ HUBERT, Au lycée, les filles s'impliquent davantage dans leur travail, *MENESR, DEPP, Note d'information n° 31, nov. 2016.* – MATHIAS, AMBROGI (Pilotes), JARDIN, ROJAT, FOUCAULT, IMBERT et BRISON, Les transitions entre les ordres d'enseignement. Du collège au lycée, *in IGAENR-IGEN, Rapp. annuel 2014. 65.* – Quels avantages offre aujourd'hui un diplôme du deuxième cycle du secondaire ?, *OCDE, Indicateurs de l'éducation à la loupe, n° 34, août 2015.*

1. Absence de limite d'âge. Il ne ressort pas de ces dispositions que la formation secondaire, dont l'accès n'est pas soumis à une limite d'âge, ne puisse être destinée à des jeunes gens qui auraient interrompu pour un temps leurs études afin d'entrer dans la vie professionnelle. Les classes de première et terminale dont l'école Saint-Sulpice demandait la mise sous contrat dispensaient dans le cadre scolaire un enseignement global préparant à l'obtention du baccalauréat selon les programmes et horaires par discipline en vigueur dans les lycées. Le juge considère qu'il appartient seulement aux autorités étatiques d'apprécier si les modalités d'organisation prévues permettent d'assurer la préparation au baccalauréat telle qu'elle est organisée dans les lycées par les dispositions en vigueur. En refusant la demande de l'école Saint-Sulpice par le motif que les classes dont il s'agit ne répondaient pas à un besoin de caractère scolaire et n'entraient pas dans le champ d'application de cette loi mais relevaient des actions de formation professionnelle prévues par le code du travail, le commissaire de la République du département de Paris a pris une décision entachée d'erreur de droit. • CE, sect., 12 févr. 1988, *MEN c/ l'Assoc. des amis de l'école Saint-Sulpice*, n° 54245 A.

2. Inscription en classe de seconde. Second vœu obtenu. Absence d'intérêt donnant qualité pour agir. Une élève qui souhaitait être affectée, en priorité, au sein d'un lycée dispensant un enseignement d'exploration spécifique (création et culture design), avait été affectée dans l'établissement de son second choix qui ne dispensait pas cet enseignement. Le juge a estimé que le choix des requérants correspondant à son second vœu ayant été satisfait, les requérants ne justifiaient pas d'un intérêt leur donnant qualité pour agir contre les décisions du DASEN. • CAA Nancy, 20 oct. 2020, n° 18NC03223 : *LIJ 2021, n° 213, p. 6.* ♦ Dans le même sens : • CAA Nantes, 13 avr. 2018, n° 16NT02011.

Art. L. 333-3 *Abrogé par L. n° 2013-595 du 8 juill. 2013, art. 55.*

Art. L. 333-4 *(L. n° 2013-595 du 8 juill. 2013, art. 55)* **L'examen du baccalauréat général, technologique ou professionnel sanctionne une formation équilibrée qui ouvre la voie à la poursuite d'études supérieures et à l'insertion professionnelle. Il comporte la vérification d'un niveau de connaissances, de compétences et de culture définies par les programmes du lycée, dans des conditions fixées par décret.**

Sur l'organisation de l'examen du baccalauréat général et technologique de la session 2021 pour l'année scolaire 2020-2021, V. Décr. n° 2021-209 du 25 févr. 2021 et Arr. du 25 févr. 2021 (JO 26 févr.).

Sur l'organisation de l'examen du baccalauréat général et technologique de la session 2022 pour l'année scolaire 2020-2021, V. Décr. n° 2021-210 du 25 févr. 2021 et Arr. du 25 févr. 2021 (JO 26 févr.).

CHAPITRE IV DISPOSITIONS PROPRES AUX ENSEIGNEMENTS CONDUISANT AU BACCALAURÉAT GÉNÉRAL

BIBL. GÉN. ▸ Auvigne, Berthaud, Clavreul, Gauthier et Fort, L'organisation des examens de l'éducation nationale, *MEN, Rapp. IGAEN, IGEN, n° 2005-126, déc. 2005 ; IGF n° 2005-M-070-02.* – Dauphin, Des choix de spécialités plus classiques en première comme en terminale pour les élèves d'origine sociale favorisée, *MENJS-DEPP, Note d'information n° 21.20, mai 2021.* – Fialaire, L'évolution des diplômes de fin d'études secondaires dans les pays de l'Union européenne, *Rev. adm. 1998. 399.* – Gohin, Le droit des examens et concours, *RD publ. 1988. 1647.* – Prélot, Le monopole étatique de collation des grades universitaires, *RD publ., n° 3, 2008. 680.* – Zaffran et Vollet, Est-il raisonnable de ne pas croire au diplôme ? Le cas des décrocheurs scolaires, *Éducation et formations, n° 94, sept. 2017.*

▸ **Évaluation des élèves :** Merlé, Les pratiques d'évaluation scolaire. Historique, difficultés, perspectives, *PUF, coll. Éducation & Société, 2018* ; L'évaluation par les notes : quelles finalités et quelles réformes, *Regards croisés sur l'économie, éd. La découverte, 2012/2, n° 12, p. 218.* – Michaud, Qu'est-ce que le mérite scolaire ?, *Regards croisés sur l'économie, éd. La découverte, 2012/2, n° 12, p. 189.* – Neumayer, Vellas, Charlet, Khouadja, et Lassabliere-Hilhorst, Évaluer sans noter : Éduquer sans exclure, Chronique Sociale, 2015. – De Vecchi, Évaluer sans dévaluer, *Hachette Éducation, 2014.*

▸ **Baccalauréat** : Andler, Ferrand, Legrand, Nouis, Padis, Paillard et Sturbaut, Comment sauver le Bac ? Quatre semestres pour certifier et orienter, *Terra Nova, note, 15 juin 2016.* – Battaglia et Guicharnaud, Le baccalauréat avec webcam et tablette n'est pas pour demain, *Le Monde, 17 juin 2014. 7.* – Baumard, Un examen qui ne sert plus ni à évaluer ni à orienter, *Le Monde, 17 juin 2014. 7.* – Beaud, Le baccalauréat : passeport ou mirage ?, *Doc. fr., coll. Problèmes politiques et sociaux, n° 891, août 2003.* – Beyer, La fin d'une tradition vieille de deux siècles, *Le Figaro, 6 avr. 2020. 9.* – Boutmy, Le baccalauréat et l'enseignement secondaire, *Reliure inconnue, 1899.* – Buchaillat, Fort, Gauthier, Kesler, Mathias, Olivier et Steiner, Propositions pour une évolution de baccalauréat, *Rapp. IGAENR-IGEN-IGF-CGIET, n° 2011-117, déc. 2011.* – Bunnell, Le baccalauréat international. Parcours complexe d'un projet, de Sèvres à l'Équateur, *in CIEP, Revue internationale d'éducation de Sèvres, n° 76, déc. 2017.* – Floc'h, Le bac, une machine certifiée ISO 9001, *Le Monde, 17 juin 2009. 4.* – Gros, Le zéro juridique, *AJDA 2011. 2459* . – Legendre, A quoi sert le baccalauréat ?, *Rapport d'information, Sénat, Commission des affaires culturelles, n° 370, 2007-2008.* – Marchand (dir.), Le baccalauréat, 1808-2008. Certification française ou pratique européenne ?, *Revue du Nord, INRP, 2010.* – Merle, Pratiques d'évaluation scolaire. Historique, problèmes, perspectives, *PUF, mai 2018* ; Le grand oral du bac est une épreuve mal pensée et injuste, *Le Monde, 4 mars 2020. 29.* – Morri, Propositions pour une réforme radicale du baccalauréat, *Droits et libertés en question, Billets d'humeur en l'honneur de Danièle Lochak, LGDJ, coll. Droit et Société, 2007.* – Smithers and Robinson, The diploma. A disaster waiting to happen ?, Center for Education and Employment Research, *University of Buckingham, juin 2008.* – Thomas, Le baccalauréat 2018. Session de juin, *MEN, DEPP-B1, Note d'information, n° 18. 18, juill. 2018* ; Résultats définitifs de la session 2018 du baccalauréat : l'effectif de bacheliers poursuit sa progression, *MEN-DEPP, Note d'information, n° 19.03, mars 2019* ; Le baccalauréat 2019. Session de juin, *MENJ-DEPP, Note d'information, n° 19.28, juill. 2019.* – Charte de déontologie pour les agents intervenants dans le baccalauréat, 4 avr. 2012, NOR : MENE1200149X, *MEN, DGESCO-MPE, AJDA 2012. 859* *(V. cette charte ss. art. L. 331-3).*

▶ **Baccalauréat. Réforme.** Battaglia, Dans le futur bac, un oral pensé pour « tous » les élèves, *Le Monde, 25 juin 2019. 12.* – Delhay, Baccalauréat 2021. Faire du grand oral un levier d'égalité des chances Recommandations pour le grand oral du baccalauréat et l'enseignement de l'oral, de l'école maternelle au lycée, *Rapp. 19 juin 2019.* – Gourdon, Le « bac Blanquer » bouscule les prépas, *Le Monde, 19 juin 2019. 17.* – Mathiot, Baccalauréat 2021. Un nouveau baccalauréat pour construire le lycée des possibles, un enjeu majeur pour notre jeunesse, un défi essentiel pour préparer la société de demain, *Rapp. remis à Jean-Michel Blanquer, Min. Éducation nationale, 24 janv. 2018.* – Merle, Ce projet suscite de multiples réserves, *Le Monde, 28-29 janv. 2017. 24.* – Mons, Quelques enseignements des comparaisons internationales, *Le Monde, 28-29 janv. 2017. 25.* – Pitte, La réforme du bac est juste, *Le Monde, 28-29 janv. 2017. 24.* – V. M., Spécialités, épreuves du bac : ce qu'impliquent les changements, *Le Monde, 3 sept. 2019. 8.*

▶ **Baccalauréat 2020.** Battaglia, La session du bac 2020 complique l'évaluation des établissements, *Le Monde, 18 mars 2021. 12.* – Lelieve (Prop. recueillis par M. Ba.), « Même en pleine guerre, en juin 1940 ou 1944, cela n'a pas eu lieu », *Le Monde, 5-6 avr. 2020. 13.* – Le bac 2020. Une exception ou un exemple ?, *Le Monde, éditorial, 5-6 avr. 2020. 34.* – Morin, Le bac suspendu à l'épidémie de Covid-19, *Le Monde, 30 déc. 2020. 9.* – Thomas, Le baccalauréat 2020 Session de juin, *MENJ, Note d'information, juill. 2020, n° 20.25* ; Résultats définitifs de la session 2020 du baccalauréat : des bacheliers plus nombreux et des écarts de réussite selon la voie, le sexe, le statut et l'âge plus resserrés, *MENJS-DEPP, Note d'information n° 21.22, mars 2021.*

▶ **Baccalauréat 2021.** Battaglia, Les lycéens redoutent un « Bac dévalué », *Le Monde, Spécial Bac 2021, 10 mars 2021. 4.*

▶ **Baccalauréat. Fraude.** Battaglia, Entre smartphones et calculettes, la triche au bac facilitée, *Le Monde, 15 juin 2012. 12.* – Goyer-Jennepin, Le point sur la procédure disciplinaire applicable aux candidats au baccalauréat. Examen des premières décisions de justice, *LIJ 2014, n° 183, p. 23.*

▶ V. aussi ss. art. D. 334-25 s.

Art. L. 334-1 *(L. n° 2013-595 du 8 juill. 2013, art. 55)* **Dans les sections d'enseignement général comportant des enseignements artistiques spécialisés où interviennent des professionnels de façon continue, ceux-ci peuvent participer aux opérations d'évaluation et aux jurys du baccalauréat.**

Sur le règlement général du baccalauréat général, V. art. D. 334-1 s.

I. PRINCIPES GÉNÉRAUX

1. Liberté de candidature. La liberté des candidatures au baccalauréat constitue un principe fondamental de l'enseignement [sol. impl.] • CE 4 nov. 1977, n°s 98986, 00834 et 00835 A.

2. Égalité de traitement. Régime des mentions. Le Conseil d'État annule partiellement le Décr. n° 2015-1351 relatif à la délivrance du baccalauréat. Il juge que celui-ci induit une inégalité de traitement injustifiée entre les bacheliers qui ont obtenu leur diplôme au terme de plusieurs sessions et ceux qui l'ont réussi lors d'une même session après les épreuves de rattrapage. Il estime en effet qu'en permettant ainsi d'attribuer des mentions à des candidats qui ont obtenu leur diplôme de baccalauréat au terme de plusieurs sessions dans la même série, alors que les candidats qui obtiennent leur baccalauréat en une seule session, mais après avoir dû se présenter au second groupe d'épreuves, ne peuvent prétendre à aucune mention, le décret attaqué introduit, entre ces deux catégories de candidats au baccalauréat, une différence de traitement qui n'est pas justifiée par une différence de situation en rapport avec l'objet de cette réglementation. Il ajoute que si la faculté d'attribuer une mention aux candidats qui obtiennent leur baccalauréat en plusieurs sessions peut être justifiée par le motif d'intérêt général de lutte contre le décrochage scolaire, un tel motif n'est pas de nature à justifier cette différence de traitement dans l'attribution des mentions. • CE 31 mars 2017, n° 395506 B : *AJDA 2017. 720* ; *LIJ 2017, n° 198, p. 7.*

II. GRADE UNIVERSITAIRE

3. Premier grade de l'enseignement supérieur. Le décret qui crée de nouvelles séries au baccalauréat de l'enseignement du second degré ne remet pas en cause le fait que ce diplôme est le premier grade de l'enseignement supérieur. • CE 4 nov. 1977, n°s 98986, 00834 et 00835 A.

4. Alors même que le Décr. du 8 avr. 2002 relatif aux grades et titres universitaires et aux diplômes nationaux classe le baccalauréat parmi les grades et diplômes universitaires, les dispositions des art. L. 611-1 et L. 613-1 ne régissent pas les conditions d'obtention du baccalauréat, lequel ne sanctionne que les études poursuivies dans des établissements d'enseignement secondaire. Par suite, la réglementation des programmes et des épreuves du baccalauréat n'entre pas dans le champ des dispositions qui doivent obligatoirement faire l'objet d'un avis du Conseil national de l'enseignement supérieur et de la recherche. • CE 30 déc. 2003, n° 251820 B.

5. Reconnaissance de l'équivalence. La possession d'un certificat de fin d'études professionnelles secondaires attestant que son titulaire a poursuivi ses études jusqu'au baccalauréat, justifie que l'intéressé a accompli des études d'un niveau équivalent au baccalauréat. • CE 4 févr. 1994, n° 143765 B. ♦ Le Décr. du 14 mars 1988 relatif au recrutement des rédacteurs territoriaux posant la condition d'avoir accompli des études d'un niveau équivalent ou supérieur au baccalauréat, illégalité du refus d'admission à concourir fondé sur le défaut d'obtention du baccalauréat, • Même décision. ♦ Le candidat à un concours administratif ayant suivi l'enseignement des classes de seconde, première et terminale dans un lycée technique d'État, qui n'a pas obtenu le diplôme du baccalauréat mais justifie avoir accompli des études d'un niveau équivalent est fondé à demander l'annulation de la décision par laquelle la commission a rejeté sa demande d'admission à concourir. • CE 8 janv. 1997, n° 132233.

6. Absence d'équivalence. Le diplôme, qualifié par son titulaire de baccalauréat de l'enseignement technique, « spécialité usinage par enlèvement de copeaux », qui lui a été délivré en Pologne en 1967 à l'issue de ses études au lycée technique de Starachowice, ne peut être, au vu des pièces du dossier, regardé comme étant d'un niveau équivalent au baccalauréat. • CE 15 avr. 1996, n° 121486 B.

III. ÉPREUVE ÉCRITE ANTICIPÉE DE FRANÇAIS

7. Absence de caractère détachable de la note. Les épreuves portent sur les programmes officiels applicables en classes terminales. Le ministre chargé de l'éducation nationale fixe la liste des épreuves qui doivent être subies par anticipation. Elles portent sur les programmes des classes de première. Les résultats obtenus à ces épreuves sont pris en compte avec l'ensemble des notes des épreuves de l'examen subi l'année suivante dont elles font partie intégrante. La note attribuée à une candidate pour l'épreuve écrite anticipée de français au baccalauréat de la série générale n'est pas détachable de la décision prise par le jury de l'examen au vu de l'ensemble des notes des épreuves de l'examen subies par les candidats, et n'a, par suite, pas le caractère d'une décision susceptible d'être déférée au juge de l'excès de pouvoir. • CAA Bordeaux, 19 juill. 1999, n° 98BX02174. ♦ Cette épreuve n'est pas détachable de la décision prise par le jury au vu des résultats des diverses épreuves passées par les candidats à cet examen et au vu des appréciations portées sur leur livret scolaire. • CE 4 juill. 1986, n° 73412 B • CE 25 avr. 1994, n° 95752.

8. Appréciations portées sur le livret scolaire. Aucune disposition ni aucun principe général du droit n'oblige le correcteur de la copie d'un candidat à l'épreuve anticipée de français du baccalauréat à prendre en considération les appréciations portées sur le livret scolaire de l'intéressé. • CE 3 oct. 1979, n° 14396 A.

IV. ÉVALUATION

9. Appréciation des mérites. L'appréciation des mérites des candidats faite par le jury d'un examen n'est pas susceptible d'être discutée devant le juge de l'excès de pouvoir. • CE 30 janv. 1995, n° 136740 • CE 30 nov. 1988, n° 94741.

10. Étendue de l'évaluation. Il ne résulte pas de ces dispositions, qui instituent un contrôle des connaissances dans des enseignements suivis en dernière année de lycée, que tous les enseignements suivis en classe de terminale doivent donner lieu à examen. Il est donc possible de n'assortir un enseignement obligatoire nouvellement créé que d'une épreuve facultative. • CE 30 déc. 2003, n° 251820 B.

11. Nouvelles dispositions. L'autorité administrative peut, sans méconnaître le principe général de non-rétroactivité des actes administratifs, prévoir l'application immédiate, aux élèves engagés dans un cycle de formation sanctionné par un diplôme, de dispositions réglementaires nouvelles relatives à la formation qui leur est dispensée. Ainsi, la circonstance que les enseignements de travaux personnels encadrés aient déjà débuté ne faisait pas obstacle à la mise en place, par l'arrêté attaqué, à compter de la session 2002 de l'examen du baccalauréat, d'une évaluation des travaux personnels encadrés (TPE) organisée pour les candidats des séries ES, S et L, dès lors que l'épreuve instituée ne reposait pas sur un contrôle continu mais sur un examen terminal et que, au surplus, les nouvelles dispositions, selon lesquelles seuls les points supérieurs à la moyenne sont pris en compte dans le calcul de la note pour l'obtention du baccalauréat, ne préjudicient aux intérêts d'aucun candidat. • CE 11 juin 2004, n° 244108.

12. Caractère non détachable de la note d'une épreuve. La note attribuée à un candidat pour l'épreuve écrite de philosophie au baccalauréat n'est pas détachable du résultat de l'examen et n'a par suite pas le caractère d'une décision susceptible d'être déférée au juge de l'excès de pouvoir. • CE 11 mai 1987, n° 80603.

13. Barème de notation. Modalités de correction des copies des épreuves du baccalauréat. Contrôle du juge. Interrogée sur le caractère obligatoire, pour une épreuve comportant plusieurs exercices, de la mention de la notation de chaque exercice sur la copie en plus de la note globale de l'épreuve, la DAJ précise que si le barème de notation s'impose au correcteur, ce dernier n'est pas tenu de faire figurer sur la copie la notation de chaque item. Elle précise aussi que la notation des copies fait l'objet d'un contrôle minimal du juge administratif. * DAJ, note A1 n° 2019-212 du 25 nov. 2019 : *LIJ 2020, n° 209, p. 13.*

14. Particularités de l'évaluation de l'enseignement d'éducation physique et sportive. Aucun des éléments de l'arrêté fixant les modalités du contrôle continu pour l'épreuve d'éducation physique et sportive du baccalauréat de l'enseignement du second degré et établissant un barème de notation des élèves visant à évaluer leur « conduite motrice », leurs connaissances techniques et leur participation n'est étranger, eu égard aux particularités de l'enseignement d'éducation physique et sportive, à l'appréciation des aptitudes et à l'évaluation du degré d'acquisition des connaissances qui peuvent donner lieu à un contrôle continu. • CE 4 oct. 1985, nos 61583, 62596 et 64602 A.

V. DÉLIBÉRATION DU JURY

15. Appréciation portée par le jury. L'appréciation portée par le jury sur la valeur des épreuves subies par un candidat n'est pas susceptible d'être contestée devant le juge. Mais ce dernier peut se référer aux résultats obtenus tout au long de l'année pour estimer que la note attribuée révèle bien la valeur du candidat. • CE 30 janv. 1995, n° 136740 • CE 30 nov. 1988, n° 94741.

16. Restauration scolaire. Menus. Contraintes spécifiques. Panier-repas. Consommation dans les locaux de la restauration scolaire. La Circ. n° 2001-118 du 25 juin 2001 relative à la composition des repas servis en restauration scolaire et à la sécurité des aliments précise que si la collectivité n'est pas en mesure de proposer un repas adapté aux contraintes de l'enfant, elle sera tenue de l'admettre dans les locaux de la restauration scolaire pour lui permettre de consommer son panier-repas. Un refus opposé par la commune s'apparenterait en effet à une discrimination fondée sur l'état de santé de l'enfant, qui serait dès lors dépourvue de rapport avec l'objet du service public au sens de la jurisprudence administrative. * Rép. min. n° 12368 : *JO Sénat Q 9 janv. 2020, p. 169.*

17. L'erreur avérée dans la notation d'un candidat n'entraîne pas l'annulation de l'examen dès lors qu'elle est sans conséquence sur son résultat. • CE 30 nov. 1988, n° 94742 • TA Lille, 6 janv. 2010, n° 0802210 : *LIJ 2010, n° 143, p. 12.*

18. Livret scolaire. Production. Caractère non obligatoire. Dans une affaire où une requérante contestait la délibération du jury du baccalauréat l'ajournant à l'examen au motif qu'elle était intervenue sans que le jury ait préalablement examiné son livret scolaire, alors que son handicap justifiait un examen particulier de son dossier, la cour rappelle que la production du livret scolaire est à la charge du candidat et, au surplus, qu'elle n'est pas obligatoire. • CAA Paris, 18 oct. 2011, n° 09PA05693.

19. Livret scolaire. Faits matériellement inexacts. Moyens opérants. Une candidate aux épreuves du baccalauréat contestait la décision par laquelle le jury du baccalauréat l'avait ajournée à cet examen, en faisant valoir que la délibération du jury reposait sur des faits matériellement inexacts dès lors qu'elle avait été émise au vu de son livret scolaire faisant état d'absences, alors même que celles-ci avaient été ultérieurement justifiées. La cour estime que les moyens invoqués par la requérante ne mettaient pas en cause les appréciations portées par le jury sur la valeur de ses prestations à l'examen, qu'il n'appartient en effet pas au juge administratif de contrôler, mais l'irrégularité de la procédure aux termes de laquelle ces appréciations du jury avaient été émises et les faits matériellement inexacts sur lesquels elles étaient fondées, moyens qui ne sont pas inopérants. • CAA Paris, 2 févr. 2016, n° 14PA02684 : *LIJ 2016, n° 193, p. 7.* ♦ En l'espèce, la cour rejette la requête de la candidate après avoir rappelé les dispositions de l'art. D. 334-10, par lesquelles la production du livret scolaire est à la charge du candidat et, au surplus, n'est pas obligatoire et en estimant qu'il appartenait à cette dernière, qui a souhaité produire son livret scolaire lors de l'examen, de demander à l'administration, lorsqu'elle a signé son livret, de compléter les mentions relatives à ses absences, ce qu'elle n'établissait pas avoir fait. La cour en conclut donc que les décisions contestées ne sont pas irrégulières pour avoir été prises au vu d'un livret scolaire lui-même irrégulièrement constitué. • CAA Paris, 2 févr. 2016, n° 14PA02684 : *préc.*

20. Notation. Erreur avérée. Conséquences. L'erreur avérée dans la notation d'un candidat n'entraîne pas l'annulation de l'examen dès lors qu'elle est sans conséquence sur son résultat. • CE 30 nov. 1988, n° 94742 • TA Lille, 6 janv. 2010, n° 0802210 : *LIJ 2010, n° 143, p. 12.*

21. Rapport de stage excédant le nombre de pages prévu. Refus d'évaluation. Erreur de droit. Dans une affaire où un jury avait refusé d'évaluer l'ensemble des domaines de compétences d'une candidate, au motif que son rapport de stage et sa note d'analyse excédaient le nombre de pages prévu par la réglementation, le juge rappelle les dispositions du diplôme en cause qui prévoient que le jury doit se prononcer sur chacun des huit domaines de certification que comporte le diplôme, qu'il peut prendre une décision de validation partielle du diplôme et que le candidat conserve le bénéfice des domaines validés durant une période de cinq ans. Il en a déduit en l'espèce que le jury ne pouvait refuser de se prononcer sur chacun des domaines de certification présentés par le candidat et que, quand bien même le rapport de stage dépassait le nombre de pages fixé par la réglementation, le jury ne pouvait pas, sans commettre d'erreur de droit, refuser de procéder à la soutenance orale du stage de la requérante et à l'évaluation de ce stage, dès lors que l'annexe III concernant le domaine de compétence « dossier de pratique professionnelle » de l'arrêté du 1er septembre 2009 prévoit que tant la soutenance orale que l'appréciation du stage sont examinés par le jury de manière distincte du rapport de stage lui-même. • TA Orléans, 23 janv. 2018, n° 1503681 : *LIJ 2018, n° 203, p. 10.*

VI. ANNULATION PARTIELLE D'ÉPREUVES

22. Absence d'atteinte au principe d'égalité des candidats. La décision par laquelle le ministre de l'éducation nationale a annulé les épreuves écrites de philosophie et de sciences naturelles de la série philosophie du baccalauréat qui avaient eu lieu dans deux centres d'examens et a prescrit l'organisation de nouvelles épreuves, fondée sur la nature et l'ampleur des fraudes constatées a eu pour objet de permettre aux juges de statuer au vu d'épreuves probantes. Elle n'a pas porté atteinte au principe d'égalité des candidats à un grade universitaire. Les candidats dans les séries et les centres dont s'agit ont intérêt à attaquer ladite décision, mais non la décision par laquelle le ministre a refusé d'en étendre les effets à l'ensemble du territoire. • CE, ass., 26 févr. 1965, *Sieur Romani et Dlle Fraggi,* nos 64622, 64643 et 65828 A.

23. Crise sanitaire. Modalités d'organisation des examens. Adaptation des épreuves. Contrôle continu. Pour faire face à la crise sanitaire, les modalités de délivrance du BTS ont été adaptées par le Décr. n° 2020-684 du 5 juin 2020. Les épreuves ayant été annulées, le décret a prévu que, pour les candidats disposant d'un livret scolaire ou de formation, les notes attribuées seraient établies à partir de celles obtenues pendant l'année selon le principe du contrôle continu. Saisi par une requérante, le juge a estimé que l'intéressée ne pouvait se prévaloir d'une atteinte manifestement illégale à son droit à un égal accès à l'éducation dans la mesure où l'établissement des notes et appréciations portées sur le livret scolaire de la requérante ne procédaient pas « d'une discrimination ou d'une grave irrégularité qui porterait atteinte à son droit à un égal accès à l'éducation ». Il a aussi précisé que, à supposer établies les erreurs matérielles alléguées par la requérante sur ce livret, « ces dernières ne présentent pas un caractère irréversible », le livret ne contenant que des propositions de notes, et que seul le jury peut arrêter, après harmonisation, les notes définitives. • TA Paris, 7 juill. 2020, n° 2009160 : *LIJ 2020, n° 212, p. 9.*

24. Crise sanitaire. V. aussi notes ss. art. L. 613-1.

25. Sur le contentieux des examens : *V. aussi notes ss. art. L. 613-1.*

VII. ÉCHEC AU BACCALAURÉAT

26. Réinscription en terminale (ancien régime). En cas d'échec au baccalauréat, les dispositions de l'art. 20 du décret n° 90-484 du 14 juin 1990 qui instaurent en faveur des élèves un droit à une nouvelle préparation de l'examen n'ouvrent à l'administration, s'agissant des élèves de classe terminale des lycées d'enseignement général et technologique, que le droit, en cas d'absence de places vacantes dans l'établissement scolaire d'origine, de prononcer un changement d'établissement et non de refuser toute inscription en classe de terminale. • CAA Paris, 23 nov. 1999, n° 97PA01135 B.

27. Réinscription en terminale (nouveau régime – Décr. n° 2015-1351 du 26 oct. 2015). Le droit à une nouvelle inscription dans l'établissement scolaire d'origine des élèves ayant échoué au baccalauréat n'est plus subordonné à l'existence de places demeurées vacantes dans cet établissement. Le juge des référés a suspendu des refus d'inscription opposés aux élèves et enjoint à l'administration de les inscrire en classe terminale. Il a par exemple jugé que la dispense d'heures d'enseignement dans le cadre d'un module de préparation au baccalauréat, à l'instar du module de représentation à l'examen par alternance (MOREA), ne peut s'assimiler à un redoublement en classe terminale. • TA Cergy-Pontoise, ord., 15 nov. 2019, n° 1913311 : *LIJ 2020, n° 201, p. 4.* ♦ Dans une autre affaire, il juge que de tels modules, qui relèvent de dispositifs de lutte contre le décrochage scolaire, n'offrent pas des garanties équivalentes tels qu'un suivi scolaire précis ou l'accès à la plateforme « Parcoursup ». • TA Montreuil, ord., 23 déc. 2019, n° 1913765 : *LIJ 2020, n° 201, p. 4.*

VIII. CENTRE D'EXAMEN

28. *Établissement d'enseignement privé.* Aucune disposition législative ou réglementaire, ni aucun principe général du droit n'interdit à un recteur d'académie d'utiliser, lorsque cela est nécessaire, des locaux autres que ceux des établissements publics d'enseignement, « et notamment ceux d'un établissement d'enseignement privé », pour organiser les épreuves d'un examen tel le baccalauréat. Ce choix rectoral ne méconnaît pas par lui-même les principes de laïcité et de neutralité de l'éducation nationale. • TA Bordeaux, 4 mai 2005, n° 0402516.

IX. NOUVEAU RÉGIME D'ÉPREUVES

29. *Décision verbale du ministre de ne pas tenir compte d'un exercice d'une épreuve. Caractère réglementaire (non).* Dans une affaire où les requérants demandaient la suspension de l'exécution de la décision verbale du ministre, rendue publique, selon laquelle il ne serait pas tenu compte du premier exercice de l'une des épreuves du baccalauréat, le juge estime qu'une telle décision, qui concerne les épreuves d'un examen déterminé, n'a pas vocation à s'appliquer de manière générale et permanente et qu'elle est, en conséquence, dépourvue de caractère réglementaire. Ne relevant pas des décisions dont il appartient au Conseil d'État de connaître en premier ressort, la mesure d'urgence sollicitée n'est pas susceptible de se rattacher à un litige ressortissant lui-même à la compétence directe du Conseil d'État. La demande de suspension est rejetée. • CE, ord., 23 juin 2011, n° 350317.

X. RÉSULTATS

30. *Nouvelles normes applicables. Droit au maintien de la réglementation. Absence.* Un arrêté a pu légalement appliquer des règles nouvelles pour l'examen du baccalauréat aux élèves ayant déjà passé les épreuves anticipées en première. En l'espèce, le Conseil d'État rappelle qu'en principe, lorsque de nouvelles normes générales sont édictées par voie de décret ou d'arrêté, elles ont vocation à s'appliquer immédiatement, sans que les personnes auxquelles sont imposées de nouvelles contraintes puissent invoquer le droit au maintien de la réglementation existante. Il rappelle aussi que ce principe ne s'applique que sous réserve des exigences attachées au principe de non-rétroactivité des actes administratifs, ce qui exclut que les nouvelles dispositions s'appliquent à des situations juridiquement constituées avant l'entrée en vigueur de ces dispositions. Il précise ensuite qu'en matière d'enseignement, ce principe ne fait pas obstacle à l'application immédiate, même aux élèves engagés dans un cycle de formation sanctionné par un diplôme, des dispositions réglementaires relatives à la formation qui leur est dispensée et notamment aux modalités d'évaluation des connaissances. • CE 11 déc. 2013, nos 362987 et 363029 B : *AJDA 2014. 659* ; *LIJ 2014, n° 182, p. 7.*

31. *Réutilisation des résultats.* Dans une affaire où le tribunal administratif avait rejeté la demande d'une société exploitant un service de mise à disposition par voie électronique de résultats d'examens de l'éducation nationale tendant notamment à la condamnation de l'État à lui verser la somme de cinq millions d'euros au titre du préjudice subi à raison de la mauvaise communication des résultats d'examen, la cour a précisé que les résultats nominatifs d'admission aux examens, alors même qu'ils ne seraient pas accompagnés des notes des candidats, constituent des données à caractère personnel ne concernant que l'intéressé ; que si leur affichage ou leur publication sur le site dédié du ministère leur fait perdre leur caractère inachevé et les rend donc communicables au sens de la L. du 17 juill. 1978, ces données n'en perdent pas pour autant leur caractère personnel, de sorte que leur communication ne peut se faire que dans les conditions prévues à l'art. 13 de cette même loi ; qu'ainsi, la réutilisation de ces données, et, notamment, leur communication à des tiers, exige que les candidats y aient préalablement consenti. En outre, la cour a estimé que les listes des résultats nominatifs des examens ne pouvaient être communiquées à la société sans qu'en soient préalablement retirées les données relatives aux candidats n'ayant pas donné leur consentement à leur réutilisation ; en admettant même que de telles informations ne constituent pas des données à caractère personnel, dès lors qu'elles ne comportent pas les notes des candidats, il n'en demeure pas moins que les intéressés doivent avoir été mis à même de s'opposer à la réutilisation des informations les concernant. • CAA Paris, 30 juin 2014, n° 13PA00947 : *LIJ 2014, n° 185, p. 18.*

CHAPITRE V DISPOSITIONS COMMUNES AUX FORMATIONS TECHNOLOGIQUES ET AUX FORMATIONS PROFESSIONNELLES

BIBL. GÉN. ▶ PADRONI, De l'enseignement technique à l'enseignement professionnel : des ajustements significatifs ?, *Thèse, Univ. Rennes 1, 1997.*

▶ **Lycée des métiers :** KOUKIDIS et SAINT-VENANT, Le lycée des métiers : constats, enjeux, perspectives, *Rapp. IGEN, janv. 2002.* – RAGE et SULTAN, Structuration des établissements publics locaux d'enseignement : lycées polyvalents, lycées des métiers, *Rapp. IGEN-IGAENR, 12 déc. 2014.*

▶ **Formations technologiques :** BRUCY, Histoire des diplômes de l'enseignement technique (1880-1965), *Thèse, Univ. Paris 1, 1993.* – DECOMPS, Une nouvelle ambition pour la voie technologique au lycée, *Rapp. MEN, juin 2001.* – FORESTIER, Propositions pour une rénovation de la voie technologique au lycée, *Rapp. MEN, avr. 1999.* – GUILLAUME, Technologie et innovation, *Rapp. MEN, mars 1998.* –

▶ **Formations professionnelles :** BELLET, GARNIER, LEVEQUE et PERILLIER, Les procédures d'affectation des élèves en filières professionnelles, *Rapp. IGAENR, déc. 2000.* – BOUYX, L'enseignement professionnel : le parent pauvre ?, *in* Le système éducatif en France, *Doc. fr., coll. Les notices, 2003. 93.* – DORIATH et CUISINIER, La rénovation de la voie professionnelle, *Rapport conjoint IGEN-IGAENR, n° 2009-065, juill. 2009.* – ILARDI, JOSEPH et SULZER, L'entrée sur le marché du travail des jeunes de la voie professionnelle rénovée, *CÉREQ Bref, n° 365, juill. 2018.* – LERMINIAUX, Améliorer la poursuite d'étude dans l'enseignement supérieur des bacheliers professionnels, *Doc. fr., déc. 2015.* – LUGNIER, VIOLLIN et WACHEUX, Cartographie de l'enseignement professionnel, *IGEN-IGAENR, Rapp. n° 2016-041, juill. 2016.* – LUTTRINGER, La formation professionnelle : une recherche difficile de partenaires, *RFAP, n° 79, juill.-sept. 1996.* – MARCHAL, Le diplôme reste déterminant dans l'insertion des lycéens professionnel, *MEN-DEPP, Note d'information, n° 18.09, 2018.* – MAROIS, Table ronde sur l'enseignement professionnel, *Rapport MEN, 1998.* – PAGUET, GUILLET, HENRIET, MONNANTEUIL, RAGE et AMBROGI, L'introduction de blocs de compétences dans les diplômes professionnels, *Rapp. IGAENR-IGEN, n° 2015-078, nov. 2015.* – DI PAOLA, MOULLET, OLYMPIO et VERDIER, D'une génération à l'autre : enseignements professionnels et inégalités sociales, *in* Rendement éducatif, parcours et inégalités dans l'insertion des jeunes – Recueil d'études sur la génération 2010, *CEREQ, CEREQ Échanges, n° 5, mai 2017. 319.* – VUILLET et SICILIANO, Qu'évalue-t-on avec les épreuves du baccalauréat professionnel ? *Rapp. du Haut Conseil de l'évaluation de l'école, janv. 2004.* – L'enseignement professionnel, *Rapp. de l'Académie des technologies, 2010, mis à jour 2015 : http://academie-technologies-prod.s3.amazonaws.com/2016/05/30/14/14/35/472/Enseignement_professionnel_2016.pdf.* – Voie professionnelle : choix d'affectation, conditions de vie, conditions de travail, *MENESR, Éducation & formations, n° 93, mai 2017.*

▶ **Apprentissage :** V. Bibl. ss. art. L. 337-3-1.

COMMENTAIRE

Voir commentaire sous livre III, titre III, chapitre I, section II. ❑

Art. L. 335-1 L'enseignement technologique et professionnel contribue à l'élévation générale des connaissances et des niveaux de qualification. Il constitue un facteur déterminant de la modernisation de l'économie nationale.

Il doit permettre à ceux qui le suivent l'entrée dans la vie professionnelle à tous les niveaux de qualification et leur faciliter l'accès à des formations ultérieures.

Des dispositions spéciales sont prises pour les enfants *(L. n° 2019-791 du 26 juill. 2019, art. 27)* **« en situation de handicap ».**

Art. L. 335-2 Les formations technologiques et professionnelles comportent un stage d'initiation ou d'application en milieu professionnel. Ce stage fait l'objet d'un contrat entre l'établissement d'enseignement et l'entreprise.

Les méthodes de l'enseignement technologique et professionnel peuvent comporter un enseignement à temps plein, alterné ou simultané. — *[L. n° 71-577 du 16 juill. 1971, art. 6, al. 4 et 5.]*

Art. L. 335-3 La rénovation des collèges et des formations sanctionnées par le certificat d'aptitude professionnelle et par le brevet d'études professionnelles constitue un facteur déterminant du développement des formations technologiques et professionnelles sanctionnées par le baccalauréat. — *[L. n° 85-1371 du 23 déc. 1985, art. 10.]*

Art. L. 335-4 Le passage des élèves des formations de l'enseignement général et technologique vers les formations professionnelles et des formations professionnelles vers les formations de l'enseignement général et technologique est rendu possible par des structures pédagogiques appropriées. – *[L. n° 85-1371 du 23 déc. 1985, art. 11.]*

Art. L. 335-5 *(L. n° 2002-73 du 17 janv. 2002, art. 134)* I. – Les diplômes ou les titres à finalité professionnelle sont obtenus par les voies scolaire et universitaire, par l'apprentissage, par la formation professionnelle continue ou, en tout ou en partie, par la validation des acquis de l'expérience.

(L. n° 2014-288 du 5 mars 2014, art. 6) « II. – Toute personne justifiant d'une activité professionnelle salariée, non salariée, bénévole ou de volontariat *(L. n° 2015-1541 du 27 nov. 2015, art. 9)* « , ou inscrite sur la liste des sportifs de haut niveau mentionnée au premier alinéa de l'articleL. 221-2 du code du sport » ou ayant exercé des responsabilités syndicales *(L. n° 2015-366 du 31 mars 2015, art. 14)* « , un mandat électoral local ou une fonction élective locale » en rapport direct avec le contenu de la certification visée peut demander la validation des acquis de son expérience prévue à l'article L. 6411-1 du code du travail.

« La durée minimale d'activité requise pour que la demande de validation soit recevable est *(L. n° 2016-1088 du 8 août 2016, art. 78)* « d'un an », que l'activité ait été exercée de façon continue ou non. Pour apprécier cette durée, l'autorité ou l'organisme qui se prononce sur la recevabilité de la demande mentionnée à l'article L. 6412-2 du même code peut prendre en compte des activités mentionnées au premier alinéa du présent II, de nature différente, exercées sur une même période *(L. n° 2016-1088 du 8 août 2016, art. 78)* « , ainsi que les périodes de formation initiale ou continue en milieu professionnel ». »

(L. n° 2014-856 du 31 juill. 2014, art. 65) « Lorsqu'une demande de validation des acquis de l'expérience émane d'un membre bénévole d'une association, le conseil d'administration de l'association ou, à défaut, l'assemblée générale peut émettre un avis pour éclairer le jury sur l'engagement du membre bénévole. »

La validation des acquis produit les mêmes effets que les autres modes de contrôle des connaissances et aptitudes.

La validation est effectuée par un jury dont la composition garantit une présence significative de représentants qualifiés des professions concernées.

Le jury peut attribuer la totalité du diplôme ou du titre. A défaut, il se prononce sur l'étendue de la validation et, en cas de validation partielle, sur la nature des connaissances et aptitudes devant faire l'objet d'un contrôle complémentaire. *(L. n° 2016-1088 du 8 août 2016, art. 78)* « Les parties de certification obtenues sont acquises définitivement. Ces parties de certifications permettent des dispenses d'épreuve si le règlement fixé par l'autorité administrative, l'établissement ou l'organisme qui délivre la certification prévoit des équivalences totales ou partielles. »

Le jury se prononce au vu d'un dossier constitué par le candidat, à l'issue d'un entretien *(L. n° 2018-771 du 5 sept. 2018, art. 9)* « avec ce dernier » et, le cas échéant, d'une mise en situation professionnelle réelle ou reconstituée, lorsque cette procédure est prévue par l'autorité qui délivre la certification.

Un décret en Conseil d'État détermine les conditions d'application des dispositions *(L. n° 2014-288 du 5 mars 2014, art. 6)* « du présent II », notamment les règles selon lesquelles le jury est constitué. Cette composition concourt à une représentation équilibrée entre les femmes et les hommes. Il détermine également les conditions dans lesquelles il peut être dérogé *(L. n° 2014-288 du 5 mars 2014, art. 6)* « au I », pour des raisons tenant à la nature des diplômes ou titres en cause ou aux conditions d'exercice des professions auxquelles ils permettent d'accéder. Le jury fixe les contrôles complémentaires prévus au *(L. n° 2016-1088 du 8 août 2016, art. 78)* « sixième » alinéa *(L. n° 2014-288 du 5 mars 2014, art. 6)* « du présent II ».

(L. n° 2016-1691 du 9 déc. 2016, art. 131) « Le décret en Conseil d'État mentionné à l'avant-dernier alinéa du présent II prévoit également des modalités spécifiques à l'obtention des titres et diplômes relatifs aux activités mentionnées au deuxième alinéa du I de l'article 19 de la loi n° 96-603 du 5 juillet 1996 relative au développement et à la promotion du commerce et de l'artisanat, notamment en termes d'encadrement des délais. »

(L. n° 2014-288 du 5 mars 2014, art. 6) « III. — » **Le jury d'un diplôme ou d'un titre à finalité professionnelle délivré au nom de l'État ou par des établissements publics ayant une mission de formation peut dispenser un candidat désirant l'acquérir des titres ou diplômes requis pour le préparer. Cette dispense doit se fonder sur les compétences professionnelles acquises par le candidat.** *(L. n° 2018-771 du 5 sept. 2018, art. 13)* **« Cette dispense est systématiquement octroyée à tout candidat maître d'apprentissage justifiant de la formation d'au moins trois apprentis ayant obtenu leur certification. »**

Sur la validation des acquis de l'expérience pour la délivrance d'une certification professionnelle, V. art. R. 335-5 s.

Sur le comité de développement de la validation des acquis de l'expérience, V. Décr. n° 2006-166 du 15 févr. 2006, ss. art. L. 122-7.

Sur les conditions d'enregistrement des certifications professionnelles et des certifications et habilitations dans les répertoires nationaux, V. C. trav., art. R. 6113-1 s.

BIBL. ▸ ABRIAC, Dispositif académique de validation des acquis : une baisse de 9 % des diplômes délivrés en 2019 à relativiser, *MENJS-DEPP, Note d'information n° 20.49, déc. 2020* ; Dispositif académique de validation des acquis : hausse du nombre de diplômes délivrés de 8 % en 2018, *MENJ-DEPP, Note d'information, n° 19.51, déc. 2019* ; Dispositif académique de validation des acquis : 12 800 diplômes délivrés par la validation des acquis de l'expérience en 2016, *MEN-DEPP – A1, Note d'information, n° 17.27, déc. 2017* ; Dispositif académique de validation des acquis : 12 700 diplômes délivrés en 2017, *MEN-DEPP-A1, Note d'information n° 18-30, nov. 2018.* – AMAR, BURSTIN et MONTJOTIN (appui), La transformation digitale de la formation professionnelle continue, *Rapp. IGAS, n° 2016-055R, mars 2017.* – DE GAUDEMAR, Pour la formation continue du XXIe siècle, *Rapport MEN, oct. 1998.* – MAILLARD, Démocratisation de l'accès au diplôme et validation des acquis de l'expérience : une avancée sociale ?, *Cahiers de la recherche sur l'éducation et les savoirs, 2007, n° 6, p. 27.* – PIGEASSOU, La formation tout au long de la vie, *in* Le système éducatif en France, *Doc. fr., coll. Les notices, 2003. 101.*

1. Jurys VAE. Représentation équilibrée entre les femmes et les hommes. En raison de la mission confiée aux jurys prévus pour la validation des acquis de l'expérience, les membres de ces jurys occupent des « dignités, places et emplois publics » au sens de l'art. 6 de la Déclaration de 1789. Les dispositions de la loi de modernisation sociale du 17 janv. 2002, qui reprennent la formulation retenue par la L. du 9 mai 2001 relative à l'égalité professionnelle, en ne fixant qu'un objectif de représentation équilibrée entre les femmes et les hommes, n'ont pas pour objet et ne sauraient avoir pour effet de faire prévaloir, lors de la constitution de ces jurys, la considération du genre sur celle des compétences, des aptitudes et des qualifications. • Cons. const. 12 janv. 2002, *Loi de modernisation sociale,* n° 2001-455 DC : *JO 18 janv., p. 1053 ; Rec. Cons. const. 49 ; D. 2003. 1129, obs. Gay* .

2. Jurys VAE. Composition. Le jury étant composé, outre l'inspecteur d'académie, de quatre professeurs et d'un seul représentant de la profession, en méconnaissance des dispositions de l'art. R. 335-8 C. éduc., le juge estime que sa composition était irrégulière. • TA Strasbourg, 10 mai 2012, n° 1002404 : *LIJ 2012, n° 167. p. 8.*

3. Délibération de jury. Annulation. Conséquences. Le Conseil d'État estime que l'annulation de la première délibération, par laquelle le jury a refusé de valider les acquis de l'expérience du requérant pour l'obtention de l'épreuve pédagogique du brevet d'État d'éducateur sportif au motif que ce jury avait commis une erreur de fait en estimant que l'intéressé n'avait pas procédé à une description de ses activités dans le dossier de candidature, impliquait que soit réexaminée la candidature du requérant pour la validation des acquis de son expérience, conformément à la procédure prévue par l'art. L. 335-5, au vu des circonstances de droit et de fait prévalant à la date du nouvel examen. Eu égard à l'objet d'une telle procédure, il incombait à l'administration de mettre le candidat en mesure, d'une part, de présenter un nouveau dossier comportant, le cas échéant, l'expérience complémentaire acquise et, d'autre part, de demander à être entendu, s'il le souhaitait, lors d'un entretien, conformément au 7e al. de l'art. L. 335-5. Le jury ayant procédé à une nouvelle délibération sur la base du même dossier que celui constitué par le requérant lors du dépôt de sa candidature, sans que celui-ci en soit informé ni mis à même de présenter une demande d'entretien et, le cas échéant, de fournir un dossier actualisé en ce qui concerne ses acquis la procédure est annulée. • CE 22 févr. 2012, n° 343766 B : *AJDA 2012. 848* .

Art. L. 335-6 *(Abrogé par L. n° 2018-771 du 5 sept. 2018, art. 31, à compter du 1er janv. 2019) (L. n° 2002-73 du 17 janv. 2002, art. 134)* **I. —** ***Les diplômes et titres à finalité professionnelle délivrés au nom de l'État sont créés par décret et organisés par arrêté des***

ministres compétents, après avis d'instances consultatives associant les organisations représentatives d'employeurs et de salariés quand elles existent, sans préjudice des dispositions des articles L. 331-1, L. 335-14, L. 613-1, L. 641-4 et L. 641-5 du présent code et L. 811-2 et L. 813-2 du code rural et de la pêche maritime [V. ces art. à l'art. L. 341-1].

II. — Il est créé un répertoire national des certifications professionnelles. Les diplômes et les titres à finalité professionnelle y sont classés par domaine d'activité et par niveau.

(L. n° 2009-1437 du 24 nov. 2009, art. 22) *« Les diplômes et titres à finalité professionnelle peuvent y être enregistrés à la demande des organismes ou instances les ayant créés et après avis de la Commission nationale de la certification professionnelle. Ceux qui sont délivrés au nom de l'État et créés après avis d'instances consultatives associant les organisations représentatives d'employeurs et de salariés y sont enregistrés de droit. Préalablement à leur élaboration, l'opportunité de leur création fait l'objet d'un avis public de cette commission dans un délai de trois mois. Passé ce délai, cet avis est réputé favorable.*

« Les certificats de qualification professionnelle établis par une ou plusieurs commissions paritaires nationales de l'emploi peuvent également être enregistrés au répertoire national des certifications professionnelles, à la demande des organismes ou instances les ayant créés et après avis conforme de la Commission nationale de la certification professionnelle. »

(L. n° 2014-288 du 5 mars 2014, art. 34) *« Ces organismes ou instances garantissent tout au long de la période de validité de l'enregistrement :*

« 1° La transparence de l'information donnée au public sur la certification qu'ils délivrent ;

« 2° La qualité du processus de certification ;

« 3° Lorsqu'ils sont à la tête d'un réseau d'organismes de formation qui délivrent la même certification, la qualité de la certification délivrée par chacun des membres du réseau.

« Ces engagements sont précisés sur un cahier des charges défini par arrêté du ministre chargé de la formation professionnelle, sur proposition de la Commission nationale de la certification professionnelle. »

La Commission nationale de la certification professionnelle (Abrogé par Décr. n° 2005-545 du 26 mai 2005, art. 1er) *«, placée auprès du Premier ministre, » établit et actualise le répertoire national des certifications professionnelles.* (L. n° 2009-1437 du 24 nov. 2009, art. 22) *« Elle veille à la cohérence, à la complémentarité et au renouvellement des diplômes et des titres ainsi qu'à leur adaptation à l'évolution des qualifications et de l'organisation du travail.*

« Les certifications et habilitations correspondant à des compétences transversales exercées en situation professionnelle peuvent être recensées dans un inventaire spécifique établi par la Commission nationale de la certification professionnelle.

« Les personnes qui appartiennent aux promotions prises en compte dans le cadre de la procédure d'instruction pour enregistrement au répertoire national des certifications professionnelles visé au présent article ainsi que celles qui appartiennent à la promotion en cours et ayant obtenu la certification peuvent se prévaloir de l'inscription de cette certification au répertoire national des certifications professionnelles.

« De même, les personnes qui ont suivi un cycle préparatoire à une certification en cours de validité au moment de leur entrée en formation peuvent, après obtention de la certification, se prévaloir de l'inscription de celle-ci au répertoire national des certifications professionnelles. »

(L. n° 2009-1437 du 24 nov. 2009, art. 22) *« La Commission nationale de la certification professionnelle réalise l'évaluation publique qu'elle juge nécessaire de certificats de qualification professionnelle et émet des recommandations » à l'attention des institutions délivrant des diplômes, des titres à finalité professionnelle ou des certificats de qualification figurant sur une liste établie par la commission paritaire nationale de l'emploi d'une branche professionnelle ; en vue d'assurer l'information des particuliers et des entreprises, elle leur signale notamment les éventuelles correspondances totales ou partielles entre les certifications enregistrées dans le répertoire national, ainsi qu'entre ces dernières et d'autres certifications, notamment européennes.*

Un décret en Conseil d'État détermine les conditions d'enregistrement des diplômes et titres dans le répertoire national ainsi que la composition et les attributions de la commission.

Sur la certification professionnelle, V. désormais C. trav., art. L. 6113-1, L. 6113-5, L. 6113-6 et R. 6113-1 s.

1. RNCP. Enregistrement d'un diplôme. Acte ne présentant pas un caractère réglementaire. Eu égard aux effets qui y sont attachés et à la circonstance que, bien que participant de la politique publique de la formation professionnelle, elle n'a pas pour objet l'organisation d'un service public, la décision par laquelle le ministre chargé de la formation professionnelle, sur le fondement de l'art. R. 335-20, enregistre un diplôme, un titre ou un certificat de qualification dans le répertoire national des certifications professionnelles ne présente pas un caractère réglementaire. La contestation d'un tel acte ne relève, en conséquence, pas de la compétence de premier et dernier ressort du Conseil d'État. • CE 14 nov. 2012, *Féd. française des professionnels de la conservation-restauration*, n° 346912 : *AJDA 2013. 382*.

2. Enseignement du sport contre rémunération. Diplômes requis. Légalité de l'Arr. du 2 oct. 2007 fixant la liste des diplômes acquis jusqu'au 28 août 2007 pour enseigner le sport. Le Conseil d'État confirme que les enseignants ayant acquis le droit d'enseigner, d'animer ou d'encadrer une activité physique ou sportive ou d'entraîner ses pratiquants contre rémunération avant l'entrée en vigueur de la loi Lamour du 1er août 2003 conservent ce droit, dès lors que ces diplômes ont été délivrés dans les conditions prévues au II de l'art. L. 335-6 C. éduc. avant leur inscription sur la liste des qualifications enregistrées au répertoire national des certifications professionnelles et au plus tard le 28 août 2007, le ministre de la santé, de la jeunesse et des sports n'ayant fait que reprendre les dispositions du IV de l'art. L. 212-1 C. sport. • CE 30 mars 2009, *Synd. nat. des entreprises exploitant les activités physiques et récréatives des loisirs marchands*, n° 315767 : *Lebon T. 966* ; *AJDA 2009. 682*.

Art. L. 335-7 Les formations conduisant à un diplôme technologique ou professionnel sont soumises à une procédure d'évaluation. — *[L. n° 85-1371 du 23 déc. 1985, art. 4.]*

Art. L. 335-8 Les structures de l'enseignement, les programmes et la sanction des études relevant des enseignements technologiques et professionnels sont établis et périodiquement révisés en fonction des résultats obtenus, de l'évolution de la société et du progrès scientifique, technique, économique et social.

A cette fin, une concertation permanente est organisée entre l'État, les compagnies consulaires, les chambres de métiers, les chambres d'agriculture, les organisations professionnelles d'employeurs et de salariés, les organisations familiales et les représentants de l'enseignement.

(Ord. n° 2004-809 du 1er juill. 2004, art. 78) « Au niveau régional, cette concertation est réalisée au sein des comités régionaux de coordination de l'emploi et de la formation professionnelle, ainsi que, pour les formations assurées par les établissements d'enseignement supérieur, dans le cadre des conseils académiques de l'éducation nationale. »

Art. L. 335-9 Des équivalences sont établies entre les diplômes des enseignements généraux et ceux des enseignements technologiques et professionnels afin de permettre aux titulaires des diplômes sanctionnant ces derniers enseignements de satisfaire aux conditions exigées des candidats aux emplois publics ou de poursuivre des études ou de participer à des tâches d'enseignement. — *[L. n° 71-577 du 16 juill. 1971, art. 10.]*

Art. L. 335-10 La possession d'un diplôme de l'enseignement technologique ou professionnel peut être exigée pour l'accès à certains emplois publics ou la poursuite de certaines études. — *[L. n° 71-577 du 16 juill. 1971, art. 11.]*

Art. L. 335-11 L'organisation des diplômes sanctionnant une formation technologique ou professionnelle prévoit la délivrance d'une attestation validant les acquis de ceux qui ont suivi la formation sans obtenir le diplôme la sanctionnant, afin de leur permettre de la reprendre ou de la continuer. Cette attestation détermine le niveau des connaissances et des compétences acquises et peut prendre la forme d'unités capitalisables. — *[L. n° 85-1371 du 23 déc. 1985, art. 5.]*

Art. L. 335-12 Les établissements ou sections d'enseignement technologique et professionnel dispensant une formation à temps plein ont la responsabilité d'assurer, en liaison avec les milieux professionnels, l'apprentissage et la formation professionnelle continue selon *(Ord. n° 2008-1304 du 11 déc. 2008, art. 1er)* « les dispositions des livres II des première, deuxième et troisième parties ainsi que de la sixième partie du code du travail. ».

Art. L. 335-13 Les établissements d'enseignement technique publics et privés, les écoles par correspondance, les particuliers, les associations, les sociétés, les syndicats et groupements professionnels ne peuvent, soit à titre gratuit, soit à titre onéreux, délivrer aucun diplôme professionnel sanctionnant une préparation à l'exercice d'une profession industrielle, commerciale ou artisanale que dans les conditions fixées par les articles L. 335-14 à L. 335-16. – *[L. n° 694 du 4 août 1942, art. 1er (C. ens. techn., art. 145).]*

Art. L. 335-14 Des examens publics sont organisés pour la délivrance des titres et diplômes sanctionnant les études. La liste de ces titres, les conditions d'inscription des candidats et la composition des jurys d'examen sont fixées par décret.

Les jurys d'examen doivent comprendre, outre les représentants de l'État, des professeurs de l'enseignement privé et des représentants qualifiés de la profession. – *[L. n° 694 du 4 août 1942, art. 2 (C. ens. techn., art. 146).]*

Art. L. 335-15 A la requête des élèves ou de leur représentant légal, les établissements d'enseignement technique et les écoles par correspondance sont libres de délivrer, en fin d'études, des certificats de scolarité, mentionnant avec le titre exact de l'établissement et l'état civil de l'élève, les dates de début et de fin d'études, la nature exacte de l'enseignement professionnel, à l'exclusion de toute note ou appréciation.

Ces certificats doivent être datés et revêtus de la signature du directeur de l'établissement. – *[L. n° 694 du 4 août 1942, art. 4 (C. ens. techn., art. 147).]*

Art. L. 335-16 Le fait de délivrer des titres ou diplômes en infraction aux articles L. 335-14 et L. 335-15 est puni de 3750 euros d'amende.

Le tribunal peut prononcer la fermeture de l'établissement pour une durée de trois ans au plus et sa fermeture définitive en cas de récidive. – *[L. n° 694 du 4 août 1942, art. 5 (C. ens. techn., art. 148).]*

Art. L. 335-17 Un certificat qualifié "crédit d'enseignement" peut être attribué aux titulaires des titres et diplômes d'enseignement technologique et professionnel en vue de leur donner la possibilité de reprendre des études d'un niveau supérieur, en bénéficiant des dispositions prévues *(Ord. n° 2008-1304 du 11 déc. 2008, art. 1er)* « par les articles L. 6313-4, L. 6313-10 et L. 6313-11 » du code du travail pour l'organisation de la formation professionnelle continue dans le cadre de l'éducation permanente, en ce qui concerne les stages dits de "promotion professionnelle".

CHAPITRE VI DISPOSITIONS PROPRES AUX FORMATIONS TECHNOLOGIQUES

Art. L. 336-1 Les formations technologiques du second degré ont pour objet de dispenser une formation générale de haut niveau ; elles incluent l'acquisition de connaissances et de compétences techniques et professionnelles.

Elles sont principalement organisées en vue de préparer ceux qui les suivent à la poursuite de formations ultérieures. Elles peuvent leur permettre l'accès direct à la vie active.

Elles sont dispensées essentiellement dans les lycées d'enseignement général et technologique ainsi que dans les lycées d'enseignement général et technologique agricoles.

Les formations technologiques du second degré sont sanctionnées par la délivrance d'un baccalauréat technologique. – *[L. n° 85-1371 du 23 déc. 1985, art. 6.]*

Sur le règlement général du baccalauréat technologique, V. art. D. 336-1 s.

Art. L. 336-2 Les brevets de technicien sont transformés progressivement en baccalauréats technologiques ou en baccalauréats professionnels. – *[L. n° 85-1371 du 23 déc. 1985, art. 8.]*

CHAPITRE VII DISPOSITIONS PROPRES AUX FORMATIONS PROFESSIONNELLES

Art. L. 337-1 Les formations professionnelles du second degré associent à la formation générale un haut niveau de connaissances techniques spécialisées. Principalement organisées en vue de l'exercice d'un métier, elles peuvent permettre de poursuivre une formation ultérieure.

Les formations professionnelles du second degré sont dispensées essentiellement dans les lycées professionnels et dans les lycées professionnels agricoles.

Les enseignements professionnels du second degré sont sanctionnés par la délivrance d'un certificat d'aptitude professionnelle, d'un brevet d'études professionnelles ou d'un baccalauréat professionnel.

L'examen du certificat d'aptitude professionnelle est subi devant un jury dont la composition est fixée par décret et qui doit comprendre des professeurs et un nombre égal de patrons et d'ouvriers ou d'employés qualifiés de la profession. – *[L. du 25 juill. 1919, art. 47, al. 7 (C. ens. techn., art. 150, al. 2), et L. n° 85-1371 du 23 déc. 1985, art. 7.]*

Sur le certificat d'aptitude professionnelle (CAP), V. art. D. 337-1 s.

Sur le règlement général du baccalauréat professionnel, V. art. D. 337-51 s.

BIBL. ► ABRAHAM, DESPREZ, MICHEL, La qualité de la formation durant les périodes de formation en milieu professionnel, *MENJS, Rapp. IGESR n° 2020-162, janv. 2021.* - CALVEZ et MARCON, La voie professionnelle scolaire : viser l'excellence, *MEN, Rapp., 22 févr. 2018.* - COLLIN, MARCHAL, Des lycéens professionnels et des apprentis mieux insérés 12 mois après leur sortie d'études en juillet 2020 que 6 mois après, malgré la crise, *MENJS-DEPP, Note d'information n° 21.24, mai 2021.* - CONTON, Examens professionnels du second degré - Session 2017 : toujours de grandes disparités de choix de spécialités entre les filles et les garçons, *MEN-DEPP, Note d'information, n° 18.11, juin 2018.* - CUISINIER, CARAGLIO, DURAND et SAGUET, Les parcours des élèves de la voie professionnelle. Évolutions des parcours depuis la mise en œuvre de la rénovation de la voie professionnelle et nouveaux enjeux, *Rapp. IGAENR, n° 2013-110, déc. 2013.* - DIEUSAERT, Baccalauréat professionnel à la rentrée 2019 : disparités territoriales en matière de domaines de formation, *MENJ-DEPP, note d'information n° 20.29, sept. 2020.* - THOMAS, Résultats définitifs de la session 2019 du baccalauréat : les candidats de la voie professionnelle obtiennent plus souvent une mention qu'à la session 2018, *MEN-DEPP, Note d'information n° 20.10, mars 2020.* - Zoom sur l'enseignement et la formation professionnels (EFP), *OCDE, Indicateurs de l'éducation à la loupe, n° 33, juill. 2015.*

Insertion professionnelle BERNARD, MINNI et, TESTAS, Des poursuites d'études plus fréquentes et une insertion professionnelle toujours plus difficile pour les moins diplômés, *Insee références. Formations et emploi, 2018.* - GAUBERT, HENRARD, ROBERT et ROUAUD, Pas d'amélioration de l'insertion professionnelle pour les non-diplômés, *CÉREQ Bref, n° 356, 2017.* - HENRARD et ILARDI (dir.), Quand l'école est finie. Premiers pas dans la vie active de la Génération 2013, *CÉREQ Enquêtes, n° 1, octobre 2017.* - ILARDI, JOSEPH et SULZER, L'entrée sur le marché du travail des jeunes de la voie professionnelle rénovée, *CÉREQ Bref, n° 3652018.* - JASPAR, Les jeunes sans diplôme sont inégalement répartis sur le territoire, *MENESR-DEPP, Note d'information n° 15.46, 2015.* - MARCHAL, Le niveau de formation et de diplôme : déterminant dans l'insertion des lycéens professionnels, *MEN, DEPP-A1, Note d'information, n° 17-12, juin 2017* ; Le diplôme reste déterminant dans l'insertion des lycéens professionnels, *MEN-DEPP, Note d'information, n° 18.09, mai 2018* ; Le diplôme et la conjoncture économique restent déterminants dans l'insertion des lycéens professionnels, *MEN-DEPP, Note d'information, n° 19.10, avr. 2019* ; Le diplôme et la conjoncture économique restent déterminants dans l'insertion des lycéens professionnels, *MEN-DEPP, Note d'information, n° 20.02, févr. 2020.* - NDAO et PIRUS, Le devenir des bacheliers professionnels qui poursuivent des études, *MESRI-SIES, MENJ-DEPP, Note d'information, n° 19.12, avr. 2019.*

Art. L. 337-2 **La formation professionnelle mentionnée à l'article L. 122-3 est dispensée soit dans le cadre des formations conduisant à un diplôme d'enseignement professionnel, soit dans le cadre des formations professionnelles d'insertion organisées après l'obtention des diplômes d'enseignement général ou technologique, soit dans le cadre de formations spécifiques inscrites dans les plans régionaux de formation professionnelle. Les formations sont mises en place en concertation avec les entreprises et les professions.** – *[L. n° 89-486 du 10 juill. 1989, art. 7 bis (2e et 3e phr.).]*

Art. L. 337-3 *Abrogé par L. n° 2013-595 du 8 juill. 2013, art. 56.*

Art. L. 337-3-1 *(L. n° 2018-771 du 5 sept. 2018, art. 14)* **Au cours de la dernière année de scolarité au collège, les élèves volontaires peuvent suivre une classe intitulée "troisième « prépa-métiers »". Cette classe vise à préparer l'orientation des élèves, en particulier vers la voie professionnelle et l'apprentissage, et leur permet de poursuivre l'acquisition du socle commun de connaissances, de compétences et de culture mentionné à l'article L. 122-1-1. Elle permet de renforcer la découverte des métiers,**

notamment par des périodes d'immersion en milieu professionnel, et prépare à l'apprentissage, notamment par des périodes d'immersion dans des centres de formation d'apprentis, des sections d'apprentissage ou des unités de formation par apprentissage.

Les modalités d'application du présent article sont fixées par décret.

BIBL. ▶ Arrighi et Brochier, L'apprentissage au sein de l'éducation nationale : un état des lieux, *Haut Conseil de l'évaluation de l'école, Rapp. n° 17, avr. 2005.* – Couppie et Dupray, apprentissage et voie scolaire : comment expliquer les différences d'insertion observées ?, *in* Rendement éducatif, parcours et inégalités dans l'insertion des jeunes – Recueil d'études sur la génération 2010, *CEREQ, CEREQ Échanges, n° 5, mai 2017. 77.* – L'apprentissage au service de l'emploi, *Conseil d'analyse économique, note n° 19, déc. 2014.* – Les élèves peu performants manquent-ils de possibilités d'apprentissage ?, OCDE, *PISA à la loupe, n° 62, 24 mai 2016 : http://www.oecd-ilibrary.org/education/les-eleves-peu-performants-manquent-ils-de-possibilites-d-apprentissage_5jlz4vm³mhvk-fr.* – JASPAR, L'orientation vers l'apprentissage à la fin de la troisième à la rentrée 2018, *MENJ-DEPP, Note d'information n° 20.28, sept. 2020.* – Marchal, L'insertion des apprentis est marquée par la formation et par la conjoncture économique, *MEN-DEPP, Note d'information, n° 18.08, mai 2018* ; Le diplôme et la conjoncture économique demeurent déterminants dans l'insertion des apprentis, *MEN-DEPP, Note d'information, n° 19.11, avr. 2019.* – Testas, Guillerm et Pesonel, L'orientation en CAP par apprentissage ou par voie scolaire : profils des élèves à l'issue de la troisième, *MEN, Note d'information, n° 18. 22, sept. 2018.* – Zamora, Le développement de l'apprentissage : une réponse à l'échec scolaire ?, *Regards croisés sur l'économie, éd. La découverte, 2012/2, n° 12, p. 85.* – Apprentissage : un vaccin contre le chômage des jeunes, *Institut Montaigne, Étude, mai 2015.* – Les séjours à l'étranger à des fins d'apprentissages ou professionnelles et l'insertion professionnelle des sortants de l'enseignement secondaire. Exploitation de l'enquête Génération 2013 du CÉREQ, *Notes de L'Observatoire Erasmus +, n° 8, 2018 : https://www.agence-erasmus.fr/docs/2700_observatoire_8.pdf*

Données chiffrées. Collin, Marchal et Deprat, Six mois après leur sortie en 2019 du système éducatif, 62 % des apprentis de niveau CAP à BTS sont en emploi salarié, *MENJS-DEPP, Note d'information n° 21.07, févr. 2021.* – Demongeot, L'apprentissage au 31 décembre 2016, *MEN, DEPP-A1, Note d'information, n° 17.23, oct. 2017.* – Demongeot et Latouche, L'apprentissage au 31 décembre 2015, *MENESR, DEPP, Note d'information, n° 29, nov. 2016.* – Demongeot et Lombard, L'apprentissage au 31 décembre 2019, *MENJ-DEPP, Note d'information n° 20.27, sept. 2020* ; L'apprentissage au 31 décembre 2018. Élèves et apprentis, *MENJ-DEPP, Note d'information, n° 19.30, juill. 2019* ; L'apprentissage au 31 décembre 2017, *MEN, Note d'information, n° 18.21, sept. 2018.*

CFA. Nature juridique. Prérogatives de puissance publique. Absence. Dans une affaire où la mère d'un apprenti inscrit dans un CFA demandait l'annulation de la sanction disciplinaire de l'exclusion définitive de son fils, le juge des référés relève que le CFA concerné était géré par une association régie par la L. du 1er juill. 1901 regroupant les organisations nationales ou régionales d'employeurs et de salariés représentatives dans le secteur du bâtiment et des travaux publics. Il rappelle dès lors que quand bien même cet établissement participerait au service public de l'enseignement, les décisions prises par la personne morale de droit privé qui en assure la gestion n'auraient le caractère d'actes administratifs que dans la mesure où elles procéderaient de l'exercice d'une prérogative de puissance publique conférée à cette personne privée. Les mesures à caractère disciplinaire prises par le CFA à l'égard des apprentis qui y sont inscrits ne procèdent pas de l'exercice de prérogatives de puissance publique. Le juge des référés rejette par conséquent la demande comme présentée devant une juridiction incompétente. • TA Nice, 13 déc. 2018, n° 1804810 : *LIJ 2019, n° 206, p. 18.*

Art. L. 337-4 *(Ord. n° 2008-1304 du 11 déc. 2008, art. 1er)* **L'apprentissage est organisé conformément aux dispositions** *(L. n° 2018-771 du 5 sept. 2018, art. 34)* **« des livres II et III de la sixième partie » du code du travail.**

BIBL. ▶ V. ss. art. L. 337-3-1.

TITRE QUATRIÈME L'ENSEIGNEMENT AGRICOLE ET MARITIME

CHAPITRE PREMIER L'ENSEIGNEMENT AGRICOLE

BIBL. ▶ Beillot, Organisation et territorialisation des établissement publics locaux d'enseignement et de formation professionnelle agricoles, *Thèse, Univ. Bordeaux 3, 2004.* – Benet Riviere et Moreau, L'enseignement agricole, une mosaïque en recomposition, *in Formation emploi, n° 151,*

2020/3. 7. – Purseigle, La mosaïque de l'enseignement agricole : recomposition, enjeux et métamorphose, *in Formation emploi, n° 151, 2020/3. 137.* – Résultats aux examens et diplômes de l'enseignement agricole, Min. de l'agriculture et de la pêche, *StatEA n° 08-03, mars 2008.*

Art. L. 341-1 *(L. n° 2014-288 du 5 mars 2014, art. 23)* **L'enseignement et la formation professionnelle agricoles sont organisés conformément aux dispositions des articles L. 811-1, L. 811-2, L. 813-1 et L. 813-2 du code rural et de la pêche maritime** *[V. ces art. ci-dessous].*

1. Participation au service public d'éducation. Les établissements d'enseignement et de formation professionnelle agricole privés dont l'association ou l'organisme responsable a passé un contrat avec l'État participent au service public d'éducation et de formation. Les règles générales de la procédure d'orientation des élèves qui s'appliquent à l'enseignement public s'appliquent aussi à l'enseignement privé sous contrat et notamment à l'enseignement agricole privé. • CE 14 mars 1997, *Union nationale des maisons familiales rurales d'éducation d'orientation*, n° 142513 : *Lebon 82*.

2. Étendue de la mission. Saisi de la loi d'orientation agricole modifiant l'art. L. 813-2 C. rur., relatif aux formations dispensées dans l'enseignement agricole privé, le Conseil constitutionnel a estimé que les dispositions de cet article prévoyant que les formations de l'enseignement agricole privé sous contrat peuvent s'étendre jusqu'à la dernière année de formation de techniciens supérieurs n'ont eu ni pour objet ni pour effet d'interdire aux établissements d'enseignement agricole privés d'ouvrir librement des classes préparatoires aux grandes écoles d'agriculture. • Cons. const. 8 juill. 1999, *Loi d'orientation agricole*, n° 99-414 DC : *JO 10 juill. p. 10266 ; Rec. Cons. const. 92 ; AJDA 1999. 732, comm. Schoettl ; D. 2000. 421, obs. Car*.

3. Aide de l'État. S'il est loisible au législateur de subordonner l'aide apportée par l'État aux établissements d'enseignement privés à la nature et à l'importance de leur contribution à l'accomplissement de missions d'enseignement, sous réserve de fonder son appréciation sur des critères objectifs et rationnels, il lui appartient de déterminer celles des formations dispensées par ces établissements qui sont susceptibles de bénéficier d'une telle aide. Le législateur a pu en l'espèce, compte tenu des spécificités actuelles de l'enseignement dispensé dans les lycées agricoles privés, ne pas inclure dans le champ du régime de contractualisation prévu par les art. L. 813-8 et L. 813-9 C. rur. les formations de l'enseignement supérieur agricole autres que celles conduisant au brevet de technicien supérieur. • Cons. const. 8 juill. 1999, *Loi d'orientation agricole*, n° 99-414 DC : *préc. note 2.*

4. Heures de formation et les seuils de dédoublement. La réduction du volume global des horaires de formation et la modification des seuils de dédoublement ne sont contraires ni au droit à l'éducation affirmé à l'art. L. 111-1 C. éduc., ni à aucune disposition du C. rur. La fixation à 56, sur deux années, du nombre de semaines d'enseignement obligatoires pour les options du certificat d'aptitude professionnelle agricole résulte directement, compte tenu des sessions de stage et des jours fériés, de l'application de l'art. L. 521-1 C. éduc. qui fixe l'année scolaire à 36 semaines. • CE 14 juin 2006, *Synd. nat. de l'enseignement technique agricole SNETAP-FSU*, n° 284933.

Code rural et de la pêche maritime

Enseignement et formation professionnelle publics aux métiers de l'agriculture, de la forêt, de la nature et des territoires. Dispositions générales

Art. L. 811-1 *(L. n° 99-574 du 9 juill. 1999) (L. n° 2010-874 du 27 juill. 2010, art. 9)* « L'enseignement et la formation professionnelle publics aux métiers de l'agriculture, de la forêt, de la nature et des territoires » ont pour objet d'assurer, en les associant, une formation générale et une formation technologique et professionnelle dans les métiers de l'agriculture, de la forêt, de l'aquaculture, de la transformation et de la commercialisation des produits agricoles ainsi que dans d'autres métiers concourant au développement de ceux-ci, notamment dans les domaines des services et de l'aménagement de l'espace agricole, rural et forestier, de la gestion de l'eau et de l'environnement. *(L. n° 2010-874 du 27 juill. 2010, art. 9)* « Ils contribuent à l'éducation au développement durable *(L. n° 2016-41 du 26 janv. 2016, art. 116)* « , à la promotion de la santé et à la mise en œuvre de leurs » principes *(L. n° 2014-1170 du 13 oct. 2014, art. 60)* « , ainsi qu'à la promotion de la diversité des systèmes de production agricole » *(L. n° 2018-938 du 30 oct. 2018, art. 72)* « et à la sensibilisation au bien-être animal ». » Ils contribuent au développement personnel des élèves, étudiants, apprentis et stagiaires, à l'élévation et à l'adaptation de leurs qualifications et à leur insertion professionnelle et sociale.

Ils remplissent les missions suivantes :

1° Ils assurent une formation générale, technologique et professionnelle initiale et continue ;

2° Ils participent à l'animation *(L. n° 2005-157 du 23 févr. 2005, art. 205 et 211)* « et au développement des territoires ;

« 3° Ils contribuent à l'insertion scolaire, sociale et professionnelle des jeunes et à l'insertion sociale et professionnelle des adultes » ;

4° *(L. n° 2010-874 du 27 juill. 2010, art. 9)* « Ils contribuent aux activités de développement, d'expérimentation et d'innovation agricoles et agroalimentaires ; »

5° Ils participent à des actions de coopération internationale, notamment en favorisant les échanges et l'accueil d'élèves, apprentis, étudiants, stagiaires et enseignants.

(L. n° 2010-874 du 27 juill. 2010, art. 9) « L'enseignement et la formation professionnelle publics aux métiers de l'agriculture, de la forêt, de la nature et des territoires » sont organisés dans le cadre de l'éducation permanente, selon les voies de la formation initiale et de la formation continue. Ils constituent une composante du service public d'éducation et de formation. *(L. n° 2014-1170 du 13 oct. 2014, art. 63)* « Ils participent au service public du numérique éducatif et de l'enseignement à distance prévu au deuxième alinéa de l'article L. 131-2 du code de l'éducation. » Ils relèvent du ministre de l'agriculture. Ils sont dispensés dans le respect des principes de laïcité, de liberté de conscience et d'égal accès de tous au service public. *(L. n° 2014-1170 du 13 oct. 2014, art. 60)* « Ils participent également à la lutte contre les stéréotypes sexués *(L. n° 2016-41 du 26 janv. 2016, art. 116)* « et à la mission de promotion de la santé à l'école mentionnée à l'article L. 121-4-1 du code de l'éducation ». Les régions sont associées à la mise en œuvre des missions prévues aux 2° à 5°. »

Art. L. 811-2 *(L. n° 2010-874 du 27 juill. 2010, art. 9)* « L'enseignement et la formation professionnelle publics aux métiers de l'agriculture, de la forêt, de la nature et des territoires » *(L. n° 99-574 du 9 juill. 1999)* assurent des formations qui peuvent s'étendre de la classe de quatrième du collège à l'enseignement supérieur inclus. Ces formations sont organisées de façon à faciliter les poursuites d'études, les changements d'orientation et le passage entre les formations sous contrats de travail de type particulier et celles sous statut scolaire. A cet effet, sont créées des classes préparatoires et des classes d'adaptation ainsi qu'un service d'orientation commun à l'enseignement général, technologique et professionnel et à l'enseignement et la *(L. n° 2010-874 du 27 juill. 2010, art. 9)* « formation professionnelle aux métiers de l'agriculture, de la forêt, de la nature et des territoires ». Les élèves, étudiants, apprentis et stagiaires disposent de l'ensemble des informations de nature à leur permettre l'élaboration d'un projet d'orientation. Ils bénéficient notamment d'une information sur l'évolution de la demande de qualification, les professions et les formations qui y préparent.

Les formations assurées par *(L. n° 2010-874 du 27 juill. 2010, art. 9)* « l'enseignement et la formation professionnelle publics aux métiers de l'agriculture, de la forêt, de la nature et des territoires » sont dispensées suivant des programmes et référentiels nationaux, qui en précisent respectivement le contenu et les objectifs et qui sont arrêtés soit par le ministre de l'agriculture, soit conjointement par le ministre de l'agriculture et le ministre chargé de l'éducation nationale, soit par le ministre chargé de l'éducation nationale. Ces formations sont organisées en cycles.

Sous réserve des dispositions *(Ord. n° 2009-1534 du 10 déc. 2009)* « des articles L. 6211-1, L. 6211-2, L. 6221-1, *(L. n° 2018-217 du 29 mars 2018, art. 23)* « L. 6222-44 », L. 6232-6, L. 6232-8 à L. 6232-10, L. 6313-1 à L. 6313-11, L. 6324-5 et L. 6325-2 » du code du travail, les formations dispensées par l'enseignement général, technologique et professionnel et la *(L. n° 2010-874 du 27 juill. 2010, art. 9)* « formation professionnelle publics aux métiers de l'agriculture, de la forêt, de la nature et des territoires » sont sanctionnées par des diplômes d'État ou des diplômes nationaux reconnus équivalents aux diplômes de même niveau de l'enseignement général, technologique et professionnel.

(L. n° 2014-1170 du 13 oct. 2014, art. 60) « L'organisation des diplômes mentionnés au troisième alinéa permet leur acquisition progressive et, à cet effet, la délivrance d'une attestation validant les acquis de ceux qui ont suivi la formation qui y prépare. Cette attestation détermine le niveau des connaissances et des capacités acquises et peut prendre la forme d'unités capitalisables. Les modalités d'utilisation de cette attestation en vue d'une obtention ultérieure du diplôme sont précisées par décret. »

....

Art. L. 813-1 Les établissements d'enseignement et de formation professionnelle agricoles privés dont l'association ou l'organisme responsable a passé un contrat avec l'État participent au service public d'éducation et de formation *(L. nº 2014-1170 du 13 oct. 2014, art. 63)* « , notamment au service public du numérique éducatif et de l'enseignement à distance prévu au deuxième alinéa de l'article L. 131-2 du code de l'éducation ». Ils relèvent du ministre de l'agriculture. Leurs enseignements sont dispensés dans le respect des principes de liberté de conscience, d'égal accès de tous à l'éducation et de liberté de l'enseignement, qui implique notamment qu'un tel établissement puisse, à ces conditions, naître d'une initiative privée.

(L. nº 99-574 du 9 juill. 1999) « L'enseignement et la *(L. nº 2010-874 du 27 juill. 2010, art. 9-10º)* « formation professionnelle aux métiers de l'agriculture, de la forêt, de la nature et des territoires » dispensés par *(Ord. nº 2009-1534 du 10 déc. 2009)* « les établissements » mentionnés au premier alinéa ont pour objet d'assurer, en les associant, une formation générale et une formation technologique et professionnelle dans les métiers de l'agriculture, de la forêt, de l'aquaculture, de la transformation et de la commercialisation des produits agricoles ainsi que dans d'autres métiers concourant au développement de ceux-ci, notamment dans les domaines des services et de l'aménagement de l'espace agricole, rural, forestier, de la gestion de l'eau et de l'environnement. *(L. nº 2010-874 du 27 juill. 2010, art. 9)* « Ils contribuent à l'éducation au développement durable et à la mise en œuvre de ses principes *(L. nº 2014-1170 du 13 oct. 2014, art. 60)* « , ainsi qu'à la promotion de la diversité des systèmes de production agricole ». » Ils contribuent au développement personnel des élèves, étudiants, apprentis et stagiaires, à l'élévation et à l'adaptation de leur qualification et à leur insertion professionnelle et sociale.

« Ils remplissent les missions suivantes :

« 1º Ils assurent une formation générale, technologique et professionnelle *(Ord. nº 2009-1534 du 10 déc. 2009)* « initiale et continue » ;

« 2º Ils participent à l'animation *(L. nº 2005-157 du 23 févr. 2005, art. 205 et 210)* « et au développement des territoires ;

« 3º Ils contribuent à l'insertion scolaire, sociale et professionnelle des jeunes et à l'insertion sociale et professionnelle des adultes ;

« 4º *(L. nº 2010-874 du 27 juill. 2010, art. 9)* « Ils contribuent aux activités de développement, d'expérimentation et d'innovation agricoles et agroalimentaires ; »

« 5º Ils participent à des actions de coopération internationale, notamment en favorisant les échanges et l'accueil d'élèves, apprentis, *(Ord. nº 2009-1534 du 10 déc. 2009)* « étudiants », stagiaires et enseignants.

« L'enseignement et la *(L. nº 2010-874 du 27 juill. 2010, art. 9)* « formation professionnelle privés aux métiers de l'agriculture, de la forêt, de la nature et des territoires » sont organisés dans le cadre de l'éducation permanente, selon les voies de la formation initiale et de la formation continue, sans que dans ce dernier cas leur mise en œuvre relève du contrat prévu au premier alinéa du présent article. »

Art. L. 813-2 *(L. nº 99-574 du 9 juill. 1999)* Les formations de l'enseignement agricole privé peuvent s'étendre de la classe de quatrième du collège jusqu'à la dernière année de formation de techniciens supérieurs. Ces formations sont organisées de façon à faciliter les poursuites d'études, les changements d'orientation et le passage entre les formations sous contrats de travail de type particulier et celles sous statut scolaire. Les élèves, étudiants, apprentis et stagiaires disposent de l'ensemble des informations de nature à leur permettre l'élaboration d'un projet d'orientation. Ils bénéficient notamment d'une information sur l'évolution de la demande de qualification, les professions et les formations qui y préparent.

Les formations assurées par l'enseignement et la *(L. nº 2010-874 du 27 juill. 2010, art. 9-11º)* « formation professionnelle privés aux métiers de l'agriculture, de la forêt, de la nature et des territoires » sont dispensées suivant des programmes et référentiels nationaux, qui en précisent respectivement le contenu et les objectifs et qui sont arrêtés soit par le ministre de l'agriculture, soit conjointement par le ministre de l'agriculture et le ministre de l'éducation nationale, soit par le ministre de l'éducation nationale. Ces formations sont organisées en cycles. Là où le besoin existe, des actions permettant la connaissance et la diffusion des langues et cultures régionales sont organisées dans les établissements.

Des enseignements artistiques sont assurés à titre obligatoire ou facultatif dans les établissements mentionnés au présent article.

Sous réserve des dispositions *(Ord. nº 2009-1534 du 10 déc. 2009)* « des articles L. 6211-1, L. 6211-2, L. 6221-1, *(L. nº 2018-217 du 29 mars 2018, art. 23)* « L. 6222-44 », L. 6232-6, L. 6232-8 à L. 6232-10, L. 6313-1 à L. 6313-11, L. 6324-5 et L. 6325-2 » du code du travail, les formations dispensées par l'enseignement général, technologique et professionnel et la *(L. n° 2010-874 du 27 juill. 2010, art. 9)* « formation professionnelle privés aux métiers de l'agriculture, de la forêt, de la nature et des territoires » sont sanctionnées par des diplômes d'État ou des diplômes nationaux reconnus équivalents aux diplômes de même niveau de l'enseignement général, technologique et professionnel.

(L. n° 2014-1170 du 13 oct. 2014, art. 60) « L'organisation des diplômes mentionnés au quatrième alinéa permet leur acquisition progressive et, à cet effet, la délivrance d'une attestation validant les acquis de ceux qui ont suivi la formation qui y prépare. Cette attestation détermine le niveau des connaissances et des capacités acquises et peut prendre la forme d'unités capitalisables. Les modalités d'utilisation de cette attestation en vue d'une obtention ultérieure du diplôme sont précisées par décret. »

(L. n° 2005-157 du 23 févr. 2005, art. 208) « Chaque établissement privé d'enseignement et de *(L. n° 2010-874 du 27 juill. 2010, art. 9)* « formation professionnelle aux métiers de l'agriculture, de la forêt, de la nature et des territoires » établit un projet d'établissement qui définit les modalités particulières de sa contribution à la mise en œuvre des missions de l'enseignement et de la formation professionnelle agricoles mentionnées à l'article L. 813-1 *(L. n° 2014-1170 du 13 oct. 2014, art. 60)* « et décrit sa politique en matière d'échanges internationaux et de participation à des activités de coopération internationale ». Le projet d'établissement est établi dans le respect *(L. n° 2014-1170 du 13 oct. 2014, art. 60)* « des orientations des politiques publiques pour l'agriculture, du projet stratégique national pour l'enseignement agricole et du schéma prévisionnel national des formations de l'enseignement agricole mentionnés » à l'article L. 814-2, du schéma prévisionnel régional des formations mentionné à l'article L. 214-1 du code de l'éducation, du *(L. n° 2009-1437 du 24 nov. 2009, art. 57)* « contrat de » plan régional de développement des formations *(L. n° 2014-288 du 5 mars 2014, art. 23)* « et de l'orientation » professionnelles mentionné à l'article L. 214-13 du même code et des programmes et référentiels nationaux mentionnés à l'article L. 811-2 du présent code. Il est défini en cohérence avec le projet régional de l'enseignement agricole mentionné à l'article *(Ord. n° 2009-1534 du 10 déc. 2009)* « L. 814-5 » du présent code. Il définit les modalités de la participation de l'établissement au développement des territoires dans lesquels celui-ci s'insère.

(L. n° 2010-874 du 27 juill. 2010, art. 9) « Sous réserve de l'autorisation préalable de l'autorité académique, la partie pédagogique du projet d'établissement peut prévoir la réalisation d'expérimentations, d'une durée maximale de cinq ans, portant sur l'enseignement et son organisation et l'organisation pédagogique de la classe ou de l'établissement. Ces expérimentations font l'objet d'une évaluation annuelle. »

« Le projet d'établissement est élaboré sous la responsabilité du chef d'établissement. Il est adopté par le conseil d'administration de l'association ou organisme responsable de l'établissement pour une durée de trois à cinq ans. »

La mise en œuvre du projet d'établissement fait l'objet d'une évaluation dans des conditions fixées par le ministre de l'agriculture.

Les dispositions de l'article L. 811-3 sont applicables aux établissements d'enseignement agricole privé sous contrat.

CHAPITRE II **L'ENSEIGNEMENT MARITIME**

Le présent chapitre ne comprend pas de dispositions législatives.

BIBL. ▶ Regnault, L'enseignement maritime : pour une formation de qualité, *Sénat, Rapport d'information 1997-1998, n° 536, juin 1998.*

TITRE CINQUIÈME **LES ENSEIGNEMENTS POUR LES ENFANTS ET ADOLESCENTS EN SITUATION DE HANDICAP** *(L. n° 2019-791 du 26 juill. 2019, art. 27).*

CHAPITRE PREMIER **SCOLARITÉ**

BIBL. GÉN. ▶ Le Laidier, Les enfants en situation de handicap. Parcours scolaires à l'école et au collège, *in Éducation & formations, n° 95, déc. 2017. 33* ; À 17 ans, quatre élèves sur dix en situation de handicap nés en 2001 ont passé le diplôme national du brevet (DNB), *MEN-DEPP, Note d'information, n° 19.16, mai 2019.* – Le Laidier, Michaudon et Prouchandy, Depuis la loi de 2005, la scolarisation des enfants en situation de handicap a très fortement progressé, *MENESR, DEPP, Note d'information, n° 36, déc. 2016.* – L'éducation inclusive : des parcours toujours plus inclusifs pour les élèves en situation de handicap, *Dossier MENESR, 2016 : http://www.education.gouv.fr/cid110235/l-education-inclusive-des-parcours-toujours-plus-inclusifs-pour-les-eleves-en-situation-de-handicap.html.* – Évaluation de la politique en direction des personnes présentant des troubles du spectre de l'autisme. Enquête demandée par le Comité d'évaluation et de contrôle des politiques publiques de l'Assemblée nationale, *C. comptes, déc. 2017.*

▸ *V. aussi* : Bibl. ss. art. L. 112-1.

▸ Enseignement supérieur : *V. aussi* : Bibl. ss. art. L. 123-4-2.

Art. L. 351-1 *(L. n° 2005-102 du 11 févr. 2005, art. 21)* **Les enfants et adolescents présentant un handicap ou un trouble de santé invalidant sont scolarisés dans les écoles maternelles et élémentaires et les établissements visés aux articles L. 213-2, L. 214-6** *(L. n° 2019-791 du 26 juill. 2019, art. 32)* **« , L. 421-19-1 », L. 422-1, L. 422-2 et L. 442-1 du présent code et aux articles L. 811-8 et L. 813-1 du code rural et de la pêche maritime** *[V. ces art. aux art. L. 341-1 et L. 421-22]*, **si nécessaire au sein de dispositifs adaptés, lorsque ce mode de scolarisation répond aux besoins des élèves.** *(L. n° 2019-791 du 26 juill. 2019, art. 25)* **« Les élèves accompagnés dans le cadre de ces dispositifs sont comptabilisés dans les effectifs scolarisés. » Les parents sont étroitement associés à la décision d'orientation et peuvent se faire aider par une personne de leur choix. La décision est prise par la commission mentionnée à l'article L. 146-9 du code de l'action sociale et des familles** *[commission des droits et de l'autonomie des personnes handicapées]*, **en accord avec les parents ou le représentant légal. A défaut, les procédures de conciliation et de recours prévues aux articles L. 146-10 et L. 241-9 du même code s'appliquent. Dans tous les cas et lorsque leurs besoins le justifient, les élèves bénéficient des aides et accompagnements complémentaires nécessaires.**

L'enseignement est également assuré par des personnels qualifiés relevant du ministère chargé de l'éducation lorsque la situation de l'enfant ou de l'adolescent présentant un handicap ou un trouble de la santé invalidant nécessite un séjour dans un établissement de santé ou un établissement médico-social. Ces personnels sont soit des enseignants publics mis à la disposition de ces établissements dans des conditions prévues par décret, soit des maîtres de l'enseignement privé dans le cadre d'un contrat passé entre l'établissement et l'État dans les conditions prévues par le titre IV du livre IV.

Un décret en Conseil d'État fixe les conditions dans lesquelles les enseignants exerçant dans des établissements publics relevant du ministère chargé des personnes *(L. n° 2019-791 du 26 juill. 2019, art. 27)* **« en situation de handicap » ou titulaires de diplômes délivrés par ce dernier assurent également cet enseignement.**

En application de l'art. L. 231-5 CRPA, et par exception à l'application du délai de 2 mois prévu à l'art. L. 231-1 du même code, le délai à l'expiration duquel le silence gardé par l'administration vaut décision de rejet est fixé à 4 mois pour les décisions de la commission des droits et de l'autonomie des personnes handicapées sur les droits des personnes handicapées (hors attributions de prestations financières) (Décr. n° 2015-1451 du 10 nov. 2015).

Sur la rémunération et le recrutement des enseignants, V. CASF, art. D. 312-59-11 — **CASF.**

Sur le parcours de formation des élèves présentant un handicap, V. art. D. 351-3 s.

1. Obligations à la charge de l'État. L'enfant scolarisé a bénéficié, depuis l'âge de trois ans et demi, d'une scolarité en milieu ordinaire tout en bénéficiant de l'aide continue d'un auxiliaire d'intégration pour l'aider à l'école. La décision lui refusant l'intervention quelques heures par semaine d'un enseignant itinérant spécialisé dans le handicap mental, n'est pas entachée d'une erreur de droit. Elle n'est pas davantage, dans les circonstances de l'espèce, entachée d'une erreur manifeste d'appréciation. Les requérants ne peuvent utilement faire valoir que d'autres élèves handicapés bénéficieraient de l'aide qui leur a été refusée. • CAA Paris, 19 juill. 2005, *M. et Mme Eyraud*, n° 04PA00787. ♦ L'État a l'obligation d'assurer gratuitement aux enfants handicapés les prestations dites d'éducation spéciale, et notamment les mesures de soutien pédagogique. Lorsque ce soutien est assuré dans le cadre d'un établissement d'enseignement privé sous contrat d'association, il incombe à cet établissement de réclamer à l'État la prise en charge des rémunérations des enseignants qui l'ont assuré. • TA Toulouse, 8 nov. 1988, *M. Lafitte : Lebon T. 825*. ♦ Dans une affaire où l'inspecteur d'académie avait refusé de prendre en compte la décision de la commission des droits et de l'autonomie des personnes handicapées accordant une augmentation des heures d'accompagnement d'un enfant par un auxiliaire de vie scolaire dans le cadre de sa scolarisation dans un établissement privé sous contrat d'association, le juge a condamné l'État à verser les sommes correspondant aux frais que la famille avait supportés au titre de la rémunération de l'auxiliaire recruté pour assister leur fils. • TA Poitiers, 17 sept. 2009, *M. et Mme M.*, n° 0801761 : *LIJ 2010, n° 141, p. 8.*

2. Dispositif inapplicable en dehors du territoire français. Si, aux termes de l'art. 1er de la L. du 10 juill. 1989, applicable aux établissements scolaires français à l'étranger, « l'intégration scolaire des jeunes handicapés est favorisée », aucune mesure réglementaire n'a été prise pour déterminer les conditions dans lesquelles cette obligation doit être satisfaite dans ces établissements. • CE 20 févr. 2002, *Mme Miller*, n° 220191.

3. Obligation scolaire et enfants handicapés. V. notes ss. art. L. 112-1.

Art. L. 351-1-1 *(L. n° 2013-595 du 8 juill. 2013, art. 7)* **La coopération entre les établissements mentionnés à l'article L. 351-1 du présent code et les établissements et services mentionnés aux 2° et 3° du I de l'article L. 312-1 du code de l'action sociale et des familles est organisée par des conventions passées entre ces établissements et services afin d'assurer la continuité du parcours de scolarisation des élèves en situation de handicap.**

Les modalités d'application du présent article sont déterminées par décret.

Art. L. 351-2 *(L. n° 2005-102 du 11 févr. 2005, art. 21)* **« La commission mentionnée à l'article L. 146-9 du code de l'action sociale et des familles** *[commission des droits et de l'autonomie des personnes handicapées]* **désigne les établissements ou les services ou à titre exceptionnel l'établissement ou le service correspondant aux besoins de l'enfant ou de l'adolescent en mesure de l'accueillir. »**

La décision de la commission s'impose aux établissements scolaires ordinaires et aux *(L. n° 2005-102 du 11 févr. 2005, art. 21)* **« établissements ou services mentionnés au 2° et au 12° du I de l'article L. 312-1 du code de l'action sociale et des familles » dans la limite de la spécialité au titre de laquelle ils ont été autorisés ou agréés.**

Lorsque les parents ou le représentant légal de l'enfant ou de l'adolescent *(L. n° 2019-791 du 26 juill. 2019, art. 27)* **« en situation de handicap » font connaître leur préférence pour un établissement ou un service correspondant à ses besoins et en mesure de l'accueillir, la commission est tenue de faire figurer cet établissement ou service au nombre de ceux qu'elle désigne, quelle que soit sa localisation.**

En application de l'art. L. 231-5 CRPA, et par exception à l'application du délai de 2 mois prévu à l'art. L. 231-1 du même code, le délai à l'expiration duquel le silence gardé par l'administration vaut décision de rejet est fixé à 4 mois pour les décisions de la commission des droits et de l'autonomie des personnes handicapées sur les droits des personnes handicapées (hors attributions de prestations financières) (Décr. n° 2015-1451 du 10 nov. 2015).

Sur le parcours de formation des élèves présentant un handicap, V. art. D. 351-3 s.

BIBL. ▶ ALZAMORA, Responsabilité de l'État en matière de scolarisation des enfants et adolescents handicapés, *AJDA 2004. 1431*. – GOSSELIN, Le cadre juridique et les aspects contentieux de la scolarisation des élèves handicapés, *LIJ 2008, n° 124*. – MARKUS, Quand le juge oblige l'État à solder la « dette légale », *AJDA 2015. 1769*. – ROETS, La mise en œuvre du droit à la scolarisation des enfants et adolescents handicapés (à propos du décret n° 2005-1752 du 30 décembre 2005 relatif au parcours de formation des élèves présentant un handicap), *RDSS 2006. 731*. – TAUDOU, Projet d'accueil individualisé et administration médicamenteuse en milieu scolaire, aspects juridiques, *LIJ 2002, n° 63*.

1. Responsabilité pour faute. Absence. Si l'État a l'obligation de prendre en charge les dépenses afférentes aux mesures de soutien pédagogique que l'état de l'enfant nécessite, elle n'implique pas, toutefois, que chaque enfant bénéficie de l'ensemble des mesures mises en place pour assurer et faciliter cette scolarisation. Par suite, la circonstance qu'un enfant handicapé scolarisé dans une classe ordinaire ne bénéficie pas de soutien individuel supplémentaire n'est pas de nature à engager la responsabilité de l'État. • CAA Paris, 19 juill. 2005, *M. et Mme Jean-Baptiste X.*, n° 04PA03069. ♦ Né en 1991 et lourdement handicapé, un enfant a été pris en charge par un établissement spécialisé jusqu'en sept. 2005, date à laquelle, suite à une réorganisation du service, il a été contraint de regagner le domicile de ses parents. Si la commission départementale de l'éducation spéciale a désigné, en nov. 2002 et janv. 2004, trois établissements susceptibles de l'accueillir, aucune scolarisation effective n'a pu être mise en place faute de place disponible. Dans cette affaire, le juge estime qu'il ne résulte cependant pas de l'instruction que les services de l'État n'auraient pas sérieusement recherché une solution satisfaisante pour l'enfant et ses parents, compte tenu des possibilités concrètes d'accueil et des invalidités particulièrement lourdes qui le frappent. Dès lors, les requérants ne sont pas fondés à soutenir que l'État a commis une faute de nature à engager sa responsabilité. • TA Lyon, 29 sept. 2005, M. et Mme K., n° 0403829 : *LPA n° 259, 29 déc. 2005, note Delprat ; AJDA 2005. 2359, note Cursoux-Bruyère*. ♦ La responsabilité pour faute de l'État ne saurait être engagée sur le fondement de la faute en raison d'un défaut de scolarisation d'un enfant handicapé n'ayant pas atteint l'âge de 6 ans dès lors que l'art. L. 113-1 C. éduc. n'a pas institué au bénéfice de ces enfants un droit à être admis dans un établissement scolaire. • CAA Versailles, 4 juin 2010, *Min. du Travail, des Relations sociales, de la Famille, de la Solidarité et de la Ville*, n° 09VE01323 : *AJDA 2010. 2004, concl. Davesne*.

2. *Responsabilité sans faute.* Dans cette même affaire, le juge administratif considère toutefois que, compte tenu de la longueur de la période durant laquelle l'enfant n'a pas été scolarisé, venant après une prise en charge qui n'a pris fin que suite à une réorganisation du service, l'État a fait peser sur l'enfant et ses parents une charge anormale et spéciale de nature à engager sa responsabilité même en l'absence de faute. • TA Lyon, 29 sept. 2005, *M. et Mme K.*, n° 0403829 : *préc. note 1.*

Art. L. 351-3 *(L. n° 2011-1977 du 28 déc. 2011, art. 128)* **Lorsque la commission mentionnée à l'article L. 146-9 du code de l'action sociale et des familles** *[commission des droits et de l'autonomie des personnes handicapées]* **constate que la scolarisation d'un enfant dans une classe de l'enseignement public ou d'un établissement mentionné à l'article L. 442-1 du présent code requiert une aide individuelle dont elle détermine la quotité horaire, cette aide peut notamment être apportée par un** *(L. n° 2013-1278 du 29 déc. 2013, art. 124)* **« accompagnant des élèves en situation de handicap recruté conformément aux modalités définies à l'article L. 917-1 ».**

Si cette scolarisation n'implique pas une aide individuelle mais que les besoins de l'élève justifient qu'il bénéficie d'une aide mutualisée, la commission mentionnée à l'article L. 146-9 du code de l'action sociale et des familles en arrête le principe *(L. n° 2019-791 du 26 juill. 2019, art. 25)* **« et en précise les activités principales ». Cette aide mutualisée est apportée par un** *(L. n° 2013-1278 du 29 déc. 2013, art. 124)* **« accompagnant des élèves en situation de handicap recruté dans les conditions fixées à l'article L. 917-1 » du présent code.**

L'aide individuelle mentionnée au premier alinéa du présent article peut, après accord entre *(Décr. n° 2012-16 du 5 janv. 2012, art. 7)* **« l'autorité de l'État compétente en matière d'éducation » et la famille de l'élève, lorsque la continuité de l'aide est nécessaire à l'élève en fonction de la nature particulière de son handicap, être assurée par une association ou un groupement d'associations ayant conclu une convention avec l'État.**

(L. n° 2019-791 du 26 juill. 2019, art. 25) **« Des pôles inclusifs d'accompagnement localisés sont créés dans chaque département. Ils ont pour objet la coordination des moyens d'accompagnement humain au sein des écoles et établissements scolaires de l'enseignement public et de l'enseignement privé sous contrat. Ils constituent des pôles ressources à destination de la communauté éducative ; ils associent à cet effet des professionnels de santé et les gestionnaires des établissements et services médico-sociaux mentionnés aux 2° et 3° du I de l'article L. 312-1 du code de l'action sociale et des familles. Ces dispositifs visent à mieux prendre en compte les besoins éducatifs particuliers de l'élève en situation de handicap en vue du développement de son autonomie. »**

Les modalités d'application du présent article, notamment la désignation des personnes chargées de l'aide mentionnée aux deux premiers alinéas et la nature de l'aide, sont déterminées par décret.

En application de l'art. L. 231-5 CRPA, et par exception à l'application du délai de 2 mois prévu à l'art. L. 231-1 du même code, le délai à l'expiration duquel le silence gardé par l'administration vaut décision de rejet est fixé à 4 mois pour les décisions de la commission des droits et de l'autonomie des personnes handicapées sur les droits des personnes handicapées (hors attributions de prestations financières) (Décr. n° 2015-1451 du 10 nov. 2015).

Sur les conditions de recrutement et d'emploi des assistants d'éducation, V. Décr. n° 2003-484 du 6 juin 2003, ss. art. L. 916-1.

Sur l'aide d'accompagnement pour les élèves handicapés, V. art. D. 351-16-1 s.

BIBL. ▸ Blanchet et Lawson, Les conditions d'intervention des assistants d'éducation exerçant les fonctions d'auxiliaire de vie scolaire pour l'intégration des élèves handicapés, *LIJ 2004, n° 87*. –

Schoettl, La loi relative aux assistants d'éducation devant le Conseil constitutionnel, *LPA 2003, n° 100, p. 18.*

1. Activités périscolaires organisées par la collectivité. AESH recrutés par l'État. Prise en charge financière. Collectivité locale. Le Conseil d'État tranche, dans la cadre d'un pourvoi en cassation, la question de la prise en charge financière des AESH recrutés par l'État qui interviennent pendant les activités périscolaires organisées par la collectivité. Il juge qu'il résulte des art. L. 351-1, L. 351-3 et L. 917-1, éclairés par leurs travaux préparatoires, notamment ceux de la L. n° 2003-400 du 30 avr. 2003 et de la L. n° 2013-1278 du 29 déc. 2013, que lorsque la CDAPH constate qu'un enfant en situation de handicap scolarisé en milieu ordinaire doit bénéficier d'une aide humaine, elle lui alloue l'aide individuelle prévue à hauteur d'une quotité horaire qu'il lui revient de déterminer et qui, eu égard à son objet, ne peut concerner que le temps dédié à la scolarité. A ce titre, lorsque l'inscription de l'enfant est prévue dans une école maternelle ou une école élémentaire relevant de l'enseignement public, il appartient à l'État de prendre en charge, pour le temps scolaire, l'organisation et le financement de cette aide individuelle, le cas échéant en recrutant un accompagnant des élèves en situation de handicap selon les modalités prévues à l'art. L. 917-1. • CE, sect., 20 nov. 2020, n° 422248 A : *AJDA 2020. 2285 ; ibid. 2488, chron. Malverti et Beaufils ; RDSS 2021.179, obs. Dagorne-Labbe ; LIJ 2021, n° 213, p. 5.* ♦ Même solution : • CE 30 déc. 2020, n° 423549. ♦ Cette solution annule donc celle rendue par la CAA : • CAA Nantes, 15 mai 2018, n° 16NT02951 : *AJDA 2018. 1546, note Durup de Baleine* • TA Strasbourg, 15 mai 2018, n° 16NT02951. ♦ V. également : **Note DAJ A1 n° 2018-007 du 5 janv. 2018 : LIJ 2018, n° 202, p. 19.* ♦ Dans un sens contraire : • TA Pau, 5 oct. 2017, n° 1600287 : *LIJ 2017, n° 200, p. 5.*

2. Soutien pédagogique. Modalités. Le juge considère que l'aide individuelle aux élèves handicapés peut être apportée par un assistant d'éducation recruté par l'inspecteur d'académie mais n'exclut pas qu'elle puisse l'être par d'autres personnes recrutées selon des modalités différentes. Toutefois, si l'aide individuelle nécessaire à l'enfant handicapé ne comporte pas de soutien pédagogique, ces assistants peuvent être recrutés sans condition de diplôme et reçoivent une formation adaptée ; à l'inverse, si l'aide apportée à l'élève est de nature pédagogique, l'auxiliaire de vie scolaire chargé de ce soutien doit être un assistant d'éducation titulaire d'un diplôme ou d'une expérience professionnelle reconnue. • CAA Bordeaux, 10 juill. 2012, n° 11BX01427 : *AJDA 2012. 2201*.

3. Soutien pédagogique. Personnels. Les art. L. 351-3 et L. 916-1, éclairés par les travaux parlementaires préparatoires à la L. n° 2005-102 du 11 févr. 2005, permettent également à des personnels recrutés dans le cadre d'un contrat unique d'insertion sur des emplois de vie scolaire d'assurer ce suivi scolaire. • CAA Bordeaux, 30 oct. 2014, n° 14BX00150. ♦ Dans le même sens. • CAA Bordeaux, 30 oct. 2014, n°s 14BX00151, 14BX00152, 14BX00153, 13BX02995. ♦ Le Conseil d'État a jugé que si l'aide individuelle accordée aux élèves handicapés par la commission des droits et de l'autonomie des personnes handicapées peut être confiée aux assistants d'éducation, sans qu'aucune condition de diplôme puisse leur être opposée lorsque leur mission n'inclut pas un soutien pédagogique ou lorsqu'ils justifient d'au moins trois années d'expérience dans ce domaine, il ne fait pas obstacle à ce que cette aide soit également assurée, dans tous les cas, par d'autres catégories de personnel recrutés à cet effet par l'État. En revanche, ces personnels doivent justifier de conditions de formation ou d'expérience adaptées à l'exercice des tâches qui leur sont confiées, en particulier lorsqu'elles comportent un soutien pédagogique à l'élève concerné. • CE 25 oct. 2013, n° 362715 B : *AJDA 2013. 2118* . ♦ Dans une espèce où l'assistance d'une personne recrutée sur un emploi de vie scolaire dont les qualifications étaient adaptées aux tâches qui lui ont été attribuées, le juge a considéré que l'État a pris l'ensemble des mesures et mis en œuvre les moyens nécessaires afin de donner un caractère effectif au droit du jeune de recevoir une scolarisation et une éducation adaptées à sa situation. Par suite, le moyen tiré de la méconnaissance du droit de cet enfant à l'éducation, énoncé par les stipulations et dispositions précitées, est écarté. • CAA Bordeaux, 30 oct. 2014, n° 14BX00151. ♦ La circonstance que certains élèves sur le territoire national bénéficient d'une aide apportée par un assistant d'éducation ne saurait faire obstacle à ce que cette aide soit assurée par d'autres catégories de personnel, dès lors que les compétences de l'auxiliaire de vie scolaire affecté à ce poste sont adaptées aux besoins de l'enfant. En l'espèce, le jeune ayant bénéficié de l'assistance d'un agent disposant des qualifications requises pour lui apporter une aide pédagogique, les requérants ne sont pas fondés à soutenir que leur enfant aurait été traité de manière moins favorable que d'autres enfants souffrant d'un handicap et bénéficiant, pour leur soutien scolaire, d'un assistant d'éducation. • CAA Bordeaux, 30 oct. 2014, n° 14BX00151.

4. Assistant d'éducation. Non-renouvellement de contrat. Réduction de postes. Dans une affaire où la requérante, qui avait bénéficié dans un premier temps d'un courrier du principal du collège lui notifiant son intention de renouveler son contrat, mais qui dans un second temps s'est vue signifier la fin de son contrat d'assistante d'éducation, le juge a procédé à une substitution de motif en considérant qu'il résulte de l'instruction que le principal du collège aurait pris la même décision s'il s'était fondé sur le seul motif budgétaire tiré de la réduction à 8, 5 au lieu de 9 du nombre de postes d'assistants d'éducation alloués à son établissement, motif pris dans l'intérêt du service et qui n'était pas sérieusement contesté en l'espèce. • TA Lyon, 17 déc. 2014, n° 1200121 : *LIJ 2015, n° 188, p. 14.*

Art. L. 351-4 *(L. n° 2019-791 du 26 juill. 2019, art. 25)* **Les parents ou les représentants légaux de l'enfant ou de l'adolescent en situation de handicap bénéficient d'un entretien avec le ou les enseignants qui en ont la charge ainsi qu'avec la personne chargée de l'aide individuelle ou mutualisée. Cet entretien a lieu préalablement à la rentrée scolaire ou, le cas échéant, au moment de la prise de fonction de la personne chargée de l'aide individuelle ou mutualisée. Il porte sur les modalités de mise en œuvre des adaptations et aménagements pédagogiques préconisés dans le projet personnalisé de scolarisation prévu à l'article L. 112-2.**

CHAPITRE II LA FORMATION PROFESSIONNELLE ET L'APPRENTISSAGE DES JEUNES EN SITUATION DE HANDICAP *(L. n° 2019-791 du 26 juill. 2019, art. 27)*.

Art. L. 352-1 L'État participe à la formation professionnelle et à l'apprentissage des jeunes *(L. n° 2019-791 du 26 juill. 2019, art. 27)* **« en situation de handicap » :**

1° Soit en passant les conventions prévues par *(L. n° 2018-771 du 5 sept. 2018, art. 34)* **« le »** *(Ord. n° 2008-1304 du 11 déc. 2008, art. 1er)* **« titre V du livre III de la sixième partie législative du code du travail relatif aux organismes de formation » et par** *(Ord. n° 2008-1304 du 11 déc. 2008, art. 1er)* **« le titre III du livre II de la sixième partie législative du code du travail relatif aux centres de formation d'apprentis » ;**

2° Soit en attribuant des aides spéciales au titre de leurs dépenses complémentaires de fonctionnement aux établissements spécialisés reconnus par le ministre chargé de l'agriculture.

TITRE SIXIÈME LES ENSEIGNEMENTS PRÉPARANT AUX PROFESSIONS ARTISTIQUES ET SPORTIVES

CHAPITRE PREMIER LES FORMATIONS DISPENSÉES DANS LES ÉTABLISSEMENTS D'ENSEIGNEMENT ARTISTIQUE

BIBL. ► FLAMAND et DELPECH DE SAINT GUILHEM, Design et métiers d'art, *Rapp. IGAENR-IGEN, n° 2015-077, oct. 2015.* – RIOU, Le droit et les enseignements artistiques, *LPA, n° 45, 12 avr. 1996. 15.*

Art. L. 361-1 Les titres et diplômes délivrés par les établissements mentionnés aux articles L. 312-5, L. 312-6 et L. 312-7, et par les établissements reconnus en application de l'article L. 361-2 sont homologués dans les conditions définies au présent chapitre. — *[L. n° 88-20 du 6 janv. 1988, art. 8.]*

Art. L. 361-2 La reconnaissance est accordée par *(L. n° 2020-1525 du 7 déc. 2020, art. 25)* **« l'autorité administrative compétente » aux établissements d'enseignement qui ont pour objet d'apporter des connaissances théoriques et de donner la maîtrise des pratiques artistiques, notamment en vue d'un exercice professionnel, et qui satisfont à des conditions de durée de fonctionnement, d'organisation pédagogique, de qualification des enseignants et de sanction des études, qui sont définies par décret** *(Abrogé par L. n° 2020-1525 du 7 déc. 2020, art. 25)* ***« en Conseil d'État »*****. Les dispositions du présent alinéa ne sont applicables ni aux établissements d'enseignement qui sont mentionnés aux articles L. 312-6 et L. 312-7 du présent code ni à ceux qui entrent dans le champ d'application du titre Ier du livre VII du présent code.**

Les établissements mentionnés aux articles L. 216-2 et L. 216-3 du présent code sont reconnus de plein droit.

(Abrogé par L. n° 2020-1525 du 7 déc. 2020, art. 25) ***« La reconnaissance vaut agrément du ministre chargé de la culture, au sens du deuxième alinéa du 1 de l'article 238 bis du code général des impôts. »***

En application de l'art. L. 231-5 CRPA, et par exception à l'application du délai de 2 mois prévu à l'art. L. 231-1 du même code, le délai à l'expiration duquel le silence gardé par l'administration vaut décision d'acceptation est fixé à 10 mois pour une demande de reconnaissance des établissements privés dispensant des enseignements artistiques (Décr. n° 2014-1305 du 23 oct. 2014, art. 1er).

Art. L. 361-3 **Les titres et diplômes de l'enseignement artistique délivrés par les établissements visés aux articles L. 312-5, L. 312-6 et L. 312-7 ou à l'article L. 361-2 sont** *(Ord. n° 2019-861 du 21 août 2019, art. 2)* **« enregistrés dans le répertoire national des certifications professionnelles prévu à l'article L. 6113-1 du code du travail. » Un décret fixe les modalités de** *(Ord. n° 2019-861 du 21 août 2019, art. 2)* **« cet enregistrement ».**

Art. L. 361-4 **Les titres et diplômes homologués permettent à leurs titulaires de participer à des tâches d'enseignement et, selon des modalités fixées par les statuts particuliers des fonctionnaires, de se porter candidats aux concours d'accès à la fonction publique.**

Sans préjudice de l'application du précédent alinéa, les titulaires de titres et diplômes sanctionnant une formation d'au moins trois années dans les conservatoires nationaux supérieurs de musique peuvent être candidats au certificat d'aptitude au professorat de l'enseignement du second degré d'éducation musicale et chant choral. – *[L. n° 88-20 du 6 janv. 1988, art. 11.]*

Art. L. 361-5 **Les formations qui sont délivrées par les établissements d'enseignement artistique mentionnés à l'article L. 361-1, et qui sont sanctionnées par des titres ou diplômes homologués, constituent des premières formations technologiques et professionnelles au sens de l'article** *(L. n° 2018-771 du 5 sept. 2018, art. 37)* **« L. 6241-4 »** *(L. n° 2014-288 du 5 mars 2014, art. 19)* **« du code du travail » et bénéficient à ce titre des dispositions de ladite loi.**

Art. L. 361-6 **Les établissements qui délivrent des titres ou diplômes homologués peuvent conclure entre eux ou avec des établissements entrant dans le champ d'application du titre Ier du livre VII des conventions fixant les conditions d'accès d'un établissement à un autre des élèves de ces établissements ou des titulaires de titres ou diplômes délivrés par ceux-ci. Ces conventions peuvent instituer une coopération des établissements signataires pour la formation initiale et continue des enseignants.** – *[L. n° 88-20 du 6 janv. 1988, art. 14.]*

CHAPITRE II L'ENSEIGNEMENT DE LA DANSE

Art. L. 362-1 **Nul ne peut enseigner la danse contre rétribution ou faire usage du titre de professeur de danse ou d'un titre équivalent s'il n'est muni :**

1° Soit du diplôme de professeur de danse délivré par l'État, ou du certificat d'aptitude aux fonctions de professeur de danse ;

2° Soit d'un diplôme français ou étranger reconnu équivalent ;

3° Soit d'une dispense accordée en raison de la renommée particulière ou de l'expérience confirmée en matière d'enseignement de la danse, dont il peut se prévaloir.

(L. n° 2011-525 du 17 mai 2011, art. 67) **« La reconnaissance ou la dispense mentionnée aux deux alinéas précédents est prononcée par arrêté du ministre chargé de la culture. »**

Les artistes chorégraphiques justifiant d'une activité professionnelle d'au moins trois ans au sein du ballet de l'Opéra *(L. n° 2003-339 du 14 avr. 2003, art. 2)* **« national » de Paris, des ballets des théâtres de la réunion des théâtres lyriques municipaux de France ou des centres chorégraphiques nationaux** *(Ord. n° 2008-507 du 30 mai 2008, art. 41)* **« ou des compagnies d'un État membre de** *(L. n° 2011-302 du 22 mars 2011, art. 15)* **« l'Union » européenne ou d'un autre État partie à l'accord sur l'Espace économique européen, dont la liste est fixée par arrêté du ministre chargé de la culture et qui ont suivi une formation pédagogique bénéficient de plein droit du diplôme de professeur de danse délivré par l'État ».**

Les modalités de délivrance du diplôme sont fixées par arrêté du ministre chargé de la culture.

Le présent article s'applique aux danses classique, contemporaine et jazz.

En application des art. L. 231-5 et L. 231-6 CRPA, et par exception à l'application du délai de 2 mois prévu à l'art. L. 231-1 du même code, le délai à l'expiration duquel le silence gardé par l'administration vaut décision d'acceptation est fixé à 6 mois pour une demande de dispense de l'examen d'aptitude technique et reconnaissance d'équivalence d'unités de valeur pour la formation préparatoire au diplôme d'État de professeur de danse, à 10 mois pour une demande de dispense du diplôme d'État de professeur de danse au titre de la renommée particulière et/ou de l'expérience confirmée en matière d'enseignement de la danse et reconnaissance d'équivalence au diplôme d'État de professeur de danse, et pour une demande d'habilitation à dispenser la formation conduisant à la délivrance du diplôme d'État de professeur de danse (Décr. n° 2014-1305 du 23 oct. 2014, art. 1er).

Professeurs d'enseignement artistique. Cadre d'emploi. Accès. Saisi pour avis, le Conseil d'État rappelle que pour la musique, l'art dramatique et les arts plastiques, les conditions de diplômes sont fixées par le Décr. du 2 sept. 1991 portant statut particulier du cadre d'emplois ou celui du 2 sept. 1992 fixant les conditions d'accès et les modalités d'organisation des concours. Dès lors, ces titres ne peuvent être exigés des contractuels accédant à la sélection professionnelle. Il ajoute que, en revanche, les agents non titulaires présentant leur candidature à un recrutement en qualité de professeur territorial d'enseignement artistique par la voie de la sélection professionnelle dans la spécialité Danse doivent, conformément aux dispositions de l'art. L. 362-1 C. éduc., détenir le diplôme de professeur de danse délivré par l'État, le certificat d'aptitude aux fonctions de professeur de danse ou tout diplôme français ou étranger reconnu équivalent, ou justifier de la dispense mentionnée au 3° de cet art. • CE, avis, 15 juin 2015, *Préfet de l'Oise*, n° 388747 : *Lebon ; AJDA 2015. 1243.*

Art. L. 362-1-1 *(Ord. n° 2008-507 du 30 mai 2008, art. 41)* **I. — Peuvent également s'établir en France pour enseigner la danse contre rétribution ou faire usage du titre de professeur de danse les ressortissants d'un État membre de** *(L. n° 2011-302 du 22 mars 2011, art. 15)* **« l'Union » européenne ou d'un autre État partie à l'accord sur l'Espace économique européen qui possèdent :**

1° Une attestation de compétence ou un titre de formation délivré par les autorités compétentes d'un État membre ou d'un autre État partie à l'accord sur l'Espace économique européen qui réglemente l'accès à la profession de professeur de danse ou son exercice, et permettant d'exercer légalement cette profession dans cet État ;

2° Un titre de formation délivré par un État tiers, qui a été reconnu dans un État membre ou un autre État partie à l'accord sur l'Espace économique européen et qui leur a permis d'exercer légalement la profession dans cet État pendant une période minimale de trois ans, à condition que cette expérience professionnelle soit certifiée par l'État dans lequel elle a été acquise ;

3° Une attestation de compétence ou un titre de formation délivré par les autorités compétentes d'un État membre ou d'un autre État partie à l'accord sur l'Espace économique européen, qui ne réglemente pas l'accès ou l'exercice de la profession de professeur de danse et attestant de leur préparation à l'exercice de la profession lorsqu'ils justifient de l'exercice de cette activité à temps plein *(Ord. n° 2016-1809 du 22 déc. 2016, art. 21)* **« pendant au moins une année ou à temps partiel pendant une durée totale équivalente, » au cours des dix dernières années dans un État membre ou un autre État partie à l'accord sur l'Espace économique européen.** *(L. n° 2011-302 du 22 mars 2011, art. 15)* **« Cette justification n'est pas requise lorsque la formation conduisant à cette profession est réglementée dans l'État membre ou partie à l'accord sur l'Espace économique européen dans lequel elle a été validée. »**

(Ord. n° 2016-1809 du 22 déc. 2016, art. 21) **« Après avoir examiné si les connaissances, aptitudes et compétences acquises par le demandeur au cours de son expérience professionnelle ou de l'apprentissage tout au long de la vie et ayant fait l'objet, à cette fin, d'une validation en bonne et due forme par un organisme compétent, dans un État membre ou dans un pays tiers, ne sont pas de nature à combler, en tout ou en partie, des différences substantielles de formation, le ministre chargé de la culture peut exiger que le demandeur se soumette à des mesures de compensation, consistant, au choix de ce dernier, soit en un stage d'adaptation, soit en une épreuve d'aptitude. Si le demandeur est titulaire d'une attestation de compétence au sens du *a* de l'article 11 de la directive 2005/36/CE du 7 septembre 2005 relative à la reconnaissance des qualifications professionnelles, le ministre peut prescrire le stage d'adaptation ou l'épreuve d'aptitude. »**

II. — Les ressortissants d'un État membre de *(L. n° 2011-302 du 22 mars 2011, art. 15)* « l'Union » européenne ou d'un autre État partie à l'accord sur l'Espace économique européen qui souhaitent enseigner la danse en France à titre temporaire et occasionnel sont réputés remplir les conditions de qualifications professionnelles requises sous réserve d'être légalement établis dans un de ces États pour exercer cette activité et, lorsque l'activité ou la formation y conduisant ne sont pas réglementées dans l'État dans lequel les intéressés sont établis, de l'avoir exercée *(Ord. n° 2016-1809 du 22 déc. 2016, art. 21)* « dans un ou plusieurs États membres ou parties à l'accord sur l'Espace économique européen, pendant au moins une année à temps plein ou à temps partiel pendant une durée équivalente, » au cours des dix années qui précèdent la prestation.

Les intéressés doivent fournir préalablement à la prestation une déclaration à l'autorité compétente.

(Ord. n° 2016-1809 du 22 déc. 2016, art. 21) « III. — Un accès partiel à une activité professionnelle relevant de la profession de professeur de danse, peut être accordé au cas par cas aux ressortissants de l'Union européenne ou d'un État partie à l'accord sur l'Espace économique européen par le ministre chargé de la culture lorsque les trois conditions suivantes sont remplies :

« 1° Le professionnel est pleinement qualifié pour exercer, dans l'État d'origine, l'activité professionnelle pour laquelle un accès partiel est sollicité ;

« 2° Les différences entre l'activité professionnelle légalement exercée dans l'État d'origine et la profession réglementée en France de professeur de danse sont si importantes que l'application de mesures de compensation reviendrait à imposer au demandeur de suivre le programme complet d'enseignement et de formation requis en France pour avoir pleinement accès à cette profession ;

« 3° L'activité professionnelle peut objectivement être séparée des autres activités relevant de la profession de professeur de danse en France, dans la mesure où elle peut être exercée de manière autonome dans l'État d'origine.

« L'accès partiel peut être refusé pour des raisons impérieuses d'intérêt général si ce refus est proportionné à la protection de cet intérêt.

« Les demandes aux fins d'accès partiel sont examinées, selon le cas, comme des demandes à fin d'établissement ou de libre prestation de services temporaire et occasionnelle de la profession.

« IV ». — Le présent article s'applique aux danses classique, contemporaine et jazz. Ses modalités d'application sont fixées par arrêté du ministre chargé de la culture.

En application de l'art. L. 231-5 CRPA, et par exception à l'application du délai de 2 mois prévu à l'art. L. 231-1 du même code, le délai à l'expiration duquel le silence gardé par l'administration vaut décision d'acceptation est fixé à 4 mois pour une demande de reconnaissance de qualifications professionnelles en vue du libre établissement pour exercer la profession de professeur de danse en France (Décr. n° 2014-1305 du 23 oct. 2014, art. 1er).

Art. L. 362-2 Un décret en Conseil d'État fixe, en tant que de besoin pour la protection des usagers, les conditions de diplôme exigées pour l'enseignement des autres formes de danse que celles visées à l'article L. 362-1. — *[L. n° 89-468 du 10 juill. 1989, art. 2.]*

Sur l'enseignement de la danse, V. art. R. 462-1 s.

Art. L. 362-3 Les agents de l'État, de l'Opéra national de Paris, des conservatoires nationaux supérieurs de musique ainsi que ceux des collectivités territoriales lorsque leurs statuts particuliers prévoient l'obtention d'un certificat d'aptitude délivré par l'État sont dispensés, dans l'exercice de leurs fonctions publiques d'enseignement de la danse, du diplôme mentionné à l'article L. 362-1. — *[L. n° 89-468 du 10 juill. 1989, art. 3.]*

Art. L. 362-4 *(Ord. n° 2004-637 du 1er juill. 2004, art. 17)* Les personnes qui enseignaient la danse depuis plus de trois ans au 11 juillet 1989 peuvent être dispensées de l'obtention du diplôme de professeur de danse. La dispense est réputée acquise lorsqu'aucune décision contraire n'a été notifiée à l'intéressé à l'expiration d'un délai de trois mois à compter du dépôt de la demande.

Art. L. 362-5 **Toute condamnation à une peine d'emprisonnement sans sursis supérieure à quatre mois, pour les infractions de viol, agression sexuelle, atteinte sexuelle sur un mineur ou proxénétisme prévues par les articles 222-22 à 222-33, 225-5 à 225-10 et 227-22 à 227-28 du code pénal, fait obstacle à l'activité de professeur de danse.** – *[L. n° 89-468 du 10 juill. 1989, art. 4.]*

CHAPITRE III LES FORMATIONS ET LES PROFESSIONS DES ACTIVITÉS PHYSIQUES ET SPORTIVES

Art. L. 363-1 *(Ord. n° 2006-596 du 23 mai 2006, art. 4)* **Les règles relatives aux conditions d'enseignement, d'animation ou d'encadrement des activités physiques et sportives sont définies au titre Ier du livre II du code du sport.**

1. Principes généraux. En application de ces dispositions, un diplôme, titre à finalité professionnelle ou certificat de qualification peut n'autoriser que l'encadrement ou l'animation d'une activité physique ou sportive, à l'exclusion de toute activité d'enseignement. Ainsi, l'Arr. du 4 mai 1995 a pu légalement inscrire sur la liste des diplômes ouvrant droit à l'enseignement, l'encadrement et l'animation des activités physiques et sportives le BNSSA autorisant exclusivement la surveillance des baignades. • CE 7 mars 2007, *Synd. nat. professionnel des maîtres nageurs sauveteurs*, n° 290856.

2. Qualification professionnelle. Nul ne peut enseigner, animer, entraîner ou encadrer contre rémunération une activité physique ou sportive, à titre d'occupation principale ou secondaire, de façon régulière, saisonnière ou occasionnelle s'il n'est titulaire d'un diplôme comportant une qualification définie par l'État et attestant de ses compétences en matière de protection des pratiquants et des tiers. Les missions d'administration générale ou les tâches administratives d'exécution confiées respectivement aux rédacteurs territoriaux et aux adjoints administratifs territoriaux en vertu des textes statutaires régissant leurs cadres d'emplois ne peuvent, en aucune manière, conduire ces agents à enseigner, animer, entraîner ou encadrer contre rémunération une activité physique ou sportive. • CE 7 janv. 2004, *Synd. nat. professionnel des maîtres nageurs sauveteurs*, n° 248370 : *AJDA 2004. 998*.

3. Dérogations. Le ministre chargé des sports peut, de façon dérogatoire, délivrer à titre temporaire ou définitif à des personnes de nationalité française ou à des ressortissants des États membres de la Communauté européenne particulièrement qualifiés et qui ont manifesté leur aptitude aux fonctions postulées des autorisations spécifiques d'exercer les professions. Pour statuer sur une demande de dérogation, il est tenu compte des qualifications et de l'expérience professionnelle du candidat. Un candidat qui ne possède que des qualifications généralistes sans aucun lien direct avec la fonction postulée (brevet d'aptitude aux fonctions d'animateur de centres de vacances et de loisirs), qui ne présente aucune référence à une quelconque spécialisation (randonnée montagnarde) à l'exception d'un certificat attestant de sa participation à un stage d'orientation de dix jours, préparatoire à l'examen probatoire d'accompagnateur de moyenne montagne ne justifie pas des qualifications et de l'expérience professionnelle requises. • CAA Bordeaux, 18 janv. 2005, *M. Michel X.*, n° 01BX01290.

4. Activités exercées dans un environnement spécifique. Le ski et ses activités assimilées ont été classés parmi les activités s'exerçant dans un environnement spécifique impliquant le respect de mesures de sécurité particulières en raison des risques inhérents à l'environnement dans lequel le ski et les autres activités de glisse sur neige sont pratiqués, au regard, notamment, de la variabilité des conditions météorologiques et de l'évolution du manteau neigeux. La pratique de ces activités sur des pistes balisées ne dispense pas du respect de mesures de sécurité particulièrement strictes. En prévoyant que pour le ski, il n'y avait pas lieu de distinguer entre les différentes pistes de ski ou entre le ski alpin et le ski hors piste et de haute montagne, ni d'exclure les autres activités de glisse sur neige, le Premier ministre n'a pas commis d'erreur manifeste d'appréciation. Le fait que, dans certaines activités, comme la voile ou le canoë-kayak, une distinction soit fondée sur la spécificité de l'environnement de la zone d'évolution, est sans incidence sur le principe d'égalité. • CE 10 nov. 2004, *Union française des œuvres laïques d'éducation physique et Conférence des directeurs des unités de formation et de recherche en STAPS*, n° 252673. ♦ Le syndicat requérant reprochait au Décr. du 27 août 2004 de ne pas avoir inclus l'escalade parmi les activités qui, comme le ski, l'alpinisme et les activités assimilées, sont exercées dans un environnement spécifique impliquant le respect de mesures particulières de sécurité. Le juge administratif estime que le pouvoir réglementaire, qui a pris en compte la spécificité de l'environnement dans lequel s'exerce une activité et non la dangerosité intrinsèque d'une discipline pour établir la liste des activités nécessitant des conditions d'encadrement spécifiques, n'a commis ni erreur de droit, ni erreur manifeste d'appréciation. • CE 3 avr. 2006, *Synd. nat. des professionnels de l'escalade et du canyon (SNAPEC)*, n° 273713.

Art. L. 363-1-1 à L. 363-4 *Abrogés par Ord. n° 2006-596 du 23 mai 2006, art. 4.*

TITRE SEPTIÈME DISPOSITIONS APPLICABLES DANS LES ÎLES WALLIS-ET-FUTUNA, À MAYOTTE, EN POLYNÉSIE FRANÇAISE ET EN NOUVELLE-CALÉDONIE

Ce titre est abrogé à compter de l'entrée en vigueur des décrets portant actualisation et adaptation des dispositions réglementaires du code de l'éducation relatives à l'outre-mer et, au plus tard, le 1er janv. 2022 (Ord. n° 2021-552 du 5 mai 2021, art. 13).

CHAPITRE PREMIER DISPOSITIONS APPLICABLES DANS LES ÎLES WALLIS-ET-FUTUNA

Art. L. 371-1 **Sont applicables dans les îles Wallis-et-Futuna** *(L. n° 2018-698 du 3 août 2018, art. 3)* **« les dispositions suivantes du présent livre dans sa rédaction résultant de la loi n° 2018-698 du 3 août 2018 relative à l'encadrement de l'utilisation du téléphone portable dans les établissements d'enseignement scolaire : » les articles L. 311-1 à** *(L. n° 2005-380 du 23 avr. 2005, art. 56)* **« L. 311-4, L. 311-7 », L. 312-7,** *(Ord. n° 2014-693 du 26 juin 2014, art. 7)* **« L. 312-9-2, » L. 312-12,** *(Ord. n° 2014-693 du 26 juin 2014, art. 7)* **« L. 312-19, » L. 313-1 à L. 313-3,** *(Ord. n° 2014-693 du 26 juin 2014, art. 7)* **« L. 321-2, L. 321-3, les premier, deuxième, quatrième et cinquième alinéas de l'article L. 321-4, les articles » L. 331-1 à L. 331-4, L. 331-7, L. 331-8,** *(Ord. n° 2014-693 du 26 juin 2014, art. 7)* **« L. 332-2 » à L. 332-5,** *(L. n° 2005-380 du 23 avr. 2005, art. 56)* **« L. 332-6, »** *(Ord. n° 2014-693 du 26 juin 2014, art. 7)* **« L. 333-1, L. 333-2, L. 333-4 », L. 334-1, L. 335-3 à L. 335-6, L. 335-9 à L. 335-11, L. 335-14 à L. 335-16, L. 336-1, L. 336-2 et L. 337-1.**

(L. n° 2018-1202 du 22 déc. 2018, art. 20 ; L. n° 2021-874 du 1er juill. 2021, art. 4) **« L'article L. 332-5 est applicable dans sa rédaction résultant de la loi n° 2018-1202 du 22 décembre 2018 relative à la lutte contre la manipulation de l'information. »**

(L. n° 2020-766 du 24 juin 2020, art. 19) **« L'article L. 312-9 est applicable dans sa rédaction résultant de la loi n° 2020-766 du 24 juin 2020 visant à lutter contre les contenus haineux sur internet. »**

(L. n° 2021-874 du 1er juill. 2021, art. 4) **« L'article L. 312-15 est applicable dans sa rédaction résultant de la loi n° 2021-874 du 1er juillet 2021 en faveur de l'engagement associatif. »**

Art. L. 371-2 **Les références à des dispositions législatives ne s'appliquant pas dans les îles Wallis-et-Futuna sont remplacées par les références aux dispositions, ayant le même objet, qui y sont applicables.**

CHAPITRE II DISPOSITIONS APPLICABLES À MAYOTTE

Art. L. 372-1 *Abrogé par L. n° 2021-641 du 21 mai 2021, art. 5.*

Art. L. 372-1-1 *Abrogé par L. n° 2019-791 du 26 juill. 2019, art. 36.*

Art. L. 372-2 **Les références à des dispositions législatives ne s'appliquant pas à Mayotte sont remplacées par les références aux dispositions, ayant le même objet, qui y sont applicables.**

CHAPITRE III DISPOSITIONS APPLICABLES EN POLYNÉSIE FRANÇAISE

Art. L. 373-1 **Sont applicables en Polynésie française** *(Ord. n° 2014-693 du 26 juin 2014, art. 13)* **« la seconde phrase de l'article L. 311-4, » les articles L. 312-12,** *(Ord. n° 2014-693 du 26 juin 2014, art. 13)* **« L. 312-19, » L. 313-1 à L. 313-3, L. 331-1 à L. 331-4,** *(Ord. n° 2014-693 du 26 juin 2014, art. 13)* **« les premier, deuxième et quatrième alinéas de l'article L. 332-6, L. 333-4 », L. 335-5, L. 335-6, L. 335-9 à L. 335-11, L. 335-14, L. 335-16, le dernier alinéa de l'article L. 336-1, l'article L. 336-2 et le troisième alinéa de l'article L. 337-1.**

(Ord. n° 2014-693 du 26 juin 2014, art. 13) **« Le troisième alinéa »** *(L. n° 2005-380 du 23 avr. 2005, art. 72)* **« de l'article L. 332-6 est applicable en Polynésie française sans préjudice de l'exercice de leurs compétences par les autorités locales. »**

(L. n° 2021-874 du 1er juill. 2021, art. 4) « L'article L. 312-15 est applicable dans sa rédaction résultant de la loi n° 2021-874 du 1er juillet 2021 en faveur de l'engagement associatif. »

Art. L. 373-2 Les articles L. 335-11 et L. 335-14 à L. 335-16 sont applicables en Polynésie française sans préjudice de l'exercice, par les autorités locales, de leurs compétences en matière de formation professionnelle.

Art. L. 373-3 Les références à des dispositions législatives ne s'appliquant pas en Polynésie française sont remplacées par les références aux dispositions, ayant le même objet, qui y sont applicables.

CHAPITRE IV DISPOSITIONS APPLICABLES EN NOUVELLE-CALÉDONIE

Art. L. 374-1 Sont applicables en Nouvelle-Calédonie *(Ord. n° 2014-693 du 26 juin 2014, art. 21)* « la seconde phrase de l'article L. 311-4, » les articles L. 312-7, L. 312-12, *(Ord. n° 2006-172 du 15 févr. 2006, art. 32)* « L. 312-13-1 », *(Ord. n° 2014-693 du 26 juin 2014, art. 21)* « L. 312-19, » L. 313-1 à L. 313-3, L. 331-1 à L. 331-4, L. 331-8, » *(Ord. n° 2014-693 du 26 juin 2014, art. 21)* « L. 332-2, L. 332-5, les premier, deuxième et quatrième alinéas de l'article L. 332-6 », *(L. n° 2005-380 du 23 avr. 2005, art. 79)* « les articles » L. 333-1 à *(Ord. n° 2014-693 du 26 juin 2014, art. 21)* « L. 333-4 », L. 334-1, L. 335-3 à L. 335-5, les deux premiers alinéas de l'article L. 335-6, les articles L. 335-9 à L. 335-11, L. 335-14 à L. 335-16, L. 336-1, L. 336-2 et L. 337-1.

(Ord. n° 2014-693 du 26 juin 2014, art. 21) « Le troisième alinéa » *(L. n° 2005-380 du 23 avr. 2005, art. 79)* « de l'article L. 332-6 est applicable en Nouvelle-Calédonie sans préjudice de l'exercice de leurs compétences par les autorités locales. »

(L. n° 2021-874 du 1er juill. 2021, art. 4) « L'article L. 312-15 est applicable dans sa rédaction résultant de la loi n° 2021-874 du 1er juillet 2021 en faveur de l'engagement associatif. »

Art. L. 374-2 Les articles L. 335-11 et L. 335-14 à L. 335-16 sont applicables en Nouvelle-Calédonie sans préjudice de l'exercice, par les autorités locales de leurs compétences en matière de formation professionnelle.

Art. L. 374-3 Les références à des dispositions législatives ne s'appliquant pas en Nouvelle-Calédonie sont remplacées par les références aux dispositions, ayant le même objet, qui y sont applicables.

Art. L. 374-4 *(Ord. n° 2006-172 du 15 févr. 2006, art. 32)* Pour l'application de l'article L. 312-13-1, la référence à l'article 35 de la loi n° 2004-811 du 13 août 2004 de modernisation de la sécurité civile est remplacée par la référence à l'article 18 de l'ordonnance n° 2006-172 du 15 février 2006.

TITRE SEPTIÈME *[NOUVEAU]* DISPOSITIONS RELATIVES À L'OUTRE-MER

(Ord. n° 2021-552 du 5 mai 2021, art. 3)

Ce titre entre en vigueur à la date d'entrée en vigueur des décrets portant actualisation et adaptation des dispositions réglementaires du code de l'éducation relatives à l'outre-mer et, au plus tard, le 1er janv. 2022 (Ord. n° 2021-552 du 5 mai 2021, art. 13).

CHAPITRE PREMIER *[NOUVEAU]* GUADELOUPE, GUYANE, MARTINIQUE, LA RÉUNION, MAYOTTE

Nouvel art. L. 371-1 Pour leur application en Guadeloupe, en Guyane, en Martinique, à La Réunion et à Mayotte, les dispositions du présent livre font l'objet des adaptations prévues au présent chapitre.

SECTION PREMIÈRE *[NOUVELLE]* DISPOSITIONS GÉNÉRALES

Nouvel art. L. 371-2 Le conseil de l'éducation nationale institué dans les académies d'outre-mer peut être consulté et émettre des vœux sur le calendrier et les rythmes scolaires, rendre tout avis sur les programmes des enseignements dispensés dans les écoles, collèges et lycées implantés dans ces départements et régions et émettre toute proposition en vue de l'adaptation de ceux-ci aux spécificités locales.

Nouvel art. L. 371-3 Dans les académies d'outre-mer, des approches pédagogiques spécifiques sont prévues dans l'enseignement de l'expression orale ou écrite et de la lecture au profit des élèves issus de milieux principalement créolophone, amérindien ou mahorais.

Nouvel art. L. 371-4 Dans les académies d'outre-mer, l'État favorise et renforce la mise en place des dispositifs destinés aux élèves en grande difficulté qui sont scolarisés dans le premier cycle de l'enseignement secondaire ou aux jeunes de seize à dix-huit ans qui ont quitté le système éducatif avant l'obtention d'une première qualification.

SECTION II *[NOUVELLE]* DISPOSITIONS PARTICULIÈRES À LA GUYANE ET À LA MARTINIQUE

Nouvel art. L. 371-5 Pour l'application du présent livre en Guyane :

1° Les références au département et à la région sont remplacées par la référence à la collectivité territoriale de Guyane ;

2° Les références au président du conseil régional sont remplacées par la référence au président de l'assemblée de Guyane.

Nouvel art. L. 371-6 Pour l'application du présent livre en Martinique :

1° Les références au département et à la région sont remplacées par la référence à la collectivité territoriale de Martinique ;

2° La référence au président du conseil régional est remplacée par la référence au président du conseil exécutif de Martinique.

SECTION III *[NOUVELLE]* DISPOSITIONS PARTICULIÈRES À MAYOTTE

Nouvel art. L. 371-7 Pour l'application du présent livre à Mayotte :

1° Les références au département ou à la région sont remplacées par la référence au Département de Mayotte ;

2° La référence au président du conseil régional est remplacée par la référence au président du conseil départemental.

Nouvel art. L. 371-8 Pour l'application à Mayotte des articles L. 312-6 et L. 331-2, les mots : "visés à l'article L. 811-8 du code rural et de la pêche maritime" sont supprimés.

Nouvel art. L. 371-9 Pour l'application à Mayotte de l'article L. 312-7, les mots : "mentionnés à l'article L. 811-8 du code rural et de la pêche maritime" sont supprimés.

Nouvel art. L. 371-10 Pour l'application à Mayotte de l'article L. 341-1, les mots : "des articles L. 811-1, L. 811-2, L. 813-1 et L. 813-2" sont supprimés.

CHAPITRE II *[NOUVEAU]* SAINT-BARTHÉLEMY

Nouvel art. L. 372-1 Pour l'application du présent livre à Saint-Barthélemy, les références à la région, au département ou à la commune sont remplacées par la référence à la collectivité de Saint-Barthélemy et la référence au président du conseil régional est remplacée par la référence au président du conseil territorial.

Nouvel art. L. 372-2 Pour l'application à Saint-Barthélemy du deuxième alinéa de l'article L. 312-9-2, les mots : "Dans chaque académie" sont remplacés par les mots : "Dans les établissements d'enseignement scolaire situés sur le territoire de la collectivité".

CHAPITRE III *[NOUVEAU]* SAINT-MARTIN

Nouvel art. L. 373-1 Pour l'application du présent livre à Saint-Martin, les références à la région, au département ou à la commune sont remplacées par la référence à la collectivité de Saint-Martin et la référence au président du conseil régional est remplacée par la référence au président du conseil territorial.

Nouvel art. L. 373-2 Pour l'application à Saint-Martin du deuxième alinéa de l'article L. 312-9-2, les mots : "Dans chaque académie" sont remplacés par les mots : "Dans les établissements d'enseignement scolaire situés sur le territoire de la collectivité".

CHAPITRE IV *[NOUVEAU]* SAINT-PIERRE-ET-MIQUELON

Nouvel art. L. 374-1 Pour l'application du présent livre à Saint-Pierre-et-Miquelon, les références à la région ou au département sont remplacées par la référence à la collectivité de Saint-Pierre-et-Miquelon et la référence au président du conseil régional est remplacée par la référence au président du conseil territorial.

Nouvel art. L. 374-2 Pour l'application à Saint-Pierre-et-Miquelon du deuxième alinéa de l'article L. 312-9-2, les mots : "Dans chaque académie" sont remplacés par les mots : "Dans les établissements d'enseignement scolaire situés sur le territoire de la collectivité".

Nouvel art. L. 374-3 A Saint-Pierre-et-Miquelon, l'État favorise et renforce la mise en place des dispositifs destinés aux élèves en grande difficulté qui sont scolarisés dans le premier cycle de l'enseignement secondaire ou aux jeunes de seize à dix-huit ans qui ont quitté le système éducatif avant l'obtention d'une première qualification.

CHAPITRE V *[NOUVEAU]* WALLIS-ET-FUTUNA

Nouvel art. L. 375-1 I. – Sont applicables dans les îles Wallis-et-Futuna, sous réserve des adaptations prévues au II, les dispositions des articles mentionnés dans la colonne de gauche du tableau ci-après, dans leur rédaction indiquée dans la colonne de droite du même tableau :

Tableau mod. par L. n° 2021-1104 du 22 août 2021, art. 5.

DISPOSITIONS APPLICABLES	DANS LEUR RÉDACTION
L. 311-1	Résultant de la loi n° 2019-791 du 26 juillet 2019
L. 311-2	Résultant de l'ordonnance n° 2000-549 du 15 juin 2000
L. 311-3 et L. 311-3-1	Résultant de la loi n° 2013-595 du 8 juillet 2013
L. 311-4	Résultant de la loi n° 2019-791 du 26 juillet 2019
L. 311-7	Résultant de la loi n° 2013-595 du 8 juillet 2013
L. 312-1	Résultant de l'ordonnance n° 2006-596 du 23 mai 2006
L. 312-2	Résultant de l'ordonnance n° 2000-549 du 15 juin 2000
L. 312-3	Résultant de la loi n° 2003-339 du 14 avril 2003
L. 312-4 et L. 312-5	Résultant de la loi n° 2019-791 du 26 juillet 2019
L. 312-6 et L. 312-7	Résultant de l'ordonnance n° 2010-462 du 6 mai 2010

DISPOSITIONS APPLICABLES	DANS LEUR RÉDACTION
L. 312-9	Résultant de la loi n° 2020-766 du 24 juin 2020
L. 312-9-1	Résultant de la loi n° 2005-102 du 11 février 2005
L. 312-9-2	Résultant de la loi n° 2019-791 du 26 juillet 2019
L. 312-10 et L. 312-11	Résultant de la loi n° 2013-595 du 8 juillet 2013
L. 312-12	Résultant de l'ordonnance n° 2000-549 du 15 juin 2000
L. 312-13, 1er alinéa	Résultant de la loi n° 2015-990 du 6 août 2015
L. 312-13-1	Résultant de la loi n° 2020-840 du 3 juillet 2020
L. 312-13-2	Résultant de la loi n° 2019-1428 du 24 décembre 2019
L. 312-14	Résultant de l'ordonnance n° 2000-549 du 15 juin 2000
L. 312-15, 1er, 2e, 3e, 5e, 6e et 7e alinéas	Résultant de la loi n° 2019-791 du 26 juillet 2019
L. 312-16	Résultant de la loi n° 2016-444 du 13 avril 2016
L. 312-17	Résultant de la loi n° 2004-806 du 9 août 2004
L. 312-17-1	Résultant de la loi n° 2010-769 du 9 juillet 2010
L. 312-17-1-1	Résultant de la loi n° 2016-444 du 13 avril 2016
L. 312-17-2	Résultant de la loi n° 2011-814 du 7 juillet 2011
L. 312-17-3	Résultant de la loi n° 2018-938 du 30 octobre 2018
L. 312-18	Résultant de la loi n° 2004-806 du 9 août 2004
L. 312-19	Résultant de la loi n° 2021-1104 du 22 août 2021 portant lutte contre le dérèglement climatique et renforcement de la résilience face à ses effets
L. 313-1	Résultant de la loi n° 2013-595 du 8 juillet 2013
L. 313-2 et L. 313-3	Résultant de l'ordonnance n° 2000-549 du 15 juin 2000
L. 313-6	Résultant de la loi n° 2018-771 du 5 septembre 2018
L. 321-2	Résultant de la loi n° 2019-791 du 26 juillet 2019
L. 321-3	Résultant de la loi n° 2013-595 du 8 juillet 2013

DISPOSITIONS APPLICABLES	DANS LEUR RÉDACTION
L. 321-4	Résultant de la loi n° 2019-791 du 26 juillet 2019
L. 331-1	Résultant de la loi n° 2005-380 du 23 avril 2005
L. 331-2	Résultant de l'ordonnance n° 2010-462 du 6 mai 2010
L. 331-3 et L. 331-4	Résultant de l'ordonnance n° 2000-549 du 15 juin 2000
L. 331-7	Résultant de la loi n° 2018-771 du 5 septembre 2018
L. 331-8	Résultant de l'ordonnance n° 2000-549 du 15 juin 2000
L. 332-2 et L. 332-3	Résultant de la loi n° 2013-595 du 8 juillet 2013
L. 332-3-1	Résultant de la loi n° 2018-771 du 5 septembre 2018
L. 332-3-2	Résultant de la loi n° 2017-86 du 27 janvier 2017
L. 332-4	Résultant de la loi n° 2019-791 du 26 juillet 2019
L. 332-5	Résultant de la loi n° 2018-1202 du 22 décembre 2018
L. 332-6	Résultant de la loi n° 2013-595 du 8 juillet 2013
L. 333-1 et L. 333-2	Résultant de l'ordonnance n° 2000-549 du 15 juin 2000
L. 333-4 et L. 334-1	Résultant de la loi n° 2013-595 du 8 juillet 2013
L. 335-1	Résultant de la loi n° 2019-791 du 26 juillet 2019
L. 335-2 à L. 335-4	Résultant de l'ordonnance n° 2000-549 du 15 juin 2000
L. 335-5	Résultant de la loi n° 2016-1088 du 8 août 2016
L. 335-7	Résultant de l'ordonnance n° 2000-549 du 15 juin 2000
L. 335-8, 1er et 2e alinéas	Résultant de l'ordonnance n° 2004-637 du 1er juillet 2004
L. 335-9 à L. 335-11	Résultant de l'ordonnance n° 2000-549 du 15 juin 2000
L. 335-12	Résultant de l'ordonnance n° 2008-1304 du 11 décembre 2008

DISPOSITIONS APPLICABLES	DANS LEUR RÉDACTION
L. 335-13 à L. 335-15	Résultant de l'ordonnance n° 2000-549 du 15 juin 2000
L. 335-16	Résultant de l'ordonnance n° 2000-916 du 19 septembre 2000
L. 335-17	Résultant de l'ordonnance n° 2008-1304 du 11 décembre 2008
L. 336-1 et L. 336-2, L. 337-1 et L. 337-2	Résultant de l'ordonnance n° 2000-549 du 15 juin 2000
L. 341-1	Résultant de la loi n° 2014-288 du 5 mars 2014

II. – Pour l'application du I :

1° Après le dernier alinéa de l'article L. 311-1, il est inséré un alinéa ainsi rédigé :

"L'État favorise et renforce la mise en place des dispositifs destinés aux élèves en grande difficulté qui sont scolarisés dans le premier cycle de l'enseignement secondaire ou aux jeunes de seize à dix-huit ans qui ont quitté le système éducatif avant l'obtention d'une première qualification." ;

2° A l'article L. 312-1, après les mots : "éducation physique et sportive" sont insérés les mots "dispensée au sein des établissements scolaires" ;

3° A l'article L. 312-3, les mots : ", réunis en équipe pédagogique. Ceux-ci acquièrent une qualification pouvant être dominante en éducation physique et sportive pendant leur formation initiale ou continue" ; sont supprimés ;

4° Au premier alinéa de l'article L. 312-6 et à l'article L. 331-2, les mots : "visés à l'article L. 811-8 du code rural et de la pêche maritime" sont supprimés ;

5° A l'article L. 312-7, les mots : "mentionnés à l'article L. 811-8 du code rural et de la pêche maritime" sont supprimés ;

6° Au deuxième alinéa de l'article L. 312-9-2, les mots : "Dans chaque académie" sont remplacés par les mots :

"Dans les îles Wallis-et-Futuna" ;

7° A l'article L. 312-16, les quatrième et cinquième phrases du premier alinéa sont supprimées ;

8° A l'article L. 312-17-3, les mots : ", cohérentes avec les orientations du programme national relatif à la nutrition et à la santé mentionné à l'article L. 3231-1 du code de la santé publique et du programme national pour l'alimentation mentionné à l'article L. 1 du code rural et de la pêche maritime," et la dernière phrase sont supprimés ;

9° Au premier alinéa de l'article L. 313-1, les mots : "sanctionnée dans les conditions définies à l'article L. 6211-1 du code du travail" sont supprimés ;

10° Au troisième alinéa de l'article L. 332-6, après les mots : "livre V", sont insérés les mots : "et à celles qui peuvent être allouées sur les fonds du budget du territoire" ;

11° Au II de l'article L. 335-5 :

a) Au premier alinéa, les mots : "prévue à l'article L. 6411-1 du code du travail" sont supprimés ;

b) Au deuxième alinéa, les mots : "mentionnée à l'article L. 6412-2 du même code" sont supprimés ;

12° A l'article L. 335-12, les mots : "selon les dispositions des livres II des première, deuxième et troisième parties ainsi que de la sixième partie du code du travail" sont supprimés ;

13° A l'article L. 335-17, les mots : ", en bénéficiant des dispositions prévues par les articles L. 6313-4, L. 6313-10 et L. 6313-11 du même code pour l'organisation de la formation professionnelle continue dans le cadre de l'éducation permanente, en ce qui concerne les stages dits de "promotion professionnelle" sont supprimés ;

14° A l'article L. 337-2, les mots : ", soit dans le cadre de formations spécifiques inscrites dans les plans régionaux de formation professionnelle" sont supprimés ;

15° A l'article L. 341-1, les mots : "des articles L. 811-1, L. 811-2, L. 813-1 et L. 813-2" sont supprimés ;

16° Les montants exprimés en euros sont applicables dans les îles Wallis-et-Futuna sous réserve de leur contrevaleur en monnaie locale.

CHAPITRE VI *[NOUVEAU]* POLYNÉSIE FRANÇAISE

Nouvel art. L. 376-1 I. – Sont applicables en Polynésie française, sous réserve des adaptations prévues au II, les dispositions des articles mentionnés dans la colonne de gauche du tableau ci-après, dans leur rédaction indiquée dans la colonne de droite du même tableau :

DISPOSITIONS APPLICABLES	DANS LEUR RÉDACTION
L. 312-4, 3e alinéa	Résultant de la loi n° 2019-791 du 26 juillet 2019
L. 312-9-1	Résultant de la loi n° 2005-102 du 11 février 2005
L. 312-12	Résultant de l'ordonnance n° 2000-549 du 15 juin 2000
L. 313-6	Résultant de la loi n° 2018-771 du 5 septembre 2018
L. 331-1	Résultant de la loi n° 2005-380 du 23 avril 2005
L. 331-2	Résultant de l'ordonnance n° 2010-462 du 6 mai 2010
L. 331-3 et L. 331-4	Résultant de l'ordonnance n° 2000-549 du 15 juin 2000
L. 332-6, 1er, 2e et 4e alinéas, L. 333-4 ; L. 334-1	Résultant de la loi n° 2013-595 du 8 juillet 2013
L. 335-5	Résultant de la loi n° 2016-1088 du 8 août 2016
L. 335-9 à L. 335-11 ; L. 335-14	Résultant de l'ordonnance n° 2000-549 du 15 juin 2000
L. 335-16	Résultant de l'ordonnance n° 2000-916 du 19 septembre 2000
L. 335-17	Résultant de l'ordonnance n° 2008-1304 du 11 décembre 2008
L. 336-2 ; L. 337-1, 3e et 4e alinéas	Résultant de l'ordonnance n° 2000-549 du 15 juin 2000

II. – Pour l'application du I :

1° Au troisième alinéa de l'article L. 312-4, les mots : "et aux éducateurs sportifs" sont supprimés ;

2° L'article L. 312-9-1 est ainsi rédigé :

Art. L. 312-9-1 La langue des signes française peut être choisie comme épreuve optionnelle aux examens et concours nationaux, y compris ceux de la formation professionnelle.

3° Les deux premiers alinéas de l'article L. 313-6 sont applicables en tant seulement qu'ils concernent l'enseignement universitaire ;

4° A l'article L. 331-2 :

a) Les mots : "dans les collèges, dans les classes correspondantes des établissements d'éducation spéciale, des lycées professionnels maritimes, des établissements d'enseignement agricole visés à l'article L. 811-8 du code rural et de la pêche maritime, dans les lycées d'enseignement général et technologique et les lycées professionnels" sont remplacés par les mots : "dans les établissements d'enseignement du second degré" ;

b) Après les mots : "dans les autres disciplines", sont ajoutés les mots : ", lorsqu'ils sont pris en compte pour la délivrance d'un diplôme national" ;

5° L'article L. 331-4 est ainsi rédigé :

Art. L. 331-4 Des périodes de formation dans des entreprises, des associations, des administrations ou des collectivités territoriales en France ou à l'étranger sont obligatoires dans les enseignements conduisant à la délivrance d'un diplôme technologique ou professionnel national.

6° A l'article L. 334-1, les mots : "aux opérations d'évaluation et" sont supprimés ;

7° A l'article L. 335-5 :

a) Au I, après les mots : "Les diplômes ou les titres", il est inséré le mot : "nationaux" ;

b) Au premier alinéa du II, les mots : "prévue à l'article L. 6411-1 du code du travail" sont supprimés ;

c) Au deuxième alinéa du même II, les mots : "mentionnée à l'article L. 6412-2 du même code" sont supprimés ;

8° A l'article L. 335-9, les mots : "les diplômes des enseignements généraux et ceux des enseignements technologiques et professionnels" sont remplacés par les mots : "les diplômes nationaux des enseignements généraux et les diplômes nationaux des enseignements technologiques et professionnels, ainsi que les diplômes à finalité professionnelle reconnus par l'État en application de l'article L. 337-1" ;

9° A l'article L. 335-11, après le mot : "diplômes", il est inséré le mot : "nationaux" ;

10° Au premier alinéa de l'article L. 335-14, après le mot : "diplômes", il est inséré le mot : "nationaux" ;

11° Au premier alinéa de l'article L. 335-16, les mots : "aux articles L. 335-14 et L. 335-15" sont remplacés par les mots : "à l'article L. 335-14" ;

12° A l'article L. 335-17, après le mot : "diplômes", il est inséré le mot : "nationaux" ;

13° L'article L. 337-1 est complété par un alinéa ainsi rédigé :

"Sur proposition des autorités compétentes de Polynésie française et lorsqu'ils satisfont à des conditions fixées par décret en Conseil d'État, les diplômes ou titres à finalité professionnelle préparés et délivrés en Polynésie française sont reconnus par l'État par un arrêté au même titre que ceux qu'il délivre pour son compte." ;

14° Les montants exprimés en euros sont applicables en Polynésie française sous réserve de leur contrevaleur en monnaie locale.

CHAPITRE VII *[NOUVEAU]* NOUVELLE-CALÉDONIE

Nouvel art. L. 377-1 I. – Sont applicables en Nouvelle-Calédonie, sous réserve des adaptations prévues au II, les dispositions des articles mentionnés dans la colonne de gauche du tableau ci-après, dans leur rédaction indiquée dans la colonne de droite du même tableau :

DISPOSITIONS APPLICABLES	DANS LEUR RÉDACTION
L. 311-2	Résultant de l'ordonnance n° 2000-549 du 15 juin 2000
L. 311-3	Résultant de la loi n° 2013-595 du 8 juillet 2013

DISPOSITIONS APPLICABLES	DANS LEUR RÉDACTION
L. 311-4 ; L. 312-4, 3e alinéa	Résultant de la loi n° 2019-791 du 26 juillet 2019
L. 312-9-1	Résultant de la loi n° 2005-102 du 11 février 2005
L. 312-12	Résultant de l'ordonnance n° 2000-549 du 15 juin 2000
L. 312-13, 1er alinéa	Résultant de la loi n° 2015-990 du 6 août 2015
L. 312-14	Résultant de l'ordonnance n° 2000-549 du 15 juin 2000
L. 313-6	Résultant de la loi n° 2018-771 du 5 septembre 2018
L. 331-1	Résultant de la loi n° 2005-380 du 23 avril 2005
L. 331-2	Résultant de l'ordonnance n° 2010-462 du 6 mai 2010
L. 331-3 et L. 331-4	Résultant de l'ordonnance n° 2000-549 du 15 juin 2000
L. 332-6, 1er, 2e et 4e alinéas, L. 333-4 et L. 334-1	Résultant de la loi n° 2013-595 du 8 juillet 2013
L. 335-5	Résultant de la loi n° 2016-1088 du 8 août 2016
L. 335-8, 1er alinéa	Résultant de l'ordonnance n° 2004-637 du 1 juillet 2004
L. 335-9 à L. 335-11 ; L. 335-14	Résultant de l'ordonnance n° 2000-549 du 15 juin 2000
L. 335-16	Résultant de l'ordonnance n° 2000-916 du 19 septembre 2000
L. 335-17	Résultant de l'ordonnance n° 2008-1304 du 11 décembre 2008
L. 336-2 ; L. 337-1, 3e et 4e alinéas	Résultant de l'ordonnance n° 2000-549 du 15 juin 2000

II. – Pour l'application du I :

1° A l'article L. 311-2 :

a) La première phrase est ainsi rédigée : "Le contenu des formations du second degré est défini par des arrêtés du ministre chargé de l'éducation." ;

b) La seconde phrase est supprimée ;

2° A l'article L. 311-3 :

a) Après les mots : "Les programmes", sont insérés les mots : "de l'enseignement du second degré" ;

b) La seconde phrase est supprimée ;

3° A l'article L. 311-4 :

a) Les mots : "comportent, à tous les stades de la scolarité," sont remplacés par les mots : "du second degré comportent" ;

b) La seconde phrase est supprimée ;

4° Au troisième alinéa de l'article L. 312-4, les mots : "et aux éducateurs sportifs" sont supprimés ;

5° L'article L. 312-9-1 est ainsi rédigé :

Art. L. 312-9-1 La langue des signes française peut être choisie comme épreuve optionnelle aux examens et concours nationaux, y compris ceux de la formation professionnelle.

6° Au premier alinéa de l'article L. 312-13, les mots : "des premier et second degrés" sont remplacés par les mots : "du second degré" ;

7° A l'article L. 312-14, les mots : "des premier et second degrés" sont remplacés par les mots : "du second degré" ;

8° Les deux premiers alinéas de l'article L. 313-6 sont applicables en Nouvelle-Calédonie en tant seulement qu'ils concernent l'enseignement supérieur ;

9° A l'article L. 331-2 :

a) Les mots : "dans les collèges, dans les classes correspondantes des établissements d'éducation spéciale, des lycées professionnels maritimes, des établissements d'enseignement agricole visés à l'article L. 811-8 du code rural et de la pêche maritime, dans les lycées d'enseignement général et technologique et les lycées professionnels" sont remplacés par les mots : "dans les établissements d'enseignement du second degré" ;

b) Après les mots : "dans les autres disciplines", sont ajoutés les mots : ", lorsqu'ils sont pris en compte pour la délivrance d'un diplôme national" ;

10° A l'article L. 331-4, après les mots : "à l'étranger" sont insérés les mots : ", ainsi qu'au sein des institutions et des services de la Nouvelle-Calédonie" ;

11° A l'article L. 334-1, les mots : "aux opérations d'évaluation et" sont supprimés ;

12° A l'article L. 335-5 :

a) Au I, après les mots : "Les diplômes ou les titres", il est inséré le mot : "nationaux" ;

b) Au premier alinéa du II, les mots : "prévue à l'article L. 6411-1 du code du travail" sont supprimés ;

c) Au deuxième alinéa du même II, les mots : "mentionnée à l'article L. 6412-2 du même code" sont supprimés ;

13° Au premier alinéa de l'article L. 335-8, les mots : "structures de l'enseignement, les" et les mots : "et la sanction des études" sont supprimés ;

14° A l'article L. 335-9, les mots : "les diplômes des enseignements généraux et ceux des enseignements technologiques et professionnels" sont remplacés par les mots : "les diplômes nationaux des enseignements généraux et les diplômes nationaux des enseignements technologiques et professionnels, ainsi que les diplômes à finalité professionnelle reconnus par l'État en application de l'article L. 337-1" ;

15° A l'article L. 335-11, après le mot : "diplômes", il est inséré le mot : "nationaux" ;

16° Au premier alinéa de l'article L. 335-14, après le mot : "diplômes", il est inséré le mot : "nationaux" ;

17° Au premier alinéa de l'article L. 335-16, les mots : "aux articles L. 335-14 et L. 335-15" sont remplacés par les mots : "à l'article L. 335-14".

18° A l'article L. 335-17, après le mot : "diplômes", il est inséré le mot : "nationaux" ;

19° L'article L. 337-1 est complété par un alinéa ainsi rédigé :

"Sur proposition des autorités compétentes de Nouvelle-Calédonie et lorsqu'ils satisfont à des conditions fixées par décret en Conseil d'État, les diplômes ou titres à finalité professionnelle préparés et délivrés en Nouvelle-Calédonie sont reconnus par l'État par un arrêté au même titre que ceux qu'il délivre pour son compte." ;

20° Les montants exprimés en euros sont applicables en Nouvelle-Calédonie sous réserve de leur contrevaleur en monnaie locale.

LIVRE QUATRIÈME LES ÉTABLISSEMENTS D'ENSEIGNEMENT SCOLAIRE

BIBL. GÉN. ▶ AUDUC et BAYARD-PIERLOT, Le système éducatif français, *CRDP Créteil, 2003*. – CHAMPAGNE, L'organisation scolaire et universitaire, *PUF, 2003*. – DEUBEL, HUART, MONTOUSSE et VIN-DATICHE, 100 fiches pour comprendre le système éducatif, *Bréal, 2004*. – DUPONT-MARILLIA, Institutions scolaires et universitaires, *Gualino éditeur, coll. Mémentos, 2003*. – DURAND-PRINBORGNE, Le droit de l'éducation, *Hachette éducation, 2e éd. 1998*. – GOUSSEAU, Enseignement public. Institutions et décentralisation scolaires, *J.-Cl. Adm. 231*. – SIMON, CYTERMANN et PERRITAZ, Organisation et gestion de l'Éducation nationale, *Berger-Levrault, Éducation, 2007*. – TOULEMONDE (ouvrage sous la direction de), Le système éducatif en France, *Doc. fr., coll. Les notices, 2003*.

COMMENTAIRE

Le livre IV consacré aux *« établissements d'enseignement scolaire »* concerne à la fois les écoles (titre I), collèges et lycées (titre II) publics, les centres de formation d'apprentis, par ailleurs régis par le code du travail (titre III) et les établissements d'enseignement privés (titre IV) ; deux derniers titres concernent les établissements français à l'étranger et les établissements pour l'enseignement des professions artistiques et sportives. Le terme établissement a un champ différent selon les secteurs et les registres, s'appliquant au premier comme au second degré dans le privé, en général réservé au second degré dans le public, les écoles publiques n'ayant pas le statut juridique d'établissement public.

Oubliant cette dualité, la loi Fillon, Avenir de l'école, du 23 avril 2005 introduit un titre préliminaire intitulé *« dispositions communes »* alors qu'elles n'en sont pas ! Les dispositions visant tant le projet d'école ou d'établissement (art. L. 401-1) que le règlement intérieur (art. L. 402-2) ne s'appliquent en effet qu'au secteur public. Le fait de les réserver aux établissements et écoles publics peut étonner : tout établissement, public ou privé doit en effet disposer d'un règlement intérieur. Quant au projet d'établissement, c'est un outil qui est d'abord apparu dans les établissements privés, notamment pour affirmer leur *« caractère propre »*. Mais, l'association au service public a pour objet les *« classes »* et non la vie de l'établissement. Il aurait été plus logique d'intégrer les nouvelles règles aux titres en cause.

Les dispositions applicables aux écoles et établissements publics sont de nature réglementaire ; le Conseil constitutionnel a en effet décidé qu'elles ne mettaient en cause aucun principe fondamental de l'enseignement (Cons. const. 21 avr. 2005, *Loi d'orientation sur l'avenir de l'école*, n° 2005-512 DC).

La loi du 8 juillet 2013 d'orientation et de programmation pour la refondation de l'École de la République n'en comporte pas moins un chapitre relatif aux écoles et établissements d'enseignement scolaire qui s'attache notamment aux relations qu'ils doivent entretenir (L. du 8 juill. 2013, art. 57 : art. L. 401-4), notamment en zone d'éducation prioritaire (L. du 8 juill. 2013, art. 58 : art. L. 421-7) puis introduit quelques dispositions concernant l'organisation des écoles (L. du 8 juill. 2013, art. 59 : art. L. 411-1, conseil d'école) et des EPLE (L. du 8 juill. 2013, art. 60 : art. L. 421-2, représentation des collectivités territoriales au conseil d'administration ; L. du 8 juill. 2013, art. 61 : art. L. 421-4, possibilité ouverte à la collectivité de rattachement de se joindre au contrat entre l'établissement et l'autorité académique) ; l'article 62 permet aux établissements de constituer des groupements (art. L. 423-1). L'article 64 donne la liste des articles applicables aux établissements privés sous contrat d'association.

La loi du 26 juillet 2019 pour une école de la confiance généralise les dispositions prises sur la base de l'article 89 de la loi du 8 juillet 2013, par l'ordonnance n° 2014-238 du 27 février 2014 relative à l'établissement public local d'enseignement dénommé « École européenne de Strasbourg » regroupant l'ensemble des cycles de la maternelle au lycée qui prépare au baccalauréat européen en créant les établissements publics locaux d'enseignement international (EPLI, art. L. 421-19-1).

Les dispositions réglementaires du livre IV ont été adoptées par le décret n° 2008-263 du 14 mars 2008, codifiant notamment le décret n° 90-788 du 6 septembre 1990 relatif à l'organisation et au fonctionnement des écoles maternelles et élémentaires et le décret n° 85-924 du 30 août 1985 relatif aux établissements publics locaux d'enseignement. ❑

TITRE PRÉLIMINAIRE DISPOSITIONS COMMUNES

(L. nº 2005-380 du 23 avr. 2005, art. 34)

Art. L. 401-1 Dans chaque école et établissement d'enseignement scolaire public, un projet d'école ou d'établissement est élaboré avec les représentants de la communauté éducative. Le projet est adopté, pour une durée comprise entre trois et cinq ans, par le conseil d'école ou le conseil d'administration, sur proposition de l'équipe pédagogique de l'école ou du conseil pédagogique de l'établissement pour ce qui concerne sa partie pédagogique.

Le projet d'école ou d'établissement définit les modalités particulières de mise en œuvre des objectifs et des programmes nationaux et précise les activités scolaires et périscolaires qui y concourent. Il précise les voies et moyens qui sont mis en œuvre pour assurer la réussite de tous les élèves et pour associer les parents à cette fin. Il détermine également les modalités d'évaluation des résultats atteints.

Lorsque des expérimentations ont été autorisées sur le fondement de l'art. L. 401-1 dans sa rédaction antérieure à la L. nº 2019-791 du 26 juill. 2019, elles se poursuivent jusqu'au terme de la période pour laquelle elles ont été autorisées (L. préc., art. 38).

Sur le projet d'école ou d'établissement, V. art. R. 421-3.

BIBL. ▶ BECCHETTI-BIZOT, DURPAIRE, TAUPIN et autres, Le recours à l'expérimentation par les établissements autorisé par l'article L. 401-1 du code de l'éducation, *MENESR, Rapp. IGEN-IGAENR, nº 2013-057, juill. 2013.* – MARSOLLIER, ALFANDARI et autres, Les mécanismes de concertation dans les établissements publics et privés sous contrat, *Rapp. IGEN-IGAENR, nº 2016-055, août 2016.* – OBIN, CROS et ROCARD, Le projet d'établissement, *Hachette, coll. Management & éducation, 2003.* – OBIN et VERGNAUD, Les établissements scolaires entre l'éthique et la loi, *Hachette Éducation, coll. Management & éducation, 2005.* – ROULLIER, L'école, une question de management, *L'Harmattan, coll. Enfance Éducation et Société, 2017.* – VAILLANT, Bonnes nouvelles de l'école. Ces profs transforment l'éducation nationale et vous ne le savez pas !, *JC Lattès, 2017.*

COMMENTAIRE

Le ***projet d'établissement*** est aujourd'hui bien connu : ***outil de management, instrument de pilotage,*** il est utilisé tant dans les entreprises que dans le secteur public, par exemple dans les hôpitaux (L. du 31 juill. 1991). En éducation, le point de départ est pédagogique. Si le concept de projet utilisé dans ce sens apparaît au XIXe siècle, il est repris au XXe siècle par les tenants de la pédagogie dite de projet, des pédagogies actives centrées sur l'élève, puis par ceux qui tentent de réformer ou de rénover le système éducatif. En 1979, apparaissent les « projets d'activités éducatives » (PACTE), relayés en 1981 par les PAE avec pour objectifs l'ouverture des établissements, la lutte contre l'échec scolaire, le travail en équipe. En 1982, la création des ZEP, en 1983 le rapport Prost sur les lycées, le rapport Legrand sur les collèges suivi de la politique de « rénovation des collèges » mettent l'accent sur le projet d'établissement. L'idée est reprise en 1988 pour les lycées technologiques et professionnels puis rendue obligatoire par la loi. « Les écoles, les collèges, les lycées d'enseignement général et technologique et les lycées professionnels élaborent un projet d'établissement » (art. 18, L. d'orientation nº 89-486 du 10 juill. 1989) dont le rapport annuel « rend compte de la mise en œuvre et des résultats » (art. 26). Il y avait là une volonté d'impulser « une dynamique nouvelle pour les établissements » en replaçant le projet pédagogique défini par les enseignants avec le chef d'établissement dans un cadre plus large englobant les relations avec l'environnement, les rythmes scolaires, la vie scolaire, les activités périscolaires et complémentaires. Il était en outre prévu que le projet puisse servir de base à un contrat passé avec l'autorité académique, pouvant alors justifier l'attribution de moyens spécifiques (sur le modèle des contrats d'établissement de l'enseignement supérieur, art. L. 771-1). Enfin, il était envisagé « une évaluation… d'autant plus nécessaire que l'autonomie ne doit pas conduire à s'écarter des objectifs nationaux » (Rapport annexé à la L. d'orientation du 10 juill. 1989).

Régulièrement, les circulaires de rentrée et autres instructions ministérielles ont rappelé l'***intérêt*** et la ***logique de la démarche de projet*** : concrétisation de l'autonomie pédagogique, prise en compte de la diversité des établissements et de l'hétérogénéité des élèves, mobilisation de la communauté éducative. L'opposition des uns, l'inertie des autres amenèrent régulièrement les autorités académiques à relancer la démarche. Pour répondre à la commande académique, purent apparaître des projets stéréotypés ou des copies qui étaient plus ceux du chef d'établissement que le fruit de la réflexion des équipes. On pouvait enfin regretter une dérive périphérique, le projet traitant plus des activités annexes que de l'enjeu principal : comment faire réussir l'élève ?

Le « grand débat sur l'école » comme les retombées de la LOLF (passer d'une logique de moyens à une logique de résultats) sur les établissements ont imposé une refondation de la démarche. L'article 34 de la loi n° 2005-380 du 23 avril 2005 en constitue le premier acte.

L'article L. 401-1 réaffirme le caractère obligatoire du projet. En se substituant à l'article abrogé L. 411-2 qui figurait dans le titre II consacré aux collèges et lycées, il distingue désormais « projet d'école » et « projet d'établissement ». L'un et l'autre ont un double objectif. Il s'agit, d'une part, de décliner localement, dans l'école ou dans l'établissement local, les objectifs et programmes nationaux en adoptant les modalités particulières de leur mise en œuvre. Le projet permet, d'autre part, de rechercher la cohérence, entre membres de la communauté éducative d'une part (notamment entre professeurs et parents), entre missions d'autre part (en EPLE, le projet « assure la cohérence des différentes activités de formation initiale, d'insertion sociale et professionnelle et de formation continue des adultes dans l'établissement », art. R. 421-3). La déclinaison des objectifs et recherche de la cohérence implique de se projeter à une durée que la loi fixe « entre trois et cinq ans » (art. L. 401-1, al. 1er), même si chaque année les écoles et établissements sont appelés à intégrer les priorités du moment.

L'adoption du projet d'école ou d'établissement

La loi dispose désormais que le projet est élaboré « avec les représentants de la communauté éducative », formule plus réaliste que la précédente qui visait tous les membres de cette communauté. Il est adopté par le conseil d'école ou, dans les collèges et lycées, le conseil d'administration (art. L. 401-1, al. 1er).

Dans ***le premier degré***, si ***le projet d'école*** est adopté par le conseil d'école (art. D. 411-8) sur proposition du directeur de l'école (art. D. 411-2), il a auparavant été élaboré par le conseil des maitres avec les représentants de la communauté éducative (art. D. 411-8, formule proche de la composition du conseil d'école qui regroupe les maitres, les représentants des parents d'élèves et de la commune), les équipes pédagogiques (les maitres seuls) proposant la partie pédagogique du projet sur laquelle le conseil d'école statue (art. D. 411-2, 4°) ; en pratique, le projet se situe dans un « cadre » piloté par l'inspecteur de circonscription). Tout au long du processus, le conseil d'école peut donner tous avis et présenter toutes suggestions sur le fonctionnement de l'école et sur toutes les questions intéressant la vie de l'école (art. D. 411-2).

Dans ***le second degré, le projet d'établissement*** est adopté par le conseil d'administration de l'EPLE (art. L. 401-1 ; R. 421-20, 2°) ; en effet, c'est à lui qu'il revient de fixer les principes de mise en œuvre de l'autonomie éducative et pédagogique (art. L. 421-4, 1° ; R. 421-20, 1°). Pour sa partie pédagogique le projet est adopté « sur proposition du conseil pédagogique de l'établissement pour sa partie pédagogique », créé par l'article 38 de la loi Avenir de l'école du 23 avril 2005, présidé par le chef d'établissement, réunissant des professeurs des différentes disciplines intervenant à chaque niveau d'enseignement pour débattre des questions pédagogiques, coordination des enseignements, notation, évaluation des activités scolaires (art. L. 421-5, al. 2 : « il prépare la partie pédagogique du projet d'établissement » ; art. R. 421-41-3 ; « en liaison avec les équipes pédagogiques »).

Sur le plan méthodologique, la préparation du projet impose au préalable un diagnostic partagé ; l'état des lieux repose sur un bilan des forces et des faiblesses et la prise en compte des opportunités et des contraintes ; sur cette base, sont fixées des priorités développées autour de grands axes fixant les objectifs opérationnels s'appuyant sur les valeurs et principes fixés par la loi. C'est au chef d'établissement (et au directeur d'école) qu'il revient d'enclencher la démarche dont les étapes varient selon la complexité et le type d'établissements. Il doit arrêter un calendrier de travail et une méthodologie (groupe de pilotage, processus participatif, personnes ressources, rédaction du projet, mise en œuvre).

Le contenu du projet d'école ou d'établissement.

La loi pour le projet d'établissement, le règlement pour le projet d'école distingue la partie pédagogique du projet (art. L. 401-1, al. 1er ; D. 411-2). La définition des modalités particulières de mise en œuvre des objectifs et des programmes nationaux « sous forme d'objectifs et de programmes d'actions » (pour le projet d'établissement, art. R. 421-3) en précisant les activités scolaires et périscolaires qui y concourent et les voies et moyens mis en œuvre pour assurer la réussite de tous les élèves et pour associer les parents à cette fin (art. L. 401-1, al. 2) s'inscrivent dans cette partie. Il en est ainsi quand le projet d'école précise pour chaque cycle les actions pédagogiques et organise la continuité éducative avec les activités périscolaires (art. D. 411-8). Dans les écoles, il doit en outre mentionner les dispositions retenues pour l'organisation des activités pédagogiques complémentaires (art. D. 521-13) ; dans les établissements secondaires, il doit comporter des dispositions relatives au dialogue et à l'information en matière d'orientation (art. D. 331-43) et peut ainsi intégrer le programme d'activités organisées pour assurer l'information et l'orientation des élèves ou en reprendre les principes. Il vise aussi les activités culturelles et les échanges internationaux, notamment quand l'établissement est doté de sections européennes.

En visant la « ***partie pédagogique*** » du projet, la loi et le règlement prennent le risque de multiplier les « volets » ou annexes traitant de sujets divers : action culturelle, TICE et projet numérique, santé et citoyenneté, intégration des élèves porteurs de handicap, ouverture internationale, développement rural, lutte contre le harcèlement (plan de prévention des violences en milieu scolaire élaboré par l'établissement, plan de lutte contre le harcèlement), laïcité et respect des valeurs et des principes de la République (en janv. 2015, le plan de mobilisation pour les valeurs de la République prévoit que le projet d'établissement doit contenir les modalités d'une participation active des élèves aux journées de commémoration, élément à traiter dans le volet citoyenneté-laïcité). En fait, le projet devrait être conçu et développé à partir de l'objectif central, « la réussite des élèves », paradigme pouvant être décliné en parcours éducatifs (Parcours avenir, Parcours citoyen, Parcours éducatif de santé, Parcours d'éducation artistique et culturelle).

La loi Avenir de l'École du 23 juin 2005 introduit une ***nouveauté*** : « ***le projet d'école ou d'établissement peut prévoir la réalisation d'expérimentations*** ». Celles-ci peuvent porter sur l'enseignement des disciplines, l'interdisciplinarité, l'organisation pédagogique de la classe, de l'école ou de l'établissement, la coopération avec les partenaires du système éducatif, les échanges et jumelages avec les établissements étrangers. Prévues pour une durée maximale de cinq ans, elles sont soumises à un régime d'autorisation préalable de l'autorité académique. Elles font l'objet d'une évaluation annuelle. Constituant « un projet dans le projet », il est important qu'elles en respectent la cohérence. La loi du 26 juillet 2019 pour une école de la confiance transfère les deux derniers alinéas à un article figurant dans le cadre d'un nouveau chapitre du livre III consacré à la recherche et à l'expérimentation et à la documentation pédagogique en élargissant le champ des possibilités (art. L. 314-2). En cas d'incidence financière pour la collectivité, ces actions sont soumises à son accord (art. R. 421-3).

Enfin, le projet « détermine également les modalités d'évaluation des résultats atteints » (art. L. 401-1, al. 2) qui doivent comprendre une évaluation annuelle des expérimentations menées dans ce cadre. *A posteriori*, il est nécessaire de prévoir des bilans d'étape : annuel, triennal, etc. ; renseigner régulièrement les indicateurs d'évaluation et de performance ; mesurer les effets sur les élèves, les personnels et l'EPLE ; chaque année le conseil d'administration délibère sur le ***rapport sur le fonctionnement pédagogique de l'établissement*** qui rend compte notamment de la mise en œuvre du projet d'établissement (art. R. 421-20, 3°) ; de même, le directeur d'école établit chaque année un bilan sur la réalisation du projet d'école (art. D. 411-2, al. 2). La réalité de l'évaluation impose qu'au préalable aient été définis des indicateurs de performance.

S'agissant des EPLE, « le projet fait l'objet d'un examen par l'autorité académique ;... il peut donner lieu à l'attribution de moyens spécifiques. » (art. R. 421-3). Il est alors logique de recourir à une procédure contractuelle.

Du projet au contrat

Concluant « le grand débat sur l'avenir de l'école », Claude Thélot, souhaitant renforcer la capacité d'action et la responsabilité des établissements, retient la démarche objectifs/évaluation en l'ancrant sur « un contrat tripartite passé par l'établissement avec l'autorité académique et la collectivité territoriale » (Rapport, *2004, p. 104*). Cette proposition concernant les seuls EPLE va être réalisée en deux temps, la loi de 2005 introduisant le contrat d'objectifs entre l'autorité académique et l'établissement, la loi de 2013 prévoyant la faculté d'y associer la collectivité de rattachement.

Le contrat d'objectifs entre l'autorité académique et l'EPLE. L'article 36 de la loi du 23 avril 2005, complétant l'article L. 421-4, a ajouté aux compétences du conseil d'administration de l'EPLE (mais non à celles du conseil d'école, ce qui est juridiquement logique puisque l'école ne dispose pas de la personnalité morale) le soin de se prononcer sur le ***« contrat d'objectifs »*** conclu entre l'établissement et l'autorité académique ; même si l'EPLE n'est pas un opérateur de l'État, ce nouveau type de contrat se situe dans la logique de la performance développée par l'État. Il définit « les objectifs à atteindre par l'établissement pour satisfaire aux orientations nationales et académiques », retenant en nombre restreint des objectifs stratégiques et opérationnels (de 3 à 5, V. Circ. n° 2007-011 du 9 janv. 2007). Il mentionne « les indicateurs qui permettront d'apprécier la réalisation de ces objectifs » (art. R. 421-4). Ils doivent être ***limités, ciblés et précis, permettant de mesurer la performance*** ; la durée recommandée est de quatre ans en collège, de trois en lycée. L'évaluation est à la fois interne, dans le cadre du rapport annuel sur le fonctionnement pédagogique de l'établissement, et externe par les corps d'inspection (V. Circ. de rentrée n° 2007-011 du 9 janv. 2007). L'objectif reste d'élargir « les marges d'autonomie des établissements pour leur permettre de moderniser leur fonctionnement » (RGPP, 2e rapport, *mai 2009*). Contrairement à la délibération arrêtant le projet d'établissement celle qui approuve le contrat ne figure pas parmi les délibérations, dont le caractère exécutoire est subordonné à la transmission à l'autorité académique (art. R. 421-54, R. 421-55 *a contrario*). Dans les collèges et les lycées, le projet d'établissement et le contrat d'objectifs sont désormais pris en considération par le budget et le compte financier. Même s'il fait appel aux mêmes outils (diagnostic d'établissement, propositions d'axes de progrès), le contrat d'objectif entre l'autorité académique et le chef d'établissement ne doit pas être confondu avec la lettre de mission que l'autorité académique adresse aux personnels de direction dans le cadre de leur évaluation (rapport Blanchet, *avr. 1999,* Note de service n° 2011-201 du 20 oct. 2011). Sur le plan juridique, cette lettre ne peut être considérée comme un document contractuel ; s'agissant du contrat d'objectif qui s'apparente à un acte-union (deux volontés pour un même objectif) ses clauses portant sur l'organisation du service ont le plus souvent un caractère réglementaire ouvrant aux usagers un droit d'action (comparer avec le PEDT, CE 9 oct. 2020, n° 422483).

Le contrat d'objectifs tripartite (COT). L'article 61 de la loi du 8 juillet 2013 ajoute que le contrat d'objectifs est conclu entre l' EPLE et l'autorité académique « et, lorsqu'elle souhaite y être partie, la collectivité territoriale de rattachement » (art. L. 421-4, 3°) ; le conseil d'administration se prononce alors sur un contrat tripartite (art. R. 421-20, à noter que lorsque la collectivité territoriale de rattachement n'a pas souhaité y être partie, le projet de contrat d'objectif doit lui avoir été communiqué au moins un mois avant la réunion du conseil). Les objectifs et indicateurs prennent en considération les orientations de l'éducation nationale comme celles de la collectivité de rattachement, parfois présentées sous forme de plan ou de programme départemental ou régional ; par exemple dans les domaines du numérique, des ressources documentaires, ou encore des pratiques artistiques, culturelles et sportives des élèves la négociation avec chaque EPLE peut être précédée de la conclusion d'une convention de cadrage par l'autorité académique et la collectivité de rattachement pour assurer la cohérence de leurs politiques éducatives. Le COT doit être distingué de la convention d'objectifs et de moyens (COM) conclue par la collectivité de rattachement et l'EPLE (art. L. 423-1, II). On peut toutefois se demander s'il ne serait pas envisageable de la remplacer par un document unique ; si l'autorité académique n'est pas partie à cette convention, elle pourrait intervenir en amont pour contribuer à préciser le cadre (V. Circ. n° 2015-004 du 14 janv. 2015). S'agissant des moyens en crédits et emplois attribués tant par l'État que par la collectivité de rattachement, il ne revient pas aux contractants d'en fixer le montant ou le nombre ; dans ce document, doivent par contre être présentés la procédure et les éléments permettant de les attribuer. Le respect de l'autonomie doit permettre de faire des choix dans le cadre de dotations globales. Le décret n° 2012-1193 du 26 octobre 2012 précise en effet qu'ils sont élaborés en tenant compte du projet d'établissement ainsi que des orientations et objectifs fixés par la collectivité territoriale de rattachement (art. R. 421-58, I). ❑

1. *Projet éducatif.* Le directeur d'école, aussi conseiller municipal, ne commet pas de faute de service en ne défendant pas un projet éducatif devant l'assemblée et en la dissuadant même de participer à ce projet d'un coût démesuré au regard de son intérêt. Cette intervention réalisée dans le cadre de l'exercice d'un mandat électif, n'est pas susceptible d'engager la responsabilité de l'État et n'est pas constitutive d'une faute de service, dès lors que l'élu s'est aussi nécessairement exprimé en sa qualité de directeur d'école. • CAA Lyon, 8 juill. 2003, n° 03LY00133.

2. *Expérimentation pédagogique. Programme CLAIR. Fondements.* A l'occasion d'un contentieux indemnitaire, le Conseil d'État rappelle que le programme d'actions intitulé « Collèges et lycées pour l'ambition, l'innovation et la réussite » (Clair), annoncé à la suite des « états généraux de la sécurité à l'école » des 7 et 8 avr. 2010, visait, dans les établissements identifiés comme rencontrant le plus de difficultés, à favoriser la réussite des élèves et à prévenir la violence. Ce programme d'expérimentations, dont les modalités d'application ont été définies par une Circ. du 7 juill. 2010 du ministre de l'éducation nationale, a été mis en œuvre, pour l'année scolaire 2010-2011, dans des établissements scolaires qui ont, à cette fin, fait usage de la faculté d'expérimentation pédagogique qu'ils tiennent de l'art. L. 401-1 C. éduc. et qu'il a ensuite inclus dans son périmètre les établissements de l'enseignement primaire et est devenu à la rentrée scolaire suivante le programme « Écoles, collèges et lycées pour l'ambition, l'innovation et la réussite » (Eclair). • CE 24 juin 2013, *Synd. nat. des enseignements du second degré*, n° 353956 : *AJDA 2013. 1837*.

3. *Expérimentation pédagogique. Programme CLAIR.* Le juge considère que les établissements d'enseignement du second degré disposent d'une autonomie pédagogique et éducative dans certains domaines et établissent un projet d'établissement qui définit sous forme d'objectifs et de programmes d'actions, en recourant éventuellement à certaines expérimentations pédagogiques avec l'autorisation des autorités académiques, les modalités de mise en œuvre des programmes scolaires et des orientations nationales et académiques. Par suite, la Circ. du 7 juill. 2010 relative à l'expérimentation du programme CLAIR est légale. • CE 14 oct. 2011, *Synd. nat. des enseignements du second degré c/ MEN*, n° 343396 B : *AJDA 2011. 1984* ; *AJFP 2012. 22* ; *LIJ 2011, n° 160, p. 8.*

4. *Expérimentation pédagogique. Principe d'égalité.* Le juge estime que le principe d'égalité ne s'oppose pas à ce que l'autorité investie du pouvoir réglementaire règle de façon différente des situations différentes ni à ce qu'elle déroge à l'égalité pour des raisons d'intérêt général pourvu que, dans l'un et l'autre cas, la différence de traitement qui en résulte soit en rapport direct avec l'objet de la norme qui l'établit et ne soit pas manifestement disproportionnée au regard des motifs susceptibles de la justifier ; que l'objet du programme « Eclair » est de favoriser l'expérimentation et, à cette fin, de doter chaque établissement d'une autonomie dans la gestion de l'enveloppe déléguée par le recteur d'académie ; que, par suite, les différences de traitement qui pourraient en résulter entre agents d'établissements différents sont en rapport direct avec l'objet de ces dispositions. • CE 24 juin 2013, *Synd. nat. des enseignements du second degré*, n° 353956 : *préc. note 2.*

Art. L. 401-2 Dans chaque école et établissement d'enseignement scolaire public, le règlement intérieur précise les conditions dans lesquelles est assuré le respect des droits et des devoirs de chacun des membres de la communauté éducative. *(L. n° 2019-791 du 26 juill. 2019, art. 28)* **« Il rappelle le principe de l'école inclusive, en précisant les principaux droits et devoirs qui y sont attachés. »**

BIBL. ► BUTTNER et MAURIN, Le droit de la vie scolaire, *Dalloz, 2016*.

Sur le règlement intérieur, V. Bibl. ss. art. L. 421-4.

COMMENTAIRE

L'article 34 de la loi n° 2005-380 du 23 avril 2005 a introduit une référence au règlement intérieur. Les écoles et les établissements d'enseignement scolaire publics doivent en être dotés. Dans le premier degré, le conseil d'école se réfère au règlement type départemental arrêté par l'inspecteur d'académie-DASEN après avis du conseil départemental de l'éducation nationale (art. D. 411-6, V. Circ. n° 2014-088 du 9 juill. 2014). Le texte ainsi adopté précise les conditions dans lesquelles est assuré le respect des droits et des devoirs de chacun des membres de la communauté éducative dans le respect de la loi et des règlements (V. Circ. n° 2011-112 du 1er aout 2011). Le Conseil constitutionnel a considéré qu'il s'agissait là de dispositions de nature réglementaire, dans la mesure où, comme celles qui concernent le projet d'école ou d'établissement, elles ne mettent aucunement en cause les principes fondamentaux de l'enseignement (Cons. const. 21 avr. 2005, *Loi d'orientation et de programme pour l'avenir de l'école*, n° 2005-512 DC : *Rec. Cons. const. 72*).

Le ***règlement intérieur*** de l'établissement est ***adopté*** par le conseil d'administration ; celui de l'école par le conseil d'école. L'un comme l'autre sont opposables aux membres de la communauté scolaire après avoir été transmis à l'autorité académique et font l'objet d'une publication (affichage). Le règlement a pour ***objet*** de définir les règles à respecter à l'intérieur de l'école ou de l'établissement par les membres de la communauté scolaire, qu'il s'agisse des élèves, des enseignants ou des autres membres du personnel. Il s'agit d'une part de fixer les règles d'organisation scolaire, d'autre part de déterminer les conditions dans lesquelles les droits et devoirs des membres de la communauté scolaire s'exercent au sein de l'établissement, en prenant en considération les moyens et le contexte local. Il doit assurer le bon fonctionnement du service public, constituant un élément de l'ordre public (TA Nice, 7 déc. 1993, *Koen*, V. note 2 ss. art. L. 511-1) ; on a pu y voir une « charte du civisme scolaire ». Certaines règles concernent plus particulièrement les élèves ; c'est ainsi qu'il précise les règles à respecter pour les entrées et les sorties de l'établissement, les formalités pour le contrôle de l'assiduité, le régime de la surveillance, des permanences et des études, l'accès aux divers équipements (V. art. R. 421-5). Si la loi interdit les tenues et les signes religieux ostentatoires ou le téléphone portable dans les collèges, le règlement intérieur peut exiger une tenue correcte, ce qui permettra, non d'interdire l'accès à l'établissement, mais d'engager des poursuites disciplinaires contre les piercings, jogging, cheveux colorés... D'autres s'adressent tant aux usagers qu'aux personnels : tel est le cas de l'interdiction de fumer, qui n'est toutefois qu'un rappel de la loi (CSP, art. L. 3511-7 ; Décr. du 15 nov. 2006 fixant les conditions d'application de l'interdiction, notamment dans les établissements scolaires en excluant la possibilité d'y installer des emplacements réservés, V. CE, sect., 19 mars 2007, *Mme Le Gac et a.*, n°s 300467, 300500, 300680, 300682, 300683, 300898 A). A noter qu'une sanction prévue par la réglementation en vigueur peut être prononcée même si elle ne figure pas au règlement intérieur (CAA Nancy, 17 nov. 2008 : *LIJ n° 132*).

Longtemps, le règlement intérieur a été considéré comme une mesure d'ordre intérieur insusceptible de lui être déférée pour excès de pouvoir. C'est ainsi qu'il pouvait, sans que le juge n'y trouve rien à redire, interdire le port de tout insigne (CE, sect., 21 oct. 1938, *Lote*), ou le port du pantalon aux jeunes filles (CE 20 nov. 1954, *Chapou*). On considérait alors que ces mesures ne concernaient en fait que l'ordre interne, les affaires de l'école ou de l'établissement que l'on pouvait régler entre soi. Le respect de la discipline était jugé peu compatible avec le recours à un juge extérieur dont l'intervention n'aurait pu qu'énerver l'administration et saper l'autorité des professeurs ! Ce discours était alors tenable dans la mesure où, pensait-on, il ne s'agissait que de petites choses : *« de minimis non curat praetor »* !

Ce raisonnement tenu dans d'autres administrations traditionnellement attachées à l'ordre intérieur a dû évoluer. Les sanctions infligées aux militaires et aux détenus, autrefois considérées comme des mesures d'ordre intérieur, sont dorénavant analysées par le Conseil d'État comme des décisions faisant grief lorsqu'elles entraînent une atteinte aux libertés et aux droits protégés (CE, ass., 17 févr. 1995 *Hardouin, Marie : GAJA, n° 101*). Ce revirement jurisprudentiel a été pris alors que changent tant les mentalités que les fondements du droit (Conv. EDH).

Il ne pouvait en être autrement en matière éducative. La reconnaissance du droit à l'éducation et des droits des élèves tant par le droit international (CIDE) que par le droit interne (loi d'orientation de 1989) allait dans ce sens. D'ailleurs, la loi du 23 avril 2005 vise expressément *« le respect des droits et des devoirs de chacun »* en confiant au règlement intérieur le soin de fixer les conditions dans lesquelles il est assuré. L'article 3 du décret n° 85-924 du 30 août 1985 relatif aux EPLE, modifié, devenu article R. 421-5, pour lequel le règlement intérieur définit les droits et les devoirs de chacun des membres non de la *« communauté éducative »* mais de la *« communauté scolaire »* souligne l'importance de cet acte pour déterminer leurs modalités. Il vise en effet la liberté d'information et la liberté d'expression dont disposent les élèves, les principes de pluralisme, neutralité et laïcité, le devoir de tolérance et le respect d'autrui. Il doit prévoir des dispositions pour prévenir et lutter contre la violence et rappelle l'obligation d'assiduité. En outre, le règlement intérieur doit comporter un chapitre consacré à la discipline des élèves qui reprend l'échelle des sanctions prévues par l'article R. 511-3 (de l'avertissement à l'exclusion définitive) ; toute autre mesure doit être mentionnée expressément (CE 10 mars 1995, *CNGAEP*).

Aussi le ***Conseil d'État*** a-t-il jugé que le ***règlement intérieur*** d'un établissement scolaire constituait une ***décision faisant grief*** (CE 2 nov. 1992, *Kherouaa et a. : AJDA 1992. 790*, annulation d'un article du règlement intérieur du collège de Montfermeil portant interdiction générale et absolue de tout signe d'ordre religieux, politique ou philosophique). Il peut donc faire l'objet d'une demande d'annulation adressée au juge administratif par toute personne ayant intérêt à agir : membres du conseil d'administration, enseignants, parents d'élèves... Si ces dispositions ne respectent pas les lois et règlements en vigueur, elles peuvent donc être annulées (ainsi, la disposition d'un règlement intérieur prévoyant la confiscation d'un téléphone et sa restitution en fin d'année est annulée, car considérée comme portant « une atteinte disproportionnée au droit de propriété » – TA Strasbourg, 12 oct. 2004). Acte de portée générale à l'intérieur de l'établissement, il a un caractère réglementaire et doit faire l'objet d'une publication, être porté à la connaissance de tous, par voie d'affichage ou procédé équivalent (à la différence des EPLE, l'affichage est expressément prévu dans les écoles, (art. R. 421-12). Il est en outre remis aux parents et, du moins dans le second degré, aux élèves ; selon leur âge, il est souhaitable qu'il soit accompagné d'une présentation adaptée. Il peut en outre être soumis à chaque élève et, pour les mineurs, à leurs parents pour acceptation (CE 14 avr. 1995, *Koen : AJDA 1995. 572*, admet même que l'administration impose cette acceptation comme condition d'admission définitive), ce qui ne signifie pas pour autant que son opposabilité serait conditionnée par l'acceptation individuelle de chaque membre de la communauté scolaire.

La loi n° 2018-698 du 3 août 2018 relative à l'encadrement de l'utilisation du téléphone portable dans les établissements d'enseignement scolaire a modifié l'article L. 511-5 en assimilant au téléphone mobile les smartphones. Désormais leur utilisation est interdite dans les écoles maternelles, les écoles élémentaires et les collèges, et pendant toute activité liée à l'enseignement qui se déroule à l'extérieur de leurs enceintes, à l'exception des circonstances, notamment les usages pédagogiques, et des lieux dans lesquels le règlement intérieur l'autorise expressément. Le règlement intérieur n'intervient plus pour étendre l'interdiction (sauf au lycée où la loi ne fixe pas d'interdit mais s'en remet au règlement intérieur), mais pour desserrer la contrainte, notamment pour permettre les usages pédagogiques des ressources numériques. Il revient aussi au règlement intérieur de fixer les modalités de la confiscation des appareils et de leur restitution.

Depuis la loi du 28 septembre 2010, l'article L. 401-3 fait obligation au directeur d'école et au chef d'établissement de présenter aux personnes responsables de l'élève lors de sa première inscription le règlement intérieur et le projet d'établissement.

La circulaire n° 2000-106 du 11 juillet 2000 sur le règlement intérieur des EPLE a été abrogée et remplacée par la circulaire n° 2011-112 du 1er août 2011 *[V. ss. art. L. 511-1]* justifiée par la réforme des procédures disciplinaires dans les établissements scolaires du second degré introduite par les décrets nos 2011-728 et 2011-729 du 24 juin 2011, modifiant le code de l'éducation, visant à mieux faire respecter les règles du « vivre ensemble » et à redonner du sens aux sanctions. Dans chaque établissement, il est donc nécessaire d'actualiser les règles relatives aux droits et devoirs de chacun des membres de la communauté éducative définies dans le règlement intérieur. Le décret n° 2011-728 du 24 juin 2011 modifiant notamment l'article R. 421-5 du code de l'éducation prévoit que le règlement intérieur « rappelle les règles de civilité et de comportement ». La circulaire indique qu'une charte des règles de civilité du collégien sera jointe au règlement intérieur des collèges. Elle en donne les principaux axes en annexe (respect des règles de la scolarité, respect des personnes, respect du bien commun).

La circulaire n° 2013-144 du 6 septembre 2013 recommande en outre de joindre la Charte de la laïcité au règlement intérieur. En janvier 2015, le plan de mobilisation de l'école pour les valeurs de la République précise qu'à chaque rentrée la Charte de la laïcité doit être présentée en même temps que le règlement intérieur (qui doit rappeler les règles de civilité et de politesse) aux élèves et à leurs parents, qui y apposeront leur signature.

Sur le même modèle, la circulaire n° 2016-132 du 9 septembre 2016 pour un acte II de la vie lycéenne contient, en annexe, une charte des droits des lycéens (et des lycéennes) qui, présentée comme la Charte de la laïcité sous forme d'affiche, doit être remise à chaque élève à la rentrée avec le règlement intérieur.

L'article 28 de la loi du 26 juillet pour une école de la confiance impose aux écoles et établissements d'enseignement scolaire public l'obligation de rappeler dans le règlement intérieur le principe de l'école inclusive en précisant les droits et devoirs qui y sont attachés sans les mentionner expressément. On peut penser qu'ils se rattachent tant aux valeurs de la République (liberté, égalité, fraternité) qu'aux principes généraux de l'éducation tel le droit à l'éducation ou l'égale instruction pour tous. Le règlement intérieur pourra préciser les droits et obligations des accompagnants et souligner leur place dans la communauté éducative. ❑

Art. L. 401-2-1 *(L. nº 2013-660 du 22 juill. 2013, art. 21)* **Les établissements d'enseignement scolaire disposant d'une formation d'enseignement supérieur rendent publiques des statistiques comportant des indicateurs de réussite de leurs élèves ou apprentis aux examens, concours et diplômes qu'ils préparent. Ces établissements diffusent également une information générale sur les taux de poursuite d'études et d'insertion professionnelle dans chacun des domaines qui les concernent** *(L. nº 2016-1088 du 8 août 2016, art. 81)* **« La même obligation de publication incombe aux établissements scolaires du second degré et aux centres de formation d'apprentis. Ces établissements et centres doivent également rendre public le taux d'insertion professionnelle des élèves, par diplôme, dans les douze mois suivant l'obtention des diplômes auxquels ils les préparent. Un élève ou apprenti ne peut s'inscrire dans un cycle ou une formation sans avoir préalablement pris connaissance des taux de réussite et d'insertion professionnelle correspondants. »**

Art. L. 401-3 *(L. nº 2010-1127 du 28 sept. 2010, art. 2)* **Dans chaque école et établissement d'enseignement scolaire public, lors de la première inscription d'un élève, le projet d'école ou d'établissement et le règlement intérieur sont présentés aux personnes responsables de l'enfant par le directeur de l'école ou le chef d'établissement au cours d'une réunion ou d'un entretien.**

Art. L. 401-4 *(L. nº 2013-595 du 8 juill. 2013, art. 57)* **Il est institué, dans chaque secteur de recrutement d'un collège, un conseil école-collège. En cohérence avec le projet éducatif territorial, celui-ci propose au conseil d'administration du collège et aux conseils des écoles de ce secteur des actions de coopération, des enseignements et des projets pédagogiques communs visant à l'acquisition par les élèves du socle commun de connaissances, de compétences et de culture prévu à l'article L. 122-1-1. Parmi ces propositions, des échanges de pratiques et d'enseignants entre les établissements peuvent être expérimentés sur la base du volontariat, dans le respect du statut de l'enseignant. La composition et les modalités de fonctionnement du conseil école-collège sont fixées par décret.**

Le comité d'éducation à la santé et à la citoyenneté peut être commun au collège et aux écoles concernées.

TITRE PREMIER LES ÉCOLES

BIBL. GÉN. ▶ AUDUC, L'école en France, *Nathan, coll. Repères pratiques, 2006.* – DUBET, L'école des chances : Qu'est-ce qu'une école juste ?, *Le Seuil, coll. La république des idées, 2004.* – FÉRIER et SAFRA, L'école primaire, *in* Le système éducatif en France, *Doc. fr., coll. Les notices, 2003. 67.* – FÉROLE, Guide pratique de législation et de réglementation scolaire : école primaire, *Hachette, coll. Guide pratique, 2004.* – PENA-RUIZ, Qu'est-ce que l'école ?, *Gallimard, coll. Folio actuel, 2005.*

COMMENTAIRE

Ce titre comporte deux chapitres, l'un consacré à l'organisation et au fonctionnement des écoles maternelles et élémentaires (réduit dans la partie législative à deux articles, dont le second renvoie à des dispositions contenues dans le titre consacré aux lycées et collèges (art. L. 411-3, les art. L. 421-7 et L. 421-10 sont applicables aux écoles), l'autre aux établissements régionaux du premier degré qui ont le statut d'établissement public local d'enseignement (EPLE). La partie réglementaire intègre le décret nº 90-788 du 6 septembre 1990 relatif à l'organisation et au fonctionnement des écoles maternelles et élémentaires (art. D. 411-1 à D. 411-9, sans toutefois reprendre les dispositions relatives aux directeurs d'école, Décr. nº 89-122 du 24 févr. 1989 mod., reproduit ci-dessous) et le décret nº 93-723 du 29 mars 1993 relatif à l'accès, à la scolarité et à l'éducation dans les ERPE (art. D. 412-1 à D. 412-4).

En principe, les écoles n'ont pas de personnalité juridique, elles sont administrées selon le procédé de la régie ou gestion directe, ne disposant ni de l'autonomie administrative, ni de l'autonomie financière. Les écoles régionales du premier degré ayant le statut d'établissement public constituent une exception à laquelle devrait s'ajouter l'innovation introduite par l'article 86 de la loi du 13 août 2004 créant un EPLE 1er degré *[V. ss. art. L. 412-1]*.

Comme les collèges, lycées et universités, les écoles sont des lieux dans lesquels le service public national de l'enseignement, ou de l'éducation, délivre des prestations. L'enseignement est assuré par des maîtres, instituteurs ou professeurs des écoles, nommés, inspectés et rémunérés par l'État. Comme dans le second degré, le service public fonctionne dans un cadre territorial, les écoles étant à la charge des communes. Mais contrairement aux établissements secondaires ou supérieurs, les ***écoles n'ont pas le statut d'établissement public***. Elles ne disposent ni de la personnalité civile, ni de l'autonomie budgétaire ; elles n'ont ni patrimoine, ni budget propre ; elles ne peuvent pas conclure de contrat (V. art. L. 421-10 : pour mettre des ressources en commun avec les établissements, les conventions concernant les écoles sont conclues par la commune, le recrutement de contractuels exerçant dans les écoles est confié aux EPLE). La commune assure des missions administratives (inscriptions, règles sanitaires…) ; son budget prend directement en charge les dépenses scolaires tant en fonctionnement qu'en investissement. Le besoin de souplesse amène toutefois à créer ou à recourir à des structures autonomes soit de droit privé (coopérative), soit de droit public (caisse des écoles, établissement public de coopération éducative…).

La loi n° 2019-791 du 26 juillet 2019 pour une école de la confiance permet de recourir à un EPLE, avec l'accord de la collectivité territoriale de rattachement, pour mettre en faveur des élèves du premier degré des actions, notamment sociales ou éducatives, financées par l'État ; lorsque les actions mises en œuvre se déroulent dans une école, l'accord préalable de la commune qui en a la charge est requis ; les collectivités territoriales peuvent également apporter leur concours sous forme de subventions, qui, comme le financement de l'État, abondent le budget de l'établissement ; elles peuvent aussi lui affecter des ressources humaines et matérielles. Cette possibilité, prévue après l'abandon de l'idée de donner à l'école du socle une structuration sous la forme d'un EPLE dit des savoirs fondamentaux modifie l'objet de l'EPLE dont la spécialité n'est plus seulement limitée au second degré (art. L. 421-10, II).

Par exception, les écoles régionales du premier degré (EPRP) qui accueillent en internat les enfants des familles nomades ou dispersées ont le statut d'établissement public (art. L. 421-1) et sont soumises aux règles prévues pour les collèges et lycées (EPLE). L'article 86 de la loi n° 2004-809 du 13 août 2004 relative aux libertés et responsabilités locales innovait en ouvrant la possibilité d'expérimenter la création d'établissements publics d'enseignement primaire. Malgré des propositions répétées visant à adopter cette formule tant pour la gestion des écoles urbaines comportant un grand nombre de classes que pour regrouper les écoles rurales (V. Rapport Claude Pair, *Faut-il réorganiser l'éducation nationale ?*, Hachette Éducation, 1998 ; Rapport F. Reiss, député, *2010*), une loi du 17 mai 2011 (n° 2011-527, art. 67) a abandonné cette idée au nom de la simplification et de l'amélioration de la qualité du droit en abrogeant l'article 86, il est vrai resté non appliqué.

Le projet de loi d'orientation et de programmation pour la refondation de l'École de la République soulignait la nécessité de la continuité pédagogique entre l'école et le collège et prévoyait la mise en place d'un cadre de concertation regroupant les différents acteurs des relations école-collège. Aussi, l'article 57 de la loi du 8 juillet 2013 institue dans chaque secteur de recrutement d'un collège (ex-secteur scolaire) un conseil école-collège qui assure la continuité éducative dans l'esprit du socle commun de connaissances, de compétences et de culture (art. L. 121-1 mod. par la L. du 8 juill. 2013). Cette nouvelle instance a été conçue en cohérence avec le projet éducatif territorial (PET) auquel elle se réfère et qu'elle décline en actions. Le conseil école-collège réunit, sous la présidence conjointe du principal du collège et de l'inspecteur de l'éducation nationale chargé de la circonscription, des enseignants du collège et des écoles du secteur ; il siège deux fois par an au moins. Son rôle est d'impulser une politique de secteur en proposant des actions de coopération, des enseignements et des projets pédagogiques communs aux instances du collège (conseils d'administration) et des écoles (conseils d'école). L'idée est de mieux assurer le suivi des élèves (il en est de même de la création du cycle CM2-6e) et notamment de mettre en place des dispositifs au profit des élèves les plus fragiles. Chaque année, il arrête donc un programme d'actions et dresse le bilan des réalisations dans une démarche commune d'évaluation. Le conseil école-collège peut créer des commissions chargées de la mise en œuvre d'une ou plusieurs de ces actions pédagogiques et éducatives. Le législateur envisage des échanges de pratiques et d'enseignants entre les établissements (interventions des professeurs de collèges à l'école, des professeurs des écoles au collège) mais reste prudent en considérant que ces opérations sont des expérimentations, réalisées sur la base du volontariat et dans le respect du statut des différents corps de professeurs (ce qui englobe certainement leurs obligations, notamment horaires, V. IGAENR-IGEN, Expertise sur la continuité pédagogique entre l'école et le collège, *juill. 2016*). Pour assurer une analyse globale des difficultés du secteur (qui correspond au quartier ou à une zone sensible, notamment dans le cadre de l'éducation prioritaire) et programmer des actions communes dans le domaine de la santé et de la citoyenneté, la loi précise enfin que le comité d'éducation à la santé et à la citoyenneté (CESC) peut être commun au collège et aux écoles concernées (art. L. 401-4 ; Décr. n° 2013-683 du 24 juill. 2013 définissant la composition et les modalités de fonctionnement du conseil école-collège : art. D. 401-1 à 401-5).

Lors des débats à l'Assemblée nationale sur le projet de loi pour une école de la confiance, un amendement a introduit la possibilité de réunir des classes de collège et de plusieurs écoles du secteur de recrutement dans le cadre d'établissements publics locaux d'enseignement des savoirs fondamentaux (EPLESF), sur le modèle de l'établissement public local d'enseignement international (EPLEI) prévu par le Gouvernement, sur la base d'une convention entre le département et les communes concernées, dirigés par un chef d'établissement exerçant simultanément les compétences attribuées au directeur d'école ; la forte opposition alors rencontrée a amené à abandonner cette possibilité. ❑

CHAPITRE PREMIER ORGANISATION ET FONCTIONNEMENT DES ÉCOLES MATERNELLES ET ÉLÉMENTAIRES

Art. L. 411-1 Un directeur veille à la bonne marche de chaque école maternelle ou élémentaire ; il assure la coordination nécessaire entre les maîtres. *(L. n° 2005-380 du 23 avr. 2005, art. 35)* **« Un décret en Conseil d'État fixe les conditions de recrutement, de formation et d'exercice des fonctions spécifiques des directeurs d'école maternelle et élémentaire. »** *(L. n° 2013-595 du 8 juill. 2013, art. 59)* **« Le directeur de l'école préside le conseil d'école qui réunit les représentants de la communauté éducative et donne son avis sur les principales questions de la vie scolaire. La composition et les attributions du conseil d'école sont précisées par décret. La participation des parents se fait par le biais de l'élection de leurs représentants au conseil d'école chaque année. »**

Sur les directeurs d'école, V. ci-dessous Décr. n° 89-122 du 24 févr. 1989.

Sur la sécurité aux abords de l'école, V. art. D. 321-12.

Sur le rapport d'information relatif à l'absentéisme scolaire présenté par le conseil d'école, V. L. n° 2010-1127 du 28 sept. 2010, art. 6, ss. art. L. 421-2.

BIBL. ▸ Barrère, Sociologie des chefs d'établissement : Les managers de la République, *PUF, coll. Éducation et société, 2006.* – Bernède, Palanqui et Barrault, Administrer l'école primaire, *Hachette éducation, 1998.* – Bloyet, Chut ! : Le journal d'un directeur d'école, *Jacob-Duvernet, 2011.* – Bouysse, Claus et Szymankiewicz, L'école maternelle, *MEN, Rapp. IGEN-IGAENR, n° 2011-108, oct. 2011.* – Buttner et Maurin, Le professeur des écoles et son environnement juridique, *Éd. Edilaix, coll. Point de droit, 2008.* – Grandjean-Luthi et Emery, Le leadership des directions d'établissement scolaire : vers une optimisation par des pratiques de gestion des ressources humaines, *L'Harmattan, 2010.* – Durand-Prinborgne, Des maîtres directeurs aux directeurs d'école, *RFDA 1989. 792.* – de Montecler, Les trois engagements du Gouvernement pour les agents des écoles maternelles, *AJDA 2017. 322* ; Quel avenir pour les agents des écoles maternelles ?, *AJDA 2017. 254*. – Paillole et Rimet-Meille, Diriger autrement l'établissement scolaire. Analyser et dynamiser sa pratique, *Chronique sociale, coll. Pédagogie Formation, 2003.* – Rich et Baudrit, Les nouveaux directeurs d'école : Repenser l'encadrement des établissements scolaires, *Éd. de Boeck, coll. Pédagogie en développement, 2010.* – Texier, Direction d'école : Le livre de bord, *Hachette Éducation, 2010.* – Toulemonde, Adieu l'école communale d'antan ? L'établissement public d'enseignement primaire arrive, *AJDA 2004. 1673* ∅. – Sécurité à l'entrée et à la sortie des écoles. Intervention des personnels communaux. Présence de la police municipale, *La Vie Cnale et Dptale, n° 1047, févr. 2016. 59.*

▸ **Agents territoriaux spécialisés des écoles maternelles (ATSEM) :** CAROTTI, BOUYSSE, FALAIZE, WELTZER, DEBROSSE et REBERRY, Les missions des agents spécialisés des écoles maternelles (ATSEM), *Rapp. IGEN-IGA, n° 2017-068, juill. 2017.* – DE MONTECLER, Le statut des agents des écoles maternelles va être revu, *AJDA 2017. 2101* ∅. – GARNIER, Des « relais » entre école et familles : les ATSEM, *in* : *Martine Kherroubi éd., Des parents dans l'école. ERES, coll. Éducation et société, 2008. 139.* – MORIN, Dans les écoles, des ATSEM en mal de reconnaissance, *Le Monde.fr, 20 avr. 2018.*

▸ **Accompagnateurs scolaires :** LAVAL-MADER, Le statut juridique de l'accompagnateur scolaire, *AJCT 2018. 23* ∅. – Étude demandée par le Défenseur des droits (art. 19 de la loi organique du 29 mars 2011), Conseil d'État, *Étude adoptée par l'assemblée générale du Conseil d'État, 19 déc. 2013.*

▸ **Crise sanitaire :** Les conséquences de l'ordonnance n° 2020-347 du 27 mars 2020 sur le fonctionnement des instances collégiales des E.P.L.E., des écoles et des services académiques : *Le point sur, LIJ 2020, n° 212, p. 21*

COMMENTAIRE

L'ORGANISATION DE L'ÉCOLE PUBLIQUE

Les principes sont posés par l'article L. 411-1, modifié par l'article 35 de la loi n° 2005-380 du 23 avril 2005 puis par l'article 59 de la loi n° 2013-595 du 8 juillet 2013 de refondation de l'École de la République, et précisés par décret (Décr. n° 90-788 du 6 sept. 1990, intégré dans la partie réglementaire aux art. D. 411-1 à D. 411-9, modifié par le Décr. n° 2013-983 du 4 nov. 2013) : « Un directeur veille à la bonne marche de chaque école maternelle ou élémentaire ; il assure la coordination nécessaire entre les maîtres. » (art. L. 411-1). Chaque école adopte son projet (art. L. 401-1) et son règlement intérieur (art. L. 401-2) établi par le conseil d'école compte tenu des dispositions du règlement type des écoles maternelles et des écoles élémentaires publiques arrêté par l'IA-DASEN (V. art. R. 411-5 et D. 411-6 ; Circ. n° 2014-088 du 9 juill. 2014 relative au règlement type départemental des écoles maternelles et élémentaires publiques).

I. LA DIRECTION DE L'ÉCOLE

Le directeur (la directrice) *« primus inter pares »*. Malgré les propositions répétées (Rapport Pair 1996, rapport Fauroux 1998, rapport Ferrier 1999 ; Rapport sur la refondation de l'école 2012), il n'y a ***pas de statut particulier de directeur*** au sens du droit de la fonction publique, comme en disposent les personnels de direction du second degré ; même la timide tentative de reconnaître la fonction de maître directeur a fait long feu (Décr. n° 87-53 du 2 févr. 1987, abrogé par Décr. n° 89-122 du 24 févr. 1989). Le directeur appartient au corps des instituteurs ou des professeurs des écoles. Le maître d'une classe unique assure, de ce fait même, les fonctions de directeur de l'école ; à partir de deux classes, l'un des maîtres est nommé dans l'emploi de directeur par arrêté de l'inspecteur d'académie, directeur académique des services départementaux. En principe, il doit auparavant avoir été inscrit sur une liste d'aptitude établie chaque année par l'IA-DASEN après avis de la commission administrative paritaire départementale ; cette inscription est valide trois ans ; peuvent en être dispensés les maîtres qui ont été directeurs dans un autre département et ceux qui ont fait fonction de directeur pendant trois ans. La loi prévoyait une condition d'âge (art. L. 921-1, « Nul ne peut diriger une école avant l'âge de vingt et un ans ») qui paraît aujourd'hui bien formelle ! L'arrêté de nomination peut faire l'objet d'un contrôle du juge qui s'attachera au respect des conditions légales et réglementaires, notamment à la procédure, à l'exactitude matérielle des faits et pourra sanctionner l'erreur manifeste d'appréciation (CE 24 juill. 1987, n° 54325). L'article 11 du décret du 24 février 1989 prévoit expressément la possibilité du « retrait d'emploi » ; la mesure est prise « dans l'intérêt du service » par l'IA-DASEN après avis de la commission administrative paritaire ; même si elle est prise en considération de la personne (et donne lieu à communication du dossier), il ne s'agit pas d'une sanction disciplinaire ; si le juge la considère comme une sanction déguisée, elle est annulée et engage la responsabilité de l'État (TA Nîmes, 21 janv. 2016, n° 1402578. – V. *AJFP*

2016. 267 ✎, *comm. Legrand sur l'aff. Risso*). La charge de travail et les responsabilités des directeurs d'école se sont fortement accrues (coordination, information, relations avec les partenaires de l'école). Selon l'importance de l'école, il peut être accordé une décharge partielle ou totale (Circ. n° 2014-115 du 3 sept. 2014 relative aux décharges de service) qui peut varier selon les moyens et les pratiques des académies (à Paris, la ville accorde une décharge supplémentaire qui permet aux directeurs des écoles de cinq classes et plus de se consacrer exclusivement aux tâches de direction). A partir de septembre 2014, les décharges des directeurs des petites écoles (1 à 3 classes) sont portées de deux à quatre jours. Enfin, la décharge du service des activités pédagogiques complémentaires est renforcée pour les écoles de trois à treize classes. Par ailleurs, une décharge dite de « rentrée scolaire » a été instaurée. Des assistants en contrat aidé ont pu être recrutés pour aider les directeurs dans leurs tâches administratives (Circ. de rentrée 2014).

Mais le directeur est un maître comme les autres collègues, instituteurs et professeurs des écoles qui sont ses adjoints ; les uns et les autres étant soumis à l'autorité hiérarchique de l'inspecteur de l'éducation nationale chargé de la circonscription.

Toutefois, la loi lui confie un rôle central : « Le directeur de l'école préside le conseil d'école qui réunit les représentants de la communauté éducative » (art. L. 411-1, mod. par la L. du 8 juill. 2013). « Il assure la coordination nécessaire entre les maîtres » (art. L. 411-1, L. n° 2005-380 du 23 avr. 2005 d'orientation et de programme pour l'avenir de l'école), notamment en présidant le « conseil des maîtres » qui regroupe les membres de l'équipe pédagogique, maîtres des différentes classes, maîtres remplaçants, éventuellement maîtres affectés pour renforcer l'encadrement au titre de « plus de maîtres que de classes » (Circ. n° 2012-201 du 18 déc. 2012), membres du réseau d'aide intervenant dans l'école et donne des avis sur l'organisation du service (arrêtée par le directeur) et la vie de l'école (art. D. 411-7), lui permettant de veiller à « la bonne marche de chaque école » en liaison tant avec son administration par le biais de l'inspecteur de la circonscription qu'avec la collectivité de rattachement, le maire, l'adjoint aux affaires scolaires ou les services communaux.

Le décret n° 89-122 du 24 février 1989 définit les diverses fonctions de directeur d'école. Il veille au respect de la réglementation, ce qui inclut les arrêtés fixant les programmes, les circulaires et instructions de service mais aussi le règlement intérieur établi compte tenu des dispositions du règlement type départemental que le directeur affiche et remet aux parents d'élèves (art. D. 411-6). Ces diverses fonctions imposent une obligation de présence dans l'école (CE 16 déc. 2009, n° 320035) ; parmi les obligations de service figure la participation à la collecte, par les services académiques et départementaux de l'éducation nationale, des informations nécessaires à l'allocation des moyens en fonction des besoins des élèves et des établissements, notamment dans le cadre de l'élaboration de la carte scolaire (CE 29 oct. 2012, n° 356512, à propos de la liste des élèves suivant un enseignement de langue et culture d'origine réservé aux élèves étrangers, dont l'élaboration de la liste ne constitue pas une discrimination illicite ; le refus de la transmettre justifie une retenue pour service non fait).

Le directeur procède à l'admission des élèves sur production du certificat d'inscription délivré par le maire agissant en tant qu'autorité de l'État (art. L. 131-5) ; toutefois, il lui revient de délivrer aux personnes responsables de l'enfant le certificat d'inscription (art. R. 131-2) ; il s'assure du respect de l'obligation scolaire en transmettant au maire la liste des élèves fréquentant l'école (art. R. 131-3) et vérifie la régularité de la fréquentation de l'école par les élèves en intervenant auprès des familles (art. R. 131-5 s.) avant de saisir l'IA-DASEN (art. R. 131-7). Il répartit les élèves entre les classes et les groupes, après avis du conseil des maîtres (en principe, mesure d'ordre intérieur insusceptible d'être contestée devant le juge de l'excès de pouvoir, sauf si elle a une conséquence sur la scolarité des enfants). Il organise l'accueil et la surveillance des élèves, sachant que la sécurité aux abords relève de la police municipale, de la compétence du maire (de même pour les activités périscolaires) ; en cas de besoin, il réunit l'équipe éducative (art. D. 321-16). Il organise les élections des délégués des parents d'élèves et, de manière plus globale, le dialogue avec les familles, en veillant à la qualité de leurs relations avec l'école (sans pouvoir prévoir un service d'accueil en cas de grève, son obligation se limitant à informer les familles ; désormais l'accueil est alors garanti avec le concours de la commune, V. L. du 20 août 2008, art. L. 133-1 s) ; et la surveillance des élèves, sachant que la sécurité aux abords relève de la police municipale, de la compétence du maire (de même pour les activités périscolaires) ; en cas de besoin, il réunit l'équipe éducative (art. D. 321-16). Il organise le dialogue avec les familles et les élections des délégués des parents d'élèves et, de manière plus globale, le dialogue avec les familles, en veillant à la qualité de leurs relations avec l'école.

Si l'obligation de surveillance lors de l'entrée et la sortie des élèves est limitée à l'enceinte scolaire, le directeur d'école doit entrer en contact avec le maire pour assurer la meilleure sécurité, l'entrée et la sortie des élèves, leur descente et leur montée dans les transports ainsi que l'attente devant les établissements scolaires ; il lui propose de prendre les mesures appropriées en vue d'améliorer les conditions de circulation et de stationnement aux abords des écoles et des établissements scolaires (Circ. n° 95-071 du 23 mars 1995).

Le directeur de l'école, pas plus que l'IA-DASEN, ne dispose du pouvoir de mettre en œuvre une procédure disciplinaire à l'encontre des élèves ; une mesure d'exclusion porterait atteinte au droit à l'éducation et serait donc illégale (TA Poitiers, 13 juill. 2016, n° 1600336) ; lorsque le comportement d'un élève perturbe le fonctionnement d'une école, l'IA-DASEN peut toutefois solliciter le maire qui a le pouvoir de radier l'élève mais doit alors procéder à son inscription dans une autre école de la même commune (V. CAA Paris, 12 nov. 1998, n° 90PA04500 ; CAA Marseille, 22 juin 2015, n° 13MA04666).

Le directeur est chargé de répartir les moyens d'enseignement, ce qui vise tant les ressources humaines que les moyens matériels.

S'il n'exerce aucun pouvoir hiérarchique sur ses adjoints, il n'en arrête pas moins leur service après avis du conseil des maîtres et dans le respect de la réglementation nationale (24 h hebdomadaires d'enseignement à tous les élèves et 3 h hebdomadaires en moyenne annuelle, soit 108 h annuelles, effectuées sous la responsabilité de l'inspecteur de l'éducation nationale chargé de la circonscription, V. Décr. n° 2008-775 du 30 juill. 2008 et Circ. n° 2013-019 du 4 févr. 2013).

Les personnels que la commune peut mettre à la disposition des écoles, s'ils dépendent de l'autorité hiérarchique du maire qui les nomme, sont placés sous l'autorité fonctionnelle du directeur ; en effet, c'est lui qui « organise le travail des personnels communaux en service à l'école, qui, pendant leur service dans les locaux scolaires, sont placés sous son autorité » (Décr. n° 89-122 du 24 févr. 1989, art. 2, al. 6, ; V. CE 28 déc. 1992, *Ville de Romainville*, n° 86304 B). C'est notamment le cas pour les écoles maternelles qui ne peuvent fonctionner qu'avec le concours des agents territoriaux spécialisés des écoles maternelles (ATSEM : Décr. n° 92-850 du 28 août 1992 portant statut de ce cadre d'emploi de la fonction publique territoriale) qui assistent le personnel enseignant pour les tâches de réception, d'animation et d'hygiène des très jeunes enfants, et préparent les locaux et le matériel ; nommés par le maire après avis du directeur, ils sont placés sous l'autorité de ce dernier. Le décret n° 2018-152 du 1er mars 2018 élargit les missions des agents de maîtrise territoriaux à la coordination des agents territoriaux spécialisés des écoles maternelles qui accèdent à ce cadre d'emplois par concours ou promotion interne.

La scolarisation des petits dans les classes maternelles impose un encadrement plus fort. L'article R.* 412-127 du code des communes (dont le livre IV consacré aux personnels n'a pas été repris par le CGCT) prévoit que « toute classe maternelle doit bénéficier des services d'un agent communal occupant l'emploi d'agent spécialisé des écoles maternelles et des classes enfantines » ; les ATSEM « sont chargés de l'assistance au personnel enseignant pour la réception, l'animation et l'hygiène des très jeunes enfants, ainsi que de la préparation et la mise en état de propreté des locaux et du matériel servant directement aux enfants ».

Le directeur « organise le travail des personnels communaux en service à l'école, qui, pendant leur service dans les locaux scolaires sont placés sous son autorité » (art. 2, al. 6, Décr. n° 89-122 du 24 févr. 1989 ; V. CE 28 déc. 1992, *Ville de Romainville*, n° 86304 B).

II. LA CONCERTATION

La loi du 8 juillet 2013 de refondation de l'École de la République en précisant que « le directeur de l'école préside le conseil d'école » introduit cette instance dans la partie législative du code (art. L. 411-1). Le conseil d'école réunit les représentants de la communauté éducative, les maîtres et les parents qui peuvent ainsi donner leur avis sur les principales questions de la vie scolaire. La composition et les attributions du conseil d'école sont précisées par le décret n° 2013-983 du 4 novembre 2013, modifiant les articles D. 411-1 et D. 411-2.

Le conseil d'école a été institué par l'article 17 du décret n° 90-788 du 6 septembre 1990, repris par l'article D. 411-1 et modifié par le décret n° 2013-983 du 4 novembre 2013. Présidé par le directeur, il réunit les représentants de la commune et/ou de l'EPCI en cas de transfert de compétences (le maire ou son représentant ; un conseiller municipal élu par le conseil municipal ou le président de l'EPCI ou son représentant), les maîtres et un représentant des parents par classe ainsi que le délégué départemental de l'éducation nationale (DDEN, bénévole qui ne peut être ni un élu de la commune ni un parent de l'école) chargé de visiter l'école pour en vérifier le bon fonctionnement matériel. L'inspecteur de l'éducation nationale de la circonscription primaire (IEN-CCP) assiste de droit aux réunions. Dans les écoles où ont lieu des expérimentations, un chercheur peut être invité à siéger au conseil d'école, sans bénéfice du droit de vote, pour la durée des expérimentations (L. du 26 juill. 2019, art. 39 ; art. L 314-3, al. 2). Le conseil d'école, renouvelé chaque année, a des compétences décisoires ; il vote le règlement intérieur en tenant compte des dispositions du règlement type départemental (art. D. 411-6), établit le projet d'organisation de la semaine scolaire (qui peut déroger aux règles générales sur sa proposition acceptée par l'inspecteur d'académie, art. D. 411-2), et surtout adopte le projet d'école (art. L. 401-1) ; il peut faire des propositions à l'IEN (sur l'organisation générale des activités pédagogiques complémentaires, art. D. 521-13) ou à l'IA-DASEN (conjointement avec la commune, pour les modifications de l'amplitude de la journée scolaire) ; il donne en outre tous les avis et présente les suggestions sur le fonctionnement et la vie de l'école (art. D. 411-1). Il est consulté par le maire sur l'utilisation des locaux scolaires en dehors des heures d'ouverture de l'école. En fin d'année, le directeur présente un bilan portant notamment sur la réalisation du projet d'école. Depuis la loi du 28 septembre 2010, le conseil d'école doit chaque année examiner un rapport sur l'absentéisme scolaire.

Au titre de la simplification, le décret n° 2020-1633 du 21 décembre 2020 a allégé la procédure de transmission des procès-verbaux des conseils d'école : désormais, un seul exemplaire (et non trois) doit être adressé à l'IEN de circonscription et au maire par voie électronique (ou par tout autre moyen en cas d'impossibilité technique, art. D. 411.4 modifié) ; un autre exemplaire reste affiché dans l'école.

La loi n° 2015-136 du 9 février 2015 relative à la sobriété, à la transparence, à l'information et à la concertation en matière d'exposition aux ondes électromagnétiques (non codifiée) précise que le conseil d'école doit préalablement être informé de toute nouvelle installation d'un réseau radioélectrique (art. 7-III).

Plusieurs conseils d'école peuvent décider de se regrouper en un seul conseil pour la durée de l'année scolaire, sauf opposition motivée de l'inspecteur d'académie après avis de la CAPD unique des instituteurs et professeurs des écoles (art. D. 411-3).

La participation des parents se fait par le biais de l'élection de leurs représentants au conseil d'école chaque année. La loi de 2013 ne fait plus mention du comité des parents.

Si l'***école*** ne dispose pas d'un statut juridique assurant son autonomie administrative et financière, notamment vis-à-vis de la commune, elle n'en constitue pas moins un ***lieu d'autonomie pédagogique*** (art. L. 311-2) ; ***le conseil des maîtres*** peut contribuer à la mise en place d'une organisation pédagogique adaptée aux élèves accueillis (art. D. 411-7) ; le conseil d'école, partant d'un diagnostic des forces et des faiblesses de l'école, adopte le projet d'établissement pour mobiliser la communauté éducative, donnant alors tout son sens au concept d'autonomie (art. D. 411-8). Le décret n° 2014-1231 du 22 octobre 2014 relatif à l'organisation d'instances pédagogiques dans les écoles et les collèges définit la composition des conseils de cycle dans l'enseignement du premier degré public afin de permettre la construction du lien école-collège en favorisant la coordination et la mise en cohérence de l'action du conseil du cycle 3 à l'école élémentaire et celle du conseil pédagogique au collège.

A noter qu'une association agréée ne peut intervenir dans le temps scolaire qu'avec l'autorisation du directeur d'école, dans le cadre des principes et orientations définis par le conseil d'école, avec l'accord des équipes pédagogiques et le respect de la responsabilité pédagogique des enseignants (le directeur d'école peut aussi, pour une intervention exceptionnelle, autoriser une association non agréée en informant l'autorité académique qui peut notifier son opposition, art. D. 551-6). ❑

I. DIRECTEUR D'ÉCOLE

1. Compétences. Une disposition du statut des directeurs d'école de 1987 qui précisait que le maître-directeur « a autorité sur les personnels communaux en service dans l'école » a pour objet, afin d'assurer la bonne marche de l'école, de placer les intéressés sous l'autorité des maîtres-directeurs pendant la durée des services qu'ils assurent dans les établissements scolaires. Elle n'est pas contraire aux dispositions de la L. du 26 janv. 1984 fixant les règles statutaires suivant lesquelles les agents communaux sont placés sous l'autorité du maire et ne méconnaît pas le principe de la libre administration des collectivités territoriales. • CE 28 déc. 1992, n° 86304 B. ♦ Un décret relatif à l'organisation de la formation dans les écoles maternelles et élémentaires, qui se borne à définir les compétences et responsabilités attachées à l'exercice des fonctions de directeur d'école maternelle ou élémentaire, est relatif à l'organisation du service public de l'enseignement et ne porte en lui-même aucune atteinte aux droits que les instituteurs et directeurs d'école tiennent de leur statut ni aux prérogatives de leur corps. • CE 24 nov. 1982, n° 34017 A.

2. Répartition des élèves dans les classes. Dans le cadre d'un projet d'école, le directeur a décidé de répartir les élèves, les inscrits dans des classes à horaires aménagés musicales (CHAM) dans les autres classes de l'école. L'inspecteur d'académie rejette le recours hiérarchique contre cette décision. Le tribunal rejette le recours en estimant que la répartition des élèves entre les classes d'une école n'est pas une décision faisant grief. En l'espèce, il précise que la répartition des élèves de la filière CHAM dans les classes de l'école élémentaire relève du pouvoir d'organisation du directeur d'école ; que cette répartition, qui ne modifie ni l'aménagement des horaires de la filière CHAM, ni le contenu des enseignements scolaires et de la formation musicale dispensés est sans incidence sur la scolarité des élèves inscrits en CHAM, ni sur leurs possibilités ultérieures d'orientation ; qu'ainsi, la décision contestée est une mesure d'ordre intérieur qui n'est pas susceptible d'être déférée au juge de l'excès de pouvoir • TA Châlons-en-Champagne, 15 oct. 2013, n° 1101380 : *LIJ 2014, n° 181, p. 6.*

3. Responsabilités. La délibération d'un conseil municipal regrettant l'attitude prise par le directeur d'une école et de sa femme, son adjointe, « attitude qui porte un préjudice considérable à l'école publique, les effectifs de l'école... ayant diminué d'un tiers depuis deux ans, de nombreux parents ne voulant plus confier leurs enfants à de tels enseignants » n'est pas rédigée en termes injurieux. Elle ne contient, à l'égard des intéressés, aucune imputation dont l'inexactitude matérielle résulterait des pièces du dossier, tant en ce qui concerne l'attitude des intéressés, qu'attestent les plaintes nombreuses et circonstanciées transmises à la municipalité par l'association de parents d'élèves, qu'en ce qui concerne les effectifs de l'école qui n'ont cessé de baisser depuis l'arrivée des intéressés. Cette délibération ne peut être regardée comme diffamatoire. • CE 20 oct. 1976, n° 95451 B.

4. Mise en cause par des parents d'élèves. Documents communicables. En application de la L. du 17 juill. 1978, ne sont pas communicables à des tiers les documents administratifs faisant apparaître le comportement d'une personne physique, dès lors que la révélation de ce comportement serait susceptible de lui porter préjudice. Dès lors, ne sont pas communicables au directeur d'école, dans la mesure où leur contenu permet d'identifier les auteurs et serait susceptible de leur porter préjudice, le dossier individuel le concernant dans le cadre de réclamations individuelles adressées à la Défenseure des enfants, sachant que ce dossier contient des courriers émanant non seulement des parents d'élèves mais aussi d'employés de l'école, tous portant une appréciation sur les compétences professionnelles et le comportement général de ce directeur. • CADA 28 sept. 2006, *Défenseur des enfants*, n° 20064158.

5. Obligations de service. Le Décr. du 24 févr. 1989 relatif aux directeurs d'école fixe les conditions de recrutement, de formation et d'exercice des fonctions spécifiques des directeurs d'école maternelle et élémentaire, prévoit, à son art. 2, que le directeur d'école veille à la bonne marche de l'école et au respect de la réglementation qui lui est applicable et qu'il prend toute disposition utile pour que l'école assure sa fonction de service public. Le juge estime qu'il résulte de l'ensemble de ces dispositions que la participation du directeur d'école à la collecte, par les services académiques et départementaux de l'éducation nationale, des informations nécessaires à la répartition des moyens en fonction des besoins des élèves et des établissements est pour lui une obligation de service au même titre que l'exercice de ses autres responsabilités en matière d'organisation et de fonctionnement de l'école, d'animation de l'équipe pédagogique, de protection des élèves et de représentation de l'institution. • CE 29 oct. 2012, n° 356512 : *AJDA 2013. 151* (légalité de la retenue sur traitement consécutive).

II. LISTE D'APTITUDE AUX FONCTIONS DE DIRECTEUR D'ÉCOLE. REFUS D'INSCRIPTION

6. Nature de la décision. Le refus d'inscription sur la liste d'aptitude aux fonctions de directeur d'école ne constitue pas une sanction et n'a donc pas à être précédé de la communication du dossier. • CE 24 juill. 1987, n° 54325.

7. Contrôle de l'exactitude matérielle des faits. Pour fonder sa décision, un inspecteur d'académie s'était appuyé sur des rapports d'inspection qui mettaient en exergue le caractère par trop individualiste de l'enseignement dispensé, les lacunes d'une pédagogie qui n'avait pas su évoluer et avait tenu compte du manque de renouvellement de la pédagogie de l'intéressé qui ne pratiquait pas suffisamment le travail en équipe. Ces éléments non seulement n'étaient pas corroborés mais étaient infirmés par les pièces du dossier qui faisaient ressortir que l'intéressé était un instituteur sérieux et efficace, qu'il avait une grande expérience, qu'il collaborait avec les autres enseignants et qu'il avait organisé avec succès des activités d'éveil extérieures. De tels motifs sont entachés d'inexactitude matérielle. • CAA Marseille, 11 déc. 2001, n° 98MA01554.

8. Contrôle de l'erreur manifeste d'appréciation. Le juge administratif recherche, dans le cadre de son contrôle des refus opposés à l'inscription sur la liste d'aptitude aux fonctions de directeur d'école, si l'appréciation portée sur les aptitudes du candidat n'est pas entachée d'une erreur manifeste. • CE 24 juill. 1987, n° 54325.

III. DÉCISIONS

9. Nature juridique. La décision qui a pour objet d'affecter dans des classes différentes des jumeaux âgés de quatre ans, contre la volonté de leurs parents et malgré la production d'un certificat médical émettant un avis réservé sur l'opportunité de séparer les enfants, ne peut être regardée comme sans conséquence sur la scolarité des enfants et par suite comme une mesure d'ordre intérieur non susceptible d'être contestée par la voie du recours pour excès de pouvoir. • CAA Versailles, 17 févr. 2005, n° 03VE02976 : *AJDA 2005. 895, note* Pellissier.

10. Comptes rendus. Communication. Si le Décr. du 6 sept. 1990 relatif à l'organisation et au fonctionnement des écoles maternelles et élémentaires prévoit à son art. 14 qu'un relevé des conclusions du conseil des maîtres de l'école est établi par son président et consigné dans un registre spécial conservé à l'école, ces dispositions n'ont pas organisé un régime d'accès particulier, distinct de celui fixé par la L. du 17 juill. 1978, pour ces documents. Dès lors, l'invitation faite à un enseignant de consulter sur place les documents dont il avait demandé une copie ne permettait pas à l'administration de tenir pour satisfaites les obligations mises à sa charge en l'absence d'obstacle technique et de considération particulière tenant à la conservation des documents • CE 15 mai 2006, n° 278544 : *AJDA 2006. 1805*.

IV. RESPONSABILITÉ

11. Partage entre l'État et la commune. L'État et la commune doivent être déclarés responsables à hauteur de 50 % chacun des préjudices subis par un jeune enfant, les faits s'étant produits à une heure indéterminée entre 12 h 40 et 15 heures dans un laps de temps partagé entre activités scolaires et activités périscolaires. En l'espèce, il résultait de l'instruction qu'aussi bien pendant les activités scolaires que pendant les activités périscolaires les enfants circulaient librement au sein de l'établissement pour se rendre aux toilettes ou dans la salle de classe sans que leurs allées et venues fassent l'objet de la moindre surveillance ; que l'agression dont a été victime l'enfant, tout juste âgé de quatre ans, qui s'est déplacé dans l'établissement sans qu'aucun adulte ne le surveille, ou même soupçonne les faits dont il a été victime jusqu'au moment où il a été remis à ses parents dans la soirée, résulte d'un défaut de surveillance qui, compte tenu de l'extrême vulnérabilité des enfants des classes maternelles, révèle une faute d'organisation susceptible d'engager la responsabilité du service. • CAA Versailles, 21 déc. 2006, n° 05VE01127 : *LIJ 2006, n° 112, p. 26.*

12. Accident scolaire. Pause méridienne. Responsabilité de la commune. Dans une affaire où un élève d'une école primaire avait été grièvement blessé à l'oeil à la suite du jet d'un badame, fruit à coque dure, par un autre enfant pendant la pause méridienne, alors qu'ils étaient sous la surveillance du personnel communal, onze surveillants qui, bien que conscients des risques de cette pratique, se sont abstenus d'y mettre fin pour se regrouper à distance des enfants. En l'espèce, si deux membres du personnel de l'école ont, peu avant l'accident, enjoint à l'auteur du jet d'interrompre son jeu, cette intervention purement verbale est restée sans suite. Dans ces conditions, eu égard, d'une part, au jeune âge de l'auteur du jet et au caractère non intentionnel de son geste, d'autre part, au défaut de surveillance fautif du personnel de l'école du Centre, le juge estime qu'il y a lieu de retenir l'entière responsabilité de la commune de Saint-Philippe. • CE 19 juill. 2017, n° 393288 : *LIJ*

2017, n° 200, p. 10. ♦ Dans cette même affaire, la cour avait retenu l'existence d'un lien direct entre le dommage et une faute du personnel communal puis, pour rejeter les conclusions subsidiaires de la commune tendant à ce que sa responsabilité soit atténuée à hauteur de 75 % en raison de la faute commise selon elle par un tiers, elle avait jugé qu'une telle faute ne pourrait avoir aucune influence sur la responsabilité de la commune à l'égard de la victime et serait seulement de nature à lui permettre, si elle s'y croyait fondée, d'exercer une action récursoire contre ce tiers. En statuant ainsi, alors qu'elle devait apprécier si et dans quelle mesure le comportement d'un tiers ayant concouru à la réalisation du dommage était de nature à atténuer la responsabilité de la commune, le Conseil d'État estime que la cour a commis une erreur de droit. • CE 19 juill. 2017, n° 393288 : *préc.*

13. Accident scolaire. Pause méridienne. Faute dans l'organisation du service. Responsabilité de la commune. Responsabilité de l'État. Absence. Après avoir relevé que la surveillance des élèves était suffisante au regard du nombre d'élèves à encadrer, la cour a jugé que le retard de prise en charge médicale de l'enfant après l'accident trouvait sa cause dans la carence du personnel communal à faire appel aux services de secours et révélait ainsi une faute dans l'organisation du service. Elle écarte par contre la responsabilité de l'État en jugeant que la présence d'un enseignant au moment de l'accident, à la supposer même établie, n'était pas à elle seule de nature à établir une faute de la direction de l'école dans la surveillance des élèves, puisque l'accident avait eu lieu pendant la pause méridienne et qu'en application des dispositions de l'article D. 321-12 du code de l'éducation, les enfants sont placés sous la seule responsabilité de la commune pendant les activités périscolaires. L'accident s'étant produit au moment où les élèves se trouvaient placés sous la surveillance de personnels communaux, la cour a jugé que les premiers juges avaient à bon droit retenu la responsabilité de la seule commune. • CAA Bordeaux, 6 juin 2017, n° 15BX01624 : *LIJ 2017, n° 200, p. 11.*

14. Malaise grave. Absence d'appel immédiat des secours. Faute dans l'organisation du service. Il appartient aux personnels d'une école, constatant le malaise grave dont un élève est victime, d'appeler immédiatement les services de secours comme le prévoient d'ailleurs toutes les consignes en matière de premiers secours. A défaut, ils engagent la responsabilité de la puissance publique pour faute dans l'organisation du service. Il en va ainsi, même si ces personnels sont en mesure d'apporter eux-mêmes des gestes de premiers secours, et alors même que, constatant l'arrêt cardiaque de la victime, ils ont entrepris des manœuvres de réanimation. En l'espèce, un délai d'environ dix minutes s'est écoulé entre le constat du malaise grave de l'enfant et l'appel des secours. Un tel délai était excessif. Absence d'indemnisation toutefois, ce délai excessif n'ayant pas eu d'incidence sur les chances de survie de l'enfant, en raison notamment de la maladie cardiaque génétique dont il était atteint, qui a entraîné une forte résistance aux manœuvres de réanimation, même réalisées par des équipes spécialisées de secours, et de l'importance du délai écoulé jusqu'à la reprise de l'activité cardiaque, au cours duquel des lésions cérébrales sont apparues, qui sont à l'origine de l'encéphalopathie anoxique ayant conduit au décès de l'enfant après plusieurs jours d'hospitalisation en service de réanimation. • CE 12 févr. 2021, n° 429801 B : *AJDA 2021. 367* ; *LIJ 2021, n° 215, p. 12.*

Décret n° 89-122 du 24 février 1989,

Relatif aux directeurs d'école.

Art. 1er La direction des écoles maternelles et élémentaires de deux classes et plus est assurée par un directeur d'école appartenant au corps des instituteurs *(Décr. n° 91-37 du 14 janv. 1991, art. 1er)* « ou au corps des professeurs des écoles », nommé dans cet emploi dans les conditions fixées par le présent décret.

L'instituteur *(Décr. n° 91-37 du 14 janv. 1991, art. 1er)* « ou le professeur des écoles » nommé dans l'emploi de directeur d'école peut être déchargé totalement ou partiellement d'enseignement dans les conditions fixées par le ministre chargé de l'éducation nationale.

L'instituteur *(Décr. n° 91-37 du 14 janv. 1991, art. 1er)* « ou le professeur des écoles » affecté dans une école maternelle ou élémentaire à classe unique assure les fonctions de directeur d'école.

CHAPITRE Ier. *DÉFINITION DES FONCTIONS DE DIRECTEUR D'ÉCOLE*

Art. 2 Le directeur d'école veille à la bonne marche de l'école et au respect de la réglementation qui lui est applicable.

Il procède à l'admission des élèves sur production du certificat d'inscription délivré par le maire.

Il répartit les élèves entre les classes et les groupes, après avis du conseil des maîtres.

Il répartit les moyens d'enseignement.

Après avis du conseil des maîtres, il arrête le service des instituteurs *(Décr. n° 91-37 du 14 janv. 1991, art. 2)* « et professeurs des écoles », fixe les modalités d'utilisation des locaux scolaires pendant les heures et périodes au cours desquelles ils sont utilisés pour les besoins de l'enseignement et de la formation.

Il organise le travail des personnels communaux en service à l'école qui, pendant leur service dans les locaux scolaires, sont placés sous son autorité.

Il organise les élections des délégués des parents d'élèves au conseil d'école ; il réunit et préside le conseil des maîtres et le conseil d'école ainsi qu'il est prévu aux articles D. 411-1 et D. 411-7 du code de l'éducation.

Il prend toute disposition utile pour que l'école assure sa fonction de service public. A cette fin, il organise l'accueil et la surveillance des élèves et le dialogue avec leurs familles.

Il représente l'institution auprès de la commune et des autres collectivités territoriales.

Art. 3 Le directeur d'école assure la coordination nécessaire entre les maîtres et anime l'équipe pédagogique.

Il réunit en tant que de besoin l'équipe éducative prévue à l'article D. 321-16 du code de l'éducation. Il veille à la diffusion auprès des maîtres de l'école des instructions et programmes officiels.

Il aide au bon déroulement des enseignements en suscitant au sein de l'équipe pédagogique toutes initiatives destinées à améliorer l'efficacité de l'enseignement dans le cadre de la réglementation et en favorisant la bonne intégration dans cette équipe des maîtres nouvellement nommés dans l'école, des autres maîtres qui y interviennent, ainsi que la collaboration de tout autre intervenant extérieur.

Il peut participer à la formation des futurs directeurs d'école.

Il prend part aux actions destinées à assurer la continuité de la formation des élèves entre l'école maternelle et l'école élémentaire et entre l'école et le collège.

Art. 4 Le directeur d'école est l'interlocuteur des autorités locales. Il veille à la qualité des relations de l'école avec les parents d'élèves, le monde économique et les associations culturelles et sportives.

Il contribue à la protection des enfants en liaison avec les services compétents. Il s'assure de la fréquentation régulière de l'école par les élèves en intervenant auprès des familles et en rendant compte, si nécessaire, *(Décr. n° 2012-16 du 5 janv. 2012, art. 7)* « au directeur académique des services de l'éducation nationale agissant sur délégation du recteur d'académie », des absences irrégulières.

CHAPITRE II. *CONDITIONS DE NOMINATION ET D'AVANCEMENT DANS L'EMPLOI DE DIRECTEUR D'ÉCOLE*

Art. 5 *(Décr. n° 2002-1164 du 13 sept. 2002, art. 3)* « Sous réserve des dispositions des 2° et 3° de l'article 10, nul ne peut être nommé dans l'emploi de directeur d'école s'il n'a été inscrit sur une liste d'aptitude prévue à l'article 6. » Tout directeur d'école nouvellement nommé doit suivre une formation préalable à sa prise de fonction. Les modalités d'organisation de cette formation sont fixées par arrêté du ministre chargé de l'éducation nationale.

Art. 6 *(Décr. n° 2002-1164 du 13 sept. 2002, art. 4)* Il est établi chaque année une liste d'aptitude par département. L'inscription sur une liste d'aptitude départementale demeure valable durant trois années scolaires.

Sauf dans les cas prévus aux deuxième et troisième alinéas de l'article 7, cette liste d'aptitude est arrêtée par *(Décr. n° 2012-16 du 5 janv. 2012, art. 7)* « le directeur académique des services de l'éducation nationale agissant sur délégation du recteur d'académie », dans les conditions fixées aux articles 8 et 9 et après avis de la commission administrative paritaire départementale mentionnée à l'article 10.

Art. 7 *(Décr. n° 2002-1164 du 13 sept. 2002, art. 5)* Les instituteurs et les professeurs des écoles comptant, au 1er septembre de l'année scolaire au titre de laquelle la liste d'aptitude est établie, au moins deux ans de services effectifs qu'ils ont accomplis, soit en qualité d'instituteur ou de professeur des écoles, soit avec les deux qualités successivement, dans l'enseignement préélémentaire ou élémentaire peuvent être inscrits sur la liste d'aptitude à l'emploi de directeur d'école prévue à l'article 6.

Toutefois, les instituteurs et les professeurs des écoles nommés par intérim dans les fonctions de directeur d'école pour la durée d'une année scolaire sont inscrits, sur leur demande, sur la liste d'aptitude établie au cours de la même année scolaire et qui prend effet au

1er septembre suivant sous réserve d'un avis favorable de l'inspecteur de l'éducation nationale de la circonscription, sans que la condition d'ancienneté de service prévue à l'alinéa précédent puisse leur être opposée.

Les instituteurs et les professeurs des écoles inscrits sur la liste d'aptitude d'un département et affectés dans un autre département au cours de la période mentionnée au premier alinéa de l'article 6 du présent décret sont inscrits, sur leur demande, de plein droit sur la liste d'aptitude établie dans ce département jusqu'au terme de cette période.

Le nombre d'inscrits sur la liste d'aptitude ne peut excéder quatre fois le nombre total des emplois à pourvoir.

Art. 8 Les candidatures aux emplois de directeur d'école sont adressées *(Décr. no 2012-16 du 5 janv. 2012, art. 7)* « au directeur académique des services de l'éducation nationale agissant sur délégation du recteur d'académie » dont relèvent les instituteurs *(Décr. no 91-37 du 14 janv. 1991, art. 2)* « et professeurs des écoles ».

Elles font l'objet d'un avis motivé de l'inspecteur départemental de l'éducation nationale de la circonscription.

Lorsqu'un instituteur *(Décr. no 91-37 du 14 janv. 1991, art. 2)* « et professeur des écoles » candidat à l'emploi de directeur d'école n'est pas en fonctions dans une école, sa candidature fait l'objet d'un avis motivé de l'autorité administrative auprès de laquelle il est placé.

Art. 9 Les candidatures aux emplois de directeur d'école sont soumises à l'avis d'une commission départementale présidée par *(Décr. no 2012-16 du 5 janv. 2012, art. 7)* « le directeur académique des services de l'éducation nationale agissant sur délégation du recteur d'académie » ou son représentant et comportant un inspecteur départemental de l'éducation nationale ainsi qu'un directeur d'école.

Lorsque les effectifs des candidats le justifient, *(Décr. no 2012-16 du 5 janv. 2012, art. 7)* « le directeur académique des services de l'éducation nationale agissant sur délégation du recteur d'académie » peut constituer plusieurs commissions départementales.

Les membres de la commission départementale sont nommés par *(Décr. no 2012-16 du 5 janv. 2012, art. 7)* « le directeur académique des services de l'éducation nationale agissant sur délégation du recteur d'académie » parmi les fonctionnaires exerçant dans le ressort du département.

La commission formule ses avis après examen des dossiers et un entretien avec chacun des candidats.

Art. 10 *(Décr. no 2002-1164 du 13 sept. 2002, art. 7)* Dans la limite des emplois vacants et après avis de la commission administrative paritaire départementale unique, compétente à l'égard des instituteurs et des professeurs des écoles, sont nommés par *(Décr. no 2012-16 du 5 janv. 2012, art. 7)* « le directeur académique des services de l'éducation nationale agissant sur délégation du recteur d'académie », dans l'emploi de directeur d'école :

1o Les candidats inscrits sur la liste d'aptitude départementale ;

2o Sur leur demande, les instituteurs et les professeurs des écoles qui avaient été nommés dans un emploi de directeur d'école dans un autre département et qui sont nouvellement affectés dans le département dans lequel sont effectuées les nominations ;

3o Sur leur demande, les instituteurs et les professeurs des écoles qui, nommés dans le même département ou dans un autre département dans un emploi de directeur d'école, ont occupé ces fonctions durant trois années scolaires au moins.

Art. 11 Les instituteurs nommés dans l'emploi de directeur d'école peuvent se voir retirer cet emploi par *(Décr. no 2012-16 du 5 janv. 2012, art. 7)* « le directeur académique des services de l'éducation nationale agissant sur délégation du recteur d'académie », dans l'intérêt du service, après avis de la *(Décr. no 91-37 du 14 janv. 1991, art. 3)* « commission administrative paritaire départementale unique compétente, à l'égard des instituteurs et des professeurs des écoles ».

Art. 12 Les instituteurs nommés dans l'emploi de directeur d'école poursuivent leur carrière dans leur corps. Ils avancent dans les conditions prévues par le décret du 7 septembre 1961 modifié *[no 61-1010]*.

(Décr. no 91-37 du 14 janv. 1991, art. 5) « Les professeurs des écoles nommés dans l'emploi de directeur d'école poursuivent leur carrière dans leur corps. Ils avancent dans les conditions prévues par le décret du 1er août 1990 susvisé *[no 90-680, V. App., vo Statuts particuliers]*. »

Art. 12-1 *(Décr. n° 91-37 du 14 janv. 1991, art. 6)* Un directeur d'école appartenant au corps des instituteurs, lorsqu'il accède au corps des professeurs des écoles, est maintenu dans son emploi.

CHAPITRE III. *DISPOSITIONS TRANSITOIRES ET FINALES*

Art. 13 Les dispositions de l'article 20 du décret du 28 décembre 1976 susvisé sont abrogées.

Toutefois, elles demeurent applicables aux directeurs et directrices d'école maternelle et d'école élémentaire nommés antérieurement au 1er septembre 1987, en fonctions à la date de publication du présent décret.

Art. 14 Par dérogation aux dispositions du chapitre II ci-dessus, pendant une période de quatre ans à compter de la rentrée scolaire de 1989 et dans la limite des emplois budgétaires disponibles, les directeurs d'école nommés antérieurement au 1er septembre 1987, en fonctions à la date de publication du présent décret, candidats à l'emploi de directeur d'école, sont nommés dans cet emploi après avoir été inscrits sur une liste d'aptitude particulière.

Cette liste est arrêtée par *(Décr. n° 2012-16 du 5 janv. 2012, art. 7)* « le directeur académique des services de l'éducation nationale agissant sur délégation du recteur d'académie » après avis de l'inspecteur départemental de l'éducation nationale de la circonscription concernée et de la commission administrative paritaire départementale des instituteurs. Elle est valable jusqu'à la date de la rentrée scolaire de 1993.

Les intéressés sont nommés chaque année dans l'emploi de directeur d'école dans les conditions fixées à l'article 10 ci-dessus.

Le nombre des nominations annuelles ne peut être inférieur à 30 p. 100 du nombre total des nominations dans l'emploi de directeur d'école.

Art. 15 Les dispositions du deuxième alinéa de l'article 1er et des articles 11 et 12 du présent décret sont applicables aux directeurs d'école nommés en cette qualité avant le 1er septembre 1987.

Art. 16 Les personnels en fonctions à la date de publication du présent décret qui ont été nommés ou délégués maîtres-directeurs en application du décret mentionné ci-dessus deviennent directeurs d'école et sont régis par les dispositions du présent décret.

Art. 17 Le décret n° 87-53 du 2 février 1987 relatif aux fonctions, à la nomination et à l'avancement des maîtres-directeurs et le décret n° 84-182 du 8 mars 1984 relatif aux directeurs d'école maternelle et d'école élémentaire sont abrogés.

Art. L. 411-2 *Abrogé par L. n° 2005-380 du 23 avr. 2005, art. 34.*

Art. L. 411-3 **Les articles L. 421-7 et L. 421-10 sont applicables aux écoles.**

CHAPITRE II LES ÉCOLES RÉGIONALES DU PREMIER DEGRÉ

Art. L. 412-1 **Les écoles du premier degré avec internat, réservées aux enfants dont les parents exercent des professions nomades ou dont la famille est dispersée, soumis à l'obligation scolaire, sont créées et organisées conformément aux articles L. 421-1 à L. 421-19 et L. 421-23.** — *[L. n° 54-405 du 10 avr. 1954, art. 6.]*

Sur l'accueil, la scolarisation et l'éducation dans les écoles régionales du premier degré, V. art. D. 412-1 s.

COMMENTAIRE

Les enfants des personnes exerçant des « professions nomades » (art. L. 412-1) ou « non sédentaires » (art. D. 412-1) (forains, bateliers…) comme ceux qui appartiennent à des « familles dispersées » doivent pouvoir faire l'objet d'un accueil adapté. Si des mesures ponctuelles d'accompagnement peuvent être prises à l'égard des « enfants du voyage » (V. Circ. n° 2012-142 du 2 oct. 2012, *BOEN, n° 37 du 11 oct. 2012*), le respect de l'obligation scolaire impose une stabilité que l'internat permet d'assurer. Les familles peuvent alors bénéficier d'exonération de charges sur le prix de pension (art. D. 412-4). Si des élèves du second degré peuvent être admis à l'internat, celui-ci fonctionne prioritairement pour ceux du premier degré. L'organisation de l'enseignement est conçue en complémentarité avec les écoles du réseau scolaire local (art. R. 412-2). C'est l'objet des « écoles régionales du premier degré » (ERPD) que l'article L. 412-1 soumet aux principes de création et d'organisation des établissements publics locaux d'enseignement. Comme les collèges et lycées, ces établissements d'éducation spéciale sont des personnes morales de droit public disposant de l'autonomie administrative et financière, pédagogique et éducative ; gérés par un conseil d'administration présidé par leur directeur, ils sont soumis au contrôle du représentant de l'État, de l'autorité académique et de la collectivité de rattachement (art. D. 412-4). ❑

TITRE DEUXIÈME LES COLLÈGES ET LES LYCÉES

BIBL. GÉN. ▶ Cour des comptes, La gestion du système éducatif, *Rapport public particulier, Éditions des JO, 2003*. – Cousin et Felouzis, Le collège : enjeux et débats, *Doc. fr., coll. Problèmes politiques et sociaux, 2004*. – Damas, Le collège, *in* Le système éducatif en France, *Doc. fr., coll. Les notices, 2003. 75*. – Delahaye et Louis*Rapp. IGAENR-IGEN, déc. 2006*. – Durand-Prinborgne, Enseignement secondaire. Établissements publics locaux d'enseignement. Droit des services publics locaux, *Le Moniteur, V. 416*. – Dumay et Draelants, L'identité des établissements scolaires, *PUF, coll. Éducation et société, 2011*. – Dutertre, Le lycée : entre massification et élitisme, *in* Le système éducatif en France, *Doc. fr., coll. Les notices, 2003. 83*. – Florel, Quelques aspects du statut des établissements publics locaux d'enseignement, *Rev. adm. 1986. 345*. – Périé, Le guide juridique du chef d'établissement, *CRDP Orléans-Tours, 2001*. – Taillefait, Gestion du patrimoine scolaire, *Berger-Levrault, 2002*.

COMMENTAIRE

Le titre II « Collèges et lycées » contient les principes d'organisation et de fonctionnement des établissements publics locaux d'enseignement (chap. Ier), puis ceux applicables aux lycées d'État et aux établissements municipaux ou départementaux qui ne constituent pas des EPLE (chap. II). Les deux chapitres suivants traitent des groupements d'établissements scolaires publics et des écoles des métiers créées par les chambres de commerce et d'industrie ou par des organismes professionnels avec le concours de l'État. Le dernier chapitre annoncé (chap. V, les lycées militaires) ne comporte aucune disposition législative. La partie réglementaire comprend en outre un chapitre VI consacré au CNED, Centre national d'enseignement à distance (art. R. 426-1 s.).

Le chapitre consacré aux EPLE concerne principalement les lycées et collèges ; il vise également les établissements d'éducation spéciale (EREA, établissement régional d'enseignement adapté et ER1erD, école régionale du premier degré) relevant du ministère de l'éducation nationale (art. L. 421-1 ; art. 1er du Décr. n° 85-924, devenu art. R. 421-1). Il contient deux sections regroupant les dispositions applicables aux lycées professionnels maritimes et aux établissements agricoles, lycées d'enseignement général et technologiques ou lycées professionnels (V. C. rur.).

Autrefois, les établissements scolaires du second degré avaient des dénominations diverses et des statuts variés : lycée d'État, lycée nationalisé, lycée municipal..., correspondant aux différents niveaux de financement communal. La loi Haby du 11 juillet 1975 et les décrets d'application du 28 décembre 1976 étendirent à l'ensemble des lycées et collèges le statut d'établissement public national, l'État prenant en charge la totalité des dépenses tant de fonctionnement que d'investissement. Quelques années plus tard, les collectivités furent appelées à prendre le relais. La loi Defferre du 22 juillet 1983 décida en effet que *« les lycées, collèges et établissements d'éducation spéciale sont des établissements publics locaux dont les conditions de fonctionnement sont définies par décret »* (art. 14, V). Le décret n° 85-924 du 30 août 1985 relatif aux établissements publics locaux d'enseignement, applicable au 1er septembre 1985, précise leur organisation administrative et financière. De nombreuses fois modifié, notamment après les lois Raffarin du 13 août 2004 (Décr. n° 2004-885 du 27 août 2004) et Fillon du 23 avril 2005 (Décr. n° 2005-1178 du 13 sept. 2005), ce texte qui est désormais intégré à la partie réglementaire du code (art. R. 421-1 s.) traduit toujours le choix initialement fait de compléter en ce domaine la décentralisation territoriale par la décentralisation fonctionnelle, donnant à celle-là le pas sur celle-ci ; les conditions dans lesquelles elle est organisée incitent à se demander si l'expression employée correspond bien à la réalité.

Par exception au principe de décentralisation, certains établissements publics peuvent être rattachés à l'État. Si une série d'établissements publics nationaux ont été transformés en EPLE à la suite de la loi Raffarin de 2004, il subsiste quelques cas, notamment les lycées de la défense justifiés tant par l'aide aux familles des militaires que par l'aide au recrutement (V. Décr. n° 2019-132 du 25 févr. 2019 ajoutant la possibilité de préparer des BTS). Il était prévu que les ***internats d'excellence*** puissent relever entièrement de l'État au sens de l'article L. 211-4 ; un seul cas est à noter (prévu par l'art. D. 211-12 et le Décr. n° 2010-795 du 12 juill. 2010 portant création de l'internat d'excellence de Montpellier). Ils diffèrent des ***établissements de réinsertion (ERS)***, destinés aux élèves des collèges qui doivent être placés dans des structures adaptées ; leur fonctionnement repose sur le partenariat avec les services de l'État (PJJ, jeunesse et sports...), les collectivités territoriales, au premier chef le département, et les associations ; l'ERS est placé sous la responsabilité du chef d'établissement d'un EPLE auquel il est rattaché sur proposition de l'autorité académique.

La nécessité d'évaluer systématiquement les établissements est désormais admise. Des initiatives ont pu être prises dans différentes académies (audit des collèges à Lille, à Nantes...), mais « les dispositifs d'évaluation des établissements scolaires mis en œuvre actuellement par les académies s'inscrivent davantage dans une logique de pilotage que d'évaluation et s'avèrent incomplets » (IGEN-IGAENR, Rapport 24 juill. 2018). Pour assurer une évaluation régulière et transparente des établissements scolaires, le Premier ministre avait annoncé la création d'une instance d'évaluation. C'est principalement pour cette raison qu'a été institué le conseil d'évaluation de l'école (CEE) par l'article 40 de la loi n° 2019-791 du 26 juillet 2019 pour une école de la confiance ; il lui revient de définir le cadre méthodologique et les outils des évaluations des établissements conduites par le ministère chargé de l'éducation nationale, d'en analyser les résultats, de s'assurer de leur fréquence régulière et de fixer les modalités de leur publicité (art. L. 241-12). Le ministre propose de définir un nouveau référentiel d'évaluation des établissements (avoir des critères clairs, établir des recommandations). Par ailleurs, un rapport parlementaire considérant que cette évaluation devrait être une priorité pour l'éducation nationale « présente des recommandations autour de quatre objectifs (articuler l'autoévaluation et l'évaluation externe, observer toutes les facettes de l'établissement, faire de l'évaluation externe un outil de diagnostic et faire évoluer les missions des inspecteurs) pour une évaluation réalisée tous les cinq ans ». ❑

CHAPITRE PREMIER ORGANISATION ET FONCTIONNEMENT DES ÉTABLISSEMENTS PUBLICS LOCAUX D'ENSEIGNEMENT

Art. L. 421-1 Les collèges, les lycées et les établissements d'éducation spéciale sont des établissements publics locaux d'enseignement. Sous réserve des dispositions du présent chapitre, les dispositions relatives au contrôle administratif visé au titre III du livre premier de la deuxième partie du code général des collectivités territoriales leur sont applicables.

Ces établissements sont créés par arrêté du représentant de l'État sur proposition, selon le cas, du département, de la région ou, dans le cas prévu aux articles L. 216-5 et L. 216-6 du présent code, de la commune ou de l'établissement public de coopération intercommunale intéressé. – *[L. n° 83-663 du 22 juill. 1983, art. 15-5.]*

Sur le règlement intérieur dans les EPLE, V. ci-dessous Circ. n° 2011-112 du 1er août 2011.

BIBL. ▶ Bourliaud, Autonomie et tutelle des établissements publics d'enseignement, *Rev. adm. 1979. 621.* – Bruand, Le point sur : la fermeture des établissements scolaires, *LIJ 2015, n° 187, p. 18.* – Calvarin, Parc immobilier et capacité d'accueil des établissements publics du second degré, *MEN, Note d'information 08.04, janv. 2008.* – Delahaye et Mamou, Autonomie : un concept très actuel, *in Les Cahiers de l'éducation, n° 97, sept. 2010, p. 5.* – Dutercq, Autonomie des établissements et gouvernement local de l'éducation, *in* Les recompositions locales des formes de l'action publique, *L'Harmattan, coll. Logiques sociales, 2003.* – Gavard, Stirnemann (J), Stirnemann (N), Munoz et Delahaye, Conseils et commissions dans les établissements publics locaux d'enseignement, *Berger-Levrault, coll. Le point sur, 3e éd., 2010.* – Hostalier (pilote IGEN) et Moya (pilote IGAENR), L'accueil, la gestion et la formation des personnels contractuels en EPLE, *Rapp. IGEN-IGAENR, 2014-016, avr. 2014.* – Ooghes et Boursin, L'EPLE et ses partenaires : tout savoir sur les établissements publics locaux d'enseignement, *Belin, coll. Guide + Concours administratifs, 2008.* – Rage, Benac, Costa, Le Brethon, Dumon, Lugnier, Sultan et Bresson, Structuration des établissements publics locaux d'enseignement : lycées polyvalents, lycées des métiers, *Rapp. IGEN-IGAENR, n° 2014-032, oct. 2014.*

▸ **Crise sanitaire :** Les conséquences de l'ordonnance n° 2020-347 du 27 mars 2020 sur le fonctionnement des instances collégiales des E.P.L.E., des écoles et des services académiques : *Le point sur, LIJ 2020, n° 212, nov. p. 21.* – L'ordonnance n° 2020-306 sur la prolongation des délais échus pendant la période de l'état d'urgence sanitaire et l'adaptation des procédures pendant cette même période : *Le point sur, LIJ 2020, n° 212, p. 24.*

COMMENTAIRE

I. QU'EST-CE QU'UN EPLE ?

« La notion d'établissement public est l'une des plus controversées du droit administratif. Et celle d'établissement public local ne contribue guère à la clarification » (Legrand, *AJDA 2005. 825*). Le paradoxe a souvent été souligné : comment un établissement public *« local »* peut-il se voir confier *« un service public national »* ? C'est notamment cette ambivalence qui entraîne une série de contradictions (Cour des comptes, *La gestion du système éducatif*, 2003, p. 200).

Pour la ***doctrine classique*** du droit public, un établissement public est *« un service public spécial personnifié »* (Hauriou, *Précis droit administratif, 1933, p. 280*), *« une personne morale de droit public dont les ressources sont affectées à un service ou à un groupe de services publics »* (Rolland, *Précis Dalloz, 1947, n° 258*).

L'***analyse juridique*** de l'EPLE impose de préciser d'abord ce que recouvre la notion d'établissement public, puis d'envisager tour à tour comment il faut entendre l'adjectif *« local »* et la référence à l'*« enseignement »*.

A. UN ÉTABLISSEMENT PUBLIC

Historiquement, *« établissement »* signifie d'abord *« action de fonder, d'établir »*, et par métonymie *« institution, fondation »* ; le mot désigne ensuite le lieu où quelque chose ou quelqu'un est établi ; puis s'étend à l'ensemble des installations d'une entreprise et à l'entreprise elle-même ; il désigne également ce qui est établi pour l'utilité publique ; le dictionnaire historique de la langue française cite comme datant de 1685 l'expression *« établissement scolaire »*. Si le code de l'éducation emploie l'expression de manière générique pour définir les établissements d'enseignement privés comme publics, le vocabulaire juridique réserve l'expression *« établissement public »* à des entités autonomes, à des institutions différentes de l'État ou des collectivités territoriales. Cette autonomie est assurée par la personnalité morale de l'institution qui relève du droit public dans la mesure où elle poursuit un but d'intérêt général.

a. Une personne morale

L'EPLE n'est pas un *« établissement »* au sens matériel ou immobilier du terme, celui qu'emploient les textes lorsqu'ils traitent de la sécurité de l'établissement ou de l'ordre public dans l'établissement (quand ils sont plus précis, ils visent les *« enceintes et locaux de l'établissement »*). Le code rural et de la pêche maritime fait bien la distinction en précisant que *« tout établissement public local d'enseignement et de formation professionnelle agricole a pour siège... un lycée »* ; il précise ensuite que *« ces établissements sont dotés de la personnalité civile et de l'autonomie administrative et financière »*, chaque centre de formation disposant de l'*« autonomie pédagogique et éducative »* (C. rur., art. L. 811-8, *V. ce texte à l'art. L. 421-22 C. éduc.*).

Réalité ou fiction ? On souligne parfois que certains établissements publics ont une existence qui préexiste à leur forme juridique ; dans certains cas en effet, l'existence d'un corps (on parle alors d'établissement corporatif) ou d'une communauté permet de superposer la forme juridique et la réalité sociologique. La notion de *« communauté éducative »* (art. L. 111-3) correspond-elle à cette hypothèse ? En fait, cette notion apparaît plus comme le résultat d'une construction législative que comme une donnée sociale. La notion d'établissement corporatif laisse en outre entendre que l'établissement aurait pour objet la gestion d'*« intérêts corporatifs »* alors que l'EPLE, en organisant le cadre dans lequel fonctionne le service public de l'éducation, a en charge l'intérêt général (Legrand, *AJDA 2005. 827*). Aussi, la création de l'établissement public passe par le recours à une technique de caractère *« fondatif »* ; des moyens sont affectés à une œuvre, à une activité et sont utilisés et administrés de manière autonome. Le procédé, parfois présenté comme un démembrement de l'administration, permet d'identifier une activité et de lui donner des possibilités plus souples d'action.

La personnalité morale c'est d'abord un patrimoine autonome. Par patrimoine, il faut entendre ici non un ensemble de biens mais la capacité à détenir des droits, non le contenu mais le contenant. En reconnaissant à une entité la personnalité morale, l'État lui reconnaît la possibilité d'être créancière et débitrice. Ainsi, l'établissement public parce qu'il dispose de la personnalité morale pourra être propriétaire. Si les biens immobiliers appartiennent à la collectivité de rattachement ou à l'État, les biens mobiliers mis à sa disposition peuvent devenir *« la propriété de l'établissement »* (art. L. 421-17). De même, l'établissement a la possibilité de conclure des contrats (la collectivité ne peut pas se substituer à l'établissement pour un contrat de chauffage : CE 2 janv. 1995, *Sté Cofreth et Techni*), de recruter des personnes (par exemple, les assistants d'éducation même si « l'État éprouve la tentation permanente de leur appliquer des principes ou des textes prévus pour ses propres personnels non titulaires ou ceux de ses établissements publics » : A. Legrand, *La fin des « pions », AJDA 2003. 1266* ✎), de recevoir des dons et legs, d'intenter des actions en justice (V. compétences du conseil d'administration, art. R. 421-20 à R. 421-22). Enfin, si l'activité propre de l'établissement cause un dommage à autrui, c'est sa responsabilité pécuniaire qui sera engagée (on notera toutefois le caractère exceptionnel de sa mise en œuvre, la plupart des dommages étant imputés à l'État, au service public national, ou à la collectivité de rattachement, gestionnaire de l'équipement scolaire) ; de même, depuis la réforme du code pénal de 1994, on doit envisager, mais là aussi à titre exceptionnel, que sa responsabilité pénale puisse être mise en cause.

La personnalité juridique se traduit par la création d'organes propres qui agissent pour l'établissement. Comme pour les personnes morales de droit privé que sont les associations ou les sociétés on distingue l'organe délibératif (conseil d'administration) et l'organe exécutif (chefs d'établissement). Mais l'intérêt poursuivi n'est pas alors l'intérêt privé des membres fondateurs mais l'intérêt général que l'État et les collectivités territoriales ont en charge.

Les GRETA, groupements d'établissements créés par convention avec l'EPLE pour assurer la formation continue, n'ont pas de personnalité distincte de celle de l'État mais peuvent s'appuyer sur un établissement support.

b. Une personne morale de droit public

Comme l'État et les collectivités territoriales, les établissements publics sont des personnes morales de droit public ou personnes publiques. Démembrement de l'administration publique, l'établissement public va être soumis à un régime de droit public, au droit administratif, et disposer de l'autonomie administrative et financière.

Ayant en charge l'***intérêt général***, l'établissement public dispose de prérogatives qui lui permettent de s'imposer aux particuliers. Ainsi tant le conseil d'administration que son exécutif (le chef d'établissement, représentant de l'État, appartenant au corps des personnels de direction, créés par le Décr. n° 88-343 du 11 avr. 1988, mod. en 2001) peuvent édicter des actes administratifs exécutoires (sans que le juge ne leur accorde cette force, comme pour les particuliers). Personne morale de droit public, l'établissement pourra conclure des contrats qu'ils soient administratifs (marchés publics) ou de droit privé. Si les biens immobiliers appartiennent à la collectivité de rattachement, l'établissement peut être propriétaire des meubles mis à sa disposition (art. L. 421-18). L'établissement ne peut être mis en redressement judiciaire ni faire l'objet des voies d'exécution de droit commun. En contrepartie, le régime administratif soumet l'établissement à des contraintes. Il est tenu de respecter les *« lois du service public »* (égalité, continuité...). Il ne peut recourir à l'arbitrage. Ses deniers publics sont gérés par un comptable public et soumis au contrôle financier.

Institution administrative personnalisée, l'EPLE dispose de l'***autonomie administrative et financière*** ou du moins des structures nécessaires, des organes et d'un budget propres. Mais cette autonomie, dont la réalité est souvent mise en cause, ne peut s'affranchir de la loi, des règles qu'elle pose, des objectifs qu'elle fixe ; aussi est-elle soumise à un contrôle administratif dont les principes sont ceux applicables aux collectivités territoriales (art. L. 421-1).

B. UN ÉTABLISSEMENT PUBLIC LOCAL

La loi n° 83-663 du 22 juillet 1983 a transformé les établissements publics nationaux (anciens lycées d'État ou collèges municipaux « nationalisés ») en établissements publics locaux. Les collèges et lycées sont implantés sur l'ensemble du territoire national, un ou plusieurs collèges par bassin de vie (avec leur secteur de recrutement), un lycée ou plusieurs lycées et lycées professionnels par bassin d'emploi (district) ; mais si leur implantation est d'intérêt local, s'ils sont parfois présentés comme des outils de développement local, leur statut d'établissement local n'est pas déterminant ; un établissement public national peut remplir la même fonction. Un commissaire du Gouvernement a même pu considérer les établissements du secondaire comme des établissements publics de l'État nonobstant leur rattachement à une collectivité territoriale… » (concl. R. Schwartz, CE, ass., 2 déc. 1994, *Dpt de la Seine Saint Denis*, n° 110181 : AJDA 1995. 40). La présence au conseil d'administration des *« représentants des collectivités concernées, et notamment ceux de la commune sur le territoire de laquelle est implanté l'établissement scolaire »* (art. 14-V) non plus, d'autant que le maire de la commune siège était déjà membre du conseil d'administration avant 1982. En fait, l'élément clef est évidemment le transfert de compétences qui a mis les collèges à la charge du département (art. L. 213-2) et les lycées à celle de la région (art. L. 214-6) qui sont les *« collectivités territoriales de rattachement »* (terme utilisé tant par la loi : art. L. 421-4, et L. 421-23, que par le Décr. n° 85-924 du 30 août 1985 intégré à la partie réglementaire).

Si un commissaire du Gouvernement a pu constater qu'*« aucun texte ni aucun principe n'impose qu'un établissement public soit rattaché à une collectivité territoriale »* (concl. Mitjavile, CE 25 oct. 2004, *Asaro : AJDA 2005. 91*), le Conseil d'État dans sa fonction consultative affirme toutefois que *« tout établissement doit être rattaché à une personne morale »* (CE, sect. finances, avis, 16 juin 1992). Malgré la référence à la même tutelle administrative (Cons. const. 18 juill. 1961, *Nature juridique des articles 2 et 4 de l'ordonnance n° 59-42 du 5 janvier 1959 portant création de l'Institut des Hautes Études d'outre-mer,* n° 61-15 L : *Rec. Cons. const. 39*), les meilleurs auteurs (Odent, Favoreu et Philip, *GDCC, n° 5, p. 19*) soutiennent que le Conseil constitutionnel voit dans le même rattachement l'un des éléments essentiels pour déterminer les règles de création d'une catégorie d'établissements publics. Mais *« un tel rattachement n'implique aucune subordination à la collectivité »* (CE, sect. finances, avis, 16 juin 1992). Aussi ne peut-on, comme n'hésitent pas à le faire certaines collectivités, qualifier les collèges d'*« établissements publics départementaux »* et les lycées d'*« établissements publics régionaux »*. Que détermine alors exactement le rattachement ?

Si la ***collectivité de rattachement***, qui a la charge de l'établissement, a des obligations (pour assurer les constructions, l'équipement, la maintenance, l'entretien, le fonctionnement…), elle ***n'a pas la maîtrise de la structure*** ; elle ne peut ni la créer ni la supprimer. Les EPLE sont créés en effet par arrêté préfectoral pris sur proposition du département (collège), de la région (lycée) et exceptionnellement de la commune ou de l'EPCI (dans le cas particulier où une commune ou un EPCI s'est vu confier la gestion d'un établissement scolaire en application des art. L. 216-5 et L. 216-6) ; en vertu du parallélisme des compétences, ces établissements ne peuvent être supprimés ou fusionnés qu'au terme d'une procédure permettant à la collectivité de rattachement de donner son accord préalable à la décision du représentant de l'État (TA Rennes, 26 août 2004, n° 021331 ; CE 18 juill. 2018, n°s 420043 et 420047). Or, dans le cas particulier de gestion communale, aucune disposition n'impose la consultation de la commune d'implantation en cas de fermeture d'un collège (TA Rennes, 22 juill. 2016, n°s 1601039 et 1601299). Tout au plus, la collectivité de rattachement peut-elle faire des propositions et décider de sa dénomination (art. L. 421-24). Sa représentation au conseil d'administration est minimale (un représentant alors que les représentants de la commune sont trois).

S'agissant de son ***budget***, elle notifie au chef d'établissement sa dotation accompagnée *« des orientations relatives aux dépenses d'équipement et au fonctionnement matériel de l'établissement arrêtés… par l'assemblée délibérante »* (art. L. 421-11). La loi n° 2004-809 du 13 août 2004 transférant à la région et au département l'accueil, la restauration et l'hébergement a précisé que « pour l'exercice des compétences incombant à la collectivité de rattachement, le président du conseil départemental ou du conseil régional s'adresse directement au chef d'établissement » (sans passer sous le couvert de l'autorité académique, ce qui ne signifie pas que le chef d'établissement, représentant de l'État dans l'établissement, soit alors placé sous l'autorité hiérarchique de l'exécutif local, ce qui impliquerait que ce dernier puisse réformer ses décisions). « Il lui fait connaître les objectifs fixés par la collectivité de rattachement et les moyens que celle-ci alloue à l'établissement. Le chef d'établissement est chargé de mettre en œuvre ces objectifs et de rendre compte de l'utilisation de ces moyens » (art. L. 421-23). « Une convention passée entre l'établissement et la collectivité de rattachement précise les modalités de leurs compétences respectives » (art. L. 421-23, II, al. 3). Elle ne doit pas être confondue avec le contrat d'objectif (art. L. 421-4 et R. 421-20) conclu entre l'autorité académique et l'EPLE auquel la collectivité peut souhaiter être partie, ni avec le document-cadre qui peut être mis au point par l'autorité académique et la collectivité pour encadrer la contractualisation des établissements en insistant sur leur dimension pédagogique et éducative. La convention d'objectifs et de moyens amène à faire le point sur l'ensemble des compétences de la collectivité de rattachement dont l'exercice permet à l'établissement de fonctionner [accueil, entretien, hébergement, restauration (demi-pension dont les modalités d'exploitation sont définies par la collectivité qui fixe les tarifs de la restauration scolaire) ; personnels et sécurité].

Afin que la logique de la LOLF conçue pour les seuls crédits d'État (et notamment pour la masse salariale non intégrée dans le budget des établissements) puisse s'appliquer aux établissements locaux, le décret n° 2012-1193 du 26 octobre 2012 modifie les modalités d'élaboration et de présentation du budget en tenant compte notamment du projet d'établissement, du contrat d'objectifs conclu avec l'autorité académique ainsi que des orientations et objectifs fixés par la collectivité territoriale de rattachement (art. R. 421-58-I). Contrairement aux universités qui sont des opérateurs de l'État, la masse salariale reste hors budget.

Le cadre budgétaire et comptable des établissements publics locaux d'enseignement (EPLE) est déterminé par l'instruction codificatrice M9.6 régulièrement mise à jour (la dernière version a été publiée au *BOEN n° 21 du 21 mai 2015*) celle-ci présente dans un document unique l'organisation et le fonctionnement des établissements, les règles relatives à la structure budgétaire et à son exécution, les règles comptables et celles relatives à la production et à l'analyse des comptes financiers. La réglementation budgétaire, financière et comptable applicable est fondée sur les dispositions législatives fixant les principes de l'organisation financière des EPLE (art. L. 421-11, préparation, adoption et caractère exécutoire du budget ; art. L. 421-12, et des budgets modificatifs ; art. L. 421-13, règlement du budget par le représentant de l'État ; art. L. 421-14, transmission des actes et information sur la situation financière ; art. L. 421-15 sur l'agent comptable) et sur les dispositions réglementaires, notamment celles du décret n° 2012-1193 du 26 octobre 2012, intégrées au code de l'éducation (art. R. 421-57 à R. 421-78). Au-delà des règles de fonctionnement des établissements, l'instruction reprend celles relatives à la structure budgétaire et à son exécution, les règles comptables et celles relatives à la production et à l'analyse des comptes financiers. Plusieurs mesures de simplification ont été prises par deux décrets du 25 juin 2015. Le décret n° 2015-749 du 24 juin 2015 supprime l'obligation de transmission systématique des actes budgétaires des établissements publics locaux d'enseignement au représentant de l'État, sauf en cas de règlement conjoint par l'article L. 421-11, *e*). Tirant enfin profit de l'informatisation des établissements et des services académiques, le décret n° 2015-750 rend obligatoires la dématérialisation des actes des EPLE (sauf en cas d'impossibilité technique ou de défaut de garanties en matière de sécurité ou de confidentialité) ainsi que leur transmission par voie électronique à l'autorité académique et, sous réserve qu'elle ait donné son accord à ce mode de transmission, à la collectivité territoriale de rattachement. Toutefois, cette modalité est exclue, d'une part, dans le cadre de la procédure de règlement conjoint entre l'autorité académique et la collectivité de rattachement en cas de désaccord sur le budget de l'établissement et, d'autre part, pour les décisions du chef d'établissement relatives aux mesures disciplinaires prises à l'encontre des personnels liés par contrat à l'établissement mentionnées au 2° de l'article R. 421-54.

De même participe-t-elle au contrôle ; mais force est de remarquer que les ***établissements publics locaux*** sont soumis à la ***tutelle de l'État***, ou du moins à ses principes conçus pour les collectivités territoriales. Ainsi, le contrôle administratif des EPLE est assuré par référence au contrôle administratif des collectivités territoriales prévues par le code général des collectivités territoriales (art. L. 2131-1 s.). L'adjectif « local » renvoie alors au contrôle de l'État à ce niveau. Le rattachement permet ainsi de déterminer le champ d'application d'un régime juridique (c'est le cas notamment pour les marchés publics).

C. UN ÉTABLISSEMENT PUBLIC LOCAL D'ENSEIGNEMENT

Avant le décret du 30 août 1985 qui en définit les conditions d'application, la loi n° 85-97 du 25 janvier 1985 (loi Chevènement), modifiant et complétant la loi du 22 juillet 1983 et portant dispositions diverses relatives aux rapports entre l'État et les collectivités territoriales, avait précisé l'objet de l'établissement public local, en le qualifiant d'établissement public local d'enseignement (EPLE).

Tout établissement public a un objet, un but, une mission qui est à la fois sa raison d'être et la limite de son action. C'est le ***principe de spécialité***. L'objet de l'EPLE n'est pas expressément défini. L'article L. 121-1 affirme de manière générale que les collèges et lycées comme les écoles et les établissements d'enseignement supérieur *« sont chargés de transmettre et de faire acquérir des méthodes de travail... »*, donnant alors une définition du *« service public de l'enseignement »* présenté parmi les *« principes généraux de l'éducation »* (livre Ier). Les collèges et lycées sont, comme les écoles ou les universités, « chargés de transmettre et de faire acquérir les connaissances et méthodes de travail » (art. L. 121-1) ; ils peuvent mener d'autres actions prévues par la loi. Ainsi la loi n° 2018-771 du 5 septembre 2018, Avenir professionnel, dispose que « Les établissements publics locaux d'enseignement peuvent dispenser des actions de formation par apprentissage mentionnées au 4° de l'article L. 6313-1 du code du travail » (art. L. 421-6).

La loi du 22 juillet 1983 a créé la catégorie EPLE ; elle est caractérisée par le caractère administratif de l'activité (ce sont des établissements publics à caractère administratif, par opposition aux établissements publics à caractère industriel et commercial), le rattachement territorial et la spécialité. Si l'article 34 de la Constitution réserve à la loi la création des catégories d'établissement public c'est pour éviter que le Parlement n'ait à intervenir lors de la création de chaque établissement. C'est donc par décision administrative que sont créés les établissements ; par arrêté ministériel comme avant les lois de décentralisation, aujourd'hui par arrêté du représentant (local) de l'État sur proposition de la région ou du département (ou en cas d'appel de compétence de la commune ou de l'EPCI, art. L. 421-1) ; suivant le principe du parallélisme des formes et des compétences, la suppression d'un établissement ou sa fusion-absorption imposent l'accord préalable de la collectivité compétente sans lequel l'arrêté préfectoral est irrégulier. Ni l'État (TA Rennes, 11 oct. 2000, *Conseil des parents d'élèves du collège Jean-Moulin*), ni la collectivité ne peuvent décider seuls (CE, ass., 2 déc. 1994, *Dpt de la Seine-Saint-Denis*) la fermeture imposant la désaffectation des immeubles qui relève de la compétence du préfet.

Si l'on ajoute que l'État, responsable de l'organisation et du fonctionnement du service public, fixe les objectifs pédagogiques, conclut le contrat d'objectif, nomme le chef d'établissement, participe au contrôle administratif, financier et pédagogique, que le budget peut être réglé par le préfet et que le comptable est un agent de l'État, on a pu en déduire que « ***le seul pouvoir effectif est celui de l'État*** » et conclure en les qualifiant d'« ***établissements publics locaux de l'État*** » (CE, ass., 2 déc. 1994, *Dpt de la Seine-Saint-Denis : AJDA 1995. 44, concl. Schwartz*). Si la pratique révèle en outre la *« prégnance du modèle étatique »* (V. Legrand, *« La fin des pions », AJDA 2003. 1266*), c'est à la fois parce que le service assuré est un service public national (l'enseignement, l'éducation) et que l'intervention de l'État est perçue comme une garantie administrative.

Même si l'***autonomie pédagogique*** (et *« éducative »*, art. R. 421-2) concerne aussi bien les écoles que les EPLE (art. L. 311-2 : *« Des décrets précisent les principes de l'autonomie dans le domaine pédagogique »*), elle constitue un élément essentiel de l'autonomie de l'établissement. Le conseil d'administration doit en fixer les principes de mise en œuvre qui conditionnent les règles d'organisation de l'établissement (art. L. 421-4, art. 15-VIII de la loi du 22 juill. 1983). Cette autonomie porte notamment sur l'organisation en classes et groupes d'élèves, l'emploi des moyens d'enseignement (qu'il s'agisse des dotations en heures d'enseignement ou, pour les lycées, d'accompagnement personnalisé, art. R. 421-2, 2°, mod. par le Décr. n° 2010-99 du 27 janv. 2010), l'organisation du temps scolaire et de la vie scolaire, l'ouverture de l'établissement sur son environnement ou le choix des actions de formation complémentaire et des activités facultatives (art. R. 421-2). Le décret n° 2010-99 du 27 janvier 2010 ajoute pour les lycées les échanges linguistiques et culturels en partenariat avec des établissements européens ou étrangers (art. R. 421-2-1). Le projet d'établissement permet d'assurer la cohérence de l'ensemble (art. R. 421-3). Mais, cette organisation autonome est fixée *« dans le respect des dispositions législatives et réglementaires et des objectifs définis par les autorités compétentes de l'État »* (art. L. 421-4) ; s'agissant de l'organisation et du contenu de l'action éducatrice, les autorités académiques ont non seulement un pouvoir d'orientation mais aussi de contrôle leur permettant d'annuler les actes contraires aux lois et règlements mais aussi ceux *« de nature à porter atteinte au fonctionnement du service public »* (art. L. 421-14). Aucune disposition ne prévoit expressément la possibilité de suspendre de tels actes par application du principe selon lequel il n'y a pas de tutelle sans texte (TA Grenoble, 26 oct. 2007).

Si la ***spécialité*** de l'EPLE est l'enseignement, ou plus largement l'éducation, la contradiction initiale reste entière. Le service public est national ; il est assuré par un établissement local. Assurément est-ce alors un démenti pour ceux qui voient dans l'établissement public une *« personnification »* du service public. Comment un établissement public local pourrait-il *« personnifier »* un service public national ? Pour résoudre cette aporie deux voies peuvent être explorées. On peut d'abord envisager d'entendre le qualificatif local sur le registre de la déconcentration ; comme l'indique Rémy Schwartz, l'EPLE serait un établissement public de l'État local. Mais il est aussi possible de mieux prendre en considération l'objet de l'EPLE. Collèges et lycées sont certes des lieux de transmission des connaissances, des structures éducatives ; mais la notion d'EPLE apparaît au moment même où les collèges et les lycées sont mis à la charge des collectivités régionales et départementales qui sont ainsi *« associées au développement (du) service public »* (art. L. 211-1, art. 75, loi du 13 août 2004). L'EPLE dont les collectivités assurent la construction, l'équipement et le fonctionnement permet d'accueillir les élèves auxquels l'État apporte une prestation d'enseignement ; l'objet de l'EPLE est de gérer ce cadre, d'assurer la mise en cohérence des apports de la collectivité et de l'État, de constituer un support. Le rôle respectif de l'État et de la collectivité dans la mise en place de l'établissement comme dans le contrôle de son fonctionnement en font une structure de coordination, de mixage local des moyens et des objectifs de l'un et de l'autre.

Comme tout établissement public, l'EPLE ne peut sortir de ses ***missions***. Ainsi la Cour des comptes ou les chambres régionales des comptes ont pu à juste titre critiquer l'utilisation faite de la structure pour gérer des politiques académiques (telle la politique culturelle) ou pour servir de support pour des actions destinées à d'autres niveaux (cas du recrutement des aides éducateurs ou des assistants d'éducation mis ensuite à la disposition des écoles). Toutefois, s'il reste dans son cadre propre, on acceptera qu'il puisse assurer des missions annexes, complémentaires, en lien avec sa mission, par exemple lorsqu'elles favorisent la vie quotidienne des élèves (installation d'un distributeur de boissons, partenariat avec les entreprises locales) ; par contre, les concessions d'occupation du domaine public qui n'ont pas de lien direct avec les missions ou l'activité de l'établissement, comme la pose d'antennes ou de panneaux publicitaires, ne peuvent être passées que par la collectivité qui a la charge des locaux, après avis du conseil d'administration.

Parallèlement, les compétences de l'établissement sont protégées contre les empiétements (la collectivité ne peut pas s'occuper directement d'insertion, ni passer les marchés de chauffage en lieu et place de l'établissement) et contre l'établissement lui-même qui ne peut se décharger de ses responsabilités, par exemple en recourant à une structure associative.

Les établissements d'enseignement ou de formation (collèges, lycées, lycées professionnels) sont classés par arrêté du ministre chargé de l'éducation nationale, après consultation des recteurs, en catégories déterminées en fonction de leurs caractéristiques propres et réparties selon les fourchettes de pourcentages fixées par le décret n° 2001-1174 du 11 décembre 2001 (4 catégories dont les 2 centrales regroupent plus de 60% des établissements et une catégorie exceptionnelle) ; mais ce classement ne joue que pour l'attribution de bonifications indiciaires soumises à retenues pour pension civile aux personnels de direction.

II. L'ORGANISATION ADMINISTRATIVE DE L'EPLE

A. LE CONSEIL D'ADMINISTRATION ADMINISTRE L'EPLE

V. commentaire sous l'article L. 421-2.

B. LE CHEF D'ÉTABLISSEMENT

V. commentaire sous l'article L. 421-3.

III. LE CONTRÔLE DE L'EPLE

Le contrôle de l'EPLE se fait dans les formes prévues par les dispositions du code général des collectivités territoriales telles qu'elles résultent de la loi n° 82-213 du 2 mars 1982, modifiée (art. L. 2131-1 à L. 2131-13). La volonté alors exprimée par le législateur de *« supprimer les tutelles »* a permis de mettre en place un ***contrôle a posteriori*** des actes administratifs, et notamment des délibérations budgétaires. De manière générale, les actes des établissements publics locaux comme ceux des collectivités territoriales *« sont exécutoires de plein droit dès qu'il a été procédé à leur publication (actes à caractère général)... ou à leur notification aux intéressés ainsi qu'à leur transmission au représentant de l'État... »* (CGCT, art. L. 2131-1). Le rattachement à la collectivité territoriale a entraîné une double transmission ; l'objet pédagogique et éducatif de l'établissement en liaison directe avec l'autorité académique explique l'exigence d'une ***triple transmission***. A l'origine en effet les actes de l'établissement qu'il s'agisse des délibérations du conseil d'administration ou des décisions du chef d'établissement devaient en principe être transmis au représentant de l'État (au préfet de département, même pour les lycées, CAA Bordeaux, 10 oct. 2006, *Préfet de la région Aquitaine*), à l'autorité académique (au recteur pour les lycées, à l'inspecteur d'académie pour les collèges), et à la collectivité de rattachement.

Ces formalités lourdes et exigeantes n'étaient pas de la plus grande efficacité. Chaque service, pensant que le même travail était mené en deux autres endroits, trouvait un argument pour alléger ou se dispenser de l'examen des actes transmis. La loi n° 2003-591 du 2 juillet 2003 habilite le gouvernement à prendre par ordonnance toute mesure pour simplifier et alléger le régime d'entrée en vigueur, de transmission et de contrôle des actes des autorités des établissements publics locaux d'enseignement (art. 29). Aussi, l'***ordonnance n° 2004-631 du 1er juillet 2004*** en modifiant quatre articles (complétés par le Décr. n° 2004-885 du 27 août 2004 et la Circ. n° 2004-166 du 5 oct. 2004) introduit un ***nouveau régime***. L'idée était de ***renforcer la qualité du contrôle*** en rapprochant les règles applicables du droit commun, en allégeant les formalités et en modernisant les procédures de transmission par recours aux technologies de l'information et de la communication (CGCT, art. L. 2131-1, al. 2). Le décret n° 2015-750 du 24 juin 2015 précise que les actes sont édictés dans un format dématérialisé pour permettre leur transmission par voie électronique (art. R. 421-78-1 ; un Arr. du 18 nov. 2015 généralise l'application « Dém'Act »).

Si les trois autorités conservent des compétences de contrôle, elles sont dorénavant plus spécialisées. Le ***contrôle administratif*** est assuré par les ***autorités de l'État*** dont le dualisme permet de vérifier la légalité des actes administratifs quel que soit leur contenu. La ***collectivité de rattachement*** est recentrée sur le ***contrôle financier***, de concert avec l'autorité académique et le représentant de l'État. Mais, si elle n'est plus destinataire de tous les actes des autorités de l'établissement, elle a toutefois comme le représentant de l'État et l'autorité académique accès, à sa demande, à l'ensemble des actes et documents relatifs au fonctionnement (art. R. 421-50).

A. LE DOUBLE CONTRÔLE ADMINISTRATIF DE L'ÉTAT

Le ***représentant de l'État*** exerce le ***contrôle de droit commun***, contrôle *a posteriori* qui lui permet de saisir le juge administratif. Dorénavant, il peut ***déléguer*** cette compétence à l'***autorité académique*** qui exerce en outre un contrôle spécifique sur les actes à contenu pédagogique ou éducatif.

Selon le droit commun, le représentant de l'État se voit transmettre tant les *« conventions relatives aux marchés »* que les actes administratifs réglementaires ou individuels émanant des organes délibérants ou exécutifs (CGCT, art. L. 2131-2). En sont toutefois exclus *« les actes de l'établissement relatifs au contenu et à l'organisation de l'action éducatrice »* qui échappent à la compétence du préfet (art. L. 421-14). La liste des actes concernés est précisée par un décret en Conseil d'État (Décr. n° 2004-885 du 27 août 2004, art. 6, modifiant l'art. 33-1 du Décr. n° 85-924 du 30 août 1985 relatif aux EPLE, aujourd'hui art. R. 421-50) : les délibérations du conseil d'administration relatives aux conventions et marchés, au recrutement des personnels, aux tarifs du service annexe d'hébergement ou au financement des voyages scolaires sont exécutoires quinze jours après leur transmission ; les décisions du chef d'établissement relatives aux personnels contractuels de l'établissement (recrutement, licenciement, mesures disciplinaires), aux marchés et conventions sont exécutoires dès leur transmission. L'autorité académique et la collectivité territoriale de rattachement (qui n'est plus destinataire de ces actes) ne peuvent plus demander une seconde délibération. La seule possibilité est celle du droit commun. S'il estime qu'un acte est contraire à la légalité, le représentant de l'État peut le déférer au tribunal administratif dans les deux mois (art. L. 2131-6) ; le représentant de l'État qui a délégué à l'autorité académique la compétence de recevoir les actes peut en outre lui déléguer celle de saisir la juridiction (art. L. 421-14). On peut toutefois se demander si, dans ce cas, l'autorité académique peut, comme le représentant de l'État, saisir les autorités de l'établissement d'un *« recours gracieux »*, leur demandant de réexaminer une délibération ou une décision considérées comme illégales (Legrand, *AJDA 2005. 825*) ; il semble impensable que la loi entrave le nécessaire dialogue entre l'établissement et l'autorité académique ; il serait souhaitable que la délégation reçue permette à l'autorité académique d'utiliser cette possibilité de prolonger le délai du recours contentieux ; de même devrait-elle lui permettre d'assortir son recours contentieux d'une demande de suspension et d'interjeter appel du jugement rendu (art. L. 2131-6).

S'agissant des « actes de l'établissement relatifs à l'organisation et au contenu de l'action éducatrice » qui sont transmis à la seule autorité académique et sont exécutoires après un délai de quinze jours, le contrôle s'il est *a posteriori* n'impose pas de saisine préalable du juge. Il en est ainsi pour le règlement intérieur, l'organisation de la structure pédagogique, l'emploi de la dotation horaire globalisée, l'organisation du temps scolaire, du projet d'établissement, le rapport annuel sur le fonctionnement pédagogique, la définition des actions de formation complémentaire et de formation continue (art. R. 421-55) ; la délibération qui écarte par principe le recrutement de tout assistant d'éducation constitue ainsi un acte relatif à l'organisation de l'action éducatrice qui ne relève pas du contrôle de légalité du préfet mais du seul pouvoir d'annulation de l'autorité académique (CE 25 avr. 2007, n° 289041).

L'autorité académique a en effet la possibilité de prononcer l'annulation de ces actes avant qu'ils ne soient exécutoires. Tel peut être le cas si l'acte est contraire aux lois et aux règlements ou s'il est *« de nature à porter atteinte au fonctionnement du service public de l'éducation »* (art. L. 421-14, II) ; le conseil d'administration délibérant *« dans le respect des objectifs définis par les autorités compétentes de l'État »*, le respect de la loi pourra s'étendre à celui des objectifs fixés par le ministre, le recteur ou l'inspecteur d'académie. Ce contrôle paraît alors très proche du contrôle d'opportunité caractéristique du pouvoir hiérarchique (IGEN, « L'autonomie de l'EPLE en question dans la relation entre l'autorité académique et l'établissement scolaire », *nov. 2001, p. 6*). L'annulation fait l'objet d'une décision motivée communiquée sans délai à l'auteur de l'acte ; elle peut être déférée pour excès de pouvoir au juge administratif qui, non saisi au préalable, peut intervenir dans un second temps (à noter toutefois qu'une délibération d'un conseil d'administration refusant le recrutement d'aides éducateurs a été déférée par le préfet et annulée par le tribunal invoquant *« l'intérêt du service public de l'éducation et les nécessités de l'exécution de sa mission »*, TA Pau, 1er avr. 2004, *Préfet des Pyrénées-Atlantiques*). En outre les actes, transmissibles ou non, peuvent faire l'objet d'un recours pour excès de pouvoir ou d'une demande de référé (recevabilité du recours d'enseignantes membres du conseil d'administration contre la délibération modifiant le règlement intérieur à propos des justifications d'absence des élèves majeurs : CE, sect., 22 mars 1996, *Mmes Paris et Roignot : AJDA 1996. 404* ; *Lebon 99*). Mais il n'appartient pas au recteur de procéder à l'annulation des actes relatifs au fonctionnement ou des délibérations approuvant ou modifiant le budget ainsi que les contrats et conventions (TA Lille, 23 mai 2008, *M. A. et a. : LIJ n° 127*).

B. LE CONTRÔLE FINANCIER

Même si le budget de l'établissement est essentiellement alimenté par la collectivité territoriale de rattachement qui précise d'ailleurs ses orientations quand elle apporte sa dotation, le contrôle financier sur lequel la collectivité a été recentrée implique aussi les autorités de l'État.

En matière budgétaire, la triple transmission a été abandonnée en 2015 (art. L. 421-11 mod. par L. n° 2015-177 du 16 févr. 2015 ; art. R. 421-

59). Le ***budget de l'établissement*** préparé par le chef d'établissement en fonction des orientations qui lui ont été données est adopté en équilibre réel par le conseil d'administration dans un délai de trente jours suivant la notification de la participation de la collectivité de rattachement. Il est alors transmis, à la collectivité de rattachement et à l'autorité académique dans les cinq jours suivant le vote ; il devient exécutoire trente jours après la dernière date de réception. Dans ce délai la collectivité mais aussi l'autorité académique peuvent faire connaître leur désaccord motivé. Le budget est alors réglé conjointement par la collectivité et l'autorité académique qui le transmettent au représentant de l'État ; il est alors exécutoire. A défaut d'accord entre la collectivité et l'autorité académique dans les deux mois, le représentant de l'État saisit la Chambre régionale des comptes qui rend un avis public sur la base duquel le représentant de l'État règle le budget (art. L. 421-11).

L'autorité académique et la collectivité de rattachement sont informées régulièrement de la situation financière de l'établissement. Ponctuellement, elles reçoivent en outre une information préalable sur les conventions à incidence financière. Ces éléments doivent permettre à l'une (qui a en charge le service public, sa continuité, son efficacité et sa qualité) comme à l'autre (comptable de la bonne utilisation des ressources publiques) d'intervenir et de prendre les mesures nécessaires. La collectivité peut solliciter de l'autorité académique qu'une enquête soit réalisée par un corps d'inspection (IGAENR) sur le fonctionnement de l'établissement (art. L. 421-14).

La logique de la LOLF impose aujourd'hui un changement. Même si les EPLE ne sont pas des « opérateurs d'État », leur budget étant essentiellement local, leur action est financée par des crédits d'État (masse salariale) qui doivent permettre d'atteindre les objectifs fixés par les projets annuels de performance (PAP). La nouvelle donne doit être prise en compte tant en gestion (cohérence globale, optimisation de la dépense, coûts complets) que sur le terrain de la performance. La contractualisation avec l'autorité académique donne un cadre opérationnel à la démarche de projet par la détermination d'objectifs quantifiés et l'évaluation des actions pédagogiques et donc financières.

La réglementation budgétaire, financière et comptable applicable aux établissements publics locaux d'enseignement relevant du ministère de l'éducation nationale (EPLE) et du ministère chargé de la mer (EPLE Mer), aux établissements régionaux d'enseignement adapté (Erea) et aux établissements régionaux du premier degré (ERPD) fait l'objet d'une instruction codificatrice M.9.6, dont la dernière version a été publiée au BOEN n° 21 du 21 mai 2015. Elle est fondée sur les dispositions législatives fixant les principes de l'organisation financière des EPLE (art. L. 421-11 : préparation, adoption et caractère exécutoire du budget ; art. L. 421-12 : et des budgets modificatifs ; art. L. 421-13 : règlement du budget par le représentant de l'État ; art. L. 421-14 : transmission des actes et information sur la situation financière ; art. L. 421-15 : sur l'agent comptable) et sur les dispositions réglementaires, notamment celles du décret n° 2012-1193 du 26 octobre 2012, intégrées au code de l'éducation (art. R. 421-57 à R. 421-78). Au-delà des règles de fonctionnement des établissements, l'instruction reprend celles relatives à la structure budgétaire et à son exécution, les règles comptables et à la production et à l'analyse des comptes financiers. ❑

1. Suppression. Compétence. Le législateur a entendu partager la compétence pour l'organisation du service public de l'enseignement du second degré entre l'État d'une part, le département ou la région d'autre part. La décision de supprimer un établissement public d'enseignement du second degré ne saurait, dès lors, comme celle de la créer, intervenir qu'au terme d'une procédure permettant de recueillir l'accord tant du représentant de l'État que des organes compétents de la collectivité territoriale dont relève l'établissement. • CAA Lyon, 26 juin 2007, n° 03LY00689. ♦ Des parents demandaient l'annulation des décisions tendant à la fermeture d'un lycée. Le juge administratif confirme que les services de l'État sont compétents, sur le fondement de cet article, pour procéder à la fermeture d'un établissement. Le conseil régional ne détient d'aucune disposition législative ou réglementaire la compétence pour arrêter les modalités pratiques de cette opération, ni la date, ni l'échelonnement dans le temps. • TA Rennes, 26 août 2004, n° 021331 : *AJDA 2005. 111*.

2. Fermeture d'un collège. Avis de la commune d'implantation. Absence. La fermeture définitive d'un collège sans que l'avis de la commune d'implantation ait été recueilli au préalable étant contestée, le juge estime que ni les dispositions de l'art. L. 421-1 ni aucune autre disposition n'imposent la consultation de la commune d'implantation en cas de fermeture d'un collège, sauf dans les cas prévus aux art. L. 216-5 et L. 216-6, non applicables en l'espèce. • TA Rennes, 22 juill. 2016, nos 1601039 et 1601299 : *LIJ 2016, no 195, p. 16.*

3. Suppression. Effets. Suspension. Les effets de la suppression d'un établissement public local d'enseignement sur les conditions de la scolarité des élèves risquent d'entraîner des conséquences irréversibles. L'exécution d'un tel arrêté peut faire l'objet d'une demande de suspension en urgence. • CAA Nantes, 1er sept. 2000, nos 00NT01309 et 00NT01335.

4. Modification de la localisation. V. notes ss. art. L 213-1.

5. La décision de fermeture d'un collège ne saurait intervenir qu'au terme d'une procédure permettant de recueillir l'accord tant du représentant de l'État que des organes compétents du département concerné. Si la décision par laquelle le représentant de l'État dans le département décide, sur le fondement de l'art. L. 421-1, la fermeture d'un collège ne peut intervenir que dans le cadre d'une procédure permettant de recueillir l'accord du département, cette décision n'est pas prise pour l'application de la délibération par laquelle le département décide, en vertu des dispositions de l'art. L. 213-1, la localisation des établissements et leur secteur de recrutement. Cette dernière délibération ne constitue pas davantage la base légale de la décision de fermeture prise par l'autorité de l'État. Par conséquent, un moyen tiré, par la voie de l'exception, de l'illégalité de la délibération du conseil départemental à l'encontre de l'arrêté préfectoral relatif à la fermeture d'un collège est inopérant. • CE 18 juill. 2018, no 420047 B : *AJDA 2018. 1516, comm. Pastor.*

6. Désaffectation. Sur le même fondement, la décision de désaffectation des biens utilisés par un établissement d'enseignement du second degré ne saurait dès lors intervenir qu'au terme d'une procédure permettant de recueillir l'accord tant du représentant de l'État que des organes compétents de la collectivité territoriale dont relèvent ces biens, qu'elle en soit propriétaire ou qu'elle exerce l'ensemble des droits et obligations du propriétaire en vertu d'une mise à disposition. • CE, ass., 2 déc. 1994, *Dpt de Seine-Saint-Denis*, no 110181 A.

7. Conséquences de l'autonomie. La délibération par laquelle le conseil d'administration d'un lycée a autorisé le proviseur à conclure avec une société une convention ayant pour objet la pose de panneaux publicitaires sur les murs du lycée et l'acte par lequel le proviseur a signé cette convention n'ont pas trait au contenu ou à l'organisation de l'action éducatrice. Par suite, le ministre de l'éducation nationale n'a ni intérêt ni qualité pour faire appel du jugement attaqué du tribunal administratif de Paris qui a annulé ces décisions. • CE 12 oct. 1992, no 104657 B. ♦ Une convention signée entre le proviseur d'une cité scolaire, en sa qualité de président du foyer socio-éducatif, et une société avait prévu l'installation de distributeurs de nourriture et de boissons dans les locaux de cette cité scolaire. La responsabilité de l'État, auquel l'administration des établissements publics locaux d'enseignement n'incombe pas, ne saurait être engagée à leur égard sur ce fondement. • CAA Nantes, 19 juin 2003, no 99NT00515. ♦ Les décisions prises par l'organe délibérant de ces établissements en ce qui concerne l'utilisation des ressources qu'ils reçoivent de la collectivité de rattachement ne peuvent engager la responsabilité de cette dernière à l'égard des tiers. Une commune n'est en conséquence pas fondée à rechercher la responsabilité du département pour le refus d'un collège d'acquitter les sommes qu'elle lui réclame à raison de la mise à disposition des gymnases municipaux. • CAA Lyon, 23 juin 1992, no 91LY00099 B • CAA Nancy, 10 juill. 1990, nos 89NC01543 et 90NC00139 A.

Circulaire no 2011-112 du 1er août 2011,

Le règlement intérieur dans les établissements publics locaux d'enseignement.

PRÉAMBULE

La réforme des procédures disciplinaires dans les établissements scolaires du second degré introduite par les décrets no 2011-728 et no 2011-729 du 24 juin 2011 modifiant le code de l'éducation vise à mieux faire respecter les règles du « vivre ensemble » et à redonner du sens aux sanctions. Dans ce contexte, une actualisation des règles relatives aux droits et devoirs de chacun des membres de la communauté éducative, définies dans le règlement intérieur, est nécessaire. Le décret modifiant notamment l'article R. 421-5 du code de l'éducation prévoit que le règlement intérieur « rappelle les règles de civilité et de comportement ». La circulaire relative à l'organisation des procédures disciplinaires dans les collèges, les lycées et les établissements régionaux d'enseignement adapté, et aux mesures de prévention et alternatives aux sanctions publiée concomitamment au *BO* du 25 août 2011 précise, notamment, qu'une charte des règles de civilité du collégien sera jointe au règlement intérieur des collèges.

Dans le cadre de l'autonomie dont disposent les EPLE, le règlement intérieur définit les règles qui régissent la vie quotidienne dans l'établissement, ainsi que les décisions individuelles que le chef d'établissement peut prendre en application de ces règles. Chaque adulte doit pouvoir s'y référer pour légitimer son autorité, en privilégiant la responsabilité et l'engagement de chacun.

Élaboré et réactualisé en concertation avec tous les acteurs de la communauté éducative, le règlement intérieur place l'élève, en le rendant responsable, en situation d'apprentissage de la vie en société et de la citoyenneté.

Le règlement intérieur doit se conformer au principe de la hiérarchie des normes et respecter, à ce titre, les textes internationaux ratifiés par la France ainsi que les dispositions constitutionnelles, législatives et réglementaires en vigueur. La juridiction administrative a eu l'occasion à plusieurs reprises de se prononcer sur la régularité de certaines dispositions introduites dans des règlements intérieurs d'établissements scolaires, dont elle a reconnu qu'elles peuvent revêtir le caractère de décisions administratives opposables aux personnes qu'elles visent. La réglementation des droits et des obligations des élèves peut donc faire l'objet de recours devant les tribunaux administratifs. L'objet du règlement intérieur, son contenu et ses modalités d'élaboration obéissent à ces principes.

I. *L'OBJET DU RÈGLEMENT INTÉRIEUR*

Le règlement intérieur précise les règles de vie collective applicables à tous les membres de la communauté éducative dans l'enceinte de l'établissement ainsi que les modalités spécifiques selon lesquelles sont mis en application les droits et libertés dont bénéficient les élèves. Il ne peut en aucune façon se réduire à un énoncé de dispositions relatives aux obligations des seuls élèves et au régime des punitions et des sanctions les concernant.

L'objet du règlement intérieur est en conséquence double :

— d'une part, fixer les règles d'organisation qu'il incombe à chaque établissement de préciser, telles que les heures d'entrées et de sorties, les modalités retenues pour l'attente des transports scolaires devant l'établissement ou encore les déplacements des élèves ;

— d'autre part, après avoir procédé au rappel des droits et devoirs dont peuvent se prévaloir les membres de la communauté éducative, déterminer les conditions dans lesquelles ces droits et devoirs s'exercent au sein de l'établissement, compte tenu de sa configuration, de ses moyens et du contexte local.

S'agissant notamment des élèves, le règlement intérieur ne peut en conséquence se contenter de procéder à un simple rappel des droits et des obligations mentionnés à l'article R. 421-5 du code de l'éducation. Il doit préciser également les modalités selon lesquelles ces droits et ces obligations s'appliquent dans l'établissement.

II. *LE CONTENU DU RÈGLEMENT INTÉRIEUR*

Normatif, le règlement intérieur est aussi éducatif et informatif : document de référence pour l'action éducative, il participe également à la formation à la citoyenneté des élèves et facilite les rapports entre les acteurs de la communauté éducative.

2.1. *Les principes qui régissent le service public d'éducation*

Le service public de l'éducation repose sur des valeurs et des principes dont le respect s'impose à tous dans l'établissement : principes de gratuité de l'enseignement, de neutralité et de laïcité. Chacun est également tenu au devoir d'assiduité et de ponctualité, de tolérance et de respect d'autrui dans sa personne et ses convictions, au respect de l'égalité des chances et de traitement entre filles et garçons, à la protection contre toute forme de violence psychologique, physique ou morale. En aucune circonstance, l'usage de la violence physique comme verbale ne saurait être toléré.

Le respect mutuel entre adultes et élèves et entre élèves constitue également un des fondements de la vie collective. La prise en charge progressive par les élèves eux-mêmes de la responsabilité de certaines de leurs activités s'inscrit dans la même logique.

Ces principes doivent inspirer tout règlement intérieur, tout comme ceux relatifs aux droits de l'enfant institués par la Convention internationale des droits de l'enfant du 20 novembre 1989, ratifiée par la France (*cf. BO* hors série n° 13 du 6 nov. 1997).

2.2. *Les règles de vie dans l'établissement*

Le règlement intérieur doit permettre de réguler la vie dans l'établissement et les rapports entre les différents membres de la communauté éducative par des dispositions précises.

La liste ci-dessous, qui concerne les règles de fonctionnement de l'établissement, d'organisation des études et celles qui régissent la vie quotidienne, peut être complétée utilement par d'autres points en fonction de la situation locale et de la spécificité de l'établissement. Il en est de même de la charte des règles de civilité du collégien annexée à la présente circulaire et adaptable en fonction du contexte local.

L'organisation et le fonctionnement de l'établissement

— horaires,
— récréations et interclasses ;
— usage des locaux et conditions d'accès ;
— espaces communs ;
— usage des matériels mis à disposition ;
— modalités de surveillance des élèves ;
— mouvement de circulation des élèves ;
— modalités de déplacement vers les installations extérieures.

L'organisation et le suivi des études

— organisation des études ;
— modalités de contrôle des connaissances ;
— évaluation et bulletins scolaires ;
— utilisation du carnet de correspondance ;
— conditions d'accès et fonctionnement du CDI ;
— modalités d'organisation des dispositifs d'accompagnement.

L'organisation et le suivi des élèves dans l'établissement

— gestion des retards et des absences ;
— régime des sorties pour les internes, les demi-pensionnaires et les externes ;
— régime de la demi-pension et de l'internat ;
— organisation des soins et des urgences.

La vie dans l'établissement

Modalités de surveillance des élèves
— usage du téléphone mobile (interdiction durant les activités d'enseignement et dans les lieux prévus par le règlement intérieur au collège en application de l'article L. 511-5 du code de l'éducation) ;
— usage de certains biens personnels (lecteur « MP3 », « smartphone », etc.).

La sécurité

— port de tenue destinée à dissimuler son visage ou incompatible avec certains enseignements, susceptible de mettre en cause la sécurité des personnes ou les règles d'hygiène ou encore d'entraîner des troubles de fonctionnement dans l'établissement.

Il faut rappeler en outre que toute introduction, tout port d'armes ou d'objets dangereux, quelle qu'en soit la nature, doivent être strictement prohibés.

De même, l'introduction et la consommation dans l'établissement de produits stupéfiants sont expressément interdites. Il doit en être de même pour la consommation d'alcool, excepté, pour les personnels, dans les lieux de restauration.

Il est rappelé qu'il est interdit de faire usage du tabac dans les établissements scolaires.

2.3. *L'exercice des droits et obligations des élèves*

Les droits et obligations des élèves définis au livre V du code de l'éducation sont précisés de façon générale par la circulaire n° 91-052 du 6 mars 1991 relative aux droits et obligations des élèves des lycées, collèges et établissements régionaux d'enseignement adapté qui énonce un certain nombre de droits susceptibles d'être exercés par tous les élèves. Plus spécifiquement pour les lycéens, la circulaire n° 2010-129 du 24 août 2010 relative à la responsabilité et à l'engagement des lycéens rappelle les droits et les modalités d'expression qui leur sont reconnus et a pour ambition le développement des initiatives lycéennes et l'acquisition d'une réelle autonomie en participant pleinement à la vie de l'établissement. La circulaire n° 91-051 du 6 mars 1991 relative aux publications réalisées et diffusées par les élèves dans les lycées modifiée par la circulaire n° 2002-026 du 1er février 2002 définit les règles à respecter en la matière ainsi que le régime de responsabilité applicable. Elle rappelle notamment que le droit de publication des lycéens peut s'exercer sans autorisation ni contrôle préalable du chef d'établissement.

2.3.1. Les modalités d'exercice de ces droits

Dans les collèges, les élèves disposent du droit d'expression individuelle et collective et, par l'intermédiaire de leurs délégués, du droit de réunion.

Dans les lycées, les élèves disposent des droits d'expression individuelle et collective, de réunion, d'association et de publication.

Ceux-ci s'exercent dans le respect du pluralisme, des principes de neutralité et du respect d'autrui. Tout propos diffamatoire ou injurieux peut avoir des conséquences graves.

L'exercice de ces droits ne doit pas porter atteinte aux activités d'enseignement, au contenu des programmes et à l'obligation d'assiduité.

Outre le rappel de leurs droits spécifiques, le règlement intérieur précise également, selon qu'il s'agit de collégiens ou de lycéens :

— les modalités d'exercice du droit de réunion, les conditions auxquelles est subordonnée l'autorisation du chef d'établissement et la nécessité de respecter les principes du service public d'enseignement ;

— les conditions d'affichage dans l'établissement en application du droit d'expression collectif (panneau d'affichage et sa localisation, texte obligatoirement signé, etc.) ;

— la diffusion dans l'établissement, pour les lycéens, de leurs publications dans le respect de la circulaire n° 91-051 du 6 mars 1991 modifiée par la circulaire n° 2002-026 du 1er février 2002 ;

— les conditions de création et de fonctionnement des associations déclarées qui ont leur siège dans l'établissement, dont la Maison des lycéens, en application de la circulaire n° 2010-009 du 29 janvier 2010. L'objet et l'activité de ces associations doivent être compatibles avec les principes du service public d'enseignement.

2.3.2. Les obligations

L'article L. 401-2 dispose que le règlement intérieur précise les conditions dans lesquelles est assuré le respect des droits et des devoirs de chacun des membres de la communauté éducative.

Cet article vise non seulement les élèves mais également les parents d'élèves et les personnels en fonction dans l'établissement. L'attitude des personnels doit avoir valeur d'exemplarité.

La présente circulaire apporte des précisions sur les obligations essentielles qui s'imposent aux membres de la communauté éducative. Parmi celles-ci :

L'obligation d'assiduité consiste, pour l'élève, à participer au travail scolaire et aux dispositifs d'accompagnement auxquels il est inscrit, à respecter les horaires d'enseignement définis par l'emploi du temps de l'établissement, à se soumettre aux modalités de contrôle des connaissances. Il ne peut en aucun cas refuser d'étudier certaines parties du programme de sa classe, ni se dispenser de l'assistance à certains cours, sauf cas de force majeure ou autorisation exceptionnelle.

Les modalités de contrôle de l'assiduité et de signalement des absences par les enseignants ou par tout personnel responsable d'une activité organisée pendant le temps scolaire ou dans le cadre des dispositifs d'accompagnement et les conditions dans lesquelles les absences des élèves sont signalées aux personnes responsables doivent être clairement précisées dans le règlement intérieur. Elles prendront appui sur une responsabilisation des élèves et de leurs familles : il s'agit de faire comprendre l'importance de l'assiduité et de maintenir le dialogue entre l'établissement et les parents.

L'absentéisme volontaire constitue un manquement à l'assiduité et peut faire l'objet d'une procédure disciplinaire au terme de laquelle une sanction peut être prononcée. Dans tous les cas, l'exclusion, même temporaire, qui ne ferait qu'accentuer le risque de rupture scolaire, doit être écartée. D'autres mesures, dont le caractère éducatif prime, doivent être envisagées.

L'absentéisme peut aboutir à une suspension/suppression des allocations familiales selon les modalités fixées à l'article L. 131-8 du code de l'éducation dans sa version issue de la loi n° 2010-1127 du 28 septembre 2010 visant à lutter contre l'absentéisme scolaire et rappelée par la circulaire n° 2011-0018 du 31 janvier 2011 « Vaincre l'absentéisme ».

Le respect d'autrui

L'établissement est une communauté humaine à vocation pédagogique et éducative où chacun doit témoigner une attitude tolérante et respectueuse de la personnalité d'autrui et de ses convictions. Aucune personne ne peut, en application de la loi n° 2010-1192 du 11 octobre 2010 interdisant la dissimulation du visage dans l'espace public, porter une tenue destinée à dissimuler son visage dans l'enceinte de l'établissement scolaire. En tant que de besoin, l'application de cette loi peut être rappelée lors de la réunion de rentrée avec les parents d'élèves ci-après mentionnée.

Le règlement intérieur doit également rappeler l'interdiction du port de signes ou tenues par lesquels les élèves manifestent ostensiblement une appartenance religieuse énoncée à l'article L. 141-5-1 du code de l'éducation et les modalités et objectifs du dialogue à entamer en cas de non-respect de cette obligation.

Le respect de l'autre et de tous les personnels, la politesse, sont autant d'obligations inscrites au règlement intérieur.

Il en est de même pour toutes les formes de discrimination qui portent atteinte à la dignité de la personne. Le refus de tout propos ou comportement à caractère raciste, antisémite, xénophobe, sexiste et homophobe ou réduisant l'autre à une apparence physique ou à un handicap nécessite d'être explicité dans le règlement intérieur.

L'interdiction de tout acte de violence entre membres de la communauté scolaire

Les violences verbales, la dégradation des biens personnels, les vols ou tentatives de vol, les brimades, le bizutage, le racket, le harcèlement, y compris celui fait par le biais d'internet, les violences physiques et les violences sexuelles, dans l'établissement et à ses abords immédiats, constituent des comportements qui, selon les cas, font l'objet de sanctions disciplinaires et/ou d'une saisine de la justice.

Le respect du cadre de vie

Le respect de l'environnement, des biens communs et des biens appartenant à autrui sont autant d'obligations inscrites dans le règlement intérieur. La responsabilité de l'élève majeur ou des personnes exerçant l'autorité parentale peut se trouver engagée sur le fondement des dispositions des articles 1382 et 1384 du code civil, en cas de dommage causé aux biens de l'établissement.

Les élèves sont associés aux décisions relatives à l'aménagement des espaces et des lieux de vie destinés à la vie scolaire.

2.4. *La discipline : sanctions et punitions*

Le règlement intérieur rappelle les règles de civilité et de comportement. Il comporte, en application de l'article R. 421-5 du code de l'éducation, un chapitre consacré à la discipline des élèves qui reproduit l'échelle des sanctions prévues à l'article R. 511-13. Il prévoit les mesures de prévention et d'accompagnement ainsi que les modalités de la mesure de responsabilisation. Le suivi de ces mesures est assuré par la commission éducative. La composition de la commission éducative instituée par l'article R. 511-19-1 est arrêtée par le conseil d'administration et inscrite dans le règlement intérieur qui fixe également les modalités de son fonctionnement. Elle comprend notamment des personnels de l'établissement et associe, en tant que de besoin, toute personne susceptible d'apporter des éléments permettant de mieux appréhender la situation de l'élève concerné. Le règlement intérieur mentionne également les principes directeurs qui doivent présider au choix des punitions scolaires et éventuellement une liste indicative de ces punitions.

De façon générale, tous les personnels de l'établissement doivent être attentifs au respect des règles de vie au sein de l'établissement. Les punitions peuvent être prononcées par les personnels de direction, d'éducation, de surveillance et par les enseignants ; elles peuvent également l'être sur proposition d'un autre membre de la communauté éducative intervenant au sein de l'établissement.

2.5. *Les mesures positives d'encouragement*

La valorisation des actions des élèves dans différents domaines — sportif, associatif, artistique, etc. — est de nature à renforcer leur sentiment d'appartenance à l'établissement et à développer leur participation à la vie collective. A ce titre, les règlements intérieurs peuvent prévoir un système de récompenses spécifiques afin de prendre en compte les efforts des élèves telles que l'attribution d'« encouragements », de « tableaux d'honneur » ou de « félicitations ». Ces récompenses peuvent éventuellement donner lieu à une cérémonie officielle. Les actions dans lesquelles les élèves ont pu faire preuve de civisme, d'implication dans le domaine de la citoyenneté et de la vie du collège ou du lycée, d'esprit de solidarité, de responsabilité, doivent être prises en compte, selon des modalités fixées par chaque établissement, en relation étroite avec son projet pédagogique. C'est notamment le cas au collège avec la note de vie scolaire.

2.6. *Les relations entre l'établissement et les familles*

Les parents d'élèves ou responsables légaux ont des droits et des devoirs de garde, de surveillance et d'éducation définis aux articles 371 et suivants du code civil relatifs à l'exercice de l'autorité parentale.

Le règlement intérieur constitue un support essentiel pour instaurer un véritable dialogue avec les familles dans un esprit de co éducation. Les informations qu'il apporte sur le fonctionnement de l'établissement, l'organisation des contacts avec l'équipe enseignante et éducative et le calendrier des rencontres entre parents et enseignants contribuent à la qualité de ce dialogue.

Le règlement intérieur doit être présenté, en début d'année scolaire, aux personnes responsables de l'élève nouvellement inscrit, en application de l'article L. 401-3 du code de l'éducation. Cette présentation est effectuée par le chef d'établissement au cours d'une réunion ou d'un entretien. Il est recommandé de le soumettre, chaque année, à la signature des parents d'élèves afin de s'assurer qu'ils ont bien pris connaissance de son contenu.

Dans le cadre du dialogue régulier avec ces derniers, une information est donnée sur les actions qui sont organisées, au niveau local, avec le concours, entre autres, des représentants des parents d'élèves ou des collectivités territoriales. Le chef d'établissement peut autoriser des personnes bénévoles, notamment des parents d'élèves, à apporter leur concours aux enseignants lors d'une sortie ou d'un voyage scolaire.

2.7. *Situations particulières*

Le règlement intérieur peut être complété par des dispositions particulières tenant à la spécificité de chaque établissement. Elles peuvent concerner notamment :

Les élèves majeurs

Le règlement intérieur s'applique aux élèves majeurs au même titre qu'aux autres élèves. Il convient cependant de respecter les dispositions réglementaires relatives à la majorité, en matière de gestion des absences et d'information directe de ces élèves.

Des règles particulières peuvent être appliquées aux étudiants majeurs (élèves de BTS et des CPGE).

La conduite à tenir en cas d'incident aux entrées et aux sorties

Bien que la protection des abords de l'établissement relève de la responsabilité des services de police et du maire de la commune, le chef d'établissement peut être amené à intervenir, en cas d'incident grave, devant l'établissement. Aussi le règlement intérieur peut-il prévoir des modalités particulières concernant les entrées et les sorties de l'établissement.

L'internat

Un règlement particulier annexé au règlement intérieur sera élaboré pour l'organisation de la vie en internat. En ce qui concerne la discipline, les élèves internes relèvent des mêmes instances et procédures que les élèves externes.

Le service de restauration

Le règlement intérieur de l'établissement doit comporter des dispositions spécifiques relatives au fonctionnement du service de restauration et, notamment, au respect des règles de discipline, d'hygiène et de sécurité au sein du réfectoire.

Les stages

Des modalités spécifiques peuvent être inscrites au règlement intérieur, relatives à l'organisation des stages en alternance, des stages en entreprise, à la présence d'apprentis et à l'accueil d'adultes en formation continue.

III. ÉLABORATION ET MODIFICATIONS DU RÈGLEMENT INTÉRIEUR

Les modalités de préparation et d'élaboration du règlement intérieur tiennent compte des conditions locales et du niveau d'enseignement.

3.1. *Élaboration et révision*

Chaque établissement définit sa propre démarche d'élaboration ou de modification du règlement intérieur.

Il s'agit d'associer l'ensemble des membres de la communauté éducative et de créer les conditions d'une véritable concertation pour que le règlement intérieur soit le résultat d'un travail collectif permettant une meilleure appropriation des dispositions qu'il contient.

La phase de préparation constitue pour les élèves un temps d'apprentissage de la responsabilité et de la citoyenneté, notamment au travers de l'adaptation de la charte des règles de civilité. Il est rappelé que le conseil des délégués pour la vie lycéenne (CVL) est obligatoirement consulté pour l'élaboration du règlement intérieur au même titre que pour les questions relatives aux principes généraux de l'organisation des études, l'organisation du temps scolaire ou l'élaboration du projet d'établissement.

Le projet de règlement intérieur est instruit par la commission permanente puis soumis au conseil d'administration, qui l'adopte.

Document évolutif, le règlement intérieur doit s'adapter aux évolutions législatives et réglementaires et prendre en compte les transformations des contextes. C'est la raison pour laquelle il fait l'objet de révisions périodiques, élaborées selon la même procédure que son écriture originelle.

3.2. *Information et diffusion*

Il convient de veiller à ce que le règlement intérieur fasse l'objet d'une information et d'une diffusion les plus larges possibles auprès de tous les membres de la communauté éducative, par exemple lors des journées de prérentrée. Cela requiert la mise en place d'actions d'information adaptées, complétées par un travail d'explication, notamment auprès des élèves et des parents d'élèves. A cet égard, l'heure de vie de classe, dans les collèges et les lycées, peut constituer un moment privilégié.

L'article R. 421-5 précise que le règlement intérieur doit être porté à la connaissance de l'ensemble des membres de la communauté éducative, au même titre que le projet d'établissement.

La circulaire n° 2000-106 du 11 juillet 2000 relative au règlement intérieur dans les établissements publics locaux d'enseignement est abrogée.

ANNEXE

Charte des règles de civilité du collégien

Le collège est un lieu d'instruction, d'éducation et de vie collective où s'appliquent les valeurs de la République : liberté, égalité, fraternité, laïcité. La mise en pratique de ces valeurs au sein du collège permet d'offrir un cadre de vie propice aux apprentissages et à la réussite de tous.

Pour cela, chacun doit connaître, s'approprier et appliquer les règles communes.

La présente charte reprend les principaux éléments du règlement intérieur sous une forme simplifiée. Ces règles sont les conditions du « vivre ensemble » dans le collège.

Chaque élève doit donc s'engager personnellement à les respecter dans la classe, dans l'établissement et à ses abords.

Respecter les règles de la scolarité

— respecter l'autorité des professeurs ;
— respecter les horaires des cours et des activités pour lesquelles un engagement a été pris ;
— se présenter avec son carnet de correspondance et le matériel nécessaire ;
— faire les travaux demandés par le professeur ;
— entrer en classe et circuler dans les couloirs calmement ;
— entrer au collège avec une tenue vestimentaire convenable ;
— adopter un langage correct.

Respecter les personnes

— avoir un comportement respectueux envers les adultes et les autres élèves à l'intérieur ou à l'extérieur de l'établissement, y compris à travers l'usage d'internet ;
— être attentif aux autres et solidaire des élèves plus vulnérables ;
— briser la loi du silence en cas de souffrance d'un ou plusieurs élèves ;
— ne jamais mettre en cause ou se moquer d'un adulte ou d'un élève pour quelque raison que ce soit ;
— refuser tout type de violence ou de harcèlement ;
— respecter et défendre le principe absolu d'égalité entre les filles et les garçons et les règles de la mixité ;
— ne pas avoir un comportement violent, ni participer à un jeu qui viserait à blesser un camarade physiquement ou moralement ;
— respecter l'interdiction d'utiliser son téléphone portable pendant les cours et les activités éducatives ;

— ne pas utiliser son téléphone portable pour filmer et diffuser des images portant atteinte à la dignité des personnes ;

— faciliter et respecter le travail des agents d'entretien ;

— respecter les personnes, avoir un comportement correct à l'occasion des sorties scolaires ainsi qu'aux environs immédiats de l'établissement.

Respecter les biens communs

— respecter le matériel de l'établissement, ne pas écrire sur le mobilier, ni sur les murs ;

— garder les locaux et les sanitaires propres ;

— ne pas utiliser les extincteurs et les alarmes sans raison valable ;

— respecter les principes d'utilisation des outils informatiques ;

— ne pas dégrader les véhicules de transport scolaire.

Le respect de l'ensemble de ces règles participe à instaurer un climat de vie favorable dans le collège, à développer une confiance partagée entre adultes et élèves et à créer un esprit de solidarité entre élèves.

Il permet à la communauté éducative de développer un contexte propice aux enseignements et à l'épanouissement des capacités et des compétences de chaque collégien.

Par la mise en pratique de ces règles, chaque élève contribue à ce que tous soient heureux d'aller au collège et d'y travailler.

SECTION PREMIÈRE **ORGANISATION ADMINISTRATIVE**

Art. L. 421-2 **Les établissements publics locaux mentionnés à l'article L. 421-1 sont administrés par un conseil d'administration composé, selon l'importance de l'établissement, de vingt-quatre ou de trente membres. Celui-ci comprend :**

1° Pour un tiers, des représentants des collectivités territoriales, des représentants de l'administration de l'établissement et une ou plusieurs personnalités qualifiées ; dans le cas où ces dernières représenteraient le monde économique, elles comprendraient, à parité, des représentants des organisations représentatives des salariés et des employeurs ;

2° Pour un tiers, des représentants élus du personnel de l'établissement ;

3° Pour un tiers, des représentants élus des parents d'élèves et élèves.

(L. nº 2013-595 du 8 juill. 2013, art. 60) **« Les représentants des collectivités territoriales sont au nombre de trois ou de quatre, selon que l'effectif du conseil d'administration est de vingt-quatre ou de trente membres.**

« Lorsque les représentants des collectivités territoriales sont au nombre de trois, ils comprennent deux représentants de la collectivité de rattachement et un représentant de la commune siège de l'établissement et, lorsqu'il existe un établissement public de coopération intercommunale, un représentant de cet établissement public siège sans voix délibérative.

« Lorsque les représentants des collectivités territoriales sont au nombre de quatre, ils comprennent deux représentants de la collectivité de rattachement et deux représentants de la commune siège de l'établissement ou, lorsqu'il existe un établissement public de coopération intercommunale, deux représentants de la collectivité de rattachement, un représentant de cet établissement public de coopération intercommunale et un représentant de la commune siège.

« Lorsque les représentants d'une même collectivité territoriale sont au nombre de deux, l'un d'entre eux peut ne pas être membre de l'assemblée délibérante.

« Toutefois, lorsque, en application du *(L. nº 2014-58 du 27 janv. 2014, art. 24)* **« 1° de l'article L. 4221-1-1 ou du** *(L. nº 2015-991 du 7 août 2015, art. 90)* **« 8° du IV de l'article L. 5217-2 » du code général des collectivités territoriales, les compétences d'une région ou d'un département en matière de construction, d'aménagement, d'entretien et de fonctionnement des lycées ou des collèges sont exercées par une métropole, un représentant de la métropole siège au conseil d'administration des établissements publics locaux d'enseignement concernés en lieu et place de l'un des représentants de la collectivité territoriale de rattachement. »**

Sur le rapport d'information relatif à l'absentéisme scolaire, V. ci-dessous L. nº 2010-1127 du 28 sept. 2010, art. 6.

BIBL. ▶ LAGUETTE, BIGAUT, SZYMANKIEWICZ GÉRAUD et GRANDJEAN, Procédures de gestion de crise et sécurisation des établissements d'enseignement face à la menace terroriste, *Rapp. IGAENR - Min. intérieur, nº 2017-007, févr. 2017.* – RIOU, Compétences respectives du chef d'établissement et du conseil d'administration en matière d'hygiène, de salubrité et de sécurité, *LIJ 2009, n° 131, p. 25.*

COMMENTAIRE

I. COMPOSITION DU CONSEIL D'ADMINISTRATION

Sa composition est à l'image de la *« communauté éducative »*. Selon l'importance de l'établissement, il compte de 24 à 30 membres répartis en trois tiers ; des règles spécifiques sont prévues pour les collèges de moins de 600 élèves et pour les établissements régionaux d'enseignement adapté (EREA ; V. art. R. 421-14 à R. 421-19) :

– ***Un tiers « institutionnel »*** divisé à nouveau en trois. L'article L. 421-2 mentionne d'abord les représentants des collectivités territoriales qui sont trois ou quatre selon l'effectif du conseil d'administration. La loi du 8 juillet 2013 a doublé la représentation de la collectivité de rattachement qui passe de un à deux ; la commune siège dispose d'un ou deux représentants (et, s'il existe l'établissement public de coopération intercommunale, un représentant avec ou sans voix délibérative, selon le nombre de sièges). Quand une collectivité a deux représentants, le second peut ne pas être un élu (art. L. 421-2, al. 4). Le ***décret n° 2014-1236 du 24 octobre 2014*** précise les conditions de désignation des représentants des collectivités territoriales au conseil d'administration de l'établissement ; en principe, la collectivité de rattachement comme la commune siège disposent de deux représentants ; le second peut alors ne pas être un élu mais un agent de la collectivité, solution de bon sens qui assurera une meilleure présence des collectivités ; toutefois, il en est différemment quand les compétences de la collectivité de rattachement sont exercées par une autre collectivité, un établissement public de coopération intercommunale (EPCI) à fiscalité propre ou une métropole depuis la loi n° 2014-58 du 27 janvier 2014 de modernisation de l'action publique territoriale, chaque assemblée délibérante désignant alors un élu. Il en est de même de la représentation de la commune siège quand ces compétences sont exercées par un EPCI (art. R. 421-14 sauf si le collège a moins de 600 élèves, la commune siège n'ayant alors qu'un représentant, le représentant de l'EPCI n'assistant plus au CA qu'à titre consultatif, art. R. 421-16).

Les représentants de l'administration de l'établissement sont en fait des agents de l'État qu'il est à ce titre plus logique de citer en premier, comme le fait l'article 11 du décret n° 85-924 du 30 août 1985 (devenu C. éduc., art. R. 421-14) : le chef d'établissement, l'adjoint, le gestionnaire, un conseiller principal d'éducation (la présence du conseiller principal d'éducation le plus ancien comme membre de droit au titre des représentants de l'administration au CA des EPLE ne prive les CPE ni de leur droit syndical ni de leur droit à participer à l'élection des représentants des personnels : CE 13 avr. 2018, n° 404783).

Enfin, une ou plusieurs personnalités qualifiées qui, si elles représentent le monde économique, sont désignées par le DASEN sur proposition du chef d'établissement, et par la collectivité de rattachement (art. R. 421-15) en respectant la parité salariés et employeurs. Le décret n° 2013-895 du 4 octobre 2013 modifie la composition du conseil d'administration pour les lycées professionnels, il renforce la représentation du monde économique (art. R. 421-14).

– ***Un tiers représentant les personnels***, titulaires ou non (élus au scrutin de liste), les enseignants et les personnels d'éducation étant deux fois plus nombreux que les personnels administratifs techniques ouvriers et de service (ATOS).

– ***Un tiers représentant les « usagers »***, parents d'élèves (art. L. 111-4, al. 3) et élèves, les deux catégories étant à parité en lycée, les parents étant plus nombreux que les élèves en collège ; en lycée un des élèves est élu par le conseil des délégués pour la vie lycéenne. Sur décision du chef d'établissement, après consultation du conseil d'administration, l'élection des représentants des parents d'élèves, peut se faire exclusivement par correspondance (art. D. 422-26 mod. par Décr. n° 2019-918 du 30 août 2019).

– Le décret n° 2012-1193 du 26 octobre 2012, modifiant l'organisation administrative et financière des établissements publics locaux d'enseignement modifie le calcul du *quorum* permettant aux conseils d'administration des EPLE de siéger valablement qui se fera désormais sur la base de la majorité des membres en exercice composant le conseil en précisant que la « majorité des membres doit être en exercice » (art. R. 421-25).

Dans un but de simplification, le fonctionnement du conseil d'administration des EPLE est allégé par le décret n° 2020-1632 du 21 décembre 2020 : l'ordre du jour n'a plus à être approuvé en début de séance par le conseil d'administration ; comme les dates et heures de séance, il est fixé par le chef d'établissement qui doit tenir compte, au titre des questions diverses, des demandes d'inscription qui lui ont été adressées par les membres du conseil ; il envoie les convocations accompagnées de l'ordre du jour et des documents préparatoires dans un délai de huit jours, pouvant être réduit à un jour en cas d'urgence (art. R. 421-25, mod. par Décr. n° 2020-1632 du 21 déc. 2020).

L'***autorité académique*** ou son représentant peut assister aux réunions ; le président peut inviter toute personne dont la présence paraît utile, à titre consultatif. Dans les établissements où ont lieu des expérimentations, un chercheur peut être invité à siéger au conseil d'administration, sans bénéfice du droit de vote, pour la durée des expérimentations (L. du 26 juill. 2019, art. 39 ; art. L. 314-3, al. 2). Les séances ne sont pas publiques. Aux trois séances ordinaires peuvent s'ajouter des séances extraordinaires convoquées sur un ordre du jour déterminé à la demande de l'autorité académique, de la collectivité de rattachement, du chef d'établissement ou la moitié au moins de ses membres.

II. ATTRIBUTIONS

« Le conseil d'administration règle par ses délibérations les affaires de l'établissement » (art. L. 421-4 ; art. R. 421-20).

Si la délibération a un caractère réglementaire, elle n'est opposable que si elle doit faire l'objet d'une publication, par affichage, diffusion de bulletin… dont une preuve doit être conservée (lettre DAJ AI : *LIJ n° 132*).

Par ***« affaire de l'établissement »***, la loi entend tout d'abord les questions qui relèvent de son autonomie pédagogique et éducative. Le conseil d'administration *« fixe… les principes de mise en œuvre de l'autonomie dans ce domaine, et, en particulier, les règles d'organisation de l'établissement »* ; il délibère sur le rapport annuel relatif au fonctionnement pédagogique de l'établissement, adopte le projet d'établissement, approuve le contrat d'objectifs conclu entre l'établissement et l'autorité académique et, si elle le souhaite, la collectivité de rattachement (L. du 8 juill. 2013, art. 61 ; Décr. n° 2013-895 du 4 oct. 2013, appliquant l'art. 61 de la loi du 8 août 2013 modifiant l'art. R. 421-20). Il délibère sur le rapport annuel relatif au fonctionnement pédagogique de l'établissement (et à ses conditions matérielles de fonctionnement), rendant compte notamment de la mise en œuvre du projet d'établissement, des expérimentations éventuelles et du contrat d'objectifs, et comporte un bilan disciplinaire ; il examine chaque année un rapport sur l'absentéisme scolaire. Le conseil d'administration joue en effet un rôle important pour l'organisation de la vie scolaire, adoptant le règlement intérieur de l'établissement qui définit les droits et les devoirs de chacun des membres de la communauté scolaire et comporte un chapitre consacré à la discipline des élèves (art. R. 421-5). Il adopte un plan de prévention contre la violence qui inclut notamment un programme d'actions contre le harcèlement. De même, est-il appelé à donner son accord sur les orientations relatives à la conduite du dialogue avec les parents d'élèves, sur le programme de l'association sportive ou sur le financement des voyages scolaires. Sur saisine du chef d'établissement, il est en outre appelé à formuler son avis sur les mesures annuelles de création et de suppression de sections, options, ou formations complémentaires d'initiative locale, sur les principes de choix des manuels scolaires ou sur la modification des heures d'entrée et de sortie par le maire (art. R. 421-23). Pour les collèges, le décret n° 2013-895 du 4 octobre 2013 (modifiant l'art. R. 421-20) articule les compétences du conseil d'administration des établissements publics locaux d'enseignement avec celles du conseil école-collège. Il précise que le conseil d'administration doit en outre approuver le bilan annuel des actions menées, ce qui inclut notamment un programme d'action contre toutes les formes de harcèlement (art. R. 421-20). Saisi par le chef d'établissement, il est en outre appelé à formuler son avis sur les mesures annuelles de création et de suppression de sections, options, ou formations complémentaires d'initiative locale, sur les principes de choix des manuels scolaires ou sur la modification des heures d'entrée et de sortie par le maire (art. R. 421-23).

Les ***questions administratives et financières*** les plus importantes lui sont évidemment soumises. Il adopte le budget (art. L. 421-11), ses modifications (art. L. 421-

12) et le compte financier (art. L. 421-13), autorise l'acceptation des dons et legs, l'acquisition ou l'aliénation des biens, les actions en justice, la conclusion des transactions, arrête les tarifs des ventes de produits et prestations (sauf les tarifs de la restauration scolaire, qui doivent être fixés par l'assemblée délibérante de la collectivité de rattachement, art. R. 531-52), donne son accord à la passation des marchés, des conventions et contrats. Depuis le décret n° 2012-1193 du 26 octobre 2012, il peut désormais autoriser le chef d'établissement à conclure des transactions (art. R. 421-9), et par délégation, les marchés dont l'incidence financière est annuelle (art. R. 421-20). Il peut aussi être consulté par le chef d'établissement sur toutes les questions concernant le fonctionnement administratif général. Le décret n° 2013-895 du 4 octobre 2013 (modifiant l'art. R. 421-20) articule les compétences du conseil d'administration des établissements publics locaux d'enseignement avec celles du conseil école-collège ; il précise que le conseil d'administration doit en outre approuver le bilan annuel des actions menées, ce qui inclut notamment un programme d'action contre toutes les formes de harcèlement (R. 421-20).

Il peut à son initiative adopter tous vœux sur les questions intéressant la vie de l'établissement (art. R. 421-23). Depuis la loi du 28 septembre 2010, le conseil d'administration doit, chaque année, examiner un rapport sur l'absentéisme scolaire.

Le principe général d'impartialité des organismes administratifs implique qu'un membre du conseil directement concerné par une délibération ne participe ni au débat ni au vote sur ce point (LIJ n° 133, p. 29).

III. COMMISSION PERMANENTE

Composée selon les mêmes principes de répartition que le conseil d'administration et présidée par le chef d'établissement (art. R. 421-37 à R. 421-40), la commission permanente avait été créée pour instruire les questions soumises à l'examen du conseil d'administration. L'article 36 de la loi Avenir de l'école du 23 avril 2005 ajouta la possibilité qu'elle reçoive délégation du conseil d'administration pour certaines de ses attributions (art. L. 421-4, al. 3). Dans un objectif de simplification, le décret n° 2020-1632 du 21 décembre 2020 modifie le statut et les fonctions de la commission permanente. Désormais, son existence même est facultative ; il revient en effet au conseil d'administration, lors de la première réunion qui suit le renouvellement de ses membres élus, de se prononcer sur sa création (art. R. 421-22). Elle est recentrée sur sa fonction de délégataire ; elle n'est plus chargée d'instruire les dossiers examinés par le conseil d'administration mais d'exercer les compétences que le conseil d'administration peut lui déléguer. L'idée est d'éviter le double examen des affaires par la commission permanente puis par le conseil d'administration. Si celui-ci doit conserver ses compétences stratégiques (fixation des principes de l'autonomie pédagogique et éducative, adoption du projet d'établissement et approbation du contrat d'objectif, délibération sur le rapport annuel sur le fonctionnement pédagogique de l'établissement, adoption du budget et approbation du compte financier), son ordre du jour peut être allégé par les délégations données à la commission permanente. Celles-ci peuvent porter tant sur les questions pédagogiques et éducatives (dialogue avec les parents d'élèves, voyages scolaires ; le programme d'actions du conseil école-collège, plan de prévention de la violence) que sur les affaires administratives (passation des marchés, contrats et conventions (sauf les plus importants ; dons et legs, acquisition ou aliénation des biens, ainsi que les actions à intenter ou à défendre en justice et conclusion de transactions). Si la commission permanente agit alors à la place du conseil d'administration, elle peut aussi être saisie pour avis de toute question par le conseil d'administration (art. D. 421-22 nouveau). Le chef d'établissement rend compte au conseil d'administration, lors de sa plus prochaine séance, des décisions prises par la commission permanente (art. R. 421-41, al. 1er).

Le conseil d'administration peut aussi décider de créer une commission d'établissement hygiène et sécurité regroupant notamment l'ensemble des représentants du personnel (art. R. 421-20, 7°, *c*), et un organe de concertation sur les relations avec le monde social, économique et professionnel (art. R. 421-20, 10°).

IV. CONSEIL PÉDAGOGIQUE

La loi Fillon de 2005 avait créé dans chaque établissement un conseil pédagogique présidé par le chef d'établissement pour favoriser la concertation entre professeurs et préparer la partie pédagogique du projet d'établissement (art. L. 421-5). La moitié des lycées avaient pu mettre en place cette nouvelle instance, malgré les critiques de certaines organisations syndicales. Cinq ans plus tard, le décret n° 2010-99 du 27 janvier 2010 précise sa composition, ses attributions et son fonctionnement.

La loi prévoit que doivent être réunis au moins un professeur principal par niveau d'enseignement, un professeur par champ disciplinaire, un conseiller principal d'éducation et, dans les lycées professionnels ou technologiques, un chef de travaux (art. L. 421-5). La composition du conseil pédagogique peut être plus large ; il revient au conseil d'administration de fixer le nombre de professeurs à réunir. Les membres de ce conseil sont désignés pour une année scolaire par le chef d'établissement après consultation des équipes pédagogiques concernées (sur cette notion V. art. R. 421-49). L'article R. 421-41-1 précise qu'il ne peut s'agir que de personnes volontaires. Le conseil pédagogique peut entendre toute personne dont la consultation est jugée utile (art. R. 421-41-2).

Le conseil pédagogique, présidé par le chef d'établissement qui fixe son ordre du jour et le réunit au moins trois fois par an (art. R. 421-41-4 à R. 421-41-6), a un rôle consultatif (art. R. 421-41-3) : il est consulté sur les questions pédagogiques organisation et coordination des enseignements, aide et soutien aux élèves, évaluation des élèves... V. notamment Décr. n° 2014-1231 du 22 oct. 2014 relatif à l'organisation d'instances pédagogiques dans les écoles et les collèges qui, malgré son intitulé, concerne aussi les lycées, CE 7 oct. 2015, n° 386436 ; Décr. n° 2015-544 du 19 mai 2015 relatif à l'organisation de l'enseignement au collège ; peut formuler des propositions sur l'organisation de l'accompagnement personnalisé et prépare la partie pédagogique du projet d'établissement. Il n'a pas de compétences décisoires, celles-ci relevant du conseil d'administration ou du chef d'établissement.

V. CONSEIL DES DÉLÉGUÉS DE LA VIE DES ÉLÈVES

Dans un premier temps, seuls les lycéens disposaient d'un conseil dédié à la vie scolaire (Décr. n° 91-916 du 16 sept. 1991 relatif à la création des conseils académiques de la vie lycéenne, mod. par le Décr. n° 2010-99 du 27 janv. 2010, intégré aux art. R. 421-43 s.). Après expérimentation dans plusieurs collèges, le décret n° 2016-1631 du 29 novembre 2016 instaure, dans chaque collège public, un conseil de la vie collégienne, instance de dialogue et d'échanges visant à impliquer les élèves dans la vie de leur établissement (art. R. 421-45-1 s. ; Circ. n° 2016-190 du 7 déc. 2016). La loi n° 2017-86 du 27 janvier 2017 relative à l'égalité et à la citoyenneté impose la parité dans les élections et la composition des commissions consultatives nationales et académiques vie lycéenne et collégienne (art. L. 511-2-1).

Dans les lycées, le proviseur réunit sous sa présidence l'ensemble des délégués des élèves élus dans chaque classe, formant ainsi l'assemblée générale des délégués des élèves qui procède à l'élection des représentants des délégués au conseil d'administration (art. R. 421-42, mod. par le Décr. n° 2010-99 du 27 janv. 2010). Cette assemblée n'a pas été étendue aux collèges.

Le conseil des délégués pour la vie lycéenne est composé de dix lycéens élus pour deux ans par l'ensemble des élèves de l'établissement, au scrutin plurinominal à un tour ; ils sont renouvelés par moitié tous les ans (art. R. 421-43). Pour le conseil de la vie collégienne, lui aussi présidé par le chef d'établissement, il est prévu que sa composition (qui doit comprendre, aux côtés des représentants des élèves, au moins deux représentants des personnels dont un personnel enseignant et un représentant des parents d'élèves) comme les modalités d'élection et de fonctionnement sont fixées par le conseil d'administration (art. R. 421-45-1).

Les attributions du conseil des délégués pour la vie lycéenne sont présentées en distinguant les propositions qu'il doit formuler (uniquement sur la formation des représentants des élèves et l'utilisation des fonds lycéens) des questions pour lesquelles il doit obligatoirement être consulté, dont la liste a été étendue par le décret n° 2010-99 du 27 janvier 2010 (organisation des études et du temps scolaire, travail scolaire, information, orientation, santé scolaire, restauration, internat, élaboration du projet d'établissement... art. R. 421-44).

Si les attributions du conseil de la vie collégienne sont très proches (à l'exclusion de l'utilisation des fonds et avec la mention de l'organisation des parcours mis en place au collège), la distinction entre propositions et consultation obligatoire n'est pas reprise ; sur tous les points, il est compétent pour formuler des propositions sans que leur caractère obligatoire soit prévu (art. R. 421-45-2).

Les avis et les propositions ainsi que les comptes rendus de séance du conseil des délégués de la vie lycéenne sont présentés au conseil d'administration par un représentant des élèves, élu vice-président du conseil des délégués pour la vie lycéenne (art. R. 421-44).

VI. COMMISSION ÉDUCATIVE

L'activité des établissements appelle les membres de la communauté scolaire à se réunir pour examiner les résultats des élèves (conseils de classe : art. D. 422-42), les conditions pédagogiques (équipes pédagogiques par classe, groupe de classes ou disciplines : art. D. 422-41) ou pour traiter des questions spécifiques (conseil de section internationale : art. D. 422-39). Le conseil de discipline, présidé par le chef d'établissement, est organisé par le décret n° 86-164 du 31 janvier 1986 repris au livre V (art. R. 511-20 : composition ; art. D. 511-25 s. : compétence ; art. D. 511-30 s. : procédure). L'article 9 du décret n° 2011-728 du 24 juin 2011 a en outre institué une ***commission éducative***, elle aussi présidée par le chef d'établissement ou son représentant, dont la composition est arrêtée par le conseil d'administration (et qui doit comprendre au moins un professeur et au moins un parent d'élève). Elle a pour mission principale d'examiner la situation d'un élève dont le comportement est inadapté aux règles de vie dans l'établissement et de favoriser la recherche d'une réponse éducative personnalisée. Elle est consultée sur le suivi de l'application des mesures de prévention et d'accompagnement, des mesures de responsabilisation ainsi que des mesures alternatives aux sanctions (création jugée légale par CE 29 août 2011, n° 352194). ❑

I. ÉLECTIONS AU CONSEIL D'ADMINISTRATION

1. *Pouvoirs du recteur.* Les pouvoirs du recteur d'académie saisi en application de l'art. 21 du Décr. n° 85-924 du 30 août 1985 d'une contestation sur la validité des opérations électorales ne sont pas limités à l'annulation des résultats du scrutin. Il lui appartient en particulier, en l'absence de manœuvre ayant eu pour effet de dénaturer l'opération électorale, de corriger l'erreur commise dans la façon dont ont été appréciés les votes émis par les électeurs et de modifier en conséquence les résultats. Toutefois, ce pouvoir de réformation ne peut s'exercer, à l'exclusion de l'annulation, que s'il est encore possible de procéder au décompte des voix obtenues par chaque liste. Lorsque les bulletins de vote n'ont pas été joints au procès-verbal à l'issue des opérations de dépouillement, et que celui-ci ne comporte l'indication ni du nombre des votants, ni du nombre de voix obtenues par chaque liste, le recteur, faute de pouvoir procéder à un nouveau décompte des voix ne peut qu'annuler les élections. • TA Dijon, 26 déc. 1989, *Conseil local de la féd. des conseils de parents d'élèves des écoles publiques (FCPE) de Bourbon-Lancy et Mme Simone Clément : Lebon 408* .

2. *Légalité du scrutin.* Le contrôle du nom des électeurs ayant voté par correspondance réalisé publiquement, à la fin du premier jour de scrutin, ne porte aucune atteinte au secret du vote, dès lors que ce contrôle est effectué indépendamment du dépouillement et qu'il a eu lieu après la fin des opérations. • CE, sect., 21 janv. 1977, *Élection des représentants des parents d'élèves au conseil d'administration du lycée Corneille à La Celle-Saint-Cloud*, n° 99327 A. ♦ La prolongation du scrutin qui a permis aux diverses associations qui avaient eu connaissance de l'identité des votants au cours de la première journée de vote d'inciter leurs adhérents qui n'avaient pas encore participé au scrutin à le faire au cours des journées suivantes, ne porte pas atteinte à l'égalité entre les candidats dans la mesure où cette faculté a été ouverte dans les mêmes conditions aux trois listes en présence. • Même décision.

3. *Légalité de la prolongation des opérations de vote.* Aucune disposition réglementaire n'impose que ces opérations électorales se déroulent en une seule journée ni n'interdit que la durée du scrutin initialement fixée à une journée puisse être prolongée en cas de nécessité tenant à des circonstances indépendantes de la volonté des électeurs et affectant de façon appréciable la participation de ces derniers au scrutin, dès lors qu'une telle prolongation ne constitue pas une manœuvre qui aurait pour effet de favoriser une des listes en présence et que les précautions nécessaires sont prises lors de chaque interruption des opérations pour la garde des suffrages déjà émis. • CE, sect., 21 janv. 1977, *Élection des représentants des parents d'élèves au conseil d'administration du lycée Corneille à La Celle-Saint-Cloud*, n° 99327 A. ♦ Une grève des services postaux interrompant la transmission des votes par correspondance et mettant un chef d'établissement d'enseignement public du second degré dans l'impossibilité de procéder selon la réglementation en vigueur à l'élection des représentants des personnels, des parents et des élèves au conseil d'administration de l'établissement a créé une situation exceptionnelle, autorisant des mesures dérogeant à la réglementation en vigueur. En l'absence de manœuvres ayant vicié les opérations électorales, le chef d'établissement a pu obliger les électeurs présents, le jour du vote, à déposer leur vote sous double enveloppe selon la procédure du vote par correspondance, accepter les votes parvenus par porteur et repousser la date du dépouillement. Ces mesures n'ont eu aucune conséquence sur la régularité des opérations électorales, l'égalité des chances entre les candidats, le décompte et le secret des votes. • TA Paris, 9 juill. 1975, *Élection au conseil d'administration du lycée Delacroix à Drancy : Lebon 743*.

II. MEMBRES DU CONSEIL

4. *Impartialité.* En application d'une jurisprudence constante qui consacre le principe d'impartialité des organismes administratifs, le membre du conseil d'administration directement concerné par une délibération relative à l'autorisation donnée par le conseil de faire appel du jugement du conseil des prud'hommes ne peut participer au débat et au vote sur ce point. Il ne doit pas davantage être présent dans la salle au moment où le conseil délibère sur ce point. * Courriel DAJ A1 du 5 janv. 2008 : *LIJ 2009, n° 133, p. 29*.

5. *Représentants des collectivités territoriales.* Les conclusions tendant à l'annulation de la désignation par le conseil régional de ses représentants dans les conseils d'administration et les organes dirigeants des établissements d'enseignement du second degré de la région ne relèvent pas de la compétence directe du Conseil d'État mais, en premier ressort, de celle du tribunal administratif. • CE 30 mai 1994, n° 138877 A.

6. *Étrangers.* Les fonctions de membre du conseil d'administration des établissements publics locaux d'enseignement sont des fonctions publiques qui ne sont accessibles aux étrangers que si n'y mettent obstacle aucune disposition législative en vigueur, aucun principe général du droit public français, ni aucun acte pris par l'autorité disposant du pouvoir réglementaire dans les limites de sa compétence et compte tenu des nécessités propres et de la mission du service. Aucune disposition législative ni aucun principe général du droit public français ne s'opposent à ce que les personnels étrangers régulièrement nommés dans l'établissement ou y exerçant régulièrement leurs fonctions, ni à ce que les parents d'élèves et élèves étrangers, soient électeurs et éligibles aux conseils d'administration des établissements publics locaux d'enseignement. • CE 30 sept. 1987, n° 73213 B • CE 20 janv. 1975, *Élect. des représentants du personnel au conseil d'administration du CES François-Mauriac à Louvres*, n° 93626 : *Lebon 40* • CE 12 mai 1978, n° 07407 A.

7. *Intérêt à agir.* Les membres du conseil d'administration d'un établissement public justifient en cette qualité d'un intérêt à attaquer les délibérations du conseil. La recevabilité de leur action n'est pas limitée aux moyens tirés d'une atteinte à leurs prérogatives. • CE 22 mars 1996, n° 151719 A : *AJDA 1996. 404*.

8. *Sur la composition du conseil d'administration.* V. aussi notes ss. art. R. 421-14.

III. FONCTIONNEMENT DU CONSEIL

9. *Quorum.* La DAJ a été amenée à préciser que pour le calcul du quorum au conseil d'administration et à la commission permanente, n'est pas pris en compte le nombre des membres fixé respectivement par les art. R. 421-14 et R. 421-37, mais le nombre des membres qui ont effectivement été nommés au jour de la réunion. S'agissant du conseil de discipline, le quorum est calculé à partir du nombre de membres qui le composent tel que fixé par l'art. R. 511-20. Pour ces trois instances, dans la mesure où le code indique que le quorum est calculé en fonction du nombre de membres « présents », il n'est pas tenu compte des procurations dont certains membres pourraient être porteurs. Ces procurations sont prises en compte au moment du vote si le quorum est atteint au vu du recensement des membres présents. * Note DAJ A1 n° 13-085 du 22 mars 2013 : *LIJ 2013, n° 177 p. 26*.

10. *Délibérations à distance.* L'Ord. n° 2014-1329 du 6 nov. 2014 relative aux délibérations à distance des instances administratives à caractère collégial permet aux conseils d'administration des établissements publics locaux de délibérer à distance. Sur les conditions et modalités applicables aux EPLE : V. Note DAJ A1 n° 2020-0182 du 18 nov. 2020, *LIJ 2021, n° 213, p. 23*.

Loi n° 2010-1127 du 28 septembre 2010,

Visant à lutter contre l'absentéisme scolaire.

Art. 6 Le conseil d'école pour les écoles primaires et le conseil d'administration pour les collèges et les lycées présentent, une fois par an, un rapport d'information sur l'absentéisme scolaire dans l'école ou l'établissement.

Art. L. 421-3 Les établissements publics locaux d'enseignement sont dirigés par un chef d'établissement.

Le chef d'établissement est désigné par l'autorité de l'État.
Il représente l'État au sein de l'établissement.
Il préside le conseil d'administration et exécute ses délibérations.
(L. nº 2018-771 du 5 sept. 2018, art. 24) **« Il procède de sa seule initiative à la passation de la convention mentionnée à l'article L. 6233-1 du code du travail et au dépôt de la déclaration prévue à l'article L. 6351-1 du même code. »**

En cas de difficultés graves dans le fonctionnement d'un établissement, le chef d'établissement peut prendre toutes dispositions nécessaires pour assurer le bon fonctionnement du service public.

Le chef d'établissement expose, dans les meilleurs délais, au conseil d'administration les décisions prises et en rend compte à l'autorité académique, au maire, au président du conseil départemental ou du conseil régional.

BIBL. ▶ BERRERE, Sociologie des chefs d'établissement. Les managers de la République, *PUF, 2006*. – BLANCHET, La revalorisation du rôle des chefs d'établissements dans l'enseignement scolaire, *MEN, Rapport officiel, avr. 1999*. – DELAIRE, Le chef d'établissement. Technique et pratique du management, *Berger-Levrault, coll. Guides pratiques Éducation, 1993*. – DURAND-PRINBORGNE, Nouveaux proviseurs, nouveaux principaux. Les statuts particuliers des personnels de direction des établissements d'enseignement et de formation et le régime des emplois de direction, *RFDA 1988. 641*. – DUTERCQ Les chefs d'établissement entre rationalisation moderniste, contraintes culturelles et désir de justice, *Politiques et management publics, 23-1, 2005. 125*. – LEFEBVRE, MALLET et VANDEVOORDE, Le nouveau chef d'établissement. Textes et pratique, *Berger-Levrault, coll. Guides pratiques Éducation, 1995* ; Sécurité et responsabilité au collège et au lycée, *Berger-Levrault, 2002* ; Collège et lycée publics. Le chef d'établissement dans l'institution, *Berger-Levrault, coll. Éducation, 2004*. – MAMOU, Les chefs d'établissement du second degré, *in* Le système éducatif en France, *Doc. fr., coll. Les notices, 2003. 47* ; Un chef d'établissement, aujourd'hui, *in Bulletin de l'AFAE, 1990, nº 1*. – PERRIN, Chef d'établissement : regard sur un métier et sa pratique, *Berger-Levrault, coll. Éducation, 2001*. – PIQUENOT, avec le concours de GUILLAUME, KOROSOWSKI et TACH, Les personnels de direction des établissements secondaires, *CNDP - Hachette Éducation, 1993*. – RIOU, Compétences respectives du chef d'établissement et du conseil d'administration en matière d'hygiène, de salubrité et de sécurité, *LIJ 2009, nº 131, p. 25*. – SAINT-DO, Le rôle pédagogique du chef d'établissement, *Berger-Levrault, coll. Éducation, 2000*. – TOULEMONDE, Le chef d'établissement d'enseignement du second degré, *AJDA 1996. 811* ; Le nouveau statut des personnels de direction des établissements d'enseignement du second degré, *AJDA 2002. 230*.

▶ **Sur le métier de chef d'établissement :** V. aussi Bibl. ss. livre IX, titre IV.

COMMENTAIRE

I. PLACE DU CHEF D'ÉTABLISSEMENT DANS LE SYSTÈME ÉDUCATIF ET DANS L'ÉTABLISSEMENT

Le chef d'établissement est un fonctionnaire de l'État ; proviseur de lycée ou de lycée professionnel, principal de collège ou directeur d'établissement d'éducation spéciale de l'éducation nationale, il appartient au corps des personnels de direction d'établissement d'enseignement ou de formation après y avoir été intégré par concours, liste d'aptitude ou détachement (Décr. nº 88-343 du 11 avr. 1988 mod. par Décr. nº 2001-1174 du 11 déc. 2001 portant statut particulier du corps des personnels de direction) ; proviseur de lycée agricole ou maritime, il est détaché dans un statut d'emploi ; mais ici ou là, il est nommé par l'autorité de l'État (art. L. 421-3, al. 2), par arrêté du ministre de l'éducation nationale ou du ministre de l'agriculture (C. rur.) ou du ministre chargé de la mer (art. R. 421-83). Il s'inscrit ainsi dans la ligne hiérarchique qui va du ministre au professeur dans la classe en passant par l'autorité académique. Les personnels de direction de l'éducation nationale sont placés sous l'autorité des recteurs d'académie, les chefs d'établissement de l'enseignement rural sous celle du directeur régional de l'agriculture, du directeur interrégional de la mer dans le cas des lycées professionnels maritimes. Dans ce cadre, ils reçoivent des instructions ou se voient fixer des objectifs ; dans l'éducation nationale ceux-ci sont regroupés dans une lettre de mission sur la base de laquelle le chef d'établissement doit être évalué (Décr. nº 2001-1174 du 11 déc. 2001, art. 21). En cas de difficulté, le chef d'établissement peut se voir retirer sa fonction dans l'intérêt du service (Décr. nº 2001-1174 du 11 déc. 2001, art. 23) ; si son maintien en exercice est de nature à compromettre gravement le fonctionnement du service public, il peut être suspendu par décision ministérielle pour un maximum de quatre mois (Décr. n° 2001-1174 du 11 déc. 2001, art. 23, al. 2). Il est donc soumis au pouvoir hiérarchique de l'État. Sauf autorisation rectorale, les chefs d'établissement sont tenus de résider sur leur lieu d'affectation (Décr. n° 2001-1174 du 11 déc. 2001, art. 34) où la collectivité propriétaire doit mettre à leur disposition un logement de fonction (V. art. R. 216-4 s.).

Il est secondé dans ses tâches pédagogiques, éducatives et administratives par un ou des ***adjoints*** nommés par le ministre ; dans l'éducation nationale, ceux-ci font partie du même corps (sauf en collège l'adjoint du directeur de SEGPA, enseignant titulaire du diplôme de directeur d'établissement d'éducation adaptée et spéciale et de manière générale en cas de détachement d'appel à un fonctionnaire détaché d'un autre corps), mais, en l'absence de titulaire, l'autorité académique peut nommer un agent faisant fonction ; il reçoit délégation du chef d'établissement. Pour la gestion matérielle, financière et administrative, il est de même secondé dans les établissements de l'éducation nationale par un ***adjoint gestionnaire***, membre des corps de l'administration scolaire (conseiller ou attaché) chargé, sous l'autorité du chef d'établissement, d'organiser le travail des personnels administratifs, ouvriers et de service (art. R. 421-13, II) ; ses missions sont énumérées par le décret ; le gestionnaire peut en outre aussi assumer la fonction d'agent comptable (notamment dans le cadre d'un groupement comptable). En cas d'absence, le chef d'établissement peut être suppléé par son adjoint. Il peut lui déléguer sa signature. Le décret n° 2005-1145 du 9 septembre 2005 a étendu cette possibilité au gestionnaire qui peut désormais exercer la suppléance des fonctions d'ordonnateur (l'autorité académique peut toutefois, en l'absence de délégation, continuer à confier cette mission à un autre chef d'établissement ; art. R. 421-13).

S'il représente l'État au sein de l'établissement (art. L. 421-3, al. 3), le ***chef d'établissement*** est aussi chargé d'exécuter les délibérations du conseil d'administration (art. L. 421-3, al. 4) dont il assure la préparation (art. D. 422-6) ; il est plus exactement l'***organe directeur de l'établissement***, expression plus large qu'organe exécutif, chargé de son pilotage global, administratif, financier, pédagogique et éducatif. Son *leadership* est essentiel pour le bon fonctionnement de l'établissement et pour sa performance en termes de réussite des élèves. Dans les établissements de l'éducation nationale, le chef d'établissement est en outre président du conseil d'administration (art. L. 421-3, al. 4). La solution est exceptionnelle dans le droit des établissements publics. Par contre, dans les lycées agricoles, les deux fonctions sont dissociées, le président étant élu par le conseil d'administration parmi les personnes extérieures. A titre expérimental, pour une durée maximale de cinq ans, la loi Fillon du 23 avril 2005 a prévu la même possibilité pour les lycées technologiques et professionnels, sur proposition du chef d'établissement (art. 39).

Il ***préside*** en outre la commission permanente (art. R. 421-3) et les différents conseils que leur compétence soit pédagogique et éducative (conseil pédagogique dont il désigne les membres après consultation des équipes pédagogiques, art. L. 421-5 ; art. R. 421-9 modifié par le Décr. n° 2010-99 du 27 janv. 2010 ; équipes pédagogiques, art. R. 421-49 ; conseils de classe, art. R. 421-50 ; conseil de discipline, art. R. 421-48), qu'ils accompagnent la vie scolaire (CESC, comité d'éducation à la santé et à la citoyenneté, art. L. 421-8 ; en lycée, assemblée générale des délégués des élèves, art. 29, et CVL, conseil des délégués pour la vie des élèves, art. R. 421-43), ou qu'ils concernent les questions administratives, comme dans le cas des organes créés par le conseil d'administration.

II. ATTRIBUTIONS

Précisant l'article L. 421-3, l'article 8 du décret n° 85-924 du 30 août 1985 modifié, notamment par le décret n° 2005-1145 du 9 septembre 2005 intégré dans la partie réglementaire (art. R. 421-8 s.) fixe la liste les compétences du chef d'établissement en les classant en deux rubriques en fonction de la qualité au titre de laquelle il intervient : organe exécutif de l'établissement ou représentant de l'État au sein de l'établissement.

« En qualité d'organe exécutif de l'établissement » (art. R. 421-9), la fonction *« exécutive »* doit d'abord être précisée ; s'il s'agit du ***rôle que le chef d'établissement joue par rapport au conseil d'administration***, le terme choisi est en effet trop étroit : certes, il s'agit bien d'exécuter les délibérations, de les appliquer, de les mettre en œuvre, mais aussi de préparer les projets et travaux et, en tant que président, de convoquer le conseil et d'animer ses débats.

Le chef d'établissement prépare et exécute les délibérations du conseil d'administration tant en matière pédagogique et éducative, administrative ou budgétaire. Ainsi prépare-t-il le budget et le soumet-il au conseil d'administration (art. L. 421-11, *b*), puis l'exécute en tant qu'ordonnateur des recettes et des dépenses de l'établissement.

Si le chef d'établissement représente l'établissement en justice et dans tous les actes de la vie civile, conclut les contrats et conventions, c'est toujours avec l'autorisation expresse du conseil (art. R. 421-20).

« En qualité de représentant de l'État au sein de l'établissement » (art. R. 421-10), le chef d'établissement a des responsabilités qui se rattachent aux deux grandes catégories de missions étatiques.

Il assure d'abord le bon fonctionnement du service public, qu'il s'agisse des enseignements, de l'orientation ou du contrôle des connaissances des élèves ; il organise le service des enseignants, fixe leur emploi du temps, désigne les professeurs principaux… Assurant la continuité du service public, il organise le remplacement des professeurs absents pour une courte durée après avoir élaboré un protocole en concertation avec les équipes pédagogiques (art. L. 912-1, 3°).

En cas de désaccord persistant et donc de difficulté grave dans le fonctionnement de l'établissement, il lui appartient de prendre toutes dispositions nécessaires pour assurer le bon fonctionnement du service public. Ainsi, peut-il arrêter l'emploi des dotations en heures après deux rejets de sa proposition par le conseil d'administration (art. R. 421-9, 7°, mod. par Décr. n° 2010-99 du 27 janv. 2010 pris après deux jugements du TA de Lille du 18 sept. 2008 qui avaient considéré que le CA avait compétence exclusive : V. obs. Landais, *LIJ n° 142*) (CE 23 mars 2011, *M. X. et SNES*, n° 337877 et 337894, l'art. n'étant contraire ni à l'art. L. 421-3, ni à l'art. L. 421-4, ni à l'art. L. 421-14).

Il a ensuite des ***attributions de police***, assurant ***la sécurité des personnes et des biens***, l'hygiène et la salubrité de l'établissement ; responsable de l'ordre dans l'établissement, il engage les poursuites devant les juridictions compétentes (au nom de l'État), et les actions disciplinaires (pouvant décider seul d'une sanction maximale de 8 jours d'exclusion d'un élève). Le décret n° 2011-728 du 24 juin 2011 a toutefois limité son pouvoir discrétionnaire en prévoyant l'automaticité de l'action disciplinaire dans certains cas de violences verbales, physiques ou d'autres actes graves à l'égard des membres du personnel ou des élèves (art. R. 421-10 et art. R. 421-85 ; CE 29 août 2011, *FCPE et UNL*, n° 352194, rejetant le moyen fondé sur le principe de l'opportunité des poursuites).

« Le chef d'établissement rend compte de sa gestion au conseil d'administration et en informe l'autorité académique et la collectivité locale de rattachement. » (art. R. 421-11).

Au-delà de la classification présentée par l'article 8 du décret de 1985, il est indispensable de souligner que dans la pratique les diverses compétences, quel que soit leur fondement, doivent être mises en œuvre avec un ***souci de cohérence***. Disposant de moyens divers, le chef d'établissement doit les mobiliser au service des élèves, de leur réussite. On pourrait alors distinguer d'***autres rubriques, transversales*** cette fois, soulignant l'importance du rôle du chef d'établissement.

Il a ainsi ***la responsabilité du pilotage global de l'établissement***, pilotage pédagogique, éducatif, administratif et financier. C'est lui qui doit mettre en place le processus qui permet sur la base d'un diagnostic partagé par l'ensemble de la communauté éducative d'élaborer collectivement le projet d'établissement adopté par le conseil d'administration et qui sert de base à la négociation menée avec l'autorité académique du contrat d'objectifs. Dans ce cadre, le pilote rappelle les objectifs et met en place le travail d'équipe sans lequel les objectifs ne pourront être atteints. Responsable d'une organisation complexe dont il doit assurer l'unité et le dynamisme, le chef d'établissement doit amener l'ensemble des acteurs à s'interroger sur les pratiques, mettant en place les éléments qui permettent de s'autoévaluer. Le rapport sur le fonctionnement pédagogique de l'établissement que le conseil d'administration doit adopter chaque année est l'occasion de faire le point sur les résultats acquis (notamment pour l'orientation et l'affectation des élèves, art. D. 331-43). Pour améliorer les conditions d'exercice des fonctions d'encadrement, a été rédigée une « charte des pratiques de pilotage » présentant quatre axes : recentrer l'EPLE sur ses missions d'enseignement et d'éducation, simplifier et sécuriser le fonctionnement administratif, constituer progressivement des pôles administratifs opérationnels et contribuer à la qualité des relations avec la collectivité de rattachement (*BOEN, n° 8, 22 févr. 2007*).

Cette fonction de pilotage global permet au chef d'établissement d'exercer un ***rôle pédagogique***. Si la question est ancienne, elle a été relancée avec la reconnaissance de l'autonomie pédagogique des EPLE mais aussi par les évolutions sociologiques (massification et hétérogénéité des élèves, violences et détérioration du climat scolaire). En 1985, Jean-Pierre Chevènement avait pu définir le chef d'établissement comme un « ***animateur pédagogique*** » ; il n'est pas comme le directeur d'école un simple « *primus inter pares* » mais un manager sinon un leader qui doit mobiliser les moyens et les énergies pour la réussite des élèves. Même si les règles statutaires pourraient être plus précises (l'art. 2 du Décr. n° 2001-1174 du 11 déc. 2001, modifié en 2012, du statut des personnels de direction mentionne simplement que « *les personnels de direction participent à l'encadrement du système éducatif et aux actions éducatives* »), les dispositions régissant l'organisation de l'établissement et les compétences du chef d'établissement (art. L. 421-3 s. ; R. 421-9 s.) lui donnent les moyens d'exercer ce rôle, posant ainsi les bases de sa légitimité pédagogique ; elles précisent en effet qu'il « ***veille au bon déroulement des enseignements, de l'information, de l'orientation et du contrôle des connaissances des élèves*** ». On a pu en déduire que le chef d'établissement était à la fois garant du « climat scolaire », porteur des valeurs de l'école et ingénieur de la réussite scolaire (par la constitution des classes, l'organisation du travail scolaire, la mise en place, le suivi et l'évaluation des expérimentations…). A noter que la réforme du collège introduite par le décret n° 2015-544 du 19 mai 2015 devrait renforcer le rôle pédagogique du principal. Le chef d'établissement, dont la légitimité est non seulement juridique mais aussi sociale (les parents d'élèves le considèrent comme responsable du bon fonctionnement du service, de l'efficacité de l'enseignement, de la qualité des apprentissages), doit obtenir l'adhésion des enseignants, souvent tentés au nom de la liberté pédagogique de considérer qu'ils sont souverains dans leur classe. En présidant les conseils de classe (art. R. 421-50), les équipes pédagogiques (art. R. 421-59) et surtout le conseil pédagogique (art. L. 421-5), le chef d'établissement se doit de faire partager les objectifs du projet d'établissement.

A noter qu'une association agréée ne peut intervenir dans le temps scolaire qu'avec l'autorisation du chef d'établissement, dans le cadre des principes et orientations définis par le conseil d'administration, avec l'accord des équipes pédagogiques et le respect de la responsabilité pédagogique des enseignants. Le chef d'établissement peut aussi, pour une intervention exceptionnelle, autoriser une association non agréée en informant l'autorité académique qui peut notifier son opposition (art. D. 551-6).

La grande majorité des personnels est constituée de fonctionnaires de l'État et des collectivités territoriales (ATTEE, gérés par le département ou la région, « membres de la communauté éducative », art. L. 213-2-1 ; L. 214-6-1), le chef d'établissement a la possibilité de recruter des personnels employés par l'établissement qu'ils soient soumis au droit privé (contrats aidés) ou au droit public (assistants d'éducation) ; il exerce incontestablement ***une fonction GRH*** (gestion des ressources humaines). Les personnels affectés au collège ou au lycée sont placés sous son autorité (art. L. 421-23, I). Même s'il doit prendre en considération des contraintes statutaires fortes, sa responsabilité dans la gestion des personnels doit l'amener à avoir à la fois une vision globale des ressources humaines et une approche individualisée des problèmes de chacun. L'entretien d'évaluation ou la notation annuelle des agents peut ainsi lui permettre de recenser les besoins de formation à partir desquels il peut contribuer à bâtir un plan de formation de l'établissement. En liaison tant avec les services académiques qu'avec ceux de la collectivité de rattachement il s'attache à déterminer les voies et moyens qui permettront de progresser. Le Conseil d'État a précisé que, dans le cadre du décret dit « de Robien » sur les remplacements de courte durée (Décr. n°s 2005-1035 et 2005-1036 du 26 août 2005, toujours en vigueur), le chef d'établissement est habilité à désigner les personnels chargés d'assurer des enseignements complémentaires pour suppléer les professeurs absents (CE 26 janv. 2007, n° 285051).

En 2012, le chef d'établissement a failli devenir évaluateur. Le décret n° 2012-702 du 7 mai 2012 modifiait en effet le régime de l'appréciation de la valeur professionnelle et des modalités d'avancement d'échelon des personnels enseignants, d'éducation et d'orientation ; un entretien professionnel triennal devait être conduit par le chef d'établissement en tant que supérieur hiérarchique direct et donner lieu à un compte rendu. Pour les personnels exerçant des fonctions d'enseignement, d'éducation ou d'orientation, l'entretien devait être réalisé sur la base d'une autoévaluation, à l'élaboration et à la validation de laquelle les corps d'inspection auraient été associés. Mal préparé, ce texte suscita de nombreuses critiques ; il a été abrogé par le décret n° 2012-999 du 27 août 2012.

Vis-à-vis de l'extérieur, il incarne l'établissement ; il peut ***travailler en réseau*** avec les autres établissements dans le cadre du bassin d'éducation et de formation (art. L. 421-7 modifié par l'art. 37 de la loi du 23 avr. 2005 qui élargit le cénacle aux CFA et aux établissements privés sous contrat d'association introduisant ainsi une cohabitation potentiellement explosive dans certaines académies !), s'associer avec eux pour des projets communs (art. L. 421-6) ou pour la formation continue au sein du GRETA auquel son établissement adhère (art. L. 423-9) ou dans le cadre d'un GIP (art. L. 423-2) notamment pour le transfert de technologie (art. L. 421-3) ; il est responsable de l'ouverture aux différents partenaires qu'il s'agisse des partenaires institutionnels (le maire, la police, la justice avec lesquels il s'attache à mettre en place des mesures pour prévenir la violence, ou lutter contre les conduites à risque notamment dans le cadre des CESC, art. L. 421-8...) ou des partenaires économiques et sociaux (avec lesquels il doit concevoir des stratégies d'information, d'orientation, d'insertion et de suivi professionnel des élèves).

Le décret n° 2012-1193 du 26 octobre 2012 modifiant l'organisation administrative et financière des établissements publics locaux d'enseignement redéfinit les prérogatives du chef établissement qui peut désormais transiger après avoir recueilli l'autorisation du conseil d'administration. Il peut également obtenir du conseil d'administration l'autorisation par délégation de conclure les marchés dont l'incidence financière est annuelle.

Au-delà de ces fonctions transversales, on doit se demander ***quelle est exactement la place du chef d'établissement vis-à-vis de la collectivité de rattachement***. Certains ont en effet pu aller jusqu'à dire que le représentant de l'État au sein de l'établissement était aussi celui de la région ou du département, estimant même qu'il en dépendait hiérarchiquement. Certes, *« pour l'exercice des compétences incombant à la collectivité de rattachement, le président du conseil régional (ou général)... s'adresse directement au chef d'établissement »* (art. L. 421-23-II), sans passer par l'autorité académique ; la solution n'est pas nouvelle ; elle date de 1983 mais concernait alors les questions immobilières (construction, reconstruction, extension, grosses réparations, équipement) et de fonctionnement. Le président du conseil régional ou général fait connaître au chef d'établissement ses objectifs et les moyens (qu'il) est chargé de mettre en œuvre » (art. L. 421-23-II), comme il lui notifie la dotation accompagnée des *« orientations relatives à l'équipement et au fonctionnement matériel... arrêtés par l'assemblée délibérante »* (art. L. 421-11). L'organisation du travail des personnels TOS, agents territoriaux, relève de l'autorité territoriale. Une convention conclue entre l'établissement et la collectivité précise les modalités d'exercice des compétences de chacun. Par la suite, le chef d'établissement doit rendre compte de l'utilisation des moyens. Si la collectivité fixe des objectifs (et non des instructions car le chef d'établissement qui a un but à atteindre garde le choix des modalités pour y parvenir) et si le chef d'établissement a l'obligation de *« rendre compte »*, la collectivité n'a aucun moyen d'annulation, de substitution, de réformation ; elle ne note ni ne sanctionne le chef d'établissement qui est donc vis-à-vis d'elle dans une situation étrangère à tout contrôle hiérarchique.

Les personnels administratifs et techniques administrés par le département ou la région, affectés ou mis à disposition d'un EPLE, relèvent de l'autorité hiérarchique du président du conseil de la collectivité territoriale de rattachement. Comme membres de la communauté éducative, ils sont placés sous l'autorité fonctionnelle du chef d'établissement assisté d'un adjoint gestionnaire, agents de l'État relevant de l'autorité du ministre de l'éducation nationale. En cas de dysfonctionnement, la collectivité de rattachement ne peut que solliciter le recteur afin qu'il prenne les mesures appropriées ; en aucun cas elle ne peut le dessaisir de toute autorité fonctionnelle à l'égard des agents du département (CAA de

Versailles, 9 juin 2016, n° 15VE01823 : annulation pour incompétence de la décision du 6 nov. 2013 par laquelle la vice-présidente du Conseil général du Val-d'Oise, chargée de l'éducation et de l'enseignement supérieur, et le conseiller général, délégué au personnel, ont dessaisi une attaché d'administration de l'éducation nationale, en sa qualité d'adjoint gestionnaire du collège Paul-Vaillant-Couturier d'Argenteuil, de toute autorité fonctionnelle sur les agents du département affectés dans cet établissement). ❑

I. SITUATION DU CHEF D'ÉTABLISSEMENT

1. Situation statutaire et réglementaire. Le principe législatif suivant lequel le fonctionnaire est vis-à-vis de l'administration dans une situation statutaire et réglementaire ne fait pas obstacle à ce que, lorsqu'il est nommé dans un emploi de chef d'un établissement public local d'enseignement, il exerce sa mission dans le respect des compétences que la loi confère au conseil d'administration et aux collectivités locales auxquelles l'établissement est rattaché, et pour l'exercice desquelles il est appelé à leur apporter son concours. • CE 30 sept. 1987, n° 73168.

2. Protection fonctionnelle. Limites. Motifs d'intérêt général. Une proviseure en conflit avec des enseignants de son établissement s'était vu refuser le bénéfice de la protection fonctionnelle qu'elle avait demandé à raison des attaques dont elle avait fait l'objet dans un article de presse et sur la page Facebook du lycée concernant ses choix organisationnels et ses méthodes de travail. Après avoir relevé que les relations entre les personnels de ce lycée et leur cheffe d'établissement s'étaient déjà fortement détériorées, le tribunal a considéré que l'octroi à l'intéressée du bénéfice de la protection fonctionnelle aurait été de nature à aggraver le climat conflictuel existant et à porter atteinte à la qualité de l'enseignement. Le refus est légalement justifié par un motif d'intérêt général. • TA Lyon, 24 juin 2020, n° 1907017 : *LIJ 2021, n° 213, p. 14.* ♦ V. aussi • CE, ass., 14 févr. 1975, n° 87730 A.

II. COMPÉTENCES DU CHEF D'ÉTABLISSEMENT

A. LOCAUX

3. Accès. Le principal d'un collège a interdit l'accès à un professeur en raison des propos qu'il tenait tant à l'intérieur de l'établissement qu'à ses proches abords et qui étaient de nature à mettre en cause la sérénité des élèves, perturber leurs études et porter préjudice au bon fonctionnement du collège. En l'espèce, des courriers de parents d'élèves montraient que le professeur entretenait des relations gravement conflictuelles avec ses élèves. Un rapport d'inspection faisait état, entre les élèves et leur professeur, d'une tension proche du paroxysme pouvant dégénérer à tout instant et rendant impossible son maintien dans l'établissement. En raison de l'urgence à mettre fin aux troubles suscités par le comportement de cet enseignant dans la communauté scolaire, le principal du collège était légalement fondé à interdire l'accès du collège à cet enseignant. • CAA Douai, 29 avr. 2003, n° 00DA01401.

4. Occupation illicite. Le juge des référés a rejeté une requête en référé liberté tendant à la réouverture d'un établissement scolaire bloqué par les opposants au CPE au motif de l'absence d'urgence du fait des vacances scolaires. L'association requérante demandait qu'il soit enjoint au chef d'établissement de faire cesser toute occupation illicite des locaux. Le juge des référés ne se prononce pas sur l'atteinte éventuelle à une liberté fondamentale. • TA Paris, ord., 10 avr. 2006, n° 0605334/9 : *AJDA 2006. 790*.

5. Sécurité des locaux occupés par l'EPLE. Sur les responsabilités du chef d'établissement : V. * Note DAJ A1 n° 2017-0214 du 18 déc. 2017 : *LIJ 2018, n° 202, p. 20.*

B. HYGIÈNE, SANTÉ ET SÉCURITÉ

6. Hygiène et sécurité. En indiquant que « la charge de la gestion matérielle confère aux gestionnaires une responsabilité particulière en matière de sécurité aux côtés du chef d'établissement et sous son autorité », la Circ. du ministre de l'éducation nationale du 6 févr. 1997 n'a eu ni pour objet ni pour effet de transférer aux gestionnaires les compétences dévolues au chef d'établissement en matière de sécurité ou de déterminer par avance une catégorie de fonctionnaires dont la responsabilité pénale serait susceptible d'être recherchée. • CE 22 févr. 1999, n° 187208 A : *RFDA 1999. 434*. ♦ La circonstance que le département a la charge de la construction, de l'extension, des grosses réparations, de l'équipement et du fonctionnement des collèges, lesquels sont des établissements publics locaux, ne fait pas obstacle à ce que le département recherche la responsabilité de l'État à raison de l'aggravation des dommages causés aux locaux par une fuite d'eau, lorsque cette aggravation est imputable à la carence du chef d'établissement à organiser une surveillance durant les vacances scolaires. En l'espèce, aggravation des dommages causés aux locaux d'un collège par suite de la rupture d'une canalisation d'eau intérieure, imputable à la fermeture totale de l'établissement pendant la période des grandes vacances estivales, sans qu'une surveillance appropriée des locaux ait été organisée. Ce manquement du chef d'établissement dans sa mission visant à assurer la sécurité des biens engage la responsabilité de l'État. • CAA Nancy, 30 juin 1994, n° 93NC00020 A • CAA Nancy, 10 juill.

1990, *Lycée d'État Jean-Monnet : Lebon 461* . ♦ Le président du conseil général ne tient ni de la L. du 25 janv. 1985 modifiant la L. du 22 juill. 1983, ni de la L. du 2 mars 1982, ni d'aucune autre disposition législative le pouvoir de fermer les locaux des collèges pour des motifs de sécurité. • CE 6 févr. 1998, nos 163421 et 163422 B.

7. Pouvoirs de police. Exercice. Interdiction d'accès. Compétence du chef d'établissement. Dans une affaire où un agent territorial des établissements d'enseignement affecté au service de restauration d'un lycée avait sciemment incorporé dans les préparations servies aux usagers du service de restauration des denrées dont la date limite de consommation était dépassée, le proviseur du lycée avait, sur le fondement de l'art. R. 421-12, pris à l'encontre de l'intéressé une décision d'interdiction d'accès au service de restauration de l'établissement. En l'espèce, le juge a rejeté la requête du requérant au motif que le manquement indéniable aux règles élémentaires de la restauration collective devait conduire le proviseur à prendre une mesure en vue d'assurer le respect de ces règles. Il rappelle que le proviseur dispose en sa qualité de chef d'établissement de l'autorité sur le personnel affecté dans son établissement, bien qu'elle ne dispose pas à l'égard des agents territoriaux du pouvoir disciplinaire qui ne relève que de la collectivité de rattachement dudit établissement et que l'art. R. 421-12 attribue un pouvoir de police dont l'objet est de garantir le respect du règlement intérieur ainsi que de toutes dispositions législatives ou réglementaires relatives à la sécurité, la salubrité et la tranquillité dans l'établissement. Il estime qu'en l'espèce, l'objet de la mesure était de prévenir d'autres situations dans lesquelles le requérant aurait pu enfreindre les règles applicables à la restauration collective et mettre ainsi en danger la santé des élèves. Par suite, en prenant une telle décision, le proviseur n'a commis ni détournement de pouvoir, ni erreur manifeste d'appréciation. • TA Melun, 15 avr. 2015, n° 1400506 : *LIJ 2016, n° 192, p. 5.*

8. Santé. Contrôle d'alcoolémie d'un élève. Dépistage. Interrogée sur le point de savoir s'il était possible de procéder au contrôle de l'alcoolémie d'un élève au sein d'un établissement scolaire, la direction des affaires juridiques précise qu'aucun texte législatif ou réglementaire n'autorise un dépistage individuel ou collectif, par un personnel de l'éducation nationale, de substances psychoactives telles que l'alcool au sein d'un établissement scolaire sans qu'ait été préalablement recueilli l'accord des intéressés, ou de leur représentant légal s'ils sont mineurs. Dès lors, en présence d'un élève manifestement en état d'ébriété, le chef d'établissement n'est pas compétent pour procéder ou faire procéder par un personnel de l'établissement à un contrôle d'alcoolémie. * DAJ A1, n° 13-174, 10 juin 2013 : *LIJ 2013, n° 179, p. 15.* ♦ Elle rappelle en outre que la Circ. n° 2011-112 du 1er août 2011 relative au règlement intérieur dans les établissements publics locaux d'enseignement (EPLE) dispose que le règlement intérieur doit spécifier que l'introduction et la consommation dans l'établissement d'alcool sont interdites, excepté pour les personnels dans les lieux de restauration. • Même décision.

9. Ouverture zone fumeur. Interdiction. Pour répondre à l'objectif de sécurisation des abords immédiats des établissements scolaires en évitant tout attroupement des élèves les mettant en danger, objectif fixé par une Circ. du 25 nov. 2015 en raison de la mise en place de l'état d'urgence, un proviseur avait décidé d'ouvrir une zone fumeurs à l'intérieur de son établissement. Saisi en référé par deux associations de lutte contre le tabagisme, le tribunal administratif suspend la décision du proviseur autorisant les élèves à fumer dans la cour du lycée au motif que le code de santé publique (CSP, art. L. 3511-7 et R. 3511-1) pose le principe d'une interdiction générale de fumer dans les lieux affectés à l'enseignement, interdiction édictée par voie législative qui tend à assurer une protection particulière des jeunes contre le risque tabagique. Le tribunal administratif ajoute que l'exercice du pouvoir réglementaire ne peut avoir pour objet le non-respect de la violation de l'interdiction de fumer. • TA Cergy-Pontoise, ord., 22 avr. 2016, n° 1602883 : *D. actu. 22 avr. 2016, comm. Hielle ; AJDA 2016. 814* .

10. Sécurité des biens. Bien confisqué à un élève. Disparition. Faute de l'administration. Indemnisation du préjudice financier. Une enceinte portative avait été confisquée à un élève et conservée dans le bureau de CPE. L'objet ayant par la suite disparu, il n'avait pas pu être restitué à son propriétaire. Les parents de l'élève avaient demandé d'annuler la décision du recteur rejetant leur demande de remboursement de la valeur de l'objet. Le tribunal rappelle que, pour obtenir l'indemnisation, l'existence de ce préjudice doit être établie, de même que l'existence d'un lien de causalité direct entre ce préjudice et les agissements de l'administration, et une cause permettant l'engagement de la responsabilité de la personne publique doit être invoquée. En l'espèce, le juge estime que, si l'établissement avait pris des mesures en vue de la conservation du bien, la disparition de l'objet litigieux révélait un défaut d'organisation du service de l'enseignement. Il en déduit que la faute de l'administration était caractérisée et qu'il y avait par conséquent lieu de condamner l'État à indemniser le préjudice à hauteur de la valeur d'achat attestée du bien ; l'attitude de l'élève, pourtant à l'origine de la confiscation du bien, ne présentant pas un lien de causalité direct avec le préjudice subi, à savoir la disparition de l'enceinte portative remisée dans le bureau de la CPE.

• TA Orléans, 26 juin 2018, n° 1602716 : *LIJ 2018, n° 204, p. 19.* ♦ Dans le même sens, le tribunal de Strasbourg a, pour sa part, jugé que l'absence de mesures de nature à garantir la sécurité du bien confisqué à l'élève constituait une faute de nature à engager la responsabilité de l'État, la faute initiale de la requérante ayant conduit à la confiscation du bien n'étant pas de nature à exonérer l'État de sa responsabilité. • TA Strasbourg, 17 juin 2008, n° 0502193.

11. Sécurité des biens. Bien confisqué à un élève. Disparition. Faute de l'administration. Cause d'exonération. Le tribunal administratif de Marseille a rejeté la demande d'indemnisation de la perte du téléphone portable d'un élève qui avait été confisqué pendant les épreuves du baccalauréat blanc, alors que cet usage était prohibé par le règlement intérieur de l'établissement. Le juge avait considéré l'usage de ce téléphone comme une faute de nature à exonérer l'État de sa responsabilité. • TA Marseille, 7 juin 2012, n° 100307.

C. PERSONNELS

12. ATOS. Le proviseur d'un lycée tient de la qualité et des compétences de chef d'établissement qui lui sont conférées, les pouvoirs d'un chef de service à qui il appartient de prendre les mesures nécessaires au bon fonctionnement de l'administration placée sous son autorité. Il peut, ainsi, alors même que ces tâches incombent en principe au corps des agents techniques de laboratoire, confier le nettoyage des locaux spécialisés à un membre du corps des aides de laboratoire des établissements d'enseignement sans méconnaître le statut de ce dernier, dès lors que, dans le lycée en cause, le nombre des agents techniques était insuffisant. • CAA Nantes, 30 déc. 1998, n° 96NT00126 B. ♦ En indiquant qu'il incombe aux gestionnaires de diriger, sous l'autorité du chef d'établissement, l'ensemble des personnels administratifs et ouvriers, d'organiser leur service et de répartir leurs tâches, la Circ. du ministre de l'éducation nationale du 6 févr. 1997 se borne à expliciter les missions de ces agents telles qu'elles sont fixées par les dispositions statutaires qui les régissent. • CE 22 févr. 1999, n° 187208 A : *RFDA 1999. 434*.

13. Enseignant. Le principal d'un collège, ayant découvert quelques phrases écrites dans l'agenda d'une jeune élève évoquant ses relations équivoques avec un enseignant, était compétent pour prendre une mesure de suspension de l'intéressé. • CAA Douai, 26 juill. 2001, n°s 00DA00319 et 00DA00445.

14. Dotation globale horaire. L'art. R. 421-9, dans sa version issue du Décr. n° 2010-99 du 17 janv. 2010, qui permet au chef d'établissement d'arrêter l'emploi des dotations en heures quand, par 2 fois, le conseil d'administration a rejeté sa proposition sur cette répartition, n'a ni pour objet ni pour effet de priver le conseil d'administration de son droit d'amendement, ni la commission permanente de sa mission d'instruction des propositions. • CE 23 mars 2011, n°s 337877 et 337894 B : *LIJ 2011, n° 157, p. 6.*

15. Mesure d'organisation du service. Atteinte aux prérogatives d'un professeur. Un professeur de lettres classiques qui avait créé et dirigé pendant 18 ans dans son lycée une filière « langages », utilisant l'informatique pour valoriser et développer l'enseignement du latin et du grec, demande l'annulation de la décision du proviseur supprimant cette filière. Décision constituant une mesure d'ordre intérieur, normalement insusceptible de recours, mais qui a porté atteinte aux prérogatives statutaires de l'enseignant. Le juge admet la recevabilité du recours et annule la mesure qui avait été prise irrégulièrement sans l'avis préalable obligatoire du conseil d'administration du lycée. • TA Nantes, 20 oct. 2010, n° 0604111 : *AJFP 2011. 137, concl. Giraud*.

D. ÉLÈVES

16. Déplacement de classe. Le déplacement d'un élève d'une classe à l'autre au titre d'une mesure éducative ne fait pas grief et ne peut pas faire l'objet d'un recours pour excès de pouvoir. En l'espèce, le principal du collège avait déplacé l'une des deux jumelles, qui étaient ensemble en classe, au motif que les deux files avaient une attitude de repli sur elles-mêmes les empêchant de s'intégrer dans la classe et de nouer des liens de camaraderie avec les autres élèves. Le juge administratif estime dès lors que cette décision ne saurait être regardée comme ayant une incidence sur la scolarité de l'enfant, ne constitue pas une décision faisant grief insusceptible de faire l'objet d'un recours pour excès de pouvoir. La demande du requérant est jugée irrecevable. • CAA Bordeaux, 21 oct. 2014, n° 13BX00067 : *AJDA 2015. 198*.

E. SITUATION D'URGENCE

17. Crise sanitaire. Organisation de la reprise de l'activité de l'établissement. Convocation du CA. Substitution du chef d'établissement. Interrogée sur les conditions dans lesquelles les délais impartis au chef d'établissement pour adresser aux membres du CA une convocation à une réunion pouvaient être réduits et sur les conditions dans lesquelles le chef d'établissement pouvait représenter le CA, la DAJ répond que les conditions d'organisation de la reprise de l'activité de l'établissement constituent un cas d'urgence. Et que dans ce cas, le chef d'établissement peut prendre seul certaines des décisions figurant à l'art. R. 421-20 relevant normalement de la compétence du CA. Elle précise en outre que l'Ord. n° 2020-347 du 27 mars 2020 adaptant le droit applicable au fonctionnement des établissements publics et des instances collégiales administratives pendant l'état d'urgence sanitaire prévoit que le CA peut décider, par délibération, de déléguer certains de ses pouvoirs au chef d'établissement en vue de l'adoption de mesures présentant un caractère d'urgence, et cela même si le règlement intérieur du conseil d'administration l'interdit. Si ces modalités sont mises en œuvre, le chef d'établissement devra, par tout moyen, rendre compte au CA des mesures qu'il aura prises. Cette délégation était exécutoire dès son adoption et a pris fin à l'expiration de la période de référence prévue par l'ordonnance. * Note DAJ A4 n° 2020-0025, 12 mai 2020 : *LIJ 2020, n° 212, p. 11.*

F. AUTRES COMPÉTENCES

18. Mise en œuvre d'une circulaire. Organisation de stages pendant les vacances. Le juge estime que « la décision du proviseur de mettre en application la circulaire organisant des stages d'anglais relève des pouvoirs qu'il détient en qualité de chef d'établissement, représentant de l'État chargé de mettre en œuvre les mesures pédagogiques décidées par le ministre de l'éducation, et non de ceux dont il dispose en tant qu'organe exécutif de l'établissement ; qu'en outre, la mesure intervenue à l'initiative de l'État, qui se limite à organiser, dans l'intérêt des élèves, un stage d'une durée totale de trois jours au sein de l'établissement avec des enseignants volontaires et rémunérés sur le budget de l'État, n'est pas de nature à porter atteinte au principe d'autonomie de l'établissement ni à empiéter sur les compétences propres du conseil d'administration, notamment pour la détermination des règles d'organisation de l'établissement ; que, dans ces conditions, le proviseur du lycée était bien compétent pour décider l'organisation du stage en cause, malgré l'opposition exprimée par le conseil d'administration de l'établissement ». • TA Toulouse, 1er oct. 2013, n° 0903536 : *LIJ 2013, n° 180, p. 6.*

19. Attributions relatives aux abords de l'établissement scolaire. Réalisation de vidéos d'élèves à la sortie d'établissements. Saisie d'une question relative à la réalisation, par une organisation professionnelle, de captations d'images devant être diffusées en ouverture d'une manifestation nationale dont le ministère de l'éducation nationale était partenaire, afin de faire connaître les métiers des professions libérales, puis sur un site internet, la DAJ rappelle les précautions juridiques à prendre pour la réalisation de ces prises de vues devant les lycées et pour leur utilisation dans un cadre promotionnel. * Note DAJ A1 n° 2018-149 du 16 août 2018 : *LIJ 2018, n° 204, p. 21.*

20. Sur les relations contractuelles : V. notes ss. art. L. 421-4.

III. LÉGALITÉ DES MESURES PRISES

21. Mesures appropriées et proportionnées. Si le chef d'établissement peut décider l'exclusion temporaire d'un élève ou interdire l'accès des locaux à toute personne, les décisions qu'il est ainsi amené à prendre doivent être appropriées et proportionnées au désordre qu'elles visent à prévenir ou faire cesser. Illégalité de l'exclusion temporaire d'une élève dont le comportement ne compromettait pas directement la sécurité et la tranquillité dans le collège, le trouble dans l'établissement provenant en réalité du comportement des parents. • TA Versailles, 14 août 1996, n° 9679 B.

IV. RESPONSABILITÉ

22. Fondement. En cas de faute commise par le chef d'établissement dans l'exercice de sa mission, l'État peut être tenu pour responsable des conséquences dommageables des actes de son représentant. Cette responsabilité de l'État peut s'étendre au cas où la faute reprochée a été commise, non par le chef d'établissement lui-même, mais par le gestionnaire, qui seconde le chef d'établissement dans ses tâches de gestion matérielle et financière. En l'espèce, responsabilité de l'État pour une faute commise par le gestionnaire qui n'avait pas pris la précaution de mettre hors gel les installations de chauffage. Une telle précaution, élémentaire, ne nécessitait pas que des consignes particulières aient à être données. • CAA Nantes, 30 oct. 2003, n° 00NT01177 • CAA Nancy, 30 juin 1994, n° 93NC00020 A.

23. Absence de faute. Le chef de l'établissement scolaire appelé à contrôler le fonctionnement de l'association sportive constituée en son sein n'a pas commis de faute de service, seule de nature à engager la responsabilité de l'État, en n'exigeant pas de cette association qu'elle souscrivît, au profit des élèves, une assurance comportant des garanties d'un niveau plus élevé que celles qui figurent au contrat qu'elle avait conclu, voire sans limitation de montant. • CE 27 nov. 1985, nos 42650 et 42656 A • CE, sect., 2 févr. 1979, *Min. de l'agriculture c/ Gauthier,* nos 04550 et 09668 A • CE 16 févr. 1977, n° 90550 A.

24. Absence de faute. Obligation de dénonciation auprès de l'autorité judiciaire des faits délictueux ou criminels. Dans une affaire où des suspicions d'attouchement avaient conduit un enseignant au suicide, le juge rejette le recours des requérants en estimant en l'espèce que le principal du collège s'était conformé aux prescriptions posées par l'art. 40 C. pr. pén. et rappelées par la circulaire du ministre de l'éducation nationale en date du 26 août 1997 ; par suite, s'il est vrai que la chambre spéciale des mineurs avait reconnu que l'accusation portée à l'encontre du professeur était dénuée de tout fondement, les requérants n'étaient cependant pas fondés à soutenir que l'administration aurait agi dans la précipitation et en méconnaissance des dispositions législatives et réglementaires applicables ; enfin, il était constant que, conformément à l'obligation de discrétion professionnelle, ni le principal du collège ni aucune autre autorité administrative n'avaient rendu l'affaire publique ; par suite, les requérants n'étaient pas fondés à soutenir que les agissements de l'administration étaient constitutifs d'une faute de nature à engager la responsabilité de l'État. • CAA Nancy, 30 nov. 2006, n° 05NC00618.

25. Accident dû au portail de l'établissement. Dommages de travaux publics. Parents d'élèves. Qualité d'usagers de l'ouvrage public. Lors de la fermeture du portail de l'établissement par une surveillante qui filtrait la sortie des élèves, le portail est tombé sur un parent d'élève qui se trouvait à l'extérieur de l'établissement. Le tribunal estime que la victime ne saurait être regardée comme étant totalement étrangère à la présence et au fonctionnement de l'ouvrage. Il en déduit qu'elle n'avait pas, lors de la survenance du dommage, la qualité de tiers mais celle d'usager de l'ouvrage public qui en est la cause. • TA Strasbourg, 19 nov. 2019, n° 1801013 : *AJDA 2020. 748, concl. Sibileau*.

26. Établissement neuf. Dommages de travaux publics. Fautes. Responsabilité du département. Dans la même affaire, le juge relève que si le portail était affecté d'un vice de conception dès sa réception des travaux de reconstruction du collège, aucune des réserves posées lors de la réception des aménagements extérieurs ne concernait le portail. Il relève aussi que le vice de conception présentait, eu égard à son importance et à sa visibilité, le caractère d'un vice apparent que le département ne pouvait légitimement ignorer lors de la réception de l'ouvrage. Il résulte enfin de l'instruction que ce vice de conception est à l'origine exclusive du dommage subi par la victime. Alors même que le laps de temps qui s'est écoulé entre la réception du portail par le département de la Moselle et le dommage est relativement restreint, le juge conclue que la requérante est fondée à soutenir que l'accident dont elle a été victime est imputable à un défaut d'entretien normal de l'ouvrage public et que le département de la Moselle a commis une faute de nature à engager sa responsabilité. • TA Strasbourg, 19 nov. 2019, n° 1801013 : *préc. note 25.*

Art. L. 421-4 **Le conseil d'administration règle par ses délibérations les affaires de l'établissement.**

A ce titre, il exerce notamment les attributions suivantes :

1° Il fixe, dans le respect des dispositions législatives et réglementaires en vigueur et des objectifs définis par les autorités compétentes de l'État, les principes de mise en œuvre de l'autonomie pédagogique et éducative dont disposent les établissements et, en particulier, les règles d'organisation de l'établissement ;

2° Il établit chaque année un rapport sur le fonctionnement pédagogique de l'établissement, les résultats obtenus et les objectifs à atteindre ;

3° Il adopte le budget dans les conditions fixées par le présent chapitre ;

(L. n° 2005-380 du 23 avr. 2005, art. 36) **« 4° Il se prononce sur le contrat d'objectifs conclu entre l'établissement** *(L. n° 2013-595 du 8 juill. 2013, art. 61)* **« , l'autorité académique et, lorsqu'elle souhaite y être partie, la collectivité territoriale de rattachement ;**

« 5° Il établit chaque année un bilan des actions menées à destination des parents des élèves de l'établissement. »

« Le conseil d'administration peut déléguer certaines de ses attributions à une commission permanente. »

BIBL. ▶ BUTTNER et MAURIN, Le droit de la vie scolaire, *Dalloz, 2016.* – DELAHAYE, GAVARD, MUNOZ et STINERMANN, Conseils et commissions dans les établissements publics locaux d'enseignement, *Berger-Levrault, coll. Éducation, 2005.* – MAMOU, Le règlement intérieur. La charte du civisme scolaire, *CRDP Bourgogne, 1993.* – RIOU, Compétences respectives du chef d'établissement et du conseil d'administration en matière d'hygiène, de salubrité et de sécurité, *LIJ 2009, n° 131, p. 25.*

I. FONCTIONNEMENT

1. Quorum. Voir notes ss. art. R. 421-25.

2. Crise sanitaire. Situation d'urgence. Substitution du chef d'établissement. Interrogée sur les pouvoirs de substitution du chef d'établissement dans le cadre de la crise sanitaire, la DAJ rappelle que s'il s'avère impossible de tenir la réunion du CA, y compris de manière dématérialisée, le chef d'établissement peut exercer lui-même les compétences du CA en vue de l'adoption de mesures présentant un caractère d'urgence. Dans ce cas, il doit en informer au plus vite l'autorité de tutelle ou l'autorité dont il relève ainsi que les membres du CA, lorsque ce dernier pourra à nouveau se réunir, afin de lui rendre compte des mesures prises. Dans tous les cas, le chef d'établissement ne peut exercer ces compétences que jusqu'à l'expiration de la période de référence mentionnée dans l'Ord. n° 2020-347 augmentée d'un mois. *Note DAJ A4 n° 2020-0025, 12 mai 2020 : *LIJ 2020, n° 212, p. 11.*

II. RÈGLEMENT INTÉRIEUR

3. Nature juridique. Avant 1992. Les règlements intérieurs étaient qualifiés de mesures d'ordre intérieur et n'étaient dès lors pas susceptibles d'être contrôlés par le juge de l'excès de pouvoir. L'interdiction faite aux élèves de porter des insignes échappait ainsi au contrôle du juge administratif. • CE 21 oct. 1938, *Sieur Lote : Lebon 786.* ♦ ... De même que celle, pour les jeunes filles, de porter un pantalon, sauf en cas de neige. • CE 20 nov. 1954, *Sieur Chapou : Lebon 541.*

4. Nature juridique. Depuis 1992. En acceptant de contrôler le règlement intérieur d'un collège interdisant le port du foulard islamique dans l'établissement, le Conseil d'État revient sur sa jurisprudence. Le règlement intérieur est désormais considéré comme une décision exécutoire et faisant grief. • CE 2 nov. 1992, *M. Kherouaa et Mme Kachour*, n° 130394 A : *AJDA 1992. 833 ; ibid. 788, chron. Maugüé et Schwartz ; RFDA 1993. 112, concl. Kessler.*

5. Nécessité d'une publication. Le règlement intérieur présente un caractère réglementaire. Par suite, le délai de recours à son encontre ne court qu'à compter de sa publication. La circonstance que le parent d'un élève ait été rendu destinataire d'un exemplaire du document et l'ait retourné à l'administration revêtu de sa signature plus de deux mois avant l'introduction d'une requête ne permet pas de soutenir que les conclusions du requérant aux fins d'annulation du règlement sont tardives. • TA Strasbourg, 12 oct. 2004, n° 0204316 : *AJDA 2005. 561, concl. Gille.*

6. Acceptation du règlement intérieur. Un règlement intérieur peut, même en l'absence de disposition législative ou réglementaire instituant une telle procédure, soumettre la possibilité d'une admission définitive dans un établissement scolaire à l'acceptation du règlement intérieur par l'élève et par ses parents dans le cas d'un élève mineur. • CE 14 avr. 1995, *M. Koen*, n° 157653 A : *AJDA 1995. 572.*

7. Illégalité. Illégalité de l'interdiction générale de porter un couvre-chef en tous lieux d'un établissement scolaire. • CAA Nancy, 10 juin 2010, n° 09NC00424 : *AJDA 2010. 1790. LIJ 2010, n° 148, p. 8.* ♦ Le Conseil d'État a annulé pour illégalité la délibération du conseil d'administration d'un lycée introduisant dans le règlement intérieur de l'établissement des dispositions subordonnant le plein exercice de la majorité à la présentation d'une lettre signée de l'élève et de ses parents. En effet, aux termes de l'art. 488 C. civ. : « La majorité est fixée à dix-huit ans accomplis ; à cet âge, on est capable de tous les actes de la vie civile ». Il résulte de ces dispositions que les jeunes gens et les jeunes filles de dix-huit ans n'ont plus besoin, en aucune circonstance, de l'autorisation de leurs parents. • CE 22 mars 1996, n° 151719 A : *AJDA 1996. 404.*

8. Contrôle du juge. La confiscation d'un effet personnel, qui n'est pas expressément prévue par le Décr. n° 2000-620 du 5 juill. 2000 définissant le régime juridique applicable au règlement intérieur des établissements publics locaux d'enseignement, va au-delà de la simple punition à orientation pédagogique, qualifiée de mesure d'ordre intérieur, et constitue une véritable sanction susceptible d'être annulée par le juge administratif. En stipulant que « tout objet inutile ou interdit tel que tatoo, téléphone portable, baladeur ou animal virtuel sera confisqué jusqu'à la fin de l'année scolaire s'il est utilisé dans les bâtiments », un règlement intérieur porte une atteinte disproportionnée au droit de propriété. • TA Strasbourg, 12 oct. 2004, n° 0204316 : *AJDA 2005. 561, concl. Gille.*

III. CONTRATS ET CONVENTIONS

9. Absence de compétence de la collectivité de rattachement. Il appartient au conseil d'administration, en qualité d'organe délibérant de l'établissement, de donner son accord sur la passation des conventions dont l'établissement envisage la signature ou sur son adhésion à tout groupement d'établissements. Sans accord préalable des organes compétents des établissements concernés, la collectivité de rattachement ne pouvait légalement se substituer aux établissements pour prendre la décision de passer un marché ayant notamment pour objet la fourniture de combustible de chauffage ni pour entamer une procédure de consultation collective ayant le même objet. • CE 25 avr. 1994, n° 99926. ♦ Dans un litige relatif à un contrat de location de photocopieur, le juge rappelle que l'EPLE est doté de la personnalité juridique et de l'autonomie financière en vertu des art. L. 421-1 s. et qu'il n'appartient pas à la région d'assurer la défense en justice des intérêts pécuniaires de cet établissement public, quand bien même elle a la charge de son équipement en application de l'art. L. 214-6. • CAA Versailles, 11 oct. 2018, n° 16VE00460 : *LIJ 2019, n° 205, p. 6.*

10. Absence de compétence de l'agent comptable. Vice d'une particulière gravité. Conséquences. Dans un litige relatif à un contrat de location de photocopieur, le juge relève que les contrats en litige avaient été signés par l'agent comptable au nom et pour le compte du lycée, alors qu'il n'avait pas compétence pour engager contractuellement l'établissement. En l'espèce, la cour relève également qu'il ne résultait pas de l'instruction que le chef d'établissement aurait entendu conclure de tels contrats ou que l'établissement aurait donné son consentement à la passation de ces contrats, et qu'au contraire, l'établissement avait montré qu'il souhaitait mettre un terme à ces contrats puisque le proviseur avait informé la société du vice d'incompétence dont ils étaient entachés, avait cherché avec elle une solution amiable pour y mettre un terme, avait signalé les agissements de l'agent comptable au procureur de la République sur le fondement de l'art. 40 C. pr. pén., tandis que l'établissement avait rapidement cessé d'utiliser les photocopieurs. La cour a par conséquent jugé que, compte tenu du vice d'incompétence entachant les contrats litigieux et en l'absence de toute circonstance permettant d'estimer que le chef d'établissement et le conseil d'administration du lycée auraient donné leur accord à la conclusion de ces contrats ou à la poursuite de leur exécution, le vice d'une particulière gravité ayant affecté le consentement de l'établissement faisait obstacle à ce que le litige soit réglé sur le terrain contractuel. Elle précise en outre que le cocontractant d'une personne publique dont le contrat est entaché de nullité peut prétendre à une indemnisation sur le terrain quasi contractuel ou quasi délictuel. • CAA Versailles, 11 oct. 2018, ⚖ n° 16VE00460 : *préc. note 9.*

11. Contrat de droit privé. Un établissement d'enseignement secondaire a conclu avec une société un contrat de location d'appareils de reprographie. S'il permettait à l'établissement de disposer de matériels nécessaires à l'accomplissement de sa mission, ce contrat n'avait pas pour objet de faire participer le cocontractant de l'administration à l'exécution du service public. Conclu seulement pour les besoins du service public, il ne comportait pas de clauses exorbitantes du droit commun. La juridiction judiciaire est donc compétente pour connaître du litige né de la résiliation du contrat par l'établissement. • T. confl., 15 nov. 2004, ⚖ n° 3431 B : *AJDA 2005. 285* ✎.

12. Coordination de collectivités de rattachement. Si la circonstance que certains bâtiments scolaires abritent à la fois des classes relevant de la compétence de la région et des classes relevant de celle d'un département peut rendre nécessaire une coordination, elle n'impose pas à l'État de conclure une convention unique avec ces deux collectivités. • CE 21 mars 2007, ⚖ n° 278327 B : *AJDA 2006. 660* ✎.

13. Dispositif expérimental. Policier référent. Le protocole n'attribue au policier référent aucun pouvoir disciplinaire et prévoit son intervention uniquement si les circonstances le justifie en cas d'urgence, à la demande du chef d'établissement et en appui des personnels. Dès lors, les missions assignées au policier référent par le protocole ne saurait méconnaître les pouvoirs du chef d'établissement ou celles de l'équipe éducative. • TA Versailles, 31 mars 2009, n° 0602269 : *LIJ 2009, n° 136, p. 10.* ♦ Le protocole n'a ni pour objet ni pour effet de modifier ou déléguer les pouvoirs de police détenus tant par le chef d'établissement que par les membres de la police nationale. Il ne constitue dès lors pas une « contractualisation » illégale du pouvoir de police. • TA Versailles, 31 mars 2009, n° 0602269 : *préc.* ♦ Compte tenu de sa nature et de sa portée, le protocole litigieux n'avait à être soumis ni au comité technique paritaire siégeant auprès de l'inspecteur d'académie ni au comité technique paritaire siégeant auprès du directeur départemental de la sécurité publique. • TA Versailles, 31 mars 2009, n° 0602269 : *préc.*

14. Action éducatrice. Contrôle des actes. Les assistants d'éducation participent à l'action éducatrice. Dès lors, la délibération du conseil d'administration d'un lycée qui écarte, par principe, le recrutement de tout assistant d'éducation, constitue un acte relatif à l'organisation de l'action éducatrice soumis au seul pouvoir d'annulation de l'autorité académique et ne relève pas, de ce fait, du contrôle de légalité du préfet. • CE 25 avr. 2007, ⚖ n°s 299114 et 299637. ♦ De la même manière, si le recrutement des assistants d'éducation s'effectue par contrat, la délibération du conseil d'administration d'un lycée qui écarte, par principe, le recrutement de tout assistant d'éducation ne constitue pas un acte relatif à la passation de conventions au sens de ce même article. • CE 25 avr. 2007, ⚖ n° 289041 B : *AJDA 2007. 2047, note Legrand* ✎.

IV. MOYENS

15. Tableau de répartition des moyens. Interrogée sur les règles de compétences en matière d'adoption du tableau de répartition des moyens, la direction des affaires juridiques a rappelé que sur le fondement du principe d'autonomie en matière pédagogique et éducative posé par l'art. R. 421-2, chaque établissement dispose d'une enveloppe d'heures attribuées par l'autorité académique qu'il peut répartir avec une certaine marge de manœuvre. En effet, s'il est tenu de respecter les horaires réglementaires, il lui reste à déterminer la répartition des heures restantes. Sur la base de la dotation horaire globale qui lui a été allouée, le chef d'établissement propose au conseil d'administration (après examen par la commission permanente, sur le fondement de l'art. R. 421-41) un projet de répartition et d'utilisation des heures dont il dispose, qui prend la forme d'un tableau de répartition des moyens par discipline et dont l'adoption relève de la compétence exclusive du conseil d'administration, en vertu des dispositions de l'art. R. 421-20. * DAJ A1, n° 13-085, 22 mars 2013 : *LIJ 2013, n° 179, p. 15.*

Art. L. 421-5 *(L. n° 2005-380 du 23 avr. 2005, art. 38)* **Dans chaque établissement public local d'enseignement, est institué un conseil pédagogique.**

Ce conseil, présidé par le chef d'établissement, réunit au moins un professeur principal de chaque niveau d'enseignement, au moins un professeur par champ disciplinaire, un conseiller principal d'éducation et, le cas échéant, le chef de travaux. Il a pour mission de favoriser la concertation entre les professeurs, notamment pour coordonner les enseignements, la notation et l'évaluation des activités scolaires. Il prépare la partie pédagogique du projet d'établissement.

Art. L. 421-6 *(L. n° 2018-771 du 5 sept. 2018, art. 24)* **Les établissements publics locaux d'enseignement peuvent dispenser des actions de formation par apprentissage mentionnées au 4° de l'article L. 6313-1 du code du travail.**

Art. L. 421-7 **Les établissements scolaires organisent des contacts et des échanges avec leur environnement économique, culturel et social** *(L. n° 2013-595 du 8 juill. 2013, art. 58)* **« , particulièrement dans les zones d'éducation prioritaire ».**

(L. n° 2005-380 du 23 avr. 2005, art. 37) **« Les collèges, lycées et centres de formation d'apprentis, publics et privés sous contrat, relevant de l'éducation nationale, de l'enseignement agricole ou d'autres statuts, peuvent s'associer au sein de réseaux, au niveau d'un bassin de formation, pour faciliter les parcours scolaires, permettre une offre de formation cohérente, mettre en œuvre des projets communs et des politiques de partenariats, en relation avec les collectivités territoriales et leur environnement économique, culturel et social. »**

BIBL. ▶ DAHAN, GAVARD et LAUZE, Pratique des marchés publics à l'éducation nationale. L'achat de fournitures et de services en 35 fiches, *Berger-Levrault, coll. Éducation, 2002.* – DUFRESNE, PANAZOL, BELLET, RAVAT, VIMONT, La situation des GRETA, *Rapp. IGAENR, juin 2006.* – GAVARD, Modes d'achat à l'éducation nationale, *Berger-Levrault, coll. Éducation, 2004.* – TAILLEFAIT, Gestion du patrimoine scolaire, *Berger-Levrault, coll. Éducation, 2002.*

I. ASSOCIATION D'ÉTABLISSEMENTS

1. GRETA. Les groupements d'établissements (GRETA), constitués entre les établissements scolaires publics d'enseignement relevant de l'éducation nationale pour exercer leur mission de formation continue dans le cadre de l'éducation permanente, n'ont pas de personnalité juridique distincte et dépendent pour l'ensemble de leurs activités et de leur gestion administrative, financière et comptable du service public administratif de l'éducation nationale. • T. confl., 29 déc. 2004, *Mme Aufrère c/ GRETA Tourisme Hôtellerie de Nice et MEN*, n° 3438 : *AJDA 2005. 395* • T. confl., 7 oct. 1996, *Préfet des Côtes-d'Armor c/ Mmes Allam, Hénaff et a.*, n° 03034 : *Lebon T. 550*. ♦ V. aussi note art. L. 423-1.

2. Sur la participation d'un EPLE support de GRETA à une association ou à un GIE. V. notes ss. art. L. 423-1.

3. Groupements d'achats. Les groupements pour l'organisation rationnelle des achats de denrées et de combustibles créés pour l'approvisionnement des établissements de l'enseignement public n'ont pas de personnalité juridique. Les intendants désignés comme animateurs de tels groupements n'ont pas compétence pour passer des marchés pour le compte des établissements autres que celui auquel ils appartiennent. Par suite, la lettre par laquelle « l'animateur » d'un groupement déclare retenir l'offre d'un fournisseur d'approvisionner l'ensemble des établissements scolaires membres du groupement, étant précisé que chaque intendant passerait individuellement sa commande et en réglerait le montant, ne crée pas de lien contractuel entre l'État et le fournisseur. • CE 13 mai 1970, *M. Larue*, n° 73655 : *Lebon 331*.

V. aussi livre IX, titre III, chapitre VII : Les personnels de formation continue.

II. PARTENARIATS

4. Partenariats internationaux. Interrogé à de très nombreuses reprises sur la reconnaissance de la période de scolarité passée à l'étranger dans l'enseignement primaire et secondaire et une possible homologation des années ou trimestres scolaires à l'étranger pour les collégiens et les lycéens, le ministre rappelle que la mobilité est encadrée par plusieurs textes de référence (rapport annexé de la L. n° 2013-595 du 8 juill. 2013 d'orientation et de programmation pour la refondation de l'École de la République, code de l'éducation et circulaires de rentrée depuis plusieurs années). Le code de l'éducation, notamment, invite les lycées à nouer un partenariat scolaire avec des lycées européens et internationaux (art. D. 421-2-1). En outre, l'art. L. 124-19 dispose que, pour favoriser la mobilité internationale, les stages ou les périodes de formation en milieu professionnel peuvent être effectués à l'étranger. Enfin, plusieurs dispositifs d'apprentissage des langues vivantes et des cultures (sections européennes et de langues orientales, sections internationales et binationales) favorisent l'ouverture sur l'Europe et le monde. Ils sont l'occasion d'une reconnaissance spécifique des compétences des élèves. La reconnaissance de l'expérience de mobilité est recommandée et inscrite dans la Circ. n° 2011-116 du 3 août 2011, publiée au BOEN n° 30 du 25 août 2011. Cette circulaire propose d'établir un « contrat d'études » entre deux établissements scolaires, ce qui permet d'évaluer, de valoriser et de faire reconnaître les compétences acquises par les élèves, facilitant ainsi leur retour dans l'établissement scolaire. Le ministre précise en outre que, depuis la rentrée 2012, les élèves qui le souhaitent ont la possibilité de faire valoir, dans l'application « admission post-bac », les mobilités qu'ils ont effectuées. Par ailleurs, l'ensemble des dispositifs spécifiques d'enseignement des langues et des cultures apparaissent directement dans cette application. Concernant les collégiens, les acquis d'apprentissage relevant des compétences liées à la maîtrise des techniques de l'information et de la communication mais aussi d'autres compétences telles que la pratique des langues, la culture humaniste, les compétences civiques et sociales, l'autonomie et l'initiative sont reconnus. Une expérimentation est également en cours pour valoriser les échanges à distance et la mobilité dans le parcours du collégien. Le ministère de l'éducation nationale, de l'Enseignement supérieur et de la Recherche continue à s'investir pour favoriser la mobilité, en particulier par le biais de la production d'un guide d'accompagnement à l'attention des parents pour la prochaine rentrée scolaire. En outre, des réflexions sont en cours sur les conditions de mise en œuvre et de reconnaissance des mobilités dans le parcours scolaire. * Rép. min. n° 92247 : *JOAN Q 12 janv. 2016, p. 369* * Rép. min. n° 92248 : *JOAN Q 12 janv. 2016, p. 369.*

Art. L. 421-8 *(L. nº 2021-1104 du 22 août 2021, art. 6)* **Le comité d'éducation à la santé, à la citoyenneté et à l'environnement, présidé par le chef d'établissement, a pour mission globale d'inscrire l'éducation à la santé, à la citoyenneté et au développement durable dans chaque projet d'établissement approuvé par le conseil d'administration.**

Il apporte un appui aux acteurs de la lutte contre l'exclusion et renforce notamment les liens entre l'établissement d'enseignement, les parents d'élèves et les partenaires extérieurs. Il concourt aux initiatives en matière de lutte contre l'échec scolaire, d'amélioration des relations avec les familles, de médiation sociale, d'éducation artistique et culturelle, de prévention des conduites à risque et de lutte contre les violences.

Il contribue à la promotion de la santé physique, mentale et sociale. Cette promotion intègre notamment des projets d'éducation à la sexualité et à l'alimentation et de prévention de conduites addictives.

Ce comité contribue à l'éducation à la citoyenneté, à la transmission des valeurs et des principes de la République, à la promotion du principe de laïcité et au soutien des initiatives de prévention et de lutte contre toutes les formes de discrimination, en associant les enseignants, les élèves, les parents d'élèves et les partenaires extérieurs.

Ce comité a également pour mission de favoriser et de promouvoir les démarches collectives dans le domaine de l'éducation à l'environnement et au développement durable, en associant les enseignants, les élèves, les parents d'élèves et les partenaires extérieurs. Ces démarches font partie intégrante du projet d'établissement.

BIBL. ▶ Recherches sur les radicalisations, les formes de violence qui en résultent et la manière dont les sociétés les préviennent et s'en protègent. État des lieux, propositions, actions, *Rapp. au Secrétaire d'État chargé de l'ESR, ATHENA, mars 2016.*

▶ **Violences scolaires :** Belloubet-Frier, 30 propositions pour lutter contre les violences dans les établissements scolaires, *Rapp. MEN, 2001.* – Benoit, La mobilisation des acteurs locaux dans la prévention de la délinquance, *AJDA 2020. 550* ∅. – Brenner, Les Territoires perdus de la République : antisémitisme, racisme et sexiste en milieu scolaire, *Ed. Mille et Une Nuits, sept. 2002.* – Debarbieux, Ne tirez pas sur l'école !... Réformez-la vraiment, *Armand Colin, 2017* ; L'école face à la violence. Décrire, expliquer, agir, *Armand Colin, coll. U, 2016* ; Les dix commandements contre la violence à l'école, *Odile Jacob, sept. 2008* ; Violence à l'école : un défi mondial ?, *Armand Colin, 2006* ; La violence dans la classe, *ESF éditeur, coll. Science de l'éducation, mai 1990.* – Demuynck, La rue dans l'école ? Connaître, prévenir et maîtriser l'intrusion de la violence dans les établissements scolaires, *Rapport MEN, juin 2004.* – Frechou, Résultats de l'enquête Sivis 2018-2019 auprès des établissements publics et privés sous contrat du second degré, *MENJ-DEPP, Note d'information, nº 19.44, nov. 2019* ; Résultats de l'enquête Sivis 2019-2020 auprès des établissements publics et privés sous contrat du second degré, *MENJS-DEPP, Note d'information nº 21.09, févr. 2021.* – Juillard, Les signalements d'incidents graves dans le second degré public sont stables en 2014-2015, *MENESR, DEPP, Note d'information, nº 49, déc. 2015* ; Les actes de violence contre les filles sont plus fréquents dans les lycées professionnels comptant le plus de garçons, *MENESR, DEPP, Note d'information, nº 30, nov. 2016.* – Obin, Recommandations pour un établissement scolaire mobilisé contre la violence, *Rapp. pour le Comité national de lutte contre la violence à l'école, 2001.*

▸ **Harcèlement scolaire :** Battaglia, Ce que peuvent les enseignants, *Le Monde, 6 nov. 2020. 16.* – Catheline, Le harcèlement scolaire, *PUF, coll. Que sais-je ?, 2018.* – Hivert, En Suède, le principe de la « tolérance zéro » dans les établissements, *Le Monde, 6 nov. 2020. 16.* – Les atteintes aux droits de l'enfant à l'école, *in Défenseur des droits, Rapp. Annuel 2019. 48.*

▸ **Climat scolaire :** Beaumont, Le climat scolaire vu par les chefs d'établissement du second degré public, in *MENESR, Éducation & Formations, Climat scolaire et bien-être à l'école, n° 88-89, déc. 2015. 41.* – BLAYA, L'école à l'ère du 2.0. Climat scolaire et cyberviolence, in *MENESR, Éducation & Formations, Climat scolaire et bien-être à l'école, n° 88-89, déc. 2015. 29.* – Cristofoli, L'absentéisme des élèves soumis à l'obligation scolaire. Un lien étroit avec le climat scolaire et le bien-être des élèves, *in MENESR, Éducation & Formations, Climat scolaire et bien-être à l'école, n° 88-89, déc. 2015. 101* ; En 2016-2017, l'absentéisme touche en moyenne 4,9 % des élèves du second degré public, *MEN-DEPP, Note d'information, n° 18.06, 2018.* – Hubert, Le climat scolaire perçu par les collégiens, in *MENESR, Éducation & Formations, Climat scolaire et bien-être à l'école, n° 88-89, déc. 2015. 79* ; 94 % des collégiens déclarent se sentir bien dans leur collège, *MEN-DEPP, Note d'information, n° 17.30, déc. 2017* ; Enquête nationale 2018 de climat scolaire et de victimation auprès des lycéens : le point de vue des élèves internes, *MENJ, Note d'information, n° 20.19, mai 2020.*

▸ **Sur la citoyenneté :** V. Bibl. ss. art. L. 121-4-1.

1. Violence à l'école. Lutte. Interpellée sur la question de la violence scolaire, la ministre a répondu que la prévention et la lutte contre la violence à l'école ne sont pas seulement des impératifs d'ordre public mais aussi des enjeux majeurs pour la réussite éducative, car elles sont une des conditions nécessaires à l'accomplissement des missions de l'éducation nationale. Il convient d'établir un climat serein qui protège les élèves et les personnels contre toutes les formes de violence, y compris les microviolences quotidiennes qui, bien que moins visibles, sont souvent cause de souffrance chez les jeunes comme chez les adultes. L'amélioration du climat scolaire demande des réponses multiples, coordonnées et mises en œuvre sur du long terme. Seule une politique globale, concrète et constante dans le temps peut permettre de réduire les problèmes de violence à l'école. C'est pourquoi au sein de la direction générale de l'enseignement scolaire, une mission chargée de la prévention et de la lutte contre les violences en milieu scolaire met en œuvre plusieurs leviers d'action, fondés sur les données de la recherche en la matière aux niveaux national et international, afin d'installer les conditions favorisant un climat de réussite scolaire. Depuis la rentrée 2007, l'enquête SIVIS (système d'information et de vigilance sur la sécurité scolaire) permet le recueil de données sur la violence en milieu scolaire. Par ailleurs, à la suite des attentats de janvier 2015, le ministère chargé de l'éducation nationale a modernisé son système de remontées de faits problématiques survenus dans les établissements scolaires. Ce système de signalements est complémentaire du système des signalements créé par le ministère de l'intérieur (signalements effectués auprès de la plateforme téléphonique nationale et des services locaux des préfectures). Enfin, dans le cadre de la grande mobilisation de l'école qui a eu lieu après les attentats de janvier 2015, le ministère chargé de l'éducation nationale a mis en place un vaste plan d'ensemble, composé de mesures opérationnelles destinées à donner aux élèves un apprentissage concret, tout au long de leur scolarité, des valeurs de la République. Les orientations essentielles résident dans : – l'enseignement moral et civique (EMC), enseignement mis en œuvre depuis la rentrée 2015, qui a vocation à être pris en charge par l'ensemble des enseignants et à s'inscrire dans le nouveau parcours citoyen ; – le nouveau socle commun de connaissances, de compétences et de culture qui sera en vigueur à la rentrée 2016 ainsi que les nouveaux programmes du collège ; – l'éducation aux médias et à l'information (EMI) qui, notamment, a pour objectif de développer le sens critique chez l'élève, en particulier dans l'usage des réseaux sociaux, avec une attention particulière à la prévention de la cyberviolence. * Rép. min. n° 85820 : *JOAN Q 10 nov. 2015, p. 8217.*

2. Signalement. Art. 40 C. pr. pén. Compétence du juge judiciaire. Saisi d'une demande d'indemnisation du préjudice moral qu'ils estimaient avoir subi du fait d'un signalement qu'aurait effectué l'enseignant de leur fils, sur le fondement de l'art. 40 C. pr. pén., le tribunal administratif juge que la responsabilité de l'administration de l'éducation nationale du fait d'un signalement effectué par un agent sur ce fondement ne peut être recherchée que devant les juridictions judiciaires, dès lors que l'appréciation des éventuelles conséquences dommageables de cet avis est indissociable de la procédure pénale susceptible de lui succéder. • TA Versailles, 27 févr. 2020, n° 1803327 : *LIJ 2020, n° 211, p. 14.* ♦ Le juge applique en effet le principe dégagé par le Tribunal des conflits selon lequel la juridiction administrative ne saurait connaître de demande tendant à la réparation d'éventuelles conséquences dommageables de l'acte par lequel une autorité administrative, un officier public ou un fonctionnaire avise, en application des dispositions précitées de l'art. 40 C. pr. pén., le procureur de la République dès lors que l'appréciation de cet avis n'est pas dissociable de celle que peut porter l'autorité judiciaire sur l'acte de poursuite ultérieur. • T. confl. 8 déc. 2014, n° C 3974 A : *AJDA 2014. 2445*.

Art. L. 421-9 Les établissements scolaires peuvent conclure avec des établissements universitaires des accords de coopération en vue, notamment, de favoriser l'orientation et la formation des élèves. — *[L. n° 89-486 du 10 juill. 1989, art. 18, al. 4.]*

Art. L. 421-10 *(L. n° 2019-791 du 26 juill. 2019, art. 35)* « I. — » Les établissements ainsi que, pour les écoles primaires, les communes qui en ont la charge peuvent s'associer par voie de convention pour développer les missions de formation de ces établissements et écoles et pour mettre en commun, dans le respect de leurs compétences, leurs ressources humaines et matérielles.

(L. n° 2019-791 du 26 juill. 2019, art. 35) « II. — Les établissements, avec l'accord de la collectivité territoriale de rattachement, peuvent mettre en œuvre en faveur des élèves du premier degré des actions, notamment sociales ou éducatives, financées par l'État et auxquelles les collectivités territoriales peuvent également apporter leur concours sous forme de subvention ou de ressources humaines et matérielles. L'accord préalable de la commune qui en a la charge est requis lorsque les actions mises en œuvre se déroulent dans une école.

« III. — » *(L. n° 2006-636 du 1er juin 2006, art. 2)* « Les personnes recrutées par les établissements publics locaux d'enseignement dans le cadre d'un des contrats prévus *(Ord. n° 2008-1304 du 11 déc. 2008, art. 1er)* « aux titres Ier à III du livre Ier de la cinquième partie législative du code du travail » peuvent exercer leurs fonctions dans l'établissement qui les a recrutées, dans un ou plusieurs autres établissements ainsi que, compte tenu des besoins, dans une ou plusieurs écoles. Dans ce dernier cas, les directeurs d'école peuvent participer à la procédure de recrutement. »

1. Répartition des compétences. Sur la base de cet article, un lycée et un lycée agricole ont organisé le transfert de certaines classes préparatoires sur le site du lycée agricole. Cette convention avait notamment déterminé les modalités selon lesquelles s'exerce l'autorité des deux chefs d'établissements concernés sur ces classes. Plusieurs enseignants ont demandé l'annulation de certaines dispositions voire de la convention elle-même. Dans son jugement, le tribunal précise les compétences de chaque chef d'établissement vis-à-vis des personnels et des élèves transférés. S'agissant des personnels, il considère que le chef d'établissement qui accueille sur son site n'est pas compétent pour régler les questions d'assiduité, de ponctualité, de report de cours et d'absences inférieures à 48 heures ni pour établir les emplois du temps. Par contre, il est compétent pour assurer leur sécurité ainsi que celle de leurs biens. S'agissant des conseils des classes préparatoires, le juge a annulé les dispositions qui prévoyaient que les deux chefs d'établissement disposaient d'une voie délibérative à ces conseils. S'agissant des élèves, le juge confirme la légalité des dispositions qui prévoient que les élèves des classes préparatoires soient soumis au règlement intérieur du lycée agricole qui les accueille ainsi que celles qui prévoient que le chef d'établissement d'accueil contrôle leur assiduité et leur ponctualité. • TA Toulouse, 27 oct. 2005, n° 00/3893 : *LIJ 2006, n° 101, p. 6.*

2. Contrat unique d'insertion-contrat d'accompagnement dans l'emploi (CUI-CAE). Temps de travail applicable. Interrogée sur les dispositions applicables aux agents en CUI-CAE dans les EPLE, la DAJ rappelle la jurisprudence en vigueur. • CA Pau, 16 mars 2017, n° 14-03766 : *LIJ 2017, n° 199.* ♦ Elle précise que « la modulation est expressément prévue par le code du travail (art. L. 5134-26) et qu'il convient donc de tenir compte des périodes de vacances scolaires durant lesquelles l'établissement scolaire est fermé et pendant lesquelles le travail du salarié ne peut s'effectuer et que les congés de ces agents doivent être fixés selon les nécessités du service et en fonction des congés scolaires ». * Note DAJ A4, 12 juill. 2017, n° 2017-033 : *LIJ 2018, n° 201, p. 18.*

3. Contrat unique d'insertion-contrat d'accompagnement dans l'emploi (CUI-CAE). Compétence de l'établissement employeur pour affecter les agents. Dans la même demande, la DAJ indique que l'art. L. 421-10, « qui constitue le fondement du recrutement par des EPLE de tels agents qui exerceront leurs fonctions dans d'autres EPLE ou dans des écoles du premier degré, ne prévoit pas une mise à disposition au sens statutaire, mais une affectation de ces agents. Aucune convention de mise à disposition n'est donc exigée ». * Note DAJ A4, 12 juill. 2017, n° 2017-033 : *LIJ 2018, n° 201, p. 18.*

SECTION II ORGANISATION FINANCIÈRE

Sur le contrôle financier des EPLE, V. comm. ss. art. L. 421-1.

Sur l'autorité fonctionnelle des gestionnaires, V. art. L. 942-1.

Art. L. 421-11 Le budget d'un établissement public local d'enseignement est préparé, adopté et devient exécutoire dans les conditions suivantes :

a) Avant le 1er novembre de l'année précédant l'exercice, le montant prévisionnel de la participation aux dépenses d'équipement et de fonctionnement incombant à la collectivité territoriale dont dépend l'établissement et les orientations relatives à l'équipement et au fonctionnement matériel de l'établissement, arrêtés par l'assemblée délibérante de cette collectivité, sont notifiés au chef d'établissement. Cette participation ne peut être réduite lors de l'adoption ou de la modification du budget de cette collectivité.

(Ord. nº 2004-631 du 1er juill. 2004, art. 2) « La répartition des crédits aux établissements par les collectivités de rattachement se fonde notamment sur des critères tels que le nombre d'élèves, l'importance de l'établissement, le type d'enseignement, les populations scolaires concernées, les indicateurs qualitatifs de la scolarisation ; »

b) Le chef d'établissement prépare le projet de budget en fonction des orientations fixées et dans la limite de l'ensemble des ressources dont dispose l'établissement. Il le soumet au conseil d'administration ;

c) Le budget de l'établissement est adopté en équilibre réel dans le délai de trente jours suivant la notification de la participation de la collectivité dont dépend l'établissement ;

d) Le budget adopté par le conseil d'administration de l'établissement est transmis à la collectivité de rattachement ainsi qu'à l'autorité académique dans les cinq jours suivant le vote.

Le budget devient exécutoire dans un délai de trente jours à compter de la dernière date de réception par les autorités mentionnées ci-dessus, sauf si, dans ce délai, *(L. nº 2015-177 du 16 févr. 2015, art. 15)* « une de ces autorités » a fait connaître son désaccord motivé sur le budget ainsi arrêté ;

e) En cas de désaccord, le budget est réglé conjointement par la collectivité de rattachement et l'autorité académique. Il est transmis au représentant de l'État et devient exécutoire.

A défaut d'accord entre ces deux autorités dans le délai de deux mois à compter de la réception du budget, le budget est *(L. nº 2015-177 du 16 févr. 2015, art. 15)* « transmis au représentant de l'État qui le règle » après avis public de la chambre régionale des comptes. Le représentant de l'État ne peut, par rapport à l'exercice antérieur, sauf exceptions liées à l'évolution des effectifs ou à la consistance du parc de matériels ou des locaux, majorer la participation à la charge de la collectivité de rattachement que dans une proportion n'excédant ni l'évolution du produit de la fiscalité directe de cette collectivité ni l'évolution des recettes allouées par l'État et destinées à pourvoir aux dépenses pédagogiques de cet établissement ;

f) Lorsque le budget n'est pas adopté dans les trente jours suivant la notification de la participation de la collectivité dont dépend l'établissement, il est fait application de la procédure prévue au *e*. Toutefois, le délai prévu au deuxième alinéa dudit *e* est d'un mois à compter de la saisine par le représentant de l'État de la collectivité de rattachement et de l'autorité académique.

BIBL. ▶ Dahan, Gavard et Lauze, Pratique des marchés publics à l'éducation nationale. L'achat de fournitures et de services en 35 fiches, *Berger-Levrault, coll. Éducation, 2002.* – Gavard, La gestion financière des établissements scolaires locaux du second degré, *Berger-Levrault, coll. Guides pratiques Éducation, 2005.* – Gavard, Maslanka, Stirnemann, Tortosa, Pratique de la gestion administrative, budgétaire et matérielle d'un établissement public local d'enseignement, *Berger-Levrault, coll. Les indispensables, oct. 2012.* – Gavard, Duval-Destin, Glatt, Guillou et Maslanka, Pratique des marchés publics dans les établissements de l'Éducation nationale, *Berger-Levrault, 3e éd. 2008.* – Landreau, En 2018, les collèges et lycées publics gèrent 7 milliards d'euros, soit 15 % du coût de leurs élèves, *MENJ, Note d'information, nº 20.21, juin 2020.* – Patriat, Rapport d'information sur la répartition du produit de la taxe d'apprentissage, *Sénat, nº 455, mars 2013.* – Saguet, Genty, Haudebourg, Narvaez et Girard-Reydet, L'évolution de la carte comptable : de la croisée des chemins à de nouveaux défis à relever, *MENESR, Rapp. IGAENR, nº 2016-071, nov. 2016.* – Taillefait, Gestion du patrimoine scolaire, *Berger-Levrault, coll. Éducation, 2002.* – C. comptes, Défaillances et insuffisances dans la fonction comptable des établissements publics locaux d'enseignement (EPLE), *Rapp. public 2006, p. 561.* – C. comptes, Coût et efficacité du lycée. Région Île-de-France. Exercices 2010 et suivants, *Rapp. d'observation définitives et sa réponse,*

16 déc. 2014. – C. comptes, Le coût du lycée, *Rapp. public thématique, sept. 2015*. – L'EPLE et l'argent, *Cah. éduc., n° 89, nov. 2009*.

1. Compétence exclusive du CA. Le conseil d'administration dispose d'une compétence exclusive en matière financière. Le chef d'établissement n'a aucune compétence propre dans ce domaine où il ne fait qu'exécuter les délibérations du conseil. • C. comptes 20 oct. 1998, *Agent comptable du lycée René-Cassin de Bayonne : Rec. C. comptes 91*.

2. Compétence. Tableau de répartition des moyens par discipline. Sur le fondement du principe d'autonomie en matière pédagogique et éducative, posé par l'art. R. 421-2, chaque établissement dispose d'une enveloppe d'heures attribuées par l'autorité académique qu'il peut répartir avec une certaine marge de manœuvre. En effet, s'il est tenu de respecter les horaires réglementaires, il lui appartient de déterminer la répartition des heures restantes. Sur la base de la dotation horaire globale qui lui a été allouée, le chef d'établissement propose au conseil d'administration (après examen par la commission permanente, sur le fondement de l'art. R. 421-41) un projet de répartition et d'utilisation des heures dont il dispose, qui prend la forme d'un tableau de répartition des moyens par discipline. L'adoption de ce tableau relève de la compétence exclusive du conseil d'administration, en vertu des dispositions de l'art. R. 421-20. * Note DAJ A1 n° 13-085 du 22 mars 2013 : *LIJ 2013, n° 177, p. 26*.

3. Illégalité. Le conseil d'administration d'un collège ne peut légalement autoriser la passation d'une convention qui aurait pour effet de mettre à la charge de l'établissement des dépenses non prévues à son budget et excédant la limite des ressources dont il dispose. Illégalité des délibérations de conseils d'administration de collèges autorisant la signature, par les principaux de ces collèges, d'une convention régissant la mise à disposition d'installations sportives par une municipalité, dont l'application devait entraîner des dépenses qui n'avaient pas été prises en compte dans les orientations budgétaires définies par le département, lequel n'avait donné aucun accord à la majoration correspondante de sa participation aux dépenses de fonctionnement desdits collèges. • CE 3 sept. 1997, n° 154486 A : *D. 1999. 85, obs. Lachaume* • CE 3 sept. 1997, n° 154487 B.

4. Convention. Si la circonstance que certains bâtiments scolaires abritent à la fois des classes relevant de la compétence de la région et des classes relevant de celle d'un département peut rendre nécessaire une coordination, elle n'impose pas à l'État de conclure une convention unique avec ces deux collectivités. • CE 21 mars 2007, n° 278327 A : *AJDA 2006. 660*.

5. Dépenses à la charge des familles. Recouvrement de créances. Parents d'élèves. Transmission de documents par voie électronique. Sur la mise en place d'une procédure administrative électronique. V. * Note DAJ A1 n° 15-111 du 21 avr. 2015 : *LIJ 2015, n° 189, p. 18*. ♦ Sur la valeur de l'envoi d'un courriel électronique avec accusé de réception : V. * Note DAJ A1 n° 15-111, 21 avr. 2015 : *préc.*

6. Matériel informatique. Cession gratuite par les collectivités territoriales. Conditions. Les collectivités territoriales sont autorisées à céder gratuitement les matériels informatiques dont elles n'ont plus l'emploi (CGPPP, art. L. 3212-3). Cette possibilité ne peut toutefois être réalisée qu'au profit d'associations de parents d'élèves, d'associations de soutien scolaire et d'associations d'étudiants ainsi qu'aux personnels des administrations concernées. Par ailleurs, les associations s'engagent à n'utiliser les matériels cédés que pour la réalisation de l'objet prévu par leurs statuts et ne peuvent procéder à la rétrocession à titre onéreux du matériel alloué. En outre, le matériel informatique cédé ne peut excéder la valeur unitaire fixée à 300 € (CGPPP, art. D. 3212-3 s.). Les matériels informatiques ne peuvent pas être cédés gratuitement à d'autres types de bénéficiaires, quand bien même leur valeur unitaire a été estimée comme nulle. Pour déterminer la valeur nulle des matériels informatiques, la méthode retenue est celle de l'amortissement. *Rép. min. n° 13645 : *JO Sénat Q 30 avr. 2020, p. 2025*.

7. Suspension de l'activité. Circonstances exceptionnelles. Internats scolaires. Hébergement de personnels de santé. Réquisition. Mise à disposition. Conditions (extraits). La DAJ a rédigé une fiche afin de fournir aux services académiques les différents éléments relatifs à l'organisation et à la mise en place de l'accueil des personnels soignants ou des publics fragiles dans certains internats de collèges et de lycées du fait de la suspension de l'activité de ces établissements durant l'état d'urgence sanitaire. La DAJ a, à cet effet, précisé les deux modalités envisageables : la réquisition de l'État arrêtée par le préfet en application des art. L. 2215-1 CGCT ou L. 3131-17 CSP, ou la mise à disposition à l'initiative de la collectivité de rattachement de l'EPLE, par convention conclue entre cette collectivité, l'État représenté par le recteur d'académie ou le chef d'établissement et, le cas échéant, une tierce personne. Elle a notamment rappelé qu'en cas de réquisition, l'État est, par principe, responsable des dommages causés aux biens et par les biens. Elle rappelle aussi, qu'en cas de mise à disposition par voie contractuelle, les coûts ne peuvent être mis à la charge de l'EPLE, dès lors que ce dernier ne peut légalement mettre en place un tel service d'accueil en vertu du principe de spécialité, qui s'oppose à ce qu'il s'écarte des missions qui lui sont attribuées par les textes législatifs et réglementaires qui régissent son activité. * Note DAJ : *LIJ 2020, n° 212.*

8. Procédure contentieuse. Un EPLE est un établissement public relevant d'une collectivité territoriale. Par suite, un recours formé devant le tribunal administratif tendant au paiement d'une somme d'argent, à la décharge ou à la réduction de sommes dont le paiement est réclamé au requérant est, lorsque le défendeur est un EPLE, dispensé de ministère d'avocat. • TA Orléans, 25 janv. 2007, n° 0601365 • TA Orléans, 25 janv. 2007, n° 0502424 : *AJDA 2007. 921, concl. Mésognon*.

Art. L. 421-12 A l'exclusion de la date mentionnée au a de l'article L. 421-11, les dispositions de cet article sont applicables aux budgets modificatifs. *(Ord. n° 2004-631 du 1er juill. 2004, art. 3)* « Toutefois, le délai prévu au second alinéa du *d* est de quinze jours. »

Art. L. 421-13 I. — Lorsqu'il règle le budget de l'établissement, en application des dispositions du troisième alinéa de l'article L. 1612-5 du code général des collectivités territoriales et du troisième alinéa de l'article L. 1612-15 du même code, le représentant de l'État ne peut, par rapport à l'exercice antérieur, sauf exceptions liées à l'évolution des effectifs ou à la consistance du parc de matériels ou des locaux, majorer la participation de la collectivité de rattachement que dans une proportion n'excédant ni l'évolution du produit de la fiscalité directe de la collectivité de rattachement ni l'évolution des recettes allouées par l'État et destinées à pourvoir aux dépenses pédagogiques de cet établissement.

II. — Pour l'application des dispositions des articles L. 1612-1, L. 1612-5, L. 1612-9, L. 1612-12, premier alinéa, L. 1612-15, L. 1612-16 du code général des collectivités territoriales et L. 242-2 du code des juridictions financières, les prérogatives *(Ord. n° 2004-631 du 1er juill. 2004, art. 4)* « de l'exécutif et de l'assemblée délibérante » sont exercées respectivement par le chef d'établissement et le conseil d'administration.

Toutefois, lorsque le budget a été arrêté conformément au premier alinéa du e de l'article L. 421-11 du présent code et qu'il n'est pas en équilibre réel, une décision conjointe de la collectivité de rattachement et de l'autorité académique tient lieu de la nouvelle délibération mentionnée au deuxième alinéa de l'article L. 1612-5 du code général des collectivités territoriales.

III. — Par dérogation aux dispositions du premier alinéa de l'article L. 1612-12 du code général des collectivités territoriales, le compte financier est soumis par le chef d'établissement au conseil d'administration *(Ord. n° 2004-631 du 1er juill. 2004, art. 4)* « avant l'expiration d'un délai fixé par décret en Conseil d'État *[V. art. R. 421-77 s.]* ».

Les autres dispositions de l'article L. 1612-12 du code général des collectivités territoriales et celles de l'article L. 1612-14 du même code ne sont pas applicables.

Le budget de l'établissement est exécuté en équilibre réel.

IV. — Pour l'application des dispositions du présent article et des articles L. 421-11 et L. 421-12 du présent code, le conseil départemental ou le conseil régional peut déléguer tout ou partie de ses attributions à son bureau, à l'exception de celles relatives à la fixation du montant de la participation de la collectivité de rattachement prévue au a de l'article L. 421-11 du présent code.

Art. L. 421-14 I. — *(Ord. n° 2004-631 du 1er juill. 2004, art. 5)* « Sous réserve des dispositions particulières applicables au budget et aux décisions le modifiant, les actes de l'établissement relatifs à la passation des conventions, et notamment des marchés, et les actes relatifs au fonctionnement de l'établissement et qui n'ont pas trait au contenu ou à l'organisation de l'action éducatrice peuvent, dans les conditions prévues à l'article L. 2131-6 du code général des collectivités territoriales, être déférés au tribunal administratif par le représentant de l'État, ou, par délégation de ce dernier, par l'autorité académique.

« Un décret en Conseil d'État fixe la liste des actes mentionnés à l'alinéa précédent qui sont transmis au représentant de l'État, ou, par délégation de celui-ci, à l'autorité académique. Il précise ceux qui sont exécutoires dès leur transmission et ceux qui sont exécutoires quinze jours après leur transmission *[V. art. R. 421-54]*.

« II. — Les actes de l'établissement relatifs à l'organisation ou au contenu de l'action éducatrice dont la liste est fixée par décret en Conseil d'État sont transmis à l'autorité académique *[V. art. R. 421-55]*. Ils deviennent exécutoires quinze jours après leur transmission. Dans ce délai, l'autorité académique peut prononcer l'annulation de ces actes

lorsqu'ils sont contraires aux lois et règlements ou de nature à porter atteinte au fonctionnement du service public de l'éducation. La décision motivée est communiquée sans délai à l'auteur de l'acte. »

III. — L'autorité académique et la collectivité de rattachement sont informées régulièrement de la situation financière de l'établissement ainsi que préalablement à la passation de toute convention à incidence financière.

La collectivité territoriale de rattachement demande, en tant que de besoin, à l'autorité académique qu'une enquête soit réalisée par un corps d'inspection de l'État sur le fonctionnement de l'établissement.

BIBL. ▶ Borowski, L'établissement public dans la vie locale, *AJDA 1987. 566.* – Bourliaud, Autonomie et tutelle des établissements publics d'enseignement, *Rev. adm. 1979. 621.* – Legrand, Le rattachement des établissements publics locaux d'enseignement à une collectivité territoriale et le contrôle de leurs actes, *AJDA 2005. 825*. – Périé, Le contrôle des établissements publics d'enseignement, *Rev. adm. 198. 274.*

1. Contrôle des actes. Action éducatrice. Il résulte de la combinaison des dispositions de cet art. et de celles de l'art. L. 916-1 que les assistants d'éducation participent à l'action éducatrice. Ainsi la délibération du conseil d'administration d'un lycée qui écarte, par principe, le recrutement de tout assistant d'éducation constitue un acte relatif à l'organisation de l'action éducatrice soumis au seul pouvoir d'annulation de l'autorité académique et ne relève pas, de ce fait, du contrôle de légalité du préfet. • CE 25 avr. 2007, n° 289041 B : *AJDA 2007. 2047, note Legrand* ; *LIJ 2007, n° 117. 8* • CE 25 avr. 2007, *MEN et Min. de l'intérieur,* n°s 299114 et 299637. ♦ De la même manière, si le recrutement des assistants d'éducation s'effectue par contrat, la délibération du conseil d'administration d'un lycée qui écarte, par principe, le recrutement de tout assistant d'éducation ne constitue pas un acte relatif à la passation de conventions au sens de ce même article. • CE 25 avr. 2007, n° 289041 B : *préc.*

2. Contrôle des actes. Voyages scolaires. La DAJ a été interrogée sur le contrôle de légalité d'une délibération du conseil d'administration d'un EPLE fixant les modalités d'un voyage scolaire, notamment en ce qu'elle prévoyait une sélection des élèves pouvant y participer. La DAJ rappelle que le contrôle de légalité des délibérations relatives aux voyages scolaires ne permet pas, en principe, aux services académiques de les annuler et que la sélection des élèves en fonction des places disponibles pour participer à un voyage scolaire facultatif s'inscrivant sur le temps scolaire n'est pas illégale. *Note DAJ A1 n° 2018-0247 du 6 avr. 2020 : *LIJ 2020, n° 211, p. 18.*

3. Légalité des délibérations. Les établissements publics d'enseignement ne sont pas en droit de réclamer aux familles des contributions correspondant à des dépenses de fonctionnement comme l'achat de timbres-poste et de cahiers de correspondance. • CAA Bordeaux, 17 janv. 2002, n° 99BX02225. ♦ Mais les sommes destinées à alimenter le budget de la coopérative scolaire ne font pas partie des dépenses de fonctionnement de l'établissement, la coopérative scolaire constituant une association qui a un budget propre et dont le but est d'améliorer les conditions de vie des élèves grâce à des contributions facultatives des familles. • Même décision.

V. aussi notes ss. art. L. 421-4.

4. Contrôle des actes. Les assistants d'éducation participent à l'action éducatrice au sens de l'art. L. 421-14. Si leur recrutement s'effectue par contrat, la délibération du conseil d'administration d'un lycée qui écarte, par principe, le recrutement de tout assistant d'éducation ne constitue pas un acte relatif à la passation de conventions mais un acte relatif à l'organisation de l'action éducatrice • CE 25 avr. 2007, n° 289041 B : *préc. note 1.*

Art. L. 421-15 Le comptable de l'établissement est un agent de l'État nommé après information préalable de la collectivité de rattachement.

Les dispositions de l'article L. 1617-1 du code général des collectivités territoriales ne lui sont pas applicables.

BIBL. ▶ Froment-Meurice et Groper, La responsabilité des acteurs de la gestion publique en matière budgétaire, financière et comptable : l'heure des bilans, *AJDA 2005. 714*. – Miller, Les chambres régionales et territoriales des comptes depuis l'arrêt Martinie de la CEDH, *AJDA 2007. 467*. – Sermet, L'arrêt Martinie c/ France : un arrêt de Grande Chambre ? Assurément. Un grand arrêt ? Non, *RFDA 2006. 577*. – Taillefait, Gestion du patrimoine scolaire, *Berger-Levrault, coll. Éducation, 2002.*

I. ORGANISATION COMPTABLE

1. Qualité de comptable public. En vertu du principe de séparation des ordonnateurs et des comptables, le comptable de l'établissement n'est pas placé sous l'autorité du chef d'établissement. Pour apprécier la validité des créances, le comptable doit exercer un contrôle sur la production des justifications mais ne doit pas se faire juge de la légalité des décisions administratives qui servent de fondement au mandat de paiement. • CE, sect., 5 févr. 1971, n° 71173 A. ♦ Le comptable doit toutefois être en mesure d'identifier la nature de la dépense. Ce contrôle doit conduire le comptable, dans la mesure où les pièces justificatives produites sont à cet égard contradictoires, à suspendre le paiement jusqu'à ce que l'ordonnateur lui ait produit, à cet effet, les justifications nécessaires. • CE 21 mars 2001, n° 195508 A.

2. Régies. Régisseur. Nomination. Décision explicite. Le Conseil d'État, saisi dans la cadre d'un pourvoi en cassation dans une affaire de gestion de fait, rappelle que la nomination d'un régisseur dans un EPLE relève de la compétence du chef d'établissement, avec l'agrément de l'agent comptable. Cette nomination affectant la détermination des personnes susceptibles d'être déclarées personnellement et pécuniairement responsables d'opérations relevant de la comptabilité publique, ne saurait résulter d'une simple décision implicite du chef de l'établissement concerné, mais doit nécessairement être formalisée par une décision explicite, soumise à l'agrément de l'agent comptable. • CE 6 déc. 2017, n° 402474 B : *AJDA 2017. 2442*.

II. NATURE DU CONTRÔLE OPÉRÉ PAR LE COMPTABLE

3. Nature des fonctions exercées. La CEDH considère que la fonction d'agent comptable d'un EPLE, « nommé par arrêté du recteur d'académie », n'implique ni l'exercice de la puissance publique ni la sauvegarde des intérêts généraux de l'État ou des collectivités publiques. La cour reconnaît par cet arrêt au comptable du lycée, mis en débet, le droit au « procès équitable » selon la norme européenne. • CEDH, gr. ch., 12 avr. 2006, *Martinie c/ France*, n° 58675/00.

III. RESPONSABILITÉ

4. Non-recouvrement des recettes. Désormais, en matière de recettes, la responsabilité du comptable ne peut être engagée, au titre du non-recouvrement d'une recette, que si, du fait de l'insuffisance des diligences mises en œuvre par celui-ci, les possibilités de recouvrement ont été compromises. • C. comptes 24 juin 2004, *Cne de Tende (Alpes-Maritimes)*, n° 39760 : *AJDA 2004. 2445, chron. Groper*. ♦ Cette jurisprudence va donc plus loin que celle qui était appliquée jusqu'alors qui permettait au comptable de dégager sa responsabilité en prouvant qu'il avait mis en œuvre des « diligences adéquates, complètes et rapides pour le recouvrement ». • C. comptes 27 févr. 1964, *Dupuis, receveur municipal de la Cne d'Igny-le-Jard : Rec. C. comptes 91*. • C. comptes 17 mars 1964, *Dupuis, receveur municipal de la Cne d'Igny-le-Jard : ibid.* ♦ Jurisprudence confirmée par le Conseil d'État. • CE, ass., 27 oct. 2000, *Mme Desvignes*, n° 196046 A : *RFDA 2001. 746, concl. Seban* ; *D. 2000. 298*. ♦ La jurisprudence *Commune de Tende* modifie aussi le régime de responsabilité en cas de comptables successifs. Elle ne remet pas en cause le système d'unicité de la responsabilité. • CE 23 juin 1989, n° 67442 A : *RFDA 1990. 120, concl. Frydman* ; *AJDA 1989. 482, chron. Honorat et Baptiste*. ♦ Mais, en cas d'absence de réserves du successeur, la responsabilité du prédécesseur ne peut plus être recherchée que du fait de l'insuffisance de diligences faites par lui et ayant compromis le recouvrement de la créance. • C. comptes 24 juin 2004, *Cne de Tende (Alpes-Maritimes)*, n° 39760 : *préc.*

5. Du fait des régisseurs. En application de l'art. 12 du décret de 1966 modifié par le décret n° 2004-737 du 21 juill. 2004 relatif à la responsabilité personnelle et pécuniaire des régisseurs, la Cour des comptes met fin à la jurisprudence *Blémont* qui était très critiquée. • CE 28 févr. 1997, *Min. de l'économie et des finances c/ M. Blémont*, n° 104544 A : *AJDA 1997. 463, concl. Lamy* ; *Rev. Trésor 1997. 738, note Lascombe et Vandendriessche*. ♦ Désormais, les sommes allouées en décharge de responsabilité ou en remise gracieuse aux régisseurs ou celles dont ceux-ci ont été déclarés responsables mais qui ne pourraient être recouvrées, ne peuvent être mises à la charge du comptable assignataire par le juge des comptes ou par le ministre, sauf si le débet est lié à une faute ou à une négligence caractérisée commise par le comptable à l'occasion de son contrôle sur place ou sur pièces. • C. comptes 6 déc. 2004, *Univ. Joseph-Fourier – Grenoble I*, n° 41149 : *AJDA 2005. 1346, chron. Groper*.

6. Ordonnateur. Gestion de fait. Nature. Le Conseil d'État, saisi dans le cadre d'un pourvoi en cassation dans une affaire de gestion de fait, rappelle que « la procédure de gestion de fait permet de saisir en leur chef toutes les personnes ayant contribué à la mise en place de la gestion de fait, même si elles n'ont pas manipulé de deniers publics ; qu'elles peuvent être déclarées comptables de fait si elles ont participé, fût-ce indirectement, aux irrégularités financières, ou si elles les ont facilitées, par leur inaction, ou même tolérées ». La Haute assemblée rappelle aussi qu'aux termes de l'art. 15 du Décr. du 20 juill. 1992 relatif aux régies de recettes et aux régies d'avances des organismes publics : « Les régisseurs de recettes et d'avances sont soumis aux contrôles du comptable assignataire et de l'ordonnateur auprès duquel ils sont placés. (...) » ; que l'instruction codificatrice n° 05-042-M9-R du 30 sept. 2005 prévoit, notamment, que : « L'ordonnateur ouvre un dossier pour chaque régie dans lequel il conserve un exemplaire de l'acte constitutif de la régie, de l'acte de nomination du régisseur, (...) des rapports des vérifications effectuées par ses soins, ainsi que de toutes correspondances afférentes au fonctionnement de la régie et à la gestion du régisseur ». Elle relève en l'espèce que le chef d'établissement n'avait pas procédé à la nomination du régisseur, ni diligenté aucun contrôle de la régie sur la période considérée. Elle en déduit que le chef d'établissement avait ainsi, par sa négligence, été à l'origine d'un maniement irrégulier de fonds publics. • CE 6 déc. 2017, n° 402474 : *préc. note 2.*

7. Responsabilité. CDBF. La CDBF sanctionne l'agent comptable d'un EPLE pour diverses irrégularités commises (remboursement de frais de mission, remboursement de frais à l'occasion de voyages scolaires) alors que parallèlement la responsabilité personnelle et pécuniaire de ce comptable était mise en jeu à l'occasion du jugement de ses comptes. • CDBF 4 mai 2011, n° 174-647/667 : *AJDA 2011. 1319, chron. Groper, Michaut*. ♦ La CDBF sanctionne l'agent comptable d'un EPLE pour engagement de dépenses sans crédits ; non-respect des règles de passation de marchés. • CDBF 22 févr. 1961, *CCP* n° 2. 34 : *Lebon 898.* ♦ ... Pour défaillances graves et prolongées dans la gestion des recettes de l'établissement, engendrant un préjudice important pour l'école. • CDBF 20 avr. 1962, *CCP* n° 2. 51 : *Lebon 842.* ♦ ... Pour rémunération irrégulière allouée à un régisseur d'avances. • CDBF 6 févr. 1968, *CCP* n° 2. 65 : *Lebon 809.* ♦ ... Pour défaillances graves de l'intendant dans la tenue de la comptabilité et la passation et le paiement de commandes sans mandatements (« ordonnateur de fait ») ayant abouti à d'importants dépassements de crédits : agissements qui, selon la Cour, « constituent des infractions aux règles concernant la tenue de la comptabilité, l'exécution des dépenses et la conservation des biens des lycées techniques d'État... » ; relaxe du proviseur. • CDBF 22 avr. 1975 : *Lebon T. 805 ; CCP n° 2. 112.* ♦ ... Pour irrégularités dans le versement d'indemnités aux personnels de direction de l'école ; condamnation du proviseur, décès de l'intendant avant la fin de la procédure. • CDBF 8 déc. 1992 : *Rec. C. comptes 165 ; Rev. Trésor 1993. 786 ; Lebon 651.* ♦ ... Pour paiement de salaires en l'absence de tout contrat de travail écrit ; la formalisation d'une relation contractuelle [contrat de travail] déjà en cours ne donne pas aux paiements effectués avant la conclusion du contrat rétrospectivement un caractère régulier. L'agent comptable, qui avait refusé les paiements, avait été réquisitionné par le directeur de l'école ; ce dernier a été seul condamné par la Cour. • CDBF 29 avr. 1998 : *Rev. Trésor 1999. 204 ; Lebon 654.*

Art. L. 421-16 Un décret en Conseil d'État fixe, en tant que de besoin, les conditions d'application des articles L. 412-1, L. 421-1 à L. 421-4, L. 421-11 à L. 421-15, L. 421-20 et L. 421-23.

Ce décret précise notamment les conditions dans lesquelles peut être modifiée, en cours d'exercice, la répartition des dépenses inscrites au budget rendu exécutoire et les modalités de nomination des comptables des établissements publics locaux mentionnés à l'article L. 421-1.

Il fixe également le régime financier et comptable, le régime des marchés et les conditions de gestion des exploitations ou des ateliers technologiques annexés aux établissements d'enseignement ainsi que les conditions de fonctionnement des services annexes d'hébergement des établissements publics locaux mentionnés à l'article L. 421-1.

(L. n° 2019-791 du 26 juill. 2019, art. 56) « Il définit les modalités selon lesquelles l'État peut organiser les mutualisations de la gestion et de la liquidation des rémunérations des personnels recrutés et payés par les établissements publics locaux d'enseignement. »

Ce décret peut prévoir des règles particulières dérogatoires aux dispositions du 3° de l'article L. 421-2 relatives à la représentation des élèves et des parents d'élèves pour tenir compte du recrutement ou de la vocation spécifique de certains établissements.

Sur le régime applicable pour un partenariat avec une fondation d'entreprise (délivrance de reçus fiscaux par l'EPLE), V. Note DAJ A1 n° 2020-0158, 12 oct. 2020 : LIJ 2021, n° 214, p. 14.

SECTION III DISPOSITIONS APPLICABLES AU PATRIMOINE MOBILIER DES ÉTABLISSEMENTS PUBLICS LOCAUX D'ENSEIGNEMENT

Art. L. 421-17 Les personnes morales de droit public qui mettent un bien meuble à la disposition d'un établissement public local d'enseignement ou affectent à cet établissement les crédits nécessaires à son acquisition doivent, si elles entendent conserver la propriété de ce bien, notifier préalablement leur intention au chef d'établissement ; à défaut de cette notification, la mise à disposition ou l'attribution des crédits emporte

transfert de propriété. L'établissement peut remettre à la disposition du propriétaire un bien meuble dont il n'a pas l'usage.

La personne morale de droit public propriétaire d'un bien meuble remis à sa disposition dispose d'un délai de trois mois, à compter de la notification de la décision de remise à disposition, pour reprendre ce bien.

A l'expiration de ce délai, le bien devient la propriété de l'établissement. – *[L. n° 92-678 du 20 juill. 1992, art. 14.]*

Art. L. 421-18 **Est propriété de l'établissement le bien meuble, mis avant le 20 juillet 1992 à la disposition d'un établissement public local d'enseignement par une personne morale de droit public, si celle-ci n'a pas notifié à l'établissement, avant le 20 janvier 1993, sa décision d'en conserver la propriété.** – *[L. n° 92-678 du 20 juill. 1992, art. 15.]*

Art. L. 421-19 **Lors de la dissolution d'un établissement public local d'enseignement, l'ensemble de son patrimoine est dévolu à la collectivité territoriale de rattachement.**

Lors de la fermeture dans un établissement public local d'enseignement d'une formation d'enseignement dotée de matériels spécifiques, la propriété de ces matériels est transférée de plein droit de l'établissement public local d'enseignement à la collectivité territoriale de rattachement. – *[L. n° 92-678 du 20 juill. 1992, art. 16.]*

Désaffectation des biens. V. notes ss. art. L. 211-1.

SECTION III *BIS* LES ÉTABLISSEMENTS PUBLICS LOCAUX D'ENSEIGNEMENT INTERNATIONAL

(L. n° 2019-791 du 26 juill. 2019, art. 32)

Art. L. 421-19-1 **Les établissements publics locaux d'enseignement international sont constitués de classes des premier et second degrés et dispensent tout au long de la scolarité des enseignements en langue française et en langue vivante étrangère. Ils préparent soit à l'option internationale du diplôme national du brevet et à l'option internationale du baccalauréat, soit au baccalauréat européen, délivré dans les conditions prévues par l'accord relatif à la modification de l'annexe au statut de l'École européenne et portant règlement du baccalauréat européen, signé à Luxembourg le 11 avril 1984. Les établissements publics locaux d'enseignement international préparant à l'option internationale du baccalauréat peuvent également préparer, au sein d'une section binationale, à la délivrance simultanée du baccalauréat et du diplôme ou de la certification permettant l'accès à l'enseignement supérieur dans un État étranger en application d'accords passés avec cet État.**

Ces établissements peuvent également accueillir des élèves préparant les diplômes nationaux du brevet et du baccalauréat qui ne sont pas assortis de l'option internationale ni préparés dans une section binationale, sous réserve que l'effectif de ces élèves n'excède pas une proportion fixée par décret.

Ces établissements sont créés par arrêté du représentant de l'État dans le département sur proposition conjointe de la collectivité territoriale ou des collectivités territoriales compétentes en matière de gestion des collèges et des lycées, de la commune ou des communes et de l'établissement public de coopération intercommunale ou des établissements publics de coopération intercommunale compétents en matière de fonctionnement des écoles, après conclusion d'une convention entre ces collectivités et établissements publics de coopération intercommunale et avis de l'autorité de l'État compétente en matière d'éducation.

Sous réserve des dispositions prévues à la présente section, ces établissements sont régis par les dispositions du titre préliminaire du présent livre et les autres dispositions du présent titre.

COMMENTAIRE

Les établissements publics locaux d'enseignement international

La loi n° 2019-791 du 26 juillet 2019 pour une école de la confiance institue une nouvelle forme d'EPLE, l'« établissement public local d'enseignement international » (EPLEI) constitué de classes du premier et du second degré (art. L. 421-19-1, al. 1er). L'idée est d'assurer la continuité pédagogique et la cohérence de parcours linguistiques ; la possibilité d'être scolarisé dans le même établissement de la petite section aux classes préparatoires évoque toutefois les lycées d'autrefois.

Dans le code de l'éducation, les dispositions consacrées aux EPLEI se substituent à celles relatives à l'école européenne de Strasbourg issues de l'ordonnance n° 2014-238 du 27 février 2014 (art. L. 421-19-1) dont le législateur a voulu généraliser l'expérience. Plusieurs projets soutenus par les collectivités territoriales (écoles européennes agréées de Lille et de Paris La Défense et cité scolaire internationale de Marseille) appelaient la création d'un cadre juridique adapté. L'article 32, IV de la loi pour une école de la confiance conforte la situation juridique de l'École européenne de Strasbourg, en disposant que l'arrêté du préfet du département du Bas-Rhin et la convention conclue sur le fondement de l'article L. 421-19-1 dans son ancienne rédaction sont réputés pris sur le fondement des dispositions relatives aux EPLEI. Le décret n° 2019-887 du 23 août 2019 introduit dans la partie réglementaire de nouvelles dispositions (art. D. 421-160 s.) dont certaines sont particulières aux EPLEI dispensant des enseignements préparant au baccalauréat européen (art. D. 421-164 à D. 421-169).

Le caractère international des EPLEI repose sur la dimension linguistique de l'enseignement.

Ils dispensent tout au long de la scolarité des enseignements en langue française et en langue vivante étrangère ; comme certains EPLE, il peuvent préparer, au sein d'une section binationale et internationale ouverte par autorisation ministérielle sur demande du recteur d'académie, à la délivrance simultanée du baccalauréat et du diplôme étranger du même niveau (*Abitur* en Allemagne, *Bachiller* en Espagne, *Esame di Stato* en Italie ...). Ils préparent soit à l'option internationale du diplôme national du brevet et à l'option internationale du baccalauréat, soit au baccalauréat européen, délivré dans les conditions prévues par l'accord relatif à la modification de l'annexe au statut de l'école européenne et portant règlement du baccalauréat européen, signé à Luxembourg le 11 avril 1984 (art. L. 421-19-1, al. 1er). Pour répondre à la critique de l'entre-soi, l'article 32 de la loi du 26 juillet 2019 ajoute toutefois qu'ils peuvent également accueillir des élèves préparant les diplômes nationaux du brevet et du baccalauréat qui ne sont pas assortis de l'option internationale ni préparés dans une section binationale (art. L. 421-19-1, al. 2), sous réserve que l'effectif de ces élèves n'excède pas le tiers des effectifs de l'établissement (art. D. 421-161). Les EPLEI agréés par le Conseil supérieur des écoles européennes dispensent des enseignements prenant en compte les principes de l'organisation pédagogique figurant dans la convention portant statut des écoles européennes, signée à Luxembourg le 21 juin 1994 ; par dérogation au droit commun, la scolarité est alors organisée en trois cycles (2 ans en maternelle ; 5 ans en classes élémentaires ; 7 ans pour le second degré, art. D. 421-169) pour lesquels ces écoles définissent les objectifs et les programmes de formation ainsi que les horaires de chaque année d'études et de chaque section conformément à ceux fixés par le Conseil supérieur des écoles européennes (art. L. 421-19-12).

Le caractère international de ces établissements est aussi marqué par la diversification de leurs moyens.

Leur budget peut être abondé par un des concours de l'Union européenne ou d'autres organisations internationales ainsi que des dons et legs sans contrepartie, directe ou indirecte (art. L. 421-19-9 qui ajoute qu'à la dotation de la collectivité de rattachement peut s'ajouter une participation des autres collectivités et EPCI aux dépenses d'équipement et de fonctionnement). Des enseignants peuvent être mis à disposition par les États dont une des langues officielles est utilisée dans le cadre des enseignements dispensés (art. L. 421-19-11).

Les EPLEI relèvent, comme les autres établissements publics locaux d'enseignement (art. L. 421-1), de la tutelle du ministère de l'éducation nationale et exercent comme ceux-ci une mission d'enseignement. Malgré leurs particularités, le Conseil d'État a été d'avis que, s'ils peuvent être rattachés à cette catégorie d'établissements publics, et si les dispositions régissant les EPLE leur sont par principe applicables, la particularité de leurs règles constitutives impose l'intervention du législateur pour créer le cadre juridique adapté (CE, avis, 29 nov. 2018 qui renvoie à son avis du 25 oct. 2018 sur la proposition de loi n° 2 portant création d'une Agence de la cohésion des territoires, n° 395.974).

Les EPLEI sont créés par arrêté du préfet de département sur proposition conjointe des collectivités territoriales compétentes (communes ou EPCI, département, région) ayant conclu au préalable une convention après avis de l'autorité académique (art. L. 421-19-1, al. 3 et L. 421-19-2). La convention détermine sa durée (qui ne peut être inférieure à une année scolaire) et les conditions dans lesquelles, lorsqu'elle prend fin, les biens de l'EPLEI sont répartis entre les signataires. Elle détermine, selon les règles fixées pour les écoles et les EPLE, la répartition entre les collectivités des charges leur incombant qui comprennent les « charges liées à la construction, la reconstruction, l'extension, les grosses réparations, l'équipement et le fonctionnement de l'ensemble de l'établissement et des dépenses de personnels » exerçant dans l'établissement et qui ne relèvent pas de l'État (ATSEM, personnel d'entretien et de service, etc.). Elle détermine la collectivité de rattachement (qui assure les grosses réparations, l'équipement et le fonctionnement de l'ensemble de l'établissement ainsi que le recrutement et la gestion des personnels des ATTEE) et le siège de l'établissement (art. L. 421-19-2, al. 3). En l'absence d'accord entre les signataires sur le contenu de la convention, soit lors de son renouvellement, soit à l'occasion d'une demande de l'un d'entre eux tendant à sa modification, le préfet fixe la répartition des charges entre les signataires en prenant en compte les effectifs scolarisés dans les classes maternelles, élémentaires, de collège et de lycée (art. L. 421-19-2, al. 4).

L'EPLEI est dirigé par un chef d'établissement, désigné par le ministre de l'éducation nationale (par le recteur d'académie, art. D. 421-162), qui exerce les compétences attribuées au directeur d'école (art. L. 411-1) et celles du chef d'établissement définies par L. 421-3 (art. L. 421-19-3). Il est administré par un conseil d'administration exerçant les compétences du conseil d'administration d'un EPLE et du conseil d'école (art. L. 421-19-5). Il est composé selon les mêmes principes ; il comprend en effet, outre le chef d'établissement qui le préside et deux à quatre représentants de l'administration de l'établissement qu'il désigne, de vingt-quatre à trente membres, dont : un tiers de représentants des collectivités territoriales et des EPCI parties à la convention, et une ou plusieurs personnalités qualifiées (représentant les institutions ou agences de l'Union européenne quand l'EPLEI prépare au baccalauréat européen) ; un tiers de représentants élus du personnel de l'établissement et un tiers de représentants élus des membres du conseil d'administration déterminé par la convention, chaque collectivité ou EPCI partie à la convention comme la commune siège devant avoir au moins un représentant (art. L. 421-19-4) ; un conseil pédagogique qui peut être réuni en formation restreinte comprend au moins un enseignant de chaque niveau de classe du premier degré et peut siéger en formation restreinte aux enseignants des niveaux, degrés ou cycles concernés par l'objet de la séance (art. 421-19-5). Dans les établissements dispensant exclusivement des enseignements préparant au baccalauréat européen, un comité d'élèves est constitué conformément à la convention portant statut des écoles européennes signée à Luxembourg le 21 juin 1994 et au règlement général des écoles européennes (art. D. 421-164) ; composé de délégués élus dans chaque classe par les élèves du second degré suivant les enseignements préparant au baccalauréat européen, il exerce les missions du conseil des délégués pour la vie lycéenne (art. R. 421-44) et du conseil de la vie collégienne (art. R. 421-45-2) ; il élit les représentants des élèves du second degré au conseil d'administration (art. D. 421-163).

Plusieurs dispositions de la loi adaptent les règles de droit commun applicables aux écoles et établissements (art. L. 421-19-7 pour la mise à disposition des locaux et des équipements de l'EPLEI avec accord, le cas échéant, de la collectivité de rattachement) ou aux élèves des différents niveaux (art. L. 421-19-8 : prévoit que les élèves des classes maternelles et élémentaires de l'EPLEI bénéficient d'un service d'accueil en cas d'interruption du service public de l'enseignement, du fait d'une absence impromptue d'un enseignant ou d'une grève, la commune pouvant confier l'organisation de ce service d'accueil à la collectivité de rattachement de l'EPLEI).

Si les élèves sont affectés à l'établissement par l'autorité académique, leur admission est soumise à la vérification de leur aptitude à suivre les enseignements dans la langue étrangère de la section, dans des conditions adaptées à leur âge. L'adoption par la même loi de la scolarisation obligatoire à trois ans a suscité des craintes (dans les établissements préparant le baccalauréat européen, ils ne peuvent être accueillis en classe maternelle qu'à l'âge de 4 ans, art. D. 421-167). Pour limiter le risque élitiste, l'autorité académique doit veiller à la mixité sociale des publics scolarisés au sein de celui-ci (art. L. 421-19-10). S'agissant de leurs droits et de leurs obligations, les élèves sont soumis aux mêmes dispositions que celles applicables en droit commun (art. L. 421-19-13). Ils peuvent participer aux mêmes commissions consultatives en matière de vie lycéenne ou collégienne (art. L. 421-19-14) et bénéficier d'associations sportives (art. L. 421-19-15). ❑

Art. L. 421-19-2 **La convention mentionnée à l'article L. 421-19-1 fixe la durée pour laquelle elle est conclue et les conditions dans lesquelles, lorsqu'elle prend fin, les biens de l'établissement sont répartis entre les collectivités et les établissements publics de coopération intercommunale signataires. Elle détermine également le délai minimal qui ne peut être inférieur à une année scolaire au terme duquel peut prendre effet la décision de l'une des parties de se retirer de la convention.**

La convention fixe la répartition entre les parties des charges leur incombant en vertu des dispositions des chapitres II, III et IV du titre Ier du livre II au titre de la gestion des écoles, des collèges et des lycées. Elle définit notamment la répartition entre elles des charges liées à la construction, la reconstruction, l'extension, les grosses réparations, l'équipement et le fonctionnement de l'ensemble de l'établissement et des dépenses de personnels, autres que ceux mentionnés à l'article L. 211-8, qui exercent leurs missions dans l'établissement.

La convention détermine la collectivité de rattachement de l'établissement et le siège de celui-ci. La collectivité de rattachement assure les grosses réparations, l'équipement et le fonctionnement de l'ensemble de l'établissement ainsi que le recrutement et la gestion des personnels, autres que ceux mentionnés au même article L. 211-8, qui exercent leurs missions dans l'établissement.

En l'absence d'accord entre les signataires sur le contenu de la convention, soit lors de son renouvellement, soit à l'occasion d'une demande de l'un d'entre eux tendant à sa modification, le représentant de l'État fixe la répartition des charges entre les signataires en prenant en compte les effectifs scolarisés dans les classes maternelles, élémentaires, de collège et de lycée au sein de l'établissement public local d'enseignement international et désigne la collectivité de rattachement qui assure, jusqu'à l'intervention d'une nouvelle convention, les missions énoncées au troisième alinéa du présent article.

Art. L. 421-19-3 **L'établissement public local d'enseignement international est dirigé par un chef d'établissement, désigné par l'autorité de l'État compétente en matière d'éducation, qui exerce les compétences attribuées au directeur d'école par l'article L. 411-1 et les compétences attribuées au chef d'établissement par l'article L. 421-3.**

Art. L. 421-19-4 **L'établissement public local d'enseignement international est administré par un conseil d'administration comprenant, outre le chef d'établissement et deux à quatre représentants de l'administration de l'établissement qu'il désigne, de vingt-quatre à trente membres, dont :**

1° Un tiers composé de représentants des collectivités territoriales et des établissements publics de coopération intercommunale parties à la convention mentionnée à l'article L. 421-19-1 et d'une ou plusieurs personnalités qualifiées ;

2° Un tiers de représentants élus du personnel de l'établissement ;

3° Un tiers de représentants élus des parents d'élèves et des élèves.

La convention mentionnée au même article L. 421-19-1 fixe le nombre de membres du conseil d'administration, qui comprend au moins un représentant par collectivité territoriale ou établissement public de coopération intercommunale partie à la convention. Lorsque le nombre de sièges réservés aux représentants de ces collectivités ou établissements publics en application du 1° du présent article n'est pas suffisant pour permettre la désignation d'un représentant pour chacun d'entre eux, la convention précise les modalités de leur représentation au conseil d'administration. Dans ce cas, la région, le département, la commune siège de l'établissement et, si elle est différente, la collectivité de rattachement de l'établissement disposent chacun d'au moins un représentant.

Lorsqu'une des parties à la convention dispose de plus d'un siège au conseil d'administration, l'un au moins de ses représentants est membre de son assemblée délibérante.

Art. L. 421-19-5 **Le conseil d'administration de l'établissement public local d'enseignement international exerce les compétences du conseil d'administration mentionné à l'article L. 421-4 ainsi que celles du conseil d'école mentionné à l'article L. 411-1.**

Art. L. 421-19-6 Outre les membres mentionnés à l'article L. 421-5, le conseil pédagogique comprend au moins un enseignant de chaque niveau de classe du premier degré.

Le conseil pédagogique peut être réuni en formation restreinte aux enseignants des niveaux, degrés ou cycles concernés par l'objet de la séance.

Art. L. 421-19-7 Les compétences des collectivités territoriales mentionnées aux articles L. 213-2-2 et L. 214-6-2 s'exercent dans les conditions prévues aux mêmes articles L. 213-2-2 et L. 214-6-2 après accord, le cas échéant, de la collectivité de rattachement désignée par la convention mentionnée à l'article L. 421-19-1.

Cette convention peut prévoir que l'organe exécutif d'une collectivité territoriale ou d'un établissement public de coopération intercommunale signataire confie à l'organe exécutif de la collectivité de rattachement qu'elle a désigné le soin de décider, en son nom, d'autoriser l'utilisation des locaux et des équipements scolaires de l'établissement dans les conditions prévues au premier alinéa du présent article.

Art. L. 421-19-8 Les élèves des classes maternelles et élémentaires de l'établissement public local d'enseignement international bénéficient du service d'accueil prévu aux articles L. 133-1 à L. 133-10.

La convention mentionnée à l'article L. 421-19-1 peut prévoir que la commune confie l'organisation, pour son compte, de ce service d'accueil à la collectivité de rattachement de l'établissement public local d'enseignement international.

Art. L. 421-19-9 Le budget des établissements publics locaux d'enseignement international peut comprendre des concours de l'Union européenne ou d'autres organisations internationales ainsi que des dons et legs, dans les conditions prévues par le code général de la propriété des personnes publiques. Ces dons et legs n'ouvrent droit à aucune contrepartie, directe ou indirecte.

Pour l'application des articles L. 421-11 à L. 421-16 du présent code, la collectivité de rattachement de l'établissement public local d'enseignement international est celle ainsi désignée par la convention mentionnée à l'article L. 421-19-1, sans préjudice de la participation des autres collectivités et établissements publics de coopération intercommunale parties à cette convention aux dépenses d'équipement et de fonctionnement de cet établissement, dans les conditions fixées au deuxième alinéa de l'article L. 421-19-2.

Art. L. 421-19-10 L'admission des élèves dans l'établissement public local d'enseignement international, à l'exclusion de ceux mentionnés au deuxième alinéa de l'article L. 421-19-1, est soumise à la vérification de leur aptitude à suivre les enseignements dispensés dans la langue de la section, dans des conditions adaptées à leur âge et fixées par décret.

L'autorité de l'État compétente en matière d'éducation affecte dans l'établissement public local d'enseignement international les élèves qui ont satisfait à cette vérification d'aptitude, en veillant à la mixité sociale des publics scolarisés au sein de celui-ci.

Art. L. 421-19-11 Des enseignants peuvent être mis à disposition de l'établissement public local d'enseignement international par les États dont une des langues officielles est utilisée dans le cadre des enseignements dispensés dans l'établissement public local d'enseignement international.

Art. L. 421-19-12 Les établissements publics locaux d'enseignement international qui disposent de l'agrément délivré par le Conseil supérieur des écoles européennes dispensent des enseignements prenant en compte les principes de l'organisation pédagogique figurant dans la convention portant statut des écoles européennes, signée à Luxembourg le 21 juin 1994.

Par dérogation à l'article L. 122-1-1 et aux titres Ier, II et III du livre III, la scolarité dans les établissements mentionnés au premier alinéa du présent article est organisée en cycles pour lesquels ces écoles définissent les objectifs et les programmes de formation ainsi que les horaires de chaque année d'études et de chaque section conformément à ceux fixés par le Conseil supérieur des écoles européennes en application de la convention portant statut des écoles européennes précitée.

Le nombre des cycles et leur durée sont fixés par décret.

Les établissements mentionnés au même premier alinéa participent à l'organisation de l'examen du baccalauréat européen en accord avec le Conseil supérieur des écoles européennes conformément aux stipulations de l'accord relatif à la modification de l'annexe au statut de l'École européenne et portant règlement du baccalauréat européen, signé à Luxembourg le 11 avril 1984.

Art. L. 421-19-13 Les dispositions des titres Ier à V du livre V applicables aux élèves inscrits dans les écoles et à leur famille sont applicables aux élèves inscrits dans les classes du premier degré des établissements publics locaux d'enseignement international et à leur famille.

Les dispositions des mêmes titres Ier à V applicables aux élèves inscrits dans les collèges et à leur famille sont applicables aux élèves des classes des niveaux correspondant à ceux des collèges des établissements publics locaux.

Les dispositions desdits titres Ier à V applicables aux élèves inscrits dans les lycées et à leur famille sont applicables aux élèves des classes des niveaux correspondant à ceux des lycées des établissements publics locaux d'enseignement international et à leur famille.

Art. L. 421-19-14 Les commissions consultatives exclusivement compétentes en matière de vie des élèves au sein des établissements publics locaux d'enseignement international sont composées de manière à ce qu'un nombre égal de représentants des élèves de chaque sexe soit élu.

Art. L. 421-19-15 Une association sportive est créée dans tous les établissements publics locaux d'enseignement international. Les articles L. 552-2 à L. 552-4 lui sont applicables.

Art. L. 421-19-16 Un décret fixe les conditions d'application de la présente section.

SECTION IV DISPOSITIONS APPLICABLES AUX LYCÉES PROFESSIONNELS MARITIMES

Art. L. 421-20 La région peut décider de soumettre aux dispositions des articles L. 421-1 à L. 421-4, L. 421-11 à L. 421-14, ainsi qu'à celles du II de l'article L. 421-23 les lycées professionnels maritimes.

Toutefois, dans le cas prévu à l'alinéa précédent, les personnels demeurent recrutés et gérés selon les modalités en vigueur à la date du transfert de compétences. Le comptable de l'établissement peut ne pas être un agent de l'État ; il est nommé par le représentant de l'État dans la région.

Pour l'application des dispositions des articles L. 421-1 à L. 421-4 et L. 421-11 à L. 421-14 aux lycées mentionnés au présent article, les termes : "autorité académique" désignent le service interrégional de la mer. – *[L. n° 83-663 du 22 juill. 1983, art. 15-15.]*

Sur les établissements publics locaux d'enseignement relevant du ministre chargé de la mer, V. art. R. 421-80 s., R. 511-16, R. 511-24, R. 511-28 et R. 511-57.

Art. L. 421-21 *Abrogé par L. n° 2018-1203 du 22 déc. 2018, art. 28.*

SECTION V DISPOSITIONS APPLICABLES AUX LYCÉES D'ENSEIGNEMENT GÉNÉRAL ET TECHNOLOGIQUE AGRICOLE ET AUX LYCÉES PROFESSIONNELS AGRICOLES

Art. L. 421-22 *(L. n° 2014-288 du 5 mars 2014, art. 23)* Les établissements d'enseignement et de formation professionnelle agricoles publics sont organisés conformément aux dispositions des articles L. 811-8 à L. 811-11 du code rural et de la pêche maritime *[V. ces art. ci-dessous]*.

Code rural et de la pêche maritime

Enseignement et formation professionnelle publics aux métiers de l'agriculture, de la forêt, de la nature et des territoires. Établissements d'enseignement et de formation.

Art. L. 811-8 *(L. n° 2010-874 du 27 juill. 2010, art. 9)* « I. — Tout établissement public local d'enseignement et de formation professionnelle agricole assure une formation générale, technologique et professionnelle initiale et peut dispenser une formation continue, dans les métiers énoncés à l'article L. 811-1 *[V. cet art. ss. art. L. 341-1]*.

« A ce titre, il regroupe plusieurs centres :

« 1° Un ou plusieurs lycées d'enseignement général et technologique agricole, lycées professionnels agricoles ou lycées d'enseignement général, technologique et professionnel agricole ;

« 2° Un ou plusieurs centres de formation professionnelle et de promotion agricoles ou centres de formation d'apprentis qui dispensent les formations mentionnées au présent chapitre ;

(L. n° 2014-1170 du 13 oct. 2014, art. 60) « 3° Un ou plusieurs ateliers technologiques ou exploitations agricoles qui assurent l'adaptation et la formation aux pratiques professionnelles et qui contribuent à la démonstration, à l'expérimentation et à la diffusion des techniques nouvelles, en cohérence avec les orientations des politiques publiques pour l'agriculture. »

« Il a pour siège soit un lycée d'enseignement général et technologique agricole, soit un lycée professionnel agricole, soit un lycée d'enseignement général, technologique et professionnel agricole et dispose d'un centre relevant de chacune des catégories mentionnées aux 2° et 3°. »

(L. n° 2014-1170 du 13 oct. 2014, art. 60) « Les agents contractuels recrutés pour exercer leurs fonctions dans les centres de formation professionnelle et de promotion agricoles ou dans les centres de formation d'apprentis mentionnés au 2° peuvent être recrutés sur les emplois ouverts par le conseil d'administration de l'établissement, à temps complet ou incomplet en fonction des besoins du service. »

(L. n° 2005-157 du 23 févr. 2005, art. 214) « Les personnels, autres que le directeur, recrutés pour exercer leurs fonctions dans les ateliers technologiques ou exploitations agricoles mentionnés au 3° sont des salariés de droit privé qui sont régis par les dispositions du livre VII du présent code ou par celles du code du travail. »

(L. n° 99-574 du 9 juill. 1999) Ces établissements sont dotés de la personnalité civile et de l'autonomie administrative et financière. Ils peuvent être implantés sur plusieurs sites si la nature ou l'importance des activités le justifie.

Chaque centre de formation dispose de l'autonomie pédagogique et éducative.

En application *(Ord. n° 2009-1534 du 10 déc. 2009)* « des articles L. 312-6 et L. 312-7 du code de l'éducation », des enseignements artistiques sont dispensés, à titre obligatoire ou facultatif, dans les établissements publics d'enseignement mentionnés au présent article.

(L. n° 2010-874 du 27 juill. 2010, art. 9) « II. — » *(L. n° 2014-1170 du 13 oct. 2014, art. 60-I-8°-b)* « Chaque établissement public local d'enseignement et de formation professionnelle agricoles établit un projet d'établissement, qui définit les modalités particulières de sa contribution à la mise en œuvre des missions de l'enseignement et de la formation professionnelle publics aux métiers de l'agriculture, de l'alimentation, de la forêt, de la nature et des territoires mentionnées à l'article L. 811-1 et décrit sa politique en matière d'échanges internationaux et de participation à des activités de coopération internationale. » Le projet d'établissement est établi dans le respect *(L. n° 2014-1170 du 13 oct. 2014, art. 60)* « des orientations des politiques publiques pour l'agriculture, du projet stratégique national pour l'enseignement agricole et du schéma prévisionnel national des formations de l'enseignement agricole mentionnés » à l'article L. 814-2 *[V. cet art. à l'art. L. 238-1 C. éduc.]*, du schéma prévisionnel régional des formations mentionné à l'article L. 214-1 du code de l'éducation, du *(L. n° 2009-1437 du 24 nov. 2009, art. 57)* « contrat de » plan régional de développement des formations *(L. n° 2014-288 du 5 mars 2014, art. 23)* « et de l'orientation » professionnelles mentionné à l'article L. 214-13 du même code et des programmes et référentiels nationaux mentionnés à l'article L. 811-2 du présent code *[V. cet art. ss. art. L. 341-1 C. éduc.]*. Il est défini en cohérence avec le projet régional de l'enseignement agricole mentionné à l'article *(Ord. n° 2009-1534 du 10 déc. 2009)* « L. 814-5 » du présent *[V. cet art. à l'art. L. 238-1 C. éduc.]* code. Il définit les modalités de la participation de l'établissement au développement des territoires dans lesquels celui-ci s'insère.

(L. n° 2010-874 du 27 juill. 2010, art. 9) « Sous réserve de l'autorisation préalable de l'autorité académique, la partie pédagogique du projet d'établissement peut prévoir la réalisation d'expérimentations, d'une durée maximale de cinq ans, portant sur l'enseignement et son organisation et l'organisation pédagogique de la classe *(L. n° 2014-1170 du 13 oct. 2014, art. 60)* « , des équipes pédagogiques » ou de l'établissement. Ces expérimentations sont préparées par le conseil de l'éducation et de la formation prévu à l'article L. 811-9-1. Elles font l'objet d'une évaluation annuelle. »

« Le projet d'établissement est élaboré sous la responsabilité du chef d'établissement. Il est adopté par le conseil d'administration de l'établissement » pour une durée de trois à cinq ans. »

La mise en œuvre du projet d'établissement fait l'objet d'une évaluation dans des conditions fixées par le ministre de l'agriculture.

Art. L. 811-9 Les établissements publics locaux mentionnés à l'article précédent sont administrés par un conseil d'administration composé de trente membres.

Celui-ci comprend :

1° Pour un tiers, des représentants de l'État, de la région, du département, de la commune et des établissements publics intéressés à la formation et à la recherche agricole ;

2° Pour un tiers, des représentants élus du personnel de l'établissement ;

3° Pour un tiers, des représentants élus des élèves, des parents d'élèves et, le cas échéant, des représentants des associations d'anciens élèves, ainsi que des représentants des organisations professionnelles et syndicales représentatives des employeurs, exploitants et salariés agricoles.

Les représentants des collectivités territoriales comprennent deux représentants de la région, un représentant du département et un représentant de la commune siège de l'établissement.

Les représentants des organisations professionnelles et syndicales sont au nombre de cinq. Lorsque la formation dispensée le justifie, ils comprennent un ou plusieurs représentants des professions para-agricoles.

Le conseil d'administration élit son président en son sein, parmi les personnes extérieures à l'établissement.

Art. L. 811-9-1 *(L. nº 2010-874 du 27 juill. 2010, art. 9)* Dans chaque établissement public local d'enseignement et de formation professionnelle agricole, il est institué un conseil de l'éducation et de la formation présidé par le chef d'établissement. Il a pour mission de favoriser la concertation notamment entre les professeurs et les formateurs, en particulier sur l'élaboration de la partie pédagogique du projet d'établissement et sur l'individualisation des parcours de formation des élèves, étudiants, apprentis et stagiaires. Il prépare les expérimentations pédagogiques prévues au II de l'article L. 811-8. Sa composition est fixée par décret.

Art. L. 811-9-2 *(L. nº 2019-828 du 6 août 2019, art. 4, en vigueur en vue du prochain renouvellement général des instances dans la fonction publique)* Dans chaque établissement public local d'enseignement et de formation professionnelle agricole relevant du ministère chargé de l'agriculture, la commission d'hygiène et de sécurité se réunit en formation restreinte pour connaître des questions de conditions de vie au travail. Les conditions d'application du présent article sont fixées par décret.

Art. L. 811-10 *(L. nº 99-574 du 9 juill. 1999)* Les articles L. 421-1, L. 421-3, à l'exception du quatrième alinéa, L. 421-11 à L. 421-16 et L. 421-23 du code de l'éducation sont applicables aux établissements publics locaux mentionnés à l'article L. 811-8 du présent code. Pour l'application de ces dispositions, les termes « autorité académique » désignent le directeur régional de l'agriculture et de la forêt.

(L. nº 2005-157 du 23 févr. 2005, art. 70 et 209) « De la même façon, pour l'application des dispositions du deuxième alinéa de l'article L. 351-3 du code de l'éducation, les termes "autorité de l'État compétente en matière d'éducation" désignent le directeur régional de l'agriculture et de la forêt.

« Pour l'application à l'enseignement agricole des dispositions du code de l'éducation, le mot : "recteur" désigne, selon le cas, le ministre chargé de l'agriculture ou le directeur régional de l'agriculture et de la forêt. » — *L'art. L. 811-10 est abrogé à compter de la date d'entrée en vigueur du décret définissant l'autorité compétente pour prendre, en ce qui concerne les établissements publics locaux d'enseignement et de formation professionnelle agricole, les décisions que la partie législative du code de l'éducation confie au recteur ou à l'inspecteur d'académie ; à compter de cette abrogation, l'art. L. 811-11 devient l'art. L. 811-10 (Ord. nº 2009-1534 du 10 déc. 2009, art. 1er, 4º, JO 11 déc.).*

Art. L. 811-11 *(L. nº 99-574 du 9 juill. 1999)* « Les écoles spécialisées dont la responsabilité et la charge incombent à l'État dans les conditions prévues à l'article L. 211-4 du code de l'éducation installées sur un domaine appartenant à l'État ou mis à la disposition de l'État jouissent » de la personnalité civile et de l'autonomie financière et constituent des établissements publics nationaux.

SECTION VI DISPOSITIONS DIVERSES

Art. L. 421-23 I. — Par dérogation aux dispositions des lois n° 83-634 du 13 juillet 1983 portant droits et obligations des fonctionnaires, n° 84-16 du 11 janvier 1984 portant dispositions statutaires relatives à la fonction publique de l'État et n° 84-53 du 26 janvier 1984 portant dispositions statutaires relatives à la fonction publique territoriale *[V. C. fonct. publ.]*, les agents de l'État ou des collectivités territoriales affectés dans un établissement public local d'enseignement conservent leur statut, sont administrés par la collectivité dont ils dépendent statutairement et sont placés sous l'autorité du chef d'établissement.

II. — *(L. n° 2004-809 du 13 août 2004, art. 82)* « Pour l'exercice des compétences incombant à la collectivité de rattachement, le président du conseil départemental ou régional s'adresse directement au chef d'établissement.

« Il lui fait connaître les objectifs fixés par la collectivité de rattachement et les moyens que celle-ci alloue à cet effet à l'établissement. Le chef d'établissement est chargé de mettre en œuvre ces objectifs et de rendre compte de l'utilisation de ces moyens.

« Le chef d'établissement est assisté des services d'intendance et d'administration ; il encadre et organise le travail des personnels techniciens, ouvriers et de service placés sous son autorité. Il assure la gestion du service de demi-pension conformément aux modalités d'exploitation *(L. n° 2021-1104 du 22 août 2021, art. 258)* « et aux objectifs fixés en matière d'approvisionnements de produits agricoles et de denrées alimentaires définis » par la collectivité compétente. Un décret détermine les conditions de fixation des tarifs de restauration scolaire et d'évolution de ceux-ci en fonction du coût, du mode de production des repas et des prestations servies.

« Une convention passée entre l'établissement et, selon le cas, le conseil départemental ou le conseil régional précise les modalités d'exercice de leurs compétences respectives. » *(L. n° 2021-1104 du 22 août 2021, art. 258)* « Elle comprend un volet relatif à la restauration scolaire, qui vise en particulier à répondre aux objectifs fixés à l'article L. 230-5-1 du code rural et de la pêche maritime. »

Sur la mission de service public, V. art. L. 111-1.

Sur les tarifs de la restauration scolaire pour les élèves de l'enseignement public, V. art. R. 531-52 s.

Sur les capacités d'accueil, V. art. L. 131-13.

BIBL. ▶ **Restauration scolaire :** DEFERT, Le principe de neutralité dans les cantines scolaires, *AJCT 2018. 20* ; Restauration scolaire : un service public facultatif ou obligatoire ?, *AJCT 2020. 73*. – JACQUEMOIRE, Restauration collective : un an après la loi EGAlim, tri sélectif des obligations à la charge des collectivités, *AJCT 2020. 64*. – LONG, Le service public de la restauration scolaire entre rigidité et souplesse, *Dr. adm. 1998. Chron. 21*. – QUESSETTE, Le chômage, ma cantine, le maire et moi... Les enfants de chômeurs confrontés à la restriction de l'accès à certaines cantines scolaires municipales, *AJDA 2012. 2361*. – TOUZELLIER, La restauration collective – Un an après la loi EGAlim. Questions à, *AJCT 2020. 68*. – VILLENEUVE, Droit à la cantine et approvisionnement local en restauration collective : vers de nouvelles obligations pour les collectivités territoriales, *AJCT 2018. 17* ; Restauration collective et commande publique, *AJCT 2020. 69*. – Biométrie – Système de reconnaissance du contour de la main – Contrôle d'accès au restaurant scolaire – Compétences respectives du chef d'établissement et de la collectivité territoriale, *Lettre DAJ A1 n° 08-258 du 8 oct. 2008, LIJ 2008, n° 129, p. 21*. – Usage de la cantine scolaire par le personnel municipal, *Vie cnale et dptale, 2010, n° 984, p. 299*. – La restauration scolaire, in Laïcité et collectivité locales, *Observatoire de la laïcité, 2013, p. 9*. – Cantine : combien d'enfants un agent peut-il surveiller à la cantine ? *Vie cnale et dptale, 2011, n° 995, p. 270*. – Enquête sur la restauration et l'architecture scolaires, *Rapp. d'enquête, CNESCO, oct. 2017*.

1. Service public administratif. Caractère obligatoire. Absence. Infirmant la position de la cour (• CAA Nantes, 10 févr. 2017, n° 15NT01973 : *AJDA 2017. 1332, note Long*), le Conseil d'État confirme que la loi de 2004 qui a transféré de l'État au département le service de restauration scolaire dans les collèges n'a pas créé un service obligatoire. En l'espèce, la commune qui, jusqu'au transfert de compétences assurait le fonctionnement du service, n'est donc pas fondée à soutenir que les dépenses qu'elle a exposées au titre de ce service pour les collégiens auraient conduit à un enrichissement sans cause du département d'Indre-et-Loire, dès lors que ces dépenses résultent de l'engagement librement consenti par la commune et que le département n'était pas tenu de les reprendre à sa charge. • CE 24 juin 2019, n° 409659 A : *AJDA 2019. 1309, note Pastor ; AJCT 2019. 525, note Defert ; LIJ 2019, n° 208, p. 5.*

2. *Articulation des compétences.* Pour éviter que la position du conseil d'administration de l'EPLE, qui autorise la conclusion de la convention avec la collectivité, n'entre en contradiction avec les intérêts du département, le ministre de l'éducation nationale, en réponse à une question écrite sénatoriale, a précisé que, certes, le conseil d'administration peut refuser d'approuver une telle convention mettant le chef d'établissement dans l'incapacité de l'appliquer malgré la rédaction de l'al. 1er du II de cet art. * Rép. min. n° 17226 : *JO Sénat Q 29 déc. 2005. 3357.*

3. *Décompte des effectifs employés. Emplois aidés.* Les personnes employées sur un contrat-emploi-solidarité ou un contrat-emploi-consolidé ne sont pas des agents de l'État mais sont employées par les établissements publics locaux d'enseignement. Elles ne relèvent donc pas des dispositions de la L. du 13 août 2004 relatives à la situation des fonctionnaires et agents non titulaires de droit public exerçant leurs fonctions dans des services ou parties de service transférés et ne peuvent être additionnées aux fonctionnaires et agents non titulaires de droit public dans le décompte réalisé par le ministre. • CE 17 oct. 2007, n° 294271 B : *AJDA 2007. 2006*.

4. *Décompte des effectifs employés. Contrôle du juge.* Ce décompte est soumis au contrôle minimum du juge administratif qui ne sanctionne que l'erreur manifeste d'appréciation. • CE 17 oct. 2007, n° 290009 B : *AJDA 2007. 2006*.

5. *Restauration scolaire. Gestion.* Le service de la restauration scolaire fourni aux élèves des écoles maternelles et élémentaires, des collèges et des lycées de l'enseignement public constitue un service public administratif à caractère facultatif, dont la gestion peut être assurée directement par les collectivités territoriales qui en sont responsables dans le cadre d'une régie, confiée à la caisse des écoles ou déléguée à une entreprise privée dans le cadre de la passation d'une convention de délégation de service public. Si les caisses des écoles constituent des établissements publics communaux dotés de la personnalité morale et de l'autonomie financière, ces établissements exercent les compétences mentionnées à l'art. L. 212-10 dans les conditions et limites fixées par le législateur et le pouvoir réglementaire. • CE 11 juin 2014, nos 359931 et 359932 A : *AJDA 2014. 1231 ; ibid. 2137, note Long*.

6. *Restauration scolaire. Gestion. Recouvrement. Autorité parentale.* Dans une affaire où le père d'une élève estimait ne pas être redevable des frais de demi-pension de sa fille au motif que la résidence de l'enfant avait été fixée chez son ex-conjointe et qu'il versait, en exécution d'un jugement du juge aux affaires familiales, une pension alimentaire couvrant l'ensemble des frais pour subvenir aux besoins de sa fille, le juge précise que si l'obligation solidaire de nourrir, entretenir et élever les enfants communs se divise entre les parents qui, dans leurs rapports entre eux, doivent en supporter le poids proportionnellement à leurs ressources, elle est unique au regard des enfants, qui en sont les créanciers, comme au regard des tiers qui se substituent aux enfants lors de l'acquittement des obligations dues par les parents, sauf décision judiciaire contraire. En l'espèce, la séparation des parents et l'absence de résidence commune ne faisaient pas obstacle à l'obligation d'entretien incombant aux parents titulaires de l'autorité parentale, laquelle peut effectivement prendre la forme d'une prise en charge directe de certains frais exposés au profit de l'enfant, sauf décision de justice contraire. Le jugement du juge aux affaires familiales fixant la résidence de la collégienne ainsi que la contribution respective des parents aux frais de son entretien et de son éducation est donc sans incidence sur le droit des tiers. Ces derniers peuvent donc s'adresser indifféremment à l'un ou l'autre des parents titulaires de l'autorité parentale pour le recouvrement des créances relevant de l'obligation d'entretien des enfants. Il appartient ensuite au parent qui a réglé les frais de demi-pension et à lui seul d'en demander le remboursement à l'autre parent. Le tribunal a donc jugé que c'était à bon droit que le collège avait émis à l'encontre du père, tenu solidairement au paiement des frais de demi-pension, un titre exécutoire, sans préjudice pour ce dernier de réclamer à la mère de sa fille, s'il s'y croyait fondé, le remboursement de la somme versée au comptable public. • TA Grenoble, 21 avr. 2019, n° 1605793 : *LIJ 2019, n° 207, p. 5.*

7. *Restauration scolaire. Collèges. Département. Dépenses obligatoires.* V. notes ss. art. L. 213-2.

8. *Restauration scolaire. Tarifs.* V. notes ss. art. R. 531-52.

9. *Restauration scolaire. Qualité nutritionnelle. Principe d'égalité.* Les requérants demandaient l'annulation des dispositions du code rural et de la pêche maritime qui disposent notamment que : « Les gestionnaires, publics et privés, des services de restauration scolaire (...) sont tenus de respecter des règles, déterminées par décret, relatives à la qualité nutritionnelle des repas qu'ils proposent (...) » ; que doivent être proposés pour ces repas « quatre ou cinq plats à chaque déjeuner ou dîner, dont nécessairement un plat principal comprenant une garniture, et un produit laitier ». Le code rural et de la pêche maritime impose également » – le respect d'exigences minimales de variété des plats servis. Le Conseil d'État a jugé, après avoir rappelé que la restauration scolaire constitue un service public dont la fréquentation est facultative, que ces dispositions et stipulations ne méconnaissent pas le principe d'égalité des usagers devant le service public en ce qu'il oblige, dans les cantines scolaires, à la consommation de protéines animales, notamment en définissant le plat principal comme composé de telles protéines et non de protéines végétales ; il précise que ces dispositions, qui ont pour seul objet d'assurer la qualité nutritionnelle des repas proposés par les gestionnaires de ces cantines, lesquels comportent également, aux termes de l'arrêté, d'autres nutriments que les protéines animales, ne font pas par eux-mêmes obstacle à l'exercice des choix alimentaires dictés à leurs usagers par leur conscience • CE 20 mars 2013, n° 354547 : *AJDA 2013.1427* ; *LIJ 2013, n° 175, p. 6.*

10. Restauration scolaire. Exclusion d'élève. En vertu d'une jurisprudence constante, il appartient au seul conseil municipal de décider de créer ou de supprimer des services publics et d'en fixer les règles générales d'organisation. Il incombe donc au conseil municipal d'édicter le règlement intérieur d'une cantine. Acte de nature réglementaire de portée générale et impersonnelle, ce règlement devient exécutoire après l'accomplissement des formalités d'affichage et de transmission au préfet mais n'a pas à être notifié à chaque parent d'élèves pour entrer en vigueur. Un règlement intérieur peut dès lors prévoir la possibilité d'exclure définitivement un élève indiscipliné mais ne doit pas comporter de mesures discriminatoires ou attentatoires aux libertés individuelles. • CE 6 janv. 1995, n° 93428 : *Vie cnale et dptale 2013, n° 1021, p. 301.*

11. Restauration scolaire. Exclusion d'élève. Règlement intérieur. Situation antérieure à la L. du 27 janv. 2017. Il a été demandé à la DAJ si le conseil d'administration d'un EPLE peut maintenir ou reprendre dans le règlement intérieur du service annexe d'hébergement une disposition permettant l'expulsion d'un élève de ce service pour défaut de paiement, qui figurait dans le Décr. n° 85-934 du 4 sept. 1985 relatif au fonctionnement du service annexe d'hébergement des EPLE, abrogé par le Décr. n° 2013-756 du 19 août 2013. La DAJ répond que si l'art. R. 511-13 C. éduc. fait référence à la possibilité d'exclure temporairement ou définitivement un élève d'un service annexe, il ne peut s'agir que d'une sanction infligée en fonction d'un comportement répréhensible et non d'un défaut de paiement. Il n'est donc pas possible de faire figurer dans le règlement intérieur d'un EPLE une clause d'exclusion de ce service en cas d'impayés. Seule la collectivité responsable du service peut désormais instaurer une telle mesure en cas de non-paiement, dans le cadre de la définition des modalités d'exploitation du service prévue par cet article. * Note DAJ A1 n° 14-079 du 10 mars 2014 : *LIJ 2014, n° 183, p. 17.* ♦ Sur la L. n° 2017-86 du 27 janv. 2017, V. notes ss. art. L. 131-13.

12. Restauration scolaire. Surveillants de cantine. Situation juridique. Une animatrice exerçant durant l'ensemble des temps périscolaires ne peut pas être recrutée en tant que vacataire. En l'espèce, le juge administratif souligne que la requérante a été embauchée à tort en qualité de vacataire alors qu'elle doit être considérée comme agent non titulaire de la fonction publique territoriale au sens du Décr. du 15 févr. 1988. • TA Châlons-en-Champagne, 13 août 2014, n° 1300290 : *AJDA 2014. 2270, note Deschamps* . ♦ En l'espèce, si l'annulation d'une mesure d'éviction d'un agent non titulaire implique nécessairement, à titre de mesure d'exécution, la réintégration de ce dernier dans ses précédentes fonctions, elle ne permet cependant pas au juge administratif d'ordonner que soit prolongée la validité du contrat de la requérante au-delà de celle dont les parties à ce contrat avaient contractuellement convenue. • TA Châlons-en-Champagne, 13 août 2014, n° 1300290 : *préc.*

13. Restauration scolaire. Surveillants de cantine. Avantages en nature. Lorsque l'employeur fournit le repas à ses salariés, cette prestation constitue un avantage en nature assimilable à un élément de rémunération pour l'application des règles de sécurité sociale. L'avantage en nature est en effet constitué par la fourniture d'un bien ou d'un service permettant au salarié de faire l'économie de frais qu'il aurait dû normalement supporter. Les modalités d'évaluation sont fixées dans l'Arr. du 10 déc. 2002. S'agissant de la situation particulière de personnel en charge de la surveillance des enfants, la Circ. de la direction de la sécurité sociale (DSS) n° 2005-389 du 19 août 2005 prévoit que les repas pris par nécessité de service peuvent ne pas être considérés comme des avantages en nature. Cette situation de nécessité de service s'apprécie au regard de la charge éducative, sociale ou psychologique liée à l'obligation professionnelle du personnel de prendre les repas avec les enfants. Cette obligation doit figurer dans le projet éducatif de l'établissement ou dans un document contractuel. Ainsi, la situation des agents communaux, dont la fonction est d'encadrer les enfants à la cantine, sera appréciée selon ces critères.* Rép. min. n° 105636 : *JOAN Q 23 août 2011 p. 9027.*

14. Restauration scolaire. Menus. Choix. Le juge rejette la requête présentée par le père de deux enfants fréquentant la cantine scolaire et demandant à la commune de prévoir des repas respectant le choix des parents de voir servir ou non de la viande à leurs enfants. Si la commune est tenue, en application du C. rur., de veiller à l'équilibre nutritionnel des repas servis, le maire n'est pas dans l'obligation de proposer ou de servir des repas qui répondraient aux demandes des parents. En l'espèce, il est précisé que la cantine scolaire proposait déjà un plat de substitution à la viande de porc. • TA Melun, 18 nov. 2015, n° 1408590.

15. Restauration scolaire. Menus de substitution. Obligation (absence). S'agissant d'un service public dont la fréquentation est facultative, le juge a maintes fois souligné qu'il n'existait aucune obligation juridique, de quelque nature que ce soit, pour les collectivités publiques de mettre en place de tels menus. • TA Toulon, ord., 2 déc. 2014, n° 1404254 • TA Dijon, 12 août 2015, n° 1502101 • TA Cergy-Pontoise, 30 sept. 2015, n° 1411141 • TA Dijon, 21 oct. 2015, n° 1502727 • TA Grenoble, 7 juill. 2016, n° 1505593 • TA Dijon, 28 août 2017, n°s 1502100 et 1502726.

16. Restauration scolaire. Menus de substitution. Obligation (absence). Limites (règlement intérieur). La plus grande attention des gestionnaires s'impose au regard de la rédaction des dispositions du règlement interne de la cantine qui ne doit contenir aucune disposition pouvant être considérée comme discriminatoire, conformément à une jurisprudence constante. • CE 25 oct. 2002, n° 251161 : le requérant soutenait que la composition des repas servis dans les cantines scolaires de la commune d'Orange portait atteinte à la liberté religieuse en ce que, ne comportant pas de viande le vendredi, elle privilégiait les enfants de confession chrétienne.

17. Restauration scolaire. Menus de substitution. Liberté d'organisation du gestionnaire. Dans une affaire où le requérant soutenait que la composition des repas servis dans les cantines scolaires de la commune d'Orange portait atteinte à la liberté religieuse en ce que, ne comportant pas de viande le vendredi, elle privilégiait les enfants de confession chrétienne, le juge souligne qu'il n'existe aucune obligation d'instaurer des menus de substitution et précise qu'il est, pour le gestionnaire de restauration, « loisible de définir des modalités d'organisation de ce service de nature à faciliter l'exercice, par les élèves de leur liberté de conscience ». • TA Grenoble, 7 juill. 2016, n° 1505593.

18. Restauration scolaire. Menus de substitution. Suppression. Légalité. Motivation. Laïcité. Le juge a estimé que la suppression de menus de substitution dans les cantines scolaires quand du porc est servi ne pouvait être légalement prise que si elle se justifiait au regard des intérêts de l'enfant protégés par la Convention internationale relative aux droits de l'enfant. En l'espèce, depuis 1984, la ville de Chalon-sur Saône servait des menus de substitution dans les cantines scolaires quand du porc était au menu des enfants. La décision de supprimer ces menus de substitution ayant été contestée au contentieux, le juge affirme que si le service public de la restauration scolaire a un caractère facultatif et si l'obligation de proposer aux enfants un menu de substitution ne résulte d'aucune stipulation conventionnelle, d'aucune disposition constitutionnelle, législative ou réglementaire et d'aucun principe, la mesure consistant à mettre fin à une telle pratique affecte de manière suffisamment directe et certaine la situation des enfants fréquentant une cantine scolaire et constitue ainsi une décision dans l'appréciation de laquelle son auteur doit, en vertu de l'art. 3-1 de la Convention internationale relative aux droits de l'enfant, accorder une attention primordiale à l'intérêt supérieur de l'enfant. Il ajoute que si une contrainte technique ou financière peut légalement motiver, dans le cadre du principe constitutionnel de libre administration des collectivités territoriales, une adaptation des modalités du service public de la restauration scolaire, il ressort du rapport préalable devant le conseil municipal, du compte rendu de la séance du conseil municipal, de la motivation des décisions attaquées et de la défense que ces décisions ont procédé non pas d'une telle contrainte mais d'une position de principe se référant à une conception du principe de laïcité. Poursuivant l'analyse des arguments, le juge ajoute que si la ville de Chalon-sur-Saône fait aussi valoir que lorsque par le passé un repas de substitution était servi, les enfants étaient fichés et regroupés par tables selon leurs choix ce qui permettait d'identifier leur religion en violation de la L. n° 78-17 du 6 janv. 1978 et de l'art. 226-16 C. pén., l'impossibilité d'une méthode alternative, notamment par recours à des questionnaires anonymisés pour l'évaluation des besoins du service ou par mise en place d'un self-service, n'a pas, à la supposer même invoquée, été démontrée. • TA Dijon, 28 août 2017, n°s 1502100 et 1502726 : *AJDA 2017. 1638 ; ibid. 2207, comm. Roman ; AJCT 2018.35, comm. Defert ; LIJ 2017, n° 200, p. 5.* ♦ Dans le même sens : • TA Dijon, 21 oct. 2015, n° 1502727 : *AJCT 2015. 666*. ♦ Saisie à son tour, la cour administrative d'appel annule le jugement sur une question de procédure. Sur le fond, la cour rappelle que si le gestionnaire d'un service public administratif facultatif dispose de larges pouvoirs d'organisation, il « ne peut toutefois décider d'en modifier les modalités d'organisation et de fonctionnement que pour des motifs en rapport avec les nécessités de ce service ». Elle estime en la matière que « les principes de laïcité et de neutralité auxquels est soumis le service public ne font, par eux-mêmes, pas obstacle à ce que, en l'absence de nécessité se rapportant à son organisation ou son fonctionnement, les usagers du service public facultatif de la restauration scolaire se voient offrir un choix leur permettant de bénéficier d'un menu équilibré sans avoir à consommer des aliments proscrits par leurs convictions religieuses ou philosophiques ». En l'espèce, la cour relève qu'il « est constant que, depuis 1984, les restaurants scolaires des écoles publiques de Chalon-sur-Saône proposaient à leurs usagers des menus alternatifs leur permettant de bénéficier de repas répondant aux bonnes pratiques nutritionnelles sans être contraints de consommer des aliments prohibés par leurs convictions religieuses. Il ne ressort pas des pièces du dossier que, pendant les 31 années qu'elle a duré, cette pratique aurait provoqué des troubles à l'ordre public ou été à l'origine de difficultés particulières en ce qui concerne l'organisation et la gestion du service public de la restauration scolaire. Il suit de là qu'en se fondant exclusivement sur les principes de laïcité et de neutralité du service public pour décider de mettre un terme à une telle pratique, le maire de Chalon-sur-Saône et le conseil municipal de Chalon-sur-Saône ont entaché leur décision et délibération attaquées d'erreur de droit ». • CAA Lyon, 23 oct. 2018, n° 17LY03323 : *AJDA 2018. 2051* ; *ibid. 2019. 117, note Bonnet* ; *RFDA 2019. 499, concl. Deliancourt* ; *AJCT 2019. 58, comm. Defert* (pourvoi en cours).

19. Restauration scolaire. Menus de substitution. Absence d'obligation. Possibilité. Intérêt général et bon fonctionnement du service. Saisi à son tour par le maire de Chalon-sur-Saône, le Conseil d'État rejette le pourvoi contre l'arrêt CAA de Lyon (V. note 18) confirmant l'annulation par le tribunal administratif de Dijon des décisions de la ville de supprimer les menus sans porc dans les restaurants scolaires de la ville. A cet effet, le Conseil rappelle qu'il n'existe aucune obligation pour les collectivités territoriales gestionnaires d'un service public de restauration scolaire de distribuer à ses usagers des repas différenciés leur permettant de ne pas consommer des aliments proscrits par leurs convictions religieuses, et aucun droit pour les usagers qu'il en soit ainsi, dès lors que les dispositions de l'article premier de la Constitution interdisent à quiconque de se prévaloir de ses croyances religieuses pour s'affranchir des règles communes régissant les relations entre collectivités publiques et particuliers. Il précise toutefois que ni les principes de laïcité et de neutralité du service public, ni le principe d'égalité des usagers devant le service public ne font, par eux-mêmes, obstacle à ce que ces mêmes collectivités territoriales puissent proposer de tels repas. Lorsque les collectivités ayant fait le choix d'assurer le service public de restauration scolaire définissent ou redéfinissent les règles d'organisation de ce service public, il leur appartient de prendre en compte l'intérêt général qui s'attache à ce que tous les enfants puissent bénéficier de ce service public, au regard des exigences du bon fonctionnement du service et des moyens humains et financiers dont disposent ces collectivités. • CE 11 déc. 2020, n° 426483 A (concl. Cytermann) : *AJDA 2021. 461, concl. Cytermann* ; *ibid. 2020. 2464* .

20. Menus végétariens. Expérimentation. L'expérimentation d'un menu végétarien hebdomadaire en restauration collective scolaire doit être mise en place le 1er novembre 2019 (C. rur., art. L. 230-5-6). Il s'agit d'une obligation concernant la restauration collective scolaire. Un décret n'est pas nécessaire. La loi prévoit que l'expérimentation durera 2 ans et fera ensuite l'objet d'évaluation, notamment de son impact sur le gaspillage alimentaire, sur les taux de fréquentation et sur le coût des repas. Le menu végétarien hebdomadaire tel que prévu par la loi peut constituer une alternative à d'autres menus dans le cas où plusieurs menus sont proposés. Dans le cas où un menu unique est proposé, il s'agit d'un menu unique végétarien. * Rép. min. n° 19132 : *JOAN Q 3 sept. 2019 Q, p. 7834.*

Art. L. 421-24 **La dénomination ou le changement de dénomination des établissements publics locaux d'enseignement est de la compétence de la collectivité territoriale de rattachement. Dans le cas des lycées, établissements d'éducation spéciale, lycées professionnels maritimes, établissements d'enseignement agricole visés par l'article L. 811-8 du code rural et de la pêche maritime** *[V. cet art. à l'art. L. 421-22]* **et collèges, la collectivité recueille l'avis du maire de la commune d'implantation et du conseil d'administration de l'établissement.** – *[L. n° 86-972 du 19 août 1986, art. 15.]*

Art. L. 421-25 *(Ord. n° 2007-329 du 12 mars 2007, art. 6)* **Des commissions d'hygiène et de sécurité composées des représentants des personnels de l'établissement, des élèves, des parents d'élèves, de l'équipe de direction et d'un représentant de la collectivité de rattachement, présidées par le chef d'établissement, sont instituées dans chaque lycée d'enseignement technique et chaque lycée professionnel.**

Elles sont chargées de faire toutes propositions utiles au conseil d'administration en vue de promouvoir la formation à la sécurité et de contribuer à l'amélioration des conditions d'hygiène et de sécurité dans l'établissement et notamment dans les ateliers.

Un décret d'application fixe les conditions de mise en œuvre de ces dispositions, notamment en ce qui concerne la composition et les modalités de fonctionnement des commissions d'hygiène et de sécurité.

CHAPITRE II ORGANISATION ET FONCTIONNEMENT DES COLLÈGES ET DES LYCÉES NE CONSTITUANT PAS DES ÉTABLISSEMENTS LOCAUX D'ENSEIGNEMENT

SECTION PREMIÈRE LES ÉTABLISSEMENTS D'ÉTAT

Art. L. 422-1 Les dispositions de la première phrase de l'article L. 211-2, des articles L. 212-15, L. 214-1, L. 214-2, L. 216-1, L. 234-1, L. 235-1 et L. 521-3 sont applicables aux établissements d'enseignement du second degré ou d'éducation spéciale qui relèvent de l'État en application de l'article L. 211-4.

Sur l'organisation administrative et financière des établissements d'enseignement dont la responsabilité et la charge incombent entièrement à l'État, V. art. D. 422-1 s. et R. 511-1 s.

SECTION II LES ÉTABLISSEMENTS MUNICIPAUX OU DÉPARTEMENTAUX

Art. L. 422-2 Les dispositions de la première phrase de l'article L. 211-2, des articles L. 212-15, L. 214-1, L. 214-2, L. 216-1, L. 234-1, L. 235-1 et L. 521-3 sont applicables aux établissements d'enseignement du second degré ou d'éducation spéciale qui, à la date du 1er janvier 1986, étaient municipaux ou départementaux.

Lorsqu'à la date mentionnée ci-dessus les établissements municipaux ou départementaux bénéficiaient d'une aide financière de l'État, celui-ci continue de participer à leurs dépenses selon les règles en vigueur à cette date et dans les mêmes proportions que pour les dépenses de fonctionnement. Les dispositions des articles L. 2321-1 à L. 2321-4 du code général des collectivités territoriales sont applicables.

Sur les dispositions diverses applicables aux établissements d'enseignement de second degré municipaux ou départementaux, V. art. D. 422-1 s. et R. 511-1 s.

Art. L. 422-3 *(L. nº 2004-809 du 13 août 2004, art. 85)* A la demande, selon le cas, de la commune ou du département, les établissements municipaux ou départementaux d'enseignement sont transformés en établissements publics locaux d'enseignement, conformément aux dispositions de l'article L. 421-1. Les dispositions des articles L. 1321-1 à L. 1321-8 du code général des collectivités territoriales s'appliquent à ce transfert. La commune ou le département conserve, pour une durée qui ne peut être inférieure à six ans sauf accord contraire, la responsabilité des grosses réparations, de l'équipement et du fonctionnement de l'établissement, ainsi que de l'accueil, de l'entretien général et technique, de la restauration et de l'hébergement, à l'exception des missions d'encadrement et de surveillance des élèves. La commune ou le département assume, pendant la même période, les charges financières correspondantes, y compris la rémunération des personnels autres que ceux relevant de l'État en application de l'article L. 211-8.

(L. nº 2005-380 du 23 avr. 2005, art. 41) « L'École supérieure des arts appliqués aux industries de l'ameublement et d'architecture intérieure (Boulle), l'École supérieure des arts appliqués (Duperré) et l'École supérieure des arts et industries graphiques (Estienne) sont transformées en établissements publics locaux d'enseignement, conformément aux dispositions de l'article L. 421-1, à la demande de la commune de Paris. Par dérogation aux dispositions de l'article L. 214-6, la commune de Paris assume la charge de ces établissements. Elle exerce au lieu et place de la région les compétences dévolues par le présent code à la collectivité de rattachement. »

CHAPITRE III LES GROUPEMENTS D'ÉTABLISSEMENTS SCOLAIRES PUBLICS

COMMENTAIRE

La loi nº 2011-525 du 17 mai 2011 de simplification et d'amélioration de la qualité du droit avait transformé les GRETA en groupements d'intérêt public (GIP). L'article 62 de la loi du 8 juillet 2013 les rétablit : « Pour la mise en œuvre de leur mission de formation continue ainsi que de formation et d'insertion professionnelles, les établissements scolaires publics s'associent en groupement d'établissements dans des conditions définies par décret » (art. L. 423-1 ; et partie réglementaire, art. D. 423-1 à D. 423-18, Décr. n° 2013-852 du 24 sept. 2013, Circ. n° 2014-009 du 4 févr. 2014). La formation professionnelle fait partie des missions légalement dévolues aux établissements publics d'enseignement, elle inclut l'apprentissage (Décr. n° 2019-317 du 12 avr. 2019 pris sur la base de la L. n° 2018-771 du 5 sept. 2018 pour la liberté de choisir son avenir professionnel, qui permet aux organismes de formation de réaliser des formations par apprentissage, le décret intègre l'apprentissage aux missions des GRETA). Les établissements publics d'enseignement relevant du ministère de l'éducation nationale exercent ces missions en s'associant dans des groupements dépourvus de personnalité morale dits GRETA (T. confl. 7 oct. 1996, n° 03034). Le recteur d'académie arrête la composition et le fonctionnement du groupement et détermine l'établissement public support, membre de ce groupement, chargé d'en assurer la gestion administrative, financière et comptable ; l'ordonnateur et le comptable du groupement sont ceux de l'établissement public support. En raison tant de son objet que de son mode de fonctionnement, le service public assuré par le GRETA est un service public administratif ; par suite, le litige opposant une société à un GRETA relève de la compétence de la juridiction administrative (T. confl. 12 nov. 2018, *Sté de maintenance pétrolière c/ MEN*, n° C 4137).

Créés en 1973, aujourd'hui au nombre de 200, les GRETA sont des groupements d'établissements publics locaux d'enseignement (EPLE) qui mutualisent leurs ressources et compétences pour mettre en œuvre des prestations de formation professionnelle à l'attention des adultes. La loi du 10 juillet 1989 d'orientation sur l'éducation permettait aux établissements, « pour la mise en œuvre de leur mission de formation continue et de formation et d'insertion professionnelles », de se grouper en créant ou non un groupement d'intérêt public (GIP ; art. L. 423-1). En choisissant la première possibilité, les établissements s'accordent sans créer de nouvelle personnalité juridique, chaque groupement étant adossé à un établissement support. L'absence de personnalité juridique avait certes des avantages (simplicité de constitution), mais aussi des inconvénients soulignés par le juge des comptes. Pour simplifier et améliorer la qualité du droit le législateur avait donc transformé le statut de ces structures en groupements d'intérêt public. La constitution des GIP, dotés de la personnalité morale, devait avoir lieu avant la fin du mois de mai 2013. Cette solution fut critiquée par ceux qui y voyaient les prémices d'une privatisation de la formation et la remise en cause de la situation des personnels (titulaires sur *« emplois gagés »*, contractuels) ; les praticiens rencontrèrent par ailleurs de nombreux problèmes pratiques, en termes de gestion des ressources humaines, budgétaires, comptables et organisationnelles.

Dans son I, la nouvelle rédaction de l'article L. 423-1 rétablit donc la possibilité pour les établissements scolaires publics de s'associer (sans créer une nouvelle personne morale). Le décret n° 2013-852 du 24 septembre 2013 (art. D. 423-1 à D. 423-12) précise les conditions d'organisation et de fonctionnement de ces nouveaux « groupements d'établissements » pour mettre en œuvre leur mission de formation continue ainsi que de formation et d'insertion professionnelles. Ils sont créés par une convention conclue pour une durée indéterminée entre les établissements et approuvée par le recteur d'académie qui précise l'objet du groupement, son périmètre et les modalités de son organisation. L'assemblée générale comprend les chefs d'établissement et les représentants des personnels ; elle élit le président du groupement parmi les chefs d'établissement ; elle définit les orientations du GRETA et son plan pluriannuel de développement, arrête son règlement intérieur et examine le projet de budget et les comptes financiers arrêtés par le conseil d'administration de l'établissement support (art. D. 423-4) sous la forme d'un budget annexe (art. D. 423-10) ; l'agent comptable de l'établissement support est l'agent comptable du GRETA (art. D. 423-9). Les groupements s'inscrivent dans la stratégie académique de développement. Le recteur arrête la carte des groupements qu'il présente au conseil consultatif de la formation continue. Si la réapparition des GRETA *« permet de conserver une présence territoriale forte de la formation continue de l'éducation nationale »*, l'organisation du réseau qu'ils constituent s'articule autour d'un *« GIP académique,...interlocuteur unique pour les régions »* (GIP Formation continue et insertion professionnelle), mutualisant ainsi les fonctions essentielles à l'efficacité de la formation continue des adultes et au pilotage du réseau des GRETA au niveau académique (ARF, cité par Rapport Durand). Le GIP académique pour la formation continue (GIP-FPC) devrait être conforme aux dispositions du décret n° 2012-91 du 26 janvier 2012 relatif aux GIP (Circ. n° 2013-077 du 6 mai 2013 abrogeant la Circ. n° 2001-262 du 19 déc. 2001 sur les GIP-FCIP).

Le GIP-FPC constitué entre l'État, les EPLE supports des GRETA et éventuellement d'autres établissements publics est constitué par convention pour une durée déterminée ; il développe une coopération concertée au niveau de l'académie dans les domaines de la formation continue des adultes, de la formation et de l'insertion professionnelles ; ses missions sont élargies et, dans ce cadre, il exerce des fonctions supports pour le réseau des GRETA (contribution à l'élaboration des contrats d'objectifs conclus entre le recteur et chaque GRETA et accompagnement de leur mise en œuvre, contribution à l'harmonisation des pratiques de gestion des ressources humaines, mise en œuvre d'un plan de formation des personnels de la formation continue, veille, animation et ingénierie de formation..., coordination des réponses aux appels d'offres d'envergure, gestion des fonds...), des activités et prestations spécifiques (VAE, centre académique de formation d'apprentis...). Le GIP-FCIP gère le fonds académique de mutualisation des ressources de la formation continue des adultes créé pour couvrir les risques financiers exceptionnels et non prévisibles ; il peut consentir des avances remboursables aux établissements supports et financer des actions de promotion (art. D. 423-12 ; Arr. du 14 mai 2014).

Les personnels participant aux missions des GRETA peuvent être des fonctionnaires mais aussi des agents contractuels recrutés sur ressources propres par l'EPLE support ou le directeur du GIP, avec l'accord du recteur d'académie, rémunérés ; longtemps considérés comme des agents publics de l'État (CE 17 déc. 1997, n° 146589. – T. confl. 7 oct. 1996, n° 03034), le Conseil d'État, par un revirement de jurisprudence, juge désormais qu'ils « sont des agents de l'établissement support du GRETA et non des agents de l'État et les sommes qui leur sont dues à raison du contrat qui les lie à l'établissement support du GRETA, y compris l'indemnisation des fautes imputables à cet employeur lors de la conclusion, de la mise en œuvre ou de la rupture de leur contrat, incombent à ce dernier » (CE 24 juill. 2019, n° 417984) ; en cas de « réorganisation de service conduisant à la suppression d'un emploi occupé par un agent contractuel titulaire d'un contrat à durée indéterminée au sein d'un GRETA, l'administration doit mettre en œuvre l'obligation [de reclassement] en prenant en compte l'ensemble des postes vacants au sein de ce GRETA », et non au sein des services de l'Éducation nationale dans leur ensemble (CE 22 oct. 2014, n° 368262). Pour répondre aux questions posées par les personnels, le décret du 24 septembre 2013 selon lequel les contractuels peuvent être recrutés dans les conditions prévues par l'article 4, alinéa 2, et à l'article 6 de la loi du 11 janvier 1984, c'est-à-dire du titre II du statut général de la fonction publique de l'État explicité par le décret n° 86-83 du 17 janvier 1986 portant « statut » des personnels non titulaires de droit public de l'État, ajoute que les services accomplis par les agents contractuels dans le domaine de la formation continue des adultes pour le compte d'un EPLE ou des GRETA mentionnés par le code de l'éducation, dans sa rédaction en vigueur antérieurement à la publication de la loi de simplification du droit du 17 mai 2011, sont assimilés à des services accomplis pour le compte des nouveaux groupements tels qu'ils résultent de la loi du 8 juillet 2013 (art. D. 423-1).

Pour tenir compte des nouvelles compétences des régions en matière de formation professionnelle (L. n° 2014-288 du 5 mars 2014 relative à la formation professionnelle, à l'emploi et à la démocratie sociale), les recteurs d'académie doivent redéfinir les stratégies académiques de la formation continue des adultes en veillant à renforcer la démarche qualité (label GRETA Plus) (Circ. de rentrée 2014, fiche annexe « La formation continue des adultes »). Le décret n° 2017-239 du 24 février 2017 crée un nouveau label qualité baptisé *« Eduform »* délivré par le ministère de l'éducation nationale visant à garantir la conformité des prestations assurées par les organismes de formation pour la préparation des diplômes professionnels de l'éducation nationale à un référentiel de « bonnes pratiques ».

A noter que le décret n° 2015-730 du 24 juin 2015 précise les conditions dans lesquelles les établissements publics locaux d'enseignement et de formation professionnelle agricoles peuvent s'associer en groupement d'établissements sous la forme d'un groupement d'intérêt public (V. C. rur., art. L. 811-12). ❑

Art. L. 423-1 *(L. n° 2013-595 du 8 juill. 2013, art. 62)* **Pour la mise en œuvre de leur mission de formation continue ainsi que de formation et d'insertion professionnelles,**

les établissements scolaires publics s'associent en groupement d'établissements dans des conditions définies par décret.

Sur les groupements d'établissements relevant du ministère de l'éducation nationale, V. art. D. 423-1 s.

BIBL. ▸ QUENET, SULTAN et TAUPIN, La mise en œuvre de la réforme des GRETA depuis trois ans, *Rapp. IGAENR n° 2016-063, sept. 2016.*

I. GROUPEMENTS D'ÉTABLISSEMENTS

1. Absence de personnalité juridique. Les groupements d'établissements (GRETA) constitués entre établissements scolaires publics pour la mise en œuvre de la formation continue n'ont pas de personnalité juridique distincte et dépendent pour l'ensemble de leurs activités et de leur gestion administrative, financière et comptable, du service public administratif de l'éducation nationale. • T. confl., 29 déc. 2004, *Mme Aufrère c/ GRETA Tourisme Hôtellerie de Nice*, n° 3438 : *AJDA 2005. 395*.

2. Service public administratif. Compétence juridictionnelle. Dans un litige opposant un GRETA à une personne privée, le Tribunal des conflits affirme qu'en raison tant de son objet que de son mode de fonctionnement, le service public assuré par le GRETA est un service public administratif. Il en déduit par suite que le litige en cause relève de la compétence de la juridiction administrative. • T. confl. 12 nov. 2018, n° 4137 : *AJDA 2018. 2216*.

3. GRETA. Nature de l'activité. Activité économique. Conséquences. Respect du droit de la concurrence. Modalités de gestion. La DAJ rappelle que les GRETA exercent exclusivement une activité de formation continue des adultes, qui a le caractère d'une activité économique exercée sur un marché concurrentiel : en répondant à des appels d'offres d'entreprises privées ou de collectivités publiques sur le marché de la formation continue des adultes, les GRETA doivent être regardés comme des entreprises au sens des articles 101 et suivants du traité sur le fonctionnement de l'Union européenne. C'est la raison pour laquelle, afin d'éviter tout risque de confusion, l'activité de formation continue des adultes d'un GRETA, groupement d'établissements scolaires publics organisé par convention autour d'un établissement public d'enseignement dit « établissement support du groupement » auquel le groupement est adossé, est gérée au moyen d'un budget annexe au budget de son établissement support et d'une comptabilité distincte, afin de la distinguer de l'activité de formation initiale des élèves qu'exercent par ailleurs l'EPLE support du groupement et les EPLE membres de ce groupement. L'intervention des GRETA dans le domaine concurrentiel de la formation continue des adultes doit, en effet, respecter le droit de la concurrence et, en particulier, les conditions rappelées par la jurisprudence du Conseil d'État et de la Cour de justice de l'Union européenne. Il en résulte que si les GRETA peuvent présenter leur candidature à un marché public, c'est à la condition qu'ils ne faussent pas les conditions de la concurrence. Cela signifie notamment que les prix que proposent les GRETA doivent être déterminés en prenant en compte l'ensemble des coûts directs et indirects des prestations de formation qu'ils dispensent, sans qu'ils bénéficient, pour les déterminer, d'un avantage découlant des ressources ou des moyens qui sont attribués à l'EPLE support du groupement et aux EPLE membres de ce groupement au titre de leurs missions de service public. * Note DAJ A1 n° 2018-230 du 13 déc. 2018, : *LIJ 2019, n° 206, p. 20.*

4. EPLE support de GRETA. Participation à une association. Il est possible pour un EPLE support d'un GRETA d'adhérer à une association dans le respect du principe de spécialité qui gouverne tous les établissements publics à condition qu'il ne s'agisse pas pour l'établissement de déléguer à l'association tout ou partie de ses missions. * Lettre DAJ A1, n° 08-088, du 7 avr. 2008 : *LIJ 2008, n° 125, p. 21.* ♦ Il convient toutefois d'être vigilant quant aux risques liés à toute adhésion d'une personne publique à une association (responsabilité pour fautes de gestion, pour gestion de fait si l'usage des fonds publics s'avère relever exclusivement de la ou des collectivités publiques concernées...). * Lettre DAJ A1, n° 08-088, du 7 avr. 2008 : *LIJ 2008, n° 125, p. 21.*

5. EPLE support de GRETA. Participation à un GIE. Les GIE sont ouverts aux organismes exerçant une activité économique, et donc essentiellement, s'agissant d'organismes publics, aux établissements publics à caractère industriel et commercial. Le problème de l'adhésion a été soulevé par la Cour des comptes dans un rapport de 1982, à l'occasion duquel elle préconisait, entre autres, une autorisation ministérielle. L'EPLE étant un établissement public administratif doté d'une spécialité relativement étroite (enseignement et formation continue), on ne peut lui reconnaître qu'une activité économique accessoire, ce qui entre en contradiction avec l'art. L. 251-1 C. com. * Lettre DAJ A1 n° 08-088 du 7 avr. 2008 : *préc. note 4.*

6. Dommages. Responsabilité. État. Absence. Interrogée sur cette question, la DAJ rappelle que les Greta « sont tenus d'exercer, de gérer et de financer cette mission sur leurs propres ressources [...] indépendamment de l'activité de formation initiale des élèves, qu'assure [...] l'établissement support du groupement autour duquel, n'étant pas dotés de la personnalité morale, les Greta sont structurés pour l'ensemble de leurs activités et de leur gestion administrative, financière et comptable ». Elle précise qu'il s'ensuit « que les dommages nés des activités d'un Greta sont imputables à ce dernier et doivent être supportés par son budget, budget annexe au budget de l'EPLE ». Il appartient donc à chaque Greta d'apprécier l'opportunité de s'assurer contre les dommages susceptibles de naître de ses activités, la souscription d'un contrat d'assurance par l'EPLE pour le compte d'un Greta étant soumise aux règles de la commande publique et son coût devant être supporté par le budget annexe du Greta. * Note DAJ A1 n° 2017-0214 du 18 déc. 2017 : *LIJ 2018, n° 202, p. 20.*

II. PERSONNELS

7. Situation juridique. Agents de l'établissement GRETA. Agents non titulaires d'un établissement public relevant de l'État. Les personnels contractuels des GRETA, recrutés par le GRETA, sont des agents de l'établissement support du GRETA et non des agents de l'État. Le Conseil d'État casse un arrêt de la CAA qui avait condamné l'État à indemniser un formateur d'un GRETA irrégulièrement évincé. Il relève en effet que ces agents sont recrutés par le chef de l'établissement support du groupement et que leur rémunération est assurée par les ressources tirées de l'activité de formation continue de ce groupement, avec l'appui, le cas échéant, du fonds académique de mutualisation des recettes. Dans ces conditions, alors même que ces agents relèvent pour leur gestion, des dispositions de la loi du 11 janvier 1984 et de celles du décret du 17 janvier 1986 applicables aux agents non titulaires de l'État, ils sont des agents de l'établissement support du GRETA. • CE 24 juill. 2019, n° 417984 B : *AJDA 2019. 1608 ; LIJ 2019, n° 208, p. 9 ; La lettre Vigie 2019, n° 114, p. 22.* ♦ Dans le même sens : le Conseil d'État a implicitement jugé que les agents non titulaires d'un GRETA sont des agents non titulaires d'un établissement public relevant de l'État et non pas des agents de l'État. • CE 22 oct. 2014, n° 368262 B. ♦ La DAJ rappelle que les personnels qui assurent les formations pour adultes délivrées par les GRETA sont des agents non titulaires recrutés au nom du GRETA par le chef de l'établissement support du groupement, en application des art. 1 et 8 du Décr. n° 93-412 du 19 mars 1993 relatif aux personnels contractuels du niveau de la catégorie A exerçant en formation continue des adultes, et [qu']ils sont rémunérés sur les ressources propres du GRETA, que celui-ci tire des prestations de formation continue des adultes qu'il assure par contrats conclus avec des entreprises privées ou des collectivités publiques. * Note DAJ A1 n° 2018-230 du 13 déc. 2018 : *LIJ 2019, n° 206, p. 20.*

8. Juridiction compétente. Les agents contractuels de ces groupements sont des agents de droit public car travaillant pour le compte d'un service public administratif géré par une personne publique. La juridiction administrative est donc compétente pour connaître d'un litige relatif à la situation d'un de ces agents. • CE 15 nov. 2010, n° 331392 : *AJDA 2011. 291 .* ♦ Dans le même sens aussi : • CE 17 déc. 1992, n° 146589.

9. Licenciement. Obligations du GRETA. Reclassement. Lorsqu'une réorganisation de service conduit à la suppression d'un emploi occupé par un agent contractuel titulaire d'un contrat à durée indéterminée au sein d'un GRETA, l'administration doit mettre en œuvre l'obligation résultant pour elle d'un principe général du droit, consistant à chercher à reclasser l'intéressé, en prenant en compte l'ensemble des postes vacants au sein de ce GRETA. • CE 22 oct. 2014, n° 368262 B : *AJDA 2015. 706, note Cuvelier ; ibid. 2014. 2094 ; AJFP 2015. 64 .*

10. Nature du contrat. Les emplois permanents de l'État, des collectivités locales et de leurs établissements publics doivent être occupés par des fonctionnaires, des magistrats ou des militaires, sauf dérogation prévue par une loi, et ainsi, les emplois qui peuvent être pourvus par des agents recrutés par contrat, ne peuvent être, sauf pour les exceptions expressément prévues par les dispositions législatives et réglementaires en vigueur, occupés que par des agents contractuels recrutés par la voie de contrats à durée déterminée. • CAA Nantes, 25 mars 2004, n° 02NT00163. ♦ Cette jurisprudence est appelée à disparaître partiellement du fait de l'intervention de la L. du 26 juill. 2005 qui prévoit la transformation automatique des contrats à durée déterminée en contrats à durée indéterminée s'ils sont reconduits au-delà d'une durée totale de six ans.

11. Rémunération. Indemnités. Équilibre financier du GRETA. Sur délégation du préfet, le recteur avait déféré au tribunal administratif l'acte par lequel le conseil d'administration d'un lycée avait approuvé le versement aux personnels de direction et de gestion d'indemnités relatives aux activités de formation continue organisées par le GRETA dont le lycée était le support, ainsi que l'acte par lequel le chef d'établissement avait ordonné à l'agent comptable de payer ces indemnités. En l'espèce, le juge administratif, se fondant sur les dispositions de cet article, estime qu'il ressortait de l'analyse de la situation financière du GRETA, produite par l'administration, que le chiffre d'affaires était en diminution pour la deuxième année d'affilée et que le lycée support n'établissait pas que son équilibre financier avait été maintenu au titre de l'exercice en cause. Il considère donc que le préfet était fondé à soutenir que les actes litigieux ne pouvaient légalement intervenir dans ces conditions. • TA

Châlons-en-Champagne, 25 juin 2013, n° 1202218 : *LIJ 2014, n° 184, p. 4.*

12. Validation des services. Les agents non titulaires employés à temps complet dans ces groupements entrent dans le champ d'application de l'arrêté interministériel du 2 juin 1989 qui prévoit que peuvent être validés pour la retraite au titre de l'art. L. 5 du code des pensions civiles et militaires de retraite les services accomplis auprès de l'administration centrale, des services extérieurs et des établissements publics ne présentant pas un caractère industriel et commercial du ministère de l'éducation nationale, de la jeunesse et des sports par les agents vacataires employés à temps complet à concurrence d'un minimum mensuel de 150 heures de travail. Il résulte de l'ensemble de ces dispositions que les services accomplis par les agents non titulaires de l'éducation nationale sont, quelle que soit la nature des fonctions qu'ils exercent, pris en compte pour la constitution du droit à pension. • CE 22 févr. 2007, n° 288487. ♦ La note de service du 24 avr. 2005, en tant qu'elle prévoit que les services accomplis dans les GRETA dans les fonctions de conseiller en formation continue des adultes, animateur-formateur et coordinateur de zone ne peuvent être validés pour la retraite en application de l'art. L. 5 du code des pensions civiles et militaires de retraite, est illégale. • CE 22 févr. 2007, n° 285968 B : *AJDA 2007. 457*.

13. Taxe sur les salaires. Il résulte des dispositions de l'art. 231 CGI et de l'art. 1er du Décr. n° 91-1126 du 25 oct. 1991 relatif aux modalités de service des personnels enseignants des premier et second degrés participant aux activités de formation continue organisées par le ministère chargé de l'éducation nationale que l'État doit être regardé comme l'employeur des enseignants de l'éducation nationale affectés au sein des GRETA, nonobstant la circonstance que ces derniers remboursent à l'État, sur leurs ressources propres, les rémunérations versées par celui-ci à ces agents. Dès lors les GRETA ne sont pas redevables de la taxe sur les salaires au titre des rémunérations versées aux personnels de l'éducation nationale occupant des postes dits gagés. • CE 26 mai 2008, n° 285066 : *AJDA 2008. 1790*.

14. Déclaration annuelle relative à l'obligation d'emploi des travailleurs handicapés. Saisie de la question de savoir si les Greta doivent procéder à cette déclaration, la DAJ précise que c'est à l'EPLE support du Greta, et non au Greta lui-même, qu'il revient d'effectuer la déclaration prévue à l'art. L. 5212-5 C. trav. dès lors que le nombre des personnels qu'il recrute pour exercer des activités de formation continue des adultes est égal ou supérieur à vingt (V. art. L. 5212-1), en ne tenant toutefois compte dans cette déclaration que de ces seuls personnels. * Note DAJ A1 n° 2017-0193 du 17 nov. 2017 : *LIJ 2018, n° 202, p. 20.*

15. Non-renouvellement de contrat. Motifs étrangers à l'intérêt du service. Absence. Dans une affaire où un agent non titulaire recruté par un GRETA en CDD contestait le refus de renouvèlement de son contrat comme étant fondé sur des motifs étrangers à l'intérêt du service, le tribunal rejette la demande, la décision attaquée ayant été prise en raison de la situation financière dégradée du GRETA à la suite de la diminution de son activité de formation. • TA Clermont-Ferrand, 23 mai 2018, n° 1601893 : *LIJ 2018, n° 204, p. 14.*

16. Non-renouvellement de contrat. Préjudices. Demande de réparation. Responsabilité de l'État. Absence. Dans la même affaire, la requérante demandait réparation à l'État du préjudice qu'elle estimait avoir subi du fait du non-renouvellement de son contrat de travail et du harcèlement moral dont elle s'estimait victime. Le tribunal rejette les demandes comme étant mal dirigées. Le tribunal rappelle en effet que les personnels engagés pour l'exercice des missions confiées à un GRETA sont recrutés par le chef de l'établissement support et rémunérés grâce aux ressources propres que le GRETA tire des conventions de formation continue qu'il conclut et qui sont retracées, comme les charges, dans un budget annexe au budget de cet établissement support, l'État ne pouvait pas être regardé comme l'employeur de la requérante, que seul le GRETA devait être regardé comme son employeur et que, par suite, l'État ne pouvait donc pas être condamné à payer une somme qu'il ne doit pas. Le tribunal rappelle en outre que l'interdiction de condamner une personne publique à payer une somme qu'elle ne doit pas est d'ordre public et doit être soulevée d'office par la juridiction à laquelle une telle condamnation est demandée. • TA Clermont-Ferrand, 23 mai 2018, n° 1601893 : *LIJ 2018, n° 204, p. 14.*

17. Suppression d'un emploi. Obligation de reclassement. Il résulte d'un principe général du droit que, lorsqu'elle supprime l'emploi d'un agent bénéficiaire d'un contrat à durée indéterminée du fait d'un licenciement pour motif économique, l'autorité administrative doit le reclasser et ne peut le licencier que si le reclassement s'avère impossible ou que l'agent refuse le reclassement qui lui est proposé. • TA Nantes, 18 mai 2011, n° 0705084 : *AJDA 2011. 1334, concl. Giraud*.

18. Suppression d'un emploi. Reclassement. Modalités. Il résulte d'un principe général du droit, dont s'inspirent tant les dispositions du code du travail relatives à la situation des salariés dont l'emploi est supprimé que les règles du statut général de la fonction publique qui imposent de donner, dans un délai raisonnable, aux fonctionnaires en activité dont l'emploi est supprimé une nouvelle affectation correspondant à leur grade, qu'il incombe à l'administration, avant de pouvoir prononcer le licenciement d'un agent contractuel recruté en vertu d'un contrat à durée indéterminée, motivé par la suppression, dans le cadre d'une réorganisation du service, de l'emploi permanent qu'il occupait, de chercher à reclasser l'intéressé. La mise en œuvre de ce principe implique que l'administration, lorsqu'elle entend pourvoir par un fonctionnaire l'emploi occupé par un agent contractuel titulaire d'un contrat à durée indéterminée ou supprimer cet emploi dans le cadre d'une modification de l'organisation du service, propose à cet agent un emploi de niveau équivalent, ou, à défaut d'un tel emploi et si l'intéressé le demande, tout autre emploi. L'agent contractuel ne peut être licencié, sous réserve du respect des règles relatives au préavis et aux droits à indemnité qui résultent, pour les agents non titulaires de l'État, des dispositions des titres XI et XII du Décr. n° 86-83 du 17 janv. 1986, que si le reclassement s'avère impossible, faute d'emploi vacant ou si l'intéressé refuse la proposition qui lui est faite. Lorsqu'une réorganisation de service conduit à la suppression d'un emploi occupé par un agent contractuel titulaire d'un contrat à durée indéterminée au sein d'un GRETA, l'administration doit mettre en œuvre l'obligation résultant pour elle d'un principe général du droit, consistant à chercher à reclasser l'intéressé selon les modalités indiquées dans l'avis Sadlon, en prenant compte l'ensemble des postes vacants au sein de ce Greta. • CE 22 oct. 2014, n° 368262 B : *AJDA 2015. 706, note Cuvelier ; ibid. 2014. 2094 ; AJFP 2015. 64 ; LIJ 2015, n° 186, p. 11.*

19. CDD. Promesse de renouvellement non tenue. Responsabilité de l'établissement support. Dans une affaire où le conseil d'administration du GRETA avait autorisé le renouvellement du CDD de la requérante et qu'une proposition en ce sens lui avait été adressée par le chef de l'établissement support du groupement, qui donnait à l'intéressée des assurances claires et précises qu'il n'a pas respectées, le tribunal condamne l'EPLE support en réparation du préjudice moral qu'elle avait subi du fait de cette promesse non tenue. • TA Strasbourg, 8 févr. 2018, n° 1603690 : *LIJ 2018, n° 203, p. 16.*

III. STAGIAIRES

20. Procédure disciplinaire. Exclusion définitive. Autorité compétente pour prononcer la sanction. Saisie d'une question relative à la procédure disciplinaire applicable à un stagiaire d'un GRETA, notamment lorsqu'il est envisagé de procéder à son exclusion définitive, la DAJ rappelle que conformément aux art. R. 6352-3 à R. 6352-8 C. trav., entrés en vigueur lors de la publication du Décr. n° 2008-244 du 7 mars 2008, « il n'existe plus d'instance consultative chargée de rendre un avis sur un projet d'exclusion définitive d'un stagiaire de GRETA ». S'agissant de la question de l'autorité compétente dans les GRETA pour prononcer les sanctions prévues à l'art. R. 6352-5 C. trav. qui attribue cette compétence au « directeur de l'organisme de formation », il ressort des dispositions de l'art. D. 423-4 qu'il appartient au chef de l'établissement support du GRETA de prononcer ces sanctions. Elle précise qu'un « stagiaire de GRETA peut former un recours gracieux auprès du chef de l'établissement support du groupement à l'encontre de la sanction dont il fait l'objet. En revanche, il ne peut former de recours hiérarchique auprès du recteur d'académie dès lors que le chef de l'établissement support du GRETA exerce dans ce domaine des compétences propres en matière de formation continue des adultes ». * Note DAJ A1 n° 2017-0101 du 3 août 2017 : *LIJ 2017, n° 200, p. 13.*

Art. L. 423-2 *Abrogé par L. n° 2011-525 du 17 mai 2011, art. 118.*

Art. L. 423-3 Les lycées d'enseignement général et technologique ainsi que les lycées professionnels peuvent assurer, par voie de convention, des prestations de services à titre onéreux en vue de réaliser des actions de transfert de technologie.

CHAPITRE IV LES ÉCOLES DE MÉTIERS

Art. L. 424-1 Des écoles de métiers peuvent, avec le concours de l'État, être fondées par les *(L. n° 2010-853 du 23 juill. 2010, art. 8)* « chambres de commerce et d'industrie territoriales » ou par des organismes professionnels dans des conditions déterminées par décret.

Art. L. 424-2 L'État peut contribuer aux dépenses d'installation de ces écoles et, dans les villes de moins de 150 000 habitants, aux dépenses d'entretien dans les mêmes proportions et suivant les mêmes règles que pour les établissements publics locaux d'enseignement.

Les garanties exigées des *(L. n° 2010-853 du 23 juill. 2010, art. 8)* « chambres de commerce et d'industrie territoriales » et des organismes professionnels sont fixées par décret.

Art. L. 424-3 Des subventions peuvent être allouées par l'État pour acquisition de matériel, d'outillage d'atelier ou de laboratoire, aux écoles de métiers.

Ces subventions sont accordées par le ministre chargé de l'éducation, après avis du Conseil supérieur de l'éducation. – *[L. 25 juill. 1919, art. 14 (C. ens. techn., art. 59).]*

Art. L. 424-4 **Les projets de construction, d'acquisition, de location ou d'appropriation de l'immeuble destiné à l'école doivent être soumis à l'approbation du ministre chargé de l'éducation, après adoption par la chambre de commerce et d'industrie ou l'organisme professionnel.** – *[L. 25 juill. 1919, art. 15 (C. ens. techn., art. 60).]*

CHAPITRE V LES LYCÉES MILITAIRES

Le présent chapitre ne comprend pas de dispositions législatives.

TITRE TROISIÈME LES CENTRES DE FORMATION D'APPRENTIS

CHAPITRE UNIQUE

Art. L. 431-1 *(Ord. n° 2008-1304 du 11 déc. 2008, art. 1er)* **Les centres de formation d'apprentis sont régis par les dispositions** *(L. n° 2018-771 du 5 sept. 2018, art. 34)* **« des livres II et III de la sixième partie » du code du travail.**

Personnels contractuels des CFA. Situation juridique. Le Conseil d'État a jugé que les personnels contractuels des CFA sont des agents de l'EPLE support et non des agents de l'État. Il rappelle en effet qu'un EPLE est doté de la personnalité morale, qu'il conclut avec la région une convention de création d'un CFA et peut ainsi être désigné comme établissement public support chargé d'en assurer la gestion administrative, financière et comptable, au moyen d'un budget et d'une comptabilité distinctes de l'organisme gestionnaire. Les agents contractuels des CFA sont ainsi des agents de l'établissement support du CFA et non des agents de l'État. • CE 14 oct. 2019, n° 409951 : *LIJ 2020, n° 209, p. 4.* ♦ A rapprocher de la jurisprudence établie pour les GRETA. • CE 24 juill. 2019, n° 417984 B : *AJDA 2019. 1608*.

TITRE QUATRIÈME LES ÉTABLISSEMENTS D'ENSEIGNEMENT PRIVÉS

BIBL. GÉN. ▶ BARRERE et DELVAUX, La fragmentation des systèmes scolaires nationaux à l'heure de la mondialisation, *in CIEP, Revue internationale d'éducation de Sèvres, n° 76, déc. 2017.* – BELLENGIER, Le chef d'établissement privé et l'État, *Berger-Levrault, coll. Les indispensables, 2004.* – BORELLA, La conciliation dans la loi Debré, *S. 1960. Chron. 41.* – FOUGÈRE, MONSO, RAIN et TO, Qui choisit l'école privée, et pour quels résultats scolaires ?, *in Revue Éducation & formations, n° 95, déc. 2017. 59.* – GEORGEL et THOREL, L'enseignement privé en France du VIIIe au XXe siècle, *Dalloz, 1995.* – GOUSSEAU, Enseignement. Enseignement privé, *J.-Cl. Adm. 233.* – MAGNER et LEGENDRE, La guerre scolaire n'aura pas lieu. Bilan d'application de la « loi Carle » du 28 octobre 2009, *Sénat, Rapp. d'information, n° 695 (2013-2014), 8 juill. 2014.* – MAZÈRES, Les rapports entre l'État et l'enseignement privé, *Annales de la faculté de droit de Toulouse, 1962.* – MONCHAMBERT, L'enseignement privé en France, *PUF, coll. « Que sais-je », 1993.* – PELLET, École publique, école privée : une comparaison, *Regards croisés sur l'économie, éd. La découverte, 2012/2, n° 12, p. 184.* – PROST, Histoire de l'enseignement en France, *A. Colin, 1986.* – PRÉLOT, Les établissements privés d'enseignement supérieur, *LGDJ, 1990* ; La liberté de l'enseignement dans la séparation des églises et de l'État (1879-1905), *RD publ. 2006. 617.* – ROBERT, La loi Debré : *RD publ. 1962. 213.* – TANGUY, L'État et l'école privée en France, *RF socio. 1972. 325.* – TOULEMONDE, Enseignement privé, *J.-Cl. Adm. fasc. 233* ; La naissance de « l' » enseignement privé ?, *RFAP, n° 79, juill.-sept. 1996.* – Divers auteurs, Les collectivités publiques et l'école, *RFDA 1985. 597.*

▶ **Comparaisons internationales.** MERRY, Les écoles confessionnelles en Europe. Les raisons d'un succès, *in CIEP, Revue internationale d'éducation de Sèvres, n° 76, déc. 2017.* – SEGAARD, Les écoles privées en Scandinavie. Réglementation publique et fragmentation, *in CIEP, Revue internationale d'éducation de Sèvres, n° 76, déc. 2017.*

COMMENTAIRE

Le titre IV met en œuvre le principe de liberté de l'enseignement (V. livre Ier, titre V). Il comprend quatre chapitres. Le premier traite de l'ouverture des établissements d'enseignement privés (éléments de la police des établissements privés), le deuxième de leurs relations avec l'État (les conditions de l'aide de l'État). Les deux derniers chapitres concernent des formes particulières d'enseignement assuré par les établissements d'enseignement technique privés et par les établissements privés dispensant un enseignement à distance. L'article 35 de la loi n° 2007-293 du 5 mars 2007 a introduit des dispositions placées dans un chapitre V consacré aux organismes de soutien scolaire. L'article 25 de la loi n° 2018-771 du 5 septembre 2018 pour la liberté de choisir son avenir professionnel reconnaît les écoles de production, écoles techniques privées reconnues par l'État (art. L. 443-2) gérées par des organismes à but non lucratif ; créées en 1882 à Lyon au temps du christianisme social, elles sont aujourd'hui vingt-cinq dans huit régions et pourraient atteindre la centaine dans les dix ans. Elles doivent notamment faciliter l'insertion professionnelle de jeunes dépourvus de qualification. Elles dispensent, sous statut scolaire, un enseignement général et un enseignement technologique et professionnel, en vue de l'obtention d'une qualification sanctionnée par un diplôme ou un titre à finalité professionnelle enregistré au répertoire national des certifications professionnelles en mettant en œuvre une pédagogie adaptée (art. L. 443-6, entrant en vigueur le 1er janv. 2020). ❑

CHAPITRE PREMIER L'OUVERTURE DES ÉTABLISSEMENTS D'ENSEIGNEMENT SCOLAIRE PRIVÉS

(L. n° 2018-266 du 13 avr. 2018, art. 1er)

BIBL. ▸ Couillerot, Une liberté singulière et plurielle : la liberté publique de l'enseignement privé, *RFDA 2019. 909* . – Dargent, L'enseignement privé hors contrat mais pas hors contrôle, *AJDA 2019. 216* . – Fermaud, La liberté d'enseignement et le régime des établissements d'enseignement privé hors contrat, *RFDA 2019. 121* . – de Montecler, Le Sénat veut mieux contrôler les écoles privées, *AJDA 2018. 371* ; L'essentiel des litiges de l'éducation nationale transférés au juge de droit commun, *AJDA. 2014. 1350*. – T.X.-G., L'ouverture des établissements privés hors contrat, *LIJ 2007, n° 116, p. 41*.

▸ **Sur le projet de loi confortant les principes républicains :** V. CE, avis, 3 déc. 2020, n° 401549, § 62 s. : Dispositions relatives aux établissements d'enseignement privés « hors contrat » : *AJDA 2020. 270*.

COMMENTAIRE

Si la liberté de l'enseignement permet de créer des établissements d'enseignement privés, leur ouverture est traditionnellement soumise à une ***déclaration préalable*** permettant d'informer les autorités académique, administratives (préfet, maire) et judiciaire (procureur de la République), pour éventuellement leur permettre de s'opposer à l'ouverture et de saisir le procureur de la République pour qu'il engage des poursuites.

La codification à droit constant avait laissé coexister trois procédures distinctes, selon le niveau et la nature de l'enseignement dispensé ; adoptées à des moments différents (loi Falloux du 15 mars 1850 pour l'enseignement secondaire, loi Goblet du 30 oct. 1886 pour l'enseignement primaire, loi Astier du 25 juill. 1919 pour l'enseignement technique), elles étaient toutefois basées sur la même articulation : déclaration/opposition (V. Circ. n° 2015-115 du 17 juill. 2015) ; une seule modification avait été apportée par l'ordonnance du 26 juin 2004, supprimant la compétence juridictionnelle du CAEN (qui avait succédé au Conseil supérieur de l'éducation et devait statuer contradictoirement sur les oppositions à ouverture, CE 23 juill. 1976, *Assoc. Maison familiale de Craon*, n° 98467).

Les motifs d'opposition à l'ouverture de l'établissement et les autorités compétentes étaient variables ; pour le premier degré, il s'agissait de « *l'intérêt des bonnes mœurs et de l'hygiène* » (anciens art. L. 441-1, compétence du maire ; art. L. 441-2, compétence de l'autorité académique et du procureur de la République) et de « *l'intérêt de l'ordre public* » (ancien art. L. 441-2 : compétence de l'autorité académique et du procureur de la République) ; si les mêmes motifs étaient prévus pour le second degré (ancien art. L. 441-7 : compétence du recteur, du préfet et du procureur de la République), la loi ajoutait un motif spécifique au seul enseignement technique : « *lorsqu'il résulte des programmes de l'enseignement que l'établissement projeté n'a pas le caractère d'un établissement d'enseignement technique* » (ancien art. L. 441-11, al. 2).

Pour garantir le droit à l'instruction et prévenir les dérives potentielles (risque de radicalisation, enseignements tendancieux, insuffisance pédagogique...), le contrôle de l'activité de ces établissements a été renforcé à plusieurs reprises : ainsi, la loi n° 98-1165 du 18 décembre 1998 tendant à renforcer le contrôle de l'obligation scolaire impose à tout établissement privé hors contrat de dispenser un enseignement conforme au droit de l'enfant à l'instruction, instaurant alors un nouveau dispositif de contrôle sur l'enseignement dispensé dans l'établissement et non sur les élèves eux-mêmes.

L'article 39 de la loi n° 2017-86 du 27 janvier 2017 relative à l'égalité et à la citoyenneté habilita le Gouvernement à instituer par ordonnance (Const. 58, art. 38) un régime d'autorisation préalable des établissements privés à l'instar de celui subsistant dans les départements de la Moselle, du Bas-Rhin et du Haut-Rhin sur le fondement de la loi allemande du 12 février 1873 sur l'enseignement, maintenue en vigueur par l'article L. 481-1. Sans exclure la possibilité d'instituer en ce domaine un régime préventif, le Conseil constitutionnel a considéré que, « eu égard à l'atteinte susceptible d'être portée à la liberté de l'enseignement par la mise en place d'un régime d'autorisation administrative », le législateur, en confiant au Gouvernement sans autre indication le soin de préciser « les motifs pour lesquels les autorités compétentes peuvent refuser d'autoriser l'ouverture » de tels établissements, a insuffisamment précisé les finalités des mesures susceptibles d'être prises par voie d'ordonnance (Cons. const. 26 janv. 2017, n° 2016-745 DC, déclarant non conforme l'art. 39 de la loi d'habilitation).

La question a été reprise quelques mois plus tard par une proposition de loi sénatoriale recevant le soutien du Gouvernement pour harmoniser les procédures, mieux encadrer et renforcer le régime de déclaration. ***La loi Gatel n° 2018-266 du 13 avril 2018*** simplifie la législation en fusionnant les trois régimes existants, supprimant la division en trois sections du chapitre désormais intitulé « ***L'ouverture des établissements d'enseignement scolaire privés*** », par opposition aux établissements privés d'enseignement supérieur (traités au livre VII) ; le chapitre ne contient plus que quatre articles : art. L. 441-1 (déclaration, motifs, délai) ; L. 441-2 (dossier) ; L. 441-3 (déclaration complémentaire en cas de changement) ; L. 441-4 (sanctions). Le décret n° 2018-407 du 29 mai 2018 modifie en conséquence la partie réglementaire (art. D. 441-1 à R. 442-1-1 ; R. 913-4 à R. 913-14). Le législateur a substitué l'expression « établissements privés » à celle d'« écoles privées » ; la loi du 26 juillet 2019 pour une école de la confiance en tire la conséquence pour l'article L. 442-3 consacré aux directeurs, poursuivant sa modernisation du texte en substituant l'expression « supports pédagogiques » au mot « livres » qui peuvent être librement choisis.

L'article 53 de la loi n° 2021-1109 du 24 août 2021 confortant le respect des principes de la République renforce les obligations d'information des autorités et alourdit les sanctions pénales (art. L. 441-4 et L. 914-5), tout en transférant au préfet le pouvoir de fermeture des établissements ne respectant pas les obligations législatives (art. L. 441-3-1) ; en outre son article 103 ouvre un nouveau cas d'opposition à ouverture réservé au représentant de l'État (art. L. 441-1).

Un régime de déclaration préalable unifié

« *Toute personne respectant les conditions de capacité et de nationalité... peut ouvrir un établissement d'enseignement scolaire privé à condition d'en déclarer son intention à l'autorité compétente de l'État en matière d'éducation...* » (art. L. 441-1), autorité qui, en l'occurrence, est le recteur d'académie (art. D. 441-1).

La loi Gatel du 13 avril 2018 a harmonisé les régimes antérieurs en érigeant l'autorité compétente de l'État en matière d'éducation en ***« guichet unique »***. En effet, la déclaration d'intention est adressée à la seule autorité académique (recteur d'académie), accompagnée d'une série de pièces (relatives aux personnes physiques déclarant ou souhaitant diriger l'établissement lui-même) constituant le dossier de déclaration d'ouverture (art. L. 441-2). Le recteur d'académie la transmet au maire de la commune, au préfet du département et au procureur de la République.

L'initiative de créer un établissement scolaire peut être prise par une personne physique ou une personne morale ; la déclaration est alors faite par une personne physique agissant au nom de la personne morale. On distinguera la personne déclarante de celle appelée à diriger l'établissement (distinction qui peut recouvrir la dualité propriétaire de l'école/directeur, Soc. 18 déc. 1972, *Dame Rondeau*, n° 71-40.775). La capacité de la personne qui déclare son intention d'ouvrir un établissement est définie par référence à l'article L. 914-3, qui fixe les conditions à remplir pour diriger un établissement ; aussi, peut-on s'étonner que ne soit imposé au déclarant aucune condition d'âge, de diplômes (art. R. 913-6) ou d'expérience professionnelle qui figurent au 3° de cet article. S'agissant des directeurs, la partie réglementaire est alors peu exigeante, fixant l'âge à 21 ans pour diriger et à 18 ans pour enseigner (art. R. 913-5), alors même que les conditions de diplôme sont en principe au niveau bac +2 (art. R. 913-6, par référence aux conditions exigées des agents contractuels recrutés par le ministère de l'éducation nationale, art. L. 914-3, I, 3°).

Les conditions de capacité du déclarant sont fixées par exclusion ; la personne ne doit pas être frappée d'une des incapacités de diriger un établissement prévues par l'article L. 911-5 : ne pas avoir subi de condamnation judiciaire pour un crime ou un délit contraire à la probité et aux bonnes mœurs ; ne pas avoir été privé par jugement de tout ou partie des droits civils, civiques et de famille (C. pén., art. 131-26) ; ne pas avoir été déchu de l'autorité parentale ; ne pas avoir été frappé d'une interdiction définitive d'enseigner ; en outre, est incapable de diriger un établissement d'enseignement du second degré toute personne ayant été révoquée de l'enseignement public (art. L. 911-5, al. 2 qui aurait besoin d'être mis à jour !).

Le déclarant doit être de nationalité française ou ressortissant d'un autre État membre de l'Union européenne ou d'un autre État partie à l'accord sur l'Espace économique européen (art. L. 914-3-1), sauf dérogations accordées par l'autorité académique (au déclarant comme au directeur) dans des conditions prévues par décret en Conseil d'État (art. L. 914-4 ; Décr. du 29 mai 2018, art. R. 913-4, autorisation donnée par le recteur d'académie pour ouvrir, diriger ou y enseigner, après avis du préfet et du procureur, en veillant notamment à la maîtrise de la langue française. V. Arr. du 15 juin 2018 précisant que le niveau de maîtrise de la langue française requis est fixé conformément aux niveaux définis par le cadre européen commun de référence pour les langues du Conseil de l'Europe CM/ Rec (2008) 7 du 2 juillet 2008) ; l'évaluation des connaissances et compétences techniques du demandeur prévue par l'article R. 913-9 est effectuée par un ou plusieurs membres des corps d'inspection compétents qui délivrent une attestation après un entretien.

La déclaration d'intention d'ouverture (art. L. 441-1) est accompagnée d'une série de pièces constituant le dossier de déclaration : les unes concernent la ou les personnes physiques déclarant l'ouverture et dirigeant l'établissement : déclaration d'intention précisant l'objet de l'enseignement (dans le respect de la liberté pédagogique des enseignants), âge des élèves, diplômes préparés, horaires et disciplines (pour l'enseignement technique), attestation d'identité, âge et nationalité : casier judiciaire de moins de trois mois : attestations des conditions (art. L. 914-3, L. 441-2, I, 1). Ainsi, ***en plus du nom et des titres, les établissements d'enseignement privés hors contrat doivent maintenant transmettre les pièces attestant de l'identité, de l'âge et de la nationalité des personnes enseignant dans les établissements d'enseignement privés*** *(L. du 26 juill. 2019, art. 23 ; art. L. 442-2).* Les autres sont relatives à l'établissement — plan des locaux (une cour de récréation n'est pas obligatoire pour l'ouverture d'une école, TA Paris, 1er sept. 2020, n° 2013415/9/1), modalités de financement (état prévisionnel des principales ressources pour les trois premières années, art. D. 441-2), attestation prévue à l'article L. 111-8 du code de la construction et de l'habitation (art. L. 441-2, I, 2°). L'article 21 de la loi du 26 juillet 2019 ajoute la référence à la demande d'autorisation à recevoir du public prévue à l'article L. 111-8-3 du code de la construction et de l'habitation (art. L. 441-3, V. R. 442-1 : qui prévoit la tenue obligatoire d'un registre des internes), le dossier précisant l'identité de ses responsables (art. D. 441-3) ; pour lutter contre les prête-noms, une information de l'autorité académique est requise en cas de changement d'identité de la personne chargée de la direction comme du représentant légal de l'établissement (art. L. 441-3, II).

La personne désireuse de diriger un établissement déjà ouvert comme celle qui en devient le représentant légal doit en informer le recteur d'académie (avec les pièces nécessaires) ; lorsqu'il s'oppose à ce changement de directeur, il doit en informer les autres autorités (art. D. 441-6-1).

L'autorité académique délivre alors à la personne déclarante ***un accusé de réception*** (CRPA, art. L. 112-3) ; en cas de dossier incomplet, l'autorité académique le mentionne dans l'accusé de réception ou, à défaut, dans un document séparé dans un délai au plus égal à quinze jours après sa délivrance (art. L. 441-2, II) ; en même temps, la demande est transmise par le recteur d'académie aux autres autorités compétentes (maire, préfet, procureur de la République) qui ont désormais la même possibilité de former opposition à l'ouverture de l'établissement (art. L. 441-2, II).

La loi n° 2021-1109 du 24 août 2021 contraint en outre les établissements privés « hors contrat » à communiquer chaque année à l'autorité académique les noms des personnels ainsi que les pièces attestant de l'identité, de l'âge et de la nationalité du personnel de l'établissement autre que le personnel enseignant, pour lequel cette obligation est déjà prévue par la loi, ainsi que de fournir, sur demande du préfet ou du recteur, les documents budgétaires, comptables et financiers qui précisent l'origine, le montant et la nature des ressources de l'établissement (art. L. 442-2, II mod. par art. 53, V. Décr. ultérieur pour la fixation des conditions). Dans son avis, l'assemblée générale du Conseil d'État n'a pas vu dans cette exigence une atteinte disproportionnée à la liberté de l'enseignement. Ces obligations de communiquer sont en effet justifiées par la nécessité d'assurer le respect de l'ordre public et la protection de l'enfance et de la jeunesse, imposant de pouvoir s'assurer de l'honorabilité des agents employés et de la provenance des sources de financement des établissements.

Un régime d'opposition à ouverture unifié

Informées par la déclaration préalable, les différentes autorités peuvent faire opposition à l'ouverture par décision motivée. Lorsqu'une des autorités forme opposition, elle en informe sans délai les autres autorités (art. D. 441-5).

Les motifs d'opposition ont été unifiés et modifiés ; ils sont présentés par l'article L. 441-1, II sous quatre rubriques :

— l'opposition peut tout d'abord être motivée « dans l'intérêt de l'ordre public ou de la protection de l'enfance et de la jeunesse ». La législation précédente limitait les possibilités d'opposition aux seuls motifs tirés de l'intérêt des mœurs et de l'hygiène, le juge imposant alors à l'administration de fournir des « éléments probants » et « précis permettant d'établir » que l'implantation de l'établissement scolaire à un endroit donné est effectivement de nature à porter atteinte à l'hygiène ou aux bonnes mœurs, du fait d'autres installations (CE 7 mai 2014, *Cne de Romagne*, n° 356813) et n'acceptant pas la simple mention de la disposition des locaux (CE 16 nov. 1983, *Mme Marcanet*, n° 38714) ; le juge avait alors une conception stricte de l'« hygiène » excluant le non-respect des règles d'urbanisme ou l'insuffisance des dispositions de sécurité en matière d'incendie (V. TA Lille, ord., 26 mars 2018, n° 1800869). Désormais, la référence à l'ordre public qui englobe « le bon ordre, la sûreté, la sécurité et la salubrité publique » (CGCT, art. L. 2212-2 définissant la police municipale) mais aussi la dignité est complétée par la référence à la protection de l'enfance et de la jeunesse (V. not., L. n° 2007-293 du 5 mars 2007 réformant la protection de l'enfance) ;

— les rubriques 2 et 3 visent les personnes qui ouvrent ou qui dirigent un établissement ; si elles ne remplissent pas les conditions de capacité et de nationalité (art. L. 441, I), les diverses autorités peuvent faire opposition ; il en est de même pour les seuls dirigeants qui ne rempliraient pas les conditions d'âge, de diplômes et d'expérience éducative ;

— enfin, élargissant un motif qui n'était antérieurement prévu que pour les établissements d'enseignement technique (anc. art. L. 411-11), la loi dispose qu'une opposition est envisageable « s'il ressort du projet de l'établissement que celui-ci n'a pas le caractère d'un établissement scolaire ou, le cas échéant, technique » (art. L. 441-1, II, 4°) ; ce constat peut être fait au vu d'éléments matériels (plan des locaux, équipements…) ou en analysant la déclaration et les éléments du dossier présentant l'objet de l'enseignement conformément à l'article L. 122-1 (acquisition du socle des connaissances, des compétences et de la culture), dans le respect de la liberté pédagogique, précisant l'âge des élèves, les diplômes, les emplois préparés, les horaires, disciplines enseignées, notamment techniques (art. L. 441-2, I, 1°, *a*). Ainsi, l'opposition peut être justifiée quand l'enseignement dispensé n'est pas de nature à leur permettre d'acquérir la formation prévue par les programmes (CE 23 juill. 1976, *Assoc. maison familiale de Craon*, n° 98467).

La loi de 2018 donne la possibilité à toutes les autorités compétentes de se baser sur ces différents motifs pour justifier leur opposition alors que, dans l'état antérieur du droit, le maire ne pouvait intervenir que sur la base d'une conception stricte de l'hygiène et des bonnes mœurs (TA Lille, ord., 26 mars 2018, *Mine de savoirs*, n° 1800869). Si elles peuvent désormais se fonder sur des faits relevant de l'action éducatrice, la loi précise par ailleurs que le contrôle de l'État sur les établissements d'enseignement privés hors contrat est mis en œuvre sous l'autorité conjointe du préfet et du recteur et se limite aux titres exigés des directeurs et des enseignants, à l'obligation scolaire (instruction obligatoire), au respect de l'ordre public, à la prévention sanitaire et sociale et à la protection de l'enfance et de la jeunesse (art. L. 442-2).

Rompant avec l'unification du régime d'opposition, l'article 103 de la loi n° 2021-1109 du 24 août 2021 ouvre au seul préfet la possibilité de former opposition « afin de prévenir toute forme d'ingérence étrangère (formulation retenue à l'art. L. 811-3 CSI) ou de protéger les intérêts de la Nation (C. pén., art. 410-1) » (pour son application en Alsace-Moselle, V. art. L. 481-1 mod. ; de même pour les établissements privés d'enseignement supérieur, art. L. 731-1) ; cette disposition résulte d'un amendement gouvernemental conçu pour faire face, dans des cas exceptionnels, aux agissements d'un État étranger portant ou soutenant un projet d'établissement non compatible avec les valeurs de la République.

« *A défaut d'opposition, l'établissement est ouvert à l'expiration d'un délai de trois mois* » (art. L. 441-1, II, al. 2) ; la loi de 2018 a allongé les délais d'opposition, qui passent de deux à trois mois pour le maire, de un à trois mois pour le recteur, le préfet et le procureur de la République ; en cas de changement de directeur, le délai est d'un mois (art. L. 441-3, II).

La décision d'opposition à l'ouverture d'un établissement privé peut donc être contestée directement devant la juridiction administrative, selon la procédure de droit commun, comme toute décision administrative avec possibilité, en cas d'urgence, de requérir sa suspension.

S'agissant d'une liberté fondamentale au sens de l'article L. 521-2 du code de justice administrative, l'opposition pourra être suspendue par le juge des référés (CE 31 oct. 2019, n° 435435).

L'article 22 de la loi du 26 juillet 2019 ajoute un III à l'article L. 441-3 imposant l'information de l'autorité académique des modifications qui pourraient affecter l'établissement qu'il s'agisse de son projet, notamment son caractère scolaire ou technique (au sens de la loi Astier, même s'il faut aujourd'hui distinguer technologique et professionnel ; dans ce cas, l'information portera sur les horaires et disciplines), de l'objet de son enseignement (exigence qui devra être précisée pour déterminer en quoi elle se distingue du projet et des diplômes ou les emplois auxquels il souhaite préparer des élèves dont le changement est aussi concerné). Ainsi informée, l'autorité académique pourra s'opposer aux modifications dans un délai d'un mois pour les mêmes motifs que ceux prévus pour l'opposition à l'ouverture (art. L. 441-1, I, 1° et 4° : ordre public ou protection de l'enfance et de la jeunesse, enseignement non conforme au caractère de l'établissement...).

Les sanctions

La loi n° 2021-1109 du 24 août 2021 a modifié le régime des sanctions en revoyant les dispositions pénales relatives aux établissements privés contenues dans le code pénal (C. pén., art. 227-17-1, mod. par l'art. 55) ou dans le code de l'éducation en supprimant la peine de fermeture de l'établissement (modification des art. L. 241-5, L. 241-7, L. 441-4 et L. 914-5) qu'elle remplace par une possibilité de fermeture administrative, et accroît les peines d'emprisonnement et d'amendes, ajoutant une infraction en cas de non-respect d'une fermeture administrative.

La fermeture administrative des établissements

La loi n° 2021-1109 du 24 août 2021 supprime la sanction pénale de fermeture de l'établissement (qui était prévue aux art. L. 241-5, L. 241-7, II, L. 441-4 et L. 914-5, la peine demeurant toutefois applicable aux infractions commises avant la publication de la loi) et lui substitue une mesure administrative de fermeture instituée par l'article 53. L'idée est de gagner en efficacité, en raccourcissant les délais, cherchant à éviter les mesures dilatoires des dirigeants des établissements et des familles. La solution n'est pas nouvelle ; dans d'autres domaines, le préfet a ainsi le pouvoir de fermer les établissements d'accueil des jeunes enfants, et établissements d'accueil collectif des mineurs ne respectant pas leurs obligations (CSP, art. L. 2324-1 à L. 2324-4 ; CASF, art. L. 227-11). Dans son avis du 3 décembre 2020, l'Assemblée générale du Conseil d'État ne voit pas d'obstacle juridique à ce transfert : en effet, la sanction de fermeture exclut toute privation de liberté et l'exercice du pouvoir de sanction est assorti par la loi de mesures destinées à sauvegarder les droits et libertés constitutionnellement garantis (V. Cons. const. 28 juill. 1989, n° 89-260 DC).

La loi distingue deux hypothèses. Le nouvel art. L. 441-3-1 vise tout d'abord les établissements de fait (enfants accueillis en l'absence de déclaration, notamment sous couvert d'instruction en famille en réunissant des enfants de familles différentes). Le préfet peut alors prononcer l'interruption de l'accueil et la fermeture des locaux utilisés (avec information par voie d'affichage).

L'article L. 442-2 modifié vise ensuite l'établissement déclaré qui n'a pas respecté ses obligations. Pour le rappeler à l'ordre, les autorités de l'État (le préfet ou l'IA-DASEN) ont pu le mettre en demeure de mettre fin à une série de risques, insuffisances ou manquements énumérés par l'article L. 442-2, IV, en lui fixant un délai pour y remédier ; sans qu'une mise en demeure soit nécessaire, il en est de même en cas de refus de se soumettre au contrôle des autorités compétentes ou d'obstacle à leur bon déroulement (art. L. 442-2, V).

Dans ces différents cas, la fermeture est de la compétence du préfet. S'agissant des établissements déclarés, la fermeture temporaire ou définitive de l'établissement (ou des classes concernées) nécessite un ***arrêté motivé***. S'agissant d'établissement d'enseignement, le préfet agit de concert avec l'autorité compétente dans le domaine de l'éducation, en l'occurrence l'IA-DASEN. Quand le motif tient essentiellement à l'ordre public (ordre public, santé, sécurité physique et morale des élèves), le préfet est simplement tenu de solliciter l'avis de l'autorité académique (il en est ainsi avant la fermeture des locaux d'un établissement de fait). Par contre, dans le champ de l'action éducatrice, il ne peut agir que sur proposition de l'IA-DASEN (insuffisance de l'enseignement, non conforme au droit à l'instruction, notamment lorsqu'il ne permet pas l'acquisition du socle commun des connaissances (SCC) ; manquements aux obligations en matière de contrôle de l'obligation scolaire et de l'assiduité ; manquements aux obligations des personnels des établissements ; manquements aux obligations d'information).

Après l'arrêté de fermeture (dont le préfet informe le maire), l'IA-DASEN doit mettre alors en demeure les parents d'inscrire leurs enfants dans un établissement public ou privé dans les quinze jours (après la fermeture des locaux d'un établissement de fait, art. L. 441-3-1, al. 3 ; ou la fermeture d'un établissement déclaré, art. L. 442-2, VI).

Les sanctions pénales

La loi n° 2011-1109 du 24 août 2021 modifie l'article 227-7-1 du code pénal et les dispositions pénales du code de l'éducation relatives à l'ouverture des établissements privés. Après avoir supprimé la peine que constituait la fermeture judiciaire, elle accroît le *quantum* des peines et tire les conséquences pénales de la fermeture administrative.

Les infractions visent l'ouverture irrégulière des établissements, qu'il s'agisse du fait d'ouvrir un établissement d'enseignement scolaire privé (art. L. 441-4) ou de diriger un établissement (art. L. 914-5) en dépit d'une opposition formulée par les autorités compétentes ou sans remplir les conditions et formalités prescrites (art. L. 441-4). D'autres incriminations visent le fait de ne pas avoir pris les dispositions nécessaires pour remédier aux manquements malgré une mise en demeure (C. pén., art. 227-17-1, nouv.), le refus de surveillance et d'inspection d'un établissement (art. L. 241-5) ou le constat d'un enseignement non conforme au droit à l'instruction (art. L. 441-2) ; la substitution de la fermeture administrative à la fermeture judiciaire a été accompagnée d'une nouvelle infraction visant le fait ne pas procéder à la fermeture de classe ou d'établissement après la fermeture administrative (C. pén., art. 227-17-1, nouv.).

Si la fermeture de l'établissement n'est plus considérée comme une peine, la loi prévoit des peines d'amendes et d'emprisonnement. Depuis 2019, le montant de l'amende est en principe fixé à 15 000 euros mais peut être plus légère pour les parents (7 500 euros) et beaucoup plus lourde en cas de non-respect de la fermeture administrative (75 000 euros). La peine d'emprisonnement de six mois, prévue par l' article 227-17-1 du code pénal, est portée à un an. En outre, le tribunal peut prononcer à l'encontre du directeur ou de son représentant légal la peine complémentaire d'interdiction de diriger ou d'enseigner (art. L. 441-4 ; C. pén., art. 227-7-1). ❑

Art. L. 441-1 I. — Toute personne respectant les conditions de capacité et de nationalité fixées aux 1° et 2° du I de l'article L. 914-3 peut ouvrir un établissement d'enseignement scolaire privé à condition d'en déclarer son intention à l'autorité compétente de l'État en matière d'éducation, qui transmet la déclaration au maire de la commune dans laquelle l'établissement est situé, au représentant de l'État dans le département et au procureur de la République.

II. — L'autorité compétente de l'État en matière d'éducation, le maire, le représentant de l'État dans le département et le procureur de la République peuvent former opposition à l'ouverture de l'établissement :

1° Dans l'intérêt de l'ordre public ou de la protection de l'enfance et de la jeunesse ;

2° Si la personne qui ouvre l'établissement ne remplit pas les conditions prévues au I du présent article ;

3° Si la personne qui dirigera l'établissement ne remplit pas les conditions prévues à l'article L. 914-3 ;

4° S'il ressort du projet de l'établissement que celui-ci n'a pas le caractère d'un établissement scolaire ou, le cas échéant, technique.

(L. n° 2021-1109 du 24 août 2021, art. 103) « Le représentant de l'État dans le département peut également former opposition à une telle ouverture afin de prévenir toute forme d'ingérence étrangère ou de protéger les intérêts fondamentaux de la Nation. »

A défaut d'opposition, l'établissement est ouvert à l'expiration d'un délai de trois mois.

1. Liberté d'enseignement. V. notes ss. art. L. 151-1.

2. Établissement privé. Ouverture. Opposition. Motifs. Méconnaissance de l'obligation légale. Illégalité. Une association avait déposé une déclaration d'intention d'ouvrir un établissement d'enseignement privé hors contrat de premier degré en mai 2016, après que la directrice académique des services de l'éducation eut été informée de l'accueil d'enfants dans un cadre comparable à celui d'une école. La directrice avait décidé de s'opposer à l'ouverture de l'établissement au motif que le directeur de l'école avait enfreint les formalités de déclaration préalable à l'accueil d'enfants. Saisi de ce refus, le tribunal a considéré que la méconnaissance de l'obligation légale de déposer une déclaration d'intention d'ouverture d'un établissement d'enseignement privé hors contrat de premier degré ne caractérisait pas une atteinte aux bonnes mœurs ou à l'hygiène et ne pouvait justifier la décision attaquée. La décision d'opposition à l'ouverture de l'école privée déclarée par l'association est annulée. • TA Châlons-en-Champagne, 9 mars 2017, n° 1601675. ♦ Dans le même sens précédemment, le Conseil d'État avait jugé que l'opposition du maire à l'ouverture d'une école privée ne pouvait se fonder que sur les seuls motifs, limitativement énumérés, tirés de l'intérêt des bonnes mœurs ou de l'hygiène. • CE 7 mai 2014, n° 356813 A : *AJDA 2014. 953*. ♦ Dans le même sens pour les motifs d'opposition à l'ouverture des établissements d'enseignement du second degré privés et des établissements d'enseignement technique privés : V. notes ss. art. L. 441-2. ♦ Dans une autre espèce, l'association « Mine de savoirs » avait souhaité ouvrir, sur le territoire de la commune de Raismes, une « école privée musulmane écocitoyenne mixte » et avait déclaré son ouverture en mairie. Le maire s'étant opposé à cette ouverture en invoquant des manquements aux règles d'hygiène et de sécurité, l'association et la directrice de l'école contestaient cette décision et demandaient d'en suspendre l'exécution. Le juge précise à cet effet que ne relèvent pas de l'intérêt des bonnes mœurs ni de l'hygiène des motifs tirés, notamment, du non-respect des règles du CSP relatives à la prévention des risques liés à l'amiante dans les immeubles bâtis, le non-respect des règles du CCH relatives à l'accessibilité des établissements recevant du public aux personnes handicapées ou à mobilité réduite, ou à la sécurité de ces mêmes établissements, ou encore le non-respect des dispositions du règlement sanitaire départemental, établi par le préfet, en vertu des art. L. 1311-1 et L. 1311-2 CSP, et qui peuvent donner lieu à l'exercice par le maire, au titre de la protection de la salubrité publique, des pouvoirs de police qui lui sont conférés par les art. L. 2212-1 s. CGCT ainsi que par l'art. L. 1421-4 CSP. Dans ce cadre, il appartient aux différents services compétents de l'État ou au maire de la commune d'effectuer les contrôles nécessaires pour s'assurer du respect des différentes législations et obligations qui s'imposent aux établissements d'enseignement scolaire privés hors contrats. Il revient en particulier aux services de l'éducation nationale de s'assurer, notamment, que l'enseignement qui y est dispensé respecte les conditions fixées aux articles L. 442-1 s. En l'espèce le juge des référés considère que les motifs invoqués n'étaient soit pas fondés soit ne relevaient pas de la question de l'hygiène et des bonnes mœurs, mais de législations autres, pour lesquelles il existe des procédures spécifiques. De plus, compte tenu par ailleurs de l'incertitude pesant sur l'avenir de l'école, au détriment des personnels enseignants et des élèves et de leurs parents, le tribunal estime que la condition d'urgence est satisfaite. • TA Lille, ord., 26 mars 2018, n° 1800869.

3. Établissement privé. Ouverture. Opposition. Suspension. Urgence. Absence. Le tribunal administratif de Lille a estimé que le maire de la commune de Raismes qui s'oppose à l'ouverture d'une école privée ne justifie d'aucune urgence pour demander la suspension de la décision de l'inspecteur d'académie autorisant cette ouverture. En l'espèce, le tribunal relève que la levée d'opposition à l'ouverture de l'école effectuée par l'autorité académique n'a eu ni pour objet ni pour effet de lever l'opposition du maire de la commune, opposition qui fait par elle-même obstacle à cette ouverture. Le tribunal en déduit que, par suite, les décisions contestées de l'autorité de l'État ne sauraient préjudicier de manière suffisamment grave et immédiate à la situation de la commune ou aux intérêts qu'elle entend défendre et que, en cas d'ouverture illégale, l'absence d'opposition par le rectorat ne fait pas davantage obstacle à l'engagement d'éventuelles poursuites judiciaires en vue d'une condamnation impliquant la fermeture de l'école, ainsi qu'il est prévu à l'art. L. 441-4. • TA Lille, ord., 28 sept. 2017, n° 1707841.

Art. L. 441-2 **I. — Le dossier de déclaration d'ouverture d'un établissement d'enseignement scolaire privé comprend les pièces suivantes :**

1° S'agissant de la ou des personnes physiques déclarant l'ouverture et dirigeant l'établissement :

***a)* Une déclaration mentionnant leur volonté d'ouvrir et de diriger un établissement accueillant des élèves, présentant l'objet de l'enseignement conformément à l'article L. 122-1-1 dans le respect de la liberté pédagogique, précisant l'âge des élèves ainsi que, le cas échéant, les diplômes ou les emplois auxquels l'établissement les préparera, et les horaires et disciplines si l'établissement prépare à des diplômes de l'enseignement technique ;**

***b)* La ou les pièces attestant de leur identité, de leur âge et de leur nationalité ;**

***c)* L'original du bulletin de leur casier judiciaire mentionné à l'article 777 du code de procédure pénale, daté de moins de trois mois lors du dépôt du dossier ;**

***d)* L'ensemble des pièces attestant que la personne qui ouvre l'établissement et, le cas échéant, celle qui le dirigera remplissent les conditions prévues à l'article L. 914-3 du présent code ;**

2° S'agissant de l'établissement :

***a)* Le plan des locaux et, le cas échéant, de tout terrain destiné à recevoir les élèves, indiquant, au moins, la dimension de chacune des surfaces et leur destination ;**

***b)* Ses modalités de financement ;**

***c)* *(L. n° 2019-791 du 26 juill. 2019, art. 21)* « Soit » l'attestation du dépôt de la demande d'autorisation prévue à l'article *(Ord. n° 2020-71 du 29 janv. 2020, art. 4)* « L. 122-3 » du code de la construction et de l'habitation *(L. n° 2019-791 du 26 juill. 2019, art. 21)* « , soit celle prévue à l'article *(Ord. n° 2020-71 du 29 janv. 2020, art. 4)* « L. 122-5 » du même code » ;**

3° Le cas échéant, les statuts de la personne morale qui ouvre l'établissement.

II. — Lors du dépôt des pièces du dossier énumérées au I du présent article par la personne mentionnée au I de l'article L. 441-1, l'autorité compétente de l'État en matière d'éducation délivre à cette personne un accusé de réception, tel que régi par les dispositions du code des relations entre le public et l'administration, et notamment celles de son article L. 112-3. En même temps que cette délivrance, cette autorité effectue la transmission au maire, au représentant de l'État dans le département et au procureur de la République, prévue au I de l'article L. 441-1 du présent code.

Pour la mise en œuvre de l'article L. 114-5 du code des relations entre le public et l'administration, l'autorité compétente de l'État en matière d'éducation indique à la personne mentionnée au I de l'article L. 441-1 du présent code que le dossier est incomplet dans l'accusé de réception mentionné au premier alinéa du présent II, ou, à défaut, dans un délai au plus égal à quinze jours après sa délivrance. En même temps qu'elle donne l'indication que le dossier est incomplet et qu'elle reçoit les pièces requises, l'autorité compétente de l'État en matière d'éducation en effectue la transmission au maire, au représentant de l'État dans le département et au procureur de la République.

1. Notion. Selon la L. du 30 oct. 1886 sur l'organisation de l'enseignement primaire, les établissements privés sont ceux fondés et entretenus par des particuliers ou des associations et dont le directeur est pourvu de certaines qualifications. Il y a donc lieu de distinguer entre la propriété de l'école qui appartient à celui qui l'a fondée et en assure la gestion matérielle et la direction pédagogique, laquelle peut être animée par un directeur salarié muni des titres nécessaires. • Soc. 18 déc. 1972, n° 71-40.775 P.

2. Cour de récréation. Obligation (non). Atteinte manifestement illégale à la liberté de l'enseignement. Dans une affaire où le CAEN de Grenoble statuant en formation contentieuse et disciplinaire s'était fondé sur l'absence de cour de récréation attachée à l'école pour former son opposition à l'ouverture de l'établissement hors contrat « Mésanges école bilingue Montessori », le CSE rappelle qu'aucune disposition législative ou réglementaire n'impose l'obligation d'une cour de récréation pour l'ouverture d'une école. En l'espèce, l'instruction ayant en outre fait apparaître qu'un parc facilement accessible pour les élèves (passage piéton agrémenté de deux chicanes ; route peu passante…) est situé à une cinquantaine de mètres des locaux, le CSE rejette le motif. • 10 mars 2010, n° 2138. ♦ Saisi d'une opposition à l'ouverture d'un établissement, le juge rappelle que le dossier de déclaration d'ouverture doit comprendre un plan du « terrain destiné à recevoir les élèves » en dehors des « locaux », non pas dans tous les cas, mais « le cas échéant ». Il estime donc que le législateur ne saurait être regardé comme ayant entendu permettre que l'ouverture d'un tel établissement soit, dans tous les cas, conditionnée par l'existence d'un tel « terrain » dans l'immeuble où est situé l'établissement. Il souligne en outre qu'il ne ressort pas davantage des dispositions du code, ni des travaux parlementaires préalables à leur adoption, que le législateur ait entendu imposer que les périodes de détente ou de récréation se déroulent exclusivement dans un espace extérieur propre à l'établissement. Il en déduit qu'en opposant une telle condition, qui ajoute à la loi, l'opposition formée par la ville de Paris porte une atteinte manifestement illégale à la liberté de l'enseignement. • TA Paris, 1er sept. 2020, n° 2013415/9/1 : *AJDA 2020. 2383, note Pottier*

3. Opposition à une extension de l'école. Les dispositions relatives à l'opposition à l'ouverture d'une école privée ne s'appliquent pas à l'extension d'une école déjà ouverte. • CE 19 janv. 1973, n° 85899 A.

4. Opposition à ouverture. Motifs non admissibles. Le Conseil d'État précise que le Conseil supérieur de l'éducation nationale statuant sur une opposition d'un maire à l'ouverture d'une école privée doit se prononcer sur le bien-fondé des seuls motifs tirés de l'intérêt des bonnes mœurs ou de l'hygiène. Un moyen tiré du non-respect de règles d'urbanisme n'est pas au nombre de ceux que le Conseil supérieur de l'éducation peut connaître. De même, le moyen tiré par la commune de l'insuffisance du dispositif de sécurité en matière d'incendie, qui ne relève ni de l'intérêt des bonnes mœurs ni de l'hygiène, est inopérant. • CE 7 mai 2014, n° 356813 B : *AJDA 2014. 953* ; *LIJ 2014, n° 184, p. 14.*

5. Opposition à ouverture. Établissements d'enseignement du second degré privés. La L. du 18 mars 1850 énumère limitativement les motifs susceptibles de justifier légalement une décision d'opposition à l'ouverture d'un établissement d'enseignement secondaire privé. Si les établissements sous contrat sont tenus d'adopter les mêmes structures pédagogiques que les établissements d'enseignement publics, ils ne sont pas soumis aux mêmes règles d'organisation administrative. En particulier, il n'est pas interdit à une même personne, à condition qu'elle possède les titres de capacité requis, d'assurer en même temps la direction de deux des unités pédagogiques issues d'un établissement d'enseignement privé préexistant. • CE 29 avr. 1987, n° 66047 B.

6. Opposition à ouverture. Établissements de l'enseignement technique. Locaux non convenables. Pour rejeter l'appel formé contre la décision par laquelle ont été confirmées des oppositions émises à l'ouverture d'une école technique privée d'esthétique et de manucurie dans un bâtiment où est exploité un institut de beauté, le Conseil supérieur de l'éducation nationale s'est fondé sur la circonstance que les conditions requises pour garantir le respect de l'hygiène et des bonnes mœurs n'étaient pas remplies, dès lors que, d'une part, l'école et l'institut comportaient certains locaux communs, et que, d'autre part, la salle de cours n'était pas totalement isolée des salles de soins. De tels faits ne sont pas de nature à porter atteinte à l'hygiène et aux bonnes mœurs. • CE 16 nov. 1983, n° 38714 B. ♦ Dans le même sens, dans une affaire concernant l'ouverture d'une école technique privée d'esthétique et de manucurie dans un bâtiment où était exploité un institut de beauté, pour un refus fondé sur la circonstance que les conditions requises pour garantir le respect de l'hygiène et des bonnes mœurs n'étaient pas remplies, dès lors que l'école et l'institut comportaient certains locaux communs, d'une part, et que, d'autre part, la salle de cours n'était pas totalement isolée des salles de soins, le Conseil d'État a estimé que de tels faits n'étaient pas de nature à porter atteinte à l'hygiène et aux bonnes mœurs. • CE 16 nov. 1983, n° 38714 B.

7. Champ d'application. Ouverture section nouvelle. Refus. Illégalité. Dans le même sens, motifs limitativement énumérés dans le cas de l'ouverture d'une école et non dans le cas de l'ouverture d'une section nouvelle d'une école déjà existante : • CE 19 janv. 1973, n° 85899 A.

8. Programmes ne correspondant pas aux missions assignées. Opposition justifiée à l'ouverture d'un établissement car l'analyse de la part faite respectivement à la formation en entreprise et à la formation en école ainsi que du temps dévolu à l'acquisition d'une pratique propre à telle ou telle entreprise et à l'acquisition des connaissances technologiques générales de la profession faisait apparaître que l'enseignement dispensé aux élèves n'était pas de nature à leur assurer la formation prévue par la loi d'orientation sur l'enseignement technologique. • CE 23 juill. 1976, n° 98467 A • CE 23 juill. 1976, n° 98468.

9. Effet de l'appel devant le Conseil. Appel présenté devant le Conseil supérieur de l'éducation nationale contre la décision par laquelle le conseil académique, en retenant l'un des deux motifs invoqués par le préfet, avait déclaré fondée l'opposition formée par celui-ci, à l'ouverture d'une école secondaire privée. Pour annuler cette décision et rejeter l'opposition, le Conseil supérieur ne pouvait se borner à constater que le motif retenu par le conseil académique ne justifiait pas légalement celle-ci. Saisi de l'ensemble du litige par l'effet dévolutif de l'appel, il était tenu de se prononcer sur l'autre motif sur lequel le préfet avait fondé son opposition. • CE 19 févr. 1975, n° 86079 A.

Art. L. 441-3 **I. – La déclaration prévue à l'article L. 441-1 doit être faite en cas de changement de locaux ou d'admission d'élèves internes.**

II. – L'autorité de l'État compétente en matière d'éducation est informée du changement d'identité de la personne chargée de la direction de l'établissement et peut s'y opposer dans un délai d'un mois pour les motifs mentionnés aux 1° et 3° du II du même article L. 441-1.

L'autorité de l'État compétente en matière d'éducation est également informée du changement d'identité du représentant légal de l'établissement.

(L. n° 2019-791 du 26 juill. 2019, art. 22) **« III. – L'autorité de l'État compétente en matière d'éducation est informée lorsque l'établissement entend modifier :**

« 1° Son projet, notamment son caractère scolaire ou technique ;

« 2° L'objet de son enseignement ;

« 3° Les diplômes ou les emplois auxquels il souhaite préparer des élèves ;

« 4° Les horaires et disciplines s'il souhaite préparer des élèves à des diplômes de l'enseignement technique.

« L'autorité de l'État compétente en matière d'éducation peut s'opposer à ces modifications dans un délai d'un mois pour les motifs mentionnés aux 1° et 4° du II de l'article L. 441-1. »

Nomination d'un directeur. Opposition à la nomination. Conditions. Disponibilité effective. Le Conseil d'État rappelle qu'il résulte des art. L. 441-3 et L. 914-3 que l'autorité administrative ne peut s'opposer à la nomination d'un directeur d'un établissement d'enseignement privé hors contrat, sous le contrôle du juge, que dans l'intérêt de l'ordre public ou de la protection de l'enfance et de la jeunesse ou si l'intéressé ne remplit pas les conditions légales posées à l'art. L. 914-3. Il précise que l'autorité administrative peut légalement s'opposer à une telle nomination si l'intéressé n'est pas à même, faute notamment d'une disponibilité effective, d'assurer les missions inhérentes à l'exercice de ses fonctions telles que le respect de la sécurité et la protection des élèves. En l'espèce, le candidat au poste de directeur d'une école et d'un collège de l'enseignement privé hors contrat comptant une centaine d'élèves exerçait en qualité de professeur certifié de mathématiques à temps complet et de professeur principal dans un autre collège distant d'environ trois kilomètres. Le Conseil estime que l'intéressé n'a pas la disponibilité nécessaire pour occuper ces emplois de directeur. • CE 16 avr. 2021, n° 438490 B : *AJDA 2021. 834*. ♦ Dans le même sens : • TA Pau, 31 oct. 2019, n° 1902386 : *LIJ 2020, n° 201, p. 7* (pour une enseignante en congé de formation dans la même académie).

Art. L. 441-3-1 *(L. n° 2021-1109 du 24 août 2021, art. 53)* **Lorsqu'il constate que des enfants sont accueillis aux fins de leur dispenser des enseignements scolaires sans qu'ait été faite la déclaration prévue à l'article L. 441-1, le représentant de l'État dans le département prononce, après avis de l'autorité compétente de l'État en matière d'éducation, l'interruption de cet accueil et la fermeture des locaux utilisés. En l'absence d'un responsable de l'accueil clairement identifié, l'information préalable réalisée en application de l'article L. 122-1 du code des relations entre le public et l'administration peut être faite auprès de toute personne participant à l'encadrement de cet accueil ou par voie d'affichage.**

Le représentant de l'État dans le département prononce, après avis de l'autorité compétente de l'État en matière d'éducation, l'interruption de l'accueil et la fermeture des locaux utilisés si des enfants sont accueillis avant l'expiration du délai prévu au dernier alinéa de l'article L. 441-1 du présent code ou en dépit d'une opposition formulée par les autorités compétentes.

Lorsque sont prononcées les mesures prévues aux deux premiers alinéas du présent article, l'autorité compétente de l'État en matière d'éducation met en demeure les parents des enfants accueillis dans ces locaux d'inscrire leurs enfants dans un établissement d'enseignement scolaire dans les quinze jours suivant la notification de la mise en demeure.

Art. L. 441-4 *(L. nº 2021-1109 du 24 août 2021, art. 53)* « Le fait d'ouvrir un établissement d'enseignement scolaire privé en dépit d'une opposition formulée par les autorités compétentes ou sans remplir les conditions et formalités prescrites au présent chapitre est puni d'un an d'emprisonnement et de 15 000 € d'amende. » La peine complémentaire d'interdiction d'ouvrir et de diriger un établissement scolaire ainsi que d'y enseigner, à titre définitif ou pour une durée de cinq ans au plus, est également encourue.

(Abrogé par L. nº 2021-1109 du 24 août 2021, art. 53) ***« Lorsque le procureur de la République a été saisi des faits constitutifs de cette infraction, l'autorité compétente de l'État en matière d'éducation met en demeure les parents des élèves scolarisés dans l'établissement d'inscrire leur enfant dans un autre établissement, dans les quinze jours suivant la mise en demeure. »***

Lorsque l'ouverture d'un établissement a fait l'objet d'une décision d'opposition, la peine d'amende *(Abrogé par L. nº 2021-1109 du 24 août 2021, art. 53)* ***« prévue au premier alinéa »*** ne peut être prononcée qu'après que cette décision est devenue définitive.

La peine de fermeture de l'établissement prévue à cet art., dans sa rédaction en vigueur à la date de publication de la L. nº 2021-1109 du 24 août 2021, demeure applicable aux infractions commises avant cette date (L. préc., art. 53).

1. Ouverture illégale. L'autorité judiciaire est seule compétente pour prononcer la fermeture de l'école en cas de non-respect des formalités de déclaration. • TA Paris, 26 oct. 2000, nºs 0007150/7, 0007259/7, 0007259/7 et 0007260/7.

2. Sanctions. Lorsqu'il y a délit d'ouverture et de direction irrégulière d'une école, la fermeture de l'école est encourue. • Crim. 15 mai 1968, nº 67-92.397 P. ♦ Lorsque opposition à l'ouverture d'une école a été faite par l'administration, l'école ne peut plus être ouverte avant la décision à intervenir sur l'appel dirigé contre cette opposition. Celui qui enfreint cette règle encourt les sanctions prévues par les textes notamment la fermeture de l'école. • Crim. 26 juin 1968, nº 67-91.341 P.

3. Sanction complémentaire. QPC. La Cour de cassation a transmis au Conseil constitutionnel une QPC sur la sanction complémentaire qui peut être infligée à un directeur d'établissement privé accueillant des classes hors contrat en sus d'une sanction pénale quand il ne respecte pas le programme obligatoire. En effet, l'art. 227-17-1 C. pén., qui sanctionne le fait, pour un directeur d'établissement privé accueillant des classes hors contrat, de ne pas respecter, malgré une mise en demeure de l'autorité compétente, l'enseignement obligatoire en fermant les classes, prévoit aussi que le juge peut prononcer, à titre de peines complémentaires, l'interdiction de diriger ou d'enseigner ainsi que la fermeture de l'établissement. Or, un directeur qui risquait ce type de sanction a soulevé une QPC contre cet article. La Cour de cassation a estimé « que, toutefois, en omettant de préciser si ces peines complémentaires peuvent être prononcées à titre définitif ou à titre temporaire, et, dans le second cas, pour quelle durée maximale, la disposition précitée est susceptible de porter atteinte aux principes constitutionnels de légalité et nécessité des peines ». • Crim. 14 mars 2018, nº 17-90.029. ♦ Saisi de cette QPC, le Conseil constitutionnel relève en premier lieu que « l'incrimination contestée réprime non le fait de ne pas s'être conformé à l'objet de l'instruction obligatoire, mais le fait de ne pas avoir respecté les obligations imposées par la mise en demeure ni, à défaut, procédé à la fermeture des classes ». Il précise toutefois que, pour que les dispositions contestées satisfassent au principe de légalité des délits et des peines, la mise en demeure adressée au directeur de l'établissement doit exposer de manière précise et circonstanciée les mesures nécessaires pour que l'enseignement dispensé soit mis en conformité avec l'objet de l'instruction obligatoire. Enfin, en exigeant la fermeture « de ces classes » plutôt que celle de l'établissement dans son ensemble, le législateur a entendu seulement viser les classes hors contrat, dans la mesure où les établissements privés d'enseignement peuvent également accueillir des classes sous contrat avec l'État. Il estime dès lors que les dispositions instituant le délit contesté ne revêtent pas un caractère équivoque et sont suffisamment précises pour garantir contre le risque d'arbitraire. Sur le grief tiré de la méconnaissance du principe selon lequel nul n'est punissable que de son propre fait, le conseil estime que lorsque la personne exploitant l'établissement d'enseignement n'est pas celle poursuivie sur le fondement des dispositions contestées, la mesure de fermeture de l'établissement ne saurait, sans méconnaître le principe selon lequel nul n'est punissable que de son propre fait, être prononcée sans que le ministère public ait cité cette personne devant le tribunal correctionnel en indiquant la nature des poursuites exercées et la possibilité pour ce tribunal de prononcer cette mesure. Sous cette réserve, le grief tiré de la méconnaissance du principe selon lequel nul n'est punissable que de son propre fait doit être écarté. • Cons. const. 1er juin 2018, n° 2018-710 QPC : *D. 2018. 1153*.

CHAPITRE II RAPPORTS ENTRE L'ÉTAT ET LES ÉTABLISSEMENTS D'ENSEIGNEMENT PRIVÉS

BIBL. GÉN. ▸ CADEAU et SEGUINOT, L'ambiguïté des rapports contractuels entre l'État, les établissements d'enseignement privés et les maîtres qui y travaillent, *in* Les contrats et le système éducatif, *L'Harmattan, févr. 2004. 153.* – DIOP, Le point sur la jurisprudence relative aux conditions de la mise sous contrat d'un établissement d'enseignement privé, *LIJ 2016, n° 194, p. 20.* – MAZÈRES, Les rapports entre l'État et l'enseignement privé, *Annales Fac. Droit Toulouse, 1962. 39.* – POUCET, La liberté sous contrat : une histoire de l'enseignement privé, *Fabert, 2009.*

COMMENTAIRE

Divisé en six sections, ce chapitre reprend essentiellement les dispositions de la loi Debré du 31 décembre 1959, modifiées. Après avoir précisé la dualité du contrôle d'État sur les établissements d'enseignement privés (section I), et indiqué leur possible intégration au service public (section II), il consacre les quatre autres sections aux relations contractuelles entre l'État et les établissements.

SECTION PREMIÈRE CONTRÔLE DE L'ÉTAT SUR LES ÉTABLISSEMENTS D'ENSEIGNEMENT PRIVÉS

BIBL. ▸ DARGENT, L'enseignement privé hors contrat mais pas hors contrôle, *AJDA 2019. 216*.

COMMENTAIRE

L'enseignement privé est placé sous le contrôle de l'État ; ce contrôle qui peut être à la fois administratif, financier et pédagogique varie d'intensité selon la relation entretenue par l'État avec l'établissement. Depuis 1959, la distinction fondamentale tient au fait que l'établissement a ou non passé un contrat avec l'État. La loi n° 2021-1109 du 24 août 2021 confortant le respect des principes de la République ajoute que « Les établissements qui n'ont pas conclu de contrat avec l'État se voient proposer par l'autorité de l'État compétente en matière d'éducation une charte des valeurs et principes républicains. » (art. L. 111-1 mod. par l'art. 56), présumant ainsi que les établissements ayant conclu un contrat respectent ces valeurs et principes.

Les deux catégories d'établissements privés dits « hors contrat » et « sous contrat » qui se distinguent par leurs obligations, le statut de leur personnel, leur mode de financement et le contrôle auquel ils sont soumis ; placés dans une « situation différente », ils peuvent être soumis à des règles différentes dès lors que cette différence est « fondée sur un critère objectif et rationnel » (Cons. const. 15 déc. 2017, n° 2017-681 QPC : l'exonération de la taxe sur les locaux à usage de bureau peut concerner les seuls établissements privés sous contrat d'association, ainsi assimilés aux établissements publics ; CE 8 oct. 2014, n° 370287, le fait que les établissements privés hors contrat ne sont pas soumis au contrôle des corps d'inspection exclut leurs élèves du contrôle en cours de formation ; 24 juill. 2019, n° 42460 : sur l'organisation des examens).

I. LES ÉTABLISSEMENTS DITS « HORS CONTRAT »

Fruit d'une initiative privée, ces établissements exercent leur activité librement sous les réserves prévues par la loi.

Dans le premier degré, la loi de 1886 précisait expressément que le directeur était *« entièrement libre dans le choix des méthodes, des programmes, des livres »*. Cette affirmation étendue au second degré par l'article 12, I, 14° de la loi du 26 juillet 2019 pour une école de la confiance qui modifie l'article L. 442-3 en substituant les établissements privés aux écoles privées (et ajoute aux livres les autres supports pédagogiques). Les établissements privés hors contrat bénéficient d'une grande liberté d'organisation et de choix des enseignements donnés ; s'ils ne sont pas tenus comme les établissements ayant conclu avec l'État un contrat d'association ou un contrat simple de respecter les programmes de l'enseignement public, ils doivent toutefois « ***respecter l'objet de l'instruction obligatoire*** » dans sa nouvelle définition qui résulte de la loi du 23 avril 2005 (art. L. 131-1-1), complétée par la loi n° 2018-266 du 13 avril 2018 précisant que l'instruction obligatoire « permet aux élèves concernés l'acquisition progressive du socle commun défini à l'article L. 121-1 ». Il avait été déjà jugé que le décret du 31 mars 2015 rendant obligatoire l'acquisition du socle commun de connaissance, de compétences et de culture, pris sur le fondement de l'article L. 131-10, ne méconnaît ni le principe constitutionnel de la liberté d'enseignement ni le droit à l'instruction reconnu par l'article 2 du premier protocole additionnel à la Convention européenne de sauvegarde des droits de l'homme et des libertés fondamentales (CE 28 mars 2018, n° 393866 ; appliquées à propos de l'instruction dans la famille, ces formules concernent *a fortiori* les élèves scolarisés dans les classes hors contrat).

Au contrôle de l'ouverture, à l'information administrative régulière sur les modifications affectant l'établissement que la loi du 26 juillet 2019 pour une école de la confiance impose (art. L. 441-3, III), chaque établissement ou classe hors contrat fait l'objet depuis la loi Gatel n° 2018-266 du 13 avril 2018 d'un contrôle annuel mis en œuvre sous l'autorité conjointe du préfet et de l'autorité académique (art. L. 442-2). Ce contrôle porte sur les titres exigés des directeurs et des maîtres (rebaptisés enseignants par la L. de 2018 puis « personnes exerçant des fonctions d'enseignement » par l'art. 22 de la loi du 26 juill. 2019 qui précise que doivent être communiquées non seulement leurs noms mais aussi les pièces attestant de leur identité, de leur âge, de leur nationalité et de leurs titres ; cette exigence a été étendue aux autres personnels par l'art. 52 de la L. n° 2021-1109 du 24 août 2021), l'obligation scolaire (acquisition du socle commun de connaissance, de compétences et de culture, pris sur le fondement de l'art. L. 131-10) ; le respect de l'ordre public (la loi de 2018 a biffé les bonnes mœurs ; l'art. 103 de la L. du 27 août 2021 a ajouté la protection des intérêts fondamentaux de la Nation). Pour contrôler les financements, l'article 53 de la loi du 24 août 2021 dispose qu'à la demande du préfet ou du recteur d'académie, l'établissement fournisse les documents budgétaires, comptables et financiers qui précisent l'origine, le montant et la nature des ressources de l'établissement (art. L. 441-3, II, le délai et les modalités devant être précisés par décret).

L'autorité académique doit dorénavant (ce n'est plus une simple possibilité) prescrire chaque année un contrôle afin de s'assurer, selon la formule introduite par la loi de 2005, que l'enseignement dispensé respecte les normes minimales de connaissances requises par l'article L. 131-1-1 et que les élèves ont accès au droit à l'éducation (art. L. 111-1) ; le contrôle a lieu dans l'établissement. La loi de 2018 impose un contrôle au cours de la première année d'exercice d'un établissement privé ; les résultats sont notifiés au directeur avec l'indication des délais dans lesquels il doit fournir ses explications et améliorer la situation ; les sanctions encourues lui sont indiquées ; en cas de refus de la part du directeur de l'établissement d'améliorer la situation, notamment de dispenser un enseignement permettant aux élèves concernés une acquisition progressive du socle commun défini à l'article L. 122-1-1, l'autorité académique avise le procureur de la République des faits susceptibles de constituer une infraction pénale (V. aussi C. pr. pén., art. 40), puis met en demeure les parents des élèves scolarisés dans l'établissement d'inscrire leur enfant dans un autre établissement, dans les quinze jours suivant la mise en demeure qui leur est faite » (art. L. 442-2 ; CE 2 avr. 2011, n° 434919 : la légalité de la mise en demeure par le DASEN des parents d'inscrire leurs enfants dans une autre école n'est pas viciée par la relaxe du directeur). Le décret n° 2018-407 du 29 mai 2018 précise les règles concernant les établissements avec internat (art. R. 442-1, tenue obligatoire d'un registre des internes en permanence à la disposition des autorités judiciaires et administratives compétentes ; art. R. 442-2 : information du préfet et du procureur par le recteur des mises en demeure des parents d'inscrire leur enfant dans un autre établissement ; information des autorités administratives en cas de fermeture).

La procédure mise en place par la loi de 2018 ne prévoyait la mise en demeure de l'établissement qu'en cas d'insuffisance des enseignements, ne prenant alors pas en compte les questions liées à l'ordre public. C'est pour combler cette lacune que la loi du 26 juillet 2019 ajoute que, lorsque le préfet ou l'autorité académique constate que les conditions de fonctionnement de l'établissement présentent un risque pour l'ordre public, le directeur de l'établissement est mis en demeure de remédier à la situation dans un délai qu'elle fixe en l'informant des sanctions dont il serait l'objet en cas contraire. En cas de refus du directeur de l'établissement de remédier à la situation, l'autorité qui l'a mis en demeure avise le procureur de la République des faits susceptibles de constituer une infraction pénale ; dans un second temps, l'autorité académique met en demeure les parents des élèves scolarisés dans l'établissement d'inscrire leur enfant dans un autre établissement, dans les quinze jours qui suivent.

Le fait, par un directeur d'établissement privé accueillant des classes hors contrat, de n'avoir pas pris, malgré la mise en demeure de l'autorité académique, les dispositions nécessaires pour que l'enseignement qui y est dispensé soit conforme à l'objet de l'instruction obligatoire (art. L. 131-1) et permette aux élèves concernés l'acquisition progressive du socle commun (art. L. 122-1-1), et de n'avoir pas procédé à la fermeture de ces classes est puni d'un an d'emprisonnement et de 15 000 euros d'amende. Si la loi n° 2021-1109 du 24 août 2021 a donné compétence au préfet pour décider de la fermeture de l'établissement, c'est au tribunal qu'il revient d'ordonner tant l'interdiction de diriger que d'enseigner (C. pén., art. 227-17-1, al. 2, mod. par la L. n° 2018-266 du 13 avr. 2018). Depuis la loi du 26 juillet 2019, il en est de même lorsque le directeur d'établissement privé accueillant des classes hors contrat n'a pas respecté la mise en demeure justifiée pour remédier à la situation constitutive d'un risque pour l'ordre public (C. pén., art. 227-17-1 : 227-17-1).

Saisi par la Cour de cassation, le Conseil constitutionnel a décidé (n° 2018-710 QPC du 1er juin 2018, *Assoc. Al Badr et a.*) que les peines prévues par l'article 227-17-1 du code pénal (dans sa rédaction de 2012) à l'encontre du directeur d'un établissement privé d'enseignement hors contrat ne s'étant pas conformés à la mise en demeure d'assurer un enseignement conforme à l'objet de l'instruction obligatoire ou de fermer ses classes, sont conformes à la Constitution ; il a toutefois assorti sa décision de réserves. Il juge ainsi que les dispositions ne respectent le principe de légalité des délits et des peines que sous réserve que la mise en demeure adressée au directeur de l'établissement expose de manière précise et circonstanciée les mesures nécessaires pour que l'enseignement dispensé soit mis en conformité avec l'objet de l'instruction obligatoire ; il précise en outre qu'en exigeant la fermeture « de ces classes » plutôt que celle de l'établissement dans son ensemble, le législateur a entendu viser seulement les classes hors contrat, dans la mesure où les établissements privés d'enseignement peuvent également accueillir des classes sous contrat avec l'État. Il en est de même pour les dispositions contestées en tant qu'elles instaurent les peines complémentaires d'interdiction de diriger ou d'enseigner susceptibles d'être prononcées à l'encontre du directeur de l'établissement privé d'enseignement ; sont donc rejetés les griefs tirés de la méconnaissance du principe de légalité des délits et des peines sous la réserve énoncée (§ 13) ; les dispositions contestées ne méconnaissent pas le principe d'individualisation des peines, qui implique qu'une sanction pénale ne puisse être appliquée que si le juge l'a expressément prononcée, en tenant compte des circonstances propres à chaque espèce ; au regard de la nature des comportements réprimés, les peines ainsi instituées ne sont pas manifestement disproportionnées. Le Conseil constitutionnel a enfin jugé que dans l'hypothèse où la personne exploitant l'établissement d'enseignement n'est pas celle poursuivie sur le fondement des dispositions contestées, le principe selon lequel nul n'est punissable que de son propre fait, qui découle des articles 9 et 8 de la Déclaration de 1789, n'est pas méconnu, sous réserve que la mesure de fermeture de l'établissement ne puisse être prononcée sans que le ministère public ait cité cette personne devant le tribunal correctionnel en indiquant la nature des poursuites exercées et la possibilité pour ce tribunal de prononcer cette mesure (§ 23).

Les établissements préparant des diplômes d'État et dont les investissements ont été financés avec la garantie financière de l'État font en outre l'objet d'un contrôle pédagogique (art. R. 442-8) qui les rapprochent des établissements ayant des classes sous contrat.

II. LES ÉTABLISSEMENTS DITS « SOUS CONTRAT » (ART. L. 442-1)

Le **contrôle** des établissements ayant passé un contrat avec l'État est plus étendu. Il est en effet à la fois ***administratif, financier et pédagogique***. Les autorités académiques, l'inspection générale de l'administration de l'éducation nationale (art. R. 442-15), le trésorier payeur général (art. R. 442-16) peuvent donc intervenir dans les établissements, les inspections pédagogiques et les classes.

Qu'il s'agisse du **contrat simple** (art. L. 442-12) ou du ***contrat d'association*** (art. L. 442-5) introduits par la loi Debré de 1959 ou du contrat conçu pour les établissements privés d'enseignement agricole par la loi Rocard de 1984 (art. L. 442-21, C. rur., art. L. 813-3 s.), l'***État*** prend en effet en charge notamment la ***rémunération des enseignants*** qui font l'objet d'une inspection pédagogique. Celle-ci vérifie notamment que l'enseignement est donné *« dans le respect total de la liberté de conscience »* (art. L. 442-1). En contrepartie du financement public des classes, l'établissement s'est en effet engagé *« tout en conservant son **caractère propre** »* à respecter la diversité des élèves en les accueillant *« sans distinction d'origine, d'opinion ou de croyance »* (art. L. 442-1).

Si les classes sont placées sous contrat, l'établissement reste un organisme privé qui garde son *« caractère propre »*. Le Conseil constitutionnel le garantit, considérant qu'il s'agit là de *« la mise en œuvre de la liberté de l'enseignement »* (Cons. const. 23 nov. 1977, *Loi complémentaire à la loi n° 59-1557 du 31 décembre 1959 modifiée par la loi n° 71-400 du 1er juin 1971 et relative à la liberté de l'enseignement,* n° 77-87 DC : *Rec. Cons. const. 42 ; GDCC, n° 24*). Le contenu de ce caractère peut être défini par la référence à des valeurs (par exemple, les *« valeurs chrétiennes »*), à un projet éducatif qui peut fonder sa particularité sur une vision du monde, peut être lié à une approche pédagogique, une démarche expérimentale, une dimension internationale ou un choix linguistique (ce que le projet de loi Savary de grand service public de l'éducation abandonné en 1984 présentait comme des *« genres d'éducation »*). Mais, dans ces derniers cas, le particularisme concerne la classe : l'enseignement est donné en langue régionale, une méthode d'enseignement est privilégiée ; encore faut-il que ces choix soient compatibles avec les principes de l'enseignement public qui doivent être appliqués dans les classes sous contrat. Dans la plupart des cas, notamment dans l'enseignement catholique, le caractère propre s'attache au cadre de travail des élèves ; il concerne surtout ce qui est autour de la classe, la dimension éducative de l'école, les relations entre les membres de la communauté éducative ; c'est le plus souvent une *« atmosphère »* (Rivero, *AJDA 1978. 567*) qui donne son identité à l'établissement, qui le différencie de l'établissement public local d'enseignement, répondant ainsi à la demande des familles.

Les ***maîtres des classes sous contrat*** qui disposent de la liberté de conscience et de la liberté pédagogique doivent respecter le caractère propre de l'établissement ; même si la disposition de la loi Guermeur de 1977 qui le précisait expressément a été abrogée, ils sont tenus par un ***devoir de réserve***. Le règlement intérieur peut rappeler que le caractère propre s'impose à tous les personnels à la condition que la liberté de conscience soit respectée et que les obligations qui en découlent soient modulées en fonction des responsabilités exercées dans l'établissement (note ss. art. L. 442-1 : CE 20 juill. 1990, n° 85429 B) ; de même peut-il prévoir que les maîtres aient à remettre aux élèves des documents d'information sur l'enseignement catholique à transmettre à leurs parents (note 7, ss. art. L. 442-1).

Si l'***enseignement doit être donné en respectant la liberté de conscience des élèves***, ce qui implique un égal respect de toutes les croyances, le règlement intérieur de l'établissement privé dit *« sous contrat »* peut interdire le port ostensible de signes et tenues religieux (Civ. 1re, 21 juin 2005, n° 02-19.831 P : *D. 2005. 1960*). ❑

Art. L. 442-1 Dans les établissements privés qui ont passé un des contrats prévus aux articles L. 442-5 et L. 442-12, l'enseignement placé sous le régime du contrat est soumis au contrôle de l'État. L'établissement, tout en conservant son caractère propre, doit donner cet enseignement dans le respect total de la liberté de conscience. Tous les enfants sans distinction d'origine, d'opinion ou de croyances, y ont accès. – *[L. n° 59-1557 du 31 déc. 1959, art. 1er, al. 4.]*

I. CARACTÈRE PROPRE DE L'ÉTABLISSEMENT

1. Personne morale de droit privé. Participation au service public de l'éducation. Compétence juge judiciaire. Si les établissements d'enseignement privé sous contrat d'association participent au service public de l'éducation, les actes pris notamment à l'égard des élèves par les responsables de ces établissements ne ressortissent à la compétence de la juridiction administrative que pour autant qu'ils comportent l'exercice d'une prérogative de puissance publique. La circonstance que les décisions relatives à l'orientation des élèves des établissements d'enseignement privés sous contrat sont applicables dans l'enseignement public ne saurait à elle seule faire regarder ces décisions comme comportant l'exercice d'une prérogative de puissance publique. La juridiction judiciaire est donc compétente pour connaître d'un litige relatif à une telle décision. • CE 4 juill. 1997, n° 162264 A. • CAA Douai, 10 juill. 2014, n° 13DA01000.

2. Principe de la liberté de l'enseignement. La sauvegarde du caractère propre d'un établissement lié à l'État par contrat n'est que la mise en œuvre du principe de la liberté de l'enseignement qui constitue l'un des principes fondamentaux reconnus par les lois de la République, réaffirmés par le Préambule de la Constitution de 1946 et auxquels la Constitution de 1958 a conféré valeur constitutionnelle. • Cons. const. 23 nov. 1977, *Loi complémentaire à la loi n° 59-1557 du 31 déc. 1959 modifiée par la loi n° 71-400 du 1er juin 1971 et relative à la liberté de l'enseignement*, n° 77-87 DC : *JO 25 nov., p. 5530 ; Rec. Cons. const. 42 ; Pouvoirs, 1978, n° 5. 185, note Avril et Giquel ; Ann. de Clermont, 1978. 310, note Montgroux ; RD Publ. 1978. 830, note Favoreu ; GDCC n° 25, comm. Favoreu et Philip ; Gaz. Pal. 9-10 et 11-13 juin 1978, note Flauss ; RD Publ. 1979. 65 et 85, note Plouvin ; AJDA 1978. 565, note Rivero.*

3. Effets. L'abrogation de la disposition de la L. du 25 nov. 1977 imposant aux maîtres enseignant dans les classes sous contrat d'association l'obligation de respecter le caractère propre de l'établissement n'a pas pour effet de soustraire les maîtres à cette obligation qui découle du dernier alinéa de l'art. 1er de la L. du 31 déc. 1959. De même, la remise en vigueur du second alinéa de l'art. 4 de la L. du 31 déc. 1959 prévoyant que, dans les classes faisant l'objet d'un contrat d'association, l'enseignement est dispensé selon les règles de l'enseignement public et non seulement les règles « générales », comme le prévoyait la L. du 25 nov. 1977, ne saurait être interprétée comme permettant de soumettre cet enseignement à des règles qui porteraient atteinte au caractère propre de l'établissement. • Cons. const. 18 janv. 1985, *Loi modifiant et complétant la loi n° 83-663 du 22 juill. 1983 et portant dispositions diverses relatives aux rapports entre l'État et les collectivités territoriales*, n° 84-185 DC : *JO 20 janv., p. 821 ; Rec. Cons. const. 36 ; RFDA 1985. 624, comm. Delvolvé.* ♦ Même solution pour la disposition qui prévoit que, dans les classes faisant l'objet d'un contrat d'association, l'enseignement est confié à des maîtres désignés en accord avec la direction de l'établissement dans la mesure où cette disposition permet au chef d'établissement de s'opposer à tout recrutement incompatible avec le caractère propre de l'établissement. • Même décision.

4. Caractère propre de l'établissement. Nature. Règlement intérieur. Aucune disposition ne fait obstacle à ce que le respect du caractère propre des établissements d'enseignement privés figure au nombre des obligations imposées par le règlement intérieur à l'ensemble des personnels d'un établissement placé sous le régime du contrat. Toutefois, de telles dispositions ne peuvent être légalement prévues par le règlement intérieur que si celui-ci précise, d'une part, que le respect du caractère propre de l'établissement ne saurait permettre qu'il soit porté atteinte à la liberté de conscience des intéressés et, d'autre part, que les obligations qui en résultent doivent s'apprécier eu égard à la nature des fonctions exercées par les personnels qui y sont soumis. • CE 20 juill. 1990, n° 85429 A.

5. Caractère propre de l'établissement. Nature. Enseignement sur l'éducation à la sexualité. Cet enseignement, prévu par la circulaire du 19 nov. 1998 et applicable aux établissements sous contrat, n'est pas de nature à porter atteinte au caractère propre des établissements, dans la mesure où il est dispensé sous la responsabilité du chef d'établissement, par une équipe de volontaires associant, autant que possible, enseignants et personnels d'éducation, sociaux et de santé, et ne faisant appel à des intervenants extérieurs qu'à la demande du chef d'établissement. • CE 18 oct. 2000, *Assoc. Promouvoir*, n° 213303 A : *AJFP 2001, juill.-août, p. 45, obs. Mekhantar ; D. 2000. 291*.

6. Caractère propre de l'établissement. Nature. Faculté d'interdire le port de signes religieux par les élèves. Les parents d'une élève avisés de l'admission de leur fille mais sous la condition de respecter la disposition du règlement intérieur prohibant le port du voile dans l'enceinte du collège, avaient assigné en référé l'association gestionnaire aux fins de levée de cette restriction. Saisie par un pourvoi en cassation, la Cour retient que la prohibition faite du port du voile, non contraire à la L. du 31 déc. 1959 relative aux établissements d'enseignement privé, aujourd'hui art. L. 442-1, en ce qu'elle n'affectait ni la neutralité de l'enseignement dispensé ni la liberté de conscience des élèves ni leurs convictions religieuses mais un simple mode d'expression ostensible de celles-ci, relevait au contraire de l'organisation scolaire et du projet éducatif propre du collège sans violer pour autant son obligation d'accueillir les enfants en dehors de toute distinction d'origine, d'opinion ou de croyance. Elle retient aussi que le droit de manifester librement sa religion, tel que posé à l'art. 9 Conv. EDH, n'est pas absolu mais doit être concilié avec d'autres impératifs. • Civ. 1re, 21 juin 2005, n° 02-19.831 P : *AJDA 2005. 1863* ; *D. 2005. 1960*.

7. Droits et libertés des personnels enseignants. Ne porte pas atteinte aux droits et libertés des personnels enseignants l'article du règlement intérieur d'une institution privée disposant qu'il est spécialement rappelé aux maîtres l'obligation de remettre aux élèves, pour leurs parents, les documents ou courriers émanant de la direction se rapportant à la scolarité des élèves, à la vie de l'établissement ou de l'enseignement catholique. • CE 23 juill. 1993, n° 99391 B : *AJDA 1993. 728, concl. Pochard*.

II. ACCÈS SANS DISCRIMINATION

8. Port de signes religieux ostensibles dans un collège privé sous contrat d'association. Les parents d'une élève inscrite dans un établissement sous contrat d'association avaient été avisés de l'admission de leur fille en classe de cinquième mais sous la condition de respecter la disposition du règlement intérieur prohibant le port du voile dans l'enceinte du collège. La Cour de cassation a jugé que la prohibition faite du port du voile n'était pas contraire à la L. du 31 déc. 1959 relative aux établissements d'enseignement privés, en ce qu'elle n'affectait ni la neutralité de l'enseignement dispensé ni la liberté de conscience des élèves ni leurs convictions religieuses mais constituait un simple mode d'expression ostensible de celles-ci et qu'elle relevait de l'organisation scolaire et du projet éducatif propre du collège sans violer pour autant son obligation d'accueillir les enfants en dehors de toute distinction d'origine, d'opinion ou de croyance. • Civ. 1re, 21 juin 2005, n° 02-19.831 P : *D. 2005. 1960*.

Art. L. 442-2 *(L. n° 2019-791 du 26 juill. 2019, art. 23)* **« I. — »** *(L. n° 2018-266 du 13 avr. 2018, art. 2)* **« Mis en œuvre sous l'autorité conjointe du représentant de l'État dans le département et de l'autorité compétente en matière d'éducation, le contrôle de l'État sur les établissements d'enseignement privés qui ne sont pas liés à l'État par contrat se limite aux titres exigés des directeurs et des enseignants, à l'obligation scolaire, à l'instruction obligatoire** *(L. n° 2021-1109 du 24 août 2021, art. 53)* **« qui implique l'acquisition progressive du socle commun défini à l'article L. 122-1-1, » au respect de l'ordre public, à la prévention sanitaire et sociale et à la protection de l'enfance et de la jeunesse.**

(L. n° 2021-1109 du 24 août 2021, art. 53) **« II. — Les établissements mentionnés au I communiquent chaque année à l'autorité de l'État compétente en matière d'éducation les noms des personnels ainsi que les pièces attestant leur identité, leur âge, leur nationalité et, pour les enseignants, leurs titres, dans des conditions fixées par décret.**

« A la demande des autorités de l'État mentionnées au même I, l'établissement d'enseignement privé fournit, dans un délai et selon des modalités précisés par décret, les documents budgétaires, comptables et financiers qui précisent l'origine, le montant et la nature des ressources de l'établissement.

« III. — » *(Décr. n° 2012-16 du 5 janv. 2012, art. 7)* **« L'autorité de l'État compétente en matière d'éducation »** *(L. n° 2018-266 du 13 avr. 2018, art. 2)* **« prescrit le » contrôle des classes hors contrat afin de s'assurer que l'enseignement qui y est dispensé respecte les normes minimales de connaissances requises par l'article** *(L. n° 2005-380 du 23 avr. 2005, art. 8)* **« L. 131-1-1 » et que les élèves de ces classes ont accès au droit à l'éducation tel que celui-ci est défini par l'article L. 111-1.**

Ce contrôle a lieu dans l'établissement d'enseignement privé dont relèvent ces classes hors contrat.

(L. n° 2018-266 du 13 avr. 2018, art. 2) **« Un contrôle est réalisé au cours de la première année d'exercice d'un établissement privé. »**

(Abrogé par L. n° 2021-1109 du 24 août 2021, art. 53) ***Les résultats de ce contrôle sont notifiés au directeur de l'établissement avec l'indication du délai dans lequel il*** *(L. n° 2018-266 du 13 avr. 2018, art. 2)* ***« est » mis en demeure de fournir ses explications ou d'améliorer la situation et des sanctions dont il serait l'objet dans le cas contraire.***

« En cas de refus de *(L. n° 2018-266 du 13 avr. 2018, art. 2)* ***« la part du directeur de l'établissement » d'améliorer la situation et notamment de dispenser, malgré la mise en demeure de*** *(Décr. n° 2012-16 du 5 janv. 2012, art. 7)* ***« l'autorité de l'État compétente en matière d'éducation », un enseignement conforme à l'objet de l'instruction obligatoire, tel que celui-ci est défini par*** *(L. n° 2018-266 du 13 avr. 2018, art. 2)* ***« l'article L. 131-1-1, et***

qui permet aux élèves concernés l'acquisition progressive du socle commun défini à l'article L. 122-1-1 », l'autorité académique avise le procureur de la République des faits susceptibles de constituer une infraction pénale** (L. n° 2018-266 du 13 avr. 2018, art. 2) « **, puis met en demeure les parents des élèves scolarisés dans l'établissement d'inscrire leur enfant dans un autre établissement, dans les quinze jours suivant la mise en demeure qui leur est faite ». »

(*L. n° 2021-1109 du 24 août 2021, art. 53*) **« IV. – L'une des autorités de l'État mentionnées au I peut adresser au directeur ou au représentant légal d'un établissement une mise en demeure de mettre fin, dans un délai qu'elle détermine et en l'informant des sanctions dont il serait l'objet en cas contraire :**

« 1° Aux risques pour l'ordre public, la santé et la sécurité physique ou morale des mineurs que présentent les conditions de fonctionnement de l'établissement ;

« 2° Aux insuffisances de l'enseignement, lorsque celui-ci n'est pas conforme à l'objet de l'instruction obligatoire, tel que celui-ci est défini à l'article L. 131-1-1, et ne permet pas aux élèves concernés l'acquisition progressive du socle commun défini à l'article L. 122-1-1 ;

« 3° Aux manquements aux obligations en matière de contrôle de l'obligation scolaire et d'assiduité des élèves ;

« 4° Aux manquements aux articles L. 911-5 et L. 914-3 à L. 914-6 ou à la vacance de la fonction de directeur ;

« 5° Aux manquements aux obligations procédant de l'article L. 441-3 et du II du présent article.

« S'il n'a pas été remédié à ces manquements, après l'expiration du délai fixé, le représentant de l'État dans le département peut prononcer, par arrêté motivé, la fermeture temporaire ou définitive de l'établissement ou des classes concernées. Il agit après avis de l'autorité compétente de l'État en matière d'éducation, pour les motifs tirés du 1° du présent IV, et sur sa proposition, pour les motifs tirés des 2° à 5° du présent IV. Il en informe le maire de la commune sur le territoire de laquelle est implanté l'établissement.

« V. – En cas de refus de se soumettre au contrôle des autorités compétentes ou d'obstacle au bon déroulement de celui-ci, le représentant de l'État dans le département peut prononcer, après avis de l'autorité compétente de l'État en matière d'éducation, la fermeture temporaire ou définitive de l'établissement sans mise en demeure préalable. Il en informe le maire de la commune sur le territoire de laquelle est implanté l'établissement.

« VI. – Lorsque est prononcée la fermeture de l'établissement en application des IV et V, l'autorité compétente de l'État en matière d'éducation met en demeure les parents des élèves scolarisés dans l'établissement d'inscrire leurs enfants dans un autre établissement d'enseignement scolaire dans les quinze jours suivant la notification de la mise en demeure. »

Sur la communication des noms et des titres des personnes exerçant des fonctions d'enseignement, V. art. D. 442-22-1.

BIBL. ▶ Delacloche, Enseignement privé musulman : la Fédération nationale "décèle parfois un manque d'objectivité" lors des inspections (2/5), *AEF, 31 mai 2016, Dépêche n° 538355*. – Delacloche et Marcelli, Enquête AEF. Enseignement privé hors contrat : le ministère veut durcir les conditions d'ouverture des écoles (1/5), *AEF, 30 mai 2016, Dépêche n° 538345*. – Haquet, L'enseignement privé musulman dans une République laïque, *RFDA 2009. 515* . – Marcelli, Privé hors contrat : le nombre d'écoles a augmenté de 26 % en 3 ans selon le ministère de l'Éducation nationale (3/5), *AEF, 1er juin 2016, Dépêche n° 538220* ; Privé hors contrat : comment des parents ont créé une école Montessori dans le Pas-de-Calais (4/5), *AEF, 2 juin 2016, Dépêche n° 538293* ; Privé hors contrat : à Notre-Dame-de-Fatima, "les contrôles fiscaux sont plus fréquents que les inspections" (5/5), *AEF 3 juin 2016, Dépêche n° 538885*.

1. Contrôle de l'État. Suites. Compétence liée. Lorsque, malgré une mise en demeure de dispenser un enseignement conforme à l'objet de l'instruction obligatoire, l'autorité académique est conduite à aviser le procureur de la République des faits susceptibles de constituer une infraction pénale, elle agit en situation de compétence liée dans la mesure où elle n'a pas à apprécier les faits de l'espèce. • CE 3 févr. 1999, n° 149722 A : *AJDA 1999. 631* ; *ibid. 567, chron. Raynaud et Fombeur* .

2. Contrôle de l'État. Mise en demeure des parents. Acte ne faisant pas grief. La lettre par laquelle le recteur a indiqué à la directrice du collège Don Bosco qu'il avait décidé de demander à l'inspecteur d'académie, autorité compétente pour mettre en demeure les parents d'élèves d'inscrire leurs enfants dans un autre établissement, de procéder à cette mise en demeure, ne constitue qu'un élément de la procédure de contrôle instituée par cet article et ne présente donc pas le caractère d'une décision faisant, par elle-même, grief. Cette lettre ne pouvait, par suite, être déférée au tribunal administratif par la voie du recours pour excès de pouvoir. Il en va de même de la demande invitant la directrice du collège à transmettre la liste des élèves du collège et les coordonnées de leurs représentants légaux au directeur des services départementaux de l'éducation nationale. • CAA Bordeaux, 18 nov. 2014, n° 13BX00027 : *LIJ 2015, n° 187, p. 16.*

3. Contrôle de l'État. Mise en demeure des parents. Procédure irrégulière. Conséquences. Alors même que l'autorité administrative a compétence liée pour édicter une mise en demeure des parents des élèves d'inscrire leur enfant dans un autre établissement, le défaut de légalité de la procédure ayant conduit à envoyer cette mise en demeure est de nature à entacher d'irrégularité celle-ci. • CE 6 déc. 2012, n° 354241 B : *AJDA 2012. 2355* ; *AJDI 2013. 218*. ♦ De la même manière, l'irrégularité de la mise en demeure adressée au directeur d'un établissement scolaire qui ne dispense pas un enseignement conforme à l'instruction obligatoire, relevée dans un jugement pénal de relaxe, rend irrégulière la mise en demeure adressée à un parent de déscolariser son enfant. • CAA Bordeaux, 30 juill. 2019, n° 17BX03127 : *AJDA 2020. 61, concl. Normand*.

4. Contrôle de l'État. Mise en demeure des parents. Légalité. Décision conditionnée à l'existence d'une infraction commise par le directeur. Absence. Conséquence. Absence d'autorité de la chose jugée au pénal. Le juge a précisé que la légalité de la mise en demeure adressée aux parents des élèves n'est ni conditionnée à l'engagement ultérieur par le procureur de la République de poursuites pénales sur le fondement de l'art. 227-17-1 C. pén., ni fondée sur la seule circonstance que le non-respect par le directeur de l'établissement des obligations imposées par la mise en demeure, qui lui avait été antérieurement adressée, serait constitutif d'une infraction pénale. Par suite, le juge du fond ne peut, pour annuler la mise en demeure adressée aux parents des élèves, se fonder exclusivement sur un jugement du juge pénal renvoyant des fins de la poursuite le directeur et le gérant de l'établissement au motif que l'infraction réprimée par l'art. 227-17-1 C. pén. n'était pas caractérisée. • CE 2 avr. 2021, n° 434919 B : *AJDA 2021. 771* ; *ibid. 1286, note Legrand*.

5. Décisions relatives à la vie scolaire, à l'ordre et à la discipline, à l'orientation et à la scolarité des élèves. Règles applicables. Compétence du juge judicaire. Saisi d'un recours dirigé contre la décision du chef d'établissement d'un établissement d'enseignement privé sous contrat excluant définitivement deux jeunes enfants, le juge des référés a rappelé que les actes de ces établissements pris à l'égard des élèves et de leur famille, qui ne comportent pas l'exercice d'une prérogative de puissance publique, relèvent du droit privé et les litiges afférents de la compétence du juge judiciaire. Les dispositions du C. éduc. relatives à la discipline, en particulier les art. R. 511-13 et R. 511-14, ne sont en effet pas applicables aux établissements privés qui fixent leur propre régime disciplinaire. • TA Versailles, ord., 22 janv. 2020, n° 2000462 : *LIJ 2020, n° 211, p. 14.* ♦ Dans le même sens : • CE 4 juill. 1997, n° 162264 A : *D. 1997. 187*. ♦ Mêmes règles s'agissant d'un établissement d'enseignement supérieur privé : • CE 28 juin 1995, n°s 75258, 108281, 110416 B.

6. Procédure disciplinaire. Règlement intérieur. Droits de la défense. Avocat. Dans une affaire où une élève qui avait été exclue définitivement par le conseil de discipline pour consommation de stupéfiants au sein de l'établissement contestait son exclusion du fait, notamment, du non-respect des droits de la défense qui impliquaient que l'élève puisse se faire assister par l'avocat de son choix. La Cour de cassation rejette le pourvoi formé par l'élève et la famille en rappelant que la cour d'appel avait énoncé à bon droit que l'art. 6 Conv. EDH n'était pas applicable à un organe disciplinaire. Elle rappelle qu'en l'espèce le règlement intérieur de l'établissement ne prévoyait pas la présence d'un conseil aux côtés de l'élève convoqué devant le conseil de discipline et que, dès lors, aucune faute n'avait été commise par l'association gérant l'établissement d'enseignement privé dans la procédure d'exclusion. • Civ. 1re, 11 janv. 2017, n° 15-28.581 : *LIJ 2017, n° 197, p. 12.*

7. Liberté d'organisation des établissements hors contrat. Égalité des usagers devant le service public. Organisation d'une seule session d'examen. Dans sa rédaction issue de l'Arr. du 26 mars 2019, l'art. 9 de l'Arr. du 16 juill. 2018 soumet les candidats provenant des établissements privés hors contrat à une unique session d'épreuves se déroulant, à l'exception de celle réservée à l'épreuve de troisième enseignement de spécialité, à la fin de l'année de terminale, alors que les autres candidats sont examinés au cours de trois sessions successives, étagées au long des deux années de première et de terminale. Compte tenu de la liberté reconnue par l'art. L. 442-2 aux établissements d'enseignement privés hors contrat en matière de programmes d'enseignement et de déroulement de la scolarité pour l'enseignement du second degré, la différence de traitement consistant à n'organiser, pour les élèves qui y sont scolarisés, qu'une seule session d'examen dans chaque matière se déroulant, à l'exception d'une d'entre elles, à la fin du second trimestre de terminale, est justifiée par une différence de situation qui est en rapport direct avec l'objet de cet article et qui n'est pas manifestement disproportionnée. L'arrêté attaqué ne méconnaît pas l'égalité de traitement entre candidats à un même diplôme. • CE 24 juill. 2019, n° 424260 B : *AJDA 2019. 2157*.

8. Liberté d'organisation des établissements hors contrat en matière de programmes d'enseignement et de déroulement de la scolarité. Principe d'égalité. Limites. Différence de traitement en rapport direct avec l'objet du texte. Dans une affaire où une association contestait notamment les modalités d'organisation du contrôle continu pour l'évaluation des enseignements dispensés dans les classes conduisant au bac de ne pas avoir prévu d'épreuve spécifique destinée à évaluer l'option « Langues et cultures de l'Antiquité », les élèves ayant suivi leur scolarité dans un établissement privé hors contrat, le juge rappelle que la faculté de prévoir des modalités distinctes de fixation de la note de contrôle continu du baccalauréat, d'une part, pour les candidats inscrits dans des établissements publics et des établissements privés sous contrat, d'autre part, pour ceux qui sont inscrits dans des établissements privés hors contrat, ne méconnaît pas la liberté de l'enseignement.

Il précise que toutefois, si le principe d'égalité ne s'oppose pas à ce que le pouvoir réglementaire règle de façon différente des situations différentes, la différence de traitement qui en résulte doit être en rapport direct avec l'objet du texte qui l'établit. En l'espèce, seuls les candidats au baccalauréat issus des établissements publics d'enseignement et des établissements privés sous contrat seront, en cas d'obtention d'une note supérieure à dix sur vingt, en mesure de bénéficier de l'attribution de points supplémentaires en application de l'Arr. du 31 déc. 2018. Eu égard à l'objectif poursuivi par les auteurs de cet arrêté, consistant à valoriser la poursuite de l'apprentissage du latin et du grec ancien par le plus grand nombre d'élèves jusqu'en classe de terminale, le bénéfice de l'avantage ainsi institué ne saurait dépendre du statut de l'établissement dans lequel les candidats au baccalauréat ayant choisi cet enseignement optionnel ont été scolarisés. Par suite, la différence de traitement qui en résulte entre les élèves scolarisés dans les établissements publics et dans les établissements privés sous contrat, d'une part, et les élèves scolarisés dans les établissements privés hors contrat, d'autre part, qui est sans rapport direct avec l'objet de cette mesure, est de nature à faire naître un doute sérieux quant à la légalité de la décision contestée. • CE, ord., 14 avr. 2021, n° 450307 : *AJDA 2021. 832*. ♦ Dans le même sens, s'agissant des modalités d'organisation du contrôle continu pour l'évaluation des enseignements dispensés. • CE 29 déc. 2020, n°s 436980 et 440927 : *LIJ 2021, n° 214, p. 8.*

Art. L. 442-3 **Les directeurs** *(L. n° 2019-791 du 26 juill. 2019, art. 14)* **« des établissements d'enseignement privés qui ne sont pas liés » à l'État par contrat sont entièrement libres dans le choix des méthodes, des programmes** *(L. n° 2019-791 du 26 juill. 2019, art. 14)* **« , des livres et des autres supports pédagogiques », sous réserve de respecter l'objet de l'instruction obligatoire tel que celui-ci est défini par** *(L. n° 2019-791 du 26 juill. 2019, art. 14)* **« l'article L. 131-1-1 et de permettre aux élèves concernés l'acquisition progressive du socle commun défini à l'article L. 122-1-1 ».**

SECTION II DEMANDE D'INTÉGRATION D'ÉTABLISSEMENTS D'ENSEIGNEMENT PRIVÉS DANS L'ENSEIGNEMENT PUBLIC

Art. L. 442-4 **Les établissements d'enseignement privés peuvent demander à être intégrés dans l'enseignement public.** – *[L. n° 59-1557 du 31 déc. 1959, art. 3, al. 1er.]*

Sur l'intégration d'établissements d'enseignement privés dans l'enseignement public, V. art. R. 442-26 s.

COMMENTAIRE

La possibilité d'intégration dans l'enseignement public prévue par la loi Debré de 1959 comme par la loi Rocard de 1984 (C. rur., L. 813-6, *V. ce texte à l'art. L. 442-21*) a été peu utilisée. Elle a toutefois permis à quelques écoles d'entreprise de rejoindre le service public. Plus récemment, elle a été un temps envisagée pour les écoles *« Diwan »* (le germe) pratiquant la méthode dite immersive d'apprentissage du breton.

Le décret n° 60-388 du 22 avril 1960, intégré à la partie réglementaire sous les articles R. 442-26 et suivants, précise que les établissements du premier ou du second degré comme les écoles techniques ont la possibilité de faire une demande d'intégration. Elle doit être présentée par la personne physique ou morale qui a conclu un « contrat d'enseignement » avec les parents des élèves et avec l'employeur des maîtres qui peuvent ou non constituer une seule entité (art. R. 442-23). Il faut pour cela qu'ils soient régulièrement ouverts, répondent à un besoin scolaire, et emploient des maîtres répondant aux conditions pour être titularisés pour leur majorité (art. R. 442-26) ; de même doivent-ils disposer de locaux appropriés (art. R. 442-28). Ce sera en principe le cas pour les établissements dont les classes sont sous contrat et pour lesquels les décrets de 1960 envisagent que l'intégration puisse être demandée au terme ou au cours de contrat (art. R. 442-42, R. 442-28). En cas de réponse positive, les ***membres du personnel*** ont une ***option*** : soit l'intégration dans la fonction publique, soit le maintien du contrat ; seuls sont toutefois intégrables les maîtres laïcs ayant cinq années de service complet (de même, sauf la référence à l'état laïc, C. rur., art. L. 813-6) ; s'agissant des ***immeubles*** et du ***matériel***, leur propriété ou leur usage est cédé à l'État ou à la collectivité. Les locaux réservés au culte peuvent garder leur affectation (art. R. 442-32). Aucune disposition ne traite de l'organisation de l'établissement ainsi transféré qui doit se mouler dans les structures existantes : écoles communales, établissements publics locaux d'enseignement (le projet de loi Savary de grand service public abandonné en 1984 avait envisagé une autre formule, l'établissement d'intérêt public). La demande d'intégration est instruite par le préfet en liaison avec le recteur et la collectivité intéressée (art. R. 442-25 ; sur les droits de la collectivité, la formule du code rural et de la pêche maritime est plus contraignante art. L. 813-6 : *« La demande ne peut être agréée qu'après accord de la collectivité publique intéressée. »*).

Répondant aux revendications bretonnes, le ministre de l'éducation nationale a envisagé l'intégration des ***écoles « Diwan »*** et leur transformation en écoles communales et en EPLE. Un protocole d'intégration des écoles, collèges et du lycée Diwan dans le service public a été signé par le ministre de l'éducation nationale et le président de l'association Diwan (protocole Lang-Lincoln), le 28 mai 2001 ; saisi en référé, le Conseil d'État a décidé d'en suspendre l'exécution ainsi que celle d'un décret et d'un arrêté du 31 juillet 2001 et de la circulaire n° 2001-166 du 5 septembre 2001 reconnaissant la méthode dite immersive (CE, réf., 30 oct. 2001, *SNES*, n° 238654) ; en prévision de l'intégration qui devait intervenir à la rentrée suivante, l'art. 134 de la loi de finances pour 2002 mettait en place les crédits nécessaires pour la nomination et la titularisation des maîtres comme pour le recrutement des personnels non enseignants comme contractuels de droit public : cette disposition qui *« n'a pas pour objet et ne saurait avoir pour effet de décider du principe de l'intégration de tels établissements dans l'enseignement public »* a été jugée conforme à la Constitution sous réserve pour les *« autorités administratives compétentes, sous le contrôle du juge, de se prononcer, dans le respect de l'article 2 de la Constitution et des dispositions législatives en vigueur, sur une demande d'intégration »* ; or, il est rappelé que, *« si, pour concourir à la sauvegarde des langues régionales, l'État et les collectivités territoriales peuvent apporter leur aide aux associations ayant cet objet, il résulte des termes précités de l'article 2 de la Constitution que l'usage d'une langue autre que le français ne peut être imposé aux élèves des établissements de l'enseignement public ni dans la vie de l'établissement, ni dans l'enseignement des disciplines autres que celles de la langue considérée »* (Cons. const. 27 déc. 2001, n° 2001-456 DC). L'autorité administrative ne peut donc pas, en l'état actuel du droit, procéder à l'intégration dans l'enseignement public d'établissements dont le principe de fonctionnement est contraire à une exigence constitutionnelle. Statuant au fond, le Conseil d'État a annulé le décret, l'arrêté, la circulaire de 2001 et le protocole *« dont l'ensemble des stipulations forment un tout indivisible »* en considérant qu'ils allaient *« au-delà des nécessités de l'apprentissage d'une langue régionale »* (CE, sect., 29 nov. 2002, *SNES*) ; à la demande du préfet, la commission permanente du Conseil général du Finistère avait illégalement anticipé en acceptant l'intégration du collège *« Diwan »* du Relecq-Kerhuon ; cette délibération est aussi annulée (TA Rennes, 4 nov. 2004, *UNSA Éducation et a.*). ❑

Intégration. Sur le refus du passage sous statut public des établissements « Diwan » : V. notes ss. art. L. 121-1.

SECTION III CONTRAT D'ASSOCIATION À L'ENSEIGNEMENT PUBLIC PASSÉ AVEC L'ÉTAT PAR DES ÉTABLISSEMENTS D'ENSEIGNEMENT PRIVÉS

COMMENTAIRE

Les établissements d'enseignement privés du premier et du second degré peuvent demander à passer avec l'État ***« un contrat d'association »*** à l'enseignement public (art. L. 442-5) ; pour les établissements qui répondent à un *« besoin scolaire reconnu »*, l'État prend en charge le traitement des maîtres ainsi que les charges sociales, les frais de fonctionnement étant assumés par les collectivités compétentes ; en contrepartie, il contrôle l'enseignement dispensé dans les classes sous contrat où les programmes et les règles de l'enseignement public doivent être respectés. En outre, l'article 57 de la loi n° 2021-1109 du 24 août 2021 confortant le respect des principes de la République précise que tout établissement privé souhaitant conclure un contrat d'association, qui lui ouvre droit à un financement public, devra préalablement démontrer qu'il est en mesure de dispenser un enseignement conforme aux programmes de l'enseignement public (complétant ainsi l'art. L. 442-5).

Un système moins contraignant, le ***« contrat simple »***, avait été conçu à titre transitoire ; la loi du 1er juin 1971 le pérennise en le réservant au premier degré (art. L. 442-12). L'exigence vis-à-vis des programmes de l'enseignement public est plus lâche, la loi du 24 août 2021 précise qu'ils doivent organiser l'enseignement seulement par référence à ceux-ci (art. L. 442-12, al. 3). Vingt-cinq ans plus tard, la loi Rocard de 1984 a prévu un contrat spécifique pour les établissements agricoles.

Les responsables des établissements adressent leur demande qui peut porter sur la totalité ou seulement une partie des classes au représentant de l'État dans le département. Même s'il n'est pas en principe compétent pour les questions qui concernent le contenu et l'organisation de l'action éducatrice, le préfet conclut les contrats au nom de l'État ; si, à l'origine, cette solution a pu satisfaire l'enseignement privé, redoutant que l'autorité académique ne se comportât en défenseur de l'enseignement public, elle est aujourd'hui confortée par l'implication des collectivités territoriales, engagées par la signature de l'État. En pratique, ce sont les services académiques qui instruisent la demande et préparent les éléments du dossier pour le préfet.

CONDITIONS

Les conditions à remplir par les établissements demandeurs sont prévues par la loi et par les décrets n° 60-389 du 22 avril 1960 modifié (contrat d'association) *(V. désormais art. R. 442-34 s.)* et n° 60-390 (contrat simple) *(V. désormais art. R. 442-49 s.)*. Il s'agit là de conditions nécessaires, mais en aucun cas suffisantes, l'autorité administrative ayant un pouvoir d'appréciation qui fera d'ailleurs l'objet d'un contrôle minimum (CE, sect., 25 avr. 1980, *Institut technique privé de Dunkerque : AJDA 1980. 491, concl. Théry*).

L'article L. 442-12 donne la liste exhaustive des conditions à remplir par un établissement d'enseignement privé souhaitant bénéficier d'un contrat simple : durée de fonctionnement, qualification des maîtres, nombre d'élèves, salubrité des locaux scolaires. Ces *« seules conditions »* précisées par le décret n° 60-390 du 22 avril 1960 constituent une liste de caractère limitatif (note 1 ss. art. L. 442-12). Contrairement au contrat simple dont la conclusion n'est pas subordonnée à cette condition (note 2 ss. art. L. 442-12 : CE 19 mars 1986, *MEN c/ école privée de La Salle à Lons-le-Saunier*, n° 64821 : *Lebon T. 563*), le contrat d'association repose sur la constatation d'un *« besoin scolaire reconnu »* (art. L. 442-5) ; le décret n° 60-389 (V. désormais art. R. 442-33 s.) mentionne toutefois d'autres conditions qui font largement écho à celles énumérées pour le contrat simple.

Plusieurs conditions sont donc communes aux deux types de contrat. C'est tout d'abord le cas de ***la durée de fonctionnement*** imposée : l'établissement doit être ouvert depuis cinq ans au moins à la date d'entrée en vigueur du contrat. Il aura ainsi pu faire ses preuves, montrant notamment que les autres conditions sont remplies. (Ainsi, à la rentrée 2008, le lycée Averoès de Lille a été le premier lycée musulman à bénéficier de cette possibilité). Toutefois, dans les quartiers nouveaux des zones urbaines, ce délai peut être ramené à un an par décision du préfet (art. R. 442-33 et R. 442-49). S'agissant ensuite de ***la qualification des maîtres***, ils doivent posséder les mêmes titres de capacité que ceux demandés dans l'enseignement public (art. R. 442-34) ; les conditions générales de recrutement (âge, moralité, nationalité) exigées pour le recrutement dans l'enseignement public s'appliquent aux maîtres des classes sous contrat simple (maîtres agréés) ou sous contrat d'association (art. L. 914-1). Quant aux ***locaux et installations***, ils doivent être *« appropriés »* (art. R. 442-28), propres à l'accueil du public (dans l'un et l'autre cas, s'applique la réglementation sur les établissements recevant du public, art. R. 123-2 CCH) ; si pour le contrat simple, la loi insiste sur le minimum qu'est la salubrité, pour les classes sous contrat d'association, l'inspecteur d'académie fixe en outre des normes pédagogiques.

Seul, le contrat d'association doit *« répondre à un* ***besoin scolaire reconnu*** *»* (art. L. 442-5 et R. 442-33) ; si une plume autorisée a pu noter que la condition *« manque de précision »* (Théry, préc.), le Conseil constitutionnel a par la suite souligné que *« si l'appréciation de ce besoin peut reposer en partie sur une évaluation quantitative des besoins de formation, il résulte de la combinaison de la disposition ci-dessus rappelée avec l'article 1er de la même loi (loi Debré) et que le "besoin scolaire reconnu" comprend des éléments quantitatifs et des éléments qualitatifs tels que la demande des familles et le caractère propre de l'établissement d'enseignement »* (Cons. const. 18 janv. 1985, *Loi modifiant et complétant la loi n° 83-663 du 22 juillet 1983 et portant dispositions diverses relatives aux rapports entre l'État et les collectivités territoriales,* n° 84-185 DC : *Rec. Cons. const. 36*).

Éléments quantitatifs. Pour apprécier le *« besoin scolaire reconnu »*, il est nécessaire de partir des effectifs d'élèves à scolariser. Ce premier travail n'est pas spécifique au contrat d'association ; en effet, parmi les conditions à réunir pour obtenir un contrat simple figure aussi le *« nombre d'élèves »* (art. L. 442-12). Il s'agit dans l'un et l'autre cas de prendre en considération tous les élèves concernés (et, s'agissant d'une école, non simplement ceux qui sont domiciliés dans la commune, V. note 2 ss. art. L. 442-5) et de rapprocher cette évaluation des capacités d'accueil en gardant la référence à l'enseignement public, *« dans le respect des règles et critères retenus pour l'ouverture et la fermeture des classes correspondantes de l'enseignement public, toutes conditions de fonctionnement étant égales »* (art. L. 442-13) ; la dernière incidente exclut toutefois toute application automatique d'une formule normée (aussi, l'effectif moyen par classe sensiblement supérieur à celui constaté dans les classes similaires de l'enseignement public ne justifie pas la mise sous contrat d'une classe supplémentaire : CE 17 mars 1993, *Assoc. Institution Saint-Pierre de Lille et M. Lebon,* n° 96276 : *Lebon T. 813*). La prise en compte des effectifs a un sens différent selon le périmètre retenu. Si en fonction des compétences territoriales des autorités administratives, les effectifs s'apprécient dans le département pour les écoles et les collèges, dans la région pour les lycées, le résultat de l'évaluation des besoins est différent si elle se fait au niveau local, là où s'expriment les demandes des familles, au niveau départemental où raisonne l'inspecteur d'académie, ou régional où doivent travailler de concert le recteur et le conseil régional. Un déficit constaté dans une ville peut en effet être compensé par des capacités excédentaires ailleurs. La question est relativement simple pour l'enseignement général, dans le premier degré ou au collège, mais se complique au lycée avec les options ou les voies de formation et plus encore dans les lycées d'enseignement technologique et professionnel. Si, pour le second degré, la conclusion des contrats est subordonnée *« à la compatibilité »* avec *« l'évaluation de l'ensemble des besoins »* figurant dans les documents de planification (Schéma Régional des Formations, PRDF, Carte de l'Enseignement Supérieur, art. L. 442-13), ces besoins doivent faire l'objet d'une analyse plus fine, tant sur le plan territorial que par branche professionnelle, résultat d'une réflexion menée avec les organismes professionnels.

Au-delà des effectifs, il est nécessaire de prendre en considération ***les éléments qualitatifs*** précisés par la loi et la jurisprudence.

Pour la ***conclusion du contrat d'association***, le *« besoin scolaire »* doit tout d'abord être apprécié en fonction des principes énoncés aux articles L. 141-2 (l'État assure dans les établissements publics le droit à l'instruction et à la formation dans le respect de toutes les croyances ; cette disposition n'assure aucun monopole à l'État mais ne laisse à l'enseignement privé aucun espace réservé ; le législateur a la possibilité d'exclure certaine formation du champ de la contractualisation), L. 151-1 (liberté de l'enseignement) et L. 442-1 (caractère propre, liberté de conscience, égal accès de tous aux établissements privés sous contrat). J.F. Théry en déduisait un trait commun : la liberté de choix des familles qui impose d'accepter *« une certaine concurrence »*. La référence faite par le Conseil constitutionnel à *« la demande des familles »* et au *« caractère propre »* peut être interprétée dans ce sens, les familles pouvant ne pas se satisfaire d'une situation qui ne leur offrirait pas ce choix. Cette interprétation amène à privilégier le niveau local auquel se fait le choix des familles (CE sect., 25 avr. 1980, *MEN c/ Institut technique privé de Dunkerque : AJDA 1980. 491, concl.* Théry, annulation pour erreur manifeste d'appréciation du refus de mettre sous contrat une classe de BEP carrières sanitaires et sociales malgré la demande des familles et l'existence de débouchés professionnels à Dunkerque).

Mais *« aucun nouveau contrat ne peut être conclu que dans la limite des crédits »* (art. L. 442-14, applicable tant au contrat d'association qu'au contrat simple, la même règle concernant l'enseignement agricole, art. L. 442-21). L'affirmation du caractère limitatif des dotations budgétaires impose une gestion rationnelle, recherchant la cohérence. La Cour des comptes, analysant *« la gestion du système éducatif »* (rapport, avr. 2003), souligne les efforts faits pour assurer la *« complémentarité géographique »*, *« la complémentarité de l'offre de formation »*, limitant ainsi *« les risques de concurrence avec l'enseignement privé sous contrat »*. Dans cette logique de *« cohérence de l'offre de formation »* l'appréciation du besoin scolaire devrait prendre en considération les formations existantes dans les différents réseaux et s'appuyer sur une carte des formations.

Le ***renforcement de la planification régionale*** devrait permettre de fonder l'appréciation du *« besoin scolaire »* sur des bases plus solides ; au-delà de l'évaluation des effectifs, globale ou par sous-ensemble, les documents de planification peuvent contenir des prévisions par branche, envisageant des évolutions structurelles. C'est l'objet du schéma national des formations agricoles qui s'impose à l'autorité administrative (art. L. 442-21). C'est la solution que devrait permettre le nouveau PRDF tel qu'il résulte de la loi du 13 août 2004, transformé en contrat CPRDF par la loi du 24 novembre 2009. La phase de concertation qui précède l'adoption de tels documents doit prendre en considération les besoins des différentes branches ; ils traduisent aussi les choix régionaux en matière de formation, choix qui sont ensuite déclinés dans le respect de la législation scolaire. Prenant en considération les demandes des familles, les besoins des entreprises et les moyens budgétaires, les autorités académiques et régionales décident d'implanter les formations dans les établissements. La reconnaissance du *« besoin scolaire »* fondée sur une approche multicritères, combinant les directives nationales, les orientations régionales, les considérations locales et le caractère limitatif des crédits, s'inscrit alors dans un contexte plus large dans lequel la concertation entre l'autorité académique et les responsables des réseaux (notamment les responsables diocésains même si la loi les ignore) est un élément clef. En droit, la marge de manœuvre est toutefois étroite ; l'établissement privé ne doit pas avoir un rôle supplétif, n'être retenu qu'en cas de carence du public ; le principe de parité impose un traitement équitable des deux sortes d'établissements.

Tout refus doit être fondé sur un texte. La décision du préfet sera annulée si elle se réfère à un principe non prévu par la loi, l'équilibre entre les deux types d'établissement, si elle invoque l'inexistence de la même formation dans le public ou si elle se fonde sur les méthodes pédagogiques. Par contre l'autorité académique pourra se fonder sur l'insuffisance des résultats.

La circulaire n° 2012-025 du 15 février 2012 précise les conditions de mise en œuvre de la loi n° 2009-1312 du 28 octobre 2009 tendant à garantir la parité de financement entre les écoles élémentaires publiques et privées sous contrat d'association lorsqu'elles accueillent des élèves scolarisés hors de leur commune de résidence et du décret n° 2010-1348 du 9 novembre 2010 pris pour son application. Elle rappelle les principales règles de la participation des communes aux dépenses de fonctionnement des établissements privés sous contrat avec l'État et les modalités de la procédure de l'inscription d'office à mettre en œuvre en cas de défaillance de la collectivité. La circulaire précitée vient abroger et remplacer la circulaire n° 2007-142 du 27 août 2007. ❑

Art. L. 442-5 Les établissements d'enseignement privés du premier et du second degré peuvent demander à passer avec l'État un contrat d'association à l'enseignement public, s'ils répondent à un besoin scolaire reconnu qui doit être apprécié en fonction des principes énoncés aux articles L. 141-2, L. 151-1 et L. 442-1. *(L. n° 2021-1109 du 24 août 2021, art. 57)* **« La conclusion du contrat est subordonnée à la vérification de la capacité de l'établissement à dispenser un enseignement conforme aux programmes de l'enseignement public. »**

Le contrat d'association peut porter sur une partie ou sur la totalité des classes de l'établissement. Dans les classes faisant l'objet du contrat, l'enseignement est dispensé

selon les règles et programmes de l'enseignement public. Il est confié, en accord avec la direction de l'établissement, soit à des maîtres de l'enseignement public, soit à des maîtres liés à l'État par contrat. *(L. n° 2005-5 du 5 janv. 2005, art. 1er)* **« Ces derniers, en leur qualité d'agent public, ne sont pas, au titre des fonctions pour lesquelles ils sont employés et rémunérés par l'État, liés par un contrat de travail à l'établissement au sein duquel l'enseignement leur est confié, dans le cadre de l'organisation arrêtée par le chef d'établissement, dans le respect du caractère propre de l'établissement et de la liberté de conscience des maîtres.**

« Nonobstant l'absence de contrat de travail avec l'établissement, les personnels enseignants mentionnés à l'alinéa précédent sont, pour l'application *(Ord. n° 2008-1304 du 11 déc. 2008, art. 1er)* **« des articles L. 2141-11, L. 2312-8, L. 2322-6, L. 4611-1 à L. 4611-4 et L. 4611-6 du code du travail, pris en compte dans le calcul des effectifs de l'établissement, tel que prévu à l'article L. 1111-2 du même code ». Ils sont électeurs et éligibles pour les élections des délégués du personnel et les élections au comité d'hygiène, de sécurité et des conditions de travail et au comité d'entreprise. Ils bénéficient de ces institutions dans les conditions prévues par le code du travail. Les rémunérations versées par l'État à ces personnels sont prises en compte pour le calcul de la masse salariale brute, tel que prévu** *(Ord. n° 2008-1304 du 11 déc. 2008, art. 1er)* **« aux articles L. 2325-12 et L. 2325-43 du même code », et la détermination du rapport entre la contribution aux institutions sociales et le montant global des salaires, mentionné** *(Ord. n° 2008-1304 du 11 déc. 2008, art. 1er)* **« à l'article L. 2323-86 du même code ». »**

Les dépenses de fonctionnement des classes sous contrat sont prises en charge dans les mêmes conditions que celles des classes correspondantes de l'enseignement public.

Les établissements organisent librement toutes les activités extérieures au secteur sous contrat.

V. ndlr ss. art. L. 212-4.

Sur les demandes d'intégration d'établissements d'enseignement privés dans l'enseignement public, V. art. R. 442-23 s.

Sur le contrat d'association à l'enseignement public passé avec les établissements d'enseignement privés, V. art. R. 442-33 s. et R. 914-75 s.

Sur les conditions financières de fonctionnement (personnel et matériel) des classes sous contrat d'association, V. art. R. 442-48, R. 442-58, R. 914-3 s., R. 914-44 s. et R. 914-84 s.

Sur le contrôle financier et administratif des établissements d'enseignement privés, V. art. R. 442-9 s.

Sur l'ouverture de recrutements réservés pour l'accès aux échelles de rémunération des maîtres contractuels et agréés de l'enseignement privé sous contrat relevant du ministre chargé de l'éducation nationale, V. ci-dessous Décr. n° 2012-1512 du 28 déc. 2012.

Pour un motif de bonne administration, sont exclues du champ d'application du droit des usagers de saisir l'administration par voie électronique les demandes relatives aux recrutements et aux candidatures des personnels enseignants des établissements d'enseignement privés sous contrat dans le premier et le second degré (Décr. n° 2015-1410 du 5 nov. 2015).

BIBL. ▸ **Financement** Bechtel, Le financement public des établissements d'enseignement privés, *RFAP, avr.-juin 1990. 343.* – Blaudeau, La contribution des communes aux dépenses de fonctionnement des écoles privées sous contrat d'association avec l'État (le forfait communal), *LIJ 2009, n° 134, p. 29.* – Deby, La participation des communes au fonctionnement des écoles privées, *AJDA 1984. 586.* – Kerninon, Le Conseil constitutionnel et la signification de l'aide de l'État aux établissements d'enseignement privé, *Quot. jur. 10 avr. 1985.* – Magner et Legendre, Rapp. d'information sur la mise en œuvre de la loi n° 2009-1312 du 28 octobre 2009 tendant à garantir la parité de financement entre les écoles élémentaires publiques et privées sous contrat d'association lorsqu'elles accueillent des élèves scolarisés hors de leur commune de résidence, dite « loi Carle », *Sénat n° 695, 8 juill. 2014.* – de Montecler, La loi Carle a pacifié les relations entre communes et écoles privées, *AJDA 2014. 1465* . – Pontier, Une histoire sans fin ? école privée, école publique, la priorité de financement, *JCP Adm. 2009, n° 47. 26.* – Rapp, Les collectivités publiques et le financement des investissements réalisés par les établissements d'enseignement privés, *Cah. dr. entr. 1990, n° 3. 26.* – Ronciere, A propos de l'aide des collectivités locales aux établissements d'enseignement privés : les délibérations budgétaires, simples mesures d'exécution, *LPA, 24 mars 1997. 4.* – Tamion, Les collectivités locales et les établissements d'enseignement privés : les aspects financiers, *LPA, 2 juin 1995. 9.* – TOULEMONDE, Le cinquantenaire de la loi Debré. Qu'est devenu l'enseignement privé ?, *RD publ. 2011. 1157* ; La loi Carle, un compromis boiteux, *AJDA 2009. 2396*. – VIRIEUX, Les communes et les établissements d'enseignement privés, *Rev. adm. 1983. 32.*

▸ **Personnels** RADÉ, A propos des heures de délégation des maîtres contractuels de l'enseignement privé : l'État employeur doit payer, *Dr. soc. 2012. 477*. – TAILLEFAIT, Le statut des maîtres des établissements d'enseignement privés sous contrat après la loi Censi : une « publicisation » achevée ?, *AJFP 2005. 178*. – TOULEMONDE, La question du contrôle et de la gestion des enseignants du privé, *in* L'État et l'enseignement privé, l'application de la loi Debré (dir. Poucet), *Presses universitaires de Rennes, 2011. 113* ; Maîtres des établissements d'enseignement privés entre droit public et droit privé : une hybridation législative, *AJDA 2005. 478* ; Le statut des maîtres contractuels des établissements d'enseignement privés : une privatisation jurisprudentielle ?, *AJDA 1995. 427*.

COMMENTAIRE

« Le contrat d'association peut porter sur une partie ou sur la totalité des classes de l'établissement », y compris les classes préparatoires aux grandes écoles et les autres formations post-baccalauréat organisées en lycée. C'est en effet la classe et non l'établissement qui est associée à l'enseignement public. Les activités extérieures aux classes sous contrat sont organisées librement (al. 3), qu'il s'agisse des classes qui n'ont pas fait l'objet de contrat ou des autres activités de l'établissement. C'est dans cette zone de liberté qu'il faut rechercher le *« caractère propre »*.

La contractualisation entraîne une série de conséquences sur l'enseignement (enseignement public), les maîtres (agents publics), les financements (publics).

I. L'ENSEIGNEMENT

Dans les classes sous contrat d'association, ***« l'enseignement est dispensé selon les règles et les programmes de l'enseignement public »***. Si le code vise *« les règles »* (remise en vigueur du second al. de l'art. 4 de la loi du 31 déc. 1959) et non plus les règles « générales », comme le prévoyait la loi du 25 novembre 1977, cette disposition *« ne saurait être interprétée comme permettant de soumettre cet enseignement à des règles qui porteraient atteinte au caractère propre de l'établissement »* (Cons. const. 18 janv. 1985, *Loi modifiant et complétant la loi n° 83-663 du 22 juillet 1983 et portant dispositions diverses relatives aux rapports entre l'État et les collectivités territoriales*, n° 84-185 DC : *Rec. Cons. const. 36*). L'enseignement doit permettre de traiter l'ensemble des programmes des différentes disciplines (y compris l'éducation à la sexualité), ce qui est d'ailleurs une nécessité pour la préparation des diplômes d'État. Les règles applicables s'imposent notamment pour les horaires, sauf dérogation accordée par le recteur pour expérimentation pédagogique (art. 3).

L'enseignement est apprécié par l'« autorité universitaire » qui prend l'avis du directeur de l'établissement (art. R. 442-41) ; en fait, au-delà de la terminologie d'autrefois, ***le système appliqué aux classes sous contrat d'association est le même que celui en vigueur dans l'enseignement public*** : les inspecteurs évaluent l'enseignement en liaison avec le directeur. Il en est de même dans les établissements d'enseignement agricole sous contrat qui doivent respecter les programmes nationaux et sont soumis au contrôle pédagogique de l'État. Les ***obligations*** qui pèsent sur les ***classes*** faisant l'objet d'un ***contrat simple*** sont ***plus légères*** ; si elles sont aussi soumises au contrôle de l'autorité académique, celle-ci tient compte de leur liberté pédagogique et des règles qui l'encadrent (préparation des examens officiels, organisation de l'enseignement des matières de base par référence aux programmes et aux règles générales…).

II. LES MAÎTRES

L'enseignement est confié à des maîtres dont l'État assume la charge financière (rémunérations et charges sociales).

A. LE STATUT DES MAÎTRES

Il peut tout d'abord s'agir de maîtres de l'enseignement public, fonctionnaires de l'État, nommés pour assurer l'enseignement dans les classes sous contrat. Les autres maîtres sont contractuels.

Dans les ***classes sous contrat d'association***, le contrat est passé entre l'agent et l'État employeur. Selon la loi Debré, les maîtres des établissements privés sous contrat d'association sont « liés à l'État par contrat ». Le contrat présentant toutes les caractéristiques d'un contrat administratif, les maîtres sont des ***contractuels de droit public*** (la loi Rocard dit *expressis verbis* « contrat de droit public », C. rur., art. L. 813-8). La réglementation les soumet à un régime qui se rapproche très fortement de celui des fonctionnaires tant pour leur recrutement, leur activité, leur évaluation (notation pédagogique par l'autorité académique) que la discipline. Malgré tout, la jurisprudence de la Cour de cassation puis du Conseil d'État, partant d'une analyse de leurs relations avec l'établissement (de droit privé) et avec le chef d'établissement (lien de subordination), qualifiait de contrat de travail leur situation vis-à-vis de l'établissement (*AJDA 1995. 427, note Toulemonde*). La loi Censi du 5 janvier 2005 qui a institué un régime additionnel de retraite a complété l'alinéa 2 de l'article L. 442-5 : *« ces derniers, en leur qualité d'agent public, ne sont pas, au titre des fonctions pour lesquelles ils sont employés et rémunérés par l'État, liés par un contrat de travail à l'établissement au sein duquel l'enseignement leur est confié, dans le cadre de l'organisation arrêtée par le chef d'établissement, dans le respect du caractère propre de l'établissement et de la liberté de conscience des maîtres. »* Aussi, faute de contrat de travail, ils ne peuvent plus être ni électeurs ni éligibles aux conseils de prud'hommes (CE 28 nov. 2008, *SNFEFP-CGT et a.*) ; les litiges qui les opposent aux chefs d'établissement relèvent de la juridiction administrative dès lors qu'ils concernent le contrat (CE 9 juill. 2010, n° 314942 : *AJDA 2010. 2067, note Toulemonde*). Toutefois, le législateur a maintenu à ces maîtres le bénéfice des institutions représentatives (délégués du personnel, comités d'entreprise, CHSCT) et du droit syndical dans les conditions du droit du travail. Ainsi, l'institution des délégués syndicaux désignés par les organisations syndicales dans les entreprises privées, non visée par la loi Censi, a été étendue par la Cour de cassation au motif que les maîtres sont « intégrés de façon étroite à la communauté de travail de l'établissement » (C. Cass., avis, 15 janv. 2007 : *AJDA 2007. 227*, qui donne le même avis à propos des fonctionnaires « mis à disposition »). On peut s'en étonner : faute de lien de subordination avec le chef d'établissement, l'intégration à la communauté de travail est-elle avérée ? L'État étant l'employeur, la fonction de délégué syndical, chargé de représenter le syndicat auprès de l'employeur au sein de l'entreprise, a-t-elle encore un sens ? Le délégué syndical dispose de crédits d'heures pour exercer ses fonctions, dont le paiement incombe à l'employeur. Dans l'affaire en cause, le requérant bénéficiait déjà de décharges d'activité accordées par le rectorat, pratique découlant d'une décision administrative de 1976 sans aucun fondement juridique. Si la CA de Montpellier avait considéré le cumul impossible, la Cour de cassation affirme que « les heures de délégation [...] ne se confondent pas avec les décharges d'activité de service ». Ne faudrait-il pas choisir l'un ou l'autre droit ? Que se passera-t-il en cas de licenciement de ces salariés... protégés ? (Soc. 13 oct. 2010, *M. Smagghe c/ Association gestionnaire du lycée privé des techniques agricoles, horticoles et paysagères de Gignac : AJDA 2011. 522, note Toulemonde*).

Des suppléances peuvent être confiées à des maîtres délégués rectoraux (V. Décr. n° 2015-963 du 31 juill. 2015 relatif aux maîtres délégués des établissements d'enseignement privés sous contrat et relevant du ministre chargé de l'éducation nationale améliorant leurs conditions de rémunération sur le modèle des contractuels de l'État).

Dans les ***classes sous contrat simple*** au contraire les maîtres, même s'ils sont agréés et rémunérés par l'État, sont liés par contrat de travail à l'organisme qui gère l'établissement et peut notamment les licencier. La rupture du contrat entraîne *ipso facto* le retrait de l'agrément.

B. L'ACCORD DE LA DIRECTION

Si, dans les ***classes sous contrat simple***, les maîtres sont nommés par la direction après agrément de l'autorité académique (art. R. 914-53) le système est inverse dans les ***classes sous contrat d'association***. Les chefs d'établissement transmettent la liste des services vacants à l'autorité académique qui en assure la publication ; elle reçoit les candidatures et transmet ses propositions à la CCM (commission consultative mixte) avec l'avis du chef d'établissement. Après avoir pris l'avis de la CMA (commission mixte d'affectation), l'autorité académique adresse au chef d'établissement la candidature qu'elle se propose de retenir ; ce dernier dispose de quinze jours pour faire connaître son accord. Son refus doit être motivé ; le chef d'établissement peut s'opposer au recrutement d'un enseignant dont l'attitude serait incompatible avec le caractère propre (Cons. const. 18 janv. 1985, *Loi modifiant et complétant la loi n° 83-663 du 22 juillet 1983 et portant dispositions diverses relatives aux rapports entre l'État et les collectivités territoriales,* n° 84-185 DC : *préc.*).

III. LES FINANCEMENTS PUBLICS

Outre la rémunération du personnel, le financement public permet d'assurer le fonctionnement des classes sous contrat, et dans certains cas ou dans certaines limites, l'investissement. L'État mais aussi les collectivités territoriales ont, selon les cas, l'obligation ou la possibilité de contribuer.

A. CLASSES SOUS CONTRAT

Le financement public du fonctionnement des classes sous contrat est de droit, en vertu du principe de parité.

La loi Debré a obligé l'État et les collectivités locales à apporter aux établissements d'enseignement privés du premier et du second degré ayant signé des ***contrats d'association*** les mêmes sommes que celles attribuées aux écoles et établissements publics pour leur fonctionnement (art. L. 442-5 et R. 442-44). Pour les classes sous ***contrat simple***, les communes peuvent participer aux dépenses sous réserve de ne pas consentir un effort supérieur à celui fait pour les écoles publiques (art. L. 442-12 et R. 442-53).

Dans le premier degré, la commune est tenue, en application du principe de parité posé par l'article L. 442-5 pour les écoles sous contrat d'association avec l'État (dépense obligatoire : CE, sect., 12 févr. 1982, *Min de l'intérieur c/ Cne d'Aurillac : Lebon 68*), d'assurer les dépenses de fonctionnement matériel pour les élèves qui y ont leur domicile dans les mêmes conditions que pour les écoles publiques. Pour les classes maternelles et enfantines qui ne concernent pas la scolarité obligatoire, les communes sont tenues de les financer quand elles ont auparavant donné leur accord (CE, ass., 31 mai 1985, n° 42659), cet accord pouvant être retiré à tout moment si le contrat a été conclu pour une durée indéterminée (CE 22 mars 1996, n° 110303), seulement à l'issue de l'expiration de la période prévue pour le contrat s'il est à durée déterminée. Toutefois, l'abaissement de l'âge de l'obligation d'instruction à trois ans par la loi du 26 juillet 2019 étend aux classes maternelles l'obligation de financement, (modification prévue des art. L. 442-5-1 et L. 442-5-2. En revanche, cet accord demeure exigé pour le versement du forfait au titre des enfants de moins de 3 ans accueillis dans ces classes art. 1er du Décr. n° 2019-1555 du 30 déc. 2019). Cette obligation prend la forme d'un « forfait communal » versé par la commune à l'établissement privé, calculé sur la base du coût moyen d'un élève scolarisé dans les écoles publiques de la commune (CE 31 mars 1985, *MEN c/ Assoc. d'éducation populaire de l'école Notre-Dame d'Arcq-lès-Gray : Lebon 167*). Les délibérations annuelles fixant la participation d'une commune au fonctionnement des classes des écoles privées sous contrat d'association étant des décisions individuelles dont l'objet est purement pécuniaire et non des mesures réglementaires relatives à l'organisation du service public de l'enseignement doivent être notifiées. Le destinataire de la décision ne peut exercer de recours juridictionnel au-delà d'un délai raisonnable, ne pouvant, sauf circonstances particulières, excéder un an à compter de la date à laquelle une décision expresse lui a été notifiée ou de la date à laquelle il est établi qu'il en a eu connaissance (CE 2 mai 2018, n° 391876). La Cour des comptes a pu souligner l'importance des écarts dans le montant des forfaits reproduisant ainsi l'inégalité qui peut exister entre les écoles publiques d'une commune à l'autre mais pouvant aussi résulter d'une application incorrecte d'une réglementation complexe et imprécise (« Les communes et l'école de la République », Rapport de la Cour des comptes *2008, p. 70 s.*). L'article 34 de la loi pour une école de la confiance du 26 juillet 2019, étendant la formule déjà prévue pour les écoles publiques, permet le financement des écoles privées sous contrat dispensant un enseignement en langue régionale par les communes d'origine des élèves, tout en maintenant le caractère non obligatoire de la contribution.

Dans le second degré, le « forfait d'externat » est dû par les départements pour les collèges, par les régions pour les lycées. Au forfait « matériel » s'ajoute dorénavant un forfait « personnel » représentant le coût des personnels TOS (Toulemonde, note ss. TA Montpellier, 25 sept. 2008, n° 0302252 : *AJDA 2009. 439*).

La loi met clairement à la charge des collectivités territoriales les dépenses de fonctionnement des classes « dans les mêmes conditions » (art. L. 442-5) et calculées selon « les mêmes critères » que pour les classes correspondantes de l'enseignement public. Le forfait est déterminé par référence aux « dépenses correspondantes de fonctionnement de matériel afférentes à l'externat » et en prenant en compte le « coût moyen correspondant d'un élève externe » (majoré d'une somme représentative des charges que ne supportent pas les classes publiques). Le montant du forfait d'externat dû par le département pour les classes sous contrat des collèges privés doit être égal au coût moyen d'un élève externe des collèges publics ; il doit correspondre aux dépenses de fonctionnement effectivement supportées par le département, quel que soit leur classement comptable dans le budget du département (CAA Marseille, 23 nov. 2012, n° 08MA05019).

Pour les communes, la liste des dépenses de fonctionnement a été établie par circulaire, récemment actualisée pour tenir compte des évolutions techniques et pédagogiques (nouvelles technologies, intervenants extérieurs…, Circ. interministérielle n° 2007-142 du 27 août 2007 se substituant à la Circ. du 2 déc. 2005, annulée par le CE 4 juin 2007, *Ligue de l'enseignement et a. : LIJ n° 119*). Les dépenses ainsi listées n'ont pas un caractère exhaustif (CE, ass., 25 oct. 1991, *Synd. nat. de l'enseignement chrétien CFTC et a.*, n°s 68523 et 68526 : *Lebon 349*). Pour les départements et les régions, aucune énumération précise n'a jamais été faite. Au regard de la jurisprudence, Bernard Toulemonde les range en trois catégories. Certaines dépenses sont d'abord clairement exclues, qu'il s'agisse de celles afférant à l'internat et à la demi-pension, les dépenses d'investissement ou celles que la loi a mises à la charge de l'État (achats informatiques, art. L. 442-9). Les dépenses à retenir au titre du fonctionnement regroupent les « consommations » (chauffage, éclairage, fournitures…), l'entretien, les frais postaux…, et les dépenses pédagogiques correspondant aux enseignements et horaires officiels qui relèvent toutefois de la compétence de l'État et enfin, certaines dépenses indirectes de gestion (secrétariat, CE, ass., 25 oct. 1991, *Synd. nat. de l'enseignement chrétien CFTC et a.*, n°s 68523 et 68526 : *préc.*).

Au-delà de la liste, les collectivités doivent évaluer le coût réel d'entretien d'un élève de l'enseignement public. Le calcul se fait selon la méthode dite du « coût complet » renouvelée chaque année, ce qui exclut tant la détermination par contrat que la revalorisation automatique (CE 29 avr. 1987, *Assoc. familiale de gestion de l'enseignement catholique de Montluçon* : n° 63037). Ce calcul passe par une analyse du budget de la commune. Le recours à l'expertise pour examiner les comptes de la collectivité afin d'évaluer les dépenses directes et indirectes effectuées pour les écoles publiques est souvent nécessaire et admis par le juge (CE sect., 11 févr. 2005, *OGEC du Sacré-Cœur*, n° 259290 A). Une incertitude demeure sur le point de savoir si les litiges entre établissements privés et collectivités territoriales peuvent être soumis à titre préalable à la commission de conciliation prévue à l'article L. 442-11 compétente pour leurs relations avec l'État.

Traditionnellement, le Conseil d'État limitait la participation communale aux seuls élèves de la commune (CE 31 mai 1985, *MEN c/ Assoc. d'éducation populaire de l'école Notre-Dame d'Arc-lès-Gray*, n° 55925 A). Pour les élèves venant des autres communes, l'article L. 442-9 issu de la loi n° 85-97 du 25 janvier 1985 renvoyait à l'article L. 212-8 (prise en charge des élèves par accord entre les communes d'accueil et de résidence), limitant toutefois ce renvoi au premier alinéa (excluant ainsi l'intervention du préfet en cas de désaccord). Pour les élèves non résidants, aucune obligation de financement n'était donc prévue.

Sur proposition de Michel Charasse, l'article 89 de la loi n° 2004-809 du 13 août 2004 étend les procédures prévues pour l'enseignement public aux écoles privées ; ainsi le préfet intervient à défaut d'accord fixant les contributions respectives. Mais le législateur n'a pas prévu l'application les deux derniers alinéas de l'article L. 212-8, concernant l'obligation de participation financière en cas de capacité d'accueil suffisante (4e al.) et les exceptions prévues pour tenir compte des situations individuelles (5e al.) ; cette nouvelle rédaction « a pu être interprétée comme ayant pour effet de rendre obligatoire pour les communes le forfait communal pour les élèves scolarisés dans une école privée située dans une autre commune », cette obligation étant alors plus rigoureuse pour les écoles privées que pour les écoles publiques.

L'article 89 de la loi n° 2005-380 d'orientation et de programme pour l'avenir de l'école a complété ce dispositif en instituant un plafond : le coût d'un élève scolarisé dans une école privée extérieure à la commune ne peut être supérieur à ce qu'aurait coûté le même élève s'il avait été scolarisé dans une école publique de la commune, la charge supportée par la commune pour les écoles privées ne pouvant pas être plus lourde (Circ. n° 2005-206 du 2 déc. 2005).

Une clarification s'imposait. Issue d'une proposition de loi du sénateur J.-C. Carle, la loi n° 2009-1312 du 28 octobre 2009 abroge l'article 89 de la loi de 2004 et adopte un dispositif tendant à garantir la parité du financement entre les écoles élémentaires publiques et privées sous contrat d'association lorsqu'elles accueillent des élèves scolarisés en dehors de leur commune. Cinq ans plus tard, le Sénat fait un bilan positif d'une mesure qui avait pourtant failli déclencher une nouvelle guerre scolaire (Rapport d'information, commission pour le contrôle de l'application des lois n° 695, 8 juill. 2014).

L'article L. 442-5-1 issu de l'article 1er de la loi distingue deux cas de figure pour la commune (à laquelle elle assimile le regroupement pédagogique intercommunal). Soit la commune (ou le RPI, extension non prévue pour l'école publique) de résidence ne dispose pas des capacités d'accueil suffisantes (en école publique) et les élèves qui y résident doivent être scolarisés ailleurs. Soit, ces capacités existent, mais les familles peuvent justifier leur souhait de voir leurs enfants scolarisés dans une autre commune en se basant sur les « critères objectifs et rationnels » cités par l'article qui reprend alors les dispositions en vigueur pour les écoles publiques : obligations professionnelles des parents (lorsqu'ils peuvent invoquer l'absence de restauration scolaire ou de service de garde), inscription préalable d'un autre enfant ou raisons médicales (V. Décr. n° 2010-1348 du 9 nov. 2010 fixant les conditions de prise en charge des dépenses obligatoires des communes participant à un RPI, art. D. 442-44-1).

Mais, contrairement à la solution dégagée pour les écoles publiques, la loi considère alors que la dépense est obligatoire pour la commune de résidence si toutefois elle l'avait été si l'élève avait été scolarisé sur son territoire. L'article L. 442-5-2 précise, qu'en cas de litige, le montant de la contribution est fixé par le préfet dans les trois mois. Lorsque la contribution n'est pas obligatoire, la commune a toutefois la possibilité de participer volontairement aux frais de fonctionnement de l'établissement, à la condition que son montant n'excède pas le coût moyen des classes élémentaires du département. Le Conseil constitutionnel a considéré que cette différence n'était pas contraire au principe de libre administration des collectivités territoriales, la loi n'emportant ni création ni extension des compétences (Cons. const. 22 oct. 2009, *Loi tendant à garantir la parité de financement entre les écoles élémentaires publiques et privées sous contrat d'association lorsqu'elles accueillent des élèves scolarisés hors de leur commune de résidence*, n° 2009-591 DC : *JO 29 oct. 2009, p. 18307*).

En cas de litige portant sur la contribution obligatoire d'une commune aux dépenses de fonctionnement de classes élémentaires d'un établissement d'enseignement privé du premier degré sous contrat d'association, un recours contentieux ne peut être introduit qu'après que le représentant de l'État dans le département a été saisi par la partie la plus diligente, afin qu'il fixe cette contribution (art. L. 452-2, dans sa rédaction issue de la L. du 28 oct. 2009). Cette saisine obligatoire n'est toutefois applicable qu'aux seuls litiges nés à compter du 30 octobre 2009, date d'entrée en vigueur de cette loi (CE 12 mai 2017, n° 391730).

B. FINANCEMENT PUBLIC DE L'INVESTISSEMENT

Il varie selon les niveaux.

Il est ***exclu pour le premier degré***. L'article 2 de la loi du 30 octobre 1886 a en effet prohibé toute aide publique aux établissements privés. Le Conseil d'État, saisi d'abord pour avis (CE, avis, 19 juill. 1888 : *D. 1890. III. 14, note de Baulny*), puis au contentieux, avant comme après la loi Debré (CE 20 avr. 1891, *Villes de Vitré, Muret et Nantes : Lebon 137* ; CE, ass., 24 mai 1963, *FNCPEEP et Sieur Lachapelle : Lebon 32 ; AJDA 1963. 343*), a confirmé ce principe auquel la loi a apporté des exceptions. Les communes comme l'État peuvent en effet accorder des garanties d'emprunt pour le financement des constructions, acquisitions, aménagement des locaux du premier degré (art. L. 442-17) ; de même ont-elles, depuis la loi n° 86-972 du 19 août 1986 accompagnant le plan Informatique pour tous, la possibilité de compléter le financement par l'État du matériel informatique utilisé à des fins pédagogiques (art. L. 442-16).

Ces dispositions sont aussi applicables aux ***classes d'enseignement général du second degré*** ; en outre l'article 2 de la loi du 25 novembre 1977 a autorisé l'État à subventionner les investissements (constructions, aménagement, équipement) des établissements ayant passé un contrat, simple ou d'association, pour l'enseignement complémentaire préparant à la formation professionnelle (art. L. 442-15). Au vu de ces textes et en se référant tant à la philosophie de la loi Debré qu'à celle des lois de décentralisation, le commissaire du gouvernement P. Frydman proposait d'affirmer la liberté des aides en la corrigeant par l'exigence de la parité avec l'enseignement public. Par ses arrêts d'assemblée du 6 avril 1990, *Département d'Ille-et-Vilaine* et *Ville de Paris et école alsacienne* (*AJDA 1990. 519, Chron. Honorat et Baptiste*), le Conseil d'État rappelle que l'article 69 de la loi Falloux de 1850 n'a fait l'objet d'aucune abrogation expresse ou implicite ; aussi, si les établissements d'enseignement privés peuvent obtenir des communes, des départements ou de l'État une aide aux investissements, son montant ne peut excéder le dixième des dépenses annuelles de l'établissement (art. L. 151-4). Contrairement aux subventions de fonctionnement (dits « forfaits d'externat ») qui sont une obligation pour l'État et la collectivité territoriale compétente, l'aide à l'investissement n'est qu'une faculté dans la limite de 10%. Cet apport limité peut prendre deux formes, l'État ou les collectivités territoriales peuvent soit subventionner l'établissement soit lui apporter des locaux préexistants. Le plafond à ne pas dépasser est déterminé en prenant en considération les dépenses ordinaires non couvertes par les forfaits d'externat (auxquelles se bornait un avis du Conseil d'État du 20 avr. 1950) mais aussi les dépenses d'investissement. Cette formule qui vise les apports des diverses collectivités dont le total ne doit pas dépasser le plafond s'applique à tous les établissements d'enseignement privés qu'ils aient ou non passé un contrat avec l'État. La lecture ainsi donnée de la loi Falloux s'écarte de l'intention du législateur (qui souhaitait protéger les établissements *« libres »* de l'interventionnisme public), donnant une interprétation évolutive de la disposition élargissant les possibilités de subventionnement sans aboutir à la solution libérale proposée par le commissaire du gouvernement dans ses conclusions contraires.

Dans l'***enseignement technique*** au contraire, il n'existe aucune limitation, que l'établissement dispose ou non de classes sous contrat (L. Astier de 1919 ; L. Rocard de 1984 pour les établissements agricoles). En l'absence de texte, le Conseil d'État en a déduit qu'il y a liberté du subventionnement (pour l'enseignement technique : 29 oct. 1930, *Cne de Villeneuve-d'Aveyron : Lebon 867* ; CE, ass., 7 juill. 1950, *Œuvre de Saint-Nicolas : Lebon 422* ; pour l'enseignement supérieur, CE, ass., 1er juin 1956, *Canivez : Lebon 220*).

S'agissant des ***établissements polyvalents*** dans lesquels coexistent des classes d'enseignement général et des classes d'enseignement technique (enseignement technologique et enseignement professionnel), le juge raisonne par référence à chaque type de classe ; aussi, admet-il les aides aux investissements des sections techniques sans limitation (CE 18 nov. 1998, *Région Île-de-France : AJDA 1999. 371*), ouvrant ainsi la voie à quelques tentations de détournement de procédure. Des équipements ainsi financés pourront en effet être utilisés par les élèves des classes d'enseignement général.

Toute aide aux investissements bénéficiant aux formations offertes par les établissements privés sous contrat d'association doit être compatible avec les orientations du Schéma Prévisionnel des Formations (art. L. 442-6). Une convention entre la collectivité territoriale et l'organisme bénéficiaire précise l'affectation de l'aide, les durées d'amortissement des investissements financés et les conditions de remboursement en cas de cessation d'activité (art. L. 442-7). En outre, un représentant de la commune et de la collectivité participe aux réunions de l'organe gestionnaire (art. L. 442-8).

La réglementation exclut le financement par les communes de toute dépense d'investissement des écoles privées, à l'exclusion des concours pour l'acquisition des matériels informatiques complémentaires (art. 19-II de la L. n° 86-972 du 19 août 1986), qui n'entrent donc pas dans le calcul du « forfait communal » (il en irait différemment si le matériel avait fait l'objet d'une location).

I. CONSTITUTIONNALITÉ DES AIDES

1. Aides conformes aux principes d'égalité et de liberté. Si le principe de libre administration des collectivités locales a valeur constitutionnelle, les dispositions que le législateur édicte ne sauraient conduire à ce que les conditions essentielles d'application d'une loi relative à l'exercice de la liberté de l'enseignement dépendent de décisions des collectivités territoriales et, ainsi, puissent ne pas être les mêmes sur l'ensemble du territoire. Le législateur peut prévoir l'octroi d'une aide des collectivités publiques aux établissements d'enseignement privés selon la nature et l'importance de leur contribution à l'accomplissement de missions d'enseignement. Mais les aides allouées doivent, pour être conformes aux principes d'égalité et de liberté, obéir à des critères objectifs. • Cons. const. 13 janv. 1994, n° 93-329 DC : *JO 15 janv. p. 829 ; Rec. Cons. const. 9 ; JCP 1994. II. 12241, note Ashworth ; AJDA 1994. 132, note Costa* ; *RFDA 1994. 209, comm. Genevois* .

II. BESOIN SCOLAIRE RECONNU

2. *Appréciation du besoin.* L'appréciation du besoin comprend des éléments quantitatifs et des éléments qualitatifs tels que la demande des familles et le caractère propre de l'établissement d'enseignement. L'art. 27-3 de la loi modifiant et complétant la L. du 22 juill. 1983 relative aux rapports entre l'État et les collectivités territoriales ayant pour objet, non de donner une énumération exhaustive des éléments servant à déterminer si l'établissement d'enseignement privé répond à un « besoin scolaire reconnu » mais seulement de préciser quels sont les éléments à prendre en compte pour apprécier l'existence d'un « besoin scolaire reconnu » sous son seul aspect quantitatif, est jugé conforme à la Constitution. • Cons. const. 18 janv. 1985, *Loi modifiant et complétant la loi n° 83-663 du 22 juill. 1983 et portant dispositions diverses relatives aux rapports entre l'État et les collectivités territoriales,* n° 84-185 DC : *JO 20 janv., p. 821 ; Rec. Cons. const. 36 ; RFDA 1985. 624, comm. Delvolvé.* ♦ L'appréciation du besoin scolaire peut n'être pas exclusivement quantitative. • TA Paris, 8 janv. 2008, n° 0418431/7 : *LIJ 2008, n° 123, p. 19.* ♦ Pour apprécier si un établissement d'enseignement privé répond à un besoin scolaire, le préfet doit tenir compte de la totalité des élèves inscrits dans l'établissement et non des seuls élèves domiciliés dans la commune où il est situé. • CE 10 janv. 1986, n° 58119 B. ♦ Pour le second degré, l'appréciation de cette exigence s'effectue en fonction des schémas prévisionnels, des plans régionaux et de la carte des formations supérieures. • CE 20 nov. 1987, n° 67278 : *Dr. adm. 1987, comm. 646* • CE, sect., 12 févr. 1988, n° 54245 A : *AJDA 1988. 260 et 327.*

III. DÉCISION REFUSANT LE PLACEMENT D'UNE CLASSE SOUS CONTRAT D'ASSOCIATION

3. *Principe général.* La règle selon laquelle ne peuvent bénéficier d'un contrat d'association à l'enseignement public et, par suite, d'un financement par l'État, que les classes dans lesquelles sont appliqués les programmes de l'enseignement public ne porte atteinte, par elle-même, à aucun des droits et à aucune des libertés que les art. 9 et 14 Conv. EDH et l'art. 2 de son premier protocole additionnel garantissant respectivement le droit à la liberté de pensée, de conscience et de religion et le droit à l'instruction ont pour objet de protéger. • CE 28 avr. 2006, n° 262819 A : *AJDA 2006. 902* ; *LIJ 2006, n° 107, p. 16.*

4. *Acte détachable.* Eu égard à son objet et à ses effets, la décision qui exclut une classe d'un contrat d'association à l'enseignement public peut, comme le refus de signature initiale d'un tel contrat ou d'un avenant, faire l'objet d'une demande d'annulation devant le juge administratif. Une cour administrative d'appel commet donc une erreur de droit en estimant que cette décision n'était pas détachable des conditions d'exécution du contrat passé entre l'État et l'établissement d'enseignement privé en cause. • CE 28 avr. 2006, n° 262819 A : *préc. note 3.*

5. *Motivation.* Pour refuser le placement sous contrat d'association d'une classe particulière dite de préparation au baccalauréat international qui y était précédemment incluse, le préfet s'est fondé sur ce que cette classe sous contrat ne dispense pas les programmes de l'enseignement public mais prépare les élèves à un diplôme non équivalent au baccalauréat français. Il a ainsi suffisamment motivé sa décision. • CE 28 avr. 2006, n° 262819 A : *préc. note 3.*

IV. CONTRÔLE DU JUGE ADMINISTRATIF

6. *Contrôle de l'erreur de droit.* Le refus de conclusion d'un contrat doit se fonder sur un texte. La délibération d'un conseil municipal accordant des subventions aux associations de parents d'élèves de l'enseignement libre pour assurer la prise en charge, par la ville, des frais de chauffage et d'éclairage des élèves des écoles privées du premier degré est illégale, n'étant pas au nombre des mesures à caractère social autorisées par la L. du 31 déc. 1959. • CE 5 oct. 1966, n° 57859 A • CE, sect., 11 mars 1966, n° 63187 A. ♦ Les classes de première et terminale dont l'école Saint-Sulpice demandait la mise sous contrat dispensaient dans le cadre scolaire un enseignement global préparant à l'obtention du baccalauréat selon les programmes et horaires par discipline en vigueur dans les lycées. Si les cours étaient aménagés de manière à pouvoir accueillir une proportion notable de jeunes gens qui avaient pour un temps interrompu leurs études ou entendaient poursuivre une certaine activité extérieure et étaient de ce fait plus âgés en moyenne que les élèves des classes correspondantes des lycées, les modalités d'organisation prévues permettaient d'assurer la préparation au baccalauréat telle qu'elle est organisée dans les lycées par les dispositions législatives et réglementaires précitées. En refusant la demande de l'école Saint-Sulpice au motif que les classes dont il s'agit ne répondaient pas à un besoin de caractère scolaire, mais relevaient des actions de formation professionnelle prévues par le code du travail, le commissaire de la République a pris une décision entachée d'erreur de droit. • CE, sect., 12 févr. 1988, n° 54245 A : *AJDA 1988. 260 ; JCP 1988. IV. 145.* ♦ Erreur de droit pour un refus fondé sur ce que la structure pédagogique et le fonctionnement de l'établissement n'auraient pas été conformes aux règles officielles, ce qui ne ressortait pas des pièces du dossier. • CE 23 déc. 1988, n° 74652 A. ♦ Illégalité du refus d'étendre à une classe supplémentaire le contrat d'association, fondé exclusivement sur une directive ministérielle fixant les règles selon lesquelles seraient répartis les crédits ouverts dans la loi de finances en vue de la conclusion de nouveaux contrats. Le critère, retenu par le ministre, d'analogie avec les créations nettes d'emplois dans l'enseignement public, n'est pas au nombre de ceux dont la loi autorise l'administration à tenir compte pour répondre aux demandes de conclusion de nouveaux contrats. Le refus est entaché d'une erreur de droit. • CE 1er oct. 1993, n° 116558 B. ♦ L'obligation faite aux établissements déjà sous contrat qui comportent des classes du premier et du second cycle de l'enseignement secondaire de constituer ces classes en unités pédagogiques autonomes n'impose pas de les constituer en établissements distincts. Le préfet qui se fonde sur ce que les classes du second cycle de l'enseignement secondaire pour lesquelles un contrat est demandé devaient être constituées en établissement distinct des classes du premier cycle de l'enseignement secondaire qui étaient déjà sous contrat commet une erreur de droit. • CE 30 juin 1995, n° 119836 B. • CE, sect., 13 janv. 1965, *École du Sacré-Cœur de Gorron*, n° 61218 A.

7. Contrôle sur le refus de passer un contrat. Traditionnellement, le juge administratif exerçait un contrôle restreint sur le refus de l'autorité administrative de passer un contrat d'association avec un établissement d'enseignement privé. En se fondant, pour refuser à un établissement d'enseignement privé de placer sous contrat d'association une classe de préparation au BEP des carrières sanitaires et sociales, sur les difficultés de placement des élèves titulaires de ce brevet et sur l'existence, dans les établissements publics et privés de la région, d'un nombre suffisant de classes dispensant cette formation, le préfet commet une erreur manifeste dans l'appréciation du « besoin scolaire reconnu ». • CE, sect., 25 avr. 1980, n° 15244 A : *AJDA 1980. 491, concl. Théry ; D. 1981. 481, note Kerninon.* ♦ Ou encore, absence d'erreur manifeste d'appréciation pour un refus de placer sous contrat d'association une nouvelle classe préparatoire fondé sur ce que « l'analyse des possibilités d'accueil, sur le plan régional ou national, qu'il s'agisse des établissements privés ou publics, montre que le dispositif existant suffit pour répondre aux besoins des grandes écoles scientifiques ». La circonstance que l'effectif moyen des classes en cause de l'institution requérante était sensiblement supérieur à celui des autres classes de même niveau ouvertes sur l'agglomération n'était pas de nature à établir que les décisions attaquées seraient fondées sur une appréciation erronée des faits. • CE 17 mars 1993, n° 96276 B. ♦ Aujourd'hui, le juge exerce un contrôle normal sur l'appréciation portée par le préfet pour refuser le placement d'une classe sous contrat d'association au motif que les programmes enseignés ne répondent pas aux conditions posées par cet article dès lors que cette classe ne dispense pas les programmes de l'enseignement public mais prépare les élèves à un diplôme non équivalent au baccalauréat français. • CE 28 avr. 2006, n° 262819 A : *préc. note 3.*

8. Contrôle normal sur l'appréciation du « besoin scolaire ». Le juge exerce un contrôle normal sur l'appréciation du « besoin scolaire ». Eu égard tant à la part prise par les établissements dans la scolarisation des enfants en âge de fréquenter l'école primaire qu'à l'absence dans la commune d'autres écoles primaires privées sous contrat d'association, les établissements répondaient, alors même que des places disponibles auraient existé dans les écoles publiques de la commune, à un besoin scolaire. • CE 19 juin 1985, n°s 33120 A et 33121 A.

V. PRISE EN CHARGE DES DÉPENSES

V. aussi notes ss. art. L. 442-5-1, L. 442-9 et L. 212-8.

9. Principes. Dépenses obligatoires pour la commune. Écoles élémentaires. Si, depuis sa modification par la loi du 25 nov.1977, l'art. 4 de la loi du 31 déc. 1959 dispose que « les dépenses de fonctionnement des classes sous contrat d'association sont prises en charge sous la forme d'une contribution forfaitaire versée par élève et par an et calculée selon les mêmes critères que pour les classes correspondantes de l'enseignement public » et n'indique donc pas par quelle collectivité cette contribution est versée, il résulte des travaux préparatoires de cette disposition que le législateur n'a pas entendu revenir sur la règle selon laquelle les dépenses de fonctionnement des classes sous contrat d'association sont à la charge de la collectivité qui supporte les dépenses de fonctionnement des classes correspondantes de l'enseignement public. Le principe est donc celui de la prise en charge, par les communes, des dépenses de fonctionnement matériel des établissements d'enseignement privé sous contrat d'association. Elles constituent ainsi des dépenses obligatoires pour les communes qui sont ainsi tenues d'assurer, à parité avec celui des écoles publiques, le financement des dépenses de fonctionnement des classes sous contrat d'association. • CE 12 févr. 1982, n° 33212 A : *AJDA 1982. 469, note Gaudemet ; RD publ. 1982. 465, note Robert.* ♦ Dès lors, ni ces communes ni les organismes de gestion des écoles ne peuvent, par la voie contractuelle, renoncer à l'application de ces dispositions et fixer des montants de participation qui ne correspondraient pas aux prévisions de la loi. • CE 12 oct. 2011, n° 325849 • TA Bordeaux, 12 mars 2014, n° 0901952.

10. Principes. Dépenses obligatoires pour la commune. Écoles maternelles. En vertu de l'art. 11 de la loi du 30 oct. 1886, toute commune doit, sauf le cas où elle est autorisée à se réunir à une autre pour établir une école intercommunale, être pourvue d'une école primaire publique. Il résulte toutefois des dispositions combinées des art. 14 et 15 de la même loi et de l'art. 2 du décret du 7 avr. 1887 que seul l'établissement des écoles primaires élémentaires publiques destinées à recevoir les élèves soumis à l'obligation scolaire, en application de l'art. 4 de la loi du 28 mars 1882, donne lieu à une dépense obligatoire pour la commune, les écoles maternelles ou les classes enfantines ne donnant lieu à une telle dépense que lorsqu'elles ont été régulièrement créées à la demande de la commune. Il suit de là que, si les communes sont tenues de prendre en charge les dépenses de fonctionnement des classes élémentaires des établissements d'enseignement sous contrat d'association, elles n'ont à supporter les dépenses de fonctionnement des classes enfantines ou maternelles de ces établissements que lorsqu'elles ont donné leur accord au contrat concernant lesdites classes. • CE, ass., 31 mai 1985, *MEN c/ Assoc. d'éducation populaire de l'école Notre-Dame d'Arc-les-Gray*, n° 55925 A • CE, ass., 31 mai 1985, *Ville de Moissac c/ Assoc. d'éducation populaire de l'école privée Jeanne d'Arc*, n° 42659 A : *AJDA 1985. 402, chron. Hubac et Schoettl ; RFDA 1985. 637, concl. Roux.* • CE 25 juin 1999, n° 154589 B : *AJDA 2000. 81, note Chouvel.* ♦ A défaut d'accord, l'inscription d'office au budget est impossible. • CE 8 févr. 1999, n° 170825.

11. Principes. Compétence exclusive de la commune. Des contribuables de la région ayant saisi le tribunal en vue d'obtenir l'annulation d'un article d'une délibération du conseil régional du Limousin qui prévoyait l'octroi d'une subvention à l'association Calandreta Lemosina en charge de la gestion d'une école primaire privée au sein de laquelle sont assurés la promotion et l'enseignement de la langue occitane, le tribunal annule la décision litigieuse en considérant qu'aucune disposition législative ou réglementaire n'autorisait les collectivités autres que les communes, même en cas de carence de ces dernières, à consentir une aide financière sous quelque forme que ce soit à des écoles primaires privées, et ce, en violation du code de l'éducation qui définit de manière limitative les possibilités d'aide en la matière. • TA Limoges, 2 oct. 2014, n° 1201179.

12. Principes. Délibérations fixant la participation d'une commune. Nature de l'acte. Le Conseil d'État a été amené à préciser que les délibérations annuelles fixant la participation d'une commune au fonctionnement des classes des écoles privées sous contrat d'association présentent le caractère de décisions individuelles dont l'objet est purement pécuniaire et non de mesures réglementaires relatives à l'organisation du service public de l'enseignement. • CE 2 mai 2018, n° 391876 B : *AJDA 2018. 1974, note Legrand ; LIJ 2018, n° 203, p. 6.*

13. Principes. Délibérations fixant la participation d'une commune. Nature de l'acte. Conséquences. Communication de la décision. Le Conseil d'État ayant précisé que les délibérations annuelles fixant la participation d'une commune au fonctionnement des classes des écoles privées sous contrat d'association présentent le caractère de décisions individuelles (cf. note préc.), il en déduit que pour les écoles privées ayant conclu avec l'État un contrat d'association pour une durée déterminée avec tacite reconduction, les communes qui ne souhaitent pas renouveler leur accord de prise en charge des dépenses de fonctionnement des classes maternelles doivent prendre une délibération en ce sens et la notifier à la personne morale responsable de l'école avant la reconduction tacite du contrat. En cas de contrat d'association à durée indéterminée, la délibération peut être prise à tout moment. Sous réserve de sa transmission à l'État au titre du contrôle de légalité, elle devient exécutoire, en dépit des stipulations contraires qui seraient maintenues dans le contrat d'association, dès qu'elle a été notifiée à son destinataire, mais elle ne peut pas produire d'effet au cours de l'année scolaire au cours de laquelle elle a été notifiée. En l'espèce, la participation de l'organisme à une commission de concertation où a été exposé le contenu de la délibération vaut notification à la date de la réunion. • CE 2 mai 2018, n° 391876 B : *AJDA 2018. 1974, note Legrand.*

14. Principes. Référence au secteur public. Si, depuis sa modification par la L. du 25 nov. 1977 (L. Guermeur), l'art. 4 de la L. Debré n'indique pas par quelle collectivité est versée la contribution forfaitaire aux dépenses de fonctionnement des classes sous contrat d'association, il résulte des travaux préparatoires de cette disposition que le législateur n'a pas entendu revenir sur la règle selon laquelle les dépenses de fonctionnement des classes sous contrat d'association sont à la charge de la collectivité publique qui supporte les dépenses de fonctionnement des classes correspondantes de l'enseignement public, donc la commune, en ce qui concerne les classes des écoles. • CE 12 févr.

1982, n° 33212 B : *AJDA 1982. 469, note Gaudemet ; RDP 1982. 465, note Robert ; Rev. adm. 1982. 275, note Pacteau.* ♦ ... Également à la suite de la loi de décentralisation du 2 mars 1982. • CE, ass., 31 mai 1985, *MEN c/ Assoc. d'éducation populaire à Arc-lès-Gray,* n° 55925 A : *RFDA 1985. 639, concl. Roux.* ♦ Rares sont aujourd'hui les collectivités qui s'obstinent à refuser de verser aux classes sous contrat les dépenses afférentes à leur fonctionnement. A propos de la constatation par une chambre régionale des comptes de ce qu'une dépense obligatoire n'a pas été inscrite au budget d'une commune ou l'a été pour une somme insuffisante et de la mise en demeure de la commune d'inscrire les crédits correspondants : • CE 18 nov. 1998, n° 143007 A : *D. 1999. 14.* ♦ Une commune avait, d'une part, créé une cuisine centrale chargée de fournir des repas aux restaurants scolaires, d'autre part, institué une aide financière destinée à abaisser les prix de ces repas au-dessous du prix de revient. Si la municipalité pouvait légalement offrir aux associations gestionnaires des écoles privées l'accès à la cuisine centrale municipale, elle n'était pas tenue de faire bénéficier ces mêmes associations de la seconde mesure sociale, à l'égard de laquelle elle disposait du même pouvoir d'appréciation. • CE, ass., 5 juill. 1985, *Ville d'Albi,* n° 44706 A : ♦ Les dépenses liées aux transports des élèves lors d'activités scolaires, à la médecine scolaire, à la rémunération d'intervenants lors des séances d'activités physiques et sportives, ainsi qu'aux classes dites de découverte, sont engagées par la commune dans le cadre de la scolarité des élèves de l'enseignement public et revêtent le caractère de dépenses de fonctionnement au sens de l'art. L. 442-5, sans qu'y fasse obstacle la circonstance que les personnels enseignants des écoles publiques sont rémunérés directement par l'État. • CAA Lyon, 30 déc. 2008, n° 05LY02084. ♦ Le montant ne peut être fixé par voie contractuelle ni par revalorisation automatique : • CAA Lyon, 30 déc. 2008, n° 05LY02082. ♦ Dans une série d'arrêts condamnant la commune de Clermont-Ferrand à revaloriser les contributions qu'elle verse à certaines écoles privées, le Conseil d'État confirme ces solutions et explicite une nouvelle fois le contenu du principe de parité posé depuis 1959 entre les écoles publiques et privées selon lequel les dépenses de fonctionnement des classes sous contrat sont prises en charge dans les mêmes conditions que celles des classes correspondantes de l'enseignement public. • CE 12 oct. 2011, n° 325846 • CE 12 oct. 2011, n° 325847 • CE 12 oct. 2011, n° 325848 • CE 12 oct. 2011, n° 325849 • CE 12 oct. 2011, n° 325850 • CE 12 oct. 2011, n° 325851 B : *AJDA 2012. 380, note Toulemonde ; ibid. 2011. 1983 ; AJCT 2012. 47, obs. Houser.*

15. Convention. S'il est loisible à une commune et à un organisme responsable de la gestion d'un établissement d'enseignement privé sous contrat d'association d'organiser par voie de convention leurs relations financières, notamment en ce qui concerne le versement par la commune de la contribution qu'elle doit au titre des dépenses de fonctionnement des classes élémentaires de cet établissement, il incombe à la commune seule de fixer le coût moyen d'un élève d'une classe équivalente dans les établissements de l'enseignement public servant de référence au calcul de cette contribution. • CE 12 oct. 2011, n° 325846 : *préc. note 14.*

16. Montant de la contribution de l'État. Le juge de l'excès de pouvoir exerce un contrôle normal sur la décision fixant le montant de la contribution de l'État aux dépenses de fonctionnement des établissements privés sous contrat d'association. Illégalité de l'Arr. du 12 févr. 1974 fixant un taux de contribution de l'État par élève inférieur à ce coût moyen. • CE, ass., 17 oct. 1975, *Assoc. de gestion de l'externat des enfants nantais,* n° 94743 A : *Rev. adm. 1976. 153, concl. Labetoulle ; D. 1976. 603, note Pacteau* • CE 13 mars 1987, n°s 51755 et 54861 A : *AJDA 1987. 409, concl. Roux.*

17. Exclusion. En stipulant que les dépenses de fonctionnement des classes sous contrat sont prises en charge dans les mêmes conditions que celles des classes correspondantes de l'enseignement public, qui fonctionnent en principe dans des locaux appartenant aux collectivités publiques auxquelles incombe la charge des différentes catégories d'établissements, le législateur a entendu exclure des dépenses qui doivent être supportées par les collectivités publiques celles qui résultent de la location par certains établissements d'enseignement privés des bâtiments affectés aux classes sous contrat. • CE, ass., 25 oct. 1991, *Synd. nat. de l'enseignement chrétien CFTC, Union dptale des assoc. de parents d'élèves de Loire-Atlantique (UDAPEL) et a.,* n°s 68523, 68526, 68529, 68577, 68642, 68643 et 68803 A.

18. Contribution des communes de résidence. V. notes ss. art. L. 442-5-1.

19. Retrait du contrat. Une commune est tenue d'assumer les dépenses de fonctionnement matériel des classes maternelles ou enfantines privées sous contrat d'association avec l'enseignement public, dès lors qu'elle a donné son accord à la conclusion du contrat. Dès lors, une commune qui avait donné son accord pour la durée correspondant à celle du contrat et qui, avant le terme de celui-ci, a manifesté son intention de ne pas renouveler cet accord, se trouve déliée de l'obligation de prendre en charge les dépenses de fonctionnement matériel des classes maternelles et infantiles. • CE 22 mars 1996, n° 110303 A : *AJDA 1996. 472 ; Dr. adm. 1996, obs. L. T.*

20. Retrait du contrat. Notification. Modalités. Si les délibérations annuelles fixant le concours d'une commune au fonctionnement des classes privées doivent être notifiées, la participation de l'organisme à une commission de concertation où a été exposé le contenu de la délibération vaut notification à la date de la réunion. • CE 2 mai 2018, n° 391876 B : *AJDA 2018. 1974, note Legrand.*

21. Refus de versement. Responsabilité de la commune. ♦ Lorsque la commune refuse de verser à un établissement, pour chaque élève des classes élémentaires domicilié dans la commune, une contribution égale au coût moyen d'un élève externe d'une école publique de la commune, elle commet une faute qui engage sa responsabilité. Dans ce cas, le préjudice dont l'établissement d'enseignement privé est en droit d'obtenir réparation pour les années scolaires concernées est égal à la différence entre les sommes que la commune aurait dû lui verser et celles qu'elle lui a effectivement versées au titre de la même période. • CAA Lyon, 30 déc. 2008, n° 05LY02083.

VI. RESSOURCES

22. Principe d'égalité devant les charges publiques. Taxe d'apprentissage. Le Conseil constitutionnel avait été saisi par le Conseil d'État (CE 22 juill. 2015, n° 387472) d'une question prioritaire de constitutionnalité relative à la conformité aux droits et libertés que la Constitution garantit de l'art. L. 6241-9 C. trav., dans sa rédaction issue de l'art. 19 de la L. n° 2014-288 du 5 mars 2014 relative à la formation professionnelle, à l'emploi et à la démocratie sociale. Cet art. énumère les établissements habilités à percevoir les versements libératoires effectués par les entreprises au titre de la fraction dite « hors quota » de la taxe d'apprentissage, versements qui correspondent aux dépenses réellement exposées afin de favoriser les formations technologiques et professionnelles dispensées hors du cadre de l'apprentissage (C. trav., art. L. 6241-8, 1°). Le Conseil constitutionnel considère que les dispositions contestées ne portent pas atteinte au caractère propre de l'enseignement privé et qu'elles n'ont pas pour effet, en elles-mêmes, d'empêcher de créer, de gérer ou de financer un établissement privé d'enseignement. Il en déduit que l'exclusion de la possibilité pour les établissements privés d'enseignement qui ne relèvent d'aucune des catégories énumérées à l'art. L. 6241-9 C. trav. de percevoir certaines ressources publiques n'est pas de nature à porter atteinte à la liberté de l'enseignement ou à la liberté d'entreprendre. • Cons. const. 21 oct. 2015, *Assoc. Fondation pour l'École (Éts d'enseignement éligibles à la perception des versements libératoires effectués au titre de la fraction dite du « hors quota » de la taxe d'apprentissage),* n° 2015-496 QPC : *JO 23 oct., p. 19731; D. 2015. 2132 ; LIJ 2016, n° 191, p. 9.*

VII. MAÎTRES DE L'ENSEIGNEMENT PRIVÉ

23. Qualité d'agent public. V. notes ss. art. L. 914-1.

24. Gestion des maîtres. Opposition à candidature. L'autorité académique n'a pas le pouvoir d'imposer la candidature d'un maître à un chef d'établissement d'enseignement privé sous contrat d'association. • T. confl., 15 janv. 2007, n° C3610. ♦ La juridiction de l'ordre judiciaire est compétente pour connaître du litige opposant un enseignant au directeur d'un collège d'enseignement privé sous contrat d'association au sujet de sa candidature pour assurer un service d'enseignement vacant dans cet établissement, le poste ayant été attribué à un autre enseignant par décision du recteur d'académie, après accord du directeur d'établissement et avis de la commission mixte académique. En effet, un tel litige met en cause un acte d'une personne morale de droit privé, détachable du contrat de droit public qui lie le candidat à l'État. • Même décision.

25. Gestion des maîtres. Autorité compétente. Recteur. Le recteur est responsable des opérations de mutation des enseignants des établissements d'enseignement privés sous contrat d'association. Il engage la responsabilité de l'État dès lors qu'il commet une faute dans leur déroulement. • CE 30 déc. 2013, n° 347047 B : *AJDA 2014. 6 ; ibid. 645, note Toulemonde.*

26. Enseignant. Prise en charge des heures supplémentaires. Conditions. Saisi d'un litige relatif au dépassement, par un enseignant d'un établissement privé sous contrat, de ses obligations de service effectué à la demande du chef de l'établissement mais sans que la réalisation de ces heures ait été autorisée par l'autorité académique, le Conseil d'État, s'appuyant sur les dispositions des art. L. 442-5 et R. 914-85, a jugé que l'État n'a pas à prendre en charge ces heures dès lors qu'elles n'ont pas fait l'objet d'une autorisation de l'autorité académique. • CE 27 juill. 2018, n° 411870 : *AJDA 2019. 2 ; LIJ 2018, n° 204, p. 19.*

27. Contrat de travail. Compétence juge administratif. V. aussi notes ss. art. L. 914-1. ♦ Il résulte des dispositions de cet art., éclairées par les travaux préparatoires de la L. du 5 janv. 2005, que les litiges opposant les maîtres contractuels des établissements d'enseignement privés sous contrat d'association aux chefs de ces établissements qui se rattachent aux conditions dans lesquelles leur contrat d'agent public est interprété et exécuté relèvent de la compétence de la juridiction administrative. • CE 30 déc. 2013, n° 347047 A : *préc. note 25.* ♦ De la même manière, c'est au juge administratif qu'il revient de connaître de la demande d'un maître de l'enseignement privé tendant à la requalification d'un CDD en CDI, même si celui-ci a été conclu avant l'entrée en vigueur de la L. du 5 janv. 2005.

• Soc. 4 févr. 2014, n° 12-20.303 : *AJDA 2014. 1187* ; *D. 2014. 428*.

28. Paiement d'heures supplémentaires. Compétence juge administratif. La Cour de cassation a jugé qu'un litige portant sur le paiement d'heures supplémentaires à des enseignants d'un établissement d'enseignement privé sous contrat relève de la compétence du juge administratif. • Soc. 28 mars 2018, n° 16-16.571 P : *AJDA 2018. 710*.

VIII. AUTRES QUESTIONS

29. Calendrier scolaire. Interrogée sur la possibilité pour les chefs des établissements d'enseignement privés sous contrat d'association de déroger au calendrier scolaire national défini par arrêté ministériel, la DAJ précise que l'art. L. 442-20, qui énumère les articles du code applicables aux établissements d'enseignement privés sous contrat, mentionne uniquement la 1re phrase de l'art. L. 521-1 portant sur la durée de l'année scolaire et l'alternance entre périodes de travail et de vacances. Par conséquent, l'arrêté fixant le calendrier scolaire national n'est pas applicable aux établissements d'enseignement privés sous contrat d'association. Ces établissements sont libres d'organiser leur calendrier scolaire, sous réserve de respecter la durée de l'année scolaire et l'alternance entre périodes de travail et de vacances fixées par la 1re phrase de l'art. L. 521-1. Le chef d'établissement, qui assume la responsabilité de l'établissement et de la vie scolaire en vertu de l'art. R. 442-39, est compétent pour décider du calendrier scolaire pour son établissement, dans le respect des conditions susmentionnées. * Note DAJ A1 du 4 oct. 2016, n° 16-199 : *LIJ 2016, n° 195, p. 20.*

30. Projet personnalisé de scolarisation. Injonction de mise en œuvre. Incompétence du juge administratif. Le juge des référés s'est déclaré incompétent pour enjoindre à un établissement d'enseignement privé sous contrat de mettre en œuvre un projet personnalisé de scolarisation décidé pour la scolarisation d'un enfant handicapé. Le juge estime en effet que « les décisions prises par une personne morale de droit privé qui assure la gestion d'un établissement scolaire lié par un contrat à l'État, et participe donc au service public de l'enseignement, n'ont le caractère d'actes administratifs susceptibles d'être contestés devant la juridiction administrative que dans la mesure où elles procèdent de l'exercice d'une prérogative de puissance publique conférée à cette personne privée. En conséquence, les litiges qui opposent la direction de l'école privée Saint-Charles aux parents, relatives à l'organisation de la scolarité, qui ne procèdent pas de l'exercice d'une prérogative de puissance publique, ne relèvent pas de la compétence de la juridiction administrative ». • TA Lyon, ord., 10 janv. 2017, n° 1800051.

31. Taxe sur les locaux à usage de bureaux. Exonération. Absence. Atteinte au principe d'égalité devant la loi et les charges publiques. Le Conseil constitutionnel a été saisi d'une question prioritaire de constitutionnalité relative à la conformité aux droits et libertés que la Constitution garantit des mots « sous contrat avec l'État au titre des articles L. 442-5 et L. 442-12 » figurant au CGI. La société requérante, qui louait des locaux à un établissement d'enseignement privé hors contrat et contestait son assujettissement à la taxe sur les locaux à usage de bureaux, soutenait que les dispositions contestées méconnaissent les principes d'égalité devant la loi et devant les charges publiques au motif qu'elles traitent différemment les établissements privés d'enseignement selon qu'ils ont ou non conclu un contrat avec l'État. Le Conseil constitutionnel après avoir rappelé que le principe d'égalité devant la loi ne s'oppose ni à ce que le législateur règle de façon différente des situations différentes, ni à ce qu'il déroge à l'égalité pour des raisons d'intérêt général, pourvu que, dans l'un et l'autre cas, la différence de traitement qui en résulte soit en rapport direct avec l'objet de la loi qui l'établit, juge que les dispositions contestées du CGI ne méconnaissent pas les principes d'égalité dès lors que l'exclusion du bénéfice de l'exonération des établissements privés d'enseignement hors contrat qui, par leurs obligations, le statut de leur personnel, leur mode de financement et le contrôle auquel ils sont soumis, sont dans une situation différente des établissements publics d'enseignement et des établissements privés sous contrat, est fondée sur un critère objectif et rationnel en rapport avec l'objet de la loi qui est de favoriser les établissements participant au service public de l'enseignement. • Cons. const. 15 déc. 2017, *Sté Marlin*, n° 2017-681 QPC : *D. 2017. 2540* ; *LIJ 2018, n° 2018, p. 16.*

Décret n° 2012-1512 du 28 décembre 2012,

Relatif à l'ouverture de recrutements réservés pour l'accès aux échelles de rémunération des maîtres contractuels et agréés de l'enseignement privé sous contrat relevant du ministre chargé de l'éducation nationale.

Art. 1er Peuvent être organisés pendant les mêmes sessions et selon les mêmes modalités que celles des recrutements réservés correspondants de l'enseignement public :

1° Des examens professionnalisés réservés pour l'accès aux échelles de rémunération des professeurs des écoles de classe normale et des professeurs de lycées professionnels de classe normale des établissements d'enseignement privés sous contrat ;

2° Des concours réservés pour l'accès aux échelles de rémunération des professeurs certifiés de classe normale et des professeurs d'éducation physique et sportive de classe normale des établissements d'enseignement privés sous contrat.

Pour un motif de bonne administration, sont exclues du champ d'application du droit des usagers de saisir l'administration par voie électronique les demandes relatives aux recrutements et aux candidatures des personnels enseignants des établissements d'enseignement privés sous contrat dans le premier et le second degré aux recrutements réservés du 1er et du 2d degré (Décr. n° 2015-1410 du 5 nov. 2015).

Art. 2 I — Les recrutements réservés mentionnés à l'article 1er sont ouverts aux maîtres délégués en fonctions à la date du 31 mars 2011 *(Décr. n° 2016-1077 du 3 août 2016, art. 1er)* « ou du 31 mars 2013 » dans les établissements d'enseignement privés sous contrat relevant des articles L. 442-5 et L. 442-12 du code de l'éducation et qui justifient :

1° Soit d'une durée de services d'enseignement en qualité de maître délégué dans un établissement d'enseignement privé sous contrat d'une durée au moins égale à quatre années d'enseignement en équivalent temps plein ;

2° Soit d'une durée de services d'enseignement en qualité de maître délégué dans un établissement d'enseignement privé sous contrat d'une durée d'au moins un an d'équivalent temps plein, complétée de services publics d'enseignement à concurrence d'une durée minimale totale de quatre années d'équivalent temps plein.

Les durées de service doivent avoir été accomplies :

a) Soit au cours des six années précédant le 31 mars 2011 *(Décr. n° 2016-1077 du 3 août 2016, art. 1er)* « ou le 31 mars 2013 » ;

b) Soit à la date de clôture des inscriptions de la session de recrutement à laquelle ils se présentent, sous réserve qu'au moins deux années des quatre années de services exigées, en équivalent temps plein, aient été accomplies au cours des quatre années précédant le 31 mars 2011 *(Décr. n° 2016-1077 du 3 août 2016, art. 1er)* « ou le 31 mars 2013 ».

Les services accomplis à temps partiel et à temps incomplet qui correspondent à une quotité supérieure ou égale à 50 % d'un temps complet sont assimilés à des services à temps complet. Les services accomplis qui correspondent à une quotité inférieure à ce taux sont assimilés aux trois quarts d'un temps complet.

II. — Les recrutements réservés mentionnés à l'article 1er sont également ouverts aux maîtres délégués des établissements d'enseignement privés sous contrat relevant des articles L. 442-5 et L. 442-12 du code de l'éducation dont le contrat a cessé entre le 1er janvier et le 31 mars 2011, dès lors qu'ils remplissent la condition de durée de services d'enseignement définie au I.

(Décr. n° 2016-1077 du 3 août 2016, art. 1er) « Les recrutements réservés mentionnés à l'article 1er sont également ouverts aux maîtres délégués des établissements d'enseignement privés sous contrat relevant des articles L. 442-5 et L. 442-12 du code de l'éducation dont le contrat a cessé entre le 1er janvier et le 31 mars 2013, dès lors qu'ils remplissent la condition de durée de services d'enseignement définie au I. »

Art. 3 Les candidats aux recrutements réservés mentionnés à l'article 1er subissent les mêmes épreuves que les candidats aux recrutements réservés correspondants de l'enseignement public. Ils passent ces épreuves devant le jury composé pour chacun des recrutements réservés correspondants de l'enseignement public, auquel il est adjoint un représentant des établissements d'enseignement privés sous contrat détenant les titres requis pour enseigner.

Le jury établit la liste des candidats admis par ordre de mérite.

Art. 4 Les candidats aux concours réservés organisés pour l'accès à l'échelle de rémunération de professeurs d'éducation physique et sportive et les candidats aux examens professionnalisés réservés organisés pour l'accès à l'échelle de rémunération de professeurs des écoles doivent justifier des qualifications requises par le décret du 17 juin 2004 susvisé.

Les qualifications en sauvetage aquatique, en natation et en secourisme sont exigées à la date de délivrance du contrat ou de l'agrément définitifs aux lauréats de ces recrutements réservés.

Art. 5 Les lauréats des recrutements réservés mentionnés à l'article 1er sont soumis aux dispositions de l'article R. 914-14 du code de l'éducation et bénéficient d'un contrat ou d'un agrément provisoires. Ils sont classés selon les mêmes modalités que les lauréats des recrutements réservés correspondants de l'enseignement public.

Les intéressés accomplissent un stage d'une durée d'un an selon les modalités applicables aux lauréats stagiaires des recrutements réservés correspondants de l'enseignement public.

A l'issue du stage, les candidats admis bénéficient d'un contrat ou d'un agrément définitif dans les mêmes conditions que celles de la titularisation des candidats admis aux recrutements réservés correspondants de l'enseignement public. Les candidats non admis peuvent être autorisés sur proposition du jury et par décision du recteur à suivre une nouvelle année de stage. A cette fin, le contrat ou l'agrément provisoire est renouvelé pour une durée d'un an. Ceux qui ne sont pas autorisés à renouveler le stage ou qui, à l'issue de la seconde année de stage, ne sont pas admis sont replacés dans leur situation contractuelle antérieure.

Art. L. 442-5-1 *(L. nº 2009-1312 du 28 oct. 2009)* **La contribution de la commune de résidence pour un élève scolarisé dans une autre commune dans une classe d'un établissement privé du premier degré sous contrat d'association constitue une dépense obligatoire lorsque cette contribution aurait également été due si cet élève avait été scolarisé dans une des écoles publiques de la commune d'accueil.**

En conséquence, cette contribution revêt le caractère d'une dépense obligatoire lorsque la commune de résidence ou, dans des conditions fixées par décret, le regroupement pédagogique intercommunal auquel elle participe ne dispose pas des capacités d'accueil nécessaires à la scolarisation de l'élève concerné dans son école publique ou lorsque la fréquentation par celui-ci d'une école située sur le territoire d'une autre commune que celle où il est réputé résider trouve son origine dans des contraintes liées :

1° Aux obligations professionnelles des parents, lorsqu'ils résident dans une commune qui n'assure pas directement ou indirectement la restauration et la garde des enfants ;

2° A l'inscription d'un frère ou d'une sœur dans un établissement scolaire de la même commune ;

3° A des raisons médicales.

(L. nº 2021-641 du 21 mai 2021, art. 6) **« La participation financière à la scolarisation des enfants dans les établissements privés du premier degré sous contrat d'association dispensant un enseignement de langue régionale au sens du 2° de l'article L. 312-10 fait l'objet d'un accord entre la commune de résidence et l'établissement d'enseignement situé sur le territoire d'une autre commune, à la condition que la commune de résidence ne dispose pas d'école dispensant un enseignement de langue régionale. »**

(L. nº 2019-791 du 26 juill. 2019, art. 34) **« A défaut d'accord, le représentant de l'État dans le département réunit le maire de la commune de résidence et le responsable de l'établissement concerné afin de permettre la résolution du différend en matière de participation financière, dans l'intérêt de la scolarisation des enfants concernés. »**

Lorsque la contribution n'est pas obligatoire, la commune de résidence peut participer aux frais de fonctionnement de l'établissement sans que cette participation puisse excéder par élève le montant de la contribution tel que fixé au dernier alinéa.

Pour le calcul de la contribution de la commune de résidence, il est tenu compte des ressources de cette commune, du nombre d'élèves de cette commune scolarisés dans la commune d'accueil et du coût moyen par élève calculé sur la base des dépenses de fonctionnement de l'ensemble des écoles publiques de la commune d'accueil, sans que le montant de la contribution par élève puisse être supérieur au coût qu'aurait représenté pour la commune de résidence l'élève s'il avait été scolarisé dans une de ses écoles publiques. En l'absence d'école publique, la contribution par élève mise à la charge de chaque commune est égale au coût moyen des classes *(L. nº 2019-791 du 26 juill. 2019, art. 14)* **« correspondantes de l'enseignement public » du département.**

Sur les conditions de prise en charge des dépenses obligatoires des communes participant à un regroupement pédagogique intercommunal, V. art. D. 442-44-1.

Sur les règles de prise en charge par les communes des dépenses de fonctionnement des écoles privées sous contrat, V. ci-dessous Circ. nº 2012-025 du 15 févr. 2012.

BIBL. ▶ JOUAULT, LELOUP, LOARER, POLI, ROUSSEL et RAYNAL, Bilan de l'application des dispositions de la loi nº 2009-1312 du 28 octobre 2009 tendant à garantir la parité de financement entre les écoles élémentaires publiques et privées sous contrat d'association lorsqu'elles accueillent des élèves scolarisés hors de leur commune de résidence, *Rapp. IGEN-IGAENR, n° 2014-038, juin 2014.* – TOULEMONDE, La loi Carle, un compromis boiteux, *AJDA 2009. 2396* . – Élèves non résidents. Participation des communes, *Vie cnale et dptale 2012, n° 1002, p. 140.*

1. Contribution des communes de résidence. Modalités de participation. L'art. 89 de la L. n° 2004-809 du 13 août 2004, modifié par la L. n° 2005-850 du 27 juill. 2005, rend applicables, pour le calcul des contributions des communes aux dépenses obligatoires concernant les classes des écoles privées sous contrat d'association, les trois premiers alinéas de l'art. L. 212-8. La Circ. n° 2007-142 du 27 août 2007 du ministre de l'éducation nationale et du ministre de l'Intérieur n'a pas méconnu cet article en considérant que n'étaient pas applicables les autres alinéas de l'art. L. 212-8, qui permettent de tenir compte de la capacité d'accueil de la commune de résidence et énumèrent un certain nombre de cas dans lesquels celle-ci n'est pas tenue de contribuer au financement des écoles de la commune d'accueil. • CE 2 juin 2010, n° 309948 : *AJCT 2010. 40* ; *AJDA 2010. 1120* . ♦ Elle n'a pas davantage méconnu le même article en ajoutant qu'il devait être lu au regard du principe général d'équivalence, énoncé à l'art. L. 442-5, qui implique notamment que les capacités d'accueil des établissements scolaires de la commune de résidence soient prises en compte pour les élèves admis dans des établissements tant publics que privés d'une autre commune, ce qui fait obstacle à ce que soit mise à la charge de la commune de résidence une contribution supérieure par élève à celle qui lui incomberait si cet élève était scolarisé dans une école publique. • CE 2 juin 2010, n° 309948 : *préc.* ♦ Aucune disposition législative ou réglementaire n'interdit, une fois arrêté le montant de la participation de la commune de résidence de l'élève aux dépenses de fonctionnement de la classe accueillant l'élève, le versement direct de cette participation par la commune de résidence à l'établissement privé. • CE 2 juin 2010, n° 309948 : *préc.*

2. Contribution des communes de résidence. Modalités de participation. Commune en mesure d'accueillir l'élève. Le juge administratif estime qu'en mentionnant que la contribution de la commune de résidence pour un élève scolarisé dans une autre commune, dans une classe élémentaire d'un établissement privé du premier degré sous contrat d'association, constitue une dépense obligatoire lorsque cette contribution aurait également été due si cet élève avait été scolarisé dans une des écoles publiques de la commune d'accueil, les dispositions de la L. du 28 oct. 2009 ont entendu se référer tant aux dispositions de l'art. L. 212-8 qu'à l'art. R. 212-21. Ainsi, en application des dispositions combinées précitées, qui ont pour objet de garantir tant la liberté de l'enseignement que la parité entre l'enseignement public et l'enseignement privé, l'obligation d'une commune de résidence de participer financièrement à la scolarisation d'un enfant dans une autre commune doit être comprise comme ne concernant que l'enfant scolarisé aux niveaux des classes maternelles et élémentaires lorsque, les capacités d'accueil de la même commune de résidence pour les niveaux de scolarisation précités n'étant pas suffisantes, est justifiée l'inscription du frère ou de la sœur de l'enfant dans une classe de ces mêmes niveaux, telle que prévue par les dispositions précitées de l'art. R. 212-21, et ce alors même que cet article n'est pas directement applicable aux établissements de l'enseignement privé. • CAA Marseille, 27 mai 2015, n° 14MA03833 : *AJDA 2015. 1894* ; *AJCT 2015. 534, comm. Péchillon* .

3. Contribution des communes de résidence. Modalités de participation. Commune en mesure d'accueillir l'élève. Contrainte familiale. En s'appuyant sur les débats parlementaires auxquels a donné lieu l'adoption de l'art. L. 442-5-1 lors du vote de la L. du 28 oct. 2009, la cour a jugé que le législateur n'a pas entendu exclure l'application de cet art. R. 212-21 aux règles de participation financière de la commune de résidence pour un élève scolarisé dans une autre commune dans une classe élémentaire d'un établissement privé du premier degré sous contrat d'association et déroger au principe de parité entre l'enseignement public et l'enseignement privé. En l'espèce, après avoir relevé que l'inscription dans l'école primaire privée d'une commune des trois enfants résidents d'une autre commune était justifiée par l'inscription d'un frère dans un établissement scolaire du second degré situé dans la même commune que l'école privée, la cour a jugé que, dès lors qu'il n'était pas soutenu que les capacités d'accueil de la commune de résidence pour les niveaux de scolarisation concernés de l'école primaire auraient été insuffisantes, la commune de résidence n'était tenue d'aucune contribution pour les élèves de l'école primaire privée sous contrat dont un frère était scolarisé dans un établissement secondaire situé dans la même commune que l'école, selon la règle qui aurait été applicable si les trois enfants avaient été scolarisés dans un établissement de l'enseignement public. • CAA Marseille, 27 mai 2015, n° 14MA03833 : *AJDA 2015. 1894* ; *AJCT 2015. 534, obs. Péchillon* ; *LIJ 2016, n° 191, p. 11* ; *AEF 2 nov. 2015, Dépêche n° 509838, comm. Toulemonde.*

4. Contribution des communes de résidence. Modalités de participation. Classes maternelles. En ce qui concerne les classes maternelles et enfantines, la commune siège de l'établissement, si elle a donné son accord à la conclusion du contrat, est tenue d'assumer, pour les élèves domiciliés dans la commune et dans les mêmes conditions que pour les classes maternelles et enfantines publiques, les dépenses de fonctionnement (matériel) des classes sous contrat, sous réserve des charges afférentes aux personnels enseignants rémunérés directement par l'État. Il résulte de ces dispositions qu'une commune siège d'un établissement d'enseignement privé sous contrat d'association avec l'État est tenue de prendre en charge les dépenses de fonctionnement des classes élémentaires de cet établissement pour les élèves domiciliés dans la commune, mais n'est tenue de supporter les dépenses de fonctionnement des classes maternelles et enfantines de ce même établissement que lorsqu'elle a donné son accord au contrat d'association concernant ces classes. • CE 16 juill. 2010, n° 338930 : *LIJ 2010, n° 149, p. 13.*

5. Contribution d'une commune aux frais d'une école privée hors de son territoire. Situation avant la loi Carle du 28 oct. 2009. Le juge estime qu'il résulte des dispositions combinées des art. 89 mod. de la L. du 13 août 2004, L. 212-8 et du principe général énoncé au 4e al. de l'art. L. 442-5, en vigueur durant les années scolaires concernées, que les capacités d'accueil des établissements scolaires de la commune de résidence doivent être prises en compte pour les élèves admis dans les établissements tant publics que privés d'une autre commune. • CAA Bordeaux, 13 déc. 2011, n° 11BX00250 : *AJDA 2012. 456*

Circulaire n° 2012-025 du 15 février 2012,

Relative aux règles de prise en charge par les communes des dépenses de fonctionnement des écoles privées sous contrat.

La présente circulaire a pour objet principal de préciser les conditions de mise en œuvre de la loi n° 2009-1312 du 28 octobre 2009 tendant à garantir la parité de financement entre les écoles élémentaires publiques et privées sous contrat d'association lorsqu'elles accueillent des élèves scolarisés hors de leur commune de résidence et du décret n° 2010-1348 du 9 novembre 2010 pris pour son application. Cette circulaire rappelle également les principales règles de la participation des communes aux dépenses de fonctionnement des établissements privés sous contrat avec l'État et les modalités de la procédure de l'inscription d'office à mettre en œuvre en cas de défaillance de la collectivité. La présente circulaire vient abroger et remplacer la circulaire n° 2007-142 du 27 août 2007.

1. *Étendue de l'obligation de prise en charge, par les communes, des dépenses de fonctionnement des écoles privées sous contrat*

1.1 Cas dans lesquels la participation de la commune est obligatoire

1.1.1 Pour l'élève scolarisé dans une école privée sous contrat d'association située dans sa commune de résidence, l'obligation de prise en charge par les communes des dépenses de fonctionnement des écoles privées sous contrat d'association répond au principe de parité entre l'enseignement privé et l'enseignement public qui impose, en application de l'article L. 442-5 du code de l'éducation, que les dépenses de fonctionnement des classes sous contrat d'association soient prises en charge dans les mêmes conditions que celles des classes correspondantes de l'enseignement public.

Pour les communes concernées, la participation aux dépenses de fonctionnement des établissements d'enseignement privés sous contrat du premier degré à hauteur des dépenses de fonctionnement consenties pour les écoles publiques est toujours obligatoire.

Toutefois, il y a lieu de préciser que :

— la commune n'est tenue d'assumer la prise en charge des dépenses de fonctionnement des classes élémentaires privées sous contrat d'association **qu'en ce qui concerne les élèves domiciliés sur son territoire** (cette précision a été apportée par le Conseil d'État dans une décision du 31 mai 1985 ministère de l'éducation c/ association d'éducation populaire Notre-Dame-d'Arc-lès-Gray, qui rappelle qu'« une commune sur le territoire de laquelle se trouve un établissement d'enseignement privé sous contrat d'association comportant des classes élémentaires doit, par application des dispositions de l'article 4 de la loi du 31 décembre 1959, prendre en charge les dépenses de fonctionnement de ces classes mais seulement en ce qui concerne les élèves résidant dans la commune ») ;

— la commune ne doit supporter les dépenses de fonctionnement des classes maternelles et enfantines privées que lorsqu'elle a donné son accord à la mise sous contrat d'association de ces classes (article R. 442-44 du code de l'éducation).

La participation de la commune est calculée par élève et par an en fonction du coût de fonctionnement relatif à l'externat des écoles publiques de la commune ou, à défaut, du coût de fonctionnement moyen relatif à l'externat des écoles publiques du département.

Lorsque la commune de résidence est membre d'un établissement public de coopération intercommunale (EPCI) compétent pour le fonctionnement des écoles publiques, cet établissement, par application de l'article L. 442-13-1 du code de l'éducation, est substitué aux communes dans leurs droits et obligations à l'égard des établissements d'enseignement privés sous contrat d'association. Par conséquent, l'EPCI est tenu d'assumer la prise en charge des dépenses de fonctionnement des classes privées sous contrat d'association en ce qui concerne les élèves domiciliés sur le territoire de l'EPCI.

La liste des dépenses de fonctionnement à prendre en compte pour le calcul de la contribution communale, telle qu'elle résulte de l'article L. 442-5 du code de l'éducation et conformément à l'interprétation qu'en a donnée le Conseil d'État, est annexée à la présente circulaire.

1.1.2 Pour l'élève scolarisé dans une école privée sous contrat d'association située hors de sa commune de résidence, le nouvel article L. 442-5-1 du code de l'éducation détermine le principe de la contribution de la commune de résidence et fixe les cas dans lesquels cette contribution est obligatoire, mettant ainsi fin à des difficultés d'interprétation qui avaient fait obstacle à la bonne application du principe de parité.

Ainsi, comme pour une scolarisation dans l'enseignement élémentaire public, si la commune de résidence ne dispose pas des capacités d'accueil nécessaires à la scolarisation de l'élève, la prise en charge de l'élève scolarisé dans une école élémentaire privée sous contrat d'association en dehors de la commune de résidence présente toujours un caractère obligatoire.

Lorsque la commune de résidence appartient à un regroupement pédagogique intercommunal (RPI), organisé dans le cadre d'un EPCI chargé de la compétence en matière de fonctionnement des écoles publiques (nouvel article D. 442-44-1 du code de l'éducation), la capacité d'accueil dans les écoles publiques doit s'apprécier par rapport au territoire de l'EPCI et non par rapport au territoire de la seule commune de résidence. Si, en revanche, la commune de résidence est membre d'un RPI qui n'est pas adossé à un EPCI, la capacité d'accueil est appréciée uniquement par rapport aux écoles situées sur son territoire communal.

Si la commune est en mesure d'accueillir l'élève, la prise en charge présentera, ici encore comme pour l'enseignement public, un caractère obligatoire lorsque la fréquentation par l'élève d'une école située sur le territoire d'une autre commune que celle où il est réputé résider trouve son origine dans des contraintes liées :

— aux obligations professionnelles des parents, lorsqu'ils résident dans une commune qui n'assure pas directement ou indirectement la restauration et la garde des enfants ;

— à l'inscription d'un frère ou d'une sœur dans un établissement scolaire de la même commune ;

— à des raisons médicales.

Il y a lieu de préciser que le Conseil d'État a rappelé, dans l'avis qu'il a rendu le 6 juillet 2010, que la loi du 28 octobre 2009 a pour objet de garantir la parité de financement entre les écoles élémentaires publiques et privées sous contrat d'association lorsqu'elles accueillent des élèves scolarisés hors de leur commune de résidence.

Il conviendra de rappeler, si nécessaire, aux communes que les accords qu'elles ont pu passer entre elles quant aux modalités de prise en charge des élèves scolarisés dans leurs écoles publiques sont sans influence sur le caractère obligatoire de leur participation aux frais de scolarité des élèves des classes sous contrat d'association des écoles privées. C'est notamment le cas lorsque ces accords prévoient que les communes de résidence sont dispensées de verser à la commune d'accueil une participation au titre de leurs élèves scolarisés dans le public. Il y a lieu de rappeler également qu'aucun accord préalable du maire, qu'il s'agisse du maire de la commune de résidence ou, le cas échéant, du maire de la commune d'accueil, n'est exigé pour la scolarisation dans un établissement privé, conformément au principe de liberté de choix des parents garanti constitutionnellement.

1.2 Cas dans lesquels la participation de la commune n'est pas obligatoire

Dans toutes les autres situations, la commune peut toujours, sur la base du volontariat, faire le choix de participer aux frais de scolarité des élèves, qu'ils soient scolarisés dans ou hors de la commune. Ainsi, une commune peut financer, si elle le décide, la scolarisation des enfants inscrits dans une classe maternelle ou enfantine privée, soit qu'ils résident dans la commune siège de l'école privée alors qu'elle n'a pas donné son accord au contrat d'association pour ces classes, soit qu'ils résident dans une autre commune que celle où est située l'école privée. La commune peut également sur la base du volontariat participer au financement des dépenses de fonctionnement des classes sous contrat simple dans les conditions prévues à l'article R. 442-53 du code de l'éducation.

1.3 Modalités de participation de la commune de résidence en cas de scolarisation d'un élève hors de la commune

La contribution de la commune de résidence est calculée selon les règles prévues au dernier alinéa de l'article L. 442-5-1 du code de l'éducation.

Le forfait communal est calculé par référence au coût moyen d'un élève externe scolarisé dans les écoles publiques de la commune d'accueil. Toutefois, le montant dû par la commune de résidence par élève ne peut être supérieur au coût qu'aurait représenté pour la commune de résidence l'élève s'il avait été scolarisé dans une de ses écoles publiques. Les ressources de la commune de résidence doivent également être prises en compte dans ce calcul. La liste des dépenses à prendre en compte, figurant en annexe, s'applique également à cette situation.

En matière de dépenses obligatoires, il convient de préciser que seules les dépenses de fonctionnement font l'objet d'une contribution obligatoire de la commune de résidence, l'intégration des dépenses d'investissement dans le calcul du forfait communal est prohibée. Il y a lieu de souligner que la nomenclature comptable utilisée par les communes n'est pas opposable aux établissements et seul compte le point de savoir si les dépenses en cause doivent être véritablement regardées comme des investissements ou au contraire comme des charges ordinaires. Aussi, la seule inscription en section de fonctionnement ou, au contraire, en section d'investissement d'une dépense engagée par la commune ou l'EPCI au profit des écoles publiques situées sur son territoire ne saurait suffire à justifier sa prise en compte ou non dans le montant des dépenses consacrées aux classes de l'enseignement public du premier degré (Conseil d'État, n° 309948, 2 juin 2010, Fédération Unsa et autres).

En matière de dépenses facultatives, l'article L. 533-1 du code de l'éducation dispose que les collectivités territoriales, les établissements publics de coopération intercommunale et les caisses des écoles peuvent faire bénéficier des mesures à caractère social tout enfant sans considération de l'établissement d'enseignement qu'il fréquente. Toutefois, la circulaire interministérielle n° 89-273 du 25 août 1989 prévoit que, lorsque les communes prennent en charge des dépenses telles que les dépenses de cantine scolaire, les frais de garderie en dehors des horaires de classe, les dépenses afférentes aux classes de découverte ainsi que les autres dépenses facultatives, ces dépenses ne sont pas prises en compte pour le calcul du forfait. En application du principe de parité de financement, l'exclusion de ces types de dépenses s'applique aussi s'agissant de l'article L. 442-5-1 du code de l'éducation.

Le Conseil d'État, dans une décision rendue le 7 avril 2004, n° 250402, commune de Port d'Envaux, a cependant nuancé le dispositif de la circulaire en considérant que les dépenses prises en compte pour la répartition intercommunale des charges des écoles primaires publiques prévue par l'article L. 212-8 du code de l'éducation sont les frais effectivement supportés par la commune d'accueil pour assurer le fonctionnement des écoles, mêmes si elles n'ont pas un caractère obligatoire, dès lors qu'elles ne résultent pas de décisions illégales. Le Conseil d'État a précisé que les dépenses de la commune exposées dans les classes élémentaires publiques **qui se rapportent à des activités scolaires**, alors même qu'il ne s'agirait pas de dépenses obligatoires, doivent être prises en compte pour le calcul de la participation de la commune aux dépenses de fonctionnement des classes sous contrat d'association (Conseil d'État, n° 325846, 12 octobre 2011, commune de Clermont-Ferrand c/ OGEC Fénelon pour des dépenses relatives au transport des élèves lors des activités scolaires, à la médecine scolaire, à la rémunération d'intervenants lors des séances d'activités physiques et sportives et aux classes de découverte).

En définitive, les communes disposent d'une marge d'appréciation importante en la matière.

Dès lors, il importe de s'assurer du respect de deux règles :

— l'interdiction pour la commune de résidence de financer un coût moyen par élève supérieur au coût moyen de ses propres écoles publiques ;

— l'obligation pour la commune de résidence de traiter de la même façon le cas des élèves scolarisés dans un établissement privé et celui des élèves scolarisés dans une école publique de l'autre commune. Lorsque la commune d'accueil prend en charge les dépenses de fonctionnement des classes sous contrat d'association pour l'ensemble des élèves résidents et non résidents, la commune de résidence verse à la commune d'accueil la contribution correspondant à la prise en charge des élèves domiciliés sur son territoire et scolarisés dans la commune d'accueil. Si, en revanche, la commune d'accueil ne prend en charge que les dépenses de fonctionnement des classes sous contrat d'association pour les élèves domiciliés sur son territoire, la commune de résidence des élèves scolarisés dans une école privée de la commune d'accueil peut verser directement à l'organisme gestionnaire de l'établissement privé sa contribution pour ces élèves.

2. *L'intervention du préfet pour déterminer le montant de la contribution de la commune de résidence*

2.1 Le préfet est désormais chargé de fixer le montant de la contribution

En application de l'article 2 de la loi n° 2009-1312 précitée, lorsqu'il est porté à la connaissance du préfet que les dispositions susmentionnées ne sont pas appliquées, qu'il s'agisse du refus de participation d'une commune ou du montant insuffisant de la contribution versée par cette dernière, il lui appartient de prendre toutes les mesures nécessaires pour remédier à cette situation. L'absence d'action de sa part est susceptible d'être contestée par la voie contentieuse. En effet, l'article L. 442-5-2 du code de l'éducation prévoit que le préfet dispose d'un délai de trois mois à compter de la date à laquelle il a été saisi par la plus diligente des parties. Cet article ne prévoit pas l'avis préalable du conseil départemental de l'éducation nationale. A cet égard, les services départementaux de l'éducation nationale assurent auprès du préfet un rôle de conseil et d'expertise, au titre de leur compétence de contrôle et de gestion des établissements d'enseignement privé (cf. par analogie l'article R. 212-23 du code de l'éducation).

S'il convient, dans un premier temps, de privilégier la voie de l'accord entre les parties concernées, la recherche de cet accord ne saurait compromettre, de manière durable, l'application de la loi.

En cas d'impossibilité de parvenir à un accord, le préfet statue, avant l'expiration du délai de 3 mois, sur le montant de la contribution. Pour assurer la mise en œuvre du paiement de cette contribution, il y a lieu de privilégier les dispositions de l'article L. 1612-15 du code général des collectivités territoriales plutôt que celles du déféré préfectoral.

2.2 En cas de contentieux, le préfet intervient dans le cadre de la procédure d'inscription d'office et de mandatement d'office

Il appartient au préfet, à l'occasion de la saisine de la chambre régionale des comptes, de justifier du caractère obligatoire et du montant des sommes dues par la commune. Il peut, pour cela, s'appuyer sur les budgets qui lui sont transmis dans le cadre du contrôle budgétaire et sur l'expertise des comptables publics et des services de l'inspection académique. Dans le cas où la commune concernée ne dispose pas d'école publique sur son territoire, le préfet s'appuie sur le coût moyen départemental qu'il aura fait déterminer, au préalable, par les services compétents.

2.2.1 S'agissant de la procédure d'inscription d'office, l'article L. 442-5-1 du code de l'éducation qualifie de dépense obligatoire la contribution de la commune de résidence aux frais de scolarisation d'un élève dans une école privée sous contrat d'association dans la commune d'accueil, dès lors que cette contribution aurait également été due si cet élève avait été scolarisé dans une des écoles publiques de la commune d'accueil. Si la dépense en cause remplit ces conditions, elle revêt le caractère de dépense obligatoire, qui est susceptible de faire l'objet d'une procédure d'inscription d'office au budget de la commune de résidence. Dès lors, en application de l'article L. 1612-15 du code général des collectivités territoriales, le préfet peut saisir la chambre régionale des comptes afin que cette dernière mette en demeure la collectivité d'inscrire le montant de la dépense au budget communal. Si cette mise en demeure n'est pas suivie d'effet dans le mois suivant, la chambre régionale des comptes demande au préfet d'inscrire cette dépense au budget de la commune et propose, le cas échéant, la création de ressources ou la diminution des dépenses facultatives destinées à couvrir la dépense obligatoire. Dès lors, le préfet règle et rend exécutoire le budget rectifié, conformément à l'avis rendu par la chambre régionale des comptes. La décision par laquelle le préfet règle le budget et le rend exécutoire est adressée dans un délai de vingt jours à compter de la notification de l'avis de la chambre régionale des comptes d'une part à la commune, d'autre part à la chambre. Cette mission, qui s'inscrit dans la procédure du contrôle budgétaire, confère au représentant de l'État dans le département une compétence liée.

La procédure d'inscription d'office d'une dépense obligatoire complète la procédure de rétablissement de l'équilibre réel du budget prévue à l'article L. 1612-5 du code général des collectivités territoriales. Ainsi, tant que le délai d'un mois après la transmission du budget imparti au représentant de l'État par l'article L. 1612-5 n'est pas expiré, celui-ci doit mettre en œuvre la procédure de ce même article L. 1612-5 puisque le budget en cause ainsi adopté n'est pas en équilibre réel, dans la mesure où il ne retrace pas l'intégralité des dépenses à acquitter. A l'expiration de ce délai d'un mois, en revanche, il y a lieu de recourir à la procédure d'inscription d'office prévue à l'article L. 1612-15 du code général des collectivités territoriales.

2.2.2 La procédure de mandatement d'office prévue par l'article L. 1612-16 du code général des collectivités territoriales peut aussi être mise en œuvre afin d'ordonner au comptable public de payer la dépense liquidée qui aura fait l'objet d'une procédure d'inscription d'office, mais également d'une dépense dotée de crédit au budget.

En cas d'absence de mandatement d'une telle dépense, il appartient donc au préfet de s'assurer que celle-ci revêt le caractère de dépense obligatoire. Il ressort des dispositions combinées des articles L. 1612-15 et L. 1612-16 du code général des collectivités territoriales que deux catégories de dépenses présentent pour les collectivités territoriales un caractère obligatoire et peuvent faire l'objet d'un mandatement d'office : les dépenses nécessaires à l'acquittement des dettes exigibles et les dépenses obligatoires par détermination de la loi. Précisant cette définition, le Conseil d'État considère qu'une dépense ne peut être regardée comme obligatoire et faire l'objet d'un mandatement d'office que si elle correspond à une dette échue, certaine, liquide, non sérieusement contestée dans son principe et dans son montant et découlant de la loi, d'un contrat, d'un délit, d'un quasi-délit ou de toute autre source d'obligations (CE, 17 déc. 2003, n° 249089, Sté Natexis-Banques populaires).

Dès lors, et à condition qu'elle soit échue, certaine, liquide et non sérieusement contestée dans son principe et dans son montant, la dette découlant pour une commune d'un tel contrat présente le caractère d'une dette exigible et la dépense correspondante constitue une dépense obligatoire susceptible de faire l'objet d'une procédure de mandatement d'office. Il appartient donc au préfet, avant de procéder si besoin au mandatement d'office, de vérifier que les éventuelles conditions entraînant l'obligation à la charge de la collectivité sont remplies (domicile des élèves, etc.), que le montant de la dette a été exactement calculé et que la dette ne fait l'objet d'aucune contestation sérieuse, ni dans son principe, ni dans son montant. En outre, le préfet doit mettre en demeure l'ordonnateur de mandater les crédits en cause. Si, dans un délai d'un mois suivant cette mise en demeure (si la dépense est égale ou supérieure à 5 % de la section de fonctionnement du budget primitif, le délai dont dispose l'exécutif local après la mise en demeure du préfet est portée à deux mois), l'exécutif local refuse toujours de mandater les crédits en cause, il revient au préfet d'y procéder d'office par arrêté.

Les modalités précises des procédures d'inscription et de mandatement d'office sont décrites dans la circulaire du 30 décembre 1997, n° NORINTB9700228C.

ANNEXE

Rappel des dépenses à prendre en compte pour la contribution communale ou intercommunale

Dépenses obligatoires

Les dépenses de fonctionnement d'une classe élémentaire sous contrat d'association constituent une dépense obligatoire à la charge de la commune ou de l'EPCI compétent.

Le montant de la contribution communale s'évalue à partir des dépenses de fonctionnement relatives à l'externat des écoles publiques correspondantes inscrites dans les comptes de la commune ou de l'EPCI et qui correspondent notamment (cette liste n'est pas exhaustive) :

— à l'entretien des locaux liés aux activités d'enseignement, ce qui inclut outre la classe et des accessoires, les aires de récréation, les locaux sportifs, culturels ou administratifs, etc. ;

— à l'ensemble des dépenses de fonctionnement des locaux désignés ci-dessus telles que chauffage, eau, électricité, nettoyage, produits d'entretien ménager, fournitures de petit équipement, autres matières et fournitures, fournitures pour l'entretien des bâtiments, contrats de maintenance, assurances, etc. ;

— à l'entretien et, s'il y a lieu, le remplacement du mobilier scolaire et du matériel collectif d'enseignement ;

— à la location et la maintenance de matériels informatiques pédagogiques ainsi que les frais de connexion et d'utilisation de réseaux afférents ;

— aux fournitures scolaires, aux dépenses pédagogiques et administratives nécessaires au fonctionnement des écoles publiques ;

— à la rémunération des intervenants extérieurs, recrutés par la commune, chargés d'assister les enseignants pendant les heures d'enseignement prévues dans les programmes officiels de l'éducation nationale ;

— à la quote-part des services généraux de l'administration communale ou intercommunale nécessaire au fonctionnement des écoles publiques ;

— au coût des transports pour amener les élèves de leur école aux différents sites pour les activités scolaires (piscine, gymnase...) ainsi que le coût d'utilisation de ces équipements ;

— au coût des ATSEM, pour les classes pré-élémentaires pour lesquelles la commune a donné un avis favorable à la conclusion du contrat d'association ou s'est engagée ultérieurement à les financer.

En l'absence de précisions législatives ou réglementaires, les communes ou les EPCI compétents en matière scolaire peuvent soit verser une subvention forfaitaire, soit prendre en charge directement tout ou partie des dépenses sous forme de fourniture de prestations directes (livraisons de fuel ou matériels pédagogiques, intervention de personnels communaux ou intercommunaux, par exemple), soit payer sur factures, soit combiner les différentes formes précitées.

Aux termes de la jurisprudence, la nomenclature comptable utilisée par les communes n'est pas opposable aux établissements et seul compte le point de savoir si les dépenses en cause doivent être véritablement regardées comme des investissements ou au contraire comme des charges ordinaires. Aussi, la seule inscription en section de fonctionnement ou, au contraire, en section d'investissement d'une dépense engagée par la commune ou l'EPCI au profit des écoles publiques situées sur son territoire ne saurait suffire à justifier sa prise en compte ou non dans le montant des dépenses consacrées aux classes de l'enseignement public du premier degré. A l'opposé, ne sont pas prises en compte, pour le calcul du coût moyen de l'élève du public servant de référence à la contribution communale, les dépenses d'investissement et les dépenses de location de locaux scolaires.

Dépenses facultatives

Les dépenses de fonctionnement des classes sous contrat simple peuvent être prises en charge par les communes, dans les conditions fixées par convention, passée entre la commune et l'école privée, qui contient des clauses fixant les modalités de sa reconduction et de sa résiliation. Ainsi, il peut toujours être mis fin à la convention en respectant la procédure prévue. Cette contribution, facultative, demeure toujours soumise à la règle selon laquelle elle ne peut en aucun cas être proportionnellement supérieure aux avantages consentis par la commune à son école publique ou ses écoles publiques. Aussi, une commune ou un EPCI qui souhaite financer des classes sous contrat simple malgré l'absence d'école publique sur son territoire doit demander au préfet de lui indiquer le coût moyen d'un élève des écoles publiques du département, pour les classes de même nature.

La prise en charge des dépenses de fonctionnement des classes pré-élémentaires sous contrat d'association pour lesquelles la commune n'a pas donné son accord au contrat d'association concernant ces classes ou ne s'est pas engagée ultérieurement à les financer constituent [constitue] une dépense facultative pour la commune.

Enfin, et toujours de manière facultative, la commune ou l'EPCI peut décider de financer pour ses élèves scolarisés à l'extérieur les dépenses de fonctionnement des classes sous contrat simples situées dans la commune ou l'EPCI d'accueil.

Art. L. 442-5-2 *(L. nº 2009-1312 du 28 oct. 2009)* **Lorsqu'elle est obligatoire, la contribution aux dépenses de fonctionnement des classes** *(L. nº 2019-791 du 26 juill. 2019, art. 14)* **« maternelles et » élémentaires sous contrat d'association des établissements** *(L. nº 2019-791 du 26 juill. 2019, art. 14)* **« d'enseignement privés » est, en cas de litige, fixée par le représentant de l'État dans le département qui statue dans un délai de trois mois à compter de la date à laquelle il a été saisi par la plus diligente des parties.**

Contribution obligatoire. Recours contentieux. Recours préalable au préfet. Date d'entrée en vigueur de ces dispositions. Le Conseil d'État a jugé qu'il résulte de l'art. L. 442-5-2 qu'en cas de litige portant sur la contribution obligatoire d'une commune aux dépenses de fonctionnement de classes élémentaires d'un établissement d'enseignement privé du premier degré sous contrat d'association, un recours contentieux ne peut être introduit qu'après que le représentant de l'État dans le département a été saisi par la partie la plus diligente, afin qu'il fixe cette contribution. La loi de 2009 étant silencieuse sur ses conditions d'application, le Conseil précise que la saisine obligatoire du représentant de l'État n'est toutefois applicable qu'aux seuls litiges nés à compter du 30 oct. 2009, date de l'entrée en vigueur de la L. n° 2009-1312 du 28 oct. 2009. • CE 12 mai 2017, n° 391730 : *Lebon ; AJDA 2017. 1021*.

Art. L. 442-6 Les formations offertes par les établissements d'enseignement privés du second degré sous contrat d'association qui bénéficient d'une aide aux investissements doivent être compatibles avec les orientations définies par le schéma prévisionnel des formations prévu par l'article L. 214-1. – *[L. n° 94-51 du 21 janv. 1994, art. 3, al. 1er.]*

BIBL. ► Ashworth, Les aides à l'investissement accordées par les collectivités territoriales aux établissements privés, *JCP 1990. I. 3473*. – La loi du 21 janv. 1994 relative aux conditions de l'aide aux investissements des établissements d'enseignement privés par les collectivités territoriales ; échec ou étape d'une réforme : *LPA 4 mai 1994, n° 53. 19*. – Bechtel, Le financement public des établissements d'enseignement privés, *RFAP 1990. 343*. – Le Bos et Le Pourhiet, Les collectivités locales et le financement de l'enseignement privé (l'imposé, le permis, l'interdit), *Rev. Savoir, 1989. 113*. – Chouvel, L'aide régionale aux investissements immobiliers de l'enseignement privé, *Quot. jur. 26 janv. 1991, n° 12. 2* ; Les régions et la loi Falloux, *LPA, n° 28, 7 mars 1994* ; Le juge administratif et les aides locales aux établissements d'enseignement privé, *RRJ, 2003-1. 445*. – Deby, La participation des communes au fonctionnement des écoles privées, *AJDA 1984. 586*. – Méjean, Les subventions publiques aux écoles primaires privées sont-elles bien illégales ?, *Rev. adm. 1954. 47*. – Moussa, Activités publiques et privées : le financement public de l'enseignement privé : *Quot. jur. 19 août 1986, n° 95 et 21 août 1986, n° 96*. – Rapp, Les collectivités publiques et le financement des investissements réalisés par les établissements d'enseignement privés, *Cah. dr. entr. 1990, n° 3. 26*. – Roncière, A propos de l'aide des collectivités locales aux établissements d'enseignement privés : les délibérations budgétaires, simples mesures d'exécution, *LPA, 24 mars 1997. 4*. – Seval, Aides aux établissements privés. Question de principes, *Rev. Savoir, 1990. 499* ; Aides aux établissements d'enseignement privés : le *statu quo ante, Rev. Savoir, 1994. 1*. – Tamion, Les collectivités locales et les établissements d'enseignement privés : les aspects financiers, *LPA 2 juin 1995, n° 66. 9*. – Virieux, Les communes et les établissements d'enseignement privés, *Rev. adm. 1983. 31*.

I. PRINCIPES

1. Plafonnement des aides. Pour mettre fin à une divergence d'interprétation, le Conseil d'État, par un arrêt d'assemblée rendu sur des conclusions contraires du commissaire du gouvernement, va préciser que l'art. 69 de la loi Falloux qui dispose que les établissements libres peuvent obtenir des communes, des départements ou de l'État, un local et une subvention, sans que cette subvention puisse excéder le dixième des dépenses annuelles de l'établissement, n'a fait l'objet d'aucune abrogation expresse. Cette disposition ne peut pas non plus être regardée comme implicitement abrogée par la loi Debré qui lui est postérieure. S'agissant des établissements secondaires privés d'enseignement général placés sous le régime du contrat d'association, ladite disposition permet aux collectivités territoriales de mettre à leur disposition un local existant et de leur accorder des subventions dans la limite du dixième des dépenses autres que les catégories de dépenses couvertes par des fonds publics versés au titre du contrat d'association. Par suite, illégalité de la délibération d'un conseil général décidant de subventionner au taux de 30 % la construction et l'extension de collèges privés, votant un crédit budgétaire à cet effet et accordant des subventions d'investissement à des collèges. • CE 6 avr. 1990, *Dpt d'Ille-et-Vilaine*, n° 81713 : *Lebon 91 ; RFDA 1990. 598, concl. Frydman ; D. 1990. 337, note Briard ; LPA 11 mai 1990. 14, note Fontaine ; Quot. jur. 15 mai 1990. 2, note Prélot ; AJDA 1990. 519, chron. Honorat et Baptist ; Dr. adm. 1990, comm. 269.* ♦ Même solution pour une délibération d'un conseil régional relative au financement de travaux d'aménagement et d'extension d'un lycée privé. • CE 28 avr. 1995, *Mme Bigaud*, n° 102922 : *Lebon 184 ; RFDA 1996. 79, concl. Savoie ; LPA 15 nov. 1995. 33, note Chouvel.*

2. Prêts à taux préférentiel. Ces prêts accordés par les collectivités locales doivent être regardés comme des subventions au titre de la loi Falloux. • CE 27 mars 1998, *Dpt d'Ille-et-Vilaine*, n° 87713 : *préc. note 1.* ♦ La délibération d'un conseil municipal a autorisé le maire à passer avec l'association gestionnaire d'un établissement d'enseignement primaire et secondaire privé, une convention par laquelle la commune s'est engagée à réaliser gratuitement un certain nombre d'équipements sportifs sur un terrain mis à sa disposition par l'association pour une durée de 99 ans moyennant un loyer annuel d'un franc symbolique. Le coût des équipements que la commune s'engageait à réaliser était estimé en 1980 à 990 000 F. La possibilité donnée à l'association, en cas de résiliation du bail après quinze années, de devenir propriétaire pour une somme de 10 000 F d'équipements sportifs aussi importants et qui seraient, eu égard à leur nature, encore utilisables, donne à l'opération autorisée par la délibération attaquée le caractère d'une subvention d'investissement consentie par la ville à un établissement d'enseignement privé. La possibilité d'une utilisation, à titre subsidiaire, de ces installations par les élèves d'autres établissements scolaires et les clubs sportifs, telle qu'elle est prévue, n'est pas de nature à enlever à la réalisation des installations par la ville le caractère de subvention. L'art. 4 de la L. du 31 déc. 1959, qui apporte une dérogation de caractère limitatif à l'interdiction édictée par la L. du 30 oct. 1886, qui demeure en vigueur, d'utiliser des fonds publics au bénéfice des écoles primaires privées ne prévoit la prise en charge par les collectivités publiques que des dépenses de fonctionnement des classes sous contrat. Illégalité, par voie de conséquence, de la délibération. • CE 18 nov. 1992, *Comité de liaison d'Antibes de la féd. des conseils de parents d'élèves des écoles publiques*, n° 63247 : *Lebon 1992. 415* ; *JCP 1993. II. 22074, concl. Pochard* • CE, ass., 25 oct. 1991, *Synd. nat. de l'enseignement chrétien CFTC, Union dptale des assoc. de parents d'élèves de Loire-Atlantique (UDAPEL) et a.*, n°s 68523, 68526, 68529, 68577, 68642, 68643 et 68803 : *Lebon 349* ; *AJDA 1991.885, chron. Maugüé et Schwartz* ; *ibid. 1991. 917* ; *LPA 19 juin 1992. 19, note Chouvel ;RFDA 1992. 995, note Durand-Prinborgne* ; *RD publ. 1992. 217, concl. Pochard.*

3. Garanties d'emprunt. La limitation du dixième ne s'applique pas aux garanties d'emprunt que les collectivités locales peuvent désirer accorder aux établissements privés. • CE, ass., 6 avr. 1990, *Ville de Paris, école alsacienne*, n°s 72873, 73656 et 74359 : *Lebon 92* ; *Dr. adm. 1990. comm. 270 ; D. 1990. 377, note Briard* ; *RFDA 1990. 468* ; *AJDA 1990. 519* et *562* • CE 10 oct. 2001, *M. Auduc, M. Camy-Peyrey*, n° 102146. ♦ Même solution pour un prêt garanti en totalité par une commune, portant sur une somme globale et concernant un ensemble de bâtiments d'un établissement d'enseignement privé, abritant à la fois des classes d'enseignement primaire et d'enseignement secondaire. La commune ne produisant aucun élément de nature à permettre la répartition précise de cette somme entre les deux catégories de bâtiments, les actes accordant la garantie dont il s'agit ont un caractère indivisible et doivent être annulés dans leur totalité en raison de l'illégalité dont ils sont affectés en ce qui concerne les classes d'enseignement primaire. • CE 4 févr. 1991, *Cne Marignane c/ Assoc. de reconstruction de l'école sainte-Marie*, n° 81232 : *Lebon T. 970* ; *Dr. adm. 1991. comm. 172 ; Quot. jur. 12 oct. 1991, n° 123. 4, note Maligner* • TA Paris, 23 oct. 1985, *Commissaire de la République de la région Île-de-France c/ Maire de Paris : Lebon T. 654.*

4. Application de ces dispositions à la région. N'étant mentionnée ni par la loi Falloux ni par la L. du 31 déc. 1985, se posait la question de l'application du dispositif à la région. Alors que plusieurs tribunaux administratifs avaient jugé qu'elle suivait le même régime que l'enseignement technique, • TA Paris, 17 avr. 1992, *Préfet d'Île-de-France.* ♦ ... Le Conseil d'État a imposé la solution inverse. • CE, sect., 10 nov. 1993, *Préfet de la région Île-de-France*, n° 138398 : *Lebon 318* ; *Dr. adm. 1993. comm. 566 ; JCP 1994. II. 22214, note Poujade ; LPA 7 mars 1994, n° 28. 6, note Chouvel.* ♦ Dans le même sens, illégalité de la délibération par laquelle un conseil régional décide de subventionner au taux de 30 % les travaux d'aménagement et d'extension des locaux d'un lycée privé. • CE 14 avr. 1995, *Mme Bigaud*, n° 102922 : *préc. note 1.*

5. Subventions déguisées. Le juge considère que constituent des subventions déguisées : une subvention d'équipement, versée à une association-écran. • CE 14 avr. 1999, *M. Sussot c/ Cne de Dôle*, n° 134082 : *D. 1999. 439, note Chouvel* . ♦ ... Un prêt sans intérêt : • CE 19 mars 1986, *Dpt de Loire-Atlantique*, n° 60483 : *Lebon 76* ; *AJDA 1986. 457, note Richer* • 27 mai 1987, *Dpt du Maine-et-Loire*, n° 56272 : *D. 1988. 207, note Toulemonde.* ♦ ... Une subvention destinée à la construction-extension de collèges privés. • CE 6 avr. 1990, *Dpt d'Ille-et-Vilaine*, n° 81713 : *préc. note 1.* ♦ ... Un engagement financier assorti d'une promesse de propriété des équipements pour une somme dérisoire. • CE 18 nov. 1992, *Comité liaison Antibes de la FCPE*, n° 63247 : *préc. note 2.*

6. Caractère divisible de la subvention. Dans une affaire concernant la délibération d'un conseil municipal accordant à un lycée polyvalent une subvention destinée à couvrir partiellement les frais de réfection de la cuisine et du réfectoire, la cour administrative d'appel rappelle qu'aucune disposition législative ne limite les subventions que peuvent accorder les collectivités territoriales ou établissements privés d'enseignement technologique ou professionnel. Dès lors, lorsqu'un établissement dispense à la fois une formation relevant de la voie générale et une formation relevant de la voie technologique et professionnelle, la légalité des subventions accordées doit être appréciée au regard des dispositions concernant chacune des catégories de formation, sans qu'y puisse faire obstacle la dénomination de l'établissement. • CAA Nancy, 2 mars 2006, *école Pasteur, Lycée Pasteur-Mont-Roland, Assoc. Ville de Dôle*, n° 03NC00052 : *AJDA 2006. 1407* .

II. MODALITÉS

7. Avis préalable. Une subvention ne peut pas être légalement accordée par un conseil général sans qu'ait été recueilli l'avis du conseil académique de l'éducation nationale. • CE 6 mars

1996, *Dpt des Yvelines*, n° 136970. ♦ Ce défaut de consultation entraîne l'annulation de la délibération. • CE 15 nov. 1995, *Dpt de la Vendée*, n° 137868 : *Lebon T. 825 ; Dr. adm. 1996. comm. 21.* ♦ La consultation est également obligatoire pour des travaux de modernisation et d'investissement. • CE 27 mars 1998, *Dpt d'Ille-et-Vilaine*, n° 135041 : *Lebon T. 783 ; D. 1999. 115, note Chouvel ; Dr. adm. 1998. comm. 159.*

8. Mentions requises. La collectivité publique doit désigner elle-même les établissements bénéficiaires et fixer le montant de chaque subvention en fonction tant des règles fixées par les dispositions applicables aux différentes catégories d'établissement que de l'intérêt que chaque opération, pour laquelle une subvention est accordée, présente pour cette collectivité. • CE 14 avr. 1995, *Mme Diard et Mlle David*, n° 103930 : *Lebon 182*.

III. EXCLUSIONS

9. Écoles primaires privées. Aucune disposition de cette loi n'autorise les départements à consentir une aide financière sous quelque forme que ce soit à des écoles primaires privées ni à prendre en charge, même partiellement et de façon temporaire, en cas de carence des communes, les dépenses de fonctionnement d'écoles primaires privées sous contrat d'association que la loi met à la charge de celles-ci. Par suite, illégalité de la délibération d'un conseil général accordant un prêt à des écoles primaires privées. • CE 19 mars 1986, *Dpt de Loire-Atlantique*, n° 60483 : *Lebon 76* • CE 20 févr. 1891, *Villes de Vitré, Muré, Nantes : Lebon 137.*

IV. SUBVENTION D'INVESTISSEMENT ET CONVENTION INTERNATIONALE RELATIVE AUX DROITS DE L'ENFANT

10. Travaux de mise en sécurité. Un conseil général avait décidé d'accorder à un collège confessionnel une subvention d'investissement couvrant 80 % du montant des travaux de sécurité de l'établissement. Sur déféré du préfet, le juge administratif avait annulé la délibération parce que le financement excédait le plafond légal. En cassation, l'OGEC tentait de mettre en avant un nouvel argument de droit. Il estimait que les stipulations de l'art. 3 de la convention internationale du 26 janv. 1990 relative aux droits de l'enfant exigent de ses signataires que « dans toutes les décisions qui concernent les enfants, qu'elles soient le fait des institutions publiques ou privées de protection sociale, des tribunaux, des autorités administratives ou des organes législatifs, l'intérêt supérieur de l'enfant doit être une considération primordiale ». En conséquence, assurer la sécurité des enfants autorise les collectivités publiques à permettre aux établissements d'enseignement privés de mettre leurs locaux en totale sécurité. Le Conseil d'État a rejeté l'argument en admettant que ces stipulations conduisent les autorités administratives à porter une attention primordiale à l'intérêt supérieur des enfants dans toutes leurs décisions les concernant, mais elles n'ont pas pour effet d'imposer aux départements des travaux incombant normalement aux collèges privés, « y compris dans le cadre de mesures prises afin d'assurer la sécurité des enfants scolarisés dans les collèges du département ». • CE 18 févr. 2005, *OGEC collège de La Madeleine*, n° 264064.

Art. L. 442-7 Toute aide allouée conformément à l'article L. 442-6 donne lieu à la conclusion entre la collectivité territoriale qui l'attribue et l'organisme bénéficiaire d'une convention précisant l'affectation de l'aide, les durées d'amortissement des investissements financés et, en cas de cessation de l'activité d'éducation ou de résiliation du contrat, les conditions de remboursement des sommes non amorties ainsi que les garanties correspondantes. — *[L. n° 94-51 du 21 janv. 1994, art. 4.]*

Stipulations de la convention. Les stipulations de la convention doivent être déterminées de façon à éviter que l'organisme bénéficiaire puisse profiter d'un avantage injustifié. Le Conseil constitutionnel a jugé que, sous ces réserves d'interprétation, ces dispositions n'étaient pas contraires à la Constitution. • Cons. const. 13 janv. 1994, *Loi relative aux conditions de l'aide aux investissements des Éts d'enseignement privés par les collectivités territoriales*, n° 93-329 DC : *JO 15 janv., p. 829 ; Rec. Cons. const. 9 ; JCP 1994. II. 12241, note Ashworth ; AJDA 1994. 132, note Costa ; RFDA 1994. 209, comm. Genevois.*

Art. L. 442-8 Le contrat d'association prévoit la participation aux réunions de l'organe de l'établissement compétent pour délibérer sur le budget des classes sous contrat :

1° En ce qui concerne les classes des écoles, d'un représentant de la commune siège de l'établissement et de chacune des communes où résident au moins 10 % des élèves et qui contribue aux dépenses de fonctionnement des classes fréquentées ;

2° En ce qui concerne les classes des établissements du second degré, d'un représentant de la collectivité compétente. — *[L. n° 83-663 du 22 juill. 1983, art. 27-4.]*

Art. L. 442-9 Les dépenses de fonctionnement des classes sous contrat d'association des établissements d'enseignement privés du second degré sont prises en charge sous la

forme de contributions forfaitaires versées par élève et par an et calculées selon les mêmes critères que pour les classes correspondantes de l'enseignement public.

(L. n° 2004-809 du 13 août 2004, art. 82) **« La contribution de l'État est calculée par rapport aux dépenses correspondantes de rémunération des personnels non enseignants afférentes à l'externat, qui sont à la charge de l'État en application des 3° et 4° de l'article L. 211-8. Elle est majorée d'un pourcentage permettant de couvrir les charges sociales et fiscales afférentes à la rémunération de ces personnels, qui demeurent de droit privé, et les charges diverses dont les établissements publics sont dégrevés. Le montant global de cette contribution est déterminé annuellement dans la loi de finances.**

« Les départements pour les classes des collèges, les régions pour les classes des lycées et, en Corse, la collectivité territoriale pour les classes des collèges et des lycées versent chacun deux contributions. La première contribution est calculée par rapport aux dépenses correspondantes de rémunération des personnels non enseignants afférentes à l'externat des collèges ou des lycées de l'enseignement public assurés par le département ou la région et en Corse par la collectivité territoriale, en application des dispositions des articles L. 213-2-1 et L. 214-6-1. Elle est majorée d'un pourcentage permettant de couvrir les charges sociales et fiscales afférentes à la rémunération de ces personnels, qui demeurent de droit privé, et les charges diverses dont les établissements publics sont dégrevés. La seconde contribution est calculée par rapport aux dépenses correspondantes de fonctionnement de matériel afférentes à l'externat des établissements de l'enseignement public ; elle est égale au coût moyen correspondant d'un élève externe, selon les cas, dans les collèges ou dans les lycées de l'enseignement public du département ou de la région ; elle est majorée d'un pourcentage permettant de couvrir les charges diverses dont les établissements d'enseignement public sont dégrevés. Elles font l'objet d'une compensation dans les conditions prévues par les articles L. 1614-1, L. 1614-3 et L. 1614-4 du code général des collectivités territoriales. »

Le montant des *(L. n° 2013-595 du 8 juill. 2013, art. 19)* **« dépenses de fonctionnement à caractère directement pédagogique » à la charge de l'État pour les classes sous contrat d'association des établissements d'enseignement privés du second degré est déterminé annuellement dans la loi de finances.**

Sur le montant de la contribution de l'État aux dépenses de fonctionnement des classes des établissements du second degré privés placées sous contrat d'association, V. Arr. du 3 déc. 2019.

BIBL. ▶ TAILLEFAIT, Les maîtres des établissements d'enseignement privés sous contrat d'association après la loi Censi : une « publicisation » achevée ?, *AJFP juill. 2005. 178*. – TOULEMONDE, Les maîtres des établissements d'enseignement privés entre droit public et droit privé : une hybridation législative, *AJDA 2005. 478*.

FORFAIT D'EXTERNAT

1. Principe. Le forfait d'externat dû par les départements aux collèges privés sous contrat doit être égal au coût moyen d'un élève externe des classes correspondantes de l'enseignement public. En l'espèce, une vingtaine de collèges privés du département de l'Hérault avaient saisi le juge en raison de l'insuffisance du montant du forfait d'externat que leur avait versé le département au cours de la période de 1998 à 2002. Suivant pour l'essentiel les conclusions de l'expertise alors effectuée par un expert-comptable, le juge avait condamné le département à verser une somme de 11 500 000 euros, à laquelle s'ajoutaient les intérêts légaux (600 000 euros) et les frais d'expertise et de justice. • TA Montpellier, 25 sept. 2008, *Assoc. OGEC Saint-Joseph et a.*, n° 0302252 : *AJDA 2009. 439, note Toulemonde*. ♦ En appel, la cour ramène la condamnation du département à 1 455 257 euros. Cet arrêt de 55 pages analyse minutieusement les dépenses en faveur des collèges publics, tableaux à l'appui. • CAA Marseille, 23 nov. 2012, *Dpt de l'Hérault*, n° 08MA05019. ♦ Même solution et même mode opératoire avec nouvelles précisions relatives aux charges indirectes et au contenu effectif des dépenses de fonctionnement quel que soit le classement comptable dans le budget de la collectivité territoriale en cause. • CAA Marseille, 23 nov. 2012, *Dpt de l'Hérault*, n° 08MA05019 : *AJDA 2013. 1006, note Toulemonde*. ♦ Aucune disposition législative ou réglementaire ne fixe à 80 % du forfait d'externat actuel le montant des dépenses relatives au personnel non-enseignant des établissements privés sous contrat d'association. Annulation de la circulaire du ministre qui a ajouté aux textes législatifs et réglementaires applicables alors qu'il n'était pas compétent pour édicter une telle règle. • CE, ass., 25 oct. 1991, *Synd. nat. de l'enseignement chrétien CFTC et a.*, n°s 68523, 68526, 68529, 68577, 68642, 68643 et 68803 : *Lebon 349* ; *LPA*

19 juin 1992. 19, note Chouvel ; AJDA 1991. 885, chron. Maugüé et Schwartz ; ibid. 1991. 917 ; RFDA 1992. 995, note Durand-Prinborgne ; RD publ. 1992. 217, concl. Pochard.

2. *Calcul.* Pour calculer ce montant, il y a lieu de rechercher toutes les dépenses de fonctionnement matériel effectuées par le département au profit des collèges publics, quel que soit le chapitre budgétaire dans lequel celles-ci figurent, dès lors qu'elles participent à la scolarité obligatoire des élèves et ne revêtent pas le caractère de dépenses d'investissement. • TA Montpellier, 25 sept. 2008, *Assoc. OGEC Saint-Joseph et a.*, n° 03022252 ; *préc. note 1.*

3. *Recensement des dépenses éligibles obligatoire et précis.* Le recensement des dépenses entrant dans l'assiette du calcul est obligatoire. • CE, ass., 17 oct. 1975, *Assoc. de gestion de l'externat des enfants nantais*, n° 94743 : *Lebon 519* . ♦ Annulation de l'arrêté interministériel dont les signataires n'ont pas cherché, ainsi qu'ils y étaient tenus, à assurer la prise en charge par l'État de ces dépenses dans les mêmes conditions que celles des classes correspondantes de l'enseignement public. Ils se sont bornés à appliquer des pourcentages d'augmentation aux montants fixés pour l'année scolaire précédente eux-mêmes non conformes aux dispositions applicables. • CE, sect., 13 mars 1987, *Féd. nat. des organismes de gestion des Éts de l'enseignement catholique (FNOGEC)*, n°s 51755 et 54861 : *Lebon 93* ; *AJDA 1987. 409, concl. Roux* • CE 12 avr. 1991, *Féd. nat. des organismes de gestion des Éts de l'enseignement catholique (FNOGEC) et a.*, n° 96667 : *Lebon T. 97* .

4. *Dépenses exclues.* Sont exclues les dépenses d'investissement immobilier correspondant notamment au coût des emprunts contractés pour cet objet • CE, sect., 11 févr. 2005, *Organisme de gestion du cours du Sacré-Cœur et a.*, n° 259290 : *Lebon 65* ; *AJDA 2005. 652, chron. Landais et Lenica* ; *ibid. 1932, note Ach* ; *RFDA 2005. 546, concl. Glaser* . ♦ ... Ainsi que les dépenses de location d'immeubles. • CE, ass., 25 oct. 1991, *Synd. nat. de l'enseignement chrétien CFTC et a. : préc. note 1.* ♦ Le juge administratif peut être amené à préciser la distinction entre dépenses d'entretien et grosses réparations. Ainsi les opérations courantes d'entretien sont celles « qui, sans constituer des améliorations, consistent en la remise en état, la réfection, voire le remplacement d'équipements qui, au même titre que les gros murs, les charpentes et les couvertures, sont essentiels pour maintenir l'immeuble en état d'être utilisé conformément à sa destination », les opérations excédant ce cadre par leur importance étant des investissements. • TA Montpellier, 25 sept. 2008, *Assoc. OGEC Saint-Joseph et a.*, n° 0302252 : *préc. note 1.* ♦ Les « achats informatiques » sont également exclus de l'assiette du forfait • Même jugement.

5. *Dépenses à retenir.* Les dépenses d'enseignement à retenir ne sont que les dépenses liées aux enseignements obligatoires qualifiées de « dépenses pédagogiques ». • TA Montpellier, 25 sept. 2008, *Assoc. OGEC Saint-Joseph et a.* n° 0302252 : *préc. note 1.* ♦ Tel est le cas des dépenses générées par l'éducation physique et sportive. • TA Clermont-Ferrand, 22 févr. 2008, *OGEC Sainte-Thérèse*, n° 0602411. ♦ Des dépenses liées aux transports des élèves lors d'activités scolaires, à la médecine scolaire, à la rémunération d'intervenants lors des séances d'activités physiques et sportives ainsi qu'aux classes de découverte. • CAA Lyon, 30 déc. 2008, *Cne de Clermont-Ferrand c/ OGEC Fénelon*, n° 05LY01682 : *AJDA 2009. 559* . ♦ Les dépenses de matériels, de locations d'équipements sportifs, de transports des élèves pour accomplir ces activités entrent dans l'assiette du forfait, dès lors que ces activités font partie des enseignements obligatoires ou optionnels prévus dans les programmes. • TA Montpellier, 25 sept. 2008, *Assoc. OGEC Saint-Joseph et a.*, n° 0302252 : *préc. note 1.* ♦ Il en est de même des sorties pédagogiques effectuées pendant le temps scolaire. • TA Bordeaux, 15 mai 2008, *OGEC de l'école Saint-Michel*, n° 0201616. ♦ Les dépenses indirectes de gestion des établissements publics par les services des collectivités territoriales doivent aussi être comptabilisées dans l'évaluation du coût moyen d'un élève. • CE, ass., 25 oct. 1991, *Synd. nat. de l'enseignement chrétien CFTC et a.* n°s 68523, 68526, 68529, 68577, 68642, 68643 et 68803 : *préc. note 1* à propos des écoles primaires pour les dépenses de secrétariat et d'administration des écoles. ♦ Le juge administratif fait entrer une quote-part des coûts de gestion des collèges publics dans l'assiette du forfait, la part de l'externat étant évaluée à 53 % de ces coûts. • TA Montpellier, 25 sept. 2008, *Assoc. OGEC Saint-Joseph et a.*, n° 0302252 : *préc. note 1.*

6. *Dépenses à retenir. Charges indirectes. Nouveau mode de calcul.* Sur cette question très controversée, la cour administrative de Marseille calcule le temps de travail des agents consacré à la gestion des collèges privés (soit 25 %) et considère que ce coût doit en réalité venir en déduction de la masse du forfait car il s'agit d'une prestation indirecte en faveur des collèges privés. Elle estime d'autre part que les agents concernés ont passé 45 % de leur temps à des tâches de gestion correspondant au fonctionnement matériel de l'externat des collèges publics, dont le coût correspondant est à inclure dans le forfait. • CAA Marseille, 23 nov. 2012, *Dpt de l'Hérault*, n° 08MA05019. ♦ V. note 1.

7. *Rémunération des personnels.* Les charges sociales et fiscales incombant à l'employeur comprennent :... les cotisations au régime de retraite et de prévoyance. • CE, sect., 15 mai 1992, *Organisme de gestion des écoles catholiques*

(OGEC) de la Baugerie, n° 83318 : *Lebon 208* • CE, avis, 5 déc. 1997, *Organisme de gestion des écoles catholiques (OGEC) de Saint-Sauveur-le-Vicomte*, n° 188530 : *Lebon 464, concl. Touvet* ; *AJDA 1998. 167* ; *D. 1998. 50*. ♦ ... Les cotisations de l'employeur aux institutions de retraite complémentaire auxquelles ces maîtres sont affiliés. • CE 2 déc. 1983, *Assoc. scolaire P.-F. Jamet gestionnaire de l'école Le Bon Sauveur et Féd. nat. des organismes de gestion de l'enseignement catholique [FNOGEC]*, n° 34046 : *Lebon T. 604*. ♦ ... Les cotisations patronales acquittées au titre de l'assurance-décès dont bénéficient les maîtres de l'enseignement privé. • CE, 8 avr. 1998, *Organisme de gestion du groupe scolaire Émile de Rodat et a.*, n°s 182453, 182493 et 182495 : *Lebon T. 703*. ♦ Les dispositions de l'art. L. 2143-17 C. trav. impliquent que le paiement des heures de délégation d'un maître d'établissement d'enseignement privé sous contrat d'association incombe à l'établissement au sein duquel il exerce le mandat prévu par le code du travail dans l'intérêt de la communauté constituée par l'ensemble du personnel de l'établissement si ces heures sont prises en dehors de son temps de travail. Ces heures ne doivent pas se confondre avec les heures de décharges d'activité de service accordées au représentant syndical. • Soc. 13 oct. 2010, *M. Smagghe c/ Assoc. gestionnaire du lycée privé des techniques agricoles, horticoles et paysagères de Gignac* : *AJDA 2011. 522, note Toulemonde*.

8. Expertise. Le Conseil d'État admet aujourd'hui partiellement la nécessité de recourir à une expertise. Il juge en effet que la mission consistant à déterminer le montant et l'objet des dépenses exposées chaque année, de 1996 à 2000, par le département du Val-de-Marne dans l'intérêt des collèges publics n'est relative ni à la qualification juridique des faits ni aux conséquences juridiques à tirer de constatations de fait. • CE, sect., 11 févr. 2005, *Organisme de gestion du cours du Sacré-Cœur et a.*, n° 259290 : *préc. note 1*.

9. Référé-instruction. L'utilisation du référé-instruction dans les litiges portant sur le forfait a été admise par le Conseil d'État. • CE, sect., 11 févr. 2005, *OGEC du Sacré-Cœur et a.*, n° 259290 : *préc. note 4*.

10. Responsabilité. Commet une illégalité le préfet qui refuse d'inscrire d'office au budget d'une commune le montant de la dépense obligatoire calculée par la chambre régionale des comptes. Cette illégalité constitue une faute lourde qui engage la responsabilité de l'État envers l'établissement. • CE 26 juin 1987, *Min. intérieur c/ OGEC « La Providence » à Saint-Brieuc*, n° 67725 : *AJDA 1988. 47, note Toulemonde*. ♦ Cette faute ouvre droit à indemnité. • CE 27 mai 1988, *Min. intérieur et MEN c/ école Notre-Dame-de-Liesse*, n° 71431.

V. aussi notes ss. art. L. 914-1.

Art. L. 442-10 Lorsque les conditions auxquelles est subordonnée la validité des contrats d'association cessent d'être remplies, ces contrats peuvent, après avis de la commission de concertation instituée à l'article L. 442-11, être résiliés par le représentant de l'État soit à son initiative, soit sur demande de l'une des collectivités mentionnées à l'article L. 442-8. – *[L. n° 83-663 du 22 juill. 1983, art. 27-6.]*

COMMENTAIRE

LA FIN DU CONTRAT

Le contrat avait été conçu comme une formule transitoire ; le contrat simple devait déboucher sur le contrat d'association, l'association sur l'intégration. Si la première hypothèse s'est réalisée, le contrat d'association s'est pérennisé.

Conclu pour un an, le contrat est renouvelé par tacite reconduction. Il peut toutefois être résilié du commun accord des parties. La loi a en outre prévu une procédure de résiliation unilatérale, habituelle dans le droit des contrats administratifs, jugée conforme à la Constitution (Cons. const. 18 janv. 1985). Si les conditions de validité du contrat cessent d'être remplies, le contrat peut être résilié par le préfet, de sa propre initiative ou à la demande des collectivités territoriales, après avis de la commission de concertation (art. L. 442-10 et 11). Le préfet doit alors motiver sa décision, indiquant les manquements relevés. Le recours contentieux ne sera possible que si la commission de conciliation a préalablement donné son avis.

Résiliation des contrats. L'autorité administrative n'a pas le pouvoir de résilier arbitrairement les contrats d'association en cours, la résiliation ne pouvant être prononcée que lorsque ne sont plus remplies les conditions auxquelles était subordonnée la validité du contrat. Ce pouvoir de résiliation, au demeurant conforme aux principes applicables aux contrats administratifs, n'est contraire à aucune règle ou principe de valeur constitutionnelle. • Cons. const. 18 janv. 1985, *Loi modifiant et complétant la loi n° 83-663 du 22 juill. 1983 et portant dispositions diverses relatives aux rapports entre l'État et les collectivités territoriales*, n° 84-185 DC : *JO 20 janv., p. 821* ; *Rec. Cons. const. 36* ; *RFDA 1985. 624, comm. Delvolvé*.

Art. L. 442-11 Il est créé dans chaque académie, à titre provisoire, au moins une commission de concertation comprenant en nombre égal des représentants des collectivités territoriales, des représentants des établissements d'enseignement privés et des personnes désignées par l'État. Ces commissions peuvent, sous réserve des dispositions de l'article L. 442-10, être consultées sur toute question relative à l'instruction, à la passation, à l'exécution des contrats ainsi qu'à l'utilisation des fonds publics conformément à leur destination, dans le cadre de ces contrats. *(L. n° 2021-1109 du 24 août 2021, art. 59)* « Elles veillent également à la mixité sociale des publics scolarisés au sein des établissements parties au contrat, en tenant compte du nombre d'établissements d'enseignement privés liés à l'État par contrat, par secteur géographique concerné. » Aucun recours contentieux relatif à ces questions ne peut être introduit sans que l'objet du litige leur ait au préalable été soumis pour avis.

Un décret en Conseil d'État détermine les conditions dans lesquelles les attributions des commissions instituées à l'alinéa premier du présent article sont transférées à une formation spécialisée qui siège au sein des organismes prévus aux articles L. 234-1 et L. 235-1, et dont la composition est conforme aux règles fixées au premier alinéa du présent article. Ce décret fixe également les conditions dans lesquelles des représentants des personnels et des usagers des établissements d'enseignement privés sous contrat peuvent participer ou être adjoints aux conseils de l'éducation nationale *[V. art. R. 442-63 s.]*.

A titre transitoire et jusqu'à l'intervention du transfert prévu au deuxième alinéa du présent article, les commissions de concertation sont consultées sur l'élaboration et la révision des schémas prévisionnels des formations prévues aux articles L. 214-1 et L. 214-2. – *[L. n° 83-663 du 22 juill. 1983, art. 27-8.]*

1. Commission de concertation. A l'occasion de la création d'une option Sciences expérimentales, dont le besoin scolaire était reconnu, un refus d'avenant était opposé alors que la signature de celui-ci était nécessaire. La demande de convocation du comité départemental de conciliation étant demeurée sans suite, le recours contentieux était recevable. • TA Poitiers, 18 oct. 1967, *école Saint-Paul : Lebon 610*.

2. Procédure. Recours administratif préalable. Absence. Les litiges relatifs au montant de la contribution des communes pour les classes des écoles privées sous contrat d'association n'ont pas à faire l'objet d'un recours administratif préalable obligatoire auprès des commissions de concertation. • CE 12 oct. 2011, *Cne de Clermont-Ferrand*, n° 325846 : *Lebon T. 958* ; *AJDA 2011. 1983* ; *ibid. 2012. 380, note Toulemonde* ; *AJCT 2012. 47, obs. Houser*.

3. Compétence. Pour un litige sur la prise en charge de cotisations sociales afférentes aux rémunérations des maîtres agréés d'un établissement : • CE 20 févr. 1974, *Assoc. familiale d'éducation populaire de l'externat Saint-André et Dlle Boiteux*, n° 88196 : *Lebon 119*.

SECTION IV CONTRAT SIMPLE PASSÉ AVEC L'ÉTAT PAR DES ÉTABLISSEMENTS D'ENSEIGNEMENT PRIVÉS

Sur les relations contractuelles entre l'État et les établissements d'enseignement privés, V. les comm., section III.

Art. L. 442-12 Les établissements d'enseignement privés du premier degré peuvent passer avec l'État un contrat simple suivant lequel les maîtres agréés reçoivent de l'État leur rémunération qui est déterminée compte tenu notamment de leurs diplômes et des rémunérations en vigueur dans l'enseignement public.

Le contrat simple porte sur une partie ou sur la totalité des classes des établissements. Il entraîne le contrôle pédagogique et le contrôle financier de l'État.

Peuvent bénéficier d'un contrat simple les établissements justifiant des seules conditions suivantes : durée de fonctionnement, qualification des maîtres, nombre d'élèves, salubrité des locaux scolaires *(L. n° 2021-1109 du 24 août 2021, art. 57)* « , capacité d'organiser l'enseignement par référence aux programmes de l'enseignement public ». Ces conditions sont précisées par décret.

Les communes peuvent participer dans les conditions qui sont déterminées par décret aux dépenses des établissements privés qui bénéficient d'un contrat simple.

Il n'est pas porté atteinte aux droits que les départements et les autres personnes publiques tiennent de la législation en vigueur. – *[L. n° 59-1557 du 31 déc. 1959, art. 5, al. 1er, 4 à 7.]*

Sur les demandes d'intégration d'établissements d'enseignement privés dans l'enseignement public, V. art. R. 442-23 s.

Sur le contrat simple passé avec l'État par les établissements d'enseignement privés, V. art. R. 442-49 s., R. 914-53 s. et R. 914-113.

Sur les conditions financières, V. art. R. 442-52, R. 442-58, R. 914-3, R. 914-54 s. et R. 914-85 s.

Sur le contrôle financier et administratif des établissements d'enseignement privés, V. art. R. 442-9 s.

Sur l'ouverture de recrutements réservés pour l'accès aux échelles de rémunération des maîtres contractuels et agréés de l'enseignement privé sous contrat relevant du ministre chargé de l'éducation nationale, V. Décr. n° 2012-1512 du 28 déc. 2012, ss. C. éduc., art. L. 442-5.

I. CONDITIONS

1. Conditions limitativement énumérées. Les conditions que doivent remplir les établissements d'enseignement privé pour bénéficier d'un contrat simple sont limitativement énumérées par la loi. Le refus opposé à deux écoles primaires organisant la majorité de leurs enseignements en langue basque, exclusivement fondé sur le fait que l'enseignement dispensé dans ces écoles n'était pas organisé par référence aux programmes et aux règles générales relatives aux horaires de l'enseignement public, n'est pas légalement justifié. • CE 10 mai 1985, *MEN c/ Assoc. Seaska*, n° 43305 : *Lebon T. 655* • CE, sect., 13 janv. 1965, *Assoc. éducation populaire des écoles de Réalmont*, n° 60046 : *Lebon 29* ; *AJDA 1965. 238, concl. Bernard.* ♦ Le critère d'analogie avec les créations nettes d'emplois dans l'enseignement public n'est pas au nombre de ceux dont l'administration est autorisée à tenir compte pour répondre aux demandes de conclusion de nouveaux contrats. • CE 1er oct. 1993, *M. Gérard Messager et Assoc. « école de la croix »*, n° 116557 : *Lebon 254*. ♦ Illégalité de la circulaire invitant à faire respecter, lors de l'examen d'une demande de contrat simple, les parités d'encadrement entre écoles publiques et privées « suivant la politique qu'elles entendent mener localement ». • CE 12 avr. 1991, *Synd. nat. de l'enseignement chrétien – CFTC, Union dptale des assoc. de parents d'élèves de Loire-Atlantique (UDAPEL) et a.*, nos 68522, 68525, 68528, 68578, 68641, 68644 et 68802 : *Lebon 134*.

2. Besoin scolaire reconnu. L'existence d'un besoin scolaire reconnu n'est pas au nombre des conditions limitativement énumérées auxquelles est subordonné l'octroi d'un contrat simple. • CE 19 mars 1986, *MEN c/ école privée de La Salle à Lons-le-Saunier*, n° 64821 : *Lebon T. 563*.

II. REFUS-COMPÉTENCE DE L'AUTORITÉ ADMINISTRATIVE

3. Pouvoir discrétionnaire. Pour les établissements remplissant les conditions fixées [durée de fonctionnement, qualification des maîtres, nombre d'élèves, salubrité des locaux scolaires], le ministre a le droit d'apprécier l'opportunité de la passation du contrat. • CE 27 nov. 1968, *MEN c/ Centre technique et ménager « La providence »*, n° 68635 : *Lebon 598* ; *Dr. adm. 1968. comm. 406* • CE 2 oct. 1968, *MEN c/ M. Moulignier*, n° 72650 : *Lebon 469*.

4. Compétence liée. L'autorité administrative a compétence liée au regard de la condition de qualification des maîtres précisée par décret, qui fixe les titres de capacité de ces derniers, et ne dispose d'aucun pouvoir d'appréciation sur la qualification d'un maître qui justifie être en possession de ces titres. • CE 2 oct. 1968, *MEN c/ M. Moulignier*, n° 72650 : *préc. note 3.*

5. Contrôle du juge. Le juge vérifie si les décisions de refus ne reposent pas sur des motifs juridiquement erronés ou fondés sur des faits matériellement inexacts ou ne sont pas entachées d'erreur manifeste ou de détournement de pouvoir. L'insuffisance d'effectifs, la vétusté et le mauvais entretien des locaux et du matériel, le faible niveau des élèves, l'insuffisance des résultats aux examens, l'intérêt médiocre des enseignements assurés sont au nombre des motifs dont le ministre pouvait légalement tenir compte. L'appréciation portée par l'administration ne reposait pas en l'espèce sur des faits matériellement inexacts ; elle n'est pas entachée d'erreur manifeste, d'erreur de droit ou de détournement de pouvoir. • CE 27 nov. 1968, *MEN c/ Centre technique et ménager « La providence »*, n° 68635 : *préc. note 3.*

III. SITUATION JURIDIQUE

6. Absence de prérogatives de puissance publique. Si un établissement privé d'enseignement sous contrat simple assume une mission d'intérêt général sous le contrôle de l'État, il constitue un organisme de droit privé auquel ni aucun texte ni ce contrat ne confère de prérogatives de puissance publique pour l'accomplissement de cette mission. • TA Rennes, 3 févr. 1993.

7. Actions en responsabilité. La juridiction administrative est compétente pour connaître des conséquences dommageables d'un accident imputable à un défaut d'organisation du service de l'enseignement assuré par un établissement privé. Mais l'État ne peut être reconnu responsable d'une faute dans l'organisation de cet établissement dès lors que celui-ci est géré par une personne privée associée à l'exécution du service public, malgré l'existence d'un contrat d'association. Dans une telle hypothèse, la responsabilité de l'État ne peut être recherchée qu'à raison d'une insuffisance de contrôle. • CAA Paris, 21 janv. 1992, *M. Olivier Combas,* n° 89PA01069 : *Lebon T. 1013*. ♦ L'action engagée par les parents d'une élève d'un tel établissement afin de voir reconnaître la responsabilité de ce dernier pour défaut de surveillance dans l'accident dont a été victime leur enfant relève de la compétence du juge judiciaire. • TA Rennes, 3 févr. 1993.

SECTION V DISPOSITIONS COMMUNES AUX ÉTABLISSEMENTS LIÉS À L'ÉTAT PAR CONTRAT

Art. L. 442-13 La conclusion des contrats prévus aux articles L. 442-5 et L. 442-12 est subordonnée, en ce qui concerne les classes des écoles privées, au respect des règles et critères retenus pour l'ouverture et la fermeture des classes correspondantes de l'enseignement public, toutes conditions de fonctionnement étant égales.

En ce qui concerne les classes des établissements d'enseignement privés du second degré, la conclusion des contrats est subordonnée aux règles et critères mentionnés à l'alinéa précédent et, en outre, à la compatibilité avec l'évaluation de l'ensemble des besoins figurant aux schémas prévisionnels, aux plans régionaux et à la carte des formations supérieures prévus aux articles L. 214-1 et L. 214-2. – *[L. n° 83-663 du 22 juill. 1983, art. 27-3.]*

Art. L. 442-13-1 *(L. n° 2004-809 du 13 août 2004, art. 87-II)* Lorsqu'un établissement public de coopération intercommunale est compétent pour le fonctionnement des écoles publiques, cet établissement est substitué aux communes dans leurs droits et obligations à l'égard des établissements d'enseignement privés ayant passé avec l'État l'un des contrats prévus aux articles L. 442-5 et L. 442-12.

Art. L. 442-14 Le montant des crédits affectés à la rémunération des personnels enseignants des classes, faisant l'objet d'un des contrats prévus aux articles L. 442-5 et L. 442-12, au titre de leurs tâches d'enseignement, est déterminé chaque année par la loi de finances. Il est fixé en fonction des effectifs d'élèves accueillis et des types de formation dispensés dans les établissements d'enseignement publics et dans les classes sous contrat des établissements d'enseignement privés, et compte tenu des contraintes spécifiques auxquelles sont soumis les établissements d'enseignement publics du fait de conditions démographiques, sociales ou linguistiques particulières. Aucun nouveau contrat ne peut être conclu que dans la limite des crédits mentionnés au présent article. – *[L. de finances n° 84-1208 du 29 déc. 1984, art. 119-I.]*

Art. L. 442-15 Les établissements d'enseignement privés ayant passé avec l'État l'un des contrats prévus aux articles L. 442-5 et L. 442-12 reçoivent de l'État, dans la limite des crédits inscrits à cet effet dans la loi de finances, une subvention pour les investissements qu'ils réalisent au titre des constructions, de l'aménagement et de l'équipement destinés aux enseignements complémentaires préparant à la formation professionnelle prévue à l'article L. 332-3. – *[L. n° 59-1557 du 31 déc. 1959, art. 14.]*

Concours financiers. Aucune disposition n'autorise les départements à participer, sous quelque forme que ce soit, aux dépenses de fonctionnement des classes primaires privées ni à prendre en charge, même partiellement et de façon temporaire, en cas de carence des communes, les dépenses de fonctionnement d'écoles sous contrat que la loi met à la charge de celles-ci. • CE 19 mars 1986, *Dpt de Loire-Atlantique*, n° 60483 : *Lebon 76*; *AJDA 1986. 457, note Richer.*

Art. L. 442-16 Les collectivités territoriales peuvent concourir à l'acquisition *(L. n° 2013-595 du 8 juill. 2013, art. 22)* « d'équipements informatiques » par les établissements *(L. n° 2013-595 du 8 juill. 2013, art. 22)* « d'enseignement privés ayant passé avec l'État l'un des contrats prévus aux articles L. 442-5 et L. 442-12 » sans que ce concours puisse excéder celui qu'elles apportent aux établissements d'enseignement publics dont elles ont la charge en application des articles L. 212-4, L. 213-2 et L. 214-6.

Art. L. 442-17 La garantie de l'État peut être accordée, dans des conditions fixées par décret, aux emprunts émis par des groupements ou par des associations à caractère national, pour financer la construction, l'acquisition et l'aménagement de locaux

d'enseignement utilisés par des établissements privés préparant à des diplômes délivrés par l'État.

La même faculté est ouverte aux communes pour les écoles, aux départements pour les collèges et aux régions pour les lycées, au profit des groupements ou associations à caractère local. – *[L. n° 64-1278 du 23 déc. 1964, art. 51.]*

Art. L. 442-18 *(Décr. n° 2006-1149 du 14 sept. 2006, art. 1er)* **« Des décrets en Conseil d'État » fixent les mesures nécessaires à l'application des articles L. 141-2, L. 151-1, L. 442-1, L. 442-2, L. 442-4, L. 442-5, L. 442-12, L. 442-15, L. 914-1 et L. 914-2.**

Art. L. 442-19 Les dispositions des articles L. 442-8 à L. 442-11 et L. 442-13 ne sont pas applicables aux établissements d'enseignement agricole privés, qui sont régis par les dispositions du chapitre III du titre Ier du livre VIII du code rural et de la pêche maritime. – *[L. n° 83-663 du 22 juill. 1983, art. 27-9.]*

Art. L. 442-20 Les articles L. 111-1, L. 111-2, L. 111-3, L. 112-2, L. 121-1, L. 121-3, *(L. n° 2013-595 du 8 juill. 2013, art. 64)* **« L. 121-6, L. 122-1-1 à L. 122-5, L. 131-1, L. 131-1-1, L. 231-14 à L. 231-17, L. 241-12 à L. 241-14, L. 311-1 à L. 311-7, L. 312-9, L. 312-9-2, L. 312-10, L. 312-15, L. 313-1 »** *(L. n° 2019-791 du 26 juill. 2019, art. 61)* **« , L. 314-1 et L. 314-2 », le premier alinéa de l'article L. 321-2, les articles L. 321-3, L. 321-4, L. 331-1, L. 331-4, L. 331-7, L. 331-8,** *(L. n° 2013-595 du 8 juill. 2013, art. 64)* **« L. 332-2 à L. 332-6, L. 333-1 à L. 333-2, L. 333-4 », L. 334-1, L. 337-2, L. 511-3, la première phrase de l'article L. 521-1 et l'article L. 551-1 sont applicables aux établissements d'enseignement privés sous contrat dans le respect des dispositions du présent chapitre.**

SECTION VI DISPOSITIONS RELATIVES AUX ÉTABLISSEMENTS D'ENSEIGNEMENT AGRICOLE PRIVÉS SOUS CONTRAT

Art. L. 442-21 Les rapports entre l'État et les établissements d'enseignement agricole privés sont régis par les dispositions des articles L. 813-3 à L. 813-7 du code rural et de la pêche maritime, ci-après reproduites :

Art. L. 813-3 L'association ou l'organisme responsable d'un établissement d'enseignement agricole privé doit, lorsqu'il désire que cet établissement participe au service public et bénéficie à ce titre d'une aide financière de l'État, demander à souscrire un contrat avec l'État. Par ce contrat, l'association ou l'organisme s'engage notamment :

1° A se conformer, pour les filières prévues dans ce contrat, au schéma prévisionnel national des formations de l'enseignement agricole mentionné à l'article L. 814-2 *[V. cet art., à l'art. L. 238-1]* ;

2° A offrir aux élèves des formations dispensées par des personnels qui présentent les qualifications requises par la réglementation en vigueur ;

3° A respecter les programmes nationaux et, dans le cadre de leur projet pédagogique, à préparer les élèves aux diplômes d'État de l'enseignement agricole ;

4° A se prêter aux contrôles administratifs, pédagogiques et financiers de l'État ;

5° A respecter les droits et à faire respecter les obligations de ses personnels, tels qu'ils sont prévus aux articles suivants.

L'État ne peut contracter que pour les formations qui correspondent aux besoins définis par le schéma prévisionnel national des formations de l'enseignement agricole et dans la limite des crédits inscrits à cet effet dans la loi de finances.

Toute modification du schéma prévisionnel peut entraîner la révision du contrat.

Des contrats types sont approuvés par décret en Conseil d'État.

Art. L. 813-4 Les fédérations nationales représentatives d'associations ou d'organismes responsables d'établissements d'enseignement agricole privés peuvent recevoir directement une aide de l'État au titre des missions d'intérêt commun que leurs adhérents leur confient, indépendamment des missions d'enseignement et de formation des maîtres.

Art. L. 813-5 L'État peut contribuer aux frais d'investissements afférents aux établissements d'enseignement agricole sous contrat, à l'exclusion des dépenses de première construction.

Art. L. 813-6 L'association ou l'organisme peut demander l'intégration dans l'enseignement public de l'établissement dont il est responsable.

La demande ne peut être agréée qu'après accord de la collectivité publique intéressée. En cas d'agrément, les personnels en fonctions sont soit titularisés et reclassés dans les cadres de l'enseignement agricole public, soit maintenus en qualité de contractuels.

Art. L. 813-7 Tout différend concernant l'application des articles L. 813-3, L. 813-5, L. 813-8 et L. 813-9 *[V. ces deux derniers art., ci-dessous, à l'art. L. 961-2]* est soumis, avant tout recours contentieux, à une commission de conciliation dont la composition est fixée par décret en Conseil d'État, par référence à la composition du Conseil national de l'enseignement agricole, et qui est instituée auprès du ministre de l'agriculture. — *Sur la composition de la commission de conciliation, V.* **C. rur.**, *art. R. 813-29 à R. 813-34.*

Aides de l'État. Le législateur peut subordonner l'aide apportée par l'État aux établissements d'enseignement privés à la nature et à l'importance de leur contribution à l'accomplissement de missions d'enseignement. Sous réserve de fonder son appréciation sur des critères objectifs et rationnels, il lui appartient, en particulier, de déterminer celles des formations dispensées par ces établissements qui sont susceptibles de bénéficier d'une telle aide. Il a ainsi pu, compte tenu des spécificités de l'enseignement dispensé dans les lycées agricoles privés, ne pas inclure dans le champ du régime de contractualisation prévu par le code rural les formations de l'enseignement supérieur agricole autres que celles conduisant au brevet de technicien supérieur. • Cons. const. 8 juill. 1999, *Loi d'orientation agricole*, n° 99-414 DC : *JO 10 juill., p. 10266 ; Rec. Cons. const. 92 ; AJDA 1999. 690, comm. Schoettl*. ♦ Les établissements d'enseignement agricole privés reconnus, pour ce qui a trait à l'aide financière de l'État, à la répartition des crédits, aux modalités de contrôle, pour ce qui a trait aux diplômes exigibles, pour ce qui a trait à l'octroi des bourses d'enseignement, sont placés dans une situation qui, dans la mesure où elle est fixée par les lois et règlements qui les régissent, ne peut faire l'objet d'accords contractuels. Les stipulations d'une convention passée par le ministre de l'agriculture, qui prétendent régler ces différents points, sont donc sans valeur juridique et entachent d'illégalité l'acte de passation de cette convention dans son ensemble. • CE, sect., 20 janv. 1978, *Synd. nat. de l'enseignement technique agricole public*, n° 99613 : *Lebon 22 ; AJDA 1979. 36, concl. Denoix de Saint-Marc.*

CHAPITRE III LES ÉTABLISSEMENTS D'ENSEIGNEMENT TECHNIQUE PRIVÉS

SECTION PREMIÈRE LES ÉCOLES DES CHAMBRES DE COMMERCE ET D'INDUSTRIE

Art. L. 443-1 *(L. n° 2014-1545 du 20 déc. 2014, art. 43)* **Les écoles, ainsi que les filiales de ces écoles qui exercent des activités d'enseignement en vue de la délivrance de diplômes reconnus par l'État, créées et administrées par les chambres de commerce et d'industrie territoriales en vertu de l'article L. 711-4 du code de commerce ou par les chambres de commerce et d'industrie de région en vertu de l'article L. 711-9 du même code, sont soumises au régime des établissements mentionnés à l'article L. 443-2 du présent code.**

SECTION II LES ÉCOLES TECHNIQUES PRIVÉES

Art. L. 443-2 Les conditions dans lesquelles les écoles techniques privées légalement ouvertes peuvent être reconnues par l'État sont fixées par décret en Conseil d'État. Le bénéfice de la reconnaissance peut toujours être retiré dans les mêmes conditions.

Les écoles techniques privées qui désirent obtenir la reconnaissance par l'État doivent en faire la demande au ministre chargé de l'éducation et soumettre à son approbation leurs plans d'études et leurs programmes.

Des certificats d'études et des diplômes peuvent être délivrés, dans les conditions déterminées par arrêté ministériel après avis du Conseil supérieur de l'éducation, par les écoles techniques privées reconnues par l'État. — *[L. du 25 juill. 1919, art. 3, al. 2 (C. ens. techn., art. 3, al. 2), L. du 25 juill. 1919, art. 32, al. 1er, 3, 4 (C. ens. techn., art. 73) et L. du 25 juill. 1919, art. 35 (C. ens. techn., art. 170).]*

1. Reconnaissance par l'État. Si, pour obtenir un contrat simple, un établissement d'enseignement technique doit obligatoirement remplir les quatre conditions énumérées à l'art. 5, alinéa 4, de la L. du 31 déc. 1959, le ministre a le droit d'apprécier, pour ceux des établissements remplissant ces conditions, l'opportunité de la passation du contrat. • CE 27 nov. 1968, *MEN c/ Centre technique et ménager « La providence »,* n° 68635 : *Lebon 598 ; Dr. adm. 1968. comm. 406.*

2. Contrôle du juge. Le juge vérifie si la décision ne repose pas sur des motifs juridiquement erronés ou n'est pas fondée sur des faits matériellement inexacts ou encore n'est pas entachée d'erreur manifeste ou de détournement de pouvoir. Des motifs tirés de l'insuffisance d'effectifs, de la vétusté et du mauvais entretien des locaux et du matériel, du faible niveau des élèves, de l'insuffisance des résultats aux examens, de l'intérêt médiocre des enseignements assurés, ne peuvent être légalement retenus. • CE, sect., 8 mars 1968, *MEN c/ Synd. de la métallurgie Auboise,* n° 70801 : *Lebon 171 ; RD publ. 1968. 1157 ; Gaz. Pal. 1968. 2. 165.* ♦ L'appréciation portée par l'administration ne doit pas reposer sur des faits matériellement inexacts et ne doit pas être entachée d'erreur manifeste, d'erreur de droit ou de détournement de pouvoir. • CE 27 nov. 1968, *MEN c/ Centre technique et ménager « La providence »,* n° 68635 : *préc. note 1.*

3. Retrait de la reconnaissance. De graves anomalies et irrégularités dans les procédures d'admission et la création de nouvelles filières, qui n'ont pas été portées à la connaissance des services du ministère de l'éducation nationale et qui ne pouvaient être ignorées par les autorités responsables de l'établissement, constituent des faits de nature à justifier le retrait de la reconnaissance de l'établissement par l'État. • CE 25 avr. 1986, *Institut supérieur de gestion,* n°s 49775 et 49776 : *Lebon 123 .*

Art. L. 443-3 La nomination du directeur et du personnel enseignant des écoles techniques privées reconnues par l'État est soumise à l'agrément de l'autorité administrative.

L'autorité administrative peut retirer son agrément après avoir provoqué les explications de l'administration de l'école et celles des intéressés. – *[L. 25 juill. 1919, art. 33, al. 1 et 2 (C. ens. techn., art. 74).]*

Art. L. 443-4 L'État peut participer, soit sous forme de bourses, soit sous forme de subventions, aux dépenses de fonctionnement des écoles reconnues.

Les conditions de cette participation sont fixées par décret.

Elle ne peut être accordée qu'après avis favorable du Conseil supérieur de l'éducation. – *[L. 25 juill. 1919, art. 36 (C. ens. techn., art. 75).]*

Aides publiques. Si la L. du 30 oct. 1886 interdit aux collectivités publiques d'accorder, en dehors des cas prévus par la L. du 31 déc. 1959, des subventions aux écoles primaires privées, cette loi ne s'applique pas aux établissements d'enseignement technique. Aucune disposition de la L. du 25 juill. 1919 relative à l'organisation de l'enseignement technique, industriel et commercial ni aucune autre disposition législative ne fait obstacle à l'attribution par les départements ou les communes de subventions à des établissements privés d'enseignement technique placés ou non sous le régime d'un des contrats institués par la L. du 31 déc. 1959. • CE 19 mars 1986, *Dpt de Loire-Atlantique,* n° 60483 : *Lebon 76 ; AJDA 1986. 457, note Richer* • CE 29 oct. 1930, *Cne de Villeneuve d'Aveyron : Lebon 867.* ♦ Pour les subventions aux établissements secondaires privés d'enseignement technique, V. • CE ass. 7 juill. 1950, *Œuvre de Saint Nicolas : Lebon 422.* ♦ Pour les subventions aux établissements privés d'enseignement supérieur, V. • CE, ass., 1er juill. 1956, *Canivez : Lebon 220 ; Rev. adm. 1956. 268, concl. Long.* ♦ S'agissant des établissements d'enseignement privés dispensant à la fois une formation relevant de la voie générale et une formation relevant des voies technologique et professionnelle, la légalité des subventions attribuées par les collectivités territoriales doit être appréciée, pour ce qui est des subventions relatives à la voie de formation générale et des subventions relatives aux voies de formation technologique et professionnelle, au regard des dispositions concernant chacune de ces catégories de formation, dès lors que les structures pédagogiques de l'établissement prévoient expressément ces différentes voies de formation. Ainsi, un conseil municipal qui limite le montant de la subvention allouée pour couvrir partiellement les frais de réfection de la cuisine et du réfectoire d'un établissement, à 73 % du montant total des travaux correspondant, en l'espèce, au pourcentage des élèves inscrits dans la filière d'enseignement technologique et professionnel de l'établissement, ne commet aucune illégalité, la commune n'entendant ainsi ne financer les travaux qu'à concurrence de l'utilisation de ces installations par les élèves inscrits dans l'enseignement technique et professionnel de l'établissement. • CAA Nancy, 2 mars 2006, *école Pasteur, Lycée Pasteur-Mont-Roland, Assoc. Ville de Dôle,* n° 03NC00052 : *AJDA 2006. 1407 .*

SECTION III LES CENTRES D'APPRENTISSAGE PRIVÉS

Art. L. 443-5 *Abrogé par L. n° 2018-771 du 5 sept. 2018, art. 34.*

SECTION IV LES ÉCOLES DE PRODUCTION

(L. n° 2018-771 du 5 sept. 2018, art. 25)

Art. L. 443-6 Les écoles de production sont des écoles techniques privées reconnues par l'État au titre de l'article L. 443-2, gérées par des organismes à but non lucratif. Les écoles de production permettent notamment de faciliter l'insertion professionnelle de jeunes dépourvus de qualification. La liste des écoles de production est fixée chaque année par arrêté des ministres chargés de l'éducation nationale et de la formation professionnelle.

Les écoles de production dispensent, sous statut scolaire, un enseignement général et un enseignement technologique et professionnel, en vue de l'obtention d'une qualification sanctionnée par un diplôme ou un titre à finalité professionnelle enregistré au répertoire national des certifications professionnelles mentionné à l'article L. 6113-1 du code du travail. Elles mettent en œuvre une pédagogie adaptée qui s'appuie sur une mise en condition réelle de production.

En application de l'article L. 6241-5 du même code, les écoles de production sont habilitées à percevoir le solde de la taxe d'apprentissage correspondant aux dépenses mentionnées au 1° de l'article L. 6241-4 dudit code. Elles peuvent nouer des conventions, notamment à caractère financier, avec l'État, les collectivités territoriales et les entreprises.

CHAPITRE IV LES ÉTABLISSEMENTS PRIVÉS DISPENSANT UN ENSEIGNEMENT À DISTANCE

BIBL. GÉN. ▶ LEHNISH, L'enseignement à distance, *PUF, coll. Que sais-je ?, 1984.*

COMMENTAIRE

L'enseignement à distance qui peut être assuré par un établissement public (le CNED, V. art. R. 426-1 à R. 426-24 modifié par le Décr. n° 2009-238 du 27 févr. 2009 relatif au service public de l'enseignement à distance ; dans ce cas, elle relève de sa mission de service public administratif et les litiges entre l'établissement public et les usagers relèvent du juge administratif (T. confl. 14 mai 2018, n° C4120 ; V aussi pour un EPSCP, T. confl. 29 déc. 2004, n° C3437) est ouvert à la concurrence des organismes privés d'enseignement à distance (art. R. 444-1). Pour lutter contre les abus du démarchage, la loi du 12 juillet 1971 a prévu un cadre repris par les dispositions du présent chapitre.

L'enseignement à distance ne se réduit pas à la fourniture d'ouvrages ou d'éléments polycopiés ; s'il s'oppose à l'enseignement « présentiel », il implique que l'organisme fournisse des services pédagogiques sans lesquels le contrat pourrait être frappé de nullité (assistance pédagogique, directives de travail, travaux à effectuer, corrections... art. L. 444-7, V. note 1) ; cette pédagogie peut comporter une présence physique occasionnelle pour certains exercices (art. L. 444-1). L'article L. 444-1 concerne tous les établissements privés dispensant des enseignements à distance sans distinguer l'enseignement supérieur de l'enseignement scolaire.

Comme pour les autres établissements privés, ***la création des organismes d'enseignement à distance*** doit faire l'objet d'une déclaration (art. L. 444-2 ; R. 444-4 s) au recteur d'académie qui la transmet au préfet et en donne récépissé dans les deux mois (art. R. 444-7 s.). Un décret annoncé par l'article 33 de la loi n° 2007-293 du 5 mars 2007 réformant la protection de l'enfance doit définir les conditions de moralité et les compétences attestées des directeurs et des enseignants de ces organismes (art. L. 444-5 ; R. 444-10 s.). Comme pour les autres établissements privés, la loi précise les cas d'incapacité ; la loi de 2007 précitée ajoute une référence à ceux qui ont été condamnés pour abus d'ignorance ou de faiblesse (art. L. 444-6, *d* ; C. pén., art. 223-15-2).

Le contrôle exercé par les corps d'inspection (art. R. 444-16) porte notamment sur la conformité des programmes à la déclaration, la situation des personnels, les méthodes pédagogiques ; les inspecteurs peuvent formuler des observations et adresser des injonctions aux organismes contrôlés par l'intermédiaire du recteur d'académie (art. R. 444-17). L'inscription dans un établissement d'enseignement à distance ne fait pas obstacle à la mise en œuvre du contrôle prévu par les dispositions de l'article L. 131-10 qui a pour objet de vérifier que l'enseignement qui lui est dispensé respecte le droit de l'enfant à l'instruction défini par l'article L. 131-1-1 (TA Nice, 4 déc. 2018, n° 1602811).

Comme pour tous les organismes d'enseignement, le démarchage est interdit tant au domicile que sur les lieux de travail (art. L. 471-4). Toute publicité fait l'objet d'un dépôt préalable auprès du recteur d'académie (art. L. 471-3). Tout contrat ne peut être signé, à peine de nullité, avant expiration d'un délai de sept jours francs après sa réception (art. L. 444-8, al. 1er). Pour protéger l'élève, le même article prévoit plusieurs possibilités de résiliation sans indemnité (en cas de force majeure ou de cas fortuit empêchant de suivre l'enseignement) ou avec indemnité (dans un délai de trois mois). Des sanctions pénales complètent la protection des consommateurs d'enseignement (art. L. 471-5). La partie réglementaire précise les obligations contractuelles des établissements : le contrat précise le caractère et la périodicité des travaux proposés, les méthodes utilisées, les contrôles exercés, le nom et les titres des enseignants responsables (art. R. 444-18) ; un plan d'études est annexé au contrat (art. R. 444-19) ; les dispositions financières (art. R. 444-24).

L'ordonnance n° 2014-691 du 26 juin 2014 a substitué le recteur d'académie au CAEN pour statuer disciplinairement (art. L. 444-3) sur les faits constatés par les inspections (art. L. 444-9). L'article L. 444-6 étend aux organismes privés d'enseignement à distance les incapacités d'exercer les fonctions de direction prévues par l'article L. 911-5, modifié par l'article 48, II de la loi du 26 juillet 2019 ; elle s'applique aussi aux personnes employées à des fonctions didactiques supposant, même occasionnellement, la présence physique du maître dans les lieux où l'enseignement est reçu. ❑

Art. L. 444-1 Les dispositions du présent chapitre s'appliquent à toutes les formes d'enseignement privé à distance.

Constitue un enseignement à distance l'enseignement ne comportant pas, dans les lieux où il est reçu, la présence physique du maître chargé de le dispenser ou ne comportant une telle présence que de manière occasionnelle ou pour certains exercices. – *[L. n° 71-556 du 12 juill. 1971, art. 1er.]*

Sur la création, le fonctionnement et le contrôle des organismes privés dispensant un enseignement à distance, V. art. R. 444-1 s.

1. Notion. Au sens de la L. du 12 juill. 1971 un enseignement à distance est un enseignement dispensé par un maître mais qui ne comporte pas, dans les lieux où il est reçu, la présence physique du maître chargé de le dispenser, ou ne comporte une telle présence que de manière occasionnelle ou pour certains exercices. • CE 20 févr. 1974, *Librairie pédagogique et audiovisuelle de Paris*, nos 90375 et 90375 : *Lebon 118* ; *Dr. adm. 1974. comm. 92.*

2. Exclusion. N'entrent pas dans le champ d'application de l'enseignement à distance les organismes qui, sans dispenser aucune assistance pédagogique, se bornent à dispenser des livres, traités, manuels, cours ou matériels éventuellement assortis de travaux d'autocontrôle. • CE 20 févr. 1974, *Librairie Pédagogique et audiovisuelle de Paris*, n° 985980 : *Dr. adm. 1974. comm. 94.* ♦ Il n'y a pas d'enseignement à distance quand la seule partie s'effectuant à distance est l'étude de cours, et qu'il n'est pas établi que les vérifications, exercices, contrôles des connaissances se faisaient ailleurs qu'au siège de l'enseignement privé, dans un organisme assurant à des praticiens une formation authentifiant leur qualification en les admettant comme membres agréés d'un syndicat. • Paris, 8 juill. 1987, *Min. publ. c/ Cugnot : D. 1987. 197.*

Art. L. 444-2 La création des organismes privés d'enseignement à distance est soumise à déclaration. – *[L. n° 71-556 du 12 juill. 1971, art. 2.]*

Art. L. 444-3 Les organismes privés d'enseignement à distance sont soumis au contrôle pédagogique – ainsi que financier dans le cas où ils bénéficient d'une aide sur fonds publics – du ministre chargé de l'éducation et des ministres dont relève la formation. Ils sont dans tous les cas soumis au pouvoir disciplinaire du *(Ord. n° 2014-691 du 26 juin 2014, art. 17)* **« recteur d'académie ».**

Les membres des corps d'inspection compétents peuvent adresser aux organismes privés d'enseignement à distance des observations et des injonctions ; ils peuvent, en

outre, les traduire, ainsi que leurs responsables et leurs personnels pris individuellement, devant le *(Ord. n° 2014-691 du 26 juin 2014, art. 17)* **« recteur d'académie ».**

Aides publiques. Ne peut bénéficier de l'exonération de la taxe sur la valeur ajoutée un établissement dispensant un enseignement dont il n'est établi ni qu'il ait correspondu à la définition de l'enseignement technique résultant de ladite loi ni qu'il ait permis l'obtention d'un diplôme ou titre technique ou d'une formation débouchant sur un surplus de qualification. • CAA Paris, 23 nov. 1993, *M. Alain Rouseaux,* n° 92PA00082 : *Lebon T. 750*.

Art. L. 444-4 *(Ord. n° 2014-691 du 26 juin 2014, art. 18)* **« Lorsqu'il est appelé, en vertu du 2° du II de l'article L. 234-6, à rendre un avis » à l'égard d'un organisme privé d'enseignement à distance ou de l'un de ses membres, le conseil académique est complété par deux représentants de cette forme d'enseignement.**

Art. L. 444-5 Les personnels de direction et d'enseignement doivent satisfaire à des conditions de moralité, diplômes, titres et références *(L. n° 2007-293 du 5 mars 2007, art. 33)* **« définies par décret ».**

Les étrangers non ressortissants d'un État membre de la Communauté européenne ou d'un autre État partie à l'accord sur l'espace économique européen sont autorisés à diriger et à enseigner par décision du recteur d'académie, lorsqu'ils remplissent les conditions de capacité requises.

En application de l'art. L. 231-5 CRPA, le silence gardé pendant 2 mois par l'administration vaut décision de rejet pour une demande d'autorisation à un ressortissant d'un État n'appartenant pas à l'Union européenne ou d'un autre État partie à l'accord sur l'Espace économique européen de diriger ou d'enseigner dans un organisme d'enseignement à distance (Décr. n° 2014-1274 du 23 oct. 2014, art. 1er).

Art. L. 444-6 Sont incapables d'exercer une fonction quelconque de direction et d'être employés à des fonctions didactiques supposant, même occasionnellement, la présence physique du maître dans les lieux où l'enseignement est reçu, dans un organisme privé d'enseignement à distance :

a) **Ceux qui ont** *(L. n° 2019-791 du 26 juill. 2019, art. 48)* **« été définitivement condamnés par le juge pénal » pour crime ou délit contraire à la probité et aux mœurs** *(L. n° 2021-1109 du 24 août 2021, art. 54)* **« , y compris un crime ou un délit à caractère terroriste ».**

b) **Ceux qui ont été privés par jugement de tout ou partie des droits civils, civiques et de famille mentionnés à l'article 131-26 du code pénal, ou qui ont été déchus de l'autorité parentale ;**

c) **Ceux qui ont été frappés d'interdiction** *(L. n° 2019-791 du 26 juill. 2019, art. 48)* **« d'exercer, à titre définitif, une fonction d'enseignement ou une activité professionnelle ou bénévole impliquant un contact habituel avec des mineurs » ;**

(L. n° 2007-293 du 5 mars 2007, art. 34) **«** ***d)*** **Ceux qui ont été condamnés à une peine d'au moins deux mois d'emprisonnement sans sursis pour les délits prévus à l'article 223-15-2 du code pénal. »**

Art. L. 444-7 A peine de nullité, les conditions dans lesquelles l'enseignement à distance est donné aux élèves sont précisées dans le contrat, notamment en ce qui concerne le service d'assistance pédagogique, les directives du travail, les travaux à effectuer et leur correction.

A peine de nullité, également, il doit en outre être annexé à ce contrat le plan d'études, qui comporte des indications sur le niveau des connaissances préalables, le niveau des études, leur durée moyenne et les emplois auxquels elles préparent. La fourniture des livres, objets ou matériels doit être comptabilisée à part. – *[L. n° 71-556 du 12 juill. 1971, art. 8.]*

Art. L. 444-8 A peine de nullité, le contrat ne peut être signé qu'au terme d'un délai de sept jours après sa réception.

Le contrat peut être résilié par l'élève, ou son représentant légal, si, par suite d'un cas fortuit ou d'une force majeure, il est empêché de suivre l'enseignement correspondant. Dans ce cas, la résiliation ne donne lieu à aucune indemnité.

Jusqu'à l'expiration d'un délai de trois mois à compter de la date d'entrée en vigueur du contrat, celui-ci peut être unilatéralement résilié par l'élève moyennant une indem-

nité dont le montant ne saurait excéder 30 % du prix du contrat, fournitures non comprises. Les sommes déjà versées peuvent être retenues à due concurrence.

Les livres, objets ou matériels dont le contrat prévoyait la fourniture à l'élève et qui ont été effectivement livrés à la date de la résiliation, restent acquis pour la valeur estimée au contrat.

Il ne peut être payé par anticipation plus de 30 % du prix convenu, fournitures non comprises. Pour les cours dont la durée totale est supérieure à douze mois, les 30 % sont calculés sur le prix de la première année pédagogique telle qu'elle est prévue par le plan d'études.

Le contrat doit, à peine de nullité, reproduire les dispositions du présent article. Il ne peut comporter de clause attributive de compétence. – *[L. nº 71-556 du 12 juill. 1971, art. 9.]*

1. Évolution de la législation. Le démarchage au domicile de personnes physiques en vue de la vente de documents et matériels d'apprentissage d'une langue étrangère était interdit en application de la L. du 12 juill. 1971. • Crim. 4 janv. 1982 : *Bull. crim. 1982, nº 3.* ♦ La L. du 3 juin 1994 a autorisé ce procédé de vente sous certaines conditions. • Crim. 30 nov. 1994, *Da Silva Ferreira José*, nº 94-80.383 P.

2. Faits non prohibés. Dans le cadre de l'activité d'un organisme privé d'enseignement à distance, le démarchage n'est prohibé au domicile des particuliers que s'il a pour but de provoquer la souscription d'un contrat d'enseignement. N'est nullement interdite l'intervention des représentants auprès de personnes pouvant être intéressées afin de leur fournir des informations sur les modalités de l'enseignement proposé et les conditions du contrat en l'absence de toute souscription immédiate et de tout versement de sommes d'argent. Le seul fait de fournir des renseignements précis sur les prestations offertes et d'offrir gratuitement un cours en dehors de toute inscription ne caractérise pas le fait de provocation à la souscription d'un contrat constitutif de l'infraction de démarchage. • Crim. 8 févr. 1995, *Manfred Lehning*, nº 94-81.083 P : *D. 1995. 82.*

Art. L. 444-9 *(Ord. nº 2014-691 du 26 juin 2014, art. 19 et 24)* **Le recteur d'académie, statuant disciplinairement sur des faits dont il est saisi à la suite d'une inspection, peut prononcer, après avis du conseil académique de l'éducation nationale, pour une durée d'un an au plus, l'interdiction de diriger ou d'enseigner ainsi que la fermeture de l'établissement.**

Art. L. 444-10 Toute infraction aux dispositions du présent chapitre est passible d'un an d'emprisonnement et de 15 000 euros d'amende.

En cas de condamnation, le tribunal peut prononcer, pour une durée de cinq ans au plus, l'interdiction de diriger et d'enseigner ainsi que la fermeture de l'établissement. – *[L. nº 71-556 du 12 juill. 1971, art. 16.]*

Art. L. 444-11 Les organismes d'enseignement à distance privés peuvent bénéficier des conventions prévues *(Ord. nº 2008-1304 du 11 déc. 2008, art. 1er)* **« aux articles L. 6353-1 et L. 6353-2 du code du travail ».**

Ils peuvent également bénéficier de subventions de collectivités territoriales ou d'établissements publics dans le cas où ils ont conclu des conventions du type de celles visées à l'alinéa précédent.

Baux commerciaux. Ne bénéficie pas du statut des baux commerciaux une association exerçant une activité d'enseignement à distance alors qu'il n'est pas établi qu'un enseignement soit dispensé, au moins en partie, dans les locaux loués. • Civ. 3e, 26 févr. 1992, *Assoc. Asproforc*, nº 90-17.546 P.

CHAPITRE V **LES ORGANISMES DE SOUTIEN SCOLAIRE**

(L. nº 2007-293 du 5 mars 2007, art. 35)

Art. L. 445-1 Sont incapables d'exercer une fonction quelconque de direction ou d'enseignement dans un organisme de soutien scolaire :

a) **Ceux qui ont** *(L. nº 2019-791 du 26 juill. 2019, art. 48)* **« été définitivement condamnés par le juge pénal » pour crime ou délit contraire à la probité et aux mœurs** *(L. nº 2021-1109 du 24 août 2021, art. 54)* **« , y compris un crime ou un délit à caractère terroriste » ;**

b) Ceux qui ont été privés par jugement de tout ou partie des droits civils, civiques et de famille mentionnés à l'article 131-26 du code pénal, ou qui ont été déchus de l'autorité parentale ;

c) Ceux qui ont été frappés d'interdiction *(L. nº 2019-791 du 26 juill. 2019, art. 48)* **« d'exercer, à titre définitif, une fonction d'enseignement ou une activité professionnelle ou bénévole impliquant un contact habituel avec des mineurs » ;**

d) Ceux qui ont été condamnés à une peine d'au moins deux mois d'emprisonnement sans sursis pour les délits prévus à l'article 223-15-2 du code pénal.

COMMENTAIRE

Depuis toujours, les familles ont voulu aider leurs enfants en leur faisant donner des cours particuliers, des « petits cours » parfois assurés par les professeurs, au sein même des établissements scolaires ou à la maison, l'administration laissant faire, ignorant ces petites affaires de cumul. Si ces pratiques peuvent perdurer ici ou là, les familles sont aujourd'hui incitées à recourir au service d'un étudiant qui peut, comme le jardinier ou la femme de ménage, être rémunéré par la procédure simplifiée du chèque emploi service universel (CESU). L'accroissement de la demande a entraîné le développement d'entreprises et d'un marché du soutien scolaire, comme en attestent les nombreux placards publicitaires insérés dans nos journaux ou dans les transports en commun. La CNIL a dû adresser un avertissement public à une société filiale d'un organisme privé de soutien scolaire à propos d'un fichier comportant des commentaires excessifs, voire injurieux.

Le soutien scolaire répond à l'angoisse des familles. Certaines feront des sacrifices pour que leurs enfants bénéficient de prestations que le système scolaire ne leur donne pas toujours : traitement individuel de chaque élève, pédagogie « sur mesure », écoute des parents, choix de l'enseignant, conseils adaptés, accompagnement (*« coaching »*), engagement sur les résultats. La généralisation de ce besoin, objectivement plus fort dans les milieux et territoires défavorisées, a pu trouver un début de réponse avec les politiques éducatives locales ; des associations, en liaison avec les collectivités territoriales et les services de l'État, notamment dans les zones d'éducation prioritaire, ont pu prendre en charge l'aide aux devoirs ou quelques activités éducatives.

En principe, les organismes de soutien scolaire ne sont pas considérés comme des établissements scolaires puisqu'ils ne dispensent pas les enseignements qui conduisent à la maîtrise des connaissances et des compétences du socle commun. Aussi, s'ils recevaient régulièrement des élèves non scolarisés par ailleurs pour leur dispenser les enseignements qui conduisent à la maîtrise des connaissances et des compétences du socle commun, en présence physique d'une personne chargée de l'enseignement, ils constitueraient des établissements scolaires de fait qui, faute de régularisation, pourraient faire l'objet d'une fermeture par le tribunal correctionnel qui pourrait condamner ses dirigeants à une amende.

La loi nº 2007-293 du 5 mars 2007 a étendu les règles d'incapacité d'exercer pour l'exercice des fonctions de direction et d'enseignement codifiées à l'article L. 911-5 aux organismes de soutien scolaire (art. L. 445-1, modifié par l'art. 48 de la loi du 26 juillet 2019 pour une école de la confiance). ❑

Art. L. 445-2 *(Ord. nº 2008-1305 du 11 déc. 2008, art. 5)* **Des groupements d'intérêt public peuvent être créés pour apporter, en particulier par la création de dispositifs de réussite éducative, un soutien éducatif, culturel, social et sanitaire aux enfants relevant de l'enseignement du premier et du second degré.**

TITRE CINQUIÈME LES ÉTABLISSEMENTS FRANÇAIS D'ENSEIGNEMENT À L'ÉTRANGER

BIBL. GÉN. ▸ Les établissements d'enseignement français à l'étranger, dossier, *Cah. éduc., nº 61, janv. 2007. 5*. – L'enseignement français à l'étranger, *C. comptes, réf. nº 66854, 3 juill. 2013.*

COMMENTAIRE

En 2019, les établissements français d'enseignement à l'étranger accueillent 370 000 élèves dans 137 pays, contribuant ainsi tant à la scolarisation des jeunes Français expatriés (40 % des élèves) qu'au rayonnement culturel de la France (60 % d'élèves étrangers).

Le titre V du livre IV est consacré aux établissements français d'enseignement à l'étranger qui sont soumis aux dispositions du code de l'éducation dans les conditions fixées par décret en Conseil d'État, « compte tenu de leur situation particulière et des accords conclus avec des États étrangers » (art. L. 451-1 issu de l'art. 52 de la L. n° 2005-380 du 23 avr. 2005). Les articles réunis dans la partie législative sont d'abord consacrés à l'Agence pour l'enseignement français à l'étranger (AEFE), établissement public national à caractère administratif placé sous la tutelle du ministre des affaires étrangères (MAE) et du ministre chargé de la coopération par la loi n° 90-588 du 6 juillet 1990 (art. L. 452-1 à L. 452-10 ; D. 452-1 à D. 452-21). Les établissements d'enseignement placés auprès des forces françaises stationnées en Allemagne placées sous la responsabilité du ministre de la défense font l'objet d'un chapitre III (art. L. 453-1 ; R. 453-1 à R. 453-51). Les établissements d'enseignement français en Principauté d'Andorre ne sont traités que dans la partie réglementaire (art. D. 454-1 à D. 454-29). Deux articles sont consacrés aux écoles européennes dont le statut est fixé par la convention de Luxembourg du 21 juin 1994 (art. D. 455-1), complété par l'accord du 11 avril 1984 sur le baccalauréat européen (art. D. 455-2).

Si la volonté de l'État est de soumettre les élèves à une scolarité similaire à celle suivie en France, les usagers des établissements ne se trouvent pas dans la même situation à l'égard du service public, notamment au regard du principe de gratuité. La loi du 6 juillet 1990 portant création de l'AEFE (art. L. 452-2 et L. 452-8) a au contraire posé le principe de la perception de droits de scolarité par les établissements français à l'étranger gérés par l'Agence pour l'enseignement français à l'étranger (CE 27 oct. 2004, n° 252970, auquel il n'appartient pas de contrôler la constitutionnalité) ; les familles des enfants français scolarisés à l'étranger sont placés dans une situation différente de celle des familles résidant en France (CE 4 févr. 2004, n° 244591). Aussi en instituant des droits d'inscription et de scolarité (dits parfois droits d'écolage) et en imposant une rémunération pour les services rendus gratuitement sur le territoire national, le décret du 20 octobre 1972 n'a pas méconnu le principe d'égalité devant les charges publiques (CE, sect, 9 avr. 1976, *CPE des écoles publiques de la mission universitaire et culturelle française au Maroc*, n° 89921 et 89822) ; de même, les dispositions de la loi du 30 juin 1975 relative à la scolarisation des enfants handicapés ne sont pas applicables, même si une autre disposition encourage leur intégration (CE 20 févr. 2002, *Mme Miller*, n° 220191). La promesse d'assurer la gratuité de l'enseignement pour les élèves français à l'étranger faite pendant la campagne présidentielle de 2007 ne fut traduite que par une augmentation des aides pour les élèves du premier degré gérées par l'AEFE. La loi de finances rectificatives pour 2012, abrogeant les dispositions alors mises en place, a été jugée conforme à la Constitution. En effet, « l'obligation constitutionnelle d'organiser un enseignement gratuit et laïque ne s'impose pas à l'État hors du territoire de la République » ; « *le principe d'égalité devant la loi n'impose pas davantage la gratuité de la scolarité des enfants français scolarisés à l'étranger* » (Cons. const. 9 oct. 2012, n° 2012-654 DC). Les enfants français scolarisés à l'étranger sont en effet dans une situation différente des enfants scolarisés en France (CE 27 oct. 2004, n° 252970).

La loi a confié à l'AEFE le soin d'« assurer en faveur des enfants français établis hors de France les missions de service public relatives à l'éducation » (art. L. 452-2-1°) ; elle doit aussi contribuer au rayonnement de la langue et de la culture françaises en accueillant des élèves étrangers (art. L. 452-2-3°), sous réserve de l'accord de l'État d'accueil (CE 29 juill. 1998, *Mme Benhadji*, n° 126654) ; elle a aussi pour mission d'aider les familles des élèves français et étrangers (art. L. 452-2-4°, aide étendue par la loi du 26 juillet 2019 aux élèves de 3 à 6 ans), ce qu'elle fait en rémunérant certains personnels tout en n'accordant des bourses qu'aux seuls élèves français (art. L. 452-2-4°). Les enfants français sont en effet prioritaires, même par rapport aux ressortissants européens (CAA Paris, 20 mars 2012, *AEFE*, n° 10PA04322) qui en outre peuvent avoir à régler des frais de scolarité plus élevés (CE 4 févr. 2004, *Assoc. Actions et liaisons dans les écoles françaises d'Antananarivo*, n° 244591). Toutefois, la nécessité de tenir compte des capacités d'accueil des établissements introduite par la loi du 8 juillet 2013 (art. L. 452-2, al. 1er ; *contra* : CAA Paris, 20 mars 2012, *AEFE*, n° 10PA04322) ne donne pas une garantie d'être scolarisé à tous les élèves, même français. L'article 25 de la loi du 26 juillet 2019 ajoute qu'il lui incombe de veiller au respect des principes de l'école inclusive envers les élèves à besoins éducatifs particuliers.

L'enseignement français à l'étranger permet aux élèves inscrits dans les établissements de suivre une scolarité similaire à la scolarité suivie par les enfants résidant en France. Ils bénéficient notamment des mêmes programmes de la maternelle au baccalauréat et peuvent obtenir les mêmes diplômes (brevet, baccalauréat sous réserve des dispositions relatives au baccalauréat européen et au baccalauréat international). Toutefois, le contexte local (langue, culture) peut être pris en considération par des modalités particulières de mise en œuvre des programmes et objectifs pédagogiques ; de même, le calendrier et les rythmes scolaires peuvent être aménagés dans le respect du volume annuel d'heures d'enseignement. Les établissements scolaires français à l'étranger contribuent ainsi au renforcement des relations de coopération entre les systèmes éducatifs français et étrangers au bénéfice des élèves français et étrangers (art. L. 452-2-2°). Pour assurer le développement de l'enseignement français à l'étranger, les établissements non gérés par l'AEFE peuvent désormais bénéficier de la garantie de l'État (par arrêté du ministre de l'économie) des prêts souscrits pour financer l'acquisition, la construction et l'aménagement des locaux d'enseignement (art. L. 451-2, introduit par la loi de finances n° 2020-1721 du 29 déc. 2020 pour 2021).

Les établissements d'enseignement français à l'étranger font l'objet d'une procédure d'homologation attestant de la conformité des enseignements dispensés aux programmes, aux objectifs pédagogiques et aux règles d'organisation applicables en France aux établissements de l'enseignement public. Le respect des principes de l'école inclusive (scolarisation en milieu ordinaire d'enfants souffrant d'un handicap, ce qui pose la question du financement des éventuelles aides humaines) fait désormais partie des critères d'homologation des établissements de l'enseignement français à l'étranger (L. du 26 juill 2016, art. 25, 7° ; art. L. 452-3-1). Les corps d'inspection du ministère de l'éducation nationale visitent régulièrement les établissements pour s'assurer de la conformité à ces critères pour les différents niveaux d'enseignement. La liste officielle des établissements homologués est publiée chaque année au *Journal officiel* de la République française et au *Bulletin officiel* de l'éducation nationale. En 2018, il y a 492 établissements homologués par l'éducation nationale.

Parmi ces établissements, soixante-quatorze sont gérés directement par l'AEFE (art. L. 452-3). Placés en gestion directe (EGD), ces « établissements » n'ont pas la personnalité morale et ne disposent pas de « budget propre » ; ce ne sont pas des établissements publics mais des services déconcentrés de l'AEFE dépendant du MAE. L'AEFE reçoit des crédits d'État que sa direction (ordonnateur principal) leur répartit ; le chef d'établissement, « ordonnateur secondaire » nommé par le directeur de l'agence, élabore les documents budgétaires en monnaie locale (art. D. 452-19) et les transmet au directeur de l'agence, qui les intègre dans le budget de l'établissement public.

L'Agence peut par ailleurs associer par convention des établissements de droit local à l'exercice de ses missions de service public ; dans la mesure où elles ne disposent pas de prérogatives de puissance publique, les décisions de leurs organes ne constituent pas des actes administratifs et ne peuvent donc pas être contestées devant le juge administratif (V. arrêts cités ss. l'art. L. 452-4). Ces établissements privés sont en général administrés par un conseil ou un comité de gestion de droit privé local. Les conventions portent notamment sur les conditions d'affectation et de rémunération des agents titulaires, sur l'attribution de subventions et sur leurs relations avec l'Agence ; les établissements conventionnés sont tenus de soumettre à l'accord de l'AEFE les mesures concernant les structures de l'établissement, leur projet de budget et leur compte financier. Le ministère de l'éducation nationale dénombre 156 établissements conventionnés et 262 établissements en partenariat en ajoutant aux structures de droit local des associations de droit français (telle la Mission laïque française liée par convention au MENJ et au MEAE et par un accord de partenariat à l'AEFE). Pour assurer le développement de l'enseignement français à l'étranger, les établissements non gérés par l'AEFE, peuvent désormais bénéficier de la garantie de l'État (par arrêté du ministre de l'économie) des prêts souscrits pour financer l'acquisition, la construction et l'aménagement des locaux d'enseignement (art. L. 451-2 introduit par la loi de finances n° 2020-1721 du 29 déc. 2020 pour 2021).

Les établissements assurent leur mission grâce aux personnels expatriés (fonctionnaires recrutés au niveau national par l'AEFE), dont la mission est limitée dans le temps (5 ou 6 ans au maximum) et bénéficient d'une indemnité d'expatriation ; ils sont complétés par des personnels résidents (fonctionnaires détachés recrutés par l'AEFE par contrat renouvelable après avis d'une commission locale, sur proposition du chef d'établissement, et résidant dans le pays depuis au moins trois mois qui perçoivent une indemnité spécifique de vie locale, fixée par arrêté et variable selon les pays) ; enfin, des agents non titulaires recrutés localement, qu'ils soient français ou étrangers, sont employés et rémunérés par les établissements avec lesquels ils ont signé un contrat de droit local pour lequel aucun recours n'est possible devant la juridiction administrative (CE 9 févr. 2000, *Mme Nadia Boyer,* n°s 200856, 200858, 200860 et 200861). Quel que soit leur statut, les enseignants ont les mêmes missions qu'en France (art. R. 451-12) et sont évalués par les corps d'inspection du ministère de l'éducation nationale (art. R. 451-14). La responsabilité de l'AEFE a été engagée par son comportement fautif constitué par l'absence de réponses et par des réponses parcellaires et erronées sur les conditions de la prise en charge, notamment financières, d'un agent auquel elle s'était engagée à attribuer un poste vacant en contrat local puis par détachement ; le choix de l'agent de prendre ses fonctions malgré les incertitudes sur les éléments de sa rémunération est toutefois constitutif d'une imprudence, exonérant partiellement l'AEFE de sa responsabilité (CE 27 mars 2017, n° 388235). ❑

CHAPITRE PREMIER DISPOSITIONS GÉNÉRALES

Art. L. 451-1 *(L. n° 2005-380 du 23 avr. 2005, art. 52)* **Des décrets en Conseil d'État fixent les conditions dans lesquelles les dispositions du présent code sont appliquées aux établissements scolaires français à l'étranger, compte tenu de leur situation particulière et des accords conclus avec des États étrangers.**

I. USAGERS

1. *Situation.* Les usagers des établissements d'enseignement français à l'étranger ne se trouvent pas dans la même situation à l'égard du service public que les usagers des établissements d'enseignement situés en France. Par suite, en instituant des droits d'inscription et de scolarité dans les établissements du premier et du second degrés relevant du ministère des affaires étrangères et en imposant une rémunération pour les services qui sont rendus gratuitement sur le territoire national, le Décr. du 20 oct. 1972 n'a pas méconnu le principe d'égalité devant les charges publiques. • CE, sect., 9 avr. 1976, ⛫ *Conseil des parents d'élèves des écoles publiques et de la mission universitaire et culturelle française au Maroc et a.,* n°s 89821 et 89822 : *Lebon 192* ✎.

2. *Scolarisation des enfants handicapés.* Les dispositions de la L. du 30 juin 1975 relatives à la scolarisation des enfants handicapés sont inapplicables en dehors du territoire français. Si, aux termes de l'art. 1er de la L. du 10 juill. 1989, applicable aux établissements scolaires français à l'étranger, « l'intégration scolaire des jeunes handicapés est favorisée », aucune mesure réglementaire n'a été prise pour déterminer les conditions dans lesquelles cette obligation doit être satisfaite dans ces établissements. • CE 20 févr. 2002, ⛫ *Mme Miller,* n° 220191.

3. *Acte de gouvernement.* La décision du gouvernement algérien de ne plus procéder, à compter de la rentrée scolaire de septembre 1988, à l'inscription ou à la réinscription des enfants algériens dans les établissements scolaires français gérés par l'Office universitaire et culturel français pour l'Algérie trouve sa seule source dans un acte du gouvernement algérien et n'est pas imputable à l'activité de l'établissement public, dont la responsabilité ne peut donc être invoquée. • CE 29 juill. 1998, ⛫ *Mme Benhadji,* n° 126654 : *Lebon 329* ✎.

II. PERSONNELS

4. *Situation des personnels recrutés localement.* Les personnels recrutés localement et payés directement par les établissements d'enseignement français à l'étranger ne sont régis par aucune règle de droit public français. La juridiction administrative française est donc incompétente pour connaître des requêtes relatives à l'exécution d'un contrat de travail conclu entre le proviseur du lycée de Dakar et la requérante, contrat exécuté au Sénégal, qui ne comportait aucune clause faisant apparaître la commune volonté des parties de le soumettre aux règles du droit français. • CE 9 févr. 2000, ⛫ *Mme Nadia Boyer,* n°s 200856, 200858, 200860 et 200861 : *Lebon T. 892* ✎ • CE 19 janv. 2000, ⛫ *M. Lucio Gopar,* n° 179454.

Art. L. 451-2 *(L. n° 2020-1721 du 29 déc. 2020, art. 198)* **La garantie de l'État peut être accordée à des établissements de crédit au titre de prêts qu'ils consentent à des établissements français d'enseignement à l'étranger autres que ceux mentionnés à l'article L. 452-3, pour financer l'acquisition, la construction et l'aménagement des locaux d'enseignement qu'ils utilisent. Elle est octroyée par arrêté du ministre chargé de l'économie.**

Les prêts couverts par la garantie, les opérations qu'ils financent ainsi que les établissements de crédit qui les consentent doivent répondre à des conditions fixées par arrêté du ministre chargé de l'économie.

La garantie s'exerce en principal et intérêts dans la limite d'un encours total garanti de 350 millions d'euros.

Lorsque l'établissement français d'enseignement se situe sur le territoire d'un État membre de l'Union européenne, elle couvre au plus 80 % du capital et des intérêts restant dus de la créance. Ce taux est au plus égal à 90 % lorsque l'établissement français d'enseignement est situé sur le territoire d'un État non membre de l'Union européenne.

Les caractéristiques de la garantie, notamment le fait générateur de son appel et les diligences que les établissements de crédit bénéficiaires doivent accomplir avant de pouvoir prétendre au paiement des sommes dues par l'État à son titre, sont définies par arrêté du ministre chargé de l'économie.

La garantie est rémunérée par une commission variable en fonction des risques encourus par l'État et définie par arrêté du ministre chargé de l'économie.

Les établissements bénéficiant déjà d'une garantie de l'État régie par le Décr. n° 79-142 du 19 févr. 1979 relatif aux conditions d'octroi de la garantie de l'État aux emprunts réalisés par les écoles françaises de l'étranger peuvent, à l'occasion d'une renégociation du prêt, demander l'octroi de la garantie régie par les dispositions de l'art. L. 451-2 pour la période d'extension de la maturité du prêt non couverte par la garantie initiale. / Par dérogation aux 4e et dernier al. du même article, lorsque la nouvelle offre de prêt est formulée par le prêteur au plus tard 4 mois après l'entrée en vigueur de la L. n° 2020-1721 du 29 déc. 2020, la garantie couvre la même quotité et est rémunérée au même taux que ceux applicables pour la garantie initiale. / La garantie octroyée ne prend effet qu'au terme de la garantie initiale (L. préc., art. 198).

CHAPITRE II L'AGENCE POUR L'ENSEIGNEMENT FRANÇAIS À L'ÉTRANGER

BIBL. GÉN. ▶ Bossière, L'agence pour l'enseignement français à l'étranger, *Cah. éduc., n° 61, janv. 2007. 7.*

Art. L. 452-1 L'Agence pour l'enseignement français à l'étranger est un établissement public national à caractère administratif placé sous la tutelle du ministre chargé des affaires étrangères et du ministre chargé de la coopération. — *[L. n° 90-588 du 6 juill. 1990, art. 1er.]*

1. Pouvoir réglementaire. Absence. L'art. 3 du Décr. du 30 août 1991, en vertu duquel les bourses bénéficiant aux enfants français scolarisés à l'étranger sont attribuées dans le respect de critères généraux définis par des instructions spécifiques prises par l'AEFE, n'a pas conféré à cet établissement public un pouvoir réglementaire pour fixer les conditions d'attribution des bourses mais a seulement prévu que soient édictées des instructions fixant des lignes directrices auxquelles il appartient aux commissions locales de l'agence de se référer, tout en pouvant y déroger lors de l'examen individuel de chaque demande si des considérations d'intérêt général ou les circonstances propres à chaque situation particulière le justifient. • CE 19 sept. 2014, n° 364385 A : *AJDA 2014. 1798* ; *ibid. 2262, concl. Dumortier*.

2. Règles d'affectation. Pouvoir réglementaire. Absence. Compétence. Limites. Lignes directrices. Des « règles d'affectation » en lycée français à l'étranger rédigées par l'AEFE en des termes impératifs ont un caractère réglementaire et sont entachées d'incompétence. Saisi d'un recours pour excès de pouvoir contre un refus d'inscription en classe de sixième au lycée français Charles de Gaulle à Londres, le tribunal a constaté que la décision attaquée avait été prise sur le fondement de « règles d'affectation » définies par l'AEFE en des termes présentant un caractère impératif. Le tribunal a d'abord souligné, qu'en l'absence de disposition législative ou réglementaire définissant l'ensemble des conditions applicables à l'examen d'une demande d'inscription dans un établissement relevant de l'AEFE, rien ne s'oppose à ce que l'AEFE, chargée d'examiner les demandes d'inscription dans un tel établissement en tenant compte des capacités d'accueil, détermine, par la voie de lignes directrices, dans le respect des missions de service public qui lui sont confiées, des critères objectifs auxquels il appartient aux services locaux de l'agence de se référer, tout en pouvant y déroger lors de l'examen individuel de chaque demande si des considérations d'intérêt général ou les circonstances propres à chaque situation particulière le justifient. • TA Paris, 3 oct. 2018, n° 1810051. ♦ Dans la même affaire, le tribunal rappelle ensuite la limite que ne doivent pas dépasser de telles « lignes directrices ». L'AEFE, qui ne dispose pas de pouvoir réglementaire en matière d'inscription, ne saurait édicter aucune condition nouvelle, ni conférer un caractère impératif à de telles lignes directrices en limitant le pouvoir d'appréciation des services locaux de l'agence chargés de les appliquer. Puis il a examiné les « règles d'affectation » appliquées en l'espèce, lesquelles contenaient, notamment, des « règles de priorité », rédigées en des termes impératifs qui ne réservaient pas de pouvoir d'appréciation pour leur mise en œuvre. Le tribunal a conclu que ces règles présentaient un caractère réglementaire et qu'elles étaient entachées d'incompétence, en relevant d'office, par la voie de l'exception, cette illégalité d'ordre public. • TA Paris, 3 oct. 2018, nº 1810051. ♦ Même solution à propos d'une instruction de l'AEFE pour fixer les critères généraux d'attribution des bourses. • CE 19 sept. 2014, nº 364385 A : *AJDA 2014. 1798 ; ibid. 2262, concl. Dumortier ; Rev. UE 2015. 396, étude Guillard*.

3. Procédure. L'arrêté définissant les conditions de désignation de certains membres du conseil d'administration de l'AEFE, eu égard à son objet et à sa portée, ne peut être regardé comme soulevant une question d'intérêt national concernant l'enseignement ou l'éducation au sens de l'art. L. 231-1. Aucun texte législatif ou réglementaire n'imposait que cet arrêté fût soumis à l'examen du conseil supérieur de l'éducation nationale. • CE 24 nov. 2006, nº 277733.

Art. L. 452-2 **L'agence a pour objet** *(L. nº 2013-595 du 8 juill. 2013, art. 85)* **« en tenant compte des capacités d'accueil des établissements » :**

1° D'assurer, en faveur des *(Ord. nº 2005-461 du 13 mai 2005, art. 3)* **« enfants français établis hors de France », les missions de service public relatives à l'éducation ;**

2° De contribuer au renforcement des relations de coopération entre les systèmes éducatifs français et étrangers au bénéfice des élèves français et étrangers ;

3° De contribuer, notamment par l'accueil d'élèves étrangers, au rayonnement de la langue et de la culture françaises ;

4° D'aider les familles des élèves français ou étrangers à supporter les frais liés à l'enseignement *(L. nº 2019-791 du 26 juill. 2019, art. 14)* **« dans les classes maternelles et élémentaires, dans le second degré et dans le » supérieur de ceux-ci, tout en veillant à la stabilisation des frais de scolarité ;**

5° D'accorder des bourses aux enfants de nationalité française scolarisés dans les écoles et les établissements d'enseignement français à l'étranger dont la liste est fixée par arrêté conjoint du ministre chargé de l'éducation, du ministre chargé des affaires étrangères et du ministre chargé de la coopération ;

(L. nº 2019-791 du 26 juill. 2019, art. 25) **« 6° De veiller au respect des principes de l'école inclusive envers les élèves à besoins éducatifs particuliers. »**

En application de l'art. L. 231-5 CRPA, le silence gardé pendant 2 mois par l'administration vaut décision de rejet pour une demande d'inscription d'un élève dans un établissement en gestion directe (Décr. nº 2014-1267 du 23 oct. 2014, art. 1er).

La démarche concernant la demande d'attribution d'une bourse scolaire à l'étranger et celle concernant l'inscription d'élèves dans un établissement en gestion directe sont exclues du champ d'application du droit des usagers de saisir l'administration par voie électronique (Décr. nº 2015-1407 du 5 nov. 2015).

I. INSCRIPTION

1. Enfants français. Priorité. Le législateur a confié à l'AEFE le soin de mettre en œuvre l'ensemble des missions définies à l'art. L. 452-2. Si à cet effet, les établissements scolaires français à l'étranger figurant sur la liste prévue à l'art. R. 451-2 et placés sous la gestion directe de l'AEFE, peuvent décider, en tenant compte des besoins et des spécificités propres à chaque situation locale, de prévoir chaque année d'accueillir un certain nombre d'élèves ne possédant pas la nationalité française. Le juge a estimé que l'AEFE est néanmoins tenue d'assurer, vis-à-vis des enfants français, les missions de service public relatives à l'éducation et en particulier l'obligation de scolarisation résultant notamment des art. L. 111-1 à L. 111-3, L. 113-1 et L. 131-1, sans pouvoir opposer, pour quelque motif que ce soit, l'absence de places disponibles. • CAA Paris, 20 mars 2012, *Agence pour l'enseignement français à l'étranger*, nº 10PA04322 : *AJDA 2012. 1544*. ♦ Saisi en cassation, le Conseil d'État annule l'arrêt de la cour d'appel pour erreur de droit. Il a d'abord considéré que les dispositions de l'art. L. 113-1 C. éduc., qui fondent l'obligation d'accueillir tout enfant à partir de l'âge de trois ans dans une école le plus près possible de son domicile si sa famille en fait la demande, et celles de l'art. L. 131-1 du même code, qui rendent l'instruction obligatoire entre six et seize ans, sont applicables à l'Agence pour l'enseignement français à l'étranger s'agissant de la scolarisation des enfants français établis hors de France. Mais il annule l'arrêt au motif qu'aucun principe ni aucune disposition ne reconnaît à leurs parents le droit de choisir librement l'établissement devant être fréquenté par ces enfants ; par suite, en se bornant à retenir, pour juger que l'AEFE avait méconnu les dispositions précitées, que celle-ci avait refusé au requérant une inscription de ses enfants au lycée faute de places disponibles, sans rechercher si l'agence n'avait pas, par ailleurs, proposé aux demandeurs une solution de scolarisation de nature à assurer le respect de ces dispositions, la cour a commis une erreur de droit. • CE 5 mars 2014, *Agence pour l'enseignement français à l'étranger (AEFE)*, n° 359458 : *Lebon, AJDA 2014. 534* ; *LIJ 2014, n° 184, p. 4.* ♦ La règle ainsi posée par le législateur ne méconnaît pas, par elle-même, la règle de non-discrimination posée par l'art. 18 du traité sur le fonctionnement de l'Union européenne. • CAA Paris, 20 mars 2012, *Agence pour l'enseignement français à l'étranger*, n° 10PA04322 : *préc.*

2. Refus d'inscription. Absence de place disponible. Illégalité. Le proviseur d'un lycée français en Allemagne avait rejeté une demande d'inscription de deux enfants français, âgés de trois et cinq ans, faute de places disponibles au sein de l'établissement. Le juge rappelle que, si les établissements scolaires français à l'étranger figurant sur la liste prévue à l'art. R. 451-2 et placés sous la gestion directe de l'A.E.F.E., peuvent décider, en tenant compte des besoins et des spécificités propres à chaque situation locale, de prévoir chaque année d'accueillir un certain nombre d'élèves ne possédant pas la nationalité française, l'AEFE. est néanmoins tenue d'assurer, vis-à-vis des enfants français, les missions de service public relatives à l'éducation et, en particulier, l'obligation de scolarisation, sans pouvoir opposer, pour quelque motif que ce soit, l'absence de places disponibles. • CAA Paris, 20 mars 2012, *Agence pour l'enseignement français à l'étranger*, n° 10PA04322 : *LIJ 2012, n° 169, p. 6.*

II. DROITS DE SCOLARITÉ

3. Principe. Le principe de la perception de droits de scolarité par les établissements français à l'étranger gérés par l'Agence pour l'enseignement français à l'étranger a été posé par la loi. Il n'appartient pas au juge administratif d'apprécier la conformité à la Constitution de ces dispositions législatives. • CE 27 oct. 2004, n° 252970.

4. Principe d'égalité. Les familles des enfants de nationalité française résidant à l'étranger sont placées dans une situation différente de celle des familles des enfants français résidant en France. Elles peuvent être assujetties à des frais de scolarité. • CE 4 févr. 2004, *Assoc. Actions et liaisons dans les écoles françaises d'Antananarivo*, n° 244591. ♦ Le principe d'égalité ne s'oppose ni à ce que les établissements d'enseignement français à l'étranger, placés dans des situations différentes, prévoient des frais de scolarité différents, ni à ce que des ressortissants français à l'étranger, relevant de statuts différents, soient assujettis à des montants de frais de scolarité variables. • CE 27 oct. 2004, n° 252970.

5. Règlement intérieur. Absence d'illégalité des dispositions du règlement intérieur du lycée franco-japonais de Tokyo prévoyant le versement de droits de scolarité sous peine d'éviction des élèves. • CE 27 oct. 2004, n° 252970.

6. Principe de non-discrimination. En l'absence de politique communautaire dans le domaine de l'éducation hors du territoire de l'Union européenne, le principe de non-discrimination ne peut s'appliquer à l'accès aux établissements scolaires de chacun des États membres hors de ce territoire. Les décisions qui prévoient que les familles des élèves de nationalité française et les familles des autres élèves ressortissants de l'Union européenne ne seraient pas assujetties aux mêmes frais de scolarité n'ont pas méconnu les stipulations communautaires. • CE 4 févr. 2004, *Assoc. Actions et liaisons dans les écoles françaises d'Antananarivo*, n° 244591.

7. Absence d'atteinte aux libertés fondamentales. En exigeant le paiement des frais de scolarité sous peine de s'exposer à l'application des dispositions prévues en ce cas par le règlement intérieur du lycée, qui a été remis au requérant lors de l'inscription de l'élève, l'agent comptable du lycée n'a pas porté une atteinte grave et manifestement illégale à l'une de ses libertés fondamentales. • CE 23 juill. 2003, n° 258672.

8. Nécessité de décrets d'application. Dès lors qu'aucun arrêté ministériel n'est intervenu pour fixer les droits de scolarité, la décision de l'intendant de l'établissement enjoignant d'acquitter les droits d'écolage au lycée français de Madrid est dépourvue de base légale. • CE 12 sept. 1994, *Ansidéi*, n°s 138780 et 139533 : *Lebon 412*. ♦ Même solution pour les frais d'externat au lycée français de Londres. • CE 4 févr. 1976, *M. Culot*, n° 97831 : *Lebon 85*.

Art. L. 452-3 **L'agence gère les établissements d'enseignement situés à l'étranger, dépendant du ministère des affaires étrangères ou du ministère de la coopération et placés en gestion directe, pour lesquels elle reçoit des crédits de l'État permettant de couvrir les engagements qu'il assume. La liste de ces établissements est établie par arrêté conjoint du ministre chargé des finances, du ministre chargé des affaires étrangères et du ministre chargé de la coopération.** – *[L. n° 90-588 du 6 juill. 1990, art. 3.]*

La démarche concernant la demande d'inscription d'élèves dans un établissement en gestion directe est exclue du champ d'application du droit des usagers de saisir l'administration par voie électronique (Décr. n° 2015-1407 du 5 nov. 2015).

Art. L. 452-3-1 *(L. n° 2019-791 du 26 juill. 2019, art. 25)* **Le respect des principes de l'école inclusive fait partie des critères d'homologation des établissements de l'enseignement français à l'étranger.**

Art. L. 452-4 **L'agence peut, par convention, associer des établissements de droit local à l'exercice de ses missions de service public. Ladite convention est signée, au nom de l'agence, avec l'établissement, par le chef de poste diplomatique qui en suit l'application.**

Un décret en Conseil d'État précise les obligations en matière de respect des programmes et des orientations définis par le ministre chargé de l'éducation, auxquelles ces établissements doivent se conformer dans le cadre de telles conventions, conformément à l'article L. 451-1. – *[L. n° 90-588 du 6 juill. 1990, art. 4.]*

1. Mission de service public. Un établissement lié par une convention avec l'Agence pour l'enseignement français à l'étranger, qui offre à ses élèves une scolarité assimilée à celle qui est effectuée en France dans un établissement d'enseignement public, participe au service public de l'enseignement. Les décisions prises par la personne morale de droit privé qui en assure la gestion ne constituent des actes administratifs susceptibles d'être contestés devant la juridiction administrative que dans la mesure où elles procèdent de l'exercice d'une prérogative de puissance publique. • CE 16 oct. 2002, *M. Jean-Claude X... c/ école du Nord de Maupou, Île Maurice*, n° 231629. ♦ Tel n'est pas le cas de la décision du proviseur du lycée français de Bangkok d'organiser, sous réserve de l'autorisation des familles, un dépistage de la consommation des produits illicites par les élèves de ce lycée. • CE 16 oct. 2002, *M. Hartmann*, n° 238021. ♦ ... Ni la délibération du conseil d'établissement qui organise le fonctionnement de l'école et examine différentes questions relatives à la scolarité. • CE 16 oct. 2002, *M. Zanolli*, n° 231629. ♦ ... Ni les mesures à caractère disciplinaire prises, à l'égard des élèves, par le conseil de discipline de l'établissement. • CE 26 mai 2004, *Épx de Bazelaire*, n° 259682 : *Lebon T. 713 ; AJDA 2004. 1669.*

2. Prérogatives de puissance publique. Absence. L'école française internationale de Riyad est gérée par le groupement de l'école française internationale de Riyad, association de droit privé à but non lucratif. Cet établissement est lié par une convention avec l'agence pour l'enseignement français à l'étranger et participe ainsi au service public de l'enseignement. Les délibérations de l'assemblée générale ou du conseil de gestion du groupement tendant à modifier ses propres statuts, à désigner les membres de son bureau ou à passer des marchés au nom du groupement ne procèdent pas de l'exercice de prérogatives de puissance publique. • CE 18 avr. 2008, *M. Jean Kiefer*, n° 300717.

3. Bourses. L'art. 3 du Décr. du 30 août 1991, en vertu duquel les bourses bénéficiant aux enfants français scolarisés à l'étranger sont attribuées dans le respect de critères généraux définis par des instructions spécifiques prises par l'AEFE n'a pas conféré à cet établissement public un pouvoir réglementaire pour fixer les conditions d'attribution des bourses, mais a seulement prévu que soient édictées des instructions fixant des lignes directrices auxquelles il appartient aux commissions locales de l'agence de se référer, tout en pouvant y déroger lors de l'examen individuel de chaque demande si des considérations d'intérêt général ou les circonstances propres à chaque situation particulière le justifient. • CE 19 sept. 2014, n° 364385 : *Lebon ; AJDA 2014. 1798 ; ibid. 2262, concl. Dumortier ; LIJ 2015, n° 186, p. 5.*

Art. L. 452-5 **L'agence assure par ailleurs, au bénéfice de l'ensemble des établissements scolaires participant à l'enseignement français à l'étranger :**

1° L'affectation des concours de toute nature qu'elle reçoit de l'État au titre de sa mission de financer le fonctionnement pédagogique des établissements, les salaires des personnels titulaires de la fonction publique et les bourses. Elle gère également les concours de personnes morales publiques ou privées françaises ou étrangères qu'elle est amenée à recevoir ;

2° Le choix, l'affectation, la gestion des agents titulaires de la fonction publique placés en détachement auprès d'elle, après avis des commissions consultatives paritaires compétentes, et également l'application des régimes de rémunération de ces personnels ;

3° L'organisation d'actions de formation continue des personnels, y compris des personnels non titulaires ;

4° L'attribution de subventions de fonctionnement, d'équipement et d'investissement ;

5° Le contrôle administratif et financier. – [*L. nº 90-588 du 6 juill. 1990, art. 5.*]

1. Pouvoir d'instruction. Fixation de lignes directrices. L'art. 3 du Décr. du 30 août 1991, en vertu duquel les bourses bénéficiant aux enfants français scolarisés à l'étranger sont attribuées dans le respect de critères généraux définis par des instructions spécifiques prises par l'AEFE, n'a pas conféré à cet établissement public un pouvoir réglementaire pour fixer les conditions d'attribution des bourses mais a seulement prévu que soient édictées des instructions fixant des lignes directrices auxquelles il appartient aux commissions locales de l'agence de se référer, tout en pouvant y déroger lors de l'examen individuel de chaque demande si des considérations d'intérêt général ou les circonstances propres à chaque situation particulière le justifient. • CE 19 sept. 2014, nº 364385 A : *AJDA 2014. 1798* ; *ibid. 2262, concl. Dumortier*. ♦ Sur le pouvoir de l'AEFE d'édicter des instructions fixant les lignes directrices, V. Costa, La « normativité alternative » au Conseil d'État, *AJDA 2014. 2209.*

2. Fin anticipée d'un détachement. Motif tiré de l'intérêt du service. Degré de contrôle du juge. Contrôle restreint. Dans une affaire où l'Agence avait mis fin de façon anticipée au contrat de résident d'un professeur des écoles détaché auprès de l'AEFE, et avait remis l'intéressé à la disposition de son administration d'origine, le Conseil d'État a estimé que l'administration qui accueille un fonctionnaire en position de détachement peut à tout moment, dans l'intérêt du service, remettre celui-ci à la disposition de son corps d'origine en disposant, à cet égard, d'un large pouvoir d'appréciation et qu'il n'appartient au juge de l'excès de pouvoir de censurer l'appréciation ainsi portée par l'autorité administrative qu'en cas d'erreur manifeste. • CE 30 janv. 2015, nº 374772 B : *AJDA 2015. 193* ; *LIJ 2015, nº 188, p. 9* ; *AEF 9 févr. 2015, comm. Toulemonde.* ♦ Dans le même sens, pour un contrôle minimum du juge administratif se limitant à celui de l'erreur manifeste d'appréciation : • CE 3 mai 2002, nº 220670.

3. Recrutement en France. Contrat régi par le droit local. Illégalité. L'AEFE qui procède au recrutement en France d'un enseignant français, sur la base d'un contrat de trois mois régi par le droit local d'Abu Dhabi, droit du pays d'accueil, afin de le recruter ensuite, dans ce pays, sous le statut de « personnel résident » et non de « personnel expatrié », afin de limiter le montant des rémunérations qu'elle devra lui verser, entache ce recrutement d'un détournement de procédure. • CAA Nantes, 15 mai 2020, nº 18NT02702 : *AJDA 2020. 1539, chron. Lemoine*. ♦ Ces décisions illégales engagent la responsabilité de l'AEFE, car elles sont entachées de détournement de procédure. • CAA Nantes, 15 mai 2020, nº 18NT02702 : *préc.*

4. Refus de mise à disposition des logements. Faute de nature à engager sa responsabilité (absence). Une requérante qui, dès son arrivée à Abu Dhabi, a dû acquitter un loyer très élevé, estimait avoir été placée dans une situation moins favorable que certains de ses collègues recrutés auparavant sur la base des mêmes dispositions réglementaires et qui ont été logés à moindre coût par cet établissement bien qu'exerçant leurs fonctions dans des conditions identiques aux siennes. La cour rappelle que, à l'exception des agents logés par nécessité absolue de service, l'AEFE n'est tenue par aucun texte de mettre des logements à la disposition des nouveaux agents recrutés. Le juge souligne aussi que l'AEFE a également indiqué, sans être contredite, qu'elle a procédé à une réutilisation de ses locaux amenant certains des personnels résidents recrutés avant 2014 à libérer leur logement et qu'elle a accordé à la requérante une prime d'installation dont le montant avait été fortement réévalué pour tenir compte précisément des difficultés de logement et des contraintes propres à la réglementation locale en matière de loyer. Si la requérante soutient que cette indemnité aurait été notoirement insuffisante, elle ne le démontre pas. La requête est rejetée, la Cour estime qu'il n'existe pas de faute de nature à engager la responsabilité de l'AEFE. • CAA Nantes, 15 mai 2020, nº 18NT02702 : *préc. note 3.*

5. Professeur contractuel. Résiliation du contrat. Dans une affaire où l'AEFE avait mis fin par anticipation au contrat individuel de résident d'un professeur détaché qui avait fait l'objet d'une agression, le Conseil d'État décide que la décision est justifiée dès lors qu'elle se fonde sur l'incapacité de l'intéressé à enseigner et sur le préjudice porté à l'image de la coopération culturelle et éducative française. • CE 19 juill. 2016, nº 383488 : *AEF2 sept. 2016, Dépêche nº 544768, comm. Toulemonde.*

Art. L. 452-6 L'agence est administrée par un conseil d'administration comprenant, outre son président nommé par décret et (*L. nº 2018-699 du 3 août 2018, art. 74*) « deux députés et deux sénateurs », des représentants :

1° Des ministres chargés, notamment, des affaires étrangères, de la coopération, de l'éducation et des finances, en nombre au moins égal à la moitié des sièges du conseil d'administration ;

2° De l'Assemblée des Français de l'étranger, des organismes gestionnaires d'établissements, des fédérations d'associations de parents d'élèves de l'enseignement français à l'étranger, ainsi que des personnels affectés tant dans les établissements d'enseignement à l'étranger que dans les services centraux de l'agence.

Le nombre des représentants des personnels affectés dans les établissements d'enseignement français à l'étranger et dans les services centraux de l'agence doit être égal au moins à la moitié du nombre des représentants visés au 2° ci-dessus.

Art. L. 452-7 Les ressources de l'agence comprennent des subventions de l'État et, le cas échéant, des concours de personnes morales de droit public, d'organismes publics et privés ainsi que des dons et legs, à l'exclusion des dons et legs versés directement aux établissements.

Elle est habilitée à émettre des emprunts, à recevoir des concours financiers des organismes et des établissements qui dispensent l'enseignement français à l'étranger.

Le cas échéant, elle reçoit des contributions versées en application d'accords conclus par la France avec les États étrangers ou de conventions passées par elle avec des organismes publics ou privés nationaux ou étrangers.

Elle perçoit le produit de la vente de ses publications, des manifestations qu'elle organise, et celui des services rendus. – *[L. n° 90-588 du 6 juill. 1990, art. 7.]*

Art. L. 452-8 L'agence publie annuellement un rapport détaillé qui est soumis au Parlement faisant le point de ses activités, de sa gestion, des concours et dotations budgétaires, des choix et affectations des agents titulaires et des répartitions géographiques de crédits, des frais de scolarité *(L. n° 2018-1317 du 28 déc. 2018, art. 219)* « , du produit des frais de cession » ainsi que des difficultés rencontrées. En outre, elle établit des prévisions sur les programmes d'avenir et les exigences de développement des écoles françaises à l'étranger.

Art. L. 452-9 L'agence présente un rapport annuel de ses activités devant l'Assemblée des Français de l'étranger. – *[L. n° 90-588 du 6 juill. 1990, art. 9.]*

Art. L. 452-10 Un décret fixe les conditions d'application du présent chapitre *[V. art. D. 452-1 s.]*. – *[L. n° 90-588 du 6 juill. 1990, art. 10.]*

CHAPITRE III LES ÉTABLISSEMENTS D'ENSEIGNEMENT PLACÉS AUPRÈS DES FORCES FRANÇAISES STATIONNÉES EN ALLEMAGNE

Art. L. 453-1 Le ministre chargé de la défense a pour mission d'assurer la scolarisation, dans les enseignements du premier et du second degré, des enfants des membres des forces françaises stationnées en Allemagne. – *[L. n° 95-116 du 4 févr. 1995, art. 116.]*

CHAPITRE IV LES ÉTABLISSEMENTS D'ENSEIGNEMENT FRANÇAIS EN PRINCIPAUTÉ D'ANDORRE

Le présent chapitre ne comprend pas de dispositions législatives.

TITRE SIXIÈME LES ÉTABLISSEMENTS POUR L'ENSEIGNEMENT DES PROFESSIONS ARTISTIQUES ET SPORTIVES

CHAPITRE PREMIER LES ÉTABLISSEMENTS D'ENSEIGNEMENT ARTISTIQUE

Le présent chapitre ne comporte pas de dispositions législatives.

CHAPITRE II LES ÉTABLISSEMENTS D'ENSEIGNEMENT DE LA DANSE

SECTION PREMIÈRE CONDITIONS D'EXPLOITATION D'UNE SALLE DE DANSE À DES FINS D'ENSEIGNEMENT

Art. L. 462-1 L'ouverture, la fermeture et la modification de l'activité d'un établissement où est dispensé un enseignement de la danse doivent être déclarées au représentant de l'État dans le département. La déclaration est effectuée deux mois avant l'ouverture ou dans les quinze jours qui suivent la fermeture ou la modification d'activité de l'établissement.

Les locaux où est dispensé cet enseignement doivent présenter des garanties sur le plan technique, de l'hygiène et de la sécurité, qui sont définies par décret.

L'établissement ne peut employer que des enseignants se conformant aux dispositions des articles L. 362-1 et L. 362-3, sous les réserves prévues à l'article L. 362-4.

L'exploitant doit souscrire un contrat d'assurance couvrant sa responsabilité civile, celle des enseignants, des préposés et des personnes qui y suivent un enseignement.

L'établissement ne peut recevoir que des élèves âgés de plus de quatre ans. Un décret organise les modalités du contrôle médical des élèves et détermine les conditions d'âge permettant l'accès aux différentes activités régies par le présent article, les articles L. 362-1 à L. 362-4 et L. 462-2 à L. 462-6. – *[L. nº 89-468 du 10 juill. 1989, art. 5.]*

Sur l'enseignement de la danse, V. art. R. 462-1 s.

Art. L. 462-2 Nul ne peut exploiter contre rémunération soit directement, soit par l'intermédiaire d'une autre personne, un établissement où est dispensé un enseignement de la danse, s'il a fait l'objet d'une condamnation visée à l'article L. 362-5. – *[L. nº 89-468 du 10 juill. 1989, art. 6.]*

Art. L. 462-3 Dans tout établissement d'enseignement de la danse, doivent être rendus accessibles aux usagers :

1° Le texte du décret prévu au dernier alinéa de l'article L. 462-1 ;

2° La liste des enseignants avec la date à laquelle ils ont obtenu le diplôme institué par l'article L. 362-1 ou à laquelle ils en ont été dispensés et en vertu de quelle disposition. – *[L. nº 89-468 du 10 juill. 1989, art. 7.]*

Art. L. 462-4 L'autorité administrative peut, dans le mois qui suit la déclaration, interdire l'ouverture d'un établissement où est dispensé un enseignement de la danse ne présentant pas les garanties exigées en application de l'article L. 462-1.

Elle peut, pour le même motif, en prononcer la fermeture pour une durée n'excédant pas trois mois. – *[L. nº 89-468 du 10 juill. 1989, art. 8.]*

SECTION II DISPOSITIONS PÉNALES

Art. L. 462-5 Est puni de 3 750 euros d'amende :

1° Le fait, pour quiconque, d'ouvrir ou de faire fonctionner un établissement où est dispensé un enseignement de la danse sans s'acquitter des obligations prévues à l'article L. 462-1 relatives à la déclaration, à l'hygiène, à la sécurité, au contrôle médical, à l'âge d'admission des élèves et à l'assurance ou de maintenir en activité un établissement où est dispensé un enseignement de la danse frappé d'une décision d'interdiction ;

2° Le fait, pour tout chef d'établissement, d'avoir confié l'enseignement de la danse à une personne n'ayant pas obtenu le diplôme de professeur de danse mentionné à l'article L. 362-1 ou son équivalence ou n'ayant pas été régulièrement dispensée de ce diplôme ;

3° Le fait, pour toute personne, d'assurer un enseignement de la danse contre rétribution sans avoir obtenu le diplôme de professeur de danse mentionné à l'article L. 362-1 ou son équivalence ou sans avoir été régulièrement dispensée de ce diplôme.

Le tribunal peut en outre prononcer la fermeture de l'établissement où est dispensé un enseignement de la danse ou interdire l'exercice de la profession d'exploitant d'un établissement où est dispensé un enseignement de la danse, pour une durée n'excédant pas trois ans. – *[L. nº 89-468 du 10 juill. 1989, art. 9.]*

Art. L. 462-6 Est puni de 3750 euros d'amende :

1° Le fait, pour toute personne, d'exploiter contre rémunération soit directement, soit par l'intermédiaire d'une autre personne, un établissement dans lequel est dispensé un enseignement de la danse, si elle a fait l'objet d'une condamnation définitive à une peine d'emprisonnement sans sursis supérieure à quatre mois pour les infractions de viol, agression sexuelle, atteinte sexuelle sur un mineur ou proxénétisme prévues par les articles 222-22 à 222-33, 225-5 à 225-10 et 227-22 à 227-28 du code pénal ;

2° Le fait, pour toute personne, d'assurer un enseignement de la danse contre rétribution, si elle a fait l'objet d'une condamnation définitive à une peine d'emprisonnement sans sursis supérieure à quatre mois pour les infractions de viol, agression sexuelle, atteinte sexuelle sur un mineur ou proxénétisme prévues par les articles 222-22 à 222-33, 225-5 à 225-10 et 227-22 à 227-28 du code pénal.

Le tribunal peut en outre prononcer la fermeture de l'établissement où est dispensé un enseignement de la danse ou interdire l'exercice de la profession d'exploitant d'un établissement où est dispensé un enseignement de la danse, pour une durée n'excédant pas trois ans. – *[L. n° 89-468 du 10 juill. 1989, art. 10.]*

CHAPITRE III LES ÉTABLISSEMENTS DE FORMATION AUX PROFESSIONS DES ACTIVITÉS PHYSIQUES ET SPORTIVES

Art. L. 463-1 *(Ord. n° 2006-596 du 23 mai 2006, art. 4)* Les règles relatives aux établissements de formation aux professions des activités physiques et sportives sont définies au chapitre Ier du titre Ier du livre II et au chapitre II du titre II du livre III du code du sport.

Art. L. 463-2 à L. 463-7 *Abrogés par Ord. n° 2006-596 du 23 mai 2006, art. 4.*

TITRE SEPTIÈME DISPOSITIONS COMMUNES

CHAPITRE PREMIER PUBLICITÉ ET DÉMARCHAGE

Art. L. 471-1 Les dispositions du présent chapitre sont applicables à tous les organismes ou établissements d'enseignement. – *[L. n° 71-556 du 12 juill. 1971, art. 10.]*

Art. L. 471-2 Les organismes d'enseignement privés doivent rappeler dans leur dénomination leur caractère privé.

Les dénominations des organismes d'enseignement privés existants sont soumises à déclaration.– *[L. n° 71-556 du 12 juill. 1971, art. 11, al. 1er et 2.]*

Art. L. 471-3 Toute publicité doit faire l'objet d'un dépôt préalable auprès du recteur *(L. n° 2019-791 du 26 juill. 2019, art. 54)* « d'académie ». La publicité ne doit rien comporter de nature à induire les candidats en erreur sur la culture et les connaissances de base indispensables, la nature des études, leur durée moyenne *(L. n° 2013-660 du 22 juill. 2013, art. 72)* « , les diplômes » et les emplois auxquels elles préparent.

Aucune publicité ne peut être mise en œuvre pendant le délai de quinze jours qui suit le dépôt. *(L. n° 2013-660 du 22 juill. 2013, art. 72)* « Pendant ce délai, le recteur *(L. n° 2019-791 du 26 juill. 2019, art. 54)* « d'académie » doit transmettre aux services de la concurrence, de la consommation et de la répression des fraudes les publicités qui lui paraissent en infraction avec l'article L. 731-14. »

Il n'est pas dérogé aux dispositions du code de la consommation relatives à la publicité et de l'article 313-1 du code pénal.

Art. L. 471-4 Il est interdit d'effectuer des actes de démarchage ou de mandater des démarcheurs pour le compte d'organismes d'enseignement.

Constitue l'acte de démarchage le fait de se rendre au domicile des particuliers ou sur les lieux de travail pour provoquer la souscription d'un contrat d'enseignement. – *[L. n° 71-556 du 12 juill. 1971, art. 13.]*

Art. L. 471-5 Le fait de méconnaître les dispositions du présent chapitre est puni d'un an d'emprisonnement et de 15 000 € d'amende.

En cas de condamnation, le tribunal peut prononcer, pour une durée de cinq ans au plus, l'interdiction de diriger et d'enseigner ainsi que la fermeture de l'établissement. – *[L. n° 71-556 du 12 juill. 1971, art. 16.]*

CHAPITRE II DISPOSITIONS PÉNALES

Art. L. 472-1 Lorsqu'un crime ou un délit a été commis à l'intérieur de l'enceinte d'un établissement scolaire ou lorsqu'il a concerné, aux abords immédiats de cet établissement, un élève de celui-ci ou un membre de son personnel, le ministère public

avise le chef de l'établissement concerné de la date et de l'objet de l'audience de jugement par lettre recommandée adressée dix jours au moins avant la date de l'audience. Lorsqu'il est fait application des articles 395 à 397-5 du code de procédure pénale, cet avis est adressé dans les meilleurs délais et par tout moyen. – *[L. n° 98-468 du 17 juin 1998, art. 47.]*

TITRE HUITIÈME DISPOSITIONS APPLICABLES DANS LES DÉPARTEMENTS DU BAS-RHIN, DU HAUT-RHIN ET DE LA MOSELLE

BIBL. GÉN. ▶ BERGUIN, De la portée du droit local alsacien et mosellan sur le service public de l'éducation nationale, *AJFP 2001, n° 6. 9*. – BONNET, L'enseignement religieux dans les écoles primaires publiques d'Alsace-Moselle, *in* Les statuts de l'enseignement religieux, *Le Cerf-Dalloz, 1996. 95*. – FLAUSS, Droit local alsacien-mosellan et Constitution, *RDP 1992. 1625*. – PIETRI, L'enseignement religieux dans les établissements secondaires publics d'Alsace-Moselle, *in* Les statuts de l'enseignement religieux, *Le Cerf-Dalloz, 1996. 103*. – WOEHLING, Matières régies par le droit public alsacien-mosellan, *J.-Cl. Adm., fasc. 122-2*.

CHAPITRE UNIQUE

Art. L. 481-1 Les dispositions particulières régissant l'enseignement applicables dans les départements du Bas-Rhin, du Haut-Rhin et de la Moselle y demeurent en vigueur.

(L. n° 2021-1109 du 24 août 2021, art. 103) **« Les décisions relatives à l'ouverture des établissements d'enseignement privés ainsi qu'aux personnes qui y exercent peuvent se fonder sur la prévention de toute forme d'ingérence étrangère ou sur la protection des intérêts fondamentaux de la Nation.**

« Le fait d'ouvrir un établissement d'enseignement privé sans en avoir préalablement obtenu l'autorisation délivrée par les autorités compétentes est puni des peines prévues à l'article L. 441-4. »

COMMENTAIRE

L'enseignement dans les deux départements qui avant 2015 formaient la région Alsace (départements du Bas-Rhin et du Haut-Rhin ayant laissé la place à la Collectivité européenne d'Alsace) et dans le département de la Moselle (qui constituaient tous trois avant 1972 l'académie de Strasbourg) est régi par quelques dispositions particulières. La raison en est historique : en 1871, les lois françaises concernant l'enseignement (notamment la loi Falloux de 1850) ont continué à s'appliquer ; par contre, en 1918 a été prévu le maintien de la législation locale ; les grandes lois adoptées sous la IIIe République l'ont été alors que les trois départements étaient intégrés au Reich. Lors du retour à la France, tant en 1918 qu'en 1945, certaines normes françaises antérieures à 1870 ou allemandes (lois et ordonnances de l'Empire de 1871, 1873 et 1887) ont été maintenues, constituant la base d'un droit local (ensemble hétéroclite dans lequel on a pu voir une coutume administrative (V. la loi du 1er juin 1924 mettant en vigueur la législation civile française dans les départements du Bas-Rhin, du Haut-Rhin et de la Moselle). S'il en était besoin, l'article L. 481-1 précise qu'il demeure en vigueur (V. CE 6 juin 2001, *Archevêque de Strasbourg et a.*, nos 224053, 224138, 224145, 224255 et 224326 : *Lebon 255*).

Ainsi, malgré l'affirmation constitutionnelle du principe de laïcité, l'enseignement de la religion est obligatoire à raison d'une heure par semaine tant dans les écoles primaires (art. 23 loi Falloux du 15 mars 1850, Décr. n° 74-763 du 3 sept. 1974, Décr. n° 2008-751 du 29 juill. 2008 modifie l'art. D. 481-2 pour tenir compte des nouveaux horaires de l'école) que dans les établissements secondaires publics et privés (les al. 1er et 3 de l'art. 1er de la loi Debré du 31 déc. 1959, repris par l'art. L. 141-2 du code, ne sont pas applicables en Alsace-Moselle). Les familles qui le souhaitent peuvent toutefois demander à ce que leurs enfants en soient dispensés (art. D. 481-6 ; CE 6 avr. 2001, *SNES*, nos 219379, 221699 et 221700 : *Lebon*). Désormais, les cours sont assurés par les instituteurs et professeurs des écoles qui ont reçu, hier dans les écoles normales qui étaient encore confessionnelles, puis à l'IUFM, aujourd'hui à l'institut national du professorat et de l'éducation (INSPÉ), la formation nécessaire, ou s'ils ne sont pas volontaires, par des intervenants extérieurs qui peuvent être des ministres des cultes. Dans les collèges et lycées les cours sont confiés à des professeurs de religion recrutés par concours (CE

6 avr. 2001, *SNES : préc.*). Ce régime particulier concerne uniquement les quatre *« cultes reconnus »* (catholique, calviniste, luthérien et juif).

Les établissements privés sont soumis à un régime particulier. L'ouverture des écoles est régie par une loi allemande du 12 février 1873 qui place l'ensemble des établissements scolaires, primaires et secondaires, sous la surveillance de l'État. Par dérogation, s'applique un régime d'autorisation préalable, sur le fondement de la loi allemande du 12 février 1873 sur l'enseignement, maintenue en vigueur par l'article L. 481-1 du code de l'éducation. En Alsace et en Moselle, l'administration donne donc l'autorisation d'ouvrir l'établissement, après avoir vérifié que remplissent les conditions requises, non seulement le directeur, mais aussi les enseignants de l'établissement. La loi n° 2021-1109 du 24 août 2021 confortant le respect des principes de la République précise toutefois que les décisions relatives à l'ouverture des établissements privés ainsi qu'aux personnes qui y exercent peuvent se fonder sur la prévention de toute forme d'ingérence étrangère ou sur la protection des intérêts fondamentaux de la Nation ; s'agissant des établissements privés d'enseignement supérieur, la même loi rend applicable le droit d'opposition du représentant de l'État fondé sur ces motifs (art. L. 731-1-1). La loi Goblet de 1886, dont l'article 2 interdisant le financement public des investissements des écoles privées n'ayant pas été introduit, les collectivités territoriales ont la possibilité de financer les dépenses d'investissement des écoles privées du premier degré en dehors de toute limitation (contrairement aux établissements du second degré soumis à la loi Falloux limitant cette possibilité à 10% des dépenses annuelles de l'établissement, V. CE, avis, 16 oct. 1956).

S'agissant de l'apprentissage, traditionnellement soumis à des règles particulières (avec la délivrance du brevet de compagnon), le contrôle pédagogique est traditionnellement confié non au « service académique d'inspection de l'apprentissage » (SAIA) mais à une mission de contrôle pédagogique des formations par apprentissage relevant des chambres de commerce et d'industrie et des chambres de métiers et de l'artisanat. A la suite de la loi Avenir professionnel du 5 septembre 2018, le décret n° 2018-1210 du 21 décembre 2018 abroge le régime dérogatoire applicable à l'Alsace-Moselle ; un second décret doit fixer un nouveau régime dérogatoire prenant en considération les spécificités organisationnelles des chambres consulaires dans les départements de la Moselle, du Bas-Rhin et du Haut-Rhin en rappelant que le contrôle des apprentis en entreprise est assuré par les experts désignés par les chambres de commerce et d'industrie et les chambres de métiers et de l'artisanat.

D'autres dispositions originales peuvent concerner l'enseignement. Ainsi, le calendrier scolaire doit intégrer les jours fériés légaux supplémentaires que constituent le vendredi saint et le jour de la Saint-Étienne. L'intégration des deux départements dans une collectivité européenne d'Alsace n'a de conséquence que sur l'enseignement de la langue régionale. ❑

1. Application des dispositions particulières. L'Ord. du 15 juin 2000 relative à la partie législative du code de l'éducation n'abroge aucune disposition législative particulière régissant l'éducation dans les départements du Haut-Rhin, du Bas-Rhin et de la Moselle. Les dispositions de l'art. L. 481-1 impliquent, en raison de la généralité de leurs termes, qu'est maintenu en vigueur l'ensemble des dispositions particulières régissant l'enseignement dans ces départements. • CE 6 juin 2001, ⚖ n°s 224053, 224138, 224145, 224255 et 224326 A.

2. Droit local. Application. Le droit local alsacien mosellan ne faisant pas l'objet d'une traduction officielle en langue française reste applicable. Le préfet du Haut-Rhin a refusé à une association d'éducation populaire l'autorisation d'engager une institutrice en cours élémentaire pour enseigner dans son école privée hors contrat, en se fondant sur une ordonnance de droit local alsacien mosellan de 1873. Le juge considère que cette ordonnance doit être regardée comme ayant valeur réglementaire, et que l'absence de publication officielle d'une traduction en langue française ne s'oppose pas à l'application de cette ordonnance, malgré les termes de la décision du Conseil Constitutionnel n° 2012/285 QPC du 30 nov. 2012. • TA Strasbourg, 20 févr. 2018, n°s 1604621 et 1605988.

3. Enseignement religieux obligatoire. La législation spéciale relative à l'enseignement religieux obligatoire a été maintenue en vigueur par les textes législatifs organisant le retour de ces départements à la France. Elle n'a pas été abrogée implicitement par la réaffirmation, par les préambules des Constitutions de 1946 et 1958, des principes fondamentaux reconnus par les lois de la République, au nombre desquels figure le principe de laïcité. Elle n'est pas non plus contraire à la convention européenne des droits de l'homme relative à la liberté de conscience, dès lors que cet enseignement obligatoire s'accompagne de la faculté de dispenses d'assiduité. • CE 6 avr. 2001, nos 219379, 221699 et 221700 A : *AJDA 2002. 63, note Toulemonde ; AJFP nov.-déc. 2001, p. 7*.

4. Concours spéciaux de recrutement. Le Conseil d'État a admis la légalité des concours spéciaux organisés pour le recrutement de professeurs certifiés chargés de dispenser un enseignement religieux (catholique ou protestant) dans les établissements publics d'Alsace et de Moselle. • CE 6 avr. 2001, nos 219379, 221699 et 221700 A : *préc. note 3*.

V. aussi notes ss. art. L. 141-1 à L. 141-3.

TITRE NEUVIÈME DISPOSITIONS APPLICABLES DANS LES ÎLES WALLIS-ET-FUTUNA, À MAYOTTE, EN POLYNÉSIE FRANÇAISE ET EN NOUVELLE-CALÉDONIE

Ce titre est abrogé à compter de l'entrée en vigueur des décrets portant actualisation et adaptation des dispositions réglementaires du code de l'éducation relatives à l'outre-mer et, au plus tard, le 1er janv. 2022 (Ord. no 2021-552 du 5 mai 2021, art. 13).

CHAPITRE PREMIER DISPOSITIONS APPLICABLES DANS LES ÎLES WALLIS-ET-FUTUNA

Art. L. 491-1 *(L. no 2005-380 du 23 avr. 2005, art. 57)* **Sont applicables dans les îles Wallis-et-Futuna les articles L. 401-1, L. 401-2,** *(Ord. no 2015-24 du 14 janv. 2015, art. 1er)* **« L. 401-2-1, » L. 411-1 et L. 411-3, L. 421-7 à L. 421-10 et L. 423-1 à L. 423-3.**

CHAPITRE II DISPOSITIONS APPLICABLES À MAYOTTE

Art. L. 492-1 *(Ord. no 2007-1801 du 21 déc. 2007, art. 6)* **Les articles L. 412-1, L. 421-1 à L. 421-5, L. 421-11 à L. 421-24, L. 422-2 et L. 422-3 ne sont pas applicables à Mayotte.**

Art. L. 492-1-1 *Abrogé par L. no 2019-791 du 26 juill. 2019, art. 36.*

Art. L. 492-2 Les références à des dispositions législatives ne s'appliquant pas à Mayotte sont remplacées par les références aux dispositions, ayant le même objet, qui y sont applicables.

CHAPITRE III DISPOSITIONS APPLICABLES EN POLYNÉSIE FRANÇAISE

Art. L. 493-1 Sont applicables en Polynésie française *(Ord. no 2015-24 du 14 janv. 2015, art. 6)* **« les articles L. 401-2-1 et L. 442-1 », le** *(L. no 2019-791 du 26 juill. 2019, art. 23)* **« I » de l'article L. 442-2, les articles L. 442-4, L. 442-5, L. 442-12, L. 442-15, L. 442-18 et L. 442-20.**

BIBL. ▸ Collectivité de la Polynésie française. Politique de l'éducation, *Rapp. d'observations définitives. Exercices 2004 et suivants, CTC Polynésie française, no 2014-569.*

CHAPITRE IV DISPOSITIONS APPLICABLES EN NOUVELLE-CALÉDONIE

Art. L. 494-1 Sont applicables en Nouvelle-Calédonie les articles *(Ord. no 2015-24 du 14 janv. 2015, art. 11)* **« L. 401-2-1, » L. 421-9, L. 421-10,** *(Ord. no 2014-693 du 26 juin 2014, art. 22)* **« L. 423-3 », L. 442-1, le** *(L. no 2019-791 du 26 juill. 2019, art. 23)* **« I » de l'article L. 442-2, les articles L. 442-4, L. 442-5,** *(Ord. no 2009-537 du 14 mai 2009, art. 11)* **« L. 442-8, à l'exception de son 2°, » L. 442-12, L. 442-15, L. 442-18 et L. 442-20.**

(L. no 2005-380 du 23 avr. 2005, art. 80) **« L'article L. 401-1 n'est applicable en Nouvelle-Calédonie qu'en tant qu'il concerne les établissements d'enseignement publics du second degré. »**

TITRE NEUVIÈME *[NOUVEAU]* DISPOSITIONS RELATIVES À L'OUTRE-MER

(Ord. no 2021-552 du 5 mai 2021, art. 4)

Ce titre entre en vigueur à la date d'entrée en vigueur des décrets portant actualisation et adaptation des dispositions réglementaires du code de l'éducation relatives à l'outre-mer et, au plus tard, le 1er janv. 2022 (Ord. no 2021-552 du 5 mai 2021, art. 13).

CHAPITRE PREMIER *[NOUVEAU]* GUADELOUPE, GUYANE, MARTINIQUE, LA RÉUNION, MAYOTTE

Nouvel art. L. 491-1 Pour leur application en Guadeloupe, en Guyane, en Martinique, à La Réunion et à Mayotte, les dispositions du présent livre font l'objet des adaptations prévues au présent chapitre.

SECTION PREMIÈRE *[NOUVELLE]* DISPOSITIONS PARTICULIÈRES À LA GUADELOUPE, LA GUYANE, LA MARTINIQUE ET LA RÉUNION

Nouvel art. L. 491-2 Pour l'application du présent livre en Guyane :

1° Les références au département ou à la région sont remplacées par la référence à la collectivité territoriale de Guyane ;

2° Les références au conseil régional ou au conseil général sont remplacées par la référence à l'assemblée de Guyane ;

3° Les références au président du conseil général ou au président du conseil régional sont remplacées par la référence au président de l'assemblée de Guyane ;

4° La référence au représentant de l'État dans le département est remplacée par la référence au représentant de l'État.

Nouvel art. L. 491-3 Pour l'application du présent livre en Martinique :

1° Les références au département ou à la région sont remplacées par la référence à la collectivité territoriale de Martinique ;

2° Les références au conseil régional ou au conseil général sont remplacées par la référence à l'assemblée de Martinique ;

3° Les référence au président du conseil général ou au président du conseil régional sont remplacées, selon le cas, par la référence au président du conseil exécutif de Martinique pour les attributions dévolues à l'autorité exécutive de la collectivité ou par la référence au président de l'assemblée de Martinique pour les attributions liées à la présidence de l'assemblée délibérante ;

4° La référence au représentant de l'État dans le département est remplacée par la référence au représentant de l'État.

Nouvel art. L. 491-4 Pour l'application en Guyane et en Martinique du second alinéa de l'article L. 421-1, les mots : ", selon le cas, du département, de la région" sont remplacés par les mots : "de la collectivité territoriale".

Nouvel art. L. 491-5 Pour l'application en Guyane et en Martinique du dernier alinéa du II de l'article L. 421-23, les mots : ", selon le cas, le conseil départemental ou le conseil régional" sont remplacés par les mots : "la collectivité territoriale".

Nouvel art. L. 491-6 Pour l'application en Guyane et en Martinique du troisième alinéa de l'article L. 442-9, la première phrase est remplacée par la phrase suivante : "La collectivité territoriale, pour les classes des collèges et des lycées, verse deux contributions."

Nouvel art. L. 491-7 Pour l'application en Guyane et en Martinique du second alinéa de l'article L. 442-17, les mots : ", aux départements pour les collèges et aux régions pour les lycées" sont remplacés par les mots : "à la collectivité territoriale pour les collèges et les lycées".

Nouvel art. L. 491-8 Le dernier alinéa de l'article L. 421-2, le IV de l'article L. 421-13 et les articles L. 422-2 et L. 422-3 ne sont pas applicables en Guadeloupe, en Guyane, en Martinique et à La Réunion.

SECTION II *[NOUVELLE]* DISPOSITIONS PARTICULIÈRES À MAYOTTE

Nouvel art. L. 491-9 Pour l'application du présent livre à Mayotte :

1° La référence au représentant de l'État dans le département est remplacée par la référence au représentant de l'État ;

2° A l'article L. 421-10 :

a) Au II, les mots : ", avec l'accord de la collectivité territoriale de rattachement," ne sont pas applicables ;

b) Le III n'est pas applicable.

Nouvel art. L. 491-10 Les articles L. 412-1, L. 421-1 à L. 421-6, L. 421-11 à L. 421-24, L. 422-2 et L. 422-3 ne sont pas applicables à Mayotte.

CHAPITRE II *[NOUVEAU]* SAINT-BARTHÉLEMY

Nouvel art. L. 492-1 Les dispositions du présent livre s'appliquent de plein droit à Saint-Barthélemy sous réserve des adaptations prévues au présent chapitre.

Nouvel art. L. 492-2 Pour l'application du présent livre à Saint-Barthélemy :

1° La référence au représentant de l'État dans le département est remplacée par la référence au représentant de l'État dans la collectivité ;

2° Les références à la commune ou aux communes, au département, à la région et aux collectivités territoriales sont remplacées par la référence à la collectivité de Saint-Barthélemy ;

3° Les références au maire, au président du conseil départemental et au président du conseil régional sont remplacées par la référence au président du conseil territorial ;

4° Au second alinéa de l'article L. 421-1, les mots : ", selon le cas, du département, de la région ou, dans le cas prévu aux articles L. 216-5 et L. 216-6 du présent code, de la commune ou de l'établissement public de coopération intercommunale intéressé" sont remplacés par les mots : "de la collectivité de Saint-Barthélemy" ;

5° A l'article L. 421-24, les mots : "du maire de la commune d'implantation et" ne sont pas applicables ;

6° A l'article L. 442-10, les mots : "l'une des collectivités mentionnées à l'article L. 442-8" sont remplacés par les mots : "la collectivité de Saint-Barthélemy".

Nouvel art. L. 492-3 Pour l'application à Saint-Barthélemy de l'article L. 421-2 :

1° Le cinquième alinéa est ainsi rédigé :

"Les représentants de la collectivité sont au nombre de trois." ;

2° Les sixième, septième, huitième et neuvième alinéas ne sont pas applicables.

Nouvel art. L. 492-4 Pour son application à Saint-Barthélemy, l'article L. 442-8 est ainsi rédigé :

Art. L. 442-8 Le contrat d'association prévoit la participation d'un représentant de la collectivité aux réunions de l'organe de l'établissement compétent pour délibérer sur le budget des classes sous contrat.

Nouvel art. L. 492-5 Pour l'application à Saint-Barthélemy du troisième alinéa de l'article L. 442-9, la première phrase est ainsi rédigée :

"La collectivité de Saint-Barthélemy verse deux contributions."

Nouvel art. L. 492-6 Pour l'application à Saint-Barthélemy de l'article L. 442-17, le deuxième alinéa est ainsi rédigé :

"La même faculté est ouverte à la collectivité de Saint-Barthélemy, pour les écoles, les collèges et les lycées, au profit des groupements ou associations à caractère local."

Nouvel art. L. 492-7 Le IV de l'article L. 421-13, les articles L. 421-20, L. 422-1 à L. 422-3, L. 423-1, L. 423-3, L. 442-5-1, L. 442-5-2, L. 442-13-1 ne sont pas applicables à Saint-Barthélemy.

CHAPITRE III *[NOUVEAU]* SAINT-MARTIN

Nouvel art. L. 493-1 Les dispositions du présent livre s'appliquent de plein droit à Saint-Martin sous réserve des adaptations prévues au présent chapitre.

Nouvel art. L. 493-2 Pour l'application du présent livre à Saint-Martin :

1° La référence au représentant de l'État dans le département est remplacée par la référence au représentant de l'État dans la collectivité ;

2° Les références à la commune ou aux communes, au département, à la région et aux collectivités territoriales sont remplacées par la référence à la collectivité de Saint-Martin ;

3° Les références au maire, au président du conseil départemental et au président du conseil régional sont remplacées par la référence au président du conseil territorial ;

4° A l'article L. 421-1, les mots : ", selon le cas, du département, de la région ou, dans le cas prévu aux articles L. 216-5 et L. 216-6 du présent code, de la commune ou de l'établissement public de coopération intercommunale intéressé" sont remplacés par les mots : "de la collectivité de Saint-Martin" ;

5° A l'article L. 421-24, les mots : "du maire de la commune d'implantation et" ne sont pas applicables ;

6° A l'article L. 442-10, les mots : "l'une des collectivités mentionnées à l'article L. 442-8" sont remplacés par les mots : "la collectivité de Saint-Martin".

Nouvel art. L. 493-3 Pour l'application à Saint-Martin de l'article L. 421-2 :

1° Le cinquième alinéa est ainsi rédigé :

"Les représentants de la collectivité sont au nombre de trois." ;

2° Les sixième, septième, huitième et neuvième alinéas ne sont pas applicables.

Nouvel art. L. 493-4 Pour son application à Saint-Martin, l'article L. 442-8 est ainsi rédigé :

Art. L. 442-8 Le contrat d'association prévoit la participation d'un représentant de la collectivité aux réunions de l'organe de l'établissement compétent pour délibérer sur le budget des classes sous contrat.

Nouvel art. L. 493-5 Pour l'application à Saint-Martin du troisième alinéa de l'article L. 442-9, la première phrase est remplacée par la phrase suivante : "La collectivité de Saint-Martin verse deux contributions."

Nouvel art. L. 493-6 Pour l'application à Saint-Martin de l'article L. 442-17, le deuxième alinéa est ainsi rédigé :

"La même faculté est ouverte à la collectivité de Saint-Martin, pour les écoles, les collèges et les lycées, au profit des groupements ou associations à caractère local."

Nouvel art. L. 493-7 Le IV de l'article L. 421-13, les articles L. 421-19-1 à L. 421-21, L. 422-1 à L. 422-3, L. 442-5-1, L. 442-5-2, L. 442-13-1 ne sont pas applicables à Saint-Martin.

CHAPITRE IV *[NOUVEAU]* SAINT-PIERRE-ET-MIQUELON

Nouvel art. L. 494-1 Les dispositions du présent livre s'appliquent de plein droit à Saint-Pierre-et-Miquelon sous réserve des adaptations prévues au présent chapitre.

Nouvel art. L. 494-2 Pour l'application du présent livre à Saint-Pierre-et-Miquelon :

1° La référence au représentant de l'État dans le département est remplacée par la référence au représentant de l'État ;

2° A l'article L. 421-10 :

a) Au II, les mots : ", avec l'accord de la collectivité territoriale de rattachement," ne sont pas applicables ;

b) Le III n'est pas applicable.

Nouvel art. L. 494-3 Les articles 412-1, L. 421-1 à L. 421-6, L. 421-11 à L. 421-24, L. 422-2 et L. 422-3 ne sont pas applicables à Saint-Pierre-et-Miquelon.

CHAPITRE V *[NOUVEAU]* WALLIS-ET-FUTUNA

Nouvel art. L. 495-1 I. – Sont applicables dans les îles Wallis-et-Futuna, sous réserve des adaptations prévues au II, les dispositions des articles mentionnés dans la

colonne de gauche du tableau ci-après, dans leur rédaction indiquée dans la colonne de droite du même tableau :

Tableau mod. par L. n° 2021-1104 du 22 août 2021, art. 6 ; L. n° 2021-1109 du 24 août 2021, art. 100.

DISPOSITIONS APPLICABLES	DANS LEUR RÉDACTION
L. 401-1 et L. 401-2	Résultant de la loi n° 2019-791 du 26 juillet 2019
L. 401-3	Résultant de la loi n° 2010-1127 du 28 septembre 2010
L. 411-1	Résultant de la loi n° 2013-595 du 8 juillet 2013
L. 411-3	Résultant de l'ordonnance n° 2000-549 du 15 juin 2000
L. 421-7	Résultant de la loi n° 2013-595 du 8 juillet 2013
L. 421-8	Résultant de la loi n° 2021-1104 du 22 août 2021 portant lutte contre le dérèglement climatique et renforcement de la résilience face à ses effets
L. 421-9	Résultant de l'ordonnance n° 2000-549 du 15 juin 2000 relative à la partie législative du code de l'éducation
L. 421-10, 1er alinéa	Résultant de la loi n° 2019-791 du 26 juillet 2019
L. 423-1	Résultant de la loi n° 2013-595 du 8 juillet 2013
L. 423-3	Résultant de la loi n° 2011-525 du 17 mai 2011
L. 441-1	Résultant de la loi n° 2021-1109 du 24 août 2021 confortant le respect des principes de la République
L. 441-2 et L. 441-3	Résultant de la loi n° 2019-791 du 26 juillet 2019
L. 441-3-1 et L. 441-4	Résultant de la loi n° 2021-1109 du 24 août 2021 confortant le respect des principes de la République
L. 442-2	Résultant de la loi n° 2021-1109 du 24 août 2021 confortant le respect des principes de la République
L. 442-3	Résultant de la loi n° 2019-791 du 26 juillet 2019
L. 444-1 et L. 444-2	Résultant de l'ordonnance n° 2000-549 du 15 juin 2000
L. 444-3	Résultant de l'ordonnance n° 2014-691 du 26 juin 2014
L. 444-5, 1er alinéa	Résultant de la loi n° 2007-293 du 5 mars 2007

DISPOSITIONS APPLICABLES	DANS LEUR RÉDACTION
L. 444-6	Résultant de la loi n° 2021-1109 du 24 août 2021 confortant le respect des principes de la République
L. 444-7 et L. 444-8	Résultant de l'ordonnance n° 2000-549 du 15 juin 2000
L. 444-10	Résultant de l'ordonnance n° 2000-916 du 19 septembre 2000
L. 445-1	Résultant de la loi n° 2021-1109 du 24 août 2021 confortant le respect des principes de la République
L. 471-1 et L. 471-2	Résultant de l'ordonnance n° 2000-549 du 15 juin 2000
L. 471-3	Résultant de la loi n° 2019-791 du 26 juillet 2019
L. 471-4	Résultant de l'ordonnance n° 2000-549 du 15 juin 2000
L. 471-5	Résultant de l'ordonnance n° 2000-916 du 19 septembre 2000
L. 472-1	Résultant de l'ordonnance n° 2000-549 du 15 juin 2000

II. – Pour l'application du I :

1° L'article L. 411-3 est ainsi rédigé :

Art. L. 411-3 Le premier alinéa de l'article L. 421-7 est applicable aux écoles.

2° A l'article L. 441-1 :

a) Au I, les mots : "au maire de la commune dans laquelle l'établissement est situé," et les mots : "dans le département" sont supprimés ;

b) Au premier alinéa du II, les mots : "le maire," et les mots : "dans le département" sont supprimés ;

3° Aux premier et second alinéas du II de l'article L. 441-2, les mots : "au maire," et les mots : "dans le département" sont supprimés ;

(L. n° 2021-1109 du 24 août 2021, art. 100) « 3° *bis* A la première phrase du premier alinéa et au deuxième alinéa de l'article L. 441-3-1, les mots : "dans le département" sont supprimés ; »

« 4° A l'article L. 442-2, les mots : "dans le département" sont supprimés ; »

5° A l'article L. 444-3 :

a) Au premier alinéa, la seconde phrase est supprimée ;

b) Au deuxième alinéa, les mots : " ; ils peuvent, en outre, les traduire, ainsi que leurs responsables et leurs personnels pris individuellement, devant le recteur d'académie" sont supprimés ;

6° Au premier et deuxième alinéas de l'article L. 471-3, les mots : "recteur d'académie" sont remplacés par les mots : "vice-recteur" ;

7° Les montants exprimés en euros sont applicables dans les îles Wallis-et-Futuna sous réserve de leur contrevaleur en monnaie locale.

CHAPITRE VI *[NOUVEAU]* POLYNÉSIE FRANÇAISE

Nouvel art. L. 496-1 I. – Sont applicables en Polynésie française, sous réserve des adaptations prévues au II, les dispositions des articles mentionnés dans la colonne de gauche du tableau ci-après, dans leur rédaction indiquée dans la colonne de droite du même tableau : – *Tableau mod. par L. nº 2021-1109 du 24 août 2021, art. 100.*

DISPOSITIONS APPLICABLES	DANS LEUR RÉDACTION
L. 441-1	Résultant de la loi nº 2021-1109 du 24 août 2021 confortant le respect des principes de la République
L. 441-3	Résultant de la loi nº 2019-791 du 26 juillet 2019
L. 441-3-1 et L. 441-4	Résultant de la loi nº 2021-1109 du 24 août 2021 confortant le respect des principes de la République
L. 442-1	Résultant de l'ordonnance nº 2000-549 du 15 juin 2000
L. 442-2	Résultant de la loi nº 2021-1109 du 24 août 2021 confortant le respect des principes de la République
L. 442-3	Résultant de la loi nº 2019-791 du 26 juillet 2019
L. 442-5, 1er, 2e, 4e et 5e alinéas	Résultant de la loi nº 2021-1109 du 24 août 2021 confortant le respect des principes de la République
L. 442-12, 1er, 2e et 3e alinéas	Résultant de la loi nº 2021-1109 du 24 août 2021 confortant le respect des principes de la République
L. 442-14	Résultant de l'ordonnance nº 2000-549 du 15 juin 2000
L. 442-18	Résultant du décret nº 2006-1149 du 14 septembre 2006
L. 442-20	Résultant de la loi nº 2019-791 du 26 juillet 2019
L. 444-1 et L. 444-2	Résultant de l'ordonnance nº 2000-549 du 15 juin 2000
L. 444-3, 1er alinéa	Résultant de l'ordonnance nº 2014-691 du 26 juin 2014
L. 444-6	Résultant de la loi nº 2021-1109 du 24 août 2021 confortant le respect des principes de la République
L. 444-10	Résultant de l'ordonnance nº 2000-916 du 19 septembre 2000
L. 445-1	Résultant de la loi nº 2021-1109 du 24 août 2021 confortant le respect des principes de la République

DISPOSITIONS APPLICABLES	DANS LEUR RÉDACTION
L. 471-1 et L. 471-2	Résultant de l'ordonnance n° 2000-549 du 15 juin 2000
L. 471-3	Résultant de la loi n° 2019-791 du 26 juillet 2019
L. 471-4	Résultant de l'ordonnance n° 2000-549 du 15 juin 2000
L. 471-5	Résultant de l'ordonnance n° 2000-916 du 19 septembre 2000
L. 472-1	Résultant de l'ordonnance n° 2000-549 du 15 juin 2000

II. — Pour l'application du I :

1° A l'article L. 441-1 :

a) La référence au représentant de l'État dans le département est remplacée par la référence au haut-commissaire de la République en Polynésie française ;

b) La référence à l'autorité compétente de l'État en matière d'éducation est remplacée par la référence au gouvernement de la Polynésie française ;

2° A l'article L. 441-3, la référence à l'autorité de l'État compétente en matière d'éducation est remplacée par la référence au gouvernement de la Polynésie française ;

(L. n° 2021-1109 du 24 août 2021, art. 100) « 2° *bis* A l'article L. 441-3-1 :

« *a)* La référence au représentant de l'État dans le département est remplacée par la référence au haut-commissaire de la République en Polynésie française ;

« *b)* La référence à l'autorité compétente de l'État en matière d'éducation est remplacée par la référence au Gouvernement de la Polynésie française ; »

3° A l'article L. 442-1, les mots : "de l'État" sont remplacés par les mots : "de la Polynésie française" ;

(L. n° 2021-1109 du 24 août 2021, art. 100) « 4° A l'article L. 442-2 :

« *a)* Au I, les mots : "du représentant de l'État dans le département et de l'autorité compétente en matière d'éducation, le contrôle de l'État sur les établissements d'enseignement privés qui ne sont pas liés à l'État par contrat se limite aux titres exigés des directeurs et des enseignants, à l'obligation scolaire, à l'instruction obligatoire, qui implique l'acquisition progressive du socle commun défini à l'article L. 122-1-1, au respect de" sont remplacés par les mots : "du haut-commissaire de la République et du Gouvernement de la Polynésie française, le contrôle sur les établissements d'enseignement privés qui ne sont pas liés à la Polynésie française par contrat se limite aux titres exigés des directeurs et des enseignants, au respect par l'établissement des exigences en matière d'éducation fixées par la collectivité pour garantir le droit à l'instruction et" ;

« *b)* Les références au représentant de l'État dans le département sont remplacées par les références au haut-commissaire de la République en Polynésie française ;

« *c)* Les références à l'autorité compétente de l'État en matière d'éducation sont remplacées par les références au Gouvernement de la Polynésie française ;

« *d)* Au premier alinéa du III, les mots : "normes minimales de connaissances requises par l'article L. 131-1-1 et que les élèves de ces classes ont accès au droit à l'éducation tel que celui-ci est défini par l'article L. 111-1" sont remplacés par les mots : "exigences en matière d'éducation fixées par la collectivité pour garantir le droit à l'instruction" ;

« *e)* Au 2° du IV, les mots : "à l'objet de l'instruction obligatoire, tel que celui-ci est défini à l'article L. 131-1-1, et ne permet pas aux élèves concernés l'acquisition progressive du socle commun défini à l'article L. 122-1-1" sont remplacés par les mots : "aux exigences en matière d'éducation fixées par la collectivité pour garantir le droit à l'instruction" ; »

5° A l'article L. 442-3, les mots : "à l'État" sont remplacés par les mots : "à la Polynésie française" et les mots : "l'objet de l'instruction obligatoire tel que celui-ci est défini par l'article L. 131-1-1 et de permettre aux élèves concernés l'acquisition progressive du socle commun défini à l'article L. 122-1-1" sont remplacés par les mots : "les exigences en matière d'éducation fixées par la Polynésie française pour garantir le droit à l'instruction" ;

6° A l'article L. 442-5 :

a) Au premier alinéa, les mots : "l'État" sont remplacés par les mots : "la Polynésie française" *(L. n° 2021-1109 du 24 août 2021, art. 100)* « et les mots : "de l'enseignement public" sont remplacés par les mots : "fixés par le Gouvernement de la Polynésie française" » ;

b) Au deuxième alinéa, les mots : "Le contrat d'association peut porter sur une partie ou sur la totalité des classes de l'établissement. Dans les classes faisant l'objet du contrat, l'enseignement est dispensé selon les règles et programmes de l'enseignement public. Il" sont remplacés par les mots : "Dans les établissements liés à la Polynésie française par un contrat d'association, l'enseignement" ;

7° A l'article L. 442-12 :

a) Au premier alinéa, les mots : "avec l'État" sont remplacés par les mots : "avec la Polynésie française" ;

b) Au deuxième alinéa, les mots : "porte sur une partie ou sur la totalité des classes des établissements. Il" sont supprimés ;

(L. n° 2021-1109 du 24 août 2021, art. 100) « c) Au troisième alinéa, les mots : "de l'enseignement public" sont remplacés par les mots : "fixés par le Gouvernement de la Polynésie française" ; »

8° A l'article L. 442-18, les références : "L. 442-1, L. 442-2, L. 442-4,", "L. 442-15" et "L. 914-2" sont supprimés ;

9° L'article L. 442-20 est ainsi rédigé :

Art. L. 442-20 L'article L. 231-14, les premier, quatrième et cinquième alinéas de l'article L. 231-15, les articles L. 231-16, L. 231-17, L. 331-1, L. 331-4, les premier, deuxième et quatrième alinéas de l'article L. 332-6, les articles L. 333-4, L. 334-1 et L. 511-3 sont applicables aux établissements d'enseignement privés sous contrat, sous réserve des adaptations prévues à l'article L. 376-1, dans le respect des dispositions du chapitre II du titre IV du présent livre mentionnées au I.

10° L'article L. 444-3 est ainsi rédigé :

Art. L. 444-3 Les organismes privés d'enseignement à distance sont soumis au contrôle pédagogique - ainsi que financier dans le cas où ils bénéficient d'une aide sur fonds publics — du gouvernement de la Polynésie française.

11° Aux premier et deuxième alinéas de l'article L. 471-3, les mots : "recteur d'académie" sont remplacés par les mots : "vice-recteur" ;

12° Les montants exprimés en euros sont applicables en Polynésie française sous réserve de leur contrevaleur en monnaie locale.

CHAPITRE VII *[NOUVEAU]* NOUVELLE-CALÉDONIE

Nouvel art. L. 497-1 I. — Sont applicables en Nouvelle-Calédonie, sous réserve des adaptations prévues au II, les dispositions des articles mentionnés dans la colonne de gauche du tableau ci-après, dans leur rédaction indiquée dans la colonne de droite du même tableau : — *Tableau mod. par L. n° 2021-1109 du 24 août 2021, art. 100.*

DISPOSITIONS APPLICABLES	DANS LEUR RÉDACTION
L. 441-1	Résultant de la loi n° 2021-1109 du 24 août 2021 confortant le respect des principes de la République

DISPOSITIONS APPLICABLES	DANS LEUR RÉDACTION
L. 441-3	Résultant de la loi n° 2019-791 du 26 juillet 2019
L. 441-3-1 et L. 441-4	Résultant de la loi n° 2021-1109 du 24 août 2021 confortant le respect des principes de la République
L. 442-1	Résultant de l'ordonnance n° 2000-549 du 15 juin 2000
L. 442-2	Résultant de la loi n° 2021-1109 du 24 août 2021 confortant le respect des principes de la République
L. 442-3	Résultant de la loi n° 2019-791 du 26 juillet 2019
L. 442-5, 1er, 2e, 4e et 5e alinéas	Résultant de la loi n° 2021-1109 du 24 août 2021 confortant le respect des principes de la République
L. 442-12, 1er, 2e et 3e alinéas	Résultant de la loi n° 2021-1109 du 24 août 2021 confortant le respect des principes de la République
L. 442-13 et L. 442-14	Résultant de l'ordonnance n° 2000-549 du 15 juin 2000
L. 442-18	Résultant du décret n° 2006-1149 du 14 septembre 2006
L. 442-20	Résultant de la loi n° 2019-791 du 26 juillet 2019
L. 444-1 et L. 444-2	Résultant de l'ordonnance n° 2000-549 du 15 juin 2000
L. 444-3, 1er alinéa	Résultant de l'ordonnance n° 2014-691 du 26 juin 2014
L. 444-6	Résultant de la loi n° 2021-1109 du 24 août 2021 confortant le respect des principes de la République
L. 444-10	Résultant de l'ordonnance n° 2000-916 du 19 septembre 2000
L. 445-1	Résultant de la loi n° 2021-1109 du 24 août 2021 confortant le respect des principes de la République
L. 471-1 et L. 471-2	Résultant de l'ordonnance n° 2000-549 du 15 juin 2000
L. 471-3	Résultant de la loi n° 2019-791 du 26 juillet 2019

DISPOSITIONS APPLICABLES	DANS LEUR RÉDACTION
L. 471-4	Résultant de l'ordonnance n° 2000-549 du 15 juin 2000
L. 471-5	Résultant de l'ordonnance n° 2000-916 du 19 septembre 2000
L. 472-1	Résultant de l'ordonnance n° 2000-549 du 15 juin 2000

II. – Pour l'application du I :

1° A l'article L. 441-1 :

a) La référence au représentant de l'État dans le département est remplacée par la référence au haut-commissaire de la République en Nouvelle-Calédonie ;

b) La référence à l'autorité compétente de l'État en matière d'éducation est remplacée par la référence au gouvernement de la Nouvelle-Calédonie ;

2° A l'article L. 441-3, la référence à l'autorité de l'État compétente en matière d'éducation est remplacée par la référence au gouvernement de la Nouvelle-Calédonie ;

(L. n° 2021-1109 du 24 août 2021, art. 100) « 2° *bis* A l'article L. 441-3-1 :

« *a)* La référence au représentant de l'État dans le département est remplacée par la référence au haut-commissaire de la République en Nouvelle-Calédonie ;

« *b)* La référence à l'autorité compétente de l'État en matière d'éducation est remplacée par la référence au Gouvernement de la Nouvelle-Calédonie ; »

3° A l'article L. 442-1, les mots : "de l'État" sont remplacés par les mots : "de la Nouvelle-Calédonie" ;

(L. n° 2021-1109 du 24 août 2021, art. 100) « 4° A l'article L. 442-2 :

« *a)* Au I, les mots : "du représentant de l'État dans le département et de l'autorité compétente en matière d'éducation, le contrôle de l'État sur les établissements d'enseignement privés qui ne sont pas liés à l'État par contrat se limite aux titres exigés des directeurs et des enseignants, à l'obligation scolaire, à l'instruction obligatoire, qui implique l'acquisition progressive du socle commun défini à l'article L. 122-1-1, au respect de" sont remplacés par les mots : "du haut-commissaire de la République et du Gouvernement de la Nouvelle-Calédonie, le contrôle sur les établissements d'enseignement privés qui ne sont pas liés à la Nouvelle-Calédonie par contrat se limite aux titres exigés des directeurs et des enseignants, au respect par l'établissement des exigences en matière d'éducation fixées par la collectivité pour garantir le droit à l'instruction et" ;

« *b)* Les références au représentant de l'État dans le département sont remplacées par les références au haut-commissaire de la République en Nouvelle-Calédonie ;

« *c)* Les références à l'autorité compétente de l'État en matière d'éducation est remplacée par les références au Gouvernement de la Nouvelle-Calédonie ;

« *d)* Au premier alinéa du III, les mots : "normes minimales de connaissances requises par l'article L. 131-1-1 et que les élèves de ces classes ont accès au droit à l'éducation tel que celui-ci est défini par l'article L. 111-1" sont remplacés par les mots : "exigences en matière d'éducation fixées par la Nouvelle-Calédonie pour garantir le droit à l'instruction" ;

« *e)* Au 2° du IV, les mots : "à l'objet de l'instruction obligatoire, tel que celui-ci est défini à l'article L. 131-1-1, et ne permet pas aux élèves concernés l'acquisition progressive du socle commun défini à l'article L. 122-1-1" sont remplacés par les mots : "aux exigences en matière d'éducation fixées par la Nouvelle-Calédonie pour garantir le droit à l'instruction" ; »

5° A l'article L. 442-3, les mots : "à l'État" sont remplacés par les mots : " à la Nouvelle-Calédonie" et les mots : "l'objet de l'instruction obligatoire tel que celui-ci est défini par l'article L. 131-1-1 et de permettre aux élèves concernés l'acquisition progressive du socle commun défini à l'article L. 122-1-1" sont remplacés par les mots :

"les exigences en matière d'éducation fixées par la Nouvelle-Calédonie pour garantir le droit à l'instruction" ;

6° L'article L. 442-5 est ainsi rédigé :

Art. L. 442-5 Les établissements d'enseignement privés du premier et du second degré peuvent demander à passer avec la Nouvelle-Calédonie un contrat d'association à l'enseignement public, s'ils répondent à un besoin scolaire reconnu qui doit être apprécié en fonction des principes énoncés aux articles L. 141-2, L. 151-1 et L. 442-1. *(L. nº 2021-1109 du 24 août 2021, art. 100)* « La conclusion du contrat est subordonnée à la vérification de la capacité de l'établissement à dispenser un enseignement conforme aux programmes fixés par le Gouvernement de la Nouvelle-Calédonie. »

Dans les établissements liés à la Nouvelle-Calédonie par un contrat d'association, l'enseignement est confié, en accord avec la direction de l'établissement, soit à des maîtres de l'enseignement public, soit à des maîtres liés à l'État par contrat.

Les dépenses de fonctionnement des classes sous contrat sont prises en charge dans les mêmes conditions que celles des classes correspondantes de l'enseignement public.

Les établissements organisent librement toutes les activités extérieures au secteur sous contrat.

7° A l'article L. 442-12 :

a) **Au premier alinéa, les mots : "avec l'État" sont remplacés par les mots : "avec la Nouvelle-Calédonie" ;**

b) **Au deuxième alinéa, les mots : "porte sur une partie ou sur la totalité des classes des établissements. Il" sont supprimés ;**

(L. nº 2021-1109 du 24 août 2021, art. 100) « ***c)*** **Au troisième alinéa, les mots : "de l'enseignement public" sont remplacés par les mots : "fixés par le Gouvernement de la Nouvelle-Calédonie" ; »**

8° A l'article L. 442-18, les références : "L. 442-1, L. 442-2, L. 442-4,", "L. 442-15" et "L. 914-2" sont supprimés ;

9° L'article L. 442-20 est ainsi rédigé :

Art. L. 442-20 L'article L. 231-14, les premier, quatrième et cinquième alinéas de l'article L. 231-15, les articles L. 231-16, L. 231-17, L. 331-1, L. 331-4, les premier, deuxième et quatrième alinéas de l'article L. 332-6, les articles L. 333-4, L. 334-1 et L. 511-3 sont applicables aux établissements d'enseignement privés sous contrat, sous réserve des adaptations prévues aux articles à l'article L. 377-1, dans le respect des dispositions du chapitre II du titre IV du présent livre mentionnées au I.

10° L'article L. 444-3 est ainsi rédigé :

Art. L. 444-3 Les organismes privés d'enseignement à distance sont soumis au contrôle pédagogique — ainsi que financier dans le cas où ils bénéficient d'une aide sur fonds publics — du gouvernement de la Nouvelle-Calédonie.

11° Au premier et deuxième alinéas de l'article L. 471-3, les mots : "recteur d'académie" sont remplacés par les mots : "vice-recteur" ;

12° Les montants exprimés en euros sont applicables en Nouvelle-Calédonie sous réserve de leur contrevaleur en monnaie locale. »

LIVRE CINQUIÈME LA VIE SCOLAIRE

COMMENTAIRE

Le livre V s'ouvre par un titre consacré aux droits et obligations des élèves. Puis sont réunies tour à tour les dispositions concernant l'organisation du temps et de l'espace scolaires (titre II), les aides à la scolarité (titre III), la santé scolaire (titre IV) et les activités périscolaires, sportives et culturelles (titre V). Les dispositions retenues sous chaque titre sont peu nombreuses ; la matière fait l'objet de nombreux décrets, arrêtés et circulaires. Elle présente toutefois une unité que l'on retrouve sur le plan budgétaire avec le programme *« vie de l'élève »* (le programme n° 230 de la loi de finances qui se réfère depuis 2006 au livre V, en ajoutant toutefois « principalement », réunit les actions et moyens qui contribuent, en complément des enseignements, d'une part, à faire respecter l'école, améliorer le climat scolaire et favoriser l'apprentissage de la responsabilité et de la citoyenneté et, d'autre part, à promouvoir la santé des élèves et à améliorer leur qualité de vie).

L'expression ***« vie scolaire »*** est utilisée dans des sens très différents. Elle peut désigner le bureau du conseiller principal d'éducation ou qualifier certains personnels d'inspection : elle est alors accolée au mot établissement (IGEN-EVS, IPR-EVS qui évaluent les établissements, cadres de vie des élèves, mais aussi les personnels de direction, d'éducation et d'orientation). Dans chaque académie, le proviseur vie scolaire (PVS) a pour mission de conseiller le recteur (établissements, vie des élèves – absentéisme, discipline, violences, harcèlement…–, relations avec les parents) ; il contribue au pilotage académique de la vie scolaire, à la mise en œuvre des actions éducatives (accompagnement éducatif, école ouverte, vie lycéenne, action citoyenne…). Des auxiliaires de vie scolaire (AVS) ont été mis en place pour accompagner les élèves souffrant d'un handicap (art. L. 916-1). Si l'expression « vie de classe » est employée pour qualifier les heures consacrées à l'expression des collégiens, une note de vie scolaire, tenant compte notamment de l'assiduité, du respect du règlement intérieur, de la participation à la vie de l'établissement et valorisant l'engagement, était prise en considération de 2005 (art. 32 de la loi AE du 23 avr. 2005) à 2014 pour le diplôme national du brevet concernant tous les élèves des collèges, qu'ils soient scolarisés dans le public ou dans le privé. Le Rapport sur la refondation de l'école (2012) s'interrogeait toutefois sur la signification de cette note aujourd'hui supprimée. A la suite d'un avis du Conseil supérieur des programmes soulignant la complexité de cette évaluation et s'interrogeant sur son équité, un décret n° 2014-29 du 14 janvier 2014 supprime la note de vie scolaire ; mais, si le mécanisme a été abandonné, l'objectif demeure et justifie la mise en place d'un autre système d'évaluation au sein duquel la participation des élèves à la vie scolaire est prise en considération ; le décret n° 2015-1929 du 31 décembre 2015 relatif à l'évaluation des acquis scolaires des élèves et au livret scolaire, à l'école et au collège, permet aux parents d'élèves d'être régulièrement tenus informés non seulement des acquis scolaires mais aussi du respect des obligations scolaires par des informations sur la vie scolaire avec des rubriques sur la ponctualité, l'assiduité ou le comportement scolaire de leurs enfants (art. D. 111-3, V. commentaire au livre III).

Au-delà de l'approche individuelle la vie scolaire peut faire l'objet d'une approche globale en termes de ***« climat scolaire »***. Si l'école n'est pas comme le pensait le sociologue Émile Durkheim un sanctuaire, représentant un espace-temps hors du monde et protégé de lui, de ses vicissitudes et de ses violences, encore est-il nécessaire d'y maintenir l'ordre, d'assurer la sérénité, d'établir la paix scolaire sans lesquels la vie en commun comme l'acquisition des connaissances et des compétences relèvent de la gageure. L'amélioration du climat scolaire est aujourd'hui considérée comme un élément de la refondation de l'école devant permettre l'amélioration des résultats scolaires comme celle du bien-être *(care)* des élèves et des personnels.

Si l'organisation du temps scolaire (art. L. 521-1 s.), l'architecture scolaire (art. L. 521-4) ou la santé scolaire (art. L. 541-1 s.) apportent des contributions essentielles au climat scolaire, celui-ci impose de ***lutter contre la violence,*** contre les discriminations et les atteintes à l'intégrité et à la dignité des personnes. Des instruments de mesure sont mis en place pour évaluer la détérioration du climat scolaire et le niveau de violence (enquête SIGNA, logiciel SIVIS, système d'information et de vigilance sur la sécurité à l'école ; enquêtes de victimation…). Les outils utilisés allient répression (poursuites disciplinaires et pénales, suspension des allocations familiales...) et prévention (campagne contre l'homophobie, le harcèlement...). Diverses actions peuvent en effet être menées pour agir sur le climat scolaire, insistant sur la dynamique des équipes (qui nécessite une formation adaptée) et les stratégies éducatives (pour le respect des règles et des procédures, la coéducation, l'accompagnement éducatif...). Des équipes académiques de sécurité ont pu être mises en place (V. « Agir sur le climat scolaire », guides pratiques, Délégation chargée de la prévention et de la lutte contre les violences en milieu scolaire, CNDP 2013). En 2010, les « états généraux de la sécurité à l'école » ont amené le Gouvernement à replacer le respect des règles au cœur de la vie scolaire avec pour objectif de redonner leur sens éducatif aux procédures et aux sanctions disciplinaires (Décr. n° 2011-728 du 24 juin 2011 ; V. Circ. n° 2011-111 du 1er août 2011, remplacée par Circ. n° 2014-059 du 27 mai 2014, ss. art. L. 511-1). La loi n° 2010-201 du 2 mars 2010 renforçant la lutte contre les violences de groupe et la protection des personnes chargées d'une mission de service public introduit une série de dispositions réprimant l'intrusion dans les établissements d'enseignement scolaire en aggravant les peines si le délit est commis en réunion ou avec une arme (C. pén., art. 431-22 à 431-28). Dans sa décision du 26 février 2010, le Conseil constitutionnel n'y voit aucune atteinte au droit d'expression collectif des idées (n° 2010-604 DC : *JO 3 mars 2010, p. 4312*).

Loin d'être coupés du monde extérieur, les écoles et établissements doivent parfois en être protégés. En 2015, les risques d'attentat ont amené le Gouvernement à renforcer le plan Vigipirate et le Parlement à voter l'état d'urgence (L. n° 2015-1501 du 20 nov. 2015) ; dans le système scolaire, des mesures particulières de vigilance pour assurer la sécurité des élèves et des personnels en ont résulté : contrôle des accès (contrôle visuel aléatoire des sacs et bagages, contrôle systématique de l'identité des personnes), gestion des flux à l'entrée et à la sortie des écoles et aux intercours des lycées pour éviter les attroupements (Circ. n° 2015-206 du 25 nov. 2015, mesures de sécurité dans les écoles et établissements scolaires après les attentats du 13 nov. 2015 qui ne permettent toutefois pas de rouvrir une zone non-fumeur à l'intérieur d'un lycée pour éviter les attroupements à l'extérieur, TA Cergy-Pontoise, 21 avr. 2016, n° 1602883). Les diagnostics sécurité sur la base desquels sont élaborés les plans particuliers de mise en sûreté (PPMS, V. Circ. interministérielle n° 2015-205 du 25 nov. 2015 relative au plan particulier de mise en sûreté face aux risques majeurs) peuvent par ailleurs servir de base aux projets des collectivités de rattachement pour assurer la sécurité (portiques électroniques, tourniquets, vidéosurveillance...).

Les mesures prises en janvier 2015 pour mobiliser l'École pour les valeurs de la République insistent sur la nécessité de développer la citoyenneté et la culture de l'engagement avec tous les partenaires de l'école. La circulaire n° 2014-092 du 16 juillet 2014 avait déjà mis l'accent sur la notion d'engagement en rappelant ses objectifs (défense des principes de la République, apprentissage de la citoyenneté et de la vie démocratique...), et les institutions l'encourageant (CAVL, FSE...). Même si elle se place dans le cadre de l'enseignement moral et civique et non dans celui, plus large, de la vie scolaire, la loi n° 2017-86 du 27 janvier 2017 relative à l'égalité et à la citoyenneté incite les collégiens et les lycéens à participer à un projet citoyen au sein d'une association d'intérêt général (art. L. 312-15).

Ces différentes questions sont examinées dans le cadre des ***CESC, comités d'éducation à la santé et à la citoyenneté*** (V. ss. art. L. 421-8, Circ. n° 2006-197 du 30 nov. 2006). Réunissant autour du chef d'établissement les personnels d'éducation, sociaux et de santé, des représentants des personnels et des usagers et des partenaires notamment de la commune, cette instance contribue à l'éducation à la citoyenneté en préparant un plan de prévention de la violence, en luttant contre les comportements à risque et en s'attaquant à la question de l'exclusion (Circ. n° 2006-197 du 30 nov. 2006, *BOEN n° 45 du 7 déc. 2006*). ❑

TITRE PREMIER LES DROITS ET OBLIGATIONS DES ÉLÈVES

BIBL. GÉN. ▸ Bianchini, La professionnalisation des conseillers principaux d'éducation : entre maintien de l'ordre scolaire et éducation à la citoyenneté, *in* Le droit et l'école. *De la règle aux pratiques, Didact Éducation, 2003. 75.* – Buttner et Maurin, Le droit de la vie scolaire, *Dalloz, 2016.* – Caron, Le temps des châtiments corporels, *Les collections de l'Histoire, 1999-6. 58.* – Chagnollaud et Portais, Code junior, Les droits et obligations des moins de 18 ans, *Dalloz, 2005.*

– Durand-Prinborgne, Les droits et obligations des élèves du second degré, *AJDA 1991. 366*. – Lopez, Portelli et Clément, Les droits des victimes : victimologie et psychotraumatologie, *Dalloz, coll. États de droits, 2003*. – Obin, Les établissements scolaires entre l'éthique et la loi, *Hachette Éducation, coll. Pédagogies pour demain, 1996*. – Périé, Le guide juridique du chef d'établissement, *CRDP Orléans-Tours, 2001*. – Schwartz, Éducation : une confluence de libertés publiques, *AJDA 1988, n° spécial. 177*. – Taillefait, Régime juridique de la vie scolaire, *JCP Adm., Fasc. 233-10*. – Vitali, La vie scolaire, *Hachette Éducation, 1997*.

▶ **Accidents scolaires :** Buttner, La réparation des accidents causés par les élèves en milieu scolaire : le partage des responsabilités entre les parents et les personnels chargés de la surveillance, *RRJ 2000-4. 1780*. – Mouchoux, Le traitement contentieux des accidents scolaires, *Rev. adm. 1993. 464*. – Thomas-Bion et Roque, Accidents scolaires et responsabilités, *Berger-Levrault, coll. Les indispensables, 2004*.

▶ **Droit à l'image :** Dupuy-Bardot, Le droit à l'image et Internet, *LIJ 2010, n° 145, p. 24*.

COMMENTAIRE

Le titre est constitué d'un chapitre unique de quatre articles dont les deux premiers sont issus de la loi d'orientation de 1989 ; le rapport annexé à cette loi affirmait : *« les élèves en tant que bénéficiaires du service public de l'enseignement scolaire ont des droits et des devoirs… dont l'exercice… constitue un apprentissage à la citoyenneté »* ; la philosophie est proche de celle de la Convention des droits de l'enfant qui, la même année, partait de l'idée selon laquelle l'éducation doit *« favoriser le respect des droits de l'homme et des libertés fondamentales »*, préparant ainsi les élèves *« à assumer les responsabilités de la vie dans une société libre »* (art. 29-II). Celles-ci reposent sur l'affirmation de *« **droits** »* et de *« **devoirs** »*, ici dénommés *« obligations »*.

Les articles R. 511-1 et suivants du code de l'éducation précisent tant les droits que les obligations des élèves des établissements publics du second degré (Décr. n° 85-924 du 30 août 1985 codifié). Ils ne s'appliquent ni dans le premier degré, ni aux élèves des établissements privés dont seules les classes sont associées au service public, l'organisation de l'établissement et de la vie scolaire étant libre. Toutefois, les règles de la vie scolaire peuvent s'appliquer à tous les élèves quel que soit le régime de l'établissement. Tel était le cas de la « note de vie scolaire » instituée en 2005, désormais remplacée par l'article D. 111-3 disposant que les parents sont régulièrement tenus informés du respect par leurs enfants de leurs obligations scolaires (travail scolaire, assiduité, respect des règles, art. L. 511-1).

Selon l'âge des élèves, l'***exercice de la citoyenneté*** est plus ou moins éloigné ; aussi, les modalités retenues prennent-elles en considération les différentes étapes de la formation. Au fil des années, l'enfant, en grandissant, exprime des opinions et revendique des libertés que l'autorité parentale doit respecter ; c'est le problème classique en droit de la famille de la liberté de correspondance et du libre choix des relations. Dans la société scolaire, dans ces lieux de vie que constituent écoles et établissements, se pose le même type de questions, aujourd'hui renouvelées tant par la problématique des droits de l'enfant que par la présence d'élèves majeurs au lycée. Les droits et obligations des élèves vont varier avec le niveau d'études (école/collège/lycée) qui *grosso modo* correspond aux différentes tranches d'âge et avec leur statut civil (majorité/minorité). Si tous les élèves, enfants, adolescents ou adultes ont des droits fondamentaux, rappelés notamment dans la Convention sur les Droits de l'Enfant, le décret a pu introduire une distinction entre collégiens et lycéens, permettant ainsi une *« **responsabilisation progressive** »* ; la présence au lycée d'élèves majeurs ou proches de la majorité permet alors de leur reconnaître des droits individuels et collectifs, leur ouvrant *« le bénéfice des libertés publiques »* (Durand-Prinborgne, *AJDA 1991. 366*).

Les ***modalités de respect des obligations des élèves*** comme celles d'***exercice de leurs droits*** sont fixées par le ***règlement intérieur*** arrêté par le conseil d'administration. Décision administrative unilatérale qui doit respecter les textes hiérarchiquement supérieurs (décrets, lois), il doit assurer le bon fonctionnement du service public, constituant un élément de l'ordre public (TA Nice, 7 déc. 1993, *Koen*, V. note 2 ss. art. L. 511-1) ; on a pu y voir une « charte du civisme scolaire ». Il est porté à la connaissance des membres de la communauté scolaire, notamment aux élèves et à leurs parents (art. R. 421-3). Son caractère unilatéral n'interdit pas de le proposer à leur signature, attestant ainsi que connaissance en a été prise.

En janvier 2008, le ministre de l'éducation nationale avait annoncé la préparation d'un code de la paix scolaire qui devait énoncer clairement les règles de conduite et uniformiser les sanctions et punitions englobant notamment des travaux d'intérêt général. Un rapport parlementaire (Cécile Dumoulin, Patrice Verchère) consacré à la lutte contre les jeux dangereux préconise d'instaurer un « code de la cour de récréation ». Plus tard, avait été envisagée une « charte des règles de civilité » qui devait être jointe au règlement intérieur (Circ. n° 2011-112 du 1er août 2011, abrogée).

Ces projets n'ayant pas abouti, le Rapport sur la refondation de l'école (2012) propose qu'une charte nationale rappelant les grands principes républicains et les règles de déontologie puisse être adoptée pour servir de référence aux conseils d'administration lorsqu'ils fixent les droits et obligations des membres de la communauté scolaire en adoptant le règlement intérieur. Il précise que les règles de la vie scolaire doivent contribuer à créer un climat apaisé, objectif que doivent aussi permettre d'atteindre tant la rénovation des espaces éducatifs que la réforme des rythmes scolaires qui passent, l'une et l'autre, par une action commune avec les collectivités territoriales.

Le code de l'éducation réaffirmant solennellement l'importance de la mixité ou de l'égalité entre les hommes et les femmes (par exemple, art. L. 121-1) (L. des 8 et 22 juill. 2013) qu'il prolonge par l'exigence de parité dans les organes représentatifs, il était logique que la loi n° 2017-86 du 27 janvier 2017 relative à l'égalité et à la citoyenneté impose la parité dans les élections et la composition des commissions consultatives nationales et académiques vie lycéenne et collégienne (art. L. 511-2-1). ❑

CHAPITRE UNIQUE

Art. L. 511-1 Les obligations des élèves consistent dans l'accomplissement des tâches inhérentes à leurs études ; elles incluent l'assiduité et le respect des règles de fonctionnement et de la vie collective des établissements. – *[L. n° 89-486 du 10 juill. 1989, art. 10, al. 1er.]*

Sur les procédures disciplinaires dans les collèges, les lycées et les établissements régionaux d'enseignement adapté, V. art. R. 511-12 s. et, ci-dessous, Circ. n° 2014-059 du 27 mai 2014.

BIBL. ► Becquet, Les journaux lycéens entre droits et infractions, *in* Le droit et l'école. De la règle aux pratiques, *Didact Éducation, 2003. 117.* – Bousquet, Les règlements intérieurs des établissements publics d'enseignement et le juge administratif, *LPA 2006, n° 176.* – Condette, Les nouveaux droits des lycéens : de la loi à la mise en œuvre, *in* Le droit et l'école. De la règle aux pratiques, *Didact Éducation, 2003. 133.* – Fabreron, École et citoyenneté, *LPA 2006. 3.* – Machard, Les manquements à l'obligation scolaire, *Rapport MEN, janv. 2003.* – Mamou, La charte du civisme scolaire. Le règlement intérieur, *CRDP Bourgogne, 1993.* – Maurin, Le droit disciplinaire des élèves dans les collèges et lycées, *AJ fam. 2004. 50* ✎. – Merle, Les nouveaux règlements intérieurs des établissements scolaires, *in* Le droit et l'école. De la règle aux pratiques, *Didact Éducation, 2003. 23.* – Sarthou, Liberté religieuse et obligations inhérentes à la vie scolaire, Note sur l'avis de la HALDE du 18 févr. 2008, *LIJ 2008, n° 126, p. 34.*

► **Sanctions :** Ayral, La fabrique des garçons. Sanctions et genre au collège, *PUF, coll. Le Monde, 2011.* – Goesel-Le Bihan, L'école, les punitions et la Déclaration de 1789, *AJDA 2017. 1017* ✎. – Gros, Le zéro juridique, *AJDA 2011. 2459* ✎. – Hénaff, Retour sur l'application de quelques principes fondamentaux en matière de discipline scolaire, *in* Le droit et l'école. De la règle aux pratiques, *Didact Éducation, 2003. 41* ; La lente disparition du droit de correction dans la discipline scolaire, *LIJ 2005, n° 95.* – Legrand, La sanction de l'absentéisme scolaire, *JCP Adm. 2005, n° 39, 201. 686.* – Maheu, Sanctionner sans punir : Dire les règles pour vivre ensemble, *Chronique sociale, coll. Savoir communiquer, 2005.* – Prairat, La sanction en éducation, *PUF, coll. Que sais-je ?, 2011.* – Enfance et violence : la part des institutions publiques, Rapp. Défenseur des droits, nov. 2019 ; *AJDA 2019. 2334, note Maupin* ✎.

COMMENTAIRE

L'article L. 511-1, repris de l'article 10 de la loi d'orientation de 1989, comprend trois rubriques, complétées par le décret n° 85-924 du 30 août 1985. Ces dispositions réglementaires ont été codifiées dans le livre V (partie réglementaire, titre Ier, chapitre unique traitant des droits et obligations des élèves et de leur régime disciplinaire). Plusieurs articles ont été modifiés ou ajoutés par le décret n° 2011-728 du 24 juin 2011 relatif à la discipline dans les établissements d'enseignement du second degré, entré en vigueur à la rentrée de septembre 2011 (art. 11), pris à la suite des « états généraux de la sécurité à l'école » (avr. 2010) qui ont amené à replacer le respect des règles au cœur de la vie scolaire en redonnant tout leur sens tant aux procédures disciplinaires qu'aux sanctions (CE, ass., 6 juin 2014, *FCPE et UNL*, n° 351852, concl. Keller). Le décret n° 2014-522 du 22 mai 2014 introduit de nouvelles modifications en matière disciplinaire. La circulaire n° 2014-059 du 27 mai 2014 sur l'application de la règle, les mesures de prévention et les sanctions dans les établissements du second degré se veut une contribution au « bon climat scolaire insistant tant sur les mesures répressives que sur la politique de prévention, s'inscrivant l'une comme l'autre dans une démarche éducative ». Elle est accompagnée d'un guide pour l'application de la règle qui expose notamment les principes généraux du droit en la matière.

Si en matière disciplinaire le principe de légalité des sanctions impose qu'elles soient énumérées et définies par la loi, les faits sanctionnables sont déterminés par rapport aux obligations des agents (droit disciplinaire de la fonction publique) ; il en est de même ici pour les usagers (si le Décr. n° 2011-728 du 24 juin 2011 introduit les notions d'« acte grave » et de « violence verbale », il ne définit ni un délit ni une obligation dont la méconnaissance constituerait un manquement disciplinaire, mais se borne à faire référence à certains cas pour lesquels sont instituées des modalités spécifiques d'engagement des poursuites disciplinaires : CE, ass., 6 juin 2014, *FCPE et UNL*, n° 351852 ; quant à la circulaire du 1er août 2011 invitant à mentionner dans les règlements intérieurs de préciser les comportements fautifs qui contreviendraient aux obligations des élèves susceptibles à ce titre d'engager une procédure disciplinaire, elle prévoit des propos illustratifs, en aucun cas exhaustifs).

I. ÉNONCÉ DES OBLIGATIONS DES ÉLÈVES

Les obligations des élèves résultent de la loi, entendue strictement (art. L. 511-1) ou largement (l'ensemble des dispositions légales qui fixent les principes du service public de l'éducation et les dispositions réglementaires qui les complètent) ; elles sont rappelées dans chaque établissement par le règlement intérieur qui doit comporter un chapitre relatif à la discipline. Elles ont pour objet le travail, l'assiduité et la civilité scolaire.

A. OBLIGATION DE TRAVAIL SCOLAIRE

Contrairement aux autres usagers du service public qui sont les destinataires *« passifs »* des prestations du service public, les élèves pour concrétiser leur droit à l'éducation doivent avoir un rôle actif, accomplir les efforts nécessaires pour acquérir les connaissances et les compétences exigées, effectuer les tâches inhérentes aux études (art. L. 511-1). Outre leur présence attentive et active en classe, les enseignants peuvent exiger des élèves qu'ils aient une attitude adaptée au travail scolaire (sans oublier leur matériel, y compris les manuels scolaires ; portant une tenue adaptée aux activités sportives ou au travail en atelier ou laboratoire) et qu'ils fournissent les travaux écrits et oraux demandés. Ils doivent se soumettre aux modalités du contrôle continu (art. R. 511-1). A noter qu'en primaire, les devoirs à la maison sont en principe exclus (notamment par un Arr. du 23 nov. 1956, régulièrement rappelé par circulaire), les enseignants ne pouvant donner à leurs élèves qu'un travail oral (lecture par exemple) ou des leçons à apprendre à la maison. Tenus par le contenu des programmes, ils ne peuvent invoquer leurs convictions personnelles ou familiales, qu'elles soient politiques, philosophiques ou religieuses, pour se dispenser d'étudier certaines questions (éducation à la sexualité, auteurs du programme, périodes de l'histoire…) ou de participer à des activités obligatoires (natation, gymnastique…) (V. Charte de la laïcité à l'école, livre Ier).

Les élèves doivent enfin se soumettre aux modalités du contrôle continu (art. R. 511-1 ; notamment aux colles des classes préparatoires, même si elles sont organisées le samedi, CE 14 avr. 1995, *Koen*, n° 157653) et respecter les règles prévues pour en assurer la régularité. Pour ne pas troubler les enseignements et la vie scolaire, la loi n° 2010-788 du 12 juillet 2010 portant engagement national pour l'environnement a interdit l'utilisation par les élèves d'un téléphone mobile dans les lieux prévus par le règlement intérieur (art. L. 511-5).

Exceptionnellement, la loi peut formuler des interdictions dont le non-respect entraîne des sanctions disciplinaires. Elles peuvent être spécifiques (interdiction du port des signes et tenues manifestant ostensiblement une appartenance religieuse, art. L. 141-5-1) ou générales (interdiction de fumer dans les lieux publics, notamment dans les écoles, collèges et lycées publics ou privés, CSP, art. R. 3511-1). Pour ne pas troubler les enseignements et la vie scolaire, la loi n° 2010-788 du 12 juillet 2010 portant engagement national pour l'environnement a interdit l'utilisation par les élèves d'un téléphone mobile dans les lieux prévus par le règlement intérieur. La loi n° 2018-698 du 3 août 2018 interdit désormais l'utilisation du téléphone portable (et autre smartphone) dans les écoles maternelles, les écoles élémentaires et les collèges et pendant toute activité liée à l'enseignement qui se déroule à l'extérieur de leur enceinte, à l'exception des circonstances, notamment les usages pédagogiques, et des lieux dans lesquels le règlement intérieur l'autorise expressément. Le règlement intérieur n'intervient plus pour étendre l'interdiction (sauf au lycée où la loi ne fixe pas d'interdit mais s'en remet au règlement intérieur) mais pour desserrer la contrainte, notamment pour permettre les usages pédagogiques des ressources numériques ; il revient aussi au règlement intérieur de fixer les modalités de la confiscation des appareils et de leur restitution (art. L. 511-5).

B. OBLIGATION D'ASSIDUITÉ

Jusqu'à 16 ans, l'assiduité est la conséquence de l'obligation scolaire (art. L. 131-1) ; au-delà, c'est un élément du statut de l'élève qui est placé (de 16 à 18 ans) ou accepte d'être placé, s'il est majeur, dans le cadre législatif et réglementaire lui imposant des règles qu'il doit respecter. Corollaire du droit à l'éducation, l'assiduité est une condition nécessaire de la réussite, un vecteur de l'égalité des chances.

L'assiduité impose que soit suivie l'intégralité des enseignements, qu'ils soient obligatoires ou facultatifs, du moment qu'ils ont été choisis (art. R. 511-1, al. 1er ; CAA Douai, 18 mars 2004, n° 03DA00362). L'élève doit être présent à tous les cours. Seule une contre-indication médicale pourrait le dispenser de certains enseignements, notamment d'éducation physique et sportive (CAA Nantes, 27 avr. 2000, *Mlle Yilmaz,* n° 98NT01331, absences répétées en EPS justifiant l'exclusion définitive sans qu'il soit besoin de mise en demeure ; CE 27 nov. 1996, n° 170209). De même l'élève doit respecter les horaires d'enseignement, en veillant à être ponctuel.

Les modalités de contrôle des absences et des retards sont précisées par le règlement intérieur. L'appel doit être fait régulièrement dans les classes et lors des diverses activités permettant d'enregistrer les absences dans chaque école ou établissement. L'absentéisme volontaire constitue un manquement à l'assiduité et peut, à ce titre, faire l'objet d'une procédure disciplinaire.

Toute absence doit être justifiée, lors de son signalement quand elle est imprévisible, lors de la demande d'autorisation dans les autres cas (notamment pour raisons médicales, familiales ou religieuses…). L'article L. 131-8 fixe la liste exhaustive des motifs légitimes (maladie de l'élève, maladie transmissible ou contagieuse d'un membre de la famille, réunion solennelle de famille, difficulté accidentelle des communications, absence temporaire des personnes responsables), les autres motifs pouvant être appréciés par le chef d'établissement qui peut consulter les assistantes sociales. L'absence non justifiée ou mal justifiée (absences systématiques à certains cours, absence pour convenance personnelle) peut être sanctionnée (légalité d'une exclusion pour absentéisme persistant, CE 27 nov. 1996, *Épx Wissaadane et Épx Chedouane,* n° 170209 A). Les autorisations d'absence pour raisons religieuses doivent toutefois être compatibles avec les obligations de l'élève (le décret de 1991 a pu légalement ne pas prévoir la libération du samedi : CE 14 avr. 1995, *Consistoire central des israélites de France : AJDA 1995. 572* ; légalité du refus d'autorisation d'absence systématique le samedi pour un élève de classe préparatoire : CE, ass., 14 nov. 1995, *Koen,* n° 157653 A : *AJDA 1995. 501*).

Après l'adoption de la loi n° 2013-108 du 31 janvier 2013 abrogeant la loi n° 2010-1127 du 28 septembre 2010 visant à lutter contre l'absentéisme scolaire, le décret n° 2014-1376 du 18 novembre 2014, tirant les conséquences de l'abrogation du contrat de responsabilité parentale et des mesures de suspension des allocations familiales en cas d'absentéisme scolaire, prévoit la procédure à suivre en cas d'absence injustifiée d'un élève ou d'absences répétées dans un même mois sans motif légitime : le directeur de l'établissement scolaire saisit l'autorité académique pour qu'elle adresse un avertissement aux personnes responsables de l'enfant (art. L. 138), leur rappelant les sanctions pénales applicables et les informant des dispositifs d'accompagnement envisageables. En cas de persistance du défaut d'assiduité scolaire, il réunit les membres concernés de la communauté éducative pour proposer aux responsables de l'enfant une procédure d'accompagnement adaptée et contractualisée, un personnel d'éducation référent étant désigné pour suivre les mesures mises en œuvre au sein de l'établissement. La circulaire interministérielle n° 2014-159 du 24 décembre 2014 vise à piloter la prévention et le traitement de l'absentéisme tant au niveau de l'école qu'à celui des autorités académiques et précise les modalités visant à alerter systématiquement les personnes responsables et à les accompagner, ainsi que les élèves, dès les premières absences.

C. RESPECT DES VALEURS, RESPECT D'AUTRUI ET DU CADRE DE VIE

L'élève doit en outre se comporter dans le *« respect des règles de fonctionnement et de la vie collective des établissements »* (art. L. 511-1), telles qu'elles sont précisées par le règlement intérieur. La qualité d'élève ne se limite pas au temps de présence dans l'établissement ; les faits commis par un élève à l'extérieur de son établissement peuvent constituer une faute de nature à justifier une procédure disciplinaire (CE 5 juin 1946, n° 76491. V. notamment pour cyber harcèlement, TA Versailles, 21 déc. 2017, n° 1608289 : *LIJ n° 202*).

Comme les autres membres de la communauté éducative, il a le *« devoir… de respect d'autrui »* (art. R. 421-5), qu'il s'agisse des enseignants et des autres membres du personnel ou des élèves ; il doit respecter leur intégrité physique (devoir de n'user d'aucune violence, de ne pratiquer aucune discrimination), leur dignité (ce qui recouvre notamment les devoirs liés au savoir-vivre ensemble et à l'obligation générale de politesse ; CAA Bordeaux, 12 avr. 2005, n° 02BX00673 : *AJDA 2005. 1363*), mais aussi leurs opinions ; il agit alors *« dans le respect du pluralisme, du principe de neutralité »* (art. L. 511-2), *« des principes de laïcité et de pluralisme »* qui fondent le *« devoir de tolérance »* (art. R. 421-5).

L'élève doit, en effet, respecter les valeurs de la République que l'école est chargée de lui faire acquérir et qui sont réaffirmées par la loi du 15 mars 2004 qui interdit aux élèves des écoles et établissements publics le port de signes ou tenues manifestant ostensiblement une appartenance religieuse (art. L. 145-1-1 ; V. note, interdiction du port du sous-turban sikh) et rappelées par la Charte de la laïcité à l'école de 2013, notamment lorsqu'elle énonce que ce principe permet de concilier la « liberté de chacun avec l'égalité et la fraternité de tous » (point. 4). La laïcité impose aux élèves un devoir de neutralité, leur interdisant d'invoquer une conviction religieuse non seulement pour contester à un enseignant le droit de traiter une question au programme (point 12) mais encore pour refuser de se conformer aux règles applicables dans l'École de la République (point 13). Il en est de même pour les convictions politiques qui se rattachent plus à la neutralité qu'à la laïcité (la circulaire de Jean Zay de 1936 interdit le port des insignes politiques à l'école). A noter que l'élève a en outre un devoir de neutralité commerciale, lui interdisant par exemple de se livrer au démarchage auprès des autres membres de la communauté éducative.

Avec le respect d'autrui et le respect de soi, le respect de l'environnement était pour le poète Valéry la marque de la civilité. On retrouvait ces trois aspects dans la ***charte des règles de civilité*** (Circ. n° 2011-112 du 1er août 2011, abrogée) qui devait être jointe au règlement intérieur : elle aurait dû en effet insister sur le respect des règles de la vie scolaire ; au collège ou au lycée le juge a ainsi reconnu un obligation générale d'obéissance non seulement aux professeurs mais aussi aux surveillants et personnels de service (CAA Bordeaux, 12 avr. 2005, n° 02BX00673 : *AJDA 2005. 1363*). Au-delà de la ponctualité, de l'exigence d'un comportement calme et d'un langage correct, le règlement intérieur peut prescrire une tenue convenable, qui est variable selon les circonstances de temps et de lieu (de l'interdiction du port du pantalon pour les filles à celle du mini-short, avec des tentatives d'imposer sinon un uniforme du moins une tenue scolaire avec le retour à la blouse) ; à côté des motifs de décence et d'hygiène et de sécurité, l'interdiction des tenues qui manifestent ostensiblement l'appartenance à une religion doit être rappelée dans le règlement intérieur où elle peut figurer dans la rubrique le « respect des personnes » avec la prohibition de tout refus de la violence, et de tout comportement agressif, individuel (harcèlement moral ou sexuel) ou collectifs (bizutage) par ailleurs réprimés par la loi pénale. La mention d'attitudes positives attendues des élèves (attention aux autres, solidarité, engagement) trouve sa place dans ce document interne qui doit s'inscrire dans une double logique de répression et de prévention. Il en est de même du respect du cadre de vie, des biens communs (locaux et matériels mis à la disposition des élèves, pour leur scolarité, leur sécurité ou leur santé, V. art. R. 511-11). Les élèves, qu'il est bon d'associer aux décisions d'aménagement de l'espace et des lieux de vie, doivent en effet respecter le bien commun, éviter les dégradations de toutes sortes. La loi du 23 décembre 1901 réprime toute fraude commise dans les examens et concours publics (voir ce texte ss. art. L. 331-3).

Au-delà de ces règles spécifiques, c'est du respect de la loi dont il s'agit. *« Nul n'est censé ignorer la loi »* : l'adage vise non seulement le citoyen mais le citoyen en devenir qu'est l'élève. L'élève est tenu de respecter les lois et règlements qui régissent tant son statut que l'établissement ou le service public mais aussi les règles générales telles celles contenues dans le code pénal.

II. SANCTIONS DES OBLIGATIONS DES ÉLÈVES

Si le chef d'établissement et l'équipe éducative doivent rechercher toute mesure utile de nature éducative (art. R. 511-12), les obligations de l'élève peuvent faire l'objet de sanctions : « tout manquement au règlement intérieur justifie la mise en œuvre d'une procédure disciplinaire ou de poursuites appropriées » (art. R. 421-5). Le développement des violences scolaires et autres comportements anti-scolaires a mis l'accent sur la répression, pénale, pour les cas les plus graves, et disciplinaire. Mais celle-ci doit s'insérer dans le processus éducatif. L'éducation à la citoyenneté passe aussi par le respect du droit, par le *« droit au droit »*, l'élève comme le citoyen dont le comportement appelle une réaction sociale devant être assuré d'être traité dans les formes prévues par les lois et règlements, dans le respect des principes généraux du droit (principe du contradictoire, principe d'interdiction d'une double sanction pour le même fait dit *non bis in idem*, principe de proportionnalité, principe d'individualisation ; V. ci-dessous, guide annexé à la Circ. n° 2014-059 du 27 mai 2014) qui s'appliquent tant en matière pénale que disciplinaire.

A. SANCTIONS PÉNALES

Les obligations de l'élève ne relèvent pas simplement de l'ordre de la morale. La société s'est donnée les moyens de réagir. La loi a établi des peines (qui doivent être, selon l'art. 8 de la Déclaration de 1789, « strictement et évidemment nécessaires ») sanctionnant des faits qu'elle a préalablement définis (principe de la légalité des délits et des peines) les incriminations prévues par le titre II du livre II du code pénal réprimant les atteintes à la personne humaine visent notamment les violences, menaces, agressions sexuelles ou les diverses formes de harcèlement. L'article L. 511-3 du code de l'éducation se borne à reproduire les dispositions des articles 225-16-1 à 3 du code pénal résultant de la loi n° 98-468 du 17 juin 1998 relative au seul *« bizutage »* (le fait d'amener autrui, contre son gré ou non, à subir ou à commettre des actes humiliants ou dégradants lors de manifestations ou de réunions liées au milieu scolaire, visant tant les élèves que les étudiants, art. L. 811-4), la loi n° 2017-86 du 27 janvier 2017 relative à l'égalité et à la citoyenneté qualifie en outre de discrimination toute distinction opérée entre les personnes parce qu'elles ont subi ou refusé de subir des faits de bizutage, ou témoigné de tels faits (C. pén., art. 225-2 ; V. aussi C. pr. pén., art. 2-24). Le livre troisième consacré aux crimes et délits contre les biens réprime le vol (simple, avec violences ou en bande organisée), l'extorsion (racket), le chantage, le recel, les destructions, dégradations et détériorations.

En cas d'infraction commise dans l'établissement ou à ses abords immédiats, des poursuites peuvent être engagées contre les élèves. Pour les élèves majeurs, les règles de droit commun s'appliquent ; ils peuvent donc être poursuivis devant le tribunal de police pour les contraventions, devant le tribunal correctionnel pour les délits, devant la cour d'assises pour les crimes. La responsabilité pénale des élèves mineurs peut être également recherchée, mais sur la base de règles spécifiques combinant répression et éducation. En fixant la majorité pénale à seize ans, le code pénal de 1810 considérait qu'en dessous de cet âge, les enfants relevaient de la correction (droit paternel ou maisons de correction) et non du droit criminel commun. En 1850, le législateur introduit la notion d'« éducation pénitentiaire ». En 1906, la loi relève la majorité pénale à dix-huit ans ; en 1912, elle crée les tribunaux pour enfants et introduit la possibilité d'une enquête sociale. Après la Libération, l'ordonnance du 2 février 1945 relative à l'enfance délinquante consacra les principes de spécialité juridictionnelle (les mineurs n'étant justiciables que des tribunaux pour enfants et des cours d'assises des mineurs, art. 1er, al. 1er), de spécificité des mesures (avant tout éducatives) et d'individualisation de la réaction sociale (prenant en considération les circonstances et la personnalité en cause). L'ordonnance du 23 décembre 1958 souligna plus tard la notion d'assistance éducative. Le Conseil constitutionnel a dégagé de ces dispositions législatives une série de principes fondamentaux reconnus par les lois de la République (Cons. const. 29 août 2002, n° 2002-461 DC ; Cons. const. 13 mars 2003, n° 2003-467 DC ; Cons. const. 2 mars 2004, n° 2004-492 DC) s'imposant au législateur sans interdire les inflexions répressives intervenues à partir de 2002 (la loi d'orientation et de programmation n° 2002-1138 du 9 sept. 2002 introduit les sanctions éducatives à partir de dix ans, crée des centres éducatifs fermés pour les treize-dix-huit ans, rétablit la détention provisoire...). Après avoir institué des « stages de citoyenneté » et réactivé la procédure du « rappel à la loi » (L. du 9 mars 2004 sur l'adaptation de la justice aux nouvelles formes de criminalité), le Parlement adopte la loi n° 2007-297 du 5 mars 2007 relative à la prévention de la délinquance. Elle permet notamment aux maires de procéder à des rappels à l'ordre verbaux en présence des parents (CGCT, art. L. 2212-2-1) ; elle étend aux mineurs de 13 ans la procédure de ***composition pénale*** et fournit aux juges une palette de mesures insistant notamment sur l'obligation scolaire et la citoyenneté (art. 55 modifiant l'art. 7-2 de l'Ord. de 1945). La loi précise d'ailleurs que les établissements scolaires « concourent à l'éducation à la responsabilité civique et participent à la prévention de la délinquance » (art. L. 121-1).

Le Conseil constitutionnel a ainsi dégagé le « principe de la nécessité de rechercher le relèvement éducatif et moral des enfants délinquants par des mesures adaptées à leur âge et à leur personnalité, prononcées par une juridiction spécialisée ou selon des procédures appropriées ». Aussi, donnant priorité à l'éducatif, le juge choisit de préférence des ***mesures éducatives***, mesures de protection, d'assistance, de surveillance et d'éducation (C. pén., art. 122-8, al. 1er) ; elles peuvent notamment permettre une remise du mineur à ses parents ou au service de l'aide sociale à l'enfance ou un placement dans un établissement d'éducation, médical ou médico-psychologique, ou en internat éducatif. Leur application repose sur la coopération entre les juges des enfants et les éducateurs spécialisés de l'éducation surveillée (Ord. du 1er sept. 1990) devenue Protection judiciaire de la jeunesse (PJJ) en 1990. L'individualisation de l'action éducative impose que ces mesures puissent être à tout moment modifiées ou rapportées dans l'intérêt de l'enfant (Ord. 1945, art. 27 et 28), s'adaptant à l'évolution de la personnalité de l'adolescent.

Dans sa rédaction initiale, l'article 122-8 du code pénal prévoyait, qu'au-delà du principe des mesures éducatives, les mineurs reconnus coupables d'infraction, du moins s'ils avaient atteint l'âge de treize ans, pouvaient, à titre subsidiaire être sanctionnés par une peine. La loi n° 2002-1138 du 9 septembre 2002 a inversé le raisonnement en affirmant la responsabilité pénale des mineurs capables de discernement (le mineur comprenant ce qu'il fait, fruit de sa volonté), les mesures éducatives n'étant plus qu'une possibilité offerte au juge qui dispose aussi des sanctions pénales et, élément nouveau, des ***sanctions éducatives*** introduites par cette loi. Le juge peut y recourir « lorsque les circonstances et la personnalité des mineurs l'exigent » (L. n° 2002-1138, art. 12 ; Ord. 2 févr. 1945, art. 2, al. 2), les principes constitutionnels propres à la justice des mineurs ne s'opposant pas à l'existence de sanctions dont la finalité est éducative, prenant alors en compte les obligations scolaires des intéressés (Cons. const. 29 août 2002, n° 2002-461 DC). Si aujourd'hui, la loi ne détermine pas l'âge de la majorité pénale, les sanctions qu'elle prévoit varient en fonction de plusieurs seuils.

A partir de ***l'âge de 10 ans***, les mineurs peuvent faire l'objet d'une « ***sanction éducative*** » : confiscation d'objet, interdiction de paraître dans certains lieux (notamment l'école ou ses abords), interdiction de rencontrer la victime ou les complices, mesures d'aide ou de réparation, stage de formation civique (C. pén., art. 122-8, al. 2 ; L. n° 2002-1138 du 9 sept. 2002, art. 12 intégré à l'art. 2 de l'Ord. n° 45-174 du 2 févr. 1945) auxquelles la loi n° 2007-297 du 5 mars 2007 a ajouté les mesures de placement dans un établissement d'éducation habilité, l'exécution de travaux scolaires ou le placement dans un établissement scolaire doté d'un internat.

A partir de ***13 ans révolus***, les mineurs encourent des ***sanctions pénales*** (amende, Ord. 1945, art. 20-3 ; emprisonnement avec sursis simple, C. pén., art. 132-29 ou avec mise à l'épreuve, C. pén., art. 132-40, pouvant être associé à une mesure éducative, Ord. 1945, art. 20-10) ; un suivi socio-judiciaire (C. pén., art. 131-36-1 à

131-36-8 ; C. pr. pén., art. 763-1 à 763-9) ; un stage de citoyenneté, C. pén., art. 20-4-1).

Pour une infraction commise à ***16 ans*** et plus, un travail d'intérêt général ou une peine d'emprisonnement avec sursis assortie d'un travail d'intérêt général peuvent, en outre, être prononcés (Ord. de 1945, art. 20-5). mesures de protection, d'assistance, de surveillance et d'éducation (C. pén., art. 122-8, al. 1er) ; elles permettent notamment une remise du mineur à ses parents ou au service de l'aide sociale à l'enfance ou un placement dans un établissement d'éducation, médical ou médico-psychologique, ou en internat éducatif. Leur application repose sur la coopération entre les juges des enfants et les éducateurs spécialisés de l'éducation surveillée (Ord. du 1er sept. 1990) devenue Protection judiciaire de la jeunesse (PJJ) en 1990. L'individualisation de l'action éducative entraîne que ces mesures puissent être à tout moment modifiées ou rapportées dans l'intérêt de l'enfant (Ord. de 1945, art. 27 et 28), s'adaptant à l'évolution de la personnalité de l'adolescent.

Dans sa rédaction initiale, l'article 122-8 du code pénal prévoyait, qu'au-delà du principe des mesures éducatives, les mineurs reconnus coupables d'infraction, du moins s'ils avaient atteint l'âge de treize ans, pouvaient, à titre subsidiaire être sanctionnés par une peine. La loi n° 2002-1138 du 9 septembre 2002 a inversé le raisonnement en affirmant la responsabilité pénale des mineurs capables de discernement (le mineur comprenant ce qu'il fait, fruit de sa volonté), les mesures éducatives n'étant qu'une possibilité offerte au juge qui dispose aussi des sanctions pénales et, élément nouveau, des sanctions éducatives introduites par cette loi. Le juge peut y recourir « lorsque les circonstances et la personnalité des mineurs l'exigent » (L. n° 2002-1138, art. 12 ; Ord. 2 févr. 1945, art. 2, al. 2), les principes constitutionnels propres à la justice des mineurs ne s'opposant pas à l'existence de sanctions dont la finalité est éducative, prenant alors en compte les obligations scolaires des intéressés (Cons. const. 29 août 2002, n° 2002-461 DC). Si aujourd'hui, la loi ne détermine pas l'âge de la majorité pénale, les sanctions qu'elle prévoit varient en fonction de plusieurs seuils.

En cas de sanctions pénales, l'excuse de minorité ne fait encourir aux mineurs que la moitié de la peine prévue pour les majeurs (C. pén., art. 122-8. Ord. du 2 févr. 1945, modifiée par la L. n° 92-1336 du 16 déc. 1992, art. 20-1). Le Conseil constitutionnel a érigé au rang de principe fondamental reconnu par les lois de la République les principes d'atténuation de la responsabilité pénale des mineurs en fonction de l'âge (décisions préc.).

B. SANCTIONS DISCIPLINAIRES

Le règlement intérieur de l'établissement, qui était autrefois une simple mesure d'ordre intérieur (CE, sect., 21 oct. 1938, *Lote : Lebon 786*, interdiction de porter un insigne ; CE 20 oct. 1954, *Chapou : Lebon 543*, interdiction de porter un pantalon de ski) mais est aujourd'hui considéré comme un « acte faisant grief » et à ce titre contrôlé par le juge administratif (CE 2 nov. 1992, *Kherouaa et a. : AJDA 1992. 790* ✐, annulation d'un article du règlement intérieur du collège de Montfermeil portant interdiction générale et absolue de tout signe d'ordre religieux, politique ou philosophique), définit les droits et les devoirs des membres de la communauté scolaire ; à ce titre, il doit comporter un chapitre consacré à la discipline des élèves rappelant « les règles de civilité et de comportement » (art. 1er Décr. n° 2011-728 du 24 juin 2011), codifié (art. R. 421-5 et art. R. 421-93 pour les lycées maritimes) et reproduisant « l'échelle des sanctions » (art. R. 421-5). Il doit en outre prévoir les modalités de mise en œuvre des mesures de prévention, de responsabilisation et d'accompagnement, notamment lorsqu'elles font suite à la réintégration d'un élève exclu temporairement pour des faits de violence (art. R. 421-93 modifié par Décr. n° 2019-906 du 30 août 2019). Si le règlement intérieur doit reproduire l'échelle des sanctions (art. R. 511-13, al. 3), une sanction non mentionnée n'en est pas moins applicable (CE 16 janv. 2008, n° 295023). Le principe de légalité qui impose le respect de la hiérarchie des normes s'applique tant aux sanctions qu'aux procédures. Le droit à l'instruction n'exclut pas en principe le recours à des mesures disciplinaires y compris des mesures d'exclusion temporaire ou définitive, dont l'application contribue au développement du caractère et de l'esprit des élèves (CEDH 4 déc. 2008, *Dogru c/ France*, n° 27058/05, à propos de l'exclusion d'un lycée militaire).

Les règles introduites par les décrets n° 2011-728 et n° 2011-729 du 24 juin 2011 sont justifiées par la double volonté d'assurer la sérénité des établissements et d'inscrire les sanctions dans une démarche éducative individualisée. Le chef d'établissement et l'équipe éducative doivent rechercher « *toute mesure utile de nature éducative* » (art. R. 511-12). Cette perspective est en phase avec la Convention internationale relative aux droits de l'enfant qui stipule que dans toute décision concernant les enfants « *l'intérêt de l'enfant doit être une considération primordiale* ». Le Rapport sur la refondation de l'école (2012) réaffirme la vocation pédagogique et éducative des sanctions, et insiste sur la nécessité de privilégier les mesures de réparation et de responsabilisation. Le décret n° 2014-522 du 22 mai 2014 s'inscrit dans cette logique. S'inscrivant dans le cadre d'un nouveau plan contre la violence à l'école, le décret n° 2019-906 du 30 août 2019 introduit une série de mesures de cohérence (règlement intérieur, information) et de sévérité (accroissement de la durée de conservation des sanctions dans le dossier administratif de l'élève ; conditions de révocation du sursis à l'exécution).

La partie réglementaire du livre V codifie ces règles qui s'appliquent aux collèges et lycées publics relevant de l'éducation nationale et de l'enseignement maritime ; quelques dispositions sont spécifiques aux lycées de la défense (art. R. 511-7 s.). Par contre, elles ne concernent pas les établissements privés qui sont gérés par des personnes morales de droit privé qui ne disposant pas de prérogatives de puissance publique ne peuvent pas édicter d'actes administratifs (CE 26 mai 2004, *Épx. De Bazelaire*, n° 259682 ; le recteur ne pouvant donc pas être saisi en appel d'une décision d'un conseil de discipline au titre de son contrôle sur les établissements privés, CAA Douai, 10 juill. 2014, n° 13DA01001).

a. Énumération des sanctions disciplinaires

Les sanctions disciplinaires qui peuvent être prononcées à l'encontre des élèves des lycées et collèges relevant du ministre chargé de l'éducation nationale sont limitativement énumérées par l'article R. 511-13. L'échelle des sanctions fixée par cet article doit être reproduite dans le règlement intérieur (qui prévoit en outre les mesures de prévention et d'accompagnement ainsi que les modalités de la mesure de responsabilisation, art. R. 511-13). Même si, en l'absence de cette mention, les sanctions prévues par le code de l'éducation sont applicables de plein droit (CE 16 janv. 2008, n° 295029). S'il résulte des dispositions ci-dessus rappelées que les sanctions autres que celles instituées par les dispositions réglementaires précitées doivent être prévues par le règlement intérieur, celles-ci n'ont ni pour objet ni pour effet de subordonner l'application des sanctions prévues par les textes réglementaires à leur mention dans le règlement intérieur (par ex., pour une mesure d'exclusion, V. TA Clermont-Ferrand, 6 avr. 2006, *Corinne N. c/ Collège Teilhard de Chardin* ; le recteur a pu prendre une sanction d'exclusion définitive en l'absence de la condition de récidive figurant dans le règlement intérieur, V. également CAA Nancy, 17 nov. 2008, n° 08NC00101 : *LIJ n° 132*).

Cette disposition issue de l'article 3 du décret n° 85-924 du 30 août 1985 prévoyait quatre degrés : l'***avertissement*** (première sanction disciplinaire qui doit être distingué d'une simple mise en garde par le conseil de classe), le ***blâme***, l'***exclusion temporaire*** (maximum un mois ramené à huit jours en 2011) et l'***exclusion définitive*** de l'établissement ou de l'un de ses services annexes (internat, demi-pension). Particulièrement lourde, l'exclusion définitive, même si elle est suivie de la réinscription dans un autre établissement (avec information du DASEN en cas de nouvelle exclusion définitive, art. D. 511-30), peut avoir des conséquences fatales, entraîner l'abandon des études. Elle est toutefois utilisée pour sanctionner tant les atteintes aux personnes et aux biens (injures graves, menaces répétées, vol, trafic) que les obligations scolaires, absences non motivées répétées (CE 28 oct. 1996, *Van Hulle*, n° 170560) ou des fraudes aux examens. Le maire de la commune du domicile de l'élève est informé des mesures d'exclusion prises à son encontre (V. art. L. 131-6).)

L'article 6 du décret n° 2011-728 du 24 juin 2011 ajoute deux nouvelles sanctions. Avant l'exclusion temporaire de l'établissement, il prévoit en effet l'exclusion temporaire de la classe (maximum 8 jours pendant lesquels l'élève est accueilli dans l'établissement), qui ne doit pas être confondue avec l'exclusion d'un cours qui est une simple punition. La sanction la plus innovante est constituée par ***la mesure de responsabilisation*** (qui peut en outre se substituer aux mesures d'exclusion aujourd'hui analysées comme facteurs de décrochage scolaire). L'élève devra participer, en dehors des heures d'enseignement, à des activités de solidarité, culturelles ou de formation à des fins éducatives (maximum 20 heures) au sein de l'établissement, ou, avec son accord ou celui des personnes qui en sont responsables, au sein d'une structure publique (commune, département, région, service de l'État) ou associative. Les modalités de la mesure de responsabilisation peuvent être prévues par le règlement intérieur.

Un arrêté ministériel du 30 novembre 2011 a fixé les clauses-types de la convention qui doit lier l'établissement et la structure d'accueil, prévoyant un document qui fixe les modalités de réalisation des mesures de responsabilisation (notamment les assurances) qui doit être signé par le chef d'établissement, le responsable de la structure d'accueil et l'élève (qui reste sous statut scolaire) ou son représentant légal s'il est mineur ; une annexe pédagogique fixe les horaires de travail et les principales activités.

La mesure de responsabilisation, l'exclusion temporaire de la classe, de l'établissement ou des services annexes et l'exclusion définitive de l'établissement peuvent être assorties d'un ***sursis à exécution*** (Décr. n° 2014-522 du 22 mai 2014, art. R. 511-13, al. 2), total ou partiel, dont la durée ne peut excéder un an ; la sanction est bien prononcée mais n'est pas mise à exécution ; pendant ce temps, un nouveau manquement au règlement intérieur peut entrainer soit une nouvelle sanction, soit la révocation du sursis (avec exécution immédiate de la première sanction), soit la révocation du sursis assorti d'une nouvelle sanction, elle-même assortie d'un nouveau sursis ; s'agissant de l'exclusion définitive, seul le conseil de discipline peut prononcer la révocation du sursis (art. R. 511-13-1). Les sanctions prononcées sont inscrites au dossier administratif de l'élève et lui sont notifiées (ou à ses responsables légaux) ; l'élève doit attester en avoir pris connaissance.

Si, comme le recommandait la circulaire de 2011, « il convient de préciser dans le règlement intérieur les comportements fautifs qui contreviendraient aux obligations des élèves définies à l'article L. 511-1 du code de l'éducation, susceptibles à ce titre d'entraîner l'engagement d'une procédure disciplinaire », il faut rappeler que contrairement au droit pénal qui fixe les incriminations, définissant strictement les faits qui tombent sous le coup de la loi, les textes disciplinaires laissent à l'autorité compétente la liberté d'apprécier les comportements appelant une sanction. Ainsi, justifie l'exclusion temporaire le comportement d'un élève qui peut s'analyser comme une atteinte à l'obligation générale de politesse et d'obéissance envers les enseignants, les surveillants, les personnels de service, obligation générale non précisée par la loi ou le décret mais qui se rattache à la notion de respect (CAA Bordeaux, 12 avr. 2005, n° 02BX00673 : *AJDA 2005. 1363*). Si les comportements fautifs sont en principe constatés dans le cadre scolaire, des faits commis à l'extérieur liés à la qualité de l'élève peuvent donner lieu à une procédure disciplinaire (agression et vol entre élèves sur la voie publique, agression sexuelle dans les transports ; message injurieux sur le répondeur téléphonique personnel d'un enseignant en réaction à une punition : CAA Lyon, 13 janv. 2004 – TA Paris, 17 nov. 2005 – TA Versailles, 13 nov. 2007), ouvrant ainsi la possibilité d'engager une procédure disciplinaire en cas de harcèlement sur internet ou de diffamation par voie numérique (TA Clermont-Ferrand, 6 avr. 2006, n° 051143). Le développement de l'usage d'internet et des réseaux sociaux par les élèves entraîne une cyber violence difficile à localiser (Circ. n° 2013-187 du 26 nov. 2013 ; V. TA Versailles, 21 déc. 2017, n° 160828, mesure d'exclusion définitive de l'établissement pour envoi à une autre élève de vidéos à caractère obscène et dégradant, rappelant qu'une sanction disciplinaire peut être prononcée pour un fait survenu en dehors de l'établissement s'il a des conséquences sur la vie de l'établissement et les droits des élèves et des personnels, *LIJ n° 202*). Les faits commis par un élève à l'extérieur de son établissement peuvent justifier qu'une procédure disciplinaire soit engagée à son encontre (V. CAA Lyon, 13 janv. 2004, n° 01LY02675 ; TA Versailles, 21 déc. 2017, n° 1608289, *LIJ 2018, n° 202*), notamment lorsque ces faits, en lien avec l'établissement, font appel à des outils de communication électronique (V. TA Châlons-en-Champagne, 25 sept. 2018, n° 1800052, *LIJ 2019, n° 205* ; TA Cergy-Pontoise, 16 mars 2020, n°s 1800501 et n°s 1800854, *LIJ, n° 211* : exclusion définitive pour avoir tenu des propos injurieux à l'encontre du principal par le biais d'une application de discussion en ligne dont les destinataires étaient des élèves du même établissement).

En vertu du ***principe « non bis in idem »***, l'élève ne peut pas être sanctionné deux fois pour le même fait (impossibilité de cumuler une exclusion temporaire et une interdiction de se réinscrire, CE 26 nov. 1997, *M. Mattern*, n° 168740), ce qui ne doit pas faire obstacle à la prise en compte des faits antérieurs pour apprécier le degré d'une sanction en cas de nouvelle faute.

D'autres mesures répressives n'ont pas le caractère de sanction et ne font donc pas l'objet des garanties qu'assure la procédure disciplinaire. Il en est ainsi des ***mesures conservatoires***, définies comme des mesures nécessitées par l'urgence et la volonté de sauvegarder l'ordre public. Ainsi, le chef d'établissement peut, en cas de nécessité, à titre conservatoire, interdire l'accès de l'établissement à un élève dans l'attente du conseil de discipline (art. D. 511-33). Cette mesure conservatoire ne porte atteinte ni aux droits de la défense (CAA Versailles, 17 mars 2005), ni à la présomption d'innocence et ne constitue pas non plus une atteinte manifestement illégale au droit à l'éducation (CE 8 juin 2017, n° 411227).

Il en est de même des ***punitions scolaires*** qui s'attachent aux manquements mineurs aux obligations. Les professeurs, conseillers principaux d'éducation, surveillants ou le chef d'établissement, notamment sur proposition des agents administratifs ou de service, peuvent décider une inscription au carnet de correspondance, demander des excuses écrites ou orales ; en classe, un devoir supplémentaire, assorti ou non d'une retenue, peut être exigé. Le conseil d'administration du collège ou du lycée fixe les principes directeurs applicables au choix des punitions dans un souci de cohérence et de transparence (point 2.4 de la Circ. n° 2011-112 du 1er août 2011 relative au règlement intérieur). Il s'agit là de mesures d'ordre intérieur (CE 8 mars 2006, n° 275551, concl. Keller : punitions distinctes des sanctions régies par les art. R. 511-12 à R. 511-19).

L'exclusion ponctuelle d'un cours ou d'une activité doit être assortie des mesures nécessaires pour assurer un contrôle de l'élève. La note zéro doit rester une évaluation du travail de l'élève sans aucun caractère punitif (« prohibition du zéro de conduite » par la Circ. de 2000 sur le règlement intérieur, réaffirmation de l'impossibilité d'infliger un zéro pour motif exclusivement disciplinaire par la Circ. de 2014, même si le juge administratif a semblé admettre qu'elle puisse être justifiée par une fraude). Le chef d'établissement ou son adjoint mais aussi les parents doivent être avertis des punitions données pour tenir compte du comportement de l'élève. Il s'agit là de ***mesures d'ordre intérieur*** qui échappent au formalisme de la procédure disciplinaire et à la compétence du juge administratif ; elles peuvent avoir un caractère individuel et personnel ou concerner un groupe d'élèves précisément identifiés qui perturbent le fonctionnement de l'enseignement ou l'ensemble des élèves d'une classe à la condition d'être nécessaires ; elles peuvent être décidées par un professeur et consister en un travail supplémentaire (CE 8 mars 2006, *FCPE*, n° 275551). Si les mesures prises ont une influence sur la scolarité, qu'il s'agisse d'exclusion (CE 1er déc. 1971, n° 82073 ; décision de ne plus admettre au lycée un élève tant qu'il ne s'est pas présenté au conseil de discipline) ou de décision de passage en classe supérieure ou déterminant un changement d'orientation, il ne s'agit plus de mesures d'ordre intérieur, mais de décisions administratives dont le juge administratif peut être saisi.

Toutefois, les punitions comme les sanctions doivent être compatibles tant avec le projet éducatif qu'avec la dignité de l'élève : ***sont donc exclues toute forme de violence physique, toute mesure humiliante ou vexatoire***. L'élève, enfant ou adulte, est une personne qui a le droit primordial d'être respectée par les autres, à l'école comme dans sa famille ou dans la société. Selon les époques, les conceptions ont considérablement varié ; lorsque le Code Napoléon reconnaissait aux parents un droit de correction et qu'il existait des maisons du même nom, les châtiments corporels, les brimades ou violences diverses pouvaient être justifiées par les nécessités de la discipline. Aujourd'hui, les mentalités ont fortement évolué ; la Cour européenne des droits de l'homme, en condamnant le Royaume-Uni dont les collèges recouraient à des méthodes brutales et dégradantes, a contribué à faire disparaître ces pratiques (CEDH 25 févr. 1982, *Campbell et Cassans* : prohibition des châtiments corporels). En adoptant la Convention internationale des droits de l'enfant, les États ont souhaité *« veiller à ce que la discipline scolaire soit appliquée d'une manière compatible avec la dignité de l'enfant en tant qu'être humain »* (CIDE, art. 28-2). Ainsi ont pu disparaître les sanctions portant atteinte à l'intégrité physique, à la santé, à la sécurité, à la dignité (humiliations diverses), mais aussi les mesures de police excessives (prohibition des fouilles à corps d'élèves ou de leurs effets personnels, assimilées à des perquisitions et donc réservées aux officiers de police judiciaire ; le chef d'établissement peut seulement demander aux élèves de présenter le contenu de leur cartable ou de leur casier en cas de suspicion légitime).

En fait, la sanction ou la punition si elles sont nécessaires doivent rester dans une perspective éducative, tenant compte de l'intérêt supérieur de l'enfant (au sens de l'art. 3 de la CIDE). Aussi peut-on accepter d'imposer aux élèves certaines mesures préventives ou réparatrices (nettoyage du sol, ramassage des papiers...) à la condition qu'elles ne soient « attentatoires ni à leur liberté, ni à leur dignité » (CAA Marseille, 6 juin 2006, *MEN c/ M. F. : LIJ n° 109*). L'article R. 511-13 issu du décret de 2011 précise d'ailleurs à propos de l'exécution des tâches imposées par les mesures de responsabilisation qu'elles doivent « respecter la dignité de l'élève, ne pas l'exposer à un danger pour sa santé et demeurer en adéquation avec son âge et ses capacités ».

b. Principe de proportionnalité

L'échelle des sanctions ne s'applique pas mécaniquement. ***Le choix de la mesure doit être proportionné au manquement constaté***. La sanction doit aussi tenir compte des caractéristiques personnelles de l'élève, prenant en considération son âge, ses antécédents, les circonstances de la faute, son projet d'orientation. Mais si la sanction est individualisée, doit-elle toujours être individuelle ? « *Toute sanction, toute punition s'adressent à une personne ; elles sont individuelles et ne peuvent être, en aucun cas, collectives* », lisait-on dans la circulaire n° 2000-105 du 11 juillet 2000 qui insistait sur la nécessité d'attribuer à l'élève la responsabilité de ses actes et de lui rappeler le sens et l'utilité de la loi ainsi que les exigences de la vie en collectivité (respect de la société et des individus, nécessité de vivre ensemble de manière pacifique). Quatre ans plus tard, sans remettre en cause le principe d'individualisation de la punition ou de la sanction qui prend en considération la personnalité et la responsabilité de l'élève, une nouvelle circulaire réintroduit la possibilité de sanctionner le comportement d'un groupe d'élèves identifiés qui, par exemple, perturbe le fonctionnement de la classe ; elle précise en outre que, lorsque les circonstances l'exigent, le professeur peut donner un travail supplémentaire à l'ensemble des élèves, en sollicitant alors le principe d'autonomie pédagogique du professeur (Circ. n° 2004-176 du 19 oct. 2004). Si sur le plan éducatif et pédagogique, cette mesure ministérielle a été fortement critiquée, le juge administratif n'a rien trouvé à y redire (CE 8 mars 2006, n° 275551). Il est vrai qu'il ne s'agissait ici que de punitions et non de sanctions disciplinaires au sens strict.

Le Guide pour l'application de la règle dans le second degré rappelle qu'il convient toutefois d'établir, dans toute la mesure du possible, les degrés de responsabilité de chacun afin d'individualiser la sanction, n'excluant pas qu'elle soit alors identique pour tous les élèves. Les sanctions disciplinaires font l'objet d'un « contrôle normal » du juge qui vérifie la qualification juridique des faits, et contrôle la proportionnalité de la sanction par rapport à la faute commise (CAA Paris, 11 août 2004, (2 esp., affaire collège Montaigne), *AJDA 2004. 2176, note B.T.* ; TA Nancy, 4 juin 2015, n° 1401103, le fait d'avoir joué aux cartes et consommé de l'alcool au point de s'en rendre malade justifient à eux seuls une sanction d'exclusion de l'internat, laquelle n'est pas disproportionnée).

Par référence au projet éducatif, on a recherché les moyens d'éviter le recours aux sanctions et punitions recourant alors aux « *mesures de prévention* » (confiscation d'un objet dangereux), d'accompagnement (dialogue avec l'élève et sa famille conclu par des engagements réciproques ou unilatéraux, parfois formalisés sous le nom de « *contrat* ») et de réparation (travaux scolaires et éducatifs). Ces mesures doivent alors être prévues par le règlement intérieur ; au fond elles respecteront les droits et principes fondamentaux (dignité de l'élève, interdiction du travail forcé). Dans certains cas, elles seront subordonnées à l'accord des parents (réparation). Elles s'inscrivent dans le cadre d'un dispositif alternatif qui vise à remplacer la procédure disciplinaire par la recherche de solutions dans le cadre d'une commission vie scolaire.

c. Rôle du chef d'établissement

Le chef d'établissement veille au respect du règlement intérieur. Avec l'équipe éducative, il recherche, en cas de manquement, « toute mesure utile de nature éducative » (art. R. 511-12) avant de mettre en œuvre une procédure disciplinaire ; il peut appliquer les mesures de prévention, de réparation et d'accompagnement prévues par le règlement intérieur ; il peut décider ou non d'engager des poursuites disciplinaires. L'initiative de la procédure disciplinaire appartient exclusivement au chef d'établissement, éventuellement sur demande d'un membre de la communauté éducative. Le chef d'établissement décide ou non de réunir le conseil de discipline. Mais, depuis le décret du 24 juin 2011, il a aussi la possibilité de prononcer lui-même les sanctions, en respectant alors les principes de la procédure contradictoire, notamment en rappelant à l'élève ou à ses parents qu'il a le droit d'obtenir communication de son dossier, peut dans un délai de trois jours présenter sa défense orale ou écrite et se faire assister de la personne de son choix (art. R. 421-10-1, TA Paris, 30 nov. 2016, n° 1600785) ; et des droits de la défense qui constituent des garanties au sens de la jurisprudence *Danthony* (CE, ass., 23 déc. 2011, n° 33503). Depuis 2011, seule l'exclusion définitive est de la compétence exclusive du conseil de discipline. Le chef d'établissement a en outre la possibilité de saisir la ***commission éducative*** créée en 2011 pour examiner la situation d'un élève dont le comportement est inadapté aux règles de vie dans l'établissement, cherchant ainsi une réponse éducative personnalisée (art. R. 511-19-1) grâce à ce mode alternatif à l'action disciplinaire. Elle assure, en outre, le suivi de l'application des mesures de prévention et de responsabilisation (art. R. 511-19-1 ; présidée par le chef d'établissement ou son représentant, sa composition est inscrite dans le règlement intérieur ; elle doit comprendre des personnels de l'établissement dont au moins un professeur et au moins un parent d'élève ; sans méconnaitre la possibilité pour les élèves d'y participer qui peut être prévue par le règlement intérieur : CE, ass., 6 juin 2014, *FCPE et UNL*, n° 351582). Des dispositions analogues à celles des articles R. 511-12 et suivants ont été prévues pour les élèves des lycées agricoles (C. rur., art. R. 811-30) et de la défense (Arr. du 21 mars 2006 relatif à l'organisation et au fonctionnement des lycées de la défense) ; le Conseil d'État a jugé qu'elles ne font pas obstacle à l'application du principe général des droits de la défense (CE 4 déc. 2017, n°s 403612 et 403760).

En principe, le chef d'établissement est juge de ***l'opportunité des poursuites***. La décision d'engager ou de ne pas engager une procédure disciplinaire est insusceptible de recours devant le juge administratif. Si le chef d'établissement est saisi par écrit d'une demande de saisine du conseil de discipline, il doit motiver sa décision de refus notifiée au demandeur (art. D. 511-30).

Le décret n° 2011-728 du 24 juin 2011 relatif à la discipline dans les établissements d'enseignement du second degré a toutefois prévu qu'en cas de « violence verbale » ou d'un « acte grave » à l'égard d'un membre du personnel de l'établissement, le chef d'établissement est tenu d'engager les poursuites disciplinaires (art. R. 421-10 et R. 421-85). L'opportunité des poursuites n'est pas un principe général du droit ; le chef d'établissement peut toujours prendre en considération d'autres intérêts généraux, notamment les nécessités de l'ordre public pour ne pas engager les poursuites (CE, ass., 6 juin 2014, *FCPE et UNL*, n° 351582) ; l'automaticité des poursuites souhaitée pour protéger les personnels est donc relative ; de même, l'automaticité de l'action n'entraîne pas l'automaticité de la sanction, le rôle de l'autorité disciplinaire, chef d'établissement ou conseil de discipline, étant d'apprécier la nature des faits reprochés et de décider d'une sanction adaptée.

Le décret n° 2014-522 du 22 mai 2014 prévoit en outre la possibilité d'assortir les sanctions les plus fortes, notamment celles d'exclusion, d'un sursis à exécution (principe : art. R. 511-13, al. 2 ; modalités : art. R. 511-13-1).

Le chef d'établissement peut aussi prendre des ***mesures conservatoires*** qui ne présentent pas le caractère de sanction ; tel est le cas de l'interdiction d'accès à l'établissement (art. D. 511-33), exclusion temporaire ne portant pas atteinte aux droits de la défense ; elles doivent être nécessaires et sont limitées dans le temps (dans les trois jours ouvrables laissés à l'élève pour préparer sa défense, art. R. 421-10-1 ; dans l'attente de la comparution de l'élève devant le conseil de discipline).

d. Conseil de discipline

Le conseil de discipline, qui est présidé par le chef d'établissement, est constitué dans chaque établissement sur une base tripartite (l'équipe de direction composée du chef d'établissement, de son adjoint, d'un conseiller principal d'éducation et du gestionnaire ; cinq représentants des personnels élus chaque année au sein du conseil d'administration, quatre enseignants et un agent ; cinq représentants des usagers, parents d'élèves et élèves, dans la proportion de deux cinquièmes de parents au lycée et de trois cinquièmes d'élèves au collège, art. D. 511-20). Des suppléants permettent de remplacer les membres du conseil de discipline concernés par l'instance (élève ou parent d'élève poursuivi, personne ayant demandé la comparution de l'élève, art. D. 511-34). Pour délibérer sereinement, la réunion du conseil peut être délocalisée dans un autre établissement ou dans les locaux du DASEN (art. D. 511-25). Si en cas d'atteinte grave aux personnes ou aux biens, le chef d'établissement qui a engagé une action disciplinaire contre un élève ayant déjà fait l'objet d'une exclusion définitive ou de poursuites pénales, le chef d'établissement estime que l'ordre et la sécurité dans l'établissement pourraient être compromis, il peut saisir, en lieu et place du conseil de discipline de l'établissement, le conseil de discipline départemental (art. R. 511-44) ; en cas d'atteinte grave portée aux personnes ou aux biens, si l'élève a fait l'objet d'une sanction d'exclusion définitive de son précédent établissement ou s'il fait parallèlement l'objet de poursuites pénales en raison des mêmes faits). Présidé par l'IA-DASEN, ce conseil comprend dix personnes, membres d'un conseil de discipline d'établissement nommés par le recteur). Le conseil de discipline est compétent pour prononcer à l'encontre des élèves inscrits dans l'établissement l'ensemble des sanctions (art. R. 511-27) quel que soit le lieu où la faute a été commise (art. D. 511-25).

e. Procédure disciplinaire

La procédure suivie devant le conseil de discipline ou devant le seul chef d'établissement doit permettre un « procès équitable » (CE 1er avr. 2005, n° 269708) qui aura ainsi une « portée éducative ».

La procédure est dominée par le ***principe du contradictoire***. Le chef d'établissement doit d'abord établir les faits commis par l'élève en réunissant régulièrement des preuves matérielles (témoignages, attestations, rapports...). Lorsqu'il se prononce seul, le chef d'établissement doit informer immédiatement l'élève des faits qui lui sont reprochés, lui communiquer son dossier et lui faire savoir qu'il peut présenter sa défense oralement ou par écrit dans un délai de trois jours et se faire assister de la personne de son choix (art. R. 421-10-1 ; TA Paris, 30 nov. 2016, n° 1600785). Si le conseil de discipline est saisi, il a déjà dû être précédé d'un dialogue avec l'élève qui lui a permis d'exposer ses arguments.

Le chef d'établissement informe sans délai l'élève des faits qui lui sont reprochés ; les éléments retenus doivent être exposés (établis, qualifiés) en laissant ouvert un débat qui doit permettre aux uns et aux autres de confronter leurs arguments ; l'élève ou son représentant légal doit pouvoir accéder au dossier. Les articles D. 511-30 à D. 511-32 concernent les modalités de mise en œuvre du principe du contradictoire. Les différentes étapes sont régies par la partie réglementaire (art. D. 511-30 s.) et doivent être précisées par le règlement intérieur.

Dans ce cadre, l'équité impose que soient garantis ***les droits de la défense*** : l'élève dispose pour présenter sa défense oralement ou par écrit d'un délai désormais fixé par le chef d'établissement mais qui doit-être d'au moins deux jours ouvrables (il était de 3 jours avant le Décr. n° 2019-906 du 30 août 2019), il peut aussi se faire assister par une personne de son choix (art. R. 421-10-1), qui peut être un élève, un parent d'élèves, un professeur, le représentant d'une association d'aide aux jeunes ou un avocat. Les pièces du dossier communiqué à l'élève et aux membres du conseil peuvent être soumises au débat.

Le non-respect du principe du contradictoire ou des droits de la défense peut entraîner l'annulation par le juge administratif de la sanction disciplinaire.

La saisine du conseil de discipline a déjà dû être précédée d'un dialogue avec l'élève qui lui a permis d'exposer ses arguments. Le chef d'établissement convoque l'élève par pli recommandé et, s'il est mineur, son représentant légal, et leur précise les faits reprochés (art. D. 511-32). Le chef d'établissement peut prendre des mesures conservatoires (interdiction d'accès à l'établissement en cas de nécessité) qui ne constituent pas des sanctions (art. D. 511-33). Les membres du conseil comme l'élève peuvent prendre connaissance du dossier. La procédure contradictoire doit permettre à chacun d'exprimer son point de vue, de répondre aux questions du chef d'établissement (ou de l'IA-DASEN), de s'expliquer et de se défendre. Le ou les représentants légaux de l'élève mineur concerné sont informés de cette procédure ; ils sont entendus s'ils le souhaitent. Le conseil entend deux professeurs et les deux délégués de la classe (art. D. 511-39). L'élève peut se faire assister de la personne de son choix. Les pièces du dossier communiqué à l'élève et aux membres du conseil peuvent être soumises au débat. Toute sanction doit être écrite et comporter une motivation claire et précise, rappelant les considérations de droit et de fait qui constituent le fondement de la décision, en application de l'article 3 de la loi du 11 juillet 1979 relative à la motivation des actes administratifs et à l'amélioration des relations entre l'administration et le public. La démarche éducative dans laquelle la sanction doit s'inscrire impose enfin de l'expliquer tant à l'élève qu'à ses parents.

Toute décision du conseil de discipline ou du conseil de discipline départemental peut être déférée au recteur d'académie, dans un délai de huit jours à compter de la notification, soit par le représentant légal de l'élève, ou par ce dernier s'il est majeur, soit par le chef d'établissement (art. R. 511-49). Peuvent ainsi faire l'objet d'une ***procédure d'appel*** devant le recteur aussi bien les sanctions, quelles qu'elles soient, prononcées par le chef d'établissement ou le conseil de discipline, que sa décision de ne pas sanctionner les faits qui faisaient l'objet de la poursuite disciplinaire. Le recteur d'académie prend sa décision après avis d'une commission académique d'appel qu'il préside (il peut se faire représenter). La procédure devant la commission académique d'appel est la même que celle qui est prévue devant les conseils de discipline (art. R. 511-49 s.). La décision du recteur qui doit intervenir dans le délai d'un mois doit être motivée ; elle purge les irrégularités éventuelles de la décision du conseil de discipline.

La ***saisine préalable du recteur*** étant désormais obligatoire, seule sa décision peut être déférée devant la juridiction administrative (art. R. 511-49 s.). Le juge vérifie la légalité des décisions, tant en ce qui concerne la forme et la procédure que le fond, celles ayant un effet rétroactif, celles qui ne sont pas ou pas suffisamment motivées ou celles dont le niveau n'est pas adapté au manquement constaté (principe de proportionnalité).

Les ***sanctions disciplinaires sont inscrites sur le registre des sanctions*** qui doit être tenu dans chaque établissement et au ***dossier administratif de l'élève***. Depuis le décret n° 2019-906 du 30 août 2019, si l'avertissement peut toujours être effacé du dossier administratif de l'élève à l'issue de l'année scolaire, il faudra attendre l'issue de la deuxième année suivante pour que le blâme et la mesure de responsabilisation soient effacés du dossier administratif ; pour les autres sanctions une année supplémentaire (donc 3 ans) est désormais requise (art. L. 511-13) ; seule l'exclusion définitive est inscrite jusqu'au terme de la scolarité dans le second degré mais l'élève qui change d'établissement peut demander l'effacement de toutes les sanctions inscrites dans son dossier administratif. L'élève exclu définitivement alors qu'il est toujours soumis à l'obligation scolaire doit être affecté dans un autre établissement par l'inspecteur d'académie-DASEN (art. D. 511-43).

L'autorité disciplinaire qui prononce une sanction peut l'assortir d'un sursis à exécution dispensant ainsi l'élève d'exécuter la sanction, en tout ou en partie ; en cas de nouveau manquement au règlement intérieur, il sera mis fin au sursis par l'autorité disciplinaire, du moins dans la durée déterminée par l'autorité disciplinaire. Désormais, celle-ci ne peut être inférieure à l'année scolaire en cours et ne peut excéder celle de l'inscription de la sanction au dossier administratif (art. L. 511-13). En cas d'exclusion définitive de l'établissement ou de l'un de ses services annexes, la durée pendant laquelle le sursis peut être révoqué par le seul conseil de discipline ne peut excéder non plus un an comme par le passé mais la fin de la deuxième année scolaire suivant le prononcé de la sanction. Le chef d'établissement avertit l'élève et ses parents s'il est mineur des conséquences qu'entraînerait un nouveau manquement au règlement intérieur de l'établissement pendant la durée fixée aux alinéas précédents ; en ce cas, l'autorité disciplinaire peut prononcer la révocation du sursis ou une nouvelle sanction qui peut être assortie du sursis (art. L. 513-1, mod. par Décr. n° 2019-906 du 30 août 2019).

f. Indépendance des procédures pénale et disciplinaire

Les procédures pénale et disciplinaire sont indépendantes. L'action disciplinaire peut toutefois être suspendue jusqu'à ce que la juridiction saisie se prononce sur la matérialité des faits (art. D. 511-47). Si des poursuites pénales sont engagées, le chef d'établissement peut décider, à titre conservatoire, d'interdire l'accès de l'établissement à l'élève, jusqu'à ce que la juridiction pénale saisie se soit prononcé ; mais il devra alors s'assurer que cette mesure, qui n'est pas une sanction, soit compatible avec les obligations scolaires de l'élève (nécessité de mesures d'accompagnement, éventuellement inscription au Centre national d'enseignement à distance [CNED] ou, sous réserve de l'accord des parents, un accueil dans un autre établissement scolaire, V. Circ. n° 2000-105 du 11 juill. 2000).

g. Contrôle de légalité et responsabilité de l'État

L'illégalité d'une décision peut engager la responsabilité de l'État (CE 3 mai 2004, n° 258399 B), mais il n'y a là aucune automaticité. Si le conseil de discipline est compétent pour exclure définitivement un élève, l'illégalité de la décision du chef d'établissement qui avait retenu cette mesure ne constitue pas une faute de nature à engager la responsabilité de l'État si celle-ci était justifiée au fond (CAA Lyon, 6 mai 2008 : *LIJ, n° 127*). ❑

I. ASSIDUITÉ

1. Obligation. L'assiduité scolaire est l'obligation pour l'élève de suivre, dans l'établissement scolaire qui l'accueille, l'intégralité des enseignements, qu'ils figurent au programme comme obligatoires ou qu'ils soient facultatifs, dès lors qu'ils ont été choisis. • CAA Douai, 18 mars 2004, ♘ n° 03DA00362 : *Cah. éduc., nov. 2005, n° 49, comm. Choisnard.* ♦ Il appartient aux élèves, en vertu de l'obligation d'assiduité qui s'impose à eux, et en l'absence de contre-indication d'ordre médical, d'assister en principe à l'ensemble des cours prévus dans leur emploi du temps, en l'espèce, des cours de technologie et d'éducation physique et sportive. • CAA Nantes, 27 avr. 2000, ♘ *Mlle Yilmaz*, n° 98NT01331.

Sur l'obligation scolaire : V. également notes ss. art. L. 131-1 et L. 131-8.

2. Règlement intérieur. Les dispositions du règlement intérieur d'un lycée imposant l'assistance aux cours obligatoires visent à assurer le respect, dans l'établissement, et par tous les élèves sans distinction d'origine, de race ou de religion, de l'obligation d'assiduité. Elles constituent une condition du bon fonctionnement du service public de l'enseignement et, ce faisant, un élément de l'ordre public auquel la liberté d'expression reconnue aux élèves ne peut contrevenir. • TA Nice, 7 déc. 1993, *Koen : Lebon T. 803* ⊘. ♦ Ces dispositions ne portent pas atteinte à la liberté des élèves dans l'expression de leurs convictions ou croyances religieuses et ne méconnaissent pas les règles du droit communautaire telles qu'interprétées par la Cour de justice des Communautés européennes. • Même jugement.

Sur le règlement intérieur : V. également notes ss. art. L. 421-4.

3. Liberté de conscience. La liberté de conscience reconnue aux élèves ne doit pas porter atteinte aux activités d'enseignement, au contenu des programmes et à l'obligation d'assiduité. • CE, ass., 14 avr. 1995, ♘ *Consistoire central des israélites de France*, n° 125148 A : *AJDA 1995. 501, chron. Stahl et Chauvaux* ⊘ ; *D. 1995. 481, note Koubi* ⊘.

4. V. également notes ss. art. L. 511-2.

II. AUTRES OBLIGATIONS

5. Exécution des travaux demandés par un enseignant. Reproduction partielle d'un ouvrage scolaire. Refus. Conséquences. Dans une affaire où une élève avait refusé d'exécuter la consigne de son professeur consistant à recopier de façon manuscrite une leçon figurant dans un manuel scolaire, et, pour justifier ce refus de leur fille, ses parents invoquaient le fait que la reproduction partielle d'un ouvrage scolaire constituait un délit pénal de contrefaçon, la DAJ a été interrogée sur la question de savoir si la reproduction manuscrite d'un extrait d'un manuel scolaire à la demande d'un enseignant est illicite. Après avoir rappelé que l'art. L. 122-4 CPI dispose que : « Toute représentation ou reproduction intégrale ou partielle faite sans le consentement de l'auteur ou de ses ayants droit ou ayants cause est illicite. Il en est de même pour la traduction, l'adaptation ou la transformation, l'arrangement ou la reproduction par un art ou un procédé quelconque », elle précise aussi que toutefois, ce principe de protection du droit d'auteur posé par la loi, sur lequel se fondent les parents de l'élève récalcitrante, connaît des exceptions, énumérées par le CPI. Parmi elles, l'exception pédagogique permet notamment aux enseignants d'utiliser pendant leurs activités d'enseignement des extraits d'œuvres littéraires, philosophiques, scientifiques, musicales, etc. La DAJ rappelle aussi qu'à cet effet, pour que les enseignants puissent utiliser ces extraits d'œuvres avec leurs élèves dans tous les établissements d'enseignement du territoire national, le ministère acquitte un paiement forfaitaire aux sociétés gestionnaires de droits d'auteur, négocié avec elles au niveau national, de la même façon que sont acquittés des droits de reproduction par reprographie. Par conséquent, elle conclut que la reproduction de façon manuscrite par une élève de collège de deux leçons indiquées par son professeur est autorisée et rappelle de surcroît qu'un élève qui se soustrait volontairement aux travaux demandés par un enseignant s'expose à des poursuites disciplinaires. Aussi, le principal du collège concerné aurait été fondé à engager une procédure disciplinaire contre l'élève qui a refusé de copier sa leçon conformément à la consigne donnée par son professeur. * Note DAJ A1 2019-041 du 28 févr. 2019 : *LIJ 2019, n° 206, p. 22.*

II. ABSENCES

6. *Autorisation d'absence.* Cette obligation d'assiduité n'a ni pour objet ni pour effet d'interdire aux élèves qui en font la demande de bénéficier individuellement des autorisations d'absence nécessaires à l'exercice d'un culte ou à la célébration d'une fête religieuse, dans le cas où ces absences sont compatibles avec l'accomplissement des tâches inhérentes à leurs études et avec le respect de l'ordre public dans l'établissement. • CE, ass., 14 avr. 1995, *Consistoire central des israélites de France,* n° 125148 : *préc. note 3.* ♦ Les contraintes inhérentes au travail des élèves en classe de mathématiques supérieures font obstacle à ce qu'une scolarité normale s'accompagne d'une dérogation systématique à l'obligation de présence le samedi, dès lors que l'emploi du temps comporte un nombre important de cours et de contrôles de connaissances organisés le samedi matin. Le motif tiré de ce qu'un élève ne pourrait bénéficier d'une telle dérogation systématique peut légalement justifier un refus d'inscription. • CE, ass., 14 avr. 1995, *M. Koen,* n° 157653 A : *RFDA 1995. 585, concl. Aguila ; AJDA 1995. 501, chron. Stahl et Chauvaux ; D. 1995. 481, note Koubi .*

7. *Autorisation d'absence. Motifs légitimes.* Les seuls motifs réputés légitimes sont énoncés limitativement à l'art. L. 131-8. Il ressort de ces dispositions que des événements imprévisibles, indépendants de la volonté des parents ou des considérations d'intérêt général telles que la protection de la santé publique, sont seuls à pouvoir justifier l'absence de l'enfant. L'absence temporaire ne peut être entendue que comme une absence de courte durée, et en tout état de cause, exceptionnelle. Dès lors, des demandes systématiques ne peuvent être accueillies favorablement par l'inspecteur d'académie. * Lettre DAJ A1 n° 09-244 du 24 juill. 2009 : *LIJ 2009, n° 138, p. 31.*

8. *Mise en demeure.* Jeunes filles de confession musulmane ayant manqué à leur obligation d'assiduité aux cours d'éducation physique, pour lesquels elles étaient aptes. Leurs absences répétées justifient légalement la mesure d'exclusion définitive prise à leur encontre. Aucune disposition législative ou réglementaire n'obligeait l'administration, avant de prendre cette sanction, à les mettre en demeure d'assister à ces cours. • CE 27 nov. 1996, *Épx Wissaadane et Épx Chedouane,* n° 170209 A.

9. *Absentéisme persistant.* Un élève de quatrième a été absent de l'établissement durant 93 demi-journées au cours d'une année scolaire ; si certaines absences étaient justifiées par des certificats médicaux réguliers, un grand nombre d'entre elles ont été motivées par des raisons de convenance personnelle de sa mère, en raison notamment de ses difficultés à assurer le transport de son fils entre son domicile et le collège. Ces divers motifs non médicaux ne sont pas de nature à justifier l'absentéisme persistant de l'élève. • CE 28 oct. 1996, n° 170560.

10. *Sortie scolaire obligatoire. Motifs religieux. Ramadan. Présence obligatoire. Dispenses. Limites.* La direction des affaires juridiques a été interrogée sur la possibilité d'accorder une dispense à des élèves d'une classe de section sportive de troisième qui ne souhaitaient pas participer à une sortie pédagogique obligatoire pour un motif religieux. En l'espèce, les élèves estimaient que l'activité sportive organisée dans le cadre de cette sortie ne serait pas compatible avec le jeûne du ramadan se déroulant à la même période. La DAJ rappelle l'obligation d'assiduité posée par cet article qui impose que soit suivie l'intégralité des enseignements obligatoires et facultatifs auxquels les élèves sont inscrits. Elle rappelle que les sorties scolaires, lorsqu'elles s'inscrivent dans le cadre des programmes officiels d'enseignement ou des dispositifs d'accompagnement obligatoires et ont lieu pendant les horaires prévus dans l'emploi du temps des élèves, ont un caractère obligatoire. Ainsi, la présence de l'élève à une telle sortie est obligatoire au même titre que pour un enseignement se déroulant dans l'établissement scolaire. L'obligation d'assiduité ne s'oppose toutefois pas à ce que des autorisations d'absence soient accordées aux élèves qui en font la demande lorsqu'elles sont nécessaires à l'exercice d'un culte ou à la célébration d'une fête religieuse, à la condition notamment que cette absence soit compatible avec l'accomplissement des tâches inhérentes à leurs études. Elle rappelle la jurisprudence en vigueur selon laquelle l'administration n'était pas tenue d'accorder à un élève une autorisation d'absence pour motifs religieux dans le cas où cette absence ne lui permettrait pas de bénéficier d'une scolarité normale, au regard des contraintes inhérentes au travail de l'élève (• CE, ass., 14 avr. 1995, n° 157653 A). La Circ. n° 2004-084 du 18 mai 2004 relative au port de signes ou de tenues manifestant une appartenance religieuse dans les écoles, collèges et lycées publics précise que des autorisations d'absence peuvent être accordées pour les grandes fêtes religieuses qui ne coïncident pas avec un jour de congé et dont les dates sont rappelées chaque année par une instruction publiée au *BOEN*, et précise également que les convictions religieuses ne peuvent justifier un absentéisme sélectif, par exemple en éducation physique et sportive. La DAJ estime donc que le motif religieux invoqué par les élèves, la pratique du jeûne du ramadan, ne paraît pas être de nature à justifier une autorisation d'absence et qu'outre le fait que la demande est justifiée par la nature de l'enseignement sportif dispensé, le caractère prolongé du jeûne du ramadan s'oppose de façon générale à ce que sa pratique justifie à elle seule une autorisation d'absence, notamment dans le cadre d'une classe de section sportive. * Note DAJ A1 n° 2017-103, 1er juin 2017 : *LIJ 2017, n° 199, p. 15.*

11. Sortie scolaire obligatoire. Motifs religieux. Ramadan. Responsabilité de l'État. Absence. Responsabilité pénale de l'enseignant. Absence. Par la même demande, la DAJ était questionnée sur une éventuelle responsabilité de l'État dans l'hypothèse où un élève pratiquant le jeûne du ramadan serait victime d'un malaise à l'occasion de la sortie pédagogique. Elle répond que la pratique du jeûne étant librement décidée par les élèves, qui sont suffisamment âgés en classe de troisième de collège pour en comprendre les implications au regard de leur état de santé, un éventuel dommage ne pourrait trouver sa cause directe que dans la seule décision de l'élève de pratiquer le jeûne. Elle recommande toutefois de rappeler aux parents d'élèves, par un mot dans le carnet de correspondance de tous les élèves de la classe, les risques liés à l'absence de nutrition et d'hydratation lors de la pratique d'une activité sportive. Elle poursuit en précisant que l'engagement éventuel de la responsabilité pénale d'un enseignant en charge de la sortie pédagogique sur le fondement de l'art. 121-3 C. pén. relatif aux infractions non intentionnelles est également exclu dans la mesure où, d'une part, il est subordonné à une violation « manifestement délibérée d'une obligation particulière de prudence ou de sécurité prévue par la loi ou le règlement » ou à une faute « caractérisée », qui ne peuvent en aucun cas être constituées en l'espèce, et où, d'autre part, la faute de la victime est exonératoire lorsqu'elle est la cause exclusive du dommage (V. • Crim. 19 févr. 2013, n° 12-81.108). Elle estime qu'il appartient néanmoins à l'enseignant de veiller à ce que les élèves se nourrissent et s'hydratent lors de cette sortie et, en cas de refus de certains élèves, de leur rappeler les risques d'hypoglycémie et de déshydratation auxquels ils s'exposent. * Note DAJ A1 n° 2017-103, 1er juin 2017 : *préc. note 10.*

III. SANCTIONS DISCIPLINAIRES

12. Opportunité des poursuites. V. aussi notes ss. art. R. 511-13.

13. Fraudes aux examens. V. notes ss. art. L. 811-6 (pour l'enseignement supérieur).

14. Indépendance des poursuites disciplinaires et des poursuites pénales. Dans le cadre de la contestation d'une mesure d'exclusion définitive d'élève en raison de la tenue de propos injurieux, à l'encontre du principal, sur des réseaux sociaux dont les destinataires étaient des élèves du même établissement, le requérant faisait valoir que les faits n'avaient pas donné lieu à un dépôt de plainte ou à une saisine de l'autorité judiciaire et qu'aucune sanction pénale n'avait été prononcée à raison de ces faits. Le juge écarte le moyen, en raison du principe de l'indépendance des poursuites disciplinaires et des poursuites pénales. • TA Cergy-Pontoise, 16 mars 2020, nos 1800501 et 1800854 : *LIJ 2020, n° 211, p. 6.*

15. Qualité d'élève. Faits commis à l'extérieur de l'établissement. Cyberviolence. Réseaux sociaux. Dans une affaire où un lycéen avait fait l'objet d'une mesure d'exclusion définitive de son établissement scolaire au motif qu'il avait envoyé à une autre lycéenne des vidéos à caractère obscène et dégradant à son égard, le tribunal juge que les faits reprochés au lycéen étaient indissociables de la qualité d'élève dès lors que leur auteur et sa victime étaient scolarisés dans le même lycée et que ces faits avaient gravement perturbé la vie de l'établissement. • TA Versailles, 21 déc. 2017, n° 1608289 : *LIJ 2018, n° 202, p. 5.* ♦ • CAA Lyon, 13 janv. 2004, n° 01LY02675.

16. Faits commis à l'extérieur de l'établissement. Réseaux sociaux. Légalité d'une mesure d'exclusion définitive pour des propos injurieux à l'encontre du principal de son collège tenus sur une application de discussion en ligne dont les destinataires étaient des élèves du même établissement. Le juge a estimé en l'espèce que la sanction était proportionnée à la gravité des faits reprochés, l'élève ayant déjà fait l'objet d'un conseil de discipline, qu'il avait adopté un nouveau comportement perturbateur pour la classe à la suite d'un changement de classe et qu'il éprouvait de grandes difficultés à assumer la responsabilité de ses actes. L'attitude de l'élève est jugée à l'origine d'un trouble persistant et préjudiciable au bon déroulement des cours. • TA Cergy-Pontoise, 16 mars 2020, nos 1800501 et 1800854 : *préc. note 14.* ♦ • TA Châlons-en-Champagne, 25 sept. 2018, n° 1800052 : *LIJ 2019, n° 205, p. 6.*

17. Poursuites disciplinaires. Opportunité. Principe général du droit. Absence. L'assemblée du contentieux du Conseil d'État a refusé, dans un arrêt rendu le 6 juin 2014, d'ériger l'opportunité des poursuites disciplinaires en principe général du droit. En l'espèce, les associations requérantes contestaient les dispositions du Décr. n° 2011-728 du 24 juin 2011 qui prévoient que le chef d'établissement est tenu d'engager une procédure disciplinaire contre un élève auteur de violence verbale à l'égard d'un membre du personnel ou qui a commis un acte grave à l'égard d'un membre du personnel ou d'un autre élève. Les requérantes soutenaient que cette obligation d'engager des poursuites méconnaissait un principe général du droit, celui de l'opportunité des poursuites disciplinaires. • CE 6 juin 2014, n° 351582 A : *AJDA 2014.*

1180 ; *ibid. 1478, chron. Bretonneau et Lessi* ; *RFDA 2014. 753, concl. Keller*.

18. Nature juridique. Les poursuites et les sanctions prévues à l'art. R. 511-13 dont les élèves peuvent faire l'objet ne constituent, eu égard tant à leur nature disciplinaire qu'aux conséquences qu'elles emportent sur les élèves, ni des accusations en matière pénale au sens de l'art. 6 Conv. EDH, ni des condamnations au sens de l'art. 7 de cette Convention. • CE 6 juin 2014, n° 351582 A : *préc. note 17.*

19. Règlement intérieur. En ajoutant à l'art. 1er du Décr. du 18 déc. 1985 l'indication selon laquelle « il ne peut être prononcé de sanction non prévue au règlement intérieur », les auteurs du Décr. du 18 févr. 1991 se sont bornés à rappeler que les sanctions autres que celles instituées par les dispositions réglementaires du Décr. du 30 août 1985 devaient être prévues par le règlement intérieur. L'application des sanctions instituées par le Décr. du 30 août 1985 n'est pas subordonnée à leur mention au règlement intérieur de l'établissement. • CE 10 mars 1995, n° 125274 B.

20. Exclusion temporaire. La mesure d'exclusion temporaire prise à titre conservatoire avant la réunion du conseil de discipline ne constitue pas une sanction et ne porte pas atteinte, en elle-même, aux droits de la défense. Elle ne méconnaît pas le principe de l'égalité des chances, alors même que l'élève sanctionné a été privé de trois semaines de scolarité. • CAA Versailles, 17 mars 2005, n° 02VE01016. ♦ La sanction d'exclusion d'un jour avait été prononcée par le principal d'un collège à l'encontre d'un élève qui s'était délibérément soustrait à l'accomplissement d'une retenue de deux heures, sur ordre de ses parents. Le père demandait l'annulation de la sanction au motif que le règlement intérieur du collège ne définissait pas les manquements pouvant donner lieu à exclusion temporaire. Les juges ont estimé, d'une part, que le règlement prévoit des sanctions de gravité croissante comprenant l'exclusion temporaire des élèves, d'autre part, que les infractions pouvaient être définies par référence aux obligations générales de politesse et d'obéissance des élèves envers les enseignants, les surveillants et le personnel de service. • CAA Bordeaux, 12 avr. 2005, n° 02BX00673 : *AJDA 2005. 1363*. ♦ Les juges précisent que bien que le père soit à l'origine de l'infraction commise par l'élève, la sanction pouvait s'appliquer à son fils sans que soit méconnu le principe de personnalité des peines. • Même décision.

21. Refus d'accès en salles de cours. La décision de refus d'accès en salles de cours d'une élève du fait du non-respect par l'intéressée des dispositions du règlement intérieur de l'établissement relatives au port d'un voile ou d'un couvre-chef voilé ne constitue pas une sanction. • CAA Lyon, 6 juill. 2006, n° 05LY01818 : *AJDA 2006. 1857*. ♦ Le juge d'appel confirme ainsi la position du tribunal administratif pour qui le fait d'organiser un mode de scolarisation particulier à l'intérieur d'un établissement pour une élève voilée durant la phase de dialogue est une mesure conservatoire qui n'a pas en soi un caractère disciplinaire mais qui est rendu nécessaire pour la mise en place de cette phase de dialogue préalable à la procédure disciplinaire. • TA Grenoble, 25 mai 2005, n° 0406566 : *AJDA 2005. 1745, concl. Morel*. ♦ L'élève qui a pu, notamment dans des lettres adressées au rectorat, contester l'appréciation faite par le proviseur du lycée des dispositions de la L. du 15 mars 2004 et de la Circ. ministérielle du 18 mai 2004 relative à la mise en œuvre de cette loi, n'est pas fondée à soutenir que la décision en litige serait intervenue en méconnaissance de la L. du 11 juill. 1979 relative à la motivation des actes administratifs. • CAA Lyon, 6 juill. 2006 : *préc.* ♦ A de nombreuses reprises, en méconnaissance des règles d'organisation de l'établissement et notamment de son règlement intérieur et en dépit des directives contraires adressées par la direction de l'établissement, un professeur a pris à l'encontre de différents élèves des mesures d'exclusion ou d'interdiction d'accès à sa classe. Il n'a pas déféré aux ordres de sa hiérarchie, y compris ceux émanant du recteur d'académie, tendant à la réintégration des élèves concernés. Ces faits sont constitutifs de manquements répétés et caractérisés à l'obligation d'obéissance à laquelle est soumis tout fonctionnaire, ont en outre perturbé le fonctionnement normal du service public de l'enseignement et justifient le prononcé d'une sanction disciplinaire. • CAA Nancy, 30 nov. 2006, n° 06NC00275 : *LIJ 2006, n° 112, p. 13.*

22. Punitions collectives. Si les punitions scolaires ont un caractère individuel et personnel, le ministre a pu légalement prévoir par circulaire, afin d'assurer l'efficacité de l'enseignement, qu'une punition peut être infligée par un professeur à un groupe d'élèves précisément identifiés qui perturbent le bon fonctionnement de l'enseignement ou encore qu'un travail supplémentaire peut être donné à l'ensemble des élèves d'une classe quand la perturbation s'étend à l'ensemble de la classe et qu'une telle mesure apparaît nécessaire. • CE 8 mars 2006, n° 275551 A : *AJDA 2006. 580* ; *AJDA 2006. 1107, concl. Keller* ; *Cah. éduc., mai 2006, n° 55. 24.*

23. Note zéro à une épreuve fraudée. Décision susceptible de recours. S'il n'appartient pas au juge administratif de contrôler l'appréciation portée par le jury sur les épreuves des candidats à un examen, les notes attribuées peuvent être contestées devant lui lorsqu'elles sont fondées sur des considérations autres que la valeur des épreuves. Il en est ainsi dans le cas où un jury attribue une note à une épreuve qu'il estime entachée de fraude. • TA Melun, 20 oct. 2009, n° 0902701/5.

24. Note zéro à une épreuve fraudée. Relativement beaucoup de décisions. Certes, aucune d'entre elles ne tranche expressément la question, mais aucune ne sanctionne une décision de jury au seul motif d'avoir mis zéro à une épreuve fraudée. Bien au contraire, le fait qu'un recours soit rejeté malgré une note zéro à une épreuve fraudée montre que, implicitement, le juge administratif admet cette décision qui dans le cas contraire aurait été annulée pour erreur de droit. De même, les annulations pour vice de forme seulement montrent que le juge ne retient que le seul vice de forme, ce qui implique qu'il admet aussi la possibilité de mettre 0 à une épreuve fraudée. • TA Toulouse, 4 déc. 2009, n° 0800179. • TA Melun, 15 juill. 2008, n° 0506023/5 • CAA Lyon, 27 févr. 2007, n° 03LY00753.

25. Téléphone portable. Simple détention. Tentative de fraude. Contrôle de l'existence d'une fraude. Les consignes données par l'administration pour prévenir toute fraude ou tentative de fraude ayant été portées à la connaissance des candidats au début des épreuves et ayant été affichées à l'entrée de la salle d'examen ; ces consignes précisant notamment l'interdiction de « l'utilisation des téléphones, et plus largement, de tout appareil non autorisé permettant des échanges ou la consultation d'informations » et le fait que tous ces appareils devaient être « impérativement éteints et rangés dans le sac, porte-documents ou cartables », le juge a estimé que la seule détention au cours d'une épreuve d'un appareil permettant de stocker des données était en elle-même constitutive d'une tentative de fraude au sens de l'art. D. 334-25 et susceptible de faire l'objet d'une sanction. • TA Poitiers, 22 févr. 2018, n° 1502711.

26. Flagrant délit. Téléphone portable. En cas de flagrant délit de fraude ou de tentative de fraude, le surveillant responsable de la salle d'examen prend toutes les mesures pour faire cesser la fraude ou la tentative de fraude sans interrompre la participation à l'épreuve du ou des candidats. La seule détention d'un téléphone portable durant l'épreuve ne saurait suffire en soi à caractériser une fraude. Mais la mise en conformité avec les consignes données peut justifier la confiscation temporaire de l'appareil qui doit être restitué à la fin de l'épreuve. Les données personnelles stickers dans un téléphone confisqué ne peuvent pas pour autant être consultées sans l'accord de l'étudiant. En l'absence de consentement exprès de l'intéressé, il doit être fait application du régime des perquisitions. Dès lors seul un officier de police judiciaire commis dans le cadre d'une enquête de flagrance ou d'une information judiciaire peut procéder au contrôle des données stockées dans le téléphone portable d'un élève ou d'un étudiant. Il entre dans les seules prérogatives d'un juge d'instruction d'autoriser le contrôle des communications afin d'établir la réalité de la fraude et de déterminer l'identité de complices susceptibles d'encourir les mêmes peines que le fraudeur. * Lettre DAJ A1, n° 08-118, du 2 mai 2008 : *LIJ 2008, n° 126, p. 28.*

27. Téléphone portable. Interdiction. Confiscation. Perte. Responsabilité. Une lycéenne avait saisi le tribunal administratif d'une demande d'indemnisation en réparation du préjudice subi du fait de la perte de son téléphone à la suite de sa confiscation lors des épreuves du baccalauréat blanc. Le juge administratif admet la responsabilité de l'administration en raison de la disparition du téléphone mais rejette la demande d'indemnisation, les agissements de la requérante, qui a utilisé cet équipement prohibé par le règlement intérieur et qui au surplus en a fait usage durant des épreuves du baccalauréat blanc, ayant constitué des fautes de nature à exonérer en totalité l'administration de sa responsabilité. • TA Marseille, 7 juin 2012, n° 1003073 : *LIJ 2013, n° 174, p. 6.* ♦ Pour une solution contraire qui n'a pas été contestée en l'absence de toute mesure prise pour assurer la sécurité du téléphone confisqué dans l'enceinte scolaire : • TA Strasbourg, 17 juin 2008, n° 0502193.

28. Téléphone portable. Fouille sans accord de l'élève. Irrégularité. Un assistant d'éducation qui avait trouvé sur le terrain de sport du collège un téléphone portable a constaté la présence dans la galerie d'images de photomontages pornographiques mettant en scène des collégiens et des assistants d'éducation. Une sanction d'exclusion temporaire a été infligée à l'élève au motif d'avoir diffusé via le réseau social Snapchat « des montages à caractère pornographique mettant en scène deux personnels de l'établissement dans un rapport sexuel portant atteinte à leur honneur et leur dignité ». Le tribunal a jugé que cette recherche de photographies a porté une atteinte illégale au respect de la vie privée de l'intéressé, mineur au moment des faits. L'irrégularité de la constatation des faits a donc entaché la sanction d'illégalité. • TA Grenoble, 16 juill. 2020, n° 1805179 : *LIJ 2021, n° 213, p. 7.*

29. **BIBL.** Sur les téléphones portables à l'école : de Montecler, L'encadrement du portable à l'école adopté, *AJDA 2018.1586.*

30. Comportement frauduleux. Permettre à un autre candidat de recopier son travail. Dans une affaire où le juge était amené à déterminer si le fait, pour la requérante, d'avoir laissé copier son travail par une autre candidate au cours de l'examen pouvait être constitutif d'une fraude, celui-ci estime que le jury a décidé à bon droit d'éliminer la candidate pour fraude. En l'espèce en effet, la requérante soutenait que, si elle avait « pu manquer de vigilance au cours de l'examen », elle n'était « pas à l'origine de la fraude » et en était même la victime. Le juge ayant relevé, à l'examen des quatre copies litigieuses et des rapports des correcteurs, que ces dernières présentaient des similitudes flagrantes dans l'énoncé et la présentation des solutions proposées et comportaient les mêmes erreurs, il a retenu que, compte tenu tant de la nature des erreurs relevées dans les quatre copies que du caractère quasi identique de leurs rédactions, les faits litigieux n'ont pu être réalisés qu'avec la participation des deux candidates. • TA Melun, 9 juill. 2013, n° 1106515 : *LIJ 2013, n° 179, p. 7.*

31. Punitions scolaires. Une punition scolaire est une mesure d'ordre intérieur insusceptible de recours • CAA Marseille, 6 juin 2006 : *JCP Adm. 2007, n° 2112, note Deliancourt.* ♦ Un conseiller d'administration scolaire et universitaire est sans intérêt lui donnant qualité pour agir à l'encontre des règles fixées par une circulaire relative aux punitions scolaires. Ces règles constituent une mesure d'organisation du service public de l'éducation qui ne porte atteinte ni aux droits et prérogatives qu'il tient de son statut ni aux conditions d'exercice de ses fonctions. La circonstance qu'il appartient à la communauté éducative de l'établissement où il exerce ses fonctions n'est pas, à elle seule, de nature à lui conférer un intérêt pour demander l'annulation de ces dispositions. • CE 29 juill. 2002, n° 224699 B : *AJDA 2002. 1408*.

32. Faits commis hors établissement scolaire. Exclusion définitive du collège prononcée à l'encontre d'un élève auquel il était reproché une agression sexuelle à l'égard d'une élève plus jeune dans un autocar scolaire après les cours. Légalité de la sanction car si ces faits ont eu lieu à l'extérieur de l'établissement, ils ont été commis par un élève du collège à l'encontre d'une élève du même collège dans un cadre lié à cet établissement et sont susceptibles d'interférer gravement dans le fonctionnement de celui-ci. • TA Amiens, 7 oct. 2004, n° 0400921 : *AJDA 2005. 743*. ♦ Même solution pour un élève qui avait décidé d'accompagner plusieurs de ses camarades qui avaient manifesté devant lui la volonté d'agresser un autre lycéen dans le but de lui voler son scooter. L'intéressé avait ensuite assisté à l'agression physique de ce lycéen sans lui apporter aucune aide ni avertir les services de secours. Le juge administratif considère qu'alors même que l'agression a eu lieu en dehors du lycée, le recteur, qui a estimé que ce comportement fautif devait faire l'objet d'une exclusion temporaire d'un mois, a exactement qualifié les faits en cause. • TA Paris, 17 nov. 2005, n° 0501809 : *LIJ 2006, n° 101, p. 7.*

33. Motivation de la sanction. A l'occasion du recours des parents d'un élève contre la décision du recteur excluant définitivement leur fils du collège, le tribunal a prononcé l'annulation de la sanction et a enjoint au recteur de réexaminer le recours des parents ayant constaté que la décision de celui-ci s'était substituée à celle du conseil de discipline. De ce fait, la décision du recteur devait obligatoirement préciser les motifs de droit et de fait fondant la sanction. En se bornant à motiver sa décision en s'appropriant une partie des faits mentionnés dans la décision du conseil de discipline du collège, faits au demeurant très imprécis, sans indiquer les motifs de la sanction et notamment l'incidence de ces faits sur le fonctionnement de l'établissement, le recteur ne peut être regardé comme ayant satisfait à l'obligation de motivation s'imposant dans le cadre d'une procédure disciplinaire. Le tribunal relève encore que si le recteur fait valoir que l'administration a entendu rester discrète sur les faits reprochés compte tenu de leur nature, cette circonstance est sans incidence sur l'obligation de motivation, ni les parents, ni même les juges du fond n'ayant été mis à même de connaître les motifs de la décision attaquée. • TA Rennes, 9 févr. 2006, n° 053726 : *AJDA 2006. 1007*. – V. aussi art. L. 511-2.

34. Suspension des allocations. Le Conseil d'État a refusé de transmettre au Conseil constitutionnel une QPC sur la L. du 28 sept. 2010 permettant la suspension d'une part des allocations familiales ou leur suppression en cas d'absentéisme scolaire. La Haute Assemblée a estimé qu'aucun principe ou règle de valeur constitutionnelle ne fait obstacle à ce qu'une autorité administrative, agissant dans le cadre de prérogatives de puissance publique, puisse exercer un pouvoir de sanction, dès lors, d'une part, que la sanction susceptible d'être infligée est exclusive de toute privation de liberté et, d'autre part, que l'exercice de ce pouvoir de sanction est assorti par la loi de mesures destinées à assurer les droits et libertés constitutionnellement garantis. En particulier, doivent être respectés les principes de la nécessité et de la légalité des peines, ainsi que les droits de la défense, principes applicables à toute sanction ayant le caractère d'une punition, même si le législateur a laissé le soin de la prononcer à une autorité de nature non juridictionnelle. Dès lors, si la suspension ou la suppression des allocations familiales constitue une sanction, la décision de l'inspecteur d'académie de saisir le directeur de l'organisme débiteur des prestations familiales, qui fait suite à un premier avertissement, intervient après que les personnes responsables de l'enfant auront été mises à même de présenter leurs observations et de se faire assister par un conseil ou représenter par un mandataire de leur choix. Ainsi, les dispositions litigieuses de la L. du 28 sept. 2010 ne sauraient être regardées comme portant atteinte aux art. 7, 8 et 9 DDH. • CE, QPC, 15 juin 2011, n° 347581 B : *AJDA 2011. 1966, concl. Vialettes* ; *Cah. Cons. const. 2012, n° 34, p. 186, obs. Gay ; ibid., n° 37, p. 189, chron. Raimbault.*

35. Mesure de responsabilisation. Élève de moins de 14 ans. Interrogée sur les modalités d'exécution des mesures de responsabilisation prévues à l'art. R. 511-13 lorsque cette mesure concerne un mineur de moins de 14 ans et se déroule dans une association, la DAJ rappelle qu'en cas d'exécution à l'extérieur de l'établissement scolaire, la mesure de responsabilisation est subordonnée à l'accord de l'élève, et, lorsqu'il est mineur, à celui de son représentant légal. Elle précise que l'élève demeure sous statut scolaire pendant toute la durée de la mesure de responsabilisation et que, dès lors, aucun lien de subordination, nécessaire pour caractériser une relation de travail, n'existe entre l'élève sanctionné par une telle mesure et la structure qui l'accueille. Ainsi, contrairement aux séquences d'observation qui, aux termes de l'art. D. 332-14, doivent être organisées dans les conditions prévues par le C. trav., aucune relation de travail ne lie l'élève sanctionné par une mesure de responsabilisation à la structure qui l'accueille. * Note DAJ A1 n° 16-105, 14 avr. 2016 : *LIJ 2016, n° 194, p. 19.*

IV. PROCÉDURE DISCIPLINAIRE

BIBL. Sur le régime disciplinaire institué par le Décr. n° 2019-906 du 30 août 2019 : Maupin, Changements dans le régime disciplinaire du secondaire, *AJDA 2019. 1674* – L'ordonnance n° 2020-306 sur la prolongation des délais échus pendant la période de l'état d'urgence sanitaire et l'adaptation des procédures pendant cette même période : *Le point sur, LIJ 2020, n° 212, p. 24.*

36. Conseil de discipline. Légalité du Décr. du 10 mai 2004 relatif à la composition du conseil de discipline des établissements publics locaux d'enseignement et modifiant le Décr. du 30 août 1985, la procédure instituée ne présentant pas un caractère inéquitable et ne méconnaissant pas les stipulations des art. 3 et 6 Conv. EDH. • CE 1er avr. 2005, n° 269708.

37. Contestation des faits. Les parents d'un élève à qui des faits de tentatives de racket et d'intimidation de camarades sous la menace d'un canif étaient reprochés, soutenaient que des aveux avaient été extorqués à leur enfant. Ces faits étant établis par les témoignages concordants et précis de plusieurs élèves, corroborés par le comportement général de l'élève l'année précédente et les aveux oraux et écrits de l'intéressé, alors même qu'il s'est rétracté ultérieurement devant le conseil de discipline en présence de ses parents, ne peuvent être regardés comme sérieusement contestés. • CAA Versailles, 17 mars 2005, n° 02VE01016.

38. Respect des droits de la défense. Le juge administratif fait droit à la demande d'annulation d'une sanction d'exclusion définitive de l'établissement, qui avait été confirmée par le recteur statuant sur l'appel dont il avait été saisi au motif que la sanction prononcée par le conseil de discipline et celle prononcée par le recteur étaient motivées par des faits partiellement différents. En l'espèce, la décision du recteur était motivée, outre les faits de violence déjà retenus à l'encontre de l'élève par le conseil de discipline, par les circonstances que la lycéenne s'obstinait à faire preuve d'insolence, à ne pas s'impliquer dans son travail et à perturber les cours, et qu'elle persistait dans son attitude et ne semblait pas vouloir changer de comportement. Le juge relève que l'élève et sa mère n'ont pas été mises en mesure de présenter leurs observations sur les nouveaux griefs retenus par le recteur, qui n'apparaissaient pas dans le courrier de convocation devant le conseil de discipline de l'établissement et n'avaient pas été évoqués au cours de sa réunion. Le juge estime que le recteur a méconnu le principe du contradictoire et que, du fait de ce vice de procédure, les intéressées avaient été privées d'une garantie. • TA Paris, 31 mai 2016, n° 1504797 : *LIJ 2016, n° 195, p. 7.* ♦ Dans le même sens, le juge confirme que la procédure contradictoire prévue à l'art. R. 421-10-1 constitue une garantie pour les familles. • TA Paris, 30 nov. 2016, n° 1600785 : *LIJ 2017, n° 197, p. 5.*

39. Respect des droits de la défense. Principe du contradictoire. Présence du chef d'établissement lors du délibéré. Privation d'une garantie au sens de la jurisprudence « Danthony » (oui). Les parents d'une élève demandaient au juge d'annuler la décision du recteur prononçant la sanction d'exclusion définitive de l'établissement de leur fille, prise dans le cadre du recours administratif préalable obligatoire prévu par l'article R. 511-49 après avis de la commission académique d'appel dont les délibérations s'étaient déroulées en présence du chef d'établissement. Le juge estime que la présence du chef d'établissement lors du délibéré de la commission académique d'appel en l'absence du conseil de l'élève portait atteinte au respect du principe des droits de la défense et au principe du contradictoire. Il en conclut que l'avis de la commission académique d'appel était entaché d'un vice de procédure susceptible d'exercer une influence sur le sens de la décision finalement prise par le recteur et avait en outre privé les requérants d'une garantie (annulation de la sanction). • TA Grenoble, 22 mars 2018, n° 1604287 : *LIJ 2018, n° 203, p. 9.*

40. Sanction disciplinaire et infraction pénale. En compagnie de trois camarades d'internat un élève, alors mineur, s'est livré à des brimades et des persécutions sur un élève de l'établissement, ayant entraîné un traumatisme psychologique constaté par un médecin psychiatre. Ces agissements étaient de nature à justifier une sanction, sans qu'il ait été requis, au préalable et même si le bizutage et le harcèlement sont pénalement réprimés, que l'autorité judiciaire ne leur reconnaisse la qualification d'infraction. Ces agissements étaient, à eux seuls, de nature à justifier une sanction disciplinaire • CAA Bordeaux, 19 juin 2007, n° 05BX00650 : *AJDA*

2007. 1999 ✐. ♦ Le conseil de discipline de l'établissement pouvait, prendre les mesures disciplinaires utiles pour assurer la continuité de l'action éducative, sans méconnaître le principe de la présomption d'innocence, ni entacher sa décision d'une « précipitation blâmable ». • CAA Bordeaux, 19 juin 2007 : ⚖ *préc.*

41. *Procédure disciplinaire et procédure pénale.* Selon les termes de l'art. 9 du Décr. du 18 déc. 1985, lorsqu'un élève est traduit devant le conseil de discipline et fait l'objet de poursuites pénales en raison des mêmes faits, l'action disciplinaire peut, en cas de contestation sérieuse sur la matérialité des faits ou sur leur imputation à l'élève en cause, être suspendue. Il résulte de ces dispositions que l'administration n'est pas tenue de suspendre la procédure disciplinaire et qu'eu égard à l'indépendance des procédures pénales et disciplinaires, une telle décision ne porte pas atteinte à la présomption d'innocence. • CAA Versailles, 2 juill. 2009, ⚖ n° 08VE00432 : *LIJ 2009, n° 138, p. 11.*

42. *Non bis in idem.* Le directeur régional de l'agriculture a confirmé la décision par laquelle le conseil de discipline d'un lycée agricole, consécutivement à des incidents survenus dans le dortoir des élèves internes, avait interdit à un élève de se réinscrire dans l'établissement pour l'année scolaire. Par la même décision, le conseil de discipline de l'établissement avait prononcé l'exclusion temporaire de cet élève jusqu'au début des vacances d'hiver. Cette exclusion temporaire n'ayant pas revêtu le caractère d'une mesure conservatoire, la décision interdisant la réinscription ayant, quant à elle, le caractère d'une sanction disciplinaire et non celui d'une décision d'orientation, l'élève a fait l'objet à raison des mêmes faits de deux sanctions. La décision du directeur régional confirmant la décision d'exclusion définitive prise par le conseil de discipline est donc entachée d'illégalité. • CE 26 nov. 1997, ⚖ n° 168740.

43. *Lycées agricoles. Sanctions et procédure disciplinaires.* Une association contestait la décision implicite par laquelle le Premier ministre avait refusé d'abroger le 5e al. de l'art. R. 811-30 C. rur. fixant les sanctions disciplinaires susceptibles d'être prononcées à l'égard des élèves, étudiants, stagiaires ou apprentis par les chefs d'établissement des lycées d'enseignement général, technologique et professionnel agricoles et, d'autre part, refusé de prendre les dispositions réglementaires garantissant le respect des droits de la défense lors du prononcé de ces sanctions, dispositions qui autorisent les chefs d'établissement à prendre seuls, sans intervention du conseil de discipline, les sanctions les plus basses, jusque et y compris l'exclusion pour huit jours maximum. Le juge rejette les arguments en estimant que ces textes ne font pas obstacle à l'application du principe général des droits de la défense. • CE 4 déc. 2017, ⚖ n° 403612.

44. *Établissements d'enseignement privés. Règles applicables. Compétence du juge judicaire.* Saisi d'un recours dirigé contre la décision du chef d'établissement d'un établissement d'enseignement privé sous contrat excluant définitivement deux jeunes enfants le juge des référés a rappelé que les actes de ces établissements pris à l'égard des élèves et de leur famille, qui ne comportent pas l'exercice d'une prérogative de puissance publique, relèvent du droit privé et les litiges afférents de la compétence du juge judiciaire. • TA Versailles, ord., 22 janv. 2020, n° 2000462 : *LIJ 2020, n° 211, p. 14.* ♦ Les dispositions du C. éduc. relatives à la discipline, en particulier les art. R. 511-13 et R. 511-14, ne sont en effet pas applicables aux établissements privés qui fixent leur propre régime disciplinaire : V. notes ss. art. L. 442-2.

V. RECOURS CONTENTIEUX

45. *Circulaire susceptible de recours.* La circulaire du ministre de l'éducation qui porte sur les punitions scolaires, qui sont des mesures d'ordre intérieur, ne fait pas obstacle à ce qu'elle puisse faire l'objet d'un recours pour excès de pouvoir. Les dispositions contestées ayant un caractère impératif, les conclusions tendant à leur annulation sont recevables. • CE 8 mars 2006, n° 275531 : *préc. note 1.*

46. *Recours préalable.* Le recours devant le recteur d'académie contre les décisions prises par un conseil de discipline, organisé par les dispositions des art. 31 du Décr. du 30 août 1985 et de l'art. 8 du Décr. du 18 déc. 1985, doit être formé, dans tous les cas, avant tout recours contentieux. Les demandes tendant à l'annulation des décisions par lesquelles le conseil de discipline d'un collège a prononcé l'exclusion définitive de cinq élèves ayant été présentées devant le tribunal administratif sans avoir fait l'objet d'un tel recours, sont irrecevables. • CE 13 mai 1992, ⚖ n° 123340 A. – V. aussi : * Lettre DAJ A1, n° 08-083, du 3 avr. 2008 : *LIJ 2008, n° 125, p. 21.*

47. *Légalité.* Un élève s'est présenté lors de la rentrée scolaire 2004 au lycée avec un sous-turban, ou keshi sikh, dont il ne conteste pas qu'il présente un caractère religieux. Bien que ce sous-turban soit d'une dimension plus modeste que le turban traditionnel et qu'il soit de couleur sombre, il ne peut être qualifié de signe discret. En le portant dans une enceinte scolaire l'intéressé a manifesté ostensiblement son appartenance à la religion sikhe, alors même que son intention n'était pas d'extérioriser sa foi. Il a ainsi adopté une attitude contraire aux dispositions législatives en vigueur. A elle seule cette violation de l'interdiction légale, jointe au refus réitéré d'y renoncer, rendait son auteur passible d'une sanction disciplinaire, même si elle ne s'était accompagnée d'aucun acte de prosélytisme et en admettant même qu'elle n'ait entraîné aucun trouble à l'ordre public. • CAA Paris, 19 juill. 2005, n° 05PA01833 • CAA Paris, 19 juill. 2005, *M. Singh*, n° 05PA01831 : *Lebon 623 ; AJDA 2005. 2009, concl. Bachini*. ♦ Il ne ressort pas des pièces du dossier que les intéressées aient été inaptes aux cours d'éducation physique, et notamment aux cours de natation. Leurs absences répétées à ces cours n'étaient donc justifiées par aucun motif valable. La sanction de l'exclusion définitive qui leur a été infligée était donc légalement justifiée. • CE 27 nov. 1996, n° 170210 • CE 27 nov. 1996, n° 172685. ♦ Les divers motifs non médicaux invoqués par les requérants n'étant pas de nature à justifier l'absentéisme persistant de l'élève, le conseil de discipline du collège et le recteur de l'académie ont pu légalement sanctionner cette méconnaissance de l'obligation d'assiduité scolaire par une exclusion définitive de l'établissement de l'élève. • CE 28 oct. 1996, n° 170560.

48. *Contrôle normal du juge.* Le juge de l'excès de pouvoir exerce un contrôle normal sur la gravité de la sanction prise à l'encontre d'élèves de l'enseignement public ayant excédé les limites de leur droit d'exprimer leurs croyances religieuses à l'intérieur de l'établissement. • CE 27 nov. 1996, n°s 170207 et 170208 A : *RFDA 1997. 151, note Durand-Prinborgne* • CE 2 nov. 1992, *M. Kherouaa et Mme Kachour et Balo et Mme Kirzic*, n° 130394 A : *AJDA 1992. 833 ; ibid. 788, chron. Maugüé et Schwartz ; ibid. 2014. 104, chron. Lallet et Geffray ; RFDA 1993. 112, concl. Kessler ; D. 1993. 108, note Koubi ; RD publ. 1993. 220, note Sabourin* • CE 14 mars 1994, *Mlles N. et Z. Yilmaz*, n° 145656 A : *AJDA 1994. 415 ; D. 1995. 135, obs. Legros ; RDSS 1995. 427, obs. Daugareilh ; RD publ. 1995. 221, note de Lajarte ; JCP 1994. IV. 1289 ; LPA, n° 26, 1995, p. 23, note Flauss* • CE 10 mars 1995, *Épx Aoukili*, n° 159981 A : *AJDA 1995. 332, concl. Aguila ; D. 1995. 365, note Koubi ; JCP 1995. II. 22431, note Nguyen Van Tuong* • TA Versailles, 26 janv. 2010, n° 0907374 : *JCP Adm. 2010. Comm. 263, concl. Guiard*. ♦ Pour l'examen de la légalité de l'exclusion définitive d'un élève : • TA Bordeaux, 9 mai 2012, n° 1002309.

49. *Principe de proportionnalité de la sanction.* Dans une affaire où un lycéen avait été exclu définitivement de l'internat pour avoir, au cours d'une nuit, joué aux cartes avec des camarades et s'être alcoolisé avec eux, le juge procède à un contrôle de la proportionnalité entre les faits reprochés et la sanction d'exclusion définitive de l'internat. • TA Nancy, 4 juin 2015, n° 1401103 : *LIJ 2015, n° 190, p. 5*. ♦ Même solution : • TA Poitiers, 22 févr. 2018, n° 1502711.

50. *Appel. Pouvoir du juge. Aggravation. Illégalité.* Il résulte des principes généraux du droit disciplinaire qu'une sanction infligée en première instance par une juridiction disciplinaire ne peut être aggravée par le juge d'appel saisi du seul recours de la personne frappée par la sanction. Pour l'application de ce principe, la gravité d'une sanction d'interdiction s'apprécie au regard de son objet et de sa durée, indépendamment de ses modalités d'exécution, dont notamment l'octroi éventuel d'un sursis. Le Conseil d'État estime que les modalités d'exécution, dont l'octroi éventuel du sursis, n'entrent pas en ligne de compte dans le niveau de gravité de la sanction elle-même. • CE 21 janv. 2015, n° 361529 B : *AJDA 2015. 137 ; AEF, Dépêche n° 494695, 4 févr. 2015, comm. Toulemonde.*

51. *Convention internationale des droits de l'enfant.* L'art. 3, § 1, de cette convention dispose que « Dans toutes les décisions qui concernent les enfants, qu'elles soient le fait d'institutions publiques ou privées de protection sociale, des tribunaux, des autorités administratives ou des organes législatifs, l'intérêt supérieur de l'enfant doit être une considération primordiale ». En infligeant à un élève, qui a été inscrit pour poursuivre sa scolarité dans un autre collège de la commune où il réside et dont la scolarité, aux dires de ses parents, se déroule désormais de façon satisfaisante, une sanction qui était de nature à lui permettre de se réinsérer dans de bonnes conditions dans un autre établissement, l'administration n'a pas porté atteinte à l'intérêt supérieur de l'enfant et n'a pas méconnu ces stipulations. • CAA Versailles, 17 mars 2005, n° 02VE01016. ♦ Pour demander l'annulation d'une sanction disciplinaire, les requérants ne peuvent utilement se prévaloir des stipulations de l'art. 2 de la convention internationale des droits de l'enfant du 26 janv. 1990 qui créent seulement des obligations entre États, sans ouvrir de droits aux intéressés. • CAA Versailles, 17 mars 2005, n° 02VE01016.

52. *Déclaration universelle des droits de l'homme.* De la même manière, les requérants ne peuvent utilement se prévaloir de la déclaration universelle des droits de l'homme, dès lors que cette convention ne figure pas au nombre des conventions internationales ayant été ratifiées dans les conditions prévues à l'art. 55 de la Constitution. • CAA Versailles, 17 mars 2005, n° 02VE01016.

53. *Convention européenne des droits de l'homme.* Pour la CEDH, le droit à l'instruction n'exclut pas en principe le recours à des mesures disciplinaires, y compris des mesures d'exclusion temporaire ou définitive d'un établissement d'enseignement en vue d'assurer l'observation des règles internes des établissements. L'application de sanctions disciplinaires constitue l'un des procédés par lesquels l'école s'efforce d'atteindre le but pour lequel on l'a créée, y compris le développement et le façonnement du caractère et de l'esprit des élèves. • CEDH 4 déc. 2008, *Dogru c/ France*, n° 27058/05 : *AJDA 2008. 2311, comm. Aït-El-Kadi* • CEDH 25 févr. 1982, *Campbell et Cosans c/ Royaume-Uni*, n°s 7511/76, 7743/76 : *§ 33* ; en ce qui concerne l'exclusion d'un élève de l'école militaire • CEDH 6 janv. 1993, *Yanasik c/ Turquie*, n° 14524/89 : *DR 74, p. 14*, ou l'exclusion d'un étudiant pour fraude, • CEDH 17 janv. 1996, *Sulak c/ Turquie*, n° 24515/94 : *DR 84-B, p. 98.*

54. Annulation. Vice de forme et de procédure. Indemnisation. Absence. Rejet de la requête à fin d'indemnisation au motif que la décision par laquelle le conseil de discipline avait prononcé l'exclusion définitive du collégien avait été annulée pour vice de forme et de procédure et que si cette illégalité externe est constitutive d'une faute, elle n'est pas de nature à ouvrir droit à indemnisation au profit des requérants, lesquels ne contestent pas que la décision est justifiée au fond. • TA Toulouse, 21 déc. 2012, n° 1202799.

55. Personnes morales de droit privé. Les mesures à caractère disciplinaire prises, à l'égard des élèves, par le conseil de discipline de l'établissement dont la gestion est assurée par une personne morale de droit privé ne procèdent pas de l'exercice de prérogatives de puissance publique et ne revêtent pas, dès lors, le caractère d'actes administratifs susceptibles d'être contestés devant la juridiction administrative. • CE 26 mai 2004, n° 259682 B : *AJDA 2004. 1669*. ♦ Dans une affaire où deux élèves avaient été exclus du même établissement d'enseignement privé sous contrat par décision du chef d'établissement après avis du conseil de discipline, le juge a confirmé que le recteur ne tient d'aucun principe, ni d'aucune disposition, et notamment pas des art. L. 442-1 s., portant sur le contrôle des établissements d'enseignement scolaire privés qui ont passé un contrat d'association à l'enseignement public, ni davantage de l'art. R. 511-49, qui organise un appel devant cette autorité administrative des sanctions disciplinaires prises au sein de l'enseignement public, la possibilité de connaître des sanctions prises par les établissements d'enseignement privés sous contrat d'association vis-à-vis des élèves qui y poursuivent leur scolarité. • CAA Douai, 10 juill. 2014, n°s 13DA01000 et 13DA01001 : *AJDA 2014. 2285* ; *LIJ 2015, n° 187, p. 7.*

VI. AUTRES RECOURS

56. CADA. Communication de documents. Enquête administrative. Saisie du refus opposé par l'autorité académique d'une demande de copie intégrale de l'enquête administrative ordonnée à la suite d'un incident s'étant déroulé pendant un cours d'éducation physique et sur la base de laquelle le conseil de discipline du collège avait prononcé, à l'encontre de leur fils mineur, une décision d'exclusion définitive de l'établissement, annulée par la commission académique d'appel, la CADA rappelle que les documents relatifs au déroulement d'un conseil de discipline ne sont en principe communicables qu'à l'élève sanctionné ou à ses représentants légaux après occultation des mentions faisant apparaître, de la part de tiers, des comportements dont la divulgation pourrait leur porter préjudice, notamment les témoins, en application du II de l'art. 6 de la L. du 17 juill. 1978. En l'espèce, la commission estime que le rapport de synthèse lu devant la commission académique d'appel, dont elle n'a pu prendre connaissance, constitue un document administratif communicable aux intéressés après occultation préalable des mentions couvertes par les secrets visés au II de l'art. 6 de la loi. La commission estime, d'autre part, que le rapport leur est également communicable, après occultation des mentions contenues, dans le troisième paragraphe, entre les mots « A la fin du cours » et les mots « lui a conseillé », ainsi que du nom de l'élève, autre que leur fils, mis en cause dans la dernière phrase du rapport. Enfin, la commission considère que le rapport du principal du collège leur est aussi communicable après disjonction du premier paragraphe, à l'exclusion de la dernière phrase de ce paragraphe, et occultation, dans la phrase commençant par les mots « Après avoir reçu », du nom de l'autre élève mis en cause. • CADA, 14 mars 2013, avis n° 20131016.

VII. VIOLENCES SCOLAIRES

57. V. Bibl. et notes ss. art. L. 421-8.

Circulaire n° 2014-059 du 27 mai 2014,

Application de la règle, mesures de prévention et sanctions dans les établissements du second degré.

Face aux actes d'indiscipline, l'établissement scolaire doit prendre les mesures appropriées afin de sanctionner les actes et comportements contraires au règlement intérieur et au bon climat scolaire. Mais il doit aussi mettre en œuvre une politique de prévention impliquant la communauté éducative (personnels, élèves, parents) qui puisse limiter la nécessité de recourir aux sanctions les plus graves. Il s'agit-là d'un volet essentiel de la politique éducative de l'établissement permettant d'inscrire les procédures en vigueur dans une perspective nouvelle : tout doit être mis en œuvre pour sensibiliser et responsabiliser la communauté éducative sur les comportements inadaptés et les moyens d'y répondre. Cela passe par un travail de présentation et d'explicitation de la règle, qui ne peut pas être détaché de l'action pédagogique.

Les modifications apportées par le décret n° 2014-522 du 22 mai 2014 relatif aux procédures disciplinaires dans les établissements d'enseignement du second degré visent à situer les procédures disciplinaires à la fois dans une perspective de prévention et de sanction.

Depuis le décret du 24 juin 2011, les compétences du conseil de discipline ne se distinguent plus du pouvoir disciplinaire du chef d'établissement que par la possibilité de prononcer la sanction d'exclusion définitive de l'établissement ou de l'un de ses services annexes. Cette répartition des compétences peut expliquer l'évolution de ces conseils : si le nombre de décisions qu'ils ont rendues est en baisse depuis l'année scolaire 2010-2011, le nombre d'exclusions définitives augmente légèrement dans le même temps, ce qui se traduit par une augmentation importante du pourcentage des exclusions définitives dans les décisions rendues. Il apparaît qu'en réalité les chefs d'établissement utilisent pleinement leurs compétences disciplinaires et prononcent la plupart des sanctions.

Cette évolution amène à rappeler que la sanction prise par le chef d'établissement seul est une procédure disciplinaire au même titre que la convocation d'un conseil de discipline, et donc qu'elle doit s'inscrire dans une perspective éducative et respecter les mêmes principes.

Il convient aussi, dans cette optique, d'installer la commission éducative dans la plénitude de ses fonctions en fixant les modalités de son fonctionnement dans le règlement intérieur de l'établissement. Les précisions relatives au régime des sanctions prononcées avec sursis apportées par cette circulaire s'inscrivent dans la même perspective et doivent permettre au chef d'établissement et au conseil de discipline d'y recourir davantage.

L'objectif principal de la présente circulaire est de donner toute leur place aux étapes de prévention et de dialogue préalablement à l'application d'une sanction, qu'elle soit prononcée par le chef d'établissement ou par le conseil de discipline.

En outre, la grande disparité du nombre d'exclusions définitives d'un établissement à un autre rend nécessaire l'action des autorités académiques, dans leur rôle de pilotage et d'accompagnement des établissements scolaires.

Les procédures relatives aux punitions scolaires, aux sanctions, aux mesures alternatives à la sanction et aux mesures de prévention et d'accompagnement sont rappelées en annexe.

1 *Pour des sanctions réellement éducatives*

L'établissement est un lieu régi par des règles qui doivent être intériorisées par l'élève. Conçues à l'usage de tous, elles imposent des obligations et confèrent des droits et garanties. L'article R. 511-12 du code de l'éducation demande que, préalablement à la mise en œuvre d'une procédure disciplinaire, le chef d'établissement et l'équipe éducative recherchent, dans la mesure du possible, toute mesure utile de nature éducative. L'avis des personnels de santé et sociaux peut apporter un éclairage sur certains comportements inadaptés aux règles de vie dans l'établissement.

Quand une procédure disciplinaire s'avère nécessaire, elle doit être engagée selon des modalités précises et dans le respect des principes généraux du droit. Il convient d'accompagner un chef d'établissement qui informe de la mise en œuvre d'une procédure disciplinaire conduisant à la réunion d'un conseil de discipline. La personne désignée par le recteur ou l'IA-Dasen pourra veiller au respect de la légalité de cette procédure. A cette fin, le Guide pour l'application de la règle joint en annexe à cette circulaire est disponible sur le site Éduscol.

Enfin, la sanction n'a une portée éducative que si elle est expliquée et si son exécution est accompagnée, ce que favorisent la mesure de responsabilisation et la possibilité de prononcer une sanction avec sursis.

De façon générale, le caractère éducatif de la sanction suppose que les parents soient pleinement associés au processus décisionnel pendant et après la sanction. Ils doivent être mis en situation de s'approprier le sens et la portée de la sanction prononcée.

a) *Les modalités de la procédure disciplinaire*

Le respect des principes généraux du droit, garantie d'équité

Le caractère éducatif de la sanction réside en premier lieu dans les modalités selon lesquelles elle est décidée. Il importe, à cet égard, de lever toute incompréhension relative à la simple application des garanties de procédure. Ainsi, le principe du contradictoire est-il parfois perçu, à tort, comme une remise en cause de l'autorité de l'adulte. Il représente en effet une garantie pour l'élève comme pour l'institution scolaire. C'est pour permettre le respect de ce principe dans les cas où la sanction est décidée par le chef d'établissement seul qu'a été instauré le délai de trois jours entre l'information donnée à l'élève des faits qui lui sont reprochés et la détermination de la sanction par le chef d'établissement.

Tous les principes généraux du droit applicables à la procédure disciplinaire sont à considérer de la même façon comme des garanties : principe de légalité des fautes et des sanctions, règle du *"non bis in idem"* (impossibilité de sanctionner deux fois pour les mêmes faits), principe du contradictoire, principe de proportionnalité, principe de l'individualisation (cf. annexe).

Le recours à l'ensemble des sanctions réglementaires

La volonté d'apporter une réponse adaptée à tout manquement au règlement intérieur suppose le recours effectif à l'ensemble du panel des sanctions réglementaires fixé à l'article R. 511-13 du code de l'éducation et reproduit dans le règlement intérieur (cf. annexe).

S'ils constituent les sanctions les moins lourdes, l'avertissement et le blâme ne doivent pas être négligés pour autant, dès lors qu'ils peuvent être appropriés à la nature de la faute commise. La décision de les prononcer doit obéir à des règles formelles, compréhensibles par tous. Le conseil de discipline, cadre solennel permettant une prise de conscience et une pédagogie de la responsabilité, doit pouvoir se prononcer sur ces sanctions et pas seulement sur l'exclusion définitive.

Il convient de rappeler la distinction à faire entre l'évaluation du travail scolaire et le comportement de l'élève. Le conseil de classe peut éventuellement "mettre en garde" l'élève mais il ne peut prononcer d'avertissement.

Les cas dans lesquels une procédure disciplinaire doit obligatoirement être mise en œuvre

Il convient de bien distinguer entre, d'une part, les cas rappelés en annexe (I-B) où une procédure disciplinaire doit être obligatoirement engagée et, d'autre part, la décision prise au terme de cette procédure. Aucune sanction ne pouvant être appliquée automatiquement, la procédure disciplinaire engagée ne préjuge pas de la décision qui sera prise à son terme, dans le respect du principe du contradictoire.

Le cas des procédures disciplinaires engagées pendant les périodes de stage professionnel

Dans l'hypothèse où un élève qui doit suivre un stage dans le cadre de son cursus scolaire ferait l'objet d'une décision d'exclusion définitive en cours d'année, avant que ne débute ce stage, le chef d'établissement n'est plus compétent pour signer la convention. En outre, si la convention a déjà été signée, le chef d'établissement doit la résilier, même si le stage a déjà débuté. Toutefois, une convention peut être signée entre la même entreprise et le nouvel établissement d'enseignement dans lequel l'élève aura été aussitôt inscrit. De même, l'article D. 511-43 ouvre à l'élève la possibilité de suivre un enseignement à distance. Il pourra ainsi effectuer sa période de formation en milieu professionnel par l'intermédiaire du Centre national d'enseignement à distance (CNED) qui sera alors partie à la convention.

Dans l'hypothèse où la sanction d'exclusion définitive serait prononcée en fin d'année, il convient de prendre toute disposition pour éviter que l'élève ne soit empêché d'effectuer son stage, faute de pouvoir être réinscrit rapidement dans un nouvel établissement. Il est alors recommandé de prévoir que la sanction ne prendra effet qu'à l'issue du stage, afin d'éviter que l'élève ne perde le bénéfice de son année scolaire.

b) *La mise en œuvre des moyens d'une action éducative : la mesure de responsabilisation, les mesures alternatives et le sursis*

Les mesures de responsabilisation ont pour objet de permettre à l'élève de témoigner de sa volonté de conduire une réflexion sur la portée de son acte tant à l'égard de la victime éventuelle que de la communauté éducative. Ce type de sanction n'interrompt pas la scolarité de l'élève. Il s'agit d'inciter l'élève à participer de lui-même, en dehors du temps scolaire, à des activités de solidarité, culturelles ou de formation, ou à l'exécution d'une tâche à des fins éducatives. Il est ainsi pleinement acteur de l'acte éducatif qui lui permettra de développer son sens du civisme et de la responsabilité.

Lorsque la mesure de responsabilisation est réalisée à l'extérieur de l'établissement, un document signé par le chef d'établissement définit ses modalités d'exécution. Ce document doit être signé, non seulement par le chef d'établissement et le représentant de la structure d'accueil, mais également par le représentant légal de l'élève. De même, toute mesure alternative à la sanction proposée, selon le cas, par le chef d'établissement ou le conseil de discipline doit recueillir l'accord de l'élève et de son représentant légal s'il est mineur. L'un et l'autre sont avertis que le refus d'accomplir la mesure proposée a pour effet de rendre exécutoire la sanction initialement prononcée et son inscription dans le dossier administratif de l'élève.

Les sanctions autres que l'avertissement et le blâme peuvent être prononcées avec sursis. Le sursis a pour effet de ne pas rendre la sanction immédiatement exécutoire, sans la faire disparaître pour autant : la sanction est prononcée mais n'est pas mise à exécution immédiatement. L'opportunité est ainsi donnée à l'élève de témoigner de ses efforts de comportement avec l'aide, en tant que de besoin, des adultes concernés. Lorsqu'il prononce une sanction avec sursis, le chef d'établissement ou le conseil de discipline informe l'élève que, pendant un délai spécifié au moment où cette décision est prise, une nouvelle atteinte au règlement intérieur justifiant une nouvelle sanction l'expose au risque de levée du sursis et de mise en œuvre de la sanction initiale.

Plusieurs cas de figure sont envisageables :

— si la nouvelle faute commise semble justifier l'application de la sanction antérieurement prononcée du fait notamment d'un niveau de gravité similaire, le sursis peut être levé, après un nouvel examen par l'autorité disciplinaire ;

— si l'autorité disciplinaire décide qu'il n'y a pas lieu de lever le sursis, le délai d'application de cette mesure de sursis continue de courir ;

— l'autorité disciplinaire peut prononcer à la fois la levée du sursis et une nouvelle sanction, l'application de ces sanctions ne peut avoir pour conséquence d'exclure temporairement de la classe ou de l'établissement l'élève plus de huit jours.

Le délai pendant lequel le sursis est susceptible d'être levé ne doit pas être trop long : il se compte en principe en mois, de façon à offrir à l'élève l'occasion de montrer une volonté positive d'amélioration de son comportement. Ce délai ne doit pas excéder une année de date à date, durée la plus longue de conservation d'une sanction dans le dossier administratif de l'élève (C. éduc., Titre IV, art. R. 511-13). La sanction prononcée avec un sursis figure dans le dossier administratif de l'élève.

Dans le cas d'une exclusion définitive, le sursis ne pourra être levé que par le conseil de discipline qui est seul compétent pour prononcer ce degré de sanction.

Les mesures de prévention et d'accompagnement doivent trouver à s'appliquer notamment dans le cas où une sanction est assortie d'un sursis.

c) *Vers une démarche restaurative*

La mesure de responsabilisation et la sanction avec sursis doivent permettre de donner tout son contenu au caractère éducatif des sanctions et de développer, dans la communauté scolaire, une "approche restaurative".

La solution collectivement consentie doit à la fois rétablir l'estime de soi de la victime, réinsérer l'auteur du manquement par sa capacité à redresser la situation, restaurer les liens entre les personnes et apaiser toute la communauté éducative.

Pour plus d'information sur la démarche restaurative, des outils pédagogiques sont disponibles sur le site du Centre national de documentation pédagogique : www.cndp.fr/climatscolaire.

2 *Le régime des punitions*

Le régime des punitions doit être clairement distingué de celui des sanctions disciplinaires. Les punitions ne visent pas, en effet, des actes de même gravité et concernent essentiellement les manquements mineurs aux obligations des élèves et les légères perturbations dans la vie de la classe ou de l'établissement. Elles ont pour objet de permettre un traitement en temps réel et en proximité immédiate. Ces manquements peuvent en effet être à l'origine de dysfonctionnements multiples au sein de l'établissement, notamment lorsqu'ils présentent un caractère répétitif : altération de l'ambiance scolaire et par voie de conséquence de la motivation collective des élèves ; dégradation des conditions matérielles d'enseignement. Ces punitions doivent être explicitées. Il s'agit ainsi de rappeler aux élèves qu'aucun désordre, même mineur, ne peut être toléré dans l'enceinte de l'établissement afin de garantir à tous de bonnes conditions de vie et d'apprentissage. Une punition ne doit pas se substituer à la mise en œuvre d'une sanction quand celle-ci se justifie.

Les punitions constituent de simples mesures d'ordre intérieur, qui peuvent être mises en application par les enseignants ou d'autres personnels de l'établissement. A ce titre et à la différence des sanctions, elles ne sont pas susceptibles de recours devant le juge administratif. Les punitions ne sont pas mentionnées dans le dossier administratif des élèves concernés, mais les parents doivent en être tenus informés. Les mesures qui peuvent être prononcées au titre de ces deux catégories sont donc différentes. Les autorités ou les personnels habilités à les prononcer, enfin, ne sont pas les mêmes : les punitions peuvent être prononcées par les personnels de direction, d'éducation, de surveillance et par les enseignants, à leur propre initiative ou sur proposition d'un autre membre de la communauté éducative en fonction au sein de l'établissement.

Les punitions doivent s'inscrire dans une démarche éducative partagée par l'ensemble de la communauté éducative. Il appartient au chef d'établissement de soumettre au conseil d'administration les principes directeurs qui président au choix des punitions applicables, dans un souci de cohérence et de transparence (cf. point 2.4 de la Circ. n° 2011-112 du 1er août 2011 relative au règlement intérieur dans les établissements publics locaux d'enseignement).

De façon générale, le respect des règles applicables dans la classe est de la responsabilité de l'enseignant : il lui revient d'y maintenir un climat serein par toutes mesures éducatives appropriées. Dans ce cadre, les punitions sont prises en seule considération du comportement de l'élève indépendamment de ses résultats scolaires.

Des dispositions devront donc être prises, au sein de chaque établissement, afin d'éviter que les faits les moins graves commis par des élèves perturbateurs pendant les heures de cours ne fassent systématiquement l'objet d'un traitement par le service de la vie scolaire de l'établissement. Si, dans des cas très exceptionnels, l'enseignant décide d'exclure un élève de cours, cette punition s'accompagne nécessairement d'une prise en charge de l'élève dans le cadre d'un dispositif prévu à cet effet et connu de tous les enseignants et personnels d'éducation. L'enseignant demandera notamment à l'élève de lui remettre un travail en lien avec la matière enseignée.

La liste indicative des punitions ci-dessous sert de base à l'élaboration des règlements intérieurs des établissements :

— rapport porté sur le carnet de correspondance ou sur un document signé par les parents ;

— excuse publique orale ou écrite : elle vise à déboucher sur une réelle prise de conscience du manquement à la règle ;

— devoir supplémentaire (assorti ou non d'une retenue) qui devra être corrigé par celui qui l'a prescrit. Les devoirs supplémentaires effectués dans l'établissement doivent être rédigés sous surveillance ;

— retenue pour faire un devoir ou un exercice non fait.

D'autres punitions peuvent éventuellement être prononcées. Toute punition doit faire l'objet d'une information écrite des parents. Pour rappel, la note zéro infligée à un élève en raison de motif exclusivement disciplinaire est proscrite.

3 *Des mesures de prévention à privilégier*

La démarche éducative doit prendre la forme d'un accompagnement, d'une éducation au respect de la règle, qui n'empêche pas la mise en œuvre de la procédure disciplinaire quand elle s'impose. Elle s'appuie sur des mesures de prévention, éventuellement proposées par la commission éducative.

3.1 Les initiatives ponctuelles de prévention

Il s'agit de mesures qui visent à prévenir un acte répréhensible, par exemple la confiscation d'un objet dangereux. Il est rappelé que l'objet confisqué est placé sous la responsabilité de celui qui en a la garde. Il est également rappelé que les élèves ne peuvent être contraints à subir une fouille de leurs effets personnels, seul un officier de police judiciaire étant habilité à mettre en œuvre cette procédure.

Des mesures de prévention peuvent aussi être prises pour éviter la répétition des actes répréhensibles : ce peut être d'obtenir l'engagement d'un élève sur des objectifs précis en termes de comportement.

3.2 La commission éducative : régulation, conciliation et médiation

Le rôle dévolu à la commission éducative instituée par l'article R. 511-19-1 du code de l'éducation témoigne de la volonté d'associer les parents dans les actions à caractère préventif. Cette instance a notamment pour mission de proposer au chef d'établissement des réponses éducatives, et d'assurer le suivi de l'application des mesures de prévention, d'accompagnement et des mesures de responsabilisation ainsi que des mesures alternatives aux sanctions.

a) *Composition*

La composition de la commission éducative est arrêtée par le conseil d'administration et inscrite au règlement intérieur. Le chef d'établissement qui en assure la présidence ou, en son absence, l'adjoint qu'il aura désigné, en désigne les membres. Elle comprend au moins un représentant des parents d'élèves et des personnels de l'établissement dont au moins un professeur. La commission peut inviter toute personne qu'elle juge nécessaire à la compréhension de la situation de l'élève, y compris un élève victime de l'agissement de ses camarades. Chacun de ses membres est soumis à l'obligation du secret en ce qui concerne tous les faits et documents dont ils ont connaissance au cours de la réunion de la commission éducative.

b) *Missions*

La commission éducative est réunie en tant que de besoin selon des modalités prévues par le conseil d'administration. Ses travaux, qui se déroulent dans les formes prescrites par la règlementation, ne sont pas un préalable à l'engagement d'une procédure disciplinaire et ne limitent pas les compétences des titulaires du pouvoir disciplinaire (cf. annexe I.B). Elle a pour mission d'examiner la situation d'un élève dont le comportement est inadapté aux règles de vie dans l'établissement ou qui ne répond pas à ses obligations scolaires. Elle doit favoriser la recherche d'une réponse éducative personnalisée. Le représentant légal de l'élève en cause est informé de la tenue de la commission et entendu, en particulier s'il en fait la demande.

Cette commission est également consultée lorsque surviennent des incidents graves ou récurrents. A ce titre, elle peut participer, en lien avec les personnels de santé et sociaux de l'établissement, à la mise en place d'une politique de prévention, d'intervention et de sanctions pour lutter contre le harcèlement en milieu scolaire et toutes les discriminations. Parce qu'elle permet également d'écouter, d'échanger entre toutes les parties, elle peut être le lieu pour trouver une solution constructive et durable en cas de harcèlement ou de discrimination.

Il peut notamment s'avérer utile d'obtenir de la part d'un élève dont le comportement pose problème un engagement fixant des objectifs précis. Cet engagement peut revêtir une forme orale ou écrite, être signé ou non. Il n'entraîne, en tout état de cause, aucune obligation soumise à sanction au plan juridique. Il doit s'accompagner de la mise en place d'un suivi de l'élève par un référent. Le représentant légal de l'élève doit en être informé.

3.3 La médiation par les pairs

La médiation est une méthode de résolution des conflits entre deux parties avec l'aide d'une tierce personne qui joue le rôle de médiateur. La médiation par les pairs suggère que le conflit qui oppose deux élèves puisse faire l'objet d'une médiation menée par un élève tiers et formé à ce type de démarche. La médiation par les pairs nécessite un accompagnement spécifique de la part des adultes. Une charte fixant le cadre de mise en place de cette démarche est consultable sur le site du Centre national de documentation pédagogique (www.cndp.fr/climatscolaire).

4 *La garantie de la continuité des apprentissages*

La période transitoire d'interruption de la scolarité ne doit pas consister, pour l'élève, en un temps de désœuvrement. Des mesures d'accompagnement en cas d'interruption de la scolarité liée à une sanction d'exclusion de la classe ou de l'établissement ou à l'interdiction d'accès à l'établissement prononcée à titre conservatoire doivent être prévues au règlement intérieur. Il s'agit d'assurer la continuité des apprentissages ou de la formation afin de préparer la réintégration de l'élève.

4.1 Accompagner les exclusions temporaires

Il convient, dans toute la mesure du possible, d'internaliser l'exclusion temporaire de l'établissement (ou de ses services annexes) pour éviter qu'elle se traduise par une rupture des apprentissages préjudiciable à la continuité de la scolarité de l'élève. Dans la même optique, les modalités d'accueil de l'élève qui fait l'objet d'une exclusion de classe devront être précisées.

Il appartient au chef d'établissement de veiller à ce que l'équipe éducative prenne toute disposition pour que cette période d'exclusion soit utilement employée : la poursuite du travail scolaire constitue la principale mesure d'accompagnement.

4.2 Exclusion définitive : l'obligation de réaffectation

L'article D. 511-43 du code de l'éducation prévoit que lorsqu'une sanction d'exclusion définitive est prononcée à l'encontre d'un élève soumis à l'obligation scolaire, le recteur ou le directeur académique des services de l'éducation nationale, selon le cas, en est immédiatement informé. Il pourvoit aussitôt à l'inscription dans un autre établissement ou dans un centre public d'enseignement par correspondance. Néanmoins, il est rappelé qu'un élève exclu définitivement de l'établissement, même s'il n'est plus soumis à l'obligation scolaire, doit pouvoir mener à terme le cursus dans lequel il est engagé et se présenter à l'examen. L'article L. 122-3 du code de l'éducation dispose en effet qu'à l'issue de la scolarité obligatoire, tout élève qui n'a pas atteint un niveau de formation reconnu doit pouvoir poursuivre des études afin d'atteindre un tel niveau. Dans ce cas, une affectation doit être proposée à l'élève exclu.

Afin que la réaffectation d'un élève exclu soit assurée sans délai dans les conditions prévues par la réglementation, le chef d'établissement prend contact avec le directeur académique des services départementaux de l'éducation nationale avant la tenue d'un conseil de discipline lorsqu'une sanction d'exclusion définitive risquerait d'être prononcée.

4.3 Les mesures d'accompagnement de la sanction

Ces mesures d'accompagnement concernent les mesures élaborées en partenariat avec d'autres services ainsi que les dispositifs d'aide aux victimes.

Les dispositifs en partenariats

Des partenariats peuvent être développés localement entre les établissements et des équipes spécialisées pour prévenir l'exclusion et, le cas échéant, participer à l'accueil et au suivi des élèves exclus. Une prise en charge peut être proposée par les services sociaux, éducatifs et de santé de proximité ainsi que dans le cadre des programmes de réussite éducative (politique de la ville). Enfin, dans le cadre de la protection de l'enfance et de la prise en charge des mineurs en danger ou délinquants, la mise en place de mesures d'aide et d'assistance éducatives peut être envisagée respectivement par l'aide sociale à l'enfance (conseil général), la protection judiciaire de la jeunesse avec le concours du secteur associatif habilité.

Les élèves bénéficiant de ces dispositifs restent inscrits dans leur établissement et une convention individuelle avec la structure d'accueil précise la façon dont l'établissement assume sa mission éducative à leur égard. Un suivi de l'élève par une personne référente au sein de la structure d'accueil est dans tous les cas à prévoir.

Les dispositifs en partenariats sur lesquels un établissement peut s'appuyer pour l'accompagnement des sanctions sont présentés dans le projet d'établissement.

Les dispositifs d'aide aux victimes

Une attention particulière doit être portée à l'accompagnement des victimes, personnels et élèves, et des parents des élèves concernés, à tous les niveaux de la hiérarchie. Une information précise doit leur être donnée sur les soutiens extérieurs d'ordres juridique, psychologique et social mis en place dans le cadre du dispositif d'aide aux victimes prévu par la convention conclue entre le ministère de l'éducation nationale et l'Institut national d'aide aux victimes et de médiation (Inavem).

5 *Pilotage académique*

Les autorités académiques doivent assurer le pilotage du dispositif réglementaire d'application de la règle. Quand le projet académique prévoit des objectifs en matière de mesures de prévention, et de sanctions, chaque établissement peut concourir à cette politique dans le cadre de son contrat d'objectifs. La lettre de mission du chef d'établissement peut fixer des objectifs pour son action en matière de politique de prévention et de sanction de l'établissement.

Le pilotage académique de la politique de prévention et de sanction s'appuiera, notamment, sur un bilan de l'application de la règle et du recours aux sanctions. A cette fin, les chefs d'établissement transmettent au recteur d'académie, sous couvert du directeur académique des services de l'éducation nationale, les procès-verbaux des conseils de discipline et un état trimestriel des sanctions disciplinaires prononcées par ces conseils ou par eux-mêmes, avec leurs motifs. A partir de cette information, une synthèse académique des sanctions prononcées pourra être communiquée à l'ensemble des établissements publics locaux d'enseignement. Elle constituera un instrument utile de définition d'une politique cohérente en matière disciplinaire. L'harmonisation des sanctions prononcées dans les établissements est en effet un objectif vers lequel doit tendre chaque académie.

Un référent académique sera désigné pour le suivi de ce dossier. Les IA-IPR établissements et vie scolaire ont un rôle de premier plan à jouer notamment dans l'harmonisation des règles et procédures disciplinaires. Il leur appartient également d'accompagner les établissements dans la mise en œuvre du nouveau régime relatif aux mesures prononcées à titre conservatoire et sanctions assorties d'un sursis, précisé par le décret précité du 22 mai 2014. Ils pourront assurer l'animation et la formation des équipes notamment au niveau des bassins d'éducation. Ils sont appelés à jouer le même rôle dans la recherche de partenariat avec les collectivités territoriales, les associations, les groupements rassemblant des personnes publiques ou les administrations de l'État concernés, afin de faciliter la mise en place des mesures alternatives à la sanction et des mesures de responsabilisation. Ils mettront tout particulièrement l'accent sur l'évaluation et la diffusion de dispositifs de prévention, repérés comme porteurs d'effets positifs. Ils apporteront leur expertise et leurs conseils aux établissements comptant un nombre important de décisions d'exclusion définitive ou temporaire. Cette aide se fondera sur l'analyse d'un indicateur de climat scolaire et plus particulièrement des indicateurs mesurant le nombre d'exclusions (de cours, de classe, de l'établissement temporaire ou définitive).

La circulaire n° 2011-111 du 1er août 2011 relative à l'organisation des procédures disciplinaires dans les collèges, les lycées et les établissements régionaux d'enseignement adapté, mesures de prévention et alternatives aux sanctions est abrogée.

ANNEXE

Guide pour l'application de la règle dans le second degré

I Les sanctions et les mesures alternatives à la sanction

Les sanctions disciplinaires concernent les manquements graves ou répétés aux obligations des élèves et notamment les atteintes aux personnes et aux biens. Les sanctions sont fixées de manière limitative à l'article R. 511-13 du code de l'éducation. Elles sont inscrites au dossier administratif de l'élève.

A Échelle et nature des sanctions applicables

L'échelle des sanctions fixée à l'article R. 511-13 du code de l'éducation est reproduite dans le règlement intérieur. Toutefois, le juge administratif (CE 16 janvier 2008, MEN c/ Mlle A, n° 295023) considère que, même en l'absence de toute mention dans le règlement intérieur, l'échelle des sanctions réglementaires est applicable de plein droit.

1 L'échelle des sanctions

L'échelle réglementaire des sanctions applicables est la suivante :

— l'avertissement ;

— le blâme ;

— la mesure de responsabilisation, exécutée dans l'enceinte de l'établissement ou non, en dehors des heures d'enseignement, qui ne peut excéder vingt heures ;

— l'exclusion temporaire de la classe qui ne peut excéder huit jours et au cours de laquelle l'élève est accueilli dans l'établissement ;

— l'exclusion temporaire de l'établissement ou de l'un de ses services annexes qui ne peut excéder huit jours ;

— l'exclusion définitive de l'établissement ou de l'un de ses services annexes.

La mesure de responsabilisation, l'exclusion temporaire de la classe ou de l'établissement et l'exclusion définitive de l'établissement ou de l'un de ses services annexes peuvent être prononcées avec sursis. Il s'agit néanmoins de sanctions à part entière. Il peut en effet s'avérer préférable, dans un souci pédagogique et éducatif, de ne pas rendre la sanction immédiatement exécutoire tout en signifiant clairement à l'élève qu'une nouvelle atteinte au règlement intérieur l'expose au risque de la mise en œuvre de la sanction prononcée avec un sursis. La sanction prononcée avec un sursis figure à ce titre dans le dossier administratif de l'élève. Toutefois, dans cette hypothèse, la sanction est prononcée, mais elle n'est pas mise à exécution.

Lorsqu'il prononce une sanction avec un sursis, le chef d'établissement ou le conseil de discipline informe l'élève que le prononcé d'une nouvelle sanction, pendant un délai à déterminer lors du prononcé de cette sanction, l'expose à la levée du sursis. Dans le cas d'une exclusion définitive de l'établissement ou de l'un de ses services annexes, ce délai est fixé à un an de date à date.

Si un nouveau manquement justifiant une sanction est commis, trois hypothèses sont envisageables :

— le sursis est levé : la sanction initiale est alors mise en œuvre ;

— une nouvelle sanction est prononcée : cette nouvelle sanction n'a pas automatiquement pour effet d'entraîner la levée du sursis antérieurement accordé ;

— le sursis est levé et une nouvelle sanction est concomitamment prononcée. Toutefois, la mise en œuvre de ces deux sanctions cumulées ne peut avoir pour effet, d'exclure l'élève pour une durée de plus de huit jours de sa classe, de son établissement ou des services annexes.

2 Nature des sanctions

a) L'avertissement, loin d'être symbolique, constitue une sanction. Premier grade dans l'échelle des sanctions, l'avertissement peut contribuer à prévenir une dégradation du comportement de l'élève. Comme les autres sanctions, il est porté au dossier administratif de l'élève qui est informé de cette inscription.

b) Le blâme constitue un rappel à l'ordre écrit et solennel. Les observations adressées à l'élève présentent un caractère de gravité supérieure à l'avertissement. Comme les autres sanctions, le blâme doit faire l'objet d'une décision dûment notifiée à l'intéressé ou à son représentant légal par le chef d'établissement. L'élève doit certifier en avoir pris connaissance. Cette décision, versée à son dossier administratif, peut être suivie, au besoin, d'une mesure d'accompagnement de nature éducative.

c) La mesure de responsabilisation qui implique la participation de l'élève, en dehors des heures d'enseignement, à des activités de nature éducative pendant une durée qui ne peut excéder vingt heures.

Elle peut se dérouler au sein de l'établissement. Dans l'hypothèse où elle n'est pas effectuée dans l'établissement mais au sein d'une association, d'une collectivité territoriale, d'un groupement rassemblant des personnes publiques ou d'une administration de l'État, l'accord de l'élève et, lorsqu'il est mineur, celui de son représentant légal doivet être recueillis. Le refus de l'élève ne peut l'exonérer de la sanction qui devra alors être exécutée au sein de l'établissement.

Une convention de partenariat entre l'établissement et l'organisme d'accueil doit avoir été autorisée par le conseil d'administration préalablement à l'exécution de la mesure. L'arrêté du 30 novembre 2011 pris en application de l'article R. 511-13 du code de l'éducation fixe les clauses-types de la convention. Le même arrêté décrit les informations qui doivent figurer dans le document signé par le chef d'établissement, le représentant légal et le responsable de la structure d'accueil, afin de définir les modalités d'exécution de la mesure de responsabilisation.

L'exécution de la mesure de responsabilisation doit demeurer en adéquation avec l'âge de l'élève et ses capacités. Toute activité ou tâche susceptible de porter atteinte à la santé et à la dignité de l'élève est interdite. Il appartient aux chefs d'établissement d'exercer un contrôle sur le contenu des activités ou tâches réalisées par l'élève afin de s'assurer que la nature et les objectifs de la mesure de responsabilisation sont conformes à l'objectif éducatif assigné à celle-ci.

Par exemple, dans le cas d'un propos injurieux envers un camarade de classe, l'élève sanctionné pourra avoir à réaliser une étude en lien avec la nature du propos qu'il a tenu ou, dans le cas du déclenchement d'une alarme, mener une réflexion sur la mise en danger d'autrui ou être invité à rencontrer des acteurs de la protection civile. Dans le cadre de cette démarche, l'engagement de l'élève à réaliser la mesure de responsabilisation est clairement acté.

Il est souhaitable qu'à l'issue de la mesure le chef d'établissement en fasse un bilan avec l'élève et ses parents.

Il convient de ne pas confondre cette sanction avec la mesure de responsabilisation prononcée à titre d'alternative à la sanction, laquelle peut être proposée à l'élève qui a fait l'objet d'une sanction d'exclusion temporaire de la classe, de l'établissement ou de l'un de ses services annexes.

d) L'exclusion temporaire de la classe peut être prononcée si un élève perturbe plusieurs cours de façon répétitive. Cela suppose une concertation, en amont, entre les différents membres de l'équipe pédagogique et éducative. Cette concertation est essentielle afin de garantir la portée éducative de la sanction. L'exclusion de la classe, dont la durée maximale est de huit jours, s'applique à l'ensemble des cours d'une même classe. Elle n'est pas assimilable à l'exclusion du cours qui relève, quant à elle, du régime des punitions. Pendant l'exclusion de la classe, l'élève est accueilli dans l'établissement.

e) L'exclusion temporaire de l'établissement ou de l'un de ses services annexes, qu'elle ait été prononcée par le chef d'établissement ou le conseil de discipline, est désormais limitée à huit jours, de façon à ne pas compromettre la scolarité de l'élève.

f) L'exclusion définitive de l'établissement ou de l'un de ses services annexes : le conseil de discipline est seul compétent pour prononcer cette sanction.

Si l'exclusion définitive d'un élève est prononcée, un accueil spécifique devra être mis en place dans le nouvel établissement d'affectation pour favoriser son intégration. En application de l'article D. 511-30 du code de l'éducation, si l'élève a déjà fait l'objet d'une exclusion définitive au cours de l'année scolaire, l'information préalable du directeur académique des services de l'éducation nationale est obligatoire.

En application de l'article L. 131-6 du code de l'éducation, le maire de la commune où est domicilié l'élève doit être informé de la durée des sanctions d'exclusion temporaire ou définitive de l'établissement prononcées à l'encontre des élèves, afin de lui donner la possibilité de prendre les mesures à caractère social ou éducatif appropriées, dans le cadre de ses compétences.

3 Mesure alternative aux sanctions 4°) et 5°) prévues à l'article R. 511-13 du code de l'éducation

Une mesure de responsabilisation peut être proposée à l'élève comme alternative aux sanctions 4°) et 5°) de l'article R. 511-13 du code de l'éducation, ce qui suppose, par définition, que l'une de celles-ci ait fait l'objet d'une décision dûment actée. Si le chef d'établissement ou le conseil de discipline juge opportun de formuler une telle proposition à l'élève, elle doit recueillir, ensuite, l'accord de l'élève et de son représentant légal s'il est mineur.

La possibilité de prononcer une mesure alternative à la sanction n'est envisageable que dans l'hypothèse d'une exclusion temporaire de la classe ou d'une exclusion temporaire de l'établissement ou de l'un de ses services annexes.

Elle obéit au même régime juridique que la mesure de responsabilisation prononcée à titre de sanction (cf. annexe 2.c). Lorsque l'élève a respecté son engagement, la mention de la sanction initialement prononcée est retirée du dossier administratif de l'élève, au terme de l'exécution de la mesure de responsabilisation ; seule la mesure alternative à la sanction y figure.

L'élève et son représentant légal, s'il est mineur, sont avertis que le refus d'accomplir la mesure proposée a pour effet de rendre exécutoire la sanction initialement prononcée et son inscription dans le dossier administratif de l'élève. Le renoncement à la mesure alternative par l'élève au cours de son exécution a les mêmes conséquences.

B Les titulaires du pouvoir disciplinaire

L'initiative de la procédure disciplinaire appartient exclusivement au chef d'établissement, éventuellement sur demande d'un membre de la communauté éducative. C'est aussi le chef d'établissement qui décide ou non de réunir le conseil de discipline. La décision d'engagement ou de refus d'engagement d'une procédure disciplinaire n'est pas susceptible de faire l'objet de recours en annulation devant le juge administratif.

Lorsque le chef d'établissement, saisi par écrit d'une demande de saisine du conseil de discipline émanant d'un membre de la communauté éducative, décide de ne pas engager de procédure disciplinaire, il notifie par écrit à l'intéressé sa décision de refus motivée, en application de l'article D. 511-30 du code de l'éducation.

Le chef d'établissement est tenu d'engager une procédure disciplinaire lorsqu'un membre du personnel de l'établissement a été victime de violence verbale ou physique et lorsque l'élève commet un acte grave à l'égard d'un membre du personnel ou d'un autre élève. Il convient à nouveau de bien distinguer l'engagement d'une procédure disciplinaire et la décision prise au terme de cette procédure.

1 Le chef d'établissement

Le chef d'établissement peut prononcer, dans le respect de la procédure disciplinaire, toutes les sanctions qu'il juge utiles, dans la limite des pouvoirs propres qui lui sont reconnus aux termes des dispositions de l'article R. 511-14 du code de l'éducation : avertissement, blâme, mesure de responsabilisation, exclusion temporaire de la classe, de l'établissement ou de l'un de ses services annexes d'une durée maximale de huit jours.

Si le chef d'établissement peut prononcer seul toutes les sanctions autres que l'exclusion définitive, il a néanmoins la possibilité de réunir le conseil de discipline en dehors des cas où cette formalité est obligatoire.

2 Les conseils de discipline

Le conseil de discipline de l'établissement doit être distingué du conseil de discipline départemental qui est réuni dans des circonstances particulières. Les règles de fonctionnement du conseil de discipline sont permanentes quelles que soient les modalités selon lesquelles il est réuni. Le conseil de discipline détient une compétence exclusive lorsqu'un personnel de l'établissement a été victime d'atteinte physique. Par ailleurs, il est seul habilité à prononcer les sanctions d'exclusion définitive de l'établissement ou de l'un de ses services annexes.

Les différentes modalités de réunion du conseil de discipline sont les suivantes :

a) Le conseil de discipline de l'établissement

Le conseil de discipline comprend 14 membres :

— le chef d'établissement ;

— son adjoint ;

— un conseiller principal d'éducation désigné par le conseil d'administration sur proposition du chef d'établissement ;

— le gestionnaire ;

— cinq représentants des personnels dont quatre au titre des personnels d'enseignement et d'éducation et un au titre des personnels administratifs, sociaux et de santé, techniques, ouvriers et de service ;

— trois représentants des parents d'élèves et deux représentants des élèves dans les collèges ;

— deux représentants des parents d'élèves et trois représentants des élèves dans les lycées.

Le conseil de discipline est présidé par le chef d'établissement ou, en cas d'absence de celui-ci, par son adjoint. Le conseil de discipline peut entendre, en tant que de besoin, des personnalités qualifiées, susceptibles d'éclairer ses travaux.

Les représentants des personnels sont élus chaque année en leur sein par les membres titulaires et suppléants du conseil d'administration appartenant à leurs catégories respectives. Cette élection a lieu, pour les représentants des personnels d'enseignement et d'éducation, au scrutin proportionnel au plus fort reste, pour le représentant des personnels administratifs, sociaux et de santé, techniques, ouvriers et de service, au scrutin uninominal à un tour.

Les représentants des parents d'élèves et des élèves sont élus chaque année en leur sein par les membres titulaires et suppléants du conseil d'administration appartenant respectivement à chacune de ces catégories au scrutin proportionnel au plus fort reste.

Pour chaque membre élu du conseil, un suppléant est élu dans les mêmes conditions.

En fonction de la situation et des risques de troubles, dans l'établissement et à ses abords, qu'est susceptible d'entraîner la réunion d'un conseil de discipline, celui-ci peut, sur décision de son président, être réuni dans un autre établissement ou, le cas échéant, dans les locaux de la direction des services départementaux de l'éducation nationale. Dans cette hypothèse, sa composition n'est pas modifiée.

b) Le conseil de discipline départemental

Le chef d'établissement a la possibilité de saisir le directeur académique des services de l'éducation nationale, en vue de réunir le conseil de discipline départemental en lieu et place du conseil de discipline de l'établissement, dans les conditions prévues aux articles R. 511-44 et R. 511-45 du code de l'éducation et suivants, s'il estime que la sérénité du conseil de discipline n'est pas assurée ou que l'ordre et la sécurité dans l'établissement seraient compromis. Cette procédure peut être mise en œuvre pour des faits d'atteinte grave portée aux personnes ou aux biens et est envisageable dans deux hypothèses :

— si l'élève a déjà fait l'objet d'une sanction d'exclusion définitive de son précédent établissement ;

— ou si l'élève fait parallèlement l'objet de poursuites pénales en raison des faits justifiant la saisine du conseil de discipline.

Le conseil de discipline départemental a les mêmes compétences et est soumis à la même procédure que le conseil de discipline de l'établissement.

Il comprend, outre le directeur académique des services de l'éducation nationale, ou son représentant, président, deux représentants des personnels de direction, deux représentants des personnels d'enseignement, un représentant des personnels administratifs, sociaux et de santé, techniques, ouvriers et de service, un conseiller principal d'éducation, deux représentants des parents d'élèves et deux représentants des élèves ayant tous la qualité de membre d'un conseil de discipline d'établissement.

Ils sont nommés pour un an par le recteur d'académie. Celui-ci, en tant que de besoin, peut recueillir des propositions auprès des associations représentées au conseil de l'éducation nationale institué dans le département pour les représentants des parents d'élèves, auprès du conseil académique de la vie lycéenne pour les représentants des élèves et auprès des organisations syndicales représentatives au niveau départemental pour les représentants des personnels.

Le conseil de discipline départemental siège à la direction des services départementaux de l'éducation nationale.

II La procédure disciplinaire

Les principes généraux du droit s'appliquent quelles que soient les modalités de la procédure disciplinaire : saisine ou non du conseil de discipline.

A Une procédure soumise au respect des principes généraux du droit

1 Le principe de légalité des fautes et des sanctions

Il convient de préciser dans le règlement intérieur les comportements fautifs qui contreviendraient aux obligations des élèves définies à l'article L. 511-1 du code de l'éducation, susceptibles à ce titre d'entraîner l'engagement d'une procédure disciplinaire. Une faute peut reposer sur des faits commis hors de l'établissement scolaire, s'ils ne sont pas dissociables de la qualité de l'élève. Par exemple, il a été jugé que laisser un message injurieux sur le répondeur téléphonique personnel d'un enseignant qui l'avait exclu de ses cours n'est pas détachable de la qualité d'élève et peut être sanctionné (CAA Lyon, 13 janv. 2004 – TA Paris, 17 nov. 2005 – TA Versailles, 13 nov. 2007). Un harcèlement sur internet entre élèves est donc de nature à justifier une sanction disciplinaire.

La liste des sanctions prévues par l'article R. 511-13 du code de l'éducation figure dans le règlement intérieur.

2 La règle « *non bis in idem* » (pas de double sanction)

Aucun élève ne peut faire l'objet de plusieurs sanctions au sein de l'établissement à raison des mêmes faits. Pour autant, cette règle ne fait pas obstacle à la prise en compte de faits antérieurs pour apprécier le degré de la sanction qui doit être infligée en cas de nouvelle faute, en particulier en cas de harcèlement.

3 Le principe du contradictoire

Pour être effective, la procédure contradictoire suppose un strict respect des droits de la défense, à peine de nullité de la sanction décidée, conformément aux articles R. 421-10-1 et D. 511-31 et suivants du code de l'éducation. Il est donc impératif d'instaurer un dialogue et d'entendre leurs arguments avant toute décision de nature disciplinaire, qu'elle émane du chef d'établissement ou du conseil de discipline.

4 Le principe de proportionnalité

Le régime des sanctions est défini de façon graduelle : l'application qui en est faite doit être à la mesure de la gravité du manquement à la règle. Elle doit toujours constituer une réponse éducative adaptée.

Il convient à cet effet de prendre en compte la nature de la faute commise : les atteintes aux personnes et aux biens doivent, par exemple, être clairement distinguées. Il s'agit ainsi d'éviter toute confusion ou incohérence dans l'application de l'échelle des sanctions. Par conséquent, un nouveau manquement au règlement intérieur ne saurait suffire, à lui seul, à justifier une nouvelle mesure à l'encontre de l'élève, plus lourde que la précédente.

5 Le principe de l'individualisation

Le principe de l'individualisation des sanctions est conforme à la règle d'équité : elles ne peuvent atteindre indistinctement un groupe d'élèves.

a) Énoncé du principe

Le principe d'individualisation implique de tenir compte du degré de responsabilité de l'élève. La sanction ne se fonde pas seulement sur l'acte en lui-même mais également sur la prise en compte de la personnalité de l'élève, surtout s'agissant des mineurs, ainsi que du contexte dans lequel la faute a été commise. Les punitions ou sanctions collectives sont donc prohibées.

b) Faits d'indiscipline commis en groupe

Le principe de l'individualisation n'est toutefois pas exclusif de sanctions prononcées à raison de faits commis par un groupe d'élèves identifiés qui, par exemple, perturbe le fonctionnement de la classe. Il convient d'établir, dans toute la mesure du possible, les degrés de responsabilité de chacun(e) afin d'individualiser la sanction, ce qui n'exclut pas qu'elle soit identique pour plusieurs élèves.

6 L'obligation de motivation

La convocation soit à un entretien, soit à un conseil de discipline doit comporter la mention précise des faits reprochés.

Qu'elle soit prononcée par le chef d'établissement ou par le conseil de discipline, toute sanction, y compris l'avertissement et le blâme, doit être écrite et comporter une motivation claire et précise, rappelant les considérations de droit et de fait qui constituent le fondement de la décision, en application de l'article 3 de la loi du 11 juillet 1979 relative à la motivation des actes administratifs et à l'amélioration des relations entre l'administration et le public.

B Les mesures conservatoires

Les mesures conservatoires ne présentent pas le caractère d'une sanction et ne sauraient jouer ce rôle sous peine d'être annulées par le juge. Ces mesures à caractère exceptionnel, qui doivent répondre à une véritable nécessité, peuvent s'avérer opportunes notamment pour garantir l'ordre au sein de l'établissement.

a) Mesure conservatoire prononcée dans le délai de trois jours ouvrables imparti à l'élève pour présenter sa défense prévue à l'article R. 421-10-1

Lorsqu'il se prononce seul sur les faits qui ont justifié l'engagement d'une procédure disciplinaire, le chef d'établissement a la possibilité, en cas de nécessité, d'interdire l'accès de l'élève à l'établissement, à titre conservatoire, pendant la durée maximale de trois jours ouvrables correspondant au délai accordé à l'élève pour présenter sa défense (C. éduc., art. R. 421-10-1) dans le cadre du respect du principe du contradictoire.

b) Mesure conservatoire prononcée dans l'attente de la comparution de l'élève devant le conseil de discipline

L'article D. 511-33 du code de l'éducation donne la possibilité au chef d'établissement d'interdire l'accès de l'établissement à un élève, en cas de nécessité, en attendant la comparution de celui-ci devant le conseil de discipline. La mise en œuvre de cette mesure conservatoire implique donc la saisine préalable de ce conseil.

C Les modalités de la prise de décision en matière de sanctions

1 Les étapes de la prise de décision

Les modalités de la procédure disciplinaire, tant devant le chef d'établissement que devant le conseil de discipline, sont détaillées dans le règlement intérieur.

a) Information de l'élève, de son représentant légal et de la personne éventuellement chargée de le représenter

La communication à l'élève, à son représentant légal et à la personne susceptible de l'assister, de toute information utile à l'organisation de sa défense doit toujours être garantie, conformément au principe du contradictoire.

En application des articles D. 511-32 et R. 421-10-1 du code de l'éducation, l'élève doit être informé des faits qui lui sont reprochés.

Lorsque le chef d'établissement se prononce seul sur les faits qui ont justifié l'engagement de la procédure, il fait savoir à l'élève qu'il peut, dans un délai de trois jours ouvrables, présenter sa défense oralement ou par écrit et se faire assister de la personne de son choix. Si l'élève est mineur, cette communication est également faite à son représentant légal afin qu'il puisse présenter ses observations. Dans l'hypothèse où le chef d'établissement notifie ses droits à l'élève à la veille des vacances scolaires, le délai de trois jours ouvrables court normalement.

Lorsque le conseil de discipline est réuni, le chef d'établissement doit préciser à l'élève cité à comparaître qu'il peut présenter sa défense oralement ou par écrit et se faire assister par une personne de son choix. Si l'élève est mineur, cette communication est également faite à son représentant légal afin qu'il puisse présenter ses observations. Le représentant légal de l'élève et, le cas échéant, la personne chargée de l'assister, sont informés de leur droit d'être entendus à leur demande par le chef d'établissement ou le conseil de discipline.

b) Consultation du dossier administratif de l'élève

Lorsque le chef d'établissement se prononce seul sur les faits qui ont justifié la procédure comme lorsque le conseil de discipline est réuni, l'élève, son représentant légal et la personne éventuellement chargée de l'assister pour présenter sa défense peuvent prendre connaissance du dossier auprès du chef d'établissement, dès le début de la procédure disciplinaire. Le dossier doit inclure toutes les informations utiles : pièces numérotées relatives aux faits reprochés (notification, témoignages écrits éventuels...) ; éléments de contexte (bulletins trimestriels, résultats d'évaluation, documents relatifs à l'orientation et à l'affectation, attestations relatives à l'exercice des droits parentaux...) ; éventuels antécédents disciplinaires...

Lorsque le conseil de discipline est réuni, ses membres disposent de la même possibilité.

c) Convocation du conseil de discipline et de l'élève

Les convocations sont adressées par le chef d'établissement sous pli recommandé aux membres du conseil de discipline au moins huit jours avant la séance dont il fixe la date. Elles peuvent être remises en main propre à leurs destinataires, contre signature. Le chef d'établissement convoque dans les mêmes formes, en application de l'article D. 511-31 du code de l'éducation, l'élève et son représentant légal s'il est mineur, la personne éventuellement chargée d'assister l'élève pour présenter sa défense, la personne ayant demandé au chef d'établissement la comparution de celui-ci et, enfin, les témoins ou les personnes susceptibles d'éclairer le conseil sur les faits motivant la comparution de l'élève.

d) La procédure devant le conseil de discipline

Les modalités de la procédure à suivre devant le conseil de discipline sont détaillées aux articles D. 511-30 et suivants du code de l'éducation. Il convient de rappeler que le conseil de discipline entend l'élève en application de l'article D. 511-39 du code de l'éducation et, sur leur demande, son représentant légal et la personne éventuellement chargée d'assister l'élève. Il entend également deux professeurs de la classe de l'élève en cause, désignés par le chef d'établissement, les deux délégués d'élèves de cette classe, toute personne de l'établissement susceptible de fournir des éléments d'information sur l'élève de nature à éclairer les débats, la personne ayant demandé au chef d'établissement la comparution de l'élève et, enfin, les témoins ou les personnes susceptibles d'éclairer le conseil sur les faits motivant sa comparution.

Le procès-verbal mentionné à l'article D. 511-42 doit être rédigé dans les formes prescrites et transmis au recteur dans les cinq jours suivant la séance.

2 Articulation entre procédure disciplinaire et procédure pénale

Les procédures pénales et disciplinaires sont indépendantes.

La sanction prononcée sur le terrain disciplinaire n'est pas exclusive d'une qualification pénale des faits susceptible de justifier, éventuellement, la saisine du juge pénal. La décision du conseil de discipline ne porte pas atteinte à la présomption d'innocence. La circonstance que le procureur de la République décide de ne pas donner suite à la plainte déposée contre un élève ne prive pas l'administration de la possibilité d'engager une procédure disciplinaire. Il appartient dans ce cas à l'administration, sous le contrôle du juge administratif, d'apprécier si les faits reprochés à l'intéressé sont matériellement établis et susceptibles de donner lieu au prononcé d'une sanction disciplinaire. Néanmoins, il n'existe pas une étanchéité absolue entre la procédure pénale et la procédure disciplinaire. Le Conseil d'État considère en effet que si la qualification juridique retenue par le juge pénal ne lie pas l'administration, les faits qu'il constate et qui commandent nécessairement le dispositif de son jugement s'imposent à elle. Il n'en va pas de même, en revanche, d'un jugement de relaxe qui retient que les faits reprochés ne sont pas établis ou qu'un doute subsiste sur leur réalité. Un jugement de relaxe n'empêche donc pas qu'une sanction disciplinaire soit prononcée à l'encontre d'un élève, dès lors que l'administration est capable de démontrer la matérialité des fautes justifiant une sanction disciplinaire.

En application de l'article D. 511-47, lorsqu'un élève est traduit devant le conseil de discipline de l'établissement ou le conseil de discipline départemental et qu'il fait l'objet de poursuites pénales en raison des mêmes faits, l'action disciplinaire peut, en cas de contestation sérieuse sur la matérialité de ces faits ou sur leur imputation à l'élève en cause, être suspendue jusqu'à ce que la juridiction saisie se soit prononcée. Avant d'envisager une éventuelle suspension de la procédure disciplinaire, il convient donc de s'assurer que les conditions suivantes sont réunies :

— l'effectivité des poursuites pénales : le simple signalement ou le dépôt de plainte auprès des autorités de police ne suffisent pas à déclencher les poursuites qui doivent être diligentées par le Parquet, selon les formes légales prescrites : citation à comparaître devant la juridiction de jugement compétente selon les procédures en vigueur (citation directe, comparution immédiate, convocation par officier de police judiciaire ou convocation par procès-verbal), ouverture d'une information judiciaire et mise en examen. Il est nécessaire que des partenariats locaux soient mis en place afin que l'autorité judiciaire informe les autorités académiques ainsi que les chefs d'établissement des suites judiciaires données à leurs signalements ;

— l'existence d'une contestation sérieuse : lorsqu'il existe une contestation sérieuse sur la matérialité des faits ou sur leur imputation à l'élève en cause, la procédure disciplinaire peut être suspendue dans l'attente de la décision de la juridiction saisie.

Il est envisageable qu'une suspension de la procédure disciplinaire dans l'attente de la décision de la juridiction pénale intervienne alors que le chef d'établissement a interdit à titre conservatoire, en application de l'article D. 511-33, l'accès de l'élève à l'établissement en attendant la réunion du conseil de discipline. Cette mesure est dans ce cas susceptible de se prolonger pendant une durée incompatible avec les obligations scolaires de l'élève, qui demeure inscrit dans l'établissement. Le chef d'établissement doit donc veiller à assortir sa décision des mesures d'accompagnement appropriées. Une inscription au Centre national d'enseignement à distance (CNED) ou, sous réserve de l'accord des parents, un accueil dans un autre établissement scolaire sont recommandés dans l'hypothèse de poursuites pénales.

Si, en revanche, le conseil de discipline estime qu'il n'existe pas de doute sur la matérialité des faits, il peut, selon sa libre appréciation, décider de poursuivre la procédure disciplinaire et prononcer éventuellement une sanction, sans attendre l'issue des poursuites pénales. Dans toute la mesure du possible, il est préférable que le conseil de discipline se prononce sans délai.

Il est à relever qu'un dossier relatif à une procédure disciplinaire peut, le cas échéant, être saisi sous réquisition, c'est-à-dire sur ordre de l'autorité judiciaire compétente, dans le cadre d'une procédure judiciaire.

3 Articulation entre procédure disciplinaire et procédure civile en cas de dommages causés aux biens de l'établissement

La mise en cause de la responsabilité de l'élève majeur ou des personnes exerçant l'autorité parentale en cas de dommage causé aux biens de l'établissement relève respectivement des dispositions des articles 1382 et 1384 du code civil. De façon générale, le principe de co-responsabilité des parents, auxquels l'éducation des enfants incombe au premier chef, doit pouvoir s'appliquer au sein de l'éducation nationale, selon les règles de droit commun, lorsque les biens de l'établissement font l'objet de dégradations. Le chef d'établissement dispose ainsi de la possibilité d'émettre un ordre de recette à leur encontre afin d'obtenir réparation des dommages causés par leur enfant mineur.

4 La notification et le suivi des sanctions

La notification de la décision, effectuée selon les formes prescrites, ne marque pas l'achèvement de la procédure disciplinaire, car elle peut faire l'objet d'un recours administratif ou contentieux.

a) Notification

La sanction et/ou la décision de révocation d'un sursis doit être notifiée à l'élève et, le cas échéant, à son représentant légal, par pli recommandé le jour même de son prononcé ou au plus tard le premier jour ouvrable suivant. Elle peut également être remise en main propre contre signature. En vertu de la loi du 11 juillet 1979, la sanction notifiée à l'élève doit être motivée, sous peine d'être irrégulière. Concrètement, cette obligation légale est respectée si la notification de la décision est accompagnée des motifs écrits, clairs et précis, de fait et de droit qui en constituent le fondement. Les mentions des voies et délais de recours contre les décisions rendues, soit par le chef d'établissement, soit par le conseil de discipline, doivent toujours figurer sur la notification susceptible de faire l'objet d'un recours. A défaut, le délai de forclusion de deux mois à l'expiration duquel les décisions de sanction ne peuvent plus faire l'objet d'un recours n'est plus opposable par l'administration.

b) Le registre des sanctions

Chaque établissement tient un registre des sanctions prononcées comportant l'énoncé des faits et des mesures prises à l'égard d'un élève, sans mention de son identité. Ce registre est destiné à donner la cohérence nécessaire aux sanctions prononcées, dans le respect du principe d'individualisation. Il constitue un mode de régulation et favorise les conditions d'une réelle transparence. Il permet au chef d'établissement de faire partager par la communauté éducative une vision de la politique suivie par l'établissement en la matière et constitue ainsi un instrument de pilotage.

c) Le suivi administratif des sanctions

Le dossier administratif de l'élève permet d'assurer le suivi des sanctions au plan individuel. Toute sanction disciplinaire constitue une décision individuelle qui doit être versée au dossier administratif de l'élève. Ce dossier peut, à tout moment, être consulté par l'élève ou s'il est mineur par son représentant légal.

Les sanctions d'avertissement, de blâme et la mesure de responsabilisation sont effacées du dossier administratif de l'élève à l'issue de l'année scolaire. Il en est de même pour toute mesure alternative à la sanction si l'élève a respecté l'engagement écrit précisant les conditions de mise en œuvre de ladite mesure. Dans le cas contraire, la sanction initialement envisagée est inscrite au dossier. Les autres sanctions, hormis l'exclusion définitive, sont effacées du dossier administratif de l'élève au bout d'un an à partir de la date à laquelle elle a été prononcée. Le calcul des délais relatifs à l'effacement de la sanction s'effectue de date à date.

Afin d'encourager un dialogue éducatif sur le respect des règles de vie collective, l'élève peut demander au chef d'établissement l'effacement de toute sanction lorsqu'il change d'établissement. Cette possibilité ne s'applique pas, toutefois, à la sanction d'exclusion définitive. Le chef d'établissement se prononcera au vu du comportement de l'élève depuis l'exécution de la sanction dont il demande l'effacement et au regard de ses motivations. Si l'effet éducatif de la sanction n'est pas avéré, son effacement pourra être refusé. Dans tous les cas, les sanctions figurant au dossier administratif de l'élève en sont effacées au terme de ses études dans le second degré.

Il est rappelé que les lois d'amnistie couvrent de leur bénéfice les faits qui auraient pu ou qui ont donné lieu à une procédure disciplinaire, à l'exclusion de ceux constituant des manquements à la probité, aux bonnes mœurs ou à l'honneur, ou ayant donné lieu à une condamnation pénale qui n'a pas été amnistiée. Les lois d'amnistie font obstacle au déclenchement de la procédure disciplinaire pour les faits qui sont couverts par elle, ainsi que, le cas échéant, à l'exécution de la sanction qui a été prononcée pour ces faits. Elles entraînent l'effacement des sanctions prononcées, qui sont regardées comme n'étant pas intervenues. En conséquence, si un élève qui a fait l'objet d'une exclusion définitive d'un établissement sollicite une nouvelle inscription dans ce même établissement ou dans un autre, cette demande ne peut être rejetée au motif de ladite sanction, l'administration n'étant plus autorisée à y faire référence (C. pén., art. L. 133-1).

5 Les voies de recours

Il existe deux types de recours ouverts : les recours administratifs ou contentieux. Les décisions éventuelles de rejet de demandes formulées par la voie gracieuse ou hiérarchique doivent porter mention, au même titre que les sanctions elles-mêmes, des voies et délais de recours.

a) Les recours administratifs

Les recours administratifs facultatifs, gracieux ou hiérarchiques, peuvent être formés à l'encontre des décisions prises par le chef d'établissement. Le recours administratif devant le recteur à l'encontre des décisions du conseil de discipline est un préalable obligatoire à un recours contentieux.

— Les recours administratifs facultatifs, gracieux ou hiérarchiques

Dans l'hypothèse où le chef d'établissement a prononcé seul une sanction, l'élève ou, s'il est mineur, son représentant légal, a la possibilité de former un recours gracieux auprès du chef d'établissement dans un délai de deux mois à compter de sa notification.

Il peut également former un recours hiérarchique devant l'autorité académique. Les recours gracieux ou hiérarchiques ne sont pas suspensifs de l'exécution de la sanction.

— Le recours administratif préalable obligatoire devant le recteur d'académie

Toute décision du conseil de discipline ou du conseil de discipline départemental peut être déférée au recteur d'académie, en application de l'article R. 511-49 du code de l'éducation, dans un délai de huit jours à compter de la notification, soit par le représentant légal de l'élève, ou par ce dernier s'il est majeur, soit par le chef d'établissement. Cette règle vaut quelle que soit la nature de la décision prise par le conseil de discipline : décision de sanctionner ou non les faits à l'origine de la procédure disciplinaire. Le recteur d'académie prend sa décision après avis de la commission académique d'appel qu'il préside. En cas d'empêchement, il peut se faire représenter pour présider la commission. Le représentant du recteur appelé à présider la commission ne doit pas, toutefois, y siéger en qualité de membre de droit. La procédure devant la commission académique d'appel est la même que devant les conseils de discipline. La décision du conseil de discipline demeure néanmoins exécutoire, nonobstant la saisine du recteur d'académie. Sa décision doit intervenir dans un délai d'un mois à compter de la date de réception de l'appel.

Le recours administratif préalable obligatoire devant le recteur contre les décisions du conseil de discipline doit obligatoirement avoir été formé avant la saisine éventuelle de la juridiction administrative. Cette dernière ne pourra statuer que sur la décision du recteur, non sur la sanction prononcée par le conseil de discipline.

b) Le recours contentieux

L'élève ou son représentant légal, s'il est mineur, peut contester les sanctions prononcées par le chef d'établissement devant le tribunal administratif compétent, dans le délai de droit commun de deux mois après la notification.

L'élève ou son représentant légal, s'il est mineur, peut contester dans le même délai les sanctions prononcées par le recteur après une décision défavorable rendue à l'issue de la procédure d'appel.

Dans l'hypothèse de recours gracieux et/ou hiérarchique contre une décision rendue par le chef d'établissement seul, l'élève ou son représentant légal a la possibilité de former un recours contentieux devant la juridiction administrative dans les deux mois suivant l'éventuelle décision de rejet. Il est précisé que l'exercice d'un recours administratif facultatif interrompt le délai de deux mois du recours contentieux. Toutefois, le délai du recours contentieux ne peut être prorogé qu'une fois.

Art. L. 511-2 **Dans les collèges et les lycées, les élèves disposent, dans le respect du pluralisme et du principe de neutralité, de la liberté d'information et de la liberté**

d'expression. L'exercice de ces libertés ne peut porter atteinte aux activités d'enseignement. – *[L. n° 89-486 du 10 juill. 1989, art. 10, al. 2.]*

Sur les droits et obligations des élèves, V. art. R. 511-1 s.

Sur les conseils académiques de la vie lycéenne, V. art. D. 511-63 s.

Sur la responsabilité et l'engagement des lycéens, V. ci-dessous Circ. n° 2010-129 du 24 août 2010.

Sur la neutralité commerciale s'agissant d'un site internet d'un établissement public d'enseignement supérieur, V. DAJ, note B1 n° 2019-123 du 20 nov. 2019 : LIJ 2019, janv. 2020. 12.

BIBL. ▶ Mary, La liberté d'expression des élèves, *AJ fam. 2004. 94*. – Piau, Les droits de l'élève. À l'école, au collège, au lycée, *Éd. François Bourin, 2011*. – Viprey, Les droits des élèves dans l'enseignement primaire et secondaire en France, *Thèse, Univ. Grenoble 2, 1995.*

COMMENTAIRE

Le code de l'éducation s'ouvre par la reconnaissance du *« droit à l'éducation »* (art. L. 111-1), d'une créance opposable au service public de l'éducation par tous, *« quelle que soit leur origine sociale, culturelle ou géographique »*. À côté de l'égalité et de la dignité, l'élève peut aussi bénéficier de *« droits de »*, droits individuels qui peuvent aussi faire l'objet d'une organisation collective, préfigurant ainsi les libertés publiques dont disposent les citoyens.

Ces droits qui assurent l'éducation de chacun à l'autonomie complètent ceux qui permettent aux élèves de participer à la vie de l'établissement, notamment en désignant des délégués et des représentants au conseil d'administration et au conseil de la vie lycéenne (Décr. n° 91-916 du 16 sept. 1991 relatif à la création des conseils académiques de la vie lycéenne, mod. par Décr. n° 2010-99 du 27 janv. 2010, intégré aux art. R. 421-43 s.) et de la vie collégienne (Décr. n° 2016-1631 du 29 nov. 2016, art. R. 421-45-1 s.). Il s'agit de « favoriser l'engagement des élèves » dans leur établissement et dans le système éducatif (au niveau académique avec le Conseil académique de la vie lycéenne [CAVL], national avec le CNVL, V. Circ. n° 2018-098 du 20 août 2018 présentant l'ensemble des dispositions relatives à la composition et au fonctionnement des instances de la vie lycéenne, CVL, CAVL, CNVL, prenant en considération le Décr. n° 2016-1229 du 16 sept. 2016 relatif aux modalités d'élection au sein du conseil d'administration et du conseil de discipline, et le Décr. n° 2017-642 du 26 avr. 2017 sur la parité), engagement interne (Circ. n° 2014-092 du 16 juill. 2014), élément d'apprentissage de la citoyenneté et de la vie démocratique, à distinguer de l'engagement dans les actions externes, notamment humanitaires. L'article 40 de la loi du 26 juillet 2019 pour une école de la confiance, dans la perspective de l'évaluation des établissements qui doit faire une place importante à l'auto-évaluation, prévoit la consultation de l'ensemble des lycéens organisée par le CVL avec l'appui du chef d'établissement dans le cadre méthodologique défini par le Conseil d'évaluation (art. L. 511-2-2).

Sur le modèle de la Charte de la laïcité à l'école, la circulaire n° 2016-132 du 9 septembre 2016 pour un acte II de la vie lycéenne, contient en annexe, une charte des droits des lycéens (et des lycéennes) présentée sous forme d'affiche annexée qui doit être remise à chaque élève à la rentrée avec le règlement intérieur. L'affiche est composée de six cartouches qui illustrent la réglementation en vigueur. Les trois premières sont consacrées aux libertés lycéennes : le droit de publication (art. L. 511-8 ; Circ. n° 2002-026 du 1er févr. 2002), le droit d'affichage et de réunion (art. R. 511-7 et R. 511-10) et le droit d'association (art. R. 511-9, Circ. n° 2010-009 du 29 janv. 2010 sur la maison des lycéens : MDL) ; les trois autres concernent le droit à la représentation qui englobe le droit d'élire et d'être élu (Circ. n° 2010-128 du 20 août 2010) mais aussi la valorisation des mandats et le financement des projets lycéens, des droits de la défense (art. R. 421-10-1, Circ. n° 2014-059 du 27 mai 2014) et la dernière déclinaison du droit à l'éducation qu'est le droit au retour en formation (art. D. 122-3-1 s. ; Circ. n° 2015-041 du 20 mars 2015).

I. L'AFFIRMATION DU PRINCIPE : LIBERTÉ D'INFORMATION ET D'EXPRESSION

Il était logique que la loi d'orientation du 10 juillet 1989 introduisît la *« liberté d'information et d'expression »* dans les établissements secondaires. Au lycée sont en effet scolarisés de nombreux adultes qui, à l'extérieur, en bénéficient ; quant aux élèves mineurs, tant au lycée qu'au collège, ils se préparent à devenir des citoyens responsables ; les plus jeunes sont eux aussi concernés : *« l'enfant a droit à la liberté d'expression. Ce droit comprend la liberté de rechercher, recevoir et de répandre des informations et des idées de toute espèce... sous une forme orale, écrite, imprimée ou artistique, ou par tout autre moyen du choix de l'enfant »* (CIDE, art. 13). En droit français, c'est la déclinaison de l'article 11 de la Déclaration des droits de l'homme et du citoyen, fondement du principe de libre communication des pensées et des opinions (parler, écrire, imprimer librement).

C'est d'abord le droit d'être informé sur ses droits (ainsi l'art. L. 511-4 impose une information dans l'établissement sur le droit de la nationalité, sur son acquisition à la majorité par tout enfant ayant résidé cinq ans sur le territoire national, sur l'art. 21-7 du C. civ. ; Décr. n° 98-719 du 20 août 1998, relatif à l'information du public en matière de droit de la nationalité). Mais c'est aussi la possibilité d'accéder aux diverses sources d'informations dans tous les domaines qu'ils ressortissent ou non des programmes scolaires sous réserve du respect de la loi (et de la vie privée des élèves qui peut se manifester sur les réseaux sociaux, V. note sur la ***Création de pages « spotted »*** ss. art. L. 511-2).

A noter que les travaux réalisés par les élèves dans le cadre de leurs obligations peuvent être considérés comme des « œuvres de l'esprit » protégées par le droit de la propriété intellectuelle dans la mesure où elles ont un caractère original (V. notes ss. art. L. 511-2).

II. LES LIMITES DU PRINCIPE

Le chef d'établissement et le conseil d'administration veillent, en collaboration avec le conseil des délégués pour la vie lycéenne, à ce que la liberté d'expression dont les élèves disposent individuellement et collectivement s'exerce dans les conditions définies par l'article L. 511-2 qui fixe deux séries de limites.

A. RESPECT DU PLURALISME ET DE LA NEUTRALITÉ

L'information comme l'expression de leurs idées ou opinions doit se faire dans le respect de la diversité des élèves, de leur culture, de leur origine ; il est nécessaire d'assurer la diversité des sources d'informations ou du moins d'en permettre l'accès, ce qui est aujourd'hui facilité par l'internet ; la liberté de conscience que *« l'école publique respecte de façon absolue »* (Rapport au Premier ministre préliminaire au décret de 1991) exclut tout monopole d'information, toute doctrine officielle tant sur le plan politique que philosophique ou religieux ; la neutralité politique, religieuse et commerciale s'impose à tous les membres de la communauté éducative. Les faits, les idées et les systèmes doivent être présentés dans un esprit de tolérance, respectant le principe de laïcité, évitant provocation et prosélytisme mettant en cause l'ordre public et le fonctionnement du service public. Ainsi la brochure de la Commission européenne diffusée dans les lycées avant le référendum sur le projet de Constitution européenne avait un contenu exclusivement informatif et ne dérogeait ni au principe de liberté d'expression du suffrage ni à la neutralité du service public (CE, ord., 13 mai 2005, *Marie-George Buffet et a.*, n° 28053). Par contre, ce principe n'est pas respecté par la campagne de communication contre la discrimination en raison de l'orientation sexuelle qui omet de faire état du caractère répréhensible (au sens du code pénal) de certaines pratiques mentionnées sur le site de l'association chargée de cette information (CE 15 oct. 2014, *Conféd. nat. des assoc. familiales catholiques*, n° 369965 : *AJDA 2014. 2032*).

B. NE PAS PORTER ATTEINTE AUX ACTIVITÉS D'ENSEIGNEMENT

Il s'agit là de respecter la mission du service public de l'enseignement. La liberté d'expression reconnue aux élèves ne doit pas entraver l'organisation et le déroulement des cours et autres activités scolaires ; en fait information et expression sont au cœur des apprentissages ; cette disposition doit être lue comme une garantie que l'expression collective des élèves n'entrave pas l'acquisition des connaissances, mais rien n'empêche qu'elle soit mise à leur service.

Le développement des usages de l'internet ouvre de multiples possibilités d'information et d'expression. Il doit toutefois s'accompagner de mesures fortes pour assurer la sécurité des usagers, notamment des élèves mineurs. Il est possible de mettre en place un contrôle *a priori* interdisant l'accès aux sites inappropriés véhiculant certaines informations, images et idées (pornographie, racisme, antisémitisme, violence) ; la constitution de « listes noires » peut être accompagnée d'un contrôle *a posteriori* recensant les sites consultés. Mais le bon usage de l'outil n'est possible que si l'ensemble des membres de la communauté éducative se mobilise pour une responsabilisation des différents acteurs. C'est dans cet esprit que le ministre a préconisé en 2004 l'adoption dans chaque établissement d'une charte de l'utilisation de l'internet, annexée au règlement intérieur et présentée à la signature des élèves et de leurs parents.

III. APPLICATIONS DU PRINCIPE

Le décret de 1991, modifiant le décret n° 85-924 du 30 août 1985, désormais intégré à la partie réglementaire du code (art. R. 421-3 s. et R. 511-2 s.), précise comment les élèves vont pouvoir s'informer ou être informés et s'exprimer. Dans les collèges comme dans les lycées, cette possibilité s'exerce par l'intermédiaire de délégués élèves qui peuvent recueillir dans chaque classe les avis et propositions de leurs mandants et les transmettre au chef d'établissement. Mais seuls les lycéens se sont vu reconnaître certaines formes de liberté ; ainsi, dans les lycées, afin de permettre l'exercice de la liberté d'expression, le chef d'établissement veille à ce que des panneaux d'affichage (et un local) soient mis à la disposition des délégués et des associations d'élèves (art. R. 511-6 s.). Introduisant une véritable propédeutique des libertés publiques, par référence aux grandes lois libérales de la IIIe République, mais en les adaptant au cadre de l'établissement, le décret s'attache à trois formes d'expression collective, permettant aux élèves de publier, de se réunir et de créer des associations.

A. LA LIBERTÉ DE PUBLICATION (art. R. 511-8)

La loi du 29 juillet 1881 organise la liberté de la presse ; le régime mis en place est le plus conforme à l'idéal libéral ; aucune autorisation ou déclaration préalable n'est exigée ; les citoyens publient librement sauf à répondre devant le juge judiciaire des infractions qu'ils pourraient commettre (apologie de crime, atteinte à la présomption d'innocence, diffamation, discrimination raciale, injures…). La publication en dehors de l'établissement par des lycéens est pleinement soumise à ce régime. Le chef d'établissement qui peut être directeur de publication peut voir sa responsabilité engagée ; l'article 40 du code de procédure pénale l'oblige à saisir le procureur de la République comme toute personne ayant connaissance des infractions. Il en est de même pour les publications électroniques par les *« blogs »* (contraction de *« web »* et de *« log »*, site personnel de publication sur la toile ; V. par exemple, TA Clermont-Ferrand, 6 avr. 2006, *Corinne N. c/ collège Teilhard de Chardin*).

A l'intérieur de l'établissement, la presse a fait son entrée depuis longtemps, les journaux peuvent être consultés au centre de documentation et d'information ; une *« semaine de la presse dans l'école »* est organisée chaque année ; de nombreuses opérations sont menées avec les entreprises de presse. L'un des objectifs est d'amener les élèves à s'investir dans la production et la diffusion de textes. Les techniques modernes d'information et de communication facilitent la diffusion des journaux lycéens et permettent de créer de nouveaux supports, tels les sites hébergés sur le serveur de l'établissement.

Si la liberté de publication est reconnue dans l'établissement, son régime diffère du droit commun. Le chef d'établissement a en effet la possibilité de suspendre ou d'interdire une publication dans l'établissement sous réserve d'en informer le conseil d'administration si les écrits qu'elle contient sont injurieux, diffamatoires ou attentatoires aux droits d'autrui ou à l'ordre public (art. R. 511-8).

L'action du chef d'établissement est placée sous le contrôle du juge qui vérifie si le contenu du journal scolaire porte atteinte à l'ordre public, aux droits d'autrui ou à la dignité de ceux qui y participent (cas du journal du lycée Henri IV *« Ravaillac »* qui en dépit de son caractère provocateur ne portait pas atteinte à la dignité, V. note 7 ss. art. L. 511-2 : CAA Paris, 7 oct. 2004, n° 04PA00430 : *AJDA 2004. 2397*).

La loi n° 2017-86 du 27 janvier 2017 relative à l'égalité et à la citoyenneté a assoupli la loi du 29 juillet 1881 sur la liberté de la presse ; désormais, un mineur âgé de seize ans révolus peut être nommé directeur ou codirecteur de la publication de tout journal ou écrit périodique réalisé bénévolement sans engager la responsabilité de ses parents, sur le fondement de l'article 1242 du code civil.

B. LA LIBERTÉ DE RÉUNION (art. R. 511-10)

La loi du 30 juin 1881 organise la liberté de réunion, distinguant réunions publiques et réunions privées et permettant notamment l'échange des informations, l'expression collective des opinions et le débat d'idées. Par la Convention internationale des droits de l'enfant, les États reconnaissent les droits de l'enfant à *« la liberté de réunion pacifique »* (art. 15) ; à l'école, les réunions peuvent en effet contribuer à l'information des élèves. L'article R. 511-10 prévoit cette possibilité que pour les collégiens (à la seule initiative des délégués) et les lycéens (à l'initiative des délégués mais aussi des associations autorisées ou des groupes d'élèves). Ce sont des réunions privées car réservées à un public déterminé, non ouvertes au public. Elles doivent avoir lieu en dehors des heures de cours prévues à l'emploi du temps des participants. Les modalités d'exercice de ce droit sont fixées par le règlement intérieur après consultation du conseil des délégués pour la vie lycéenne. Contrairement au droit commun, le droit de réunion est soumis à autorisation préalable du chef d'établissement, sur demande motivée des organisateurs ; l'intervention de personnalités extérieures peut être soumise pour avis au conseil d'administration ; le refus est légal si la réunion ou la participation de personnalités extérieures est de nature à porter atteinte au fonctionnement normal de l'établissement ou aux principes mentionnés dans la loi, pluralisme et neutralité (ce qui n'est pas le cas d'une intervention du président de SOS Racisme, V. art. L. 511-2, note 1 ; ce qui est le cas d'une réunion organisée par des groupements politiques d'élèves, V. art. L. 511-2, note 3) ; l'autorisation peut être assortie de conditions pour assurer la sécurité des personnes et des biens.

IV. LA LIBERTÉ D'ASSOCIATION (art. R. 511-9)

Le décret de 1991 (qui modifie le Décr. n° 85-924, V. désormais art. R. 511-9) introduit une référence expresse à la « liberté d'association », considérée par le Conseil constitutionnel comme un « principe fondamental reconnu par les lois de la République » (Cons. const. 16 juill. 1971, *Loi complétant les dispositions des articles 5 et 7 de la loi du 1er juillet 1901 relative au contrat d'association*, n° 71-44 DC : *Rec. Cons. const. 29 ; GDCC n° 18*), repris par la loi du 1er juillet 1901 sur les associations dont l'article 2 précise qu'elles se forment librement sans autorisation ni déclaration préalable (pour disposer de la capacité juridique une déclaration en préfecture est toutefois prévue). Le phénomène associatif joue un rôle important en matière d'éducation pour les activités scolaires et périscolaires. A l'intérieur même des établissements, peuvent être constituées des associations sportives (art. L. 552-2). Si elles s'inscrivent dans une démarche citoyenne, leur objectif principal est d'organiser une activité. Or, les associations peuvent avoir un objet plus large en contribuant à l'exercice du droit d'expression (CIDE, art. 15). Il s'agit alors d'une *« expression collective »*. C'est dans ce cadre que s'inscrivent les associations lycéennes.

L'article R. 511-9 réserve l'exercice de ce droit aux lycéens. Les associations fonctionnent à l'intérieur du lycée ; elles sont composées d'élèves, et le cas échéant d'autres membres de la communauté éducative. Contrairement au droit commun, elles sont soumises non seulement à déclaration au chef d'établissement qui reçoit copie des statuts mais à autorisation préalable du conseil d'administration. Celui-ci vérifie que son objet et son activité (qui ne peuvent être ni politiques ni religieux) sont compatibles avec les principes du service public de l'enseignement. Si ses activités portent atteinte à ces principes, le chef d'établissement invite le président de l'association à s'y conformer ; en cas de manquement persistant il saisit le conseil d'administration qui peut retirer l'autorisation après avis du conseil des délégués pour la vie lycéenne.

La loi n° 2017-86 du 27 janvier 2017 relative à l'égalité et à la citoyenneté modifie la loi de 1901 ; désormais, tout mineur peut librement devenir membre d'une association ; s'il est âgé de moins de seize ans et dispose d'un accord écrit préalable de son représentant légal, il peut participer à la constitution d'une association, être chargé de son administration et accomplir tous les actes utiles à l'administration de l'association, à l'exception des actes de disposition (ex. vente) ; s'il a seize ans révolus, son représentant légal est simplement informé, ce qui lui donne le pouvoir de faire opposition.

La structure associative est utilisée dans chaque lycée pour la maison des lycéens (MDL) ; gérée directement par les élèves de seize ans ou plus pour participer au développement de la vie sociale, culturelle et sportive dans l'établissement, elle remplace l'ancien foyer socio-éducatif (FSE) (V. Circ. n° 2010-009 du 29 janv. 2010 relative à la Maison des lycéens).

Les lycéens disposent-ils de la liberté de manifestation ? Le mouvement lycéen recourt régulièrement à des pratiques collectives de protestation : arrêt des cours (improprement dénommé « grève » en l'absence de caractère professionnel), *sit-in*, cortège dans l'établissement et sur la voie publique, « occupation » de l'établissement, blocage de l'entrée ou de la sortie... Si les lycéens ne disposent pas du droit de grève, leurs manifestations peuvent être considérées comme une conséquence des libertés qui leur sont reconnues (expression, réunion). Mais cette liberté devra respecter le cadre législatif existant tant en dehors de l'établissement (les manifestations sur la voie publique doivent être déclarées) que dans l'établissement (où elles ne peuvent être autorisées). En cas d'entraves à l'entrée dans l'établissement et blocage des cours, le juge administratif peut être saisi en référé liberté (CJA, art. L. 521) dans la mesure où sont en cause les libertés fondamentales que sont la liberté d'aller et venir et le droit à l'éducation. ❑

I. PRINCIPE DE NEUTRALITÉ

1. *Débat d'ordre civique et social. Absence d'atteinte.* Ne porte pas atteinte au principe de neutralité le proviseur qui autorise, à la demande du « Club des droits de l'homme » du foyer socio-éducatif de cet établissement et du « comité SOS Racisme », la tenue en dehors des heures d'activité scolaire d'une réunion suivie d'un débat dans l'enceinte du lycée, sur le thème « Égalités, code de la nationalité » à laquelle devait participer le président de l'association « SOS Racisme ». D'une part, les organisations qui ont pris l'initiative de la réunion ne peuvent être assimilées à des groupements politiques. D'autre part, même s'il avait fait l'objet dans un passé récent de controverses d'ordre politique, le thème retenu concernait un débat d'ordre civique et social. • CE 6 nov. 1991, n° 107115 A : *D. 1993. 129, obs. Dubaele*. ♦ De la même manière, ne porte pas atteinte au principe de neutralité la décision d'un proviseur qui autorise la tenue, en dehors des heures d'activité scolaire, d'une réunion animée par le président de l'association « SOS Racisme » et suivie d'un débat, dans l'enceinte du lycée, sur le thème « le rôle de l'État dans l'intégration des enfants d'origine étrangère ». Cette association ne peut être assimilée à un groupement politique. Même s'il avait fait l'objet dans un passé récent de controverses d'ordre politique, le thème retenu concernait un débat d'ordre civique et social. Ni la proximité d'une consultation électorale, ni la notoriété de l'engagement politique personnel du principal invité n'étaient de nature à retirer ce caractère à la réunion. • CE 1er mars 1993, n° 119390 : *AJDA 1993. 881, note Toulemonde*.

2. *Éducation à la sexualité. Absence d'atteinte.* La circulaire prévoyant l'organisation de séquences d'éducation à la sexualité dans un but global d'éducation à la santé et aux fins notamment de prévenir les risques de transmission de maladies sexuellement transmissibles ne méconnaît pas les principes de neutralité et de laïcité. • CE 18 oct. 2000, n° 213303 A : *D. 2000. 291* ; *AJFP 2001. 45, obs. Mekhantar*.

3. *Réunions politiques. Atteinte.* Un proviseur avait décidé, conformément à la proposition qui lui avait été faite par le conseil de l'établissement, d'autoriser la tenue, par des groupements politiques d'élèves, de réunions dans les locaux scolaires, à condition que ces réunions aient lieu en dehors des heures de cours, sans participation extérieure et sous le contrôle d'une commission désignée par le conseil d'établissement. La circonstance que des groupements politiques d'élèves soient habilités à organiser des réunions politiques au sein du lycée est de nature, nonobstant les conditions dont cette autorisation est assortie, à porter atteinte au principe de neutralité auquel doivent se conformer, en la matière, les établissements scolaires. • CE 8 nov. 1985, *MEN c/ Rudent*, n° 55594 A : *AJDA 1985. 712, chron. Hubac et Azibert* ; *RD publ. 1986. 244, note Llorens*.

4. *Mesure d'organisation du service.* Une note de service publiée au BOEN relative à « la semaine internationale d'éducation contre le racisme » organisée par l'association « SOS racisme » invitant les chefs d'établissement à « définir les modalités appropriées permettant aux élèves qui le souhaitent de participer, en dehors des heures de cours, à la réflexion qui sera conduite durant cette période » s'analyse comme la diffusion d'une information et donc comme une mesure concernant l'organisation du service. N'étant pas de nature à faire grief à la confédération requérante, ce texte ne peut être contesté par la voie du recours pour excès de pouvoir. • CE 12 janv. 1994, n° 120087.

5. *Neutralité commerciale.* Hors le cas des bulletins officiels des ministères, les administrations peuvent insérer, dans leurs publications, des messages publicitaires, lorsque cette insertion peut être regardée comme répondant à un intérêt public ou comme le complément ou le prolongement de l'activité de service public que constitue l'information des fonctionnaires et des administrés, sous réserve que le message publicitaire soit en rapport avec la publication en cause. A propos de la « circulaire de bonne conduite des interventions des entreprises en milieu scolaire » rappelant quelles étaient les précautions que les établissements devaient prendre dans leurs relations avec le monde économique afin de respecter le principe de neutralité. • CE 6 nov. 2002, n° 234271 A : *AJDA 2003. 994, note Jégouzot-Viénot*.

II. LIBERTÉ D'EXPRESSION

6. Contenu. Le législateur n'a pas exclu de la liberté d'expression qu'il consacre les formes d'expression collective. Les élèves des lycées et collèges disposent des droits reconnus respectivement par les L. du 30 juin 1881 sur la liberté de réunion, du 29 juill. 1881 sur la liberté de la presse et du 1er juill. 1901 relative au contrat d'association, dans la mesure où ils ont la capacité juridique de les exercer. • CE 10 mars 1995, n° 125274 B.

7. Journal lycéen. Le numéro 2 de la revue « Ravaillac » du lycée Henri-IV était constitué d'un ensemble d'articles consacrés à une analyse critique de la place de la sexualité dans la société et de la manière dont celle-ci ainsi que l'école perçoivent certains comportements sexuels. Le juge a considéré qu'eu égard à son contenu et au but recherché par les rédacteurs de la revue, qui est de susciter une réflexion du lecteur sur la sexualité, en particulier celle des jeunes, ce numéro n'était pas, en dépit de son caractère parfois provocateur, de nature à perturber ou à heurter la sensibilité des élèves du lycée, même des plus jeunes d'entre eux. Il a aussi jugé que les photographies d'élèves nus en couverture excluaient, compte tenu de la manière dont elles ont été prises, toute possibilité d'identification et ne pouvaient donc être utilisées dans un but pouvant porter atteinte à la dignité des intéressés. Ainsi, aucune atteinte grave aux droits d'autrui et à l'ordre public ne justifiait la restriction que le proviseur du lycée avait apporté à la liberté d'expression des lycéens. • CAA Paris, 7 oct. 2004, n° 04PA00430 B : *AJDA 2004. 2397, concl. Bachini*.

8. Port d'un vêtement portant une mention. Un élève qui porte un tee-shirt portant la mention « Palestine libre » pour exprimer son désaccord avec les propos d'un enseignant excède les limites de la liberté d'expression. En l'espèce, le juge considère que « dans les collèges, la liberté d'expression dont les élèves disposent ne peut s'exercer que dans le respect du pluralisme et du principe de neutralité » ; son comportement, marqué tant par le port d'une telle tenue, destinée à exprimer son désaccord avec les propos d'un enseignant, que par son refus de demeurer en classe, contrairement à l'injonction de l'enseignant, puis au sein du collège, portait dès lors, atteinte aux activités d'enseignement et était de nature à justifier la sanction disciplinaire d'exclusion temporaire de trois jours du collège qui lui a été infligée, qui n'est pas manifestement disproportionnée. • CAA Lyon, 2 mai 2013, n° 12LY01830 : *AJDA 2013. 1838*.

9. Diffusion par un élève de propos injurieux sur un blog. La diffusion par un élève de propos injurieux et offensants sur son blog à l'encontre de professeurs et d'élèves ne justifie pas en elle-même l'exclusion définitive de l'établissement. Le juge administratif estime que ces « élucubrations caractérisées par leur incontestable bêtise et une profonde vulgarité » étaient de nature à justifier légalement le prononcé d'une sanction disciplinaire malgré les circonstances que l'acte reproché ait été commis à l'extérieur de l'enceinte scolaire, dès lors que, par sa qualification diffamatoire et injurieuse il était de nature à perturber le bon fonctionnement du service public. Mais relevant que cet acte n'ayant engendré aucune violence physique ni connu de réitération et que l'adolescent, excellent élève, ne possédait aucun antécédent disciplinaire, il juge que les faits n'impliquaient pas, en eux-mêmes, l'application de la sanction la plus sévère de l'exclusion définitive. • TA Clermont-Ferrand, 6 avr. 2006, n° 051143 : *AJDA 2006. 790*.

10. Réseaux sociaux. Secret des correspondances (absence). Diffusion de photographies de professeurs et commentaires dépréciatifs. Un élève s'était vu infliger la sanction disciplinaire d'exclusion définitive du lycée pour avoir, dans le cadre d'un groupe de dialogue électronique sur un réseau social, diffusé des photographies de professeurs de l'établissement prises à leur insu, en classe et dans la cour du lycée, et organisé un « sondage » pour évaluer les compétences de sa professeure de mathématiques. S'interrogeant sur la nature des échanges du groupe de conversation électronique « Messenger » créé par l'élève, le juge estime que ces échanges électroniques n'étaient pas couverts par le secret des correspondances, secret protégé par l'art. 2 DDH et dont la méconnaissance est réprimée par les art. 226-15 et 432-9 C. pén., dès lors que ce groupe de dialogue « Messenger », même s'il n'était pas public, ne présentait aucun caractère de confidentialité, le contenu des conversations étant consultable et modifiable par toute personne participant à ce groupe de conversation, groupe dont l'accès était possible à quiconque et toute personne nouvellement admise dans le groupe accédant à l'ensemble de l'historique des échanges entre les autres membres du groupe. Il en déduit que l'administration n'a pas méconnu le secret des correspondances en prenant connaissance du contenu des échanges entre les élèves participant à ce groupe de dialogue électronique, puis en s'en prévalant à l'appui des poursuites disciplinaires qu'elle avait engagées à l'encontre de l'élève. • TA Châlons-en-Champagne, 25 sept. 2018, n° 1800052 : *LIJ 2019, n° 205, p. 6.*

11. Réseaux sociaux. Diffusion de photographies de professeurs et commentaires dépréciatifs. Respect des personnels. Dans la même affaire, après avoir rappelé les dispositions de l'art. R. 511-1 et celles du règlement intérieur du lycée, qui énoncent que « toutes les personnes de la communauté scolaire ont droit au respect » et interdisent l'utilisation du téléphone portable à l'intérieur des locaux scolaires et, d'une manière générale, pendant les cours, ainsi que l'usage des appareils audio et vidéo et la capture de photos ou de vidéos à l'aide de ces appareils, et relevé que l'élève avait bien eu connaissance de ces dispositions du règlement intérieur puisqu'elles étaient insérées dans son carnet de correspondance, le tribunal a jugé qu'en diffusant dans un groupe de dialogue électronique deux photographies de sa professeure de mathématiques prises à son insu en classe et en créant dans ce même groupe de dialogue un « sondage » destiné à évaluer les enseignements de ce professeur, l'élève l'avait mise en cause dans sa personne et exposée à des commentaires, appréciations ou manipulations électroniques dépréciatives, et avait en outre porté atteinte à l'autorité attachée à la qualité de professeur de l'enseignement secondaire, à l'institution qu'incarne un professeur et à la considération due par les élèves à leur enseignant. Le tribunal a également retenu que les agissements de cet élève avaient porté atteinte à l'atmosphère de travail au sein de sa classe, au point que plusieurs membres de la communauté éducative avaient déposé des plaintes, d'où il a déduit que ces agissements avaient également préjudicié au bon fonctionnement du service public de l'éducation. Le juge écarte par conséquent, le moyen tiré du caractère disproportionné de la sanction et juge que la sanction disciplinaire d'exclusion définitive de l'établissement s'imposait au regard de la gravité des faits qui lui étaient reprochés, mais également compte tenu de la taille du lycée dans lequel il était scolarisé qui ne compte qu'une seule classe de première et terminale par série de baccalauréat, de sorte que ce lycéen aurait retrouvé l'année suivante, en classe de terminale, la même équipe enseignante, dont sa professeure de mathématiques. • TA Châlons-en-Champagne, 25 sept. 2018, n° 1800052 : *préc. note 10.*

12. Sanctions. Des élèves avaient participé à des mouvements de protestation ayant gravement troublé le fonctionnement normal de l'établissement, et avaient été soutenus au surplus par des éléments extérieurs à celui-ci. Ces élèves ont excédé les limites du droit d'exprimer et de manifester des croyances religieuses à l'intérieur des établissements scolaires. Ces faits justifiaient légalement une mesure d'exclusion définitive. • CE 27 nov. 1996, nos 170207 et 170208 A : *RFDA 1997. 151, note Durand-Prinborgne ; JCP 1997. II. 22808.*

13. Nature du contrôle. Le juge de l'excès de pouvoir exerce un contrôle normal sur la gravité de la sanction prise à l'encontre d'élèves de l'enseignement public ayant excédé les limites de leur droit d'exprimer leurs croyances religieuses à l'intérieur de l'établissement. • CE 27 nov. 1996, nos 170207 et 170208 A : *préc. note 12.*

14. Proportionnalité de la sanction à la gravité des faits. Un élève de 6e a, sans participer directement à des brimades ou violences à l'encontre d'un condisciple, proféré à son encontre des insultes antisémites, dont aucune pièce du dossier n'a établi la répétition. Si ces agissements justifient, compte tenu de leur gravité, une sanction allant jusqu'à l'exclusion temporaire de l'établissement, ils n'impliquent cependant pas, en eux-mêmes, que soit immédiatement appliquée à cet élève la sanction la plus sévère prévue par les textes en vigueur, à savoir l'exclusion définitive de l'établissement sans possibilité de sursis. • CAA Paris, 11 août 2004, n° 04PA02022 B : *AJDA 2004. 2176, note Toulemonde .*

15. Réouverture d'un établissement bloqué. Le juge des référés rejette, sans se prononcer sur l'atteinte éventuelle à une liberté fondamentale, une requête en référé tendant à la réouverture d'un établissement scolaire bloqué par les opposants au CPE au motif de l'absence d'urgence, du fait des vacances scolaires. • TA Paris, ord., 10 avr. 2006, n° 0605334/9.

V. aussi art. L. 712-1 : Pouvoirs de police dans les universités – Occupation des locaux.

III. LIBERTÉ DE CONSCIENCE

16. Port de signes d'appartenance religieuse. En rappelant que la L. du 15 mars 2004 interdit, dans les écoles, collèges et lycées publics, le port de signes ou tenues par lesquels les élèves manifestent ostensiblement une appartenance religieuse, et en donnant comme exemples de tels signes ou tenues, le voile islamique, la kippa ou une croix de dimension manifestement excessive, reprenant ainsi ceux cités lors des travaux préparatoires de cette loi, le ministre a précisé l'interprétation de ce texte qu'il prescrit à ses services d'adopter. Il n'a ni excédé ses compétences, ni méconnu le sens ou la portée des dispositions de la loi. • CE 8 oct. 2004, nos 269077 et 269704 A : *RFDA 2004. 977, concl. Keller ; AJDA 2005. 43, note Rolin .* ♦ La Circ. ayant été prise en application de la L. du 15 mars 2004, les moyens tirés de la méconnaissance des dispositions de l'art. 10 de la DDH, des art. 5 et 13 du Préamb. Const. 1946 et de l'art. 1er Const. 1958 sont inopérants. • Même décision. ♦ Les dispositions de la circulaire attaquée ne méconnaissent ni les stipulations de l'art. 9 de la Conv. EDH, ni celles de l'art. 18 du pacte international des droits civils et politiques, relatives à la liberté de pensée, de conscience et de religion, dès lors que l'interdiction édictée par la loi et rappelée par la Circ. attaquée ne porte pas à cette liberté une atteinte excessive, au regard de l'objectif d'intérêt général poursuivi visant à assurer le respect du principe de laïcité dans les établissements scolaires publics. • Même décision.

17. Sanction. La sanction prononcée à l'égard d'un élève qui ne se conforme pas à l'interdiction légale du port de signes extérieurs d'appartenance religieuse n'entraîne pas une atteinte excessive à la liberté de pensée, de conscience et de religion. Elle constitue l'application d'une règle de portée générale et ne peut être regardée comme une mesure de discrimination fondée sur la religion. Enfin, elle ne méconnaît pas les art. 9 et 14 de la Conv. EDH. • CAA Paris, 19 juill. 2005, *M. Bikramjit X.*, n° 05PA01833 • CAA Paris, 19 juill. 2005, *M. Singh*, n° 05PA01831 A : *AJDA 2005. 2009, concl. Bachini*.

V. égal. notes et Bibl. ss. art. L. 141-2, L. 141-5-1 et L. 511-1.

IV. AUTRES LIBERTÉS

18. Vidéosurveillance. Plusieurs établissements scolaires ont été mis en demeure par le président de la CNIL de modifier leurs dispositifs de vidéosurveillance. Lors de contrôles, la CNIL a constaté que ces dispositifs filmaient en permanence des « lieux de vie » tels que la cour de récréation, le préau ou le foyer des élèves. Les élèves et les personnels de l'établissement étaient ainsi placés sous une surveillance permanente. Or seules des circonstances exceptionnelles peuvent justifier la mise en place de tels dispositifs de surveillance. * CNIL, avis, 30 mai 2011.

19. Création de pages « spotted ». La direction des affaires juridiques a été interrogée sur la conduite à tenir par des établissements scolaires devant le développement des pages « *spotted* » créées par les élèves sur le réseau social Facebook. Après avoir explicité le dispositif, la DAJ apporte des éléments de réponse sur les actions envisageables par les EPLE (du fait de l'appartenance des pages « *spotted* » à la vie privée des élèves en l'absence de troubles à l'ordre public à l'intérieur des établissements et de l'utilisation du nom de l'établissement sur une page « *spotted* »), la prévention, en l'absence de compétence des établissements à contrôler les pages « *spotted* » et les recours en cas de propos litigieux sur une page « *spotted* ». * DAJ A1 n° 13-122 du 22 avr. 2013 : *LIJ 2013, n° 176, p. 17.*

V. PROPRIÉTÉ INTELLECTUELLE

20. Travaux réalisés par les élèves. Qualification juridique. Droits d'auteur des élèves. L'art. L. 112-2 CPI précise que les œuvres des arts appliqués font partie des œuvres de l'esprit. Les œuvres réalisées par les élèves ne peuvent donc *a priori* être exclues des œuvres protégées par le droit d'auteur. Mais deux conditions sont nécessaires à cette qualification d'œuvre de l'esprit : la forme et l'originalité. L'exigence de la forme implique que les simples idées, concepts, principes ou fonctionnalités ne sont pas protégés. [...] L'originalité exige la démonstration de l'existence de l'empreinte de la personnalité du créateur ou à tout le moins, d'un apport personnel ou d'un effort véritablement personnalisé. Les travaux des élèves dans le domaine des arts plastiques appliqués peuvent être considérés comme des œuvres de l'esprit dès lors qu'ils sont le reflet de leur personnalité et le fruit d'une démarche et d'un travail qui leur sont propres. Toutefois ces travaux, s'inscrivant dans le cadre d'un référentiel de formation, sont soumis à des contraintes pédagogiques auxquelles les élèves doivent se plier sous peine d'être sanctionnés. Dès lors, les travaux des élèves peuvent relever du champ d'application de l'art. précité dès lors que les créations présentent bien un caractère original et que les indications données par le professeur sont suffisamment générales pour permettre aux élèves de disposer d'une vraie liberté pour la réalisation de l'œuvre. * MEN, note DAJ A1, n° 13-032 du 28 févr. 2013 : *LIJ 2013, n° 174, p. 20.*

21. Travaux réalisés par les élèves. Propriété des objets réalisés dans le cadre des examens. L'art. L. 111-3 CPI précise que la propriété incorporelle définie par l'art. L. 111-1 est indépendante de la propriété de l'objet matériel. Le titulaire de la propriété matérielle de l'objet reste celui qui a mis les moyens à la disposition de l'élève pour réaliser son œuvre. Le ministère de l'éducation nationale mettant à disposition des candidats les matériaux et outillages nécessaires à la réalisation des œuvres, ceux-ci ne peuvent revendiquer la restitution du travail d'examen. * MEN, note DAJ A1, n° 13-032 du 28 févr. 2013 : *préc. note 20.*

22. Travaux réalisés par les élèves. Remise des œuvres. Procédure à suivre. La remise des œuvres est une simple faculté et non un droit. Une restitution sans contrepartie financière peut toutefois être envisagée eu égard au fait que ces œuvres sont *a priori* destinées à être détruites à l'expiration du délai de un an correspondant à la durée légale de conservation des copies d'examen, délai courant à compter de l'affichage des résultats et à la condition que l'élève n'ait pas contesté ses résultats d'examen. En outre, l'élève devra, lors de la remise matérielle en main propre de l'objet, accepter la remise en l'état et s'engager à ne pas intenter d'action contre l'État en cas de dégradations survenues au cours de son stockage. * MEN, note DAJ A1, n° 13-032 du 28 févr. 2013 : *préc. note 20.*

Circulaire n° 2010-129 du 24 août 2010,

Responsabilité et engagement des lycéens.

La présente circulaire s'inscrit dans la continuité de la réforme des lycées, entrée en vigueur à la rentrée 2009 pour les lycées professionnels et applicable à la rentrée 2010 pour les lycées d'enseignement général et technologique, qui doit offrir à chaque lycéen une meilleure préparation à sa vie de citoyen.

Elle détaille les droits et les modalités d'expression exposés au livre V du code de l'éducation. Au-delà de l'actualisation des textes qui, au fil des années, ont fourni le cadre à l'engagement des lycéens, cette circulaire a pour ambition le développement des initiatives lycéennes et vise à permettre aux lycéens d'acquérir une réelle autonomie en participant pleinement à la vie de l'établissement.

Cet objectif est d'autant plus important que, désormais, les compétences acquises à la faveur de leur engagement dans des activités complémentaires de leur scolarité ont vocation à être valorisées et prises en compte dans le suivi des parcours scolaires. Cette volonté se concrétise par la mise en place d'un livret de compétences expérimental en application de l'article 11 de la loi n° 2009-1437 du 24 novembre 2009 relative à l'orientation et à la formation professionnelle tout au long de la vie et précisée par la circulaire n° 2009-192 du 28 décembre 2009.

I. *DROITS ET LIBERTÉS DES LYCÉENS*

La connaissance de leurs droits et modalités d'expression par les lycéens au sein de l'établissement est une condition *sine qua non* d'une vie lycéenne riche et dynamique. Ainsi, les conseils des délégués pour la vie lycéenne (CVL) peuvent se voir confier la responsabilité d'organiser des actions d'information et de formation en début d'année scolaire à destination des lycéens afin qu'ils connaissent leurs différentes libertés dans le cadre de la vie de l'établissement – libertés d'association, de réunion et d'expression en particulier – et soient enclins à s'engager plus activement dans la vie de leur établissement.

A. *Liberté d'association*

Les associations contribuent à l'exercice du droit d'expression collective reconnu aux élèves. Leur développement est donc systématiquement encouragé. A cette fin, le conseil d'administration et le chef d'établissement prévoient, en lien avec le CVL, les moyens d'information précis sur la possibilité de créer des associations dans l'établissement et sur leurs activités.

Gérées par les lycéens eux-mêmes, elles peuvent être domiciliées au sein du lycée dans lequel ils sont inscrits. Il est recommandé aux personnels des établissements, notamment aux conseillers principaux d'éducation (CPE) et à tout adulte volontaire appartenant à la communauté éducative, de participer à leurs activités.

La procédure d'autorisation et les modalités de fonctionnement des associations sont précisées à l'article R. 511-9 du code de l'éducation. Cet article définit également les pouvoirs dévolus au chef d'établissement, en cas d'atteinte aux principes qui régissent le fonctionnement du service public de l'éducation nationale. Toute décision de refus ou de retrait de l'autorisation de fonctionnement d'une association à l'intérieur du lycée est motivée. Dans un souci de transparence, les associations tiennent régulièrement informés le conseil d'administration et le chef d'établissement de leurs actions.

B. *Liberté de réunion*

La liberté de réunion contribue à améliorer l'information des élèves à l'intérieur de l'établissement. Les réunions sont organisées par les lycéens dans le respect de l'article R. 511-10 du code de l'éducation, relatif à la liberté de réunion dévolue aux élèves. Des débats portant sur les questions d'actualité peuvent être organisés dans le respect de la diversité des opinions et des principes fondamentaux du service public d'éducation, notamment dans le cadre des maisons des lycéens.

Les modalités selon lesquelles le chef d'établissement peut autoriser la tenue d'une réunion (par exemple, délai entre le dépôt de la demande et la date de la réunion réduit à cinq jours, conditions générales tendant à garantir la sécurité des personnes et des biens, modalités qui semblent appropriées en matière d'assurance, prohibition des actions de nature commerciale ou prosélyte, etc.) sont fixées par le règlement intérieur.

Les lycéens sont aidés à exercer ce droit de manière responsable par les autres membres de la communauté éducative. En application de la loi n° 79-587 du 11 juillet 1979 relative à la motivation des actes administratifs et à l'amélioration des relations entre l'administration et le public, toute décision de refus de tenue d'une réunion doit être motivée par écrit et assortie des circonstances de fait et de droit justifiant la position du chef d'établissement.

C. *Liberté d'expression*

La liberté d'expression est garantie par l'exercice de plusieurs droits, notamment le droit de publication et le droit d'affichage. L'usage des technologies de l'information et de la communication a contribué à élargir ces droits.

1. Droit de publication

Le droit de publication reconnu aux lycéens participe au développement d'un climat de confiance au sein des lycées. L'article R. 511-8 du code de l'éducation dispose que les publications rédigées par des lycéens peuvent être librement diffusées dans l'établissement. La circulaire n° 91-051 du 6 mars 1991 relative aux publications réalisées et diffusées par les élèves dans les lycées modifiée par la circulaire n° 2002-026 du 1er février 2002 rappelle que ce droit peut s'exercer sans autorisation, ni contrôle préalable du chef d'établissement. Le responsable de la publication peut être un élève majeur ou mineur. Toutefois, les écrits doivent ne présenter aucun caractère injurieux ou diffamatoire, ni porter atteinte aux droits d'autrui ou à l'ordre public à peine de mise en œuvre du régime de responsabilité civile et pénale. Le CVL est associé à la procédure d'interdiction ou de suspension de la publication en cas de manquements à ces obligations.

L'Observatoire des pratiques de presse lycéenne peut être saisi à titre consultatif, en cas de litige, par l'intermédiaire de son site internet : http://www.obs-presse-lyceenne.org/

La diffusion du « Kit-Créer son journal lycéen », téléchargeable gratuitement sur le site national de la vie lycéenne à l'adresse suivante, http://www.vie-lyceenne.education.fr/, est encouragée, par exemple, en le rendant disponible dans chaque centre de documentation et d'information.

2. Droit d'affichage

Afin de garantir une vie lycéenne dynamique, constructive et pérenne, une pleine visibilité est donnée aux actions des lycéens engagés dans la vie de leur établissement. Les proviseurs mettent à disposition des délégués de classe et de la vie lycéenne, des associations et de la maison des lycéens des espaces réservés aux actions de communication entreprises à leur initiative. Ces espaces peuvent prendre la forme de panneaux d'affichage numérique ou papier, disposés dans l'enceinte de l'établissement ; des autorisations d'accès à des supports télévisuels ou informatiques (pages internet, blogs, etc.) peuvent être accordées.

La publicité des actions entreprises et la diffusion d'informations par voie d'affichage ne peuvent s'effectuer sous couvert d'anonymat. Elles sont soumises au contrôle préalable du chef d'établissement ou de l'un de ses représentants. Le chef d'établissement informe les élèves des conditions d'utilisation des panneaux d'affichage et procède, si nécessaire, à l'enlèvement des affiches qui portent atteinte à l'ordre public ou aux droits des personnes. Les conditions d'exercice du droit d'affichage sont détaillées dans le règlement intérieur de l'établissement.

3. Autres modalités d'expression

La création de radios ou webradios internes à l'établissement est également encouragée pour permettre une diffusion des questions relatives à la vie lycéenne auprès de l'ensemble des élèves. Des espaces de publication accessibles sur le site du lycée ou bénéficiant d'un hébergement académique spécifique sous la responsabilité du vice-président du CVL peuvent ainsi être développés pour informer les lycéens sur les activités des instances. Le chef d'établissement a, dans ce cas, la qualité de directeur de publication.

II. *REPRÉSENTATION DES LYCÉENS*

Il est indispensable de favoriser une meilleure connaissance par l'ensemble des acteurs de la communauté éducative des instances de la vie lycéenne, au sein desquelles peut s'exprimer pleinement la parole des lycéens, dans le cadre d'un dialogue concerté. Ces instances contribuent ainsi utilement à améliorer la qualité des relations tout en développant le sentiment d'appartenance à l'établissement. Les conditions d'enseignement et d'apprentissage s'en trouvent également améliorées. La réalisation de ces objectifs suppose le bon fonctionnement des instances de la vie lycéenne et une formation adéquate des délégués des élèves.

A. *Le fonctionnement des différentes instances de la vie lycéenne*

A l'occasion de la réforme du lycée, les modalités de désignation des membres des CVL ont été redéfinies et leurs compétences élargies afin d'optimiser le fonctionnement des instances de la vie lycéenne. Le bon déroulement des séances des CVL nécessite le respect d'un certain nombre de règles et préconisations. La vie des instances doit également être encouragée au plan académique.

1. Définition des modalités de désignation et compétences nouvelles

Dans le cadre de la réforme du lycée, de nouvelles dispositions ont été introduites aux articles R. 421-43 et suivants du code de l'éducation portant sur le régime électoral du CVL et sur ses attributions. Les modalités de désignation de ses membres ont été simplifiées. Ainsi, dès la rentrée 2010, les dix élus lycéens de chaque CVL sont désignés au suffrage universel direct pour un mandat de deux ans, avec renouvellement par moitié tous les ans. Par ailleurs, le vice-président du CVL présente désormais au conseil d'administration des avis et des propositions et fait part des comptes rendus de séance du CVL. Enfin, le CVL voit ses attributions étendues puisqu'il est consulté sur les questions de restauration et d'internat, sur l'accompagnement personnalisé, l'accompagnement des changements d'orientation, le soutien et l'aide aux élèves, les échanges linguistiques et culturels en partenariat avec les établissements d'enseignement supérieur européens et étrangers et sur l'information relative à l'orientation, aux études scolaires et universitaires et aux carrières professionnelles.

Ces nouvelles modalités d'organisation des CVL répondent à la volonté de renforcer la légitimité de l'instance et de lui donner une meilleure visibilité.

2. Séances du CVL : formation, information, dialogue

En application de l'article R. 421-44 du code de l'éducation, le CVL est obligatoirement consulté avant chaque conseil d'administration sur les points à l'ordre du jour qui relèvent des compétences du CVL. Le conseil des délégués pour la vie lycéenne étant une instance composée à parité d'élèves et d'adultes, il est important que ces derniers y siègent effectivement dans un souci d'accompagnement des initiatives des lycéens et de prise en compte de leur participation à la vie du lycée.

Les élèves élus bénéficient de conditions matérielles favorisant l'exercice de leur mandat : un local approprié auquel ils ont le libre accès, un service de messagerie électronique, des casiers, des dossiers de travail, une documentation adéquate et accessible, etc.

Le développement des échanges entre les représentants des élèves et leurs pairs est encouragé, notamment grâce à l'action du référent « vie lycéenne » de chaque établissement. Cet échange peut s'effectuer au moyen de courriels, forums, réseaux sociaux ou tout autre dispositif de communication, de préférence institutionnel. Les sites internet précédemment évoqués au titre des modalités d'expression des lycéens pourront utilement être mis à contribution.

3. La vie lycéenne au niveau académique

Le délégué académique à la vie lycéenne (DAVL) est responsable du développement des espaces de publication sur le site académique ou sur un hébergement académique dédié. Cet espace permet de publier comptes rendus, actions et informations sur l'activité du conseil académique à la vie lycéenne (CAVL) et sur les réunions des instances infra-académiques : CVL et inter-CVL départementaux, CAVL, réunions de vice-présidents de CVL.

Le développement de ces réunions entre chaque séance du CAVL est encouragé afin d'enrichir les travaux des instances, mutualiser les pratiques entre établissements et améliorer la communication entre les élus lycéens. Elles peuvent aussi être conçues comme des temps nécessaires de formation des délégués des élèves sur des thématiques précises : modalités d'expression des lycéens, exercice du droit de publication, etc.

Il est souhaitable de généraliser la mise à disposition d'une adresse courriel académique pour chaque élu lycéen. Des outils de travail collaboratifs internes au CAVL, type wiki, blog, forum, etc., peuvent être développés afin de permettre un travail à distance des élus entre chaque réunion.

B. *Formation des délégués des élèves*

Les actions de formation à destination des représentants des élèves doivent conforter l'écoute et le dialogue au sein des établissements. La parole des lycéens sera ainsi pleinement prise en compte, pour qu'ils deviennent force de propositions et mènent à bien leurs projets, en pleine connaissance des initiatives prises par leurs prédécesseurs, dans un souci de continuité et d'efficacité.

1. Les objectifs

Former, informer et dialoguer sont des objectifs essentiels pour permettre à la représentation lycéenne de jouer son rôle au sein des établissements et des instances de concertation académique et nationale (CAVL et Conseil national de la vie lycéenne-CNVL). Ces objectifs sont ceux de toute la communauté éducative, personnels et parents d'élèves, qui accompagne et soutient les élus lycéens autour d'axes de progrès leur permettant d'en devenir des acteurs à part entière :

— améliorer l'organisation des élections et la formation des délégués des élèves ;

— faciliter leur travail et le dialogue au sein de l'établissement.

Les délégués sont systématiquement élus, quelle que soit l'élection, dans les conditions classiques d'un scrutin libre, mais encadré, avec bureau de vote, isoloirs, professions de foi, information préalable, etc. La formation de tous les délégués à leurs missions et un accompagnement adéquat au cours de leur mandat constituent également une condition d'accès à l'autonomie et de responsabilisation et une garantie de qualité dans l'exercice de leur mandat.

Le projet d'établissement défini en fonction, notamment, de ces grands axes de progrès dans le cadre du volet « participation de l'élève à la vie de l'établissement » peut aider à atteindre ces objectifs. La constitution d'une équipe ressource et la programmation des actions de formation peuvent y être mentionnées.

2. Les formateurs

La formation des délégués, assurée en priorité au sein de l'établissement, est conduite sous la responsabilité du chef d'établissement, avec le concours direct de membres de la communauté éducative. Le chef d'établissement prend appui sur une équipe ressource, pluricatégorielle, animée par un ou des CPE. Cette équipe vise à garantir la cohérence des actions de formation et une bonne coordination avec les horaires d'enseignement. Ses membres sont appelés à intervenir dans les actions de formation selon les modalités définies ci-dessous. Le cas échéant, des partenaires extérieurs peuvent être associés.

Tous les personnels, notamment ceux qui n'en auraient pas bénéficié au cours de leur formation initiale, doivent pouvoir être sensibilisés aux questions relatives à la vie lycéenne dans le cadre de la formation continue. Il appartient aux responsables académiques de la formation des personnels et aux corps d'inspection de prévoir les formations adaptées dans le cadre du plan académique de formation (PAF).

3. Contenu de la formation dispensée aux élus lycéens

Conformément à l'article R. 421-44 du code de l'éducation, relatif aux attributions de cette instance, les CVL formulent des propositions notamment sur le contenu de la formation des représentants des élèves.

Une réflexion collective sur la conception et la mise en œuvre de cette formation est également menée dans le cadre de l'équipe ressource. La réflexion engagée définit notamment les aspects sur lesquels il convient de faire porter l'accent compte tenu des besoins préalablement identifiés (droits et devoirs de la communauté éducative, compréhension du fonctionnement des différentes instances du lycée, lecture des textes officiels, etc.).

De façon générale, les actions de formation ont pour objet de développer les comportements civiques, le droit d'expression et l'apprentissage de la responsabilité, ainsi que la connaissance du fonctionnement et de l'environnement de l'établissement. Elles portent sur les questions suivantes, en fonction de la nature des mandats exercés par les représentants lycéens (délégués de classe, élus CVL, etc.) :

— la présentation du rôle et des missions des délégués ;

— la présentation de l'organisation de l'établissement ;

— l'information sur les instances de l'établissement, leur composition, leurs compétences, et le travail des élus en leur sein ;

— l'acquisition de techniques et l'entraînement à la prise de parole, la rédaction de courriers, la tenue de réunions, etc. ;

— l'acquisition de notions budgétaires et juridiques (notamment sur le budget de l'établissement et sur la gestion d'une association avec le gestionnaire de l'établissement, par exemple) ;

— la formation à la conduite de projets ;

— la préparation et la restitution des conseils de classe ;

— la préparation et la restitution des réunions (CA, CVL, conseils de discipline, etc.).

Une formation de délégués inter-établissements peut être envisagée comme un facteur d'ouverture et de dynamisme. Un travail en lien avec les délégués des autres établissements d'un même secteur ou bassin peut également être mis en place. De même, la liaison collèges-lycées est fortement encouragée.

D'autres types d'actions de formation sont aussi envisageables : initiation au droit avec la venue de professionnels dans l'enceinte de l'établissement, information sur l'organisation territoriale et ses évolutions, sensibilisation aux techniques du management, etc. Des liens, avec les conseils régionaux, départementaux et municipaux de jeunes peuvent être instaurés.

4. Organisation des séances et supports utilisables

Toute facilité est donnée aux délégués afin de garantir leur participation aux séances de formation.

Un nombre minimal de séances est programmé durant l'année scolaire (huit heures annuelles environ). Des séances complémentaires peuvent éventuellement être prévues, à la demande des représentants des lycéens, en fonction de besoins clairement identifiés, en tenant compte d'éléments de contexte de l'établissement (profil des élèves concernés, spécificités locales, disponibilité des formateurs de l'équipe-ressource, etc.).

La participation des représentants des parents d'élèves aux séances de formation est encouragée. Elle permet de développer les liens avec les élèves et une meilleure connaissance de leurs préoccupations.

Ces formations prennent appui sur les ressources des différents réseaux de formation et de documentation du ministère de l'éducation nationale (notamment des centres régionaux de documentation pédagogique-CRDP). Le guide de l'élu, téléchargeable sur le site internet des lycéens www.vie-lyceenne.education.fr, est un document d'accompagnement destiné à donner aux élus lycéens un certain nombre de repères afin de les aider à exercer au mieux leur mandat.

5. L'accompagnement des élus

L'accompagnement des élus sur toute la durée de l'année scolaire fait l'objet d'un calendrier prévisionnel annuel au même titre que les actions de formation : des rencontres sont organisées entre les délégués à intervalles réguliers, en présence du CPE ou de membres de l'équipe ressource pour favoriser les échanges et la circulation de l'information. Les élèves sont informés de cet accompagnement au moment des élections aux CVL afin de les encourager à se présenter aux élections et de les rassurer sur le rôle qu'ils auront à tenir.

La prise en compte de la mémoire des années précédentes (transmission des dossiers, des comptes rendus de réunions, suivi des actions, etc.) peut être profitable aux nouveaux élus. Dans le même esprit, l'association des anciens élèves quand elle existe dans l'établissement peut contribuer à développer la continuité des actions déjà entreprises.

III. *DISPOSITIFS DE SOUTIEN AUX PROJETS ET INITIATIVES PORTÉS PAR LES LYCÉENS*

Le développement des projets portés par les élus lycéens suppose la tenue de réunions d'information de façon régulière. Des créneaux horaires spécifiques peuvent être banalisés pour en faciliter l'organisation. De façon générale, il convient de donner toute facilité aux élus lycéens dans l'exercice de leur mandat et d'encourager les élèves qui s'engagent dans la vie de leur établissement. Les élèves bénéficient en outre d'un réseau d'adultes, qui sont autant de personnes ressources pour les aider à accomplir leur projet d'autonomie et de prise de responsabilité, dans la poursuite des piliers 6 et 7 du socle commun de connaissances et de compétences. A cette fin, des instruments sont mis à leur disposition : fonds de vie lycéenne, maison des lycéens, etc.

A. *Un réseau de personnes ressources au service d'une vie lycéenne dynamique et constructive*

Le développement de la vie lycéenne s'appuie sur le dynamisme d'un réseau de personnes ressources qui se décline à l'échelle de l'académie et au niveau de l'établissement.

1. Le réseau national des délégués académiques à la vie lycéenne

Un DAVL est nommé par chaque recteur et placé directement auprès de lui. Sa mission principale est d'organiser et de dynamiser la vie lycéenne au sein de l'académie. Interlocuteur privilégié pour les lycéens, il est chargé d'encourager la participation à la vie lycéenne, conformément aux missions académiques d'animation, de gestion et de communication qui lui sont confiées.

A ce titre, le DAVL a notamment pour missions :

— l'animation des réunions du CAVL et l'organisation d'une séance préparatoire à chacune de ces réunions ;

— la communication académique sur la vie lycéenne, notamment par la mise en place et le suivi éditorial d'un site ou d'un espace académique dédié à la vie lycéenne ;

— l'articulation entre les différentes instances de la vie lycéenne : CAVL et CVL ; le DAVL favorise l'organisation de réunions inter-CVL, inter-CAVL ainsi que tous les moyens de communication entre les membres de ces instances ;

— la formation et l'information destinées aux référents vie lycéenne dans chacun des lycées ;

— l'accompagnement de la gestion et de l'utilisation des fonds de vie lycéenne en favorisant un financement sur projets.

Le DAVL accompagne l'ensemble des personnels des établissements et notamment le référent vie lycéenne désigné dans chaque lycée, en prévoyant notamment des sessions de formation et des rencontres régulières. Il est également disponible pour accompagner les lycéens ou des membres de la communauté éducative dans l'élaboration de projets et de partenariats en lien avec la vie lycéenne.

Le DAVL est amené à se déplacer régulièrement dans les établissements pour soutenir les initiatives des lycéens dans la réalisation de leurs projets et, le cas échéant, dans un but de médiation. Il est aussi chargé d'assurer leur suivi et d'encourager leur financement par appels à projets dans le cadre des fonds de vie lycéenne.

Il travaille en étroite relation avec les coordonnateurs locaux du CLEMI. Des modules de formation spécifiques doivent être développés, conformément à la circulaire n° 91-051 du 6 mars 1991 relative aux publications réalisées et diffusées par les élèves dans les lycées modifiée par la circulaire n° 2002-026 du 1er février 2002. Des intervenants peuvent être sollicités dans ce domaine et, de façon générale, sur les modalités d'expression des lycéens, notamment dans le cadre d'inter-CVL.

Le délégué national à la vie lycéenne (DNVL), nommé par le ministre, a notamment la charge d'animer le réseau national des DAVL et se déplace dans les académies pour soutenir les acteurs du réseau et les initiatives des lycéens.

2. Un référent « vie lycéenne » dans chaque établissement

Dans chaque lycée, le chef d'établissement procède à la désignation d'une personne référente sur la base du volontariat. Le référent « vie lycéenne » peut être un conseiller principal d'éducation ou tout autre adulte de la communauté éducative. Il a notamment pour missions de :

— s'assurer de la bonne diffusion des informations et documents communiqués par le DAVL et de la remontée régulière auprès de lui des actions relatives à la vie lycéenne dans l'établissement ;

— conseiller le chef d'établissement dans le but de développer une vie lycéenne dynamique ;

— assurer le suivi de la formation des délégués et des réunions du CVL, soutenir les initiatives des lycéens quant à l'utilisation des fonds de vie lycéenne, leur investissement au sein de la maison des lycéens.

B. *Le fonds de vie lycéenne*

Le fonds de vie lycéenne a été institué pour renforcer l'autonomie et la prise de responsabilité des lycéens. Leur engagement dans la vie de leur établissement suppose en effet des moyens spécifiques.

Le fonds de vie lycéenne doit permettre aux représentants lycéens d'assumer pleinement leur rôle en mettant à leur disposition les moyens financiers nécessaires à l'exercice de leur mandat. Il garantit que les initiatives concrètes dont ils sont porteurs ou acteurs pourront effectivement être menées à bien.

Les moyens financiers nécessaires à la préparation et à l'organisation des élections au CVL, notamment à l'impression du matériel de vote, sont à imputer sur le fonds de vie lycéenne. Sur simple présentation de la convocation (pour les réunions entrant dans le cadre de l'exercice de leur mandat : inter-CVL, CAVL, CNVL, etc.), l'établissement scolaire prend en charge, sur les crédits du fonds de vie lycéenne délégués à cet effet par le rectorat, les frais de transport, voire d'hébergement, des élus. Ceux-ci n'ont en aucun cas à faire l'avance de ces frais.

Les crédits du fonds de vie lycéenne sont également destinés à financer des actions que les lycéens ont souhaité mettre en œuvre en matière de :

— formation des élus lycéens (selon un financement programmé et adapté tout au long de l'année scolaire, notamment en ce qui concerne la constitution de dossiers pour les élus, l'achat de documentation et d'outils, etc.) ;

— information des élèves ;

— communication (réalisation de supports d'expression internes tels que radios ou journaux lycéens) ;

— prévention des conduites à risques, éducation à la santé et à la citoyenneté, lutte contre la violence ou les discriminations ;

— animations culturelles ou éducatives (exposition, fête de fin d'année, etc.).

C. *La maison des lycéens*

La maison des lycéens (MDL) est un outil essentiel du développement de la vie culturelle au sein du lycée, placé sous la responsabilité des élèves. Pour encourager les lycéens à y prendre des responsabilités, la circulaire n° 2010-009 du 29 janvier 2010 élargit ses attributions et assouplit son régime juridique. Les MDL se substituent aux foyers socio-éducatifs qui continueraient d'exister dans les lycées.

La présente circulaire abroge :

— la partie II-B de la circulaire n° 91-052 du 6 mars 1991 relative aux droits et obligations des élèves des lycées, collèges et établissements régionaux d'enseignement adapté ;

— la circulaire n° 91-081 du 5 avril 1991 relative à la formation des délégués élèves ;

— la circulaire n° 2001-184 du 26 septembre 2001 relative à l'utilisation des fonds de vie lycéenne ;

— le point 6 de la circulaire de rentrée n° 2005-124 du 25 août 2005.

Art. L. 511-2-1 *(L. n° 2017-86 du 27 janv. 2017, art. 32)* **Les commissions consultatives nationales et académiques exclusivement compétentes en matière de vie lycéenne sont composées de manière à ce qu'un nombre égal de représentants des lycéens de chaque sexe soit élu, dans des conditions prévues par décret.**

La même règle de parité s'applique aux représentants élus des collégiens dans les commissions consultatives des collèges exclusivement compétentes en matière de vie collégienne, lorsqu'elles existent.

Art. L. 511-2-2 *(L. n° 2019-791 du 26 juill. 2019, art. 40)* **Dans le cadre des autoévaluations mentionnées au 2° de l'article L. 241-12, une consultation de l'ensemble des lycéens est organisée par la commission consultative compétente en matière de vie lycéenne de l'établissement, avec l'appui du chef d'établissement.**

Art. L. 511-3 **L'infraction prévue dans la section III *bis* « Du bizutage » du livre II, titre II, chapitre V du code pénal est passible des sanctions définies dans cette même section, ci-après reproduite :**

Art. 225-16-1 Hors les cas de violences, de menaces ou d'atteintes sexuelles, le fait pour une personne d'amener autrui, contre son gré ou non, à subir ou à commettre des actes humiliants ou dégradants *(L. nº 2016-41 du 26 janv. 2016, art. 12)* « ou à consommer de l'alcool de manière excessive, » lors de manifestations ou de réunions liées aux milieux scolaire *(L. nº 2017-86 du 27 janv. 2017, art. 177)* « , sportif » et socio-éducatif est puni de six mois d'emprisonnement et de 7 500 € d'amende.

Art. 225-16-2 L'infraction définie à l'article 225-16-1 est punie d'un an d'emprisonnement et de 15 000 € d'amende lorsqu'elle est commise sur une personne dont la particulière vulnérabilité, due à son âge, à une maladie, à une infirmité, à une déficience physique ou psychique ou à un état de grossesse, est apparente ou connue de son auteur.

Art. 225-16-3 *(L. nº 2009-526 du 12 mai 2009, art. 124)* Les personnes morales déclarées responsables pénalement, dans les conditions prévues par l'article 121-2, des infractions définies aux articles 225-16-1 et 225-16-2 encourent, outre l'amende suivant les modalités prévues par l'article 131-38, les peines prévues par les 4º et 9º de l'article 131-39.

Code pénal

Bizutage – discrimination

Art. 225-1-2 *(L. nº 2017-86 du 27 janv. 2017, art. 177)* Constitue une discrimination toute distinction opérée entre les personnes parce qu'elles ont subi ou refusé de subir des faits de bizutage définis à l'article 225-16-1 ou témoigné de tels faits.

Art. L. 511-3-1 *(L. nº 2019-791 du 26 juill. 2019, art. 5)* **Aucun élève ne doit subir, de la part d'autres élèves, des faits de harcèlement ayant pour objet ou pour effet une dégradation de ses conditions d'apprentissage susceptible de porter atteinte à ses droits et à sa dignité ou d'altérer sa santé physique ou mentale.**

Art. L. 511-4 **Conformément aux dispositions du second alinéa de l'article 21-7 du code civil** *[V. cet art. ci-dessous]*, **les élèves et les parents d'élèves, et en particulier les personnes auxquelles s'applique le premier alinéa, doivent être informés par les établissements d'enseignement des dispositions en vigueur en matière de nationalité. Les conditions de cette information sont fixées par décret en Conseil d'État** *[V. ci-dessous Décr. nº 98-719 du 20 août 1998]*.

Code civil

Acquisition de la nationalité française

Art. 21-7 *(L. nº 98-170 du 16 mars 1998)* Tout enfant né en France de parents étrangers acquiert la nationalité française à sa majorité si, à cette date, il a en France sa résidence et s'il a eu sa résidence habituelle en France pendant une période continue ou discontinue d'au moins cinq ans, depuis l'âge de onze ans.

Les tribunaux judiciaires, les collectivités territoriales, les organismes et services publics, et notamment les établissements d'enseignement sont tenus d'informer le public, et en particulier les personnes auxquelles s'applique le premier alinéa, des dispositions en vigueur en matière de nationalité. Les conditions de cette information sont fixées par décret en Conseil d'État.

Décret nº 98-719 du 20 août 1998,

Relatif à l'information du public en matière de droit de la nationalité.

Art. 1er L'information du public prévue au second alinéa de l'article 21-7 du code civil *[V. supra]* porte sur les principes fondamentaux du droit de la nationalité et, en particulier, sur les conditions d'attribution et d'acquisition de la nationalité française et sur les facultés offertes pour décliner ou répudier celle-ci.

A l'égard des enfants nés en France de parents étrangers, cette information précise le régime de l'acquisition de plein droit de la nationalité française à la majorité, les moyens de faire constater sans délai cette acquisition ou de la décliner, ainsi que les conditions et la procédure d'acquisition anticipée.

Art. 2 Cette information est assurée :

1. Dans les mairies, par les services chargés de l'état civil, des opérations de recensement, des inscriptions scolaires et des listes électorales ;

2. Dans les préfectures, par les services chargés de la délivrance des titres de séjour, des documents de circulation pour étranger mineur et des titres d'identité républicains ainsi que par les services chargés de la délivrance des documents d'identité et de voyage ;

3. Dans les ambassades et les consulats de France à l'étranger ;

4. Dans les tribunaux judiciaires, et plus particulièrement ceux qui ont compétence en matière de nationalité en vertu du décret du 30 décembre 1993 susvisé *[nº 93-1361]* ;

5. Dans les maisons de justice et du droit et dans les maisons des services publics ;

6. Par les services de la protection judiciaire de la jeunesse ;

7. Par les écoles et les établissements d'enseignement du second degré, publics et privés sous contrat, et par les établissements d'enseignement supérieur ;

8. Dans les centres d'information et d'orientation institués par les articles D. 313-1, D. 313-2, D. 313-4, D. 313-5, D. 313-7, D. 313-8, D. 313-9 et D. 313-13 du code de l'éducation ;

9. Par le centre d'information et de documentation jeunesse et l'ensemble des éléments du réseau d'information pour la jeunesse ;

10. Par les organismes de formation, notamment l'Association nationale pour la formation des adultes, ainsi que par les organismes de recherche d'emploi et d'aide à l'insertion, en particulier l'institution mentionnée à l'article L. 5312-1 du code du travail ;

11. Par les organismes de sécurité sociale et les organismes débiteurs de prestations familiales ;

12. Par les départements, dans le cadre des actions sociales et de santé dont ils sont chargés, en application de la section IV du titre II de la loi du 7 janvier 1983 susvisée *[nº 83-8 relative à la répartition de compétence entre les communes, les départements, les régions et l'État, V. désormais* **CGCT***]*.

Art. 3 Les services, organismes et collectivités mentionnés à l'article précédent sont tenus d'organiser une information générale dans les locaux destinés à l'accueil du public.

Ils informent de leurs droits les personnes dont la situation au regard de la nationalité française est évoquée à l'occasion d'une démarche administrative et, le cas échéant, les orientent vers les services compétents pour connaître de leur situation. Une formation adaptée est dispensée à cet effet aux agents concernés.

L'information peut être effectuée par tout moyen.

Art. 4 Le livret de famille comporte une information sur les conditions d'attribution et d'acquisition de la nationalité française et sur la preuve de celle-ci.

Art. 5 Les officiers de l'état civil, lorsqu'ils célèbrent un mariage où l'un des conjoints est de nationalité étrangère, informent ce dernier de la faculté qui lui est offerte d'acquérir la nationalité française.

En cas de transcription de l'acte d'un mariage célébré à l'étranger, la même obligation pèse sur les agents diplomatiques et consulaires et sur les officiers de l'état civil du service central d'état civil lors de l'établissement du livret de famille.

Art. 6 Lors de la transcription d'un jugement d'adoption simple d'un enfant mineur étranger ou de l'apposition d'une mention d'une telle adoption sur un acte de l'état civil détenu par un officier de l'état civil français, les officiers de l'état civil, les agents diplomatiques et consulaires et le service central d'état civil informent l'adoptant ou les adoptants français de la faculté pour l'enfant d'acquérir la nationalité française par déclaration.

Art. 7 L'autorité chargée de la délivrance du titre d'identité républicain institué par l'article 29 de la loi du 16 mars 1998 susvisée *[nº 98-170 relative à la nationalité, V. désormais CESEDA, art. L. 321-3]* informe, lors de sa remise, l'intéressé et ses parents de la faculté qui lui est offerte d'acquérir la nationalité française dès l'âge de treize ans.

Art. 8 et 9 *Abrogés par Décr. nº 2009-553 du 15 mai 2009, art. 3. — V. C. éduc., art. R. 511-74 et R. 511-75.*

Art. 10 Les communications diffusées à l'occasion des opérations de recensement comportent une information sur l'attribution, l'acquisition et la perte de la nationalité française et sur les services compétents pour connaître de la situation des intéressés.

Les mairies doivent informer les jeunes gens mentionnés à l'article L. 16 du code du service national qui demandent à être inscrits sur les listes de recensement avant la date d'expiration du délai dont ils disposent pour exercer la faculté de décliner ou de répudier la nationalité française qu'ils perdent de ce fait cette faculté.

Art. 11 L'autorité militaire doit informer celui qui contracte un engagement dans les armées françaises qu'il perd la faculté qu'il pouvait avoir de répudier ou de décliner la nationalité française.

Elle doit également informer le mineur né en France et incorporé en qualité d'engagé qu'il acquiert la nationalité française à la date de son incorporation.

Art. 12 Les actions d'accueil, d'information, d'orientation et d'accompagnement des jeunes en difficulté dont sont chargées les missions locales et les permanences d'accueil, d'information et d'orientation prévues par l'article 4 de l'ordonnance du 26 mars 1982 susvisée comportent une information spécifique sur le droit de la nationalité et les services compétents pour connaître de la situation des intéressés.

Art. 13 Le centre d'information et de documentation jeunesse ainsi que l'ensemble des éléments qui composent le réseau information pour la jeunesse assurent auprès des jeunes une information sur le droit de la nationalité française, notamment sur les conditions et les modalités de son acquisition en raison de la naissance et de la résidence en France, et orientent les jeunes vers les différents services compétents pour connaître de leur situation.

Art. 14 I. — Le présent décret, à l'exception du point 7 de l'article 2 en tant qu'il concerne les écoles et les établissements d'enseignement du second degré et des points 8 à 12 du même article, est applicable dans les territoires d'outre-mer.

Pour son application dans ces territoires, le mot : "préfecture" est remplacé par les mots : "haut-commissariat".

Dans le territoire des îles Wallis-et-Futuna, le mot : "mairie" est remplacé par les mots : "circonscription territoriale".

II. — Le présent décret, à l'exception du point 12 de l'article 2, est applicable dans la collectivité territoriale de Mayotte.

Art. 15 Le décret nº 94-648 du 16 août 1994 relatif à l'information du public en matière de droit de la nationalité est abrogé.

Art. L. 511-5 *(L. nº 2018-698 du 3 août 2018, art. 1er)* **L'utilisation d'un téléphone mobile ou de tout autre équipement terminal de communications électroniques par un élève est interdite dans les écoles maternelles, les écoles élémentaires et les collèges et pendant toute activité liée à l'enseignement qui se déroule à l'extérieur de leur enceinte, à l'exception des circonstances, notamment les usages pédagogiques, et des lieux dans lesquels le règlement intérieur l'autorise expressément.**

Dans les lycées, le règlement intérieur peut interdire l'utilisation par un élève des appareils mentionnés au premier alinéa dans tout ou partie de l'enceinte de l'établissement ainsi que pendant les activités se déroulant à l'extérieur de celle-ci.

Le présent article n'est pas applicable aux équipements que les élèves présentant un handicap ou un trouble de santé invalidant sont autorisés à utiliser dans les conditions prévues au chapitre Ier du titre V du livre III de la présente partie.

La méconnaissance des règles fixées en application du présent article peut entraîner la confiscation de l'appareil par un personnel de direction, d'enseignement, d'éducation ou de surveillance. Le règlement intérieur fixe les modalités de sa confiscation et de sa restitution.

Sur l'interdiction de l'utilisation du téléphone portable à l'école et au collège, V. ci-dessous, *Circ. n° 2018-114 du 26 sept. 2018.*

BIBL. ▶ BRAUN, CAVAILLÈS, MOULLET, MERRIAUX PACQUIS et PELLET, Données numériques à caractère personnel au sein de l'éducation nationale, *Rapp. IGEN-IGAENR, n° 2018-016, févr. 2018.* – GALLAUD, L'usage des téléphones mobiles pendant le temps scolaire, *AJDA 2021. 431*. – MELLERAY, Le législateur et le collégien, *AJDA 2018. 593*.

Jurisprudence antérieure à la L. n° 2018-698 du 3 août 2018 relative à l'encadrement de l'utilisation du téléphone portable dans les établissements d'enseignement scolaire.

1. *Principe de liberté d'utilisation.* L'art. L. 511-5, qui résulte de la L. du 12 juill. 2010 portant engagement national pour l'environnement, donne la possibilité aux chefs d'établissement et aux conseils d'administration d'encadrer l'utilisation des téléphones portables. Sollicitée par plusieurs rectorats pour apporter un éclairage sur ces dispositions, la DAJ a précisé qu'en dehors des heures de classe, le principe de liberté d'utilisation de ces téléphones par les élèves doit prévaloir. Si en application de cet art., le règlement intérieur peut partiellement interdire aux élèves son usage, il ne semble pas néanmoins possible de prévoir une interdiction générale et absolue dans la mesure où cet appareil ne peut pas être qualifié de dangereux ou toxique et où, d'autre part, son introduction dans l'établissement ne signifie pas qu'il en sera fait usage. * DAJ A1, 20 sept. 2010, n° 10-278 : *LIJ 2012, n° 161, p. 15.* ♦ La DAJ ajoute que le site « service-public.fr » précise qu'à l'école ou au collège, l'utilisation du téléphone portable pendant les heures de cours est interdite. L'élève ne peut donc pas l'utiliser, que ce soit en remplacement de sa calculatrice, pour consulter ses messages ou regarder l'heure. Il pourra le faire en dehors des heures de cours, sauf mention contraire dans le règlement intérieur. * DAJ A1, 20 sept. 2010, n° 10-278 : *préc.*

2. *Périmètre d'application. Personnels.* La DAJ a précisé au cours de la même consultation que cette interdiction s'adresse aux élèves et que les personnels n'entrent pas dans son champ d'application. * DAJ A1, 20 sept. 2010, n° 10-278 : *préc. note 1.*

3. *Périmètre d'application. Lycées.* Si les lycées ne sont visés par aucun texte, les conseils d'administration des établissements peuvent décider de définir, dans leur règlement intérieur, les modalités d'utilisation de ces téléphones. Les chefs d'établissement, en vertu des pouvoirs propres qu'ils détiennent au titre du maintien de l'ordre dans l'établissement, peuvent prendre toutes les dispositions nécessaires pour faire cesser les troubles liés à l'utilisation des téléphones. * DAJ A1, 20 sept. 2010, n° 10-278 : *préc. note 1.*

4. *Confiscation. Perte. Responsabilité.* Une lycéenne avait saisi le tribunal administratif d'une demande d'indemnisation en réparation du préjudice subi du fait de la perte de son téléphone à la suite de sa confiscation lors des épreuves du baccalauréat blanc. Le juge administratif admet la responsabilité de l'administration en raison de la disparition du téléphone mais rejette la demande d'indemnisation, les agissements de la requérante, qui a utilisé cet équipement prohibé par le règlement intérieur et qui au surplus en a fait usage durant des épreuves du baccalauréat blanc, ayant constitué des fautes de nature à exonérer en totalité l'administration de sa responsabilité. • TA Marseille, 7 juin 2012, n° 1003073 : *LIJ 2013, n° 174, p. 6.* ♦ Pour une solution contraire qui n'a pas été contestée en l'absence de toute mesure prise pour assurer la sécurité du téléphone confisqué dans l'enceinte scolaire. • TA Strasbourg, 17 juin 2008, n° 0502193. ♦ Le juge estime que le chef d'établissement, en ne prenant pas les mesures suffisantes pour assurer la sécurité des biens au sein du lycée, commet, dans l'exercice des missions qui lui sont dévolues, une faute de nature à engager la responsabilité de l'État. • CAA Nantes, 8 févr. 2001, n° 97NT02549. ♦ En revanche, dans la même espèce, il juge que l'élève, majeur au moment des faits, qui disposait d'un meuble pour y déposer ses effets, et qui avait eu connaissance du règlement d'internat attirant l'attention des élèves sur les mesures à prendre pour prévenir des vols dont il ne pouvait ignorer la fréquence, a commis une faute de nature à exonérer l'État de toute responsabilité. • CAA Nantes, 8 févr. 2001, n° 97NT02549.

Circulaire du 26 septembre 2018,

Relative à l'interdiction de l'utilisation du téléphone portable à l'école et au collège.

La nouvelle rédaction de l'article L. 511-5 du Code de l'éducation, issue de la loi n° 2018-698 du 3 août 2018, pose le principe de l'interdiction de l'utilisation des téléphones portables à l'école et au collège.

1. La portée de l'interdiction du téléphone portable

L'interdiction s'applique à l'ensemble des écoles et collèges et couvre la totalité de leur enceinte. Elle porte sur tous les équipements terminaux de communications électroniques : téléphones de toutes générations, montres connectées, tablettes, etc. Elle s'applique également aux activités liées à l'enseignement organisées en dehors de l'établissement scolaire, par exemple l'éducation physique et sportive, les sorties et les voyages scolaires.

Les élèves présentant un handicap ou un trouble de santé invalidant sont autorisés à avoir recours à des dispositifs médicaux associant un équipement de communication. Les usages de ces matériels sont formalisés dans le cadre des dispositifs existants : projet personnalisé de scolarisation (PPS) et projet d'aide individualisé (PAI).

Le règlement intérieur peut toutefois autoriser, à titre dérogatoire, l'utilisation du téléphone portable dans des lieux et circonstances qu'il précise. Il s'agit bien de conditions cumulatives : le règlement intérieur doit préciser tout à la fois les lieux et les circonstances qui justifient, de manière dérogatoire, l'utilisation du téléphone portable par les élèves.

Les dérogations apportées par le règlement intérieur au principe de l'interdiction du téléphone portable posé par le législateur doivent demeurer limitées.

Ces dérogations peuvent, à titre d'exemple, porter sur les usages pédagogiques des outils numériques, lorsqu'ils sont décidés par un membre de la communauté éducative et encadrés par lui à des fins éducatives. Elles peuvent également répondre à certaines spécificités d'un établissement, présence d'un internat par exemple. Le règlement intérieur peut également autoriser l'utilisation de leur téléphone portable par les élèves pour contacter leurs parents en cas d'urgence. Le règlement intérieur précise dans cette hypothèse le lieu où ces appels peuvent être passés.

Les dérogations prévues dans le règlement intérieur ne peuvent pas en revanche conduire à autoriser l'utilisation du téléphone portable dans les cours de récréation ou dans les couloirs de l'établissement. De telles dérogations méconnaîtraient en effet, compte tenu de leur étendue et de leur manque de précision, les dispositions de l'article L. 511-5 du Code de l'éducation.

2. La mise en œuvre des dispositions de l'article L. 511-5 du Code de l'éducation

La loi du 3 août 2018 est d'application immédiate. L'interdiction de l'utilisation du téléphone portable est donc d'ores et déjà en vigueur dans l'ensemble des écoles et collèges, quand bien même le règlement intérieur n'aurait pas été modifié en ce sens. Il appartient aux directeurs des écoles et aux principaux des collèges de veiller au respect de cette interdiction.

L'utilisation non autorisée d'un téléphone portable ou de tout autre équipement terminal de communications électroniques par un élève peut entraîner la confiscation de l'appareil, désormais prévue par la loi, par un personnel de direction, d'enseignement, d'éducation ou de surveillance. Le règlement intérieur doit toutefois préciser les modalités de la confiscation de l'appareil comme de sa restitution et intégrer la confiscation à la liste des punitions scolaires. En l'absence de telles précisions, le principe de l'interdiction de l'utilisation des téléphones s'applique sans que la confiscation puisse être mise en œuvre.

Le règlement intérieur des écoles et collèges devra également être modifié s'il apparaît nécessaire de prévoir d'éventuelles exceptions au principe de l'interdiction du téléphone portable dans les limites rappelées au point 1 ci-dessus.

Je vous demande de porter une attention toute particulière aux modifications qui pourront être apportées aux règlements intérieurs des établissements sur ce sujet par les conseils d'école ou les conseils d'administration des collèges.

En ce qui concerne les écoles, il vous appartient de veiller à ce qu'il soit procédé à l'actualisation du règlement type des écoles publiques de chaque département mentionné à l'article D. 411-5 du Code de l'éducation, laquelle modification doit, en application de ces mêmes dispositions, être soumise à l'avis préalable du conseil départemental de l'éducation nationale. Il appartient ensuite aux inspecteurs de l'éducation nationale de circonscription de veiller à l'actualisation subséquente du règlement intérieur de chaque école de la circonscription.

En ce qui concerne les collèges, je vous rappelle que les délibérations du conseil d'administration relatives au règlement intérieur doivent être transmises à l'autorité académique en application de l'article R. 421-55 du Code de l'éducation. Cette dernière dispose alors d'un délai de quinze jours pour procéder à leur contrôle et s'opposer, le cas échéant, à leur entrée en vigueur.

Enfin, si la loi limite le champ d'application de l'interdiction du téléphone portable aux élèves des écoles et des collèges, il va de soi que les personnels de ces établissements, de par l'exigence d'exemplarité qu'impliquent leurs fonctions à l'égard des enfants et adolescents qui leur sont confiés, doivent également veiller à faire un usage le plus limité possible de leur téléphone portable et autres équipements terminaux de communications électroniques dans les établissements scolaires et, à tout le moins, de ne pas en faire usage en présence des élèves.

3. Des documents d'accompagnement

Des documents sont à la disposition des équipes éducatives. Un *vademecum* à destination des équipes éducatives explicite le nouveau cadre légal et réglementaire, donne des exemples de mise en œuvre et propose des mesures d'accompagnement afin de favoriser l'appropriation de ces nouvelles règles par les élèves. Une fiche à destination des parents est intégrée à la *Mallette des parents* et un guide élaboré par la DNE apporte toutes précisions utiles sur les projets pédagogiques s'appuyant sur l'expérimentation *Apportez votre équipement personnel de communication (Avec).*

TITRE DEUXIÈME L'ORGANISATION DU TEMPS ET DE L'ESPACE SCOLAIRES

BIBL. GÉN. ▶ BLANCHET, La vie de l'élève et des établissements scolaires, *Rapport MEN, 1998.*

COMMENTAIRE

En écho aux analyses de la chronobiologie et de l'ergonomie, la loi d'orientation de 1989 adopte des dispositions relatives au temps et à l'espace scolaires réunies au titre deuxième du livre V. Un chapitre unique se termine par un article consacré à l'architecture scolaire qui souligne sa fonction éducative (art. L. 521-4, enrichi par l'art. 65 de la L. du 8 juill. 2013 qui fixe ses objectifs et prévoit un espace dédié aux parents d'élèves, V. aussi art. D. 521-16 sur l'obligation de décoration des constructions publiques). Les autres dispositions s'attachent à l'année scolaire (art. L. 521-1 ; sur le calendrier national, V. art. D. 521-1 s.), aux rythmes scolaires (art. L. 521-2, organisation de la semaine scolaire, art. R. 521-10 s.), et au pouvoir du maire de modifier les heures d'entrée et de sortie (art. L. 521-3) ayant ainsi un impact sur la journée scolaire.

L'objectif est ici triple : améliorer les conditions de l'apprentissage (mobilisation de l'intérêt et de l'attention des élèves), assurer la qualité de la vie scolaire et harmoniser le temps scolaire et les activités périscolaires, notamment dans le cadre contractuel (V. titre V, Les activités périscolaires, sportives et culturelles prolongeant le service public, organisées avec le concours des administrations, des collectivités territoriales, des associations… favorisent pendant le temps libre des élèves leur égal accès aux pratiques culturelles et sportives et aux nouvelles technologies de l'information et de la communication, art. L. 551-1).

Le débat sur les rythmes scolaires est récurrent. De nombreux éléments sont en cause : l'intérêt de l'enfant, certes, mais aussi celui des familles et en particulier celui des parents séparés, le temps de travail des enseignants (avec avis du comité technique, CE, réf., 19 juill. 2013, n° 369499), les contraintes des collectivités, le transport scolaire, les demandes de l'industrie du tourisme… Pour l'enseignement public du premier degré, les bases de l'organisation actuelle remontent au moins à la IIIe République, quand l'école devint gratuite, laïque et obligatoire (1882). L'instruction religieuse laissant place à l'instruction civique, l'Église obtint, outre le « jour du seigneur » destiné au repos de tous, la pause du jeudi pour permettre aux enfants de suivre le catéchisme (art. L. 141-2 et L. 141-3). La semaine scolaire comportait cinq jours ouvrables, dix demi-journées de trois heures, éventuellement prolongées d'une heure de cours ou d'étude surveillée financée par les familles et les communes. Les périodes de vacances des écoles mais aussi des lycées suivaient le rythme des saisons (jusqu'en 1959, les grandes vacances s'étalaient du 14 juill. au 1er oct., correspondant tant aux travaux des champs, moissons et aux vendanges, qu'au séjour à la mer ou à la montagne des familles bourgeoises), les vacances intermédiaires tenaient compte du calendrier chrétien, de ses jours de fête chômés, qu'ils soient fixes (vacances de Noël) ou mobiles (vacances de Pâques).

Prenant donc en considération les travaux des chronobiologistes, la loi d'orientation de 1989 a posé les principes d'organisation de l'année (36 semaines au moins réparties sur 5 périodes de travail de durée comparable séparées par quatre périodes de vacances) et du calendrier scolaire national (Arr. pris pour 3 ans, art. L. 521-1). La partie réglementaire contient les règles permettant d'adapter le calendrier national (art. D. 521-1 à D. 521-5) et celles concernant l'organisation de la semaine et de la journée scolaire dans le premier degré (art. D. 521-10 à D. 521-15) sous réserve de deux dispositions législlatives d'intensité différente. En référence à l'adage *« mens sana in corpore sano »*, l'article L. 521-2 dispose que les rythmes scolaires tiennent compte des besoins d'expression physique, d'éducation et de pratique corporelle et sportive des élèves. L'article L. 521-3 donne compétence au maire pour modifier les heures d'entrée et de sortie des établissements scolaires en raison des circonstances locales. Prenant en considération la diminution du temps de travail des adultes et l'évolution des habitudes sociales, la semaine scolaire est ramenée à neuf demi-journées en 1969 avec la libération du samedi après-midi puis à huit demi-journées en 2008 par suppression des heures du samedi matin, permettant ainsi aux familles de profiter du week-end. Le nombre de journées de classe passant alors à 144 (contre une moyenne de 185 dans les autres pays européens), cette mesure put être présentée comme un « Munich scolaire » (Antoine Prost, Le Monde, 22 mai 2008) même si les élèves français suivent 864 heures de cours contre 799 en moyenne.

En 2010, un avis de l'Académie de médecine souligna ses méfaits sur la santé des élèves et rappela la nécessité d'une alternance régulière entre semaines de cours et de vacances.

Cette même année, le dossier fut repris par le ministre Luc Chatel (V. le rapport du Comité de pilotage sur la réforme des rythmes scolaires remis début juillet 2011 par Christian Forestier préconisant une journée moins lourde avec le respect d'une pause méridienne, une semaine équilibrée avec un retour aux neuf demi-journées, une année mieux distribuée avec passage de trente-six à trente-huit semaines de cours et diminution des vacances d'été (avec extension du système des zones).

En 2012, le ministre de l'éducation nationale Vincent Peillon, voulant donner la priorité à l'école primaire, réaffirme la nécessité de partir des besoins de l'enfant ; son projet est double, il souhaite raccourcir l'amplitude des journées par le retour à la semaine de quatre jours et demi et développer la complémentarité entre temps scolaire et temps périscolaire par le dialogue entre tous les acteurs, communes, écoles, associations, parents.

La loi du 8 juillet 2013 pour la refondation de l'École de la République prévoit que les activités péri-éducatives peuvent être organisées dans le cadre d'un projet éducatif territorial (art. 66), et bénéficier d'une aide de l'État par la mise en place d'un fonds d'amorçage (art. 67) devenu fonds de soutien au développement des activités périscolaires ; la réforme des rythmes scolaires est présentée comme un élément clef de la refondation pédagogique, comme un levier pour faire évoluer l'école, afin de mieux organiser les apprentissages, et assurer l'aide au travail personnel (voir Rapport annexé). Quelques mois plus tôt, le ***décret n° 2013-77 du 24 janvier 2013*** avait réorganisé la semaine scolaire sur la base de vingt-quatre heures d'enseignement réparties sur neuf demi-journées (art. D. 411-2 et D. 521-10 à D. 521-15 ; Circ. n° 2013-01 du 6 févr. 2013) dont cinq matinées (une première adaptation est alors envisagée, permettant de déplacer le mercredi matin au samedi matin). Pour faire face aux difficultés d'organisation des activités périscolaires dans certaines communes, le décret n° 2014-457 du 7 mai 2014 ou décret Hamon (intégré à l'art. D. 521-12 par le Décr. n° 2016-1049 du 1er août 2016) introduit une nouvelle dérogation en donnant la possibilité d'utiliser une des cinq demi-journées pour regrouper les activités péri-éducatives (celle-ci pouvant être placée le vendredi après-midi, ce qui aura un impact délétère sur la réforme). Les dérogations à l'organisation de la semaine scolaire accordées par le recteur d'académie sur le fondement des décrets de 2013 et 2014, n'ayant pas toutes fait l'objet d'une évaluation au terme de la période de trois ans, le décret n° 2017-549 du 14 avril 2017 modifiant le décret n° 2016-1049 du 1er août 2016 habilite l'autorité académique, saisie d'une demande du maire ou du président de l'EPCI, à prolonger d'une année les adaptations à l'organisation de la semaine scolaire. Globalement, on a pu s'étonner de la complexité des montages mis en œuvre et de la diversité des pratiques locales, les ateliers étant payants dans certaines communes (ce qui est légal pour des activités facultatives), gratuits dans d'autres, même si le législateur avait souhaité que « les établissements scolaires veillent dans l'organisation des activités périscolaires à caractère facultatif, à ce que les ressources des familles ne constituent pas un facteur discriminant entre les élèves » (art. L. 551-1). Si le calendrier national s'applique tant aux écoles et établissements publics qu'aux établissements privés sous contrat, il n'en est pas de même pour l'organisation de la semaine scolaire (l'art. L. 442-20 ne mentionne que l'art. L. 521-1, CE 27 mai 2015, *Cne de Hautmont et a.*, n° 382331) ; rien ne les empêche toutefois de mettre en place une organisation identique, formule mimétique intéressée leur ouvrant des possibilités de financement public supplémentaire (art. 32 de la L. n° 2014-891 du 8 août 2014, abrogée en 2016).

Après l'élection du président de la République en mai 2017, il a été de nouveau décidé d'assouplir l'organisation des rythmes scolaires ; le décret n° 2017-1108 du 27 juin 2017 a ainsi étendu le champ des dérogations à l'organisation de la semaine scolaire dans les écoles maternelles et élémentaires publiques en ouvrant la possibilité d'un retour à la semaine de quatre jours. Adoptée après les avis défavorables du CSE et du CNEN, et un rapport du Sénat concluant au maintien des cinq demi-journées (sous réserve d'une évaluation scientifique), cette mesure a été justifiée par la volonté d'offrir des libertés nouvelles aux acteurs de terrain en se référant aux consensus locaux (Communiqué du conseil des ministres du 22 juin 2017). Outre les critiques adressées à la concentration des enseignements sur quatre jours, la nouvelle donne pose la question du devenir des activités péri-éducatives et de leur financement. A la rentrée 2017, les choix des parents et des enseignants mais aussi les craintes financières (incertitudes concernant tant le fonds de soutien que la possibilité de recourir aux emplois aidés) ont amené plus du tiers des communes à opter pour la semaine de quatre jours !

Si le décret de 2017 a été motivé par la volonté de donner plus de liberté aux communes et aux conseils d'école, l'organisation des rythmes scolaires est une compétence de l'État. C'est aux organes de l'État qu'il revient d'adopter le cadre légal (les principes fondamentaux) et réglementaire, c'est au ministre de fixer le calendrier national (art. L. 521-1), et à l'autorité académique d'organiser la semaine scolaire (art. D. 521-10) et les heures d'entrée et de sortie dans le premier degré (modifiables par le maire, art. L. 521-3). Même si la procédure permet de tenir compte des avis ou fait une place importante à leurs propositions, « aucune disposition constitutionnelle ou législative ne donne compétence aux collectivités territoriales pour organiser la semaine scolaire » (CE 2 juill. 2014, *Assoc. autonome des parents d'élèves de l'école Émile-Glay et Féd. Sud-édcation*, n° 367179). La décision (comme celles qui organisent l'année ou la journée) relève de l'action éducatrice et revient à l'autorité académique qui doit prendre en compte l'intérêt des élèves (régularité et continuité des temps d'apprentissage, globalité du temps de l'enfant, cohérence avec le projet d'école et le PEDT !)

Tenant compte du retour à la semaine de quatre jours, le Gouvernement a lancé un « plan mercredi » et adapté le fonds de soutien à la nouvelle donne (Décr. n° 2018-907 du 23 oct. 2018 mod. le Décr. n° 2015-996 du 17 août 2015 portant application de l'art. 67 de la L. n° 2013-595 du 8 juill. 2013). Par ailleurs, le décret introduit une clarification dans les exercices budgétaires servant de référence pour bénéficier de la majoration forfaitaire de l'aide du fonds de soutien : les deux exercices associés à l'année scolaire seront en effet pris en compte et le bénéfice de la majoration forfaitaire est maintenu pour les communes bénéficiant de la dotation de solidarité rurale cible au cours de l'exercice budgétaire précédant la rentrée scolaire. ❑

CHAPITRE UNIQUE

Art. L. 521-1 L'année scolaire comporte trente-six semaines au moins réparties en cinq périodes de travail, de durée comparable, séparées par quatre périodes de vacance des classes. Un calendrier scolaire national est arrêté par le ministre chargé de l'éducation pour une période de trois années. Il peut être adapté, dans des conditions fixées par décret, pour tenir compte des situations locales. – *[L. n° 89-486 du 10 juill. 1989, art. 9.]*

Les mots « réparties en cinq périodes de travail, de durée comparable, séparées par quatre périodes de vacance des classes » figurant à la 1re phrase et les mots « par le ministre chargé de l'éducation pour une période de trois années » figurant à la 2e phrase ont le caractère réglementaire (Cons. const. 11 juill. 2019, n° 2019-278 L).

Sur l'organisation des rythmes scolaires dans les écoles maternelles et élémentaires, V. art. D. 521-10 s. et ci-dessous Circ. n° 2013-017 du 6 févr. 2013.

Sur le fonds de soutien au développement des activités périscolaires, V. ci-dessous L. n° 2013-595 du 8 juill. 2013, art. 67 et Décr. n° 2015-996 du 17 août 2015.

Sur l'organisation du temps scolaire dans les collèges et lycées, V. art. R. 421-2.

BIBL. ▶ Akkari, Obin, Veltcheff, Démocratiser l'école : vers une nouvelle organisation des classes et des établissements, *Terranova, Note 18 sept. 2014, ww.tnova.fr/sites/default/files/18092014%20-%20Démocratiser%20l'école._0.pdf.* – Veyret, Sallé, Choisnard et Eliot, Mission relative à l'élaboration d'un cadre de référence pour les partenariats avec les associations complémentaires de l'école, *MEN, Rapp. IGAENR, n° 2011-085, juill. 2011.*

COMMENTAIRE

A l'origine, le calendrier annuel prenait en considération les rythmes sociaux (moissons et vendanges mobilisaient tous les bras quand la bourgeoisie prenait les bains de mer) et les fêtes religieuses. Les vacances d'été, dites « grandes vacances », durent deux mois et demi en 1912 (du 14 juill. au 1er oct.) ; en 1938, tenant compte des congés payés, ces dates sont étendues à l'enseignement primaire. La France rurale et catholique donnait aux hussards de la République de grandes vacances d'été (de 1912 à 1959, du 14 juill. au 1er oct.) auxquelles s'ajoutaient quelques jours à Noël et à Pâques. Puis vinrent les vacances d'hiver, vers février, pour faire une pause au cours du trimestre souvent le plus long et permettre à certains de partir, à d'autres de vivre des activités de montagne. Après les jeux olympiques de Grenoble de 1968, le territoire fut découpé en trois zones pour les vacances enneigées. Cette construction historique a souvent suscité des critiques. Une remise à plat était nécessaire. La loi d'orientation de 1989 en fut l'occasion, introduisant plus une rationalisation qu'une révolution.

Le ***principe*** est celui de l'***alternance régulière des temps de travail et de vacances*** : l'année scolaire comporte un nombre minimum de trente-six semaines (la durée ainsi fixée est une durée minimale, CE 30 août 2016, n° 387542), réparties en cinq périodes de travail de durée comparable, séparées par quatre périodes de vacance des classes, fixées pour les trois zones (art. L. 521-1 ; CE 10 mars 1995, *M. Abischer*, n° 124923, jugeant que cette exigence n'exclut pas des durées différentes). Ces dispositions s'imposent à l'administration ; la décision ministérielle qui réduit l'année scolaire à moins de trente-six semaines est illégale (CE 4 nov. 1996, *M. Amoroz et a. : note 1* ss. art. L. 521-1). L'alternance travail/vacances sur la base 7/2 est un objectif prenant en considération les intérêts des enfants, des familles, des enseignants mais aussi de la sécurité routière et du tourisme.

Par une décision n° 2019-278 L. du 11 juillet 2019, le Conseil constitutionnel décide que si les dispositions de l'article L. 521-1 qui imposent à l'ensemble des établissements d'enseignement participant au service public national de l'éducation de respecter une durée minimale de l'année scolaire, fixée à trente-six semaines, constituant une garantie du principe d'égal accès à l'enseignement, relèvent des principes fondamentaux de l'enseignement au sens de l'article 34 de la Constitution, les dispositions précisant qu'elles doivent être « réparties en cinq périodes de travail, de durée comparable, séparées par quatre périodes de vacance des classes » ont un caractère réglementaire.

Les modalités sont prévues par le ***calendrier scolaire***. Le calendrier scolaire national est arrêté par le ministre pour une période de trois années (art. L. 521-1, disposition elle aussi réglementaire). Après avis du Conseil supérieur de l'éducation, le ministre arrête le calendrier comportant les trente-six semaines légales, répartissant les académies en trois zones, par roulement (un Arr. du 16 avr. 2015 modifie la répartition des académies entre les trois zones de vacances pour tenir compte du nouveau découpage régional). Le calendrier s'applique aux élèves mais aussi aux enseignants. Il peut prévoir une date différente pour la reprise de leur service en instituant une pré-rentrée (initialement de deux jours, elle a été ramenée à une, la seconde journée divisée en deux demi-journées étant prise dans le courant de l'année ; c'est une mesure d'organisation du service, sans incidence sur les obligations hebdomadaires, CE 30 déc. 2002, *SNUDI-FO*, n° 234626) ; en fin d'année scolaire, les enseignants participant aux examens sont en congé après la clôture des opérations.

Régulièrement, est affichée la volonté d'assurer la « reconquête du mois de juin » (X. Darcos 2008, Rapport sur la refondation, 2012), mois des examens et de l'orientation, en mettant en place une autre organisation (la date du baccalauréat est avancée, la surveillance en est confiée à d'autres personnes que les professeurs, le nombre des centres d'examen est augmenté en recherchant des lieux à l'extérieur des établissements scolaires) permettant aux collégiens et aux lycéens d'accéder au service d'éducation et donnant plus de temps aux professeurs pour traiter les programmes.

Le calendrier national peut faire l'objet d'adaptations pour tenir compte des situations locales (art. L. 521-1) ; le décret n° 90-236 du 14 mars 1990 codifié aux articles D. 521-1 et suivants donne compétence aux recteurs d'académie pour procéder par arrêté aux adaptations qui concernent l'académie toute entière (après avis du CAEN), un département (le recteur sollicite alors l'avis du CDEN ; incompétence de l'IA-DASEN qui ne peut avancer la date de la rentrée, TA Versailles, 20 oct. 1998, n° 984105) ou une école, un collège ou un lycée (le recteur prend ici l'avis du conseil d'école ou du conseil d'administration, incompétence du chef d'établissement, art. D. 521-4 : note DAJ A1, n° 12-204 du 18 mai 2012, *LIJ, n° 167*). Ces adaptations doivent être motivées par leur nécessité qui peut tenir à la situation géographique particulière d'un établissement, à la nature de la formation ou aux circonstances susceptibles de mettre en difficulté le fonctionnement du service public (cas des ponts ou des fêtes locales). En outre, le recteur peut décider d'adapter le calendrier pour tenir compte d'une expérimentation dans l'académie, le département ou un établissement (art. D. 521-3). Ainsi, pour permettre aux communes d'expérimenter de nouvelles formes d'organisation de la semaine scolaire, le décret n° 2014-457 du 7 mai 2014 prévoit, au cas où la durée hebdomadaire de classe serait de moins de vingt-quatre heures, la possibilité pour le recteur d'autoriser un allongement de la durée de l'année scolaire (le nombre de jours) ; les modifications ainsi introduites ne peuvent réduire ni augmenter le nombre annuel d'heures d'enseignement ni modifier leur répartition (art. D. 521-12, II, 2°) ; dans tous les cas, les adaptations ne peuvent modifier le nombre ou la durée effective des périodes de travail et de vacances des classes, ni l'équilibre entre ces périodes ; elles ne peuvent entraîner une modification de la répartition des académies en zones de vacances (sauf si des écoles sont rattachées à un collège d'une autre zone, art. D. 521-2). Les décisions du recteur doivent elles aussi être arrêtées un an au moins avant leur date d'effet (art. D. 521-5), ce qui, logiquement, leur interdit de prendre un arrêté pour modifier au dernier moment le calendrier national même s'il est manifestement mal conçu (cas des vacances de printemps et des nombreux ponts du mois de mai qui ont amené plusieurs académies à modifier les dates de vacances).

Dans les ***académies d'outre-mer et en Corse***, le recteur arrête pour trois ans un calendrier tenant compte du caractère particulier des régions concernées (après consultation du CAEN et du Conseil régional ou de l'Assemblée de Corse, art. D. 521-6). Si on peut comprendre la particularité, notamment climatique, des académies ultramarines (notamment lorsqu'elles sont dans l'hémisphère sud), le cas de la Corse peut susciter l'étonnement.

Des opérations peuvent être organisées dans les collèges et lycées ***pendant les congés scolaires***, qu'il s'agisse d'***activités péri-scolaires*** ou d'opérations combinant ***soutien scolaire et activités complémentaires***, culturelles ou sportives (*« école ouverte »*, opération ministérielle lancée en 1991). Elles peuvent être prévues dans un cadre contractuel, contrats de réussite dans les zones d'éducation prioritaire ou contrat éducatif local (CEL) réunissant l'État dans ses diverses composantes (éducation, culture, jeunesse et sports), les collectivités territoriales, les associations et les organismes sociaux (V. Pedt).

Régulièrement est évoquée (2010, rapport Forestier ; 2013, rapport Vincent Peillon ; 2017, rapport Blanquer) l'éventualité d'une diminution de la durée des vacances d'été qui pourraient alors être accompagnées de la division du territoire en zones comme pour les congés intermédiaires ; de même, n'est pas exclue la possibilité de réviser la durée des vacances intermédiaires, notamment celles d'automne. Toutefois, le système français avec ses neuf semaines de grandes vacances se situe dans la moyenne européenne, ce qui n'est pas le cas pour les petites vacances qui, ailleurs, sont le plus souvent de l'ordre de la semaine. ❑

1. Durée de l'année scolaire. La modification du calendrier scolaire qui a eu pour effet de ramener l'année scolaire à une durée inférieure à celle de trente-six semaines fixée par la L. du 10 juill. 1989 est illégale. • CE 4 nov. 1996, n° 158578.

2. Équilibre des périodes. Un arrêté du ministre ayant prévu quatre périodes de travail d'une durée de six à sept semaines chacune et une cinquième, précédant les vacances d'été, d'une durée de dix semaines, compte tenu des circonstances propres au troisième trimestre scolaire, ne méconnaît pas l'exigence d'équilibre prévue par les textes. • CE 10 mars 1995, n° 124923.

3. Rentrée des élèves. Si le calendrier sco-

laire peut être adapté pour tenir compte des situations locales, il n'est pas permis à l'inspecteur d'académie d'avancer la date de la rentrée scolaire. • TA Versailles, 20 oct. 1998, n° 984105.

4. Rentrée des enseignants. En fixant la rentrée des enseignants à une date distincte de celle des élèves, le ministre, en vue d'organiser dans les meilleures conditions pédagogiques la rentrée des élèves, a pris une mesure d'organisation du service public de l'éducation, qui est sans incidence sur l'application des obligations hebdomadaires d'enseignement au cours de l'année scolaire. • CAA Bordeaux, 28 juin 2005, n° 02BX00610 • CE 30 déc. 2002, n° 234626 B.

5. Pré-rentrée. Demi-journées de réflexion pédagogique. Dans une affaire où un enseignant contestait des arrêtés fixant la date de la pré-rentrée et les demi-journées de réflexion pédagogique, le Conseil d'État rappelle que la fixation d'une date de rentrée des enseignants distincte de celle des élèves ne concerne pas les heures d'enseignements mais les missions liées au service d'enseignement et qu'elle n'a, par suite, ni pour objet ni pour effet de modifier les maxima de service hebdomadaire du personnel enseignant des établissements d'enseignement du second degré. Il rappelle aussi que les demi-journées (ou un horaire équivalent) prises en dehors des heures de cours ne concernent pas non plus les heures d'enseignements mais les missions liées au service d'enseignement et qu'elles n'ont, par suite, pas davantage pour objet ou pour effet de modifier les maxima de service hebdomadaire du personnel enseignant des établissements d'enseignement du second degré. • CE 30 août 2016, n° 387542.

6. Enseignement agricole. Heures de formation. La fixation à 56, sur deux années, du nombre de semaines d'enseignement obligatoires pour les options du certificat d'aptitude professionnelle agricole résulte directement, compte tenu des sessions de stage et des jours fériés, de l'application de l'art. L. 521-1 qui fixe l'année scolaire à 36 semaines. • CE 14 juin 2006, n° 284933.

7. Rythmes scolaires. Décr. du 24 janv. 2013. Légalité. La fédération requérante, contestant la légalité du Décr. n° 2013-77 du 24 janv. 2013, demandait par référé la suspension de l'exécution de ce texte relatif à l'organisation du temps scolaire dans les écoles maternelles et élémentaires dès lors que le comité d'hygiène, de sécurité et des conditions de travail du ministère de l'éducation nationale n'a pas été consulté. A cet effet, le juge rappelle que les missions du comité d'hygiène, de sécurité et des conditions de travail sont définies « sous réserve des compétences des comités techniques » ; que l'art. 48 de ce Décr. précise, comme l'art. 34 du Décr. du 15 févr. 2011, que « le comité technique bénéficie du concours du comité d'hygiène, de sécurité et des conditions de travail dans les matières relevant de sa compétence et peut le saisir de toute question » ; qu'aux termes enfin de l'art. 57 de ce Décr., le comité d'hygiène, de sécurité et des conditions de travail est consulté « sur les projets d'aménagement important modifiant les conditions de santé et de sécurité ou les conditions de travail » ; que ces dispositions ne peuvent être regardées comme imposant qu'un texte soumis à l'avis du comité technique doive également être présenté par l'administration au comité d'hygiène, de sécurité et des conditions de travail lorsque les mesures d'organisation du service qu'il prévoit ont une incidence sur les conditions de travail des agents. Il appartenait donc, le cas échéant, à ce comité de solliciter l'avis du comité d'hygiène, de sécurité et des conditions de travail en application de l'art. 34 du Décr. du 15 févr. 2011 et de l'art. 48 du Décr. du 28 mai 1982. Dans ces conditions, le moyen tiré de la méconnaissance des règles qui prévoient la consultation des agents sur les projets de textes relatifs à l'organisation et au fonctionnement des services n'est pas, en l'état de l'instruction, de nature à créer un doute sérieux sur la légalité du Décr. contesté. La requête est donc rejetée. • CE, réf., 19 juill. 2013, n° 369499. ♦ Rejet également des recours présentés contre le décret au motif qu'aucune disposition constitutionnelle ou législative ne rend les collectivités territoriales compétentes pour organiser la répartition hebdomadaire des enseignements scolaires délivrés dans les écoles maternelles et élémentaires ; par suite, cette compétence ressortit à l'État et le pouvoir réglementaire est, contrairement à ce que soutiennent les requérants, compétent pour fixer l'organisation de la semaine scolaire dans ces écoles, dans le cadre des principes fondamentaux d'organisation des enseignements fixés par le législateur. • CE 2 juill. 2014, n° 367179 A : *AJDA 2014. 1353 ; ibid. 2006, note Legrand ; LIJ 2014, n° 185, p. 7.* ♦ Rejet encore des recours présentés au motif que ce décret a pour conséquence de créer une charge supplémentaire pour les communes et méconnaît, de ce fait, le principe de libre administration des collectivités territoriales. • CE 23 déc. 2014, n° 375639 B : *AJDA 2015. 8 ; LIJ 2015, n° 187, p. 4.* ♦ Rejet encore des recours en écartant le moyen selon lequel « ce décret instaurerait, entre les élèves de l'enseignement public et ceux de l'enseignement privé, une différence de traitement illégale en raison de ce que ses dispositions ne s'appliquent pas aux établissements d'enseignement privés sous contrat ». Le Conseil d'État rejette à cet effet les moyens soutenant l'illégalité du Décr. du 7 mai 2014 invoquée par la voie de l'exception. • CE 27 mai 2015, n°s 379320, 382067, 382256 et 382331 : *LIJ 2015, n° 189, p. 5.* ♦ Suspension des décisions des maires qui avaient décidé d'accorder à leurs agents un jour de congé le lundi 10 nov. 2014 et de fermer ce jour-là tous les services commu-

naux, dans le cadre d'un mouvement de protestation contre les charges supplémentaires induites pour les collectivités territoriales par le changement des rythmes scolaires, le juge des référés estimant que l'absence simultanée de tous les agents communaux chargés de contribuer au bon fonctionnement des écoles maternelles et primaires de ces communes pendant la journée du lundi 10 nov. aurait pour effet, dans les circonstances de l'espèce, de perturber le fonctionnement de ces écoles dans des conditions de nature à compromettre l'exercice d'une liberté publique. • CE, ord., 9 nov. 2014, nos 385618 à 385624.

8. Fin d'année scolaire. Cours plus assurés. Situation juridique. Congés scolaires (non). La DAJ a été amenée à préciser si, en fin d'année scolaire, alors que les cours ne sont plus assurés dans les établissements qui sont centres d'examens jours, ces périodes sans enseignements pouvaient être regardées comme des vacances scolaires, susceptibles d'être prises en compte, à ce titre, dans le droit de visite et d'hébergement de l'enfant dont bénéficient les parents séparés ou divorcés. Il a été rappelé que si le calendrier scolaire national est arrêté par le ministre et fixe par conséquent la date de la fin de l'année scolaire pour tous les élèves, les collèges et lycées disposent néanmoins, conformément aux dispositions de l'art. R. 421-2, d'une autonomie en matière pédagogique et éducative qui permet au chef d'établissement, si la situation le nécessite et afin de remplir ses obligations relatives à l'organisation et au déroulement des épreuves du diplôme national du brevet et du baccalauréat, d'aménager l'emploi du temps des élèves dans le respect des programmes d'enseignement scolaire. En conséquence, la période pendant laquelle les cours sont interrompus pour organiser des examens dans les locaux de l'établissement d'enseignement du second degré ne peut être considérée comme une période de congé scolaire. * Note DAJ A1, 28 déc. 2018, n° 2018-264 : *LIJ 2019, n° 206, p. 20.*

9. Animateur en temps périscolaire. Situation juridique. Une animatrice exerçant durant l'ensemble des temps périscolaires ne peut pas être recrutée en tant que vacataire. En l'espèce, le juge administratif souligne que la requérante a été embauchée à tort en qualité de vacataire alors qu'elle doit être considérée comme agent non titulaire de la fonction publique territoriale au sens du Décr. du 15 févr. 1988. • TA Châlons-en-Champagne, 13 août 2014, n° 1300290 : *AJDA 2014. 2270, note Deschamps.*

Circulaire n° 2013-017 du 6 février 2013,

Relative à l'organisation du temps scolaire dans le premier degré et des activités pédagogiques complémentaires.

Les écoliers français subissent des journées plus longues et plus chargées que la plupart des autres élèves dans le monde, et la concentration sur une semaine de 4 jours à partir de 2008, soit 144 jours contre une moyenne OCDE de 187 jours a aggravé les déséquilibres dans l'organisation des apprentissages.

Afin d'améliorer les conditions d'apprentissage des élèves et de contribuer à leur réussite, une nouvelle organisation de la journée et de la semaine scolaires est mise en place dans le premier degré.

La présente circulaire a pour objet de présenter les nouveaux rythmes, leurs modalités de mise en œuvre et d'apporter des précisions sur la mise en place des activités pédagogiques complémentaires, à la suite de la modification des articles D. 411-2 et D. 521-10 à D. 521-15 du code de l'éducation par le décret n° 2013-77 du 24 janvier 2013. La présente circulaire abroge et remplace la circulaire n° 2008-082 du 5 juin 2008 relative à l'organisation du temps d'enseignement scolaire et de l'aide personnalisée dans le premier degré.

Conformément à l'article L. 111-1 du code de l'éducation qui dispose que « le service public d'éducation est conçu et organisé en fonction des élèves », la nouvelle organisation du temps scolaire à l'école primaire vise à mieux respecter les rythmes d'apprentissage et de repos des enfants, en instaurant une semaine scolaire plus équilibrée, organisée sur neuf demi-journées, avec un allégement de la journée d'enseignement. Cette décision permet également d'organiser des activités pédagogiques complémentaires soit pour aider les élèves lorsqu'ils rencontrent des difficultés dans leurs apprentissages, soit pour les accompagner dans leur travail personnel ou leur proposer toute autre activité prévue par le projet d'école, le cas échéant en lien avec le projet éducatif territorial.

Mise en œuvre à compter de la rentrée scolaire 2013, cette nouvelle organisation du temps scolaire à l'école primaire implique la concertation entre les services de l'éducation nationale et les collectivités territoriales à chaque niveau. En application du décret du 24 janvier 2013 relatif à l'organisation du temps scolaire dans les écoles maternelles et élémentaires, le directeur académique des services de l'éducation nationale (DASEN), agissant sur

délégation du recteur d'académie, arrêtera l'organisation du temps scolaire des écoles, à l'issue d'un travail commun avec le conseil d'école, la commune ou l'établissement public de coopération intercommunale (EPCI) qui peuvent élaborer des projets d'organisation du temps scolaire. L'objectif est d'articuler au mieux les temps scolaire et périscolaire, en visant la complémentarité entre les différentes activités proposées aux élèves au cours de la journée, et de permettre une adaptation aux situations locales (offre périscolaire, ressources culturelles et associatives, transports scolaires).

Une circulaire modifiera prochainement la circulaire n° 91-124 du 6 juin 1991 relative aux directives générales pour l'établissement du règlement type départemental des écoles maternelles et élémentaires, en ce qui concerne les dispositions relatives à l'organisation du temps scolaire.

1. *Les principes d'organisation du temps scolaire fixés au niveau national*

Le temps scolaire est, tout particulièrement pour les jeunes élèves, un temps d'apprentissage et un temps d'éveil progressif à la connaissance et à la culture, à l'épanouissement de la personnalité, qui doit s'articuler avec d'autres temps éducatifs pour construire un parcours éducatif cohérent et de qualité.

Il ne s'agit pas d'imposer partout et à tous un modèle unique et rigide, mais de fixer un cadre national à l'intérieur duquel des adaptations locales seront possibles. L'organisation du temps scolaire sera ainsi concertée au niveau des territoires afin de prendre en compte les atouts et contraintes de chacun d'entre eux et de leur permettre de mener à bien leurs ambitions éducatives.

La semaine scolaire doit être organisée selon les principes suivants :

— 24 heures d'enseignement hebdomadaire pour tous les élèves ;

— une répartition hebdomadaire sur 9 demi-journées, à savoir les lundi, mardi, jeudi et vendredi toute la journée et le mercredi matin ;

— une journée d'enseignement de 5 h 30 maximum, avec une demi-journée ne pouvant excéder 3 h 30 ;

— une pause méridienne de 1 h 30 minimum ;

— la mise en place d'activités pédagogiques complémentaires en groupes restreints d'élèves, venant s'ajouter aux 24 heures d'enseignement hebdomadaire, se déclinant soit sous la forme d'une aide aux élèves rencontrant des difficultés dans leurs apprentissages, soit sous la forme d'une aide au travail personnel ou de mise en œuvre d'une activité prévue par le projet d'école, le cas échéant en lien avec le projet éducatif territorial.

Les 24 heures hebdomadaires incluent, à l'école élémentaire, des temps consacrés aux travaux écrits, donnés par le professeur des écoles qui sont distincts de l'aide au travail personnel pouvant être apportée, en complément du travail effectué en classe, dans le cadre des activités pédagogiques complémentaires.

Ces principes constituent un cadre national qui place l'intérêt des élèves au cœur de la refondation des rythmes scolaires, tout en laissant des marges d'organisation sur le plan local.

2. *Les projets locaux d'organisation du temps scolaire et de dérogation dans le respect du cadre national*

Les conseils d'école peuvent proposer des projets d'organisation du temps scolaire. L'inspecteur de l'éducation nationale (IEN) chargé de la circonscription d'enseignement du premier degré formule un avis sur ces projets et les transmet au DASEN.

Les communes ou les EPCI compétents peuvent également proposer des projets d'organisation du temps scolaire des écoles situées sur leur territoire.

Après avoir recueilli l'avis de l'IEN, ils transmettent directement leur projet au DASEN dans un délai permettant son examen par le conseil départemental de l'éducation nationale (CDEN) convoqué pour se prononcer sur les horaires des écoles.

Dans les faits, les IEN devront mettre en place en amont une concertation approfondie avec les maires et les conseils d'école afin d'aider à construire un projet cohérent et partagé.

Le contenu des projets d'organisation du temps scolaire

Les projets d'organisation du temps scolaire peuvent faire varier l'amplitude de la journée dans la limite de 5 h 30 d'enseignement par jour et 3 h 30 par demi-journée, les horaires d'entrée et de sortie des écoles, la durée de la pause méridienne au-delà d'1 h 30.

Des dérogations possibles aux principes nationaux

Si les projets d'organisation des maires ou des présidents d'EPCI et des conseils d'école ne s'inscrivent pas dans le cadre des principes d'organisation du temps scolaire fixés au niveau national, ils relèvent d'une demande de dérogation.

Cette demande doit être justifiée par un projet éducatif territorial et offrir des garanties pédagogiques suffisantes.

Les demandes de dérogation ne peuvent porter que sur :

— la mise en place d'une demi-journée d'enseignement le samedi matin au lieu du mercredi matin ;

— l'augmentation de la durée de 5 h 30 d'enseignement par jour et de 3 h 30 par demi-journée.

Des déclinaisons locales de l'organisation du temps scolaire sont ainsi possibles à l'intérieur du cadre réglementaire national afin de prendre en compte les spécificités des différents territoires et de permettre à ces derniers de mener à bien leurs ambitions éducatives.

3. *Le projet éducatif territorial (PEDT)*

L'objectif du PEDT est de mobiliser toutes les ressources d'un territoire afin de garantir la continuité éducative entre les projets des écoles et des établissements et les activités proposées aux élèves en dehors du temps scolaire, et donc d'offrir à chaque enfant un parcours éducatif cohérent et de qualité avant, pendant et après l'école.

Le PEDT est élaboré à l'initiative de la collectivité territoriale. Il formalise l'engagement des différents partenaires de se coordonner pour organiser des activités éducatives et assurer l'articulation de leurs interventions sur l'ensemble des temps de vie des enfants.

C'est un cadre de collaboration locale qui rassemble, autour de la collectivité territoriale, l'éducation nationale et l'ensemble des acteurs intervenant dans le domaine de l'éducation : le ministère des sports, de la jeunesse, de l'éducation populaire et de la vie associative et les autres administrations concernées (ville, culture, famille, etc.), des associations, des institutions culturelles et sportives, etc.

Les associations complémentaires agréées, notamment celles soutenues financièrement par le ministère, et qui sont à la tête de réseaux territoriaux, peuvent contribuer à la mise en place d'activités périscolaires.

En complémentarité des enseignements, elles ont développé une expertise et un savoir-faire dans le domaine de l'éducation à la citoyenneté, du vivre ensemble et de l'accompagnement à la scolarité.

Le PEDT présente donc de nombreux intérêts : il constitue pour la commune un outil essentiel pour la mise en œuvre du volet éducatif de la réforme des rythmes scolaires ; il contribue à la lutte contre les inégalités scolaires en mettant en place des actions répondant à des besoins identifiés au niveau de chaque territoire ; il favorise la création de synergies entre les acteurs tout en respectant le domaine de compétences de chacun d'entre eux.

Les particularités du PEDT permettront en outre de demander une dérogation au cadre national d'organisation du temps scolaire ou un assouplissement des conditions d'encadrement pour les accueils collectifs de mineurs.

Une circulaire interministérielle apportera des précisions sur la procédure d'élaboration du PEDT et proposera un formulaire de présentation.

4. *Le DASEN arrête l'organisation du temps scolaire des écoles*

Le DASEN se prononce sur les projets d'organisation du temps scolaire des écoles du département

Le DASEN arrête l'organisation du temps scolaire de chaque école. Il prend la décision à partir des projets d'organisation de la commune ou de l'EPCI et/ou du conseil d'école qui lui ont été éventuellement transmis. Il doit avoir au préalable recueilli l'avis du maire ou du président de l'EPCI.

Pour se prononcer, le DASEN s'appuie sur l'avis de l'IEN et s'assure :

— que les projets respectent, avec le souci de l'intérêt de l'élève, les principes posés au niveau national par l'article D. 521-10 du code de l'éducation (24 h d'enseignement par semaine réparties sur 9 demi-journées dont le mercredi matin, 5 h 30 maximum d'enseignement par jour avec un maximum de 3 h 30 par demi-journée, pause méridienne pas inférieure à 1 h 30) ainsi que les conditions prévues à l'article D. 521-11 du même code ;

— de la cohérence des projets avec, le cas échéant, les orientations du projet éducatif territorial (PEDT) ;

— de la compatibilité des projets avec l'intérêt du service ;

— que les projets ne portent pas atteinte à l'exercice de la liberté de l'instruction religieuse mentionnée à l'article L. 141-2 du code de l'éducation qui prévoit que "l'État prend toutes dispositions utiles pour assurer aux élèves de l'enseignement public la liberté des cultes et de l'instruction religieuse".

S'agissant de l'intérêt du service, le DASEN doit prendre en compte notamment les contraintes en ressources humaines (par exemple l'organisation du service des titulaires remplaçants ainsi que la définition des services partagés dans les écoles concernées) et la cohérence des organisations entre les écoles d'un même territoire (transports scolaires).

Quand le projet comporte une demande de dérogation au cadre national, le DASEN s'assure que cette demande est justifiée par les particularités du PEDT et présente des garanties pédagogiques suffisantes. Il ne s'agit pas en particulier d'allonger ou de réduire excessivement le temps d'enseignement de certaines journées, un des premiers objectifs de la réforme étant d'instaurer des journées d'enseignement équilibrées.

La décision d'organisation de la semaine scolaire prise par le DASEN ne peut porter sur une durée supérieure à trois ans. A l'issue de cette période, cette décision peut être renouvelée tous les trois ans après un nouvel examen, en respectant la même procédure. Une commune, ou un EPCI ou un conseil d'école pourra éventuellement demander au DASEN une modification de l'organisation du temps scolaire avant la fin de la période de trois ans, dans le cadre de la préparation de la rentrée scolaire. Le DASEN statuera alors sur cette modification en respectant la même procédure que pour la décision initiale.

En l'absence de projet du conseil d'école, de la commune ou de l'EPCI, il appartient au DASEN de fixer l'organisation du temps scolaire des écoles concernées.

Le processus d'examen des projets d'organisation du temps scolaire et les demandes de dérogation nécessitent une étape préalable importante de concertation avec les communes et le département.

Le DASEN est garant de la cohérence et de l'harmonisation des projets d'organisation du temps scolaire des écoles dans le département

Le DASEN veille ainsi à coordonner l'organisation du temps scolaire entre les écoles maternelles et élémentaires relevant d'un même périmètre scolaire ainsi qu'entre écoles soumises aux mêmes contraintes pour un territoire donné.

Il veille à l'articulation cohérente entre les temps scolaire et périscolaire, le cas échéant, dans le cadre du PEDT.

Il tient compte, en liaison avec le conseil général, des contraintes inhérentes à l'organisation des transports scolaires.

Le règlement type départemental mentionne désormais l'organisation du temps scolaire de chaque école

Les décisions d'organisation du temps scolaire du DASEN pour chacune des écoles du département sont présentées synthétiquement en annexe du règlement type départemental, qui devient ainsi le document départemental où sont déclinées les différentes formes d'organisation du temps scolaire existant au niveau du département.

Dans cette annexe au règlement type départemental, prévu à l'article R. 411-5 du code de l'éducation, figurent donc :

— l'organisation de la semaine de chaque école du département intégrant, le cas échéant, les dérogations retenues ;

— les heures d'entrée et de sortie de chaque école du département.

Le DASEN arrête le règlement type départemental après consultation :

— du conseil départemental de l'éducation nationale ;

— du département, en application de l'article L. 213-11 du code de l'éducation et dans les conditions prévues aux articles D. 213-29 et D. 213-30 du même code et, pour les départements concernés, du syndicat des transports d'Île-de-France.

Il est recommandé que le règlement type ainsi modifié soit communiqué aux écoles et mis en ligne sur le site du service de l'éducation nationale du département.

5. *Les activités pédagogiques complémentaires*

Le décret du 24 janvier 2013 a abrogé les dispositions relatives à l'aide personnalisée.

Les activités pédagogiques complémentaires (APC) s'ajoutent aux 24 heures hebdomadaires d'enseignement sur le temps scolaire. Elles se déroulent par groupes restreints d'élèves. Elles sont organisées par les enseignants et mises en œuvre sous leur responsabilité, éventuellement en articulation avec les activités périscolaires.

Les activités pédagogiques complémentaires permettent :
— une aide aux élèves rencontrant des difficultés dans leurs apprentissages ;
— une aide au travail personnel ;
— la mise en œuvre d'une activité prévue par le projet d'école, le cas échéant en lien avec le PEDT.

Le volume horaire annuel consacré par chaque enseignant aux activités pédagogiques complémentaires avec les élèves est de 36 heures.

Le conseil des maîtres propose l'organisation générale de ces activités pédagogiques complémentaires, qui est arrêtée annuellement par l'IEN, dans le cadre général du tableau organisant le service des enseignants du premier degré adressé par les directeurs d'école aux IEN.

Le projet présenté précise :
— l'organisation hebdomadaire des activités ;
— leur répartition annuelle ;
— le contenu des activités mises en œuvre.

Les dispositions relatives à cette organisation sont présentées chaque année au conseil d'école pour être intégrées dans le projet d'école.

Les activités pédagogiques complémentaires peuvent s'adresser à tous les élèves selon les besoins identifiés par les enseignants.

Le maître de chaque classe dresse, après avoir dialogué avec les parents et recueilli leur accord ou celui du représentant légal, la liste des élèves qui bénéficient des activités pédagogiques complémentaires.

Cette liste, dont le conseil des maîtres ou le conseil de cycle a connaissance, doit évoluer au cours de l'année en fonction de l'émergence de besoins nouveaux.

Les communes ou les EPCI dans le territoire desquels les écoles sont situées sont tenus informés de la répartition horaire des activités pédagogiques complémentaires et des effectifs pris en charge dans chaque école.

A l'école maternelle, l'aide peut être consacrée au renforcement de la maîtrise de la langue orale et à la découverte de l'écrit, par exemple, par l'accès à des récits riches et variés. Le travail en petits groupes permet de solliciter chaque élève et favorise les échanges avec l'enseignant. Ce temps d'aide permet aussi la mise en œuvre de jeux symboliques et de jeux à règles.

A l'école élémentaire, l'aide peut être consacrée à l'amélioration des compétences en français ou en mathématiques. Elle permet des temps supplémentaires de manipulation, d'entraînement, de systématisation ou des approches différentes des savoirs. Elle favorise la prise de parole des élèves, les échanges entre pairs et avec l'enseignant, les essais, les reformulations ainsi que l'explicitation des démarches employées.

En complément du travail effectué en classe, l'aide au travail personnel a pour objectif de permettre à chaque élève d'acquérir une méthodologie de travail et de devenir de plus en plus autonome pour réaliser des tâches à sa portée. Il dispose pour cela des outils nécessaires qu'il apprend à maîtriser (dictionnaires, ressources numériques, etc.).

Lorsque l'activité pédagogique complémentaire consiste à **mettre en œuvre une action inscrite au projet d'école,** le cas échéant en lien avec le PEDT, une attention toute particulière devra être accordée à la richesse, à la cohérence et à la complémentarité des parcours linguistiques, sportifs, artistiques et culturels des élèves.

Les communes ou les établissements publics de coopération intercommunale qui souhaitent faciliter la mise en place d'aide au travail personnel ou d'actions inscrites au projet d'école, le cas échéant en lien avec le PEDT, peuvent mettre des intervenants extérieurs à disposition des équipes pédagogiques dans le cadre des activités pédagogiques complémentaires, comme elles peuvent déjà le faire dans le cadre des 24 heures d'enseignement.

La mise en œuvre de la réforme à la rentrée scolaire 2013, avec possibilité d'un report à la rentrée 2014

***1)* La mise en place de la réforme dès la rentrée 2013**

L'élaboration des projets d'organisation du temps scolaire par les maires ou les présidents d'EPCI et les conseils d'école incluant, le cas échéant, des demandes de dérogations aux principes nationaux doit s'effectuer au plus tard courant mars 2013, de même que la transmission de ces projets d'organisation accompagnés, le cas échéant, des principes du PEDT.

Dans la perspective d'assurer une fonction d'appui aux collectivités, il est nécessaire de mettre en place dans chaque académie une équipe projet "rythmes scolaires", en lien avec les DASEN. Ces équipes ont pour objectif d'accompagner la réflexion, de recenser les dispositifs existants mis en place par les communes et les associations qui ont déjà des projets éducatifs locaux, de recueillir et de valoriser les expériences à la fois localement et auprès de l'administration centrale du ministère.

Les équipes projet doivent jouer leur rôle en particulier auprès des communes qui souhaitent travailler sur un projet d'organisation du temps scolaire, afin de favoriser la mise en œuvre de la réforme dès 2013.

Ces équipes projet seront en liaison avec les autres administrations concernées au niveau territorial, notamment les services des ministères chargés de la jeunesse et des sports, et de la ville, ainsi qu'avec les conseils généraux concernés par l'aide éducative et le soutien à la parentalité.

Les équipes projet académiques pourront être en relation avec le groupe d'appui ministériel qui assurera l'animation d'un réseau de correspondants académiques, en diffusant et en en recueillant l'information sur les expériences locales. Le groupe d'appui ministériel mettra notamment en place des dispositifs d'échange de pratiques et de mutualisation des ressources.

2) Le report de l'application de la réforme à la rentrée 2014

La réforme des rythmes scolaires s'appliquera de droit dès la rentrée scolaire 2013. Toutefois, le maire ou le président de l'EPCI pourra demander le report de l'application de la réforme à la rentrée 2014. Il devra tout d'abord saisir le département, compétent en matière d'organisation et de financement du transport scolaire, au plus tard le 9 mars 2013, sur le projet de report de l'application de la réforme. Si ce dernier ne se prononce pas dans un délai de 20 jours à compter de sa saisine, son avis sera réputé favorable.

Le maire ou le président de l'EPCI devra ensuite, au plus tard le 31 mars 2013, faire part au DASEN de son souhait de reporter l'application de la réforme à la rentrée 2014 pour l'ensemble des écoles publiques de la commune ou des communes membres de l'EPCI. Cette demande recevra, par principe, l'accord du DASEN.

Loi nº 2013-595 du 8 juillet 2013,

D'orientation et de programmation pour la refondation de l'école de la République.

Art. 67 Il est institué *(L. nº 2014-1654 du 29 déc. 2014, art. 96)* « un fonds de soutien » en faveur des communes et, lorsque les dépenses *(L. nº 2014-1654 du 29 déc. 2014, art. 96)* « relatives à l'organisation des activités périscolaires » des écoles leur ont été transférées, des établissements publics de coopération intercommunale, afin de contribuer au développement d'une offre d'activités périscolaires au bénéfice des élèves *(L. nº 2016-1917 du 29 déc. 2016, art. 128)* « pour lesquels sont organisées des activités périscolaires dans le cadre d'un projet éducatif territorial prévu à l'article L. 551-1 du code de l'éducation et qui sont scolarisés dans les écoles maternelles et élémentaires publiques » *(L. nº 2017-1775 du 28 déc. 2017, art. 87)* « dont les enseignements sont répartis sur neuf demi-journées par semaine ou huit demi-journées par semaine comprenant cinq matinées. Sont également pris en compte pour le calcul des aides versées par ce fonds aux communes les élèves des écoles privées sous contrat, lorsque les enseignements qui y sont dispensés sont répartis sur neuf demi-journées par semaine ou sur huit demi-journées par semaine comprenant cinq matinées à condition, dans ce dernier cas, que l'organisation de la semaine scolaire dans ces écoles soit identique à celle des écoles publiques situées sur le territoire de la même commune et que les élèves de ces écoles bénéficient d'activités périscolaires organisées par ladite commune ou, lorsque les dépenses afférentes lui ont été transférées, par l'établissement public de coopération intercommunale, dans le cadre du projet éducatif territorial conclu pour les élèves des écoles publiques. »

Les aides apportées par le fonds sont calculées en fonction du nombre d'élèves éligibles scolarisés dans la commune et comportent :

(L. nº 2014-1654 du 29 déc. 2014, art. 96) « 1º Un montant forfaitaire versé aux communes pour chaque élève scolarisé dans une école remplissant les conditions mentionnées au premier alinéa du présent article ; »

2º Une majoration forfaitaire par élève, réservée aux *(L. nº 2016-1917 du 29 déc. 2016, art. 138)* « deux cent cinquante premières communes de 10 000 habitants et plus classées en fonction de l'indice mentionné à l'article L. 2334-17 du code général des collectivités territoriales et aux trente premières communes de moins de 10 000 habitants classées en fonction de l'indice mentionné à l'article L. 2334-18 du même code et aux communes mentionnées à l'article L. 2334-22-1 dudit code » ainsi qu'aux communes des départements d'outre-mer et de

Saint-Pierre-et-Miquelon bénéficiant de la quote-part de la dotation d'aménagement prévue au quatrième alinéa de l'article L. 2334-13 du même code et à la collectivité de Saint-Martin.

Les communes qui ont transféré la compétence en matière de dépenses *(L. nº 2014-1654 du 29 déc. 2014, art. 96)* « relatives à l'organisation des activités périscolaires » des écoles à un établissement public de coopération intercommunale reversent à cet établissement les aides qu'elles ont perçues au titre des 1° et 2°.

Les aides sont versées aux communes ; à charge pour ces dernières de reverser, le cas échéant, la part calculée au titre des élèves scolarisés dans les écoles privées sous contrat aux organismes de gestion de ces écoles privées. Toutefois, lorsque la commune le demande aux autorités académiques, cette part est versée directement aux organismes de gestion de ces écoles.

Les aides versées au titre du présent fonds pour les élèves des écoles maternelles et élémentaires publiques ne sont pas prises en compte dans le calcul des dépenses de fonctionnement des classes sous contrat mentionnées à l'avant-dernier alinéa de l'article L. 442-5 du code de l'éducation.

La gestion du fonds est confiée, pour le compte de l'État, à l'Agence de services et de paiement.

Un décret en Conseil d'État fixe les modalités d'application du présent article.

Décret nº 2015-996 du 17 août 2015,

Portant application de l'article 67 de la loi nº 2013-595 du 8 juillet 2013 d'orientation et de programmation pour la refondation de l'école de la République et relatif au fonds de soutien au développement des activités périscolaires.

Art. 1er Le fonds institué par l'article 67 de la loi du 8 juillet 2013 susvisée est dénommé "fonds de soutien au développement des activités périscolaires".

Les aides du fonds de soutien contribuent au développement d'une offre d'activités périscolaires organisées dans le cadre d'un projet éducatif territorial prévu à l'article L. 551-1 du code de l'éducation au bénéfice des élèves *(Décr. nº 2017-1469 du 13 oct. 2017, art. 1er)* « mentionnés au premier alinéa de l'article 67 de la loi du 8 juillet 2013 susvisée ».

Art. 2 Les taux du montant forfaitaire et de la majoration forfaitaire prévus au 1° et au 2° de l'article 67 de la loi du 8 juillet 2013 susvisée sont fixés par arrêté des ministres chargés de l'éducation nationale et du budget.

Le montant des aides prévues au 1° et au 2° de l'article 67 de la loi du 8 juillet 2013 susvisée est égal au produit du taux correspondant par le nombre d'élèves au profit desquels sont organisées des activités périscolaires dans le cadre d'un projet éducatif territorial prévu à l'article L. 551-1 du code de l'éducation et qui sont scolarisés :

(Décr. nº 2017-1469 du 13 oct. 2017, art. 1er) « 1° Dans les écoles maternelles et élémentaires publiques *(Décr. nº 2018-907 du 23 oct. 2018, art. 1er)* « dont les enseignements sont répartis sur neuf demi-journées par semaine ou huit demi-journées par semaine comprenant cinq matinées » ;

« 2° Dans les écoles maternelles et élémentaires privées sous contrat dont toutes les classes organisent la semaine scolaire sur neuf demi-journées d'enseignement dans des conditions comparables à celles qui sont arrêtées par *(Décr. nº 2019-1554 du 30 déc. 2019, art. 15)* « le recteur d'académie ou le directeur académique des services de l'éducation nationale agissant sur délégation du recteur d'académie » pour les écoles publiques dont les enseignements sont organisés sur neuf demi-journées hebdomadaires ;

« 3° Dans les écoles maternelles et élémentaires privées sous contrat dont l'organisation de la semaine scolaire sur *(Décr. nº 2018-907 du 23 oct. 2018, art. 1er)* « huit demi-journées d'enseignement comprenant cinq matinées » est identique à celle des écoles publiques situées sur le territoire de la commune et dont les élèves bénéficient d'activités périscolaires organisées pour l'ensemble des élèves des écoles de son territoire par la commune ou, lorsque les dépenses afférentes lui ont été transférées, par l'établissement public de coopération intercommunale, dans le cadre de son projet éducatif territorial. »

Le nombre d'élèves éligibles mentionné aux *(Décr. nº 2017-1469 du 13 oct. 2017, art. 1er)* « quatre » alinéas précédents est apprécié au 15 octobre de l'année scolaire au titre de laquelle sont versées les aides prévues au 1° et au 2° de l'article 67 de la loi du 8 juillet 2013 susvisée.

Art. 3 *(Décr. nº 2017-1469 du 13 oct. 2017, art. 1er)* « Pour chaque année scolaire, sont éligibles à la majoration forfaitaire prévue par le 2º de l'article 67 de la loi du 8 juillet 2013 susvisée les communes qui, au titre de l'exercice budgétaire en cours à la date de la rentrée scolaire ou de l'exercice budgétaire *(Décr. nº 2018-907 du 23 oct. 2018, art. 1er)* « suivant », comptent parmi les deux cent cinquante premières communes de 10 000 habitants et plus classées lors de l'exercice retenu en fonction de l'indice mentionné à l'article L. 2334-17 du code général des collectivités territoriales, les trente premières communes de moins de 10 000 habitants classées lors de l'exercice retenu en fonction de l'indice mentionné à l'article L. 2334-18 du même code, les communes mentionnées à l'article L. 2334-22-1 dudit code ou les communes des départements d'outre-mer et de Saint-Pierre-et-Miquelon bénéficiant de la quote-part de la dotation d'aménagement prévue au quatrième alinéa de l'article L. 2334-13 du même code ainsi que la collectivité de Saint-Martin. »

(Décr. nº 2018-907 du 23 oct. 2018, art. 1er) « Les communes mentionnées à l'article L. 2334-22-1 du code général des collectivités territoriales qui ont bénéficié de la troisième fraction de la dotation de solidarité rurale au cours de l'exercice budgétaire précédant celui en cours à la date de la rentrée scolaire conservent le bénéfice de la majoration forfaitaire pour la durée de l'année scolaire qui commence. »

Art. 4 *(Décr. nº 2017-1469 du 13 oct. 2017, art. 1er)* « Les aides prévues au 1º et au 2º de l'article 67 de la loi du 8 juillet 2013 susvisée au titre des élèves scolarisés dans les écoles publiques sont versées, sans demande préalable, aux communes ayant communiqué leurs coordonnées bancaires à l'Agence de services et de paiement. »

Le directeur académique des services de l'éducation nationale s'assure que les activités périscolaires sont organisées dans le cadre d'un projet éducatif territorial élaboré dans les conditions prévues *(Décr. nº 2017-1469 du 13 oct. 2017, art. 1er)* « à l'article R. 551-13 du code de l'éducation ».

Art. 5 La demande de versement des aides prévues au 1º et au 2º de l'article 67 de la loi du 8 juillet 2013 susvisée au titre des élèves scolarisés dans les écoles privées sous contrat est adressée par l'organisme de gestion de chacune des écoles au directeur académique des services de l'éducation nationale au plus tard le 31 octobre de l'année scolaire au titre de laquelle il sollicite ces aides. La demande comporte une description de l'organisation de la semaine scolaire retenue permettant d'apprécier l'éligibilité aux aides du fonds.

Le directeur académique des services de l'éducation nationale vérifie que les écoles privées sous contrat sont éligibles au titre de l'organisation de la semaine scolaire qu'elles ont retenue et que les activités périscolaires proposées à leurs élèves sont organisées dans le cadre d'un projet éducatif territorial élaboré dans les conditions prévues *(Décr. nº 2017-1469 du 13 oct. 2017, art. 1er)* « à l'article R. 551-13 du code de l'éducation et, pour les écoles privées sous contrat mentionnées au 3º de l'article 2, dans le cadre du projet éducatif territorial de la commune pour l'ensemble des élèves des écoles de son territoire ». Si ces conditions d'octroi des aides sont remplies, il transmet la demande présentée par l'organisme de gestion de l'école privée sous contrat à l'Agence de services et de paiement.

L'Agence de services et de paiement s'assure, en lien avec le directeur académique des services de l'éducation nationale, que la commune accepte que les aides au titre des élèves scolarisés dans les écoles privées sous contrat soient versées directement aux organismes de gestion de ces écoles.

Art. 6 A titre exceptionnel, en tenant compte des motifs légitimes avancés par la commune ou l'organisme de gestion concerné, il pourra être fait droit à une demande d'aide parvenue postérieurement *(Décr. nº 2017-1469 du 13 oct. 2017, art. 1er)* « à la date prévue à l'article 5 », sur décision expresse du ministre chargé de l'éducation nationale.

Art. 7 Pour chaque année scolaire, les aides sont versées en deux fois :

— un premier versement est effectué avant le 31 décembre : il est égal au tiers de la part forfaitaire et, le cas échéant, de la majoration forfaitaire, calculées sur la base des effectifs d'élèves constatés dans les écoles éligibles au cours de la précédente année scolaire ;

— un second versement est effectué avant le 30 juin : il correspond au solde de la part forfaitaire et, le cas échéant, de la majoration forfaitaire, calculées sur la base des effectifs d'élèves constatés dans les écoles concernées le 15 octobre de l'année scolaire en cours.

(Décr. nº 2018-907 du 23 oct. 2018, art. 1er) « Toutefois, lorsque le bénéfice de la majoration forfaitaire est obtenu au titre de l'exercice budgétaire suivant celui en cours à la date de la rentrée scolaire, la majoration forfaitaire, calculée sur la base des effectifs d'élèves constatés

dans les écoles concernées le 15 octobre de l'année scolaire en cours, fait l'objet d'un versement unique avant le 30 juin ».

Art. 8 Le ministre chargé de l'éducation nationale conclut avec l'Agence de services et de paiement, chargée de la gestion du fonds par l'avant-dernier alinéa de l'article 67 de la loi du 8 juillet 2013 susvisée, une convention fixant les modalités de cette gestion.

Art. 9 Le décret n° 2013-705 du 2 août 2013 portant application de l'article 67 de la loi n° 2013-595 du 8 juillet 2013 d'orientation et de programmation pour la refondation de l'école de la République est abrogé.

Art. 10 Les dispositions du présent décret entrent en vigueur le 1er septembre 2015.

Art. L. 521-2 Les rythmes scolaires tiennent compte des besoins d'expression physique, d'éducation et de pratique corporelle et sportive des élèves. – *[L. n° 84-610 du 16 juill. 1984, art. 4, al. 5.]*

BIBL. ▸ **Rythmes scolaires :** ALLUIN, AUGEREAU, BESSONNEAU, CAILLE, LE CAM, FOURNIER, GAUDRY-LACHET, LEFRESNE, RAFFAËLLI, RAKOCEVIC et RANARIVONY, Les organisations du temps scolaire à l'école issues de la réforme de 2013 : quels effets observés ?, *MEN, Les Dossiers de la DEPP, n° 207, juin 2017*. – CARLE, FOUCAUD, JOUVE et LONGUET, Rapp. d'information sur la réforme des rythmes scolaires, *Sén., n° 577 (2016-2017), 7 juin 2017*. – GURGAND, Que nous apprennent les expérimentations dans le domaine scolaire ?, *Regards croisés sur l'économie, La découverte, 2012/2, n° 12, p. 143*. – JACQUEMOIRE, Rentrée scolaire 2017 : sur un air de rythmes'n blouses (de travail), *AJCT 2018. 8*. – Rythmes scolaires – la semaine de 4 jours dès septembre : TAP ou pas cap ?, *AJFP, 2017. 297*. – DE MONTECLER, Publication du décret sur l'assouplissement des rythmes scolaires, *AJDA 2017. 1312* ; Rythmes scolaires : avis négatifs en série, *AJDA 2017. 1199* ; Publication du décret assouplissant les rythmes scolaires, *AJDA 2014. 949* ; Mode d'emploi de l'assouplissement des rythmes scolaires, *AJDA 2014. 1005* ; Les impacts de la réforme des rythmes scolaires sur les agents des communes, *AJDA 2014. 1416* ; Le décret sur la réforme des rythmes scolaires est publié, *AJDA 2013. 196*. – MOREAU, Éditorial relatif à la mise en œuvre de la réforme des rythmes scolaires, *LIJ 2014, n° 184, p. 1*. – MORLAIX, Optimiser l'utilisation du temps scolaire pour répondre à la diversité des élèves, *Éducation comparée, n° 52, mai 1998, p. 231-242*. – MOUGIN, Quels sont les rythmes scolaires les plus adaptés ?, *Regards croisés sur l'économie, éd. La découverte, 2012/2, n° 12, p. 245*. – PASTOR, Organisation et coût des nouveaux temps périscolaires, *AJDA 2015. 2122*. – POUPEAU, La réforme des rythmes scolaires : les communes toucheront 50 euros par élève, *AJDA 2013. 1654*. – L'aménagement des rythmes scolaires : outils pratiques, *coll. Dossiers d'experts, Territorial Éditions*. – Rôle et responsabilités des communes dans l'aménagement des rythmes scolaires, *coll. Dossiers d'experts, Territorial Éditions*. – Guide juridique des activités périscolaires, *coll. Dossiers d'experts, Territorial Éditions*. – Publication de la circulaire sur la réforme des rythmes scolaires : Circ. n° 2013-017 du 6 févr. 2013, *BOEN 7 févr. 2013, AJDA 2013. 320*. – Pour un premier bilan de la réforme des rythmes scolaires, V. aussi : Rép. min. n° 1111S : *JO Sénat Q 23 avr. 2015, p. 907*.

COMMENTAIRE

Les rythmes scolaires sont constitués par l'alternance entre les moments d'activité et de repos mais aussi par les variations d'activités organisées pour les élèves ; ils ont pour cadre l'année (art. L. 521-1), la semaine ou la journée scolaire. Issu de la loi Avice n° 84-610 du 16 juillet 1984 relative à l'organisation et à la promotion des activités physiques et sportives, l'article L. 521-2 précise que les rythmes scolaires doivent tenir compte des besoins d'expression physique, d'éducation et de pratique corporelle et sportive des élèves ; d'autres dispositions du code de l'éducation mentionnent la pratique des disciplines artistiques (art. L. 121-6) qui peuvent elles aussi, notamment dans les classes à horaires aménagés (CHAM), avoir une influence sur l'organisation du temps scolaire. Si les besoins d'expression, d'éducation et de pratique (sportive ou culturelle) doivent être pris en compte dans les enseignements, ils peuvent aussi faire l'objet de réponses complémentaires dans le cadre des activités périscolaires.

La réforme des rythmes scolaires des écoles élémentaires et maternelles de 2013 repose non seulement sur une nouvelle organisation du temps scolaire mais aussi sur la recherche d'une complémentarité entre les enseignements et les activités périscolaires. Le temps scolaire est celui des activités pédagogiques et éducatives, principales ou complémentaires, obligatoires et gratuites ; il est sous la responsabilité des maîtres et relève de l'éducation nationale. Le temps des activités périscolaires (TAP) assuré par la commune n'est pas obligatoire et peut donc faire l'objet d'une contribution des familles. La cohérence entre les deux temps est recherchée dans le cadre d'une démarche partenariale traduite par une convention formalisant le projet éducatif territorial (art. L. 511-1 ; V. Circ. n° 2016-165 du 8 nov. 2016).

Les dérogations à l'organisation de la semaine scolaire prévues par décret (art. D. 521-12) remettent en cause l'équilibre initial entre les temps scolaire et péri-éducatif. En permettant de revenir à la semaine de quatre jours, le décret n° 2017-1108 du 27 juin 2017 risque de réduire à néant l'idée même de temps péri-éducatif, à moins que les acteurs ne se concentrent sur les temps intercalaires (accueil, pause méridienne, sortie) ou cherchent à mettre en place un mercredi de qualité. La diversité des situations en résultant a amené le ministère de l'éducation nationale à mettre en place un outil permettant aux parents de connaître, commune par commune, les horaires des écoles publiques (V. Service-Public.fr).

L'ORGANISATION HEBDOMADAIRE DU TEMPS SCOLAIRE

Pour chaque école publique, l'organisation de la semaine est arrêtée par l'IA-DASEN agissant par délégation du recteur d'académie ; l'arrêté est pris pour trois ans maximum, renouvelable (art. D. 521-12, III, al. 2), après examen du projet d'organisation de la semaine scolaire transmis par le conseil d'école ou par la commune (ou l'EPCI) avec l'avis de l'IEN chargé de la circonscription ; le maire de la commune (ou le président de l'EPCI) a dû être sollicité pour donner son avis qui est réputé acquis au-delà d'un délai de quinze jours à compter de la saisine (art. D. 521-11). La collectivité territoriale compétente en matière d'organisation et de financement des transports scolaires doit en outre avoir été consultée (art. D. 521-12, III, al. 1er ; D. 213-29 ; D. 213-30). Les décisions prises par l'IA-DASEN pour fixer les heures d'entrée et de sortie de chaque école sont annexées au règlement type départemental (art. R. 411-5), après consultation du CDEN (art. D. 521-12, III, al. 3). L'autorité académique doit alors respecter les principes d'organisation de la semaine scolaire tels qu'ils sont fixés par l'article D. 521-10 issu du décret n° 2013-77 du 24 janvier 2013 qui prévoit des possibilités de dérogation (art. D. 521-12), étendues en 2014 (réforme Hamon permettant de concentrer le temps des activités périscolaires sur une demi-journée) et 2017 (réforme Blanquer, possibilité de retour à la semaine de 4 jours).

Principes d'organisation (art. D. 521-10)

Le décret n° 2013-77 du 24 janvier 2013 dont les dispositions de l'article 2 codifiées sous l'article D. 521-10 sont toujours en vigueur pose les principes d'organisation de la semaine scolaire. Reprenant les dispositions du décret n° 2009-553 du 15 mai 2009, il dispose que *« la semaine scolaire comporte pour tous les élèves 24 heures d'enseignement »* (art. D. 521-10, al. 1er) auxquelles peuvent s'ajouter non plus deux heures d'aide personnalisée pour les élèves en difficulté (2009) mais des activités pédagogiques complémentaires (art. D. 521-10, al. 5 : aide aux élèves en difficulté, aide au travail personnel, activité prévue au projet d'école ou au PEDT : art. D. 521-13). Par contre, il a été décidé en 2013 que les heures d'enseignement étaient réparties non plus en huit mais en *« neuf demi-journées »* (art. D. 521-10, al. 1er) ; elles sont en principe organisées non seulement les lundi, mardi, jeudi et vendredi (comme en 2009) mais aussi le mercredi matin (art. D. 521-10, al. 2) ; alors que le décret de 2009 prévoyait un maximum de six heures par jour, le décret de 2013 le ramène à cinq heures trente et ajoute un plafond de trois heures trente par demi-journée. Reprenant une proposition du Rapport Forestier de 2010, il fixe en outre une durée minimale d'une heure trente pour la *pause méridienne* nécessaire pour un déjeuner de qualité. Il est enfin précisé que l'organisation de la semaine scolaire est fixée dans le *respect du calendrier scolaire national* (art. L. 521-1, sous réserve des compétences du recteur d'académie pour adapter le calendrier national, art. D. 521-2) sans que puissent être réduit ou augmenté sur une année scolaire le nombre d'heures d'enseignement ni modifiée leur répartition (art. D. 521-10, al. 4).

Lorsqu'il arrête l'organisation de la semaine scolaire d'une école, l'IA-DASEN doit respecter la procédure prévue aux articles D. 521-11 et D. 521-12, III. Il doit en outre s'assurer de la compatibilité de cette organisation avec l'intérêt du service (notion à préciser qui doit notamment englober les obligations de service des personnels) et, le cas échéant, de sa cohérence avec le projet éducatif territorial (art. L. 551-1). Il s'assure également que cette organisation ne porte pas atteinte à l'exercice de la liberté de l'instruction religieuse, le décret se référant alors au second alinéa de l'article L. 141-2 et non à l'article L. 143-1 qui impose que les écoles vaquent un jour par semaine.

Dérogations et adaptations (art. D. 521-12)

L'article D. 521-12, II, prévoit les conditions dans lesquelles il peut être dérogé à l'article D. 521-10 pour adapter l'organisation de la semaine scolaire. Si le décret de 2013 prévoyait déjà une possibilité d'adaptation (report des enseignements du mercredi au samedi matin), le paragraphe II résulte du décret de 2014 modifié en 2017.

Même si l'organisation de la semaine scolaire est une compétence de l'État (de l'autorité académique), l'initiative est décentralisée. Une demande doit être faite par la commune (ou l'EPCI) et un ou plusieurs conseils d'école qui saisissent l'IA-DASEN d'une proposition conjointe. C'est sur cette base que l'autorité académique peut autoriser des adaptations à l'organisation de la semaine scolaire (art. D. 521-12, II, al. 1er). Si l'autorité académique ne peut agir de sa propre initiative, elle a le pouvoir de décider que les adaptations s'appliquent dans toutes les écoles de la commune (ou de l'EPCI) quand une majorité des conseils d'école s'est exprimée en leur faveur (art. D. 521-12, II, al. 3).

Pour autoriser les adaptations, l'IA-DASEN doit respecter les conditions prévues par l'article D. 521-12, II, qui s'ajoutent à celles prévues par l'article D. 521-12, I (compatibilité avec l'intérêt du service, nécessités de l'instruction religieuse). L'article D. 512-12, II, distingue deux catégories de dérogations, la première visant les seules dispositions de l'alinéa 2 de l'article D. 521-10 (journées d'enseignement, maxima horaires par journée et demi-journée), la seconde englobant celles des alinéas premier (24 h sur 9 demi-journées), deuxième et quatrième (nombre et répartition annuels des heures d'enseignement), de l'article D. 521-10. Reste la pause méridienne, à laquelle il n'est pas possible de déroger.

Dans le premier cas (dérogations minimales prévues en 2013 et 2014), l'organisation proposée doit présenter des « garanties pédagogiques suffisantes » (restera à préciser ce qui est ou non suffisant !) ; si elles ont pour effet de répartir les enseignements sur huit demi-journées par semaine comprenant au moins cinq matinées ou sur moins de vingt-quatre heures hebdomadaires (ce qui correspond à la dérogation introduite par le décret de 2014), elles doivent en outre être justifiées par les particularités du projet éducatif territorial.

Dans le second cas (dérogations maximales qui permettent depuis 2017 le retour à la semaine de 4 jours), elles ne sont possibles que dans le respect des minima (8 demi-journées par semaine, 24 heures hebdomadaires, 6 heures par jour et 3 heures 30 par demi-journée) et du caractère intangible du nombre et de la répartition du volume annuel des heures d'enseignement. Outre les justifications par les particularités du PEDT, ces dérogations doivent être cohérentes avec les objectifs poursuivis par le service public de l'éducation et avec le projet d'école ; l'autorité académique veille à ce qu'elles tiennent compte des élèves en situation de handicap et, lorsque les adaptations doivent être justifiées par les particularités du projet éducatif territorial, elle s'assure de la qualité éducative des activités périscolaires proposées ; l'organisation envisagée doit permettre de garantir la régularité et la continuité des temps d'apprentissage et de prendre en compte la globalité du temps de l'enfant (art. D. 521-12, II, al. 2).

Dans un cas comme dans l'autre, la décision de l'autorité académique doit être fondée sur les motifs fixés par le décret ; leur caractère général (intérêt du service, caractère suffisant des garanties pédagogiques, qualité éducative des activités proposées) laisse au décideur une marge d'appréciation lui permettant de s'opposer aux propositions locales. On notera d'autre part que la référence aux particularités du PEDT pourrait aisément permettre de refuser le passage à la semaine de quatre jours puisque ces instruments ont été conçus pour organiser la cohérence des temps dans le cadre de la semaine de quatre jours et demi !

L'organisation de la semaine étant adoptée pour trois ans (art. D. 521-12, III), les dérogations prévues permettent des adaptations expérimentales qui en principe sont autorisées pour une durée de trois ans maximum, renouvelable (elles doivent faire l'objet d'une évaluation 6 mois avant leur terme). Le décret n° 2017-549 du 14 avril 2017 prévoit une possibilité de prolongation d'une année des adaptations à l'organisation de la semaine scolaire lorsque cette période complémentaire paraît nécessaire pour procéder à leur évaluation ; la décision est alors prise par l'autorité académique (recteur d'académie pour les dérogations expérimentées sur le fondement du décret du 7 mai 2014 et IA-DASEN pour les dérogations accordées sur le fondement de l'art. D. 521-12 dans sa rédaction issue du décret du 24 janv. 2013), saisie d'une demande du maire de la commune (ou du président de l'EPCI).

LA PLACE DES ACTIVITÉS PÉRISCOLAIRES DANS LA SEMAINE SCOLAIRE

L'un des objectifs de la refondation de l'école de la République est d'assurer la cohérence des temps scolaires et périscolaires, de mettre en place une organisation de la semaine scolaire permettant aux élèves de bénéficier d'activités complémentaires organisées par une commune (ou un EPCI) ou par plusieurs communes qui, ensemble et avec leurs partenaires (services de l'État : éducation nationale, jeunesse et sports, cohésion sociale… ; associations complémentaires du service public ; autres collectivités territoriales) élaborent et adoptent sous forme de convention un ***projet éducatif territorial (PEdT, art. L. 551-1, V. comm.)*** ; l'objectif est de mobiliser toutes les ressources du territoire pour assurer la continuité éducative entre les projets d'école et les activités proposées en dehors du temps scolaire, offrant à chaque élève un parcours éducatif de qualité (Circ. intermin. n° 2013-036 du 20 mars 2013). Les collectivités territoriales peuvent proposer ***trois heures d'activités*** sans y être tenues (il ne s'agit pas de dépenses obligatoires) sans pouvoir se substituer ou porter atteinte aux activités d'enseignement ou de formation fixées par l'État (art. L. 216-1). Ces heures sont réparties dans la semaine scolaire (4 séquences de 45 minutes) Depuis le décret Hamon de 2014, elles peuvent être concentrées sur un seul après-midi, notamment le vendredi après-midi. En rétablissant la possibilité d'une semaine scolaire de quatre jours, le décret Blanquer de 2017 rend plus difficile l'organisation du temps péri-éducatif. Les communes qui souhaitent poursuivre dans la voie ouverte en 2013 devront choisir entre une répartition des activités sur quatre jours, alourdissant chaque journée scolaire, ou de les concentrer sur un jour sans classe, le mercredi ou le samedi matin !

Les communes organisent librement les modalités d'accueil des enfants pendant le temps périscolaire ; elles peuvent organiser les activités périscolaires dans les locaux des écoles mais aussi en dehors ; pour bénéficier de l'aide des caisses d'allocations familiales, elles doivent alors respecter les règles applicables pour l'accueil de loisirs sans hébergement, tant pour la qualification des intervenants que pour les taux d'encadrement (CASF, art. R. 227-1, V. note ss. art. L. 521-2). Elles peuvent mobiliser leur personnel (ATSEM en écoles maternelles, éducateurs territoriaux, éducateurs spécialisés), recourir à des associations ou recruter des intervenants (vacataires ou contractuels de la fonction publique territoriale au sens du Décr. du 15 févr. 1988 en cas d'embauche pour la totalité du temps périscolaire, V. note 9 ss. art. L. 521-1), mobiliser des bénévoles dans la réserve de l'éducation nationale.

Pour permettre aux communes d'assurer cette nouvelle mission, l'État a pu assouplir les exigences réglementaires et apporter une contribution financière *via* le fonds de soutien au développement des activités périscolaires. Si ce fonds est aujourd'hui pérennisé (la L. n° 2016-1917 du 29 déc. 2016 de finances pour 2017 modifie à nouveau l'art. 67 de la L. n° 2013-595 du 8 juill. 2013 pour unifier le régime de l'aide du fonds. Le Décr. n° 2017-1469 du 13 oct. 2017 modifie en conséquence le Décr. n° 2015-996 du 17 août 2015 en introduisant des simplifications dans la gestion du dispositif au bénéfice des communes), il est à craindre que son montant évolue à la baisse.

Le plan mercredi

La possibilité d'organiser la semaine scolaire sur quatre journées (art. D. 521-12) adoptée par 80 % des communes a entraîné un regroupement des activités périscolaires sur une seule journée, le mercredi (V. DGESCO B3 Instruction Mise en œuvre du plan mercredi n° 2018-139 du 26 nov. 2018). L'accueil de loisirs organisé le mercredi sans école devient un accueil de loisirs périscolaire. Pour accompagner cette évolution le Gouvernement a présenté à la rentrée 2018 un plan pour « un mercredi de qualité pour tous les écoliers », en bref un « plan mercredi ». L'État accompagne les collectivités pour construire de nouveaux projets éducatifs territoriaux (PEDT) et pour faire du mercredi un temps de réussite et d'épanouissement pour l'enfant, en cohérence avec les enseignements scolaires. L'objectif est d'assurer non une simple garderie mais d'organiser des activités périscolaires riches et diversifiées, culturelles, artistiques, manuelles, environnementales, numériques, civiques et sportives, rassemblant tous les acteurs (fédérations d'éducation populaire, mouvements sportifs, acteurs culturels). Le « label » « Plan mercredi » devrait être obtenu uniquement s'il répond aux exigences d'« une charte qualité » articulant l'accueil du mercredi autour de quatre axes : complémentarité éducative des temps périscolaires du mercredi avec les temps scolaires et extra-scolaires, accès de tous les enfants souhaitant participer à l'accueil de loisirs, en particulier inclusion de ceux en situation de handicap (qui ont droit à un accompagnement pour les activités périscolaires, « composante nécessaire à la scolarisation de l'enfant », CAA Nantes, 15 mai 2018), activités riches et variées en y associant des sorties éducatives et en visant une réalisation finale (œuvre, spectacle, exposition, tournoi, etc.). Les communes et les EPCI déclinant le Plan Mercredi bénéficient des aides de la CAF qui doivent être doublées (de 54 centimes par heure et par enfant à 1 € par heure et par enfant) : les taux d'encadrement applicables aux accueils de loisirs périscolaires et extrascolaires sont par ailleurs assouplis (Décr. n° 2018-647 du 23 juill. 2018). Pour les communes et les EPCI qui restent à quatre jours et demi, le fonds de soutien est maintenu, mais il est adapté au retour à quatre jours (Décr. n° 2018-907 du 23 oct. 2018 mod. le Décr. n° 2015-996 du 17 août 2015 portant application de l'art. 67 de la L. n° 2013-595 du 8 juill. 2013).

Le mercredi étant désormais classé dans le temps périscolaire, le temps extrascolaire ne vise que « les samedis où il n'y a pas école, les dimanches et les vacances scolaires » (CASF, art. R. 227-1, mod. par Décr. n° 2018-647 du 23 juill. 2018). ❑

Organisation du temps périscolaire par les communes. Recours à des intervenants extérieurs. Les communes organisent librement les modalités d'accueil des enfants qu'elles ont sous leur responsabilité sur le temps périscolaire. Elles peuvent décider de mettre en place les activités périscolaires, dans le cadre d'un accueil de loisirs sans hébergement au sens de l'art. R. 227-1 CASF. Elles doivent alors se conformer à des règles spécifiques, notamment en matière de qualification des intervenants et de taux d'encadrement et peuvent en contrepartie bénéficier de financements de la caisse d'allocations familiales, et elles relèvent d'une obligation de déclaration. Elles peuvent aussi décider d'organiser d'autres modes d'accueil n'entrant pas dans la catégorie ci-dessus. Dans ce cas, les communes fixent elles-mêmes le taux d'encadrement et les conditions de recrutement des personnels intervenant sur le temps périscolaire, mais ne peuvent prétendre aux prestations de la caisse d'allocations familiales. Les taux d'encadrement des enfants et la qualification des intervenants pendant le temps périscolaire sont déterminés par les modalités d'accueil retenues par la commune. Quel que soit le mode d'accueil choisi, les communes peuvent, en complément de leurs ressources propres en personnels (ATSEM, éducateurs territoriaux, éducateurs spécialisés, etc.), faire appel à des intervenants issus du monde associatif, et notamment s'appuyer sur le tissu associatif local (ex. : associations et clubs sportifs, écoles de musique, associations de théâtre, de danse, de peinture, etc.). * Rép. min. n° 4665 : *JO Sénat Q 8 août 2013, p. 2368.*

Art. L. 521-3 Le maire peut, après avis de l'autorité scolaire responsable, modifier les heures d'entrée et de sortie des établissements d'enseignement en raison des circonstances locales. – *[L. n° 83-663 du 22 juill. 1983, art. 27.]*

COMMENTAIRE

Si l'article L. 521-3 codifiant l'article 27 de la loi n° 83-663 du 22 juillet 1983 permet au maire, après avis de l'autorité scolaire responsable, de modifier les heures d'entrée et de sortie des établissements d'enseignement, la compétence de principe pour organiser la journée scolaire appartient à l'autorité académique ou aux établissements qui déterminent l'amplitude et l'organisation de la journée scolaire dans le respect des lois et règlements, dans le cadre du calendrier national arrêté par le ministre, éventuellement adapté par le recteur d'académie pour tenir compte des situations locales dans des conditions fixées par décret (art. L. 521-1). L'objectif de l'organisation de la journée scolaire est de mettre en place un emploi du temps équilibré tenant compte de la capacité de concentration des élèves, qui varie selon les moments de la journée.

– Dans le premier degré, la journée scolaire est définie par un nombre d'heures d'enseignement maximal. Fixée à six heures par le décret de 2008 qui organisait la semaine sur huit demi-journées, le décret n° 2013-77 du 24 janvier 2013, qui a permis le retour à neuf demi-journées, la ramène à une durée maximale de cinq heures trente, la demi-journée ne devant pas dépasser trois heures trente (art. D. 521-10 sous réserve des adaptations prévues par l'art. D. 521-12). En outre, la pause méridienne qui doit permettre aux élèves de se restaurer dans de bonnes conditions ne peut être inférieure à une heure trente (art. D. 521-10, al. 2). En cas de demande de dérogation ou d'adaptation de l'organisation de la journée scolaire (sans pouvoir dépasser 6 h par jour et 3 h 30 par demi-journée), l'IA-DASEN vérifie que l'organisation proposée présente des garanties pédagogiques suffisantes. Pour les écoles, il lui revient de fixer les heures d'entrée et de sortie qui doivent figurer en annexe au règlement type départemental (art. D. 521-12, III), arrêté après consultation du conseil départemental de l'éducation nationale (CDEN) et de la ou des communes intéréssée(s) (art. R. 411-5) sans préjudice du pouvoir de modification conféré au maire de la commune par les dispositions de l'article L. 521-3 (art. R. 521-14). C'est dans ce cadre qu'est arrêté un emploi du temps équilibré qui doit tenir compte de la capacité de concentration des élèves, qui varie selon les moments de la journée.

– Pour les collèges et les lycées, l'organisation du temps scolaire relève de l'autonomie pédagogique et éducative de l'établissement (art. R. 421-2). Le cadre horaire est arrêté par le règlement intérieur adopté par le conseil d'administration, les emplois du temps des élèves et des professeurs étant fixés par le chef d'établissement. Si le décret avait prévu que pour les élèves de sixième l'amplitude quotidienne était au maximum de six heures d'enseignement et imposait une pause méridienne semblable à celle des écoliers, les dispositions de l'article D. 332-4 ont été annulées par le Conseil d'État le 1er juin 2016 (*Assoc. Arrête ton char*, n° 390956), affectant l'organisation et le fonctionnement des EPLE et les conditions dans lesquelles ils organisent le temps scolaire et les modalités de la vie scolaire ; elles auraient dû être adoptées par un décret en Conseil d'État.

– Pendant quelques années, l'arrêté ministériel fixant le calendrier des vacances scolaires prévoyait qu'une journée de vacances supplémentaire était accordée par l'inspecteur d'académie aux élèves d'une commune, à la demande du maire. Si la « *journée du maire* » a été supprimée en 1990, il n'en reste pas moins que le maire peut souhaiter que les écoles et établissements scolaires puissent tenir compte des événements d'intérêt local ; il doit alors prendre l'attache des autorités académiques (DASEN agissant par délégation du recteur d'académie).

– L'aménagement des horaires d'entrée et de sortie des écoles et établissements scolaires ne doit pas être confondu avec les mesures de police que peut prendre le maire pour assurer le bon ordre, la sureté, la sécurité et la salubrité publique des établissements scolaires (CGCT, art. L. 2212-2 ; CE 10 mars 1995, *Cne de Vesoul*, n° 135563 : illégalité de l'arrêté décidant de la fermeture de tous les établissements scolaires le jour d'une fête locale motivée par l'absence de service de restauration scolaire et sur l'obstacle que le déroulement de la fête peut constituer pour l'accès des véhicules de secours aux établissements). Cet aménagement ne découle pas non plus du pouvoir d'organisation du service public de la restauration scolaire et de l'entretien des écoles (CE, ord., 9 nov. 2014, *Cne de Bras-Panon*, n° 385618 : ne pas assurer la présence des agents communaux pour protester contre la réforme des rythmes scolaires compromet l'exercice d'une liberté publique).

Le pouvoir du maire de modifier les heures d'entrée et de sortie des écoles et établissements d'enseignement situés sur le territoire de la commune (sauf pour les lycées et collèges dans les communautés urbaines, CGCT, art. L. 5215-20) en raison des circonstances locales est soumis à une formalité préalable : le maire doit prendre l'avis (facultatif, il peut ne pas être suivi) de l'autorité scolaire responsable : pour les écoles publiques, cet avis est formulé par l'IEN de circonscription qui aura auparavant sollicité le ou les conseils de l'école ; pour les établissements secondaires, l'avis du conseil d'administration (art. R. 421-23) est transmis par le chef d'établissement ; en outre, le maire doit solliciter l'avis de l'autorité compétente en matière de transport scolaire, en principe de la région (V. Circ. interministérielle du 13 nov. 1985). La décision du maire ne peut déroger au principe de répartition hebdomadaire des temps d'enseignement ni modifier l'équilibre des rythmes des élèves (CAA Versailles, 30 juin 2015, *Cne de Levallois-Perret*, n° 14VE03349), ni se fonder sur des considérations pédagogiques qui échappent à sa compétence (TA Amiens, 14 mai 1996, *SGEN-CFTC c/Cne de Fère-en Tardenois*, inédit). Si l'article D. 521-1 précise les circonstances locales aptes à motiver cette décision (situation géographique particulière de l'établissement, nature des formations dispensées, circonstances de nature à mettre en difficulté le fonctionnement du service public d'enseignement), on peut les rapprocher de celles que peut prendre en considération l'autorité détenant le pouvoir de police (défilés, fêtes locales, risques...) ou l'autorité organisatrice des services publics, qu'ils soient communaux ou non (cas de l'organisation du transport scolaire avec avis de l'autorité responsable en matière de transports). La décision d'aménagement des horaires de la journée scolaire doit respecter les principes de laïcité (même si une tradition locale, comme la fête de la sainte Catherine à Vesoul, peut avoir une origine religieuse), ou la neutralité politique ou commerciale (même si certains événements sportifs ont une forte portée publicitaire).

Si les « circonstances locales » peuvent être ponctuelles (manifestations ou fêtes locales), on peut s'interroger sur les circonstances permanentes (par ex. pour tenir compte des nécessités de la circulation, pour éviter les heures de pointe). Si dans le premier cas, le maire peut prendre sa décision après un simple avis (non conforme) de l'autorité scolaire responsable (et en avoir averti l'autorité compétence pour les transports scolaires), dans le second, la voie à suivre, même pour une expérimentation, semble être l'ouverture de négociations avec les autorités concernées (autorité académique, collectivités, autorité transport) préalable à la modification de la réglementation des horaires. ❑

1. Compétence. Compétences respectives des différentes autorités. Saisie à l'occasion d'un déféré après qu'une commune a délibéré sur les horaires des écoles, le juge d'appel rappelle les compétences respectives des différentes autorités en la matière. Il rappelle à cet effet qu'aucune disposition constitutionnelle ou législative ne donne compétence aux collectivités territoriales pour organiser la répartition hebdomadaire des enseignements dispensés dans les écoles maternelles et élémentaires. Les dispositions de cet art. ne permettent en effet au maire que de modifier les horaires quotidiens d'entrée et de sortie des classes sans qu'il puisse déroger aux principes de répartition hebdomadaire des temps d'enseignement dont les dérogations relèvent de la seule compétence du DASEN en vertu de l'art. D. 521-10. • CAA Versailles, 30 juin 2015, *Cne Levallois-Perret*, n° 14VE03349.

2. Intervention du maire. Les dispositions selon lesquelles le ministre de l'éducation arrête le calendrier national scolaire, qui peut faire l'objet d'adaptations par les recteurs pour tenir compte de situations locales, ne font pas obstacle à ce que le maire fasse usage des pouvoirs de police qu'il détient en vue d'assurer le bon ordre, la sûreté, la sécurité et la salubrité publiques dans les établissements scolaires. • CE 10 mars 1995, *Cne de Vesoul*, n° 135563 : *Lebon 126*.

3. Décision du maire. Atteinte à une liberté publique. Suspension. Dans une affaire où les maires des communes requérantes avaient décidé d'accorder à leurs agents un jour de congé le lundi 10 nov. 2014 et de fermer ce jour-là tous les services communaux, dans le cadre d'un mouvement de protestation contre les charges supplémentaires induites pour les collectivités territoriales par le changement des rythmes scolaires, le juge des référés estime que l'absence simultanée de tous les agents communaux chargés de contribuer au bon fonctionnement des écoles maternelles et primaires de ces communes pendant la journée du lundi 10 nov. aurait pour effet, dans les circonstances de l'espèce, de perturber le fonctionnement de ces écoles dans des conditions de nature à compromettre l'exercice d'une liberté publique. En l'espèce, il juge que, dans ces conditions, c'est sans erreur de droit que le magistrat délégué a, sur la saisine du préfet, prononcé la suspension des décisions de ne pas assurer la présence des personnels communaux dans les écoles maternelles et primaires le lundi 10 nov. 2014. • CE, ord., 9 nov. 2014, *Cne de Bras-Panon et a.*, n°s 385618 à 385624.

Art. L. 521-4 L'architecture scolaire a une fonction éducative. Elle est un élément indispensable de la pédagogie *(L. n° 2013-595 du 8 juill. 2013, art. 65)* **« , contribue à la transmission des connaissances et à la découverte des cultures et favorise le développement de l'autonomie et de la sensibilité artistique des élèves.**

« Il est prévu, dans tous les établissements d'enseignement, un espace à l'usage des parents d'élèves et de leurs délégués. »

TITRE TROISIÈME LES AIDES À LA SCOLARITÉ

COMMENTAIRE

Les aides financières aux familles ont d'abord pris la forme de « bourses nationales d'études » exonérant totalement ou partiellement les élèves les plus méritants admis à l'« examen des bourses » des frais d'externat, de demi-pension ou d'internat. La gratuité de l'externat (1934) et la prolongation des études ont entraîné une transformation profonde de la réglementation. La partie législative du code comporte trois chapitres tour à tour consacrés aux bourses nationales, à l'allocation de rentrée scolaire et aux aides attribuées par des collectivités territoriales qui peuvent notamment attribuer des bourses locales aux élèves de l'enseignement primaire pour lesquels il n'existe pas de bourses nationales.

Des bourses nationales sont attribuées aux familles sous plafond de ressources (art. L. 531-1 ; V. rapport Delahaye sur la grande pauvreté à l'école, mai 2015, qui rappelle leur régime et recommande leur augmentation). Elles sont accordées par l'État pour les élèves des collèges (art. L. 531-1 et R. 531-1 s.) et des lycées (art. L. 531-4), qu'ils soient publics ou privés (établissements sous contrat d'association ou contrat simple – de plein droit si la moitié des maîtres agréés possèdent les titres de capacité requis – ou hors contrat s'ils ont été habilités par le recteur après avis du CAEN à la condition qu'ils remplissent les conditions relatives à l'installation matérielle, au respect des programmes et à la qualification des personnels ; art. L. 531-4 ; R. 531-13 et 14 pour les lycées, EREA et école des métiers ; R. 531-1 pour les collèges), ou du CNED avec avis favorable de l'IA-DASEN (art. D. 531-3 et D. 531-17 ; CAA Bordeaux, 11 oct. 2016, n° 14BX00029). A noter que les élèves français résidant à l'étranger dans des établissements pour lesquels l'AEFE est compétente (art. L. 452-2, 5°) et les enfants des Français résidant à l'étranger pour leurs études en France sont éligibles (Circ. MAE n° 20, 8 janv. 1964). Les bourses sont attribuées pour la durée de la scolarité au collège (art. D. 531-4 mod. par Décr. n° 2019-918 du 31 août 2019) et pour la durée de la scolarité au lycée (art. D. 531-23), sur critères sociaux, en fonction des ressources et des charges des familles (selon la législation sur les prestations familiales). Chaque année, un arrêté ministériel fixe le montant annuel de la part de bourse de lycée, de la part de bourse d'enseignement d'adaptation, de la part d'exonération des frais de pension et de la prime à l'internat (pour 2015-2016, la part de bourse de lycée est fixée à 45,33 € ; le Décr. n° 2016-1136 du 19 août 2016 modifiant l'art. D. 531-29 revalorise les bourses de lycée). Les demandes sont faites par les familles auprès de l'établissement (collège, art. D. 531-6) ou par voie électronique (après une expérimentation en 2016, la généralisation de la demande de bourse de collège en ligne pour tous les collèges publics est prévue depuis 2017) ; l'élève majeur ou émancipé peut faire la demande à la condition de ne pas être rattaché à ses parents pour les prestations familiales. Le chef d'établissement les instruit, décide de leur attribution et notifie sa décision aux familles ; il adresse chaque trimestre un récapitulatif au DASEN (art. D. 531-8 ; par contre, dans les établissements privés, le chef d'établissement dresse la liste des demandeurs qu'il envoie au DASEN qui est compétent pour attribuer les bourses, D. 531-10).

Elles sont versées aux familles par l'établissement public (depuis 1998 par les collèges et non plus par les organismes débiteurs des prestations familiales) après déduction éventuelle des frais de pension ou de demi-pension ou par les autorités académiques dans le cas des établissements privés (art. L. 531-2 ; pour les élèves du privé, le DASEN verse les bourses aux familles ou, si elles lui ont donné procuration, au chef d'établissement, art. D. 531-11). La loi du 26 juillet 2019 « pour une école de la confiance » complète l'article L. 531-4 en précisant expressément que ces bourses à la charge de l'État sont servies, pour les élèves inscrits dans un établissement public, par l'établissement, après déduction éventuelle des frais de pension ou de demi-pension et, pour les élèves inscrits dans un établissement d'enseignement privé, par les services académiques. En outre, pour donner une base légale à la pratique, son article 56 autorise la compensation entre les bourses nationales de lycée et les frais d'hébergement et de restauration.

Les conditions de ressources sont appréciées sur la base de l'avis d'imposition du foyer fiscal. Le montant de la bourse varie en fonction des ressources (effectivement disponibles, ce qui exclut les frais professionnels, V. note 5, et l'amortissement du matériel agricole, V. note 7) et des charges de famille (nombre d'enfants à charge, prise en compte du handicap…) ; il existe plusieurs taux. Les bourses de lycée peuvent être complétées par diverses primes : prime d'équipement pour certaines spécialités de CAP, BEP ou baccalauréat, prime d'entrée en seconde, première et terminale, prime d'internat, prime d'enseignement adapté. Le décret n° 2016-1136 du 19 août 2016 crée une prime en faveur des élèves boursiers qui reprennent une formation sous statut scolaire après une période d'interruption de leur scolarité (art. D. 531-29).

En cas d'absences injustifiées et répétées d'un élève, la bourse peut donner lieu à retenue par décision motivée du chef d'établissement (art. D. 531-12, ou du DASEN sur proposition du chef d'établissement dans les établissements privés).

Les bourses sont cumulables avec la prime au mérite (accordée aux élèves ayant obtenu le brevet des collèges avec mention), les aides spécifiques à la voie professionnelle, les aides pour l'internat, les aides issus des fonds sociaux lycéens et celles prévues pour la cantine.

Considérant que certains textes sont inadaptés aux familles en grande précarité (complexité, décalage dans le temps), le rapport Delahaye (mai 2015) recommande d'engager un travail de simplification du dossier de demande de bourse et de révision des bases pour le calcul des droits. Un décret n° 2016-328 du 16 mars 2016 relatif aux bourses nationales de collège et aux bourses nationales d'études du second degré de lycée simplifie le dispositif des bourses nationales d'études du second degré de lycée et harmonise, pour les différentes bourses nationales, du collège à l'enseignement supérieur, tant la présentation des demandes que les modalités d'attribution de ces bourses (V. art. D. 531-4 s. dans son rapport de 2017, le Médiateur souligne encore les incohérences résultant notamment de la différence des calendriers ou la durée pour laquelle sont accordées les bourses, 1 an au collège et dans le supérieur, 3 ans au lycée).

L'article 32 de la loi de 2005 (L. n° 2005-380 du 23 avr. 2005 d'orientation et de programme pour l'avenir de l'école) a prévu de compléter les bourses attribuées sous condition de ressources par « ***des bourses au mérite*** » pour les lycéens (art. L. 332-6). Elles sont réservées aux élèves méritants ayant terminé leur scolarité obligatoire ; elles sont de droit pour les élèves ayant obtenu la mention bien et très bien au diplôme national du brevet, mais peuvent être attribuées, après avis d'une commission départementale, par l'IA-DASEN à d'autres élèves, notamment ceux relevant de l'éducation prioritaire ; l'élève ou son représentant légal s'engage à poursuivre les études jusqu'au baccalauréat général, technologique ou professionnel ; la bourse est acquise pour la durée des études au lycée (trois ans en lycée, quatre en lycée professionnel sauf hypothèse du baccalauréat professionnel en trois ans). Elle peut toutefois être suspendue en cas de redoublement ou si l'élève manque à son obligation d'assiduité, comme en cas de résultats insuffisants (art. D. 531-37 s. ; Circ. n° 2016-131 du 26 août 2016).

Tout recours contentieux contre les décisions de refus d'octroi de bourses doit être précédé d'un recours administratif préalable, recours gracieux à l'inspecteur d'académie-DASEN, recours hiérarchique au recteur (V. note 1 ss. art. L. 531-1).

Les chefs d'établissement disposent en outre de diverses enveloppes pour accorder des ***aides d'urgence*** soit directement à l'élève ou à sa famille, soit indirectement pour prendre en charge certains frais (demi-pension, participation à un voyage scolaire...) : pour désigner les bénéficiaires et le niveau de l'aide, le chef d'établissement demande au conseil d'administration son avis (art. R. 421-95). Des fonds sociaux destinés à venir en aide aux familles en difficulté des élèves du second degré ont été créés en 1991 au titre du plan d'urgence pour les lycéens (fond social lycéen public) et en 1995 dans le cadre du nouveau contrat pour l'école (fond social collégien public) pour faire face rapidement aux situations difficiles ; ils ont été complétés, en 1997, par le fond social pour les cantines (collège et lycée publics et privés sous contrat) dont l'objectif est de faciliter l'accès à la restauration scolaire des élèves les plus défavorisés (l'aide attribuée peut, à titre exceptionnel et pour une durée limitée, aboutir à la gratuité des repas). Les recteurs répartissent les crédits entre les collèges et les lycées, les chefs d'établissement attribuant les aides aux familles après avis d'une commission (V. Circ. n° 97-187 du 4 sept. 1997 et Circ. n° 98-044 du 11 mars 1998). En 2005, le fonds social lycéen a été étendu à l'enseignement privé. Malgré les besoins importants, ces fonds ne sont pas toujours utilisés de manière optimale ; cette sous-consommation paradoxale peut s'expliquer tant par un manque de publicité que par la difficulté pour les élèves et leurs familles d'exposer leur situation.

Une ***allocation de rentrée scolaire*** est versée sous plafond de ressources dans les conditions prévues par le code de la sécurité sociale (art. L. 532-1) ; elle est versée par la caisse d'allocations familiales ; ayant la nature de prestation familiale, son contentieux ne relève pas du juge administratif, mais du juge judiciaire (note ss. art. L. 532-1).

Les collectivités territoriales (et depuis la loi du 13 août 2004, les EPCI) et les caisses des écoles peuvent attribuer des aides aux élèves scolarisés tant dans l'enseignement public que dans l'enseignement privé (V. notes 4 et 5 ss. art. L. 533-1) sans être tenues de limiter leur financement aux familles en situation économique difficile (note 1 ss. art. L. 533-1) ; le contentieux a surtout porté sur les aides qui, sous ce couvert, ont profité non aux familles mais aux établissements privés (note 3 ss. art. L. 533-1). Il en est ainsi pour les élèves de l'enseignement primaire pour lesquels il n'existe pas de bourse nationale ; cependant, les départements peuvent mettre en place une bourse de fréquentation scolaire sous conditions de ressources ; il en est de même pour les communes quand l'école est éloignée du domicile. ❑

CHAPITRE PREMIER L'AIDE À LA SCOLARITÉ ET LES BOURSES NATIONALES

Art. L. 531-1 Pour chaque enfant à charge inscrit dans un collège public, un collège privé ayant passé avec l'État l'un des contrats prévus aux articles L. 442-5 et L. 442-12 du présent code ou dans un collège privé habilité à recevoir des boursiers nationaux, une bourse nationale de collège est attribuée aux familles dont les ressources ne dépassent pas un plafond variable selon le nombre d'enfants à charge et revalorisé comme le salaire minimum de croissance prévu par *(Ord. n° 2008-1304 du 11 déc. 2008, art. 1er)* **« les articles L. 3231-6 et L. 3231-7 » du code du travail** *[V. ces art. ss. l'art. L. 431-1].*

Le montant de la bourse, qui varie en fonction des ressources de la famille, est fixé en pourcentage de la base mensuelle de calcul des prestations familiales mentionnée à l'article L. 551-1 du code de la sécurité sociale.

En application de l'art. L. 231-5 CRPA, le silence gardé pendant 6 mois par l'administration vaut décision de rejet pour une demande d'habilitation d'un collège privé hors contrat à recevoir des boursiers nationaux (Décr. n° 2014-1274 du 23 oct. 2014, art. 1er).

I. AYANTS DROIT

1. Ressortissants de l'Union européenne. Le ministre de l'éducation ne pouvait, sans méconnaître le principe d'égalité de traitement entre personnes répondant à la définition communautaire de travailleur migrant ou d'enfant de travailleur migrant, exclure les ressortissants des autres États membres de l'Union européenne. • CE 2 févr. 2005, 🏛 n° 257984 B. ♦ Le pouvoir réglementaire ne pouvait pas limiter l'attribution de bourses de collège à Mayotte aux étrangers titulaires de certaines catégories de titres de séjour. En l'espèce, le GISTI avait saisi le Conseil d'État d'un recours tendant à l'annulation du Décr. du 14 oct. 2011 relatif aux modalités d'attribution des bourses nationales de collège à Mayotte. Ce Décr. était contesté, en particulier en tant que le I de l'art. D. 562-8-1, qu'il a créé, prévoit que pour l'obtention d'une bourse de collège dans ce département, le nombre d'enfants à charge doit être justifié par l'attestation de prestations sociales. • CE 19 déc. 2012, 🏛 n° 354947 B : *AJDA 2013. 611* ✎.

2. Instruction dans la famille. CNED. Dans une affaire où une famille avait décidé d'assurer à domicile la poursuite de l'instruction de ses filles et ainsi perdu le bénéfice des bourses nationales après avoir retiré des établissements d'enseignement dans lesquels elles étaient jusqu'alors scolarisées, le juge rappelle qu'aucune disposition législative ou réglementaire ne prévoit l'attribution de bourses d'études lorsque l'instruction des enfants est exclusivement assurée par leurs parents. • CAA Bordeaux, 11 oct. 2016, 🏛 n° 14BX00029 : *LIJ 2017, n° 196, p. 6.* ♦ Dans la même affaire, la cour rappelle que si, aux termes des dispositions des art. L. 531-1 et L. 531-4, le bénéfice des bourses nationales d'études est réservé aux familles des élèves inscrits, notamment, dans les collèges et les lycées publics ou privés sous contrat d'association avec l'État dispensant un enseignement général, technique, technologique ou professionnel, les familles des élèves inscrits au CNED pour suivre une formation complète de niveau collège ou lycée peuvent, selon leur situation au regard de l'obligation scolaire, bénéficier de bourses lorsque cette inscription au CNED a recueilli un avis favorable de l'inspecteur d'académie, en application de l'article 1er de l'Arr. du 27 juill. 2009 fixant les conditions et modalités d'attribution et de paiement des bourses nationales pour les élèves inscrits dans une classe de niveau collège ou dans une classe de second degré de lycée du CNED. En l'espèce, la cour a jugé que si les conditions et la qualité de l'instruction à domicile de l'enfant avaient donné lieu à plusieurs contrôles de la part des services académiques, de tels contrôles ne tenaient pas lieu de l'avis favorable de l'I.A.-DASEN pour l'inscription au CNED requis par les dispositions de l'article 1er de l'Arr. du 27 juill. 2009. • CAA Bordeaux, 11 oct. 2016, 🏛 n° 14BX00029 : *LIJ 2017, n° 196, p. 6.*

3. Attribution. Tiers digne de confiance désigné par le juge des enfants. Refus d'attribution. Légalité. Il résulte du code de l'éducation que les bourses nationales d'étude du second degré de lycée peuvent être attribuées aux personnes assumant la charge effective et permanente de l'élève. Pour refuser d'accorder à la requérante la bourse sollicitée en faveur du mineur placé auprès d'elle sur le fondement de l'art. 375-3 C. civ., le juge rappelle que le recteur s'est fondé sur le motif tiré de ce que, en application du jugement en assistance éducative relatif à la mesure de placement, « le département contribue à la prise en charge des dépenses d'entretien et d'éducation ». Constatant que la requérante était désignée en qualité de tiers digne de confiance, le juge en déduit qu'elle ne pouvait dès lors être regardée comme assumant la charge effective de l'élève mineur qui lui a été confié. • TA Nîmes, 7 nov. 2017, n° 1600431.

II. APPRÉCIATION DES REVENUS

4. Orientations générales. Le ministre de l'éducation était compétent pour prendre une note de service qui entendait, sans renoncer à exercer son pouvoir d'appréciation ni limiter celui des recteurs et inspecteurs d'académie, et sans édicter aucune condition nouvelle à l'octroi des bourses nationales, définir des orientations générales en vue de diriger l'action des services académiques. • CE 29 juill. 1994, n° 147978 A • CE 29 juill. 1994, n° 147979.

5. Ressources effectivement disponibles. Pour apprécier l'insuffisance des ressources des candidats à une bourse d'enseignement secondaire, le recteur doit prendre en considération les ressources effectivement disponibles au sein du foyer dont est issu le candidat boursier. Cette règle ne lui permet pas d'opérer cette appréciation en substituant la déduction forfaitaire de 10 pour cent applicable aux salaires à la déduction de frais réels opérée par les membres du foyer fiscal dans le cadre de leur déclaration de revenus. • TA Besançon, 21 oct. 1991, n° 910537 : *Juris Data 1991-050408.* ♦ Doivent être notamment déduites des revenus bruts toutes les sommes nécessaires à l'acquisition de ces revenus, et notamment, s'ils sont justifiés, les frais professionnels réels. • TA Lyon, 21 oct. 1992, n° 9000712 : *Juris Data 1992-051846 ; Gaz. Pal. 1993, n° 314-315, Pan. 174. 2.*

6. Ressources disponibles. Baisse des revenus. Modification substantielle de la situation. Changement de mode de déduction des frais professionnels. Absence. Dans une affaire où les requérants invoquaient une diminution des ressources, le juge affirme en l'espèce que la diminution n'est que la conséquence du changement de mode de déduction des frais professionnels choisi par les parents ; qu'en effet ces derniers, qui bénéficiaient jusque-là de l'abattement forfaitaire de 10%, ont opté à compter de l'année 2016 pour la déduction de leurs frais réels. Le juge en déduit qu'une telle circonstance ne constitue pas une modification substantielle de la situation des personnes présentant la demande de bourse et ne pouvait entraîner l'examen de la demande de bourse. • TA Nîmes, 17 juill. 2018, n° 1703861.

7. Détermination des ressources. Pour apprécier ces revenus et refuser l'attribution d'une bourse, l'inspecteur d'académie a pris en compte, ainsi que l'y invitait une directive du ministre, le montant des provisions pour amortissement diminuées du déficit d'exploitation. Or les amortissements pratiqués chaque année par le chef d'une exploitation agricole ont pour objet la constitution d'une capacité d'autofinancement pour le renouvellement du matériel et n'ont pas la nature de revenus disponibles pour le financement du train de vie de la famille. • CE 29 juill. 1994, n° 147978 A • CE 29 juill. 1994, n° 147979 • CE 19 oct. 1994, n° 146831 • CE 15 déc. 1993, n°s 137588 et 137590 B.

8. Documents communicables. Notification d'attribution de bourse sur critères financiers. La communication de cette notification au père d'un élève, qui bien qu'exerçant l'autorité parentale conjointe de l'enfant, n'en exerce pas la garde, sachant que cette notification comporte le montant des revenus de la mère ainsi que le montant de la bourse attribuée est possible sous réserve de l'occultation préalable de toutes les mentions relatives à la vie privée et au revenu de la mère de l'enfant qui est la gestionnaire de cette bourse et que cette occultation ne fasse pas perdre tout intérêt au document. • CADA 7 déc. 2006, *Recteur de l'académie de Caen*, n° 20065311.

9. Mayotte. Il résulte des dispositions de cet art., qui sont applicables à Mayotte, que le législateur n'a pas pris de disposition spécifique relative au bénéfice des bourses nationales de collège accordées dans ce département. Le requérant attaquait le Décr. qui a inséré au C. éduc. un art. D. 562-8-1 adaptant aux particularités du département de Mayotte les dispositions réglementaires régissant l'attribution des bourses nationales de collège établies par l'art. L. 531-1. Ces dispositions précisent les informations et documents à fournir par la famille pour l'obtention d'une bourse nationale de collège et adaptent les niveaux de ressources pris en compte pour le versement de ces bourses. Le requérant est dès lors fondé à soutenir qu'en prévoyant que le nombre d'enfants à charge doit être justifié par l'attestation de prestations sociales régie par l'Ord. du 7 févr. 2002, le Décr. attaqué a illégalement restreint le bénéfice des bourses nationales de collège à Mayotte aux seules catégories de ressortissants étrangers susceptibles de détenir cette attestation. • CE 19 déc. 2012, n° 354947 B : *AJDA 2013. 611*.

10. Élève étranger majeur isolé. Conditions d'octroi. La direction des affaires juridiques a été interrogée sur les conditions d'octroi de la bourse de lycée à des élèves majeurs étrangers isolés. La question portait notamment sur le point de savoir s'il était possible d'exiger d'un élève majeur étranger qu'il produise un document valant titre de séjour, établissant qu'il était bien autorisé à séjourner sur le territoire français durant toute la durée de son année scolaire. La DAJ rappelle qu'il résulte de la lecture combinée des art. R. 531-18, R. 531-19, D. 531-24 et R. 531-35 qu'un étranger majeur peut solliciter une bourse de lycée dès lors qu'il réside en France, qu'il est inscrit dans un établissement scolaire et que le niveau de ressources dont il dispose l'y rend éligible. Elle précise qu'à cet égard, il convient de bien distinguer la question de la preuve de la résidence en France de la question de la régularité du séjour sur le territoire français car ce dernier critère n'est pas exigé par l'art. R. 531-18. En effet, il n'appartient pas aux services de l'éducation nationale de vérifier la régularité de la situation d'élèves étrangers au regard de la législation sur le droit au séjour. Elle rappelle, en outre, les termes de la Circ. n° 2002-063 du 20 mars 2002 relative aux modalités d'inscription et de scolarisation des élèves de nationalité étrangère des premier et second degrés qui précise que « l'inscription, dans un établissement scolaire, d'un élève de nationalité étrangère, quel que soit son âge, ne peut être subordonnée à la présentation d'un titre de séjour ». * Note DAJ-A1 7 avr. 2015, n° 15-097 : *LIJ 2015, n° 188, p. 18.*

11. Recours. Le recours administratif constitue un préalable obligatoire au recours contentieux contre les décisions de refus d'octroi de bourses. • CE 9 févr. 1996, ♔ n° 161450 A.

12. Établissements privés sous contrat. En vertu du Décr. du 28 juill. 1960, les classes placées sous le régime du contrat simple sont habilitées de plein droit à recevoir des boursiers nationaux lorsque la moitié des maîtres agréés possèdent certains titres de capacité. • CE 19 janv. 1973, ♔ n° 84738 A : *AJDA 1973. 138.*

13. Établissements privés hors contrat. L'attention du ministre a été appelée sur la situation des étudiants qui, ne pouvant prétendre à des bourses en raison du statut « hors contrat » des écoles dans lesquelles ils sont inscrits, souffrent d'un traitement injuste. Il a été répondu que la réglementation n'exclut du bénéfice des aides à la scolarité ni les élèves des établissements hors contrat en France, ni ceux scolarisés à l'étranger. Dans tous les cas, les aides à la scolarité sont attribuées sous conditions de ressources de la famille. Pour les élèves des établissements hors contrat en France, il y a une condition supplémentaire tenant à la nécessaire habilitation de l'établissement par le recteur, après avis du conseil académique de l'éducation nationale. L'habilitation est donnée si l'établissement est doté des mêmes installations que les EPLE, s'il respecte les programmes et si ses enseignants sont suffisamment qualifiés (C. éduc., art. R. 531-1, R. 531-14 et D. 531-15). A l'étranger, il n'existe pas d'établissement sous contrat ni hors contrat, ni d'EPLE. Il y a des établissements scolaires français à l'étranger dont la liste est fixée par le ministre de l'éducation nationale, en accord avec les ministres chargés des affaires étrangères et de la coopération. Pour appartenir à cette liste, les établissements, quel que soit leur statut, doivent remplir des conditions qui permettent à leurs élèves d'obtenir les diplômes français et d'intégrer à tout moment le système d'éducation français (V. not., C. éduc., art. R. 451-2). Seuls les élèves scolarisés dans un établissement figurant dans la liste des établissements scolaires français à l'étranger peuvent prétendre à une bourse. C'est donc bien dans une finalité d'égalité des chances que le dispositif actuel conditionne l'octroi de bourses dans les établissements qui ne relèvent pas du service public de l'éducation nationale, en France ou à l'étranger. Les conditions qu'ils doivent remplir pour bénéficier de cette aide à la scolarité sont justifiées par la nécessité pour l'État de s'assurer que l'argent public est utilisé conformément aux critères de qualité du service public. * Rép. min. n° 185527 : *JOAN Q 7 janv. 2014, p. 199.*

Art. L. 531-2 **Les bourses nationales de collège sont à la charge de l'État.**

Elles sont servies aux familles, pour les élèves inscrits dans un collège public, par l'établissement, après déduction éventuelle des frais de pension ou de demi-pension et, pour les élèves inscrits dans un collège privé, par les autorités académiques. – *[L. n° 89-486 du 10 juill. 1989, art. 10 bis-II.]*

Sur les conditions d'attribution des bourses de collège, V. art. R. 531-1 s.

Art. L. 531-3 **Pour les élèves inscrits dans les établissements mentionnés à l'article L. 531-1, aucune autre bourse nationale imputable sur des crédits ouverts par la loi de finances ne peut être attribuée.** – *[L. n° 89-486 du 10 juill. 1989, art. 10 bis-III.]*

Art. L. 531-4 **Des bourses nationales bénéficient, en fonction des ressources de leur famille, aux élèves inscrits :**

1° Dans les classes du second degré des lycées publics, des lycées privés ayant passé avec l'État l'un des contrats prévus aux articles L. 442-5 et L. 442-12 ou des lycées privés habilités à recevoir des boursiers nationaux ;

2° Dans un établissement régional d'enseignement adapté, sous réserve que soient déduites les aides accordées au titre des exonérations éventuelles de frais de pension et de demi-pension ;

3° Dans les établissements d'enseignement visés au livre VIII du code rural et de la pêche maritime.

(L. n° 2019-791 du 26 juill. 2019, art. 56) « Ces bourses sont à la charge de l'État. Elles sont servies, pour les élèves inscrits dans un établissement public, par l'établissement, après déduction éventuelle des frais de pension ou de demi-pension et, pour les élèves inscrits dans un établissement d'enseignement privé, par les services académiques. »

Les modalités d'octroi des bourses et les conditions à remplir par les établissements qui reçoivent les boursiers nationaux sont déterminées par décret.

En application de l'art. L. 231-5 CRPA, le silence gardé pendant 6 mois par l'administration vaut décision de rejet pour une demande d'habilitation d'un collège privé hors contrat à recevoir des boursiers nationaux (Décr. n° 2014-1274 du 23 oct. 2014, art. 1er).

Art. L. 531-5 Après avis favorable du Conseil supérieur de l'éducation, l'État peut faire bénéficier de bourses les élèves des établissements d'enseignement technique privés reconnus par l'État dans les conditions prévues à l'article L. 443-2. – *[L. 25 juill. 1919, art. 36 (C. ens. techn., art. 75).]*

CHAPITRE II L'ALLOCATION DE RENTRÉE SCOLAIRE

Art. L. 532-1 Une allocation de rentrée scolaire est versée dans les conditions prévues par les dispositions de l'article L. 543-1 du code de la sécurité sociale, ci-après reproduites :

Art. L. 543-1 Une allocation de rentrée scolaire est attribuée au ménage ou à la personne dont les ressources ne dépassent pas un plafond variable en fonction du nombre des enfants à charge, pour chaque enfant *(L. n° 2018-1203 du 22 déc. 2018, art. 70)* « qui, ayant atteint un âge déterminé, est inscrit » dans un établissement ou organisme d'enseignement public ou privé *(L. n° 2018-1203 du 22 déc. 2018, art. 70)* « , jusqu'à la fin de l'obligation scolaire ».

Elle est également attribuée, pour chaque enfant d'un âge inférieur à un âge déterminé, et dont la rémunération n'excède pas le plafond mentionné au 2° de l'article L. 512-3, qui poursuit des études ou qui est placé en apprentissage.

Le niveau du plafond de ressources varie conformément à l'évolution des prix à la consommation des ménages hors les prix du tabac, dans des conditions prévues par décret en Conseil d'État. Son montant est fixé par décret et revalorisé par arrêté conjoint des ministres chargés de la sécurité sociale, du budget et de l'agriculture.

(L. n° 2007-1786 du 19 déc. 2007, art. 93) « Le montant de l'allocation de rentrée scolaire varie selon l'âge de l'enfant. »

Sur l'allocation de rentrée scolaire, V. ci-dessous CSS, art. R. 543-1 à R. 543-7, D. 543-1 et D. 543-2.

Nature juridique. L'allocation de rentrée scolaire constitue une prestation familiale au sens du code de la sécurité sociale. Elle ne ressortit pas à la compétence du juge administratif. • CAA Nantes, 26 juin 1997, ☎ *M. et Mme Daireaux,* n° 96NT01327.

Code de la sécurité sociale

Allocation de rentrée scolaire

Art. R. 543-1 *(Décr. n° 99-535 du 28 juin 1999, art. 1er)* L'allocation de rentrée scolaire établie par l'article L. 543-1 est attribuée compte tenu des dispositions du présent chapitre, pour chaque enfant, aux ménages ou personnes qui en ont la charge au jour de la rentrée scolaire dans l'établissement qu'il fréquente.

Art. R. 543-2 Ouvre droit à l'allocation de rentrée scolaire chaque enfant à charge qui atteindra son sixième anniversaire avant le 1er février de l'année suivant celle de la rentrée scolaire.

L'allocation reste due, lors de chaque rentrée scolaire, pour tout enfant qui n'a pas atteint l'âge de *(Décr. n° 90-776 du 3 sept. 1990, art. 1er)* « dix-huit » ans révolus au 15 septembre de l'année considérée.

(*Décr. n° 2008-766 du 30 juill. 2008, art. 1er*) « Le montant de l'allocation de rentrée scolaire est majoré, d'une part, lorsque l'enfant atteint ses onze ans, et, d'autre part, lorsque l'enfant atteint ses quinze ans, au cours de l'année civile de la rentrée scolaire. »

Art. R. 543-3 Est, au sens et pour l'application (*Décr. n° 90-776 du 3 sept. 1990, art. 2*) « du premier alinéa » de l'article L. 543-1, un établissement ou organisme d'enseignement public ou privé tout établissement ou organisme qui a pour objet de dispenser un enseignement permettant aux enfants qui suivent cet enseignement de satisfaire à l'obligation scolaire.

Art. R. 543-4 La condition d'inscription prévue (*Décr. n° 90-776 du 3 sept. 1990, art. 2*) « au premier alinéa » de l'article L. 543-1 est, sauf preuve contraire, présumée remplie pour chacun des enfants ouvrant droit à l'allocation de rentrée scolaire.

Dans le cas où le versement des prestations familiales a été supprimé, au titre de l'année scolaire précédente, en application des dispositions qui édictent des sanctions aux manquements à l'obligation scolaire, l'allocation de rentrée scolaire ne doit être versée que sur justification de l'inscription de l'enfant intéressé pour la nouvelle année scolaire dans un établissement ou organisme d'enseignement.

(*Décr. n° 2014-886 du 1er août 2014, art. 1er*) « Pour le versement de l'allocation de rentrée scolaire après la fin de l'obligation scolaire, la condition d'inscription est présumée remplie sur la foi d'une déclaration sur l'honneur. »

Art. R. 543-5 (*Décr. n° 99-535 du 28 juin 1999, art. 1er*) Les ménages ou personnes remplissant les conditions fixées aux articles ci-dessus ne peuvent bénéficier de l'allocation de rentrée scolaire que si le montant des ressources dont ils ont disposé durant l'(*Décr. n° 2008-765 du 30 juill. 2008*) « année civile de référence » considérée est inférieur à un plafond.

(*Décr. n° 96-553 du 20 juin 1996, art. 8*) « Ce plafond est majoré, à partir du premier enfant, de 30 % par enfant à charge. Il est revalorisé (*Décr. n° 2008-604 du 26 juin 2008*) « au 1er janvier » de chaque année conformément à l'évolution en moyenne annuelle des prix à la consommation hors tabac (*Décr. n° 2008-604 du 26 juin 2008*) « de l'année civile de référence ».

Art. R. 543-6 Pour l'application de la condition de ressources prévue à l'article R. 543-5, la situation de famille est appréciée (*Décr. n° 90-526 du 28 juin 1990, art. 3*) « au 31 juillet » précédant la rentrée scolaire considérée.

Il est fait application (*Décr. n° 2003-1393 du 31 déc. 2003, art. 3*) « des articles R. 532-3 à R. 532-8 ».

Art. R. 543-6-1 (*Décr. n° 2008-766 du 30 juill. 2008, art. 2*) L'allocation différentielle de rentrée scolaire est égale, pour chaque enfant, à la différence entre, d'une part, le plafond défini au deuxième alinéa de l'article R. 543-5, majoré, pour chaque tranche d'âge, des montants d'allocation de rentrée scolaire en vigueur au 1er (*Décr. n° 2013-530 du 21 juin 2013, art. 2*) « avril » de l'année en cours multiplié par le nombre d'enfants y ouvrant droit pour cette tranche d'âge au titre de la rentrée scolaire en cours et, d'autre part, le montant des ressources, cette différence étant divisée par le nombre d'enfants à charge ouvrant droit à cette allocation.

Art. R. 543-7 L'allocation de rentrée scolaire fait l'objet d'un versement unique qui doit être opéré au plus tard le 31 octobre de l'année considérée.

Art. D. 543-1 (*Décr. n° 2008-767 du 30 juill. 2008, art. 1er*) Le taux servant au calcul de l'allocation de rentrée scolaire, applicable au 1er août de l'année considérée, est fixé pour chaque enfant ainsi qu'il suit, en pourcentage de la base mensuelle de calcul des allocations familiales prévue à l'article L. 551-1 :

1° (*Décr. n° 2012-830 du 27 juin 2012, art. 1er*) « 89,72 % » lorsque l'enfant, au 31 décembre de l'année civile de la rentrée scolaire considérée, n'a pas encore atteint l'âge de onze ans ;

2° (*Décr. n° 2012-830 du 27 juin 2012, art. 1er*) « 94,67 % » lorsque l'enfant, au 31 décembre de l'année civile de la rentrée scolaire considérée, a atteint l'âge de onze ans mais n'a pas atteint l'âge de quinze ans ;

3° (*Décr. n° 2012-830 du 27 juin 2012, art. 1er*) « 97,95 % » lorsque l'enfant, au 31 décembre de l'année civile de la rentrée scolaire considérée, a déjà atteint l'âge de quinze ans.

Art. D. 543-2 (*Décr. n° 2002-1060 du 7 août 2002*) Lorsque le total des montants d'allocation de rentrée scolaire dû à la personne ou au ménage est inférieur à 15 euros, celui-ci n'est pas versé.

Art. L. 532-2 **Tout paiement indu de majoration d'allocation de rentrée scolaire mentionnée aux articles L. 543-1** *[V. cet art., à l'art. L. 532-1]* **et L. 755-22 du code de la sécurité sociale peut, sous réserve que l'allocataire n'en conteste pas le caractère indu, être récupéré par retenues sur les prestations familiales dans les conditions définies à l'article L. 553-2 du même code.**

L'organisme débiteur de prestations familiales peut réduire ou remettre, en cas de précarité de la situation du débiteur, sa créance sur le bénéficiaire, sauf en cas de manœuvre frauduleuse ou de fausse déclaration.

Les différends auxquels peut donner lieu la majoration d'allocation de rentrée scolaire sont réglés suivant les dispositions régissant le contentieux de la sécurité sociale.

CHAPITRE III LES AIDES ATTRIBUÉES PAR LES COLLECTIVITÉS TERRITORIALES

Art. L. 533-1 *(L. nº 2004-809 du 13 août 2004, art. 93)* **Les collectivités territoriales, les établissements publics de coopération intercommunale et les caisses des écoles peuvent faire bénéficier des mesures à caractère social tout enfant sans considération de l'établissement d'enseignement qu'il fréquente.**

I. NOTION

1. Contenu. Ces dispositions ne limitent pas la notion de mesures à caractère social à celles qui bénéficieraient exclusivement ou principalement à des familles se trouvant dans une situation économique ou sociale difficile. • CE 12 juin 1996, nº 146030 A.

2. Chèque de rentrée au collège. Mesure à caractère social. Conséquences. Un requérant demandait l'annulation de la délibération par laquelle le conseil départemental de la Seine-Saint-Denis avait décidé la mise en place d'un chèque de rentrée d'un montant de 200 € à destination des élèves séquano-dyonisiens entrant en classe de sixième dans les collèges publics de la Seine-Saint-Denis. La CAA estime que « les collectivités territoriales ont la faculté, mais non l'obligation d'accorder aux élèves des écoles privées les mêmes aides qu'aux élèves des écoles publiques ; qu'il appartient à l'assemblée délibérante locale d'apprécier, à l'occasion de chacune des mesures à caractère social qu'elle institue en faveur des enfants scolarisés, s'il y a lieu d'en étendre le bénéfice aux élèves des établissements privés ». En l'espèce, le chèque de rentrée appelé « chéquier réussite » était constitué de dix bons d'achat de 20 € destinés à l'acquisition personnelle de fournitures scolaires, livres et équipements numériques. Le département n'a donc pas méconnu le principe d'égalité de traitement entre les élèves des collèges publics et ceux inscrits dans le privé. • CAA Versailles, 29 mars 2018, nº 15VE03008 : *AJDA 2018. 1813*.

3. Mesures n'ayant pas un caractère social. Une allocation de chauffage est attribuée à l'ensemble des familles des élèves fréquentant des écoles privées. Eu égard à sa généralité, elle n'a d'autre objet que de transférer à la commune tout ou partie des frais de fonctionnement résultant du chauffage de l'établissement et n'entre pas dans la catégorie des mesures à caractère social. • CE, sect., 11 mars 1966, *MEN c/ Assoc. des parents d'élèves des écoles privées de Mahalon*, nº 63187 A : *AJDA 1966. 421, concl. Bernard.* ♦ Même solution pour des subventions accordées aux associations de parents d'élèves de l'enseignement libre pour assurer la prise en charge, par la ville, des frais de chauffage et d'éclairage des élèves des écoles privées du premier degré. • CE 5 oct. 1966, nº 57859 A. ♦ Même solution pour des subventions accordées à des établissements secondaires privés d'enseignement général pour des travaux de rénovation et d'extension de leurs internats qui constituent en fait des subventions d'équipement. • CE 15 nov. 1995, nº 137868 B.

II. BÉNÉFICIAIRES

4. Absence de discrimination. Ni la liberté d'appréciation dont dispose le conseil général pour l'attribution de bourses départementales, ni le principe de laïcité ne permettent d'opérer entre les demandeurs une discrimination fondée sur le caractère public ou privé de l'établissement scolaire fréquenté. En rejetant pour ce motif des demandes qui lui sont présentées, un conseil général commet une erreur de droit. • CE 20 janv. 1982, nº 22565 : *AJDA 1982. 469, note Gaudemet* • CE 10 août 1988, nº 74569.

5. Élèves des écoles privées. Il résulte, tant des termes de cet article que des travaux préparatoires, que les collectivités locales ont la faculté, mais non l'obligation, d'accorder aux élèves des écoles privées les mêmes aides qu'aux élèves des écoles publiques. Il appartient au conseil municipal d'apprécier, à l'occasion de chacune des mesures à caractère social qu'il institue en faveur des enfants scolarisés, s'il y a lieu d'en étendre le bénéfice aux élèves des écoles privées. • CE, ass., 5 juill. 1985, *Ville d'Albi et a.*, nº 44706 A : *RFDA 1985. 661, concl. Roux* • CE, sect., 5 oct. 1984, nº 47875 A : *AJDA 1984. 675, chron. Hubac et Schoettl ; Rev. adm. 1985. 39,* *note Morand-Deviller et Pellat* • CE, sect., 26 avr. 1985, *Ville de Tarbes*, n° 41169 A (concl. Lasserre) : *AJDA 1985. 409, chron. Hubac et Schoettl ; D. 1985. 593, note Hamon.* ♦ Pour une affaire où le conseil départemental avait mis en place un chèque de rentrée, prenant la forme d'un « chéquier réussite » de dix bons d'achat de 20 euros, destinés à l'acquisition personnelle de fournitures scolaires, livres et équipements numériques dont l'attribution par le département ne revêt pas un caractère obligatoire. Le juge estime qu'il s'agit ainsi d'une aide aux familles qui a le caractère d'une mesure à caractère social au sens des dispositions de l'art. L. 533-1 dont le département pouvait ne pas étendre le bénéfice aux élèves des collèges privés. Il juge dès lors, que le département n'a pas méconnu le principe d'égalité de traitement entre les élèves des collèges publics et ceux inscrits dans les collèges privés. • CAA Versailles, 29 mars 2018, n° 15VE03008.

6. Limites. Une commune avait, d'une part, créé une cuisine centrale chargée de fournir des repas aux restaurants scolaires, d'autre part, institué une aide financière destinée à abaisser les prix de ces repas au-dessous du prix de revient. Si la municipalité a pu légalement offrir aux associations gestionnaires des écoles privées l'accès à la cuisine centrale municipale, elle n'était pas tenue de faire bénéficier ces mêmes associations de la seconde mesure sociale, à l'égard de laquelle elle disposait du même pouvoir d'appréciation. • CE, ass., 5 juill. 1985, *Ville d'Albi et a.*, n° 44706 A : *préc. note 5.* ♦ Un conseil municipal avait ouvert la cantine scolaire aux élèves des écoles privées, à la condition que les maîtres de ces écoles assurent eux-mêmes la surveillance des élèves durant les repas. Devant le refus des maîtres, des parents d'élèves ont demandé au conseil municipal la création d'un emploi de femme de service pour assurer cette surveillance. La commune n'étant pas légalement tenue de prendre une telle mesure, le conseil municipal a pu rejeter cette demande sans que puissent être utilement invoqués contre la délibération les principes de continuité du service public et d'égalité entre ses usagers. • CE 2 juin 1993, n°s 64071, 64157 et 71986 B.

Art. L. 533-2 Les bourses entretenues sur les fonds départementaux sont attribuées par le conseil départemental dans les conditions fixées par les dispositions de l'article L. 3214-2 du code général des collectivités territoriales, ci-après reproduites :

Art. L. 3214-2 *(L. n° 2009-526 du 12 mai 2009, art. 83)* « Le conseil départemental, sauf s'il a délégué sa compétence au président, en application de l'article L. 3211-2, attribue et retire les bourses entretenues sur les fonds départementaux, sur l'avis motivé : »

1° *(L. n° 2019-791 du 26 juill. 2019, art. 32)* « Du chef d'établissement » et du conseil d'administration, pour *(L. n° 2019-791 du 26 juill. 2019, art. 32)* « les établissements publics d'enseignement » ;

2° Du responsable d'établissement, pour les établissements d'enseignement privés. L'autorité compétente peut prononcer le retrait dans les cas d'urgence ; elle en donne avis immédiatement au président du conseil départemental et en fait connaître les motifs.

TITRE QUATRIÈME LA SANTÉ SCOLAIRE

COMMENTAIRE

Ce titre rassemble les dispositions législatives regroupées dans un chapitre général consacré à la protection de la santé (chapitre I) et un chapitre particulier sur la prévention des mauvais traitements (chapitre II). La majorité des articles sont issus du code de la santé publique. La santé scolaire prend place en effet dans un cadre institutionnel plus large que l'éducation nationale, s'inscrivant dans la politique globale de santé publique (Stratégie nationale de la santé), mais aussi dans d'autres politiques transversales comme la politique sociale et familiale ou la politique de la ville (Circ. n° 2015-117 du 10 nov. 2015, Politique éducative sociale et de santé en faveur des élèves). L'article 29 de la loi du 26 juillet 2019 pour une école de la confiance précise que la santé s'entend tant dans ses aspects physiques que psychiques (art. L. 121-4-1).

Régulièrement, des observateurs soulignent l'importance de la politique de santé scolaire tout en regrettant le manque structurel des personnels médicaux et de santé (Haut Conseil de la santé publique, avis relatif à la politique de santé à l'école, juill. 2012 ; Rapport sur la refondation de l'école, 2012, préconisant de renforcer le dépistage et le suivi de la santé en collaboration avec les services territoriaux et souhaitant simplement que les textes soient appliqués et que les structures – CESC – fonctionnent ; Rapport Delahaye sur la grande pauvreté à l'école, mai 2015, soulignant les très grandes disparités dans l'accès aux soins et préconisant d'étudier la possibilité d'autoriser les médecins de l'éducation nationale à prescrire des bilans d'évaluation auprès de spécialistes sans passer par le médecin de famille et de mettre en place des conventions ARS/académies/collectivités territoriales pour trouver des réponses locales concrètes aux problèmes d'accès aux soins tant en zone rurale qu'en zone urbaine pour assurer le suivi médical des élèves). En octobre 2017, l'académie de médecine, déplorant le manque de pilotage, d'évaluation et de clarté pour les missions des médecins et des infirmières, recommande de remédier d'urgence à la pénurie des médecins de l'éducation nationale par la création d'un comité exécutif entre les ministères de l'éducation nationale et de la santé. Tenant compte de l'importance des missions des personnels de santé de l'éducation nationale et de la faiblesse des moyens que l'État leur consacre, le premier ministre a invité les préfets de région à inscrire dans la concertation sur la répartition des compétences des collectivités territoriales leur transfert aux départements (Circ. du Premier ministre, 15 janv. 2020).

La médecine scolaire a été organisée en 1945, par la mise en place d'un service d'hygiène scolaire (examen médical d'entrée à 6 ans, examens de santé réguliers) ; en 1946 sont ouverts des postes de médecins et d'infirmiers (infirmières) scolaires. Le service de promotion de la santé en faveur des élèves a été créé au ministère de l'éducation nationale en 1991. Mais les services de santé scolaire doivent être appréhendés au sein du système national de santé.

La loi n° 2016-41 du 26 janvier 2016 de modernisation du système de santé (qui modifie le code de l'éducation en complétant les art. L. 121-4-1 II et L. 541-1) a pour objectif de rassembler les acteurs de la santé autour d'une stratégie partagée. La politique publique en ce domaine tend à assurer la promotion de conditions de vie favorables à la santé, l'amélioration de l'état de santé de la population, la réduction des inégalités sociales et territoriales et l'égalité entre les femmes et les hommes, à garantir la meilleure sécurité sanitaire possible et l'accès effectif de la population à la prévention et aux soins. Aussi assure-t-elle la surveillance et l'observation de l'état de santé de la population et permet-elle l'identification de ses principaux déterminants, notamment ceux liés à l'éducation et aux conditions de vie et de travail. Elle prend en compte tous les milieux de vie, notamment les établissements d'enseignement, s'attachant à la prévention collective et individuelle et à l'animation nationale des actions de protection et de promotion de la santé. La politique de santé doit être adaptée aux besoins des personnes en situation de handicap (CSP, art. L. 1411-1) ; elle conçoit la santé de l'enfant de manière globale et concertée (CSP, art. L. 1411-2).

Après le Rapport sur la refondation de l'école de la République (2012) rappelant que la politique de santé contribue à la réussite des élèves, la loi n° 2013-595 du 8 juillet 2013 qui affirme l'objectif d'inclusion scolaire de tous les enfants pour assurer leur réussite (art. 2-I-1, art. L. 111-1) introduit un article L. 121-4-1 dont le paragraphe II issu d'un amendement parlementaire souhaitant mettre en exergue le rôle particulier de l'éducation nationale détermine le champ de la mission de la promotion de la santé en énumérant les actions qui relèvent en priorité des médecins et infirmiers de l'éducation nationale : mise en place d'un environnement scolaire favorable à la santé ; programmes d'éducation à la santé ; participation à la politique de prévention sanitaire ; examens médicaux et bilans de santé ; détection précoce des problèmes pouvant entraver la scolarité ; accueil, écoute, accompagnement et suivi individualisé des élèves ; participation à la veille épidémiologique. La loi n° 2016-41 du 26 janvier 2016 précise que les programmes d'éducation à la santé sont destinés à développer les connaissances des élèves à l'égard de la santé mais aussi « des services de santé », que la participation à la politique de prévention passe par « la promotion des liens entre services de santé scolaire, services de prévention territorialisée, services de santé ambulatoire et services hospitaliers », ajoute une référence à la coordination des actions conçues dans le cadre de la protection et de la promotion de la santé maternelle et infantile avec les missions menées dans les écoles élémentaires et maternelles ; et précise dans un nouvel alinéa qu'« elle est conduite, dans tous les établissements d'enseignement..., conformément aux priorités de la politique de santé... par les autorités académiques en lien avec les agences régionales de santé, les collectivités territoriales et les organismes d'assurance maladie concernés ». Le lien qui doit être assuré, dans l'intérêt des enfants scolarisés, entre les médecins et l'équipe éducative justifie l'existence d'un échange d'informations dans le respect du secret médical, aux fins, notamment, de pouvoir adapter les modalités de suivi de chaque enfant ; toutefois, le seul respect du secret professionnel (dont le secret médical) ne suffit pas à garantir le respect de la vie privée ; le pouvoir réglementaire aurait dû préciser la nature des données transmises par les médecins à l'équipe éducative et, pour les données nominatives, les destinataires précis de ces transmissions au sein de l'établissement et leurs finalités (CE 24 nov. 2017, n° 395858).

L'article L. 541-1 qui concernait initialement les visites médicales s'ouvre depuis la loi de refondation du 8 juillet 2013 par un alinéa plus général consacré aux actions de promotion de la santé des élèves qui doivent favoriser la réussite scolaire et la réduction des inégalités en matière de santé et introduit la notion de ***parcours de santé dans le système scolaire*** ; avec la loi du 26 janvier 2016, il devient « ***parcours éducatif de santé*** » (PES) dont tous les élèves doivent bénéficier de la maternelle au lycée ; il recouvre l'ensemble des actions de promotion de la santé, prévention, information, visites médicales et de dépistage obligatoire organisées tout au long de leur scolarité. À noter que ces parcours sont facilités par la coordination des missions particulières des médecins traitants et des professionnels de santé de l'éducation nationale (art. L. 541-1 modifié par L. du 26 janv. 2016).

Les objectifs que poursuit la politique de santé scolaire s'inscrivent pleinement dans la mission éducative : veiller au bien-être des élèves, contribuer à leur réussite et les accompagner dans la construction de leur projet personnel sont des objectifs qui concernent l'ensemble de la communauté éducative, chefs d'établissement et directeurs d'école, conseillers principaux d'éducation, enseignants, même si les médecins infirmiers (infirmières) de l'éducation nationale ont un rôle prioritaire (art. L. 541-1 ; la dernière phrase de l'art. L. 121-4-1 précise que la promotion de la santé qui relève en priorité des médecins et infirmiers de l'éducation nationale est définie par deux éléments : mise en place d'un environnement scolaire favorable à la santé ; participation à la veille épidémiologique). La loi du 26 juillet 2016 pour une école de la confiance précise que « L'ensemble des personnels de la communauté éducative participe à cette mission, assurée en priorité par les personnels médicaux, infirmiers et sociaux de l'éducation nationale, travaillant en équipes pluri-professionnelles. » (art. L. 541-1, 2e phrase du 1er al. et CSP, art. L. 2325-1).

Les missions des médecins de l'éducation nationale sont fixées par leur statut (art. D. 541-2 renvoyant à l'art. 2 du Décr. n° 91-1195 du 27 nov. 1991 : ils sont chargés des actions de prévention individuelle et collective et de la promotion de la santé tant dans les écoles que dans les établissements du second degré ; ils réalisent les bilans de santé obligatoires, identifient les besoins de santé spécifiques de leur secteur ; contribuent à la formation initiale et à la formation continue des personnels ainsi qu'aux actions d'éducation en matière de santé auprès des élèves et des parents menées en collaboration avec la communauté éducative...V. aussi Circ. n° 2015-118 du 10 nov. 2015, missions des médecins de l'éducation nationale). L'article 53 de la loi pour une école de la confiance du 26 juillet 2019 envisageaient que les médecins de l'éducation nationale puissent prescrire des actes diagnostiques et, à titre préventif, des produits de santé remboursés par les caisses d'assurance maladie. Le Conseil constitutionnel considérant que cette disposition ne présente pas de lien, même indirect, avec celles qui figuraient dans le projet de loi déposé sur le Bureau de l'Assemblée nationale a décidé qu'elle avait été adoptée selon une procédure contraire à la Constitution (Cons. const. 25 juill. 2019, n° 2019-787 DC).

Pour ***les missions des infirmiers (infirmières) de l'éducation nationale***, l'art. D. 541-3 précise qu'elles sont fixées par l'article L. 4311 du code de la santé publique qui les définit en termes très généraux : assurer des soins infirmiers sur prescription ou conseil médical, participer à différentes actions, notamment en matière de prévention, d'éducation de la santé et de formation ou d'encadrement (V. Circ. n° 015-119 du 10 nov. 2015, missions des infirmiers(ères) de l'éducation nationale). Se référant au code de la santé publique (art. L. 1110-4, R. 4127-4 et R. 4312-4), le Conseil d'État précise que « l'évaluation de la situation clinique... qui ne se confond pas avec un examen clinique », ne saurait conduire l'infirmier « à porter un diagnostic médical » qui est de la seule compétence du médecin ; de même, « la visite de dépistage », réalisée par l'infirmier, se distingue du « bilan de santé » confié aux médecins (CE 24 nov. 2017, n° 395858). De la même manière, il est possible de déduire du renvoi au code de la santé publique que les infirmiers scolaires peuvent prescrire des substituts nicotiniques (DAJ A4, LIJ

2018, n° 204 ; D. 541-2 /CSP L. 4311-1). L'article 53 de la loi du 26 juillet 2019 élargissant le droit à prescription médicale des infirmiers de l'éducation nationale n'a pas pu être promulgué, vu l'irrégularité de la procédure relevée par le Conseil constitutionnel (Cons. const. 25 juill. 2019, n° 2019-787 DC).

Les tâches des personnels de santé se sont étendues par la prise en charge des élèves ayant une maladie chronique (1993), l'aide aux élèves atteints de handicap (2005) ou celle des enfants ayant des difficultés d'apprentissage (2015). Les objectifs pour la santé des élèves se sont multipliés, mais le nombre de médecins scolaires est en diminution constante, passant de 1400 médecins de l'éducation nationale (MEN) en 2006 à 1000 en 2016.

Au-delà des urgences et des soins, les infirmiers (infirmières) sont à l'écoute des élèves, participent à leur formation en sciences de la vie et œuvrent pour assurer la qualité de la vie dans les écoles et établissements ; les médecins sont notamment responsables de la détection précoce des difficultés des élèves, des bilans de santé et de la dynamique d'éducation à la santé. Le juge administratif veille au respect des compétences des uns et des autres (Annulation de la décision du ministre permettant aux infirmières de distribuer la pilule du lendemain dite « *Norvelo* » qui doit être prescrite par un médecin et délivrée en pharmacie : CE, ass., 30 juin 2000, *Assoc. Choisir la vie et a.*, n° 216130 A). Si les qualifications et compétences sont différentes, les actions des médecins et des infirmiers poursuivent les mêmes buts. L'exercice de leur profession au sein du service public les rapproche ; les uns et les autres sont tenus de respecter le secret médical et sont, dans l'exercice de leur art, même si cela est plus vrai pour les médecins que pour les infirmiers, indépendants de la hiérarchie administrative (l'art. L. 541-5 dispose que les dispositions réglementaires qui touchent à des questions de doctrine médicale sont prises près avis de l'académie de médecine). On peut donc s'étonner que n'ait pas été mis en place un pilotage commun de ces personnels (dans chaque académie et dans chaque département coexistent un médecin conseiller et un chef du service infirmier).

La prévention est au cœur de l'éducation à la santé et à la sexualité (Circ. n° 2003-027 du 17 févr. 2003, *BOEN n° 9 du 27 févr. 2003* ; installation des distributeurs de préservatifs dans les lycées, Circ. n° 2006-204 du 11 déc. 2006, *BOEN n° 46 du 14 déc. 2006* ; Circ. de rentrée 2010 : objectif : distributeur dans tous les lycées publics et dans les lycées privés sous contrat qui en auraient exprimé le souhait) ; un rapport de l'IGAS de 2010 note que les obligations légales prévues dans le code de la santé publique en matière d'éducation à la sexualité introduites en 2001 sont inégalement et partiellement appliquées.

Les dispositions de l'article 22 de la loi n° 2001-588 du 4 juillet 2001 relative à l'interruption volontaire de grossesse et à la contraception précisent qu'une information et une éducation à la sexualité sont dispensées dans les écoles, les collèges et les lycées à raison d'au moins trois séances annuelles et par groupes d'âge homogène. Ces séances peuvent associer les personnels contribuant à la mission de santé scolaire et des personnels des établissements mentionnés au premier alinéa de l'article L. 2212-4 du code de la santé publique ainsi que d'autres intervenants extérieurs conformément à l'article R. 421-12 du code de l'éducation. Des élèves formés par un organisme agréé par le ministère de la santé peuvent également y être associés. Dans cette perspective, il est nécessaire, en s'appuyant sur l'ensemble des actions déjà mises en place, de définir les objectifs de l'éducation à la sexualité de l'école primaire jusqu'à la fin du lycée, en précisant les modalités de mise en œuvre, et le pilotage du dispositif.

L'éducation à la santé comprend aussi une sensibilisation aux risques, aux missions de premier secours et à l'enseignement des règles générales de sécurité ; les établissements relayent les grands thèmes de la politique de santé (lutte contre le SIDA…) et prennent les mesures de précaution pour enrayer les grandes endémies (grippe aviaire, porcine, pandémie du virus AH1N1, *BOEN spécial du 18 déc. 2008*…).

La ***lutte contre les addictions*** est un point fort de la santé scolaire. Les mesures drastiques d'interdiction de fumer dans les lieux publics (Décr. n° 2006-1386 du 15 nov. 2006 prohibant notamment l'institution de lieux réservés aux fumeurs dans les établissements scolaires jugée légale par le Conseil d'État, 19 mars 2007, n° 300467 ; suspension de la décision d'un proviseur de rouvrir une zone fumeurs à l'intérieur de l'établissement pour « répondre à l'objectif de sécurisation des abords immédiats des établissements scolaires en évitant tout attroupement des élèves les mettant en danger » justifié par la mise en place de l'état d'urgence, TA Cergy-Pontoise, 21 avr. 2016, n° 1602883) relayent les opérations « Lycée sans tabac » dont la portée éducative était certainement plus intense. Dans le cadre de la lutte contre le tabagisme, la loi de 2016 étend aux débits de tabac l'interdiction faite aux débits de boissons de s'établir autour des établissements scolaires (CSP, art. L. 3511-2-4). Le même texte étend l'interdiction de fumer dans les établissements scolaires au vapotage, à la cigarette électronique (CSP, art. L. 3511-7-1).

Quant aux substances illicites, elles imposent de traiter à la fois l'aspect éducatif et la dimension répressive (le code pénal réprime le fait de provoquer directement un mineur à faire un usage illicite de stupéfiant – art. 227-18 – et à la consommation excessive ou habituelle d'alcool – art. 227-19 –, avec doublement de la peine s'il s'agit d'un mineur de quinze ans ou que les faits sont commis dans les établissements ou à ses abords).

Ces différentes questions sont examinées dans le cadre des travaux des ***CESC, comités d'éducation à la santé et à la citoyenneté*** (V. ss. art. L. 421-8, Circ. n° 2006-197 du 30 nov. 2006). Réunis autour du chef d'établissement, les personnels d'éducation, sociaux et de santé, des représentants des personnels et des usagers et des partenaires notamment de la commune, cette instance contribue à l'éducation à la citoyenneté en préparant un plan de prévention de la violence, en luttant contre les comportements à risque et en s'attaquant à la question de l'exclusion (Circ. n° 2006-197 du 30 nov. 2006, *BOEN n° 45 du 7 déc. 2006*).

Les personnels de santé avec l'ensemble des membres de la communauté éducative sont appelés à travailler sur d'autres thèmes : éducation à la sexualité (trois séances annuelles d'information et de réflexion, informations sur les maladies sexuellement transmissibles, installation de distributeurs de préservatifs dans les lycées…), lutte contre le surpoids et l'obésité (éducation alimentaire en lien avec le programme national Nutrition Santé), sensibilisation aux bonnes postures (action contre le poids des cartables lancée par Ségolène Royal)… A la suite de la loi n° 2010-121 du 8 février 2010 visant notamment à améliorer la détection et la prise en charge des mineurs victimes d'actes incestueux, l'article L. 121-1 du code de l'éducation précise que les équipes éducatives doivent assurer une information sur ces violences qui trouve sa place dans les actions d'éducation à la sexualité. Ces actions d'éducation et de prévention doivent être définies dans les projets d'établissement mais peuvent aussi concerner directement les collectivités territoriales (Circ. interministérielle n° 2001-118 du 25 juin 2001 relative à la composition des repas servis en restauration scolaire).

Les personnels de santé sont aussi mobilisés pour l'accueil et l'accompagnement des élèves souffrant de handicaps ainsi que ceux atteints de troubles de la santé évoluant sur une longue période (Circ. n° 2003-135 du 8 sept. 2003, *BOEN n° 34 du 18 sept. 2003*). ❑

CHAPITRE PREMIER LA PROTECTION DE LA SANTÉ

COMMENTAIRE

Le chapitre « *Protection de la santé* » comporte une première série d'articles majoritairement issus du code de la santé publique consacrés aux visites, contrôles et examens médicaux (art. L. 541-1 à L. 541-4) et se termine par un article issu du code de la sécurité sociale sur le régime d'accidents du travail des élèves (art. L. 541-6). Aucune mention législative n'est faite ici des vaccinations obligatoires qui conditionnent pourtant l'inscription des élèves (V. Ord. n° 45-2407 du 18 oct. 1945 relative à la vaccination et au carnet de santé). En revanche, l'article L. 541-1 impose des visites médicales et de dépistage obligatoires dont son dernier alinéa garantit la gratuité.

I. LES VACCINATIONS OBLIGATOIRES

La France est un des seuls pays, avec l'Italie et la Belgique, à maintenir une obligation vaccinale pour l'inscription scolaire. C'est le code de la santé publique qui impose la vaccination dépassant le seul cadre de l'école. Tous les enfants accueillis en collectivité, y compris chez une assistante maternelle, doivent être vaccinés contre la tuberculose (art. L. 3112-1 CSP), la diphtérie, le tétanos et la poliomyélite (art. L. 3111-1, L. 3111-2 et

L. 3111-3 CSP). La réapparition d'épidémies a amené le législateur à élargir l'obligation vaccinale à huit vaccins supplémentaires (Coqueluche, Haemophilus influenzae b, Hépatite B, Méningocoque C, Pneumocoque, Rougeole, Oreillons, Rubéole ; V. CSP, art. L. 3111-2-1 modifié par L. n° 2017-1836 du 30 déc. 2017 de financement de la sécurité sociale pour 2018, art. 49 ; Décr. n° 2018-42 du 25 janv. 2018 relatif à la vaccination obligatoire ; Décr. n° 2019-137 du 26 févr. 2019 relatif aux examens médicaux obligatoires de l'enfant et au contrôle de la vaccination obligatoire pris pour l'application de l'art. L. 2132-2 CSP modifié par la L. n° 2018-1203 du 22 déc. 2018 de financement de la sécurité sociale pour 2019 qui a redéployé les 20 examens médicaux obligatoires des enfants jusqu'à l'âge de 18 ans). Le Conseil d'État a rejeté le recours pour excès de pouvoir contre ce décret qu'il juge compatible avec la convention européenne (art. 8), l'ingérence étant justifiée par des considérations de santé publique et proportionnée à l'objectif poursuivi, l'efficacité globale des vaccins étant avérée ; le décret ne porte en outre atteinte ni à la liberté religieuse (art. 9) ni au droit à l'instruction (CE 6 mai 2019, n° 419242) ; le Conseil avait déjà jugé que le droit à l'instruction (protocole additionnel CEDH, art. 2) n'interdit pas aux États signataires de réglementer son exercice pour des motifs d'intérêt général, notamment en imposant la vaccination des enfants pour l'accès à l'école (CE 10 janv. 1996, n° 153477).

Un décret précise que « l'admission dans tout établissement d'enfants, à caractère sanitaire ou scolaire, est subordonnée à la présentation soit du carnet de santé, soit des documents en tenant lieu, attestant de la situation de l'enfant au regard des vaccinations obligatoires. A défaut, les vaccinations obligatoires sont effectuées dans les trois mois de l'admission » (CSP, art. R. 3111-17). Des séances de vaccination sont organisées par les médecins et infirmier(ères)s de la mission de promotion de la santé dans les écoles et établissements concernés. Si l'obligation vaccinale du BCG chez les enfants et adolescents a été suspendue (Circ. n° 2007-153 du 8 oct. 2007, *BOEN n° 37 du 18 oct. 2007*), dans l'enseignement professionnel, les élèves exposés à des risques de contamination par le virus de l'hépatite B dans le cadre de leurs stages ou de leurs études doivent en outre être vaccinés (ex : BEP sanitaire et social, BTS analyses biologiques, etc.).

Si elles restreignent les possibilités d'accès à l'école, ces dispositions prises dans l'intérêt de la protection de la santé publique ne sont pas incompatibles avec le droit à l'instruction (CE 10 janv. 1996, n° 153477 : *note 6 ss. art. L. 541-1*) ; aussi l'IA-DASEN peut, comme le directeur d'école ou le chef d'établissement, décider de ne pas admettre les enfants non vaccinés. En cas de contre-indication médicale, l'autorité réglementaire peut dispenser de vaccinations obligatoires vu le caractère obligatoire de l'enseignement ; par contre, les chefs d'établissement et autorités académiques peuvent prendre des dispositions plus restrictives (vaccin antitétanique) pour un départ en classes de neige (CE, sect., 1er avr. 1977, *Épx Deleersnydern*, n° 00941 A). La compétence de l'IA-DASEN est fondée sur le code de la santé publique (art. L. 3111-2) et le code de l'éducation (art. L. 131-1). Des parents refusant que leur enfants soient vaccinés, assignés devant le tribunal correctionnel, ont saisi le Conseil constitutionnel qui a décidé que les articles du code de la santé publique imposant cette obligation sont conformes à l'exigence constitutionnelle de protection de la santé, garantie par le onzième alinéa du Préambule de la Constitution de 1946 ; pour « lutter contre trois maladies très graves et contagieuses ou insusceptibles d'être éradiquées », « il est loisible au législateur de définir une politique de vaccination afin de protéger la santé individuelle et collective (…) ; il lui est également loisible de modifier les dispositions relatives à cette politique de vaccination pour tenir compte de l'évolution des données scientifiques, médicales et épidémiologiques ». Mais il n'appartient pas au Conseil constitutionnel « de remettre en cause, au regard de l'état des connaissances et des techniques, les dispositions prises par le législateur ni de rechercher si l'objectif de protection de la santé que s'est assigné le législateur aurait pu être atteint par d'autres voies, dès lors que les modalités retenues par la loi ne sont pas manifestement inappropriées à l'objectif visé » (Cons. const. 23 mars 2015 : *n° 2015-458 QPC*).

D'autres vaccins sont vivement recommandés comme le ROR, contre la rougeole, les oreillons et la rubéole, ou l'anti-hépatite B pour les adolescents.

La question vaccinale a été fortement débattue lors de la crise du coronavirus (covid-19). Si la loi n° 2021-1040 du 5 août 2021 relative à la gestion de la crise sanitaire impose une obligation vaccinale à tous les personnels soignants dont ceux des services de médecine préventive et de promotion de la santé mentionnés à l'article L. 831-1 du code de l'éducation, il n'en est pas de même pour les personnels enseignants et les élèves. A la rentrée 2021, la vaccination a toutefois été fortement recommandée par les autorités sanitaires pour les adolescents de plus de 12 ans et les personnels pour réduire la circulation du virus. Un protocole sanitaire distingue quatre niveaux en fonction du degré de menace. Une stratégie de dépistage envisage de déployer des tests adaptés aux élèves selon leur âge et au personnel.

II. LES VISITES MÉDICALES

Médecins et infirmiers peuvent intervenir en urgence (un protocole national sur l'organisation des soins et des urgences publié le 6 janvier 2000 précise les conduites à tenir, prévoyant notamment que chaque établissement s'assure du concours d'un service d'hospitalisation proche, susceptible d'accueillir ses élèves). Mais leur mission de prévention les amène à procéder ou à participer à des contrôles et examens réguliers.

Médecins et infirmiers doivent alors être en contact tant avec les autres professionnels de santé qu'avec les équipes pédagogiques (maîtres, psychologues scolaires...). L'article L. 541-1 instituait une seule visite obligatoire et gratuite pour tous les enfants au cours de leur sixième année, soit en grande section de maternelle, soit en cours préparatoire (abrogée par la L. du 26 juill. 2019). L'abaissement de l'obligation scolaire à trois ans (art. L. 131-1, art. 11 de la L. du 26 juill. 2019) a imposé l'organisation d'une visite obligatoire (obligation de présentation de l'enfant sur convocation des personnes responsables de l'enfant, art. L. 541-1, al 2) pour tous les enfants âgés de trois ans à quatre ans ; en principe, elle a lieu à l'école (sauf certificat médical attestant que l'examen correspondant à l'âge de l'enfant a été réalisé par un professionnel de santé choisi par les parents, L. 541-1, al 2) ; elle doit permettre un dépistage des troubles de santé, qu'ils soient sensoriels, psycho-affectifs, staturo-pondéraux ou neurodéveloppementaux, en particulier du langage oral ; elle est effectuée par les professionnels de santé du service départemental de protection maternelle et infantile qui établissent un bilan de santé (CSP, art. L. 2112-2), à défaut par les professionnels de santé de l'éducation nationale (art. L. 541-1, al. 3). Elle doit être suivie au cours de la sixième année d'une autre visite permettant en particulier un dépistage des troubles spécifiques du langage et des apprentissages (art. L. 541-1, al. 4). Elles s'inscrivent tant dans une démarche de santé que dans une approche éducative et pédagogique. La loi n° 2007-293 du 5 mars 2007 réformant la protection de l'enfance ajoute qu'à cette occasion est réalisé un bilan de l'état physique et psychologique de chaque élève. Le même texte prévoit que d'autres visites obligatoires et gratuites doivent être organisées pour les élèves de 9 ans, 12 ans et 15 ans, c'est-à-dire, tout au long de leur scolarité obligatoire. Un arrêté interministériel (éducation et santé) du 3 novembre 2015 relatif à la périodicité et au contenu des visites médicales et de dépistage obligatoires n'organise toutefois que deux visites obligatoires, l'une à six ans, l'autre à douze ans, confiées aux infirmiers (sur ce dernier point, annulation par CE 24 nov. 2017, n° 395858).

Tenant compte des réalités de la médecine scolaire, le législateur a donné un délai à l'institution, trois ans pour que la moitié d'une classe d'âge bénéficie de ces visites, six ans pour la totalité. Nul doute que cette montée en charge se fera en maintenant la priorité donnée aux élèves handicapés et à ceux souffrant de maladie chronique. Il est en outre prévu une dispense de visite pour les familles présentant un certificat médical attestant que le bilan a déjà été réalisé (l'Arr. du 3 nov. 2015 relatif à la périodicité et au contenu des visites médicales et de dépistage obligatoires n'organise que deux visites, celle de la sixième année assurée par les médecins scolaires, et celle de la douzième année confiée aux infirmiers). Ce bilan s'effectue avec la collaboration de la famille et la participation des membres de l'équipe éducative, infirmier, enseignant, psychologue scolaire ; il doit permettre pour chaque élève un repérage, un diagnostic, une prise en charge et un suivi adaptés. Dès l'école maternelle, la détection précoce des difficultés des élèves doit être privilégiée ; les actions de dépistage impliquent tant la protection maternelle et infantile (PMI) que et médecine scolaire.

Des examens médicaux périodiques sont également effectués au-delà de la scolarité obligatoire permettant notamment un suivi sanitaire des élèves. Les élèves de lycée professionnel ou technologique travaillant sur des machines dangereuses ou manipulant des produits toxiques doivent être régulièrement suivis. Une visite à l'entrée d'une formation professionnelle est obligatoire pour les jeunes âgés de quinze à dix-huit ans (C. trav., art. L. 4153-9, R. 4153-40 et R. 4153-45), permettant au médecin de l'éducation nationale de formuler un avis médical d'aptitude à procéder à certains travaux. Les médecins peuvent aussi être appelés à participer à l'analyse de la situation des élèves à besoins éducatifs particuliers (notamment pour participer à l'élaboration du plan d'accueil individualisé, PAI, art. D. 351-9), des élèves en situation de handicap (en lien avec la MDH pour bâtir un plan personnel de scolarisation permettant leur inclusion scolaire) ou des élèves rencontrant des difficultés (apportant alors leur expertise médicale pour l'élaboration d'un PAP, art. D. 311-13). Médecins et infirmiers peuvent enfin être sollicités par les élèves, leur famille (sans naturellement interdire, même pour les élèves internes, le recours à un médecin de famille) et les équipes éducatives. Les assistants du service social peuvent être appelés à apporter leur concours à la surveillance sanitaire.

Les familles sont destinataires de l'ensemble des résultats qui doivent être consignés dans le carnet de santé, mentionnant notamment les vaccinations. Le support traditionnel papier est appelé à être remplacé par le recours à l'informatique, le logiciel mis en place préservant la confidentialité des informations.

Le chapitre mentionne en outre les visites médicales dont les membres du personnel des établissements doivent en théorie régulièrement (tous les deux ans !) bénéficier (art. L. 541-2). Comme les visites et examens prescrits pour les élèves, elles ont en principe lieu dans les centres médico-sociaux scolaires dont la charge incombe aux communes (art. L. 541-3 et D. 541-3 s.). ❑

Art. L. 541-1 *(L. n° 2013-595 du 8 juill. 2013, art. 6)* **« Les actions de promotion de la santé des élèves font partie des missions de l'éducation nationale.** *(L. n° 2021-502 du 26 avr. 2021, art. 2)* **« L'ensemble des personnels de la communauté éducative participe à cette mission, assurée en priorité par les personnels médicaux, infirmiers, assistants de service social et psychologues de l'éducation nationale, travaillant ensemble de manière coordonnée. » A ce titre, les élèves bénéficient, au cours de leur scolarité, d'actions de prévention et d'information, de visites médicales et de dépistage obligatoires, qui constituent leur parcours de santé dans le système scolaire.** *(L. n° 2016-41 du 26 janv. 2016, art. 3)* **« Les élèves bénéficient également d'actions de promotion de la santé constituant un parcours éducatif de santé conduit dans les conditions prévues à l'avant-dernier alinéa du II de l'article L. 121-4-1. » Ces actions favorisent notamment leur réussite scolaire et la réduction des inégalités en matière de santé.**

« Les visites médicales et de dépistage obligatoires ne donnent pas lieu à contribution pécuniaire de la part des familles. »

(L. n° 2019-791 du 26 juill. 2019, art. 13) **« Les personnes responsables de l'enfant sont tenues, sur convocation administrative, de présenter les enfants à ces visites, sauf si elles sont en mesure de fournir un certificat médical attestant que l'examen correspondant à l'âge de l'enfant, prévu à l'article L. 2132-2 du code de la santé publique, a été réalisé par un professionnel de santé de leur choix.**

« Une visite est organisée à l'école pour tous les enfants âgés de trois ans à quatre ans. Cette visite permet notamment un dépistage des troubles de santé, qu'ils soient sensoriels, psycho-affectifs, staturo-pondéraux ou neuro-développementaux, en particulier du langage oral. Elle est effectuée par les professionnels de santé du service départemental de protection maternelle et infantile en application du 2° de l'article L. 2112-2 du même code et permet l'établissement du bilan de santé mentionné au même article L. 2112-2. Lorsque le service départemental de protection maternelle et infantile n'est pas en mesure de la réaliser, la visite est effectuée par les professionnels de santé de l'éducation nationale.

« Au cours de la sixième année, une visite permettant en particulier un dépistage des troubles spécifiques du langage et des apprentissages est organisée dans des conditions fixées par voie réglementaire. »

(L. n° 2007-293 du 5 mars 2007, art. 1er) **« Les médecins de l'éducation nationale travaillent en lien avec l'équipe éducative, les professionnels de santé et les parents, afin que, pour chaque enfant, une prise en charge et un suivi adaptés soient réalisés suite à ces visites. »**

(L. n° 2013-595 du 8 juill. 2013, art. 6) **« Les ministres chargés de l'éducation nationale et de la santé déterminent conjointement, par voie réglementaire, pour les visites médicales et les dépistages obligatoires, la périodicité et le contenu de l'examen médical de prévention et de dépistage »** *(L. n° 2016-41 du 26 janv. 2016, art. 76)* **« , ainsi que les modalités de coordination avec les missions particulières des médecins traitants mentionnés au deuxième alinéa de l'article L. 162-5-3 du code de la sécurité sociale ».**

(L. n° 2007-293 du 5 mars 2007, art. 1er) **« Des examens médicaux périodiques sont également effectués pendant tout le cours de la scolarité et le suivi sanitaire des élèves est exercé avec le concours »** *(L. n° 2013-595 du 8 juill. 2013, art. 6)* **« de l'infirmier et, dans les établissements du second degré, d'un assistant de service social ».**

(L. n° 2020-1525 du 7 déc. 2020, art. 98) **« Avec l'accord du représentant légal de l'élève mineur ou de l'élève majeur, les données de santé collectées dans le cadre des examens, des visites médicales et du suivi médical de l'élève sont reportées dans son dossier médical partagé dans les conditions prévues à l'article L. 1111-15 du code de la santé publique. Un décret, pris après avis de la Haute Autorité de santé et de la Commission nationale de l'informatique et des libertés, détermine les informations concernées et les échéances des versements. »**

Les dispositions issues de la L. n° 2020-1525 du 7 déc. 2020 entrent en vigueur à une date fixée par Décr., et au plus tard le 1er sept. 2022 (L. préc., art. 98).

Sur les durées et les conditions d'éviction, mesures de prophylaxie à prendre à l'égard des élèves et du personnel dans les établissements d'enseignement et d'éducation publics et privés en cas de maladies contagieuses, V. ci-dessous Arr. du 3 mai 1989.

BIBL. ▸ GOSSELIN, La responsabilité des personnels de l'Éducation nationale accompagnant des mineurs dans les démarches relatives à une contraception d'urgence ou à une interruption volontaire de grossesse, *LIJ 2008, n° 128, p. 36.* – GUIGNON, DELMAS, FONTENEAU et PERRINE, La santé des élèves de CM2 en 2015 : un bilan contrasté selon l'origine sociale, *Min. éco., Drees, Études et Résultats, n° 0993, févr. 2017.* – NATON et BOUVET DE LA MAISONNEUVE, Pour des élèves en meilleure santé, *Avis du Conseil économique, social et environnemental, 14 mars 2018.* – Les médecins et les personnels de santé scolaire, *Rapp. C. comptes, 27 mai 2020.*

I. VISITES MÉDICALES

1. Droits des familles. Les familles des élèves sont destinataires de l'ensemble des résultats pratiqués sur leurs enfants dans le cadre de la médecine scolaire et consignés sur le fascicule scolaire du carnet de santé de ceux-ci. Les familles sont donc en droit d'obtenir communication, dans des conditions qu'il appartient à l'administration de fixer sous le contrôle du juge, des éléments des dossiers médicaux scolaires de leurs enfants. • CE, sect., 18 avr. 1975, n° 93134 A.

2. Médecins scolaires. Nature des fonctions. Saisi d'un contentieux relatif au décompte des services accomplis, le Conseil d'État juge que les fonctions exercées par des médecins dans des établissements scolaires doivent, alors même qu'elles consistent principalement en l'accomplissement de missions de prévention et de promotion de la santé, être regardées, au sens des dispositions du 3° de l'art. R. 6152-15 CSP, comme de même nature que celles de praticien hospitalier. • CE 13 oct. 2017, n° 398856 B : *AJDA 2017. 1986 ; LIJ 2018, n° 201, p. 15.*

3. Médecins scolaires. Maintien des emplois. Pénurie de médecins scolaires. Situation. Causes. Répercussions. Mesures. V. * Rép. min. n° 1132S : *JO Sénat Q 7 mai 2015, p. 1026.*

4. Visites médicales et dépistages obligatoires. Répartitions des compétences entre les médecins et les infirmiers. Le Conseil d'État a jugé que l'Arr. du 3 nov. 2015, qui prévoit qu'une visite médicale doit obligatoirement être réalisée par un médecin scolaire au cours de la sixième année de l'élève et qu'une visite de dépistage doit obligatoirement être réalisée par un infirmier de l'éducation nationale au cours de sa douzième année, n'avait pas pour objet de permettre aux infirmiers de l'éducation nationale de réaliser des actes réservés aux médecins, mais seulement de les charger de procéder à une « évaluation de la situation clinique » de l'élève, distincte d'un examen clinique conduisant à porter un diagnostic médical qui appartient au seul médecin. Il en a conclu que, contrairement à ce que soutenait le conseil national de l'ordre des médecins, l'arrêté attaqué ne méconnaissait pas les compétences dévolues aux infirmiers par le CSP en ce qui concerne le recueil des données cliniques et des observations de toute nature susceptibles de concourir à la connaissance de l'état de santé d'une personne. • CE 24 nov. 2017, n° 395858 : *LIJ 2018, n° 201, p. 4.* ♦ Dans la même affaire, le Conseil d'État a précisé que la visite de dépistage confiée à l'infirmier se distingue tant par son objet que par son contenu du bilan de santé confié aux seuls médecins de l'éducation nationale par l'art. 2 du Décr. n° 91-1195 du 27 nov. 1991 portant dispositions statutaires applicables au corps des médecins de l'éducation nationale et à l'emploi de médecin de l'éducation nationale, lequel est toujours en vigueur, et ne peut s'y substituer. Il en a déduit que le texte contesté ne méconnaissait pas davantage les dispositions du code de l'éducation. • CE 24 nov. 2017, n° 395858 : *préc.*

5. Visites médicales et dépistages obligatoires. Recueil des données cliniques et des observations sur l'état de santé. Le Conseil d'État a jugé que les dispositions qui permettent aux médecins et aux infirmiers de l'éducation nationale de mettre les données qu'ils recueillent lors des visites médicales et de dépistage obligatoires à la disposition des personnels de l'éducation nationale en charge du suivi de l'élève « dans le respect du secret professionnel », étaient, quant à elles, entachées d'illégalité. Il a estimé que le lien qui doit être assuré, dans l'intérêt des enfants scolarisés, entre les médecins et l'équipe éducative justifie l'existence entre eux d'un échange d'informations dans le respect du secret médical, aux fins notamment de pouvoir adapter les modalités de suivi de chaque enfant, la seule mention, par les dispositions du texte incriminé, de ce que la mise à disposition des données doit se faire dans le respect du secret professionnel n'est pas de nature à garantir le respect du secret rappelé par l'art. L. 1110-4 CSP, en l'espèce : absence de précision sur la nature des données transmises par les médecins à l'équipe éducative et sur les destinataires précis de ces transmissions au sein de l'établissement scolaire, ainsi que leurs finalités. • CE 24 nov. 2017, n° 395858 : *préc. note 4.*

II. VACCINATIONS

6. Obligation. Pour être admis dans les locaux scolaires, l'enfant doit avoir subi certaines vaccinations. Par ces dispositions, qui ont été établies dans l'intérêt de la protection de la santé publique, le législateur subordonne l'admission des enfants dans tout établissement scolaire public ou privé, ainsi d'ailleurs que dans toute autre collectivité d'enfants, à la justification que les intéressés ont satisfait aux prescriptions édictées. Ces dispositions ne sont pas incompatibles avec la stipulation de la Convention relative aux droits de l'enfant qui garantit le droit à l'instruction. • CE 10 janv. 1996, n° 153477.

7. En rendant obligatoire la vaccination antipoliomyélitique, le gouvernement n'a pas porté une atteinte illégale aux libertés publiques en matière d'enseignement ; par voie de conséquence, l'arrêté du ministre de la santé publique qui se borne à limiter les cas de refus d'admission dans une collectivité d'enfants, pour des motifs tirés de l'inobservation des règles de la vaccination antipoliomyélitique obligatoire, n'est pas entaché d'illégalité. • CE 16 juin 1967, *Ligue nationale pour la liberté des vaccinations*, n° 66840 A : *AJDA 1968. 166, note Peiser.*

8. Refus d'admission. L'inspecteur d'académie peut légalement prononcer l'exclusion d'un élève d'une école publique ou privée, au motif qu'il n'a pas subi les vaccinations obligatoires. • CE, ass., 4 juill. 1958, *Sieur Graff : Lebon* • CE 16 oct. 1960, *Épx Gachet : Lebon* • CE, sect., 1er avr. 1977, *Épx Deleersnyder*, n° 00941 A • CE 10 janv. 1996, n° 153477. * Lettre DAJ A1, n° 09-060, du 17 févr. 2009 : *LIJ 2009, n° 134, p. 27.*

9. Contre-indication médicale. L'autorité réglementaire peut, en cas de contre-indication médicale, dispenser des vaccinations obligatoires les enfants pour leur admission dans des établissements sanitaires et scolaires afin de leur permettre un libre accès aux soins et à l'enseignement. Cette dispense justifiée, tant par le caractère obligatoire de l'enseignement que par la nécessité de permettre l'exercice d'une liberté publique, doit être limitée lorsque ne sont pas en cause les principes qui l'ont justifiée. • CE, sect., 1er avr. 1977, *Épx Deleersnyder*, n° 00941 A.

10. Pratique des activités physiques et sportives. L'inspecteur d'académie ne commet pas d'erreur manifeste d'appréciation en demandant au directeur d'une école primaire de faire respecter l'avis du médecin scolaire contre-indiquant la pratique des activités physiques et sportives à une enfant dépourvue des vaccinations obligatoires. • TA Lyon, 6 mai 1992, *Épx Pouvaret.*

11. Classe de neige. Les chefs d'établissements et les autorités académiques peuvent prendre, pour l'envoi d'élèves en classe de neige, des dispositions plus restrictives que celles imposées pour le seul accès à l'école. Dès lors, est légale la décision d'un inspecteur d'académie refusant l'envoi en classe de neige d'une écolière qui n'avait pas subi la vaccination antitétanique. • CE, sect., 1er avr. 1977, *Épx Deleersnyder*, n° 00941 A.

III. LUTTE CONTRE LE TABAGISME

12. Interdiction générale de fumer. En vue de protéger la santé publique, les dispositions du Décr. du 15 nov. 2006 ont posé le principe d'une interdiction générale de fumer dans les lieux affectés à un usage collectif, sauf dans les emplacements réservés aux fumeurs. Dans le cadre ainsi fixé, il appartient au pouvoir réglementaire de prendre les dispositions permettant d'assurer cette protection et si nécessaire de les adapter, notamment au vu des données épidémiologiques dont il dispose quant à la gravité des risques auxquels le tabagisme expose les personnes qui fréquentent les lieux affectés à un usage collectif. Dès lors que la loi n'a pas imposé que soit dans tous les cas laissée aux fumeurs la possibilité de disposer d'emplacements réservés, mais qu'elle a seulement permis, le cas échéant, la création de tels emplacements, il appartient au

Premier ministre d'en interdire l'aménagement dans certains de ces lieux, dès lors que cette interdiction est justifiée par la protection de la santé publique et est proportionnée à l'objectif poursuivi • CE 19 mars 2007, nos 300467, 300500, 300680, 300682, 300683, 300898 A. ♦ En édictant une telle interdiction dans les collèges et lycées, le décret a entendu assurer une protection particulière des jeunes contre le risque tabagique, dans des conditions de nature à en renforcer l'efficacité • CE 19 mars 2007, nos 300467, 300500, 300680, 300682, 300683, 300898 A.

13. Ouverture zone fumeur. Interdiction. Pour répondre à l'objectif de sécurisation des abords immédiats des établissements scolaires en évitant tout attroupement des élèves les mettant en danger, objectif fixé par une Circ. du 25 nov. 2015 en raison de la mise en place de l'état d'urgence, un proviseur avait décidé d'ouvrir une zone fumeurs à l'intérieur de son établissement. Saisi en référé par deux associations de lutte contre le tabagisme, le tribunal administratif suspend la décision du proviseur autorisant les élèves à fumer dans la cour du lycée au motif que le code de santé publique (CSP, art. L. 3511-7 et R. 3511-1) pose le principe d'une interdiction générale de fumer dans les lieux affectés à l'enseignement, interdiction édictée par voie législative qui tend à assurer une protection particulière des jeunes contre le risque tabagique. Le tribunal administratif ajoute que l'exercice du pouvoir réglementaire ne peut avoir pour objet le non-respect de la violation de l'interdiction de fumer. • TA Cergy-Pontoise, ord., 22 avr. 2016, n° 1602883 : *D. actu. 22 avr. 2016, comm. Hielle ; AJDA 2016. 814*.

IV. HARCELÈMENT

14. Suicide. Responsabilité de l'État. Condamnation partielle. Le tribunal administratif a reconnu l'État partiellement responsable du suicide d'une collégienne victime de harcèlement dans son collège. Le juge estime en l'espèce que l'absence de réaction appropriée à des événements et des échanges hostiles entre élèves qui se déroulaient pour partie sur les lieux et pendant les temps scolaires caractérisent un défaut d'organisation du service public de l'enseignement de nature à engager la responsabilité de l'administration. Le tribunal souligne cependant qu'une grande partie des menaces et insultes proférées à l'égard de l'adolescente ont transité par moyens électroniques, notamment sur Facebook, et donc ont échappé au contrôle du personnel éducatif, atténuant ainsi la part de responsabilité de l'administration. L'État est condamné à verser 18 000 € de dommages et intérêts à la famille. • TA Versailles, 26 janv. 2017, n° 1502910.

V. SUBSTITUTS NICOTINIQUES

15. Prescription de substituts nicotiniques par les infirmiers de l'éducation nationale. Saisie de la question de savoir si les infirmiers de l'éducation nationale peuvent légalement prescrire des substituts nicotiniques, la DAJ précise que, par le seul effet du renvoi à l'art. L. 4311-1 CSP auquel procède l'art. D. 541-2, la prescription de substituts nicotiniques fait légalement partie des missions des infirmiers et infirmières scolaires de l'éducation nationale. * Note DAJ A4, 27 sept. 2018, n° 2018-035 : *LIJ 2018, n° 204, p. 23.*

Arrêté du 3 mai 1989,

Relatif aux durées et conditions d'éviction, mesures de prophylaxie à prendre à l'égard des élèves et du personnel dans les établissements d'enseignement et d'éducation publics et privés en cas de maladies contagieuses.

Art. 1er Tous les élèves et les membres du personnel atteints de maladies contagieuses ou ayant été au contact d'une personne présentant l'une de ces affections, sont soumis à des mesures de prophylaxie, dont parfois l'éviction. Ces dispositions sont applicables à tous les établissements d'enseignement et d'éducation publics et privés de tous ordres. Les mêmes dispositions s'appliquent également aux centres de vacances et de loisirs.

Art. 2 Les mesures de dépistage et de prophylaxie des sujets au contact sont à l'initiative de l'autorité sanitaire représentée par la direction départementale des affaires sanitaires et sociales.

Art. 3 Les conditions d'éviction et les mesures de prophylaxie sont fixées ainsi qu'il suit :

Coqueluche

Malades : trente jours d'éviction à compter du début de la maladie.
Sujets au contact : pas d'éviction.

Diphtérie

Malades : trente jours d'éviction à compter de la guérison clinique. Ce délai peut être abrégé si deux prélèvements rhinopharyngés pratiqués à huit jours d'intervalle sont négatifs.

Sujets au contact : pas d'éviction.

Vaccinés : une injection de rappel.

Non vaccinés :

— mise en route immédiate de la vaccination ;

— prélèvements de gorge ;

— antibiothérapie pendant sept jours en cas de prélèvement positif.

Méningite à méningocoque

Malades : éviction jusqu'à guérison clinique.

Sujets au contact : pas d'éviction.

Prophylaxie médicamenteuse et, en cas de méningite du groupe A ou C, vaccination chez les sujets ayant un contact fréquent avec le malade : famille, voisins de dortoir, camarades habituels, voisins de classe, éventuellement toute la classe.

Poliomyélite

Malades : éviction jusqu'à absence de virus dans les selles.

Sujets au contact : vaccination ou revaccination systématique de tous les élèves et de tout le personnel de l'établissement. Prélèvement des selles à l'initiative de l'autorité sanitaire.

Rougeole, oreillons, rubéole

Malades : éviction jusqu'à guérison clinique.

Sujets au contact : pas d'éviction. La vaccination est recommandée chez les personnes non vaccinées et n'ayant pas eu antérieurement la maladie.

Dès qu'un cas de rubéole se déclare, les femmes en âge de procréer doivent en être informées. En ce qui concerne les femmes enceintes, une autorisation d'absence, ne pouvant excéder le début du quatrième mois de la grossesse, est alors accordée sur leur demande aux femmes présentant un test sérologique négatif de la rubéole.

Infections à streptocoques hémolytiques du groupe A

Malades : la réadmission est subordonnée à la présentation d'un certificat médical attestant qu'ils ont été soumis à une thérapeutique appropriée.

Sujets au contact : pas d'éviction.

En cas de situation épidémique dans un établissement, prélèvements de gorge et antibiothérapie à l'initiative de l'autorité sanitaire.

Fièvres typhoïdes et paratyphoïdes

Malades : éviction jusqu'à guérison clinique.

Sujets au contact : pas d'éviction. Renforcement des règles d'hygiène individuelle et collective.

Infections par le VIH (virus du sida) ou le virus de l'hépatite B

Pas d'éviction ni des sujets atteints ni des sujets au contact.

Teignes

Malades : éviction jusqu'à présentation d'un certificat attestant qu'un examen microscopique a montré la disparition de l'agent pathogène.

Sujets au contact : dépistage systématique.

Tuberculose respiratoire

Malades : éviction jusqu'à présentation d'un certificat médical attestant la négativation de l'expectoration.

Sujets au contact : pas d'éviction. Dépistage chez les enfants de la classe et les membres du personnel ayant eu un contact avec le malade.

Pédiculose

Malades : pas d'éviction si traitement.

Sujets au contact : pas d'éviction.

Dysenterie amibienne ou bacillaire, gale, syndrôme grippal épidémique, hépatite A, impétigo (et autres pyodermites), varicelle

Malades : éviction jusqu'à guérison clinique.
Sujets au contact : pas d'éviction.

Art. 4 Sont abrogés les arrêtés du 14 mars 1970 et du 16 décembre 1975 relatifs aux durées et conditions d'éviction et aux mesures de prophylaxie à prendre en cas de maladies contagieuses dans les établissements d'enseignement et d'éducation publics et privés.

Art. L. 541-2 Tous les membres du personnel des établissements d'enseignement et d'éducation, publics ou privés et toutes les personnes se trouvant en contact habituel avec les élèves dans l'enceinte desdits établissements sont obligatoirement soumis, périodiquement, et au moins tous les deux ans, à un examen médical de dépistage des maladies contagieuses.

Ils reçoivent à cette occasion par le médecin scolaire une information concernant les causes, les conséquences et les moyens de traitement et de lutte contre le tabagisme, l'alcoolisme et la toxicomanie. – *[CSP, art. L. 192.]*

Art. L. 541-3 Dans chaque chef-lieu de département et d'arrondissement, dans chaque commune de plus de 5 000 habitants et dans les communes désignées par arrêté ministériel, un ou plusieurs centres médico-sociaux scolaires sont organisés pour les visites et examens prescrits aux articles L. 541-1 et L. 541-2.

Ils concourent à la mise en œuvre des actions coordonnées de prévention et d'éducation à la santé que comporte le programme régional pour l'accès à la prévention et aux soins des personnes les plus démunies prévu à l'article *(Ord. n° 2010-177 du 23 févr. 2010, art. 8-II)* « L. 1434-2 » du code de la santé publique.

Art. L. 541-4 Le contrôle médical des activités physiques et sportives scolaires est assuré dans les conditions définies aux articles L. 541-1 et L. 541-3. – *[CSP, art. L. 194.]*

Art. L. 541-5 Des décrets déterminent les modalités d'application du présent chapitre, et notamment les conditions d'organisation et de fonctionnement du service médical et du service social concernant la population scolaire. Ceux qui touchent à des questions de doctrine médicale sont pris après avis de l'académie nationale de médecine. – *[CSP, art. L. 198, al. 1er.]*

Sur l'académie nationale de médecine, V. ci-dessous, L. n° 2013-660 du 22 juill. 2013, art. 110. V. art. D. 541-1 s.

SERVICE MÉDICAL

1. Contraception. Le ministre avait autorisé les infirmières scolaires à prescrire et à délivrer aux adolescentes, dans certaines situations considérées comme relevant de l'urgence, un contraceptif hormonal dénommé « Norlevo ». Ce produit ne peut, en application des dispositions de l'art. 3 de la L. du 28 déc. 1967, être prescrit que par un médecin et délivré qu'en pharmacie ou par un centre de planification ou d'éducation familiale. Annulation de la décision du ministre. • CE, ass., 30 juin 2000, *Assoc. Choisir la vie et a.*, n° 216130 : *Lebon 249 ; AJDA 2000. 729, concl. Boissard ; RFDA 2000. 1282, note Canedo.*

2. Responsabilité. Défaut de prise en charge médicale, avant le début de l'après-midi, d'un élève se plaignant de douleurs à son arrivée dans l'établissement le matin. Le fait que le collège, alors qu'il ignorait les causes des douleurs dont se plaignait l'élève, n'ait pris aucune mesure qui eût permis une prise en charge plus rapide de l'intéressé, révèle un fonctionnement défectueux du service de la médecine de soins constitutif d'une faute de nature à engager la responsabilité du collège. • CAA Lyon, 30 mars 2000, *Collège Jean-Vilar*, nos 97LY02942 et 97LY02946. ♦ Mais l'absence, le jour des faits, du personnel de l'infirmerie n'est pas, en elle-même, constitutive d'une mauvaise organisation. • CAA Lyon, 30 mars 2000, *Collège Jean-Vilar*, nos 97LY02942 et 97LY02946.

Loi n° 2013-660 du 22 juillet 2013,

Relative à l'enseignement supérieur et à la recherche.

Art. 110 I. — L'Académie nationale de médecine est une personne morale de droit public à statut particulier, placée sous la protection du Président du *[de la]* République.

Elle a pour mission de répondre, à titre non lucratif, aux demandes du Gouvernement sur toute question concernant la santé publique et de s'occuper de tous les objets d'étude et de recherche qui peuvent contribuer aux progrès de l'art de guérir.

Ses membres sont élus par leurs pairs. Toutes les fonctions y sont électives.

II. — L'Académie nationale de médecine s'administre librement. Ses décisions entrent en vigueur sans autorisation préalable. Elle bénéficie de l'autonomie financière sous le seul contrôle de la Cour des comptes.

L'administration de l'Académie est assurée par un secrétaire perpétuel, un bureau et un conseil d'administration.

L'Académie peut recevoir des dons et des legs.

....

IV. — Les statuts de l'Académie nationale de médecine sont approuvés par décret en Conseil d'État.

Art. L. 541-6 Les élèves bénéficient du régime d'assurance des accidents du travail dans les conditions prévues à l'article L. 412-8 du code de la sécurité sociale à l'exception de ceux de l'enseignement agricole, qui bénéficient du régime spécifique d'assurance obligatoire institué par l'article L. 751-1 du code rural et de la pêche maritime.

COMMENTAIRE

L'article L. 541-6 renvoie au code de la sécurité sociale (CSS, art. L. 412-8). Le régime d'assurance des accidents du travail s'applique aux élèves de l'enseignement technique (L. n° 46-2426 du 3 oct. 1946), plus précisément de l'enseignement technologique et professionnel de l'éducation nationale comme de l'agriculture (note 1) ; en fait, il concerne aujourd'hui tous les élèves exposés aux mêmes risques qu'ils soient au lycée ou en collège (SEGPA) ; si pour les élèves de l'enseignement général seules les activités d'atelier sont concernées, pour ceux de l'enseignement technologique et professionnel le régime s'applique aussi bien en atelier qu'en cours (dont ceux d'éducation physique et sportive), en récréation ou en internat (note 2), pendant les périodes d'enseignement et les examens. Sont par contre exclus les accidents de trajet et les stages longs pendant lesquels la couverture du risque incombe à l'entreprise. La compétence est judiciaire. ❑

1. Régime. Bénéficient du régime d'assurance obligatoire contre les accidents du travail dans le secteur agricole les élèves des établissements d'enseignement technique et de formation professionnelle agricoles pour les accidents survenus par le fait ou à l'occasion de cet enseignement ou de cette formation. • CE 28 mai 2001, *Éts secondaire et technique agricole de Giet (ESAT)*, n° 206267.

2. Champ d'application. Les accidents qui surviennent aux élèves des établissements d'enseignement technique, au cours de cet enseignement, relèvent du régime des accidents du travail. Les accidents qui se produisent dans les locaux de l'internat entrent dans le champ d'application de ces dispositions. • CAA Nancy, 23 déc. 1993, *MEN c/ Épx Kramer*, n° 92NC00749 : *Lebon 491* .

3. Actions en réparation. Un accident est survenu à un élève de deuxième année du brevet d'enseignement professionnel agricole à la coopérative où il effectuait un stage dans le cadre de sa scolarité. La requête, qui ne reposait pas sur une éventuelle responsabilité de l'État du fait du contrat d'association au service public de l'enseignement agricole conclu avec l'organisme gestionnaire de l'établissement mais qui concernait uniquement la répartition de la charge des prestations servies à la victime dans le cadre de l'application du régime d'indemnisation des accidents du travail agricole, relève de la compétence exclusive de la juridiction judiciaire du contentieux de la sécurité sociale. • CAA Nantes, 30 déc. 1998, *Éts secondaire et technique agricole de Giet (ESAT)*, n° 95NT00089 • CAA Nantes, 18 mars 1993, *Mmes Gogain et Fricard*, n° 91NT00438.

CHAPITRE II LA PRÉVENTION DES MAUVAIS TRAITEMENTS

COMMENTAIRE

Le code de l'éducation comporte un chapitre consacré à la prévention des mauvais traitements. La partie législative est constituée de quatre articles (art. L. 542-1 à L. 542-4 modifiés par les L. n° 2007-293 du 5 mars 2007 réformant la protection de l'enfance et n° 2010-121 du 8 février 2010 tendant à inscrire l'inceste commis sur les mineurs dans le code pénal et à améliorer la détection et la prise en charge des victimes d'actes incestueux). En partie réglementaire figure un seul article, issu du décret n° 2009-765 du 23 juin 2009 relatif à la formation dans le domaine de la protection de l'enfance en danger (art. D. 542-1).

Les mauvais traitements qui peuvent être subis par des mineurs (maltraitance à enfant) ou par des majeurs sont la conséquence des comportements entraînant un préjudice réel ou potentiel pour la santé de la personne, sa survie, son intégrité, son développement ou sa dignité, ce qui inclut toute forme de violence, notamment à caractère sexuel. A l'école ou dans les établissements secondaires, les élèves peuvent être victimes d'autres élèves ou d'adultes membres de la communauté éducative, notamment des enseignants.

Le code de l'éducation souligne ici l'importance de la formation initiale et continue des personnels dans le domaine de la protection de l'enfance dont les principaux thèmes sont fixés par l'article D. 542-1, notamment pour les infractions sexuelles qui doivent faire l'objet d'une approche pluridisciplinaire (art. L. 542-1 qui envisage qu'elle soit en partie commune aux différentes professions et institutions, éducation, animation, police, justice). Le rôle des visites médicales dans la détection des cas de maltraitance est rappelé par l'article L. 542-3. Quant aux élèves, ils doivent suivre une séance annuelle d'information et de sensibilisation sur l'enfance maltraitée, notamment sur les violences intrafamiliales à caractère sexuel, organisée en association avec les familles, les institutions et associations intervenant dans le domaine de la protection de l'enfance (art. L. 542-3).

C'est notamment sur cette base que peuvent être organisées les politiques de prévention des mauvais traitements. Exigeant une approche multisectorielle, elles doivent mobiliser l'ensemble des acteurs pour assurer le repérage des enfants en danger, informer et former les différents intervenants, prendre en charge les différentes situations, organiser la réaction sociale. Tel est le cas de la lutte contre le harcèlement et le cyber harcèlement (plans de prévention, sensibilisation de l'ensemble de la communauté éducative, ambassadeurs lycéens contre le harcèlement, formation des personnels). Il s'agit en effet d'une pratique protéiforme (violence physique, violence verbale, stigmatisation en fonction de l'apparence physique, du sexe et de l'identité de genre, de la classe sociale, de l'appartenance culturelle ou des handicaps) ayant des conséquences graves (mal-être, isolement, souffrance…) pouvant entraîner une baisse des résultats scolaires, des absences répétées allant jusqu'au décrochage scolaire, comme des conduites déviantes et suicidaires. Au niveau local, le département met en place, après concertation avec le représentant de l'État, un dispositif permettant de recueillir en permanence les informations relatives aux mineurs maltraités et de répondre aux situations d'urgence selon les modalités définies en liaison avec l'autorité judiciaire. Au niveau national, la question relève tant du ministre de la Justice que de ceux chargés de la famille ou de l'éducation. Si le Gouvernement adopte des mesures générales, le ministère de l'éducation organise des campagnes (par exemple « Non au harcèlement ! » 10 nouvelles mesures contre le harcèlement scolaire, 3 juin 2019, avec un numéro dédié). Pour en souligner l'enjeu, l'article 5 de la loi du 26 juillet 2019 pour une école de la confiance introduit un article L. 511-3-1 affirmant qu'« aucun élève ne doit subir, de la part d'autres élèves, des faits de harcèlement ayant pour objet ou pour effet une dégradation de ses conditions d'apprentissage susceptible de porter atteinte à ses droits et à sa dignité ou d'altérer sa santé physique ou mentale » ; cette disposition n'institue toutefois pas un délit de harcèlement scolaire, les faits visés pouvant être réprimés sur d'autres bases : délit de harcèlement moral (C. pén., art. 222-33-2-2) ; délit de provocation au suicide (C. pén., art. 223-13) ; délit de bizutage (C. pén., art. 225-16-1) ; et en cas de diffusion d'images dégradantes, délit d'atteinte à l'intimité de la vie privée (C. pén., art. 226-1).

En ratifiant la Convention internationale des droits de l'enfant, la République française s'est engagée à prendre « toutes les mesures législatives, administratives, sociales et éducatives appropriées pour protéger l'enfant contre toute forme de violence, d'atteinte ou de brutalités physiques ou mentales, d'abandon ou de négligence, de mauvais traitements ou d'exploitation, y compris la violence sexuelle », notamment en établissant des programmes sociaux ; elle doit aussi instituer des procédures d'intervention judiciaire en cas de mauvais traitements (Convention internationale des droits de l'enfant, 20 nov. 1989, art. 19). Si les mesures de répression sont définies par opposition à la notion de prévention, la menace qu'elles représentent tend aussi à prévenir les comportements portant atteinte à l'intégrité des enfants.

L'article 706-47 du code de procédure pénale tel qu'il résulte de la loi n° 2016-457 du 14 avril 2016 rappelle que le code pénal réprime notamment les crimes que constituent les meurtres ou assassinats (art. 221-1 à 221-4) lorsqu'ils sont commis sur un mineur, les tortures ou actes de barbarie (art. 222-1 à 222-6), le viol (art. 222-23 à 222-26), les délits d'agressions sexuelles (art. 222-27 à 222-31-1) ; les délits et crimes de traite des êtres humains à l'égard d'un mineur (art. 225-4-1 à 225-4-4) ; le délit et crime de proxénétisme à l'égard d'un mineur (art. 225-7 et 225-7-1) ; les délits de recours à la prostitution d'un mineur (art. 225-12-1 et 225-12-2) ; le délit de corruption de mineur (art. 227-22) ; le délit de proposition sexuelle faite par un majeur à un mineur de quinze ans ou à une personne se présentant comme telle en utilisant un moyen de communication électronique (art. 227-22-1) ; les délits de captation, d'enregistrement, de transmission, d'offre, de mise à disposition, de diffusion, d'importation ou d'exportation, d'acquisition ou de détention d'image ou de représentation pornographique d'un mineur ainsi que le délit de consultation habituelle ou en contrepartie d'un paiement d'un service de communication au public en ligne mettant à disposition une telle image ou représentation (art. 227-23) ; les délits de fabrication, de transport, de diffusion ou de commerce de message violent ou pornographique susceptible d'être vu ou perçu par un mineur (art. 227-24) ; le délit d'incitation d'un mineur à se soumettre à une mutilation sexuelle ou à commettre cette mutilation ; les délits d'atteintes sexuelles (art. 227-25 à 227-27). Le fait que ces infractions aient été commises dans les établissements ou aux abords de ces établissements (par ex., art. 227-18 pour la provocation à usage de stupéfiants) ou qu'elles soient « commise(s) par une personne qui abuse de l'autorité que lui confèrent ses fonctions » (par exemple pour l'atteinte sexuelle, art. 227-26) est considéré comme une circonstance aggravante. Le code pénal qui protège les mineurs contre les agissements des adultes prévoit aussi des délits qui, tel le bizutage, ne concernent que les élèves (infraction expressément mentionnée par le code de l'éducation, art. L. 511-3 pour les élèves, art. L. 811-4 pour les étudiants, renvoyant l'un et l'autre au code pénal, art. 225-16-1). La loi n° 2017-86 du 27 janvier 2017 relative à l'égalité et à la citoyenneté a habilité les associations ayant pour objet statutaire la défense ou l'assistance des étudiants et élèves d'établissements d'enseignement victimes de bizutage à exercer les droits reconnus à la partie civile avec l'accord de la victime ou de son représentant légal si elle est mineure (art. 208, C. pr. pén., art. 2-24).

L'article 40 du code de procédure pénale impose à tout fonctionnaire (au sens pénal du terme, c'est-à-dire à tout agent public) dans l'exercice de ses fonctions d'aviser sans délai le procureur de la République du crime ou du délit dont il a connaissance (V. note ss. art. L. 542-1 ; voir Circ. Royal n° 97-175 du 26 août 1997 concernant les violences sexuelles, la Circ. n° 2001-044 du 15 mars 2001 relative à la protection du milieu scolaire et à la lutte contre les violences sexuelles et instruction n° 2016-071 du 20 avril 2016 qui rappelle que le fait pour un agent de se soustraire à cette obligation et, par là même, de mettre en danger la sécurité des élèves, est de nature à engager sa responsabilité individuelle, disciplinaire et pénale) ; le fait de ne pas porter ces informations à la connaissance des autorités judiciaires ou administratives constitue un délit pénal. Si les médecins et « tout autre personnel de santé » (C. pén., art. 226-14 complété par la L. n° 2015-1402 du 5 nov. 2015 tendant à clarifier la procédure de signalement de situations de maltraitance par les professionnels de santé) sont tenus au secret professionnel, ils peuvent dorénavant porter à la connaissance du procureur de la République les sévices ou privations physiques ou psychiques permettant de présumer que des violences physiques, sexuelles ou psychiques ont été commises (le ministre est compétent pour inviter, par voie d'instruction, les membres du personnel de son ministère à saisir par écrit, notamment par télécopie, le procureur, CE 20 mars 2000, n° 200387).

Les enseignants et les autres agents doivent également informer immédiatement leur hiérarchie de tout fait ou de toute condamnation susceptible de porter atteinte à l'intégrité physique et morale des mineurs dont ils ont connaissance afin que l'autorité académique puisse notamment prendre toutes les mesures nécessaires à la protection des enfants.

L'administration peut engager des poursuites disciplinaires tant contre les élèves que contre les agents. Le législateur ayant réaffirmé les principes de déontologie applicables dans la fonction publique (L. n° 2016-483 du 20 avr. 2016 relative à la déontologie et aux droits et obligations des fonctionnaires) une instruction rappelle la nécessité d'une action disciplinaire efficace et homogène pour les faits portant atteinte à l'intégrité physique et morale des mineurs (instruction de politique disciplinaire concernant les faits portant atteinte à l'intégrité physique ou morale des mineurs du 20 avr. 2016). Les enseignants comme les autres agents en contact habituel avec des mineurs qui ont une mission permanente de protection de la jeunesse doivent avoir un comportement exemplaire dans l'exercice de leurs fonctions mais aussi en dehors du cadre professionnel. Tout fait répréhensible constituant une faute disciplinaire doit être relevé et faire l'objet d'une réponse adaptée. En cas de suspicion de faute grave, une mesure de suspension, mesure conservatoire, doit être prononcée sur le fondement de l'article 30 de la loi n° 83-634 du 13 juillet 1983 modifiée portant droits et obligations des fonctionnaires ou sur le fondement de l'article R. 914-104 du code de l'éducation s'agissant des maîtres de l'enseignement privé sous contrat. L'instruction insiste sur la nécessité d'engager la procédure disciplinaire dès que la matérialité des faits est établie (notamment par le juge pénal) et recommande une extrême vigilance, demandant par exemple aux recteurs d'académie et aux IA-DASEN de présider personnellement les conseils de discipline lorsque sont en cause des faits portant atteinte à l'intégrité physique ou morale des mineurs.

Régulièrement, des affaires mettant en cause des élèves ou des agents de l'éducation nationale préalablement condamnés ou mis en cause par la justice révèlent des dysfonctionnements dans la transmission des informations. La force de l'écho médiatique amène les pouvoirs publics à envisager de renforcer la législation.

A la suite du décès d'un élève d'un établissement privé qui avait accueilli un élève ayant fait l'objet de poursuites pénales, la loi n° 2012-409 du 27 mars 2012 instaure un partage des informations pénales concernant les élèves entre les autorités judiciaires et les services de l'éducation nationale. Le placement sous contrôle judiciaire ou la condamnation d'un élève doivent être portés à la connaissance de l'autorité académique. En cas de mise en examen pour crime ou délit sexuel (C. pén., art. 706-47) d'un élève, le juge d'instruction adresse une copie de l'ordonnance de placement sous contrôle judiciaire à l'autorité académique et, le cas échéant, au chef d'établissement et les informe des décisions modificatrices.

A la suite d'affaires de ***pédophilie***, un amendement d'origine gouvernementale avait été introduit dans un projet de loi portant adaptation de la procédure pénale au droit de l'Union européenne ; il obligeait le parquet à informer les administrations de la condamnation, même non définitive, pour crime ou délit à l'encontre de mineurs, d'une personne dont l'activité professionnelle implique un contact habituel avec des enfants ; de même était-il prévu que le procureur de la République puisse informer l'administration en cas de garde à vue, de mise en examen ou de saisine de la juridiction de jugement. Le Conseil constitutionnel qui exige que les amendements proposés à l'occasion de la discussion d'un projet ou d'une proposition de loi « ne soient pas dépourvus de tout lien » avec le texte discuté avait sanctionné ces « cavaliers législatifs » (Cons. const. 13 août 2015, n° 015-719 DC, § 29), imposant au Gouvernement de préparer un nouveau projet de loi.

Dans l'attente de la loi qui sera adoptée en 2016, la garde des Sceaux et la ministre de l'Éducation prirent par circulaire (11 mars 2015) des mesures destinées à renforcer le partenariat entre l'autorité judiciaire et les services de l'éducation nationale. Furent ainsi généralisés les ***référents justice*** auprès des recteurs d'académie (mission qui peut être confiée au PVS, aux conseillers sécurité, aux responsables des services juridiques ou des ressources humaines) et les ***référents éducation*** auprès de chaque parquet, les uns et les autres s'attachant à toutes les affaires qui concernent tant les élèves victimes ou mis en cause pour des faits commis dans le cadre scolaire que les agents, qu'ils soient victimes à l'occasion de l'exercice de leur fonction, mis en cause ou condamnés ; une circulaire du 16 septembre 2015 a précisé le rôle de ces référents : analyse des remontées d'incidents et de faits graves au sein des services de l'éducation nationale, vérification des signalements, recueil des informations transmises par l'autorité judiciaire ; vérification de la mise en œuvre des procédures administratives ; suivi des procédures judiciaires en cours ; animation, sensibilisation et accompagnement des différents services de l'éducation nationale dans les procédures de signalement (V. aussi Circ. conjointe relative au partenariat entre le ministère de l'éducation nationale, de l'enseignement supérieur et de la recherche et le ministère de la justice n° 2015-121 du 3 juill. 2015).

Le décret n° 2015-1841 du 30 décembre 2015 relatif à la délivrance des extraits de casier judiciaire, pris après avis de la CNIL, autorise par ailleurs les administrations de l'État à contrôler le bulletin n° 2 (B2) du casier judiciaire des agents en contact habituel avec des mineurs, en cours de carrière (CPP, art. 79, 14°). Dans ce cadre, il a été décidé de procéder, pour l'ensemble des agents de l'éducation nationale en contact habituel avec des mineurs, à une opération de consultation automatisée du bulletin n° 2 du casier judiciaire et du fichier judiciaire national automatisé des auteurs d'infractions sexuelles ou violentes (FIJAISV). Cette opération massive qui concerne les enseignants des établissements publics, titulaires ou contractuels, et privés sous contrat, est encadrée par la CNIL. Faisant suite à une affaire concernant un enseignant condamné dans un autre État de l'Union européenne, la loi a prévu une interconnexion des casiers judiciaires (L. n° 2012-409 du 27 mars 2012 transposant les directives), ce qui permet de prendre en compte les décisions de condamnation prononcées par les juridictions pénales des autres États de l'Union (la L. n° 2010-242 du 10 mars 2010 tendant à amoindrir le risque de récidive criminelle et portant diverses dispositions de procédure pénale a, notamment, transposé la décision–cadre 2008/675/JAI du Conseil du 24 juill. 2008 relative à la prise en compte des décisions de condamnation entre les États membres de l'Union européenne). Les condamnations qui révèlent des infractions peuvent entraîner des poursuites disciplinaires.

La loi n° 2016-457 du 14 avril 2016 relative à l'information de l'administration par l'autorité judiciaire et à la protection des mineurs a pour objet de définir le cadre juridique de l'information de l'autorité administrative par le ministère public sur la mise en cause dans des procédures pénales de personnes exerçant une activité soumise à l'autorité ou au contrôle des autorités publiques ; il doit permettre à l'administration de prendre les mesures imposées par l'ordre public, la sécurité des personnes ou des biens et le bon fonctionnement du service public. Ainsi, lorsque les procédures portent sur des infractions sexuelles, violentes ou commises contre des mineurs (C. pr. pén., art. 706-47), le procureur de la République doit informer l'administration des condamnations, même non définitives ; il en est de même lorsque la personne, placée sous contrôle judiciaire, est soumise à l'interdiction d'exercer une activité impliquant un contact habituel avec des mineurs (C. pr. pén., art. 706-47-4-1). Le procureur de la République a en outre la faculté d'informer l'administration des mises en examen ou des poursuites engagées. (C. pr. pén., art. 11-2). Est en outre instituée dans le cadre du contrôle judiciaire une mesure d'interdiction d'exercice d'une activité impliquant un contact habituel avec des mineurs (C. pr. pén., art. 138, 12°).

Dans son avis sur le projet de loi du 19 novembre 2005, le Conseil d'État a estimé que la transmission d'une information relative à une condamnation pénale, même non définitive, ne porte pas atteinte à la présomption d'innocence ou au respect de la vie privée, dès lors que cette condamnation a été prononcée publiquement ; il a en outre admis que si la transmission à des stades antérieurs d'informations sur la procédure pénale est susceptible d'affecter des droits protégés tant par la Constitution (Cons. const. 13 mars 2003, *Loi pour la sécurité intérieure*, n° 2003-467 DC) que par la CEDH, elle peut être justifiée par des impératifs protégeant d'autres droits ou intérêts de même valeur (prévention des atteintes à la sécurité des mineurs, en particulier à leur intégrité physique et psychique) avec lesquels les droits ou intérêts légitimes de la personne concernée doivent se concilier. Encore faudra-t-il que cette conciliation respecte les droits des uns et des autres, que les mesures nouvelles permettent de protéger les élèves sans accroitre « les risques du métier » (selon le titre d'un film d'André Cayatte de 1967). ❑

Art. L. 542-1 *(L. n° 2007-293 du 5 mars 2007, art. 25)* **Les médecins, l'ensemble des personnels médicaux et paramédicaux, les travailleurs sociaux, les magistrats, les personnels enseignants,** *(Ord. n° 2021-611 du 19 mai 2021, art. 8)* **« les professionnels des services aux familles définis à l'article L. 214-1 du code de l'action sociale et des familles, » les personnels d'animation sportive, culturelle et de loisirs et les personnels de la police nationale, des polices municipales et de la gendarmerie nationale reçoivent une formation initiale et continue, en partie commune aux différentes professions et institutions, dans le domaine de la protection de l'enfance en danger.** *(L. n° 2010-121 du 8 févr. 2010, art. 3)* **« Cette formation comporte un module pluridisciplinaire relatif aux infractions sexuelles à l'encontre des mineurs et leurs effets. » Cette formation est dispensée dans des conditions fixées par voie réglementaire.**

Connaissance d'un crime ou d'un délit. L'art. 40 du code de procédure pénale stipule que « Toute autorité constituée, tout officier public ou fonctionnaire qui, dans l'exercice de ses fonctions, acquiert la connaissance d'un crime ou d'un délit est tenu d'en donner avis sans délai au procureur de la République et de transmettre à ce magistrat tous les renseignements, procès-verbaux et actes qui y sont relatifs. ». Ces prescriptions ne fixant aucune condition quant aux modalités de leur application, le ministre de l'éducation nationale pouvait, en sa qualité de chef de service, indiquer les modalités pratiques qu'il estimait les mieux adaptées, compte tenu de la nature du service en cause, à la transmission des informations. Compétence du ministre pour inviter, par instruction, les membres du personnel du ministère à faire l'usage de la forme écrite, si besoin par télécopie, pour aviser le procureur de la République des faits dont les intéressés auraient eu la connaissance directe. • CE 20 mars 2000, *Cts Hanse*, n° 200387 : *Lebon 120*.

Art. L. 542-2 **Les visites médicales effectuées en application du troisième alinéa (2°) de l'article L. 2112-2 du code de la santé publique et** *(L. n° 2020-1525 du 7 déc. 2020, art. 98)* **« du septième » alinéa de l'article L. 541-1 du présent code ont notamment pour objet de prévenir et de détecter les cas d'enfants maltraités.**

Art. L. 542-3 **Au moins une séance annuelle d'information et de sensibilisation sur l'enfance maltraitée** *(L. n° 2010-121 du 8 févr. 2010, art. 3)* **« , notamment sur les violences intrafamiliales à caractère sexuel, » est inscrite dans l'emploi du temps des élèves des écoles, des collèges et des lycées.**

Ces séances, organisées à l'initiative des chefs d'établissement, associent les familles et l'ensemble des personnels, ainsi que les services publics de l'État, les collectivités locales et les associations intéressées à la protection de l'enfance.

Art. L. 542-4 **Un décret fixe les conditions d'application des articles L. 542-2 et L. 542-3.** – *[CSP, art. L. 198-3.]*

TITRE CINQUIÈME LES ACTIVITÉS PÉRISCOLAIRES, SPORTIVES ET CULTURELLES

BIBL. GÉN. ► NÉGRIN, Les associations administratives, *AJDA 1980, n° spécial 129.*

COMMENTAIRE

Ce titre consacré aux *« activités périscolaires, sportives et culturelles »* comprend dans sa partie législative un chapitre général suivi d'un chapitre consacré aux activités physiques et sportives. Aucune rubrique ne concerne explicitement les activités culturelles.

Les activités périscolaires prolongent le service public de l'éducation dont elles sont complémentaires (art. L. 511-1) ; traditionnellement, elles peuvent être organisées avant (période d'accueil) ou après la classe (études surveillées, accompagnement scolaire, ateliers) ou pendant la pause méridienne (temps de la restauration scolaire) ; la loi du 8 juillet 2013 a ajouté le temps des activités périscolaires (TAP, Décr. n° 2013-77 du 24 janv. 2013). Même si comme elles, elles ne bénéficient pas du principe de gratuité qui s'attache aux activités scolaires, il faut les distinguer des activités extra-scolaires qui relèvent du temps de l'enfant en dehors de l'école, notamment pendant les vacances.

Les deux chapitres correspondants de la partie réglementaire présentent les règles applicables aux associations qui assurent les activités périscolaires (agrément des associations éducatives complémentaires de l'enseignement public, art. D. 551-1 à D. 551-6) et aux associations sportives des écoles (art. R. 552-1) et des établissements du second degré (art. R. 552-2) qui doivent être affiliées à des fédérations sportives scolaires, à l'union nationale du sport scolaire (UNSS) pour les collèges et lycées.

Les associations qui apportent leur concours à l'enseignement public (appui aux activités d'enseignement pendant le temps scolaire, activités éducatives complémentaires hors temps scolaire, contribution à la recherche pédagogique et à la formation) doivent faire l'objet d'un agrément (art. D. 551-1). Il est accordé pour une durée de cinq ans par le ministre (associations à dimension nationale) ou le recteur, sur demande accompagnée d'un dossier soumis pour avis au Conseil national ou au Conseil académique des associations éducatives complémentaires de l'enseignement public présidé par le ministre ou le recteur, art. D. 551-7 s.). En cas de silence gardé par le ministre ou le recteur, l'agrément est accordé implicitement ; mais, le délai est alors dérogatoire du droit commun, le décret n° 2014-1275 du 23 octobre 2014 le fixant à six mois, triplant donc le délai de droit commun pour tenir compte de la complexité de l'opération (vérification du caractère d'intérêt général, du caractère non lucratif, de la qualité des services proposés, de leur compatibilité avec les activités du service public, de leur complémentarité, du respect des principes de laïcité et d'ouverture à tous sans discrimination, art. D. 551-2). Si la décision implicite lui parait illégale, l'autorité administrative dispose du délai du recours contentieux pour revenir sur elle, pour retirer l'agrément (pb : faut-il consulter le Conseil ?, « l'agrément peut être retiré dans les mêmes formes », art. D. 551-5, al. 4). A noter qu'une association agréée ne peut intervenir dans le temps scolaire qu'avec l'autorisation du directeur d'école ou du chef d'établissement, dans le cadre des principes et orientations définis par le conseil d'école ou le conseil d'administration, avec l'accord des équipes pédagogiques et le respect de la responsabilité pédagogique des enseignants (le directeur d'école ou le chef d'établissement peut aussi, pour une intervention exceptionnelle, autoriser une association non agréée en informant l'autorité académique qui peut notifier son opposition, art. D. 551-6). Les associations intervenant en milieu scolaire doivent respecter le principe de neutralité (TA Paris, 23 nov. 2012, *CNAFC*, n° 121193/6-1 : *AJDA 2013. 427*. – Pour un refus d'agrément annulé, V. CAA Nancy, 14 févr. 2008, *Assoc. Couleurs gaies*, n° 07NC00335 : *AJDA 2008. 1015*).

Facultatives, les activités périscolaires ne sont pas en principe gratuites. Dans le cadre de la simplification administrative, il est envisagé de permettre aux parents de transmettre leurs justificatifs de revenus en ligne aux services de la commune afin qu'ils puissent calculer le montant de la participation financière des familles et procéder au paiement en ligne (expérimentation annoncée en févr. 2016).

CHAPITRE PREMIER LES ACTIVITÉS PÉRISCOLAIRES

Art. L. 551-1 *(L. n° 2013-595 du 8 juill. 2013, art. 66)* **« Des activités périscolaires prolongeant le service public de l'éducation, et en complémentarité avec lui, peuvent être organisées dans le cadre d'un projet éducatif territorial associant notamment aux services et établissements relevant du ministre chargé de l'éducation nationale d'autres administrations, des collectivités territoriales, des associations » et des fondations, sans toutefois se substituer aux activités d'enseignement et de formation fixées par l'État.** *(L. n° 2013-595 du 8 juill. 2013, art. 66)* **« L'élaboration et la mise en application de ce projet sont suivies par un comité de pilotage. »**

(L. n° 2013-595 du 8 juill. 2013, art. 66) **« Le projet éducatif territorial vise » notamment à favoriser, pendant le temps libre des élèves, leur égal accès aux pratiques** *(L. n° 2013-595 du 8 juill. 2013, art. 66)* **« et activités » culturelles et sportives et aux nouvelles technologies de l'information et de la communication. Les établissements scolaires veillent, dans l'organisation des activités périscolaires à caractère facultatif, à ce que les ressources des familles ne constituent pas un facteur discriminant entre les élèves.**

Sur le projet éducatif territorial, V. art. R. 551-13.

BIBL. ▸ PASTOR, L'État pérennise son soutien aux activités périscolaires, *AJDA 2015.1570.*

COMMENTAIRE

L'article L. 551-1 constituant à lui seul le chapitre consacré aux activités périscolaires est issu de l'alinéa 10 de l'article 1er de la loi d'orientation du 10 juillet 1989 modifié par l'article 66 de la loi de refondation de l'école de la République du 8 juillet 2013 qui vise à en assurer la cohérence dans le cadre du ***projet éducatif territorial (PEdT).*** En partie réglementaire, le décret n° 2016-1051 du 1er août 2016 crée un article R. 551-13 constituant une nouvelle section.

Les activités périscolaires sont organisées en dehors du temps scolaire, pendant le temps libre des élèves, dans la journée (avant ou après la classe ou pendant la pause méridienne), dans la semaine (le mercredi) dans les locaux scolaires ou en dehors ; elles se distinguent des activités qui peuvent être organisées pendant le temps extrascolaire (le dimanche, les périodes de vacances). Si elles permettent d'organiser les loisirs des élèves, elles s'inscrivent dans une perspective éducative en permettant l'accès aux pratiques sportives et culturelles et aux nouvelles technologies de l'information et de la communication. Elles peuvent aussi être conçues dans une approche d'accompagnement scolaire mais n'ont pas la possibilité de « se substituer aux activités d'enseignement et de formation fixées par l'État » (L. du 10 juill. 1989). Il s'agit bien d'***activités complémentaires*** (organisées en complémentarité avec le service public) qui ont un ***caractère facultatif*** et ne sont pas couvertes par le principe de gratuité. Mais le PEDT n'en doit pas moins respecter le principe d'égalité [CAA Marseille, 23 mai 2018, annulant le contrat de projet éducatif territorial (PEDT) de la ville de Montpellier qui introduisait une différence de traitement dans les temps périscolaires entre les enfants des écoles situées dans et hors ZEP au motif que celles-ci bénéficiaient de l'accompagnement éducatif].

L'éducation nationale dont les services (académiques) et les établissements (et les écoles) assurent les activités d'enseignement doivent travailler en partenariat avec d'autres institutions (publiques ou associatives) pour concevoir et organiser les activités péri-éducatives dans un souci d'éducation globale. Les autres services locaux de l'État (culture, jeunesse et sports, santé, justice…), placés sous l'autorité du préfet, peuvent ainsi être mobilisés. Dès 1992, les ministères de l'éducation nationale, de la culture et de la jeunesse et des sports s'étaient ainsi dotés d'une Charte de l'accompagnement scolaire. Les communes, les départements et les régions ont par ailleurs la possibilité d'organiser des activités éducatives, sportives et culturelles (qui depuis la loi de refondation du 8 juill. 2013 peuvent porter sur la connaissance des langues et des cultures régionales, complétant l'art. L. 216-1 issu de la loi de décentralisation du 22 juill. 1983). L'article L. 551-1 cite enfin les associations et fondations, groupements de droit privé qui peuvent intervenir en dehors ou au sein même de l'école, notamment lorsqu'un agrément (art. D. 551-1 s.) leur a reconnu la mission d'association complémentaire de l'enseignement public (associations regroupées dans le cadre de la Ligue de l'enseignement, la jeunesse au plein air, la fédération générale des pupilles de l'enseignement public, l'office central de coopération à l'école…).

Le partenariat entre ces différents acteurs est organisé par des ***conventions*** bipartites (« entre la collectivité intéressée et l'établissement scolaire », dispose l'article L. 216-1, ce qui revient à dire que pour les écoles, la commune contracte avec elle-même !). Le plus souvent, elle est pluripartite, associant à la collectivité territoriale compétente les services de l'État, au premier chef l'éducation nationale et, le cas échéant, les associations. C'était l'idée en œuvre après la loi de 1989 dans les contrats d'aménagement du temps de l'enfant (CATE) tenant compte tant des activités scolaires que périscolaires. La démarche contractuelle a été reprise pour les PEDT, élaborés conjointement par les collectivités territoriales (commune, EPCI, département), les services de l'État et les autres partenaires locaux, la convention étant conclue par l'organe exécutif de la collectivité, le préfet, le DASEN, agissant sur délégation du recteur d'académie, et, le cas échéant, les autres partenaires signataires (Décr. du 2 août 2013 relatif au projet éducatif territorial, art. 1er). Le contrat ainsi conclu, contient toutefois des clauses à caractère réglementaire dans la mesure où « elles ont, par elles-mêmes, pour objet l'organisation ou le fonctionnement d'un service public » (composition de son comité de pilotage, liste des types d'activités périscolaires, horaires et fréquence selon que les écoles relèvent ou non des réseaux d'éducation prioritaire, détermination des personnels et des associations susceptibles d'y participer) ; ces « clauses réglementaires » peuvent être contestées devant le juge administratif par la voie du recours pour excès de pouvoir (CE 9 oct. 2020, n° 422483, cassant CAA Marseille, 23 mai 2018, n° 17MA01506).

Depuis la loi de 2013, les activités périscolaires peuvent être organisées dans le cadre d'***un projet éducatif territorial (PEDT)***, dont la définition et le contenu ont été précisés par le décret n° 2013-707 du 2 août 2013 modifié et intégré à la partie réglementaire par le décret n° 2016-1051 du 1er août 2016 (art. R. 551-13, V. Circ. n° 2016-165 du 8 nov. 2016, organisation du temps scolaire dans le premier degré, encadrement des activités périscolaires et nouvelles actions des groupes d'appui départementaux). Si le texte de l'article L. 511-1 est rédigé de manière générale, l'idée sous-jacente est de disposer d'un outil permettant de proposer ***un parcours éducatif cohérent avant, pendant et après l'école***, pour finaliser la réforme des rythmes scolaires dans le respect des compétences de chacun. Aussi, le pouvoir réglementaire le réserve aux écoles maternelles et élémentaires et à la compétence des communes. L'article R. 551-13 précise qu'il prend la forme d'une *convention* conclue entre le maire (ou le président de l'EPCI) et les représentants de l'État (le préfet) et des services de l'éducation nationale (l'IA-DASEN agissant sur délégation du recteur d'académie), en association avec d'autres partenaires, notamment associatifs ; son objet est organiser les activités périscolaires (dont la liste doit être annexée à la convention) en assurant la coordination des différentes interventions.

Si l'article L. 126-1 précise que l'utilisation des établissements scolaires par les collectivités organisatrices n'est possible qu'avec l'accord des conseils (conseil d'administration des EPLE) et autorités (IA-DASEN pour les écoles) responsables de leur fonctionnement, l'article L. 551-1 modifié en 2013 introduit un « comité de pilotage » chargé de l'élaboration et de la mise en application du projet. Alors que l'article L. 216-1 a pour objet l'utilisation des locaux scolaires des établissements publics d'enseignement (non applicable aux établissements privés, CE 24 avr. 1991, *Synd. nat. de l'enseignement chrétien CFTC*, n° 68521), l'article R. 551-13 précise que les activités périscolaires peuvent être organisées dans l'enceinte de l'école ou en dehors, dans les locaux de l'un des signataires de la convention. Ainsi, des activités peuvent se dérouler dans le cadre d'un accueil collectif de mineurs (ACM) déclaré auprès des services de l'État ou d'un accueil non déclaré de type espace ludique surveillé ou garderie (CASF, art. L. 227-4). Il revient alors aux services de l'État de vérifier que les modalités d'organisation prévues assurent la sécurité des usagers. L'IA-DASEN veille de son côté à la qualité éducative des activités périscolaires proposées, à leur cohérence avec le projet d'école et les objectifs poursuivis par le service public de l'éducation (art. R. 551-13).

En principe, les collectivités territoriales supportent la charge financière des activités éducatives (péri-éducatives) qu'elles organisent sans que celles-ci constituent une dépense obligatoire. Si elles doivent rémunérer les personnels intervenant (dont les agents de l'État mis à leur disposition, art. L. 126-1), l'État peut leur apporter une aide directe (fonds) ou indirecte, en assouplissant les conditions d'organisation. Ainsi, afin de faciliter la mise en place des nouveaux rythmes scolaires dans les écoles maternelles ou élémentaires, le décret n° 2013-707 du 2 août 2013, dont les dispositions ont été pérennisées par le décret n° 2016-1051 du 1er août 2016 puis par le décret n° 2018-647 du 23 juillet 2018, modifie les taux d'encadrement exigés pour l'accueil des enfants et inclut dans l'effectif des animateurs des personnes prenant part ponctuellement à ces accueils (CASF, art. R. 227-1, R. 227-16 et R. 227-20).

Contrairement aux activités d'enseignement obligatoires, ces activités complémentaires facultatives ne sont pas couvertes par le principe de gratuité ; le législateur a toutefois souhaité que « les établissements scolaires veillent, dans l'organisation des activités périscolaires à caractère facultatif, à ce que les ressources des familles ne constituent pas un facteur discriminant entre les élèves » (L. d'orientation de 1989, art. L. 551-1). On peut s'étonner de voir ici impliqués les établissements (en fait les écoles) et non les communes qui sont compétentes ou l'État qui apporte son aide.

Dans chaque département, un groupe d'appui (GAD) co-piloté par l'IA-DASEN et le directeur départemental de la cohésion sociale est désormais chargé d'un bilan qualitatif et quantitatif des nouveaux rythmes scolaires, notamment de la qualité des activités périscolaires proposées et de la cohérence entre les temps scolaire et périscolaire. Ils peuvent aussi accompagner les collectivités qui le souhaitent dans la démarche d'évaluation de leur PEdT. ❑

I. ACTIVITÉS PÉRISCOLAIRES

1. *Projet éducatif territorial. Nature juridique. Caractère réglementaire.* Des parents d'élèves ont demandé au juge administratif d'annuler des clauses du PET, conclu entre la commune de Montpellier, l'État et la caisse d'allocations familiales de l'Hérault, ayant pour objet de définir les instances d'élaboration et de coordination du projet ainsi que la composition de son comité de pilotage, d'établir la liste des types d'activités périscolaires, d'en prévoir les horaires et la fréquence selon que les écoles relèvent ou non des réseaux d'éducation prioritaire et de déterminer les personnels et les associations susceptibles d'y participer. Le Conseil d'État juge qu'eu égard à leur objet, ces clauses revêtent un caractère réglementaire et peuvent donc être contestées devant le juge administratif par la voie du recours pour excès de pouvoir. • CE 9 oct. 2020, n° 422483 : *AJDA 2020. 1939*.

2. *Droit à l'inscription. Absence.* En l'espèce, une mère avait sollicité l'inscription de son fils aux trois services périscolaires de restauration, d'accueil du matin et d'accueil de l'après-midi. Le maire avait rejeté chacune de ces demandes au motif de l'absence de place disponible. S'agissant de l'inscription aux services périscolaires, le juge a estimé ces « dispositions, qui autorisent les personnes publiques concernées à créer des services périscolaires, n'instituent pas un droit d'y être inscrit pour chaque élève. Pour ces services, la commune peut ainsi rejeter les demandes d'inscription lorsque la capacité d'accueil, qu'elle a déterminée, est atteinte ». En l'espèce, la demande du requérant est rejetée au motif que, les critères pour départager les demandes ne peuvent être appliqués que si, au moment où la demande a été reçue, la limite d'accueil n'a pas encore été atteinte. • TA Besançon, 7 déc. 2017, n° 1701724 : *AJDA 2017. 2437* ; *ibid. 2018. 223, note Hache* ; *AJCT 2018. 20, étude Defert*.

Pour le refus d'inscription au service de restauration scolaire : V. notes ss. art. L. 131-13.

3. Élèves en situation de handicap. Accès effectif. Lorsqu'une collectivité territoriale organise un service de restauration scolaire ou des activités complémentaires aux activités d'enseignement et de formation pendant les heures d'ouverture des établissements scolaires ou encore des activités périscolaires sur le fondement des art. L. 216-1 et L. 551-1, il lui incombe, ainsi qu'il résulte, notamment, des art. L. 114-1, L. 114-1-1 et L. 114-2 CASF, de veiller à assurer que, sans préjudice du respect des conditions prévues pour l'ensemble des élèves, les élèves en situation de handicap puissent, avec, le cas échéant, le concours des aides techniques et des aides humaines dont ces élèves bénéficient au titre de leur droit à compensation en application du CASF, y avoir effectivement accès. • CE, sect., 20 nov. 2020, n° 422248 A : *AJDA 2020. 2285* ; *ibid. 2488, chron. Malverti et Beaufils* ; *RDSS 2021.179, obs. Dagorne-Labbe* ; *LIJ 2021, n° 213, p. 5.* ♦ Même solution : • CE 30 déc. 2020, n° 423549.

4. Sanction. Exclusion d'un enfant handicapé. Dans une affaire où le maire d'une commune avait décidé d'exclure un enfant de la cantine et des activités périscolaires après que ce dernier a fait preuve de violence envers deux animatrices qu'il avait frappées alors qu'elles tentaient de le calmer à la suite d'une colère, le juge administratif rappelle que de tels faits sont de nature à justifier une sanction proportionnée, ainsi que le prévoit le règlement intérieur de l'accueil périscolaire de la commune. Toutefois, en l'espèce, s'agissant d'un enfant qui souffre de problèmes psychologiques, de langage et de comportement, qui ont conduit la commission des droits et de l'autonomie des personnes handicapées à lui reconnaître un taux d'incapacité de 50% et qui ont justifié un accompagnement par un assistant de vie scolaire pendant quatre ans, le juge estime que la sanction d'exclusion retenue, tant de la cantine que des activités périscolaires, pendant une durée indéterminée du fait de l'absence de tout terme prévu à cette exclusion dans la décision, doit être regardée comme disproportionnée. Le juge a en effet relevé que, si l'enfant avait déjà auparavant fait preuve de colères difficilement maîtrisées, et si l'accompagnement par un assistant de vie scolaire avait pris fin en raison des progrès constatés, l'enfant n'en restait pas moins fragile et son comportement justifiait une prise en charge adaptée. Le juge note de plus que l'incident, à l'origine de sa colère démesurée, a pu commencer par une provocation de l'un de ses camarades en raison de laquelle la réaction des adultes encadrant a suscité en lui un fort sentiment d'injustice. La décision est annulée. • CAA Nantes, 5 oct. 2018, n° 17NT01107.

5. Égalité. Le ministre a été interrogé sur l'évaluation de la mise en place des rythmes scolaires sous l'angle de l'égalité entre les enfants ainsi que sous celui de l'égalité des familles devant le coût éventuel du dispositif. La question touchant celle d'une dévolution des compétences de la matière scolaire aux intercommunalités, seules en mesure d'assurer l'égalité du service offert mais aussi de la gratuité, le ministre est interrogé la nécessité de revoir la définition des rythmes scolaires en faisant en sorte que ceux-ci fassent réellement partie du « temps scolaire », lequel est soumis au principe de gratuité. Le ministre rappelle les engagements financiers de l'État et précise qu'il a également mis en place un accompagnement technique auprès des communes, et notamment les petites communes et communes rurales, pour les aider dans la mise en place de leurs projets éducatifs territoriaux, qui structurent la complémentarité des temps scolaires et périscolaires pour les enfants et assurent des activités de qualité. Cet accompagnement est mené au niveau local, via les groupes d'appui départementaux, mais aussi au niveau national grâce au travail conduit avec les associations d'élus locaux. Une mission destinée à faire le bilan de l'organisation des activités périscolaires et à définir des modalités de diffusion des bonnes pratiques a aussi été mise en place. * Rép. min. n° 91639 : *JOAN Q 8 mars 2016, p. 2011*.

6. Accord du conseil. Aucune disposition n'impose à l'autorité académique de rechercher, préalablement ou non à sa décision relative à l'organisation du temps scolaire, l'accord du conseil d'école en matière d'activités périscolaires. • CAA Lyon, 22 mai 2004, n° 98LY01684.

7. Nature des tâches accomplies par les professeurs. Les associations socio-éducatives des établissements de l'enseignement public étant, en vertu du Décr. du 28 déc. 1976, soumises pour avis, quant à leur programme, au conseil de l'établissement, et contrôlées, quant à leur activité, par le chef d'établissement, les tâches accomplies en leur sein par les professeurs de l'établissement doivent être regardées comme faisant partie de leurs fonctions de membres du corps enseignant. Par suite, les accidents survenus à l'occasion de l'accomplissement de ces tâches constituent des accidents de service. • CE 3 oct. 1980, n° 21110 A.

8. Accident de service. Professeur certifié de sciences et techniques économiques accidenté, alors qu'il disputait un match de rugby dans le cadre des activités du foyer socio-éducatif du lycée. Cet accident, bien que l'intéressé assumât, au moment où il s'est produit, bénévolement et en dehors de son service d'enseignement, sa mission d'animation du foyer, doit être regardé comme survenu à l'occasion du service. • CE 3 oct. 1980, ♁ n° 21110 A.

9. Transports scolaires lors des activités périscolaires. Sur la réglementation applicable en matière de transports scolaires organisés par les conseils départementaux et aux contraintes financières en résultat pour les communes : V. * Rép. min. n° 90732 : *JOAN Q 5 avr. 2016, p. 2834.*

10. Accompagnateurs scolaires. Statut. V. Bibl. ss. art. L. 411-1.

11. Tarification majorée. Caractère de sanction. Absence. Dans une affaire où un requérant demandait l'annulation de la délibération instituant le tarif des services publics périscolaires de la commune de Noisy-le-Sec et instituant une « surfacturation » pour l'accueil des enfants qui n'avaient pas fait l'objet d'une inscription administrative ou dont la présence n'avait pas été assortie d'une réservation préalable dans les délais, le juge estime que les activités concernées par la « surfacturation » constituent un service public municipal administratif à caractère facultatif, dont le financement est assuré en partie par une participation des parents. Il relève, en outre, que les parents qui ne réservent pas ces activités, les réservent hors délai ou qui ne procèdent pas à l'inscription administrative de leur(s) enfant(s) font peser sur le service une sujétion particulière, qui justifie qu'un tarif plus élevé que le tarif ordinaire leur soit appliqué. Ainsi, la « surfacturation », qui permet aux parents de continuer de bénéficier du service public, ne présente pas le caractère d'une sanction pécuniaire, mais est justifiée par une nécessité d'intérêt général en rapport avec les conditions d'exploitation du service. Le tribunal, qui n'était pas saisi de la question relative au taux de la surfacturation, a rejeté la requête. • TA Montreuil, 7 févr. 2018, ♁ n° 1702878.

II. FOYER SOCIO-ÉDUCATIF

12. Activités facultatives. Les activités organisées par le foyer coopératif d'un collège constituent des activités périscolaires facultatives, qui ne s'inscrivent pas dans le déroulement normal de la scolarité mais viennent en complément des missions du service public de l'enseignement assurées par l'établissement. Par suite, les sommes destinées à alimenter le budget de la coopérative scolaire ne font pas partie des dépenses pédagogiques de fonctionnement à la charge de l'État. Il est dès lors loisible au chef d'établissement de rappeler la possibilité de contribuer au fonctionnement du foyer, association autonome dotée d'une personnalité distincte de celle du collège. • CE 4 févr. 2004, ♁ n° 253376.

13. Absence de responsabilité de l'État. Une convention signée entre le proviseur d'une cité scolaire, en sa qualité de président du foyer socio-éducatif, et une société avait prévu l'installation de distributeurs de nourriture et de boissons dans les locaux de cette cité scolaire. Deux entreprises demandaient la condamnation de l'État à réparer le préjudice financier subi du fait de l'exercice d'une activité commerciale de vente de confiseries et de boissons, à l'initiative du foyer socio-éducatif, du fait de l'installation de ces distributeurs dans les locaux scolaires. La responsabilité de l'État, à l'égard duquel la cité scolaire constitue une personne morale distincte, ne pouvait être recherchée à raison des éventuelles conséquences dommageables de l'exécution d'une convention qui concernait le foyer socio-éducatif, association régie par la L. du 1er juill. 1901 et qui n'avait pas trait au contenu ou à l'organisation de l'action éducatrice. • CAA Nantes, 19 juin 2003, ♁ n° 99NT00515. ♦ Si les sociétés requérantes soutenaient que l'activité commerciale était constitutive d'un risque anormal de voisinage, notamment par le fait qu'aucune limitation d'accès aux appareils litigieux n'était imposée, la responsabilité de l'État, auquel l'administration des établissements publics locaux d'enseignement n'incombe pas, ne pouvait pas plus être engagée sur ce fondement. • CAA Nantes, 19 juin 2003, ♁ n° 99NT00515.

14. Absence de responsabilité du collège. Accident survenu au cours de la soirée de concert organisée exclusivement par le foyer socio-éducatif d'un collège dans une salle des fêtes communale. Le collège ne peut être appelé en garantie, le FSE disposant de la personnalité juridique et de l'autonomie financière et poursuivant des objectifs définis par ses organes dirigeants. • CAA Nancy, 12 nov. 1998, ♁ nos 95NC00099 et 95NC00100.

15. Détournement de fonds. Principal de collège convaincu de détournements de fonds, à hauteur d'une somme totale de 162 000 F, correspondant à quatre chèques libellés à son ordre personnel par l'intéressé, en sa qualité de trésorier du foyer socio-éducatif sans que ces débits soient justifiés par une contrepartie quelconque. De tels manquements à la probité sont de nature à justifier le prononcé d'une exclusion temporaire de six mois. • CAA Nantes, 6 mai 1999, ♁ n° 95NT01244.

16. Associations. Bourses aux livres scolaires. V. notes ss. art. D. 111-6.

CHAPITRE II LES ACTIVITÉS PHYSIQUES ET SPORTIVES

BIBL. GÉN. ▶ ALLAL, BAMBUCK, FLOREK, CERFONTAINE PERRITAZ et GRAILLOT, Mission d'étude sur la situation de l'Union nationale du sport scolaire, MEN, Rapp. IGAENR, n° 2011-038, mai 2011. – BULLARA, Favoriser les pratiques culturelles, sportives et citoyennes en faveur de la jeunesse, Rapport de la mission ministérielle sur les pratiques culturelles, sportives et citoyennes en faveur de la jeunesse, *MEN, févr. 2004.* – CATHALA, Les équipements sportifs en France, *MEN, avr. 2002.* – DEGUILHEM et JUANICO, Promouvoir l'activité physique et sportive pour tous et tout au long de la vie : des enjeux partagés dans et hors de l'école, *Rapp. au Premier ministre, La Doc. fr., sept. 2016 : http://www.ladocumentationfrancaise.fr/var/storage/rapports-publics/164000592.pdf.* – EISENBEIS et TOUCHARD (sous la direction de), L'éducation physique et sportive à l'école. L'éducation à la sécurité, *Éditions Revue EPS, 1995.* – LEBLANC, Le sport scolaire dans le premier et le second degré, *Rapp. IGEN, 2001.* – LECOU, Le sport à l'école, Rapport au Président de la République, *févr. 2012.* – NABE et BOUQUIN, Les responsabilités de l'enseignant d'EPS dans la pratique des activités physiques et sportives, *Éditions Revue EPS, 2000-51. 29.* – THOMAS-BION et ROQUE, Accidents scolaires et responsabilités, *Berger-Levrault, coll. Les Indispensables, 2004.* – C. comptes, les activités sportives volontaires dans l'enseignement du second degré, réf. nº 63938, *25 mai 2012.* – Le sport : quelle politique publique ?, *Conseil d'État, étude annuelle 2019, 16 oct. 2019.*

COMMENTAIRE

Tout en étant facultatives comme l'ensemble des activités complémentaires, les activités physiques et sportives sont définies comme des *« composantes de l'éducation physique et sportive »*, elle-même discipline obligatoire (art. L. 552-1). Activités *« volontaires »* pour les élèves, elles sont obligatoires pour les professeurs à raison de trois heures hebdomadaires rattachées à leur service (les accidents dont les professeurs sont victimes au cours de ces activités sont considérés comme des accidents de service même en-dehors de ces trois heures, CE, sect., 11 avr. 1975, *MEN c/ M. Boitier*, nº 94382, note ss. art. L. 552-3) et pour les établissements du second degré qui doivent obligatoirement être dotés d'une association organisant les activités sportives (L. du 29 oct. 1975 ; art. L. 552-2). Dans le premier degré, si la création d'***associations sportives*** scolaires reste facultative, l'État comme les collectivités territoriales doivent favoriser leur constitution dans chaque école (art. L. 552-2). Ces associations doivent obligatoirement contracter une assurance en faveur des élèves affiliés (V. notes ss. art. L. 552-4).

Les unes et les autres bénéficient de l'aide de l'État, notamment par la mise à disposition d'une partie du service des professeurs d'éducation physique et sportive ; les collectivités territoriales peuvent de leur côté leur donner accès aux équipements sportifs (art. L. 552-3).

Déclarées en préfecture, inscrites à l'inspection académique (DASEN), les associations sportives scolaires sont des personnes morales de droit privé (V. note 1 ss. art. L. 552-1) dont le contentieux est soumis au juge judiciaire bien qu'elles participent à l'exécution d'un service public administratif (CE 16 févr. 1977, *Dame Archeray*, nº 90550 ; sauf exercice d'une prérogative de puissance publique). Si l'adhésion est libre, elles doivent adopter des statuts dérogatoires définis par décret en Conseil d'État (art. R. 552-1 s.). Les professeurs d'éducation physique et sportive qui les animent, les présidents des associations de parents d'élèves de l'établissement comme les élèves licenciés sont membres de droit ; ces trois catégories sont représentées au comité directeur présidé de droit par le chef d'établissement. Ces différents points sont autant d'exceptions au droit commun des associations fondé sur la loi de 1901. De même les distinguent-elles du régime des associations lycéennes prévu par les articles R. 511-9 et suivants du code de l'éducation.

Leur affiliation obligatoire à une fédération ou à une union dont les statuts sont eux-mêmes approuvés par décret en Conseil d'État (art. L. 552-4) donne à l'ensemble une même tonalité, fondée sur un triple objectif, éducatif, sportif et citoyen (les statuts de l'USEP mettent en exergue responsabilisation, autonomie et valeurs ; l'UNSS promeut des opérations type *« jeune officiel »*). ❑

Art. L. 552-1 Composantes de l'éducation physique et sportive, les activités physiques et sportives volontaires des élèves sont organisées dans les établissements par les associations sportives scolaires.

(L. nº 2016-41 du 26 janv. 2016, art. 220-1º) **« Tout élève apte à l'éducation physique et sportive est réputé apte à ces activités physiques et sportives volontaires. »**

1. Nature juridique. Il résulte des dispositions combinées de cet article et de l'art. 7 de la L. du 16 juill. 1984, relative à l'organisation et à la promotion des activités physiques et sportives, que les associations sportives des établissements scolaires du second degré sont constituées conformément à la L. du 1er juill. 1901. Si le chef de l'établissement est le président du comité directeur qui administre l'association, laquelle est animée par les enseignants d'éducation physique de l'établissement, il ressort des statuts de l'association que ce comité comprend pour un tiers des parents d'élèves et pour un autre tiers des élèves. Dans ces conditions, l'association sportive ne peut être regardée comme un simple service du collège ou comme n'ayant pas d'existence distincte par rapport à cet établissement. Ces associations sportives sont des personnes morales de droit privé associées à l'exécution d'un service public. • CAA Paris, 2 févr. 2006, n° 04PA03586 : *LIJ 2006, n° 104, p. 7.*

2. Décision d'exclusion. Recours. Les recours engagés contre les décisions prises par elles ne relèvent de la compétence du juge administratif qu'à la condition que ces décisions procèdent de l'exercice d'une prérogative de puissance publique. La décision par laquelle le comité directeur d'une association sportive a prononcé l'exclusion de l'association d'un élève, qui n'a pas été prise dans le cadre de la participation de l'élève à une compétition sportive, relève du pouvoir disciplinaire inhérent à l'organisation de toute association. Dès lors, cette décision ne procède pas de l'exercice de prérogative de puissance publique. • CAA Paris, 2 févr. 2006, n° 04PA03586 : *préc. note 1.*

Art. L. 552-2 Une association sportive est créée dans tous les établissements du second degré. L'État et les collectivités territoriales favorisent la création d'une association sportive dans chaque établissement du premier degré.

Les associations sportives scolaires bénéficient de l'aide de l'État. Les collectivités territoriales peuvent concourir au développement de ces associations, en particulier en favorisant l'accès à leurs équipements sportifs.

Les associations sportives scolaires adoptent des dispositions statutaires obligatoires définies par décret en Conseil d'État *[V. art. R. 552-1 s.]. – [L. n° 84-610 du 16 juill. 1984, art. 9, al. 1er, 2, 4, 5.]*

1. Organisation. En prévoyant la création obligatoire, dans tous les établissements d'enseignement du second degré, d'une association sportive « constituée conformément à des statuts types approuvés par décret en Conseil d'État », la L. du 29 oct. 1975, relative au développement de l'éducation physique et du sport, a expressément habilité le gouvernement, par dérogation aux dispositions législatives régissant les associations, à imposer à ces associations sportives les règles d'organisation et de fonctionnement qui sont nécessaires à la bonne exécution du service public dont elles sont chargées. • CE 16 nov. 1979, *Synd. nat. de l'éducation physique de l'enseignement public*, n° 08787 : *Lebon 417 ; AJDA 1980. 139, concl. Genevois.*

2. Nature juridique. L'association du sport scolaire et universitaire, bien qu'elle participe à l'exécution d'un service public à caractère administratif, est une personne morale de droit privé. Sa responsabilité ne peut être appréciée que par les juridictions de l'ordre judiciaire. • CE 16 févr. 1977, *Dame Archeray*, n° 90550 : *Lebon 88 ; D. 1977. 633, note Plouvin.*

Art. L. 552-3 Les associations visées à l'article L. 552-2 sont affiliées à des fédérations ou à des unions sportives scolaires et universitaires. Les statuts de ces unions et fédérations sont approuvés par décret en Conseil d'État.

1. Affiliation. Le législateur, donnant au Gouvernement le pouvoir d'approuver, par décret en Conseil d'État, les statuts types auxquels doivent se conformer les associations sportives créées dans les établissements d'enseignement du second degré, lui confère nécessairement celui d'approuver, dans les mêmes conditions, les statuts de l'union nationale à laquelle ces associations sont obligatoirement affiliées. • CE 16 nov. 1979, *Synd. nat. de l'éducation physique de l'enseignement public*, n° 08738 : *Lebon 416.*

2. Nature des tâches accomplies par les professeurs. Les associations sportives des établissements de l'enseignement public sont, en application de l'Ord. du 12 oct. 1945, crées à l'initiative des chefs de ces établissements et présidées par eux. Elles sont composées uniquement d'élèves qui y pratiquent des activités sportives constituant le prolongement de l'éducation physique et de l'initiative sportive figurant dans les programmes d'enseignement. Les tâches accomplies au sein de ces associations par les professeurs d'éducation physique et sportive doivent être regardées comme faisant partie de leurs fonctions de membres du corps enseignant, même lorsqu'elles le sont en dehors des trois heures de travail hebdomadaire que ces professeurs étaient tenus, avant l'intervention du Décr. du 7 sept. 1973, de consacrer aux associations sportives. Les accidents survenus à l'occasion de l'accomplissement de ces tâches constituent des accidents de service. • CE, sect., 11 avr. 1975, *MEN c/ M. Boitier*, n° 94382 : *Lebon 230 ; AJDA 1975. 228, note Franc et Boyon.*

Art. L. 552-4 Les associations sportives scolaires *(L. n° 2003-339 du 14 avr. 2003, art. 4)* **« et les fédérations sportives scolaires »** *(Ord. n° 2006-596 du 23 mai 2006, art. 4)* **« sont soumises aux dispositions du code du sport »** *(L. n° 2016-41 du 26 janv.*

2016, art. 220) « , à l'exception de ses articles L. 231-2 et L. 231-2-1, » et, en outre, *(Ord. n° 2008-1304 du 11 déc. 2008, art. 1er)* « aux » dispositions du présent chapitre.

1. Obligation de contracter une assurance. Si le chef d'un établissement d'enseignement est, de droit, président de l'association sportive de l'établissement, c'est en sa qualité d'agent de l'État qu'il est appelé à contrôler et à attester l'accomplissement, par l'association sportive qu'il préside, de l'obligation de contracter une assurance en faveur des élèves affiliés à celle-ci. Les actes qu'il accomplit à ce titre sont donc de nature à engager la responsabilité de l'État. • CE 16 févr. 1977, *Dame Archeray*, n° 90550 : *Lebon 88*. ♦ En négligeant de contrôler la réalité de l'exécution de l'obligation de contracter une assurance pour une élève, la directrice d'un établissement d'enseignement a commis une faute qui engage la responsabilité de l'État. L'élève n'ayant, du fait de cette faute, pu obtenir le bénéfice de la garantie concernant les accidents survenus au cours des compétitions, l'État est responsable des conséquences dommageables résultant pour l'élève du défaut d'assurance. • Même décision.

2. Risques n'incombant pas à une commune. Si le maire peut, par délégation du conseil municipal, être chargé de passer les contrats d'assurance, il n'est légalement habilité à conclure que les contrats exclusivement destinés à assurer la couverture de risques incombant à la commune ou dont elle peut être déclarée responsable. Tel n'est pas le cas d'un contrat d'assurance destiné à couvrir les risques encourus par les élèves de la commune pour les activités scolaires et périscolaires. • CE 27 mars 1996, *Cne d'Agde et Assoc. FCPE-Solidarité*, n° 122912.

3. Responsabilité. V. Livre IX – Art. L. 911-4 – I. Champ d'application de la loi de 1937.

TITRE SIXIÈME DISPOSITIONS APPLICABLES DANS LES ÎLES WALLIS-ET-FUTUNA, À MAYOTTE, EN POLYNÉSIE FRANÇAISE ET EN NOUVELLE-CALÉDONIE

Ce titre est abrogé à compter de l'entrée en vigueur des décrets portant actualisation et adaptation des dispositions réglementaires du code de l'éducation relatives à l'outre-mer et, au plus tard, le 1er janv. 2022 (Ord. n° 2021-552 du 5 mai 2021, art. 5 et 13).

CHAPITRE PREMIER DISPOSITIONS APPLICABLES DANS LES ÎLES WALLIS-ET-FUTUNA

Art. L. 561-1 Sont applicables dans les îles Wallis-et-Futuna les articles L. 511-1 à L. 511-4, L. 521-1, L. 521-4, L. 542-1, L. 542-3 et L. 551-1. – *[L. n° 89-486 du 10 juill. 1989, art. 29, al. 1er.]*

CHAPITRE II DISPOSITIONS APPLICABLES À MAYOTTE

Art. L. 562-1 *Abrogé par Ord. n° 2007-1801 du 21 déc. 2007, art. 6.*

CHAPITRE III DISPOSITIONS APPLICABLES EN POLYNÉSIE FRANÇAISE

Art. L. 563-1 Sont applicables en Polynésie française les articles L. 511-1 à L. 511-4, L. 533-1, L. 542-1 et L. 542-3. – *[L. n° 59-1557 du 31 déc. 1959, art. 13 et L. n° 89-486 du 10 juill. 1989, art. 29, al. 1er.]*

CHAPITRE IV DISPOSITIONS APPLICABLES EN NOUVELLE-CALÉDONIE

Art. L. 564-1 Sont applicables en Nouvelle-Calédonie les articles L. 511-1 à L. 511-4, L. 533-1, L. 542-1 et L. 542-3.

TITRE SIXIÈME *[NOUVEAU]* DISPOSITIONS RELATIVES À L'OUTRE-MER

(Ord. n° 2021-552 du 5 mai 2021, art. 5)

Ce titre entre en vigueur à la date d'entrée en vigueur des décrets portant actualisation et adaptation des dispositions réglementaires du code de l'éducation relatives à l'outre-mer et, au plus tard, le 1er janv. 2022 (Ord. n° 2021-552 du 5 mai 2021, art. 13).

CHAPITRE PREMIER *[NOUVEAU]* GUADELOUPE, GUYANE, MARTINIQUE, LA RÉUNION, MAYOTTE

Nouvel art. L. 561-1 Pour leur application en Guadeloupe, en Guyane, en Martinique, à La Réunion et à Mayotte, les dispositions du présent livre font l'objet des adaptations prévues au présent chapitre.

Nouvel art. L. 561-2 Pour son application en Guyane, l'article L. 533-2 est ainsi rédigé :

Art. L. 533-2 Les bourses entretenues sur les fonds inscrits au budget de la collectivité sont attribuées par l'assemblée de Guyane dans les conditions fixées par les dispositions de l'article L. 3214-2 du code général des collectivités territoriales.

Nouvel art. L. 561-3 Pour son application en Martinique, l'article L. 533-2 est ainsi rédigé :

Art. L. 533-2 Les bourses entretenues sur les fonds inscrits au budget de la collectivité sont attribuées par l'assemblée de Martinique dans les conditions fixées par les dispositions de l'article L. 3214-2 du code général des collectivités territoriales.

Nouvel art. L. 561-4 Pour l'application à Mayotte du chapitre II du titre III du présent livre :

1° L'article L. 532-1 est ainsi rédigé :

Art. L. 532-1 Une allocation de rentrée scolaire est versée dans les conditions prévues par les dispositions des articles 8 et 8-1 de l'ordonnance n° 2002-149 du 7 février 2002 relative à l'extension et la généralisation des prestations familiales et à la protection sociale dans la collectivité départementale de Mayotte.

2° L'article L. 532-2 est ainsi rédigé :

Art. L. 532-2 Tout paiement indu de majoration d'allocation de rentrée scolaire mentionnée aux articles 8 et 8-1 de l'ordonnance n° 2002-149 du 7 février 2002 relative à l'extension et la généralisation des prestations familiales et à la protection sociale dans la collectivité départementale de Mayotte peut être récupéré dans les conditions fixées à l'article 13 de la même ordonnance.

CHAPITRE II *[NOUVEAU]* SAINT-BARTHÉLEMY

Nouvel art. L. 562-1 Pour l'application à Saint-Barthélemy de l'article L. 521-3, le mot : "maire" est remplacé par les mots : "président du conseil territorial".

CHAPITRE III *[NOUVEAU]* SAINT-MARTIN

Nouvel art. L. 563-1 Pour l'application à Saint-Martin de l'article L. 521-3, le mot : "maire" est remplacé par les mots : "président du conseil territorial".

CHAPITRE IV *[NOUVEAU]* SAINT-PIERRE-ET-MIQUELON

Nouvel art. L. 564-1 Pour l'application à Saint-Pierre-et-Miquelon du chapitre II du titre III du présent livre :

1° L'article L. 532-1 est ainsi rédigé :

Art. L. 532-1 En application du 10° de l'article 11 de l'ordonnance n° 77-1102 du 26 septembre 1977 portant extension et adaptation au département de Saint-Pierre-et-Miquelon de diverses dispositions relatives aux affaires sociales, une allocation de rentrée scolaire est versée dans les conditions prévues par les dispositions de l'article L. 543-1 du code de la sécurité sociale et de l'article 11-1 de l'ordonnance précitée.

2° L'article L. 532-2 est ainsi rédigé :

Art. L. 532-2 En application du 13° de l'article 11 de l'ordonnance n° 77-1102 du 26 septembre 1977 portant extension et adaptation au département de Saint-Pierre-et-Miquelon de diverses dispositions relatives aux affaires sociales, tout paiement indu de majoration d'allocation de rentrée scolaire mentionnée au 10° du même article peut, sous réserve que l'allocataire n'en conteste pas le caractère indu, être récupéré par retenues sur les prestations familiales dans les conditions définies à l'article L. 553-2 du code de la sécurité sociale.

CHAPITRE V *[NOUVEAU]* WALLIS-ET-FUTUNA

Nouvel art. L. 565-1 – I. Sont applicables dans les îles Wallis-et-Futuna, sous réserve des adaptations prévues au II, les dispositions des articles mentionnés dans la colonne de gauche du tableau ci-après, dans leur rédaction indiquée dans la colonne de droite du même tableau :

DISPOSITIONS APPLICABLES	DANS LEUR RÉDACTION
L. 511-1 et L. 511-2	Résultant de l'ordonnance n° 2000-549 du 15 juin 2000
L. 511-2-2	Résultant de la loi n° 2019-791 du 26 juillet 2019
L. 511-3	Résultant de la loi n° 2017-86 du 27 janvier 2017
L. 511-3-1	Résultant de la loi n° 2019-791 du 26 juillet 2019
L. 511-5	Résultant de la loi n° 2018-698 du 3 août 2018
L. 521-1 et L. 521-2	Résultant de l'ordonnance n° 2000-549 du 15 juin 2000
L. 521-4	Résultant de la loi n° 2013-595 du 8 juillet 2013
L. 541-1, 1er et 2e alinéas	Résultant de la loi n° 2019-791 du 26 juillet 2019
L. 542-1	Résultant de la loi n° 2010-121 du 8 février 2010
L. 542-2	Résultant de la loi n° 2007-293 du 5 mars 2007
L. 542-3	Résultant de la loi n° 2010-121 du 8 février 2010
L. 552-2	Résultant de l'ordonnance n° 2000-549 du 15 juin 2000
L. 552-3	Résultant de la loi n° 2003-339 du 14 avril 2003
L. 552-4	Résultant de la loi n° 2016-41 du 26 janvier 2016

II. – Pour l'application du I :

1° A l'article L. 542-2, les mots : "de l'avant-dernier alinéa" sont supprimés ;

2° Au premier alinéa de l'article L. 552-2, la seconde phrase est supprimée ;

3° A l'article L. 552-4, les mots : "du code du sport, à l'exception de ses articles L. 231-2 et L. 231-2-1," sont remplacés par les mots : "de l'article L. 231-5 du code du sport".

CHAPITRE VI *[NOUVEAU]* POLYNÉSIE FRANÇAISE

Nouvel art. L. 566-1 I. – Sont applicables en Polynésie française, sous réserve des adaptations prévues au II, les dispositions des articles mentionnés dans la colonne de gauche du tableau ci-après, dans leur rédaction indiquée dans la colonne de droite du même tableau :

DISPOSITIONS APPLICABLES	DANS LEUR RÉDACTION
L. 511-2	Résultant de l'ordonnance n° 2000-549 du 15 juin 2000
L. 511-3	Résultant de la loi n° 2017-86 du 27 janvier 2017
L. 511-3-1	Résultant de la loi n° 2019-791 du 26 juillet 2019
L. 542-1	Résultant de la loi n° 2010-121 du 8 février 2010

II. – Pour l'application du I, l'article L. 542-1 est ainsi rédigé :

Art. L. 542-1 Les magistrats, les personnels enseignants, en tant qu'ils relèvent de la fonction publique de l'État, les personnels de la police nationale, des polices municipales et de la gendarmerie nationale reçoivent une formation initiale et continue dans le domaine de la protection de l'enfance en danger. Cette formation comporte un module pluridisciplinaire relatif aux infractions sexuelles à l'encontre des mineurs et leurs effets. Cette formation est dispensée dans des conditions fixées par voie réglementaire.

CHAPITRE VII *[NOUVEAU]* NOUVELLE-CALÉDONIE

Nouvel art. L. 567-1 I. – Sont applicables en Nouvelle-Calédonie, sous réserve des adaptations prévues au II, les dispositions des articles mentionnés dans la colonne de gauche du tableau ci-après, dans leur rédaction indiquée dans la colonne de droite du même tableau :

DISPOSITIONS APPLICABLES	DANS LEUR RÉDACTION
L. 511-2	Résultant de l'ordonnance n° 2000-549 du 15 juin 2000
L. 511-3	Résultant de la loi n° 2017-86 du 27 janvier 2017
L. 511-3-1	Résultant de la loi n° 2019-791 du 26 juillet 2019
L. 542-1	Résultant de la loi n° 2010-121 du 8 février 2010

II. – Pour l'application du I, l'article L. 542-1 est ainsi rédigé :

Art. L. 542-1 Les magistrats, les personnels enseignants, en tant qu'ils relèvent de la fonction publique de l'État, les personnels de la police nationale, des polices municipales et de la gendarmerie nationale reçoivent une formation initiale et continue dans le domaine de la protection de l'enfance en danger. Cette formation comporte un module pluridisciplinaire relatif aux infractions sexuelles à l'encontre des mineurs et leurs effets. Cette formation est dispensée dans des conditions fixées par voie réglementaire.

TROISIÈME PARTIE LES ENSEIGNEMENTS SUPÉRIEURS ET LA RECHERCHE *(L. n° 2020-1674 du 24 déc. 2020, art. 19).*

COMMENTAIRE

L'enseignement supérieur est traité tout au long du code de l'éducation, du livre Ier (objectifs et missions du service public de l'enseignement supérieur qui comprend l'ensemble des formations post secondaires, initiales ou continues, contribuant notamment à la réussite de tous et au développement de la recherche) au livre IX (dispositions sur les personnels de l'enseignement supérieur, enseignants-chercheurs notamment). La troisième partie, spécifiquement consacrée aux enseignements supérieurs, comprend trois livres et reprend le plan suivi pour l'enseignement scolaire : elle s'ouvre par le livre VI traitant de l'organisation des enseignements supérieurs ; le livre VII est consacré aux établissements d'enseignement supérieur et le livre VIII à la vie universitaire. Par ailleurs, le code de la recherche comporte de nombreuses dispositions applicables aux établissements d'enseignement supérieur. Soulignant l'unité de l'ensemble enseignement supérieur et recherche à laquelle l'innovation est ajoutée tant pour désigner le ministère (MESRI) que pour organiser les académies (V. livre II), la loi n° 2020-1674 du 24 décembre 2020 de programmation de la recherche (LPR) complète l'intitulé de la trosième partie du code de l'éducation et du livre VI désormais consacrés à l'enseignement supérieur et à la recherche et précise dans un nouvel article que les EPSCP organisent leurs activités de recherche dans les conditions fixées par le présent code et par le code de la recherche (art. L. 611-1).

Cette partie a été construite en reprenant de nombreuses dispositions de la loi Savary n° 84-52 du 26 janvier 1984 (initialement 27 articles du livre VI en étaient issus sur 50, 31 du livre VII sur 104, 22 du livre VIII sur 29) qui avait refondu l'organisation de l'enseignement supérieur issue de la loi d'orientation de l'enseignement supérieur n° 68-978 du 12 novembre 1968, dite loi Edgar Faure.

Le cadre législatif ainsi fixé a fait l'objet depuis plus d'un quart de siècle de débats récurrents sur l'autonomie et le gouvernement (puis la gouvernance) des universités comme sur les missions de l'enseignement supérieur ; des projets de réforme n'ont pu aboutir, d'autres ont prospéré comme le montrent d'une part, la construction à partir de 2002 d'un espace européen de l'enseignement supérieur, d'autre part, d'une série de réformes législatives intégrées au code de l'éducation.

Lancé lors du huitième centenaire de la Sorbonne, le 25 mai 1998, par les ministres allemand, britannique, italien et français, le processus a été développé à Bologne, le 19 juin 1999, par vingt-neuf États décidés à construire l'espace européen d'enseignement supérieur à l'horizon 2010. Les objectifs ont été développés à Prague (2001), Berlin (2002), Bergen (2005), Londres (2007) et sont aujourd'hui mis en œuvre par 45 États rejoints par l'Union européenne, le Conseil de l'Europe et l'UNESCO. Tenant compte des particularités nationales, ils ont souhaité bâtir un cadre de référence visant à améliorer la lisibilité des diplômes, faciliter la mobilité des étudiants ainsi que leur employabilité ; soucieux d'harmoniser les cursus, ils ont ensemble mis en place un système dit LMD de reconnaissance mutuelle des diplômes autour des trois grades de ***licence*** (bac +3), ***master*** (bac +5) et ***doctorat*** (bac +8). Avec le baccalauréat, le système français délivre donc des diplômes natinaux conférant quatre grades successifs auxquels s'ajoutent les diplômes et les titres ne conférant pas de grades.

« La participation à la construction de l'espace européen de l'enseignement supérieur et de la recherche » qui est désormais une des missions du service public de l'enseignement supérieur (art. L. 123-3, 5°), s'appuie aussi sur des programmes européens (par ex., programme Erasmus d'échange d'étudiants et d'enseignants entre les universités et les grandes écoles européennes ; programme Jean Monnet dont l'objectif est de stimuler l'excellence dans l'enseignement supérieur et la recherche par la mise en place de chaires dédiées ; Horizon 2010 sur les infrastructures de recherche…).

Parallèlement, le Parlement, au gré des changements de majorité, a adopté plusieurs réformes. Ce fut d'abord la loi Goulard, loi de programme du 18 avril 2006 qui permit des avancées sur le terrain de la professionnalisation et de la recherche. Par la suite, la loi Pécresse (n° 2007-1199 du 10 août 2007) relative aux libertés et responsabilités des universités, dite loi LRU, s'attache à la gouvernance des établissements en leur conférant des responsabilités et compétences élargies, notamment pour la gestion des ressources humaines. Pour la première fois, la loi Fioraso n° 2013-660 du 22 juillet 2013 relative à l'enseignement supérieur et à la recherche (dite loi ESR), adoptée après des assises nationales traite à la fois de la recherche et de l'enseignement supérieur ; après avoir rappelé les missions du service public de l'enseignement supérieur (titre Ier, chapitre Ier), elle consacre deux titres enchevêtrés aux formations de l'enseignement supérieur (titre III) et aux stages en milieu professionnel (titre IV, L. du 22 juill. 2013, art. 24 s. : art. L. 611-5), question reprise par la loi n° 2014-788 du 10 juillet 2014 tendant au développement, à l'encadrement des stages et à l'amélioration du statut des stagiaires. La loi ESR insiste sur la continuité des enseignements entre le lycée et l'enseignement supérieur (L. du 22 juill. 2013, art. 32 : art. L. 612-2), esquissant un parcours bac-3/bac+3.

La croissance du nombre des bacheliers (665 500 en 2019, le nombre d'étudiants en 2018-2019 étant de 2 700 000) a amené le législateur à compléter les objectifs de la loi d'orientation de 1989 en ajoutant dans le rapport annexé à la loi Fillon (n° 2005-380 du 23 avr. 2005 d'orientation et de programme pour l'avenir de l'école) sa volonté de conduire 50 % de l'ensemble d'une classe d'âge à un diplôme de l'enseignement supérieur. Pour atteindre cet objectif, par ailleurs affiché par le traité de Lisbonne en 2000, il est nécessaire de diminuer le taux d'échec. Si sont en cause l'organisation des enseignements, la pédagogie post-baccalauréat, les réponses à donner doivent intégrer des préoccupations qui se situent en amont (l'orientation des bacheliers) et en aval (l'insertion professionnelle des diplômés de l'enseignement supérieur).

Lors de la campagne pour les élections présidentielles de 2017, le candidat Emmanuel Macron a proposé de créer de nouvelles universités, regroupant des universités et les grandes écoles avec les organismes de recherche (et ouvrant la perspective d'universités européennes). L'idée est de donner tout son sens au principe d'autonomie tant sur le plan de l'offre de formation et du recrutement des étudiants que pour l'organisation et la politique de ressources humaines envisageant même un recrutement des enseignants-chercheurs sans intervention du CNU.

Il en résulte plusieurs textes introduisant des modifications du code de l'éducation. La loi n° 2018-166 du 8 mars 2018 relative à l'orientation et à la réussite des étudiants, dite loi ORE, modifie les règles d'accès au premier cycle ; l'ordonnance n° 2018-1131 du 12 décembre 2018 permettant d'expérimenter de nouvelles formes de regroupement des établissements d'enseignement supérieur et de recherche introduit notamment la notion d'établissement public expérimental (ratifiée et modifiée par l'art. 43 LPR 2020 ; à noter toutefois que le président nouvellement élu a pris une première décision mettant un terme à l'opération visant à créer une nouvelle université rassemblant l'université Paris-Sud, l'École polytechnique et d'autres écoles). La loi n° 2019-791 du 26 juillet 2019 pour une école de la confiance a substitué les INSPÉ aux ESPÉ. Enfin, la loi n° 2020-1674 du 24 décembre 2020 de programmation de la recherche pour les années 2021 à 2030 et portant diverses dispositions relatives à la recherche et à l'enseignement supérieur comporte de nombreuses dispositions relatives notamment à la gestion des personnels (*tenure tracks* à la française, allègement de l'exigence de qualification nationale, recours au contrat), au financement et à l'évaluation du système, au fonctionnement des établissements et aux parcours de formation. ❑

LIVRE SIXIÈME L'ORGANISATION DES ENSEIGNEMENTS SUPÉRIEURS ET DE LA RECHERCHE *(L. n° 2020-1674 du 24 déc. 2020, art. 19)*

COMMENTAIRE

Le livre VI présente l'organisation des enseignements supérieurs ; son titre Ier est consacré à leur organisation générale présentant une série de dispositions communes disparates et les principes structurant le déroulement des études ; son titre II rassemble une série de dispositions applicables aux formations universitaires générales et à la formation des maîtres (la loi Fillon du 23 avr. 2005 ayant ajouté un chapitre au titre II comportant un seul article modifié par la loi de refondation de l'École de la République du 8 juillet 2013 substituant les ESPÉ aux IUFM) ; il s'attache ensuite aux formations de santé (titre III) et aux formations technologiques (titre IV).

Le déroulement des ***études supérieures*** *est organisé en* ***cycles*** conduisant à la délivrance de diplômes sanctionnant les compétences et les connaissances ou l'acquisition d'éléments de formation professionnelle. L'idée de cycle avait été esquissée par le plan Fouchet (Décr. n° 66-412 du 22 juin 1966 fixant l'organisation des deux premiers cycles d'enseignement dans les facultés de lettres et sciences humaines) et mise en place par la loi Faure de 1968 (Arr. du 27 févr. 1973, DEUG sanctionnant le 1er cycle, du 1er mars 1973 sur le deuxième cycle, du 16 avr. 1974 sur le troisième cycle). Elle a été reprise par la loi Savary de 1984 précisant que si chaque cycle a ses objectifs propres de formation, il intègre les objectifs généraux relatifs à l'orientation des étudiants, la professionnalisation et la recherche et ceux relatifs aux compétences transversales, notamment à l'aptitude au travail individuel ou en équipe (art. L. 612-1, al. 1er modifié par LESR du 22 juill. 2013 qui intègre la formation à l'entreprenariat). Leur nombre, leur nature, leur durée étaient traditionnellement variables en fonction des formations (art. L. 612-1). Le chapitre II est constitué d'un triptyque présentant les finalités de chacun des trois cycles et les conditions pour y accéder. Si ce cadre général est maintenu, il a été profondément rénové du fait de la construction de l'espace universitaire européen.

« Nul ne peut être admis à participer en qualité d'étudiant aux activités d'enseignement et de recherche d'un établissement d'enseignement supérieur s'il n'est régulièrement inscrit dans cet établissement » (art. D. 612-2, al. 1er) et se voir délivré un diplôme national (TA Lille, 4 juill. 2017, n° 1402747). L'inscription est prise pour un an (art. D. 612-2, des dispositions particulières peuvent tenir compte des nécessités de la formation continue) ; elle est personnelle (art. D. 612-2, al. 2, sauf inscriptions collectives résultant d'une convention de coopération), et elle est subordonnée à la présentation d'un dossier personnel (demande d'inscription dont la composition est déterminée par le chef d'établissement dans le cadre réglementaire arrêté par le ministre), au règlement des droits d'inscription fixés chaque année par un arrêté ministériel (art. D. 612-4 ; sur les droits d'inscription, V. Livre VII ; en cas de non-respect de ces conditions, l'établissement est tenu de refuser l'inscription, note ss. art. L. 612-3) et au règlement de la contribution de vie étudiante et de campus (art. D. 841-3) ; les refus d'inscription peuvent faire l'objet d'un recours pour excès de pouvoir, V. note ss. art. L. 612-3) ; nul ne peut s'inscrire dans deux établissements publics d'enseignement supérieur en vue de préparer le même diplôme (art. D. 612-7, al. 2 ; pour des inscriptions successives, l'étudiant doit demander le transfert de son dossier, CAA Paris, 27 mars 2001, n° 00PA03202, note ss. art. L. 612-1 ; le transfert relève de la seule compétence du chef d'établissement, V. note ss. art. L. 612-1). Une ***carte d'étudiant*** donnant accès aux locaux de l'établissement est délivrée à tout étudiant régulièrement inscrit (art. D. 612-5) ; des certificats de scolarité peuvent être délivrés à l'étudiant (ce document concernant la vie privée n'est communicable qu'aux intéressés).

L'étudiant régulièrement inscrit est un usager du service public de l'enseignement supérieur dont les droits et les obligations sont définis unilatéralement par les lois et règlements ; il est dans une situation légale et réglementaire sans aucun élément contractuel (CE 21 déc. 2001, n° 220997, la signature d'une charte des thèses par l'étudiant et le directeur de thèse ne constitue en aucun cas un engagement contractuel) ; il doit s'y conformer sans pouvoir demander des aménagements qui ne seraient pas prévus par les textes ; les dispositions unilatérales peuvent être modifiées à tout moment ; il ne peut pas invoquer de droits acquis (CE 12 févr. 1982, n°s 27098 et 27099, note 2 ss. art. L. 612-1 ; note 22 ss. art. L. 613-1 ; en cas d'interruption d'une formation du fait du non-renouvellement d'une habilitation, il n'y a ni rupture d'égalité, ni atteinte à la continuité du service public, les étudiants en cours d'études ayant la possibilité (souvent théorique) de continuer dans un autre établissement.)

Le principe d'égalité d'accès et de traitement s'applique à tous les étudiants que la loi considère comme étant dans la même situation vis-à-vis du service public. Tel est le cas des ***étudiants étrangers*** résidant en France qui malgré leur différence de nationalité sont en matière de formation dans la même situation que les étudiants français (CE 26 juill. 1982, n°s 22931 et 22934, notes ss. art. L. 612-5). S'agissant des étudiants étrangers résidant hors de France, il faut distinguer ceux qui bénéficient de la libre circulation du fait de l'appartenance de leur État à l'Union européenne ou à l'Espace Économique Européen (et à la Confédération helvétique) des étudiants des autres États (art. D. 612-11) (CE 26 juill. 1982, n° 22931 : étudiants n'étant pas placés dans la même situation). Avant même de disposer d'un titre de séjour (CE 24 janv. 1996, n° 153746, V. note ss. art. L. 612-5), ces derniers doivent formuler une demande d'admission préalable (DAP, à remplir dans les ambassades) qu'ils adressent à trois universités classées par ordre de préférence à la condition de justifier des titres ouvrant droit aux études envisagées et d'un niveau de compréhension de la langue française adapté aux études vérifié par un examen (art. D. 612-12 ; examen dont sont notamment dispensés les étudiants titulaires du baccalauréat français ou équivalent, les boursiers du gouvernement français, les ressortissants des États dont le français est la langue officielle ou les enfants de diplomates). La loi sur l'orientation et la réussite des étudiants (ORE) du 8 mars 2018 ajoute toutefois aux finalités du 1er cycle le perfectionnement de la « maîtrise de la langue française » (art. 6). Les candidats résidant à l'étranger, titulaires du baccalauréat français ou européen comme les ressortissants d'un pays de l'Union européenne ou de l'Espace économique sont assimilés aux étudiants français. Seuls les établissements d'enseignement supérieur sont compétents pour statuer sur cette demande (CE 26 janv. 2007, n° 280912, V. note ss. art. L. 612-5). Le décret n° 2019-318 du 12 avril 2019 modifie la procédure d'admission des ressortissants étrangers résidant à l'étranger candidats à une première inscription en première année de licence dans une université ; le candidat peut formuler trois vœux d'inscription dans trois universités ; il choisira son établissement d'inscription en fonction de la réponse apportée par chaque établissement (modification des art. D. 612-16 s.). Pour la deuxième inscription en L1 ou pour les années ultérieures (L2, L3, M, D), les étudiants étrangers sont soumis aux mêmes règles que les étudiants français, les établissements étant alors juges de leur niveau de compréhension de la langue française (art. D. 612-17). A noter que pour des raisons de sécurité nationale, une circulaire du 24 septembre 1990 a pu légalement prévoir que l'inscription des étudiants irakiens dans les universités françaises était subordonnée à l'accord préalable du haut fonctionnaire de défense placée auprès du ministre (CE 28 juin 1996, n° 135433 : le président de l'université avait compétence liée pour refuser d'autoriser l'étudiant à poursuivre ses travaux de recherche). Pour renforcer l'attractivité de l'enseignement supérieur français, il a paradoxalement été décidé d'augmenter significativement les droits d'inscription (et non plus de scolarité, art. R. 719-49) des étudiants étrangers (non domiciliés en France) extra-européens (hors UE, EEE, CH) ; en contrepartie leur accueil devrait être amélioré et leurs bourses augmentées (Stratégie Bienvenue en France, Circ. n° 2019-047 du 20 mars 2019, articulation des procédures de préinscription des étudiants internationaux et d'attribution des bourses et exonérations de droits d'inscription par les ambassades et les établissements). Un arrêté du 19 avril 2019 porte leur montant à 2 770 euros pour la licence, à 3 770 pour le master et le doctorat pour les nouveaux étudiants (inapplicable aux étudiants ayant déjà entamé leurs études) ; des exonérations peuvent être accordées (art. R. 719-49 à R. 719-50-1) par le ministère des affaires étrangères en fonction de la politique étrangère culturelle et scientifique de la France et de la situation personnelle des étudiants (art. R. 749-1 modifié par Décr. n° 2019-344 du 19 avr. 2019) et par le président de l'université en raison de la situation personnelle de l'usager, notamment les réfugiés et les travailleurs privés d'emploi, et des orientations stratégiques de l'établissement, le taux d'exonération réservé à l'établissement fixé en 2013 restant à 10% (art. R. 719-50 modifié ; avec une possibilité de dépasser ce taux en application d'un accord conclu entre établissements, dans le cadre d'un programme européen et international, ou pour l'enseignement à distance, art. R. 719-50-1) ; les doctorants sont exonérés (Arr. du 19 avr. 2019, art. 5) ; les droits peuvent être versés en trois fois (Arr. du 19 avr. 2019, art. 8), l'acquittement de la totalité du montant des droits d'inscription conditionnant la délivrance du diplôme et de tout ou partie des crédits européens validés en vue de son obtention (art. D. 612-4, modifié par Décr. n° 2019-345 du 19 avr. 2019).

Le premier cycle permet aux étudiants d'acquérir des connaissances fondamentales et les méthodes de travail nécessaires, attestées par le grade de ***licence*** (art. L. 612-2). La ***loi ORE n° 2018-166 du 8 mars 2018 a confirmé*** le principe de l'ouverture du premier cycle à tous les bacheliers, avec une exception pour les filières sélectives (CPGE, STS, IUT, grands établissements, double licence) ; pour les autres filières (licence, PACES), l'inscription peut être subordonnée à l'acceptation d'un accompagnement pédagogique (art. L. 612-3). Ces nouvelles dispositions ont entraîné une révision de l'arrêté du 1er août 2011 relatif à la licence (Arr. du 30 juill. 2018 relatif au diplôme national de licence) et de l'arrêté du 22 janvier 2014 fixant le cadre national pour ce qui concerne les formations conduisant à la délivrance du diplôme national de licence (Arr. du 30 juill. 2018 modifiant l'Arr. du 22 janv. 2014 fixant le cadre national des formations conduisant à la délivrance des diplômes nationaux de licence, de licence professionnelle et de master), notamment pour intégrer l'enseignement modulaire capitalisable que les établissements d'enseignement supérieur doivent désormais mettre en œuvre (L. ORE, art. 9 ; art. L. 613-5). La licence est un diplôme national de l'enseignement supérieur conférant à son titulaire le grade universitaire de licence. Elle confère les mêmes droits à tous ses titulaires, quel que soit l'établissement qui l'a délivrée (Arr. licence, art. 1er), atteste de l'acquisition d'un socle de connaissances et de compétences dans un champ disciplinaire ou pluridisciplinaire, prépare à la poursuite d'études en master comme à l'insertion professionnelle immédiate après son obtention et est organisée pour favoriser la formation tout au long de la vie. Elle sanctionne un niveau validé par l'obtention de 180 crédits européens. (Arr. préc., art. 2).

Le deuxième cycle permet aux étudiants de compléter leur formation, qu'il s'agisse de formation générale ou de formation professionnelle, en préparant le diplôme qui leur confère le grade de ***master*** (art. L. 612-5) ; dans ce second cas, la prise en compte des débouchés pourra justifier la décision de limiter les capacités d'accueil. La loi n° 2016-1828 du 23 décembre 2016 permet dorénavant aux établissements de prévoir une sélection à l'entrée en master 1 (V. comm. ss. art. L. 612-5).

Le troisième cycle est aujourd'hui uniquement constitué par les « formations doctorales », dont l'objectif est le grade de ***docteur***. La création des écoles universitaires de recherche (EUR) contribue à rapprocher master et doctorat.

Plusieurs décrets du 8 avril 2002 ont tiré les conséquences pour le système français du processus de Bologne. Le décret n° 2002-481 précise que si les grades et titres sont attachés aux diplômes nationaux qui sanctionnent les différents niveaux de formation, les premiers dont en France l'État conserve le monopole de la collation fixent les principaux niveaux de référence de l'espace éducatif européen ; conciliant la tradition française et le projet européen, il s'agit du baccalauréat, de la licence, du master (néologisme dont après quelques hésitations le Décr. n° 2002-482 arrête l'orthographe en reprenant un terme d'origine anglo-saxonne mais internationalement reconnu sans méconnaitre l'art. 2 de la Constitution, CE 11 juin 2003, *Assoc. Avenir de la langue française*, n° 246971, V. note ss. art. L. 612-6) et du doctorat. L'accent mis sur ces trois niveaux ne supprime pas les autres ; ainsi après deux ans d'études supérieures, des diplômes nationaux peuvent toujours conférer des titres (DEUG, DUT, DEUST, constituant pour certains le niveau T, ou niveau III dans la classification de la formation professionnelle) qui gardent leur place dans le premier cycle, même si celui-ci est défini en référence à la licence et a une durée de principe de trois ans, le niveau L pouvant être atteint par les titulaires d'un diplôme de niveau T par une année supplémentaire pour obtenir, en formation initiale ou continue ou par apprentissage la licence professionnelle. Quant au deuxième cycle, il a désormais une durée de deux ans que le master prépare à la recherche (formation doctorale) ou à l'insertion professionnelle. Le décret n° 2002-482 du 8 avril 2002, dont certains articles ont été intégrés à la partie réglementaire du code (art. D. 123-12 à D. 123-14, D. 611-1 à D. 611-6), reprend les objectifs et précise les dispositions pédagogiques et les modalités d'application au système d'enseignement supérieur français de la construction de l'espace européen.

L'article 35 de la loi LRU de 2007 confirme cette construction en ajoutant une dernière phrase à l'article L. 612-1 : « Les grades de licence, de master et de doctorat sont conférés respectivement dans le cadre du premier, du deuxième et du troisième cycles. ».

Au-delà de l'architecture de formation fondée sur les trois grades LMD, l'harmonisation doit être rendue possible par une organisation pédagogique en semestres et unités d'enseignement, un système d'acquisition et de transfert de « crédits » (ECTS, *European Credits Transfer System*), la délivrance de diplômes comprenant une annexe précisant les connaissances et compétences acquises (art. D. 123-13 ; D. 611-2) ; on souhaite ainsi non seulement permettre la mobilité des étudiants mais aussi la qualité des études (approche pluridisciplinaire, professionnalisation, usage des technologies de la communication, passage de formation initiale en formation continue, apprentissage, art. D. 123-14). Ces éléments repris par le décret n° 2002-842 du 8 avril 2002 portant application au système français d'enseignement supérieur de la construction de l'espace européen d'enseignement supérieur doivent permettre de modifier fortement l'offre de formation. On peut s'étonner que le processus de mise en place n'ait pas permis au législateur d'arrêter ses principes généraux. A partir de 2006, l'adoption des lois de finances en mode LOLF a toutefois amené le Parlement à examiner et autoriser les crédits de la mission enseignement supérieur et recherche universitaire dans le cadre de programmes découpés selon la même logique, L (crédits pour les trois premières années), M (pour les études débouchant en deux ans sur les masters, recherche ou professionnalisés) et D (écoles doctorales).

Invitées à proposer leurs programmes et leurs diplômes dans ce nouveau cadre, les universités ont mis en place de nouvelles maquettes construites sur la base de quelques orientations générales (180 crédits pour la licence, 300 pour le master) ; si le lancement de l'opération a été réussi, il reste une série de questions à approfondir : mise en place des parcours individualisés, place des formations professionnelles (DUT, BTS) et des classes préparatoires… (V. IGAEN, « La mise en place du LMD », juin 2005). Le décret du 3 mai 2007 a introduit la semestrialisation ; désormais la première année vaut 60 ECTS, le parcours complet 120, l'étudiant sortant de CPGE se voyant délivrer une attestation descriptive de son parcours (Circ. DGES n° 2008-1011 du 26 mars 2008).

L'enseignement supérieur est une compétence de l'État qui s'exerce notamment *« dans le respect de (ses) engagements européens »* (L. Fillon du 23 avr. 2005, art. 42 modifiant l'art. L. 614-1). Depuis la loi n° 95-115 du 4 février 1995 d'orientation pour l'aménagement et le développement du territoire, un schéma de services collectifs enseignement supérieur et recherche doit organiser leur développement et leur répartition équilibrée sur le territoire (art. L. 614-1). Outil de prospective, il doit permettre une meilleure coordination des décisions de l'État qui arrête la carte des formations supérieures et de la recherche (art. L. 614-3) et des investissements des collectivités territoriales qui, au-delà de leur compétence, peuvent accompagner le développement du secteur, notamment dans le cadre des contrats de plan État/région.

Les dispositions spécifiques aux différentes formations regroupées aux titres II à IV constituent un ensemble disparate et pointilliste issues de divers dispositifs législatifs (entrée dérogatoire à l'IEP de Paris, *numerus clausus* dans le domaine de la santé, délivrance du titre d'ingénieur…). La loi Fillon du 23 avril 2005 a introduit un nouveau chapitre contenant un article unique consacré à la ***formation des maîtres*** confiée aux ESPÉ par la loi de refondation de l'école de la République du 8 juillet 2013 (art. L. 625-1), désormais dénommées INSPÉ par la loi du 26 juillet 2019 pour une école de la confiance. ❑

TITRE PREMIER L'ORGANISATION GÉNÉRALE DES ENSEIGNEMENTS

BIBL. GÉN. ▶ ALLÈGRE, Réconcilier la France avec son Université, *Plon, 2007*. – AMESTOY, Les universités françaises, éducation et gestion, *INAS-CLUB, 1968*. – BEAUD, CAILLÉ, ENCRENAZ, GAUCHET et VATIN, Refonder l'université : Pourquoi l'enseignement supérieur reste à reconstruire, *La Découverte, coll. Cahiers libres, 2011*. – BOURGEOIS, L'unité nécessaire de l'enseignement supérieur, *in La Revue du Mauss, n° 33, La Découverte, 2009*. – BRONDEL, Les réformes de la recherche et de l'université dévoilées, *AJDA 2005. 1868* . – CAILLÉ (collectif), L'Université en crise : Mort ou résurrection ?, *La Découverte, in La revue Mauss, n° 33, Premier semestre, 2009*. – CHAPOULIE, FRIDENSON et PROST, Les mutations de la science et des universités en France depuis 1945, *Le mouvement* *social, n° 233, oct.-déc. 2010, La Découverte.* – Chomsky et Baillargeon, Réflexions sur l'université, suivies d'un entretien inédit, *Liber, coll. Raisons d'agir, 2010.* – Collet et autres, Moderniser l'université, c'est aussi défendre un idéal, *Le Monde, 23 avr. 2009. Dossier, VII.* – Coniez, Faillite des universités françaises ?, *Ellipses Marketing, coll. Transversale Débats, 2008.* – Duport, Aménagement du territoire, enseignement supérieur et recherche : entre proximité et excellence, *Rapport, Conseil économique et social, févr. 2008.* – Faivre, Pour un enseignement supérieur et une recherche plus compétitifs, *AJDA 2008. 380*. – François-Poncet, La fuite des cerveaux : mythe ou réalité ?, *Sénat, Rapport d'information 1999-2000, n° 388, mai 1999.* – Freitag, Les finalités de l'Université comme institution, *in La Revue du Mauss, n° 33, La Découverte, 2009.* – Gaffard, Une approche économique de l'enseignement supérieur français, *Vie universitaire, n° 122, janv. 2007. 4.* – Jamet, Éducation française, l'heure de vérité, *ebook, déc. 2016.* – Jégouzo, Le grand marché de l'enseignement supérieur est ouvert, *AJDA 2004. 681*. – Lafaille, Le Diable à l'Université. Ode au Malin, *D. 2016. 2057*. – Le Bris, Les universités à la loupe, *Economica, 1985.* – Legrand, L'enseignement supérieur, *in* Le système éducatif en France, *Doc. fr., coll. Les notices, 2003. 101.* – Leroy, Universités : enquête sur le grand chambardement, *Éd. Autrement, coll. Frontières, 2011.* – Mascret, Enseignement supérieur et recherche en France : une ambition d'excellence, *Doc. fr., coll. Les études, 2015.* – Minot, Histoire des universités françaises, *PUF, coll. Que sais-je ?, 1991.* – Musselin, La longue marche des universités, *PUF, 2001* ; L'évolution des universités depuis vingt ans, *in* Éducation, les enjeux, *Doc. fr., coll. Regards sur l'actualité, n° 293, août-sept. 2003.* – Pollin (sous la direction de), Universités : nouvelle donne, *Les cahiers du cercle des économistes, 2009.* – Ponceau, Parcours dans l'enseignement supérieur : du baccalauréat au premier diplôme du premier cycle, *MESRI-SIES, Note d'information du SIES, n° 19.09, juin 2019.* – Prost, Éducation, société et politiques, *Seuil, coll. Points histoire, 1997, n° 242.* – Renaut, Qu'est-ce qu'une politique d'enseignement supérieur ?, *in* Université, Universités, *Dalloz, coll. Thèmes et commentaires, 2010. 21.* – Schlenker, Université : pour une nouvelle ambition, *Institut Montaigne, coll. Études, avr. 2015.* – Soulié et Charle, Les ravages de la modernisation universitaire en Europe, *Éd. Syllepse, coll. La politique au scalpel, 2008.* – Vatin et Vernet, La crise de l'Université française : une perspective historique et socio-démographique, *in La Revue du Mauss, n° 33, La Découverte, 2009.* – Verger, Histoire des universités en France, *Privat, coll. Bibliothèque historique, 1986.* – Où va l'université ?, *Rapport du Comité national d'évaluation, Gallimard, 1987.* – Universités 2000. Quelle université pour demain ?, *MEN, Assises nationales de l'enseignement supérieur, Sorbonne, juin 1990, Doc. fr., 1991.* – Réforme de l'université : rapport d'étape, *Rapport MEN, déc. 1997.* – Igaenr, Enseignement supérieur et recherche : nouveaux enjeux, nouveaux choix, in Rapport annuel des inspections générales, *MEN, 2004.* – L'état de l'enseignement supérieur et de la recherche en France. 42 indicateurs, *MESR, n° 5, déc. 2011.*

▸ **Indicateurs.** Algava et Lièvre, Les effectifs dans l'enseignement supérieur en 2016-2017, *MESRI, Note Flash du SIES-Enseignement supérieur, Recherche & Innovation, n° 11, août 2017.* – Guiberteau et Marlat, Les effectifs universitaires en 2018-2019, *MESRI-SIES, Note Flash du SIES, n° 13, juin 2019.* – Marlat et Perraud-Ussel, Hausse des effectifs universitaires en 2020-2021, portée par les néo-bacheliers, *MESRI-SIES, Note Flash n° 10, juin 2021* ; Les étudiants inscrits dans les universités françaises en 2019, *MESRI-SIES, Note d'information n° 20.19, déc. 2020.* – NDAO, Les effectifs d'étudiants dans le supérieur en 2019-2020 en progression constante, *MESRI-SIES, Note d'information n° 20.20, déc. 2020.* – Pauron, Projections des effectifs dans l'enseignement supérieur pour les rentrées de 2017 à 2026, *MESRI-SIES, Note d'information du SIES, n° 18. 04, avr. 2018.* – Indicateurs Europe 2020 sur l'éducation en 2016. Toujours plus de diplômés de l'enseignement supérieur parmi les 30-34 ans dans l'UE... et toujours moins de jeunes quittant prématurément l'éducation, *Eurostat, communiqué 71/2017, 26 avr. 2017.* – Antunez, Lecomte et Kaldi, Éducation et enseignement supérieur, approches territoriales. Fiche d'analyse 2017, *Observatoire des territoires.* – Part de diplômés de l'enseignement supérieur parmi les 30-34 ans : l'UE toute proche de son objectif. Le taux de jeunes quittant prématurément l'éducation et la formation décrochage continue de diminuer, *Eurostat, Communiqué de presse n° 72/2018, 25 avr. 2018.* – Atlas régional : les effectifs d'étudiants en 2018-2019, *MESRI, 2 nov. 2020.*

▸ **Autonomie.** Loi LRU : V. Bibl. livre VII, titre I.

▸ **Autonomie. Loi LESR :** V. Bibl. livre VII, titre I.

▸ **Europe.** Attali, Pour un modèle européen d'enseignement supérieur, *Rapport MEN, févr. 1998.* – Boffo, Les difficiles mutations de l'Université italienne, *in* Université, Universités, *Dalloz, coll. Thèmes et commentaires, 2010. 77.* – Charle, Universités allemandes : la fin du rêve de la liberté ? A propos des réformes en Allemagne, *in* Université, Universités, *Dalloz, coll. Thèmes et commentaires, 2010. 61* ; Justice sociale et enseignement supérieur : une étude comparée en Angleterre, en France et en Suède, *Thèse Université Bordeaux-II, juin 2013.* – Conac, L'Europe de l'éducation, un démarrage difficile, une coopération dynamique, *in Terres de droit, Dalloz, 2009.*

– Croche, Bologne confisqué. Constitution, autour de la Commission européenne, d'un acteur-réseau et d'un dispositif européen de l'enseignement supérieur, *Thèse, Université Lyon 2-2009 Diffusion [intranet] URI http://demeter.univ-lyon2.fr/sdx/theses/lyon2/2009/croche_s*. – Delaunay, De l'Europe des universités aux universités européennes, *AJDA 2017. 1913*. – Dupont-Calbo, D'un continent à l'autre le prix de l'excellence varie, *Le Monde, Universités & grandes écoles, 17 nov. 2011. 14*. – Durand, Neubert, Röseberg et Viallon, Étudier en France et en Allemagne, Approche comparée des cultures universitaires, *Presses universitaires du Septentrion, 2007*. – Filatre, L'évolution des politiques universitaires de formation en France à travers le processus de Bologne, *in* Université, Universités, *Dalloz, coll. Thèmes et commentaires, 2010. 251*. – Froment, Quelle politique européenne de l'enseignement supérieur ?, *in* Université, Universités, *Dalloz, coll. Thèmes et commentaires, 2010. 115*. – Garcia, Réformes de Bologne et économicisation de l'enseignement supérieur, *in La Revue du Mauss, n° 33, La Découverte, 2009*. – Gutierez-Cortines, Les universités et l'enseignement supérieur dans l'espace européen de la connaissance, *Rapport MEN, Commission européenne de la culture, de la jeunesse, de l'éducation, des médias et des sports, sept. 2002*. – Moedas, De quelle manière les universités servent-elles le rayonnement international de l'Union européenne ?, Conseil d'État, 7e conférence du cycle « Entretiens sur l'Europe » : Enseignement et recherche : l'Europe continue-t-elle de former les élites mondiales ? – Musselin, Les réformes des universités en Europe, *in La Revue du Mauss, n° 33, La Découverte, 2009*. – Pertek, L'Europe des universités, *AJDA 1990. 233*. – Sursok, Trends 2015 : Learning and Teaching in European Universities, EUA publications 2015. – Rapp, Existe-il vraiment un espace européen de l'enseignement supérieur et de la recherche ?, Conseil d'État, 7e conférence du cycle « Entretiens sur l'Europe » : Enseignement et recherche : l'Europe continue-t-elle de former les élites mondiales ? – European Commission/EACEA/Eurydice, Focus on higher Education in Europe 2010 : The impact of the Bologna process, *2010* ; The European Higher Education Area in 2015 : Bologna Process Implementation Report. Luxembourg : *Publications Office of the European Union, 2015*. – Modernisation of Higher Education in Europe : Academic Staff, *Eurydice Report, Luxembourg : Publications Office of the European Union, 2017*. – Beaucher et Charvet, Bibliographie : L'Europe de l'enseignement supérieur : quels enjeux pour les étudiants ?, *CIEP, déc. 2017*.

▸ **International.** Dore, Existe-t-il une politique d'enseignement supérieur aux États-Unis ?, *in* Université, Universités, *Dalloz, coll. Thèmes et commentaires, 2010. 87*. – Finney, Perna et Callan, *Renewing the Promise : State Policies to Improve Higher Education Performance, Institute for research on higher education, University of Pennsylvania, State higher education executive officers association, févr. 2014 ; Dépêche AEF n° 477055, 17 mars 2014*. – Leresche, Les logiques multiniveaux de l'internationalisation des enseignements supérieurs et l'autonomie des universités, *in* Université, Universités, *Dalloz, coll. Thèmes et commentaires, 2010. 123*. – Mandon (interview), Les évolutions de l'enseignement supérieur et de la recherche dans le monde, *in Géopolitique des universités, Hérodote, 1er trim. 2018, n° 168. 91*. – Strassel, Les enjeux géopolitiques de la mondialisation universitaire, *in Géopolitique des universités, Hérodote, 1er trim. 2018, n° 168. 9*. – Mathias, Ambrogi (pilotes), Jardin, Rojat, Foucault, Imbert et Brison, Les ordres d'enseignement en Europe et dans le monde, *in IGAENR-IGEN, Rapp. annuel 2014. 220*. – Sun, Les paradoxes de l'autonomie des universités en Chine, *in* Université, Universités, *Dalloz, coll. Thèmes et commentaires, 2010. 99*. – OCDE, Regards sur l'Éducation : Panorama, *OCDE 2011*.

▸ **Stratégie nationale.** Bejean et Monthubert, Pour une société apprenante. Propositions pour une stratégie nationale de l'enseignement supérieur, *MENESR, sept. 2015* ; La STRANES en poche. Les 40 propositions, *MENESR, sept. 2015*. – Schlenker, Université : pour une nouvelle ambition, *Institut Montaigne, Étude, avr. 2015. MESRI*. – Livre Blanc de l'enseignement supérieur et de la recherche. – Construire la France de 2025, *MENESR, 2017*.

▸ **Stratégie territoriale.** Stratégie territoriale de l'enseignement supérieur et de la recherche. Strater Diagnostic territorial, *MESRI, juin 2018*.

CHAPITRE PREMIER **DISPOSITIONS COMMUNES**

BIBL. ▸ Belloc, Les grands axes de la politique française de l'enseignement supérieur, *in* Université, Universités, *Dalloz, coll. Thèmes et commentaires, 2010. 51*. – Biot-Paquerot, L'offre de formation des universités : une analyse par la théorie de l'architecture organisationnelle, *Thèse, Université de Bourgogne, 2006*. – Endrizzi, L'avenir de l'université est-il interdisciplinaire ?, *Institut français de l'éducation, Dossier de veille de l'IFE, n° 120, nov. 2017 : http://ife.ens-lyon.fr/vst/DA-Veille/120-novembre-2017.pdf*. – Filatre, les politiques de formation supérieure universitaire, *in* Les universités en France. Fonctionnement et enjeux (dir.), *PURH (Presses des universités de Rouen et du Havre), 2012. 71*. – Laurent, Ardant et Boishue, Universités : relever les défis du nombre, *Rapport MEN, janv. 1995*.

Art. L. 611-1 Le présent titre détermine les principes fondamentaux applicables à l'ensemble des formations qui relèvent de l'autorité ou du contrôle du ministre chargé de l'enseignement supérieur, que ces formations soient assurées par des établissements publics à caractère scientifique, culturel et professionnel définis au titre Ier du livre VII ou par d'autres établissements publics dispensant un enseignement après les études secondaires tels que les lycées comportant des sections de techniciens supérieurs ou des classes préparatoires aux écoles.

(L. nº 2006-396 du 31 mars 2006, art. 11) « Un décret en Conseil d'État détermine les conditions dans lesquelles sont ouvertes et agréées, dans chaque région, des classes préparatoires aux écoles ouvertes principalement aux élèves provenant d'établissements situés en zone d'éducation prioritaire.

« Les procédures d'admission peuvent être mises en œuvre par voie de conventions conclues avec des établissements d'enseignement supérieur, français et étrangers, pour les associer au recrutement de leurs élèves ou étudiants par les établissements. »

(L. nº 2020-1674 du 24 déc. 2020, art. 37) « Des modalités particulières d'admission destinées à assurer un recrutement diversifié des étudiants sont mises en œuvre par les établissements dispensant une formation d'enseignement supérieur relevant des différents départements ministériels, à l'exception des établissements assurant la formation des agents publics dont la liste est fixée par arrêté du Premier ministre. Ces modalités, qui visent à assurer une mixité sociale et géographique, sont fixées par les autorités compétentes pour déterminer les modalités d'accès aux formations dans des conditions et selon des objectifs fixés par arrêtés des ministres de tutelle des établissements.

« L'établissement rend compte de l'atteinte des objectifs fixés en matière de recrutement diversifié une fois par an. L'État tient compte de ces résultats pour déterminer les engagements, notamment financiers, qu'il prend à l'égard de l'établissement. Lorsque l'établissement conclut avec l'État un contrat qui définit, pour l'ensemble de ses activités, les objectifs de l'établissement et les engagements réciproques des parties, le contrat prévoit l'objectif de recrutement diversifié assigné à l'établissement et dans quelle mesure l'État tient compte des résultats obtenus par l'établissement pour déterminer les engagements, notamment financiers, qu'il prend à l'égard de l'établissement. »

BIBL. ► AIMÉ, L'évaluation de la soutenabilité de l'offre de formation des établissements d'enseignement supérieur, *Rapp. IGAENR, nº 2014-028, mai 2014*. – PERETTI, BÉTANT, FOUCAULT, GALICHER, LACOSTE, MONTI, PONSOT et SIMON, Audit du pilotage et de l'organisation de la fonction formation dans les universités, *Rapp. IGAENR, nº 2012-085, juill. 2012*.

1. Champ d'application. Les dispositions de cet art. définissent le champ du livre VI du C. éduc.. Alors même que le Décr.du 8 avr. 2002 relatif aux grades et titres universitaires et aux diplômes nationaux classe le baccalauréat parmi les grades et diplômes universitaires, elles ne régissent pas les conditions d'obtention du baccalauréat, lequel ne sanctionne que les études poursuivies dans des établissements d'enseignement secondaire. • CE 30 déc. 2003, *Soc. des agrégés de l'université*, nos 251820, 251822, 251824, 252064, 252066, 252068, 252185, 252885 et 252886 : *Lebon T. 797*.

2. Élèves de BTS. Cartes d'étudiant. En réponse à la demande d'un recteur, la direction des affaires juridiques a estimé que les proviseurs des lycées publics ont la possibilité d'attribuer des cartes d'étudiant aux élèves préparant un BTS en lycée se fondant notamment sur les dispositions de l'art. L. 611-1 qui dispose que les formations assurées par les lycées comportant des sections de techniciens supérieurs relèvent de l'autorité et du contrôle du ministre chargé de l'enseignement supérieur et sur celles du Décr. nº 95-665 du 9 mai 1995 portant règlement général du brevet de technicien supérieur qui affirme en son art. 1er que le BTS est un diplôme de l'enseignement supérieur. * Lettre DAJ B1 nº 2013-152, 2 juill. 2013 : *LIJ 2013, nº 178, p. 22*.

Art. L. 611-2 *(L. nº 2013-660 du 22 juill. 2013, art. 22)* « Les établissements d'enseignement supérieur peuvent instituer en leur sein un ou plusieurs conseils de perfectionnement des formations comprenant des représentants des milieux professionnels. Les règles relatives à la composition et au fonctionnement de ces conseils sont fixées par les statuts de l'établissement. »

Les enseignements supérieurs sont organisés en liaison avec les milieux professionnels :

1° Leurs représentants participent à la définition des programmes dans les instances compétentes *(L. n° 2013-660 du 22 juill. 2013, art. 22)* **« , notamment au sein des conseils de perfectionnement des formations » ;**

2° Les praticiens contribuent aux enseignements ;

3° Des stages peuvent être aménagés dans les entreprises publiques ou privées *(L. n° 2013-660 du 22 juill. 2013, art. 22)* **« , les organismes de l'économie sociale et solidaire » ou l'administration ; ces stages doivent** *(L. n° 2013-660 du 22 juill. 2013, art. 22)* **« être en cohérence avec la formation suivie par l'étudiant et » faire l'objet d'un suivi pédagogique approprié ;**

(L. n° 2013-660 du 22 juill. 2013, art. 22) **« 4° Les enseignements peuvent être organisés par alternance. »**

BIBL. ▶ HETZEL, De l'université à l'emploi, *Rapport au Premier ministre, Commission université-emploi, oct. 2006 ; www.ladocumentationfrancaise.fr.*

I. STAGES. PRINCIPES

1. *Compétence juridictionnelle.* La convention de stage tripartite n'est pas un contrat de travail et le stagiaire n'est pas placé dans une situation de dépendance salariale vis-à-vis de l'entreprise. En cas de litige entre un stagiaire et une entreprise qui refuserait de verser la gratification à laquelle il peut prétendre, le tribunal d'instance, et non le conseil des prud'hommes, serait compétent. * Lettre DAJ B1, n° 08-119, du 11 avr. 2008 : *LIJ 2008, n° 126, p. 30.*

II. STAGES. CONVENTION

2. *Double affiliation.* La double affiliation à un régime de protection sociale au titre du régime étudiant et au titre d'agent non titulaire de l'État ou encore lorsque l'étudiant signe un contrat de travail de droit privé ne semble pas poser de difficultés particulières. Au contraire, elle permet à l'étudiant de bénéficier des indemnités journalières du régime général lorsqu'il remplit les conditions requises par le code de sécurité sociale et de continuer à bénéficier des assurances sociales des étudiants si ces conditions ne sont pas remplies. Cette situation concerne aussi les étudiants en master se destinant aux métiers de l'enseignement. * Lettre DAJ B1, n° 2010-79, du 20 mars 2010 : *LIJ 2010, n° 145, p. 22.*

III. STAGES. GRATIFICATION

3. *Principes.* La convention associant le stagiaire, l'entreprise et l'établissement d'enseignement contient, au nombre des clauses obligatoires, une clause prévoyant le montant de la gratification versée au stagiaire et les modalités de son versement. Le Décr. du 31 janv. 2008 a eu de fait pour objet de fixer, à défaut d'accord de branche ou d'accord professionnel étendu, le montant minimal de la gratification. * Lettre DAJ B1, n° 08-119, du 11 avr. 2008 : *préc. note 1.*

4. *Principe d'égalité.* Le principe d'égalité ne s'oppose pas à ce que soient réglées de façon différente des situations différentes ni à ce qu'il soit dérogé à l'égalité pour des raisons d'intérêt général, pourvu que la différence de traitement qui en résulte soit, dans l'un comme l'autre cas, en rapport avec l'objet de la norme qui l'établit et ne soit pas manifestement disproportionnée au regard des différences de situation susceptibles de la justifier. • CE 28 déc. 2009, *M. Guillot*, n° 311421 : *Lebon T. 821 ; AJDA 2010. 806.*

5. *Gratification. Montant minimum.* Au regard de l'intérêt général qui s'attache à ce que les élèves avocats puisse être accueillis en stage dans le plus grand nombre de cabinets et compte tenu, en outre, de la circonstance que ces gratifications n'ont pas le caractère d'un salaire au sens de l'art. L. 140-2 C. trav., que le montant de la gratification des élèves avocats stagiaires ainsi prévu ne constitue qu'un minimum que les cabinets d'avocats ont toujours la faculté de dépasser et qu'aucune stipulation de l'accord en litige n'interdit aux avocats employeurs, quel que soit le nombre des salariés qu'ils emploient, de tenir compte des compétences et des tâches confiées aux stagiaires pour établir le niveau de gratification, la dérogation ainsi introduite à l'égalité de traitement entre les stagiaires n'est pas davantage disproportionnée. • CE 28 déc. 2009, *M. Guillot*, n° 311421 : *préc. note 4.*

6. *Montants variables.* Compte tenu de la situation différente dans laquelle se trouvent les cabinets d'avocats en fonction de leur taille au regard de la charge spécifique que représente l'insertion d'un stagiaire en formation au sein d'une structure professionnelle, en prévoyant, pour la gratification versée aux élèves avocats stagiaires en cours de scolarisation dans les centres de formation professionnelle des avocats, des montants variables selon la taille des cabinets d'avocats, l'accord litigieux, n'a pas introduit entre les cabinets d'avocats une différence de traitement disproportionnée au regard de la différence de situation qui existe entre eux. • CE 28 déc. 2009, *M. Guillot*, n° 311421 : *préc. note 4.*

Art. L. 611-3 **Les étudiants élaborent leur projet d'orientation universitaire et professionnelle en fonction de leurs aspirations et de leurs capacités** *(L. n° 2013-660 du*

22 juill. 2013, art. 23) **« ainsi que des perspectives professionnelles liées aux besoins prévisibles de la société, de l'économie et de l'aménagement du territoire » avec l'aide des parents, des enseignants, des personnels d'orientation et des professionnels compétents. Les administrations concernées, les** *(L. nº 2013-660 du 22 juill. 2013, art. 19)* **« régions et, le cas échéant, les autres » collectivités territoriales, les entreprises et les associations y contribuent.** *(L. nº 2013-660 du 22 juill. 2013, art. 23)* **« L'orientation favorise l'accès et la représentation équilibrés entre les femmes et les hommes au sein des filières de formation. »** *(L. nº 2018-166 du 8 mars 2018, art. 2)* **« L'orientation tient compte de l'émergence de nouvelles filières et de nouveaux métiers. »**

BIBL. ▸ **Orientation :** CHALON, CHOISNARD, GEORGET, DAELE et SYLVESTRE, Comment développer le conseil pédagogique dans l'enseignement supérieur ?, *de Boeck Supérieur, coll. Guides pratiques, 2016.* – CHERPION et GILLE, Rapport d'information sur la mise en application de la loi nº 2009-1437 du 24 novembre 2009 relative à l'orientation et à la formation professionnelle tout au long de la vie, *Ass. nat. nº 3208, mars 2011.* – HÉDOIN, L'information des étudiants sur les débouchés des formations et leur accompagnement vers l'insertion professionnelle, *Rapp. IGAENR, juin 2007.* – ORANGE, BODIN, L'Université n'est pas en crise. Les transformations de l'enseignement supérieur : enjeux et idées reçues, *Le Croquant, 2013.* – RENAUT, L'orientation active : premier bilan un an après la loi LRU, *Observatoire européen des politiques universitaires, juin 2008.* – SIMON, Accueil et orientation des nouveaux étudiants dans les universités, *Rapp. IGAENR, juin 2006.*

▸ **Professionnalisation et insertion professionnelle :** BÉJEAN, La professionnalisation des formations universitaires, *in* Université, Universités, *Dalloz, coll. Thèmes et commentaires, 2010. 267.* – BRAFMAN et REY-LEFEBVRE, L'université française, un tremplin pour l'entreprise, *Le Monde, Universités & Grandes écoles, 19 déc. 2013, p. 8.* – BRONDEL, De l'université à l'emploi : les six pistes du rapport final de la commission Hetzel, *AJDA 2006. 1984*. – DEMONTÈS, Évaluation du partenariat de l'éducation nationale et de l'enseignement supérieur avec le monde économique pour l'insertion professionnelle des jeunes, *MENESR, SGMAP, oct. 2015.* – FERRY, Le rapport à l'avenir des étudiants français, *Observatoire de la vie étudiante, OVE Infos, nº 32, juin 2016 : http://www.ove-national.education.fr/medias/OVE_Infos_32_Rapport_a_lavenir.pdf.* – LE BOTERF, Pour des cursus plus professionnalisés, *Le Monde, 12 mars 2008. 20.* – Sur l'insertion professionnelle des jeunes diplômés en France, *Rép. min. nº 30194, JOAN Q, 13 août 2013, p. 8767.* – MARCYAN, La professionnalisation des diplômes universitaires : la gouvernance des formations en question, *Thèse, Université de Nancy 2, 2010.* – Cour des comptes, L'accès des jeunes à l'emploi. Construire des parcours, adapter les aides, *sept. 2016.*

▸ **Apprentissage :** Guide de l'apprentissage dans l'enseignement supérieur, *MESRI, nov. 2017 : http://cache.media.enseignementsup-recherche.gouv.fr/file/Apprentissage/16/8/Apprentis_guide2017_895168.pdf.*

Art. L. 611-4 *(L. nº 2012-158 du 1er févr. 2012, art. 12)* **Les établissements d'enseignement supérieur permettent aux sportifs** *(L. nº 2015-1541 du 27 nov. 2015, art. 6)* **« ayant une pratique sportive d'excellence et d'accession au haut niveau » et aux bénéficiaires d'une convention de formation prévue à l'article L. 211-5 du code du sport de poursuivre leur carrière sportive par les aménagements nécessaires dans l'organisation et le déroulement de leurs études** *(L. nº 2015-1541 du 27 nov. 2015, art. 6)* **« et de leurs examens ainsi que par le développement de l'enseignement à distance et le recours à des moyens de télécommunication audiovisuelle ».**

Ils favorisent l'accès des sportifs *(L. nº 2015-1541 du 27 nov. 2015, art. 6)* **« ayant une pratique sportive d'excellence et d'accession au haut niveau » et des bénéficiaires d'une convention de formation prévue au même article L. 211-5, qu'ils possèdent ou non des titres universitaires, à des enseignements de formation ou de perfectionnement, dans les conditions définies aux articles L. 612-2 à L. 612-4 et L. 613-3 à L. 613-5 du présent code.**

(L. nº 2015-1541 du 27 nov. 2015, art. 6) **« Un décret fixe les conditions d'utilisation de l'enseignement à distance et du recours à des moyens de télécommunication audiovisuelle. »**

BIBL. ▸ CANU, CHAUMEIL, KEDADOUCHE, Évaluation du suivi socioprofessionnel des sportifs de haut niveau, *Rapp. IGERS, nº 2020-148, déc. 2020.* – THELIN, Games Colleges Play : Scandal and Reform in Intercollegiate Athletics, *Kindle Edition, 1996.*

Art. L. 611-5 *(L. nº 2018-166 du 8 mars 2018, art. 7)* **Un observatoire de l'insertion professionnelle est institué dans chaque université par délibération du conseil d'administration après avis de la commission de la formation et de la vie universitaire du**

conseil académique. Cet observatoire remplit la mission définie au 1° de l'article L. 124-2.

Avec les milieux professionnels qui sont associés aux enseignements supérieurs conformément à l'article L. 611-2, cet observatoire :

1° Diffuse aux étudiants une offre de stages et d'emplois variée et en lien avec les formations proposées par l'université et les besoins des entreprises ;

2° Assiste les étudiants dans leur recherche de stages et d'un premier emploi et les informe des évolutions du marché du travail ;

3° Conseille les étudiants sur leurs problématiques liées à l'emploi et à l'insertion professionnelle ;

4° Prépare les étudiants qui en font la demande aux entretiens préalables à l'embauche ;

5° Recense les entreprises, les associations et les organismes publics susceptibles d'offrir aux étudiants une expérience professionnelle en lien avec les grands domaines de formation enseignés dans l'université, en vue de leur proposer la signature de conventions de stage ;

6° Informe les étudiants sur les métiers existant dans la fonction publique et les accompagne dans l'identification et la préparation des voies d'accès à la fonction publique.

L'observatoire présente un rapport annuel à la commission de la formation et de la vie universitaire du conseil académique sur le nombre et la qualité des stages effectués par les étudiants, ainsi que sur l'insertion professionnelle de ceux-ci dans leur premier emploi.

Les statistiques comportant les taux d'insertion professionnelle des étudiants, constatés un an et deux ans après l'obtention de leur diplôme, sont publiées sur le site internet de l'établissement et, pour les formations qui y sont inscrites, dans le cadre de la procédure nationale prévue au deuxième alinéa du I de l'article L. 612-3. Elles sont prises en compte dans le cadre de l'examen de la demande par l'établissement d'accréditation de son offre conférant un grade ou un titre universitaire, conformément à l'article L. 613-1. Chaque élève en est obligatoirement informé en amont de son orientation dans un nouveau cycle ou une formation supérieure.

Un observatoire national de l'insertion professionnelle des diplômés de l'enseignement supérieur agrège les statistiques produites par les observatoires d'établissements et coordonne leurs actions communes. Un arrêté du ministre chargé de l'enseignement supérieur précise l'organisation de cette instance et les modalités de représentation au sein de l'observatoire des acteurs des établissements portant des formations supérieures.

BIBL. ▶ LAURIER, Les stages des étudiants dans les entreprises, *LIJ 2008, n° 126, p. 32.*

Art. L. 611-6 *(L. n° 2009-1437 du 24 nov. 2009, art. 40)* **L'État peut passer des contrats pluriannuels avec des établissements d'enseignement supérieur afin de soutenir des dispositifs participant à la mission de service public de l'enseignement supérieur et présentant des caractéristiques innovantes en termes d'insertion professionnelle. Les résultats sont évalués par** *(L. n° 2013-660 du 22 juill. 2013, art. 94)* **« le Haut Conseil mentionné » à l'article L. 114-3-1 du code de la recherche.**

BIBL. ▶ GAUDIN, Gouverner par contrat, *Presses de la FNSP, 2007.*

Art. L. 611-7 *(L. n° 2010-241 du 10 mars 2010, art. 10)* **Les établissements dispensant des formations sanctionnées par un diplôme d'études supérieures informent les étudiants de l'existence du service civique.**

Art. L. 611-8 *(L. n° 2013-660 du 22 juill. 2013, art. 29)* **Les établissements d'enseignement supérieur rendent disponibles, pour les formations dont les méthodes pédagogiques le permettent, leurs enseignements sous forme numérique, dans des conditions déterminées par leur conseil académique ou par l'organe en tenant lieu et conformes aux dispositions du code de la propriété intellectuelle.** *(L. n° 2016-1321 du 7 oct. 2016, art. 31)* **« Cette mise à disposition peut se substituer aux enseignements dispensés en présence des étudiants afin d'offrir une formation d'enseignement supérieur à distance et tout au long de la vie. Ces enseignements peuvent conduire à la délivrance des diplômes d'enseignement supérieur dans des conditions de validation définies par décret. »**

Une formation à l'utilisation des outils et des ressources numériques et à la compréhension des enjeux qui leur sont associés, adaptée aux spécificités du parcours suivi par l'étudiant, est dispensée dès l'entrée dans l'enseignement supérieur, dans la continuité des formations dispensées dans l'enseignement du second degré.

(L. n° 2016-1321 du 7 oct. 2016, art. 31) **« Les enseignements mis à disposition sous forme numérique par les établissements ont un statut équivalent aux enseignements dispensés en présence des étudiants selon des modalités qui sont précisées par voie réglementaire. »**

A leur demande, les enseignants peuvent suivre une formation qui leur permet d'acquérir les compétences nécessaires à la mise à disposition de leurs enseignements sous forme numérique et les initie aux méthodes pédagogiques innovantes sollicitant l'usage des technologies de l'information et de la communication.

Les modalités de mise en œuvre des *(L. n° 2016-1321 du 7 oct. 2016, art. 31)* **« trois » premiers alinéas du présent article sont fixées par le contrat pluriannuel mentionné à l'article L. 711-1.**

BIBL. ▶ BAUMARD, Les MOOC au secours de l'université, *Le Monde, Éco & entreprises, 24 oct. 2013, p. 7.* – BITARD, LESOURNE et ROUCAIROL, Série « Révolution numérique ». Conséquences sur les acteurs du système français de recherche et d'innovation, *ANRT-FUTURIS, mai 2017.* – CAUDRON, L'offre numérique éditoriale pour les étudiants, *MESRI, Rapp. IGB, n° 2017-A-06, oct. 2017.* – FOREST, L'Université en première ligne. A l'heure de la dictature numérique, *Gallimard, coll. Tracts, n° 18, 2020.* – GOURDON, Le cours magistral en suspens, *Le Monde, 15-16-17 août 2020. 24.* – IRIBARNEGARAY, Les campus connectés, cocons loin des villes, *Le Monde, 10 mars 2021. 21.* – KARSENTI, DEPOVER, KOMIS et DUMOUCHEL, La pédagogie universitaire face aux MOOCs : compte rendu d'expériences. Tendances actuelles et futures, *Revue internationale des technologies en pédagogie universitaire, International journal of technologies in higher education, vol. 12, n°s 1 et 2, 2015. 7.* – MARIC, E-learning : situations et perspectives dans les universités françaises, *Thèse, Université de Paris 13, 2011.* – MÉRINDOL, BOUQUIN, VERSAILLES, CAPDEVILA, AUBOUIN, LE CHAFFOTEC, CHIOVETTA et VOISIN, Le Livre Blanc des Open Labs. Quelles pratiques ? Quels changements en France ?, *ANRT-Futuris, Paris School of Business, mars 2016.* – PETIT, Enjeux scénographiques et industriels de la conception des ressources numériques : le cas de l'Université en ligne, *Thèse, Université de Paris 13, 2007.* – RAYBAUD, Les dégâts du distanciel sur les apprentissages, *Le Monde, 17 mars 2021. 20.* – THIBAULT, Enjeux de l'enseignement à distance pour l'université française : 1947-2004, *Thèse, Université de Paris 13, 2007.* – TRESTINI et ROSSINI, Les MOOC : perception des acteurs français de l'enseignement en ligne, *Revue internationale des technologies en pédagogie universitaire, International journal of technologies in higher education, vol. 12, n°s 1 et 2, 2015. 93.* – VILLANI, Donner un sens à l'intelligence artificielle. Pour une stratégie nationale et européenne, *Mission parlementaire, mars 2018.* – Livre blanc. Une science ouverte dans une République numérique, *Direction de l'Information scientifique et technique, CNRS, mars 2016.* – Guide des bonnes pratiques de l'enseignement en ligne, *Université Laval, 1er sept. 2016 : https://www.enseigner.ulaval.ca/communiques/2016/un-guide-des-bonnes-pratiques-de-l-enseignement-en-ligne.* – Une nouvelle dynamique pour la transformation numérique de l'Université, *CNNum, Travaux remis au Secrétaire d'État auprès de la ministre de ENESR, mai 2016 : http://www.letudiant.fr/static/uploads/mediatheque/EDU_EDU/6/9/1101169-dossierdepresse-cnnum-esr-original.pdf.* – Université numérique du temps des explorateurs : à celui de la transformation, *Conseil national du numérique, avis, mai 2016.* – Enseignement supérieur et numérique : connectez-vous !, *Institut Montaigne, Rapp., juin 2017.* – Les infrastructures numériques de l'enseignement supérieur, de la recherche : une consolidation nécessaire, *in* Le numérique au service de la transformation de l'action publique, *C. comptes, Rapp. public 2020, t. II, 195.*

▶ **Campus numériques :** BRAFMAN, L'université française passe de l'amphi aux cours en ligne, *Le Monde, 3 oct. 2013. 1.* – DELPECH DE SAINT GUILHEM (coord.), DUBOURG-LAVROFF et DE LONGUEAU, Les universités numériques thématiques, *Rapp. IGAENR, n° 2016-032, mai 2016.* – GALINIER et LE NÉVÉ, Cours à distance : le supérieur a pris le virage, *Le Monde 26 mars 2020. 12.* – MILADI, L'intégration des TIC dans l'enseignement supérieur : le cas des campus numériques français, *Thèse, Paris, Institut d'études politiques, 2010.* – Campus connectés : étudier dans tous les territoires, *MESRI, mai 2019.*

▶ **International :** DAVIES, MULLAN et FELDMAN, Rebooting learning for the digital age : What next for technology enhanced higher education ?, Higher Education Policy Institute (Hepi), *Report 93, févr. 2017.* – GAEBEL, KUPRIYANOVA, MORAIS et COLUCCI, *E-learning in European Higher Education Institutions, EUA publications, nov. 2014.* – NARDIN, Les universités virtuelles dans le monde entre 1997 et 2001 : mythes et croyances autour de l'enseignement et la formation en ligne, *Thèse, Université de Paris 10, 2004.* – NEW, Building a Data-Driven Education System in the United States, Center for data innovation, 15 nov. 2016. – Strang, Bélanger, Manville et Meads, Review of the research literature on defining and demonstrating quality teaching and impact in higher education, *Higher Education Academy, 2016.* – Willcox, Sarma et Lippel, Online Education : A Catalyst for Higher Education Reformes, *Online Education Policy Initiative, Final Report, MIT, avr. 2016.*– Les universités canadiennes et l'avenir des technologies numériques, *Atelier d'Universités Canada, 2015.*

Art. L. 611-9 *(L. nº 2017-86 du 27 janv. 2017, art. 29)* **Les compétences, connaissances et aptitudes acquises par un étudiant dans le cadre d'une activité bénévole au sein d'une association régie par la loi du 1er juillet 1901 relative au contrat d'association ou inscrite au registre des associations en application du code civil local applicable dans les départements du Bas-Rhin, du Haut-Rhin et de la Moselle, d'une activité professionnelle, d'une activité militaire dans la réserve opérationnelle prévue au titre II du livre II de la quatrième partie du code de la défense, d'un engagement de sapeur-pompier volontaire prévu à l'article L. 723-3 du code de la sécurité intérieure, d'un service civique prévu au II de l'article L. 120-1 du code du service national ou d'un volontariat dans les armées prévu à l'article L. 121-1 du même code sont validées au titre de sa formation, selon des modalités fixées par décret.**

Art. L. 611-10 *(L. nº 2017-86 du 27 janv. 2017, art. 35)* **Les établissements d'enseignement supérieur élaborent une politique spécifique visant à développer l'engagement des étudiants au sein des associations.**

Art. L. 611-11 *(L. nº 2017-86 du 27 janv. 2017, art. 34)* **Des aménagements dans l'organisation et le déroulement des études et des droits spécifiques liés à l'exercice de responsabilités particulières sont prévus par les établissements d'enseignement supérieur, dans des conditions fixées par décret, afin de permettre aux étudiants exerçant des responsabilités au sein du bureau d'une association, aux étudiants accomplissant une activité militaire dans la réserve opérationnelle prévue au livre II de la quatrième partie du code de la défense, aux étudiants réalisant une mission dans le cadre du service civique mentionné à l'article L. 120-1 du code du service national ou un volontariat militaire prévu à l'article L. 121-1 du même code, aux étudiants exerçant une activité professionnelle et aux étudiants élus dans les conseils des établissements et des centres régionaux des œuvres universitaires et scolaires de concilier leurs études et leur engagement.**

Art. L. 611-12 *(L. nº 2018-166 du 8 mars 2018, art. 13)* **Tout étudiant peut, sur sa demande et avec l'accord du président ou directeur de l'établissement dans lequel il est inscrit, suspendre temporairement ses études dans des conditions fixées par décret.**

Sur la période de césure, V. art. D. 611-13 s.

CHAPITRE II DÉROULEMENT DES ÉTUDES SUPÉRIEURES

Art. L. 612-1 **Le déroulement des études supérieures est organisé en cycles. Le nombre, la nature et la durée des cycles peuvent varier en fonction des études dispensées. Chaque cycle, selon ses objectifs propres, fait une part à l'orientation des étudiants, à leur formation générale, à l'acquisition d'éléments d'une qualification professionnelle** *(L. nº 2013-660 du 22 juill. 2013, art. 31)* **« , à la formation à l'entreprenariat », à la recherche, au développement de la personnalité, du sens des responsabilités et de l'aptitude au travail individuel et en équipe.**

(L. nº 2007-1199 du 10 août 2007, art. 35) **« Au cours de chaque cycle sont délivrés des diplômes nationaux ou des diplômes d'établissement sanctionnant les connaissances, les compétences ou les éléments de qualification professionnelle acquis. Les grades de licence, de master et de doctorat sont conférés respectivement dans le cadre du premier, du deuxième et du troisième cycle. »**

(L. nº 2007-1199 du 10 août 2007, art. 20) **« Les établissements dispensant des formations sanctionnées par un diplôme d'études supérieures rendent publiques des statistiques comportant des indicateurs** *(L. nº 2013-660 du 22 juill. 2013, art. 30)* **« d'inscription des étudiants dans toutes les formations dispensées, » de réussite aux examens et aux diplômes, de poursuite d'études et d'insertion professionnelle des étudiants. »** *(L. nº 2013-660 du 22 juill. 2013, art. 30)* **« Chaque étudiant en dispose avant son orientation dans une formation supérieure** *(L. nº 2018-166 du 8 mars 2018, art. 4)*

« et notamment au cours de la procédure nationale de préinscription définie à l'article L. 612-3 ». Dans l'élaboration et la communication de ces statistiques, les établissements peuvent bénéficier du concours des services et établissements publics de l'État chargés des études statistiques, qui peuvent, à cette fin, leur fournir un soutien méthodologique et valider la fiabilité des enquêtes conduites. » *(L. n° 2018-166 du 8 mars 2018, art. 5)* **« Ces statistiques sont rendues publiques sur le site internet de l'établissement. »**

BIBL. ▶ BAUMARD, Enseignement supérieur. Le bon choix de l'apprentissage, *Le Monde, 23 nov. 2007. 19.* – BERTRAND, Soutenir la transformation pédagogique dans l'enseignement supérieur, *Rapp. à la demande de la Directrice générale de l'enseignement supérieur et de l'insertion professionnelle, mars 2014.* – BLAISE, MUTZENHARDT et ROUSSEL, Disciplines rares, CPU, *Rapp. au secrétaire d'État ESR, 16 déc. 2014.* – DJAVADI, Enseignement supérieur : les cinq grandes tendances, *Le Monde, Éducation, 13 févr. 2014, p. 4.* – CHARLE, Élites politiques et enseignement supérieur. Sociologie historique d'un divorce et d'un échec (1968-2012), *in La France et ses élites, Pouvoirs, n° 161, avr. 2017.* – LE DUC, Diplômes et formations. Guide juridique et pratique, *Éd. du Puits Fleuri, coll. Le conseiller juridique pour tous, n° 275, 2011.* – PLUEN et WOLFF, Plaidoyer pour une contribution active des étudiants au renouveau de l'Université, *AJDA 2010. 409*. – ROLLOT, Les diplômes supérieurs français moins « rentables » que d'autres, *Le Monde, 10 sept. 2008. 10.* – TENRET, Les étudiants et le mérite. A quoi bon être diplômé ?, *La Doc. fr., coll. Études et recherche, 2011.* – YOUNES, L'effet évaluation de l'enseignement supérieur par les étudiants, *Thèse, Université Pierre Mendès France (Grenoble), 2006.* – L'enseignement supérieur court face aux défis socio-économiques : rapport d'activité 2002-2003, *Haut Comité éducation-économie-emploi, MEN, nov. 2003.* – Moderniser la scolarité et la vie de l'étudiant, *Agence de modernisation des universités, nov. 2001.* – Transformation pédagogique. Regards sur l'université Laval de Québec, *MESR, 2015 : http://cache.media.enseignementsup-recherche.gouv.fr/file/Enseignement_superieur/93/5/2015_MESR_Rapport-Mission-Quebec-U-Laval_Vdef2_614935.pdf.* – Les étudiants inscrits dans les universités françaises en 2015-2016, *MENESR, Note d'information n° 11, déc. 2016.* – Parcours et réussite aux diplômes universitaires : les indicateurs de la session 2015, *MENESR, Note Flash Enseignement supérieur & Recherche, n° 15, nov. 2016 : http://www.enseignementsup-recherche.gouv.fr/cid109439/parcours-et-reussite-aux-diplomes-universitaires-les-indicateurs-de-la-session-2015.html.*

▶ **Réforme « Devaquet » :** DEVAQUET, L'amibe et l'étudiant, *O. Jacob, 1989.*

▶ **Réforme LMD :** CHARLE, DEL BUONO et SOULIÉ, La réforme LMD et ses conséquences sur les universités françaises *in* Université, Recherche, *Doc. fr., coll. Regards sur l'actualité, n° 301, mai 2004.* – MELKA, La réforme LMD, mode d'emploi, *AJDA 2004. 2426*. – DE MONTECLER, Publication du cadre national des formations licence et master, *AJDA 2014. 253*. – SOULAS, DESCAMPS, MORAUX, SAUVANNET et WICKER, La mise en place du LMD (licence-master-doctorat), *MEN, Rapp. IGAENR, n° 2005-031, juin 2005.* – Mise en place du LMD dans les universités françaises, *Agence de mutualisation des universités, Compte-rendu et support de présentation de la journée du 2 juillet 2003.*

▶ **Plan Étudiants :** ANDLER et FERRAND, Le choc démographique dans l'enseignement supérieur, *Terra Nova, 10 nov. 2017 : http://tnova.fr/system/contents/files/000/001/471/original/Terra-Nova_Choc-demographique-enseignement-superieur_091117.pdf?1510161725.* – BOURGIN, Les pratiques d'enseignement des personnels universitaires dans le contexte de la massification : L'université se scolarise-t-elle ?, *Thèse, Université de Lille 1, 2008.* – Accompagner chacun vers la réussite, *MEN-MESRI, 30 oct. 2017 : http://cache.media.enseignementsup-recherche.gouv.fr/file/concertation/73/5/dp_plan_etudiants_839735.pdf.* – Éléments de cadrage national des attendus pour les mentions de licence, *MESRI, déc. 2017 : https://cache.media.enseignementsup-recherche.gouv.fr/file/Actus/16/8/AttendusLicence-_12-12-2017_867168.pdf.* – Avis sur un projet de loi relatif à l'orientation et à la réussite des étudiants, *CE, 16 nov. 2017, n° 393743.*

▶ **Crise sanitaire :** GOURDON, Le cours magistral en suspens, *Le Monde, 15-16-17 août 2020. 24.* – LAFAILLE, Quand l'Université s'écrie : la Covid-19 m'a tuer. À propos d'un texte (pathétique) d'Agamben, *D. 2020. 1449*.

▶ **Loi Edgar Faure :** V. Bibl. « Histoire » ss. livre 7, titre I.

▶ **Loi LRU :** V. Bibl. L. 712-8.

▶ **Loi Enseignement supérieur et recherche :** V. Bibl. ss. livre 7, titre I.

▶ **Loi du 8 mars 2018 relative à l'orientation et à la réussite des étudiants (ORE) :** V. Bibl. ss. art. L. 612-3.

▸ **Sélection à l'université :** V. Bibl. ss. art. L. 612-3.

▸ **Sélection en master :** V. Bibl. ss. art. L. 612-2.

1. Interdiction. Selon l'art. 12 du Décr. du 13 mai 1971 : « Nul ne peut s'inscrire dans deux universités en vue de préparer un même diplôme ». Un étudiant ne peut donc s'inscrire successivement, en vue de l'acquisition d'une même formation, dans deux universités différentes, qu'en respectant la procédure de transfert. A défaut, le président de l'université vers laquelle l'étudiant souhaite obtenir ce transfert est tenu de refuser l'inscription sollicitée. • CAA Paris, 27 mars 2001, n° 00PA03202.

2. Principe d'égalité. Le statut des usagers du service public de l'enseignement supérieur étant défini par des textes législatifs et réglementaires, le droit aux avantages qui en résultent est subordonné au maintien en vigueur de ces textes. Par suite, en ne prévoyant pas de dispositions transitoires pour permettre aux étudiants de troisième cycle d'achever leurs études dans l'établissement où ils les ont commencées, une décision de refus de renouvellement d'habilitation ne méconnaît aucun droit acquis des étudiants en cours d'études. • CE 12 févr. 1982, n°s 27098, 27099 et 27100 A.

3. Principe d'égalité. Changement de la durée de la formation. L'arrêté portant changement de la durée d'une formation conduit à traiter différemment les étudiants inscrits sous le nouveau régime par rapport à ceux ayant entrepris ce cycle d'études auparavant. Le juge estime que cette différence est inhérente à la succession dans le temps des règles applicables et n'est pas, par elle-même, contraire au principe d'égalité. En l'espèce, l'arrêté attaqué du 19 mars 2019 a porté la durée totale de la formation du diplôme d'études spécialisées de médecine cardiovasculaire à dix semestres, en faisant passer de quatre à six semestres la durée de la phase d'approfondissement. • CE 21 janv. 2021, n° 432311 : *LIJ 2021, n° 215, p. 5.*

4. Organisation des études. Unités d'enseignement. Semestrialisation. La réforme LMD découpe les parcours de formation en unités d'enseignement dans la cadre du système européen de transfert et d'accumulation de crédits (ECTS) pour assurer l'intelligibilité des parcours et des formations, permettre la validation des formations, notamment à l'étranger, et favoriser la réorientation. Dans ce cadre, les études en odontologie s'organisent en trois cycles. Le premier d'entre eux, d'une durée de trois ans, confère aux étudiants ayant réussi la première année commune aux études de santé (PCES) et les 2 premières années en odontologie le grade de licence et le diplôme de formation générale en sciences odontologiques (DFGSO), après avoir réussi six semestres de formation validés par l'obtention de 180 crédits européens. En l'espèce, le règlement des études de l'université Lille 2 droit et santé contesté partageait deux unités d'enseignement entre deux semestres de la deuxième année du diplôme. Ces deux unités ne pouvaient donc être validées qu'au terme de l'année universitaire et semestres et unités d'enseignement étaient ainsi dissociés. Constatant qu'un étudiant ne pouvait valider un semestre indépendamment de l'autre, le juge censure l'organisation litigieuse qui ne respecte pas le principe de semestrialisation. • TA Lille, 9 mai 2017, n° 1400193.

5. Transferts. Une demande de transfert d'université relève de la seule compétence du président de l'université. • TA Rennes, 10 juin 2004, n° 00-4150 : *AJDA 2004. 1727* . ♦ Même en l'absence de possibilité de permutation, les présidents des universités conservent un pouvoir d'appréciation sur les demandes de transfert qui leur sont soumises. • CE 10 févr. 1995, n° 82679. ♦ Erreur de droit commise pour un refus fondé par le seul motif qu'aucune possibilité de permutation n'existe entre deux universités. • CE 15 mars 1996, n° 140035.

6. Contrat administratif. La convention par laquelle une université s'est engagée à assurer, moyennant paiement du prix de la formation, la formation d'un salarié, qui a pour objet des études sanctionnées par la délivrance d'un diplôme universitaire, a pour but l'exécution même du service public de formation continue assuré par l'université. Elle revêt le caractère d'un contrat administratif. • T. confl., 18 déc. 2000, *Préfet de l'Essonne c/ TGI d'Évry (Sté DHT Pharma c/ Univ. Paris-Sud)*, n° 3234 A.

7. Délivrance d'un diplôme. Conditions. Inscription. Dans une affaire où une étudiante de la faculté libre des sciences économiques et de gestion de l'institut catholique de Lille (ICL) demandait au tribunal l'annulation de la décision par laquelle le président de l'université Lille 1 a refusé de lui délivrer le diplôme national de master 2 « international corporate management », le juge rappelle qu'il résulte d'une lecture combinée des art. D. 612-1 et D. 612-2 que « la délivrance d'un diplôme national par un établissement universitaire est subordonnée à l'inscription de l'étudiant au sein de cet établissement ». Constatant que la requérante pas été inscrite à l'université Lille 1 au titre de l'année universitaire en cause, en dépit de la validation de l'année universitaire par l'ICL, le juge estime que « le président de l'université était tenu de refuser à celle-ci la délivrance du diplôme. • TA Lille, 4 juill. 2017, n° 1402747 : *AJDA 2018. 140* .

8. Licence en droit. Homologation. Le tribunal a jugé que le nombre d'années d'études en droit nécessaires pour obtenir l'homologation d'une licence en droit varie en fonction de la date à laquelle ces années ont été suivies. S'appuyant sur l'art. 1er du Décr. du 10 juill. 1962 mais également sur les art. 26 et 28 de l'Arr. du 16 janv. 1976, le tribunal administratif de Châlons-en-Champagne affirme en effet « qu'il résulte de la combinaison de ces dispositions que si, dans les disciplines dans lesquelles la licence, telle la licence en droit, était délivrée en quatre ans, une telle licence peut être homologuée en qualité de diplôme de maîtrise, en revanche, une attestation de succès aux examens sanctionnant la 3e année d'étude ne peut être homologuée en qualité de diplôme de licence que si elle a été délivrée sur le fondement des nouvelles dispositions applicables issues de l'Arr. du 16 janv. 1976. Il en découle nécessairement qu'un étudiant n'ayant, avant le 1er juin 1977, validé que les trois premières années d'études juridiques ne saurait utilement prétendre à l'homologation de cette formation pour l'obtention d'une licence ». • TA Châlons-en-Champagne, 27 sept. 2017, no 1600526.

Art. L. 612-1-1 *(L. no 2018-166 du 8 mars 2018, art. 10)* **Dans le respect d'un cadre national défini par arrêté du ministre chargé de l'enseignement supérieur, le président ou chef d'établissement détermine les conditions de scolarité et d'assiduité applicables à l'ensemble des étudiants inscrits dans une formation d'enseignement supérieur. Il veille à leur bonne application.**

Ces conditions de scolarité et d'assiduité sont prises en compte pour le maintien du bénéfice des aides attribuées aux étudiants sur le fondement de l'article L. 821-1.

SECTION PREMIÈRE **LE PREMIER CYCLE**

BIBL. ▸ **Premier cycle.** CHAN-PANG-FONG, Les bacheliers 2014, entrés dans l'enseignement supérieur : où en sont-ils la troisième année ?, *MESRI-SIES, Note d'information du SIES no 19.02, janv. 2019.* – DELAPORTE et MARLAT, Inscription des nouveaux bacheliers entrant en première année à l'université en 2017-2018, *MESRI, Note Flash du SIES, no 21, nov. 2017.* – LAMBERT-LE MENER, La performance académique des étudiants en première année universitaire : influence des capacités cognitives et de la motivation, *Thèse, Université de Bourgogne, 2012.* – LAVROFF, L'évolution du premier cycle universitaire, *Rapport MEN, mars 1995.* – PIETRYK, NICODÈME, SÉRÉ, SÈVE, TOROSSIAN, ALLAL, FOUCAULT et SALLÉ, Évaluation des expériences de rapprochement et d'articulation des formations de premier cycle du supérieur entre lycées et universités, *Rapp. IGEN-IGAENR, no 2013-050, juin 2013.* – Diplômés de licence et de master : qui sont-ils ?, *OCDE, Indicateurs de l'éducation à la loupe, no 37, déc. 2015.* – DELAPORTE et MARLAT, Les effectifs en licence professionnelle en 2017-2018, *MESRI-SIES, Note Flash du SIES, no 10, juin 2018* ; Les effectifs en ESPE en 2017-2018, *MESRI-SIES, Note Flash du SIES, no 6, mai 2018.*

▸ **Lutte contre l'échec** : V. art. L. 612-2.

▸ **Démocratisation de l'enseignement supérieur.** ASCHIERI, Réussir la démocratisation de l'enseignement supérieur. L'enjeu du premier cycle, Rapport du Conseil économique, social et environnemental, *sept. 2012, no 2012-15.* – CHARLES, Justice sociale et enseignement supérieur : une étude comparée en Angleterre, en France et en Suède, *Thèse, Université de Bordeaux-II, juin 2013 : AEF, Dépêche no 186924, 4 sept. 2013.* – DELAPORTE et MARLAT, Les étudiants inscrits dans les universités françaises en 2016-2017, *MESRI-SIES, Note d'information, no 17.13, déc. 2017.* – DURU-BELLAT, KIEFFER et REIMER, Les inégalités d'accès à l'enseignement supérieur : le rôle des filières et des spécialités. Une comparaison entre l'Allemagne de l'Ouest et la France, *Économie et statistique, INSEE, no 433-434, janv. 2011.* – LEMAIRE, Les inscriptions à l'université : quel bilan ? *MEN, Note d'information no 07-10, mars 2007.* – LIÈVRE, Les effectifs d'étudiants dans le supérieur en 2016-2017 en forte progression, *MESRI-SIES, Note d'information du SIES, no 17.12, déc. 2017.* – OCDE, *Equity and quality in Education. Supporting disadvantaged students and schools. Ed. OCDE, 2012.* – EUROPEAN COMMISSION/EACEA/EURYDICE, *Modernisation of Higher Education in Europe : Access, Retention and Employability, Eurydice Report, Publications Office of the European Union, 2014* (sur l'accès aux études supérieures pour les jeunes issus de milieux défavorisés ou l'employabilité des étudiants à l'issue de leur cursus). – Indicators of higher education equity in the United States. When will the U.S. close the gap in higher education attainment by family income ?, *45 Year Trend report 2015 Revised Edition, The Pell Institute, févr. 2015.*

▸ **Sélection à l'entrée des études.** BLACKMAN, The Comprehensive University : An Alternative to Social Stratification by Academic Selection, *Higher Education Policy Institute (hepi), 2017 : http://www.hepi.ac.uk/wp-content/uploads/2017/07/Hepi-The-Comprehensive-University_Occasional-Paper-17-11_07_17-1.pdf.* – BRAFMAN et FLOC'H, M. Hamon réveille le serpent de mer de la sélection à l'université, *Le Monde, Universités & grandes écoles, 26 juin 2014. 8.* – ORR, USHER, HAJ, ATHERTON et GEANTA, Étude sur l'impact des systèmes d'admission sur les résultats de l'enseignement supérieur, European Union, 2017 : *https://publications.europa.eu/portal2012-*

portlet/html/downloadHandler.jsp ?identifier=c1668ed6-98f6-11e7-b92d-01aa75ed71a1&format=pdf. – Maupin, Députés et sénateurs trouvent un accord sur l'accès à l'université, *AJDA 2018. 301*.

▶ **Filières sélectives :** V. Bibl. ss. art. L. 612-3.

▶ **Préinscription. Admission Post-Bac (APB). Algorithme :** V. Bibl. ss. art. L. 612-3.

▶ **Loi du 8 mars 2018 relative à l'orientation et à la réussite des étudiant (ORE) :** V. Bibl. ss. art. L. 612-3.

Art. L. 612-2 *(L. n° 2013-660 du 22 juill. 2013, art. 32)* **« Dans la continuité des enseignements dispensés dans le second cycle de l'enseignement du second degré, qui préparent à la poursuite d'études dans l'enseignement supérieur, » le premier cycle a pour finalités :**

1° De permettre à l'étudiant d'acquérir, d'approfondir et de diversifier ses connaissances dans des disciplines fondamentales ouvrant sur un grand secteur d'activité *(L. n° 2018-166 du 8 mars 2018, art. 6)* **« , de perfectionner sa maîtrise de la langue française », d'acquérir des méthodes de travail et de se sensibiliser à la recherche ;**

2° De mettre l'étudiant en mesure d'évaluer ses capacités d'assimilation des bases scientifiques requises pour chaque niveau et type de formation et de réunir les éléments d'un choix professionnel ;

(L. n° 2013-660 du 22 juill. 2013, art. 32) **« 2° *bis* D'accompagner tout étudiant dans l'identification et dans la constitution d'un projet personnel et professionnel, sur la base d'un enseignement pluridisciplinaire et ainsi d'une spécialisation progressive des études ; »**

3° De permettre l'orientation de l'étudiant, dans le respect de sa liberté de choix, en le préparant soit aux formations qu'il se propose de suivre dans le deuxième cycle, soit à l'entrée dans la vie active après l'acquisition d'une qualification sanctionnée par un titre ou un diplôme.

BIBL. ▶ Mathias, Ambrogi (Pilotes), Jardin, Rojat, Foucault, Imbert et Brison, Les transitions entre les ordres d'enseignement. Du secondaire au supérieur, *in IGAENR-IGEN, Rapp. annuel 2014. 129*.

▶ **Réforme de la licence :** Brafman, Polémique sur la licence, accusée d'être bradée, *Le Monde, 18 avr. 2012. 12*. – Finet, Réforme de la licence. Bientôt la fin du « maillon faible » ?, *ORS, n° 42, juill.-août-sépt. 2001. 18*. – Jacque, Voir grand avant de se spécialiser, *Le Monde, Universités et grandes écoles, 20 oct. 2011, 1* ; Vers une hybridation des disciplines, *Le Monde, Universités et grandes écoles, 20 oct. 2011. 2*. – Référentiel de compétences Licence, *MESR, 16 juill. 2012*. – Licence : les enjeux de la nouvelle réforme, *ORS, Dossier du n° 63, 13 juill. 2011*.

▶ **Sélection à l'entrée de la licence :** V. Bibl. ss. art. L. 612-3.

▶ **Orientation active :** Chan-Pang-Fong, Les bacheliers 2014, où en sont-ils à la rentrée 2015 ?, *MESRI-SIES, note d'information du SIES, n° 17.09, nov. 2017*. – Fabre et Pawlowski, Aller étudier ailleurs après le baccalauréat : entre effets de la géographie et de l'offre de formation, *INSEE Première, n° 1727, janv. 2019*. – Renaut, L'orientation active : premier bilan un an après la loi LRU, *Observatoire européen des politiques universitaires, juin 2008*.

▶ **Réussite. Lutte contre l'échec :** Andler, Daudet, Halbout, Korolitski, Lichtenberger et Paradeise, Études supérieures : rythmes subis, rythmes choisis, *Rapp., Terra Nova, 14 sept. 2017*. –Beaud, 80 % au bac... et après ?, *La Découverte, 2002*. – Brafman, Universités : priorité à la réussite des étudiants, *Le Monde 27 nov. 2012. 9*. – Elbekri-Dinoird (sous la direction de), Favoriser la réussite des étudiants, *Presses de l'ENSSIB, 2009*. – Filatre, Réformer le premier cycle de l'enseignement supérieur et améliorer la réussite des étudiants, Consultation sur la réforme du premier cycle de l'enseignement supérieur, *Rapp. gén., 19 oct. 2017*. – Klipfel, Parcours et réussite des étudiants au cours des cinq années universitaires suivant l'obtention de leur baccalauréat en 2014, *MESRI-SIES, Note d'information du SIES n° 6, mai 2021*. – Laurent, Ardant et Boishue, Universités : relever les défis du nombre, *Rapport MEN, janv. 1995*. – Menard, Les sortants sans diplôme de l'enseignement supérieur en 2010 : tous décrocheurs ? Une analyse à l'aune de l'approche des capabilités, *in Rendement éducatif, parcours et inégalités dans l'insertion des jeunes – Recueil d'études sur la génération 2010, CEREQ, CEREQ Échanges, n° 5, mai 2017. 129*. – Morlaix et Perret, L'évaluation du plan « réussite en licence » : quelles actions pour quels effets ? », *Recherches en Éducation, 2012, n° 15, p. 137 s.* – Morlaix et Suchaut, Les déterminants sociaux, scolaires et cognitifs de la réussite en première année universitaire, *revue française de pédagogie*, 2013, n° 180, p. 1 s. – Rey-Lefebvre, Réussite des étudiants : la revanche des petites universités, *Le Monde, 2 mai 2013. 12*. – Rollot, Un « Plan licence » contre l'échec universitaire,

Le Monde, 14 déc. 2007. 1, 2 et 10. – Cour des comptes, La réussite en licence, *Rapp. 2012.* – Indicateurs Europe 2020 sur l'éducation en 2016. Toujours plus de diplômés de l'enseignement supérieur parmi les 30-34 ans dans l'UE... et toujours moins de jeunes quittant prématurément l'éducation, *Eurostat, communiqué 71/2017, 26 avr. 2017.*

▸ **Insertion professionnelle :** Harrison, Habiletés, compétences et titres d'études, Conseil ontarien de la qualité de l'enseignement supérieur, 2017. – Menard, Klipfel, Bonnevialle et Pierrot, La licence générale STAPS, un diplôme professionnalisant, *MESRI, Note d'information du SIES n° 21.02, mars 2021.* – La préparation des étudiants de la licence générale à l'insertion professionnelle, Avis et recommandations, *Comité de suivi de la licence et de la licence professionnelle, mars 2016.*

COMMENTAIRE

Le premier cycle que la loi n° 2013-660 relative à l'enseignement supérieur et à la recherche du 22 juillet 2013 (ESR) situe dans la continuité des enseignements du lycée ouvrant ainsi une perspective de parcours bac-3/ bac+3 (art. L. 612-2, al. 1er), a pour objectif l'acquisition, l'approfondissement et la diversification des connaissances ; il doit permettre aux étudiants d'acquérir des méthodes de travail et de les sensibiliser à la recherche, leur permettre de s'auto-évaluer et faciliter leur orientation tant pour le choix des formations ultérieures que pour leur insertion professionnelle (art. L. 612-2, la loi ESR ajoutant un 2° *bis* insistant sur l'accompagnement nécessaire des étudiants pour bâtir leur projet personnel et professionnel). Délivrant un enseignement pluridisciplinaire permettant une spécialisation progressive des études, il est constitué par les six premiers semestres de l'enseignement supérieur. Avant 2002, il était organisé en deux ans et sanctionné par le DEUG (diplôme d'études universitaires générales succédant aux DUEL et DUES créés en 1966 au moment de la suppression de l'année de propédeutique apparue 20 ans plus tôt), le DEUST (diplôme d'études universitaires scientifiques et techniques), première étape des études longues et, pour les études courtes, le DUT (diplôme universitaire de technologie) ou, en dehors de l'université, le BTS (brevet de technicien supérieur). Dans le système LMD, introduit en 2002, le premier cycle correspond aux trois années de la licence divisées en semestres depuis la réforme Bayrou (1997). La licence est un diplôme national d'enseignement supérieur qui sanctionne le premier cycle (le diplôme de licence obtenu avec 180 crédits européens au terme d'un parcours organisé sur 3 années, l'intitulé de chaque diplôme étant défini par un nom de mention : art. D. 612-32-5, issu du Décr. n° 2017-83 du 25 janv. 2017 et Arr. du 30 juill. 2018 relatif au diplôme national de licence) auquel est attaché un grade universitaire (la licence, 2e grade après le baccalauréat) ; mais ce grade peut aussi être conféré de plein droit par d'autres diplômes (art. D. 612-32-1), notamment la licence professionnelle, les diplômes de formation générale en sciences médicales, en sciences pharmaceutiques, en sciences odontologiques et en sciences maïeutiques, le diplôme d'infirmier. Le grade de licence peut ainsi être attaché aux diplômes nationaux délivrés par les universités mais aussi par des écoles (école d'architecture, écoles militaires) ou aux diplômes sanctionnant le premier cycle de l'université Paris-Dauphine, diplômes propres à ce grand établissement qui doivent toutefois figurer sur une liste arrêtée par le ministre chargé de l'enseignement supérieur (art. D. 612-32-1, mod. par Décr. n° 2015-1168 du 21 sept. 2015 relatif au grade de licence) ; il en est de même des diplômes délivrés par la COMUE Paris sciences-lettres. Ces diplômes conférant de plein droit le grade de licence (le grade étant délivré en même temps que le diplôme, art. D. 612-32-4) doivent faire l'objet d'une évaluation nationale (art. D. 612-32-2, al. 2) relevant en principe du Haut Conseil de l'évaluation de la recherche et de l'enseignement supérieur (HCERES) (C. rech., art. L. 114-3-1, al. 3, 3°).

Selon l'arrêté du 27 janvier 2020 relatif au cahier des charges des grades universitaires de licence et de master (abrogeant l'Arr. du du 22 janvier 2014), le grade de licence est attribué après examen d'un dossier soumis par l'établissement exposant la façon dont le diplôme et la formation garantissent la qualité académique et l'adossement à la recherche, la préparation de l'insertion professionnelle, favorise la réussite des étudiants, permet l'accès de tous à la formation, s'insère dans une politique de site, propose une mobilité internationale et s'accompagne d'une démarche qualité.

Même si l'arrêté arrêté du 27 janvier 2020 n'en fait pas expressément mention, c'est dans cadre que doit être traitée la question du « ***bachelor*** » ; reprenant un vocable d'origine anglo-saxonne, ce titre est en effet délivré par de nombreux établissements privés, après une formation de trois ou quatre ans, mettant l'accent sur les dimensions professionnalisantes (avec reconnaissance au RNCP). Plusieurs établissements publics (Polytechnique, Écoles centrales, IEP de Paris) ont par ailleurs créé des diplômes d'établissement en reprenant cette terminologie ; à la suite du rapport « Biot-Lévy » (juin 2019), il a été envisagé de reconnaître la valeur de ces diplômes par l'octroi du grade de licence. Tel est le cas pour le *bachelor universitaire* de technologie destiné à remplacer le DUT par une prolongation de la formation en 180 ECTS à partir de la rentrée 2021 (avec les 24 spécialités). Par ailleurs les universités ont désormais la possibilité de construire des parcours complets de Licence Professionnelle (LP 180, Arr. du 6 déc. 2019 portant réforme de la licence professionnelle) dont l'accès sera sélectif (L. n° 2020-1674 du 24 déc. 2020 de programmation de la recherche (LPR), art. 37). Dans le cadre des arrêtés licence, il serait envisageable de concevoir des parcours adaptés au profil des bacheliers technologiques et de leur offrir la possibilité d'une insertion professionnelle au niveau bac +3 ou une poursuite d'études en master ou en écoles d'ingénieurs ou de management, préconisent les inspections générales (IGEN/IGAENR, *Bilan de la réforme de la voie technologique, janv. 2017*), ces nouveaux parcours pouvant constituer une alternative au *bachelor*.

Les formations courtes, organisées en deux ans, se réduisent dès lors au CPGE et aux STS. En principe implantées en lycée (ou en établissement secondaire privé, sous contrat ou hors contrat), aucune règle n'interdit de les ouvrir dans les établissements d'enseignement supérieur. Les classes préparatoires aux grandes écoles, littéraires, scientifiques ou économiques et commerciales, donnant lieu à une sélection initiale, ont pour objectif premier de préparer les étudiants aux concours de recrutement des grandes écoles. La loi ESR de 2013 prévoit leur inscription parallèle dans un EPSCP avec lequel leur lycée a conclu une convention (art. L. 712-3, XIII) ; les deux années leur confèrent 60 ou 120 crédits européens selon que le concours est organisé en fin de première ou de seconde année (art. D. 612-9 à D. 612-29-2). Les sections de techniciens supérieurs préparent au BTS, diplôme national d'enseignement supérieur qui confère le titre de technicien supérieur. Ces deux années peuvent être complétées par une poursuite d'études (art. L. 612-4) à l'université en licence ou en licence professionnelle (par le biais des équivalences ou de la validation des études, V. art. R. 613-32 s.).

A noter, en outre, que les textes antérieurs n'ont pas été abrogés : au terme des deux premières années du premier cycle, les étudiants peuvent demander la délivrance du DEUG (il en est de même, temporairement pour le DUT). ❑

1. *Réorientation.* L'Arr. du 9 avr. 1997 définit le premier semestre du DEUG comme un semestre d'orientation. Au second semestre, l'étudiant choisit de poursuivre le DEUG initialement choisi, ou de poursuivre dans le DEUG correspondant à l'unité de découverte suivie au premier semestre, ou de demander à bénéficier d'une réorientation dans une autre formation. Illégalité de la condition, fixée par le président de l'université, d'avoir obtenu la moyenne dans l'unité de découverte pour pouvoir entrer dans le DEUG correspondant. • TA Lyon, 4 oct. 2000, *Mlle Mazeyrat*, nos 9900790 et 9900791 : *Lebon T. 1020*.

2. *Refus d'inscription. Fraude :* V. notes ss. art. L. 811-6.

Art. L. 612-3 *(L. n° 2018-166 du 8 mars 2018, art. 1er)* **« I. — Le premier cycle est ouvert à tous les titulaires du baccalauréat et à ceux qui ont obtenu l'équivalence ou la dispense de ce grade en justifiant d'une qualification ou d'une expérience jugées suffisantes conformément au premier alinéa de l'article L. 613-5. Afin de favoriser la réussite de tous les étudiants, des dispositifs d'accompagnement pédagogique et des parcours de formation personnalisés tenant compte de la diversité et des spécificités des publics étudiants accueillis sont mis en place au cours du premier cycle par les établissements dispensant une formation d'enseignement supérieur. Les établissements communiquent chaque année au ministre chargé de l'enseignement supérieur des statistiques, qui sont rendues publiques, sur le suivi et la validation de ces parcours et de ces dispositifs.**

« L'inscription dans une formation du premier cycle dispensée par un établissement public est précédée d'une procédure nationale de préinscription qui permet aux candidats de bénéficier d'un dispositif d'information et d'orientation qui, dans le prolongement de celui proposé au cours de la scolarité du second degré, est mis en place par les établissements d'enseignement supérieur. Au cours de cette procédure, les caracté-

ristiques de chaque formation, y compris des formations professionnelles et des formations en apprentissage, et les statistiques prévues à l'article L. 612-1 sont portées à la connaissance des candidats ; ces caractéristiques font l'objet d'un cadrage national fixé par arrêté du ministre chargé de l'enseignement supérieur. L'inscription est prononcée par le président ou le directeur de l'établissement ou, dans les cas prévus aux VIII et IX du présent article, par l'autorité académique. »

(L. n° 2020-1674 du 24 déc. 2020, art. 37) « Pour l'examen des candidatures présentées dans le cadre de la procédure nationale de préinscription mentionnée au deuxième alinéa du présent I, les établissements dispensant une formation d'enseignement supérieur peuvent tenir compte de la participation des bacheliers aux dispositifs d'accompagnement mis en place entre les établissements d'enseignement pour garantir l'égalité des chances. »

(L. n° 2018-166 du 8 mars 2018, art. 1er) « L'inscription peut, compte tenu, d'une part, des caractéristiques de la formation et, d'autre part, de l'appréciation portée sur les acquis de la formation antérieure du candidat ainsi que sur ses compétences, être subordonnée à l'acceptation, par ce dernier, du bénéfice des dispositifs d'accompagnement pédagogique ou du parcours de formation personnalisé proposés par l'établissement pour favoriser sa réussite. Il est tenu compte, à cette fin, des aménagements et des adaptations dont bénéficient les candidats en situation de handicap.

« Le silence gardé par un établissement sur une candidature présentée dans le cadre de la procédure nationale de préinscription prévue au deuxième alinéa du présent I ne fait naître aucune décision implicite avant le terme de cette procédure.

« Afin de garantir la nécessaire protection du secret des délibérations des équipes pédagogiques chargées de l'examen des candidatures présentées dans le cadre de la procédure nationale de préinscription prévue au même deuxième alinéa, les obligations résultant des articles L. 311-3-1 et L. 312-1-3 du code des relations entre le public et l'administration sont réputées satisfaites dès lors que les candidats sont informés de la possibilité d'obtenir, s'ils en font la demande, la communication des informations relatives aux critères et modalités d'examen de leurs candidatures ainsi que des motifs pédagogiques qui justifient la décision prise.

« II. — La communication, en application des dispositions du code des relations entre le public et l'administration, du code source des traitements automatisés utilisés pour le fonctionnement de la plateforme mise en place dans le cadre de la procédure nationale de préinscription prévue au I s'accompagne de la communication du cahier des charges présenté de manière synthétique et de l'algorithme du traitement.

« III. — Les capacités d'accueil des formations du premier cycle de l'enseignement supérieur des établissements relevant des ministres chargés de l'éducation nationale et de l'enseignement supérieur sont arrêtées chaque année par l'autorité académique après dialogue avec chaque établissement. Pour déterminer ces capacités d'accueil, l'autorité académique tient compte des perspectives d'insertion professionnelle des formations, de l'évolution des projets de formation exprimés par les candidats ainsi que du projet de formation et de recherche de l'établissement.

« IV. — Pour l'accès aux formations autres que celles prévues au VI, lorsque le nombre de candidatures excède les capacités d'accueil d'une formation, les inscriptions sont prononcées par le président ou le directeur de l'établissement dans la limite des capacités d'accueil, au regard de la cohérence entre, d'une part, le projet de formation du candidat, les acquis de sa formation antérieure et ses compétences et, d'autre part, les caractéristiques de la formation.

« V. — *(L. n° 2020-1674 du 24 déc. 2020, art. 37)* « Sans préjudice des dispositions des deux derniers alinéas de l'article L. 611-1, » pour l'accès aux formations autres que celles mentionnées au VI, lorsque le nombre de candidatures excède les capacités d'accueil d'une formation, l'autorité académique fixe un pourcentage minimal de bacheliers retenus bénéficiaires d'une bourse nationale de lycée, en fonction du rapport entre le nombre de ces bacheliers boursiers candidats à l'accès à cette formation et le nombre total de demandes d'inscription dans cette formation enregistrées dans le cadre de la procédure de préinscription prévue au deuxième alinéa du I.

« Pour l'accès à ces mêmes formations et compte tenu du nombre de candidats à ces formations résidant dans l'académie, l'autorité académique fixe également, afin de faciliter l'accès des bacheliers qui le souhaitent aux formations d'enseignement supérieur situées dans l'académie où ils résident, un pourcentage maximal de bacheliers retenus résidant dans une académie autre que celle dans laquelle est situé l'établissement. Pour l'application du présent alinéa, sont assimilés à des candidats résidant dans l'académie où se situe la formation à laquelle ils présentent leur candidature :

« 1° Les candidats ressortissants français ou ressortissants d'un État membre de l'Union européenne qui sont établis hors de France ;

« 2° Les candidats préparant ou ayant obtenu le baccalauréat français dans un centre d'examen à l'étranger ;

« 3° Les candidats qui souhaitent accéder à une formation qui n'est pas dispensée dans leur académie de résidence.

« Les pourcentages prévus aux premier et deuxième alinéas du présent V sont fixés en concertation avec les présidents d'université concernés. Seule l'obligation de respecter le pourcentage minimal de bacheliers boursiers retenus peut conduire à déroger au pourcentage maximal de bacheliers retenus résidant dans une autre académie.

« Pour les formations dont le bassin de recrutement diffère du périmètre de l'académie, le ministre chargé de l'enseignement supérieur détermine par arrêté la zone géographique de résidence des candidats prise en compte en lieu et place de l'académie pour la mise en œuvre des dispositions du même deuxième alinéa.

« VI. — Une sélection peut être opérée, selon des modalités fixées par le ministre chargé de l'enseignement supérieur, pour l'accès aux sections de techniciens supérieurs, instituts, écoles et préparations à celles-ci, grands établissements au sens du chapitre VII du titre Ier du livre VII de la troisième partie et tous établissements où l'admission est subordonnée à un concours national ou à un concours de recrutement de la fonction publique, ainsi que pour l'accès aux formations de l'enseignement supérieur dispensées dans les lycées, aux cycles préparatoires intégrés, aux formations préparant au diplôme de comptabilité et de gestion ou aux diplômes d'études universitaires scientifiques et techniques *(L. n° 2020-1674 du 24 déc. 2020, art. 37)* « , aux formations préparant à la licence professionnelle » et aux formations de l'enseignement supérieur conduisant à la délivrance d'un double diplôme.

(L. n° 2020-1674 du 24 déc. 2020, art. 37) « Sans préjudice des dispositions des deux derniers alinéas de l'article L. 611-1 et de l'article L. 621-3, » « pour l'accès aux formations mentionnées au premier alinéa du présent VI, l'autorité académique fixe un pourcentage minimal de bacheliers retenus bénéficiaires d'une bourse nationale de lycée.

« VII. — En tenant compte de la spécialité du diplôme préparé et des demandes enregistrées dans le cadre de la procédure de préinscription prévue au deuxième alinéa du I, l'autorité académique prévoit, pour l'accès aux sections de techniciens supérieurs et aux instituts universitaires de technologie, respectivement un pourcentage minimal de bacheliers professionnels retenus et un pourcentage minimal de bacheliers technologiques retenus ainsi que les modalités permettant de garantir la cohérence entre les acquis de la formation antérieure du candidat et les caractéristiques de la formation demandée. Ces pourcentages et ces modalités sont fixés en concertation avec les présidents d'université, les directeurs des instituts universitaires de technologie, les directeurs des centres de formation d'apprentis et les proviseurs des lycées ayant des sections de techniciens supérieurs, chacun pour ce qui le concerne.

« VIII. — L'autorité académique propose aux candidats auxquels aucune proposition d'admission n'a été faite dans le cadre de la procédure nationale de préinscription une inscription dans une formation, dans la limite des capacités d'accueil prévues au III, en tenant compte, d'une part, des caractéristiques de cette formation et, d'autre part, du projet de formation des candidats, des acquis de leur formation antérieure et de leurs compétences. Cette proposition fait l'objet d'un dialogue préalable avec le candidat et le président ou le directeur de l'établissement concerné au cours duquel ce dernier peut proposer au candidat une inscription dans une autre formation de son établissement. Avec l'accord du candidat, l'autorité académique prononce son inscription dans la formation retenue, laquelle peut être subordonnée, par le président ou le directeur de l'établissement concerné, à l'acceptation, par le candidat, du bénéfice des dispositifs d'accompagnement pédagogique ou du parcours de formation personnalisé nécessaires à sa réussite. — *V. art. D. 612-1-23 s.*

« IX. – Lorsque la situation d'un candidat justifie, eu égard à des circonstances exceptionnelles tenant à son état de santé, à son handicap, à son inscription en tant que sportif de haut niveau sur la liste mentionnée au premier alinéa de l'article L. 221-2 du code du sport ou à ses charges de famille, son inscription dans un établissement situé dans une zone géographique déterminée, l'autorité académique, saisie par ce candidat, peut procéder au réexamen de sa candidature dans des conditions fixées par décret. En tenant compte de la situation particulière que l'intéressé fait valoir, des acquis de sa formation antérieure et de ses compétences ainsi que des caractéristiques des formations, l'autorité académique prononce, avec son accord, son inscription dans une formation du premier cycle. – *V. art. D. 612-1-25 s.*

« X. – Au mois de décembre de chaque année, le ministre chargé de l'enseignement supérieur rend public un bilan détaillé par académie de la procédure nationale de préinscription dans le premier cycle de l'enseignement supérieur ainsi que les prévisions démographiques d'entrée dans le premier cycle universitaire pour la prochaine rentrée.

« XI. – Un comité éthique et scientifique est institué auprès du ministre chargé de l'enseignement supérieur. Ce comité veille notamment au respect des principes juridiques et éthiques qui fondent la procédure nationale de préinscription mentionnée au I ainsi que les procédures mises en place par les établissements dispensant des formations initiales du premier cycle de l'enseignement supérieur pour l'examen des candidatures. Le comité formule toute proposition de nature à améliorer la transparence de ces procédures et leur bonne compréhension par les candidats.

« Les missions, la composition et les modalités de fonctionnement du comité sont fixées par arrêté du ministre chargé de l'enseignement supérieur. Ses membres ne sont pas rémunérés.

« XII. – Un décret précise les modalités d'application des I à XI du présent article. – *V. art. D. 612-1 s.*

« XIII. – » *(L. n° 2013-660 du 22 juill. 2013, art. 33)* « Les classes préparatoires des lycées et les établissements publics d'enseignement supérieur assurent la préparation aux écoles, aux formations de l'enseignement supérieur qui font l'objet d'une sélection et aux concours de la fonction publique. Les étudiants boursiers bénéficient de la gratuité d'accès à ces préparations.

« Chaque lycée public disposant d'au moins une formation d'enseignement supérieur conclut une convention avec un ou plusieurs établissements publics à caractère scientifique, culturel et professionnel de son choix dans son académie afin de prévoir des rapprochements dans les domaines pédagogique et de la recherche et de faciliter les parcours de formation des étudiants. Lorsqu'aucun établissement public à caractère scientifique, culturel et professionnel de l'académie ne propose de formations d'enseignement supérieur en lien avec celles dispensées dans le lycée, ce dernier peut conclure une convention avec un établissement public à caractère scientifique, culturel et professionnel situé en dehors de son académie. La convention prévoit les modalités de mise en œuvre d'enseignements communs aux formations dispensées par les établissements publics à caractère scientifique, culturel et professionnel et à celles dispensées par les lycées. L'établissement public à caractère scientifique, culturel et professionnel motive son refus de conclure une convention. La préinscription assure aux élèves la connaissance des conventions existantes entre les lycées disposant d'au moins une formation d'enseignement supérieur et les établissements publics à caractère scientifique, culturel et professionnel auxquels ils sont associés.

« Les élèves inscrits dans une classe préparatoire aux grandes écoles d'un lycée public sont également inscrits dans une formation proposée par l'un des établissements publics à caractère scientifique, culturel et professionnel ayant conclu une convention avec ce lycée, selon des modalités précisées par décret. Cette inscription emporte paiement des droits d'inscription prévus à l'article L. 719-4. »

En application de l'art. L. 231-5 CRPA, le silence gardé pendant 2 mois par l'administration vaut décision de rejet pour une demande d'admission dans une formation sélective : sections de techniciens supérieurs, instituts, écoles et préparations à celles-ci, grands établissements et classes préparatoires aux grandes écoles (Décr. n° 2014-1274 du 23 oct. 2014, art. 1er).

BIBL. ▶ Boulet, Parcoursup 2021. Les vœux des lycéens à l'entrée dans l'enseignement supérieur, *MESRI-SIES, Note Flash n° 7, mai 2021.* – Cassia, Sélectionner à l'entrée de l'université. Oui mais comment ?, *LGDJ, 2017.* – Compagnon, Bac sélection université, *Le Débat, 2018/2, n° 199.*

– Melleray et Noguellou, La réforme de l'accès à l'université, *AJDA 2018. 1162* ⊘. – Meurs, Passer de la honte de la sélection à une orientation efficace, *Fondation Jean-Jaurès, Tribune, 29 août 2017*. – Pellissier, Principe de l'égal accès au service public de l'enseignement supérieur, *Quot. jur., 6 mai 1997, nº 36*.

▶ **Étudiants étrangers :** Cohen, Accueil des étudiants étrangers en France, *Rapport MEN, 2001*. – Gutierez-Cortines, Les universités et l'enseignement supérieur dans l'espace européen de la connaissance, *Rapport MEN, 2002*. – Szymankiewicz, Boutet-Waiss, Luc, Roignot et Simon, Les conditions d'inscription et d'accueil des étudiants étrangers dans les universités, *Rapport MEN, nº 2005-023, juin 2005*. – Turpin, Étudiants, *Rép. intern. Dalloz, 2010*. – Stratégies de développement de la mobilité internationale des étudiants et attractivité de l'enseignement supérieur français, *Rapport annuel 2003-2004 du Conseil national pour le développement de la mobilité internationale des étudiants, MEN, 2004*.

▶ **Préinscription. Admission Post-Bac (APB) :** Henriet et Pietryk, Analyse de l'orientation et des poursuites d'études des lycéens à partir de la procédure Admission Post-Bac, *Rapp. IGEN, nº 2012-123, oct. 2012*. – Maupin, La CNIL impose la réforme du portail admission Post-Bac, *AJDA 2017. 1860* ⊘ ; Le profil du lycéen sera pris en compte pour l'accès à l'université, *AJDA 2017. 2100* ⊘. – Stromboni, Vers une transparence sur les critères de Parcoursup, *Le Monde, 4 avr. 2020. 11*. – Villani, L'échec d'APB est avant tout politique, et non technique, *Le Monde, 8 déc. 2017. 24*. – Fonctionnement du traitement automatisé critérisé mis en place sur Admission Post-Bac pour les préinscriptions sur les formations dont les capacités d'accueil sont insuffisantes pour retenir l'ensemble des candidatures. – Rapport de la mission Etalab sur les conditions d'ouverture du système Admission Post-Bac, *Premier ministre, avr. 2017*. – CNIL, Admission Post-Bac (APB) : mise en demeure pour plusieurs manquements, 28 sept. 2017. – Admission Post-Bac et accès à l'enseignement supérieur. Un dispositif à réformer, *C. comptes, Rapp. public thématique, oct. 2017*. – Les algorithmes au service de l'action publique : le cas du portail Admission Post-Bac (APB), *Office parlementaire d'évaluation des choix scientifiques et technologiques, Audition ouverte à la presse, 16 nov. 2017, séance de 9 h 30, Compte rendu nº 5*.

▶ **Préinscription. Parcoursup :** Benoit, Parcoursup 2019, un bilan positif, *AJDA 2020. 78* ⊘ ; Les propositions de la Cour des comptes pour améliorer Parcoursup, *AJDA 2020. 484* ⊘. – Boulet, Parcoursup 2018 : Propositions d'admission dans l'enseignement supérieur et réponses des bacheliers, *MESRI-SIES, Note Flash, nº 17, oct. 2018*. – Fressoz, Le juge, Parcoursup et le Choixpeau magique, *AJDA 2019. 1665* ⊘. – Hua, Réussir Parcoursup, *L'Étudiant, 2019*. – Lecherbonnier, Lycée d'origine, un critère polémique, *Le Monde, Campus, 21 janv. 2021. 3*. – Lefauconnier, Une lettre de motivation si peu lue, *Le Monde, Campus, 21 janv. 2021. 4*. – Lenoir (pdte), Berry (vice-pdt), Dauchet, Grenet, Lucchesi et Moisan, Rapport au Parlement du Comité Ethique et Scientifique de Parcoursup, *MESRI, oct. 2019*. – Magliulo, S.O.S. Parcoursup, *Nathan, 2019*. – Maupin, Le dispositif Parcoursup précisé, *AJDA 2018. 1014*. – Maupin, Parcoursup : le Défenseur des droits demande plus de transparence, *AJDA 2019.142* ; Parcoursup : davantage de visibilité pour les candidats, *AJDA 2019. 666* ⊘. – Noguellou, Les évolutions du mécanisme d'affectation dans le supérieur : Parcoursup an II, *AJDA 2019. 1797* ⊘. – Petit et Renaud, Parcoursup Le Guide ultime 2019 : Partez gagnant – Franchissez les étapes – Réalisez vos rêves, *Dunod, 2018*. – Stromboni, Parcoursup : les taux de réussite ont peu varié, *Le Monde, 14 sept. [2019] 12*. – Talbot, Parcoursup : Entrée dans l'enseignement supérieur, *Studyrama, coll. Guides J Orientation, 2018*. – Parcoursup, Audition de M. Paul Hébert, directeur-adjoint à la direction de la conformité de la CNIL, Mme Émilie Seruga-Cau, cheffe du service des affaires régaliennes et des collectivités territoriales, et Mme Tiphaine Havel, conseillère pour les questions institutionnelles et parlementaires, *Sén., Comm. de la commission de la culture et de l'éducation, 13 mars 2019*. — Un premier bilan de l'accès à l'enseignement supérieur dans le cadre de la loi Orientation et réussite des étudiants. Communication au comité d'évaluation et de contrôle des politiques publiques de l'Assemblée nationale, *C. comptes, févr. 2020*.

▶ **Algorithmes :** Bizot, L'administration numérique : simplifier les démarches sans accentuer les inégalités ?, *in* Vers une administration inclusive, *Rapp. 2018 de la médiatrice de l'éducation nationale et de l'enseignement supérieur, MENJ-MESRI, 27 juin 2020. 14*. – Bothorel, Pour une politique publique de la donnée, des algorithmes et des codes sources, *Rapp., 28 déc. 2020*. – Clement, Algorithmes au service du juge administratif : peut-on en rester maître ?, *AJDA 2017. 2453* ⊘. – Duclercq, Les algorithmes en procès, *RFDA 2018. 131* ⊘. – Godefroy, Le code algorithmique au service du droit, *D. 2018. 734* ⊘. – Lequesne Roth, De l'Éthique et des Algorithmes : pour une juridicisation des enjeux, *D. 2020. 1833* ⊘. – Pastor, Accès aux traitements algorithmiques utilisés par l'administration, *AJDA 2017. 604* ⊘. – Sée, La régulation des algorithmes : un nouveau modèle de globalisation ?, *RFDA 2019. 830* ⊘. – Recommandation aux États membres sur les impacts des systèmes algorithmiques sur les droits de l'homme, *C. Europe, Cté des Ministres, nº CM/Rec(2020)1, 8 avr. 2020 ; AJDA 2020. 760, note Pastor* ⊘. –

Algorithmes : prévenir l'automatisation des discriminations, *Défenseur des droits, Rapp. 31 mai 2020*. – Les algorithmes publics, *Mission Etalab, guides*. – Le numérique et les droits fondamentaux, *Conseil d'État, Étude annuelle 2014, 9 sept. 2014*. – Puissance publique et plateformes numériques : accompagner l'« ubérisation », *Conseil d'État, Étude annuelle 2017, 28 sept. 2018*. – Politique publique de la donnée, des algorithmes et des codes sources, *Premier Ministre, Note n° 6264/SG, 27 avr. 2021*.

▸ **Sélection. Tirage au sort :** Beaud et Vatin, (propos recueillis par Rey-Lefebvre), « Sans sélection, l'université se dévalorise », *Le Monde, Universités et grandes écoles, 29 mars 2012. 15*. – Blanes, Comme sur le master, un TA pourrait constater qu'aucun texte ne permet une sélection par APB (Me Merlet-Bonnan), *AEF, Dépêche n° 537249, 2 mai 2016*. – Brin, Les parcours d'excellence en droit dès la première année de licence, *D. 2015. 1888*. – Calmette, Le tirage au sort : « le temps du mépris » pour l'Université ?, *AJDA 2017. 1417*. – Cassia, Les universités peuvent-elles limiter le nombre de réinscription en licence ?, *JCP 10 mars 2014. 468*. – Melleray, Y a-t-il un pilote dans l'avion enseignement supérieur ?, *AJDA 2017. 1857*. – Rolin, Ne tirez pas sur le tirage au sort !, *AJDA 2017. 1193*. – Instauration : Courriel DAJ B1 du 3 nov. 2008 : *LIJ 2008, n° 130, p. 22*. – Une circulaire peut-elle autoriser le tirage au sort des étudiants ?, *AJDA 2017. 912*.

▸ **Filières sélectives :** Obert, Beauvallet, Carroué, Dupuis, Torossian et Viollin, Mise en place des nouveaux programmes de seconde année en CPGE, *Rapp. IGEN, n° 2015-061, août 2015*. – Ringard et Fleges, L'affectation en première année de licence dans les formations à capacité d'accueil limitée. État des lieux et propositions, *Rapp. IGAENR, n° 2016-004, janv. 2016*.

▸ **CPGE :** Bonneau, Charousset, Grenet et Thebault, Quelle démocratisation des grandes écoles depuis le milieu des années 2000 ?, *Institut d'études publiques, Rapp. IPP n° 30, janv. 2021*. – Dutercq, Laneelle, Michaut et David, Attractivité et recrutement des CPGE scientifiques, *Rapp. de la recherche ARCS, MEN-Université de Nantes, mai 2018*. – Fontanini, Paivandi et Resve, Mobilité sociale des étudiant-e-s de milieux populaires en Classes Préparatoires technologie et ATS, *Rapp., Université de Lorraine, 15 janv. 2019*. – Mamari, Les étudiants en classes préparatoires aux grandes écoles en 2020-2021, *MESRI-SIES, Note Flash n° 2, févr. 2021*. – Ouverture sociale dans les grandes écoles, *Conf. des grandes écoles, déc. 2019*.

▸ **Comparaisons internationales :** Graveleau, Ailleurs en Europe, des critères à l'entrée des universités et des débats récurrents, *Le Monde, 31 oct. 2017. 7*. – Marinescu, Université : quelques leçons d'outre-Atlantique, Libération, *7 nov. 2017. 23*. – Orr, Usher, Haj, Atherton et Geanta, Étude sur l'impact des systèmes d'admission sur les résultats de l'enseignement supérieur, *European commission, Education and training, 2017*.

▸ **Droits d'inscription :** V. Bibl. ss. art. L. 132-2 et L. 719-4.

▸ **Loi du 8 mars 2018 relative à l'orientation et à la réussite des étudiants (ORE) :** Beaud et Vatin, Orientation et réussite des étudiants : une nouvelle loi pour les universités, *Commentaires 2018, n° 163*. – Cassia, L'accès à l'enseignement supérieur, *in* B. Beignier et D. Truchet [dir.], Droit de l'enseignement supérieur, *LGDJ 2019. 349*. – Maupin, Orientation et réussite des étudiants : accompagner les chantiers dans la durée, *AJDA 2019. 1964*. – Melleray et Noguellou, La réforme d'accès à l'université. Loi n° 2018-166 du 8 mars 2018 relative à l'orientation et à la réussite des étudiants, *AJDA 2018. 1162*. – Rapport du comité de suivi de la loi Orientation et Réussite des Étudiants, *MESRI, 7 oct. 2019*. – Loi du 8 mars 2018 relative à l'orientation et à la réussite des étudiants (ORE), *LIJ 202, mai 2018. 28*.

COMMENTAIRE

L'article L. 612-3 a été entièrement réécrit par la ***loi n° 2018-166 du 8 mars 2018 relative à l'orientation et à la réussite des étudiants (loi ORE)***. Il comporte désormais douze paragraphes, numérotés en chiffres romains. Le Conseil constitutionnel a considéré que les dispositions dont il avait été saisi par soixante députés respectent les exigences constitutionnelles (8 mars 2018, n° 2018-763 DC ; notamment le principe fondamental reconnu par les lois de la République garantissant l'indépendance des enseignants-chercheurs, l'égal accès à l'instruction, le droit à un recours effectif…). Il a considéré en outre que la loi n'avait eu ni pour objet ni pour effet de modifier rétroactivement ou de valider les mesures prises antérieurement pour préparer la rentrée, notamment l'arrêté du 19 janvier 2018 supprimant le logiciel APB, remplacé par la plateforme ***Parcoursup*** (V. aussi : CE, ord., 20 févr. 2018, n° 418029, et CE, ord., 20 févr. 2018, n° 417905 : l'autorisation du traitement avait un caractère temporaire et limité à la préinscription ; la suspension de cette procédure aurait entraîné de graves perturbations ; CE 10 juill. 2019, nos 417906, 418028, annulant les mentions du site internet « Parcoursup.fr », autres que celles qui figurent dans sa « partie privée », en tant seulement qu'elles n'ont pas été accompagnées, avant le 11 mars 2018, de mentions en soulignant le caractère non définitif). D'autres mesures relevant de l'infra-droit (chartes, notes ministérielles, documents divers, discours et déclarations ministérielles) avaient toutefois anticipé tant en matière d'orientation des lycéens que pour le recensement des candidatures.

Le principe reste l'ouverture du premier cycle à tous les bacheliers (§ I) ; l'existence de filières sélectives est confortée (§ VI) ; pour les autres filières (essentiellement la licence), l'apport de la loi est double : pour améliorer la réussite, l'inscription peut être subordonnée à l'acceptation d'un accompagnement pédagogique (fondé sur des critères objectifs et rationnels, respectant ainsi le principe d'égal accès à l'instruction, Décis. n° 2018-763 DC, *préc. § 12*) ; pour les formations en tension, celles où le nombre de candidats est plus élevé que les capacités d'accueil (psychologie, santé, activités physiques et sportives…), le recours au tirage au sort est supprimé (le CE avait condamné son utilisation systématique, CE 22 déc. 2017, n°s 410561, 410641, 411913). Les établissements doivent classer les candidats après analyse de leur dossier. La publication de la loi a été suivie de celles du décret du 9 mars 2018 modifiant la partie réglementaire (art. D. 612-1 s.) et de quatre arrêtés du même jour, modifiés et complétés par les décrets du 18 mai 2018. Ces nouvelles dispositions ont entraîné l'abrogation de l'arrêté du 1er août 2011 relatif à la licence à compter du 1er septembre 2019 et son remplacement par l'arrêté du 30 juillet 2018 relatif au diplôme national de licence ; ***l'arrêté du 22 janvier 2014 fixant le cadre national pour ce qui concerne les formations conduisant à la délivrance du diplôme national de licence*** a été modifié par l'arrêté du 30 juillet 2018, notamment pour intégrer l'enseignement modulaire capitalisable que les établissements d'enseignement supérieur doivent désormais mettre en œuvre (Loi ORE, art. 9, art. L. 613-5) et par l'arrêté du 27 janvier 2020. Prenant en considération le bilan de la première édition, le décret n° 2020-181 du 28 février 2020 introduit une série de modifications (sur un premier bilan et les recommandations qu'elle en tire, voir Cour des comptes, 27 fév. 2020).

Le principe reste l'ouverture du premier cycle à tous les bacheliers

L'absence de sélection à l'entrée à l'université est une tradition française reprise par la loi d'orientation de 1968 ; toutes les tentatives d'introduction d'un principe sélectif avaient échoué face à l'agitation universitaire (par ex. le projet Devaquet de 1986), dans les faits, près de la moitié des étudiants sont toutefois inscrits dans les filières où la sélection se fait par le mérite et/ou par l'argent (des CPGE aux écoles privées). Si la loi ORE s'inscrit dans la continuité en réaffirmant le principe fondamental selon lequel « ***le premier cycle est ouvert à tous les titulaires du baccalauréat*** », elle abroge les dispositions que la loi n° 84-52 du 26 janvier 1984 sur l'enseignement supérieur en faisait découler en disposant que d'une part, « *tout candidat est libre de s'inscrire dans l'établissement de son choix* » et, d'autre part, « *les dispositions relatives à la répartition entre les établissements et les formations excluent toute sélection* » (abrogé) ; on peut en déduire que la liberté de choix de l'établissement disparaît et que l'idée de sélection n'est plus irrecevable !

Depuis 1808, le baccalauréat, premier grade universitaire, permet à son titulaire d'accéder à l'enseignement supérieur ; aujourd'hui, c'est le cas non seulement du baccalauréat général (art. D. 334-2) mais aussi des autres baccalauréats qui confèrent le même grade même s'ils ont été créés pour attester des aptitudes à exercer une activité de technicien (baccalauréat technologique, art. D. 336-1) ou pour assurer une activité professionnelle hautement qualifiée (baccalauréat professionnel, art. D. 337-51). En outre, la loi assimile toujours aux titulaires du baccalauréat ceux qui ont obtenu « *l'équivalence ou la dispense de ce grade* ». D'autres diplômes ou titres français sont admis en équivalence : pour les formations juridiques, le diplôme national de capacité en droit (apparu dès 1804, modernisé en 1905, réaménagé par le décret du 30 mars 1956), pour l'accès aux formations littéraires ou scientifiques, le diplôme d'accès aux études universitaires (DAEU, art. D. 613-14) ; par ailleurs, « *les études, les expériences professionnelles et les acquis personnels* » (art. L. 613-5) peuvent être pris en considération pour dispenser du baccalauréat les candidats ayant interrompu leurs études initiales depuis au moins deux ans et âgés de vingt ans au moins (art. D. 613-5, restrictions non-applicables aux sportifs de haut niveau) ou pour les titulaires de titres ou diplômes étrangers (art. D. 613-41) ; la dispense est accordée par le président de l'université ou le directeur de l'établissement sur proposition d'une commission pédagogique qui formule un avis sur la qualification ou l'expérience invoquées (art. D. 613-45).

Au cours des débats précédant l'adoption de la loi n° 2020-1674 du 24 décembre 2020 de programmation de la recherche (LPR), la volonté d'assurer un recrutement diversifié des étudiants pour assurer la mixité sociale et géographique a justifié la mise en place de modalités particulières d'admission (type « cordées de la réussite ») tant pour les filières sélectives (comme les prévoyait l'art. L. 650-1 issu de la L. du 27 janv. 2017, abrogé par LPR, art. 37) que pour les filières non sélectives.

L'exception traditionnelle : les filières sélectives

Pour certaines filières, « *une sélection peut être opérée* », selon des modalités fixées par le ministre chargé de l'enseignement supérieur, dans certains cas par concours national ou concours de recrutement de la fonction publique. Les filières sélectives sont énumérées par le paragraphe VI. Il s'agit d'abord des formations en principe organisées par les établissements du second degré, publics ou privés (sans que la loi leur en assure l'exclusivité), classes préparatoires aux grandes écoles (CPGE) ouvertes par décision ministérielle (art. D. 612-9 à D. 612-29), sections de techniciens supérieurs (STS, art. D. 643-1 s., modifié par le Décr. n° 2019-215 du 21 mars 2019 supprimant la possibilité d'admettre en formation initiale des candidats non titulaires du baccalauréat ou d'un diplôme équivalent et mettant en place une procédure d'admission de droit pour les bacheliers professionnels ou technologiques qui suivent ou ont suivi une formation complémentaire), auxquelles la loi ORE ajoute les formations préparant au diplôme de comptabilité et de gestion (DCG). Sont ensuite visées les formations assurées par les établissements d'enseignement supérieur, leurs instituts (notamment les IUT, art. D. 643-59 s.) et leurs écoles (ainsi que les préparations à celles-ci, notamment les cycles préparatoires intégrés) ; sont aussi mentionnés les grands établissements (par exemple l'université de Paris-Dauphine ou l'IEP de Paris) tant pour leurs diplômes propres que pour les diplômes nationaux ; entérinant la pratique, la loi ORE vise enfin les formations de l'enseignement supérieur préparant aux diplômes d'études universitaires scientifiques et techniques (DEUST) et celles conduisant à la délivrance d'un double diplôme (bi-licence). L'article 37 de la loi n° 2020-1674 du 24 décembre 2020 de programmation de la recherche (LPR) ajoute les formations préparant à la licence professionnelle, constituant désormais un parcours complet (180 unités, arrêté du 6 déc. 2019 portant réforme de la licence professionnelle). Il en est de même pour le parcours de préparation au professorat des écoles (PPPE) mis en place en 2021 en lycée en s'appuyant sur une licence universitaire.

Le principe assorti de conditions nouvelles : les filières non sélectives

Pour favoriser la réussite de tous les étudiants et tenir compte de la diversité et des spécificités des publics accueillis, la loi ESR de 2013 avait prévu la mise en place par les établissements d'enseignement supérieur de « ***dispositifs d'accompagnement pédagogique*** » (anc. art. L. 612-3, al. 7) ; la loi ORE ajoute des « ***parcours de formation personnalisés*** » (2e phr. du § I). Le décret n° 2018-172 du 9 mars 2018 classe ces dispositifs et parcours en deux catégories selon l'intensité de l'accompagnement ; il peut en effet s'agir d'une simple consolidation des acquis sans incidence sur la durée du cursus (catégorie 1, art. D. 612-1-14, I, al. 7) ou d'un allongement de la période d'études conduisant au diplôme (catégorie 2, art. D. 612-1-14, I, al. 8). En fonction des besoins des étudiants et des moyens mobilisables, les établissements mettent en place des formules plus ou moins lourdes allant du stage de pré-rentrée (remise à niveau) ou d'une simple unité de remédiation (tutorat...) à l'année propédeutique ou à la licence en quatre ans, intégrées dans les cursus et permettant d'acquérir des crédits. L'inscription est prononcée par le président ou le directeur de l'établissement (et exceptionnellement par l'autorité académique, en l'occurrence le recteur de région académique, V. art. L. 612-3, VIII et IX) à l'issue de la procédure nationale de préinscription ; le chef d'établissement peut la subordonner au bénéfice de ces compléments ou parcours que le candidat doit accepter. L'arrêté licence du 30 juin 2018 indique que chaque étudiant conclut avec l'établissement un contrat pédagogique pour la réussite étudiante qui précise son parcours de formation et les mesures d'accompagnement destinées à favoriser sa réussite ; une direction des études assure la mise en place de ces contrats et un accompagnement personnalisé des étudiants (art. 5).

L'inscription dans les filières non sélectives peut désormais être conditionnée ; pour accepter les candidatures, les établissements peuvent tenir compte des caractéristiques de la formation, qui ont fait l'objet d'un « cadrage national » fixé par arrêté ministériel du 9 mars 2018, ainsi que des acquis et compétences des candidats afin, le cas échéant, de subordonner leur inscription à leur acceptation de dispositifs d'accompagnement ou de parcours de formation. Le Conseil constitutionnel a considéré que le législateur a ainsi retenu des critères objectifs et rationnels, dont il a suffisamment précisé le contenu, de nature à garantir le respect du principe d'égal accès à l'instruction ; il en est de même pour les aménagements et adaptations dont bénéficient les personnes handicapées (Cons. const. 8 mars 2018, n° 2018-763 DC, § 12).

Lorsque le nombre de vœux reçus est supérieur au nombre de places disponibles (cas des ***filières en tension***), les inscriptions sont prononcées par le président de l'université dans la limite des capacités d'accueil en tenant compte de la ***cohérence*** entre, d'une part, le projet de formation du candidat, les acquis de sa formation antérieure et ses compétences et, d'autre part, les caractéristiques de la formation ; le paragraphe IV a ainsi mis en place un « mécanisme de départage » (imposant aux établissements d'ordonner les candidatures, d'opérer leur classement, art. D. 612-1-13) que le Conseil constitutionnel a aussi estimé fondé sur des critères objectifs (sans préciser cette fois qu'ils sont rationnels) de nature à garantir le respect de l'exigence constitutionnelle d'égal accès à l'instruction (Cons. const. 8 mars 2018, n° 2018-763 DC, § 25).

C'est sur ces bases que la loi ORE a mis en place une nouvelle régulation des flux de candidats à l'entrée en premier cycle de l'enseignement supérieur. Elle s'inscrit dans la logique du parcours bac-3/bac+3 ouverte en 2013, en rupture avec l'idée selon laquelle l'entrée dans l'enseignement supérieur remettait les compteurs à zéro ; délaissant le mythe de l'égalité formelle, le législateur a voulu mettre en place des dispositifs compensateurs au service de la réussite de tous ; encore faut-il que la recherche de l'équité évite toute nouvelle discrimination.

La régulation des flux de candidats à l'entrée dans l'enseignement supérieur

La croissance démographique, l'explosion des effectifs de bacheliers (due notamment à la montée en puissance des baccalauréats technologiques et professionnels), les taux d'échec en licence (en 2018, seuls 36 % des étudiants obtiennent la licence en 3 ans), la limitation des moyens et des capacités d'accueil comme l'attractivité plus ou moins grande de chaque établissement ont peu à peu amené les pouvoirs publics à poser les bases d'une régulation des flux. Dans un contexte aujourd'hui dépassé, la loi Savary de 1984, tentant de limiter la concentration des étudiants en région parisienne, avait fixé des règles de préférence académique et posé la question des capacités d'accueil. La LRU de 2007, en imposant la préinscription, entraîna le développement d'un outil informatique prenant en considération les filières tant sélectives que non sélectives (APB, Admission post-bac). La loi ESR de 2013 introduit des quotas dans les filières sélectives (STS, IUT) pour permettre aux bacheliers technologiques et professionnels de poursuivre leurs études avec une meilleure chance de réussite ; soulignant la nécessité de la continuité entre le secondaire et le supérieur notamment pour l'orientation, elle invitait à revoir un système dont on a pu regretter les dérives. La loi ORE met fin à la priorité académique, modifie la détermination des capacités d'accueil, réorganise la procédure nationale de préinscription et fixe de nouveaux quotas pour assurer une meilleure équité sociale et territoriale.

La fin de la priorité académique

Alors que la loi de 1968 était muette, le décret du 13 mai 1971 réservait l'inscription dans les universités parisiennes aux seuls candidats ayant obtenu leur baccalauréat dans l'académie de Paris, dont les parents y résidaient ou qui y avaient leur domicile professionnel ; en outre, dans les académies comportant plusieurs universités préparant les étudiants aux mêmes diplômes nationaux, des arrêtés ministériels pouvaient fixer les règles nécessaires pour assurer leur répartition ; une ébauche de sectorisation avait été ainsi esquissée en Île-de-France (projet d'attribution d'un ressort géographique des nouvelles universités par les recteurs des trois académies), annulée par le Conseil d'État (CE 9 févr. 1977, n° 04774). L'article 14 de la loi du 26 janvier 1984 posait le problème autrement : si tout candidat était alors libre de s'inscrire dans l'université de son choix (et non dans la formation de son choix), cette possibilité était limitée, en fonction des formations existantes, aux établissements ayant leur siège dans le ressort de l'académie d'obtention du baccalauréat (les académies de Paris, Créteil et Versailles étant considérées comme formant un seul ensemble) ou dans l'académie de résidence (élèves internes dont les parents résidaient dans une autre académie, élèves ayant obtenu le baccalauréat à l'étranger). La pratique interprétait ces dispositions comme instituant un droit de priorité des bacheliers de l'académie, réservant les premiers cycles des universités parisiennes (du moins pour les filières non sélectives) aux étudiants parisiens, privant ainsi une large partie des candidats de leur liberté de choix (C. comptes, *APB et accès à l'enseignement supérieur*, Rapport public thématique, *oct. 2007, p. 53*). ***La loi ORE supprime la priorité académique*** : tout candidat peut désormais exprimer des vœux sur l'ensemble du territoire. Toutefois le recteur de région académique a la possibilité de fixer en concertation avec les présidents d'université pour les formations non sélectives (pour les formations sélectives, le critère géographique n'est pas pris en compte) un pourcentage maximal de bacheliers retenus résidant dans une académie autre que celle dans laquelle est situé l'établissement (art. L. 612-3, V, al. 2) ; il est donc possible de formuler un vœu hors académie ; à noter que trois catégories de candidats sont assimilées à des candidats de l'académie où se situe la formation à laquelle ils postulent : les ressortissants français ou d'un État membre de l'Union européenne établis hors de France ; ceux préparant ou ayant obtenu le baccalauréat français dans un centre à l'étranger ; ceux souhaitant accéder à une formation non dispensée dans leur académie d'origine. Quant aux formations dont le bassin de recrutement diffère du périmètre de l'académie (ex. : académie de Lyon), le ministre chargé de l'enseignement supérieur détermine par arrêté la zone géographique de résidence des candidats prise en compte en lieu et place de l'académie pour la mise en œuvre des dispositions du même deuxième alinéa (art. L. 612-3, V. al. 5 ; V. Arr. du 9 mars 2018). En Île-de-France, la sectorisation académique pour les candidats franciliens est supprimée en 2019 ; les lycéens des académies de Paris, de Versailles et de Créteil sont traités de la même manière dans toutes les universités de la région. Pour déterminer la zone géographique, de résidence des candidats pour les formations de licence dont le bassin de recrutement diffère du périmètre de l'académie (application du V de l'art. L. 612-3), un arrêté ministériel établit les règles (Arr. du 26 mars 2009, abrogé et remplacé par l'Arr. du 20 mars 2020 avec en annexe les zones par académie et formation).

La détermination des capacités d'accueil

L'adoption de la loi ORE permet de sortir de l'ambiguïté qui résultait de la loi Savary de 1984. Il avait en effet alors été prévu que les capacités d'accueil étaient fixées par l'« autorité administrative », sans autre précision ; selon les académies et les établissements, la pratique avait pu varier, certains recteurs estimant qu'ils étaient compétents alors que des présidents demandaient à leur conseil d'administration de délibérer (V. IGAENR, *L'affectation en première année de licence dans les formations à capacité d'accueil limitée-État des lieux et propositions*, n° 2016-044). Le Conseil d'État, dans un avis du 27 juin 1995 (n° 357503), avait toutefois indiqué qu'en l'absence de dispositions contraires, la compétence appartenait au président de l'université, responsable de l'administration de l'établissement (un Arr. du 3 août 2005 dispose d'ailleurs que la capacité d'accueil de chaque département d'IUT est fixée dans le cadre de la carte universitaire et de la politique contractuelle par le président de l'université, sur proposition du directeur de l'institut et avis de son conseil) ; la loi avait précisé que les inscriptions au-delà de la capacité d'accueil devaient être prononcées par le recteur chancelier après avis du président (art. L. 612-3, al. 2). Placé devant le même dilemme pour l'accès au second cycle, le législateur avait prévu un an avant la loi ORE que « les établissements peuvent fixer des capacités d'accueil pour l'accès à la première année » (M1) après un « dialogue avec l'État » (L. du 23 déc. 2016, art. L. 612-6, al. 2 et 5).

Pour le premier cycle, la loi ORE inverse cette solution ; lorsque le nombre de candidatures excède les capacités d'accueil, les inscriptions sont prononcées par le président de l'université ou le directeur de l'établissement (art. L. 612-3, IV) ; mais ***il revient à l'autorité académique (le recteur de région académique, art. D. 612-1-3, mod. par Décr. n° 2019-1558 du 30 déc. 2019) d'arrêter chaque année les capacités d'accueil après dialogue avec chaque établissement***. Si cette disposition tient compte de l'autonomie des universités, qui n'a pas valeur constitutionnelle (CE 7 nov. 2016, n°s 395652 et 399523), la compétence académique est fondée sur les dispositions législatives qui consacrent le rôle de l'État, notamment l'article L. 614-3 qui confie au ministre chargé de l'enseignement supérieur le soin d'arrêter la carte nationale des formations supérieures, cadre des décisions relatives à la localisation des établissements, à l'implantation des formations supérieures, des accréditations à délivrer les diplômes nationaux et de la répartition des moyens. Le dialogue portera sur les différentes composantes de l'accueil ; à côté des contraintes matérielles (locaux et équipements disponibles, taux d'occupation et de remplissage des amphithéâtres et des salles de cours, normes de sécurité à respecter), il faut aussi évoquer les possibilités en crédits et emplois (taux de couverture des enseignements par les enseignants-chercheurs et enseignants en poste, crédits pour les heures complémentaires, dépenses de fonctionnement), les questions pédagogiques (aménagement des parcours, organisation des enseignements, CM, TD, TP…, possibilités en matière de stages) ou les perspectives d'insertion professionnelle (V. IGAENR, préc.) ; celles-ci ont été expressément mentionnées par le législateur avec l'évolution des projets de formation exprimés par les candidats et du projet de formation et de recherche de l'établissement (art. L. 612-3, III, art. D. 612-1-4) ; le Conseil constitutionnel a jugé que le fait de confier à l'autorité académique, et non aux universités elles-mêmes, le soin d'arrêter les capacités d'accueil des formations ne met en cause aucune exigence constitutionnelle (Cons. const. 8 mars 2018, n° 2018-763 DC, § 20, 21, et 22). Si dans le dialogue entre autorité académique et établissement, ce dernier peut faire des propositions, celles-ci ne lient pas l'autorité académique, qui aura toujours, pour des motifs justifiés, la possibilité de s'écarter de la proposition transmise (CE, avis, 16 nov. 2017, avis, n° 393743). L'augmentation des capacités d'accueil étant liée aux crédits dédiés au premier cycle, la Cour des comptes a pu souhaiter que le MESRI dote rapidement les recteurs de région académique des moyens leur permettant un dialogue de gestion efficace pour positionner les places créées dans les formations réellement en tension en tenant compte des données réunies dans Parcoursup (Cour des comptes, 27 févr. 2020).

La procédure nationale de préinscription et la plateforme Parcoursup

« *L'inscription dans une formation du premier cycle dispensée par un établissement public est précédée d'une procédure nationale de préinscription* » (art. L. 612-3, I, al. 2). Est ici reprise la formalité introduite par la LRU en 2007 pour permettre aux candidats de bénéficier d'un « *dispositif d'information et d'orientation* » mis en place par l'établissement dans le prolongement de celui proposé au cours de la scolarité du second degré (où les élèves devraient bénéficier des conseils des psychologues de l'éducation nationale, mais aussi d'un second professeur principal auxquels s'ajoutent deux « semaines de l'orientation » et un créneau de 54 heures annuelles pour chaque classe) ; après leur examen par le conseil de classe terminale, dans le cadre d'un processus continu de dialogue entre l'élève, ses représentants légaux et l'équipe pédagogique, le chef d'établissement émet un avis sur les vœux de poursuite d'études dans l'enseignement supérieur de l'élève (Décr. n° 2018-120 du 20 févr. 2018). La loi ORE précise les informations que les candidats doivent pouvoir obtenir tant sur les formations elles-mêmes que sur les conditions de réussite ; ces caractéristiques font l'objet d'un ***cadrage national*** fixé par arrêté du ministre chargé de l'enseignement supérieur (art. L. 612-3, I, al. 2). Le décret n° 2019-231 du 26 mars 2019 modifie sur plusieurs points la procédure *Parcoursup* pour en renforcer la transparence : publication des critères généraux d'examen sur la plateforme, mise en place dans la phase principale de points d'étape pour permettre aux candidats de confirmer leurs choix…).

Il s'agit tout d'abord de porter à la connaissance des candidats ***les caractéristiques de chaque formation*** (art. L. 612-3, I, al. 2). Le législateur a souhaité que cette présentation soit la plus complète possible : elle doit ainsi concerner les formations tant sélectives que non sélectives, générales, professionnelles et par apprentissage ; la procédure a par ailleurs été étendue aux établissements privés sous contrat d'association (pour les CPGE et les BTS) et aux EESPIG (établissements d'enseignement supérieur privés d'intérêt général, V. art. L. 731-1 s.) pour les formations universitaires (art. L. 612-3-2 ; liste de ces formations, Arr. du 3 mars 1998. En 2019, l'offre portait sur 14 500 formations avec encore une série d'exceptions appelées à se résorber (IEP, écoles de commerce, écoles d'ingénieurs, filières artistiques, de gestion, transport, secrétariat…). En 2020, l'ensemble des formations reconnues par l'État est en principe concerné. Le ministre doit définir les conditions dans lesquelles des établissements et des formations qui ne sont pas obligatoirement inscrites sur la plateforme peuvent participer à la procédure nationale de préinscription ainsi que des conditions dans lesquelles des formations peuvent, à titre exceptionnel, en raison de leurs caractéristiques ou des conditions particulières dans lesquelles sont admis les candidats, faire l'objet de règles adaptées (Décr. n° 2020-181 du 28 févr. 2020, art. 2 ; art. D. 612-1, I, al. 6, avant de s'inscrire dans une de ces formations, les candidats doivent présenter une attestation de désinscription de *Parcoursup*). Les caractéristiques portées à la connaissance des candidats concernent les modalités d'organisation des formations, leur contenu et leurs modalités pédagogiques, leurs spécificités, les possibilités de poursuite d'études et les débouchés professionnels, les capacités d'accueil... (art. D. 612-1-5). La loi ORE précise que l'orientation tient compte de l'émergence de nouvelles filières et de nouveaux métiers (art. 2, V. art. L. 611-3). Au terme de la première édition de la nouvelle procédure, chacun admet la nécessité d'améliorer la lisibilité de l'offre de formation et de mieux intégrer les possibilités offertes par l'apprentissage ; l'affichage du rang du dernier candidat appelé l'année précédente pourrait compléter les éléments d'information fournis sur les diverses formations. Certaines formations (sélectives, privées ou publiques, écoles d'ingénieurs ou d'architecture, V. Arr. du ministre de la culture du 30 août 2018) exigent le paiement de frais de traitement de dossier (différents des frais d'inscription), au moment de confirmer les choix d'orientation des candidats (avec exonération possible des boursiers). Une information spécifique pour les candidats en reprise d'étude est désormais prévue (Décr. n° 2020-181 du 28 févr. 2020, art. 2 ; art. R. 612-1, II). Le décret n° 2019-231 du 26 mars 2019, souhaitant renforcer la transparence du dispositif prévoit la publication des critères généraux d'examen sur la plateforme.

L'information comporte ***les statistiques*** que les établissements doivent depuis la LRU rendre publiques avec des indicateurs d'activité (nombre d'étudiants inscrits) et de performance (de réussite, de poursuites d'études et d'insertion professionnelle, art. L. 612-3) ; empiétant sur le domaine réglementaire, la loi ORE précise que cette publicité doit désormais se faire sur le site internet de l'établissement (art. 5, V. art. L. 612-1).

Pour assurer la cohérence entre les caractéristiques des formations et les acquis des étudiants, le cadrage national précise ensuite les « ***attendus*** » (formule moins prescriptive que celle des « prérequis » envisagée dans un premier temps) définis comme les connaissances et compétences nécessaires à la réussite dans chaque filière ; leur formulation a pour objet d'éclairer les choix des candidats, de définir les éléments retenus pour l'examen des vœux (qui doivent être cohérents avec les attendus) et de déterminer la forme et le contenu des enseignements organisés pour la remise à niveau ; des « éléments de cadrage national des attendus » ont fait l'objet d'un arrêté du 9 mars 2018 ; les attendus sont détaillés pour les diverses formations qu'elles soient ou non sélectives (ses 6 annexes sont consacrées aux BTS, CPGE, DUT, diplômes des métiers d'art, diplômes de comptabilité générale et enfin à la licence 1 et aux formations de santé). Cette approche nationale peut être complétée par les établissements pour prendre en compte les spécificités de leurs formations (art. D. 612-1-6). Certains reprennent simplement les formulations nationales, d'autres les renforcent en faisant par exemple référence aux voies et séries du baccalauréat. A l'avenir, la réforme du baccalauréat et du lycée devrait permettre une plus grande flexibilité, notamment par le choix des mineures et des majeures, l'idée étant d'améliorer l'orientation positive en concrétisant la perspective bac-3/bac+3.

La procédure nationale de préinscription est dématérialisée : elle est gérée par un téléservice national dénommé ***Parcoursup***, placé sous la responsabilité du ministre chargé de l'enseignement supérieur (art. D. 612-1) ; il remplace APB (Admission post Bac), institué par un arrêté de 2011 pour unifier les procédures d'inscription, informer les candidats, enregistrer leurs vœux, les traiter grâce à un algorithme (suite d'opérations ou d'instructions permettant d'obtenir un résultat) intégrant les critères alors prévus par la loi (domicile, situation de famille, préférences exprimées par le candidat) qui, en l'absence de la réglementation annoncée, furent précisés par la circulaire n° 2017-077 du 24 avril 2017, qui ajouta une référence au tirage au sort (CE, ord., 2 juin 2017, n° 410562). Esquissé avant même le vote de la loi, le nouveau système approfondit la démarche sur la base des nouvelles dispositions législatives. La nouvelle plateforme permet aux candidats de prendre connaissance des caractéristiques de l'offre de formation et des connaissances et compétences attendues pour y accéder ; de transmettre leur dossier et leurs vœux ; aux établissements de traiter les demandes (art. D. 612-1) et d'adresser aux candidats les propositions d'inscription que le candidat, toujours via *Parcoursup*, peut accepter ou refuser (art. D. 612-1-14).

Parcoursup est ouvert à tous les candidats à une inscription en premier cycle qu'ils soient lycéens, apprentis, étudiants en réorientation ou stagiaires de la formation continue ; les redoublants ne souhaitant pas être réorientés ne sont pas concernés. Pour constituer son dossier le candidat a besoin d'une adresse électronique et de son INE (identifiant national étudiant issu de la base élèves académique). Les éléments, pièces et documents pris en compte pour l'analyse des candidatures sont précisés pour chaque formation. Il s'agit d'abord de ceux accessibles directement via *Parcoursup* pour l'ensemble des formations, notamment du dossier commun (dossier administratif et parcours de scolarité). Une ***fiche avenir*** est renseignée par les professeurs (pour chaque matière, ils indiquent le rang de l'élève, sa moyenne, l'appréciation de ses résultats, ses progrès, ses aptitudes), notamment par les professeurs principaux ; elle comporte l'avis du chef d'établissement éclairé par le conseil de classe sur les vœux exprimés. Les candidats doivent expliciter leurs vœux en présentant un *« projet de formation motivé »* ou lettre de motivation. Ceux souffrant d'un handicap ont la possibilité de signaler leur situation particulière et peuvent bénéficier d'un accompagnement spécifique (avec en outre, une possibilité de réexamen par le recteur de région académique) (art. L. 612-3, IX ; D. 612-1-5). Figurent aussi pour tous les candidats les résultats des épreuves anticipées du baccalauréat ou l'ensemble des notes obtenues pour ceux qui sont déjà bacheliers. L'établissement peut demander des pièces complémentaires, notamment les bulletins scolaires des classes de première et de terminale. Les candidats en réorientation ou en reprise d'études bénéficient d'une fiche de suivi pour permettre la prise en compte de leur parcours pour l'accès aux formations initiales du premier cycle de l'enseignement supérieur (Décr. n° 2019-231 du 26 mars 2019 modifiant l'art. D. 612-1-5). L'abandon de la hiérarchisation des vœux a été justifié par la volonté de permettre aux candidats de disposer d'une liberté de choisir entre plusieurs possibilités au cours de la procédure. Sans revenir sur cette idée, l'accélération du processus peut passer par l'identification de préférences (« vœux-podium », « répondeur automatique »).

Les vœux peuvent porter sur tous les types de formations, sélectives ou non sélectives (licences). Là où APB enregistrait vingt-quatre vœux présentés par ordre de préférence, *Parcoursup* accueille dix vœux non hiérarchisés (art. D. 612-1-10) avec possibilité de vœux multiples pour des formations à objet similaire (art. D. 612-1-11), vingt sous-vœux (dix sous-vœux par vœux multiple) portant sur les établissements où la formation est organisée sur l'ensemble du territoire. Les vœux peuvent porter sur tous les types de formations, sélectives ou non sélectives. Le dossier est validé lorsqu'il est complet et que les vœux ont été confirmés par le candidat. Le décret n° 2020-181 du 28 février 2020 prévoit la possibilité de limitation des vœux (art. D. 612-1-10, sans que leur nombre puisse alors être inférieur à 5) par le ministre chargé de l'enseignement supérieur qui peut en outre déterminer les catégories de formations pour lesquelles les sous-vœux qui composent un vœu multiple ne sont pas comptabilisés pour le calcul du nombre total de sous-vœu. (art. D. 612-1-11).

Confirmant la position ministérielle présentée pour la session 2019 (après une recommandation en ce sens du Défenseur des droits, décision n° 2019-01), le décret n° 2020-181 du 28 février 2020 précise les règles garantissant ***l'anonymat des dossiers*** ; en principe, ni les nom et prénom, ni l'adresse du domicile, ni l'âge du candidat ne doivent être mentionnés ; par exception, leur communication s'impose pour l'attribution d'une place d'hébergement en internat, pour la convocation du candidat aux épreuves d'entretiens ou de concours (classes préparatoires) ou pour l'accompagnement du candidat dans la signature d'un contrat d'apprentissage, vidant le principe de son contenu : le même texte admet en effet que les renseignements nominatifs puissent figurer dans des documents produits par le candidat ou par l'établissement scolaire dans lequel il est inscrit ; il en est de même quand ils ne peuvent être supprimés par les moyens techniques mis en œuvre par la plateforme (art. D. 612-1-13, I). Reste la question de la prise en compte du lycée, souvent analysée comme un facteur discriminant ; le Cour des comptes recommande de lui étendre l'anonymat et de remplacer sa mention par l'indication d'une mesure de l'écart entre les résultats au baccalauréat et la notation au contrôle continu (C comptes 27 févr. 2020).

La procédure comporte une phase principale et une phase complémentaire au cours desquelles les candidatures peuvent être déposées pour les formations non sélectives disposant de places vacantes (art. D. 612-1-1 ; Décr. n° 2018-369 du 18 mai 2018, V. art. D. 612-1-8 à D. 612-1-16 pour la phase principale et art. D. 612-1-17 à D. 612-1-

22 pour la phase complémentaire). Le calendrier est défini chaque année par le ministre qui précise les dates d'ouverture et de clôture des deux phases ainsi que les dates et échéances opposables aux candidats et aux établissements (art. D. 612-1-2). Pour les prochaines campagnes, il a été envisagé de raccourcir le calendrier de la phase principale pour limiter la période d'incertitude (la phase principale devrait se terminer le 19 juill. 2019, et le calendrier être articulé avec le CNOUS). Quoi qu'il en soit, aucune opération préalable à la décision ne peut être contestée devant le juge administratif (TA Lyon, réf., 26 juin 2018 : n° 1804250/3, rejet de la demande de suspension des décisions de refus du 22 mai 2018 de l'IUT Lyon 1 et de l'IUT Lyon 3). Le décret n° 2020-181 du 28 février 2020 renforce la mise en cohérence de l'organisation de l'inscription administrative avec le calendrier de la plateforme Parcoursup (art. D. 612-1-9, III) et simplifie l'organisation dans la phase principale de points d'étape pour permettre aux candidats de confirmer leurs choix (art. R. 612-1-13, I). Il introduit un temps de vérification du résultat de l'examen des vœux par chaque établissement et met en place une semaine de vérification des résultats d'examen des vœux communiqués par les établissements et de leurs données d'appel (art. D. 611-1-14). Le décret n° 2020-181 du 28 février 2020 prévoit en outre l'interruption de la procédure de propositions d'admission et la rectification en cas d'erreur matérielle (art. D. 612-1-14-1).

Des dispositions relatives au ***régime disciplinaire applicable aux candidats à une préinscription*** ont été introduites par le décret n° 2020-181 du 28 février 2020. Toute fraude ou tentative de fraude d'un candidat commise à l'occasion de la procédure de préinscription peut entraîner l'annulation de tout ou partie des vœux et, le cas échéant, le retrait des propositions d'admission faites par les établissements. L'autorité disciplinaire est alors, non la section disciplinaire d'un établissement d'enseignement supérieur, mais le recteur de région académique saisi par l'établissement ayant constaté les faits. Les garanties disciplinaires (principe du contradictoire, droits de la défense, indication des voies et délais de recours au tribunal administratif) doivent être assurées au candidat poursuivi ou à son représentant légal s'il est mineur (art. D. 312-1-36).

Pour répondre à la mise en demeure de la CNIL de « cesser de prendre des décisions sur le seul fondement d'un logarithme » (CNIL, 28 sept. 2017), tenter d'humaniser la procédure et d'assurer une meilleure transparence, la loi ORE institue auprès du ministre chargé de l'enseignement supérieur un ***comité éthique et scientifique*** chargé notamment de veiller au respect des principes juridiques et éthiques qui fondent la procédure nationale de préinscription ainsi que les outils mis en place par les établissements ; il formule toute proposition de nature à améliorer la transparence de ces procédures et leur bonne compréhension par les candidats (art. L. 612-3-XI, Arr. du 9 mars 2018 relatif aux missions, à la composition et aux modalités de fonctionnement du comité éthique et scientifique de la plateforme *Parcoursup*). Sans modifier le code de l'éducation, l'article 21-II de la loi du 20 juin 2018 (RGPP) prévoit que le comité éthique et scientifique doit remettre chaque année un rapport au Parlement portant sur le déroulement de cette procédure avec la possibilité de formuler toute proposition afin d'en améliorer la transparence.

Le traitement des vœux et la question des algorithmes

Les vœux des candidats font l'objet d'un double traitement, au niveau national par la Plateforme Parcoursup et dans chaque établissement d'enseignement supérieur où sont mises en place des commissions d'examen des vœux. Le nombre élevé des candidatures a imposé le recours à un ***traitement algorithmique*** (« ensemble de règles opératoires dont l'application permet de résoudre un problème énoncé au moyen d'un nombre fini d'opérations qui peut être traduit, grâce à un langage de programmation, en un programme exécutable par un ordinateur », glossaire, Comité d'éthique et scientifique de Parcoursup, rapport, 2018). Les obligations de transparence administrative prévues par le code des relations du public et l'administration (CRPA) imposent en principe de publier en ligne ou de communiquer aux personnes qui en font la demande les documents administratifs détenus par les services (CRPA, art. L. 311-1), notamment les traitements algorithmiques ; la loi du 7 octobre 2016 pour une République numérique a notamment eu pour objectif de répondre aux critiques d'opacité dont APB avait fait l'objet ; les administrations « publient en ligne les règles définissant les principaux traitements algorithmiques utilisés dans l'accomplissement de leurs missions lorsqu'ils fondent des décisions individuelles » (CRPA, art. L. 312-1-3). Aussi, le 21 mai 2018, le MESRI a rendu public le ***code-source*** de Parcoursup (« ensemble des instructions écrites dans un langage de programmation pour rendre un algorithme ou un ensemble d'algorithmes exécutables par un ordinateur », glossaire, Comité d'éthique et scientifique de Parcoursup, rapport, 2018). La loi ORE se réfère d'ailleurs au CRPA pour disposer que la communication du code source des traitements automatisés utilisés pour le fonctionnement de la plateforme s'accompagne de la communication du cahier des charges présenté de manière synthétique et de l'algorithme du traitement (art. L. 612-3, II). Ces éléments doivent permettre de vérifier que le fonctionnement de la plateforme est conforme au droit, de favoriser la compréhension des mécanismes (non hiérarchisation des vœux, absence de contraintes, délais de réponse permettant, lorsque chaque candidat fait son choix, de libérer des places immédiatement proposées à d'autres candidats). Le MESRI affirme avoir ainsi rempli son obligation de transparence pour le système centralisé Parcoursup élargissant l'information aux candidats et aux tiers. La Cour des comptes remarque toutefois que ce code source restant à 99 % fermé, la partie publiée demeure d'un intérêt limité pour comprendre, expertiser, et évaluer le processus d'affectation des candidats dans les formations (C. comptes, 27 févr. 2020). Pour les procédures menées dans les établissements, la loi ORE prévoit au contraire une règle spéciale.

Dans chaque établissement d'enseignement supérieur, les dossiers de candidature doivent être analysés par les « *équipes pédagogiques* » (art. L. 612-3, I, al. 5) siégeant pour chaque formation *en* ***commission d'examen des vœux*** (CEV, art. D. 612-1-13, al. 2), dont la composition est arrêtée et les membres désignés par le chef d'établissement ; en général, elle réunit le responsable pédagogique de la première année, celui de la mention et des enseignants assistés d'agents administratifs ou techniques ; les commissions doivent classer les candidats lorsque le nombre de candidatures excède les capacités d'accueil ; elle procède en outre à un classement distinct par groupes de candidats pour tenir compte des pourcentages minimaux de boursiers (art. L. 612-3, VI), de bacheliers technologiques et de bacheliers professionnels pour l'accès en IUT ou STS (art. D. 612-1-14). Elle définit les modalités et les critères d'examen des candidatures ; elle délibère pour proposer au chef d'établissement les réponses à faire aux candidats (art. D. 612-1-13) ; en cas de dysfonctionnement (refus de siéger, de classer…), le président d'université doit prendre les mesures nécessaires pour assurer le bon déroulement de la procédure, sans quoi le recteur, saisi par le président, peut intervenir en se substituant aux établissements sur la base de l'article L. 719-8 (par ex. : Arr. du 22 mai 2018 pour les universités de Paris I et Paris III) ; dans les deux cas peut être constituée une nouvelle commission nommée par le président ou le recteur. Pour diversifier le recrutement, la loi n° 2020-1674 du 24 décembre 2020 de programmation de la recherche (LPR) ajoute que pour l'examen des candidatures, les établissements peuvent tenir compte de la participation des bacheliers aux dispositifs d'accompagnement (type « cordées de la réussite ») mis en place entre les établissements d'enseignement pour garantir l'égalité des chances (LPR, art. 37, I, 4° ; art. L. 612-3, I).

Les CEV prennent en considération les données contenues dans les dossiers (notes obtenues par les candidats qui proviennent d'établissements différents et ont suivi des parcours variés, ainsi que les renseignements qualitatifs figurant dans la fiche "avenir") ; ces différents éléments peuvent faire l'objet d'un paramétrage déterminant leur valeur respective, en les pondérant et les hiérarchisant. Pour traiter un nombre de candidatures qui dans certaines formations peut être très important, les CEV ont la possibilité de recourir à leurs propres outils, à des traitements automatisés de données personnelles (ou algorithmes locaux) conçus en fonction des particularités de la formation Le dispositif Parcoursup autorise les établissements à recourir à un algorithme, sans les y contraindre.. ; le paramétrage privilégie les chiffres, amenant à extraire les notes obtenues au lycée (alors que la docimologie souligne leur caractère variable et subjectif), à traduire numériquement les appréciations, à recourir à des moyennes (allant parfois jusqu'à retenir trois chiffres après la virgule) ; l'exercice comporte d'autres risques avec la possible introduction de critères discriminants (lycée, ville, séries ou spécialités suivies en première et terminale, prise en compte des redoublements) ; le mécanisme mis en place doit en principe être considéré comme un ***outil d'aide à la décision (OAD)*** permettant de réaliser une première analyse des éléments du dossier ; les résultats obtenus sont en effet des mesures préparatoires proposant des réponses, notamment un préclassement, destinées à éclairer la commission qui n'a pas compétence liée et doit examiner les éléments particuliers du dossier ; sur la base des résultats ainsi dégagés, c'est à la commission, organe délibérant, de proposer le classement des candidatures ; les délibérations permettent aux membres de la commission d'apprécier et de comparer les mérites des différentes candidatures ; même s'ils se réfèrent aux résultats du traitement automatique, l'existence de la commission d'examen des vœux constitue la dimension humaine exigée par le RGPD (art. 22 : droit de ne pas faire l'objet d'une décision fondée exclusivement sur un traitement automatisé). Aussi, même s'ils ne constituent pas un « jury d'examen » (voir C. Comptes 27 févr. 20020), les membres des CEV sont tenus au secret.

« *Afin de garantir la nécessaire protection du* ***secret des délibérations*** *des équipes pédagogiques chargées de l'examen des candidatures...* », la loi ORE dispose que « *les candidats sont informés de la possibilité d'obtenir, s'ils en font la demande,* ***la communication des informations relatives aux critères et modalités d'examen de leurs candidatures*** *ainsi que des* ***motifs pédagogiques*** *qui justifient la décision prise* » (art. L. 612-3, I, al. 5). Invoquant le secret des délibérations, la loi ORE adopte ainsi des dispositions spéciales, dérogatoires au droit commun ; le CRPA impose en effet aux établissements publics d'enseignement supérieurs comme aux autres administrations de publier en ligne ou de communiquer aux personnes qui en font la demande les documents administratifs qu'elles détiennent (CRPA, art. L. 311-1) ; en outre, toute décision individuelle prise sur le fondement d'un traitement algorithmique doit comporter une mention explicite en informant l'intéressé (CRPA, art. L. 311-3-1) ; les règles régissant les principaux traitements algorithmiques utilisés devant alors faire l'objet d'une publication en ligne (CRPA, art. L. 312-1-3). Que les formations soient ou non sélectives, la loi ORE considère que ces obligations « sont réputées satisfaites dès lors que les candidats sont informés de la possibilité d'obtenir, s'ils en font la demande, la communication des informations relatives aux critères et modalités d'examen de leurs candidatures ainsi que des motifs pédagogiques qui justifient la décision prise » (art. L. 612-3, I, al. 5), substituant ainsi une possibilité de communication individuelle a posteriori à une publication a priori. Si le secret des délibérations porte sur les appréciations subjectives des membres de la commission, il s'attache aussi aux éléments objectifs, notamment aux critères retenus pour effectuer le classement. En pratique, si certaines commissions peuvent juger utile d'afficher les critères utilisés, d'autres souhaitent garder leur entier pouvoir d'appréciation pour éviter d'appliquer mécaniquement ces paramètres. Alors que les attendus ont été publiés, les attentes de la commission peuvent rester inconnues. Si la formule déroge au droit commun de la transparence, elle s'écarte aussi des solutions adoptées dans le droit des concours de la fonction publique où est admise « la communication tant des documents de leurs délibérations que de ceux élaborés préalablement par les jurys en vue de leurs délibérés » sans que « le législateur [n'ait] entendu porter atteinte au principe d'indépendance des jurys d'où découle le secret de leurs délibérations » (CE 17 févr. 2016, n° 371453).

Ce régime dérogatoire fondé sur le secret des délibérations a fait l'objet de nombreuses réserves. Plusieurs parlementaires ont proposé de l'abandonner (à l'Ass. nat, une proposition de loi Daniel Fasquelle et autres, 11 juill. 2018, exige la transparence des algorithmes en écartant le régime dérogatoire du secret des délibérations pour s'opposer à la communication d'un algorithme local ; au Sénat, il avait par ailleurs été souhaité que l'exception Parcoursup sur la non-publication *ex ante* pour revenir à un régime de droit commun). Des autorités indépendantes ont par ailleurs recommandé de publier les règles définissant les traitements algorithmiques et les modalités de traitement des données personnelles (Médiatrice de l'éducation nationale, Rapport 2018 ; Défenseur des droits 18 janv. 2019, n° 2019-021 et du 21 déc. 2018, n° 2018-323). Pour tenter d'atténuer les critiques, le décret n° 2019-231 du 26 mars 2019 modifiant l'article D. 612-1-5 a ajouté à la liste des caractéristiques proposées sur la plateforme que les établissements doivent publier (contenus, modalités pédagogiques, statistiques de réussite...) la mention « des critères généraux encadrant l'examen des candidatures par les commissions d'examen des vœux » (art. D. 612-1-5). Ce complément a une portée incertaine : par qui sont fixés ces critères généraux ? Il semble exclu qu'ils soient arrêtés par les CEV dans la mesure où leur publication doit avoir lieu avant leur constitution ? Les CEV peuvent-elles ajouter à ces critères généraux des critères particuliers ? Comment s'assurer qu'ils seront les uns et les autres « objectifs et rationnels » à l'instar de ceux fixés par la loi qui a épuisé sa compétence (Cons. const. 8 mars 2018, n° 2018-763 DC, § 12 et 25). La question reste entière ; aussi, la Cour des comptes dont le rapport du 27 février 2020 plaide une nouvelle fois pour la publication des algorithmes ayant servi à effectuer ces premiers tris.

Au contentieux, les étudiants et leurs syndicats ont pu saisir les tribunaux administratifs. Ainsi, l'UNEF a contesté la décision implicite par laquelle le président de l'université des Antilles a refusé de lui communiquer les procédés algorithmiques utilisés par l'outil d'aide à la décision dans le cadre du traitement des candidatures d'entrée en licence via la plateforme Parcoursup, ainsi que le ou les codes sources correspondants ; considérant que le régime dérogatoire ne concernait que les candidats, le tribunal annule le refus de communication au syndicat en se fondant sur le principe de communication posé par le CRPA, jugeant que le « secret des délibérations n'est pas ici en cause ; cette communication ne porte en effet que sur la nature des critères pris en compte pour l'examen des candidatures, leur pondération et leur hiérarchisation, et non sur l'appréciation portée par la commission sur les mérites de chacune de ces candidatures (TA Guadeloupe, 4 févr. 2019, n° 1801094). Saisi en cassation, le Conseil d'État annule le jugement ; en se fondant sur l'art. L. 311-1 du CRPA pour annuler la décision de refus de communication litigieuse, le tribunal administratif a commis une erreur de droit ; les dispositions spéciales introduites par la loi ORE dérogent au CRPA en réservant le droit d'accès à ces documents aux seuls candidats, pour les seules informations relatives aux critères et modalités d'examen de leur candidature (CE 12 juin 2019, *Univ. des Antilles*, n° 427916). Reste à savoir, si la loi ORE pouvait introduire cette dérogation, si l'article L. 612-3 est bien conforme aux droits et libertés protégés par la Constitution. Aussi, à l'occasion de pourvois tendant à l'annulation des ordonnances des présidents des tribunaux de La Réunion et de Bastia rejetant les demandes d'annulation des décisions implicites de rejet nées du silence gardé par l'université de La Réunion et l'Université de Corte sur leurs demandes de communication des procédés algorithmiques utilisés localement dans le cadre du traitement des candidatures d'entrée en licence via la plateforme Parcoursup ainsi que les codes sources correspondants, l'UNEF a posé des questions prioritaires de constitutionnalité, s'appuyant sur la Déclaration des droits de l'homme et du citoyen du 26 août 1789 (art. 15 droit d'accès aux documents administratifs ; art. 16 : droit au recours effectif) ; le Conseil d'État les a renvoyées au Conseil constitutionnel (CE 15 janvier 2020, *UNEF*, n° 433296). Par sa décision n° 2020-834 QPC du 3 avril 2020, *UNEF*, le Conseil constitutionnel juge que le dernier alinéa du paragraphe I de l'article L. 612-3 du code de l'éducation est conforme à la Constitution, sous réserve d'interprétation. Consacrant pour la première fois un droit constitutionnel d'accès aux documents administratifs, découlant de l'article 15 de la déclaration de 1789, il juge que le législateur peut toutefois fixer des limites liées à des exigences constitutionnelles ou justifiées par l'intérêt général, à la condition qu'il n'en résulte pas d'atteintes disproportionnées au regard de l'objectif poursuivi. En restreignant l'accès aux documents administratifs précisant les critères et modalités retenues par les commissions d'examen des vœux mises en place par les établissements, le législateur a souhaité protéger le secret des délibérations pour *« assurer l'indépendance des équipes pédagogiques et l'autorité de leurs décisions »* ; il a ainsi poursuivi *« un objectif d'intérêt général »* ; les candidats, une fois la décision prise, peuvent, à leur demande, obtenir la communication par l'établissement des informations relatives aux critères et modalités d'examen de leurs candidatures, ainsi que des motifs pédagogiques justifiant la décision de refus prise à leur égard ; ils doivent alors être informés de la hiérarchisation et de la pondération des différents critères généraux établies par les établissements ainsi que des précisions et compléments apportés à ces critères généraux pour l'examen des vœux d'inscription. La décision apporte en outre une « réserve d'interprétation ». Si la loi réserve cette communication aux candidats, l'impossibilité pour les tiers d'accéder *a posteriori* à ces informations porte « une atteinte disproportionnée » au droit garanti par l'article 15 de la déclaration de 1789 ; aussi, chaque établissement est tenu de *« publier, à l'issue de la procédure nationale de préinscription et dans le respect de la vie privée des candidats* [ce qui impose l'anonymat des informations], *le cas échéant sous la forme d'un rapport* [comme en établissent les jurys d'examen ou de concours] *les critères en fonction desquels les candidatures ont été examinées et précisant, le cas échéant, dans quelle mesure des traitements algorithmiques ont été utilisés pour procéder à cet examen »*. La loi est par ailleurs conforme à l'article 16 de la déclaration de 1789, les décisions de refus (de communiquer, d'inscrire) constituant des décisions administratives susceptibles de recours devant la juridiction administrative sans que les restrictions d'accès à certains documents administratifs relatifs aux algorithmes locaux ne les prive d'effectivité.

La régulation par les quotas

La loi ORE reprend la technique des quotas déjà présente dans la loi ESR pour l'admission des bacheliers technologiques en IUT et des bacheliers professionnels en STS (art. L. 612-3, VII) ; l'objectif initial était pédagogique, visant à assurer une meilleure adéquation des candidats à la formation choisie en fonction des études antérieures ; il est étendu à la recherche d'une meilleure équité sociale et territoriale (en 2019, 23 % des étudiants inscrits en STS sont des bacheliers professionnels, 19 % des inscrits en IUT sont des bacheliers technologiques).

Pour les formations technologiques courtes sélectives, l'autorité académique (le recteur d'académie) prévoit un pourcentage minimal de bacheliers professionnels pour l'accès aux STS, de bacheliers technologiques pour les IUT. Le texte reprend ainsi les dispositions de l'article 33 de la loi ESR du 22 juillet 2013, auxquelles une dérogation expérimentale avait été apportée par l'article 40 de la loi égalité et citoyenneté du 27 janvier 2017 pour les seuls bacheliers professionnels dont l'admission pouvait être décidée par le recteur d'académie au vu de l'avis favorable rendu par le conseil de classe de l'établissement d'origine. L'expérimentation concerne désormais quatorze régions académiques (Arr. du 9 janv. 2019 modifiant l'arr. du 10 avr. 2017) ; prévue pour trois ans, elle est portée à six par l'article 37 de la loi n° 2020-1674 du 24 décembre 2020 de programmation de la recherche (LPR). Comme par le passé, ces pourcentages doivent être fixés en concertation avec les présidents d'université, les directeurs de CFA et les proviseurs. Il n'en est pas de même pour le pourcentage de boursiers que le recteur de région académique devra fixer pour l'accès à ces formations sans préjudice des modalités particulières d'admission destinées à assurer un recrutement diversifié des étudiants (art. L. 612-3, V, al. 2, mod. par LPR 2020, art. 37). Pour permettre aux étudiants de réussir en STS, des classes de remise à niveau peuvent être mises en place. C'était le cas hier pour certaines formations ouvertes aux bacheliers généraux n'ayant pas acquis les rudiments techniques nécessaires, c'est dorénavant une possibilité pour les bacheliers professionnels qui peuvent recevoir une préparation à l'entrée en STS, principalement en lycées professionnels (V. Circ. Dgesco/Dgesip, du 19 juill. 2018).

L'article 37 de la loi n° 2020-1674 du 24 décembre 2020 de programmation de la recherche (LPR) abroge le dispositif « meilleurs bacheliers » introduit par un amendement à la loi ESR pour les seules filières sélectives, qui avait été élargi à l'ensemble des filières par la loi ORE, pour « les meilleurs élèves dans chaque série et spécialité de l'examen de chaque lycée ». Le pourcentage des élèves bénéficiant d'un accès prioritaire fixé par décret (10 %) n'était pas cohérent avec le système mis en place en 2018 et, imposant l'attente des résultats du baccalauréat, perturbait la procédure.

Pour favoriser l'accès aux formations supérieures des bacheliers des milieux sociaux défavorisés, le recteur de région académique fixe un pourcentage minimal de bacheliers retenus bénéficiaires d'une bourse nationale de lycée tant pour les formations sélectives (art. L. 612-3, VI) que pour les formations non sélectives mais en tension ; dans ce cas, le pourcentage doit tenir compte du rapport entre le nombre de ces bacheliers boursiers candidats à l'accès à cette formation et le nombre total de demandes d'inscription dans cette formation enregistrées dans le cadre de la procédure de préinscription (art. L. 612-3, V). L'article 37 de la loi n° 2020-1674 du 24 décembre 2020 de programmation de la recherche (LPR) précise que la détermination de la part ainsi réservée aux boursiers se fait sans préjudice des modalités particulières d'admission destinées à assurer un recrutement diversifié des étudiants tant dans les filières non sélectives (art. L. 612-3, V, al. 1er, mod. par LPR art. 37, I, 5°) que sélectives (art. L. 612-3,VI, al. 2, mod. par LPR 2020, art. 37, I, 6°, visant aussi l'art. L. 621-3, modalités particulières de recrutement IEP Paris).

La priorité donnée aux bacheliers issus de l'académie ayant été supprimée par la loi ORE, l'autorité académique peut toutefois fixer, pour les formations en tension, un pourcentage maximal de bacheliers retenus résidant dans une autre académie afin de faciliter l'accès des bacheliers qui le souhaitent aux formations d'enseignement supérieur situées dans l'académie où ils résident ; l'autorité académique doit alors tenir compte du nombre de candidats à ces formations résidant dans l'académie. Seule l'obligation de respecter le pourcentage minimal de bacheliers boursiers retenus peut conduire à déroger au pourcentage maximal de bacheliers retenus résidant dans une autre académie.

Pour la campagne 2019, il a été décidé, à la suite d'une réflexion sur la mobilité académique en Île-de-France, que la région académique regroupant les académies de Paris, Créteil et Versailles constitue le secteur de référence pour les calculs et la mise en œuvre des taux de mobilité fixés pour les formations non sélectives.

L'admission des candidats à s'inscrire

A la suite de l'examen des dossiers, les établissements statuent sur chacun des vœux, dressant la liste des admis à s'inscrire complétée par une liste d'attente (classant l'ensemble des candidats aux filières non sélectives) dont l'addition constitue la liste d'appel ; les candidats acceptent ou rejettent les propositions d'inscription. Le décret n° 2019-231 du 26 mars 2019 organise la mise en place dans la phase principale de points d'étape pour permettre aux candidats de confirmer leurs choix (les art. D. 612-1-2 et D. 612-1-14 imposant alors aux candidats de confirmer leurs choix sous peine d'être réputé y avoir renoncé). A noter que l'absence de réponse de l'établissement constitue une décision implicite de rejet ; en effet, la loi ORE prévoit une nouvelle exception au principe le silence gardé par l'administration sur une demande vaut acceptation qui résulte de la loi du 12 novembre 2013 (CRPA, art. L. 231-1), élargissant les dispositions déjà en vigueur pour les filières sélectives (Décr. du 23 oct. 2014) ; « Le silence gardé par un établissement sur une candidature présentée dans le cadre de la procédure nationale de préinscription ne fait naître aucune décision implicite avant le terme de cette procédure (art. L. 612-3-I, al. 4) ; ces dispositions garantissent ainsi la naissance d'une décision implicite de l'administration au plus tard à la fin de la procédure de préinscription, qui permettra au candidat de contester, le cas échéant, le refus de chacun des choix qu'il a formulés ; dès lors, elles ne portent aucune atteinte au droit à un recours juridictionnel. » (Cons. const. 8 mars 2018, n° 2018-763 DC, §15).

Pour les formations pour lesquelles « *une sélection peut être opérée, selon des modalités fixées par le ministre chargé de l'enseignement supérieur* », la sélection est assurée par le chef d'établissement prenant l'avis des enseignants (STS) ou par un jury désigné par le président d'université (sur proposition du directeur de l'IUT qui le préside). Le jury se prononce en fonction des éléments figurant au dossier de candidature, éventuellement complétés par un entretien ou un test (V. Arr. du 3 août 2005). Les établissements ont trois possibilités. La réponse est en effet soit « oui » (proposition d'admission), soit « en attente d'une place », soit enfin « non » (décision explicite de rejet). Dans ce cas, la décision du chef d'établissement peut être négative (art. D. 612-1-14-I). Pour ces filières, le classement peut se faire par groupes de candidats (quand la loi ou le règlement le permet), par exemple en tenant compte des demandes d'hébergement en internat.

Pour les formations non sélectives, lorsque le nombre de vœux reçus est inférieur au nombre de places disponibles, l'établissement peut répondre par une proposition d'admission (« oui ») qui peut être ou non conditionnée à l'acceptation de bénéficier d'un dispositif d'accompagnement pédagogique un parcours personnalisé de formation (« oui si ») ; la commission précise alors les modalités proposées qui peuvent relever de la catégorie 1 (remise à niveau, tutorat…) ou 2 (année de formation supplémentaire). Si la décision exprès de rejet est en principe exclue, une absence de réponse s'analysera comme une décision implicite de rejet qui pourra faire l'objet d'un recours.

Lorsque le nombre de vœux reçus est supérieur au nombre de places disponibles dans une formation, les vœux des candidats sont en outre ordonnés (art. D. 612-1-13, al. 2) : pour chaque candidat la commission donne une réponse, « oui » ou « oui si », les candidatures font alors l'objet d'un classement. La plateforme *Parcoursup* est un système dynamique qui peut mettre les candidatures « en attente », avec indication du caractère de la place attendue, « oui » ou « oui si » ; au fur et à mesure ***des désistements, des places se libèrent et peuvent être proposées à des candidats qui étaient en attente*** (art. D. 612-1-14, II).

Les propositions faites par les établissements sont soumises à l'acceptation des candidats, via la plateforme *Parcoursup* (art. D. 612-1-14, I) ; le candidat qui reçoit une proposition d'admission (subordonnée ou non à l'acceptation d'un dispositif d'accompagnement pédagogique ou d'un parcours de formation personnalisé) indique son acception ou son refus dans un délai précisé par le calendrier (art. D. 612-1-14-II) ; l'acceptation d'une proposition entraîne la suppression automatique des autres propositions : pour les autres vœux en attente, le candidat doit indiquer clairement s'il les conserve ou les supprime ; à défaut de réponse dans le délai, le candidat perd le bénéfice de la proposition d'admission ; si, à l'issue d'un nouveau délai, le candidat n'a pas confirmé le maintien de ses autres vœux, il est réputé y avoir renoncé. Lorsqu'il accepte une proposition, le candidat conserve, s'il le demande, ses autres vœux. Tout au long de la procédure, il ne peut conserver qu'une seule proposition d'inscription ; lorsqu'il reçoit une nouvelle proposition, il indique celle qu'il conserve (sinon, il conserve la première). Le refus du candidat de la proposition de l'établissement vaut renonciation à l'inscription dans la formation souhaitée (art. D. 612-1-14, I, al. 3).

Les décisions négatives (décision « non » pour les filières sélectives), absences de réponse favorable dans toutes les filières en fonction du nombre de place et du rang de classement), doivent être notifiées dans un délai d'un mois avec indication des délais et des voies de recours et indiquer les motifs pédagogiques ; au-delà du recours administratif à l'autorité académique (art. L. 612-3, VIII et IX), un recours au tribunal administratif est envisageable le jour suivant la fin de la procédure, en 2018, le 6 septembre, date de notification des décisions négatives qui feront grief.

L'autorité académique, garante de la poursuite des études

La loi a prévu une procédure particulière pour les candidats auxquels aucune proposition d'admission n'a été faite dans le cadre de la procédure nationale de préinscription ou qui n'ont reçu que des réponses négatives à une date fixée par le calendrier (art. D. 612-1-23). Dans la limite des capacités d'accueil, le recteur de région académique, après un dialogue avec le candidat et le président de l'université ou le directeur de l'établissement (au cours duquel ce dernier peut proposer une inscription dans une autre formation de son établissement), propose une inscription dans une formation en tenant compte, d'une part, des caractéristiques de cette formation et, d'autre part, du projet de formation des candidats, des acquis de leur formation antérieure et de leurs compétences. Avec l'accord du candidat, le recteur de région académique prononce son inscription dans la formation retenue, laquelle peut être subordonnée, par le président ou le directeur de l'établissement, à l'acceptation du bénéfice des dispositifs d'accompagnement pédagogique ou du parcours de formation personnalisé nécessaires à sa réussite (art. L. 612-3, VIII ; et D. 612-1-24). Pour les formations sélectives, en l'absence de décision du chef d'établissement, la demande du candidat est transmise au recteur de région académique qui peut prononcer son inscription (art. D. 612-1-20).

Le recteur de région académique peut être saisi d'une demande de réexamen de certaines candidatures (art. L. 612-3, IX, Décr. n° 2018-370 du 18 mai 2018). La demande d'inscription dans un établissement situé dans une zone géographique déterminée doit être justifiée par des circonstances exceptionnelles. La loi envisage une série de cas ; elle vise tout d'abord l'état de santé ou le handicap (une Circ. du 28 mars 2018 détaille par ailleurs l'accompagnement au sein des académies), les charges de famille ou enfin la qualité de sportif de haut niveau (C. sport, art. L. 221-2). Le recteur de région académique (art. D. 612-1-25) saisi d'une demande motivée (art. D. 612-1-27) peut procéder au réexamen des candidatures en tenant compte de la situation particulière du candidat, des acquis de sa formation antérieure et de ses compétences ainsi que des caractéristiques des formations (art. L. 612-3, IX ; Décr. n° 2018-370 du 18 mai 2018 relatif aux conditions de réexamen des candidatures, V. art. D. 612-1-25) ; cette demande de réexamen est envisageable dès que le candidat a confirmé au moins un vœu à tout moment de la procédure *Parcoursup*, tant dans la phase principale que dans la phase complémentaire (art. D. 612-1-26) ; le recteur de région acamédique prononce l'inscription de tous les candidats concernés en s'assurant de leur accord.

Pour remplir la mission qui lui incombe ainsi, le recteur de région académique met en place ***une commission académique d'accès à l'enseignement supérieur*** (CAAES, associant l'autorité académique agricole et les établissements) ; elle conseille le recteur de région académique pour l'instruction des dossiers des candidats (à l'inscription ou en réinscription) qui n'ont reçu aucune proposition ou d'un réexamen de leur situation (art. L. 612-3, VIII). S'agissant des demandes de réexamen des candidatures (art. L. 612-3, IX), la commission s'assure de la recevabilité de la demande (si le candidat remplit les conditions, art. D. 612-1-26) puis apprécie son bien-fondé, en sollicitant au besoin l'établissement d'origine et l'établissement souhaité ; si elle estime que la demande est justifiée, elle transmet au recteur de région académique une ou des propositions tenant compte de ses acquis, ses compétences, son projet et des caractéristiques de la formation souhaitée (art. D. 612-1-28) ; pour la situation de handicap la commission tient compte des besoins d'accompagnement, de compensation, de soins (art. D. 612-1-29). Le recteur de région académique propose au candidat une inscription adaptée ; après accord du candidat, le recteur de région académique prononce son inscription (art. D. 612-1-30).

Une modification du calendrier pour éviter que la phase complémentaire et les saisines de CAAES soient en concurrence a pu être souhaitée (IGAENR).

Au mois de décembre de chaque année, le ministre chargé de l'enseignement supérieur doit rendre public un bilan détaillé par académie de la procédure nationale de préinscription dans le premier cycle de l'enseignement supérieur ainsi que les prévisions démographiques d'entrée dans le premier cycle universitaire pour la prochaine rentrée (art. L. 612-3, X).

I. CONDITIONS D'INSCRIPTION

1. Formalités. L'inscription est subordonnée à la production, par l'intéressé, dans les délais prescrits, d'un dossier personnel dont la composition est définie par le président de l'université en application des dispositions générales arrêtées par le ministre de l'éducation, ainsi qu'à l'accomplissement des formalités prévues par la réglementation des droits universitaires sauf autorisation individuelle délivrée par le recteur d'académie, sur proposition du président de l'université. En cas de non-respect de ces dispositions, l'université est tenue de refuser son inscription. • CAA Nantes, 23 avr. 2003, n° 00NT00369.

2. Documents communicables. Certificat de scolarité. Les documents administratifs dont la communication porterait atteinte au secret de la vie privée, parmi lesquels figure un certificat de scolarité ou toute autre attestation se rapportant à la scolarité d'une personne, ne sont communicables qu'aux intéressés, au nombre desquels ne figurent pas les parents d'un élève majeur pour les documents qui le concernent, sauf s'ils peuvent produire un mandat. • CADA 19 avr. 2007, *Président de l'université de Pau et des pays de l'Adour,* avis n° 20071643.

3. Crise sanitaire. Délais des demandes d'admission. Délais des recours. Délais des décisions. La direction des affaires juridiques a été saisie de plusieurs questions sur l'application de l'Ord. n° 2020-306 du 25 mars 2020 relative à la prorogation des délais échus pendant la période d'urgence sanitaire et à l'adaptation des procédures pendant cette même période, en matière d'inscription des étudiants. *V. Notes DAJ B1 n° 2020-0036 du 6 avr. 2020, n° 2020-0045 du 16 avr. 2020 et n° 2020-0059 du 27 mai 2020 : *LIJ 2020, n° 212, p. 14.*

II. REFUS D'INSCRIPTION

1° PRINCIPES GÉNÉRAUX

4. Recevabilité des requêtes. Est jugée recevable une requête dirigée contre une décision verbale de refus d'inscription en licence, dont l'existence est établie par une demande de transfert de dossier dans une autre université, signée par le président de l'université de départ, et formulée par la requérante postérieurement à l'introduction de sa requête qui mentionne expressément que le motif de ce transfert est le refus d'inscription opposé à l'intéressée dans la filière sollicitée, alors que ce document n'est contredit par aucune autre pièce du dossier. • TA Lyon, 2 déc. 1988.

5. Obligation de motivation. La décision qui se borne à indiquer que la liste des candidats admis à s'inscrire a été fixée « compte tenu de l'académie où ils ont obtenu leur baccalauréat, de leur domicile, de leur situation de famille, des préférences qu'ils ont exprimées et de l'ordre d'arrivée de leur demande d'inscription » est insuffisamment motivée. Elle ne permet pas de déterminer celui des critères auquel les étudiants qui n'avaient pas été admis à s'inscrire ne satisfaisaient pas ou y satisfaisaient dans de moins bonnes conditions que ceux dont l'inscription avait été admise. La lettre du président de l'Université notifiant l'arrêté du recteur, qui indique à une étudiante que sa candidature n'a pu être retenue en raison de la limitation de la capacité d'accueil en première année de DEUG-STAPS ne répond pas davantage à cette obligation de motivation. • CAA Nantes, 24 juill. 1997, n° 97NT00119.

6. Situation d'urgence. Absence. Une étudiante ayant attendu la clôture de la procédure dite « complémentaire » et n'ayant pas obtenu la formation qu'elle souhaitait a demandé au juge des référés de suspendre ce refus. En l'espèce, juge relève notamment que la requérante n'a saisi le juge des référés que deux mois après la rentrée universitaire et trois mois et demi après la fin de la procédure dite « normale » de candidature aux formations universitaires. Il relève aussi qu'elle a formulé ses huit vœux d'admission post-baccalauréat dans la filière STAPS alors que le déséquilibre entre la demande et l'offre dans cette filière ne pouvait être ignoré, et que, dans le cadre de la procédure dite « complémentaire », elle n'a présenté que quatre candidatures et a démissionné de la formation à laquelle elle avait été admise. Le juge estime ainsi que, compte tenu de l'ensemble de ces éléments, la condition d'urgence, ne saurait être regardée comme remplie. • TA Melun, ord., 29 nov. 2017, n° 1708547.

2° MOTIFS (SITUATION ANTÉRIEURE À LA LOI DU 8 MARS 2018)

a. Dépassement des capacités d'accueil

7. Capacités d'accueil non dépassées. Illégalité du refus d'inscription. Les dispositions législatives n'autorisent pas le président de l'université à refuser d'inscrire des candidats tant que les capacités d'accueil de l'université ne sont pas dépassées. • CE 27 juill. 1990, nos 65180 et 65181 A : *AJDA 1991. 151, obs. Chevallier* • CE 8 janv. 1992, n° 111648 B. * Courriel DAJ B1 du 3 nov. 2008 : *LIJ 2008, n° 130, p. 22.*

8. Répartition des effectifs en cas de dépassement des capacités d'accueil. Par un Arr. du 26 févr. 2001, le recteur de Paris a créé au rectorat de Paris un recensement automatisé d'informations nominatives, dénommé Ravel (recensement automatisé des vœux des élèves), pour collecter les vœux d'orientation des candidats au baccalauréat en Île-de-France en vue de leur inscription en première année d'enseignement supérieur. Cet arrêté, qui a pour objet de mettre en œuvre les principes de répartition des effectifs en cas de dépassement prévisible des capacités d'accueil de certains établissements, n'a pas par lui-même pour effet d'instituer une sélection illégale. • CE 6 févr. 2004, n° 234428.

9. Capacités d'accueil dépassées. Justification. L'autorité administrative doit apporter les éléments de nature à justifier que les capacités d'accueil étaient dépassées. • CAA Bordeaux, 24 mai 2004, n° 00BX02322. ♦ Le refus d'admettre l'inscription d'un étudiant au motif que les capacités d'accueil sont dépassées doit être établi à la date à laquelle l'étudiant concerné a demandé son inscription. • CAA Lyon, 8 févr. 1999, n° 95LY01928.

10. Demandes excédant les capacités d'accueil. Compétence du recteur. Lorsque le nombre des candidatures excède les capacités d'accueil d'un établissement, les décisions se prononçant sur les demandes d'inscription relèvent de la seule compétence du recteur de l'académie. Le président d'une université n'est pas compétent pour refuser à un étudiant son inscription en première année du DEUG à l'unité de formation et de recherche en sciences et techniques des activités physiques et sportives. • CAA Nancy, 14 oct. 1999, n° 96NC03166.

b. Tirage au sort (dépassement des capacités d'accueil)

11. Situation antérieure à la rédaction issue de la loi de 2013. Irrégularité du tirage au sort effectué entre les demandes d'inscription en première année parvenues par la voie postale le premier jour de l'ouverture des inscriptions. Pour respecter le principe d'égalité entre les candidats, l'administration doit procéder à un tirage au sort entre toutes les demandes parvenues jusqu'à la date de clôture des inscriptions. • CAA Nancy, 14 oct. 1999, n° 98NC02467 B. ♦ Dans le même sens : université ayant mis en place une procédure d'inscription consistant à n'accepter que les dossiers transmis par voie postale, exclusivement à partir d'une certaine date, en les numérotant par un ordre chronologique continu tenant compte en priorité du jour d'arrivée à l'université, puis pour la même journée de réception, du jour d'envoi déterminé par le cachet postal. Un tirage au sort était ensuite effectué entre les dossiers qui n'avaient pas été départagés par l'ordre chronologique. Une telle procédure méconnaît les dispositions législatives prescrivant que les modalités d'inscription doivent respecter le principe de l'égalité des candidats à l'accès au service public de l'enseignement supérieur. • CE 5 nov. 2001, n° 215351 B. ♦ Illégalité du tirage au sort malgré la circonstance que les candidats avaient été informés à l'avance de la date d'ouverture des inscriptions et que le classement des demandes a été effectué de manière aléatoire. • CAA Nancy, 27 janv. 2000, n° 99NC00510 • CAA Nancy, 27 janv. 2000, n° 99NC00614. ♦ Le recteur indique avoir établi la liste des candidats selon l'ordre de traitement des dossiers envoyés dans les délais impartis. Une telle méthode, qui n'induit aucune sélection des candidats selon leurs aptitudes, n'est pas contraire au principe d'égalité de traitement des candidatures. • CAA Lyon, 13 mars 2000, n° 96LY21992.

12. Circ. du 24 avr. 2017 permettant le tirage au sort. Référé-suspension. Défaut d'urgence. Rejet. Le ministère ayant publié une circulaire fixant les critères de sélection des candidatures à une formation post-bac ne pouvant accueillir qu'un nombre de candidats réduit et permettant le recours au tirage au sort, deux associations ont demandé au Conseil d'État de suspendre l'exécution de cette circulaire. Le juge des référés rejette la demande de suspension pour défaut d'urgence, estimant les conséquences plus importantes pour les étudiants qu'aurait une suspension de ce texte que son maintien immédiat dans l'attente de la décision au fond. Le juge estime en effet que si la Circ. du 24 avr. 2017 aura directement pour effet d'empêcher un nombre important de bacheliers d'être inscrits à la prochaine rentrée universitaire dans l'établissement universitaire de leur choix et pour la formation de leur choix, le ministre serait dans l'impossibilité d'édicter en temps utile une réglementation différente tandis que les autorités académiques saisies de demandes d'inscription et contraintes par les capacités d'accueil des établissements seraient, quant à elles, tenues de prendre des décisions ayant les mêmes conséquences que celles résultant de la mise en œuvre des dispositions litigieuses. • CE, ord., 2 juin 2017, nos 410562 et 410640 : *AJDA 2017. 1146* ; *ibid. 1619, note de Gliniasty*.

13. Doute sérieux sur la légalité. Urgence. Saisi à plusieurs reprises par des candidats en L1 de STAPS, le juge des référés du tribunal de Bordeaux estime que la circulaire établissant le tirage au sort est propre à créer un doute sérieux quant à la légalité de la décision du recteur de refus d'admission de trois étudiantes. Le juge ne retient pas l'argument du rectorat selon lequel la condition d'urgence n'est pas remplie au motif que les candidates ont obtenu une réponse positive à une inscription effectuée sur APB de vœux de rang inférieur (7e vœu d'inscription et dont la requérante soutient, sans être contestée, qu'il constitue un choix « par défaut » imposé à tous les candidats par la procédure de pré-inscription de la plate-forme APB). L'administration, en outre, qui se borne à invoquer les risques résultant d'une inscription provisoire d'étudiants supplémentaires sans apporter aucun élément au soutien d'une telle allégation, ne justifie pas de l'existence d'un intérêt public à l'exécution de la décision contestée. • TA Bordeaux, ord., 21 sept. 2017, nos 1703763, 1703768 et 1703771 : *AJDA 2017.1808, comm. Maupin.*

14. Doute sérieux sur la légalité. Existence. Dans les mêmes affaires, le juge estime qu'en l'état de l'instruction, l'illégalité des dispositions de la circulaire, notamment en ce qu'elle ajoute le critère du tirage au sort à ceux prévus à l'art. L. 612-3, est propre à créer un doute sérieux quant à la légalité de la décision du recteur. • TA Bordeaux, ord., 21 sept. 2017, no 1703763 : *préc. note 13.* ♦ A la suite de ces ordonnances, le ministère a annoncé se pourvoir en cassation devant le Conseil d'État.

15. APB. Traitement. Algorithme. Manquements aux règles sur la protection des données personnelles. Mise en demeure au Gouvernement. Saisie de plusieurs plaintes contre le traitement APB, la CNIL a examiné la conformité du traitement APB aux dispositions de la L. du 6 janv. 1978 modifiée. Elle a relevé plusieurs manquements aux règles sur la protection des données personnelles : un manquement à l'interdiction de prendre une décision produisant des effets juridiques sur le seul fondement d'un traitement automatisé, un manquement à l'obligation d'informer les personnes, un manquement à l'obligation de respecter le droit d'accès et un manquement à l'obligation d'assurer la sécurité et la confidentialité des données gérées par un sous-traitant. • CNIL, 30 août 2017, no 2017-053 : *D. 2017. 2144, note Guével.*

16. Référé-liberté. Urgence. Absence. Dans une affaire où un étudiant avait reçu une notification de la plateforme APB d'un avis favorable pour son inscription en STAPS, sous réserve d'un tirage au sort ultérieur, le juge des référés considère que la circonstance que l'étudiant est susceptible de ne pas être admis en raison de la procédure de tirage au sort ne caractérise pas une situation d'urgence impliquant qu'une mesure visant à sauvegarder une liberté fondamentale doive être prise dans les 48 heures. Le juge précise toutefois que cette décision ne fait toutefois pas obstacle à ce que le juge soit éventuellement saisi si besoin, dans le cadre d'un référé-suspension. • TA Caen, ord., 21 juill. 2017, no 1701346.

17. Illégalité. Autres décisions. Absence de fondement juridique. Le conseil d'administration de l'université ayant fixé les capacités d'accueil maximales en première année de licence STAPS et ayant prévu un tirage au sort effectué par voie électronique parmi ces candidatures compte tenu du nombre largement supérieur de demandes, le juge administratif annule la décision de refus d'inscription d'un candidat recalé au tirage au sort au motif que, si les dispositions de l'art. L. 612-3 prévoient que lorsque l'effectif des candidatures excède les capacités d'accueil d'un établissement, constatées par l'autorité administrative, les inscriptions sont prononcées, selon une réglementation établie par le ministre chargé de l'enseignement supérieur, en fonction du domicile, de la situation de famille du candidat et des préférences exprimées par celui-ci, il ne ressort d'aucune pièce du dossier qu'une telle réglementation, permettant de fonder la procédure de tirage au sort mise en œuvre en l'espèce, existerait, « ainsi d'ailleurs que l'a relevé l'inspection générale de l'administration de l'éducation nationale et de la recherche dans son rapport de janvier 2016 », précise le juge. Celui-ci rappelle par ailleurs que le « guide d'admission » post-bac, dont se prévaut le recteur, ne constitue qu'une brochure d'information sans valeur juridique, qui ne saurait être regardée comme la réglementation exigée par les dispositions précitées. • TA Bordeaux, 16 juin 2016, no 1504236 : *AJDA 2016. 1320*. ♦ Dans le même sens : Le juge administratif enjoint l'université d'inscrire à titre provisoire un étudiant en PACES par une ordonnance de référé. En l'espèce, l'étudiant qui avait entrepris des études d'ostéopathie avait postulé en premier vœu sur APB la première année de Paces de l'université de Nantes. Sa candidature a été refusée par l'établissement au motif qu'il avait accepté la proposition d'admission de l'université des Antilles portant sur la même formation, classée en 8e vœu. Le juge considère en effet que le moyen tiré de l'existence d'une erreur de droit dont serait entachée la décision contestée au regard des dispositions de l'art. L. 612-3 paraît de nature à faire peser un doute sérieux quant à la légalité de la décision attaquée et que la condition d'urgence est satisfaite, car la décision de l'université de Nantes expose l'intéressé à des dépenses particulièrement importantes dues à la nécessité pour lui d'aller s'établir en Martinique pour y poursuivre ses études. • TA Nantes, 23 août 2016, no 1606691. ♦ Dans le même sens pour la suspension de la décision par laquelle le recteur a rejeté la demande d'admission d'un étudiant en 1re année de licence STAPS : • TA Bordeaux, 19 sept. 2016, no 1603800 (le juge précise en l'espèce qu'il n'existe pas de réglementation permettant de fonder la procédure de tirage au sort et que le guide d'admission post-bac, dont se prévaut le recteur, ne constitue qu'une brochure d'information sans valeur juridique, qui ne saurait être regardée comme la réglementation exigée par les dispositions de l'art. L. 612-3). ♦ Dans le même sens encore pour la procédure d'inscription mise en œuvre pour l'accès à la première année de licence STAPS de l'université de Pau et des pays de l'Adour ayant consisté en un tirage au sort effectué par voie électronique parmi les candidatures : • TA Bordeaux, 19 sept. 2016, n° 1603802.

18. *Tirage au sort. Légalité. Conditions. Caractère exceptionnel. Nombre limité de candidats.* En vue de répondre à l'objectif d'intérêt général d'assurer l'accès aux formations en tension dans lesquelles les candidatures excèdent les capacités d'accueil d'un établissement du plus grand nombre de candidats les ayant demandées, l'art. L. 612-3 doit être regardé comme ayant donné compétence au ministre pour fixer les règles selon lesquelles il est, le cas échéant, procédé au départage des candidats ayant obtenu le même classement. Un tel départage, dont aucun texte ni aucun principe ne fait obstacle à ce qu'il repose sur le tirage au sort, ne peut toutefois, sauf à méconnaître le caractère limitatif des critères fixés par ce même article, intervenir qu'à titre exceptionnel pour départager un nombre limité de candidats. • CE 22 déc. 2017, n° 410561 B : *AJDA 2018.11 ; ibid. 412, note Legrand ; LIJ 2018, n° 201, p. 8.*

19. *Tirage au sort. Annulation rétroactive. Conséquences. Effets manifestement excessifs.* Dans la même affaire, l'application des règles fixées par la Circ. n° 2017-077 du 24 avr. 2017 a conduit, pour les inscriptions de l'année universitaire 2017-2018, à départager par tirage au sort, dans un nombre important de formations en tension, les dernières places disponibles entre, chaque fois, plusieurs centaines de candidats classés *ex aequo*. Par suite, annulation de cette circulaire. • CE 22 déc. 2017, n° 410561 B : *préc. note 18.* ♦ L'annulation rétroactive de la circulaire serait susceptible de remettre en cause, pour l'année universitaire 2017-2018, toutes les décisions d'inscription dans les formations en tension de première année de licence ou de première année commune aux études de santé (PACES) qui ne sont pas devenues définitives. Au regard du nombre de ces décisions et, par suite, des effets manifestement excessifs qu'emporterait, pour le bon fonctionnement du service public de l'enseignement, une telle annulation rétroactive, il y a lieu de prévoir que, sous réserve des actions contentieuses engagées contre les actes pris sur son fondement, les effets de la circulaire attaquée doivent être réputés définitifs pour les étudiants inscrits en première année de licence ou de PACES pour l'année universitaire 2017-2018. • CE 22 déc. 2017, n° 410561 B : *préc. note 18.*

c. Autres motifs

20. *Réorientation.* Saisi par voie de référé par un étudiant titulaire d'un BTS candidat à une réorientation qui s'était vu refuser une admission en licence d'anglais, le juge administratif émet un doute sérieux quant à la légalité des décisions attaquées, enjoint les présidents des universités Paris-Diderot, Paris III Sorbonne-Nouvelle et à l'Upec ainsi que les recteurs des académies de Paris et de Versailles de réexaminer la demande d'admission dans un délai de 15 jours. • TA Paris, 19 juill. 2016, n° 1610223/9.

21. *Inscription télématique.* Une université avait mis en œuvre une procédure d'inscription consistant à retenir, dans l'ordre chronologique des connexions effectives, les confirmations de demandes d'inscription reçues sur un serveur « minitel ». Dès lors que le nombre de places disponibles est inférieur au nombre des candidats à l'inscription, une telle procédure méconnaît le principe de l'égalité de traitement entre ces candidats, eu égard aux conditions d'équipement télématique et informatique des intéressés, aux possibilités techniques de connexion et aux différences qui en résultent dans les conditions d'acheminement de leurs appels vers le service télématique de l'université. • CE 15 janv. 1997, n° 182777 A : *D. 1997. 76*.

22. *Absence de résultats du baccalauréat.* Étudiant qui n'a pu disposer de ses résultats au baccalauréat, à l'issue des épreuves du second groupe, que le 9 juill. 1997, alors que les demandes d'inscription des candidats aux épreuves du premier groupe, qui disposaient de leurs résultats depuis le 7 juill., avaient déjà saturé les capacités d'inscription à l'université. Cette pratique, qui a pour effet de créer une distorsion entre les bacheliers issus de la même session, porte atteinte au principe de leur égal accès à l'université. • CAA Nancy, 24 sept. 1988, n° 98NC00252.

23. *Vérification de l'aptitude physique.* Une université n'a pu légalement organiser un examen de sélection consistant en des épreuves de vérification de l'aptitude physique des candidats pour l'admission au premier cycle d'études STAPS. Une telle condition n'est pas au nombre des exceptions énumérées par la loi au principe de la liberté d'inscription au premier cycle de l'enseignement supérieur. • CE 28 juin 1996, n° 134048.

24. *Vérification du niveau du candidat.* Annulation de la décision d'un président d'université qui avait rejeté la demande d'inscription d'un étudiant en première année de licence de langues étrangères appliquées (LEA) au motif que son niveau d'espagnol était insuffisant. • TA Lyon, 21 janv. 2010, n° 0706694 : *LIJ 2010, n° 145, p. 6.* ♦ Illégalité d'un refus d'inscription en 1re année de PCEM 1 pour un niveau estimé insuffisant. • TA Montreuil, 15 avr. 2010, n° 0908849 • TA Montreuil, 15 avr. 2010, n° 0908849 : *LIJ 2010, n° 147, p. 6.*

25. *Tests de préorientation.* Le président d'une université qui s'est fondé non sur les seules capacités d'accueil dans la discipline concernée, mais sur les résultats obtenus par les candidats aux tests de pré-orientation organisés par l'université a entaché sa décision d'erreur de droit. La circonstance qu'il ait proposé d'autres formations aux candidates refusées est sans incidence sur l'illégalité de la décision de refus d'inscription dans la filière langues étrangères appliquées. • CE 8 janv. 1992, nos 111648 et 111649 B.

26. Différenciation primo-rentrants. Méconnaissance du principe d'égalité pour un dispositif d'inscription en première année de médecine qui consistait à traiter de façon subsidiaire les demandes d'inscription des candidats ayant obtenu le baccalauréat au cours d'une année antérieure à l'année d'inscription. • TA Paris, 11 juin 2010, n° 0912446 : *AJDA 2010. 2227, concl. Le Broussois ; LIJ 2010, n° 148, p. 13.*

3° RÉGIME ISSU DE LA LOI RELATIVE A L'ORIENTATION ET A LA RÉUSSITE DES ÉTUDIANTS DU 8 MARS 2018

27. Procédure nationale de préinscription Parcoursup. Conformité de la loi à la Constitution. Le Conseil constitutionnel a jugé conforme à la Constitution les dispositions de la L. du 8 mars 2018 sur les nouvelles règles d'inscription dans les formations initiales du premier cycle de l'enseignement supérieur subordonnées à une préinscription sur la plateforme « Parcoursup ». Sur la définition de pré-requis, il considère que, « d'une part, le législateur a prévu que les établissements publics d'enseignement supérieur peuvent tenir compte des caractéristiques de la formation, lesquelles font d'ailleurs l'objet d'un "cadrage national" fixé par arrêté ministériel, ainsi que des acquis et compétences des candidats afin, le cas échéant, de subordonner leur inscription à l'acceptation par eux de dispositifs d'accompagnement et de formation. Le législateur a ainsi retenu des critères objectifs et rationnels, dont il a suffisamment précisé le contenu, de nature à garantir le respect du principe d'égal accès à l'instruction. D'autre part, il ressort des termes mêmes des dispositions contestées que c'est aux fins de favoriser la réussite des candidats en situation de handicap qu'il est tenu compte des aménagements et adaptations dont ils bénéficient. Le grief tiré de la méconnaissance du principe d'égal accès à l'instruction doit donc être écarté ». Le Conseil constitutionnel a en outre jugé que la définition des informations fournies aux candidats au cours de la procédure de préinscription ne mettait pas en cause la garantie de l'indépendance des enseignants-chercheurs, qui résulte d'un principe fondamental reconnu par les lois de la République. Sur l'instauration d'un mécanisme de départage des candidats à une formation sous tension, le Conseil constitutionnel estime qu'« en prévoyant que les inscriptions sont décidées en tenant compte de la cohérence entre, d'une part, le projet de formation du candidat, les acquis de sa formation antérieure et ses compétences et, d'autre part, les caractéristiques de la formation, le législateur, qui n'a pas méconnu l'étendue de sa compétence, a retenu des critères objectifs de nature à garantir le respect de l'exigence constitutionnelle d'égal accès à l'instruction ». • Cons. const. 8 mars 2018, *Loi relative à l'orientation et à la réussite des étudiants*, n° 2018-763 DC : *AJDA 2018. 537 ; ibid. 813, note Legrand .*

28. Nouvelle plateforme « Parcoursup ». Mise en place. Suspension. Absence d'urgence. Le groupe communiste, républicain, citoyen et écologiste (CRCE) au Sénat et plusieurs syndicats étudiants et lycéens, d'une part, et deux syndicats de personnels de l'enseignement supérieur, d'autre part, ont demandé l'annulation de l'arrêté autorisant la mise en œuvre de la plateforme numérique « Parcoursup » destinée à enregistrer les demandes d'accès à l'enseignement supérieur des lycéens. Le juge relève « qu'il ressort des termes mêmes de l'arrêté du 19 janvier 2018 que, d'une part, selon son article 1er, le traitement de données qu'il autorise a pour seule finalité le recueil des vœux des étudiants dans le cadre de la gestion de la procédure nationale de préinscription dans une formation du premier cycle de l'enseignement supérieur pour l'année universitaire 2018-2019 et que, d'autre part, selon son article 4, les informations et données à caractère personnel relatives aux étudiants ainsi que celles relatives à la traçabilité des accès ne seront conservées que jusqu'au 2 avril 2018 et seront supprimées après cette date à moins que leur utilisation dans le cadre de la procédure nationale de préinscription soit expressément autorisée par la réglementation en vigueur à cette date ; que, se conformant sur ces points aux exigences émises par la Commission nationale de l'informatique et des libertés dans sa délibération n° 2018-011 du 18 janvier 2018, la ministre de l'enseignement, de la recherche et de l'innovation a ainsi conféré à ce traitement un caractère temporaire et limité à la préinscription des futurs étudiants ». Le Conseil d'État ajoute que l'art. L. 612-3 « subordonne l'inscription dans un établissement d'enseignement supérieur à la sollicitation d'une préinscription ; que la plateforme « Parcoursup » a été accessible aux futurs étudiants dès le 22 janvier, afin que ceux-ci procèdent à leur enregistrement et à la saisie de leurs vœux ; que la suspension de l'exécution de l'arrêté du 19 janvier 2018 et de l'accès au portail internet dénommé « Parcoursup » aurait pour effet d'interrompre cette procédure nationale de préinscription ce qui entraînerait de graves perturbations, tant pour les futurs étudiants que pour les autorités académiques et pourrait avoir pour effet, compte tenu du caractère extrêmement contraint du calendrier, de compromettre le bon déroulement du début de l'année universitaire 2018/2019 dans le premier cycle de l'enseignement supérieur ; que, par suite, il existe un intérêt public à ce que l'exécution des décisions litigieuses ne soit pas suspendue ». Le juge des référés considère donc « que la suspension de l'exécution des décisions contestées porterait ainsi à l'intérêt général qui s'attache au bon déroulement de la procédure de préinscription une atteinte excédant les inconvénients qu'invoquent les syndicats requérants et dont, eu égard notamment au caractère limité du traitement autorisé par l'arrêté du 19 janvier 2018, la gravité n'est pas établie ; qu'il en résulte que la condition d'urgence requise ne peut être regardée comme remplie ». • CE, ord., 20 févr. 2018, n° 417905 • CE, ord., 20 févr. 2018, n° 418029 : *AJDA 2018. 373* ; *LIJ 2018, n° 201, p. 7.* ♦ Il n'y a pas d'urgence à suspendre des refus d'inscription opposés par des établissements supérieurs d'enseignement dès lors que le processus de préinscription est en cours et que les résultats du baccalauréat ne sont pas encore acquis. • TA Lyon, ord., 26 juin 2018, n° 1804250.

29. Parcoursup. Mise en place. Saisi de recours contre plusieurs actes mettant en œuvre le dispositif d'accès à l'enseignement supérieur, le Conseil d'État rejette l'ensemble des griefs présentés. Il précise qu'eu égard au nombre de candidats à l'inscription en première année d'enseignement supérieur et à la nécessité dans laquelle se trouvait l'administration d'être en capacité d'analyser sans délai, dès l'entrée en vigueur du nouveau dispositif législatif, les vœux émis pour la rentrée universitaire de l'automne 2018, la finalité de recueil, non seulement des vœux eux-mêmes mais aussi de renseignements destinés à l'analyse de ces vœux, doit être regardée comme légitime au sens des dispositions du 2° de l'art. 6 de la L. du 6 janv. 1978, alors même que les dispositions législatives et réglementaires régissant l'emploi des données ainsi collectées n'étaient pas encore entrées en vigueur à la date de l'arrêté attaqué. Il annule toutefois certains contenus du site en tant qu'ils n'ont pas été accompagnés, avant le 11 mars 2018, de mentions sur le site « parcoursup.fr » en soulignant le caractère non définitif. • CE 10 juill. 2019, n° 417906 : *AJDA 2019. 1483* ; *LIJ 2019, n° 208, p. 13.*

30. Parcoursup. Nature juridique. Téléservice de l'administration électronique. Dans la mesure où le traitement automatisé de données à caractère personnel a pour objet de formuler une demande de préinscription dans une formation de l'enseignement supérieur, il permet aux usagers du service public de l'éducation d'effectuer une démarche administrative et constitue un téléservice de l'administration électronique, au sens de l'art. 27 II (4°) de la L. du 6 janv. 1978 modifiée, qui doit dès lors être autorisé par arrêté ministériel, pris après avis motivé et publié de la commission. * CNIL 6 avr. 2018, *Avis sur un projet d'arrêté autorisant la mise en œuvre d'un traitement de données à caractère personnel dénommé Parcoursup*, n° 2018-119.

31. Parcoursup. Finalités. Le traitement des vœux dans Parcoursup consiste en la gestion des avis formulés par les établissements d'enseignement supérieur sur les candidatures reçues et des réponses apportées par les candidats à ces propositions. La CNIL estime que le projet d'arrêté, qui prévoit de plus que le traitement a une finalité statistique, n'appelle pas d'observation particulière de la commission et considère que la finalité du traitement, qui est conforme aux dispositions du code de l'éducation relatives à la procédure nationale de préinscription, est déterminée, explicite et légitime, conformément à l'art. 6 (2°) de la L. du 6 janv. 1978 modifiée. * CNIL 6 avr. 2018, *Avis sur un projet d'arrêté autorisant la mise en œuvre d'un traitement de données à caractère personnel dénommé Parcoursup*, n° 2018-119.

32. Parcoursup. Fonctionnement du dispositif. La CNIL observe qu'en pratique, le dispositif fonctionne en trois étapes : le recueil des vœux, leur classement et l'affectation des candidats dans les formations d'enseignement supérieur. Elle affirme que la plateforme permet aux candidats de prendre connaissance desdites caractéristiques afin d'éclairer la formulation de leurs vœux. S'agissant des garanties apportées par Parcoursup au regard des dispositions de l'art. 10 de la loi « Informatique et libertés », la commission relève divers éléments relatifs à la transparence et à l'intervention humaine. Compte tenu de l'ensemble des éléments analysés, la commission estime que le traitement mis en œuvre par le ministère est conforme à l'art. 10 de la L. du 6 janv. 1978 modifiée, dès lors qu'il s'inscrit dans un dispositif légal plus global qui, pris dans son ensemble, doit permettre que la décision d'affectation dans une formation de l'enseignement supérieur ne soit pas prise sur le seul fondement d'un traitement automatisé. * CNIL 6 avr. 2018, *Avis sur un projet d'arrêté autorisant la mise en œuvre d'un traitement de données à caractère personnel dénommé Parcoursup*, n° 2018-119. ♦ De plus, la commission estime que les données et informations définies en annexe du projet d'arrêté sont adéquates, pertinentes et non excessives au regard des finalités pour lesquelles elles sont collectées, et que les durées de conservation sont justifiées au regard des finalités poursuivies par le traitement. S'agissant des destinataires des informations, dans la mesure où les candidats devant utiliser la procédure nationale de préinscription sont très nombreux, la commission considère qu'il n'est pas excessif que tant de personnels de l'administration centrale et des services déconcentrés accèdent aux données des candidats pour répondre à de telles sollicitations. La commission considère enfin que les mesures de sécurité sont conformes à l'exigence de sécurité prévue par l'art. 34 de la L. du 6 janv. 1978 modifiée. Elle rappelle toutefois que cette obligation nécessite la mise à jour des mesures de sécurité au regard de la réévaluation régulière des risques. * CNIL 6 avr. 2018, *Avis sur un projet d'arrêté autorisant la mise en œuvre d'un traitement de données à caractère personnel dénommé Parcoursup*, n° 2018-119. ♦ V. aussi : * CNIL 6 mars 2018, avis n° 2018-011. ♦ V. aussi : * Défenseur des droits, 18 janv. 2019, *Fonctionnement de la plateforme nationale de préinscription en première année de l'enseignement supérieur (Parcoursup)*, n° 2019-021.

33. Parcoursup. Algorithmes. Communication. Syndicat étudiant. Absence de communication. Dans une affaire où l'UNEF avait contesté la décision implicite de rejet de l'université des Antilles sur sa demande tendant à ce que lui soient communiqués les procédés algorithmiques utilisés dans le cadre du traitement des candidatures d'entrée en licence *via* la plateforme Parcoursup ainsi que les codes sources correspondants, le tribunal administratif a annulé cette décision et enjoint à l'université des Antilles de communiquer à l'UNEF les documents demandés dans un délai d'un mois, sous astreinte. • TA Guadeloupe, 4 févr. 2019, n° 1801094 : *AJDA 2019. 259* ✎. ♦ Saisi par l'université aux fins de sursis à exécution et d'annulation de ce jugement, le Conseil d'État juge que le droit, reconnu par la L. du 8 mars 2018 aux candidats inscrits dans la plateforme Parcoursup, de connaître les critères d'examen de leur candidature et les raisons de la décision prise à leur égard n'est pas ouvert aux syndicats étudiants. Une université peut dès lors refuser de communiquer à un syndicat étudiant les règles de traitement informatique des candidatures sur Parcoursup. Le Conseil d'État estime en effet que si ces dispositions sont, en principe, applicables aux traitements algorithmiques utilisés, le cas échéant, par les établissements pour fonder des décisions individuelles et si elles instaurent, par suite, un droit d'accès aux documents relatifs aux algorithmes utilisés par ces établissements et à leurs codes sources, il résulte des termes du dernier al. du I de l'art. L. 612-3, éclairés par les travaux préparatoires de la loi, que le législateur a entendu régir par des dispositions particulières le droit d'accès aux documents relatifs aux traitements algorithmiques utilisés. Ces dispositions spéciales doivent ainsi être regardées comme ayant entendu déroger, notamment, aux dispositions de l'art. L. 311-1 CRPA, en réservant le droit d'accès à ces documents aux seuls candidats, pour les seules informations relatives aux critères et modalités d'examen de leur candidature. Il estime donc que le tribunal administratif a commis une erreur de droit et que l'université des Antilles est fondée à demander l'annulation du jugement attaqué. • CE 12 juin 2019, ⌂ n° 427916 B : *AJDA 2019. 1192* ✎ ; *D. 2019. 1673, obs. Maxwell et Zolynski* ✎ ; *Dalloz IP/IT 2019. 700, obs. Douville* ✎ ; *LIJ 2019, n° 207, p. 14.* Dans la même affaire, le Conseil d'État rappelle toutefois qu'il est toujours possible à l'université, si elle le décide, de communiquer ou de publier en ligne de telles informations sous réserve des secrets protégés par la loi. Il précise aussi que, désormais, chaque établissement est tenu de publier les critères généraux encadrant l'examen des candidatures par les commissions d'examen des vœux en application de l'art. D. 612-1-5 dans sa rédaction résultant du Décr. du 26 mars 2019 relatif à la procédure nationale de préinscription pour l'accès aux formations initiales du premier cycle. • CE 12 juin 2019, ⌂ n° 427916 B : *préc.*

34. Parcoursup. Algorithmes. Communication. Droit constitutionnel à l'accès aux documents administratifs. Limites. Secret des délibérations. Publicité des critères et modalités d'utilisation des algorithmes. Le Conseil constitutionnel consacre, pour la première fois, l'existence d'un droit constitutionnel d'accès aux documents administratifs. Il précise qu'il est loisible au législateur d'apporter à ce droit des limitations liées à des exigences constitutionnelles ou justifiées par l'intérêt général, à la condition qu'il n'en résulte pas d'atteintes disproportionnées au regard de l'objectif poursuivi. Il a relevé à cet effet que le législateur a considéré que la détermination de ces critères et modalités d'examen des candidatures, lorsqu'ils font l'objet de traitements algorithmiques, n'était pas dissociable de l'appréciation portée sur chaque candidature. Il estime dès lors, qu'en restreignant l'accès aux documents administratifs précisant ces critères et modalités, le législateur a souhaité protéger le secret des délibérations des équipes pédagogiques au sein des établissements et ainsi assurer leur indépendance et l'autorité de leurs décisions. Il a rappelé par ailleurs que la procédure nationale de préinscription, notamment en ce qu'elle organise les conditions dans lesquelles les établissements examinent les vœux des candidats, n'est pas entièrement automatisée, l'usage de traitements algorithmiques n'étant qu'une faculté pour les établissements et que, lorsque ceux-ci y ont recours, la décision prise sur chaque candidature ne peut être exclusivement fondée sur un algorithme et nécessite, au contraire, une appréciation des mérites des candidatures par la commission d'examen des vœux, puis par le chef d'établissement. Le Conseil a également souligné que les candidats ont accès, d'une part, aux informations relatives aux connaissances et compétences attendues pour la réussite dans la formation, telles qu'elles sont fixées au niveau national et complétées par chaque établissement et qu'ils ont également accès aux critères généraux encadrant l'examen des candidatures par les commissions d'examen des vœux. Les documents administratifs relatifs à ces connaissances et compétences attendues et à ces critères généraux peuvent donc être communiqués aux personnes qui en font la demande, dans les conditions de droit commun prévues par le code des relations entre le public et l'administration. En outre, une fois qu'une décision a été prise à leur égard, les candidats peuvent, à leur demande, obtenir la communication par l'établissement des informations relatives aux critères et modalités d'examen de leurs candidatures, ainsi que des motifs pédagogiques justifiant la décision de refus prise à leur égard. Ils peuvent ainsi être informés de la hiérarchisation et de la pondération des différents critères généraux établies par les établissements ainsi que des précisions et compléments apportés à ces critères généraux pour l'examen des vœux d'inscription. La communication prévue par ces dispositions peut, en outre comporter des informations relatives aux critères utilisés par les traitements algorithmiques éventuellement mis en œuvre par les commissions d'examen. Cette communication ne bénéficiant toutefois qu'aux candidats, le conseil juge nécessaire qu'à l'issue de la procédure nationale de préinscription et dans le respect de la vie privée des candidats, chaque établissement assure, le cas échéant sous la forme d'un rapport, la publicité des critères en fonction desquels les candidatures ont été examinées en précisant, le cas échéant, dans quelle mesure des traitements algorithmiques ont été utilisés pour procéder à cet examen. En conclusion, le conseil juge que les limitations apportées par les dispositions contestées à l'exercice du droit d'accès aux documents administratifs sont justifiées par un motif d'intérêt général et proportionnées à cet objectif. • Cons. const. 3 avr. 2020, n° 2020-834 QPC : *AJDA 2020. 759 ; D. 2020. 769 ; JA 2020, n° 618, p. 13, obs. Autier ; LIJ 2020, n° 211, p. 16.*

35. Parcoursup. Fonctionnement. Transparence. Communication algorithmes. Objectivité des critères de sélection. Interrogé, le ministère répond que, comme le prévoit la loi ORE du 8 mars 2018, le ministère rend public le code informatique du cœur algorithmique de la plateforme Parcoursup, utilisé pour déterminer quotidiennement les propositions d'admission qui sont transmises aux candidats *via* Parcoursup. Le code en version « open source », accompagné d'une présentation des algorithmes est accessible sur le dépôt https://framagit.org/parcoursup/algorithmes-de-parcoursup. Il est également disponible, ainsi que le cahier des charges de l'application Parcoursup, sur le site public du ministère. Le comité éthique et scientifique de Parcoursup, dans son rapport remis au Parlement en 2019, a d'ailleurs porté une appréciation positive sur cette démarche. Concernant l'examen des candidatures, qui relève de la responsabilité de chacune des formations, la plateforme Parcoursup exige de chacune d'elles de porter à la connaissance de tous les candidats potentiels, dès l'ouverture de la plateforme, d'une part les attendus de la formation, qui peuvent être nationaux et/ou locaux, et, d'autre part, les critères généraux d'examen des vœux. Dans chaque établissement, une commission d'examen des vœux, composée de professionnels et dont la composition est arrêtée par le chef d'établissement, a pour mission de définir concrètement les modalités et critères d'examen des vœux, dans le cadre des critères généraux d'examen publiés. L'examen de chaque candidature ne repose pas sur un traitement entièrement automatisé : les outils d'analyse mis à leur disposition ne sont que des outils d'aide à la décision. * Rép. min. n° 27517 : *JOAN Q. 10 nov. 2020, p. 7987.*

36. Droit à communication des algorithmes utilisés par les commissions d'examen des vœux. Limites. Le Conseil constitutionnel ayant confirmé la constitutionnalité des dispositions contestées (V. note 34), tout en les assortissant d'une réserve d'interprétation à même de garantir un compromis équilibré entre les aspirations à la transparence et la nécessaire protection du secret des délibérations des équipes pédagogiques, le Conseil d'État est venu confirmer cette position. Constatant que les universités de La Réunion et de Corse avaient communiqué aux demandeurs les rapports établis par les commissions d'examen des vœux et précisant les critères au regard desquels les candidatures à l'inscription en licence ont été examinées et dans quelle mesure des traitements algorithmiques ont été utilisés pour procéder à cet examen, il a jugé qu'il n'y avait plus lieu à statuer sur ce point. Il rejette le surplus des conclusions des requérants qui réclamaient la communication des algorithmes, en relevant que les dispositions de l'art. L. 612-3, qui dérogent aux dispositions de l'art. L. 311-1 CRPA, n'imposaient pas la communication des algorithmes et codes sources qui avaient pu être utilisés. • CE 15 juill. 2020, n° 433296 : *AJDA 2020. 1457 ; LIJ 2020, n° 211, p. 1, éd. Chicot.*

37. Parcoursup. Fonctionnement du dispositif. Étudiants en situation de handicap. V. * Défenseur des droits, 21 déc. 2018, *Prise en compte des candidats en situation de handicap dans la cadre de la nouvelle procédure de préinscription pour l'accès aux formations initiales de l'enseignement supérieur (Parcoursup)*, n° 2018-323.

38. Parcoursup. Fonctionnement du dispositif. Étudiants en situation de réorientation. Interrogé, le ministère répond qu'une attention particulière est apportée aux étudiants inscrits en 1re année et qui souhaitent se réorienter. Lors de la session 2020, 141 167 étudiants en réorientation ont reçu au moins une proposition d'admission, soit 81,3 % d'entre eux, comme en 2019. Ils sont 87 973 à avoir accepté une proposition, soit 62,3 % d'entre eux, contre 65,7 % en 2019. Cette évolution doit s'apprécier dans le contexte d'une amélioration des taux de réussite à l'université. Il en résulte que des candidats en réorientation qui s'étaient inscrits en mars sur la plateforme ont en fait poursuivi leurs études en L2. Les dossiers des candidats en réorientation sont traités avec les mêmes critères que ceux des lycéens de terminale ; aucune distinction n'est opérée et tous ces candidats suivent la même procédure, selon le même calendrier. La cohérence entre le projet du candidat et les caractéristiques de la formation sont prises en compte de la même manière lors de l'examen de la candidature. La sectorisation géographique ne distingue pas davantage si le candidat est étudiant en réorientation ou lycéen. La seule distinction concerne l'appréciation de la qualité de boursier. Afin de permettre aux étudiants qui souhaitent se réorienter d'expliciter leur démarche et de valoriser leur parcours, un dispositif spécifique a été introduit en 2019, sous la forme d'une fiche de suivi. Cette fiche est facultative. Néanmoins, elle permet de valoriser la démarche de réflexion et de réorientation que le candidat a engagée pour son nouveau projet d'étude, avec l'aide d'un service d'orientation. Le candidat peut ainsi expliquer sa démarche de réorientation, en lien avec son projet et ses souhaits d'études supérieures. Sur la plateforme Parcoursup, il est donc conseillé aux étudiants en réorientation de mettre en avant leur expérience et leur projet de réorientation au travers de la rubrique « Mes activités et centres d'intérêt » ou de la fiche de suivi dédiée. Il bénéficiera pour cela de l'accompagnement des services universitaires et locaux d'orientation. Il est à noter que pour les étudiants en réorientation qui étaient lycéens l'année précédente, la fiche Avenir renseignée l'année N-1 par son lycée demeure en partie accessible. Elle permet à la formation pour laquelle il postule de consulter ses notes (moyennes de terminale, appréciation des professeurs par discipline, positionnement dans la classe) et les appréciations de son professeur principal. La plateforme Parcoursup intègre donc pleinement la préoccupation des candidats exprimant un projet de réorientation et le souci qu'ils puissent être à la fois bien accompagnés et mis en mesure d'exprimer leur projet. *Rép. min. n° 31388 : *JOAN Q 10 nov. 2020, p. 8013.*

39. *Réforme portant sur les conditions d'inscription. Principes. Suppression du critère de lieu d'habitation. Discrimination.* Un député ayant appelé l'attention de la ministre sur la réforme des conditions d'inscription, cette dernière rappelle que « la nouvelle rédaction de l'article L. 612-3 repose sur quatre principes : – la garantie du droit d'accès à l'enseignement supérieur : le baccalauréat demeure le seul passeport requis pour entrer vers l'enseignement supérieur. Tous les bacheliers peuvent choisir la voie qu'ils souhaitent. Mais pour que cette ouverture ne soit pas qu'une apparence, elle se double d'un accompagnement renforcé des bacheliers qui en ont besoin ; – une meilleure orientation en continu : la procédure nationale de préinscription est confortée [...] ; – la personnalisation des parcours : toutes les équipes chargées des formations prendront désormais connaissance du projet, des acquis et des compétences de chaque lycéen [...] ; – le dernier mot donné au futur étudiant : chaque fois qu'une formation proposera un parcours personnalisé à un bachelier, il lui appartiendra de décider si, dans ces conditions, il souhaite s'y inscrire ». Elle précise aussi que « l'État jouera pleinement son rôle de régulateur au service de la mixité sociale et de la mobilité géographique en : – fixant les capacités d'accueil des formations, après proposition de l'établissement [...] ; – fixant des pourcentages minimaux de boursiers dans chaque formation, des pourcentages minimaux de bacheliers technologiques en institut universitaire de technologie (IUT) et de bacheliers professionnels en brevet de technicien supérieur (BTS) ; – fixant des pourcentages maximaux de bacheliers hors académie, afin de permettre aux étudiants qui souhaitent étudier à proximité de chez eux de le faire ; – réservant un contingent de places afin de garantir aux tout meilleurs bacheliers de chaque lycée qu'ils pourront, sur la base de leurs résultats aux baccalauréats, accéder à des formations auxquelles ils n'avaient pas pensé ou osé candidater ; – enfin, c'est l'État, à travers le recteur et la commission d'accès à l'enseignement supérieur, qui aura la responsabilité d'accompagner les candidats dans la procédure, afin de garantir que chacun trouve sa place dans l'enseignement supérieur ». * Rép. min. n° 3953 : *JOAN Q 6 mars 2018, p. 1940.*

40. *Parcoursup. Frais associés aux sélections d'accès.* Interrogé, le ministère répond qu'une minorité de formations présentes sur Parcoursup prévoient des frais associés aux sélections d'accès organisées *via* Parcoursup. Il s'agit de formations sélectives, privées comme publiques. La plateforme Parcoursup n'intervient ni dans la décision de ces formations de prévoir ces frais, ni dans la détermination de leur montant. Ces frais sont décidés par des actes réglementaires régissant les formations (par ex. pour l'accès aux formations conduisant au diplôme d'État d'architecte), ou par les instances délibérantes des formations, et renvoient au modèle économique de chaque type de formation. Lorsque des frais administratifs de ce type sont demandés aux candidats, cette information est systématiquement portée à leur connaissance dès l'ouverture de la plateforme, en amont de la formulation des vœux. Toutes les formations présentes sur Parcoursup doivent en effet fournir les informations nécessaires aux candidats pour faire un choix éclairé. La fiche descriptive de chaque formation est structurée de manière identique pour toutes les formations. Parmi les informations obligatoires figure, outre la présentation des critères généraux d'examen des vœux et une description de la formation, une rubrique « Frais ». Celle-ci se décompose en plusieurs parties dont l'indication des frais de dossier ou d'inscription au concours. Des exonérations peuvent être prévues pour les boursiers. Il est à noter également qu'un grand nombre des établissements qui perçoivent des frais sont organisés par regroupements ce qui limite l'impact des frais de dossier puisque le candidat ne paie qu'une inscription pour chaque regroupement, quel que soit le nombre de formations qu'il souhaite rejoindre au sein de ce groupement. S'agissant des instituts de formation en soins infirmiers, les frais de concours ont été intégralement supprimés avec le changement du mode d'examen des candidatures associé à l'intégration sur la plateforme Parcoursup. Une économie substantielle a ainsi été réalisée par les familles. Il est à noter que, pour 2020, dans le contexte exceptionnel lié au Covid-19 qui a conduit certaines formations à supprimer cette année les épreuves écrites et/ou orales de leur concours, les frais administratifs qui avaient été demandés aux candidats ont, dans de nombreux cas, donné lieu à des remboursements partiels ou en totalité. La plateforme a facilité ces démarches pour les formations. *Rép. min. n° 31777 : *JOAN Q 10 nov. 2020, p. 8016.*

41. Contestation de note. Demande de réexamen du dossier. Référé. Doute sérieux sur la légalité. Absence. Une candidate contestait une note figurant dans sa Fiche Avenir de Parcoursup et demandait le réexamen de son dossier par les universités. En l'espèce, elle avait obtenu 12/20 de moyenne au deuxième trimestre et 5/20 au premier trimestre. Le juge constate qu'à défaut d'avoir obtenu au moins deux notes au premier trimestre, le proviseur du lycée n'avait pu indiquer aucune moyenne. Ayant alors le choix entre inscrire la lettre « N » (pas de moyenne) ou une note représentative du niveau de l'élève, le proviseur avait choisi de renseigner une moyenne de 10/20 au titre du premier trimestre jugée « représentative de son niveau ». La mère de la candidate soutenait que cette décision était de nature à porter un préjudice à sa fille. Le juge des référés estime que « l'obtention d'une moyenne de 10/20 au premier trimestre, alors même que [la candidate] a obtenu une unique note de 5/20, ne peut être regardée comme lui ayant causé un quelconque grief ; [...] en outre, si le proviseur avait pris en considération l'ensemble des trois notes obtenues lors des deux premiers trimestres, la moyenne aurait été de 8,5 au premier trimestre ». Il estime donc qu'il n'existe pas de doute sérieux quant à la légalité de la décision attaquée. • TA Paris, ord., 21 juin 2018.

42. Parcoursup. Qualité et performances de la plateforme. Interrogé, le ministère répond que la session 2020 a débuté sans aucune difficulté et ceci précisément en raison des évolutions qui ont été mises en place. Quant aux performances de la plateforme, elles doivent être appréciées en regard des évolutions profondes mises en œuvre depuis 2018 : il a été mis fin au tirage au sort au profit d'une véritable liberté de choix des candidats ; une dynamique de promotion de la mobilité sociale et géographique a été mise en œuvre et s'amplifie chaque année ; plus de 3 000 formations ont été intégrées à la plateforme Parcoursup qui accueille chaque année plus de candidats (150 000 candidats supplémentaires depuis 2017). Plus de candidats reçoivent de propositions et, grâce aux aménagements réalisés en 2020, ils les reçoivent plus rapidement. Et pour les candidats en reprise d'études, un nouveau module Parcours+ a été mis en place en 2020 pour leur proposer des solutions pouvant répondre à leur demande et à leur situation particulière : 42 840 candidats non scolarisés ont ainsi pu consulter l'offre de formation rassemblée sur le module Parcours+ dont 2/3 sont en activité professionnelle ou demandeurs d'emploi. Pour 2020, en dépit du contexte de crise sanitaire, le calendrier de la procédure Parcoursup 2020 a été maintenu, des aménagements pragmatiques ont été mis en place et une information des candidats a été assurée pour garantir la transparence des modalités d'examen qui ont évolué pour près de 2 000 formations pendant la crise sanitaire. Comme l'a souligné le Comité éthique et scientifique de Parcoursup (CESP) dans son rapport remis au Parlement en janvier 2020 des améliorations ont été réalisées à la demande du ministère pour que les attendus locaux et les critères d'examen utilisés par les commissions d'examen des vœux soient présentés de la façon la plus claire possible pour les candidats et leurs familles. Chaque formation dispose d'une fiche descriptive sur Parcoursup, mais, pour la campagne 2018, les critères d'examen des dossiers pour certaines formations n'étaient décrits que très sommairement. Une démarche volontariste d'amélioration a été entreprise cette année par le ministère auprès des établissements, suivie d'améliorations notables. Le ministère a depuis 2018 constamment enrichi les services d'accompagnement proposés aux candidats de Parcoursup et mis en place un dispositif permanent d'écoute des usagers qui permet de collecter les observations et suggestions des utilisateurs de la plateforme ; une démarche d'amélioration continue est ainsi mise en œuvre pour répondre toujours mieux aux attentes des utilisateurs, candidats mais aussi formations. Pour accompagner les formations dans l'exercice de transparence à l'égard des candidats sur les critères qu'elles utilisent pour l'examen des vœux, des documents méthodologiques sont fournis et de nombreuses séances de formation organisées. Les formations seront ainsi accompagnées pour la production du rapport public d'examen des vœux demandé par le Conseil constitutionnel dans sa décision n° 2020-834 QPC du 3 avril 2020. Enfin, dans ce même esprit de transparence, il est rappelé qu'un tableau de bord de suivi de la phase d'admission Parcoursup est accessible sur la plateforme. Il permet de suivre du 20 mai au 17 juillet l'évolution de la situation des lycéens en terminale scolarisés en France ou à l'étranger, et des étudiants en réorientation, scolarisés à l'étranger ou en mise à niveau, qui ont confirmé au moins un vœu sur Parcoursup. Outre les notes régulières d'analyse de la procédure produites par le service statistique ministériel, une démarche Open Data permet chaque mois de janvier de chaque année de mettre en ligne tous les résultats de la procédure N-1. Ces publications sont autant d'outils au service des candidats et de ceux qui les accompagnent dans leur orientation.*Rép. min. n° 29990 : *JOAN Q 10 nov. 2020, p. 7990.*

III. ANNULATION

43. Conséquences. Par suite de l'annulation contentieuse de refus d'inscription en 1re année de DEUG opposés par une université ayant procédé à une sélection illégale, sous couvert d'épreuves dites « d'orientation », au lieu d'inscrire, dans la limite des places disponibles, les candidats ayant présenté les premières demandes remplissant les conditions requises, l'université doit statuer à nouveau sur les demandes dont elle reste saisie. Lors du nouvel examen, l'université ne peut, sans méconnaître l'autorité de la chose jugée, opposer la circonstance que les capacités d'accueil sont désormais dépassées. Compte tenu de l'impossibilité pour l'université d'établir l'ordre dans lequel les candidatures avaient été déposées, il lui est enjoint d'inscrire, dans un délai de huit jours et sous astreinte, les bénéficiaires de la décision d'annulation. • TA Rennes, 28 sept. 1995, n° 951662 B : *LPA, n° 41, 3 avr. 1996. 6, concl. Gualeni.*

IV. PROCÉDURES DE SÉLECTION LÉGALES

44. Instituts. Le ministre peut légalement fixer les modalités de sélection pour l'accès aux instituts et fixer les conditions d'admission dans ces instituts, les textes lui ayant donné compétence pour définir la politique générale de ces établissements. • CE 4 nov. 1996, nos 134295 et 139709 B.

45. Institut d'études politiques. La procédure de sélection instituée à l'entrée de l'Institut d'études politiques de Paris doit respecter le principe de l'égal accès à l'instruction. • Cons. const. 11 juill. 2001, *Loi portant diverses dispositions d'ordre social, éducatif et culturel,* n° 2001-450 DC : *JO 18 juill., p. 11506 ; Rec. Cons. const. 82 ; D. 2002. 1949, obs. Ribes* . ♦ Décision de principe, valable pour l'ensemble de l'enseignement supérieur. • CAA Paris, 6 nov. 2003, n° 02PA02821 : *Dr. adm. 2004. 27, note Bounédière ; AJDA 2004. 343, note Legrand* . ♦ Les élèves admis à l'IEP de Paris, qui sont issus de zones géographiques défavorisées, se trouvent dans une situation différente de celle des étudiants qui ne sont pas issus de ces zones et qui sollicitent des bourses de mérite sur critères sociaux régis par la circulaire du 7 juin 2001. Ainsi, en réservant les quarante bourses litigieuses aux élèves issus des ZEP, le ministre n'a pas méconnu le principe d'égalité. • CE 17 sept. 2007, n° 291548.

46. Classes préparatoires. Pour refuser à une jeune fille, titulaire du baccalauréat, son inscription en classe préparatoire de première année le proviseur de ce lycée a relevé que l'intéressée ne pouvait être admise dans une telle classe, « eu égard à l'insuffisance de son dossier scolaire et au nombre de places disponibles ». Il a, ce faisant, suffisamment motivé sa décision. • CE, sect., 23 oct. 1987, n° 66977 A : *AJDA 1987. 758, concl. Daël, chron. Azibert et de Boisdeffre ; Rev. adm. 1987. 40, note Pertek.* ♦ Le juge de l'excès de pouvoir exerce un contrôle restreint sur la décision ayant, au motif de l'insuffisance des résultats d'un élève, refusé son admission dans la classe préparatoire de première année à l'école des hautes études commerciales. • Même arrêt.

47. Grands établissements. Une sélection pouvant être opérée pour l'accès aux grands établissements, le Gouvernement pouvait donner à l'université Paris-Dauphine, transformée en grand établissement, la faculté de sélectionner les étudiants à l'entrée du premier cycle, sans entacher le décret attaqué d'erreur manifeste d'appréciation ou de détournement de pouvoir. • CE 8 juill. 2005, n° 266900 B : *AJDA 2005. 1544* . ♦ Le Décr. du 26 févr. 2004 portant création de l'université de technologie en sciences des organisations et de la décision de Paris-Dauphine, qui donne à cette université le statut de grand établissement, a prévu à son art. 3 que cet établissement pouvait délivrer des diplômes propres. Il ressort des pièces du dossier soumis au juge du fond que le diplôme universitaire de gestion et économie appliquée de Dauphine est un diplôme propre à cette université. Dès lors, cette université pouvait légalement, même en l'absence d'arrêté du ministre chargé de l'enseignement supérieur, instaurer une sélection pour l'inscription en première année du diplôme universitaire de gestion et économie appliquée de Dauphine. • CE 28 déc. 2005, nos 285760, 285761, 285762, 285763, 283992, 283993 et 282994 : *LIJ 2006, n° 103, p. 9.*

48. Limites. Dès lors que le ministre de l'éducation a déterminé les modalités de sélection pour l'accès aux instituts universitaires de formation des maîtres, les conseils d'administration de ces établissements ne disposent pas du pouvoir d'édicter des critères supplémentaires de sélection. • CAA Paris, 23 oct. 1997, n° 96PA00165

B • CE 4 nov. 1996, nos 134295 et 139709 : *préc. note 44.*

49. Diplômes d'établissement. Les établissements à caractère scientifique, culturel et professionnel peuvent organiser, sous leur responsabilité, des formations conduisant à des diplômes qui leur sont propres ou préparant à des examens ou des concours. Compte tenu de la pleine autonomie qui leur est ainsi reconnue, en ce qui concerne les formations conduisant à des diplômes qui leur sont propres, ces établissements ont compétence pour instaurer une sélection pour l'accès au cycle préparatoire à ces diplômes propres. • CE 28 déc. 2005, n° 283992.

V. INSCRIPTION DES ÉTUDIANTS ÉTRANGERS

50. Compétence exclusive. Il résulte des dispositions du Décr. n° 71-376 du 13 mai 1971 relatif à l'inscription des étudiants dans les universités que seuls les établissements d'enseignement supérieur sont compétents pour statuer sur la demande d'inscription formée par un étudiant étranger. Est ainsi illégale une décision prise sur une telle demande par le service de coopération et d'action culturelle d'une ambassade. • CE 26 janv. 2007, n° 280912 B : *LIJ 2007, n° 113, p. 8.*

51. Carte de séjour. Les dispositions de l'Ord. du 2 nov. 1945 subordonnant la délivrance de la carte de séjour temporaire portant la mention « étudiant » à la preuve que l'intéressé suit un enseignement en France impliquent nécessairement qu'un étranger venu en France comme étudiant puisse être admis, au moins à titre provisoire, dans un établissement d'enseignement avant d'avoir obtenu un premier titre de séjour. Est par suite contraire à ces dispositions la décision d'une autorité administrative refusant d'affecter un étranger dans un établissement tant qu'il n'aura pas fourni une photocopie de sa carte de séjour. • CE 24 janv. 1996, n° 153746 A.

52. Situation des candidats étrangers. La discrimination faite par le Décr. du 31 déc. 1979 entre les candidats français et étrangers, qui se réduit à la justification d'une connaissance suffisante de la langue française sur la base d'épreuves organisées par les services culturels français, ne s'applique qu'aux candidats étrangers qui ne sont titulaires ni d'un baccalauréat français, ni d'un baccalauréat étranger reconnu valable de plein droit, ni d'un diplôme étranger équivalent obtenu au terme d'études secondaires accomplies en totalité ou en majeure partie en français. Cette discrimination ne concerne que les candidats étrangers qui, au regard de la poursuite d'études supérieures dans des universités françaises, ne se trouvent pas dans la même situation que les candidats français. • CE 26 juill. 1982, nos 22931 et 22934 A.

53. Choix de l'établissement universitaire. Si les étrangers résidant hors de France ne se trouvent pas dans la même situation que les candidats français, il n'en va pas de même des étrangers résidant en France. Aucune considération d'intérêt général tirée du bon fonctionnement du service public de l'enseignement supérieur, ne justifie que ces derniers soient soumis, à cet égard, à des règles différentes de celles qui s'appliquent aux étudiants français. • CE 26 juill. 1982, nos 22931 et 22934 A.

54. Refus de visa d'études. Est entaché d'erreur de droit le refus de délivrer un visa, sollicité dans le but de poursuivre des études sur le territoire français, motivé par le fait que les études universitaires de l'intéressé étaient déjà largement entamées dans son pays et non par des considérations d'intérêt général tirées, notamment, du défaut de caractère sérieux des études. • CE 11 mars 2002, n° 227702 B.

55. Absence d'atteinte à une liberté fondamentale. Le refus d'inscription opposé à un étudiant tiré de l'absence de justification d'un titre de séjour ne saurait révéler une atteinte à une liberté fondamentale. • CE 27 juill. 2001, n° 231889.

56. Mesure d'ordre intérieur. Pour faire face à l'afflux des étudiants dans la discipline considérée, l'université a organisé la préparation des examens sur deux sites d'enseignement. La décision d'affecter un étudiant sur l'un ou l'autre de ces sites ne le prive d'aucun droit et n'a aucune conséquence sur le déroulement de ses études universitaires. Elle constitue dès lors une mesure d'ordre intérieur insusceptible de faire l'objet d'un recours pour excès de pouvoir. • TA Amiens, 23 mai 2000, n° 97340 B.

VI. ÉVALUATION DES ÉTUDIANTS

57. Licence. Session de rattrapage. Obligation. Saisi d'une demande relative aux conditions de mise en place de l'évaluation continue intégrale au niveau licence, le juge estime que l'organisation d'une session de rattrapage est obligatoire, quel que soit le mode de contrôle des aptitudes et connaissances retenu. En l'espèce, il enjoint l'université de modifier ses règles générales relatives aux modalités d'évaluation des étudiants en licence et de mettre en place une session de rattrapage pour l'ensemble de ces formations en licence à compter de l'année universitaire 2014-2015. • TA Strasbourg, 23 janv. 2014, n° 1302997 : *AEF, Dépêche n° 472605, 31 janv. 2014, comm. Marion.* ♦ En appel, la cour confirme le bien-fondé de ce jugement et précise que l'appréciation des aptitudes et connaissances des étudiants prend la forme d'un examen terminal ou celle d'un contrôle continu. Elle précise en outre que l'université ne peut pas se prévaloir d'un courrier de la DGESIP adressé au président de la CPU, indiquant que, même si l'arrêté de 2011 ne précise pas que la session de rattrapage n'est pas obligatoire lorsque le contrôle continu intégral est prévu, selon toute logique les deux dispositifs (contrôle continu et rattrapage) ne sont pas cumulatifs. • CAA Nancy, 7 mai 2015, n° 14NC00540 : *AEF, Dépêche n° 501290, 29 mai 2015, comm. Andrieu et Marion.* ♦ Dans le même sens : • TA Bordeaux, 8 janv. 2015. ♦ En sens contraire toutefois : • TA Nîmes, 16 sept. 2008.

58. Régime d'examens. Compensation des notes. L'arrêté relatif à la licence prévoyant la possibilité de valider le diplôme par application d'une compensation, soit entre les unités d'enseignement d'un même semestre, soit entre deux semestres immédiatement consécutifs, le juge considère que l'arrêté ouvre droit au bénéfice de la compensation des résultats sous la seule condition qu'ils aient été obtenus au titre de deux semestres immédiatement consécutifs, sans subordonner cette possibilité au passage par la seconde session. Saisi dans le cadre d'une procédure de référé, le juge fait droit à la demande d'un étudiant afin d'obtenir la suspension de la décision le déclarant ajourné à l'issue des examens du diplôme de licence, et de se voir reconnaître provisoirement ce diplôme pour poursuivre ses études en master. En l'espèce, le règlement des examens de la licence en droit de l'université de Strasbourg, tout en reprenant cette possibilité de compensation, imposait à tout étudiant n'ayant pas obtenu la moyenne à la première session des examens d'un semestre, de se soumettre aux épreuves de la seconde session. Se soumettant à ce régime d'examen, le requérant avait obtenu une note inférieure à la moyenne au premier semestre de la troisième année de licence, ce qui ne lui permettait plus de valider son année par le biais de la compensation. • TA Strasbourg, 28 août 2017, n° 1703880.

Art. L. 612-3-1 *Abrogé par L. n° 2020-1674 du 24 déc. 2020, art. 37.*

Art. L. 612-3-2 *(L. n° 2018-166 du 8 mars 2018, art. 1er)* **L'inscription dans une formation initiale du premier cycle de l'enseignement supérieur dispensée par un établissement privé sous contrat d'association ou par un établissement d'enseignement supérieur privé d'intérêt général ou l'inscription dans toute formation initiale dont la liste est arrêtée par le ministre chargé de l'enseignement supérieur conduisant à un diplôme national de l'enseignement supérieur ou un titre ou diplôme de l'enseignement supérieur** *(L. n° 2019-791 du 26 juill. 2019, art. 61)* **« mentionné au I de l'article L. 6113-5 du code du travail » est précédée de la procédure nationale de préinscription prévue au deuxième alinéa du I de l'article L. 612-3** *(L. n° 2019-791 du 26 juill. 2019, art. 61)* **« du présent code ». L'établissement définit, dans le respect du cadrage national arrêté par le ministre chargé de l'enseignement supérieur, les caractéristiques de chaque formation, qui sont portées à la connaissance des candidats au cours de cette procédure.**

Lorsqu'un contrat conclu entre l'État et un établissement d'enseignement privé dispensant des formations initiales d'enseignement supérieur prévoit l'application, à ces formations, de certaines des dispositions du même article L. 612-3, le chef d'établissement est associé, le cas échéant, aux dispositifs de concertation que ces dispositions prévoient.

Les établissements mentionnés au I de l'art. L. 612-3 dont les formations du 1er cycle de l'enseignement supérieur ne sont pas répertoriées dans la procédure de préinscription en 1re année d'une formation postbaccalauréat à la date de promulgation de la L. n° 2018-166 du 8 mars 2018 inscrivent ces formations dans la procédure nationale de préinscription prévue au 2e al. du I de l'art. L. 612-3 au plus tard le 1er janv. 2019. Toutefois, le ministre chargé de l'enseignement supérieur peut, par arrêté, à la demande d'un établissement dispensant une formation du 1er cycle de l'enseignement supérieur et au regard des circonstances particulières que cet établissement invoque, autoriser le report jusqu'au 1er janv. 2020 de l'inscription de tout ou partie des formations dispensées par l'établissement dans la procédure nationale de préinscription prévue au 2e al. du I de l'art. L. 612-3 (L. préc., art. 1er).

Art. L. 612-4 Les étudiants des enseignements technologiques courts *(L. n° 2013-660 du 22 juill. 2013, art. 34)* **« peuvent » poursuivre leurs études** *(L. n° 2013-660 du 22 juill. 2013, art. 34)* **« en vue de l'obtention d'un diplôme de fin de premier cycle ou, le cas échéant, de fin de deuxième cycle » et les autres étudiants peuvent** *(L. n° 2013-660 du 22 juill. 2013, art. 34)* **« s'orienter » vers les cycles technologiques courts dans des conditions fixées par voie réglementaire.**

BIBL. ▸ **Enseignement professionnel.** MÉNARD, Avant l'arrivée de la Covid, une conjoncture très favorable aux diplômés de licence professionnelle, *MESRI-SIES, Note Flash du SIES n° 25, déc. 2020.*

SECTION II LE DEUXIÈME CYCLE

Art. L. 612-5 Le deuxième cycle regroupe des formations comprenant, à des degrés divers, formation générale et formation professionnelle. Ces formations, organisées notamment en vue de la préparation à une profession ou à un ensemble de professions, permettent aux étudiants de compléter leurs connaissances, d'approfondir leur culture et les initient à la recherche scientifique correspondante. – *[L. n° 84-52 du 26 janv. 1984, art. 15, al. 1er.]*

BIBL. ► BAUMARD, Un master, sinon rien !, *Le Monde, Universités et grandes écoles, 25 janv. 2012. 1.* – BERTA et LEBON, Évaluation de la loi n° 2016-1828 du 23 décembre 2016 portant adaptation du deuxième cycle de l'enseignement supérieur français au système Licence-Master-Doctorat, *Ass. Nat., Rapp. d'information n° 4181, 19 mai 2021.* - BONREPAUX, Les masters en quête de reconnaissance, *Le Monde, 28 janv. 2009. Éducation 5.* – DUPONT, Rapport sur l'adaptation du deuxième cycle de l'enseignement supérieur français au système Licence-Master-Doctorat, *Sénat, Rapp. de la culture, de l'éducation et de la communication, n° 29, 12 oct. 2016.* – FABRE et FRYDEL, Deux titulaires d'une licence sur trois poursuivent en master en 2005, *MEN, Note d'information n° 07-30, juin 2007.* – FLOC'H, La chasse aux faux masters est ouverte, *Le Monde, 10 mai 2012. 14.* – JOLION, Bilan et évolution du cursus master, *Rapp. du comité de suivi master, 25 sept. 2008.* – LECHERBONNIER, Le master sésame sans effet miracle, *Le Monde Campus, 23 janv. 2020. 4.* – LE NEVE, Nouvelle donne pour former les futurs profs, *Le Monde Campus, 23 janv. 2020. 7.* – MAETZ, Parcours et réussite en master : les résultats de la session 2016, *MESRI-SIES, Note Flash du SIES n° 01, févr. 2018.* – MÉNARD, L'insertion des diplômés de master au plus haut avant la crise sanitaire, *MESRI-SIES, Note Flash du SIES n° 24, déc. 2020.* – PÉTILLON, Grande école et fac, couple gagnant en master, *Le Monde, Universités et grandes écoles, 20 oct. 2011. 7.* – RAZAFINDRATSIMA, Parcours et réussite en master à l'université : les résultats de la session 2017, *MESRI - SIES, Note Flash du SIES n° 6, févr. 2019.* – RAZAFINDRATSIMA et BONNEVIALLE, Parcours et réussite en master à l'université : les résultats de la session 2019, *MESRI-SIES, Note Flash du SIES n° 4, févr. 2021.* – Diplômés de licence et de master : qui sont-ils ?, *OCDE, Indicateurs de l'éducation à la loupe, n° 37, déc. 2015.* – L'internationalisation des études de doctorat et de master, *OCDE, Indicateurs de l'éducation à la loupe, n° 39, févr. 2016.* – La poursuite d'études des diplômés de licence en première année de master, *MESRI, Note d'information du SIES n° 17.07 juin 2017.* – Une évolution dans le système LMD : vers un nouveau mode d'accès en master, *Conférence des Présidents d'Université, juin 2005.*

COMMENTAIRE

Le deuxième cycle permet aux étudiants de compléter leur formation générale ou professionnelle ; les formations sont organisées dans une finalité professionnelle qui peut être celle des métiers de la recherche ; elles permettent aux étudiants de compléter leurs connaissances, d'approfondir leur culture et de les initier à la recherche (art. L. 612-5, loi Savary du 26 janv. 1984, art. 15).

Avant 2002, ce cycle était sanctionné après une première année d'étude au-delà du DEUG-DEUST par la licence puis, après une autre année, la maîtrise, obtenue après quatre ans d'études post-baccalauréat (pour tous les étudiants après la suppression en 1976 de la licence en 4 ans qui existait en droit et sciences économiques). Depuis l'introduction du système LMD en 2002, la licence sanctionne un premier cycle de six semestres, le deuxième cycle étant organisé en quatre semestres, jusqu'au niveau bac plus 5.

Master, grade et diplôme

Le deuxième cycle conduit à l'attribution du ***grade de master*** (art. D. 612-33 s. ; d'abord dénommé « mastaire » par le décret n° 99-747 du 30 août 1999 puis adopté sous sa forme internationale par le décret n° 2002-604 du 25 avril 2002 sans que le pouvoir réglementaire ait trahi la langue de la République, CE 11 juin 2003, n° 246971 A, V. note ss. art. L. 612-6). Le grade est délivré au nom de l'État en même temps que le titre ou le diplôme qui y ouvre droit (art. D. 612-36, al. 2) alors que la tradition républicaine réservait la collation des grades aux universités ; le décret du 30 août 1999 permet à tous les établissements publics d'enseignement supérieur de le délivrer (EPSCP, qu'il s'agisse des universités ou des grands établissements rattachés à l'enseignement supérieur ou à d'autres ministres, EPA depuis nov. 2014) et précise que ces établissements peuvent alors intervenir seuls ou conjointement avec d'autres établissements d'enseignement supérieur public français ou étrangers. Ces établissements ont toutefois dû être préalablement autorisés (habilités) à délivrer le diplôme de master ou les autres diplômes et les titres énumérés par l'article D. 612-34 qui confèrent « de plein droit » le grade de master à leurs titulaires.

Logiquement, le grade est conféré de droit aux titulaires du ***diplôme national de master*** (DNM) qui sanctionne un niveau correspondant à 120 crédits européens au-delà du grade de licence les parcours types de formation sont organisées en deux années (art. D. 612-36-1). L'arrêté du 25 avril 2002 faisait une distinction entre master recherche et master professionnel, distinction relativisée par l'arrêté du 7 août 2006 relatif aux études doctorales qui autorise l'inscription en doctorat de tous les titulaires de master, sans mention de spécialité. L'abrogation en 2006 (confirmée en 2014) de l'arrêté du 25 avril 2002 relatif aux études doctorales a privé le « master recherche » de fondement réglementaire ; dorénavant, tous les masters, même s'ils comportent un parcours professionnel, reposent sur une activité de recherche pouvant prendre plusieurs formes ; le nouveau cadre national des diplômes, fixé par l'arrêté du 22 janvier 2014 réaffirme cette indifférenciation, notamment en abrogeant les dispositions de l'arrêté relatif au DNM qui y faisaient référence ; la formation comprend à la fois des enseignements théoriques, méthodologiques et appliqués, une ou plusieurs expériences en milieu professionnel, notamment sous la forme de stages et obligatoirement une initiation à la recherche (Arr. du 22 janv. 2014 fixant le cadre national des formations conduisant à la délivrance des diplômes nationaux de licence, de licence professionnelle et de master). Comme pour les licences, l'intitulé de chaque diplôme national de master est défini par un nom de mention assurant la lisibilité de l'offre de formation (art. D. 612-36-1, al. 3) s'inscrivant dans un ***domaine*** (arts/lettres/langues, droit/économie/gestion, sciences humaines et sociales, sciences, technologies et santé avec possibilité de dérogation). La nomenclature est fixée par arrêté. La formation est organisée, au sein de chaque mention, sous la forme de parcours types de formation initiale et continue formant des ensembles cohérents d'unités d'enseignement et organisant des progressions pédagogiques adaptées ; la liste des parcours types de formation organisés en deux années (art. D. 612-36-1, al. 2) est arrêtée par les organes de l'université.

Mais la dissociation du diplôme et du grade permet par ailleurs de conférer le grade de master à des titulaires de diplômes autres que le diplôme national de master. Tel est le cas des diplômes nationaux aujourd'hui disparus comme le DEA (diplôme d'études approfondies) ou le DESS (diplôme d'études supérieures spécialisées) dont les titulaires reçoivent de droit le grade de master (art. D. 612-34).

Il en est de même des titulaires d'un diplôme d'ingénieur délivré par un établissement habilité (accrédité après avis de la commission des titres d'ingénieur, art. L. 642-1). Si cet établissement peut être un EPSCP (université ou grand établissement), il peut aussi s'agir d'une école ou d'un institut, termes qui visent des structures publiques (V. art. L. 715-1 s., instituts et écoles ne faisant pas partie des universités), sans exclure expressément les établissements privés (V. écoles techniques privées habilitées à délivrer un diplôme d'ingénieur en application de l'art. 11 de la loi du 10 juill. 1934). Si le pouvoir réglementaire ajoute aujourd'hui que ce diplôme confère le grade de master, l'habilitation des écoles à délivrer le titre est prévue par l'article L. 642-1 qui donne compétence à l'État pour accorder le titre d'ingénieur diplômé, adoptant ainsi un des principes fondamentaux de l'enseignement (Cons. const. 18 mars 1999, n° 99-185 L). Rompant la liaison traditionnelle entre diplôme national et grade, le pouvoir réglementaire (Décr. n° 2016-24 du 18 janv. 2016) prévoit que le grade de master est conféré aux titulaires des diplômes propres délivrés par l'IEP de Paris, les autres IEP et l'université Paris-Dauphine, à la condition de figurer sur une liste arrêtée par le ministre (art. D. 612-34, al. 4 ; Arr. du 16 juill. 2018 relatif à l'attribution du grade de master aux titulaires du diplôme de fin d'études des instituts d'études politiques de province). Enfin, une dernière rubrique mentionne une série de diplômes de santé (par exemple, le diplôme d'État de sage-femme ou le certificat de capacité d'orthophoniste qui confèrent le grade de master) qui font l'objet d'une évaluation nationale (art. D. 612-34, al. 2). Cette liste n'est pas exhaustive : le grade de master peut également être conféré de plein droit aux titulaires des diplômes délivrés au nom de l'État, de niveau analogue, s'ils figurent sur une liste établie après une évaluation nationale périodique par arrêté du ministre chargé de l'enseignement supérieur après avis du CNESER ; ces diplômes peuvent être délivrés par des établissements placés sous la tutelle d'un autre ministre qui aura alors dû donner un avis conforme (art.

D. 612-34, al. 3). C'est le cas des écoles de commerce et de gestion reconnues par l'État qui peuvent délivrer des diplômes visés par le ministère chargé de l'enseignement supérieur (V. art. L. 753-1).

Le décret n° 2018-562 du 29 juin 2018 relatif aux diplômes conférant grade de master et modifiant l'article D. 612-34 actualise la liste des diplômes conférant le grade de master et il précise les conditions d'éligibilité des diplômes d'ingénieur à l'attribution du grade de master. Par ailleurs, il complète la liste des établissements publics d'enseignement supérieur placés sous la tutelle du ministère chargé de l'enseignement supérieur dont certains diplômes peuvent conférer le grade de master : les Écoles normales supérieures, l'École nationale supérieure des arts et techniques du théâtre et l'École nationale supérieure Louis-Lumière. La liste des diplômes concernés est précisée par arrêté du ministre chargé de l'enseignement supérieur (art. D. 612-34, 4°). Le cahier des charges annexé à l'arrêté du 27 janvier 2020 (abrogeant l'Arr. du 22 janv. 2014) précise que le grade de master est attribué après examen d'un dossier soumis par l'établissement exposant la façon dont le diplôme et la formation garantissent la qualité académique et l'adossement à la recherche, préparent l'insertion professionnelle, favorisent la réussite des étudiants, permettent l'accès de tous à la formation, s'insèrent dans une politique de site, proposent une mobilité internationale et s'accompagnent d'une démarche qualité. Cet examen doit tenir compte des partenariats engagés avec des unités de recherche, des modalités d'implication de l'équipe pédagogique dans des travaux d'unités de recherche évaluées et des modalités de la formation à la recherche et par la recherche des étudiants.

Comme le diplôme national de master, les autres diplômes conférant le grade de master peuvent être acquis selon la procédure de validation des acquis de l'expérience (art. D. 612-35). Les uns et les autres doivent faire l'objet, notamment en cas de renouvellement de l'habilitation ou de l'accréditation, d'une ***évaluation nationale*** (art. D. 612-34, al. 2) qui relève soit de l'instance de droit commun (le HCERES qui évalue les formations et les diplômes, C. rech., art. L. 114-3-1, al. 3, 3°) soit d'instances spécifiques dont les procédures d'évaluation peuvent être validées par le haut conseil ; tel est le cas de la commission des titres d'ingénieur (art. L. 642-1 ; D. 642-1 s.) et de la commission d'évaluation des formations et diplômes de gestion (CEFDG) qui propose au ministre l'autorisation à délivrer un diplôme visé, accordée par arrêté ministériel après avis du CNESER.

Dans son rapport de 2012, le médiateur de l'éducation nationale et de l'enseignement supérieur indique que de nombreux établissements privés choisissent de délivrer des diplômes qui portent une dénomination parfois très proche de celle du diplôme national, en modifiant au besoin son orthographe (on trouve ainsi des « mastères » avec un e, ou des « mastaires »), en utilisant des dénominations anglo-saxonnes qui intègrent le mot « master » (« master of arts ») ou en accolant au mot « master » le nom de l'établissement (« master de l'institut de gestion des entreprises », par ex. ; ou même master's HEC). Accroissant la confusion, les écoles relevant de la Conférence des grandes écoles délivrent des « mastères spécialisés ». Aussi, la loi du 22 juillet 2013 complète l'article L. 731-14 qui punit d'une amende de 30 000 euros le responsable d'un établissement privé qui donne à celui-ci le titre d'université ou qui décerne des certificats portant le titre de baccalauréat, licence ou doctorat en l'étendant au master : « Est puni de la même peine le responsable d'un établissement qui décerne des diplômes portant le nom de master, ou qui décerne des diplômes en référence au grade de master sans avoir été accrédité ou autorisé par l'État, dans l'un ou l'autre cas ».

Admission de droit, sélection, droit de poursuivre les études

En principe, l'accès au deuxième cycle est de droit, l'admission à ces formations étant ouverte aux titulaires d'un diplôme de premier cycle (art. L. 612-6) qu'il s'agisse d'une licence ou d'un diplôme équivalent.

Initialement, la loi avait prévu qu'un décret pris après avis du CNESER pouvait fixer la liste des formations dans lesquelles l'admission dépend des capacités d'accueil et/ou de l'examen d'un dossier ou d'un concours (art. L. 612-6, al. 2). C'était le cas des filières dites « sélectives » (les anciennes MSG, MSTCF, MIAGE, etc.) qui ont pu maintenir dans le nouveau cadre la sélection instituée avant la réforme (V. Arr. du 25 avr. 2002, art. 16), s'y étaient ajoutés les grands établissements dont le décret constitutif peut prévoir cette voie dérogatoire (à propos de l'université de Lorraine, V. Décr. n° 2011-1169 du

22 sept. 2011 ; CE 23 juin 2014, n° 354198 B). Longtemps, aucun décret général n'a été édicté. Le Conseil d'État en avait déduit qu'en l'absence du décret attendu, aucune limitation de l'accès au deuxième cycle n'était régulière (CE 27 juin 1994, n° 100111), même si certains établissements se fondaient sur l'article L. 613-1, alinéa 7, renvoyant à l'arrêté ministériel définissant les règles communes pour la poursuite des études (alors Arr. du 25 avr. 2002, dont l'art. 5 consacrait un accès de droit au MI pour les licenciés dans un domaine compatible). Aussi, depuis la mise en place des masters, sanctionnant un cycle en principe homogène, insécable, une double ambiguïté caractérisait le deuxième cycle. Si l'inscription en M1 est de droit le nombre de places est souvent de fait limité ; le souvenir des anciens DEA et DESS, renforcé par le maintien du recrutement à bac +4 dans certains secteurs (professions juridiques et de l'enseignement), a fait perdurer les barrières sélectives à l'entrée en M2.

Si tout titulaire d'une licence peut accéder au master (M1), son inscription n'est envisageable que s'il a obtenu ***une licence « dans un domaine compatible » avec celui du master*** (Arr. du 22 avr. 2002 relatif au master, qui reprend les règles précédentes, la maîtrise étant alors ouverte à tout titulaire de la licence correspondante, CE 27 juin 1994, n° 100111, V. note ss. art. L. 612-6 ; et même parfois de la licence professionnelle, V. note ss. art. L. 612-7). La construction des parcours en entonnoir (une licence générale suivi de masters spécialisés) comme l'afflux de candidats pour les masters les plus attractifs avaient amené les établissements à réguler les inscriptions en M1, mettant en place des « procédures de recrutement » avec examen des dossiers et entretien, ou de « contingentement », au nom d'une orientation constructive destinée à répartir de manière optimale les étudiants ; même si ces opérations n'avaient pas de base légale, il semble qu'elles aient été en fait peu contestées (V. toutefois, TA Lyon, 2 sept. 2016, enjoignant l'Université de Lyon III-Jean-Moulin d'inscrire provisoirement – dans l'attente du jugement de fond – une étudiante titulaire du diplôme d'infirmier en master droit de la santé, estimant qu'en l'absence de décret, la décision manque de base légale).

Tel n'était pas le cas pour le passage du M1 au M2. Des procédés sélectifs ont été maintenus (cas des anciens DEA ou DESS remplacés par des masters) ou mis en place tant pour assurer la poursuite du cursus au sein d'une même mention et d'un même établissement, que pour autoriser à s'inscrire, les étudiants ayant obtenu le M1 dans une autre mention au sein du même établissement ou venant d'un autre établissement. S'estimant victimes d'une discrimination illégale, des étudiants ont pu saisir les tribunaux administratifs qui ont rappelé qu'en l'absence du décret prévu par l'article L. 612-6, alinéa 2, l'admission en seconde année de master, diplôme du deuxième cycle, ne pouvait être subordonnée aux capacités d'accueil de l'établissement, au succès à un concours ou à l'examen du dossier du candidat (TA Bordeaux, 5 déc. 2013, n° 479294 : annulation de la décision de l'université Bordeaux IV concernant une non-admission en master 2 de droit privé approfondi, note ss. art. L. 711-1 ; d'autres décisions allant dans le même sens ont été prises en référé : TA Lille, ord., 8 oct. 2014, à propos d'une licence professionnelle ; V. note ss. art. L. 612-7 ; *contra*, TA Besançon, 22 déc. 2014, *V. note ss. art. L. 612-7* ; TA Besançon, 17 mars 2015, n° 141810, annule la décision du président de l'Université de Franche-Comté refusant l'accès à un master 2 à une étudiante, pour insuffisance des motifs ; l'annulation n'implique pas un accès automatique de l'intéressée en M2 mais seulement que le président de l'Université statue à nouveau sur cette demande, dans un délai d'un mois à compter de la notification du jugement). Par un jugement n° 1502898 du 10 novembre 2015, le tribunal administratif d'Orléans, avant de statuer sur la demande de Mme B. D. d'annuler un refus d'inscription en M2 « psychopathologie et psychologie clinique », a transmis le dossier au Conseil d'État qui a rendu un avis catégorique portant tant sur l'accès au M1 qu'au M2 : « l'***admission à une formation*** (ce qui s'entend par domaine et mention) de ***deuxième cycle au terme de laquelle est délivré le grade de master, en première comme en deuxième année, ne peut dépendre des capacités d'accueil d'un établissement ou être subordonnée au succès à un concours ou à l'examen du dossier des candidats que si cette formation figure sur la liste mentionnée par l'article L. 612-6*** (CE, sect., avis, 10 févr. 2016, n°s 394594 et 394595 ; suivi d'une série de décisions au fond : CE 23 mars 2016, n°s 395336, 393865, 393981, 393865 et 393574).

Il restait donc au Gouvernement à prendre ses responsabilités en adoptant le décret attendu après avoir pris l'avis du CNESER. L'idée était de sécuriser le deuxième cycle, tout en rappelant le « droit de tout étudiant à poursuivre ses études de master jusqu'au terme de ce cycle ». ***Le décret n° 2016-672 du 25 mai 2016*** relatif au diplôme national de master introduit deux nouveaux articles dans la partie réglementaire : si l'article D. 612-36-1 rappelle les principes, l'article D. 612-36-2 permet une première régulation des flux : l'inscription d'un étudiant qui souhaite poursuivre sa formation dans une autre mention de master proposée par l'établissement est subordonnée à la vérification par le responsable de la formation que les unités d'enseignement déjà acquises sont de nature à lui permettre de poursuivre sa formation en vue de l'obtention du master ; la même formalité peut être imposée à l'étudiant ayant obtenu son M1 dans un autre établissement (en cas de changement de mention ou d'établissement ; l'inscription peut alors être subordonnée à la vérification que les unités d'enseignement du M1 permettent bien la poursuite de la formation en vue de l'obtention du master, formule non prévue par la loi ; V. CE 22 déc. 2017, n°s 400173, 400990 et 400993 : rejette au fond la demande d'annulation pour excès de pouvoir du Décr. n° 2016-672 du 25 mai 2016 relatif au diplôme national de master).

En outre, en application du second alinéa de l'article L. 612-6, le décret fixe la liste limitative des formations dans lesquelles l'admission en seconde année du deuxième cycle peut dépendre des capacités d'accueil et éventuellement être subordonnée au succès à un concours ou à l'examen du dossier du candidat selon des modalités définies par l'établissement ; même s'il est envisagé que cette liste qui devait concerner 30 à 40 % des masters soit actualisée chaque année (pour la rentrée 2018-2019, V. Décr. n° 2018-642 du 20 juill. 2018 modifiant l'annexe du Décr. n° 2016-672 du 25 mai 2016), on peut s'interroger sur une mesure de régularisation qui tend à figer l'existant aux dépends de la cohérence du deuxième cycle.

En dehors de la liste, l'inscription était donc de droit pour les étudiants ayant validé le M1 ; pour les masters déclarés sélectifs, encore faut-il que le conseil d'administration d'université ait procédé antérieurement à la fixation du nombre de places disponibles et à la détermination des modalités d'examen des candidatures, une commission régulièrement constituée devant tenir compte de l'ensemble des résultats au M1, notamment de la seconde session (TA Montpellier, ord., 26 août 2016, n° 1604108 : suspension vu l'urgence d'un refus d'inscription en master de droit de l'entreprise. – V. aussi TA Grenoble, ord., 23 sept. 2016, n° 1604981). Le décret n'ayant pas levé toutes les incertitudes, l'idée de recourir à la loi a été mise en avant au moment même où les ministres et les organisations représentatives des étudiants, des personnels et des établissements parvenaient à un accord (protocole du 4 oct. 2016, dont les termes ont été approuvés à une large majorité par le CNESER). Il restait au Parlement à valider ce montage en trois points : les universités peuvent recruter les étudiants souhaitant s'inscrire en M1 ; le ***cursus*** est de type tubulaire (pas de sélection pour le passage en M2, sauf exceptions) ; l'affirmation du droit à la poursuite des études.

La loi n° 2016-1828 du 23 décembre 2016 formalisant l'accord intervenu entre les organisations représentatives et le ministre a modifié la rédaction de l'article L. 621-6 : « Les formations du deuxième cycle sont ouvertes à tous les titulaires des diplômes sanctionnant les études du premier cycle » (al. 1er), à tous ceux qui possèdent le grade de licence même si le diplôme sanctionnant leur formation n'est pas le diplôme de licence (ainsi qu'à ceux qui peuvent bénéficier de l'art. L. 613-5 ou des dérogations prévues par les textes réglementaires, art. L. 612-6, al. 1er et 2, mod.). Un arrêté fixe « la liste des compatibilités des mentions du diplôme national de licence avec les mentions du diplôme national de master »). Même si la mention de « tous les titulaires » qui figuraient dans l'ancienne rédaction de cet alinéa n'a pas été reprise. Le principe reste donc l'admission de droit, l'absence de sélection. Tenant compte de la logique du LMD, la loi pose en outre le principe de continuité du parcours : ***l'accès en M2*** est de droit pour les étudiants qui ont validé le M1 de la formation (art. L. 612-6-1, al. 1er, créé par la L. du 23 déc. 2016). Toutefois, un décret pris après avis du CNESER fixe la liste des masters pour lesquels l'admission à poursuivre en deuxième année peut dépendre des capacités d'accueil des établissements et, éventuellement, être subordonnée au succès à un concours ou à l'examen du dossier du candidat. Au départ envisagée à titre transitoire pour quelques formations comme le droit et la psychologie, elle concerne en fait 1 590 masters ! (V. Décr. n° 2016-672 du 25 mai 2016 mod. par Décr. n° 2017-1334 du 11 sept. 2017. Le Décr. n° 2020-185 du 28 févr. 2020 ne retient plus que les masters juridiques énumérés dans son annexe qui se substitue à celle du décret initial.) En pratique, on peut craindre que le nombre des exceptions n'ait vidé le principe de son contenu !

Pour l'entrée en M1, le système antérieur qui confiait au Gouvernement le soin de prévoir les exceptions en établissant une liste limitative des formations sélectives par décret pris après avis du CNESER est abrogé. La loi permet dorénavant aux établissements de prévoir à titre exceptionnel une sélection à l'entrée en M1. Les ***capacités d'accueil*** en première année (art. L. 612-6, al. 2) sont décidées en dialogue avec l'État (art. L. 612-6, al. 4) ; le législateur ne précise pas quel est l'organe compétent de l'université (si les juges de première instance ont déclaré incompétente la CFVU (TA Montpellier, 5 oct. 2016, n° 1604619) et admis la compétence du CA (TA Poitiers, 20 déc. 2018, n° 1802093 et 1802340), on remarquera qu'aucune disposition ne va expressément dans ce sens, ce qui peut fonder la compétence du président. La loi ne reprend pas ici les dispositions précédentes qui invitaient le Gouvernement à prendre en compte l'évolution prévisible des qualifications et des besoins (qui doit en principe figurer dans les schémas régionaux) et ne précise à propos du dialogue ni son niveau (avec le recteur d'académie, le recteur de région académique ou le ministre ?), ni sa forme, ni sa conclusion, ni le rôle que pourrait avoir la COMUE. En l'absence de fixation des capacités d'accueil, l'admission reste de droit (art. 11, al. 1er) ; leur fixation implique la mise en place d'une procédure sélective en prévoyant soit des épreuves (la loi parle de concours !), soit l'examen du dossier des candidats (art. L. 612-4). Le décret n° 2017-83 du 25 janvier 2017 précise que « les refus d'admission sont notifiés » et que « les motifs pour lesquels l'admission est refusée sont communiqués aux candidats qui en font la demande dans le mois qui suit la notification de ce refus » (art. D. 612-36-2). S'il a pu être jugé que les décisions de refus doivent être motivées conformément aux exigences résultant de la combinaison des articles L. 211-2 (3°) et L. 211-5 du code des relations entre le public et l'administration (CRPA) avec l'article D. 612-36-2 du code de l'éducation (TA Lyon, 6 août 2020, n° 1905987 ; TA Lyon, 15 oct. 2020, n° 1906699 ; il résulte de la combinaison de ces dispositions que l'université n'est tenue de motiver la décision de refus d'admission en droit et en fait que si le candidat présente une demande en ce sens dans le mois qui suit la notification de ce refus), le Conseil d'État considère que l'article L. 211-2 est inapplicable (le refus du président ne constituant ni une décision restreignant les libertés, ni des décisions refusant une autorisation). La base légale est donc constituée par le seul article D. 612-36-2 qui prévoit par exception que les motifs du refus d'admission (tant en première qu'en seconde année, notamment en cas de changement d'université, considère le Conseil) doivent être communiqués aux candidats qui en font la demande (CE 21 janv. 2020, demande d'avis TA Orléans). La décision de refus mentionnant seulement « Titre d'accès manquant pour accéder à la première année de master » est insuffisamment motivée au regard des dispositions précitées des articles L. 211-2 et L. 211-5 du code des relations entre le public et l'administration, créant en l'état de l'instruction, un doute sérieux quant à la légalité de cette décision (suspension de la décision de refus, TA Bordeaux, ord., 18 juill. 2018, n° 1801817).

Si la possibilité de sélection est ainsi validée, la loi traduit la partie de l'accord fondant un ***droit à la poursuite des études***. Elle envisage alors le cas des titulaires du diplôme national de licence (et non tous ceux qui se sont vu conférer le grade) non admis qui, de toute manière, ont dû recevoir une information sur les possibilités d'insertion professionnelle ou de poursuite de leur formation (art. L. 612-5, al. 7, renvoyant à un décret en Conseil d'État pour fixer les modalités de cette information : Décr. n° 2017-851 du 6 mai 2017, V. art. D. 612-32-6). S'ils n'ont pas été admis dans le M1 de leur choix, les étudiants peuvent, immédiatement après l'obtention du diplôme de licence ou plus tard (art. L. 612-5, al. 4), dans les quinze jours après un refus, saisir d'une demande d'inscription le recteur de région académique par l'intermédiaire d'un téléservice mis en place par arrêté (art. R. 612-36-3, I, al. 2).

Revenant sur l'organisation des parcours, la loi n° 2020-1674 du 24 décembre 2020 de programmation de la recherche (LPR) précise que si, « malgré plusieurs demandes d'admission », les titulaires d'une licence ne sont pas admis en master, ils se voient proposer l'inscription dans une formation du deuxième cycle en tenant compte de leur projet professionnel et de l'établissement dans lequel ils ont obtenu leur licence, dans des conditions fixées par décret (LPR, art. 39). La LPR prévoit en outre la possibilité de réexaminer la situation d'un candidat eu égard à des circonstances exceptionnelles tenant à son état de santé ou à son handicap (LPR, art. 40 ; L. 612-6, al. 5).

Le recteur de la région académique, après accord des chefs d'établissement, présente alors au moins trois propositions d'admission dans une formation de master tenant compte du projet professionnel de l'étudiant et de l'établissement dans lequel il a obtenu sa licence (art. L. 612-5) ; la partie réglementaire ajoute une référence aux capacités d'accueil telles que définies à l'article L. 612-6 et à la compatibilité de la mention du diplôme national de licence qu'il a obtenu avec les mentions de master existantes, telles que définies par arrêté du ministre chargé de l'enseignement supérieur (art. R. 612-36-3-I, al. 1er).

Pour permettre aux étudiants de bénéficier de ce droit dans les meilleures conditions, un dispositif d'information a été mis en place (recensement de l'offre de DNM par un traitement automatisé de données à caractère personnel « Trouver mon master.gouv.fr », Arr. du 16 juin 2017). Ce téléservice a « pour finalité de permettre aux étudiants titulaires du diplôme national de licence n'ayant reçu aucune réponse positive à leur candidature en première année du master de leur choix de saisir le recteur de la région académique dans laquelle ils ont obtenu ce diplôme (...) afin de se voir présenter au moins trois propositions d'admission dans une formation conduisant au diplôme national de master » (Arr. du 16 juin 2017, art. 1er) ; il enregistre notamment un certain nombre de données relatives à la personne diplômée et au diplôme national de licence. Un arrêté du 17 mai 2018 modifiant l'arrêté du 16 juin 2017 impose qu'y figure ***le relevé des notes obtenues durant la préparation de la licence***, auparavant facultatif ; si les destinataires de ces données sont les services académiques et les établissements d'enseignement supérieur, on peut craindre que ces dernières soient un jour utilisées en aval, notamment par les employeurs pour des stages ou le recrutement (CNIL, avis, nº 2017-181 du 15 juin 2017 sur un projet d'arrêté relatif à la mise en œuvre d'un traitement de données à caractère personnel dénommé « Trouver mon master »).

Par ailleurs, ***le décret nº 2017-969 du 10 mai 2017*** institue, à partir de la rentrée universitaire 2017-2018, une ***prime à la mobilité*** pour les étudiants de licence inscrits pour la première fois l'année qui suit l'obtention de leur licence, en première année de du diplôme national de master. Il en fixe les conditions de versement (pour les boursiers sur critères sociaux ou aides spécifiques). Un arrêté du 21 août 2017 fixe son montant à 1 000 euros. A terme, le Gouvernement souhaiterait mettre en place un fonds de mobilité étudiante. ❑

1. Master. La création d'un nouveau grade universitaire, alors que la maîtrise correspondait à un autre niveau d'études et qu'il n'existait pas d'autre appellation dans la terminologie relative aux études universitaires susceptible d'être utilisée, impliquait soit la création d'un néologisme, soit l'emploi d'un terme d'origine étrangère. Eu égard à l'objectif d'harmonisation des diplômes européens poursuivi par le pouvoir réglementaire, ce terme devait être aisément identifiable dans l'ensemble des pays de l'Union européenne. En substituant au néologisme mastaire, utilisé dans un premier temps, mais susceptible de prêter à confusion avec d'autres dénominations voisines, le terme master, d'origine anglaise, mais internationalement reconnu et adopté par la plupart des États européens, le pouvoir réglementaire n'a pas, en l'espèce, méconnu les dispositions de l'art. 2 de la Constitution, ni celles de l'art. 1er de la L. du 4 août 1994. • CE 11 juin 2003, *Assoc. Avenir de la langue française*, nos 246971, 246972 et 246973 : *Lebon 249 ; AJDA 2003. 1672, note Durand-Prinborgne.*

2. Pour la sélection en master. V. note ss. art. L. 612-6.

3. Président d'université. Compétence. Le président de l'université est le seul compétent pour désigner le responsable d'un diplôme d'études approfondies. La circonstance que le nom de ce responsable soit mentionné dans l'habilitation de ce diplôme par le ministre chargé de l'Enseignement supérieur ne fait pas obstacle à ce que le président désigne un nouveau responsable du diplôme. • CE 29 août 2006, *Mme Rouault c/ Univ. de Valenciennes et du Hainaut-Cambrésis*, nos 273902 et 278182 : *AJFP 2006. 299.*

4. Ingénieur-maître. Le titre d'ingénieur-maître est décerné par des instituts universitaires professionnalisés à l'issue de trois années de formation et ne concerne pas les seules disciplines relevant des sciences exactes. Ainsi l'institution du titre d'ingénieur-maître ne porte pas atteinte aux prérogatives que les ingénieurs diplômés tiennent de ce titre et ne peut être regardé comme concernant la formation des ingénieurs et des scientifiques. • CE 18 nov. 1994, *Union nat. interprofessionnelle des cadres et ingénieurs et Conseil nat. des ingénieurs et scientifiques de France*, nº 141331.

5. Propriété invention. La propriété des inventions faites par les étudiants non rémunérés, qui ont la qualité d'usagers du service public, ne saurait être déterminée en application des dispositions de l'art. L. 611-7 du code de la propriété intellectuelle, lesquelles sont applicables aux seuls salariés et agents publics. La propriété relève de la règle posée par l'art. L. 611-6 du même code attribuant cette propriété à l'inventeur ou à son ayant cause. • CE 22 févr. 2010, *Centre national de la recherche scientifique*, n° 320319 : *AJDA 2010. 412* ; *ibid. 962, note Dreyfus* ; *LIJ 2010, n° 145, p. 19.*

Art. L. 612-6 *(L. n° 2016-1828 du 23 déc. 2016, art. 1er)* **Les formations du deuxième cycle sont ouvertes aux titulaires des diplômes sanctionnant les études du premier cycle ainsi qu'à ceux qui peuvent bénéficier de l'article L. 613-5 ou des dérogations prévues par les textes réglementaires.**

Les établissements peuvent fixer des capacités d'accueil pour l'accès à la première année du deuxième cycle. L'admission est alors subordonnée au succès à un concours ou à l'examen du dossier du candidat.

Cependant, s'ils en font la demande, les titulaires du diplôme national de licence sanctionnant des études du premier cycle qui ne sont pas admis en première année d'une formation du deuxième cycle de leur choix conduisant au diplôme national de master *(L. n° 2020-1674 du 24 déc. 2020, art. 39)* **« malgré plusieurs demandes d'admission » se voient proposer l'inscription dans une formation du deuxième cycle en tenant compte de leur projet professionnel et de l'établissement dans lequel ils ont obtenu leur licence, dans des conditions fixées par décret en Conseil d'État pris après avis du Conseil national de l'enseignement supérieur et de la recherche.**

Cette demande est faite par l'étudiant immédiatement après l'obtention de la licence sanctionnant des études du premier cycle ou de manière différée.

(L. n° 2020-1674 du 24 déc. 2020, art. 40) **« Lorsque la situation d'un candidat le justifie, eu égard à des circonstances exceptionnelles tenant à son état de santé ou à son handicap, l'autorité académique, saisie par ce candidat, peut procéder au réexamen de sa candidature dans des conditions fixées par décret pris après avis du Conseil national de l'enseignement supérieur et de la recherche. En tenant compte de la situation particulière que l'intéressé fait valoir, de son projet professionnel, de l'établissement dans lequel il a obtenu son diplôme national de licence ainsi que des caractéristiques des formations, l'autorité académique prononce, avec son accord, son inscription dans une formation du deuxième cycle. »**

Les capacités d'accueil fixées par les établissements font l'objet d'un dialogue avec l'État.

Les titulaires du diplôme national de licence sanctionnant des études du premier cycle qui ne poursuivent pas une formation du deuxième cycle sont informés des différentes perspectives qui s'offrent à eux en matière d'insertion professionnelle ou de poursuite de leur formation. Un décret en Conseil d'État fixe les modalités de cette information.

BIBL. ▶ BUYCK, Sélection en master : quelles pistes pour sortir de l'imbroglio ?, *AEF, Dépêche n° 505948, 14 déc. 2015* ; Sélection en master : dans quels cas est-elle légale ou illégale avec le projet de décret ?, *AEF, Dépêche n° 536628, 18 avr. 2016*. – BUYCK et LANIQUE, La sélection en master au milieu du gué juridique, *AEF, Dépêche n° 540215, 31 août 2016*. – FORTIER, Retour sur la sélection en master, *D. 2016. 536* . – GAUTIER, D'un nouvel art de faire les lois : le cas des masters d'université, *D. 2016. 2160* . – LEGRAND, Entrée en master : vraie ou fausse sélection ?, *AJDA 2017. 570* . – DE MONTECLER, Publication du décret sur l'accès au master, *AJDA 2017. 203* ; Un « compromis historique » pour la réforme du master, *AJDA 2016. 1836* ; Du nouveau pour le master et le doctorat, *ibid. 1097*. – PORTMANN, Sélection en Master 2 des étudiants en droit : le Conseil national des barreaux s'en mêle, *Dalloz actu., 14 avr. 2016*. – SYNVET, La sélection à l'entrée du master 2, *D. 2015. 1200* . – TOULEMONDE, La sélection en master est-elle légale ?, *AEF, Dépêche n° 506335, 7 sept. 2015* ; Analyse du décret du 25 mai 2016 *in* La sélection en master au milieu du gué juridique, *AEF, Dépêche n° 540215*, 31 août 2016. – Rép. min. n° 0780G : *JO Sénat Q 9 mars 2016, p. 3885*. – Adoption définitive de la proposition de loi sur le master, *AJDA 2016. 2466* .

I. SUR LA QUESTION DE LA SÉLECTION EN MASTER

a. Solutions jurisprudentielles avant la rédaction de l'art. L. 612-6 issue de la L. n° 2016-1828 du 23 déc. 2016

Avant la rédaction de l'art. L. 612-6 issue de la L. n° 2016-1828 du 23 déc. 2016, la sélection en master a donné lieu à une multiplication du contentieux devant le juge administratif. Dans un premier temps, les juridictions ont pu rendre des décisions contradictoires (V. notes 1 à 4) jusqu'à ce que le Conseil d'État, saisi pour avis, n'apporte une réponse nette (V. note 5.)

1. Master. Sélection. Décret du 25 mai 2016. Référé-suspension. Rejet. Saisi d'une demande de suspension de l'exécution du Décr. n° 2016-672 du 25 mai 2016 relatif au diplôme national du master, le juge des référés estime que l'exécution de ce décret ne serait pas de nature à créer par elle-même une situation d'urgence immédiate. Il précise qu'une telle circonstance d'urgence hypothétique ne pourrait trouver sa cause que dans une décision de l'université refusant au requérant son inscription. En l'espèce donc, ce dernier n'est donc pas fondé à soutenir que l'exécution de ce décret porterait atteinte, de manière grave et immédiate, à un intérêt public, à sa situation ou aux intérêts qu'il entend défendre. La demande de suspension de l'exécution du décret est rejetée, car ni la condition d'urgence, ni la condition d'un doute sérieux sur la légalité du décret ne sont réunies pour justifier une telle suspension. • CE, ord., 2 juin 2016, n° 400174 : *AEF 7 juin 2016, Dépêche n° 539600, comm. Toulemonde.* ♦ Cette position est confirmée suite à des demandes présentées par des étudiants ayant soulevé l'exception d'illégalité du Décr. du 25 mai 2016, fondement des refus d'inscription, et ayant demandé en référé la suspension de l'exécution du décret. • CE 6 juill. 2016, n°s 400991 et 400994.

2. Master. Sélection. Illégalité. Estimant que le master relève du 2e cycle, le juge administratif enjoint au président d'une université d'inscrire une étudiante en M2 recherche. Le juge considère en effet que, depuis la loi LRU, le M2 relève du 2e cycle, et non pas du 3e cycle comme l'avait fait valoir l'université. S'appliquent donc les dispositions du 2e cycle selon lesquelles « l'admission dans les formations du 2e cycle est ouverte à tous les titulaires des diplômes sanctionnant les études de 1er cycle ». L'université ne peut pas plus invoquer la capacité d'accueil limitée, en l'absence du décret listant les formations de 2e cycle dans lesquelles l'admission peut dépendre des capacités d'accueil des établissements. • TA Bordeaux, 5 déc. 2013, *AEF, 14 avr. 2014 : Dépêche n° 479294, comm. Toulemonde.* ♦ Reprenant l'analyse déjà développée sur les capacités d'accueil limitées, le juge décide que la sélection entre M1 et M2 est illégale, en l'absence d'un décret livrant la « liste limitative des formations dans lesquelles une admission peut dépendre des capacités d'accueil des établissements et, éventuellement, être subordonnée au succès à un concours ou à l'examen du dossier du candidat », ce texte, prévu à l'art. L. 612-6, n'étant jamais paru • TA Bordeaux, 21 août 2015, n° 1503660. ♦ Par ordonnance de référé, il avait été enjoint à l'université de procéder, à titre provisoire, à l'inscription de l'étudiante en M2 ingénierie juridique et financière des sociétés en attendant qu'il soit statué au fond sur la légalité de la décision refusant son inscription. • TA Bordeaux, 10 déc. 2015, n° 1503661. ♦ Le Conseil d'État avait déjà antérieurement considéré que l'admission en 2e cycle ne pouvait dépendre des capacités d'accueil des établissements et être éventuellement subordonnée au succès à un concours ou à l'examen du dossier des candidats que dans certaines formations figurant sur une liste limitative établie par décret pris après avis du CNESER. Il avait en effet jugé qu'en l'absence d'un tel décret, l'admission en maîtrise de biochimie, laquelle était de droit pour les titulaires d'une licence de biochimie en vertu de l'Arr. du 18 févr. 1980, ne pouvait être subordonnée au succès à un concours ou à l'examen du dossier du candidat. Le juge avait précisé à cet effet que la délibération par laquelle le conseil de l'université aurait limité l'accès aux formations du 2e cycle, notamment en cas de redoublement, méconnaîtrait les dispositions législatives et réglementaires en vigueur et ne pourrait servir de fondement légal aux refus d'inscription opposés aux requérants. • CE 27 juin 1994, n° 100111 A. ♦ Pour une décision dans le même sens mais fondée sur une motivation insuffisante : annulation de la décision de l'université qui refusait d'inscrire une étudiante en M2 « Management administratif et financier en entreprise », alors que celle-ci avait validé son M1 dans le même domaine pour défaut de motivation. En l'espèce, l'université avait indiqué que le cursus et le dossier de l'étudiante ne satisfaisaient pas aux exigences académiques du master, avec des notes trop faibles dans les matières fondamentales, mais la décision ne comportait l'exposé d'aucune considération de droit. • TA Besançon, ord., 17 mars 2015, n° 1401810 : *AEF 18 mars 2015, Dépêche n° 497352,* • TA Nantes, ord., 7 juill. 2015, n° 1505324 • TA Rennes, ord., 2 sept. 2015, n° 1503732.

3. Doute sérieux sur la légalité du refus d'inscription. Suspension du refus d'inscription. Estimant que l'admission en master 1 n'est pas de droit pour les étudiants titulaires d'une licence professionnelle, que le diplôme de l'étudiante ne pouvait être regardé comme un diplôme national de licence dans un domaine compatible avec celui du diplôme de master et que l'étudiante n'avait pas le niveau suffisant pour suivre les cours du M1 en raison notamment du peu d'enseignements théoriques suivis en droit des affaires, une étudiante s'est vue refuser son inscription en M1. Saisi en référé, le tribunal administratif a contraint le président à procéder à l'inscription, à titre provisoire, de l'étudiante qui évoquait l'urgence, la rentrée universitaire étant déjà effectuée, en attendant un jugement sur le fond. La suspension de la décision a été prononcée, l'étudiante justifiant d'un diplôme de licence en droit du patrimoine dans un domaine apparaissant compatible avec celui du M1 droit des affaires a précisé le tribunal administratif estimant qu'il y avait un doute sérieux quant à la légalité de la décision de l'université. En l'espèce, le juge des référés rappelle que l'admission dans les formations du deuxième cycle est ouverte à tous les titulaires des diplômes sanctionnant les études de premier cycle, que l'Arr. du 25 avr. 2002 relatif au diplôme de master prévoit que, pour être inscrits dans les formations conduisant à ce diplôme, les étudiants doivent justifier d'un diplôme national conférant le grade de licence dans un domaine compatible avec celui du diplôme national de master et enfin que le règlement des études des masters de l'université en cause ne prévoyait pas de conditions restrictives pour l'accès des étudiants titulaires d'une licence professionnelle aux études de master. • TA Lille, ord., 8 oct. 2014, n° 493238 : *AEF 12 janv. 2015.* ♦ Dans le même sens, le juge des référés suspend la décision de l'université Jean Moulin Lyon II qui refusait d'admettre une étudiante en M2 Droit de l'entreprise. En l'espèce, l'étudiante fait valoir qu'en l'absence de publication du décret prévu, l'admission en master ne peut être subordonnée aux capacités d'accueil de l'établissement, au succès à un concours ou à l'examen du dossier du candidat. L'établissement, pour sa part, estime que l'art. L. 612-6 ne concerne que l'admission en première année de master et que l'art. 11 de l'Arr. du 25 avr. 2002 permet aux universités d'opérer une sélection en deuxième année de master. L'université a formé un pourvoi devant le Conseil d'État. • TA Lyon, ord., 23 sept. 2015, n° 1507778 : *AEF 23 oct. 2015, Dépêche n° 509168, comm. Pandolfi.* ♦ Dans le même sens : • TA Nantes, ord., 31 juill. 2015, n° 155974 • TA Bordeaux, ord., 21 août 2015, n° 1503660 • TA Montpellier, ord., 2 sept. 2015, n° 1504230 • TA Lyon, ord., 17 sept. 2015, n° 1507755 • TA Orléans, ord., 9 sept. 2015, n° 1502904. ♦ Le TA de Paris ordonne la suspension du refus d'inscription en master droit des affaires, spécialité droit bancaire et financier. Le juge relève un doute sérieux quant à la légalité de la décision du fait qu'aucune disposition de l'Arr. du 22 janv. 2014 fixant le cadre national des formations conduisant à la délivrance des diplômes nationaux de licence, de licence professionnelle et de master, n'établit de distinction entre les masters professionnels et les masters de recherche, alors même que l'université soutient qu'elle pouvait appliquer les dispositions de l'art. 11 de l'Arr. du 25 avr. 2002, non abrogées par l'Arr. du 22 janv. 2014, au master en cause, s'agissant d'un master professionnel, et qu'il est constant qu'aucun décret n'a été publié en application des dispositions de l'art. L. 612-6. • TA Paris, ord., 22 sept. 2015, n° 1515106. ♦ Autres décisions relevant le doute sérieux : • TA Grenoble, ord., 19 août 2015, n° 1504799. ♦ Pour un refus d'inscription d'un étudiant titulaire d'une licence professionnelle : • TA Lille, ord., 8 oct. 2014, n° 1406098.

4. En sens contraire : Refus d'inscription. Référé. Rejet. Rejet de la demande de suspension de la décision de refus de l'université qui avait jugé que le niveau de l'étudiante en cause dans les matières fondamentales était insuffisant. • TA Besançon, ord., 22 déc. 2014 : *AEF 24 déc. 2014, Dépêche n° 492624.* ♦ Rejet de la demande de suspension du refus d'inscription en master 2 Droit patrimonial, immobilier et notarial, au motif que seule l'admission en master 1 est de droit pour les titulaires de la licence. • TA Marseille, ord., 9 sept. 2015, n° 1506716. ♦ Dans le même sens, et pour les mêmes motifs, • TA Lyon, ord., 3 août 2015, n° 1506805 • TA Paris, ord., 27 août 2015, n° 1513321, pour une inscription en master 2 mathématiques et applications.

5. Illégalité de la sélection. Refus d'inscription. Avis. Saisi pour avis par le TA, le Conseil d'État indique que seul un décret peut établir la liste limitative des formations du 2e cycle dans lesquelles l'admission en 2e année peut dépendre des capacités d'accueil des établissements et, éventuellement, être subordonnée au succès à un concours ou à l'examen du dossier du candidat. Le Conseil d'État a en effet estimé qu'il résulte des dispositions des art. L. 612-1 et L. 612-6 que l'admission à une formation de deuxième cycle au terme de laquelle est délivré le grade de master, en première comme en deuxième année, ne peut dépendre des capacités d'accueil d'un établissement ou être subordonnée au succès à un concours ou à l'examen du dossier des candidats que si cette formation figure sur la liste qu'elles mentionnent. Par ailleurs, aux termes de l'art. 3 de l'Arr. du 25 avr. 2002 relatif au diplôme national de master, il résulte que, pour une formation de deuxième cycle qui n'est pas inscrite à cette fin sur une liste établie par décret pris après avis du CNESER, aucune limitation à l'admission des candidats du fait des capacités d'accueil d'un établissement ou par une condition de réussite à un concours ou d'examen du dossier des candidats ne peut être introduite après l'obtention des 60 premiers crédits européens, c'est-à-dire après la première année du deuxième cycle. • CE, avis, 10 févr. 2016, n° 394594 A : *AJDA 2016. 235 ; D. 2016. 379 ; ibid. 536 , entretien Fortier ; LIJ 2016, n° 193, p. 6 ; AEF 10 févr. 2016, Dépêche n° 531466, comm. Buyck.*

6. Illégalité de la sélection. Refus d'inscription. Décisions. Le Conseil d'État rejette les pourvois des universités qui avaient refusé des inscriptions en M2 en considérant qu'il résulte des dispositions des art. L. 612-1 et L. 612-6 que l'admission à une formation de deuxième cycle au terme de laquelle est délivré le grade de master, en première comme en deuxième année, ne peut dépendre des capacités d'accueil d'un établissement ou être subordonnée au succès à un concours ou à l'examen du dossier des candidats que si cette formation figure sur la liste qu'elles mentionnent. Il s'ensuit que, pour une formation de deuxième cycle qui n'a pas été inscrite à cette fin sur cette liste, aucune limitation à l'admission des candidats du fait des capacités d'accueil d'un établissement ou par une condition de réussite à un concours ou d'examen du dossier ne peut être introduite après l'obtention des 60 premiers crédits européens, c'est-à-dire après la première année du deuxième cycle. Les dispositions de l'art. 11 de l'Arr. du 25 avr. 2002 ne sauraient, en tout état de cause, avoir eu légalement pour objet ou pour effet de permettre de limiter l'admission des candidats, sauf à ce que la formation en cause ait été inscrite à ce titre sur une liste établie par décret pris après avis du CNESER. • CE 23 mars 2016, n° 393574 • CE 23 mars 2016, n° 393981 • CE 23 mars 2016, n° 393865 • CE 23 mars 2016, n° 393933. ♦ De la même manière, le Conseil d'État annule les décisions des présidents d'université refusant d'autoriser des étudiants ayant validé leur année de master 1 à s'inscrire en master 2. • CE 23 mars 2016, n°s 393957, 393958 et 393959 • CE 23 mars 2016, n° 394249 • CE 23 mars 2016, n° 395336. V. aussi : Lanique, Sélection en master : la rapporteure publique du Conseil d'État propose le rejet des requêtes des universités, *AEF 10 mars 2016, Dépêche n° 53330*. – Buyck, Les décisions du Conseil d'État sur 9 cas de sélection à l'entrée en M2, *AEF 23 mars 2016, Dépêche n° 535183*.

b. Solutions jurisprudentielles rendues sur le fondement de la nouvelle rédaction de l'art. L. 612-6 issue de la L. n° 2016-1828 du 23 déc. 2016

7. Admission en M1. Régime juridique. Précisions. Possibilité de fixer des capacités d'accueil. Le juge a été amené à préciser le régime juridique des refus d'admission en M1 et M2. Éclairé par les travaux parlementaires, il estime que, s'agissant des admissions en M1, les universités ont la possibilité de fixer des capacités d'accueil pour chaque mention de master et de soumettre les candidats à sélection, quelle que soit la mention de licence dont ils sont titulaires et quelle que soit leur université d'origine. • TA Lyon, 12 nov. 2020, n° 2005575 *et 2006895 : AJDA 2021. 351, note Reymond-Kellal*.

8. Inscription en M1. Niveau insuffisant de connaissances et compétences. Saisi de la demande d'un étudiant de suspendre l'exécution de la décision par laquelle le président d'une université avait rejeté sa demande d'admission en M1 finance au motif que son niveau de connaissances et de compétences était insuffisant, le juge estime que le motif tiré du niveau insuffisant de ses connaissances et compétences n'était pas en l'espèce entaché d'une erreur manifeste d'appréciation propre à créer un doute sérieux quant à la légalité de la décision de refus d'admission. Il estime en second lieu que le moyen tiré de l'inadéquation des six critères de sélection retenus par l'université avec l'enseignement dispensé et les contrôles des connaissances dans la formation sollicitée n'était pas davantage propre à faire naître un doute sérieux quant à la légalité de la décision. • TA Bordeaux, 6 juin 2017, n° 1701977 : *LIJ 2017, n° 199, p. 5.*

9. Recteur. Obligations. Propositions. Le juge estime que le recteur se trouve dans l'obligation de présenter trois propositions d'admission en master aux étudiants remplissant les conditions pour bénéficier du dispositif « trouver mon master ». Dans une affaire où le requérant contestait la décision du recteur qui avait fait parvenir une unique proposition d'admission en master, dans une université de province, le juge rappelle les dispositions de l'art. R. 612-36-3 qui prévoit que l'étudiant se voit présenter par le recteur de la région académique dans laquelle il a obtenu son diplôme de licence, après accord des chefs d'établissements concernés, « au moins trois propositions d'admission dans une formation conduisant au diplôme national de master ». Le tribunal juge que le recteur se trouve ainsi dans l'obligation de présenter non pas une seule, mais au moins trois propositions d'admission en master. Il relève en ce sens que le texte de l'art. R. 612-36-3 prévoit que le recteur doit veiller à ce que l'une des propositions porte en priorité sur l'établissement, ou à défaut la région académique au sein de laquelle l'étudiant a obtenu son diplôme de licence. Le tribunal écarte également l'argumentation présentée par le recteur, selon laquelle ces dispositions créent seulement pour l'étudiant un droit à un examen élargi de sa demande et non un droit à la poursuite d'études. Il considère en effet que, si le texte prévoit que les propositions d'admission doivent être présentées à l'étudiant après accord des chefs d'établissement, cette circonstance est sans incidence sur la portée de l'obligation qui incombe au recteur, dès lors que ces propositions doivent être faites après accord et non sous réserve de l'accord de ces derniers. En conséquence, le tribunal annule la décision attaquée, en tant qu'elle ne formule qu'une seule proposition d'admission en master. • TA Paris, 3 oct. 2018, n° 1717331.

10. Inscription en M2. V. notes ss. art. L. 612-6-1 dans sa rédaction issue de la L. n° 2016-1828 du 23 déc. 2016.

II. AUTRES QUESTIONS

11. Autorité compétente. CA. Compétence. CFVU. Absence. Saisi par une étudiante dont l'inscription en M2 à capacité d'accueil limitée avait été refusée, le juge précise que le CFVU n'est pas une autorité compétente pour définir les modalités d'accueil. En l'espèce, si l'université Montpellier III avait produit une délibération de la commission de formation et de la vie universitaire du conseil académique adoptant les modalités de sélection pour l'accès au master 2 pour lesquelles des capacités d'accueil avaient été fixées, aucune des pièces produites au dossier ne permettait d'établir que le CA se serait prononcé sur ces modalités. Le juge estime que, dès lors, le moyen tiré de ce que les modalités de sélection pour l'accès au M2, sur la base desquelles la candidature de la requérante a été rejetée, n'ont pas été définies par une autorité compétente est, en l'état de l'instruction, propre à créer un doute sérieux quant à la légalité de cette décision. • TA Montpellier, 5 oct. 2016, n° 1604619.

12. Compensation des notes. Régime. Régime différent d'une spécialité à l'autre. Illégalité. Le tribunal a eu à trancher la question de la légalité, au regard du principe d'égalité, d'une délibération d'un jury de la faculté de droit de l'université de Strasbourg ajournant un étudiant de master 2 de « droit économie et gestion », mention « droit public et droit privé », spécialité « droit pénal et sciences criminelles », parcours « droit pénal fondamental et comparé », au motif que sa moyenne des deux semestres n'était que de 9, 65/20 et que les notes des deux semestres ne se compensaient pas, à la différence de la règle retenue dans le règlement des études de la quasi-totalité des autres spécialités de master 2 de la faculté de droit. En l'espèce, le tribunal fait droit à la requête en estimant que le principe d'égalité trouvait à s'appliquer non seulement entre des masters ou des mentions de master mais aussi entre spécialités de ces masters. Il retient en effet qu'un étudiant inscrit dans une spécialité d'une mention de master 2 de droit ne se trouve pas nécessairement dans une situation différente de celui qui suit une formation dans une autre spécialité de ce master, que cette spécialité relève ou non de la même mention, et que si, selon l'université de Strasbourg, la règle de la non-compensation entre les notes des deux semestres de la spécialité « droit pénal et sciences criminelles » se justifierait par le fait que le 1er semestre est entièrement dévolu au suivi des enseignements donnant chacun lieu à évaluation, tandis que le 2e semestre est consacré au suivi d'un stage ou à la rédaction d'un mémoire ne donnant lieu qu'à l'attribution d'une seule note, il n'en demeure pas moins que certains règlements d'autres spécialités de master 2 de droit de l'université prévoyaient une compensation entre semestres dont l'un sanctionne exclusivement un stage ou des travaux de recherche, ce qui crée donc une rupture d'égalité entre les étudiants de master 2, sans qu'une telle inégalité de traitement apparaisse justifiée par des raisons d'intérêt général. • TA Strasbourg, 20 oct. 2016, n° 1505531. ♦ En appel, l'université de Strasbourg justifiait le choix de la non-compensation entre les notes des deux semestres dans la spécialité « droit pénal et sciences criminelles » par la nécessité pour le jury de s'assurer « du bon niveau des étudiants tant dans les matières théoriques enseignées au premier semestre que dans la rédaction du mémoire de recherche ou la réalisation du stage prévu au second semestre ». La cour rejette la requête de l'université estimant que la différence de traitement entre les étudiants de la spécialité « droit pénal et sciences criminelles » ne pouvant pas bénéficier de la compensation des notes des deux semestres et les étudiants d'autres spécialités pouvant en bénéficier n'était pas justifiée par « des enseignements et une formation spécifiques nécessitant des modalités d'évaluation particulière ». Elle en déduit que la différence de traitement est « manifestement disproportionnée au regard des motifs susceptibles de la justifier ». • CAA Nancy, 26 juin 2018, n° 16NC02812 : *LIJ 2018, n° 204, p. 9.*

13. Refus d'admission. Information des motifs. Absence sauf demande du candidat. Saisi pour avis par le tribunal administratif d'Orléans, le Conseil d'État répond que les décisions par lesquelles le président d'une université refuse l'admission d'un étudiant en première ou en deuxième année de master n'entrent dans aucune des catégories de décisions devant être motivées en vertu de l'art. L. 211-2 CRPA. De telles décisions, en particulier, ne constituent ni des décisions restreignant l'exercice des libertés publiques, ni des décisions subordonnant l'octroi d'une autorisation à des conditions restrictives, ni des décisions refusant une autorisation. Toutefois, les motifs de ces décisions doivent être communiqués aux candidats qui le demandent, en application des dispositions spécifiques prévues par l'art. D. 612-36-2, lequel doit être interprété comme s'appliquant aux refus d'admission tant en première qu'en deuxième année du deuxième cycle conduisant au diplôme national de master. • CE, avis, 21 janv. 2021, n° 442788 B : *AJDA 2021. 185 ; D. 2021. 239 ; LIJ 2021, n° 214, p. 5.*

14. Refus d'admission. Publicité des délibérations du CA fixant la capacité d'accueil. Demande de suspension. Urgence. Une étudiante dont l'inscription avait été refusée en M1 avait saisi le juge des référés afin qu'il soit enjoint provisoirement de l'inscrire en attendant le jugement au fond. Le juge des référés considère que, eu égard aux effets des décisions contestées sur la situation de l'intéressée, privée, de ce fait, de la possibilité de poursuivre ses études au début d'une nouvelle année universitaire, la condition d'urgence devait être regardée comme remplie. • TA Versailles, 15 sept. 2020, n° 2005456 : *LIJ 2021, n° 213, p. 7.* ♦ Dans le même sens : • CE 23 mars 2016, n° 393981.

15. Refus d'admission. Publicité des délibérations du CA fixant la capacité d'accueil. Affichage. Publicité insuffisante. Illégalité. Dans la même affaire, l'université justifiait avoir procédé à l'affichage de ces délibérations sur des emplacements dédiés et accessibles des locaux de cet établissement et les avoir publiées, par la voie d'une diffusion en ligne, sur son site internet. Le juge relève toutefois que l'affichage avait été réalisé dans un bâtiment d'un des campus de l'université où la requérante ne suivait pas ses études et que l'affichage de la délibération sur le site internet de l'université mentionnait seulement la capacité d'accueil du master et ne comportait pas le contenu de la délibération du conseil d'administration relative aux modalités de sélection en master. Le juge des référés a jugé insuffisante la publicité du dispositif de sélection. • TA Versailles, 15 sept. 2020, n° 2005456 : *LIJ 2021, n° 213, p. 7.*

16. Crise sanitaire. Absence de reprise des enseignements. Atteinte au principe d'égalité (non). Le tribunal administratif de Clermont-Ferrand a rejeté une requête en référé-liberté formée contre une décision de la directrice de l'École de droit de refuser la reprise des cours en présentiel pour les étudiants de M1. Le juge souligne que s'il est constant qu'un enseignement entièrement à distance a des effets psychologiques et sociaux négatifs sur les étudiants, l'enseignement est assuré à distance pour limiter les déplacements et les regroupements en nombre et éviter toute propagation de l'épidémie. Si les récentes mesures, au regard des exigences de la formation et des particularités propres à la catégorie des étudiants de première année mais également du nombre d'étudiants inscrits en seconde année de master, ont permis une reprise partielle des enseignements dispensés en leur présence, ne pas pouvoir le permettre pour les autres étudiants, placés au regard de leur formation comme de leur vulnérabilité dans une situation différente, telle celle des étudiants de première année de master, compte tenu des jauges en place dans les salles et les amphithéâtres, ne peut être regardé comme méconnaissant le principe d'égalité, qui ne s'applique qu'entre personnes relevant de la même catégorie. Par ailleurs, la circonstance que d'autres écoles de droit aient repris l'enseignement sur site pour les étudiants de première année de master n'est pas davantage de nature à caractériser un tel manquement au principe d'égalité dès lors que les locaux disponibles imposent des jauges particulières. • TA Clermont-Ferrand, ord., 5 févr. 2021, n° 2100219.

17. Crise sanitaire. Limite du nombre d'étudiants en présentiel. Atteinte grave et manifestement illégale à une liberté fondamentale (non). Dans la même ordonnance, le juge des référés rappelle que la Circ. de la ministre du 22 janv. 2021 prévoit que la reprise des enseignements se fera pour tous les cycles en autorisant le présentiel, en mode hybride notamment pour les cours magistraux, de manière progressive et limitée, et que tous les établissements accueilleront des étudiants en présentiel dans la limite de 20 % de leur capacité d'accueil globale et dans le respect des consignes sanitaires en vigueur. Par ailleurs, les bibliothèques et centres de documentation universitaires restent accessibles sur rendez-vous ainsi que pour le retrait et la restitution de documents réservés. Si le requérant soutient que le droit à participer à des enseignements sur site constitue une composante essentielle du droit à l'éducation, il résulte de l'instruction qu'un retour progressif des étudiants de l'université Clermont Auvergne en présentiel est engagé, avec la présence de 50 % des étudiants maximum de la jauge d'accueil normale au sein de chaque salle d'enseignement avec un plafonnement à 50 étudiants par salle ou amphithéâtre. L'école de droit de Clermont-Ferrand a retenu un plafond de 300 étudiants au sein de l'établissement et a, notamment, mis en place un retour des étudiants de première année de licence, prioritaire au regard de leur vulnérabilité, pour un cours de travaux dirigés, des étudiants de seconde année de master, au vu du faible nombre que représentent ces promotions, et a organisé un tutorat pour les étudiants de deuxième année de licence. Aussi, la limitation du nombre d'usagers accueillis dans les établissements d'enseignement supérieur afin de limiter le brassage des populations et réduire ainsi la propagation du virus doit être continuellement adaptée en fonction de l'évolution du contexte sanitaire. Par suite, au regard tant des modalités mises en place par l'université Clermont Auvergne que des contraintes logistiques de l'école de droit de Clermont-Ferrand, le choix de limiter le nombre d'usagers accueillis au sein de cet établissement ne peut être regardé comme portant une atteinte grave et manifestement illégale à une liberté fondamentale. • TA Clermont-Ferrand, ord., 5 févr. 2021, n° 2100219.

Art. L. 612-6-1 *(L. n° 2016-1828 du 23 déc. 2016, art. 1er)* **L'accès en deuxième année d'une formation du deuxième cycle conduisant au diplôme national de master est de droit pour les étudiants qui ont validé la première année de cette formation.**

Un décret pris après avis du Conseil national de l'enseignement supérieur et de la recherche peut fixer la liste des formations du deuxième cycle conduisant au diplôme

national de master pour lesquelles l'accès à la première année est ouvert à tout titulaire d'un diplôme du premier cycle et pour lesquelles l'admission à poursuivre cette formation en deuxième année peut dépendre des capacités d'accueil des établissements et, éventuellement, être subordonnée au succès à un concours ou à l'examen du dossier du candidat.

1. Mise en œuvre de la réforme du master. L'attention de la ministre ayant été appelée sur la situation des étudiants qui, ayant terminé leur master 1, n'ont pas été acceptés dans un master 2. Rappelant les dispositions de la réforme sur les conditions d'accès au master, qui a aussi institué un droit à la poursuite des études pour tous les titulaires d'une licence 3, elle précise que comme les formations soumises au régime dérogatoire sont appelées à se réduire fortement, le recrutement dans les formations conduisant au diplôme national de master va s'opérer très majoritairement au niveau de la première année de master. Cette tendance se vérifie pour la rentrée universitaire 2018-2019, qui verra un nombre sensiblement restreint de formations soumises au régime dérogatoire. * Rép. min. n° 2018 : *JOAN Q 20 févr. 2018, p. 1449.*

2. Décr. n° 2016-672 du 25 mai 2016 relatif au diplôme national de master. Demande d'annulation. Rejet. Le Conseil d'État juge que ces dispositions sont au nombre de celles qui pouvaient être compétemment fixées par le pouvoir réglementaire pour l'application de l'art. L. 612-6 et n'en méconnaissent pas les dispositions ; que, par ailleurs, les étudiants qui changent d'établissement ou qui changent de mention entre la première et la seconde année de master ne se trouvant pas, au regard de ces formations, dans la même situation que ceux qui ne modifient pas leur parcours de formation, le moyen tiré de ce qu'elles méconnaissent le principe d'égalité devant la loi doit être écarté. Il considère enfin que le décret attaqué a pu, sans méconnaître ni les dispositions de l'art. L. 612-6 ni aucune autre règle ou principe, ne fixer, pour les formations dont il dresse la liste, aucune règle générale qui s'imposerait aux établissements d'enseignement supérieur pour définir leurs capacités d'accueil. • CE 22 déc. 2017, n° 400173 : *LIJ 2018, n° 202, p. 6.*

3. Sélection en M2. Le nouvel art. L. 612-6-1 reprend des dispositions similaires à celles de l'ancien art. L. 612-6 et prévoit qu'un décret peut fixer la liste limitative des formations dans lesquelles l'admission en M2 peut dépendre des capacités d'accueil et, éventuellement, être subordonnée au succès à un concours ou à l'examen d'un dossier.

4. Admission en M2. Régime juridique. Même mention dans la même université. Admission de droit. Le juge a été amené à préciser le régime juridique des refus d'admission en M1 et M2. Éclairé par les travaux parlementaires, il estime que, s'agissant des admissions en M2, l'admission est de droit pour les étudiants qui, après avoir validé un M1, souhaitent poursuivre en M2 portant la même mention dans la même université. Par exception à ce principe, les universités sont autorisées à procéder à une sélection en M2 pour les seules mentions de master qui n'ont pas donné lieu à sélection en M1, dans la mesure où elles figuraient sur la liste fixée par le décret auquel renvoie l'article L. 612-6. • TA Lyon, 12 nov. 2020, n°s 2005575 et 2006895 : *AJDA 2021. 351, note Reymond-Kellal*.

5. Régime juridique. Autre mention ou autre université. Admission de droit (absence). Conditions. Vérification préalable des pré-requis. Sélection selon capacités d'accueil. En ce qui concerne les étudiants qui, après avoir validé un M1, souhaitent réaliser un M2 dans une autre mention ou bien dans une autre université, les universités sont fondées, outre la vérification préalable des pré-requis, à les soumettre à une sélection, au regard des capacités d'accueil qui ont été définies pour ce master et après inscription prioritaire des étudiants ayant obtenu dans la même université la première année de master dans cette même mention, peu important pour les nouveaux étudiants que la mention de master demandée figure ou non sur la liste fixée par le décret cité par l'art. L. 612-6. • TA Lyon, 12 nov. 2020, n° 2005575 et 2006895 : *préc.*

6. Régime juridique. Autre université. Admission de droit (absence). Conditions. Vérification préalable des pré-requis. Sélection selon capacités d'accueil. Places demeurées disponibles. Le juge a aussi précisé que les dispositions de l'art. D. 612-36-4 impliquent nécessairement que, dans le cadre des pouvoirs qui lui sont dévolus, l'université auprès de laquelle un étudiant qui a précédemment validé son M1 dans une autre université, se porte candidat pour y poursuivre un M2, puisse, après vérification des pré-requis, le soumettre à une sélection qui tient compte des capacités d'accueil définies pour le master choisi, en fonction des places demeurées disponibles après inscription en M2 des étudiants ayant accompli avec succès la première année de ce master. En l'espèce, les enseignements dispensés en M1 étant ainsi très sensiblement différents, le président de l'université pouvait, sans entacher sa décision d'une erreur manifeste d'appréciation, rejeter la candidature de l'intéressé au motif que celui-ci n'avait pas acquis, au titre des pré-requis, les unités d'enseignement lui permettant de poursuivre ses études en M2 droit notarial à l'université Jean Moulin Lyon III. • TA Lyon, 19 nov. 2020, n° 2005867 : *AJDA 2021. 351, note Reymond-Kellal*.

7. Admission en M2. Régime juridique. M2 sélectif. Un M2 option « droit notarial » retenu en annexe du Décr. du 25 mai 2016, dans sa rédaction issue du Décr. n° 2018-642 du 20 juill. 2018, est susceptible de sélection au sens de l'art. L. 612-6-1. Par suite, l'admission de la requérante en M2 pouvait être soumis à condition. • TA Lyon, 15 oct. 2020, n° 1906699 : *AJDA 2021. 351, note Reymond-Kellal*.

8. Admission en M2. Régime juridique. M2 sélectif. Examen préalable du dossier. Conditions. Dans une affaire où la requérante soutenait qu'une sélection en M2 n'était pas possible dès lors que le conseil d'administration de l'université avait, par délibération, soumis l'accès en M1 à sélection, le juge a relevé que l'intéressée n'avait fait l'objet d'aucune sélection pour son admission en M1 et a dès lors considéré que l'université pouvait procéder, dans sa situation, à l'examen préalable de son dossier. • TA Lyon, 15 oct. 2020, n° 1906699 : *préc. note 7.*

9. Régime juridique. Sélection. Marge d'appréciation de l'université. Dans une affaire où la requérante se prévalait de son diplôme et des compétences qu'elle a développées dans le domaine de la santé, le juge a estimé qu'il ressortait des pièces du dossier que la formation sollicitée était très sélective, puisque 379 candidats avaient postulé pour une capacité d'accueil de 48 places, que l'université avait par ailleurs fait valoir que la requérante disposait d'un niveau moyen, avec une moyenne générale autour de 11,5/20 sur l'ensemble des trois années de licence, que le service de coopération et d'action culturelle avait également émis un avis défavorable à la candidature en estimant que « le projet d'étude de la requérante était imprécis, que le dossier présenté par le candidat était moyen, et sa motivation discutable ». Par suite, eu égard à la marge d'appréciation dont dispose l'université pour procéder à cette sélection, c'est sans erreur manifeste d'appréciation que la candidature a pu être refusée. • TA Lyon, 19 nov. 2020, n° 2004929 : *AJDA 2021. 351, note Reymond-Kellal*.

10. Régime juridique. Autre université. Procédure irrégulière. Commission pédagogique. Publicité insuffisante. Le juge a aussi précisé que la décision contestée, qui est intervenue sur avis d'une commission dont rien au dossier ne permet de démontrer l'existence légale ni la création, a été prise au terme d'une procédure irrégulière. Il ressort en effet des termes mêmes de cette décision que la demande de l'intéressé a été rejetée à l'issue de l'examen de son dossier par une commission pédagogique. Si l'institution de cette commission est prévue par une délibération, il apparaît que cet acte a fait l'objet d'une publicité insuffisante. Par suite, le moyen tiré de ce que la commission pédagogique d'examen des candidatures n'a pas été instituée régulièrement, avec pour effet d'avoir privé l'intéressé d'une garantie, doit aussi être retenu. • TA Lyon, 19 nov. 2020, n° 2005867 : *préc. note 9.*

11. Régime juridique. Motivation de la décision de refus. Conditions. Le juge estime qu'il résulte des dispositions de l'art. L. 211-2 CRPA et de l'art. D. 612-36-2 que l'université n'est tenue de motiver la décision de refus d'admission que si le candidat en fait la demande dans le mois qui suit la notification de ce refus. En l'espèce, demande de communication des motifs hors délai. • TA Lyon, 15 oct. 2020, n° 1906699 : *AJDA 2021. 351, note Reymond-Kellal*.

12. Régime juridique. Motivation de la décision de refus. Insuffisance. Le requérant ayant demandé dans les délais prescrits la communication des motifs de la décision de refus opposée, le juge a constaté que la décision de refus se bornait à indiquer « Refusé - Motif : M1 : Qualité académique du dossier et/ou motivations insuffisantes » et ne se référait notamment pas à la délibération du CA de l'université Claude Bernard Lyon I relative aux capacités d'accueil et aux modalités d'admission en master, ni à aucune base légale. Il a dès lors considéré que la décision de refus n'était pas motivée en droit. Il ne ressortait de plus pas des pièces du dossier que des motifs de droit et de fait avaient été communiqués au requérant. Insuffisance de motivation. • TA Lyon, 6 août 2020, n° 1905987 : *AJDA 2021. 351, note Reymond-Kellal*.

13. Capacité d'accueil. Publicité des délibérations. Dans une affaire où l'université de Paris-VIII soutenait que l'obligation de la publicité de la délibération du conseil d'administration qui limitait le nombre de places en M2 avait été légalement remplie par la mise en ligne sur le site internet de l'université du document publié à cet effet, la cour estime que les deux captures d'écran produites par l'université ne permettaient pas de connaître précisément le contenu du document mis en ligne, ni la date et la durée de cette mise en ligne alors qu'aucun exemplaire de la délibération n'avait été produit aux débats. Il estime donc que la décision de refus d'admission est dépourvue de base légale. • CAA Versailles, 19 déc. 2019, n° 18VE00940 : *LIJ 2020, n° 210, p. 3.*

14. Prérequis nécessaires. Absence. Rejet de la requête. A propos d'un étudiant, titulaire d'un *master of economy sciences* délivré par l'université de Pristina (Kosovo) et d'une attestation de comparabilité remise par le centre d'information sur la reconnaissance des diplômes qui avait demandé son inscription en M2 « finance », spécialité « finance d'entreprise et pratique des marchés financiers », ainsi que dans la spécialité « stratégie et finance d'entreprise en Europe », le chef d'établissement a refusé son inscription au motif que l'intéressé ne disposait pas des prérequis nécessaires. Le tribunal rejette la demande en jugeant en l'espèce que la seule production du diplôme kosovar du requérant et de l'attestation de comparabilité, dont il ressortait que le requérant était titulaire d'un master de sciences économiques, spécialité « gestion et informatique », ne permettait pas à elle seule d'établir qu'il disposait d'une formation suffisante pour suivre les enseignements convoités. • TA Strasbourg, 11 mai 2017, n° 1604703 : *LIJ 2017, n° 199, p. 5.*

15. Prérequis nécessaires. Refus annulé. Une requérante avait validé 60 crédits européens à l'issue d'un M1 « psychologie » dans une première université, avec une moyenne de 12, 203 points, et obtient du TA l'annulation du refus d'inscription. • TA Cergy-Pontoise, 12 mai 2017, n° 1608218 : *LIJ 2017, n° 199, p. 5.*

16. Niveau de français insuffisant. Légalité. Fixation des modalités d'évaluation du niveau de compréhension. Libre choix de l'établissement. Un ressortissant tunisien contestait le refus de son inscription en M2, au motif que son niveau au test de connaissance du français (TCF) était insuffisant. Le juge rejette la requête en rappelant que l'art. D. 612-17 prévoit que « Les ressortissants étrangers sont soumis aux mêmes règles que les étudiants français pour une deuxième inscription en première année de licence et pour l'inscription en deuxième ou troisième année de licence, en master, en doctorat ou dans tout établissement pratiquant une admission sur concours ou sur titres. Il appartient aux établissements de décider si leur niveau de compréhension de la langue française est compatible avec la formation envisagée ». En l'espèce, le juge a considéré que, même si le requérant justifiait d'un niveau B2 de maîtrise de la langue française, la décision de l'université de Cergy-Pontoise ne reposait pas sur des faits matériellement inexacts et que l'université avait pu légitimement se fonder exclusivement sur l'insuffisance des résultats chiffrés obtenus par le requérant au TCF, lesquels étaient inférieurs à ceux qu'elle exigeait pour l'accès à cette formation. • TA Cergy-Pontoise, 14 févr. 2020, n° 1807060 : *LIJ 2020, n° 211, p. 7.* ♦ Ce faisant, le juge confirme aussi que l'établissement dispose du choix dans la fixation des modalités d'évaluation du niveau de compréhension de la langue française des candidats. • Même jugement.

17. Méconnaissance du droit du requérant au respect de sa vie privée et familiale. Motif inopérant. Dans une affaire relative à un refus d'inscription en M2, le tribunal rappelle que le refus d'admission n'est fondé que sur la vérification de la capacité de l'étudiant à suivre la formation et en déduit que le moyen tiré de la méconnaissance du droit du requérant au respect de sa vie privée et familiale est inopérant. • TA Strasbourg, 11 mai 2017, n° 1604705.

18. Redoublement. Refus annulé. Dans une affaire où un étudiant qui, ayant validé une première année de master en droit, avait été admis à s'inscrire en deuxième année mais n'avait pas obtenu une moyenne générale supérieure ou égale à 10 sur 20 et n'avait pas été autorisé à s'inscrire une nouvelle fois en deuxième année de master, le tribunal annule le refus de redoublement opposé au requérant par l'université de Limoges. En l'espèce, il n'était pas contesté que le master dans lequel le requérant souhaitait obtenir une nouvelle inscription ne figurait pas, à la date des décisions contestées, sur la liste annexée au Décr. du 25 mai 2016. Le tribunal en a conclu que l'université ne pouvait se fonder sur l'appréciation des résultats obtenus par le requérant au cours de l'année universitaire précédente pour lui refuser une nouvelle inscription en deuxième année de master. Le juge a estimé qu'aucune disposition spécifique relative au cas de redoublement ne permettait d'écarter l'application des principes dégagés par le Conseil d'État dans son avis du 10 févr. 2016 (V. note ss. art. L. 612-6). • TA Limoges, 7 déc. 2017, n° 1601593.

19. Sélection. Mise en œuvre. Définition de critères (absence). Dans une affaire où le requérant contestait la décision de refus de sa demande d'admission en M2, s'est posée la question de la mise en œuvre de critères autonomes de sélection par l'université. Dans sa rédaction issue du Décr. n° 2017-1134 du 11 sept. 2017, applicable à l'affaire, le juge des référés estime qu'il ne ressortait pas de l'analyse des textes en vigueur « qu'une université, lorsqu'elle procède à l'examen des candidatures pour l'admission » à de tels masters, « devrait définir, de manière spécifique, des "modalités de sélection" autres que celle, découlant de l'économie même de l'art. L. 612-6-1, procédant de l'examen comparatif des mérites de chaque dossier au regard des places disponibles ». Conformité en l'espèce de la délibération de l'université de Franche-Comté relative aux M2 sélectifs et absence de doute sérieux quant à la légalité du refus d'admission. • TA Besançon, ord., 23 oct. 2018, n° 1801791.

20. Sélection. Critères. Conditions. Respect des critères fixés. Absence de discrimination. Dans une affaire où le président de l'université de Bourgogne avait rejeté la candidature d'une étudiante, le tribunal a jugé que si une université peut fixer pour l'accès à ses masters 2 en tension des critères de sélection, elle doit non seulement respecter ceux qu'elle a fixés par délibérations du conseil d'administration et du CFVU sans en ajouter et ne doit pas en établir pour discriminer des étudiants venant d'une autre université par rapport à ceux issus de ses formations. En l'espèce, l'exigence d'une moyenne générale supérieure à 12/20 au master 1 pour les étudiants de l'université de Bourgogne et d'une moyenne générale supérieure à 15/20 au master 1 pour les étudiants extérieurs à cette université ne figurait pas expressément dans la délibération. • TA Dijon, 31 déc. 2018, n° 1802530.

21. Sélection. Critères. Conditions. Diffé-

rence. Disproportion. Illégalité. Dans la même affaire, le juge rappelle que « si les étudiants qui changent d'établissement entre la première année et la seconde année de master ne se trouvent pas dans la même situation que ceux qui ne modifient pas leur parcours de formation, la condition tendant à exiger une moyenne générale supérieure à 15/20 pour les étudiants ayant validé leur première année de master dans une autre université, laquelle ne figure d'ailleurs pas expressément dans la délibération du conseil d'administration de l'université du 26 mars 2018, doit être regardée comme manifestement disproportionnée au regard des motifs susceptibles de la justifier ». • TA Dijon, 31 déc. 2018, n° 1802530. ♦ En l'espèce, le juge rappelle que le principe d'égalité ne s'oppose pas à ce que l'autorité administrative règle de façon différente des situations différentes ni à ce qu'elle déroge à l'égalité pour des raisons d'intérêt général, pourvu que dans l'un comme dans l'autre cas, la différence de traitement qui en résulte soit en rapport avec l'objet de la norme qui l'établit et ne soit pas manifestement disproportionnée au regard des motifs susceptibles de la justifier. • CE 30 mai 2007, n° 251144 B • CE 30 mars 2016, n° 395425 B. • CAA Nancy, 17 nov. 2020, n° 19NC00872 : *LIJ 2021, n° 214, p. 5.*

22. Changement d'établissement. Vérification des UE déjà acquises. Un étudiant ayant obtenu une licence d'économie-gestion délivrée par l'université de Strasbourg puis un M1 « études européennes et internationales » à l'université de Nantes contestait son refus d'inscription en M2 « études européennes et internationales » à l'IEP de Strasbourg pris sur le fondement de l'art. D. 612-36-4. Le juge rappelle que la procédure de vérification prévue s'applique à l'ensemble des formations de master, notamment aux étudiants qui, par dérogation au principe selon lequel une formation de master est normalement organisée sur deux années, changent d'établissement entre leur première et leur seconde année de master, alors même que la procédure de sélection, prévue par l'art. L. 612-6-1, ne s'appliquerait pas eu égard à la mention du master. Il en conclut par suite, que, en se fondant sur les seules dispositions de l'art. D. 612-36-4 pour refuser la candidature en M2 de l'intéressé, l'université de Strasbourg n'a pas entaché sa décision d'une erreur de droit. • CAA Nancy, 17 nov. 2020, n° 19NC00872 : *LIJ 2021, n° 214, p. 5.*

23. Annulation du refus d'inscription. Injonction d'inscription (absence). Dans une affaire où l'annulation du refus avait été prononcée du fait de l'absence de publicité de la délibération fixant la capacité d'accueil, la cour considère que l'annulation n'impliquait pas nécessairement que soit prononcée l'admission de l'intéressée en M2. En effet, du fait de cette annulation contentieuse, l'université se trouvait, à nouveau, saisie de la demande d'admission et devait y statuer, il lui incombait toutefois de le faire au regard des règles applicables à la date à laquelle elle statuait de nouveau et compte tenu de la situation de fait constatée à cette date, notamment de la circonstance que plus de la moitié de l'année universitaire s'était écoulée. • CAA Versailles, 19 déc. 2019, n° 18VE00940 : *LIJ 2020, n° 210, p. 3.*

SECTION III LE TROISIÈME CYCLE

Art. L. 612-7 *(L. n° 2006-450 du 18 avr. 2006, art. 41)* **« Le troisième cycle est une formation** *(L. n° 2013-660 du 22 juill. 2013, art. 35)* **« à la recherche et » par la recherche qui comporte, dans le cadre de formations doctorales, la réalisation individuelle ou collective de travaux scientifiques originaux. Ces formations doctorales sont organisées en étroite liaison avec des laboratoires ou équipes de recherche dont la qualité est reconnue par une évaluation nationale périodique. Elles prennent en compte les besoins de la politique nationale de recherche et d'innovation et comportent une ouverture internationale. Elles constituent une expérience professionnelle de recherche, sanctionnée, après soutenance de thèse, par la collation du grade de docteur.**

« Les formations doctorales sont organisées dans le cadre d'écoles doctorales dans des conditions fixées par arrêté du ministre chargé de l'enseignement supérieur. Elles comprennent un encadrement scientifique personnalisé de la meilleure qualité ainsi qu'une formation collective comportant des enseignements, séminaires ou stages destinés à conforter la culture scientifique des *(L. n° 2013-660 du 22 juill. 2013, art. 35)* **« doctorants, à préparer leur insertion professionnelle ou leur poursuite de carrière » dans le secteur public comme dans le secteur privé et à favoriser leur ouverture internationale. L'arrêté du ministre chargé de l'enseignement supérieur définit les conditions dans lesquelles un établissement d'enseignement supérieur peut être** *(L. n° 2013-660 du 22 juill. 2013, art. 38)* **« accrédité », pour une durée limitée, à organiser des formations doctorales et à délivrer le doctorat à la suite d'une évaluation nationale périodique. »**

(L. n° 2006-450 du 18 avr. 2006, art. 42) **« Le diplôme de doctorat est délivré » après la soutenance d'une thèse ou la présentation d'un ensemble de travaux scientifiques originaux. Cette thèse ou ces travaux peuvent être individuels ou, si la discipline le justifie, collectifs, déjà publiés ou inédits. Dans le cas où la thèse ou les travaux résultent d'une contribution collective, le candidat doit rédiger et soutenir un mémoire permettant d'apprécier sa part personnelle.** *(L. n° 2020-1674 du 24 déc. 2020, art. 18)* **« A l'issue de la soutenance de la thèse, le candidat doit prêter serment en s'engageant à respecter les principes et les exigences de l'intégrité scientifique, dans des conditions fixées par arrêté du ministre chargé de la recherche. »** *(L. n° 2006-450 du 18 avr. 2006, art. 42)* **« Le diplôme de doctorat est accompagné de la mention de l'établissement qui l'a délivré ; il confère à son titulaire le titre de docteur. »**

(L. n° 2020-1674 du 24 déc. 2020, art. 31) **« L'obtention du diplôme national de doctorat »** *(L. n° 2013-660 du 22 juill. 2013, art. 35)* **« vaut expérience professionnelle de recherche qui peut être reconnue dans les conventions collectives. »**

L'aptitude à diriger des recherches est sanctionnée par une habilitation délivrée dans des conditions fixées par arrêté du ministre chargé de l'enseignement supérieur.

Sur la fixation du cadre national de la formation et les modalités conduisant à la délivrance du diplôme national de doctorat, V. ci-dessous Arr. du 25 mai 2016.

Sur le mécénat de doctorat des entreprises, V. art. D. 612-42 s.

BIBL. ▶ Béréziat, L'organisation de la recherche au sein d'une université de recherche intensive, *in* Université, Universités, *Dalloz, coll. Thèmes et commentaires, 2010. 199.* – Bernard, Brassens, Cage, Fitoussi et Le Vert, Rapport sur l'accueil des talents étrangers, *Rapp. IGAENR-IGAE-IGA-IGF, n° 2013-031, avr. 2013.* – Brondel, Les réformes de la recherche et de l'université dévoilées, *AJDA 2005. 1868.* – Debene, Serment des docteurs et intégrité scientifique des doctorants, *AJDA 2021. 529.* – Douet, Le doctorat en droit est-il de la recherche au sens du crédit impôt recherche ?, *D. 2018. 1873.* – Faivre, Pour un enseignement supérieur et une recherche plus compétitifs, *AJDA 2008. 380.* – François-Poncet, La fuite des cerveaux : mythe ou réalité ?, *Sénat, Rapp. d'information 1999-2000, n° 388, mai 1999.* – Griffon, Comment l'Agence nationale de la recherche est-elle utile aux universités ?, *in* Université, Universités, *Dalloz, coll. Thèmes et commentaires, 2010. 187.* – Kallenbach, Dubourg-Lavroff, Gillard et Rolland, Le doctorat en France : du choix à la poursuite de carrière, *MESRI, Rapp. IGESR n° 2020-114, juill. 2020.* – Roux, Fort impact de la crise sanitaire sur le nombre de docteurs diplômés en 2020 (- 15 %), *MESRI-SIES, Note Flash n° 9, mai 2021.* – La gestion de la recherche dans les universités, *Rapport Cour des comptes, oct. 2005.* – Igaenr, Enseignement supérieur et recherche : nouveaux enjeux, nouveaux choix, *in* Rapport annuel des inspections générales, *MEN, 2004.* – L'état de l'enseignement supérieur et de la recherche en France. 42 indicateurs, *MESR, n° 5, déc. 2011.*

▶ **Formation doctorale :** Blacher, Vers une moralisation de la soutenance de thèse, *AJDA 2006. 1921.* – Daumas, Mais à quoi peut bien servir une école doctorale ?, *in* Université, Universités, *Dalloz, coll. Thèmes et commentaires, 2010. 191.* – Deroussin, Réforme du doctorat : quelles perspectives ?, *D. 2016. 1640.* – Ghanem, Organisation et conditions de la formation des doctorants dans le cadre de l'université française, *Thèse, Université de Bourgogne, 2007.* – Ghys et Louis, Évaluation du fonctionnement et de la place des écoles doctorales dans les établissements universitaires, *Rapp. IGAENR, sept. 2003, n° 03-068.* – Huet, Le doctorat ne tient pas toutes ses promesses, *Le Monde, 25 juin 2019. 26.* – Jégouzo, Réforme de la formation doctorale, *AJDA 2006. 1533.* – de Montecler, Un rapport sur les jeunes chercheurs, *AJDA 2007. 1958.* – Rapport sur les études doctorales, *Rapport MEN, févr. 1995.* – L'internationalisation des études de doctorat et de master, *OCDE, Indicateurs de l'éducation à la loupe, n° 39, févr. 2016.* – Recueil des propositions. Atelier Encadrement Doctoral 2016, Université de Lorraine, Nancy 1er-2 sept. 2016, *Assoc. nat. des docteurs - Adoc Mètis - Confédération des jeunes chercheurs : http://www.adoc-metis.com/wp/wp-content/uploads/2017/03/WED-2016-Recueil-des-propositions.pdf.* – Le Guide du Doctorat. La référence des bonnes pratiques, *Association Nationale des Docteurs & Confédération des Jeunes Chercheurs (ANDès - CJC) : https://guide-doctorat.fr/*

▶ **Insertion professionnelle :** Huet, Le doctorat ne tient pas toutes ses promesses, *Le Monde, 25 juin 2019. 26.* – Kalfon, Création d'un annuaire national fédéré et attribution d'une adresse mail à vie pour les titulaires d'un doctorat, *Rapp. 30 mars 2017.* – Matutano, La reconnaissance du doctorat dans la fonction publique : une bouteille jetée dans l'océan normatif ?, *AJFP 2015. 275.* – Jeunes chercheurs et jeunes enseignants-chercheurs. Statut et conditions de travail, Rapport du Conseil supérieur de la recherche et de la technologie, *Doc. fr., sept. 2007.* – Peretti, Giami, Rolland et Ott, Les évolutions de l'emploi scientifique : constats et perspectives, *Rapp. IGAENR, n° 2015-074, juill. 2015.* – Roux et Joannier, Des conditions d'insertion et d'emploi des docteurs toujours satisfaisantes mais contrastées selon les disciplines, *MESRI, Note d'information du SIES, n° 19.08, juin 2019*. – Wolber et Zedam, Devenir des docteurs trois ans après : les indicateurs par discipline, *MESRI-SIES, Note d'information, n° 17.10, nov. 2017*. – L'insertion professionnelle des jeunes docteurs, *C. comptes, référé n° S 2015-1294, 5 janv. 2016 ; AEF, Dépêche n° 535039, 22 mars 23016, comm. Bénichou*. – L'insertion professionnelle des jeunes docteurs, *Rép. MENSR, n° KCC A 1601611 KZZ, 16 mars 2016*. – Jaoul-Grammare (Coord.) et Macaire (Coord.), Étudier le devenir professionnel des docteurs, *Groupe de travail sur l'enseignement supérieur, CEREQ Échanges, n° 2, déc. 2016*. – Titulaires de doctorats. Qui sont-ils et que deviennent-ils après l'obtention de leur diplôme ?, *OCDE, Indicateurs de l'éducation à la loupe, n° 25, oct. 2014*. – Inan, Vourc'h, La situation des docteurs sur le marché du travail, *MENESR, Note d'information, n° 17.03, févr. 2017*. – Les débuts de carrière des docteurs : une forte différenciation des trajectoires professionnelles, *MENESR, Note d'information, n° 17.06, mai 2017*.

▸ **Comparaisons internationales :** Manzetti, Varia : les doctorats industriels en Italie : une intégration imparfaite du modèle européen, *in Les regroupements dans l'enseignement supérieur et la recherche, PUJ de Poitiers, coll. Actes & colloques, 2018. 239*.

Sur le plagiat : V. Bibl. ss. art. L. 613-1.

COMMENTAIRE

Le troisième cycle est aujourd'hui uniquement constitué par les « formations doctorales » (art. L. 612-7, al. 1er). La loi n° 2006-450 de programme sur la recherche du 18 avril 2006 a supprimé la référence aux « formations professionnelles de haut niveau » qui visait notamment les DESS, intégrés aujourd'hui dans les masters. Le troisième cycle est donc uniquement constitué par « une formation à la recherche et par la recherche » (L. ESR du 22 juill. 2013, art. 35, 1°), achevée par la présentation d'une thèse, exposé des résultats de travaux originaux, sanctionnée par la délivrance du diplôme national de doctorat qui confère à son titulaire le grade et le titre de docteur.

Le doctorat est le grade universitaire le plus élevé (l'habilitation à diriger des recherches soutenue ultérieurement n'est pas un grade mais un titre) ; sa collation est attestée par un diplôme national. Les universités médiévales, notamment celle de Paris, délivraient le doctorat en droit, en médecine et en théologie. Après la parenthèse révolutionnaire, le doctorat est rétabli par l'université impériale ; le décret du 17 mars 1808 permet d'ajouter les doctorats ès lettres et ès sciences ; les doctorats dits « de 1808 » (qui deviennent « doctorats d'État » dans les années soixante) ont coexisté avec d'autres doctorats (d'université, de spécialité ou de troisième cycle, ingénieur-docteur, doctorat d'exercice…). La loi Faure de 1968 unifie les principes applicables aux doctorats pour toutes les disciplines, en maintenant la distinction entre les doctorats d'État et ceux de troisième cycle ; la loi Savary de 1984 réunit les anciens doctorats dans le cadre d'un nouveau régime avec une durée de préparation plus proche des standards internationaux ; après avoir été intégré dans le LMD, le doctorat est présenté dans le cadre de la formation doctorale (Arr. du 7 août 2006, abrogé par l'Arr. du 25 mai 2016).

L'arrêté du 25 mai 2016 fixant le cadre national de la formation et les modalités conduisant à la délivrance du diplôme national de doctorat abroge les textes antérieurs (Arr. du 3 sept. 1998 relatif à la charte des thèses ; Arr. du 6 janv. 2005 relatif à la cotutelle internationale de thèse ; Arr. du 7 août 2006 relatif à la formation doctorale ; Arr. du 7 août 2006 relatif aux modalités de dépôt, de signalement, de reproduction, de diffusion et de conservation des thèses ou des travaux présentés en soutenance en vue du doctorat) dont il reprend et modernise les dispositions en introduisant plusieurs innovations. Ainsi, son article 1er précise que la formation peut être organisée dans le cadre de la formation initiale mais aussi de la ***formation tout au long de la vie***, l'une comme l'autre attestant de l'acquisition de compétences spécifiques permettant d'exercer une activité professionnelle ; le travail de recherche peut aussi être organisé ***en alternance*** entre périodes en laboratoire et périodes en entreprise dans des conditions précisées par une convention entre l'université et l'organisme accueillant le doctorant. Si, autrefois, la thèse se préparait dans la plus grande liberté, régie par le colloque singulier du thésard et de son maître, sa préparation est aujourd'hui fortement encadrée dans le temps (en principe trois années) et dans l'espace universitaire (équipe de recherche, école doctorale), les relations entre le « doctorant », son directeur de thèse, devenu un « encadrant » parmi d'autres, et l'institution étant régulées par une série de dispositifs d'appui, de suivi et d'évaluation : programme d'actions doctorales, projet professionnel du doctorant, charte du doctorat, conventions de formation, de codirection, de cotutelle, comité de suivi individuel, portfolio du doctorant, qui affichent un souci de qualité mais traduisent souvent un sentiment de méfiance vis-à-vis du patron soupçonné même de harcèlement !

LES ÉCOLES DOCTORALES

En étroite liaison avec les laboratoires et équipes de recherche, la formation est organisée dans le cadre des « ***écoles doctorales*** », créées en 1992 pour rassembler les unités ou équipes de recherche en s'inspirant des pratiques étrangères avec pour objectifs de renforcer la qualité du suivi des travaux et de préparer l'insertion professionnelle des futurs docteurs (art. L. 612-7, mod. par la L. n° 2006-450 du 18 avr. 2006). L'arrêté du 7 août 2006 prévoyait qu'elles étaient accréditées par arrêté ministériel pour une période de quatre ans. Cette accréditation spécifique a été supprimée par l'arrêté du 25 mai 2016. Désormais l'accréditation d'un établissement public d'enseignement supérieur (art. L. 613-1, D. 613-1, D. 613-6 et D. 613-7) emporte habilitation de ce dernier à délivrer le diplôme de doctorat dans les spécialités concernées, seul ou conjointement. L'arrêté mentionne, après évaluation périodique de chaque école doctorale, réalisée ou validée par le HCERES, la liste des écoles doctorales autorisées à accueillir des doctorants et le ou les champs disciplinaires concernés (Arr. du 25 mai 2016, art. 5). Dans le cadre de la mise en œuvre de la politique scientifique de site, des ***collèges doctoraux*** peuvent dorénavant être créés pour organiser la politique doctorale du site, contribuer à sa visibilité et à la mutualisation des activités des écoles doctorales (Arr. du 25 mai 2016, art. 1er, al. 4).

Les écoles doctorales ont pour mission d'assurer un encadrement scientifique personnalisé ; elles ont une fonction administrative : elles informent les étudiants sur les conditions d'accès à la formation, les compétences requises, les critères retenus, les financements envisageables, la nature et les perspectives d'insertion professionnelle ; leur mission première est toutefois formative : elles doivent organiser des formations favorisant l'interdisciplinarité et l'acquisition d'une culture scientifique élargie incluant la connaissance du cadre international de la recherche, comme une sensibilisation à l'éthique de la recherche et à l'intégrité scientifique ; elles doivent mettre en place une démarche qualité, notamment dans le cadre des comités de suivi individuel du doctorant et des dispositifs d'appui à la poursuite du parcours professionnel post-doctorat (Arr. du 25 mai 2016, art. 3) et un dispositif d'évaluation des cursus et des activités de formation (art. 4), dans le respect des statuts des personnels concernés (ne comportant aucune incidence sur les prérogatives ou la carrière des enseignants, CE 13 mars 1996, *Gohin*, n° 138749). Sous la responsabilité des établissements accrédités, les écoles doctorales fixent les conditions de suivi et d'encadrement des doctorants en adoptant une ***charte du doctorat*** (remplaçant la charte des thèses) qui mentionne notamment les modalités de recours à une médiation en cas de conflit entre le doctorant et son directeur de thèse (Arr. du 25 mai 2016, art. 12 ; V. CE 21 déc. 2001, n° 220997, note ss. art. L. 612-7). Les doctorants dont le projet professionnel est l'enseignement doivent en outre recevoir une formation à la pédagogie. Pour recenser l'ensemble des formations suivies et valoriser les compétences développées pendant la préparation du doctorat, il est prévu de réaliser un portfolio du doctorant.

L'école doctorale est dirigée par un directeur assisté d'un conseil. Nommé par le chef d'établissement (ou conjointement par les chefs des établissements ayant une école doctorale commune) après avis de la commission de la recherche du (des) conseil académique(s) et du conseil de l'école doctorale, le ***directeur de l'école doctorale*** est choisi parmi les membres habilités à diriger des recherches, parmi les professeurs et personnels assimilés (Arr. du 25 mai 2016, art. 7) ; il est chargé de mettre en œuvre le programme d'actions de l'école doctorale adopté par le ***conseil de l'école doctorale***, composé de dix à vingt membres (60% de représentants des établissements, unités et équipes de recherche ; 20% de doctorants ; personnalités qualifiées avec représentation équilibrée des femmes et des hommes), qui administre, par ses délibérations, les affaires de l'école doctorale (Arr. du 25 mai 2016, art. 8). Le conseil de l'école doctorale fixe le nombre maximal de doctorants encadrés par directeur de thèse en tenant compte des contraintes liées aux disciplines (Arr. du 25 mai 2016, art. 16). Dans l'état antérieur du droit, il a été jugé que l'arrêté ne confiait au conseil d'école qu'un « pouvoir d'orientation et de proposition » qui « ne porte atteinte ni au principe d'indépendance ni aux prérogatives des professeurs des universités » (CE 5 déc. 2007, *M. Jouanjan et a.*, n° 298263 : *AJDA 2008. 2238, note Legrand* ✎, note ss. art. L. 612-7).

Pour structurer la formation doctorale et renforcer les écoles doctorales, des financements dédiés sont prévus pour la mise en place ***d'écoles universitaires de recherche*** (EUR) sur le modèle des pôles d'excellence anglo-saxons ou « *graduate school for research* », fédérant masters, doctorats et laboratoires ; une première vague de vingt-neuf EUR a été mise en place à la rentrée 2018. Pour la vague 2, deux appels à projets sont prévus, l'un réservé aux « universités de recherche confirmées », l'autre aux établissements situés hors IDEX et ISITE, avec des enveloppes distinctes.

LA PRÉPARATION DU DOCTORAT

Pour être inscrit en doctorat, le candidat doit être titulaire d'un diplôme national de master ou d'un autre diplôme conférant le grade de master (sauf dérogation, sur proposition du conseil de l'école doctorale, notamment via la validation des acquis de l'expérience prévue à l'art. L. 613-5). L'inscription en première année de doctorat est prononcée par le chef d'établissement sur proposition du directeur de l'école doctorale, après avis du directeur de thèse et du directeur de l'unité ou de l'équipe de recherche sur la qualité du projet et les conditions de sa réalisation (Arr. du 25 mai 2016, art. 11). ***L'accès au troisième cycle n'est pas un droit*** (*a fortiori* une liberté fondamentale), et ne peut donc donner lieu à un référé-liberté (CE 27 juill. 2001, n° 231889, note ss. art. L. 612-7). Aucune disposition ni aucun principe général du droit ne s'oppose à un choix des personnes admises à s'inscrire (CE 23 mars 1994, n° 119374, note ss. art. L. 612-7), ***mais*** un refus d'inscription doit être motivé par des considérations universitaires (niveau insuffisant de la formation, nature et qualité des études antérieures, résultats obtenus) sous le contrôle (restreint) du juge administratif, englobant l'erreur manifeste d'appréciation (V. notes ss. art. L. 612-7). C'est la raison pour laquelle il est utile que le conseil de l'école fixe des « critères explicites et publics » (Arr. du 25 mai 2016, art. 3) permettant de tracer les lignes directrices à suivre pour les inscriptions. Au début de chaque année universitaire, le chef d'établissement, sur proposition du directeur de l'école doctorale, après avis du directeur de thèse et, à partir de la troisième inscription, du comité de suivi individuel du doctorant, renouvelle l'inscription ; en cas de non-renouvellement, après avis motivé du directeur de thèse (et, pour un second avis, sur demande de l'intéressé de la commission recherche du conseil académique), la décision de non-renouvellement est prise par le chef d'établissement (Arr. du 25 mai 2016, art. 11, al. 2). A partir de la troisième inscription, il faut en outre un avis du comité de suivi individuel du doctorant institué pour assurer le bon déroulement du cursus, évaluer les conditions de sa formation et les avancées de sa recherche, formuler des recommandations et prévenir toute forme de conflit, de discrimination ou de harcèlement (Arr. du 25 mai 2016, art. 11, al. 3). Les modalités de composition, d'organisation et de fonctionnement de ce comité sont fixées par le conseil de l'école doctorale ; conçu comme une instance de régulation, il réunit des personnes qui ne participent pas à la direction du travail du doctorant (Arr. du 25 mai 2016, art. 13).

Rompant avec la tradition des thèses longues, l'arrêté du 7 août 2006 limitait en principe la préparation du doctorat à trois ans mais prévoyait des dérogations accordées par le chef d'établissement, sur proposition du directeur de l'école doctorale et après avis du directeur de thèse et du conseil de l'école doctorale, sur demande motivée du candidat (art. 15. TA Paris, 15 déc. 2017, n° 1620156, annulation de la décision de refus de prolongation opposée par la directrice de l'école doctorale qui n'avait pas reçu de délégation du directeur général d'une école d'ingénieurs, *LIJ n° 202*). L'arrêté du 25 mai 2016 reprend cette durée de principe en précisant qu'elle se calcule en équivalent temps plein consacré à la recherche. Elle peut être prolongée pour les doctorants en situation de handicap ou pour ceux qui ont bénéficié d'un congé de plusieurs mois. En envisageant une durée double (6 ans), l'arrêté de 2016 tient compte de la situation des personnes, notamment des salariés, qui poursuivent leurs travaux à temps partiel. La durée de la formation doctorale peut être prolongée par le chef d'établissement sur demande motivée du doctorant, sur proposition du directeur de thèse et après avis du comité de suivi et du directeur de l'école doctorale, pour tenir compte des circonstances particulières de l'espèce et de la situation personnelle et professionnelle de l'intéressé. A titre exceptionnel, sur demande motivée du doctorant, une période de césure insécable d'une durée maximale d'une année peut être acceptée une seule fois par le chef d'établissement (Arr.

du 25 mai 2016, art. 14 ; V. Décision du Défenseur des droits n° 2019-191, 24 juill. 2019 recommandant de mettre en application la procédure de médiation et l'information des doctorants prévue par cet article sur la possibilité de prolonger la préparation de leur doctorat en cas d'interruption pour raisons médicales ou familiales). En raison des circonstances exceptionnelles (covid-19), la durée du doctorat a pu être prolongée sur proposition du directeur de thèse par décision du chef d'établissement (Arr. du 21 avr. 2020, art. 1er).

A propos de la « charte des thèses » (Arr. du 3 sept. 1998), rebaptisée « charte de doctorat », signée par le doctorant et son directeur de thèse, il a été jugé que l'arrêté qui la prévoyait « n'a pas pour objet et ne pourrait d'ailleurs avoir légalement pour effet d'établir une relation de nature contractuelle entre les signataires ; par suite, il ne porte atteinte ni à la liberté contractuelle des enseignants-chercheurs, ni au caractère réglementaire qui s'attache à la situation du doctorant par rapport au service public de l'enseignement supérieur » (CE 20 mars 2000, *Mayer et Richer*, n° 202295, note ss. art. L. 711-1). Il devrait en être de même de la *convention de formation*, prise en application de la charte, elle aussi signée par le directeur de thèse et par le doctorant, qui mentionne le sujet de la thèse et la spécialité du diplôme, le cas échéant les conditions de financement, ainsi que les modalités de réalisation du travail (à temps complet ou à temps partiel, statut professionnel du doctorant, calendrier, encadrement, suivi de la formation et avancement des recherches du doctorant, conditions matérielles et, le cas échéant, conditions de sécurité spécifiques, intégration dans l'unité ou l'équipe de recherche, projet professionnel du doctorant, parcours individuel de formation en lien avec le projet personnel, objectifs de valorisation des travaux de recherche, diffusion, publication et confidentialité, droit à la propriété intellectuelle). En cas de conflit entre le doctorant et son directeur de thèse, il est possible de recourir à la médiation qui, « sans dessaisir quiconque de ses responsabilités, écoute les parties, propose une solution et la fait accepter par tous en vue de l'achèvement de la thèse » (CAA Nantes, 20 févr. 2014, n° 12NT01585 ; V. aussi CAA Lyon, 6 juin 2013, n° 12LY02209). Les modalités de recours à la médiation doivent être prévues par la charte du doctorat (art. 12) ; cette médiation peut être locale ou faire appel à un médiateur extérieur, désigné par l'école doctorale ou à défaut par le conseil scientifique. La désignation d'un nouveau directeur par le président de l'université ne porte pas atteinte au principe de l'indépendance des professeurs des universités dès lors que le président de l'université ne substitue pas son appréciation personnelle à celle du premier directeur de thèse sur la valeur scientifique du travail accompli par le doctorant et qu'il suit les recommandations formulées par les organes compétents (CE 21 déc. 2001, n° 220997).

Les doctorants peuvent recevoir une rémunération sous forme d'allocations ou de bourses versées par l'État (MESR, l'allocataire étant lié à l'État par un contrat et devant respecter la législation sur les cumuls d'activités, V. ss. art. L. 612-7), par les établissements publics de recherche ou par des entreprises privées (CIFRE, convention industrielle pour la formation par la recherche permettant depuis 1981 au MESRI d'accompagner financièrement l'entreprise embauchant des doctorants). La loi LRU de 2007 encourage le mécénat en créant de nouvelles formes de fondation (fondation universitaire, fondation partenariale) ; le décret n° 2008-390 du 24 avril 2008, qui vise les articles L. 612-1 et L. 612-7, précise que les écoles doctorales peuvent proposer des projets de thèse au mécénat (Décr. n° 2008-390 du 24 avr. 2008 relatif au mécénat de doctorat des entreprises). L'entreprise contribue alors au financement du projet par un versement à l'établissement pour le compte de l'école doctorale, ou à une fondation universitaire, la contribution en partie financée par une dépense fiscale (CGI, art. 238 *bis*) pouvant être réutilisée pour rémunérer le doctorant (mécénat de doctorat en entreprises, art. D. 612-42 à D. 612-47 : les écoles doctorales présentent des projets de recherche doctorale ; l'entreprise contribue au financement, permettant notamment d'assurer tout ou partie de la rémunération du chercheur).

Le décret n° 2009-464 du 23 avril 2009 relatif aux doctorants contractuels des établissements publics d'enseignement supérieur ou de recherche abroge les décrets de 1985 (allocations de recherche) et de 1989 (monitorat d'initiation à l'enseignement supérieur). Les EPSCP, les EPST et autres EPA peuvent désormais recruter des étudiants inscrits en thèse par « contrat doctoral » d'une durée de trois ans prolongeable d'un an conclu par le président sur proposition du directeur de l'école doctorale, après avis du directeur de thèse et du directeur de l'unité ou de l'équipe de recherche. Si le contrat doit être conclu dans les six mois, des dérogations peuvent, et parfois même doivent, être accordées (CAA Versailles, 26 janv. 2017, n° 16VE01467). Le président arrête chaque année le service individuel du doctorant qui peut être exclusivement consacré à la recherche ou comporter d'autres missions, notamment celle d'enseignement dans la limite de 64 heures TD (art. 5).

La loi n° 2020-1674 du 24 décembre 2020 de programmation de la recherche pour les années 2021 à 2030 (LPR) a voulu encadrer la situation des doctorants bénéficiant d'un contrat de travail de droit privé à durée déterminée (CDD), dénommé « ***contrat doctoral de droit privé*** » par lequel un employeur peut confier des activités de recherche à un salarié inscrit en thèse et participer à la formation du salarié doctorant à la recherche et par la recherche. Ce contrat d'une durée initiale de trois ans maximum est renouvelable deux fois, pour une durée maximale d'un an à chaque renouvellement et dans la limite d'une durée totale de cinq ans ; il peut être rompu lorsque l'inscription du salarié en vue d'obtenir la délivrance d'un diplôme de doctorat n'est pas renouvelée (LPR, art. 6 ; C. rech., art. L. 412-3). L'idée est de sécuriser la situation des doctorants recrutés par les EPIC et les fondations de recherche soumis au droit privé mais aussi par les entreprises, notamment par le mécanisme des conventions CIFRE bénéficiant d'un CDD de complément de formation (C. trav., art. L. 1242-3). Le rapport annexé à la loi de programmation de la recherche de 2020 envisage une augmentation des conventions CIFRE, parallèle à l'accroissement des contrats doctoraux financés par le MESRI et à l'augmentation progressive de la rémunération accompagnant l'objectif de financer à moyen terme tous les doctorants.

Pour tenir compte des circonstances exceptionnelles nées de la crise du covid-19, la durée de préparation des thèses et des contrats doctoraux et post-doctoraux doit être prolongée d'un an.

LA SOUTENANCE

La formation doctorale se termine par ***la soutenance*** d'une thèse qui peut être remplacée par un ensemble de travaux individuels ou même collectifs, formule différente de celle qui permet l'obtention du titre par validation des acquis et de l'expériences (art. L. 612-7, al. 3) ; l'autorisation de soutenir est accordée par le chef d'établissement (V. note ss. art. L. 712-2), après avis du directeur de l'école doctorale, sur proposition du directeur de thèse (ou des directeurs en cas de codirection, CE 16 avr. 2010, n° 322116, note ss. art. L. 612-7) ; en l'absence de proposition de la part de ce dernier, le président de l'université se trouve en situation de compétence liée pour rejeter une demande d'autorisation de soutenance (CAA Paris, 4 juin 2019, n° 17PA02945) ; le refus d'autoriser la soutenance d'une thèse, qui relève de la compétence du président de l'université, peut engager la responsabilité de l'établissement quand il résulte d'une faute (CE 18 févr. 1998, n° 169050). Les travaux du doctorant sont préalablement examinés par au moins deux rapporteurs extérieurs à l'école doctorale désignés par le chef d'établissement, sur proposition du directeur de l'école doctorale, après avis du directeur de thèse. Les rapporteurs font connaître, au moins quatorze jours avant la date prévue pour la soutenance, leur avis par des rapports écrits qui sont communiqués au jury et au doctorant avant la soutenance (Arr. du 25 mai 2016, art. 17). L'autorisation de soutenir peut être refusée si les conditions ne sont pas remplies (par ex. si les travaux du candidat n'ont pas été encadrés par un directeur de recherche, CE 29 sept. 2004, n° 253504, note ss. art. L. 612-7) ; la décision de refus peut être déférée au juge administratif qui procède à son contrôle et peut condamner l'université à indemniser le doctorant en cas de refus illégal (V. notes ss. art. L. 612-7 ; CE 18 févr. 1998, n° 169050, note ss. art. L. 711-1). Le refus d'autorisation de soutenance n'entraîne pas automatiquement la fin du parcours doctoral dans la mesure où le candidat peut encore améliorer son travail (TA Strasbourg, 12 juill. 2017, n° 1700042).

Le jury de doctorat est désigné par le chef d'établissement après avis du directeur de l'école doctorale et du directeur de thèse. Le nombre des membres du jury est compris entre quatre et huit. Il est composé au moins pour moitié de personnalités, françaises ou étrangères, extérieures à l'école doctorale et à l'établissement d'inscription du doctorant et choisies en raison de leur compétence scientifique ou professionnelle dans le champ de recherche concerné. Sa composition doit permettre une représentation équilibrée des femmes et des hommes. La moitié du jury au moins doit être composée de professeurs ou de personnels assimilés. Les membres du jury désignent parmi eux un président et, le cas échéant, un rapporteur de soutenance. Le président doit être un professeur ou assimilé ou un enseignant de rang équivalent. Le directeur de thèse participe au jury, mais ne prend pas part à la décision. Lorsque plusieurs établissements sont accrédités à délivrer conjointement le doctorat, le jury est désigné par les chefs des établissements concernés dans les conditions fixées par la convention mentionnée à l'article 5 de l'arrêté du 25 mai 2016 (Arr. du 25 mai 2016, art. 18).

La soutenance est publique, sauf dérogation accordée à titre exceptionnel par le chef d'établissement si le sujet de la thèse présente un caractère de confidentialité. Elle doit permettre au candidat de présenter ses résultats et de défendre son travail en réponse aux questions des membres du jury (V. note ss. art. L. 612-7). L'article 18 de la LPR 2020 introduit le cérémonial symbolique du serment ; à l'issue de la soutenance, le candidat doit désormais prêter serment « *en s'engageant à respecter les principes et les exigences de l'intégrité scientifique, dans des conditions fixées par arrêté du ministre chargé de la recherche* » (art. L. 612-7, al. 3) ; si les sénateurs eurent à l'esprit le serment d'Hippocrate prononcé par les docteurs en médecine avant de commencer leur exercice (ou par le serment de Galien prononcé en pharmacie, par le major de la promotion), il peut rappeler les serments à connotation religieuse (sur les saintes écritures) prononcés par les étudiants des universités médiévales ; portant sur l'intégrité scientifique (qui exclut par ex. tout plagiat), il eût peut-être été préférable de le prévoir au moment du dépôt du sujet ; à noter que la signature de la charte, moins solennelle, a alors le même rôle.

Avant la soutenance, le résumé de la thèse est diffusé à l'intérieur de l'établissement ou des établissements bénéficiant d'une accréditation conjointe.

Dans le cadre de ses délibérations, le jury apprécie la qualité des travaux du doctorant, leur caractère novateur, l'aptitude du doctorant à les situer dans leur contexte scientifique ainsi que ses qualités d'exposition. L'admission ou l'ajournement est prononcé après délibération du jury qui exerce sa compétence en toute souveraineté ; il peut en outre demander des corrections, qui doivent être apportées dans les trois mois (Arr. du 25 mai 2016, art. 24). Lorsque les travaux correspondent à une recherche collective, la part personnelle de chaque doctorant est appréciée par un mémoire qu'il rédige et présente individuellement au jury (Arr. du 25 mai 2016, art. 19). Aucune disposition de l'arrêté de 2016 ne concerne les éventuelles mentions que l'université peut décider de délivrer ; tant que cette pratique n'est pas prohibée, les établissements gardent la possibilité d'indiquer une mention (honorable, très honorable ou très honorable avec félicitations, la plus haute mention étant réservée aux candidats ayant démontré des qualités exceptionnelles, pour reprendre les termes, il est vrai abrogés, de l'Arr. du 7 août 2006, art. 20). Si l'établissement ne délivre pas de mention (il peut l'avoir décidé par délibération du conseil académique sur proposition du conseil de l'école doctorale), le rapport de soutenance signé par le président du jury, contresigné par les autres membres, le précise expressément (Arr. du 7 août 2006, art. 19 ; CE 25 avr. 2007, n° 289041). Les rapports et avis exprimés, qui sont des documents administratifs, ne peuvent pas être librement communiqués à des tiers dans la mesure où, au-delà de l'appréciation de la valeur des travaux, ils peuvent permettre de porter un jugement de valeur sur la personne de leur auteur (CADA, 4 nov. 2010, V. note ss. art. L. 612-7). Ils doivent être conservés par l'établissement (sur un cas de rapport de soutenance « non disponible », V. CE 24 nov. 2017, n° 398227). Justifiée par les doutes sur la qualité des travaux suscitant une polémique, l'évaluation par les sections du CNRS, spécialisées dans les matières concernées, de deux thèses de doctorat et de leur encadrement ne constituait qu'un avis scientifique sur le niveau des thèses des requérants et sur la façon dont ces travaux ont été évalués et en aucun cas une décision susceptibles de faire l'objet d'un recours pour excès de pouvoir (CE 4 juill. 2019, n° 406927).

L'entrée dans l'ère du numérique permet aujourd'hui, certes à titre exceptionnel, d'organiser des soutenances à distance ; les membres du jury, mais non le président, peuvent en effet y participer par des moyens de visioconférence ou de communication électronique ; il est toutefois nécessaire que les techniques utilisées permettent leur identification et leur participation effective à une délibération collégiale et garantissent la transmission continue et simultanée des débats (Arr. du 25 mai 2016, art. 19, al. 3 ;

possibilité élargie au président et au doctorant en raison des circonstances exceptionnelles : covid-19 par un Arr. du 21 avr. 2020, art. 2).

Quant à la thèse elle-même, elle est fournie par le doctorant sous forme numérique selon les prescriptions de l'établissement de soutenance ; des exemplaires sur support papier sont toutefois destinés aux membres du jury, lorsque ceux-ci en ont exprimé la demande. L'établissement assure alors l'impression de la thèse à partir du support numérique (Arr. du 25 mai 2016, art. 24).

Même si aucune disposition législative ou réglementaire ne le précise expressément, le « principe de souveraineté du jury » dégagé par la jurisprudence administrative lui donne pleine compétence pour apprécier les mérites des candidats à un concours ou à un examen, ici la qualité des travaux présentés. Le juge peut toutefois vérifier que sont respectés les principes généraux du fonctionnement des jurys, par exemple celui d'impartialité, et les règles de procédure et de fond posées par le règlement du concours, par exemple l'exigence d'un « rapport motivé ». La formation doctorale peut donner lieu à contentieux soit pour illégalité (contrôle restreint de la décision du président de l'université de désigner un nouveau directeur de thèse, V. notes ss. art. L. 612-7), soit en responsabilité (sachant toutefois qu'il est difficile de prouver le défaut d'encadrement, V. notes ss. art. L. 612-7). De l'inscription d'un étudiant en doctorat à la décision délivrant le diplôme, la procédure suivie peut s'analyser comme un acte complexe ; le retrait de la délibération du jury est possible à tout moment tant que ces résultats n'ont pas fait l'objet de publicité (un doctorat d'université, V. CE 10 févr. 1992, n° 96124 : *RFDA 1992. 841*, note ss. art. L. 613-1 et L. 613-3). En cas de plagiat découvert postérieurement, le président de l'université doit saisir la section disciplinaire qui examinera les faits et établira qu'ils sont fautifs. Outre la sanction disciplinaire qui peut aller jusqu'à une interdiction définitive d'inscription dans tout établissement, la thèse pourra alors être annulée (V. par ex. CNESER-FD, 13 févr. 2020, n° 1291). L'acte obtenu par fraude ne fait naître aucun droit acquis et peut être retiré à tout moment (CE 26 oct. 2001, note ss. art. L. 613-1). Il est en outre constitutif d'un délit (V. L. du 23 déc. 1901 réprimant les fraudes aux examens et concours publics) qui doit être signalé au procureur de la République sur la base de l'article 40 du code de procédure pénale.

LA PROTECTION DU TITRE ET DE LA THÈSE

Si le diplôme de doctorat est depuis la loi de 2006 accompagné de la mention de l'établissement qui l'a délivré, il constitue un diplôme national qui confère à son titulaire le titre de docteur (art. L. 612-7, al. 2). Ainsi, « les titulaires du diplôme national de doctorat peuvent faire usage du titre de docteur dans tout emploi ou toute circonstance » (C. rech., art. L. 412-1, al. 7 introduit par la loi ESR de 2013, modifié par l'art. 31 LPR 2020 qui remplace « diplôme national de doctorat » à « doctorat », supprime la mention de la spécialité et généralise la portée de l'article). Cet usage n'est donc pas réservé aux docteurs en médecine (dont la thèse est dite « d'exercice ») qui peuvent d'ailleurs comme les docteurs en pharmacie ou en chirurgie dentaire se voir interdire d'en faire état en cas de radiation du tableau de leur ordre professionnel (C. rech., art. L. 412-1, al. 8). De manière générale, le titre de docteur (qui n'est pas réservé aux professions de santé) peut être utilisé par son titulaire. Lui contester cette possibilité serait de nature à porter atteinte à son honneur (Crim. 20 janv. 2009, n° 07-88.122, à propos d'un doctorat de troisième cycle).

Une thèse de doctorat est une œuvre de l'esprit (CPI, art. L. 112-2) dont l'originalité est susceptible de conférer à son auteur un droit de propriété intellectuelle (CAA Lyon, 30 déc. 2003) qui lui permet de s'opposer à sa divulgation (le dépôt en BU permettant sa consultation ne doit pas être confondu avec le droit de divulgation, CAA Douai, 3 juill. 2012, n° 11/03647). Une fois soutenue et déposée, elle constitue un document administratif communicable à toute personne qui en fait la demande (CADA 3 mars 2005, n° 20051020). Cette double nature (œuvre protégée, document administratif communicable) impose l'accord de son auteur avant toute communication (CE 8 nov. 2017, *Association spirituelle de l'Église de scientologie Celebrity Centre*, n° 375704). Aussi, sauf si la thèse a fait l'objet d'une publication ou d'une autorisation de divulgation expresse par son auteur, elle ne peut faire l'objet d'aucune communication à une personne qui en ferait la demande, même si elle a donné lieu à une soutenance et à un dépôt en bibliothèque ou aux Archives nationales (Note DAJ B1 n° 2019-002 du 11 janv. 2019).

Dans le cas où la thèse présente un caractère de confidentialité avéré justifiant une dérogation au principe du caractère public de la soutenance (Arr. du 25 mai 2016, art. 19), elle ne peut faire l'objet d'une communication indépendamment des droits moraux de son auteur (Arr. préc., art. 25). Une communication risquerait alors de porter atteinte aux intérêts protégés par la loi qu'il s'agisse d'intérêts publics (secret de la défense nationale, sûreté de l'État, sécurité publique, sécurité des personnes et tout secret protégé par la loi, L. 311-5) ou privés (secret médical et secret des affaires, CRPA, art. L. 311-6). Les délais de communication des documents couverts par un secret varient de vingt-cinq à cent ans à compter de la date du document ou de la date du décès de l'intéressé, en fonction de la nature de l'information contenue dans le document et de son degré de sensibilité (C. patr., art. L. 213-2). La confidentialité d'une thèse, dont la durée dépend du contenu des informations qu'elle comporte, n'empêche toutefois pas une consultation anticipée (CRPA, art. L. 311-8 ; C. patr., art. L. 213-3). En effet, « le législateur n'a entendu exclure aucune archive publique de la possibilité de consultation anticipée » (CE 1er oct. 2015, n° 373019). Un document administratif ne saurait être non communicable perpétuellement, quel que soit l'intérêt protégé par la loi auquel il porte atteinte, à l'exception du cas des « archives publiques dont la communication est susceptible d'entraîner la diffusion d'informations permettant de concevoir, fabriquer, utiliser ou localiser des armes nucléaires, biologiques, chimiques ou toutes autres armes ayant des effets directs ou indirects de destruction d'un niveau analogue » (V. C. patr., art. L. 213-2, II et note DAJ B1 n° 2019-002 du 11 janv. 2019).

LE DEVENIR DES DOCTEURS

La loi n° 2020-1674 du 24 décembre 2020 de programmation de la recherche pour les années 2021 à 2030 (LPR) impose au président de l'université de présenter chaque année au conseil d'administration un rapport sur l'évolution de la situation professionnelle des personnes auxquelles l'université a délivré le diplôme national de doctorat dans les cinq années précédentes et de le transmettre au MESRI et au HCERES (LPR 2020, art. 34 ; art. L. 712-2).

Les docteurs ont vocation à être recrutés comme chercheurs ou enseignants-chercheurs. Si le titre est la condition nécessaire du recrutement, il n'est en général pas suffisant. Pour compléter leur dossier, les candidats doivent poursuivre des recherches, disposer d'une expérience professionnelle complémentaire. La pratique des « post-docs » a été confortée par la loi de 2020 qui modifie le code de la recherche pour encadrer les contrats postdoctoraux (art. 7) qui peuvent être conclus avec des employeurs de droit public (EPSCP, EPST…) ou de droit privé (entreprise, EPIC, fondations, EESPIG…) ; il s'agit alors d'exercer une activité de recherche dans le cadre d'un projet retenu au titre d'un appel à projet international ou national ou défini par l'établissement ; qu'il soit de droit public ou de droit privé, le contrat doit être conclu au plus tard trois ans après l'obtention du diplôme de doctorat pour une durée minimale d'un an, maximale de trois ans, renouvelable une fois dans la limite d'une durée totale de quatre ans (LPR 2020, art. 7 ; C. rech., art. L. 412-4 et L. 412-5).

Le diplôme de docteur vaut reconnaissance d'une expérience professionnelle. A ce titre, il peut être reconnu dans les conventions collectives du secteur privé (art. L. 612-7, al. 3, mod. par la loi ESR 2013). Pour tenir compte des réticences des milieux professionnels, la loi n° 2020-1674 du 24 décembre 2020 de programmation de la recherche pour les années 2021 à 2030 (LPR) donne un nouveau délai aux organisations liées par une convention de branche ou, à défaut, par des accords professionnels ; elles disposent d'un délai de cinq ans pour examiner les conditions de la reconnaissance du diplôme national de doctorat, formule qui ne peut cacher un recul par rapport à la loi de 2023 (LPR 2020, art. 29). En attendant, un arrêté du 22 février 2019 inscrit le doctorat au RNCP (répertoire national des certifications professionnelles) au niveau 8 du cadre national de certification défini à l'article D. 6113-34 du code du travail ; pour améliorer la reconnaissance du diplôme conférant le plus haut grade universitaire, l'annexe de l'arrêté précise qu'au-delà de l'attestation d'une expertise de niveau international dans leur domaine de recherche, le doctorat atteste de compétences diverses, notamment transversales, présentées en six blocs de compétences ou capacités évaluées : conception et élaboration d'une démarche de recherche et développement, d'études et prospective ; mise en œuvre d'une démarche de recherche et développement, d'études et prospective ; valorisation et transfert des résultats d'une démarche R&D, d'études et prospective ; veille scientifique et technologique à l'échelle internationale ; formation et diffusion de la culture scientifique et technique ; encadrement d'équipes dédiées à des activités de recherche et développement, d'études et prospective.

Pour la fonction publique tant d'État que territoriale, l'article 78 de la loi du 22 juillet 2013 prévoit une adaptation des statuts particuliers des fonctionnaires de catégorie A (encadrement) permettant de reconnaître les acquis de l'expérience professionnelle attestés par un doctorat pour les concours et procédures de recrutement (C. rech., art. L. 412-1). En lisant cette disposition, « sous réserve que l'expérience professionnelle acquise par les docteurs soit pertinente au regard des besoins des corps et cadres d'emplois et des caractéristiques des emplois auxquels ils se destinent », et en précisant que « l'objectif pourrait également être atteint pour les corps recrutant à la sortie d'une école de formation soit par la création d'un concours d'entrée ouvert aux seuls docteurs, soit par des aménagements apportés aux actuels concours externes », l'Assemblée générale du Conseil d'État en donne une interprétation restrictive, insistant sur la pertinence de l'expérience et excluant l'accès aux grands corps sans concours (CE, AG, avis du 4 sept. 2014).

La voie du concours est donc privilégiée par les premières mesures d'ouverture de la fonction publique aux docteurs : ***le décret n° 2016-656 du 20 mai 2016*** crée une nouvelle voie d'accès au concours de l'agrégation pour les titulaires d'un doctorat (concours externe spécial ; les candidats admis bénéficient d'une bonification d'ancienneté de deux ans au titre de la période de préparation du doctorat et plus si la période de préparation du doctorat a été accomplie sous contrat de travail) ; de même, le décret n° 2016-619 du 18 mai 2016 modifie les conditions d'accès au grade d'inspecteur général de deuxième classe, désormais ouvert aux titulaires d'un doctorat ayant satisfait aux épreuves d'un concours externe sur titres et sur travaux et justifiant de quatre ans d'expérience professionnelle après l'obtention de ce diplôme, dans la limite d'un contingent de dix membres du corps. Un concours externe spécial réservé aux docteurs a été créé à titre expérimental pour accéder à l'ENA (Décr. n° 2018-793 du 14 sept. 2018).

L'HABILITATION À DIRIGER DES RECHERCHES (ART. L. 612-7, AL. 5)

La loi n° 84-52 du 26 janvier 1984 sur l'enseignement supérieur (art. 16, al. 3) a créé un nouveau diplôme national, *« l'habilitation à diriger des recherches (HDR) »*, régi par l'arrêté du 23 novembre 1988 modifié en 1992, 1995 et 2002. D'abord prévu pour les sciences puis étendu à toutes les disciplines, sans conférer un nouveau grade, ce titre délivré par l'université (ou par un établissement d'enseignement supérieur après avis du CNESER, art. 2) permet notamment à ses titulaires de participer au concours de recrutement des professeurs des universités (sous réserve de l'inscription sur la liste de qualification par le CNU). Reconnaissant un haut niveau scientifique, le caractère original d'une démarche, l'aptitude à maîtriser une stratégie scientifique, cette habilitation atteste de la capacité à encadrer de jeunes chercheurs (art. 1er). Les candidats doivent être titulaires du doctorat (art. 3 qui prévoit des équivalences). Leur demande d'inscription doit faire l'objet d'un avis de leur directeur de recherche et être examinée par la commission scientifique du conseil académique en formation restreinte aux titulaires de cette habilitation qui vérifie que le candidat remplit les conditions requises. Paradoxalement, l'inscription à l'habilitation à diriger des recherches peut alors être refusée en se fondant sur le fait que le candidat n'ait pas assez encadré de travaux (CE 26 oct. 2011, n° 332011). La délibération du conseil académique devrait pouvoir faire l'objet d'un contrôle restreint par le juge administratif sanctionnant notamment l'erreur manifeste d'appréciation (V. note ss. art. L. 612-7). Saisi par cette proposition, le président d'université est tenu d'inscrire le candidat (V. note ss. art. L. 612-7) qui doit alors constituer son dossier en rassemblant ses travaux et publications, en les présentant au besoin par un document de synthèse (art. 4). Il revient alors au président d'université d'autoriser le candidat à se présenter devant le jury en se basant sur les rapports écrits confiés à des chercheurs extérieurs à l'établissement qui doivent se prononcer non sur l'aptitude du candidat à diriger des recherches mais sur l'état d'avancement de ses travaux (distinction subtile qui semble réduire le rôle des trois rapporteurs, V. ss. art. L. 612-7). Avant la soutenance, un résumé des travaux du candidat doit être diffusé dans l'établissement (son absence constitue un vice substantiel, V. note ss. art. L. 612-7). La soutenance se déroule devant un jury dont les membres (plus de la moitié doivent être professeurs d'universités, les personnes extérieures à l'établissement devant être majoritaires) sont nommés par le président de l'université (art. 6). La présentation des travaux est publique (sauf nécessité d'en assurer la confidentialité comme pour le doctorat). Le jury se prononce souverainement. Le rapport rédigé et signé par le président du jury doit mentionner la liste des membres sans que leur signature soit exigée (art. 4-5° de l'Arr. du 16 juill. 2009 relatif à la procédure d'inscription sur les listes de qualification) ; il est consultable par tous les titulaires de HDR (art. 7). En cas de refus de qualification, le jury doit préciser la nature des insuffisances relevées pour permettre aux candidats d'améliorer leur dossier ; la mention d'une « participation insuffisante aux centres de recherche existants » a été considérée comme une motivation suffisante (CE 23 nov. 2016, n° 377512). Le rapport de soutenance d'une HDR mentionnant l'attribution de ce diplôme à l'unanimité des membres du jury constitue un justificatif du diplôme (CE 16 janv. 2008, n° 294622).

La partie réglementaire contient des dispositions sur le titre de « docteur *honoris causa* » que peuvent décerner les EPSCP aux personnalités de nationalité étrangère (art. D. 612-37), titre honorifique qui ne confère aucun des droits attachés au diplôme national du doctorat (art. D. 612-41). ❑

I. ACCÈS

1. Principe. L'accès à une formation de troisième cycle de l'enseignement supérieur ne constitue pas une liberté fondamentale. • CE 27 juill. 2001, n° 231889.

2. Formation doctorale. Principe d'indépendance. L'Arr. du 7 août 2006 relatif à la formation doctorale ne détermine nullement, par lui-même, la représentation des professeurs des universités au sein du conseil de l'école doctorale et renvoie au conseil d'administration de l'établissement les modalités de désignation des membres autres que les doctorants. Ainsi le moyen tiré de ce que l'arrêté attaqué méconnaîtrait, par lui-même, le principe de la représentation propre et authentique des professeurs des universités au sein du conseil d'école doctorale manque en fait. Par ailleurs, l'arrêté, qui ne confie au conseil de l'école doctorale qu'un pouvoir d'orientation et de proposition, ne porte atteinte ni au principe d'indépendance ni aux prérogatives des professeurs des universités. • CE 5 déc. 2007, *M. Jouanjan et a.*, n° 298263 : *AJDA 2008. 2238, note Legrand*. ♦ Les dispositions relatives à la direction des thèses n'ont ni pour objet ni pour effet de donner au directeur de l'école doctorale des compétences de nature à priver les professeurs des universités ni des responsabilités qui leur incombent dans leur mission de direction des thèses, ni de l'indépendance dont ils disposent à cet égard. • Même arrêt.

3. Sélection. Aucune disposition législative ou réglementaire ni aucun principe général du droit n'interdit aux chefs des établissements universitaires de procéder à un choix des étudiants qui seront admis à s'inscrire à un troisième cycle d'études universitaires, compte tenu notamment de la nature et de la qualité de leurs études antérieures et des résultats obtenus par eux. • CE 23 mars 1994, n°s 119374 et 119682 B. ♦ Un étudiant ayant déjà, sans obtenir le diplôme, été inscrit au titre d'une année universitaire en vue d'obtenir un diplôme d'études supérieures spécialisées ne bénéficie d'aucun droit à se réinscrire pour une nouvelle année. • Même arrêt.

4. Refus d'admission. Le refus d'admission en troisième cycle à raison du niveau insuffisant d'une formation universitaire est soumis au contrôle de l'erreur manifeste d'appréciation. • CE 25 mars 1988, n° 44669.

5. Refus de réinscription. École d'ingénieurs. Délégation de signature. Légalité. Absence. Dans une école d'ingénieurs où, selon les termes du règlement des études doctorales, il appartient au directeur général d'autoriser ou non une nouvelle inscription sur proposition du directeur de l'école doctorale concernée après avis du directeur de thèse et du directeur de l'unité de recherche et, s'agissant de l'arrêt définitif de la préparation d'une thèse en cours d'année universitaire : « Cet arrêt définitif peut être prononcé par le directeur général [de l'école] et sur proposition du directeur de la formation doctorale », le juge annule la décision attaquée en retenant qu'il ne ressortait pas des pièces du dossier que la directrice de l'école doctorale « aurait reçu délégation de signature de la part du directeur général de [l'] établissement, qui, conformément aux dispositions précitées du règlement (…), avait seul compétence, sans que celle-ci soit liée (…) à l'avis du directeur de thèse et du directeur de l'unité de recherche concernés, pour prendre les décisions litigieuses (…) ». • TA Paris, 15 déc. 2017, n° 1620156 : *LIJ 2018, n° 202, p. 7.*

6. Contrôle restreint. Le juge administratif exerce un contrôle restreint sur le refus, par une commission d'enseignants, de proposer un candidat à l'inscription en première année du doctorat de troisième cycle. • CE 26 janv. 1977, *M. Demaret*, n° 94912 B. ♦ Même solution pour l'appréciation portée par le président de l'université sur la valeur d'un candidat à l'inscription en année de préparation du diplôme d'études supérieures spécialisées. • CE 20 mai 1996, n° 120424 B.

7. Crise sanitaire. Travaux de recherche. Accès aux laboratoires et UR pour les doctorants. Accompagnement des étudiants. Interrogé sur les dispositions prises afin d'assurer la continuité du service durant les périodes de confinement, le ministère répond que les textes relatifs à l'urgence sanitaire prévoient l'accès aux laboratoires et UR pour les doctorants qui sont donc en mesure de poursuivre leurs travaux *in situ*. L'Arr. du 21 avr. 2020 relatif au doctorat ainsi qu'aux modalités de présentation des travaux par un candidat dans le cadre d'une HDR prévoit, d'une part, la prolongation de la durée du doctorat par décision du chef d'établissement sur proposition du directeur de thèse et, d'autre part, autorise et encadre la soutenance à distance des travaux et la participation à distance du jury. *Rép. min. n° 27803 : *JOAN Q 1er déc. 2020, p. 8752.*

II. POUVOIRS DU PRÉSIDENT DE L'UNIVERSITÉ

8. Pouvoirs. Le président de l'université peut se prononcer, sans consultation préalable, sur les demandes d'admission à l'enseignement du diplôme d'études supérieures spécialisées. Il peut aussi, sans entacher sa décision d'irrégularité, recueillir l'avis de toute personne compétente, notamment celui du responsable de cet enseignement. • CE 25 mars 1988, n° 44669.

9. Nominations. Jury de thèses. Le président de l'université a compétence pour procéder à la nomination des jurys de soutenance de thèse de doctorat. Ni les dispositions de l'art. 33 de la L. du 12 nov. 1968, demeurées en vigueur après la publication de la L. du 26 janv. 1984, ni aucune autre disposition législative ou réglementaire, ni aucun principe général du droit ne font obstacle à ce que le président de l'université désigne les responsables des groupes de formation doctorale au sein desquels sont préparés les diplômes d'études approfondies et les thèses ou travaux de doctorat. • CE 28 juill. 1995, n° 61166 B.

10. Désignation d'un directeur d'unité de recherche. Des requérants demandaient l'annulation des élections organisées auprès des enseignants-chercheurs et autres personnels pour la désignation du directeur de l'institut des sciences de l'ingénierie d'une université. Le juge rappelle que s'agissant d'une unité de recherche, prenant la forme d'une équipe d'accueil, rattachée à une école doctorale de l'université, les dispositions de l'arrêté du 25 mai 2016,fixant le cadre national de la formation et les modalités conduisant à la délivrance du diplôme national de doctorat, stipulent que les directeurs d'école doctorale, et à plus forte raison les directeurs d'unités de recherche qui la composent, sont désignés par voie de nomination et non pas élus et qu'il ne résulte pas davantage des statuts de l'université qu'ils soient désignés par la voie d'un processus électoral. Il en conclut qu'une telle consultation était purement facultative et ne saurait être assimilée à une élection. • CAA Nancy, 16 déc. 2019, n° 19NC02160 : *LIJ 2020, n° 211, p. 7.*

11. Autorisations. De la même manière, le président de l'université a compétence pour délivrer au candidat à l'obtention du diplôme national d'habilitation à diriger des recherches une autorisation de postuler devant un jury la délivrance de ce diplôme, dont l'objet est de vérifier que l'état d'avancement de ses travaux est de nature à permettre son audition par le jury et non pas d'apprécier sa valeur scientifique ni d'évaluer ses capacités en vue de la délivrance de l'habilitation. • CE 28 juill. 1995, n° 61167 B.

12. Conflits entre doctorants et directeurs de thèse. Une université ayant, par une délibération de son conseil d'administration, approuvé une charte des thèses, ainsi que le ministre y a invité chaque établissement public d'enseignement par un Arr. du 3 sept. 1998. Au nombre des dispositions de la charte figurent des « Procédures de médiation ». Ces procédures, qui ne revêtent qu'un caractère facultatif, habilitent le président à « prendre tous les avis nécessaires afin de résoudre le conflit » survenu entre un doctorant et un directeur de thèse. Le président de l'université a compétence sur le fondement de ces dispositions réglementaires pour solliciter l'avis d'une commission issue du conseil scientifique de l'université aux fins d'examen du cas de l'intéressé et, au vu de l'avis émis par cet organisme, pour désigner, avec l'accord du doctorant, un nouveau directeur de thèse. • CE 21 déc. 2001, n° 220997 A.

13. Défaut d'encadrement personnel. Responsabilité de l'Université. Sur la demande de condamnation de l'université pour défaut d'encadrement fondée sur le fait que le directeur de thèse s'abstenait de répondre aux demandes d'aide et ne connaissait pas l'état d'avancement des travaux du doctorant, le juge administratif constate qu'il ne résulte pas de l'instruction que le directeur de thèse n'aurait pas régulièrement pris connaissance de la progression du travail. Rejet de la demande. • TA Clermont-Ferrand, 20 sept. 2012, n° 1101147-2.

14. Contrôle du juge. Le juge de l'excès de pouvoir exerce un contrôle restreint sur la décision du président de désigner un nouveau directeur de thèse. • CE 21 déc. 2001, n° 220997 : *préc. note 12.*

III. SOUTENANCE DE THÈSE

1° AUTORISATION DE SOUTENIR

15. Conditions. L'autorisation de soutenir une thèse ne peut être donnée qu'à un candidat dont les travaux sont dirigés par un directeur de thèse. • CE 29 sept. 2004, n° 253504 B : *AJDA 2004. 2071*. ♦ Un président d'université doit donc refuser l'autorisation de soutenance sans directeur de thèse. • CAA Nancy, plén., 29 sept. 2004, n° 99NC01310 : *AJDA 2004. 1319*.

16. Codirection. Le Conseil d'État a jugé que lorsque la thèse d'un doctorant est encadrée en codirection, la proposition d'admettre l'étudiant à soutenir sa thèse doit être présentée par les deux codirecteurs. En l'absence de proposition de l'un d'eux, le chef d'établissement était tenu de refuser d'autoriser cette soutenance. • CE 16 avr. 2010, n° 322116 : *AJDA 2010. 814*.

17. Charte des thèses. La charte des thèses, signée notamment par le directeur de thèse et par le doctorant, n'a pas légalement pour effet d'établir une relation de nature contractuelle entre les signataires. Elle ne porte atteinte ni à la liberté contractuelle des enseignants-chercheurs, ni au caractère réglementaire qui s'attache à la situation du doctorant par rapport au service public de l'enseignement supérieur. • CE 20 mars 2000, n° 202295 : *AJDA 2000. 756, note Jégouzo*. ♦ S'agissant de la procédure de médiation en cas de conflit persistant entre un étudiant et son directeur de thèse, le Conseil d'État relève que la charte est dépourvue de tout caractère obligatoire. Ces procédures, qui ne revêtent qu'un caractère facultatif, habilitent toutefois le président à prendre tous les avis nécessaires afin de résoudre le conflit survenu entre un doctorant et un directeur de thèse. Le président de l'université a ainsi compétence pour solliciter l'avis d'une commission issue du conseil scientifique de l'université aux fins d'examen du cas de l'intéressé et, au vu de l'avis émis par cet organisme, désigner, avec l'accord du doctorant, un nouveau directeur de thèse. Le juge de l'excès de pouvoir exerce un contrôle restreint sur la décision du Président de désigner un nouveau directeur de thèse. • CE 21 déc. 2001, n° 220997 B. ♦ La circonstance que le directeur de thèse n'ait pas souhaité suivre certaines recommandations dans le cas d'un conflit avec une doctorante ne saurait constituer une décision susceptible de recours. • CAA Paris, ord., 30 nov. 2006, n° 04PA02718 : *LIJ 2007, n° 112, p. 11*.

2° REFUS D'AUTORISATION

18. Refus d'autorisation de soutenir une thèse. Décision de mettre fin au parcours doctoral. Erreur manifeste d'appréciation. Dans une affaire où l'université, au vu de l'avis défavorable des deux rapporteurs, avait non seulement refusé à l'intéressé l'autorisation de soutenir sa thèse mais en avait également tiré la conséquence que son parcours doctoral devait prendre fin, le juge estime que l'université ne pouvait sans erreur manifeste d'appréciation priver l'étudiant de la possibilité de remédier à ses insuffisances et de se présenter à nouveau en soutenance. En l'espèce, le tribunal prend en compte la situation du requérant, engagé dans la vie active et effectuant ses recherches depuis plusieurs années en sus de son travail, ainsi que les avis des rapporteurs dont l'un, bien que défavorable, n'excluait pas toute perspective d'amélioration. Il relève enfin qu'il n'apparaissait pas que le directeur de thèse, avant la finalisation de sa thèse et suffisamment tôt avant la date prévue de soutenance, aurait fait part de certaines carences ou insuffisances, et que le doctorant n'aurait pas tenu compte de ses critiques. Enfin, le tribunal relève que si le directeur de l'école doctorale avait indiqué au requérant que dès lors que deux rapports négatifs ont été établis, le parcours doctoral s'arrête, cette automaticité ne ressort nullement de l'arrêté « doctorat ». • TA Strasbourg, 13 juill. 2017, n° 1700042 : *AJDA 2018. 199*.

19. Absence de responsabilité de l'État. S'il appartient au ministre de l'éducation nationale de fixer les règles communes pour la poursuite des études conduisant à l'obtention de diplômes nationaux, il relève de la seule autorité du président de l'université d'autoriser une soutenance de thèse de doctorat d'État, sans qu'y fassent obstacle les dispositions de l'art. 12 de la L. du 26 janv. 1984 qui déterminent les principes fondamentaux applicables aux formations supérieures relevant du ministre de l'éducation nationale. Par suite, ne peut être dirigée contre l'État une action en responsabilité à raison du refus d'autoriser une telle soutenance de thèse. • CAA Paris, 28 févr. 1995, n° 93PA00959 B : *AJDA 1995. 845, concl. Brin*.

20. Conséquences. Refus légal. Le refus légal de l'université d'autoriser une soutenance de thèse n'engage pas la responsabilité de l'université. • CAA Lyon, 13 oct. 2009, n° 07LY01068 : *LIJ 2009, n° 140, p. 9*.

21. Conséquences. Refus illégal. Solution contraire. • CAA Versailles, 18 oct. 2007, n° 05VE00800 : *LIJ 2009, n° 140, p. 9*. ♦ Le requérant demandait l'annulation de la décision du président refusant de lui accorder la dérogation qu'il avait sollicitée pour s'inscrire en 10e année de thèse. Le TA fait droit à sa demande en considérant que, en 2006, le président avait décidé qu'il serait accordé à cet étudiant autant de dérogations qu'il serait nécessaire pour achever sa thèse. Le juge rappelle en effet que cette décision étant créatrice de droits et que son abrogation devait être motivée. En l'espèce, la décision ne saurait être regardée comme étant motivée car elle se borne à réitérer le sens de la lettre adressée par le directeur de l'école doctorale, lettre qui n'est pas jointe au dossier, et parce que, en tout état de cause, cette décision ne comporte aucune considération de droit et se borne à indiquer qu'après réunion du conseil de l'école doctorale la décision est refusée. • TA Toulouse, 11 mars 2011, n° 1002690 : *LIJ 2011, n° 157, p. 14*.

3° DÉROULEMENT DE LA SOUTENANCE

22. Dès lors qu'il n'est pas contesté que le jury a posé des questions au candidat sur différents aspects de sa thèse, un requérant n'est pas fondé à soutenir qu'il a été empêché de s'exprimer et de défendre son travail, en violation du principe d'égal accès des étudiants aux grades universitaires. • CE 16 nov. 1994, n° 119107.

23. Titre de docteur. Ajournement. Absence d'obligation de motivation. Impartialité du jury. Une étudiante contestait le refus du jury de lui accorder le titre de docteur et demandait d'enjoindre à cette autorité de la convoquer devant un jury composé différemment de celui ayant statué sur sa soutenance de thèse. Le juge écarte le moyen tiré de l'insuffisance de la motivation du jury, les délibérations d'un jury d'examen chargé d'apprécier les mérites des candidats n'entrant dans aucune des catégories de décisions défavorables soumises à cette disposition. Le juge écarte aussi le moyen tiré de la contradiction entre l'autorisation qui lui a été accordée de soutenir la thèse et l'appréciation finalement portée sur les qualités de celle-ci, qui implique nécessairement un tel contrôle, mais qui ne peut être examiné au contentieux. • CAA Marseille, 21 sept. 2020, n° 19MA00328 : *LIJ 2021, n° 213, p. 8.*

24. Crise sanitaire. Soutenance de thèse à distance. Soutenance depuis le domicile du candidat. La DAJ a été interrogée sur les conditions dans lesquelles il était possible, durant la crise sanitaire, d'organiser une soutenance de thèse par des moyens de visioconférence ou de communication électronique et, en particulier, si le candidat pouvait soutenir sa thèse depuis son domicile. *V. Note DAJ B1 n° 2020-0040 du 10 avr. 2020 : *LIJ 2020, n° 212, p. 19.*

4° SUITES

25. Documents communicables. Avis du CNRS. L'avis du CNRS sur la valeur scientifique d'une thèse n'entre pas dans la catégorie des actes administratifs communicables. Si ce rapport revêt le caractère d'un document administratif soumis au droit d'accès prévu par la loi de 1978, l'exception de l'art. 6 joue en ce que ne sont communicables qu'à l'intéressé les documents portant une appréciation ou un jugement de valeur sur une personne physique nommément désignée et facilement identifiable. • CADA 4 nov. 2010, avis n° 20104191 : *AJDA 2010. 2186, comm. S. B.*

26. Modalités de diffusion des thèses de doctorat. Confidentialité des thèses de doctorat. V. note DAJ B1 n° 2019-002 du 11 janv. 2019 : *LIJ 2019, n° 207, p. 17.*

27. Thèse. Niveau scientifique. Avis scientifique. Recours. Absence. A la suite de polémiques publiques portant sur la qualité de travaux de thèse, le CNRS et l'université de Bourgogne ont demandé aux sections du Comité national de la recherche scientifique de procéder à une évaluation de deux thèses de doctorat et de leur encadrement. Les sections saisies ont rendu un rapport qui a été communiqué au CNRS et à l'université et mis en ligne sur le site internet d'un hebdomadaire à diffusion nationale, qui en a également publié des extraits, accompagnés d'articles mettant en cause la qualité des travaux des intéressés. Ce rapport à vocation interne se bornait à formuler un avis scientifique sur le niveau des thèses des requérants et sur la façon dont ces travaux avaient été évalués. Saisi dans le cadre d'un pourvoi par les intéressés qui demandaient l'annulation du rapport et son « retrait public », des refus leur ayant été opposés, le Conseil d'État a jugé que ni cette prise de position scientifique ni la décision de la susciter en saisissant les sections compétentes ne revêtaient le caractère de décisions susceptibles de faire l'objet d'un recours pour excès de pouvoir. • CE 24 juill. 2019, n° 406927 B : *AJDA 2020. 22 ; LIJ 2020, n° 209, p. 5.*

IV. HABILITATION À DIRIGER DES RECHERCHES

28. Conditions d'inscription. Président. Les candidats à l'habilitation à diriger des recherches doivent être autorisés à se présenter à cet examen par une décision du président ou du directeur de l'établissement qui statue sur proposition du conseil scientifique siégeant en formation restreinte aux personnalités habilitées à diriger des recherches. • CE 26 oct. 2011, n° 332011 B : *AJDA 2011. 2092 ; AJFP 2012. 27* .

29. Conditions d'inscription. Conseil scientifique. S'il appartient au jury d'apprécier définitivement la valeur des candidats en vue de leur habilitation à diriger des recherches, il revient au conseil scientifique, qui n'agit pas dans ce cadre en qualité de jury, de vérifier si le candidat, au regard, d'une part, des conditions posées par l'art. 3 de cet Arr. du, d'autre part, de son niveau scientifique, de la qualité de ses recherches et de sa capacité à encadrer de jeunes chercheurs, remplit les conditions requises pour être inscrit à l'examen conduisant à la délivrance de l'habilitation à diriger des recherches. En particulier, le conseil scientifique, pour refuser de proposer l'inscription à cet examen, peut prendre en compte, notamment, le fait que le candidat n'a pas suffisamment encadré ou co-encadré de travaux de thèses, comme le lui permet, à certaines conditions, le quatrième alinéa de l'art. 11 de l'Arr. du 25 avr. 2002. • CE 26 oct. 2011, n° 332011 : *préc. note 28.* ♦ Annulation de : • CAA Bordeaux, 15 juill. 2009, n° 08BX01339 : *AJDA 2009. 2187, concl. Viard ; AJFP 2010. 75* .

30. Procédure. Diffusion des travaux à l'intérieur de l'établissement. Absence. Vice substantiel. La circonstance que l'autorisation donnée de se présenter devant un jury d'habilitation à diriger des recherches soit intervenue sur injonction du tribunal administratif ne dispensait pas l'université de prendre, avant la présentation orale de ses travaux par le candidat, les mesures de diffusion requises par ce texte. La méconnaissance de ces dispositions, lesquelles répondent à un objectif de transparence, est constitutive d'un vice qui revêt un caractère substantiel. • CAA Paris, 21 déc. 2012, n° 10PA00356 : *LIJ 2013, n° 173, p. 8.*

31. Procédure. Impartialité. La circonstance qu'une personne qui a, sur demande du président de l'université, donné un avis sur l'état d'avancement des travaux d'un candidat souhaitant être autorisé à se présenter devant un jury d'habilitation à encadrer des recherches, fasse ensuite également partie du jury amené à auditionner ledit candidat ne remet pas, par principe, en cause l'impartialité de cette personne lorsqu'elle se prononce en qualité de membre du jury sur la capacité du candidat à concevoir, diriger, animer et coordonner des activités de recherche. • CAA Paris, 21 déc. 2012, n° 10PA00356 : *LIJ 2013, n° 173, p. 8.* ♦ Le juge estime qu'il en allait différemment eu égard à l'ensemble des circonstances et des procédures notamment judiciaires ayant précédé l'audition du candidat, et en particulier au fait que trois des membres de ce jury avaient émis, dans la phase d'instruction de la demande d'autorisation à se présenter devant un jury, un avis, non pas sur l'état d'avancement des travaux du candidat, mais sur l'aptitude dudit candidat à diriger des recherches, ce qui faisait obstacle à ce que ces personnes puissent, sans porter atteinte à la garantie d'impartialité du jury, participer à la délibération de celui-ci concernant ce candidat. • CAA Paris, 21 déc. 2012, n° 10PA00356 : *LIJ 2013, n° 173, p. 8.*

32. Refus d'inscription. Contrôle du juge. Erreur manifeste d'appréciation. Pour une décision fondée sur l'insuffisance de la production scientifique et de l'expérience en qualité d'enseignante-chercheur et, en particulier, sur le nombre limité de publications scientifiques importantes et de co-encadrements de thèses au regard des critères de haut niveau scientifique et de capacité à encadrer de jeunes chercheurs de la candidate. En l'espèce, l'intéressée se prévalait d'un dossier scientifique solide ; par ailleurs, le directeur de recherches de l'intéressée avait émis un avis très favorable à sa demande d'inscription en soulignant sa participation importante aux activités du laboratoire, sa capacité à fédérer et coordonner les autres chercheurs sur un thème, notamment sur celui qu'elle a développé de recherche pour lequel elle avait eu la responsabilité d'organiser des conférences, en rappelant qu'elle était responsable scientifique depuis 2003 d'un programme national d'une durée de 3 ans. Alors que l'examen de la demande d'inscription d'un candidat à la délivrance de l'habilitation à diriger des recherches n'a pas pour objet de porter une appréciation définitive sur les mérites du candidat à l'obtention de ce diplôme, laquelle incombe au jury, la requérante est fondée à soutenir que la délibération du conseil scientifique est entachée d'erreur de droit et d'erreur manifeste d'appréciation. • CAA Bordeaux, 15 juill. 2009, n° 08BX01339 : *LIJ 2009, n° 138, p. 12 ; AJFP mars-avr. 2010. 76.*

33. Langue de rédaction du mémoire. HDR. Interrogée sur la possibilité de rédiger un manuscrit d'habilitation à diriger des recherches en anglais, la DAJ a estimé que « si l'on peut admettre que certains éléments du dossier soient rédigés en anglais (notamment pour les publications), cela n'apparaît pas possible pour le manuscrit rédigé pour la soutenance ». * Lettre DAJ B1 n° 09-310, 1er oct. 2009 : *LIJ, 2009, n° 139, p. 21.*

34. Rapports portant sur la recevabilité des dossiers. Communication des nom et prénom des rapporteurs. Interrogée sur les modalités de communication des rapports portant sur la recevabilité des dossiers d'HDR et plus particulièrement sur la nécessité d'occulter les nom et prénom des rapporteurs avant de communiquer ces documents, le DAJ rappelle que, « dès lors qu'ils ne présentent plus le caractère de document préparatoire, ces rapports constituent des documents administratifs communicables, en application des dispositions des articles L. 300-2 et L. 311-2 du code des relations entre le public et l'administration ». Elle poursuit en indiquant qu'en l'espèce, « les nom et prénom des rapporteurs ne paraissent entrer dans aucune des catégories d'informations non communicables prévues par les art. L. 311-5 et L. 311-6 du CRPA. La divulgation de ces informations ne semble en particulier pas être de nature à porter préjudice aux rapporteurs concernés ». Elle en conclut qu'il « ne paraît ainsi pas possible d'occulter les nom et prénom des personnes ayant rédigé les rapports autorisant les candidats à l'HDR à se présenter devant le jury ». * Note DAJ A3 n° 2018-05 du 3 janv. 2018 : *LIJ 2018, n° 203, p. 28.*

35. HDR « européenne ». Absence d'existence du fait qu'il n'existe pas, pour le diplôme de HDR, de dispositions analogues à celle de l'Arr. du 6 janvier 2005 relatif à la cotutelle de thèse. * Lettre DAJ B1 n° 09-310, 1er oct. 2009 : *préc. note 33.*

V. DROITS ET OBLIGATIONS

36. Inventions des étudiants. Propriété. V. notes ss. art. L. 811-1.

37. Allocataire de recherche. Cumul d'activités. Une allocataire de recherche, moniteur de l'enseignement supérieur ayant cumulé avec sa rémunération publique, sans autorisation de son président d'université, une rémunération privée perçue pour un emploi à temps plein dans un cabinet d'avocats, où elle a travaillé sous un statut de stagiaire pendant près de huit mois, s'était vu demander par son université le reversement des sommes illégalement perçues au titre des contrats d'allocation de recherche et de monitorat. Le juge administratif rejette sur le principe sa demande, considérant que les règles statutaires relatives à la déclaration de cumul de la fonction publique sont applicables pour toute fonction qui, en raison de son importance, suffirait à occuper normalement à elle seule l'activité d'un agent et dont la rémunération, quelle que soit sa dénomination, constituerait à raison de sa quotité un traitement normal pour ledit agent. En l'espèce, ces dispositions sont applicables aux allocataires de recherche, liés à l'État, représenté par le chef d'établissement, par un contrat de travail et qui s'engagent à exercer pour une rémunération mensuelle, et à l'exclusion de toute autre activité rémunérée de caractère permanent, l'activité de recherche définie par leur contrat dans l'établissement désigné par celui-ci. • CAA Nancy, 6 août 2009, n° 08NC01097 : *AJFP 2009. 300, note Fortier* .

VI. DOCTORANT CONTRACTUEL

38. Délai pour signer un contrat doctoral. Refus de recrutement fondé sur le seul dépassement du délai. Illégalité. Une étudiante inscrite en première année de doctorat avait dû arrêter ses travaux de recherche compte tenu des violences exercées sur elle par son directeur de thèse, qui avait été condamné pour ces faits. Elle avait décidé de reprendre des travaux de recherche sous la direction d'un autre enseignant-chercheur du même établissement et avait sollicité un contrat doctoral. L'établissement avait refusé sa demande au motif que ce contrat devait prendre effet au plus tard six mois après la première inscription en doctorat sauf dérogation du conseil scientifique (textes applicables à cette date) et que l'établissement réservait le bénéfice de la dérogation prévue par les textes aux seuls étudiants normaliens. La cour censure les deux motifs pour erreur de droit. • CAA Versailles, 26 janv. 2017, n° 16VE01467 : *LIJ 2017, n° 199, p. 12.*

39. Signes d'appartenance religieuse. Une doctorante contractuelle à qui il avait été proposé d'ajouter un avenant d'enseignement à son contrat doctoral avait souhaité savoir si elle pouvait enseigner en portant un foulard manifestant ses opinions religieuses. Devant le refus opposé par l'université qui se fondait sur le principe de neutralité auquel sont soumis tous les agents publics, la doctorante avait alors demandé si elle pouvait porter, à défaut d'un voile, un « biret » (sorte de chapeau utilisé traditionnellement lors des remises de diplômes). L'établissement a saisi la direction des affaires juridiques pour savoir si l'intéressée pouvait enseigner en portant cet accessoire. La DAJ rappelle que les principes de neutralité et de laïcité interdisent donc aux fonctionnaires et agents publics exerçant leurs fonctions au sein des établissements d'enseignement supérieur de faire état de leur appartenance religieuse. Cette interdiction s'applique à tous les agents des services publics et donc également aux doctorants contractuels. La DAJ précise en l'espèce que le couvre-chef que la doctorante contractuelle proposait de substituer à son foulard semblait bien avoir pour objet de lui permettre de continuer à manifester ses opinions religieuses pendant son service. S'il était avéré que c'était bien le cas, il appartiendrait alors à l'université d'engager un dialogue avec l'intéressée pour lui rappeler les principes de neutralité et de laïcité imposés aux agents publics par la loi et la convaincre de porter des tenues neutres, dépourvues de connotation religieuse. * Note DAJ B1 n° 2017-13 du 31 janv. 2017 : *LIJ 2017, n° 198, p. 19.*

40. Condamnation pénale. Rupture de contrat doctoral. Le requérant condamné pénalement pour détention et diffusion de l'image d'un mineur présentant un caractère pornographique et pour propositions sexuelles faites à un mineur par un majeur en utilisant un moyen de communication électronique avait demandé l'annulation de la décision par laquelle un président d'université avait décidé de mettre fin à son engagement en qualité de doctorant contractuel, en faisant notamment valoir que le Décr. n° 86-83 du 17 janv. 1986 relatif aux dispositions générales applicables aux agents non titulaires de l'État ne lui était pas applicable et que l'exercice de ses fonctions n'était pas incompatible avec les condamnations pénales dont il avait fait l'objet. Le tribunal administratif a rejeté sa requête en considérant que les dispositions de l'art. 3 du Décr. du 17 janv. 1986, qui font obstacle au recrutement d'un agent titulaire ayant fait l'objet d'une condamnation pénale incompatible avec l'exercice des fonctions envisagées, s'appliquent aux doctorants contractuels recrutés par les universités. De plus, il considère que si le contrat de recrutement du requérant ne lui confiait pas des tâches d'enseignement, il avait pour effet de le placer dans un environnement lui permettant d'avoir aisément des contacts avec des étudiants dont certains pourraient être mineurs. Eu égard aux motifs des condamnations pénales infligées, le juge estime que l'université n'a pas commis d'erreur d'appréciation en mettant fin à son engagement en qualité de doctorant contractuel. • TA Strasbourg, 8 déc. 2016, n° 1600268 : *LIJ 2017, n° 198, p. 16.*

VII. INTERNES EN MÉDECINE

41. Statut de doctorant. Absence. Mettant terme au débat qui opposait les juridictions administratives saisies de plusieurs recours à l'occasion d'opérations électorales, le Conseil d'État considère que les internes ne sont pas des doctorants au sens de la loi, dans la mesure où leur cursus n'est pas lié à la recherche mais à la préparation de l'exercice de la médecine. Ils ne peuvent donc participer aux élections des représentants des doctorants à la commission de la recherche, à la seule exception de ceux d'entre eux qui suivent un « doctorat ». • CE 10 févr. 2016, n° 381709 : *AJDA 2016. 287* • CE 10 févr. 2016, n° 384473 : *AJDA 2016. 287* • TA Lille, 11 juin 2014, n° 1402464 : *AJDA 2014. 1619, concl. Caille* • CAA Douai, 14 avr. 2015, n° 14DA01400 : *AJDA 2015. 1451*. • CAA Nantes, 12 mars 2015, n°s 14NT02308 et 14NT02343 : *AJDA 2015. 605*.

Arrêté du 25 mai 2016,

Fixant le cadre national de la formation et les modalités conduisant à la délivrance du diplôme national de doctorat.

Art. 1er La formation doctorale est une formation à et par la recherche et une expérience professionnelle de recherche. Elle conduit à la production de connaissances nouvelles. Elle comprend un travail personnel de recherche réalisé par le doctorant. Elle est complétée par des formations complémentaires validées par l'école doctorale. Elle porte sur des travaux d'intérêt scientifique, économique, social, technologique ou culturel. Elle est sanctionnée par la délivrance du diplôme national de doctorat. Le diplôme, délivré par un établissement public d'enseignement supérieur accrédité, confère à son titulaire le grade et le titre de docteur.

Le diplôme de doctorat peut s'obtenir dans le cadre de la formation initiale et de la formation tout au long de la vie. Les compétences spécifiques acquises au cours de cette formation permettent d'exercer une activité professionnelle à l'issue du doctorat dans tous les domaines d'activités, dans le secteur public aussi bien que privé.

La formation doctorale est organisée au sein des écoles doctorales.

Dans le cadre de la mise en œuvre de la politique scientifique de site, il peut être créé un collège doctoral afin d'organiser à ce niveau la politique doctorale, de contribuer à sa visibilité et à la mutualisation des activités des écoles doctorales. Dans ce cas, une ou plusieurs missions des écoles doctorales, telles que définies à l'article 3 du présent arrêté, après accord de chaque école doctorale, sont transférées au collège doctoral auquel ces écoles doctorales sont associées. Les modalités de fonctionnement de ce dernier sont fixées par les établissements dont relèvent les écoles doctorales, membres de ce collège.

Lorsque le travail de recherche est réalisé par le doctorant pour une partie dans une unité ou une équipe de recherche rattachée à l'école doctorale dans laquelle il est inscrit et, pour la partie complémentaire, dans un organisme du monde socio-économique ou culturel, non partie prenante de l'école doctorale, les conditions de l'alternance des périodes de travail et de celles de recherche font l'objet d'une convention.

Cette convention prévoit les modalités de formation, d'accompagnement matériel, pédagogique et les modalités de certification, dans le respect des exigences de qualité requises par le présent texte. Elle est signée par le doctorant, le président ou le directeur de l'établissement d'inscription du doctorant, et le responsable de l'entreprise ou de l'organisme partenaire de l'alternance.

TITRE Ier. ÉCOLES DOCTORALES

Chapitre Ier. *PRINCIPES*

Art. 2 Sous la responsabilité des établissements accrédités, les écoles doctorales ou les collèges doctoraux organisent la formation des doctorants et les préparent à leur activité professionnelle à l'issue de la formation doctorale. Ils regroupent des unités et des équipes de recherche d'un ou de plusieurs établissements.

Une équipe de recherche participe à une seule école doctorale. Toutefois, à titre exceptionnel, une équipe de recherche appartenant à une école doctorale peut être rattachée à plusieurs écoles doctorales.

Le périmètre des écoles doctorales tient compte du périmètre des regroupements prévus par l'article L. 718-2 du code de l'éducation. Une école doctorale peut, le cas échéant, associer des unités ou des équipes de recherche relevant d'établissements n'appartenant pas au regroupement, après avis du conseil académique ou de l'organe en tenant lieu, de la communauté d'universités ou d'établissements, ou des établissements membres du regroupement.

Art. 3 Les écoles doctorales :

1° Mettent en œuvre une politique d'admission des doctorants en leur sein, fondée sur des critères explicites et publics, informent les étudiants sur les conditions d'accès, les compétences requises, les financements susceptibles d'être obtenus, la nature, la qualité et les taux d'activité professionnelle après l'obtention du doctorat. Elles participent à la recherche des financements, en proposent l'attribution afin de permettre aux doctorants de préparer et de soutenir leur thèse dans les meilleures conditions ;

2° Organisent les échanges scientifiques entre doctorants et avec la communauté scientifique ; proposent aux doctorants des activités de formation favorisant l'interdisciplinarité et l'acquisition d'une culture scientifique élargie incluant la connaissance du cadre international de la recherche ;

3° Veillent à ce que chaque doctorant reçoive une formation à l'éthique de la recherche et à l'intégrité scientifique ;

4° Assurent une démarche qualité de la formation en mettant notamment en place des comités de suivi individuel du doctorant et proposent aux encadrants du doctorant une formation ou un accompagnement spécifique ;

5° Définissent et mettent en œuvre des dispositifs d'appui à la poursuite du parcours professionnel après l'obtention du doctorat dans les secteurs public et privé et organisent en lien avec les services des établissements concernés le suivi des parcours professionnels des docteurs formés ;

6° Contribuent à une ouverture européenne et internationale, dans le cadre d'actions de coopération conduites avec des établissements d'enseignement supérieur ou des centres de recherche étrangers ;

7° Formulent un avis sur les demandes de rattachement d'unités ou d'équipes de recherche.

Art. 4 Les écoles doctorales mettent en place des dispositifs spécifiques afin d'organiser une évaluation des cursus et des activités de formation qu'elles proposent, notamment au moyen d'enquêtes régulières auprès des doctorants. Cette évaluation est organisée dans le respect des dispositions des statuts des personnels concernés.

Dans le cadre d'une démarche d'amélioration continue du cursus, les résultats des évaluations font l'objet de présentations et de débats au sein du conseil de l'école doctorale. Ils sont transmis à la commission de la recherche du conseil académique ou de l'instance qui en tient lieu.

Art. 5 L'arrêté d'accréditation d'un établissement public d'enseignement supérieur emporte habilitation de ce dernier à délivrer le diplôme de doctorat dans les spécialités concernées, seul ou conjointement. Ce même arrêté mentionne, après évaluation périodique de chaque école doctorale, réalisée ou validée par le Haut Conseil de l'évaluation de la recherche et de l'enseignement supérieur, la liste des écoles doctorales autorisées à accueillir des doctorants en vue de leur formation doctorale, ainsi que le ou les champs disciplinaires concernés.

Des établissements d'enseignement supérieur, des organismes publics de formation ou de recherche et des fondations de recherche peuvent participer à une école doctorale en accueillant des doctorants de cette école au sein d'unités ou d'équipes de recherche reconnues à la suite d'une évaluation menée par le Haut Conseil de l'évaluation de la recherche et de l'enseignement supérieur ou par d'autres instances dont il valide les procédures. Cette participation est soumise à l'approbation de la commission de la recherche du conseil académique de l'établissement de rattachement de l'école doctorale ou de l'instance en tenant lieu, après avis du conseil de l'école doctorale et sur proposition de son directeur.

La demande d'accréditation comprend, le cas échéant, les modalités de coopération entre l'ensemble des établissements d'enseignement supérieur et de recherche publics concourant à l'école doctorale, telles que définies par une ou plusieurs conventions, ainsi que la liste des équipes et unités de recherche relevant de cette école doctorale.

Afin de garantir la connaissance la plus large possible de l'offre de formation doctorale, un annuaire national des écoles doctorales est mis à jour annuellement par les ministres chargés de l'enseignement supérieur et de la recherche.

Chapitre II. *ORGANISATION*

Art. 6 L'école doctorale est dirigée par un directeur assisté d'un conseil.

Le directeur de l'école doctorale est choisi, en son sein, parmi ses membres habilités à diriger des recherches, parmi les professeurs et personnels assimilés au sens de l'article 6 du décret n° 92-70 du 16 janvier 1992 relatif au Conseil national des universités et de l'article 5 du décret n° 87-31 du 20 janvier 1987 relatif au Conseil national des universités pour les disciplines de santé, ou parmi les enseignants de rang équivalent qui ne relèvent pas du ministère chargé de l'enseignement supérieur, ou parmi les personnels des établissements d'enseignement supérieur, des organismes publics de recherche et des fondations de recherche, habilités à diriger des recherches. Il est nommé pour la durée de l'accréditation. Son mandat peut être renouvelé une fois.

Lorsqu'une école doctorale relève d'un seul établissement, le directeur de l'école doctorale est nommé par le chef d'établissement après avis de la commission de la recherche du conseil académique, ou de l'instance qui en tient lieu, et du conseil de l'école doctorale.

Lorsqu'une école doctorale relève de plusieurs établissements, les chefs d'établissement désignent conjointement le directeur dans les conditions définies par la convention qui les lie, après avis des commissions de la recherche des conseils académiques, ou des instances qui en tiennent lieu, dans les établissements concernés, et du conseil de l'école doctorale.

Art. 7 Le directeur de l'école doctorale met en œuvre le programme d'actions de l'école doctorale, et présente chaque année un rapport d'activité devant la commission de la recherche du conseil académique, ou de l'instance qui en tient lieu dans les établissements concernés.

Art. 8 Chaque chef d'établissement propose à la commission de la recherche du conseil académique ou à l'instance qui en tient lieu l'attribution des financements propres de l'établissement pouvant être alloués aux doctorants inscrits dans l'établissement. Le directeur de l'école doctorale présente chaque année la liste des doctorants bénéficiaires de financements devant le conseil de l'école doctorale et en informe la commission de la recherche du conseil académique, ou de l'instance qui en tient lieu, dans les établissements concernés.

Art. 9 Le conseil de l'école doctorale adopte le programme d'actions de l'école doctorale. Il gère, par ses délibérations, les affaires qui relèvent de l'école doctorale.

Le conseil comprend de douze à vingt-six membres. Soixante pour cent de ses membres sont des représentants des établissements, des unités ou équipes de recherche concernées, dont au moins deux représentants des personnels ingénieurs, administratifs ou techniciens.

Il est complété, à hauteur de 20 % du total des membres du conseil, arrondi s'il y a lieu à l'unité inférieure, par des doctorants élus parmi et par les doctorants inscrits à l'école doctorale ; et pour le reste, sur proposition des *(Arr. du 1er juill. 2016, art. 1er-1o)* « membres » du conseil de l'école doctorale, par des membres extérieurs à l'école doctorale choisis parmi les personnalités qualifiées, dans les domaines scientifiques et dans les secteurs socio-économiques concernés.

Sa composition doit permettre une représentation équilibrée des femmes et des hommes. Les règles relatives à l'élection et à la nomination des membres du conseil sont définies suivant des modalités adoptées par le conseil d'administration de l'établissement ou des établissements concernés par l'accréditation.

TITRE II. DOCTORAT

Art. 10 Le doctorat est préparé dans une école doctorale sous la responsabilité des établissements accrédités, au sein d'une unité ou d'une équipe de recherche reconnue à la suite d'une évaluation par le Haut Conseil de l'évaluation de la recherche et de l'enseignement supérieur ou par d'autres instances dont il valide les procédures, et sous la responsabilité d'un directeur de thèse rattaché à cette école, ou dans le cadre d'une codirection telle que mentionnée à l'article 16 du présent arrêté.

Le doctorat peut être préparé au sein d'une unité ou d'une équipe de recherche en émergence, sur proposition de l'établissement ou des établissements concernés dans le cadre de leur politique scientifique, sur la base d'une évaluation diligentée à cet effet. L'équipe de recherche concernée est rattachée à une école doctorale, après avis du conseil de cette école, sur proposition du ou des chefs d'établissement.

Art. 11 L'inscription en première année de doctorat est prononcée par le chef d'établissement sur proposition du directeur de l'école doctorale, après avis du directeur de thèse et du directeur de l'unité ou de l'équipe de recherche sur la qualité du projet et les conditions de sa réalisation. Elle vaut admission aux formations dispensées par l'école doctorale.

Pour être inscrit en doctorat, le candidat doit être titulaire d'un diplôme national de master ou d'un autre diplôme conférant le grade de master, à l'issue d'un parcours de formation ou d'une expérience professionnelle établissant son aptitude à la recherche.

Si cette condition de diplôme n'est pas remplie, le chef d'établissement peut, par dérogation et sur proposition du conseil de l'école doctorale, inscrire en doctorat des personnes ayant effectué des études d'un niveau équivalent ou bénéficiant de la validation des acquis de l'expérience prévue à l'article L. 613-5 du code de l'éducation. La liste des bénéficiaires de ces mesures est présentée chaque année au conseil de l'école doctorale et à la commission de la recherche du conseil académique, ou à l'instance qui en tient lieu dans l'établissement concerné.

L'inscription est renouvelée au début de chaque année universitaire par le chef d'établissement, sur proposition du directeur de l'école doctorale, après avis du directeur de thèse et, à partir de la troisième inscription, du comité de suivi individuel du doctorant. En cas de non-renouvellement envisagé, après avis du directeur de thèse, l'avis motivé est notifié au doctorant par le directeur de l'école doctorale. Un deuxième avis peut être demandé par le doctorant auprès de la commission recherche du conseil académique ou de l'instance qui en tient lieu, dans l'établissement concerné. La décision de non-renouvellement est prise par le chef d'établissement, qui notifie celle-ci au doctorant.

Lors de l'inscription annuelle en doctorat, le directeur de l'école doctorale vérifie que les conditions scientifiques, matérielles et financières sont assurées pour garantir le bon déroulement des travaux de recherche du doctorant et de préparation de la thèse.

Durant le déroulement de ses travaux de recherche, le doctorant est intégré à l'unité ou à l'équipe de recherche qui l'accueille et qui contribue à son accompagnement pendant sa formation. Ses travaux sont valorisés dans ce cadre.

Art. 12 Sous la responsabilité des établissements accrédités, l'école doctorale fixe les conditions de suivi et d'encadrement des doctorants par une charte du doctorat dont elle définit les termes. Cette charte prévoit notamment les modalités de recours à une médiation en cas de conflit entre le doctorant et son directeur de thèse et l'engagement du doctorant à répondre à toute demande d'information relative à son insertion et à son parcours professionnel à l'issue du doctorat. Cette charte est approuvée par le directeur de l'école doctorale, le directeur de l'unité ou de l'équipe de recherche d'accueil, le ou les directeurs de thèse. Elle est signée par le doctorant et le directeur de thèse lors de sa première inscription.

Prise en application de cette charte, une convention de formation, signée par le directeur de thèse et par le doctorant, indique les dénominations de l'établissement d'inscription du doctorant, de l'école doctorale et de l'unité ou de l'équipe de recherche d'accueil ; elle mentionne également le ou les noms du ou des directeurs de thèse, du directeur de l'unité ou de l'équipe d'accueil, du doctorant ainsi que les droits et devoirs des parties en présence.

Cette convention de formation mentionne le sujet du doctorat et la spécialité du diplôme, le cas échéant les conditions de financement du doctorant, ainsi que les éléments suivants :

1° Si le doctorat est mené à temps complet ou à temps partiel ; dans ce cas est précisé le statut professionnel du doctorant ;

2° Le calendrier du projet de recherche ;

3° Les modalités d'encadrement, de suivi de la formation et d'avancement des recherches du doctorant ;

4° Les conditions matérielles de réalisation du projet de recherche et, le cas échéant, les conditions de sécurité spécifiques ;

5° Les modalités d'intégration dans l'unité ou l'équipe de recherche ;

6° Le projet professionnel du doctorant ;

7° Le parcours individuel de formation en lien avec ce projet personnel ;

8° Les objectifs de valorisation des travaux de recherche du doctorant : diffusion, publication et confidentialité, droit à la propriété intellectuelle selon le champ du programme de doctorat.

La convention de formation du doctorant prend en compte les autres conventions existantes. Elle peut être modifiée en tant que de besoin, lors des réinscriptions par accord signé entre les parties. L'établissement d'inscription est le garant de sa mise en œuvre.

Art. 13 Un comité de suivi individuel du doctorant veille au bon déroulement du cursus en s'appuyant sur la charte du doctorat et la convention de formation. Il évalue, dans un entretien avec le doctorant, les conditions de sa formation et les avancées de sa recherche. Il formule des recommandations et transmet un rapport de l'entretien au directeur de l'école doctorale, au doctorant et au directeur de thèse.

Il veille notamment à prévenir toute forme de conflit, de discrimination ou de harcèlement.

Les modalités de composition, d'organisation et de fonctionnement de ce comité sont fixées par le conseil de l'école doctorale. Les membres de ce comité ne participent pas à la direction du travail du doctorant.

Art. 14 La préparation du doctorat, au sein de l'école doctorale, s'effectue en règle générale en trois ans en équivalent temps plein consacré à la recherche. Dans les autres cas, la durée de préparation du doctorat peut être au plus de six ans.

La durée de la formation doctorale du doctorant en situation de handicap peut être prolongée par le chef d'établissement sur demande motivée du doctorant.

Si le doctorant a bénéficié d'un congé de maternité, de paternité, d'un congé d'accueil de l'enfant ou d'adoption, d'un congé parental, d'un congé de maladie d'une durée supérieure à quatre mois consécutifs ou d'un congé d'une durée au moins égale à deux mois faisant suite à un accident de travail, la durée de la préparation du doctorat est prolongée si l'intéressé en formule la demande.

Des prolongations annuelles peuvent être accordées à titre dérogatoire par le chef d'établissement, sur proposition du directeur de thèse et après avis du comité de suivi et du directeur d'école doctorale, sur demande motivée du doctorant. La liste des bénéficiaires de ces dérogations est présentée chaque année au conseil de l'école doctorale et transmise à la commission de la recherche du conseil académique ou à l'instance qui en tient lieu dans les établissements concernés.

A titre exceptionnel, sur demande motivée du doctorant, une période de césure insécable d'une durée maximale d'une année peut intervenir une seule fois, par décision du chef d'établissement où est inscrit le doctorant, après accord de l'employeur, le cas échéant, et avis du directeur de thèse et du directeur de l'école doctorale. Durant cette période, le doctorant suspend temporairement sa formation et son travail de recherche, mais peut demeurer inscrit, s'il le souhaite, au sein de son établissement. Cette période n'est pas comptabilisée dans la durée de la thèse. L'établissement garantit au doctorant qui suspend sa scolarité son inscription au sein de la formation doctorale à la fin de la période de césure.

Art. 15 Au cours de leur cursus, les doctorants suivent des programmes de formation définis au 2° de l'article 3 du présent arrêté.

Une formation à la pédagogie est dispensée lorsqu'elle concourt à l'activité ou au projet professionnel du doctorant.

Un portfolio du doctorant comprenant la liste individualisée de toutes les activités du doctorant durant sa formation, incluant enseignement, diffusion de la culture scientifique ou transfert de technologie, et valorisant les compétences qu'il a développées pendant la préparation du doctorat, est réalisé. Il est mis à jour régulièrement par le doctorant.

Art. 16 Le doctorant est placé sous le contrôle et la responsabilité d'un directeur de thèse. La direction scientifique du projet doctoral peut être éventuellement assurée conjointement avec un codirecteur. Lorsque la codirection est assurée par une personne du monde socio-économique qui n'appartient pas au monde universitaire, le nombre de codirecteurs peut être porté à deux.

Les fonctions de directeur ou de codirecteur de thèse peuvent être exercées :

1° Par les professeurs et personnels assimilés au sens de l'article 6 du décret n° 92-70 relatif au Conseil national des universités et de l'article 5 du décret n° 87-31 pour les disciplines de santé, ou par des enseignants de rang équivalent qui ne relèvent pas du ministère de l'enseignement supérieur, par les personnels des établissements d'enseignement supérieur, des organismes publics de recherche *(Arr. du 1er juill. 2016, art. 1er)* « et des fondations de recherche, titulaires d'une habilitation à diriger des recherches » ;

2° Par d'autres personnalités, titulaires d'un doctorat, choisies en raison de leur compétence scientifique par le chef d'établissement, sur proposition du directeur de l'école doctorale et après avis de la commission de la recherche du conseil académique ou de l'instance en tenant lieu dans l'établissement d'inscription.

La direction de la thèse peut également être assurée sous forme de codirection instaurée par convention entre un ou deux directeurs de thèse répondant aux conditions fixées ci-dessus et une personne du monde socio-économique reconnue pour ses compétences dans le domaine. La proposition de codirection est soumise à la décision du chef de l'établissement accrédité, sur proposition du directeur de l'école doctorale. Dans ce cas, les doctorants sont placés sous la responsabilité conjointe des codirecteurs de thèse.

Le conseil de l'école doctorale fixe le nombre maximum de doctorants encadrés par un directeur de thèse en tenant compte des contraintes liées aux disciplines, notamment les disciplines rares.

Art. 17 L'autorisation de soutenir une thèse est accordée par le chef d'établissement, après avis du directeur de l'école doctorale, sur proposition du directeur de thèse.

Les travaux du doctorant sont préalablement examinés par au moins deux rapporteurs désignés par le chef d'établissement, habilités à diriger des recherches ou appartenant à l'une des catégories mentionnées au 1° et au 2° de l'article 16 du présent arrêté, sur proposition du directeur de l'école doctorale, après avis du directeur de thèse.

Dans le cas de travaux impliquant des personnes du monde socio-économique qui n'appartiennent pas au monde universitaire, un troisième rapporteur, reconnu pour ses compétences dans le domaine, peut être désigné sur proposition du directeur de l'école doctorale, après avis du directeur de thèse.

Sauf si le champ disciplinaire ou le contenu des travaux ne le permettent pas, les deux rapporteurs sont extérieurs à l'école doctorale et à l'établissement du doctorant. Ils peuvent appartenir à des établissements d'enseignement supérieur ou de recherche étrangers ou à d'autres organismes étrangers.

Les rapporteurs n'ont pas d'implication dans le travail du doctorant.

Les rapporteurs font connaître, au moins quatorze jours avant la date prévue pour la soutenance, leur avis par des rapports écrits ; sur cette base, le chef d'établissement autorise la soutenance. Ces rapports sont communiqués au jury et au doctorant avant la soutenance.

Art. 18 Le jury de thèse est désigné par le chef d'établissement après avis du directeur de l'école doctorale et du directeur de thèse. Le nombre des membres du jury est compris entre quatre et huit. Il est composé au moins pour moitié de personnalités françaises ou étrangères, extérieures à l'école doctorale et à l'établissement d'inscription du doctorant et choisies en raison de leur compétence scientifique ou professionnelle dans le champ de recherche concerné, sous réserve des dispositions relatives à la cotutelle internationale de thèse définies au titre III du présent arrêté.

Sa composition doit permettre une représentation équilibrée des femmes et des hommes. La moitié du jury au moins doit être composée de professeurs ou personnels assimilés au sens de l'article 6 du décret n° 92-70 relatif au Conseil national des universités et de l'article 5 du décret n° 87-31 pour les disciplines de santé, ou d'enseignants de rang équivalent qui ne relèvent pas du ministère chargé de l'enseignement supérieur.

Les membres du jury désignent parmi eux un président et, le cas échéant, un rapporteur de soutenance. Le président doit être un professeur ou assimilé ou un enseignant de rang équivalent.

Le directeur de thèse participe au jury, mais ne prend pas part à la décision. Lorsque plusieurs établissements sont accrédités à délivrer conjointement le doctorat, le jury est désigné par les chefs des établissements concernés dans les conditions fixées par la convention mentionnée à l'article 5 du présent arrêté.

Art. 19 La soutenance est publique, sauf dérogation accordée à titre exceptionnel par le chef d'établissement si le sujet de la thèse présente un caractère de confidentialité avéré.

Avant la soutenance, le résumé de la thèse est diffusé à l'intérieur de l'établissement ou des établissements bénéficiant d'une accréditation conjointe.

Dans le cadre de ses délibérations, le jury apprécie la qualité des travaux du doctorant, leur caractère novateur, l'aptitude du doctorant à les situer dans leur contexte scientifique ainsi que ses qualités d'exposition. Le jury peut demander des corrections conformément à l'article 24 du présent arrêté. Lorsque les travaux correspondent à une recherche collective, la part personnelle de chaque doctorant est appréciée par un mémoire qu'il rédige et présente individuellement au jury.

(Arr. du 27 oct. 2020, art. 2) « A titre exceptionnel, le président ou le directeur de l'établissement, après avis du directeur de l'école doctorale, sur proposition du directeur de thèse, peut autoriser le doctorant et les membres du jury, en totalité ou partiellement, à participer à la soutenance de thèse par tout moyen de télécommunication permettant leur identification et garantissant leur participation effective continue et simultanée aux débats ainsi que la confidentialité des délibérations du jury.

« Les moyens techniques mis en œuvre s'efforcent d'assurer la publicité des débats. »

L'admission ou l'ajournement est prononcé après délibération du jury.

Le président signe le rapport de soutenance, qui est contresigné par l'ensemble des membres du jury présents à la soutenance.

Le rapport de soutenance est communiqué au doctorant dans le mois suivant la soutenance.

TITRE III. COTUTELLE

Art. 20 Afin de développer la dimension internationale des écoles doctorales et la coopération scientifique entre les équipes de recherche françaises et étrangères, et afin de favoriser la mobilité des doctorants, un établissement d'enseignement supérieur français accrédité à délivrer le doctorat peut conclure avec un ou plusieurs établissements d'enseignement supérieur étrangers, bénéficiant dans leur pays des mêmes prérogatives, une convention visant à organiser une cotutelle internationale de thèse.

Les établissements cocontractants sont liés par un principe de réciprocité.

Lorsque les règles applicables aux études doctorales dans les pays concernés sont incompatibles entre elles, les établissements français sont autorisés à déroger aux dispositions du titre II du présent arrêté, dans les conditions définies par la convention de cotutelle.

Art. 21 La convention peut être soit une convention-cadre accompagnée, pour chaque thèse, d'une convention d'application, soit une convention conclue spécifiquement pour chaque thèse. Les directeurs de thèse et le doctorant signent, pour la thèse concernée, la convention d'application ou, en l'absence de convention-cadre, la convention conclue spécifiquement pour la thèse.

Outre les mentions prévues à l'article D. 613-19 du code de l'éducation concernant les modalités de formation et les modalités de certification, dans le respect des exigences de qualité requises par le présent arrêté, la convention précise les conditions de l'alternance des périodes de formation dans les pays concernés. Elle détermine les modalités de constitution du jury et d'accompagnement matériel, pédagogique et linguistique des étudiants. Elle précise notamment :

1° L'intitulé de la thèse, le nom du directeur de thèse, de l'étudiant, la dénomination des établissements d'enseignement supérieur contractants et la nature du diplôme préparé ;

2° La langue dans laquelle est rédigée la thèse ; lorsque cette langue n'est pas le français, la rédaction est complétée par un résumé substantiel en langue française ;

3° Les modalités de reconnaissance des activités de formations effectuées dans l'un ou l'autre des établissements d'enseignement supérieur ;

4° Les modalités de règlement des droits de scolarité conformément aux dispositions pédagogiques retenues, sans que le doctorant puisse être contraint à acquitter les droits dans plusieurs établissements simultanément ;

5° Les conditions de prise en charge de la couverture sociale ainsi que les conditions d'hébergement et les aides financières dont le doctorant peut bénéficier pour assurer sa mobilité.

Art. 22 Le doctorant effectue ses travaux sous la responsabilité, dans chacun des pays concernés, d'un directeur de thèse qui exerce ses fonctions d'encadrement en collaboration avec le ou les autres directeurs de thèse.

Art. 23 La thèse donne lieu à une soutenance unique. Conformément aux dispositions de l'article 19 du présent arrêté, le président du jury signe un rapport de soutenance contresigné par les membres du jury.

Le ou les diplômes de doctorat sont délivrés par les autorités académiques habilitées à le faire, sur proposition conforme du jury, après la soutenance de la thèse.

Par dérogation aux dispositions prévues au titre IV du présent arrêté, les modalités de protection du sujet, de dépôt de signalement et de reproduction des thèses, ainsi que celles de la gestion des résultats de recherche communs aux laboratoires impliqués, de leur publication et de leur exploitation, sont arrêtées conformément aux législations spécifiques à chaque pays impliqué dans la préparation de la thèse et précisées par la convention mentionnée à l'article 20 du présent arrêté.

TITRE IV. DÉPÔT, SIGNALEMENT, DIFFUSION ET CONSERVATION DES THÈSES OU DES TRAVAUX PRÉSENTÉS

Art. 24 Le doctorant engagé dans la préparation d'une thèse de doctorat dépose celle-ci un mois avant la date prévue pour la soutenance au service chargé du doctorat de l'établissement d'enseignement supérieur dans lequel celle-ci s'effectue.

Le doctorant fournit sa thèse sous forme numérique selon les prescriptions de l'établissement de soutenance. Il fournit en outre des exemplaires sur support papier destinés aux membres du jury, lorsque ceux-ci en ont exprimé la demande. L'établissement assure alors l'impression de la thèse à partir du support numérique.

La soutenance est conditionnée par la délivrance au président du jury par le service chargé du doctorat d'une attestation du dépôt de la thèse et du bordereau électronique complété, avec le concours du service chargé du doctorat et du service commun de la documentation ou du service interétablissements de coopération documentaire ou de la bibliothèque, comportant un résumé en français et un résumé en anglais ainsi qu'une liste de mots-clés. Il comprend notamment les métadonnées nécessaires à la description, la gestion, la diffusion et l'archivage de la thèse, conformes à la recommandation nationale TEF (thèses électroniques françaises).

Si le jury a demandé l'introduction de corrections dans la thèse, le nouveau docteur dispose d'un délai de trois mois pour déposer sa thèse corrigée sous forme électronique.

Art. 25 L'établissement de soutenance procède au dépôt de la version validée de la thèse dans ses formats de diffusion et d'archivage, ainsi que du bordereau électronique, dans l'application nationale Star, gérée par l'Agence bibliographique de l'enseignement supérieur, qui assure les fonctions suivantes :

1° Enregistrement du dépôt de la version de diffusion et de la version d'archivage de la thèse ainsi que de ses métadonnées ;

2° Signalement dans le catalogue Sudoc ;

3° Attribution d'un identifiant permanent ;

4° Envoi de la version d'archivage, y compris dans le cas d'une thèse non diffusable, au Centre informatique national de l'enseignement supérieur ;

5° Le cas échéant, à la demande de l'établissement, envoi des métadonnées ou de la version de diffusion de la thèse vers les sites désignés par celui-ci.

Sauf si la thèse présente un caractère de confidentialité avéré, sa diffusion est assurée dans l'établissement de soutenance et au sein de l'ensemble de la communauté universitaire. La diffusion en ligne de la thèse au-delà de ce périmètre est subordonnée à l'autorisation de son auteur, sous réserve de l'absence de clause de confidentialité.

TITRE V. DISPOSITIONS TRANSITOIRES ET FINALES

Art. 26 Les écoles doctorales accréditées à la date de l'entrée en vigueur du présent arrêté le restent jusqu'à la prochaine vague d'accréditations de l'établissement dans lequel elles sont constituées.

Art. 27 Les dispositions de l'article 19 de l'arrêté du 5 juillet 1984 relatif aux études doctorales et l'arrêté du 4 décembre 1984 fixant les mesures transitoires relatives aux inscriptions en doctorat d'État sont abrogés à compter du 1er septembre 2018.

Art. 28 Sont abrogés :

1° L'arrêté du 3 septembre 1998 relatif à la charte des thèses ;

2° L'arrêté du 6 janvier 2005 relatif à la cotutelle internationale de thèse ;

3° L'arrêté du 7 août 2006 relatif à la formation doctorale ;

4° L'arrêté du 7 août 2006 relatif aux modalités de dépôt, de signalement, de reproduction, de diffusion et de conservation des thèses ou des travaux présentés en soutenance en vue du doctorat.

Art. 29 Le présent arrêté entre en vigueur à compter du 1er septembre 2016.

SECTION IV *[ABROGÉE]* STAGES EN MILIEU PROFESSIONNEL *(Abrogée par L. nº 2014-788 du 10 juill. 2014, art. 1er).*

BIBL. ▸ Guide des stages, *MESRI, 2018 : http://cache.media.enseignementsup-recherche.gouv.fr/file/Annexes/39/0/guidestages_419390.pdf.*

Art. L. 612-8 à L. 612-14 *Abrogés par L. nº 2014-788 du 10 juill. 2014, art. 1er.*

COMMENTAIRE

« Les enseignements supérieurs sont organisés en liaison avec les milieux professionnels » (art. L. 611-2, al. 2) ; leurs représentants participent à la définition des programmes, notamment au sein des *« conseils de perfectionnement des formations »* (art. L. 611-2, al. 2, 1°) mis en place par la loi ESR du 22 juillet 2013 qui insiste par ailleurs sur *« la formation à l'entreprenariat »* (art. L. 612-1, al. 1er). Les perspectives professionnelles sont prises en considération par les étudiants lorsqu'ils élaborent leur projet d'orientation (art. L. 611-3). Leurs contacts avec le monde professionnel peuvent avoir pour cadre les enseignements auxquels peuvent participer des praticiens ou, plus large-

ment, les formations en alternance. La découverte des entreprises et des autres milieux professionnels, notamment les associations et les services administratifs, peut avoir lieu lors des ***stages*** qui doivent être en cohérence avec la formation suivie et faire l'objet d'un suivi pédagogique (art. L. 611-2, al. 2, 3°).

La loi LRU du 10 août 2007 a prévu la création dans chaque université d'un ***bureau d'aide à l'insertion professionnelle*** chargé de diffuser les offres de stages et d'emplois et d'assister les étudiants dans leurs recherches de stage et de premier emploi. La loi ESR du 22 juillet 2013 leur impose de recenser les entreprises susceptibles d'offrir aux étudiants une expérience professionnelle pour leur proposer des conventions de stage (art. L. 611-5).

La loi Cherpion n° 2011-893 du 28 juillet 2011 avait ajouté au livre VI une section sur les stages dont les dispositions ont été abrogées par la loi n° 2014-788 du 10 juillet 2014 issue d'une proposition des députés B. Leroux et autres, qui crée, de manière plus logique dans la mesure où les dispositions de la loi de 2014 concernent aussi bien l'enseignement secondaire que l'enseignement supérieur, un nouveau chapitre intégré au titre II du livre Ier fixant les objectifs et les missions du service public de l'enseignement (V. art. L. 124-1 s.). Elle renforce les droits des stagiaires (congés, autorisation d'absence, contrôle par l'inspection du travail, exonération de l'assujettissement à l'impôt sur le revenu des gratifications).

Le décret n° 2014-1420 du 27 novembre 2014 précise les modalités d'intégration des périodes de formation et des stages en milieu professionnel dans un cursus pédagogique scolaire ou universitaire en fixant, notamment, un volume pédagogique minimal de formation dans les établissements d'enseignement (200 h minimum par année d'enseignement, ramené à 50 heures par le Décr. n° 2017-1652 du 30 nov. 2017, art. D. 124-2). Il détermine les modalités de l'encadrement pédagogique des stagiaires par l'enseignant-référent dans l'établissement d'enseignement et le tuteur de stage dans l'organisme d'accueil (16 stagiaires au maximum, portés à 24 dans l'enseignement supérieur par un décret du 30 nov. 2017 afin de diminuer les tensions existantes dans certaines filières de formation) et précise les mentions devant figurer dans les conventions de stage conclues entre le stagiaire, l'établissement d'enseignement et l'organisme d'accueil (art. D. 124-4 ; pour éviter les retards dus à la complexité de la procédure et à la pluralité de signatures, il est prévu d'autoriser les délégations de signature et la signature électronique). Les informations relatives aux stagiaires doivent figurer dans une partie spécifique du registre unique du personnel mentionnée à l'article L. 1221-13 du code du travail. Les organismes d'accueil ont l'obligation de délivrer une attestation de stage aux élèves et étudiants (art. D. 124-9). Enfin, le texte unifie le cadre réglementaire applicable à l'ensemble des organismes d'accueil, qu'ils soient de droit public ou de droit privé, même s'il subsiste certaines dispositions spécifiques aux organismes d'accueil de droit public.

Lorsqu'un étudiant effectue un stage dans le cadre de ses études, tant en France qu'à l'étranger, il reste sous la responsabilité de l'établissement d'enseignement dans lequel il est inscrit. L'établissement doit donc s'assurer, au titre du bon fonctionnement du service public dont il a la charge, que le stage se déroule dans des conditions ne mettant pas en danger la sécurité du stagiaire (en cas contraire, la responsabilité de l'établissement peut être engagée pour faute) (CE 15 oct. 2014, n° 369427 B). ❑

CHAPITRE III COLLATION DES GRADES ET TITRES UNIVERSITAIRES

SECTION PREMIÈRE RÈGLES GÉNÉRALES DE DÉLIVRANCE DES DIPLÔMES

Art. L. 613-1 L'État a le monopole de la collation des grades et des titres universitaires.

Les diplômes nationaux délivrés par les établissements sont ceux qui confèrent l'un des grades ou titres universitaires dont la liste est établie par décret pris sur avis du Conseil national de l'enseignement supérieur et de la recherche. *(L. n° 2002-73 du 17 janv. 2002, art. 137)* **« Sous réserve des dispositions des articles L. 613-3 et L. 613-4, ils ne peuvent être délivrés » qu'au vu des résultats du contrôle des connaissances et des aptitudes appréciés par les établissements** *(L. n° 2013-660 du 22 juill. 2013, art. 37)* **« accrédités » à cet effet par le ministre chargé de l'enseignement supérieur après avis du Conseil national de l'enseignement supérieur et de la recherche. Un**

diplôme national confère les mêmes droits à tous ses titulaires, quel que soit l'établissement qui l'a délivré.

(L. n° 2013-660 du 22 juill. 2013, art. 37) « Le contenu et les modalités de l'accréditation des établissements sont fixés par arrêté du ministre chargé de l'enseignement supérieur, après avis du Conseil national de l'enseignement supérieur et de la recherche. L'accréditation, par son contenu et ses modalités, prend en compte le lien entre enseignement et recherche au sein de l'établissement, la qualité pédagogique, la carte territoriale des formations, les objectifs d'insertion professionnelle et les liens entre les équipes pédagogiques et les représentants des professions concernées par la formation.

« Un établissement est accrédité pour la durée du contrat pluriannuel conclu avec l'État. L'accréditation peut, après une évaluation nationale, être renouvelée par arrêté du ministre chargé de l'enseignement supérieur, après avis du Conseil national de l'enseignement supérieur et de la recherche.

« Le cadre national des formations, fixé par arrêté du ministre chargé de l'enseignement supérieur, après avis du Conseil national de l'enseignement supérieur et de la recherche, comprend la liste des mentions des diplômes nationaux regroupés par grands domaines ainsi que les règles relatives à l'organisation des formations.

« L'arrêté d'accréditation de l'établissement emporte habilitation de ce dernier à délivrer, dans le respect du cadre national des formations, les diplômes nationaux dont la liste est annexée à l'arrêté. »

Les règles communes pour la poursuite des études conduisant à des diplômes nationaux, les conditions d'obtention de ces titres et diplômes, le contrôle de ces conditions et les modalités de protection des titres qu'ils confèrent, sont définis par arrêté du ministre chargé de l'enseignement supérieur, après avis ou proposition du Conseil national de l'enseignement supérieur et de la recherche.

Les aptitudes et l'acquisition des connaissances sont appréciées, soit par un contrôle continu et régulier, soit par un examen terminal, soit par ces deux modes de contrôle combinés. Les modalités de ce contrôle tiennent compte des contraintes spécifiques des étudiants accueillis au titre de la formation continue. *(L. n° 2013-660 du 22 juill. 2013, art. 37)* « Elles sont adaptées aux contraintes spécifiques des étudiants ou personnes bénéficiant de la formation continue présentant un handicap ou un trouble invalidant de la santé *(L. n° 2018-166 du 8 mars 2018, art. 14)* « ou en état de grossesse ». » Elles doivent être arrêtées dans chaque établissement au plus tard à la fin du premier mois de l'année d'enseignement et elles ne peuvent être modifiées en cours d'année.

Seuls peuvent participer aux jurys et être présents aux délibérations des enseignants-chercheurs, des enseignants, des chercheurs ou, dans des conditions et selon des modalités prévues par voie réglementaire, des personnalités qualifiées ayant contribué aux enseignements, ou choisies, en raison de leurs compétences, sur proposition des personnels chargés de l'enseignement.

Sur l'organisation des examens et concours pendant la crise sanitaire née de l'épidémie de covid-19, V. ci-dessous, Ord. n° 2020-1694 du 24 déc. 2020.

Sur les diplômes nationaux de l'enseignement supérieur, V. art. D. 613-6 s.

Sur les grades et titres universitaires et les diplômes nationaux, V. art. D. 613-1 s.

Sur l'application au système français d'enseignement supérieur de la construction de l'Espace européen de l'enseignement supérieur, V. art. D. 611-1 s.

Sur les modalités de valorisation et de validation des compétences acquises dans l'exercice d'un service civique, V. art. D. 611-7 s.

Ordonnance n° 2020-1694 du 24 décembre 2020,

Relative à l'organisation des examens et concours pendant la crise sanitaire née de l'épidémie de covid-19.

Art. 1er Les dispositions de la présente ordonnance ne sont mises en œuvre que dans la mesure où elles sont nécessaires pour faire face aux conséquences de la propagation de l'épidémie de covid-19 et des mesures prises pour limiter cette propagation.

CHAPITRE Ier. *ACCÈS AUX FORMATIONS DE L'ENSEIGNEMENT SUPÉRIEUR ET DÉLIVRANCE DES DIPLÔMES DE L'ENSEIGNEMENT SUPÉRIEUR*

Art. 2 Les dispositions du présent chapitre sont applicables du 1er janvier 2021 au 31 octobre 2021 inclus à toutes les modalités d'accès aux formations de l'enseignement supérieur et de délivrance des diplômes de l'enseignement supérieur, y compris le baccalauréat.

Art. 3 Nonobstant toute disposition législative ou réglementaire contraire, les autorités compétentes pour la détermination des modalités d'accès aux formations de l'enseignement supérieur dispensées par les établissements relevant des livres IV et VII du code de l'éducation ainsi que pour la détermination des modalités de délivrance des diplômes de l'enseignement supérieur, y compris le baccalauréat, peuvent apporter à ces modalités les adaptations nécessaires à leur mise en œuvre.

S'agissant des épreuves des examens ou concours, ces adaptations peuvent porter, dans le respect du principe d'égalité de traitement des candidats, sur leur nature, leur nombre, leur contenu, leur coefficient ou leurs conditions d'organisation, qui peut notamment s'effectuer de manière dématérialisée.

Les adaptations apportées en application du présent article sont portées à la connaissance des candidats par tout moyen dans un délai qui ne peut être inférieur à deux semaines avant le début des épreuves.

Art. 4 Lorsque l'autorité compétente mentionnée au premier alinéa de l'article 3 est un organe collégial d'un établissement et qu'il peut délibérer dans des délais compatibles avec la continuité du service, cet organe collégial peut décider de déléguer au chef d'établissement sa compétence pour apporter les adaptations mentionnées au même article.

Lorsque cet organe collégial ne peut délibérer dans des délais compatibles avec la continuité du service, les adaptations mentionnées à cet article sont arrêtées par le chef d'établissement. Ce dernier en informe alors, par tout moyen et dans les meilleurs délais, l'organe collégial compétent.

Art. 5 Les autorités compétentes pour constituer des jurys au sein des établissements relevant des livres IV et VII du code de l'éducation peuvent en adapter la composition et les règles de quorum.

Les membres de ces jurys peuvent participer aux réunions et délibérations par tout moyen de communication électronique permettant leur identification et garantissant leur participation effective ainsi que la confidentialité des débats.

BIBL. ▶ **Droit des examens.** Bandet, Les concours et examens administratifs. Guide des règles de droit applicables, *Doc. fr., 1998.* – Dmochowski, L'examen dans l'enseignement supérieur. Étude de jurisprudence, *RD publ. 1981. 1367.* – Georgel, Enseignement public. Examens et concours, *J.-Cl. Adm., fasc. 230.* – Jallais, Les examens universitaires devant le juge administratif, *AJDA 2001. 736*. – Girardot, Éditorial sur la composition des jurys, *LIJ 2007, n° 118, p. 3.* – Gohin, Le droit des examens et des concours, les apports de la jurisprudence récente, *RD publ. 1988. 1647.* – Gros, Le zéro juridique, *AJDA 2011. 2459*. – de Laubadère, La réglementation des diplômes nationaux de l'enseignement supérieur, *AJDA 1973. 198.* – Lavaissière, Les « mal notés » et le juge, *AJDA 1981. 119* ; Vers une plus grande « transparence » des examens et des concours ? La communication des notes et des copies aux candidats, *JCP 1982. I. 3072.* – Lichère, De l'anonymat à l'université, *AJDA 2020. 809*. – Melleray, Que reste-t-il des bases constitutionnelles du droit universitaire ?, *AJDA 2017. 1249*. – Moderne, La règle de l'anonymat dans les épreuves d'examens et de concours, *Rev. adm. 1985. 578.* – Parent, L'engagement de la responsabilité de l'administration en matière d'examens et de concours, *LIJ 2013, n° 179, p. 21.* – Plouvin, Le contrôle des délibérations des jurys d'examen des diplômes nationaux, *Quot. jur. 25 juin 1980. 3.* – Prélot, Le monopole de la collation des grades universitaires, *RD publ. 2008. 1264.* – Rollot, Les carences de la notation menacent la valeur des diplômes universitaires, *Le Monde, 27 sept. 2007. 9.*

▶ **Reconnaissance des diplômes.** Pertek, La reconnaissance mutuelle des diplômes d'enseignement supérieur, *RTDE 1989. 623* ; La reconnaissance des diplômes en Europe, *PUF, 1999* ; Reconnaissance des diplômes et ouverture des emplois publics aux ressortissants communautaires, *AJDA 1991. 680*.

▶ **Évaluation** : Dejean, L'évaluation de l'enseignement dans les universités françaises, *Haut Conseil de l'évaluation de l'école, Rapp. n° 5, févr. 2002.* – Gauthier, Caffin-Ravier, Descamps, Mosnier et Peretti, L'évaluation des étudiants à l'université : point aveugle ou point d'appui ?, *Rap-*

p. IGAENR, n° 2007-072, juill. 2007. – Romainville, L'évaluation des acquis des étudiants dans l'enseignement universitaire, *Haut Conseil de l'évaluation de l'école, Rapp. n° 8, déc. 2002*.

▸ **Crise sanitaire.** Boudon, Que sont nos Universités devenues ?, *D. 2020. 929*. – L'ordonnance n° 2020-306 sur la prolongation des délais échus pendant la période de l'état d'urgence sanitaire et l'adaptation des procédures pendant cette même période, *Le point sur, LIJ 2020, n° 212, p. 24*.

▸ **Formation continue.** Grille, La formation continue universitaire forme toujours plus de salariés, *MENESR, DEPP, Note d'information n° 27, oct. 2016* ; La place de la formation continue universitaire s'affirme entre 2002 et 2004, *MEN, Note d'information n° 07-29, juin 2007*. – Szymankiewicz, Caffin-Ravier, Caraglio, Gavini-Chevet, Ambrogi et Pradeaux, L'implication des universités dans la formation tout au long de la vie, *Rapp. IGAENR, n° 2014-061, juill. 2014*.

▸ **Discipline.** Sarthou, Les décisions du CNESER disciplinaire, *LIJ 2006, n° 107, p. 25*.

▸ **Divers.** Allouch, La société du concours. L'empire des classements scolaires, *Seuil, coll. La république des idées, 2017*. – Apparu et Julliard, Faut-il plus de compétition à la fac ?, *Magnard-L'étudiant-France Info, coll. L'avenir de nos enfants en question(s), sept. 2009*. – Duru-Bellat, Le Mérite contre la justice, *Presses de Sciences Po, 2019*. – Legrand, Les enjeux actuels du monopole de la collation des grades *in* Université, Universités, *Dalloz, coll. Thèmes et commentaires, 2010. 233*. – Piovezan, La guerre des diplômes entre grandes écoles et universités aura-t-elle lieu ?, *Le Monde, 29 janv. 2008. IX*. – See et Février, L'enseignement supérieur face au covid-19, *AJDA 2020. 822*.

▸ **Plagiat.** Battaglia, Le long parcours d'une plagiée pour faire reconnaître le « pillage » de sa thèse, *Le Monde, 11 nov. 2010. 15*. – Carroll, A Handbook for Deterring Plagiarism in Higher Education, *Oxford Centre for Staff Learning and Development, 2e éd., 2007*. – Hosny et Fatima, Attitude of students towards cheating and plagiarism : university case study, *Journal of Applied Sciences, 2014 : http://docsdrive.com/pdfs/ansinet/jas/2014/748-757.pdf*. – Leduc (rapp.), Réflexion éthique sur le plagiat dans la recherche scientifique, *COMETS - CNRS, Avis n° 2017-34, 27 juin 2017 : http://www.cnrs.fr/comets/IMG/pdf/avis_2017-34-2.pdf*. – Rey-Lefebvre, Le plagiat prospère dans les amphis. Peu sanctionnée, la pratique se répand chez les étudiants, et même les enseignants-chercheurs, *Le Monde, 3 mai 2012*. – Saunders, Combatting plagiarism – towards a new definition of academic misconduct, *Education Law Journal, paras 285-6*. – Serre, Les sanctions et mesures administratives applicables dans les cas de plagiat commis par des enseignants ou des étudiants dans l'enseignement supérieur, *LIJ 2017, n° 2001, p. 14*. – Plagiarism in Higher Education. Custom essay writing services : an exploration and next steps for the UK higher education sector, *Quality Assurance Agency for Higher Education, 2016 : http://www.qaa.ac.uk/en/Publications/Documents/Plagiarism-in-Higher-Education-2016.pdf*.

▸ **Fraudes aux examens.** V. Bibl. ss. art. L. 811-6.

COMMENTAIRE

Les formations supérieures sont sanctionnées par des diplômes attestant que l'étudiant a satisfait aux exigences prévues par la loi et le règlement en termes de connaissances et de compétences. En France, on distingue les diplômes d'établissement ou d'université, dits « diplômes propres » (art. L. 613-2), des « diplômes nationaux » (art. L. 613-1) qui confèrent des grades universitaires (baccalauréat, licence, master, doctorat) ou des titres qui s'intercalent entre les grades (dont la liste est établie par décret, art. D. 613-6 : BTS, DUT, DEUG, HDR…). Si l'État s'est d'abord vu reconnaître « le monopole de la collation des grades et des titres universitaires », la notion de diplôme national qui leur a ensuite été liée traduit la volonté d'assurer une régulation centrale du système universitaire. Si les universités et autres établissements d'enseignement supérieur disposent de l'autonomie pédagogique, l'État est garant tant de la qualité du service public de l'enseignement supérieur que de l'égalité de ses usagers. Aussi, le ministre chargé de l'enseignement supérieur dispose d'une double compétence pour accréditer les établissements habilités à délivrer les diplômes nationaux (art. L. 613-1, al. 2 s.) et pour réglementer la poursuite des études, les conditions d'obtention des titres et des diplômes et l'appréciation des aptitudes et de l'acquisition des connaissances (art. L. 613-1, al. 7 s.).

« L'État a le monopole de la collation des grades et des titres universitaires » (art. L. 613-1).

Origine. Organisant l'Université impériale, ***le décret du 17 mars 1808*** dispose : « *le baccalauréat, la licence et le doctorat sont conférés par les facultés, à la suite d'examens et d'actes publics* ». Il généralise ainsi la formule employée par la loi du 16 fructidor An V instituant trois diplômes de médecine, de chirurgie et de pharmacie qui ne pouvaient être délivrés que sur examen public dans les trois écoles de Paris, Montpellier et Strasbourg. Le choix d'organiser des examens publics rompait avec les pratiques des universités de l'Ancien Régime placées sous le contrôle de l'Église. Les trois grades ne peuvent être conférés que par les facultés (partie intégrante de l'Université impériale), dans un cadre public (examens publics débouchant sur des actes publics conférant les grades).

Si la loi du 12 juillet 1875 déclarant que *« l'enseignement supérieur est libre »* (art. 1er, art. L. 151-6) avait institué des jurys mixtes ouverts aux docteurs des facultés libres, ***la loi du 18 mars 1880 sur la liberté de l'enseignement supérieur*** rétablit *« le droit exclusif, pour les jurys composés de professeurs de l'État, de faire passer des examens »* pour *« la délivrance des diplômes et des grades universitaires »*. Au monopole de l'État au nom duquel sont attribués les grades et les diplômes universitaires s'ajoute un monopole reconnu aux seuls jurys composés des professeurs des facultés de l'État. La loi interdit alors aux établissements privés de s'intituler *« université »* et de délivrer le baccalauréat, la licence ou le doctorat ; les établissements d'enseignement privés ne pouvant délivrer que des certificats d'études qui ne peuvent porter les titres de baccalauréat, licence ou doctorat (art. L. 731-14).

Même si la loi Edgar Faure du 12 novembre 1968 ne mentionnait pas le « ***grade*** » et confiait au ministre le pouvoir de réglementer *« les conditions d'obtention [des] diplômes nationaux et les modalités de protection des titres qu'ils confèrent »* (art. 20), le Conseil d'État jugea qu'elle n'abrogeait pas la loi de 1880 (CE, ass., 25 juin 1969, *Synd. autonome du personnel enseignant des facultés de droit et des sciences économiques de l'État*, n° 77905 A, et CE, ass., 25 juin 1969, *Synd. autonome du personnel enseignant des facultés des sciences de l'État*, n° 77990 A précisant en outre que les art. 1er et 5 de la L. de 1880 imposant de passer les examens devant les jurys des facultés d'État s'appliquaient à tous les examens et non simplement aux examens terminaux). La loi n° 71-577 du 12 juillet 1971, modifiant la loi 1968, abroge les art. 1er et 5 de la loi de 1880 ; elle précise les conditions dans lesquelles les étudiants des établissements d'enseignement supérieur privés peuvent subir les contrôles nécessaires pour obtenir un diplôme (convention avec une université publique [aujourd'hui un EPSCP] prévoyant les modalités de contrôle ; si aucun accord n'a été conclu, le recteur de région académique, chancelier des universités, définit le régime de vérification des connaissances et met en place un « jury rectoral » ; art. L. 613-7).

Distinction entre diplômes et grades/titres. En précisant que ***« les diplômes nationaux délivrés par les établissements sont ceux qui confèrent l'un des grades ou titres universitaires »*** (art. L. 613-1, al. 2), la loi amène à faire une double distinction. D'une part entre les grades et les titres, ceux-ci venant s'intercaler entre les trois grades traditionnels de titres, communs à toutes les disciplines ou spécialités, la liste des uns et des autres étant établie par le décret du 27 février 1973 (pour les titres V. art. D. 613-6 qui en recense 12 parmi lesquels le certificat de capacité en droit, le DAEU, le BTS, le DUT et l'HDR, auxquels l'art. D. 613-7 ajoute vingt-deux titres pour les disciplines de santé) ; d'autre part, la loi distingue les diplômes nationaux, propres à chaque discipline ou spécialité, qui confèrent ces grades ou titres et que les établissements d'enseignement supérieur sont habilités à délivrer par décision du ministre de l'éducation nationale. Au-delà des spécialités, le grade et le titre (sauf pour la capacité réservée aux seules études juridiques) indiquent un niveau. Les grades sont créés par décret ; les diplômes par arrêté ministériel. Il a été jugé que le ministre ne peut se borner à énumérer les grades ou titres auxquels les établissements peuvent préparer leurs étudiants en laissant à ces établissements le soin de choisir les disciplines à enseigner, mais doit définir limitativement par spécialité ou discipline, la liste des diplômes nationaux conférant ces grades ou titres que chaque établissement est habilité à délivrer (CE 12 févr. 1982, *Univ. Paris VII*, nos 27098, 27099 et 27100).

Valeur juridique. Examinant le projet de loi Savary, le Conseil d'État fut d'avis que *« le principe suivant lequel la* ***collation des grades*** *est réservée aux établissements publics d'enseignement qui remonte à la loi du 16 fructidor an V et que les lois de la République n'ont jamais transgressé depuis 1880 s'impose désormais au législateur »* (avis du CE 1986 : *EDCE 1987 p. 38*). On a pu en déduire que le principe selon lequel les grades universitaires ne peuvent être délivrés que par les établissements de l'État constituait un des principes fondamentaux reconnus par les lois de la République ; tel ne fut pas l'avis du rapporteur public, refusant d'y voir un des principes fondamentaux reconnus par les lois de la République (contrairement aux PFRLR que constituent la liberté de l'enseignement et l'indépendance des enseignants-chercheurs) (concl. de R. Keller : CE, ass., 9 juill. 2010, *Féd. nat. de la libre pensée*, n° 327663). En visant l'article 34 de la Constitution, le Conseil d'État y voit un principe fondamental de l'enseignement qui détermine la compétence du législateur.

LMD. La liaison entre le diplôme et le grade va être revisitée avec la construction de l'espace européen d'enseignement supérieur ; l'idée fut alors de ne pas modifier les diplômes mais de « surligner » les trois niveaux (LMD), en utilisant les grades existants auxquels fut ajouté le grade de « master » (créé par le Décr. n° 99-747 du 30 août 1999 modifié par le Décr. n° 2002-480 du 8 avr. 2002) à la suite du rapport Attali « Pour un modèle européen d'enseignement supérieur » préconisant la délivrance de plein droit du nouveau grade aux titulaires du diplôme d'ingénieur délivré par un établissement habilité.

En principe, le grade est conféré de plein droit aux titulaires du diplôme national du même nom (pour la licence, art. D. 612-32-2 ; pour le master, art. D. 612-33). Si le diplôme de licence est délivré par les universités habilitées (Arr. du 1er août 2011, relatif à la licence, art. 22), le décret a prévu que le diplôme de master le soit par les EPSCP habilités (Arr. du 25 avr. 2002, art. 7), c'est-à-dire non seulement les universités mais aussi les grands établissements qui peuvent relever d'un autre ministre que celui chargé de l'enseignement supérieur. Dans les deux cas, l'établissement peut agir seul ou conjointement avec d'autres établissements publics d'enseignement supérieur (pour le diplôme national du doctorat, voir Arr. du 7 août 2006, art. 13).

Mais le grade peut aussi être conféré aux titulaires d'un autre diplôme. Logiquement, puisque la notion de grade est définie par référence à la notion de diplôme national, il s'agit d'un diplôme national (par exemple la licence professionnelle pour le grade de licence, le DEA, ou le DESS pour le grade de master). Mais il peut aussi s'agir d'un diplôme qui ne présente pas le caractère d'un diplôme national. C'est ainsi le cas quand le diplôme de référence a été délivré par une université étrangère et validé par une université française (cas d'un accord avec le Saint-Siège : CE 9 juill. 2010, *Féd. nat. de la libre pensée et a.*, n° 327663) restreignant la portée de l'accord, l'arrêt l'assimile à un processus de validation d'acquis prévu par l'article L. 613-5 ; les établissements d'enseignement supérieur privés ne sont pas habilités à délivrer des diplômes nationaux ou des grades universitaires, ce qui aurait nécessité une loi, André Legrand, AJDA 2010.1500 ; solution confirmée par CE 7 juin 2007, *Conférence des grandes écoles*, n° 389213 : « il résulte des dispositions... de l'article L. 613-1, éclairées par les travaux parlementaires ayant précédé l'adoption de la loi du 18 mars 1880 relative à la liberté de l'enseignement supérieur et de la loi du 26 janvier 1984 sur l'enseignement supérieur dont elles sont issues, que le législateur a entendu exclure que des établissements d'enseignement supérieur privés puissent délivrer seuls des diplômes conduisant à l'obtention de grades ou de titres universitaires »).

Mais c'est aussi le cas des diplômes propres à certains EPSCP (IEP de Paris, Paris-Dauphine) ou du diplôme d'ingénieur délivré par un établissement habilité à cet effet par la commission des titres d'ingénieur, l'établissement pouvant être alors une université, une école ou un institut extérieur à l'université, un grand établissement ou une école technique privée d'enseignement supérieur (art. L. 642-1) ; le grade peut également être conféré de plein droit aux titulaires des diplômes de même niveau délivrés au nom de l'État figurant sur une liste établie après une évaluation nationale périodique, par arrêté du ministre chargé de l'enseignement supérieur après avis conforme du ou des ministres dont relèvent les établissements concernés et après avis du Conseil national de l'enseignement supérieur et de la recherche (cas des écoles de commerce et de gestion reconnues par l'État qui peuvent délivrer des diplômes visés par le ministre chargé de l'enseignement supérieur après une évaluation par une instance nationale : la commission d'évaluation des formations et diplômes de gestion [CEFDG] qui propose au ministre l'autorisation à délivrer un diplôme visé, accordée par arrêté ministériel après avis du CNESER). On peut s'étonner que cette évolution ait été réalisée par la voie réglementaire alors que les dispositions de l'article L. 642-1 sur l'habilitation à délivrer le titre d'ingénieur ont été considérées comme relevant de la compétence du législateur en tant que principe fondamental de l'enseignement (Cons. const. 18 mars 1999, n° 99-185 L).

La loi n° 2010-1536 du 13 décembre 2010 ajoute que, « dans le cadre de la politique contractuelle », les EPCS (donc les PRES dotés de cette forme et désormais les communautés d'universités et d'établissements : COMUE) peuvent être habilités à délivrer des diplômes nationaux, ce qui vise notamment les doctorats. Dans la mesure où ces établissements regroupent aux côtés des universités de nombreux établissements dont le statut peut être privé (écoles de commerce, écoles d'ingénieurs, mais aussi éventuellement les facultés et instituts catholiques...), ceux-ci pourront, par l'intermédiaire de ces superstructures auxquelles ils appartiennent, assurer que les formations qu'ils délivrent peuvent être sanctionnées par un diplôme national. La loi du 22 juillet 2013 supprime les EPCS et prévoit plusieurs formes de regroupements dont les COMUE qu'elle qualifie d'EPSCP (art. L. 718-7). Si un établissement privé concourant aux missions du service public peut être intégré à un EPSCP (convention d'association), il ne pourra toujours pas prendre le titre d'université ou délivrer les diplômes nationaux pour lesquels l'EPSCP auquel il est associé est accrédité (art. L. 718-16).

Pour s'assurer qu'ils disposent des compétences et de l'organisation nécessaires, le ministre chargé de l'enseignement supérieur procède à leur habilitation après évaluation ; cette procédure est aujourd'hui intégrée au contrat pluriannuel d'établissement conclu pour une période de cinq ans (V. Arr. du 27 janv. 2020 relatif au cahier des charges des grades universitaires de licence et de master).

DE L'HABILITATION À L'ACCRÉDITATION

Depuis 2006, la procédure d'habilitation s'appuyait sur les avis de l'Agence d'évaluation de la recherche et de l'enseignement supérieur (AERES) émis après une évaluation de chaque formation (10 000 avis donnés pour l'ensemble des établissements répartis en cinq vagues annuelles dont une moyenne de 2 000 avis par an). La Direction générale pour l'enseignement supérieur et l'insertion professionnelle (DGESIP) prenait en considération ces avis en y ajoutant toutefois ses analyses fondées sur ses propres indicateurs. Après consultation du Conseil national de l'enseignement supérieur et de la recherche (auquel étaient transmis les avis de l'AERES et les propositions de la DGESIP), la DGESIP notifiait aux établissements ses décisions arrêtant la liste des diplômes qu'ils étaient autorisés (habilités) à délivrer pour la durée du contrat. Cette procédure avait fait l'objet de différentes critiques. Globalement, si l'offre de formation avait pu être stabilisée, elle était toutefois jugée trop dense, trop complexe et trop peu lisible au niveau du master (notamment par les employeurs). L'IGEANR dans un rapport de juillet 2012 (n° 2012-085) avait en outre souligné que le pilotage de la fonction formation par les établissements était très insuffisant. La procédure d'habilitation était centrée sur les contenus de chaque formation sans toujours prendre en considération le contexte (politique documentaire, antennes délocalisées, transport et logement des étudiants, insertion professionnelle), ni les données financières et organisationnelles. Le juge administratif a pu connaître de cette procédure complexe en assurant un contrôle restreint des appréciations ministérielles en cas de rejet d'une demande d'habilitation et en rappelant au ministre l'obligation de motiver son refus (CE 12 févr. 1982, *Univ. Paris VII*, n° 27098, note ss. art. L. 613-1).

Après les Assises nationales de l'enseignement supérieur et de la recherche (2012), le rapport Le Déaut proposa de substituer progressivement à la procédure d'habilitation une procédure d'accréditation périodique *a priori* des établissements pour la délivrance des diplômes, maintenant leur cadrage au niveau national, en unifiant et simplifiant la nomenclature, les formations faisant l'objet d'une rigoureuse évaluation *a posteriori*. Deux idées sont alors reprises : simplifier l'offre de formation (la rendre plus lisible) et renforcer l'autonomie pédagogique des établissements. Aussi le Gouvernement introduisit-il alors dans le projet de loi une disposition substituant à la procédure pointilliste d'habilitation de chaque formation débouchant sur un diplôme national une procédure globalisante d'accréditation de chaque établissement, l'autorisant à délivrer les diplômes nationaux s'inscrivant dans un cadre national des formations. Le Parlement adopta ces dispositions figurant notamment à l'article 37 de la loi du 22 juillet 2013 modifiant l'article L. 613-1 du code de l'éducation (et en tire les conséquences pour d'autres articles du même code, substituant ainsi l'accréditation à l'habilitation des écoles doctorales : art. L. 612-7 consacrant ainsi une procédure auparavant fondée sur un simple Arr. du 7 août 2006, des écoles délivrant le titre d'ingénieurs, art. L. 642-1, et l'étendant aux écoles d'architecture, art. L. 752-1 ; par ailleurs, la L. du 8 juill. 2013 organise l'accréditation des ESPÉ, art. L. 721-1, par un arrêté, après avis du Conseil national de l'enseignement supérieur et de la recherche ; pour la durée du contrat pluriannuel liant l'État à l'établissement public ; renouvelée pour la même durée, après une évaluation nationale ; l'accréditation de l'école emporte l'habilitation de l'EPCSP à délivrer le diplôme national de master dans les domaines des métiers de l'enseignement, de l'éducation et de la formation ; les modalités d'accréditation sont définies par arrêté conjoint des ministres chargés de l'enseignement supérieur et de l'éducation nationale ; V. Arr. du 27 août 2013).

La notion d'accréditation (qui littéralement signifie : rendre crédible ou donner du crédit au sens d'accorder sa confiance) n'est pas nouvelle. Ici ou là sont apparus des organismes accréditeurs (tel le Comité français d'accréditation) qui opèrent un audit portant sur le savoir-faire et la qualité des prestations et de l'organisation d'une entité en se plaçant dans un cadre normatif précédemment déterminé. C'est ainsi que des laboratoires, des hôpitaux ou des médecins ont pu faire l'objet d'une procédure d'accréditation. Dans le domaine de la formation, les écoles de commerce peuvent voir leur qualité labellisée par des organismes européens ou internationaux. L'idée est de reconnaître globalement le savoir-faire et la qualité d'un organisme. Elle est reprise par la loi pour les établissements d'enseignement supérieur.

Après avoir rappelé que l'État a le monopole de la collation des grades et des titres universitaires dans son alinéa 1er, l'article L. 613-1 dispose désormais que les diplômes nationaux qui confèrent ces grades et titres sont délivrés par des établissements accrédités à cet effet. Le contenu et les modalités de l'accréditation sont fixés par arrêté du ministre chargé de l'enseignement supérieur (par arrêté conjoint avec le ministre de l'éducation nationale pour les ESPÉ, formule simplifiée en cas d'unicité ministérielle, avec le ministre chargé de l'architecture pour les enseignements artistiques), après avis du CNESER (V. Arr. du 22 janv. 2014 fixant les modalités d'accréditation d'établissements d'enseignement supérieur). Contrairement à l'habilitation à délivrer les diplômes nationaux fondée sur le contenu des formations, l'accréditation doit prendre en compte les éléments du contexte interne à l'établissement (le lien entre l'enseignement et la recherche, entre les formations et les laboratoires), la qualité pédagogique (équipe pédagogique, évaluation des formations, notamment par les étudiants, capacité d'évolution, innovations pédagogiques, formations en alternance, insertion professionnelle...) et du contexte externe (répartition territoriale des formations, liens entre les équipes pédagogiques et les représentants des professions, notamment par la mise en place des conseils de perfectionnement des formations prévus par l'art. L. 611-2).

L'établissement doit établir un dossier qui démontre sa capacité à mettre en œuvre l'offre de formation. Il s'agit d'abord de présenter la stratégie de formation de l'établissement en cohérence avec les autres axes de sa politique (scientifique, doctorale, ressources humaines, vie étudiante, relations internationales, numérique, formation tout au long de la vie). La politique de formation est appréciée au regard des procédures et des moyens déployés (spécialisation progressive, démarche qualité, accompagnement des étudiants, continuité lycée/université, pédagogie, contrôle des connaissances, insertion professionnelle). L'architecture de l'offre de formation doit être présentée par domaine et par niveau, l'établissement devant démontrer sa capacité à mobiliser les moyens correspondant à son offre de formation (Arr. du 22 janv. 2014, abrogé par l'Arr. du 27 janv. 2020 qui présente un nouveau cahier des charges enrichissant les critères d'évaluation et ajoute un volet sur la politique sociale de l'établissement).

Sur la base de ce dossier transmis par l'université, le ministre prend, après avis du CNESER, un arrêté d'accréditation auquel est annexée la liste des diplômes nationaux et leurs mentions que l'établissement d'enseignement supérieur est autorisé à délivrer, seul ou en partenariat avec un ou plusieurs établissements.

L'accréditation est accordée pour cinq ans, délai correspondant au contrat pluriannuel d'établissement. Elle est ensuite renouvelée par un nouvel arrêté, pour la même durée, après une évaluation nationale, l'article 90 de la Loi du 22 juillet 2013 introduit un article L. 114-3-1 dans le code de la recherche qui précise que cette évaluation préalable permet au Haut Conseil de l'évaluation de la recherche et de l'enseignement supérieur, HCERES, de s'assurer de la conformité de la formation au cadre national des formations et de l'effectivité de la participation des étudiants à l'évaluation des enseignements, dans le respect de l'indépendance des enseignants-chercheurs et de l'autonomie de l'université ; sur ce point, voir les notes sous l'article L. 613-1 ; cet article la prévoit à titre préalable tant pour la reconduction que pour l'accréditation initiale, précisions absentes de l'article L. 613-1 du code de l'éducation, et l'avis du CNESER.

Les mesures de simplification annoncées en avril 2016 prévoient la mise en place d'un dossier unique HCERES et MENESR, permettant au Haut Conseil d'évaluer tant le bilan que le projet et au ministre d'accorder l'éccréditation.

Le cadre national des formations doit donc au préalable être fixé par arrêté ministériel après avis du CNESER. Pour assurer la lisibilité de l'offre de formation, les diplômes de licence et de master sont définis par une nomenclature reposant sur un classement en quatre domaines (1/ : Arts, lettres, langues ; 2/ : Droit, économie, gestion ; 3/ : Sciences humaines et sociales ; 4/ : Sciences, technologies, santé) et une liste de mentions (45 pour la licence, 250 pour le master sous réserve de révisions périodiques). Des dérogations peuvent être accordées par le ministre chargé de l'enseignement supérieur après avis du CNESER pour expérimentation ou pour les diplômes délivrés avec un ou plusieurs établissements d'enseignement supérieur étrangers dans le cadre d'un partenariat international (Arr. du 22 janv. 2014 fixant le cadre national des formations conduisant à la délivrance des diplômes nationaux de licence, de licence professionnelle et de master, art. 2 ; Arr. du 22 janv. 2014 fixant la nomenclature des mentions du diplôme national de licence ; Arr. du 4 févr. 2014 fixant la nomenclature des mentions du diplôme national de master). L'arrêté présentant le cadre national des formations fixe ensuite les règles relatives à l'organisation des formations (en semestres et par unités capitalisables autour d'un projet de formation porté par une équipe pédagogique, parcours type en formation initiale et en formation continue : art. D. 611-1 à D. 611-6, dispositif d'évaluation des enseignements et conseils de perfectionnement, suppléments au diplôme : art. D. 123-13, usage du numérique ; lien formation/recherche, stages professionnels, périodes d'études à l'étranger).

Ces instruments permettront-ils d'atteindre les objectifs du Gouvernement ? La fixation d'un cadre national des formations devrait pouvoir simplifier la présentation de l'offre et en améliorer la visibilité. S'agissant de l'autonomie pédagogique, l'approche globale de la certification devrait pouvoir éviter d'entrer dans la zone réservée à l'autonomie des équipes pédagogiques et des enseignants-chercheurs (notamment la détermination des contenus des différentes unités d'enseignement) et recentrer le dialogue contractuel entre le ministère et les établissements sur la politique globale des formations. Aura-t-on ainsi renforcé l'autonomie pédagogique des établissements ? A vrai dire, on voit mal comment un établissement pourrait ne pas être accrédité sans porter atteinte aux principes de continuité et d'égalité. Là où un refus d'habilitation était acceptable, un refus d'accréditation entraînerait la fin des activités de l'établissement. C'est l'arme atomique ! La menace permettra à la DGSIP d'imposer à l'établissement de revoir sa copie, au détriment de son autonomie ! D'ailleurs, pour la première accréditation, lorsque la durée du contrat liant l'État à l'établissement public d'enseignement supérieur restant à courir est inférieure à un an, les établissements sont accrédités jusqu'au terme du contrat suivant.

LA DÉLIVRANCE DES DIPLÔMES

Les diplômes nationaux sont délivrés soit au vu des résultats du contrôle des connaissances et des aptitudes ou de la « validation des acquis de l'expérience » (art. L. 613-3) dont les modalités sont fixées par chaque établissement dans le respect de la réglementation nationale (V. note ss. art. L. 711-1). Les jurys nommés par le président d'université (pour la VAE, art. L. 613-4) apprécient souverainement les résultats et déclarent les candidats admis, éventuellement avec une mention. Enfin, conséquence de leur caractère national, les diplômes, signés par le président de l'université et le recteur de région académique, confèrent les mêmes droits à tous leurs titulaires, quel que soit l'établissement qui les a délivrés (CE 12 juill. 1969, *Assoc. permanente des chambres des métiers de Saint-Étienne*, n° 70572, note ss. art. L. 613-1). Encore peut-on se demander si l'autonomie pédagogique des établissements, leur grande diversité et leur mise en concurrence de fait ne limitent pas aujourd'hui la portée du principe. On notera d'ailleurs que les diplômes nationaux de troisième cycle doivent porter la mention de l'établissement qui les délivre.

Parmi les mesures de simplification annoncées en 2016, est prévue la mise en place d'un service de délivrance des attestations dématérialisées de diplômes nationaux visés par l'État et conférant un grade universitaire qui, après sa généralisation pour le baccalauréat, doit concerner l'enseignement supérieur sur la base du volontariat des établissements. En 2019, un espace sécurisé gratuit donne accès à un coffre-fort numérique, permettant de consulter un « tableau de bord des attestations des diplômes » et de télécharger d'attestations numériques de diplômes à partir de la plateforme diplome.gouv.fr.

A côté des diplômes nationaux, les universités ont la possibilité de créer des diplômes propres (art. L. 613-2) dits ***diplômes d'université*** ou diplômes d'établissement. De même ont-elles la possibilité de mettre en place des formations propres pour préparer des examens (qui eux-mêmes peuvent être sanctionnés par des diplômes nationaux) et des concours, essentiellement ceux de la fonction publique (art. L. 613-2, al. 1er). Le conseil d'administration peut alors fixer les droits d'inscription pour l'accès à la formation préparant ces diplômes propres (note ss. art. L. 613-2 et L. 711-1). Les diplômes alors délivrés ne peuvent pas porter la même dénomination que les diplômes nationaux ; la dénomination choisie ne doit pas être source de confusion (V. note ss. art. L. 613-2 à propos d'une « maîtrise universitaire »). Si le principe d'autonomie donne à l'établissement une latitude plus grande dans l'organisation de la formation (notamment pour les modalités du contrôle des connaissances, note ss. art. L. 613-2), son action est placée sous le contrôle du juge administratif (note ss. art. L. 613-2, contrôle de l'erreur manifeste d'appréciation). La loi ESR du 22 juillet 2013 pour assurer un minimum de transparence a imposé aux établissements de publier sur leur site internet la liste de leurs diplômes propres et des enseignants intervenant dans les formations qui les préparent (art. L. 613-2, al. 2).

Ces règles s'appliquent aux établissements d'enseignement supérieur privés dont les formations peuvent déboucher sur des diplômes propres ou préparer les examens permettant d'obtenir des diplômes nationaux (V. Décr. n° 2015-1168 du 21 sept. 2015 conférant le grade de licence aux titulaires de diplômes propres de certains établissements figurant sur une liste arrêtée par le ministre chargé de l'enseignement supérieur, art. D. 612-32-1 mod.). La loi du 18 mars 1880 sur la liberté de l'enseignement supérieur réservait la collation des grades aux facultés et aux jurys de l'État. Ce « monopole dans le monopole » était motivé par la volonté de veiller au niveau des études et de garantir la compétence professionnelle des diplômés. Par la suite, la loi Astier de 1919 sur l'enseignement technique permit à l'État d'habiliter les établissements privés à délivrer un diplôme « visé par le ministre », délégant le pouvoir d'État à un jury de l'établissement ; des mécanismes de délégation analogues existent pour l'enseignement agricole public (C. rur., art. L. 812-1, al. 7, mod. par la loi ESR du 22 juill. 2013) et la délivrance du titre d'ingénieur diplômé (art. L. 642-1, V. Cons. const. 18 mars 1999, n° 99-185 L, le principe de l'habilitation donnée par l'État est un principe fondamental qui relève de la loi). Un avis du Conseil d'État de 1984 distingue en conséquence les diplômes (propres ou nationaux) ne conduisant pas à la collation d'un grade (avec possibilité d'accréditer un établissement privé) des diplômes nationaux universitaires conduisant à la collation d'un grade qui ne peut être déléguée.

Pour la collation des grades, les étudiants des établissements d'enseignement supérieur privés doivent se présenter devant un jury public. Le contrôle continu des aptitudes et des connaissances, introduit en 1968, a amené les facultés privées à conclure des conventions avec les universités publiques pour définir les modalités de la vérification (L. du 12 juill. 1971) ; en leur absence, le ministre (le recteur depuis 1984) arrête les conditions du contrôle des connaissances (programme des examens, unités de valeur (V. notes ss. art. L. 614-2) et met en place des jurys (art. L. 613-7) dits « jurys rectoraux ».

Le monopole de la collation des grades et des titres universitaires est donc maintenu même si ce principe fondamental reconnu par les lois de la République (avis du Conseil d'État de 1984) a pu faire l'objet d'aménagements par plusieurs lois reprises par le code de l'éducation.

La création d'un nouveau grade, d'abord écrit « mastaire » (Décr. n° 99-747 du 30 août 1999) puis « master » (Décr. n° 2002-480 du 8 avr. 2002), conféré de plein droit aux titulaires des DEA, DESS et titres d'ingénieur diplômé, a remis en cause l'état du droit tel que le Conseil d'État l'analysait en 1984. L'arrêté du 25 avril 2002 créant le diplôme national de master précise qu'il est délivré par les établissements publics habilités (EPSCP et autres établissements publics d'enseignement supérieur, ce qui recouvre les grandes écoles), mais aussi, par dérogation, par les établissement d'enseignement supérieur relevant de la tutelle des autres ministères, ce qui permet aux établissements supérieurs techniques privés et consulaires, notamment aux écoles supérieures de commerce, d'être autorisés à délivrer un grade sans même que la législateur l'ait prévu (V. liste des ESC autorisés à délivrer le master par arrêté ministériel publiée au *BOEN, n° spécial, 14 févr. 2008*). De même, un établissement privé d'enseignement supérieur peut mettre en place une école doctorale accréditée par le ministre sur proposition et avis motivé du conseil de l'HCEESR, cette accréditation s'accompagnant d'une habilitation à délivrer le diplôme national de doctorat (Arr. du 7 août 2006, art. 13). (V. Pierre-Henri Prélot, « Le monopole de la collation des grades. Étude historique du droit positif et des évolutions contemporaines », *RD publ. 2008. 1265*).

Dans son rapport de 2012, le médiateur de l'éducation nationale et de l'enseignement supérieur indique que de nombreux établissements privés choisissent de délivrer des diplômes qui portent une dénomination parfois très proche de celle du diplôme national, en modifiant au besoin son orthographe (on trouve ainsi des « mastères » avec un e, ou des « mastaires »), en utilisant des dénominations anglo-saxonnes qui intègrent le mot « master » (« *master of arts* ») ou en accolant au mot « master » le nom de l'établissement (« master de l'institut de gestion des entreprises », par ex.). Accroissant la confusion, les écoles relevant de la Conférence des grandes écoles délivrent des « mastères spécialisés ». Aussi, la loi du 22 juillet 2013 complète l'article L. 731-14 qui punit d'une amende de 30 000 euros le responsable d'un établissement privé qui donne à celui-ci le titre d'université ou qui décerne des certificats portant le titre de baccalauréat, licence ou doctorat en l'étendant au master : « Est puni de la même peine le responsable d'un établissement qui décerne des diplômes portant le nom de master, ou qui décerne des diplômes en référence au grade de master sans avoir été accrédité ou autorisé par l'État, dans l'un ou l'autre cas ».

Le décret n° 2009-427 du 16 avril 2009 publie l'accord entre la République française et le Saint-Siège sur la reconnaissance des grades et des diplômes de l'enseignement supérieur signé à Paris le 18 décembre 2008. S'inscrivant dans le cadre du processus de Bologne visant à améliorer la lisibilité des grades (LMD) et de la convention de Lisbonne du 11 avril 1997 sur la reconnaissance des qualifications, cet accord a pour objet la reconnaissance par l'État des grades et diplômes délivrés par les « universités catholiques » (en fait, les cinq instituts catholiques d'enseignement supérieur et les autres établissements habilités par le Vatican) dans les disciplines énumérées par le protocole annexé. Annoncée par le président de la République dans son discours de Latran du 20 décembre 2007, cette mesure concerne les diplômes et les grades tant canoniques que profanes : la Congrégation pour l'éducation catholique (Saint-Siège) doit en élaborer la liste. Cet accord pose deux questions, l'une porte sur sa légalité (vis-à-vis du monopole de la collation des grades et des diplômes et de la laïcité), l'autre sur l'autonomie des établissements d'enseignement supérieur privés vis-à-vis de leur tutelle ecclésiale.

Sur le premier point, le Conseil d'État a rejeté les douze recours intentés en précisant que, si l'article L. 613-1 a réservé aux seuls établissements d'enseignement supérieur habilités à cet effet par le ministre l'attribution des diplômes nationaux, l'article L. 613-5 a autorisé la validation des études accomplies en dehors des établissements d'enseignement publics ; la Haute Juridiction juge que l'accord n'autorise pas les établissements privés à délivrer des diplômes nationaux (CE 9 juill. 2010, *Fédération nationale de la libre pensée et a.*, n° 327663 : *AJDA 2010. 1397* ; *RFDA 2010. 995, note Rambaud et Roblot-Troizier*).

La loi n° 2010-1536 du 13 décembre 2010 ajoute que, « dans le cadre de la politique contractuelle », les EPCS (donc les PRES dotés de cette forme et désormais les COMUE) peuvent être habilités à délivrer des diplômes nationaux, ce qui vise notamment les doctorats. Dans la mesure où ces établissements regroupent aux côtés des universités de nombreux établissements dont le statut peut être privé (écoles de commerce, écoles d'ingénieurs, mais aussi éventuellement les facultés et instituts catholiques…), ceux-ci pourront, par l'intermédiaire de ces super-structures auxquels ils appartiennent, assurer que les formations qu'ils délivrent peuvent être sanctionnées par un diplôme national.

La loi du 22 juillet 2013 supprime les EPCS et prévoit plusieurs formes de regroupements dont les communautés d'universités et d'établissements qu'elle qualifie d'EPSCP (art. L. 718-7). Si un établissement privé concourant aux missions du service public peut être intégré à un EPSCP (convention d'association), il ne pourra toujours pas prendre le titre d'université ou délivrer les diplômes nationaux pour lesquels l'EPSCP auquel il est associé est accrédité (art. L. 718-16).

LE CONTRÔLE DES CONNAISSANCES

« Les aptitudes et acquisition des connaissances sont appréciées, soit par un contrôle continu et régulier, soit par un examen terminal, soit par ces deux modes de contrôle combinés » *(art. L. 613-1, al. 4).*

La loi permet au ministre d'accréditer les établissements en leur donnant le pouvoir de délivrer les diplômes nationaux (art. L. 613-1) et leur accorde l'autonomie pédagogique nécessaire non seulement pour organiser les formations qui y mènent mais aussi pour déterminer, dans le respect de la réglementation nationale, les modalités du contrôle des connaissances (art. L. 711-1). Ce contrôle, qui a en principe lieu en présence des étudiants (dit « en présentiel »), peut être organisé à distance, le cas échéant sous forme numérique, la validation des enseignements imposant alors de vérifier non seulement l'identité du candidat mais aussi qu'il dispose bien des moyens techniques lui permettant le passage effectif des épreuves (art. D. 611-12, Décr. n° 2017-619 du 24 avr. 2017).

Un arrêté ministériel doit en effet prévoir les règles communes fixant les conditions d'obtention des diplômes nationaux après avis du CNESER (art. L. 613-1, al. 7 ; V. note ss. art. L. 613-1). Le ministre est tenu de respecter les dispositions législatives qui précisent que les aptitudes et les connaissances sont appréciées soit par un « contrôle continu et régulier » (dont le caractère prioritaire, notamment en licence, est prévu par l'art. 22 de l'Arr. du 23 avr. 2002 relatif aux études universitaires conduisant au grade de licence), soit par un examen terminal, ou encore par la combinaison de ces deux modes (art. L. 613-1). De même doit-il se conformer aux principes généraux du droit dégagés par le Conseil d'État comme celui de ***l'égalité de traitement entre les candidats***, prendre les mesures de compensation nécessaires pour tenir compte des handicaps (art. D. 613-26 s. ; pour une absence de rupture, V. note ss. art. L. 613-1), et respecter les principes fondamentaux de l'enseignement qui relèvent du domaine de la loi (par ex. celui selon lequel un diplôme national ne peut être délivré qu'après examen par un jury, CE 12 juill. 1969, *Chambre de commerce et d'industrie de Saint-Étienne*, n° 76089, qui s'applique à tous les examens et non pas seulement aux examens terminaux de chaque cycle, CE 25 juin 1969, ***Synd. autonome du personnel enseignant des facultés de droit***, n° 77905, note ss. art. L. 613-1). Le jury peut comporter des personnalités extérieures (note ss. art. L. 613-1).

L'université doit respecter sa propre réglementation ; le juge sanctionne pour vice de forme une délibération prise à la suite d'une soutenance devant un jury dont la composition était non conforme au règlement, selon une procédure non conforme ; le règlement doit faire l'objet des mesures de publicité nécessaires ; respect des règles en matière de contrôle continu (CE 27 mai 1987, n° 59159).

Pour chaque diplôme, c'est dans ce cadre que sont fixées les modalités de contrôle, au plus tard avant la fin du premier mois d'enseignement, par la commission de la formation et de la vie universitaire (CFVU) du conseil académique qui adopte les règles relatives aux examens (L. du 22 juill. 2013, art. 50). Si l'organe compétent de l'établissement peut adopter des dispositions que le ministre auraient omises, il n'a pas le pouvoir d'ajouter des conditions supplémentaires pour obtenir le diplôme (CE 28 mars 1984, *Univ. Pierre-et-Marie-Curie (Paris VI)*, n° 41784, note ss. art. L. 613-1).

Chaque université fixe les règles de compensation. En licence, l'arrêté prévoit qu'elle est organisée par semestre sur la base de la moyenne générale. Un dispositif spécial de compensation peut être mis en place pour permettre à l'étudiant de bénéficier d'une réorientation ou d'effectuer une mobilité dans un autre établissement. Le règlement peut prévoir une note éliminatoire.

Deux sessions de contrôle des connaissances et des aptitudes sont organisées par an (art. 29 de l'arrêté licence) ; sauf dispositions particulières arrêtées par le conseil d'administration, l'intervalle entre deux sessions est de deux mois, pendant lesquels doit être mis en place un dispositif de soutien ; si certaines universités ont pu mettre en place le contrôle continu intégral sans prévoir de session de rattrapage, le juge a rappelé que l'organisation de celle-ci est obligatoire quel que soit le mode de contrôle continu des connaissances retenu [V. par ex., TA Strasbourg, 23 janv. 2014, *UNEF, AGES*, n° 1302997, visant l'art. 17 de l'Arr. « licence » du 1er août 2011 ; confirmé par CA Nancy, 7 mai 2015, *UNEF (AGES/UNEF)*, n° 14NC005540]. Considérant que le choix du contrôle continu intégral s'accompagne d'évaluations multiples et diversifiées peu compatibles avec une seconde session, dite de rattrapage, reposant sur des épreuves « couperet », la Conférence des présidents d'université (CPU) incite les universités à procéder aux expérimentations nécessaires (CPU, déc. 2015), ce qu'a semblé accepter le ministère (avr. 2016) avant d'y renoncer (juill. 2016).

Le règlement des études doit préciser l'obligation d'assiduité aux cours, travaux pratiques et travaux dirigés, et préciser les sanctions en cas d'absence. Les modalités de ce contrôle tiennent compte des contraintes spécifiques des étudiants ou personnes bénéficiant de la formation continue présentant un handicap ou un trouble invalidant de la santé (art. L. 613-1, L. ESR 2013).

Des mentions peuvent être prévues sans qu'elles puissent être considérées comme un élément constitutif du diplôme (note ss. art. L. 613-1). Le règlement des examens doit être porté à la connaissance des étudiants en début d'année universitaire ; il doit faire l'objet d'une publicité suffisante pour être applicable (par affichage ou reproduction *in extenso*, notamment sur le site internet, V. note ss. art. L. 613-1) et indiquer le nombre d'épreuves, leur nature, leur durée, leur coefficient et les modalités du contrôle. Pour des raisons de sécurité juridique évidentes, toute modification doit intervenir dans des délais raisonnables. Le recteur de région académique, chancelier des universités, a une mission générale de surveillance des enseignements et des examens conduisant à des diplômes nationaux qu'il cosigne avec le président de l'université qui les délivre ; il vérifie que les délibérations sont conformes aux exigences légales et réglementaires et que les formations correspondent aux dispositions prises lors de l'accréditation.

Dans ce cadre, le président d'université (ou le chef d'établissement) nomme les différents jurys par arrêté (art. L. 712-2 ; notes ss. art. L. 613-1) ; la loi ESR du 22 juillet 2013 permet toutefois au conseil d'administration de confier cette responsabilité aux directeurs des composantes (art. L. 712-2, al. 3, 6°). Il leur revient alors d'organiser les examens, de fixer le calendrier des épreuves qui peut être aménagé si les circonstances l'exigent (note ss. art. L. 613-1), de s'assurer de la bonne préparation des sujets (qui doivent rentrer dans le cadre des programmes, notes ss. art. L. 613-1), et du bon déroulement des opérations, notamment en prenant les mesures nécessaires pour en assurer la surveillance (notes ss. art. L. 613-1), en vérifiant l'identité des candidats (qui peuvent en apporter la preuve par tous moyens si le règlement des examens n'en dispose pas autrement, note ss. art. L. 613-1). Les dispositions nécessaires doivent être prises pour éviter les fraudes (notamment en s'assurant qu'aucun vêtement ne dissimule des appareils de communication). Aucun principe général du droit n'impose l'anonymat des épreuves écrites (note ss. art. L. 613-1), ni leur double correction (note ss. art. L. 613-1).

« Le jury est seul compétent pour déclarer un étudiant admis aux examens et stages d'une année d'études » (CE 26 mars 2014, *M. B.*, n° 373102). Il est réuni par son président et peut délibérer si le quorum de plus de la moitié des membres est atteint (note ss. art. L. 613-1). Il peut être constitué en plusieurs groupes d'examinateurs sans porter atteinte au principe d'égalité de traitement des candidats, sous réserve d'harmonisation de la notation (note ss. art. L. 613-1). Il apprécie la valeur et les mérites des candidats au regard des seules épreuves prévues par le règlement des examens (note ss. art. L. 613-1) ; il a la possibilité de modifier les notes proposées par les examinateurs (note ss. art. L. 613-1). En principe, les membres du jury se prononcent à la majorité tant sur les résultats que sur les mentions. Les décisions qui déclarent admis ou ajournent les candidats n'ont pas à être motivées (note ss. art. L. 613-1). Il revient à l'administration de l'établissement de procéder à l'affichage des résultats (sans faire apparaître le nom des candidats ni les notes obtenues qui permettraient de porter un jugement sur les personnes et contreviendraient à la loi du 17 juillet 1978 (MEN DAJ B1, 4 mars 2011, LIJ 2011, n° 55, note ss. art. L. 613-1 ; V. ausi note sur la réutilisation des résultats par une société de communication exigeant le consentement préalable des intéressés).

Les étudiants ont ***droit à la communication de leurs copies*** en application de la loi du 17 juillet 1978 (art. 6-II. V. notamment CADA, avis 20112438) ; les copies d'un candidat à un examen et fiches d'évaluation aux épreuves orales, détenues par l'administration, font partie des documents communicables aux intéressés qui en font la demande, au sens des articles 2 et 6 de la loi n° 78-753 du 17 juillet 1978 (de même

CJUE 20 déc. 2017 : les réponses écrites fournies par un candidat lors d'un examen et les éventuelles annotations de l'examinateur relatives à ces réponses constituent des données à caractère personnel auxquelles la personne concernée dispose d'un droit d'accès). Dans le respect de la souveraineté du jury, cette communication a pour but d'apporter une information complémentaire au candidat et de lui permettre de vérifier l'absence d'erreur matérielle de transcription mais ce droit exclut les appréciations provisoires et les indications de correction considérées comme des documents internes (note ss. art. L. 613-1). Ils peuvent contester les décisions concernant les examens prises par le président (refus d'inscription, de transmission de dossier… V. note ss. art. L. 613-1), saisissant alors l'administration de recours non contentieux, recours gracieux au président d'université, recours hiérarchique au ministre qui, pour la délivrance des diplômes nationaux, est bien l'autorité compétente, malgré l'autonomie de l'université et l'indépendance des jurys. Dans le cas où une décision est illégale, l'administration peut procéder à son retrait dans un délai de quatre mois (jurisprudence *Ternon*, CE, ass., 26 oct. 2001 : *AJDA 2001. 1034*). S'agissant des décisions prises par un jury, seul ce dernier est compétent pour procéder au retrait (CE 26 mars 2014, n° 373102, irrégularité d'un relevé de notes signé par le chef des services administratifs d'une UFR).

Pour saisir le juge administratif d'un recours contentieux, l'étudiant doit d'abord avoir intérêt à agir (ce qui est le cas d'un étudiant ajourné mais pour son seul cas, note ss. art. L. 613-1) et respecter les délais (2 mois). S'agissant d'une opération complexe, les étudiants peuvent demander l'annulation de la décision finale mais non des mesures préparatoires que sont les barèmes ou les grilles de notation ; il en est de même des notes contestées en elles-mêmes sauf si elles ont été utilisées non pour apprécier la valeur du travail mais pour sanctionner une fraude pour laquelle une procédure disciplinaire aurait dû intervenir. En cas de faute de l'administration, l'étudiant a aussi la possibilité de demander au juge une indemnité (notamment pour composition irrégulière du jury entrainant une perte de chance sérieuse d'être reçu, note ss. art. L. 613-1). En outre, aujourd'hui les procédures d'urgence permettent d'obtenir une réponse dans des délais plus brefs.

Si le jury est souverain, le juge administratif n'en assure pas moins un contrôle minimal. Il s'attache tout d'abord à la régularité externe de la décision vérifiant qu'ont bien été appliquées les règles de composition, de nomination, de fonctionnement (présence des membres du jury à toutes les délibérations, V. note 97 sauf motif légitime), que les formes ont bien été respectées sous réserve de leur caractère substantiel (ce qui est le cas de la mention du nom et du prénom du président du jury). Il examine ensuite la régularité interne de la décision en contrôlant l'erreur de droit (non-respect du règlement par exemple en substituant une épreuve orale à une épreuve écrite, rupture d'égalité), l'erreur de fait et le détournement de pouvoir ; ce contrôle peut, exceptionnellement s'étendre à l'erreur manifeste d'appréciation (note ss. art. L. 613-1). S'il n'appartient pas au juge administratif de contrôler l'appréciation faite par le jury d'un examen de la valeur des copies remises par les candidats (CE 20 mars 1987, n° 70993), le Conseil d'État a pu considérer que des échelles de notation substantiellement différentes appliquées par deux professeurs avaient pu, eu égard à l'ampleur des différences, méconnaître le principe d'égalité entre les étudiants (CE 27 mai 1987, n° 44439).

En cas d'annulation, la décision est censée n'avoir jamais existé : le candidat a été admis sans titre ; l'admission doit en tirer toutes les conséquences. Toutefois, le juge a pu affirmer le caractère définitif de l'inscription en deuxième année de médecine (inscription créatrice de droits non contestée dans les délais) alors que le concours de fin de première année avait été annulé (note ss. art. L. 613-1).

En cas d'illégalité dans l'organisation des examens et la délivrance des diplômes, l'université peut voir sa responsabilité engagée, notamment si les fautes commises entraînent un préjudice de carrière pour perte de salaire (CE 27 mai 1987, n° 59159 : retard dans la délivrance d'un diplôme entraînant une perte de chances sérieuses d'obtenir un emploi).

Lors de la crise sanitaire du covid-19, l'ordonnance n° 2020-351 du 27 mars 2020 permet aux établissements d'adapter l'organisation du contrôle des connaissances, le nombre des épreuves, leur contenu, leurs conditions d'organisation ou leurs coefficients (art. 2). Ces adaptations doivent être décidées dans respect du principe fondamental du contrôle des aptitudes et des connaissances « nécessairement individuel » (TA Paris, ord., du 5 janv. 2020, n° 2007394/1), du principe d'égalité de traitement des étudiants (qui doivent être informés par tout moyen dans un délai qui ne saurait être inférieur à deux semaines avant le début des épreuves) et de l'indépendance et de la souveraineté des jurys. Il est en outre possible d'adapter l'organisation et le fonctionnement des jurys, tant en ce qui concerne leur composition, l'application des règles de *quorum*, que le recours par leurs membres à tous moyens de télécommunication permettant leur identification et garantissant leur participation effective ainsi que la confidentialité des débats (art. 4. V. Rapp. au Président de la République relatif à l'ordonnance n° 2020-351 du 27 mars 2020 de même pour 2021, V. Ord. n° 2020-1694 du 24 déc. 2020). Lorsque l'autorité compétente est un organe collégial d'un établissement et peut délibérer dans des délais compatibles avec la continuité du service, il peut décider de déléguer au chef d'établissement sa compétence pour apporter les adaptations mentionnées au même article. Lorsque cet organe collégial ne peut délibérer dans des délais compatibles avec la continuité du service, les adaptations sont arrêtées par le chef d'établissement. Ce dernier en informe alors, par tout moyen et dans les meilleurs délais, l'organe collégial compétent (art. 4). Les autorités compétentes pour constituer des jurys au sein des établissements d'enseignement supérieur peuvent en adapter la composition et les règles de *quorum* ; les membres de ces jurys peuvent participer aux réunions et délibérations par tout moyen de communication électronique permettant leur identification et garantissant leur participation effective ainsi que la confidentialité des débats (art. 5). Les restrictions d'accès aux établissements d'enseignement supérieur décidées pour faire face à l'aggravation rapide de l'épidémie comme la mise en place des enseignements à distance pour leurs étudiants ne portent une atteinte grave et manifestement illégale ni au droit à l'éducation ni aux libertés d'expression et de réunion de ces usagers ; la discrimination résultant du maintien des enseignements sur site par les établissements de l'enseignement secondaire (CPGE, STS) ne constitue pas une atteinte à une liberté fondamentale au sens de l'article L. 521-2 du code de justice administrative (CE, réf, 10 déc. 2020, n° 447015). ❑

PLAN DES ANNOTATIONS

I. PRINCIPES GÉNÉRAUX

1. *Établissements d'enseignement supérieur publics. Monopole de délivrance de diplômes. Accréditation.* Le Conseil d'État a affirmé qu'il résulte des dispositions de l'art. L. 613-1, éclairées par les travaux parlementaires ayant précédé l'adoption de la L. du 18 mars 1880 relative à la liberté de l'enseignement supérieur et de la L. n° 84-52 du 26 janv. 1984 sur l'enseignement supérieur dont elles sont issues, que le législateur a entendu exclure que des établissements d'enseignement supérieur privés puissent délivrer seuls des diplômes conduisant à l'obtention de grades ou de titres universitaires. En l'espèce, l'association requérante avait demandé à la ministre d'abroger l'art. 7 de l'Arr. du 25 avr. 2002 relatif au diplôme national de master et l'art. 18

de l'Arr. du 22 janv. 2014, modifié par l'Arr. du 17 nov. 2014, fixant le cadre national des formations conduisant à la délivrance des diplômes nationaux de licence, de licence professionnelle et de master, en tant qu'ils réservent la possibilité de délivrer le diplôme de master aux établissements publics à caractère scientifique, culturel et professionnel et aux établissements publics administratifs. Le conseil juge qu'en limitant aux seuls établissements publics le champ des règles relatives à l'accréditation des établissements habilités à délivrer le diplôme de master, le ministre n'a pas entaché ses arrêtés d'incompétence. • CE 7 juin 2017, n° 389213 A : *AJDA 2017. 1198* ; *ibid. 1681, note Legrand* ; *LIJ 2017, n° 200, p. 9.* ♦ Dans le même sens : une convention passée entre l'université Lille 1 sciences et technologies et l'Institut catholique de Lille prévoit à ce titre l'inscription collective par l'Institut catholique de ses étudiants au sein de l'université de Lille 1 et la délivrance par celle-ci des diplômes. Le tribunal administratif rappelle qu'il résulte de la combinaison des art. D. 612-1 et D. 612-2 que la délivrance d'un diplôme national par un établissement universitaire est subordonnée à l'inscription de l'étudiant au sein de cet établissement. En l'espèce, la requérante n'ayant pas été inscrite à l'université par l'Institut catholique, le président de l'université était tenu de refuser de lui délivrer son diplôme, même si l'étudiante avait validé l'année universitaire à la faculté libre des sciences économiques et de gestion de l'Institut catholique de Lille. • TA Lille, 4 juill. 2017, n°s 1402747 et 1402748.

2. Obligation du contrôle des connaissances et des aptitudes. Respect du principe d'égalité. Le juge rappelle que les dispositions de l'art. L. 613-1 imposent que la délivrance des diplômes soit obligatoirement subordonnée à un contrôle, nécessairement individuel, des connaissances et des aptitudes des élèves, avec les mêmes garanties d'égalité et d'impartialité pour chacun, ce qui exclut toute validation générale et indifférenciée ou une validation qui ne sanctionnerait pas des connaissances et des aptitudes suffisantes. Il poursuit en précisant que de cette exigence d'un contrôle dépend la validité des diplômes nationaux lesquels confèrent « les mêmes droits » à tous leurs titulaires, quel que soit l'établissement qui les a délivrés. • TA Paris, 5 juin 2020, n° 2007394/1-3 : *AJDA 2020. 1143* ; *ibid. 1431, note Boudon* ; *RFDA 2021. 113, concl. Pottier* ; *D. 2020. 1231, obs. de Montecler*.

3. Notion de diplôme. La Dir. 89/48/CEE ne s'applique pas au cas d'un ressortissant italien qui a obtenu en Italie un diplôme d'ingénieur sanctionnant des études d'une durée de trois ans, qui a obtenu que ce titre italien soit reconnu équivalent au titre espagnol correspondant, qui a obtenu l'inscription au tableau espagnol des ingénieurs, mais n'a jamais exercé cette profession en Espagne et enfin qui a sollicité l'inscription au tableau des ingénieurs en Italie sur la base du titre d'homologation espagnol. En effet, pour la Cour de justice, un titre attestant de qualifications professionnelles ne peut être assimilé à un diplôme sans qu'il existe une acquisition, en tout ou en partie, des qualifications dans le cadre du système éducatif de l'État membre de délivrance du titre. • CJCE 29 janv. 2009, *Marco Cavallera*, n° C-311/06 : *AJDA 2009. 985, chron. Broussy, Donnat et Lambert*.

4. Examen professionnel. Concours. Notions. Les épreuves subies par les candidats qui donnent lieu à un classement des stagiaires par ordre de mérite ne présentent pas de ce seul fait, en l'absence de tout effet de droit attaché à un tel classement, le caractère d'un concours mais celui d'un examen professionnel. • CE 25 nov. 2009, n°s 317419 et 318500 B : *AJDA 2009. 2254* ; *AJFP, mars-avr. 2010. 73* (pour les conservateurs des bibliothèques stagiaires à l'issue de leur scolarité à l'ENSSIB).

5. Justification d'identité. Un examen doit permettre d'apprécier les connaissances et aptitudes d'une personne identifiée. Le juge considère que dès lors, le candidat à un examen doit justifier de son identité. En l'absence d'un règlement d'examen établi par le conseil d'administration de l'université, un étudiant peut apporter la preuve de son identité par tous moyens. • CAA Lyon, 29 sept. 2009, n° 07LY01057 : *LIJ 2010, n° 142, p. 6.* ♦ Pour une affaire où un étudiant n'avait présenté, à la personne chargée de la surveillance de l'examen d'anglais, aucun document d'identité, la circonstance que cette personne avait eu l'intéressé comme étudiant au cours de l'année universitaire, n'est pas de nature à établir que cette personne pouvait attester de l'identité du requérant. C'est donc à bon droit que M. A n'a pas reçu l'autorisation de composer à cet examen avant d'avoir justifié de son identité. • Même arrêt.

6. Obligation d'un jury d'examen. Le principe selon lequel un diplôme national ne peut être délivré qu'après examen par un jury constitue un principe fondamental de l'enseignement. • CE 12 juill. 1969, *Chambre de commerce et d'industrie de Saint-Étienne*, n° 76089 A. ♦ Cette obligation s'applique à tous les examens et épreuves pratiques conduisant à un titre ou un grade universitaire et non pas seulement aux examens terminaux. • CE, ass., 25 juin 1969, *Synd. autonome du personnel enseignant des facultés de droit et des sciences économiques*, n° 77905 A.

7. Égalité entre les titulaires d'un même diplôme. L'égalité entre les titulaires d'un même diplôme pour la candidature à un même examen constitue un principe général du droit. Un Arr. ayant introduit entre les titulaires d'un examen une discrimination fondée sur une pratique dépourvue de toute base réglementaire est de ce fait contraire au principe de l'égalité qui doit exister entre les titulaires d'un même diplôme pour la candidature à un même examen. • CE 12 juill. 1969, n° 70572 A.

8. Anonymat des épreuves. Aucun principe général du droit n'impose l'anonymat des épreuves écrites lors d'un examen universitaire. • CAA Nancy, 26 sept. 2002, n° 97NC01701. ♦ Aucun principe général du droit n'impose l'anonymat des épreuves lors de l'examen professionnel. • CE 9 janv. 2006, n° 272783. ♦ La règle de l'anonymat ne s'applique que si les textes le prévoient puisqu'elle ne constitue pas un des principes généraux du droit. • CE 26 juin 1995, n° 159246. ♦ L'absence d'anonymat des copies n'est pas, en elle-même, constitutive d'une rupture du principe d'égalité entre les candidats. • CE 1er avr. 1998, n° 172973 A : *D. 1998. 128*. ♦ Confirmation de la jurisprudence selon laquelle aucun principe général du droit n'impose l'anonymat lors des épreuves d'un examen universitaire, dès lors qu'une telle règle n'est pas prévue par la réglementation en vigueur, qu'elle soit nationale ou interne à l'établissement. Le non-respect de l'anonymat n'est dès lors pas un motif d'annulation des délibérations du jury. • TA Melun, 15 juill. 2009, n° 0807626/5 : *LIJ 2009, n° 139, p. 9.*

9. Double correction des copies. La double correction des copies ne s'applique que si les enseignants membres du jury souhaitent l'appliquer à tout ou partie des épreuves, ou encore si le règlement des examens l'impose. • CE 26 juin 1995, n° 159246. ♦ En revanche, le juge vérifie que l'absence d'anonymat des copies n'a pas été constitutive d'une rupture du principe d'égalité entre les candidats. • CE 1er avr. 1998, n° 172973 A : *préc. note 8.*

10. Modalités de correction des copies. Aucune disposition législative ou réglementaire n'oblige le correcteur à porter sur la copie à l'encre indélébile la note qu'il propose. • CE 14 févr. 2001, n° 224971. ♦ ... Ni à annoter les copies en arrêtant la note, tant lors de la double correction qu'au moment de l'arbitrage de la note finale. • TA Paris, 29 oct. 1997, n° 96-13575/7-2. ♦ De même, aucune disposition légale ou réglementaire, ni aucun principe général de droit, n'impose la correction des épreuves par les enseignants ayant assuré les enseignements correspondants. • Même jugement.

11. Pas d'obligation de troisième correction. En délibérant sur le cas d'un étudiant, dont la copie de droit fiscal avait reçu d'un correcteur la note de 5/20 et d'un autre correcteur la note de 15/20 sans prescrire une troisième correction, le jury n'a méconnu aucun principe général du droit ni aucune loi ou aucun règlement. • CE 20 mars 1987, n° 70993 : *AJDA 1987. 550, obs. Prétot.*

12. Calendrier des examens. Sur la possibilité d'aménager le calendrier si les circonstances l'exigent, V. MEN, Lettre DAJ B1, n° 07-344, du 3 déc. 2007 : *LIJ 2008, n° 121, p. 26.*

13. Session de rattrapage. Caractère obligatoire. Contrôle continu. Le juge administratif rappelle qu'il résulte des dispositions de l'art. 17 de l'Arr. du 1er août 2011 relatif à la licence que l'organisation d'une session de rattrapage est obligatoire, que l'appréciation des aptitudes et connaissances des étudiants prenne la forme d'un examen terminal ou celle d'un contrôle continu. Il en déduit ainsi que les règles générales, arrêtées par l'université de Strasbourg pour l'évaluation des étudiants en licence méconnaissent ces dispositions en tant qu'elles ne prévoient pas de session de rattrapage, sans que l'université puisse utilement se prévaloir d'avoir adopté le contrôle continu pour l'appréciation des connaissances et compétences des étudiants. Par suite, la décision du président de l'université refusant de modifier ces règles et d'organiser une session de rattrapage est entachée d'illégalité. • CAA Nancy, 7 mai 2015, n° 14NC00540 (Confirmation de TA Strasbourg 23 janv. 2014). ♦ Dans le même sens : • TA Bordeaux, 8 janv. 2015. ♦ Dans une nouvelle décision, le juge confirme sa position et précise que les rattrapages sont obligatoires, y compris en cas de contrôle continu intégral. En l'espèce, le juge enjoint à l'université de Nantes de modifier ses règles générales relatives aux modalités d'évaluation des étudiants en licence et de mettre en place une session de rattrapage pour l'ensemble de ses formations en licence à compter de la prochaine année universitaire. • TA Nantes, 10 juill. 2015 : *AEF 16 juill. 2015, Dépêche n° 504421.*

14. Session de rattrapage. Limite d'accès. Note minimale. Illégalité. Le juge administratif estime que l'université est incompétente pour procéder à une limitation de la participation des étudiants à une session de rattrapage des examens de licence, en l'espèce, avoir obtenu une moyenne semestrielle minimale de 8/20. Il rappelle à cet effet que la limitation de l'accès des étudiants à la session de rattrapage des examens de licence constitue une condition d'obtention de ce diplôme qui relève de la seule compétence du ministre. La décision prise par l'université Toulouse I-Capitole d'instaurer une note plancher de 8/20 pour accéder à la seconde session d'examen en licence est annulée. • TA Toulouse, 27 avr. 2016, n° 1303520 : *AEF 20 mai 2016, Dépêche n° 538389, comm. Conraux.*

15. Validation des unités d'enseignement. Compensation. Le juge estime que les dispositions des art. D. 123-13 et D. 123-14 ne s'opposent pas à ce que les autorités compétentes de l'université prévoient qu'un étudiant qui, par l'effet de règles de compensation entre les différentes unités d'enseignement d'un semestre, a validé ce dernier sans avoir obtenu la moyenne à chacune des unités d'enseignement du semestre et sans avoir été reçu à l'année du diplôme en cause soit contraint de subir de nouveau les examens des unités d'enseignement dans lesquelles il avait échoué à obtenir la moyenne fixée pour leur validation. Il estime aussi que ces mêmes dispositions ne s'opposent pas à ce que les autorités compétentes de l'université fixent, pour l'obtention d'un diplôme ou d'une année de master, une moyenne minimale à atteindre pour certains types d'unités d'enseignement. Il précise que le principe de la double validation des unités d'enseignement théorique et pratique exigée pour l'obtention de chaque année du diplôme de master professionnel délivré par l'université est sans incidence sur l'organisation des formations en semestres. • CAA Nantes, 8 nov. 2019, n° 18NT02173 : *LIJ 2020, n° 209, p. 4.*

16. Grèves. Occupation des locaux. Évacuation demandée. Caractère d'utilité et d'urgence. Dans une affaire où pour faire face au blocage et à l'occupation par des étudiants grévistes et des personnes extérieures de plusieurs locaux de l'université Paul Valéry Montpellier 3 et de la voie pour y accéder rendant impossible l'accès des personnels administratifs, l'université avait demandé aux juges de référés d'ordonner l'expulsion des occupants sans droit ni titre de ces lieux, le juge estime que l'occupation des locaux « préjudicie gravement et immédiatement à l'organisation des examens et à la possibilité pour les étudiants de postuler à des stages professionnels, à des emplois ou à des inscriptions auprès d'autres universités pour la poursuite de leur cursus, et donc à l'exercice des missions du service public, que sont la formation, l'orientation, la promotion sociale et l'insertion professionnelle, visées à l'article L. 123-3 du code de l'éducation, que le législateur a confiées à l'enseignement supérieur et que l'université requérante entend défendre. Cette occupation empêche également un fonctionnement normal des services de l'administration, notamment en termes d'entretien et de sécurité des lieux. Dans ce contexte, la mesure d'évacuation demandée présente un caractère d'utilité et d'urgence au sens des dispositions de l'article L. 521-3 du code de justice administrative ». • TA Montpellier, ord., 18 avr. 2018, n° 1801733.

17. Crise sanitaire. Adaptations des examens et concours. Limites. S'agissant des épreuves des examens ou concours, les adaptations, votées sur le fondement de l'Ord. n° 2020-351 du 27 mars 2020 relative à l'organisation des examens et concours pendant la crise sanitaire née de l'épidémie de covid-19, peuvent porter, dans le respect du principe d'égalité de traitement des candidats, sur leur nature, leur nombre, leur contenu, leur coefficient ou leurs conditions d'organisation, qui peut notamment s'effectuer de manière dématérialisée. Le juge, saisi sur déféré de deux délibérations de la CFVU de l'université Paris-I qui avait décidé de neutraliser, pour cette année universitaire, les notes inférieures à 10 des étudiants pour tenir compte de la crise sanitaire, rappelle que si ces dispositions donnent une grande latitude aux établissements pour déterminer les adaptations qui peuvent être apportées aux modalités d'organisation des examens et concours eu égard à la situation particulière créée par l'état d'urgence sanitaire, en permettant notamment de déroger à la règle selon laquelle il ne peut être apporté de modifications au calendrier et aux programmes des épreuves des examens et concours en cours d'année, elles ne permettent pas de porter atteinte au principe fondamental du contrôle des résultats des élèves, ou de méconnaître le principe d'égalité et celui de l'indépendance et de l'autorité souveraine des jurys. En l'espèce, le juge estime que la CFVU a méconnu le principe du contrôle des connaissances et des aptitudes et commis un excès de pouvoir. Elle a, en outre, privé ainsi les jurys d'exercer effectivement leur pouvoir d'appréciation et méconnu le principe d'égalité. • TA Paris, 5 juin 2020, n° 2007394/1-3 : *préc. note 2.*

II. POUVOIRS DU MINISTRE

18. Habilitation. Les dispositions de l'art. L. 313-1 permettent au ministre d'habiliter les établissements à délivrer des diplômes nationaux, mais le Décr. n° 2004-683 du 9 juill. 2004 relatif à l'établissement public de la Cité de l'architecture et du patrimoine ne procède pas par lui même à cette habilitation. • CE 9 nov. 2005, n° 276366 : *LIJ 2006, n° 101, p. 7.* ♦ La Cité de l'architecture et du patrimoine a notamment pour mission de participer à la valorisation de la recherche et à la formation des agents publics et des professionnels du patrimoine et de l'architecture. Cette mission inclut la formation initiale et continue de niveau supérieur de ces agents et professionnels. Ainsi, en prévoyant que cet établissement public pouvait assurer de telles formations et être habilité à délivrer des diplômes nationaux de l'enseignement supérieur, le Décr. du 9 juill. 2004 n'a pas méconnu les dispositions de cet article. • Même décision.

19. Dénomination. Le ministre a le pouvoir de fixer la dénomination des diplômes nationaux que les établissements publics d'enseignement supérieur sont habilités à délivrer. • CE 12 févr. 1982, n°s 27098, 27099 et 27100 A : *D. 1983. IR 233, obs. Delvolvé.*

20. Qualifications. Le ministre a la compétence pour déterminer la qualification exigée des enseignants chargés d'organiser les enseignements et des présidents de jurys d'examens. • CE 28 oct. 1974, n° 90913 A.

21. Incompétence. Annulation de la décision du ministre de l'enseignement supérieur de ne plus habiliter aucune université à délivrer le

CECSMO au motif qu'est désormais délivré, dans le cadre de l'internat de médecine, un diplôme d'études spécialisées en stomatologie. Cette décision, qui a pour effet de mettre fin à l'application de l'arrêté conjoint du 4 août 1987 ayant créé le CECSMO pour un motif tiré de l'organisation des études médicales, modifie la réglementation des études médicales au sens de l'art. L. 632-1 C. éduc. Par suite, elle excède les compétences que ce ministre, qui n'aurait au demeurant pas été compétent pour abroger seul cet arrêté, tient de l'art. L. 613-1 C. éduc. • CE 16 juill. 2014, n° 362564 : *LIJ 2014, n° 185, p. 7.*

III. REFUS DE RENOUVELLEMENT D'HABILITATION

22. Droit acquis des étudiants. Le statut des usagers du service public de l'enseignement supérieur étant défini par des textes législatifs et réglementaires, le droit aux avantages qui en résultent est subordonné au maintien en vigueur de ces textes. Par suite, en ne prévoyant pas de dispositions transitoires pour permettre aux étudiants de troisième cycle d'achever leurs études dans l'établissement où ils les ont commencées, une décision de refus de renouvellement d'habilitation ne méconnaît aucun droit acquis des étudiants en cours d'études. • CE 12 févr. 1982, nos 27098, 27099 et 27100 A : *préc. note 18.*

23. Principe d'égalité. Étant placés dans une situation comparable à celle des étudiants inscrits dans d'autres établissements d'enseignement supérieur, les étudiants en cours d'études d'une université dans les spécialités et disciplines pour lesquelles l'habilitation n'a pas été renouvelée ont la faculté de poursuivre leurs études dans d'autres établissements et dans les mêmes conditions que tous les autres usagers du service public. Absence, par suite, de violation du principe d'égalité par une décision de refus de renouvellement d'habilitation. • CE 12 févr. 1982, nos 27098, 27099 et 27100 A : *préc. note 18.*

24. Motivation. L'Arr. du 16 janv. 1976 relatif au deuxième cycle des études universitaires prévoyant que la décision de non-renouvellement de l'habilitation à délivrer les diplômes de licence et maîtrise doit être motivée, encourt l'annulation une décision de non-renouvellement qui n'est assortie d'aucun motif. • CE 12 févr. 1982, nos 27097 A.

25. Contrôle restreint. Le juge administratif exerce un contrôle restreint sur l'appréciation à laquelle se livre le ministre pour rejeter la demande d'habilitation d'un établissement à délivrer des diplômes d'enseignement supérieur. • CE 12 févr. 1982, nos 27098, 27099 et 27100 A : *préc. note 18.*

IV. DIPLÔMES

26. Création de diplôme. La création d'un diplôme nouveau ne touche pas aux principes fondamentaux de l'enseignement. Un requérant ne saurait soutenir que la création du certificat d'aptitude aux fonctions de directeur d'établissement social relevait, en application de l'art. 34 de la Constitution, de la compétence du législateur. • CE 10 mars 1993, n° 111264 A.

27. Réglementation des diplômes. Le ministre de l'éducation a reçu de la loi entier pouvoir pour définir les conditions d'obtention des diplômes nationaux, les ministres dont s'agit avaient compétence pour réglementer le contrôle des aptitudes et des connaissances pendant le premier cycle des études médicales et n'ont pu, ce faisant, porter atteinte aux pouvoirs que les établissements publics à caractère scientifique et culturel et les unités d'enseignement et de recherches tiennent de l'art. 19 de la L. du 12 nov. 1968. • CE, sect., 13 févr. 1970, nos 79162, 79247 et 79298 A : *RD publ. 1970. 403, concl. Théry ; AJDA 1970. 164, obs. de Laubadère.*

28. Compétence des établissements. Les établissements sont compétents pour déterminer les procédures de contrôle et de vérification des connaissances et des aptitudes dans la mesure où le ministre n'a pas exercé son pouvoir en la matière. • CE, ass., 26 mars 1971, n° 77670 A : ♦ Ils n'ont pas compétence pour ajouter des conditions d'obtention d'un diplôme national à celles prévues par le ministre. • CE 28 mars 1984, n° 41784 B.

29. Compétence du président de l'université. Le président de l'université ou le directeur de l'établissement public à caractère scientifique, culturel et professionnel a compétence pour procéder à la nomination des jurys. • CE 28 juill. 1995, n° 61166 B. ♦ Le président de l'université désigne par arrêté, pour chaque année de formation habilitée, le président et les membres du jury. Cet arrêté n'interdit pas au président, lorsqu'est constatée l'impossibilité pour le jury de siéger dans la composition initialement prévue, de procéder à un changement de cette composition, alors même que les épreuves d'examen seraient déjà terminées. • CAA Douai, 21 oct. 2004, n° 03DA00723.

30. Note éliminatoire. Absence de compétence du jury. La fixation d'une note minimale exigée des candidats à un concours pour une épreuve donnée, qui revient à instituer pour cette épreuve une note éliminatoire, fait partie de la réglementation du concours et doit être arrêtée par l'autorité investie du pouvoir réglementaire et non par le jury, avant le début des épreuves. En instituant une telle note éliminatoire, le jury du concours a pris une décision entachée d'incompétence. • CE 26 avr. 2000, n° 190423 B.

31. Dispositif de compensation. Dérogation aux règles. Illégalité. Après avoir rappelé qu'aucune disposition ne permet aux universités de déroger aux règles fixées par l'arrêté ministériel du 1er août 2011, le juge estime qu'en prévoyant que le dispositif de compensation ne s'applique qu'à l'issue de la session de rattrapage, le règlement des examens de la licence de l'université de Strasbourg méconnaît les art. 15 à 17 de cet arrêté. • TA Strasbourg, 7 déc. 2017, n° 1703877 : *LIJ 2018, n° 202, p. 7.*

32. Mentions. L'Arr. du 19 oct. 1994 prévoit la possibilité d'inscrire sur certains titres et diplômes nationaux de l'enseignement supérieur une mention : passable, assez bien, bien, très bien. Le juge administratif a considéré que ces dispositions n'ont ni pour objet, ni pour effet de faire regarder la mention comme un élément constitutif du diplôme national, lequel confère les mêmes droits à tous ses titulaires quelle que soit la mention dont il peut être assorti. Par suite, le ministre de l'éducation n'a aucune obligation d'édicter une réglementation portant harmonisation des conditions d'attribution des mentions. • CE 3 mai 2006, n° 276291 A : *AJDA 2006. 958 ; RFDA 2006. 893 ; LIJ 2006, n° 108, p. 9.*

V. CONTENTIEUX DES EXAMENS

33. Un contentieux abondant et parfois « farfelu ». Sur les conclusions tendant à l'annulation de la décision du jury d'un DESS de droit français et européen de la commercialisation des produits touristiques, la requérante soulevait les moyens suivants : l'avis d'audience ne lui était pas parvenu ; l'adresse qu'elle avait donnée au tribunal pour faire élection de domicile était celle de son habitation pendant les études, mais le courrier n'avait pas suivi ; l'art. R. 113 CTA constitue une discrimination envers les étrangers contraire à l'art. 12 du traité des Communautés européennes ; le délai d'appel est de 4 mois ; la décision attaquée est contraire au principe de proportionnalité ; on ne l'avait pas informée de la réglementation de l'université et des examens ; elle n'avait bénéficié d'aucun entretien ; il n'avait pas été tenu compte de sa situation ; l'université n'avait jamais répondu à ses lettres ; le jury avait délibéré sans être en possession de toutes ses notes ; l'anonymat n'avait pas été respecté ; le sujet du droit européen du tourisme n'avait pas été choisi par le professeur ; il y avait eu rupture du principe d'égalité entre les candidats ; les candidats avaient été inégalement préparés à l'examen ; le texte de l'épreuve avait été envoyé par télécopie difficile à lire ; la secrétaire avait fait une photocopie de son traité de Rome ; la date de l'examen ne devait pas être fixée quand elle était en Allemagne ; le lendemain de la finale de la Coupe du monde, il n'était pas possible de dormir près du lieu des épreuves ; l'épreuve d'anglais touristique avait été notée d'une façon discriminatoire ; elle n'avait pas été autorisée à utiliser un dictionnaire ; l'université n'avait pas tenu compte de son recours. • CAA Marseille, 18 avr. 2003, n° 99MA02428.

34. Unification du contentieux. Il résulte des dispositions de l'art. 12 de la L. n° 71-1130 du 31 déc. 1971, dans sa rédaction issue de la L. n° 2004-130 du 11 févr. 2004, que l'examen d'accès à un centre régional de formation professionnelle ne fait pas partie de la formation professionnelle des avocats. Dès lors, un recours dirigé contre une délibération du jury de cet examen n'est pas au nombre des recours à l'encontre des décisions concernant la formation professionnelle des avocats qui, en vertu de l'art. 14 de la L. du 31 déc. 1971, doivent être soumis à la cour d'appel judiciaire compétente. Cet examen étant organisé par les universités, établissements publics à caractère administratif, la juridiction administrative est compétente pour connaître d'un tel recours. • T. confl., 18 déc. 2006, n° C3507 A : *AJDA 2007. 913, note Calmette .* ♦ Solution qui remet en cause celle qui prévalait antérieurement et qui attribuait cette compétence aux magistrats de l'ordre judiciaire • TA Paris, 31 janv. 2001 :*Gaz. Pal. 2001. 739* • CAA Versailles, 19 sept. 2001 • CAA Marseille, 14 janv. 2006, n° 04MA02174 • CAA Bordeaux, 15 févr. 2006, n° 01BX02297 • CE 22 mars 2000, n° 205901 • CE 29 juill. 2002, n° 240806 B : *AJDA 2002. 1136 .*

VI. QUESTIONS DE RECEVABILITÉ

35. Décisions susceptibles d'être contestées. Entrent dans la catégorie des actes faisant grief : le refus d'accorder l'autorisation de se présenter à un examen national. • CE 20 sept. 1991, n° 68651. ♦ Le refus de transmission d'un dossier d'inscription à un examen. • CE 10 mars 1995, n° 158582 B. ♦ Les recours en annulation sont donc avant tout dirigés contre les décisions des jurys, étant entendu que seule la décision finale est attaquable devant le juge de l'excès de pouvoir, puisque les notes obtenues aux épreuves ne constituent que de simples mesures préparatoires, non détachables de la décision finale. • CE 13 juill. 1961, n° 50290 A. • CE 25 sept. 1991, n° 119555 • CE 10 févr. 1993, n° 118884. ♦ La décision relative à une seule des séries d'épreuves conduisant au diplôme de la maîtrise, dont l'obtention est subordonnée à la réussite aux épreuves d'un autre certificat, n'est pas susceptible d'être déférée au juge administratif. • CE 20 mai 1996, n° 126127.

36. Intérêt à agir. Le recours en annulation est ouvert : aux étudiants ajournés, mais seulement en ce qui concerne leur cas individuel. • CE 20 juin 1990, n° 112539 : *AJDA 1990. 842 .* ♦ ... A un membre du jury, qui estime que la décision a été prise soit en méconnaissance des droits et prérogatives attribués au jury ou à l'un de ses membres, soit en violation des formes légales ou du règlement de l'examen. • TA Orléans, 19 déc. 1972, *Dame Foussard-Blanpin : AJDA 1977. 372, note Plouvin* • CE 30 juin 1978, *Dame Foussard-Blanpin*, n° 90338 : *AJDA 1979.*

38, note Plouvin • CAA Paris, 15 févr. 2007, n° 03PA02750 : *LIJ 2007, n° 114, p. 8.* ♦ Même solution pour un professeur ou un maître de conférences de l'université dont procède le jury, enseignant dans la discipline pour laquelle le jury délibère, bien qu'il ne soit pas membre du jury. • CE 13 nov. 1992, n° 81121. ♦ Même solution pour un enseignant d'une université demandant l'annulation de décisions relatives à l'attribution d'un diplôme délivré par l'établissement auquel il appartient et dans une matière proche de celle qu'il enseigne, sans qu'il soit membre du jury dont émane la décision. • CE 27 mai 1987, n°s 40625 et 40669 B. ♦ Le Conseil d'État a aussi reconnu l'intérêt à agir du ministre de l'éducation, l'autonomie reconnue aux universités ne faisant pas obstacle à ce que le ministre exerce sa compétence dans le domaine des études conduisant à des diplômes nationaux. • CE 20 mai 1994, n° 87337 A. ♦ Le juge reconnaît enfin l'intérêt à agir, contre la délibération d'un jury accordant le titre de docteur d'État, de la personne qui invoque l'emprunt de ses propres travaux. • CE 20 janv. 1992, n° 123977 : *AJDA 1993. 219, concl. Laroque et obs. Teboul*.

37. Absence d'intérêt à agir. Un enseignant d'une université n'a pas intérêt à agir contre une décision d'admission d'une étudiante dans une autre unité de formation et de recherche que la sienne. • CAA Paris, 17 sept. 1998, *Mlle Phytilis*, n°s 97PA02556 et 98PA01036 • CE 21 sept. 2001, *Mlle Phytilis*, n° 201876. ♦ Absence d'intérêt à agir d'un étudiant admis à un concours du fait du désistement d'un candidat de la liste principale. Le requérant est en effet sans intérêt à demander l'annulation d'une décision qui lui est favorable dans son dispositif, même si ses motifs ne le sont pas • CE 26 mai 2010, n° 319766 : *AJDA 2010. 1845*.

VII. COMPOSITION DU JURY

38. Preuve de la régularité de la composition. En s'abstenant de produire à l'instance tout document permettant de vérifier la composition nominative d'un jury lors de sa délibération, une université ne met pas le juge administratif en mesure de se prononcer sur le moyen tiré de ce que tous les membres du jury n'étaient pas présents. • CAA Nancy, 15 oct. 2009, n° 08NC01388 : *AJDA 2010. 46, note Wallerich*.

39. Composition irrégulière. Formalité impossible à remplir. Pour pouvoir utilement invoquer une formalité impossible à remplir, l'administration doit être en mesure de prouver que rien ne s'opposait à une composition régulière ou à la mise en œuvre d'une procédure permettant une composition régulière. • CE 23 juill. 1974, n° 86981 B. ♦ Dans le cas de l'impossibilité de faire revivre un membre décédé d'un jury précédent • CAA Marseille, 9 juin 2011, n° 08MA03581. ♦ De même, l'absence inopinée d'un membre essentiel dans la composition d'un jury n'est pas susceptible d'entraîner automatiquement l'irrégularité de la délibération. Pour un membre du jury victime d'un accident l'avant-veille du début des épreuves • CE 17 juill. 2009, n° 311972 : *AJDA 2009. 1789*.

40. Composition irrégulière. Formalité impossible à remplir. Contraintes d'agenda. Absence. Le juge précise que des contraintes de calendrier conduisant les universités à ne pas réunir des jurys régulièrement composés ne caractérisent pas une « formalité impossible à remplir » dès lors susceptible de justifier la composition irrégulière d'un jury de validation des acquis de l'expérience. • CAA Nantes, 20 sept. 2019, n° 18NT02707 : *AJDA 2020. 103, comm. Sacher*.

41. Professeur émérite. Participation à un jury. Légalité. Dans une affaire où la nomination d'un professeur émérite en tant que président d'un jury était contestée, le juge, s'appuyant sur les dispositions des art. L. 613-1 et L. 952-11 ainsi que le Décr. du 6 juin 1984 fixant les dispositions statutaires communes applicables aux enseignants-chercheurs et portant statut particulier du corps des professeurs des universités et du corps des maîtres de conférences pour rappeler que ni ces dispositions, ni aucune autre disposition législative ou règlementaire, n'interdisent à un professeur des universités retraité ayant reçu le titre de professeur émérite de prendre part à un jury d'examen. • TA Nîmes, 5 déc. 2017, n° 1503208.

42. Professeur émérite. Présidence de jury. Légalité. Dans la même affaire, le juge, considérant que le caractère accessoire du concours que peuvent continuer à apporter les professeurs émérites s'apprécie au regard des seules activités des intéressés, déduit qu'il ne saurait venir limiter la nature des fonctions pouvant leur être confiées. Il en déduit par suite que ces dispositions ne font pas obstacle à ce qu'un professeur émérite des universités soit désigné pour présider un jury de diplôme national de licence lorsqu'il participe en tant qu'enseignant à la formation concernée, et qu'en tout état de cause, une telle présidence ne saurait être regardée comme instaurant un rapport hiérarchique entre le président et les autres membres du jury. • TA Nîmes, 5 déc. 2017, n° 1503208.

43. Personnalités extérieures. Le jury réuni pour la soutenance d'un rapport de stage, dans le cadre d'un diplôme d'études supérieures spécialisées, peut légalement comprendre des personnalités extérieures à la condition que des dispositions réglementaires l'aient légalement prévu. En revanche, le jury réuni pour la délivrance du diplôme ne peut légalement comprendre que des membres de l'équipe ayant participé aux enseignements. • CAA Paris, 19 oct. 2000, n° 98PA01175 B.

44. Quorum. Plus de la moitié des membres du

jury étant présents, le quorum légalement exigible était donc atteint. • CAA Paris, 16 juin 1999, n° 96PA04307 B.

45. Défaut de remplacement d'un membre du jury. Irrégularité. Dans un jury de 6 personnes, l'un des membres n'a pas pris part à la délibération. L'université Paris-Dauphine fait valoir que cette absence a été justifiée par la convocation de ce dernier au CNESER statuant en matière disciplinaire. Toutefois, il ressort des pièces du dossier que la convocation est intervenue un mois avant la délibération. L'université n'ayant ni allégué ni démontré qu'elle aurait pris des mesures pour procéder à son remplacement alors que l'absence de l'intéressé ne pouvait être regardée comme inopinée, cette absence constitue une irrégularité de nature à vicier la délibération. • CAA Paris, 9 juill. 2020, n° 18PA02953 : *LIJ 2021, n° 213, p. 9.*

46. Absence de certains membres lors d'une seconde délibération. Un jury d'examen avait décidé, par une première délibération, d'attribuer la note zéro à un candidat convaincu de fraude lors d'une épreuve, puis, par une seconde délibération, de prononcer la nullité de l'examen passé par ce candidat. Cette seconde délibération a été votée, sans que soient pris en compte les mandats donnés par quelques membres absents, par la majorité des membres du jury tel que composé lors de la première délibération. Ainsi, s'agissant du seul réexamen d'un comportement individuel, ces absences n'ont pas entaché d'irrégularité cette seconde délibération. • CE 23 avr. 1980, n° 16581 A.

47. Quotas par sexe. Le Décr. du 3 mai 2002 s'applique aux jurys de concours et non pas aux jurys d'examens universitaires.

BIBL. Cassia, La légalité des quotas par sexe (sauf pour les jurys des concours d'agrégation de l'enseignement supérieur), *AJDA 2003. 825*. – Di Manno, Les quotas par sexe dans les jurys de concours et l'autorité de chose jugée des décisions du Conseil constitutionnel, *AJDA 2003. 820*. – Favoreu, L'inconstitutionnalité des quotas par sexe (sauf pour les élections politiques), *AJDA 2003. 313*. – Lichère et Viala, La légalité des quotas par sexe (pour certains jurys de concours), *AJDA 2003. 817*.

VIII. SOUVERAINETÉ DU JURY

48. Appréciation de la valeur et du mérite des candidats. Le jury est tenu d'apprécier la valeur et le mérite du candidat au regard des seules épreuves prévues par le règlement. Il ne peut légalement se fonder sur d'autres éléments que les résultats de ces épreuves. • CE, sect., 6 juill. 1956, *Sieur Lavedan et a.*, n° 23740 A • CE 8 juin 2005, n° 268480.

49. Étendue du pouvoir souverain. Si le jury d'examen ne peut tenir compte d'autres éléments que de la valeur des candidats, il est tenu d'exercer son pouvoir souverain y compris en modifiant les notes attribuées par un examinateur, sous peine de méconnaître l'étendue de sa propre compétence. Le jury n'est donc pas lié par les propositions de notes des correcteurs. En l'espèce, le jury n'était pas tenu de prononcer l'ajournement du requérant au motif qu'un des correcteurs avait proposé de lui attribuer la note éliminatoire de 2,5/20. • CAA Paris, 16 déc. 2008, n° 07PA01841 : *AJDA 2009. 841, note F. L.*

50. Appréciation souveraine. L'appréciation portée par un jury d'examen sur les mérites des candidats ne peut être utilement discutée au contentieux. • CE 10 févr. 1943, n° 66581 A • CE 10 mars 1954, n° 16444 A • CE, sect., 30 mars 1981, *Aubert et a.*, n°s 14733, 14734 et 14752 A • CE 20 mars 1987, n° 70993 A : *AJDA 1987. 550, obs. Prétot* • CE 20 mai 1994, n° 87337 A • CE, sect., 17 mars 1995, *MEN c/ MM. Ranieri et Jouanneau*, n° 141756 A • CE 31 juill. 1997, n° 96NC02023 • CE 1er avr. 1998, n° 172973 A : *préc. note 8.* ♦ Cette appréciation souveraine est largement entendue. Dans une affaire où l'élimination du candidat passait par la qualification de son comportement, constitutif de faute lourde, le principe de souveraineté du jury est confirmé alors même que le candidat était mis en situation professionnelle et que le jury n'était pas dans une position différente de celle d'un employeur par rapport à son employé, qu'il n'aurait certainement pas pu licencier légalement. • CAA Nantes, 5 oct. 2000, n° 97NT01016 : *AJDA 2000. 890, chron. Millet*. ♦ Un requérant demandait l'annulation de la délibération par laquelle le jury a sélectionné les candidats admissibles en vue de l'entretien oral pour l'accès direct en première année du deuxième cycle des études médicales sans avoir à effectuer le premier cycle préalable, et écarté sa propre candidature. Le juge estime que la circonstance que celui-ci avait déposé un dossier contenant les pièces et diplômes exigés était seulement de nature à assurer la recevabilité de sa candidature et ne faisait pas obligation au jury de la retenir. Il précise ensuite qu'il ne résulte d'aucun principe ou disposition à caractère constitutionnel, législatif ou réglementaire que les jurys des concours aient à motiver leurs décisions ou à faire connaître aux candidats les critères dont ils font usage pour procéder à leur appréciation et qu'ainsi le moyen tiré du défaut de motivation de la délibération attaquée doit être écarté. Il rappelle enfin qu'il n'appartient pas au juge de l'excès de pouvoir de contrôler l'appréciation portée par le jury sur les mérites des candidatures. • CE 5 mai 2010, n° 330264 : *LIJ 2010, n° 147, p. 8.*

51. Grille de notation. Ni les principes de correction retenus par le jury, ni l'appréciation par celui-ci de la valeur des copies remises par le candidat ne peuvent être utilement discutés devant le juge administratif. • CE 12 janv. 1994, n° 83441. ♦ Épreuve du concours de fin de première année de pharmacie comportant des questions divisées en sous-questions. Il entrait dans les pouvoirs du jury de décider qu'une mauvaise réponse à l'une des sous-questions entraînerait l'attribution de la note zéro pour l'ensemble de la question concernée. Cet élément d'appréciation, partie intégrante des critères de notation arrêtés par le jury, n'avait pas à être porté préalablement à la connaissance des candidats, et son bien-fondé ne peut pas être discuté devant le juge de l'excès de pouvoir. • CE 25 oct. 1996, n° 170200 B : *Dr. Adm. 1997, n° 21.* ♦ Illégalité d'une échelle de notation dont la note maximale différait de celle fixée par le règlement de l'examen. • CE 26 janv. 2007, n° 266332. ♦ Dans le même sens : illégalité des barèmes rigides limités à 3 notes. • CAA Paris, 6 juill. 1999, n° 97PA01789 • CAA Paris, 11 juill. 2001, n° 99PA00326.

52. Note zéro. Note éliminatoire. Dès lors que le règlement d'une épreuve prévoit une note de 0 à 20, rien n'interdit légalement au jury de mettre la note zéro. Dans un concours où il était prévu que « Les épreuves des candidats (...) sont notées de zéro à vingt. La note zéro est éliminatoire ». Le juge estime qu'il résulte de ces dispositions que la note zéro présente un caractère éliminatoire quelle que soit la nature de l'épreuve d'admissibilité ou d'admission. • CE 28 juill. 2000, n° 214928.

53. Note zéro. Défaillance. Un étudiant, averti par les services qu'il pouvait pour la seconde session d'examens soit conserver les notes de contrôle obtenues à la première session « qui seront moyennes avec les notes d'oral pour donner les notes d'examen », soit « renoncer aux notes de contrôle » avait choisi par écrit la première solution. Eu égard à la teneur de cet échange de lettres et aux conditions dans lesquelles la session d'examen a été organisée, l'intéressé, qui a été noté comme un candidat présent aux autres épreuves de la session, n'a pas été en mesure de connaître, de façon suffisamment claire et certaine, les épreuves auxquelles il devait se présenter. Dès lors le jury de la seconde session a commis une erreur de fait en le regardant comme défaillant à deux des épreuves, auxquelles il avait obtenu à la session précédente des notes égales ou supérieures à la moyenne, et en lui attribuant la note de zéro sur vingt. • CE 16 déc. 1983, n° 41128 B.

54. Points de pénalités. Absences injustifiées. L'université de Nice Sophia Antipolis a un dispositif général de contrôle des connaissances applicable aux licences professionnelles fixant notamment les obligations incombant aux étudiants en matière d'assiduité. Le juge estime que ces dispositions n'ont pas pour effet de faire obstacle au pouvoir dont dispose le jury pour apprécier la valeur des candidats, dès lors qu'il lui revient à l'occasion de la délibération finale relative à la délivrance du diplôme de tirer les conséquences du comportement des étudiants au regard des enseignements suivis compte tenu des modalités définies, dans chacune des matières, pour le contrôle des connaissances. En l'espèce, eu égard aux modalités de contrôle des connaissances des licences professionnelles de l'IUT Nice Côte d'Azur et au règlement intérieur de l'IUT applicable aux licences professionnelles, le jury était tenu, dès lors qu'il constatait des absences injustifiées dans les matières soumises pour partie ou en totalité au contrôle continu, de mettre en œuvre lesdites dispositions. De telles pénalités ne peuvent, par ailleurs, être regardées comme des décisions devant être motivées et précédées d'une procédure contradictoire en application des art. 121-1 et L. 211-1 CRPA. Légalité de la décision du jury retranchant les points de pénalités pour des absences injustifiées conformément au barème des modalités de contrôle des connaissances des licences professionnelles : absence de méconnaissance du principe *non bis in idem*. • TA Nice, 30 oct. 2018, n° 1604057.

55. Absence de motivation. Les délibérations d'un jury d'examen chargé d'apprécier les mérites des candidats n'entrent dans aucune des catégories de décisions défavorables énumérées par la L. du 11 juill. 1979 et n'ont pas à être motivées. • CE 22 juin 1992, n° 122085 B • CE 22 nov. 1985, n° 54919 (notes attribuées à des copies par un jury). ♦ Le juge considère qu'aucune disposition légale ou réglementaire, ni aucun principe général du droit, n'oblige le jury d'examen à motiver ses délibérations. • CAA Paris, 16 juin 1999, n° 96PA04307 B. ♦ ... Pas plus qu'à respecter une procédure consultative ou contradictoire préalable. • Même arrêt.

56. Exception : existence d'un contrôle du juge. S'il n'appartient pas au juge administratif de contrôler l'appréciation portée par le jury sur les épreuves des candidats à un examen, les notes attribuées peuvent être contestées devant lui par la voie du recours pour excès de pouvoir lorsqu'elles sont fondées sur des considérations autres que la valeur des épreuves. Il en est ainsi dans le cas où le jury attribue une note à une copie qu'il estime entachée de fraude. • CE 1er juill. 1987, n° 65324 B • CE 8 févr. 1965, n° 60310 B.

57. Contrôle de l'erreur manifeste d'appréciation. Le juge refuse en principe de contrôler l'erreur manifeste d'appréciation. A propos d'un refus de délivrance de DESS. • TA Lille, 3 déc. 1998, n° 96226 : *LIJ 1999, n° 33, p. 3.* ♦ A noter, un cas de contrôle de l'erreur manifeste d'appréciation : sur la non-admission d'un candidat évincé à une session de rattrapage, et non un refus de délivrance de diplôme. • TA Versailles, 10 juin 1997, n° 911308.

IX. SOUVERAINETÉ DU JURY. LIMITES

58. En l'absence, dans le Décr. du 31 juill. 1972 modifié par les Décr. des 10 déc. 1974 et 7 nov.

1977, relatif au certificat d'aptitude à la profession d'avocat, de dispositions prévoyant la collation de mentions, le jury d'examen, dont la seule mission est d'arrêter la liste des candidats ayant satisfait aux épreuves de ce certificat d'aptitude, ne peut légalement assortir d'une mention les diplômes qu'il délivre. • CE 9 mars 1983, n° 44156 B.

59. *Aptitude physique.* Il n'appartient pas au jury d'apprécier l'aptitude physique des candidats à exercer les fonctions pour lesquelles le recrutement par concours est organisé. Par suite, commet une erreur de droit le jury qui attribue une note éliminatoire à un candidat handicapé en se fondant sur son inaptitude physique à exercer les fonctions auxquelles ouvre le concours. • CE 21 janv. 1991, n° 103427 B.

60. *Remplacement d'une épreuve.* Irrégularité du remplacement par une épreuve écrite de l'interrogation orale prévue par les dispositions en vigueur. • CE, sect., 30 mars 1973, *Sieur David*, n° 80717 B (concl. Théry).

X. DÉLIBÉRATIONS DU JURY

61. *Secret. Violation.* Dans une affaire où une enseignante du secondaire, membre d'un jury d'examen, contestait le blâme qui lui avait été infligé, le juge affirme qu'en divulguant des informations dont elle avait eu connaissance en raison de sa qualité de membre du jury, sous forme d'une attestation écrite destinée à être jointe aux écritures en justice d'un avocat, la requérante avait porté atteinte au secret des délibérations du jury, alors même qu'elle n'avait pas exposé l'opinion de chacun de ses membres. Il juge par ailleurs que, si la requérante soutenait avoir dénoncé des faits préjudiciables pour le service, elle ne pouvait pas, compte tenu de la teneur des informations qu'elle avait communiquées, se prévaloir des stipulations de l'art. 10 de la Conv. EDH qui protègent la dénonciation par les agents publics de conduites ou d'actes illicites constatés sur leur lieu de travail. • CAA Bordeaux, Ord., 24 nov. 2017, n° 18BX01923 : *LIJ 2018, n° 202, p. 9.*

XI. RUPTURE D'ÉGALITÉ ENTRE LES CANDIDATS

62. *Principe d'égalité.* Les candidats à l'examen d'obtention d'une licence ne sauraient utilement invoquer le principe d'égalité des candidats à un concours. • CAA Douai, 21 oct. 2004, n° 03DA00723. ♦ Le respect du principe d'égalité impose de veiller à ce que toutes les mentions ou spécialités d'une même année d'un diplôme soient évaluées dans les mêmes conditions, notamment en ce qui concerne la possibilité ou l'impossibilité de compenser les notes obtenues au cours du premier semestre avec celles obtenues au cours du second semestre. • TA Strasbourg, 24 oct. 2019, n° 1805241. ♦ Même solution s'agissant des différentes spécialités d'un master. • CAA Nancy, 26 juin 2018, n° 16NC02812 : *LIJ 2020, n° 204, p. 2018.*

63. *Anonymat des copies.* V. I. Principes fondamentaux.

64. *Mesures de contrôle et de surveillance.* Une insuffisance dans les mesures de contrôle et de surveillance des candidats lors de l'examen qui ressort des pièces du dossier et les carences des autorités universitaires face à cette situation serait de nature à rompre l'égalité entre les candidats et à entacher le déroulement des épreuves d'irrégularité (absence en l'espèce). • CE 1er avr. 1998, n° 172973 A : *préc. note 8.*

65. *Jury constitué en plusieurs groupes d'examinateurs.* Le principe d'égalité entre les candidats n'est pas méconnu par le fait qu'un jury soit constitué de plusieurs groupes d'examinateurs, alors même que la nature de l'épreuve pouvait se prêter à l'examen des candidats admissibles par l'ensemble des membres du jury, dès lors que chacun de ces groupes a été présidé par le président du jury et qu'a été organisée, à l'issue des épreuves orales, une délibération pour procéder à l'harmonisation des notes attribuées aux candidats pour l'épreuve d'entretien. • CE 11 juin 2004, nos 253787 et 253987 B : *AJDA 2004. 1828, note Lagrange* ; *AJFP 2004. 297*. ♦ Dans une affaire où, à l'issue des épreuves orales de l'examen en cause, les moyennes des notes des épreuves de l'option « procédures civiles d'exécution », choisie par 33 candidats, de l'option « droit communautaire », choisie par 11 candidats, et de l'option « droit fiscal », choisie par 4 candidats, étaient supérieures à la note de 14 sur 20, alors que les moyennes des notes attribuées dans les autres options étaient comprises entre 11, 11 et 13, 61, un requérant soutenait que, si les notes obtenues par les candidats à une même option peuvent être harmonisées lorsque plusieurs examinateurs ont retenu des échelles de notation différentes, le jury ne pouvait harmoniser les notes obtenues par les candidats à des options différentes. Toutefois, une procédure d'harmonisation des notes obtenues par les candidats à des options différentes peut être appliquée pour assurer l'égalité entre les candidats, même lorsque le règlement de l'examen ne le prévoit pas, dès lors qu'elle laisse entiers les pouvoirs des notateurs et du jury. Ainsi, en l'espèce, si l'examinateur de l'option « droit fiscal » a confirmé la grande qualité des prestations des quatre candidats à cette option et a estimé avoir noté celles-ci sans indulgence, les examinateurs des options « procédures civiles d'exécution » et « droit communautaire » ont indiqué qu'ils avaient noté les épreuves en cause avec indulgence, l'examinateur de l'option « procédures civiles d'exécution », option choisie par le requérant, entendu par le jury de l'examen avant la délibération attaquée ayant reconnu lui-même qu'une baisse d'un ou de deux points par rapport à la note proposée pouvait être retenue. Dès lors, en opérant, pour sauvegarder l'égalité des candidats aux différentes épreuves d'option, une compensation des notes obtenues par les candidats ayant choisi les options « procédures civiles d'exécution » et « droit communautaire » et en diminuant d'un point l'ensemble des notes des candidats ayant choisi ces options, le jury de l'examen, qui n'a pas porté d'appréciation supplémentaire sur les mérites de l'intéressé, n'a pas procédé à une harmonisation irrégulière des notes des candidats. • CAA Versailles, 6 mai 2010, n° 08VE02717 : *LIJ 2010, n° 147, p. 8.*

66. *Échelles de notation substantiellement différentes.* A l'occasion des épreuves organisées pour une session d'examen, les candidats ont été répartis en deux groupes dont les effectifs respectifs étaient de 177 candidats et 76 candidats. Deux professeurs ont été désignés pour corriger les épreuves de finances publiques et de droit budgétaire, chacun de ces deux professeurs ayant en charge un des deux groupes susmentionnés, et notant les candidats de son groupe dans ces deux matières. Des échelles de notation substantiellement différentes ont été appliquées par les deux professeurs. Eu égard à l'ampleur de ces différences, le principe d'égalité entre les étudiants a été méconnu. Annulation des délibérations du jury. • CE 27 mai 1987, n° 44439 A : *AJDA 1987. 551, obs. Moreau.* ♦ De la même manière, illégalité de l'application d'une échelle de notation moins favorable pour des étudiants qui, pour cause de redoublement, avaient suivi deux années d'enseignement dans une matière de DEUG. • TA Lyon, 30 avr. 1997, n° 96-05.281. ♦ Même solution dans un cas où il apparaît que la note d'un petit groupe d'étudiants a été calculée sur la base d'un élément supplémentaire, dont le bénéfice a été refusé à d'autres, celui de la possibilité pour quelques étudiants ajournés à la session de juin de refaire leurs travaux pratiques pendant l'été et de voir leur note finale de la session de septembre prendre cet élément en compte. • TA Lyon, 30 janv. 1997.

67. *Absence de rupture.* Il appartient aux personnes affectées d'un handicap permanent ou non, qui se présentent à des épreuves d'examen ou de concours, de demander, avant qu'elles ne débutent, à l'institution qui les organise, de procéder aux adaptations de ces épreuves rendues nécessaires par leur handicap, dès lors que ces adaptations sont conformes au principe d'égalité entre les candidats. Ainsi, en rejetant la demande, présentée neuf jours après les examens, d'un candidat victime d'un accident de la circulation récent le mettant dans l'impossibilité d'écrire, de passer ceux-ci sous forme orale, une université se conforme au principe d'égalité entre les candidats handicapés et les candidats valides. • CE 25 mai 2007, n° 289050 B.

XII. RESPECT DES RÈGLES D'ORGANISATION ET DE DÉROULEMENT DES ÉPREUVES

68. *Compétence.* Incompétence du directeur d'une unité de formation et de recherche notifiant, en cours d'année, aux étudiants inscrits dans une licence d'une dispense de trois unités d'enseignement sur les huit que compte le diplôme. • CAA Douai, 21 oct. 2004, n° 03DA00723.

69. *Publication du règlement de l'examen.* Un règlement d'examen, dont les candidats n'ont eu connaissance qu'à travers une brochure qui comportait des informations erronées ne valait pas publication du règlement et n'était donc pas opposable aux candidats. Dès lors, ceux-ci sont fondés à soutenir que la décision par laquelle le jury d'examen a refusé de leur attribuer le diplôme est entachée d'illégalité. • CE 14 oct. 1988, n°s 63257 et 63873 B. ♦ Dans le même sens • TA Poitiers, 3 nov. 1999, n°s 97180 et 97456 : *LIJ 2000, n° 41, p. 8.*

70. *Charte des examens. Applicabilité.* Saisie par un membre du jury des examens d'une université, le juge rappelle que la charte des examens de l'université, bien que se référant à une année universitaire particulière, est applicable au-delà de cette seule année universitaire, tant qu'elle n'a pas été abrogée. En l'espèce, la règle de double validation des unités d'enseignement théorique et pratique, reprise dans la charte des examens de l'année suivante et dans le règlement de contrôle des connaissances du master concerné, avait été communiquée aux étudiants de ce master au début de l'année universitaire suivante. La cour a estimé que même si cette charte et ce règlement n'avaient pas été adoptés par la CFVU de l'université au plus tard à la fin du premier mois de l'année universitaire suivante, le jury pouvait néanmoins appliquer légalement la règle de la double validation des unités d'enseignement théorique et pratique pour l'obtention de la première année du master en cause lors de l'année universitaire suivante. • CAA Nantes, 8 nov. 2019, n° 18NT02173 : *LIJ 2020, n° 209, p. 4.*

71. *Modalités de contrôle des connaissances. Grèves. Non-respect. Urgence à statuer. Absence.* En raison d'un mouvement de grève avec blocages au sein de l'université Paul-Valéry Montpellier 3, blocages qui ont concerné tant les locaux de l'université que les locaux extérieurs dans desquels devaient se dérouler les examens ne pouvant se tenir sur le site de l'université, les modalités prévues par le règlement des études n'ont pu être respectées dans leur intégralité. Devant cette situation d'urgence, qui n'est pas due à l'université elle-même, de nouvelles modalités ont été définies pour certains examens pour permettre aux étudiants de bénéficier des évaluations prévues dans le cadre de leur formation, condition indispensable à l'obtention des diplômes délivrés par l'université, ces nouvelles modalités prévoyant, notamment, que certains examens puissent se dérouler « à distance », le sujet étant envoyé aux étudiants par courriel et les copies devant être déposées sur un site internet. Une association et un syndicat requérants contestent la légalité de la décision et demandent la suspension de la mesure. Le juge des référés estime que « l'intérêt public qui s'attache à l'accomplissement des missions de l'université, au nombre desquelles figure, notamment, la délivrance des « diplômes nationaux ou des diplômes d'établissement sanctionnant les connaissances, les compétences ou les éléments de qualification professionnelle acquis », commande que les contrôles des connaissances préalables à l'obtention des diplômes délivrés par l'université soient organisés et fait ainsi obstacle à la suspension de l'exécution de la « décision de modifier les règles des examens dans leurs dates et leur modalité ». La requête est rejétée. • TA Montpellier, ord., 18 avr. 2018, n° 1801653.

72. Contenu du règlement de l'examen. Le règlement d'examen adopté par une université pouvait légalement renvoyer au jury le soin d'apprécier le respect de l'obligation d'assiduité, sans lier la compétence de celui-ci par des critères déterminés. La requérante ne peut utilement se prévaloir de la circonstance que ce règlement ne lui a pas été personnellement notifié, dès lors qu'elle ne conteste pas qu'il a été régulièrement publié. • CAA Paris, 16 juin 1999, n° 96PA04307 B.

73. Respect du règlement de l'examen. La non-conformité d'un sujet d'épreuve au programme prévu par le règlement d'examen est susceptible d'emporter l'annulation des décisions d'ajournement par le juge. • CE 20 oct. 1995, n° 144527. ♦ Même solution pour une absence de session de rattrapage prévue par le règlement d'examens. • CAA Marseille, 6 mai 2013, n° 10MA03242 : *LIJ 2013, n° 178, p. 10.*

74. Respect du règlement de l'examen. Épreuves publiques. Les salles dans lesquelles s'étaient déroulés les oraux d'admission au centre régional de formation professionnelle d'avocats (CRFPA) étant trop petites pour accueillir des personnes au-delà des examinateurs et du candidat, les personnes souhaitant assister à ces oraux avaient, par conséquent, été privées de cette possibilité. Dans ces circonstances, l'organisation de l'épreuve d'exposé-discussion ne permettait pas de respecter les dispositions de l'arrêté fixant le programme et les modalités de l'examen qui prévoient le caractère public de cette épreuve. Par suite, le tribunal administratif a jugé que la délibération par laquelle le jury avait arrêté la liste des candidats admis était intervenue à la suite d'une procédure irrégulière et que la méconnaissance des règles de publicité de l'épreuve orale d'exposé-discussion, qui ont pour objet d'assurer l'impartialité du jury et l'égalité de traitement entre les candidats, avait privé le requérant d'une garantie. Le juge annule la délibération et enjoint à l'université de réorganiser au profit du requérant les épreuves d'admission dans des conditions régulières dans un délai de deux mois. • TA Cergy-Pontoise, 12 oct. 2020, n° 1801064 : *LIJ 2021, n° 213, p. 9.*

75. Session de rattrapage. Caractère obligatoire. Contrôle continu. V. aussi : I. Principes fondamentaux.

76. Contenu du règlement de l'examen. Dispositions relatives à la localisation des épreuves. Dans une affaire concernant un diplôme d'accès aux études universitaires organisé par l'université de La Rochelle dont les épreuves se sont déroulées dans deux lieux différents d'une maison d'arrêt, le juge estime qu'à défaut de le prévoir dans le règlement d'examen, des épreuves peuvent être organisées dans plusieurs salles sans devoir se tenir de manière simultanée. De plus, un incident dans une salle ne saurait remettre en cause les résultats acquis par des candidats ayant passé leurs épreuves dans une autre salle sans incident à une heure différente. • TA Poitiers, 29 mars 2018, n° 1600236.

77. Modification du règlement d'examen. Principe de sécurité juridique. Eu égard au caractère limité des modifications apportées à l'épreuve en cause, le juge estime que le délai d'un an prévu entre la publication des arrêtés et la date des épreuves écrites des concours organisés en 2010 permet aux candidats et aux enseignants de classes concernées de disposer d'un délai raisonnable pour s'adapter à cette modification ; que, par suite, les arrêtés attaqués ne méconnaissent pas le principe de sécurité juridique. • CE 3 oct. 2011, n° 329233 B : *AJDA 2011. 1927 ; LIJ 2012, n° 161, p. 7.*

78. Erreur matérielle. Candidat soutenant que deux des cinq feuillets que comprenait sa composition auraient été égarés avant la transmission des copies au second correcteur et que celui-ci n'avait, par conséquent, pas pu le juger sur l'ensemble de sa prestation. Ce candidat fait état de circonstances et de faits précis et concordants, notamment des appréciations des deux correcteurs, constituant des présomptions sérieuses sans que le ministre apporte la preuve inverse. L'erreur matérielle commise par l'administration doit, dès lors, être tenue pour établie. • CE 8 nov. 1993, n° 115009 B.

79. Conformité des sujets au programme. Le juge peut annuler une délibération sur le fondement de l'irrégularité d'une épreuve s'il constate que le sujet choisi était hors des limites du programme. • CE 10 févr. 1993, n° 118884 • CE 20 oct. 1995, n° 144527.

80. Sujets. Choix des sujets par le jury. Contrôle du juge. Nature. S'il n'appartient pas au juge administratif de contrôler l'appréciation portée par le jury d'un concours sur la prestation d'un candidat, il lui appartient, en revanche, de vérifier qu'il n'existe, dans le choix du sujet d'une épreuve, aucune violation du règlement du concours de nature à créer une rupture d'égalité entre les candidats. A ce titre, il lui incombe notamment de contrôler que ce choix n'est pas entaché d'erreur matérielle, que le sujet peut être traité par les candidats à partir des connaissances que requiert le programme du concours et que, pour les interrogations orales, les questions posées par le jury sont de nature à lui permettre d'apprécier les connaissances du candidat dans la discipline en cause. • CE 26 sept. 2018, n° 405473 B : *AJDA 2018. 1870* ; *LIJ 2018, n° 204, p. 10.*

81. Modifications apportées aux épreuves. Sécurité juridique. Légalité. Eu égard au caractère limité des modifications apportées à l'épreuve écrite de composition française du concours d'entrée dans les écoles normales supérieures d'Ulm et de Fontenay-Saint-Cloud, le délai d'un an prévu entre la publication des arrêtés et la date des épreuves écrites des concours organisés en 2010 permet aux candidats et aux enseignants de classes préparatoires de disposer d'un délai raisonnable pour s'adapter à cette modification. Par suite, les arrêtés attaqués ne méconnaissent pas le principe de sécurité juridique. • CE 3 oct. 2011, n° 329233 B : *préc. note 77.*

82. Crise sanitaire. Référé-suspension. Conditions. Limites. Examens à distance. L'université de Lille, afin d'assurer la continuité pédagogique, avait prévu le remplacement des épreuves en présentiel par des évaluations à distance. Ces dispositions ont été contestées par une organisation syndicale dans le cadre d'un référé-suspension. Le juge a alors rappelé que les irrégularités supposées de la délibération de la CFVU ne sauraient constituer par elles-mêmes une situation d'urgence et que la circonstance selon laquelle, en l'absence de suspension de la délibération, plusieurs recours seraient susceptibles de conduire à l'annulation des examens, était purement hypothétique et ne saurait permettre de regarder la condition d'urgence comme satisfaite. Il a également souligné que l'intérêt public qui s'attache à l'accomplissement des missions de l'université, au nombre desquelles figure, notamment, la délivrance des diplômes, commande que les contrôles des connaissances préalables à l'obtention des diplômes délivrés par l'université soient organisés, ce qui fait ainsi obstacle à la suspension de l'exécution de la délibération litigieuse. • TA Lille, ord., 15 mai 2020, n° 2003296 : *LIJ 2020, n° 212, p. 10.*

83. Crise sanitaire. Modalités d'organisation des concours. Modifications du calendrier. Une association avait saisi le juge des référés afin ordonner la suspension de l'exécution de la décision du Gouvernement, annoncée par communiqué de presse, relative aux modalités d'organisation des concours d'entrée dans les grandes écoles pour la session 2020, et d'enjoindre, sous astreinte, à la ministre de prendre toutes les dispositions pour que ces concours comportent également des épreuves orales. Le juge estime que le nouveau calendrier est justifié par la situation sanitaire et par le souhait de maintenir, en dépit du retard pris dans les épreuves, les dates habituelles de début de scolarité, avant lesquelles les candidats admis et non admis ainsi que les établissements doivent disposer de temps pour tirer les conséquences des résultats d'admission : absence de doute sérieux quant à la légalité. • CE 9 juin 2020, n° 440941 : *LIJ 2020, n° 212, p. 8.*

84. Crise sanitaire. Modalités d'organisation des concours. Suppression des épreuves orales. Par la même ordonnance, le juge des référés précise que si pour la quasi-totalité des écoles, seules les épreuves écrites sont organisées et non les épreuves orales initialement prévues, cette circonstance n'est pas constitutive, par elle-même, pour chacun des concours en cause, d'une différence de traitement entre les candidats. Il en déduit que le moyen tiré de la rupture d'égalité entre les candidats n'est pas propre à créer, en l'état de l'instruction, un doute sérieux quant à sa légalité. • CE 9 juin 2020, n° 440941 : *préc. note 83.*

85. Crise sanitaire. Suppression des rattrapages. Méconnaissance du principe de l'obligation d'un contrôle des connaissances. Saisi par le recteur, le tribunal administratif annule partiellement les délibérations de l'Université Paris I Panthéon Sorbonne en ce qu'elles prévoyaient que les rattrapages du premier semestre seraient annulés et que tous les élèves concernés valideraient ce semestre et le suivant avec la note de 10/20, et en ce qu'elles instauraient un régime général de dispenses, sans appréciation des résultats des élèves. Le juge a en effet estimé que ces délibérations méconnaissaient le principe de l'obligation d'un contrôle des connaissances et des aptitudes. • TA Paris, 5 juin 2020, n° 2007394 : *LIJ 2020, n° 212, p. 10.*

86. Crise sanitaire. Suppression des examens. Mesures non proportionnées et non adaptées à la situation. Il a également considéré que les dispositions de la délibération du 5 mai 2020 visant à supprimer tous les examens et notamment les examens à distance devaient être annulées. Leur caractère général et absolu ne correspondait pas aux mesures proportionnées et adaptées à la situation, prévues par l'Ord. du 27 mars 2020 relative à l'organisation des examens et des concours dans le cadre de l'état d'urgence sanitaire. • TA Paris, 5 juin 2020, n° 2007394 : *LIJ 2020, n° 212, p. 10.*

87. Crise sanitaire. Modification du régime de contrôle des connaissances. Sur la recevabilité du déféré rectoral : V. notes ss. art. L. 719-7.

88. Crise sanitaire. Neutralisation des notes inférieures à la moyenne. La CFVU avait prévu que des « dispenses » de contrôle seraient accordées aux étudiants si, notamment, la moyenne d'une matière ou d'une unité d'enseignement était inférieure à 10. La CFVU avait aussi décidé que, Pour les enseignements dans lesquels l'équipe pédagogique jugerait qu'il n'y avait pas eu de continuité pédagogique ou qu'un contrôle continu serait jugé insuffisant et non représentatif, seules les notes supérieures à 10 obtenues seraient intégrées à la note finale. Le juge a considéré que ce régime méconnaissait le principe du contrôle des connaissances et des aptitudes, qu'il privait les jurys de leur pouvoir d'appréciation et par là même avait méconnu le principe d'égalité. • TA Paris, 5 juin 2020, n° 2007394 : *préc. note 86.*

89. Brouilleurs téléphoniques. Consultée sur la légalité des brouilleurs téléphoniques, la DAJ rappelle que les exceptions à l'interdiction d'installer des brouilleurs téléphoniques sont, dorénavant, encore plus restrictives que les exceptions prévues antérieurement (besoins de l'ordre public, de la défense et de la sécurité nationale, ou du service public de la justice). La modification entrée en vigueur le 1er févr. 2012 de l'art. L. 33-3 CPCE (mod. par l'Ord. n° 2011-1012 du 24 août 2011 relative aux communications électroniques) fait que les établissements d'enseignement supérieurs ne sont toujours pas autorisés à installer de tels équipements dans leurs locaux. * Lettre DAJ B1 n° 2012-39, 1er févr. 2012 : *LIJ 2012, n° 165, p. 17.*

90. Surveillance des examens en ligne. Outils numériques de télésurveillance. La mise en œuvre d'un système de surveillance d'examens organisés à distance constitue un traitement de données personnelles, quelle que soit la technologie utilisée : vidéo continue ou prise de photographies aléatoires, télésurveillance en temps réel ou *a posteriori*, avec ou sans recours à des algorithmes de détection de la fraude, utilisation d'un outil permettant à un superviseur de prendre la main à distance sur l'ordinateur de l'étudiant afin de surveiller l'activité de celui-ci pendant la réalisation de l'examen, notamment en vérifiant l'accès aux boîtes mails et réseaux sociaux, etc. Les établissements doivent respecter le RGPD et la loi Informatique et Libertés. Dans le cas de la télésurveillance, il convient également de ne pas porter atteinte à la vie privée des personnes filmées, notamment en respectant le droit à l'image des autres personnes qui pourraient se trouver dans la pièce. Il est donc recommandé à l'étudiant de se connecter dans une pièce isolée, dans la mesure du possible. **CNIL, Rappels et conseils, 20 mai 2020 : https://www.cnil.fr/fr/surveillance-des-examens-en-ligne-les-rappels-et-conseils-de-la-cnil.*

91. Utilisation de logiciels de surveillance en ligne lors des examens réalisés à distance. Interrogé sur l'utilisation des logiciels de surveillance en ligne présentant des risques d'atteinte à la vie privée et ne respectant pas les libertés individuelles des personnes concernées, le ministère rappelle que, dans le contexte de la formation à distance, certaines universités (Université de Caen Normandie et Sorbonne Université, notamment) qui ont obtenu une réponse favorable de la part de la CNIL, déploient de la télésurveillance depuis plusieurs années. Il souligne qu'avec le RGPD, chaque établissement, en tant que responsable de traitements dont il doit garantir lui-même la conformité au droit à la protection des données, est libre de choisir la solution qu'il estime être la plus pertinente en fonction de la finalité, des enjeux et du contexte dont il a connaissance. Il appelle de plus les établissements à faire preuve de la plus grande vigilance au regard de la protection des données personnelles dans le recours à la télésurveillance des examens. Il estime néanmoins qu'en suivant les recommandations du MESRI, les établissements peuvent mettre en place des conditions de télésurveillance d'examens tout à fait respectueuses de l'éthique et du respect de la vie privée. Ces recommandations sont notamment en complète cohérence avec une récente communication de la CNIL à propos de la télésurveillance. Il poursuit en concluant qu'il n'est donc pas question d'interdire l'utilisation des logiciels de surveillance en ligne dès lors que leur compatibilité avec la réglementation est établie par la CNIL. Compte tenu de l'état d'urgence sanitaire, les adaptations des modalités d'évaluation ont pu porter, dans le respect du principe d'égalité de traitement des candidats, sur leur nature, leur nombre, leur contenu, leur coefficient ou leurs conditions d'organisation, et ont pu être réalisées de manière dématérialisée. Les modalités peuvent être adaptées à tout moment dès lors qu'elles sont portées à la connaissance des candidats par tout moyen dans un délai qui ne peut être inférieur à deux semaines avant le début des épreuves. *Rép. min. n° 30183 : *JOAN Q 24 nov. 2020, p. 8433.*

92. Crise sanitaire. Contamination. Plainte. Responsabilité pénale du président du jury. La DAJ a été saisie de la question de l'engagement de la responsabilité pénale d'une présidente de jury de concours dans l'hypothèse où des membres de son jury, des personnels participant à l'organisation matérielle des épreuves, voire des candidats, seraient contaminés par la covid-19. La DAJ répond notamment que l'engagement de la responsabilité personnelle, notamment pénale, d'un président de jury de concours est improbable. Elle ajoute qu'en tout état de cause, si un président de jury, ou un autre agent public, devait être visé par une telle plainte, l'État lui accorderait la protection fonctionnelle. *Note DAJ A2 n° 2020-0038 du 25 mai 2020 : *LIJ 2020, n° 212, p. 19.*

93. Évaluation à distance. Surveillance des examens à distance. Bonnes pratiques. Solutions de surveillance envisageables. V. MESRI-DGESIP, *Fiche 6, Évaluer et surveiller à distance* : https://services.dgesip.fr/fichiers/Fiche_6_-_Evaluer_et_surveiller_a_distance.pdf.

XIII. RÉGULARITÉ EXTERNE DES DÉLIBÉRATIONS DU JURY

94. Respect des règles de composition. Le non-respect des règles de composition constitue un vice de procédure de nature à entacher la délibération d'irrégularité. Si le jury qui délivre le diplôme ne peut légalement comprendre que des membres de l'équipe qui ont participé aux enseignements, le contrôle des connaissances, et notamment la soutenance du rapport de stage, peut être opéré par un jury comprenant des personnalités extérieures à la condition que des dispositions réglementaires l'aient légalement prévu. • CAA Paris, 19 oct. 2000, n° 98PA01175 B.

95. Respect des règles d'impartialité. L'ancien mari d'une candidate au concours organisé en vue du recrutement d'un professeur des universités faisait partie de la commission de spécialistes auteur de la délibération proposant la liste des candidats admis à poursuivre les épreuves du concours. Quelles qu'aient été les modalités pratiques d'organisation des débats au sein de la commission, cette circonstance était de nature à priver les requérants des garanties d'impartialité auxquelles tout candidat est en droit de prétendre. Annulation de la délibération. • CE 10 févr. 1995, n° 109204 B. • CE 10 févr. 1992, n° 96124 A.

96. Respect des règles de nomination. Les membres du jury doivent être nommés par le président de l'université. L'Arr.é habilitant l'université à délivrer le diplôme en cause ne saurait tenir lieu de désignation des membres du jury. • CE 6 mars 1998, n° 128051. ♦ Lors du concours interne d'entrée à l'école nationale d'administration de 1984, les correcteurs prévus à l'art. 21 du Décr. du 27 sept. 1982 relatif aux conditions d'accès à l'ENA et au régime de la scolarité ont été nommés par Arr. du 15 oct. 1984 du secrétaire d'État auprès du Premier ministre chargé de la fonction publique à une date postérieure à la publication des résultats d'admissibilité dudit concours. Ainsi, faute d'avoir été nommés avant le commencement des épreuves, lesdits correcteurs n'étaient pas habilités à participer avec les membres du jury à la correction des épreuves et à délibérer avec le jury comme le prévoit l'art. 21 dudit Décr. Cette irrégularité vicie les opérations du concours. Par suite, la délibération du jury ayant prononcé les résultats d'admissibilité et, par voie de conséquence, celle ayant prononcé les résultats d'admission de ce concours sont entachées d'illégalité et doivent être annulées. • CE 13 mars 1987, n° 64561 B.

97. Respect des règles de fonctionnement. Les membres nommés doivent être présents à toutes les délibérations. L'absence d'un des membres du jury, en mission à l'étranger lors des premières épreuves, alors que l'administration n'a pris aucune disposition pour son remplacement est de nature à vicier la délibération. • CE 13 oct. 1971, n° 75676 A. ♦ Pour une absence sans motif légitime, V. • CE, sect., 5 févr. 1960, *Premier ministre c/ Sieurs Jacquin-Peutillon et Freynet*, n° 47662 A. ♦ A noter un arrêt qui, pour déclarer à bon droit ajournée une candidate à un concours de professeur des universités (praticien hospitalier spécialisé en pharmacologie), considère qu'un jury peut délibérer une troisième fois au motif qu'aucune majorité relative ne s'est dégagée au second tour, alors que, le jury étant composé de six membres, trois d'entre eux se sont prononcés en faveur de la candidate, un s'y est opposé et deux ont voté blanc. Si la requérante invoquait la méconnaissance du principe de l'égalité d'accès aux emplois publics, il ne ressortait pas des pièces du dossier que d'autres candidatures avaient été examinées selon des modalités plus favorables que la sienne. • CE 13 mai 1992, n° 128980 : *RD publ. 1994. 1213, note Drago.*

98. Sauf motif légitime. Tous les membres d'un jury d'examen ayant été régulièrement convoqués et six d'entre eux étant présents, le quorum légalement exigible était atteint même si deux des membres présents ont refusé de prendre part au vote et de signer le procès-verbal. Si l'un des membres qui avaient participé à une première délibération du jury n'assistait pas à la séance, qui avait pour objet de réexaminer cette première délibération, son absence, justifiée par un motif légitime, n'était pas de nature à vicier la nouvelle délibération du jury. • CE 30 juin 1978, n° 90338 A.

99. Formalités substantielles. La mention du prénom du président du jury est une formalité substantielle. Dès lors que ni la décision attaquée, ni aucun autre document porté à la connaissance du requérant ne lui permettait de connaître aisément le prénom de son auteur, et donc de l'identifier avec certitude, l'absence d'indication de ce prénom constitue une irrégularité substantielle au regard de l'art. 4 de la L. n° 2000-321 du 12 avr. 2000, qui prescrit de mentionner les prénom et nom de l'auteur d'une décision administrative. • CE 28 mai 2010, n° 328686 B : *AJDA 2010. 1060* .

XIV. RÉGULARITÉ INTERNE DES DÉLIBÉRATIONS DU JURY

100. Contrôle de l'erreur de droit, de l'erreur de fait ou du détournement de pouvoir. Le juge sanctionne l'erreur de droit affectant la délibération lorsqu'un jury de licence écarte délibérément les nouvelles modalités de contrôle instituées pour leur substituer des normes plus contraignantes. • CAA Bordeaux, 24 juin 1999, n° 96BX31732. ♦ ... Ou encore, lorsque le jury prononce une admission alors qu'aucune disposition législative ou réglementaire n'autorise le mode de contrôle des connaissances retenu. • CAA Paris, 17 sept. 1998, n°s 97PA02556 et 98PA01036 • CE 25 févr. 1983, n° 29876 • CE 24 mars 1995, n° 122219 • CE 14 juin 1996, n° 164888 • CE 21 mai 1997, n° 182242.

101. Contrôle du juge en cas de fraude. Pour ne pas proposer de décerner à un étudiant son diplôme, le jury s'est notamment fondé sur une tentative de fraude à laquelle aurait participé le requérant. S'étant produite au début d'une épreuve, cette tentative n'a pas donné lieu à l'exclusion de l'intéressé de la salle où il composait et à la nullité de l'examen qui s'ensuivait. Le conseil de l'université, seul compétent pour se prononcer sur l'annulation de l'examen pour fraude ou tentative de fraude, n'a pas été saisi de la tentative de fraude reprochée à l'étudiant. Dans ces conditions, le jury ne pouvait légalement retenir ce motif pour refuser de proposer au président de l'université la délivrance du diplôme. • CE 29 oct. 1990, n° 53020 A.

102. Prise en compte d'un plagiat dans la notation. Un jury avait constaté que, dans un mémoire qui lui avait été présenté, un étudiant s'est livré, pour partie, au plagiat d'un article. La note de 6 sur 20 lui avait été attribuée. L'étudiant contestait cette note qui constituait une sanction disciplinaire déguisée irrégulière. Le juge a estimé la circonstance avérée que la partie du mémoire en cause, qui se trouvait directement inspirée d'un article publié antérieurement par un autre auteur, et en l'occurrence non référencé dans la bibliographie dudit mémoire, pouvait valablement constituer l'un des éléments d'évaluation du travail soumis à l'appréciation souveraine du jury. En outre, il ne ressortait pas des pièces du dossier que la note attribuée de 6 sur 20 résultait d'une appréciation qui n'aurait pas compris l'ensemble du mémoire de l'intéressé. Ainsi cette note ne constituait pas, dans les circonstances de l'espèce, une sanction déguisée qui aurait nécessité la mise en œuvre des diverses garanties procédurales applicables en matière disciplinaire. • CAA Marseille, 16 janv. 2007, n° 03MA01821 : *LIJ 2007, n° 113, p. 10.*

XV. COMMUNICATION DES DOCUMENTS

1° COPIES

103. Droit à communication. Caractère nominatif. La copie d'un candidat à un examen ou à un concours constitue un document de caractère nominatif concernant le candidat. Par suite, les candidats ont droit à leur communication. • CE, ass., 8 avr. 1987, n° 45172 A. • CE, ass., 8 avr. 1987, n° 54516 A. • CE 22 févr. 1988, n° 82380. ♦ La CADA, pour sa part, rappelle que les copies de concours sont des documents administratifs communicables à leurs auteurs, en application du II de l'art. 6 de la L. du 17 juill. 1978. Elle estime par ailleurs que, sous réserve d'être anonymisés, ces mêmes documents sont également communicables aux tiers, hormis le cas où, compte tenu des caractéristiques du concours, en particulier, du nombre limité de candidats ou de son caractère localisé, l'anonymisation ne suffirait pas à garantir le respect de la vie privée de leur auteur. * CADA 11 déc. 2014, avis n° 20144307. ♦ Dans le même sens : • CE, ass., 8 avr. 1987, n° 54516 A.

104. Copies. Niveau de connaissance, de compétence, de jugement et d'esprit critique. Données à caractère personnel. Saisi sur la question de savoir si les réponses écrites fournies par un candidat lors d'un examen et les annotations de l'examinateur constituaient des données à caractère personnel, le juge européen rappelle que, conformément à la directive européenne du 24 oct. 1995 relative à la protection des personnes physiques à l'égard du traitement des données à caractère personnel et à la libre circulation de ces données, constitue une donnée à caractère personnel « toute information concernant une personne physique identifiée ou identifiable ». Il précise que cette notion d'information doit s'entendre au sens large, qu'elle n'est pas restreinte aux informations sensibles ou d'ordre privé mais englobe toutes les informations, tant objectives que subjectives, dès lors qu'elles sont liées à une personne déterminée en raison de leur contenu, de leur finalité ou de leur effet. Un candidat à un examen étant une personne physique qui peut être identifiée soit directement à partir de son nom, soit indirectement à partir du numéro d'identification, il estime que, dans la mesure où elles reflètent le niveau de connaissance et de compétence ainsi que ses processus de réflexion, son jugement et son esprit critique, les réponses écrites qui figurent sur les copies d'examen doivent être qualifiées de données à caractère personnel. De même, il estime que constituent de telles données les annotations de l'examinateur dès lors qu'elles reflètent l'avis ou l'appréciation de ce dernier sur les performances individuelles du candidat et sont susceptibles d'avoir des effets sur les droits et intérêts de l'intéressé. Pour le juge européen, cette qualification ouvre aux candidats à un examen des droits d'accès et de rectification à ces informations leur permettant de s'assurer que les données les concernant sont exactes et traitées de manière licite, y compris lorsque la règlementation nationale applicable à la procédure d'examen ne les prévoit pas. Il précise toutefois que seules les inexactitudes au sens de la directive de 95/46/CE, telles qu'un échange de copies entre deux candidats, peuvent faire l'objet d'une rectification. • CJUE 20 déc. 2017, n° C-434/16 : *LIJ 2018, n° 202, p. 18.*

105. Limites. Un candidat ne tient d'aucune disposition législative ou réglementaire le droit de recevoir, outre sa note qui lui a été communiquée au plus tard au cours de la première instance, communication des appréciations provisoires du correcteur et des motifs sur lesquels s'est fondé le jury pour arrêter sa note définitive. Il n'est pas fondé à soutenir que le fait que sa copie, dont il a reçu communication, ne portait ni note ni annotation du correcteur l'aurait privé d'un droit dont il pourrait se prévaloir d'obtenir communication de sa copie corrigée. • CAA Paris, 30 mai 2000, n° 97PA00967. ♦ L'absence de communication des notes et appréciations est sans incidence sur la légalité des délibérations du jury qui doit être appréciée à la date de leur intervention. • Même arrêt.

2° AUTRES DOCUMENTS. DOCUMENTS INTERNES

106. Fiche d'évaluation. Saisie du refus opposé à une demande de communication d'une copie de la fiche d'évaluation de l'épreuve orale d'admission d'un concours d'entrée en IFSI, au motif qu'il était couvert par le secret des délibérations des jurys de concours de recrutement, la CADA constate que, si le Conseil d'État a jugé que la grille de correction dont un jury fait usage pour noter les épreuves d'un examen ou d'un concours n'a pas le caractère d'un document administratif au sens de la L. du 17 juill. 1978 (15 janv. 1988, n° 81225), néanmoins dans le cas où la feuille de notation dont la communication est souhaitée est propre à l'intéressée et a servi à recueillir les éléments de notation décidés par le jury, ce document est communicable à condition d'être achevé. • CADA 24 oct. 2013, *Groupement d'intérêt public des établissements de santé (GIPES) d'Avignon et du pays de Vaucluse*, avis n° 20133891. ♦ Dans le même sens : • CADA 12 sept. 2013, *Service interacadémique des examens et concours des académies de Créteil, Paris et Versailles (SIEC)*, avis n° 20132997.

107. Indications de corrigés. Pour une demande de communication des indications de correction de l'épreuve anticipée de français passée : document interne d'organisation du jury, non communicable au sens de la L. n° 78-753 du 17 juill. 1978. • TA Versailles, 4 mars 2010, n° 0909429 : *LIJ 2010, n° 145.* ♦ La CADA a considéré dans cette affaire que les indications de correction devaient être fournies dans la mesure où elles existaient. • CADA 16 avr. 2009, avis n° 2009-1211-AB. ♦ La notion de document interne a été créée par le Conseil d'État pour justifier la non-communication d'un programme d'inspection des services judicaires à une association. • CE 26 juin 1986, n° 34952 A. ♦ ... Ou encore pour justifier le refus de communication à un étudiant des sujets préparés par le jury d'examen d'accès au centre régional de formation professionnelle d'avocats de Paris. • CE 21 déc. 2007, n° 294676. ♦ En prévoyant, par la L. n° 78-753 du 17 juill. 1978, la communication des documents administratifs, le législateur n'a pas entendu porter atteinte au principe d'indépendance des jurys d'où découle le secret de leurs délibérations et, par suite, permettre la communication tant des documents de leurs délibérations que de ceux élaborés préalablement par les jurys en vue de leurs délibérés. Décision du Conseil d'État rendue à propos du refus du président du CNFPT de communiquer au requérant la copie des « indications de correction » des épreuves d'admissibilité du concours interne d'accès au grade d'administrateur territorial. • CE 17 févr. 2015, n° 371453 A : *AJDA 2016. 344 ; AJFP 2016. 141 ; AEF, Dépêche n° 532871, 7 mars 2016, comm. Toulemonde.*

3° RÉSULTATS

108. Affichage des résultats. A la question de savoir si les universités peuvent afficher dans leurs locaux les résultats des examens de licence et de master faisant apparaître le nom des candidats et les notes obtenues, la DAJ a répondu par la négative. Un tel affichage contreviendrait aux dispositions de l'art. 6 de la L. n° 78-753 du 17 juill. 1978 qui prévoit que ne sont communicables qu'à l'intéressé les documents administratifs portant une appréciation ou un jugement de valeur sur une personne physique, nommément désignée ou facilement identifiable. * MEN DAJ B1, 4 mars 2011, Lettre n° 2011-67 : *LIJ 2011, n° 155, p. 15.* ♦ Sur la possibilité d'afficher l'intégralité des résultats des candidats au concours de première année de médecine, comprenant leur classement, les notes obtenues aux différentes épreuves ainsi que leur moyenne générale, la CADA a relevé que toutes ces informations reflétaient une appréciation ou un jugement de valeur sur chacun des candidats et ne sont donc communicables qu'aux intéressés. Avis défavorable à leur affichage. Le seul affichage conforme à l'esprit de la L. de 1978 serait l'affichage par ordre alphabétique de la liste des candidats reçus ; leur rang de classement et leurs notes n'étant communiqués qu'à chacun des candidats lors de l'entretien individuel qui précède leur choix d'orientation. • CADA 5 févr. 2004, *Président de l'université René-Descartes*, conseil n° 20040540. ♦ Dans le même sens : • CADA 25 sept. 2003, *Président de l'université Claude-Bernard Lyon*, conseil n° 20033840.

109. Réutilisation des résultats. Dans une affaire où le tribunal administratif avait rejeté la demande d'une société exploitant un service de mise à disposition par voie électronique de résultats d'examens de l'éducation nationale tendant notamment à la condamnation de l'État à lui verser la somme de cinq millions d'euros au titre du préjudice subi à raison de la mauvaise communication des résultats d'examen, la cour a précisé que les résultats nominatifs d'admission aux examens, alors même qu'ils ne seraient pas accompagnés des notes des candidats, constituent des données à caractère personnel ne concernant que l'intéressé ; que si leur affichage ou leur publication sur le site dédié du ministère leur fait perdre leur caractère inachevé et les rend donc communicables au sens de la L. du 17 juill. 1978, ces données n'en perdent pas pour autant leur caractère personnel, de sorte que leur communication ne peut se faire que dans les conditions prévues à l'art. 13 de cette même loi ; qu'ainsi, la réutilisation de ces données, et, notamment, leur communication à des tiers, exige que les candidats y aient préalablement consenti. En outre, la cour a estimé que les listes des résultats nominatifs des examens ne pouvaient être communiquées à la société sans qu'en soient préalablement retirées les données relatives aux candidats n'ayant pas donné leur consentement à leur réutilisation ; en admettant même que de telles informations ne constituent pas des données à caractère personnel, dès lors qu'elles ne comportent pas les notes des candidats, il n'en demeure pas moins que les intéressés doivent avoir été mis à même de s'opposer à la réutilisation des informations les concernant. • CAA Paris, 30 juin 2014, n° 13PA00947 : *LIJ 2014, n° 185, p. 18.*

110. Liste de notes. Communication. Absence de donnée nominative. Saisie sur la question de la communication d'une copie de la liste, expurgée de toute donnée nominative, des notes obtenues par tous les étudiants de 2e année à un examen, la CADA estime que cette liste, lorsqu'elle ne comporte aucune mention susceptible de permettre d'identifier les intéressés, même par recoupement, est communicable à toute personne qui le demande, en application de l'art. 2 de la L. du 17 juill. 1978. • CADA 7 nov. 2013, *Univ. Toulouse III-Paul Sabatier,* avis n° 20133889.

111. Liste de candidats. Saisie du refus d'une demande de communication de la liste des candidats ayant présenté un dossier de candidature en vue d'une admission directe en 2e année du 1er cycle des études médicales, mentionnant leur âge et leur cursus, la CADA considère que la communication du document sollicité serait susceptible de porter atteinte au secret de la vie privée couvert par le II de l'art. 6 de la L. du 17 juill. 1978 mais que, le demandeur ayant accepté le principe d'une anonymisation de la liste sollicitée, ce document administratif est communicable à toute personne qui en fait la demande sous réserve de son anonymisation. Elle émet donc, sous cette réserve, un avis favorable. • CADA 14 mars 2013, avis n° 20130777.

112. Autres éléments d'information relatifs à l'organisation d'examens. Saisie d'une demande de communication de copie des éléments relatifs aux centres d'examen pour les établissements privés d'enseignement, la CADA, s'agissant de la liste des examens concernés, des centres d'examen sélectionnés par le rectorat, du nombre de salles réservées par établissement, du montant de la location des salles, par établissement et par année, du nombre d'élèves concernés par examen, par établissement et par année, rappelle que la L. du 17 juill. 1978 garantit à toute personne un droit d'accès aux documents administratifs existants ou susceptibles d'être obtenus par un traitement automatisé d'usage courant, mais ne fait pas obligation aux autorités administratives de répondre aux demandes de renseignements qui leur sont adressées. Par suite, elle ne peut que se déclarer incompétente pour se prononcer sur les points. S'agissant de la liste des conventions passées avec chaque établissement, la CADA estime que ces documents sont communicables à toute personne qui en fait la demande, en application de l'art. 2 de la même loi. Elle émet donc un avis favorable. • CADA 7 févr. 2013, *Rect. de l'académie de Toulouse,* avis n° 20130323.

113. Informations relatives au nombre de places. À la suite du refus d'admission d'un élève en section internationale, la CADA a été saisie du refus de communication d'informations concernant le nombre de places offertes et effectivement octroyées et le nombre de places encore vacantes dans la section. La commission rappelle qu'elle ne peut que se déclarer incompétente pour se prononcer sur la demande qui porte en réalité sur des renseignements. • CADA 2 avr. 2015, *Collège de l'Esplanade avec sections internationales de Strasbourg,* avis n° 20150823.

XVI. RETRAIT D'UNE DÉLIBÉRATION

114. Délai. Le retrait de la délibération d'un jury arrêtant les résultats d'une soutenance de thèse est possible à tout moment dès lors que ces résultats n'ont pas fait l'objet de publicité et alors même que certains des actes concourant à cette soutenance seraient devenus définitifs. De l'inscription d'un étudiant en doctorat jusqu'à la délivrance du titre de docteur par l'université il s'agit d'un acte complexe. • CE 10 févr. 1992, n° 96124 : *RFDA 1992. 841, concl. Laroque.*

115. Acte obtenu par fraude. Par délibération, une université a accordé en 1991 à un étudiant un diplôme d'études approfondies. En 2000, le président de cette université retire par arrêté cette délibération. La cour administrative d'appel rappelle « que, sous réserve de dispositions législatives ou réglementaires contraires, et hors le cas où il est satisfait à une demande du bénéficiaire, l'administration ne peut retirer une décision individuelle explicite créatrice de droits, si elle est illégale, que dans un délai de quatre mois suivant la prise de cette décision ; qu'il est seulement fait exception à ce principe lorsque l'acte retiré a été acquis par fraude ». • CAA Lyon, 13 janv. 2004, n° 03LY01384 : *AJDA 2004. 1433*.

XVII. ANNULATION DES EXAMENS

116. Effets de l'annulation d'une liste déclarant des candidats admis sur la situation des candidats ainsi écartés. En droit, la solution ne présenterait pas de difficulté selon la jurisprudence traditionnelle : la décision annulée n'a jamais existé et le candidat admis irrégulièrement l'a été sans titre ; l'administration a compétence liée pour tirer toutes les conséquences de l'autorité de la chose jugée ; le candidat a droit à une indemnisation, après demande préalable • CE 14 mars 2005, n° 270528 ; cette indemnité répare les pertes de revenus et les troubles dans les conditions d'existence. ♦ En pratique, la situation est beaucoup plus délicate dans la mesure où l'inscription de l'étudiant a eu un caractère définitif. La position du juge a récemment évolué. Ainsi, dans une affaire où les lauréats d'un concours dont les résultats avaient été annulés avaient été admis en deuxième année d'études médicales et poursuivaient depuis leurs études sans subir les effets de cette annulation, le juge a considéré que le caractère définitif de l'inscription de ces étudiants en deuxième année, qui était pour eux créatrice de droits, et qui n'avait pas été contestée dans les délais de recours contentieux, faisait obstacle à ce que le président de l'université puisse légalement rapporter cette décision ou la déclarer caduque. Par suite, l'exécution du jugement du tribunal administratif déclarant la délibération illégale n'impliquait pas la remise en cause des études poursuivies depuis les faits litigieux par les étudiants en cause • CAA Bordeaux, 24 avr. 2007, n° 06BX02424.

117. Examen professionnel. Pouvoirs du juge. Dans un examen professionnel (conservateurs des bibliothèques stagiaires à l'issue de leur scolarité à l'ENSSIB) où le requérant avait obtenu la note de 9,63/20, le Conseil d'État a annulé la délibération par laquelle le jury a arrêté la liste d'admission, par ordre de mérite, qu'en tant que ce jury l'a exclu de cette liste. Ce faisant, le juge administratif octroie le diplôme au candidat alors que rien n'indique qu'il aurait obtenu la moyenne de 10/20. Par cette annulation « en tant que ne pas », le juge administratif se comporte en jury d'examen alors qu'il aurait pu enjoindre au jury de réexaminer la situation du requérant conformément au règlement d'examen. • CE 25 nov. 2009, n°s 317419 et 318500 B : *AJDA 2009. 2254* ; *AJFP, mars-avr. 20010. 73.*

118. Injonction de délivrer un diplôme. En principe et de manière constante, l'annulation d'une délibération refusant l'attribution d'un diplôme n'implique au plus qu'une injonction de réexamen de la situation du candidat. Dans une affaire concernant un diplôme d'État d'infirmier, le juge de l'exécution déduit d'un changement de circonstances de droit, et compte tenu de la gravité du motif de l'annulation, le pouvoir d'enjoindre à l'administration de délivrer le diplôme. • CAA Marseille, 4 déc. 2012, n° 12MA03735 : *AJDA 2013. 1585, note Zarca*.

XVIII. REFUS D'ACCORDER LE DIPLÔME

119. Défaut d'assiduité. Les dispositions d'un règlement intérieur prescrivant que l'assiduité à toutes les activités pédagogiques étant obligatoire n'autorisent pas l'université à refuser la délivrance du diplôme au seul motif du défaut d'assiduité, alors que les unités d'enseignement ont été validées. • CAA Marseille, 10 juill. 2013, n° 10MA00331 : *LIJ 2013, n° 179, p. 7.*

120. Établissement privé agréé par l'État. Compétence du juge administratif. Dans une affaire où était contestée la décision par laquelle le collège ostéopathique du Pays basque avait refusé de délivrer un diplôme de fin d'études d'ostéopathe, le juge souligne en premier lieu que si le collège ostéopathique du Pays basque, établissement privé agréé par l'État, dispensant un enseignement en ostéopathie, participe à l'accomplissement d'une mission du service public de l'enseignement supérieur, il ne dispose à cet effet d'aucune prérogative de puissance publique. Toutefois, la délivrance par ledit collège du diplôme d'ostéopathe est de nature à être déférée au contrôle du juge administratif par la voie du recours pour excès de pouvoir (V. CE 28 juin 1995, n°s 75258, 108281, 110416 B). Il en va d'autant plus ainsi que la délivrance de ce diplôme donne non seulement le droit d'utiliser le titre d'ostéopathe mais qu'en outre, en vertu de l'art. 75 de la loi du 4 mars 2002, elle permet seule d'exercer une activité réglementée dont l'accès est particulièrement contrôlé par l'État pour des motifs de protection de la santé publique. • TA Pau, 7 juin 2018, n° 1602414.

121. Retrait du diplôme. Diplôme obtenu durant l'exclusion de l'établissement pour fraude aux examens. Effets du sursis à exécution. Un étudiant, exclu pour une durée de deux ans pour fraude aux examens, avait obtenu son diplôme pendant la période au cours de laquelle il avait été sursis à l'exécution de la sanction. L'établissement demande à la DAJ s'il était possible de retirer son diplôme à cet étudiant. La DAJ rappelle à cet effet que les décisions prises par l'administration à titre provisoire à la suite d'un sursis à exécution peuvent être retirées dans un délai raisonnable à compter de la notification à l'administration du jugement au fond, lequel délai est fixé par la jurisprudence à quatre mois à compter de sa notification. Cependant, dans les circonstances de l'espèce, qui reposent sur un cas de fraude aux examens, le retrait du diplôme peut être prononcé à tout moment mais le retrait du diplôme doit obéir à certaines règles de forme et de procédure. * Note DAJ B1, 11 déc. 2018, n° 2018-09 : *LIJ 2019, n° 206, p. 21.*

XIX. RESPONSABILITÉ DE L'UNIVERSITÉ

122. *Faute de l'université. Principe.* La composition irrégulière d'un jury constitue une faute de nature à engager la responsabilité de l'université à l'égard de l'étudiant. • CE 8 avr. 2013, n° 334581 : *AJDA 2013. 1555* ; *AEF, Dépêche n° 181565, 15 avr. 2013, comm. Toulemonde.*

123. *Perte de chance sérieuse. Ajournement irrégulier du candidat.* L'indemnisation du préjudice résultant d'une faute de l'université, comme l'ajournement irrégulier du candidat à un diplôme intervient si le juge considère que la non-obtention du diplôme pour le requérant aboutit à une perte de chances sérieuses d'être reçu à un concours ou d'obtenir un emploi. • CE 27 mai 1987, n° 59158 A. ♦ Dans une affaire où un étudiant avait une chance sérieuse d'être admis en troisième année dans la mesure où le jury pouvait souverainement déclarer admis en troisième année des candidats ne remplissant pas les conditions prévues par les règlements et où il résultait également de l'instruction que le requérant, eu égard au déroulement de sa scolarité, avait également subi une perte de chance sérieuse d'obtenir son diplôme une année plus tôt, le juge estime que le requérant est fondé à demander réparation de ce préjudice évalué à 5 000 euros. • CE 8 avr. 2013, n° 334581 : *préc. note 122.*

124. *Perte de chance sérieuse. Composition irrégulière du jury.* L'irrégularité de la composition du jury constitue une faute de nature à engager la responsabilité de l'université. • CE 8 avr. 2013, n° 334581 : *AJDA 2013. 1555*.

XX. ADMISSION CONDITIONNELLE

125. *Refus d'inscription. Contrôle restreint.* Inscrite en DEUG de droit, une étudiante, qui exerçait parallèlement une activité rémunérée, n'avait pu valider une unité d'enseignement de 1re année d'anglais alors que l'ensemble des autres unités de 1re et de 2e année avaient été validées. Souhaitant poursuivre sa formation, elle a sollicité de l'université le bénéfice d'une inscription conditionnelle en licence, conformément aux dispositions de l'Arr. du 9 avr. 1997 relatif au diplôme d'études universitaires générales, à la licence et à la maîtrise. L'intéressée s'est vu opposer deux refus par l'université au motif de l'absence de proposition en ce sens du jury. Prenant en compte différents paramètres comme le fait que l'absence de validation était justifiée par les impératifs professionnels de l'étudiante, qu'elle avait obtenu la note de 12/20 à ses deux unités d'enseignement d'anglais de 2e année, que les horaires d'anglais étaient compatibles avec les enseignements de la licence, le juge a estimé que le jury d'examen avait commis une erreur manifeste d'appréciation en ne faisant pas une telle proposition d'admission conditionnelle. • TA Montpellier, 23 févr. 2006, n° 0306035 : *LIJ 2006, n° 105. p. 11.*

XXI. ÉVALUATION DES ENSEIGNEMENTS

BIBL. Dejean, L'évaluation de l'enseignement dans les universités françaises, *Rapport MEN, Haut Conseil de l'évaluation de l'école, févr. 2002.* – Fréville, Des universitaires mieux évalués, des universités plus responsables, *Rapport Sénat, 2001-2002, n° 54.* – Évaluation des enseignements, *Agence de mutualisation des universités, Compte-rendu du séminaire du 21 juin 2002.*

126. *Principe de l'indépendance des professeurs.* L'Arr. du 26 mai 1992 du ministre de l'éducation nationale relatif au diplôme d'études universitaires générales, à la licence et à la maîtrise, prévoit la faculté pour les conseils d'administration des universités d'établir, sur proposition du président de l'université et après certaines consultations, une procédure d'évaluation des enseignements faisant notamment appel à l'appréciation des étudiants. La procédure d'évaluation prévue ne comportant aucune incidence sur les prérogatives ou la carrière des enseignants, l'arrêté ne saurait être regardé comme portant, par lui-même, atteinte au principe de l'indépendance des professeurs de l'enseignement supérieur. • CE 13 mars 1996, n° 138749 A : *AJDA 1996. 699, note Mekhantar* .

127. *Prérogatives et carrière des enseignants.* Dès lors que, d'une part, la première forme de la procédure d'évaluation, relative aux enseignements, est exclusivement destinée à permettre « à chaque enseignant de prendre connaissance de l'appréciation des étudiants sur les éléments pédagogiques de son enseignement », seul l'enseignant intéressé ayant connaissance des éléments de cette forme d'évaluation, et que, d'autre part, la seconde forme d'évaluation, relative à l'organisation des études dans la formation concernée, si elle prévoit la mise en place, pour chaque formation, d'une commission comprenant notamment des représentants élus des étudiants, n'a pas pour objet et n'aurait pu légalement avoir pour effet de permettre à cette commission d'avoir communication des éléments d'évaluation recueillis lors de la première phase, l'arrêté en cause est sans incidence sur les prérogatives et la carrière des enseignants. • CE 29 déc. 1997, nos 188347 et 188423 A.

128. *Autonomie pédagogique des établissements.* De la même manière, la procédure d'évaluation ne méconnaîtrait pas les dispositions de la L. du 26 janv. 1984 qui garantissent l'autonomie pédagogique des établissements publics à caractère scientifique, culturel et professionnel. • CE 29 déc. 1997, n° 188420.

XXII. HARMONISATION EUROPÉENNE

BIBL. Attali, Pour un modèle européen d'enseignement supérieur, *Rapport MEN, févr. 1998*. – Cohen, Accueil des étudiants étrangers en France, *Rapport MEN, 2001*. – Flory, Étudiants d'Europe, *Doc. fr., coll. Vivre en Europe, 1993*. – Gutierez-Cortines, Les universités et l'enseignement supérieur dans l'espace européen de la connaissance, *Rapport MENESR, 2002*. – Jallade, L'enseignement supérieur en Europe. Vers une évaluation comparée des premiers cycles, *Doc. fr., coll. Les études, 1991*. – Massit-Follea, L'Europe des universités. L'enseignement supérieur en mutation, *Doc. fr., coll. Les études, 1992*. – Morard, Les diplômes en Europe, *Solar, 1991*. – Musselin, Le processus de Bologne : quels enjeux européens ?, *in* L'enseignement supérieur : une compétition mondiale ?, *Revue internationale d'éducation, n° 45, sept. 2007*. – Pertek, L'Europe des universités, *AJDA 1990. 233*. – Perucca, L'expansion de l'espace européen des facs, *Le Monde, Education, 16 avr. 2009. 3* ; Le processus de Bologne attise la fronde universitaire, *Le Monde, 11 avr. 2009. 2*. – Philip, L'enseignement supérieur et la dimension européenne, *Economica, 1989*. – Szymankiewicz, Boutet-Waiss, Luc, Roignot et Simon, Les conditions d'inscription et d'accueil des étudiants étrangers dans les universités, *Rapport MEN, n° 2005-023, juin 2005*. – Turpin, Étudiants, *Rép. intern. Dalloz, 2004*. – *20 années de réforme dans l'enseignement supérieur en Europe : de 1980 à 2000, Étude Eurydice, janv. 2000*. – Construction de l'espace européen de l'enseignement supérieur : déclinaison française, *Agence de mutualisation des universités, Compte-rendu et support de présentation du séminaire du 5 nov. 2002*. – Stratégies de développement de la mobilité internationale des étudiants et attractivité de l'enseignement supérieur français, *Rapport annuel 2003-2004 du Conseil national pour le développement de la mobilité internationale des étudiants, Rapport MEN, 2004*. – Construction de l'espace européen de l'enseignement supérieur : regards d'Europe, *Agence de mutualisation des universités, Compte-rendu et supports de présentation de la journée du 28 janv. 2004*. – Rapport d'information sur l'accueil des étudiants étrangers en France, *Sénat, n° 446, 2005*.

129. Effets. Si la Dir. européenne du 21 déc. 1988 institue un système de reconnaissance mutuelle des diplômes à des fins professionnelles, elle n'a pas pour objet la reconnaissance académique des diplômes et n'implique pas que les personnes qui bénéficient d'une reconnaissance de leur capacité professionnelle soient considérées comme titulaires du diplôme national dont elles ont obtenu l'équivalence. Ainsi un ressortissant italien établi en France, inscrit à l'ordre des experts-comptables après avoir obtenu l'équivalence de son titre de « dottore commercialista », ne peut se prévaloir de cette équivalence pour obtenir son inscription automatique sur la liste des commissaires aux comptes, les dispositions réglementaires sur l'organisation de la profession permettant aux seuls titulaires d'un diplôme d'expertise comptable d'être inscrits sur la liste des commissaires aux comptes. • CE 29 juill. 2002, n° 221825 A : *AJDA 2002. 986*.

130. Liberté d'établissement et reconnaissance mutuelle des diplômes. L'organisation de cours payants est une activité économique au sens de l'art. 43, al. 2, du Traité CE, ce qui implique, au nom du principe de liberté d'établissement, la possibilité de s'implanter dans un autre État membre ainsi que l'interdiction des restrictions ayant un effet discriminatoire. Ce principe de liberté d'établissement doit toutefois être combiné avec les mécanismes de reconnaissance mutuelle des diplômes. La CJCE considère comme contraire à l'art. 43 du Traité, le fait pour un État, d'exclure par principe, par des pratiques administratives diverses, toute reconnaissance dans cet État d'un diplôme étranger délocalisé délivré par une université d'un autre État membre liée par convention à cette université européenne. • CJCE 5e ch., 13 nov. 2003, *Neri, European School of Economics (ESE Insight World Education System Ltd)*, n° C-153/02 : *AJDA 2004. 722, note Jégouzo*.

XXIII. DIPLÔMES

131. Duplicata. Demande. Saisie d'une telle question, la direction des affaires juridiques précise que deux textes régissent cette procédure (Circ. n° 2006-202 du 8 déc. 2006, relative aux modalités d'élaboration et de délivrance des diplômes dans le cadre du dispositif L/M/D, et n° 2012-0015 du 22 août 2012, spécifique de la réédition des diplômes en cas de modification de l'état civil). Ces textes ne prévoient de possibilité de délivrance de duplicata que dans le cas où le document original a été détruit, perdu ou volé ainsi que dans le cas de changement d'état civil. Il n'est donc pas prévu d'autres cas de délivrance d'un duplicata de diplôme y compris moyennant le versement d'une somme d'argent. La délibération du conseil d'administration fixant un tarif pour l'obtention d'un duplicata en dehors des cas prévus est entachée d'irrégularité et doit être retirée. * DAJ B1, n° 2013-304, 2 déc. 2013 : *LIJ 2014, n° 181, p. 20*.

132. Remise de diplômes à un tiers. Interrogée sur ce point, la direction des affaires juridiques fait le point sur la situation et précise les formalités à respecter. L'avis n° 20060579 du 2 févr. 2006 de la CADA range les diplômes obtenus par une personne dans la catégorie des documents couverts par le secret de la vie privée au sens de la loi n° 78-753 du 17 juill. 1978. Ils ne sont donc communicables qu'aux seuls intéressés. • CADA, avis, 2 févr. 2006, n° 200605579. ♦ Toutefois, la remise à des tiers de documents est possible, à condition de produire un mandat exprès de la personne intéressée. La DAJ estime que la remise d'un diplôme à un mandataire désigné, porteur d'une procuration, peut être envisagée, sous réserve de respecter un certain formalisme afin d'encadrer la procédure de délivrance du document (élaboration d'un formulaire-type de procuration par l'autorité administrative, présentation d'une pièce d'identité pour le mandataire, d'une photocopie de la pièce d'identité du diplômé). * DAJ A3, 8 nov. 2013, n° 13-0285 : *LIJ 2014, n° 181, p. 19.*

133. Équivalence de diplôme. Modalités d'appréciation. Désireux de se porter candidat au concours d'ingénieur territorial, un requérant contestait la décision par laquelle la commission d'équivalence de diplômes a rejeté sa demande en considérant, d'une part, que son diplôme n'était pas équivalent à ceux requis par le décret réglementant l'accès au concours, et, d'autre part, que son expérience professionnelle ne permettait pas de compenser cette différence. Suivant les propositions du rapporteur public, le juge estime que les modalités d'appréciation de l'équivalence d'un diplôme peuvent différer selon qu'il a été obtenu en France ou dans un autre État européen. Il rejette au fond la requête, faute pour l'intéressé de se prévaloir d'un diplôme équivalent à l'un des diplômes requis, ou d'une activité professionnelle d'au moins trois ans dans le domaine considéré. • TA Paris, 28 juin 2016, n° 1504519/2-1 : *AJFP 2017. 13, concl. Le Garzic.*

134. Communication des données relatives à la scolarité. La CADA a estimé que la liste des diplômes obtenus par un étudiant était couverte par le secret de la vie privée et n'était donc communicable qu'à l'intéressé et ce même si la liste des étudiants admis à un examen fait l'objet d'un affichage temporaire après chaque session. • CADA 28 juin 2001, *Secrétaire général adjoint de l'Université Jean-Monnet,* conseil n° 20012347 : *LIJ 2008, n° 123, p. 27.*

135. Diplôme obtenu frauduleusement à raison d'un plagiat. La DAJ, saisie par un président d'université sur la procédure à mettre en œuvre dans ce cas, le plagiat ayant été découvert postérieurement à la délivrance du diplôme, précise que la section disciplinaire du conseil d'administration est compétente pour examiner les faits et établir s'ils sont bien constitutifs d'une fraude. La nullité pour fraude d'une épreuve ou d'un groupe d'épreuves peut avoir pour conséquence le retrait du diplôme obtenu. Enfin, la DAJ rappelle que l'acte obtenu par fraude ne peut faire naître de droits acquis et peut être retiré au-delà du délai de quatre mois fixé par la jurisprudence *Ternon* • CE 26 oct. 2001, n° 197018 A. * Lettre DAJ B1, n° 09-35, du 2 févr. 2009 : *LIJ 2009, n° 133. p. 25.* ♦ Une thèse constitue une œuvre de l'esprit au sens de l'art. L. 112-2 1 CPI, protégée par la législation, qui permet à son auteur de poursuivre les personne qui en font une utilisation constitutive d'une contrefaçon. • Civ. 1re, 15 juin 1994, *BICC,* n° 21-61.158. ♦ Le non-respect de ces principes peut conduire à considérer que le diplôme a été obtenu par fraude et peut conduire à une poursuite disciplinaire conduite sur le fondement du décret relatif à la procédure disciplinaire dans les établissements publics d'enseignement supérieur. Selon les dispositions de la L. du 23 déc. 1901 réprimant les fraudes aux examens et aux concours publics, toute fraude commise lors des examens qui ont pour objet l'acquisition d'un diplôme délivré par l'État constitue un délit. Ces dispositions permettent de poursuivre ceux qui ont obtenu ou cherché à obtenir frauduleusement des titres publics ainsi que leurs complices. * Lettre DAJ B1, n° 11-312 du 30 sept. 2011 : *LIJ 2012, n° 160, p. 19.*

136. Refus de délivrer un diplôme en raison d'un plagiat. Illégalité. Dans une affaire où une étudiante, qui avait admis avoir commis un plagiat, contestait la délibération lui refusant son diplôme, alors qu'elle avait obtenu des notes suffisantes, le juge annule pour erreur de droit la décision de l'université de Paris-Descartes et enjoint au président de délivrer le diplôme alors même que le plagiat n'est pas contesté. • CAA Paris, 13 mars 2018, n° 17PA00477 : *LIJ 2018, n° 203, p. 2018. 10.*

137. Retrait du diplôme. Plagiat découvert postérieurement à la délivrance du doctorat. Interrogée sur la procédure à suivre afin de retirer le diplôme de doctorat qu'elle avait délivré à une étudiante soupçonnée de plagiat, la DAJ rappelle que le plagiat commis par un étudiant à l'occasion de sa thèse et découvert après que cet étudiant s'est vu délivrer son diplôme national de doctorat est au nombre des motifs permettant d'engager à son encontre des poursuites disciplinaires, alors même qu'il n'a plus la qualité d'usager du service public à la date à laquelle l'administration a connaissance du plagiat. Elle précise que le président, autorité compétente pour signer et délivrer les diplômes nationaux obtenus dans son établissement, peut, sans engager de procédure disciplinaire, prononcer le retrait du diplôme, sur le fondement de l'art. L. 241 CRPA et en respectant les règles de forme et de procédure prévues. Par ailleurs, le recteur, chancelier des universités, est également signataire de ces mêmes diplômes et, selon la jurisprudence constante du Conseil d'État, l'autorité administrative compétente pour modifier, abroger ou retirer un acte administratif est celle qui, à la date de la modification, de l'abrogation ou du retrait, est compétente pour prendre cet acte. Par suite, le président et le recteur sont compétents, si les faits de plagiat sont avérés, pour prononcer le retrait de son diplôme de doctorat. Si le retrait du diplôme peut ainsi être prononcé sans procédure disciplinaire préalable, la DAJ recommande néanmoins de recourir à la procédure disciplinaire qui permet d'entendre les observations en défense de l'étudiante et d'éclairer le président dans la prise de sa décision et, par suite, de mieux motiver cette décision qui, partant, présentera moins de risques en cas de recours contentieux. Elle précise qu'en l'absence de disposition législative ou réglementaire prévoyant un délai de prescription de l'action disciplinaire à l'encontre des usagers du service public de l'enseignement supérieur, aucun délai déterminé n'est fixé pour engager la procédure disciplinaire à l'encontre de l'auteur du plagiat, qui doit toutefois intervenir, conformément aux principes jurisprudentiels, dans « un délai raisonnable » après que l'établissement a eu connaissance des faits de plagiat. Elle souligne enfin que l'établissement dispose d'autres voies pour sanctionner un plagiat avéré. En effet, le plagiat étant constitutif du délit de contrefaçon réprimé par les dispositions des art. L. 335-1 à L. 335-9 CPI, les autorités ou les enseignants des établissements publics d'enseignement supérieur dans lesquels les plagiats ont été commis doivent porter ces faits à la connaissance du procureur de la République, sur le fondement de l'art. 40, al. 2 C. pr. pén. * Note DAJ B1 n° 2018-071 du 22 oct. 2018 : *LIJ 2019, n° 205, p. 19.*

138. Reconnaissance légale. Interrogée sur le cas d'une étudiante titulaire d'un « Bachelor » obtenu dans un établissement d'enseignement supérieur privé en France qui souhaitait s'inscrire pour la préparation d'un master de l'université, la DAJ a rappelé que l'État détient seul le pouvoir de créer et de délivrer des diplômes nationaux. La convention de Lisbonne du 11 avril 1997, complétée par d'autres accords postérieurs, pose pour sa part le principe de la reconnaissance mutuelle des diplômes d'enseignement supérieur dans l'espace européen et précise les conditions de sa mise en place. La DAJ conclut que, la candidate ne disposant pas du diplôme national de licence, il est toutefois envisageable d'examiner sa candidature dans les conditions prévues par l'art. L. 613-5 et le Décr. n° 85-906 du 23 août 1985 fixant les conditions de validation des études, expériences professionnelles ou acquis personnels en vue de l'accès aux différents niveaux de l'enseignement supérieur. * Lettre DAJ B1, n° 2012-311 du 20 sept. 2012 : *LIJ 2012, n° 169, p. 17.*

Art. L. 613-2 Les établissements peuvent aussi organiser, sous leur responsabilité, des formations conduisant à des diplômes qui leur sont propres ou préparant à des examens ou des concours.

(L. n° 2013-660 du 22 juill. 2013, art. 44) **« Les présidents et directeurs d'établissements publics d'enseignement supérieur rendent publique sur leur site internet la liste des diplômes qui leur sont propres et des enseignants intervenant dans ces formations. »**

1. Droits d'inscription. Compte tenu de la pleine autonomie ainsi reconnue aux établissements publics à caractère scientifique, culturel et professionnel par la L. du 26 janv. 1984 en ce qui concerne les formations conduisant à des diplômes qui leur sont propres, les dispositions de l'art. 48 de la L. du 24 mai 1951 aux termes duquel : « Seront fixés par arrêté du ministre intéressé et du ministre du budget : (...) les taux et modalités de perception des droits d'inscription, de scolarité, d'examen, de concours et de diplôme dans les établissements de l'État » ne sont applicables qu'aux droits de scolarité se rapportant aux formations conduisant aux diplômes nationaux organisées par ces établissements. Dès lors, le conseil d'administration des établissements est compétent pour déterminer les taux annuels des droits dus pour l'inscription à la préparation des diplômes qui leur sont propres. • CE 19 mars 2001, ☎ n° 192203 B.

2. Remboursement des droits. Un étudiant qui n'a pas été en mesure de bénéficier des enseignements d'un diplôme d'université pendant son séjour dans une université étrangère dans le cadre du dispositif d'échanges universitaires Erasmus doit être remboursé du montant des droits acquités au titre de ce diplôme • TA Lyon, 28 mars 2007, n° 0501144 : *LIJ 2007, n° 116, p. 9.*

3. Confusion sur la dénomination. La maîtrise universitaire délivrée au requérant en juin 1984 par l'Université Joseph Fourier « Grenoble I » ne constituait pas, contrairement à ce que laissait supposer la qualification qui lui avait été donnée, un diplôme national. Le requérant demandait réparation du préjudice subi du fait qu'il a suivi pendant quatre années des études ne menant pas à un diplôme national ainsi que de la perte de chances d'intégration dans la fonction publique. Le juge condamne l'université à lui verser une indemnité de 10 000 F alors qu'il réclamait 100 000 F. La circonstance que ni le recteur ni le ministre de l'éducation nationale ne soient intervenus pour faire corriger l'appellation de ce diplôme n'était pas constitutive d'une faute lourde, seule susceptible d'engager la responsabilité de l'État à raison de l'exercice du pouvoir de tutelle. • CE 10 janv. 2001, ☎ n° 208766.

4. Organisation. Compétence. Aucun principe général du droit n'interdit à l'autorité compétente de modifier les modalités du contrôle des connaissances pour l'attribution des diplômes autres que nationaux, au-delà du premier mois d'enseignement. • CE 18 févr. 1994, n° 149548 B. ♦ Dans une affaire où étaient contestées les dispositions d'un décret renvoyant à un arrêté interministériel la fixation des modalités de détermination de la liste des diplômes de formation civile et civique qui constituent une condition de recrutement ou d'indemnisation des aumôniers militaires, des aumôniers hospitaliers et des aumôniers pénitentiaires, le Conseil d'État juge que les dispositions de l'arrêté pris en application de ces dispositions n'ont pas pour objet de réglementer l'organisation de diplômes propres délivrés par les établissements d'enseignement supérieur, mais seulement de fixer les critères et les procédures permettant à de tels diplômes d'être inscrits sur cette liste. • CE 27 juin 2018, n° 412039 A.

5. Délivrance d'un diplôme d'université. Absence de contrôle des connaissances. Contrôle du juge. Restreint. Dans une affaire où la délibération du jury n'était pas en cause, le juge exerce un contrôle de l'erreur manifeste d'appréciation sur le déroulement de l'action pédagogique de l'équipe enseignante. En l'espèce, l'université justifiait l'absence de contrôle des connaissances dans une matière par le fait que l'enseignant chargé du module n'avait pu être recruté que tardivement, que le nombre d'heures d'enseignement dispensées était insuffisant et concentré sur une courte période ne permettant pas d'assimiler correctement la matière. Il ressortait, toutefois, des pièces du dossier que vingt et une heures d'enseignement sur les trente et une prévues avaient été dispensées. Dans ces conditions, et alors même que les cours avaient été concentrés sur six séances dont trois au mois de juin, l'université ne justifiait pas de circonstances permettant à l'équipe enseignante de modifier en cours d'année les modalités de contrôle des connaissances du diplôme. • CAA Nantes, 2 mars 2006, n° 03NT00003 : *AJDA 2006. 1912, note Fialaire*.

6. Diplôme d'université. Santé. Refus d'agrément. Légalité. Dans une affaire où l'Institut national de podologie contestait le rejet du Conseil national de l'ordre des pédicures-podologues de reconnaître le diplôme universitaire de podologie et biomécanique de l'appareil locomoteur délivré par l'université de Paris-Est Créteil, le Conseil d'État admet la légalité du rejet de la demande d'agrément en se fondant sur « l'absence d'intérêt novateur du diplôme universitaire en cause en comparaison du contenu des enseignements délivrés pour l'obtention du diplôme d'État et, d'autre part, sur son absence d'intérêt pour les professionnels et les patients ». En comparant le contenu des enseignements délivrés pour l'obtention du diplôme d'État et du diplôme d'université, le juge a pu en effet noter qu'ils étaient très largement redondants, les enseignements dispensés pour l'obtention du diplôme universitaire étant « très largement redondants avec ceux dispensés pour l'obtention du diplôme d'État, dont ils reprennent les éléments pour les traiter en un volume d'heures sensiblement réduit ». • CE 20 juin 2018, n° 408347. ♦ Même solution dans une affaire où l'agence régionale de santé Nord-Pas-de-Calais a refusé d'enregistrer le diplôme universitaire d'ostéopathie délivré par la faculté de médecine de l'université Lille II, ce diplôme ne remplissant pas les conditions posées au 1° de l'art. 4 du Décr. du 25 mars 2007 relatif aux actes et aux conditions d'exercice de l'ostéopathie pour pouvoir faire un usage professionnel du titre d'ostéopathe. • CAA Douai, 18 juin 2018, n° 16DA01225.

7. Retrait d'un diplôme d'université. Les différents actes intervenus depuis l'inscription d'un étudiant dans une université pour y soutenir sa thèse de docteur d'université jusqu'à la décision du président de l'université délivrant à l'intéressé son diplôme de docteur d'université forment, en raison de leur indivisibilité, une opération complexe. Saisi par le ministre aux fins de procéder à une enquête administrative sur la soutenance de thèse d'un candidat, l'administrateur provisoire de l'université sous le sceau de qui est délivré le diplôme, lequel n'est pas un diplôme national, était tenu d'annuler la délibération du jury dès lors que d'une part l'un des actes précédant la décision relative à la délivrance du diplôme, même devenu définitif, était intervenu en méconnaissance de la réglementation en vigueur, et d'autre part que le délai du recours contentieux n'était pas expiré à l'encontre de cette dernière décision. • CE 10 févr. 1992, n° 96124 A : *RFDA 1992. 841, concl. Laroque*.

8. Limites. Les dispositions du C. éduc. n'autorisent pas une université à créer une filiale aux fins d'exercer des activités de formations conduisant à des diplômes ou préparant à des examens ou des concours qu'elle organise elle-même. En l'espèce, le juge annule la délibération du conseil d'administration de l'université approuvant la création d'une filiale détenue à 80 % par l'université et à 20 % par la société anonyme Lextenso éditions, ayant vocation, sous la dénomination « prépa d'Assas », à organiser une préparation estivale à l'examen d'entrée à l'école de formation du barreau. Le juge rappelle en effet que les dispositions de l'art. L. 711-1 relatives à la possibilité pour les établissements publics à caractère scientifique, culturel et professionnel de créer des filiales et les dispositions réglementaires prises pour leur application ne sauraient être regardées comme ayant pour objet ou pour effet d'autoriser ces établissements publics à créer des filiales, aux fins d'exercer les activités de formations que l'art. L. 613-2 les autorise à organiser en complément de celles menant aux diplômes nationaux. L'un des établissements privés organisant une préparation du même type obtient ainsi gain de cause devant le tribunal. • TA Paris, 29 oct. 2013, n° 1217449 : *AJDA 2013. 2233*.

V. aussi note ss. art. L. 711-1.

SECTION II VALIDATION DES ACQUIS DE L'EXPÉRIENCE POUR LA DÉLIVRANCE DES DIPLÔMES *(L. n° 2002-73 du 17 janv. 2002, art. 137).*

Art. L. 613-3 *(L. n° 2002-73 du 17 janv. 2002, art. 137)* **Toute personne** *(L. n° 2014-288 du 5 mars 2014, art. 6)* **« justifiant d'une activité professionnelle salariée, non salariée, bénévole ou de volontariat** *(L. n° 2015-1541 du 27 nov. 2015, art. 9)* **« , inscrite sur la liste des sportifs de haut niveau mentionnée au premier alinéa de l'article L. 221-2 du code du sport » ou ayant exercé des responsabilités syndicales** *(L. n° 2015-366 du 31 mars 2015, art. 14)* **« , un mandat électoral local ou une fonction élective locale » en rapport direct avec le contenu du diplôme ou du titre visé peut demander la validation des acquis de son expérience prévue à l'article L. 6411-1 du code du travail** *[V. cet art. ss. C. éduc., art. L. 122-7]* **pour justifier de tout ou partie des connaissances et des aptitudes exigées pour l'obtention d'un diplôme ou titre délivré, au nom de l'État, par un établissement d'enseignement supérieur. »**

(L. n° 2014-288 du 5 mars 2014, art. 6) **« La durée minimale d'activité requise pour que la demande de validation soit recevable est** *(L. n° 2016-1088 du 8 août 2016, art. 78)* **« d'un an », que l'activité ait été exercée de façon continue ou non. Pour apprécier cette durée, l'autorité ou l'organisme qui se prononce sur la recevabilité de la demande mentionnée à l'article L. 6412-2 du même code peut prendre en compte des activités mentionnées au premier alinéa du présent article, de nature différente, exercées sur une même période** *(L. n° 2016-1088 du 8 août 2016, art. 78)* **« , ainsi que les périodes de formation initiale ou continue en milieu professionnel suivie de façon continue ou non ». »**

(L. n° 2014-856 du 31 juill. 2014, art. 65) **« Lorsqu'une demande de validation des acquis de l'expérience émane d'un membre bénévole d'une association, le conseil d'administration de l'association ou, à défaut, l'assemblée générale peut émettre un avis pour éclairer le jury sur l'engagement du membre bénévole. »**

Toute personne peut également demander la validation des études supérieures qu'elle a accomplies, notamment à l'étranger.

Sur la validation d'études supérieures accomplies en France ou à l'étranger, V. art. R. 613-32 s.

Sur les modalités de valorisation et de validation des compétences acquises dans l'exercice d'un service civique, V. ci-dessous C. serv. nat., art. L. 120-1-III.

BIBL. ▶ **Validation des acquis :** Abriac, Dispositif académique de validation des acquis : nouveau recul du nombre des diplômes délivrés par la VAE en 2015, *MENESR, DEPP, Note d'information n° 39, déc. 2016.* – Benhamou, La validation des acquis de l'expérience en actes. Rapport de mission sur l'application de la validation des acquis de l'expérience (Loi n° 2002-73 du 17 janvier 2002), *MEN, juin 2005.* – Chastel, Le Pivert, Menant Santana et Sultan, Évaluation de la politique publique de validation des acquis de l'expérience, *Rapp. IGAS-IGAENR, n° 2016-065, oct. 2016.* – Letroublon, La validation des acquis de l'expérience dans les établissement d'enseignement supérieur en 2019, *MESRI-SIES, Note Flash du SIES n° 17, déc. 2020.* – Prost-Dambele, Validation des acquis de l'expérience dans les établissements d'enseignement supérieur : un dispositif qui s'essouffle, *MEN, DEPP-A1, Note d'information, n° 17.31, déc. 2017* ; La validation des acquis de l'expérience dans les établissements d'enseignement supérieur : la baisse se poursuit en 2015, *MENESRI-DEPP, Note d'information n° 25, sept. 2016.* – Szymankiewicz, Caffin-Ravier, Caraglio, Gavini-Chevet, Ambrogi et Pradeaux, L'implication des universités dans la formation tout au long de la vie, *Rapp. IGAENR, n° 2014-061, juill. 2014.* – Pigeassou et Vimont, La validation des acquis de l'expérience à l'Éducation nationale, *Rapport MEN, janv. 2006.*

▶ **Apprentissage :** Développer l'apprentissage dans l'enseignement supérieur, *MESRI, mai 2021.*

▶ **Alternance :** Une meilleure insertion sur le marché du travail pour les diplômés par la voie de l'alternance, *MESRI, Note Flash du SIES n° 8, mai 2021.*

1. Effets. Un diplôme obtenu par validation d'acquis professionnels produit les mêmes effets que le succès à l'épreuve dont le candidat est dispensé. • CE 28 juill. 1999, ⚖ *M. Morin,* n° 195366. ♦ Dès lors, le ministre de la justice ne pouvait déclarer irrecevable la candidature à l'intégration directe dans les fonctions du second grade de la hiérarchie judiciaire d'une personne titulaire du diplôme d'études supérieures spécialisées de droit notarial obtenu après la validation d'acquis professionnels, au motif que la condition de diplôme n'était pas respectée. • CE

7 déc. 1998, Mme *Genin,* n°s 194468 et 196592 : *Lebon T. 936*.

2. Responsabilité. L'université qui ne respecte pas la procédure de validation des acquis engage son éventuelle responsabilité. • CAA Marseille, 10 janv. 2005, *M. Francis X.,* n° 00MA01669.

Code du service national

Service civique

Art. L. 120-1 ....

III. — L'*(L. n° 2015-917 du 28 juill. 2015, art. 25)* « Agence du service civique » délivre à la personne volontaire, à l'issue de sa mission, une attestation de service civique et un document qui décrit les activités exercées et évalue les aptitudes, les connaissances et les compétences acquises pendant la durée du service civique. Cette évaluation se fait notamment au regard des modalités d'exécution du contrat prévues par l'article L. 120-12. Elle est réalisée conjointement avec le tuteur mentionné à l'article L. 120-14, la personne morale agréée et la personne volontaire. Si la personne volontaire le souhaite, ce document est intégré à son livret de compétences mentionné à l'article 11 de la loi n° 2009-1437 du 24 novembre 2009 relative à l'orientation et à la formation professionnelle tout au long de la vie et à son passeport *(L. n° 2014-288 du 5 mars 2014, art. 5)* « d'orientation, de formation et de compétences mentionné au II de l'article L. 6323-8 » du code du travail.

Le service civique est valorisé dans les cursus des établissements secondaires et des établissements dispensant des formations sanctionnées par un diplôme d'études supérieures selon des modalités fixées par décret.

L'ensemble des compétences acquises dans l'exécution d'un service civique en rapport direct avec le contenu d'un diplôme, d'un titre à finalité professionnelle ou d'un certificat de qualification est pris en compte au titre de la validation des acquis de l'expérience dans les conditions prévues aux articles L. 335-5 et L. 613-3 du code de l'éducation et au livre IV de la sixième partie du code du travail.

Art. L. 613-4 *(L. n° 2002-73 du 17 janv. 2002, art. 137)* **La validation prévue à l'article L. 613-3 est prononcée par un jury dont les membres sont désignés par le président de l'université ou le chef de l'établissement d'enseignement supérieur en fonction de la nature de la validation demandée. Pour la validation des acquis de l'expérience, ce jury comprend, outre les enseignants-chercheurs qui en constituent la majorité, des personnes compétentes pour apprécier la nature des acquis, notamment professionnels, dont la validation est sollicitée. Les jurys sont composés de façon à concourir à une représentation équilibrée entre les femmes et les hommes.**

Le jury se prononce au vu d'un dossier constitué par le candidat, à l'issue d'un entretien avec ce dernier et, le cas échéant, d'une mise en situation professionnelle réelle ou reconstituée, lorsque cette procédure est prévue par l'autorité qui délivre la certification.

(L. n° 2016-1088 du 8 août 2016, art. 78-I-3°-b) **« Le jury peut attribuer la totalité de la certification. A défaut, il se prononce sur l'étendue de la validation et, en cas de validation partielle, sur la nature des connaissances et aptitudes devant faire l'objet d'un contrôle complémentaire. Les parties de certification obtenues sont acquises définitivement. Ces parties de certifications permettent des dispenses d'épreuve si le règlement fixé par l'autorité administrative, l'établissement ou l'organisme qui délivre la certification prévoit des équivalences totales ou partielles. »**

La validation produit les mêmes effets que le succès à l'épreuve ou aux épreuves de contrôle des connaissances et des aptitudes qu'elle remplace.

Un décret en Conseil d'État fixe les conditions d'application de l'article L. 613-3 et du présent article.

Sur la validation d'études supérieures accomplies en France ou à l'étranger, V. art. R. 613-32 s.

1. Compétence et impartialité du jury. Parcours professionnel sans rapport avec la nature des acquis. Le juge rappelle qu'il résulte des dispositions des art. L. 613-4 et R. 613-36 que le jury doit comprendre, outre une majorité d'enseignants-chercheurs, des personnes ayant une activité principale autre que l'enseignement et compétentes pour apprécier la nature des acquis, notamment professionnels, dont la validation est demandée. En l'espèce, le juge relève que le seul membre du jury ayant une activité principale autre que l'enseignement a un parcours professionnel sans rapport avec la nature des acquis dans le domaine dont la validation est demandée. Il en conclut que la composition du jury était irrégulière et a privé le requérant d'une garantie de nature à avoir exercé une influence sur le sens de la délibération du jury. • TA Montpellier, 5 nov. 2019, n° 1804472.

2. *Appréciation souveraine du jury.* Un requérant conteste le bien-fondé de l'appréciation portée par le jury sur son niveau technique, en faisant notamment valoir l'ancienneté de son expérience professionnelle et le fait qu'il a échoué de très peu à l'épreuve de capacité technique. Dans la mesure où il ne ressort pas des pièces du dossier que le jury ait omis de prendre en compte les éléments qui avaient été portés à sa connaissance par le requérant, l'appréciation émise par le jury ne peut être discutée devant le juge de l'excès de pouvoir. • CE 3 mai 2004, n° 238187.

3. *Absence de contrôle du juge.* Il n'appartient pas au juge administratif de contrôler l'appréciation faite par le jury d'un examen de la valeur des prestations du candidat sauf le cas de dénaturation par le jury desdites prestations ou de détournement de pouvoir. En l'espèce, il ne ressortait pas du dossier que la jury avait fondé son appréciation sur des éléments étrangers à son mérite et à la qualité de sa prestation orale. • TA Lyon, 10 janv. 2007, n° 0605476 : *LIJ 2007, n° 114, p. 7.*

4. *Équivalence. Docteur en droit. Union européenne. Profession d'avocat. Accès.* Pour prononcer l'admission de la requérante à l'école régionale des avocats du Grand Est (ERAGE), après avoir relevé que celle-ci s'est adressée aux universités dépendant du ressort géographique de l'ERAGE ainsi qu'au CNU et au Conseil national des barreaux qui se sont considérés comme incompétents pour délivrer l'attestation sollicitée, la cour d'appel retient qu'en l'absence d'autre autorité susceptible d'apprécier l'équivalence du diplôme, c'est à l'ERAGE qu'il incombe de procéder à cette appréciation, au regard des connaissances attendues du titulaire d'un doctorat en droit. • Civ. 1re, 27 nov. 2019, n° 18-18.296 P : *D. 2019. 2307.*

Art. L. 613-5 **Les études, les expériences professionnelles, les acquis personnels** *(L. n° 2019-1461 du 27 déc. 2019, art. 105)* **« ou résultant de l'exercice d'un mandat électoral local ou d'une fonction élective » peuvent être validés dans des conditions définies par décret, en vue de l'accès aux différents niveaux de l'enseignement supérieur.**

(L. n° 2018-166 du 8 mars 2018, art. 9) **« Les établissements d'enseignement supérieur mettent en œuvre un enseignement modulaire capitalisable. »**

1. *Nature du dispositif de validation.* A la différence du dispositif prévu dans les art. L. 613-3 et 613-4, le dispositif de validation permet de valider des études, des expériences professionnelles et des acquis personnels en vue de l'accès aux différents niveaux de l'enseignement supérieur. Une étudiante qui n'était pas titulaire du DEUG avait adressé un dossier en vue de son inscription en licence. Sa demande ayant été refusée, elle a saisi le tribunal administratif qui a annulé la décision du président de l'université pour incompétence. Le juge d'appel a infirmé cette décision estimant que cette demande avait été formulée sur le fondement de l'art. L. 613-5 et les dispositions du Décr. du 23 août 1985, qui demeurent en vigueur malgré l'intervention des Décr. des 16 et 24 avr. 2002 pris pour l'application des art. L. 613-3 et L. 613-4 C. éduc. Par suite, c'est à tort que le tribunal a annulé la décision litigieuse au motif que le Décr. du 23 août 1985 avait implicitement mais nécessairement été abrogé par les Décr. des 16 et 24 avr. 2002 dans l'ensemble de ses dispositions contraires. • CAA Paris, 18 janv. 2007, *Univ. René-Descartes Paris V*, n° 06PA00048 : *LIJ 2007, n° 115.* ♦ Légalité des stipulations de l'accord avec le Saint-Siège sur la reconnaissance des diplômes qui ne dérogent pas aux art. L. 613-1 et L. 613-7 C. éduc. définissant le monopole étatique de collation des grades et diplômes et encadrant les activités des établissements d'enseignement supérieur privés. En effet, la reconnaissance d'un « diplôme ecclésiastique » reste de la compétence des autorités de l'établissement dans lequel souhaite s'inscrire son titulaire – lesquelles, pour décider de reconnaître le diplôme du candidat, doivent tenir compte, d'une part, de l'équivalence de niveau édictée par le protocole, et d'autre part, de l'aptitude du candidat à suivre des enseignements dans le grade et la formation postulés, appréciée en particulier au regard du contenu des études suivies. Les stipulations n'autorisent donc pas des établissements d'enseignement supérieur privés à délivrer des diplômes nationaux et ne permettent pas aux bénéficiaires de titres délivrés par des établissements d'enseignement supérieur privés ayant reçu une habilitation par le Saint-Siège de se prévaloir, de ce seul fait, des droits attachés à la possession d'un diplôme national ou d'un grade universitaire. • CE, ass., 9 juill. 2010, *Féd. nat. de la libre pensée*, n° 327663 : *AJDA 2010. 1950, note Legrand.*

2. *Contrôle restreint. Absence d'erreur manifeste d'appréciation.* Dans cette même affaire, l'intéressée avait fait état d'un cursus de 200 heures en pédagogie et psychogenèse dispensé par l'Institut André-Neher et d'une expérience professionnelle d'enseignement du judaïsme dans différents établissements privés sous contrats. Le juge a estimé que le président de l'université n'avait pas, dans les circonstances de l'espèce, commis une erreur manifeste d'appréciation pour refuser la demande d'inscription en licence de sciences de l'éducation de l'intéressée du fait que ses activités d'enseignement relevaient d'un champ trop restreint et que les éléments fournis n'attestaient pas du niveau de connaissances requis. • CAA Paris, 18 janv. 2007, *Univ. René-Descartes Paris V*, n° 06PA00048 : *préc. note 1.*

3. Erreur manifeste d'appréciation. En estimant qu'un contrôleur des services extérieurs du travail et de la main d'œuvre, sans contrôle préalable des connaissances, ne dispose pas de l'expérience professionnelle lui permettant pas d'être dispensé des enseignements du premier cycle universitaire de droit, le président de l'université a commis une erreur manifeste d'appréciation. • CE 29 oct. 1990, *M. Dalbies*, n° 87147 A.

Art. L. 613-6 **Les mères de famille et les personnes chargées de famille élevant ou ayant élevé un ou plusieurs enfants bénéficient des dispositions prévues** *(L. n° 2002-73 du 17 janv. 2002, art. 137)* **« par les articles L. 613-3 à L. 613-5 », dans les mêmes conditions d'aptitude et de délai que les personnes engagées dans la vie professionnelle. Les périodes d'activité professionnelle dont elles peuvent se prévaloir sont prises en considération pour le calcul du délai.**

Un décret en Conseil d'État détermine les conditions d'application du présent article.

SECTION III OBTENTION DE DIPLÔMES NATIONAUX PAR LES ÉTUDIANTS DES ÉTABLISSEMENTS D'ENSEIGNEMENT SUPÉRIEUR PRIVÉS

Art. L. 613-7 **Les conventions conclues, en application des dispositions de l'article** *(L. n° 2013-660 du 22 juill. 2013, art. 65)* **« L. 718-16 », entre des établissements d'enseignement supérieur privé et des établissements publics à caractère scientifique, culturel et professionnel peuvent, notamment, avoir pour objet de permettre aux étudiants des établissements privés de subir les contrôles nécessaires à l'obtention d'un diplôme national. Si, au 1er janvier de l'année universitaire en cours, aucun accord n'a été conclu sur ce point, le recteur** *(L. n° 2019-791 du 26 juill. 2019, art. 54)* **« de région académique » chancelier arrête, à cette date, les conditions dans lesquelles sont contrôlées les connaissances et aptitudes des étudiants d'établissements d'enseignement supérieur privés qui poursuivent des études conduisant à des diplômes nationaux.**

BIBL. ▸ CHARTIER, Cinq verbes pour l'enseignement supérieur « privé », *MEN, Rapports MEN, mai 2005.* – DE LAUBADÈRE (de), Aménagement de certaines dispositions de la loi d'orientation sur l'enseignement supérieur, *AJDA 1971. 478.* – PRÉLOT, Les établissements privés d'enseignement supérieur, *LGDJ, 1990.*

1. Compétence du recteur. Le recteur de l'académie est compétent pour fixer, dans chaque matière obligatoire, la liste des unités de valeur devant être validées pour l'obtention par les étudiants de la faculté libre de Paris d'un diplôme national. • CE 28 mai 1986, *Recteur de l'académie, chancelier des universités de Paris c/ M. Le Tournoux de la Villegeorges*, n°s 38503 et 38504 : *Lebon T. 559*.

2. Compétence du ministre. Arrêté du ministre de l'Éducation relatif au contrôle des connaissances et aptitudes des étudiants des établissements privés de l'enseignement supérieur n'ayant pas conclu de convention avec un établissement public habilité à délivrer les diplômes nationaux. En fixant à l'avance et de façon générale les programmes des examens et en disposant que les épreuves porteront sur les matières qui ont été enseignées aux candidats dans l'établissement où ils sont inscrits, sous réserve que celles-ci soient conformes à la réglementation applicable au diplôme national postulé, le ministre a fait usage des pouvoirs qui le chargent de définir les conditions d'obtention des diplômes. • CE 14 mai 1975, *Synd. autonome du personnel enseignant des sciences juridiques, politiques, économiques et de gestion des universités*, n° 94196 : *Lebon 296*.

CHAPITRE IV PROGRAMMATION ET DÉVELOPPEMENT DES FORMATIONS SUPÉRIEURES

Art. L. 614-1 **Les pouvoirs publics prennent les mesures indispensables à la cohésion du service public de l'enseignement supérieur, dans le cadre de la planification nationale** *(L. n° 2013-660 du 22 juill. 2013, art. 19)* **« et » régionale** *(L. n° 2005-380 du 23 avr. 2005, art. 42)* **« , et du respect des engagements européens ».**

Ils favorisent le rapprochement des règles d'organisation et de fonctionnement des établissements d'enseignement supérieur tout en respectant la nécessaire diversité de ceux-ci.

Les enseignements supérieurs sont organisés de façon à faciliter les changements d'orientation et la poursuite des études de tous. A cette fin, les programmes pédagogiques et les conditions d'accès aux établissements sont organisés pour favoriser le passage d'une formation à une autre, notamment par voie de conventions conclues entre les établissements.

Une large information est organisée dans les établissements, les régions et le pays sur les formations universitaires, leur évolution et celle des besoins sociaux en qualification.

Art. L. 614-2 I. — Le schéma de services collectifs de l'enseignement supérieur et de la recherche, élaboré conformément aux articles 2 et 10 de la loi n° 95-115 du 4 février 1995 d'orientation pour l'aménagement et le développement du territoire, organise le développement et une répartition équilibrée des services d'enseignement supérieur et de recherche sur le territoire national. Il vise à assurer une offre de formation complète, cohérente et de qualité à un niveau régional ou interrégional et définit les moyens à mettre en œuvre pour favoriser l'accueil et l'insertion professionnelle des étudiants en tenant compte des priorités nationales et régionales en termes de politiques de l'emploi et de développement économique.

Il organise le développement et la répartition des activités de l'enseignement supérieur et de la recherche ainsi que la coopération entre les sites universitaires et de recherche, en particulier avec ceux situés dans les villes moyennes. Il prévoit le développement des technologies de l'information et de la communication pour favoriser la constitution de réseaux à partir des centres de recherche et de l'enseignement supérieur, notamment afin d'animer des bassins d'emploi, des zones rurales ou des zones en difficulté.

Il fixe les orientations permettant de favoriser le rayonnement de pôles d'enseignement supérieur et de recherche à vocation internationale.

Il favorise les liaisons entre les formations technologiques et professionnelles et le monde économique par l'intermédiaire, notamment, des instituts universitaires de technologie, des sections de techniciens supérieurs des lycées, des instituts universitaires professionnalisés, des universités de technologie et des écoles d'ingénieurs. Il a également pour objet de valoriser la recherche technologique et appliquée.

Il précise les conditions de la mise en œuvre de la politique de la recherche telle qu'elle est définie par la loi n° 82-610 du 15 juillet 1982 d'orientation et de programmation pour la recherche et le développement technologique de la France *[V. désormais C. rech.]*. Il définit notamment les objectifs de répartition géographique des emplois de chercheurs, d'enseignants-chercheurs et d'ingénieurs participant à la recherche publique.

Il organise, au niveau régional ou interrégional, sur des thèmes évalués internationalement, l'association des différentes composantes de la recherche et encourage un double processus d'essaimage à partir des centres de recherche, l'un de type fonctionnel vers le monde économique, l'autre de type géographique, entre sites ou entre établissements d'enseignement supérieur et de recherche.

Il valorise la formation continue et favorise la diffusion de l'information et de la culture scientifique et technique.

II. — La conférence régionale de l'aménagement et du développement du territoire organise la concertation sur l'enseignement supérieur et la recherche afin d'assurer la répartition équilibrée des activités d'enseignement supérieur et de recherche, de promouvoir une meilleure articulation entre recherche publique et recherche privée et de favoriser les synergies avec le monde économique grâce à la formation en alternance, à la formation continue et au soutien de projets porteurs de développement économique. — *[L. n° 95-115 du 4 févr. 1995, art. 11.]*

BIBL. ▶ AGHION et COHEN, Éducation et croissance, *in* Université, Recherche, *Doc. fr., coll. regards sur l'actualité, n° 301, mai 2004.* – DECOMPS, Les réseaux régionaux, *in* Universités 2000. Quelle université pour demain ?, *MEN, Assises nationales de l'enseignement supérieur, Sorbonne, juin 1990, Doc. fr., 1991. 115.* – DUBET, FILATRE, MERRIEN, SAUVAGE et VINCE, Universités et villes, *Éd. L'Harmattan, 1994.* – HUGON, WINTER et BABY, Enseignement supérieur, recherche et coopération avec les pays en développement, *Haut conseil de la coopération internationale, Rapport MEN, sept.*

2002. – Merlin, L'aménagement universitaire, *in* Universités 2000. Quelle université pour demain ?, *MEN, Assises nationales de l'enseignement supérieur, Sorbonne, juin 1990, Doc. fr., 1991. 87.* – Raffarin, Bardou, Belot et autres, Les schémas de services collectifs : l'avis de la délégation du Sénat à l'aménagement et au développement durable du territoire, *Sénat, Rapport n° 395, 2000-2001.* – Van Leberghe, Balme, Berthe, Choisnard et autres, Recherche et territoires, *MEN, IGAENR, Rapport n° 2005-103, nov. 2005.* – Développement universitaire et développement territorial : l'impact du plan Université 2000 (1990-1995), Étude pour le compte de la DATAR, *Doc. fr., 1998.*

Art. L. 614-3 La carte des formations supérieures et de la recherche qui est liée aux établissements d'enseignement supérieur est arrêtée et révisée par le ministre chargé de l'enseignement supérieur, compte tenu des orientations du plan et après consultation des établissements, des conseils régionaux et du Conseil national de l'enseignement supérieur et de la recherche. Cette carte constitue le cadre des décisions relatives à la localisation géographique des établissements, à l'implantation des formations supérieures et des activités de recherche et de documentation, aux *(L. n° 2013-660 du 22 juill. 2013, art. 38)* **« accréditations » à délivrer des diplômes nationaux et à la répartition des moyens.**

Elle doit être compatible avec les orientations du schéma de services collectifs de l'enseignement supérieur et de la recherche.

BIBL. ▸ Blaise, Mutzenhardt et Roussel, Disciplines rares, *Rapp. 16 déc. 2014 CPU.* – Maradan, Ces métiers rares qu'enseigne aussi l'université, *Le Monde, 3 juill. 2019. 14.*

TITRE DEUXIÈME LES FORMATIONS UNIVERSITAIRES GÉNÉRALES ET LA FORMATION DES MAÎTRES *(L. n° 2005-380 du 23 avr. 2005, art. 43).*

CHAPITRE PREMIER DROIT, SCIENCES POLITIQUES, ÉCONOMIE ET ADMINISTRATION

BIBL. GÉN. ▸ **Formations en droit :** Aït-Aoudia et Vanneuville (dir.), Le droit saisi par son enseignement, in *Les enjeux contemporains de la formation juridique, Lextenso éditions, coll. Droit et société, n° 83, 2013.* – Boulouis, La dimension européenne dans les formations juridiques universitaires ; la situation en France, *in* Les juristes français et l'horizon, *Fondation nationale des études de droit, 1992. 39.* – Bremond, Une histoire politique des facultés de droit : l'image des facultés de droit dans la presse quotidienne d'information nationale sous la Troisième République (1870-1940), *Thèse, Univ. Bordeaux, 2018.* – Brondel et de Montecler, Question à Didier Truchet, professeur à l'université Paris II, *AJDA 2007. 220.* – Chevreau, David et Zientara-Logeay, Attractivité et mixité des études et des professions du droit, *Rapp. du Conseil national du droit, 21 nov. 2019.* – Douet, Le doctorat en droit est-il de la recherche au sens du crédit impôt recherche ?, *D. 2018. 1873.* – Fardet, Quelle place pour le droit administratif dans la licence en droit ?, *AJDA 2011. 1345.* – Gatti-Montain, Le système d'enseignement du droit en France, *Presses universitaires de Lyon, coll. Critique du droit, 1987.* – Gonod, L'enseignement du droit administratif général en licence : à propos des documents de travaux dirigés, *in Terres du Droit, Dalloz, 2009.* – Grimaldi et Gore, Enseignement du droit au XXIe siècle : IIIe conférence sino-européenne des doyens des facultés de droit, *D. 2014. 1864.* – Guevel, Et si l'on réanimait la capacité en Droit ?, *D. 2019. 689.* – Jamin, La cuisine du droit. L'École de droit de Sciences Po : une expérimentation française, *Lextenso éditions, coll. Forum, 2012.* – Jourdain, Guégan-Lecuyer, Un diplôme de droit de la réparation du dommage corporel à l'Université, *D. 2015. 1040.* – Hénette-Vauchez et Roman, Pour un enseignement clinique du droit, *LPA, 1er-2 nov. 2006, nos 218-219.* – Jégouzo, LMD et diplômes de droit : vers la fin du monopole des universités, *AJDA 2004. 1785.* – Levasseur, Pinet et Ruiz-Fabri, Les formations juridiques de base, Rapport du Comité national d'évaluation, *MEN, juin 2004.* – Lyon-Caen, Commission de réflexion sur les études de droit, *Rapport MEN, avr. 2002.* – Mekki (Dir. Sc.), Réformer l'enseignement du droit en France à la lumière des systèmes étrangers, *LexisNexis, coll. Le club des juristes, oct. 2017.* – Moret-Bailly, L'enseignement de la déontologie des juristes est-il nécessaire ?, *D. 2020. 1313.* – Rivero, Réflexions sur l'enseignement du droit, *in* Mél. Trottabas, *LGDJ 1970. 447* ; Pluridisciplinarité et formation du juriste, *DS 1969, chron. 157.* – Robert et Imbert, Éloge de la capacité en droit, *RD publ. 1986. 315.* – Truchet, Pour l'étude du droit administratif de l'enseignement supérieur, *in Terres du droit, Dalloz, 2009.* – Zientara-Logeay, La mixité des professions du droit en question, *D. 2020. 272.* – Référé de la Cour des comptes sur la filière droit, *20 juin 2012, n° 64148.* – Le doctorat en droit, *Conseil national du droit, Rapp. 31 mai 2016.*

▶ **Professions juridiques :** Collas, Quand les robots se font avocats, *Le Monde, 6 août 2019.10.* – Darrois, *Rapport de la mission sur les professions du droit, mars 2009.* – Maistre du Chambon, Formation des avocats, la colère des juristes, *Le Monde, 23 mai 2007. 20.* – Millard, Sur un argument d'analogie entre l'activité universitaire des juristes et des médecins, *Droits et libertés en question, Billets d'humeur en l'honneur de Danièle Lochak, LGDJ, coll. Droit et Société, 2007.* – Morange, La liberté du professeur des facultés de droit, *RD publ. 2008. 54.* – Rolin et de Montecler, Ce n'est pas en trois semestres que l'on forme un juriste, *AJDA 2007. 884*. – La formation contemporaine des avocats : aiguillon d'une recomposition de l'enseignement du droit en France ?, *in Les enjeux contemporains de la formation juridique, Lextenso éditions, coll. Droit et société, n° 83, 2013.*

▶ **Sur l'agrégation de droit :** *V. Bibl. ss. art. L. 952-6, note de jurisprudence.*

▶ **Facultés de droit :** Antoine et Perroud, Un *New Deal* pour l'Université ? Le point de vue de deux juristes à propos des projets de réforme actuels, *D. 2020. 290*. – Béranger (propos recueillis), Les facultés de droit sont les Grandes écoles du droit, *JCP 2009, n° 46.* – Floc'h, Droit : université ou grande école, il faut choisir, *Le Monde, 17 juin 2009. 10.* – Gaudemet, Les facultés de droit dans la réforme universitaire, *RD publ. 2008.51.* – Maistre du Chambon, Le service public de l'enseignement du droit et les facultés de droit, *D. 2006. 172*. – Mathieu, Facultés de droit et réforme universitaire au XIXe siècle : la conquête d'un statut, *RD publ. 2008. 999.* – Rey-Lefebvre, Le projet de créer la toute première école de droit privée en France suscite la colère des doyens des facultés, *Le Monde, 31 janv. 2012. 13.* – Truchet, Les facultés de droit et le marché de l'enseignement du droit, *D. 2005. 2892*.

▶ **Autres institutions :** Delannoy, Le Conseil national du droit, *D. 2015. 856*.

▶ **Formations en économie :** Fitoussi, L'enseignement supérieur de l'économie en voie de rénovation, *Fayard, 2001.* – Frémeaux, Grosse et Lalucq, Sortir de la crise de l'enseignement supérieur d'économie, *Rapport Idies 2014.* – Hautcoeur, L'avenir des sciences économiques à l'Université en France, *Rapp. au ministre de l'enseignement supérieur, juin 2014.* – Les étudiants en économie, gestion et AES à l'université en 2014-2015, *MENESR, Note d'information, n° 16.02, avr. 2016 : http://cache.media.enseignementsup-recherche.gouv.fr/file/2016/14/6/NI_16_02_Les_etudiants_en_economie_gestion_et_AES_2014_569146.pdf.*

▶ **Autres formations SHS :** V. Bibl. livre VI, titre II, chap. III.

1. Licence en droit. Homologation. Le tribunal a jugé que le nombre d'années d'études en droit nécessaires pour obtenir l'homologation d'une licence en droit varie en fonction de la date à laquelle ces années ont été suivies. S'appuyant sur l'art. 1er du Décr. du 10 juill. 1962 mais également sur les art. 26 et 28 de l'Arr. du 16 janv. 1976, le tribunal administratif de Châlons-en-Champagne affirme en effet « qu'il résulte de la combinaison de ces dispositions que si, dans les disciplines dans lesquelles la licence, telle la licence en droit, était délivrée en quatre ans, une telle licence peut être homologuée en qualité de diplôme de maîtrise, en revanche, une attestation de succès aux examens sanctionnant la 3e année d'étude ne peut être homologuée en qualité de diplôme de licence que si elle a été délivrée sur le fondement des nouvelles dispositions applicables issues de l'Arr. du 16 janvier 1976 ; qu'il en découle nécessairement qu'un étudiant n'ayant, avant le 1er juin 1977, validé que les trois premières années d'études juridiques ne saurait utilement prétendre à l'homologation de cette formation pour l'obtention d'une licence ». • TA Châlons-en-Champagne, 27 sept. 2017, n° 1600526.

2. Thèse en droit. Salarié effectuant des recherches. Qualification de dépenses de recherche au sens du crédit impôt recherche (non). Dans une affaire où une société d'avocat avait sollicité le remboursement du crédit d'impôt pour la recherche à raison de l'embauche d'une salariée effectuant des recherches de nature juridique dans le cadre d'une thèse de doctorat en droit, le juge a estimé que les dépenses de personnel ne peuvent être qualifiées de dépenses de recherche, au sens des dispositions précitées de l'art. 244 *quater* B CGI. Il précise que la circonstance que l'embauche de cette salariée ait eu lieu dans le cadre d'une convention Cifre et que la société requérante ait bénéficié pour les années en cause de subventions versées par l'ANRT est sans incidence sur la qualification juridique pour l'application de la loi fiscale. • CAA Bordeaux, 9 juill. 2020, n° 18BX03378 : *D. 2020. 1874, note Douet*.

3. Profession d'avocat. Conditions de recrutement. Professeurs et maîtres de conférences. Appartenance à des corps distincts. Le Conseil d'État a jugé que les maîtres de conférences et les professeurs appartiennent à des corps distincts, régis par des règles différentes, s'agissant notamment de leurs conditions de recrutement, ainsi que de leurs responsabilités et garanties statutaires. Il en déduit, qu'ainsi placés dans une situation différente, le pouvoir réglementaire a pu prévoir des modalités différentes d'accès à la profession d'avocat, sans porter atteinte au principe d'égalité des uns et des autres à cette profession. En l'espèce, il précise qu'en imposant aux premiers et non aux seconds de subir avec succès un examen de contrôle des connaissances en déontologie et réglementation professionnelle, le pouvoir réglementaire a établi une différence de traitement qui est en rapport avec l'objectif poursuivi par les dispositions attaquées. • CE 12 oct. 2016, n° 392053 : *AEF 18 oct. 2016, Dépêche n° 547855, comm. Toulemonde.*

4. Profession d'avocat. Équivalence. Docteur en droit. Union européenne. Accès. Dans une affaire où la requérante, de nationalité autrichienne, titulaire d'un doctorat en droit délivré par l'université de Vienne (Autriche), a sollicité son inscription à l'école régionale des avocats du Grand Est (ERAGE) sans avoir à subir l'examen d'accès à ce centre de formation, en application de l'art. 12-1, al. 3, de la L. du 31 déc. 1971, le juge, après avoir relevé que l'intéressée s'est adressée aux universités dépendant du ressort géographique de l'ERAGE ainsi qu'au CNU et au Conseil national des barreaux qui se sont considérés comme incompétents pour délivrer l'attestation sollicitée, estime qu'en l'absence d'autre autorité susceptible d'apprécier l'équivalence du diplôme, c'est à l'ERAGE qu'il incombe de procéder à cette appréciation, au regard des connaissances attendues du titulaire d'un doctorat en droit. • Civ. 1re, 27 nov. 2019, n° 18-18.296 P : *D. 2019. 2307*.

5. Formation professionnelle pour l'exercice de la profession d'avocat. La formation professionnelle exigée pour l'exercice de la profession d'avocat est subordonnée à la réussite à un examen d'accès à un centre régional de formation professionnelle et comprend une formation théorique et pratique d'une durée d'au moins dix-huit mois sanctionnée par le certificat d'aptitude à la profession d'avocat. Les recours à l'encontre des décisions concernant la formation professionnelle sont soumis à la cour d'appel compétente. Le juge des conflits a jugé que les recours visés par ces dernières dispositions ne comprennent pas ceux concernant l'examen d'accès à un centre régional qui ne fait pas partie de la formation professionnelle des avocats. • T. confl. 18 déc. 2006, n° C3507.

6. Recours contre la délibération du jury de l'examen d'accès au centre régional de formation professionnelle des avocats. Le Décr. du 27 nov. 1991 dispose que pour être inscrits à un centre régional de formation professionnelle, les candidats doivent avoir subi avec succès l'examen d'accès au centre. Cet examen, qui comporte des épreuves écrites d'admissibilité et des épreuves orales d'admission, est organisé par les universités qui sont désignées à cet effet par le recteur d'académie, après avis du ministre de la Justice. Le juge des conflits estime qu'il suit de là que le recours formé par un candidat contre la délibération du jury de l'examen d'accès au centre régional de formation professionnelle des avocats organisé par une université, établissement public à caractère administratif, ressortit à la compétence de la juridiction administrative. • T. confl. 18 déc. 2006, n° C3507.

7. Demande d'indemnisation. Les recours contre les délibérations du jury de l'examen d'accès à un centre régional de formation professionnelle des avocats, organisé par les universités, relèvent de la compétence de la juridiction administrative. L'action indemnitaire en réparation du préjudice né de ces délibérations relève du même ordre de juridiction. • T. confl., 14 déc. 2009, n° 3720 : *LIJ 2010, n° 143, p. 24 ; AJDA 2010. 693*.

8. Accès au centre régional de formation professionnelle des avocats. Membres de jurys d'examen. Rémunération. A la demande d'un président d'université, il a été répondu qu'un CRFPA ne saurait être considéré comme une école « conduisant à la délivrance de diplômes, de titres ou de certifications professionnelles, relevant du ministre chargé de l'enseignement supérieur ». La rémunération des membres du jury de l'examen d'accès au CRFPA organisé par les IEJ ne saurait par conséquent être légalement fondée sur l'Arr. du 9 août 2012. Cette rémunération peut, en revanche, être fondée sur les dispositions de l'Arr. du 31 août 2011 portant application du Décr. n° 2010-235 du 5 mars 2010 relatif à la rémunération des agents publics participant, à titre d'activité accessoire, à des activités de formation et de recrutement relevant du ministère de la justice et des libertés, ceci dans la mesure où la profession d'avocat est réglementée par ce département ministériel. En application des dispositions du 1er al. de l'art. 14 de l'Arr. du 31 août 2011, il appartient au conseil d'administration de l'établissement de fixer le montant de la rémunération des activités liées au fonctionnement du jury dans les limites précisées aux deuxième et troisième alinéas de ce même article. * DAJ B1 n° 2013-189 du 7 août 2013 : *LIJ 2013, n° 179, p. 16.*

Art. L. 621-1 Les instituts d'études politiques ont pour mission de compléter l'enseignement des sciences sociales, administratives et économiques donné dans les universités. — *[Ord. n° 45-2283 du 9 oct. 1945, art. 1er.]*

BIBL. ▸ **Sciences Po :** BONHOTAL, THIBAU-LÉVÊQUE, La situation à l'IEP de Grenoble en mars 2021, *Rapp. IGESR, 2021-085, avr. 2021.* – DESCOINGS, Sciences Po. De La Courneuve à Shanghai, *Presses de la Fondation nationale des sciences politiques, 2007.* – GOURDON, Sciences Po Paris réforme sa sélection, *Le Monde, 27 juin 2019. 9.* – JACQUE, Sciences Po, le diplôme qui fait rêver, *Le Monde, Universités et grandes écoles, 29 sept. 2011. 14.* – DE MONTECLER, La Cour des comptes prône l'intégration des instituts d'études politiques de province au sein des universités, *AJDA 2017. 548*. – PIOVEZAN, Sciences Po a aussi sa « petite entreprise », *Le Monde, Campus, 7 nov. 2006. 32*. – SOENEN et JEAN, La ruée vers les Instituts d'études politiques, *Le Monde, Éducation. 9 mars 2011. 10*. – VINCENT, Sciences Po. Histoire d'une réussite, *Éd. Olivier Orban, 1987*. – Les instituts d'études politiques en région, *C. Comptes, réf. n° S2016-3967, 23 déc. 2016.* ; *Rép. MENESR, 18 févr. 2017.*

▸ **ENA :** CHAZAL, Le problème de la formation des élites, c'est la formation des élites, *D. 2021. 953*. – FLOC'H, L'ENA bouleverse son redouté classement de sortie, *Le Monde, 30 déc. 2020. 11*. – LOMBARD, L'ENA, école de la diversité ?, *AJDA 2009. 225*. – DE MONTECLER, Adieu ENA, bonjour ISP, *AJDA 2021. 764* ; L'École nationale d'administration veut se réinventer, *AJDA 2021. 8*. – RIGAUD, RICHARD, KESLER et a., L'ENA, *Pouvoirs, n° 80, 1997*. – SAINT-PREUX, À l'ENA : y entrer, (s')en sortir, *Armand Colin*, 2013.

I. INSTITUT D'ÉTUDES POLITIQUES

1. Nature du diplôme de l'IEP. Diplôme national. Absence. Le diplôme de l'Institut d'études politiques de Paris n'est pas un diplôme national et n'entre pas dans le champ d'application de l'art. L. 613-1 C. éduc. • CE 18 févr. 1994, n° 149548 B. ♦ Mais le Conseil d'État considère désormais que le diplôme de l'Institut d'études politiques de Paris, mentions carrières juridiques et judiciaires et droit économique, qui sanctionne un cursus de cinq années d'études supérieures et qui comporte, pour ces deux mentions, trois années d'études pluridisciplinaires dans lesquelles le droit tient une place importante et deux années presqu'exclusivement consacrées aux disciplines juridiques doit être reconnu comme diplôme équivalent à la maîtrise en droit délivrée par les universités pour l'exercice de la profession d'avocat sans méconnaître le principe d'égalité vis-à-vis des étudiants titulaires de la maîtrise en droit. • CE 23 juill. 2008, n° 306321 : *AJDA 2008. 1516*.

2. Nature du diplôme de l'IEP. Master. Absence. A propos de la nomination directe d'un auditeur de justice en application de l'art. 18-1 de l'Ord. du 22 déc. 1958, qui prescrit d'être titulaire d'une maîtrise ou d'un master 1 en droit, le juge administratif rappelle que le diplôme de Sciences Po n'est pas un master en droit. • CE 24 oct. 2014, n° 368389 : *AJDA 2014. 2094*.

3. IEP Paris. Droits d'inscription. Différenciation. Légalité. Dans une affaire mettant en cause la délibération du CA de la Fondation nationale des sciences politiques (FNSP) fixant les droits d'inscription à l'Institut d'études politiques de Paris, en tant qu'elle fixe des droits d'inscription différents pour les étudiants dont la résidence fiscale du foyer dont ils relèvent est située hors de l'Union européenne et ceux dont la résidence fiscale du foyer dont ils relèvent est située dans l'Union européenne, le juge administratif a considéré que la FNSP ne pouvait se prévaloir, pour justifier une telle distinction, ni de la disparité des régimes fiscaux hors de l'Union européenne, ni de l'existence de prestations particulières, dès lors que les prestations invoquées ne s'adressaient pas spécifiquement aux étudiants relevant d'un foyer dont la résidence fiscale se situe hors de l'Union européenne. Le juge a estimé, en revanche, que si l'IEP de Paris poursuivait une politique de rayonnement international lui donnant vocation à accueillir des étudiants de toutes origines géographiques, il avait néanmoins entendu accorder des facilités particulières pour l'accès aux enseignements qu'il dispense aux étudiants en provenance des pays membres de l'Union européenne. Cet objectif est légitime, eu égard à la proximité géographique de ces pays, aux liens institutionnels qui les unissent, et notamment à la libre circulation des personnes que garantit le traité sur le fonctionnement de l'Union européenne, ainsi qu'aux facilités offertes aux étudiants des États membres de l'Union européenne pour effectuer une partie de leur cursus dans d'autres pays européens que le leur. Au regard de cette finalité, les étudiants relevant d'un foyer ayant sa résidence fiscale au sein de l'Union européenne et les étudiants relevant d'un foyer dont la résidence fiscale se situe hors de l'Union européenne se trouvaient dans une situation différente. La différence de traitement qui en résulte aux termes de la délibération attaquée n'étant ainsi pas manifestement disproportionnée au regard de l'objectif de la mesure, le juge a écarté le moyen tiré d'une méconnaissance du principe d'égalité et rejeté la requête. • TA Paris, 6 oct. 2015, n° 1430316.

4. IEP. Droits d'inscription au concours d'entrée en 1re année. Après avoir rappelé que la participation des usagers au financement d'un établissement public à caractère administratif ne doit pas excéder le coût réel de la prestation, le juge estime qu'en l'espèce, la somme de 100 euros réclamée par l'IEP de Grenoble à chaque participant au concours d'entrée en première année n'a pas été déterminée sur la base d'éléments objectifs et rationnels propres à garantir que la participation des usagers n'excède pas le coût réel de la prestation. • CAA Lyon, 4 juill. 2013, n° 13LY00633.

5. IEP. Conseil académique. V. notes ss. art. L. 717-1.

II. ÉCOLE NATIONALE D'ADMINISTRATION

6. Composition du jury. Est irrégulièrement composé le jury d'une épreuve de classement de l'école nationale d'administration dans lequel a été nommé, en méconnaissance des dispositions du IV de l'art. 47 du Décr. n° 2002-50 du 10 janv. 2002, un maître de conférence qui est intervenu, en cours de scolarité, devant les élèves de la promotion concernée. Doivent par suite être annulées les notes attribuées par ce jury. • CE 10 janv. 2007, n° 297864 A : *AJDA 2007. 119*.

7. Épreuves. Est entachée d'irrégularité, et doit donc être annulée, une épreuve de classement dont le thème est, malgré une formulation différente des sujets, de nature à procurer un avantage à certains élèves qui, par le travail et les démarches réalisés dans le cadre d'une précédente épreuve, avaient pu acquérir une familiarité certaine avec le même thème et s'entretenir personnellement avec le directeur d'administration centrale présidant le jury. • CE 10 janv. 2007, n° 297864 A : *préc. note 6.*

8. Annulation du concours. Conséquences. Dès lors qu'est devenue définitive l'affectation par le ministre chargé de la fonction publique des agents issus d'une promotion de l'école nationale d'administration dans les différents corps qu'ils ont choisis, qui a créé des droits à leur profit, l'annulation du classement de fin de scolarité de la promotion concernée est sans influence sur la situation individuelle de ces agents. • CE 10 janv. 2007, n° 297864 A : *préc. note 6.*

9. Bourses de mérite destinées aux étudiants de l'IEP de Paris dans le cadre fixé par le contrat passé avec des établissements classés en ZEP. Les élèves admis à l'IEP de Paris, qui sont issus de zones géographiques défavorisées, se trouvent dans une situation différente de celle des étudiants qui ne sont pas issus de ces zones et qui sollicitent des bourses de mérite sur critères sociaux régis par la circulaire du 7 juin 2001. Ainsi, en réservant les quarante bourses litigieuses aux élèves issus des ZEP, le ministre n'a pas méconnu le principe d'égalité. • CE 17 sept. 2007, n° 291548.

10. Diplôme équivalent à la maîtrise en droit. Les requérants demandent au juge des référés d'ordonner à l'administrateur de l'Institut d'études politiques de Paris la communication des documents ayant conduit cet Institut à décider la délivrance d'un diplôme portant la mention « droit économique » ou portant la mention « carrières juridiques et judiciaires », lequel a été reconnu équivalent à la maîtrise en droit par un arrêté interministériel du 21 mars 2007, modifiant l'Arr. du 25 nov. 1998 fixant la liste des titres ou diplômes reconnus comme équivalents à la maîtrise en droit pour l'exercice de la profession d'avocat et pris pour l'application du 2) de l'art. 11 de la L. du 31 déc. 1971 portant réforme de certaines professions judiciaires et juridiques. Toutefois les requérants, qui indiquent vouloir introduire un recours pour excès de pouvoir contre l'Arr. du 21 mars 1997, ne justifient pas que la communication immédiate de ces documents, qui ne constitue pas un préalable nécessaire à l'exercice de leur recours, serait nécessaire à la sauvegarde de leurs droits devant la juridiction administrative. Rejet de la demande de référé. • CE, réf., 18 mai 2007, n° 305647.

III. INSTITUTS RÉGIONAUX D'ADMINISTRATION

11. Classement de sortie. Liste communicable. Intéressés uniquement. Était contesté le refus opposé par le directeur de l'IRA de Metz à une demande de communication du classement final des élèves, malgré l'avis favorable de la CADA. Si ce classement ne fait apparaître ni notes, ni appréciations littérales, il n'en est pas moins le résultat d'un processus de sélection par ordre de mérite entre les élèves, résultant d'une appréciation portée sur leur valeur professionnelle. Ce document comporte des éléments relevant du secret protégé par les dispositions de l'art. L. 311-6 CRPA. Il n'est dès lors communicable qu'aux intéressés. • TA Strasbourg, 22 nov. 2019, n° 1801049 : *AJDA 2020. 1097*.

Art. L. 621-2 La Fondation nationale des sciences politiques a pour objet de favoriser le progrès et la diffusion, en France et à l'étranger, des sciences politiques, économiques et sociales. – *[Ord. n° 45-2283 du 9 oct. 1945, art. 1er.]*

Art. L. 621-3 *(L. n° 2001-624 du 17 juill. 2001, art. 14)* Le conseil de direction de l'Institut d'études politiques de Paris détermine, par dérogation aux dispositions du *(L. n° 2018-166 du 8 mars 2018, art. 1er)* « VI » de l'article L. 612-3, les conditions et modalités d'admission aux formations propres à l'institut ainsi que l'organisation des études, des premiers cycles à l'école doctorale. Il peut adopter des procédures d'admission comportant notamment des modalités particulières destinées à assurer un recrutement diversifié parmi l'ensemble des élèves de l'enseignement du second degré. Les procédures d'admission peuvent être mises en œuvre par voie de conventions conclues avec des établissements d'enseignement secondaire ou supérieur, français et étrangers, pour les associer au recrutement par l'institut de leurs élèves ou étudiants.

BIBL. ▶ Calves, La discrimination positive : essai de clarification, *in* Université, Recherche, *Doc. fr., coll. regards sur l'actualité, n° 301, mai 2004.* – Emin et Oeuvrard, Les zones d'éducation prioritaires, *in* Le système éducatif en France, *Doc. fr., coll. Les notices, 2003. 149.* – Long, Discrimination positive et accès à Sciences Po Paris, *AJDA 2004. 688*. – Moisan et Simon, Les déterminants de la réussite scolaire dans les zones d'éducation prioritaire, *INRP, 1997*. – Van Zanten, Les inégalités sociales : l'école de la périphérie, *in* Le système éducatif en France, *Doc. fr., coll. Les notices, 2003. 157.*

1. Diversification de l'accès. Le juge constitutionnel considère que s'il est loisible au législateur de déroger aux dispositions du troisième alinéa de l'art. L. 612-3 C. éduc. en vue de permettre la diversification de l'accès des élèves du second degré aux formations dispensées par l'Institut d'études politiques de Paris, c'est à la condition que les modalités particulières que fixera à cette fin, sous le contrôle du juge de la légalité, le conseil de direction de l'Institut, reposent sur des critères objectifs de nature à garantir le respect de l'exigence constitutionnelle d'égal accès à l'instruction. • Cons. const. 11 juill. 2001, *Loi portant diverses dispositions d'ordre social, éducatif et culturel*, n° 2001-450 DC : *JO 18 juill., p. 11506 ; Rec. Cons. const. 82 ; D. 2002. 1949, obs. Ribes*.

2. Conventions « ZEP ». S'il entend adopter des procédures particulières d'admission destinées à diversifier le recrutement d'élèves de l'enseignement du second degré et autoriser son directeur à passer à cet effet des conventions avec des établissements d'enseignement secondaire, le conseil de direction de l'IEP de Paris doit lui-même définir des modalités reposant sur des critères objectifs de nature à garantir le respect de l'exigence constitutionnelle d'égal accès à l'instruction. Est donc annulée une résolution qui s'est abstenue d'arrêter la liste des établissements avec lesquels des conventions de partenariat seraient passées et s'est bornée à renvoyer aux critères généraux fixés par une circulaire du ministre de l'éducation nationale datant de 1981, alors qu'une telle référence ne permettait de connaître préalablement ni si lesdits établissements devaient appartenir au seul enseignement public ou s'ils pouvaient relever de l'enseignement privé sous contrat d'association avec l'État, ni dans quelles académies, ni dans quelles zones d'éducation prioritaire d'une académie en comportant plusieurs, ni selon quels critères seraient choisis les établissements partenaires. La résolution doit aussi être annulée en ce qu'elle omet, en outre, de préciser dans quelles conditions et selon quels critères l'expérimentation dont s'agit devra être évaluée et pourra, le cas échéant, être généralisée et en ce qu'elle prévoit une durée excédant manifestement les limites d'une procédure expérimentale. • CAA Paris, 6 nov. 2003, *Union nat. interuniversitaire (UNI)*, n° 02PA02821 : *AJDA 2004. 343, note Legrand*.

3. Conseil des enseignants-chercheurs. Compétences. Le Conseil d'État a jugé que le conseil composé des enseignants-chercheurs prévu par l'art. 7 du Décr. n° 85-497 du 10 mai 1985 est celui qui exerce, au sein de l'Institut d'études politiques (IEP) de Paris, et en vertu de l'art. L. 717-1, les compétences dévolues au conseil académique par les art. L. 952-6 à L. 952-9. • CE 11 oct. 2017, n° 394269.

CHAPITRE II SCIENCES ET TECHNOLOGIE

BIBL. GÉN. ▶ Ourisson, Désaffection des étudiants pour les études scientifiques, *Rapport MEN, mars 2002*. – Porchet, Les jeunes et les études scientifiques : les raisons de la « désaffection », un plan d'action, *Rapport MEN, avr. 2002* ; Attrait et qualité des études scientifiques universitaires, *Rapport MEN, mars 2003*.

Art. L. 622-1 **Tous les étudiants sont initiés à la technologie et à l'usage de l'informatique.** – *[L. n° 85-1371 du 23 déc. 1985, art. 3.]*

CHAPITRE III LETTRES, LANGUES, ARTS ET SCIENCES HUMAINES ET SOCIALES

BIBL. ▶ Fabre, Penloup, Feliu et Dubosq, Enquête nationale sur les forces de recherche impliquées dans le champ de l'apprentissage et de l'éducation, *MENESR, déc. 2016*. – Letrouit, Les enjeux du numérique concernant les ressources documentaires en SHS, *IGB, Rapp. n° 2017-A01, mars 2017*. – Thibault et Jouve, Les infrastructures de recherche en sciences humaines et sociales, *Alliance Athena, sept. 2012*. – Weil et Cases, La structuration de la recherche en sciences humaines et sociales, *Rapp. du groupe Structuration, Alliance Athena, oct. 2012* ; *Sciences humaines & sociales. Indicateurs synthétiques, MENESR, SIES / Système d'information, 2016*. – Thibault et Garbay, La recherche sur l'éducation, Éléments pour une stratégie globale, *Rapp. ATHENA-ALLISTENE, vol. 1, avr. 2017* ; La recherche sur l'éducation. Contributions des chercheurs, vol. 2 avr. 2017. – Wieviorka et Moret, Les sciences humaines et sociales françaises à l'échelle de l'Europe et du monde, *Éditions de la Maison des sciences de l'homme, mars 2017*. – Les SHS, un investissement pour l'avenir. 10 premières mesures en faveur des sciences humaines et sociales (SHS), *MENESR : http://www.enseignementsup-recherche.gouv.fr/cid104434/les-s.h.s.-un-investissement-pour-l-avenir.html.*

Art. L. 623-1 **Les établissements entrant dans le champ d'application du livre VII qui dispensent des enseignements artistiques et les établissements d'enseignement supérieur reconnus en application de l'article L. 361-2 assurent des formations de haut niveau dans les disciplines visées à l'article L. 121-6.**

Ils participent, dans le cadre des missions qui leur sont propres, à la formation professionnelle, au progrès de la recherche, à la diffusion de la culture et au développement des liens entre les activités artistiques et l'ensemble des secteurs de production. – *[L. nº 88-20 du 6 janv. 1988, art. 6.]*

CHAPITRE IV ÉDUCATION PHYSIQUE ET SPORTIVE

Art. L. 624-1 **Des formations en activités physiques et sportives sont dispensées dans les établissements de l'enseignement supérieur.** – *[L. nº 84-610 du 16 juill. 1984, art. 5, al. 2.]*

Art. L. 624-2 *(L. nº 2003-339 du 14 avr. 2003, art. 4)* **L'organisation et les programmes de l'éducation physique et sportive dans les établissements d'enseignement supérieur tiennent compte des spécificités liées aux différentes formes de handicap.**

Les éducateurs et les enseignants facilitent par une pédagogie adaptée l'accès des jeunes *(L. nº 2019-791 du 26 juill. 2019, art. 27)* **« en situation de handicap » à la pratique régulière d'activités physiques et sportives.**

Une formation spécifique aux différentes formes de handicap est donnée aux enseignants et aux éducateurs sportifs, pendant leurs formations initiale et continue.

CHAPITRE V FORMATION DES PERSONNELS ENSEIGNANTS ET D'ÉDUCATION

(L. nº 2013-595 du 8 juill. 2013, art. 68)

BIBL. GÉN. ▸ AUDUC, Refonder la formation des enseignants : un défi indispensable, *Regards croisés sur l'économie, éd. La découverte, 2012/2, nº 12, p. 248.* – BOISSINOT, La formation des maîtres : débats et perspectives, *in* Former des enseignants, *CIEP, Revue internationale d'éducation de Sèvres, nº 55, déc. 2010.* – BOUVIER, Propos iconoclastes sur le système éducatif français, *Berger Levrault, oct. 2019.* – CHESNÉ, DO, JEGO, BRIANT, LEFRESNE, SIMONIS-SUEUR et TALIS 2013. La formation professionnelle des enseignants est moins développée en France que dans les autres pays, *MENESR-DEPP, Note d'information, nº 14.22, 2014.* – FRAISSE, Regards sur la formation des maîtres en France, *in* Former des enseignants, *CIEP, Revue internationale d'éducation de Sèvres, nº 54, sept. 2010.* – MIALARET, Les sciences de l'éducation, *PUF, coll. Que sais-je ?, 2017.*

▸ **Dans le cadre des IUFM :** BARANGER, L'intégration des IUFM : la « nouvelle » mission de formation des enseignants ?, *in* Université, Universités, *Dalloz, coll. Thèmes et commentaires, 2010. 277.* – BRONDEL, Publication dans la douleur d'un rapport sur la formation des enseignants, *AJDA 2011. 2386* ✎. – CASPAR, Réflexions sur la formation des formateurs en IUFM, *Rapport MEN, janv. 1995.* – CEDELLE, Formation des maîtres. Les IUFM à l'université, *Le Monde, 16 janv. 2007. 20.* – GROSPERRIN, Rapport d'information sur la formation initiale et les modalités de recrutement des enseignants, *Ass. nat. nº 4033, déc. 2011.* – KASPI, Les instituts universitaires de formation des maîtres, *Rapport MEN, juill. 1993.* – MICHEL, Concours de recrutement de professeurs des écoles. Session 2006, *MEN, Note d'information, nº 07-28, mai 2007.* – OBIN, Enseigner, un métier pour demain. Mission de réflexion sur le métier d'enseignant, *MEN, mars 2002.* – SEPTOUR, GAUTHIER et autres, La formation initiale et continue des maîtres, *Rapport MEN, nº 03-06, févr. 2003.*

▸ **Dans le cadre des ESPÉ :** DESBIOLLES et RONZEAU, La mise en place des écoles supérieures du professorat et de l'éducation, *Rapp. IGEN-IGAENR, nº 2014-071, sept. 2014.* – FILATRE, Améliorer la formation initiale des professeurs des écoles, *Rapp. du Comité national de suivi de la réforme de la formation des enseignants, juill. 2018.* – POUPEAU, La nouvelle formation des enseignants définie par décrets, *AJDA 2013. 1661* ✎. – Des moyens supplémentaires pour la formation, les outils budgétaires des ESPÉ, *Synthèse de l'ORS, nº 48, avr.-mai-juin 2013. 14.*

Dans le cadre des Inspé : MARLAT et PERRAUD-USSEL, Ralentissement de la baisse des effectifs en Inspé en 2020-2021, *MESRI-SIES, Note Flash nº 12, juin 2021.*

V. aussi Bibl. ss. livre VII, titre II, chap. I.

Art. L. 625-1 *(L. nº 2013-595 du 8 juill. 2013, art. 68)* **Les** *(L. nº 2019-791 du 26 juill. 2019, art. 43)* **« instituts nationaux supérieurs » du professorat et de l'éduca-**

tion organisent, sans préjudice des missions confiées aux écoles normales supérieures, la formation initiale des futurs enseignants et des personnels d'éducation et participent à leur formation continue. *(L. n° 2019-791 du 26 juill. 2019, art. 43)* **« Ils » accueillent aussi les personnels exerçant une activité au sein des écoles et des établissements scolaires dans le cadre des formations professionnelles organisées par les autorités académiques.**

Les ministres chargés de l'enseignement supérieur et de l'éducation nationale arrêtent le cadre national des formations liées aux métiers du professorat des premier et second degrés et de l'éducation *(L. n° 2019-791 du 26 juill. 2019, art. 43)* **« ainsi que le référentiel de formation correspondant ». La formation organisée par les** *(L. n° 2019-791 du 26 juill. 2019, art. 43)* **« instituts nationaux supérieurs » du professorat et de l'éducation inclut des enseignements théoriques, des enseignements liés à la pratique de ces métiers et un ou plusieurs stages.**

Sur les emplois d'avenir professeur, V. ci-dessous C. trav., art. L. 5134-120 s. et R. 5134-169 s.

Sur le référentiel des compétences professionnelles des métiers du professorat et de l'éducation, V., ci-dessous, Arr. du 1er juill. 2013.

Formation. Contenu. Modifications. Préjudice. La requérante, professeure de lettres classiques, demande réparation des préjudices qu'elle a subis en tant que stagiaire du fait que lui a été appliqué un régime de formation procédant d'un arrêté ministériel de 2010 annulé par le Conseil d'État au lieu du régime de 2006 que cet arrêté, illégal, n'avait donc pas abrogé et qui lui aurait permis de bénéficier d'une formation théorique beaucoup plus nourrie en IUFM en accomplissant un service en responsabilité devant les élèves considérablement moins lourd. Sans donner suite à ses demandes au titre du préjudice moral ou du préjudice professionnel, le tribunal constate l'illégalité fautive de l'éducation nationale et condamne l'État à lui verser le montant des heures travaillées non payées, c'est-à-dire effectuées en responsabilité dans des classes au-delà des exigences du dispositif de 2006. • TA Rouen, 20 mars 2014, n° 1200764 : *AJFP 2014. 336, avis Bertoncini*.

Code du travail

Emploi d'avenir professeur. Dispositions générales

Art. L. 5134-120 *(L. n° 2012-1189 du 26 oct. 2012, art. 4)* I. — Pour faciliter l'insertion professionnelle et la promotion sociale des jeunes dans les métiers du professorat, les établissements publics locaux d'enseignement et les établissements publics locaux d'enseignement et de formation professionnelle agricoles peuvent proposer des emplois d'avenir professeur.

II. — L'emploi d'avenir professeur est destiné à des étudiants titulaires de bourses de l'enseignement supérieur relevant du chapitre Ier du titre II du livre VIII de la troisième partie du code de l'éducation inscrits en deuxième année de licence ou, le cas échéant, en troisième année de licence ou en première année de master dans un établissement d'enseignement supérieur, âgés de vingt-cinq ans au plus et se destinant aux métiers du professorat. La limite d'âge est portée à trente ans lorsque l'étudiant présente un handicap reconnu par la commission des droits et de l'autonomie des personnes handicapées.

III. — Les étudiants mentionnés au II bénéficient d'une priorité d'accès aux emplois d'avenir professeur lorsqu'ils effectuent leurs études dans une académie ou dans une discipline connaissant des besoins particuliers de recrutement et qu'ils justifient :

1° Soit d'avoir résidé pendant une durée minimale dans *(L. n° 2014-173 du 21 févr. 2014, art. 26)* « un quartier prioritaire de la politique de la ville », dans une zone de revitalisation rurale au sens de l'article 1465 A du code général des impôts, *(Ord. n° 2017-1491 du 25 oct. 2017, art. 6)* « en Guadeloupe, en Guyane, en Martinique, à Mayotte, à La Réunion », à Saint-Barthélemy, à Saint-Martin ou à Saint-Pierre-et-Miquelon ;

2° Soit d'avoir effectué pendant une durée minimale leurs études secondaires dans un établissement situé dans l'une de ces zones ou relevant de l'éducation prioritaire.

Les durées minimales mentionnées aux 1° et 2° du présent III sont fixées par décret.

Sur les conditions d'octroi des bourses de service public pour les bénéficiaires d'un emploi d'avenir professeur, V. C. éduc., art. D. 821-6 s.

Art. L. 5134-121 *(L. n° 2012-1189 du 26 oct. 2012, art. 4)* Les bénéficiaires des emplois d'avenir professeur sont recrutés par les établissements publics locaux d'enseignement ou les établissements publics locaux d'enseignement et de formation professionnelle agricoles, après avis d'une commission chargée de vérifier leur aptitude. Lorsqu'ils sont recrutés par un établissement public local d'enseignement, ils peuvent exercer leurs fonctions dans les conditions fixées au *(L. n° 2019-791 du 26 juill. 2019, art. 35)* « III » de l'article L. 421-10 du code de l'éducation.

Emploi d'avenir professeur. Aide à la formation et à l'insertion professionnelle

Art. L. 5134-122 *(L. n° 2012-1189 du 26 oct. 2012, art. 4)* Les établissements publics locaux d'enseignement et les établissements publics locaux d'enseignement et de formation professionnelle agricoles qui concluent des contrats pour le recrutement d'un étudiant au titre d'un emploi d'avenir professeur bénéficient d'une aide financière et des exonérations déterminées dans les conditions prévues à la sous-section 4 de la section II du présent chapitre.

Art. L. 5134-123 *(L. n° 2012-1189 du 26 oct. 2012, art. 4)* La demande d'aide à la formation et à l'insertion professionnelle décrit le contenu du poste proposé, sa position dans l'organisation de l'établissement d'affectation ainsi que les compétences dont l'acquisition est visée pendant la durée du contrat. Elle mentionne obligatoirement la formation dans laquelle est inscrit l'étudiant concerné et le ou les concours de recrutement d'enseignants du premier ou du second degré organisés par l'État auxquels il se destine. L'étudiant bénéficie d'un tutorat au sein de l'établissement dans lequel il exerce son activité. Les modalités d'organisation du tutorat sont fixées par décret.

Art. L. 5134-124 *(L. n° 2012-1189 du 26 oct. 2012, art. 4)* L'aide définie à l'article L. 5134-123 est accordée pour une durée de douze mois, renouvelable chaque année, dans la limite d'une durée totale de trente-six mois, sans pouvoir excéder le terme du contrat de travail.

Emploi d'avenir professeur. Contrat de travail

Art. L. 5134-125 *(L. n° 2012-1189 du 26 oct. 2012, art. 4)* I. — Le contrat associé à un emploi d'avenir professeur est conclu, sous réserve des dispositions spécifiques prévues par la présente section, sous la forme d'un contrat d'accompagnement dans l'emploi régi par la section 2 du présent chapitre.

II. — Le contrat associé à un emploi d'avenir professeur est conclu pour une durée de douze mois, renouvelable s'il y a lieu, dans la limite d'une durée totale de trente-six mois, en vue d'exercer une activité d'appui éducatif compatible, pour l'étudiant bénéficiaire, avec la poursuite de ses études universitaires et la préparation aux concours.

Le bénéficiaire d'un emploi d'avenir professeur s'engage à poursuivre sa formation dans un établissement d'enseignement supérieur et à se présenter à un des concours de recrutement d'enseignants du premier ou du second degré organisés par l'État. En cas de réussite au concours, le contrat prend fin de plein droit, avant son échéance normale, à la date de nomination dans des fonctions d'enseignement.

Art. L. 5134-126 *(L. n° 2012-1189 du 26 oct. 2012, art. 4)* Le bénéficiaire d'un emploi d'avenir professeur effectue une durée hebdomadaire de travail adaptée à la poursuite de ses études et à la préparation des concours auxquels il se destine. Le contrat de travail mentionne la durée de travail moyenne hebdomadaire, qui ne peut excéder la moitié de la durée fixée à l'article *(L. n° 2016-1088 du 8 août 2016, art. 8)* « L. 3121-27 ».

Le contrat de travail peut prévoir que la durée hebdomadaire peut varier sur tout ou partie de la période couverte par le contrat.

Art. L. 5134-127 *(L. n° 2012-1189 du 26 oct. 2012, art. 4)* La rémunération versée au titre d'un emploi d'avenir professeur est cumulable avec les bourses de l'enseignement supérieur dont l'intéressé peut par ailleurs être titulaire.

A sa demande, le bénéficiaire d'un emploi d'avenir professeur se voit délivrer une attestation d'expérience professionnelle.

Emploi d'avenir professeur. Dispositions applicables aux établissements d'enseignement privés ayant passé un contrat avec l'État

Art. L. 5134-128 *(L. n° 2012-1189 du 26 oct. 2012, art. 4)* Les sous-sections 1 à 3 de la présente section sont applicables aux établissements d'enseignement privés mentionnés aux articles L. 442-5 et L. 442-12 du code de l'éducation et à l'article L. 813-1 du code rural et de la pêche maritime, sous réserve des adaptations nécessaires fixées, le cas échéant, par décret en Conseil d'État.

Emploi d'avenir professeur. Dispositions d'application

Art. L. 5134-129 *(L. nº 2012-1189 du 26 oct. 2012, art. 4)* Un décret en Conseil d'État détermine les conditions d'application de la présente section *[V. ci-dessous C. trav., art. R. 5134-169 à R. 5134-176.]*

....

Emploi d'avenir professeur

Art. R. 5134-169 *(Décr. nº 2013-50 du 15 janv. 2013, art. 1er)* L'étudiant bénéficiaire d'un emploi d'avenir professeur doit posséder la qualité de boursier de l'enseignement supérieur au titre de l'année universitaire durant laquelle il est recruté.

Sa qualité de boursier est vérifiée à chaque renouvellement de contrat.

Pour un motif de bonne administration, sont exclues du champ d'application du droit des usagers de saisir l'administration par voie électronique les demandes relatives aux recrutements et aux candidatures des emplois d'avenir professeur (Décr. nº 2015-1410 du 5 nov. 2015).

Art. R. 5134-170 *(Décr. nº 2013-50 du 15 janv. 2013, art. 1er)* La liste des académies et la liste des disciplines connaissant des besoins particuliers justifiant la priorité de recrutement prévue au III de l'article L. 5134-120 sont fixées par arrêté conjoint du ministre chargé de l'éducation nationale et du ministre chargé de l'enseignement agricole.

V. note ss. art. R. 5134-169.

Art. R. 5134-171 *(Décr. nº 2013-50 du 15 janv. 2013, art. 1er)* Dans chaque académie concernée, une commission présidée par le recteur *(Décr. nº 2019-1554 du 30 déc. 2019, art. 2)* « d'académie » ou son représentant vérifie si les candidats à un emploi d'avenir professeur remplissent les conditions leur permettant d'en bénéficier.

Le recteur *(Décr. nº 2019-1554 du 30 déc. 2019, art. 2)* « d'académie » désigne les membres de la commission qui comprend :

1º Au moins deux et au maximum six enseignants-chercheurs, dont au moins un président d'université ou de pôle de recherche et d'enseignement supérieur ou un directeur de grand établissement, ou leur représentant ;

2º Au moins un directeur académique des services de l'éducation nationale ;

3º Au moins quatre et au maximum six membres des corps d'inspection et chefs d'établissement, dont au moins un chef d'établissement d'enseignement privé ayant passé un contrat avec l'État.

La commission comprend également le directeur régional de l'alimentation, de l'agriculture et de la forêt ou son représentant.

V. note ss. art. R. 5134-169.

Art. R. 5134-172 *(Décr. nº 2013-50 du 15 janv. 2013, art. 1er)* Sur la base d'un dossier de candidature dont le contenu est fixé par arrêté du ministre chargé de l'éducation nationale, la commission donne un avis sur l'aptitude des candidats à un emploi d'avenir professeur.

L'avis rendu par la commission tient compte, notamment, du projet professionnel de l'étudiant et de ses résultats universitaires.

A partir de la liste des candidats établie par la commission, le recteur *(Décr. nº 2019-1554 du 30 déc. 2019, art. 2)* « d'académie » propose aux établissements publics locaux d'enseignement et aux établissements d'enseignement privés ayant passé un contrat avec l'État le nom d'un ou plusieurs candidats à un recrutement au titre d'un emploi d'avenir professeur dans le premier ou le second degré.

S'agissant de l'enseignement agricole, le directeur régional de l'alimentation, de l'agriculture et de la forêt propose aux établissements publics locaux d'enseignement et de formation professionnelle agricoles et aux établissements d'enseignement privé agricole ayant passé un contrat avec l'État le nom d'un ou plusieurs candidats à un recrutement au titre d'un emploi d'avenir professeur.

V. note ss. art. R. 5134-169.

Art. R. 5134-173 *(Décr. nº 2013-50 du 15 janv. 2013, art. 1er)* Un arrêté conjoint du ministre chargé de l'emploi, du ministre chargé du budget, du ministre chargé de l'éducation nationale ou du ministre chargé de l'enseignement agricole fixe les taux de prise en charge déterminant le montant de l'aide financière relative à l'emploi d'avenir professeur.

V. note ss. art. R. 5134-169.

Art. R. 5134-174 *(Décr. n° 2013-50 du 15 janv. 2013, art. 1er)* Le salaire mensuel du bénéficiaire d'un emploi d'avenir professeur est égal au produit du montant du salaire minimum interprofessionnel de croissance par le nombre moyen mensuel d'heures de travail.

V. note ss. art. R. 5134-169.

Art. R. 5134-175 *(Décr. n° 2013-50 du 15 janv. 2013, art. 1er)* I. — Le contrat conclu pour le recrutement d'un étudiant sur un emploi d'avenir professeur précise l'établissement ou l'école au sein duquel l'étudiant exerce ses fonctions, la durée du contrat, la durée hebdomadaire moyenne de travail et les modalités de variation de celle-ci au cours de l'année scolaire.

Le contrat comporte également l'engagement de l'étudiant de suivre la formation universitaire dans laquelle il est inscrit et de se présenter à un des concours de recrutement d'enseignants du premier ou du second degré organisés par l'État.

II. — La durée moyenne hebdomadaire de travail est fixée par arrêté conjoint du ministre chargé de l'éducation nationale et du ministre chargé de l'enseignement agricole dans la limite de la moitié de la durée fixée à l'article *(Décr. n° 2016-1551 du 18 nov. 2016, art. 6)* « L. 3121-27 ».

Le même arrêté détermine les critères de variation de la durée hebdomadaire de travail afin de prendre en compte, notamment, le calendrier de la formation universitaire et le temps nécessaire à la préparation et aux épreuves du concours ainsi que l'organisation du temps de travail de l'école ou de l'établissement scolaire dans lequel l'étudiant exerce.

V. note ss. art. R. 5134-169.

Art. R. 5134-176 *(Décr. n° 2013-50 du 15 janv. 2013, art. 1er)* Les étudiants recrutés sur des emplois d'avenir professeur accomplissent, dans les établissements d'enseignement et dans les écoles, sous la direction des autorités chargées de l'organisation du service, des fonctions d'appui éducatif.

En appui des enseignants, ils peuvent participer aux séquences d'enseignement, aux actions de soutien scolaire ainsi qu'à toute activité de nature éducative organisée au sein de l'établissement ou de l'école.

Les étudiants recrutés sur des emplois d'avenir professeur peuvent également assister à certains conseils de l'établissement ou de l'école.

V. note ss. art. R. 5134-169.

Art. D. 5134-177 *(Décr. n° 2013-52 du 15 janv. 2013)* Pour bénéficier de la priorité de recrutement fixée au III de l'article L. 5134-120, les étudiants doivent avoir résidé au moins deux ans dans l'une des zones mentionnées ou avoir effectué au moins deux années d'études secondaires dans un établissement situé dans l'une de ces zones ou dans un établissement relevant de l'éducation prioritaire.

Art. D. 5134-178 *(Décr. n° 2013-52 du 15 janv. 2013)* Le tutorat des étudiants recrutés sur des emplois d'avenir professeur est assuré par un enseignant désigné par le recteur d'académie.

Dans l'enseignement agricole, le directeur régional de l'alimentation, de l'agriculture et de la forêt désigne l'enseignant chargé du tutorat.

L'enseignant suit et accompagne l'étudiant dans sa formation progressive au métier du professorat notamment en l'associant à la préparation et à la conduite de séquences d'enseignement, à la gestion de classe et au suivi des élèves.

COMMENTAIRE

Les emplois d'avenir professeur (Rapport Yves Durand)

Entrée en vigueur le 1er janvier 2013, la loi du 26 octobre 2012 portant création des emplois d'avenir met en œuvre un dispositif de promotion sociale et d'aide à l'insertion professionnelle dans les métiers du professorat.

Dans ce cadre, les emplois d'avenir professeur visent à attirer les étudiants issus de milieux modestes vers les métiers de l'enseignement en leur proposant une entrée progressive dans le métier, ainsi qu'une aide financière leur permettant de faire face à l'allongement de la durée des études dû à la mastérisation.

Cette réforme comporte en effet un « *risque d'éviction des étudiants boursiers allant à l'encontre de notre tradition républicaine* », la proportion de ces jeunes inscrits en cursus de master étant estimée à 33 %, contre 44 % en licence.

Le dispositif est ciblé en faveur de 18 000 étudiants boursiers d'ici à 2015, dont 6 000 en 2013, ces jeunes devant être inscrits en deuxième année de licence, principal public cible, en troisième année de licence ou en première année de master, et avoir moins de 25 ans. Certains d'entre eux bénéficient, aux termes de l'article L. 5134-20 du code du travail, d'une « priorité d'accès » aux emplois d'avenir professeur dès lors qu'ils :

– effectuent leurs études « *dans une académie ou une discipline connaissant des besoins particuliers de recrutement* » ;

– ***et*** ont résidé au moins deux ans dans une zone urbaine sensible, dans une zone de revitalisation rurale, dans un département d'outre-mer, à Saint-Martin, Saint-Barthélemy ou à Saint-Pierre-et-Miquelon ou ont effectué deux années d'études secondaires dans un établissement situé dans l'une de ces zones ou dans un établissement relevant de l'éducation prioritaire.

En contrepartie d'un engagement à se présenter à un concours de recrutement d'enseignants de l'éducation nationale, les étudiants concernés sont, dès la deuxième année de licence et pendant trois ans, initiés à l'enseignement, en effectuant un certain nombre d'heures de mission – douze en moyenne – dans des écoles et des établissements du second degré, et bénéficient de trois types de revenus :

– la rémunération des heures de service effectuées, dans le cadre du contrat d'avenir professeur, au service de l'éducation nationale. Financée conjointement par le ministère du travail, de l'emploi, de la formation professionnelle et du dialogue social et le ministère de l'éducation nationale, cette rémunération est de l'ordre de 400 euros par mois ;

– les bourses de service public. Cette nouvelle aide est allouée à chaque titulaire d'un emploi d'avenir professeur, en échange d'un engagement à préparer un concours de recrutement de personnels enseignants et à s'y présenter. Le montant de ces bourses de service public s'élève à 2 604 euros par an, soit 217 euros par mois ;

– les bourses sur critères sociaux perçues par les titulaires des emplois d'avenir.

Ces trois revenus étant cumulables, les jeunes concernés doivent percevoir un revenu net « cible » emploi d'avenir d'environ 900 euros en moyenne mensuelle, variant selon l'échelon de bourse du bénéficiaire.

Arrêté du 1er juillet 2013,

Relatif au référentiel des compétences professionnelles des métiers du professorat et de l'éducation.

Art. 1er La liste des compétences que les professeurs, professeurs documentalistes et conseillers principaux d'éducation doivent maîtriser pour l'exercice de leur métier est précisée à l'annexe du présent arrêté.

Art. 2 L'arrêté du 12 mai 2010 portant définition des compétences à acquérir par les professeurs, documentalistes et conseillers principaux d'éducation pour l'exercice de leur métier est abrogé. Toutefois, ses dispositions demeurent applicables aux personnels enseignants et d'éducation stagiaires, lauréats des concours de recrutement ouverts antérieurement au 1er septembre 2013.

Art. 3 Le présent arrêté entre en vigueur le 1er septembre 2013.

ANNEXE

RÉFÉRENTIEL DES COMPÉTENCES PROFESSIONNELLES DES MÉTIERS DU PROFESSORAT ET DE L'ÉDUCATION

Refonder l'école de la République, c'est garantir la qualité de son service public d'éducation et, pour cela, s'appuyer sur des personnels bien formés et mieux reconnus.

Les métiers du professorat et de l'éducation s'apprennent progressivement dans un processus intégrant des savoirs théoriques et des savoirs pratiques fortement articulés les uns aux autres.

Ce référentiel de compétences vise à :

1. Affirmer que tous les personnels concourent à des objectifs communs et peuvent ainsi se référer à la culture commune d'une profession dont l'identité se constitue à partir de la reconnaissance de l'ensemble de ses membres.

2. Reconnaître la spécificité des métiers du professorat et de l'éducation, dans leur contexte d'exercice.

3. Identifier les compétences professionnelles attendues. Celles-ci s'acquièrent et s'approfondissent au cours d'un processus continu débutant en formation initiale et se poursuivant tout au long de la carrière par l'expérience professionnelle accumulée et par l'apport de la formation continue.

Ce référentiel se fonde sur la définition de la notion de compétence contenue dans la recommandation 2006/962/CE du Parlement européen : "ensemble de connaissances, d'aptitudes et d'attitudes appropriées au contexte", chaque compétence impliquant de celui qui la met en œuvre "la réflexion critique, la créativité, l'initiative, la résolution de problèmes, l'évaluation des risques, la prise de décision et la gestion constructive des sentiments".

Chaque compétence du référentiel est accompagnée d'items qui en détaillent les composantes et en précisent le champ. Les items ne constituent donc pas une somme de prescriptions mais différentes mises en œuvre possibles d'une compétence dans des situations diverses liées à l'exercice des métiers.

Sont ainsi définies :

— des compétences communes à tous les professeurs et personnels d'éducation (compétences 1 à 14) ;

— des compétences communes à tous les professeurs (compétences P1 à P5) et spécifiques aux professeurs documentalistes (compétences D1 à D4) ;

— des compétences professionnelles spécifiques aux conseillers principaux d'éducation (compétences C1 à C8).

Compétences communes à tous les professeurs et personnels d'éducation

Les professeurs et les personnels d'éducation mettent en œuvre les missions que la nation assigne à l'école. En leur qualité de fonctionnaires et d'agents du service public d'éducation, ils concourent à la mission première de l'école, qui est d'instruire et d'éduquer afin de conduire l'ensemble des élèves à la réussite scolaire et à l'insertion professionnelle et sociale. Ils préparent les élèves à l'exercice d'une citoyenneté pleine et entière. Ils transmettent et font partager à ce titre les valeurs de la République. Ils promeuvent l'esprit de responsabilité et la recherche du bien commun, en excluant toute discrimination.

Les professeurs et les personnels d'éducation, acteurs du service public d'éducation

En tant qu'agents du service public d'éducation, ils transmettent et font respecter les valeurs de la République. Ils agissent dans un cadre institutionnel et se réfèrent à des principes éthiques et de responsabilité qui fondent leur exemplarité et leur autorité.

1. *Faire partager les valeurs de la République*

Savoir transmettre et faire partager les principes de la vie démocratique ainsi que les valeurs de la République : la liberté, l'égalité, la fraternité ; la laïcité ; le refus de toutes les discriminations.

Aider les élèves à développer leur esprit critique, à distinguer les savoirs des opinions ou des croyances, à savoir argumenter et à respecter la pensée des autres.

2. *Inscrire son action dans le cadre des principes fondamentaux [du système éducatif et dans le cadre réglementaire de l'école]*

Connaître la politique éducative de la France, les principales étapes de l'histoire de l'école, ses enjeux et ses défis, les principes fondamentaux du système éducatif et de son organisation en comparaison avec d'autres pays européens.

Connaître les grands principes législatifs qui régissent le système éducatif, le cadre réglementaire de l'école et de l'établissement scolaire, les droits et obligations des fonctionnaires ainsi que les statuts des professeurs et des personnels d'éducation.

Les professeurs et les personnels d'éducation, pédagogues et éducateurs au service de la réussite de tous les élèves :

La maîtrise des compétences pédagogiques et éducatives fondamentales est la condition nécessaire d'une culture partagée qui favorise la cohérence des enseignements et des actions éducatives.

3. *Connaître les élèves et les processus d'apprentissage*

Connaître les concepts fondamentaux de la psychologie de l'enfant, de l'adolescent et du jeune adulte.

Connaître les processus et les mécanismes d'apprentissage, en prenant en compte les apports de la recherche.

Tenir compte des dimensions cognitive, affective et relationnelle de l'enseignement et de l'action éducative.

4. Prendre en compte la diversité des élèves

Adapter son enseignement et son action éducative à la diversité des élèves.

Travailler avec les personnes ressources en vue de la mise en œuvre du projet personnalisé de scolarisation des élèves en situation de handicap.

Déceler les signes du décrochage scolaire afin de prévenir les situations difficiles.

5. Accompagner les élèves dans leur parcours de formation

Participer à la construction des parcours des élèves sur les plans pédagogique et éducatif.

Contribuer à la maîtrise par les élèves du socle commun de connaissances, de compétences et de culture.

Participer aux travaux de différents conseils (conseil des maîtres, conseil de cycle, conseil de classe, conseil pédagogique...), en contribuant notamment à la réflexion sur la coordination des enseignements et des actions éducatives.

Participer à la conception et à l'animation, au sein d'une équipe pluriprofessionnelle, des séquences pédagogiques et éducatives permettant aux élèves de construire leur projet de formation et leur orientation.

6. Agir en éducateur responsable et selon des principes éthiques

Accorder à tous les élèves l'attention et l'accompagnement appropriés.

Éviter toute forme de dévalorisation à l'égard des élèves, des parents, des pairs et de tout membre de la communauté éducative.

Apporter sa contribution à la mise en œuvre des éducations transversales, notamment l'éducation à la santé, l'éducation à la citoyenneté, l'éducation au développement durable et l'éducation artistique et culturelle.

Se mobiliser et mobiliser les élèves contre les stéréotypes et les discriminations de tout ordre, promouvoir l'égalité entre les filles et les garçons, les femmes et les hommes.

Contribuer à assurer le bien-être, la sécurité et la sûreté des élèves, à prévenir et à gérer les violences scolaires, à identifier toute forme d'exclusion ou de discrimination ainsi que tout signe pouvant traduire des situations de grande difficulté sociale ou de maltraitance.

Contribuer à identifier tout signe de comportement à risque et contribuer à sa résolution.

Respecter et faire respecter le règlement intérieur et les chartes d'usage.

Respecter la confidentialité des informations individuelles concernant les élèves et leurs familles.

7. Maîtriser la langue française à des fins de communication

Utiliser un langage clair et adapté aux différents interlocuteurs rencontrés dans son activité professionnelle.

Intégrer dans son activité l'objectif de maîtrise de la langue orale et écrite par les élèves.

8. Utiliser une langue vivante étrangère dans les situations exigées par son métier

Maîtriser au moins une langue vivante étrangère au niveau B2 du cadre européen commun de référence pour les langues.

Participer au développement d'une compétence interculturelle chez les élèves.

9. Intégrer les éléments de la culture numérique nécessaires à l'exercice de son métier

Tirer le meilleur parti des outils, des ressources et des usages numériques, en particulier pour permettre l'individualisation des apprentissages et développer les apprentissages collaboratifs.

Aider les élèves à s'approprier les outils et les usages numériques de manière critique et créative.

Participer à l'éducation des élèves à un usage responsable d'internet.

Utiliser efficacement les technologies pour échanger et se former.

Les professeurs et les personnels d'éducation, acteurs de la communauté éducative :

Les professeurs et les personnels d'éducation font partie d'une équipe éducative mobilisée au service de la réussite de tous les élèves dans une action cohérente et coordonnée.

10. Coopérer au sein d'une équipe

Inscrire son intervention dans un cadre collectif, au service de la complémentarité et de la continuité des enseignements comme des actions éducatives.

Collaborer à la définition des objectifs et à leur évaluation.

Participer à la conception et à la mise en œuvre de projets collectifs, notamment, en coopération avec les psychologues scolaires ou les conseillers d'orientation psychologues, le parcours d'information et d'orientation proposé à tous les élèves.

11. *Contribuer à l'action de la communauté éducative*

Savoir conduire un entretien, animer une réunion et pratiquer une médiation en utilisant un langage clair et adapté à la situation.

Prendre part à l'élaboration du projet d'école ou d'établissement et à sa mise en œuvre.

Prendre en compte les caractéristiques de l'école ou de l'établissement, ses publics, son environnement socio-économique et culturel, et identifier le rôle de tous les acteurs.

Coordonner ses interventions avec les autres membres de la communauté éducative.

12. *Coopérer avec les parents d'élèves*

Œuvrer à la construction d'une relation de confiance avec les parents.

Analyser avec les parents les progrès et le parcours de leur enfant en vue d'identifier ses capacités, de repérer ses difficultés et coopérer avec eux pour aider celui-ci dans l'élaboration et la conduite de son projet personnel, voire de son projet professionnel.

Entretenir un dialogue constructif avec les représentants des parents d'élèves.

13. *Coopérer avec les partenaires de l'école*

Coopérer, sur la base du projet d'école ou d'établissement, le cas échéant en prenant en compte le projet éducatif territorial, avec les autres services de l'État, les collectivités territoriales, l'association sportive de l'établissement, les associations complémentaires de l'école, les structures culturelles et les acteurs socio-économiques, en identifiant le rôle et l'action de chacun de ces partenaires.

Connaître les possibilités d'échanges et de collaborations avec d'autres écoles ou établissements et les possibilités de partenariats locaux, nationaux, voire européens et internationaux.

Coopérer avec les équipes pédagogiques et éducatives d'autres écoles ou établissements, notamment dans le cadre d'un environnement numérique de travail et en vue de favoriser la relation entre les cycles et entre les degrés d'enseignement.

14. *S'engager dans une démarche individuelle et collective de développement professionnel*

Compléter et actualiser ses connaissances scientifiques, didactiques et pédagogiques.

Se tenir informé des acquis de la recherche afin de pouvoir s'engager dans des projets et des démarches d'innovation pédagogique visant à l'amélioration des pratiques.

Réfléchir sur sa pratique – seul et entre pairs – et réinvestir les résultats de sa réflexion dans l'action.

Identifier ses besoins de formation et mettre en œuvre les moyens de développer ses compétences en utilisant les ressources disponibles.

Compétences communes à tous les professeurs

Au sein de l'équipe pédagogique, les professeurs accompagnent chaque élève dans la construction de son parcours de formation. Afin que leur enseignement favorise et soutienne les processus d'acquisition de connaissances, de savoir-faire et d'attitudes, ils prennent en compte les concepts fondamentaux relatifs au développement de l'enfant et de l'adolescent et aux mécanismes d'apprentissage ainsi que les résultats de la recherche dans ces domaines.

Disposant d'une liberté pédagogique reconnue par la loi, ils exercent leur responsabilité dans le respect des programmes et des instructions du ministre de l'éducation nationale ainsi que dans le cadre du projet d'école ou d'établissement, avec le conseil et sous le contrôle des corps d'inspection et de direction.

Les professeurs, professionnels porteurs de savoirs et d'une culture commune :

La maîtrise des savoirs enseignés et une solide culture générale sont la condition nécessaire *[les conditions nécessaires]* de l'enseignement. Elles permettent aux professeurs des écoles d'exercer la polyvalence propre à leur métier et à tous les professeurs d'avoir une vision globale des apprentissages, en favorisant la cohérence, la convergence et la continuité des enseignements.

P1. *Maîtriser les savoirs disciplinaires et leur didactique*

Connaître de manière approfondie sa discipline ou ses domaines d'enseignement. En situer les repères fondamentaux, les enjeux épistémologiques et les problèmes didactiques.

Maîtriser les objectifs et les contenus d'enseignement, les exigences du socle commun de connaissances, de compétences et de culture ainsi que les acquis du cycle précédent et du cycle suivant.

Contribuer à la mise en place de projets interdisciplinaires au service des objectifs inscrits dans les programmes d'enseignement.

En particulier, à l'école :

— tirer parti de sa polyvalence pour favoriser les continuités entre les domaines d'activités à l'école maternelle et assurer la cohésion du parcours d'apprentissage à l'école élémentaire ;

— ancrer les apprentissages des élèves sur une bonne maîtrise des savoirs fondamentaux définis dans le cadre du socle commun de connaissances, de compétences et de culture.

En particulier, au collège :

— accompagner les élèves lors du passage d'un maître polyvalent à l'école élémentaire à une pluralité d'enseignants spécialistes de leur discipline.

En particulier, au lycée général et technologique :

— articuler les champs disciplinaires enseignés au lycée avec les exigences scientifiques de l'enseignement supérieur.

P2. *Maîtriser la langue française dans le cadre de son enseignement*

Utiliser un langage clair et adapté aux capacités de compréhension des élèves.

Intégrer dans son enseignement l'objectif de maîtrise par les élèves de la langue orale et écrite.

Décrire et expliquer simplement son enseignement à un membre de la communauté éducative ou à un parent d'élève.

En particulier, à l'école :

— offrir un modèle linguistique pertinent pour faire accéder tous les élèves au langage de l'école ;

— repérer chez les élèves les difficultés relatives au langage oral et écrit (la lecture notamment) pour construire des séquences d'apprentissage adaptées ou/et alerter des personnels spécialisés.

En particulier, au lycée professionnel :

— utiliser le vocabulaire professionnel approprié en fonction des situations et en tenant compte du niveau des élèves.

Les professeurs, praticiens experts des apprentissages

P3. *Construire, mettre en œuvre et animer des situations d'enseignement et d'apprentissage prenant en compte la diversité des élèves*

Savoir préparer les séquences de classe et, pour cela, définir des programmations et des progressions ; identifier les objectifs, contenus, dispositifs, obstacles didactiques, stratégies d'étayage, modalités d'entraînement et d'évaluation.

Différencier son enseignement en fonction des rythmes d'apprentissage et des besoins de chacun. Adapter son enseignement aux élèves à besoins éducatifs particuliers.

Prendre en compte les préalables et les représentations sociales (genre, origine ethnique, socio-économique et culturelle) pour traiter les difficultés éventuelles dans l'accès aux connaissances.

Sélectionner des approches didactiques appropriées au développement des compétences visées.

Favoriser l'intégration de compétences transversales (créativité, responsabilité, collaboration) et le transfert des apprentissages par des démarches appropriées.

En particulier, à l'école :

— tirer parti de l'importance du jeu dans le processus d'apprentissage ;

— maîtriser les approches didactiques et pédagogiques spécifiques aux élèves de maternelle, en particulier dans les domaines de l'acquisition du langage et de la numération.

En particulier, au lycée :

— faire acquérir aux élèves des méthodes de travail préparant à l'enseignement supérieur ;

— contribuer à l'information des élèves sur les filières de l'enseignement supérieur.

En particulier, au lycée professionnel :

— construire des situations d'enseignement et d'apprentissage dans un cadre pédagogique lié au métier visé, en travaillant à partir de situations professionnelles réelles ou construites ou de projets professionnels, culturels ou artistiques ;

— entretenir des relations avec le secteur économique dont relève la formation afin de transmettre aux élèves les spécificités propres au métier ou à la branche professionnelle.

P4. *Organiser et assurer un mode de fonctionnement du groupe favorisant l'apprentissage et la socialisation des élèves*

Installer avec les élèves une relation de confiance et de bienveillance.

Maintenir un climat propice à l'apprentissage et un mode de fonctionnement efficace et pertinent pour les activités.

Rendre explicites pour les élèves les objectifs visés et construire avec eux le sens des apprentissages.

Favoriser la participation et l'implication de tous les élèves et créer une dynamique d'échanges et de collaboration entre pairs.

Instaurer un cadre de travail et des règles assurant la sécurité au sein des plates-formes techniques, des laboratoires, des équipements sportifs et artistiques.

Recourir à des stratégies adéquates pour prévenir l'émergence de comportements inappropriés et pour intervenir efficacement s'ils se manifestent.

En particulier, à l'école :

— à l'école maternelle, savoir accompagner l'enfant et ses parents dans la découverte progressive de l'école, de ses règles et de son fonctionnement, voire par une adaptation de la première scolarisation, en impliquant, le cas échéant, d'autres partenaires ;

— adapter, notamment avec les jeunes enfants, les formes de communication en fonction des situations et des activités (posture, interventions, consignes, conduites d'étayage) ;

— apporter les aides nécessaires à l'accomplissement des tâches proposées, tout en laissant aux enfants la part d'initiative et de tâtonnement propice aux apprentissages ;

— gérer le temps en respectant les besoins des élèves, les nécessités de l'enseignement et des autres activités, notamment dans les classes maternelles et les classes à plusieurs niveaux ;

— gérer l'espace pour favoriser la diversité des expériences et des apprentissages, en toute sécurité physique et affective, spécialement pour les enfants les plus jeunes.

En particulier, au lycée professionnel :

— favoriser le développement d'échanges et de partages d'expériences professionnelles entre les élèves ;

— contribuer au développement de parcours de professionnalisation favorisant l'insertion dans l'emploi et l'accès à des niveaux de qualification plus élevé ;

— mettre en œuvre une pédagogie adaptée pour faciliter l'accès des élèves à l'enseignement supérieur.

P5. *Évaluer les progrès et les acquisitions des élèves*

En situation d'apprentissage, repérer les difficultés des élèves afin de mieux assurer la progression des apprentissages.

Construire et utiliser des outils permettant l'évaluation des besoins, des progrès et du degré d'acquisition des savoirs et des compétences.

Analyser les réussites et les erreurs, concevoir et mettre en œuvre des activités de remédiation et de consolidation des acquis.

Faire comprendre aux élèves les principes de l'évaluation afin de développer leurs capacités d'autoévaluation.

Communiquer aux élèves et aux parents les résultats attendus au regard des objectifs et des repères contenus dans les programmes.

Inscrire l'évaluation des progrès et des acquis des élèves dans une perspective de réussite de leur projet d'orientation.

Compétences spécifiques aux professeurs documentalistes

Les professeurs documentalistes exercent leur activité dans l'établissement scolaire au sein d'une équipe pédagogique et éducative dont ils sont membres à part entière. Ils ont la responsabilité du centre de documentation et d'information, lieu de formation, de lecture, de culture et d'accès à l'information. Ils contribuent à la formation de tous les élèves en matière d'éducation aux médias et à l'information.

Outre les compétences qu'ils partagent avec l'ensemble des professeurs, telles qu'elles sont énoncées ci-dessus, ils maîtrisent les compétences spécifiques ci-après.

Les professeurs documentalistes, enseignants et maîtres d'œuvre de l'acquisition par tous les élèves d'une culture de l'information et des médias

Les professeurs documentalistes apportent les aides nécessaires aux élèves et aux professeurs, notamment pour que les apprentissages et l'enseignement prennent en compte l'éducation aux médias et à l'information. Ils interviennent directement auprès des élèves dans les formations et les activités pédagogiques de leur propre initiative ou selon les besoins exprimés par les professeurs de discipline.

D1. *Maîtriser les connaissances et les compétences propres à l'éducation aux médias et à l'information*

Connaître les principaux éléments des théories de l'information et de la communication.

Connaître la réglementation en matière d'usage des outils et des ressources numériques; connaître le droit de l'information ainsi que les principes et les modalités de la protection des données personnelles et de la vie privée.

Connaître les principaux concepts et analyses en sociologie des médias et de la culture.

Savoir définir une stratégie pédagogique permettant la mise en place des objectifs et des apprentissages de l'éducation aux médias et à l'information, en concertation avec les autres professeurs.

Faciliter et mettre en œuvre des travaux disciplinaires ou interdisciplinaires qui font appel à la recherche et à la maîtrise de l'information.

Accompagner la production d'un travail personnel d'un élève ou d'un groupe d'élèves et les aider dans leur accès à l'autonomie.

Les professeurs documentalistes, maîtres d'œuvre de l'organisation des ressources pédagogiques de l'établissement et de leur mise à disposition :

En relation avec les autres membres de la communauté éducative et dans le cadre du projet d'établissement, les professeurs documentalistes proposent une politique documentaire au chef d'établissement et participent à sa mise en œuvre dans l'établissement et dans son environnement numérique. Cette politique a pour objectif principal de permettre à tous les élèves d'accéder aux informations et aux ressources nécessaires à leur formation.

D2. *Mettre en œuvre la politique documentaire de l'établissement qu'il contribue à définir*

Maîtriser les connaissances et les compétences bibliothéconomiques : gestion d'une organisation documentaire et d'un système d'information, fonctionnement de bibliothèques publiques ou centres de documentation, politique d'acquisition, veille stratégique, accueil et accompagnement des publics, animation et formation, politique de lecture, évaluation.

Recenser et analyser les besoins de la communauté éducative en ressources documentaires et informationnelles.

D3. *Assurer la responsabilité du centre de ressources et de la diffusion de l'information au sein de l'établissement*

Organiser et gérer le centre de documentation et d'information en veillant à la diversité des ressources et des outils mis à disposition des élèves et en s'appuyant sur la situation particulière de chaque établissement (collège, lycée général et technologique, lycée professionnel).

Organiser, en liaison avec l'équipe pédagogique et éducative, la complémentarité des espaces de travail (espace de ressources et d'information, salles d'études, etc.) et contribuer à les faire évoluer de manière à favoriser l'accès progressif des élèves à l'autonomie.

Maîtriser les différentes étapes du traitement documentaire, les fonctionnalités des logiciels documentaires ainsi que les principes de fonctionnement des outils de recherche d'informations.

Participer à la définition du volet numérique du projet d'établissement et faciliter l'intégration des ressources numériques dans les pratiques pédagogiques, notamment lors des travaux interdisciplinaires.

Agir au sein d'un réseau de documentation scolaire en vue d'assurer des relations entre les niveaux d'enseignement et d'optimiser leurs ressources.

Les professeurs documentalistes, acteurs de l'ouverture de l'établissement sur son environnement éducatif, culturel et professionnel :

Le centre de documentation et d'information est un lieu privilégié pour contribuer à l'ouverture de l'établissement sur son environnement.

D4. *Contribuer à l'ouverture de l'établissement scolaire sur l'environnement éducatif, culturel et professionnel, local et régional, national, européen et international*

Concourir à la définition du programme d'action culturelle de l'établissement en tenant compte des besoins des élèves, des ressources locales et du projet d'établissement.

Mettre en place des projets qui stimulent l'intérêt pour la lecture, la découverte des cultures artistique (et des différentes formes d'art), scientifique et technique et développer une politique de lecture en relation avec les professeurs, en s'appuyant notamment sur la connaissance de la littérature générale et de jeunesse.

Savoir utiliser les outils et les dispositifs numériques pour faciliter l'ouverture de l'établissement sur l'extérieur.

Compétences spécifiques aux conseillers principaux d'éducation

Comme il est précisé dans la circulaire du 28 octobre 1982, "l'ensemble des responsabilités exercées par la conseillère principale ou le conseiller principal d'éducation se situe dans le cadre général de la 'vie scolaire' et peut se définir ainsi : placer les adolescents dans les meilleures conditions de vie individuelle et collective d'épanouissement personnel".

Les conseillers principaux d'éducation, conseillers de l'ensemble de la communauté éducative et animateurs de la politique éducative de l'établissement

Fondant leur action sur la connaissance de la situation individuelle et collective des élèves, les conseillers principaux d'éducation concourent, au plus près des réalités scolaires et sociales de l'établissement, à la définition de la politique éducative. Comme tous les membres de la communauté éducative, ils contribuent à expliciter, faire comprendre et accepter les règles de vie et de droit en vigueur au sein de l'établissement.

C1. *Organiser les conditions de vie des élèves dans l'établissement, leur sécurité, la qualité de l'organisation matérielle et la gestion du temps*

Veiller au respect des rythmes de travail des élèves et organiser leur sécurité.

Organiser l'accueil, les conditions d'entrée et de sortie des élèves, les déplacements et la surveillance ; les zones de travail et d'études collectives ainsi que les zones récréatives avec le souci de contribuer au bien-être des élèves.

Maîtriser des circuits d'information efficaces pour assurer le suivi tant individuel que collectif des élèves.

Faciliter le traitement et la transmission des informations en provenance ou à destination de l'équipe de direction, des personnels de l'établissement, des élèves et des parents, notamment par l'usage des outils et ressources numériques.

C2. *Garantir, en lien avec les autres personnels, le respect des règles de vie et de droit dans l'établissement*

Participer à l'élaboration du règlement intérieur et à son application.

Promouvoir, auprès des élèves et de leurs parents, les principes d'organisation et les règles de vie, dans un esprit éducatif.

Contribuer à l'enseignement civique et moral de l'élève ainsi qu'à la qualité du cadre de vie et d'étude.

Identifier les conduites à risque, les signes d'addiction, les comportements dégradants et délictueux avec les personnels sociaux et de santé et les conseillers d'orientation-psychologues, et contribuer à leur résolution en coopération avec les personnes ressources internes ou externes à l'institution.

Conseiller le chef d'établissement, ainsi que les autres personnels, dans l'appréciation des punitions et des sanctions.

Prévenir, gérer et dépasser les conflits en privilégiant le dialogue et la médiation dans une perspective éducative.

C3. *Impulser et coordonner le volet éducatif du projet d'établissement*

Recueillir et communiquer les informations permettant de suivre l'assiduité des élèves et de lutter contre l'absentéisme.

Contribuer au repérage des incivilités, des formes de violence et de harcèlement, et à la mise en œuvre de mesures qui permettent de les faire cesser avec le concours des équipes pédagogiques et éducatives.

Élaborer et mettre en œuvre des démarches de prévention et connaître les missions des partenaires de l'établissement pour la lutte contre la violence et l'éducation à la santé (CESC).

Conseiller le chef d'établissement et le gestionnaire sur l'aménagement et l'équipement des espaces, afin de permettre l'installation de conditions de vie et de travail qui participent à la sérénité du climat scolaire.

Contribuer activement au développement de l'animation socio-éducative et à la mise en œuvre d'une politique de formation à la responsabilité dans le cadre du projet d'établissement.

C4. *Assurer la responsabilité de l'organisation et de l'animation de l'équipe de vie scolaire*

Organiser les activités et les emplois du temps des personnels de la vie scolaire dans un souci de continuité, de cohérence et d'efficacité du service.

Préparer et conduire les réunions de coordination et d'organisation de l'équipe et en formaliser les conclusions.

Évaluer les besoins de formation des membres de l'équipe et proposer des formations.

Les conseillers principaux d'éducation, accompagnateurs du parcours de formation des élèves :

Les conseillers principaux d'éducation remplissent une fonction d'éducateur au sein de l'établissement : ils assurent le suivi individuel et collectif des élèves en association avec les personnels enseignants, contribuent à la promotion de la santé et de la citoyenneté et, par les actions éducatives qu'ils initient ou auxquelles ils participent, ils préparent les élèves à leur insertion sociale. Au sein d'un établissement, en particulier dans une structure qui dispose d'un internat, ils apportent une contribution essentielle à l'élaboration d'un projet pédagogique, éducatif et socioculturel.

Les conseillers principaux d'éducation sont des acteurs à part entière de l'appropriation par l'élève du socle commun de connaissances, de compétences et de culture en tant qu'ils accompagnent les élèves dans leur parcours et la construction de leur projet personnel.

C5. *Accompagner le parcours de l'élève sur les plans pédagogique et éducatif*

Savoir mener un entretien d'écoute dans le cadre du suivi individuel des élèves et de la médiation.

Œuvrer à la continuité de la relation avec les parents et collaborer avec tous les personnels de l'établissement en échangeant avec eux des informations sur le comportement et l'activité de l'élève – ses résultats, ses conditions de travail, son assiduité – afin de contribuer à l'élaboration de réponses collectives pour aider les élèves à surmonter les difficultés qu'ils rencontrent.

Contribuer au suivi de la vie de la classe, notamment en prenant part aux réunions d'équipes pédagogiques et éducatives ainsi qu'au conseil des professeurs et au conseil de classe et en collaborant à la mise en œuvre des projets.

Participer aux travaux du conseil pédagogique, notamment en contribuant aux projets transversaux discutés et préparés dans ce conseil.

Connaître les compétences des différents intervenants dans la prévention du décrochage.

C6. *Accompagner les élèves, notamment dans leur formation à une citoyenneté participative*

Encourager et coordonner les initiatives des élèves dans le cadre de la vie lycéenne ou collégienne et créer une dynamique d'échanges et de collaboration entre eux notamment en prenant appui sur les enseignements civiques, juridiques et sociaux.

Veiller à la complémentarité des dispositifs se rapportant à la citoyenneté participative et représentative, favoriser la participation des élèves aux instances représentatives et contribuer à leur animation (CVL, CESC, délégués de classe, conférence des délégués, conseil d'administration, commission permanente, conseil de discipline, etc.).

Assurer la formation des délégués élèves.

Accompagner les élèves dans la prise de responsabilités, en utilisant notamment le foyer socio-éducatif et la maison des lycéens comme espace d'apprentissage et d'éducation à la citoyenneté.

Impulser et favoriser la vie associative et culturelle.

C7. *Participer à la construction des parcours des élèves*

Contribuer avec les enseignants et avec le concours des assistants d'éducation aux dispositifs d'accompagnement des élèves.

Assurer la liaison avec les responsables de la prise en charge complémentaire des élèves hors temps scolaire dans les collèges ou lycées à organisation pédagogique aménagée (classes à horaires aménagés, sections sportives, pôles sportifs de haut niveau).

Contribuer, avec les enseignants, les professeurs documentalistes et les conseillers d'orientation psychologues, au conseil et à l'accompagnement des élèves dans l'élaboration de leur projet personnel.

Les conseillers principaux d'éducation, acteurs de la communauté éducative :

Les conseillers principaux d'éducation sont appelés à coopérer avec de nombreux partenaires, à participer à des rencontres collectives auxquelles les parents sont associés et à contribuer aux actions éducatives culturelles, notamment artistiques, scientifiques et sportives.

C8. *Travailler dans une équipe pédagogique*

Coopérer avec les professeurs pour élaborer des situations d'apprentissage en vue de développer et d'évaluer les compétences visées (socle commun de connaissances, de compétences et de culture, référentiels professionnels, etc.).

Contribuer à l'élaboration du volet éducatif du projet d'établissement.

Contribuer à faciliter la continuité des parcours des élèves et à la prise en compte des transitions d'un cycle à l'autre.

Conseiller le chef d'établissement pour organiser les partenariats avec les autres services de l'État, les collectivités territoriales, les associations complémentaires de l'école, les acteurs socio-économiques.

Art. L. 625-2 *(L. nº 2019-791 du 26 juill. 2019, art. 47)* **Au cours des trois années qui suivent sa titularisation, chaque enseignant bénéficie d'actions de formation qui**

complètent sa formation initiale. Ces actions de formation prennent en compte les spécificités de l'établissement et du territoire dans lesquels l'enseignant exerce.

TITRE TROISIÈME LES FORMATIONS DE SANTÉ

BIBL. GÉN. ▸ DEBOUZIÉ, Le troisième cycle de médecine générale dans les universités françaises, Rapport du Comité national d'évaluation, *MEN, sept. 1998*. – FLAMANT, Le 3e cycle de médecine générale dans les universités françaises, *Comité national d'évaluation, MEN, sept. 1998*. – JANNET, VERNEREY, DELAHAYE-GUILLOCHEAU, MALLET et PITTOORS, Création de la filière universitaire de médecine générale, *Rapp. IGAENR-IGAS, n° 2007-016, févr. 2007*. – MARRA, Rapport sur la qualité de vie des étudiants en santé, *avr. 2018 : https://cache.media.enseignementsup-recherche.gouv.fr/file/Sante/04/8/Rapport_Dr_Marra_-_Qualite_de_vie_des_etudiants_en_sante_926048.pdf*. – MARESCAUX, Rapport de la commission sur l'avenir des centres hospitaliers universitaires, *AJDA 2009. 958, comm. Pastor*. – Rapport de la commission sur les instituts hospitalo-universitaires, *AJDA 2010. 707, comm. Pastor*. – MILLARD, Sur un argument d'analogie entre l'activité universitaire des juristes et des médecins, *Droits et libertés en question, Billets d'humeur en l'honneur de Danièle Lochak, LGDJ, coll. Droit et Société, 2007*. – TABARY, La sélection universitaire dans l'accès aux professions de santé réglementées sous l'éclairage du droit de l'Union européenne, *Thèse, Univ. Aix-Marseille, 2017*. – L'enseignement de la médecine ou la réforme introuvable, *Vie universitaire, n° 13, mars 2007. 14*.

▸ **PACES :** DEBOUZIÉ, Réforme de la première année des études de santé, Rapport de la commission pédagogique nationale de la première année des études de santé, *MEN, juill. 2003*. – GUILLERM et TOMASINI, Devenir des bacheliers deux ans après leur première inscription en première année de médecine : réussite et réorientation, *MEN, Note d'information, n° 07-12, avr. 2007*. – MAUPIN, Les nouvelles règles d'accès aux études de santé, *AJDA 2019. 2213*. – PRIEUR, Valérie Pécresse face au « gâchis humain » de la première année de médecine, *Le Monde, 21 févr. 2008, p. 11*. – SAINT-ANDRÉ, Suppression du Numerus Clausus et de la PACES. Refonte du premier cycle des études de santé pour les « métiers médicaux », *MESRI-Min. des solidarités et de la santé, 17 avr. 2018*.

CHAPITRE PREMIER DISPOSITIONS COMMUNES

Art. L. 631-1 *(L. n° 2019-774 du 24 juill. 2019, art. 1er, en vigueur à compter de la rentrée universitaire 2020)* **I. — Les formations de médecine, de pharmacie, d'odontologie et de maïeutique relèvent, par dérogation à l'article L. 611-1, de l'autorité ou du contrôle des ministres chargés de l'enseignement supérieur et de la santé et donnent lieu à la délivrance de diplômes au nom de l'État. Ces formations permettent l'orientation progressive de l'étudiant vers la filière la plus adaptée à ses connaissances, ses compétences, son projet d'études et ses aptitudes ainsi que l'organisation d'enseignements communs entre plusieurs filières pour favoriser l'acquisition de pratiques professionnelles partagées et coordonnées. Par leur organisation, elles favorisent la répartition équilibrée des futurs professionnels sur le territoire au regard des besoins de santé.**

Les capacités d'accueil des formations en deuxième et troisième années de premier cycle sont déterminées annuellement par les universités. Pour déterminer ces capacités d'accueil, chaque université prend en compte les objectifs pluriannuels d'admission en première année du deuxième cycle de ces formations. Ces objectifs pluriannuels, qui tiennent compte des capacités de formation et des besoins de santé du territoire, sont arrêtés par l'université sur avis conforme de l'agence régionale de santé ou des agences régionales de santé concernées. L'agence régionale de santé ou les agences régionales de santé consultent, au préalable, la conférence régionale de la santé et de l'autonomie ou les conférences régionales de la santé et de l'autonomie concernées. Les objectifs pluriannuels d'admission en première année du deuxième cycle sont définis au regard d'objectifs nationaux pluriannuels relatifs au nombre de professionnels à former établis par l'État pour répondre aux besoins du système de santé, réduire les inégalités territoriales d'accès aux soins et permettre l'insertion professionnelle des étudiants.

L'admission en deuxième ou en troisième année du premier cycle des formations de médecine, de pharmacie, d'odontologie et de maïeutique est subordonnée à la validation d'un parcours de formation antérieur dans l'enseignement supérieur et à la réussite à des épreuves, qui sont déterminées par décret en Conseil d'État.

Des candidats, justifiant notamment de certains grades, titres ou diplômes, ainsi que des étudiants engagés dans les formations de médecine, de pharmacie, d'odontologie

ou de maïeutique et souhaitant se réorienter dans une filière différente de leur filière d'origine, peuvent être admis en deuxième ou en troisième année du premier cycle des formations de médecine, de pharmacie, d'odontologie et de maïeutique, selon des modalités déterminées par décret en Conseil d'État.

Ces modalités d'admission garantissent la diversité des parcours des étudiants.

Tout étudiant ayant validé le premier cycle des formations de médecine, de pharmacie, d'odontologie et de maïeutique est admis en deuxième cycle de ces mêmes formations dans la même université. Un décret en Conseil d'État détermine les conditions dans lesquelles des candidats ayant validé le premier cycle de ces mêmes formations dans une autre université ou des candidats justifiant de certains grades, titres ou diplômes étrangers de ces mêmes formations peuvent également être admis en deuxième cycle.

II. — Un décret en Conseil d'État détermine :

1° La nature des parcours de formation ainsi que les grades, titres et diplômes permettant d'accéder en deuxième ou, selon les cas, en troisième année du premier cycle des formations de médecine, de pharmacie, d'odontologie ou de maïeutique ;

2° Les conditions et modalités d'admission ou de réorientation en deuxième ou troisième année du premier cycle des formations de médecine, de pharmacie, d'odontologie ou de maïeutique ;

3° Les modalités de définition des objectifs nationaux pluriannuels mentionnés au I ;

4° Les modalités de définition d'objectifs de diversification des voies d'accès à la deuxième ou la troisième année du premier cycle des formations de médecine, de pharmacie, d'odontologie ou de maïeutique ;

5° Les modalités d'évaluation des étudiants et les conditions de délivrance des diplômes ;

6° Les modalités de fixation du nombre d'élèves des écoles du service de santé des armées pouvant être accueillis en deuxième et troisième année de premier cycle des formations de médecine, de pharmacie et d'odontologie et leur répartition par université ;

7° Les modalités de fixation des objectifs d'admission en première année du deuxième cycle des formations de médecine, de pharmacie et d'odontologie des élèves des écoles du service de santé des armées et leur répartition par université ainsi que les conditions dans lesquelles ces nombres sont pris en compte par les universités et les agences régionales de santé pour la détermination des objectifs d'admission en première année du deuxième cycle des formations de médecine, de pharmacie et d'odontologie ;

8° Les conditions et modalités d'accès dans les formations de médecine, de pharmacie, d'odontologie et de maïeutique pour les titulaires d'un diplôme d'un État membre de l'Union européenne, d'un État partie à l'accord sur l'Espace économique européen, de la Confédération suisse ou de la Principauté d'Andorre ;

9° Les conditions et modalités d'accès dans les formations de médecine, de pharmacie, d'odontologie et de maïeutique pour les titulaires d'un diplôme des pays autres que ceux cités au 8° du présent II ;

10° Les conditions dans lesquelles les titulaires d'un diplôme sanctionnant des études de santé validé à l'étranger permettant d'exercer dans le pays de délivrance peuvent postuler aux diplômes français correspondants.

L'État peut, à titre expérimental et pour une durée de 6 ans à compter de la rentrée universitaire 2020, autoriser l'organisation des formations relevant du titre III du livre VI C. éduc. selon des modalités permettant de renforcer les échanges entre les formations, la mise en place d'enseignements en commun et l'accès à la formation par la recherche. Les conditions de mise en œuvre du 1er al. de l'art. 39 de la L. no 2013-660 du 22 juill. sont définies par voie réglementaire. Elles précisent notamment les conditions d'évaluation des expérimentations en vue d'une éventuelle généralisation. Au cours de la 6e année de l'expérimentation, les ministres chargés de l'enseignement supérieur et de la santé présentent au Parlement un rapport d'évaluation des expérimentations menées au titre dudit art. 39 (L. no 2019-774 du 24 juill. 2019, art. 1er).

I. NUMERUS CLAUSUS

1. Champ d'application. Il résulte de la L. du 26 janv. 1984 que le *numerus clausus* institué pour le premier cycle des études médicales ne concerne que les étudiants français ou ressortissants d'un État membre de la Communauté européenne ou de la principauté d'Andorre. Lorsque des étudiants ressortissants d'autres États sont classés à un rang qui les fait entrer dans le contingent fixé en application de ces dispositions, ce nombre des admis doit être augmenté d'autant et la liste des admis doit être complétée dans l'ordre du classement. Cette opération peut conduire à admettre de nouveaux étrangers ressortissants d'États tiers sous réserve que le nombre des admis soit augmenté en conséquence dans la limite d'une augmentation maximale fixée par l'Arr. du 11 janv. 1995 à 8 % du contingent initialement prévu. • CAA Paris, ass. plén., 17 déc. 1996, n° 96PA02389 B.

2. Pouvoirs du recteur. Le recteur, chancelier des universités, a le pouvoir de répartir, entre les différents centres d'examen rattachés à une unité de formation, les places offertes dans cette unité. Les modalités de répartition des places entre les différents centres d'examen ne doivent pas entraîner un dépassement du contingent annuel de places attribué à l'unité de formation éventuellement majoré pour tenir compte du classement en rang utile d'étudiants étrangers. • CAA Paris, 25 nov. 1997, n°s 96PA02990 96PA03018 B.

3. Transferts. Ces dispositions n'ont ni pour objet ni pour effet de limiter à des échanges nombre pour nombre les possibilités de transfert d'une université à une autre des étudiants en médecine, admis à poursuivre leurs études au-delà de la première année du premier cycle. Ainsi, même en l'absence de possibilité de permutation, les présidents des universités concernées conservent un pouvoir d'appréciation sur les demandes de transfert qui leur sont soumises. Le refus de transfert d'un étudiant au seul motif qu'aucune possibilité de permutation n'existe entre deux universités est donc entaché d'une erreur de droit. • CE 15 mars 1996, n° 140035 • CE 10 févr. 1995, n° 82679.

4. Fraude à l'inscription. La sanction d'exclusion d'un an de l'université prise à l'encontre d'une étudiante, à raison de la fraude commise à l'occasion de l'inscription, entraînait pour celle-ci la nullité du concours d'admission en seconde année du premier cycle des études médicales. • CAA Douai, 12 oct. 2000, n° 00DA00793. ♦ Le doyen de la faculté de médecine a exclu définitivement des études médicales une étudiante qui avait été inscrite pendant trois ans en première année du premier cycle sans réussir l'examen. Cette dernière s'était ensuite inscrite grâce à une déclaration frauduleuse, en première année du premier cycle d'une autre faculté de médecine et a réussi l'examen l'année suivante. Après avoir fait l'objet d'une exclusion pour une durée d'un an de cette dernière université en raison de cette déclaration frauduleuse, l'étudiante a présenté au doyen de la faculté de médecine une demande d'inscription qui lui a été refusée. Le juge rappelle que la décision d'exclusion définitive des études médicales du doyen de la première faculté de médecine n'a été ni rapportée ni annulée et que son illégalité n'a pas été déclarée par une décision juridictionnelle. Il juge qu'il incombait dès lors à l'ensemble des autorités administratives de tirer toutes les conséquences de cette décision aussi longtemps qu'il n'y avait pas été mis fin. Par suite, alors même que l'étudiante avait réussi l'examen de première année du premier cycle d'études médicales, le doyen de la seconde faculté, dès lors qu'il a eu connaissance de la décision d'exclusion définitive, était tenu d'en tirer toutes les conséquences et de refuser d'inscrire l'intéressée dans un cycle d'études médicales. Le doyen était ainsi en situation de compétence liée. • CAA Nancy, 6 avr. 2006, n° 04NC00515 : *AJDA 2006. 1459*.

5. Quotas pour les étudiants français en Belgique. La CJUE a précisé que les art. 18 et 21 du TFUE s'opposent à une réglementation nationale qui limite le nombre d'étudiants non considérés comme résidant en Belgique pouvant s'inscrire pour la première fois dans les cursus médicaux et paramédicaux d'établissements d'enseignement supérieur à moins que la juridiction ne constate que ladite réglementation s'avère justifiée au regard de l'objectif de protection de la santé publique. En l'espèce, la demande a été présentée dans le cadre d'un litige opposant des étudiants au gouvernement de la Communauté française, aux fins d'apprécier la constitutionnalité du décret de la Communauté française du 16 juin 2006 régulant le nombre d'étudiants dans certains cursus de premier cycle de l'enseignement supérieur en imposant un quota de 30 % de l'ensemble des inscrits et une sélection par tirage au sort. • CJUE 13 avr. 2010, *Nicolas Bressol et Céline Chaverot et a. c/ Gouvernement de la Cté française*, n° C-73/08 : *AJDA 2010. 763* ; *ibid. 2010. 939, chron. Aubert, Broussy, Donnat*.

II. DÉROGATIONS

6. Pouvoirs du président de l'université. Aux termes de l'Arr. du 18 mars 1992, relatif à l'organisation du premier cycle et de la première année du deuxième cycle des études médicales : « Nul ne peut être autorisé à prendre plus de deux inscriptions annuelles en première année du premier cycle sauf dérogation accordée par le président de l'université sur proposition du directeur de l'unité de formation et de recherche médicale responsable. Ces dérogations ne peuvent excéder chaque année 8 % du nombre d'étudiants fixé réglementairement pour l'établissement en vue de l'admission en deuxième année des études médicales et odontologiques ». Le président de l'université dispose ainsi, sous le contrôle du juge, du pouvoir d'apprécier s'il y a lieu d'accorder des dérogations, notamment pour des motifs tirés de la situation personnelle des étudiants concernés, sans être tenu par l'ordre de leur classement au concours d'admission en deuxième année des études médicales et odontologiques. • CE 30 déc. 1996, n° 164474.

♦ • CAA Lyon, 23 janv. 2007, n° 06LY00709 : *LIJ 2007, n° 116, p. 9.*

7. *Contrôle du juge.* Le juge exerce, en matière de refus d'inscription dérogatoire, un contrôle restreint. • CE 30 déc. 1996, n° 164474. ♦ La circonstance que deux étudiants moins bien classés au concours aient bénéficié, en raison de leurs difficultés particulières de santé, de la dérogation refusée à la requérante, n'est pas constitutive d'une atteinte au principe d'égalité de traitement des usagers du service public. • Même arrêt. ♦ • CAA Lyon, 23 janv. 2007, n° 06LY00709 : *préc. note 6.*

8. *Conséquences.* L'étudiant qui obtient une dérogation pour s'inscrire une nouvelle fois en première année de premier cycle des études médicales doit renoncer à s'inscrire en 2e année du cycle. Cette renonciation ne prend effet qu'à la date à laquelle il est effectivement inscrit. L'étudiant bénéficie donc jusqu'à cette date de la possibilité de renoncer à la dérogation qu'il a obtenue. Dès la décision d'octroi de la dérogation sollicitée par une étudiante ne pouvait valoir inscription en première année et ne la privait pas de la possibilité de renoncer au bénéfice de cette dérogation et de demander son admission en odontologie ainsi que son rang de classement le lui permettait. • CE 17 juin 2009, n° 307522 B : *AJDA 2009. 1678.*

III. EXPÉRIMENTATIONS

9. *Concours différents pour les « primants », pour les « doublants » et pour les « alter PACES ». Contraire au principe d'égalité (non).* Le juge a relevé que le législateur a expressément entendu instituer trois concours distincts, dans chaque filière d'études de santé, pour ces trois catégories de candidats. Il en déduit qu'en prévoyant, dans chaque filière, des listes d'admission distinctes pour ces trois catégories de candidats, les dispositions réglementaires attaquées se bornent à tirer les conséquences nécessaires de ces dispositions législatives. Au demeurant, il estime que cette différence de traitement est justifiée par la suppression de la faculté de redoubler qui résulte de l'expérimentation et par le souci du législateur d'assortir cette suppression de mesures transitoires destinées à préserver et à concilier les droit d'accès en deuxième année d'études de santé de ces trois catégories de candidats, au sein de chaque université qui recourt à cette expérimentation. Le principe d'égalité entre l'ensemble des candidats soumis à un même concours, qui figure au nombre des principes généraux du droit, ne s'applique qu'entre les candidats au même concours. Il ne saurait donc être utilement invoqué pour contester des différences de traitement entre des candidats soumis à des concours différents. Par suite, le juge estime que ce principe est inopérant pour contester la différence de traitement instituée entre les candidats qui se sont présentés aux épreuves d'admission en deuxième année dans l'une des quatre filières des études de santé après une « première année commune adaptée », qui sont seuls à avoir été soumis à des épreuves orales, et tous les autres candidats. Il est en revanche opérant à l'encontre de la différence de traitement qui a été instituée, parmi les candidats issus de première année adaptée et soumis au même concours d'admission en deuxième année, entre ceux qui ont été immédiatement admis au terme du premier groupe d'épreuves, écrites, et ceux qui ont été soumis au second groupe d'épreuves, orales. En l'espèce, la requérante de l'université Paris-V avait été classée avant-dernière au regard des places offertes et, faisant partie des 40 % du *numerus clausus*, soumise au deuxième groupe d'épreuves, auquel 87 candidats étaient autorisés à se présenter. Ayant été finalement classée au-delà du nombre de places à attribuer, elle avait été ajournée et donc sans la possibilité de redoubler, ce qu'elle contestait devant le juge administratif. Ce dernier a rejeté son recours. • TA Paris, 8 juill. 2020, n° 1919445/1-3 : *AJDA 2020. 2450, note Legrand ; LIJ 2021, n° 214, p. 6.*

10. *Différence de traitement instituée entre les candidats soumis à l'expérimentation de la première année adaptée et les autres candidats.* Sur ce point, le tribunal a jugé que la différence de traitement est en rapport avec l'objet de l'expérimentation prévue au 1° *bis* de l'art. 39 de la L. du 22 juill. 2013 qui est d'expérimenter des modalités particulières d'admission dans les études de santé sous la forme « d'une première année commune aux études de santé adaptée ». Dans ces conditions, le moyen tiré de l'inégalité de traitement entre les candidats issus de la première année adaptée et les autres candidats, laquelle est la conséquence nécessaire de la mise en œuvre de l'expérimentation de cette première année adaptée, ne peut qu'être écarté. • TA Paris, 8 juill. 2020, n° 1919445/1-3 : *préc. note 10.* ♦ Sur la différence de traitement instituée entre les candidats également issus de la première année adaptée, le juge rappelle que le principe du concours exige que les candidats soient mis en compétition dans des conditions qui assurent l'égalité de traitement et que le jury opère une sélection des candidats sur leur valeur et leurs mérites respectifs, ce qui implique, en principe, que les épreuves permettent une juste appréciation des mérites comparés des candidats, que les résultats de ces épreuves soient appréciés par un jury unique et que ce dernier établisse une liste de classement de l'ensemble des candidats, dressée suivant le nombre total des points obtenus par chacun d'eux, le cas échéant après péréquation. Il ajoute que toutefois, ni le principe du concours ainsi défini, ni le principe d'égalité des candidats à un même concours qui en est le corollaire ne s'opposent à ce que l'autorité investie du pouvoir réglementaire prévoie que les candidats ayant obtenu des notes supérieures à un seuil à l'issue d'un premier ensemble d'épreuves puissent être immédiatement admis suivant l'ordre du classement, dans la limite d'une proportion déterminée des places offertes, et que les places restantes ne soient attribuées qu'au terme d'un second groupe d'épreuves, auxquelles sont seuls soumis les candidats ayant obtenu des notes inférieures au seuil d'admission ou un rang de classement insuffisant pour être admis dès l'issue des premières épreuves, mais néanmoins suffisant pour être admissibles. La différence de traitement ainsi instituée s'applique à deux catégories de candidats qui, au regard du nombre de points ou du rang de classement obtenu au terme du premier ensemble d'épreuves, communes à tous les candidats, se trouvent dans des situations différentes. En outre, cette différence de traitement est en rapport direct avec l'objet du concours qui consiste à classer et à sélectionner des candidats, non seulement selon leurs mérites relatifs, appréciés par une comparaison des prestations des candidats les unes par rapport aux autres, mais aussi selon leurs mérites intrinsèques, appréciés en eux-mêmes et au regard du niveau qui est absolument requis pour l'admission. Une telle différence de traitement peut aussi, le cas échéant, être justifiée par des motifs d'intérêt général en rapport avec l'objet du concours, et notamment par la volonté de diversifier les critères de sélection des candidats. • TA Paris, 8 juill. 2020, n° 1919445/1-3 : *préc. note 10.*

IV. SITUATION ISSUE DE LA RÉFORME DE 2019

11. Parcours de formation antérieurs dans l'enseignement supérieur. Détermination du nombre des places réservées. Suspension de l'Arr. du 25 janv. 2021. Les requérants, étudiants en parcours « accès santé » spécifique, demandent au juge des référés du Conseil d'État de suspendre l'exécution de l'Arr. du 25 janv. 2021 fixant le nombre d'étudiants de première année commune aux études de santé (PACES) autorisés à poursuivre leurs études en médecine, odontologie, pharmacie et maïeutique en deuxième année de premier cycle à la rentrée universitaire 2021-2022. Le juge constate que l'arrêté contesté s'applique aux étudiants inscrits en PACES en 2020-2021, et non aux requérants, actuellement en parcours « accès santé » spécifique (PASS). Toutefois, il résulte de l'instruction que le nombre des places réservées en application de l'arrêté contesté aux étudiants actuellement en PACES s'impute, de fait, pour la rentrée universitaire 2021-2022, sur le nombre des places disponibles en deuxième année de premier cycle en médecine, maïeutique, odontologie et pharmacie. Dans ces conditions, l'arrêté contesté a pour effet de laisser un nombre de places résiduel aux étudiants actuellement en PASS souhaitant poursuivre leurs études en médecine, odontologie, pharmacie et maïeutique et affecte donc de façon directe et certaine les intérêts des requérants. Le juge des référés estime ensuite que le moyen tiré de ce que les ministres ont entaché l'arrêté contesté d'erreur manifeste d'appréciation en se fondant uniquement sur des taux de réussite constatés par le passé pour fixer le nombre des étudiants en PACES autorisés à poursuivre leurs études en médecine, odontologie, pharmacie et maïeutique lors de l'année universitaire 2021-2022, sans prendre en considération les places disponibles en deuxième année de premier cycle dans chacune de ces filières pour l'année universitaire 2021-2022 ni, par suite, le sort des étudiants ayant suivi en 2020-2021 le nouveau parcours PASS ou une année de licence avec une option « accès santé », est, en l'état de l'instruction, de nature à faire naître un doute sérieux quant à la légalité de cet arrêté. • CE, ord., 28 avr. 2021, n° 451563.

V. DIPLÔME D'ÉTUDES SPÉCIALISÉES

12. Libre choix de la spécialité. L'arrêté interministériel du 17 août 2000 modifiant l'Arr. du 4 mai 1988 relatif aux diplômes d'études spécialisées de médecine prévoyant la possibilité pour les internes nommés à compter du 1er nov. 2000 de suivre le programme des enseignements ainsi que les obligations de formation pratique relatifs au diplôme d'études spécialisées de gynécologie-obstétrique et gynécologie médicale ne méconnaît pas la liberté dont les internes doivent disposer dans le choix de leur spécialité dans la mesure où, tant le choix de la discipline que celui du diplôme d'études spécialisées se font en fonction du rang de classement de chaque interne au concours de la zone géographique pour laquelle il a concouru et du nombre de postes d'internes ouverts dans chaque discipline. • CE 23 oct. 2002, n° 231169 : *AJDA 2003. 103.*

VI. ÉQUIVALENCE ENTRE LES GRADES ET DIPLÔMES

13. Diplômes délivrés en Algérie. Validité en France. Absence. Il appartient au juge administratif, lorsque est soulevé devant lui un moyen tiré de ce qu'une décision administrative a, à tort, sur le fondement de la réserve énoncée à l'art. 55 Const. 1958, soit écarté l'application de stipulations d'un traité international, soit fait application de ces stipulations, de vérifier si la condition de réciprocité est ou non remplie. A cette fin, il lui revient, dans l'exercice des pouvoirs d'instruction qui sont les siens – après avoir recueilli les observations du ministre des Affaires étrangères et, le cas échéant, celles de l'État en cause – de soumettre ces observations au débat contradictoire, afin d'apprécier si des éléments de droit et de fait suffisamment probants au vu de l'ensemble des résultats de l'instruction sont de nature à établir que la condition tenant à l'application du traité par l'autre partie est, ou non, remplie. La condition de réciprocité posée par l'art. 55 Const. 1958 est regardée comme remplie pour l'application de l'art. 5 de la déclaration gouvernementale du 19 mars 1962, qui prévoit la validité de plein droit des grades et diplômes d'enseignement de médecine délivrés en France et en Algérie – le fait qu'à compter de la fin des années 1960, les conditions de programme, de scolarité et d'examen conduisant à la délivrance du diplôme de docteur en médecine auraient cessé d'être identiques en France et en Algérie ne permettant pas de conclure à ce que l'Algérie n'applique pas les stipulations de cette déclaration. L'art. 5 est par suite applicable au litige. Cependant, en l'espèce, il résulte de l'instruction que les conditions de programme, de scolarité et d'examen dans lesquelles l'intéressée a obtenu son diplôme de docteur en médecine, délivré en 1997 par l'Institut national d'enseignement supérieur en sciences médicales d'Oran, n'étaient pas identiques à celles qui étaient requises, à la date de la décision attaquée, pour l'obtention du même diplôme en France. Le refus d'inscription au tableau de l'ordre est ainsi légal. • CE, ass., 9 juill. 2010, n° 317747 A : *AJDA 2010. 1396 ; LIJ 2010, n° 148, p. 10.*

VII. AUTRES QUESTIONS

14. Laïcité. Port de signes ou tenues manifestant ostensiblement l'appartenance à une religion. En cours. En stage. V. notes ss. art. L. 811-1.

Art. L. 631-2 *Abrogé par L. n° 2019-774 du 24 juill. 2019, art. 1er.*

Art. L. 631-3 *Abrogé par L. n° 2009-879 du 21 juill. 2009, art. 43.*

CHAPITRE II LES ÉTUDES MÉDICALES

Art. L. 632-1 Les études médicales théoriques et pratiques sont organisées par les unités de formation et de recherche de médecine. *(L. n° 2019-774 du 24 juill. 2019, art. 3)* « Elles permettent aux étudiants d'acquérir les compétences nécessaires à l'exercice des activités de soins et de prévention dans différents territoires et selon différents modes d'exercice. Elles permettent la participation effective des étudiants à l'activité hospitalière. Elles favorisent la participation des patients dans les formations pratiques et théoriques.

« Au cours des deuxième et troisième cycles, elles offrent aux étudiants la possibilité de participer à des programmes d'échanges internationaux.

« Le déploiement tout au long des études de médecine d'une offre de stage dans les zones caractérisées par une offre de soins insuffisante ou des difficultés dans l'accès aux soins, définies en application de l'article L. 1434-4 du code de la santé publique, fait l'objet d'une évaluation tous les trois ans par les ministres chargés de la santé et de l'enseignement supérieur. Cette évaluation est transmise au Parlement. »

Sous réserve des dispositions de l'article L. 632-2 *(L. n° 2019-774 du 24 juill. 2019, art. 3)* « du présent code », le régime des études médicales et postuniversitaires ainsi que l'organisation de la recherche sont fixés par *(L. n° 2019-774 du 24 juill. 2019, art. 1er)* « décret ».

BIBL. ▶ BERLAND, Les formations médicales et paramédicales, *in* L'Université française : une nouvelle autonomie, un nouveau management, *Presses universitaires de Grenoble (PUG), coll. Libres cours, 2012. 442.* – CLAVREUL et JACQUE, L'échec en première année de médecine n'est pas jugulé, *Le Monde, 25 févr. 2011. 11.* – DELAPORTE, Inscriptions et parcours des étudiants en formations longues de santé, *MESRI-SIES, note d'information, n° 18-08, nov. 2018.* – MARSALA, ALLAL et ROUSSEL, Les formations paramédicales : bilan et poursuites du processus d'intégration dans le processus L.M.D., *Rapp. IGAENR-IGAS, n° 2013-081, juill. 2013.* – MILLARD, Sur un argument d'analogie entre l'activité universitaire des juristes et des médecins, *Droits et libertés en question, Billets d'humeur en l'honneur de Danièle Lochak, LGDJ, coll. Droit et société, 2007.*

1. Régime applicable. En vertu de la loi d'orientation de l'enseignement supérieur du 12 nov. 1968, la compétence du ministre de l'éducation nationale et du ministre des affaires sociales s'est substituée à celle du Décr., prévue par l'art. 3 de l'Ord. du 30 déc. 1958 relative à la création des CHU, en matière de fixation du régime des études médicales. La même loi donne entier pouvoir au ministre de l'éducation nationale pour définir les conditions d'obtention des diplômes nationaux. • CE, sect., 13 févr. 1970, *Dame Vigan, Sieur Krasnick, Synd. nat. de l'enseignement supérieur,* nos 79162, 79247 et 79298 : *Lebon 110.*

2. Conditions d'inscription des réfugiés et apatrides. Les dispositions de la Circ. du 12 nov.

2010 autorisent les candidats ayant accompli l'intégralité de leur cursus d'études en langue française à produire une attestation délivrée nominativement par leur établissement d'origine, afin de leur permettre de justifier de leur connaissance de la langue française et d'être dispensés de passer le test de connaissance de la langue française, équivalent au niveau B2, ou d'obtenir le diplôme d'étude en langue française au minimum de niveau B2. En raison même de leur statut, les réfugiés et apatrides sont susceptibles de se voir refuser, par les autorités universitaires de leur pays d'origine, la production de cette attestation. Ainsi, l'application de la règle générale posée par la circulaire implique que les réfugiés et apatrides sont susceptibles de se voir appliquer un traitement moins favorable que celui effectivement appliqué aux autres étrangers. Par suite, ces dispositions méconnaissent les stipulations de la convention de Genève. Dès lors, il y a lieu d'enjoindre aux ministres compétents, s'ils entendent maintenir cette dérogation, de prendre une réglementation permettant aux réfugiés et apatrides, ainsi qu'aux personnes bénéficiant de la protection subsidiaire, d'apporter par tous moyens la preuve qu'ils ont accompli l'intégralité de leur cursus d'études en langue française. • CE 26 oct. 2011, *Assoc. d'accueil aux médecins et personnels de santé réfugiés en France,* n° 339816 : *Lebon T. 965 ; AJDA 2011. 2095 ; D. 2012. 390, obs. Boskovic, Corneloup, Jault-Seseke, Joubert et Parrot.*

3. Dérogation pour s'inscrire une nouvelle fois en première année. Il résulte des termes mêmes de l'arrêté précité, sans que l'existence d'un nombre maximum d'étudiants à poursuivre leurs études de médecine prévu par l'art. L. 631-1 C. éduc. y fasse obstacle, que l'étudiant qui a obtenu une dérogation doit renoncer à s'inscrire en deuxième année du cycle auquel il pouvait prétendre. Cette renonciation ne prenant effet qu'à la date à laquelle il est effectivement inscrit, il bénéficie jusqu'à cette date de la possibilité de renoncer à la dérogation qu'il a obtenue. • CE 17 juin 2009, *Univ. Paul-Sabatier Toulouse III,* n° 307522 : *Lebon T. 777 ; AJDA 2009. 1678.*

4. Refus d'inscription. Illégalité. Illégalité d'un refus d'inscription en 1re année de PCEM 1 pour un niveau estimé insuffisant. • TA Montreuil, 15 avr. 2010, *Mlle B. c/ Univ. de Paris XIII-Nord,* n° 0908849 • TA Montreuil, 15 avr. 2010, *Mlle C. c/ Univ. de Paris XIII-Nord,* n° 0908849 : *LIJ 2010, n° 147, p. 6.*

5. Admission en deuxième cycle. Les dispositions de l'art. 5 de l'Arr. du 26 mars 1993 fixant les conditions d'accès au deuxième cycle n'impliquent nullement que le jury soit tenu d'auditionner un nombre de candidats égal au double du nombre de places fixé dans chaque discipline. La circonstance qu'un jury ait retenu 85 candidats pour 70 places mises au concours est sans incidence sur la légalité de ses délibérations. • CE 22 nov. 2006, *M. Chapin,* n° 286747. ♦ Un requérant demandait l'annulation de la délibération par laquelle le jury a sélectionné les candidats admissibles en vue de l'entretien oral pour l'accès direct en première année du deuxième cycle des études médicales sans avoir à effectuer le premier cycle préalable, et écarté sa propre candidature. Le juge estime que la circonstance que celui-ci avait déposé un dossier contenant les pièces et diplômes exigés était seulement de nature à assurer la recevabilité de sa candidature et ne faisait pas obligation au jury de la retenir. Il précise ensuite qu'il ne résulte d'aucun principe ou disposition à caractère constitutionnel, législatif ou réglementaire que les jurys des concours aient à motiver leurs décisions ou à faire connaître aux candidats les critères dont ils font usage pour procéder à leur appréciation et qu'ainsi le moyen tiré du défaut de motivation de la délibération attaquée doit être écarté. Il rappelle enfin qu'il n'appartient pas au juge de l'excès de pouvoir de contrôler l'appréciation portée par le jury sur les mérites des candidatures. • CE 5 mai 2010, *M. M.,* n° 330264 : *LIJ 2010, n° 147, p. 8.*

6. Numérus clausus. Compatibilité avec le droit européen. Il résulte des stipulations combinées des art. 165 et 166 TFUE que les États membres demeurent compétents pour l'organisation de leurs systèmes éducatifs et de la formation professionnelle, sous réserve de respecter le droit de l'Union, et qu'ils ont, dans cette mesure, la faculté d'opter soit pour un système d'enseignement fondé sur un accès libre, soit pour un système fondé sur un accès régulé qui sélectionne les étudiants. L'objectif poursuivi par la directive 2005/36/CE est d'assurer une coordination des conditions minimales de la formation médicale de base permettant de garantir que les intéressés ont acquis un certain nombre de compétences et de connaissances nécessaires à l'exercice de la profession de médecin. L'instauration d'un système de régulation par concours est de nature à réaliser cet objectif dès lors qu'il est fondé sur le mérite des étudiants et qu'il est justifié par un but d'intérêt général tiré de la protection de la santé publique, sans établir aucune distinction en fonction de leur nationalité et alors que la législation nationale ne fait pas obstacle à ce que les ressortissants français poursuivent leur scolarité dans un autre État membre. Par suite, le requérant n'est pas fondé à soutenir que l'instauration d'un *numerus clausus* pour l'accès à la deuxième année du premier cycle des études médicales méconnaît l'art. 21 du traité et les objectifs fixés par la directive. • TA Lyon, 20 oct. 2011, *M. C.,* n° 0904978 : *AJDA 2012. 176.*

7. Numérus clausus. Enjeux. Situation. Perspectives de réformes. V. * Rép. min. n° 12435 : *JO Sénat Q 2 déc. 2015, p. 11999.*

8. Possibilité d'accéder au 3e cycle en France. Violation du droit de l'UE. Illégalité du Décr. La disposition réglementaire (Décr.

n° 2011-954 du 10 août 2011, art. 1er-I-2° et 3) interdisant aux étudiants en médecine n'ayant pas réussi à valider en deux ans la première année commune aux études de santé de poursuivre leurs études médicales en France et de se présenter aux épreuves donnant accès au troisième cycle a pour effet de priver les étudiants se trouvant dans cette situation et ayant poursuivi leurs études au-delà de la première année dans un État membre de l'Union européenne (UE) ou de l'Espace économique européen, dans la Confédération suisse ou la Principauté d'Andorre, d'accéder au troisième cycle d'études médicales en France, bien qu'ils soient titulaires d'un diplôme dont l'équivalence avec le titre français est reconnue en application des dispositions de la Dir. 2005/36/CE du Parlement européen et du Conseil du 7 sept. 2005 relative à la reconnaissance des qualifications professionnelles. Ce faisant, elle introduit une différence de traitement entre les étudiants qui ont accompli la totalité de leur formation dans l'un des États mentionnés ci-dessus, sans, le cas échéant, de condition limitative en ce qui concerne les possibilités de redoublement, et ceux qui, ayant commencé leur formation en France et ayant épuisé les possibilités d'être admis en deuxième année, ont poursuivi leur formation et l'ont achevée dans l'un de ces États. Cette différence de traitement n'est pas fondée sur la différence de situation existant entre ces étudiants au regard du niveau de diplôme exigé pour se présenter au troisième cycle d'études médicales. L'objectif qu'elle poursuit, consistant à éviter le contournement du numerus clausus fixé en France à l'issue de la première année d'études médicales, ne revêt pas le caractère d'un motif d'intérêt général lié à la politique de santé publique suffisant pour justifier légalement la différence de situation. Dès lors, le principe d'égalité est méconnu. L'espèce concernait des étudiants en médecine qui avaient épuisé les possibilités d'intégrer la deuxième année des études de médecine en France et qui poursuivaient leur cursus en Roumanie. • CE 23 janv. 2013, *Naudet-Baulieu*, nos 353300 et 353350 : *AJDA 2013. 203*.

9. Internat. Refus d'inscription. Illégalité. Le Conseil d'État a jugé que les étudiants français n'ayant pas réussi à valider la première année commune aux études de santé en France et ayant poursuivi leurs études au sein d'un pays membre de l'Union européenne sont en droit de s'inscrire à l'internat de médecine en France. Le juge a estimé que la modification visant à interdire aux étudiants ayant échoué à valider en deux ans la première année commune aux études de santé en France et ayant poursuivi leur cursus à l'étranger de se présenter aux épreuves donnant accès à l'internat français avait introduit une différence de traitement entre les étudiants qui ont accompli la totalité de leur formation dans un État membre de l'Union européenne sans, le cas échéant, condition limitative en ce qui concerne les possibilités de redoublement et ceux qui, ayant commencé leur formation en France et ayant épuisé les possibilités d'être admis en deuxième année, ont poursuivi leur formation et l'ont achevée dans l'un de ces États. Cette différence de traitement n'est pas fondée sur la différence de situation existant entre ces étudiants au regard du niveau de diplôme exigé pour se présenter au troisième cycle d'études médicales mais sur les conditions de déroulement du premier cycle de ces études. De plus, il ne ressort pas des pièces du dossier que le motif énoncé permettrait de caractériser un intérêt général lié à la politique de santé publique suffisant pour justifier légalement la distinction établie par la disposition litigieuse. • CE 23 janv. 2013, *M. Naudet-Baulieu et a.*, n° 353300 : *préc. note 8.*

Art. L. 632-1-1 *Abrogé par L. n° 2009-879 du 21 juill. 2009, art. 43-II.*

Art. L. 632-2 *(L. n° 2009-879 du 21 juill. 2009, art. 43)* **Le troisième cycle des études médicales est ouvert à tous les étudiants ayant validé le deuxième cycle des études médicales** *(L. n° 2016-41 du 26 janv. 2016, art. 117)* **« et, dans des conditions fixées par décret, aux médecins en exercice ».**

Un arrêté du ministre chargé de l'enseignement supérieur et du ministre chargé de la santé détermine pour une période de cinq ans le nombre d'internes à former par spécialité, en particulier celle de médecine générale, et par subdivision territoriale, compte tenu de la situation de la démographie médicale dans les différentes spécialités concernées et de son évolution au regard des besoins de prise en charge spécialisée.

Un arrêté du ministre chargé de l'enseignement supérieur et du ministre chargé de la santé détermine les modalités en fonction desquelles tout étudiant qui présente le concours d'entrée en deuxième année d'études de médecine est informé de l'objectif de la collectivité nationale de rééquilibrage de la densité médicale sur le territoire et des mesures permettant d'y concourir.

Un arrêté du ministre chargé de l'enseignement supérieur et du ministre chargé de la santé détermine le nombre de postes d'interne offerts chaque année par discipline ou spécialité et par centre hospitalier universitaire. Le choix effectué par chaque étudiant est subordonné au rang de classement aux épreuves classantes nationales.

Les élèves médecins des écoles du service de santé des armées exercent leur choix au sein d'une liste établie, en fonction des besoins des armées, par arrêté du ministre de la défense et des ministres chargés de l'enseignement supérieur et de la santé. Un décret en Conseil d'État fixe les conditions dans lesquelles les postes d'interne sont attribués à ces élèves.

Des décrets en Conseil d'État déterminent les subdivisions territoriales mentionnées au deuxième alinéa, les modalités des épreuves d'accès au troisième cycle, de choix d'une spécialité par les internes, d'établissement de la liste des services formateurs, d'organisation du troisième cycle des études médicales, de changement d'orientation ainsi que la durée des formations nécessaires durant ce cycle, et ultérieurement, pour obtenir selon les spécialités une qualification.

Pour les étudiants accédant à la 1re année du 2e cycle des études de médecine à compter de la rentrée universitaire 2020, les dispositions du C. éduc. en vigueur antérieurement à L. n° 2019-774 du 24 juill. 2019 s'appliquent en ce qui concerne l'accès au 3e cycle des études de médecine par les épreuves classantes nationales. Les modalités de validation du 2e cycle des études de médecine ainsi que le programme des épreuves classantes nationales sont fixés par arrêté des ministres chargés de la santé et de l'enseignement supérieur (L. n° 2020-734 du 17 juin 2020, art. 24).

Nouvel art. L. 632-2 *(L. n° 2019-774 du 24 juill. 2019, art. 2, applicable aux étudiants accédant à la 1re année du 2e cycle des études de médecine à compter de la rentrée universitaire 2021, L. n° 2020-734 du 17 juin 2020, art. 24)* ***I. — Peuvent accéder au troisième cycle des études de médecine :***

1° Les étudiants ayant validé le deuxième cycle des études de médecine en France ou les étudiants ayant validé une formation médicale de base au sens de l'article 24 de la directive 2005/36/CE du Parlement européen et du Conseil du 7 septembre 2005 relative à la reconnaissance des qualifications professionnelles dans un État membre de l'Union européenne, un État partie à l'accord sur l'Espace économique européen, la Confédération suisse ou la Principauté d'Andorre. L'admission est alors subordonnée à l'obtention d'une note minimale à des épreuves nationales permettant d'établir que l'étudiant a acquis les connaissances et compétences suffisantes au regard des exigences de la formation de troisième cycle ;

2° Les médecins en exercice.

II. — Les étudiants de médecine générale réalisent au cours de la dernière année du troisième cycle de médecine au minimum un stage d'un semestre en pratique ambulatoire. Ce stage est réalisé, dans des lieux agréés, en priorité dans les zones mentionnées au 1° de l'article L. 1434-4 du code de la santé publique. Il est effectué sous un régime d'autonomie supervisée.

Cette pratique ambulatoire peut être étendue par décret à d'autres spécialités à exercice majoritairement ambulatoire.

III. — Un décret en Conseil d'État détermine :

1° Les modalités nationales d'organisation des épreuves de connaissances et de compétences mentionnées au 1° du I ;

2° Les conditions et modalités d'accès au troisième cycle des études de médecine pour les étudiants et professionnels mentionnés au même I ;

3° Les modalités d'organisation du troisième cycle des études de médecine et de réalisation de stages auprès de praticiens agréés-maîtres de stages des universités ;

4° Les modalités de répartition des postes ouverts aux étudiants accédant au troisième cycle des études de médecine par spécialité et par subdivision territoriale, compte tenu des capacités de formation et des besoins prévisionnels du système de santé en compétences médicales spécialisées ;

5° Les modalités d'affectation sur ces postes, par spécialité et centre hospitalier universitaire. L'affectation par subdivision territoriale et par spécialité des étudiants ayant satisfait aux exigences des épreuves mentionnées au 1° dudit I s'effectue selon des modalités prenant en compte les résultats aux épreuves mentionnées au même 1° ainsi que le parcours de formation, le projet professionnel des étudiants et, le cas échéant, leur situation de handicap ;

6° Les modalités de changement d'orientation ;

7° Les modalités d'établissement de la liste des postes mentionnés au 4° du présent III permettant une adéquation optimale entre le nombre de ces postes et le nombre de postes effectivement pourvus ;

8° Les modalités de mise en œuvre de l'autonomie supervisée en pratique ambulatoire et les conditions de la supervision.

Les dispositions prévues au 1er al. du II du nouvel art. L. 632-2 sont applicables aux étudiants en dernière année du 3e cycle à compter du 1er nov. 2021 (L. n° 2019-774 du 24 juill. 2019, art. 2).

Les modalités d'affectation en 3e cycle des étudiants accédant à la 1re année du 2e cycle des études de médecine de la rentrée universitaire 2021 à la rentrée universitaire 2023 sont précisées par décret (L. no 2019-774 du 24 juill. 2019, art. 2, mod. par L. no 2020-734 du 17 juin 2020, art. 24).

Les étudiants qui ne répondent pas aux conditions du nouvel art. L. 632-2 sans avoir épuisé, à l'issue de l'année universitaire 2022-2023, leurs possibilités de se présenter aux épreuves classantes nationales prévues par les dispositions antérieures à la L. no 2019-774 du 24 juill. 2019, peuvent accéder au 3e cycle des études médicales dans des conditions prévues par décret en Conseil d'État (L. préc., art. 2, mod. par L. no 2020-734 du 17 juin 2020, art. 24).

1. Accès au 3e cycle en France. Épreuves classantes nationales (ECN). Disposition réglementaire (2° du I de l'art. 1er et art. 3 du Décr. no 2011-954 du 10 août 2011) interdisant aux étudiants en médecine n'ayant pas réussi à valider en deux ans la première année commune aux études de santé de poursuivre leurs études médicales en France et de se présenter aux épreuves donnant accès au troisième cycle : cette disposition a pour effet de priver les étudiants se trouvant dans cette situation et ayant poursuivi leurs études au-delà de la première année dans un État membre de l'Union européenne ou de l'Espace économique européen, dans la Confédération suisse ou la Principauté d'Andorre, d'accéder au troisième cycle d'études médicales en France, bien qu'ils soient titulaires d'un diplôme dont l'équivalence avec le titre français est reconnue en application des dispositions de la directive 2005/36/CE du Parlement européen et du Conseil du 7 sept. 2005 relative à la reconnaissance des qualifications professionnelles. Ce faisant, elle introduit une différence de traitement entre les étudiants qui ont accompli la totalité de leur formation dans l'un des États mentionnés ci-dessus, sans, le cas échéant, de condition limitative en ce qui concerne les possibilités de redoublement, et ceux qui, ayant commencé leur formation en France et ayant épuisé les possibilités d'être admis en deuxième année, ont poursuivi leur formation et l'ont achevée dans l'un de ces États. Cette différence de traitement n'est pas fondée sur la différence de situation existant entre ces étudiants au regard du niveau de diplôme exigé pour se présenter au troisième cycle d'études médicales. L'objectif qu'elle poursuit, consistant à éviter le contournement du *numerus clausus* fixé en France à l'issue de la première année d'études médicales, ne revêt pas le caractère d'un motif d'intérêt général lié à la politique de santé publique suffisant pour justifier légalement la différence de situation. Dès lors, le principe d'égalité est méconnu. • CE 23 janv. 2013, ♣ nos 353300 et 353350 : *LIJ 2013, no 176, p. 7.*

2. Accès au système informatisé distribué d'évaluation en santé (SIDES). ECN. Étudiants français en médecine scolarisés dans une université étrangère. Dans une affaire où le rejet d'une demande d'accès, pour des étudiants français scolarisés dans une université de médecine d'un autre État membre de l'Union européenne, à la plateforme numérique SIDES était contesté, le juge rappelle que les dispositions des art. R. 632-4 et R. 632-5 relatives aux ECN sont applicables aux seules universités françaises, que seule l'organisation des épreuves classantes nationales relève de la compétence du ministre, la préparation des étudiants en médecine aux ECN relevant quant à elle des universités puisqu'elle s'inscrit dans le cadre des enseignements médicaux théoriques et pratiques dispensés par les UFR de médecine. Le juge estime que malgré l'existence d'une coopération étroite entre l'État et les universités et entre les différentes UFR de médecine des universités françaises pour l'alimentation de cette plateforme en contenus pédagogiques destinés à cette préparation, ni la ministre de l'enseignement supérieur, ni la ministre de la santé ne sont les gestionnaires de fait de cette plateforme, gérée par un groupement d'intérêt public auquel l'État n'est pas partie et dont l'existence n'est prévue par aucune disposition législative ou réglementaire. Il en déduit que les ministres étaient en situation de compétence liée pour rejeter cette demande. Et par suite, le moyen tiré de ce que le refus de permettre aux étudiants français d'une université roumaine d'accéder à la plateforme SIDES serait contraire au principe d'égalité entre les candidats à un même concours est inopérant. • CAA Paris, 19 nov. 2018, ♣ no 16PA03910 : *LIJ 2019, no 206, p. 10.*

3. Diplôme de spécialisation en médecine. Formation sous un statut autre qu'interne. Alors que le juge de 1ère instance avait décidé que le stage d'un étudiant en médecine réalisé en position de disponibilité, et non sous le statut d'interne, ne faisait pas obstacle à ce qu'il puisse être validé au titre de la formation nécessaire à l'inscription à la préparation d'un diplôme d'études spécialisées complémentaires de médecine (• TA Châlons-en-Champagne, 27 sept. 2017, no 1700705), le juge d'appel annule le jugement du TA considérant que l'intéressé, qui n'était pas alors en position d'activité et n'avait pas la qualité d'interne, avait accompli ce stage en qualité de simple observateur, ainsi qu'il résulte notamment des termes de l'attestation établie par le chef de service d'accueil. Il ne pouvait, dès lors, être regardé comme ayant, au cours de la période considérée, « participé à la continuité des soins et exercé, par délégation et sous la responsabilité du praticien dont il relevait, des fonctions de prévention, de diagnostic et de soins ». La cour juge donc que c'était à bon droit que le directeur de l'UFR de médecine de l'université de Reims Champagne-Ardenne avait refusé la demande de validation du stage. • CAA Nancy, 10 déc. 2019, ♣ nos 17NC02818 et 19NC02207 : *LIJ 2020, no 201, p. 4.*

Art. L. 632-3 *(L. nº 2019-774 du 24 juill. 2019, art. 2, applicable aux étudiants accédant à la 1re année du 2e cycle des études de médecine à compter de la rentrée universitaire 2021, mod. par L. nº 2020-734 du 17 juin 2020, art. 24)* **Les postes ouverts aux élèves médecins des écoles du service de santé des armées par subdivision territoriale et par spécialité sont inscrits sur une liste établie, en fonction des besoins des armées, par arrêté du ministre de la défense et des ministres chargés de l'enseignement supérieur et de la santé. Un décret en Conseil d'État fixe les conditions dans lesquelles ces postes sont répartis entre ces élèves.**

Art. L. 632-4 **Le diplôme d'État de docteur en médecine est conféré après soutenance avec succès d'une thèse de doctorat.**

Après la validation du troisième cycle, un document est délivré au titulaire du diplôme, mentionnant *(L. nº 2016-41 du 26 janv. 2016, art. 117)* **« la spécialité dans laquelle il est qualifié ».**

Le titre d'ancien interne ou d'ancien résident en médecine générale ne peut pas être utilisé par les médecins qui n'obtiennent pas mention de la qualification correspondante.

(L. nº 2016-1888 du 28 déc. 2016, art. 93) **« Un décret en Conseil d'État détermine les conditions et les modalités selon lesquelles les personnes ayant validé en France la formation pratique et théorique du résidanat de médecine et n'ayant pas soutenu, dans les délais prévus par la réglementation, la thèse mentionnée au premier alinéa, peuvent être autorisées à prendre une inscription universitaire en vue de soutenir leur thèse, après avis d'une commission placée auprès des ministres chargés de l'enseignement supérieur et de la santé. Ce décret précise que l'autorisation est conditionnée à l'engagement d'exercer en zone sous-dotée. »**

Sur la représentation des internes en médecine au sein de la commission de la recherche, V. Bibl. ss. art. L. 612-7.

Art. L. 632-5 **Au cours du troisième cycle des études médicales, les internes reçoivent une formation théorique et pratique à temps plein sous le contrôle des universités.**

(L. nº 2002-73 du 17 janv. 2002, art. 60) **« Quelle que soit la discipline d'internat, les internes » sont soumis aux mêmes dispositions statutaires et perçoivent la même rémunération. Ils exercent des fonctions rémunérées hospitalières ou extra-hospitalières, soit dans les centres hospitaliers universitaires, soit dans des établissements hospitaliers, y compris militaires ou privés, liés à ces centres par convention, soit dans des organismes agréés extra-hospitaliers ou des laboratoires agréés de recherche, soit sous forme de stage auprès de praticiens** *(L. nº 2009-879 du 21 juill. 2009, art. 43)* **« , de centres de santé ou de structures de soins alternatives à l'hospitalisation » agréés.**

BIBL. ▶ Billon, Blemont, Eliot, Veyret, Aubin, Daniel et Schaetzel, Le post-internat. Constat et propositions, *Rapp. IGAS-IGAENR, juin 2010.*

Stage en établissement privé. Les étudiants en médecine effectuant dans un établissement privé le stage pratique prévu sont placés, pendant la durée de ce stage et pour son accomplissement, sous l'autorité de l'établissement qui, en échange du travail qu'ils fournissent, supporte la charge de leur rémunération. Ainsi, bien que les stagiaires ne soient pas recrutés par l'établissement et qu'ils conservent, pendant la durée de leur stage, la qualité d'usagers du service public de l'enseignement, ils se trouvent à l'égard des établissements privés autorisés à les recevoir dans la situation de salariés de droit privé à l'égard de leur employeur. • T. confl., 23 févr. 1981, *Centre médical de recherches et de traitement diététiques de Forcelles c/ MM. Gasc, Noirot et a.*, nos 02171 et 02172 : *Lebon 502*.

Art. L. 632-6 *(L. nº 2009-879 du 21 juill. 2009, art. 46)* **Chaque année, un arrêté du ministre chargé de la santé et du ministre chargé de la sécurité sociale détermine le nombre d'étudiants** *(L. nº 2019-774 du 24 juill. 2019, art. 8)* **« de deuxième et troisième cycles des études de médecine ou d'odontologie et, de façon distincte, de praticiens à diplôme étranger hors Union européenne autorisés à poursuivre un parcours de consolidation des compétences en médecine ou en odontologie soit dans le cadre du IV de l'article 83 de la loi nº 2006-1640 du 21 décembre 2006 de financement de la sécurité sociale pour 2007, soit au titre de l'article L. 4111-2 du code de la santé publique » qui peuvent signer avec le** *(Ord. nº 2010-177 du 23 févr. 2010, art. 11)* **« Centre national de gestion mentionné à l'article 116 de la loi nº 86-33 du 9 janvier**

1986 portant dispositions statutaires relatives à la fonction publique hospitalière » un contrat d'engagement de service public.

(L. n° 2019-774 du 24 juill. 2019, art. 8) « Les candidatures à la signature d'un contrat d'engagement de service public sont classées dans la limite du nombre fixé au premier alinéa du présent article, selon des modalités fixées par voie réglementaire. »

Ce contrat ouvre droit, en sus des rémunérations auxquelles les *(L. n° 2019-774 du 24 juill. 2019, art. 8)* « signataires » peuvent prétendre du fait de leur formation, à une allocation mensuelle versée par le centre national de gestion jusqu'à la fin de leurs études médicales *(L. n° 2019-774 du 24 juill. 2019, art. 8)* « ou odontologiques ou de leur parcours de consolidation des compétences ». En contrepartie de cette allocation, les *(L. n° 2019-774 du 24 juill. 2019, art. 8)* « signataires » s'engagent à exercer leurs fonctions à titre libéral ou salarié, à compter de la fin de leur formation, dans les lieux d'exercice mentionnés au *(L. n° 2019-774 du 24 juill. 2019, art. 8)* « cinquième » alinéa *(L. n° 2012-1404 du 17 déc. 2012, art. 47)* « et dans des conditions définies par voie réglementaire ». La durée de leur engagement est égale à celle pendant laquelle l'allocation leur a été versée et ne peut être inférieure à deux ans. Pendant la durée de cet engagement, qui n'équivaut pas à une première installation à titre libéral, ceux qui exercent leurs fonctions à titre libéral pratiquent les tarifs fixés par la convention mentionnée aux articles L. 162-5 et L. 162-14-1 du code de la sécurité sociale.

A l'issue des épreuves mentionnées à l'article L. 632-2 du présent code, les étudiants ayant signé un contrat d'engagement de service public choisissent un poste d'interne sur une liste établie chaque année par arrêté du ministre chargé de la santé et du ministre chargé de l'enseignement supérieur.

(L. n° 2012-1404 du 17 déc. 2012, art. 47) « Les *(L. n° 2019-774 du 24 juill. 2019, art. 8)* « signataires d' » un contrat d'engagement de service public choisissent leur futur lieu d'exercice sur une liste nationale de lieux d'exercice. » *(L. n° 2016-41 du 26 janv. 2016, art. 158)* « Ces lieux d'exercice sont situés dans une zone caractérisée par une offre de soins insuffisante ou des difficultés dans l'accès aux soins, définie en application de l'article L. 1434-4 du code de la santé publique. » Cette liste est établie par le Centre national de gestion sur proposition des agences régionales de santé. Elles arrêtent les lieux d'exercice conformément aux conditions définies par voie réglementaire. »

(L. n° 2019-774 du 24 juill. 2019, art. 8) « Afin de ne pas remettre en cause la réalisation des projets professionnels des signataires, précisés et consolidés au cours de leur formation, ou de leur parcours de consolidation des compétences, le Centre national de gestion peut maintenir sur la liste des lieux d'exercice des lieux qui remplissaient les conditions relatives à l'offre et à l'accès aux soins fixées au cinquième alinéa du présent article, dans les trois ans précédant la publication de la liste. »

Les *(L. n° 2019-774 du 24 juill. 2019, art. 8)* « signataires d' » un contrat d'engagement de service public avec le centre national de gestion peuvent se dégager de leur obligation d'exercice prévue au *(L. n° 2019-774 du 24 juill. 2019, art. 8)* « troisième » alinéa du présent article, moyennant le paiement d'une indemnité *(L. n° 2019-774 du 24 juill. 2019, art. 8)* « ainsi que d'une pénalité dont les modalités sont fixées par voie réglementaire ».

Un décret en Conseil d'État détermine les conditions d'application du présent article.

Sur le contrat d'engagement de service public, V. art. R. 631-24 s.

Nouvel art. L. 632-6 *(L. n° 2009-879 du 21 juill. 2009, art. 46) Chaque année, un arrêté du ministre chargé de la santé et du ministre chargé de la sécurité sociale détermine le nombre d'étudiants (L. n° 2019-774 du 24 juill. 2019, art. 8) « de deuxième et troisième cycles des études de médecine ou d'odontologie et, de façon distincte, de praticiens à diplôme étranger hors Union européenne autorisés à poursuivre un parcours de consolidation des compétences en médecine ou en odontologie soit dans le cadre du IV de l'article 83 de la loi n° 2006-1640 du 21 décembre 2006 de financement de la sécurité sociale pour 2007, soit au titre de l'article L. 4111-2 du code de la santé publique » qui peuvent signer avec le (Ord. n° 2010-177 du 23 févr. 2010, art. 11) « Centre national de gestion mentionné à l'article 116 de la loi n° 86-33 du 9 janvier 1986 portant dispositions statutaires relatives à la fonction publique hospitalière » un contrat d'engagement de service public.*

(L. nº 2019-774 du 24 juill. 2019, art. 8) « Les candidatures à la signature d'un contrat d'engagement de service public sont classées dans la limite du nombre fixé au premier alinéa du présent article, selon des modalités fixées par voie réglementaire. »

Ce contrat ouvre droit, en sus des rémunérations auxquelles les (L. nº 2019-774 du 24 juill. 2019, art. 8) « signataires » peuvent prétendre du fait de leur formation, à une allocation mensuelle versée par le centre national de gestion jusqu'à la fin de leurs études médicales (L. nº 2019-774 du 24 juill. 2019, art. 8) « ou odontologiques ou de leur parcours de consolidation des compétences ». En contrepartie de cette allocation, les (L. nº 2019-774 du 24 juill. 2019, art. 8) « signataires » s'engagent à exercer leurs fonctions à titre libéral ou salarié, à compter de la fin de leur formation, dans les lieux d'exercice mentionnés au (L. nº 2019-774 du 24 juill. 2019, art. 8) « cinquième » alinéa (L. nº 2012-1404 du 17 déc. 2012, art. 47) « et dans des conditions définies par voie réglementaire ». La durée de leur engagement est égale à celle pendant laquelle l'allocation leur a été versée et ne peut être inférieure à deux ans. Pendant la durée de cet engagement, qui n'équivaut pas à une première installation à titre libéral, ceux qui exercent leurs fonctions à titre libéral pratiquent les tarifs fixés par la convention mentionnée aux articles L. 162-5 et L. 162-14-1 du code de la sécurité sociale.

Les étudiants ayant signé un contrat d'engagement de service public (L. nº 2019-774 du 24 juill. 2019, art. 8) « et réunissant les conditions pour accéder au troisième cycle » choisissent (L. nº 2019-774 du 24 juill. 2019, art. 8) « , au regard des critères mentionnés au 5º du III du même article L. 632-2 du présent code, un poste » sur une liste établie chaque année par arrêté du ministre chargé de la santé et du ministre chargé de l'enseignement supérieur.

(L. nº 2012-1404 du 17 déc. 2012, art. 47) « Les (L. nº 2019-774 du 24 juill. 2019, art. 8) « signataires d' » un contrat d'engagement de service public choisissent leur futur lieu d'exercice sur une liste nationale de lieux d'exercice. » (L. nº 2016-41 du 26 janv. 2016, art. 158) « Ces lieux d'exercice sont situés dans une zone caractérisée par une offre de soins insuffisante ou des difficultés dans l'accès aux soins, définie en application de l'article L. 1434-4 du code de la santé publique. » Cette liste est établie par le Centre national de gestion sur proposition des agences régionales de santé. Elles arrêtent les lieux d'exercice conformément aux conditions définies par voie réglementaire. »

(L. nº 2019-774 du 24 juill. 2019, art. 8) « Afin de ne pas remettre en cause la réalisation des projets professionnels des signataires, précisés et consolidés au cours de leur formation, ou de leur parcours de consolidation des compétences, le Centre national de gestion peut maintenir sur la liste des lieux d'exercice des lieux qui remplissaient les conditions relatives à l'offre et à l'accès aux soins fixées au cinquième alinéa du présent article, dans les trois ans précédant la publication de la liste. »

Les (L. nº 2019-774 du 24 juill. 2019, art. 8) « signataires d' » un contrat d'engagement de service public avec le centre national de gestion peuvent se dégager de leur obligation d'exercice prévue au (L. nº 2019-774 du 24 juill. 2019, art. 8) « troisième » alinéa du présent article, moyennant le paiement d'une indemnité (L. nº 2019-774 du 24 juill. 2019, art. 8) « ainsi que d'une pénalité dont les modalités sont fixées par voie réglementaire ».

Un décret en Conseil d'État détermine les conditions d'application du présent article.

Le nouvel art. L. 632-6 est applicable aux étudiants accédant à la première année du 2e cycle des études de médecine ou d'odontologie à compter de la rentrée universitaire 2020 et, pour les praticiens à diplôme étranger hors Union européenne autorisés à poursuivre un parcours de consolidation des compétences en médecine ou en odontologie soit dans le cadre du IV de l'art. 83 de la L. nº 2006-1640 du 21 déc. 2006 de financement de la sécurité sociale pour 2007, soit au titre de l'art. L. 4111-2 CSP, à compter du 1er janv. 2020 (L. nº 2019-774 du 24 juill. 2019, art. 8).

Sur le contrat d'engagement de service public, V. art. R. 631-24 s.

Art. L. 632-7 *(L. nº 2012-409 du 27 mars 2012, art. 9)* **Chaque année, un arrêté conjoint du ministre de la justice et des ministres chargés de la santé et du budget détermine le nombre d'internes qui, ayant choisi pour spécialité la psychiatrie, peuvent signer avec le Centre national de gestion mentionné à l'article 116 de la loi nº 86-33 du 9 janvier 1986 précitée** *[portant dispositions statutaires relatives à la fonction publique hospitalière, V.* ***C. fonct. publ.****]* **un contrat d'engagement relatif à la prise en charge psychiatrique des personnes placées sous main de justice.**

Ce contrat ouvre droit, en sus des rémunérations auxquelles les internes peuvent prétendre du fait de leur formation, à une allocation mensuelle versée par le Centre national de gestion jusqu'à la fin de leurs études médicales.

En contrepartie de cette allocation, les internes s'engagent à suivre, pendant ou à l'issue de leurs études médicales, une formation en sciences criminelles, en psychiatrie

légale ou criminelle, en psychologie légale ou criminelle, relative à l'expertise judiciaire ou à la prévention de la récidive. Ils s'engagent également à exercer en qualité de psychiatre à titre salarié ou à titre libéral et salarié, à compter de la fin de leur formation, dans un ressort choisi en application du quatrième alinéa du présent article, ainsi qu'à demander leur inscription sur la liste d'experts près la cour d'appel et sur la liste de médecins coordonnateurs prévue à l'article L. 3711-1 du code de la santé publique permettant leur désignation dans ce ressort. La durée de leur engagement est égale au double de celle pendant laquelle l'allocation leur a été versée, sans pouvoir être inférieure à deux ans.

Au cours de la dernière année de leurs études, les internes ayant signé un contrat d'engagement relatif à la prise en charge psychiatrique des personnes placées sous main de justice choisissent le ressort dans lequel ils s'engagent à exercer sur une liste de ressorts caractérisés par un nombre insuffisant de psychiatres experts judiciaires ou de médecins coordonnateurs. Cette liste est établie par arrêté conjoint du ministre de la justice et du ministre chargé de la santé.

Les médecins ou les internes ayant signé un contrat d'engagement relatif à la prise en charge psychiatrique des personnes placées sous main de justice peuvent se dégager de leurs obligations prévues au troisième alinéa moyennant le paiement d'une indemnité dont le montant ne peut excéder les sommes perçues au titre de ce contrat. Les modalités de calcul et de paiement de cette indemnité sont fixées par un arrêté conjoint du ministre de la justice et des ministres chargés de la santé et du budget. Le recouvrement en est assuré par le Centre national de gestion.

Les conditions d'application du présent article sont fixées par décret en Conseil d'État. Celui-ci précise notamment les modalités selon lesquelles les médecins peuvent, pendant la durée de leur engagement, être autorisés à changer de ressort d'exercice et à être inscrits sur les listes d'experts près la cour d'appel ou de médecins coordonnateurs établies pour les ressorts d'autres juridictions, ainsi que les conditions dans lesquelles l'absence de validation de la formation faisant l'objet du contrat et le refus d'accepter des désignations en qualité d'expert près la cour d'appel ou de médecin coordonnateur peuvent être considérés comme une rupture de l'engagement mentionné au troisième alinéa. La liste des formations mentionnées au même troisième alinéa pour lesquelles le contrat d'engagement peut être signé est déterminée par un arrêté conjoint du ministre de la justice et des ministres chargés de l'enseignement supérieur et de la santé.

L'art. L. 632-7 a le caractère réglementaire (Cons. const. 18 juill. 2014, n° 2014-249 L : JO 20 juill., p. 12118).

Art. L. 632-8 *Abrogé par L. n° 2002-73 du 17 janv. 2002, art. 60.*

Art. L. 632-9 à L. 632-11 *Abrogés par L. n° 2009-879 du 21 juill. 2009, art. 43.*

Art. L. 632-12 *(L. n° 2002-73 du 17 janv. 2002, art. 60)* Des décrets en Conseil d'État déterminent :

2° Les modalités selon lesquelles les médecins ressortissants des États membres de la Communauté européenne, de la principauté d'Andorre ou des États parties à l'accord sur l'Espace économique européen peuvent accéder à une formation de troisième cycle des études médicales différente de leur formation initiale ; les compétences acquises sont prises en compte pour la durée et le déroulement de ces formations ;

3° Les règles d'accès aux formations de troisième cycle pour les médecins autres que les ressortissants des États membres de la Communauté européenne, de la principauté d'Andorre ou des États parties à l'accord sur l'Espace économique européen ;

4° Les conditions dans lesquelles les personnes autorisées à exercer la médecine en France peuvent obtenir la qualification de spécialiste *[V. ci-dessous Décr. n° 2004-252 du 19 mars 2004]* ;

(L. n° 2009-879 du 21 juill. 2009, art. 43) « 5° Les conditions dans lesquelles l'expérience acquise au cours de l'exercice professionnel peut être validée, en tout ou partie, en vue de l'obtention d'un diplôme de formation médicale spécialisé, dans une limite compatible avec les besoins de soins de la population et après une durée minimum d'exercice de la spécialité correspondant à la formation initiale *[V. art. R. 632-75 s.]*. »

Décret n° 2004-252 du 19 mars 2004,

Relatif aux conditions dans lesquelles les docteurs en médecine peuvent obtenir une qualification de spécialiste.

Art. 1er Les personnes mentionnées au 4° de l'article L. 632-12 du code de l'éducation peuvent obtenir une qualification de spécialiste différente de la qualification de généraliste ou de spécialiste qui leur a été initialement reconnue.

Art. 2 L'obtention de la qualification de spécialiste, mentionnée à l'article 1er, relève de la compétence de l'ordre national des médecins. Les décisions sont prises par le conseil départemental de l'ordre après avis d'une commission de qualification constituée par spécialité. Ces décisions sont susceptibles d'appel devant le conseil national, qui statue après avis d'une commission de qualification constituée par spécialité auprès de lui.

Art. 3 Pour obtenir cette qualification de spécialiste, le médecin doit justifier d'une formation et d'une expérience qui lui assurent des compétences équivalentes à celles qui sont requises pour l'obtention du diplôme d'études spécialisées ou du diplôme d'études spécialisées complémentaire de la spécialité sollicitée.

Art. 4 La composition des commissions, la procédure d'examen des dossiers et la liste des spécialités sont fixées par un arrêté du ministre portant règlement de qualification, pris après avis du Conseil national de l'ordre des médecins.

Art. L. 632-13 *(Ord. n° 2004-1174 du 4 nov. 2004, art. 8)* **Un décret en Conseil d'État détermine les modalités selon lesquelles il est tenu compte de la formation spécialisée, de l'expérience professionnelle, de la formation complémentaire et de la formation médicale continue dont justifie un ressortissant d'un État membre de la Communauté européenne lorsqu'il souhaite obtenir un diplôme, certificat ou autre titre qui n'est pas délivré dans son État d'origine ou de provenance** *[V. art. R. 631-17]*.

CHAPITRE III LES ÉTUDES PHARMACEUTIQUES

BIBL. GÉN. ▸ La formation des pharmaciens en France, *Rapport du Comité national d'évaluation, MEN, juill. 1998.*

Art. L. 633-1 *(L. n° 2002-73 du 17 janv. 2002, art. 64)* **« Les études pharmaceutiques théoriques et pratiques sont organisées par les unités de formation et de recherche de sciences pharmaceutiques ou, le cas échéant, par les unités de formation et de recherche médicales et pharmaceutiques. Elles doivent permettre aux étudiants de participer effectivement à l'activité hospitalière. »**

Les conventions mentionnées à l'article L. 6142-3 du code de la santé publique, cité à l'article L. 713-5 du présent code, fixent les modalités selon lesquelles les étudiants en pharmacie peuvent effectuer des stages *(L. n° 2002-73 du 17 janv. 2002, art. 64)* **« dans les pharmacies à usage intérieur et » dans les laboratoires de biologie du centre hospitalier universitaire.**

Le directeur de l'unité de formation et de recherche de sciences pharmaceutiques et, dans le cas d'unités de formation et de recherche mixtes, médicales et pharmaceutiques, soit le directeur, soit, lorsque celui-ci n'est pas pharmacien, l'enseignant responsable de la section de pharmacie, sont habilités à proposer les conditions dans lesquelles *(L. n° 2002-73 du 17 janv. 2002, art. 64)* **« les enseignements » sont organisés par les unités de formation et de recherche de médecine et de sciences pharmaceutiques.**

Les conditions d'application du présent article sont déterminées par décret *[V. CSP, art. R. 6153-1 à D. 6153-93. –* ***CSP****.]*.

Art. L. 633-2 **Le troisième cycle des études pharmaceutiques, qui donne accès au diplôme d'État de docteur en pharmacie, comporte des formations propres à la pharmacie et des formations communes à la pharmacie et à la médecine dont les dispositions spécifiques sont prévues par décret.***[V. CSP, art. R. 6153-1 à D. 6153-93. –* ***CSP****.]*

Au cours du troisième cycle qui conduit au doctorat en pharmacie et aux spécialisations, les stages concourant à la formation peuvent être effectués dans des services

hospitaliers ou des laboratoires dirigés par des personnels appartenant ou non aux disciplines pharmaceutiques. Lorsqu'ils effectuent ces stages au titre de la cinquième année d'étude dite « hospitalo-universitaire », les étudiants autres que les internes mentionnés à l'article L. 632-5 portent le titre d'étudiants hospitaliers en pharmacie et perçoivent une rémunération. Leur statut est fixé par décret en Conseil d'État *[V. art. D. 633-1]*.

Sous réserve des dispositions prévues à l'article L. 633-3, seuls les étudiants nommés à l'issue d'un concours en qualité d'interne en pharmacie peuvent accéder aux formations du troisième cycle communes à la pharmacie et à la médecine et à certaines des formations propres à la pharmacie dont la liste est fixée par le ministre chargé de l'enseignement supérieur et le ministre chargé de la santé.

Les internes des formations du troisième cycle des études pharmaceutiques sont soumis aux mêmes dispositions statutaires que les internes et les résidents en médecine. Leur formation théorique et pratique s'effectue à temps plein sous le contrôle des universités. Ils exercent des fonctions hospitalières ou extra-hospitalières rémunérées, soit dans les centres hospitaliers universitaires, soit dans les établissements hospitaliers, y compris militaires ou privés, liés à ces centres par convention, soit dans des organismes agréés extra-hospitaliers, soit dans des laboratoires agréés de recherche.

Art. L. 633-3 Le ministre chargé de l'enseignement supérieur et le ministre chargé de la santé fixent chaque année le nombre de postes d'interne en pharmacie mis au concours, d'une part, dans chaque formation propre à la pharmacie, d'autre part, dans chaque formation commune à la pharmacie et à la médecine.

(Ord. n° 2010-177 du 23 févr. 2010, art. 14) « La liste des services formateurs et la répartition des postes d'interne entre ces structures sont arrêtées par le directeur général de l'agence régionale de santé. »

(Ord. n° 2010-49 du 13 janv. 2010, art. 5) « En ce qui concerne les formations accessibles à la fois aux internes en médecine et aux internes en pharmacie, les postes offerts sont affectés dans *(Ord. n° 2010-177 du 23 févr. 2010, art. 14)* « des structures dirigées » par des médecins ou des pharmaciens. »

Accès aux études en sciences vétérinaires. Ni les dispositions de l'art. 2 du Décr. du 23 janv. 2003, ni aucune autre disposition législative ou réglementaire n'ouvrent par elles-mêmes aux élèves ou anciens élèves des écoles nationales vétérinaires le droit de s'inscrire aux études spécialisées de biologie médicale. Ces dispositions renvoient en revanche à celles de l'art. L. 633-3 C. éduc., qui prévoient l'intervention du ministre chargé de l'Enseignement supérieur et du ministre chargé de la Santé pour fixer chaque année par arrêté le nombre de postes offerts aux internes en médecine, aux internes en pharmacie et aux étudiants en sciences vétérinaires dans chaque formation commune à la pharmacie et à la médecine, comme la biologie médicale, qui constitue une discipline d'internat en vertu de l'art. 15 du Décr. n° 88-321 du 7 avr. 1988 fixant l'organisation du troisième cycle des études médicales. Aucun poste d'internat n'ayant été ouvert par arrêté interministériel aux étudiants en sciences vétérinaires pour la formation en biologie médicale au titre de l'année universitaire 2008-2009, le directeur de l'UFR et doyen de la faculté de médecine était tenu de refuser l'inscription sollicitée par la requérante. • CAA Bordeaux, 1er juin 2010, ⚖ *Univ. Paul-Sabatier Toulouse III*, n° 09BX02419 : *LIJ 2010, n° 148, p. 14.*

Art. L. 633-4 Des décrets en Conseil d'État fixent :

1° Les modalités selon lesquelles les pharmaciens peuvent accéder à l'une des formations du troisième cycle, différente de leur formation initiale ;

2° Les conditions dans lesquelles les étudiants du troisième cycle en pharmacie peuvent changer d'orientation ;

3° Les règles d'accès hors contingent aux formations de troisième cycle pour les pharmaciens étrangers ;

4° Les conditions selon lesquelles des étudiants en pharmacie, autres que ceux relevant de l'article L. 633-2, réalisent des stages de formation dans les hôpitaux. – *[L. n° 68-978 du 12 nov. 1968, art. 61.]*

Art. L. 633-5 *(Ord. n° 2010-177 du 23 févr. 2010, art. 3)* « Les établissements de santé concourent » à l'enseignement universitaire et postuniversitaire pharmaceutique en application de l'article *(Ord. n° 2017-31 du 12 janv. 2017, art. 3)* « L. 6111-1 » du code de la santé publique.

Au cours des études qui conduisent au diplôme d'État de docteur en pharmacie ainsi qu'à certaines spécialités qui s'y rattachent, les étudiants accomplissent des stages dans les laboratoires hospitaliers de biologie ou les pharmacies hospitalières.

Les stages sont organisés par voie de convention entre les universités et les centres hospitaliers régionaux ou les centres hospitaliers et assimilés ; ces conventions peuvent prévoir l'organisation d'un externat.

Les stages sont effectués sous la responsabilité d'enseignants d'une unité de formation et de recherche de pharmacie exerçant conjointement des fonctions de pharmacien *(L. n° 2002-73 du 17 janv. 2002, art. 65)* « des hôpitaux » ou de biologiste des hôpitaux. En outre, ils peuvent être effectués sous la responsabilité de pharmaciens *(L. n° 2002-73 du 17 janv. 2002, art. 65)* « des hôpitaux » ou de pharmaciens biologistes n'exerçant pas de fonctions universitaires.

Un décret en Conseil d'État fixe les conditions d'application du présent article.

Art. L. 633-6 Les activités hospitalières mentionnées aux articles L. 633-5, L. 952-18 à L. 952-20 concernent celles qui sont effectuées dans les centres hospitaliers régionaux et dans les autres centres hospitaliers. – *[L. n° 84-52 du 26 janv. 1984, art. 68, al. 4.]*

CHAPITRE IV LES ÉTUDES ODONTOLOGIQUES

BIBL. GÉN. ► BOIS, MELET et MASSONAUD, Rapport de la mission odontologie, *Rapport au ministre de la santé, de la famille et des personnes handicapées, nov. 2003.* – L'odontologie dans les universités françaises, *Rapport du Comité national d'évaluation, MEN, nov. 1994.*

Art. L. 634-1 *(L. n° 2009-879 du 21 juill. 2009, art. 43)* « Le troisième cycle long des études odontologiques, dénommé internat en odontologie, est accessible par concours national aux étudiants ayant obtenu la validation du deuxième cycle des études odontologiques.

« Les étudiants nommés à l'issue du concours en qualité d'interne en odontologie peuvent accéder à des formations qualifiantes de troisième cycle dont la liste est fixée par les ministres chargés de l'enseignement supérieur et de la santé. Le choix de la formation et du centre hospitalier universitaire de rattachement est subordonné au rang de classement aux épreuves de l'internat.

« Après validation de ce troisième cycle et soutenance d'une thèse, les internes obtiennent en plus du diplôme d'État de docteur en chirurgie dentaire un diplôme mentionnant la qualification obtenue.

« Le titre d'ancien interne ne peut être utilisé que par des personnes justifiant du diplôme d'État de docteur en chirurgie dentaire et du diplôme sanctionnant l'une des formations de troisième cycle prévues au précédent alinéa. »

Des décrets en Conseil d'État déterminent les modalités du concours de l'internat, le statut des internes en odontologie et les conditions dans lesquelles, au cours des études qui conduisent au diplôme d'État de docteur en chirurgie dentaire, les étudiants accomplissent des stages de formation et participent aux fonctions hospitalières dans les structures définies au chapitre 6 du titre IV du livre Ier de la partie VI du code de la santé publique, sous la responsabilité des chefs de ces structures. *(Ord. n° 2004-1174 du 4 nov. 2004, art. 8)* « Ils fixent également les modalités selon lesquelles il est te nu compte de la formation spécialisée, de l'expérience professionnelle, de la formation complémentaire et de la formation continue en art dentaire dont justifie un ressortissant d'un État membre de la Communauté européenne lorsqu'il souhaite obtenir un diplôme, certificat ou autre titre de praticien spécialiste en art dentaire qui n'est pas délivré dans son État d'origine ou de provenance. »

Sur la poursuite des études en vue de l'obtention d'un diplôme de praticien spécialiste en médecine ou en chirurgie dentaire, V. art. R. 631-17 s.

Sur l'organisation des études et la semestrialisation, V. art. L. 612-1.

1. Ministre. Compétence. Annulation de la décision du ministre de l'enseignement supérieur de ne plus habiliter aucune université à délivrer le CECSMO au motif qu'est désormais délivré, dans le cadre de l'internat de médecine, un diplôme d'études spécialisées en stomatologie. Cette décision, qui a pour effet de mettre fin à l'application de l'arrêté conjoint du 4 août 1987 ayant créé le CECSMO pour un motif tiré de l'organisation des études médicales, modifie la réglementation des études médicales au sens de l'art. L. 632-1 C. éduc. Par suite, elle excède les compétences que ce ministre, qui n'aurait au demeurant pas été compétent pour abroger seul cet arrêté, tient de l'art. L. 613-1 C. éduc. • CE 16 juill. 2014, ♔ n° 362564 : *LIJ 2014, n° 185, p. 7.* ♦ En l'espèce, il convient de noter que l'habilitation étant conférée pour une durée limitée, l'absence d'une nouvelle décision d'habilitation fait tomber celle initialement accordée. Il en est ainsi des dernières habilitations accordées pour la période 2008-2012. • CE 16 juill. 2014, ♔ n° 362564 : *préc.*

2. Diplômes d'université. Inscription des mentions sur les imprimés professionnels. Aux termes de l'art. R. 4127-216 CSP : « Les seules indications que le chirurgien-dentiste est autorisé à mentionner sur ses imprimés professionnels, notamment ses feuilles d'ordonnances, notes d'honoraires et cartes professionnelles, sont :... 3° Les titres et fonctions reconnus par le Conseil national de l'ordre ». En application de ces dispositions le Conseil national de l'ordre des chirurgiens-dentistes a, par une décision du 9 déc. 2005, modifié les règles qu'il avait antérieurement fixées dans le guide professionnel publié en juin 1997, lesquelles autorisaient, sous réserve dans chaque cas de son accord et sauf pour les disciplines d'orthopédie dento-faciale et chirurgie buccale, la mention des diplômes d'université sur les imprimés professionnels, et décidé qu'à l'avenir, en raison de la « grande diversité » de ces diplômes et des « confusions possibles avec d'autres titres » il n'était pas « utile de les faire figurer sur les imprimés professionnels ». Il a ainsi refusé, l'autorisation sollicitée par le requérant. En décidant ainsi, de manière générale et absolue, de ne pas autoriser la mention des diplômes d'universités quels que soient leur contenu et les modalités de leur délivrance, le Conseil national ne s'est pas livré à l'appréciation qui lui incombait en n'indiquant pas les diplômes pouvant figurer sur les imprimés professionnels et a méconnu les dispositions précitées • CE 21 sept. 2007, ♔ *M. Mailhac*, n° 291117.

Art. L. 634-2 *Abrogé par L. n° 2019-774 du 24 juill. 2019, art. 8.*

CHAPITRE V LES ÉTUDES DE MAÏEUTIQUE

(Ord. n° 2014-807 du 17 juill. 2014, art. 1er)

Le présent chapitre ne comprend pas de dispositions législatives.

CHAPITRE VI LES AUTRES FORMATIONS DE SANTÉ *(Ord. n° 2014-807 du 17 juill. 2014, art. 1er).*

Art. L. 636-1 **Les études supérieures préparant aux autres professions de santé sont organisées conformément aux dispositions prévues par le code de la santé publique et par le présent code.**

BIBL. ▶ ALLAL et ROUSSEL, Les formations paramédicales : bilan et poursuites du processus d'intégration dans le dispositif L.M.D., *Rapp. IGAENR-IGAS, n° 2013-081, juill. 2013.* – DEBEAUPUIS, ESSID, ALLAL, ELSHOUD et THOMAS, Pour une meilleure intégration des formations paramédicales à l'université : mise en œuvre des mesures 5, 6, et 13 de la Grande Conférence de santé, *Rapp. IGAS-IGAENR, n° 2017-043, juin 2017.*

▶ **Soins infirmiers :** GAUTHIER, DREVET et GUEGUEN, Je réussis mon entrée en IFSI. Valorisez votre dossier Parcoursup et consolidez vos acquis – Nouvelle procédure 2019, *Vuibert, 2019.* – VIOUJAS, La formation des infirmiers : les voies de l'universitarisation, *RDSS 2019. 111* ✎.

I. CONCOURS D'ADMISSION DANS LES ÉCOLES PRÉPARANT AUX DIPLÔMES D'ÉTAT D'ERGOTHÉRAPEUTE, D'INFIRMIER, DE LABORANTIN, DE MANIPULATEUR D'ÉLECTRORADIOLOGIE MÉDICALE, DE MASSEUR-KINÉSITHÉRAPEUTE ET DE PÉDICURE

1. Modalités d'organisation. Aucun principe général du droit n'impose à l'autorité administrative de ne procéder à des recrutements par voie de concours qu'une seule fois par an. • CE 6 mars 1987, ♔ n° 52792.

2. Détermination du nombre de places. Le nombre maximum d'élèves pouvant être admis en première année des études préparatoires au diplôme d'État de masseur-kinésithérapeute étant fixé pour chaque région compte tenu des besoins de la population et de manière à réduire progressivement les inégalités constatées entre les différentes régions dans la satisfaction de ces besoins, l'autorité administrative, en se fondant uniquement, pour fixer ce nombre, sur le nombre de masseurs-kinésithérapeutes en activité, sur la structure par âge de la profession et sur l'évolution des revenus des professionnels de ce secteur, sans rapprocher ces éléments d'indicateurs permettant d'apprécier les besoins, actuels et futurs, de la population française en matière de soins de masso-kinésithérapie, commet une erreur de droit. • CE 15 oct. 1999, ♔ nos 207390,

207482 et 207483 A : *AJDA 2000. 95*.

3. *Quota de places réservées.* En prévoyant l'attribution de points supplémentaires à certains candidats en se fondant sur des critères étrangers aux capacités de ceux-ci, l'autorité administrative a méconnu le principe d'égalité entre les candidats admis à se présenter à un même examen ou à un même concours. • CE 14 mars 1986, n° 52793 B : *AJDA 1986. 378, concl. Lasserre.*

II. ÉCOLES

4. *Statut des écoles privées d'infirmières.* Les écoles privées autorisées à préparer les candidats au diplôme d'État d'infirmier ou d'infirmière assurent une activité d'intérêt général pour laquelle elles ne sont investies d'aucune prérogative de puissance publique. Ni l'autorisation d'ouverture à laquelle sont soumis ces établissements, ni l'agrément de leur directeur n'ont pour effet de les faire participer à l'exécution d'un service public. Compétence judiciaire pour connaître des litiges entre ces écoles et leurs élèves. • T. confl., 5 juill. 1982, *Mlle Nicolet c/ Croix-Rouge française*, n° 02235 B.

5. *IFSI. Statut. Communication de documents. Régime.* Saisie du refus d'une demande de communication de documents à une étudiante d'un institut de formation en soins infirmiers (IFSI), la CADA rappelle que les IFSI, qui sont chargés de délivrer, selon un programme unique fixé par arrêté, les diplômes nationaux d'infirmier conditionnant l'exercice de cette profession, exercent une mission d'intérêt général. Leur création est subordonnée à la délivrance d'une autorisation sur la base d'un dossier comportant un projet pédagogique et des éléments qualitatifs relatifs à l'équipe pédagogique. Leurs conditions d'organisation et de fonctionnement sont par ailleurs régies par un Arr. du 21 avr. 2007, lequel prévoit en outre l'envoi à l'autorité administrative d'un rapport annuel faisant état des résultats obtenus. Les IFSI sont par ailleurs susceptibles de bénéficier de subventions des régions. Dans ces conditions, et bien qu'ils soient dépourvus de prérogatives de puissance publique, la commission considère que les IFSI sont des personnes publiques ou privées chargées d'une mission de service public. Les documents qu'ils produisent ou reçoivent dans le cadre de cette mission revêtent donc un caractère administratif et sont, comme tels, soumis au droit d'accès ouvert par le titre Ier de la L. du 17 juill. 1978. • CADA 27 mars 2014, *École Rockefeller,* avis n° 20140914.

6. *École privée gérant un service public. Sanction disciplinaire. Compétence judiciaire.* S'agissant d'une association de droit privé qui prépare ses élèves à l'exercice de professions de santé dans le cadre des dispositions du code de la santé publique, qui remplit une mission de service public, la cour confirme que dans la mesure où elle ne procède pas de l'exercice d'une prérogative de puissance publique, une sanction d'exclusion définitive d'une formation prononcée par une association de formation des professionnels de santé, personne privée, qui ne fait pas obstacle à ce que l'élève s'inscrive dans un autre établissement, n'a pas le caractère d'un acte administratif susceptible d'être contesté devant la juridiction administrative mais constitue une mesure d'ordre interne à cet établissement privé, dont la contestation relève du seul juge judiciaire. • CAA Versailles, 16 mars 2017, n° 16VE02733 B. ♦ V. aussi • CE 28 juin 1995, n°s 75258, 108281 et 110416.

7. *Pouvoirs du ministre.* Si le ministre de la santé publique est compétent pour définir, en vue de garantir la qualité de la formation dispensée dans ces établissements, les conditions de fonctionnement et d'agrément des écoles préparant au diplôme d'État de masseur-kinésithérapeute et de pédicure-podologue, en l'absence de toute habilitation législative expresse, il n'est pas compétent pour réglementer l'exercice du droit d'association, ou du droit syndical des élèves qui fréquentent ces écoles, ni d'imposer à celles-ci les obligations qui en découlent. • CE 21 mai 1986, n°s 50939 et 50940 A.

III. AUTRES QUESTIONS

8. *Institut de formation paramédicale. Reprise d'études.* Le tribunal administratif a jugé que les dispositions de l'art. 38 de l'Arr. du 21 avr. 1987 relatif aux conditions de fonctionnement des instituts de formation paramédicaux interdisent à un directeur d'institut de formation en soins infirmiers d'accorder à une élève une seconde interruption d'études, même à la demande de l'intéressée. Quand une telle décision est prise, elle est illégale et entraîne l'illégalité de la décision par laquelle le directeur refuse ultérieurement la reprise des études. En effet, accorder une deuxième interruption d'études puis refuser la reprise de ces études revient à exclure l'élève de la formation sans que soient respectées les règles de procédure prévues par ce même texte avant l'intervention d'une décision d'exclusion. • TA Melun, 26 janv. 2016, n° 1405454.

9. *Collège ostéopathique. Établissement privé agréé par l'État. Compétence du juge administratif.* Dans une affaire où était contestée la décision par laquelle le collège ostéopathique du Pays basque avait refusé de délivrer un diplôme de fin d'études d'ostéopathe, le juge souligne en premier lieu que si le collège ostéopathique du Pays basque, établissement privé agréé par l'État, dispensant un enseignement en ostéopathie, participe à l'accomplissement d'une mission du service public de l'enseignement supérieur, il ne dispose à cet effet d'aucune prérogative de puissance publique. Toutefois, la délivrance par ledit collège du diplôme d'ostéopathe est de nature à être déférée au contrôle du juge administratif par la voie du recours pour excès de pouvoir (V. CE 28 juin 1995, n°s 75258, 108281, 110416 B). Il en va d'autant plus ainsi que la délivrance de ce diplôme donne non seulement le droit d'utiliser le titre d'ostéopathe mais qu'en outre, en vertu de l'art. 75 de la loi du 4 mars 2002 ci-dessus visée, elle permet seule d'exercer une activité réglementée dont l'accès est particulièrement contrôlé par l'État pour des motifs de protection de la santé publique. • TA Pau, 7 juin 2018, n° 1602414. ♦ En appel, le juge confirme que le refus de délivrance du diplôme de fin d'études d'ostéopathe par un établissement privé agréé, assurant une mission de service public, peut être déféré au contrôle du juge de l'excès de pouvoir, alors même que cet établissement n'est pas doté de prérogatives de puissance publique. • CAA Bordeaux, 22 oct. 2020, n° 18BX02898 : *AJDA 2021. 429 ; ibid. 850, chron. Roussel ; LIJ 2021, n° 215, p. 11.*

10. Accès aux études de kinésithérapie. Choix des établissements. Défaut d'information. Responsabilité de l'administration. A l'issue de la première année universitaire commune aux études de médecine, la requérante conteste la décision du président de l'université prononçant son admission en première année dans un institut privé avec lequel l'université avait une convention alors que son rang de sortie lui permettait de prétendre à une inscription dans l'un des deux instituts publics de préparation à ce diplôme où par convention l'université avait réservé des places à ses étudiants. L'affectation à un institut est effectuée par le président de l'université après recueil du vœu prioritaire de chaque étudiant en fonction de son rang de classement. Une réunion a été organisée à cet effet par l'université par voie d'annonce sur un intranet. La requérante présentait également des conclusions aux fins d'indemnisation, ayant dû souscrire un prêt pour acquitter les frais de scolarité dans cet institut privé, trente fois plus élevés que ceux des instituts publics. L'université n'ayant pu établir, en l'absence de production du message envoyé à la requérante ou de toute pièce attestant l'envoi de ce message à son adresse électronique, que celle-ci a bien été destinataire d'alertes sur la tenue de la réunion, le tribunal a fait droit partiellement à sa demande, estimant que la responsabilité de l'administration en effet se trouvait atténuée par l'absence de diligence spontanée de l'étudiante qui n'était pas sans ignorer le calendrier resserré des décisions d'affectation. • TA Melun, 20 juin 2019, n°s 1607356, 1703979.

TITRE QUATRIÈME LES FORMATIONS TECHNOLOGIQUES

BIBL. GÉN. ▶ DELAPORTE et MARLAT, Les effectifs en IUT en 2017-2018, *MESRI-SIES, Note Flash du SIES, n° 9, juin 2018.* – DEMICHEL et SINGER, Les IUT : une réussite universitaire ; et maintenant ? Libres propos sur un anniversaire, *Vie universitaire, n° 102, févr. 2007. 26.* – DÉROCHE, LEGUY, ASSOULINE, BAZIZ, GAUBERT-MACON, MÉNAGER et PIOZIN, L'offre de formation dans l'enseignement supérieur pour les bacheliers technologiques, *Rapp. IGESR, n° 2020-14, mars 2021.* – GAUTHERIN, Missions des enseignants exerçant dans l'enseignement supérieur technologique, *Rapport MEN – École nationale supérieure des arts et métiers, juill. 2001.* – MARLAT et PERRAUD-USSEL, Stabilité du nombre d'étudiants en DUT en 2020-2021, *MESRI-SIES, Note Flash n° 11, juin 2021.* – PERRAUD-USSEL, Les effectifs en cycle ingénieur en 2017-2018, *MESRI-SIES, Note Flash du SIES, n° 11, juin 2018.* – ROLLOT, L'OCDE pointe la vitalité des filières courtes d'enseignement supérieur, *Le Monde, 19 sept. 2007. 11.* – RISSET, Art, science, technologie, *Rapport MEN, nov. 1998.* – Les étudiants en sections de technicien supérieur en 2016-2017, *MENESR, Note Flash Enseignement supérieur & Recherche, n° 21, déc. 2016.*

COMMENTAIRE

Le titre IV consacré aux formations technologiques distingue les formations longues (formation des ingénieurs et gestionnaires, art. L. 642-1 s.) des formations courtes qui font uniquement l'objet de dispositions réglementaires (brevet de technicien supérieur, art. D. 643-1 s. ; diplôme national des métiers d'art, art. D. 643-36 s. ; diplôme universitaire de technologie, art. D. 643-59 s.).

Les deux chapitres qui leur sont consacrés sont précédés d'un chapitre rassemblant les dispositions communes consacrées aux *diplômes* sanctionnant ces formations (art. L. 641-1 à L. 641-5) et renvoyant aux articles du livre III (art. L. 641-2 renvoyant à art. L. 335-5, I : les diplômes ou titres à finalité professionnelle sont obtenus par la voie scolaire et universitaire, par l'apprentissage, par la formation professionnelle continue ou, en tout ou en partie, par la VAE qui produit les mêmes effets que les autres modes de contrôle des connaissances et aptitudes ; art. L. 335-5, II, al. 5 ; L. 335-6 : les diplômes et titres à finalité professionnelle délivrés au nom de l'État sont créés par décret et organisés par arrêté des ministres compétents, après avis d'instances consultatives associant les organisations représentatives d'employeurs et de salariés sans préjudice de l'article L. 613-1 sur le monopole de l'État pour la collation des grades et titres universitaires ;

création du registre national des certifications professionnelles [RNCP] classant les diplômes et les titres à finalité professionnelle par domaine d'activité et par niveau, enregistrant de droit ceux qui sont délivrés au nom de l'État).

Les dispositions communes précisent enfin que les écoles techniques autorisées à délivrer le diplôme d'ingénieur, les écoles supérieures de commerce et les écoles techniques privées reconnues du même niveau par décision du ministre chargé de l'enseignement supérieur ne sont pas soumises à une série de dispositions figurant au livre III (art. L. 641-3) ; elles ne délivrent pas de diplômes professionnels sanctionnant une préparation à l'exercice d'une profession (art. L. 315-13) et ne sont pas régies par la réglementation des examens publics (art. L. 335-14), des certificats de scolarité (art. L. 335-15), des titres et des diplômes (art. L. 335-16) applicables aux établissements techniques qui ne relèvent pas de l'enseignement supérieur. Ces dispositions sont remplacées par celles que la loi prévoit pour les formations technologiques longues.

Les formations d'ingénieur

La formation des ingénieurs qui comporte une activité de recherche fondamentale ou appliquée (art. L. 642-1, al. 1er) peut être assurée par les universités (notamment des universités technologiques et leurs écoles intégrées), les grands établissements (rattachés au ministère de l'enseignement supérieur comme le CNAM ou à un autre ministère comme l'École Polytechnique), des écoles et instituts publics extérieurs aux universités (comme les INSA) ou des écoles et instituts privés (art. L. 642-1, art. 5, loi Savary de 1984). La liste des écoles habilitées à délivrer un titre d'ingénieur diplômé est publiée chaque année au *Journal officiel* (art. D. 642-4 ; Arr. du 19 févr. 2016). Sur environ deux cents écoles d'ingénieurs, 75 % relèvent des établissements publics (50% ministère chargé de l'enseignement supérieur, 25 % autres ministères) ; 25 % d'entre elles sont des écoles privées ; ensemble, elles accueillent chaque année plus de cent mille élèves ingénieurs (dont 12.000 apprentis) et délivrent plus de trente-cinq mille diplômes ; les ingénieurs diplômés représentent près des deux tiers des diplômés obtenant le grade de master dans les formations scientifiques et techniques de l'enseignement supérieur français. Depuis plusieurs années, les écoles d'ingénieurs françaises se réorganisent, fusionnent, s'associent, concluent des alliances, pour créer des établissements de plus grande taille (2015, rapprochement de Centrale et de Supélec, 2016 Sigma Clermont-Ferrand regroupant l'IFMA – Institut français de mécanique avancée – et l'ENSCCF – École nationale supérieure de chimie de Clermont-Ferrand). En 2015, le rapport de Bernard Attali sur l'avenir de l'École polytechnique suggère de regrouper plusieurs grandes écoles d'ingénieurs, pour atteindre la masse critique nécessaire à la visibilité internationale. Le rattachement à un réseau national fort porté par une « marque » reconnue est une voie recherchée dans le cadre de la politique de site de la loi ESR de juillet 2013.

Les étudiants peuvent accéder à une formation d'ingénieur par concours après le baccalauréat : la formation dure alors cinq ans ; elle n'est que de trois ans quand l'admission se fait après deux années de classe préparatoire ou sur dossier après une formation technologique courte (BTS ou DUT) ou une licence ; certaines écoles en trois ans admettent sur dossier des étudiants titulaires d'un master 1 en 2e année du cycle d'ingénieur. Une année supplémentaire peut permettre d'obtenir le diplôme d'ingénieur de spécialisation (bac+ 6). Le titre de docteur-ingénieur considéré de niveau équivalent (mais ne dispensant pas des épreuves pour obtenir le diplôme d'État, CE 8 juin 2005, n° 268480) est aujourd'hui remplacé par le doctorat qu'un ingénieur diplômé ayant le grade de master peut être admis à préparer.

Le ***diplôme qui confère le titre d'ingénieur diplômé*** (qui n'est pas un diplôme national notamment parce que les écoles privées ne peuvent pas délivrer le DNM, compétence réservée aux établissements publics, CE 7 juin 2007, n° 389213) peut être obtenu en formation initiale sous statut d'étudiant, par apprentissage ou en formation continue, notamment par la procédure de validation des acquis de l'expérience (VAE) ; le titre constitué par le diplôme d'ingénieur doit mentionner le nom de l'école et faire l'objet d'un dépôt (art. L. 642-10) ; dans le cadre de la promotion sociale, une autre voie est ouverte aux techniciens justifiant de cinq ans de pratique industrielle qui peuvent obtenir un ***diplôme d'ingénieur diplômé par l'État*** (DPE avec mention de la spécialité) après succès à un examen organisé par un établissement habilité mais relevant d'un jury national (art. L. 642-9 ; D. 642-11 ; V. CE 23 juin 2004, n° 256557 ss. art. L. 642-9). Le diplôme d'ingénieur délivré par un établissement (public ou privé) habilité confère de plein droit le grade de master (art. D. 612-34). Il est enregistré de droit au répertoire national des certifications professionnelles (art. R. 335-16).

Le titre d'ingénieur diplômé (mais non celui d'ingénieur) est protégé par la loi qui, depuis 1934, précise qu'il ne peut être fait usage d'un titre d'ingénieur créé par l'État ou reconnu par l'État s'il n'a été déposé (art. L. 641-10, al. 2) ; les infractions peuvent faire l'objet d'une inculpation pour faux et usurpation de titres (art. L. 642-12 ; C. pén., art. 441-1 s. et 433-17). Sur le plan administratif, malgré la protection du titre, il a été jugé qu'un élève de l'école supérieure des travaux publics ne justifie pas d'un intérêt de nature à lui donner qualité pour demander l'annulation du décret portant création et organisation de l'école nationale supérieure des télécommunications et de l'école nationale supérieure des télécommunications de Bretagne (CE, sect., 5 oct. 1979, *Lamar*, n° 08085).

Pour être autorisées à délivrer le titre d'ingénieur diplômé, les écoles doivent faire l'objet d'une habilitation, question qui mettant en cause un des principes fondamentaux de l'enseignement relève du domaine de la loi (Cons. const. 18 mars 1999, n° 99-185 L). Il s'agit d'une autorisation administrative donnée *a priori*, pour une durée maximale de six ans, par arrêté du ministre chargé de l'enseignement supérieur et, le cas échéant, des ministres concernés, après évaluation des formations assortie d'un avis de la commission des titres d'ingénieur (art. D. 642-1). Depuis 2013, la loi a substitué la notion d'accréditation à l'habilitation (art. L. 642-1, al. 2) sans qu'il n'en soit tenu compte dans la partie réglementaire. La décision de l'autorité administrative compétente (le ministre chargé de l'enseignement supérieur et, le cas échéant d'autres ministres) est accordée « après avis de la commission des titres d'ingénieur » (art. L. 642-1, al. 2) ; le règlement dispose que l'arrêté ministériel intervient après évaluation des formations assortie d'un avis de la commission des titres d'ingénieur (art. D. 642-1) alors que la loi précise qu'elle décide (art. L. 642-4). En fait, la compétence de la commission est consultative pour les établissements publics (avis obligatoire depuis 1984, préalable à la décision du ministre compétent) et décisoire lorsqu'elle est saisie pour les écoles privées (habilitation ministérielle sur décision de la CTI).

La ***commission des titres d'ingénieur (CTI)*** a été créée par la loi du 10 juillet 1934 pour évaluer toutes les formations d'ingénieur, développer la qualité des formations, promouvoir le titre et le métier d'ingénieur en France et à l'étranger ; ses membres sont nommés pour quatre ans par le ministre chargé de l'enseignement supérieur ; elle comprend notamment une représentation des différentes catégories d'établissements assurant la formation des ingénieurs et des organisations professionnelles (art. L. 642-3 ; R. 642-5). Elle a d'abord un rôle consultatif (art. L. 642-3, R. 642-9) ; elle formule des avis sur toutes les questions concernant les titres d'ingénieur diplômé ; elle élabore les critères et procédures nécessaires à l'accomplissement de ses missions et notamment à la délivrance du titre d'ingénieur ; elle doit contribuer à l'amélioration continue des formations d'ingénieurs et à leur intégration dans l'espace européen et international.

Elle est chargée de l'évaluation des écoles d'ingénieurs françaises qui doivent être habilitées à délivrer un titre d'ingénieur diplômé ; autrefois habilitées sans limitation de durée (art. D. 642-2), les formations doivent dorénavant être évaluées tous les six ans pour l'obtention du renouvellement de l'habilitation ; l'avis peut être assorti de recommandations ; les principaux critères d'évaluation portent sur la qualité de la formation et de l'insertion professionnelle des diplômés, l'organisation de l'établissement, l'ouverture et les partenariats, le recrutement, la démarche qualité et l'amélioration continue ; l'harmonisation européenne des cursus a amené la CTI à se référer au label européen EUR-ACE (*Accreditation of european engineering programmes and graduates*) qui définit des standards d'accréditation communs des formations d'ingénieurs, facilite la reconnaissance nationale et transnationale des diplômes. La CTI peut, selon la loi, mener toute investigation dans un établissement de formation d'ingénieurs, conformément à la nature de ses missions. La commission dispose aussi de compétences décisoires. S'agissant des écoles techniques privées légalement ouvertes, la CTI doit en effet décider, sur leur demande, si leurs programmes et leur enseignement est suffisant pour délivrer le diplôme d'ingénieur (art. L. 642-4) ; de même doit-elle se prononcer en cas de retrait de l'habilitation (art. L. 642-6). Avant 2015, ses décisions pouvaient être soumises en appel au Conseil supérieur de l'éducation par le ministre, sous le contrôle du Conseil d'État, juge de cassation (CE 8 juill. 1983, *Assoc. gestionnaire de l'école Violet*, n° 31110). Dans un souci de simplification, l'ordonnance n° 2014-691 du 26 juin 2014 a substitué le ministre au CSE. Dorénavant, la commission statue en premier et dernier ressort (art. L. 642-4, al. 2). La loi garantit le respect du contradictoire tant pour l'habilitation (art. L. 642-5 ; rapport d'inspection sur les programmes et l'enseignement de l'école ; communication des rapports aux représentants des écoles qui peuvent être entendus) que pour son retrait (art. L. 642-6 : sur requête du ministre, après avertissement sur rapport d'inspection). Les décisions de la CTI doivent être motivées (art. L. 642-4 ; R. 642-10, al. 3).

En outre, à la demande de Gouvernements étrangers, la CTI peut évaluer des établissements étrangers dont les diplômes et titres d'ingénieurs peuvent alors être « admis par l'État » avec indication du pays d'origine (art. L. 642-7). ❑

CHAPITRE PREMIER DISPOSITIONS COMMUNES

Art. L. 641-1 **Au plus haut niveau de l'enseignement et de la recherche, les disciplines technologiques sont consacrées par des diplômes délivrés dans le cadre du présent livre.** – *[L. n° 71-577 du 16 juill. 1971, art. 9.]*

Art. L. 641-2 *(L. n° 2002-73 du 17 janv. 2002, art. 137)* **Les dispositions** *(L. n° 2014-288 du 5 mars 2014, art. 6)* **« du I et du** *(L. n° 2016-1088 du 8 août 2016, art. 78-I-4°)* **« quatrième » alinéa du II » de l'article L. 335-5 et celles de l'article** *(Ord. n° 2019-861 du 21 août 2019, art. 2)* **« L. 6113-1 du code du travail » sont applicables aux formations technologiques supérieures.**

Art. L. 641-3 **Les écoles techniques autorisées à délivrer le diplôme d'ingénieur, les écoles supérieures de commerce et les écoles techniques privées reconnues de même niveau par décision du ministre chargé de l'enseignement supérieur ne sont pas soumises aux dispositions des articles L. 335-13 à L. 335-16.** – *[L. n° 694 du 4 août 1942, art. 3 (C. ens. techn., art. 152).]*

Art. L. 641-4 **Les certificats et diplômes qui peuvent être délivrés par les écoles publiques d'enseignement technologique supérieur et par les écoles supérieures de commerce** *(L. n° 2003-339 du 14 avr. 2003, art. 2)* **« qui ne relèvent pas des dispositions de l'article L. 753-1 sont déterminés par décret ».**

Art. L. 641-5 **Des certificats d'études et des diplômes peuvent être délivrés, dans les conditions déterminées par arrêté ministériel après avis du Conseil supérieur de l'éducation, par les écoles techniques privées reconnues par l'État.** – *[L. du 25 juill. 1919, art. 35 (C. ens. techn., art. 170).]*

CHAPITRE II LES FORMATIONS TECHNOLOGIQUES LONGUES

Art. L. 642-1 **La formation des ingénieurs et des gestionnaires est assurée par des écoles, des instituts, des universités et des grands établissements. Elle comporte une activité de recherche fondamentale ou appliquée.**

L'*(L. n° 2013-660 du 22 juill. 2013, art. 38)* **« accréditation pour » délivrer le titre d'ingénieur diplômé est accordée par l'autorité administrative compétente après avis de la commission des titres d'ingénieur instituée par l'article L. 642-3.**

En application de l'art. L. 231-5 CRPA, le silence gardé pendant 2 mois par l'administration vaut décision de rejet pour une demande d'accréditation d'un établissement d'enseignement supérieur privé à délivrer le titre d'ingénieur diplômé (Décr. n° 2014-1274 du 23 oct. 2014, art. 1er).

BIBL. ► BLANCHARD, ORANGE et PIERREL, Filles + sciences = une équation insoluble ? Enquête sur les classes préparatoires scientifiques, *Éditions Rue d'Ulm/Presses de l'École normale supérieure, coll. du CEPREMAP, 2016.* – PERTECK, L'ingénieur et le droit, *PUF, 1991.* – Comment devenir ingénieur diplômé par l'État ?, *MESRI, 2018 : http://cache.media.enseignementsup-recherche.gouv.fr/file/Formations_et_diplomes/09/9/PLAQUETTE_IDPE_2019_1055099.pdf*

Principes fondamentaux de l'enseignement. Les dispositions de cet article qui donnent compétence à l'État pour accorder l'habilitation à délivrer un titre d'ingénieur diplômé intéressent les principes fondamentaux de l'enseignement et relèvent, dès lors, du domaine de la loi. Relève en revanche du domaine réglementaire la désignation des autorités habilitées au nom de l'État à prendre les décisions concernées au nom de l'État. • Cons. const. 18 mars 1999, *Nature* *juridique de dispositions de la loi n° 84-52 du 26 janv. 1984 sur l'enseignement supérieur, n° 99-185 L : JO 20 mars, p. 4171 ; Rec. Cons. const. 67 ; AJDA 1999. 534, obs. Schoettl.*

Art. L. 642-2 Les personnes qui s'intitulent "ingénieur diplômé" doivent faire suivre immédiatement cette mention d'un des titres d'ingénieur créés par l'État ou reconnus par l'État, ou d'un des titres d'ingénieur légalement déposés conformément aux articles L. 642-4 et L. 642-10. – *[L. 10 juill. 1934, art. 1er, al. 1er (C. ens. techn., art. 153, al. 1er).]*

1. Intérêt à agir. Un élève de l'école supérieure des travaux publics ne justifie pas d'un intérêt de nature à lui donner qualité pour demander l'annulation du décret portant création et organisation de l'école nationale supérieure des télécommunications et de l'école nationale supérieure des télécommunications de Bretagne. • CE, sect., 5 oct. 1979, *M. Lamar*, n° 08085 : *Lebon 365 ; AJDA 1980. 229, concl. Galabert.*

2. Diplômes équivalents. Le titre d'ingénieur diplômé est de niveau équivalent au diplôme de docteur ingénieur. En l'absence de toute disposition prévoyant une incompatibilité entre le diplôme d'ingénieur déjà détenu par un candidat et celui auquel il postulait, le jury national, qui était tenu d'apprécier la valeur et le mérite du candidat au regard des seules épreuves prévues par le règlement du concours, ne pouvait légalement se fonder sur d'autres éléments que les résultats de ces épreuves, tels que la détention d'un autre titre de niveau équivalent, pour refuser au candidat la délivrance du titre d'ingénieur diplômé de l'État. • CE 8 juin 2005, *M. Ali X.*, n° 268480.

Art. L. 642-3 La commission des titres d'ingénieur, dont les membres sont nommés par le ministre chargé de l'enseignement supérieur, est consultée sur toutes les questions concernant les titres d'ingénieur diplômé.

La composition de cette commission est fixée par décret en Conseil d'État ; elle comprend notamment une représentation des universités, des instituts, des écoles et des grands établissements ainsi que des organisations professionnelles *[V. art. R. 642-5 s.].* – *[L. 10 juill. 1934, art. 2, al. 1er (C. ens. techn., art. 154) et L. n° 84-52 du 26 janv. 1984, art. 5, al. 7.]*

Art. L. 642-4 *(Ord. n° 2014-691 du 26 juin 2014, art. 21)* **La commission des titres d'ingénieur décide, sur leur demande, si des écoles techniques privées légalement ouvertes présentent des programmes et donnent un enseignement suffisant pour délivrer des diplômes d'ingénieur.**

La commission des titres d'ingénieur statue en premier et dernier ressort, par des décisions motivées, sur les demandes dont elle est saisie.

Ses décisions ne peuvent être prises que sur un rapport présenté sur ces programmes et cet enseignement par un ou plusieurs inspecteurs ou chargés de mission d'inspection.

Art. L. 642-5 *(Ord. n° 2014-691 du 26 juin 2014, art. 22)* **Les représentants des écoles intéressées reçoivent communication du ou des rapports d'inspection et peuvent demander à être entendus ; ils sont admis à fournir tous les éléments d'information qu'ils jugent utiles.**

Art. L. 642-6 Sur la requête du ministre chargé de l'enseignement supérieur, il peut être procédé au retrait de la faculté de délivrer des diplômes d'ingénieur. La décision du retrait est prise dans les formes et par les organismes prévus par les articles L. 642-4 et L. 642-5. Toutefois, la décision de retrait ne peut intervenir qu'à la suite d'un avertissement donné sur rapport d'un inspecteur spécialement désigné à cet effet par la commission des titres d'ingénieur et dont une nouvelle inspection, faite à un an d'intervalle, a constaté l'inefficacité. La commission prend toutes mesures utiles pour sauvegarder le droit des élèves en cours d'études en vue de l'obtention du diplôme d'ingénieur. – *[L. 10 juill. 1934, art. 5 (C. ens. techn., art. 157).]*

Contrôle du juge. La décision du Conseil supérieur de l'éducation nationale qui, tout en faisant état des améliorations apportées ou projetées à l'école d'électricité et de mécanique industrielle dite école Violet, lui retire la faculté de délivrer des diplômes d'ingénieurs, est entachée à la fois d'insuffisance et de contradiction de motifs. • CE 8 juill. 1983, *Assoc. gestionnaire de l'école Violet*, n° 31170 : *Lebon 304*.

Art. L. 642-7 Sur demande des gouvernements intéressés et après avis de la commission des titres d'ingénieur, des diplômes et titres d'ingénieur peuvent être admis par

l'État. Ils doivent comporter l'indication du pays d'origine. – *[L. 10 juill. 1934, art. 6 (C. ens. techn., art. 158).]*

Diplômes délivrés dans d'autres États membres. Le diplôme irlandais de Bachelor of engineering in electronic engineering délivré en 1997 par le National Council for Education Awards sanctionne des études supérieures d'une durée de 4 ans. Ni la circonstance qu'il pourrait être obtenu en 5 années par une filière indirecte, ni l'expérience professionnelle acquise par le requérant après son diplôme ne sont de nature à combler l'insuffisance, relevée par la commission d'assimilation des diplômes délivrés dans d'autres États membres de la Communauté européenne, de la durée normale des études conduisant à ce diplôme, dès lors que les textes précités ne permettent d'attribuer une équivalence qu'à des diplômes sanctionnant 5 années d'études supérieures. • CE 11 avr. 2005, *M. Yann X.*, n° 267642.

Art. L. 642-8 **Les établissements d'enseignement ayant obtenu la faculté de délivrer des diplômes d'ingénieur ou qui délivrent un diplôme d'ingénieur conformément à l'article L. 641-5 sont soumis, pour les conditions dans lesquelles est assurée la formation professionnelle de l'ingénieur, à l'inspection d'inspecteurs ou de chargés de mission d'inspection.**

La commission des titres d'ingénieur dresse la liste des inspecteurs chargés de ces missions ; elle a communication des rapports d'inspection. – *[L. 10 juill. 1934, art. 7 (C. ens. techn., art. 159).]*

Art. L. 642-9 **Les techniciens autodidactes, les auditeurs libres des diverses écoles, les élèves par correspondance, justifiant de cinq ans de pratique industrielle comme techniciens, peuvent, après avoir subi avec succès un examen, obtenir un diplôme d'ingénieur.**

Les conditions de la délivrance de ces diplômes sont fixées par décret sur avis favorable de la commission des titres d'ingénieur *[V. art. D. 642-11 s.]*. – *[L. 10 juill. 1934, art. 8 (C. ens. techn., art. 168).]*

Accès au diplôme d'ingénieur. Le directeur de l'école destinataire d'un dossier de candidature se borne à vérifier sa recevabilité administrative, c'est-à-dire la composition et la nature du dossier présenté par le candidat. Il appartient au seul jury national de porter une appréciation définitive sur les conditions prévues par les textes. Le jury national a pu, sans commettre ni d'erreur de droit, ni d'erreur matérielle, estimer, par une appréciation souveraine, que le mémoire présenté par le candidat, bien qu'il ait été apprécié de manière positive par le jury particulier, ne répondait pas aux exigences scientifiques liées à la délivrance du titre d'ingénieur diplômé par l'État. • CE 23 juin 2004, *M. Patrick X.*, n° 258557.

Art. L. 642-10 **Les titres constitués par le diplôme d'ingénieur accompagnés obligatoirement du nom de l'école dont les programmes et l'enseignement ont été reconnus suffisants conformément aux articles L. 642-4 à L. 642-9, les modèles des diplômes constatant leur délivrance, doivent faire l'objet d'un dépôt.**

Il ne peut être fait usage de l'un de ces titres d'ingénieur s'il n'a été déposé. Les conditions dans lesquelles le dépôt est effectué sont fixées par décret. Il est perçu, au moment du dépôt, un droit au profit du Trésor public.

Les titres d'ingénieur créés ou reconnus par l'État ne sont pas soumis à la formalité du dépôt. – *[L. 10 juill. 1934, art. 9 et 10 (C. ens. techn., art. 160 et 161).]*

Art. L. 642-11 **Les groupements d'ingénieurs et les associations d'anciens élèves des écoles techniques formant des ingénieurs peuvent être autorisés, après enquête administrative et sur avis favorable du Conseil supérieur de l'éducation, à déposer les titres de leurs groupements ou associations. Ils peuvent également déposer dans les mêmes conditions les abréviations consacrées par un usage d'au moins dix années, qu'ils ont adoptées pour désigner leurs membres.** – *[L. 10 juill. 1934, art. 12 (C. ens. techn., art. 163).]*

Art. L. 642-12 **Les infractions aux dispositions du présent chapitre sont réprimées conformément aux dispositions du code pénal relatives aux faux et à l'usurpation de titres.** – *[L. 10 juill. 1934, art. 16 (C. ens. techn., art. 167).]*

CHAPITRE III LES FORMATIONS TECHNOLOGIQUES COURTES

Le présent chapitre ne comprend pas de dispositions législatives.

BIBL. ▶ DENJEAN, Parcours et réussite en STS : les indicateurs de la session 2017, *MESRI-SIES, Note Flash du SIES, n° 8, mai 2018*. – MAMARI, Les étudiants en sections de technicien supérieur en 2020-2021, MESRI-SIES, *Note Flash n° 03, févr. 2021* ; Parcours et réussite en STS : les indicateurs de la session 2019, *MESRI-SIES, Note Flash n° 12, juin 2020*.

TITRE CINQUIÈME LES FORMATIONS DANS LES INSTITUTS ET ÉCOLES EXTÉRIEURS AUX UNIVERSITÉS, LES ÉCOLES NORMALES SUPÉRIEURES ET LES GRANDS ÉTABLISSEMENTS

CHAPITRE PRÉLIMINAIRE DISPOSITIONS COMMUNES

(L. n° 2017-86 du 27 janv. 2017, art. 189)

Art. L. 650-1 *Abrogé par L. n° 2020-1674 du 24 déc. 2020, art. 37.*

CHAPITRE PREMIER LES FORMATIONS DANS LES ÉCOLES ET INSTITUTS EXTÉRIEURS AUX UNIVERSITÉS

Le présent chapitre ne comprend pas de dispositions législatives.

CHAPITRE II LES FORMATIONS DANS LES ÉCOLES NORMALES SUPÉRIEURES

Le présent chapitre ne comprend pas de dispositions législatives.

CHAPITRE III LES FORMATIONS DANS LES GRANDS ÉTABLISSEMENTS

Le présent chapitre ne comprend pas de dispositions législatives.

TITRE SIXIÈME LA RECHERCHE UNIVERSITAIRE

CHAPITRE UNIQUE

Art. L. 661-1 *(L. n° 2020-1674 du 24 déc. 2020, art. 19)* Dans le cadre des objectifs et missions du service public de l'enseignement supérieur définis au chapitre III du titre II du livre Ier, les établissements publics à caractère scientifique, culturel et professionnel organisent leurs activités de recherche dans les conditions fixées par le présent code et par le code de la recherche.

TITRE SEPTIÈME LES FORMATIONS DANS LES AUTRES ÉTABLISSEMENTS D'ENSEIGNEMENT SUPÉRIEUR

CHAPITRE PREMIER L'ENSEIGNEMENT SUPÉRIEUR AGRICOLE ET VÉTÉRINAIRE PUBLIC

Art. L. 671-1 L'enseignement supérieur agricole et vétérinaire public est organisé conformément aux dispositions de l'article L. 812-1 du code rural et de la pêche maritime, ci-après reproduites :

Art. L. 812-1 *(L. n° 99-574 du 9 juill. 1999)* L'enseignement supérieur agricole public a pour objet d'assurer la formation d'ingénieurs, *(L. n° 2020-1674 du 24 déc. 2020, art. 45)* « de vétérinaires, de paysagistes, de cadres spécialisés, d'enseignants et de chercheurs ». Il constitue une composante du service public de l'enseignement supérieur.

Dans le cadre des *(Ord. n° 2009-1534 du 10 déc. 2009, art. 1er)* « règles définies au chapitre III du titre II du livre Ier du code de l'éducation », l'enseignement supérieur agricole public :

1° Dispense des formations en matière de production agricole, forestière, aquacole et des produits de la mer, de transformation et de commercialisation de ces productions, d'industrie agro-alimentaire et d'alimentation, d'industries liées à l'agriculture, de santé et de protection animales et végétales, d'hygiène, de qualité et de sécurité de l'alimentation, d'aménagement, de développement, de gestion et de protection de l'espace rural, de la forêt, de l'eau, des milieux naturels et du paysage ;

(L. nº 2014-1170 du 13 oct. 2014, art. 64) « 2º Contribue à l'éducation à l'environnement et au développement durable et à la mise en œuvre de ses principes ;

« 3º Participe à la politique de développement scientifique par des activités de recherche fondamentale, appliquée et clinique ;

« 4º Conduit des actions de recherche, d'innovation et d'ingénierie dans les domaines de l'éducation et de la formation ;

« 5º Contribue, en collaboration avec les organismes compétents, à la veille scientifique et technique, à l'innovation technologique et au développement ainsi qu'à la valorisation des résultats de la recherche, en se fondant notamment sur des expérimentations conduites dans ses exploitations, centres hospitaliers universitaires vétérinaires et installations techniques et sur des travaux de recherche menés avec l'implication des partenaires ;

« 6º Participe à la diffusion de l'information scientifique et technique ;

« 7º Concourt à la mise en œuvre de la coopération scientifique, technique et pédagogique internationale, notamment par la conclusion de conventions d'échanges d'étudiants, d'enseignants-chercheurs, d'enseignants et de chercheurs ;

« 8º Contribue à la construction de l'espace européen de l'enseignement supérieur et de la recherche et à l'attractivité du territoire national, notamment par la conclusion de conventions ;

« 9º Promeut la diversité des recrutements et la mixité et contribue à l'insertion sociale et professionnelle des étudiants ;

« 10º Assure un appui à l'enseignement technique agricole, notamment par la formation initiale et continue de ses personnels et par le transfert des résultats de la recherche, en particulier dans le domaine de l'agro-écologie. »

L'enseignement supérieur agricole public est régulièrement évalué.

L'enseignement supérieur agricole public est dispensé selon les voies de la formation initiale et de la formation continue. Il comprend des formations supérieures professionnelles, des formations supérieures de spécialisation et des formations doctorales.

(L. nº 2020-1674 du 24 déc. 2020, art. 45) « Les personnels des écoles nationales vétérinaires titulaires d'un diplôme, certificat ou titre de vétérinaire, non ressortissants d'un État membre de l'Union européenne ou d'un autre État partie à l'accord sur l'Espace économique ou de la Confédération suisse, sont autorisés à effectuer des actes de médecine et de chirurgie des animaux dans le cadre exclusif de leurs activités d'enseignement et de recherche. »

(L. nº 2014-1170 du 13 oct. 2014, art. 64) « Les agents contractuels recrutés pour exercer leurs fonctions dans les établissements d'enseignement supérieur agricole peuvent être recrutés sur les emplois ouverts par le conseil d'administration de l'établissement, à temps complet ou incomplet en fonction des besoins du service. »

(L. nº 2019-828 du 6 août 2019, art. 20) « Les établissements d'enseignement supérieur agricole peuvent recruter, pour exercer leurs fonctions dans les exploitations agricoles et les centres hospitaliers universitaires vétérinaires de ces établissements, des salariés de droit privé. Ces salariés, lorsqu'ils exercent leurs fonctions dans les exploitations agricoles, sont régis par les dispositions du code du travail, à l'exception des dispositions pour lesquelles le livre VII du présent code prévoit des dispositions particulières. »

(L. nº 2020-1674 du 24 déc. 2020, art. 45) « Chaque école nationale vétérinaire comprend un centre hospitalier universitaire vétérinaire qui est un centre de soins aux animaux dans lequel, dans le respect du bien-être animal, sont organisés des enseignements et de la recherche. »

(L. nº 2019-828 du 6 août 2019, art. 20) « Lorsqu'ils exercent leurs fonctions dans les centres hospitaliers universitaires vétérinaires, ces salariés sont régis par les dispositions du code du travail. »

Le ministre chargé de l'enseignement supérieur est associé à la tutelle et à la définition du projet pédagogique des établissements d'enseignement supérieur agricoles publics.

Les établissements d'enseignement supérieur agricoles publics peuvent être *(L. n° 2013-660 du 22 juill. 2013, art. 38)* « accrédités » par le ministre chargé de l'enseignement supérieur, après avis conforme du ministre de l'agriculture, à délivrer, dans leurs domaines de compétences, seuls ou conjointement avec des établissements publics à caractère scientifique, culturel et professionnel, *(L. n° 2013-660 du 22 juill. 2013, art. 38)* « des diplômes nationaux de deuxième et troisième cycles ainsi que des diplômes nationaux du premier cycle ayant un objectif d'insertion professionnelle ».

Après concertation avec toutes les parties concernées, les dispositions des *(Ord. n° 2009-1534 du 10 déc. 2009, art. 1er)* « articles L. 611-1, L. 612-1 à L. 612-7, L. 613-1 à L. 613-5 du code de l'éducation, du premier alinéa de son article L. 614-3, celles du titre Ier du livre VII, à l'exception des articles L. 713-5 à L. 713-8 et celles des articles L. 811-5, L. 811-6, L. 951-1, L. 951-2, L. 952-1, L. 952-3, L. 952-6, L. 952-13 et L. 953-1 à L. 953-4 peuvent être étendues » par décret en Conseil d'État, en totalité ou en partie, avec, le cas échéant, les adaptations nécessaires aux secteurs de formation et aux établissements d'enseignement supérieur qui relèvent de l'autorité ou du contrôle du ministre de l'agriculture, après accord de ce dernier et avis des conseils d'administration des établissements intéressés.

BIBL. ► NUNES, Les études vétérinaires s'ouvrent au secteur privé, *Le Monde, 9 déc. 2020. 23.* – FONTANINI, La profession de vétérinaire : des projets distincts selon le genre, dès la formation initiale, *in Formation emploi, n° 151, 2020/3. 93.* – Comment sont formés les agriculteurs de demain, *Le Monde, 25 févr. 2016. 10.* – La réorganisation de l'enseignement supérieur agricole public : une réforme en trompe-l'œil, *C. cptes, Rapp. public annuel, févr. 2016. 635* ; Rép. min. n° 20655 : *JO Sénat Q 14 avr. 2016, p. 1577* et Rép. min. n° 20247 : *JO Sénat Q 14 avr. 2016, p. 1577.*

1. Compétence. Le ministre de l'agriculture, qui est compétent pour fixer les conditions exigées pour être admis à se présenter au concours des écoles nationales vétérinaires, n'a pas excédé les limites de l'habilitation législative en imposant aux candidats de se présenter dans un délai déterminé après l'obtention du baccalauréat ou de certains diplômes. Par suite, il n'a pas empiété sur la compétence reconnue au législateur par l'art. 34 de la Constitution pour la détermination des principes fondamentaux de l'enseignement. • CE 16 mars 1998, ♔ *Assoc. des élèves, parents d'élèves et professeurs des classes préparatoires vétérinaires (ACPV) et Mlle Julie Poujol,* n° 190768 A.

2. Concours d'accès distincts. Les dispositions de l'Arr. du 24 févr. 1994 qui répartissent les candidats à l'admission aux écoles vétérinaires entre trois concours distincts, selon qu'ils se présentent pour la première, la deuxième ou la troisième fois, crée une différence de situation entre les candidats qui, au regard du principe d'égalité, n'est pas justifiée. • CE 19 oct. 2001, ♔ *M. Stéphane Rivière,* n° 209007 A.

Art. L. 671-2 **Des dispositions sont prises par voie réglementaire afin de permettre aux étudiants en sciences vétérinaires de suivre les enseignements qui peuvent être dispensés en commun pour eux et pour les étudiants en médecine et en pharmacie.**

Ces dispositions précisent notamment pour les élèves et anciens élèves des écoles nationales vétérinaires :

1° Les conditions d'accès à cet enseignement ;

2° Le nombre d'étudiants admis à suivre cet enseignement ;

3° Leur statut et les modalités de leur rémunération.

CHAPITRE II L'ENSEIGNEMENT DE L'ARCHITECTURE

Le présent chapitre ne comprend pas de dispositions législatives.

BIBL. ► V. partie réglementaire ss. livre VI, titre VII, chap. II.

CHAPITRE III L'ENSEIGNEMENT DANS LES ÉCOLES DE COMMERCE

Le présent chapitre ne comprend pas de dispositions législatives.

BIBL. ► TMENGER et MARCHIKA, La technologie de sélection des étudiants dans les grandes écoles de commerce françaises, *Rev. fr. éco., vol. XXIX, oct. 2014.*

CHAPITRE IV L'ENSEIGNEMENT DANS LES ÉCOLES NATIONALES DES MINES

Le présent chapitre ne comprend pas de dispositions législatives.

CHAPITRE V L'ENSEIGNEMENT DANS LES ÉCOLES SUPÉRIEURES MILITAIRES

Art. L. 675-1 **L'École polytechnique a pour mission de donner à ses élèves une culture scientifique et générale les rendant aptes à occuper, après formation spécialisée, des emplois de haute qualification ou de responsabilité à caractère scientifique, technique ou économique, dans les corps civils et militaires de l'État et dans les services publics et, de façon plus générale, dans l'ensemble des activités de la nation.**

Pour l'accomplissement de cette mission, à vocation nationale et internationale, l'école dispense des formations de toute nature et organise des activités de recherche. Elle assure une formation de troisième cycle à des étudiants diplômés de l'école ou titulaires d'un diplôme de deuxième cycle ou équivalent.

Elle peut engager des actions de coopération avec des établissements français et étrangers d'enseignement ou de recherche. – *[L. nº 70-631 du 15 juill. 1970, art. 1er.]*

1. Compétence. La liste des filières d'admission et les modalités d'organisation du concours dans ces filières sont fixées par arrêté du ministre chargé des armées. Illégalité du décret attribuant compétence aux deux ministres, de la défense et de l'éducation, pour fixer les conditions d'admission à l'école polytechnique par la filière universitaire. • CE 8 déc. 2000, *Assoc. pour l'égalité républicaine à l'école polytechnique et Mme Bernard,* nº 220401 : *Lebon 576*.

2. Filière d'accès spécifique. L'Arr. du 26 janv. 2001 qui réserve le droit à concourir pour l'admission à l'école polytechnique par la filière universitaire, en ce qui concerne les candidats ayant la nationalité française, aux étudiants inscrits dans une université en vue d'obtenir une licence ou un magistère, titulaires du baccalauréat ou d'un diplôme équivalent depuis moins de trois ans et qui n'ont pas été inscrits en seconde année d'une classe préparatoire scientifique, répond à des méthodes et à des objectifs distincts de ceux propres à la formation des étudiants inscrits en seconde année des classes préparatoires scientifiques qui sont dans une situation différente de ces derniers au regard du concours d'accès à l'école polytechnique. En prévoyant ainsi une filière d'accès spécifique comportant notamment une admissibilité consistant en une sélection des candidats en fonction de leur dossier universitaire, le ministre de la défense n'a pas porté une atteinte illégale au principe d'égalité. • CE 18 oct. 2002, *Assoc. pour l'égalité républicaine à l'école polytechnique,* nº 232119 : *AJDA 2003. 302*.

CHAPITRE VI L'ENSEIGNEMENT DANS LES ÉCOLES SANITAIRES ET SOCIALES

Art. L. 676-1 **Les formations sociales supérieures dispensées dans les établissements visés à l'article L. 756-1 sont organisées conformément aux dispositions des articles L. 451-1 et L. 451-2 du code de l'action sociale et des familles.**

CHAPITRE VII L'ENSEIGNEMENT DANS LES ÉCOLES DE LA MARINE MARCHANDE

Le présent chapitre ne comprend pas de dispositions législatives.

TITRE HUITIÈME DISPOSITIONS APPLICABLES DANS LES ÎLES WALLIS-ET-FUTUNA, À MAYOTTE, EN POLYNÉSIE FRANÇAISE ET EN NOUVELLE-CALÉDONIE

Ce titre est abrogé à compter de l'entrée en vigueur des décrets portant actualisation et adaptation des dispositions réglementaires du code de l'éducation relatives à l'outre-mer et, au plus tard, le 1er janv. 2022 (Ord. nº 2021-552 du 5 mai 2021, art. 13).

CHAPITRE PREMIER DISPOSITIONS APPLICABLES DANS LES ÎLES WALLIS-ET-FUTUNA

Art. L. 681-1 Sont applicables dans les îles Wallis-et-Futuna, *(L. n° 2016-1321 du 7 oct. 2016, art. 112)* « dans leur rédaction résultant de la » *(L. n° 2018-166 du 8 mars 2018, art. 15)* « loi n° 2018-166 du 8 mars 2018 relative à l'orientation et à la réussite des étudiants », les articles L. 611-1, L. 611-2, *(L. n° 2003-339 du 14 avr. 2003, art. 6)* « L. 611-3, L. 611-4, » *(Ord. n° 2008-728 du 24 juill. 2008, art. 3)* « L. 611-5, » *(Ord. n° 2015-24 du 14 janv. 2015, art. 1er)* « L. 611-6, » *(L. n° 2013-660 du 22 juill. 2013, art. 125)* « L. 611-8, » *(L. n° 2018-166 du 8 mars 2018, art. 15)* « L. 611-12, » *(L. n° 2019-774 du 24 juill. 2019, art. 2)* « L. 612-1 à L. 612-2, L. 612-3-1 à L. 612-7 », L. 613-1 à L. 613-7, L. 614-1, le premier alinéa de l'article L. 614-3, les articles L. 622-1, L. 623-1, L. 624-1, *(L. n° 2005-380 du 23 avr. 2005, art. 58)* « L. 625-1, » *(L. n° 2019-774 du 24 juill. 2019, art. 2)* « L. 632-4 et » *(Ord. n° 2010-331 du 25 mars 2010, art. 39)* « L. 632-5 », *(L. n° 2012-409 du 27 mars 2012, art. 9)* « L. 632-7, » L. 633-2 à L. 633-4, L. 641-1 à L. 641-5, L. 642-1 à L. 642-12 et L. 671-2.

(L. n° 2019-774 du 24 juill. 2019, art. 2) « Sont applicables dans les îles Wallis-et-Futuna, dans leur rédaction résultant de la loi n° 2019-774 du 24 juillet 2019 relative à l'organisation et à la transformation du système de santé, les articles L. 612-3, L. 631-1, L. 632-1 à L. 632-3 et L. 632-12. »

(Ord. n° 2015-24 du 14 janv. 2015, art. 1er) « Pour l'application de l'article L. 611-3 dans les îles Wallis-et-Futuna, les mots : "les régions" sont remplacés par les mots : "le territoire". »

(Ord. n° 2008-728 du 24 juill. 2008, art. 3) « L'obligation de préinscription prévue à l'article L. 612-3 n'est pas opposable aux candidats qui ont suivi l'enseignement du second degré dans les îles Wallis-et-Futuna et qui souhaitent s'inscrire dans un établissement public d'enseignement supérieur. »

(Ord. n° 2015-24 du 14 janv. 2015, art. 1er) « Pour l'application *(L. n° 2018-166 du 8 mars 2018, art. 15)* « du deuxième alinéa du I et des III, V, VII et VIII de l'article L. 612-3 » et de l'article L. 612-3-1, le vice-recteur exerce les compétences dévolues *(L. n° 2018-166 du 8 mars 2018, art. 15)* « à l'autorité académique ». »

(L. n° 2019-774 du 24 juill. 2019, art. 2) « Pour l'application des articles L. 631-1 et L. 633-3 à Wallis-et-Futuna, la référence à l'agence régionale de santé est remplacée par la référence à l'agence de santé de Wallis-et-Futuna. »

La référence à l'art. L. 632-7 figurant à l'art. L. 681-1 a le caractère réglementaire (Cons. const. 18 juill. 2014, n° 2014-249 L : JO 20 juill., p. 12118).

CHAPITRE II DISPOSITIONS APPLICABLES À MAYOTTE

Art. L. 682-1 *Abrogé par L. n° 2019-791 du 26 juill. 2019, art. 36.*

Art. L. 682-2 *Abrogé par L. n° 2019-791 du 26 juill. 2019, art. 36.*

Art. L. 682-3 *(Ord. n° 2015-25 du 14 janv. 2015, art. 2)* Pour l'application à Mayotte de l'article L. 611-3, les mots : "les régions" sont remplacés par les mots : "le Département de Mayotte".

CHAPITRE III DISPOSITIONS APPLICABLES EN POLYNÉSIE FRANÇAISE

Art. L. 683-1 Sont applicables en Polynésie française, *(L. n° 2016-1321 du 7 oct. 2016, art. 112)* « dans leur rédaction résultant de la » *(L. n° 2018-166 du 8 mars 2018, art. 15)* « loi n° 2018-166 du 8 mars 2018 relative à l'orientation et à la réussite des étudiants », les articles L. 611-1 à *(Ord. n° 2015-24 du 14 janv. 2015, art. 6)* « L. 611-6, » *(L. n° 2013-660 du 22 juill. 2013, art. 125)* « L. 611-8, » *(L. n° 2018-166 du 8 mars 2018, art. 15)* « L. 611-12, » *(L. n° 2019-774 du 24 juill. 2019, art. 2)* « L. 612-1 à L. 612-2, L. 612-3-1 à L. 612-7 », L. 613-1 à L. 613-7, L. 614-1, le premier alinéa de l'article L. 614-3, les articles L. 622-1, L. 623-1, L. 624-1, *(L. n° 2019-774 du 24 juill. 2019, art. 2)* « L. 632-4 et » *(Ord. n° 2010-331 du 25 mars 2010, art. 39)* « L. 632-5 », *(L. n° 2012-409 du 27 mars 2012, art. 9)* « L. 632-7, » L. 633-2 à L. 633-4, L. 641-1 à L. 641-5, L. 642-1 à L. 642-12 et L. 671-2.

(L. nº 2019-774 du 24 juill. 2019, art. 2) « Sont applicables en Polynésie française, dans leur rédaction résultant de la loi nº 2019-774 du 24 juillet 2019 relative à l'organisation et à la transformation du système de santé, les articles L. 612-3, L. 631-1, L. 632-1 à L. 632-3 et L. 632-12. »

(L. nº 2020-1674 du 24 déc. 2020, art. 37) « L'article L. 625-1 est applicable en Polynésie française dans sa rédaction résultant de la loi nº 2019-791 du 26 juillet 2019 pour une école de la confiance. »

La référence à l'art. L. 632-7 figurant à l'art. L. 683-1 a le caractère réglementaire (Cons. const. 18 juill. 2014, nº 2014-249 L : JO 20 juill., p. 12118).

Art. L. 683-2 *(Ord. nº 2015-24 du 14 janv. 2015, art. 6)* « Pour l'application de l'article L. 611-3 en Polynésie française, les mots : "les régions" sont remplacés par les mots : "le territoire".

« Pour l'application de l'article L. 611-5 en Polynésie française, la *(L. nº 2018-166 du 8 mars 2018, art. 7)* « seconde » phrase du premier alinéa est supprimée.

« Pour l'application de l'article L. 612-3 en Polynésie française, les *(L. nº 2018-166 du 8 mars 2018, art. 15)* « deuxième et troisième alinéas du XIII » sont supprimés. »

Pour l'application de l'article L. 614-1 en Polynésie française, les mots : "planification nationale ou régionale" sont remplacés par les mots : "planification nationale ou territoriale" et les mots : "les régions" sont remplacés par les mots : "dans le territoire".

Pour l'application du premier alinéa de l'article L. 614-3 en Polynésie française, les mots : "des conseils régionaux" sont remplacés par les mots : "de l'assemblée territoriale et du conseil des ministres de la Polynésie française".

Le ministre chargé de l'enseignement supérieur exerce les compétences dévolues par le présent livre au recteur *(L. nº 2019-791 du 26 juill. 2019, art. 54)* « de région académique », chancelier des universités, sous réserve des compétences prévues aux articles L. 612-3, *(Ord. nº 2015-24 du 14 janv. 2015, art. 6)* « L. 612-3-1, » et L. 613-7 qui sont exercées par le vice-recteur de Polynésie française. *(L. nº 2018-166 du 8 mars 2018, art. 15)* « Une convention entre le vice-recteur de Polynésie française et le gouvernement de la Polynésie française fixe les modalités d'application du VII de l'article L. 612-3 en ce qui concerne les sections de techniciens supérieurs. »

Les références à des dispositions législatives ne s'appliquant pas en Polynésie française sont remplacées par les références aux dispositions, ayant le même objet, qui y sont applicables.

(L. nº 2019-774 du 24 juill. 2019, art. 2) « Pour l'application des articles L. 631-1 et L. 633-3 en Polynésie française, la référence à l'agence régionale de santé est remplacée par la référence à l'autorité compétente en matière de santé. »

Art. L. 683-2-1 *(Ord. nº 2014-693 du 26 juin 2014, art. 14)* I. — Pour son application en Polynésie française, le premier alinéa de l'article L. 625-1 est ainsi rédigé :

"L'*(L. nº 2019-791 du 26 juill. 2019, art. 44)* « institut national supérieur » du professorat et de l'éducation organise, sans préjudice des missions confiées aux écoles normales supérieures, la formation initiale des futurs enseignants et des personnels d'éducation et participe à leur formation continue. *(L. nº 2019-791 du 26 juill. 2019, art. 44)* « Il » accueille aussi les personnels exerçant une activité au sein des écoles et des établissements scolaires dans le cadre des formations professionnelles.

"L'État, la Polynésie française et l'université de la Polynésie française concluent une convention pour déterminer les plans de formation et les financements y afférents concernant les personnels mentionnés à l'alinéa précédent."

II. — L'article L. 625-1 est applicable en Polynésie française sans préjudice de l'exercice de leurs compétences par les autorités locales.

Art. L. 683-3 *(L. nº 2002-73 du 17 janv. 2002, art. 62)* Les modalités d'organisation de la formation des internes dans les services et départements formateurs de la Polynésie française font l'objet entre l'université de rattachement et le territoire d'une convention agréée par arrêté des ministres chargés de la santé, de l'enseignement supérieur et de l'outre-mer.

CHAPITRE IV DISPOSITIONS APPLICABLES EN NOUVELLE-CALÉDONIE

Art. L. 684-1 Sont applicables en Nouvelle-Calédonie, *(L. n° 2016-1321 du 7 oct. 2016, art. 112)* « dans leur rédaction résultant de la » *(L. n° 2018-166 du 8 mars 2018, art. 15)* « loi n° 2018-166 du 8 mars 2018 relative à l'orientation et à la réussite des étudiants », les articles L. 611-1 *(Ord. n° 2008-727 du 24 juill. 2008, art. 4)* « à L. 611-5 », *(Ord. n° 2015-24 du 14 janv. 2015, art. 11)* « L. 611-6, » *(L. n° 2013-660 du 22 juill. 2013, art. 125)* « L. 611-8, » *(L. n° 2018-166 du 8 mars 2018, art. 15)* « L. 611-12, » *(L. n° 2019-774 du 24 juill. 2019, art. 2)* « L. 612-1 à L. 612-2, L. 612-3-1 à L. 612-7 », L. 613-1 à L. 613-7, L. 614-1, le premier alinéa de l'article L. 614-3, les articles L. 622-1, L. 623-1, L. 624-1, *(L. n° 2019-774 du 24 juill. 2019, art. 2)* « L. 632-4 et » *(Ord. n° 2010-331 du 25 mars 2010, art. 39)* « L. 632-5 », *(L. n° 2012-409 du 27 mars 2012, art. 9)* « L. 632-7, » L. 633-2 à L. 633-4, L. 641-1 à L. 641-5, L. 642-1 à L. 642-12 et L. 671-2.

(L. n° 2019-774 du 24 juill. 2019, art. 2) « Sont applicables en Nouvelle-Calédonie, dans leur rédaction résultant de la loi n° 2019-774 du 24 juillet 2019 relative à l'organisation et à la transformation du système de santé, les articles L. 612-3, L. 631-1, L. 632-1 à L. 632-3 et L. 632-12. »

(L. n° 2020-1674 du 24 déc. 2020, art. 37) « L'article L. 625-1 est applicable en Nouvelle-Calédonie dans sa rédaction résultant de la loi n° 2019-791 du 26 juillet 2019 pour une école de la confiance. »

La référence à l'art. L. 632-7 figurant à l'art. L. 684-1 a le caractère réglementaire (Cons. const. 18 juill. 2014, n° 2014-249 L : JO 20 juill., p. 12118).

Art. L. 684-2 *(Ord. n° 2015-24 du 14 janv. 2015, art. 11)* « Pour l'application de l'article L. 611-3 en Nouvelle-Calédonie, les mots : "les régions" sont remplacés par les mots : "la Nouvelle-Calédonie".

« Pour l'application de l'article L. 611-5 en Nouvelle-Calédonie, la deuxième phrase du premier alinéa est supprimée. »

(L. n° 2018-166 du 8 mars 2018, art. 15) « Pour l'accès aux formations d'enseignement supérieur en Nouvelle-Calédonie, la procédure de préinscription prévue au I de l'article L. 612-3 est adaptée afin de respecter le calendrier universitaire propre à la Nouvelle-Calédonie. »

Pour l'application de l'article L. 614-1 en Nouvelle-Calédonie, les mots : "planification nationale ou régionale" sont remplacés par les mots : "planification nationale ou de la Nouvelle-Calédonie" et les mots : "les régions" sont remplacés par les mots : "dans la Nouvelle-Calédonie".

Pour l'application du premier alinéa de l'article L. 614-3 en Nouvelle-Calédonie, les mots : "des conseils régionaux" sont remplacés par les mots : "des assemblées de province".

Le ministre chargé de l'enseignement supérieur exerce les compétences dévolues par le présent livre au recteur *(L. n° 2019-791 du 26 juill. 2019, art. 54)* « de région académique », chancelier des universités, sous réserve des compétences *(L. n° 2018-166 du 8 mars 2018, art. 15)* « dévolues à l'autorité académique et au recteur chancelier par les » articles L. 612-3, *(Ord. n° 2015-24 du 14 janv. 2015, art. 11)* « L. 612-3-1, » et L. 613-7 qui sont exercées par le vice-recteur de Nouvelle-Calédonie.

Les références à des dispositions législatives ne s'appliquant pas en Nouvelle-Calédonie sont remplacées par les références aux dispositions, ayant le même objet, qui y sont applicables.

(L. n° 2019-774 du 24 juill. 2019, art. 2) « Pour l'application des articles L. 631-1 et L. 633-3 en Nouvelle-Calédonie, la référence à l'agence régionale de santé est remplacée par la référence à l'autorité compétente en matière de santé. »

Art. L. 684-2-1 *(Ord. n° 2014-693 du 26 juin 2014, art. 24)* L'article L. 625-1 est applicable en Nouvelle-Calédonie sans préjudice de l'exercice de leurs compétences par les autorités locales.

Art. L. 684-3 *(L. n° 2002-73 du 17 janv. 2002, art. 62)* Les modalités d'organisation de la formation des internes dans les services et départements formateurs de la Nouvelle-Calédonie font l'objet entre l'université de rattachement et le territoire d'une convention agréée par arrêté des ministres chargés de la santé, de l'enseignement supérieur et de l'outre-mer.

TITRE HUITIÈME *[NOUVEAU]* DISPOSITIONS RELATIVES À L'OUTRE-MER

(Ord. nº 2021-552 du 5 mai 2021, art. 6)

Ce titre entre en vigueur à la date d'entrée en vigueur des décrets portant actualisation et adaptation des dispositions réglementaires du code de l'éducation relatives à l'outre-mer et, au plus tard, le 1er janv. 2022 (Ord. nº 2021-552 du 5 mai 2021, art. 13).

CHAPITRE PREMIER *[NOUVEAU]* GUADELOUPE, GUYANE, MARTINIQUE, LA RÉUNION, MAYOTTE

Nouvel art. L. 681-1 Pour leur application en Guadeloupe, en Guyane, en Martinique, à La Réunion et à Mayotte, les dispositions du présent livre font l'objet des adaptations prévues au présent chapitre.

Nouvel art. L. 681-2 Pour l'application en Guyane des articles L. 611-3 et L. 614-1, la référence aux régions est remplacée par la référence à la collectivité territoriale de Guyane.

Nouvel art. L. 681-3 Pour l'application en Martinique des articles L. 611-3 et L. 614-1, la référence aux régions est remplacée par la référence à la collectivité territoriale de Martinique.

Nouvel art. L. 681-4 Pour l'application à Mayotte des articles L. 611-3 et L. 614-1, la référence aux régions est remplacée par la référence au Département de Mayotte.

Nouvel art. L. 681-5 Pour l'application à Mayotte de l'article L. 611-9, les mots : "d'un engagement de sapeur-pompier volontaire prévu à l'article L. 723-3 du code de la sécurité intérieure," sont supprimés.

Nouvel art. L. 681-6 L'assemblée de Guyane, l'assemblée de Martinique et le conseil général du Département de Mayotte sont consultés sur la carte des formations supérieures et de recherche prévue à l'article L. 614-3.

CHAPITRE II *[NOUVEAU]* SAINT-BARTHÉLEMY

Nouvel art. L. 682-1 Pour l'application à Saint-Barthélemy des articles L. 611-3 et L. 614-1, la référence aux régions est remplacée par la référence à la collectivité de Saint-Barthélemy.

CHAPITRE III *[NOUVEAU]* SAINT-MARTIN

Nouvel art. L. 683-1 Pour l'application à Saint-Martin des articles L. 611-3 et L. 614-1, la référence aux régions est remplacée par la référence à la collectivité de Saint-Martin.

CHAPITRE IV *[NOUVEAU]* SAINT-PIERRE-ET-MIQUELON

Nouvel art. L. 684-1 Pour l'application à Saint-Pierre-et-Miquelon des articles L. 611-3 et L. 614-1, la référence aux régions est remplacée par la référence à la collectivité de Saint-Pierre-et-Miquelon.

Nouvel art. L. 684-2 Pour l'application de l'article L. 611-9 à Saint-Pierre-et-Miquelon, après les mots : "au II de l'article L. 120-1 du code du service national", sont insérés les mots : "sous réserve des dispositions du 6° de l'article L. 120-34 du même code".

CHAPITRE V *[NOUVEAU]* WALLIS-ET-FUTUNA

Nouvel art. L. 685-1 I. – Sont applicables dans les îles Wallis-et-Futuna, sous réserve des adaptations prévues au II, les dispositions des articles mentionnés dans la colonne de gauche du tableau ci-après, dans leur rédaction indiquée dans la colonne de droite du même tableau :

DISPOSITIONS APPLICABLES	DANS LEUR RÉDACTION
L. 611-1	Résultant de la loi n° 2020-1674 du 24 décembre 2020
L. 611-2	Résultant de la loi n° 2013-660 du 22 juillet 2013
L. 611-3	Résultant de la loi n° 2018-166 du 8 mars 2018
L. 611-4	Résultant de la loi n° 2015-1541 du 27 novembre 2015
L. 611-5	Résultant de la loi n° 2018-166 du 8 mars 2018
L. 611-6	Résultant de la loi n° 2013-660 du 22 juillet 2013
L. 611-7	Résultant de la loi n° 2010-241 du 10 mars 2010
L. 611-8	Résultant de la loi n° 2016-1321 du 7 octobre 2016
L. 611-9 à L. 611-11	Résultant de la loi n° 2017-86 du 27 janvier 2017
L. 611-12 ; L. 612-1 à L. 612-2	Résultant de la loi n° 2018-166 du 8 mars 2018
L. 612-3	Résultant de la loi n° 2020-1674 du 24 décembre 2020
L. 612-3-2	Résultant de la loi n° 2019-791 du 26 juillet 2019
L. 612-4	Résultant de la loi n° 2013-660 du 22 juillet 2013
L. 612-5	Résultant de l'ordonnance n° 2000-549 du 15 juin 2000
L. 612-6	Résultant de la loi n° 2020-1674 du 24 décembre 2020
L. 612-6-1	Résultant de la loi n° 2016-1828 du 23 décembre 2016
L. 612-7	Résultant de la loi n° 2020-1674 du 24 décembre 2020
L. 613-1	Résultant de la loi n° 2018-166 du 8 mars 2018
L. 613-2	Résultant de la loi n° 2013-660 du 22 juillet 2013

DISPOSITIONS APPLICABLES	DANS LEUR RÉDACTION
L. 613-3 et L. 613-4	Résultant de la loi n° 2016-1088 du 8 août 2016
L. 613-5	Résultant de la loi n° 2020-760 du 22 juin 2020
L. 613-6	Résultant de la loi n° 2002-73 du 17 janvier 2002
L. 613-7	Résultant de la loi n° 2019-791 du 26 juillet 2019
L. 614-1 et L. 614-3, 1er alinéa	Résultant de la loi n° 2013-660 du 22 juillet 2013
L. 621-1 et L. 621-2	Résultant de la loi n° 2005-380 du 23 avril 2005
L. 621-3	Résultant de la loi n° 2018-166 du 8 mars 2018
L. 622-1 à L. 624-1	Résultant de la loi n° 2005-380 du 23 avril 2005
L. 624-2 ; L. 625-1 et L. 625-2	Résultant de la loi n° 2019-791 du 26 juillet 2019
L. 631-1 à L. 632-3	Résultant de la loi n° 2019-774 du 24 juillet 2019
L. 632-4	Résultant de la loi n° 2016-1888 du 28 décembre 2016
L. 632-5	Résultant de l'ordonnance n° 2010-177 du 23 février 2010
L. 632-7	Résultant de la loi n° 2012-409 du 27 mars 2012
L. 632-12	Résultant de la loi n° 2019-774 du 24 juillet 2019
L. 633-1	Résultant de la loi n° 2002-73 du 17 janvier 2002
L. 633-2	Résultant de l'ordonnance n° 2017-31 du 12 janvier 2017
L. 633-3, 1er et 3e alinéas	Résultant de l'ordonnance n° 2010-177 du 23 février 2010
L. 633-4	Résultant de l'ordonnance n° 2017-50 du 19 janvier 2017
L. 633-5	Résultant de l'ordonnance n° 2017-31 du 12 janvier 2017
L. 633-6	Résultant de l'ordonnance n° 2000-549 du 15 juin 2000
L. 634-1	Résultant de la loi n° 2009-879 du 21 juillet 2009
L. 641-1	Résultant de l'ordonnance n° 2000-549 du 15 juin 2000

DISPOSITIONS APPLICABLES	DANS LEUR RÉDACTION
L. 641-2	Résultant de l'ordonnance n° 2019-861 du 21 août 2019
L. 641-3	Résultant de l'ordonnance n° 2000-549 du 15 juin 2000
L. 641-4	Résultant de la loi n° 2003-339 du 14 avril 2003
L. 641-5	Résultant de l'ordonnance n° 2000-549 du 15 juin 2000
L. 642-1	Résultant de la loi n° 2013-660 du 22 juillet 2013
L. 642-2 et L. 642-3	Résultant de l'ordonnance n° 2000-549 du 15 juin 2000
L. 642-4 et L. 642-5	Résultant de l'ordonnance n° 2014-691 du 26 juin 2014
L. 642-6 à L. 642-12	Résultant de l'ordonnance n° 2000-549 du 15 juin 2000
L. 661-1	Résultant de la loi n° 2020-1674 du 24 décembre 2020
L. 675-1	Résultant de l'ordonnance n° 2000-549 du 15 juin 2000

II. — Pour l'application du I :

1° A l'article L. 611-3, les mots : "les régions" sont remplacés par les mots : "le territoire" ;

2° A l'article L. 611-4 :

a) Au premier alinéa, les mots : "et aux bénéficiaires d'une convention de formation prévue à l'article L. 211-5 du code du sport" sont supprimés ;

b) Au deuxième alinéa, les mots : "et des bénéficiaires d'une convention de formation prévue au même article L. 211-5" sont supprimés ;

3° Au premier alinéa de l'article L. 611-8, les mots : "du code de la propriété intellectuelle" sont remplacés par les mots : "applicables localement en matière de propriété intellectuelle" ;

4° A l'article L. 611-9 :

a) Les mots : "d'un engagement de sapeur-pompier volontaire prévu à l'article L. 723-3 du code de la sécurité intérieure," sont supprimés ;

b) Après les mots : "au II de l'article L. 120-1 du code du service national", sont insérés les mots : "sous réserve des dispositions du 6° de l'article L. 120-34 du même code" ;

5° A l'article L. 612-3 :

a) Après le deuxième alinéa du I, il est inséré un alinéa ainsi rédigé :

"L'obligation de préinscription prévue à l'alinéa précédent n'est pas opposable aux candidats qui ont suivi l'enseignement du second degré dans les îles Wallis-et-Futuna et qui souhaitent s'inscrire dans un établissement public d'enseignement supérieur." ;

b) Au deuxième alinéa du I et aux III, V, VII et VIII, la référence à l'autorité académique est remplacée par la référence au vice-recteur ;

6° A l'article L. 612-3-2 :

a) Au premier alinéa, les mots : "par un établissement privé sous contrat d'association ou" et les mots : "ou un titre ou diplôme de l'enseignement supérieur mentionné au I de l'article L. 6113-5 du code du travail" sont supprimés ;

b) Après le premier alinéa, il est inséré un alinéa ainsi rédigé :

"La procédure nationale de préinscription prévue à l'alinéa précédent n'est pas opposable aux candidats qui ont suivi l'enseignement du second degré dans les îles Wallis-et-Futuna." ;

7° Au premier alinéa de l'article L. 614-1, les mots : ", dans le cadre de la planification nationale et régionale, et du respect des engagements européens" sont supprimés ;

8° Au deuxième alinéa du I de l'article L. 631-1, seule la première phrase est applicable ;

9° Au premier alinéa du II de l'article L. 632-2, les mots : "est réalisé, dans des lieux agréés, en priorité dans les zones mentionnées au 1° de l'article L. 1434-4 du code de la santé publique. Il" sont supprimés ;

10° Les 1°, 2° et 3° de l'article L. 632-12 sont supprimés ;

11° Le deuxième alinéa de l'article L. 633-1 est supprimé ;

12° Au premier alinéa de l'article L. 633-5, les mots : "en application de l'article L. 6111-1 du code de la santé publique" sont supprimés ;

13° Au cinquième alinéa de l'article L. 634-1, les mots : "dans les structures définies au chapitre VI du titre IV du livre Ier de la partie VI du code de la santé publique" sont remplacés par les mots : "dans des établissements publics de santé" ;

14° Au premier alinéa de l'article L. 641-2, les mots : "et celles de l'article L. 6113-1 du code du travail" sont supprimés.

CHAPITRE VI *[NOUVEAU]* POLYNÉSIE FRANÇAISE

Nouvel art. L. 686-1 I. – Sont applicables en Polynésie française, sous réserve des adaptations prévues au II, les dispositions des articles mentionnés dans la colonne de gauche du tableau ci-après, dans leur rédaction indiquée dans la colonne de droite du même tableau :

DISPOSITIONS APPLICABLES	DANS LEUR RÉDACTION
L. 611-1, 1er, 4e et 5e alinéas	Résultant de la loi n° 2020-1674 du 24 décembre 2020
L. 611-2	Résultant de la loi n° 2013-660 du 22 juillet 2013
L. 611-3	Résultant de la loi n° 2018-166 du 8 mars 2018
L. 611-4	Résultant de la loi n° 2015-1541 du 27 novembre 2015
L. 611-5	Résultant de la loi n° 2018-166 du 8 mars 2018
L. 611-6	Résultant de la loi n° 2013-660 du 22 juillet 2013
L. 611-7	Résultant de la loi n° 2010-241 du 10 mars 2010
L. 611-8	Résultant de la loi n° 2016-1321 du 7 octobre 2016
L. 611-9 à L. 611-11	Résultant de la loi n° 2017-86 du 27 janvier 2017
L. 611-12 ; L. 612-1 à L. 612-2	Résultant de la loi n° 2018-166 du 8 mars 2018
L. 612-3	Résultant de la loi n° 2020-1674 du 24 décembre 2020

DISPOSITIONS APPLICABLES	DANS LEUR RÉDACTION
L. 612-3-2	Résultant de la loi n° 2019-791 du 26 juillet 2019
L. 612-4	Résultant de la loi n° 2013-660 du 22 juillet 2013
L. 612-5	Résultant de l'ordonnance n° 2000-549 du 15 juin 2000
L. 612-6	Résultant de la loi n° 2020-1674 du 24 décembre 2020
L. 612-6-1	Résultant de la loi n° 2016-1828 du 23 décembre 2016
L. 612-7	Résultant de la loi n° 2020-1674 du 24 décembre 2020
L. 613-1	Résultant de la loi n° 2018-166 du 8 mars 2018
L. 613-2	Résultant de la loi n° 2013-660 du 22 juillet 2013
L. 613-3 et L. 613-4	Résultant de la loi n° 2016-1088 du 8 août 2016
L. 613-5	Résultant de la loi n° 2020-760 du 22 juin 2020
L. 613-6	Résultant de la loi n° 2002-73 du 17 janvier 2002
L. 613-7	Résultant de la loi n° 2019-791 du 26 juillet 2019
L. 614-1 et L. 614-3, 1er alinéa	Résultant de la loi n° 2013-660 du 22 juillet 2013
L. 621-1 et L. 621-2	Résultant de la loi n° 2005-380 du 23 avril 2005
L. 621-3	Résultant de la loi n° 2018-166 du 8 mars 2018
L. 622-1 à L. 624-1	Résultant de la loi n° 2005-380 du 23 avril 2005
L. 624-2 ; L. 625-1 et L. 625-2	Résultant de la loi n° 2019-791 du 26 juillet 2019
L. 631-1 à L. 632-3	Résultant de la loi n° 2019-774 du 24 juillet 2019
L. 632-4	Résultant de la loi n° 2016-1888 du 28 décembre 2016
L. 632-5	Résultant de l'ordonnance n° 2010-177 du 23 février 2010
L. 632-7	Résultant de la loi n° 2012-409 du 27 mars 2012
L. 632-12	Résultant de la loi n° 2019-774 du 24 juillet 2019

DISPOSITIONS APPLICABLES	DANS LEUR RÉDACTION
L. 633-1	Résultant de la loi n° 2002-73 du 17 janvier 2002
L. 633-2	Résultant de l'ordonnance n° 2017-31 du 12 janvier 2017
L. 633-3, 1er et 3e alinéas	Résultant de l'ordonnance n° 2010-177 du 23 février 2010
L. 633-4	Résultant de l'ordonnance n° 2017-50 du 19 janvier 2017
L. 633-5	Résultant de l'ordonnance n° 2017-31 du 12 janvier 2017
L. 633-6	Résultant de l'ordonnance n° 2000-549 du 15 juin 2000
L. 634-1	Résultant de la loi n° 2009-879 du 21 juillet 2009
L. 641-1	Résultant de l'ordonnance n° 2000-549 du 15 juin 2000
L. 641-2	Résultant de l'ordonnance n° 2019-861 du 21 août 2019
L. 641-3	Résultant de l'ordonnance n° 2000-549 du 15 juin 2000
L. 641-4	Résultant de la loi n° 2003-339 du 14 avril 2003
L. 641-5	Résultant de l'ordonnance n° 2000-549 du 15 juin 2000
L. 642-1	Résultant de la loi n° 2013-660 du 22 juillet 2013
L. 642-2 et L. 642-3	Résultant de l'ordonnance n° 2000-549 du 15 juin 2000
L. 642-4 et L. 642-5	Résultant de l'ordonnance n° 2014-691 du 26 juin 2014
L. 642-6 à L. 642-12	Résultant de l'ordonnance n° 2000-549 du 15 juin 2000
L. 661-1	Résultant de la loi n° 2020-1674 du 24 décembre 2020
L. 675-1	Résultant de l'ordonnance n° 2000-549 du 15 juin 2000

II. – Pour l'application du I :

1° Au premier alinéa de l'article L. 611-1, les mots : ", que ces formations soient assurées par des établissements publics à caractère scientifique, culturel et professionnel définis au titre Ier du livre VII ou par d'autres établissements publics dispensant un enseignement après les études secondaires tels que les lycées comportant des sections de techniciens supérieurs ou des classes préparatoires aux écoles" sont supprimés ;

2° A l'article L. 611-3, les mots : "les régions" sont remplacés par les mots : "la Polynésie française" ;

3° A l'article L. 611-4 :

a) Au premier alinéa, les mots : "et aux bénéficiaires d'une convention de formation prévue à l'article L. 211-5 du code du sport" sont supprimés ;

b) Au deuxième alinéa, les mots : "et des bénéficiaires d'une convention de formation prévue au même article L. 211-5" sont supprimés ;

4° A l'article L. 611-8 :

a) Au premier alinéa, les mots : "du code de la propriété intellectuelle" sont remplacés par les mots : "applicables localement en matière de propriété intellectuelle" ;

b) Au deuxième alinéa, les mots : ", dans la continuité des enseignements dispensés dans le second degré" sont supprimés ;

5° A l'article L. 611-9, après les mots : "article L. 723-3 du code de la sécurité intérieure,", sont insérés les mots : "sous réserve des dispositions du 8° de l'article L. 765-2 du même code," ;

6° Au premier alinéa de l'article L. 612-2, les mots : "qui préparent à la poursuite d'études dans l'enseignement supérieur," sont supprimés ;

7° A l'article L. 612-3 :

a) Au deuxième alinéa du I, les mots : ", dans le prolongement de celui proposé au cours de la scolarité du second degré," sont supprimés ;

b) Le deuxième alinéa du V est remplacé par un alinéa ainsi rédigé :

"Pour l'accès à ces mêmes formations et compte tenu du nombre de candidats résidant en Polynésie française, l'autorité académique fixe un pourcentage maximal de bacheliers retenus ne résidant pas en Polynésie française." ;

c) Au 3° du même V, après le mot : "académie", sont insérés les mots : "ou territoire" ;

d) Au sixième alinéa du même V, les mots : "résidant dans une autre académie" sont remplacés par les mots : "ne résidant pas en Polynésie française" ;

e) Au septième alinéa du même V, les mots : "du périmètre de l'académie" sont remplacés par les mots : "du territoire de la Polynésie française" et les mots : "en lieu et place de l'académie" sont supprimés ;

f) Au premier alinéa du VI, les mots : "sections de techniciens supérieurs,"et les mots : "aux formations de l'enseignement supérieur dispensées dans les lycées," sont supprimés ;

g) Au VII, les mots : "pour l'accès aux sections de techniciens supérieurs et", les mots : "respectivement un pourcentage minimal de bacheliers professionnels retenus et" et les mots : "et les proviseurs des lycées ayant des sections de techniciens supérieurs" sont supprimés ;

h) Le même VII est complété par un alinéa ainsi rédigé :

"Une convention entre le vice-recteur de Polynésie française et le gouvernement de la Polynésie française fixe les modalités d'application de l'alinéa précédent en ce qui concerne les sections de techniciens supérieurs." ;

i) Au IX, les mots : "à son inscription en tant que sportif de haut niveau sur la liste mentionnée au premier alinéa de l'article L. 221-2 du code du sport" sont remplacés par les mots : "à son inscription, au niveau national, sur la liste des sportifs de haut niveau" ;

j) Les deuxième et troisième alinéas du XIII sont supprimés ;

8° Au premier alinéa de l'article L. 612-3-2, les mots : "par un établissement privé sous contrat d'association ou" et les mots : "ou un titre ou diplôme de l'enseignement supérieur mentionné au I de l'article L. 6113-5 du code du travail" sont supprimés ;

9° Au premier alinéa de l'article L. 614-1, les mots : ", dans le cadre de la planification nationale et régionale, et du respect des engagements européens" sont supprimés ;

10° Au premier alinéa de l'article L. 614-3, les mots : "des conseils régionaux" sont remplacés par les mots : "de l'assemblée et du gouvernement de la Polynésie française" ;

11° Pour son application en Polynésie française, le premier alinéa de l'article L. 625-1 est remplacé par deux alinéas ainsi rédigés :

"L'institut national supérieur du professorat et de l'éducation organise, sans préjudice des missions confiées aux écoles normales supérieures, la formation initiale des futurs enseignants et des personnels d'éducation et participe à leur formation continue. Il accueille aussi les personnels exerçant une activité au sein des écoles et des établissements scolaires dans le cadre des formations professionnelles.

"L'État, la Polynésie française et l'université de la Polynésie française concluent une convention pour déterminer les plans de formation et les financements y afférents concernant les personnels mentionnés à l'alinéa précédent." ;

12° Au deuxième alinéa du I de l'article L. 631-1, seule la première phrase est applicable ;

13° Au premier alinéa du II de l'article L. 632-2, les mots : "est réalisé, dans des lieux agréés, en priorité dans les zones mentionnées au 1° de l'article L. 1434-4 du code de la santé publique. Il" sont supprimés ;

14° Les 1°, 2° et 3° de l'article L. 632-12 sont supprimés ;

15° Le deuxième alinéa de l'article L. 633-1 est supprimé ;

16° Au premier alinéa de l'article L. 633-5, les mots : "en application de l'article L. 6111-1 du code de la santé publique" sont supprimés ;

17° Au cinquième alinéa de l'article L. 634-1, les mots : "dans les structures définies au chapitre VI du titre IV du livre Ier de la partie VI du code de la santé publique" sont remplacés par les mots : "dans des établissements publics de santé" ;

18° Au premier alinéa de l'article L. 641-2, les mots : "et celles de l'article L. 6113-1 du code du travail" sont supprimés.

Nouvel art. L. 686-2 Le ministre chargé de l'enseignement supérieur exerce les compétences dévolues par le présent livre au recteur d'académie, chancelier des universités, sous réserve des compétences prévues aux articles L. 612-3 et L. 613-7 qui sont exercées par le vice-recteur de Polynésie française.

Nouvel art. L. 686-3 Pour l'application du chapitre II du titre III du présent livre, les modalités d'organisation de la formation des internes dans les services et départements formateurs de la Polynésie française font l'objet entre l'université de rattachement et le territoire d'une convention agréée par arrêté des ministres chargés de la santé, de l'enseignement supérieur et de l'outre-mer.

CHAPITRE VII *[NOUVEAU]* NOUVELLE-CALÉDONIE

Nouvel art. L. 687-1 I. – Sont applicables en Nouvelle-Calédonie, sous réserve des adaptations prévues au II, les dispositions des articles mentionnés dans la colonne de gauche du tableau ci-après, dans leur rédaction indiquée dans la colonne de droite du même tableau :

DISPOSITIONS APPLICABLES	DANS LEUR RÉDACTION
L. 611-1	Résultant de la loi n° 2020-1674 du 24 décembre 2020
L. 611-2	Résultant de la loi n° 2013-660 du 22 juillet 2013
L. 611-3	Résultant de la loi n° 2018-166 du 8 mars 2018
L. 611-4	Résultant de la loi n° 2015-1541 du 27 novembre 2015
L. 611-5	Résultant de la loi n° 2018-166 du 8 mars 2018
L. 611-6	Résultant de la loi n° 2013-660 du 22 juillet 2013

DISPOSITIONS APPLICABLES	DANS LEUR RÉDACTION
L. 611-7	Résultant de la loi n° 2010-241 du 10 mars 2010
L. 611-8	Résultant de la loi n° 2016-1321 du 7 octobre 2016
L. 611-9 à L. 611-11	Résultant de la loi n° 2017-86 du 27 janvier 2017
L. 611-12 ; L. 612-1 à L. 612-2	Résultant de la loi n° 2018-166 du 8 mars 2018
L. 612-3	Résultant de la loi n° 2020-1674 du 24 décembre 2020
L. 612-3-2	Résultant de la loi n° 2019-791 du 26 juillet 2019
L. 612-4	Résultant de la loi n° 2013-660 du 22 juillet 2013
L. 612-5	Résultant de l'ordonnance n° 2000-549 du 15 juin 2000
L. 612-6	Résultant de la loi n° 2020-1674 du 24 décembre 2020
L. 612-6-1	Résultant de la loi n° 2016-1828 du 23 décembre 2016
L. 612-7	Résultant de la loi n° 2020-1674 du 24 décembre 2020
L. 613-1	Résultant de la loi n° 2018-166 du 8 mars 2018
L. 613-2	Résultant de la loi n° 2013-660 du 22 juillet 2013
L. 613-3 et L. 613-4	Résultant de la loi n° 2016-1088 du 8 août 2016
L. 613-5	Résultant de la loi n° 2020-760 du 22 juin 2020
L. 613-6	Résultant de la loi n° 2002-73 du 17 janvier 2002
L. 613-7	Résultant de la loi n° 2019-791 du 26 juillet 2019
L. 614-1 et L. 614-3, 1er alinéa	Résultant de la loi n° 2013-660 du 22 juillet 2013
L. 621-1 et L. 621-2	Résultant de la loi n° 2005-380 du 23 avril 2005
L. 621-3	Résultant de la loi n° 2018-166 du 8 mars 2018
L. 622-1 à L. 624-1	Résultant de la loi n° 2005-380 du 23 avril 2005
L. 624-2 ; L. 625-1 et L. 625-2	Résultant de la loi n° 2019-791 du 26 juillet 2019

DISPOSITIONS APPLICABLES	DANS LEUR RÉDACTION
L. 631-1 à L. 632-3	Résultant de la loi n° 2019-774 du 24 juillet 2019
L. 632-4	Résultant de la loi n° 2016-1888 du 28 décembre 2016
L. 632-5	Résultant de l'ordonnance n° 2010-177 du 23 février 2010
L. 632-7	Résultant de la loi n° 2012-409 du 27 mars 2012
L. 632-12	Résultant de la loi n° 2019-774 du 24 juillet 2019
L. 633-1	Résultant de la loi n° 2002-73 du 17 janvier 2002
L. 633-2	Résultant de l'ordonnance n° 2017-31 du 12 janvier 2017
L. 633-3, 1er et 3e alinéas	Résultant de l'ordonnance n° 2010-177 du 23 février 2010
L. 633-4	Résultant de l'ordonnance n° 2017-50 du 19 janvier 2017
L. 633-5	Résultant de l'ordonnance n° 2017-31 du 12 janvier 2017
L. 633-6	Résultant de l'ordonnance n° 2000-549 du 15 juin 2000
L. 634-1	Résultant de la loi n° 2009-879 du 21 juillet 2009
L. 641-1	Résultant de l'ordonnance n° 2000-549 du 15 juin 2000
L. 641-2	Résultant de l'ordonnance n° 2019-861 du 21 août 2019
L. 641-3	Résultant de l'ordonnance n° 2000-549 du 15 juin 2000
L. 641-4	Résultant de la loi n° 2003-339 du 14 avril 2003
L. 641-5	Résultant de l'ordonnance n° 2000-549 du 15 juin 2000
L. 642-1	Résultant de la loi n° 2013-660 du 22 juillet 2013
L. 642-2 et L. 642-3	Résultant de l'ordonnance n° 2000-549 du 15 juin 2000
L. 642-4 et L. 642-5	Résultant de l'ordonnance n° 2014-691 du 26 juin 2014

DISPOSITIONS APPLICABLES	DANS LEUR RÉDACTION
L. 642-6 à L. 642-12	Résultant de l'ordonnance n° 2000-549 du 15 juin 2000
L. 661-1	Résultant de la loi n° 2020-1674 du 24 décembre 2020
L. 675-1	Résultant de l'ordonnance n° 2000-549 du 15 juin 2000

II. – Pour l'application du I :

1° A l'article L. 611-3, les mots : "les régions" sont remplacés par les mots : "la Nouvelle-Calédonie" ;

2° A l'article L. 611-4 :

a) Au premier alinéa, les mots : "et aux bénéficiaires d'une convention de formation prévue à l'article L. 211-5 du code du sport" sont supprimés ;

b) Au deuxième alinéa, les mots : "et des bénéficiaires d'une convention de formation prévue au même article L. 211-5" sont supprimés ;

3° A l'article L. 611-8 :

a) Au premier alinéa, les mots : "du code de la propriété intellectuelle" sont remplacés par les mots : "applicables localement en matière de propriété intellectuelle" ;

b) Au deuxième alinéa, les mots : ", dans la continuité des enseignements dispensés dans le second degré" sont supprimés ;

4° A l'article L. 611-9 :

a) Les mots : "d'un engagement de sapeur-pompier volontaire prévu à l'article L. 723-3 du code de la sécurité intérieure," sont supprimés ;

b) Après les mots : "au II de l'article L. 120-1 du code du service national", sont insérés les mots : "sous réserve des dispositions du 6° de l'article L. 120-34 du même code" ;

5° A l'article L. 612-3 :

a) Au deuxième alinéa du I, les mots : ", dans le prolongement de celui proposé au cours de la scolarité du second degré," sont supprimés ;

b) Après le deuxième alinéa du même I, il est inséré un alinéa ainsi rédigé :

"Pour l'accès aux formations d'enseignement supérieur en Nouvelle-Calédonie, la procédure de préinscription prévue à l'alinéa précédent est adaptée afin de respecter le calendrier scolaire et universitaire propre à la Nouvelle-Calédonie." ;

c) Le deuxième alinéa du V est remplacé par un alinéa ainsi rédigé :

"Pour l'accès à ces mêmes formations et compte tenu du nombre de candidats résidant en Nouvelle-Calédonie, l'autorité académique fixe un pourcentage maximal de bacheliers retenus ne résidant pas en Nouvelle-Calédonie." ;

d) Au 3° du même V, après le mot : "académie" sont insérés les mots : "ou territoire" ;

e) Au sixième alinéa du même V, les mots : "résidant dans une autre académie" sont remplacés par les mots : "ne résidant pas en Nouvelle-Calédonie" ;

f) Au septième alinéa du même V, les mots : "du périmètre de l'académie" sont remplacés par les mots : "du territoire de la Nouvelle-Calédonie" et les mots : "en lieu et place de l'académie" sont supprimés ;

g) Au IX, les mots : "à son inscription en tant que sportif de haut niveau sur la liste mentionnée au premier alinéa de l'article L. 221-2 du code du sport" sont remplacés par les mots : "à son inscription, au niveau national, sur la liste des sportifs de haut niveau" ;

6° Au premier alinéa de l'article L. 612-3-2, les mots : "ou un titre ou diplôme de l'enseignement supérieur mentionné au I de l'article L. 6113-5 du code du travail" sont supprimés ;

7° A l'article L. 613-7, les mots : "au 1er janvier" sont remplacés par les mots : "au 30 avril" ;

8° Au premier alinéa de l'article L. 614-1, les mots : ", dans le cadre de la planification nationale et régionale, et du respect des engagements européens" sont supprimés ;

9° Au premier alinéa de l'article L. 614-3, les mots : "des conseils régionaux" sont remplacés par les mots : "du gouvernement de la Nouvelle-Calédonie" ;

10° A l'article L. 625-1 :

***a)* Au premier alinéa, les mots : "Ils accueillent aussi" sont remplacés par les mots : "Ils peuvent aussi accueillir" ;**

***b)* Au second alinéa, les mots : "des premier et second degrés" sont remplacés par les mots : "du second degré" et après les mots : "un ou plusieurs stages", sont ajoutés les mots : "organisés avec l'accord du gouvernement de la Nouvelle-Calédonie" ;**

11° Au deuxième alinéa du I de l'article L. 631-1, seule la première phrase est applicable ;

12° Au premier alinéa du II de l'article L. 632-2, les mots : "est réalisé, dans des lieux agréés, en priorité dans les zones mentionnées au 1° de l'article L. 1434-4 du code de la santé publique. Il" sont supprimés ;

13° Les 1°, 2° et 3° de l'article L. 632-12 sont supprimés ;

14° Le deuxième alinéa de l'article L. 633-1 est supprimé ;

15° Au premier alinéa de l'article L. 633-5, les mots : "en application de l'article L. 6111-1 du code de la santé publique" sont supprimés ;

16° Au cinquième alinéa de l'article L. 634-1, les mots : "dans les structures définies au chapitre VI du titre IV du livre Ier de la partie VI du code de la santé publique" sont remplacés par les mots : "dans des établissements publics de santé" ;

17° Au premier alinéa de l'article L. 641-2, les mots : "et celles de l'article L. 6113-1 du code du travail" sont supprimés.

Nouvel art. L. 687-2 **Le ministre chargé de l'enseignement supérieur exerce les compétences dévolues par le présent livre au recteur d'académie, chancelier des universités, sous réserve des compétences dévolues à l'autorité académique et au recteur chancelier par les articles L. 612-3 et L. 613-7 qui sont exercées par le vice-recteur de Nouvelle-Calédonie.**

Nouvel art. L. 687-3 **Pour l'application du chapitre II du titre III du présent livre, les modalités d'organisation de la formation des internes dans les services et départements formateurs de la Nouvelle-Calédonie font l'objet entre l'université de rattachement et le territoire d'une convention agréée par arrêté des ministres chargés de la santé, de l'enseignement supérieur et de l'outre-mer.**

LIVRE SEPTIÈME LES ÉTABLISSEMENTS D'ENSEIGNEMENT SUPÉRIEUR

COMMENTAIRE

Le livre VII sur *« les établissements d'enseignement supérieur »* s'ouvre par un titre sur les *« établissements publics à caractère scientifique, culturel et professionnel »*v qui constitue depuis la loi Savary de 1984 le cadre juridique dans lequel sont organisés les universités et les autres établissements que sont les écoles et les instituts extérieurs, les écoles normales supérieures, les grands établissements et les communautés d'universités et d'établissements (titre I) avant de traiter des instituts nationaux supérieurs de professorat et d'éducation (INSPÉ, nouvelle appellation des ESPÉ depuis la loi du 26 juillet 2019 pour une école de la confiance, Titre II) composantes dont la spécificité justifie leur classement dans un titre propre), des *« établissements d'enseignement supérieur privés »* (titre III), des *« établissements d'enseignement supérieur à caractère administratif placés sous la tutelle du ministre chargé de l'enseignement supérieur »* (titre IV qui ne comprend qu'un seul article L.) et des *« établissements d'enseignement supérieur spécialisés »* (établissements d'enseignement supérieur agricole et vétérinaire, écoles de commerce, écoles nationales des mines, écoles supérieures militaires, écoles sanitaires et sociales, écoles de la marine marchande, établissement d'enseignement supérieur de la musique, de la danse, du théâtre et des arts du cirque ajoutés par l'art. 102 de la loi Raffarin du 13 août 2004). Un dernier titre contient quelques dispositions communes sans relations entre elles (art. L. 762-1 : incapacité de siéger aux conseils des EPSCP ; art. L. 762-2 donnant la possibilité à l'État de confier la maîtrise d'ouvrage des constructions universitaires aux établissements publics d'enseignement supérieur ; art. L. 762-3 : renvoi à l'art. L. 762-3 C. rech. permettant aux EPSCP de confier par convention à des personnes morales de droit privé le soin d'assurer des prestations de services, de gérer des contrats de recherche, d'exploiter des brevets et licences et de commercialiser les produits de leurs activités).

Le décret n° 2013-756 du 19 août 2013 a assuré la codification de la partie réglementaire, notamment des dispositions relatives à la sécurité des biens et des personnes (art. R. 712-1 à R. 712-8), à la discipline (art. R. 712-9 à R. 712-46), au régime électoral (art. D. 719-1 à D. 719-47-5) et au régime financier (art. R. 712-48 à R. 719-112).

L'ordonnance n° 2018-1131 du 12 décembre 2018 relative à l'expérimentation de nouvelles formes de rapprochement, de regroupement ou de fusion des établissements d'enseignement supérieur et de recherche prévoit que les EPSCP devenant établissements-composantes d'un établissement public expérimental peuvent déroger aux dispositions du livre VII dans le respect des principes mentionnés à l'article L. 711-4 (indépendance des enseignants-chercheurs, représentation propre et authentique, élection) et dans la mesure strictement nécessaire à l'organisation et au fonctionnement de l'établissement public expérimental.

L'article 34 de la loi n° 2020-1674 du 24 décembre 2020 de programmation de la recherche simplifie les règles de transformation par décret des établissements publics administratifs en EPSCP en abrogeant les dispositions de l'article L. 711-5 tombées en désuétude (l'arrêté fixant la liste des établissements dont les statuts devaient être élaborés par des assemblées provisoires n'ayant jamais été pris). ❑

TITRE PREMIER LES ÉTABLISSEMENTS PUBLICS À CARACTÈRE SCIENTIFIQUE, CULTUREL ET PROFESSIONNEL

BIBL. GÉN. ▸ ALLÈGRE, L'âge des savoirs. Pour une renaissance de l'université, *Gallimard, coll. Le Débat, 1993.* – BELLET, GARNIER, LÉVÊQUE et PÉRILLIER, Observations sur le fonctionnement des établissements d'enseignement supérieur, *MEN, Rapp. IGAEN, août 2000.* – BUSINO, Plaidoyer pour l'université, *Esprit, août-sept. 2001. 23.* – CASANOVA, Une nouvelle chance pour les universités, *Le Monde, 22 déc. 2006. 2.* – CERPENTIER, Le mal universitaire. Diagnostic et traitement, *Laffont, coll. Essais, 1988.* – CHARLES, Justice sociale et enseignement supérieur : une étude comparée en Angleterre, en France et en Suède, *Thèse Université Bordeaux-II, juin 2013.* – COTTEREAU, Enseignement supérieur, *J.-Cl. Adm., fasc. 232.* – JACQUE et ROLLOT, Enseignement supérieur : y a-t-il trop d'universités ?, *Le Monde, 14 déc. 2006. 24.* – LARROUTUROU, Rapport sur le paysage universitaire parisien, *oct. 2009.* – LE BRIS, Les universités à la loupe, *Économica, 1986.* – MASCRET, Enseignement supérieur et recherche en France : une ambition d'excellence, *La Doc. fr., coll. Les études, 2015.* – Monteil, L'enseignement supérieur : un nouveau chemin ?, *in* L'Université française : une nouvelle autonomie, un nouveau management, *Presses universitaires de Grenoble (PUG), coll. Libres cours, 2012. 533.* – Pastor, Le rapport Larrouturou préconise le regroupement des universités parisiennes, *AJDA 2009. 1802*. – Pol, Le débat universitaire en France. De la montée des tensions à la reconfiguration du paysage universitaire, *Revue internationale d'éducation, n° 45, sept. 2007.* – Renaut, Que faire des universités ?, *Bayard, 2002.* – Schlenker, Université : pour une nouvelle ambition, *Institut Montaigne, coll. Études, avr. 2015.* – Valade, Évolution de l'université : des préjugés qui ne résistent pas à la concertation, *Sénat, Rapport d'information 2003-2004, n° 160, janv. 2004.* – Vogel, L'Université, une chance pour la France, *Quadrige Essais-Débats, PUF, 2010.* – Où va l'université ?, *Rapport au Président de la République, CNE, 1987.* – Observations sur le fonctionnement des établissements d'enseignement supérieur, *MEN, Rapp. IGAEN, juill. 2000.* – Priorités pour l'université, *Rapport au Président de la République, CNE, 1989.* – Universités : les chances de l'ouverture, *Rapport au Président de la République, CNE, 1991.* – Enseignement supérieur : autonomie, comparaison, harmonisation, *Rapport au Président de la République, Doc. fr., 1999.* – Rapport d'étude sur les établissements publics, *Conseil d'État, Étude adoptée par l'ass. gén. plén., 15 oct. 2009.* – L'état de l'enseignement supérieur et de la recherche en France. 42 indicateurs, *MESR, n° 5, déc. 2011 ; www.enseignementsup-recherche.gouv.fr.* – L'université pour l'avenir. Avenir des universités, *CPU le mag, n° 5, avr. 2012. 11.* – Une université au service des savoirs et de la société. Diagnostic, perspectives et propositions pour une refondation de l'Espace de l'enseignement supérieur et de la recherche, *Qualité de la science française : http://www.qsf.fr/wp-content/uploads/2017/03/Pour-une-université-au-service-des-savoirs-et-de-la-société.pdf.*

► **Histoire :** Aust, Des facultés aux universités. Appliquer la loi Faure à Lyon (1968-1973), *in* La loi Edgar Faure. Réformer l'université après 1968, *Presses universitaires de Rennes, 2016.* – Jalabert, Transformer l'université. La politique pour l'enseignement supérieur avant la loi Faure (1958-1968), *in* La loi Edgar Faure. Réformer l'université après 1968, *Presses universitaires de Rennes, 2016.* – Le Nevé, Le schisme de 1793, *in* Shanghai Revolution, *Le Monde, 13 août 2020. 18.* – Minot, Histoire des universités, *PUF, coll. Que sais-je ?, 1991.* – Musselin, La longue marche des universités françaises, *PUF, coll. Sciences sociales et Société, 2001* ; L'évolution des universités depuis vingt ans *in* Éducation. Les enjeux, *Doc. fr., coll. Regards sur l'actualité, n° 293, août-sept. 2003.* – Poucet, Charles de Gaulle, l'Université et le monde universitaire, *in* La loi Edgar Faure. Réformer l'université après 1968, *Presses universitaires de Rennes, 2016.* – Prost, La loi Faure, de Matignon à l'Élysée, *in* La loi Edgar Faure. Réformer l'université après 1968, *Presses universitaires de Rennes, 2016.* – Valence et Poucet (dir.), La loi Edgar Faure. Réformer l'université après 1968, *Presses universitaires de Rennes, 2016.* – Verger, Révolte et réforme : de mai 68 à la loi Faure, *Vie universitaire, n° 115, avr. 2008. 5.* – Verger et Charle, Histoire des universités, *PUF, coll. Que sais-je ?, 1994.*

► **Territoires :** Audras, Irréversibilité et Imprévisibilité : la complexité du projet : le cas du projet de 5e université dans le nord-est de Midi-Pyrénées, *Thèse, Université de Toulouse 1, 2009.* – Latouille, L'université de Valence en Dauphiné (1452-2000) : d'une intention pédagogique à une volonté politique : les enjeux d'une implantation et d'un développement paradoxaux, *Thèse, Université de Lyon 2, 2003.* – Morin, L'Université en ses territoires : l'Enseignement Supérieur et la Recherche comme opérateur territorial, *Thèse, Université de Grenoble Alpes, 2016.*

► **Europe :** Aghion, Dewatripont, Hoxby, Mas-Colell et Sapir, Why reform Europe's universities, *Bruegel, bruegelpolicybrief, 2007/04 sept. 2007.* – Friedberg et Musselin, L'État face aux universités en France et en Allemagne, *Economica, 1993.* – Minot, L'État face aux universités en France et en Allemagne, *Anthropos-Economica, 1993.* – Pertek, L'Europe des universités, *AJDA 1990. 233*. – University Autonomy in Europe. Autonomy scoreboard, *European University Association (EUA) : http://www.university-autonomy.eu/.*

► **International :** Andes, Hidden in plain sight : The oversized impact of downtown universities, *Brookings Institution, oct. 2017 : https://www.brookings.edu/wp-content/uploads/2017/10/2017-10-10_ocs_bass_downtown_universities_scott_andes_full.pdf.* – Belloc, Le système public d'enseignement supérieur californien. Quels enseignements pour la France ?, *Fondation pour l'innovation politique, mai 2005.* – Finney, Perna et Callan, Renewing the Promise : State Policies to Improve Higher Education Performance, Institute for research on higher education, University of Pennsylvania, *State higher education executive officers association, févr. 2014* ; *Dépêche AEF n° 477055, 17 mars 2014.* – Hughes, Lawson, Salter, Kitson, with Bullock and Hughes, The Changing State of Knowledge Exchange : UK Academic Interactions with External Organisations 2005-2015, *NCUB, London, 2016.* – Khan et Davidenkoff, Les universités sont-elles solubles dans la mondialisation ?, *Hachette, 2006.* – Pol et Sursock, Internationalisation of higher education, Study Directorate-general for internal policies, Policy department B : structural and cohesion policies, *Rapp. Parlement européen, n° IP/B/CULT/IC/2014-002, mai 2015.* – Thelin, Essential Documents in the History of American Higher Education, *The Johns Hopkins University Press, 2014* ; A History of American Higher Education, *The Johns Hopkins University Press, 2004 ; 2e éd., 2011.*

▸ **Loi LRU : Autonomie des universités :** V. Bibl. ss. art. L. 712-8.

▸ **Loi LRU : Autonomie patrimoniale :** V. Bibl. ss. art. L. 719-14.

▸ **Loi ESR (loi Enseignement supérieur et recherche) :** V. aussi Bibl. ss. livre VII, titre I, chapitre II.

Aghion, Bourguignon et Tirole, Non à la politique du rabot ! Atteindre l'excellence exige une meilleure gouvernance *in* Université, Pourquoi une nouvelle réforme ?, *Le Monde, 26 avr. 2013. 18.* – Beaud, Caille, Encrenaz, Gauchet et Vatin, Il est temps de sortir de l'autonomie de façade des universités françaises, *Le Monde, 25 oct. 2012. 25.* – Doucet et Apparu, Mission sur l'application de la loi du 22 juillet 2013 relative à l'enseignement supérieur et à la recherche, *Ass. nat., Rapp. d'information n° 4062, 28 sept. 2016.* – Fortier, Les universités dans la loi du 22 juillet 2013, *AJDA 2013. 2251* ✎. – Jay, ESR : ce que change la nouvelle loi, *Dossier, L'ORS.fr, n° 79, janv. 2013.* – Le Deaut, Refonder l'université, dynamiser la recherche, mieux coopérer pour réussir, *Doc. fr., coll. Rapp. officiels, janv. 2013.* – Tison, La loi relative à l'enseignement supérieur et à la recherche, *LIJ 2013, n° 179, p. 17.*

▸ **Loi ESR : ESPÉ :** V. Bibl. ss. livre VII, titre II, chap. Ier.

▸ **Pilotage, gouvernance :** V. Bibl. ss. art. L. 712-1.

▸ **Classement des universités :** Belloc, La place des universités françaises dans les comparaisons internationales *in* L'Université française : une nouvelle autonomie, un nouveau management, *Presses universitaires de Grenoble (PUG), coll. Libres cours, 2012. 153.* – Bourdin, Le défi des classements dans l'enseignement supérieur, Rapport d'information, *Sénat, n° 442, 2 juill. 2008 ; www.senat.fr ; AJDA 2008. 1363* ✎. – Canto-Sperber, L'enjeu de la carte universitaire française, *Le Monde, 27 mai 2008. 17.* – Carayol, Filliatreau, Lahatte, Impact, dominance et classement des universités, *in* Compétition, productivité, incitations et carrières dans l'enseignement supérieur et la recherche, *Les Presses Sciences Po,* coll. Revue économique, vol. 66, n° 1, janv. 2015. 173. – Charpin, Filliatreau, Aimé, Dulbecco et Foucault, La prise en compte des classements internationaux dans les politiques de site, *Rapp. IGF-IGAENR, n° 2017-036, mai 2017.* – Davidenkoff, Le déclin des campus américains, *in* Shanghai Revolution, *Le Monde, 11 août 2020. 18.* – Dhainaut, Les universités française vues au prisme de l'évaluation, *in* L'Université française : une nouvelle autonomie, un nouveau management, *Presses universitaires de Grenoble (PUG), coll. Libres cours, 2012. 58.* – Dizambourg, L'enseignement supérieur : une compétition mondiale ?, *Revue internationale d'éducation, n° 45, sept. 2007.* – Dourlens, Dans la bataille des *rankers*, qui décrochera la première place ?, *La synthèse de l'ORS, n° 39, oct.-nov.-déc. 2010. 21* ; Dans la jungle des classements, *ORS, n° 39, oct.-nov.-déc. 2010. 20.* – Fert, Comment le classement de Shanghai désavantage nos universités, *Le Monde, 27 août 2008.* – Filliatreau et Vidal, Le projet de classement européen des établissements d'enseignement supérieur U-Multirank, *in* Palmarès et classements en éducation, *CIEP, Revue internationale d'éducation de Sèvres, n° 54, sept. 2010.* – Floc'h, Les classements sont devenus incontournables, *Le Monde, Universités et grandes écoles, 6 oct. 2011. 14.* – Franc, Les classements internationaux examinés à la loupe par l'EUA, *La synthèse de l'ORS, n° 36, janv.-févr.-mars 2010. 9.* – Gourdon et Nunes, Classement de Shanghaï : la France à la traîne, Le Monde, 16 août 2019. 7. – Jacquet, L'université française mal notée, *Le Monde, 17 sept. 2010. 20* ; Des universités déclassées à tort, *Le Monde, 9 déc. 2006. 21.* – De Ketele, Faces visibles et cachées des classements internationaux. Une tentative de modélisation des tensions dans l'enseignement supérieur, *in* Palmarès et classements en éducation, *CIEP, Revue internationale d'éducation de Sèvres, n° 54, sept. 2010.* – Lebrain, Classer les classements, *Le Monde, Campus, 3 avr. 2002. 18.* – Le Névé, Paris-Saclay, 14e dans le classement de Shanghaï, *Le Monde, 18 août 2020. 10.* – Leplatre, Quinze ans après, le classement de Shanghaï fait encore polémique, *Le Monde, Universités et grandes écoles, 20 déc. 2018. 2.* – Lussault, Palmarès et classements : la formation et la recherche sous tension, *in* Palmarès et classements en éducation, *CIEP, Revue internationale d'éducation de Sèvres, n° 54, sept. 2010.* – De Marsily, Des universités françaises mieux classées, *Le Monde, 26 juill. 2007. 16.* – Perucca, L'Europe lance son classement des universités, *Le Monde, 15 nov. 2008, 4.* – Piovezan, Classements : les "conglomérats intégrés" que la France veut créer peuvent-ils devenir des universités de rang mondial ? (entretien de Jamil Salmi), *AEF 19 oct. 2016, Dépêche n° 547913.* – Rey-Lefebvre, Réussite des étudiants : la revanche des petites universités, *Le Monde, 2 mai 2013. 12.* – Robertson et Olds, Étude de la mondialisation des classements universitaires. Projets, programmes et transformations sociales, *in* Palmarès et classements en éducation, *CIEP, Revue* *internationale d'éducation de Sèvres, n° 54, sept. 2010.* – ROLLOT, Les établissements français restent peu visibles dans le classement mondial des universités, *Le Monde, 20 juin 2007. 14* ; La France veut hisser ses universités dans les classements mondiaux, *Le Monde, 3 juill. 2008. 11.* – SENIK, Les classements, un mal nécessaire ?, « Ils affectent l'estime de soi des étudiants », *Le Monde, Universités et grandes écoles, 20 déc. 2018. 8.* – TALBOT, Le cauchemar des doyens américains, *Le Monde, Campus, 3 avr. 2002. 10.* – TOURY, Les classements, un mal nécessaire ? « Il est urgent que l'Europe s'en saisisse ! », *Le Monde, Universités et grandes écoles, 20 déc. 2018. 8.* – VERNON, BALAS et MOMANI, Are university rankings useful to improve research ? A systematic review, *Plos One, 7 mars 2018 : http://journals.plos.org/plosone/article/file?id=10.1371/journal.pone.0193762&type=printable.* – Le classement de Shanghai, *ORS, Dossier du n° 1, 1er nov. 2005.* – Le classement de Shanghai 2008, *Vie universitaire, n° 115, avr. 2008. 5.* – Classement des universités, réflexions sur leur(s) rôle(s), *Vie universitaire, n° 115, avr. 2008. 5.* – Dans la jungle des classements, *Dossier, La synthèse de l'ORS, n° 39, oct.-nov.-déc. 2010. 20.* – Spécial classements internationaux, *ORS, Dossier n° 55, 19 oct. 2010.* – Livre blanc des classements internationaux. Pour se repérer entre réalités & perceptions (compétitivité, attractivité, innovation et enseignement supérieur), *Business France, 2018 : https://www.businessfrance.fr/Media/Default/PROCOM/M%C3%A9diath%C3%A8que/LIVRE%20BLANC_exe_FR12_BD%20double%20page%20complet.pdf.* – *Benchmarking Higher Education System Performance, OCDE – OECD Publishing, 2019.*

COMMENTAIRE

Le chapitre Ier du livre VII regroupe les principes relatifs à la création et à l'autonomie des établissements publics à caractère scientifique, culturel et professionnel. Les dispositions législatives qu'il regroupe sont issues de la loi Savary n° 84-52 du 26 janvier 1984 relative à l'enseignement supérieur, modifiée notamment par les lois LRU n° 2007-1199 du 10 août 2007, ESR n° 2013-660 du 22 juillet 2013 et LPR n° 2020-1674 du 24 décembre 2020. L'article L. 711-1 comporte désormais neuf alinéas ; les dispositions initiales concernent leur autonomie (al. 1er), leur gestion démocratique (al. 2), le caractère pluridisciplinaire de leur objet (al. 3) ; l'alinéa 4 consacré à l'exercice autonome des missions a été complété par le loi n° 2018-166 du 8 mars 2018 mentionnant l'aide à l'insertion professionnelle. La loi LPR n° 2020-1674 du 24 décembre 2020 consacre au contrat pluriannuel d'établissement trois nouveaux alinéa, 5, 6 et 7 ; de même elle modifie une nouvelle fois le dernier alinéa (devenu al. 8) consacré à l'exercice des missions des EPSCP. Si elle abroge l'alinéa consacré à l'évaluation dans la rédaction précédente, elle mentionne cet impératif à l'alinéa 7 (évaluation du contrat pluriannuel) qui doit être lu en prenant en considération les modifications du code de la recherche destinée à renforcer le rôle du HCERES. La partie réglementaire présente notamment la classification des EPSCP (art. D. 711-1 à D. 711-6) et les règles relatives aux participations et créations de filiales par les EPSCP (art. R. 711-10 à R. 711-16).

La notion d'EPSCP

Les établissements publics à caractère scientifique, culturel et professionnel (EPSCP) sont des établissements publics nationaux d'enseignement supérieur et de recherche jouissant de la ***personnalité morale*** et disposant de ***l'autonomie pédagogique et scientifique, administrative et financière*** (art. L. 711-1, al. 1er). Ils constituent une catégorie particulière d'établissements publics au sens de l'article 34 de la Constitution dont les règles constitutives doivent être fixées par la loi (détermination et rôle de leurs organes de direction et d'administration, conditions de leur élection ou de leur désignation, détermination des catégories de personnes représentées au sein des conseils, catégories de ressources, fonctions et organisation des composantes ayant des compétences propres (V. Cons. const. 28 juill. 1993, *Loi relative aux établissements publics à caractère scientifique, culturel et professionnel : V. note 1 ss. art. L. 711-1*). Cette catégorie rassemble les universités et les grandes écoles (art. L. 711-2 visant les écoles et instituts extérieurs aux universités, V. art. L. 715-1 à L. 715-3 ; les écoles normales supérieures : art. L. 716-1 ; les écoles françaises à l'étranger : art. L. 718-1 ; et les grands établissements : art. L. 717-1) auxquelles s'ajoutent les universités technologiques, qui ont pour mission principale la formation des ingénieurs et le développement de la recherche et de la technologie (art. L. 711-3 ; D. 715-9 à R. 715-9-5, Décr. n° 2018-1169 du 19 dé. 2018).

En pratique, le système français d'enseignement supérieur se caractérise par la multiplicité et l'hétérogénéité des formes d'établissement. La loi ESR du 22 juillet 2013, dont un des objectifs est de simplifier et de clarifier l'organisation de l'enseignement supérieur a créé les communautés d'universités et d'établissements (COMUE) en les qualifiant d'EPSCP (art. L. 711-2-4° et L. 718-7). Au-delà de leur diversité, les EPSCP font l'objet de dispositions communes (composition des conseils, régime financier, contrôle administratif et financier, relations extérieures). Le livre VII, après avoir consacré un titre II aux ESPÉ puis un titre III aux établissements d'enseignement supérieur privés, se termine par un titre IV sur les EPA (établissements d'enseignement supérieur à caractère administratif placés sous la tutelle du ministre chargé de l'enseignement supérieur, art. L. 741-1), et par un titre V qui regroupe les divers établissements d'enseignement supérieur spécialisés aux statuts divers (enseignement agricole et vétérinaire, écoles d'architecture, écoles de commerce, écoles nationales des mines, écoles supérieures militaires, École supérieure maritime, Fondation nationale des sciences politiques, établissements d'enseignement supérieur de la musique, de la danse, du théâtre et des arts du cirque). Si le code de l'éducation distingue les EPSCP des établissements publics à caractère administratif (EPA, dont les IEP de province constituent un exemple), les premiers sont en fait une sous-catégorie des seconds, en voie de diminution (l'École polytechnique, Décr. n° 2015-1176 du 24 sept. 2015, comme l'École nationale supérieure de chimie de Paris, Décr. n° 2015-1286 du 14 oct. 2015, ont récemment été transformées en EPSCP). En droit administratif, on oppose en effet les établissements publics à caractère administratif (qui en principe gèrent un service public administratif et sont soumis au droit public mais peuvent aussi gérer des activités industrielles et commerciales à titre annexe ; c'est le cas des EPSCP et de leur SAIC) aux établissements publics à caractère industriel et commercial (dont la gestion privée s'apparente à celle d'une entreprise) ; même si l'autonomie administrative et financière des EPSCP peut les caractériser au sein de la catégorie EPA, ils n'en appartiennent pas moins à cette catégorie (il en est de même pour les établissements publics d'enseignement supérieur régis par ce livre sans que l'article qui les concerne ne précise leur qualification).

L'ordonnance n° 2018-1131 du 12 décembre 2018 prise sur la base de l'article 52 de la loi n° 2018-727 du 10 août 2018 pour un État au service d'une société de confiance permet en outre d'expérimenter de nouvelles formes de rapprochement, de regroupement ou de fusion des établissements d'enseignement supérieur et de recherche sous la forme d'un EPSCP, dont l'établissement public expérimental (EPE), regroupant plusieurs établissements-composantes pouvant conserver ou non leur personnalité morale.

La diversité des établissements, un legs de l'histoire

La diversité des établissements d'enseignement supérieur, notamment la dualité universités/grandes écoles, est une spécificité qui résulte de l'histoire de l'enseignement supérieur en France. Si, depuis le Moyen Âge, Paris (1215, premiers statuts octroyés par l'Église) et plusieurs villes de province (Montpellier en 1220, Toulouse en 1233, Avignon en 1303, Caen en 1432…) disposaient d'universités organisées en corporation (*universitates*) par des clercs, auxquelles des bulles papales garantissaient la *libertas academica* et les affranchissaient du pouvoir temporel, le pouvoir royal, répondant aux critiques formulées dès le XVIe siècle, créa de nouvelles institutions (Collège de France, 1530, Observatoire de Paris, académies royales) puis plusieurs grandes écoles (École royale des ponts et chaussées en 1743, École royale des arts et métiers en 1780, École des mines en 1783). La Révolution rompt avec l'Église catholique et avec les corporations en supprimant les vingt-deux universités d'Ancien Régime reprenant les analyses de Condorcet, elle institue des écoles à vocation professionnelle en l'an III (1794) l'École polytechnique, l'École normale (créée par le décret de la Convention, 9 brumaire an III mais supprimée en 1795, elle deviendra ENS et s'installera rue d'Ulm en 1847), des « écoles centrales » et des « écoles spéciales » constituant un réseau de grandes écoles dont l'accès est subordonné à un concours. A l'initiative de l'abbé Grégoire, le Conservatoire national des arts et métiers (CNAM) fut fondé la même année pour « perfectionner l'industrie nationale ».

Napoléon Ier créa en 1806 l'***Université impériale*** à laquelle fut confié le ***monopole de l'enseignement*** dispensé alors dans les collèges communaux, les lycées et les facultés, dont le ***monopole de la collation des grades*** fut le corollaire (V. art. L. 613-1). Conçue par l'empereur comme « un moyen de diriger les opinions politiques et morales », elle associait toutefois une organisation hiérarchique (Grand Maître) et une certaine autonomie (budget propre avec, il est vrai, des ressources très faibles, juridiction universitaire, Conseil de l'instruction publique représentant la corporation universitaire). Cette organisation centralisée et bureaucratique (uniformité des programmes), conservée par la Restauration au profit de l'Église catholique sous le nom d'université royale, va être confrontée aux idées développées, notamment en Allemagne par Humboldt (liberté d'enseigner, liaison avec la recherche, organisation en universités complètes).

Après le choc de la défaite de 1871 apparurent tant l'École libre des sciences politiques (1872) que les écoles de commerce (créées et gérées par les chambres de commerce et d'industrie, HEC, 1881) et les écoles d'ingénieurs (École supérieure d'électricité, 1894, École supérieure d'aéronautique, 1909). C'est à cette époque que fut votée la loi Dupanloup de 1875 consacrant la liberté d'établissement. Les « établissements libres » comme les grandes écoles publiques coexistaient alors avec les facultés créées en 1808 qui jouissaient de la personnalité morale (Décr. du 25 juill. 1885), d'un budget propre (L. de finances de 1889), et étaient dirigées par un doyen, même si leur conseil était dans un premier temps présidé par le recteur (Décr. du 28 déc. 1885). La loi du 27 février 1880 garantit le « statut particulier » des universitaires (régime des chaires, absence d'inspection). La loi du 10 juillet 1896, dont l'inspirateur fut Louis Liard, regroupa les facultés de chaque académie, au sein d'une université, le conseil d'université étant présidé par le recteur ; le conseil de faculté présentait au ministre deux noms pour qu'il nommât le doyen. Dans le cadre national marqué par le souvenir de l'université napoléonienne, organisée sur la base des facultés, les traditions libérales avaient pu fonder un système d'« autogestion des corps universitaires » (G. Vedel). Le modèle français d'enseignement supérieur reposait alors sur des relations fortes entre les services du ministère, les corps universitaires, les conférences des doyens assurant la régulation dans chaque groupe de disciplines.

La croissance des effectifs d'étudiants (50 000 en 1920 ; 100 000 en 1945 ; 200 000 en 1960 ; 500 000 en 1968 avant d'atteindre un million à la fin des années 1980 et deux millions aujourd'hui dont 75 % sont inscrits à l'université) mit en lumière l'étroitesse d'un cadre dont les événements de mai 1968 allaient souligner l'inadaptation. Quelques mois plus tard, Edgar Faure, ministre de l'éducation nationale, obtint le vote à l'unanimité de ***la loi d'orientation de l'enseignement supérieur n° 68-978 du 12 novembre 1968 dite « loi Edgar Faure »***, qui reprend la tradition en garantissant les franchises universitaires ; les universités deviennent alors des établissements publics à caractère scientifique et culturel (EPSC), dotés de la personnalité civile et de l'autonomie financière, et sont constituées d'unités d'enseignement et de recherche (UER) dépourvues de personnalité morale (sauf UER de médecine). Elles sont administrées par un conseil élu, dont les professeurs ne sont plus les seuls membres, désignant un président d'université en lieu et place du recteur, qui devient chancelier des universités (art. L. 711-8). Leur organisation repose sur trois principes : autonomie, participation et pluridisciplinarité. A Paris, se constituent toutefois des universités sur des bases disciplinaires. La période voit apparaître de nouvelles formules : après la création des instituts universitaires de technologie (IUT, 1971) rattachés aux universités furent créés des établissements à caractère expérimental (Dauphine, Vincennes), les instituts nationaux polytechniques (INP, 1971) et l'université technologique de Compiègne (1972). Malgré la loi Faure, le ministère continuait à piloter en restant prisonnier de la logique disciplinaire portée par les facultés.

La loi n° 84-52 du 26 janvier 1984 relative à l'enseignement supérieur, dite loi Savary, la corrige sur plusieurs points, qualifiant désormais les universités et certaines grandes écoles d'établissements publics à caractère scientifique, culturel et professionnel (EPSCP), ajoutant alors la dimension professionnelle et transformant les composantes de l'université en unités de formation et de recherche (UFR). Reprise par le code de l'éducation, cette loi met en exergue trois principes : ces établissements sont gérés « de façon ***démocratique*** » (avec la création du conseil des études et de la vie universitaire (CEVU) qui prend place aux côtés du conseil scientifique et du conseil d'administration, cette gestion démocratique prend une forme polysynodique) ; ils sont ***pluridisciplinaires*** et disposent de l'***autonomie***.

Régulièrement, les acteurs et les observateurs du système français d'enseignement supérieur, le comparant aux universités européennes ou américaines, ont regretté les limites de l'autonomie, préconisant de l'approfondir sur le plan tant pédagogique et scientifique qu'administratif et financier. Une première tentative (le projet Devaquet, 1987, comportant il est vrai un début de sélection des étudiants) échoua sous la pression de la rue. La contractualisation des relations entre le ministère et les établissements (1990), contrats quadriennaux négociés sur la base d'un projet global et non plus par discipline, comme la réforme LMD de 2002, qui mit fin aux programmes nationaux des diplômes, permirent de dégager de nouvelles marges de manœuvre. Plus tard, un projet de loi sur l'autonomie des universités présenté par Luc Ferry qui préconisait le passage au budget global intégrant la masse salariale fut brutalement abandonné. On retrouva alors les critiques récurrentes visant tant l'organisation et le fonctionnement des établissements (faiblesse de la gouvernance, difficultés à définir un projet) que les relations entre les établissements et l'État à la tutelle tatillonne et molle (rapport M. Bouvard, A. Claeys, Mission d'évaluation et de contrôle de la gouvernance des universités dans le contexte de la LOLF, Ass. nat., 14 juin 2006), soulignant le paradoxe constitué par des universités sur-administrées mais non pilotées (F. Demichel ; V. Rapport IGAENR, « La modernisation de la gestion publique : un levier pour l'autonomie », *2010*).

Après la *loi Allègre n° 99-587 du 12 juillet 1999 sur l'innovation et la recherche* facilitant les coopérations, la ***loi n° 2006-450 du 18 avril 2006, loi de programme pour la recherche (loi Goulard)*** institua les pôles de recherche et d'enseignement supérieur (PRES) pour faciliter le rapprochement d'universités et d'établissements d'enseignement supérieur d'un même site, permettant alors d'enclencher un mouvement de fusion des universités commencé en 2009 à Strasbourg, se terminant en Lorraine après la dissolution du PRES par le décret n° 2014-390 du 29 mars 2014.

Après l'élection présidentielle de 2007 est rapidement adoptée ***la loi n° 2007-1199 du 10 août 2007, loi relative aux libertés et responsabilités des universités (LRU ou loi Pécresse)***, qui a modifié la gouvernance des universités en renforçant les pouvoirs du président (V. A. Legrand, La démocratie de délégation. Un pari pour l'université, *AJDA 2007. 2135*) et souhaité développer leur autonomie en leur donnant des responsabilités et compétences élargies pour la gestion financière, la GRH et le patrimoine immobilier (RCE, dévolution, fondations). Dans ce nouveau cadre, le Gouvernement a mis en place quelques pôles forts, thématiques, là où précédemment on voulait traiter les universités sur une base égalitaire (plan « Campus », grand emprunt).

L'élection présidentielle de 2012 rouvrit le débat ; des Assises nationales de l'enseignement supérieur et de la recherche permirent de préparer la ***loi n° 2013-660 du 22 juillet 2013 relative à l'enseignement supérieur et à la recherche (loi ESR ou loi Fioraso)***, qui impose une approche stratégique tant pour la recherche (stratégie nationale de recherche, SNR) que pour l'enseignement supérieur (SNES), crée les communautés d'universités et d'établissements (COMUE) qui remplacent les PRES et poursuit la politique de rapprochement des établissements tout en modifiant à nouveau la gouvernance universitaire (par la constitution du conseil académique, contrepoids au conseil d'administration). Le décret n° 2014-1239 du 24 octobre 2014 relatif à des établissements publics à caractère scientifique, culturel et professionnel modifie dix décrets statutaires d'EPSCP pour tirer les conséquences de la loi n° 2013-660 du 22 juillet 2013 relative à l'enseignement supérieur et à la recherche qui a modifié la gouvernance des universités, rendant caducs les renvois opérés par certains décrets d'établissements aux attributions du président et des anciens conseils. Il est en outre tenu compte de la nouvelle dénomination de directeur général des services d'EPSCP retenu par le décret du 23 février 2010 (art. L. 953-2), nommé par le ministre sur proposition du président ou directeur, chargé de la gestion de l'établissement sous l'autorité du président en lieu et place de celle de secrétaire général et de la codification des dispositions réglementaires des livres VI et VII du code de l'éducation. L'ordonnance n° 2014-806 du 17 juillet 2014 modifie les dispositions applicables à l'université des Antilles et de la Guyane pour y adapter la loi n° 2013-660 du 22 juillet 2013 ; les ordonnances n°s 2008-1304 du 11 décembre 2008 et 2014-807 du 17 juillet 2014 modifiant la partie législative du code de l'éducation. L'ordonnance n° 2015-24 du 14 janvier 2015 étend et adapte la loi ESR à Wallis-et-Futuna, à la Polynésie française et à la Nouvelle-Calédonie.

Le nombre des EPSCP est en 2020 de cent quarante et un, il y a soixante et une universités (auxquelles est assimilé un INP ; art. D. 711-1). A leurs côtés, on dénombre vingt-trois ***instituts*** et ***écoles extérieurs aux universités***, dont quatre écoles centrales (art. D. 715-1), sept INSA (art. R. 715-2) et trois universités technologiques (art. D. 715-9, 1°) ; s'y ajoutent trente et un ***« grands établissements »*** (art. D. 711-3), placés sous la tutelle du MESRI (Collège de France, Observatoire de Paris, CNAM, INALCO, EN des Chartes, EPHE, ENSAM... art. D. 717-1), sous la tutelle conjointe du ministre chargé de l'enseignement supérieur et d'autres ministres (Muséum d'histoire naturelle, Centrale-Supélec... art. D. 717-2) ou relevant d'autres ministres (agriculture, équipement, défense... art. D. 717-3), cinq ***écoles françaises à l'étranger*** (art. D. 711-4), quatre ENS (art. D. 711-5). Le nombre des COMUE a fortement diminué, passant de vingt et une en 2016 à huit en 2019 (art. D. 711-6). Les EPSCP expérimentaux (Ord. n° 2018-1131 du 12 déc. 2018) sont désormais au nombre de neuf (Université de Paris, Institut polytechnique de Paris, Université Côte d'Azur, Université polytechnique Hauts-de-France, CY Cergy Paris Université, Université Paris-Saclay, Université Grenoble Alpes, Université Paris sciences et lettres PSL, Université Gustave Eiffel créés par décret en 2019, art. D. 711-6-1).

A ces quarante et un EPSCP s'ajoutent ***vingt-sept établissements publics à caractère administratif (EPA)*** rattachés ou associés à un EPSCP, dont deux écoles nationales supérieures d'ingénieurs (ESNCR, ENSII) et deux écoles nationales d'ingénieurs (Brest, Tarbes), sept IEP de province et seize EPA autonomes (art. D. 741-12), dont l'IAE Paris, la BNU Strasbourg, le Centre universitaire de Mayotte et le Campus Condorce (« établissement public national de coopération à caractère administratif rassemblant les établissements d'enseignement supérieur et les organismes de recherche, publics et privés, qui regroupent tout ou partie de leurs activités et de leurs moyens sur le campus de sciences humaines et sociales dénommé Campus Condorcet », LPR 2020, art. 17, C. rech., art. L. 345-1.). On assiste à une transformation progressive des EPA en EPSCP (École polytechnique : Décr. n° 2015-1176 du 24 sept. 2015, École nationale supérieure de chimie de Paris : Décr. n° 2015-1286 du 14 oct. 2015).

L'autonomie des EPSCP

Les EPSCP, comme tous les établissements publics, disposent de la personnalité morale qui leur donne une capacité juridique leur permettant de passer des contrats, de recruter des personnels, d'acheter ou de vendre, de disposer d'un patrimoine, de voir leur responsabilité engagée ou d'ester en justice (contrairement au droit commun des établissements publics administratifs, les EPSCP peuvent même recourir à l'arbitrage, art. L. 711-1, al. 6). La loi dispose « ***Ils sont autonomes*** » (art. L. 711-1, al. 4), autonomie leur permettant à leurs organes de prendre des décisions (ou délibérations dans le cas du conseil d'administration et, dans une moindre mesure, du conseil académique) en la situant sur deux axes, pédagogique et scientifique pour l'un, administratif et financier pour l'autre. Si être autonome permet de prendre ses propres décisions, l'autonomie ne signifie pas pour autant indépendance. Comme il est précisé à l'article L. 711-1, alinéa 2, pour l'autonomie pédagogique et scientifique, les EPSCP exercent leurs missions « dans le cadre de la réglementation nationale » (expression à entendre largement visant tant la loi, notamment lorsqu'elle fixe les objectifs et missions du service public de l'enseignement supérieur ou les limites, que leur action et les règlements adoptés par décrets ou par arrêtés ministériels), et « dans le respect de leurs engagements contractuels », notamment ceux pris vis-à-vis de l'État dans le cadre des contrats pluriannuels d'établissement (art. L. 711, al. 5).

L'autonomie pédagogique et scientifique concerne les activités de formation (offre de formation initiale et continue), de recherche (programme de recherche fondamentale et appliquée) et de documentation. Les priorités pédagogiques et scientifiques figurent au projet d'établissement adopté par le conseil d'administration (art. L. 712-3) ; les règles relatives au contrôle continu des connaissances sont adoptées par le conseil académique dans le respect des dispositions législatives (art. L. 613-1) et réglementaires du contrat (habilitations des diplômes) ; il en est notamment de même pour l'évaluation des enseignements, les mesures recherchant la réussite du plus grand nombre d'étudiants, mettre en œuvre leur orientation et la validation des acquis.

L'autonomie administrative et financière est elle aussi contrainte par la réglementation et les engagements contractuels. Dans le cadre de leurs compétences, le président de l'université prend des décisions et le conseil d'administration (et dans quelques cas le conseil académique) des délibérations qui peuvent avoir une portée individuelle ou réglementaire ; elles doivent respecter la loi, le juge administratif, saisi notamment par le recteur-chancelier, pouvant sanctionner sa violation (art. L. 719-7).

L'autonomie administrative peut permettre à chaque établissement de faire des choix structurels ; les établissements déterminent en effet par délibérations statutaires du conseil d'administration leurs statuts et leurs structures internes (art. L. 711-7) ; les universités peuvent ainsi choisir de créer, supprimer ou fusionner leurs composantes (art. L. 713-1) et leurs services communs (art. L. 714-1), dont les services des activités industrielles et commerciales (SAIC). Mais leur organisation est fortement contrainte notamment par les règles qui fixent les différents conseils et leur composition (art. L. 719-1). La création de filiale est soumise à la double approbation du recteur-chancelier et du directeur régional des finances publiques (art. R. 711-1). Si les établissements peuvent bénéficier de dérogations pour expérimenter de nouveaux modes d'organisation, l'expérimentation n'est possible qu'avec une autorisation du Gouvernement par décret pris après avis du Conseil d'État (art. L. 711-4-II). L'autonomie financière permet aux établissements d'adopter leur budget et d'approuver leurs comptes, mais leurs recettes propres sont moins importantes que les recettes déléguées par l'État et la gestion financière est soumise à de nombreux contrôles (art. L. 719-7). En outre, le décret n° 2012-1246 du 7 novembre 2012 relatif à la gestion budgétaire et comptable publique est applicable aux EPSCP, leur imposant notamment une autorisation du ministre chargé du budget pour le placement de leurs fonds (art. 197).

La loi LRU de 2007 en permettant aux EPSCP de bénéficier de « compétences et responsabilités élargies » a eu pour objectif de renforcer leur autonomie de gestion tant financière (passage au budget global, fondations, dévolution du patrimoine) que pour les ressources humaines (GRH), en développant les marges de manœuvre (V. P. Balme et autres, L'université française : une nouvelle autonomie, un nouveau management, *PUG, 2012*). Force est toutefois de constater qu'à l'aune internationale, cette nouvelle autonomie reste limitée. On peut en effet douter qu'une université qui ne peut ni fixer les droits d'inscription, ni sélectionner ses étudiants, ni choisir souverainement ses enseignants, ni délivrer librement tous les diplômes, et qui n'est pas propriétaire de ses biens, soit vraiment autonome ! Présentant un classement des modèles des universités dans vingt-neuf États européens, l'Association européenne des universités (EUA) classe en 2016 l'université française au vingtième rang pour l'autonomie organisationnelle, au vingt-quatrième rang pour l'autonomie financière et au vingt-septième rang pour l'autonomie pédagogique et pour la gestion des ressources humaines.

Sur le plan juridique, on a pu s'interroger sur la nature du principe d'autonomie des universités en se demandant s'il s'agissait d'un principe constitutionnel. Le Conseil constitutionnel ne l'affirmait pas explicitement mais avait pu répondre à un argument sénatorial évoquant l'autonomie des établissements en disposant que les pouvoirs conférés au chancelier (déféré rectoral, suspension de certaines mesures) ne portaient aucune atteinte à des règles ou principes de valeur constitutionnelle. L'analyse du Conseil d'État fut longtemps hésitante, évoquant même dans une ordonnance peut-être trop rapidement rédigée « les principes, de valeur constitutionnelle, de l'indépendance des universités et l'autonomie des enseignants-chercheurs » (CE, ord., 11 mai 2009, n° 327356) ; dans un avis, il avait même pu se référer expressément au principe à valeur constitutionnelle d'indépendance des universités et en déduire que les pouvoirs de tutelle de l'État sur les universités ne pouvaient pas être confiés à un fonctionnaire ne répondant pas aux conditions de titres universitaires exigées pour les recteurs (CE, sect. int., avis, 1998). Cette analyse a été abandonnée, d'abord par les formations consultatives, ensuite au contentieux. Dans deux arrêts du 26 novembre 2016, le Conseil d'État juge que « le principe d'autonomie des universités, s'il est consacré par l'article L. 711-1 du code de l'éducation, n'a pas, en revanche, de valeur constitutionnelle » (CE 23 nov. 2016, n° 399523 (1re esp.), et n° 395562 (2e esp.)).

La construction de l'espace européen de l'enseignement supérieur et de la recherche mise sur l'autonomie des universités. Présent dans la déclaration de Bologne en 1999 ou lors du Conseil européen des ministres de l'enseignement supérieur et de la recherche en 2000, le thème a été développé par la déclaration de Salamanque de 2001 (création de l'association européenne des universités) qui voit dans l'autonomie une condition du dynamisme et de l'efficacité de l'enseignement supérieur et de la recherche ; pour être autonome, une université doit pouvoir fixer sa stratégie, ses priorités, ses programmes, pouvoir allouer ses ressources et fixer ses critères d'intégration de ses enseignants et de ses étudiants.

La spécialité des EPSCP

Les établissements publics ne peuvent intervenir que dans leur champ de compétences, dans le périmètre des missions qui leur sont assignées par la loi et le règlement qui définissent ainsi leur spécialité. Le principe de spécialité protège les établissements eux-mêmes dont les compétences doivent être respectées (CE 16 mars 1998, n° 165323 : annulation des dispositions d'un arrêté ministériel instituant un coordonnateur régional à la formation continue dans l'enseignement supérieur en tant qu'il lui confie une mission de coordination des actions de formation continue qui relève de la compétence des établissements) ; mais il assure aussi aux tiers une garantie contre les interventions des établissements qui porteraient atteinte à leur liberté économique, notamment en faussant la concurrence. Depuis longtemps qualifié de principe général du droit (CE 4 mars 1938, *Consorts Le Clerc*, n° 55677), le principe de spécialité s'impose non seulement aux établissements mais aussi au pouvoir réglementaire.

Le principe de spécialité s'applique à tous les établissements publics, notamment aux EPSCP qui assurent les missions du service public de l'enseignement supérieur (CE 12 déc. 1994, *Collin*, n° 98455 : si l'autorisation donnée à des masseurs kinésithérapeutes d'occuper un local pour assurer l'information et le suivi thérapeutique des étudiants et du personnel enseignant de l'UER d'éducation physique et sportive n'entre pas dans le cadre de la mission de délivrance des enseignements de formation supérieure dévolue aux établissements universitaires, elle n'est pas contraire à la mission de service public assumée par l'université, ni au principe de spécialité des EPSCP ; CAA Paris, 8 mars 2016, n° 13PA04846, précisant les dispositions de l'art. L. 711-1). L'alinéa 8 se réfère en effet aux missions des EPSCP, renvoyant implicitement au livre 1er, notamment à l'article L. 123-3 énumérant les missions du service public de l'enseignement supérieur (formation initiale et continue, recherche scientifique et technologique, diffusion et valorisation des résultats, orientation et insertion professionnelle...), éclairé par les articles L. 123-2 (objectifs) à L. 123-9.

Si principe de spécialité interdit aux établissements publics d'agir en dehors de leurs compétences (les établissements ne peuvent pas passer des marchés dans des domaines qui ne relèvent pas de leur champ de compétence : CE 28 sept. 1984, *Conseil national de l'ordre des architectes de Bourgogne*), le Conseil d'État en a toutefois donné une interprétation plus souple, notamment pour les établissements publics exerçant des activités économiques (CE 23 juin 1965, *Sté aérienne de recherches minières* ; CE, avis, ass., 7 juill. 1994, EDF-GDF, n° 356089 : GACE, 2e éd., n° 31). Ainsi, le principe ne s'oppose pas à ce « qu'un établissement public, surtout s'il a un caractère industriel et commercial, se livre à d'autres activités économiques à la double condition : d'une part que ces activités annexes soient techniquement et commercialement le complément normal de sa mission statutaire principale, (...) ou au moins qu'elles lui soient connexes ; d'autre part que ces activités soient à la fois d'intérêt général et directement utiles à l'établissement public notamment par son adaptation à l'évolution technique, aux impératifs d'une bonne gestion des intérêts confiés à l'établissement, le savoir-faire de ses personnels, la vigueur de sa recherche et la valorisation de ses compétences, tous moyens mis au service de son objet principal ».

Les activités en cause doivent être le complément normal de la mission et être directement utiles pour l'amélioration des conditions d'exercice de celle-ci. Ainsi l'Université de Provence a pu autoriser la création d'une librairie dans l'enceinte universitaire, car elle « était destinée à titre principal à améliorer la qualité des services proposés aux enseignants et aux étudiants, en mettant à leur disposition des ouvrages nécessaires à leurs activités d'enseignement et de recherche... à satisfaire les besoins directs des usagers du service public de l'enseignement supérieur dont elle peut constituer un complément... » (CE 10 mai 1996, *SARL La Roustane et Université de Provence*, nos 142064, 142066). Dans un autre contentieux, le juge des référés précontractuels, qui contrôle la régularité de la procédure de passation des contrats soumis à des obligations de mise en concurrence, vérifie la recevabilité de la candidature d'un établissement public et s'assure, à cette fin, que l'objet du marché ou contrat auquel il soumissionne constitue un complément normal de sa mission statutaire (CE 18 sept. 2015, *Assoc. de gestion du CNAM des Pays de la Loire*, n° 390041).

Même si leur mission principale n'est pas d'ordre économique, l'article L. 711-1 alinéa 8 dispose que les EPSCP peuvent « dans le cadre de leurs missions ...assurer des prestations de service à titre onéreux, exploiter des brevets et licence et commercialiser les produits de leurs activités ». S'agissant de la valorisation des résultats qui est une des missions statutaires des EPSCP comme des EPST, la possibilité de fournir ou prendre en charge des prestations de service au bénéfice de créateurs d'entreprise ou de jeunes entreprises sans leur conférer de droit exclusif a été jugée compatible avec les traités communautaires, et s'agissant des dispositions réglementaires avec le principe de liberté du commerce et de l'industrie (CE 5 sept. 2001, n° 225473). Le même alinéa précise que les EPSCP peuvent alors créer des SAIC (art. L. 123-5) ou prendre des participations, participer à des groupements et créer des filiales. Le Conseil d'État avait implicitement admis qu'un établissement public administratif exerçant des activités de recherche était habilité, même dans le silence de son texte institutif, à participer à la valorisation de cette recherche par l'intermédiaire de filiales ou d'organismes dans lesquels il prend des participations (CE 11 oct. 1985, *Syndicat général de la recherche agronomique CFDT*, n° 28106) ; cette solution reprise par la loi du 15 juillet 1982 pour les EPST a été étendue aux EPSCP par l'article 20 de la loi du 26 janvier 1984 (art. L. 711-1, al. 8) qui prévoit expressément la prise de participations ou la constitution de filiales (participation majoritaire) en les soumettant à une autorisation ministérielle (art. R. 711-10 à R. 711-16). Les critères (complément normal, utilité directe pour améliorer le service) dégagés par le Conseil d'État pour l'établissement lui-même sont applicables en cas de création de filiale à contrôle majoritaire ou d'une simple participation minoritaire (CE 7 juill. 1994, avis de la section des travaux publics, n° 356089, *GACE 2008, n° 25, p. 288*). Mais dans ces cas, encore faut-il que l'activité gérée ne relève pas directement de la compétence de l'EPSCP (CAA Paris, 8 mars 2016, n° 13PA04846 : l'objet des filiales pouvant être créées par les universités visait exclusivement à faire connaître les réalisations afférentes aux missions qui leur sont dévolues par l'article L. 123-3 ; si l'article L. 123-3 permet, notamment, de valoriser les activités de recherche, il ne les autorisait pas à exercer, dans le cadre d'une filiale, des activités « de formation continue » et « de préparation intensive d'été » à l'examen d'entrée au CRFPA, qui relèvent par nature des missions statutaires principales que l'université Panthéon-Assas Paris II doit exercer, au sein, notamment, de l'IEJ et du CF). A noter toutefois, qu'à deux reprises, le législateur a complété l'alinéa 8, étendant la possibilité pour les EPSCP de créer des filiales pour contribuer « au développement de leur offre de formation continue tout au long de la vie » (L. n° 2018-771 du 5 sept. 2018) et à l'apprentissage et à la formation en alternance (art. 34, I, LPR n° 2020-1674 du 24 déc. 2020, art. 34, I).

L'article 52 de loi n° 2017-1837 du 30 décembre 2017 (loi de finances pour 2018) ajoute que ces techniques juridiques peuvent être utilisées pour contribuer « à la gestion et à la valorisation de leur patrimoine immobilier » (V. aussi, CGPPP, art. L. 2341-2). Auparavant, le Conseil d'État avait admis qu'une université autorise deux masseurs kinésithérapeutes à établir une permanence dans un local de l'université (CE 12 déc. 1994, *M. Collin*, n° 98455) ; quant à la librairie La Roustane, elle avait été autorisé par une autre université à occuper le domaine public universitaire pour améliorer la qualité des services proposés aux enseignants et aux étudiants, constituant ainsi un complément du service public de l'enseignement supérieur auquel l'immeuble était affecté (CE 10 mai 1996, *SARL La Roustane et Université de Provence*, n°s 142064, 142066), jugeant que cette autorisation n'était contraire ni au principe de spécialité ni au principe de la liberté du commerce et de l'industrie. La loi de 2017 devrait permettre de développer les opérations de valorisation des biens immobiliers dont les établissements sont propriétaires ou qui sont mis à leur disposition par l'État, notamment par la délivrance de titres constitutifs de droits réels (art. L. 719-14, L. 762-2, Guide de la valorisation).

La contractualisation des relations entre les établissements et l'État

Présentant la stratégie du programme 150 « *Formations supérieures et recherche universitaire* », les lois de finances indiquent depuis 2006 que son pilotage repose sur les contrats passés entre l'État et les établissements d'enseignement supérieur et de recherche. Les EPSCP sont en effet considérés comme des opérateurs de l'État (entité bénéficiant de l'autonomie juridique, chargée d'un service public rattaché à une politique publique, financée majoritairement par l'État qui en assure le contrôle économique et financier) avec lequel ils concluent des contrats de performance ou contrats d'objectifs.

L'idée est apparue pour la première fois, en 1975, lors d'un colloque de la CPU sous la présidence du premier secrétaire d'État aux universités Jean-Pierre Soisson. Elle a été reprise en 1981 par Alain Savary qui l'intègre dans la loi de 1984 disposant que les activités de formation, de recherche et de documentation des EPSCP « peuvent faire l'objet de contrats d'établissement pluriannuels » (art. L. 711-1). Les premiers contrats quadriennaux de recherche (B. Descomps) furent relayés par les contrats d'établissement qui globalisent, pour une période quadriennale, l'attribution des dotations accordées aux établissements pour la maintenance des locaux, l'équipement, certaines actions pédagogiques, les relations internationales, etc. Une étape décisive est franchie en 1990 par Lionel Jospin qui décide d'étendre la négociation contractuelle à la totalité des activités de l'université. Une circulaire de 1998 relance ce processus en soulignant l'importance de la contractualisation pour assurer l'autonomie, la responsabilité et l'efficacité des établissements. Outil souple et pragmatique qui permet une approche globale, le contrat a introduit de nouvelles formes de relations entre le ministère (direction générale de l'enseignement supérieur et de l'insertion professionnelle, direction générale pour la recherche et l'innovation, un pôle de financement et de contractualisation érigé en service à compétence nationale par un Arr. du 16 mars 2009) et les universités qui, par vagues annuelles, ont négocié et adopté un document commun. Si les contrats d'établissement ne concernent que 5 % des moyens financiers attribués par l'État, ils portent sur les actions innovantes. Mais on pouvait regretter que cet outil de dialogue restât à la périphérie (d'autant que les emplois d'enseignants et de personnels administratifs en aient été exclus depuis 1993), n'entrât pas au cœur du sujet, qu'il ne permît pas une identification plus pertinente des axes de progrès. Là aussi, la mise en place de la LOLF devait être l'occasion d'améliorer le processus. La logique de performance impose en effet de recentrer l'exercice contractuel sur les objectifs, prenant en considération les priorités nationales du programme, distinguant objectifs stratégiques et opérationnels, les accompagnant des indicateurs qui doivent permettre à chaque établissement une autoévaluation de ses résultats et aux deux parties de mesurer ensemble la performance.

La loi LRU de 2007 a confirmé l'importance du dialogue de pilotage en consacrant plusieurs dispositions au « ***contrat pluriannuel d'établissement*** », nouvelle dénomination du contrat d'établissement pluriannuel autrefois dit « quadriennal », désormais quinquennal. Il concerne toujours les activités de formation, de recherche et de documentation et se situe toujours dans le cadre de la carte des formations supérieures définies à l'article L. 614-3. Mais le contrat devient désormais la règle ; son contenu est enrichi, notamment dans le domaine de la gestion des ressources humaines. Ces contrats doivent en effet dorénavant prévoir « ***les conditions dans lesquelles les personnels titulaires et contractuels sont évalués*** » (conformément à l'art. L. 114-3-1 C. rech.) ; de même devront-ils présenter les objectifs d'ouverture que se fixe l'établissement en matière de recrutement d'enseignants-chercheurs, précisant la proportion de maîtres de conférences n'ayant pas obtenu leur doctorat dans l'établissement et celle de professeurs venant d'autres établissements (art. L. 952-1-1).

La loi ESR du 22 juillet 2013 introduit le ***contrat pluriannuel d'établissement (CPE)*** unique conclu entre le ministre de l'enseignement supérieur et les établissements d'un même territoire sur la base d'un projet partagé (le contrat prévoit alors les différentes étapes de la fusion ou du regroupement qui interviendront avant son échéance : art. L. 718-5). Le CPE unique comporte deux volets. La prise en compte du projet territorial commun recherche/formation/transfert fait l'objet d'un volet commun correspondant aux compétences partagées ou transférées. Le CPE fait en outre l'objet de *stipulations* spécifiques à chacun des établissements regroupés ou en voie de regroupement.

Un nouvel alinéa prévoit que les établissements « ***mettent en place un outil de contrôle de gestion et d'aide à la décision*** » pour assurer leurs missions et le suivi des CPE (art. L. 711-1 mod. par l'art. 17 de la L. LRU). L'évaluation se fera tous les quatre ans.

L'article 16 de la LPR n° 2020-1674 du 24 décembre 2020 modifie parallèlement l'article L. 311-1 du code de la recherche qui régit les contrats pluriannuels conclus par l'État et les organismes de recherche, prévoyant notamment l'affichage d'objectifs de coopération avec les établissement d'enseignement supérieur et l'inscription de leurs activités dans les sites universitaires, et l'article L. 711-1 auquel elle ajoute trois nouveaux alinéas. Elle précise tout d'abord que tout EPSCP conclut avec l'État un contrat pluriannuel (pour les regroupements, V. L. 716-8 ; contrat de site) ; le contrat est conclu pour « l'ensemble des activités », formule qui remplace l'énumération non exhaustive de la rédaction antérieure (recherche, formation, orientation, gestion des ressources humaines…) ; il définit les « objectifs de l'établissement », résultant de son projet, et les « engagements réciproques » des parties ; la loi ajoute qu'il prévoit « les objectifs partagés avec les établissements publics de recherche partenaires de l'établissement » ; enfin, elle rappelle que, pour les composantes médicales, le contrat prend en compte la convention passée avec le centre hospitalier régional (al. 6). Chaque établissement doit rendre compte de l'exécution de ses engagements et de l'atteinte des objectifs prévus dans le contrat au moins une fois tous les deux ans. C'est notamment sur cette base que l'exécution du contrat fait l'objet d'une évaluation dont les résultats sont pris en compte par l'État pour déterminer ses engagements financiers envers l'établissement dans le cadre du contrat pluriannuel (al. 7).

L'évaluation des établissements d'enseignement supérieur

Si l'université impériale assurait un contrôle des établissements d'enseignement supérieur par le biais des inspecteurs d'universités (supprimés en 1850) et des recteurs, l'indépendance des professeurs et la revendication de l'autonomie furent longtemps un frein à l'idée d'évaluation tant individuelle (réalisée à la seule occasion des recrutements et des promotions, V. comm. ss. le livre IX) que globale. Les pratiques suivies par les organismes de recherche, notamment le CNRS, s'imposèrent peu à peu dans les universités, notamment par le biais des unités associées, devenues unités mixtes de recherche. Le thème de l'évaluation apparut dix ans après les événements de 1968 (Rapport au CES d'Alain Bienaymé, 1978, préconisant la création d'une instance scientifique indépendante d'évaluation de la qualité des recherches des établissements d'enseignement supérieur pour donner des avis au ministre ; Rapport Yves Fréville, 1981, proposant la création d'un comité des finances universitaires chargé d'apprécier les résultats des programmes d'enseignement et de recherche au regard des moyens attribués aux différents établissements). En 1982, Laurent Schwartz voyant dans « l'évaluation […] une des chances de salut de l'Université française » souhaite que tout soit évalué : « non seulement la valeur des enseignants, mais le fonctionnement des équipes et des laboratoires, des départements d'enseignement, et l'université en tant que telle ». L'article 65 de la loi Savary de 1984 qui crée le ***conseil national d'évaluation (CNE)*** lui confère un rôle global en lui confiant l'évaluation des établissements, de leur fonctionnement et de l'efficacité de l'enseignement et de la recherche, et des contrats qu'ils passent avec l'État. Une fois admise l'idée d'évaluation, le débat porta sur les méthodes (évaluer quoi ? comment ? sur la base de quels indicateurs ?) et sur l'enrichissement du processus.

Une étape nouvelle a été franchie avec la création de l'Agence d'évaluation de la recherche et de l'enseignement supérieur (AERES) sous forme d'autorité indépendante par la loi de 2006 (C. rech., Décr. n° 2006-1334 du 3 nov. 2006 : évaluation des établissements d'enseignement et de recherche ; des unités de recherche ; des formations et diplômes). Pour répondre aux critiques adressées à cette agence (notation des équipes de recherche, articulation enseignement supérieur/recherche), la loi ESR du 22 juillet 2013 l'a remplacée par une nouvelle autorité administrative indépendante, le ***Haut Conseil d'évaluation de la recherche et de l'enseignement supérieur (HCERES)***. La loi a tenu compte de la nécessité de renforcer l'évaluation des établissements, des recherches et des formations. Il est chargé d'évaluer les établissements d'enseignement supérieur et leurs regroupements, notamment les communautés d'universités et d'établissements, les organismes de recherche, les fondations de coopération scientifique et l'ANR. De même la nouvelle autorité administrative peut évaluer les unités de recherche à la demande de l'établissement dont elles relèvent. Le Haut Conseil réalise l'évaluation ou s'assure de la qualité des évaluations internes. La loi prévoit en outre qu'il évalue les formations et diplômes, s'assure de la prise en compte, dans les évaluations des personnels de l'ensemble de leurs missions, de la valorisation ; il est enfin chargé d'évaluer *a posteriori* les programmes d'investissement (C. rech., art. L. 114-3-1). L'évaluation est en effet nécessaire pour faire le point sur l'exécution du contrat ; elle constitue une base indispensable de la négociation pour déterminer les engagements financiers que l'État prend envers les établissements dans le cadre des contrats pluriannuels. Elle permet de rendre plus transparentes les relations entre le ministère-pilote et les établissements opérateurs, et donne à chacun les éléments qui permettront de comprendre, de choisir et d'évoluer.

Le décret n° 2014-604 du 6 juin 2014 prévoit la possibilité de compléter le budget des établissements ne bénéficiant pas de la dévolution du patrimoine d'un budget annexe immobilier (disposition obligatoire pour les établissements bénéficiant de la dévolution du patrimoine). De même précise-t-il le contenu minimal du contrat d'objectifs et de moyens (COM) conclu entre l'université et les instituts (IUT, écoles d'ingénieurs) et les écoles internes (ESPÉ) qui disposent d'un budget propre intégré. ❑

CHAPITRE PREMIER PRINCIPES RELATIFS À LA CRÉATION ET À L'AUTONOMIE DES ÉTABLISSEMENTS PUBLICS À CARACTÈRE SCIENTIFIQUE, CULTUREL ET PROFESSIONNEL

Art. L. 711-1 **Les établissements publics à caractère scientifique, culturel et professionnel sont des établissements nationaux d'enseignement supérieur et de recherche jouissant de la personnalité morale et de l'autonomie pédagogique et scientifique, administrative et financière.**

Ces établissements sont gérés de façon démocratique avec le concours de l'ensemble des personnels, des étudiants et de personnalités extérieures.

Ils sont pluridisciplinaires et rassemblent des enseignants-chercheurs, des enseignants et des chercheurs de différentes spécialités, afin d'assurer le progrès de la connaissance et une formation scientifique, culturelle et professionnelle préparant notamment à l'exercice d'une profession.

Ils sont autonomes. Exerçant les missions qui leur sont conférées par la loi, ils définissent leur politique de formation *(L. n° 2018-166 du 8 mars 2018, art. 8)* **« , d'aide à l'insertion professionnelle », de recherche et de documentation dans le cadre de la réglementation nationale et dans le respect de leurs engagements contractuels.**

(L. n° 2020-1674 du 24 déc. 2020, art. 16) **« Tout établissement public à caractère scientifique, culturel et professionnel conclut avec l'État un contrat pluriannuel qui définit, pour l'ensemble de ses activités, les objectifs de l'établissement et les engagements réciproques des parties. Le contrat prévoit les objectifs partagés avec les établissements publics de recherche partenaires de l'établissement. S'agissant des composantes médicales de l'université, le contrat prend en compte les éléments figurant dans la convention prévue à l'article L. 713-4 passée avec le centre hospitalier régional.**

« Les établissements rendent compte de l'exécution de leurs engagements et de l'atteinte des objectifs prévus dans le contrat au moins une fois tous les deux ans.

« L'exécution du contrat fait l'objet d'une évaluation. L'État tient compte des résultats de l'évaluation pour déterminer les engagements financiers qu'il prend envers l'établissement dans le cadre du contrat pluriannuel. »

Dans le cadre des missions qui leur sont dévolues par le présent code et afin de faire connaître leurs réalisations, tant sur le plan national qu'international, ces établissements peuvent assurer, par voie de convention approuvée par le conseil d'administration dans les conditions fixées aux articles L. 712-3, L. 715-2, L. 716-1, L. 717-1 et L. 718-1, des prestations de services à titre onéreux, exploiter des brevets et licences et commercialiser les produits de leurs activités. *(L. n° 2017-1837 du 30 déc. 2017, art. 154)* **« Ils peuvent à cette fin, ainsi que pour contribuer à la gestion et à la valorisation de leur patrimoine immobilier, créer des services d'activités industrielles et commerciales, dans les conditions prévues à l'article L. 123-5, ou, dans des conditions fixées par décret en Conseil d'État, prendre des participations, participer à des groupements et créer des filiales. »**

BIBL. ▶ BOUVARD et CLAEYS, Rapport de la Mission d'évaluation et de contrôle (MEC) sur la gouvernance des universités dans le contexte de la LOLF, *Ass. nat. 14 juin 2006, n° 3160.* – CHEVALLIER, La réforme de la loi d'orientation, *Dr. soc. 1971. 513.* – FORT, De l'indépendance des universités, *Rev. Adm. 2001. 458.* – GUISELIN, L'étudiant et la démocratie universitaire : contribution pour un statut, *AJDA 2012. 928* ⌀. – DE LAUBADÈRE, La loi d'orientation de l'enseignement supérieur, *AJDA 1968. 611 ; ibid. 1969. 3.* – LEGRAND, La démocratie, un pari pour l'université, *AJDA 2007. 2135* ⌀. – MAISL, Enseignement supérieur, université, recherche : la nouvelle donne, *in* Terres du Droit, *Dalloz, 2009.* – MUSSELIN, La longue marche des universités françaises, *PUF, 2001.* – PIOZIN, L'environnement institutionnel, *in* Les universités en France. Fonctionnement et enjeux (dir.), *PURH (Presses des universités de Rouen et du Havre), 2012. 27.* – VEDEL, Autonomie et participation : bilan de la loi d'orientation, *RFAP 1980. 55.* – Autonomie des universités, Actes du colloque annuel de la CPU, *Conférence des présidents d'université, 2002.*

▶ **Statut :** Braud, Les établissements publics universitaires, *Thèse, Université de Bordeaux 1, 1994.* – Lami, La tutelle de l'État sur les universités françaises, mythe et réalité, *Thèse, Université d'Aix-Marseille, 2013.*

▶ **Autonomie :** V. aussi Bibl. ss. Art. L. 712-8.

▶ **Pilotage financier. Contrôle de gestion :** V. aussi Bibl. ss. Art. L. 719-4.

▶ **Évaluation :** Boure, De l'évaluation collégiale à l'évaluation à dominante gestionnaire : le cas de l'AERES, *Communication & Organisation, n° 30, 2011. 41.* – Dhainaut, Les universités françaises vues au prisme de l'évaluation, *in* L'Université française : une nouvelle autonomie, un nouveau management, *Presses universitaires de Grenoble (PUG), coll. Libres cours, 2012. 58.* – Dodier, Penser un régime d'évaluation de la recherche spécifique, *5 mai 2009.* – Goslan, Réinventer le jugement scientifique : L'évaluation de la recherche en sciences humaines et sociales à l'AERES, *Thèse, IEP Paris, Centre de sociologie des organisations, nov. 2016.* – Harouel, L'évaluation quadriennale ou le mépris envers les universitaires *in* L'autonomie des universités : une faillite ? À propos de la loi LRU, *PUF, coll. Cités, n° 50, 2012/2.* – HCERES, Évaluation des formations à l'étranger – Référentiel de l'évaluation externe, *Département Europe et International, sept. 2016* ; Évaluation des établissements d'enseignement supérieur et de recherche étrangers – Référentiel de l'évaluation externe, *Département Europe et International, sept. 2016.* – Kerneis, Tchamitchian et Houssin, Le recours à des experts dans l'évaluation des établissements d'enseignement supérieur et de recherche français. Un regard externe porté par des pairs au service des établissements, *Cahiers de la fonct. publ., n° 352, févr. 2015. 69.* – Larousserie, Recherche : une nomination cruciale contestée, *Le Monde, 3 nov. 2020. 13.* – Meriade, L'évaluation de la performance des universités françaises : entre simplification de la complexité et complexification de la simplicité, *Thèse, Université de la Nouvelle-Calédonie, 2011.* – Ogien, Désacraliser le chiffre dans l'évaluation du secteur public, *Éd. Quae, coll. Sciences en questions, 2013.* – Rege Colet, Encore à propos de l'évaluation !, *RIPES (Revue internationale de pédagogie de l'enseignement supérieur), n° 29-1.02013.* – Younes, L'effet évaluation de l'enseignement supérieur par les étudiants, *Thèse, Université Pierre Mendès France (Grenoble), 2006.*

▶ **Évaluation. International :** Detourbe, Les enjeux de l'évaluation dans l'enseignement supérieur : le cas des universités britanniques, *Presses universitaires du Mirail, déc. 2014.* – Ferhat, Une analyse économique de la qualité et de l'efficience des universités et des systèmes universitaires : une comparaison au niveau international, *Thèse, Université de Paris 1, 2016.* – Hasgall, Lanares, Marion et Bregy, Le programme Performances de la recherche en sciences humaines et sociales, *Publication finale, Swissuniversities, janv. 2018.* – Janice et Voight, Toward Convergence : A Technical Guide for the Postsecondary Metrics Framework – *Institute for Higher Education Policy (IHEP), PostSec Data, mai 2016.* – Ramzan, Démarches d'évaluation des universités en Europe : enjeux durant le processus d'évaluation, *Thèse, Université d'Aix-Marseille, 2012.* – Sakr, Quality assurance in higher education institutions : contingent assessment system, *Thèse, Univ. Lille 1, 2018.* – Van Damme, Assuring Quality at an International Level : Views from the OECD, *OECD/EDU/IMEP, 2016.* – QAA-Code of Best Practice, *Quality Assurance Agency for Higher Education, déc. 2017.* – Standards and guidelines for quality assurance in the European Higher Education Area (ESG), Approved by the Ministerial Conference in May 2015, *European Association for Quality Assurance in Higher Education, 2015.* – A revised operating model for quality assessment, *Higher Education Funding Council for England, Policy development, n° 03, mars 2016.*

▶ V. aussi Bibl. ss. art. L. 242-1.

▶ **De l'AERES au HCERES :** Biget, Évaluation de la recherche : l'activité du HCERES doit être repensée, *AJDA 2021. 1173* ✎. – Brafman-Rey-Lefebvre, Fin de vie pour l'AERES, *Le Monde, Sciences et techno, 3 janv. 2013.* – Pumain et Dardel, L'évaluation de la recherche et de l'enseignement supérieur, Rapp. au min. enseignement supérieur et de la recherche, *janv. 2014.* – Rapp, Georgieva, Udam et Todorovski, Le Haut Conseil de l'évaluation de la recherche et de l'enseignement supérieur (HCERES), Évaluation externe coordonnée par l'ENQA, *13 févr. 2017.* – Le Haut Conseil de l'évaluation de la recherche et de l'enseignement supérieur (HCERES), *C. comptes, réf. n° S2021-0350, 12 mars 2021.*

▶ **Recherche. Évaluation :** Goslan, Réinventer le jugement scientifique : L'évaluation de la recherche en sciences humaines et sociales à l'AERES, *Thèse, IEP Paris, Centre de sociologie des organisations, nov. 2016.*

▶ **Activités de recherche :** Forgeron, Lanapats, Kallenbach, Cervel, Champion et Saint-Guilhem, La coordination de l'action internationale en matière d'enseignement supérieur et de recherche, *Rapp. IGAENR-IGAE, n° 2014-003, janv. 2014.*

▶ **Innovation. Valorisation :** Bourgou, La loi du 12 juill. 1999 sur l'innovation et la recherche, *LPA 2000, n° 37. 12.* – Collin-Dumumieux, Les problèmes juridiques posés par les groupements d'intérêt public : l'exemple du Centre des études européennes de Strasbourg, *AJDA 2003. 481*. – Cuby, Les incubateurs publics d'entreprises technologiques innovantes, *MEN, Rapp. I-GAENR, août 2001*. – Dalmas et Valcke, Les services d'activités industrielles et commerciales des établissements d'enseignement supérieur, *Dr. adm. 2003, chron. 2*. – Demaye, Une nouvelle catégorie de personnes morales de droit public : les groupements d'intérêt public, *LPA, 24 juill. 2001, n° 146. 9*. – Denisse, Université et recherche, *RFDA 1980. 835*. – Duranton, Legeais et Maurin, La valorisation de la recherche, *Rapport Comité national d'évaluation, 1999*. – Helmlinger, Innovation et recherche. Loi n° 99-587 du 12 juill. 1999 sur l'innovation et la recherche, *AJDA 2000. 72*. – Hodemon et Wisler, Le service d'activités industrielles et commerciales : une innovation bienvenue ?, *AJDA 2003. 165*. – Legait, Renucci et Sikorav, Les relations entre les entreprises et la recherche publique. Lever les obstacles à l'innovation en France, *Rapp. IGAENR-CGEIET, n° 2015-071, oct. 2015*. – Nemessany (rapp.), Regards croisés sur la recherche partenariale – Comment se construisent les relations entre les établissements publics de recherche et les entreprises, *ANRT : Futuris, juin 2016*. – Oberdorff, Le droit, la démocratie et la maîtrise sociale des technologies, *RD publ. 1992. 983*. – Rouban, L'État et la science. La politique publique de la science et de la technologie, *Éditions du CNRS, 1988*. – Sevino, Les contrats conclus entre les filiales de valorisation et les universités doivent-ils être soumis au code des marchés publics ?, *AJDA 2002. 998* ; Le concours apporté par les chercheurs publics aux entreprises privées, *AJDA 2003. 162*. – Tirole, Économie du bien commun, *PUF, 2016*. – Cour des comptes, Valorisation de la recherche dans les établissements publics à caractère scientifique et technologique, *Rapport public particulier, Éditions du Journal officiel, 1997*. – Mémento sur la valorisation, *Conférence des Présidents d'Université, 1999*. – La valorisation de la recherche. Observations sur le cadre, les structures et les pratiques dans les EPSCP, *Rapports thématiques, CNE, 1999*. – La gestion de la recherche dans les universités, Cour des comptes, *Rapport public particulier, 2005*. – Les SAIC : de l'expérimentation à la généralisation, Comité de pilotage de la mise en place des SAIC, *Compte rendu du séminaire du 12 déc. 2002*. – Valorisation-Innovation : place et stratégie de l'université, *Conférence des Présidents d'Université, Actes du séminaire de Paris du 7 déc. 2005*. – Cour des comptes, La politique des pôles de compétitivité, *réf. n° S 2016-2236, 4 juill. 2016*. – Les incubateurs des établissements d'enseignement supérieur et de recherche et dynamique territoriale, *Conférence des grandes écoles*. – Les outils du PIA consacrés à la valorisation de la recherche publique. Une forte ambition stratégique, des réalisations en retrait, *C. comptes, Rapp. public thématique, mars 2018*.

▸ **Innovation. Valorisation. International :** Glennie et Bound, How innovation agencies work – International lessons to inspire and inform national strategies, *Nesta, mai 2016*. – Kallenbach, Toussain, Verhaeghe, Gabla, Margaria et Magnien, La participation française au programme-cadre européen pour la recherche et l'innovation, *Rapp. IGF-IGAENR – Conseil général de l'économie, de l'industrie, de l'énergie et des technologies, févr. 2016*. – L'innovation en France : indicateurs de positionnement international, *MENESR, Min. Éco., Coordination interministérielle de l'Innovation et du Transfert, DGE-DGRI, éd. 2016*.

▸ **Loi LRU** : V. Bibl. ss. art. L. 712-8.

▸ **Loi LESR :** V. Bibl. livre VII, titre Ier.

▸ **Stratégie nationale :** V. Bibl. livre VI, titre Ier.

I. STATUT

1. Catégorie particulière. Les établissements publics à caractère culturel, scientifique et professionnel constituent, au sens de l'art. 34 de la Constitution, une catégorie particulière d'établissements publics. Le législateur est dès lors seul compétent pour en fixer les règles de création qui incluent nécessairement leurs règles constitutives. • Cons. const. 28 juill. 1993, *Loi relative aux Éts publics à caractère scientifique, culturel et professionnel*, n° 93-322 DC : *JO 30 juill., p. 10750 ; Rec. Cons. const. 204.*

2. Mission de service public. Président d'université ayant, pour assurer l'information et le suivi thérapeutique des étudiants et du personnel enseignant de l'UER d'éducation physique et sportive, autorisé des masseurs-kinésithérapeutes à occuper un local de l'université. Si une telle décision n'entre pas dans le cadre de la mission de délivrance des enseignements de formation supérieure dévolue aux établissements universitaires, elle n'est pas contraire à la mission de service public assumée par l'université, ni au principe de spécialité des établissements publics à caractère scientifique, culturel et professionnel. • CE 12 déc. 1994, n° 98455 B.

3. Qualification juridique du public accueilli dans une université. Le juge a annulé les permis de construire alors que le constructeur et l'université faisaient valoir que les deux bâtiments concernés – construits et en service – comportent à leurs étages supérieurs des zones de recherche qui ne sont pas ouvertes au public et respectent les règles de sécurité prévues pour des locaux à usage professionnel en jugeant que la totalité de ces bâtiments accueille bien du public et qu'en conséquence, les normes de sécurité des parties dédiées à la recherche ne sont pas adaptées. A cet effet, le juge rappelle que « les personnes reçues, telles que des chercheurs extérieurs tant à l'université qu'à ses unités mixtes de recherche, ainsi que des étudiants, participant à des réunions, séminaires et conseils, rencontrant les enseignants et chercheurs ou les secrétariats, ou venant consulter les ouvrages en bibliothèque ou en salle de documentation ne peuvent être regardées comme membres du personnel de l'établissement (...) et font ainsi partie du public ». Cette définition fonde le jugement du tribunal, qui « considère dès lors que les locaux exclusivement destinés à la recherche, pour lesquels un régime dérogatoire aux règles de sécurité-incendie est prévu, doivent être qualifiés d'ERP dans la mesure où des étudiants et des chercheurs extérieurs peuvent, sous certaines conditions, y accéder. • TA Paris, 2 juill. 2013, n° 1012457/7-2.

4. Gestion démocratique. Notion. Contenu. Les dispositions de cet art. prévoyant que les établissements publics à caractère scientifique, culturel et professionnel sont gérés de façon démocratique avec le concours de l'ensemble des personnels, des étudiants et de personnalités extérieures n'impliquent pas que le conseil d'administration d'un tel établissement soit informé des projets de décrets relatifs aux statuts de l'établissement élaborés par l'autorité de tutelle. • CE 5 févr. 2014, n° 359776.

II. AUTONOMIE

1° PRINCIPES DE VALEUR CONSTITUTIONNELLE

5. Autonomie. L'autonomie des universités est un principe de valeur constitutionnelle. • Cons. const. 20 janv. 1984, *Loi relative à l'enseignement supérieur,* n° 83-165 DC : *JO 21 janv., p. 365 ; Rec. Cons. const. 30 ; AJDA 1984. 163, note Boulouis ; GDCC n° 35 ; D. 1984, jurispr. 593, note Luchaire ; Gaz. Pal., 29 déc. 1984, note Hamon ; Rev. adm. 1984. 261, note de Villiers* • Cons. const. 28 juill. 1993, *Loi relative aux Éts publics à caractère scientifique, culturel et professionnel,* n° 93-322 DC : *préc. note 1.*

6. Indépendance des universités. Dans une affaire mettant en cause les conditions dans lesquelles le ministère de l'enseignement supérieur a obligé une université à renoncer au recrutement d'un professeur au titre de l'art. 46-3 du Décr. n° 84-431 du 6 juin, décidé par une délibération préalable de son conseil d'administration, le Conseil d'État a jugé que les pouvoirs conférés au ministre par le législateur pour gérer les contraintes budgétaires, les principes, de valeur constitutionnelle, de l'indépendance des universités et l'autonomie des enseignants chercheurs ne sauraient pour autant faire regarder l'absence d'approbation par le ministre d'un projet de recrutement au titre de l'art. 46-3 du Décr. précité, et alors que l'université n'en avait pas formellement notifié le besoin dans le cadre des procédures existantes, comme ayant méconnu une liberté fondamentale. • CE, ord., 11 mai 2009, n° 327356 : *AJDA 2010. 58, note Fort.*

2° APPLICATION

7. Examens. En application de ces dispositions, il appartient à l'université d'organiser, dans le respect de la réglementation nationale et de ses engagements contractuels, les modalités de l'examen sanctionnant la délivrance d'un diplôme d'université. • CAA Paris, 8 nov. 2004, n° 01PA00898. ♦ Compte tenu de la pleine autonomie reconnue en ce qui concerne les formations conduisant à des diplômes qui leur sont propres, le conseil d'administration est compétent pour déterminer les droits dus pour l'inscription à la préparation de ces diplômes. • CE 19 mars 2001, n° 192203 B.

8. Organisation des formations. Langue étrangère. Le juge estime que, compte tenu de la pleine autonomie reconnue par le législateur aux établissements d'enseignement supérieur pour l'organisation des formations conduisant aux diplômes qui leur sont propres, les dispositions de l'art. L. 121-3 ne sauraient faire obstacle à ce que les enseignements intervenant dans le cadre de ces formations soient intégralement dans une langue étrangère. Les formations dispensées intégralement en langue anglaise, conduisant au diplôme d'université, peuvent donc être dispensées dans une langue étrangère. • TA Lille, 2 mai 2018, n° 1500278.

9. Affectation des emplois à une spécialité. Si le ministre chargé des universités a compétence pour répartir entre les universités les emplois d'une catégorie déterminée, le conseil de l'université est compétent pour définir les spécialités auxquelles ces emplois sont affectés. Par suite, la transformation d'un poste de maître de conférence de sédimentologie en un poste de maître de conférence de géochimie, qui ne touche pas la catégorie de l'emploi et porte uniquement sur son affectation à une spécialité, relève de la compétence exclusive de l'université. • CE 27 mai 1981, n° 25209 A.

10. Atteintes. Porte atteinte à ce principe, la mise en place, dans chaque région, d'un coordonnateur régional à la formation continue dans l'enseignement supérieur ayant pour mission d'organiser et d'animer la coordination des actions de formation des établissements d'enseignement supérieur. • CE 16 mars 1998, n° 165323 B. ♦ Si le ministre chargé des universités a compétence pour répartir entre les universités les emplois d'une catégorie déterminée, il n'était pas compétent en revanche pour décider du transfert d'emplois d'une université à une autre. • CE 27 juill. 1984, n° 28100 B.

11. Absence d'atteinte. En revanche, les dispositions de l'arrêté, qui ont uniquement pour objet d'assurer la mise en œuvre par le coordonnateur régional de la politique de l'État en matière de formation continue au niveau de l'enseignement supérieur dans la région et d'assister le recteur chancelier des universités dans sa mission de coordination entre les enseignements supérieurs et les autres ordres d'enseignements, n'ont pas pour effet d'empiéter sur les attributions reconnues aux établissements de l'enseignement supérieur. • CE 16 mars 1998, n° 165323 B. ♦ Les concours nationaux sur épreuves de recrutement de professeurs d'université, sans préjuger de l'affectation des intéressés, ne portent en tout état de cause pas atteinte, par elles-mêmes, au principe d'autonomie des établissements d'enseignement supérieur. • CE 10 mai 1989, n° 97107. ♦ Le Gouvernement peut, en vue de la création de nouvelles universités, décider le transfert des biens, droits et obligations d'universités existantes à une nouvelle université sans porter atteinte au principe d'autonomie des universités. • CE 2 avr. 1997, n° 133068 A.

III. LIMITES

BIBL. Cohen, Accueil des étudiants étrangers en France, *Rapport MENESR, 2001*. – Gutierez-Cortines, Les universités et l'enseignement supérieur dans l'Espace européen de la connaissance, *Rapport MENESR, 2002*. – Julien, Laganier et Pougnard, Les études supérieures : un motif de migration, *INSEE première, n° 813, nov. 2001*. – Navatte, Comment permettre à l'enseignement supérieur de contribuer pleinement à la réalisation de l'Europe de la connaissance ?, *Conférence des Présidents d'Université, déc. 2004*. – Turpin, Étudiants, *Rép. intern. Dalloz, 2004*. – Construction de l'Espace européen de l'enseignement supérieur : déclinaison française, *Agence de mutualisation des universités, Compte rendu et support de présentation du séminaire du 5 nov. 2002*. – Construction de l'Espace européen de l'enseignement supérieur : regards d'Europe, *Agence de mutualisation des universités, Compte rendu et supports de présentation de la journée du 28 janv. 2004*.

12. Recrutement des enseignants-chercheurs. L'autonomie pédagogique et scientifique, administrative et financière ne s'étend pas au recrutement des enseignants-chercheurs, qui appartiennent à des corps de fonctionnaires de l'État, qui sont nommés par arrêté du ministre de l'éducation ou, en ce qui concerne les professeurs, par décret du Président de la République, et qui sont recrutés sous la responsabilité du ministre de l'éducation et affectés par lui dans les établissements en fonction des besoins du service public. • CE 2 mars 1988, n° 61225 A.

13. Inscription en master 2. Sélection. Illégalité. Les dispositions de cet art., posant le principe de l'autonomie pédagogique et scientifique, administrative et financière de son établissement, ne donnent pas compétence au président de l'université pour effectuer une sélection à l'entrée en M2 en l'absence du Décr. prévu par les dispositions de l'art. L. 612-6 qui prévoit qu'une liste limitative des formations dans lesquelles l'admission dans les formations du 2e cycle peut dépendre des capacités d'accueil des établissements est établie par décret. Le juge administratif enjoint au président d'inscrire la requérante en M2 recherche. • TA Bordeaux, 5 déc. 2013 : *AEF, 14 avr. 2014 : Dépêche n° 479294, comm. Buyck*.

14. Inscription des étudiants étrangers. En fixant les conditions d'inscription des étudiants étrangers dans les universités françaises par décret et arrêtés, le gouvernement ne fait que définir le cadre de l'exercice de l'action internationale de ces établissements. Il ne porte donc pas atteinte à leur autonomie. • CE 26 juill. 1986, *GISTI : Lebon 285*. ♦ Si l'accueil des étudiants étrangers incombe au ministre de l'éducation ainsi qu'aux universités dans le respect de l'autonomie de ces établissements, ces dispositions doivent se combiner avec celles de l'Ord. du 7 janv. 1959 qui précise que chaque ministre est responsable de la préparation et de l'exécution des mesures de défense incombant au département dont il a la charge, en accord avec le haut fonctionnaire de la défense. La circulaire du 24 sept. 1990, relative à la situation des étudiants irakiens, prévoyait que l'inscription des étudiants irakiens dans les universités françaises était subordonnée à l'accord du haut fonctionnaire de la défense placé auprès du ministre de l'éducation. En application de ces différents textes, le haut fonctionnaire a fait connaître au président d'une université qu'il s'opposait à la poursuite des travaux de recherche d'un de ses étudiants. Le président de cette université avait compétence liée pour refuser d'autoriser l'intéressé à poursuivre ses travaux de recherche dans cet établissement. • CE 28 juin 1996, n° 135433 : *RD publ. 1996. 1488, concl. Schwartz*.

V. aussi notes ss. art. L. 123-7.

15. Pouvoirs de substitution. La règle de l'autonomie ne fait pas obstacle à l'exercice normal des pouvoirs reconnus au ministre en cas de difficulté grave dans le fonctionnement des organes statutaires ou de défaut d'exercice de leurs responsabilités. • CE, sect., 9 avr. 1976, n° 98423 A.

V. aussi notes ss. art. L. 719-8.

IV. OPÉRATIONS ÉLECTORALES

16. Modification du calendrier électoral. Il est ainsi reconnu la possibilité pour l'administration de modifier le calendrier électoral initialement arrêté, même dans l'hypothèse où cette mesure aurait eu pour objet de permettre aux membres des trois conseils nouvellement élus de procéder à l'élection du président de l'université, dès lors que les décisions en ce sens n'ont pas constitué des manœuvres ayant eu pour effet ou pour objet de porter atteinte à la sincérité du scrutin. Le juge a vérifié d'une part que les modifications du calendrier n'avaient pas été prises dans un autre but que celui de garantir le bon fonctionnement des institutions universitaires, tel que favoriser l'un des candidats à la présidence et d'autre part que toutes les listes avaient pu bénéficier du même délai pour enregistrer leur candidature et faire campagne. • CAA Marseille, 8 déc. 2005, n° 02MA00960 : *LIJ 2006, n° 105, p. 9.*

17. Localisation des bureaux de vote. La mise en cause de la localisation des bureaux de vote a été rejetée en considérant que les sites choisis au sein du campus étaient ceux habituellement utilisés pour ce type de scrutin et que leur localisation était suffisamment connue des listes en présence et des électeurs appelés à voter. • CAA Marseille, 8 déc. 2005, n° 02MA00960 : *préc. note 16.*

18. Assesseurs. Est sans influence sur la régularité du scrutin l'absence de désignation par le président de l'université d'assesseurs issus des différentes listes de candidats dès lors qu'il n'est ni démontré ni même allégué que les listes en présence aient usé de cette possibilité. • CAA Marseille, 8 déc. 2005, n° 02MA00960 : *préc. note 16.*

19. Présidence d'un bureau de vote. Est sans influence sur la régularité du scrutin que la présidence d'un bureau de vote soit effectuée par un personnel n'ayant pas la qualité de personnel permanent de l'université. • CAA Marseille, 8 déc. 2005, n° 02MA00960 : *préc. note 16.*

20. Ajout d'électeurs. Est sans influence sur la régularité du scrutin l'ajout manuscrit, le jour du scrutin, du nom d'électeurs dès lors qu'il n'est pas établi que les personnes ainsi ajoutées ne remplissaient pas les conditions requises pour acquérir la qualité d'électeur. • CAA Marseille, 8 déc. 2005, n° 02MA00960 : *préc. note 16.*

21. Doubles inscriptions. Est sans influence sur la régularité du scrutin le fait que certains électeurs soient inscrits dans plusieurs collèges de l'université, notamment du fait que l'un d'entre eux n'a pas participé au scrutin et que cette irrégularité n'a pu rester que sans effet tant sur la sincérité du scrutin que sur ses résultats. • CAA Marseille, 8 déc. 2005, n° 02MA00960 : *préc. note 16.*

22. Élections universitaires. Listes incomplètes. Régularité. En l'absence de toute disposition contraire de la loi, du décret électoral des universités et des statuts de l'établissement en cause, régularité du dépôt de listes incomplètes pour les élections au conseil de l'université dans le collège « étudiants ». • CE 3 oct. 1973, n° 90241. ♦ La L. du 26 janv. 1984 sur l'enseignement supérieur précisant que « L'élection s'effectue pour l'ensemble des personnels au scrutin de liste à un tour avec représentation proportionnelle au plus fort reste, panachage et possibilité de listes incomplètes », il résulte clairement de ce texte que le législateur a entendu permettre la présentation de listes incomplètes, sans fixer aucun minimum pour le nombre de candidats figurant sur une liste. Dès lors, des listes ne comportant qu'un seul nom peuvent être présentées à ces élections. • CAA Paris, 5 févr. 1991, n° 90PA00358. ♦ Aux termes de l'art. 21 du Décr. du 18 janv. 1985, dans sa rédaction issue du Décr. du 19 août 1988 et applicable en l'espèce : « Lorsque le nombre de sièges attribués à une liste dépasse le nombre de candidats présentés par cette liste, les sièges excédant ce nombre ne sont pas attribués. Il est alors procédé à une élection partielle ». L'organisation de cette élection partielle ne saurait être assimilée à un second tour de scrutin. • CAA Paris, 5 févr. 1991, n° 90PA00358.

23. Élections universitaires. Égalité de suffrage. En l'absence, dans les statuts de l'université, de toute disposition traitant du choix à exercer entre les candidats en cas d'égalité de suffrages à l'occasion d'élections au conseil de l'université, le recteur a pu légalement attribuer les sièges restant à pourvoir au bénéfice de l'âge. • CE 3 oct. 1973, n° 90241. ♦ V. encore : • CAA Nantes, 27 janv. 1994, n° 93NT00606 • CAA Paris, 5 févr. 1991, n°s 90PA00240 et 90PA00365 • CAA Lyon, 30 nov. 1989, n° 89LY00489.

V. RESPONSABILITÉ DE L'UNIVERSITÉ

BIBL. Varoqueaux, La responsabilité des établissements d'enseignement supérieur en cas d'accidents survenus à des étudiants, *LIJ 2006, n° 109, p. 36.* ♦ Sur la responsabilité des établissements d'enseignement supérieur en cas de publication d'un ouvrage collectif faisant l'objet d'un contentieux pour plagiat : *Lettre DAJ B1, n° 09-86, du 9 mars 2009 : *LIJ 2009, n° 135, p. 35.* ♦ Sur les conditions dans lesquelles la responsabilité des établissements publics pourrait être engagée du fait de la fabrication par certains de ses élèves et de la fourniture de dispositifs nécessaires à la ventilation des personnes hospitalisées pour cause d'infection par la covid-19 : * Note DAJ B1 n° 2020-0043 du 6 avr. 2020 : *LIJ 2020, n° 212, p. 13.*

24. A l'égard des étudiants stagiaires. A propos d'un accident survenu à un élève d'une école d'ingénieurs, le juge administratif rappelle que, lorsqu'un élève ou un étudiant effectue un stage dans le cadre de ses études, il demeure sous la responsabilité de l'établissement d'enseignement dont il relève. L'exercice de cette responsabilité implique, notamment, que l'établissement s'assure, au titre du bon fonctionnement du service public dont il a la charge, que le stage se déroule dans des conditions ne mettant pas en danger la sécurité du stagiaire, en particulier lorsque le stage se déroule à l'étranger. Un manquement à cette obligation est susceptible d'entraîner la responsabilité pour faute de l'établissement d'enseignement. • CE 15 oct. 2014, n° 369427 : *AJDA 2014. 2036*.

25. *Licenciement abusif.* Les universités sont juridiquement responsables de leurs actes et notamment de la gestion des membres de leur personnel autres que ceux qui ont la qualité d'agents de l'État. Par suite, l'État ne peut être condamné à réparer le préjudice subi par un agent contractuel d'une université du fait d'un licenciement abusif. • CE 5 oct. 1979, n° 02960 B.

26. *Refus d'autoriser la soutenance d'une thèse.* S'il appartient au ministre de l'éducation de fixer les règles communes pour la poursuite des études conduisant à l'obtention de diplômes nationaux, il relève de la seule autorité du président de l'université d'autoriser une soutenance de thèse de doctorat d'État. Par suite, ne peut être dirigée contre l'État une action en responsabilité à raison du refus d'autoriser une telle soutenance de thèse. • CAA Paris, 28 févr. 1995, n° 93PA00959 B : *AJDA 1995. 845, concl. Brin* • CE 18 févr. 1998, n° 169050.

VI. POLITIQUE CONTRACTUELLE

BIBL. Knaub, Le contrat d'établissement, entre mythe et réalité, *In* Mél. Waline, *D. 2002. 255*. – La politique contractuelle, *Cour des comptes, Rapport public, 2000.*

27. *Liberté contractuelle.* Ne porte pas atteinte à la liberté contractuelle des établissements l'arrêté qui prévoit l'intégration d'une charte type des thèses dans le contrat signé entre le chef d'établissement et le ministre de l'enseignement supérieur. • CE 20 mars 2000, n° 202295 : *AJDA 2000. 756, note Jégouzo*.

28. *Évaluation d'un laboratoire préalable à la conclusion du contrat pluriannuel d'établissement.* Les avis rendus par la mission scientifique universitaire à l'issue de l'évaluation des équipes de recherche universitaires sont des éléments internes à la direction de la recherche, de la procédure d'élaboration des contrats d'établissement pluriannuels. Le ministre compétent pour procéder à la signature de ces contrats n'est pas lié par ces avis. Ces avis ont ainsi le caractère d'actes préparatoires qui ne constituent pas, par eux-mêmes, des décisions susceptibles de faire l'objet d'un recours pour excès de pouvoir. • CE 18 avr. 2008, n° 296100. ♦ Un enseignant-chercheur ne peut donc demander l'annulation pour excès de pouvoir de l'avis émis par la mission scientifique universitaire à l'issue de l'évaluation de son laboratoire. • Même arrêt.

VII. SERVICE DES ACTIVITÉS INDUSTRIELLES ET COMMERCIALES (SAIC)

29. *Valorisation de la recherche.* Le législateur a expressément entendu donner aux établissements la possibilité d'assurer des prestations de service en vue de valoriser les résultats de la recherche, sans leur donner aucun droit exclusif. Ni le principe d'égalité de traitement, ni les art. 81 CE, 82 CE et 87 CE du Traité de Rome du 25 mars 1957 (art. 85, 86 et 92 anciens) n'interdisent à une personne publique, en raison de sa nature, d'assurer des prestations de services sur un marché. • CE 5 sept. 2001, n° 225473.

30. *Concurrence.* Les établissements publics administratifs, lorsqu'ils exercent une activité susceptible d'entrer en concurrence avec celle d'entreprises privées, sont tenus à des obligations fiscales comparables à celles auxquelles sont soumises celles-ci. Si des différences existent entre les conditions de fonctionnement des établissements publics administratifs et des opérateurs privés sur un marché, notamment en ce qui concerne le droit du travail et de la sécurité sociale, celles-ci n'ont ni pour objet, ni pour effet de placer les établissements publics administratifs dans une situation nécessairement plus avantageuse que celle dans laquelle se trouvent les autres opérateurs privés et qui leur permettrait de fausser le jeu de la concurrence sur un marché. • CE 5 sept. 2001, n° 225473.

31. *Location commerciale.* V. Lettre DAJ B1 n° 08-64 du 27 févr. 2008 : *LIJ 2008, n° 124, p. 25.*

32. *Messagerie électronique. Communication des adresses électroniques des agents d'une université.* Interrogée par une université sur la demande des administrateurs élus du CA de sa COMUE d'avoir accès à l'ensemble des adresses électroniques des agents de la COMUE et de ses établissements membres, la DAJ rappelle qu'en dehors des demandes formulées par les organisations syndicales dans les conditions encadrées, les adresses électroniques professionnelles des agents publics ne sont pas communicables. Elle précise que la demande des élus du CA de pouvoir accéder aux adresses de messagerie professionnelle des personnels ne s'inscrivant pas dans le cadre du droit à l'information prévu pour la préparation des délibérations de cette instance, l'université n'est pas tenue de les leur communiquer. * DAJ, note B1 n° 2019-024, 15 mars 2019 : *LIJ 2020, n° 209, p. 14.*

VIII. FILIALES

33. *Création. Objet. Limites.* Les dispositions du C. éduc. n'autorisent pas une université à créer une filiale aux fins d'exercer des activités de formations conduisant à des diplômes ou préparant à des examens ou des concours qu'elle organise elle-même. En l'espèce, le juge annule la délibération du conseil d'administration de l'université approuvant la création d'une filiale détenue à 80 % par l'université et à 20 % par la société anonyme Lextenso éditions, ayant vocation, sous la dénomination « prépa d'Assas », à organiser une préparation estivale à l'examen d'entrée à l'école de formation du barreau. Le juge rappelle en effet que les dispositions de l'art. L. 711-1 C. éduc. relatives à la possibilité pour les établissements publics à caractère scientifique, culturel et professionnel de créer des filiales et les dispositions réglementaires prises pour leur application ne sauraient être regardées comme ayant pour objet ou pour effet d'autoriser ces établissements publics à créer des filiales aux fins d'exercer les activités de formations que l'art. L. 613-2 les autorise à organiser en complément de celles menant aux diplômes nationaux. L'un des établissements privés organisant une préparation du même type obtient ainsi gain de cause devant le tribunal. • TA Paris, 29 oct. 2013, n° 1217449/2-1 : *AJDA 2013. 2233*. ♦ En appel, la cour confirme le jugement en considérant que les dispositions de cet art. qui permettent, notamment, de valoriser les activités de recherche n'autorisent pas les EPSCP à exercer, dans le cadre d'une filiale, des activités de formation continue et « de préparation intensive d'été » à l'examen d'entrée au CRFPA, qui relèvent par nature des missions statutaires principales que l'université doit exercer, au sein, notamment, de l'IEJ et du CFP. • CAA Paris, 8 mars 2016, n° 13PA04846 : *AJDA 2016. 522 ; ibid. 1071, concl. Cantié ; LIJ 2016, n° 193, p. 6 ; AEF 31 mars 2016, Dépêche n° 535606, comm. Toulemonde ; ibid. 18 mai 2016, Dépêche n° 538269, note Plouseau.*

Art. L. 711-2 Le présent titre fixe les principes applicables à l'organisation et au fonctionnement de chacun des types d'établissements publics à caractère scientifique, culturel et professionnel, qui sont :

1° Les universités auxquelles sont assimilés les instituts nationaux polytechniques ;

2° Les écoles et instituts extérieurs aux universités ;

3° Les écoles normales supérieures, les écoles françaises à l'étranger et les grands établissements ;

(L. n° 2013-660 du 22 juill. 2013, art. 42) « 4° Les communautés d'universités et établissements. »

La liste et la classification des établissements publics à caractère scientifique, culturel et professionnel sont établies par décret.

Art. L. 711-3 Les universités de technologie sont des établissements publics à caractère scientifique, culturel et professionnel, créés dans les conditions prévues à l'article L. 711-4, qui ont pour mission principale la formation des ingénieurs, le développement de la recherche et de la technologie. Ces établissements sont soit des instituts et écoles extérieurs aux universités relevant du chapitre V, soit de grands établissements relevant du chapitre VII du présent titre.

Des établissements d'enseignement supérieur peuvent être transformés en universités de technologie, à condition que le flux annuel d'entrées dans leurs filières technologiques soit au moins égal à cinq cents étudiants. – *[L. n° 85-1371 du 23 déc. 1985, art. 12.]*

Art. L. 711-4 I. – Les établissements publics à caractère scientifique, culturel et professionnel sont créés par décret après avis du Conseil national de l'enseignement supérieur et de la recherche.

II. – Les décrets portant création d'établissements publics à caractère scientifique, culturel et professionnel peuvent déroger, pour une durée de *(L. n° 2017-257 du 28 févr. 2017, art. 45)* « dix » ans, aux dispositions des articles L. 712-1 à *(L. n° 2013-660 du 22 juill. 2013, art. 94)* « L. 712-6-1, » L. 712-7, L. 713-1, L. 714-1, L. 715-1 à L. 715-3, L. 719-1 à L. 719-3.

Les dérogations ont pour seul objet d'expérimenter dans les nouveaux établissements des modes d'organisation et d'administration différents de ceux prévus par les articles susmentionnés. Elles assurent l'indépendance des professeurs et des autres enseignants-chercheurs par la représentation propre et authentique de chacun de ces deux ensembles et par l'importance relative de cette représentation au sein de l'organe délibérant de l'établissement. Elles assurent également la représentation propre et authentique des autres personnels et des usagers. Elles ne peuvent porter atteinte au principe de l'élection des représentants de ces différentes catégories au sein de l'organe délibérant.

Les expérimentations prévues à l'alinéa précédent font l'objet d'une évaluation par *(L. n° 2013-660 du 22 juill. 2013, art. 94)* « le Haut Conseil de l'évaluation de la recherche et de l'enseignement supérieur mentionné » à l'article L. 114-3-1 du code

de la recherche » *[V. cet art., App., v° Code de la recherche]. (L. n° 2013-660 du 22 juill. 2013, art. 94)* **« Le Haut Conseil » établit, pour chaque établissement, un rapport** *(L. n° 2006-450 du 18 avr. 2006, art. 11)* **« qu' »** *(L. n° 2013-660 du 22 juill. 2013, art. 94)* **« il » adresse au Parlement et au ministre chargé de l'enseignement supérieur au plus tard six mois avant la fin de l'expérimentation.**

Dans le cas où un établissement entend mettre fin à l'expérimentation avant l'expiration du délai de *(L. n° 2017-257 du 28 févr. 2017, art. 45)* **« dix » ans susmentionné, l'autorité exécutive de l'établissement demande au ministre chargé de l'enseignement supérieur de faire procéder à l'évaluation par** *(L. n° 2013-660 du 22 juill. 2013, art. 94)* **« le Haut Conseil de l'évaluation de la recherche et de l'enseignement supérieur mentionné »** *(L. n° 2006-450 du 18 avr. 2006, art. 11)* **« à l'article L. 114-3-1 du code de la recherche** *[V. cet art., App., v° Code de la recherche]* **» ;** *(L. n° 2013-660 du 22 juill. 2013, art. 94)* **« ce dernier » adresse son rapport au ministre et à l'autorité exécutive de l'établissement dans un délai de six mois à compter de la date de la demande de l'autorité exécutive ;** *(L. n° 2013-660 du 22 juill. 2013, art. 94)* **« il »** *(L. n° 2006-450 du 18 avr. 2006, art. 11)* **« émet » notamment un avis sur l'opportunité de la poursuite de l'expérimentation ; au vu de cet avis, il appartient à l'établissement de prendre la décision de poursuivre l'expérimentation jusqu'au terme du délai de** *(L. n° 2017-257 du 28 févr. 2017, art. 45)* **« dix » ans ou de l'arrêter.**

COMMENTAIRE

Les établissements publics à caractère scientifique, culturel et professionnel (EPSCP), qu'il s'agisse des universités, des instituts des et écoles ne faisant pas partie des universités (art. L. 715-1), des grands établissements (pour les grands établissements, CE 23 juin 2014, n° 354198, à propos de l'université de Lorraine) ou des communautés d'université et d'établissements (COMUE), sont ***créés par décret***, c'est-à-dire par un acte administratif signé par le Premier ministre et cosigné par les ministres chargés de son exécution, ministre chargé de l'enseignement supérieur mais aussi ministre chargé du budget ou, si besoin, ministre chargé de la santé ou ministre chargé de l'outre-mer. L'édiction du décret doit être précédée d'un ***avis du CNESER*** qui doit disposer d'un délai suffisant pour le formuler (à propos de la création de l'université technologique de Compiègne, CE 18 janv. 1974, n° 89557). La demande d'avis est obligatoire, mais, si le CNESER choisit de ne pas le formuler, la légalité du décret n'est pas contestable (CE, sect., 14 nov. 1975, *SNESU (FEN)*, n° 93351). Cet avis obligatoire mais non conforme peut ne pas être suivi par le Gouvernement. Il en est de même de l'avis du Conseil d'État obligatoire pour fixer les conditions d'administration des instituts et écoles ne faisant pas partie des universités (art. L. 715-1) et les règles particulières d'organisation et de fonctionnement des écoles normales supérieures (art. L. 716-1) ; grands établissements (art. L. 717-1) ; écoles françaises à l'étranger (art. L. 718-1) dans le respect des principes d'autonomie et de démocratie. La loi impose en effet un ***décret en Conseil d'État*** dont les dispositions ne peuvent pas s'écarter du projet soumis par le Gouvernement et de l'avis du Conseil d'État. Si l'avis préalable du Conseil d'État est justifié par le caractère dérogatoire de ces ESCP (par rapport aux universités), on s'étonnera de ne pas retrouver cette exigence pour des montages potentiellement plus dérogatoires, les établissements publics expérimentaux (EPE) pouvant être créés par décret simple (Ord. n° 2018-1131 du 12 déc. 2018 relative à l'expérimentation de nouvelles formes de rapprochement, de regroupement ou de fusion des établissements d'enseignement supérieur et de recherche, art. 2).

En vertu du parallélisme des compétences, cette procédure doit aussi être suivie pour les opérations de suppression, de partition (V. pour l'Université du Pacifique, dont la partition se fit par création des deux universités de Polynésie française et de Nouvelle-Calédonie, décret du 31 mai 1999, CE 22 nov. 2006, n° 280526) ou de restructuration (V. création d'Aix-Marseille III par prélèvement sur les UER d'Aix-Marseille II, CE, sect., 14 nov. 1975, *SNESUP-FEN*, n° 93351) que le Gouvernement peut décider sans porter atteinte au principe d'autonomie des universités ; en conséquence, il peut décider de transférer les biens, droits et obligations d'un établissement à un autre (CE avr. 1997, n° 133068). La suppression d'une université est ainsi décidée par décret après avis du CNESER sans que le Gouvernement ait besoin de l'accord ni même de l'avis de son conseil (CE, sect., 10 nov. 1978, *Sieurs Benoit, Mallet et Pascallon*, n° 03033).

Au contentieux, le Conseil d'État, compétent en première instance pour examiner la légalité des décrets, exerce un contrôle normal sur les motifs justifiant ces différentes opérations. Il a ainsi pu rejeter les recours pour excès de pouvoir contre ces décisions en considérant que la croissance des effectifs et les besoins de la population de la région Nord-Pas-de-Calais en matière d'enseignement supérieur justifiaient la création d'une nouvelle université (création des universités d'Artois et du Littoral : CE 2 avr. 1997, n° 133068) ; les besoins étant moins nets, il a dû viser en outre les objectifs de la loi du 4 février 1995 en matière d'aménagement du territoire pour justifier la création de l'université d'Agen (CE 10 juin 1998, n° 187-348). S'agissant d'une opération de partition, le Conseil d'État admet les motifs soulignant l'inadaptation des structures de représentation à l'évolution des effectifs des unités d'enseignement et de recherche comme la nécessité de faciliter la mise en place de filières de formation adaptées aux besoins de la région Auvergne (CE, sect., 10 nov. 1978, *Sieurs Benoit, Mallet et Pascallon*, n° 03033).

Dans sa décision n° 93-322 DC du 28 juillet 1993, le Conseil constitutionnel a admis la possibilité pour le législateur « d'autoriser des dérogations pour des établissements dotés d'un statut particulier en fonction de leurs caractéristiques propres (§8) » ; de même peut-il « prévoir la possibilité d'expériences comportant des dérogations… de nature à lui permettre d'adopter par la suite, au vu des résultats de celles-ci, des règles nouvelles appropriées à l'évolution des missions de la catégorie d'établissements en cause ; » il lui incombe alors de définir précisément la nature et la portée de ces expérimentations, les cas dans lesquels celles-ci peuvent être entreprises, les conditions et les procédures selon lesquelles elles doivent faire l'objet d'une évaluation conduisant à leur maintien, à leur modification, à leur généralisation ou à leur abandon (§9) ; il a alors décidé « que les objectifs énoncés par le législateur, à savoir l'ouverture des formations dispensées sur le monde socio-économique et le développement des activités de recherche, ne sont pas de nature à circonscrire la portée de ces dérogations ».

Le II de l'article L. 711-4 prévoit que ***les décrets de création d'EPSCP peuvent déroger à la loi pour mener des expérimentations d'une durée limitée*** (délai initialement fixé à 5 ans porté à 10 ans par la loi du 27 févr. 2017). L'objet de ces dérogations est précisé par l'alinéa premier du II. Il s'agit des règles d'organisation et d'administration prévues pour la gouvernance des EPSCP ; pour les universités, elles comprennent celles qui fixent les principes de leur gouvernance (art. L. 712-1), le statut et les compétences du président d'université (art. L. 712-2), du conseil d'administration (art. L. 712-3), du conseil académique (art. L. 712-4) à l'exclusion de la section disciplinaire, des composantes (art. L. 713-1), des services communs (art. L. 714-1). Pour les écoles et instituts ne faisant pas partie des universités, les règles concernant le statut et compétences du conseil d'administration, du conseil scientifique (art. L. 715-2) et du directeur (art. L. 715-3), et les dispositions relatives à la composition des conseils (art. L. 719-1 à L. 719-3). En revanche, aucune possibilité de dérogation n'est prévue pour le régime financier ou le contrôle administratif et financier. Il ne s'agit pas non plus d'expérimentation pédagogique comme celle invoquée par le Gouvernement en créant au sein de l'université de Picardie un Institut des sciences juridiques à statut dérogatoire (CE, sect., 10 nov. 1978, *Sieur Chevallier*, n° 04978, annulation du décret, les méthodes pédagogiques de cet institut ne s'écartant pas de celles qui sont le plus généralement suivies par l'ensemble des universités).

L'objectif de ces dérogations doit exclusivement permettre d'« expérimenter dans les nouveaux établissements des modes d'organisation et d'administration différents » (art. L. 711-4-II, al. 2) de ceux mis en place par le droit commun des EPSCP. Ces expérimentations reposant sur des dérogations législatives imposent que soient précisées leur nature et leur portée comme les conditions et procédures d'évaluation nécessaires pour leur maintien, leur généralisation ou leur abandon (Cons. const. 28 juill. 1993, n° 93-322 DC, déclarant non conformes à la Constitution des dispositions législatives autorisant des dérogations sans les assortir de limites autres que la participation des personnels et des usagers aux organes délibérants). Elles doivent évidemment respecter les principes à valeur constitutionnelle, essentiellement l'indépendance des enseignants-chercheurs ; la loi précise qu'elles doivent en conséquence assurer aux professeurs et aux autres enseignants une représentation propre et authentique dans les conseils de l'établissement ; il en est de même pour les autres personnels et les usagers. L'autonomie et la gestion démocratique des établissements impliquent que les représentants de ces différentes catégories soient désignés par la voie de l'élection. Les expérimentations réalisées dans ce cadre doivent faire l'objet d'une évaluation par le HCERES qui adresse un rapport au ministre et au Parlement. Désormais, prévue pour dix ans, l'expérimentation peut être interrompue à la demande du chef d'établissement ; le ministre fait alors procéder à l'évaluation par le HCERES qui émet un avis sur l'opportunité de poursuivre ou non l'expérimentation, la décision étant alors prise par l'organe délibérant de l'établissement. C'est dans ce cadre qu'a été créée l'Université de Nîmes dont le statut expérimental d'établissement à vocation professionnelle a été adopté par le décret n° 2007-733 du 7 mai 2007, renouvelé après évaluation par le décret n° 2012-614 du 30 avril 2012. En outre, l'article L. 718-3-1° précise que les nouveaux établissements issus de fusions de plusieurs établissements (art. L. 718-6, fusion par création d'un nouvel établissement ou par absorption, approuvée par décret) peuvent bénéficier des dérogations expérimentales prévues à l'article L. 711-4.

L'article 52 de la loi n° 2018-727 du 10 août 2018 pour un État au service d'une société de confiance habilite le Gouvernement à prendre par ordonnance les mesures relevant du domaine de la loi destinées à expérimenter pour une durée de dix ans de nouvelles formes de rapprochement, de regroupement ou de fusion d'établissements d'enseignement supérieur et de recherche (nouveaux modes d'organisation et de fonctionnement des établissements et de leurs regroupements ; nouveaux modes de coordination territoriale dérogeant à l'art. L. 718-3 ; nouveaux modes d'intégration, sous la forme d'EPSCP regroupant plusieurs établissements d'enseignement supérieur et de recherche qui peuvent conserver ou non leur personnalité morale pendant tout ou partie de l'expérimentation). L'idée est de permettre à chaque site concerné de mettre en place un projet partagé, notamment pour présenter au jury international du programme des investissements d'avenir (PIA) un dossier attestant d'une stratégie et d'un niveau d'intégration en matière de politique scientifique (recrutement, signature, diplômes) et en matière budgétaire. L'ordonnance n° 2018-1131 du 12 décembre 2018 relative à l'expérimentation de nouvelles formes de rapprochement, de regroupement ou de fusion des établissements d'enseignement supérieur et de recherche précise les conditions dans lesquelles l'établissement issu d'une des formes de rapprochement, de regroupement ou de fusion pourra acquérir, jusqu'à la fin de la période d'expérimentation et selon la forme qu'il a expérimentée, le statut de l'un des types d'EPSCP (art. L. 711-2). L'ordonnance prévoit toutefois dans son chapitre Ier la création à titre expérimental (10 ans) d'un nouveau type d'EPSCP, l'établissement public expérimental (EPE) ; son objet est de regrouper ou de fusionner des établissements d'enseignement supérieur et de recherche, publics et privés (art. 1er) ; son objectif est d'expérimenter de nouveaux modes d'organisation et de fonctionnement afin de réaliser un projet partagé défini par les établissements qu'il regroupe, sachant que les établissements regroupés peuvent conserver leur personnalité morale et sont dénommés « établissements-composantes » (art. 2) ; les statuts, préalablement adoptés par les établissements le composant, sont approuvés par le décret de création (pris après avis du CNESER, mais sans avis du Conseil d'État, art. 2) ; en principe soumis aux dispositions du code de l'éducation communes à tous les EPSCP et à celles du code de la recherche communes aux EPST, l'EPE est doté par ses statuts de règles particulières d'organisation et de fonctionnement qui peuvent déroger au code de l'éducation et au code de la recherche sous réserve de respecter les principes de gestion démocratique (représentation des personnels et des usagers dans les conseils) et d'indépendance des enseignants-chercheurs (art. L. 711-4). Les statuts peuvent ainsi déroger aux dispositions concernant la règle de majorité statutaire (art. L. 711-7), la limite d'âge du président ou du directeur d'établissement (art. L. 711-10), les dispositions électorales et les catégories de personnalités extérieures (art. L. 713-4 à L. 713-9 et L. 719-1 à L. 719-3). Il en est de même pour les dispositions relatives à certaines composantes (unités de formation et de recherche médicales, instituts et écoles internes) et au périmètre des activités permettant à l'EPE d'assurer des prestations de services, de prendre des participations, de créer des services d'activités industrielles et commerciales, de participer à des groupements et de créer des filiales (dérogation à l'art. L. 711-1). Par contre, aucune dérogation n'est possible pour le maintien de l'ordre et de la sécurité, la section disciplinaire (sauf à préciser l'organe au sein de laquelle elle est constituée), et les règles budgétaires comme le contrôle administratif et financier (art. 6, mod. par LPR 2020). Les « établissements-composantes » (art. 1er, al. 2) peuvent être autorisés à déroger aux dispositions statutaires prévues par la loi dans la mesure strictement nécessaire à l'organisation et au fonctionnement de l'établissement public expérimental qui les regroupe (art. 11, mod. par LPR 2020). Le chapitre II traite des autres modes d'expérimentation en matière de coordination territoriale ; les communautés d'universités et d'établissements peuvent dans ce cadre expérimenter de nouvelles formes de gouvernance dans les mêmes conditions qu'un établissement expérimental (art. 16, mod. par LPR 2020) ; la coordination peut aussi être assurée conjointement par des établissements liés par une convention ou par un établissement expérimental (art. 17). Les modalités d'évaluation et de sortie de l'expérimentation, le cas échéant au terme des deux premières années, après une évaluation du Haut Conseil de l'évaluation de la recherche et de l'enseignement supérieur, sont précisées au chapitre III (art. 19 et 20). À la fin de l'expérimentation, l'établissement expérimental pourrait obtenir par décret le statut de grand établissement et les établissements-composantes conserver leur personnalité morale.

L'État et chacun des établissements créés dans le cadre de l'expérimentation devront fixer d'un commun accord les objectifs ainsi que le calendrier et les critères d'évaluation associés. Un an au plus tard avant le terme de l'expérimentation, celle-ci devra faire l'objet d'une évaluation par le HCERES. Dans un délai de trois ans, le Gouvernement devra remettre au Parlement un rapport présentant un premier bilan des expérimentations engagées dans ce cadre, recensant les différentes formes juridiques adoptées par les établissements et identifiant les voies adaptées afin de les pérenniser, le cas échéant.

La mise en œuvre de l'ordonnance a conduit à la création de 9 établissements publics expérimentaux (en 2019). Elle a été ratifiée par l'article 43 de la loi n° 2020-1674 du 24 décembre 2020 qui a modifié son article 6 (pour tenir compte de l'évolution de la procédure disciplinaire introduite par l'art. 33 de la L. n° 2019 828 du 6 août 2019) et les articles 11 et 16 pour clarifier le champ des dérogations, notamment pour la création de communautés d'universités et d'établissements (COMUE) expérimentales non issues de COMUE existantes (art. 11 pour mettre en cohérence les statuts des établissements-composantes avec ceux de l'EPE ; art. 16 pour faciliter la mise en place des COMUE).

Au-delà des dérogations temporaires à fin expérimentale, le législateur a pu prévoir des règles différentes selon les types d'EPSCP. Il s'agit de ***dérogations permanentes*** au droit commun des universités qui imposent un décret en Conseil d'État. Il en est ainsi des ***écoles nationales supérieures*** (art. L. 716-1) et des ***écoles françaises à l'étranger*** (art. L. 718-1) et des ***grands établissements*** (art. L. 717-1) ; ces derniers peuvent être des établissements de fondation ancienne (Collège de France, CNAM, École des Chartes…) comme des établissements de création plus récente même s'ils sont désignés par le terme « université » comme l'Université de Lorraine ou l'Université de Paris-Dauphine, université de technologie en sciences de l'organisation et de la décision qui n'a le statut ni d'une université, ni d'une université technologique (CE 8 juill. 2005, n° 266900) : pour éviter la multiplication des universités dérogatoires, la loi ESR de 2013 a limité le champ de la notion aux établissements dont l'offre de formation ne comporte pas la délivrance de diplômes pour les trois cycles de l'enseignement supérieur (art. L. 717-1).

Dans les trois cas, la loi prévoit d'abord que des décrets en Conseil d'État fixent les règles particulières d'organisation et de fonctionnement dans le respect des principes d'autonomie et de démocratie (sans référence à l'indépendance des enseignants-chercheurs, rappelée toutefois par le juge, CE 23 juin 2014, *UNEF*, n° 354198, à propos de l'Université de Lorraine), puis indique qu'ils peuvent déroger à une même série de dispositions de la partie législative du code. Les dérogations alors envisagées portent tout d'abord sur les principes relatifs à la création et à l'autonomie des EPSCP (art. L. 711-1, sauf autonomie et gestion démocratique ; art. L. 711-4 : dérogation à la dérogation quinquennale ; art. L. 711-5 : transformation des EPA en EPSCP ; art. L. 711-7 : délibérations statutaires ; art. L. 711-8 : contrôle de légalité par le recteur), puis sur les dispositions sur les services communs à plusieurs établissements (art. L. 714-2), sur les dispositions relatives à la composition des conseils (art. L. 719-1 à L. 719-3), et contrairement aux dérogations pour expérimentation au régime financier (art. L. 719-4 et L. 719-5) et au contrôle administratif et financier (art. L. 719-7 à L. 719-9). Les règles d'organisation et de fonctionnement de ces établissements dérogatoires peuvent être différentes de celles prévues par le droit commun des EPSCP à condition de respecter les principes d'autonomie et de démocratie (à propos des ENS : CE 19 févr. 2003, *MM. Danthony et Merzisen c/ MEN*, n° 233985). Le directeur et le président du conseil d'administration peuvent ainsi être non pas élus mais nommés ; les représentants du personnel et des usagers peuvent être en minorité (CE 19 févr. 2003, *préc.*). Le décret n° 2004-186 du 26 février 2004 portant création de l'université de technologie en sciences de l'organisation et de la décision de Paris-Dauphine prévoit qu'elle est administrée par un conseil d'administration réduit, un conseil scientifique et un conseil de la formation et de la vie étudiante, son président, assisté d'un comité exécutif demeurant élu par ces trois conseils qu'il préside. Le décret créant l'université de Lorraine a légalement pu instaurer un directoire, un « sénat académique », des « collégiums » ou des « pôles scientifiques » dotés de pouvoir de décision, créer deux conseils différents pour les formations et la vie universitaire, fixer la composition précise du conseil d'administration ou prévoir des dérogations au mode de scrutin (CE 23 juin 2014, n° 354198. – V. notes ss. art. L. 717-1). Le pouvoir réglementaire ne pourra toutefois introduire des dérogations que si les caractéristiques propres de l'établissement le justifient, à moins que le décret les instituant ne les prévoie expressément ; le juge de l'excès de pouvoir exerce alors un contrôle entier sur le bien-fondé des dérogations.

D'autres dérogations ont pu être justifiées par d'autres considérations, ultramarines. Comme les autres livres, le livre VII comprend un titre regroupant les dispositions applicables notamment en Polynésie française et en Nouvelle-Calédonie. Si la LRU de 2007 et la loi ESR du 22 juillet 2013 sont en principe applicables à l'université de Polynésie française comme à celle de Nouvelle-Calédonie, des ordonnances prises en 2008 et en 2015 maintiennent des dérogations antérieures (le haut-commissaire assiste au conseil d'administration ; le contrôle administratif et financier est assuré directement par le ministre de l'Enseignement supérieur) ou en introduisent de nouvelles (composition des conseils académiques). Certaines sont justifiées par la petite taille de ces établissements (ainsi, par dérogation à l'art. L. 719-1, vu leur petit nombre, les représentants des enseignants-chercheurs peuvent siéger dans plusieurs conseils, art. L. 773-1 et L. 774-2). Le livre VII comprend en outre un titre VIII consacré aux universités implantées dans les DOM. Pour l'université des Antilles et de la Guyane (UAG), l'ordonnance n° 2014-806 du 17 juillet 2014 institue à côté du président qui reste élu pour cinq ans non renouvelables, du conseil d'administration et du conseil académique, dont la composition tient compte de la pluralité territoriale, et des conseils de pôle universitaire dotés d'un pouvoir délibératif, un vice-président étant désigné dans chaque pôle. A la suite de la création de l'université de la Guyane (Décr. n° 2014-851 du 30 juill. 2014 prévoyant que le premier président est nommé), la loi n° 2015-737 du 25 juin 2015 transforme l'université des Antilles et de la Guyane (UAG) en université des Antilles. Elle ratifie les ordonnances n° 2008-97 du 31 janvier 2008, prévoyant un vice-président au titre de chaque région, et n° 2014-806 du 17 juillet 2014 qui la modifie à la suite de la loi n° 2013-660 du 22 juillet 2013 relative à l'enseignement supérieur et à la recherche (ESR) (V. titre VIII, art. L. 781-1 à L. 781-6). La loi entérine l'existence des pôles universitaires régionaux, qui ne sont plus aujourd'hui que deux, le pôle guadeloupéen et le pôle martiniquais. Chacun d'eux dispose d'un conseil constitué des membres du conseil d'administration élus ou désignés au titre du pôle, de compétences, de statuts propres et d'un budget intégré. Chaque vice-président est élu par les membres du conseil siégeant au titre du pôle. Le mandat du président de l'université, comme celui des vice-présidents et des membres du conseil d'administration, est de cinq ans non renouvelables. Le président doit assurer par ses arbitrages la cohésion et l'équilibre entre les pôles universitaires régionaux en concertation avec les vice-présidents de pôle. Rejetant l'élection bloquée du président et des vice-présidents, l'Assemblée nationale a choisi, au nom de l'autonomie de chaque pôle, un système de gouvernance qui risque de ne pas endiguer les forces centrifuges. La loi n° 2020-1674 du 24 décembre 2020 tente une correction en complétant l'article L. 781. L'élection du président de l'université et celle des vice-présidents de pôle universitaire régional font l'objet d'un même vote par le conseil d'administration ; en cas de vacance d'une vice-présidence, il est procédé à l'élection pour la durée restant à courir (LPR, art. 34, 12°). Après le HCERES et l'IGAENR, une mission d'évaluation de l'Assemblée Nationale doute que « les objectifs d'une gouvernance apaisée ont été atteints, que ce soit dû à une imprécision des textes ou à la personnalité et au jeu des acteurs » (rapport du 22 janv. 2020). ❑

I. CRÉATION

1. Compétence. Le Gouvernement peut, en vue de la création de nouvelles universités, décider le transfert des biens, droits et obligations d'universités existantes à une nouvelle université sans porter atteinte au principe d'autonomie des universités. • CE 2 avr. 1997, *Univ. de Lille-II,* n° 133068 : *Lebon 126* .

2. Restructuration. Après qu'un décret eut créé l'université d'Aix-Marseille III par prélèvement sur les unités d'enseignement et de recherche composant les universités d'Aix-Marseille I et Aix-Marseille II, le Gouvernement, eu égard à l'importance de la redistribution intervenue quant à cette dernière université et de la transformation ainsi apportée à sa mission, a pu légalement prononcer par décret la suppression de l'université d'Aix-Marseille II et la création d'une nouvelle université portant provisoirement la même dénomination. • CE, sect., 14 nov. 1975, *Synd. nat. de l'enseignement supérieur (FEN)*, n° 93351 : *Lebon 571* .

3. Partition. Les difficultés de fonctionnement d'une université, l'inadaptation de ses structures de représentation à l'évolution des effectifs des différentes unités qui la composent, et la préoccupation de faciliter la définition et la création de filières de formations répondant aux vocations économiques dominantes de la région sont des motifs de nature à justifier légalement la partition de cette université. • CE, sect., 10 nov. 1978, *Sieurs Benoît, Mallet et Pascallon, Univ. d'enseignement et de recherche de technologie et a.*, n° 03033 : *Lebon 435* . ♦ Le juge de l'excès de pouvoir exerce un contrôle normal sur les motifs d'une décision de partition d'une université. • CE, sect., 10 nov. 1978, *Sieurs Benoît, Mallet et Pascallon, Univ. d'enseignement et de recherche de technologie et a.*, n° 03033 : *préc.*

4. Avis du conseil d'administration. Aucune disposition législative ou réglementaire n'exige que le conseil d'une université soit consulté sur un projet de décret supprimant celle-ci et créant une nouvelle université dans la même académie. • CE, sect., 14 nov. 1975, *Synd. nat. de l'enseignement supérieur (FEN)*, n° 93351 : *préc. note 2.*

5. Avis du CNESER. Consulté par le ministre sur un projet de décret supprimant et créant une université, le Conseil national de l'enseignement supérieur et de la recherche a refusé d'émettre un avis et a demandé « le renvoi global du dossier » jusqu'à ce que des consultations des instances élues et des intéressés eux-mêmes aient fait connaître les souhaits des enseignants, des personnels et des étudiants intéressés. Le conseil ayant ainsi adopté une attitude purement dilatoire, l'absence de son avis n'a pas entaché la légalité du décret. • CE, sect., 14 nov. 1975, *Synd. nat. de l'enseignement supérieur (FEN)*, n° 93351 : *préc. note 2.*

6. Contrôle normal. Le juge de l'excès de pouvoir exerce un contrôle normal sur les motifs justifiant la création d'une université. La croissance des effectifs des étudiants dans les régions du Nord-Pas-de-Calais et de Picardie et l'augmentation des besoins de la population de ces régions en matière d'enseignement supérieur sont de nature à justifier légalement la création d'une nouvelle université dans ces régions. • CE 2 avr. 1997, *Univ. de Lille-II*, n° 133068 : *Lebon 126* . ♦ Les effectifs des étudiants dans la région d'Aquitaine et les objectifs assignés par la L. du 4 févr. 1995 au Gouvernement en matière d'aménagement et de développement du territoire sont de nature à justifier légalement la création d'une université à Agen. • CE 10 juin 1998, *Féd. des synd. généraux de l'enseignement supérieur et de la recherche publique (SGEN-CFDT)*, n° 187348 : *Lebon T. 936* .

II. SUPPRESSION

7. Conditions. La suppression d'une université n'est subordonnée ni à l'accord ni à la consultation de son conseil. • CE, sect., 10 nov. 1978, *Sieurs Benoît, Mallet et Pascallon, Univ. d'enseignement et de recherche de technologie et a.*, n° 03033 : *préc. note 3.*

III. STATUT DÉROGATOIRE

8. Absence de conformité à la Constitution. Il appartient au législateur, dans le respect des principes de valeur constitutionnelle, de déterminer les règles constitutives des établissements publics à caractère scientifique, culturel et professionnel, eu égard à l'objectif d'intérêt général auquel lui paraîtrait correspondre le renforcement de l'autonomie des établissements. Il lui est aussi possible, une fois des règles constitutives définies, d'autoriser des dérogations pour des établissements dotés d'un statut particulier en fonction de leurs caractéristiques propres, de prévoir la possibilité d'expériences comportant des dérogations de nature à lui permettre d'adopter par la suite, au vu des résultats de celles-ci, des règles nouvelles appropriées à l'évolution des missions de la catégorie d'établissements en cause. Toutefois il lui incombe alors de définir précisément la nature et la portée de ces expérimentations, les cas dans lesquels celles-ci peuvent être entreprises, les conditions et les procédures selon lesquelles elles doivent faire l'objet d'une évaluation conduisant à leur maintien, à leur modification, à leur généralisation ou à leur abandon. Le Conseil constitutionnel a en conséquence déclaré non conforme à la Constitution une loi qui autorise des dérogations sans les assortir d'aucune précision ni d'aucune limite, à la seule exception de l'obligation de prévoir la participation des personnels et des usagers avec voix délibérative, les objectifs énoncés par le législateur, à savoir l'ouverture des formations dispensées sur le monde socio-économique et le développement des activités de recherche, n'étant pas de nature à circonscrire la portée de ces dérogations. • Cons. const. 28 juill. 1993, *Loi relative aux Éts publics à caractère scientifique, culturel et professionnel*, n° 93-322 DC : *JO 30 juill., p. 10750 ; Rec. Cons. const. 204.*

9. Illégalité. Illégalité des dispositions du décret par lesquelles le Gouvernement, en se fondant exclusivement sur la nécessité de faciliter la poursuite par un établissement d'une expérience pédagogique, l'a soumis à un statut dérogatoire alors qu'aucune des méthodes pédagogiques de cet établissement ne s'écartait de celles qui sont le plus généralement suivies par l'ensemble des établissements. • CE, sect., 10 nov. 1978, *Sieur Chevallier,* n° 04978 : *Lebon 438 ; AJDA 1979. 33, concl. Massot ; Quot. jur. 29 mars 1979, note Plouvin.*

Art. L. 711-5 **La transformation des établissements publics d'enseignement supérieur à caractère administratif en établissements publics à caractère scientifique, culturel et professionnel est prononcée par décret. Les instances délibérantes de ces établissements restent en fonction jusqu'à la mise en application des nouveaux statuts. Leurs autorités exécutives restent en fonction jusqu'au terme de leur mandat. S'il expire auparavant, ce mandat est prorogé jusqu'à l'élection des nouveaux conseils.** *(Abrogé par L. n° 2020-1674 du 24 déc. 2020, art. 34)* ***« Un arrêté du ministre chargé de l'enseignement supérieur fixe la liste de ceux de ces établissements dont les statuts sont élaborés par des assemblées provisoires qui doivent comprendre pour moitié des représentants élus des conseils actuellement en fonction. Cet arrêté fixe également la composition et les règles de fonctionnement de ces assemblées ainsi que le délai à l'issue duquel, à défaut d'élaboration des nouveaux statuts, le ministre arrête ceux-ci d'office. »***

Art. L. 711-6 **Les dispositions des articles L. 611-1, L. 612-1 à L. 612-7, L. 613-1 à L. 613-5, du premier alinéa de l'article L. 614-3, celles du titre premier du livre VII, à l'exception des articles L. 713-5 à L. 713-8 et celles des articles L. 811-5, L. 811-6, L. 951-1, L. 951-2, L. 952-1, L. 952-3, L. 952-6, L. 952-13 et L. 953-1 à L. 953-4 peuvent être étendues par décret en Conseil d'État, en totalité ou en partie, avec le cas échéant les adaptations nécessaires, aux secteurs de formation et aux établissements d'enseignement supérieur publics qui ne relèvent pas de l'autorité ou du contrôle du ministre chargé de l'enseignement supérieur, après concertation avec toutes les parties intéressées. L'extension est subordonnée à l'avis conforme des conseils d'administration des établissements et à l'accord de leur ministre de tutelle.** – *[L. n° 84-52 du 26 janv. 1984, art. 11.]*

Art. L. 711-7 *(L. n° 2007-1199 du 10 août 2007, art. 3)* **« Les établissements déterminent, par délibérations statutaires du conseil d'administration prises à la majorité absolue des membres en exercice, leurs statuts et leurs structures internes, conformément aux dispositions du présent code et des décrets pris pour son application. »**

Les statuts sont transmis au ministre chargé de l'enseignement supérieur.

1. Autonomie statutaire. Les établissements jouissent d'une autonomie statutaire. En l'absence de dispositions législatives, la détermination du mode de suffrage applicable à l'élection de certains de leurs organes relève de leur seule compétence et ne peut être déterminée par décret. • CE, ass., 28 mai 1971, *Synd. général de l'éducation nat. (SGEN-CFDT), MM. Barrat, Amat et a.,* n°s 80395 et 80447 A.

2. Limites. Logo. Termes étrangers. Interdiction. Le logo d'une université française ne doit pas comporter des termes étrangers. Une association a demandé au président de l'université de recherche Paris Sciences et Lettres (PSL) de supprimer de son logoype l'expression anglaise « PSL Research University » au motif que l'emploi de ces termes anglais est contraire aux dispositions de la L. n° 94-665 du 4 août 1994 relative à l'emploi de la langue française. Dans la mesure où la marque « PSL Research University » a été enregistrée le 19 juin 2015 auprès de l'Institut national de la propriété industrielle, le tribunal a estimé qu'il y avait lieu de faire application des dispositions de l'art. 14 de cette loi qui dispose que l'emploi d'une marque de fabrique, de commerce ou de service constituée d'une expression ou d'un terme étrangers est interdit aux personnes morales de droit public dès lors qu'il existe une expression ou un terme français de même sens approuvés dans les conditions prévues par les dispositions réglementaires relatives à l'enrichissement de la langue française. Il a été donc été fait droit à la requête de l'association et le tribunal a enjoint à l'université de procéder au retrait de la mention « Research University » de son logotype sur l'ensemble des supports sur lesquels il figure d'ici le 15 sept. 2018. • TA Paris, 21 sept. 2017, n° 1609169.

3. Obligation. Les établissements ont l'obligation d'établir ou de modifier, s'il y a lieu, leurs statuts pour les mettre en conformité avec les décrets adoptés en vertu d'une disposition législative. A défaut, ceux-ci sont arrêtés d'office par le ministre de l'éducation. • CE, sect., 10 nov. 1978, *Sieur Chevallier,* n° 04978 A. ♦ L'inaction des établissements et l'absence d'initiative du ministre ne peuvent avoir pour effet de reporter *sine die* l'entrée en vigueur des dispositions législatives. Ainsi, dans les établissements régis par des statuts non révisés, l'organisation d'élections, même partielles, ne repose sur aucun fondement juridique et doivent être annulées. • TA Limoges, 11 mai 1988, *Élections partielles au conseil de la faculté de médecine de Limoges : Lebon T. 817*. ♦ Même solution pour l'élection du président de l'université. • TA Lyon, 29 avr. 1988, *M. Guilho et a. : Lebon T. 817.*

4. Pouvoirs du ministre. L'acte par lequel le ministre de l'éducation nationale arrête d'office les statuts d'une université, faute pour le conseil d'administration d'avoir adopté de nouveaux statuts dans les conditions prévues par la loi, ressortit à la compétence en premier et dernier ressort du Conseil d'État (sol. impl.). • CE 7 juin 1995, n° 108468 B.

5. Délibération statutaire. Absence. Le juge administratif a considéré qu'une délibération modifiant, au sein d'une université, les compétences d'un conseil artistique préexistant dans l'établissement, en matière de gestion de spectacle vivant ne constituait pas une délibération relevant de l'art. L. 711-7. • TA Montpellier, 13 déc. 2007, n° 0400152.

6. Décompte des votes. La majorité des deux tiers, en l'absence d'autre précision, doit s'entendre de la majorité des deux tiers des suffrages exprimés. Par suite, le recteur commet une erreur de droit en se fondant, pour suspendre l'effet de la délibération élisant le président d'une université, sur ce que la majorité des deux tiers exigée n'était pas atteinte parce qu'elle aurait dû être calculée sur le nombre des membres composant le conseil. • CE, sect., 10 nov. 1978, *Secrétaire d'État aux Universités c/ Sieur Mallet*, n° 04096 A. ♦ Les votes sont acquis à la majorité des suffrages exprimés, sans que les abstentions ni les votes blancs ne soient pris en compte. • CE 9 nov. 1994, n° 109086. ♦ ... Ni les refus de vote. • CE 29 juill. 2002, n° 210587 B.

7. Principe d'équitable représentation. Dans le cadre d'élections au conseil d'administration d'une université un étudiant avait été élu en qualité de représentant des étudiants dans la circonscription électorale correspondant aux enseignements d'économie, AES, gestion et sciences. Inscrit ensuite en master de droit social et ayant changé de circonscription électorale, il ne pouvait plus siéger, comme le lui avait indiqué le président de l'université, et qu'il serait fait appel à son suppléant. Les statuts de cette université prévoyant que le collège électoral dont faisait partie cet étudiant était divisé en trois circonscriptions, Droit et Science politique, Économie, AES et Gestion, Lettres, Langues, Information, Communication, le juge administratif a estimé que l'intéressé avait effectivement changé de circonscription électorale mais que, pour autant, cette circonstance ne lui avait pas fait perdre la qualité de représentant des étudiants au titre de laquelle il avait été élu et que le passage de l'institut d'administration des entreprises à la faculté de droit au master de droit social de cette même faculté n'avait pas porté atteinte au principe d'équitable représentation dans les conseils de chaque grand secteur de formation. • TA Lyon, 31 janv. 2006, n° 0506972 : *LIJ 2006, n° 106, p. 9.*

8. Structures internes. CPE. Commission électorale. Un chef d'établissement a interrogé la DAJ sur le point de savoir si son établissement avait une obligation d'instituer une commission électorale pour l'organisation du scrutin relatif à l'élection des représentants à la commission paritaire d'établissement. Si le Décr. n° 99-272 du 6 avr. 1999 relatif aux commissions paritaires d'établissements publics d'enseignement supérieur ne prévoit pas l'intervention d'une commission électorale pour l'élection de ces représentants, la mise en place d'une telle commission relève des modalités d'organisation du service dans le cadre du processus électoral. Dès lors qu'aucune disposition du Décr. du 6 avr. 1999 n'est méconnue, il n'y a aucun obstacle à la mise en place d'une telle commission. * Lettre DAJ B1 n° 2012-376 du 20 nov. 2012 : *LIJ 2013, n° 171, p. 19.*

Art. L. 711-8 **Le recteur** *(L. n° 2019-791 du 26 juill. 2019, art. 54)* **« de région académique », chancelier des universités, assiste ou se fait représenter aux séances des conseils d'administration des établissements publics à caractère scientifique, culturel et professionnel. Il reçoit sans délai communication de leurs délibérations ainsi que des décisions des présidents et directeurs, lorsque ces délibérations et ces décisions ont un caractère réglementaire.**

(L. n° 2007-1199 du 10 août 2007, art. 34) **« Le rapport établi chaque année par le recteur, chancelier des universités, sur l'exercice du contrôle de légalité des décisions et délibérations des organes statutaires des établissements publics à caractère scientifique, culturel et professionnel est rendu public. »**

BIBL. ▶ CHAMPAGNE, Les universités sont-elles contrôlées ?, *RFAP, n° 79, juill.-sept. 1996.* – FORT, De l'indépendance des universités, *Rev. adm. 2001. 454.* – GUYON, Délégation de pouvoir et gouvernance universitaire en France, *in Finanziamento, competizione ed accountability nel governo del l'università, vol. 1, La mutation de la gouvernance des universités en France et en Italie, Editoriale Scientifica, Napoli, 2013. 143.* – LAMI, Tutelle et contrôle de l'État sur les universités françaises, mythe et réalité, *LGDJ, coll. Thèses n° 292, 2015.*

1. Tutelle. Le principe à valeur constitutionnelle de l'indépendance des universités fait obstacle à ce que les pouvoirs de tutelle de l'État sur les universités soient confiés à un fonctionnaire ne répondant pas aux conditions de titres universitaires et de nominations exigés pour les recteurs : CE, sect. int. avis 1998, *Rapport public, EDCE, 1999. 71.*

2. Décret du 10 déc. 2015 portant modification des modalités de nomination des recteurs. Le Décr. n° 2015-1617 modifie la condition de détention d'un doctorat par l'intervention obligatoire, pour les personnes qui n'en sont pas titulaires, d'un avis rendu par une commission chargée d'apprécier l'aptitude des intéressés à exercer les fonctions de recteur. La conférence des présidents d'université ayant demandé l'annulation de ce décret, le juge rappelle que le principe d'autonomie des universités, consacré par l'art. L. 711-1, n'a pas de valeur constitutionnelle et que, dès lors, les requérants ne sauraient soutenir que le décret attaqué serait contraire à la Constitution pour cette raison. Le Conseil d'État estime par ailleurs que le principe d'autonomie des universités, ni aucune autre disposition ni aucun principe n'imposent au pouvoir réglementaire, compétent pour fixer les conditions de nomination à l'emploi de recteur, de subordonner l'accès à cet emploi à une condition de diplôme ou de titre universitaire. Le Conseil estime enfin qu'eu égard à la nature de ces attributions, qui comportent, en plus de la mise en œuvre des pouvoirs de tutelle exercés par le ministre chargé de l'enseignement supérieur sur les universités, des responsabilités étendues en matière d'enseignement primaire et secondaire ainsi que d'administration générale, les dispositions par lesquelles le décret attaqué remplace, pour des personnes justifiant d'une expérience professionnelle de dix ans au moins dans les domaines de l'éducation, de l'enseignement, de la formation ou de la recherche, la condition additionnelle de doctorat par une condition tenant, si elles ne justifient pas d'un tel grade, à ce que leurs compétences soient appréciées par une commission d'aptitude, ne sont pas entachées d'une erreur manifeste d'appréciation. • CE 23 nov. 2016, n° 395652 : *Lebon T.* ; *AJDA 2016. 2304, comm. de Montecler* ; *JCP 2016, n° 49, p. 2284, note Touzeil-Divina.*

Art. L. 711-9 *(L. n° 2007-1199 du 10 août 2007, art. 50)* **I. — Les établissements publics à caractère scientifique, culturel et professionnel autres que les universités peuvent demander à bénéficier, dans les conditions fixées par l'article L. 712-8, des responsabilités et des compétences élargies en matière budgétaire et de gestion des ressources humaines mentionnées aux articles L. 712-9, L. 712-10 et L. 954-1 à L. 954-3.**

II. — Un décret en Conseil d'État précise les conditions dans lesquelles les établissements publics administratifs dont les missions comportent l'enseignement supérieur et la recherche peuvent demander à bénéficier, dans les conditions fixées par l'article L. 712-8, des responsabilités et des compétences élargies mentionnées au I du présent article. Ce décret précise également les conditions dans lesquelles ces établissements sont habilités à créer une fondation partenariale, dans les conditions définies à l'article L. 719-13, et à bénéficier du transfert des biens mobiliers et immobiliers appartenant à l'État qui leur sont affectés ou sont mis à leur disposition, dans les conditions fixées à l'article L. 719-14. — *V. art. R. 711-7 s.*

Art. L. 711-10 *(L. n° 2013-660 du 22 juill. 2013, art. 43)* **En l'absence de dispositions particulières prévues par les textes législatifs ou réglementaires régissant l'établissement ou ses personnels, la limite d'âge des présidents, des directeurs et des personnes qui, quel que soit leur titre, exercent la fonction de chef d'établissement des établissements publics à caractère scientifique, culturel et professionnel est fixée à soixante-huit ans. Ils peuvent rester en fonctions jusqu'au 31 août suivant la date à laquelle ils ont atteint cet âge.**

Art. L. 711-11 *(L. n° 2020-1674 du 24 déc. 2020, art. 34)* **Dans le cas où le président, le directeur ou la personne qui, quel que soit son titre, exerce la fonction de chef d'établissement d'un établissement public à caractère scientifique, culturel et professionnel cesse ses fonctions, pour quelque cause que ce soit, et jusqu'à la désignation de son successeur, les titulaires d'une délégation donnée par le chef d'établissement restent compétents pour agir dans le cadre de cette délégation. Ces dispositions sont applicables en l'absence de règles particulières prévues par les textes législatifs ou réglementaires régissant l'établissement.**

CHAPITRE II **LES UNIVERSITÉS**

BIBL. GÉN. ▶ AIMÉ, PAQUIS, FOUCAULT, VERHAEGHE et WAÏSS, Petites et moyennes universités, *MENESR, Rapp. IGAENR, n° 2016-075, oct. 2016.* – CYTERMANN, Universités et grandes écoles, *Doc. fr., mai*

2007. – Forest, Les universités françaises au sein d'un système d'enseignement supérieur éclaté, *in* Les universités en France. Fonctionnement et enjeux (dir.), *PURH (Presses des universités de Rouen et du Havre), 2012. 245* ; Les universités françaises au sein de l'enseignement supérieur, *in* Les universités en France. Fonctionnement et enjeux (dir.), *PURH (Presses des universités de Rouen et du Havre), 2012*. – Guiselin, Des universités en mutation - Présentation, *RFDA 2020. 751*. – Halperin, Les universités au sein de l'enseignement supérieur : perspectives historiques et comparées, *in* Université, Universités, *Dalloz, coll. Thèmes et commentaires, 2010. 223*. – Monteil, L'enseignement supérieur : un nouveau chemin ?, *in* L'Université française : une nouvelle autonomie, un nouveau management, *Presses universitaires de Grenoble (PUG), coll. Libres cours, 2012. 533*. – Musselin, Brève histoire des universités, *in* Les universités en France. Fonctionnement et enjeux (dir.), *PURH (Presses des universités de Rouen et du Havre), 2012, 13*. – Rey et Feyfant, Les transformations des universités françaises, *Institut français de l'Éducation, unité veille & analyses, Rapp. 2017*. – Vogel, La différenciation des universités, *in* L'Université française : une nouvelle autonomie, un nouveau management, *Presses universitaires de Grenoble (PUG), coll. Libres cours, 2012. 130*.

▸ **Études internationales :** Garner, Return on investment ? How universities communicate with the outside world, *hepi, Occasional Paper 16 : http://www.hepi.ac.uk/wp-content/uploads/2017/03/Hepi-Universities-challenged_Occasional-Paper-16.pdf*. – Le Bars, La « crise existentielle » des universités américaines, *Le Monde, 4 nov. 2020. 19*. – Van der Zwaan, Higher Education in 2040. A global approach, *Presses universitaires d'Amsterdam, mars 2017*.

▸ **Loi Enseignement supérieur et recherche :** Feltesse, Rapp. sur le projet de loi relatif à l'enseignement supérieur et à la recherche, *Rapp. Ass. nat. n° 1042, 16 mai 2013*. – Hervieux, Le taux d'application de la loi sur l'enseignement supérieur et la recherche est de 93 % selon le Sénat, *AEF n° 502259, 12 juin 2015*. – Poupeau, Adoption définitive du projet de loi sur l'enseignement supérieur et la recherche, *AJDA 2013. 1412*. – Bilan annuel de l'application des lois au 31 mars 2015 : loi n° 2013-660 du 22 juillet 2013 sur l'enseignement supérieur et la recherche, http://www.senat.fr/rap/r14-495/r14-49550.html#toc359.

▸ **Loi de programmation de la recherche (2020) :** V. Bibl. ss. art. L. 952-6.

SECTION PREMIÈRE GOUVERNANCE *(L. n° 2007-1199 du 10 août 2007, art. 4)*.

COMMENTAIRE

LA GOUVERNANCE DES UNIVERSITÉS

L'administration des universités, leur organisation, leur direction retiennent depuis longtemps l'attention de ceux qui évaluent leur action. Ainsi, les rapports du Conseil national d'évaluation (CNE) s'attachaient à examiner leur « gouvernement ». Pour les auteurs de la loi n° 2007-1199 du 10 août 2007 relative aux libertés et responsabilités des universités (LRU), qui introduit une nouvelle section intitulée « Gouvernance » comprenant les articles L. 712-1 à L. 712-7, les universités doivent ainsi relever par cette voie le double défi de l'excellence et d'une formation ouverte au plus grand nombre (exposé des motifs). Le terme ***« gouvernance »*** est souvent rejeté notamment par ceux qui soulignent sa connotation néolibérale. On peut n'y voir qu'un effet de mode, un nouvel emprunt à la langue anglaise pour moderniser le discours sur l'art de gouverner. L'utilisation de ce concept peut toutefois permettre de souligner la complexité qui impose une approche pluraliste et transparente, la multiplicité des acteurs, la recherche du consensus, caractéristiques qui en principe s'opposent à l'idée de centralisation du pouvoir au profit d'un seul ; à noter que la gouvernance est souvent qualifiée de *« bonne gouvernance »* ou *« nouvelle gouvernance »*, expressions considérées comme des standards à partir desquels on peut apprécier tant la régularité que la performance de l'organisation. D'autres notions *« managériales »* l'accompagnent, ainsi, c'est pour assurer un *« pilotage stratégique »* que la LRU introduit une réforme limitée de l'organisation des établissements, affirmant la volonté d'approfondir l'autonomie. La LRU conserve toutefois l'***architecture institutionnelle issue de la loi Savary de 1984***. Le modèle reste uniforme : chaque université était dotée de trois conseils, conseil d'administration (CA), conseil scientifique (CS), conseil des études et de la vie universitaire (CEVU), mais, si la polysynodie est ainsi maintenue, les pouvoirs des différents organes sont alors redéfinis (art. L. 712-1) : le président, élu par les seuls membres élus du conseil d'administration, prend des décisions, le conseil d'administration délibère, le conseil scientifique et le conseil des études et de la vie universitaire n'ayant plus alors qu'***un rôle purement consultatif***. L'objectif principal était clair : donner au président, *« autorité de droit commun »* (Jean Waline), le statut et les moyens nécessaires pour diriger l'établissement en s'appuyant sur le projet soutenu par la majorité absolue du conseil d'administration. Un pari avait été fait pour l'université : *« la démocratie de délégation »* (André Legrand).

Le système ainsi mis en place par la LRU a fait l'objet de critiques fortes, notamment syndicales, reprises lors des Assises nationales de l'enseignement supérieur et de la recherche dont on trouve un écho dans les propos de la ministre Geneviève Fioraso regrettant l'abandon de la collégialité propre à la culture universitaire au profit d'une hyper-gouvernance centralisée (*Assemblée nationale, Débats*). Le projet de loi qu'elle présente est fondé sur l'avis général (exprimé notamment par le rapport Berger dans ses propositions 87 à 94 et le rapport Le Déaut) selon lequel « la gouvernance des universités doit progresser vers davantage de démocratie et de collégialité » (Exposé des motifs).

Dès 2010, le rapport Aghion souligne que l'excellence universitaire repose sur la mise en place d'une gouvernance équilibrée entre légitimités exécutive et académique, la première étant celle du conseil d'administration resserré (*Board of Trustees*), largement composé de personnalités extérieures, la seconde celle d'une instance académique large, qui conseille le président, ainsi que des comités *ad hoc* (enseignants-chercheurs internes et externes) qui décident ou non d'entériner les propositions de nominations ou de promotions d'enseignants-chercheurs émanant des départements dont le rapport souligne le rôle capital (Aghion et a., L'excellence universitaire : leçons tirées des expériences internationales, *Rapport d'étape, janv. 2010*).

Les travaux préparatoires de la loi n° 2013-660 du 22 juillet 2013 relative à l'enseignement supérieur et à la recherche (LESR) insistent tant sur l'efficacité que sur la démocratie et la collégialité. La première idée est de ***recentrer le conseil d'administration sur son rôle stratégique*** ; elle s'accompagne d'une augmentation de la représentation des étudiants et des personnels administratifs et techniques. La seconde est de ***mieux équilibrer les pouvoirs en créant un conseil académique*** plus large doté de compétences décisoires tant en matière de recherche, de formation et de vie universitaire que de gestion des personnels, notamment des enseignants-chercheurs dans le cadre stratégique défini par le conseil d'administration (V. Rapport Berger, propositions 87 et 88). L'article L. 712-1 du code de l'éducation tel qu'il résulte de l'article 45 de la loi ESR de 2013 dispose désormais que l'administration de l'université est assurée par trois organes : le président de l'université qui décide (décisions), le conseil d'administration qui délibère (sans changement) et le conseil académique qui, comme les anciens conseil scientifique et conseil des études et de la vie universitaire, donne des avis mais dispose dorénavant d'un pouvoir délibératif. Comme dans les autres institutions du système français d'enseignement supérieur et de la recherche (CNESER, Haut Conseil de la recherche, Conseil stratégique de la recherche, Haut Conseil d'évaluation de la recherche et de l'enseignement supérieur), la loi ESR de 2013 précise que ces conseils sont composés en respectant le principe de parité, strictement entendu ; contrairement à la règle applicable pour constituer les comités de sélection ou les jurys de concours, il ne s'agit pas d'un objectif de représentation équilibrée (que l'art. 75 de la LESR relativise en le réservant aux disciplines où la répartition entre les hommes et les femmes le permet, art. L. 952-6-1), mais d'une règle imposant de désigner autant de femmes que d'hommes.

La prise en compte de la gouvernance globale de l'établissement impose de prendre en compte les conseils de composantes et le conseil des directeurs de composante en soulignant son rôle dans le dialogue de gestion qui peut se concrétiser par des contrats d'objectifs et de moyens. On rappellera que les personnels sont aussi représentés dans des organes consultatifs comme le comité technique substitué au comité technique paritaire prévu par la LRU pour remplacer la commission paritaire d'établissement, CPE (devenu par la suite CT) dont la création a été prévue dans chaque établissement par la LRU (rôle consultatif sur la gestion des emplois, la politique indemnitaire, bilan social, plan de formation…) ; de même, le CHS analyse les risques, accidents du travail, maladie professionnelle…

Si les dispositions législatives s'appliquent à toutes les universités, leur imposant un modèle uniforme (d'uniformités successives !), l'hétérogénéité (relative !) de la catégorie d'établissements publics à caractère scientifique, culturel et professionnel (EPSCP) ne rend pas impossible quelques originalités structurelles ; ainsi, le statut de grand établissement (art. L. 717-1) permet d'instaurer un directoire, un « sénat académique », des

« collégiums » et des « pôles scientifiques sans contrevenir à aucune disposition législative (CE 23 juin 2014, *UNEF et a*, n° 354198 : *Lebon*). De même, le décret n° 2015-530 du 13 mai 2015 modifiant le décret n° 2004-186 du 26 février 2004 portant création de l'université de technologie en sciences des organisations et de la décision de Paris-Dauphine prévoit qu'elle est administrée par un conseil d'administration réduit, un conseil scientifique et un conseil de la formation et de la vie étudiante, son président, assisté d'un comité exécutif demeurant élu par ces trois conseils qu'il préside. ❑

Art. L. 712-1 *(L. n° 2007-1199 du 10 août 2007, art. 5)* **Le président de l'université par ses décisions, le conseil d'administration par ses délibérations** *(L. n° 2013-660 du 22 juill. 2013, art. 45)* **« et le conseil académique, par ses délibérations et avis, » assurent l'administration de l'université.**

BIBL. ▶ Awah, Approche organisationnelle de l'émergence d'une gestion stratégique décentralisée des universités, *Thèse, Université de Nice Sophia Antipolis, 1996.* – Chatelain-Ponroy, Mignot-Gérard, Musselin et Sponem, La gouvernance des universités françaises. Pouvoir, évaluation et identité, *Rapport CSO, CNAM, HEC Montréal, UPEC, juill. 2012.* – Grisol, Le management stratégique dans les organisations pluralistes : l'étude du faire stratégique dans une université pluridisciplinaire de grande taille, *Thèse, Université d'Aix-Marseille, 2017.* – Mignot-Gérard, Échanger et argumenter : les dimensions politiques du gouvernement des universités françaises, *Thèse, Paris, Institut d'études politiques, 2006.* – Tandilashvili, Le managérialisme et l'identité universitaire : le cas de l'université française, *Thèse, Université de Paris 10, 2016.*

▶ **Administration. Pilotage :** V. aussi Bibl. ss. art. L. 719-4.

▶ **Gouvernance. Pilotage :** Fialaire, La mutation de la gouvernance des universités en France et en Italie, *in Finanziamento, competizione ed accountability nel governo dell'università, vol. 1, Editoriale Scientifica, Napoli, 2013. 395.* – Finance (dir.), La gouvernance et l'organisation, *in Les universités en France.* Fonctionnement et enjeux, *PURH (Presses des universités de Rouen et du Havre), 2012. 47.* – Forest (dir.), Les universités en France. Fonctionnement et enjeux, *PURH (Presses des universités de Rouen et du Havre), 2012.* – Friedberg et Musselin, Le gouvernement des universités. Perspectives comparatives, *L'Harmattan, 1992.* – Guiselin, Principes directeurs de l'Université française contemporaine, variables statutaires et cadres de gouvernance, *in Finanziamento, competizione ed accountability nel governo dell'università, vol. 1, La mutation de la gouvernance des universités en France et en Italie, Editoriale Scientifica, Napoli, 2013. 5* ; L'Université faurienne, cinquante ans après la loi d'orientation, *RFDA 2018. 715* ⌀. – Hoareau, McGrath, Hofman, Bajzikova, Harte, Lasakova, Pankowska, Sasso, Belanger, Florea et Krivogra, Governance and Adaptation to Innovative Modes of Higher Education Provision (GAIHE) *RAND Europe, Education, Audio-visual & Culture Executive Agency, 2016 : http://www.rand.org/content/dam/rand/pubs/research_reports/RR1500/RR1571/RAND_RR1571.pdf.* – Jacquemet-Gauche, Les contentieux potentiels dans l'enseignement supérieur, *AJDA 2021. 1262* ⌀. – Legrand, L'évolution des équilibres internes aux universités françaises, *in Le droit de l'enseignement supérieur en mouvement, AJDA 2015. 915* ⌀. – Leresche, Joye-Cagnard, Benninghoff et Ramuz, Gouverner les universités. L'exemple de la coordination Genève-Lausanne (1990-2010), *Presses polytechniques et universitaires romandes, 2012.* – Mallet, Balme et Richard, Réglementation et management des universités françaises, *PUG, 2005.* – Mignot-Gérard, Les transformations du gouvernement des Universités françaises (1998-2011) : une présidentialisation… aux dépens du pouvoir des universitaires ? *in Finanziamento, competizione ed accountability nel governo dell'università, vol. 1, La mutation de la gouvernance des universités en France et en Italie, Editoriale Scientifica, Napoli, 2013. 121.* – Piozin (dir.), L'environnement institutionnel, *in Les universités en France. Fonctionnement et enjeux, PURH (Presses des universités de Rouen et du Havre), 2012. 27.* – Pollin (dir.), Universités : nouvelle donne, *PUF, Coll. Les cahiers du cercle des économistes, 2009.* – Renard-Biancotto, Quelle légitimité pour la nouvelle gouvernance universitaire ?, *in Finanziamento, competizione ed accountability nel governo dell'università, vol. 1, La mutation de la gouvernance des universités en France et en Italie, Editoriale Scientifica, Napoli, 2013. 73.* – Rollot, Universités : le grand saut « périlleux » dans l'autonomie, *Le Monde Éducation, 28 janv. 2009. 3* ; Avec l'autonomie, les universités doivent apprendre la gestion des ressources humaines, *Le Monde, 2 janv. 2009. 9.* – Thomas-Bion, L'autonomie des universités : les aspects juridiques de la nouvelle gouvernance, *Vie universitaire, n° 108, sept. 2007. 28.* – Truchet, Le pilotage de l'enseignement supérieur, *in Le droit de l'enseignement supérieur en mouvement, AJDA 2015. 910* ⌀. – Zaharia, Le passage d'un modèle d'université classique à une conception d'université entrepreneuriale, *Thèse, Université de Rouen, 2008.* – Rapport d'étude sur les établissements publics, *Conseil d'État, Étude adoptée par l'ass. gén. plén., 15 oct. 2009.* – Collectif, Les universités à l'heure de la gouvernance, Toulouse : *Sciences de la société, 2003, n° 53.*

▶ **Loi LRU, autonomie :** V. aussi Bibl. ss. art. L. 712-8.

Art. L. 712-2 *(L. n° 2007-1199 du 10 août 2007, art. 6)* « Le président de l'université est élu à la majorité absolue des membres du conseil d'administration parmi les enseignants-chercheurs, chercheurs, professeurs ou maîtres de conférences, associés ou invités, ou tous autres personnels assimilés, sans condition de nationalité. Son mandat, d'une durée de quatre ans, expire à l'échéance du mandat des représentants élus des personnels du conseil d'administration. Il est renouvelable une fois.

« Dans le cas où le président cesse ses fonctions, pour quelque cause que ce soit, un nouveau président est élu pour la durée du mandat de son prédécesseur restant à courir. »

(L. n° 2013-660 du 22 juill. 2013, art. 46) « Ses fonctions sont incompatibles avec celles de membre élu du conseil académique, de directeur de composante, d'école ou d'institut ou de toute autre structure interne de l'université et avec celles de dirigeant exécutif de tout établissement public à caractère scientifique, culturel et professionnel ou de l'une de ses composantes ou structures internes. »

(L. n° 2007-1199 du 10 août 2007, art. 6) « Le président assure la direction de l'université. A ce titre :

« 1° Il préside le conseil d'administration, prépare et exécute ses délibérations. Il prépare et met en œuvre le contrat pluriannuel d'établissement.

« 2° Il représente l'université à l'égard des tiers ainsi qu'en justice, conclut les accords et les conventions ;

« 3° Il est ordonnateur des recettes et des dépenses de l'université ;

« 4° Il a autorité sur l'ensemble des personnels de l'université.

(L. n° 2013-660 du 22 juill. 2013, art. 46) « Il affecte dans les différents services de l'université les personnels ingénieurs, administratifs, techniques, ouvriers et de service. Aucune affectation d'un agent relevant de ces catégories de personnels ne peut être prononcée si le président émet un avis défavorable motivé, après consultation de représentants de ces personnels dans des conditions fixées par les statuts de l'établissement. Ces dispositions ne sont pas applicables à la première affectation des personnels ingénieurs, administratifs, techniques, ouvriers et de service recrutés par concours externe ou interne lorsque leurs statuts particuliers prévoient une période de stage. »

« 5° Il nomme les différents jurys *(L. n° 2013-660 du 22 juill. 2013, art. 46)* « , sauf si une délibération du conseil d'administration prévoit que les compétences relatives aux jurys d'examen sont exercées par les directeurs des composantes de l'université » ;

« 6° Il est responsable du maintien de l'ordre et peut faire appel à la force publique dans des conditions fixées par décret en Conseil d'État ;

« 7° Il est responsable de la sécurité dans l'enceinte de son établissement et assure le suivi des recommandations du comité *(L. n° 2010-751 du 5 juill. 2010, art. 35)* « d'hygiène, de sécurité et des conditions de travail » permettant d'assurer la sécurité des personnels et des usagers accueillis dans les locaux ;

« 8° Il exerce, au nom de l'université, les compétences de gestion et d'administration qui ne sont pas attribuées à une autre autorité par la loi ou le règlement ;

« 9° Il veille à l'accessibilité des enseignements et des bâtiments aux personnes *(L. n° 2019-791 du 26 juill. 2019, art. 27)* « en situation de handicap », étudiants et personnels de l'université ; »

(L. n° 2013-660 du 22 juill. 2013, art. 46) « 10° Il installe, sur proposition conjointe du conseil d'administration et du conseil académique, une mission "égalité entre les hommes et les femmes". » *(L. n° 2020-1674 du 24 déc. 2020, art. 34)* « Il présente chaque année au conseil d'administration un rapport sur l'exécution du plan d'action pluriannuel en matière d'égalité entre les femmes et les hommes. Ce rapport est transmis, après approbation par le conseil d'administration, aux ministres chargés de l'enseignement supérieur et de la recherche ainsi qu'au Haut Conseil de l'évaluation de la recherche et de l'enseignement supérieur ;

« 11° Il présente chaque année au conseil d'administration un rapport sur l'évolution de la situation professionnelle des personnes auxquelles l'université a délivré le diplôme national de doctorat dans les cinq années précédentes. Ce rapport est transmis, après approbation par le conseil d'administration, aux ministres chargés de l'enseignement supérieur et de la recherche et au Haut Conseil de l'évaluation de la recherche et de l'enseignement supérieur. »

Le président est assisté d'un bureau élu sur sa proposition, dont la composition est fixée par les statuts de l'établissement.

(L. n° 2020-1674 du 24 déc. 2020, art. 34) **« Le président peut déléguer sa signature à des agents placés sous son autorité. Il peut déléguer une partie de ses pouvoirs aux agents placés sous son autorité désignés pour exercer des fonctions de responsabilité administrative, scientifique ou pédagogique au sein de l'établissement, d'une composante ou d'une unité de recherche. Ces agents peuvent déléguer leur signature à des agents placés sous leur autorité.**

« Le président peut suspendre pendant un délai d'un mois la transmission prévue à l'article L. 719-7 des délibérations des commissions du conseil académique présentant un caractère réglementaire qui lui paraissent entachées d'illégalité de nature à porter gravement atteinte au fonctionnement de l'établissement ou aux modalités de délivrance des diplômes de l'enseignement supérieur. Dans ces cas, le président soumet une nouvelle proposition aux commissions qui délibèrent dans un délai qui ne peut être inférieur à huit jours et supérieur à un mois. A défaut de nouvelle délibération ou s'il n'a pas été remédié par la nouvelle délibération aux irrégularités ayant motivé la suspension de la transmission, le président en informe l'autorité académique, qui arrête la décision. »

BIBL. ▶ ALLARI, Étude exploratoire des enjeux du renouvellement du leadership universitaire : la présidence de l'université, *Thèse, Université d'Aix-Marseille, 2012.* – GIMENEZ, Les présidents d'université en France, étude sur le statut et la fonction dans l'établissement, *Université Panthéon-Assas, 1999.* – GUISELIN, Démocratie universitaire et rythmes électoraux, *AJDA 2011. 1761*. – JÉGOUZO, Le président de l'université, *AJDA 1996. 836*. – MICHEL, Les règles contentieuses applicables aux élections à la présidence des universités, *AJDA 2002. 237*. – MINOT, A propos du président de l'université, *Rev. adm. 1980. 522.* – ROLLOT, Les présidents d'université se voient des « points communs » avec les chefs d'entreprise, *Le Monde, 29 juin 2007. 10.* – SELINGO, CHHENG et CLARK, Pathways to the university presidency. The future of higher education leadership, *Deloitte, 18 avr. 2017 : https://dupress.deloitte.com/dup-us-en/industry/public-sector/college-presidency-higher-education-leadership.html.* – Qui sont les dirigeants des établissements d'enseignement supérieur ?, *ORS, Dossier du n° 21, 21 sept. 2007.* – Compétences et responsabilités des Présidents d'université et de COMUE, *CPU, Guide juridique, sept. 2016 : http://www.cpu.fr/wp-content/uploads/2016/09/guide-President-web-.pdf.* – Compétences et responsabilités des présidentes et présidents d'universités. Guide juridique, *CPU, nov. 2020.* – Guide à destination des responsables communication d'académie et d'université. – Communication dans l'enseignement supérieur : un guide et des outils en situation de crise, *MEN-MESRI-CPU, févr. 2018 : http://www.cpu.fr/wp-content/uploads/2018/02/Guide-com-de-crise.pdf.*

COMMENTAIRE

LE PRÉSIDENT DE L'UNIVERSITÉ

Comme la Constitution de 1958 qui traite du Président de la République avant le Gouvernement et le Parlement, la section consacrée à la gouvernance des universités place au premier rang le président de l'université en précisant dans l'article L. 712-2 son statut et ses compétences. S'il est élu par le conseil d'administration pour exécuter ses délibérations et diriger l'établissement, il peut aussi agir au nom de l'État grâce aux délégations qu'il reçoit du ministre, notamment pour la gestion des ressources humaines (CE 15 déc. 2010, n° 329056).

Le statut du président de l'université

L'article 46 de la loi ESR du 22 juillet 2013 dispose que le président de l'université ***est élu à la majorité absolue des membres du conseil d'administration***. Contrairement à la loi LRU qui avait réservé cette décision aux seuls membres élus du conseil d'administration, le président est donc désigné tant par les représentants des personnels et des usagers que par les personnalités extérieures. Certains avaient pu envisager de revenir au système de 1984 dans lequel le président de l'université était élu par l'ensemble des membres des trois conseils, lui assurant une base, sinon une légitimité, plus étendue. Le choix a été fait de considérer le conseil d'administration, organe stratégique, comme un soutien resserré et homogène de la puissance décisionnelle et managériale du président.

En 2007, la loi LRU avait élargi les possibilités de choix du président ; auparavant, il devait être professeur ou maître de conférences permanent de l'établissement et posséder la nationalité française ; depuis, il est aussi bien enseignant-chercheur que chercheur (ou assimilé, formule qui semble exclure les enseignants non chercheurs *contra* TA Rennes, 29 juill. 2016, n° 1601615, à propos d'un PRAG), permanent, associé ou invité, français ou étranger, et peut être choisi dans ou hors de l'établissement (art. L. 712-2 ; il n'est pas alors représentant des enseignants-chercheurs). Le Conseil d'État juge que l'article L. 712-2 ne s'oppose pas à l'élection d'un ecclésiastique à la présidence de l'université (CE 27 juin 2018, n° 419595, rejetant la QPC soulevée devant la CAA) ; solution générale même si la décision a été rendue à propos de l'Université de Strasbourg, ville dont les universités avaient déjà été présidées à deux reprises par un pasteur dont l'un fut élu président de la CPU (1987-1988).

La loi LRU a ramené le mandat de cinq à ***quatre ans***, désormais ***renouvelable une fois***. La durée du mandat présidentiel coïncide donc avec celle de la majorité des administrateurs qui l'élisent (le mandat est en effet de quatre ans sauf pour les étudiants pour lesquels il n'est que de deux ans, art. L. 719-1, al. 1er) ; si son mandat expire donc à l'échéance de celui des représentants élus (art. L. 712-2, al. 1er), la loi précise qu'en cas de cessation de ses fonctions, quelle qu'en soit la cause (décès, démission...), le nouveau président est élu pour la durée du mandat restant à courir (art. L. 712-2, al. 2). Cet isochronisme qui doit en effet permettre au président de « s'imposer légitimement comme l'*animateur d'une équipe de direction cohérente* » (Exposé des motifs du projet de loi LRU) avait été souhaité par la conférence des présidents d'université au nom de l'efficacité et de la continuité ; mais l'abandon du principe de non-rééligibilité comporte des risques (démagogie préélectorale, sclérose postélectorale, absence de responsabilité politique en fin de second mandat). Lors des travaux préparatoires de la loi ESR de 2013, l'hypothèse d'un retour au quinquennat avait été formulée ; la perspective de la présence d'une même personne pendant dix ans à la présidence de l'université avait amené à imaginer en contrepartie une possibilité pour le conseil d'administration de révoquer le président sur le modèle de l'*impeachment* américain ou de l'article 68 de la Constitution française révisée en 2008 (proposition 94). Un article de l'avant-projet de loi prévoyait que la démission des deux tiers des administrateurs entraînerait la dissolution du conseil d'administration et la fin du mandat du président de l'université. Si cet article n'avait pas été repris par le projet de loi, il fut réintégré lors des débats, devenant alors l'article 60, 7° de la loi ESR, codifié à l'article L. 719-1, alinéa 11. Un problème de concordance des temps peut néanmoins être posé. Le rapport Berger notait que le mandat du président de l'université gagnerait fortement à être calé sur la durée du contrat pluriannuel d'établissement, par exemple en débutant deux ans avant, ce qui lui permettrait de le préparer et de le mettre en œuvre pendant trois ans (proposition 92). A noter qu'aucune disposition n'interdit à un président ayant fait deux mandats de se représenter ultérieurement, à l'élection suivant le mandat ultérieur arrivé ou non à son terme.

L'article 43, I de la loi ESR du 22 juillet 2013 précise qu'en l'absence de dispositions particulières prévues par les textes législatifs ou réglementaires, la limite d'âge des présidents d'université est fixée à soixante-huit ans (art. L. 711-10, applicable aux directeurs des autres EPSCP, les uns et les autres pouvant rester en fonction jusqu'à la fin de l'année universitaire, vacances comprises, jusqu'au 31 août) ; à partir de ce jour, son mandat est automatiquement interrompu (V. note ss. art. L. 712-2, présentant la jurisprudence antérieure). A noter que les statuts d'un établissement public expérimental (EPE) peuvent déroger à la limite d'âge fixée par l'article L. 711-10 (Ord. 12 déc. 2018, art. 6).

L'élection du président de l'université peut être contestée devant le juge administratif, juge électoral (CJA, art. R. 312-9 : compétence du tribunal administratif dans le ressort duquel se trouve le siège de université). Le recours sera recevable s'il est porté contre la délibération électorale du conseil d'administration (et non contre l'élection des administrateurs, qui aurait nécessité un recours préalable devant la commission de contrôle des opérations électorales ; dans l'état antérieur du droit, l'élection n'étant pas une décision du conseil d'administration, sa contestation devait faire l'objet d'un recours préalable devant le ministre, V. note ss. art. L. 712-2) dans le délai de deux mois, par une personne ayant intérêt à agir (recteur, électeur, candidat). Au fond, le juge pourrait tout d'abord sanctionner le non-respect des conditions d'éligibilité (art. L. 712-2, al. 1er ; les cas d'incompatibilité prévus par l'art. L. 712-2, al. 3 doivent être distingués des cas d'inéligibilité qui seuls peuvent alors être sanctionnés, le président élu pouvant démissionner des fonctions prévues par la loi). Il examinera ensuite les opérations électorales, la procédure suivie (la convocation, acte détachable, aura pu faire l'objet d'un recours), le respect de l'égalité entre les candidats, la régularité du scrutin et la sincérité des résultats (V. note ss. art. L. 712-2).

Les fonctions présidentielles sont incompatibles avec celles de directeur de composante, d'une autre structure interne (école ou institut) de l'université ou d'un autre établissement public à caractère scientifique, culturel et professionnel (ce qui interdit le cumul des fonctions de président d'université et de président de communauté d'universités et d'établissements qualifié par la loi d'EPSCP, art. L. 711-2). De même, le président, même si les statuts l'amènent à le présider, ne peut être élu au conseil académique (art. L. 712-2, 2°). Il ne peut être membre d'une section disciplinaire (art. R. 712-17) ni du CNU (Décr. n° 92-70 du 16 janv. 1992, art. 3). Par contre, la loi PACTE du 22 mai 2019 permet au chef d'établissement d'un établissement public d'enseignement supérieur et de recherche de bénéficier des dispositions prises pour les chercheurs entrepreneurs (possibilité d'être autorisé par le ministre à titre personnel à être membres des organes de direction d'une société commerciale, afin de favoriser la diffusion des résultats de la recherche publique) sans toutefois pouvoir en percevoir une rémunération et en devant rendre publique cette participation (C. rech., art. L. 531-12-1). Aucune règle n'interdit le cumul d'un mandat de vice-président (ou de VP adjoint) et de directeur d'une unité. Toutefois, le collège de déontologie préconise, afin de prévenir tout risque de conflits d'intérêts, de définir le périmètre des responsabilités des vice-présidents dans les statuts ou le règlement intérieur. De même il paraît souhaitable qu'ils s'abstiennent de toute préférence, que leur délégation exclue les questions concernant leur unité et qu'ils envisagent d'en démissionner dans un délai raisonnable (Collège de déontologie, avis du 17 janv. 2020, BOESRI n° 14).

Les présidents d'université (et dans une moindre mesure les vice-présidents) bénéficient d'avantages statutaires justifiés tant par l'importance de « leurs responsabilités et des sujétions administratives attachées aux fonctions » que par « l'intérêt général qui s'attache à ce que soient encouragées les candidatures à ces fonctions » (CE 17 déc. 2003, *Synd. Autonome du personnel enseignant des sciences juridiques, politiques, économiques et de gestion des universités*, n° 264494) : décharge de service, droit à un congé de recherche et de conversion thématique après leur mandat, bonification d'ancienneté et, pour les maître de conférences, concours spécial pour l'accès au corps des professeurs des universités, avancement de classe (pour les professeurs, V. Décr. n° 84-431 du 6 juin 1984 modifié, notamment par le Décr. n° 2014-997 du 2 sept. 2014, *V. App., v° Statuts particuliers*), pour les maîtres de conférences, concours spécial pour l'accès au corps des professeurs des universités. Lorsqu'il est mis en cause par un tiers en raison de ses fonctions, le président d'université a droit à la protection fonctionnelle (L. du 13 juill. 1983, art. 11) accordée par le conseil d'administration. En cas de manquement à ses obligations, le président de l'université peut faire l'objet d'une procédure disciplinaire (pour atteinte à l'image et à la réputation de l'université, CE 22 oct. 2012, n° 333573 B ; manquement à la vigilance et à la probité, CE 22 févr. 2012, n° 333573), non exclusive de poursuites pénales (pour prise illégale d'intérêt ; délit d'atteinte à la liberté d'accès et à l'égalité des candidats dans les marchés publics…).

Le président est assisté d'un bureau élu sur sa proposition, dont la composition est fixée par les statuts de l'établissement (art. L. 712-2, avant-dernier al.). Il peut comprendre les vice-présidents statutaires ou fonctionnels mais aussi le DGS et des collaborateurs et chargés de mission ; selon les universités, le bureau peut avoir une géométrie variable. Assistant le président, il a un rôle consultatif. La notion de « bureau », inscrite dans la loi, est distincte de celle d'« équipe de direction ».

En principe, le président de l'Université doit exercer ses compétences personnellement. L'organisation du travail impose toutefois qu'il puisse déléguer ses responsabilités. Mais la délégation n'est possible que si une disposition, législative ou réglementaire, le permet. Utilisant les deux formules bien connues en droit administratif, le code de l'éducation prévoit que le président puisse déléguer d'une part sa signature, d'autre part ses pouvoirs. La ***délégation de signature*** permet au président d'alléger son travail en désignant nominalement une personne qui prendra les décisions en son nom sans lui faire perdre la possibilité d'exercer personnellement ses compétences. Ainsi le président de l'université peut-il personnellement déléguer sa signature aux vice-présidents du conseil d'administration, aux membres du bureau âgés de plus de dix-huit ans, et à tous ceux qui ont des responsabilités dans le fonctionnement de l'université, au directeur général des services (nouvelle dénomination du secrétaire général, art. L. 712-5-7) et aux responsables des composantes, services communs et unités mixtes de recherche constitués avec d'autres établissements (art. L. 712-2, al. 6). La restriction des délégataires aux agents de catégorie A étant source de rigidité, notamment dans les petits établissements, la LPR n° 2020-1674 du 24 décembre 2020 a élargi la possibilité de délégation aux agents placés sous son autorité (LPR 2020, art. 34, V. art. L. 712-2). Là aussi, la LPR ajoute qu'il peut déléguer une partie de ses pouvoirs aux agents placés sous son autorité désignés pour exercer des fonctions de responsabilité administrative, scientifique ou pédagogique au sein de l'établissement, d'une composante ou d'une unité de recherche, eux-mêmes pouvant déléguer leur signature à des agents placés sous leur autorité (LPR 2020, art. 34, I, 4° ; art. L. 712-2, al. 6). Pour assurer une meilleure continuité administrative, la même loi ajoute que lorsque le président cesse ses fonctions, pour quelque cause que ce soit (fin du mandat, démission...), les titulaires d'une délégation restent compétents pour agir jusqu'à la désignation d'un nouveau président (LPR 2020, art. 34, I, 3° ; art. L. 711-11, al. 6). Si la délégation de signature est nominative et prend fin avec la fin de mandat du président, la ***délégation de pouvoir*** est impersonnelle, dessaisissant (partiellement) l'autorité compétente au profit du délégataire ; ainsi, l'article R. 712-4 habilite le président à déléguer ses pouvoirs de maintien de l'ordre à un vice-président non étudiant, à un directeur de composante, à un responsable de service ou d'organisme implanté dans l'établissement (prévu par loi la ESR, au risque de déstabiliser le DGS)... à une personne nécessairement de nationalité française.

Les compétences du président de l'université

L'alinéa 3 de l'article L. 712-2, dans sa rédaction issue de la LRU, dispose : ***« Le président assure la direction de l'université »***. Il est en effet le ***« chef d'établissement »***. Il propose au ministre la nomination du directeur général des services d'EPSCP chargé de la gestion de l'établissement sous son autorité (art. L. 953-2). Comme tout chef de service (au sens de la jurisprudence *Jamart* du CE 7 févr. 1936 : *Lebon 172*), il dispose, même sans texte, des pouvoirs lui permettant d'organiser les services (dans la limite des missions de l'université et sous réserve des prescriptions de la loi, comme celles qui lui imposent de mettre en place un bureau – art. L. 712-2, al. 5 – mais aussi d'installer sur proposition conjointe des conseils une mission « égalité entre les hommes et les femmes » (art. L. 712-2, al. 4, 10°, introduit par la loi ESR de 2013) et de prendre les mesures nécessaires à leur bon fonctionnement, de donner des instructions mais uniquement « dans la mesure où les nécessités du service l'exigent et envers les seules personnes qui se trouvent en relation avec le service, soit qu'elles y collaborent, soit qu'elles l'utilisent » (concl. Bernard sur CE 6 oct. 1961, UNAPEL : *RD publ. 1961, p. 1279*) ; les personnels étant sous son autorité, il exerce le pouvoir hiérarchique dans le respect des règles statutaires, notamment de celles qui assurent l'indépendance des enseignants-chercheurs, des chercheurs et des enseignants (art. L. 952-2). Cette première phrase introduit une liste de neuf rubriques fixant les attributions du président pour assurer la direction de l'établissement. Cette liste n'est pas exhaustive : non seulement d'autres dispositions du code de l'éducation peuvent lui donner compétence (inscription des étudiants, V. notes 14 et 15 ; pouvoir discrétionnaire et compétence liée ; art. L. 611-2 : il donne son accord aux étudiants désirant suspendre temporairement leurs études pour une période de césure, V. art. D. 611-18 ; L. 612-1-1 ; il détermine les conditions de scolarité et d'assiduité prises en compte pour le maintien des aides, art. L. 712-2, al. 5 ; il propose la composition du bureau et art. L. 712-3-II ; il est responsable de l'organisation des élections, art. D. 719-3 ; il engage les poursuites disciplinaires, art. R. 712-29 ; le budget est élaboré sous son autorité, art. R. 719-4), mais une des rubriques formule une règle générale faisant du président l'autorité de droit commun, celle qui est compétente pour exercer, au nom de l'université, les compétences de gestion et d'administration qui ne sont pas attribuées par la loi ou le règlement à une autre autorité, au conseil d'administration, au conseil académique, aux comités de sélection (art. L. 712-2, II, 8°) ou aux organes des composantes. Il peut en outre se voir déléguer par le conseil d'administration certaines de ses attributions (pour les accords et conventions, la répartition des emplois, action en justice, art. L. 712-3, IV, al. 3).

En 1968, le choix a été fait de lui confier en outre la ***présidence du conseil d'université***. Une autre solution était possible, celle adoptée pour de nombreux organismes de recherches, pour les écoles et instituts extérieurs à l'université et au sein même de l'université, pour certaines composantes qui ont à la fois un directeur et un président du conseil (c'est par ex. le cas des IUT ou des INSPÉ). Par la suite, il a présidé les trois conseils (loi Savary de 1984). Dans la nouvelle architecture mise en place par la loi ESR du 22 juillet 2013, si le président de l'université préside le conseil d'administration, il peut ne pas présider le conseil académique et ses commissions ; la loi renvoie en effet cette question aux statuts de l'établissement, le conseil d'administration pouvant choisir de privilégier ou l'unité (au nom de la cohérence et de l'efficacité de la gouvernance) ou l'équilibre des pouvoirs. Mais, les fonctions de président étant incompatibles avec celles de membre élu du conseil académique (art. L. 712-2, 2°), il ne peut pas participer aux délibérations et votes des formations restreintes compétentes pour les questions individuelles ; de même ne peut-il pas être membre de la section disciplinaire (art. R. 712-17). La possibilité pour un président d'université d'en présider ès qualités la formation restreinte ayant été contestée dans certains établissements comme portant atteinte au principe d'indépendance des enseignants-chercheurs, l'article 52 de la loi du 26 juillet 2019 pour une école de la confiance dispose que les statuts « peuvent prévoir que le président ou le directeur de l'établissement peut présider la formation restreinte aux enseignants-chercheurs du conseil académique » (et du conseil d'administration) ; il est alors tenu au respect du principe énoncé à l'article L. 952-6 du code de l'éducation selon lequel l'examen des questions individuelles relatives aux enseignants-chercheurs « relèvent des seuls représentants des enseignants-chercheurs et personnels assimilés d'un rang au moins égal à celui postulé par l'intéressé s'il s'agit de son recrutement et d'un rang au moins égal à celui de l'intéressé si il s'agit de son affectation ou du déroulement de sa carrière. ».

Cumulant les fonctions de direction et la présidence du conseil d'administration, il est logiquement chargé de la préparation et de l'exécution des délibérations du conseil d'administration (art. L. 712-2, al. 4, 1°), notamment des délibérations budgétaires. Il convoque le conseil et en fixe l'ordre du jour. Pendant les réunions du conseil d'administration, il dirige les débats, en assure la police et participe au vote avec voix prépondérante en cas de partage égal des voix (art. L. 712-3, dernier al.). Par ailleurs, ***« il prépare et met en œuvre le contrat pluriannuel d'établissement »*** qui a pour objet les activités de formation, de recherche et de documentation (art. L. 711-1, al. 5) et doit être approuvé par le conseil d'administration (art. L. 712-3, IV, 1°) ; il soumet au conseil d'administration les questions de sa compétence (art. L. 712-3) ainsi que les avis et les vœux émis par le conseil académique (art. L. 712-3, IV, 8°) ; il lui rend compte dans les meilleurs délais des décisions prises sur sa délégation (art. L. 712-3, IV, al. 3). Outre les documents budgétaires et comptables, le président présente chaque année le bilan social (art. L. 712-3, IV, 7°), le rapport d'exécution du schéma indicateur pluriannuel en matière de politique du handicap (art. L. 712-3, IV, 9°) et surtout le rapport annuel d'activité qui comprend un bilan et un projet (art. L. 712-3, IV, 6°, loi ESR 2013) ; la « gouvernance » de l'université impose en effet que soit définie une politique globale : si des orientations peuvent être présentées au moment du choix du président qui se fait élire sur un projet, il lui revient chaque année de faire le point sur les avancées et les adaptations éventuelles ; si, à l'issue des débats du conseil d'administration, ces documents ne sont pas adoptés par la majorité du conseil d'administration, la mise en minorité du président ne l'oblige pas à présenter sa démission (toutefois, la démission concomitante des deux tiers des membres du conseil d'administration emporte la dissolution du conseil d'administration et du conseil académique et la fin du mandat du président, art. L. 719-1, al. 11). La LPR n° 2020-1674 du 24 décembre 2020 impose en outre au président de présenter chaque année au conseil d'administration un rapport sur l'exécution du plan d'action pluriannuel en matière d'égalité entre les femmes et les hommes, et un rapport sur l'évolution de la situation professionnelle des personnes auxquelles l'université a délivré le diplôme national de doctorat dans les cinq années précédentes (LPR 2020, art. 34-I ; art. L. 712-2, 10° et 11°). Même si l'intention du législateur est de mobiliser les établissements sur ces questions, on peut se demander s'il n'aurait pas été préférable d'ouvrir (ou de confirmer l'existence) de deux rubriques du rapport annuel d'activité.

Outre le CA (et éventuellement le conseil académique, notamment en formation restreinte, V. le projet de loi pour une école de la confiance), il revient au président de présider les différents conseils des services communs ou d'être présent au conseil des services communs à plusieurs établissement (SC des étudiants étrangers, art. D. 714-11, D. 714-16 ; médecine préventive et promotion de la santé, art. D. 714-26 ; BU, conseil documentaire, art. D. 714-35 ; Activités physiques et sportives : il préside le conseil des sports, art. D. 714-48) dont il nomme les directeurs (sauf le directeur de la BU, nommé par le ministre sur proposition du président).

Sur le plan juridique, le président agit au nom de l'établissement. ***« Il représente l'université à l'égard des tiers ainsi qu'en justice »*** (2°) ; il a aussi compétence pour représenter en défense l'État devant les tribunaux administratifs et les cours administratives d'appel pour les litiges relatifs aux décisions prises par ces établissements au nom de l'État, Décr. n° 2019-1455 du 24 déc. 2019 ; il conclut et signe les accords et les conventions qui doivent toutefois être approuvés par le conseil d'administration (en l'absence d'approbation, la convention ne produit pas d'effets juridiques, note ci-dessous) ; il en est de même pour les prises de participation, les créations de filiales, les emprunts, les transactions et les conventions d'arbitrage (art. L. 711-1 ; D. 123-9). Le président qui est seul à pouvoir ester en justice (à l'exclusion des directeurs d'UFR, CE 6 oct. 1976, n°s 98179 et 98180) doit être autorisé par le conseil d'administration à engager une action en justice (art. L. 712-3, IV, 6°, mais le choix de l'avocat n'est pas soumis à autorisation).

Sur le plan financier, le président est ***« ordonnateur des recettes et des dépenses de l'université »*** (V. art. R. 719-79 s.). Il adresse les ordres de paiement à l'agent comptable, comptable public nommé sur proposition du président par arrêté conjoint des ministres de l'Enseignement supérieur et du Budget, choisi sur une liste d'aptitude établie conjointement ; le président peut décider de lui confier en outre les fonctions de chef des services financiers (art. L. 953-2, al. 2, la liste d'aptitude a été supprimée par l'art. 58 de la L. du 26 juill. 2019 pour une école de la confiance pour simplifier, harmoniser avec les autres emplois fonctionnels et élargir le vivier de recrutement). Mais le rôle du président est plus large : avant d'exécuter les dépenses et les recettes, il est nécessaire d'en prévoir le montant et d'obtenir l'autorisation du conseil d'administration. C'est en effet sous l'autorité du président que le budget de l'université est élaboré (art. R. 719-4) en suivant la procédure interne d'élaboration qu'il a proposée au conseil d'administration (art. R. 719-4) ; c'est à lui qu'il revient de communiquer le projet de budget au recteur de région académique, chancelier des universités (art. R. 719-5). En tant qu'ordonnateur principal du budget de l'université, le président engage (en constatant le service fait, CE 29 oct. 1993, n° 75518), liquide et mandate les dépenses réglées par l'agent comptable de l'établissement qui contrôle la régularité de l'ordre ; en cas de refus de payer opposé par le comptable, le président peut le requérir en rendant compte aux ministres chargés du budget et de l'enseignement supérieur (art. R. 719-85). Si le président peut déléguer sa signature, notamment au directeur de l'UFR de médecine pour ordonnancer les recettes et les dépenses (art. L. 713-4, al. 4), les directeurs d'écoles, d'instituts internes et de services communs sont ordonnateurs secondaires des recettes et des dépenses pour les affaires les intéressant (art. R. 719-80).

Ayant ***« autorité sur l'ensemble des personnels »*** (4°), le président a des responsabilités importantes en matière de gestion des ressources humaines. Le ministre peut lui déléguer par arrêté, dans les conditions fixées par décret (art. R. 951-4 ; l'art. 2 de l'Arr. de 2012 lui délègue ainsi le pouvoir de prononcer la suspension d'un membre d'un personnel de l'enseignement supérieur pour un an au maximum, sans privation de traitement, CE, ord., 7 mai 2012, n° 358639), tout ou partie des pouvoirs en matière de recrutement (sauf nomination, cessation des fonctions, congés après avis du conseil médical supérieur) et de gestion de personnels titulaires, stagiaires ou contractuels ; les compétences ainsi déléguées (qui peuvent faire l'objet d'une délégation de signature au DGS ou au directeur de l'UFR de médecine) sont exercées au nom de l'État (art. L. 951-3 ; l'art. 2 de l'Arr. de 2012 lui délègue ainsi le pouvoir de prononcer la suspension d'un membre d'un personnel de l'enseignement supérieur pour un an au maximum, sans privation de traitement, CE, ord., 7 mai 2012, n° 358639). Avec la loi LRU de 2007, le président a disposé de compétences accrues, notamment pour le recrutement des personnels ; la loi lui conférait un pouvoir de veto sur le recrutement de tous les personnels (sauf première affectation suite à un concours d'agrégation) ; la loi ESR du 22 juillet 2013, dans un souci de rééquilibrage des pouvoirs, a confié cette responsabilité, lorsqu'elle concerne les enseignants-chercheurs, au conseil d'administration ; désormais, le président ne peut plus s'opposer qu'à l'affectation des personnels des bibliothèques, ingénieurs, administratifs, techniciens, ouvriers et de service. Dans le respect des principes généraux arrêtés par le conseil d'administration en formation restreinte, le président de l'université arrête les décisions individuelles d'attribution des services après avis motivé du directeur de l'équipe de recherche de rattachement et du directeur de la composante après consultation du conseil de la composante en formation restreinte (Décr. du 6 juin 1984, art. 7, III). Le président arrête chaque année la répartition des services d'enseignement sur proposition des représentants des enseignants-chercheurs (il a compétence liée et ne peut l'écarter que pour illégalité, CE 4 oct. 1995, n° 13572) ; il prend des décisions individuelles en application des règles définies par la formation restreinte du conseil d'administration en prenant en compte les avis des composantes et l'évaluation du CNU (CE 15 déc. 2010, n° 329056...). Avec le passage aux responsabilités et compétences élargies (RCE), le président est devenu responsable de l'attribution des primes selon les règles définies par le conseil d'administration (art. L. 954-2). Il attribue les CRCT sur proposition du conseil académique et du CNU (CE 26 janv. 2007, n° 282364 et 291628 : illégalité d'un refus fondé sur l'ancienneté). Il peut recruter des agents contractuels pour occuper des fonctions administratives ou techniques de haut niveau ou pour assurer des fonctions d'enseignement et/ou de recherche dans la limite d'une fraction de la masse salariale déterminée par le contrat pluriannuel d'établissement (art. L. 954-3). Le président peut saisir le conseil de discipline et dans un premier temps, à titre de mesure provisoire ou conservatoire pour assurer le bon fonctionnement du service, suspendre un agent si le pouvoir lui en a été délégué par le ministre (art. L. 951-4, pour les enseignants). Il met en demeure de rejoindre le poste en cas d'abandon de poste. En cas d'inaction du président, le recteur-chancelier lui notifie une demande expresse et engage la procédure à l'expiration d'un délai d'un mois ; dans une affaire concernant un président d'université, le Conseil d'État avait admis que le pouvoir de substitution du recteur puisse s'exercer directement (CE 8 juin 2015, n° 365205) ; le décret n° 2013-756 du 19 août 2013 a clarifié ce point en donnant compétence au ministre chargé de l'enseignement supérieur pour engager les poursuites à l'encontre d'un président d'université (art. R. 712-29-3°). Dans le silence des textes concernant l'autorité compétente pour accorder la protection fonctionnelle (L. du 13 juill. 1983, art. 11), le Conseil d'État, après un moment d'hésitation (CE 7 juin 2004, n° 245562), a tranché pour le chef d'établissement (CE 31 déc. 2008, n° 310172 ; CE 4 avr. 2011, n° 344402). L'article 27 de la LPR n° 2020-1674 du 24 décembre 2020 rappelle que le président de l'université est responsable de l'attribution des primes (après avis de la commission recherche du conseil académique pour la PERD), en application des textes applicables, et ajoute-t-il, selon les principes de répartition définis par le conseil d'administration (LPR, art. 27, art. L. 954-2, al. 1er) ; si le conseil d'administration peut créer des dispositifs d'intéressement, ceux-ci ne peuvent se substituer aux régimes indemnitaires institués en application d'un texte législatif ou réglementaire (LPR, art. 27, II ; art. L. 954-2, al. 2).

« Il nomme les différents jurys » (5°), précise ensuite l'article L. 712-3, visant alors ceux qui sanctionnent les formations de premier cycle (licence), de deuxième cycle (master) et de troisième cycle (doctorat) auxquels il faut ajouter les jurys d'habilitation à diriger des recherches. Une délibération du conseil d'administration peut toutefois prévoir que ces compétences sont exercées par les directeurs de composante. Mais le rôle du président (ou des directeurs de composantes qui peuvent agir sur délégation) est plus large. Le président est en effet compétent pour désigner le responsable des formations (CE 23 août 2006, n° 273902) et pour procéder à l'inscription des étudiants dans les différents cycles ; il délivre les diplômes nationaux pour lesquels l'établissement est accrédité (avec le contreseing du recteur de région académique, chancelier des universités) et les diplômes propres au vu des résultats du contrôle et du paiement des droits d'inscription. En 2020, lors de la crise sanitaire du covid-19, l'ordonnance n° 2020-351 du 27 mars 2020 permet au président d'adapter l'organisation du contrôle des connaissances, le nombre des épreuves, leur contenu, leurs conditions d'organisation ou leurs coefficients (art. 2). Ces adaptations sont soumises à la double exigence de veiller au respect du principe d'égalité de traitement entre les candidats et d'informer ces derniers par tout moyen dans un délai qui ne saurait être inférieur à deux semaines avant le début des épreuves. Lorsque les règles doivent être arrêtées par un organe collégial (par exemple, la CFVU, art. L. 712-6-1, I, 3) empêché de délibérer dans des délais compatibles avec la continuité du service, les adaptations peuvent être arrêtées par le chef d'établissement qui en informe alors, par tous moyens et dans les meilleurs délais, l'organe collégial compétent ; en tout état de cause, l'organe collégial pourra toujours décider de déléguer sa compétence au chef d'établissement (art. 3). Il est en outre possible d'adapter l'organisation et le fonctionnement des jurys, tant en ce qui concerne leur composition, l'application des règles de *quorum*, que le recours par leurs membres à tous moyens de télécommunication permettant leur identification et garantissant leur participation effective ainsi que la confidentialité des débats (art. 4. V. Rapp. au Président de la République relatif à l'Ord. n° 2020-351 du 27 mars 2020).

« Le président de l'université est responsable du maintien de l'ordre » (6°). La règle est traditionnelle et s'inscrit dans la rubrique des « franchises universitaires » (loi 1968, Titre VII, art. 37) ; elle s'applique dans les enceintes (qui peuvent être fermées ou ouvertes à la circulation publique, posant la question de la superposition des pouvoirs de police) et locaux affectés à l'établissement à titre principal tels qu'ils sont délimités par un arrêté du recteur-chancelier (qui détermine le partage des responsabilités entre les présidents quand deux établissements utilisent les mêmes locaux et peut désigner celui chargé du maintien de l'ordre, art. R. 712-3) ; les locaux comprennent ceux mis à la disposition des usagers (art. L. 811-1, al. 3) et des personnels pour l'exercice de leurs droits collectifs (art. R. 712-1). La compétence du président est ici exclusive (il ne saurait par conséquent, sans méconnaître sa compétence, se considérer lié par une demande de retrait d'une mesure de police émanant du ministre chargé de l'enseignement supérieur, TA Paris, 18 janv. 1967, *Union nationale pour l'avenir de la médecine, AJDA 1968. 30*) mais il peut déléguer ses pouvoirs à un vice-président, à un directeur de composante ou à un responsable de service en organisant leur suppléance en cas d'absence ou d'empêchement (art. R. 712-4). Les règles d'accès aux locaux sont définies par le règlement intérieur adopté par le conseil d'administration ou, à défaut, par le président qui prend des arrêtés (art. R. 712-5). Le président a l'obligation de prendre toute mesure utile pour assurer le maintien de l'ordre, finalité qui englobe les aspects classiques de la police administrative : bon ordre, sûreté, sécurité, salubrité ; l'ordre universitaire s'exerce en tenant compte des franchises universitaires, des libertés académiques, visant à préserver le bon déroulement des enseignements et des activités de recherche. Le président a l'obligation de prendre toute mesure utile pour assurer le maintien de l'ordre ; il s'agit alors de mesures préventives (mesures réglementaires ou individuelles, mesures juridiques ou matérielles comme l'évacuation) qui pourront être suivies de mesures répressives, disciplinaires ou pénales ; en cas de nécessité ***« il peut faire appel à la force publique »*** (art. L. 712-2, 6° ; D. 712-6) ou recourir à des personnels assermentés (art. D. 712-6). Le recours à la force publique est d'une grande délicatesse ; placé sous le contrôle du juge, celui-ci peut dans certains cas accepter les réticences d'un président soucieux de ne pas envenimer la situation, dans d'autres juger qu'un président méconnaît l'étendue de ses compétences et lui enjoindre de prendre toutes mesures utiles (V. notes ss. art. L. 712-2). En cas de désordre ou de menace, le président doit informer immédiatement le recteur de région académique, chancelier des universités ; il peut en outre interdire l'accès des locaux à toute personne, notamment à un usager ou à un membre du personnel, pour une durée maximale de trente jours (art. R. 712-8) ; l'interdiction d'accès ne porte atteinte ni à la liberté d'aller et venir (le domaine universitaire n'étant pas affecté à l'usage de tous mais au service public, à ses usagers et personnels) ni au droit à l'instruction dans la mesure où elle est limitée dans le temps et relative (CE 18 janv. 2019, n°s 426884 et 426685) ; mesure de police destinée à prévenir des troubles, elle se distingue des sanctions disciplinaires ; la décision doit toutefois être motivée et les personnes concernées préalablement informées (sauf urgence ou circonstances exceptionnelles) ; pour les personnels, elle doit s'accompagner de la communication du dossier si la mesure est prise en considération de la personne (CAA Nantes, 30 mai 2003, n° 00NT01671, note ss. art. L. 712-2) ; en outre « une mesure interdisant l'accès aux enceintes et locaux d'une université à toute personne doit être justifiée par un risque établi de désordre et ne peut être prise que si les autorités universitaires ne disposent pas des moyens de maintenir l'ordre dans l'établissement » (CE 26 juill. 1996, n° 170106, V. aussi CE 26 oct. 2005, *M. Bruno Gollnisch*, n° 275512, note ss. art. L. 712-2.) Le président en informe le le recteur de région académique, chancelier des universités, ainsi que les conseils de l'université (art. R. 712-8) ; le juge a pu d'autre part considérer que l'interdiction d'accès aux locaux de l'université est une mesure de police connexe à la suspension (CE 26 août 2014, n° 382511). En tant que ***« responsable de la***

sécurité dans l'enceinte de son établissement », le président est garant du respect de la réglementation applicable aux établissements recevant du public ; il « ***assure le suivi des recommandations du comité d'hygiène, de sécurité et des conditions de travail permettant d'assurer la sécurité des personnels et des usagers accueillis dans les locaux*** » (7°) ; il veille en outre à l'accessibilité des enseignements et des bâtiments aux personnes handicapées (9°), qu'il s'agisse des étudiants ou des personnels.

A la suite de l'annulation de deux délibérations réglementaires de deux délibération de la CFVU de l'université de Paris I méconnaissant le principe du contrôle des connaissances dans le cadre de la crise sanitaire de l'épidémie de covid-19 par le tribunal administratif de Paris saisi par déféré rectoral (TA Paris, ord., 5 juin 2020, n° 2007394/1), un amendement sénatorial a introduit un dernier alinéa donnant au président d'université le pouvoir de suspendre pendant un délai d'un mois les délibérations des commissions du conseil académique présentant un caractère réglementaire ; comme dans le cadre du contrôle de légalité du chancelier, elles doivent lui paraître entachées d'illégalité, celle-ci devant être de nature à porter gravement atteinte au fonctionnement de l'établissement. En écho au contentieux à l'origine de cette modification, la loi vise spécifiquement celles relatives aux modalités de délivrance des diplômes de l'enseignement supérieur. Dans ces cas, le président doit tenter de trouver une solution en soumettant une nouvelle proposition aux commissions qui délibèrent dans un délai qui ne peut être inférieur à huit jours et supérieur à un mois. A défaut de nouvelle délibération ou s'il n'a pas été remédié par la nouvelle délibération aux irrégularités ayant motivé la suspension de la transmission, le président en informe l'autorité académique, en l'occurrence le recteur de région académique, chancelier des universités ; ce dernier peut alors saisir le tribunal administratif ou, en cas de risque d'atteinte grave au fonctionnement de l'établissement, en suspendre l'application pour un délai de trois mois. La loi confie ainsi au président, qui peut présider le conseil académique, un rôle de médiateur qui peut, en cas d'échec, retarder le contrôle de légalité (LPR art. 34, I, 4° ; art. L. 712-2, dernier al.). ❑

PLAN DES ANNOTATIONS

I. STATUT

1. Limite d'âge. Si un président de conseil d'administration est atteint par la limite d'âge en cours de mandat, ses fonctions cessent de plein droit à la date d'anniversaire des 65 ans sans qu'il soit besoin de prendre un acte mettant fin à ses fonctions. • CE 9 janv. 2006, n° 281152. ♦ Même solution pour le président d'université nonobstant la durée du mandat pour laquelle il a été élu. • TA Paris, 16 déc. 1992, n° 9111818 : *LIJ 2007, n° 116, p. 38.*

2. Élection à la présidence. Corps d'appartenance. PRAG. Saisi par trois administrateurs contestant l'élection du président de l'université de Bretagne-Occidentale, le juge administratif estime qu'un PRAG peut être président d'université. En l'espèce, il rappelle notamment les dispositions de l'art. L. 712-2 qui prévoient que sont aussi éligibles « tous autres personnels assimilés ». Il précise en outre qu'il ressort des travaux préparatoires de la L. du 10 août 2007 que l'intention initiale du projet de loi a été d'ouvrir le champ des catégories de personnels éligibles à la charge de président d'université à celles qui « ont vocation à exercer des fonctions d'enseignement ou de recherche dans un établissement d'enseignement supérieur », alors que les « PRAG » font partie des personnels ayant vocation à enseigner à l'université ; qu'au cours des débats parlementaires ayant conduit à l'adoption de la loi, le législateur a certes souhaité limiter le caractère général de l'ouverture envisagée, afin surtout qu'une personne étrangère à l'université, et y exerçant des activités annexes, ne puisse exercer cette fonction, en énonçant finalement les catégories de fonctions éligibles (enseignants-chercheurs, chercheurs, professeurs ou maîtres de conférences, associés ou invités, ou tous autres personnels assimilés, sans condition de nationalité) ; qu'il n'a toutefois pas entendu en exclure les enseignants y exerçant à titre principal. • TA Rennes, 29 juill. 2016, n° 1601615 : *AJDA 2016. 2129, comm. Beaud*.

3. *Élection à la présidence. Professeur-prêtre.* Le juge considère que rien ne s'oppose à l'élection d'un ecclésiastique à la présidence d'une université dès lors qu'il est aussi professeur des universités. En l'espèce, le syndicat requérant soutenait que l'élection de l'intéressé aux fonctions de président de l'université de Strasbourg méconnaissait, eu égard notamment à son état d'ecclésiastique, le principe de laïcité. Le tribunal indique que les dispositions de l'art. L. 712-2 « ne s'opposent pas à l'élection d'un ecclésiastique à la présidence d'une université et ne prévoient pas la prise en compte du comportement ou des propos tenus par la personne élue ». Il précise que « l'état d'ecclésiastique ne constitue pas en lui-même une manifestation ou un comportement qui établirait une incompatibilité à l'élection à ces fonctions ». Il considère enfin que le moyen invoqué par le syndicat requérant, qui faisait valoir qu'une telle élection méconnaîtrait le principe constitutionnel d'indépendance de la recherche, doit être regardé comme invoquant le principe constitutionnel d'indépendance des enseignants-chercheurs et doit être écarté. • TA Strasbourg, 14 déc. 2017, n° 1703016 : *AJDA 2017. 2501 ; ibid. 2018. 457, concl. Dulmet ; AJFP 2018. 168, comm. Fernandes*.

4. *Élection à la présidence. Principe de laïcité.* Dans le cadre de la même élection contestée, les requérants ont soulevé une QPC relative à la conformité de l'art. L. 712-2 avec les principes constitutionnels de laïcité et d'indépendance de la recherche et des enseignants-chercheurs. Le Conseil d'État a considéré qu'il n'y avait pas lieu de renvoyer la QPC au Conseil Constitutionnel aux motifs que les questions posées n'étaient pas nouvelles et ne présentaient pas un caractère sérieux. La haute juridiction rappelle en outre qu'il résulte du principe constitutionnel de laïcité que l'accès aux fonctions publiques doit s'effectuer sans distinction de croyance et de religion. « Par suite, il ne peut, en principe, être fait obstacle à ce qu'une personne ayant la qualité de ministre d'un culte puisse être élue aux fonctions de président d'université, celle-ci étant alors tenue, eu égard à la neutralité des services publics qui découle également du principe de laïcité, à ne pas manifester ses opinions religieuses dans l'exercice de ses fonctions ainsi qu'à un devoir de réserve en dehors de l'exercice de ces fonctions ». Le juge indique, d'autre part, « que la circonstance que le président élu d'une université aurait la qualité de ministre d'un culte est, par elle-même, sans rapport avec les garanties qui s'attachent au respect du principe constitutionnel d'indépendance des enseignants-chercheurs ». • CE 27 juin 2018, n° 419595 A : *AJDA 2018. 457, concl. Dulmet ; ibid. 1364, comm. Pastor ; AJFP 2019. 51, note Aubin ; Vigie 2018, n° 105, p. 8 ; LIJ 2018, n° 204, p. 9.*

II. ÉLECTION

BIBL. Brovelli, Réflexions sur le contentieux des élections universitaires, *LPA 4 août 1995.*

5. *Candidature. Régime antérieur à la loi de 2007.* Si la L. du 26 janv. 1984 dispose que le président n'est pas rééligible dans les cinq années qui suivent la fin de son mandat, cette disposition ne fait pas obstacle à ce qu'un ancien président fasse acte de candidature pour un nouveau mandat alors que ce délai n'est pas expiré, dès lors que le nouveau mandat commencera à l'expiration du délai prévu. • CAA Douai, plén., 20 déc. 2001, n° 00DA00870 : *AJDA 2002. 237, chron. Michel*.

6. *Participation du président à l'élection de son successeur.* Le président précédemment en fonction ne peut participer à l'élection de son successeur que s'il est lui-même élu au conseil d'administration. * Lettre DAJ B1 n° 09-197, 5 juin 2009 : *LIJ 2009, n° 138, p. 32.*

7. *Organisation de nouvelles élections. Compétence.* Un opposant demandait l'annulation des élections des conseils de l'université, au motif que le président sortant n'avait pas compétence pour les organiser. Il soutenait que l'annulation juridictionnelle des élections des administrateurs entraînait celle de l'élection du président et que son mandat était donc expiré en même temps que celui des administrateurs. Le juge indique au contraire que, l'élection du président à la présidence n'ayant pas été contestée, elle est devenue définitive. Le président avait ainsi compétence pour organiser les nouvelles élections à la suite de l'annulation des conseils prononcée par le tribunal. • TA Saint-Denis, 17 janv. 2013, n° 1201057.

8. *Présidence de la séance.* Rien ne s'oppose

à ce que le président assure la présidence de la séance si les statuts de l'université n'en disposent pas autrement. S'il est également candidat, il apparaît préférable que la présidence de la séance soit confiée à une autre personne, telle que, par exemple, le président du conseil d'administration ou le doyen d'âge, dans le respect des statuts de l'établissement. * Lettre DAJ B1 n° 09-197, 5 juin 2009 : *préc. note 6.*

9. Procuration. Les dispositions de l'art. 4 du Décr. du 17 déc. 1984 ont été implicitement abrogées par la L. n° 2007-1199 du 10 août 2007. Dès lors, aucune disposition réglementaire ne fait obstacle à ce qu'un membre du conseil d'administration donne désormais mandat, pour l'élection du président de l'université, à un autre membre du conseil appartenant à un collège électoral différent. • TA Toulouse, 30 déc. 2008, n° 0802878 : *LIJ 2009, n° 136, p. 13.*

10. Proclamation des résultats. Décision susceptible de recours. Le choix manifesté par le corps électoral et proclamé par le bureau de vote ne constitue pas, sauf exception, une décision administrative. Les recours intentés directement à l'encontre des résultats électoraux sont donc irrecevables. • TA Lyon, 28 avr. 1989 : *RFDA 1991. 340, concl. Bézard.*

11. Liaison de l'instance. En vertu de la règle de la décision préalable, « à laquelle aucune disposition spéciale n'a dérogé en ce qui concerne les opérations électorales conduisant à l'élection des présidents d'université », la juridiction administrative ne peut connaître de l'élection que par un recours formé contre une décision prise soit d'office, soit sur réclamation préalable, par le ministre de l'éducation nationale. • CAA Paris, 26 déc. 1989, n°s 89PA00520, 89PA00522 et 89PA01854 A • CAA Marseille, 1er févr. 2001, n° 99MA01682 : *AJDA 2002. 525, note Maillot* • CAA Douai, 20 déc. 2001, n° 00DA00870 : *préc. note 5.* ♦ Le juge a transposé la jurisprudence dégagée par le Conseil d'État à propos des vice-présidents d'université, nécessitant une demande préalable obligatoire auprès du président de l'université, autorité auprès de laquelle a été institué le vice-président, cette fonction ayant été prévue par les seuls statuts de l'établissement. • CE 8 juill. 1983, n° 40070 B ♦ Même solution pour les membres de commissions de spécialistes. • CE 25 mai 1979, n° 04943 B : *Dr. adm. 1979, n° 208.* ♦ Ou encore pour la désignation des membres d'un comité de personnels IATOS. • CAA Paris, 31 oct. 2000, n° 97PA02897. ♦ En sens contraire : en décidant que la délibération du conseil d'une faculté de droit portant élection du doyen présente le caractère d'une décision, le juge estime que la contestation de cette élection est recevable, sans qu'il soit besoin d'un recours administratif préalable. • CAA Marseille, 6 mai 1999, n° 98MA00136 B.

12. Délais. En l'absence de texte le précisant, le délai dans lequel le ministre de l'éducation nationale doit être saisi, préalablement à tout recours devant la juridiction administrative, d'une contestation de l'élection d'un président d'université, est le délai de droit commun de deux mois courant à compter de la proclamation des résultats. • CAA Paris, 4 déc. 1990, n°s 89PA02668, 90PA00259, 89PA02675 et 90PA00260 B.

13. Sincérité du scrutin. Les promesses faites par un candidat de retirer la plainte portée par l'université contre quatre des représentants étudiants électeurs ne peut être considérée comme une manœuvre ayant faussé le scrutin, alors même que le président élu ne pouvait tenir ces engagements sans l'accord du conseil de l'université, ce que ne pouvaient ignorer les électeurs membres de ce conseil • CAA Marseille, 1er févr. 2001, n° 99MA01682 : *AJDA 2002. 525, note Maillot.* ♦ L'utilisation de téléphones et d'ordinateurs portables au cours de l'élection d'un président d'université, alors que les statuts de l'université prohibent implicitement tout contact avec l'extérieur, peut altérer la sincérité du scrutin. En l'espèce, plusieurs membres du conseil d'administration avaient fait usage de téléphones et d'ordinateurs portables dès le début de la réunion et entre les deux tours de scrutin, alors qu'en ne prévoyant qu'une suspension de séance entre le deuxième tour et le troisième tour les dispositions des statuts de l'université interdisaient implicitement tout contact avec l'extérieur du conseil d'administration et tout échange entre les électeurs susceptible de tendre notamment à des négociations ou à la réception de consignes de votes au vu des résultats du premier tour. En procédant ainsi, sans attendre les résultats du second tour, les membres du conseil d'administration ont commis une irrégularité ; eu égard à la circonstance qu'à l'issue du second tour le président n'a obtenu que la stricte majorité absolue, l'irrégularité relevée a été de nature à altérer la sincérité du scrutin. • CAA Bordeaux, 27 sept. 2012, n° 12BX01424 : *AJDA 2012. 2419.*

14. Recours. Procédure. Décision préalable. Nécessité. Absence. Si en matière d'élection administrative, la jurisprudence considère classiquement que les électeurs ne prennent aucune décision par leur seul vote, la jurisprudence a aujourd'hui tendance à abandonner la nécessité d'une décision préalable au recours. Le juge a ainsi estimé que la désignation à l'issue d'un scrutin du directeur d'une UFR revêtait le caractère d'une décision. • CAA Paris, plén., 26 mars 2002, n° 01PA00920 A : *AJDA 2002. 1187, concl. Barbillon.* ♦ Dans le même sens : • TA Grenoble, 16 nov. 2007, n° 0703293 • TA Saint-Denis de La Réunion, 24 oct. 2012, n° 1200856 • CE 5 déc. 1969, n° 78025 A • CE 16 déc. 1970, n° 79607 A • CE 12 nov. 1971, n° 82526. ♦ En sens contraire : • CE 29 juill.

2002, n° 210587 B : *AJDA 2002. 1191, concl. Schwartz* . Dans cette affaire toutefois, le commissaire du Gouvernement s'est exprimé en faveur de la nécessité d'une décision préalable en matière d'élection universitaire tout en précisant que « la seule interrogation qui pourrait se poser est relative à [...] l'élection du président de l'université ». ♦ Sur la question : V. Bourdon, La recevabilité du recours dirigé contre une élection administrative, *AJDA 2014. 722.*

III. COMPÉTENCES

BIBL. Furon, Le pouvoir de police dans les universités, *AJDA 2005. 755* .

1° INSCRIPTIONS

15. *Étendue.* Le président a une compétence assez largement discrétionnaire à l'égard des inscriptions en premier cycle des étudiants ayant obtenu leur baccalauréat dans une académie différente de celle où l'établissement a son siège. • CE 8 nov. 1995, n° 122093. ♦ Il dispose aussi d'un large pouvoir d'appréciation s'agissant des étudiants qui, préalablement inscrits dans d'autres universités, demandent le transfert de leur dossier dans leur établissement. • CE 10 févr. 1995, n° 82679.

16. *Limites.* Les dispositions législatives n'autorisent pas le président de l'université à refuser d'inscrire des candidats tant que les capacités d'accueil de l'université ne sont pas dépassées. • CE 27 juill. 1990, n°s 65180 et 65181 A : *AJDA 1991. 151, note Chevallier* .

2° NOMINATION DES JURYS

17. *Thèses.* Il est de la seule autorité du président de l'université d'autoriser la soutenance d'une thèse sans que puissent y faire obstacle « les principes fondamentaux applicables aux formations supérieures relevant du ministère de l'éducation nationale ». • CAA Paris, 28 févr. 1995, n° 93PA00959 : *AJDA 1995. 845, concl. Brin* .

18. *Autres jurys.* Aucune disposition législative, ni aucun principe général du droit ne font obstacle à ce que le président de l'université désigne les responsables des groupes de formation doctorale au sein desquels sont préparés les diplômes d'études approfondies et les thèses ou travaux de doctorat. • CE 28 juill. 1995, n°s 61166 et 61167 : *Savoir, oct.-déc. 1995, p. 702, chron. Durand-Prinborgne.*

3° POUVOIRS DE POLICE

BIBL. Boutet-waiss et Lacroix, Intrusion et faits de violence perpétrés dans un amphithéâtre de l'UFR droit et science politique de l'université de Montpellier, *MESRI, Rapp. IGAENR n° 2018-036, mai 2018.* – Furon, Le pouvoir de police dans les universités, *AJDA 2005. 755* . – Parent, Le régime des mesures de police susceptibles d'être prises par le président de l'université, *LIJ 2012, n° 169, p. 18.* – T.-X. G., Le blocage des universités devant le juge des référés, *LIJ 2006, n° 106, p. 30.*

a. Présidence du CA

19. *Police des séances. Vote à bulletin secret. Demande exprimée par plus d'un tiers des membres.* Saisie par une université pour savoir si le président pouvait s'opposer ou devait réserver une suite favorable à la demande exprimée par plus d'un tiers des membres du CA de recourir au vote à bulletin secret pour l'adoption d'une délibération, la DAJ rappelle qu'aucune disposition législative ou réglementaire ne prévoit de modalités particulières d'adoption des délibérations du CA pour les EPSCP. Elle ajoute que la circonstance selon laquelle aucun texte ne précise les modalités d'organisation d'un scrutin, et notamment si les votes doivent être recueillis par scrutin secret ou public, n'interdit pas le recours au scrutin secret. Dans le cas où ni les statuts ni le règlement intérieur de l'université ne précisent les possibilités de recourir au vote à bulletin secret et les conditions. Elle considère dès lors que le président a donc le choix d'accepter ou de refuser la demande qui lui est adressée de recourir au vote à bulletin secret, sans être tenu de faire voter préalablement les membres du CA sur le recours à cette modalité. Elle souligne qu'en cas de contentieux, le juge vérifiera que le recours au mode de scrutin retenu, qu'il soit public ou secret, n'a pas été susceptible d'exercer une influence sur le sens du vote et n'a privé les personnes participant au vote d'aucune garantie. S'agissant d'une demande de vote à bulletin secret exprimée par plus d'un tiers des membres du CA qui invoquaient un risque d'altération de la sincérité du scrutin public en raison d'un contexte particulier, la DAJ a estimé qu'il était préférable pour le président de l'université d'y répondre favorablement, cette solution étant celle qui expose l'université au risque contentieux le moins élevé. Compte tenu des deux éléments de contexte, que le juge sera nécessairement amené à prendre en compte en cas de contentieux, le refus de recourir au vote à bulletin secret opposé par le président serait certainement entaché d'une erreur manifeste d'appréciation. • *Note DAJ B1* n° 2020-0146 du 24 sept. 2020 : *LIJ 2021, n° 214, p. 15.*

b. Accès aux locaux

20. *Réglementation des accès.* Légalité de la réglementation, édictée par un président d'université sur la base du Décr. du 22 janv. 1971, qui soumettait l'accès à un centre d'études installé dans l'enceinte de l'université à une autorisation spéciale, dès lors que cette réglementation n'a pas eu par elle-même pour effet d'interdire à quelque étudiant ou à quelque membre du personnel l'entrée du centre et qu'ainsi sa durée pouvait sans illégalité excéder celle de 30 jours à laquelle le décret limite une mesure d'exclusion prise par le président. • CE 27 juin 1980, *M. Debbasch*, n° 11283 A.

21. Interdiction des accès. Nature de la décision. Mesure de police. Une mesure d'interdiction d'accès aux locaux de l'établissement, prise sur le fondement des dispositions de l'art. R. 712-1 en vue de prévenir des risques de désordre au sein de l'établissement, n'est pas une sanction disciplinaire, mais une mesure de police. • CE 27 févr. 2019, n° 410644 B : *AJDA 2019. 488 ; LIJ 2019, n° 206, p. 9.*

22. Interdiction des accès. Conditions. Une mesure interdisant l'accès aux enceintes et locaux d'une université à un professeur d'université doit être justifiée par un risque établi de désordre et ne peut être prise que si les autorités universitaires ne disposent pas des moyens de maintenir l'ordre dans l'établissement. • CE 26 oct. 2005, n° 275512 A : *AJDA 2006. 505, note Legrand*. ♦ L'interdiction d'accès est illégale s'il n'est pas établi qu'il existait une menace de désordre d'une gravité telle que l'université n'aurait pas été en mesure d'y faire face par d'autres moyens, notamment en renforçant le dispositif de surveillance et le contrôle des accès aux locaux universitaires • CE 14 janv. 2005, n° 275509 B : *AJDA 2005. 116 ; D. 2005. 316 ; JCP Adm. 2005, n° 717, note Rouault.* ♦ Même appréciation stricte par le juge administratif des conditions de mise en œuvre par le président de l'université des pouvoirs qu'il tire du Décr. du 31 juill. 1985. Dans une affaire où un professeur d'éducation physique s'était vu interdire l'accès aux locaux durant un mois à la suite de son altercation avec son supérieur hiérarchique au cours de laquelle il l'avait insulté et menacé, le juge administratif a considéré que cet incident étant resté circonscrit au bureau du supérieur et n'ayant eu aucun retentissement sur le déroulement des cours, l'interdiction était disproportionnée au regard des objectifs poursuivis. • TA Versailles, 9 oct. 2006, n° 0502769 : *LIJ 2006, n° 110, p. 7.*

23. Interdiction des accès à l'égard de deux étudiants. Atteinte à la liberté d'aller et venir, à la liberté d'enseignement et au droit à l'instruction. Absence. Le président de l'Université Paris Nanterre avait pris des arrêtés d'interdiction d'accès aux locaux à l'encontre de deux étudiants fortement investis dans des actions de blocages et d'obstruction aux examens, afin de prévenir de nouveaux troubles à l'ordre susceptibles d'être causés par ces deux étudiants et de permettre le bon déroulement des examens et des activités d'enseignement et de recherche. Le juge des référés estime que la mesure litigieuse, qui n'a été prise qu'à l'égard de deux étudiants, eu égard aux objectifs de bon fonctionnement du service public dont l'université a la charge et à la mission qui lui incombe de permettre à l'ensemble des étudiants de suivre et de valider leurs enseignements, n'a pas porté au droit à l'instruction du requérant une atteinte grave et manifestement illégale. En l'espèce, l'université pouvait légitimement craindre que de nouvelles actions de blocages ou de perturbation du fonctionnement de l'université seraient organisées pendant la période d'examens. • CE, ord., 18 janv. 2019, n°s 426884 et 426885 : *AJDA 2019. 144 ; LIJ 2019, n° 206, p. 9.*

24. Interdiction des accès. Conditions. Propos diffamatoires. Le chef d'établissement peut, de manière générale, prendre toute mesure utile au maintien de l'ordre. Il est ainsi compétent pour prendre des mesures interdisant à certaines personnes l'accès aux locaux. La mise en œuvre de ces dispositions suppose toutefois l'existence de menaces particulières de désordre grave imputable à l'intéressé. Par ailleurs, une procédure disciplinaire peut être engagée à l'encontre de tout usager, lorsqu'il est auteur ou complice de faits de nature à porter atteinte à l'ordre et au bon fonctionnement de l'établissement. Dans ce cadre, la sanction de l'exclusion de l'usager est possible. Dès lors, des soupçons ou même des faits, qui ne se sont traduits par aucune action judiciaire ou disciplinaire, ne constituent pas un motif légitime permettant d'opposer un refus à une demande d'inscription. Pour des propos diffamatoires tenus sur un campus : * Lettre DAJ B1, n° 09-347 du 27 oct. 2009 : *LIJ 2009, n° 140, p. 31.*

25. Interdiction d'accès. Information. La délibération au cours de laquelle le président de l'université informe le conseil d'administration de l'université de la mesure prise à l'égard d'un enseignant lui interdisant pendant trente jours l'accès à certains locaux de l'université ne fait pas grief et est insusceptible d'être déférée au juge de l'excès de pouvoir. • CAA Nantes, 30 mai 2003, n° 00NT01671.

26. Interdiction d'accès. Conséquences. La mesure qui consiste à interdire, pendant trente jours, l'accès de l'enceinte et des locaux universitaires à un enseignant, à l'exception toutefois de son bureau et de l'amphithéâtre dans lequel il dispense ses cours, dans le cas où elle n'a pas le caractère d'une sanction disciplinaire mais d'une mesure préventive prise en raison des nombreux incidents provoqués par l'enseignant à l'occasion des cours dispensés par ses collègues, tient à la personne de l'intéressé. Cette mesure ne peut être légalement prise qu'après communication du dossier. • CAA Nantes, 30 mai 2003, n° 00NT01658.

27. Interdiction d'accès. Portée. L'interdiction d'accès à tous les locaux de l'établissement prise par le président de l'université n'a ni le même objet, ni la même portée, que la décision de suspension du même fonctionnaire prise par le ministre en application des dispositions du statut général de la fonction publique. • CAA Nantes, 7 juin 2001, n° 98NT02260.

28. Interdiction d'accès. Voie de fait. Décision par laquelle le président de l'université de Paris XI a interdit l'accès à des locaux de recherche à un enseignant-chercheur, M. Parvez, fait apposer des scellés sur ces locaux et fait procéder à l'enlèvement des matériels qui y étaient entreposés. Si Mme Parvez soutient qu'elle était propriétaire de certains de ces matériels et qu'elle poursuivait des recherches en collaboration avec son époux dans les locaux en cause, il est constant qu'à la date des faits qu'elle dénonce, elle était professeur à l'université de Reims où elle exerçait ses fonctions d'enseignement et de recherche, et qu'elle n'occupait aucun emploi et n'avait été chargée d'aucune tâche à l'université de Paris XI. Les mesures prises par le président de l'université Paris XI à l'égard du seul M. Parvez, occupant des locaux, ne peuvent en tout état de cause être regardées comme constitutives de voies de fait à l'encontre de Mme Parvez à l'occasion de ses fonctions. • CE 24 juin 1998, n° 176663.

29. Contrôle des mesures. Existence de menaces. Les incidents survenus entre un membre du personnel du secrétariat et un professeur d'université à la suite desquels celui-ci a reçu l'ordre d'interrompre son enseignement, sa participation aux jurys d'examen et ses activités de recherches n'ont pas fait naître une menace contre l'ordre, la sécurité des personnes ou des biens dans les enceintes ou locaux placés sous la responsabilité du président. • CE 1er juill. 1983, n° 30109 B.

30. Absence de menaces. Si le président de l'université avait reçu des menaces mettant en cause la présence d'étudiantes revêtues d'un foulard par lequel elles entendaient exprimer leurs convictions religieuses, il n'établit pas, dans les circonstances de l'espèce, qu'il aurait été dans l'impossibilité d'assurer le maintien de l'ordre dans l'établissement sans interdire l'accès des bâtiments à ces jeunes femmes. Illégalité de l'arrêté par lequel cette autorité a interdit à deux étudiantes de pénétrer dans l'université revêtues de ce foulard. • CE 26 juill. 1996, n° 170106 B.

31. Crise sanitaire. Restrictions d'accès. Atteinte grave et manifestement illégale aux libertés d'expression et de réunion (absence). Les requérants demandaient la suspension du Décr. n° 2020-1310 du 29 oct. 2020 prescrivant les mesures d'encadrement des enseignements et des réunions dans les établissements d'enseignement public supérieur pour faire face à l'épidémie de covid-19 dans le cadre de l'état d'urgence sanitaire. Eu égard à la situation sanitaire, marquée par le maintien d'une circulation élevée du virus sur le territoire métropolitain et d'une tension très forte pesant sur le système de santé, le choix de limiter très fortement le nombre d'usagers accueillis dans les établissements d'enseignement supérieur ne pouvait être regardé comme portant une atteinte grave et manifestement illégale aux libertés d'expression et de réunion de ces usagers. • CE, ord., 10 déc. 2020, n° 447015 : *AJDA 2021. 985, note Bonfort ; ibid. 2020. 2471 ; ibid. 2457, tribune Melleray*.

32. Crise sanitaire. Restrictions d'accès. Différence de traitement par rapport aux établissements du secondaire. Discrimination (absence). Dans la même affaire, le Conseil d'État a estimé que la circonstance que les établissements d'enseignement secondaire et de formations professionnelles post-bac puissent bénéficier d'un enseignement sur site ne peut conduire le juge des référés à ordonner les mesures sollicitées sur le fondement d'une discrimination pouvant constituer une atteinte à une liberté fondamentale. • CE, ord., 10 déc. 2020, n° 447015 : *préc. note 31*.

33. Crise sanitaire. Enseignement en présentiel. Dans la même affaire, les requérants contestaient les modalités d'organisation des enseignements à distance mises en place. Au vu des modalités explicitées par la circulaire (enseignements pratiques délivrés sur site, accès prioritaire aux salles de travail équipées en matériel informatique pour les étudiants ne disposant pas de l'équipement ou de la connexion nécessaires, bibliothèques et centres de documentation accessibles sur rendez-vous, retrait et restitution de documents réservés), le Conseil d'État a estimé que les dispositions querellées permettaient d'assurer l'accès à l'enseignement supérieur dans le contexte sanitaire. • CE, ord., 10 déc. 2020, n° 447015 : *préc. note 31*.

c. Équipement des locaux

34. Brouilleurs téléphoniques. Consultée sur la légalité des brouilleurs téléphoniques, la DAJ rappelle que les exceptions à l'interdiction d'installer des brouilleurs téléphoniques sont, dorénavant, encore plus restrictives que les exceptions prévues antérieurement (besoins de l'ordre public, de la défense et de la sécurité nationale, ou du service public de la justice). La modification, entrée en vigueur le 1er févr. 2012, de l'art. L. 33-3 du code des postes et des communications électroniques (modifié par l'Ord. n° 2011-1012 du 24 août 2011 relative aux communications électroniques) fait que les établissements d'enseignement supérieurs ne sont toujours pas autorisés à installer de tels équipements dans leurs locaux. * Lettre DAJ B1 n° 2012-39, 1er févr. 2012 : *LIJ 2012, n° 165, p. 17*.

4° OCCUPATION DES LOCAUX

A l'occasion de la contestation collective de la loi portant création d'un contrat de première embauche, des enseignements n'ont pu être normalement dispensés dans certains établissements universitaires qui ont été bloqués. Divers contentieux sont alors nés. Des étudiants ont saisi le juge des référés pour enjoindre les présidents concernés de faire libérer les accès aux locaux. Plus rarement, des présidents d'université ont demandé au juge des référés d'ordonner l'expulsion sans délai des occupants. Plus récemment, face à de nouvelles occupations, le juge est à nouveau saisi notamment par voie de référé.

a. Atteinte aux droits et libertés

35. Droit à l'éducation et libertés fondamentales. Pour certains juges, le droit à l'éducation étant au nombre des libertés fondamentales, la fermeture des locaux d'une université pour une durée indéterminée porte une atteinte grave au droit à l'éducation des requérants. • TA Versailles, réf., 18 mars 2006, n° 0602618. ♦ Pour d'autres, si le droit à l'éducation est consacré par le Préambule de la Constitution, le droit d'accès au service public de l'enseignement supérieur ne constitue pas une liberté fondamentale au sens des dispositions précitées et la liberté d'aller et venir n'est pas en cause en l'espèce. • TA Dijon, réf., 27 mars 2006, n° 0600792.

36. Droit individuel à poursuivre des études. Dans certains cas, les requérants ont pu invoquer que le blocage des locaux les pénalisait dans la préparation de leurs examens. Le juge des référés a estimé que le droit de chacun au respect de sa liberté personnelle « implique en particulier qu'il ne puisse subir de contraintes excédant celles qu'impose la sauvegarde de l'ordre public ou le respect des droits d'autrui ». • TA Toulouse, réf., 13 avr. 2006, n° 0601394 : *AJDA 2006. 1281, note Bioy*.

37. Appréciation générale. D'une manière générale, les perturbations constatées dans le fonctionnement du service public de l'enseignement ne constituent pas une atteinte à une « liberté fondamentale » dont la sauvegarde est susceptible de donner lieu au prononcé de mesures d'urgence sur le fondement de l'art. L. 521-2 CJA relatif au référé liberté. • TA Lille, réf., 23 mars 2006, n° 0601742 • TA Lille, réf., 17 mars 2006, n° 0601600 • TA Limoges, réf., 19 mars 2006, n° 0600354. ♦ L'impossibilité, pour des usagers d'un service public, d'accéder aux locaux affectés à ce service public ne saurait être regardée comme constituant une atteinte à la liberté d'aller et de venir. • TA Limoges, réf., 19 mars 2006, n° 0600359 • TA Nancy, réf., 22 mars 2006, n° 0600441.

38. Appréciation du cas d'espèce. Pour enjoindre le président de l'université de Paris IV Sorbonne de faire libérer les accès aux locaux de l'université, au besoin avec le concours de la force publique, des étudiants faisaient valoir que l'inaction dudit président portait atteinte à leur droit à l'éducation, à leur droit d'accès au service public et à la liberté d'aller et de venir. Le juge a estimé que toutefois, si du fait du blocage de ces locaux, les étudiants étaient temporairement privés d'enseignement, la circonstance alléguée que le président de l'université s'était abstenu de prendre les mesures nécessaires pour tenter de mettre un terme aux perturbations constatées dans le fonctionnement du service public n'était en l'espèce à l'évidence pas de nature à caractériser une atteinte manifestement illégale à la liberté d'aller et de venir et ne mettait en cause aucune autre liberté fondamentale. • TA Paris, réf., 23 mars 2006, n° 0604409/9/1.

39. Nécessité de précisions sur les perturbations. Les requérants qui ne précisent pas la nature des perturbations qu'ils invoquent ne peuvent utilement se prévaloir de l'existence d'une atteinte au droit à l'éducation ou au droit d'accès au service public. • TA Nancy, réf., 22 mars 2006, n° 0600441. ♦ Si au soutien de sa requête, un requérant fait valoir que le président de l'université a décidé la fermeture de ces locaux pour des raisons de sécurité, alors que certains étudiants entendent empêcher le déroulement des cours, et invoque la violation du principe de la continuité du service public de l'enseignement, du droit à l'éducation et de la liberté d'aller et venir, mais ne justifie d'aucune atteinte manifestement illégale qui aurait été portée à une liberté fondamentale au sens de l'art. L. 521-2 CJA, le juge des référés ne peut que rejeter la demande de l'étudiant. • TA Paris, réf., 20 mars 2006, n° 064216/9/1. ♦ Même solution et rejet du fait de la généralité des termes de la requête. • TA Paris, réf., 20 mars 2006, n° 0604217/9/1. ♦ La circonstance que l'université de La Rochelle connaît des perturbations, dont aucune pièce du dossier ne permet de mesurer l'ampleur, qui affectent la continuité des enseignements, et que son président n'ait pas fait appel aux forces de l'ordre, ni organisé la poursuite des cours en dehors des bâtiments officiels, à supposer cette solution matériellement possible, ne saurait caractériser une atteinte grave et manifestement illégale portée par une personne morale de droit public à une liberté fondamentale. • TA Poitiers, réf., 24 mars 2006, n° 0600940.

40. Atteinte aux libertés. Annulation colloque. Par décision en date du 3 oct., la présidente de l'université Lumière Lyon 2 a décidé d'annuler ce colloque sur le thème « Lutter contre l'islamophobie, un enjeu d'égalité ? ». L'association de défense des droits de l'homme – Collectif contre l'islamophobie en France a saisi le juge administratif afin d'obtenir la suspension de l'exécution de cette décision au motif qu'elle portait une atteinte grave et manifestement illégale à sa liberté d'expression et sa liberté de réunion. Le juge des référés a estimé que la simple participation prévue de l'association requérante au colloque ne suffisait pas à caractériser une telle atteinte à l'une des deux libertés fondamentales précitées. Il rejette donc la requête dont il était saisi. • TA Lyon, 9 oct. 2017, n° 1707248.

41. *Arrêté interdisant à un étudiant l'accès à ses locaux. Atteinte grave et manifestement illégale à sa liberté d'aller et venir et à son droit à l'instruction. Absence.* Saisi d'une demande d'annulation d'une ordonnance refusant de suspendre un arrêté interdisant à un étudiant d'accéder pour une durée de trente jours aux enceintes et locaux de Paris-Nanterre, le juge des référés du Conseil d'État considère que « l'impossibilité du requérant d'accéder aux locaux affectés au service public de l'université ne saurait être regardée comme constituant une atteinte à la liberté d'aller et venir, étant entendu qu'il conserve le droit de circuler sur le campus afin de se rendre au logement dont il bénéficie dans la résidence universitaire ». Le juge relève en l'espèce que les actions de blocages ont fortement perturbé le déroulement des examens de fin du premier semestre et que le requérant était fortement investi, tant pour les assemblées d'étudiants que dans les actions menées. Dès lors, la mesure n'a pas porté à son droit à l'instruction une atteinte grave et manifestement illégale. • CE, ord., 18 janv. 2019, n° 426884 : *AJDA 2019. 144*.

b. Occupation irrégulière des locaux

42. *Occupation non conforme à leur destination.* Le juge a rappelé que les locaux universitaires, qui ont été spécialement aménagés à cet effet, sont affectés au service public de l'enseignement supérieur. Ces locaux administratifs ne sauraient, sans l'autorisation de l'autorité affectataire, être utilisés à d'autres fins que celles correspondant aux besoins du service public auquel ils sont directement affectés. Dès lors que les accès aux bâtiments sont condamnés par l'installation de barricades et autres obstacles et que des groupes de personnes assurent à la fois le maintien de ces dispositifs et l'occupation des lieux afin de s'opposer à la tenue des cours, un tel usage des bâtiments constitue une occupation dont le caractère irrégulier ne fait l'objet d'aucune contestation sérieuse. Cette occupation, qui ne permet plus aux personnels enseignants et administratifs comme aux étudiants d'accéder aux locaux, fait obstacle au fonctionnement régulier et continu du service public. Par ailleurs, elle met en cause la sécurité des bâtiments qui n'est plus assurée par les personnes qualifiées. Le juge conclut ainsi qu'en raison de la durée du mouvement d'occupation et de ses conséquences, il est urgent de rétablir le bon fonctionnement de ce service public. • TA Grenoble, réf., 20 mars 2006, n° 0601123 : *AJDA 2006. 629*.

43. *Injonction sous astreinte.* Il enjoint aux occupants, non identifiés, de libérer les locaux et assortit son injonction d'une astreinte de 50 euros par jour et par personne après expiration d'un délai de 72 heures à compter de la notification de l'ordonnance. • TA Grenoble, réf., 20 mars 2006, n° 0601123 : *préc. note 42.*

c. Occupation des locaux. Évacuation

44. *Entrave au fonctionnement normal du service public. Évacuation des occupants.* Saisi par l'Université Lumière Lyon 2 d'une demande d'expulsion sans délai de tous les occupants installés dans ses locaux situés sur le campus Porte des Alpes, le juge des référés, après avoir rappelé qu'une proposition de relogement a été présentée par l'État pour une partie des occupants et que leur présence entrave le fonctionnement normal du service public de l'enseignement tout en générant des risques pour la sécurité des personnes et des installations, leur ordonne de quitter les lieux sans délai. • TA Lyon, ord., 14 déc. 2017, n° 1708654.

45. *Grèves. Évacuation demandée. Caractère d'utilité et d'urgence.* Dans une affaire où pour faire face au blocage et à l'occupation par des étudiants grévistes et des personnes extérieures de plusieurs locaux de l'université Paul Valéry Montpellier 3 et de la voie pour y accéder rendant impossible l'accès des personnels administratifs, l'université avait demandé aux juges de référés d'ordonner l'expulsion des occupants sans droit ni titre de ces lieux, le juge estime que l'occupation des locaux « préjudicie gravement et immédiatement à l'organisation des examens et à la possibilité pour les étudiants de postuler à des stages professionnels, à des emplois ou à des inscriptions auprès d'autres universités pour la poursuite de leur cursus, et donc à l'exercice des missions du service public, que sont la formation, l'orientation, la promotion sociale et l'insertion professionnelle, visées à l'article L. 123-3 du code de l'éducation, que le législateur a confiées à l'enseignement supérieur et que l'université requérante entend défendre. Cette occupation empêche également un fonctionnement normal des services de l'administration, notamment en termes d'entretien et de sécurité des lieux. Dans ce contexte, la mesure d'évacuation demandée présente un caractère d'utilité et d'urgence au sens des dispositions de l'article L. 521-3 du code de justice administrative ». • TA Montpellier, ord., 18 avr. 2018, n° 1801733.

46. *Évacuation demandée. Approche des examens. Caractère d'utilité et d'urgence. Absence.* Le juge des référés a estimé que l'occupation illicite du site de Pierre Mendès-France de l'université Paris I Sorbonne, même à une vingtaine de jours des examens, ne crée pas une situation d'urgence justifiant qu'il ordonne l'expulsion de ces occupants. En l'espèce, les locaux étaient occupés depuis près de trois semaines empêchant l'accès des étudiants à leurs enseignements et la situation de blocage perdure alors que les examens universitaires de fin d'année doivent débuter dans vingt jours. Des violences à l'encontre d'étudiants ont été commises à l'extérieur de l'établissement et plusieurs actes de dégradation ont été perpétrés dans les locaux. Le juge estime que ces circonstances ne constituent pas une situation d'urgence caractérisée de nature à justifier que le juge des référés se prononce dans un délai de 48 heures sur le fondement des dispositions de l'art. L. 521-2 CJA. • TA Paris, ord., 7 avr. 2018, n° 1805496.

d. Protection de l'ordre public

BIBL. Cassia, Pénaliser le blocage des sites universitaires ?, *D. 2018. 1689*. – Laguette, Bigaut, Szymankiewicz, Géraud et Grandjean, Procédures de gestion de crise et sécurisation des établissements d'enseignement face à la menace terroriste, *Rapp. IGAENR-Min. intérieur, n° 2017-007, févr. 2017*. – Perrier, Humanité et fermeture, *D. 2018. 1641*.

1. Fermeture des locaux

47. Décision non manifestement disproportionnée. Pour décider la fermeture des locaux, le président de l'université s'est fondé sur le fait qu'en l'absence de concours de la force publique, qui en l'espèce doit être regardé comme ayant été sollicité par le président de l'université, le blocage de l'ensemble des bâtiments a conduit à une situation d'affrontement croissant entre étudiants de nature à mettre en danger la sécurité des personnes. Ainsi dans la semaine du 6 au 10 mars 2006, les agents de sécurité de l'établissement ont procédé à 65 interventions pour mettre fin à des affrontements physiques, qui ont occasionné des fractures diverses chez plusieurs étudiants ; un étudiant a par ailleurs été victime de propos antisémites et violenté physiquement par un groupe composé d'éléments extérieurs à l'université, tandis qu'une personne handicapée a été précipitée dans un escalier ; les individus extérieurs à l'université ont pu s'infiltrer dans les locaux, notamment de nuit, occasionnant de nouveaux troubles ; des personnes ont été vues en possession d'armes de 6e catégorie. Eu égard à la gravité des faits ainsi constatés, le président de l'université, n'a pas porté au droit à l'éducation des requérants une atteinte manifestement disproportionnée aux buts en vue desquels la mesure de fermeture a été prise. • TA Versailles, réf., 18 mars 2006, n° 0602618.

48. Rejet légal d'une demande de réouverture. Le juge des référés, saisi par des étudiants pour enjoindre le président d'une université de permettre la réouverture des locaux dont il avait ordonné la fermeture, peut rejeter la demande en raison des troubles à l'ordre public existants. Il rejette ainsi une demande au motif « qu'à supposer même que le requérant justifie d'une situation d'urgence dès lors qu'il est empêché d'accéder à la bibliothèque de l'université pour préparer ses examens, et que le droit à l'instruction constitue une liberté fondamentale » le requérant n'établit pas « qu'en prenant la décision de fermer certains bâtiments de l'université en raison des troubles à l'ordre public de nature à mettre en danger la sécurité des personnes, le président aurait porté une atteinte grave et manifestement illégale à cette liberté ». • TA Melun, réf., 23 mars 2006, n° 061796/5 : *AJDA 2006. 687*.

2. Recours à la force publique

49. Légalité du refus. Le juge prend en compte le climat ambiant pour statuer sur une demande de référé. Il constate ainsi, alors même que des affrontements physiques entre les groupes ne sont pas encore survenus, qu'un climat de tension règne dans l'université où ont été constatés des altercations verbales et des jets de pierres. Dans ces conditions, il doit être regardé comme établi que le recours à la force publique pour rétablir l'accès aux locaux serait de nature à créer une menace de troubles graves. Il ne saurait, par suite, être reproché au président de l'université d'Évry-Val-d'Essonne d'avoir fait un usage inapproprié ou insuffisant de ses pouvoirs de police. • TA Versailles, réf., 25 mars 2006, n° 062824. ♦ Eu égard aux risques de violence sérieux et de généralisation de cette violence, rapportés au caractère vraisemblablement à terme inefficace du recours à la force publique, l'inaction, quant à la mise en œuvre de ses pouvoirs de police du président de l'université de Provence, ne peut être regardée, dans les circonstances de l'espèce, deux seuls sites sur les quatorze que compte l'université étant concernés par le blocage, comme manifestement illégale. • TA Marseille, réf., 24 mars 2006, nos 0601956 et 0601958. ♦ En s'étant abstenu de demander le concours de la force publique, seul moyen de faire libérer les lieux, le président de l'université de Nantes, eu égard à la situation qu'il lui appartenait de gérer, laquelle s'inscrit dans le cadre d'un vaste mouvement revendicatif national, n'a pas porté une appréciation manifestement erronée des risques de troubles qu'une telle décision pouvait générer. Dans les circonstances de l'espèce, cette abstention, comme l'absence de mise en œuvre de procédures disciplinaires à l'encontre de certains étudiants, ne peuvent être regardées comme des comportements portant à une liberté fondamentale une « atteinte grave et manifestement illégale ». • TA Nantes, réf., 22 mars 2006, n° 061375. ♦ Eu égard aux risques de violence sérieux et disproportionnés, rapportés au caractère à terme peu efficace du recours à la force publique, l'inaction du président ne saurait être regardée, dans les circonstances de l'espèce, eu égard aux enjeux en présence, un seul bâtiment étant concerné par le blocage, comme manifestement illégale, alors et surtout qu'il n'est pas contesté que le président de l'université a procédé à une évaluation quotidienne de la situation et que des enseignements qui présentaient un intérêt particulier, car liés à la préparation de concours, étaient assurés dans la mesure du possible. • TA Dijon, réf., 22 mars 2006, n° 0600706. ♦ Légalité du refus compte tenu de la configuration du site « Pierre Mendès France – Tolbiac », comprenant trois tours, respectivement de neuf, seize, et vingt-deux étages, construites autour d'un noyau en béton armé, toute intervention des forces de l'ordre devant être soigneusement préparée, ainsi que l'atteste la réunion tenue par le préfet de police dont ont fait état à l'audience les représentants de la préfecture de police. Se mêlent par ailleurs aux étudiants qui occupent irrégulièrement les locaux des personnes extérieures à l'université, dont le comportement, au regard des actes de violence déjà commis, peut être imprévisible, de sorte que toute opération comporte, en l'état, des risques, notamment pour la sécurité des étudiants, des personnes, qui procèdent à l'occupation irrégulière des locaux mais aussi des membres des forces de l'ordre qui seront amenés à participer à cette opération. Au regard de ces considérations, et en dépit des difficultés conséquentes qu'entraîne cette occupation pour la scolarité des étudiants, le préfet de police n'a pas fait une appréciation manifestement erronée de la situation en refusant de donner suite, à la date de la présente décision, à la demande du président de l'université. • TA Paris, ord., 18 avr. 2018, n° 1805992/9.

50. Refus. Atteinte grave et manifestement illégale aux droits des étudiants. Absence. Le juge du référé-liberté a estimé que le préfet ne porte pas une atteinte grave et manifestement illégale en refusant le concours de la force publique pour l'évacuation d'une université illégalement occupée sollicitée par le président de cet établissement dès lors que la configuration des lieux rend cette évacuation difficile en termes de maintien de l'ordre public. En l'espèce, un étudiant et l'Union nationale Interuniversitaire avaient demandé que soit ordonné au préfet de police d'accorder le concours de la force publique pour évacuer le site « Pierre Mendès France-Tolbiac » de l'université de Paris I occupé par des étudiants grévistes et des personnes extérieures à l'université, le président de cette université ayant aussi sollicité le concours de la force publique pour évacuer le site. Face aux violences et aux dégradations de l'université (occupations, échauffourées, objets incendiés, cocktails Molotov, agent de sécurité de l'université gravement blessé par un piège au vinaigre et à l'acide ayant dû être hospitalisé, ...) ces requérants invoquaient l'atteinte grave à leur liberté d'aller et venir et à leur droit à l'éducation. Le juge rappelle qu'« il appartient au préfet de police, saisi par le président de l'université [...] de décider, sous le contrôle du juge, s'il y a lieu, au regard de possibles aggravations des troubles à l'ordre public et de la sécurité des personnes, que pourrait entraîner une intervention, mais aussi, à l'inverse, le maintien de l'occupation irrégulière, de faire intervenir les forces de l'ordre, et de définir le moment et les modalités de cette intervention. Dans les circonstances de l'espèce, compte tenu de la configuration du site « Pierre Mendès France-Tolbiac », comprenant trois tours, respectivement de neuf, seize, et vingt-deux étages, construites autour d'un noyau en béton armé, toute intervention des forces de l'ordre doit être soigneusement préparée, ainsi au demeurant que l'atteste la réunion tenue par le préfet de police [...]. Se mêlent par ailleurs aux étudiants qui occupent irrégulièrement les locaux des personnes extérieures à l'université, dont le comportement, au regard des actes de violence déjà commis, peut être imprévisible, de sorte que toute opération comporte, en l'état, des risques, notamment pour la sécurité des étudiants, des personnes, qui procèdent à l'occupation irrégulière des locaux mais aussi des membres des forces de l'ordre qui seront amenés à participer à cette opération. Au regard de ces considérations, et en dépit des difficultés conséquentes qu'entraîne cette occupation pour la scolarité des étudiants, le préfet de police n'a pas fait une appréciation manifestement erronée de la situation ». • TA Paris, ord., 18 avr. 2018, n° 1805992.

e. Mesures palliatives

51. Organisation de cours à l'extérieur. L'université de Bourgogne a décidé d'assurer les enseignements pour lesquels existe une nécessité avérée, tels que préparation aux concours ou enseignements de masters. Elle a également recherché des salles de cours sur le campus, mais les blocages se sont déplacés vers lesdites salles. Cette solution s'est révélée très peu efficace, elle est également impossible à mettre en œuvre, dès lors qu'il lui faudrait trouver environ 80 salles de cours pouvant accueillir des effectifs lourds, les étudiants les plus affectés étant ceux des trois premières années de licence, et gérer tant les plannings des étudiants que ceux des enseignants ainsi que leurs déplacements. Constatant qu'à la date de l'ordonnance, il est encore possible de rattraper les enseignements non assurés et de tenir le calendrier initialement prévu des examens, le juge estime que, eu égard aux efforts déployés par l'université, au caractère peu efficient de la solution consistant à louer des salles et aux nécessités d'éviter la propagation ou la dispersion du blocage qui reste limité au bâtiment Droit-Lettres, la réponse de l'université à la situation ne peut être regardée comme constituant une atteinte manifestement illégale à une liberté fondamentale. • TA Dijon, réf., 27 mars 2006, n° 0600792.

52. Caractère irréaliste de la demande. Lorsque les requérants demandent au juge des référés d'enjoindre au président de l'université, et, en cas de carence, au recteur de l'académie, d'assurer la continuité du service public et de mettre à la disposition des étudiants et des enseignants, des locaux à l'extérieur de l'université, afin que les étudiants qui le souhaitent puissent continuer leurs études pour ne pas mettre en péril la validation de leur année universitaire, ni leur réussite aux examens qu'ils préparent, le juge apprécie la situation *in concreto*. En l'espèce, la mesure demandée, qui présente un caractère général et applicable à toutes les filières et à tous les niveaux d'études, ne présente pas un caractère réaliste dans le temps et dans sa mise en œuvre. • TA Rennes, réf., 3 mars 2006, n° 0600815.

53. Éléments d'appréciation. Le juge estime en particulier que l'urgence à assurer l'enseignement s'apprécie différemment selon les filières, le niveau d'études ou les modalités du suivi de la scolarité. • TA Rennes, réf., 3 mars 2006, n° 0600815.

54. Risques pour l'ordre public. L'organisation des cours à l'extérieur de l'université comporte des risques pour l'ordre public et en tout état de cause, l'organisation de cours limités à certaines filières serait contraire au principe d'égalité. • TA Rennes, réf., 13 mars 2006, n° 0600989 : *AJDA 2006. 580*.

55. Risques pour l'ordre public. Solutions alternatives. Atteinte aux droits à l'éducation, au droit d'accès au service public de l'enseignement supérieur, à la liberté d'aller et venir. Dans une affaire où le site d'une université était illicitement occupé et volontairement dégradé par ses occupants, le juge des référés estime que « la situation de blocage et d'occupation des locaux de l'université de Toulouse Jean-Jaurès est constitutive de troubles à l'ordre public et porte atteinte au droit à l'éducation, au droit d'accès au service public de l'enseignement supérieur et à la liberté d'aller et venir ». En l'espèce, l'administrateur provisoire de l'université faisait valoir en défense que l'urgence et le caractère utile de la demande des requérants n'étaient pas établis dès lors que des enseignements sont assurés via une plateforme pédagogique et que les examens du second semestre pouvaient se dérouler dans d'autres locaux que ceux de l'université du Mirail, notamment au parc des expositions de Toulouse. Le juge des référés estime que ces solutions alternatives, à les supposer effectives, ne permettent pas de faire cesser les troubles à l'ordre public qui perdurent et empêchent tout fonctionnement du service public de l'enseignement supérieur sur le site du Mirail. Il en conclut par suite que la mesure sollicitée par les requérants présente un caractère d'urgence et d'utilité et ne se heurte à aucune contestation sérieuse. • TA Toulouse, ord., 2 mai 2018, n° 1801960.

f. Injonctions au président d'université

56. Utilisation insuffisante des pouvoirs de police. Dans une affaire mettant en cause l'université de Toulouse-Le Mirail, le juge a estimé que « le président de l'université, alors même qu'il a mis en œuvre des moyens de poursuivre des enseignements destinés à des catégories particulières d'étudiants et développé pour les autres des modes alternatifs d'acquisition des connaissances, n'a pas utilisé l'ensemble des pouvoirs qu'il tient de l'art. L. 712-2 C. éduc. ; qu'il a ainsi illégalement méconnu l'étendue de ses pouvoirs ; qu'il n'est pas établi que la sauvegarde de l'ordre public et le respect des droits d'autrui auraient justifié qu'il s'abstienne d'exercer l'ensemble de ses pouvoirs ». En conséquence, le juge a enjoint au président de prendre « toutes mesures utiles particulièrement à la poursuite des enseignements dans des conditions propices à une préparation efficace des examens ». • TA Toulouse, réf., 13 avr. 2006, n° 0601394 : *préc. note 36*.

57. Évacuation des locaux. Injonction à l'administrateur provisoire. Dans une affaire où le site d'une université était illicitement occupé et volontairement dégradé par ses occupants, le juge des référés enjoint à son administrateur provisoire de faire usage de ses pouvoirs de police pour libérer les locaux et faire cesser cette occupation. En l'espèce, le juge constate qu'en raison de « graves difficultés affectant le fonctionnement des organes statutaires de l'université Toulouse II et le fonctionnement de l'université qui en découle », la ministre a dissous le conseil d'administration et le conseil académique de l'université, mettant fin au mandat du président de l'université et a nommé un administrateur provisoire. Il en déduit que l'administrateur provisoire nommé par la ministre « dispose de la plénitude des pouvoirs dévolus au président d'université notamment pour assurer le maintien de l'ordre au sein de l'université ». • TA Toulouse, ord. 2 mai 2018, n° 1801960.

5° GESTION DU PERSONNEL

Sur les délégations de pouvoirs du ministre aux présidents, V. aussi art. L. 951-3.

BIBL. Charle, La république des universitaires, 1870-1940, *Éd. du Seuil, coll. L'univers historique, 1994*. – De Baecque, La situation des personnels enseignants des universités, *Doc. fr., oct. 1974*. – Degoffe, Réflexions sur les procédures de recrutement universitaire, *AJDA 2004. 2250*. – Dumont, Le retrait de fonctions dans l'enseignement supérieur, *LIJ 2004, janv., p. 23*. – Forest, Les ressources humaines, *in* Les universités en France. Fonctionnement et enjeux (dir.), *PURH (Presses des universités de Rouen et du Havre), 2012. 212*. – Gaudemet, La situation des personnels des universités, *RFAP 1980, n° 2. 299*. – Mestre, Les statuts des universitaires, *AJDA 1979. 21*.

58. Affectation. Professeur d'université demandant l'annulation de la décision par laquelle le président de l'université a transféré un emploi administratif d'une composante à une autre. Si l'intéressé utilisait, dans le cadre des travaux qu'il effectuait, les services de la personne affectée à l'emploi ayant fait l'objet du transfert, la décision attaquée n'a porté atteinte ni à sa situation statutaire, ni aux prérogatives dont il disposait en sa double qualité d'enseignant et de membre d'une composante. Il n'a par suite pas qualité pour en demander l'annulation. • CE 27 juill. 1984, n° 25452 B.

59. *Protection fonctionnelle. Décision. Compétence.* Un établissement d'enseignement supérieur a interrogé la direction des affaires juridiques sur l'autorité compétente pour rejeter la demande de protection fonctionnelle formée par un agent faisant l'objet de poursuites disciplinaires. La DAJ rappelle que la jurisprudence a hésité sur la détermination de l'organe compétent, au sein d'une université, pour accorder ou refuser le bénéfice de la protection fonctionnelle à l'un de ses agents. En l'absence de texte attribuant expressément cette compétence, le Conseil d'État (• CE 7 juin 2004, n° 245562 B : *AJDA 2004. 1893*) a été amené à juger que la protection fonctionnelle prévue par l'art. 11 de la L. du 13 juill. 1983 doit être accordée par l'établissement public auprès duquel le fonctionnaire exerce ses fonctions « sans que puisse y faire obstacle la circonstance qu'il est nommé et rémunéré par l'État ». Il a été déduit de cette décision que le conseil d'administration était compétent pour se prononcer sur l'attribution de la protection fonctionnelle. Mais deux décisions plus récentes du Conseil d'État ont admis la compétence du président d'université pour rejeter une demande de protection fonctionnelle (• CE 31 déc. 2008, n° 310172 et • CE 4 avr. 2011, n° 334402). Se fondant sur les dispositions des art. L. 712-1 et L. 712-2, la DAJ estime qu'il appartient bien au chef d'établissement de refuser au personnel en cause le bénéfice de la protection fonctionnelle. * Lettre DAJ B1 n° 2014-24 du 6 févr. 2014 : *LIJ 2014, n° 183, p. 20.*

6° PERSONNEL ENSEIGNANT

Pour la nouvelle procédure de recrutement instituée par la LRU et la LESR, V. art. L. 952-6-1 et L. 952-10.

Sur l'élargissement de la déconcentration d'actes de gestion des enseignants-chercheurs aux présidents d'université : V. notes ss. art. L. 951-3.

60. *Recrutement. Pouvoir de veto du président. Situation antérieure à la L. n° 2013-660 du 22 juill. 2013, art. 46-4°.* En vertu de l'art. L. 712-2, aucune affectation ne peut être prononcée si le président de l'université émet un avis défavorable motivé. Le président dispose ainsi, sous réserve des dispositions statutaires relatives à la première affectation des personnels recrutés par concours national d'agrégation de l'enseignement supérieur, d'un « pouvoir de veto ». Ce pouvoir s'applique à tous les personnels, y compris aux enseignants-chercheurs, selon l'art. L. 952-6-1. Il en résulte que le président de l'université peut s'opposer au recrutement, à la mutation ou au détachement des candidats dont les mérites ont été au préalable distingués par un comité de sélection. Le principe d'indépendance des enseignants-chercheurs s'opposant à ce que le président de l'université fonde son appréciation sur des motifs étrangers à l'administration de l'université et, en particulier, sur la qualification scientifique des candidats retenus à l'issue de la procédure de sélection, sous cette réserve, le « pouvoir de veto » du président, en ce qu'il s'applique au recrutement, à la mutation et au détachement des enseignants-chercheurs, ne porte pas atteinte au principe d'indépendance des enseignants-chercheurs. • Cons. const. 6 août 2010, n° 2010-20/21 QPC : *AJDA 2010. 1557*. Voir aussi : • CE 9 juin 2010, n° 316986 • CE, QPC, 9 juin 2010, n° 329056 : *D. 2010. 2335 ; AJDA 2010. 1791 ; AJFP 2010. 245 ; LIJ 2010, n° 148, p. 25.*

61. *Recrutement. Pouvoir de veto du président. Motifs.* Le président d'université peut s'opposer à un recrutement au motif d'une mauvaise définition du profil de l'emploi. En l'espèce, une définition trop large du profil de recherche retenu pour l'emploi n'avait pas permis une bonne compréhension des priorités scientifiques du laboratoire, ni de déterminer celle des équipes qu'il convenait de renforcer, par un tel recrutement, ce que révélaient d'ailleurs les divergences d'appréciations apparues entre le comité de sélection et le conseil d'administration De tels motifs ne sont pas étrangers à l'administration de l'établissement et entrent dès lors bien dans le champ de compétence du directeur de l'école prévu par la L. n° 2007-1199 du 10 août 2007. • CE 5 déc. 2011, n° 333809 A : *AJDA 2012. 336, concl. Keller ; ibid. 2384 ; AJFP 2012. 118*.

62. *Recrutement. Pouvoir de veto. Motifs suffisants. Légalité du veto.* Dans une affaire où le veto du président de l'université a été confirmé, les précisions apportées par le Conseil d'État constituent un véritable mode opératoire à suivre pour éviter les annulations. En l'espèce, il est ainsi d'abord précisé que les seules circonstances que, d'une part, le courrier ait été accompagné du procès-verbal de la réunion du conseil d'administration validant la liste établie par le comité de sélection et que, d'autre part, cette liste aurait été communiquée au CNU, compétent pour examiner les candidatures proposées par l'établissement, avant que le président de l'université ait fait part de son avis défavorable au ministre, ne sont pas de nature à entacher d'illégalité la décision attaquée. Il est ensuite mentionné qu'en indiquant que le profil du candidat classé en première position sur la liste n'était pas en adéquation avec le projet pédagogique de la faculté de droit de l'université en raison de son caractère essentiellement pénaliste, inadapté aux besoins de la faculté, dont l'objectif était d'assurer le renouvellement de la discipline de droit civil en développant, par ailleurs, des compétences en droit comparé, le président de l'université d'Auvergne a suffisamment motivé son avis. Il est aussi précisé que les motifs de l'avis défavorable attaqué, tirés de l'inadéquation du profil du candidat classé en première position au projet pédagogique et aux besoins de la faculté de droit de l'université, ne portaient pas sur la qualification scientifique des candidats retenus et n'étaient pas étrangers à l'administration de l'établissement ; qu'il ressortait des pièces du dossier que le droit comparé était au nombre des matières mentionnées dans le descriptif du profil du poste communiqué dans l'avis publié. Le Conseil d'État en conclut dès lors que le moyen, tiré de ce que le président de l'université n'a pu légalement faire état de cette exigence dans son avis défavorable au motif que celle-ci n'aurait pas été mentionnée dans le profil porté à la connaissance des candidats, manque en fait. Il est enfin relevé que l'essentiel des travaux et activités dont l'intéressé justifiait au soutien de sa candidature portait, à parts égales, sur le droit de la santé et le droit pénal. La Haute Juridiction estime dès lors qu'en estimant que le profil du candidat n'était pas adapté aux besoins de la faculté de droit prioritairement tournés vers le droit civil et le droit comparé, le président de l'université n'a pas commis d'erreur d'appréciation. • CE 11 juin 2014, ♔ n° 352522.

63. *Recrutement. Pouvoir de veto du président. Contrôle du juge. Nature du contrôle.* A l'occasion d'une affaire, le Conseil d'État est amené à préciser que le tribunal administratif a commis une erreur de droit en exerçant un contrôle restreint limité à l'erreur manifeste d'appréciation alors qu'il aurait dû exercer un contrôle normal sur l'appréciation portée par le président pour donner son avis en vertu de l'article L. 712-2. • CE 7 mars 2013, n° 358338.

64. *Recrutement. Pouvoir de veto du président. Pouvoirs du juge.* A l'occasion d'une affaire, le Conseil d'État est amené à préciser que le tribunal administratif a commis une erreur de droit en censurant l'appréciation portée par le président de l'université sur l'aptitude de l'intéressé à occuper le poste sans rechercher s'il n'aurait pas pris la même décision en se fondant sur le motif d'intérêt du service sur lequel reposait également la décision contestée. • CE 7 mars 2013, n° 358338.

65. *Attribution des services d'enseignement.* Le président arrête chaque année la répartition des services d'enseignement. Mais il ne peut statuer que sur proposition du conseil de l'UFR de rattachement, après avis du ou des présidents des commissions de spécialistes concernées. Il n'a donc pas le pouvoir de modifier la proposition qui lui est ainsi faite par les représentants des enseignants-chercheurs et ne peut l'écarter que pour des motifs tirés de son irrégularité ou de son illégalité. • CE 4 oct. 1995, ♔ n° 133572. ♦ Le président de l'université ne dispose, sur le fondement des art. L. 952-4, L. 954-1 et des 4° et 8° de l'art. L. 712-2 et des dispositions du Décr. n° 2009-460 du 23 avr. 2009 attaqué, que du pouvoir de prendre les décisions individuelles d'attribution de services, en appliquant les règles définies par la formation restreinte du conseil d'administration réunissant les représentants des enseignants-chercheurs, et en prenant en compte les avis motivés exprimés par les instances dirigeantes, tant individuelles que collégiales, de l'unité de recherche de rattachement, ainsi que l'évaluation réalisée par le conseil national des universités compétent. Le juge estime ainsi que le moyen tiré d'une méconnaissance, par les dispositions du III précité, de l'art. L. 952-4 et du principe d'indépendance des enseignants-chercheurs, ou d'un insuffisant encadrement, par les représentants des enseignants-chercheurs, des décisions individuelles d'attribution de services relevant du président d'université n'est pas fondé. • CE 15 déc. 2010, ♔ n°s 329056, 329057, 329111, 329135, 320205, 329207 et 329242 A : *AJDA 2011. 1791, note Verpeaux* ✐ ; *ibid. 2010. 2454* ✐. ♦ Contrairement à ce que soutiennent les requérants, la prise en compte, à l'occasion des décisions individuelles d'attribution de services, de l'évaluation des activités des enseignants-chercheurs par le conseil national des universités contribue à l'encadrement du pouvoir de décision individuelle du président d'université ou du directeur d'établissement, sans ajouter illégalement une finalité à celles qui sont prévues par la loi pour l'évaluation et favorise, au contraire, une prise en considération effective des activités de recherche de l'intéressé. • CE 15 déc. 2010, ♔ n°s 329056, 329057, 329111, 329135, 320205, 329207 et 329242 A : *préc.* ♦ La possibilité, pour le président de l'université ou le directeur de l'établissement, de demander à un enseignant-chercheur de compléter son service dans un autre établissement de la même académie, lorsqu'il paraît impossible d'attribuer le service de référence à ces personnels, ne méconnaît aucune disposition législative ni aucun principe applicable au pouvoir de ces responsables. • CE 15 déc. 2010, ♔ n°s 329056, 329057, 329111, 329135, 320205, 329207 et 329242 A : *préc.* ♦ A rapprocher dans l'état du droit antérieur à la L. n° 2007-1199 du 10 août 2007 relative aux libertés et responsabilités des universités. • CE 2 mars 1988, ♔ n° 61520 A.

66. *Attribution des services d'enseignement. Nouvelles procédures de répartition des services. Décr. n° 2009-460 du 23 avr. 2009.* En vertu des art. L. 952-4, L. 954-1 et L. 712-2, le président de l'université est compétent pour prendre les décisions individuelles d'attribution de services. Le pouvoir réglementaire a pu, sans méconnaître le principe d'indépendance des enseignants-chercheurs et le principe d'égalité entre fonctionnaires d'un même corps, ouvrir au président de l'université la faculté de moduler les services, eu égard aux garanties dont cette faculté est assortie, en particulier son encadrement par décret et par la délibération du conseil d'administration répartissant les services, l'accord écrit de l'enseignant-chercheur, et une procédure de réexamen collégial par des pairs en cas de refus d'une demande de l'enseignant-chercheur. • CE 15 déc. 2010, nos 329056, 329057, 329111, 329135, 320205, 329207 et 329242 A : *préc. note 65.*

67. Nouvelles procédures de répartition des services. Décr. nº 2009-460 du 23 avr. 2009. Compétence du président. Modulation des services. En vertu des art. L. 952-4, L. 954-1 et L. 712-2, le président de l'université est compétent pour prendre les décisions individuelles d'attribution de services. Le pouvoir réglementaire a pu, sans méconnaître le principe d'indépendance des enseignants-chercheurs et le principe d'égalité entre fonctionnaires d'un même corps, ouvrir au président de l'université la faculté de moduler les services, eu égard aux garanties dont cette faculté est assortie, en particulier son encadrement par décret et par la délibération du conseil d'administration répartissant les services, l'accord écrit de l'enseignant-chercheur, et une procédure de réexamen collégial par des pairs en cas de refus d'une demande de l'enseignant-chercheur. • CE 15 déc. 2010, nº 329056 A : *préc. note 66.*

68. Professeur de chaire supérieure. Contenu de l'enseignement. Modification. Compétence. Ministre. Chef d'établissement (incompétence). Il résulte des dispositions de l'art. 1er du Décr. nº 68-503 du 30 mai 1968 portant statut particulier des professeurs de chaire supérieure que les membres du corps doivent être affectés à un enseignement dont le contenu est précisément défini et forme une chaire. Il suit de là que toute modification définitive du contenu de l'enseignement confié à un professeur de chaires supérieures s'analyse comme une modification de son affectation et que seul le ministre de l'éducation nationale, autorité responsable des affectations des membres de ce corps, est compétent pour la prononcer. • CAA Lyon, 30 janv. 2020, nº 18LY01882.

69. Attribution de services. Fiches de service. États des enseignements assurés. Communication des documents. S'agissant de la demande de communication par courrier électronique d'une copie des documents relatifs au fonctionnement d'un IPAG, la CADA rappelle un certain nombre de principes relatifs à de telles communications. Ainsi, toute demande portant sur une quantité importante de documents ou le fait pour une même personne de présenter plusieurs demandes à la même autorité publique ne sont pas nécessairement assimilables à des demandes abusives. En l'espèce, il ne lui est pas apparu, compte tenu de la nature des documents demandés (25 types de document), du destinataire de la demande et des éléments portés à sa connaissance, que cette demande présenterait un caractère abusif. Elle précise que les mentions des documents relatives à la quotité de travail, qui concernent la vie privée, doivent être occultées. D'autres documents comme le contrat de recrutement d'un chargé de mission, la décision lui confiant des enseignements, la fiche de service, l'état des enseignements assurés sont communicables à toute personne qui en fait la demande sous réserve de l'occultation des mentions relatives à la date de naissance, la nationalité, le nº INSEE et l'adresse des personnes concernées, ainsi que de l'occultation à laquelle il convient de procéder pour garantir le respect de la vie privée concernant les mentions relatives à la quotité de travail. • CADA 18 sept. 2014, *Univ. Panthéon-Assas Paris II,* avis nº 20142197.

70. Qualification d'heures d'enseignement en travaux dirigés. Compétence. Les requérants, enseignants du second degré et maîtres de conférences, ayant dispensé des cours de langues, contestaient le jugement du tribunal administratif rejetant leur demande tendant à l'annulation de la délibération du conseil d'administration de l'université qui avait requalifié en travaux dirigés la totalité des heures d'enseignement en cause. La cour juge que, les dispositions en litige ayant pour seul objet de qualifier les heures d'enseignement de langues, il résulte de la combinaison des dispositions des art. L. 712-1 à L. 712-3 qu'eu égard à cet objet qui n'entre pas dans le champ de compétence du conseil d'administration de l'université, il appartient au président de l'université, en sa qualité d'ordonnateur, de prendre une telle mesure. Par suite, elle décide que la délibération du conseil d'administration litigieuse a été prise par une autorité administrative incompétente. • CAA Marseille, 4 mars 2013, nº 10MA03500 : *LIJ 2013, nº 176, p. 6.* ♦ Dans la même affaire et par voie de conséquence, la décision par laquelle la directrice de l'institut demande aux requérants la modification de leur état de service, conformément à la délibération du conseil d'administration de l'université, constitue un acte d'exécution de la délibération précitée dès lors illégal. Au surplus, la cour rappelle que sous réserve de dispositions législatives ou réglementaires contraires et hors le cas où il est satisfait à une demande du bénéficiaire, l'administration ne peut retirer une décision individuelle accordant un avantage financier, laquelle est créatrice de droits, si elle est illégale, que dans le délai de quatre mois suivant la prise de cette décision. En l'espèce, la décision en cause de la directrice de l'institut ayant eu pour objet et pour effet de retirer, en cours d'année, les avantages financiers accordés à l'intéressée en début d'année universitaire, les requérants sont fondés à soutenir que c'est à tort que, par le jugement attaqué, le tribunal administratif a rejeté leur demande. • CAA Marseille, 4 mars 2013, n° 10MA03500 : *préc.*

71. Constatation du service fait. En sa qualité d'ordonnateur principal, le président a l'obligation de constater la réalité du service fait et, dans l'hypothèse où celui-ci ne le serait pas, d'en tirer les conséquences qui s'imposent. Il peut ainsi procéder à une retenue de traitement à l'encontre d'un professeur qui ne s'acquitte pas d'une surveillance d'examen qui lui incombe. • CE 29 oct. 1993, n° 75518.

72. Prime d'encadrement doctoral. La décision attribuant une prime d'encadrement doctoral et de recherche crée des droits au profit de l'intéressé et ne peut plus être rapportée lorsqu'elle est devenue définitive. Condamnation de l'État à payer les sommes dues au bénéficiaire d'une prime dont la date de versement a été illégalement rapportée par le président de l'université. • CE 8 mars 1993, n°s 124725 et 129894 B.

V. aussi, livre IX – titre V : Les personnels de l'enseignement supérieur.

73. Nomination du responsable d'un DEA. Le président de l'université est seul compétent pour désigner le responsable d'un diplôme d'études approfondies. La circonstance que le nom de ce responsable soit mentionné dans l'habilitation de ce diplôme par le ministre chargé de l'enseignement supérieur ne fait pas obstacle à ce que le président de l'université désigne un nouveau responsable du diplôme. • CE 23 août 2006, n°s 273902 et 278182 B : *AJFP 2006. 299*.

74. Congé de recherche. Aux termes de l'art. 19 du Décr. du 6 juin 1984 fixant les dispositions statutaires communes applicables aux enseignants-chercheurs et portant statut particulier du corps des professeurs des universités, les congés pour recherches ou conversions thématiques sont accordés, dans la limite d'un contingent national, par arrêté pris en application de l'art. L. 951-3. Cet arrêté est pris au vu des projets présentés par les candidats, sur proposition des sections du conseil national des universités ou du conseil scientifique de l'établissement. En refusant d'accorder un congé en se fondant sur le critère de l'ancienneté de l'intéressé, le président de l'université a entaché la décision d'illégalité. • CE 26 janv. 2007, n°s 282364 et 291628 : *AJDA 2007. 229*.

75. Recensement des agents grévistes. Le juge, saisi de la légalité de la note du ministre rappelant aux présidents et directeurs le cadre juridique applicable aux enseignants-chercheurs en cas de grève et d'absence de service fait (Note n° 2018-081 du 7 mai 2018), estime que ladite note se borne à rappeler les dispositions en vigueur. Il juge que le dispositif par lequel les présidents s'assurent, en cas de grève, de l'effectivité du service fait par les enseignants-chercheurs, eu égard aux conditions particulières d'exercice de leurs fonctions ainsi qu'à la situation et à l'organisation interne de chaque établissement, n'a ni pour objet ni pour effet de recueillir des informations précises sur les activités scientifiques des enseignants-chercheurs et que, ainsi, la note attaquée ne porte atteinte ni au principe constitutionnel d'indépendance des enseignants-chercheurs ni à leur liberté d'expression. • CE 12 févr. 2020, n° 421997 B : *AJDA 2020. 380 ; LIJ 2020, n° 211, p. 9.*

76. Abandon de poste. Autorité compétente. Président. Un président d'université est compétent pour adresser à un maître de conférences en situation d'abandon de poste une mise en demeure de rejoindre son poste. En l'espèce, la cour juge qu'en indiquant que le président, qui a autorité sur l'ensemble des personnels de l'université, était compétent, après avoir rappelé à l'intéressé ses obligations d'enseignement, pour lui adresser une mise en demeure de rejoindre son poste, alors même que le prononcé de la mesure de radiation des cadres pour abandon de poste relevait du pouvoir du ministre en sa qualité d'autorité investie du pouvoir de nomination des maîtres de conférences. Par ailleurs, il estime que cette mise en demeure, qui précisait clairement que le requérant s'exposait à une mesure de radiation des cadres sans accomplissement de la procédure disciplinaire préalable, était régulière et avait laissé au requérant un délai suffisant pour rejoindre son poste. • CAA Bordeaux, 8 oct. 2013, n° 12BX011001 : *AJDA 2014. 429*.

7° GESTION DES LOCAUX

77. Mise à disposition. Il appartient au président de l'université de définir, eu égard au nombre limité de locaux susceptibles d'être mis à la disposition des usagers, après consultation du conseil des études et de la vie universitaire et sous le contrôle du juge de l'excès de pouvoir, les conditions d'utilisation de ces locaux, en tenant compte non seulement des nécessités de l'ordre public mais également d'autres critères et, notamment, de la représentativité des associations d'usagers. • CE 9 avr. 1999, n° 154186 B. ♦ Légalité de la décision du président d'université ayant, pour assurer l'information et le suivi thérapeutique des étudiants et du personnel enseignant de l'UER d'éducation physique et sportive, autorisé des masseurs-kinésithérapeutes à occuper un local de l'université. Cette décision n'est pas contraire à la mission de service public assumée par l'université, ni au principe de spécialité des établissements publics à caractère scientifique, culturel et professionnel. • CE 12 déc. 1994, n° 98455 B.

78. Modalités. Le président d'une université ne pouvait légalement subordonner au versement d'une participation financière la mise à la disposition d'un groupement d'étudiants de locaux universitaires telle qu'elle est prévue par la loi afin d'assurer l'usage de la liberté d'information, dès lors que la réglementation qu'il avait édictée à cette fin ne comportait aucune disposition relative à une telle participation. • TA Lyon, 3 oct. 1985, *Assoc. Incidences : Lebon T.*

V. aussi, livre VIII, titre I, art. L. 811-1.

79. V. aussi, notes ss. livre VIII, titre I, art. L. 811-1.

80. Crise sanitaire. Sur la réquisition des bâtiments publics. V. Note DAJ A2 n° 2020-0080 du 31 mars 2020 : *LIJ 2020, n° 212, p. 17.*

8° GESTION DES CRÉDITS

81. Allocation des crédits de recherche. Il appartient au président de l'université, lorsque celui-ci procède à l'affectation des crédits de recherche, de s'assurer que cette affectation correspond à des fins d'activités de recherche ou de valorisation de la recherche. L'appréciation à laquelle il se livre, à ce titre, du caractère de la manifestation à laquelle souhaite se rendre un enseignant-chercheur ne saurait être discutée devant le juge de l'excès de pouvoir, que dans la mesure où elle reposerait sur des faits matériellement inexacts ou une erreur de droit ou serait entachée de détournement de pouvoir ou d'erreur manifeste d'appréciation. • CE 9 juin 2004, n° 254573 B : *AJDA 2004. 1881, note Cassia* .

9° ACCORDS ET CONVENTIONS

82. Absence d'approbation par le conseil d'administration. Le conseil d'administration de l'université n'ayant pas approuvé la convention litigieuse, elle n'a pu produire d'effets juridiques. Dès lors, la société requérante pouvait invoquer la nullité du contrat à l'appui de sa demande d'annulation du titre émis à son encontre en vue de recouvrer une créance née de ce contrat. En l'espèce, la société est déchargée de l'obligation de payer la somme de 106 714,31 euros mise à sa charge par le titre de recettes. • CAA Bordeaux, 6 nov. 2007, n° 04BX01532 : *LIJ 2007, n° 120, p. 7.*

83. Logo. Utilisation abusive. Référé. Une université avait conclu avec un établissement d'enseignement supérieur privé une convention de partenariat par laquelle le cocontractant était autorisé à utiliser le logo et le nom de l'université. Après avoir résilié unilatéralement la convention de partenariat, l'université a demandé par courrier à son ancien partenaire de cesser d'utiliser le logo de l'université de la totalité des supports de communication. L'établissement privé n'ayant pas obtempéré, l'université a demandé au juge des référés de lui enjoindre de retirer de son site Internet toutes les mentions concernant l'université. Le juge des référés rejette cette demande considérant qu'en se bornant à faire valoir que dès lors que la convention a été rompue, l'utilisation des attributs de l'université est trompeuse pour les étudiants et porte préjudice à sa réputation et à son image, l'université n'établit pas le caractère d'urgence de la mesure sollicitée alors, au demeurant, que la rentrée universitaire est achevée. • TA Versailles, 16 nov. 2010, n° 1006561 : *LIJ 2011, n° 151, p. 12.*

10° ACTIONS EN JUSTICE

84. Conditions. Le président est compétent pour ester en justice, mais doit y être autorisé par le conseil d'administration. • CE 30 mai 1994, n° 118666 • CE 10 mai 1995, n° 126969 B.

85. Choix de l'avocat. Aucune disposition législative ou réglementaire n'impose au président, régulièrement autorisé à ester en justice, de soumettre à l'approbation du conseil d'administration le choix de l'avocat désigné pour défendre les intérêts de l'administration. • CAA Paris, 27 avr. 1999, n° 97PA00311 A.

86. Compétence exclusive. Le président est seul à pouvoir ester en justice à l'exclusion des directeurs d'unités de formation et de recherche. • CE 6 oct. 1976, n°s 98179 et 98180 A : *JCP 1977. II. 18564, note Chevallier.*

87. Protection fonctionnelle. Autorité compétente pour accorder. Évolution de la situation. La DAJ a été saisie de plusieurs demandes de protection fonctionnelle concernant des présidents d'université et directeurs d'établissements publics (CROUS notamment) afin de savoir si le ministre est compétent pour attribuer la protection fonctionnelle dans ces cas particuliers. La DAJ rappelait qu'un président ou directeur d'établissement public était compétent pour accorder le bénéfice de la protection fonctionnelle, y compris lorsqu'il était concerné, mais recommandait de déléguer la signature de la décision dans certains cas. * Note DAJ B2 n° 2019-040 du 19 juill. 2019 : *LIJ 2019, n° 208, p. 13.* ♦ Depuis, le Conseil d'État a estimé que le principe d'impartialité faisait obstacle à ce que ce type de demandes soit traité par le président ou directeur de l'établissement, ou par une personne placée sous son autorité. • CE 29 juin 2020, n° 423996 A : *AJDA 2020. 1317* ; *AJFP 2020. 341* ; *AJCT 2020. 540, obs. Derridj* ; *RFDA 2021. 349, note Aynès* ; *RDSS 2021. 108, note Seurot* . ♦ La situation étant différente s'agissant des présidents et directeurs d'établissements publics d'enseignement supérieur qui permettraient, par exemple, de s'en remettre à la compétence du recteur de région académique, en sa qualité de chancelier des universités, la DAJ estime que dans l'attente d'une évolution de la réglementation sur ce point, il revient donc au ministre chargé de l'enseignement supérieur d'instruire de telles demandes de protection fonctionnelle. * Note DAJ B2 n° 2020-0074 du 16 oct. 2020 : *LIJ 2021, n° 213, p. 24.*

11° LIMITES

88. Suspension d'un enseignement. Un président d'université ne tient d'aucune disposition législative ou réglementaire le pouvoir de suspendre, en raison du nombre trop réduit d'étudiants inscrits, un enseignement de maîtrise dispensé dans l'établissement. Cette compétence relève des organes délibérants de l'université. • TA Lille, 24 janv. 2002, n° 990019 B.

89. Réintégration d'un professeur. Il appartient au ministre de l'éducation, compétent pour prononcer la disponibilité des professeurs des universités, de prononcer également la réintégration, après disponibilité, d'un professeur. Par suite, la décision par laquelle le président d'une université a refusé la réintégration d'un professeur des universités, après disponibilité, émane d'une autorité incompétente. • CE 4 févr. 2000, n° 185726 B.

90. Proposition de la commission de spécialistes. S'il appartient au président de l'université de faire part au conseil d'administration de ses observations quant à la régularité et au bien-fondé de l'avis de la commission de spécialistes et d'inviter, le cas échéant, le conseil, à rejeter la proposition de la commission, il n'a pas le pouvoir de s'opposer à la transmission au conseil d'administration de la proposition de la commission de spécialistes. • CE 13 oct. 2003, n°s 220031 et 233801 B : *AJDA 2004. 281, note Tanguy*.

IV. DÉLÉGATIONS

91. BIBL. Sur la conformité aux textes de la procédure de publication des délégations de signature que le président peut accorder aux agents de catégorie A, V. * Note DAJ B1 n° 2021-0020 du 26 févr. 2021 : *LIJ 2021, n° 215, p. 13.*

92. Délégation de signature. Régularité. Un président d'université a, par arrêté donné à son secrétaire général délégation pour signer « tous documents administratifs ou comptables en cas d'absence ou d'empêchement du président ». En s'abstenant notamment de préciser la date, la durée et le lieu exact de cet affichage et de produire toute pièce de nature à établir l'effectivité de cet affichage, l'université ne peut être regardée comme justifiant de la régularité de la publicité de l'arrêté de délégation même si l'université soutient que cet arrêté a été publié par voie d'affichage dans les locaux de l'université comme l'est « traditionnellement » ce type d'actes, cette affirmation étant sérieusement contestée par la requérante. • CAA Douai, 13 nov. 2007, n° 06DA01520 : *AJDA 2008. 58*.

93. Délégation de signature. Directeur de composante. La directrice d'un institut de management n'ayant pas la personnalité morale et dépendant d'une université n'avait pas reçu délégation de signature du président de l'université pour signer les bons de commande et ordres d'insertion publicitaire dont se prévalent les sociétés requérantes. Ainsi ces bons de commandes et ordres d'insertion, signés par une autorité incompétente, sont frappés de nullité. Les sociétés requérantes ne sont pas fondées à rechercher la responsabilité contractuelle de l'université. • CAA Paris, 2 mars 2009, n° 07PA04665 : *LIJ 2009, n° 136, p. 32.*

V. AVANTAGES STATUTAIRES

94. Bonification d'ancienneté. En instaurant une bonification pour l'avancement d'échelon d'une durée égale à 60 % de la durée effective d'un seul mandat au bénéfice des maîtres de conférences et professeurs d'université ayant exercé des responsabilités de président ou de directeur d'établissement public d'enseignement supérieur pendant au moins trois années, le Gouvernement, compte tenu tant des responsabilités et sujétions administratives liées aux fonctions de chef d'établissement que de l'intérêt général qui s'attache à ce que soient encouragées les candidatures à ces fonctions, ne méconnaît pas le principe d'égalité de traitement entre les agents d'un même corps. • CE 17 déc. 2003, n° 246494 A : *AJDA 2004. 783, note Durand-Prinborgne*.

95. Concours réservé. Pour les mêmes raisons sont légales les dispositions qui instituent des concours de professeurs des universités réservés aux maîtres de conférences et enseignants-chercheurs assimilés ayant exercé un mandat de président d'université. • CE 17 déc. 2003, n° 246494 A : *préc. note 94.*

96. Protection fonctionnelle. Lorsqu'un agent public est mis en cause par un tiers à raison de ses fonctions, il incombe à la collectivité publique dont il dépend de le couvrir des condamnations civiles prononcées contre lui, dans la mesure où une faute personnelle détachable du service ne lui est pas imputable, de lui accorder sa protection dans le cas où il fait l'objet de poursuites pénales, sauf s'il a commis une faute personnelle, et, à moins qu'un motif d'intérêt général ne s'y oppose, de le protéger contre les menaces, violences, voies de fait, injures, diffamations ou outrages dont il est l'objet. Ce principe général du droit réaffirmé par la loi s'applique à tous les agents publics, quel que soit le mode d'accès à leurs fonctions. Application en l'espèce au président élu d'un établissement public administratif. • CE, sect., 8 juin 2011, n° 312700 A : *AJDA 2011. 1175* ; *AJCT 2011. 571, obs. Krust* ; *AJFP 2012. 87, note Crepin-Dehaene*. ♦ Dans une affaire où le président d'une chambre de commerce et d'industrie, relaxé de poursuites pénales liées à l'exercice de ses fonctions, s'était vu refuser par son établissement la prise en charge des dépenses qu'il avait engagées pour sa défense, le juge administratif a estimé qu'en se fondant sur la qualité de président élu d'un établissement public administratif de l'intéressé, pour juger qu'il ne pouvait pas se prévaloir de la protection qu'il invoquait, la cour administrative d'appel a commis une erreur de droit. • CE, sect., 8 juin 2011, n° 312700 A : *préc.*

VI. DÉONTOLOGIE ET SANCTIONS DISCIPLINAIRES

97. *Prise illégale d'intérêt.* Un président d'université qui engage un membre de sa famille en qualité de professeur contractuel de l'université, administration dont il a en charge la direction, la gestion et la surveillance, à un poste de professeur titulaire agrégé de l'enseignement secondaire, commet une prise illégale d'intérêt (condamnation à 7 000 € d'amende). • Crim. 17 déc. 2008, n° 08-82.318 P : *AJDA 2009. 903*. ♦ En l'espèce, le Conseil d'État confirme que l'ensemble des faits reprochés ont porté gravement atteinte à l'image et à la réputation de l'université. Le recteur de l'académie était donc fondé à soutenir que c'est à tort que la section disciplinaire de l'université a relaxé le requérant des poursuites engagées contre lui et qu'il y a lieu de prononcer à son encontre la sanction de la mise à la retraite d'office. • CE 22 févr. 2012, n° 333573 B : *AJDA 2012. 408* ; *AJFP 2012. 278*.

98. *Manquements à la vigilance et à la probité. Délit d'atteinte à la liberté d'accès et à l'égalité des candidats dans les marchés publics.* En l'espèce, le montant des dépenses de l'université relatives aux services de traiteurs était supérieur depuis plusieurs années au seuil de 90 000 € et avait dépassé, courant 2002, 202 000 €. Le juge a estimé que ces faits auraient dû conduire le président de l'université à procéder à la mise en concurrence des prestataires de services, alors que l'intéressé a laissé en connaissance de cause se prolonger la pratique du traitement de gré à gré avec les prestataires des années précédentes. Il a ainsi été jugé que le délit d'atteinte à la liberté d'accès et à l'égalité des candidats dans les marchés publics puni par l'art. 432-14 C. pén. était constitué et que ces faits constituaient des manquements à la vigilance et à la probité dont doit faire preuve un président d'université, au surplus professeur des universités en gestion. • CE 22 févr. 2012, n° 333573 B : *préc. note 97.*

VII. EMPÊCHEMENT

99. *Présidence des conseils.* Si le présent article dispose que le président de l'université préside les trois conseils, les statuts de l'établissement peuvent prévoir de confier de manière générale la présidence de ces conseils au vice-président du conseil d'administration en cas d'empêchement temporaire du président de l'université. Pour une application à la présidence du conseil scientifique siégeant en formation restreinte. * Lettre DAJ B1, n° 07-211, 4 juill. 2007 ; *LIJ 2007, n° 118, p. 44.*

Art. L. 712-3 *(L. n° 2007-1199 du 10 août 2007, art. 7)* **I. — Le conseil d'administration comprend de** *(L. n° 2013-660 du 22 juill. 2013, art. 47)* **« vingt-quatre à trente-six » membres ainsi répartis :**

1° De huit à *(L. n° 2013-660 du 22 juill. 2013, art. 47)* **« seize » représentants des enseignants-chercheurs et des personnels assimilés, des enseignants et des chercheurs, en exercice dans l'établissement, dont la moitié de professeurs des universités et personnels assimilés ;**

2° Huit personnalités extérieures à l'établissement ;

3° *(L. n° 2013-660 du 22 juill. 2013, art. 47)* **« Quatre ou six » représentants des étudiants et des personnes bénéficiant de la formation continue inscrits dans l'établissement ;**

4° *(L. n° 2013-660 du 22 juill. 2013, art. 47)* **« Quatre ou six » représentants des personnels ingénieurs, administratifs, techniques et des bibliothèques, en exercice dans l'établissement.**

Le nombre de membres du conseil est augmenté d'une unité lorsque le président est choisi hors du conseil d'administration.

(L. n° 2013-660 du 22 juill. 2013, art. 47) **« II. — Les personnalités extérieures à l'établissement, de nationalité française ou étrangère, membres du conseil d'administration sont, à l'exception des personnalités désignées au titre du 3° du présent II, désignées avant la première réunion du conseil d'administration. Elles comprennent autant de femmes que d'hommes. Un décret fixe les conditions dans lesquelles est assurée cette parité. Il précise le nombre et la répartition par sexe, éventuellement dans le temps, des candidats proposés par chacune des instances compétentes. Ces personnalités comprennent, par dérogation à l'article L. 719-3 :**

« 1° Au moins deux représentants des collectivités territoriales ou de leurs groupements, dont au moins un représentant de la région, désignés par ces collectivités ou groupements ;

« 2° Au moins un représentant des organismes de recherche, désigné par un ou plusieurs organismes entretenant des relations de coopération avec l'établissement ;

« 3° Au plus cinq personnalités désignées après un appel public à candidatures par les membres élus du conseil et les personnalités désignées aux 1° et 2°, dont au moins :

« *a)* Une personne assumant des fonctions de direction générale au sein d'une entreprise ;

« *b)* Un représentant des organisations représentatives des salariés ;

« *c)* Un représentant d'une entreprise employant moins de cinq cents salariés ;

« *d)* Un représentant d'un établissement d'enseignement secondaire.

« Au moins une des personnalités extérieures désignées au 3° a la qualité d'ancien diplômé de l'université.

« Le choix final des personnalités mentionnées au 3° tient compte de la répartition par sexe des personnalités désignées aux 1° et 2° afin de garantir la parité entre les femmes et les hommes parmi les personnalités extérieures membres du conseil d'administration.

« Les statuts de l'établissement précisent le nombre de personnalités extérieures au titre de chacune des catégories mentionnées aux 1° à 3° et les collectivités et entités appelées à les désigner en application des 1° et 2°. »

III. – Le mandat des membres du conseil d'administration court à compter de la première réunion convoquée pour l'élection du président.

IV. – Le conseil d'administration détermine la politique de l'établissement. A ce titre :

1° Il approuve le contrat d'établissement de l'université ;

2° Il vote le budget et approuve les comptes ;

3° Il approuve les accords et les conventions signés par le président de l'établissement et, sous réserve des conditions particulières fixées par décret, les emprunts, les prises de participation, les créations de filiales et de fondations prévues à l'article L. 719-12, l'acceptation de dons et legs et les acquisitions et cessions immobilières ;

4° Il adopte le règlement intérieur de l'université ;

5° Il fixe, sur proposition du président et dans le respect des priorités nationales, la répartition des emplois qui lui sont alloués par les ministres compétents ;

6° Il autorise le président à engager toute action en justice ;

(L. n° 2013-660 du 22 juill. 2013, art. 47) « 7° Il approuve le rapport annuel d'activité, qui comprend un bilan et un projet, présenté par le président ;

« 7° *bis* Il approuve le bilan social présenté chaque année par le président, après avis du comité technique mentionné à l'article L. 951-1-1. Ce bilan présente l'évolution de l'équilibre entre les emplois titulaires et contractuels et les actions entreprises en faveur de la résorption de la précarité au sein des personnels de l'établissement. Les données et résultats de ce bilan sont examinés au regard des objectifs de gestion prévisionnelle des ressources humaines précisés par le contrat mentionné à l'article L. 711-1 ;

« 8° Il délibère sur toutes les questions que lui soumet le président, au vu notamment des avis et vœux émis par le conseil académique, et approuve les décisions de ce dernier en application du V de l'article L. 712-6-1 ;

« 9° Il adopte le schéma directeur pluriannuel en matière de politique du handicap proposé par le conseil académique *(L. n° 2020-1674 du 24 déc. 2020, art. 34)* « et le plan d'action pluriannuel en matière d'égalité entre les femmes et les hommes mentionné à l'article 6 *septies* de la loi n° 83-634 du 13 juillet 1983 portant droits et obligations des fonctionnaires ». Chaque année, le président présente au conseil d'administration un rapport d'exécution de ce schéma *(L. n° 2020-1674 du 24 déc. 2020, art. 34)* « et de ce plan d'action », assorti d'indicateurs de résultats et de suivi.

« Sous réserve des dispositions statutaires relatives à la première affectation des personnels recrutés par concours national d'agrégation de l'enseignement supérieur, aucune affectation d'un candidat à un emploi d'enseignant-chercheur ne peut être pro-

noncée si le conseil d'administration, en formation restreinte aux enseignants-chercheurs et personnels assimilés, émet un avis défavorable motivé. »

Il peut déléguer certaines de ses attributions au président à l'exception de celles mentionnées aux 1°, 2°, 4° *(L. nº 2013-660 du 22 juill. 2013, art. 47)* **« , 7°, 7° *bis*, 8° et 9° »** *(L. nº 2020-1674 du 24 déc. 2020, art. 34)* **« du présent IV ». Celui-ci rend compte, dans les meilleurs délais, au conseil d'administration des décisions prises en vertu de cette délégation.**

Toutefois, le conseil d'administration peut, dans des conditions qu'il détermine, déléguer au président le pouvoir d'adopter les décisions modificatives du budget.

En cas de partage égal des voix, le président a voix prépondérante.

BIBL. ▸ DE MONTE, Les élections universitaires, la commission de contrôle et le juge administratif après les réformes de 2007, *MEN, LIJ 2008, nº 123, p. 29*. – GRANDEMANGE, La composition des conseils universitaires est-elle inconstitutionnelle ? *AJDA 2012. 1089* ✎. – GUISELIN, Les régimes électoraux des universités fauriennes et des comue : entre maturation et maturité, *Revue de la recherche juridique. Droit prospectif, 2016-3* ; La représentation des universitaires dans les conseils de l'Université, *PUAM, RJJ 2012-1* ; Les élections universitaires de 2020 : des établissements expérimentaux à la crise sanitaire, *RFDA 2020. 762* ✎. – KOUBI, Rôle de la représentativité dans la mise en œuvre et la dynamique de la gouvernance des universités françaises de 1968 à nos jours, *Thèse, Université de Limoges, 2014*. – LIÉBER-BOTTEGHI, De l'entrée en vigueur d'une loi modifiant la composition du conseil d'administration d'établissements publics, *AJDA 2010. 135* ✎. – MOCQUET, La gouvernance universitaire et l'évolution des usages du numérique : nouveaux enjeux pour l'Enseignement Supérieur et la Recherche français, *Thèse, Université de Bordeaux 3, 2017*. – PESNEAUD, La transmission et la publication des délibérations des conseils des universités, *LIJ 2009, nº 132, p. 33*. – PINATEL, Les organisations étudiantes à vocation représentative : un modèle de représentation atypique sous influence du droit social, *Thèse, Université d'Aix-Marseille, 2014*. – ROTTIER, Les conseils, comités et commissions de l'administration scolaire et universitaire : pour un statut des organes collectifs, *Thèse, Université de Nantes, 2008*. – TAVERNIER, Les espaces publics universitaires : la participation des étudiants à la délibération universitaire, *Thèse, Université de Paris 12, 2006*.

▸ **Sur la politique liée au handicap au sein de l'université :** FRAISSE et GANGLOFF-ZIEGLER (Dir.), La parole aux acteurs du handicap à l'université, *CPU, juin 2014*.

▸ **Sur la diffusion des comptes rendus et procès-verbaux des instances administratives :** * Lettre DAJ A3, nº 09-057, du 19 mars 2009 : *LIJ 2009, nº 135, p. 31*.

▸ **Sur la réforme de 1984 :** GRANDEMANGE, La composition des conseils universitaires est-elle inconstitutionnelle ?, *AJDA 2012. 1089* ✎.

▸ **Sur le régime de l'urgence sanitaire : Fonctionnement des organes dirigeants et des structures internes – CA incomplet ; Mandats arrivés à échéance :** V. *Notes DAJ B1 nº 2020-0037 du 20 avr. 2020, nº 2020-0038 du 21 avr. 2020 et nº 2020-0088 du 11 juin 2020 : LIJ 2020, nº 212, p. 13*.

COMMENTAIRE

LE CONSEIL D'ADMINISTRATION

L'article L. 712-3 fixe la composition et détermine les compétences du conseil d'administration des universités. Il a été modifié par la loi LRU de 2007 qui a voulu en faire un organe stratégique, puis par la loi ESR de 2013 qui, en créant le conseil académique et ses commissions, lui a retiré certaines compétences (règles relatives aux examens, section disciplinaire, questions individuelles concernant les enseignants-chercheurs) tout en confortant son rôle en matière financière. Le conseil d'administration, élisant le président de l'université et jouant un rôle stratégique, dispose pour exercer ses attributions de compétences financières fortes. Il vote le budget et fixe le cadre stratégique des enveloppes des moyens destinés à la recherche. Si le conseil académique peut décider de l'utilisation de ces moyens, ce sera dans le cadre qu'il a fixé. En outre, la loi garantit son rôle premier en disposant : « Les décisions du conseil académique comportant une incidence financière sont soumises à approbation du conseil d'administration » (art. L. 712-6-1, V).

Composition du conseil d'administration

Le conseil d'administration est composé de membres de la communauté universitaire, élus (V. art. L. 719-1) ou désignés pour représenter les diverses catégories qui participent à la gestion démocratique de l'établissement. Si l'indépendance des enseignants-chercheurs doit leur garantir une représentation propre et authentique (pour les professeurs d'université et les autres enseignants-chercheurs), il en est de même pour les personnels et les usagers (CE 19 juin 1998, n° 187348), et pour l'égalité des membres des différentes composantes de la communauté universitaire (CE 7 juin 1995, n° 106498).

En 2007, le choix avait été fait d'un conseil d'administration ramassé, la loi LRU diminuant sa taille de moitié, limitant le nombre de ses membres à une fourchette de vingt à trente membres (de 21 à 31 si le président de l'université était choisi en dehors du conseil), chaque établissement précisant dans ses statuts la configuration retenue (en fait, un seul établissement avait opté pour la taille minimale). Par rapport au système antérieur, les proportions de représentants des personnels n'avaient pas été modifiées, mais la représentation des étudiants diminuait alors que celle des personnalités extérieures augmentait. Pour renforcer la gestion démocratique, la loi ESR du 22 juillet 2013 accroît la place des étudiants et des personnels administratifs et techniques, augmentant légèrement l'effectif du conseil d'administration qui comprend désormais vingt-quatre à trente-six membres (8 à 16 représentants des enseignants-chercheurs et personnels assimilés, des enseignants et des chercheurs en exercice dans l'établissement dont la moitié de PU ou personnels assimilés ; 8 personnalités extérieures à l'établissement ; 4 ou 6 représentants des usagers ; 4 ou 6 représentants des BIATOSS). Comme précédemment, le nombre de membres du conseil est augmenté d'une unité lorsque le président est choisi hors du conseil d'administration (art. L. 712, al. 3).

En principe, les ***personnalités extérieures*** comprennent, d'une part, des représentants des collectivités territoriales et des activités économiques, d'autre part, des personnalités désignées à titre personnel par les conseils (art. L. 719-3). Au moins deux représentants des collectivités territoriales ou de leurs groupements, dont au moins un de la région et un des organismes de recherche, sont désignés par les collectivités et organismes qu'ils représentent (V. CE 8 nov. 2017, n° 394764). Les autres personnalités ne sont plus désignées par le président de l'université (dont le choix devait toutefois être approuvé) mais par les membres du conseil d'administration en place (représentants élus et personnalités extérieures désignées selon les règles précédentes). Pour assurer la transparence, la loi prévoit un appel public à candidatures. Parmi les personnalités extérieures doivent désormais figurer un directeur général d'entreprise (le juge pouvant vérifier la réalité de l'entreprise, V. TA Montreuil, 21 déc. 2017, n° 1608556), un représentant syndical (salarié), un représentant de PME (de moins de 500 salariés) et un représentant d'établissement secondaire (pour souligner les liens que doivent nouer universités et lycées) ; l'un d'entre eux doit être un ancien étudiant, diplômé de cette université (en espérant peut-être qu'il aura les moyens de s'investir dans une fondation universitaire !). Ces personnalités comprennent autant de femmes que d'hommes. Comme les enseignants-chercheurs ou les usagers, les personnalités extérieures peuvent ou non être de nationalité française. Le décret n° 2014-336 du 13 mars 2014 fixe les conditions dans lesquelles est assurée cette parité qui s'apprécie sur l'ensemble des personnalités extérieures (art. D. 719-41-1 s.).

Le mandat des membres du conseil d'administration court à compter de la première réunion (art. L. 712-3, II) ; le renouvellement des mandats intervient tous les 4 ans, sauf pour les représentants des usagers dont le mandat est de 2 ans. Les membres élus des conseils siègent valablement jusqu'à la désignation de leurs successeurs (art. L. 719-1, al. 1er).

Selon les compétences exercées, le conseil d'administration se réunit en **formation plénière** ou **en formation restreinte**. L'examen des questions individuelles relatives au recrutement, à l'affectation et à la carrière des enseignants-chercheurs et des personnels assimilés relève en effet de leurs seuls représentants d'un rang au moins égal à celui de l'intéressé (art. L. 952-6, al. 2). Selon les questions à l'ordre du jour, la formation restreinte réunit l'ensemble des représentants des enseignants-chercheurs ou les seuls représentants des professeurs ; toutefois, depuis 2019, les statuts peuvent prévoir que le président de l'université peut présider la formation restreinte aux enseignants-chercheurs du conseil d'administration (art. L. 952-6 mod. par L. n° 2019-791 du 26 juill. 2019 pour une école de la confiance, art. 52).

Compétences du conseil d'administration

Les délibérations du conseil d'administration qui lui permettent d'administrer l'université (art. L. 711-1) sont préparés et exécutés par le Président de l'Université, assisté d'un ou de plusieurs vice-présidents du CA prévus par les statuts qui précisent les modalités de leur désignation et leurs compétences (art. L. 712-2). En cas de partage des voix, le président de l'université a voix prépondérante (art. L. 712-3, IV, dern. al. ; pouvoir propre au président qui ne peut être utilisé par les vice-présidents que si les statuts le prévoient). Le CA peut être saisi par le président de toutes questions, notamment de celles ayant fait l'objet des avis et des vœux du conseil académique (art. L. 712-3, IV, 8°).

Si l'article L. 712-1, II énumère les compétences qui permettent au Conseil d'administration de « détermine(r) la politique de l'établissement », cette liste n'est pas exhaustive. Ainsi, le CA élit le président de l'université (art. L. 712-2) et fixe les structures de l'université (départements, laboratoires, centres de recherche et, depuis la loi LRU, les UFR, unités de formation et de recherche) par l'adoption de ***délibérations statutaires***, prises à la majorité absolue des membres en exercice (art. L. 711-7 ; de même pour les regroupements d'établissements, art. L. 718-6). Les statuts sont précisés par le ***règlement intérieur*** adopté par le CA (art. L. 712-3, IV, 4°). Quant aux compétences du CA en formation restreinte, elles sont précisées par les dispositions concernant les enseignants-chercheurs (art. L. 952-4 ; décret statutaire). De manière générale, le CA délibère sur toutes les questions que lui soumet le président ; si certaines de ses compétences antérieures (régime des examens) ont été attribuées au Conseil académique (qui dispose aussi d'un pouvoir délibératif), le président peut, à l'appui d'une proposition de délibération, viser les avis et vœux émis par le conseil académique ; en outre, les décisions du conseil académique ayant une incidence financière doivent être approuvées par le CA (art. L. 712-3, IV, 8°). Les diverses compétences, notamment celles déclinées en dix points par l'article L. 712-3, IV, permettent au CA de fixer des objectifs (décisions stratégiques), de participer à l'administration de l'établissement et d'obtenir des renseignements sur les résultats :

– **Fixer des objectifs**. Le CA adopte les décisions stratégiques qui engagent globalement l'établissement dans une perspective pluriannuelle. Ainsi, le CA **approuve le contrat pluriannuel d'établissement** (art. L. 712-3, IV, 1°) qui définit, pour l'ensemble de ses activités (formation, recherche, documentation, gestion prévisionnelle des ressources humaines ; les objectifs de l'établissement (dont les objectifs partagés avec les établissements public de recherche) et les engagements de l'établissement vis-à-vis de l'État (art. L. 711-1, al. 5 mod. par LPR 2020, art. 16 ; V. aussi art. L. 712-9 et L. 952-1-1). Il en est de même quand il adopte **le schéma directeur pluriannuel en matière de politique du handicap sur proposition du conseil académique (art. L. 712-3, IV, 9°) ou le « plan d'action pluriannuel en matière d'égalité entre les femmes et les hommes** » (ajouté par l'art. 34, LPR 2020). Dans le cadre budgétaire, il arrête les programmes pluriannuels d'investissement (art. R. 719-67).

– **Autoriser les recettes et les dépenses**. Chaque année, le CA **vote le budget** (art. L. 712-3, IV, 2°), constitué du budget principal et le cas échéant des budgets annexes (SAIC, fondation) avec, en annexe, un projet annuel de performances (PAF, avec indicateurs établis en cohérence avec les indicateurs du programme ministériel, art. R. 719-55) et les documents permettant le suivi des emplois et les engagements dont l'exécution est pluriannuelle (art. R. 719-52). Le document est élaboré sous l'autorité du président qui arrête la procédure interne de préparation, conformément aux « orientations définies par le conseil d'administration en cohérence avec les dispositions du contrat pluriannuel d'établissement ». A cette fin, un débat sur les orientations budgétaires (DOB) et les engagements pluriannuels (art. R. 719-64) est organisé au CA. Voté en équilibre réel (art. L. 719-5), le budget peut faire l'objet de délibérations modificatives (art. R. 719-73) ; le CA peut toutefois déléguer au président le pouvoir d'adopter des décisions modificatives qui doivent être portées à la connaissance du CA lors de sa prochaine séance (art. R. 719-74). « Les décisions du conseil académique comportant une incidence financière sont soumises à approbation du conseil d'administration » (art. L. 712-6-1, V).

– **Autorisation/approbation**. Régulant l'activité administrative, le CA peut intervenir en amont ou en aval. En amont, il autorise le président à engager toute action en justice (art. L. 712-3, IV, 6°). En aval, le CA doit approuver les accords et les conventions signés par le président ; il en est de même pour les prises de participation, les créations de filiales et de fondations (art. L. 719-12 ; sous réserve des conditions particulières fixées par l'art. R. 711-10 s.), ou pour l'acceptation de dons et legs et les acquisitions et cessions immobilières. C'est principalement pour ces actes d'autorisation et d'approbation que le CA donne délégation au président.

– **GRH**. Le CA fixe, sur proposition du président et dans le respect des priorités nationales, la **répartition des emplois** qui lui sont alloués par les ministres compétents (art. L. 712-3, IV, 5°). Si les enseignants-chercheurs, les enseignants et les chercheurs ont compétence exclusive pour assurer la répartition des fonctions d'enseignement et des activités de recherche (art. L. 952-4), le conseil d'administration en formation restreinte fixe les principes généraux de répartition des obligations de service des enseignants-chercheurs et des chercheurs entre les activités d'enseignement et de recherche, précise la place prise par les autres missions, fixe les équivalences horaires applicables à chacune des activités correspondant à ces fonctions, ainsi que leurs modalités pratiques de décompte (Décr. 6 juin 1984, art. 7, II). De même, il définit les principes de répartition des primes (LPR 2020, art. 27, art. L. 954-2, al. 1er) et peut créer des dispositifs d'intéressement qui ne peuvent se substituer aux régimes indemnitaires institués en application d'un texte législatif ou réglementaire (LPR 2020, art. 27, II, art. L. 954-2, al. 2). Pour l'affectation des enseignants-chercheurs (sauf pour la première affectation des agrégés du supérieur), la loi ESR de 2013 a transféré au CA en formation restreinte le pouvoir d'opposer un avis défavorable motivé – droit de veto que la LRU avait prévu pour ce qui ne peut être motivé que par la stratégie de l'établissement ou une violation des règles de droit (art. L. 712-3, IV, al. 2 ; art. L952-6).

– **Examiner les résultats**. Les résultats atteints doivent être présentés au CA qui peut ainsi disposer d'éléments d'évaluation. Sur le plan financier, il lui revient ainsi d'**approuver les comptes** (art. L. 712-3, IV, 2°) sur la base du compte financier et au vu des rapports des commissaires aux comptes (art. R. 719-101) ; il délibère sur l'affectation des résultats (art. R. 719-10). Depuis 2013, il doit en outre approuver le **rapport annuel d'activité**, qui comprend un bilan et un projet (art. L. 712-3, IV, 7°), présenté par le président, dont l'objectif est de permettre aux administrateurs de vérifier si la cohérence du projet initial est respecté. Si cet exercice est global, portant sur l'ensemble des activités de l'établissement, il ne s'agit pas d'un document unique. En 2013, le même article de la loi ESR ajoute que le CA doit approuver **le bilan social** (art. L. 712-3-IV, 7° *bis*) après avis du comité technique (art. L. 951-1-1), au regard des objectifs de gestion prévisionnelle des ressources humaines prévus dans le CPE ; il doit notamment présenter l'évolution de l'équilibre entre les emplois titulaires et les contractuels, et les actions visant à résorber la précarité. S'agissant de la politique du handicap, le président présente chaque année au CA un rapport d'exécution du schéma avec indicateurs de résultat et de suivi (art. L. 712-3, IV, 9°). Au lieu de prévoir de nouvelles rubriques, la LPR 2020 ajoute deux nouveaux rapports que le président doit présenter chaque année pour approbation (et devront être adressés au HCERES) : un **rapport sur l'exécution du plan d'action pluriannuel en matière d'égalité entre les femmes et les hommes, un rapport sur l'évolution dela situation professionnelle des personnes auxquelles l'université a délivré le diplôme national de doctorat dans les cinq années précédentes**.

– **Délégation. Le conseil d'administration peut déléguer certaines de ses attributions au président**, à l'exception de celles énumérées par l'alinéa 3 de l'article L. 712-3, IV ; sont ainsi exclues celles qui engagent globalement l'établissement (approbation du contrat pluriannuel d'établissement, vote du budget, approbation des comptes, règlement intérieur, approbation du rapport annuel d'activité, approbation des décisions du conseil académique à incidence financière, du bilan social, schéma directeur pluriannuel handicap, rapport égalité hommes femmes) et fixent le cadre dans lequel le président assure la direction. Le CA ne peut non plus déléguer ses pouvoirs lorsque le code de l'éducation et les textes pris pour son application prévoient que ces actes doivent faire l'objet d'un vote du CA suivi d'une approbation par l'autorité de tutelle, ou d'un acte réglementaire (emprunt, prise de participation, création de filiales, acceptation de dons et de legs grevés de charges, de conditions ou d'affectation immobilière, création d'une fondation reconnue d'utilité publique). En fait les délégations sont essentiellement données pour l'approbation des accords et conventions et pour les autorisations d'ester en justice ; l'alinéa 5 pévoit en outre la possibilité de délégation du pouvoir d'approuver les décisions budgétaires modificatives (DBM) dans les conditions déterminées par le CA, Les statuts peuvent également prévoir que certaines compétences du CA sont déléguées aux regroupements de composantes (V. art. L. 713-1). Le président, rend compte, dans les meilleurs délais, au CA des décisions prise en vertu de cette délégation.

I. COMPOSITION

1. Principe d'égalité. Les dispositions des statuts d'une université qui ne confèrent pas à la représentation des étudiants un pouvoir de blocage des décisions des conseils, mais se bornent à prévoir une seconde délibération pour que leur adoption soit définitive au cas où tous les représentants élus des étudiants au sein des conseils auraient émis un vote négatif lors d'une première délibération, sans imposer une condition de délai minimum pour cette seconde délibération, ne portent aucune atteinte au principe d'égalité entre les membres des différentes composantes de la communauté universitaire. • CE 7 juin 1995, n° 108468 A.

2. Représentation propre et authentique. La composition du conseil de l'université thématique d'Agen, qui comprend vingt-cinq membres, dont quatre représentants des professeurs des universités, quatre représentants des autres enseignants, deux représentants des personnels administratifs, techniques, ouvriers et de service, et deux représentants des usagers, et le mode d'élection de ce conseil, en l'absence de toute dérogation aux garanties statutaires dont bénéficient les professeurs et les enseignants-chercheurs, permettent d'assurer tant l'indépendance des professeurs des universités que la représentation propre et authentique des professeurs, des enseignants-chercheurs, des autres personnels et des usagers. • CE 10 juin 1998, n° 187348 B.

3. Personnalités extérieures. Parité. Mode opératoire. Saisi d'un recours contre l'élection de deux personnalités extérieures du conseil d'administration de l'université Toulouse II Jean-Jaurès, le juge estime qu'en l'absence du décret prévu par l'art. L. 712-3, l'université pouvait librement fixer les conditions dans lesquelles la parité des personnalités extérieures membres du conseil d'administration devait être assurée. En l'espèce, le conseil avait décidé de ne pas associer un sexe à chacune des cinq catégories de personnalités extérieures restant à désigner et de soumettre à un nouveau vote les candidats à égalité de suffrage, indépendamment de leurs sexes. Le juge constate que ce mode opératoire impliquait que la parité entre les femmes et les hommes au sein du collège des personnalités extérieures ne soit assurée qu'à l'issue d'un dernier choix intervenant après les élections relatives à chacune de ces cinq catégories. Il valide ainsi le mode opératoire retenu qui a permis de déterminer les personnalités extérieures tout en respectant l'exigence de parité fixée par la loi ESR. • TA Toulouse, 12 juill. 2016, n° 1602365.

4. Personnalités qualifiées. Désignation. Le tribunal était saisi de conclusions dirigées contre la délibération du conseil de l'université Paris XIII en tant qu'elle désigne trois de ces cinq personnalités extérieures et de conclusions dirigées, par voie de conséquence, contre l'élection du président de l'université. Le tribunal a annulé la désignation de ces trois personnalités mais a rejeté les conclusions dirigées contre l'élection du président de l'université. S'agissant de la désignation de la personne assumant des fonctions de direction générale au sein d'une entreprise, le tribunal juge que ne pouvait être regardée comme exerçant de telles fonctions la personne gérante d'une entreprise qui ne comportait aucun salarié et dont l'activité se limitait à organiser des voyages à destination des étudiants. Il juge aussi que le conseil ne pouvait désigner le trésorier d'une mutuelle étudiante, structure qui regroupe principalement des étudiants, lesquels disposent déjà de leurs propres représentants au titre des usagers. Concernant le représentant du CROUS, catégorie prévue par les seuls statuts de l'université de Paris XIII, le tribunal a accueilli l'exception d'illégalité dirigée contre lesdits statuts en relevant que le législateur, qui a prévu que le directeur du CROUS ou son représentant assiste aux séances de la commission de la formation et de la vie universitaire du conseil académique, a entendu exclure sa désignation en qualité de membre du conseil d'administration, comme cela ressort des travaux préparatoires de la loi. Toutefois, l'annulation de la délibération qui désigne les trois personnalités extérieures susvisées est sans incidence sur l'élection du président de l'université, acquise au 1er tour de scrutin avec vingt voix sur trente-quatre, les trois autres candidats réunissant douze voix. En effet, compte tenu de l'illégalité des statuts en tant qu'il prévoit la désignation d'un membre du CROUS au sein du conseil d'administration, le nombre de votants doit être regardé comme ayant été ramené à 33 avec une majorité absolue ramenée à 17. Ainsi, même en l'absence de participation au vote de ces trois personnes dont la désignation est invalidée, le président dont l'élection était contestée, aurait également obtenu, dans ce cas, la majorité absolue avec 17 voix. • TA Montreuil, 21 déc. 2017, n° 1608556.

5. Personnalités qualifiées. Désignation. Moyens. Exception d'illégalité. Le règlement intérieur de l'université de Lorraine, dans sa version applicable au litige, après avoir indiqué que les collectivités territoriales ou les groupements de collectivités appelés à désigner deux représentants sont la communauté d'agglomération de Metz-Métropole et la communauté urbaine du Grand Nancy, prévoyait que, pendant la période 2012-2014, deux des sept sièges seront réservés aux conseils généraux de Meurthe-et-Moselle et Moselle. En jugeant que ces dispositions, qui ajoutent deux représentants de collectivités territoriales à ceux déjà prévus et les imputent sur le nombre de personnalités extérieures devant être nommées, violaient les dispositions du Décr. du 22 sept. 2011 portant création de l'université de Lorraine, la cour administrative d'appel n'a pas commis d'erreur de droit.

Par ailleurs, la cour, pour relever que les représentants des conseils généraux de Meurthe-et-Moselle et de Moselle avaient été désignés le 23 mars 2012 en application des dispositions illégales du règlement intérieur, par l'assemblée des directeurs des « collegiums » et des « pôles scientifiques », a estimé qu'ils l'avaient été en qualité de représentants de ces collectivités territoriales et non, ainsi que l'exige le Décr. du 22 sept. 2011 préc., *intuitu personae*. En jugeant, par suite, que la décision litigieuse du conseil d'administration de l'université de Lorraine avait été prise par un conseil dont la composition était entachée d'illégalité, la cour, devant laquelle n'était pas contesté le caractère non définitif des nominations en cause, n'a pas commis d'erreur de droit. Le Conseil d'État rappelle donc que l'illégalité de la désignation des membres d'un organisme collégial prise en application d'un règlement illégal peut être utilement invoquée par voie d'exception à l'appui de conclusions dirigées contre une délibération de cet organisme et qu'une telle exception d'illégalité n'est recevable que tant que ces désignations au sein de l'organisme ne sont pas devenues définitives. • CE 8 nov. 2017, ♧ n° 394764 B : *AJDA 2017. 2228 ✎ ; LIJ 2018, n° 201, p. 6.*

II. ÉLECTIONS

6. Mode de scrutin. Il résulte des dispositions législatives et réglementaires que l'obligation de procéder à l'élection des membres des conseils universitaires au scrutin de liste à un tour, avec représentation proportionnelle au plus fort reste, ne s'applique que lorsque le nombre de sièges à pourvoir rend possible ce mode de scrutin. • CAA Nancy, 30 sept. 1999, ♧ n° 98NC01511 B. ♦ Ces dispositions ne font pas obstacle à l'adoption du scrutin majoritaire lorsqu'il n'y a qu'un seul siège à pourvoir, mais elles imposent dans ce cas l'adoption du scrutin majoritaire à un seul tour. • CAA Nancy, 30 sept. 1999, ♧ n° 98NC01511 B.

7. Procurations. La procuration s'analyse comme une modalité d'exercice de la fonction de membre d'une assemblée collégiale qui consiste à conférer à un autre membre du même organe un mandat pour agir en ses lieu et place. La procuration est donc une dérogation de l'exercice personnel de la fonction qui doit être expressément reconnue par les statuts ou le règlement intérieur des organes considérés. La qualité de membre d'une assemblée étant indépendante du collège électoral au titre duquel le membre a été désigné et le principe d'égalité s'opposant à ce que les mêmes fonctions connaissent des modalités d'exercice différentes à raison des conditions de désignation, il est donc loisible aux membres d'un conseil de donner procuration à tout autre membre du même organe, quels que soient les collèges d'appartenance. Un maître de conférences peut donc donner procuration à un professeur d'université et inversement. * Lettre DAJ B1 n° 2010-64 du 5 mars 2010 : *LIJ 2010, n° 145, p. 23.*

8. Listes électorales. Affichage. En matière d'élection universitaire, l'allégation d'un affichage incomplet des listes électorales est recevable même si elle n'est pas étayée. Même si l'administration apporte un commencement de preuve inverse, les scrutins demeurent annulés si l'écart de voix entre les listes est faible et si un nombre important d'inscriptions a été effectué durant les jours précédant le scrutin et le jour même de celui-ci. • TA Saint-Denis de La Réunion, 4 sept. 2012, ♧ n° 120059 : *AJDA 2012. 2015, note Sermet ✎.*

9. Listes électorales. Affichage. Preuve. La preuve de l'absence d'affichage est fondée sur une allégation qui n'est assortie d'aucune justification. Le grief non étayé rend en général la requête irrecevable. • CAA Nantes, 10 avr. 1997, ♧ n° 96NT01865. ♦ Recevabilité d'une demande contenant un énoncé sommaire des moyens. • CE 3 déc. 1980, ♧ n° 12459 A.

10. Listes électorales. Établissement. Répartition des étudiants en fonction du lieu de leurs études. UFR distinctes installées sur deux sites différents. Dans une affaire où les étudiants en PACES avaient été répartis sur deux UFR situées en des lieux différents, le juge a estimé que ces modalités de répartition des électeurs en fonction de l'établissement où ils sont inscrits ne méconnaît pas les dispositions du C. éduc. et qu'elle n'est en outre entachée d'aucune erreur manifeste d'appréciation malgré la circonstance qu'elle conduise à répartir les étudiants de la PACES sur deux UFR distinctes, installées sur deux sites différents, lesquels sont d'ailleurs affectés d'un nombre de sièges déterminé en fonction du nombre d'usagers de chaque établissement. Le juge estime qu'en l'espèce, les requérants ne sont pas fondés à soutenir que les statuts de l'université en ce qu'ils rattachent l'UFR d'Orsay au seul secteur « sciences et technologies » méconnaîtraient les dispositions du code. • CAA Versailles, 19 mai 2016, ♧ n° 14VE02509 : *AJDA 2016. 1850 ✎ ; AEF 25 oct. 2016, Dépêche n° 548291, comm. Toulemonde.*

11. Listes des candidats. Soutiens. Mention. Absence d'obligation. Il ne résulte des dispositions de l'art. 22 du Décr. n° 85-59 du 18 janv. 1985 aucune obligation pour les listes de candidats de se réclamer d'un quelconque soutien, il ne s'agit là que d'une faculté qui leur est ouverte. * Lettre DAJ B1 n° 2010-59 du 5 mars 2010 : *LIJ 2010, n° 145, p. 23.*

12. Listes des candidats. Soutien. Association non déclarée. Possibilité de faire état sur les listes de candidats d'une association non déclarée. L'existence légale d'une association n'est pas liée à sa déclaration puisque la L. de 1901 prévoit que les associations peuvent se créer librement, sans autorisation ni déclaration préalable mais elles jouissent de la personnalité et de la capacité juridique que si elles sont rendues publiques. L'existence légale d'une association n'étant donc pas liée à sa déclaration, la mention d'une association, même non déclarée, sur une liste de candidats est possible pour préciser son appartenance ou le soutien dont elle bénéficie. * Lettre DAJ B1 n° 2010-59 du 5 mars 2010 : *LIJ 2010, n° 145, p. 23.*

13. Commission de contrôle des opérations électorales. La commission de contrôle des opérations électorales n'est ni une juridiction ni une autorité administrative indépendante. Dépourvue de personnalité juridique, elle agit au nom de l'université dont elle ne se distingue pas. Dès lors, en l'absence d'un texte particulier les autorisant, l'université ou son président ne sont pas recevables à demander l'annulation d'une décision de cette commission alors même que l'université ne pourrait exercer aucun contrôle sur ladite commission. • TA Lyon, 25 janv. 2007, n° 0607430 (8 req.) : *LIJ 2007, n° 114, p. 6.* ♦ V. aussi notes ss. art. L. 719-2.

14. Sincérité du scrutin. Faible taux de participation. La sincérité du scrutin est altérée lorsque des mouvements de protestations affaiblissent le taux de participation. En l'espèce, pour une élection au CROUS, sur les 77 bureaux et sections de vote répartis sur l'ensemble de l'académie, 38 bureaux de vote implantés dans les universités, les restaurants et cafétérias universitaires sont demeurés fermés en raison du mouvement de protestation suscité par le projet de contrat dit de première embauche et de l'exercice de leur droit de retrait par certains personnels du CROUS. Du fait même de l'impossibilité pour certains électeurs de prendre part au vote, le pourcentage global de la participation est passé de plus de 10 % en 2004 à 1,49 % en 2006. • CAA Nantes, 28 juin 2007, n° 07NT00584 : *AJDA 2008. 430*.

15. Sincérité du scrutin. Stands. Dans une affaire où la commission avait censuré le fait que les listes de candidats n'avaient pas tenu de stand ou disposé de panneaux d'affichage selon les mêmes modalités, le juge a estimé que, en l'absence de règles précises édictées par l'université pour assurer une parfaite identité entre les stands, la circonstance selon laquelle certains stands avaient disposé de panneaux plus importants que les autres, ne pouvait être regardée, en l'absence de disproportion manifeste et compte tenu des autres moyens de propagande mis en œuvre par les candidats, comme étant de nature à altérer la sincérité des résultats. • TA Lyon, 25 janv. 2007, n° 0607430 8 : *préc. note 13.* ♦ Absence d'annulation dans le cas où une liste de candidats avait invoqué que, jusqu'au jour du scrutin, l'autorisation de tenir un stand lui avait été refusée par l'université au motif que cette association n'était pas répertoriée dans l'établissement. Après avoir observé qu'aucun motif pertinent n'avait été invoqué à l'appui de cette interdiction ni devant la commission de contrôle ni devant le tribunal, le juge a toutefois estimé que ces irrégularités, pour regrettables qu'elles soient, ont été limitées à un seul site sur les quatre où les élections se sont déroulées. Dès lors que l'écart de voix séparant le dernier candidat élu du premier battu était important, ces circonstances n'avaient pas été de nature à fausser le résultat des élections. • TA Lyon, 25 janv. 2007, n° 0607430 (8 req.) : *préc. note 13.*

16. Transport des urnes. A l'issue des opérations de vote, qui se sont déroulées dans six lieux différents, les urnes provenant de quatre de ces lieux ont été déplacées des salles de vote pour être dirigées vers un lieu de dépouillement unique. Ces urnes ont été transportées, dont l'une pendant plus de trois heures, sans avoir été préalablement scellées, ni même qu'un tampon ou un signe distinctif n'ait été apposé. A cet égard, la simple pose de ruban adhésif ne peut être regardée comme étant de nature à offrir les mêmes garanties de sécurité que la pose de scellés. Dans ces conditions, le juge estime que cette manipulation des urnes, hors de toute surveillance, notamment des représentants des listes en présence, a été de nature, alors même qu'aucune manœuvre n'a été alléguée à cette occasion, à altérer la sincérité du scrutin. Compte tenu du nombre de votants, et du faible écart de voix séparant les deux listes, les opérations électorales sont annulées. • CAA Marseille, 13 déc. 2007, n° 06MA00473.

17. Contestation. La commission de contrôle des opérations électorales connaît des contestations qui lui sont soumises par les électeurs, le président de l'établissement ou le recteur, mais ne dispose pas du pouvoir de se saisir d'office pour contrôler la régularité des opérations électorales. • CAA Nancy, 14 nov. 1991, n° 90NC00430 A.

18. Contestation de l'irrégularité. Absence. Caractère définitif de l'élection. Les élections au conseil d'administration n'ayant pas été contestées et étant devenues définitives, le moyen tiré de l'irrégularité de la composition du conseil d'administration ainsi nouvellement élu ne peut être utilement invoqué à l'encontre des délibérations subséquentes du conseil d'administration. • CE 29 juill. 2002, n° 243761. ♦ Même solution à l'égard des membres nommés. • CE 4 déc. 2013, n° 364207 : *LIJ 2014, n° 182, p. 8.*

19. Contestation de l'irrégularité. Absence. Caractère définitif de l'élection.

Conséquences. Selon une jurisprudence établie, l'exception d'illégalité d'une décision non règlementaire devenue définitive est irrecevable. • CE 13 févr. 1980, n° 09807 A. ♦ Dès lors, un requérant ne peut exciper, à l'encontre de l'acte adopté par une instance collégiale, de l'illégalité de la décision devenue définitive par laquelle un ou plusieurs de ses membres ont été nommés. • CE 5 oct. 1988, n° 42649 B.

20. Ordre public. Suspension de séance. Régularité. V. ci-dessous Modalités de fonctionnement.

III. DÉLIBÉRATIONS

Sur la police des séances : Vote à bulletin secret. Demande exprimée par plus d'un tiers des membres : V. note ss. art. L. 712-2.

21. Légalité. Alors même qu'aucune disposition législative ou réglementaire ne fixe les modalités des délibérations des conseils d'administration des universités, les conseils ne peuvent valablement délibérer que si leurs membres reçoivent en temps utile l'ordre du jour de la réunion accompagné le cas échéant des documents nécessaires aux délibérations. La délibération fixant le calendrier universitaire, par les implications qu'elle génère en matière d'organisation des cours et des examens, ne saurait être traitée au titre des « questions diverses ». L'université ne peut utilement se prévaloir de ce que compte tenu des informations données en séance et des réunions antérieures, l'approbation du calendrier a pu être régulièrement approuvée sans figurer à l'ordre du jour. Illégalité de la délibération. • CAA Paris, 15 mars 2001, n° 97PA03050.

22. Illégalité. Publicité insuffisante. Dans une affaire où une étudiante contestait son refus d'admission en master, l'université justifiait avoir procédé à l'affichage de ces délibérations sur des emplacements dédiés et accessibles des locaux de cet établissement et les avoir publiées, par la voie d'une diffusion en ligne, sur son site internet. Le juge relève toutefois que l'affichage avait été réalisé dans un bâtiment d'un des campus de l'université où la requérante ne suivait pas ses études et que l'affichage de la délibération sur le site internet de l'université mentionnait seulement la capacité d'accueil du master et ne comportait pas le contenu de la délibération du conseil d'administration relative aux modalités de sélection en master. Le juge des référés a jugé insuffisante la publicité du dispositif de sélection. • TA Versailles, 15 sept. 2020, n° 2005456 : *LIJ 2021, n° 213, p. 7.*

23. Illégalité. Faute de nature à engager la responsabilité de l'établissement. L'illégalité d'une délibération du conseil d'administration lors d'une procédure de recrutement constitue une faute de l'université de nature à engager la responsabilité de celle-ci. Elle est condamnée à réparer les préjudices causés à un maître de conférences privé d'une chance sérieuse d'occuper l'emploi de professeur des universités pour lequel il avait été proposé en première position par le comité de sélection. • CE 8 oct. 2014, n° 365939 : *AEF, Dépêche n° 488812, 20 oct. 2014, comm. Toulemonde.*

24. Illégalité. Conséquences. S'étant vu privée des fonctions de responsable de DEA à la suite d'une délibération irrégulière du conseil d'administration de l'université, l'illégalité fautive de cette délibération n'est, dès lors qu'il ne résulte pas de l'instruction que l'État aurait commis une faute lourde dans l'exercice de son pouvoir de tutelle, imputable qu'à l'université. Du fait de l'illégalité fautive commise par l'université, et eu égard à l'atteinte portée à sa réputation et à la perte de reconnaissance par ses pairs, la requérante a subi un préjudice moral (indemnité de 10 000 euros). • CE 9 nov. 2007, n° 286241.

IV. CONSULTATION OBLIGATOIRE

25. Absence. Aucune disposition législative ou réglementaire n'impose la consultation, préalablement à l'intervention du décret portant création d'une nouvelle université par transfert des biens, droits et obligations d'une université existante, du conseil d'administration de cette dernière université, alors même que le décret est susceptible de modifier l'affectation des biens mis à la disposition de ladite université par l'État. • CE 2 avr. 1997, n° 133068 A.

V. COMPÉTENCES

26. Stratégie de l'établissement. Adéquation d'une candidature. L'objectif visant à promouvoir un recrutement extérieur à l'établissement peut légalement figurer au nombre des objectifs relevant de la stratégie de l'établissement, en fonction desquels le conseil d'administration apprécie l'adéquation des candidatures retenues par le comité de sélection. Il appartient alors au conseil d'administration d'apprécier, au cas par cas, la mise en œuvre de cet objectif global, qui ne peut qu'être indicatif et ne saurait être assimilé à une règle impérative. • CE 23 déc. 2014, n° 364138.

27. Suspension d'un enseignement. Les organes délibérants de l'université ont seuls le pouvoir de suspendre, en raison du nombre trop réduit d'étudiants inscrits, un enseignement de maîtrise dispensé dans l'établissement. • TA Lille, 24 janv. 2002, n° 990019 B.

28. Possibilité de rejeter la totalité de la liste établie par la commission de spécialistes. Si le conseil d'administration de l'université n'a pas le pouvoir de modifier l'ordre de classement des candidats établi par la commission de spécialistes, il a celui de rejeter la totalité de la liste, notamment s'il estime que les candidats proposés ne correspondent pas aux besoins de l'établissement. Légalité de la décision du conseil d'administration d'une université qui, pour le recrutement d'un professeur, a rejeté la liste établie par la commission de spécialistes en se fondant sur l'insuffisance du nombre des candidats ayant postulé pour le poste, sur l'indigence des dossiers présentés et sur la nécessité de préserver l'excellence du corps professoral. • CE 26 avr. 2000, n° 197875 B.

29. Nouvelles procédures de répartition des services. Décr. n° 2009-460 du 23 avr. 2009. L'art. L. 954-1 dispose que le conseil d'administration définit les principes généraux de répartition des obligations de services entre les activités d'enseignement, les activités de recherche et les autres missions. L'art. L. 952-4 prévoit que les enseignants-chercheurs, les enseignants et les chercheurs ont compétence exclusive pour effectuer la répartition des services. Le pouvoir réglementaire a pu, sans méconnaître ces dispositions, confier au conseil d'administration en formation restreinte aux enseignants-chercheurs le soin de répartir les obligations de services de ces derniers. • CE 15 déc. 2010, n°s 329056, 329057, 329111, 329135, 320205, 329207, 329242.

30. Domaine public. Redevance d'occupation. Fixation des tarifs. Il appartient à l'autorité qui exerce les droits et obligations du propriétaire du domaine public, à l'exception du droit de disposition et d'affectation des biens, de fixer les conditions auxquelles elle entend subordonner les permissions d'occupation. Dès lors que l'État, par application de l'art. 20 de la L. n° 89-486 du 10 juill. 1989, a mis à la disposition des établissements d'enseignement supérieur, sous ces conditions, les bâtiments universitaires dont il reste propriétaire, les conseils d'administration de ces établissements sont compétents pour fixer la redevance d'occupation des dépendances de ces bâtiments. • CAA Paris, 27 avr. 1999, n° 97PA00311 A.

31. Collecte de dons. En application de l'art. L. 1121-2 CGPPP, il n'y a pas d'opposition à ce qu'un établissement public puisse recevoir des dons sans revêtir la structure d'une fondation. * Lettre DAJ B1, n° 08-343, du 13 nov. 2008 : *LIJ 2009, n° 131, p. 22.* ♦ Le Conseil d'État a jugé qu'aucune disposition ne prévoit que les œuvres ou organismes susceptibles de recevoir des dons qui ouvrent à leurs auteurs droit à la réduction d'impôt prévue par l'art. 200 CGI fassent l'objet d'une habilitation ou d'une reconnaissance de la part de leur administration. • CE 3 juill. 2002, n° 214393 B.

32. Incompétence. Qualification d'heures d'enseignement en travaux dirigés. Les requérants, enseignants du second degré et maîtres de conférences, ayant dispensé des cours de langues contestaient le jugement du tribunal administratif rejetant leur demande tendant à l'annulation de la délibération du conseil d'administration de l'université qui avait requalifié en travaux dirigés la totalité des heures d'enseignement en cause. La cour juge que, les dispositions en litige ayant pour seul objet de qualifier les heures d'enseignement de langues, il résulte de la combinaison des dispositions des art. L. 712-1 à L. 712-3 qu'eu égard à cet objet qui n'entre pas dans le champ de compétence du conseil d'administration de l'université, il appartient au président de l'université, en sa qualité d'ordonnateur, de prendre une telle mesure. Par suite, elle décide que la délibération du conseil d'administration litigieuse a été prise par une autorité administrative incompétente. • CAA Marseille, 4 mars 2013, n° 10MA03500 : *LIJ 2013, n° 176, p. 6.* ♦ Dans la même affaire et par voie de conséquence, la décision par laquelle la directrice de l'institut demande aux requérants la modification de leur état de service, conformément à la délibération du conseil d'administration de l'université, constitue un acte d'exécution de la délibération précitée dès lors illégal. Au surplus, la cour rappelle que sous réserve de dispositions législatives ou réglementaires contraires et hors le cas où il est satisfait à une demande du bénéficiaire, l'administration ne peut retirer une décision individuelle accordant un avantage financier, laquelle est créatrice de droits, si elle est illégale, que dans le délai de quatre mois suivant la prise de cette décision. En l'espèce, la décision en cause de la directrice de l'institut ayant eu pour objet et pour effet de retirer, en cours d'année, les avantages financiers accordés à l'intéressée en début d'année universitaire, les requérants sont fondés à soutenir que c'est à tort que, par le jugement attaqué, le tribunal administratif a rejeté leur demande. • CAA Marseille, 4 mars 2013, n° 10MA03500 : *préc.*

33. Incompétence. Legs grevé de charges. Interrogée sur cette question, la direction des affaires juridiques a rappelé les dispositions de l'art. L. 1121-2 CGPPP, qui dispose que s'agissant des legs grevés de charges, de conditions ou d'affectation immobilière, une autorisation ministérielle est nécessaire pour les accepter. Le conseil d'administration n'est donc pas compétent, dans ce cas, pour accepter le legs. Les dispositions du Décr. n° 2007-807 du 11 mai 2007 relatif aux associations, fondations, congrégations et établissements publics du culte et portant application de l'art. 910 C. civ. ne sont pas applicables au cas d'espèce. Enfin, en application des art. R. 1121-4 et R. 1121-2 CGPPP, il appartient au notaire dépositaire du testament d'adresser au préfet du département du lieu d'ouverture de la succession, déterminé par le dernier domicile du défunt, conformément à l'art. 720 C. civ., la copie intégrale du testament. * DAJ B1 n° 2013-292 du 13 nov. 2013 : *LIJ 2014, n° 181, p. 19.*

34. Détermination du nombre et du profil

d'emplois vacants. Contrôle du juge. A l'occasion d'un recours de deux syndicats contre la délibération d'un conseil d'administration dont l'objet était de fixer le nombre et le profil des emplois vacants d'enseignants-chercheurs au sein de l'établissement, le juge précise qu'une telle requête est irrecevable, car formée contre un simple acte préparatoire et non pas contre une décision. En effet, cette délibération, non décisoire par elle-même dans la mesure où le ministre n'est pas formellement tenu d'adopter les propositions de l'université, présente le caractère d'acte préparatoire et n'est pas susceptible de faire l'objet d'un recours pour excès de pouvoir. Seul l'arrêté du ministre pouvait faire l'objet d'un recours. • CAA Paris, 22 oct. 2013, n° 12PA00128 : *AJFP 2014. 14*.

35. Calendrier universitaire. Organisation et fonctionnement des services. Comité technique. Consultation préalable. Le juge administratif a considéré que « les calendriers universitaires présentent des différences notables selon les universités en termes de durée des périodes d'enseignement et de congés, de nombre de sessions d'examen, de définition et d'organisation des sessions de rattrapage des premier et second semestres, de sessions d'examen supplémentaires, témoignant ainsi, d'une part, d'une large autonomie des universités pour arrêter leur calendrier universitaire et, d'autre part, au-delà de sa dimension pédagogique, des répercussions importantes de ce calendrier sur l'organisation et la charge de travail des personnels enseignants et administratifs affectés au sein des universités ». Dans une affaire où les modifications du calendrier universitaire portaient sur quelques jours seulement, il estime, néanmoins, que la marge d'appréciation de l'université dans l'élaboration de ce calendrier et les effets que ce dernier exerçait sur l'organisation des services et les conditions de fonctionnement nécessitaient de consulter le comité technique de l'établissement. Par voie de conséquence, le défaut de cette consultation entachait d'illégalité la délibération du conseil d'administration. • CAA Paris, 27 janv. 2015, n° 13PA00300 : *AJFP 2015. 309* ; *LIJ 2015, n° 188, p. 5.*

VI. MODALITÉS DE FONCTIONNEMENT

36. Ordre public. Suspension de séance. Régularité. Dans une affaire où une cinquantaine de personnes opposées à la délibération avaient fait irruption dans la salle de séance et bloqué ses issues dans le but d'empêcher toute délibération et, alors que le président de séance avait dû suspendre la réunion, celle-ci ne reprenant qu'à 18 heures dans un autre bâtiment de l'université après l'arrivée des forces de l'ordre, le Conseil d'État a jugé que, dans ces circonstances, le moyen tiré de ce que le conseil d'administration aurait tenu, à partir de 18 heures, une nouvelle séance à laquelle les membres de ce conseil n'auraient pas été convoqués dans les formes et délais réglementaires ne peut qu'être écarté. • CE 4 déc. 2013, n° 364207 : *LIJ 2014, n° 182, p. 8.* ♦ De manière générale, il est admis que la séance qui reprend le même jour, après une courte interruption, ne constitue pas une nouvelle séance. • CE 18 nov. 1931, n° 6049 A • CE 14 févr. 1986, n° 57476. ♦ A l'inverse, une séance qui ne se tient pas le même jour et a lieu à une journée d'intervalle environ de la première session constitue une nouvelle séance. • CE 5 févr. 1986, n°s 46640 et 46647.

37. Membres présents. Absence en cours de séance. Le Conseil d'État écarte le moyen soulevé par les requérants selon lequel la composition du conseil d'administration était irrégulière en raison de l'absence de cinq de ses membres, qui étaient présents en début de séance, au motif que cette absence était de leur fait. • CE 4 déc. 2013, n° 364207 : *préc. note 36* • CE 18 nov. 1931, n° 6049 A.

38. Personnalités extérieures. Protection fonctionnelle. La DAJ, ayant été saisie pour apporter des éléments d'information relatifs à la mise en œuvre de la protection juridique prévue par l'art. 11 de la L. du 13 juill. 1983 portant droits et obligations des fonctionnaires lorsque les personnes qui en demandent le bénéfice sont des personnalités extérieures siégeant dans les conseils des établissements d'enseignement supérieur, a rappelé que ces personnes n'entrent pas dans le champ d'application de cet article dans la mesure où elles n'ont pas la qualité de fonctionnaire ou d'agent public non titulaire. * Lettre DAJ B1 n° 2010-124 du 21 mai 2010 : *LIJ 2010, n° 147, p. 22.* ♦ Elle a précisé que l'établissement peut néanmoins assister ces dernières au cours de la procédure. Toutefois, et en tout état de cause, à défaut de dispositions législatives ou réglementaires le prévoyant, aucune indemnité couvrant les frais engagés par les intéressés pour assurer leur défense ou pour régler le montant des condamnations qui seraient prononcées à leur encontre ne saurait être versée par l'établissement. • Même réponse. ♦ Enfin, elle a rappelé que la responsabilité morale de l'établissement, personne morale, pourrait être retenue, responsabilité qui n'exclut pas celle des personnes qui concourent à son fonctionnement en raison du comportement fautif du conseil d'administration. La responsabilité pénale personnelle du président ou du vice-président pourrait, le cas échéant, être parallèlement mise en cause. * Même réponse.

39. Élus étudiants. Début de mandat. Les dispositions combinées des art. L. 712-3, L. 719-1 et L. 712-2 font que, lorsqu'il est procédé au renouvellement complet du conseil d'administration, lequel correspond avec l'élection du président de l'établissement, le mandat des élus étudiants commence à compter de la première réunion du conseil d'administration convoquée pour l'élection du président. * Lettre DGSIP B2, n° 2010-0148 du 24 févr. 2010 : *LIJ 2010, n° 144, p. 28.* ♦ En revanche, lorsque le renouvellement intervient entre deux renouvellements complets et donc entre deux élections du président, le mandat des étudiants élus commence dès la proclamation des résultats de l'élection si celle-ci intervient à une date postérieure à la date de fin de mandat des précédents élus étudiants. Ces dispositions visent à assurer la continuité du fonctionnement du conseil d'administration. Mais elles ne peuvent en aucun cas permettre d'interrompre les mandats des élus avant le terme de leur mandat. * Même réponse. ♦ En ce qui concerne le conseil scientifique et le conseil des études et de la vie universitaire, la loi ne fixe pas la date du début du mandat des membres élus. Celui-ci débute donc à compter de la proclamation des résultats si celle-ci intervient à une date postérieure à la date de fin de mandat des précédents élus étudiants. * Même réponse.

40. Information suffisante des membres du conseil d'administration. Absence. A l'issue d'une procédure de dialogue compétitif, le conseil d'administration avait approuvé le choix d'une société comme attributaire d'un contrat de partenariat signé par le président. Le juge administratif rappelle que le conseil d'administration, qui participe à l'administration de l'université au même titre que le président, a pour mission d'approuver les conventions et accords signés par le président dès lors qu'il n'a pas accordé de délégation à celui-ci. Si aucun texte ni aucun principe n'imposent au président d'université de communiquer ces documents aux membres du conseil d'administration en l'absence d'une demande de leur part, ces derniers doivent cependant disposer d'une information suffisante sur les caractéristiques essentielles du contrat pour leur permettre de se prononcer de façon éclairée. A défaut d'une telle information, la délibération est irrégulière. • TA Paris, 7 nov. 2012, n°s 1020288 et 1020289 : *LIJ 2013, n° 171, p. 15.*

41. Police de séance. Suspension. Changement de salle. Légalité. En l'espèce, le conseil d'administration était réuni à 15 heures pour délibérer sur les statuts de l'établissement public de coopération scientifique « Université Paris Lumières », une cinquantaine de personnes opposées à la création de cet établissement public a alors fait irruption dans la salle de séance et bloqué ses issues dans le but d'empêcher toute délibération ; le président de séance a dû suspendre la réunion ; celle-ci a pu reprendre à 18 heures dans un autre bâtiment de l'université après l'arrivée des forces de l'ordre. Le juge estime que, dans ces circonstances, le moyen tiré de ce que le conseil d'administration aurait tenu, à partir de 18 heures, une nouvelle séance à laquelle les membres de ce conseil n'auraient pas été convoqués dans les formes et délais réglementaires ne peut qu'être écarté. • CE 4 déc. 2013, n° 364207.

Art. L. 712-4 *(L. n° 2013-660 du 22 juill. 2013, art. 49)* **Le conseil académique regroupe les membres de la commission de la recherche mentionnée à l'article L. 712-5 et de la commission de la formation et de la vie universitaire mentionnée à l'article L. 712-6.**

Sont constituées en son sein la section disciplinaire mentionnée à l'article L. 712-6-2 et la section compétente pour l'examen des questions individuelles relatives au recrutement, à l'affectation et à la carrière des enseignants-chercheurs.

Les statuts de l'université prévoient les modalités de désignation du président du conseil académique, qui peut être le président du conseil d'administration de l'université, ainsi que de son vice-président étudiant. Le président du conseil académique, dont le mandat expire à l'échéance du mandat des représentants élus des personnels du conseil académique, préside la commission de la formation et de la vie universitaire et la commission de la recherche.

Ils prévoient également les conditions dans lesquelles est assurée, au sein de la commission de la formation et de la vie universitaire et de la commission de la recherche, la représentation des grands secteurs de formation enseignés dans l'université concernée, à savoir les disciplines juridiques, économiques et de gestion, les lettres et sciences humaines et sociales, les sciences et technologies et les disciplines de santé.

En cas de partage égal des voix, le président a voix prépondérante.

Sur la nouvelle procédure de recrutement instituée par la LRU et la LESR, V. art. L. 952-6-1 et L. 952-10.

Sur les sanctions disciplinaires applicables aux enseignants-chercheurs, V. art. L. 952-8.

Sur la représentation des internes en médecine au sein de la commission de la recherche, V. Bibl. ss. art. L. 612-7.

BIBL. ▶ AUBIN, Le CAC 40 dans les universités, stade suprême de la collégialité ou ver dans le fruit de la gouvernance ?, *AJDA 2014. 1289*. – GUISELIN, Le conseil académique des universités et les libertés universitaires, *RFDA 2015. 1184*.

COMMENTAIRE

LE CONSEIL ACADÉMIQUE

En regroupant les compétences des deux anciens conseils (CS et CEVU) et en déchargeant le conseil d'administration de ses responsabilités de gestion individuelle des personnels, le législateur a mis en place un nouvel équilibre, laissant au conseil d'administration le pilotage, notamment financier, de l'établissement. L'article 49 de la loi de 2013, qui crée le conseil académique, regroupe les membres de la commission de la recherche (art. L. 712-4) et de la commission de la formation et de la vie universitaire (art. L. 712-5), dont la composition est quasi identique à celle des anciens conseils scientifiques et conseils des études et de la vie universitaire, toutes deux étant composées d'une majorité d'enseignants-chercheurs. Contrairement à l'organisation mise en place par la loi LRU qui ne conférait à ces deux conseils qu'un rôle consultatif, la loi ESR de 2013 a donné au conseil académique le pouvoir de prendre des décisions (adoption de règles ou de mesures, délibérations). Toutefois, celles qui ont une incidence financière sont soumises à approbation du conseil d'administration (art. L. 712-6-1, V). En outre, le conseil académique (en formation restreinte) dispose de compétences auparavant exercées par le conseil d'administration, tant en matière disciplinaire (section disciplinaire) que pour l'examen des questions individuelles relatives au recrutement, à l'affectation et à la carrière des enseignants-chercheurs (art. L. 712-4, IV, L. 952-6).

La volonté de rééquilibrer les pouvoirs aurait pu être parachevée par une disposition confiant la présidence du conseil académique à une autre personne qu'au président de l'université. Cette solution a été critiquée au nom de la nécessaire efficacité, sinon de l'unité de commandement. Aussi les parlementaires ont-ils décidé de ne pas décider, de laisser le choix aux universités. Les modalités de désignation du président du conseil académique doivent en effet être prévues par les statuts (art. L. 712-4, al. 3) ; l'option reste ouverte : dans certaines universités, le président se consacre au conseil d'administration, dans d'autres (ce qui dans les faits est le cas général), il cumule les fonctions de président du conseil d'administration et de président du conseil académique, entraînant *ipso facto* la présidence des deux commissions qui le composent ; on est alors proche de la situation antérieure, quand le chef d'établissement présidait les trois conseils, ce qui réduit considérablement l'idée de rééquilibrage ; le président d'université ne pouvant être élu au conseil académique (art. L. 712-1, al. 3), il ne siège pas dans les formations restreintes examinant les questions individuelles, qui ne sont composées que de représentants (élus) des enseignants-chercheurs (art. L. 712-6-1, IV). L'article 52 de la loi du 26 juillet 2019 « pour une école de la confiance » permet aux statuts de prévoir que le chef d'établissement préside la formation restreinte aux enseignants-chercheurs du conseil académique, sachant toutefois que, pour l'examen des questions individuelles relatives aux enseignants-chercheurs, elles « relèvent des seuls représentants des enseignants-chercheurs et personnels assimilés d'un rang au moins égal à celui postulé par l'intéressé s'il s'agit de son recrutement et d'un rang au moins égal à celui de l'intéressé s'il s'agit de son affectation ou du déroulement de sa carrière. » (art. L. 952-6). Tenant compte des décisions du conseil constitutionnel (Cons. const. 20 janv. 1984, *Loi relative à l'enseignement supérieur*, n° 83 165 DC § 27 ; Cons. const. 6 août 2010, *M. Jean*, n° 2010-20/21 QPC § 6 ; Cons. const. 28 juill. 1993, n° 93-322 DC), le Conseil d'État dans son avis sur le projet de loi considère que les statuts d'un établissement « peuvent prévoir que le président ou le directeur de l'établissement peut présider la formation restreinte aux enseignants-chercheurs du conseil académique », dès lors que le président a la qualité d'enseignant-chercheur, sans méconnaître le principe d'indépendance des enseignants-chercheurs ; il estime en outre que la présidence de la formation restreinte du conseil académique par le président de l'université n'est pas de nature à modifier, par elle-même, l'équilibre général des expressions au sein de cette instance (CE, ass. gén., avis, 29 nov. 2018).

La loi n° 2020-1674 du 24 décembre 2020 de programmation de la recherche ajoute que le président peut suspendre pendant un délai d'un mois la transmission des délibérations des commissions du conseil académique présentant un caractère réglementaire qui lui paraissent entachées d'illégalité de nature à porter gravement atteinte au fonctionnement de l'établissement ou aux modalités de délivrance des diplômes de l'enseignement supérieur. Le président soumet alors une nouvelle proposition aux commissions qui délibèrent dans un délai qui ne peut être inférieur à huit jours et supérieur à un mois. A défaut de nouvelle délibération ou s'il n'a pas été remédié par la nouvelle délibération aux irrégularités ayant motivé la suspension de la transmission, le président en informe l'autorité académique, qui arrête la décision (LRU, art. 34, I, 4° ; art. L. 712-2).

La composition du conseil académique

Le conseil académique est numériquement plus important que le conseil d'administration. Regroupant les membres de la commission de la recherche (de 30 à 40) et ceux de la commission de la formation (de 20 à 40), il constitue une assemblée de quarante à quatre-vingt membres élus pour un mandat de quatre ans (2 ans pour les étudiants) par de nombreux collèges électoraux (36 à l'université de Rouen !). Contrairement à l'idée de « sénat académique », souvent présenté comme une instance d'enseignants-chercheurs, le conseil académique comprend aussi les représentants des usagers (étudiants pour la CFVU, doctorants pour la CR), des personnels administratifs et techniques et des personnalités extérieures membres des deux commissions. Les enseignants-chercheurs, enseignants et chercheurs sont toutefois mieux représentés qu'au conseil d'administration puisque dans les deux conseils leur place peut atteindre 80% des effectifs, ce qui renforce incontestablement le poids du pouvoir académique. Le fait qu'ils siègent avec d'autres membres de la communauté éducative, étudiants, personnels administratifs et techniques, personnalités extérieures n'est pas incompatible avec leur indépendance (Cons. const. 20 janv. 1984, n° 83-165 DC). L'article L. 719-1 précise que, nul ne pouvant siéger dans plus d'un conseil, les membres du conseil d'administration ne peuvent pas être en même temps membres du conseil académique. Les statuts doivent prévoir les conditions dans lesquelles est assurée, au sein de ces deux commissions, la représentation des grands secteurs de formation de l'université (disciplines juridiques, économiques et de gestion/lettres et sciences humaines et sociales/sciences et technologies et disciplines de santé ; art. L. 712-4).

Les compétences du conseil académique

Le rôle du conseil académique est fixé par l'article 50 de la loi du 22 juillet 2013 adoptant un nouvel article L. 712-6-1 qui distingue trois séries de compétences : celles de la commission de la formation et de la vie universitaire (CFVU), celles de la commission de la recherche (CR) et celles du conseil académique, tant en formation plénière qu'en formations restreintes.

La commission de la formation et de la vie universitaire du conseil académique (art. L. 712-6-1, I) a, comme l'ancien conseil des études et de la vie universitaire, un double champ d'action. Si elle traite des formations (des études, de la pédagogie), elle est aussi compétente pour la vie universitaire, notion qui recouvre tant la restauration et l'hébergement que les aides, la santé scolaire, la vie culturelle et les pratiques sportives (V. livre VIII). L'idée de créer deux commissions différentes n'ayant pas été retenue, la loi se contente de prévoir que le directeur du CROUS, dont les compétences recouvrent ce même champ, assiste aux séances de la commission. Si elle est consultée sur les programmes de formation des composantes, elle a la responsabilité d'adopter une série de mesures (là où le CEVU ne donnait que des avis). Elle répartit l'enveloppe des moyens destinés à la formation dans le respect du cadre stratégique fixé par le conseil d'administration (auxquelles elle peut déroger en cas d'urgence, pour assurer la continuité en cas de blocage, TA Montpellier, ord., 18 avr. 2018, n° 1801653). Elle arrête les règles relatives aux examens et à l'évaluation des enseignements (auxquelles elle peut déroger en cas d'urgence, pour assurer la continuité du service en cas de blocage, TA Montpellier, ord., 18 avr. 2018, n° 1801653). Elle adopte les mesures permettant la mise en œuvre du projet de l'établissement pour rechercher la réussite des étudiants (not. pour les étudiants présentant un handicap, V. art. L. 712-6-1, I, 7°), pour permettre leur orientation, la validation des acquis, leur entrée dans la vie active et pour favoriser les activités culturelles (not. de culture scientifique, V. art. L. 712-6-1, I, 5°), sportives, sociales ou associatives offertes aux étudiants, et pour améliorer les conditions de vie et de travail (activités de soutien, œuvres universitaires et scolaires, services médicaux et sociaux, documentation et accès aux ressources numériques). Pour assumer ces compétences, elle adopte des délibérations sous réserve de leur approbation par le conseil d'administration quand elles ont une incidence financière (mais elle n'est pas compétente pour fixer les capacités d'accueil en M2, TA Montpellier, 5 oct. 2016, n° 1604619). Il propose au conseil d'administration un schéma directeur pluriannuel en matière de handicap qui, après avis du comité technique, permet à l'établissement de s'acquitter de l'obligation d'emploi de travailleurs handicapés (art. L. 712-6-1, IV modifié par la L. n° 2019-828 du 6 août 2019 de transformation de la fonction publique, art. 40). En 2020, lors de la crise sanitaire du covid-19, l'ordonnance n° 2020-351 du 27 mars 2020 envisage le cas dans lequel la CFVU serait empêchée de délibérer dans des délais compatibles avec la continuité du service ; les adaptations des épreuves peuvent alors être arrêtées par le chef d'établissement, qui en informe la commission, par tous moyens et dans les meilleurs délais ; elle prévoit en outre que l'organe collégial peut décider de déléguer sa compétence au chef d'établissement (art. 3). (V. Rapp. au Président de la République relatif à l'ordonnance n° 2020-351 du 27 mars 2020).

La commission de la recherche du conseil académique (L. 712-6-1, II) est un organe consultatif. Elle est consultée sur les conventions avec les organismes de recherche, donne son avis sur les critères de choix des bénéficiaires de la prime d'encadrement doctoral (Décr. n° 2009-851 du 8 juill. 2009, art. 5), ainsi donne-t-elle son avis pour l'attribution de la PERD (art. L. 954-2, al. 1er). Toutefois, contrairement à l'ancien conseil scientifique (CS), elle prend, elle aussi, des décisions. Elle adopte les mesures de nature à permettre aux étudiants de développer les activités de diffusion de la culture scientifique, technique et industrielle. Comme hier le conseil scientifique, la commission de la recherche du conseil académique doit se voir reconnaître la qualité de jury lorsqu'elle examine la valeur scientifique d'un candidat demandeur d'un « congé pour recherches ou conversions thématiques » (CAA Bordeaux, 7 avr. 2016, n° 14BX01517). Il n'en va pas de même lorsqu'elle se prononce sur une demande d'autorisation à se présenter au diplôme d'habilitation à diriger des recherches (CE 26 oct. 2011, *Univ. de Pau et des Pays de l'Adour*, n° 332011). Par contre, elle n'arrête plus les règles de fonctionnement des laboratoires, mais elle est désormais simplement consultée (mod. par LPR, art. 34 ; 2e phrase du II de l'art. L. 712-6-1) comme elle l'était déjà sur les conventions conclues avec les organismes de recherche (consultation maintenue malgré le projet contraire du gouvernement).

Le conseil académique en formation plénière (art. L. 712-6-1, III) est consulté sur toutes les mesures visant à garantir l'exercice des libertés universitaires et des libertés syndicales et politiques des étudiants, notamment sur les conditions d'utilisation des locaux mis à la disposition des étudiants par le président de l'université (art. L. 811-1, consultation considérée comme une « formalité substantielle » par la jurisprudence antérieure relative à l'intervention de l'ancien CEVU, V. note ss. art. L. 712-6). Il donne son avis sur la création des composantes, leur regroupement par délibération du conseil d'administration (art. L. 713-1, et sur leur suppression en vertu du principe de parallélisme des compétences). Il est consulté ou peut émettre des vœux sur les orientations des politiques de formation, de recherche, de documentation scientifique et technique, sur la qualification à donner aux emplois d'enseignants-chercheurs et de chercheurs vacants ou demandés, sur la demande d'accréditation prévue par l'article L. 613-1 et sur le contrat pluriannuel d'établissement (ou sur le volet spécifique à l'établissement dans le cas d'un contrat pluriannuel unique conclu avec des établissements regroupés, notamment dans le cadre d'une COMUE, art. L. 718-5). Il a, en outre, un pouvoir de proposition en ce qui concerne le schéma directeur pluriannuel en matière de politique du handicap qui, après avis du comité technique, est adopté par le conseil d'administration. A noter qu'il prend aussi une décision lorsqu'il détermine les conditions dans lesquelles sont rendues disponibles les enseignements sous forme numérique dans le respect du droit de la propriété intellectuelle et selon les modalités fixées par le contrat pluriannuel d'établissement (art. L. 611-8).

Comme auparavant le conseil d'administration, le conseil académique se réunit en ***formations restreintes***. Il est en effet l'organe compétent pour examiner les questions individuelles (recrutement, affectation, carrière, versement de la prime d'encadrement doctoral, art. L. 954-2) concernant les enseignants-chercheurs (art. L. 712-6-1, IV) ; il met en place les comités de sélection et transmet leur choix au conseil d'administration en formulant un avis qui, s'il est défavorable, ne peut être motivé qu'en référence à la stratégie de l'établissement ou à la bonne application des règles de droit ; dans certains cas (rapprochement de conjoints, CE 9 mars 2016 n° 391508), il examine les candidatures à la mutation et au détachement sans examen préalable par un comité de sélection ; le rejet d'une candidature doit être motivée (CE 30 janv. 2019, n° 412159) ; il délibère sur l'intégration des fonctionnaires des autres corps dans les corps des professeurs des universités ou des maîtres de conférences et sur le recrutement des ATER. Si ces questions relèvent des seuls représentants des enseignants-chercheurs, enseignants et chercheurs, ceux-ci ne peuvent statuer que si leur rang est au moins égal à celui postulé par l'intéressé (art. L. 952-6 pour les enseignants-chercheurs) ; aussi, le singulier laisse la place au pluriel, à la diversité des formations : formation restreinte aux seuls professeurs des universités ; formation restreinte aux autres enseignants-chercheurs ; formation restreinte aux titulaires de l'habilitation à diriger des recherches (qui se prononce sur l'éméritat, art. 58, Décr. statutaire) ; formation restreinte compétente pour les enseignants du secondaire (compétente pour les aménagements de service avec, en cas de double refus, appel au conseil d'administration) ; formation restreinte à tous les élus des deux commissions (notamment pour la mise en place des comités de sélection des enseignants-chercheurs). A cette liste non exhaustive (il faut notamment y ajouter une commission *ad hoc* pour examiner les refus de modulation de service), la loi ajoute la section disciplinaire.

En formation restreinte aux enseignants-chercheurs autres que les professeurs des universités, le conseil académique est composé selon la règle de la double parité. A la parité traditionnelle de la représentation des professeurs des universités et des autres enseignants-chercheurs (dont les maîtres de conférences), la loi ESR du 22 juillet 2013 a ajouté la composition à parité des hommes et des femmes. Cette double exigence ne s'applique pas à l'organe en formation restreinte aux professeurs des universités, pour des raisons autant de droit (leur indépendance réserve à leurs pairs le soin de statuer sur leur situation individuelle) que de fait (dans l'état actuel des choses, les femmes sont sous-représentées dans le corps, le Conseil constitutionnel acceptant que le législateur règle de façon différente des situations différentes, Cons. const. 24 avr. 2015, *CPU*, n° 2015-495 QPC). Le décret n° 2014-780 du 7 juillet 2014 précise que lorsque la composition de la formation retreinte ne permet pas de respecter la double parité, il revient au président du conseil académique de choisir parmi les membres élus de cette formation ceux appelés à siéger en formation restreinte ; les membres de la formation restreinte peuvent faire une proposition alternative dans un délai de quinze jours ; le choix final est fait par le vote des membres de la formation restreinte à la majorité absolue au premier tour, relative au second et décision du président du conseil académique en cas d'égalité de suffrages (V. Circ. n° 0190 du 23 juill. 2014, relative à la composition de la formation du conseil académique des universités, compétente pour examiner les questions individuelles relatives aux enseignants-chercheurs, autres que les professeurs des universités). Saisi par la Conférence des présidents d'université (CPU) qui arguait que ce décret méconnaissait la liberté de choix des électeurs, le principe d'indépendance des enseignants-chercheurs et le principe d'égalité, le Conseil d'État a transmis la question au Conseil constitutionnel (CE 13 févr. 2015, n° 386118 : *AJDA 2015. 315*). Celui-ci a décidé qu'en renvoyant au décret le législateur n'avait pas méconnu sa compétence, respectant les droits et libertés constitutionnels en cause, l'égalité devant le suffrage, l'indépendance des enseignants-chercheurs et l'égalité devant la loi (Cons. const. 24 avr. 2015, *CPU*, n° 2015-465 QPC). Le Conseil d'État a par ailleurs jugé qu'en précisant les conditions de mise en œuvre de la double exigence, le pouvoir réglementaire n'avait pas commis d'erreur de droit ; les dispositions prévues tant au fond (le président devant retenir le plus grand nombre d'élus) qu'au niveau de la procédure rendant acceptable la limitation au principe de représentation (CE 17 oct. 2016, *CPU*, n° 386118).

La section disciplinaire (art. L. 712-6-2), compétente à l'égard des enseignants-chercheurs et enseignants en premier ressort (elle est alors une juridiction), d'autre part à l'égard des usagers (à caractère non juridictionnel depuis la réforme de 2019), est présidée par un professeur des universités élu en leur sein par l'ensemble des enseignants-chercheurs membres de la section ; sa composition doit respecter strictement la parité. Les membres de la section disciplinaire sont élus en leur sein par les membres de la commission de la formation et de la vie universitaire (art. R. 811-5, al. 1er et 2.). La substitution du conseil académique au conseil d'administration impose la modification du décret n° 92-657 du 13 juillet 1992 modifié relatif à la procédure disciplinaire (V. désormais art. R. 811-10 s.). A la suite de l'arrêt du Conseil d'État du 17 juillet 2013 (*Univ. de Paris I, Panthéon-Sorbonne*, n° 361614), le décret n° 2013-756 du 19 août 2013 a prévu que la section disciplinaire compétente pour les usagers comporte deux professeurs des universités, évitant ainsi que le professeur qui doit présider la section ne siège aussi dans la commission d'instruction (art. R. 712-14). Le décret n° 2015-79 du 28 janvier 2015 modifie la partie réglementaire pour tenir compte des dispositions de la loi ESR du 22 juillet 2013 notamment pour introduire la parité hommes/femmes (art. R. 712-15 et R. 712-18), précisant que la section disciplinaire compétente pour connaître des faits commis dans les enceintes et locaux des communautés d'universités et d'établissements (COMUE) est désignée par leur conseil académique et fixant des modalités de récusation (art. R. 712-26-1) et de dépaysement (art. R. 712-27) qui doivent être fondées sur une raison objective. Depuis l'article 33 de la loi n° 2019-828 du 6 août 2019 de transformation de la fonction publique, les usagers relèvent de la section disciplinaire qui ne statue plus en matière juridictionnelle ; la décision prise sous la présidence d'un professeur élu constitue alors un acte administratif qui peut être déféré au tribunal administratif. ❑

Art. L. 712-5 *(L. n° 2013-660 du 22 juill. 2013, art. 49)* **« La commission de la recherche » comprend de vingt à quarante membres ainsi répartis :**

1° De 60 à 80 % de représentants des personnels. Le nombre de sièges est attribué pour la moitié au moins aux professeurs et aux autres personnes qui sont habilitées à diriger des recherches, pour un sixième au moins aux docteurs n'appartenant pas à la catégorie précédente, pour un douzième au moins aux autres personnels parmi lesquels la moitié au moins d'ingénieurs et de techniciens ;

(L. n° 2007-1199 du 10 août 2007, art. 8) **« 2° De 10 à 15 % de représentants des doctorants inscrits en formation initiale ou continue ; »**

3° De 10 à 30 % de personnalités extérieures qui peuvent être des enseignants-chercheurs ou des chercheurs appartenant à d'autres établissements.

1. JURISPRUDENCE ANTÉRIEURE À LA LOI DE 2013

1. Collèges électoraux. Le législateur n'a pas entendu exclure la possibilité d'instituer, pour la désignation des membres élus des conseils scientifiques, des collèges électoraux appelés à pourvoir un seul siège au scrutin majoritaire. En prévoyant que douze des trente-deux membres élus du conseil scientifique de l'université seraient désignés dans ces conditions, le ministre n'a porté aucune atteinte aux règles de représentation posées par la loi. • CE 4 oct. 1995, *Mme Bardolph, M. Berthomieu, M. Charvin et Mme Dubreuil*, n° 104516 : *Lebon T. 820*.

2. Présidence. Si l'art. L. 712-2 dispose que le président de l'université préside les trois conseils, les statuts de l'établissement peuvent prévoir de confier de manière générale la présidence de ces conseils au vice-président du conseil d'administration en cas d'empêchement temporaire du président de l'université. Pour une application à la présidence du conseil scientifique siégeant en formation restreinte. * Lettre DAJ B1, n° 07-211, 4 juill. 2007 ; *LIJ 2007, n° 118, p. 44.*

3. Élections. V. aussi notes ss. art. L. 712-3.

4. Compétence. Le président de l'université ne peut se substituer au conseil scientifique pour se prononcer sur une demande tendant à obtenir le titre de professeur émérite, alors même que la candidature ne répond pas aux critères préalablement définis par le conseil scientifique pour proposer au conseil d'administration l'attribution de ce titre. • CE 5 mars 2003, *M. Arnoux*, n° 229124 : *Lebon T. 799* ; *AJDA 2003. 1464*.

5. Formation restreinte. Les demandes de congés pour recherches ou conversions thématiques doivent être regardées comme portant sur l'examen de questions relatives au déroulement de la carrière des intéressés. Le conseil scientifique doit, lorsqu'il procède à l'examen du projet présenté par un professeur des universités à l'appui de la demande d'un tel congé, siéger dans une formation restreinte aux membres de ce corps. • CE 26 oct. 2005, *Mme Kartchevsky c/ Univ. de Valenciennes et du Hainaut-Cambrésis*, n° 265382 : *AJDA 2006. 111*.

6. ENSAM. Ces dispositions sont applicables à l'école nationale supérieure des arts et métiers en vertu de l'art. 23 du Décr. du 30 avr. 1990. Dès lors, le conseil scientifique de cette École doit être consulté sur la qualification à donner aux emplois d'enseignants-chercheurs et de chercheurs vacants. • CE 22 févr. 2007, *Mlle Djeridi*, n° 292767 : *LIJ 2007, n° 115, p. 10.*

2. JURISPRUDENCE POSTÉRIEURE À LA LOI DE 2013

7. Collèges électoraux. Étudiants en médecine. Participation à l'élection de la commission de la recherche. A l'occasion de litiges portant sur les élections de cette commission, la question de la participation et de l'éligibilité des internes en médecine divise les juges administratifs depuis que la loi LRU a substitué, au sein de cet article, l'expression doctorants à celle d'étudiants de troisième cycle.

8. Solution de l'exclusion. Certaines juridictions estimaient que le législateur, qui n'assimile pas l'internat en médecine à une formation à la recherche par la recherche au sens de l'art. L. 612-7 C. éduc., n'a pas non plus entendu, en 2007, que les internes soient regardés comme des doctorants pour l'élection des membres de la commission de la recherche. En ce sens : • TA Lille, 11 juin 2014, *M. Martin Mena et Intersyn-*

dicat national des internes, Univ. Lille II, n° 1402464 : *AJDA 2014. 1619, concl. Caille*. • CAA Nantes, 12 mars 2015, n°s 14NT02308 et 14NT02343 : *AJDA 2015. 605*. ♦ Pour la cour, en effet, il résulte de la combinaison de ces dispositions que l'appellation de doctorant au sens de l'art. L. 712-5 ne recouvre que les étudiants préparant le grade de doctorat qui s'insère dans la hiérarchie des grades et titres prévue au 14° de l'art. D. 613-6 pour les disciplines autres que celles de la santé et au 23° de l'art. D. 613-7 pour les disciplines de santé, grade qui est obtenu à l'issue d'une formation de troisième cycle à la recherche et par la recherche dans les conditions définies à l'art. L. 612-7 et organisées dans le cadre d'écoles doctorales et permettant notamment de postuler à un poste d'enseignant-chercheur à l'issue de ce cycle de formation. Elle ajoute qu'il est par ailleurs constant que les internes des disciplines de santé, s'ils sont étudiants en troisième cycle des études médicales prévues au titre III du livre IV C. éduc., ne relèvent pas des dispositions communes du titre Ier du même livre relatives à l'organisation générale des enseignements et notamment de son art. L. 612-7 relatif au troisième cycle et aux formations doctorales. Elle estime, enfin qu'il résulte des travaux préparatoires de la L. du 10 août 2007, qui a substitué aux termes alors en vigueur de « représentants des étudiants de troisième cycle » pour les membres étudiants du conseil scientifique ceux de « représentants des doctorants inscrits en formation initiale ou continue » élus à la commission de la recherche, que le législateur, en adaptant les dispositions nouvelles au dispositif « Licence-Master-Doctorat », n'a pas entendu faire entrer les internes en médecine, étudiants de 3e cycle, au sein de la commission de la recherche mais a entendu les distinguer, en légiférant sur ce point à droit constant, des doctorants relevant du titre II du livre IV et de l'art. L. 612-7 qui sont représentés au conseil scientifique, devenu commission de la recherche par l'effet de la L. du 22 juill. 2013. La cour juge donc qu'il suit de là que, les étudiants de troisième cycle des études médicales se trouvant dans une situation différente des doctorants suivant une formation de troisième cycle relevant de l'art. L. 612-7, le principe d'égalité ne fait pas obstacle à ce qu'ils se trouvent dans une situation différente ne leur permettant pas de participer à l'élection des représentants à la commission de la recherche. Elle conclut que, par suite, la requérante n'est pas fondée à soutenir que les dispositions de l'art. D. 719-6, en ce qu'elles excluent les internes de médecine du collège électoral de la commission de la recherche, méconnaissent le principe d'égalité et l'art. L. 712-5. ♦ Dans le même sens : • CAA Douai, 14 avr. 2015, *Univ. Lille II Droit et santé et a.*, n° 14DA01400 : *AJDA 2015. 1451*.

9. Dans un sens contraire (solution de la participation des internes de médecine). Telle n'a pas été la solution retenue par une autre cour qui rappelait qu'aux termes de l'art. L. 632-4, le diplôme d'État de docteur en médecine est conféré après soutenance avec succès d'une thèse de doctorat. Elle considérait ensuite qu'en l'absence de toute précision de l'art. L. 712-5 sur la portée du terme de « doctorant », celui-ci devait être regardé comme visant l'ensemble des étudiants de troisième cycle candidats au diplôme de docteur d'État, au nombre desquels figurent notamment les internes en médecine qui, en vertu de l'art. L. 632-4, et au terme du troisième cycle des études médicales, reçoivent le diplôme d'État de docteur en médecine après soutenance avec succès d'une thèse de doctorat. Elle estimait, en effet, qu'il ne résulte ni de la lettre de l'art. L. 712-5, ni des travaux parlementaires, que le législateur ait entendu restreindre la catégorie des électeurs « doctorants inscrits en formation initiale ou continue » au collège des usagers de la commission de la recherche, en excluant de ce collège les internes en médecine inscrits en troisième cycle. Par suite, elle en concluait qu'en tant qu'il peut être regardé comme limitant aux seuls étudiants mentionnés au II de l'art. D. 719-4 suivant une formation de troisième cycle relevant de l'art. L. 612-7 C. éduc., dont les dispositions ne concernent pas les internes préparant le diplôme d'État de docteur en médecine, le II de l'art. D. 719-6 a ajouté une condition non prévue par la loi, restreignant ainsi illégalement son champ d'application. Les internes en médecine pouvaient donc légalement participer à l'élection du collège des usagers de la commission de la recherche et étaient, par suite, éligibles à ladite commission. • CAA Versailles, 11 juill. 2014, n° 14VE00712. ♦ Dans le même sens : • TA Montreuil, 21 févr. 2014, n° 1312319 : *AJDA 2014. 938, concl. Roussier*.

10. Internes en médecine. Exclusion. Mettant fin aux différences d'interprétation, le Conseil d'État a estimé qu'il résulte de la combinaison des dispositions des art. L. 612-7, L. 632-4, L. 632-5, D. 613-7 et R. 632-14 que les doctorants pouvant, en application de l'art. L. 712-5, siéger en qualité de représentants des usagers à la commission de la recherche du conseil académique des universités sont seulement les étudiants qui suivent une formation de troisième cycle à la recherche et par la recherche dispensée au sein d'une école doctorale dans les conditions définies à l'art. L. 612-7, c'est-à-dire ceux qui préparent le diplôme du doctorat prévu au 14° de l'art. D. 613-6 pour les disciplines autres que celles de la santé et au 23° de l'art. D. 613-7 pour les disciplines de santé ; que les internes en médecine, qui suivent la formation théorique et pratique prévue par l'art. L. 632-5 en vue d'obtenir le diplôme d'État de docteur en médecine prévu à l'art. L. 632-4 et au 13° de l'art. D. 613-7 et non une formation à la recherche par la recherche, sauf s'ils préparent le doctorat prévu au 23° de l'art. D. 613-7 comme ils peuvent le faire en application de l'art. R. 632-14, ne relèvent donc pas de cette catégorie ; que la représentation des disciplines de santé à la commission de la recherche prévue par l'art. L. 712-4 est assurée par les étudiants préparant le doctorat prévu au 23° de l'art. D. 613-7. Les associations requérantes ne peuvent donc utilement soutenir que le II de l'art. D. 719-6 crée une inégalité de traitement entre les étudiants suivant une formation de troisième cycle relevant de l'art. L. 612-7 et les internes en médecine injustifiée au regard des attributions de la commission de la recherche dès lors que cette différence de traitement résulte de la loi. • CE 10 févr. 2016, *Intersyndicat national des internes*, n° 381709 : *AJDA 2016. 287 ; LIJ 2016, n° 193, p. 5* • CE 10 févr. 2016, *Union nationale des étudiants de France, Univ. Paris XIII, Intersyndicat national des internes et a.*, n° 384473 : *AJDA 2016. 287 ; LIJ 2016, n° 193, p. 5.*

Art. L. 712-6 *(L. n° 2013-660 du 22 juill. 2013, art. 49)* **« La commission de la formation et de la vie universitaire » comprend de vingt à quarante membres ainsi répartis :**

1° De 75 à 80 % de représentants des enseignants-chercheurs et enseignants, d'une part, et des étudiants, d'autre part, les représentations de ces deux catégories étant égales et la représentation des personnes bénéficiant de la formation continue étant assurée au sein de la deuxième catégorie ;

2° De 10 à 15 % de représentants des personnels administratifs, techniques, ouvriers et de service ;

3° De 10 à 15 % de personnalités extérieures *(L. n° 2013-660 du 22 juill. 2013, art. 49)* **« , dont au moins un représentant d'un établissement d'enseignement secondaire.**

« Le directeur du centre régional des œuvres universitaires et scolaires ou son représentant assiste aux séances de la commission de la formation et de la vie universitaire du conseil académique. »

1. Composition. Si la composition du conseil des études et de la vie universitaire comporte une participation des étudiants dans une proportion maximale de 40 % au regard d'une participation égale des enseignants-chercheurs et une participation maximale de 15 % des personnels administratifs, techniques, ouvriers et de service, cette composition, eu égard à la nature et au caractère purement consultatif des attributions de ce conseil, n'est pas de nature à porter atteinte à la liberté et à l'indépendance des enseignants-chercheurs et notamment des professeurs. • Cons. const. 20 janv. 1984, *Loi relative à l'enseignement supérieur*, 83-165 DC : *JO 21 janv., p. 365 ; Rec. Cons. const. 30 ; GDCC n° 35 ; AJDA 1984. 161, note Boulouis ; D. 1984, jurispr. 593, note Luchaire ; Gaz. Pal. 29 déc. 1984, note Hamon ; Rev. adm. 1984. 261, note de Villiers.*

2. Formalité substantielle. Le conseil des études et de la vie universitaire devait être consulté préalablement à l'adoption par le conseil de l'université de la délibération décidant de mettre à la disposition des élus étudiants un local et de leur verser une subvention. Une telle formalité, qui garantit l'examen concerté et pluraliste des demandes des organisations d'étudiants revêt, contrairement à ce que soutient l'université, un caractère substantiel. • CAA Douai, 22 mai 2002, *M. Dantoing*, n° 98DA02264 : *AJDA 2002. 878* • CE 9 avr. 1999, *Univ. de Paris-Dauphine*, n° 154186 : *Lebon T. 814*.

3. Élections. V. aussi notes ss. art. L. 712-3.

Art. L. 712-6-1 *(L. n° 2013-660 du 22 juill. 2013, art. 50)* **I. — La commission de la formation et de la vie universitaire du conseil académique est consultée sur les programmes de formation des composantes.**

Elle adopte :

1° La répartition de l'enveloppe des moyens destinée à la formation telle qu'allouée par le conseil d'administration et sous réserve du respect du cadre stratégique de sa répartition, tel que défini par le conseil d'administration ;

2° Les règles relatives aux examens ;

3° Les règles d'évaluation des enseignements ;

4° Des mesures recherchant la réussite du plus grand nombre d'étudiants ;

5° Les mesures de nature à permettre la mise en œuvre de l'orientation des étudiants et de la validation des acquis, à faciliter leur entrée dans la vie active et à favoriser les activités culturelles, sportives, sociales ou associatives offertes aux étudiants, ainsi que les mesures de nature à améliorer les conditions de vie et de travail, notamment les mesures relatives aux activités de soutien, aux œuvres universitaires et sco-

laires, aux services médicaux et sociaux, aux bibliothèques et aux centres de documentation et à l'accès aux ressources numériques ;

6° Des mesures visant à promouvoir et développer des interactions entre sciences et société, initiées et animées par des étudiants ou des enseignants-chercheurs, au sein des établissements comme sur le territoire de rayonnement de l'établissement ;

7° Les mesures nécessaires à l'accueil et à la réussite des étudiants présentant un handicap ou un trouble invalidant de la santé, conformément aux obligations incombant aux établissements d'enseignement supérieur au titre de l'article L. 123-4-2.

II. — La commission de la recherche du conseil académique répartit l'enveloppe des moyens destinée à la recherche telle qu'allouée par le conseil d'administration et sous réserve du cadre stratégique de sa répartition, tel que défini par le conseil d'administration. *(L. n° 2020-1674 du 24 déc. 2020, art. 34)* « Elle est consultée sur les règles de fonctionnement des laboratoires et les conventions conclues avec les organismes de recherche. » Elle adopte les mesures de nature à permettre aux étudiants de développer les activités de diffusion de la culture scientifique, technique et industrielle.

III. — Le conseil académique en formation plénière est consulté ou peut émettre des vœux sur les orientations des politiques de formation, de recherche, de diffusion de la culture scientifique, technique et industrielle et de documentation scientifique et technique, sur la qualification à donner aux emplois d'enseignant-chercheur et de chercheur vacants ou demandés, sur la demande d'accréditation mentionnée à l'article L. 613-1 et sur le contrat d'établissement. Il propose au conseil d'administration un schéma directeur pluriannuel en matière de politique du handicap, qui couvre l'ensemble des domaines concernés par le handicap. Après avis du comité technique mentionné à l'article L. 951-1-1 du présent code, ce schéma définit les objectifs que l'établissement poursuit afin de s'acquitter de l'obligation *(L. n° 2019-828 du 6 août 2019, art. 90)* « d'emploi de travailleurs handicapés prévue à l'article 33 de la loi n° 83-634 du 13 juillet 1983 portant droits et obligations des fonctionnaires ». Il est consulté sur toutes les mesures visant à garantir l'exercice des libertés universitaires et des libertés syndicales et politiques des étudiants.

IV. — En formation restreinte aux enseignants-chercheurs, il est l'organe compétent, mentionné à l'article L. 952-6 du présent code, pour l'examen des questions individuelles relatives au recrutement, à l'affectation et à la carrière des enseignants-chercheurs. Il délibère sur l'intégration des fonctionnaires des autres corps dans le corps des enseignants-chercheurs et sur le recrutement ou le renouvellement des attachés temporaires d'enseignement et de recherche. Lorsqu'il examine en formation restreinte des questions individuelles relatives aux enseignants-chercheurs, autres que les professeurs des universités, il est composé à parité d'hommes et de femmes et à parité de représentants des professeurs des universités et des autres enseignants-chercheurs, dans des conditions précisées par décret.

V. — Les décisions du conseil académique comportant une incidence financière sont soumises à approbation du conseil d'administration.

Sur la composition de la formation restreinte du conseil académique des universités, V. ci-dessous Décr. n° 2014-780 du 7 juill. 2014.

BIBL. ► GUISELIN, Les sept vies du conseil académique restreint, *AJDA 2015. 1505*.

1. Conseil académique. Formation restreinte. Règle de la double parité. Principe d'indépendance des enseignants-chercheurs. Absence d'atteinte. Une question prioritaire de constitutionnalité (QPC) contestant la disposition du Décr. n° 2014-780 du 7 juill. 2014 imposant, au sein de la formation restreinte du conseil académique la règle appelée de la « double parité » par laquelle le président du conseil académique choisit les membres élus qui composent la formation restreinte dans le respect du principe de la double parité. Au vu de la composition réelle de ces conseils, cette disposition conduit à écarter des hommes du fait de leur sexe. Le Conseil constitutionnel rejette les arguments considérant, notamment, que le 3e al. de l'art. 3 de la Constitution, qui dispose que le suffrage est toujours universel, égal et secret, ne s'applique qu'aux élections à des mandats et fonctions politiques et que la garantie du principe d'indépendance des enseignants-chercheurs n'est pas affectée dès lors que ces dispositions ne remettent pas en cause la règle selon laquelle cette formation est, en vertu de la première phrase du paragraphe IV de l'art. L. 712-6-1, composée exclusivement d'enseignants-chercheurs élus au conseil académique. • Cons. const. 24 avr. 2015, *Conférence des présidents d'université*, n° 2015-465 QPC : *AJDA 2015. 836 ; ibid. 1552, note Legrand ; D. 2015. 926 ; Constitutions*

2015. 262, chron. Le Bot ; *AEF 24 avr. 2015, Dépêche n° 499531, comm. Piovezan.* – Pour les concl. V. : *AEF 2015, Dépêche n° 494881, comm. Cordonnier.* ♦ Le Conseil d'État, dans un arrêt du 13 févr. 2015, avait estimé la question sérieuse et, en particulier, admis le risque d'une « incompétence négative » du législateur qui affectait gravement, si elle se confirmait, le principe d'égalité du suffrage. • CE 13 févr. 2015, *Conférence des présidents d'université,* n° 386118 : *AJDA 2015. 315* ; *AEF 24 avr. 2015, Dépêche n° 499531, comm. Piovezan.*

2. Conseil académique. Formation restreinte. Différence de traitement entre enseignants-chercheurs. Égalité de traitement. Absence d'atteinte. Sur les griefs tirés de l'atteinte au principe d'égalité devant la loi, le conseil rappelle que ce principe ne s'oppose ni à ce que le législateur règle de façon différente des situations différentes ni à ce qu'il déroge à l'égalité pour des raisons d'intérêt général, pourvu que, dans l'un et l'autre cas, la différence de traitement qui en résulte soit en rapport direct avec l'objet de la loi qui l'établit. Il considère que la différence de traitement entre enseignants-chercheurs membres du conseil académique selon qu'ils participent ou non à la formation restreinte a pour objet de favoriser l'égal accès des femmes et des hommes aux responsabilités professionnelles et donc que le législateur a ainsi assuré la conciliation entre cet objectif et le principe d'indépendance des enseignants-chercheurs. Il considère, en second lieu, qu'en imposant une composition à parité d'hommes et de femmes de la formation restreinte du conseil académique lorsqu'elle examine des questions individuelles relatives aux enseignants-chercheurs membres d'un autre corps que celui des professeurs d'université, sans imposer une telle parité pour la formation restreinte du conseil académique lorsqu'elle examine des questions individuelles relatives aux professeurs des universités, le législateur a traité différemment des situations différentes et estime donc que cette différence de traitement est en rapport avec l'objet de la loi qui l'établit. Pour ces raisons, les griefs tirés d'une atteinte au principe d'égalité devant la loi sont donc écartés. • Cons. const. 24 avr. 2015, *Conférence des présidents d'université,* n° 2015-465 QPC : *préc. note 1.*

3. Promotions. Professeur handicapé. Appréciation des mérites. Illégalité. Dans une affaire où un professeur d'université de première classe, atteint d'un handicap lourd suite à un accident de circulation, demandait au tribunal, à titre principal, d'annuler la décision par laquelle le président de l'université avait refusé de procéder au retrait de la délibération par laquelle le conseil d'administration de cette université n'avait pas retenu sa candidature au titre de la promotion au grade de professeur de classe exceptionnelle, le juge estime qu'il appartient au conseil académique dans sa formation restreinte, pour apprécier les mérites d'un candidat qui a la qualité de travailleur handicapé, de prendre en considération son handicap et les contraintes qui en résultent pour l'exercice de son emploi, et d'apprécier sa valeur et ses mérites professionnels, au vu de ses activités, de ses capacités et de ces contraintes, avant de les comparer aux mérites des autres candidats non atteints d'un handicap. Le handicap dont est atteint un professeur d'université doit donc être pris en compte pour l'examen de sa candidature pour une promotion à la classe exceptionnelle. • TA Paris, 12 oct. 2016, n°s 1519578 et 1602572.

4. Promotions. Professeur handicapé. Appréciation des mérites. Mode opératoire. En l'espèce, le requérant avait été reconnu travailleur handicapé par la commission des droits et de l'autonomie des personnes handicapées et ses fonctions avaient été aménagées en conséquence. Dispensé des activités d'enseignement en présentiel, il n'était pas sérieusement contesté en défense qu'en raison des contraintes résultant de son handicap, il ne pouvait être chargé du suivi d'un nombre limité d'étudiants ; il n'était pas davantage sérieusement contesté qu'il avait assuré des activités visant à la diffusion de ses travaux et au rayonnement de l'université ; que dans ces conditions, il appartenait au conseil académique en formation restreinte d'apprécier la valeur professionnelle du requérant, au vu des contraintes sur son activité qui résultent de son handicap, puis de rechercher si celui-ci aurait pu justifier un avancement au grade de la classe exceptionnelle, comparativement aux mérites des autres candidats, qui, quant à eux, devaient être appréciés au regard de ce qui peut être attendu de professeurs d'université dépourvus de handicap. • TA Paris, 12 oct. 2016, n°s 1519578 et 1602572.

5. Mutations. Décision défavorable. Motivation. Dans une affaire où le requérant contestait l'avis défavorable émis par le conseil académique de l'université au sujet de sa demande de mutation pour rapprochement de conjoints (Décr. n° 2014-997 du 2 sept. 2014 réintroduisant une procédure de mutation indépendante de la procédure concurrentielle de recrutement), le juge estime que l'avis défavorable du conseil académique constitue une décision susceptible de recours qui doit, dès lors, être motivée. • CE 9 mars 2016, n° 391508 B : *AJDA 2016. 521* ; *AJFP 2016. 2* ; *LIJ 2016, n° 193, p. 13.*

6. Compétence. Opposabilité des règlements d'examen. Une université n'étant pas en mesure de justifier de l'existence d'un règlement d'examen, régulièrement approuvé par la CFVU et régulièrement porté à la connaissance des étudiants au titre de l'année universitaire en cause, celui-ci n'est pas opposable aux candidats. La délibération du jury d'examen refusant la validation d'une unité d'enseignement est de ce fait entachée d'illégalité. • CAA Versailles, 31 août 2020, n° 18VE00218 : *LIJ 2021, n° 213, p. 9.*

7. Compétence. Master. Sélection. Définition des modalités. Absence. Saisi par une étudiante dont l'inscription en master 2 à capacité d'accueil limitée avait été refusée, le juge précise que le CFVU n'est pas une autorité compétente pour définir ces modalités d'accueil. En l'espèce, si l'université Montpellier III avait produit une délibération de la commission de formation et de la vie universitaire du conseil académique adoptant les modalités de sélection pour l'accès au master 2 pour lesquelles des capacités d'accueil avaient été fixées, aucune des pièces produites au dossier ne permettait d'établir que le CA se serait prononcé sur ces modalités. Le juge estime que, dès lors, le moyen tiré de ce que les modalités de sélection pour l'accès au master 2, sur la base desquelles la candidature de la requérante a été rejetée, n'ont pas été définies par une autorité compétente est, en l'état de l'instruction, propre à créer un doute sérieux quant à la légalité de cette décision. • TA Montpellier, 5 oct. 2016, n° 1604619.

8. Contrôle des connaissances. Charte des examens. Applicabilité. Saisie par un membre du jury des examens d'une université, le juge rappelle que la charte des examens de l'université, bien que se référant à une année universitaire particulière, est applicable au-delà de cette seule année universitaire, tant qu'elle n'a pas été abrogée. En l'espèce, la règle de double validation des unités d'enseignement théorique et pratique, reprise dans la charte des examens de l'année suivante et dans le règlement de contrôle des connaissances du master concerné, avait été communiquée aux étudiants de ce master au début de l'année universitaire suivante. La cour a estimé que même si cette charte et ce règlement n'avaient pas été adoptés par la CFVU de l'université au plus tard à la fin du premier mois de l'année universitaire suivante, le jury pouvait néanmoins appliquer légalement la règle de la double validation des unités d'enseignement théorique et pratique pour l'obtention de la première année du master en cause lors de l'année universitaire suivante. • CAA Nantes, 8 nov. 2019, n° 18NT02173 : *LIJ 2020, n° 209, p. 4.*

9. Contrôle des connaissances. Université bloquée. Modalités dérogatoires. Urgence à statuer. Absence. En raison d'un mouvement de grève avec blocages au sein de l'université Paul-Valéry Montpellier 3, blocages qui ont concerné tant les locaux de l'université que les locaux extérieurs dans desquels devaient se dérouler les examens ne pouvant se tenir sur le site de l'université, les modalités prévues par le règlement des études n'ont pu être respectées dans leur intégralité. Devant cette situation d'urgence, qui n'est pas due à l'université elle-même, de nouvelles modalités ont été définies pour certains examens pour permettre aux étudiants de bénéficier des évaluations prévues dans le cadre de leur formation, condition indispensable à l'obtention des diplômes délivrés par l'université, ces nouvelles modalités prévoyant, notamment, que certains examens puissent se dérouler « à distance », le sujet étant envoyé aux étudiants par courriel et les copies devant être déposées sur un site internet. Une association et un syndicat requérants contestent la légalité de la décision et demandent la suspension de la mesure. Le juge des référés estime que « l'intérêt public qui s'attache à l'accomplissement des missions de l'université, au nombre desquelles figure, notamment, la délivrance des « diplômes nationaux ou des diplômes d'établissement sanctionnant les connaissances, les compétences ou les éléments de qualification professionnelle acquis », commande que les contrôles des connaissances préalables à l'obtention des diplômes délivrés par l'université soient organisés et fait ainsi obstacle à la suspension de l'exécution de la « décision de modifier les règles des examens dans leurs dates et leur modalité ». La requête est rejetée. • TA Montpellier, ord., 18 avr. 2018, n° 1801653.

10. Crise sanitaire. Modalités de contrôle des connaissances. Modifications apportées par le président. Absence de délibération du CFVU. Saisi d'une demande tendant à obtenir la suspension de l'arrêté du président de l'université de Bretagne-Sud (UBS) de modifier le régime de contrôle des connaissances en raison du confinement lié à l'épidémie de covid-19, sans que soit réunie la CFVU, le juge des référés rappelle les dispositions de l'Ord. n° 2020-351 du 27 mars 2020 qui prévoit qu'en cas d'impossibilité avérée pour cet organe collégial de délibérer à brève échéance, y compris de manière dématérialisée, les adaptations peuvent être arrêtées par le chef d'établissement sous réserve d'en informer par tout moyen et dans les meilleurs délais l'organe collégial. En l'espèce, le juge estime que l'UBS justifiait de l'impossibilité de réunir cet organe : absence de doute sérieux quant à la légalité de la décision prise par le président. • TA Rennes, ord., 15 juin 2020, n° 2002210 : *LIJ 2020, n° 212, p. 9.*

Décret n° 2014-780 du 7 juillet 2014,

Relatif à la composition de la formation restreinte du conseil académique des universités.

Art. 1er Lorsque la composition de la formation restreinte du conseil académique de l'université ne permet pas le respect des dispositions du IV de l'article L. 712-6-1 du code de l'éducation, le président du conseil académique choisit parmi les membres élus de cette formation ceux appelés à constituer la formation restreinte compétente pour examiner les questions individuelles relatives aux enseignants-chercheurs autres que les professeurs des universités.

La proposition du président comporte le plus grand nombre de personnes possible choisies parmi les membres élus remplissant les conditions pour siéger dans la formation restreinte précitée afin d'assurer le respect des dispositions du IV de l'article L. 712-6-1 du code de l'éducation. Elle est adressée aux membres de la formation restreinte du conseil académique de l'université.

Les membres de la formation restreinte peuvent faire une proposition alternative, dans le respect de l'alinéa précédent. Cette proposition est formulée dans un délai de quinze jours à compter de la réception par les membres de la formation restreinte du conseil académique de la proposition du président.

Si aucune autre proposition n'est transmise au président dans le délai mentionné ci-dessus, la proposition du président est retenue.

Si une ou plusieurs autres propositions sont transmises, elles sont soumises, ainsi que la proposition du président, au vote des membres de la formation restreinte du conseil académique de l'université.

La proposition retenue est celle qui a obtenu la majorité absolue des suffrages exprimés. Si la majorité absolue n'est pas obtenue au premier tour, il est procédé à un second tour. Au second tour, la proposition retenue est celle qui recueille la majorité des suffrages exprimés. En cas d'égalité de suffrages entre les propositions arrivées en tête lors de ce deuxième tour, le président du conseil académique choisit la liste retenue parmi celles-ci.

Art. 2. Le présent décret entre en vigueur le 1er septembre 2014.

Art. L. 712-6-2 Le pouvoir disciplinaire à l'égard des enseignants-chercheurs *(L. nº 2019-828 du 6 août 2019, art. 33)* « et enseignants » est exercé en premier ressort par le conseil *(L. nº 2013-660 du 22 juill. 2013, art. 51)* « académique » de l'établissement constitué en section disciplinaire.

Le président de la section disciplinaire est un professeur des universités ; il est élu en leur sein par l'ensemble des enseignants-chercheurs membres de la section.

(L. nº 2014-873 du 4 août 2014, art. 53) « La récusation d'un membre d'une section disciplinaire peut être prononcée s'il existe une raison objective de mettre en doute son impartialité. L'examen des poursuites peut être attribué à la section disciplinaire d'un autre établissement s'il existe une raison objective de mettre en doute l'impartialité de la section. La demande de récusation ou de renvoi à une autre section disciplinaire peut être formée par la personne poursuivie, par le président ou le directeur de l'établissement, par le recteur *(L. nº 2019-791 du 26 juill. 2019, art. 54)* « de région académique » ou par le médiateur académique.

« En cas de renvoi des poursuites devant la section disciplinaire d'un autre établissement, l'établissement d'origine prend en charge, s'il y a lieu, les frais de transport et d'hébergement des témoins convoqués par le président de la section disciplinaire, dans les conditions prévues pour les déplacements temporaires des personnels civils de l'État. »

Un décret en Conseil d'État précise la composition *(L. nº 2013-660 du 22 juill. 2013, art. 49)* « , qui respecte strictement la parité entre les hommes et les femmes », les modalités de désignation des membres et le fonctionnement de la section disciplinaire. Il fixe les conditions selon lesquelles le conseil *(L. nº 2013-660 du 22 juill. 2013, art. 51)* « académique » complète la composition de la section disciplinaire lorsque le nombre de représentants élus des enseignants-chercheurs et enseignants ne permet pas la constitution des différentes formations de jugement et désigne le membre de chacun des corps ou catégories de personnels non titulaires qui ne sont pas représentés au sein de la section disciplinaire. *(L. nº 2014-873 du 4 août 2014, art. 53)* « Il détermine également les conditions dans lesquelles la récusation d'un membre d'une section disciplinaire ou l'attribution de l'examen des poursuites à la section disciplinaire d'un autre établissement sont décidées. » Certaines sections peuvent être communes à plusieurs établissements, notamment en cas *(L. nº 2013-660 du 22 juill. 2013, art. 51)* « d'association prévue à l'article L. 718-16 ». – *V. art. R. 811-10 s.*

Ancien art. L. 712-6-2 *Le pouvoir disciplinaire à l'égard des enseignants-chercheurs, enseignants et usagers est exercé en premier ressort par le conseil (L. n° 2013-660 du 22 juill. 2013, art. 51) « académique » de l'établissement constitué en section disciplinaire.*

Le président de la section disciplinaire est un professeur des universités ; il est élu en leur sein par l'ensemble des enseignants-chercheurs membres de la section.

(L. n° 2014-873 du 4 août 2014, art. 53) « La récusation d'un membre d'une section disciplinaire peut être prononcée s'il existe une raison objective de mettre en doute son impartialité. L'examen des poursuites peut être attribué à la section disciplinaire d'un autre établissement s'il existe une raison objective de mettre en doute l'impartialité de la section. La demande de récusation ou de renvoi à une autre section disciplinaire peut être formée par la personne poursuivie, par le président ou le directeur de l'établissement, par le recteur (L. n° 2019-791 du 26 juill. 2019, art. 54) « de région académique » ou par le médiateur académique.

« En cas de renvoi des poursuites devant la section disciplinaire d'un autre établissement, l'établissement d'origine prend en charge, s'il y a lieu, les frais de transport et d'hébergement des témoins convoqués par le président de la section disciplinaire, dans les conditions prévues pour les déplacements temporaires des personnels civils de l'État. »

Un décret en Conseil d'État précise la composition (L. n° 2013-660 du 22 juill. 2013, art. 49) « , qui respecte strictement la parité entre les hommes et les femmes », les modalités de désignation des membres et le fonctionnement de la section disciplinaire. Il fixe les conditions selon lesquelles le conseil (L. n° 2013-660 du 22 juill. 2013, art. 51) « académique » complète la composition de la section disciplinaire lorsque le nombre de représentants élus des enseignants-chercheurs et enseignants ne permet pas la constitution des différentes formations de jugement et désigne le membre de chacun des corps ou catégories de personnels non titulaires qui ne sont pas représentés au sein de la section disciplinaire. (L. n° 2014-873 du 4 août 2014, art. 53) « Il détermine également les conditions dans lesquelles la récusation d'un membre d'une section disciplinaire ou l'attribution de l'examen des poursuites à la section disciplinaire d'un autre établissement sont décidées. » Certaines sections peuvent être communes à plusieurs établissements, notamment en cas (L. n° 2013-660 du 22 juill. 2013, art. 51) « d'association prévue à l'article L. 718-16 ». — V. art. R. 811-10 s.

L'ancien art. demeure applicable aux procédures en cours à la date de publication de la L. n° 2019-828 du 6 août 2019, ainsi qu'aux appels formés contre les décisions disciplinaires intervenues avant la date de publication de ladite loi devant le Conseil national de l'enseignement supérieur et de la recherche (L. préc., art. 94).

BIBL. ▸ Parent, La possibilité d'anonymiser des témoignages dans le cadre d'une procédure disciplinaire dirigée contre un enseignant-chercheur, *LIJ 2013, n° 180, p. 21.* – Poupeau, La composition de l'instance disciplinaire compétente à l'égard des usagers des universités régularisée par décret, *AJDA 2013. 1658* ∅. – Sauvageot, Réflexions sur le degré de juridictionnalisation des instances disciplinaires universitaires, *RFDA 2002. 968* ∅. – Vedel, Réflexions sur la justice universitaire, *Mél. Trotabas, LGDJ 1970. 559.*

V. aussi notes de jurispr. ss. art. L. 232-2 et L. 952-7.

1. *Responsabilité de l'État.* La justice est rendue de façon indivisible au nom de l'État. Il n'appartient dès lors qu'à celui-ci de répondre, à l'égard des justiciables, des dommages pouvant résulter pour eux de l'exercice de la fonction juridictionnelle assurée, sous le contrôle du Conseil d'État, par les juridictions administratives. Il en va ainsi alors même que la loi a conféré à des instances relevant d'autres personnes morales compétence pour connaître, en premier ressort ou en appel, de certains litiges. Par suite, seule la responsabilité de l'État peut être engagée du fait de la sanction que le conseil d'administration d'une université, constitué en formation disciplinaire, a infligé à un agent. • CE, sect., 27 févr. 2004, ⚖ *Mme Popin,* n° 217257 : *Lebon T. 714* ∅ ; *AJDA 2004. 672, concl. Schwartz* ∅ ; *D. 2004. 1922, note Legrand* ∅.

2. *Procédure disciplinaire. Illégalité du Décr. n° 92-657 du 13 juill. 1992 (art. 6, 8, 26 et 27 relatifs à la section disciplinaire compétente à l'égard des usagers des universités).* L'université Paris I-Panthéon Sorbonne avait demandé au Premier ministre d'abroger ou de modifier le Décr. n° 92-657 du 13 juill. 1992, notamment ses art. 6, 8, 26 et 27 relatifs à la section disciplinaire compétente à l'égard des usagers des universités, afin de tirer les conséquences de l'entrée en vigueur des dispositions de la L. du 10 août 2007 relative aux libertés et responsabilités des universités, qui modifient la composition des conseils d'administration des universités, sur la régularité de la procédure disciplinaire applicable à ces usagers. Le Conseil d'État constate que la section disciplinaire du conseil d'administration compétente pour les usagers ne comprend, parmi ses membres, qu'un seul professeur des universités qui la préside tout en siégeant dans sa commission d'instruction. Il estime qu'ainsi cette commission, qui examine la situation de l'usager visé par une procédure disciplinaire, compte en son sein l'autorité qui préside ensuite l'instance disciplinaire et que cette circonstance est de nature à vicier les procédures disciplinaires dont font l'objet les usagers des universités. Par suite, l'université Paris I-Panthéon Sorbonne est fondée à demander l'annulation de la décision implicite du Premier ministre rejetant sa demande de modification du Décr. du 13 juill. 1992 pour adapter la procédure disciplinaire à la nouvelle composition du conseil d'administration des universités. Il enjoint le premier ministre de prendre les mesures nécessaires pour assurer la régularité de la procédure disciplinaire applicable aux usagers des universités. • CE 17 juill. 2013, *Univ. Paris I-Panthéon Sorbonne*, n° 361614 : *AJDA 2013. 1542* ; *AEF, Dépêche n° 186886, 12 sept. 2013, comm. Toulemonde* (Le Décr. du 19 août 2013 supprime la formation restreinte et prévoit que la section disciplinaire statuant à l'égard des usagers comprenne désormais toujours deux professeurs : un pour la présider et l'autre pour participer à la commission d'instruction : C. éduc., art. R. 712-14).

3. Procédure disciplinaire. Sanction de radiation illégale d'un professeur des universités. Retrait. Dans une affaire disciplinaire où un professeur d'université avait été condamné à une peine d'emprisonnement avec sursis et dont les mentions portées au bulletin n° 2 du casier judiciaire avaient été reconnues par le ministre incompatibles avec l'exercice de ses fonctions, le Conseil d'État relève que la section disciplinaire du conseil d'administration de l'université, compétente à cette date, s'était bornée à émettre un avis suivant lequel « les faits qui sont à l'origine de la condamnation pénale et les mentions portées au bulletin n° 2 du casier judiciaire de M. X sont incompatibles avec l'exercice de ses fonctions de professeur d'université ». Il considère dès lors qu'en l'absence d'une décision de la section disciplinaire prononçant une sanction disciplinaire, la ministre avait pu légalement se fonder, pour retirer son arrêté, sur le motif tiré de ce que la procédure disciplinaire applicable aux professeurs des universités n'avait pas été respectée. Le Conseil d'État rappelle en outre qu'une décision individuelle de radiation des cadres illégale, décision défavorable qui n'est créatrice de droits ni pour l'intéressé ni pour des tiers, peut être légalement retirée sans condition de délai par son auteur. • CE 5 déc. 2016, n° 380763 : *Lebon T.* ; *AJDA 2016. 2353* ; *LIJ 2017, n° 196, p. 11.*

4. Procédure disciplinaire. Frais de déplacement des témoins. Prise en charge. Absence. Les frais de déplacement exposés par les témoins entendus par la commission d'instruction ne peuvent, en l'absence de dispositions expresses le prévoyant, être pris en charge au titre des dispositions du Décr. du 3 juill. 2006. En effet, dans la mesure où ces témoins sont entendus par un organe qui a la qualité d'instance juridictionnelle, ils n'entrent pas dans le champ de l'art. 1er de ce décr., qui rend ce dernier applicable aux personnes qui participent aux organismes consultatifs ou qui interviennent pour le compte des établissements. La DAJ rappelle que les témoins entendus par les juridictions administratives ne sont pas indemnisés pour les frais qu'ils sont, le cas échéant, amenés à engager. * Lettre DAJ B1 n° 2012-325 du 9 oct. 2012 : *LIJ 2012, n° 170, p. 23.*

5. Procédure disciplinaire. Réouverture de l'instruction. Production de pièces nouvelles. Aux termes des dispositions du 3e al. de l'art. 27 du Décr. du 13 juill. 1992, le président ordonne la réouverture de l'instruction dans le cas où la juridiction est saisie de nouveaux éléments. Si le président de la section disciplinaire estime, au vu des pièces antérieurement produites et des éléments figurant dans le rapport d'instruction, que ces pièces nouvelles n'apportent pas de « nouveaux éléments » à l'affaire, il n'est pas tenu d'ordonner la réouverture de l'instruction, les pièces en cause devant toutefois, ainsi que le précise le 1er al. de l'art. 27 du Décr. du 13 juill. 1992, être tenues « à la disposition de la personne déférée et de l'autorité qui a engagé les poursuites, de leur conseil et des membres de la formation appelée à juger ». La DAJ rappelle toutefois qu'une annulation juridictionnelle de la décision rendue par la section disciplinaire du conseil d'administration pourrait découler d'une appréciation inexacte du caractère que présentent ces pièces nouvelles.* Lettre DAJ B1 n° 2012-325 du 9 oct. 2012 : *LIJ 2012, n° 170, p. 23.*

6. Recours en cassation. Une université qui a été partie dans l'instance dans laquelle le Conseil supérieur de l'éducation nationale a annulé les décisions de la section disciplinaire de cette université a qualité pour former un recours en cassation devant le Conseil d'État contre la décision du Conseil supérieur de l'éducation nationale. • CE, sect., 17 janv. 1992, *Univ. de Dijon c/ Mmes Picard et Brachet*, nos 68756 et 68757 : *Lebon 24*. – V. aussi notes ss. art. L. 232-2 et L. 613-1.

7. Nature de la décision. Dans une affaire où l'université de la Nouvelle-Calédonie demandait au Conseil d'État d'annuler l'arrêté par lequel la ministre avait retiré un arrêté radiant un enseignant-chercheur du corps des professeurs des universités, le juge précise qu'une telle décision, qui revêt en l'espèce le caractère d'une décision individuelle défavorable illégale et n'est créatrice de droits ni pour l'intéressé ni pour des tiers, peut être légalement retirée sans délai par son auteur. • CE 5 déc. 2016, n° 380763 : *préc. note 3.*

8. Section disciplinaire. Compétence. Dans la même affaire, le juge estime qu'il résulte des dispositions de l'art. L. 712-4, dans sa rédaction en vigueur à l'époque des faits, que le pouvoir disciplinaire à l'égard des professeurs d'université est exercé en premier ressort par le conseil d'administration constitué en section disciplinaire ; qu'il incombe à cette section disciplinaire, à l'issue d'une procédure contradictoire, de prononcer une décision qui a un caractère juridictionnel et est susceptible d'appel devant le Conseil national de l'enseignement supérieur et de la recherche, statuant en formation disciplinaire. • CE 5 déc. 2016, n° 380763 : *préc. note 3*

Art. L. 712-7 **Les conseils de l'université, lorsqu'ils traitent de questions concernant directement une école, un institut, une unité ou un service commun, en entendent le directeur.** – *[L. n° 84-52 du 26 janv. 1984, art. 25, al. 4.]*

SECTION II RESPONSABILITÉS ET COMPÉTENCES ÉLARGIES

(L. n° 2007-1199 du 10 août 2007, art. 18)

COMMENTAIRE

RESPONSABILITÉS ET COMPÉTENCES ÉLARGIES

Depuis de nombreuses années, les responsables universitaires, notamment les présidents rassemblés au sein de la CPU, réclamaient des avancées. Sur le plan financier, le budget des établissements (art. L. 719-5 ; Décr. n° 94-39 du 14 janv. 1994, instruction codificatrice n° 05-027 M9-3 du 30 mai 2005) donnait une vision partielle de leur activité : l'idée de « budget global » intégrant la masse salariale apparaissait comme une première revendication. La rigidité des règles de la fonction publique appliquée aux personnels appelait des inflexions en termes de gestion des ressources humaines (gestion prévisionnelle, recrutement, gestion de la masse salariale et performance...) ; certains voulaient en outre moderniser la gestion du patrimoine en souhaitant que les universités puissent exercer toutes les prérogatives du propriétaire... Ces demandes se heurtaient à la diversité des établissements. Si les grandes universités reconnues sur le plan international pour leur recherche, les universités moyennes mais performantes en termes de professionnalisation et les petites universités de proximité n'ont à l'évidence ni les mêmes contraintes, ni les mêmes atouts, toutes souhaitaient un surcroît d'autonomie.

La loi n° 2007-1199 du 10 août 2007, dite LRU, a mis en place une nouvelle organisation qui devait être opérationnelle dans le délai d'un an ; elle confie de nouvelles compétences aux établissements ; certaines s'appliquaient dès sa publication, d'autres furent effectives au moment de la mise en place du nouveau conseil d'administration, soit automatiquement (mise en place des comités de sélection, création des fondations, orientation active), soit sur demande des établissements (gestion des biens immobiliers). Un délai de cinq ans était enfin prévu pour les dispositions les plus importantes, laissant ainsi un laps de temps suffisant pour que les établissements assument la nouvelle donne ; elles pouvaient toutefois faire l'objet d'une application anticipée, un arrêté des ministres chargés de l'enseignement supérieur et du budget constituant une réponse positive de l'État à la demande de l'établissement.

L'article 15 de l'ordonnance n° 2018-1131 du 12 décembre 2018 permettant d'expérimenter de nouvelles formes de regroupement précise que si l'établissement public expérimental (EPE) est substitué à au moins un établissement bénéficiant des RCE, il en bénéficie à son tour dès l'entrée en vigueur du décret portant approbation de ses statuts ; il en est de même lorsqu'un EPE et l'un de ses établissements composantes sont issus d'un établissement bénéficiant des RCE ; par contre, un avis conforme du ministre du budget est nécessaire si seule la moitié des établissements regroupés en bénéficie.

L'article 18 de la loi LRU ajoute au code (livre VII, titre I, chapitre II) une section intitulée « Responsabilités et compétences élargies » comprenant les articles L. 712-8, L. 712-9 et L. 712-10 (budget global) ; l'article 19 ajoute un chapitre IV au titre V du livre IX comprenant les articles L. 954-1 à L. 954-3 (GRH) ; l'article 28 introduit une section V intitulée « Autres dispositions communes », dans laquelle figurent les articles L. 719-12 et L. 719-13 sur les fondations et L. 719-14 sur le patrimoine et les ressources des établissements.

L'idée générale était d'accroître les possibilités d'action des établissements, en leur donnant des ressources nouvelles (l'art. L. 719-4, citant les diverses ressources, intègre celles provenant des fondations) et renforçant leur autonomie de décision (ainsi l'art. 27, modifiant l'art. L. 711-1, permet aux établissements de prendre des participations et de créer des filiales en supprimant la formule « dans la limite de leurs ressources disponibles dégagées par ces activités » et non plus sur les seules ressources de valorisation).

Le Conseil constitutionnel a considéré que la différence de traitement qui peut résulter pour les enseignants-chercheurs du fait que leur université de rattachement dispose ou non des responsabilités et compétences élargies introduit une différence de traitement transitoire qui ne constitue pas une atteinte à l'égalité de traitement (Cons. const. 6 août 2010, *M. Jean C. et a.*, n° 2010-20/21 QPC).

NOUVELLES COMPÉTENCES POUR LA GESTION FINANCIÈRE

LE « BUDGET GLOBAL » (art. 18, art. L. 712-9 et L. 712-10)

Si les universités en tant qu'établissements publics bénéficient de l'autonomie administrative et financière, leur budget propre (régi par le Décr. n° 94-39 du 14 janv. 1994) ne reflétait que très partiellement le coût du service rendu. En effet, l'enseignement supérieur, service public national, est largement financé par l'État dont les crédits, notamment ceux constituant la masse salariale, restaient prévus et autorisés par les lois de finances mises en application par les autorités de l'État. Autrefois contenus dans différents chapitres budgétaires, ces crédits d'État figurent, depuis la mise en œuvre de la loi organique relative aux lois de finances du 1er août 2000, dans le programme 150 de la mission « recherche et enseignement supérieur ». Les établissements, dans la mesure où l'État maîtrise leur activité opérationnelle et financière, sont aujourd'hui considérés comme des ***« opérateurs de l'État »*** ; aussi doivent-ils tout mettre en œuvre pour atteindre les objectifs du programme. Leur performance dépend essentiellement de l'action de leurs personnels, enseignants-chercheurs et IATOS rémunérés sur le titre II, auxquels s'ajoutent les agents rémunérés sur ressources propres. La logique de l'autonomie appelle le regroupement dans un même cadre de l'ensemble des ressources ; celle de la LOLF passe par un approfondissement de la démarche contractuelle et par la transformation du contrat quadriennal en contrat d'objectifs.

Aussi la loi LRU a-t-elle prévu que *« le contrat pluriannuel d'établissement conclu par l'université et l'État prévoira pour chaque année, sous réserve des crédits inscrits en loi de finances, le montant global de la dotation de l'État »*, en distinguant crédits de fonctionnement, crédits d'investissement et masse salariale (constituée de crédits limitatifs inscrits au titre II du programme et assortis du plafond d'emplois autorisé pour le ministère chargé de l'enseignement supérieur ; art. L. 712-9, al. 1) ; chaque contrat fixe la part maximale utilisable pour rémunérer les contractuels recrutés en application de l'article L. 954-3 afin d'exercer des fonctions techniques, administratives ou d'enseignement et/ou de recherche (art. L. 712-9, al. 2).

La gestion de la masse salariale impose la mise en place d'outils de suivi régulier. L'établissement doit informer régulièrement le ministre grâce aux instruments d'audit interne et de pilotage financier et patrimonial dont il se dote dans des conditions précisées par décret (art. L. 712-9, al. 3).

Le pilotage et la maîtrise de la masse salariale des universités (IGF/IGAENR avr. 2019) amène les établissements à prendre des mesures de redressement en cas de difficulté financière. Si la méthode la plus courante est alors le gel des emplois (avec recours aux heures complémentaires et risque de dégradation de la qualité des formations et de la recherche) une mission des inspections générales préconise de jouer sur la « structure d'emploi » (repyramidage ; modification de la structure des emplois ; recours aux contractuels ; opportunité des départs à la retraite ; optimisation le temps de travail des Biats ; régulation de l'offre de formation), ensemble de mesures pouvant elles aussi avoir des effets négatifs sur la qualité du service.

Comme les comptes de l'État, ceux de ses opérateurs font l'objet d'une certification annuelle réalisée non par la Cour des comptes mais par un commissaire aux comptes (art. L. 712-9, al. 4) ; les unités et services communs sont associés à l'élaboration du budget ; ils reçoivent une dotation de fonctionnement arrêtée par le conseil d'administration de l'université (art. L. 712-10).

Le décret n° 2008-618 du 27 juin 2008 est, lui, relatif au budget et au régime financier des établissements publics à caractère scientifique, culturel et professionnel (EPSCP) bénéficiant des responsabilités et compétences élargies (RCE). Il reste dans le cadre de la comptabilité publique (art. 1) et prend en considération tant les principes de la LOLF que les dispositions financières de la loi LRU. Il s'inscrit dans une logique d'« autonomie contrainte », encadrée par les dispositions visant à assurer l'équilibre budgétaire (art. 9) susceptibles de restreindre la liberté d'emploi des crédits (ainsi, pour le fonds de roulement, le conseil d'administration ne peut autoriser un prélèvement que pour les opérations d'investissements, à moins qu'il ne reçoive une autorisation du recteur de région académique – art. 9 ; de même, le recours à l'emprunt est soumis à l'approbation du recteur de région académique et du trésorier-payeur général – art. 40 ; art. L. 719-5 ; possibilité interdite aux EPSCP comme aux EPST, opérateurs de l'État depuis la loi de programmation budgétaire 2010-2024), et les dispositions dérivant de la loi organique relative aux lois de finances (nomenclature arrêtée par le ministre en cohérence avec celle des actions des programmes ministériels ; avec des plafonds de crédits pour les trois enveloppes correspondant à la masse salariale, au fonctionnement et à l'investissement complétés par des plafonds d'emplois en distinguant ceux rémunérés par l'établissement et ceux financés par l'État – (art. 4). Ce décret ouvre toutefois des « perspectives managériales » dans le droit fil de la LOLF (efficience et pilotage des performances, projet annuel de performances, indicateurs d'efficience, d'efficacité et de qualité, rapport annuel de performances). Le pilotage budgétaire est recentré autour du président qui propose au conseil d'administration d'arrêter la procédure interne d'élaboration du budget (art. 11), mettant fin à la traditionnelle « navette ascendante », permettant ainsi de centrer le processus sur les priorités et orientations de l'établissement. Il rappelle qu'un débat d'orientation budgétaire doit être organisé au conseil d'administration (art. 11). Développant les dispositions du décret de 1994, le nouveau texte précise le rôle de l'ordonnateur et indique les éléments nécessaires pour rendre compte de sa gestion (F. Dupont-Marillia, *AJDA 2008. 2003* ✐). Le décret n° 2012-971 du 20 août 2012 prolonge jusqu'au 31 décembre 2017 le régime transitoire imposant une convention entre les établissements et la trésorerie générale pour la mise en paiement des personnels.

LES FONDATIONS

En attendant de gérer leur budget global, les établissements ont pu bénéficier de nouvelles ressources en créant des fondations. Pour encourager le mécénat au profit des EPSCP, l'article 28 de la loi crée deux nouveaux types de fondation qui viennent s'ajouter à la « fondation de coopération scientifique » (qui, elle, peut être financée exclusivement sur fonds publics) créée par la loi du 18 avril 2006 pour la recherche.

La loi n° 2008-776 du 4 août 2008 de modernisation de l'économie a apporté quelques modifications aux deux articles du code de l'éducation désormais consacrés aux fondations, ouvrant notamment cette faculté aux établissements publics de coopération scientifique (EPCS) et pour les seules fondations partenariales aux établissements publics à caractère scientifique et technique (EPST). Les fondations ainsi créées peuvent notamment attribuer des prix, financer des activités de recherche, aider à la publication et à la diffusion des travaux de recherche (V. Guide méthodologique pour l'élaboration des statuts des fondations universitaires et partenariales, *supplément à la LIJ 2009, n° 139*)...

L'article L. 719-12 permet aux établissements de créer en leur sein des ***fondations universitaires***. Une délibération du conseil d'administration peut en décider la création et en définir les statuts dans les conditions fixées par le décret n° 2008-326 du 7 avril 2008 relatif aux règles générales de fonctionnement des fondations universitaires. Chaque établissement peut en créer plusieurs ; elles résultent de l'affectation irrévocable à l'établissement de biens, droits ou ressources apportées par un ou plusieurs fondateurs pour la réalisation d'une œuvre d'intérêt général à but non lucratif conforme aux missions de l'enseignement supérieur telles qu'elles sont fixées par l'article L. 123-3 ; leur création n'est soumise à aucune autorisation préalable ; la délibération de création fait l'objet d'une transmission et entre en vigueur dès que le recteur de région académique, chancelier des universités, en a accusé réception. Les fondations universitaires jouissent toutefois des droits des « fondations d'utilité publique » dans les conditions fixées notamment par la loi n° 87-571 du 23 juillet 1987 sur le développement du mécénat ; si elles n'ont pas la personnalité morale, elles disposent d'une autonomie financière interne à l'établissement, un état prévisionnel des recettes et des dépenses pour chaque fondation universitaire étant annexé au budget de l'établissement (Décr. n° 2008-618 du 27 juin 2008, art. 1er). Un conseil de gestion composé de trois collèges, celui des représentants de l'établissement, celui des fondateurs et éventuellement des donateurs ainsi que celui des personnalités qualifiées désigne un président. Les délibérations du conseil de gestion sont transmises au président de l'université dont le conseil d'administration peut s'opposer dans un délai de deux mois et par décision motivée à leur exécution. Le recteur de région académique (L. du 26 juill. 2019, art. 54) exerce, en principe, les fonctions de commissaire du gouvernement auprès de la fondation. L'agent comptable de l'université recouvre les recettes et effectue les paiements de la fondation. Un commissaire aux comptes est désigné par le conseil d'administration de l'établissement après avis du conseil de gestion de la fondation (Décr. n° 2008-326 du 7 avr. 2008 relatif aux règles générales de fonctionnement des fondations universitaires).

Un amendement sénatorial a ajouté la possibilité de créer des ***fondations partenariales*** (art. L. 719-13 modifié par l'article 139 de la loi du 4 août 2008 de modernisation de l'économie) pour réaliser une œuvre ou activité d'intérêt général conforme aux missions de l'établissement ; cette structure à but non lucratif est dotée de la personnalité morale ; autorisée par le recteur de région académique (art. 139 de la loi du 4 août 2008 qui précise que le recteur assure la publication de cette autorisation), elle est indépendante de l'établissement ; son régime s'inspire de celui des fondations d'entreprise régies par la loi n° 87-571 sur le développement du mécénat modifiée par la loi n° 90-559 du 4 juillet 1990 ; elle peut toutefois compter parmi ses fondateurs des établissements publics et bénéficier de dons et legs ; elle est soumise au droit privé (gestion financière et patrimoniale, application du code du travail) ; elle bénéficie de plein droit de toutes les prérogatives reconnues aux fondations universitaires par l'article L. 719-12 ; les EPSCP disposent de la majorité des sièges de son conseil d'administration, les autres pouvant être attribués aux personnes avec lesquelles l'établissement a constitué la fondation ; les statuts sont approuvés par le conseil d'administration de l'établissement. Ils doivent comporter l'indication des sommes que les fondateurs s'engagent à verser et être accompagnés du calendrier de versement. La loi n° 2010-1536 du 13 décembre 2010 ajoute que « les fondations partenariales peuvent recevoir l'affectation irrévocable de biens, droits ou ressources » ; si cette affectation peut être dénommée « fondation », elle n'entraîne pas la création d'une autre personne morale nouvelle ; cette affectation-fondation est gérée par la fondation partenariale (art. 4 modifiant l'art. L. 719-13). En cas de dissolution, les ressources non employées sont affectées aux autres fondations ou, en leur absence, à l'établissement lui-même (L. n° 2008-776 du 4 août 2008, art. 139-3°). Au titre des simplifications, l'article 34 de la loi n° 2020-1674 du 24 décembre 2020 de programmation de la recherche introduit trois dérogations à la loi n° 87-571 du 23 juillet 1987, exonérant les personnes publiques (EPSCP, EPST...) membres fondateurs, de la caution bancaire exigée des personnes privées pour les sommes qu'elles s'engagent à verser (art. 19-7) ; la fondation peut acquérir ou posséder d'autres immeubles que ceux nécessaires au but qu'elle se propose, ouvrant ainsi la possibilité d'immeubles de rapport (art. 19-3). En outre, « les statuts de la fondation peuvent prévoir la possibilité de créer un quatrième collège représentant les donateurs ».

L'article 29 tient compte de la création de ces deux nouvelles fondations en modifiant en conséquence le code général des impôts qui prévoit une réduction pour les versements faits par les particuliers ou les entreprises aux fondations (art. 29 et 31) et supprimant la procédure d'agrément pour la déductibilité des dons (art. 38).

Il en est de même de l'article 30 qui vise les projets de thèse proposés au ***mécénat de doctorat*** par les écoles doctorales, l'entreprise contribuant au financement du projet de recherche doctorale par un versement à l'établissement ou à une fondation universitaire (Décr. n° 2008-390 du 24 avr. 2008 relatif au mécénat de doctorat des entreprises).

S'agissant de ***la gestion du patrimoine***, l'article 32 de la loi LRU insère un article L. 719-4 qui dispose que les EPSCP peuvent demander dès la publication de la loi le transfert en pleine propriété des biens mobiliers et immobiliers qui leur sont affectés ou sont mis à leur disposition par l'État. Ce transfert est effectué à titre gratuit. Il s'accompagne le cas échéant d'une convention visant à la mise en sécurité du patrimoine, après expertise contradictoire. L'état du droit antérieur tel qu'il résultait de l'article L. 762-2, 2e alinéa, donnait aux établissements un pouvoir d'utilisation des biens mis à leur disposition par l'État sans leur conférer de compétences en matière d'affectation et de disposition. Ils peuvent dorénavant procéder aux actes de gestion mais aussi aux opérations de désaffectation, de déclassement, et donc de cession (art. L. 719-4), sous réserve des règles applicables à la protection des biens publics, notamment celles contenues dans le code général de la propriété des personnes publiques et dans le code du patrimoine. Ainsi les établissements peuvent-ils concéder des droits réels à des tiers (par exemple pour assurer des services complémentaires ou annexes sur les campus quand les occupants du domaine public réalisent des ouvrages et installations) en respectant les règles protectrices de la propriété publique et le principe de continuité du service public. Tenant compte du peu d'empressement des établissements (seules 5 universités ont sollicité le transfert de propriété en 2011 dont trois avaient finalement été retenues) et de la nécessité de disposer de droits réels pour mener des opérations en partenariat et garantir les financements privés ou publics (Caisse des dépôts), la loi n° 2010-1536 du 13 décembre 2010, issue d'une proposition sénatoriale, donne compétence aux établissements pour conclure sur les biens appartenant à l'État des contrats conférant des droits réels à un tiers. Il est alors toutefois nécessaire d'obtenir l'accord de l'autorité administrative compétente de l'État et de prévoir les clauses nécessaires pour assurer la continuité du service public (art. 2 modifiant l'art. L. 762-2). Le décret n° 2012-1147 du 12 octobre 2012 organise la procédure par laquelle les établissements publics d'enseignement supérieur peuvent conclure des contrats conférant un droit réel à un tiers soit sur les biens en pleine propriété de l'établissement au titre d'une procédure de dévolution (art. L. 719-14), soit sur des biens affectés ou mis à disposition de l'établissement (art. L. 762-2) ; dans les deux cas, l'opération impose l'accord préalable du ministre de tutelle (ou du recteur de région académique si le montant des travaux est inférieur à 3 millions d'euros) et du ministre chargé des domaines (direction régionale des finances publiques). En 2016, l'IGAENR a tiré des expériences lancées en 2011 un bilan globalement positif ; elle recommande pour l'avenir de distinguer la dévolution globale pour les établissements qui en ont la possibilité technique et financière et une dévolution progressive limitée à certains bâtiments ; en 2018, la Cour des comptes regrette que le processus de dévolution n'ait pas été mis en cohérence avec les opérations du Plan Campus (*Rapp. annuel*, févr. 2018).

La dévolution du patrimoine immobilier aux universités a d'abord fait l'objet d'une expérimentation en 2010, notamment en fonction de l'avancement de leur schéma directeur immobilier : parmi les neuf candidates ayant élaboré une stratégie immobilière en cohérence avec leur projet d'établissement, avaient été retenues cinq universités (Auvergne-Clermont I, Poitiers, Toulouse-I Capitole, Corse et UPMC ; en attente Paris II, Paris-Est, Cergy, Avignon). Les premiers travaux portèrent sur l'évaluation de la dotation (financement ponctuel pour la mise en sécurité, financement récurrent pour le gros entretien et le renouvellement) et la préparation d'un avenant au contrat d'établissement fixant les objectifs d'optimisation de la gestion (gestion des surfaces, mutualisation, prise en compte du développement durable...). Une circulaire conjointe MESRI-France Domaine précéda les premières conventions de dévolution conclues en 2011 avec les universités de Clermont-Ferrand, Poitiers et Toulouse I. En 2019, une quatrième convention, d'une tout autre ampleur, a été conclue avec Aix-Marseille Université (approbation du schéma pluriannuel de stratégie immobilière et de quatre plans pluriannuels d'investissement sur la sécurité des personnes et des biens, de la mise en accessibilité, de l'efficience énergétique du gros entretien et du renouvellement des bâtiments). La dévolution doit donner aux établissements plus de marges de manœuvre dans la gestion du patrimoine immobilier (autonomie patrimoniale) permettant de lancer, programmer, financer les travaux de réhabilitation ou de construction, l'acquisition ou la prise à bail de nouveaux locaux et d'en assurer la valorisation non seulement en les modernisant mais aussi en les donnant en location, en concédant des droits réels, notamment dans le cadre de partenariats avec d'autres opérateurs (CNRS, INSERM...) mais aussi avec des entreprises, avec possibilité de les céder à des tiers (avec la garantie de recevoir la totalité du produit de la vente).

L'article 277 de la loi n° 2019-1479 du 28 décembre 2019 de finances pour 2020 permet aux EPSCP de recourir aux contrats et formes de sociétés publiques ou commerciales pour la gestion ou la valorisation des biens immobiliers qu'ils possèdent en pleine propriété. Cette disposition n'affecte pas directement les dépenses budgétaires de l'année (Cons.const. 27 déc. 2019, *Loi de finances pour 2020*, n° 2019-796 DC, § 141).

NOUVELLES COMPÉTENCES POUR LA GESTION DES RESSOURCES HUMAINES

Les établissements assurent leurs activités de service public principalement grâce aux fonctionnaires affectés par l'État en application des règles statutaires. La loi LRU élargit leur possibilité de recruter des contractuels (art. 19) et innove en donnant au président de l'université un droit de veto sur l'affectation des personnels, notamment des enseignants-chercheurs (possibilité transférée au conseil d'administration par la loi ESR du 22 juill. 2013, art. L. 712-3, IV, al. 2).

L'article 19 supprime le deuxième alinéa de l'article L. 951-2 qui interdisait de recruter par contrat à durée indéterminée tant sur crédits d'État que sur ressources propres (sous réserve de la possibilité ouverte pour les SAIC par l'art. L. 123-5) ; entrant en vigueur avec l'installation du nouveau conseil d'administration, la nouvelle rédaction de l'article donne cette possibilité aux EPSCP, dans les cas prévus par le statut général de la fonction publique (art. L. n° 84-16, art. 4, dans sa rédaction résultant de l'art. 12 de la loi n° 2005-843 du 26 juill. 2005, art. 5 et 6), notamment pour les agents à temps incomplet pour une quotité inférieure à 70 %. En outre, le nouvel article L. 954-3 crée de ***nouvelles catégories d'agents contractuels*** que le président d'université peut recruter ***pour occuper des fonctions techniques ou administratives de catégorie A ou pour assurer des fonctions d'enseignement et/ou de recherche*** ; dans ce dernier cas, leur recrutement est précédé d'un avis du comité de sélection (art. L. 954-3). Mais cette possibilité ne pouvait être envisagée avant 2012 que si le conseil d'administration avait demandé à bénéficier de compétences élargies et que la délibération du conseil d'administration avait été approuvée par arrêté conjoint des ministres chargés du budget et de l'enseignement supérieur (art. L. 712-8, al. 2).

Par ailleurs, le président de l'université peut recruter dès la publication de la loi des étudiants pour des activités de tutorat, de service en bibliothèques, d'accueil, d'animation, d'insertion (art. L. 811-2, modifié par l'art. 22 de la loi LRU)...

La disposition principale de la loi LRU concerne ***le recrutement des enseignants-chercheurs*** (V. comm. ss. art. L. 952-6-1).

Le président de l'université voit en outre conforter son autorité sur l'ensemble des personnels de l'établissement.

Ainsi, ***le conseil d'administration définit***, dans le respect des statuts et de la continuité du service public, ***les principes généraux de répartition des obligations de service des personnels enseignants et de recherche entre les différentes activités*** (art. L. 954-1, art. 19 ; V. Décr. n° 2009-460 du 23 avr. 2009 sur les enseignants-chercheurs, art. 5).

Le conseil d'administration définit ***les règles générales d'attribution des primes*** aux personnels, le président étant responsable des décisions individuelles (art. L. 954-2). En outre le conseil peut dorénavant créer des dispositifs permettant d'améliorer la rémunération des personnels (art. L. 954-2). La loi LRU donne ainsi aux établissements la possibilité d'utiliser le levier indemnitaire, élément clef pour la gestion des ressources humaines.

Ces éléments feront l'objet d'une concertation dans le cadre des comités techniques paritaires (CTP) qui devront être mis en place dans toutes les universités (art. L. 951-1).

Avant 2007, une commission paritaire d'établissement (CPE) tenait lieu de CTP même si au-delà de l'organisation du service elle pouvait donner des avis sur certaines mesures individuelles. La loi LRU réintroduit le droit commun de la fonction publique en instituant les CTP dans les universités, introduisant cet organe paritaire pour permettre une meilleure concertation en réservant au conseil d'administration les questions stratégiques. La loi n° 2010-751 du 5 juillet 2010 relative à la rénovation du dialogue social a remplacé les CTP par des CT (comités techniques) en supprimant la dimension paritaire. Le président de l'université préside le CT qu'il compose avec le responsable des ressources humaines et les représentants des fonctionnaires désormais directement élus ; ces derniers votent sur les questions d'ordre général : organisation et fonctionnement des services, gestion prévisionnelle des emplois… (Décr. n° 2011-184 du 15 févr. 2011). ❑

Art. L. 712-8 Les universités peuvent, par délibération adoptée dans les conditions prévues à l'article L. 711-7, demander à bénéficier des responsabilités et des compétences élargies en matière budgétaire et de gestion des ressources humaines prévues aux articles L. 712-9, L. 712-10 et L. 954-1 à L. 954-3.

Les dispositions des articles mentionnés au premier alinéa s'appliquent sous réserve que la délibération du conseil d'administration soit approuvée par arrêté conjoint du ministre chargé du budget et du ministre chargé de l'enseignement supérieur.

Sur le budget et le régime financier des établissements publics à caractère scientifique, culturel et professionnel bénéficiant des responsabilités et compétences élargies, V. art. R. 719-51 s.

BIBL. ▸ **Loi LRU :** Aimé, Granier-Fauquert et Dizambourg, La modernisation de la gestion publique : un levier pour l'autonomie des universités, IGAENR, *Rapport n° 2009-062, avr. 2009.* – Adnot et Dupont, Mission de contrôle commune à la commission des finances et à la commission de la culture, de l'éducation et de la communication, *Sénat, Rapport n° 532 (2008-2009).* – Apparu, Rapport sur la mise en application de la loi n° 2007-1199 du 10 août 2007 relative aux libertés et responsabilités des universités, *Rapp. Ass. nat., n° 774, avr. 2008.* – Balme et Cyterman, L'université française, une nouvelle autonomie, un nouveau management, *Presses universitaires de Grenoble (PUG), coll. Libre cours Droit Gestion 2012.* – Bensmaine-Coeffier, Le principe d'autonomie des universités françaises, *Thèse, Grenoble-Alpes, 2016.* – Bevalot, Observations du Comité de suivi de la LRU, *in* L'Université française : une nouvelle autonomie, un nouveau management, *Presses universitaires de Grenoble (PUG), coll. Libres cours, 2012. 183.* – Bonaccorsi, Rapport du comité de suivi de la loi relative aux libertés et responsabilités des universités, *Comité de suivi LRU, déc. 2008.* – Bonhotal, La loi sur les libertés et les responsabilités universitaires : le cadre juridique d'une rénovation de la gestion des ressources humaines dans les universités, *MEN, LIJ 2008, n° 121, p. 32.* – Büttgen, Après l'excellence, *in* L'autonomie des universités : une faillite ? A propos de la loi LRU, *PUF, coll. Cités, n° 50, 2012/2.* – Cédelle, Université : la grande loi de finances, *Le Monde, 22 nov. 2007. 2.* – Chatelain-Ponroy, Mignot-Gérard, Musselin Sponem, La gouvernance des universités françaises. Pouvoir, évaluation et identité, *Rapport CSO, CNAM, HEC Montréal, UPEC, juill. 2012.* – Collet et autres, Moderniser l'université, c'est aussi défendre un idéal, *Le Monde, 23 avr. 2009. Universités. Dossier VII.* – Dardel, Quel avenir pour l'université ?, *in* L'autonomie des universités : une faillite ? A propos de la loi LRU, *PUF, coll. Cités, n° 50, 2012/2.* – Dubois, Financer les universités selon leur performance, *in* Université, Universités, *Dalloz, coll. Thèmes et commentaires, 2010. 291.* – Dupont-Marillia, Le nouveau décret financier des universités : une occasion manquée ... peut-être pas !, *AJDA 2008. 2003* ; Contractualisation, LOLF, « budget global » : des outils au service de véritables politiques universitaires, *in* Université, Universités, *Dalloz, coll. Thèmes et commentaires, 2010. 389.* – Forest, Les universités en France. Fonctionnement et enjeux (dir.), *PURH (Presses des universités de Rouen et du Havre), 2012.* – Fort, Une évolution en demi-teinte pour les universités, *JCP Adm. 2007, comm 2278.* – Fortier, La réforme de l'université à l'épreuve de la non-réforme, *AJDA 2010. 299* ; Autonomie, hétéronomie de l'Université, *in* Université, Universités, *Dalloz, coll. Thèmes et commentaires, 2010. 1.* – Gillet, La loi Liberté et responsabilités des universités : les débuts de la refonte de l'éducation supérieure et de la recherche en France, *in* L'Université française : une nouvelle autonomie, un nouveau management, *Presses universitaires de Grenoble (PUG), coll. Libres cours, 2012, 17.* – Gillot et Dupont, Rapp. d'information pour le contrôle de l'application des lois sur la mise en œuvre de la loi n° 2007-1199 relative aux libertés et responsabilités des universités, *Sénat, n° 446, mars 2013 ; AJDA 2013. 719, comm. de Montecler*. – Girardot, *éditorial, LIJ 2007, n° 118, p. 3.* – Guillaume, Dizambourg et Aimé, La mise en œuvre de la loi du 10 août 2007 relative aux libertés et responsabilités des universités, *Rapport, IGF, n° 2007-M-067-09, IGAENR, n° 2007-102, nov. 2007.* – Jacque, Universités : l'autonomie à l'épreuve des faits, *Le Monde, 19 mai 2009. 11* ; Les universités tirent-elles profit de leur autonomie ? Qu'est-ce qui a changé, trois ans après la loi LRU ?, *Le Monde, 7 août 2010. 10.* – Latour, Autonomie, que de crimes on commet en ton nom !, *Le Monde, 26 févr. 2009. 19.* – Laurier, La loi sur les libertés et les responsabilités des universités, *LIJ 2007, n° 118, p. 47.* – Legrand, La loi LRU : une appréciation en demi-teinte, *in* L'Université française : une nouvelle autonomie, un nouveau management, *Presses universitaires de Grenoble (PUG), coll. Libres cours, 2012. 18* ; La démocratie par délégation, un pari pour l'université, *AJDA 2007. 2135*. – Lemercier et Romi, Les fondations ou la rencontre des mondes économique et universitaire, *AJDA 2008. 2379*. – Leroy, Universités : enquête sur le grand chambardement, *Éd. Autrement, 2011.* – Mignot-Gérard, La loi LRU au chevet du gouvernement des universités, *in* Université, Universités, *Dalloz, coll. Thèmes et commentaires, 2010. 375.* – Musselin, Barrier, Boubal, Soubiron, Liberté, responsabilité... et centralisation des universités, *Rapport CSO-ESEN, sept. 2012.* – Pécresse, Refonder l'université française : notre défi commun. La bonne gestion des établissements doit être au service de la science, *Le Monde, 18 mai 2009.* – Pecresse et Kahn, Controverses, *Éd. Nil, 2011.* – Piketty, Autonomie des universités, l'imposture, *in La Revue du Mauss, n° 33, La Découverte, 2009.* – Ponsot (rapp.), Comité de suivi de la LRU, *Rapport 2012, nov. 2012.* – Poupeau, Universités : le Gouvernement veut tourner la page de la loi LRU, *AJDA 2013. 596*. – Rollot, L'autonomie, condition-clé de l'efficacité des universités, *Le Monde,*

11 sept. 2007. 9. – Tortonese, La loi LRU ou la fiction de l'autonomie, *in* L'autonomie des universités : une faillite ? A propos de la loi LRU, *PUF, coll. Cités, n° 50, 2012/2.* – Vandendriessche, Tempête sur l'Université, *AJDA 2010. 1225*. – Vatin, La loi LRU ne saurait résoudre la crise universitaire française, *in* L'autonomie des universités : une faillite ? A propos de la loi LRU, *PUF, coll. Cités, n° 50, 2012/2.* – Waline, L'autonomie des universités : une bouteille à l'encre ?, *RD publ. 2008. 1467.* – Comité de suivi de la LRU, 3e rapport, janv 2011 ; *AJDA 2011. 251* ; *www.enseignementsup-recherche.gouv.fr* – Comprendre la loi Pécresse sur l'université, *ORS, Dossier du n° 20, 13 juill. 2007.* – Autonomie. Les universités ne partent pas à égalité, *ORS, Dossier du n° 24, 20 déc. 2007.* – Comité de suivi de la loi LRU, *Rapport 2011, janv. 2012 ; www.ladocumentationfrancaise.fr* - *AJDA 2012. 241*. –L'université pour l'avenir. Avenir des universités, *CPU le mag, n° 5, avr. 2012. 11.* – Autonomie des universités ? Perspectives et recommandations, *Cahier spécial réalisé dans le cadre du colloque annuel 2019, CPU, mars 2019.*

▶ **Expériences internationales :** Bennetot-Pruvot et Estermann, University Autonomy in Europe III – The Scorecard 2017, *European University Association, http://www.eua.be/Libraries/publications/online-transversal-report-17-05-2017.* – Estermann, Les universités en Europe ne sont pas suffisamment autonomes, *Assoc. européenne de l'Université (EUA), 30 nov. 2009, www.cpu.fr.* – Grampp, Libertés académiques et autonomie des universités en Allemagne, *Thèse, Université de Strasbourg, 2018.* – Oba, Des universités autonomes. La réponse japonaise aux défis de l'enseignement supérieur, *Revue internationale d'éducation, n° 45, sept. 2007.*

▶ **Loi LESR :** V. Bibl. ss. titre 1, livre VII.

▶ **Réformes de l'université (divers) :** Bensmaine-Coeffier, Le principe d'autonomie des universités françaises, *Thèse, à l'Université Grenoble Alpes (ComUE), juill. 2016.* – Desvignes, Vers l'autonomie des universités en France. Les acteurs universitaires, politiques et syndicaux face à la réforme (1968-1984), *Thèse, Université de Paris 4, 2016.* – Fardet, L'enfant et la CPU, *AJDA 2019. 1417*. – Liang, Les réformes universitaires et les réactions qu'elles ont suscitées de la part du S. N. E. Sup. (1945-1974), *Thèse, Université de Paris 5, 1994.* – Monteil, Université et recherche : les enjeux de l'autonomie. Les sentiers d'un témoin engagé, *Presses universitaires de Grenoble, coll. Points de vue & débats scientifiques, nov. 2020.*

▶ **Gouvernance des universités :** V.Bibl. ss. art. L. 712-1.

▶ **Autonomie immobilière :** V. Bibl. ss. art. L. 719-14.

▶ **Autonomie et recherche :** Enjalbert, Le point de vue d'un directeur d'unité mixte de recherche, *in* L'Université française : une nouvelle autonomie, un nouveau management, *Presses universitaires de Grenoble (PUG), coll. Libres cours, 2012,523.* – Pfersmann, L'hégémonie bureaucratique des centres de recherche, *in* L'autonomie des universités : une faillite ? A propos de la loi LRU, *PUF, coll. Cités, n° 50, 2012/2.*

PASSAGE AUX RCE

1° RÉFÉRÉS TENDANT À OBTENIR LE BLOCAGE DE L'ACCESSION À L'AUTONOMIE

1. *Arguments tirés des difficultés dans la gestion des ressources humaines.* A propos de la suspension de l'exécution du Décr. du 10 déc. 2009 portant création de l'École normale supérieure de Lyon, issue du regroupement de l'École normale supérieure de Fontenay-Saint-Cloud et de l'École normale supérieure de Lyon (ENS Sciences) : pour justifier de l'urgence qui s'attache à ce que soit ordonnée la suspension de l'exécution de décret litigieux, les requérants font valoir que les dispositions du décret, en ce qu'elles organisent un regroupement des deux établissements dans des conditions qui leur semblent marquées par la précipitation et l'improvisation, préjudicient aux intérêts du personnel du nouvel établissement (personnel soumis à une pression excessive et à une grande incertitude sur ses conditions de travail ; agents contractuels non informés du maintien de leur contrat, régime indemnitaire et de la nouvelle bonification indiciaire non précisés, non plus que celui du temps de travail et des congés). Le Conseil d'État estime qu'il résulte de l'instruction écrite et des débats lors de l'audience publique que les difficultés de fonctionnement de la nouvelle école normale supérieure de Lyon pendant la période transitoire ne semblent pas excéder, pour le personnel concerné, les difficultés qui se présentent inévitablement lors du regroupement d'établissements d'enseignement supérieur ; qu'en revanche, la suspension du décret contesté, en imposant de rétablir l'existence des deux établissements regroupés et de leur redonner leurs compétences en matière de gestion du personnel et des moyens, créerait des difficultés de fonctionnement importantes et risquerait de porter à l'intérêt public, qui s'attache à la continuité du service public de l'enseignement supérieur et de la recherche, une atteinte excessive. Rejet du référé. • CE, ord., 25 janv. 2010, *M. Claude Danthony et a.*, nos 335034 et 335478.

2. *Arguments tirés des difficultés dans la gestion financière et comptable.* Même affaire : pour justifier de l'urgence, les requérants soutiennent que le nouvel établissement ne sera pas, en fait, en mesure d'exercer les responsabilités et compétences élargies qui lui ont été attribuées ; qu'en particulier le contrat pluriannuel signé avec les deux établissements regroupés n'a pas été modifié, que la paie de la fin du mois de janvier n'est pas garantie et que le renouvellement des contrats des agents contractuels n'est pas assuré Le Conseil d'État estime sur ces points que l'administration a fourni des assurances sur plusieurs de ces points, notamment lors de l'audience publique ; qu'en revanche, en cas de suspension des arrêtés, la reprise par l'État des responsabilités et compétences élargies attribuées au nouvel établissement risquerait, à cette date, d'être la source de difficultés sérieuses en matière de gestion du personnel et des budgets ; qu'ainsi, la continuité du service public de l'enseignement supérieur et de la recherche dans le nouvel établissement pourrait être compromise. Rejet du référé. • CE, ord., 25 janv. 2010, *M. Claude Danthony et a.*, n°s 335034 et 335478. ♦ Même solution. • CE, ord., 31 mars 2010, *Féd. synd. unitaire, Synd. nat. de l'enseignement supérieur, Synd nat. de l'administration scolaire, universitaire et des bibliothèques*, n° 337101.

3. Considérant, en second lieu, que le Décr. du 30 déc. 2009 susvisé a prévu l'entrée en vigueur immédiate, sur le fondement du deuxième alinéa de l'art. 1er C. civ., des deux arrêtés susmentionnés du ministre de la recherche et de l'enseignement supérieur et du ministre du budget, des comptes publics, de la fonction publique et de la réforme de l'État en date du 29 déc. 2009 ; que la suspension de ce décret aurait pour effet que les arrêtés n'entreraient plus en vigueur que le lendemain de la date de leur publication, soit le 1er janv. 2010, date à laquelle les deux établissements auxquels les arrêtés attribuent les responsabilités et compétences élargies ont été regroupés au sein de la nouvelle école normale supérieure de Lyon ; qu'ainsi, la suspension de ce décret aurait pour conséquence de paralyser les effets des deux arrêtés ; que, comme il vient d'être dit, le retour à l'État des responsabilités et compétences élargies attribuées à l'École normale supérieure de Lyon, par suite de leur attribution aux deux établissements regroupés, risquerait de compromettre la continuité du service public de l'enseignement supérieur et de la recherche dans le nouvel établissement, alors même qu'il ne résulte pas de l'instruction que ces arrêtés préjudicient gravement au personnel concerné ; que, par suite, il y a lieu de rejeter les conclusions tendant à la suspension de l'exécution du Décr. du 30 déc. 2009. • CE, ord., 25 janv. 2010, *M. Claude Danthony et a.*, n°s 335034 et 335478.

4. Procédure. Consultation CTP. Le choix de l'université de demander le bénéfice anticipé des responsabilités et compétences élargies relève des problèmes généraux d'organisation et des conditions générales de fonctionnement pour lesquels le comité technique paritaire doit être obligatoirement consulté. Le juge administratif annule la délibération du conseil d'administration de l'université approuvant la demande de passage aux RCE, les membres du CTP n'ayant pas disposé de tous les éléments leur permettant d'exercer leurs fonctions en toute connaissance de cause. En l'espèce, le conseil d'administration avait validé le passage à l'autonomie dans une première délibération qui a ensuite été annulée par un CA du 27 nov. 2009 pour être réexaminée et adoptée le 7 déc. 2009, après passage en CTP. Les membres du CTP reprochaient à l'université de ne pas les avoir informés de l'annulation de la délibération du 14 mai 2009 dans les délais légaux puisque c'est le matin même du CTP [le 27 nov. 2009] que le CA a annulé la délibération. • TA Montpellier, 24 févr. 2011, *Synd. Sud-Éducation Hérault, du Snesup-FSU, du SNTRS-CGT et de la CGT de Montpellier-II et Montpellier-III Paul-Valéry Univ. Montpellier-II*, n°s 0903192 et 095486.

2° CONDITIONS DE LÉGALITÉ

5. Vice de procédure. Défaut de consultation préalable du comité technique. La consultation obligatoire du comité technique paritaire préalablement à l'adoption par le conseil d'administration d'une délibération demandant la prise en charge des responsabilités et compétences élargies en matière budgétaire et de gestion des ressources humaines, a pour objet d'éclairer ce conseil sur la position des représentants du personnel de l'établissement concerné. Elle constitue de ce fait pour ces derniers une garantie qui découle du principe de participation des travailleurs à la détermination collective des conditions de travail consacré par le 8e al. du Préambule de la Constitution de 1946. L'omission d'une telle consultation préalable des comités techniques paritaires, qui a privé les représentants du personnel d'une garantie, a constitué une irrégularité de nature à entacher la légalité des arrêtés confiant ces compétences élargies. • CE, sect., 23 déc. 2011, *Danthony*, n° 335477 : *Lebon T. 954* ; *AJDA 2012. 1609*, *tribune Seiller* ; *RFDA 2012. 284, concl. Dumortier* ; *LIJ 2012, n° 162, p. 11.*

Art. L. 712-9 **Le contrat pluriannuel d'établissement conclu par l'université avec l'État prévoit, pour chacune des années du contrat et sous réserve des crédits inscrits en loi de finances, le montant global de la dotation de l'État en distinguant les montants affectés à la masse salariale, les autres crédits de fonctionnement et les crédits d'investissement.**

Les montants affectés à la masse salariale au sein de la dotation annuelle de l'État sont limitatifs et assortis du plafond des emplois que l'établissement est autorisé à rémunérer. Le contrat pluriannuel d'établissement fixe le pourcentage maximum de cette masse salariale que l'établissement peut consacrer au recrutement des agents contractuels mentionnés à l'article L. 954-3.

L'établissement assure l'information régulière du ministre chargé de l'enseignement supérieur et se dote d'instruments d'audit interne et de pilotage financier et patrimonial selon des modalités précisées par décret.

Les comptes de l'université font l'objet d'une certification annuelle par un commissaire aux comptes.

BIBL. ► HAROUEL, L'évaluation quadriennale ou le mépris envers les universitaires, *in* L'autonomie des universités : une faillite ? A propos de la loi LRU, *PUF, coll. Cités, n° 50, 2012/2.*

Contrat d'objectif avec l'État. Recours. Irrecevabilité. Le contrat d'objectif, conclu entre l'État et le Centre national de la recherche scientifique (CNRS), se borne à édicter des engagements entre les parties signataires ; en particulier, les stipulations contestées par le syndicat requérant, qui tendent au remplacement du poste de secrétaire général du CNRS par une direction générale déléguée aux ressources humaines et au remplacement de l'organisation en départements scientifiques par la création de dix instituts en charge de la prospective et de la programmation n'ont pas, par elles-mêmes, un caractère réglementaire ; par suite, les conclusions du syndicat requérant, qui ne tendent pas non plus à l'annulation d'un acte détachable de ce contrat, sont entachées d'une irrecevabilité manifeste. • CE 9 févr. 2011, *Synd. nat. Sud-Recherche-EPST*, n° 334794 : *Lebon T. 1020* ; *AJDA 2011. 302* .

Art. L. 712-10 Les unités et les services communs des universités bénéficiant des responsabilités et compétences élargies en matière budgétaire prévues à l'article L. 712-9 sont associés à l'élaboration du budget de l'établissement dont ils font partie. Ces unités et services communs reçoivent chaque année une dotation de fonctionnement arrêtée par le conseil d'administration de l'université.

CHAPITRE III LES COMPOSANTES DES UNIVERSITÉS

COMMENTAIRE

LES COMPOSANTES DES UNIVERSITÉS

Traditionnellement, les universités étaient constituées de facultés disciplinaires (droit, lettres, sciences) ou pluridisciplinaires auxquelles s'ajoutaient les écoles supérieures (pharmacie, médecine). Chargées de l'enseignement et de la collation des grades universitaires (Décr. du 17 mars 1808), elles étaient dotées de la personnalité morale (L. du 11 floréal an X, art. 43, Décr. des 7 juill. et 28 déc. 1885, ce qui leur permettait d'accepter des dons et legs, de disposer de biens propres, de percevoir les droits d'inscription), réunies dans chaque académie dans le cadre d'un autre établissement public (L. du 10 juill. 1896), elles étaient administrées par un doyen nommé par le ministre sur double présentation du conseil composé des professeurs titulaires, l'assemblée de faculté regroupant l'ensemble des enseignants traitait des questions pédagogiques. Contrairement aux anciennes facultés qui disposaient d'un budget autonome, lié à leur personnalité juridique, les instituts d'université n'avaient qu'un « budget individualisé incorporé au budget de l'université » (Décr. du 31 juill. 1920) ; c'est la formule qui fut utilisée lors de la création des premiers départements d'IUT (Décr. du 7 janv. 1966), les instituts n'étant rattachés à aucune faculté, mais directement au recteur de l'académie, alors président du conseil d'université, donnant délégation au directeur pour tous les actes d'administration, notamment d'exécution du budget (Décr. 7 janv. 1966, art. 9).

La loi Faure de 1968 a remplacé les facultés par des unités d'enseignement et de recherche (UER), dont le regroupement forme les universités alors qualifiées d'EPSC ; si elles ne disposent pas par principe de la personnalité morale, il était prévu qu'elles puissent éventuellement en jouir en étant dotées du statut d'EPSC par décret (art. 4, après avis du CNESER, notamment pour les UER de médecine ; ce fut aussi le cas des facultés de théologie de Strasbourg) ; elles disposent d'un « budget propre intégré dans le budget de l'établissement dont elles font partie », qui doit être approuvé par le conseil de l'établissement (art. 29, al. 3). Le décret organique dérogatoire n° 69-63 du 20 janvier 1969 garantit une relative autonomie aux IUT, précisant que les dotations d'équipement, les crédits de fonctionnement et les créations d'emplois destinés à chaque IUT sont arrêtés par le ministre (art. 9, sauf demande du conseil de l'IUT qui peut être érigé en EPSC).

La loi Savary de 1984 a substitué aux UER (unités d'enseignement et de recherche) les UFR (unités de formation et de recherche) non dotées de la personnalité morale ; elles disposent d'un budget propre intégré au budget de l'établissement tout comme les services communs et les instituts ou écoles internes auxquels les ministres peuvent affecter emplois et crédits (art. 33, avec la distinction faite par la pratique entre « 33 dur » et « 33 mou »). Longtemps ces structures ont été créées, regroupées et supprimées par le ministre qui n'avait aucune obligation de consulter le conseil d'université, puis le conseil d'administration (CE 25 oct. 2004, *Mme Sylvia Ulmo c/ Univ. de Tours*, n° 252489 ; il en était de même pour les transferts de composante d'une université à une autre : CE, ord., 16 déc. 2009, *Univ. Paris VIII-Vincennes-Saint-Denis*, n° 332872).

Si « les universités regroupent diverses composantes », il s'agit d'unités administratives internes qui ne disposent pas de la personnalité morale (CE 6 oct. 1976, *Doyen de l'UER Faculté de droit de l'université Jean-Moulin*, n° 98179) ; aussi, les obligations qu'elles contractent sont imputables à l'université dont elles ne constituent qu'un démembrement (CE 20 mai 1981, *UST du Languedoc, Montpellier II*, n° 13421). Même s'ils disposent d'une autonomie plus grande, il en est de même des « écoles et instituts faisant partie des universités » (art. L. 713-9), qui doivent comme les UFR figurer sur la liste des composantes établie dans les statuts de l'établissement ; les créations, les suppressions ou regroupements de composantes doivent en outre être mentionnés dans le contrat pluriannuel d'établissement, le cas échéant, par voie d'avenant (art. L. 713-1, al. 4) et dans le contrat pluriannuel d'établissement, qu'elles soient créées par arrêté ministériel, comme c'est le cas des écoles et instituts internes (art. L. 713-1, al. 1er, 2°), par arrêtés ministériels conjoints des ministres chargés de l'éducation et de l'enseignement supérieur comme pour les ESPE (art. L. 721-1), ou par délibération du conseil d'administration de l'université. Renforçant l'autonomie statutaire des universités, la loi ESR du 22 juillet 2013 ouvre des possibilités d'innovation structurelle en mentionnant les « autres types de composantes » (art. L. 713-1, al. 2, 1°) et les « regroupements de composantes » par délibération du conseil d'administration et les « regroupements d'écoles ou d'instituts » par arrêté ministériel avec possibilité de délégation de compétences à leur conseil des compétences des organes centraux (art. L. 711-4). Bénéficiant d'une autonomie interne plus ou moins grande, les composantes déterminent leurs statuts qui doivent toutefois être approuvés par le conseil d'administration ; par contre le règlement intérieur des structures internes aux UFR (départements) n'a pas à être soumis au conseil d'administration mais au conseil de l'UFR (CE 28 juin 1996, *M. Faucher c/ Univ. de Nancy*, n° 11480. – V. art. L. 713-1, al. 4). L'article 69 de la loi du 8 juillet 2013 a introduit une dernière phrase à l'article L. 713-1 : « En outre, les universités peuvent comporter une école supérieure du professorat et de l'éducation » ; si les ESPE font l'objet de dispositions particulières figurant au titre II (art. L. 721-1 s. : école interne constituée au sein d'un EPSCP, créée sur proposition du conseil d'administration par arrêté ministériel, accréditée pour la durée du contrat pluriannuel d'établissement), elles n'en sont pas moins des composantes soumises à certaines dispositions du titre Ier ; ainsi, leurs statuts adoptés par le conseil d'école doivent être approuvés par le conseil d'administration ; elles ne doivent pas être confondues avec les instituts et les écoles de l'article L. 713-9.

L'ordonnance du 12 décembre 2018 relative à l'expérimentation de nouvelles formes de regroupement prévoit la création d'établissements publics expérimentaux (EPE) regroupant des « établissements-composantes » pouvant conserver leur personnalité morale (EPSCP) ; en outre, les autres composantes et regroupements de composantes peuvent être soumis à des règles particulières dérogatoires (les statuts approuvés par le décret de création pouvant prévoir les conditions dans lesquelles elles peuvent demander à bénéficier de l'accréditation des diplômes, art. 8 ; définir leurs compétences, les modalités de leur création et organisation, en leur conférant notamment le bénéfice des prérogatives prévues pour les écoles et instituts internes de l'art. L. 713-9, définition des programmes d'enseignement et de recherche, avis sur les contrats le concernant, répartition des emplois, consultation sur les recrutements al. 3 ; le directeur est ordonnateur des recettes et des dépenses, dispose d'un droit de veto sur les recrutements, avis défavorable motivé sur les recrutements, mais il n'est pas prévu d'affectation directe des crédits et des emplois par le ministre, al. 5.)

Les unités de formation et de recherche (UFR)

Comme les autres composantes de droit commun, les UFR sont créées par délibération du conseil d'administration de l'université après avis du conseil académique, délibération constituant une décision administrative susceptible de recours devant le juge de l'excès de pouvoir (V. notes 3 et 4 depuis la LRU, pour les établissements bénéficiant des responsabilités et compétences élargies [RCE], les requêtes dirigées contre les délibérations qui avant 2007 étaient analysées comme des avis sont recevables).

Les UFR sont régies par l'article L. 713-3 qui les définit comme des unités associant des départements de formation et des laboratoires et centres de recherche (donc d'autres composantes) ; elles regroupent plusieurs formations (enseignement) et thématiques (recherche) relevant d'une ou de plusieurs disciplines qui « correspondent à un projet éducatif et à un programme de recherche » (art. L. 713-3, al. 1er : ex. UFR de droit ; UFR de sciences du comportement…) ; elles sont administrées par un conseil élu qui élit son directeur (parfois encore, quand les statuts de l'unité le prévoit, appelé doyen) en son sein pour une durée de cinq ans renouvelable une fois parmi les enseignants-chercheurs, enseignants et chercheurs en fonction dans l'unité (art. L. 713-3, al. 3) ; le recours contre l'élection du directeur doit être précédé d'un recours préalable auprès du président de l'université (CE 29 juill. 2002, *M. Paillet*, n° 210587 ; sur des décisions contraires, V. CAA Paris, plén., 26 mars 2002, *M. Boularand*, n° 01PA00920 ; TA Grenoble, 16 nov. 2007, *SNESUP-FSU*, n° 0703293 ; TA Saint-Denis de La Réunion, 24 oct. 2012, *M. Roucairol*, n° 1200856). Le conseil ne peut dépasser quarante membres, doit comprendre de 20 à 50 % de personnalités extérieures, les personnels enseignants devant être en nombre au moins égal à celui des autres personnels et des étudiants (art. L. 713-3, al. 3). Il adopte les statuts de l'UFR qui doivent être approuvés par le conseil d'administration, définit ses principales orientations pédagogiques et scientifiques et les soumet à la commission de la formation et de la vie universitaire du conseil académique et au conseil d'administration si elles ont des incidences financières. Le directeur de l'UFR prépare et exécute les délibérations du conseil ; s'il peut en outre être délégataire de pouvoir (maintien de l'ordre, sécurité) ou de signature, il n'a pas par principe qualité pour agir en son nom (CE 16 oct. 1976, *Doyen de l'UER-Faculté de droit de l'université Jean-Moulin*, n° 98179. – V. note ss. art. L. 713-3).

Le conseil de composante, comme le conseil de l'unité de recherche, doit être consulté par le directeur chargé de donner un avis motivé, notamment par l'intérêt du service, au président de l'université qui arrête les décisions individuelles de répartition des fonctions d'enseignement et activités de recherche des enseignants-chercheurs, enseignants et chercheurs dans le respect des principes de répartition fixés par le conseil d'administration en formation restreinte.

Des dispositions propres aux UFR de médecine, pharmacie, odontologie et maïeutique figurent aux articles L. 713-4 à L. 713-8. Par dérogation au droit commun des UFR, ces composantes qui assurent des formations de santé concluent avec les centres hospitaliers régionaux (CHR) des conventions ayant pour objet de déterminer la structure et les modalités de fonctionnement du centre hospitalier universitaire (CHU, organisé par les art. du CSP reproduits ss. l'art. L. 731-5) dans le respect des orientations stratégiques du contrat pluriannuel d'établissement (art. L. 713-4, al. 1er). Le directeur de l'unité a qualité pour signer ces conventions au nom de l'université (art. L. 713-4, al. 2), mais celles-ci doivent être approuvées par le président de l'université et votées par le conseil d'administration de l'université (art. L. 713-4, al. 3). Le président peut déléguer sa signature au directeur de l'unité pour ordonnancer les recettes et les dépenses (art. L. 713-4, al. 4). Une autre dérogation (art. L. 713-4, II) permet à ces UFR d'organiser, avec l'approbation du président, les enseignements et le contrôle des connaissances pour les deuxième (médecine et odontologie) et troisième cycles (pharmacie).

Les autres composantes des départements, laboratoires et centres de recherche, et d'autres types de composantes créés par délibération du conseil d'administration de l'université après avis du conseil académique (art. L. 711-1, 1°). La loi n° 2020-1674 du 24 décembre 2020 de programmation de la recherche (LPR) renforce le rôle de gestion des unités de recherche des EPSCP (comme celles des EPST) chargées d'***administrer les dotations globales de fonctionnement et d'équipement qui leur sont allouées par les organes directeurs de l'établissement*** (LPR, art. 20 ; C. rech., art. L. 313-1). Lorsque l'unité relève de plusieurs établissements, elle constitue une unité mixte de recherche (UMR, constituée par exemple entre une université et le CNRS) ; le directeur de l'unité est placé sous l'autorité conjointe de leurs dirigeants (LRU, C. rech., art. L. 313-1, al. 2). Elle pose ainsi les bases législatives d'une clarification qui devrait permettre de sécuriser le rôle de leurs directeurs.

Les écoles et instituts internes

Au sein des universités, peuvent exister des écoles internes (notamment des écoles d'ingénieurs, des écoles polytechniques universitaires, art. D. 713-19 s., des observatoires des sciences de l'univers, art. D. 713-9 s., mais aussi les ESPÉ rebaptisées INSPÉ par la loi du 26 juillet 2019 mentionnées par le dernier alinéa de l'art. L. 713-1 soumises aux règles spécifiques issues de la loi de refondation de l'école de la République du 8 juillet 2013, V. art. L. 721-1 s.) et des instituts universitaires (pour les IUT, instituts universitaires de technologie, V. art. D. 713-1 s. ; les IPAG, instituts de préparation à l'administration générale, art. D. 713-5 s. ; les IUP, instituts du travail, art. D. 713-12 s. ; les instituts universitaires professionnalisés, art. D. 713-17 s. ; les IEP, instituts d'études politiques, quand ils ne sont pas érigés en établissements publics administratifs, art. D. 713-21 s. ; les IAE, instituts d'administration des entreprises...). En outre, l'article L. 713-2 soumet à l'article L. 713-9, sans préciser s'il s'agit d'écoles ou d'instituts, les centres polytechniques universitaires qui ne peuvent être créés que si le nombre d'étudiants nouvellement inscrits chaque année est au moins égal à 250.

Contrairement aux UFR, les écoles internes et instituts universitaires sont créés par arrêté du ministre chargé de l'enseignement supérieur sur proposition ou après avis du conseil d'administration de l'université et après avis du CNESER (art. L. 731-1, al. 1er, 2°, qui reprend les dispositions de l'art. 33 de la L. de 1984). Composantes de l'université, ils sont administrés par un ***conseil élu*** qui ne peut dépasser quarante membres dont au moins 30 à 50 % de personnalités extérieures parmi lesquelles un ou plusieurs représentants des activités économiques. Comme dans les conseils des UFR, les personnels d'enseignement y sont en nombre au moins égal à celui des autres personnels et des étudiants (art. L. 713-9, al. 2). Le principe de double parité qui impose un nombre égal d'hommes et de femmes ne permet toutefois pas de désigner d'office des professeurs des universités ou d'élire un professeur n'exerçant pas à l'IUT (note DAJ BA 25 oct. 2017). Un ***directeur***, choisi sans condition de nationalité parmi les personnes ayant vocation à enseigner dans l'école ou l'institut, est ***soit nommé*** par le ministre chargé de l'enseignement supérieur sur proposition du conseil (directeur d'école), ***soit élu*** par le conseil (directeur d'institut) ; dans l'un et l'autre cas, le mandat du directeur est de cinq ans, renouvelable une fois (art. L. 713-9, al. 1er). Contrairement aux conseils d'UFR présidé par le directeur de la composante, ***le conseil élit son président parmi les personnalités extérieures*** pour un mandat de trois ans renouvelable (art. L. 713-9, al. 2). Le conseil d'école ou d'institut définit le programme pédagogique et le programme de recherche dans le cadre de la politique de l'établissement dont il fait partie ; il donne son avis sur les contrats dont l'exécution le concerne et soumet au conseil d'administration la répartition des emplois ; il est consulté sur les recrutements (art. L. 713-9, al. 2). Si les instituts et écoles ne sont pas dotés de la personnalité morale, ils disposent toutefois de l'***« autonomie financière »***, les ministres compétents pouvant leur affecter directement des emplois et des crédits attribués à l'université (art. L. 713-9, al. 4).

Le directeur prépare et exécute les délibérations du conseil est ordonnateur des recettes et des dépenses, a autorité sur l'ensemble des personnels, participe à la procédure de recrutement des enseignants-chercheurs en contribuant à déterminer le profil de l'emploi et peut émettre un « avis défavorable motivé » interdisant alors toute affectation de personnel (art. L. 713-9, al. 3). Pour les enseignants-chercheurs, il ne peut s'y opposer (ce qui constitue une décision faisant grief, CE 12 janv. 2005, n° 258088) que pour des raisons relatives à l'administration, à l'exclusion de toute remise en cause des mérites des candidats (CE 13 févr. 2013, n° 354913. – V. note ss. art. L. 713-9). L'opposition du directeur ne peut entraîner que le rejet de la liste et non sa modification (CE 26 oct. 2011, *Mme Debled-Rennesson*, n° 334084. – V. note ss. art. L. 713-9).

AU-DELÀ DES COMPOSANTES

L'article L. 713-1, alinéa 1er, 3°, prévoit la possibilité de regrouper plusieurs composantes (V. à l'instar des collégiums et pôles scientifiques de l'université de Lorraine, Grand établissement). Ce regroupement est décidé par délibération du conseil d'administration si les unités regroupées sont des UFR ou assimilées ou par arrêté ministériel pour les écoles et instituts. Les regroupements peuvent se voir confier certaines compétences du conseil d'administration ou du conseil académique, à l'exception des questions individuelles concernant les enseignants-chercheurs et de la matière disciplinaire.

Les statuts de l'université instituent ***un conseil des directeurs de composante*** et définissent ses compétences. Celui-ci est présidé par le chef d'établissement qui le convoque pour préparer les réunions du conseil d'administration et mettre en œuvre ses décisions. Les fonctions de directeur de composante sont incompatibles avec celles de président d'université (art. L. 712-2). Lorsqu'ils traitent des questions concernant une école ou un institut comme une unité, les conseils doivent en entendre le directeur (art. L. 712-7).

Le président de l'université associe les composantes à la préparation et à la mise en œuvre du contrat pluriannuel d'établissement dans lequel sont inscrites les opérations de création, suppression et regroupement de composantes. Le président conduit le dialogue de gestion avec les composantes pour que soient arrêtés leurs objectifs et leurs moyens. Cette démarche peut être formalisée par un contrat d'objectifs et de moyens ou COM (art. L. 713-1) et porte essentiellement sur les questions budgétaires et de gestion des ressources humaines.

Il appartient au conseil d'administration d'arrêter la procédure interne d'élaboration du budget, notamment les modalités d'association des différentes composantes. La loi dispose en effet que « chaque unité, école, institut et service commun dispose d'un budget propre intégré (BPI) au budget de l'établissement dont il fait partie » (art. L. 719-5), mais l'instruction budgétaire M.9-3 réserve les BPI aux seuls instituts et écoles, les autres composantes ne disposant que d'un centre de dépenses, sauf décision contraire du conseil d'administration sur proposition du président de l'université. Qu'il s'agisse d'un BPI ou d'un centre de dépenses, le document est élaboré sur la base de la dotation accordée par le conseil d'administration à chaque composante ; en votant son budget, le conseil de composante ne fait que répartir la dotation entre les différents postes de dépenses. Dans le cadre du BPI, les écoles, les instituts et parfois les UFR peuvent disposer de ressources propres (taxe d'apprentissage, formation continue, subventions, contrats de recherche…). Le BPI comme le centre de dépenses sont ensuite approuvés par le conseil d'administration de l'université.

Les emplois affectés par l'université aux instituts et écoles, traduits en unité de décompte dénommés EPTP depuis la LOLF, comme l'ensemble des dépenses constituant la masse salariale (salaires des contractuels sur ressources propres de l'entité, heures complémentaires et supplémentaires, primes et indemnités) doivent être présentés au conseil de l'entité, qu'elles figurent dans le BPI ou dans le budget de l'établissement (masse salariale État dont le conseil est informé). Ces éléments doivent faire l'objet du dialogue de gestion entre le directeur et le président (Circ. nº 2010-0714 du 19 oct. 2010). ❑

Art. L. 713-1 *(L. nº 2007-1199 du 10 août 2007, art. 14)* **Les universités regroupent diverses composantes qui sont :**

1º Des unités de formation et de recherche, des départements, laboratoires et centres de recherche *(L. nº 2013-660 du 22 juill. 2013, art. 52)* **« et d'autres types de composantes », créés par délibération du conseil d'administration de l'université après avis du conseil** *(L. nº 2013-660 du 22 juill. 2013, art. 52)* **« académique » ;**

2º Des écoles ou des instituts, créés par arrêté du ministre chargé de l'enseignement supérieur sur proposition ou après avis du conseil d'administration de l'université et du Conseil national de l'enseignement supérieur et de la recherche.

(L. nº 2013-660 du 22 juill. 2013, art. 52) **« 3º Des regroupements de composantes créés par délibération du conseil d'administration de l'université après avis du conseil académique ou, le cas échéant, pour les regroupements d'écoles ou d'instituts prévus au 2º, par arrêté du ministre chargé de l'enseignement supérieur sur proposition ou après avis du conseil d'administration de l'université et du Conseil national de l'enseignement supérieur et de la recherche. Les statuts de l'université peuvent prévoir que sont déléguées à ces regroupements de composantes certaines des compétences du**

conseil d'administration ou du conseil académique, à l'exception des compétences de la section disciplinaire ou de la formation restreinte aux enseignants-chercheurs.

« Un conseil des directeurs de composantes est institué par les statuts de l'université, qui définissent ses compétences. Il participe à la préparation et à la mise en œuvre des décisions du conseil d'administration et du conseil académique. Il est présidé par le président de l'université. »

Les composantes de l'université déterminent leurs statuts, qui sont approuvés par le conseil d'administration de l'université, et leurs structures internes. Le président associe les composantes de l'université à la préparation et à la mise en œuvre du contrat pluriannuel d'établissement. La création, la suppression ou le regroupement de composantes sont inscrits dans le contrat pluriannuel d'établissement, le cas échéant, par voie d'avenant.

(L. n° 2013-660 du 22 juill. 2013, art. 52) **« Le président, selon des modalités fixées par les statuts, conduit un dialogue de gestion avec les composantes, afin que soient arrêtés leurs objectifs et leurs moyens. Ce dialogue de gestion peut prendre la forme d'un contrat d'objectifs et de moyens entre l'université et ses composantes. »**

(Ord. n° 2014-807 du 17 juill. 2014, art. 3 ; L. n° 2013-595 du 8 juill. 2013, art. 69) **« En outre, les universités peuvent comporter** *(L. n° 2019-791 du 26 juill. 2019, art. 44)* **« un institut national supérieur » du professorat et de l'éducation. »**

Sur les contrats d'objectifs et de moyens des IUT, V. art. D. 643-60-1.

BIBL. ▸ MORAND, La résistance des facultés, *in* Université, Universités, *Dalloz, coll. Thèmes et commentaires, 2010. 401.*

▸ **Sur les campus *offshore* :** FRANC, Outil stratégique ou mercantile : dans le maquis des formations offshore, *La synthèse de l'ORS, n° 36, janv.-févr.-mars 2010. 21.* – PIOVEZAN, Campus offshore : des écoles franchisssent un nouveau pas vers l'internationalisation, *La synthèse de l'ORS, n° 36, janv., févr., mars 2010. 24.*

I. UFR

1. Création, suppression. Compétence. Situation antérieure à loi du 10 août 2007. Les unités de formation et de recherche, qui constituent des composantes de l'université, relèvent de la compétence du ministre chargé de l'enseignement supérieur. En revanche, ni cet article, ni aucune autre disposition ne subordonnent la suppression ou la création d'une UFR à la consultation du conseil d'administration de l'université concernée ou à celle du conseil ou du directeur de l'unité supprimée. • CE 25 oct. 2004, *Mme Sylvia Ullmo c/ Univ. de Tours,* nos 252489 et 252491 : *Lebon T. 715 ; AJDA 2004. 2359.* ♦ Aucune disposition législative ou réglementaire ni aucun principe n'interdisent au ministre de l'Éducation de consulter le conseil d'administration de l'université ou le conseil ou le directeur de l'unité supprimée, alors même que cette consultation ne revêt aucun caractère obligatoire. • CE 27 avr. 2006, *Synd. nat. autonome des sciences,* n° 278954. ♦ Création sous le nom de département d'une UFR. Le conseil de l'Université de Savoie a créé « un département d'informatique physique, chargé des enseignements d'informatique physique assurés par l'université ». Le conseil de l'Université de Savoie a ainsi créé une structure autonome dotée d'un directeur, constituée indépendamment des unités d'enseignement et de recherche existantes, et non rattachée à l'une de ces unités. En créant ce département, qui ne constitue pas un service commun aux unités d'enseignement et de recherche, le conseil de l'Université de Savoie a entendu créer une nouvelle unité d'enseignement n'ayant pas le statut d'établissement public. Une telle décision ne pouvait être prise que par arrêté du recteur d'académie. La délibération en cause est, dès lors, entachée d'incompétence. • CE 12 janv. 1987, *MM. Martin-Bouyer, Mougin, Ayel c/ Univ. de Savoie,* n° 43626 : *Lebon T. 761.*

2. Création, suppression. Acte susceptible de recours. Situation antérieure à la loi du 10 août 2007. La délibération par laquelle le conseil d'administration donnait un avis favorable à ce que le président d'université demande à l'autorité ministérielle de créer une UFR, constituait un simple acte préparatoire à la seule décision susceptible de faire grief, la décision ministérielle. • TA Nice, 11 févr. 2009, *M. E. et a.,* n° 0506583 : *LIJ 2009, n° 134, p. 21.*

3. Situation depuis la loi du 10 août 2007. Depuis l'intervention de la L. du 10 août 2007 et pour les établissements ayant accédé aux responsabilités et compétences élargies, les requêtes dirigées contre les délibérations du conseil d'administration sont recevables en tant qu'elles sont désormais dirigées contre des décisions administratives. • TA Nice, 11 févr. 2009, *M. E. et a.,* n° 0506583 : *préc. note 2.*

4. Transfert d'une composante d'une université à une autre. Référé. Absence d'urgence. Pour justifier de l'urgence qui s'attache à ce que soit ordonnée la suspension de l'exécution de l'arrêté du ministre, l'université a fait valoir que le transfert de l'institut d'urbanisme à une autre université porte une atteinte grave et immédiate, d'une part, à sa situation, en la privant d'un établissement qui constitue un élément essentiel de son rayonnement et de son offre de formation et en l'amputant d'emplois et de biens, d'autre part, au service public de l'enseignement supérieur et de la recherche, en raison de la contradiction entre ce transfert et les objectifs de son contrat quadriennal d'établissement, de l'impossibilité dans laquelle se trouverait l'université de destination d'accueillir cet institut dans des conditions satisfaisantes et de l'insécurité juridique qui résulterait, pour les étudiants et le personnel, du risque d'annulation ultérieure de la décision dont la suspension est demandée. Le Conseil d'État, pour rejeter la demande, estime qu'il ne résulte de l'instruction ni que son transfert compromettrait gravement le fonctionnement de cette université, alors que des mesures de compensation sont proposées, ni que l'université de destination ne serait pas en mesure d'accueillir cet institut dans des conditions permettant la continuité du service public de l'enseignement supérieur et de la recherche ; qu'en revanche, la suspension de l'arrêté plusieurs mois après la rentrée universitaire aurait pour effet de créer une situation d'incertitude et de désorganisation qui porterait à l'intérêt général qui s'attache à la continuité du service public de l'enseignement supérieur et de la recherche une atteinte excessive. • CE, ord., 16 déc. 2009, ♔ *Univ. Paris VIII – Vincennes-Saint-Denis*, n° 332872.

5. Statuts. Le conseil d'administration de l'université est compétent pour approuver les statuts des UFR. L'adoption par ce conseil des statuts de l'unité de formation et de recherche ne peut intervenir avant l'arrêté créant la structure. • CE 25 oct. 2004, ♔ *Mme Sylvia Ullmo c/ Univ. de Tours*, n° 252489 : *préc. note 1.*

6. Absence de compétence du CA. Les dispositions législatives autorisent seulement le conseil d'administration de l'université à déterminer ses propres statuts, sans l'habiliter à modifier ceux de ses composantes, qui sont seules qualifiées pour le faire. La circonstance que le conseil d'administration et le conseil scientifique du Centre européen d'histoire de la médecine « n'étaient pratiquement plus constitués » n'autorisait pas le conseil d'administration de l'université requérante à empiéter sur les compétences des organes délibérants du centre. • CAA Nancy, 23 mars 2000, ♔ *Univ. Louis-Pasteur de Strasbourg*, n° 96NC00746.

7. Fonctionnement. Le règlement intérieur du laboratoire d'une université stipulait que « après saisine par le directeur du laboratoire, le conseil de laboratoire siégeant en commission restreinte peut être amené à se prononcer sur le maintien dans le laboratoire d'un membre ou d'un membre associé ». Dès lors, une décision excluant un enseignant-chercheur de ses activités de recherche au sein du laboratoire ne peut être prise sans que le conseil de ce laboratoire se soit prononcé à son sujet. • CE 16 juin 2004, *M. Daniel X. c/ Univ. de Bourgogne*, n° 254614.

8. Intérêt à agir. Un professeur a intérêt à contester un décret qui modifie les structures internes de l'université dans laquelle il enseigne. • CE 10 nov. 1978, ♔ *Sieur Chevallier*, n° 04978 : *Lebon 438* ✎.

9. Élection du directeur. Contestation. Nécessité d'une décision préalable. Absence. Si en matière d'élection administrative, la jurisprudence considère classiquement que les électeurs ne prennent aucune décision par leur seul vote, la jurisprudence a aujourd'hui tendance à abandonner la nécessité d'une décision préalable au recours. Le juge a ainsi estimé que la désignation à l'issue d'un scrutin du directeur d'une UFR revêtait le caractère d'une décision. En l'espèce, le juge a fait référence au seul principe d'autonomie reconnu par la L. de 1984 pour justifier l'absence de nécessité d'une décision préalable du président de l'université. • CAA Paris, plén., 26 mars 2002, ♔ *M. Boularand*, n° 01PA00920 : *Lebon 519 ; AJDA 2002. 1187, concl. Barbillon* ✎. ♦ Dans le même sens : • TA Grenoble, 16 nov. 2007, *SNESUP-FSU*, n° 0703293 • TA Saint-Denis de La Réunion, 24 oct. 2012, *M. Roucairol*, n° 1200856. ♦ En sens contraire, • CE 29 juill. 2002, ♔ *M. Paillet*, n° 210587 : *Lebon T. 751, 763, 845, 880* ✎ ; *AJDA 2002. 1191, concl. Schwartz* ✎. ♦ Sur la question : V. Bourdon, La recevabilité du recours dirigé contre une élection administrative, *AJDA 2014. 722.*

10. CHSCT placé auprès d'une de ses composantes. Désignation des membres. Liste des représentants. Approbation. Absence. Saisie de la demande d'un président sur la nécessité de faire approuver la liste des représentants désignés au sein d'un CHSCT spécial, placé auprès d'une de ses composantes par le conseil de celle-ci avant que l'arrêté fixant la composition nominative de ce comité soit signé par le chef d'établissement, la DAJ a précisé qu'aucune disposition ne prévoit l'intervention du conseil de la composante dans la désignation des membres du CHSCT. La création d'un tel organe spécial relève de la compétence du conseil d'administration, après consultation des organisations syndicales représentées au comité technique de l'établissement. Pour la détermination des organisations syndicales appelées à désigner les membres du CHSCT, il convient d'appliquer les dispositions préc. de l'art. 42 du Décr. du 28 mai 1982. * Note DAJ B1 n° 90, 22 avr. 2015 : *LIJ 2015, n° 189, p. 19.*

II. DÉPARTEMENT

11. Règlement intérieur. Une UFR a créé, en son sein, un département de langues étrangères appliquées. Ce département n'étant pas une composante de l'université, mais une structure interne à l'UFR, son règlement intérieur n'avait pas à être soumis à l'approbation du conseil d'administration de l'université. Le conseil de l'UFR avait, en revanche, compétence pour l'approuver. • CE 28 juin 1996, *M. Faucher c/ Univ. de Nancy II*, n° 114860.

III. LABORATOIRES ET CENTRES DE RECHERCHE

12. Règlement interne. Les laboratoires et les centres de recherche sont des composantes de l'université qui élaborent un règlement interne. Annulation d'une décision excluant un enseignant-chercheur de ses activités de recherche au sein du laboratoire, la décision ne pouvant être prise sans que le conseil de ce laboratoire se soit prononcé à son sujet, selon la procédure prévue au règlement intérieur. • CE 11 juin 2004, *M. Z.*, n° 254614 : *AJFP 2004. 254, note Mekhantar*.

13. Exclusion. Respect des formalités. Le directeur d'un laboratoire a, au nom du conseil du laboratoire, avisé le président de l'université et M. A. de ce que ce dernier était exclu de ce laboratoire. Au vu des pièces du dossier, le juge administratif a estimé que cette décision, qui fait suite aux positions prises par l'intéressé dans une controverse scientifique l'opposant publiquement à d'autres chercheurs du laboratoire, a été prise pour des motifs tenant à sa personne. Par suite, elle ne pouvait être légalement prononcée qu'après observation des formalités prévues à l'art. 65 de la L. du 22 avr. 1905. L'intéressé n'ayant pas été préalablement averti de l'intention de l'autorité administrative et n'ayant pas été mis à même de solliciter la communication de son dossier, la décision attaquée a été prise sur une procédure irrégulière. • CE 12 oct. 2006, *M. A.*, n° 278599 : *AJDA 2007. 649, note Costa*.

14. Droit à indemnité. Absence. La décision d'exclure M. A. du laboratoire était justifiée par l'intérêt du service du fait que la vive controverse, qui s'était élevée entre l'intéressé et certains de ses collègues du laboratoire, avait pris une ampleur telle qu'elle compromettait le bon fonctionnement du laboratoire. Dès lors, l'irrégularité dont cette décision est entachée, n'est pas de nature à ouvrir au requérant un droit à indemnité. • CE 12 oct. 2006, *M. A.*, n° 278599 : *préc. note 13.*

15. Gestion des contrats de recherche par une association. La gestion des contrats de recherche d'un laboratoire par une association dénuée de personnel et fonctionnant uniquement avec les agents de l'établissement qui l'abrite constitue une gestion de fait en dépenses. • C. comptes, 6 déc. 1979, *Laboratoire de chimie-biologie et de photo-physiologie de l'Institut national de la recherche agronomique : Rec. 1979. 190.*

Art. L. 713-2 Des centres polytechniques universitaires ayant pour mission la formation des ingénieurs, le développement de la recherche et de la technologie peuvent être créés.

Ces centres, à caractère pluridisciplinaire, sont soumis aux dispositions de l'article L. 713-9.

La création de ces centres ne peut intervenir que si le flux annuel d'entrées est au moins égal à deux cent cinquante étudiants. – *[L. n° 85-1371 du 23 déc. 1985, art. 13.]*

SECTION PREMIÈRE LES UNITÉS DE FORMATION ET DE RECHERCHE

Art. L. 713-3 Les unités de formation et de recherche associent des départements de formation et des laboratoires ou centres de recherche. Elles correspondent à un projet éducatif et à un programme de recherche mis en œuvre par des enseignants-chercheurs, des enseignants et des chercheurs relevant d'une ou de plusieurs disciplines fondamentales.

Les unités de formation et de recherche sont administrées par un conseil élu et dirigées par un directeur élu par ce conseil.

Le conseil, dont l'effectif ne peut dépasser quarante membres, comprend des personnalités extérieures dans une proportion *(L. n° 2003-339 du 14 avr. 2003, art. 2)* « de 20 à 50 % ». Dans tous les cas, les personnels enseignants doivent être en nombre au moins égal à celui des autres personnels et des étudiants.

Le directeur est élu pour une durée de cinq ans renouvelable une fois. Il est choisi parmi les enseignants-chercheurs, les enseignants ou les chercheurs qui participent à l'enseignement, en fonction dans l'unité. – *[L. n° 84-52 du 26 janv. 1984, art. 32, al. 1er à 4.]*

I. PERSONNALITÉ JURIDIQUE

1. Absence. Les unités de formation et de recherche sont dépourvues de la personnalité morale • CE 10 févr. 1995, *Faculté de médecine et de pharmacie de l'université de Limoges et Université de Limoges*, n° 82679. ♦ Une unité d'enseignement et de recherche « Faculté de

Droit » n'ayant pas reçu la qualité d'établissement public à caractère scientifique et culturel est dépourvue de la personnalité morale. Une requête présentée en son nom par son doyen, lequel n'a pas qualité pour agir, est donc irrecevable • CE 6 oct. 1976, *Doyen de l'UER – Faculté de droit de l'univ. Jean-Moulin*, nos 98179 et 98180 : *Lebon 395* ; *JCP 1977. II.18564, note Chevallier.*

2. Obligations pour l'université. Le directeur d'un institut, qui n'avait pas le statut d'établissement public à caractère scientifique et culturel, avait fait dispenser des heures d'enseignement complémentaires à des enseignants en sus de leurs obligations de service. Dès lors que ces enseignants, régulièrement désignés, ont effectivement accompli leur service, la charge du paiement de ces heures complémentaires dues et effectuées à la demande du directeur d'un institut non doté de la personnalité juridique incombait à la personne morale dont relève l'institut. • CE 20 mai 1981, *Univ. des Sciences et Techniques du Languedoc [Montpellier II]*, n° 13421 : *Lebon 232* .

II. ÉLECTION DU DIRECTEUR

3. Recours préalable. L'élection du directeur d'une unité de formation et de recherche constitue une décision qui peut faire directement l'objet d'un recours devant le juge administratif, dès lors qu'il n'existe aucune autorité susceptible de se prononcer sur un recours administratif préalable. • CAA Paris, plén., 26 mars 2002, *M. Boularand*, n° 01PA00920 : *Lebon 519 ; AJDA 2002. 1187, concl. Barbillon* . ♦ En sens contraire, le recours contentieux contre l'élection d'un directeur d'unité de formation et de recherche n'est recevable que s'il a été précédé d'une demande préalable auprès du président de l'université. • CE 29 juill. 2002, *M. Paillet*, n° 210587 : *Lebon T. 763* ; *AJDA 2002. 1191, concl. Schwartz* .

4. Contestation. Intérêt à agir. Justifie d'un intérêt lui donnant qualité pour former une protestation contre l'élection d'un doyen d'une unité de formation et de recherche, un professeur en poste dans cette unité à la date de l'élection et qui, à ce titre, appartient au collège électoral chargé de désigner les membres du conseil de l'unité. • CE 29 juill. 2002, *M. Paillet*, n° 210587 : *préc. note 3.* ♦ Le renouvellement, postérieurement à l'introduction de la requête, du conseil de l'unité de formation et de recherche, qui est un organisme consultatif, ne prive pas d'objet la protestation dirigée contre l'élection du président de cette unité • CE 29 juill. 2002, *M. Paillet : préc.*

III. ÉLECTION DU CONSEIL

5. Double parité de représentation. Le respect de la double parité de représentation au sein des conseils d'UFR entre, d'une part, celle des personnels enseignants et celle des autres personnels et étudiants, et d'autre part, à l'intérieur de la représentation du personnel enseignant, entre les professeurs et les autres enseignants, est subordonné à la condition que chacun des collèges comprenne effectivement un nombre d'électeurs inscrits au moins égal au nombre des sièges à pourvoir. Sont entachés d'illégalité, les statuts d'une unité de formation et de recherche, qui, bien qu'ayant respecté cette parité dans la répartition des sièges à pourvoir dans chaque collège, n'ont prévu aucune disposition pour la rendre effective lorsque l'un de ces collèges comprend un nombre d'électeurs inscrits inférieur à celui des sièges à pourvoir. Cette illégalité est de nature à vicier les élections. • CAA Lyon, 21 juill. 1995, *M. Marconnet*, n° 94LY00753 : *Lebon 545* .

6. Absence de candidat. Saisie par un président d'université sur la procédure à suivre en cas d'absence de candidat pour les élections des représentants des personnels BIATOS dans les conseils d'UFR, la direction des affaires juridiques a répondu qu'il n'était pas nécessaire d'ouvrir un bureau de vote pour l'élection de ces personnels mais que les élections pour les autres collèges électoraux pouvaient avoir lieu. * Lettre DAJ B1, n° 09-385 du 20 nov. 2009 : *LIJ 2010, n° 141, p. 26.* ♦ En aucun cas il n'est possible de procéder à un tirage au sort entre les différents personnels ou de désigner le plus âgé pour siéger. * Même avis. ♦ Si en dépit des efforts répétés de la direction de l'établissement aucun candidat ne se présentait, en cas de contestation liée à la composition du conseil, la théorie de la formalité impossible pourrait être invoquée. • CAA Paris, 3 févr. 2005, *Centre nat. de la recherche scientifique (CNRS)*, n° 00PA0336 : *Lettre DAJ B1, n° 09-385 du 20 nov. 2009 ; préc.* ♦ Dans la mesure où l'art. L. 713-3 ne prévoit aucune condition particulière pour les votes des conseils d'UFR, il convient de se reporter aux dispositions du règlement intérieur de chaque composante. • Même avis.

SECTION II DISPOSITIONS PROPRES AUX UNITÉS DE FORMATION ET DE RECHERCHE DE MÉDECINE, PHARMACIE, ODONTOLOGIE ET MAÏEUTIQUE *(L. n° 2013-660 du 22 juill. 2013, art. 53).*

BIBL. GÉN. ▶ DELAHAYE-GUILLOCHEAU, DIZAMBOURG et BONACCORSI, Audit de l'appareil de formation odontologique, *Rapp. IGAEN-IGAS, déc. 2006.*

Art. L. 713-4 *(L. n° 2007-1199 du 10 août 2007, art. 15)* « I. — Par dérogation aux articles L. 712-2, L. 712-3 *(L. n° 2013-660 du 22 juill. 2013, art. 54)* « et L. 712-6-

1 », les unités de formation et de recherche de médecine, de pharmacie *(L. n° 2013-660 du 22 juill. 2013, art. 54)* **« , d'odontologie et de maïeutique » ou, à défaut, les** *(L. n° 2013-660 du 22 juill. 2013, art. 54)* **« composantes » qui assurent ces formations concluent, conjointement avec les centres hospitaliers régionaux, conformément aux articles L. 713-5 et L. 713-6, et, le cas échéant, avec les centres de lutte contre le cancer** *(L. n° 2013-660 du 22 juill. 2013, art. 54)* **« et les établissements de santé privés à but non lucratif », conformément à l'article L. 6142-5 du code de la santé publique, les conventions qui ont pour objet de déterminer la structure et les modalités de fonctionnement du centre hospitalier et universitaire. Elles respectent les orientations stratégiques de l'université définies dans le contrat pluriannuel d'établissement, notamment dans le domaine de la** *(L. n° 2012-300 du 5 mars 2012, art. 1er)* **« recherche impliquant la personne humaine ».**

« Le directeur de l'unité ou *(L. n° 2013-660 du 22 juill. 2013, art. 54)* **« de la composante » a qualité pour signer ces conventions au nom de l'université.**

« Ces conventions ne peuvent être exécutées qu'après avoir été approuvées par le président de l'université et votées par le conseil d'administration de l'université.

« Le président de l'université peut déléguer sa signature au directeur pour ordonnancer les recettes et les dépenses de l'unité de formation et de recherche ou *(L. n° 2013-660 du 22 juill. 2013, art. 54)* **« de la composante ».**

« Les emplois du personnel enseignant et hospitalier des centres hospitaliers et universitaires sont affectés dans le respect des dispositions de l'article L. 952-21.

« La révision des effectifs enseignants et hospitaliers prend en compte les besoins de santé publique, d'une part, et d'enseignement et de recherche, d'autre part. »

II. – Par dérogation aux articles L. 613-1 *(L. n° 2013-660 du 22 juill. 2013, art. 54)* **« et L. 712-6-1 », l'organisation des enseignements et du contrôle des connaissances est définie par les unités de formation et de recherche de médecine, d'odontologie** *(L. n° 2013-660 du 22 juill. 2013, art. 54)* **« , de pharmacie ou de maïeutique », suivant le cas, puis approuvée par le président de l'université, pour les formations suivantes :**

1° Deuxième cycle des études médicales ;

2° Deuxième cycle des études odontologiques ;

3° Formation de pharmacie générale du troisième cycle des études pharmaceutiques.

III. – La même procédure comportant une proposition commune des unités de formation et de recherche situées *(Ord. n° 2014-807 du 17 juill. 2014, art. 3)* **« dans la subdivision territoriale mentionnée au** *(L. n° 2019-774 du 24 juill. 2019, art. 2)* **« 5° du III » de l'article L. 632-2 » est applicable aux formations suivantes :**

1° Troisièmes cycles de médecine générale, de médecine spécialisée et de santé publique ;

2° Formations de pharmacie hospitalière, de pharmacie et santé publique et de biologie médicale du troisième cycle des études pharmaceutiques.

Art. L. 713-5 **Les centres hospitaliers et universitaires sont organisés conformément aux dispositions des articles L. 6142-1, L. 6142-3 à L. 6142-6** *[abrogé]*, **L. 6142-11, L. 6142-13 et L. 6142-17 du code de la santé publique, ci-après reproduites :**

Art. L. 6142-1 *(L. n° 2002-73 du 17 janv. 2002, art. 65)* « Les centres hospitaliers et universitaires sont des centres de soins où, dans le respect des malades, sont organisés les enseignements publics médical et pharmaceutique et post-universitaire, ainsi que, sans préjudice des attributions des autres établissements de recherche et d'enseignement, la recherche médicale et pharmaceutique » et les enseignements paramédicaux.

Ils sont aménagés conformément à la mission ainsi définie.

Art. L. 6142-3 Dans les villes sièges d'unités de formation et de recherche de médecine *(L. n° 2002-73 du 17 janv. 2002, art. 65)* « et de pharmacie », les universités, pour ce qui concerne ces unités, et les centres hospitaliers régionaux organisent conjointement l'ensemble de leurs services en centres hospitaliers et universitaires.

Les universités et les centres hospitaliers régionaux conservent leur personnalité juridique et leurs organes d'administration respectifs ; ils sont tenus de conclure des conventions pour préciser *(L. n° 2009-879 du 21 juill. 2009, art. 34)* « les axes stratégiques et les modalités de mise en œuvre de la politique hospitalo-universitaire entre l'université et le centre hospitalier régional ».

(L. nº 2009-879 du 21 juill. 2009, art. 34) « Ces conventions sont élaborées en cohérence avec les contrats pluriannuels d'objectifs et de moyens mentionnés à l'article L. 6114-1, les projets d'établissement mentionnés à l'article L. 6143-2, les contrats pluriannuels d'établissement mentionnés à l'article L. 711-1 du code de l'éducation et les contrats de projets État-régions.

« Elles portent en particulier sur la politique de *(L. nº 2012-300 du 5 mars 2012, art. 1er)* « recherche impliquant la personne humaine » de l'université et les modalités de son déploiement au sein du centre hospitalier et universitaire et les modalités de participation du centre hospitalier régional et le cas échéant des autres établissements de soins à l'enseignement universitaire et post-universitaire.

« Des établissements de santé ainsi que des établissements publics à caractère scientifique et technologique ou autres organismes de recherche peuvent être associés à ces conventions pour tout ou partie de leurs clauses.

« Ces conventions sont révisées tous les cinq ans. »

Les législations et réglementations universitaires et hospitalières restent respectivement applicables à ces centres, chacune dans son domaine propre, sous réserve des dérogations prévues par le présent chapitre et ses textes d'application.

Art. L. 6142-4 Dans le ressort d'une même académie, deux ou plusieurs centres hospitaliers régionaux ont la possibilité de passer convention avec la ou les universités de cette académie, pour la constitution d'un centre hospitalier et universitaire unique.

Art. L. 6142-5 Des conventions peuvent être conclues par les universités et par les centres hospitaliers régionaux, agissant conjointement, avec d'autres établissements de santé ou organismes publics ou privés susceptibles d'être associés aux diverses missions définies à l'article L. 6142-1.

Art. L. 6142-6 *Abrogé par Ord. nº 2010-177 du 23 févr. 2010, art. 6.*

Art. L. 6142-11 *(L. nº 2002-73 du 17 janv. 2002, art. 65)* « Les difficultés qui s'élèvent à l'occasion de la conclusion ou de l'application des conventions prévues à l'article L. 6142-3 sont examinées par une commission comprenant le représentant de l'État dans le département, président, le directeur de l'unité de formation et de recherches médicales ou pharmaceutiques ou, lorsqu'il existe un comité de coordination de l'enseignement médical ou pharmaceutique, le président de ce comité et le médecin *(L. nº 2011-940 du 10 août 2011, art. 47)* « ou le pharmacien désigné par le directeur général de l'agence régionale de santé ».

A défaut d'accord intervenu devant cette commission, il est statué par décision commune des ministres de l'enseignement supérieur et de la santé, dans les conditions déterminées par voie réglementaire.

Art. L. 6142-13 *(Ord. nº 2005-406 du 2 mai 2005, art. 9)* Dans chaque centre hospitalier et universitaire, il est créé un comité de la recherche en matière biomédicale et de santé publique consulté sur des matières déterminées par voie réglementaire, notamment sur les conditions dans lesquelles l'établissement organise sa politique de recherche conjointement avec les universités et avec les établissements publics scientifiques et technologiques ou autres organismes de recherche ayant passé une convention d'association au fonctionnement du centre hospitalier universitaire dans les conditions prévues à l'article L. 6142-5.

Art. L. 6142-17 Sont déterminées par décret en Conseil d'État, les modalités d'application des dispositions du présent chapitre, à l'exception de celles fixées à l'article L. 6142-16 *[V. **CSP**]* et notamment :

1° Les conditions dans lesquelles certains *(Ord. nº 2010-177 du 23 févr. 2010, art. 4)* « pôles d'activité, structures internes ou » personnels médicaux des établissements de santé mentionnés à l'article L. 6142-3 peuvent être maintenus partiellement ou totalement en dehors de l'application du présent chapitre ;

2° Les conditions dans lesquelles sont établies les conventions prévues aux articles L. 6142-3 et L. 6142-5 ;

3° Les conditions dans lesquelles les dépenses d'enseignement et de recherches qui ne peuvent être isolées dans *(L. nº 2005-406 du 2 mai 2005, art. 13)* « l'état des prévisions de recettes et de dépenses » des établissements de santé font l'objet d'un versement forfaitaire du ministère de l'enseignement supérieur ;

4° Les conditions dans lesquelles certaines dispositions du présent chapitre sont rendues applicables aux études dentaires et aux chirurgiens-dentistes, ainsi qu'aux pharmaciens pour certaines disciplines biologiques ;

5° *(L. n° 2002-73 du 17 janv. 2002, art. 64 et 65)* « Les conditions dans lesquelles certaines dispositions du présent chapitre peuvent être rendues applicables aux études pharmaceutiques et aux pharmaciens, notamment les mesures transitoires nécessaires et les modalités du recrutement commun initial, hospitalier et universitaire, ainsi que les conditions dans lesquelles les enseignants des unités de formation de recherche de pharmacie ayant à la fois des fonctions hospitalières et universitaires peuvent demander à être intégrés dans le nouveau corps ou à conserver le régime du corps auquel ils appartiennent » *[V. **CSP**, art. R. 6142-1 s.]*.

Organisation. Un centre hospitalier et universitaire est constitué par une université et les centres hospitaliers ayant passé avec elle une convention aux fins d'organiser conjointement les services de soins, d'enseignement et de recherche. Les centres hospitaliers de Montpellier et de Nîmes étant liés à l'Université de Montpellier par une telle convention, ils constituent avec cette université un centre hospitalier et universitaire unique, alors même que chacun de ces centres est autorisé à adopter la dénomination de « centre hospitalier universitaire ». Par suite, la mutation d'un professeur du centre hospitalier de Nîmes à celui de Montpellier n'est pas soumise aux conditions requises pour la mutation d'un professeur des universités praticien hospitalier dans un centre hospitalier et universitaire autre que celui où il est affecté. • CE 10 janv. 1996, *CH régional de Nîmes*, n° 165000 : *Lebon T. 927*.

Art. L. 713-6 **Les charges financières résultant de l'application des articles L. 632-1, L. 713-5, L. 952-21 à L. 952-23 sont supportées en totalité, en ce qui concerne l'enseignement public médical** *(L. n° 2002-73 du 17 janv. 2002, art. 65)* **« pharmaceutique » et post-universitaire, par le budget du ministère de l'éducation nationale. En ce qui concerne la recherche médicale** *(L. n° 2002-73 du 17 janv. 2002, art. 65)* **« et pharmaceutique », les charges incombant à l'État sont réparties entre ce budget et celui du ministère de la santé.**

Art. L. 713-7 *Abrogé par L. n° 2003-339 du 14 avr. 2003, art. 2.*

Art. L. 713-8 **Les modalités de fonctionnement de la commission prévue** *(L. n° 2003-339 du 14 avr. 2003, art. 2)* **« à l'article L. 6142-11 du code de la santé publique »** *[V. cet art. à l'art. L. 713-5]* **sont fixées par les dispositions de l'article L. 6142-12, ci-après reproduites :**

Art. L. 6142-12 *(L. n° 2002-73 du 17 janv. 2002, art. 65)* « Lorsque la commission mentionnée à l'article L. 6142-11 *[V. cet art. à l'art. L. 713-5]* se réunit pour régler des difficultés nées à l'occasion de la mise en œuvre des dispositions relatives à l'enseignement de la pharmacie et de la biologie dispensé aux étudiants en pharmacie dans les pharmacies à usage intérieur et les laboratoires du centre hospitalier régional faisant partie du centre hospitalier et universitaire », le directeur de l'unité de formation et de recherche de sciences pharmaceutiques ou, dans le cas d'unités de formation et de recherche mixtes, médicales et pharmaceutiques, soit le directeur, soit, lorsque celui-ci n'est pas pharmacien, l'enseignant responsable de la section de pharmacie, est entendu par ladite commission.

A défaut d'accord intervenu entre la commission et le directeur de l'unité de formation et de recherche de sciences pharmaceutiques ou l'enseignant responsable de la section de pharmacie dans les deux mois qui suivent la réunion de la commission, les ministres chargés de l'enseignement supérieur et de la santé statuent au vu de l'avis émis par une commission nationale élue dont la composition est fixée par voie réglementaire.

SECTION III LES INSTITUTS ET LES ÉCOLES

Art. L. 713-9 **Les instituts et les écoles faisant partie des universités sont administrés par un conseil élu et dirigés par un directeur choisi dans l'une des catégories de personnels qui ont vocation à enseigner dans l'institut ou l'école, sans condition de nationalité. Les directeurs d'école sont nommés par le ministre chargé de l'enseignement**

supérieur sur proposition du conseil et les directeurs d'instituts sont élus par le conseil. Leur mandat est de cinq ans renouvelable une fois.

Le conseil, dont l'effectif ne peut dépasser quarante membres, comprend de 30 à 50 % de personnalités extérieures *(L. n° 2005-380 du 23 avr. 2005, art. 44)* **« , dont un ou plusieurs représentants des acteurs économiques » ; les personnels d'enseignement et assimilés y sont en nombre au moins égal à celui des autres personnels et des étudiants. Le conseil élit pour un mandat de trois ans, au sein des personnalités extérieures, celui de ses membres qui est appelé à le présider. Le mandat du président est renouvelable.**

Le conseil définit le programme pédagogique et le programme de recherche de l'institut ou de l'école dans le cadre de la politique de l'établissement dont il fait partie et de la réglementation nationale en vigueur. Il donne son avis sur les contrats dont l'exécution le concerne et soumet au conseil d'administration de l'université la répartition des emplois. Il est consulté sur les recrutements.

Le directeur de l'institut ou de l'école prépare les délibérations du conseil et en assure l'exécution. Il est ordonnateur des recettes et des dépenses. Il a autorité sur l'ensemble des personnels. Aucune affectation ne peut être prononcée si le directeur de l'institut ou de l'école émet un avis défavorable motivé.

Les instituts et les écoles disposent, pour tenir compte des exigences de leur développement, de l'autonomie financière. Les ministres compétents peuvent leur affecter directement des crédits et des emplois attribués à l'université.

BIBL. ▸ Bonrepaux, Les IUT refusent de faire les frais de leur intégration dans l'université, *Le Monde, 12 nov. 2009. 12.* – Brafman, Les IUT mobilisés pour garder leur autonomie budgétaire, *Le Monde, 2 févr. 2012. 14* ; Des IUT de plus en plus éloignés de leur mission, *Le Monde, 15 mars 2012. 16.* – Denis, La dérogation dans le système universitaire : le régime spécifique des instituts, *Thèse, Univ. Paris 2, 1999.* – Duprillot, Les instituts universitaires de technologie, *Rev. adm. 1970. 401.* – Inquiets de la globalisation des moyens, les IUT veulent prendre leur indépendance, *La synthèse de l'ORS, n° 39, oct.-nov.-déc. 2010. 9.* – Les IUT et leur place dans le plan de développement des enseignements supérieurs, *Rapport Cour des comptes, 1994.* – Les instituts universitaires de technologie, *Cour des comptes, Rapport public particulier, 1995.* – IUT Les 40 ans, *ORS, Dossier n° 8, 6 juin 2006.*

I. IUT

1° AUTONOMIE

1. Conséquences. Le ministre de l'enseignement supérieur se borne à tirer les conséquences nécessaires du transfert d'un IUT d'une université à une autre en constatant le rattachement à cette dernière d'un professeur qui enseigne dans cet institut. Une telle mesure ne saurait donc être regardée comme une mutation au sens du décret fixant le statut particulier des professeurs des universités. • CE 27 mars 1998, n° 157190 A.

2° RECRUTEMENTS

2. Avis du directeur. Nature. L'avis émis par le directeur d'un institut universitaire de technologie, concernant le recrutement d'un enseignant, présente le caractère d'une décision faisant grief et peut donc faire l'objet d'un recours pour excès de pouvoir. • CE 12 janv. 2005, n° 258088.

3. Avis du directeur. Pouvoir de veto. Le Conseil d'État étend aux directeurs d'IUT et d'écoles sa jurisprudence sur les motifs recevables pour l'exercice du droit de veto des présidents d'université, qui ne peuvent s'opposer aux candidatures proposées que pour des raisons relatives à l'administration de l'établissement à l'exclusion de toute remise en cause des mérites, notamment scientifiques, des candidats. S'agissant du recrutement d'un professeur dans un IUT, le comité de sélection avait retenu deux candidatures, auxquelles le président d'université n'a pas donné suite en raison du *veto* opposé par le directeur de l'IUT. La candidate, classée première, demande l'annulation des deux décisions du directeur et du président, qu'elle n'obtient pas : le premier était fondé à utiliser son veto au motif que les deux candidatures ne correspondaient pas au profil scientifique et pédagogique du poste à pourvoir, et le second ne pouvait dans ces conditions que déclarer le concours infructueux. • CE 13 févr. 2013, n° 354913 : *AJFP 2013. 79* ; *LIJ 2013, n° 174, p. 15.* ♦ Dans une école, un comité de sélection avait retenu une liste de 4 noms, ramenée à 3 par le conseil d'administration, qui écartait le nom du premier candidat présenté. Le directeur de l'école émet donc un avis défavorable à tout recrutement, en déduisant du désaccord entre les deux instances que le profil du poste n'avait pas été défini de manière suffisamment précise. Si cette appréciation n'était pas étrangère à la bonne administration de l'école, elle n'autorisait le directeur qu'à refuser la totalité de la liste et ne lui permettait pas de substituer le nom du deuxième candidat proposé à celui de premier. • CE 5 déc. 2011, n° 333809 B : *AJDA 2012. 336, concl. Keller* ; *ibid. 2011. 2384* ; *AJFP 2012. 118*. ♦ Avant la réforme de 2007, les directeurs disposaient déjà de ce pouvoir. • CE 4 mai 2001, *Mme Chabrier*, n° 222117 B. ♦ En ce sens encore, l'opposition du directeur ne peut entrainer que le rejet de la liste et non sa modification. • CE 26 oct. 2011, n° 334084 B : *AJDA 2012. 169, note Legrand ; ibid. 2011. 2097 ; AJFP 2012. 24*.

4. *Erreur de droit.* Pour émettre un avis défavorable au recrutement d'un professeur des universités dans l'établissement qu'il dirige, le directeur d'un IUT s'est fondé sur la circonstance que le candidat n'aurait pas pris contact avec son établissement pour définir sa participation, tant à l'enseignement qu'à l'administration du département d'affectation. Une telle entrevue n'étant exigée par aucun texte relatif au recrutement des professeurs des universités, la décision du directeur est entachée d'erreur de droit. • CE 12 janv. 2005, n° 258088. ♦ La directrice d'un institut a rejeté la liste de classement établie par la commission de spécialistes au motif que les candidats retenus ne possédaient pas les connaissances et compétences nécessaires pour satisfaire aux besoins de l'établissement exprimés dans les profils détaillés de postes. Le ministre de l'éducation est seul compétent pour désigner le ou les emplois de maître de conférences à pourvoir et pour en préciser éventuellement les caractéristiques. Dès lors, les profils complémentaires détaillés de postes auxquels se réfère la directrice d'un institut pour motiver son refus, sans établir qu'ils ont été soumis au conseil de l'institut qui doit être consulté sur les recrutements, ni qu'ils ont été portés à la connaissance effective des candidats au concours, ne pouvaient, en tout état de cause, ajouter des conditions de recrutement nouvelles à la définition des postes arrêtée par le ministre et publiée au *Journal officiel*. Il s'ensuit qu'en fondant sa décision de rejet sur un critère étranger à ceux qui correspondaient à la section et à l'intitulé des emplois dont la vacance avait été portée à la connaissance des candidats par l'arrêté ministériel, la directrice de l'institut a commis une erreur de droit. • TA Dijon, 6 juin 2006, n° 0502091 : *AJFP 2006. 237*.

5. *Motifs étrangers à l'administration de l'institut.* Aucune affectation ne peut être prononcée dans un institut faisant partie d'une université si le directeur de l'institut émet un avis défavorable. Le Conseil d'État précise toutefois qu'un tel avis ne saurait être fondé sur des motifs étrangers à l'administration de l'institut. • CE 23 oct. 2013, n° 359919 : *LIJ 2014, n° 181, p. 14*.

6. *Commission mixte.* Lorsque le ou les emplois à pourvoir sont affectés à un institut ou à une école faisant partie d'une université, les concours se déroulent dans les conditions spécifiques définies par voie réglementaire. Les règles relatives à la composition de la commission mixte n'imposent pas que la proportion des membres désignés respectivement par la commission de spécialistes en son sein et par le conseil de l'institut soit respectée lors de chaque délibération. • CE 4 févr. 2004, n° 239219 B : *AJDA 2004. 791*.

7. *Composition régulière.* La circonstance que siège dans la commission mixte de recrutement des professeurs affectés dans les IUT un supérieur hiérarchique du candidat n'entache pas d'irrégularité la composition de la commission et n'est pas de nature à caractériser un manque d'impartialité de la commission. • CE 4 févr. 2004, n° 239219 : *préc. note 6*.

8. *Composition irrégulière.* La présence, dans un jury de recrutement, de l'un des subordonnés d'un candidat est de nature à priver les candidats des garanties d'impartialité auxquelles ils ont droit. • CE 4 févr. 2004, n° 248824 B : *AJDA 2004. 1207*.

9. *Procédure irrégulière.* Des candidats retenus par la commission de spécialistes pour le recrutement d'un professeur d'université affecté dans un IUT avaient été écartés par la commission de recrutement de cet institut, puis par le conseil d'administration de l'université siégeant en formation restreinte. La commission de recrutement ayant délibéré en présence du président de l'IUT, maître de conférences, la procédure de consultation est illégale. Annulation de la délibération du conseil d'administration de l'université rendu au vu de cet avis irrégulier. • CE 4 mai 2001, n° 222117 B.

10. *Recrutement irrégulier. Conséquences. Paiement d'une provision.* Un attaché temporaire d'enseignement et de recherche demandait au juge la condamnation de l'université l'ayant recruté qu'à compter du 1er nov. alors qu'il avait effectivement accompli son service depuis le 1er sept. Le requérant avait, sur invitation du directeur de l'IUT, signé son procès-verbal d'installation à cette date, tenu pour nul par le président d'université. Aucune pièce au dossier ne confirmant qu'il avait été mis en garde qu'il risquait de ne pas être payé sans qu'un nouveau contrat ne soit signé avec lui. Sans qu'il soit nécessaire de se prononcer sur la nature juridique exacte du lien qui a uni l'intéressé à l'université durant cette période, le juge administratif a condamné l'université à payer une provision. • TA Versailles, 19 févr. 2009, n° 0900130 : *LIJ 2009, n° 134, p. 22*.

11. *Recrutement irrégulier. Conséquences. Injonction de réexamen de la candidature.* Les motifs de l'avis défavorable du directeur de l'institut étant erronés, le juge précise que l'annulation qui en découle implique seulement que soit enjoint au directeur de l'institut de réexaminer la candidature de la requérante au poste en cause attaché. • CE 23 oct. 2013, n° 359919 : *préc. note 5*.

12. *Constat et sanction d'éventuels sous-services d'enseignants affectés dans un IUT.*

Autorité compétente. Une enseignante-chercheuse affectée en IUT et ayant fait l'objet d'une décision de la directrice pédagogique de l'IUT de suspendre le cours qu'elle assurait jusqu'à présent au motif qu'il ne figurait pas au programme de la formation pour laquelle elle intervenait contestait la décision par laquelle le président de l'université l'avait informée que, se trouvant en situation de sous-service, elle devait rattraper les heures d'enseignement qu'elle n'avait pas effectuées l'année précédente, qu'en l'absence de rattrapage, il serait procédé à une retenue sur sa rémunération et à la suppression de sa prime d'enseignement et de recherche, et, en outre, qu'une procédure disciplinaire serait engagée à son encontre en cas de récidive. La requérante estimait en effet que le président était incompétent pour lui rappeler ses obligations de service dès lors que le directeur de l'IUT a autorité sur les personnels qui y travaillent. La cour a tout d'abord rappelé qu'en application des dispositions de l'art. L. 951-3 le ministre a, par un arrêté du 10 févr. 2012 portant délégation de pouvoirs en matière de recrutement et de gestion de certains personnels enseignants des établissements publics d'enseignement supérieur et de recherche, notamment délégué aux présidents des universités ses pouvoirs en matière de recrutement et de gestion des carrières des enseignants-chercheurs. Elle a ensuite considéré qu'il ressort de ces textes que le président était compétent pour prendre toute décision relative au recrutement ou à la gestion des carrières des maîtres de conférences affectés à l'IUT. Après avoir relevé qu'aucune disposition législative ou réglementaire ne réservait au directeur de l'IUT la compétence pour intervenir en matière de constat et de sanction des éventuels sous-services des enseignants affectés à l'IUT, la cour a confirmé la compétence du président de l'université pour prendre la décision attaquée. Elle a enfin constaté que la requérante se trouvait effectivement en situation de sous-service et que si elle soutenait que ce sous-service résultait de la décision de suspendre le cours qu'elle dispensait et de l'absence d'attribution par l'université d'heures de cours de nature à compenser cette suppression, elle n'établissait toutefois par aucun élément que la situation de sous-service qui lui était reprochée résulterait effectivement de la suppression de ce cours dont elle ne précisait d'ailleurs pas la quotité horaire. • CAA Versailles, 25 juill. 2019, ♁ n° 16VE02205 : *LIJ 2019, n° 208, p. 10.*

3° CONSEILS

13. Composition. Principe de double parité. Saisie par une université d'une telle question relative à la composition d'un conseil d'un IUT, la DAJ rappelle la jurisprudence en vigueur selon laquelle le respect de la double parité de représentation au sein des conseils d'UER est subordonné à la condition que chacun des collèges comprenne effectivement un nombre d'électeurs inscrits au moins égal au nombre des sièges à pourvoir. Sont entachés d'illégalité les statuts d'une UFR, qui, bien qu'ayant respecté cette parité dans la répartition des sièges à pourvoir dans chaque collège, n'ont prévu aucune disposition pour la rendre effective lorsque l'un de ces collèges comprend un nombre d'électeurs inscrits inférieur à celui des sièges à pourvoir. Cette illégalité est de nature à vicier les élections. • CAA Lyon, 21 juill. 1995, ♁ n° 94LY00753. ♦ La DAJ précise qu'il n'est pas légalement possible de désigner d'office des professeurs en poste pour siéger au conseil de IUT, ni d'assurer la représentation des professeurs des universités au conseil de l'IUT par l'élection de professeurs exerçant leurs fonctions ailleurs que dans cette composante. * DAJ B1 n° 113 du 25 oct. 2017 : *LIJ 2018, n° 201, p. 17.*

14. Composition. Impossibilité de pourvoir un siège. Interrogée sur le cas d'un IUT où un poste de professeur des universités ayant été supprimé, il était impossible de pourvoir le siège vacant de professeur des universités au conseil de cet IUT, la DAJ répond que dans une telle hypothèse, il n'est en effet pas possible de faire application des dispositions de l'art. D. 719-21, al. 12. Il en résulte que le siège vacant de représentant des professeurs des universités au conseil de l'IUT ne peut pas être pourvu jusqu'au renouvellement de ce conseil en l'absence de professeur des universités éligible exerçant dans cet institut. Une modification des statuts de l'IUT s'avère donc indispensable pour prendre en compte la nouvelle répartition des emplois d'enseignants au sein de cet IUT. * Note DAJ B1, n° 2018-086 du 16 nov. 2018 : *LIJ 2019, n° 205, p. 18.*

15. Personnalités extérieures. Protection fonctionnelle. V. notes ss. art. L. 712-3.

II. IEP

16. Élections au conseil. En l'absence de dispositions particulières en ce sens dans le Décr. du 10 mai 1985 relatif à l'Institut d'études politiques de Paris, est illégale la disposition qui interdit la participation aux scrutins, pour l'élection des membres du conseil de direction et de la commission paritaire de l'Institut d'études politiques de Paris, de listes de candidats qui ne comportent pas autant de noms qu'il y a de sièges à pourvoir. • CAA Paris, 30 déc. 1993, ♁ n°s 93PA00782 et 93PA00798 B.

17. Commission de contrôle des opérations électorales. En l'absence de toute disposition particulière sur le contrôle des opérations électorales dans le Décr. n° 85-497 du 10 mai 1985 relatif à l'Institut d'études politiques de Paris, le statut de cet établissement ne pouvait légalement instituer une commission de contrôle dérogeant aux règles édictées par le Décr. du 18 janv.

1985. Les opérations électorales, qui se sont déroulées sur le fondement de ces dispositions illégales, sont, dans leur ensemble, entachées d'irrégularité et doivent être annulées. • CAA Paris, 2 juill. 1991, n° 90PA00400 B.

III. IUFM

18. Des requérants demandaient au juge d'annuler les opérations électorales par lesquelles un conseil d'école d'un IUFM avait procédé au choix du candidat au poste de directeur de cet institut destiné à être proposé à la nomination par le ministre. S'agissant d'un acte préparatoire, qui s'inscrit dans le processus d'élaboration d'une décision ultérieure prise par une autorité administrative, un recours pour excès de pouvoir ne saurait pouvoir être recevable. • TA Toulouse, 2 juill. 2012, n° 1202086 : *LIJ 2012, n° 168, p. 11.*

CHAPITRE IV **LES SERVICES COMMUNS**

COMMENTAIRE

Outre leurs diverses composantes, les universités disposent de « services communs » qui peuvent leur être propres (services communs internes aux universités, art. L. 714-1, al. 1er) ou communs à plusieurs EPSCP (art. L. 714-2), notamment les services communs interuniversitaires.

L'article L. 714-1 précise que les services communs peuvent être créés pour assurer : l'organisation des bibliothèques et des centres de documentation (BU et SCD ; art. L. 714-1, 1°, D. 714-28 à D. 714-20) ; le développement de la formation permanente (art. L. 714-2, 2°, D. 714-55 à D. 714-72, service commun chargé du développement de la formation continue ; art. D. 714-73 à D. 714-76 services communs universitaires de formation des formateurs) ; l'accueil, l'information et l'orientation des étudiants (art. L. 714-3° ; D. 714-1 à D. 714-6, SCUIO) ; l'exploitation d'activités industrielles et commerciales (art. L. 714-1, 4° ; D. 714-83 à D. 714-92, SAIC) ; cette liste a été complétée par la loi ESR du 22 juillet 2013 ajoutant l'organisation sociale des actions impliquées par la responsabilité sociale de l'établissement (art. L. 714-1, 4°) et par la loi n° 2017-86 du 27 janvier 2017 relative à l'égalité et à la citoyenneté ajoutant le développement de l'action culturelle, sportive et artistique, et la diffusion de la culture scientifique, technique et industrielle (art. L. 714-1, 6°). La partie réglementaire organise en outre le service universitaire des étudiants étrangers (art. D. 714-7 et D. 714-19), le service universitaire et interuniversitaire de médecine préventive et de promotion de la santé (art. D. 714-20 à D. 714-27). Le décret n° 2018-792 du 13 septembre 2018 relatif aux services communs universitaires modifie la partie réglementaire en précisant les missions des services communs chargés des activités physiques et sportives (en abrogeant les dispositions précédentes, art. D. 741-41 à D. 741-53 constituant une nouvelle section V consacré aux SUAPS), de l'action culturelle et artistique et de la diffusion de la culture scientifique, technique et industrielle (art. D. 741-93 à D. 714-106 constituant une nouvelle section X). Les services généraux des universités exerçant les activités ne pouvant être assurées ni par les composantes ni par les autres services communs sont régis par des dispositions du même chapitre (art. D. 714-78 à D. 714-82 constituant la section VIII).

Les missions des différents services communs sont transversales, assurant des activités d'intérêt commun pour les diverses composantes ou les divers établissements ; précisées par la partie réglementaire, elles relèvent des missions du service public de l'enseignement supérieur et de la recherche ; elles ont en principe un caractère administratif mais peuvent exceptionnellement permettre d'assurer des activités à caractère industriel et commercial ; les services d'activités industrielles et commerciales (SAIC) créés par la loi Allègre de 1999 ont ainsi pour mission d'assurer des prestations de services à titre onéreux, d'exploiter des brevets et licences et de commercialiser les produits de leurs activités (art. L. 123-5 et L. 711-1 ; Décr. n° 2002-549 du 19 avr. 2002, art. D. 714-83).

Chaque université peut créer des services communs dans les conditions prévues par décret, reprises par la partie réglementaire qui définit les missions de chaque service. Ce n'est qu'une possibilité (non une obligation, sauf SCI pour étudiants étrangers pour les établissements de la métropole, art. D. 714-7). En l'absence de service, le conseil d'administration doit répondre des activités qui auraient pu leur être confiées mais qui vont être gérées directement, notamment chaque année en examinant le rapport le concernant (SCUIO, art. D. 714-3).

La création des services communs, internes ou inter-établissements, relève de l'autonomie des universités (illégalité d'un arrêté ministériel imposant la création d'un service commun, CE 5 avr. 1974, n° 86569) ; les services communs à plusieurs établissements peuvent être limités à ceux de la même agglomération (SC Étudiants étrangers, art. D. 714-7) ou de la même métropole (art. D. 714-41, SUAPS). Le service peut aussi être exercé dans le cadre d'une communauté d'universités et établissements (pour les APS, art. D. 714-41 s. ; pour la médecine préventive et la promotion de la santé, art. D. 714-20, al. 3 introduit par Décr. n° 2019-112 du 18 févr. 2019). Pour la documentation et les bibliothèques, des services dotés de la personnalité morale (GIP, fondation, PRES) peuvent être substitués au service inter-établissement (art. D. 714-29) ; la Bibliothèque nationale et universitaire de Strasbourg est un établissement public national qui coopère avec l'université sans constituer un service commun.

La décision de créer un service commun est prise par le conseil d'administration (art. L. 711-7, délibération statutaire définissant notamment la durée du mandat du directeur, la composition et les compétences du conseil), parfois après avis du conseil académique ou de sa commission de la formation et de la vie universitaire (SCUIO, art. D. 714-3 ; SC Santé, art. D. 714-20) ; la création de services communs à plusieurs établissements est décidée par les différents conseils d'administration ; elle peut s'accompagner d'une convention entre les établissements ; parfois, celle-ci doit être préalable et conditionne la régularité de la création (SCUIO ; art. D. 714-6 ; SAIC, art. D. 714-90 approuvée par chaque CA) ; dans d'autres cas, elle est prévue pour formaliser l'accord fondateur (BU ; art. D. 714-40, santé, art. D. 714-22 SCEE ; art. D. 714-13) ; elle peut être obligatoire (pour les services d'orientation, CE 16 mars 1998, n° 165323 ; pour les APS) ; elle fixe l'établissement dans lequel le service à son siège (université de rattachement, art. D. 714-43).

Chaque service commun est administré par un conseil (conseil des sports, art. D. 741-44 ; conseil culturel, art. D. 741-99 ; conseil du service universitaire des étudiants étrangers, art. D. 714-11 ; conseil documentaire), dont le président d'université ou son représentant assure la présidence. Le conseil comprend des représentants des personnels, des étudiants, des personnalités qualifiées et des partenaires institutionnels. Il adopte les statuts (SCEE, art. D. 74-9) le règlement intérieur du servicen et le budget du service qui doivent être approuvés par le (ou les) conseil d'administration ; il peut faire des propositions dans son domaine de compétences et être consulté par les conseils de ou des universités.

Si le directeur des services documentaires est nommé par le ministre sur proposition du ou des présidents d'université (art. D. 714-33), pour les autres services communs, le directeur est nommé par le président de l'université (ou de l'université de rattachement) après avis du ou des conseils d'administration (SAIC, art. D. 714-87), sur proposition du conseil du service commun ; dans certains cas, le directeur doit être choisi dans une catégorie particulière de personnels : personnel de l'enseignement supérieur (SCEE, art. D. 714-10), enseignants-chercheurs (SCUIO, art. D. 714-5), médecins (services communs de santé, art. D. 714-24), professeurs d'éducation physique et sportive (SUAPS, art. D. 714-46). Sous l'autorité du président de l'université ou du président de l'université de rattachement du service, il met en œuvre les missions du service, dirige les personnels ; il prépare les délibérations du conseil, élabore les statuts et le règlement intérieur. Il est consulté et peut être entendu, à sa demande, par les instances délibérantes et consultatives de l'université ou des établissements partenaires, sur toutes les questions concernant les missions du service ; il présente un rapport annuel d'activité du service au conseil du service et à la commission de la formation et de la vie universitaire du conseil académique et le transmet au président d'université ou aux présidents des établissements partenaires.

Les services communs, comme les composantes, sont associés au processus budgétaire et reçoivent une dotation de fonctionnement arrêtée par le conseil d'administration de l'université (art. L. 712-10). Les dépenses en personnel et en matériel peuvent être imputées sur le budget de l'université ou des universités selon la clef de répartition arrêté par la convention (SCEE, art. D. 714-12 et D. 714-17). Les services communs ont une autonomie financière qui peut se traduire par un budget propre intégré (art. L. 719-5, al. 2, et R. 719-64) bénéficiant des ressources allouées par l'université ou les établissements partenaires ou par toute autre personne publique ou privée (art. D. 714-53). Le SAIC est doté d'un budget annexe précisant les moyens en personnels, locaux, crédits et équipements (art. D. 714-88).

Art. L. 714-1 Des services communs internes aux universités peuvent être créés, dans des conditions fixées par décret, notamment pour assurer :

1° L'organisation des bibliothèques et des centres de documentation ;

2° Le développement de la formation permanente ;

3° L'accueil, l'information et l'orientation des étudiants ;

4° L'exploitation d'activités industrielles et commerciales ;

(L. n° 2013-660 du 22 juill. 2013, art. 55) **« 5° L'organisation des actions impliquées par la responsabilité sociale de l'établissement ; »**

(L. n° 2017-86 du 27 janv. 2017, art. 36) **« 6° Le développement de l'action culturelle, sportive et artistique, et la diffusion de la culture scientifique, technique et industrielle. »**

BIBL. ▸ ELBEKRI-DINOIRD (dir.), Favoriser la réussite des étudiants, *Presses de l'Enssib, coll. « La Boîte à outils », n° 17, 2009.* – SIMON, BOUTET-WAISS, CANEVET et autres, Accueil et orientation des nouveaux étudiants dans les universités, *MEN, Rapp. IGAENR, juin 2006.* – Les services aux étudiants, *Agence de modernisation des universités, Compte rendu de la Rencontre du 27 oct. 1998.* – Les services d'information et d'orientation et les mutations de l'Université, *Actes des journées nationales des SCUIO, 2002.*

▸ **Sur les bibliothèques et services de documentation :** BOUILLANNE, Choisir son avenir : la méthode prospective au service du développement stratégique de long terme des bibliothèques en contexte incertain, *Univ. Lyon – ENSSIB, mai 2019.* – CARBONE (dir.), Les dépenses documentaires des universités, *MENESR, Rapp. IGB, n° 2016-A01, juin 2016 ; Rapport de l'Inspection générale des bibliothèques, 2015* ; La politique documentaire *in* *Les universités en France. Fonctionnement et enjeux, PURH (Presses des universités de Rouen et du Havre), 2012. 161.* – CARBONE (coord.), AROT, CLAUD, GAUTIER-GENTES, RICHARD, ALIX, GROGNET et MICOL, Les fusions d'universités et la documentation, *Rapp. thématique, IGB, n° 2015-031, mai 2015.* – CARBONE et RENOULT, Autonomie universitaire et mutualisation : le cas des bibliothèques interuniversitaires, *Rapp. IGB n° 2009-18, sept. 2009.* – CAUDRON et CLAUD, Le pilotage de la documentation dans la gouvernance des universités, *MESRI, Rapp. IGB n° 2018-A-04, déc. 2018.* – CAUDRON (pilote), RIMANE, WIITKAR, La prise en compte des handicaps dans les bibliothèques de l'enseignement supérieur et dans les bibliothèques territoriales, *Rapp. IGÉSR, n° 2021-036, févr. 2021.* – CHALMEL, CHEVRY-PEBAYLE, FRISCH, GOSSIN, KENNEL, PAIVANDI, TRESTINI et WEISSER, Articulation et collaboration entre les équipes pédagogiques et les services de documentation au cœur de la transformation pédagogique de l'enseignement supérieur, *MENESR-LISEC, juin 2016.* – CLAUD, DUQUENNE, Les nouveaux modes de coopération entre l'Agence bibliographique de l'enseignement supérieur et les établissements dans le cadre du Système de gestion de bibliothèque mutualisé, *MESRI, Rapp. IGB, n° 2017-A05, déc. 2017.* – CLAUD et MICOL, Documentation et formation, *Rapp. IGB n° 2015-0010, déc. 2014.* – DOURLENS, Bibliothèques européennes : négocier le virage du numérique, *La synthèse de l'ORS, n° 36, janv.-févr.-mars 2010. 14.* – DUQUENNE, Premier bilan du dispositif national des Bibliothèques numériques de référence, *MENESR-MCC, IGB, Rapp. n° 2016-A03, nov. 2016.* –DURPAIRE et RENOULT, L'accès et la formation à la documentation du lycée à l'université : un enjeu pour la réussite des études supérieures, *Rapp. IGEN-IGB, n° 2009-000, 2 mars 2009.* – GOURET, Politiques de site dans l'enseignement supérieur : quels enjeux pour la documentation ? Analyse et prospective à partir de cas régionaux, *Université de Lyon Mémoire d'études, janv. 2016.* – JAY, Spécial bibliothèques universitaires, *Dossier, L'ORS.fr, n° 80, févr. 2013.* – JOUGUELET et VAYSSADE, Comparaison internationale de bibliothèques universitaires : étude de cas, *Rapp. IGB, n° 2009-0017, janv. 2010.* – LETROUIT, Les enjeux du numérique concernant les ressources documentaires en SHS, *IGB, Rapp. n° 2017-A01, mars 2017.* – LETROUIT, CACHARD, DUPUIS et FROMENT, La place des bibliothèques universitaires dans le développement de la science ouverte, *MESRI, Rapp. IGESR n° 2021-022, févr. 2021.* – MARCEROU, L'adaptation des bâtiments des bibliothèques universitaires aux nouveaux usages : bilan des constructions récentes et perspectives, *IGB, Rapp. n° 2016-A04, nov. 2016.* – MIQUEL, Les bibliothèques universitaires : rapport au ministre d'État ministre de l'Éducation nationale, de la Jeunesse et des Sports, *La Documentation française, 1989.* – PAPIN, Impact des bibliothèques sur la réussite des étudiants. Survol de la littérature récente, *Université du Québec, déc. 2015.* – RENOULT, *Rapp. IGB du groupe de travail sur les bibliothèques inter des universitaires, n° 2010-023, mars 2011.* – TANGARO, EPRON et VITALI-ROSATI (Dir.), L'édition de livres numériques : un défi technique, économique et culturel, *ENSSIB, MASTER PUN 2016-2017.* – Cour des comptes, Les bibliothèques universitaires, *in Rapport public Cour des comptes, 2005, 383.* – Les bibliothèques interuniversitaires de Paris : les charges induites par leur fonctionnement, *Rapp. IGAENR-IGB, n° 97-0122, 1997.* – Tour d'horizon des bibliothèques universitaires, *La synthèse de l'ORS.fr, n° 48, avr.-mai-juin 2013*. – Le « nouveau visage » des bibliothèques universitaires, *ORS, n° 46, déc. 2009*. – Politique documentaire. Bibliothèques universitaires, l'état des lieux, *ORS, Dossier n° 11, 9 oct. 2006*. – La communication en bibliothèque académique, *Assoc. Des directeurs et personnels de direction des bibliothèques universitaires et de la documentation (ADBU), déc. 2017*. – Contrer les coûts insoutenables des revues savantes. Un mémoire de l'ABRC, *Association des bibliothèques de recherche du Canada, févr. 2018*. – La situation des bibliothèques universitaires françaises par rapport aux autres pays européens – Étude des indicateurs européens, *Association des directeurs et personnels de direction des bibliothèques universitaires et de la documentation (ADBU), 2018*.

V. aussi : Rapports annuels de l'Inspection générale des bibliothèques, *MESRI-Min. culture*. – Rapport annuel 2018 du *consortium Couperin.org, 2019*.

▶ **Sur les services des activités physiques :** Le financement du sport universitaire, Rép. min. n° 28882, *JOAN Q 8 oct. 2013, p. 10621*. – Le sport : quelle politique publique, *Conseil d'État, Étude annuelle 2019, 16 oct. 2019*.

▶ **Sur les services de médecine préventive :** Bouchemit, Organisation du fonctionnement de la médecine préventive universitaire : bilan de quatre années sur l'Académie de Montpellier, *Thèse, Université de Montpellier 1, 1992*.

▶ **Sur les SAIC :** Dalmas et Valcke, Les services d'activités industrielles et commerciales des établissements d'enseignement supérieur : l'innovation juridique pour l'innovation scientifique ?, *Dr. adm. 2003. 8*. – Hodemon, Les SAIC à la croisée des principes libéraux et des besoins de la recherche, *LPA 2002, n° 180, p. 4*. – Hodemon et Wisler, Le service d'activités industrielles et commerciales : une innovation bienvenue ?, *AJDA 2003. 165*.

V. aussi Bibl. ss. art. L. 711-1.

▶ **Sur le handicap à l'université :** Fraisse et Gangloff-Ziegler (Dir.), La parole aux acteurs du handicap à l'université, *CPU, juin 2014*.

▶ V. aussi Bibl. ss. C. rech., art. L. 313-1 et L. 313-2, App., v° *Code de la recherche*.

I. ACTIVITÉS DES SERVICES

1. Règles d'organisation des services. Nature juridique. Les dispositions, stipulant que le service commun de documentation est dirigé par un directeur et administré par un conseil et que le directeur du service commun est nommé par le ministre chargé des universités après avis favorable du président de l'université et placé sous l'autorité directe de celui-ci, sont uniquement relatives à l'organisation des services et à la gestion des emplois. Elles ne relèvent pas des questions qui doivent être soumises au Conseil supérieur de la fonction publique de l'État (sol. impl.). • CE 23 mars 1994, n° 76176 B.

2. Activités. Une université a, conformément à la possibilité qui lui était offerte, créé en son sein un service commun dont la mission est de promouvoir une politique des publications définie par le comité éditorial et acceptée par le conseil scientifique de l'université. Par suite, ce service ne saurait être tenu de publier tout ouvrage qui lui est adressé et pouvait légalement décider d'éditer en priorité des œuvres à caractère strictement universitaire. • CAA Nantes, 29 juin 2001, n° 97NT02262.

3. Crise sanitaire. Travaux de recherche. Manque de moyens documentaires. Accompagnement des étudiants. Interrogé sur les dispositions prises afin d'assurer la continuité du service durant les périodes de confinement, le ministère répond que la continuité du service de prêt, y compris physique, prévue et mise en place lors du premier confinement, a été maintenue lors du second. La numérisation des catalogues et des fonds accomplis ces dernières années a permis aux bibliothèques de répondre sans interruption, dans toute la mesure du possible, aux divers besoins de leurs usagers en déployant l'ensemble de leurs ressources numériques. Le prêt de documents physiques n'a pas été interrompu mais adapté au contexte sanitaire. Les textes prescrivant les mesures générales dans le cadre de l'état d'urgence sanitaire prévoient, en effet, l'accueil sur rendez-vous des usagers des établissements d'enseignement supérieur dans les bibliothèques et centres de documentation. Les bibliothèques universitaires qui, par conséquent, restent ouvertes durant ce second confinement, ont pour la plupart rapidement aménagé leurs conditions d'accueil pour satisfaire aux exigences sanitaires : accès aux salles de lecture sur rendez-vous afin de respecter une jauge limitée, contrôle d'identité et confirmation de réservation, quarantaine systématique des ouvrages prêtés et rendus. Par ailleurs, elles ont pour la plupart augmenté le nombre d'ouvrages et la durée des prêts. *Rép. min. n° 27803 : *JOAN Q 1er déc. 2020, p. 8752*.

II. FORMATION CONTINUE

4. Mission. Nature juridique. Usagers. Situation juridique. La mission de formation continue assurée par les universités ayant le caractère d'un service public administratif, les usagers du service public de l'enseignement supérieur sont placés à l'égard de ce dernier dans une situation réglementaire. • CE 21 déc. 2001, n° 220997 A : *RTD civ. 2002. 92, obs. Mestre et Fages*.

5. Droits d'inscription. Demande de remboursement. Les dispositions de l'art. L. 929-13 C. trav. (désormais art. L. 6353-3) prévoit que lorsqu'une personne physique entreprend une formation, à titre individuel et à ses frais, un contrat est conclu entre elle et le dispensateur de formation. Une personne bénéficiaire d'une action de formation continue dispensée par une université demandait le remboursement des frais qu'elle avait acquittés. Le juge administratif rejette sa demande de remboursement en tant qu'elle ne conteste pas le fait d'avoir suivi l'intégralité de la formation après avoir déclaré le contrat nul pour vice de forme dans la mesure où ce dernier ne comprenait pas l'intégralité des mentions obligatoires prévues par les textes. • TA Orléans, 30 déc. 2009, n° 0700619 : *LIJ 2010, n° 143, p. 7.*

6. Droits d'inscription. Reprise d'études. Régime applicable. Régimes de formation initiale et de formation continue. Une étudiante en recherche d'emploi, souhaitant reprendre des études supérieures, avait conclu avec une université un contrat de formation, pour un coût de 2 100 euros. Postérieurement au délai de rétractation prévu, elle avait demandé à bénéficier du régime de droits d'inscription prévu pour la formation initiale et non de celui relatif à la formation professionnelle, compte tenu de sa situation de demandeuse d'emploi non indemnisée. Le président de l'université avait rejeté sa demande et l'université avait émis à son encontre un état exécutoire pour le recouvrement de la somme due. Contestant le titre exécutoire, le juge rappelle que les usagers du service public de l'enseignement supérieur sont placés dans une situation réglementaire et en déduit que les conclusions en annulation dirigées contre le contrat de formation devaient être regardées comme dirigées contre la décision non formalisée du président de l'université portant inscription de l'intéressée à cette action de formation sous le régime de la formation continue et refusant de l'inscrire sous le régime de la formation initiale, dont l'existence est révélée par le contrat. Le tribunal juge donc que la requérante n'était pas fondée à soutenir que le président de l'université lui avait refusé à tort le bénéfice d'une inscription en master dans le cadre du régime de la formation initiale, aucune disposition législative ni réglementaire ne faisant obstacle par principe à l'inscription de la requérante sous le régime de la formation professionnelle continue. Enfin, la requérante n'ayant pas contesté la légalité des droits d'inscription à la formation continue, lesquels sont fixés par le conseil d'administration, elle n'était pas fondée à contester le montant qui avait été mis à sa charge. • TA Nantes, 6 juin 2019, n° 1601079 : *LIJ 2020, n° 209, p. 5.*

Art. L. 714-2 **La création, par délibération statutaire, de services communs à plusieurs établissements publics à caractère scientifique, culturel et professionnel est décidée par les conseils d'administration.**

Des décrets peuvent préciser les modalités de création et de gestion des services communs. — *[L. n° 84-52 du 26 janv. 1984, art. 44.]*

Sur les services d'activités industrielles et commerciales des établissements publics à caractère scientifique, culturel et professionnel, V. art. D. 714-83 s.

1. Conditions. Cet article permet la création, par convention, d'un service commun à plusieurs établissements publics à caractère scientifique, culturel et professionnel, dans le respect des conditions fixées par décret. • CE 16 mars 1998, *Univ. Paul-Sabatier Toulouse III*, n° 165323 : *Lebon T. 936*.

2. Illégalité. En vertu du principe d'autonomie administrative, la coopération interuniversitaire relève de la compétence des établissements concernés. Est illégale un arrêté imposant la création d'un service commun. • CE 5 avr. 1974, *Univ. de Paris VI*, n° 86569 : *Lebon 215*.

CHAPITRE V LES INSTITUTS ET LES ÉCOLES NE FAISANT PAS PARTIE DES UNIVERSITÉS

BIBL. ► LAFONT, Misère et décadence des grandes écoles. Confessions d'une khâgneuse atterrée, *Jean-Claude Gawsewitch, 2013.*

Aspects historiques : LE NÉVÉ, Pourquoi les universités françaises étaient mal parties pour le classement de Shanghai dès 1793, in Shanghai Revolution, *Le Monde, 12 août 2020.*

Art. L. 715-1 **Les établissements publics à caractère scientifique, culturel et professionnel dénommés instituts et écoles sont, dans des conditions fixées par décret en Conseil d'État, pris après avis du Conseil national de l'enseignement supérieur et de la recherche, administrés par un conseil d'administration assisté par un conseil scientifique et un conseil des études et dirigés par un directeur.** *(L. n° 2013-660 du 22 juill.*

2013, art. 56) « Ce décret peut prévoir la création d'un conseil académique disposant de tout ou partie des compétences prévues aux articles L. 712-6-1 et L. 712-6-2. »

Création. Le Conseil national de l'enseignement supérieur et de la recherche, qui doit être saisi pour avis de tout projet de décret portant création d'un établissement à caractère scientifique et culturel, a été consulté avant l'intervention du décret portant création de l'université de technologie de Compiègne et a disposé d'un délai suffisant pour se prononcer utilement sur toutes les questions soulevées par le projet. Aucune disposition applicable en l'espèce ne prévoyait que le Conseil national devait lui-même consulter sur ce projet le conseil régional de l'enseignement supérieur et de la recherche. • CE 18 janv. 1974, *Univ. de Picardie*, n° 89557 : *Lebon 41*.

Art. L. 715-2 Le conseil d'administration, dont l'effectif ne peut dépasser quarante membres, comprend de 30 à 60 % de personnalités extérieures et des représentants élus des personnels et des étudiants. Les enseignants et assimilés doivent être en nombre au moins égal à l'ensemble des autres personnels et des étudiants.

Le conseil élit pour un mandat de trois ans, au sein des personnalités extérieures, celui de ses membres qui est appelé à le présider. Le mandat du président est renouvelable.

Le conseil d'administration détermine la politique générale de l'établissement, se prononce, sous réserve de la réglementation nationale, sur l'organisation générale des études, ainsi que sur les programmes de recherche, d'information scientifique et technique et de coopération internationale. Il propose les mesures propres à favoriser la vie de la communauté. Il vote le budget et approuve les comptes, il fixe la répartition des emplois qui sont alloués par les ministres compétents. Il autorise le directeur à engager toute action en justice. Il approuve les accords et conventions signés par le directeur et, sous réserve des conditions particulières fixées par décret, les emprunts, prises de participation, créations de filiales, acceptations de dons et legs, acquisitions immobilières. *(L. n° 2013-660 du 22 juill. 2013, art. 56)* « Lorsqu'un conseil académique compétent en matière disciplinaire n'a pas été créé, les compétences prévues aux articles L. 712-6-2, L. 811-5, L. 811-6 et L. 952-7 à L. 952-9 sont exercées par le conseil d'administration.

« Le conseil d'administration peut déléguer certaines de ses attributions au directeur, à l'exception de l'approbation du contrat d'établissement et des comptes ainsi que du vote du budget et du règlement intérieur. Celui-ci rend compte, dans les meilleurs délais, au conseil d'administration des décisions prises en vertu de cette délégation.

« La composition du conseil scientifique est celle fixée par l'article L. 712-5 pour la commission de la recherche et la composition du conseil des études et de la vie universitaire est celle fixée par l'article L. 712-6 pour la commission de la formation et de la vie universitaire. Lorsqu'un conseil académique n'a pas été créé, le conseil scientifique et *(Ord. n° 2014-807 du 17 juill. 2014, art. 3)* « le conseil des études » exercent les fonctions consultatives confiées au conseil académique par l'article L. 712-6-1 et le conseil d'administration exerce les fonctions décisionnelles prévues à ce même article. »

Art. L. 715-3 Le directeur est choisi dans l'une des catégories de personnels, fonctionnaires ou non, qui ont vocation à enseigner dans l'institut ou l'école, sans considération de nationalité. Il est nommé pour une durée de cinq ans renouvelable une fois, sur proposition du conseil d'administration, par arrêté du ministre chargé de l'enseignement supérieur ou par décret si l'établissement relève de plusieurs départements ministériels.

Il est assisté d'un comité de direction composé des directeurs de département ou, à défaut, des responsables des études.

Il assure, dans le cadre des orientations définies par le conseil d'administration, la direction et la gestion de l'établissement. Il assiste aux réunions du conseil et lui rend compte de sa gestion. Il dispose des prérogatives qui sont celles du président de l'université, sous réserve de la présidence du conseil d'administration. – *[L. n° 84-52 du 26 janv. 1984, art. 36.]*

1. Nomination des enseignants-chercheurs dans les écoles d'ingénieurs. Procédure. Si le directeur peut, en vertu de l'art. L. 712-2, rendu applicable aux directeurs des instituts et écoles ne faisant pas partie des universités, émettre un avis sur la délibération du conseil d'administration, il ne peut fonder son appréciation sur des motifs étrangers à l'administration de l'université. L'incertitude sur le profil du poste n'est pas un motif étranger à l'administration de l'université ou de l'école. • CE 5 déc. 2011, *El Kamel c/ École centrale de Lille*, n° 333809 : *AJDA 2012. 336, concl. Keller* ; *ibid. 2011. 2384* ; *AJFP 2012. 118*.

2. Nature du contrôle du juge. Le juge administratif exerce un contrôle normal sur l'appréciation portée par le directeur pour donner son avis au regard de l'administration de l'université ou de l'école. • CE 5 déc. 2011, *El Kamel c/ École centrale de Lille*, n° 333809 : *préc. note 1*.

CHAPITRE VI LES ÉCOLES NORMALES SUPÉRIEURES

Art. L. 716-1 **Des décrets en Conseil d'État fixent les règles particulières d'organisation et de fonctionnement des écoles normales supérieures, dans le respect des principes d'autonomie et de démocratie définis par le présent titre.**

Ils peuvent déroger aux dispositions des articles L. 711-1, L. 711-4, L. 711-5, L. 711-7, L. 711-8, L. 714-2, L. 719-1, L. 719-2 à L. 719-5, *(Ord. n° 2014-807 du 17 juill. 2014, art. 3)* **« L. 719-7 à L. 719-9 » en fonction des caractéristiques propres de chacune de ces écoles.**

Les dispositions *(L. n° 2020-1674 du 24 déc. 2020, art. 34)* **« des 4° et 11° »** *(L. n° 2013-660 du 22 juill. 2012, art. 57)* **« de l'article L. 712-2 et » des articles** *(L. n° 2013-660 du 22 juill. 2012, art. 57)* **« L. 712-6-2 », L. 811-5, L. 811-6, L. 952-7 à L. 952-9 sont applicables aux écoles mentionnées au présent article, sous réserve des dérogations fixées par décret en Conseil d'État, compte tenu de leurs caractéristiques propres.**

(L. n° 2013-660 du 22 juill. 2012, art. 57) **« Ce décret peut prévoir la création d'un conseil académique disposant de tout ou partie des compétences prévues aux articles L. 712-6-1 et L. 712-6-2. Lorsqu'un conseil académique n'a pas été créé, les compétences mentionnées aux articles L. 712-6-1, L. 712-6-2, L. 811-5, L. 811-6 et L. 952-6 à L. 952-9 sont exercées par les instances de l'établissement prévues par les décrets mentionnés au premier alinéa. »**

Sur l'École normale supérieure, V. ci-dessous Décr. n° 2013-1140 du 9 déc. 2013.

1. Autonomie. Les règles d'organisation et de fonctionnement des écoles normales supérieures peuvent différer de celles prévues pour les universités dès lors qu'elles respectent les principes d'autonomie et de démocratie définis par le titre Ier du livre VII du C. éduc. • CE 19 févr. 2003, *MM. Danthony et Merzisen c/ MEN*, n° 233985. ♦ Aucun de ces principes n'imposait que le directeur et le président du conseil d'administration de l'École normale supérieure de Lyon fussent élus, et non nommés, ni que les représentants du personnel et des usagers fussent majoritaires au conseil d'administration de l'école. • CE 19 févr. 2003, *MM. Danthony et Merzisen. c/ MEN : préc.*

2. Statut. Intrusion. L'École normale supérieure de Lyon est classée comme EPSCP et non comme établissement scolaire au sens du livre IV du C. éduc. L'art. 431-22 C. pén. qui incrimine le fait de pénétrer ou de se maintenir dans l'enceinte d'un établissement scolaire n'est donc pas applicable aux locaux de cet établissement. • Crim., 11 déc. 2012, n° 11-88.431.

3. Troisième concours. Si les conditions d'âge et de nationalité requises pour se présenter au premier et au troisième concours sont identiques et si les conditions de diplômes exigées des candidats à ces deux concours sont en partie semblables, ces circonstances ne suffisent pas à faire regarder l'institution d'un troisième concours ne comportant qu'une seule épreuve d'admissibilité comme portant, par elle-même, atteinte au principe d'égalité entre les candidats, dès lors que les candidats pourvus d'un diplôme permettant de se présenter au premier ou au troisième concours sont libres de se présenter à l'un ou à l'autre concours. • CE 8 déc. 2000, *Assoc. pour l'abrogation de l'arrêté du 27 nov. 1998*, n° 206497. ♦ La seule circonstance que l'épreuve d'admissibilité du troisième concours consiste en une sélection sur dossier n'est pas de nature à établir que l'égalité entre les candidats serait rompue. • CE 8 déc. 2000, *Assoc. pour l'abrogation de l'arrêté du 27 nov. 1998 : préc.*

4. Rupture de l'engagement décennal de servir l'État. Modalités de remboursement. Arrêté. Annulation partielle. Saisi par les requérants d'une demande d'annulation de l'Arr. du 6 juin 2014 fixant les modalités de remboursement des sommes dues par les élèves et anciens élèves des ENS en cas de rupture de l'engagement décennal, le Conseil d'État considère notamment que les dispositions de l'arrêté attaqué, qui se bornent à préciser les modalités de mise en œuvre d'un tel remboursement et ne fixent pas de règle à caractère statutaire ou relative à l'organisation ou au fonctionnement de ces écoles, n'avaient pas, par suite, à être prises par décret et ne sont donc pas, pour ce motif, entachées d'incompétence. Il rejette par ailleurs les arguments tirés du défaut de consultation préalable des comités techniques, les dispositions en cause ne relevant pas des questions et projets de textes pour lesquels l'art. 34 du Décr. du 15 févr. 2011 relatif aux comités techniques dans les administrations et les établissements publics de l'État impose la consultation de ces comités. Il annule en revanche pour incompétence les dispositions qui prévoient que peuvent également faire l'objet d'un remboursement le supplément familial de traitement, l'indemnité de résidence et la prime de transport. • CE 27 janv. 2016, nº 383926 : *AJDA 2016. 759*.

Décret nº 2013-1140 du 9 décembre 2013,

Relatif à l'École normale supérieure.

CHAPITRE Ier. *DISPOSITIONS GÉNÉRALES*

Art. 1er L'École normale supérieure est un établissement public à caractère scientifique, culturel et professionnel au sens de l'article L. 716-1 du code de l'éducation. Elle est soumise aux dispositions de ce même code et des textes pris pour son application sous réserve des dérogations prévues au présent décret.

Son siège est fixé à Paris.

Art. 2 L'école est placée sous la tutelle du ministre chargé de l'enseignement supérieur qui exerce, à son égard, les compétences attribuées au *(Décr. nº 2019-1554 du 30 déc. 2019, art. 18)* « recteur de région académique », chancelier des universités, par le code de l'éducation et les textes pris pour son application à l'égard des établissements publics à caractère scientifique, culturel et professionnel.

(Décr. nº 2019-1130 du 5 nov. 2019, art. 19) « Elle est établissement-composante de l'Université Paris sciences et lettres (PSL). »

Art. 3 L'école dispense une formation d'excellence par la recherche à ses élèves et à des étudiants se destinant aux différents métiers de l'enseignement et de la recherche dans l'espace européen de l'enseignement supérieur et de la recherche. Elle concourt aussi à la formation par la recherche des cadres supérieurs de l'administration et des entreprises françaises et européennes.

Elle exerce ses missions dans les disciplines scientifiques, littéraires ainsi que les sciences humaines et sociales.

(Décr. nº 2019-1130 du 5 nov. 2019, art. 19) « Elle délivre, dans le cadre de la réglementation en vigueur, seule ou conjointement avec d'autres établissements d'enseignement supérieur, des diplômes propres par délégation et au nom de l'Université PSL et dans le respect des articles 13 et 19 de ses statuts. Elle assure, dans le cadre de la réglementation en vigueur, seule ou conjointement avec d'autres établissements d'enseignement supérieur, la préparation de diplômes nationaux par délégation et au nom de l'Université PSL et dans le respect des articles 13 et 19 de ses statuts. Elle peut préparer à des concours des fonctions publiques. »

Elle définit et met en œuvre une politique de recherche scientifique et technologique qu'elle valorise par ses publications, ses productions scientifiques et pédagogiques, ses brevets et licences d'exploitation.

(Décr. nº 2019-1130 du 5 nov. 2019, art. 19) « Cette politique s'inscrit dans la stratégie de l'Université PSL que l'école contribue à définir. »

Elle collabore avec des organismes de recherche ou d'enseignement supérieur français ou étrangers dans une perspective multidisciplinaire et internationale.

CHAPITRE II. *ORGANISATION ADMINISTRATIVE*

Art. 4 L'école est dirigée par un directeur assisté de deux directeurs adjoints et de deux directeurs des études et du directeur de la bibliothèque.

Le conseil d'administration par ses délibérations assure l'administration de l'école.

Le conseil scientifique, par ses avis et orientations, participe à l'administration de l'école.

L'école comprend des départements d'enseignement et de recherche ainsi que des laboratoires de recherche, des services et des instituts.

Art. 5 Le directeur est nommé pour un mandat d'une durée de cinq ans immédiatement renouvelable une fois, par décret du Président de la République pris sur le rapport du ministre chargé de l'enseignement supérieur, après appel de candidatures publié au *Journal officiel* de la République française.

Il est choisi parmi les professeurs des universités ou personnel assimilé au sens de l'article 6 du décret du 16 janvier 1992 susvisé *[nº 92-70 relatif au Conseil national des universités, V. cet art. ss. L. 952-1]*.

Chaque candidat à la fonction de directeur présente à l'appui de sa candidature un projet pour l'établissement.

Le ministre chargé de l'enseignement supérieur demande à une commission qu'il a constituée un avis motivé sur les candidatures qu'il a retenues. Cette commission comprend de seize à vingt membres nommés par arrêté du ministre chargé de l'enseignement supérieur. Elle est composée du secrétaire perpétuel de l'Académie française, du secrétaire perpétuel de l'Académie des inscriptions et belles-lettres, des secrétaires perpétuels de l'Académie des sciences, du secrétaire perpétuel de l'Académie des sciences morales et politiques, de trois dirigeants de grands organismes de recherche, du président de la Bibliothèque nationale de France, de deux professeurs du Collège de France, du président du conseil d'administration de l'école, du président du conseil scientifique de l'école et de personnalités scientifiques françaises et étrangères choisies en raison de leur compétence dans les disciplines correspondant aux missions de l'école.

(Décr. n° 2019-1130 du 5 nov. 2019, art. 19) « La commission prend l'avis du président de l'Université PSL. »

Les fonctions de directeur sont incompatibles avec l'exercice, au sein de l'école, de fonctions électives au conseil d'administration et au conseil scientifique et de fonctions de directeur de département d'enseignement et de recherche, de laboratoire de recherche, de service et d'institut.

Art. 6 Le directeur de l'école exerce les attributions confiées au président d'université par l'article L. 712-2 du code de l'éducation et les textes pris pour son application, à l'exception de la présidence du conseil d'administration, et du 10°.

Il anime et coordonne la réflexion conduisant à la définition de la politique générale de l'établissement.

Il représente l'école en France et à l'étranger et négocie les partenariats.

Il nomme également les membres des jurys.

Le directeur de l'école peut déléguer sa signature aux directeurs adjoints, au directeur général des services, aux directeurs des études, au directeur de la bibliothèque, aux autres agents de catégorie A de l'école ainsi que, pour les affaires concernant les départements d'enseignement et de recherche, les laboratoires de recherche, les services, les instituts mentionnés à l'article 4, et les unités de recherche constituées avec d'autres organismes d'enseignement supérieur ou de recherche, à leurs responsables.

Art. 7 Le directeur de l'école nomme, selon des modalités fixées par le règlement intérieur :

— un directeur adjoint lettres et sciences humaines et sociales ;

— un directeur adjoint sciences ;

— deux directeurs des études, l'un dans les disciplines littéraires et des sciences humaines et sociales, l'autre dans les disciplines scientifiques ;

— le directeur de la bibliothèque.

Art. 8 Le conseil d'administration comprend vingt-six membres :

1° Treize membres élus répartis comme suit :

a) Trois représentants des professeurs des universités et personnels assimilés au sens de l'article D. 719-4 du code de l'éducation ;

b) Trois représentants des autres catégories de personnels d'enseignement et de recherche ;

c) Trois représentants des élèves ;

d) Un représentant des étudiants inscrits en doctorat ;

e) Un représentant des autres étudiants ;

f) Deux représentants des personnels de bibliothèque, ingénieurs, administratifs, techniques, ouvriers, de service et de santé ;

2° Treize personnalités extérieures à l'établissement désignées par le ministre chargé de l'enseignement supérieur, sur proposition du directeur de l'école.

Le conseil d'administration élit son président parmi les personnalités mentionnées au 2°, pour un mandat de cinq ans renouvelable une fois. Les fonctions de président du conseil d'administration sont incompatibles avec la présidence du conseil scientifique. En cas de partage égal des voix, il a voix prépondérante.

Le directeur de l'école et les directeurs adjoints *(Décr. n° 2019-1130 du 5 nov. 2019, art. 19)* « ainsi que le président de l'Université PSL » assistent au conseil d'administration avec voix consultative.

Art. 9 Le conseil d'administration exerce les attributions confiées au conseil d'administration des universités par le IV de l'article L. 712-3 du code de l'éducation, à l'exclusion des 8° et 9°. *(Décr. n° 2019-1130 du 5 nov. 2019, art. 19)* « Le budget est élaboré dans le respect de la coordination budgétaire et des ressources humaines prévue à l'article 15 des statuts de l'Université PSL. »

Il peut déléguer certaines de ses compétences au directeur de l'école dans les conditions fixées par cet article.

Il délibère sur les règles relatives aux examens, sur la création ou la suppression des départements d'enseignement et de recherche, des laboratoires de recherche, des services et des instituts ainsi que sur toute question que lui soumet le directeur.

Il adopte le règlement intérieur de l'école, dans les conditions de l'article L. 711-7 du code de l'éducation.

Il peut créer des commissions spécialisées.

Art. 10 Le conseil scientifique comprend au maximum vingt-cinq membres.

Il est composé, suivant les modalités fixées à l'article 15 :

1° D'au maximum cinq responsables de l'école, dont le directeur de l'école, les directeurs adjoints et le directeur de la bibliothèque ;

2° Pour au moins un tiers de son effectif, de représentants élus des personnels d'enseignement et de recherche, des ingénieurs d'études ou de recherche, des élèves, des étudiants inscrits en doctorat et des autres étudiants. Au moins deux doivent être des représentants élus des professeurs d'université et personnels assimilés au sens de l'article D. 719-4 du code de l'éducation et au moins deux des représentants élus des autres personnels d'enseignement et de recherche ;

3° De personnalités extérieures à l'établissement désignées par le ministre chargé de l'enseignement supérieur sur proposition du directeur de l'école.

Le conseil scientifique élit son président parmi les personnalités mentionnées au 3° pour un mandat de cinq ans renouvelable une fois.

Art. 11 Le conseil scientifique assure la liaison entre l'enseignement et la recherche.

Il est consulté sur les orientations des politiques de recherche, de documentation scientifique et technique ainsi que sur la répartition des crédits de recherche.

Le conseil est en outre consulté sur les demandes d'habilitation et d'accréditation.

Il est également consulté sur les conventions avec les organismes de recherche, le bilan des activités de recherche des laboratoires et des actions de valorisation et de diffusion de la culture et de l'information scientifique et technique.

Il procède à l'évaluation pédagogique et scientifique des activités de l'établissement en s'appuyant sur des évaluations institutionnelles extérieures, françaises et internationales, notamment celle du Haut Conseil de l'évaluation de la recherche et de l'enseignement supérieur.

Dans le respect des dispositions statutaires applicables aux enseignants-chercheurs, le conseil scientifique en formation restreinte aux enseignants-chercheurs donne un avis sur les mutations des enseignants-chercheurs, sur l'intégration des fonctionnaires des autres corps dans le corps des enseignants-chercheurs, sur la titularisation des maîtres de conférences stagiaires et sur le recrutement ou le renouvellement des attachés temporaires d'enseignement et de recherche.

Art. 12 Nul ne peut être simultanément membre du conseil d'administration et *[membre]* du conseil scientifique.

La durée du mandat des membres des conseils est de cinq ans renouvelable une fois, à l'exception des représentants des élèves et des étudiants, dont le mandat est de deux ans renouvelable. Le mandat des membres des conseils prend fin lorsqu'ils ont perdu la qualité au titre de laquelle ils ont été élus ou nommés.

Le président de chaque conseil peut inviter aux séances, avec voix consultative, toute personne dont la présence est jugée utile sur un point précis de l'ordre du jour.

Art. 13 Tout membre nommé du conseil d'administration ou du conseil scientifique, s'il n'est pas présent ou représenté lors de trois séances consécutives, peut être déclaré démissionnaire à la majorité des autres membres composant le conseil auquel il appartient.

Toute cessation de fonctions, pour quelque cause que ce soit en cours de mandat, donne lieu à la désignation d'une nouvelle personnalité dans les mêmes conditions, pour la durée du mandat restant à courir, sauf si la vacance intervient moins de six mois avant l'expiration du mandat.

Art. 14 I. — Les conditions d'exercice du droit de suffrage, d'éligibilité, le déroulement et les conditions de régularité du scrutin et les modalités de recours contre les élections sont fixés par les articles D. 719-7 à D. 719-40 du code de l'éducation, sous réserve des dispositions ci-après :

1° Les représentants des personnels, des élèves et des étudiants sont élus au scrutin uninominal majoritaire à deux tours. L'élection est acquise à la majorité absolue des suffrages exprimés au premier tour, à la majorité relative au second tour. En cas d'égalité des voix au second tour, le siège est attribué au candidat le plus jeune ;

2° Pour les élèves, les étudiants et les personnels de bibliothèque, ingénieurs, administratifs, techniques, ouvriers, de service et de santé, chaque candidat se présente avec un suppléant appelé à siéger en cas d'empêchement temporaire ou définitif du titulaire ;

3° Pour les élections au conseil d'administration et au conseil scientifique, les personnels d'enseignement et de recherche sont répartis entre les collèges A et B définis au I de l'article D. 719-4 du code de l'éducation. Sont électeurs dans les collèges correspondants les personnels d'enseignement et de recherche affectés à l'école. Les personnels enseignants titulaires affectés dans un autre établissement sont également électeurs s'ils effectuent à l'école un nombre d'heures d'enseignement au moins égal au tiers des obligations d'enseignement de référence ;

4° Au conseil scientifique, au titre du collège des usagers, sont électeurs et éligibles les élèves et étudiants ayant effectué avec succès la première année de master ou titulaires d'un diplôme équivalent ou inscrits en doctorat.

II. — Il n'est procédé à une élection partielle que lorsque le remplacement ne peut avoir lieu conformément aux dispositions du I.

S'il a été pourvu par élection partielle à la vacance d'un siège dans l'un des collèges des personnels, l'ensemble des représentants élus des personnels est renouvelé lorsque le mandat de l'un de ces représentants arrive à son terme normal.

Art. 15 I. — Le règlement intérieur de l'école précise les règles relatives à la composition et au fonctionnement des conseils.

Il fixe notamment :

1° Les règles de quorum des différents conseils, les modalités de délibération et de représentation de leurs membres, les modalités de convocation, d'établissement et d'envoi de l'ordre du jour de ces conseils ainsi que la présidence de ceux-ci en cas d'empêchement de leurs présidents respectifs ;

2° Les conditions d'élection du président du conseil d'administration et du président du conseil scientifique ;

3° Les règles de publicité des délibérations ;

4° Les modalités d'organisation et de fonctionnement des commissions formées par le conseil d'administration en application du dernier alinéa de l'article 9.

II. — Il peut prévoir que les membres des conseils participent aux séances par des moyens de visioconférence ou de communication électronique satisfaisant à des caractéristiques techniques garantissant la transmission continue et simultanée des débats et la confidentialité des votes lorsque le scrutin est secret, permettant l'identification des intervenants et assurant la participation effective de ceux-ci à une délibération collégiale.

Les membres qui participent par ces moyens aux séances sont réputés présents dans le calcul du quorum et de la majorité requise.

Art. 16 Les missions des départements, des laboratoires de recherche, des services et des instituts, les modalités de désignation de leurs responsables ainsi que leurs règles d'organisation et de fonctionnement sont fixées par le règlement intérieur de l'école.

Art. 17 L'école peut avec d'autres établissements publics d'enseignement supérieur ou de recherche créer un ou plusieurs services communs. Les établissements intéressés règlent par convention l'organisation et les modalités de gestion de ce service. Cette convention mentionne les missions dévolues au service, l'établissement de rattachement au sein duquel le service établit son siège ainsi que les droits et obligations des établissements contractants. Elle précise en outre les conditions de nomination du directeur de ce service, la durée de son mandat ainsi que, le cas échéant, la composition, les attributions et les modalités de fonctionnement de l'instance consultative qui assiste le directeur.

Art. 18 Les structures internes de l'école ou leurs regroupements peuvent disposer d'un budget propre intégré au budget de l'école ou être dotés d'un budget annexe dans les conditions définies par l'article L. 719-5 du code de l'éducation et le texte pris pour son application.

Les services communs créés en application de l'article 17 sont dotés d'un budget annexé au budget de l'établissement de rattachement.

CHAPITRE III. *STATUT ET SCOLARITÉ DES ÉLÈVES ET DES ÉTUDIANTS*

Art. 19 Les élèves français ou étrangers sont recrutés par des concours ouverts dans des conditions fixées par arrêté du ministre chargé de l'enseignement supérieur.

Les élèves ressortissants d'un État membre de l'Union européenne ou d'un autre État partie à l'accord sur l'Espace économique européen acquièrent, s'ils ne sont pas déjà fonctionnaires, la qualité de fonctionnaire stagiaire.

Les élèves admis à titre étranger qui acquièrent en cours de scolarité la nationalité française ou celle d'un autre État membre de l'Union européenne ou d'un autre État partie à l'accord sur l'Espace économique européen ont la qualité de fonctionnaire stagiaire à compter de la date de cette acquisition.

La durée de la scolarité des élèves est fixée par le règlement intérieur de l'école. Elle est comprise entre un et quatre ans sous réserve des dispositions du dernier alinéa du présent article.

Le programme des études est fixé par le règlement intérieur.

Un ou plusieurs congés sans traitement pour convenances personnelles peuvent être accordés aux élèves qui en font la demande, dans la limite de deux ans.

Les élèves qui, à la fin de chaque semestre universitaire, n'ont pas satisfait aux obligations de leur programme d'études sont mis en congé sans traitement pour insuffisance de résultat, dans la limite d'une année au cours de la scolarité.

Les décisions de mise en congé pour insuffisance de résultats et pour convenances personnelles et les décisions de réintégration sont prises par le directeur.

L'autorisation de redoubler une année scolaire peut être accordée par le directeur à un élève dont les études ont été gravement perturbées, notamment pour des raisons de santé ou tout autre motif indépendant de sa volonté.

Art. 20 Les élèves fonctionnaires stagiaires sont tenus d'exercer une activité professionnelle durant dix ans comptés à partir de leur entrée à l'école :

1° Dans les services d'un État membre de l'Union européenne ou d'un autre État partie à l'accord sur l'Espace économique européen, de leurs collectivités territoriales ou de leurs groupements, ou de leurs établissements publics ; ou

2° Dans une entreprise du secteur public d'un État visé au 1° ; ou

3° Dans les services de l'Union européenne ou d'une organisation internationale gouvernementale ; ou

4° Dans une institution d'enseignement supérieur ou de recherche.

Cet engagement est calculé *pro rata temporis* pour les élèves ayant acquis la qualité de fonctionnaire stagiaire en cours de scolarité.

En cas de méconnaissance de cette obligation, les traitements perçus doivent être remboursés, sous réserve de remise totale ou partielle accordée par le directeur de l'école, dans les conditions fixées par arrêté du ministre chargé de l'enseignement supérieur.

Art. 21 Des étudiants et des auditeurs, au sens de l'article L. 811-1 du code de l'éducation, français ou étrangers, peuvent également être admis à suivre les formations dispensées par l'école, dans des conditions fixées par le règlement intérieur de l'école.

Le régime des études des étudiants est fixé par le règlement intérieur de l'école.

Les étudiants peuvent bénéficier d'une aide spécifique dans les conditions fixées par le règlement intérieur.

CHAPITRE IV. *DISCIPLINE*

Art. 22 Le pouvoir disciplinaire à l'égard des enseignants-chercheurs et des enseignants est exercé en premier ressort par une section disciplinaire dont les membres sont élus par et parmi les représentants élus des enseignants-chercheurs et des enseignants au conseil d'administration et au conseil scientifique de l'école, répartis selon leurs collèges électoraux respectifs.

Pour l'application, à la constitution de la section disciplinaire, des articles R. 712-13, R. 712-15, R. 712-18, R. 712-20 et R. 712-21 du code de l'éducation, *(Décr. n° 2015-79 du 28 janv. 2015, art. 39)* « les références au conseil académique sont remplacées par les références au conseil d'administration et au conseil scientifique ».

Art. 23 I. — Les sanctions disciplinaires applicables aux élèves et aux étudiants sont :
1° L'avertissement ;
2° Le blâme ;
3° L'exclusion de l'école pour une durée déterminée ;
4° L'exclusion définitive de l'école.
II. — Elles sont prononcées :
1° Pour les élèves, après avis du conseil de discipline, par le directeur de l'école, pour les trois premières, par le ministre chargé de l'enseignement supérieur, pour la dernière ;
2° Pour les étudiants, après avis du conseil de discipline, par le directeur de l'école.

Art. 24 I. — Le conseil de discipline comprend :
1° Le directeur général des services de l'école ;
2° Le directeur des études du département de l'élève ;
3° Deux représentants des personnels d'enseignement et de recherche choisis en leur sein par les représentants de ces personnels au conseil d'administration ;
4° Les trois représentants des élèves membres du conseil d'administration. Un élève suppléant est désigné dans les mêmes conditions ; il siège lorsque le conseil de discipline est appelé à connaître du cas d'un des élèves membres du conseil de discipline ou en cas d'empêchement de l'un d'entre eux.

Le président du conseil de discipline est un professeur des universités ou personnel assimilé au sens de l'article 6 du décret du 16 janvier 1992 susvisé *[n° 92-70 relatif au Conseil national des universités, V. cet art. ss. art. L. 952-1]*. Il est élu à chaque session parmi les membres mentionnés au 3°.

Le conseil de discipline est saisi par le directeur de l'école.

Le conseil de discipline ne peut valablement délibérer que si la moitié au moins de ses membres sont présents et si le nombre des élèves présents n'excède pas celui des membres mentionnés aux 2° et 3°. Les délibérations sont prises au scrutin secret et à la majorité des présents.

II. — Lorsque le conseil de discipline est appelé à connaître du cas d'étudiants, les représentants des élèves sont remplacés par des représentants des étudiants désignés selon des modalités fixées par le règlement intérieur et siégeant dans les mêmes conditions.

CHAPITRE V. *DISPOSITIONS TRANSITOIRES ET FINALES*

Art. 25 Le conseil d'administration et le conseil scientifique en place à la date de publication du présent décret demeurent en fonctions et exercent respectivement les compétences du conseil d'administration et du conseil scientifique définies aux articles 9 et 11 jusqu'à l'installation du nouveau conseil d'administration et du nouveau conseil scientifique qui doit intervenir dans un délai d'un an à compter de la date de publication du présent décret.

Le conseil d'administration adopte le règlement intérieur de l'établissement, qui est transmis au ministre chargé de l'enseignement supérieur, dans le délai de trois mois à compter de la date de publication du présent décret. Si le règlement intérieur n'est pas adopté dans ce délai, il est arrêté par le ministre chargé de l'enseignement supérieur.

Les structures internes de l'école existant à la date d'entrée en vigueur du présent décret demeurent en place et leurs conseils et leurs responsables demeurent en fonctions et continuent d'exercer leurs compétences jusqu'à la désignation des nouveaux conseils et des nouveaux responsables.

Art. 26 Le directeur de l'École normale supérieure en fonctions à la date de publication du présent décret exerce jusqu'au terme de son mandat en cours les attributions définies à l'article 6.

Il prépare le règlement intérieur de l'école et organise les élections au conseil d'administration et au conseil scientifique, dans un délai de six mois après l'adoption du règlement intérieur.

Art. 27 Le décret n° 87-695 du 26 août 1987 modifié relatif à l'École normale supérieure est abrogé.

CHAPITRE VII **LES GRANDS ÉTABLISSEMENTS**

Art. L. 717-1 *(L. n° 2013-660 du 22 juill. 2013, art. 58)* **« Sans préjudice des dispositions de l'article L. 711-3, la qualification de grand établissement peut être reconnue, à compter de la publication de la loi n° 2013-660 du 22 juillet 2013 relative à l'ensei-**

gnement supérieur et à la recherche, soit à des établissements de fondation ancienne et présentant des spécificités liées à leur histoire, soit à des établissements dont l'offre de formation ne comporte pas la délivrance de diplômes pour les trois cycles de l'enseignement supérieur.

« Les dirigeants des grands établissements sont choisis après appel public à candidatures et examen de ces candidatures, selon des modalités fixées par les statuts de l'établissement. Ces dispositions ne sont pas applicables aux établissements dont les statuts prévoient que les dirigeants sont élus ou que les fonctions de direction sont exercées par des militaires. »

Des décrets en Conseil d'État fixent les règles particulières d'organisation et de fonctionnement des grands établissements dans le respect des principes d'autonomie et de démocratie définis par le présent titre.

Ils peuvent déroger aux dispositions des articles L. 711-1, L. 711-4, L. 711-5, L. 711-7, L. 711-8, L. 714-2, L. 719-1, L. 719-2 à L. 719-5, *(Ord. n° 2014-807 du 17 juill. 2014, art. 3)* **« L. 719-7 à L. 719-9 » en fonction des caractéristiques propres de chacun de ces établissements.**

Les dispositions *(L. n° 2020-1674 du 24 déc. 2020, art. 34)* **« des 4° et 11° »** *(L. n° 2013-660 du 22 juill. 2013, art. 58)* **« de l'article L. 712-2 et » des articles** *(L. n° 2013-660 du 22 juill. 2013, art. 58)* **« L. 712-6-2 », L. 811-5, L. 811-6, L. 952-7 à L. 952-9 sont applicables aux établissements mentionnés au présent article, sous réserve des dérogations fixées par décret en Conseil d'État, compte tenu de leurs caractéristiques propres.**

(L. n° 2013-660 du 22 juill. 2013, art. 58) **« Ce décret peut prévoir la création d'un conseil académique disposant de tout ou partie des compétences prévues aux articles L. 712-6-1 et L. 712-6-2. Lorsqu'un conseil académique n'a pas été créé, les compétences mentionnées aux articles L. 712-6-1, L. 712-6-2, L. 811-5, L. 811-6 et L. 952-6 à L. 952-9 sont exercées par les instances de l'établissement prévues par les décrets mentionnés au troisième alinéa. »**

BIBL. ▸ BETANT (coord.), Rapport sur la période dite de « transmission des valeurs » et sur les manifestations étudiantes à l'ENSAM, *Rapp. IGAENR, n° 2014-087, févr. 2015* ; CADIEUX, *AEF 31 mars 2015, n° 498114* ; PIOVEZAN, *AEF 1er avr. 2015, n° 498214*. – Sur l'INSEP et les trois écoles du réseau du sport de haut niveau : que vont devenir les DDJS et les CREPS ?, *La lettre de l'économie du sport, n° 927, 10 avr. 2009. 2.*

1. Statut. Compétence. Pouvoir réglementaire. Dans une affaire portant sur la contestation de la légalité du décret portant création de l'université de Loraine, le juge estime que sur le fondement du 1er al. de l'art. L. 717-1, le législateur a habilité le pouvoir réglementaire à instituer par décret en Conseil d'État des grands établissements. • CE 23 juin 2014, n° 354198 B : *AEF 8 juill. 2014, n° 483649, note Toulemonde.*

2. Statut. Nature. L'université de technologie en sciences des organisations, désignée université Paris-Dauphine, est un établissement public à caractère scientifique, culturel et professionnel auquel s'applique le statut de grand établissement. En dépit de la dénomination retenue, ces dispositions ne lui confèrent pas le statut d'une université, au sens du chapitre II du titre Ier du livre VII du code de l'éducation, ou de celui d'université de technologie, prévu à l'art. L. 711-3 du même code. • CE 8 juill. 2005, n° 266900 B : *AJDA 2005. 1544.*

3. Statut. Règles dérogatoires. Principes. Les règles particulières à certaines catégories d'établissements, qui figurent aux chapitres II, III, V, VI et VIII, ne s'appliquent aux grands établissements que dans la mesure où elles sont mentionnées par le 3e al. de l'art. L. 717-1, le pouvoir réglementaire pouvant toujours y déroger lorsque les caractéristiques propres de l'établissement le justifient, ou si le décret qui les institue le prévoit expressément. • CE 23 juin 2014, n° 354198 B : *préc. note 1.* ♦ Dans une affaire où les requérants demandaient l'annulation pour excès de pouvoir du Décr. du 13 mai 2015 modifiant le Décr. du 26 févr. 2004 portant création de l'université de technologie en sciences des organisations et de la décision de Paris-Dauphine, le juge estime que « ni le principe constitutionnel d'indépendance des enseignants-chercheurs ni les principes d'autonomie et de démocratie mentionnés à l'article L. 717-1 n'imposent une représentation égale des professeurs et des autres enseignants-chercheurs au sein d'un conseil scientifique d'établissement d'enseignement supérieur ». • CE 6 nov. 2017, n° 391707 : *LIJ 2018, n° 201, mars 2018, p. 6.*

4. Statut. Règles dérogatoires. Contenu. Le juge administratif estime que l'instauration d'un directoire, la fixation de la composition précise du conseil d'administration, la scission du conseil des études et de la vie universitaire en un conseil de la vie universitaire et un conseil de la formation, l'absence de garantie de représentation paritaire entre les étudiants et les enseignants dans ces conseils, la désignation par le président des personnalités extérieures siégeant à ces mêmes conseils, l'instauration d'un « sénat académique » et l'instauration de « collegiums » ainsi que de « pôles scientifiques » dotés de pouvoirs décisionnels ne contreviennent à aucune règle applicable en principe aux grands établissements en vertu du 2e ou 3e al. de l'art. L. 717-1. • CE 23 juin 2014, n° 354198 B : *préc. note 1.* ♦ De la même manière, le juge considère que la disposition du décret attaqué, qui prévoit que le règlement intérieur de l'université de Lorraine est adopté par le conseil d'administration à la majorité des deux tiers des membres présents ou représentés, déroge à l'art. L. 711-7, en principe applicable aux grands établissements, selon lequel les délibérations statutaires du conseil d'administration sont adoptées à la majorité absolue des membres en exercice, est légale, compte tenu notamment de la diversité des composantes de l'université de Lorraine et de la préoccupation de réunir un *consensus* suffisamment large en ce qui concerne les réformes statutaires. Le pouvoir réglementaire a ainsi pu légalement estimer que les caractéristiques propres de l'établissement justifiaient l'introduction d'une telle règle de majorité qualifiée pour l'adoption du règlement intérieur. • CE 23 juin 2014, n° 354198 B : *préc. note 1.* ♦ Dans une affaire où était demandé l'annulation du Décr. statutaire du 2 nov. 2012 relatif à l'École nationale supérieure d'arts et métiers, le juge considère que la rédaction issue du décret attaqué, « qui ne prévoit plus la participation au conseil d'administration de l'école des présidents des conseils de ses centres d'enseignement et de recherche n'est pas de nature à entraîner une méconnaissance des principes d'autonomie et de démocratie, qui s'imposent en vertu du renvoi opéré par les dispositions de l'article L. 717-1 du code de l'éducation aux dispositions de l'article L. 711-1 ». Il ajoute aussi que le décret attaqué « a pu légalement prévoir, au regard des spécificités de l'École nationale supérieure d'arts et métiers, que le conseil d'administration de l'école comprendrait des catégories de personnalités extérieures partiellement différentes de celles dont la liste est dressée à l'article L. 719-3 ». • CE 8 nov. 2017, n° 403451.

5. Statuts. Règles dérogatoires. Contrôle du juge. Appréciation soumise au contrôle normal. Le juge de l'excès de pouvoir exerce un contrôle entier sur le bien-fondé des dérogations aux règles fixées par la loi qui sont prévues dans le statut d'un grand établissement. En l'espèce, le juge valide le décret de création de l'université de Lorraine. • CE 23 juin 2014, n° 354198 B : *préc. note 1.*

6. Statuts. Collegium. Pôles scientifiques. Le Conseil d'État estime qu'en vertu des dispositions de l'art. L. 711-7, applicables à l'ensemble des établissements publics à caractère scientifique, culturel et professionnel, la définition de l'organisation des structures internes de l'université de Lorraine, dont font partie les « collegiums » et les « pôles scientifiques » prévus par le décret attaqué portant création de l'université de Loraine, relève des prérogatives du conseil d'administration de cet établissement. Par suite, le moyen tiré de ce que le décret attaqué ne pouvait se borner à renvoyer au règlement intérieur adopté par le conseil d'administration le soin de définir les modalités de désignation du conseil des « collegiums » et des « pôles scientifiques » ainsi que les règles d'organisation et de fonctionnement de ces organes doit être écarté. • CE 23 juin 2014, n° 354198 B : *préc. note 1.* ♦ Les dispositions du décret attaqué, qui organisent une tutelle distincte des « collegiums » sur les activités de formation de l'université de Lorraine et des « pôles scientifiques » sur ses activités de recherche, ne s'opposent pas, en elles-mêmes, à ce que ces activités soient regroupées par ailleurs au sein de mêmes unités de formation et de recherche et ne sont donc pas contradictoires avec les dispositions du 1er al. de l'art. L. 713-3. • CE 23 juin 2014, n° 354198 B : *préc. note 1.* ♦ Le Conseil d'État estime par ailleurs que les dispositions du décret attaqué, prévoyant que le conseil du « collegium » répartit les emplois et les crédits dans les structures internes qu'il regroupe, doivent être interprétées comme donnant pouvoir à cet organe de répartir les emplois et les crédits entre les unités de formation et de recherche, écoles et instituts dont il assure la tutelle, mais non au sein de chacune de ces structures. Il estime dès lors que ces dispositions ne sont pas contradictoires avec le 2e al. de l'art. L. 713-3. • CE 23 juin 2014, n° 354198 B : *préc. note 1.*

7. Statuts. Répartition des compétences. Collegium. Spécificités UFR médecine. Les dispositions du décret attaqué qui prévoient que le conseil du « collegium » approuve les accords et conventions, pour les affaires l'intéressant, ne fait pas obstacle à ce que ces conventions soient également approuvées par le conseil d'administration et le président de l'université puis signées par le directeur des unités de formation et de recherche concernées comme le prévoit le I de l'art. L. 713-4 C. éduc. Il estime, par ailleurs, que la disposition, qui prévoit que le conseil du « collegium » adopte les règles relatives aux examens et les modalités de contrôle des connaissances du « collegium » après avis du conseil de la formation, doit être interprété comme ne s'appliquant pas aux formations de santé visées par le II de l'art. L. 713-4 C. éduc., pour lesquelles les modalités de contrôle des connaissances restent définies par les UFR de médecine, de pharmacie et d'odontologie concernées. • CE 23 juin 2014, n° 354198 B : *préc. note 1.*

8. Statuts. Répartition des compétences. Collegium. Écoles et instituts. Le Conseil d'État estime que les dispositions prévoyant que le conseil du « collegium » répartit les emplois et les crédits dans les structures internes qu'il regroupe ne sont pas contradictoires avec les dispositions précitées de l'art. L. 713-9. fixant les compétences du conseil et du directeur des écoles et instituts en matière d'emplois. Il estime, par ailleurs, qu'aucune disposition du décret attaqué ne fait obstacle à ce que le directeur des écoles et instituts de l'université de Lorraine puisse s'opposer à une nomination ni n'interdit aux ministres compétents d'affecter directement aux écoles et instituts de l'université de Lorraine des crédits ou emplois, ainsi que le permettent les dispositions précitées de l'art. L. 713-9. • CE 23 juin 2014, ⛫ n° 354198 B : *préc. note 1.*

9. Statuts. Répartition des compétences. Pôles scientifiques. Sur appel du jugement par lequel le tribunal administratif de Nancy avait refusé d'annuler une délibération du conseil d'administration de l'université de Lorraine qui prévoyait de soumettre à un accord préalable des conseils de pôle la décision d'attribuer aux pôles scientifiques la compétence pour répartir les emplois et les crédits entre les structures internes qui les composent, la cour rappelle qu'une délibération du conseil d'administration d'un grand établissement ne saurait imposer une condition non prévue par le décret portant statut de cet établissement pour ce qui concerne les règles d'organisation et de fonctionnement des structures de l'établissement et, notamment, la répartition des compétences entre les organes. En l'espèce, elle juge qu'il résulte des dispositions du Décr. du 22 sept. 2011 portant création de l'université de Lorraine que le conseil d'administration de l'université de Lorraine peut décider de donner pouvoir aux pôles scientifiques de répartir entre les laboratoires et unités de recherche qui les composent les emplois et les crédits qui leur ont été alloués ; que, toutefois, ni ces dispositions ni celles de l'art. 14 du même décret ne prévoient la possibilité pour les conseils de pôles scientifiques de refuser d'exercer cette prérogative ; qu'il ressort des termes mêmes de la délibération contestée que le conseil d'administration de l'université de Lorraine a subordonné l'octroi aux pôles scientifiques de leur nouvelle compétence à un accord préalable des conseils de pôles ; qu'il a ainsi ajouté une condition, non prévue par le décret, et méconnu l'étendue de sa propre compétence ; que sa délibération est entachée d'illégalité. • CAA Nancy, 13 oct. 2016, ⛫ n° 15NC00613 : *LIJ 2017, n° 196, p. 7.*

10. Élections. Si l'élection des membres élus des conseils institués au sein des établissements publics à caractère scientifique, culturel et professionnel a lieu au scrutin de liste à un tour avec représentation proportionnelle, les dispositions législatives prévoient des dérogations possibles à ce mode de scrutin, notamment pour les grands établissements en fonction des caractéristiques propres de chacun de ces établissements. Eu égard aux caractéristiques propres de l'École pratique des hautes études, qui est un grand établissement, le Gouvernement pouvait légalement instituer un mode de scrutin dérogatoire. • CE 22 janv. 1990, ⛫ n° 77888 A. ♦ Les dispositions du décret portant création de l'université de Lorraine, qui prévoient que les représentants des professeurs et des étudiants devant siéger au conseil d'administration provisoire sont nommés par les seuls présidents de chacun des quatre établissements regroupés, d'une part, que ces membres doivent être choisis parmi les administrateurs élus de ces établissements, d'autre part et qui donnent à l'administrateur provisoire un délai de trois mois pour organiser les élections aux différents conseils du nouvel établissement à compter de l'adoption du règlement intérieur par le conseil d'administration provisoire, qui doit elle-même intervenir dans un délai de trois mois à compter de la publication du décret, ne méconnaissent ni l'obligation de représentation authentique des professeurs résultant du principe constitutionnel d'indépendance des professeurs des universités, ni le principe de représentation démocratique et authentique des usagers résultant des art. L. 711-1 et L. 711-4, ni, en tout état de cause, un principe général du droit de participation des étudiants à la gestion de leurs universités. • CE 23 juin 2014, ⛫ n° 354198 B : *préc. note 1.*

11. Compétences. Diplômes. Le Décr. du 26 févr. 2004 portant création de l'université de technologie en sciences des organisations et de la décision de Paris-Dauphine, qui donne à cette université le statut de grand établissement, a prévu à son art. 3 que cet établissement pouvait délivrer des diplômes propres. Il ressort des pièces du dossier soumis au juge du fond que le diplôme universitaire de gestion et économie appliquée de Dauphine est un diplôme propre à cette université. Dès lors, cette université pouvait légalement, même en l'absence d'arrêté du ministre chargé de l'enseignement supérieur, instaurer une sélection pour l'inscription en première année du diplôme universitaire de gestion et économie appliquée de Paris-Dauphine. • CE 28 déc. 2005, ⛫ nos 285760, 285761, 285762, 285763, 283992, 283993 et 282994 : *LIJ 2006, n° 103, p. 9.*

12. Pouvoirs du conseil d'administration. Lorsqu'il siège aux fins de présenter des candidats à une nomination par le ministre en qualité de professeur titulaire d'une chaire, le conseil d'administration du Conservatoire national des Arts et Métiers exerce les pouvoirs d'un jury de concours. • CE 29 déc. 2000, ⛫ n° 187799 B.

13. Président du conseil d'administration. Limite d'âge. Si un président de conseil d'administration est atteint par la limite d'âge en cours de mandat, ses fonctions cessent de plein droit à la date d'anniversaire des 65 ans sans qu'il soit besoin de prendre un acte mettant fin à ses fonctions. • CE 9 janv. 2006, ⛫ n° 281152. ♦ Même solution pour le président d'université nonobstant la durée du mandat pour laquelle il a été élu. • TA Paris, 16 déc. 1992, n° 9111818 : *LIJ 2007, n° 116, p. 38.* ♦ Le Conseil d'État a rejeté la requête dirigée contre le Décr. n° 2012-435 du 29 mars 2012 modifiant le Décr. n° 2004-186 du 26 févr. 2004 portant création de l'université de technologie en sciences des organisations et de la décision de Paris-Dauphine, qui a modifié le 1er al. de l'art. 5 du Décr. du 26 févr. 2004, relatif aux conditions de désignation du président de l'université Paris-Dauphine et à la durée de son mandat. • CE 5 févr. 2014, n° 359776 : *LIJ 2014, n° 183, p. 5.*

14. CNAM. Procédure de nomination. Il résulte des dispositions du Décr. du 22 mai 1920 modifié portant règlement du Conservatoire national des arts et métiers qu'il appartient au ministre chargé de l'éducation, au vu des deux listes de noms comportant chacune deux ou trois candidats, présentées respectivement par le conseil d'administration du conservatoire, le conseil de perfectionnement entendu, et par l'Institut de France, et sans être lié par les ordres de présentation, de proposer au président de la République la nomination de l'un des enseignants dont soit le conseil d'administration, soit l'Institut de France ont estimé, par des appréciations qui ne sont pas susceptibles d'être discutées devant le juge de l'excès de pouvoir, que les candidatures pouvaient être retenues. • CE 24 sept. 2003, n° 239831 B.

15. IEP. Conseil académique. Le conseil composé des enseignants-chercheurs prévu par l'art. 7 du Décr. n° 85-497 du 10 mai 1985 est celui qui exerce, au sein de l'Institut d'études politiques (IEP) de Paris, et en vertu de l'art. L. 717-1 applicable à l'IEP de Paris en sa qualité de grand établissement d'enseignement supérieur, les compétences dévolues au conseil académique par les art. L. 952-6 à L. 952-9. • CE 11 oct. 2017, n° 394269 B : *AJDA 2017. 2504*.

CHAPITRE VIII LES ÉCOLES FRANÇAISES À L'ÉTRANGER

Art. L. 718-1 **Des décrets en Conseil d'État fixent les règles particulières d'organisation et de fonctionnement des écoles françaises à l'étranger, dans le respect des principes d'autonomie et de démocratie définis par le présent titre.**

Ils peuvent déroger aux dispositions des articles L. 711-1, L. 711-4, L. 711-5, L. 711-7, L. 711-8, L. 714-2, L. 719-1, L. 719-2 à L. 719-5, *(Ord. n° 2014-807 du 17 juill. 2014, art. 3)* **« L. 719-7 à L. 719-9 » en fonction des caractéristiques propres de chacune de ces écoles.**

Les dispositions *(L. n° 2020-1674 du 24 déc. 2020, art. 34)* **« des 4° et 11° »** *(L. n° 2013-660 du 22 juill. 2012, art. 57)* **« de l'article L. 712-2 et » des articles** *(L. n° 2013-660 du 22 juill. 2012, art. 57)* **« L. 712-6-2 », L. 811-5, L. 811-6, L. 952-7 à L. 952-9 sont applicables aux écoles mentionnées au présent article, sous réserve des dérogations fixées par décret en Conseil d'État, compte tenu de leurs caractéristiques propres.**

(L. n° 2013-660 du 22 juill. 2012, art. 57) **« Ce décret peut prévoir la création d'un conseil académique disposant de tout ou partie des compétences prévues aux articles L. 712-6-1 et L. 712-6-2. Lorsqu'un conseil académique n'a pas été créé, les compétences mentionnées aux articles L. 712-6-1, L. 712-6-2, L. 811-5, L. 811-6 et L. 952-6 à L. 952-9 sont exercées par les instances de l'établissement prévues par les décrets mentionnés au premier alinéa. »**

BIBL. ► CARBONE, LECOQ, CAUDRON et MARCEROU, Le réseau documentaire des Écoles françaises à l'étranger, *MESRI, IGB, Rapp. n° 2017-A03, mai 2017.* – FERRAND, Financements de l'enseignement français à l'étranger – Réagir et s'unir pour un nouvel élan, *Rapport au Premier ministre, oct. 2004.* – L'enseignement français à l'étranger. Insuffler une nouvelle dynamique, *C. comptes, Rapp., oct. 2016.* – Lycées français du monde. Rapport d'activité 2019/2020, *AEFE, 2020.* – Mémento des établissements 2020-2021, *AEFE, 2020.* – Plaquettes bilingues sur l'école maternelle française internationale, *AEFE, 2020.*

1. Statut. L'École française de Rome, l'École d'Athènes, l'Institut français du Caire, la Casa Velasquez constituent des établissements d'enseignement supérieur. • CE, sect., 10 juin 1966, *Sieur Pelon et a.*, n° 63563 A. ♦ Le ministre des Affaires étrangères n'a pas qualité de « ministre responsable » en ce qui concerne l'organisation du service de ces établissements qui relèvent de l'autorité exclusive du ministre de l'éducation nationale. • CE, sect., 10 juin 1966, *Sieur Pelon et a.*, n° 63563 A : *préc.*

2. Nomination du directeur. Un arrêté qui renouvelle, dans une composition différente, la commission donnant un avis sur la nomination du directeur de l'École française d'archéologie d'Athènes doit être regardé comme ayant entendu abroger l'arrêté fixant les règles antérieures relatives à la composition de ladite commission. • CE 28 oct. 1983, n° 35853 A.

3. Situation juridique des pensionnaires. Les pensionnaires, boursiers de l'État, de la Casa

Velasquez sont dans une situation réglementaire de droit public. • CE, sect., 7 oct. 1983, *M. Beauplet*, n° 41434 A.

4. *Agent contractuel.* Le juge administratif est compétent pour se prononcer sur un litige relatif au licenciement d'un agent contractuel exerçant des fonctions de professeur dans un établissement culturel français à l'étranger dépendant du ministère des affaires étrangères. Les dispositions relatives aux agents contractuels de l'État et des établissements publics de l'État en service à l'étranger n'étant pas applicables en l'espèce (sol. impl.), un tel litige est intégralement soumis aux dispositions de droit local. • CE 10 mars 1997, n° 163182 B : *AJFP 1997. 44*.

5. *Frais de changement de résidence.* Un conseiller d'administration scolaire et universitaire avait été muté en France métropolitaine peu de temps après sa nomination en tant qu'agent comptable de l'École française de Rome. Il demandait la condamnation de l'école à lui payer les indemnités prévues par le Décr. du 12 mars 1986 correspondant à ses frais de voyage et de changement de résidence, occasionnés par sa nouvelle affectation. Le juge administratif juge qu'aucune disposition du Décr. du 12 mars 1986, ni aucun autre texte, ne met les indemnités prévues par ce décret à la charge de l'établissement public à l'étranger au sein duquel l'agent de l'État était précédemment affecté. Ainsi il n'appartenait pas à l'École française de Rome mais à l'État de procéder au remboursement des sommes dues. • CE 16 nov. 2005, n° 274630 : *LIJ 2006, n° 101, p. 13*.

6. *Poursuite d'études. Difficultés rencontrées par les élèves étrangers justifiant d'un baccalauréat français.* Sur les dispositions d'aide et les solutions apportées à ces élèves : V. *Rép. min. n° 26700 : *JOAN Q 15 déc. 2020, p. 9271*. ♦ Sur l'accompagnement et l'orientation des élèves futurs bacheliers à l'étranger : V. *Rép. min. n° 31919 : *JOAN Q 15 déc. 2020, p. 9320*.

CHAPITRE VIII *BIS* COOPÉRATION ET REGROUPEMENTS DES ÉTABLISSEMENTS

(L. n° 2013-660 du 22 juill. 2013, art. 62)

BIBL. ► C. comptes, La carte universitaire d'Île-de-France : une nécessaire recomposition, *Rapport thématique, déc. 2006, www.ccomptes.fr*.

COMMENTAIRE

COOPÉRATION ET REGROUPEMENTS DES ÉTABLISSEMENTS

Les assises nationales de l'enseignement supérieur et de la recherche (2012) avaient dénoncé le « mikado institutionnel », la complexité et l'illisibilité du système français d'enseignement supérieur et de recherche. La distinction historique entre universités et grandes écoles, l'existence d'organismes de recherche extérieurs aux universités comme les découpages, parfois peu rationnels intervenus pour la mise en œuvre de la loi Faure de 1968 en sont quelques éléments explicatifs. Les établissements ont pu toutefois être incités à collaborer, notamment par le biais des unités mixtes de recherche (UMR universités/organismes de recherche, V. Rapport sur la valorisation de la recherche de 2006 ; Décr. n° 2009-645 du 9 juin 2009 relatif à la gestion entre personnes publiques de la propriété industrielle des résultats issus de travaux de recherche réalisés par des fonctionnaires ou des agents publics) ou des écoles doctorales (universités/grandes écoles). Pour aller plus loin, la loi Goulard de 2006 a mis en place de nouvelles formules (RTRA, CTR, FCS, PRES…V. C. rech.) qui ont pu servir de base aux différentes opérations (Opération Campus, Grand emprunt pour les investissements d'avenir), responsables d'une floraison de nouveaux sigles (IDEX, EQUIPEX, LABEX…).

L'article 62 de la loi n° 2013-660 du 22 juillet 2013 introduit un nouveau chapitre (VIII *bis*) consacré à la coopération et aux regroupements des établissements ; il comprend quatre sections consacrées aux dispositions communes (art. L. 718-2 à L. 718-5), à la communauté d'universités et d'établissements (COMUE : art. L. 718-7 à L. 718-15), à la fusion (art. L. 718-6) et aux conventions et associations (art. L. 718-16). Sans remettre en cause les formules existantes, l'article 52 de la loi n° 2018-727 du 10 août 2018 pour un État au service d'une société de confiance autorise le Gouvernement à prendre par ordonnance les mesures destinées à expérimenter de nouvelles formes de rapprochement, de regroupement ou de fusion d'établissements d'enseignement supérieur et de recherche sur une base volontaire.

Cela pourra concerner de nouveaux modes d'organisation et de fonctionnement des établissements d'enseignement supérieur et de recherche et de leur regroupement (art.

L. 718-3, 2°), de nouveaux modes de coordination territoriale dérogeant au dernier alinéa du même article L. 718-3 et de nouveaux modes d'intégration, sous la forme d'un EPSCP regroupant plusieurs établissements d'enseignement supérieur et de recherche pouvant conserver ou non leur personnalité morale pendant tout ou partie de l'expérimentation (pour une période maximale de 10 ans évaluée par le HCERES).

L'ordonnance n° 2018-1131 du 12 décembre 2018 (ratifiée et modifiée par l'art. 43 la loi LPR n° 2020-1674 du 24 déc. 2020 modifiant 3 de ses articles) permet de mettre en place de nouveaux modes de regroupement, de rapprochement et de fusion sur la base d'un projet partagé : établissement public expérimental (EPE), COMUE à organisation assouplie et convention de coordination territoriale ; ces expérimentations se font dans le respect des dispositions statutaires garantissant les droits des personnels et des principes de gouvernance prévus à l'article L. 711-1 (représentation démocratique des personnels et des usagers en assurant la représentation propre des professeurs et des autres enseignants-chercheurs, pluridisciplinarité, autonomie ; contrats pluriannuels d'établissement).

L'idée était d'assurer ***la coordination territoriale des établissements sur la base d'un projet partagé***. En quelques années, les politiques de site sont devenues des éléments importants de stratégie territoriale et de reconnaissance internationale, mettant en place des écosystèmes scientifiques, socio-économiques et culturels. Le territoire retenu est variable. L'article L. 718-2 indique qu'il peut être académique ou interacadémique, formules qui peuvent ici et là désigner le territoire régional (la région correspond en général à l'académie, sauf là où elle est divisée en deux académies comme en Rhône-Alpes et PACA, en trois académies en Île-de-France) ou un territoire dépassant celui de la région (V. le projet des universités de Bretagne et des Pays de Loire ; l'Ord. n° 2018-1131 du 12 déc. 2018 devrait renforcer la distinction du territoire de projet des territoires académiques permettant de faire passer la recherche de l'excellence avant la logique d'aménagement du territoire). Sur le territoire retenu, il s'agit d'abord de rassembler autour du projet les établissements publics d'enseignement supérieur relevant du ministre de l'enseignement supérieur (universités, écoles et instituts, ENS, grands établissements) et les organismes de recherche partenaires (EPST, EPIC... qu'ils relèvent ou non du ministre chargé de la recherche ; le critère est ici le partenariat avec l'enseignement supérieur qui peut notamment prendre la forme de l'UMR). En outre, les établissements d'enseignement supérieur relevant d'autres autorités de tutelle (d'autres ministères, avec possibilité de mobiliser les établissements privés) peuvent participer à cette coordination. Le projet qui rassemble les différents établissements amène les partenaires à ***coordonner leur offre de formation mais aussi leur stratégie de recherche et de transfert***. Pour certains grands établissements, tels le CNRS ou l'INSERM, disposant d'antennes territoriales et dont la mission obéit à des priorités nationales, un amendement a ajouté un second alinéa à l'article L. 718-2 précisant que s'ils doivent appartenir au regroupement de leur territoire d'implantation principale, ils peuvent conclure des conventions d'association dans chacun des territoires où ils sont implantés.

Les parlementaires ont tenu à présenter les différents modes d'organisation de cette coopération en utilisant les formules du droit constitutionnel, précisant qu'elle était « *organisée de manière fédérale ou confédérale* » (art. L. 718-3) ; en fait, l'article L. 718-3 présentant trois formules différentes, ils auraient pu aussi faire allusion à la forme non fédérale qui est celle de l'État unitaire. La première possibilité est en effet celle de ***la fusion*** qui débouche sur la création d'un nouvel établissement d'enseignement supérieur (art. L. 718-6), réalisant ainsi l'intégration maximale, même si un amendement prévoit des dérogations (par application du II de l'art. L. 711-4) permettant un montage institutionnel plus lâche. La deuxième formule, certainement considérée comme fédérale par le législateur mais qui évoque surtout l'institution territoriale des communautés d'agglomération, est ***la communauté des universités et établissements*** (COMUE, qui remplace les PRES et leur forme juridique principale, l'EPCS). La troisième, plus souple, est celle non du rattachement (terme classique encore employé par le projet de loi, remplacé lors des débats parlementaires, certainement dans une perspective « confédérale ») mais de ***l'association aux missions du service public*** par la négociation et la conclusion d'une convention entre un établissement public à caractère scientifique, culturel et professionnel (EPSCP) et d'autres établissements qui peuvent être publics ou privés. Les compétences mises en commun peuvent permettre notamment d'harmoniser les politiques scientifiques, de développer les formations par apprentissage, les relations internationales, le partenariat avec les collectivités territoriales, les services communs (V. par ex. Décr. n° 2015-1008 du 18 août 2015 portant association de l'École nationale supérieure de chimie de Caen et de l'université de Caen). A noter que si le projet de loi visait les EPSCP autres que les COMUE, cette exclusion a été supprimée par le Parlement, donnant ainsi la possibilité d'envisager un regroupement à deux niveaux, communautaire et associatif. Mais, dans ce cas, la COMUE primera dans la mesure où la loi prévoit que la coordination est organisée par un seul établissement par territoire (nouvel établissement issu de la fusion, COMUE, établissement pivot de l'association) ; dans les académies de la région Île-de-France, plusieurs établissements (succédant aux 7 PRES antérieurs) peuvent ainsi assurer la coordination territoriale (art. L. 718-3, al. 2).

Un amendement parlementaire précise que l'établissement coordonnateur élabore avec le CROUS *un projet d'amélioration de la qualité de la vie étudiante et de promotion sociale sur le territoire*, en associant les établissements partenaires présentant l'ensemble des besoins en matière de logement étudiant, de transport, de politique sociale et de santé et d'activités culturelles, sportives, sociales et associatives. Ce projet (à ne pas confondre avec le projet initial qui porte sur la formation et la recherche) est transmis à l'État et aux collectivités territoriales concernées, préalablement à la conclusion du contrat pluriannuel d'établissement (CPE) (art. L. 718-4).

L'outil de la coordination (sinon de la cohérence territoriale) est en effet le ***contrat pluriannuel d'établissement unique*** (art. L. 718-5). Comme il est dit à l'article L. 711-1, alinéa 5 dans sa rédaction issue de la loi LRU de 2007, les activités de formation, de recherche et de documentation des établissements font en effet l'objet de CPE conclus entre les établissements (EPSCP) et le ministre de l'enseignement supérieur. En pratique, le ministre a conclu cent cinquante contrats : l'objectif est de les ramener à trente en négociant un seul contrat par territoire (sauf en Île-de-France) sur la base du projet de coopération formation/recherche/transfert. A noter que les établissements relevant d'autres autorités de tutelle peuvent, s'ils le souhaitent, être parties au contrat (curieusement, l'art. L. 718-5 précise qu'il peut en être de même pour les autorités de tutelle elles-mêmes ; si cette formule désigne les autres ministres, elle revient à dire que l'État s'engage vis-à-vis de l'État !). Un seul contrat est également conclu entre le ministre de l'enseignement supérieur et les établissements d'un même territoire qui n'ont pas encore procédé à la fusion ou au regroupement ; le contrat prévoit alors les différentes étapes de la fusion ou du regroupement qui interviendront avant son échéance. Les premiers contrats de site ont été signés en juillet 2014. Un amendement sénatorial inspiré par la volonté de réaliser le projet territorial et de s'assurer de la participation des collectivités territoriales est à l'origine d'une disposition de la loi LPR n° 2020-1674 du 24 décembre 2020. Le contrat pluriannuel, conclu par l'État avec plusieurs établissements (art. L. 718-5, al. 1er) auquel les organismes nationaux de recherche sont associés, comporte un volet territorial associant obligatoirement la ou les régions concernées et le CROUS, éventuellement élargi aux autres collectivités territoriales. Il fixe les objectifs et les engagements des parties concernant l'insertion du site universitaire dans l'environnement économique, social et culturel régional et local ; dorénavant, le ***contrat de site*** doit comprendre une ***étude d'impact*** mesurant les effets de l'activité du site universitaire, ses perspectives d'évolution et les risques identifiés devant être surmontés pour sa pérennisation et son développement, notamment pour les implantations universitaires dans les sites périphériques (LPR, art. 16, II, 3° ; art. L. 718-5).

Le CPE unique comporte deux volets. La prise en compte du projet territorial commun recherche/formation/transfert fait l'objet d'un volet commun correspondant aux compétences partagées ou transférées. Le CPE fait en outre l'objet de stipulations spécifiques à chacun des établissements regroupés ou en voie de regroupement.

Le contrat pluriannuel d'établissement est approuvé par le conseil d'administration de l'établissement (art. L. 712-3, II, 1°) qui, dans le cas du CPE unique est l'établissement de regroupement (le nouvel établissement issu de la fusion, la COMUE ou l'établissement support de l'association). Un amendement a prévu à l'article L. 718-5 que ce contrat pluriannuel devait auparavant après avoir été soumis au vote pour avis des conseils d'administration de chaque établissement regroupé ou en voie de regroupement (art. L. 718-5, amendement parlementaire).

Mais cette disposition ne concerne que le volet commun. En effet les volets spécifiques doivent, pour respecter l'autonomie de chaque établissement, être proposés par eux et adoptés par leur propre conseil d'administration ; ils ne sont d'ailleurs pas soumis (même pour avis) au conseil d'administration de la communauté d'universités et d'établissements ou de l'établissement auquel ils sont associés.

La logique du contrat unique est de permettre à l'État d'avoir une vision et une action à la fois plus cohérentes et plus lisibles. Aussi peut-il attribuer globalement les moyens en crédits et en emplois aux établissements chargés de la coordination territoriale, charge à eux de les répartir entre les établissements regroupés, établissements membres des COMUE ou établissements associés (art. L. 718-5).

L'article L. 718-5 ajoute que ces CPE associent la ou les régions (formule qui semble peu compatible avec la définition initiale fondée sur le critère académique : en effet, s'il peut y avoir plusieurs académies par région, l'académie plurirégionale a disparu avec l'éclatement de l'académie des Antilles-Guyane en 1994), mais aussi les autres collectivités territoriales (départements et communes qui accueillent des sites universitaires ou des établissements de recherche, la loi omettant alors de citer les EPCI), les organismes de recherche (mais ne sont-ils pas déjà partie prenante au regroupement ?) et le CROUS. On s'interrogera ici sur la notion d'association qui n'a certainement pas le même sens que dans l'article L. 718-3 ; est-ce une simple consultation préalable ? Les entités précitées seront-elles parties au contrat ? Ou s'agit-il d'une formule garantissant la prise en compte des orientations de chaque entité ?

Le dernier alinéa de l'article L. 718-6 précise que les CPE prennent en compte les orientations fixées par les documents prospectifs élaborés par les collectivités territoriales, qu'il s'agisse des schémas régionaux d'enseignement supérieur, de recherche et d'innovation (art. L. 214-2) ou des schémas adoptés en matière d'enseignement supérieur et de recherche par les communes, les EPCI à fiscalité propre, les pôles métropolitains (?) et les départements, selon la formule ajoutée lors des débats parlementaires (alors même que ces schémas locaux autres que régionaux ne sont pas mentionnés par le code de l'éducation). Pour tenter de rétablir un peu de cohérence, le législateur précise que ces diverses stratégies (celles de la région mais aussi des autres collectivités territoriales, cette fois-ci limitées à celles accueillant des sites !) doivent faire l'objet ***d'un document d'orientation unique*** qui logiquement devrait être intégré dans le CPE (auquel les collectivités concernées devraient donc être parties).

Fusions et rapprochements expérimentaux

La section II consacrée à la ***fusion d'établissements*** ne comprend qu'un article (art. L. 718-6) dont les deux premières phrases reprennent celles qui constituaient, depuis la loi LRU de 2007, le cinquième alinéa de l'article L. 711-1 qui n'utilisait toutefois pas le terme de fusion mais de regroupement, désormais conçu de manière plus large. L'article 2 de la loi LRU avait en effet prévu que les établissements puissent demander par délibération statutaire du conseil d'administration, prise à la majorité absolue des membres en exercice, le regroupement (désormais désigné plus exactement par le mot fusion) au sein d'un établissement public nouveau ou d'un établissement déjà constitué (ce qu'en droit des sociétés on désigne comme fusion-absorption). Comme le regroupement de 2007, la fusion d'établissements de 2013 doit être approuvée par décret. C'est cette procédure qui a été utilisée pour regrouper (fusionner) les universités de Strasbourg (2009), des ENS de Lyon (2009), des universités d'Aix-Marseille Université (2011) et de Lorraine (2012, sous statut de grand établissement). Il a été jugé à propos de la fusion des ENS de Lyon que les délibérations, qui doivent obligatoirement être précédées de la consultation du CTP (CE 23 déc. 2011, n° 335033), expriment la volonté propre de chacun des établissements (illégalité d'une délibération adoptée en présence des membres des conseils d'administration des autres établissements, CE 23 déc. 2011, préc.). Les opérations de fusion ne comportant « aucun aménagement important modifiant les conditions de santé et de sécurité ou les conditions de travail des personnels, l'administration, qui [avait] consulté le comité technique de l'université Montpellier-II, n'était pas tenue de consulter le CHSCT » avant d'édicter le décret (CE 17 avr. 2015, n° 385053 : *LIJ juill. 2015*). Les débats parlementaires de 2013 ont amené le législateur à apporter deux précisions ; l'une est conjoncturelle (art. L. 718-6 al. 2 : lorsque la fusion comprend au moins un établissement bénéficiant des responsabilités et compétences élargies, l'établissement qui en résulte bénéficie de ces mêmes responsabilités et compétences dès l'entrée en vigueur du décret portant approbation de la fusion) ; l'autre structurelle et illustre la volonté politique d'assurer la plus forte cohérence possible, ne craignant pas de faire jouer ensemble plusieurs des formules : la fusion est compatible avec la COMUE sur un même territoire (art. L. 718-6, al. 1er) puisque l'établissement résultant de la fusion peut être membre d'une communauté.

L'ordonnance n° 2018-1131 du 12 décembre 2018 permet des rapprochements d'établissements d'enseignement et de recherche partageant une stratégie d'excellence en leur permettant ou non de conserver leur personnalité morale, choisissant alors une formule de quasi-fusion (groupe d'établissements). L'établissement public expérimental (EPE) est un EPSCP qui peut regrouper ou fusionner des établissements publics d'enseignement supérieur et de recherche, publics (EPSCP, EPST, EPA) ou privés (ESPIG), dénommés « établissements-composantes » (art. 1er). Le décret portant création de l'EPE en approuve les statuts adoptés par chaque « établissement-composante » (art. 2) qui définissent ses règles particulières, ces dernières peuvent déroger au droit commun des EPSCP dans le respect des principes d'autonomie, de démocratie, de pluridisciplinarité (art. L. 711-1), d'indépendance des enseignants-chercheurs et d'élection des représentants), assurant à chaque catégorie de personnels et aux usagers une représentation propre et authentique (art. L. 711-4, II). En 2019, ont été créés neuf établissements publics expérimentaux (EPE) regroupant une quarantaine d'établissements, universités ou écoles, répondant aux critères des jurys des initiatives d'excellence, privilégiant la formule la plus intégrative. Le plus souvent, ils remplacent les COMUE préexistantes ; les établissements regroupés subsistent alors en tant qu'établissements-composantes. L'intégration étant souvent plus affichée que réelle, la superposition institutionnelle externe (la COMUE et ses établissements membres) est remplacée par une superposition institutionnelle interne (l'EPE et ses établissements-composantes). L'étude des statuts des premiers EPE a pu faire craindre un recul de la démocratie universitaire mesuré à l'aune de la part des représentants élus des personnels et usagers dans les conseils, ainsi qu'une complexification des structures ; à côté des conseils centraux qui reçoivent parfois une nouvelle dénomination (conseil de site pour le CA ; sénat pour le conseil académique) apparaît une organisation originale, tant centrale avec des organes originaux (directoire assurant une représentation des établissements-composantes ; comité d'orientation stratégique) que périphérique (regroupements de composantes parfois dénommés facultés Paris ; regroupements scientifiques). La loi LPR n° 2020-1674 du 24 décembre 2020 qui modifie l'ordonnance de 2018 dispose que si les statuts des établissements-composantes peuvent être dérogatoires, ces dérogations strictement nécessaires doivent être cohérentes avec la stratégie de l'EPE. Elle précise en outre que lorsqu'ils relèvent d'un décret en Conseil d'État, les statuts des établissements-composantes sont modifiés par décret (LPR, modifiant l'art. 11).

Les Communautés d'universités et d'établissements (COMUE)

La section III réunit les neuf articles qui organisent les ***Communautés d'universités et d'établissements*** (COMUE), formule instituée par l'article 42 de la loi n° 2013-660 du 22 juillet 2013 (COMUE, art. L. 711-2, 4° al.) ; comme les universités (1°), les écoles et instituts extérieurs aux universités (2°), les écoles normales supérieures, les écoles françaises à l'étranger et les grands établissements (3°), la COMUE constitue un des types d'EPSCP (art. L. 718-7, al. 1er). Elle a été conçue pour remplacer les pôles de recherche et d'enseignement supérieur (PRES) et leur support principal : les établissements publics de coopération scientifique (EPCS) (art. L. 719-12) institués par la loi de programme n° 2006-450 du 18 avril 2006 sur la recherche ; la constitution de pôles de recherche et d'enseignement supérieur par des établissements de recherche et d'enseignement supérieur, publics ou privés, avait pour objet de regrouper tout ou partie de leurs activités et de leurs moyens, pour un projet commun, auquel des établissements étrangers pouvaient être associés ; la convention qui réglait les conditions du regroupement pouvait prévoir la constitution d'un groupement d'intérêt public (GIP ; application de l'art. 21 de la L. n° 82-610 du 15 juill. 1982 d'orientation et de programmation pour la recherche et le développement technologique) ; la loi de programme avait en outre prévu, de manière plus pérenne, la création par décret d'un nouveau type d'EPA, dénommé établissement public de coopération scientifique (EPCS) permettant d'assurer la mise en commun des moyens selon des modalités arrêtées par les organismes fondateurs et associés (C. rech., art. L. 344-4 s.) ; les PRES-EPCS exerçaient quatre séries de compétences de plein droit : gestion des équipements partagés, coordination des écoles doctorales ; valorisation ; promotion internationale. La loi n° 2010-1536 du 13 décembre 2010 avait ajouté que, dans le cadre de la politique contractuelle, ils pouvaient être habilités à délivrer des diplômes nationaux (art. 3 modifiant l'art. L. 344-4 C. rech.) et donnait aux EPCS les mêmes droits qu'aux EPSCP sur les biens mis à leur disposition par l'État (art. 2 modifiant l'art. L. 762-2). Enfin, elle élargissait la représentation étudiante au conseil d'administration de l'EPCS, initialement réservée aux doctorants (C. rech., art. L. 344-7). Soumis au même contrôle *a posteriori* que les EPSCP, leurs statuts étaient approuvés par décret (plusieurs PRES/EPCS ont été mis en place, V. par ex. le Décr. n° 2007-381 du 21 mars 2007 portant création d'un établissement public de coopération scientifique « Université européenne de Bretagne »). En septembre 2012, on dénombrait vingt-six PRES ; la plupart était constitué sous forme d'EPCS ; certains avaient toutefois opté pour d'autres statuts, FCS (fondation de coopération scientifique, structure plus souple, not. pour associer les établissements privés, C. rech., art. L. 344-1) ou même association de loi 1901. Les PRES ont pu être utilisés pour préfigurer la fusion ou, le plus souvent, pour développer coopération des politiques et mutualisation des moyens. Le rapport public 2011 de la Cour des comptes soulignait toutefois la modestie des résultats atteints et concluait à la nécessité de renforcer le pilotage et l'accompagnement de la démarche par l'État. L'EPCS peut être transformé en COMUE par délibération de son conseil d'administration ; encore faut-il que sa composition soit identique (ce qui n'était le cas, ni pour la COMUE de Lyon, CE 15 avr. 2016, n° 388034 ; ni pour la COMUE de Lille, CE 30 janv. 2019, n° 394165) ; en cas de nouvelle composition, la dénomination et les statuts doivent être adoptés par chacun des établissements ayant décidé d'y participer (art. L. 718-8, al. 1er).

Contrairement aux PRES, ***les COMUE ont un statut unique, celui d'EPSCP***. Aussi sont-elles soumises par principe aux règles prévues pour ces établissements par le code de l'éducation. Selon l'article L. 711-1, ils doivent donc être gérés de façon démocratique, être pluridisciplinaires et bénéficier de l'autonomie. Les COMUE peuvent assurer les activités correspondant aux compétences transférées tant en matière de formation (comme les PRES, elles peuvent délivrer des diplômes nationaux, si du moins elles ont au préalable été accréditées, art. L. 718-15). Les COMUE ayant en outre une mission particulière (assurer la coordination des politiques de ses membres, de leur offre de formation, de leur stratégie de recherche et de transfert), la section III prévoit plusieurs dispositions spéciales (art. L. 718-7). Il s'agit en effet de mettre en place une organisation de type fédéral se traduisant tant par la superposition de deux sortes d'établissements (les établissements regroupés et l'établissement de regroupement que constitue la COMUE) que par l'autonomie (administrative, financière et pédagogique) de chaque établissement tout en permettant aux *« établissements membres »* de participer à l'action et à la gestion de l'établissement communautaire. Les compétences de ce conseil ont des conséquences sur les autres organes ; pour l'adoption du règlement intérieur ou des statuts, le conseil d'administration devra tenir compte de l'avis conforme préalable du conseil des membres ; le président de la COMUE devra exercer certaines de ses compétences en accord avec le conseil des membres. Si des établissements privés peuvent participer à la création d'une COMUE, entraînant la représentation de leurs enseignants et chercheurs qui sont des salariés de droit privé (pour la Catho de Lille, CE 30 janv. 2019, n° 394175), la pratique est encore limitée (22 écoles privées d'ingénieurs ou de commerce sont membres de 20 COMUE).

La COMUE est créée par décret. Cet acte administratif est la décision de l'État qui à la fois institue la COMUE et approuve ses statuts qui, comme sa dénomination, ont été auparavant adoptés par les établissements qui y participent. Les statuts fixent les compétences transférées à la COMUE par chaque établissement ; ils déterminent en outre les compétences des organes de la COMUE autres que celles prévues par le code de l'éducation. A la suite d'un amendement, l'article L. 718-8 introduit la possibilité pour les établissements de prévoir les conditions dans lesquelles des composantes peuvent être assimilées aux établissements membres. Il peut en être ainsi pour les ESPÉ qui peuvent être rattachés à tout EPSCP, qu'il s'agisse d'un établissement de base ou de la communauté cette disposition de la L. du 22 juill. 2013 a entraîné une modification de la L. du 8 juill. 2013 sur la refondation de l'École de la République dont les art. 69 et 70 prévoyaient que les ESPÉ (désormais INSPÉ), écoles internes constituées au sein même d'une université (art. L. 713-1) pouvaient aussi l'être au sein d'un EPCS, visant alors le cas des PRES (art. L. 721-1).

Selon le principe du parallélisme des compétences, les statuts sont modifiés par délibération du conseil d'administration de la COMUE approuvée par décret ; mais les établissements membres n'ont plus alors la possibilité d'exprimer leur volonté propre par un vote de leur conseil d'administration (art. L. 718-8). Il suffira en effet qu'un avis favorable du « conseil des membres » soit donné *à la* majorité des deux tiers (le projet de loi n'avait pas cette exigence, prévoyant une majorité simple). Mais les dispositions relatives aux élections des membres des conseils qui doivent figurer dans les statuts et non au règlement intérieur (à propos de la COMUE de Lyon, CE 15 avr. 2016, n° 388034) adoptées dans un second temps font partie des règles de création et doivent être adoptées non par une délibération modificatrice mais selon la procédure prévue pour la création (CE 8 nov. 2019, *Danthony*, n° 487669 : le Conseil d'État a sanctionné les irrégularités de forme, sans répondre aux critiques de fond sur le caractère non démocratique d'une structure issue d'un scrutin indirect (V. note A. Legrand, AJDA 2020. 358 ; le règlement intérieur de l'ENS de Lyon a fait depuis l'objet de l'arrêté de la MESRI du 13 févr. 2020).

L'organisation fédérale de la COMUE ajoute en effet aux deux conseils dont disposent désormais tous les EPSCP un troisième conseil, représentant les établissements membres. En effet, *« le conseil d'administration est assisté d'un conseil académique et d'un conseil des membres »* (art. L. 718-9, al. 2).

Elle reste toutefois administrée par un ***conseil d'administration*** qui détermine la politique de l'établissement, approuve son budget (dont les ressources proviennent des contributions des membres avec possibilité de percevoir directement les droits d'inscription, art. L. 718-15) et en contrôle l'exécution (art. L. 718-9) ; il faut ajouter qu'il approuve le contrat d'établissement pluriannuel, ce qui a été décidé par l'article L. 718-3, et se demander ce qu'il en est des autres compétences des conseils d'administration ; certaines en effet semblent aller de soi : approbation des comptes, rapport annuel d'activités ; d'autres dépendent des compétences transférées… Un amendement a ajouté les ressources numériques, élément certes important mais déjà compris dans la notion de politique de l'établissement (art. L. 718-9 ; de même, l'art. L. 718-10 prévoit un vice-président chargé de ces questions).

Sur le modèle des universités, le président de la COMUE qui dirige l'établissement est élu par le conseil d'administration (art. L. 718-10), institution représentative dont l'article L. 718-11 fixe les principes de composition. Comme dans les universités, il est constitué de personnalités qualifiées, de représentants des entreprises, des collectivités territoriales et des associations ; on y retrouve les représentants des enseignants-chercheurs et des autres personnels et des représentants des usagers. La première rubrique de l'article s'ouvre par la représentation des établissements (ce qui semble logique dans une organisation fédérale) ; mais la disposition qui termine la liste des catégories représentées précise que les statuts peuvent prévoir, si aucun conseil d'administration ne s'y oppose, de supprimer cette représentation. Le même article répartit les représentants en fixant pour chaque catégorie un pourcentage. Les représentants des personnels et usagers doivent ainsi atteindre cinquante pour cent de l'ensemble dont la moitié pour les enseignants-chercheurs (25 % du conseil d'administration). Ces proportions sont modifiées quand la communauté regroupe plus de dix membres. Les conditions de leur élection au suffrage direct ou indirect selon le nombre des membres de la communauté doivent être fixées par les statuts en respectant le principe de parité qui impose de composer les listes en alternant un candidat de chaque sexe (V. note d'A. Legrand, préc., la critique du caractère non démocratique du scrutin indirect et la question de la présence de mêmes élus dans deux conseils d'administration, V. art. L. 718-8).

Le conseil académique, dont la composition est fixée par les statuts en réservant au moins soixante-dix pour cent aux représentants des personnels et des usagers (dont 60 % aux enseignants-chercheurs, sans que la règle de la représentation égale des professeurs et des autres enseignants ne s'applique, CE 30 janv. 2019, n° 394175, enseignants ou chercheurs), doit assurer une représentation équilibrée des établissements membres (art. L. 718-12). Il élit son président. Il exerce le rôle consultatif pour les conseils académiques des universités (art. L. 712-6-1) pour les compétences transférées, donne son avis sur le projet partagé (art. L. 718-2) et le contrat pluriannuel d'établissement (art. L. 718-3).

L'organe le plus original est le *conseil des membres* composé d'un représentant de chaque membre quel que soit son poids dans la communauté. Les statuts de la COMUE peuvent, en outre, prévoir la participation des directeurs de composantes de la communauté (ex-ESPÉ). Associé à la préparation des travaux et à la mise en œuvre des décisions du conseil d'administration et du conseil académique, il est consulté par le conseil d'administration préalablement à la définition du projet partagé prévu à l'article L. 718-2, à la signature du contrat pluriannuel mentionné à l'article L. 718-5 et à l'adoption du budget de la COMUE. Il dispose d'un pouvoir de décision pour approuver (à la majorité des deux tiers) le volet commun du contrat pluriannuel (art. L. 718-13).

Comme les universités, les COMUE peuvent bénéficier des responsabilités et compétences élargies (RCE) prévues par la loi LRU du 10 août 2007 (V. art. L. 712-8 s.). Après une autoévaluation de ses capacités réalisée sur la base d'un cahier des charges établi par le ministère, la COMUE formule une demande qui fait l'objet d'une évaluation par l'IGAENR ; il s'agit alors de vérifier que le passage aux RCE est justifié au regard de la nature des activités effectives ; que l'organisation de la gouvernance de l'établissement est compatible avec les RCE ; que sa situation financière lui permet de faire face aux obligations qui en découlent ; que les fonctions supports de l'établissement concernées (finances, gestion des ressources humaines, système d'information) sont correctement dimensionnées et organisées (avis favorable au passage de la COMUE Univ. de Lyon, IGAENR, Rapp. n° 2016-079, nov. 2016).

L'ordonnance n° 2018-1131 du 12 décembre 2018 devrait assouplir les modes de gouvernance des COMUE en permettant des expérimentations dérogatoires (coexistence, composition et compétence des conseils d'administration, conseils académiques et conseils des membres) dans le respect des trois premiers alinéas de l'article L. 718-8 (adoption de la dénomination et des statuts par chaque établissement ; les statuts prévoient les compétences, création par décret approuvant les statuts) des principes d'autonomie et de démocratie (art. L. 711-1), d'indépendance des enseignants-chercheurs et d'élection des représentants des différentes catégories de personnels (art. L. 711-4) dans les limites fixées par l'ordonnance pour les EPE (art. 6 renvoyant à l'art. L. 711-4 ; la durée du mandat du président ; les statuts peuvent autoriser le cumul des fonctions de président et de président d'un établissement membre sans cumul de rémunérations ; 40 % de représentants personnel et usagers).

Au 6 janvier 2016, il y avait vingt et une communautés d'universités et d'établissements (COMUE) (art. D. 711-6). Malgré l'unité de la formule, on constate une grande diversité : si de nombreuses COMUE de province tentent de rassembler les forces universitaires disséminées à partir de 1968, celles de la capitale peuvent traduire des choix divers (rassemblement d'établissements complémentaires, d'établissements sélectifs, portage d'un pôle d'excellence...). En 2019, leur nombre a été ramené à neuf, plusieurs COMUE ayant été remplacées par des EPE. L'ordonnance n° 2018-1131 du 12 décembre 2018 permet de créer des COMUE expérimentales qui peuvent notamment résulter de la transformation de la COMUE bénéficiant des dérogations statutaires.

Conventions de coopération et de coordination territoriale

L'article L. 718-16 qui clôt le nouveau chapitre VIII *bis* met en place la solution « confédérale » en prévoyant que les EPSCP peuvent conclure des ***conventions de coopération*** tant avec d'autres établissements publics qu'avec des établissements privés. Le projet partagé de coopération territoriale (art. L. 718-2) est alors défini d'un commun accord par les établissements concernés. Le système conventionnel ainsi mis en place à l'initiative des établissements peut faire l'objet d'une dénomination propre actée dans les statuts des établissements associés. Un décret, pris après avis du CNESER, consacre cette ***association*** et précise les compétences mises en commun ; les modalités d'organisation et d'exercice des compétences partagées entre ces établissements sont prévues par la convention d'association qui définit les modalités d'approbation par les établissements associés du volet commun du contrat pluriannuel. En cas d'association, les établissements conservent leur personnalité morale et leur autonomie financière. Mais l'article L. 718-16 envisage la possibilité de doter l'ensemble des établissements associés d'un conseil académique commun. Au-delà de l'association (terme plus neutre substitué à celui de rattachement qui semblait impliquer un lien de subordination entre établissements, mais n'empêche pas qu'il y ait un établissement chef de file), une seconde phase peut être ouverte ; un établissement ou un organisme public ou privé concourant aux missions du service public de l'enseignement supérieur ou de la recherche peut en effet être intégré à un EPSCP. Toutefois, la règle traditionnelle est réaffirmée : « Les établissements ou organismes privés ne peuvent pas prendre le titre d'université ou délivrer les diplômes nationaux de l'établissement public à caractère scientifique, culturel et professionnel de l'association » (art. L. 718-16).

Interpellée sur cette nouvelle possibilité d'association, la ministre Geneviève Fioraso a précisé que « quelle que soit la forme de regroupement, il revient à un seul EPCSCP (établissement public à caractère scientifique, culturel et professionnel) « chef de file » de coordonner l'offre de formation comme les stratégies de recherche et de transfert » ; l'association est bien le nouveau nom du regroupement et non une formule égalitaire ; la convention d'association devra indiquer les modalités d'organisation et d'exercice des compétences partagées, ainsi que les modalités de gouvernance convenues entre l'établissement chef de file et les établissements associés ; qu'il s'agisse de l'association ou des autre formes, le ministère souhaite qu'un seul établissement soit le porteur unique de cette stratégie commune qui négociera avec le ministère le contrat unique (Lettre du 28 févr.).

SECTION PREMIÈRE DISPOSITIONS COMMUNES

Art. L. 718-2 Sur un territoire donné, qui peut être académique ou interacadémique, sur la base d'un projet partagé, les établissements publics d'enseignement supérieur relevant du seul ministère chargé de l'enseignement supérieur et les organismes de recherche partenaires coordonnent leur offre de formation et leur stratégie de recherche et de transfert. A cette fin, les regroupements mentionnés au 2° de l'article L. 718-3 mettent en œuvre les compétences transférées par leurs membres. Les établissements d'enseignement supérieur relevant d'autres autorités de tutelle peuvent participer à cette coordination et à ces regroupements.

Lorsqu'un établissement public d'enseignement supérieur est structuré en plusieurs implantations régionales, il doit appartenir à au moins un regroupement mentionné au 2° de l'article L. 718-3. Il peut conclure pour chacune de ses implantations une convention d'association avec une communauté d'universités et établissements.

BIBL. ▸ Chameau, Pour un Institut Polytechnique de France. Un regroupement de rang mondial d'établissements d'enseignement supérieur et de recherche sur le plateau de Saclay, *Rapp. 22 juin 2018*. – Toussain, Bonhotal, Vanderheyden, Kallenbach et Bisagni-Faure, Implantation territoriale des organismes de recherche et perspectives de mutualisation entre organismes et universités, *Rapp. IGF-IGAENR, n° 2014-024, mai 2014*. – Les effectifs étudiants dans les regroupements d'établissements en 2015-2016, *MENESR, Note d'information, n° 16.08, nov. 2016 : http://www.enseignementsup-recherche.gouv.fr/cid108811/une-politique-de-sites-pour-construire-l-universite-de-demain.html*. – Une politique de sites pour construire l'université de demain, *MENESR, nov. 2016 : http://www.enseignementsup-recherche.gouv.fr/cid108811/une-politique-de-sites-pour-construire-l-universite-de-demain.html*.

▸ **Dispositif antérieur à la L. n° 2013-660 :** Balme, Cytermann, Kallenbach, Szymankiewicz et Ponsot, Pôles de proximité et réseaux territoriaux d'enseignement supérieur, *Rapp. IGAENR, n° 2011-123, déc. 2011*. – 2006, année des PRES ? Les établissements au pied du mur, *ORS, Dossier du N° 3, 5 janv. 2006*.

▸ **Expérimentation de regroupements :** Bernard, Vers des universités à la carte ? La dérégulation du droit encadrant les établissements publics d'enseignement supérieur et de recherche, *AJDA 2019. 632*. – Maupin, Lancement de l'expérimentation sur le regroupement des universités, *AJDA 2018. 2468*. – Rapport au Président de la République relatif à l'ordonnance n° 2018-1131 du 12 décembre 2018 relative à l'expérimentation de nouvelles formes de rapprochement, de regroupement ou de fusion des établissements d'enseignement supérieur et de recherche, *JO 13 déc. 2018, texte n° 37*. – Les expérimentations : comment innover dans la conduite des politiques publiques ?, *Conseil d'État, coll. Les études, oct. 2019 ; AJDA 2019. 2038, note Dutheillet de Lamothe, Janicot*.

▸ V. Ord. n° 2018-1131 du 12 déc. 2018 relative à l'expérimentation de nouvelles formes de rapprochement, de regroupement ou de fusion des établissements d'enseignement supérieur et de recherche, *JO 13 déc. 2018, texte n° 38*.

Art. L. 718-3 La coordination territoriale prévue à l'article L. 718-2 est organisée de manière fédérale ou confédérale pour les établissements d'enseignement supérieur selon les modalités suivantes :

1° La création d'un nouvel établissement d'enseignement supérieur par la fusion de plusieurs établissements mentionnée à l'article L. 718-6.

Les statuts de l'établissement résultant de la fusion peuvent se voir appliquer le II de l'article L. 711-4 ;

2° Le regroupement, qui peut prendre la forme :

***a)* De la participation à une communauté d'universités et établissements mentionnée à la section III du présent chapitre ;**

***b)* De l'association d'établissements ou d'organismes publics ou privés concourant aux missions du service public de l'enseignement supérieur ou de la recherche à un établissement public à caractère scientifique, culturel et professionnel.**

La coordination territoriale est organisée par un seul établissement d'enseignement supérieur, pour un territoire donné. Cet établissement est soit le nouvel établissement issu d'une fusion, soit la communauté d'universités et établissements lorsqu'il en existe une, soit l'établissement avec lequel les autres établissements ont conclu une convention d'association. Par dérogation, dans les académies de Paris, Créteil et Versailles, plusieurs établissements peuvent assurer la coordination territoriale.

Sur l'expérimentation de nouvelles formes de rapprochement, de regroupement ou de fusion des établissements d'enseignement supérieur et de recherche, V. ci-dessous, Ord. n° 2018-1131 du 12 déc. 2018.

BIBL. ▸ AUBIN, L'impact des regroupements universitaires sur les personnels : faut-il avoir peur du « Big is beautiful » ?, *in* Les regroupements dans l'enseignement supérieur et la recherche, *PUJ de Poitiers, coll. Actes & colloques, 2018. 145.* – AUBIN et GUISELIN, Les regroupements dans l'enseignement supérieur et la recherche : Permanence et évolution d'un concept, *in* Les regroupements dans l'enseignement supérieur et la recherche, *PUJ de Poitiers, coll. Actes & colloques, 2018. 7.* – BIGOT, Les universités ou le regroupement des facultés sous la IIIe République, *in* Les regroupements dans l'enseignement supérieur et la recherche, *PUJ de Poitiers, coll. Actes & colloques, 2018. 35.* – CYTERMANN, AIMÉ, HOUZE, RONZEAU et ROUSSEL, Simplification des instruments de coordination territoriale et articulation avec les initiatives d'excellence, *Rapp. IGAENR, n° 2016-072, oct. 2016.* – FAVIER, Le roman de l'université. Grenoble 1339-2016, *PUG, coll. La pierre et l'écrit, nov. 2017.* – FORTIER, Ces colosses aux pieds d'argile. Synthèse des actes du colloque international des 9 et 10 nov. 2017, *in* Les regroupements dans l'enseignement supérieur et la recherche, *PUJ de Poitiers, coll. Actes & colloques, 2018. 269.* – GUISELIN, La représentativité des conseils des communautés d'universités et d'établissements : chance ou risque ?, *AJDA 2014. 2153* ; L'Université faurienne, cinquante ans après la loi d'orientation, *RFDA 2018. 715* ; Territoires(s) et COMUE : quelle compatibilité ? Évolution des politiques d'aménagement du territoire et des politiques de l'ESR de 1980 à 2017, *in* Les regroupements dans l'enseignement supérieur et la recherche, *PUJ de Poitiers, coll. Actes & colloques, 2018. 55.* – LEVOYER, De quelques aspects budgétaires des communautés d'universités et d'établissements, *in* Les regroupements dans l'enseignement supérieur et la recherche, *PUJ de Poitiers, coll. Actes & colloques, 2018. 161.* – MARILLIA, De l'Ancien régime à nos jours : les regroupements universitaires dans tous leurs états (Propos introductifs), *in* Les regroupements dans l'enseignement supérieur et la recherche, *PUJ de Poitiers, coll. Actes & colloques, 2018. 31.* – MONJAL, COMUE et associations, Une répartition des compétences à l'aune du principe de subsidiarité, *in* Les regroupements dans l'enseignement supérieur et la recherche, *PUJ de Poitiers, coll. Actes & colloques, 2018. 79.* – MUSSELIN, La grande course des universités, *Presses de Sciences Po, mars 2017.* – OLIVARD, Pertinence de l'organisation et du statut de l'Université Bretagne Loire par rapport aux missions qui lui sont dévolues, *Rapp. du président de l'Université Bretagne Loire, 21 nov. 2017.* – QUIN, Vers une gouvernance des COMUE par les datas ?, *in* Les regroupements dans l'enseignement supérieur et la recherche, *PUJ de Poitiers, coll. Actes & colloques, 2018. 181.* – SERRET, Le contrat de site porteur de la politique de gouvernance universitaire ?, *in* Les regroupements dans l'enseignement supérieur et la recherche, *PUJ de Poitiers, coll. Actes & colloques, 2018. 195.* – Initiatives d'excellence et politique de regroupement universitaire, *C. comptes, réf. n° S2018-0564, 15 mars 2018.*

▸ **Expérimentation :** BERNARD, Les établissements publics expérimentaux : une révolution silencieuse pour l'enseignement supérieur et la recherche ?, *AJDA 2020. 2306* ; Vers des universités à la carte ? La dérégulation du droit encadrant les établissements publics d'enseignement supérieur et de recherche, *AJDA 2019. 632*. – EYRAUD, L'université française : mort sur ordonnance ?, *Savoir/Agir, 2019, vol. 47, n° 1, 119.* – GUISELIN, Les établissements publics expérimentaux de l'ordonnance Vidal, une nouvelle forme d'université ?, *RFDA 2020. 752* ; Les élections universitaires de 2020 : des établissements expérimentaux à la crise sanitaire, *RFDA 2020. 762*.

▸ **Comparaisons internationales :** AZZENA, De la décentralisation à la fédération. Le système universitaire italien en quête de rationalisation, *in* Les regroupements dans l'enseignement supérieur et la recherche, *PUJ de Poitiers, coll. Actes & colloques, 2018. 215.* – Colombini, L'inadaptation du système de financement des universités italiennes en vue de promouvoir les formes de regroupement prévues par la loi n° 240 de 2010, *in* Les regroupements dans l'enseignement supérieur et la recherche, *PUJ de Poitiers, coll. Actes & colloques, 2018. 227.* – Fuentetaja et Pastor, L'expérience espagnole, *in* Les regroupements dans l'enseignement supérieur et la recherche, *PUJ de Poitiers, coll. Actes & colloques, 2018. 249.* – Malinas, Le système universitaire japonais : la quête internationale de l'excellence, *in* Les regroupements dans l'enseignement supérieur et la recherche, *PUJ de Poitiers, coll. Actes & colloques, 2018. 209.*

1. Sur les fusions, V. notes ss. art. L. 718-6.

2. Participation d'un établissement d'enseignement supérieur privé de nature confessionnelle. Dans l'affaire où l'intégration de l'établissement privé de nature confessionnelle « fédération universitaire polytechnique de Lille » dans la COMUE « Lille Nord de France » était contestée, le Conseil d'État estime que la création de la coordination territoriale correspond à une finalité d'intérêt général qui implique, selon la volonté du législateur, que puissent y participer tous les établissements d'enseignement supérieur sans distinction de leur statut public ou privé. Le Conseil d'État précise en outre que la participation à la COMUE d'un établissement privé revendiquant un caractère confessionnel ne porte par elle-même pas atteinte au principe de laïcité de l'enseignement public. • CE 5 nov. 2015, n° 394212. ♦ Dans le même sens, « la participation à la COMUE » Lille Nord de France « de la fédération universitaire et polytechnique de Lille ne saurait, au motif qu'il s'agit d'un établissement privé revendiquant un caractère confessionnel, porter par elle-même atteinte au principe de laïcité de l'enseignement public ». • CE 30 janv. 2019, n° 394175 : *LIJ 2019, n° 206, p. 7.*

Ordonnance n° 2018-1131 du 12 décembre 2018,

Relative à l'expérimentation de nouvelles formes de rapprochement, de regroupement ou de fusion des établissements d'enseignement supérieur et de recherche.

CHAPITRE PREMIER. *L'ÉTABLISSEMENT PUBLIC EXPÉRIMENTAL*

Art. 1er A titre expérimental, jusqu'au terme de la période définie au II de l'article 52 de la loi du 10 août 2018 susvisée *[n° 2018-727 pour un État au service d'une société de confiance]*, un établissement public à caractère scientifique, culturel et professionnel peut regrouper ou fusionner des établissements d'enseignement supérieur et de recherche publics et privés, concourant aux missions du service public de l'enseignement supérieur ou de la recherche. Cet établissement expérimente de nouveaux modes d'organisation et de fonctionnement dans les conditions prévues au présent chapitre, afin de réaliser un projet partagé d'enseignement supérieur et de recherche défini par les établissements qu'il regroupe, dans le respect des objectifs et missions de l'enseignement supérieur mentionnés aux chapitres Ier et III du titre II du livre Ier du code de l'éducation.

Les établissements regroupés dans l'établissement public expérimental peuvent conserver leur personnalité morale. Ils sont dénommés « établissements-composantes » de l'établissement public expérimental.

Un établissement-composante ne peut participer qu'à un seul établissement public expérimental.

Art. 2 L'établissement public expérimental mentionné à l'article 1er est créé par décret, après avis du Conseil national de l'enseignement supérieur et de la recherche.

Le décret portant création d'un établissement public expérimental en approuve les statuts après qu'ils ont, au préalable, été adoptés par chacun des établissements le composant dans les conditions fixées à l'article L. 711-7 du code de l'éducation ou par les instances compétentes de tout autre organisme constitutif.

Le décret portant création d'un établissement public expérimental désigne l'autorité de tutelle de l'établissement qui peut être conjointe. Elle exerce les compétences définies aux articles L. 711-8, L. 719-4, L. 719-5, L. 719-7, L. 719-8, L. 719-9, L. 719-13, L. 762-1 et L. 953-2 du même code et par les textes réglementaires pris pour leur application.

Les statuts de l'établissement public expérimental sont modifiés par délibération du conseil d'administration de l'établissement ou de l'organe en tenant lieu. Ils peuvent prévoir que cette délibération est prise après avis ou approbation des établissements-composantes. Ces modifications sont approuvées par décret.

Art. 3 L'établissement public expérimental mentionné à l'article 1er est soumis aux dispositions du code de l'éducation communes à l'ensemble des établissements publics à caractère scientifique, culturel et professionnel, ainsi qu'aux dispositions du code de la recherche communes à l'ensemble des établissements publics à caractère scientifique, culturel et professionnel.

Lui sont en outre applicables le 6° de l'article L. 712-2 et, le cas échéant, l'article L. 712-6-2, les articles L. 713-4 à L. 713-9, L. 721-1 à L. 721-3 et L. 722-1 à L. 722-17 du même code.

Art. 4 Les statuts de l'établissement public expérimental définissent ses règles particulières d'organisation et de fonctionnement dans les conditions prévues aux articles 5 à 14.

Art. 5 Les statuts de l'établissement public expérimental définissent ses missions particulières, ses compétences propres et, le cas échéant, les compétences qu'il coordonne ou partage avec ses établissements-composantes.

Ils fixent la liste de ses établissements-composantes.

Les statuts prévoient les modalités selon lesquelles il peut être mis fin, en cours d'expérimentation, à la participation d'un établissement-composante à l'établissement public expérimental et celles selon lesquelles un établissement peut intégrer l'établissement public expérimental ou fusionner avec lui.

Art. 6 Les statuts de l'établissement public expérimental peuvent déroger à la règle de majorité prévue dans le code de l'éducation à l'article L. 711-7, à la limite d'âge fixée à l'article L. 711-10, aux articles L. 713-4 à L. 713-9, aux articles L. 719-1 à L. 719-3 dans le respect des principes rappelés au deuxième alinéa du II de l'article L. 711-4.

Ils peuvent étendre, par dérogation à l'avant-dernier alinéa de l'article L. 711-1 du même code, le périmètre des activités pour lesquelles l'établissement peut exercer des prestations de services, prendre des participations, créer des services d'activités industrielles et commerciales, participer à des groupements et créer des filiales.

Ils précisent, le cas échéant, l'organe au sein duquel est constituée la section disciplinaire *(Abrogé par L. n° 2020-1674 du 24 déc. 2020, art. 43) « compétente en premier ressort »* prévue aux articles L. 712-6-2, L. 811-5 et L. 952-7 du même code et les instances au sein desquelles sont élus les membres la composant.

Art. 7 Lorsque l'établissement public expérimental comprend des établissements-composantes, les statuts définissent :

1° Les conditions dans lesquelles ces établissements-composantes peuvent lui transférer des compétences ou lui en déléguer l'exercice ;

2° Les conditions dans lesquelles il peut déléguer à un ou plusieurs de ces établissements-composantes l'exercice d'une ou plusieurs de ses compétences ;

3° Les conditions dans lesquelles l'établissement public expérimental peut s'assurer de la conformité de l'action de l'établissement-composante à ses statuts et à la politique générale qu'il conduit. A cette fin, les statuts peuvent prévoir les conditions dans lesquelles l'établissement public expérimental peut notamment :

a) Être représenté au sein du conseil d'administration de ces établissements-composantes ou de l'organe en tenant lieu ;

b) Demander communication de certains de leurs actes et de leurs délibérations pour les soumettre à son avis ou à son approbation afin de vérifier qu'ils respectent sa stratégie, ses orientations et ses délibérations ;

c) Demander communication de leurs documents, actes et délibérations budgétaires pour les soumettre à son avis ou à son approbation afin de vérifier qu'ils respectent sa stratégie, ses orientations et ses délibérations ;

d) Émettre un avis sur les candidatures recevables aux fonctions de dirigeant de chaque établissement-composante ;

e) Soumettre à l'avis ou à l'approbation d'une de ses instances collégiales tout ou partie des recrutements des établissements-composantes afin de s'assurer du respect de sa stratégie en matière de ressources humaines.

Art. 8 Les statuts définissent les conditions dans lesquelles l'établissement public expérimental, les établissements-composantes et les composantes peuvent demander à bénéficier de l'accréditation à délivrer des diplômes prévue aux articles L. 613-1 et L. 642-1 du code de l'éducation.

Les statuts précisent les modalités d'inscription des étudiants dans l'établissement public expérimental ou dans un ou plusieurs établissements-composantes.

Art. 9 Les statuts de l'établissement public expérimental définissent le titre, les modalités de désignation et les compétences de la personne qui exerce la fonction de chef d'établissement.

Ils fixent la durée de son mandat, qui ne peut excéder cinq ans, les conditions de son éventuel renouvellement ainsi que la liste des fonctions avec lesquelles la fonction de chef d'établissement est incompatible. Les statuts peuvent autoriser le cumul de cette fonction, avec celle de président ou directeur d'un établissement-composante ou d'une composante, sans toutefois que les rémunérations attachées à ces deux fonctions puissent être cumulées.

Les statuts fixent les conditions dans lesquelles le chef de l'établissement peut déléguer ses pouvoirs ou sa signature.

Art. 10 Les statuts fixent la composition du conseil d'administration ou de l'organe en tenant lieu, et des autres organes décisionnels de l'établissement public expérimental, dans le respect des principes rappelés à l'article L. 711-1 du code de l'éducation, les modalités de désignation de leurs membres et de leur président, ainsi que la durée de leurs mandats, qui ne peut excéder cinq ans, et les conditions de leur éventuel renouvellement.

Le conseil d'administration de l'établissement public expérimental ou l'organe en tenant lieu, comprend au moins 40 % de représentants élus des personnels et des usagers, ainsi que des personnalités extérieures. Il peut comprendre d'autres catégories de membres. L'écart entre le nombre de femmes et le nombre d'hommes parmi les personnalités extérieures ne peut être supérieur à un.

Lorsque l'établissement public expérimental ne regroupe aucune université, la proportion minimale de représentants élus des personnels et des usagers mentionnée à l'alinéa précédent est de 30 %.

Les statuts définissent les compétences des organes mentionnés au premier alinéa et celles qui peuvent être déléguées au chef d'établissement, à un autre organe décisionnel ou à l'un des organes décisionnels d'un établissement-composante ou d'une composante non dotée de la personnalité morale. L'approbation du contrat d'établissement, le vote du budget initial et l'approbation des comptes ainsi que l'adoption du règlement intérieur de l'établissement ne peuvent pas être délégués.

Les statuts prévoient les modalités de désignation du vice-président étudiant lorsque l'établissement public expérimental se substitue à un établissement disposant de cette fonction ou lorsqu'elle existe dans un des établissements-composantes.

Art. 11 Dans le respect des principes mentionnés au deuxième alinéa du II de l'article L. 711-4 du code de l'éducation et dans la mesure strictement nécessaire à l'organisation et au fonctionnement de l'établissement public expérimental*[,] (L. n° 2020-1674 du 24 déc. 2020, art. 43)* « ainsi qu'à la cohérence de sa stratégie avec celles des établissements-composantes qu'il regroupe, les statuts de ces derniers peuvent déroger aux dispositions des livres VI et VII du même code qui leur sont applicables et prendre en compte les dérogations liées à la mise en œuvre des articles 7 et 8 de la présente ordonnance. »

Les statuts de l'établissement public expérimental définissent les conditions dans lesquelles les dérogations mentionnées à l'alinéa précédent sont soumises à son avis ou à son approbation.

(L. n° 2020-1674 du 24 déc. 2020, art. 43) « Lorsqu'ils relèvent d'un décret en Conseil d'État, les statuts des établissements-composantes sont modifiés par décret. Dans les autres cas, ils sont modifiés conformément aux dispositions qui leur sont applicables. »

Dans le respect des dispositions statutaires qui leur sont applicables, les agents des établissements-composantes peuvent exercer tout ou partie de leurs fonctions au sein de l'établissement public expérimental. Lorsqu'ils exercent leur activité au sein de l'établissement public expérimental, ils sont placés sous l'autorité du chef de cet établissement. Les agents de l'établissement public expérimental peuvent, dans les mêmes conditions, exercer tout ou partie de leurs fonctions au sein d'un ou plusieurs établissements-composantes et ceux d'un établissement-composante, au sein d'un autre établissement-composante.

Art. 12 L'établissement public expérimental peut instituer un comité technique unique ou commun à l'établissement et à un ou plusieurs des établissements-composantes ne présentant pas un caractère industriel et commercial.

L'établissement public expérimental peut instituer un comité d'hygiène, de sécurité et des conditions de travail unique ou commun à l'établissement et à un ou plusieurs des établissements-composantes ne présentant pas un caractère industriel et commercial.

L'établissement public expérimental peut instituer une commission paritaire d'établissement commune à l'établissement et à un ou plusieurs des établissements-composantes ne présentant pas un caractère industriel et commercial.

L'établissement public expérimental peut instituer une commission consultative paritaire commune à l'établissement et à un ou plusieurs des établissements-composantes ne présentant pas un caractère industriel et commercial.

Art. 13 Les statuts de l'établissement expérimental définissent les compétences, les modalités de création et d'organisation de ses composantes non dotées de la personnalité morale.

Ils peuvent confier à ces composantes les prérogatives mentionnées aux troisième et quatrième alinéas de l'article L. 713-9 du même code.

Art. 14 Les statuts définissent les conditions dans lesquelles l'établissement public expérimental et ses établissements-composantes peuvent demander à l'autorité de tutelle compétente d'affecter directement des crédits et des emplois à l'établissement public expérimental ou à ses établissements-composantes.

Art. 15 Lorsque l'établissement public expérimental est substitué à au moins un établissement bénéficiant des responsabilités et compétences élargies en matière budgétaire et de gestion des ressources humaines prévues aux articles L. 712-9, L. 712-10 et L. 954-1 à L. 954-3 du code de l'éducation, l'établissement public expérimental bénéficie de ces mêmes responsabilités et compétences dès l'entrée en vigueur du décret portant approbation de ses statuts.

Lorsque la moitié au moins des établissements qu'il regroupe bénéficie des responsabilités et compétences élargies en matière budgétaire et de gestion des ressources humaines prévues aux articles L. 712-9, L. 712-10 et L. 954-1 à L. 954-3 du même code et après avis conforme du ministre chargé du budget, l'établissement public expérimental bénéficie de ces mêmes responsabilités et compétences dès l'entrée en vigueur du décret portant approbation de ses statuts.

Lorsqu'un établissement public expérimental et l'un de ses établissements-composantes sont créés simultanément, à partir d'un établissement bénéficiant des responsabilités et compétences élargies en matière budgétaire et de gestion des ressources humaines prévues aux articles L. 712-9, L. 712-10 et L. 954-1 à L. 954-3 du même code, ces nouveaux établissements bénéficient de ces mêmes responsabilités et compétences dès l'entrée en vigueur du décret portant approbation des statuts de l'établissement public expérimental.

CHAPITRE II. *LES AUTRES MODES D'EXPÉRIMENTATION EN MATIÈRE DE COORDINATION TERRITORIALE*

Art. 16 Les communautés d'universités et établissements peuvent, *(L. n° 2020-1674 du 24 déc. 2020, art. 43)* « selon les modalités définies au dernier alinéa » de l'article L. 718-8 du code de l'éducation, expérimenter de nouveaux modes d'organisation et de fonctionnement prévus par la présente ordonnance. Les dérogations dont peuvent bénéficier les communautés d'universités et établissements expérimentales peuvent porter sur le dernier alinéa de l'article L. 718-8 et les articles L. 718-9 à L. 718-13 du même code dans les limites fixées aux articles 6, 9 et 10 de la présente ordonnance.

(L. n° 2020-1674 du 24 déc. 2020, art. 43) « Des établissements et organismes mentionnés à l'article L. 718-2 du code de l'éducation peuvent, dans le respect des trois premiers alinéas de l'article L. 718-8 du même code, se regrouper au sein d'une communauté d'universités et établissements expérimentale bénéficiant des dérogations prévues au premier alinéa du présent article. »

Art. 17 Outre les cas prévus au dernier alinéa de l'article L. 718-3 du code de l'éducation, une coordination territoriale peut être assurée par un établissement public expérimental, une communauté d'universités et établissements expérimentale ou, conjointement, par des établissements liés par une convention. Cette convention de coordination territoriale caractérise un rapprochement d'établissements qui doit comprendre au moins un établissement public à caractère scientifique, culturel et professionnel. La convention détermine les compétences assurées en commun par les établissements participant au rapprochement, leurs modalités d'exercice et, le cas échéant, en fixe la dénomination.

La convention est approuvée après délibération de chacun des établissements par arrêté du ministre chargé de l'enseignement supérieur et, le cas échéant, du ministre assurant la tutelle de l'établissement participant au regroupement.

Art. 18 Les regroupements ou les rapprochements d'établissements prévus au présent chapitre déterminent, par dérogation au premier alinéa de l'article L. 718-2 du code de l'éducation, au dernier alinéa de l'article L. 718-3 et à l'article L. 718-4 du même code, le territoire pour lequel ils assurent la coordination territoriale de leur offre de formation et de leur stratégie de recherche.

Le contrat défini à l'article L. 718-5 du même code peut être adapté, à la demande des établissements, à la forme du rapprochement ou du regroupement et ne porter, le cas échéant, que sur le volet commun du contrat mentionné au même article L. 718-5.

CHAPITRE III. *ÉVALUATION ET SORTIE DE L'EXPÉRIMENTATION*

Art. 19 Les expérimentations conduites en application de la présente ordonnance font l'objet d'une évaluation par le Haut conseil de l'évaluation de la recherche et de l'enseignement supérieur mentionné à l'article L. 114-3-1 du code de la recherche au plus tard un an avant le terme de la période maximale de dix ans à compter de la publication de la présente ordonnance.

Art. 20 I. — A compter de l'issue de la deuxième année suivant l'entrée en vigueur de leurs statuts pris en application de la présente ordonnance, les établissements créés ou modifiés en application des articles 1er à 14 et 16 de la présente ordonnance, ainsi que les établissements ayant conclu une convention prévue par l'article 17, peuvent demander au ministre chargé de l'enseignement supérieur qu'il soit procédé à leur évaluation afin de sortir du régime expérimental avant le terme de la période mentionnée à l'article 19.

La demande est formulée par l'autorité exécutive de ces établissements, après délibération adoptée à la majorité absolue des membres composant leur conseil d'administration ou l'organe en tenant lieu. Pour les établissements expérimentaux qui relèvent du chapitre Ier de la présente ordonnance, la demande précise si l'établissement entend obtenir, par dérogation aux conditions fixées au premier alinéa de l'article L. 717-1 du code de l'éducation, le statut de grand établissement selon les modalités prévues au III.

Lorsqu'il est fait droit à la demande mentionnée au premier alinéa, le Haut conseil de l'évaluation de la recherche et de l'enseignement supérieur rend son évaluation dans un délai de six mois à compter de la demande formulée par l'autorité exécutive de l'établissement.

II. — Au vu de cette évaluation, l'établissement créé ou modifié en application des articles 1er à 14 et 16 de la présente ordonnance peut demander soit la pérennisation de ses statuts dans l'un des types d'établissement public à caractère scientifique, culturel et professionnel prévus par l'article L. 711-2 du même code, soit la poursuite de l'expérimentation jusqu'au terme de la période mentionnée au premier alinéa, soit qu'il y soit mis fin par décret. Dans les mêmes conditions, les établissements ayant conclu une convention prévue par l'article 17 peuvent demander soit sa pérennisation, soit la poursuite de l'expérimentation jusqu'au terme de la période mentionnée au premier alinéa, soit qu'il y soit mis fin par arrêté.

III. — Les dispositions conférant à l'établissement le statut de grand établissement sont approuvées par décret. Ses établissements-composantes peuvent conserver leur personnalité morale.

CHAPITRE IV. *DISPOSITIONS RELATIVES À LA POLYNÉSIE FRANÇAISE ET À LA NOUVELLE-CALÉDONIE*

Art. 21 La présente ordonnance est applicable en Polynésie française et en Nouvelle-Calédonie *(L. nº 2020-1674 du 24 déc. 2020, art. 43)* « , dans sa rédaction résultant de la loi nº 2020-1674 du 24 décembre 2020 de programmation de la recherche pour les années 2021 à 2030 et portant diverses dispositions relatives à la recherche et à l'enseignement supérieur ».

Art. L. 718-4 L'établissement d'enseignement supérieur chargé d'organiser la coordination territoriale dans les conditions fixées par l'article L. 718-3 élabore avec le réseau des œuvres universitaires et scolaires un projet d'amélioration de la qualité de la vie étudiante et de promotion sociale sur le territoire, en associant l'ensemble des établissements partenaires. Ce projet présente une vision consolidée des besoins des établissements d'enseignement supérieur implantés sur le territoire en matière de logement étudiant, de transport, de politique sociale et de santé et d'activités culturelles,

sportives, sociales et associatives. Il est transmis à l'État et aux collectivités territoriales concernées, préalablement à la conclusion du contrat pluriannuel d'établissement mentionné à l'article L. 711-1.

Art. L. 718-5 **Sur la base du projet partagé prévu à l'article L. 718-2, un seul contrat pluriannuel d'établissement mentionné à l'article L. 711-1 est conclu entre le ministre chargé de l'enseignement supérieur et les établissements regroupés relevant de sa seule tutelle. Les établissements relevant d'autres autorités de tutelle et ces autorités peuvent être parties à ce contrat.** *(L. nº 2020-1674 du 24 déc. 2020, art. 16)* **« Le contrat pluriannuel est » préalablement soumis au vote pour avis aux conseils d'administration de chaque établissement regroupé ou en voie de regroupement.**

Un seul contrat est également conclu entre le ministre chargé de l'enseignement supérieur et les établissements d'un même territoire relevant de sa seule tutelle qui n'ont pas encore procédé à la fusion ou au regroupement mentionnés à l'article L. 718-3. Le contrat prévoit les différentes étapes de la fusion ou du regroupement, qui doivent intervenir avant son échéance. Les établissements relevant d'autres autorités de tutelle et ces autorités peuvent être parties à ce contrat.

Ces contrats comportent, d'une part, un volet commun correspondant au projet partagé mentionné à l'article L. 718-2 et aux compétences partagées ou transférées et, d'autre part, des volets spécifiques à chacun des établissements regroupés ou en voie de regroupement. Ces volets spécifiques sont proposés par les établissements et doivent être adoptés par leur propre conseil d'administration. Ils ne sont pas soumis à délibération du conseil d'administration de la communauté d'universités et établissements ou de l'établissement auquel ils sont associés.

(L. nº 2020-1674 du 24 déc. 2020, art. 16) **« Les organismes nationaux de recherche partenaires des établissements d'enseignement supérieur sont associés à ces contrats pluriannuels.**

« Le contrat pluriannuel mentionné aux premier et deuxième alinéas du présent article inclut un volet territorial associant la ou les régions accueillant le site universitaire concerné, et associant le centre régional des œuvres universitaires et scolaires. Les organismes de recherche partenaires du site universitaire et les autres collectivités territoriales concernées peuvent être associés à ce volet territorial du contrat. Le volet territorial décrit les objectifs et les engagements des parties concernant l'insertion du site universitaire dans l'environnement économique, social et culturel régional et local. Il comprend, pour l'enseignement supérieur et la recherche, une étude d'impact visant à mesurer les effets de l'activité du site universitaire, ses perspectives d'évolution et les risques identifiés devant être surmontés pour sa pérennisation et son développement. Il prend » en compte les orientations fixées par les schémas régionaux prévus à l'article L. 214-2 et les orientations fixées par les schémas de développement universitaire ou les schémas d'enseignement supérieur et de recherche définis par les communes, les établissements publics de coopération intercommunale à fiscalité propre, les pôles métropolitains et les départements.

(Abrogé par L. nº 2020-1674 du 24 déc. 2020, art. 16) ***« Les stratégies en matière d'enseignement supérieur et de recherche poursuivies, sur un territoire donné, par les collectivités territoriales accueillant des sites universitaires ou des établissements de recherche et leurs groupements et les contrats pluriannuels d'établissement font l'objet d'un document d'orientation unique. »***

L'État peut attribuer, pour l'ensemble des établissements regroupés, des moyens en crédits et en emplois aux établissements chargés de la coordination territoriale, qui les répartissent entre leurs membres ou établissements et organismes associés.

Les 4 premières phrases du 4e al. entrent en vigueur progressivement à partir de l'année 2021. Pour chaque année entre 2021 et 2023, un arrêté des ministres chargés de l'enseignement supérieur et de la recherche fixe les nouveaux contrats pluriannuels pour lesquels ces dispositions s'appliquent. A partir du 1er janv. 2024, ces dispositions s'appliquent pour tout nouveau contrat pluriannuel (L. nº 2020-1674 du 24 déc. 2020, art. 16) [Ancienne rédaction : « Ces contrats pluriannuels associent la ou les régions et les autres collectivités territoriales accueillant des sites universitaires ou des établissements de recherche, les organismes de recherche et le centre régional des œuvres universitaires et scolaires. »].

SECTION II FUSION D'ÉTABLISSEMENTS

BIBL. ▶ Carbone (coord.), Les fusions d'universités et la documentation, *Rapp. IGB, n° 2015-0031, mai 2015.* – Lecherbonnier, Les universités françaises ont fusionné pour résister, *Le Monde, Universités et grandes écoles, 20 déc. 2018. 2.* – Musselin et Dif-Pradalier, Quand la fusion s'impose : la (re)naissance de l'université de Strasbourg, *Revue française de sociologie, vol. 55, avr.-juin 2014. 285.*

Art. L. 718-6 Les établissements peuvent demander, par délibération statutaire du conseil d'administration prise à la majorité absolue des membres en exercice, leur fusion au sein d'un établissement public nouveau ou déjà constitué. La fusion est approuvée par décret. Elle est compatible avec la création d'une communauté d'universités et établissements dans une même cohérence géographique d'intérêt territorial.

Lorsque la fusion comprend au moins un établissement bénéficiant des responsabilités et compétences élargies en matière budgétaire et de gestion des ressources humaines prévues aux articles L. 712-9, L. 712-10 et L. 954-1 à L. 954-3, l'établissement résultant de cette fusion bénéficie de ces mêmes responsabilités et compétences dès l'entrée en vigueur du décret portant approbation de la fusion.

1. Conditions de légalité. Consultation obligatoire du comité technique. En cas de regroupement entre établissements, la consultation obligatoire des comités techniques paritaires (CTP) de chaque établissement préalablement à l'adoption par le conseil d'administration de chaque établissement de la demande de regroupement prévue a pour objet d'éclairer chacun de ces conseils sur la position des représentants du personnel de l'établissement concerné et constitue pour ces derniers une garantie qui découle du principe de participation des travailleurs à la détermination collective des conditions de travail consacré par le huitième al. du Préambule de la Constitution de 1946. L'omission d'une telle consultation préalable sur le principe de la fusion, qui a privé les représentants du personnel d'une garantie, constitue une irrégularité de nature à entacher la légalité du décret approuvant la fusion entre les deux. • CE, ass., 23 déc. 2011, *Danthony*, n° 335033 : *Lebon 649 ; AJDA 2012. 7 ; ibid. 195, chron. Domino et Bretonneau ; ibid. 1484, étude Mialot ; D. 2013. 324, obs. Boskovic, Corneloup, Jault-Seseke, Joubert et Parrot ; RFDA 2012. 284, concl. Dumortier ; ibid. 296, note Cassia ; ibid. 423, étude Hostiou.*

2. Conditions de légalité. Délibérations des conseils d'administration. Lorsque des établissements demandent leur regroupement, une délibération exprimant la volonté propre du conseil d'administration de chacune des personnes morales concernées doit être prise en ce sens. Une telle nécessité fait obstacle à ce qu'un conseil d'administration puisse délibérer en présence de membres des conseils d'administration des établissements avec lesquels le regroupement est envisagé. En l'espèce, les délibérations par lesquelles les conseils d'administration des deux écoles pour envisager leur fusion ont pris parti sur le principe de cette fusion ont été émises lors d'une réunion organisée en commun, sous la présidence unique du président du conseil d'administration de l'un des deux établissements, y compris pendant le débat et le scrutin. Eu égard au nombre et à la qualité des personnes irrégulièrement présentes, et en dépit du fait que les administrateurs étaient informés depuis plusieurs mois du projet de regroupement, de telles modalités de délibération ne peuvent être regardées comme dépourvues d'incidence sur le sens des votes, même si ceux-ci ont été émis de façon distincte. Ce vice dans le déroulement de la procédure a donc été susceptible d'exercer une influence sur le sens des délibérations et, par suite, sur le sens du décret attaqué approuvant la demande de regroupement. • CE 23 déc. 2011, *Danthony*, n° 335033 : *préc. note 1.*

3. Suspension de l'exécution du décret. Urgence. Absence. Pour justifier de l'urgence qui s'attache à ce que soit ordonnée la suspension de l'exécution du décret portant création de l'université de Montpellier, issue du regroupement des universités de Montpellier 1 et Montpellier 2, les organisations et agents requérants font valoir que la fusion des deux universités conduit à réorganiser la gestion du personnel pour plusieurs centaines d'agents, qu'elle a des effets sur les organismes consultatifs au sein desquels s'exerce la participation des fonctionnaires et agents de l'État, dont le renouvellement général interviendra le 4 déc. 2014, que la mise en œuvre de la fusion entraîne un surcroît de charge de travail pour les personnels administratifs, qu'il en résulte des risques psychosociaux et qu'une annulation ultérieure perturberait la continuité du service public et la gestion de l'université. Le juge administratif estime que ces éléments, dont les pièces versées au dossier ne permettent pas d'établir l'intensité des derniers, ne font apparaître aucune situation d'urgence ; que, si les organisations et agents requérants font en outre valoir que cette fusion se répercutera sur des milliers d'étudiants, ils ne peuvent soutenir utilement que les intérêts des étudiants seraient lésés par la création de l'université de Montpellier, faute d'avoir pour mission la défense des intérêts des étudiants des universités. • CE 4 nov. 2014, *Synd. Sud Éducation 34, CGT UM2 et a.*, n° 385054.

SECTION III LA COMMUNAUTÉ D'UNIVERSITÉS ET ÉTABLISSEMENTS

Art. L. 718-7 La communauté d'universités et établissements est un établissement public à caractère scientifique, culturel et professionnel auquel sont applicables les chapitres Ier, III *(L. n° 2014-1170 du 13 oct. 2014, art. 65)* « , IV, VIII *bis* et IX du titre Ier et le chapitre Ier du titre II du présent livre et le » titre V du livre IX de la quatrième partie, sous réserve des dispositions de la présente section.

La communauté d'universités et établissements assure la coordination des politiques de ses membres telle que prévue à l'article L. 718-2.

1. Transformation des PRES en COMUE. Rétroactivité. Absence. Par une requête collective, des membres alors en exercice de différents conseils demandaient notamment l'annulation du Décr. portant création d'un établissement public de coopération scientifique. Le Conseil d'État précise que « si l'article 117 de la loi [n° 2013-660] du 22 juillet 2013 relative à l'enseignement supérieur et à la recherche a eu pour effet de transformer, dès la publication de cette loi, les établissements publics de coopération scientifique en communautés d'universités et établissements, cette modification, qui ne revêt aucun caractère rétroactif, n'a eu ni pour objet ni pour effet, contrairement à ce que soutient l'établissement public en défense, de valider rétroactivement le décret attaqué ; qu'il y a donc lieu de statuer sur la requête qui tend à son annulation ». • CE 4 déc. 2013, n° 364207 : *LIJ 2014, n° 182, p. 7.*

2. Conseil académique. Parité. Dans une affaire où une COMUE estimait qu'aucune disposition législative ou réglementaire n'interdit de fixer des règles dérogatoires aux dispositions du code dans les statuts des COMUE, nouvelle catégorie d'établissement dès lors qu'elles respectent le cadre législatif fixé aux art. L. 718-7 à L. 718-15, le juge administratif considère au contraire que les dispositions de l'art. L. 719-2 sont également applicables aux COMUE par renvoi de l'art. L. 718-7. • TA Lille, 23 mai 2016, *M. E. c/ COMUE Lille Nord de France,* n° 1510510.

Art. L. 718-8 La dénomination et les statuts d'une communauté d'universités et établissements sont adoptés par chacun des établissements et organismes ayant décidé d'y participer.

Ils prévoient les compétences que chaque établissement transfère, pour ce qui le concerne, à la communauté d'universités et établissements et les compétences des instances mentionnées à l'article L. 718-9 qui ne sont pas prévues à la présente section. Ils peuvent également prévoir les conditions dans lesquelles des composantes de la communauté peuvent être assimilées aux membres. Parmi ses composantes, la communauté peut comporter *(L. n° 2019-791 du 26 juill. 2019, art. 44)* « un institut national supérieur » du professorat et de l'éducation.

La communauté d'universités et établissements est créée par un décret qui en approuve les statuts.

Une fois adoptés, ces statuts sont modifiés par délibération du conseil d'administration de la communauté d'universités et établissements, après un avis favorable du conseil des membres rendu à la majorité des deux tiers. Ces modifications sont approuvées par décret.

1. Mesures constitutives transitoires. Légalité. Dans une affaire où les statuts approuvés par le Décr. attaqué avaient précisé les pouvoirs de l'administrateur provisoire, ainsi que ceux du conseil d'administration provisoire restreint, institués dans l'attente des résultats des élections des représentants des enseignants-chercheurs et autres personnels au conseil d'administration, lesquels devaient intervenir dans un délai maximum de huit mois à compter de la publication des statuts, le Conseil d'État a jugé que les pouvoirs ainsi conférés à ces organes provisoires n'excédaient pas, par leur nature et par leur durée, ce qui est nécessaire à la mise en place du nouvel établissement public. • CE 4 déc. 2013, n° 364207 : *LIJ 2014, n° 182, p. 7.*

2. Création. Procédure. Transformation d'un ancien PRES. Composition différente du PRES préexistant. Saisi d'une demande d'annulation du décret portant approbation des statuts de la COMUE Université de Lyon, le Conseil d'État apporte plusieurs précisions. S'agissant de l'intervention du conseil d'administration du l'ancien PRES, le Conseil rappelle en effet que, si les dispositions des art. L. 718-7 à L. 718-15 ont eu pour effet de transformer, dès la publication de la loi, les EPCS créés sur le fondement de l'art. L. 344-4 C. rech. en COMUE et qu'elles prévoient que les statuts de ces nouvelles COMUE sont adoptés par le conseil d'administration de l'EPCS en exercice à la date de publication de la loi et approuvés par décret, ces dispositions ne sont, par suite, applicables que lorsque les membres de la COMUE dont les statuts sont adoptés par le conseil d'administration de l'EPCS sont identiques aux membres de cet établissement public. Elles ne sauraient donc trouver application pour la création d'une COMUE dont la composition n'est pas la même que celle d'un précédent EPCS, alors même que certains membres seraient communs aux deux structures. En l'espèce, les membres de la COMUE Université de Lyon ne sont pas tous identiques aux membres de l'ancien PRES « Université de Lyon », plusieurs membres fondateurs ou associés de l'ancien PRES ne faisant plus partie de la COMUE et un membre au moins de la nouvelle COMUE n'ayant pas été antérieurement membre fondateur ou associé du PRES Université de Lyon. Il en résulte que le décret attaqué n'a, par suite, pas le caractère d'une simple mise en conformité des statuts antérieurs d'un EPCS mais doit être regardé comme ayant été pris, sur le fondement des dispositions de l'art. L. 718-8, et que ces statuts n'avaient pas à être préalablement adoptés par le conseil d'administration du PRES. • CE 15 avr. 2016, n° 388034. ♦ Dans le même sens, pour l'adoption des statuts de la COMUE « Lille Nord de France » où plusieurs membres étaient membres de l'ancien PRES « Université Lille Nord de France », mais onze membres de ce PRES ne sont pas membres de la COMUE et un membre de la COMUE n'était pas membre du PRES. Le Conseil d'État juge que le décret attaqué n'approuve pas la mise en conformité des statuts d'un PRES déjà existant, mais la création d'une communauté d'universités et établissements nouvellement constituée. Il en résulte que les statuts approuvés par le décret attaqué n'avaient pas à être adoptés par le conseil d'administration de l'ancien PRES, mais qu'ils devaient l'être, dans les mêmes termes, par chacun des établissements et organismes membres de la nouvelle COMUE. • CE 30 janv. 2019, n° 394175 : *LIJ 2019, n° 206, p. 7.*

Art. L. 718-9 La communauté d'universités et établissements est administrée par un conseil d'administration, qui détermine la politique de l'établissement, dont les questions et ressources numériques, approuve son budget et en contrôle l'exécution. Le conseil d'administration est assisté d'un conseil académique et d'un conseil des membres.

Art. L. 718-10 Le président, élu par le conseil d'administration, dirige l'établissement. Ce conseil élit également un vice-président chargé des questions et ressources numériques.

BIBL. ▸ Compétences et responsabilités des Présidents d'université et de COMUE, *CPU, Guide juridique, sept. 2016 : http://www.cpu.fr/wp-content/uploads/2016/09/guide-President-web-.pdf.*

Art. L. 718-11 Le conseil d'administration de la communauté d'universités et établissements comprend des représentants des catégories suivantes :

1° Des représentants des établissements d'enseignement supérieur et des organismes de recherche membres et, lorsque les statuts le prévoient, des composantes de la communauté ;

2° Des personnalités qualifiées désignées d'un commun accord par les membres mentionnés au 1° ;

3° Des représentants des entreprises, des collectivités territoriales, dont au moins un de chaque région concernée, des établissements publics de coopération intercommunale et des associations ;

4° Des représentants des enseignants-chercheurs, enseignants et chercheurs exerçant leurs fonctions dans la communauté d'universités et établissements ou dans les établissements membres, ou à la fois dans la communauté d'universités et établissements et l'un des établissements membres ;

5° Des représentants des autres personnels exerçant leurs fonctions dans la communauté d'universités et établissements ou dans les établissements membres, ou à la fois dans la communauté d'universités et établissements et l'un des établissements membres ;

6° Des représentants des usagers qui suivent une formation dans la communauté d'universités et établissements ou dans un établissement membre.

Les statuts de la communauté d'universités et établissements peuvent prévoir, en cas d'accord de l'ensemble des établissements membres, qu'il n'y ait pas de membres mentionnés au 1° dans le conseil d'administration. Dans ce cas, le conseil des membres mentionné à l'article L. 718-13 désigne les personnalités qualifiées mentionnées au 2° du présent article.

Lorsque les statuts prévoient la présence de membres mentionnés au 1° dans le conseil d'administration, ces membres représentent au moins 10 % des membres du conseil d'administration.

Les membres mentionnés aux 2° et 3° représentent au moins 30 % des membres du conseil d'administration.

Les membres mentionnés aux 4° à 6° représentent au moins 50 % des membres du conseil d'administration, dont au moins la moitié sont des représentants mentionnés au 4°.

Toutefois, lorsque les membres de la communauté d'universités et établissements sont supérieurs à dix, la proportion de leurs représentants mentionnés au 1° peut atteindre 40 %. La représentation des membres mentionnés aux 2° à 6° est proportionnellement diminuée par voie de conséquence.

Les membres mentionnés aux 4° à 6° sont élus au suffrage direct dans des conditions fixées par les statuts de la communauté. Lorsque les membres de la communauté d'universités et établissements sont supérieurs à dix, les représentants mentionnés aux mêmes 4° à 6° peuvent être élus au suffrage indirect, dans des conditions fixées par les statuts de la communauté.

Chaque liste de candidats est composée alternativement d'un candidat de chaque sexe.

1. Participation d'enseignants ou de chercheurs ayant la qualité de salariés de droit privé. Confirmant qu'aucun texte ni aucun principe n'interdit à un établissement privé de nature confessionnelle qui délivre des cours d'enseignement supérieur de participer à une COMUE, le Conseil d'État juge que les dispositions des art. L. 718-11 et L. 718-12 sont de nature à fonder, dès lors que cette COMUE comporterait un ou plusieurs établissements privés, la participation aux conseils de cette communauté de représentants d'enseignants ou de chercheurs ayant la qualité de salariés de droit privé. • CE 5 nov. 2015, ♱ n° 394212. ♦ S'agissant de la COMUE « Lille Nord de France », il juge que les dispositions des statuts de la COMUE « Lille-Nord-de-France » qui rassemblent, au sein du même corps électoral, des professeurs et des enseignants-chercheurs qui, bien qu'habilités à diriger des recherches, n'ont pas la qualité de professeur d'université, n'est pas de nature à porter atteinte au principe d'indépendance des enseignants-chercheurs. Il a, ce faisant, estimé que la représentation des professeurs était, en l'espèce, suffisante et leur garantissait ainsi une représentation propre et authentique permettant leur réelle participation aux décisions prises en matière de recrutement, de discipline, de recherche et, plus généralement, de déroulement de carrière. • CE 30 janv. 2019, ♱ n° 394175 : *LIJ 2019, n° 206, p. 7.*

2. Composition. Renvoi à un règlement intérieur. Aucun principe ni aucune disposition n'interdisait au pouvoir réglementaire de renvoyer au règlement intérieur le soin de préciser la composition exacte du conseil d'administration, dans le respect des dispositions prévues par les textes, alors même que celle-ci est susceptible d'évoluer en fonction du nombre de membres associés. • CE 4 déc. 2013, ♱ n° 364207 : *LIJ 2014, n° 182, p. 7.*

3. Élections. Règles. Renvoi à un règlement intérieur. Illégalité. Saisi d'une demande d'annulation du décret portant approbation des statuts de la COMUE Université de Lyon, le Conseil d'État précise qu'en se bornant à indiquer que les représentants des personnels et usagers au conseil d'administration sont élus au suffrage indirect par des électeurs issus des conseils d'administration des établissements membres et en renvoyant au règlement intérieur de la COMUE le soin de fixer le mode de scrutin et les règles relatives à la présentation des candidatures ou des listes de candidats, les dispositions des statuts litigieux méconnaissent les dispositions de l'art. L. 718-11 qui prévoient que les conditions de l'élection de ces membres du conseil d'administration sont fixées par les statuts. • CE 15 avr. 2016, ♱ n° 388034 : *AJDA 2016. 1521, note Legrand* ✎. ♦ Un nouveau décret, réintégrant notamment dans les dispositions statutaires les règles électorales concernant le CA, a approuvé des statuts modifiés. Saisi d'une demande d'annulation de ce nouveau décret, le juge a estimé qu'il ne s'agissait pas d'une simple modification de statuts existants, mais bien d'une procédure d'adoption des statuts initiaux. Le Conseil d'État rappelle en effet qu'ayant annulé quatre alinéas des statuts approuvés en 2015, ces dispositions sont considérées comme n'ayant jamais existé et n'ont donc pas pu être approuvées. • CE 9 nov. 2019, ♱ n° 412388 : *AJDA 2020. 358, note Legrand* ✎.

4. Composition. Dispositions transitoires. Le règlement intérieur prévoyant qu'il appartient au conseil d'administration provisoire restreint de fixer la composition initiale du conseil d'administration puis au conseil d'administration ainsi formé, de modifier cette composition en fonction de l'évolution de la nature et du nombre des membres associés ne méconnaît pas l'objectif à valeur constitutionnelle de clarté et d'intelligibilité de la norme de droit. • CE 4 déc. 2013, ♱ n° 364207 : *préc. note 2.*

5. Indemnisation des membres. Le règlement intérieur prévoyant que les membres des différents conseils peuvent être remboursés de leurs frais de déplacement et de séjour « dans les conditions prévues par la réglementation en vigueur », a nécessairement entendu renvoyer au Décr. n° 2006-781 du 3 juill. 2006 fixant les conditions et les modalités de règlement des frais occasionnés par les déplacements temporaires des personnels civils de l'État. Ainsi, le moyen tiré de ce que ces dispositions seraient contraires au principe de sécurité juridique et à l'objectif à valeur constitutionnelle de clarté et d'intelligibilité de la norme doit être écarté. • CE 4 déc. 2013, n° 364207 : *préc. note 2.*

Art. L. 718-12 Le conseil académique comprend au moins 70 % des représentants des catégories mentionnées aux 4° à 6° de l'article L. 718-11, dont 60 % au moins de représentants des catégories mentionnées au 4° du même article. Il comprend aussi des représentants des établissements et organismes membres et des composantes de la communauté d'universités et établissements, et des personnalités extérieures. Sa composition, qui est fixée par les statuts, doit assurer une représentation équilibrée des établissements et organismes membres. *(L. n° 2014-1170 du 13 oct. 2014, art. 65)* « Les représentants des enseignants-chercheurs, enseignants et chercheurs, les représentants des autres personnels et les représentants des usagers sont élus au suffrage direct ou indirect dans des conditions fixées par les statuts de la communauté. »

Le conseil académique élit son président, dont le mandat expire à l'échéance du mandat des représentants élus des personnels du conseil académique, selon des modalités fixées par les statuts.

Le conseil académique exerce, pour les compétences transférées à la communauté d'universités et établissements, le rôle consultatif prévu à l'article L. 712-6-1. Il donne son avis sur le projet partagé et le contrat prévus, respectivement, aux articles L. 718-2 et L. 718-3.

V. note 3 ss. art. L. 718-11.

Art. L. 718-13 Le conseil des membres réunit un représentant de chacun des membres de la communauté d'universités et établissements. Les statuts de la communauté peuvent prévoir la participation à ce conseil des directeurs des composantes de cette communauté.

Le conseil des membres est associé à la préparation des travaux et à la mise en œuvre des *(Ord. n° 2014-807 du 17 juill. 2014, art. 3)* « délibérations » du conseil d'administration et du conseil académique. Il est consulté par le conseil d'administration préalablement à la définition du projet partagé prévu à l'article L. 718-2, à la signature du contrat pluriannuel mentionné à l'article L. 718-5 et à l'adoption du budget de la communauté d'universités et établissements. Le volet commun du contrat pluriannuel conclu entre le ministre chargé de l'enseignement supérieur et la communauté d'universités et établissements est approuvé à la majorité des deux tiers de ce conseil.

Participation au conseil des membres de la COMUE. Le Conseil d'État a annulé les dispositions divisibles des autres dispositions statutaires de la COMUE « Lille Nord de France », en tant qu'elles ne pouvaient légalement prévoir que l'université de Lille, issue de la fusion des trois universités lilloises, disposerait de trois voix pour sa représentation propre au conseil des membres, selon les dispositions du premier alinéa de l'art. L. 718-13. En l'espèce toutefois, le Conseil d'État a assorti cette annulation d'une modulation dans le temps de ses effets jugeant que « compte tenu des effets excessifs qu'aurait l'annulation rétroactive de ces dispositions sur les divers intérêts publics et privés en présence et, en particulier, sur le fonctionnement de la communauté d'universités et établissements, il y a lieu, sous réserve des actions contentieuses engagées à la date de la présente décision contre les actes pris sur leur fondement, de déroger au principe de l'effet rétroactif des annulations contentieuses et de différer l'effet de cette annulation jusqu'au 30 septembre 2019 ». • CE 30 janv. 2019, n° 394175 : *LIJ 2019, n° 206, p. 7.*

Art. L. 718-14 Chaque établissement et organisme membre désignent, selon ses règles propres et dans le respect des dispositions statutaires qui leur sont applicables, les agents qui sont appelés à exercer tout ou partie de leurs fonctions au sein de la communauté d'universités et établissements.

Ces agents, qui demeurent en position d'activité dans leur établissement ou organisme, sont placés, pour l'exercice de leur activité au sein de la communauté d'universités et établissements, sous l'autorité du président de cette communauté.

Art. L. 718-15 Outre les ressources prévues à l'article L. 719-4, les ressources de la communauté d'universités et établissements proviennent des contributions de toute

nature apportées par les membres. La communauté d'universités et établissements peut percevoir directement les droits d'inscription aux formations pour lesquelles elle est accréditée.

Ressources. Le Conseil d'État a considéré que l'art. des statuts qui prévoit que la contribution annuelle apportée par chaque membre fondateur est arrêtée par le conseil d'administration de l'établissement public de coopération scientifique ne contrevient pas au principe d'autonomie financière des universités résultant de l'art. L. 711-1 C. éduc. dès lors, d'une part, que le principe des contributions par les établissements fondateurs est prévu par l'art. L. 344-10 C. rech. alors en vigueur et, d'autre part, que les universités fondatrices de cet établissement ont approuvé les statuts de l'établissement public de coopération et sont représentées à son conseil d'administration. • CE 4 déc. 2013, n° 364207 : *LIJ 2014, n° 182, p. 7.*

SECTION IV **CONVENTIONS ET ASSOCIATION**

Art. L. 718-16 **Les établissements publics à caractère scientifique, culturel et professionnel peuvent conclure des conventions de coopération soit entre eux, soit avec d'autres établissements publics ou privés.**

Le projet partagé prévu à l'article L. 718-2 porté par l'établissement public à caractère scientifique, culturel et professionnel et le ou les établissements associés est défini d'un commun accord par les établissements parties à cette association. Les statuts de l'établissement public à caractère scientifique, culturel et professionnel et du ou des établissements associés peuvent prévoir une dénomination pour le regroupement opéré autour de ce projet partagé.

Un établissement ou un organisme public ou privé concourant aux missions du service public de l'enseignement supérieur ou de la recherche peut être associé à un ou plusieurs établissements publics à caractère scientifique, culturel et professionnel, par décret, sur sa demande et sur proposition du ou des établissements auxquels cette association est demandée, après avis du Conseil national de l'enseignement supérieur et de la recherche. Le décret prévoit les compétences mises en commun entre les établissements ayant conclu une convention d'association. Cette convention prévoit les modalités d'organisation et d'exercice des compétences partagées entre ces établissements. La convention d'association définit les modalités d'approbation par les établissements associés du volet commun du contrat pluriannuel mentionné à l'article L. 718-5.

Un établissement ou un organisme public ou privé concourant aux missions du service public de l'enseignement supérieur ou de la recherche peut être intégré à un établissement public à caractère scientifique, culturel et professionnel, dans les conditions fixées au troisième alinéa du présent article.

Les établissements ou organismes privés ne peuvent pas prendre le titre d'université ou délivrer les diplômes nationaux de l'établissement public à caractère scientifique, culturel et professionnel de l'association.

En cas d'association, les établissements conservent leur personnalité morale et leur autonomie financière.

Le conseil académique peut être commun à l'ensemble des établissements sous convention.

CHAPITRE IX **DISPOSITIONS COMMUNES**

SECTION PREMIÈRE **DISPOSITIONS RELATIVES À LA COMPOSITION DES CONSEILS**

COMMENTAIRE

Les conseils (et commissions) des EPSCP, les conseils centraux (Conseil d'administration, Conseil académique avec ses commissions CR et CFVU) comme les conseils des composantes, sont composés de deux catégories de membres : d'une part les représentants élus des enseignants-chercheurs et personnels assimilés, des personnels IATOS, des étudiants et des bénéficiaires de la formation continue, d'autre part des personnalités extérieures désignées selon les règles prévues par la loi, le règlement et les statuts de l'établissement (auxquels peut s'ajouter le président de l'établissement qui peut siéger au conseil d'administration – art. L. 712-3, al. 2 – et au conseil académique – art. L. 712-4 – sans en être membre). Certaines règles s'appliquent à tous les membres des conseils ; ainsi, « Nul ne peut être membre d'un conseil des établissements publics d'enseignement supérieur s'il a fait l'objet d'une condamnation » (art. L. 762-1).

Au-delà des équilibres à respecter entre les différentes catégories de personnels et les usagers et de la diversité des personnalités extérieures, la représentation respective des hommes et des femmes a justifié de nouvelles règles. Le Conseil constitutionnel ayant ouvert la voie en 2008, le décret n° 2011-1008 du 24 août 2011 avait prévu dans un premier temps que les listes de candidats aux élections universitaires seraient composées en respectant « l'objectif de représentation équilibrée des hommes et des femmes ». La loi ESR du 22 juillet 2013 constitue une nouvelle étape ; pour les élections dans les différents conseils « **chaque liste de candidats est composée alternativement d'un candidat de chaque sexe** » (art. L. 719-1, al. 3), formule qui ne garantit pas toujours une parité effective ; au contraire, les personnalités extérieures « **comprennent autant de femmes que d'hommes** », règle adoptée pour le conseil d'administration (art. L. 712-3, II, al. 1er ; loi ESR, art. 47-2) et étendue aux autres conseils par la loi qui confie au pouvoir réglementaire le soin de « fixer les conditions dans lesquelles est assurée la parité entre les femme et les hommes » (art. L. 719-3, al. 2). Les INSPÉ dont les conseils ne sont pas visés par l'article L. 719-1 font l'objet d'une approche plus stricte : la loi prévoit qu'elles sont administrées à parité de femmes et d'hommes (art. L. 723-1) ; le décret précise comment rétablir la parité entre élus(e)s et si nécessaire par la désignation de personnalités extérieures du sexe sous-représenté (art. D. 721-4, solution en rupture avec le droit commun qui assure l'étanchéité des deux catégories).

Les règles de composition peuvent faire l'objet de dérogations, notamment dans le cadre des regroupements et dans le cadre des expérimentations ouvert par l'ordonnance n° 2018-1131 du 12 décembre 2018.

Les membres élus

L'article L. 719-1 fixe les principes régissant les élections. L'article L. 719-2 prévoit qu'un décret fixe les conditions d'exercice du droit de suffrage. La partie réglementaire modifiée par le décret n° 2013-1310 du 27 décembre 2013 a pris en compte les changements introduits par la loi ESR du 22 juillet 2013 : le décret n° 2017-610 du 24 avril 2017 vise à améliorer la participation des usagers et des personnels aux élections organisées dans les EPSCP et à préciser l'organisation des opérations électorales afin de garantir la sécurité juridique de ces élections (art. D. 719-1 à D. 719-40). Des dérogations peuvent être prévues pour les conseils des écoles et instituts (art. L. 719-2, al. 4), des COMUE (art. L. 718-11 et L. 718-12) ou grands établissements, écoles normales supérieures et écoles françaises à l'étranger (V. DGSIP, guide électoral). Le président (ou le directeur), responsable des élections, convoque les électeurs (renouvellement du conseil, élections partielles).

Les élections se font au ***scrutin secret*** (par dépôt d'un bulletin de vote dans une urne après passage par un isoloir – art. D. 719-33 – ou depuis la loi du 18 mai 2010 par voie électronique sécurisée – art. L. 719-1, al. 7) et ***au suffrage direct par collèges distincts***. La distinction des collèges permet de tenir compte de la diversité des intérêts (ceux des étudiants et des personnels, des usagers et des agents) et assure le respect du principe constitutionnel selon lequel les professeurs et les maîtres de conférences disposent les uns et les autres d'une représentation propre et authentique au sein des conseils (V. notes ss. art. L. 719-1, Cons. const. 20 janv. 1984, n° 83-165 DC ; CE 10 juin 1988, n° 187348). On distingue le collège A (professeurs des universités et assimilés), le collège B (autres enseignants-chercheurs et assimilés, enseignants, chercheurs, personnels scientifiques des bibliothèques), le collège P (praticiens hospitaliers), le collège usagers (étudiants, personnes bénéficiant de la formation continue et auditeurs) et le collège des personnels ATOS (personnels ingénieurs, administratifs, techniques, ouvriers et de service ; personnels non scientifiques des bibliothèques ; personnel des services sociaux et de santé). Les lois LRU de 2007 et ESR de 2013 ont renforcé la participation des chercheurs qui travaillent dans les équipes et les laboratoires de l'université qui sont désormais électeurs et éligibles (art. L. 952-24). Le président ou le directeur de l'établissement est responsable de l'organisation des élections : il établit ***les listes électorales*** (inscription d'office pour les étudiants et stagiaires de la formation continue ; sur demande pour le personnel affecté à l'établissement en position d'activité, de détachement ou de mise à disposition ainsi que ceux qui y exercent le tiers de leurs obligations) ; il établit le calendrier des élections en respectant les délais réglementaires ; il assure une publicité suffisante (CE 13 oct. 1989, n° 34825) ; il convoque les électeurs. Chaque électeur dispose d'une voix (sauf pour les élections des conseils d'unité, le droit de vote pouvant alors s'exercer deux fois, art. D. 719-9, al. 7, et D. 719-16). Si le vote électronique n'a pas été mis en place, les électeurs empêchés peuvent voter par procuration (art. L. 719-7). Les étudiants désignent pour chaque représentant un suppléant qui ne siège qu'en l'absence de ce dernier (art. L. 719-1, al. 8).

Les ***mandats sont quadriennaux***, sauf pour les étudiants dont l'appartenance temporaire à la communauté universitaire a justifié leur limitation à deux ans. « Les membres des conseils siègent valablement jusqu'à la désignation de leurs successeurs » (art. L. 719-1, al. 1er, modifié par l'art. 60 de la loi ESR du 22 juill. 2013) ; en cas de vacance d'un siège, un nouveau membre est désigné pour la durée du mandat restant à courir (art. L. 719-1, al. 2 ; D. 719-21). Pour le conseil d'administration, il est spécifiquement prévu que le renouvellement d'un ou de plusieurs collèges de représentants des personnels intervient pour la durée restant à courir du mandat (quadriennal) du président (art. L. 719-1, al. 9) sauf démission concomitante des deux tiers des membres du conseil d'administration ou annulation des élections des deux tiers des membres élus qui emportent la dissolution du conseil d'administration et du conseil académique et la fin du mandat du président (art. L. 719-1, al. 10). Pour alléger le travail des services organisant les élections, la loi LPR n° 2020-1674 du 24 décembre 2020 fait une exception lorsque la vacance d'un siège intervient moins de six mois avant le terme du mandat (LPR, art. 34 ; art. L. 719-1, al. 2).

Si chaque liste de candidats est composée alternativement d'un candidat de chaque sexe (art. L. 719-1, al. 3), cette condition préalable à l'élection ne garantit pas la parité de candidatures. Les listes pouvant être incomplètes et panachées (art. L. 719-1, al. 4), les candidatures peuvent en effet être en nombre impair ; on peut d'ailleurs envisager que la répartition des personnes éligibles entre hommes et femmes rend impossible l'alternance des candidatures ; il appartient alors de démontrer que toute diligence a été faite pour constituer des listes alternées et que la formalité était impossible ; aussi, la disposition de la loi ne peut garantir la parité des sièges effectivement attribués. S'agissant du conseil académique en formation restreinte qui traite des questions individuelles relatives aux enseignants-chercheurs, l'impératif de parité (de double parité, la parité de genre se cumulant avec la parité de corps) est strictement respecté pour les enseignants-chercheurs non professeurs ; le décret du 7 juillet 2014 habilite en effet le président du conseil académique à rétablir l'équilibre entre hommes et femmes (CE 13 févr. 2015, n° 386118 ; Cons. const. 24 avr. 2015, n° 2015-465 QPC).

Le système électoral repose sur un scrutin de liste à un tour avec représentation proportionnelle au plus fort reste (art. L. 719-1, al. 3, et D. 719-20) ; lorsqu'il y a un seul siège à pourvoir pour un collège déterminé, l'élection a lieu au scrutin majoritaire à un tour (art. D. 719-20, al. 4).

Pour assurer la stabilité de la majorité du conseil d'administration, la loi LRU de 2007 avait prévu que les listes de professeurs et de maîtres de conférences pouvaient s'associer autour d'un projet d'établissement ; si la nouvelle rédaction prévoit que chaque liste doit obligatoirement être accompagnée d'une déclaration de candidature, cet acte d'union, parfois jugé problématique vis-à-vis du principe d'indépendance, a été abandonné. Dans le même but, la loi ESR de 2013 introduit une prime majoritaire aux représentations des enseignants-chercheurs dans chacun des deux collèges (professeurs et assimilés, maîtres de conférences et assimilés) : deux sièges sont attribués à la liste qui a obtenu le plus de voix, les autres sièges étant répartis entre toutes les listes ayant obtenu 10 % des suffrages (art. L. 719-1, al. 4). En cas d'égalité des restes, le dernier siège revient à la liste qui a obtenu le plus grand nombre de suffrages, au plus jeune des candidats si il y a égalité (art. L. 719-1, al. 5).

Pour garantir une assez large représentativité, chaque liste doit assurer la ***représentation de l'ensemble des grands secteurs de formation*** (droit-sciences économiques/lettres-sciences humaines/sciences/santé) ; pour le collège étudiant, l'exigence est limitée à deux grands secteurs de formation (art. L. 719-1, al. 9, pour le CA ; V. aussi art. L. 712-4 sur le conseil académique qui renvoie aux statuts de l'université le soin de préciser les conditions dans lesquelles le principe de représentativité est décliné dans chaque établissement).

Les élections sont organisées par le président de l'université ou le directeur de l'établissement qui est assisté d'un comité électoral consultatif composé des représentants des personnels et des usagers désignés par chaque liste représentée au conseil d'administration et du représentant du recteur de région académique (art. D. 719-3 ; sa composition est fixée par les statuts ou le règlement intérieur). Le président ou le directeur de l'établissement vérifie l'éligibilité des candidats et que les listes respectent les conditions de présentation, notamment pour la parité (art. D. 719-22). Si le comité électoral consultatif donne alors un avis (art. D. 719-24), les contestations sont examinées par la (ou les) ***commission(s) de contrôle des opérations électorales (CCOE)*** instituée(s) à l'initiative du recteur de région académique ; elle est présidée par un magistrat administratif désigné par le président du tribunal administratif qui désigne deux assesseurs siégeant avec un représentant du recteur (art. D. 719-38. La commission connaît de toutes les contestations présentées par les électeurs, le président ou directeur de l'établissement ou le recteur de région académique sur la préparation et le déroulement des opérations de vote ainsi que sur la proclamation des résultats. Elle ne peut se saisir d'office (CAA Nancy, 14 nov. 1991, n° 90NC00430) ; saisie dans les cinq jours, elle se prononce dans les quinze jours (si elle ne statue pas dans ce délai, une décision implicite de rejet intervient au terme des deux mois, CAA Versailles 19 mai 2016, n° 14VE02509). Elle peut constater l'inéligibilité d'un candidat, lui substituer le candidat suivant de la même liste, rectifier le nombre de voix ou annuler les opérations électorales en établissant qu'une atteinte a été portée à la sincérité du scrutin (art. D. 719-39). Il s'agit d'un recours préalable à la saisine du tribunal administratif qui doit statuer dans les deux mois (art. D. 719-40). Le requérant ne peut invoquer que les griefs préalablement présentés devant la CCOE (CE 11 oct. 1972, n° 86115). Le contentieux des élections universitaires relève du plein contentieux (V. notes ss. art. L. 719-2) ; les requêtes sont toutefois dispensées du ministère d'avocat.

Le décret du 24 avril 2017 étend la compétence des médiateurs académiques aux opérations électorales permettant l'élection des membres des conseils d'administration et des conseils académiques (art. D. 222-42-1). Ils reçoivent les réclamations concernant les opérations électorales, éventuellement par une saisine directe (sans être précédé des démarches auprès de l'établissement). Si elles paraissent fondées, les médiateurs émettent des recommandations aux établissements. La saisine du médiateur n'étant assortie d'aucun délai et ayant un caractère facultatif, ce nouveau recours devrait surtout permettre au médiateur de l'éducation nationale et de l'enseignement supérieur de rassembler des éléments pour nourrir son rapport annuel et faire des propositions d'amélioration du processus électoral.

Pour pallier les difficultés graves de fonctionnement de la COMUE Université de Lyon à la suite de l'annulation de ses statuts (CE 8 nov. 2019, n° 412388) et des élections au CA (TA Lyon, du 25 mai 2020) l'empêchant de délibérer valablement, un arrêté du 13 janvier 2021 a prévu, à titre exceptionnel, le recours au *tirage au sort* par le recteur de région académique parmi les membres des CA des établissements pour compléter le CA de la COMUE.

Les personnalités extérieures

Les conseils (et commissions) des EPSCP comprennent des personnalités extérieures, personnes représentatives d'une activité autre que celles qui relèvent de l'enseignement en général ou de la recherche à caractère universitaire (mais dans certains cas, il est possible de représenter les enseignements du premier et du second degré ; ainsi, un représentant d'un établissement d'enseignement secondaire siège au CA, art. L. 712-3, II) et à la CFVU (art. L. 712-6 ; V. aussi les ESPÉ) ; les personnels en fonction dans l'établissement comme les étudiants qui y sont inscrits ne peuvent pas être désignés au titre de personnalités extérieures (art. D. 719-47). L'article L. 719-3 distingue parmi elles deux catégories : 1° les représentants des collectivités territoriales (qui doivent être membres de leurs organes délibérants, ce qui exclut leurs agents) et des activités économiques (organisations syndicales d'employeurs et de salariés qui doivent être en nombre égal, associations scientifiques et culturelles, grands services publics) ; 2° les personnalités désignées par les conseils à titre personnel. La partie réglementaire du code fixe les règles relatives à la répartition des sièges et les modalités de leur désignation (art. D. 719-42 à D. 719-47). Une même personnalité ne peut siéger que dans un des conseils ou commissions d'un même établissement (art. D. 719-5). Les statuts de l'établissement précisent la durée de leur mandat (qui ne peut être inférieure à 4 ans), le nombre des personnalités extérieures (V. CE 8 nov. 2017, n° 394764), leur répartition entre les deux catégories, la liste des institutions appelées à les désigner et le mode de désignation de celles qui siègent à titre personnel (art. D. 719-42).

Le décret n° 2014-336 du 13 mars 2014 simplifie les modalités de désignation des personnalités extérieures au sein des conseils d'administration, conseils académiques, conseils des unités de formation et de recherche, conseils des instituts et des écoles faisant partie des universités, ou organes en tenant lieu, en respectant les catégories et proportions fixées par la loi pour chacun de ces conseils. Il étend les dispositions précitées aux communautés d'universités et établissements, nouvelle catégorie d'EPSCP créée par la loi du 22 juillet 2013, et assure le respect de la parité entre les femmes et les hommes au sein des personnalités extérieures siégeant dans chaque conseil (art. D. 719-47-1 à D. 719-47-6).

En affirmant que les personnalités extérieures désignées pour siéger au conseil d'administration « comprennent autant femmes que d'hommes » (art. L. 712-3, II, al. 1er), la loi ESR a opté pour une stricte parité ; étendue aux autres conseils (art. L. 719-3), elle s'apprécie sur l'ensemble des personnalités extérieures siégeant au sein d'un même conseil (art. D. 719-47-1). Aussi, les collectivités territoriales et les autres organismes désignent leurs représentants au sein des conseils en veillant à ce que l'écart entre le nombre de femmes et d'hommes que chacun désigne ne soit pas supérieur à un (art. D. 719-47-2) ; les personnalités choisies à titre personnel doivent permettre de rétablir la parité ; sinon un tirage au sort désigne la collectivité ou l'organisme devant modifier son choix (art. D. 719-47-4). Au sein du conseil d'administration, cette désignation est opérée après un appel public à candidatures auprès de personnes assumant des fonctions de direction générale au sein d'une entreprise, de représentants d'organisations représentatives des salariés, d'entreprises de moins de 500 salariés, d'établissements d'enseignement secondaire. ☐

Art. L. 719-1 *(L. n° 2007-1199 du 10 août 2007, art. 11)* **« Les membres des conseils prévus au présent titre, en dehors des personnalités extérieures et du président de l'établissement, sont élus au scrutin secret par collèges distincts et au suffrage direct. A l'exception du président, nul ne peut siéger dans plus d'un conseil de l'université. » Le renouvellement des mandats intervient tous les quatre ans, sauf pour les représentants étudiants dont le mandat est de deux ans.** *(L. n° 2013-660 du 22 juill. 2013, art. 60)* **« Les membres des conseils siègent valablement jusqu'à la désignation de leurs successeurs. »**

(L. n° 2007-1199 du 10 août 2007, art. 11) **« En cas de vacance d'un siège, un nouveau membre est désigné pour la durée du mandat restant à courir selon des modalités fixées par décret** *(L. n° 2020-1674 du 24 déc. 2020, art. 34)* **« , sauf si la vacance intervient moins de six mois avant le terme du mandat ».**

(L. n° 2013-660 du 22 juill. 2013, art. 60) **« Chaque liste de candidats est composée alternativement d'un candidat de chaque sexe. »**

« L'élection s'effectue, pour l'ensemble des représentants des *(L. n° 2013-660 du 22 juill. 2013, art. 60)* **« enseignants-chercheurs et des personnels assimilés, des personnels ingénieurs, administratifs, techniques, ouvriers et de service », des étudiants et des personnes bénéficiant de la formation continue, au scrutin de liste à un tour avec représentation proportionnelle au plus fort reste, possibilité de listes incomplètes et sans panachage. »**

(L. n° 2013-660 du 22 juill. 2013, art. 60) **« Une déclaration de candidature est obligatoire pour chaque liste de candidats. Pour les élections des représentants des enseignants-chercheurs et des personnels assimilés au conseil d'administration de l'université, il est attribué dans chacun des collèges deux sièges à la liste qui a obtenu le plus de voix. Les autres sièges sont répartis entre toutes les listes. Toutefois, les listes qui n'ont pas obtenu un nombre de suffrages au moins égal à 10 % des suffrages exprimés ne sont pas admises à la répartition des sièges.**

« Si plusieurs listes ont le même reste pour l'attribution du dernier siège, celui-ci revient à la liste qui a obtenu le plus grand nombre de suffrages. En cas d'égalité de suffrages, le siège est attribué au plus jeune des candidats susceptibles d'être proclamés élus. »

(L. n° 2010-500 du 18 mai 2010, art. 1er) **« L'élection a lieu soit par dépôt d'un bulletin de vote en papier dans une urne, soit par voie électronique sécurisée dans le respect de la loi n° 78-17 du 6 janvier 1978 relative à l'informatique, aux fichiers et aux libertés. Cette dernière modalité peut s'appliquer à condition que, dans l'établissement, soient mis à la disposition des électeurs des ordinateurs dans des lieux dédiés aux opérations électorales. Les électeurs empêchés de voter personnellement sont admis à voter par procuration lorsque le vote par voie électronique n'a pas été mis en place. »**

(L. n° 2013-660 du 22 juill. 2013, art. 60) **« Pour les élections des représentants des enseignants-chercheurs et des personnels assimilés et des représentants des étudiants et des personnes bénéficiant de la formation continue au conseil d'administration de l'université, chaque liste assure la représentation d'au moins deux des grands secteurs de formation mentionnés à l'article L. 712-4 et d'au moins trois de ces secteurs lorsque l'université comprend les quatre secteurs ainsi mentionnés. »**

Pour chaque représentant *(L. n° 2013-660 du 22 juill. 2013, art. 60)* **« des étudiants et des personnes bénéficiant de la formation continue », un suppléant est élu dans les mêmes conditions que le titulaire ; il ne siège qu'en l'absence de ce dernier. »**

(L. n° 2013-660 du 22 juill. 2013, art. 60) **« Le renouvellement d'un ou de plusieurs collèges de représentants des personnels au conseil d'administration, pour quelque cause que ce soit, intervient pour la durée du mandat du président de l'université restant à courir.**

« Toutefois, la démission concomitante des deux tiers des membres titulaires du conseil d'administration ou l'annulation des élections dans un ou plusieurs collèges de représentants des personnels et des étudiants correspondant aux deux tiers des membres élus titulaires du conseil d'administration emportent la dissolution du conseil d'administration et du conseil académique et la fin du mandat du président de l'université. »

(L. n° 2007-1199 du 10 août 2007, art. 11) **« Nul ne peut être élu à plus d'un conseil d'administration d'université.**

BIBL. ▶ GUISELIN, Les régimes électoraux des universités fauriennes et des comue : entre maturation et maturité, *Revue de la recherche juridique. Droit prospectif, 2016-3* ; La représentation des universitaires dans les conseils de l'Université, *PUAM, RJJ 2012-1* ; L'étudiant et la démocratie universitaire : contribution pour un statut, *AJDA 2012. 928*. – MENDEL, Changement et participation à l'université, modernisation administrative ; l'exemple de Paris XII, *Presses universitaires de Grenoble, 1997*. – Actes « Citoyenneté et démocratie étudiante », *Conférence des présidents d'université, Séminaire du 23 sept. 2005*.

I. PRINCIPE D'INDÉPENDANCE DES PROFESSEURS

BIBL. Gaudemet, L'indépendance des professeurs d'université, principe commun des droits constitutionnels européens, *RFDA 1984. 100.*

1. *Nécessité de collèges distincts.* L'indépendance des professeurs, comme celle des enseignants-chercheurs ayant une autre qualité, suppose, pour chacun de ces deux ensembles, une représentation propre et authentique dans les conseils de la communauté universitaire. En raison de la disproportion numérique existant entre le corps des professeurs et celui des autres corps d'enseignants-chercheurs, l'indépendance des professeurs serait menacée à divers points de vue par le système d'un collège électoral unique. • Cons. const. 20 janv. 1984, *Loi relative à l'enseignement supérieur*, n° 83-165 DC : *JO 21 janv., p. 365 ; Rec. Cons. const. 30 ; GDCC n° 35 ; AJDA 1984. 161, note Boulouis ; D. 1984, jurispr. 593, note Luchaire ; Gaz. Pal. 29 déc. 1984, note Hamon ; Rev. adm. 1984. 261, note de Villiers.*

2. *Représentation propre et authentique.* La composition du conseil d'université, organe délibérant de l'université thématique d'Agen, qui comprend vingt-cinq membres, dont quatre représentants des professeurs des universités, quatre représentants des autres enseignants, deux représentants des personnels administratifs, techniques, ouvriers et de service, et deux représentants des usagers, et le mode d'élection de ce conseil, en l'absence de toute dérogation aux garanties statutaires dont bénéficient les professeurs et les enseignants-chercheurs, permettent d'assurer tant l'indépendance des professeurs des universités que la représentation propre et authentique des professeurs, des enseignants-chercheurs, des autres personnels et des usagers conformément aux exigences de l'art. 21 de la L. du 26 janv. 1984 modifiée sur l'enseignement supérieur. • CE 10 juin 1998, n° 187348 B.

3. *Assimilation des personnels scientifiques des bibliothèques aux professeurs.* Eu égard à leurs fonctions de documentation et d'information scientifique et technique et alors même qu'ils sont étroitement associés à l'enseignement et à la recherche, les personnels scientifiques des bibliothèques et des musées, assimilés à des enseignants-chercheurs pour leur participation aux différents conseils et au fonctionnement de l'établissement, ne peuvent être assimilés qu'aux enseignants-chercheurs n'ayant pas la qualité de professeur. Par suite, le Décr. du 18 janv. 1985, qui inclut ces personnels dans le même collège électoral que les professeurs d'université, méconnaît le principe constitutionnel garantissant l'indépendance des professeurs de l'enseignement supérieur qui suppose une représentation propre de ces professeurs dans les conseils scientifiques des universités. • CAA Paris, 17 mars 1994, n°s 93PA01218 et 93PA01258 B : *RFDA 1998. 625, concl. Roul* . ♦ Solution confirmée par : • CE 9 juill. 1997, n° 158594 : *RFDA préc.*

II. PRINCIPE D'ÉGALITÉ ENTRE LES MEMBRES

4. Absence de pouvoir de blocage. Les dispositions des statuts d'une université qui ne confèrent pas à la représentation des étudiants un pouvoir de blocage des décisions des conseils mais se bornent à prévoir une seconde délibération pour que leur adoption soit définitive, au cas où tous les représentants élus des étudiants au sein des conseils auraient émis un vote négatif lors d'une première délibération, sans imposer une condition de délai minimal pour cette seconde délibération ne portent aucune atteinte au principe d'égalité entre les membres des différentes composantes de la communauté universitaire. • CE 7 juin 1995, n° 108468 A.

III. RÉGIME ÉLECTORAL

5. Collèges électoraux. La constitution de collèges électoraux appelés à pourvoir deux sièges seulement au sein des conseils de l'université ne fait pas obstacle à l'application des dispositions de la L. du 26 janv. 1984 fixant les règles de représentation à ces conseils. • CE 4 oct. 1995, n° 104516 B. ♦ Les litiges relatifs à la présentation des candidatures dans les différents collèges sont tranchés par la commission de contrôle. • TA Paris, 14 févr. 2002, n° 0119136/7.

6. Représentation proportionnelle. Avant la loi LRU. Il résulte des dispositions législatives et réglementaires que l'obligation de procéder à l'élection des membres des conseils universitaires au scrutin de liste à un tour, avec représentation proportionnelle au plus fort reste, ne s'applique que lorsque le nombre de sièges à pourvoir rend possible ce mode de scrutin. • CAA Nancy, 30 sept. 1999, n° 98NC01511 B : *RFDA 2001. 650, concl. Rousselle* . ♦ Ces dispositions ne font pas obstacle à l'adoption du scrutin majoritaire lorsqu'il n'y a qu'un seul siège à pourvoir, mais elles imposent dans ce cas l'adoption du scrutin majoritaire à un seul tour. • CAA Nancy, 30 sept. 1999, B : *préc.* ♦ Mais le ministre des universités commet une erreur de droit lorsqu'il s'estime légalement tenu de regrouper en collège commun les électeurs étudiants de deux écoles pour rendre possible l'utilisation du scrutin à la représentation proportionnelle. • CE 26 mai 1982, n° 29301 B.

7. Représentation proportionnelle. Après la loi LRU. En ne faisant pas application des dispositions de l'art. L. 719-1 dans sa nouvelle rédaction, les requérants arrivés en tête ont été lésés. Existence d'un doute sérieux quant à la légalité de la décision contestée. • CE, réf., 6 févr. 2009, n° 0900553/9-1.

8. Listes incomplètes. En cas de listes incomplètes, le panachage étant autorisé, le nombre de voix recueillies par une liste est égal au total des voix portées sur chacun des candidats de la liste, quel que soit le bulletin sur lequel ces voix ont été portées. • CE 28 juin 1996, *Univ. de Nantes*, n° 157511.

9. Représentants des étudiants. Les représentants des étudiants sont élus au scrutin de liste, avec représentation proportionnelle au plus fort reste, sans panachage et possibilité de listes incomplètes. Par suite, le quotient électoral, mentionné dans le Décr. n° 85-59 du 18 janv. 1985, doit être calculé en comparant au nombre de sièges à pourvoir non pas le nombre de voix obtenues par les divers candidats, mais celui des bulletins obtenus par chaque liste, même incomplète. De même, le nombre de sièges obtenus par chaque liste doit être calculé en comparant le nombre de bulletins de cette liste à ce quotient, les derniers sièges étant attribués aux listes ayant le plus fort reste. • CAA Lyon, 30 nov. 1989, n° 89LY00489 A.

10. Élus étudiants. Début de mandat. Les dispositions combinées des art. L. 712-3, L. 719-1 et L. 712-2 font que, lorsqu'il est procédé au renouvellement complet du conseil d'administration, lequel correspond à l'élection du président de l'établissement, le mandat des élus étudiants commence à compter de la première réunion du conseil d'administration convoquée pour l'élection du président. * Lettre DGSIP B2, n° 2010-0148 du 24 févr. 2010 : *LIJ 2010, n° 144, p. 28.* ♦ En revanche, lorsque le renouvellement intervient entre deux renouvellements complets et donc entre deux élections du président, le mandat des étudiants élus commence dès la proclamation des résultats de l'élection si celle-ci intervient à une date postérieure à la date de fin de mandat des précédents élus étudiants. Ces dispositions visent à assurer la continuité du fonctionnement du conseil d'administration. Mais elles ne peuvent en aucun cas permettre d'interrompre les mandats des élus avant le terme de leur mandat. * Même réponse. ♦ En ce qui concerne le conseil scientifique et le conseil des études et de la vie universitaire, la loi ne fixe pas la date du début du mandat des membres élus. Celui-ci débute donc à compter de la proclamation des résultats si celle-ci intervient à une date postérieure à la date de fin de mandat des précédents élus étudiants. * Même réponse.

11. Directeur d'unité de recherche. Désignation. Des requérants demandaient l'annulation des élections organisées auprès des enseignants-chercheurs et autres personnels pour la désignation du directeur de l'institut des sciences de l'ingénierie d'une université. Le juge rappelle que s'agissant d'une unité de recherche, prenant la forme d'une équipe d'accueil, rattachée à une école doctorale de l'université, les dispositions de l'Arr. du 25 mai 2016, fixant le cadre national de la formation et les modalités conduisant à la délivrance du diplôme national de doctorat, stipulent que les directeurs d'école doctorale, et à plus forte raison les directeurs d'unités de recherche qui la composent, sont désignés par voie de nomination et non pas élus et qu'il ne résulte pas davantage des statuts de l'université qu'ils soient désignés par la voie d'un processus électoral. Il en conclut qu'une telle consultation était purement facultative et ne saurait être assimilée à une élection. • CAA Nancy, 16 déc. 2019, n° 19NC02160 : *LIJ 2020, n° 211, p. 7.*

12. Diffusion de documents électoraux sur le site internet des universités. La DAJ a été saisie de la question de savoir si des universités pouvaient diffuser sur leur site internet les listes électorales des étudiants au moment des élections aux conseils des universités et si cet affichage par voie dématérialisée ne représentait pas une atteinte à la protection des données à caractère personnel des étudiants. Elle répond que l'établissement, sous quelque forme que ce soit, de listes électorales contenant des informations permettant d'identifier des personnes, directement ou indirectement, constitue bien un traitement de données à caractère personnel au sens de l'art. 2 de la L. n° 78-17 du 6 janv. 1978 relative à l'informatique, aux fichiers et aux libertés. De tels traitements doivent, à ce titre, faire expressément l'objet de formalités de déclaration préalable auprès de la CNIL. A cet égard, la circonstance que les listes électorales, les listes de candidats ou les résultats des scrutins doivent être affichés dans l'établissement, en application des art. D. 719-8 et D. 719-37, est sans incidence sur l'obligation, pour l'établissement, de déclarer un tel traitement à la CNIL. Par ailleurs, la mise à disposition de ces documents par affichage revient à une communication de documents administratifs et se trouve donc soumise au respect de la L. n° 78-753 du 17 juill. 1978 portant diverses mesures d'amélioration des relations entre l'administration et le public et diverses dispositions d'ordre administratif, social et fiscal. A ce titre, il convient de noter que les dispositions du C. élect. (art. L. 28, R. 10, L. 68, L.O. 179) qui organisent l'accès aux documents électoraux ne sont applicables qu'aux élections politiques. L'accès aux documents électoraux des universités n'entre pas dans ce champ d'application. Leur publication au-delà du seul cadre du scrutin qui le concerne risquerait en effet d'aboutir à la divulgation d'informations personnelles touchant au secret de la vie privée (au cursus d'études notamment). * Note DAJ A3 n° 14-073 du 31 mars 2014 : *LIJ 2014, n° 184, p. 24.*

IV. CONTENTIEUX

13. Nature du contentieux. Le contentieux des élections universitaires est un contentieux de pleine juridiction. La décision préalable de la commission de contrôle des opérations électorales n'a d'autre objet que de lier le contentieux. Il en résulte que le juge de l'élection ne peut annuler les décisions de la commission que pour des motifs de fond. Les moyens tirés d'irrégularités de procédure devant la commission de contrôle sont inopérants. • TA Paris, 14 févr. 2002, n° 0119136/7.

14. Qualité pour agir. Le juge a estimé qu'en application des dispositions de l'art. 30 du Décr. du 15 janv. 1985, le droit de contester les opérations électorales au conseil d'administration, au conseil des études et de la vie universitaire et au conseil scientifique devant le tribunal administratif est ouvert à tout électeur et non pas seulement à chaque électeur pour le collège qui le concerne. En l'espèce, le requérant, étudiant en 1er cycle d'études juridiques, a bien qualité pour agir et demander l'annulation des opérations électorales aux trois conseils de l'université. • TA Bordeaux, 9 juill. 2008, n° 0802424.

15. Propagande. Le directeur d'une UFR a adressé la veille du scrutin à l'ensemble des électeurs du collège A un courrier de 15 pages exclusivement consacré au soutien de l'une des listes en présence. Le juge considère qu'en détournant ainsi, à des fins électorales, les moyens mis à sa disposition pour assurer le fonctionnement du service public, le directeur a porté atteinte à l'égalité des moyens de propagande offerts aux candidats et a altéré la sincérité du scrutin. • TA Paris, 19 mars 1997, n° 9701862/7.

Art. L. 719-2 **Un décret fixe les conditions d'exercice du droit de suffrage, la composition des collèges électoraux et les modalités d'assimilation et d'équivalence de niveau pour la représentation des personnels et des étudiants aux conseils ainsi que les modalités de recours contre les élections. Il précise dans quelles conditions sont représentés, directement ou indirectement, les personnels non titulaires qui ne seraient pas assimilés aux titulaires et les usagers qui ne seraient pas assimilés aux étudiants** *[V. art. D. 719-1 s.].*

Au sein de la représentation des enseignants-chercheurs et personnels assimilés de chaque conseil, le nombre des professeurs et personnels de niveau équivalent doit être égal à celui des autres personnels.

Pour l'élection des représentants des étudiants aux différents conseils, les personnes bénéficiant de la formation continue et les auditeurs peuvent être assimilés aux étudiants. Les étudiants étrangers sont électeurs et éligibles dans les mêmes conditions que les étudiants français. Nul ne peut être électeur ni éligible dans le collège des étudiants s'il appartient à un autre collège de l'établissement.

Des dispositions réglementaires peuvent prévoir des règles particulières de représentation des personnels d'enseignement et assimilés au sein des conseils des écoles et des instituts. – *[L. n° 84-52 du 26 janv. 1984, art. 39.]*

BIBL. ▶ Brovelli, Réflexions sur le contentieux des élections universitaires, *LPA 4 août 1995*. – Chabanol, La commission de contrôle des opérations électorales, *Rev. adm. 1971. 159*. – Grandemange, La composition des conseils universitaires est-elle inconstitutionnelle ? *AJDA 2012. 1089*. – Théry, Les élections universitaires devant le juge administratif, *EDCE 1978. 87*. – Heller, Le contentieux des élections universitaires. Contribution à une théorie générale du droit électoral, *AJDA juill.-août 1979. 3*.

I. EXERCICE DU DROIT DE VOTE

1. Qualité d'électeur. Les enseignants qui participent à l'élection des délégués de leurs collèges respectifs sont ceux qui exercent leurs fonctions dans les unités de formation et de recherche au moment où les opérations électorales ont lieu. • CE, sect., 28 mai 1971, *Sieur Perroux*, n° 77472 : *Lebon 392*.

2. Défaut d'inscription sur les listes électorales. Personnels. Le défaut d'inscription sur les listes électorales de personnels que la loi constitue électeurs est illégal. Alors même que leur inscription n'aurait pu modifier sensiblement les résultats, les intéressés n'en ont pas moins été privés de voir leur candidature prise en compte et sont fondés, par suite, à soutenir que cette omission a entaché les opérations électorales d'une irrégularité de nature à entraîner leur annulation. • CAA Paris, 25 juill. 1996, *Mmes Maury, Le Coz et a.*, n° 94PA01316 : *Lebon T. 925*.

3. Défaut d'inscription sur les listes électorales. Étudiants 3e cycle. Compte tenu des diligences faites par l'autorité administrative pour permettre aux étudiants désireux d'être candidats ou de participer au scrutin, le fait qu'une partie des inscriptions des étudiants n'ait pu être faite avant le jour du scrutin n'est pas en cette circonstance de nature à avoir pu influer sur les résultats des élections. • CAA Bordeaux, 27 mai 1992, *M. Romanille*, nos 90BX00254 et 90BX00255.

II. OPÉRATIONS ÉLECTORALES

4. Réglementation. Les conseils des universités et des unités d'enseignement et de recherche ne sont pas des assemblées locales au sens de l'art. 34 de la Constitution. Les organes compétents des établissements publics à caractère scientifique et culturel peuvent édicter, pour réglementer la campagne électorale des élections des représentants des étudiants, des interdictions plus étendues que celles posées par la réglementation nationale. • CE, sect., 4 nov. 1977, *Sieur Béruard*, nos 01676 et 02365 : *Lebon 422*.

5. Conseil académique. Parité. Dans une affaire où une COMUE estimait qu'aucune disposition législative ou réglementaire n'interdit de fixer des règles dérogatoires aux dispositions du code dans les statuts des COMUE, nouvelle catégorie d'établissement dès lors qu'elles respectent le cadre législatif fixé aux art. L. 718-7 à L. 718-15, le juge administratif considère au contraire que les dispositions de l'art. L. 719-2 sont également applicables aux COMUE par renvoi de l'art. L. 718-7. • TA Lille, 23 mai 2016, *M. E. c/ COMUE Lille Nord de France*, n° 1510510.

6. Propagande électorale. L'interdiction de toute propagande électorale pendant le déroulement du scrutin ne constitue pas un principe général du droit. Légalité d'une disposition autorisant implicitement une telle propagande à l'extérieur des bureaux de vote pour des élections universitaires. Recevabilité des conclusions tendant à l'annulation d'une disposition en tant qu'elle limite « à l'intérieur des salles où sont installés les bureaux de vote » l'interdiction de toute propagande électorale pendant la durée d'un scrutin [sol. impl.] • CE, sect., 4 nov. 1977, *Sieur Béruard*, nos 01676 et 02365 : *préc. note 4* • CE, ass., 28 mai 1971, *M. Barat et a. et Synd. gén. de l'éducation nat. (SGEN-CFDT)*, n° 387 : *Lebon 387* • CE 3 oct. 1973, *Sieur Romanille*, n° 90241 : *Lebon 542*.

7. Contestation. La commission de contrôle des opérations électorales connaît des contestations qui lui sont soumises par les électeurs, le président de l'établissement ou le recteur, mais ne dispose pas du pouvoir de se saisir d'office pour contrôler la régularité des opérations électorales. • CAA Nancy, 14 nov. 1991, *Mme Cleuet*, n° 90NC00430 : *Lebon 578*.

III. COMMISSION DE CONTRÔLE DES OPÉRATIONS ÉLECTORALES

8. Pouvoirs. Les dispositions du décret n° 85-59 du 18 janv. 1985, qui déterminent strictement la compétence de la commission de contrôle des opérations électorales, font que le rôle de cette dernière ne peut être étendu à des domaines autres que les opérations que ces dispositions énoncent. Par suite, la commission des opérations électorales est incompétente pour définir les modalités de remplacement, en cours de mandat, d'un membre titulaire du conseil d'administration dont le siège est devenu vacant en cours de mandat. • TA Nice, 11 janv. 1994, *M. Jean-François Comanducci : Lebon 685*.

9. Absence de pouvoir de contrôle d'office. Si la commission de contrôle des opérations électorales connaît des contestations qui lui sont soumises par les électeurs, le président de l'établissement ou le recteur, elle ne dispose pas du pouvoir de se saisir d'office pour contrôler la régularité des opérations électorales. • CAA Nancy, 14 nov. 1991, *Mme Cleuet*, n° 90NC00430 : *préc. note 7*.

10. Délais de recours. Les dispositions de l'art. D. 719-39, qui impartissent un délai indicatif de quinze jours à la commission de contrôle des opérations électorales pour statuer sur la contestation des résultats d'une élection, n'ont ni pour objet, ni pour effet de déroger aux dispositions générales fixant le délai de naissance d'une décision implicite. En l'espèce, la commission des opérations électorales n'ayant pas statué dans le délai de quinze jours qui lui était imparti, une décision implicite de rejet est née au terme des deux mois suivant sa saisine. • CAA Versailles, 19 mai 2016, *M. A. et UNEF c/ Univ. Paris-Sud*, n° 14VE02509 : *AJDA 2016. 1850* ; *AEF 25 oct. 2016, Dépêche n° 548291, comm. Toulemonde.* ♦ V. aussi notes art. ss. L. 712-3.

IV. SCRUTIN IRRÉGULIER

11. Irrégularités ayant pu avoir une influence sur les résultats. Dans un scrutin à la représentation proportionnelle au plus fort reste, l'absence de certains bulletins de vote, constatée pendant plusieurs heures dans la salle de vote, à la suite de l'irruption d'un groupe de manifestants, a pu avoir une influence sur les résultats du scrutin, annulés à bon droit par la commission de contrôle. • CE, sect., 5 avr. 1974, *Élections du 2e collège des étudiants au conseil d'UER n° 9 de l'Univ. de Paris-I*, n° 87640 : *Lebon 218*. ♦ L'abus de propagande en faveur d'une des listes d'étudiants en présence a été de nature à fausser les résultats de l'élection lorsque le nombre de votants a dépassé de peu le seuil en deçà duquel il y a lieu de réduire le nombre de sièges à attribuer aux représentants des étudiants en proportion de leur participation au scrutin. Annulation partielle des élections dans la mesure où le nombre de sièges attribué aux représentants des étudiants excède celui auquel ils auraient eu droit s'il n'y avait eu un abus de propagande. • CE 6 mai 1977, *Dlle Aynaud et a.*, n° 99073 : *Lebon 206* • CE, 9 févr. 1977, *Élections des délégués étudiants du 8e collège de l'UER de sciences juridiques et sociales de l'Univ. de Poitiers*, n° 2125.

12. Conséquences. Les élections au conseil d'administration n'ayant pas été contestées et étant devenues définitives, le moyen tiré de l'irrégularité de la composition du conseil d'administration ainsi nouvellement élu ne pouvait être utilement invoqué à l'encontre des délibérations subséquentes du conseil d'administration. • CE 29 juill. 2002, *Univ. de Toulon et du Var*, n° 243761.

Art. L. 719-3 Les personnalités extérieures comprennent :

1° D'une part, des représentants de collectivités territoriales, des activités économiques, et, notamment, des organisations syndicales d'employeurs et de salariés, ainsi que des organismes du secteur de l'économie sociale, des associations scientifiques et culturelles, des grands services publics et, éventuellement, des enseignements du premier et du second degrés ;

2° D'autre part, des personnalités désignées par les conseils à titre personnel.

Un décret fixe les règles relatives à la répartition des sièges des personnalités extérieures et les modalités de leur désignation par les collectivités, institutions ou organismes qu'elles représentent. *(L. n° 2013-660 du 22 juill. 2013, art. 61)* **« Ce décret fixe les conditions dans lesquelles est assurée la parité entre les femmes et les hommes. A cette fin, il précise le nombre et la répartition par sexe, éventuellement dans le temps, des candidats proposés par chacune des instances compétentes. »**

1. Notion. Le Conseil d'État a précisé que les personnes extérieures à l'établissement étaient, au sens de cet art., des représentants d'une activité autre que celles relevant de l'enseignement ou de la recherche de caractère universitaire. Le législateur a entendu viser des personnes choisies comme représentatives d'une activité autre que celles qui relèvent de l'enseignement en général ou de la recherche de caractère universitaire. • CE, ass., 31 janv. 1975, *Élections au conseil de l'Univ. de Toulouse-Le Mirail*, n° 90847 : *Lebon 71.* ♦ Cela exclut que les personnalités extérieures d'une université soient désignées parmi les membres d'autres universités ou EPSCP • CE, ass., 31 janv. 1975, *Union régionale de Rouen de la Confédération générale des cadres et Confédération générale des cadres*, n° 90119 : *Lebon 72.* ♦ Cela exclut de la même manière qu'elles assurent, même à titre accessoire de leurs fonctions principales, un enseignement dans un EPSCP (req. n° 90847, préc.) ou que, désignées comme représentants d'organisations syndicales, elles assurent la représentation de personnels appartenant à l'enseignement ou à la recherche de caractère universitaire. • CE 13 nov. 1991, *Président de l'Univ. de Toulon et du Var*, n° 80023 : *Lebon 391*.

2. Légalité. L'exclusion des personnes exerçant l'une de ces activités ne fait pas obstacle à la désignation ès-qualité, dans les conseils d'université, des titulaires d'un mandat électif public lorsqu'une telle représentation est prévue par les statuts. • CE, ass., 31 janv. 1975, *Élections au conseil de l'Univ. de Toulouse-Le Mirail*, n° 90847 : *préc. note 1.* ♦ Rejet des conclusions tendant à l'annulation de l'élection d'un ingénieur appartenant à un laboratoire dépendant du Centre national de la recherche scientifique, dès lors que l'intéressé n'exerçait aucune activité de recherche de caractère universitaire. • CE, ass., 31 janv. 1975, *Élections au conseil de l'Univ. de Toulouse-Le Mirail : préc. note 1.*

3. Illégalité. En imposant au conseil de l'université de choisir les personnalités scientifiques extérieures appelées à siéger en son sein parmi les membres d'autres universités ou établissements publics à caractère scientifique et culturel, les statuts d'une université étaient contraires aux prescriptions législatives. • CE, ass., 31 janv. 1975, *Union régionale de Rouen de la Confédération générale des cadres et Confédération générale des cadres*, n° 90119 : *Lebon 71*. ♦ Annulation de l'élection d'un architecte-urbaniste assurant un enseignement dans une unité pédagogique d'architecture de l'école nationale supérieure des beaux-arts de Toulouse. • CE, ass., 31 janv. 1975, *Élections au conseil de l'Univ. de Toulouse-Le Mirail*, n° 90847 : *préc. note 1.* ♦ Même solution pour des représentants d'organisations syndicales de salariés qui rassemblent des membres des personnels appartenant à l'enseignement en général ou à la recherche de caractère universitaire. En l'espèce, conseil d'une université ayant désigné au titre des représentants des organisations syndicales de salariés un représentant de la Fédération de l'éducation nationale, laquelle regroupe principalement des salariés qui relèvent des activités de l'enseignement général ou de la recherche de caractère universitaire. • CE 13 nov. 1991, *Président de l'Univ. de Toulon et du Var*, n° 80023 : *Lebon 391*.

4. Procuration. Eu égard au caractère strictement personnel que doit revêtir le choix du représentant pour que soit fidèlement exprimé le point de vue du représenté, ni les dispositions relatives à l'obligation faite aux universités de prévoir dans la composition de leur conseil, la présence de personnalités extérieures, ni les dispositions relatives aux proportions à respecter dans la représentation des enseignants et des étudiants, ne pouvaient faire légalement obstacle à ce qu'un conseil d'université autorisât les personnalités extérieures empêchées d'assister à une séance à « donner procuration » à tout autre membre du conseil, quel que soit le collège auquel il appartient. • CE, sect., 3 oct. 1980, *Univ. de Toulouse-Le Mirail*, n° 11473 : *Lebon 355*.

SECTION II **RÉGIME FINANCIER**

Art. L. 719-4 Les établissements publics à caractère scientifique, culturel et professionnel disposent, pour l'accomplissement de leurs missions, des équipements, personnels et crédits qui leur sont attribués par l'État. *(L. n° 2007-1199 du 10 août 2007, art. 33)* « Ils peuvent disposer des ressources provenant notamment de la vente des biens, des legs, donations et fondations, rémunérations de services, droits de propriété intellectuelle, fonds de concours, de la participation des employeurs au financement des premières formations technologiques et professionnelles et de subventions diverses. » Ils reçoivent des droits d'inscription versés par les étudiants et les auditeurs. Ils peuvent recevoir des subventions d'équipement ou de fonctionnement des régions, départements et communes et de leurs groupements.

Dans le cadre des orientations de la planification et de la carte des formations supérieures, le ministre chargé de l'enseignement supérieur, après consultation du Conseil national de l'enseignement supérieur et de la recherche, répartit les emplois entre les établissements publics à caractère scientifique, culturel et professionnel ainsi qu'entre les instituts et les écoles qui en font partie, au vu de leurs programmes et compte tenu, le cas échéant, des contrats d'établissement et de critères nationaux ; il affecte dans les mêmes conditions les moyens financiers aux activités d'enseignement, de recherche et d'information scientifique et technique ; il attribue à cet effet des subventions de fonctionnement et, en complément des opérations financées par l'État, des subventions d'équipement.

(Abrogé par L. n° 2020-1674 du 24 déc. 2020, art. 34) ***« Les crédits de fonctionnement qui ne sont pas inclus dans le budget civil de recherche sont attribués sous forme d'une dotation globale. »***

Sur les droits d'inscription, V. art. R. 719-49 s. et Arr. du 19 avr. 2019.

BIBL. ▶ **Administration. Pilotage** : Aimé, Bézagu, Bonhotal, Elshoud, Fléges, Foucault, Perrey, Pimmel, Roussel et Verhaeghe, Simplification du fonctionnement des établissements d'enseignement supérieur et de recherche et de leurs laboratoires, *Rapp. IGAENR, n° 016-014, févr. 2016.* – Carasus, Baradat et Dupuy, Caractérisation des modes de pilotage des universités françaises dans un contexte en mutation, *Rapp. Université de Pau et des pays de l'Adour, ESEN-IGAENR, déc. 2010.* – Gauche Izard, L'appropriation des dispositifs de pilotage : le cas de la recherche à l'université, *Thèse, Université de Montpellier 2, 2013.* – Gerbod, L'administration de l'enseignement supérieur public en France, de la Révolution à nos jours, *Rev. adm. 1986. 115.* – Minot, Sur la réorganisation administrative de l'enseignement supérieur, *Rev. adm. 1989. 257.* – Ronceray, Pilotage, management et systèmes d'information *in* Les universités en France. Fonctionnement et enjeux (dir.), *PURH (Presses des universités de Rouen et du Havre) 2012. 178.* – Observations sur le fonctionnement des établissements d'enseignement supérieur, *Rapp. IGAENR, juill. 2000.*

▶ **Organisation financière** : Arthuis, Mise en œuvre de la LOLF : un outil au service de la réforme de l'État, *Sénat, Rapport n° 388, 2002-2003.* – Bonhotel, L'organisation budgétaire, financière et comptable dans l'enseignement supérieur, *AJDA 1989. 507.* – Boyer, L'autonomie financière des universités après la loi relative aux libertés et responsabilités des universités, *AJDA 2010. 316* . – Cervel et Védrine, Rapport concernant l'expérimentation de la mise en œuvre de la loi organique du 1er août 2001 relative aux lois de finances dans l'enseignement supérieur, *Rapport MEN, janv. 2006, n° 2006-001.* – Chauvel, Clement, Flacher, Harari-Kermadec, Issehnane, Moulin et Palheta (collectif ACIDES), Arrêtons les frais. Pour un enseignement supérieur gratuit et émancipateur, *Éd. Raisons d'agir, 2015.* – Ducher, La gestion des universités vue par la Cour des comptes, *RFDA 1980. 312.* – Dupont-Marillia, Le nouveau décret financier des universités : une occasion manquée... peut-être pas !, *AJDA 2008. 2003* . – Maillard-Billat, Lascombe et Vandendriessche, Le régime financier des universités, *AJDA 1994. 379* . – Rabault et Andre, *Ass. nat., Commission des finances, de l'économie générale et du contrôle budgétaire sur le projet de loi de finances pour 2017, Rapp. n° 4125, Annexe n° 38 - Recherche et enseignement supérieur - Enseignement supérieur et vie étudiante, 13 oct. 2016.* – Renaudineau, Entrer dans la LOLF : de l'obligation de moyens à l'obligation de résultats, *Administration et Éducation, n° 98. 137.* – Simler, Lolf et pilotage par les résultats, *Administration et Éducation, n° 98. 129.* – Vayrou, Le point de vue des agents comptables sur la LRU, *in* L'Université française : une nouvelle autonomie, un nouveau management, *Presses universitaires de Grenoble (PUG), coll. Libres cours, 2012. 109.* – Financement et autonomie des établissements d'enseignement supérieur, *Association des secrétaires généraux, Groupement international des secrétaires généraux des universités francophones (GISGUF), 1999.* – Budget global des universités, *Conférence des présidents d'université, Rapport final du groupe de travail de la CPU, 2002.* – Gestion financière des établissements d'enseignement supérieur et de recherche. Vade-mecum, *Agence de mutualisation des universités, Les dossiers de l'Agence, oct. 2004.* – C. comptes, La gestion de la recherche dans les universités, *Rapport public particulier, 2005.* – L'autonomie financière des universités, 30 sept. 2015. – La performance, sa mesure. Enjeux éthiques, *in Administration et éducation, la revue trimestrielle de l'AFAE, juin 2009, n° 122.* – Economic Contribution of the French LERU Members. A report to University of Strasbourg, Pierre and Marie Curie University (UPMC) and Université de Paris-Sud, *BiGGAR Economics, sept. 2015.* – L'autonomie financière des universités : une réforme à poursuivre, *C. comptes, Communication à la commission des finances du sénat, juin 2015.*

▶ **Pilotage financier :** Aimé (coord.), Guide méthodologique en vue de la réalisation d'une cartographie économique et d'une analyse stratégique des activités des universités, *Rapp. I-GAENR, n° 2013-079, juill. 2013.* – Baradat, La caractérisation du pilotage financier universitaire français - Une analyse de la cohérence de son modèle organisationnel avec les réformes actuelles, *Thèse, Université de Pau, 2013.* – Ferhat, Une analyse économique de la qualité et de l'efficience des universités et des systèmes universitaires : une comparaison au niveau international, *Thèse, Université de Paris 1, 2016.* – Militon, Contrôle de gestion et système d'information économique dans les organisations non marchandes : le cas des universités, *Thèse, Université de Paris 9, 1999.*

▶ **Modes de financement :** Adnot, Le bilan de l'autonomie financière des universités, *Sénat, Rapp. d'information n° 715 (2014-2015), 30 sept. 2015.* – Aimé, L'évaluation de la soutenabilité de l'offre de formation des établissements d'enseignement supérieur, *Rapp. IGAENR, n° 2014-028, mai 2014.* – Aimé, Collet-Sassere, Douchin, Mosnier, Boutet-Waïss, Dizambourg, Froment et Pimmel, Études des mécanismes internes d'allocation des moyens dans les universités, *Rapp. I-GAENR, avr. 2012.* – Beretti, En 2019, le coût moyen par étudiant est de 11 530 euros, *MESRI-SIES, Note d'information du SIES n° 5, mai 2021.* – Bornarel, Financement de l'enseignement supérieur (formation et recherche), *Rapport du groupe Finances de la Conférence des doyens de sciences, 2002.* – Boyer, Les systèmes de financement des Universités à l'épreuve en France, *in Finanziamento, competizione ed accountability nel governo del l'università, vol. 1, La mutation de la* *gouvernance des universités en France et en Italie, Editoriale Scientifica, Napoli, 2013. 237.* – CHEVAILLIER, Financement et régulation des systèmes éducatifs : innovations et évolution du rôle de l'État, *in* Le financement de l'éducation, *CIEP, Revue internationale d'éducation de Sèvres, n° 65, avr. 2014.* – CRUCIS, Quelles ressources humaines et financières pour les universités ? Innover au-delà de la LRU, *in* L'autonomie des universités : une faillite ? À propos de la loi LRU, *PUF, coll. Cités, n° 50, 2012/2.* – CYTERMAN, Le financement du système éducatif français et l'enjeu de la performance, *in* Le financement de l'éducation, *CIEP, Revue internationale d'éducation de Sèvres, n° 65, avr. 2014.* – FINANCE, Les contrats d'établissement dans le domaine de l'enseignement supérieur, *AJDA 2003. 989.* – DREGOIR et LANDREAU, Près de 155 milliards d'euros consacrés à l'éducation en 2017 6,7 % du PIB, *MEN, DEPP-A3, Note d'information, n° 18.29, nov. 2018.* – FINANCE, FOUCHER, BILLI RIZZA, SCHOTT-CARRIÈRE, GOIFFON, COVO, MOGUEROU, MAURICE et DUPAS, Mémento des programmes européens 2014-2020 pour l'enseignement supérieur, la recherche et l'innovation. Outils stratégiques à l'intention des responsables et des différents acteurs des établissements d'enseignement supérieur et de recherche, *CPU, mars 2014.* – FLOC'H et JACQUE, Cinq pistes pour repenser l'enseignement supérieur. Du chèque-formation au crédit d'impôt, économistes et politiques avancent des propositions, *Le Monde, Éducation, 14 oct. 2010. 6.* – HAUTIER, COLAS, D'HARCOURT, KRETCHNER, PIMMEL, Rapport sur la situation financière des universités, *Rapp. IGF-IGAENR, n° 2015-012, mars 2015.* – JACQUÉ et VOGEL, Budget par étudiant : une comparaison université par université, *Dossier, L'ORS.fr, n° 75, sept. 2012.* – JAY, Budgets : peut-on vraiment comparer les universités françaises ?, *La synthèse de l'ORS, n° 46, juill.-sept.-oct. 2012. 20.* – JELJOUL, LANDREAU-MASCARO, DALOUS et LEMERLE, Le compte de l'éducation. Principes, méthodes et résultats pour les années 2006 à 2014, *MENESR, Les dossiers de la DEPP, n° 206, avr. 2016.* – LARONCHE, L'école selon l'OCDE. France : 9/20, *Le Monde, 22 sept. 2006. 22.* – LEVALLOIS-MIDIÈRE et MARADEIX, *Fundraising*, stratégies pour la recherche et l'enseignement supérieur dans les secteurs public et privé, *Eyrolles, avr. 2010.* – DE MONTECLERC, Alerte sur la paupérisation de l'enseignement supérieur, *AJDA 2021. 1175.* – NISSLE et PERRAIN, En 2016, les collectivités territoriales apportent 1,6 Md€ à la recherche et l'enseignement supérieur, *MESRI-SIES, Note Flash du SIES, n° 2, mars 2018.* – PATRIAT, Rapport d'information sur la répartition du produit de la taxe d'apprentissage, *Sénat, n° 455, mars 2013.* – PIOVEZAN, Universités : les pionniers du « *fundraising* » se jettent à l'eau, *Campus, Le Monde, 7 nov. 2006. 30.* – REY-LEFEBVRE, L'autonomie révèle le prix réel de l'enseignement supérieur, *Le Monde, 14 janv. 2014.* – RUDOLF, La dépense pour le parcours d'un élève ou d'un étudiant en France et dans l'OCDE en 2012, *MENESR, DEPP, Note d'information, n° 05, févr. 2016.* – SOLLE, La modernisation du financement des universités : approche organisationnelle et rénovation des systèmes d'information de gestion, *Thèse, Université de Nice Sophia Antipolis, 1994.* – VALET, VERSCHEURE et DIZAMBOURG (particip.), Les finances, *in* Les universités en France. Fonctionnement et enjeux (dir.), *PURH (Presses des universités de Rouen et du Havre), 2012. 192.* – Supérieur ou recherche : les régions font des choix, *in* Le grand emprunt en région, *L'ORS.fr, n° 43, oct.-nov.-déc. 2011. 25.* – Les universités face à leur budget, *ORS, n° 69, 17 févr. 2012.* – Cour des comptes, L'allocation des moyens de l'État aux universités, *réf. n° 71096, 3 nov. 2014.* – Rapport sur les politiques nationales de recherche et de formations supérieures, *Annexe au projet de loi de finances pour 2017 (Jaune budgétaire), oct. 2016.* – Quel est le rendement de l'investissement dans l'enseignement supérieur pour les individus et la société ?, *OCDE, Indicateurs de l'éducation à la loupe, n° 6, juin 2012.* – CNCDH, avis pour un enseignement supérieur respectueux des droits fondamentaux : se doter des moyens de cette ambition, *JO RF 6 juin 2021.*

▸ **Financement. Lois de finances :** DARCOS et PIEDNOIR, Projet de loi de finances pour 2019. Recherche et enseignement supérieur, *Sénat, Avis n° 151 (2018-2019).* – Rapport sur les politiques nationales de recherche et de formations supérieures, *Annexe au projet de loi de finances, 2019.*

▸ **Financement. Système SYMPA :** ADNOT et DUPONT, Autonomie budgétaire et financière des universités et nouveau système d'allocation des moyens (SYMPA) : le chemin de la vertu ?, *Sénat, Rapp. d'information sur la mise en place du volet budgétaire et financier de la loi n° 2007-1199 du 10 août 2007 relative aux libertés et responsabilités des universités et sur le nouveau système d'allocation des moyens aux universités (SYMPA), n° 532, 7 juill. 2009.*

▸ **Droits d'inscription :** GEAY (propos recueillis par C. Bonrepaux), La gratuité de l'université n'est pas un principe intangible, *Le Monde, Éducation, 14 oct. 2010. 8.* – MOULIN, Frais d'inscription dans l'enseignement supérieur : enjeux, limites et perspectives, *Thèse, Université de Paris 13, 2014.* – PIEDNOIR et KERN, Frais différenciés d'inscription à l'université pour les étrangers extra-communautaires, *Sén., Comm. de la commission de la culture et de l'éducation, 13 mars 2019.* – STROMBONI, Des frais universitaires à la carte pour les étrangers, *Le Monde, 5-6 mai 2019. 9.* – Combien les étudiants paient-ils et de quelles aides publiques bénéficient-ils ?, *OCDE, Les indicateurs de l'éducation à la loupe, n° 41, avr. 2016.* – National Student Fee and Support Systems in European Higher Education 2017/18, *European Commission/EACEA/Eurydice, Eurydice Facts and Figures, 2017.* – Les droits d'inscription dans l'enseignement supérieur public, C. *comptes, Communication à la commission des finances, de l'économie générale et du contrôle budgétaire de l'Assemblée nationale, nov. 2018 ; AJDA 2018. 2320* .

▸ **Gratuité de l'enseignement supérieur :** Noguellou, La gratuité de l'enseignement supérieur : éléments de comparaison, *AJDA 2020. 986* .

▸ **Légalité des droits universitaires spécifiques :** Piovezan, La stratégie de Dauphine pour augmenter les droits d'inscription, *La synthèse de l'ORS, nº 36, janv.-févr.-mars 2010. 7.* – Droits d'inscription additionnels, *Lettre DAJ B1, nº 08-262 du 12 sept. 2008 ; LIJ 2008, nº 129, p. 24.*

▸ **Modes de financement. Comparaisons internationales :** Estermann, Bennetot et Pruvot, Financially Sustainable Universities II. European universities diversifying income streams, *EUA Publications, 2011.* – Jonkers et Zacharewicz, Research Performance Based Funding Systems : a Comparative Assessment, *Publications Office of the European Union, 2016.* – Machado Cerdeira, Enjeux présents et futurs du financement de l'enseignement supérieur. Un aperçu des tendances mondiales, *in* Le financement de l'éducation, *CIEP, Revue internationale d'éducation de Sèvres, nº 65, avr. 2014.* – Noguellou, La gratuité de l'enseignement supérieur : éléments de comparaison, *AJDA 2020. 986* . – Samuels, Why public higher education should be free, *Rutgers University Press, 2013.* – Soares, Steele et Wayt, Evolving Higher Education Business Models : Leading with Data to Deliver Results, *American Council on Education, Center for Policy Research and Strategy, TIAA Institute, 2016.* – Sullivan et Deterding, Florida Higher Education. Is the Cheapest Fiscally Sound ? A Collaborative Effort of the Florida Research Consortium and Florida Chamber Foundation, *Florida Research consortium, 2016.* – Thelin et Trollinger, Philanthropy and American Higher Education (Philanthropy and Education), *Kindle Edition, 2016.* – Ziskin, Hossler, Rabourn, Cekic et Hwang, Le financement fondé sur le résultat : la situation actuelle, les pratiques prometteuses et les tendances naissantes, *Conseil ontarien de la qualité de l'enseignement supérieur, 2014.* – OCDE, Regards sur l'éducation : *Panorama, OCDE 2011.* – Quatre modèles internationaux de financement des universités, *in* L'université pour l'avenir. Avenir des universités, *CPU le mag, nº 5, avr. 2012. 11.* – La dépense par élève ou étudiant en France et dans l'OCDE, MESR, *Note d'information, Enseignement supérieur & Recherche, nº 11.15, oct. 2011.* – Commission européenne, National Student Fee and Support Systems, Eurydice, Facts and figures, 2013/14. – European University Association, Public Funding Observatory, *2016.* – Public Research Universities : Understanding the Financial Model, *American Academy of Arts & Sciences, 2016.* – What influences spending on education ?, *OECD Publishing, Education Indicators in Focus, nº 46.* – Combien les étudiants paient-ils et de quelles aides publiques bénéficient-ils ?, *OCDE, Indicateurs de l'éducation à la loupe, nº 41, avr. 2016.* – Quel est l'impact de la crise économique sur les dépenses publiques d'éducation ?, *OCDE, Indicateurs de l'éducation à la loupe, nº 18, janv. 2014.* – EUA's monitoring of the impact of the economic crisis on public funding for universities in Europe, *EUA Report, Infographie, 2017.*

▸ **Modes de financement de la recherche :** Adnot, Les subventions d'équipement à la recherche universitaire, Sénat, *Rapport d'information 2005-2006, nº 36, oct. 2005.* – Bornarel, Financement de l'enseignement supérieur (formation et recherche), *Rapport du groupe Finances de la Conférence des doyens de sciences, 2002.* – Catin, Comment les régions investissent dans la recherche et le supérieur ?, *ORS, Dossier nº 66, nov. 2011.* – Claeys, Rapport sur les crédits de la recherche, *Ass. nat., Comm. finances, 3 nov. 2016.* – Demenet, La recherche publique française en comparaison internationale, *Dir. Gén. du Trésor, Trésor-éco, nº 2019, avr. 2018.* – Froment, Billon, Kallenbach, Perrey, Picq et Tyvaert, Étude des mécanismes d'allocation des moyens humains et financiers aux unités de recherche par les organismes de recherche, *Rapp. IGAENR, nº 2012-072, juill. 2012.* – Lhuillery et Zacharewicz, Rapport France, *Observatoire de Recherche et d'Innovation, 2016.* – Martimort, Incitations explicites et implicites dans les universités en concurrence, *Revue économique, vol. 66, nº 1, p. 219, janv. 2015. 3.* – Thiard (supervision), Kallenbach (coord.), Mission sur les dispositifs de soutien à la recherche partenariale, *Rapp. IGF-IGAENR-Conseil général de l'économie, de l'industrie, de l'énergie et des technologies, nº 2013-010, févr. 2013.* – Supérieur ou recherche : les régions font des choix *in* Le grand emprunt en région, *L'ORS.fr, nº 43, oct.-nov.-déc. 2011. 25.* – L'activité économique des universités. Les opérations de recherche et commerciales, *Association des agents comptables d'université, 2000.* – C. des comptes, Le financement public de la recherche, un enjeu national, *Rapp. publ. thématique, juin 2013.* – Financer la publication scientifique. Le « Lecteur » et/ou « l'Auteur » ? Évolutions, Alternatives Observations de la DIST, *CNRS, juin 2015, actualisé sept. 2016.* – L'emploi scientifique dans les organismes de recherche en 2015, *MENESR-SIES, Note Flash ESR, nº 13, oct. 2016.* – Cour des comptes, La politique des pôles de compétitivité, *réf. nº S 2016-2236, 4 juill. 2016.* – Rapport sur les politiques nationales de recherche et de formations supérieures, *Annexe au projet de loi de* *finances pour 2017 (Jaune budgétaire), oct. 2016.* – Contrer les coûts insoutenables des revues savantes. Un mémoire de l'ABRC, Association des bibliothèques de recherche du Canada, févr. 2018.

▸ **Investissements d'avenir :** Jacqué et Vogel, Le grand emprunt manque de vision politique, *Le Monde, 5 avr. 2011. 11.* – Maystadt, Harfi et Lallement (coord.), Programme d'investissements d'avenir. Rapport du comité d'examen à mi-parcours, *France Stratégie, mars 2016.* – Cour des comptes, Lancement du programme des investissements d'avenir relevant de la mission recherche et enseignement supérieur, *Relevé d'observations définitives, 3e ch., n° 67350, 19 juin 2014* ; Le programme d'investissements d'avenir. Une démarche exceptionnelle, des dérives à corriger, *Rapp. public thématique, déc. 2015 ; AEF n° 511660, 2 déc. 2015, comm. Jankowiak* ; Les outils du PIA consacrés à la valorisation de la recherche publique. Une forte ambition stratégique, des réalisations en retrait, *C. Comptes, Rapport public thématique, mars 2018.* – Rapport relatif à la mise en œuvre et au suivi des investissements d'avenir, *Annexe au projet de loi de finances pour 2016, Jaune budgétaire, oct. 2015.* – Préparer la France aux défis de demain. 3e Programme d'investissements d'avenir, *CGI, juin 2016.*

▸ **Crédit d'impôt recherche :** V. Bibl. ss. code de la recherche, livre V, titre Ier, chap. Ier.

▸ **Modes de financement de la recherche :** V. aussi Bibl. ss. code de la recherche, livre V, titre Ier, *App., v° Code de la recherche.*

▸ **Patrimoine** : Berthé, Contribution à la réflexion stratégique et à la politique immobilière des universités, *Rapp. IGAENR, n° 2014-013, mars 2014.* – Cottereau, Activités immobilières et coopération interuniversitaire. L'autonomie patrimoniale sous l'aiguillon des pôles, *AJDA 2011. 499*. – Haugades, Angles, Caffin-Ravier et Garnier, La gestion immobilière et financière des universités, *Rapport de mission, MEN, IGAENR, IGF, Conseil général des Ponts et Chaussées, sept. 2003, n° 03-071.* – Rainette, Les aspects juridiques du patrimoine scientifique et technique, *MEN, LIJ 2008, n° 122, p. 2008.* – Valade et Dupont, Voyage au bout... de l'immobilier universitaire, *Sénat, Rapport n° 213, 2002-2003.*

▸ **Autonomie immobilière :** V. aussi Bibl. ss. art. L. 719-14.

▸ **Moyens humains :** V. Bibl. ss. art. L. 719-6.

▸ **Divers** : Mandon, 50 premières mesures de simplification pour l'enseignement supérieur et la recherche, *MENSR, 28 avr. 2016.* – Les universités françaises en mutation, *Commissariat général au Plan, Doc. fr., 2004.* – The economic impact of universities in 2014-15. Report for Universities UK, *Oxford Economics, oct. 2017.*

COMMENTAIRE

Les établissements publics à caractère scientifique, culturel et professionnel (EPSCP) disposent, pour l'accomplissement de leurs missions, des équipements, personnels et crédits qui leur sont attribués par l'État. Ils peuvent aussi disposer d'autres ressources, notamment des droits d'inscription (art. L. 719-4 modifié par la loi LRU du 10 août 2007). Les différents produits sont affectés en recettes au budget de chaque établissement (art. L. 719-5 et R. 719-51 s.). L'autonomie des universités et la recherche des marges de manœuvre incitent les opérateurs de l'État que sont les EPSCP à rechercher à développer leurs ressources propres qui, dans l'état actuel des choses, restent en général limitées (globalement, le financement public des EPSCP représente 80 % et leurs ressources propres 20 %, dont les droits d'inscription pour le quart, les autres ressources pouvant provenir du programme investissement avenir PIA, de l'agence nationale de la recherche (ANR), des contrats de plan État région et du plan Campus ; en outre, environ 10% des ressources sont générées par la formation continue et les contrats de recherche). La LPR du 24 décembre 2020 a renforcé les mécanismes de financement de la recherche sur projet en consolidant toutefois le mécanisme du préciput permettant à l'établissement de prélever une partie (qui devrait être portée à 40 %) pour couvrir les coûts induits et financer sa politique scientifique. Son article 34 supprime le dernier alinéa de l'article L. 719-4 qui rappelait que les crédits de fonctionnement non inclus dans le BCR sont attribués sous forme d'une dotation globale.

LES EPSCP, OPÉRATEURS DE L'ÉTAT

Assurant une mission de service public sous le contrôle de l'État, les EPSCP sont aujourd'hui considérés comme des opérateurs de l'État devant atteindre les objectifs qui lui ont été fixés par les lois de finances, aussi sont-ils principalement financés par des subventions pour charges de service public (SCSP, LOLF, art. 5) qui couvrent l'ensemble des dépenses liées à l'exploitation courante (personnels rémunérés par l'opérateur et fonctionnement). Subvention annuelle et globale, elle regroupe les crédits nécessaires à la rémunération des personnels d'État (masse salariale) et aux dépenses de fonctionnement courant, représentant 80 % des ressources des universités. La relation entre l'État et les opérateurs qui participent à la politique publique d'enseignement supérieur, de recherche et d'innovation (148 EPSCP, 6 EPST, mais aussi des EPIC, des EPA telles que les écoles d'architecture et les écoles d'art, des fondations, etc.) passe nécessairement par une évolution du positionnement des administrations centrales qui doivent se recentrer sur les fonctions de pilotage stratégique et d'arbitrage (LPR 2020, rapport annexé).

Chaque année la loi de finances prévoit et autorise les emplois et crédits (titre II : « masse salariale » ; titre III : « fonctionnement » ; titre V : « investissement » ; titre VI : « intervention ») qui figurent dans les programmes de la mission enseignement supérieur et recherche (MESR, programme n° 150, formations et recherche universitaires ; n° 231, vie étudiante) accompagnés des objectifs et indicateurs de projets annuels de performance (PAP). Il revient au ministre chargé de l'enseignement supérieur et de la recherche de répartir les emplois (enseignants-chercheurs, enseignants et chercheurs ; personnels scientifiques, administratifs et techniques) et les crédits (personnels, fonctionnement, investissement) entre les EPSCP (ainsi qu'entre les écoles et instituts qui en font partie auxquels il peut réserver des emplois ou crédits dits « fléchés »). Le ministre prend alors en considération « les orientations de la planification et de la carte des orientations supérieures » (si celle-ci n'a jamais été formalisée, il peut se référer à d'autres documents comme les anciens schémas de services collectifs, les stratégies nationales de l'enseignement supérieur et de la recherche ou les contrats de plan État-région). Le ministre prend alors une décision de nature réglementaire que le juge peut annuler en cas d'erreur manifeste d'appréciation (CE, sect., 30 mars 1979, *Univ. Paris X-Nanterre et SGEN*, n° 06004, transfert massif d'emplois à une autre université ne tenant pas compte des besoins respectifs des deux établissements) ; la décision, créatrice de droits, ne peut être rapportée (CE 18 févr. 1981, n° 22174). Il doit consulter le CNESER et prendre en considération les programmes des établissements, tenant compte, « le cas échéant, des contrats d'établissement et de critères nationaux » (art. L. 719-4, al. 2).

Les contrats pluriannuels d'établissement prévoient le montant global de la subvention, sous réserve des lois de finances (art. L. 711-1, al. 4) ; ils ont d'abord concerné le seul domaine de la recherche puis ont été étendus en 1989 aux activités de formation et de documentation. Relancée en 1998, la politique contractuelle a reçu une consécration législative avec la LRU en 2007. Ainsi, si elle permet un dialogue global entre le ministère et les établissements et de définir une dotation globale pluriannuelle en emplois et moyens, ceux-ci, attribués annuellement dans les limites prévues par la loi de finances, représentent un pourcentage assez faible de l'ensemble des ressources déléguées. Si ces contrats permettent d'avoir une vision cohérente de l'action des différents opérateurs de l'État dans le domaine de l'enseignement supérieur et de la recherche sur un même territoire, la possibilité pour l'État d'attribuer pour l'ensemble des établissements regroupés des moyens en crédits et en emplois à l'établissement chargé de la coordination territoriale qui doit les répartir entre les établissements associés (art. L. 718-5) peut se faire à moyens constants.

Les ***« critères nationaux »*** peuvent être prévus dans le cadre des modèles de répartition conçus pour préparer la décision ministérielle. Tel était le cas du modèle « Sanremo » mis en place en 1991 qui partait des besoins théoriques de chaque établissement en emplois et en crédits de fonctionnement et servait de base à la répartition annuelle des moyens en se référant notamment au nombre d'étudiants corrigé par le type de formation et la surface des locaux. Modifié à plusieurs reprises, « Sanremo » fut dépassé par l'importance des réformes pédagogiques (LMD) et budgétaires (LOLF). Il a été remplacé en 2009 par le système analytique de répartition des moyens à la performance et à l'activité, dit « ***modèle Sympa*** », qui ne part plus d'une base théorique mais de moyens ouverts en loi de finances (crédits de fonctionnement, emplois budgétaires sans prendre en considération la masse salariale). 80 % du financement tient compte du volume d'activité (financement des besoins nécessaires pour les trois secteurs que sont l'enseignement, la recherche et l'ensemble constitué par le pilotage et la vie étudiante) en se fondant sur de nouveaux critères, notamment le nombre d'étudiants présents aux examens et le nombre d'« enseignants-chercheurs publiants » (ECP). La performance est prise en compte s'attache notamment pour 20 % au taux de réussite en licence, au taux d'insertion professionnelle des étudiants et à la qualité de la gestion. Conçu pour être plus simple, global et transparent, « Sympa » intègre l'ensemble de la politique universitaire, dont la recherche (la dotation globale comprenant non seulement l'ancienne DGF mais aussi la dotation contractualisée et les crédits de recherche dont les crédits pour financer les contrats doctoraux et la prime d'excellence). La réforme de « Sympa » de 2013, a permis en 2015, pour les seules écoles d'ingénieurs, l'adoption d'un nouveau modèle (MODAL) intégrant la masse salariale dans son périmètre et faisant évoluer les indicateurs de performance. Aujourd'hui, ces modèles ne sont plus utilisés.

Au-delà des critères ainsi affichés, le ministre a pu tenir compte de l'état des fonds de roulement non pour effectuer sur eux un prélèvement mais pour diminuer la dotation en emplois et en crédits (il a toutefois été jugé qu'il s'agissait d'une décision ordonnant un prélèvement sur la trésorerie d'une université, illégale dans la mesure où elle relevait du législateur compétent pour fixer le régime de la propriété ; TA Paris, 16 janv. 2018, n° 1512116/1-2 annulé par CAA Paris, 2 mai 2018, n°s 18PA00350 et 18PA00351 ; pourvoi rejeté, CE 12 déc. 2018, n° 421917). Si le modèle a été modifié à plusieurs reprises, la Cour des comptes, considérant qu'il sert principalement au partage des emplois nouveaux, préconise la fusion de l'allocation annuelle des moyens aux établissements et du contrat de site conclu pour cinq ans pour mettre en cohérence les objectifs stratégiques des établissements et les moyens alloués par l'État au niveau du site. Cette évolution se heurte à des objections de principe (annualité budgétaire) et à des obstacles pratiques (sur le rythme des négociations).

Depuis le passage aux responsabilités et aux compétences élargies en matière budgétaire (LRU 2007), le budget de l'établissement devenu global intègre la masse salariale dont les montants au sein de la dotation annuelle de l'État sont limitatifs et assortis du plafond d'emplois que l'établissement est autorisé à rémunérer (art. L. 712-9, al. 2). La masse salariale constituée des crédits du titre II transférée à chaque établissement passé aux responsabilités et aux compétences élargies n'est pas prise en compte dans le modèle « Sympa ». Déterminée à partir de la dépense constatée l'année précédant le transfert, elle est réévaluée chaque année en fonction du nombre d'emplois (effet volume), de la valeur du point de la fonction publique, du taux des cotisations sociales patronales, des mesures catégorielles et indiciaires et du glissement vieillesse technicité (ou GVT, qui peut être positif du fait des avancements ou négatif du fait des départs à la retraite).

Si les crédits de maintenance et d'équipements ont été inclus dans la dotation globale de fonctionnement calculée selon le modèle « Sympa », les crédits de construction et de mise en sécurité restent individualisés. La majorité des opérations de construction, d'extension ou d'aménagement sont prévues et réalisées dans le cadre des contrats de plan État-région (CPER) financés par l'État et les collectivités territoriales.

Pré-notifiée en septembre (Circ. PM n° 5798 du 13 juin 2005 relative aux opérateurs de l'État), la dotation est versée selon un calendrier tenant compte des besoins de trésorerie ; elle peut être revue à la baisse.

Parallèlement se sont multipliés ***les financements sur appel à projets***. En 2008 est lancé le plan Campus. En 2009 la commission Juppé/Rocard propose une démarche d'investissement originale, visant à transformer en profondeur l'économie pour la faire évoluer vers un modèle de développement plus durable, fondé sur l'économie de la connaissance avec un programme exceptionnel d'investissements ciblés, notamment sur la recherche et l'innovation. En 2010, la LFR prévoit 35 milliards d'euros pour financer les investissements d'avenir (IA) dont près de la moitié est destinée à l'enseignement supérieur et à la recherche dont la gestion est confiée à l'ANR ; un PIA 2 est lancé par la LFI 2014, (12 Md€), et un PIA3 annoncé en 2016 (24 pour l'ESR). Les crédits sanctuarisés permettent de financer des projets d'excellence sélectionnés par un jury : IDEX (initiatives d'excellence pour faire émerger des « pôles d'excellence » regroupant universités, écoles, EPST et partenaires), LABEX (laboratoires d'excellence), EQUIPEX (équipements de taille intermédiaire). Des « fonds non consomptibles » sont versés au porteur du projet sous forme de « dotation en capital » et placés sur un compte du Trésor ; ils permettent de verser le produit des intérêts (à taux fixé unilatéralement par Arr. du 15 juin 2010) aux établissements dans les conditions prévues par des conventions ANR/Établissement d'une durée de dix ans. Seuls les intérêts produits par le placement sont utilisables pour financer les opérations retenues.

Au-delà du financement récurrent, les recherches universitaires peuvent recevoir des financements sur projet (appels d'offre de l'ANR, de l'ADEME ou des agences dans le domaine de la santé). Le financement est alloué aux laboratoires et équipes de recherche lauréates des appels à projet qui reçoivent des crédits non plus thématiques mais ciblés (C. rech., art. L. 329-3, mod. par LPR 2020). Toutefois, l'établissement est intéressé par le mécanisme du « ***préciput*** » (du latin *præcipuum*, « prendre avant » ; technique bien connue en droit patrimonial de la famille permettant de prélever un bien déterminé ou une somme d'argent sur la masse commune avant son partage ; correspond à l'anglo-saxon *overhead* désignant les frais généraux) ; esquissé dans le monde universitaire par la pratique du BQR (Bonus qualité recherche, de l'ordre de 10 à 15 % des subventions ministérielles, réparti par le conseil scientifique pour soutenir les opérations de recherche), il permet à l'établissement de prélever une partie du financement obtenu pour couvrir les coûts indirects induits par le projet, les coûts d'environnement et de gestion du projet, et de financer sa stratégie scientifique (soutien à l'écosystème local, politique d'attractivité et d'émergence, financement d'équipements scientifiques ou encore de personnels de soutien, etc ; C. rech., art. L. 329-5, al. 1er) ; mis en place par l'article 16 de la loi n° 2006-450 du 18 avril 2006 (C. rech., art. L. 329-4), le mécanisme est renforcé par l'article 21 de la LPR 2020 modifiant les articles L. 329-1 et L. 329-4 et suivants du code de la recherche ; dans le cas où le projet est mené en commun par plusieurs établissements, la répartition du préciput est opérée dans des conditions qui seront précisées par décret (C. rech., art. L. 329-5, al. 2). Le rapport annexé prévoit que son taux actuel de 19 % doit passer à 40 % (aux États-Unis, il peut atteindre 90 %).

D'autres financements publics peuvent compléter les ressources déléguées par le ministère de l'enseignement supérieur et de la recherche. Ils peuvent provenir d'autres ministères ou organismes d'État (notamment pour la recherche comme les financements sur projet de l'ANR, Agence nationale de la recherche, ou plus généralement de la Caisse des dépôts et consignations... des autres ministère, par exemple, des affaires étrangères avec les programmes d'action intégrés PAI), mais aussi des collectivités territoriales (régions, départements, communes et leurs groupements) qui peuvent verser des subventions d'équipement et de fonctionnement (art. L. 719-4, al. 1er), dans le cadre ou en dehors des contrats de plan État-région (CPER). Cette possibilité a été rappelée par la loi n° 2015-991 du 7 août 2015 : les collectivités territoriales et leurs groupements peuvent contribuer au financement des sites et établissements d'enseignement supérieur et des établissements de recherche implantés sur leur territoire, ainsi qu'aux œuvres universitaires et scolaires si ces financements s'inscrivent dans le cadre de leurs schémas de développement universitaire et scientifique propres et en cohérence avec les contrats pluriannuels d'établissement (art. L. 216-11). Enfin, parmi les « subventions diverses » (art. L. 719-4, al. 1er), il faut noter la possibilité d'apports d'institutions internationales et européennes, notamment par le biais des fonds structurels (FEDER...) ou de programmes spécifiques (plan Junker).

L'article L. 719-4 ne mentionne pas les emprunts. Si la partie réglementaire du code de l'éducation se contente d'interdire aux établissements d'emprunter pour financer les annuités des emprunts précédents (art. R. 719-93, al. 2), sa partie législative soumet à approbation les délibérations qui y sont relatives (art. L. 719-5 issu de la loi de 1984). La loi de programmation budgétaire 2010-2014 (art. 12 ; dans sa rédaction résultant de la L. n° 2018-32 du 22 janv. 2018) interdit dorénavant aux EPSCP comme aux EPST de recourir à l'emprunt ; telle est la règle pour les opérateurs de l'État (depuis 2011, un arrêté du ministre chargé des comptes publics fixe la liste des organismes auxquels il est interdit de contracter auprès d'un établissement de crédit un emprunt dont le terme est supérieur à douze mois et d'émettre un titre de créance dont le terme excède cette durée. V. Arr. du 4 sept. 2018). Toutefois, l'ordonnance n° 2013-544 du 27 juin 2013 modifiant le code monétaire et financier permet aux établissements d'accéder sur autorisation aux prêts de la Banque européenne d'investissement (BEI).

Le pilotage des 260 établissements qui représentent la moitié des opérateurs de l'État a fait l'objet de critiques (tendance à la reconduction des acquis, absence de continuité et de caractère systématique) auxquelles il a été répondu par l'ouverture d'un nouveau chantier autour du dialogue de gestion qu'il serait préférable de nommer dialogue stratégique ou dialogue de performance. En 2018, il a été décidé d'expérimenter une nouvelle formule de dialogue avec des établissements volontaires dont dix COMUE. L'idée est de soutenir des projets structurants pouvant s'inscrire dans les priorités de politique publique en approfondissant le dialogue tant directement entre les établissements et la DGSIP que sur site tant en interne qu'avec les partenaires. Reste à savoir comment cette nouvelle façon d'agir sera prise en compte dans les contrats de site dans un contexte de sous-financement de l'enseignement supérieur.

LES DROITS D'INSCRIPTION

Malgré le préambule de la Constitution proclamant « l'organisation de l'enseignement public gratuit et laïque à tous les degrés est un devoir de l'État » (Préambule de la Constitution de 1946, al. 13 repris par art. L. 141-1), les ressources sont complétées par les ***droits d'inscription*** dont l'article 48 de la loi de finances du 24 mai 1951 prévoit que les taux et modalités de perception sont fixés par arrêté des ministres chargés de l'enseignement supérieur et du budget. Dans un premier temps, faisant jouer le mécanisme de la loi écran, le Conseil d'État a écarté le principe de gratuité de l'enseignement universitaire (CE, ass., 28 janv. 1972, *Conseil transitoire de la faculté des lettres et des sciences humaines de Paris*, n° 79200) ; aucune objection n'a même été faite lors de l'examen de la loi de 1984 à propos de l'article 41 qui prévoit le versement de droits d'inscription (Cons. const. 20 janv. 1984, *Libertés universitaires*), alors même que la loi garantit la gratuité aux élèves des centres préparatoires aux grandes écoles (CPGE) et des sections de techniciens supérieurs STS (art. L. 132-2) ; toutefois, la loi ESR du 22 juill. 2013 souhaitant rapprocher CPGE et universités prévoit l'inscription simultanée des élèves dans un lycée public et un établissement d'enseignement supérieur lié par convention, imposant aux élèves/étudiants le paiement des droits d'inscription universitaires (art. L. 612-3, al. 6, prévoyant l'intervention d'un décret).

Considérant que le moyen tiré de la méconnaissance des droits constitutionnellement protégés par le treizième alinéa du Préambule de la Constitution de 1946 par la loi du 24 mai 1951 et l'article L. 719-4 présente un caractère sérieux, le Conseil d'État a décidé de renvoyer au Conseil constitutionnel la question prioritaire de constitutionnalité (CE 24 juill. 2019, n° 430121). Si le Conseil constitutionnel décide alors que « l'exigence constitutionnelle de gratuité s'applique à l'enseignement supérieur public », celle-ci ne s'oppose pas à ce que des « droits d'inscription modiques » soient perçus, en tenant compte, le cas échéant, des capacités financières des étudiants ; il considère ainsi que le troisième alinéa de l'article 48 de la loi n° 51-598 du 24 mai 1951 de finances pour l'exercice 1951 est conforme à la Constitution. Il appartient donc aux ministres de fixer, sous le contrôle du juge, le montant de ces droits, dans le respect des principes de gratuité de l'enseignement public et d'égal accès à l'instruction. On se demandera toutefois si la modicité et la prise en compte des capacités financières des étudiants sont des conditions cumulatives ou alternatives à l'instauration de droits d'inscription pour l'accès à l'enseignement supérieur (Cons. const. 11 oct. 2019, n° 2019-809 QPC : *LIJ nov. 2019*). Tirant les conséquences de cette décision, le Conseil d'État confirme la légalité de l'arrêté du 19 avril 2019 en jugeant que « le caractère modique des frais d'inscription exigés des usagers suivant des formations dans l'enseignement supérieur public en vue de l'obtention de diplômes nationaux doit être apprécié, au regard du coût de ces formations, compte tenu de l'ensemble des dispositions en vertu desquelles les usagers peuvent être exonérés du paiement de ces droits et percevoir des aides, de telle sorte que de ces frais ne fassent pas obstacle, par eux-mêmes, à l'égal accès à l'instruction » (CE 1er juill. 2020, n° 430121). Certains usagers en sont toutefois exonérés, soit de droit (boursiers pour les diplômes nationaux, pupilles de la Nation, art. R. 719-49, fonctionnaires stagiaires ESPÉ pour le master 2), l'État s'engageant alors à compenser le manque à gagner, soit à leur demande sur décision du président de l'établissement (art. R. 719-50). Le produit des droits d'inscription est affecté en recettes au budget de l'établissement (art. R. 719-48). Le débat sur le devenir des droits d'inscriptions est récurrent. La Cour des comptes écarte « deux scénarios extrêmes, celui d'une suppression générale des droits d'inscription et celui d'une très forte augmentation destinée à couvrir l'essentiel des coûts des formations » et recommande de cibler une éventuelle augmentation sur les masters et doctorats, ainsi que sur les formations d'ingénieurs (Rapport sur les droits d'inscription dans l'enseignement supérieur public, 23 nov. 2018).

Pour renforcer l'attractivité de l'enseignement supérieur français, il a été paradoxalement décidé d'augmenter significativement les droits d'inscription (et non plus de scolarité, art. R. 719-49) des étudiants étrangers (non domiciliés en France) extra-européens (hors UE, EEE, CH) ; en contrepartie, leur accueil devrait être amélioré et leurs bourses augmentées.

Un arrêté du 19 avril 2019 porte leur montant à 2 770 euros pour la licence, à 3 770 pour le master et le doctorat pour les nouveaux étudiants (inapplicable aux étudiants ayant déjà entamé leurs études) ; des exonérations peuvent être accordées (art. R. 719-49 à R. 719-50-1) par le MAE en fonction de la politique étrangère culturelle et scientifique de la France et de la situation personnelle des étudiants (art. R. 749-1 modifié par Décr. n° 2019-344 du 19 avr. 2019) et par le président de l'université en raison de la situation personnelle de l'usager, notamment pour les réfugiés et les travailleurs privés d'emploi, et des orientations stratégiques de l'établissement, le taux d'exonération réservé à l'établissement fixé en 2013 restant à 10 % (art. R. 719-50 modifié ; avec une possibilité de dépasser ce taux en application d'un accord conclu entre établissements, dans le cadre d'un programme européen et international, ou pour l'enseignement à distance, art. R. 719-50-1) ; les doctorants sont exonérés (Arr. du 19 avr. 2019, art. 5) ; les droits peuvent être versés en trois fois (art. 8), l'acquittement de la totalité du montant des droits d'inscription conditionnant la délivrance du diplôme et de tout ou partie des crédits européens validés en vue de son obtention (art. D. 612-4, modifié par Décr. n° 2019-345 du 19 avr. 2019). Il a toutefois été jugé que cette différenciation des droits d'inscription n'est pas illégale dans la mesure où « les étudiants étrangers ressortissant d'un État non-membre de l'Union européenne qui viennent en France dans le seul but d'y poursuivre des études sont ainsi placés dans une situation qui peut être regardée comme différente de celle des étrangers ayant vocation à résider durablement sur le territoire » (CE, ord., 21 mai 2019, n° 430122 qui note que les droits d'inscription fixés par l'arrêté demeuraient « inférieurs au coût réel de la formation des intéressés ») ; reste à s'interroger sur le point de savoir si l'autre discrimination introduite par les politiques d'établissement est elle aussi fondée.

Ces exonérations s'ajoutent alors à celles qui sont de droit (boursiers pour les diplômes nationaux, pupilles de la Nation : art. R. 719-49, fonctionnaires stagiaires ESPÉ pour le master 2), l'État s'engageant alors à compenser le manque à gagner. Le produit des droits d'inscription est affecté en recettes au budget de l'établissement (art. R. 719-48). A côté des droits d'inscription relatifs aux formations préparant des diplômes nationaux, le conseil d'administration est compétent pour fixer le taux annuel des droits d'inscription pour les formations sanctionnées par des diplômes propres (art. L. 613-2 ; CE 19 mars 2001, n° 192203) ; le taux des droits exigés pour l'inscription à la préparation aux diplômes propres aux établissements d'enseignement supérieur ne peut être inférieur au taux exigé pour l'inscription à la préparation aux diplômes nationaux).

Aux droits d'inscription *stricto sensu* s'ajoutaient pour les étudiants une redevance pour le service de médecine préventive universitaire et la cotisation au régime étudiant de la sécurité sociale étudiante (dont sont dispensés les assurés sociaux ou les ayants droit d'un assuré social au moment de l'inscription). L'article 12 de la loi n° 2018-166 du 8 mars 2018 relative à l'orientation et à la réussite des étudiants (dite loi ORE) a introduit un article instituant une contribution due par tous les étudiants, la ***contribution à la vie étudiante*** (à l'exception des boursiers, des réfugiés et des demandeurs d'asile bénéficiaires de la protection subsidiaire) destinée à favoriser l'accueil et l'accompagnement social, sanitaire, culturel et sportif des étudiants et à conforter les actions de prévention et d'éducation à la santé réalisées à leur intention. Cette contribution est acquittée auprès du CROUS qui doit répartir son produit entre les établissements bénéficiaires selon une clef fixée par un décret devant tenir compte de la catégorie à laquelle appartient l'établissement, de ses effectifs et du nombre de ses sites d'implantation (art. L. 841-5). Le montant des droits d'inscription est fixé chaque année par arrêté. Pour 2018-2019, leur montant est en baisse (170 euros en licence contre 184 euros en 2017 et 243 euros contre 256 euros en master ; les nouveaux inscrits ne cotisent plus à la sécurité sociale (217 euros) mais doivent s'acquitter de la « contribution à la vie étudiante », qui s'élève à 90 euros). Les étudiants étrangers s'inscrivant en première année de licence et devant se soumettre à une évaluation du niveau de compréhension de la langue française doivent en outre payer des droits d'inscription perçus par le Centre international d'études pédagogiques (art. D. 612-12 ; Arr. du 30 sept. 2015 fixant le montant des droits d'inscription à l'examen à 68 €). Les étudiants qui abandonnent leurs études n'ont aucun droit au remboursement des droits d'inscription qui n'ont pas la nature d'une rémunération pour service rendu. Par contre, les conseils d'administration peuvent les compléter en votant les ***rémunérations pour services rendus ou frais supplémentaires***, un établissement ne peut subordonner à une contribution des prestations comprises dans le service public de l'enseignement supérieur qui sont normalement couvertes par les droits d'inscription (CE 10 déc. 1993, nos 80720, 84086 et 84087) ; elles ne sont légales qu'à la condition d'être supplémentaires (apportant vraiment un service nouveau, par ex. pour les formations à distance), facultatives (laissant ainsi le choix aux étudiants de renoncer à ces prestations complémentaires), « clairement identifiées » (CE 7 juill. 1993, n° 144310 B) et perçues en échange de prestations effectivement rendues aux usagers sans que leur non-paiement ne puisse écarter un étudiant du cursus choisi, le lien avec la prestation devant être direct et proportionnel (V. aussi, CAA Paris, 27 avr. 1999, n° 97PA00311). Sont ainsi illégaux les frais d'accès aux bibliothèques, de dossier ou de candidature, de polycopiés, d'informatique, de sports participant à la validation d'une unité d'enseignement ou les « contributions pédagogiques non clairement identifiées » (Circ. du 3 juill. 2012 faisant le point de la jurisprudence ; *Dossier LIJ 2008, n° 129*). La question de leur augmentation est régulièrement posée tant sur le plan contentieux (les recteurs de région académique devant saisir les tribunaux administratifs en cas de délibération irrégulière) que dans le cadre du débat sur l'autonomie financière des établissements. Les dispositions de l'article 48 de la loi du 24 mai 1951 ne sont applicables qu'aux droits de scolarité se rapportant aux formations conduisant aux diplômes nationaux ; la pleine autonomie reconnue aux EPSCP en ce qui concerne les formations conduisant à des diplômes propres leur permet de fixer librement les droits d'inscription aux formations qui les préparent ; le conseil d'administration détermine les taux annuels des droits dus ; le ministre n'a pas compétence pour interdire qu'ils soient inférieurs au taux exigé pour les diplômes nationaux (CE 19 mars 2001, n° 192203 B) ; aussi, des droits d'inscription d'un niveau supérieur peuvent-ils être prévus tant en formation initiale qu'en formation continue.

Des exceptions existent pour certains établissements en formation initiale (ainsi, pour la rentrée 2010, le grand établissement Paris-Dauphine a multiplié les droits d'inscription à certains de ses masters par vingt ; en mars 2014, forte augmentation des droits d'inscription dans les écoles des Mines, les Instituts d'études politiques de Paris et de Toulouse et à Paris-Dauphine) ainsi que pour la formation continue (prix librement fixé par l'établissement).

LES AUTRES RESSOURCES PROPRES

Les actions de formation continue peuvent aussi mobiliser les ressources provenant des organismes compétents pour les formations en alternance ou en apprentissage. Les EPSCP peuvent enfin recevoir une partie de la « participation des employeurs au financement des premières formations technologiques et professionnelles » (la taxe d'apprentissage dont le but est de financer le développement des premières formations technologiques et professionnelles ; due principalement par les entreprises employant des salariés et exerçant une activité commerciale, industrielle ou artisanale, son montant est calculé sur la base des salaires versés par ces employeurs).

Les EPSCP peuvent disposer d'autres rémunérations de service dont le produit figurera au budget annexe du service des activités industrielles et commerciales (SAIC, art. R. 719-56) : produits des contrats de recherche, d'essais, d'études, d'analyses, de conseils et d'expertises effectués pour le compte de tiers, prestations de services concourant à la valorisation de la recherche, exploitation des brevets, licences, droits de propriété intellectuelle ou industrielle ; activités d'édition…

A l'origine, la formule « établissement public » a été justifiée pour permettre à l'université de recevoir les ***dons*** des vivants et les ***legs*** des morts ; dans ce cas, l'établissement doit respecter la volonté du donataire ou du léguant d'affecter son apport à une œuvre particulière. L'établissement peut accepter ou refuser les dons et legs (CGPPP, art. L. 1121-2 ; avec autorisation du CA, art. R. 719-90) ; s'ils sont grevés de charges, conditions ou affectation immobilière, l'acceptation ou le refus doit être autorisé par arrêté du ministre de tutelle (CGPPP, art. L. 1121-2). Les EPSCP peuvent enfin disposer de revenus patrimoniaux : produits de la vente ou de la location de leurs biens immobiliers ou mobiliers (imposant un déclassement préalable si ces biens figurent dans le domaine public). ❑

I. ATTRIBUTION DE MOYENS

1° EMPLOIS

1. Répartition des emplois entre les universités. Le ministre ne peut modifier la dotation en emplois des établissements publics à caractère scientifique et culturel que pour l'année universitaire suivante, au vu des programmes et compte tenu des besoins relatifs à cette même année. • CE 12 févr. 1982, n° 25114 A.

2. Affectation à une spécialité. Si le ministre chargé des universités a compétence pour répartir entre les universités les emplois d'une catégorie déterminée, le conseil de l'université est compétent pour définir les spécialités auxquelles ces emplois sont affectés. Par suite, la transformation d'un poste de maître de conférence de sédimentologie en un poste de maître de conférence de géochimie, qui ne touche pas la catégorie de l'emploi et porte uniquement sur son affectation à une spécialité, relève de la compétence exclusive de l'université. • CE 27 mai 1981, n° 25209 A.

3. Nature réglementaire des décisions de répartition. Les dispositions législatives ne s'opposent pas à ce qu'à tout moment le ministre modifie des décisions de répartition des emplois qui, étant relatives à l'organisation du service, présentent un caractère réglementaire. Mais elles ne l'autorisent à le faire qu'aux conditions qu'elles énoncent, c'est-à-dire notamment, par application des mêmes critères nationaux dans l'appréciation des besoins de chaque établissement. • CE, sect., 30 mars 1979, *Univ. Paris X-Nanterre et Synd. gén. de l'éducation nat.*, n°s 06004, 06008 et 06010 A.

4. Contrôle restreint. En opérant un transfert massif d'emplois d'enseignants prélevés sur une UER, qui a été ainsi privée des moyens indispensables à son fonctionnement normal, le secrétaire d'État aux Universités a, dans l'évaluation, au regard de critères nationaux, des besoins respectifs des deux établissements, commis une erreur manifeste d'appréciation. • CE, sect., 30 mars 1979, *Univ. Paris X-Nanterre et Synd. gén. de l'éducation nat.*, n°s 06004, 06008 et 06010 A : *préc.*

2° CRÉDITS

5. Recommandations. Si le ministre peut assortir l'allocation des subventions budgétaires de recommandations relatives à leur emploi, il ne peut, en revanche, subordonner l'utilisation de ces crédits au respect d'une ventilation préétablie non prévue par la loi. • CE 30 juin 1978, n° 05196 B.

6. Contrat d'objectif avec l'État. Recours. Irrecevabilité. Le contrat d'objectif, conclu entre l'État et le Centre national de la recherche scientifique (CNRS), se borne à édicter des engagements entre les parties signataires ; en particulier, les stipulations contestées par le syndicat requérant, qui tendent au remplacement du poste de secrétaire général du CNRS par une direction générale déléguée aux ressources humaines et au remplacement de l'organisation en départements scientifiques par la création de dix instituts en charge de la prospective et de la programmation n'ont pas, par elles-mêmes, un caractère réglementaire ; par suite, les conclusions du syndicat requérant, qui ne tendent pas non plus à l'annulation d'un acte détachable de ce contrat, sont entachées d'une irrecevabilité manifeste. • CE 9 févr. 2011, n° 334794 B : *AJDA 2011. 302*.

7. Décision créatrice de droits. En arrêtant, par une appréciation discrétionnaire des besoins de cet établissement, le montant des crédits alloués à une université pour le fonctionnement de ses services, le ministre prend, non une mesure purement indicative et prévisionnelle, mais une décision administrative qui, dans la mesure où elle crée des droits, ne peut être rapportée que pour illégalité et dans le délai du recours contentieux. • CE 18 févr. 1981, n° 22174 B.

8. Limites. La dotation en crédits de fonctionnement n'étant allouée aux établissements qu'au vu de leurs programmes, la décision du ministre n'est susceptible de créer des droits au profit de l'université que dans la mesure où celle-ci assure, conformément au principe de continuité du service public, le fonctionnement sans interruption du service dont elle a la charge. • CE, sect., 30 mars 1979, *Secrétaire d'État aux universités c/ Univ. de Bordeaux II*, n°s 09369 A. ♦ Une telle décision ne peut être rapportée légalement, même après l'expiration du délai du recours contentieux, que dans la mesure où cette condition implicite mais nécessaire n'a pas été remplie. • CE, sect., 30 mars 1979, *Secrétaire d'État aux universités c/ Univ. de Bordeaux II*, n° 09369 et 09413 A.

9. Fonds de roulement. Prélèvement décidé par la tutelle. Baisse des subventions des établissements ayant d'importants fonds de roulement. Dans l'affaire où l'État avait opéré un prélèvement sur le fonds de roulement de l'université de Paris II-Panthéon-Assas, la cour annule le jugement du tribunal administratif qui avait enjoint à l'État de lui verser la somme de 7, 7 M€ euros, dans un délai de 2 mois, sous astreinte de 1 000 € par jour de retard. La cour estime en effet qu'aucune disposition légale ou réglementaire ne confère aux universités un droit à recevoir un niveau minimal de dotation globale de la part de l'État et que la décision attaquée, dès lors qu'elle n'a fait que fixer le montant de la dotation globale allouée par l'État à l'université, n'a pas porté atteinte au principe d'autonomie financière et budgétaire des universités, la baisse de dotation pouvant être financée par la mobilisation d'autres ressources budgétaires de son choix. Le juge précise en outre qu'une université ne peut se prévaloir d'une espérance légitime constitutive d'un bien au sens de l'article 1er du protocole additionnel Conv. EDH, auquel la ministre aurait porté atteinte par la décision attaquée. • CAA Paris, 2 mai 2018, nos 18PA00350, 8PA00351 : *LIJ 2018, n° 202, p. 6.* ♦ Pour mémoire le tribunal administratif avait annulé la décision du ministre, estimant que l'institution d'un prélèvement de la trésorerie de l'établissement public relevait de la seule compétence du législateur et est, dès lors, dénuée de base légale. • TA Paris, 16 janv. 2018, n° 1512116/1-2 : *AJDA 2018.809, concl. Sibilli.*

10. Contrôle financier. La circonstance que la décision par laquelle l'État a fixé le montant de la subvention allouée à une université n'aurait pas été soumise au préalable au visa du contrôleur financier n'est de nature à en affecter ni l'existence, ni même la légalité. • CE, sect., 30 mars 1979, *Secrétaire d'État aux universités c/ Univ. de Bordeaux II,* nos 09369 et 09413 A.

II. DROITS D'INSCRIPTION

11. V. aussi notes ss. art. L. 132-2.

BIBL. Legrand, L'augmentation des droits d'inscription à l'égard des étudiants étrangers extracommunautaires est légale, *AJDA 2020. 2037*. – Piovezan, La stratégie de Dauphine pour augmenter les droits d'inscription, *La synthèse de l'ORS, n° 36, janv.-févr.-mars 2010. 7.* – Droits d'inscription additionnels : Lettre DAJ B1, n° 08-262, du 12 sept. 2008 : *LIJ 2008, n° 129, p. 24.*

12. Principe de gratuité. Le Conseil d'État a écarté comme inopérant, le moyen tiré de la méconnaissance du principe de gratuité de l'enseignement posé par le Préambule de la Constitution de 1946 et présenté à l'appui d'un recours dirigé contre un arrêté interministériel relevant les droits de scolarité dans les universités. • CE, ass., 28 janv. 1972, *Conseil transitoire de la faculté de sciences humaines de Paris,* n° 79200 A.

13. Principe de gratuité. Exigence constitutionnelle. Saisi par le Conseil d'État d'une QPC, le Conseil constitutionnel a déduit du 13e al. du Préamb. Const. 1946 que l'exigence constitutionnelle de gratuité de l'enseignement public s'applique à l'enseignement supérieur public. Il a en effet jugé que l'exigence constitutionnelle de gratuité était applicable à l'enseignement supérieur public mais que cette exigence ne faisait pas obstacle à ce que des droits d'inscription modiques soient perçus en tenant compte, le cas échéant, des capacités financières des étudiants. Il juge donc qu'il appartient aux ministres compétents de fixer, sous le contrôle du juge, les montants de ces droits dans le respect des exigences de gratuité de l'enseignement supérieur public et d'égal accès à l'instruction. • Cons. const. 11 oct. 2019, n° 2019-809 QPC : *AJDA 2019. 2022 ; ibid. 2627, note Verpeaux ; D. 2019. 1938 ; ibid. 2310, point de vue Fardet ; RFDA 2019. 1123, chron. Roblot-Troizier ; La Lettre Vigie 2019, n° 116, p. 10 ; LIJ 2020, n° 211, Éd. Chicot ; ibid. 4. 211, p. 4*

14. Remboursement. Le juge administratif estime qu'aucune disposition législative ou réglementaire n'impose le remboursement de ces droits, qui n'ont pas la nature d'une rémunération pour service rendu, aux étudiants qui renoncent à suivre les enseignements auxquels ils s'étaient inscrits. • TA Lyon, 27 sept. 2006 : *LIJ 2007, n° 111, p. 7.*

15. Légalité des droits spécifiques. Principes. Ces redevances doivent être facultatives et les étudiants doivent avoir la possibilité de renoncer aux prestations dont elles constituent la contrepartie. • CAA Paris, 27 avr. 1999, n° 97PA00311 A. ♦ Elles doivent aussi être clairement identifiées et individualisées. Dès lors, toute redevance qui présente un caractère forfaitaire en ouvrant droit à plusieurs prestations sans que l'étudiant puisse choisir celle qu'il désire est illégale. • CE 7 juill. 1993, n° 144310 B. ♦ Enfin, le lien entre la redevance et la prestation doit être direct et proportionnel et ne pas excéder le prix de revient du service rendu. • CE 21 oct. 1988, nos 72862, 72863 et 73062 A.

16. Légalité des droits spécifiques. Si les établissements d'enseignement supérieur peuvent percevoir, en sus des droits d'inscription en vue de l'obtention d'un diplôme national, des rémunérations pour services rendus, cette faculté ne leur est offerte qu'à la condition que les prestations correspondantes soient facultatives et clairement identifiées. Délibération du conseil d'administration d'une université instituant, en sus des droits d'inscription fixés par arrêté ministériel, une contribution des étudiants d'un montant de 250 francs pour l'année, « correspondant à des prestations complémentaires ». Eu égard au caractère forfaitaire et obligatoire de ces droits spécifiques, ladite délibération instituait en réalité un supplément illégal de droits d'inscription. • CE 7 juill. 1993, n° 144310 B : *D. 1993. 533, concl. Schwartz*.

17. Illégalité de suppléments de droit d'inscription. La contribution « pour frais de dossier » demandée par une université à chaque étudiant, et dont le versement conditionne l'inscription des intéressés, constitue en réalité des droits d'inscription s'ajoutant à ceux dont le montant est fixé annuellement par le ministre de l'éducation nationale. • TA Rennes, 20 mai 1992, *Mlle Berlivet : Lebon T.* • TA Versailles, 10 mai 2004, n° 0005239 : *AJDA 2004. 1615*. ♦ Même solution pour une contribution pédagogique demandée pour l'accès à certaines bibliothèques et la délivrance de documents d'études réservés aux étudiants ayant acquitté cette contribution. • TA Lyon, 16 mai 1991 : *Lebon* • CE

10 déc. 1993, n°s 80720, 84086 et 84087 B. ♦ Même solution pour une contribution « sports » (35 €) ouvrant droit à des activités permettant d'obtenir des points pris en compte dans l'appréciation des mérites pour l'obtention de certains diplômes et pour une contribution « informatique, ressources linguistiques, exploitation des œuvres protégées » conditionnant notamment l'accès aux salles informatiques. • TA Paris, 4 juin 2013, n° 1203469/2-1. ♦ Illégalité des contributions facultatives « sport » de 35 € instituées alors que tout étudiant a la possibilité de ne pas y souscrire et que le montant de cette contribution est remboursé à la demande de l'étudiant qui a obtenu des « points sport ». Le juge estime que cette contribution, qui ouvre droit à une pratique sportive permettant à l'étudiant y ayant souscrit d'obtenir des « points sport » qui s'ajoutent à une unité d'enseignement complémentaire, doit être regardée comme faisant partie des enseignements sur option permettant d'obtenir des points supplémentaires pour pouvoir valider des unités d'enseignements. La cour juge « qu'en disposant que des prestations normalement assurées sans contrepartie financière spécifique seraient soumises au versement d'une contribution de 35 euros, l'université a institué un supplément de droits d'inscription et qu'il résulte des dispositions de la L. du 24 mai 1951 que l'université n'était pas compétente pour instituer ce supplément ». • CAA Paris, 13 févr. 2015, n° 13PA03217 : *LIJ 2015, n° 189, p. 7.* ♦ Dans la même affaire : illégalité des contributions facultatives « informatique, ressources linguistiques, exploitation d'œuvres protégées » (28 €), la cour ayant constaté que les prestations correspondantes n'ont pas été clairement définies de telle sorte que soient distinguées celles des prestations qui doivent être normalement assurées sans contrepartie financière spécifique à la charge des étudiants de celles qui, en raison de leur caractère complémentaire et facultatif, peuvent faire l'objet d'une rémunération de services. • CAA Paris, 13 févr. 2015, n° 13PA03217 : *préc.*

18. Légalité des droits d'inscription des auditeurs libres. Les droits d'inscription versés par les auditeurs, votés par le conseil d'administration de l'université, en vertu de l'autonomie pédagogique, scientifique, administrative et financière qui lui est conférée, ne méconnaît ni les principes de liberté et d'égalité garantis par la Constitution, ni les principes posés par la L. du 26 janv. 1984 sur l'enseignement supérieur, ni le principe de gratuité de l'enseignement. • CAA Nantes, 30 mai 2003, n° 00NT01547.

19. Légalité des droits d'inscription des diplômes d'université. Compte tenu de la pleine autonomie reconnue aux établissements en ce qui concerne les formations conduisant à des diplômes qui leur sont propres, les dispositions de l'art. 48 de la L. du 24 mai 1951 aux termes duquel : « Seront fixés par arrêté du ministre intéressé et du ministre du budget : (...) les taux et modalités de perception des droits d'inscription, de scolarité, d'examen, de concours et de diplôme dans les établissements de l'État » ne sont applicables qu'aux droits de scolarité se rapportant aux formations conduisant aux diplômes nationaux organisées par ces établissements. Dès lors, le conseil d'administration des établissements est compétent pour déterminer les taux annuels des droits dus pour l'inscription à la préparation des diplômes qui leur sont propres. • CE 19 mars 2001, n° 192203 B.

V. aussi notes ss. art. L. 613-2.

20. Frais d'inscription au concours d'entrée d'un IEP. La délibération du conseil d'administration IEP fixant à 100 € la somme réclamée à chaque participant au concours d'entrée, alors que ce montant n'a pas été déterminé sur la base d'éléments objectifs et rationnels, est entachée d'une erreur de droit. • CAA Lyon, 4 juill. 2013, n° 13LY00633 : *AJDA 2013. 2160, chron. Samson-Dye.*

21. Étudiants étrangers. Différence de situation objective. La différenciation entre les étudiants étrangers qui viennent en France dans le seul but d'y poursuivre des études supérieures et les autres étudiants se justifie par une différence objective de situation. Le juge des référés du Conseil d'État rejette la demande de suspension de l'Arr. du 19 avr. 2019 relatif aux droits d'inscription dans les établissements d'enseignement supérieur en estimant que l'augmentation qui les touche n'est pas disproportionnée. • CE, ord., 21 mai 2019, n° 430122 : *AJDA 2019. 1080 ; ibid. 1469, note Legrand.* ♦ A la suite de la décision du Conseil constitutionnel ayant jugé que l'exigence constitutionnelle de gratuité était applicable à l'enseignement supérieur public mais que cette exigence ne faisait pas obstacle à ce que des droits d'inscription modiques soient perçus en tenant compte, le cas échéant, des capacités financières des étudiants (• Cons. const., 11 oct. 2019, n° 2019-809 QPC : *V. ci-dessus note 13)*, le Conseil d'État a confirmé la légalité et la constitutionnalité de l'arrêté en jugeant que « le caractère modique des frais d'inscription exigés des usagers suivant des formations dans l'enseignement supérieur public en vue de l'obtention de diplômes nationaux doit être apprécié, au regard du coût de ces formations, compte tenu de l'ensemble des dispositions en vertu desquelles les usagers peuvent être exonérés du paiement de ces droits et percevoir des aides, de telle sorte que de ces frais ne fassent pas obstacle, par eux-mêmes, à l'égal accès à l'instruction ». • CE 1er juill. 2020, n°s 430121, 430266, 431133, 431510, 431688 A : *AJDA 2020. 1325 ; ibid. 1783, chron. Malverti et Beaufils ; ibid. 2037, note Legrand ; D. 2021. 255, obs. Boskovic, Corneloup, Jault-Seseke, Joubert et Parrot ; RFDA 2021. 97, concl. Dieu ; ibid. 391, chron. Santulli ; LIJ juill. 2020. 211, édito. Chicot ; ibid. 4. 211.*

22. Sur les droits d'inscription en formation continue. V. notes ss. art. L. 714-1.

III. DONS ET LEGS

23. Dons des contribuables. L'art. 38 de la loi LRU a modifié les art. 200 et 238 *bis* CGI afin de supprimer la procédure d'agrément des établissements d'enseignement supérieur bénéficiaires de dons de particuliers et d'entreprises déductibles des impôts. De la même façon, l'art. 16 de la L. n° 2007-1223 du 21 août 2007 en faveur du travail, de l'emploi et du pouvoir d'achat crée un art. 885-0 V *bis* A dans le CGI qui permet à un redevable de l'impôt de solidarité sur la fortune, dans la limite de 50 000 €, d'imputer 75 % du montant des dons en numéraire et dons en pleine propriété de titres de société admis aux négociations sur un marché réglementé français ou étranger effectué au profit d'un établissement d'enseignement supérieur. * MEN DAJ B1, 6 avr. 2011, Lettre n° 2011-111 : *LIJ 2011, n° 155, p. 15* * MEN DAJ B1, 4 mars 2011, Lettre n° 2011-67 : *LIJ 2011, n° 155, p. 15.* ♦ V. aussi * MEN DAJ B1, Lettre n° 08-345 : *LIJ 2009, n° 131, p. 22.*

24. Legs grevé de charges. Procédure pour acceptation. Interrogée sur cette question, la direction des affaires juridiques a rappelé les dispositions de l'art. L. 1121-2 CGPPP, qui dispose que s'agissant des legs grevés de charges, de conditions ou d'affectation immobilière, une autorisation ministérielle est nécessaire pour les accepter. Le conseil d'administration n'est donc pas compétent, dans ce cas, pour accepter le legs. Les dispositions du Décr. n° 2007-807 du 11 mai 2007 relatif aux associations, fondations, congrégations et établissements publics du culte et portant application de l'art. 910 C. civ. ne sont pas applicables au cas d'espèce. Enfin, en application des art. R. 1121-4 et R. 1121-2 CGPPP, il appartient au notaire dépositaire du testament d'adresser au préfet du département du lieu d'ouverture de la succession, déterminé par le dernier domicile du défunt, conformément au C. civ., la copie intégrale du testament. * DAJ B1 n° 2013-292 du 13 nov. 2013 : *LIJ 2014, n° 181, p. 19.*

IV. PROPRIÉTÉS

25. Redevances d'occupation. Il appartient à l'autorité qui exerce les droits et obligations du propriétaire du domaine public, à l'exception du droit de disposition et d'affectation des biens, de fixer les conditions auxquelles elle entend subordonner les permissions d'occupation. Dès lors que l'État, par application de la L. n° 89-486 du 10 juill. 1989, a mis à la disposition des établissements d'enseignement supérieur, sous ces conditions, les bâtiments universitaires dont il reste propriétaire, les conseils d'administration de ces établissements sont compétents pour fixer la redevance d'occupation des dépendances de ces bâtiments. • CAA Paris, 27 avr. 1999, ⚖ n° 97PA00311 A.

26. Préjudice lié à l'état des bâtiments. L'État demeure propriétaire des biens mobiliers et immobiliers dont les universités sont les affectataires. Même si le seul préjudice, dont l'État demande réparation aux architectes et aux entrepreneurs sur le fondement de la garantie décennale, résulte des pertes d'eau qui se sont produites dans l'ensemble universitaire en cause, du mois de juin 1971 au mois de juin 1974, et si les frais des excédents de consommation d'eau dus à ces pertes ont été supportés par l'université, l'État justifie d'un préjudice propre lui permettant de demander l'indemnisation des dommages dont il devait lui-même couvrir l'université affectataire, dès lors qu'il impute ce préjudice à l'état des bâtiments mis à la disposition de cette dernière. • CE 6 févr. 1981, ⚖ n° 11838 A.

27. Contentieux relatifs aux marchés publics de constructions universitaires. Répartition des compétences. [Situation avant l'accession à l'autonomie patrimoniale.] Le ministre a seul compétence pour introduire les recours contentieux relatifs à cette catégorie de marchés publics devant les tribunaux administratifs, tant en référé qu'au fond. Cependant, pour une efficacité accrue des services de l'État, il n'est pas exclu que les services rectoraux qui sont en possession des documents volumineux relatifs à ces opérations, engagent la procédure de référé-expertise dont le bon déroulement, jusqu'au dépôt du rapport de l'expert, est un moyen de préserver le délai d'action et un gage de réussite de l'action au fond. Il revient au préfet de présenter les observations dans les litiges se rapportant à la passation et à l'exécution des marchés publics en collaboration avec les services rectoraux ayant, sur délégation préfectorale, passé les marchés en cause. En cas d'appel puis de cassation, la compétence ministérielle est exclusive. Il en est de même en cas de transaction. * Lettre DAJ B2 n° 0108 du 27 févr. 2009 : *LIJ 2009, n° 134, p. 23.*

28. Activité commerciale. Pour l'implantation d'une agence bancaire dans les locaux d'une université. * Lettre DAJ B1, n° 08-316, du 23 oct. 2008 : *LIJ 2008, n° 130, p. 22.*

V. RÈGLES BUDGÉTAIRES ET COMPTABLES

29. Équilibre. L'art. 42 de la L. n° 84-52 du 26 janv. 1984 impose que le budget d'un établissement public à caractère scientifique, culturel ou professionnel soit voté en équilibre réel. L'appréciation de l'équilibre réel est faite à la date du vote du budget. Ainsi, la circonstance que la délibération créant une recette inscrite au budget a été annulée par le juge postérieurement au vote du budget est sans influence sur la légalité du budget qui a été voté en équilibre. • CAA Paris, 27 avr. 1999, ⚖ n° 97PA00311 A.

30. Règlements en espèces. Suppression. Illégalité. Invoquant de manière générale, des motifs auxquels toute activité de nature commerciale est susceptible d'adhérer, tirés de la sécurité, de la réduction des délais d'attente en caisse et de la fiabilité des procédures comptables, un établissement public avait décidé de supprimer l'utilisation de la monnaie fiduciaire au sein de ses services, décision qui a eu pour effet d'interdire le paiement direct en espèces des prestations proposées. Le juge a estimé que ces motifs n'étaient pas, par eux-mêmes et en l'absence de risque caractérisé pour la sécurité publique ou de circonstances particulières, de nature à s'opposer à l'application des dispositions précitées du code monétaire et financier et du code pénal. En l'espèce, l'établissement ne justifiait pas de l'existence d'un risque caractérisé pour la sécurité, aucun vol n'ayant été recensé dans le ressort, ou du risque de fraude ni même d'aucune autre circonstance particulière de nature à justifier l'interdiction de tout règlement en espèces. Le requérant étant fondé à soutenir que l'établissement ne justifiait pas d'un intérêt général permettant de déroger à l'application de la loi, il en a conclu qu'il avait méconnu les dispositions du code monétaire et financier. • TA Dijon, 8 juill. 2019, n° 1900691 : *AJDA 2019. 1892, note Lemaire*.

Art. L. 719-5 **Chaque établissement public à caractère scientifique, culturel et professionnel vote son budget, qui doit être en équilibre réel, et faire l'objet d'une publicité appropriée. Un tableau des emplois budgétaires attribués et des documents décrivant la totalité des moyens hors budget dont bénéficie l'établissement sont annexés au budget. Le compte financier de l'année précédente est publié chaque année par l'établissement après approbation de son conseil.**

Chaque unité, école, institut et service commun dispose d'un budget propre intégré au budget de l'établissement dont il fait partie. Ce budget est approuvé par le conseil d'administration de l'établissement, qui peut l'arrêter lorsqu'il n'est pas adopté par le conseil de l'unité ou n'est pas voté en équilibre réel.

Les délibérations des conseils d'administration relatives aux emprunts, prises de participation et créations de filiales sont soumises à approbation.

Un décret en Conseil d'État fixe les conditions d'application de l'article L. 719-4 et du présent article ainsi que le régime financier des services d'activités industrielles et commerciales créés en application des articles L. 711-1 et L. 714-1 et les règles applicables à leurs budgets annexes. – *[L. nº 84-52 du 26 janv. 1984, art. 42.]*

Date d'appréciation de l'équilibre. L'appréciation de l'équilibre réel est faite à la date du vote du budget. La circonstance que la délibération créant une recette inscrite au budget a été annulée par le juge postérieurement au vote du budget est sans influence sur la légalité du budget qui a été voté en équilibre. • CAA Paris, 27 avr. 1999, *Univ. de Paris IX-Dauphine*, n° 97PA00311 : *Lebon 512*.

Art. L. 719-6 **La dotation en emplois des établissements publics à caractère scientifique, culturel et professionnel peut être modifiée pour l'année universitaire suivante dans les mêmes formes et conditions qu'à l'article L. 719-4, sous réserve de l'accord des personnels intéressés.** – *[L. nº 68-978 du 12 nov. 1968, art. 27, al. 4.]*

BIBL. ▶ Bézagu, Déroche, Fléges et Paquis, La gestion des heures d'enseignement au regard de la carte des formations supérieures, *Rapp. IGAENR nº 2014-035, juin 2014.* – Forest, Les ressources humaines, *in* Les universités en France. Fonctionnement et enjeux (dir.), *PURH (Presses des universités de Rouen et du Havre), 2012. 212.* – Ronzeau, Allal, Bézagu et Monti, Roussel, Des effets de la loi LRU sur les processus de recrutement des enseignants-chercheurs, *Rapp. IGAENR, nº 2013-089, nov. 2013.*

Modification de la dotation en emplois. Cet art. a retiré au ministre le pouvoir de revenir à tout moment et, notamment, en cours d'année universitaire, sur les décisions réglementaires de répartition des emplois prises par lui. • CE 22 févr. 1988, *Univ. de Paris-Sud*, n° 56415. ♦ Le ministre ne peut modifier la dotation en emplois des établissements publics à caractère scientifique et culturel que pour l'année universitaire suivante, au vu des programmes et compte tenu des besoins relatifs à cette même année. • CE 12 févr. 1982, *Univ. de Poitiers*, n° 25114 : *Lebon 82*.

SECTION III CONTRÔLE ADMINISTRATIF ET FINANCIER

COMMENTAIRE

Le contrôle administratif et financier des établissements publics à caractère scientifique, culturel et professionnel (EPSCP)

Si les EPSCP disposent de l'autonomie pédagogique et scientifique, administrative et financière (art. L. 711-1, al. 1er), ils définissent leur politique dans le cadre des lois et règlements et dans le respect de leurs engagements contractuels (art. L. 711-1, al. 4). Les résultats atteints font l'objet d'une évaluation (art. L. 171-1, al. 5 et 7) mais l'action des établissements et les actes juridiques qui la traduisent sont aussi soumis au contrôle administratif et financier de l'État dont les principes sont fixés par les articles L. 719-7, L. 719-8 et L. 719-9. Les contrôles qui correspondent le mieux à la logique de l'autonomie sont les contrôles administratifs et financiers *a posteriori* (art. L. 719-9), mais le respect de la loi comme la continuité du service public peuvent imposer une intervention du ministre chargé de l'enseignement supérieur ou de son représentant ; l'article 54 de la loi du 26 juillet 2019 pour une école de la confiance précise qu'il s'agit alors du recteur de région académique, chancelier des universités compétent pour la saisine du juge administratif (contrôle de légalité, art. L. 719-7), ou directement pour prendre les mesures nécessaires en cas de difficulté grave (art. L. 719-8). Exceptionnellement, la loi prévoit un régime d'approbation (art. L. 719-7 : emprunts, prises de participation ; art. L. 719-9 : mesures budgétaires notamment en cas de déséquilibre). Si les contrôles *a posteriori* sont exercés par des organes administratifs indépendants (les corps d'inspection) et des juridictions administratives, l'autorité académique est fondée à intervenir dans les cas prévus par la loi (A. Lami, Tutelle et contrôle de l'État sur les universités françaises, mythe et réalité, *LGDJ*).

Les contrôles administratifs et financiers a posteriori (art. L. 719-9)

Les contrôles qui correspondent le mieux à la logique l'autonomie sont les ***contrôles a posteriori*** (art. L. 719-9). Il en est ainsi des différents *contrôle financiers* de droit commun ; comme les autres établissements publics, les EPSCP sont soumis aux vérifications de l'Inspection générale des finances (IGF). Leurs comptes sont soumis au contrôle juridictionnel de la Cour des comptes (V. CJF), leur comptabilité est en principe soumise aux règles du décret n° 2012-1246 du 7 novembre 2012 relatif à la gestion budgétaire et comptable publique, notamment au principe de la séparation des ordonnateurs et des comptables. L'agent comptable (comptable public) exerce ses fonctions dans les conditions fixées aux articles R. 719-9 et suivants résultant du décret en Conseil d'État prévu par l'article L. 719-5. En outre, les EPSCP sont soumis au ***contrôle administratif de l'IGAENR (devenu IGESR)*** qui porte sur le respect de la loi et l'utilisation des deniers publics. La loi ESR du 22 juillet 2013 précise que les vérifications portent également sur la gestion des ressources humaines (la même loi apporte la même précision pour la Cour des comptes, art. L. 719-9, al. 1). Les inspecteurs généraux ont libre accès à tous les services qui doivent leur fournir toutes justifications et renseignements utiles et leur communiquer tous les documents utilisables, notamment les logiciels et données numériques (art. L. 241-3). Les différents contrôles évoluant vers des formes diverses d'évaluation (V. comm. livre II). Le contrôle externe prend en considération les outils mis en place par les établissements eux-mêmes, notamment à la suite de la loi LRU de 2007 (certification des comptes, outils de contrôle de gestion et d'auto-évaluation).

Les compétences du recteur de région académique, chancelier des universités

Le respect de la loi, la continuité du service public comme la prise en compte des risques financiers imposent parfois une intervention de l'autorité de l'État. L'article 54 de la loi n° 2019-791 du 26 juillet 2019 précise que l'autorité compétente est le recteur de région académique, chancelier des universités, qui représente le ministre chargé de l'enseignement supérieur auprès des EPSCP (art. L. 222-2) pour assurer leur contrôle administratif et financier, encore appelé tutelle. Depuis la loi n° 2007-1199 du 10 août 2007, il doit établir un rapport annuel public sur l'exercice du contrôle de légalité, art. L. 711-8, al. 2) ; mais pour certaines circonstances (art. L. 719-8) et pour les établissements soumis à sa tutelle directe (grands établissements, écoles normales supérieures, écoles françaises à l'étranger, universités du Pacifique pour lesquelles le vice-recteur n'a pas la qualité de chancelier), les compétences du recteur de région académique, chancelier des universités, sont exercées par le ministre chargé de l'enseignement supérieur ou/et un autre ministre (pour certains grands établissements qui peuvent notamment être placés sous la cotutelle de deux ministres, exemple : Museum d'histoire naturelle sous la tutelle des ministres chargés de l'enseignement supérieur et de l'environnement). A noter toutefois l'exercice du contrôle de légalité et de la tutelle financière peut être délégué au recteur de région académique dans le ressort territorial où se trouve le siège des établissements (Décr. n° 2014-1519 du 16 déc. 2014).

Le second alinéa de l'article L. 719-2 prévoit deux possibilités d'intervention du recteur de région académique, chancelier des universités, qui peut saisir le tribunal administratif pour lui demander de sanctionner une illégalité ou même, si l'exécution de la mesure est de nature à porter gravement atteinte au fonctionnement de l'établissement, d'en suspendre l'application. Le recteur de région académique, chancelier des universités, doit donc veiller à la fois au respect du droit et à la continuité du service public. Ces articles issus de l'article 46 de la loi de 1984 sont accompagnés de dispositions que le Conseil constitutionnel a jugé conformes à la Constitution dans la mesure où elles permettent de saisir la juridiction administrative (Cons. const. 20 janv. 1984, *Libertés universitaires*, n° 83-165 DC : *Rec. Cons. const. 33 et 34*). Au-delà du contrôle de légalité *a posteriori*, l'article 47 de la loi de 1984 habilite le ministre à prendre, à titre exceptionnel, toutes mesures exigées par les circonstances (art. L. 719-8 mod. par la loi LRU). Quant à l'article 48 de la loi de 1984, il renvoie au décret financier, modifié en 2008 pour tenir compte du passage aux responsabilités et compétences élargies, qui contient notamment plusieurs dispositions consacrant un pouvoir d'approbation (art. R. 719-50 s.).

Assurer le respect de la loi : la possibilité du déféré rectoral

En principe, les décisions des présidents d'université (comme les présidents ou directeurs des autres EPSCP, notamment des grands établissements) ainsi que les délibérations des conseils (conseil d'administration mais aussi conseil académique si du moins les décisions n'ont pas d'implication financière) sont d'application immédiate. Elles entrent en vigueur sans approbation préalable. Toutefois, celles qui présentent un caractère réglementaire (qui est susceptible de s'appliquer à tous, par opposition aux actes individuels qui ne concernent que leurs destinataires nommément désignés), n'entrent en vigueur qu'après leur transmission au recteur de région académique, chancelier des universités (art. L. 719-7, al. 1er) ou au ministre chargé de l'enseignement supérieur pour certains EPSCP, notamment les grands établissements.

Les décisions et délibérations des autorités universitaires peuvent être contestées par les voies du droit commun (recours pour excès de pouvoir, recours de plein contentieux et procédures d'urgence). L'article L. 719-7, alinéa 2, ouvre une autre voie.

Voulant « supprimer la tutelle » sur les collectivités territoriales, la loi du 2 mars 1982 a substitué au pouvoir d'annulation ou d'approbation exercé par le préfet un contrôle administratif qui permet au représentant de l'État de saisir le tribunal administratif, seul juge de la légalité (Cons. const. 25 févr. 1982, n° 82-138 DC). Si le système mis en place ne s'applique pas aux EPLE, une procédure du même type a été prévue pour les EPSCP par la loi Savary de 1984. Le recteur de région académique, chancelier des universités, peut saisir le tribunal administratif d'une demande tendant à l'annulation des décisions ou délibérations des autorités de ces établissements « lui paraissant entachées d'illégalité ». On parle, par mimétisme, de ***« déféré rectoral »*** (même si pour certains EPSCP la procédure relève de la compétence du ministre). Cette voie de droit a été jugée conforme à la Constitution par son objet même, qui est de permettre le recours à la juridiction administrative (Cons. const. 20 janv. 1984, n° 83-165 DC).

Si les actes concernés sont ceux qui sont soumis à l'obligation de transmission, la formulation générale de l'article incite à inclure tous les actes, qu'ils soient unilatéraux ou contractuels, individuels ou réglementaires, pris par le président ou les conseils.

Le référé doit se fonder sur des motifs de légalité. Une circulaire insiste sur une série de points : outre les questions budgétaires et financières, l'adoption des statuts et du règlement intérieur, les délégations de signature, la passation des marchés publics, les contributions complémentaires aux droits d'inscription, les concessions de logement pour nécessité absolue de service, le recrutement de personnels contractuels. Les vices pourront concerner tant la légalité externe (compétence, non-respect des règles de procédure électorale, CAA Douai, 20 déc. 2001, n° 00DA00870 ; convocation non signée, élection non prévue à l'ordre du jour, TA Nancy, 12 janv. 1999, n° 981284) que la légalité interne (violation de la loi, rupture d'égalité, CAA Douai, 22 mai 2002, n° 98DA02264).

Si le déféré évoque le recours pour excès de pouvoir, il a un champ plus large. Au-delà des décisions et délibérations à caractère réglementaire, il peut porter sur les actes administratifs unilatéraux individuels, les actes contractuels…, que l'université agisse dans le cadre de ses compétences liées (en matière d'éligibilité notamment) ou de son pouvoir discrétionnaire.

Par rapport au déféré préfectoral, le déféré rectoral présente deux particularités. « Le tribunal statue d'urgence » (le recteur n'a donc pas à assortir son recours d'un référé, le jugement sera définitif, non provisoire). Par contre le recteur de région académique, chancelier des universités, peut assortir son action d'une suspension pour trois mois de l'application de la mesure déférée. Si l'article 10 de la loi Faure de 1968 conditionnait la possibilité de suspendre l'exécution des seules délibérations à des « raisons graves », l'article 46 de la loi Savary de 1984, qui concerne tant les délibérations que les décisions, précise qu'elles doivent être « de nature à porter gravement atteinte au fonctionnement de l'établissement » (art. L. 719-7) ; visant comme le déféré, « à prévenir l'exécution de décisions ou de délibérations arguées d'illégalité dans le cas où elles seraient de nature à compromettre gravement le fonctionnement de l'établissement », « l'exercice du pouvoir ainsi conféré au chancelier (étant) lui-même, de plein droit, soumis au contrôle du juge », ce pouvoir de substitution a été jugé conforme à la Constitution (Cons. const. 20 janv. 1984, n° 83-165 DC, § 34). La jurisprudence considère que la violation manifeste de la loi ou du règlement, l'incompétence ou le non-respect du principe de spécialité constituent des « raisons graves » au même titre que les délibérations susceptibles de porter atteinte à l'ordre public ou au fonctionnement régulier du service public (ex. fermeture de l'université non motivée par l'ordre public).

Dans la pratique, cette voie de droit a été très peu utilisée. D'abord parce que de nombreux actes ne sont pas portés à la connaissance du recteur de région académique, chancelier des universités, ou du ministre, les services de rectorat n'ont pas toujours les moyens de détecter les illégalités. Ensuite, parce que le recteur, comme le préfet, va préférer ou être amené à négocier. Affirmant la nécessité de faire une application pleine et entière de ce contrôle de légalité, il a pu être conseillé aux chanceliers de s'inspirer de la pratique préfectorale en adressant au préalable une lettre d'observation au président en demandant à l'établissement de reconsidérer sa position (circulaire DES 2002, n° 201297). A noter qu'une décision de refus de déférer peut être soumise au contrôle du juge administratif (TA Paris, 20 déc. 1989, *M. Lavigne*).

Pour éviter que les décisions des commissions du conseil académique illégales soient déférées par le recteur de région académique (TA Paris, ord., 5 janv. 2020, n° 2007394/1, annulation d'une décision du CFVU du conseil académique de l'université Paris I, méconnaissant le principe du contrôle des connaissances dans le cadre de la crise sanitaire de l'épidémie de covid-19), la loi n° 2020-1674 du 24 décembre 2020 confère au président de l'université la possibilité de suspendre pendant un délai d'un mois la transmission des délibérations des commissions du conseil académique présentant un caractère réglementaire qui lui paraissent entachées d'illégalité de nature à porter gravement atteinte au fonctionnement de l'établissement, notamment aux modalités de délivrance des diplômes de l'enseignement supérieur ; le président soumet alors une nouvelle proposition aux commissions qui délibèrent dans un délai qui ne peut être inférieur à huit jours et supérieur à un mois ; à défaut de nouvelle délibération ou s'il n'a pas été remédié par la nouvelle délibération aux irrégularités ayant motivé la suspension de la transmission, le président en informe le recteur de région académique, chancelier des universités qui, après un maximum de deux mois prévus pour trouver une solution interne retrouve ses compétences (LRU, art. 34, I, 4° ; art. L. 712-2).

L'article 10 de la loi du 12 novembre 1968 avait introduit l'annulation-suspension ; « (le chancelier) peut suspendre l'effet de ces délibérations pour raisons graves, jusqu'à décision du ministre de l'éducation nationale qui doit statuer dans les trois mois, après consultation du CNESER ». L'article de la loi Savary de 1984 codifié par l'article L. 719-2 (dernière phrase) lui donne la possibilité de suspendre l'application de la mesure attaquée pour un délai de trois mois. Encore faut-il qu'elle soit « de nature à porter gravement atteinte au fonctionnement de l'établissement ». Le chancelier est ainsi fondé à intervenir pour assurer la continuité du service public.

Assurer la continuité du service public : le pouvoir de substitution

Si la possibilité de suspendre les mesures illégales pour raisons graves pouvait déjà être motivée pour assurer le bon fonctionnement de l'établissement (et donc la continuité du service public), le pouvoir de substitution constitue une marche supplémentaire. La substitution d'action permet à l'autorité administrative (au ministre et, pour les mesures conservatoires, au recteur de région académique, chancelier des universités) d'agir en lieu et place des autorités universitaires (sur la distinction entre mesures conservatoires ou non conservatoires, TA Amiens, 25 avr. 1975, *Rouhette*). Si elle permet au ministre de se substituer aux organes statutaires de l'établissement, il a été jugé que cette possibilité n'est pas contraire au principe d'autonomie des établissements et que l'opportunité des mesures ainsi prises ne peut être discutée par la voie du recours pour excès de pouvoir (CE, sect., 9 avr. 1976, *SGEN*, n° 98423).

L'article L. 719-8 insiste d'abord sur la gravité des difficultés qui peuvent survenir dans deux cas : *« dans le fonctionnement des organes statutaires »*, *« ou à défaut d'exercice de leurs responsabilités »* (formule déjà présente dans l'art. 18 de la L. de 1968, oubliée par la L. de 1984, réintroduite dans l'art. L. 719-8 par la loi LRU) ; pour l'un ou l'autre motif, « le ministre peut prendre, à titre exceptionnel, toutes dispositions nécessaires imposées par les circonstances » : nomination d'un administrateur provisoire… Ainsi, « considérant les graves difficultés affectant le fonctionnement des organes statutaires de l'université Toulouse-II et l'interruption du fonctionnement de cette université qui en découle », un arrêté ministériel du 20 mars 2018 dissout le conseil d'administration et le conseil académique de l'université Toulouse-II, mettant fin, par voie de conséquence, au mandat du président et nommant un administrateur provisoire. Ainsi, à la suite de l'annulation du règlement intérieur de l'ENS de Lyon pour vice de forme (CE 8 nov. 2019, *Danthony*, n° 487669), celui-ci fait l'objet d'un arrêté de la MESRI du 13 février 2020. De même pour pallier les difficultés graves de fonctionnement de la COMUE Université de Lyon à la suite de l'annulation de ses statuts (CE 8 nov. 2019, n° 412388) et des élections au CA (TA Lyon 25 mai 2020) l'empêchant de délibérer valablement vu sa composition incomplète, un arrêté du 13 janvier 2021 a prévu, à titre exceptionnel, le recours au *tirage au sort* par le recteur de région académique parmi les membres des CA des établissements pour compléter le CA de la COMUE.

Il revient au juge administratif de contrôler tant l'existence des dysfonctionnements qui portent atteinte à la continuité du service public que la gravité de la difficulté rencontrée ou le caractère exceptionnel. Ainsi, le Conseil d'État a pu considérer qu'était légale la décision ministérielle se substituant au conseil de l'université dont le refus de délibérer rendait inapplicables les dispositions législatives introduisant un *numerus clausus* (CE 26 avr. 1974, n°s 86145 s.) ; ou confier la gestion d'une Université d'enseignement et de recherche (UER) à une commission provisoire nommée par le recteur pour pallier l'impossibilité de faire fonctionner le conseil après la démission de ses membres (CE 13 juin 1980, n° 17138).

Ces mesures sont assorties de conditions de forme. Ainsi, le ministre doit informer le CNESER dans les meilleurs délais (avant la LRU, le CNESER était consulté sauf urgence : CE 9 avr. 1976, n° 98423). Le recteur de région académique, chancelier des universités, a qualité pour prendre, à titre provisoire, les mesures conservatoires et, ce qui n'est pas le cas des modalités de répartition des sièges dans les différents collèges nécessaires (TA Amiens, 25 avr. 1975, *Rouhette* : ex. carence pour assurer le maintien de l'ordre après mise en demeure).

D'autres possibilités de substitution existent en matière budgétaire. Le recteur de région académique, chancelier des universités (ou le ministre), peut arrêter le budget pour le rendre exécutoire quand il n'a pas été voté dans les délais (art. R. 719-76). De même lorsque l'ordonnateur refuse d'émettre un ordre de dépense, il peut, à la demande du créancier, procéder au mandatement d'office dans la limite des crédits ouverts (art. R. 719-92), et il arrête les budgets rectificatifs ou le budget initial s'il constate qu'il ne respecte pas le plan de redressement de l'équilibre financier (art. R. 719-109, II).

Limiter les risques financiers : Le pouvoir d'approbation

Si la loi a posé le principe de l'applicabilité directe des délibérations (qui « entrent en vigueur sans approbation préalable », art. L. 719-7), elle a réservé deux exceptions pour tenir compte des risques financiers encourus, qu'il s'agisse des emprunts ou des prises de participation (art. L. 719-7, al. 1er, et L. 719-5, al. 3). La même technique est prévue pour les mêmes motifs dans le cadre du contrôle budgétaire, la loi (art. L. 719-9) renvoyant à un décret en Conseil d'État le soin de préciser les cas et les conditions dans lesquels les délibérations budgétaires sont soumises à approbation (art. L. 719-9, al. 3 ; Décr. n° 2014-604 du 6 juin 2014, codifié ss. art. R. 719-51 s.). Une convention cadre de partenariat sur le contrôle de la soutenabilité budgétaire des établissements permet de vérifier que les dépenses « obligatoires » (en fait, non en droit) ont bien été prises en compte ; le recteur de région académique, chancelier des universités, peut procéder à l'approbation du budget quand le budget ne prévoit pas les crédits nécessaires au respect des obligations et engagements de l'établissement (impôts, condamnations pénales, dettes exigibles, dépenses liées aux activités de l'établissement).

La loi a prévu que les délibérations relatives aux emprunts sont en principe soumises à approbation. Si la partie réglementaire du code de l'éducation se contente d'interdire aux établissements d'emprunter pour financer les annuités des emprunts précédents (art. R. 719-93, al. 2), sa partie législative soumet à approbation les délibérations qui y sont relatives (art. L. 719-5 issu de la loi de 1984). On notera toutefois que la loi de programmation budgétaire 2010-2014 (art. 12) a interdit aux EPSCP, comme aux EPST et aux autres opérateurs de l'État, de recourir à l'emprunt (Arr. du 28 sept. 2011 leur interdisant de contracter auprès d'un établissement de crédit un emprunt dont le terme est supérieur à 12 mois et d'émettre un titre de créance dont le terme excède cette durée). Toutefois, l'ordonnance n° 2013-544 du 27 juin 2013 modifiant le code monétaire et financier permet aux établissements d'accéder sur autorisation aux prêts de la Banque européenne d'investissement (BEI). Doivent ensuite être approuvées les délibérations relatives aux prises de participation dans des sociétés et groupements de droit privé et aux créations de filiales, sociétés ou groupements dont l'établissement détient plus de la moitié du capital (V. art. L. 711-1, al. 8, et R. 711-10). Dans ce cas, l'approbation relève tant du recteur de région académique, chancelier des universités, que du directeur régional des finances publiques et, si l'établissement relève directement du ministre de celui-ci et du contrôleur budgétaire et comptable ministériel (art. R. 711-11), la délibération et les annexes déterminées conjointement par les ministres chargés de l'enseignement supérieur et du budget sont transmises au recteur de région académique, chancelier des universités, et au DRFP. A l'expiration d'un délai de deux mois, elle est réputée approuvée (art. R. 711-12). Aucune prise de participation ou création de filiale ne peut avoir lieu si le budget est lui-même soumis à approbation (V. art. R. 711-16, R. 719-69 et R. 719-71).

Si les délibérations budgétaires, comme les autres délibérations, entrent en vigueur sans approbation, les règles du droit budgétaire prévoient les cas dans lesquels elles doivent faire l'objet d'une approbation préalable. Lors de la séance du conseil d'administration, le recteur de région académique, chancelier des universités (ou le représentant du ministre), peut décider que le projet de budget est soumis à son approbation ; si cette demande peut être justifiée par des raisons de forme (le projet n'a pas été communiqué dans les délais), les autres cas sont motivés par le souci d'éviter les risques financiers : budget non présenté en équilibre réel, absence des crédits pour pourvoir aux dépenses obligatoires, dépassement du plafond d'emplois, non-respect du plan de rétablissement de l'équilibre financier imposé par les résultats antérieurs négatifs (art. R. 719-69). L'approbation est réputée acquise dans le délai d'un mois, en cas de refus d'approbation, la nouvelle délibération doit intervenir dans le délai d'un mois (art. R. 719-71). Il en est de même pour les délibérations modificatives (art. R. 719-73) ou les décisions du président prises sur délégations du conseil d'administration (art. R. 719-74). La prise en compte des risques financiers peut également passer par un acte d'autorisation (qui intervient aussi *a priori* mais se distingue de l'approbation dans la mesure où il n'y a pas de délibération préalable). A noter que pour parvenir à l'équilibre réel, le conseil d'administration peut autoriser un prélèvement sur le fonds de roulement de l'établissement pour le financement d'opérations d'investissement. Aux mêmes fins, le conseil d'administration peut être autorisé à prélever sur les réserves de l'établissement par le recteur de région académique, chancelier des universités pour le financement d'autres opérations (art. R. 719-61). Quant aux fonds de l'établissement, ils sont en principe placés dans les conditions prévues à l'article 197 du décret n° 2012-1246 du 7 novembre 2012 relatif à la gestion budgétaire et comptable publique, qui impose en principe une autorisation délivrée par le ministre chargé du budget.

La « tutelle financière » est donc partagée entre recteur de région académique, chancelier des universités et l'administration financière. Si le ministre chargé du budget intervient seul de manière exceptionnelle, ses services sont appelés à apporter leur expertise aux services académiques. Pour exercer les compétences qui doivent lui permettre d'assurer le contrôle budgétaire, le recteur de région académique, chancelier des universités peut solliciter l'analyse du directeur régional des finances publiques (l'ancien trésorier-payeur général), le ministre disposant pour les établissements qui dépendent directement de son contrôle du contrôleur budgétaire et comptable ministériel (le Décr. n° 2014-604 du 6 juin 2014 prévoit la possibilité de déléguer, par voie d'arrêté, au recteur, désormais au recteur de région académique, le contrôle budgétaire de certains établissements sous tutelle directe du ministre et la mise en place d'un dispositif d'accompagnement gradué des établissements en difficulté dès la constatation d'un déficit). Quant aux délibérations financières à risque du conseil d'administration (emprunts, art. R. 719-93 ; prise de participation, art. R. 711-11), elles sont approuvées par une décision conjointe du recteur de région académique, chancelier des universités et du directeur régional des finances publiques. ❑

Art. L. 719-7 Les décisions des présidents des universités et des présidents ou directeurs des autres établissements publics à caractère scientifique, culturel et professionnel ainsi que les délibérations des conseils entrent en vigueur sans approbation préalable, à l'exception des délibérations relatives aux emprunts, prises de participation et créations de filiales mentionnées à l'article L. 719-5 et sous réserve des dispositions du décret prévu à l'article L. 719-9. Toutefois, les décisions et délibérations qui présentent un caractère réglementaire n'entrent en vigueur qu'après leur transmission au recteur *(L. n° 2019-791 du 26 juill. 2019, art. 54)* **« de région académique », chancelier des universités.**

Le chancelier peut saisir le tribunal administratif d'une demande tendant à l'annulation des décisions ou délibérations des autorités de ces établissements qui lui paraissent entachées d'illégalité. Le tribunal statue d'urgence. Au cas où l'exécution de la mesure attaquée serait de nature à porter gravement atteinte au fonctionnement de l'établissement, le chancelier peut en suspendre l'application pour un délai de trois mois.

BIBL. ▶ Champagne, Les universités sont-elles contrôlées, *RFAP, n° 79, juill.-sept. 1996*. – Dizambourg, Moderniser la gestion administrative des universités, *Communication au colloque « Piloter des systèmes éducatifs en évolution, le rôle de l'encadrement », Poitiers, nov. 1997*. – Gérard, Le recteur d'académie, *AJDA 1996. 836* ✎. – Gerbod, L'administration de l'enseignement supérieur public en France, de la Révolution à nos jours, *Rev. adm. 1986. 115*. – Lami, La tutelle de l'État sur les universités françaises, mythe et réalité, *Thèse, Université d'Aix-Marseille, 2013*. – Mallet, Balme et Richard, Réglementation et management des universités françaises, *Berger-Levrault, 2002*. – Minot, Sur la réorganisation administrative de l'enseignement supérieur, *Rev. adm. 1989. 257*. – L'aide au pilotage des établissements, *Agence de modernisation des universités, 2002*.

1. Constitutionnalité. Les dispositions de cet art. tendent, en premier lieu, à consacrer le pouvoir du chancelier d'assurer le respect de la légalité par le recours à la juridiction administrative. Elles ne sauraient, par suite, être contraires à la Constitution. Elles tendent, en second lieu, à prévenir l'exécution de décisions ou de délibérations arguées d'illégalité dans le cas où elles seraient de nature à compromettre gravement le fonctionnement de l'établissement. L'exercice du pouvoir ainsi conféré au chancelier étant lui-même, de plein droit, soumis au contrôle du juge, il n'en résulte aucune atteinte à des règles ou principes de valeur constitutionnelle. • Cons. const. 20 janv. 1984, *Loi relative à l'enseignement supérieur*, n° 83-165 DC : *GDCC n° 35 ; AJDA 1984. 161, note Boulouis ; D. 1984, jurispr. 593, note Luchaire ; D. 1985. 125, chron. Gaudemet ; Gaz. Pal. 29 déc. 1984, note Hamon ; Rev. adm. 1984. 261, note de Villiers.*

2. Arguments juridiques. Peuvent être déférées et annulées les délibérations d'un conseil d'administration qui sont entachées d'un vice de légalité interne : pour une violation directe de la règle de droit et une rupture d'égalité devant le service public à l'occasion d'une décision d'attribution de locaux et de subventions. • CAA Douai, 22 mai 2002, n° 98DA02264 : *AJDA 2002. 878* ✎. ♦ ... Ou d'un vice de légalité externe : pour un non-respect des règles de procédure électorale. • CAA Douai, 20 déc. 2001, n° 00DA00870.

3. Refus de déférer. La décision par laquelle le recteur a refusé de déférer au juge la délibération du conseil d'université fixant les dates des vacances d'hiver et de printemps pour l'année universitaire peut être soumise au contrôle du juge administratif. • TA Paris, 20 déc. 1989.

4. Modification du régime de contrôle des connaissances. Déféré rectoral. Recevabilité. Le recteur de la région académique Île-de-France avait déféré au tribunal deux décisions par lesquelles la CFVU avait arrêté, pour tenir compte de la crise sanitaire, les règles relatives à l'organisation des examens au titre de l'année universitaire 2019-2020. Le juge admet la recevabilité du déféré rectoral, rappelant que le recteur de région académique, chancelier des universités, peut saisir le tribunal administratif des décisions ou délibérations des autorités universitaires. Les décisions attaquées, qui émanent d'un organe collégial de l'université, constituent par leur nature et leurs effets des délibérations de caractère décisoire et sont, en conséquence, susceptibles d'être déférées au tribunal. • TA Paris, 5 juin 2020, n° 2007394.

5. Contentieux relatifs aux marchés publics de constructions universitaires. En l'absence de textes réglementaires spécifiques, portant délégation de pouvoir d'agir en justice pour ces marchés, le ministre a seul compétence pour introduire un recours contentieux relatif à cette catégorie de marchés publics devant les tribunaux administratifs, tant au fond qu'en référé. Toutefois, pour une efficacité accrue des services de l'État, les services rectoraux, qui sont en possession des documents volumineux relatifs à ces opérations de construction et qui sont généralement proches du lieu où sont implantés les immeubles en cause, peuvent engager la procédure de référé-expertise dont le bon déroulement, jusqu'au rapport de l'expert est, outre un moyen de préserver le délai de l'action, un gage de réussite de l'action au fond. * Lettre DAJ B2, n° 0108, du 27 févr. 2009 : *LIJ 2009, n° 134, p. 23.*

Art. L. 719-8 *(L. n° 2007-1199 du 10 août 2007, art. 12)* **En cas de difficulté grave dans le fonctionnement des organes statutaires des établissements publics à caractère scientifique, culturel et professionnel ou de défaut d'exercice de leurs responsabilités, le ministre chargé de l'enseignement supérieur peut prendre, à titre exceptionnel, toutes dispositions imposées par les circonstances. Pour l'exercice de ces pouvoirs, le ministre informe le Conseil national de l'enseignement supérieur et de la recherche dans les meilleurs délais. Dans ces mêmes cas, le recteur** *(L. n° 2019-791 du 26 juill. 2019, art. 54)* **« de région académique », chancelier des universités, a qualité pour prendre, à titre provisoire, les mesures conservatoires nécessaires après avoir consulté le président ou le directeur de l'établissement.**

1. Pouvoirs de substitution et autonomie. La règle de l'autonomie des établissements d'enseignement supérieur ne fait pas obstacle à l'exercice normal des pouvoirs reconnus au ministre chargé des universités, en cas de difficulté grave dans le fonctionnement des organes statutaires ou de défaut d'exercice de leurs responsabilités. • CE, sect., 9 avr. 1976, *Synd. général de l'éducation nat.*, n° 98423 : *Lebon 198 ; AJDA 1977. 45, note Garrigou-Lagrange.*

2. Pouvoirs du ministre. Dans un climat de suspicion important au sein de l'université, où la légitimité du président chargé par les textes d'organiser les élections était fortement contestée, le ministre a pu considérer qu'il existait une difficulté grave susceptible de perturber le déroulement de l'élection et donc de l'établissement. Ayant qualité pour prendre toutes dispositions imposées par les circonstances, il a pu, sans méconnaître le champ de ses compétences, décider, par une mesure qui n'apparaît pas disproportionnée au regard de la gravité des troubles constatés, qu'une commission électorale d'accompagnement serait chargée de seconder le président de l'université dans l'organisation des élections. • TA Saint-Denis, 17 janv. 2013, *M. Philippe Jean-Pierre et a.*, n° 1201057.

3. Défaillance des organes universitaires. Une défaillance des organes statutaires universitaires peut être constituée par une attitude rendant inapplicables des dispositions relatives à l'organisation des études. • CE 26 avr. 1974, *Comité de liaison étudiants pour la rénovation universitaire (CLERU)*, n°s 86145, 86146, 86147, 86148 et 86149 : *Lebon 254*. ♦ Conseil d'UER ne comprenant plus, à la suite de démissions et d'une mutation, qu'un enseignant, deux chercheurs et neuf étudiants et n'étant plus en mesure d'exercer ses attributions. Aucune candidature n'a été déposée pour les élections destinées à combler ces vacances. Par suite, le ministre des universités était fondé à estimer qu'il existait dans l'organe délibérant de cette faculté une difficulté grave rendant nécessaire l'exercice des pouvoirs tant pour parvenir à la reconstitution d'un conseil comprenant des représentants élus de toutes les catégories de personnels, que pour assurer, jusqu'à cette reconstitution, la gestion provisoire de l'établissement. Le ministre a pu légalement, à cet effet, mettre fin au mandat des membres non démissionnaires du conseil de l'UER et confier, jusqu'aux nouvelles élections, la gestion de l'UER à une commission provisoire dont les membres devaient être nommés par le recteur. • CE 13 juin 1980, *M. Ythier*, n° 17138 : *Lebon 272*.

4. Carences. Faute d'avoir réuni la majorité des deux tiers de ses membres, un conseil d'université n'a pas pu procéder à la modification des dispositions statutaires qui avait été rendue nécessaire par la création de nouvelles UER dans l'université. • TA Amiens, 25 avr. 1975, *Sieur Rouhette : Lebon 710 ; AJDA 1975. 460, note Chevallier.*

5. Répartition des compétences. La répartition des compétences entre le ministre et le recteur chancelier repose sur la distinction entre mesures conservatoires et mesures non conservatoires. Le ministre a le pouvoir de prendre toutes dispositions nécessaires pour assurer le fonctionnement de l'université et le recteur a compétence pour prendre toutes mesures conservatoires. Ainsi, la fixation des modalités de répartition des sièges dans les collèges des enseignants de rang magistral, des autres enseignants et des étudiants ne pouvant être considérée comme une mesure conservatoire, le recteur d'académie était incompétent pour prendre une telle mesure que seul le secrétaire d'État aux universités pouvait légalement prendre. • TA Amiens, 25 avr. 1975,

Sieur Rouhette : préc. note 4. ♦ L'interruption pendant plusieurs mois des enseignements dans une université, par suite d'une grève générale déclenchée par des mouvements d'étudiants, et l'absence de toute perspective de reprise prochaine des cours autorisait le secrétaire d'État aux universités à organiser, en dehors des locaux universitaires, des cours destinés aux étudiants. Cette mesure était justifiée par l'urgence. En revanche le recteur de l'académie ne pouvait légalement décider que cet enseignement aurait lieu désormais, de façon permanente, en dehors des locaux universitaires. • TA Amiens, 29 nov. 1977, *Chevallier et Desœuvre : Lebon 677* ⊘.

6. Limites. En raison de la suspension des enseignements, le conseil d'une université avait décidé le report en septembre des examens terminaux. En prenant une telle décision, les organes de l'université ont exercé leurs responsabilités. Dès lors, le ministre chargé des universités n'était pas autorisé à faire usage de ses pouvoirs de substitution pour décider qu'une session normale d'examens aurait lieu en juin. • CE 7 mars 1980, *Secrétaire d'État aux Univ. c/ Mlle Loschak et M. Chevallier*, n° 10616 : *Lebon 136* ⊘.

Art. L. 719-9 **Les établissements sont soumis au contrôle administratif de** *(Décr. n° 2019-1008 du 30 sept. 2019, art. 1er)* **« l'inspection générale de l'éducation, du sport et de la recherche ». Le contrôle financier s'exerce *a posteriori* ; les établissements sont soumis aux vérifications de l'inspection générale des finances ; leurs comptes sont soumis au contrôle juridictionnel de la Cour des comptes** *(L. n° 2013-660 du 22 juill. 2013, art. 63)* **« , contrôle portant notamment sur la politique de ressources humaines des établissements ».**

L'agent comptable exerce ses fonctions conformément aux règles de la comptabilité publique et dans les conditions fixées par le décret en Conseil d'État prévu à l'article L. 719-5.

Ce même décret précise les cas et les conditions dans lesquels les budgets des établissements sont soumis à approbation ainsi que les mesures exceptionnelles prises en cas de déséquilibre.

SECTION IV *[ABROGÉE]* RELATIONS EXTÉRIEURES

(Abrogée par L. n° 2013-660 du 22 juill. 2013, art. 65)

Art. L. 719-10 *et* L. 719-11 *Abrogés par* L. n° 2013-660 du 22 juill. 2013, art. 65.

SECTION V AUTRES DISPOSITIONS COMMUNES

(L. n° 2007-1199 du 10 août 2007, art. 28)

Art. L. 719-12 **Les établissements publics à caractère scientifique, culturel et professionnel peuvent créer en leur sein une ou plusieurs fondations universitaires, non dotées de la personnalité morale, résultant de l'affectation irrévocable à l'établissement intéressé de biens, droits ou ressources apportés par un ou plusieurs fondateurs pour la réalisation d'une ou plusieurs œuvres ou activités d'intérêt général et à but non lucratif conformes aux missions du service public de l'enseignement supérieur visées à l'article L. 123-3.**

Ces fondations disposent de l'autonomie financière.

Les règles relatives aux fondations reconnues d'utilité publique, dans les conditions fixées notamment par la loi n° 87-571 du 23 juillet 1987 sur le développement du mécénat *[V. C. assoc.]*, s'appliquent aux fondations universitaires sous réserve des dispositions du présent article.

Les opérations de recettes et de dépenses effectuées au titre de chacune des fondations créées dans les conditions prévues au premier alinéa respectent les actes constitutifs de chacune des fondations et, le cas échéant, les règles applicables aux comptes des fondations.

Un décret en Conseil d'État détermine les règles générales de fonctionnement de ces fondations et, notamment, la composition de leur conseil de gestion, la place au sein de celui-ci du collège des fondateurs, les modalités d'exercice d'un contrôle de l'État et les conditions dans lesquelles la dotation peut être affectée à l'activité de la fondation.

Les règles particulières de fonctionnement de chaque fondation sont fixées dans ses statuts qui sont approuvés par le conseil d'administration de l'établissement.

BIBL. ▶ LE MERCIER et ROMI, Les fondations ou la rencontre des mondes économique et universitaire, *AJDA 2008. 2379* ⊘. – Libertés et resposnabilités des universitaires. Fondation universitaires. Comm. sur l'application de la loi n° 2007-1199 du 10 août 2007 : Décr. n° 2008-326 du 7 avr. 2008 relatif aux règles générales de fonctionnement des fondations universitaires, *LIJ 2008, n° 125, p. 32*. – Relations des fondations universitaires et partenariales avec l'université à l'origine de leur création, *Lettre DAJ B, n° 08-030, du 2 avr. 2008, LIJ 2008, n° 125, p. 22*. – Guide des fondations partenariales (outil d'aide à la création, à l'autorisation, au fonctionnement et au contrôle des fondations), *MESRI-DGSIP, mai 2019*. – La fondation de coopération scientifique. *Vade-mecum, MESRI-DGRI, mars 2019*.

1. Procédure de création. Formalités. La DAJ ayant été saisie d'une question relative à l'obligation de déclarer à la préfecture une fondation créée précise que la création d'une fondation universitaire n'est soumise à aucune autorisation ou approbation administrative préalable. Mais la délibération de création n'entre en vigueur qu'à la transmission au recteur et la fondation universitaire ne peut jouir de toutes ses prérogatives que lorsque le recteur a accusé réception de la transmission de la délibération. * Lettre DAJ B1, n° 09-15, du 19 janv. 2009 : *LIJ 2009, n° 133, p. 27*.

2. Délégation de signature. Compte tenu du principe selon lequel il n'y a pas de délégation sans texte, un « délégué général » ne peut bénéficier d'une délégation de signature du président de la fondation que s'il est membre du bureau tel que défini à l'art. 3 du Décr. n° 2008-326 du 7 avr. 2008 relatif aux règles générales de fonctionnement des fondations universitaires. * Lettre DAJ B1 n° 2010-40 du 22 févr. 2010 : *LIJ 2010, n° 144, p. 27*.

Art. L. 719-13 *(L. n° 2008-776 du 4 août 2008, art. 139)* « Les établissements publics à caractère scientifique, culturel et professionnel *(L. n° 2013-660 du 22 juill. 2013, art. 67)* « et les établissements publics à caractère scientifique et technologique » peuvent créer, en vue de la réalisation d'une ou plusieurs œuvres ou activités d'intérêt général conformes aux missions du service public de l'enseignement supérieur visées à l'article L. 123-3, une ou plusieurs personnes morales à but non lucratif dénommée " fondation partenariale ". Ils peuvent créer cette fondation seuls ou avec toutes personnes morales et physiques, françaises ou étrangères. »

(L. n° 2007-1199 du 10 août 2007, art. 28) « Les règles relatives aux fondations d'entreprise, dans les conditions fixées notamment par la loi n° 87-571 du 23 juillet 1987 précitée *[sur le développement du mécénat, V.* ***C. assoc.****]*, s'appliquent aux fondations partenariales sous réserve des dispositions du présent article. » *(L. n° 2008-776 du 4 août 2008, art. 139)* « L'autorisation administrative prévue à l'article 19-1 de cette même loi est délivrée par le recteur de *(L. n° 2019-791 du 26 juill. 2019, art. 54)* « la région académique » dans laquelle chacune de ces fondations partenariales a fixé son siège. Le recteur *(L. n° 2019-791 du 26 juill. 2019, art. 54)* « de région académique » assure également la publication de cette autorisation. Ces fondations partenariales bénéficient de plein droit de toutes les prérogatives reconnues aux fondations universitaires créées en application de l'article L. 719-12 du présent code. »

(L. n° 2013-660 du 22 juill. 2013, art. 67) « Par dérogation à l'article 19-2 de la loi n° 87-571 du 23 juillet 1987 précitée, la fondation partenariale peut être créée sans durée déterminée. Dans ce cas, elle est dissoute soit par le constat, par le conseil d'administration, que les ressources de la fondation sont épuisées, soit à l'amiable par le retrait de l'ensemble des fondateurs dans les conditions prévues à l'article 19-11 de la même loi. »

(L. n° 2020-1674 du 24 déc. 2020, art. 34) « Par dérogation à l'article 19-7 de la loi n° 87-571 du 23 juillet 1987 précitée, les sommes que chaque membre fondateur, personne publique, s'engage à verser ne sont pas garanties par une caution bancaire. »

(L. n° 2010-1536 du 13 déc. 2010, art. 4) « Les fondations partenariales peuvent recevoir, en vue de la réalisation d'une œuvre d'intérêt général et à but non lucratif se rattachant à leurs missions, l'affectation irrévocable de biens, droits ou ressources, sans que soit créée à cet effet une personne morale nouvelle. Cette affectation peut être dénommée fondation. »

(L. n° 2020-1674 du 24 déc. 2020, art. 34) « Par dérogation à l'article 19-3 de la loi n° 87-571 du 23 juillet 1987 précitée, la fondation peut acquérir ou posséder d'autres immeubles que ceux nécessaires au but qu'elle se propose. »

(L. n° 2008-776 du 4 août 2008, art. 139) « En cas de dissolution de la fondation partenariale, les ressources non employées et la dotation, si celle-ci a été constituée et n'a pas fait l'objet de l'affectation prévue à l'article 19-6 de la loi n° 87-571 du 23 juillet 1987 précitée *[sur le développement du mécénat, V.* ***C. assoc.****]*, sont attribuées par le liquidateur à l'une ou à plusieurs de la ou des fondations universitaires ou partena-

riales créées par l'établissement. Dans le cas où l'établissement ne dispose d'aucune fondation autre que celle en voie de dissolution, les ressources non employées et la dotation lui sont directement attribuées. »

(L. n° 2007-1199 du 10 août 2007, art. 28) « Outre les ressources visées à l'article 19-8 de la loi n° 87-571 du 23 juillet 1987 précitée, les ressources de ces fondations comprennent les legs, les donations *(L. n° 2008-776 du 4 août 2008, art. 139)* « , le mécénat et les produits de l'appel à la générosité » *(L. n° 2021-875 du 1er juill. 2021, art. 9)* « du public ». *(L. n° 2020-1674 du 24 déc. 2020, art. 34)* « Les statuts de la fondation peuvent prévoir la possibilité de créer un quatrième collège représentant les donateurs. »

(L. n° 2013-660 du 22 juill. 2013, art. 67) « Les statuts des fondations partenariales peuvent prévoir que les établissements » publics à caractère scientifique, culturel et professionnel disposent de la majorité des sièges au conseil d'administration.

« Les règles particulières de fonctionnement de chaque fondation sont fixées dans ses statuts qui sont approuvés par le conseil d'administration de l'établissement. »

1. Sur la possibilité de créer une fondation partenariale, V. Lettre DAJ B n° 07-081 du 28 nov. 2007, *LIJ 2008, n° 121, p. 27.* ♦ Règles constitutives des fondations partenariales, * Lettre DAJ B, n° 08-028, du 4 mars 2008 : *LIJ 2008, n° 125, p. 23.*

2. Membres fondateurs. Les conditions de création prévues à cet article ne s'opposent pas à ce qu'une fondation partenariale soit créée entre une université et une communauté d'agglomération qui est une personne morale. De manière plus générale, il n'y a pas d'opposition à ce que des collectivités territoriales (communes, départements, régions) et leurs groupements, personnes morales de droit public, participent à la création d'une fondation partenariale, une telle fondation devant avoir pour objet l'une des missions énoncées à l'art. L. 123-3. * Lettre DAJ B1, n° 08-357, du 19 nov. 2008 : *LIJ 2009, n° 131, p. 21.*

3. Associations. Les associations légalement constituées qui disposent de la personnalité juridique sont des personnes morales de droit privé. Rien ne s'oppose donc à ce qu'elles participent, en tant que membres fondateurs, à une fondation partenariale et ce, contrairement aux dispositions propres aux fondations d'entreprise dont les membres fondateurs sont rémunérés de manière exhaustive à l'art. 19 de la loi n° 87-571 du 23 juill. 1987 sur le développement du mécénat. * Lettre DAJ B1 n° 09-93, 12 mars 2009 : *LIJ 2009, n° 136, p. 36.*

4. Compétence. Convention avec une association. Possibilité pour une fondation partenariale de passer une convention avec une association pour une prestation de service comportant une contrepartie financière, l'art. 19-8 de la L. du 23 juill. 1987 mentionnant en effet, parmi les ressources de la fondation, le produit des rétributions pour services rendus. Toutefois, les services rendus doivent relever des missions de la fondation. Les activités lucratives doivent rester exceptionnelles puisqu'une fondation partenariale est une personne morale à but non lucratif. Dans l'exercice de ses activités lucratives, la fondation peut perdre le bénéfice des exonérations d'impôts commerciaux. * Lettre DAJ B1 n° 09-93, 12 mars 2009 : *préc. note 3.*

5. Compétence. Absence. Gestion de diplômes nationaux et encaissement de droits spécifiques. Bien que cet article permette aux établissements de créer une fondation pour réaliser des activités d'intérêt général conformes aux missions du service public de l'enseignement supérieur, la gestion de diplômes nationaux n'est pas envisageable. * Lettre DAJ B1 n° 09-93,12 mars 2009 : *préc. note 3.*

6. Obligations financières à la charge des membres. Participation au financement du programme pluriannuel. Si l'EPSCP crée seul la fondation, il doit apporter au minimum 150 000 € correspondant au montant minimum prévu pour le programme pluriannuel. S'il ne crée pas la fondation seul, tous les membres fondateurs doivent participer au financement du programme, même si ce n'est pas de façon égalitaire. Les sommes apportées respectivement par les fondateurs figurent dans les statuts, ce qui permet de s'assurer de l'accord de tous. * Lettre DAJ B1 n° 09-93, 12 mars 2009 : *préc. note 3.*

Art. L. 719-14 *(L. n° 2007-1199 du 10 août 2007, art. 32) (L. n° 2010-597 du 3 juin 2010, art. 32)* « L'État et l'Établissement public *(L. n° 2014-58 du 27 janv. 2014, art. 25)* « d'aménagement » de Paris-Saclay peuvent transférer aux établissements publics à caractère scientifique, culturel et professionnel qui en font la demande la pleine propriété des biens mobiliers et immobiliers appartenant à l'État ou à l'Établissement public *(L. n° 2014-58 du 27 janv. 2014, art. 25)* « d'aménagement » de Paris-Saclay qui leur sont » affectés ou sont mis à leur disposition. Ce transfert s'effectue à titre gratuit. Il s'accompagne, le cas échéant, d'une convention visant à la mise en sécurité du patrimoine, après expertise contradictoire.

BIBL. ▸ **Sur l'autonomie immobilière :** Adnot et Dupont, Rapport d'information sur la dévolution du patrimoine aux universités, *Sénat, Rapport nº 578 (2009-2010)*. – Berthé (coord.), Contribution à la réflexion stratégique et à la politique immobilière des universités, *Rapp. I-GAENR, nº 2014-013, mars 2014*. – Cottereau, Activités immobilières et coopération interuniversitaire. L'autonomie patrimoniale sous l'aiguillon des pôles, *AJDA 2011. 499*. – Dulbecco, La dévolution du patrimoine immobilier comme élément clé du projet stratégique de développement de l'université d'Auvergne, *in* L'Université française : une nouvelle autonomie, un nouveau management, *Presses universitaires de Grenoble (PUG), coll. Libres cours, 2012. 371* ; La propriété des murs, stratégique pour les universités, *Le Monde, 6 nov. 2010. 12*. – Dupont-Marillia, Des universités propriétaires et autonomes ?, *AJDA 2011. 753*. – Garandeau, Colas, Carraud, Aimé, Boutet-Waïss, Girardey-Maillard et Déroche, La dévolution du patrimoine immobilier aux universités, *Rapp. IGF-IGAENR, nº 2016-056, sept. 2016*. – Jacqué, Le transfert du patrimoine immobilier intéresse-t-il les facs ?, *Le Monde, 7 août 2010. 10* ; L'université d'Auvergne va gérer ses murs comme elle l'entend, *Le Monde, 19 avr. 2011. 12*. – Joyau, Transfert du patrimoine immobilier : les universités auront-elles (vraiment) le choix ?, *AJDA 2010. 2233* ; Les universités sur leurs gardes, *Vie universitaire, nº 140, juill.-août 2010. 24*. – Sidaner, Immobilier, l'État taille dans son patrimoine, *Acteurs publics, nº 66, sept. 2010. 49*. – Tron, Deniaud et Bonrepaux, Rapport sur la gestion et la cession du patrimoine immobilier de l'état et des établissements publics, *AN, nº 2457, juill. 2005*. – Caisse des dépôts et consignations et CPU, Le transfert du patrimoine universitaire, *PUF, coll. Quadrige - Essais Débats, 2010*.

▸ **Sur l'immobilier universitaire :** Auda, La mise à disposition d'immeubles de l'État au profit des universités. Étude critique d'un système de gestion de biens publics décentralisé, *Thèse, Université de Côte d'Azur, 2018*. – Berthé (coord.), Pernot, Elshoud, Flèges, Nattiez et Wacheux, Contribution à la réflexion stratégique et à la politique immobilière des universités, *Rapport nº 2014-013, mars 2014*. – Cédelle, Quatre nouveaux projets complètent le remodelage du paysage universitaire français, *Le Monde, 13 et 14 juill. 2008, p. 8*. – Dreyfus, Immobilier universitaire et stimulation du partenariat public-privé, *AJDA 2008. 974*. – Fort, Une évolution en demi-teinte pour les universités, *JCP Adm. 2007. 2278, nº 43*. – Gacon, La pertinence et les modalités du recours au contrat de partenariat dans le domaine de l'immobilier universitaire, *AJDA 2008. 1421*. – Gaillard, La fonction immobilière *in* L'Université française : une nouvelle autonomie, un nouveau management, *Presses universitaires de Grenoble (PUG), coll. Libres cours, 2012. 349*. – Gaillard et Joyeux, Le patrimoine immobilier *in* Les universités en France. Fonctionnement et enjeux (dir.), *PURH (Presses des universités de Rouen et du Havre), 2012. 223*. Haugades, Angles, Caffin-Ravier et Garnier, La gestion immobilière et financière des universités, *Rapport de mission, MEN, IGAENR, IGF, Conseil général des Ponts et Chaussées, sept. 2003, nº 03-071*. – Lenoble, Dévoluera, dévoluera pas ?, *ORS, Dossier spécial patrimoine immobilier, nº 9, 10 juill. 2006* ; Immobilier universitaire : 9 clés pour comprendre, *ORS, Dossier spécial patrimoine immobilier, nº 9, 10 juill. 2006*. – Rainette, Les aspects juridiques du patrimoine scientifique et technique, *MEN, LIJ 2008, nº 122*. – Valade et Dupont, Voyage au bout... de l'immobilier universitaire, *Sénat, Rapport nº 213, 2002-2003*. – Vayrou, Un aspect de la nouvelle politique immobilière de l'État : l'intégration du patrimoine dans le bilan d'un opérateur, *RFFP, nº 105, févr. 2009, p. 77*. – Guide de bonnes pratiques en matière de suivi des contentieux des marchés publics de construction universitaire, *LIJ 2011, nº 151, suppl.* . – Patrimoine immobilier universitaire. Comment bien gérer la dévolution ?, *L'ORS.fr, nº spécial Dévolution, nov. 2011*. – Les enjeux territoriaux de l'enseignement supérieur et de la recherche – Synthèse des travaux du bloc local pour l'Enseignement supérieur et la recherche [2014-2017], *Séminaires du réseau des collectivités locales pour l'enseignement supérieur et la recherche : http://www.cpu.fr/wp-content/uploads/2018/03/synthese_esr_bd.pdf*.

▸ **Sur les conventions d'occupation du domaine public :** V. Bibl. ss. art. L. 762-2.

▸ **Sur les contrats de partenariat public-privé :** V. Bibl. ss. art. L. 762-2.

1. Permis de construire. Qualification juridique du public accueilli dans une université. Le juge a annulé les permis de construire alors que le constructeur et l'université faisaient valoir que les deux bâtiments concernés – construits et en service – comportent à leurs étages supérieurs des zones de recherche qui ne sont pas ouvertes au public et respectent les règles de sécurité prévues pour des locaux à usage professionnel en jugeant que la totalité de ces bâtiments accueille bien du public et qu'en conséquence, les normes de sécurité des parties dédiées à la recherche ne sont pas adaptées. A cet effet, le juge rappelle que « les personnes reçues, telles que des chercheurs extérieurs tant à l'université qu'à ses unités mixtes de recherche, ainsi que des étudiants, participant à des réunions, séminaires et conseils, rencontrant les enseignants et chercheurs ou les secrétariats, ou venant consulter les ouvrages en bibliothèque ou en salle de documentation ne peuvent être regardées comme membres du personnel de l'établissement (...) et font ainsi partie du public ». Cette définition fonde le jugement du tribunal, qui « considère dès lors que les locaux exclusivement destinés à la recherche, pour lesquels un régime dérogatoire aux règles de sécurité-incendie est prévu, doivent être qualifiés d'ERP dans la mesure où des étudiants et des chercheurs extérieurs peuvent, sous certaines conditions, y accéder ». • TA Paris, 2 juill. 2013, *Comité anti-amiante de Jussieu et a.*, n° 1012457/7-2.

2. Permis de construire. **Contestation. Intérêt à agir.** Le juge considère qu'un enseignant-chercheur affecté au sein d'une unité de formation et de recherche ayant vocation à occuper un bâtiment dont la légalité du permis de construire est contestée justifie d'un intérêt à agir lui donnant qualité pour en demander l'annulation. • TA Paris, 2 juill. 2013, *Comité anti-amiante de Jussieu et a.*, n° 1012457/7-2.

TITRE DEUXIÈME INSTITUTS NATIONAUX SUPÉRIEURS DU PROFESSORAT ET DE L'ÉDUCATION *(L. n° 2019-791 du 26 juill. 2019, art. 44).*

COMMENTAIRE

Dans le but d'améliorer la gestion des ressources humaines, la loi du 26 juillet 2019 pour une école de la confiance change l'appellation des Écoles supérieures de professorat et d'éducation (ESPÉ) en Instituts nationaux supérieurs de professorat et d'éducation (INSPÉ) ; le choix des adjectifs marque la volonté de conserver une formation de haut niveau (supérieur) mieux rattachée à un cadre national se traduisant notamment par l'introduction d'un référentiel de formation des professeurs du premier et du second degré et des conseillers principaux d'éducation défini par le ministre (art. 43 ; art. L. 625-1, al. 2) ; elle modifie le mode de désignation de leurs directeurs (art. 45 ; art. L. 721-3, al. 3 s.), précise leurs missions (art. 70, art. L. 721-2) et les éléments du parcours de formation qui peut s'ancrer dans la pratique avec le recrutement d'assistants d'éducation pour exercer progressivement des fonctions d'enseignement et d'éducation (art. 49, art. L. 916-1, al. 2) et se poursuivre par une formation continuée (art. 47 ; art. L. 625-2), formule transitoire entre la formation initiale et la formation continue dont la loi pour une école de la confiance affirme qu'elle est obligatoire pour chaque enseignant (art. 50 ; art. L. 912-1-2). Une nouvelle fois, l'idée est de mieux articuler pratique et théorie, enseignements fondamentaux (disciplinaires, didactiques) et pratique pédagogique, de créer de ***véritables écoles professionnelles*** qui restent toutefois internes aux universités pour assurer la pluridisciplinarité des enseignements et bénéficier des acquis de la recherche. Elle est cette fois assortie d'une volonté de mieux assurer le rôle d'employeur de l'éducation nationale vis-à-vis des INSPÉ, ce qui passe par un renforcement des pouvoirs du ministre (Rapport des sénateurs Max Brisson et Françoise Laborde, Le métier d'enseignant, *Sénat, juill. 2018*).

Les ESPÉ (désormais INSPÉ) avaient été créées par l'article 89 de loi n° 2013-595 du 8 juillet 2013 de refondation de l'école de la République, dont un des volets était la refondation de la formation des professeurs et des personnels d'éducation. Les ESPÉ succédaient alors aux Instituts universitaires de formation des maîtres (IUFM), prenant place dans la longue histoire des institutions dédiées à la préparation aux métiers de l'enseignement : École normale supérieure (ENS), Écoles normales d'instituteurs (ENI) créées au XIXe siècle ; écoles normales nationales d'apprentissage (ENNA) en 1941, Instituts de préparation à l'enseignement secondaire (IPES) annexés aux universités en 1957, supprimés en 1978, et Centres pédagogiques régionaux (CPR). La loi n° 89-486 du 10 juillet 1989 d'orientation de l'éducation, en créant dans chaque académie un IUFM pour préparer les étudiants titulaires d'une licence aux concours de recrutement et pour former les professeurs des écoles, des collèges et lycées et des lycées professionnels stagiaires, entraîna la disparition des ENI, ENNA et CPR (mais non celle des ENS) avec la volonté d'unifier la formation des différents corps d'enseignants dans un cadre autonome (établissement public administratif dont le conseil d'administration était présidé par le recteur d'académie) rattaché à l'université ou aux université de l'académie. La loi n° 2005-380 du 23 avril 2005, avenir de l'école, intègre les IUFM à un EPSCP, mettant fin à leur personnalité juridique, les transformant alors en « écoles internes » dont le conseil était présidé par un représentant du recteur élu par son conseil d'administration. En 2010, l'élévation du niveau de recrutement des enseignants à bac +5 (ou « mastérisation ») s'accompagna de la suppression de l'année de stage, se soldant par la suppression de plusieurs milliers d'emplois. Après l'annulation des arrêtés du 10 mai 2010 sur la mastérisation pour incompétence (CE 1er juin 2012, n° 341775), la loi n° 2013-595 du 8 juillet 2013 pour la refondation de l'école de la République supprimant les IUFM met en place les Écoles supérieures du professorat et de l'éducation (ESPÉ), composante universitaire, dont l'acronyme qui ajoute aux professeurs les personnels d'éducation laisse entrevoir un espoir : donner aux nouveaux enseignants les outils pour leur permettre de faire réussir tous les élèves. Succédant aux IUFM, ces écoles universitaires ne remettent en cause ni l'existence, ni les missions des écoles normales supérieures (art. L. 625-1) qui préparent des élèves se destinant à la recherche, à l'enseignement supérieur ou à l'enseignement secondaire. La loi du 8 juillet 2013 ne précise pas, comme la loi de 1969 à propos des IUFM, qu'une école doit être créée dans chaque académie. Toutefois, trente ESPÉ ont ouvert à la rentrée 2013 (auxquelles s'ajoutèrent les ESPÉ de Polynésie française et de Nouvelle-Calédonie). Mais rien n'empêchait la création de plusieurs ESPÉ dans une même académie ou d'une ESPÉ commune à plusieurs académies. Les trente ESPÉ sont désormais appelés INSPÉ (sous réserve de l'ordonnance qui doit adapter les règles nationales aux instituts de Polynésie française et de Nouvelle Calédonie ; l'art. 37, II de la L. n° 2020-1674 du 24 déc. 2020 de programmation de la recherche (LPR) étend plusieurs dispositions oubliées par la loi Blanquer prévoit à nouveau une ordonnance). Même si les INSPÉ sont de lointains successeurs des Écoles normales, la loi du 26 juillet 2019 en est toujours marquée par le souvenir, notamment en matière domaniale, dans la mesure où, pour conserver les conventions conclues pour les Écoles normales par l'État et les départements, il était nécessaire de préciser que les biens meubles et immeubles qui leur étaient affectés le sont dorénavant aux INSPÉ (art. L. 722-1, modifié par l'art. 44 de la L. du 26 juill. 2019).

La diversité des missions et des objectifs des INSPÉ (art. L. 721-2 modifié par l'art. 70 de la L. du 26 juill. 2019). Les INSPÉ exercent une série de missions classées en six rubriques ; les quatre premières concernent la formation ; le cœur de métier des INSPÉ est comme leur intitulé l'indique la ***formation des professeurs*** (des écoles, des collèges et lycées, des lycées professionnels) et des personnels d'éducation dont ils organisent et assurent les actions de ***formation initiale*** (1°) et de ***formation continue*** (2° ; l'art. L. 625-1 précise toutefois que, si les INSPÉ « organisent » la formation initiale, ils ne font que « participer » à la formation continue) ; ils participent en outre à la ***formation initiale et continue des enseignants-chercheurs*** (3°), et peuvent participer à la formation aux autres métiers de la formation et de l'éducation, notamment à des ***formations professionnelles*** organisées par les autorités académiques (4° ; art. L. 625-1) ; comme les université et autres établissements publics d'enseignement supérieur, ils participent à la ***recherche disciplinaire et pédagogique*** qui doit nourrir les enseignements (5°) et à la ***coopération internationale*** (6°). Dans le cadre de ces missions, la loi fixe des objectifs formatifs (dont l'énoncé ne relève certainement pas toujours du domaine législatif) ; les INSPÉ assurent le développement et la promotion des méthodes pédagogiques innovantes, ce qui impose de s'appuyer sur les résultats de la recherche, notamment des recherches-actions, comme sur les comparaisons internationales ; reprenant les axes fondateurs de l'« ESPÉ numérique » soulignant la nécessité d'une formation par le numérique (utilisation des TICE pour délivrer leurs enseignements) et pour le numérique, l'article 46 de la loi du 26 juillet 2019 fixe trois objectifs formatifs pour la maîtrise des outils et ressources numériques (maîtrise des bases algorithmiques et de leur application dans la cadre pédagogique et plus largement dans la vie du citoyen…), leur usage pédagogique (analyse de pratiques pédagogiques innovantes, intégration des technologies numériques dans les enseignements, notamment pour faciliter l'apprentissage et la scolarité des élèves à besoins particuliers) et la connaissance et la compréhension des enjeux liés à l'écosystème numérique (fonctionnement d'Internet, traitement de l'information, souveraineté des données, empreinte numérique, cyberharcèlement,…) dont la sensibilisation aux droits et aux devoirs liés à l'usage d'Internet et des réseaux, la protection de la vie privée, le respect de la propriété intellectuelle, le traitement des données à caractère personnel (art. L. 312-9). Ils préparent les futurs enseignants et personnels d'éducation aux enjeux du socle commun de connaissances, de compétences et de culture (SCCC), à ceux de l'éducation aux médias et à l'information, et de la formation tout au long de la vie. Ils organisent des formations de sensibilisation à l'égalité entre les femmes et les hommes, à la lutte contre les discriminations, à la manipulation de l'information, thèmes auxquels la loi du 26 juillet 2019 ajoute le respect et la protection de l'environnement et la transition écologique, la scolarisation des élèves « à besoins éducatifs particuliers, dont les élèves » en situation de handicap « et les élèves à haut potentiel », ainsi que des formations à la prévention et à la résolution non violente des conflits. Quant aux enjeux du plurilinguisme et à la scolarisation des enfants allophones, ils sont curieusement mentionnés pour les seules académies d'outre-mer, alors que la question concerne aussi bien les territoires ultra-marins non érigés en académie que plusieurs académies de métropole. Sur le plan méthodologique, les INSPÉ doivent préparer les futurs personnels aux enjeux d'évaluation des connaissances et des compétences des élèves, tâche facilitée par la présence dans les équipes pédagogiques de personnels enseignants, d'inspection et de direction en exercice dans les premier et second degrés ainsi que des enseignants-chercheurs (doivent aussi y être intégrés des professionnels issus des milieux économiques, la loi ne mentionne plus les acteurs de l'éducation populaire, culturelle, artistique et de l'éducation à la citoyenneté, art. 46, 6°). La loi n° 2021-1109 du 24 août 2021 confortant le respect des principes de la République ajoute la sensibilisation à l'enseignement pluridisciplinaire des faits religieux, à la prévention de la radicalisation, la formation initiale et continue à l'application du principe de laïcité (art. L. 721-2 mod. par l'art. 62 de la loi préc.).

La formation initiale. Les INSPÉ organisent la formation initiale conformément aux orientations définies par l'État, dans un cadre national arrêté par les ministres chargés de l'enseignement supérieur et de l'éducation nationale (art. L. 625-1, Arr. du 28 mai 2019 modifiant l'Arr. du 27 août 2013 fixant le cadre national des formations dispensées au sein des masters « métiers de l'enseignement, de l'éducation et de la formation », modifié par l'Arr. du 24 juill. 2020) auquel la loi du 26 juillet 2019 ajoute un référentiel de formation (art. 43 ; art. L. 625-1, al. 2) destiné à garantir un niveau élevé de formation et une qualité égale de la formation dans l'ensemble des INSPÉ. Ces instituts organisent le master « MEEF » et dispensent une formation universitaire professionnalisante fondée sur des enseignements articulant théorie et pratique autour d'expériences en milieu professionnel. Pour les enseignements communs, un arrêté MEN/MESRI doit préciser le cahier des charges des contenus de la formation initiale spécifique concernant la scolarisation des enfants en situation de handicap. A compter de la rentrée 2020, la formation peut être organisée en alternance (12 semaines pour un tiers de l'obligation réglementaire de service) donnant lieu à un contrat de travail liant l'étudiant et la structure d'accueil. Les étudiants bénéficient alors d'un tutorat ; chaque étudiant réalise un mémoire de master.

Les INSPÉ, comme les ESPÉ, assurent la formation initiale notamment dans le cadre des masters MEEF (masters enseignement, éducation, formation ; enseignement du premier degré ; enseignement du second degré, encadrement éducatif ; pratiques et ingénierie de la formation). Initialement la première année permettaient de préparer les étudiants titulaires d'une licence aux concours de recrutement des personnels (M1), la deuxième année (M2) accueillaient notamment les candidats reçus aux concours, alors stagiaires de la fonction publique (ou futurs maîtres des établissements privés sous contrat : CE 25 mars 2016, n° 391813, annulant la Circ. n° 2015-083 du 1er juin 2015). Le report de la date des concours en milieu de M2 modifie cet enchaînement. Les intéressés conservent le statut d'étudiant en M2 et ne seront stagiaires que l'année suivante. La loi du 26 juillet 2019 ajoute à ce parcours une formation en aval avec l'organisation d'une « formation continuée » des néo-titulaires pendant les trois premières années de leur carrière (T, T2, T3) qui bénéficieront d'actions complétant leur formation initiale en tenant compte des spécificités de l'établissement et du territoire. En amont, elle permet en outre aux étudiants se préparant au concours d'accès aux corps des personnels enseignants ou d'éducation de se voir confier progressivement des fonctions de soutien, d'accompagnement, d'éducation et d'enseignement en devenant assistants d'éducation (art. 49 ; art. L. 916-1). A la différence des étudiants, les fonctionnaires stagiaires sont tenus au respect des obligations des agents publics, notamment à une stricte neutralité qui leur interdit le port de signes et de vêtements religieux.

La formation continue. Si les INSPÉ organisent la formation initiale, pour la formation continue des personnels enseignants des premier et second degrés et des personnels d'éducation, ils ne peuvent qu'organiser des « actions » (art. L. 625-1).

La loi du 26 juillet 2019 n'a pas repris la disposition de la loi du 8 juillet 2013 précisant que l'offre de formation pouvait être proposée, « par le biais des Écoles supérieurs du professorat et de l'éducation » (art. L. 912-1-2, al. 2). Il est vrai que les INSPÉ n'ont aucun monopole en ce domaine. L'employeur, responsable de la gestion des ressources humaines, maître d'ouvrage de la formation continue qui arrête la politique nationale (plan national de formation) et académique (PAF) peut solliciter d'autres opérateurs (autres composantes de l'EPSCP, autres établissements publics d'enseignement supérieur, établissements scolaires, établissements du secteur médico-social et maisons départementales des personnes handicapées) ou en confier directement la réalisation aux services académiques. Le caractère dorénavant obligatoire de la formation continue (art. L. 912-1-2, mod. par l'art. 50 de la L. du 26 juill. 2019) comme l'expérience acquise en matière de formation initiale plaident toutefois pour les INSPÉ.

Par ailleurs, ils ont vocation à intervenir dans le cadre de la formation continuée qui doit être mise en place au cours des trois années qui suivent la titularisation, chaque enseignant bénéficiant alors d'actions de formation qui complètent sa formation initiale, prenant en compte les spécificités de l'établissement et du territoire dans lesquels l'enseignant exerce (art. L. 625-2, mod. par l'art. 47 de la L. du 26 juill. 2019), permettant un accompagnement de l'entrée dans le métier, qui comprend une formation spécifique, un soutien personnalisé et l'accompagnement par un tuteur (Rapport des sénateurs Max Brisson et Françoise Laborde, *Le métier d'enseignant, Sénat, juill. 2018*).

L'organisation des INSPÉ. Comme les IUFM, les INSPÉ (ex. ESPÉ) sont des ***composantes universitaires, des structures internes*** au sein même d'une université (« Les universités peuvent comporter un Institut national du professorat et de l'éducation », art. L. 713-1, mod. par la L. du 26 juill. 2019) ou d'un autre EPSCP ; la loi du 8 juillet 2013 permettait ainsi d'instituer des ESPÉ dans le cadre des PRES (cas des ESPÉ de Lille, Montpellier et Rennes), au sein d'un EPCS (art. L. 721-1). La loi du 22 juillet 2013 ayant supprimé ces établissements, les ESPÉ peuvent rejoindre les nouvelles structures que sont les communautés d'universités et d'établissements (COMUE) qui ont le statut d'EPSCP (ESPÉ de Lille) ou les établissements publics expérimentaux (EPE, Ord. n° 2018-1131 du 12 déc. 2018). Dans tous les cas, les INSPÉ sont créés sur proposition du conseil d'administration par arrêté conjoint des ministres chargés de l'éducation nationale et de l'enseignement supérieur » (art. L. 721-3).

Contrairement aux IUFM qui étaient des instituts extérieurs à l'université (établissements publics administratifs rattachés à une ou à plusieurs universités), les INSPÉ, comme les IUT ou les écoles d'ingénieurs, « écoles et instituts internes », sont des composantes d'un établissement public, sans personnalité juridique mais auxquelles la loi reconnaît une autonomie pédagogique et scientifique, et une certaine autonomie administrative et financière (avec BPI, budget propre intégré, au budget de l'EPSCP dont il fait partie, construit sur la base de la dotation votée par le conseil d'administration de l'établissement qui répartit les emplois et accorde les moyens ; à noter la possibilité d'envisager une perspective pluriannuelle en élaborant un contrat d'objectifs et de moyens ; le budget de l'institut est approuvé par le conseil d'administration de l'EPSCP, qui peut l'arrêter lorsqu'il n'est pas adopté par le conseil de l'institut ou n'est pas voté en équilibre réel). Une vision financière globale sera en outre donnée par la mise en place d'un budget de projet présentant les apports des différents partenaires. Mais les INSPÉ ne constituent pas des instituts internes de l'article L. 713-1 (L. de 1984, art. 33). L'article L. 721-1 leur donne un statut de composante dérogatoire, *ad hoc*, au sein de laquelle doit vivre le partenariat fort entre les autorités académiques et universitaires (qui se traduit notamment par le budget de projet qui retrace les apports, crédits et emplois des différents partenaires, rectorat, universités...). Si la possibilité d'affectation directe au BPI de crédits et d'emplois, fléchés INSPÉ, les rapproche des écoles et instituts internes les plus autonomes (dits autrefois « 33 dur », en elle-même la substitution du mot « institut » à l'« école » qui a pu être justifiée par la volonté d'un meilleur ancrage universitaire n'a aucune portée juridique. L'adjectif « national » traduit la volonté pour l'éducation nationale d'assurer des formations plus homogènes, mieux régulées par les besoins de l'employeur, en se référant à un « référentiel de formation » des métiers du professorat (art. L. 625-1), à un cadre national. Les INSPÉ comme les ESPÉ n'étant pas régis par l'article L. 713-1, leurs directeurs ne bénéficient toujours pas du droit de veto dans le recrutement des enseignants-chercheurs conservés par les directeur d'IUT ou d'écoles d'ingénieurs.

L'accréditation des INSPÉ. Comme les universités, les INSPÉ (ex-ESPÉ) doivent faire l'objet d'une accréditation. L'idée est empruntée au secteur privé. Les organismes accréditeurs reconnaissent à une entité la capacité à fournir des prestations de qualité en s'appuyant sur un référentiel normatif. Dans le secteur public, la démarche a été utilisée dans le domaine de la santé. Pour la formation, elle a pu concerner notamment les écoles de commerce qui recherchent une accréditation européenne ou internationale. Ici, l'accréditeur est l'État, du moins le ministre chargé de l'enseignement supérieur, garant de la qualité des diplômes, et celui de l'éducation, intéressé en tant qu'employeur (qui peut être le ministre de l'éducation nationale quand il est compétent pour l'enseignement supérieur). L'accréditation est donnée par arrêté (conjoint en cas de dualité ministérielle) pris après avis du CNESER au vu du référentiel constitué par le cadre national de référence élaboré par les deux ministres. En principe, l'accréditation est globale, accordant du crédit à l'institution. L'accréditation entraîne en effet l'habilitation donnée à l'EPSCP (université ou communauté d'universités et d'établissements) à délivrer le diplôme, notamment le master des métiers de l'enseignement, de l'éducation et de la formation (MEEF). Pour la rentrée 2013, les ESPÉ ont été accréditées pour cinq ans, à l'exception de cinq d'entre elles qui ont obtenu l'accréditation pour une seule année le temps de revoir leur projet. A noter la rapidité avec laquelle ont été pris les arrêtés (référentiel des compétences professionnelles des métiers du professorat et de l'éducation, cadre national des formations, modalités d'accréditation, décret relatif aux conseils).

Les modalités d'accréditation sont définies par arrêté conjoint des ministres chargés de l'enseignement supérieur et de l'éducation nationale (art. L. 721-1). L'accréditation est acquise pour la durée du contrat pluriannuel liant l'État à l'établissement public ; elle est renouvelée pour la même durée, après une évaluation nationale selon la même procédure (art. L. 721-1 ; V. Arr. du 10 août 2015 portant renouvellement de l'accréditation pour la durée du contrat pluriannuel d'ESPÉ d'une première vague d'universités). L'accréditation de l'école emporte l'habilitation de l'université (EPSCP) ou de l'EPCS ou des INSPÉ partenaires et d'autres organismes, les services académiques et les établissements scolaires (le cas échéant dans le cadre de conventions), à délivrer le diplôme national de master dans les domaines des métiers de l'enseignement, de l'éducation et de la formation.

Les conseils des INSPÉ Les INSPÉ (ex-ESPÉ) sont administrés, à parité de femmes et d'hommes, par un ***conseil de l'institut***. Ils comprennent également un ***conseil d'orientation scientifique et pédagogique*** (art. L. 721-3-1 et D. 721-1 à D. 721-6) sans préjudice de la mise en place par les statuts d'autres organes, tels les conseils de perfectionnement.

Le conseil de l'institut et le conseil d'orientation scientifique et pédagogique doivent respecter le principe de parité. Les femmes et les hommes siégeant en nombre égal (art. D. 721-3) sont désignés pour un mandat de cinq ans, à l'exception des représentants des usagers (élus pour deux ans). Le conseil de l'institut, dont l'effectif ne peut dépasser trente membres, comprend des représentants des enseignants, qui sont en nombre au moins égal à celui des représentants des autres personnels et des usagers, un ou plusieurs représentants de l'université ou de l'EPCS et au moins 30 % de personnalités extérieures, dont au moins un représentant des collectivités territoriales. Au moins la moitié des représentants des enseignants sont des représentants des enseignants-chercheurs ; le recteur de région académique désigne une partie des personnalités extérieures (art. D. 721-1).

Le conseil de l'institut adopte les règles relatives aux examens et les modalités de contrôle des connaissances. Il arrête le budget de l'INSPÉ et approuve les contrats pour les affaires intéressant l'institut. Il soumet au conseil d'administration de l'EPSCP la répartition des emplois. Il est consulté sur les recrutements de l'institut.

Le conseil d'orientation scientifique et pédagogique (art. D. 721-3) contribue à la réflexion sur les grandes orientations relatives à la politique partenariale et aux activités de formation et de recherche de l'institut. Il est composé pour moitié de représentants de (ou des) universités, pour moitié de personnalités extérieures désignées par le recteur recteur de région académique et le conseil d'institut pour cinquante pour cent chacun.

Le directeur de l'INSPÉ. Le directeur de l'institut est nommé pour un mandat de cinq ans par arrêté conjoint des ministres chargés de l'éducation nationale et de l'enseignement supérieur (art. D. 721-9). L'article 45 de la loi du 26 juillet 2019 modifiant l'article L. 721-3 introduit une nouvelle procédure motivée tant par un désir de transparence (avec appel à candidatures établi par le président de l'établissement de rattachement, art. D. 721-10, Décr. n° 2019-920 du 30 août 2019) que par une meilleure prise en compte des objectifs de l'éducation nationale. Les candidats à l'emploi de directeur doivent être titulaires d'un doctorat et justifier d'une expérience avérée dans le domaine de la formation des enseignants ou de la recherche en éducation, y compris à l'international. Ils doivent désormais être auditionnés par un comité coprésidé par le recteur de région académique compétent et le président de l'université (ou le directeur de l'établissement de rattachement), comprenant quatre ou six personnalités extérieures à l'institut choisies en raison de leurs compétences dans le domaine de l'éducation ou de la formation par le recteur de région académique et le président de l'établissement, à raison de deux ou trois chacun. La présence au sein du comité du président du conseil de l'institut, désigné parmi les représentants du recteur de région académique, donne à ce dernier une majorité arithmétique qui, vu l'indépendance des personnalités, ne lui donne pas une garantie de choix. Après examen des dossiers de candidature, le comité auditionne les candidats et communique aux ministres chargés de l'éducation nationale et de l'enseignement supérieur un rapport écrit motivant l'avis porté sur chacun des candidats (art. D. 721-11) ; c'est sur cette base que la nomination interviendra, sans audition ni avis du conseil de l'institut.

Les directeurs d'école supérieure du professorat et de l'éducation dont le mandat est en cours à la rentrée scolaire 2019 exercent, pour la durée de leur mandat restant à courir, la fonction de directeur d'institut national supérieur du professorat et de l'éducation (L. du 26 juill. 2019, art. 63). Appartenant au corps des enseignants-chercheurs ou à un autre corps d'enseignants, ils relèvent de la section disciplinaire de l'établissement de rattachement et, en cas de faute grave, peuvent être suspendus par le président de l'université (ou par le recteur, pour un professeur certifié – V. CE 12 févr. 2021, n° 436379).

Le directeur de l'institut prépare les délibérations du conseil de l'institut et en assure l'exécution. Il a autorité sur l'ensemble des personnels. Il a qualité pour signer, au nom de l'EPSCP, les conventions relatives à l'organisation des enseignements, qui ne peuvent toutefois être exécutées qu'après avoir été approuvées par le président de l'université ou de la communauté et votées par le conseil d'administration. Il propose une liste de membres des jurys d'examen au président de l'université ou de la communauté d'universités et d'établissements (COMUE) pour les formations soumises à examen dispensées dans l'école supérieure du professorat et de l'éducation et, le cas échéant, aux présidents des établissements partenaires mentionnés à l'avant-dernier alinéa de l'article L. 721-1. Le directeur de l'institut prépare un document d'orientation politique et budgétaire qui est présenté aux établissements partenaires ; il est ordonnateur des recettes et des dépenses, catégorie dont ne relève toujours pas la nouvelle structure (dont le directeur ne bénéficie toujours pas d'un droit de veto dans le recrutement des enseignants-chercheurs).

S'agissant du pilotage, on a pu regretter que les composantes ne soient pas mentionnées dans les contrats d'établissement (et au-delà, le contrat de site) ; aussi a-t-on pu proposer que le contrat de site constitue le support d'une mise en commun des données utiles à la clarification et à la stabilisation des contributions des différents partenaires pour clarifier le modèle économique de la formation initiale des enseignants. Au plan académique, la mise en place de groupes de pilotage rectorats-universités associant les directeurs d'INSPÉ doit être consolidée en lien avec la contractualisation et le dialogue de gestion (rapport M. Ronzeau et B. Saint-Girons, « Quelles évolutions pour les concours de recrutement des enseignants ? », 18 févr. 2019). ❑

CHAPITRE PREMIER **MISSIONS ET ORGANISATION DES INSTITUTS NATIONAUX SUPÉRIEURS DU PROFESSORAT ET DE L'ÉDUCATION** *(L. n° 2019-791 du 26 juill. 2019, art. 44).*

(L. n° 2013-595 du 8 juill. 2013, art. 70)

BIBL. GÉN. ▶ Recommandations pour la formation des maîtres, *Rapport du Haut Conseil de l'éducation, MEN, 31 oct. 2006.*

▶ **Aspects historiques :** Simien, Des maîtres d'école aux instituteurs : une histoire de communautés rurales, de République et d'éducation, entre Lumières et Révolution (années 1760-1802), *Thèse, Univ. Clermont-Auvergne, 2017.*

▶ **Sur les IUFM :** Baranger, L'intégration des IUFM : la « nouvelle » mission de formation des enseignants ?, *in Université, Universités, Dalloz, coll. Thèmes et commentaires, 2010. 277.* – Bron-

Del, Publication dans la douleur d'un rapport sur la formation des enseignants, *AJDA 2011. 2386*. – Caspar, Réflexions sur la formation des formateurs en IUFM, *Rapport MEN, janv. 1995*. – Cédelle, Formation des maîtres. Les IUFM à l'université, *Le Monde, 16 janv. 2007. 20*. – Grosperrin, Rapport d'information sur la formation initiale et les modalités de recrutement des enseignants, *Ass. nat. n° 4033, déc. 2011*. – Kaspi, Les instituts universitaires de formation des maîtres, *Rapport MEN, juill. 1993*. – Michel, Concours de recrutement de professeurs des écoles, *Session 2006, MEN, Note d'information, n° 07-28, mai 2007*. – Obin, Enseigner, un métier pour demain. Mission de réflexion sur le métier d'enseignant, *MEN, mars 2002*. – Septour, Gauthier et autres, La formation initiale et continue des maîtres, *Rapport MEN, n° 03-06, févr. 2003*. – Les instituts universitaires de formation des maîtres au tournant de leur première décennie : panorama et perspectives, *Rapport du CNE, 2001*.

▸ **Sur les ESPÉ :** Delaporte et Marlat, Les effectifs en ESPE en 2017-2018, *MESRI-SIES, Note Flash du SIES, n° 6, mai 2018*. – Desbiolles et Ronzeau, La mise en place des écoles supérieures du professorat et de l'éducation, *Rapp. IGAENR-IGEN, n° 2014-071, sept. 2014*. – Desbiolles, Ronzeau, Marsollier, Seve, Szymczak, Vieaux, Frusta-Gissler, Galicher, Loisel et Monti, Le suivi de la mise en place des écoles supérieures du professorat et de l'éducation au cours de l'année 2014-2015, *Rapp. IGEN-IGAENR, n° 2015-081, oct. 2015*. – Guiberteau et Marlat, Les effectifs en ESPÉ en 2018-2019, *MESRI-SIES, Note Flash du SIES, n° 9, mai 2019*. – Magner, L'an I des ESPÉ : un chantier structurel, *Rapp. d'information, n° 579 (2013-2014), 4 juin 2014*. – Ménard, Mission d'information sur la formation des enseignants, *Rapp. comm. aff. culturelles, Ass. nat., n° 4075, 5 oct. 2016*. – Poupeau, La nouvelle formation des enseignants définie par décrets, *AJDA 2013. 1661*. – Valette, Concours de professeurs des écoles dans l'enseignement public à la session 2017, *MEN-DEPP, Note d'information, n° 18-13, juin 2018*. – L'accréditation des ESPÉ plutôt que l'habilitation, *Synthèse de l'ORS, n° 48, avr.-mai-juin 2013.10*. – Les ESPÉ : un statut particulier, une gouvernance en question, *Synthèse de l'ORS, n° 48, avr.-mai-juin 2013.12*. – Des moyens supplémentaires pour la formation, les outils budgétaires des ESPÉ, *Synthèse de l'ORS, n° 48, avr.-mai-juin 2013.14*. – ESPÉ : ce qu'il faut savoir sur la réforme et sa mise en œuvre, *Dossier, L'ORS.fr, n° 83, mai 2013*. – La mise en place des écoles supérieures du professorat et de l'éducation (ÉSPÉ) chargées de la formation initiale des enseignants du secteur public, *C. comptes, réf. n° S2018-0342, 12 mars 2018*.

Art. L. 721-1 Les *(L. n° 2019-791 du 26 juill. 2019, art. 44)* **« instituts nationaux supérieurs » du professorat et de l'éducation sont** *(L. n° 2019-791 du 26 juill. 2019, art. 44)* **« constitués »** *(L. n° 2013-660 du 22 juill. 2013, art. 100)* **« au sein d'un établissement public à caractère scientifique, culturel et professionnel ».**

Ces *(L. n° 2019-791 du 26 juill. 2019, art. 44)* **« instituts sont créés » sur proposition du conseil d'administration de l'établissement public et** *(L. n° 2019-791 du 26 juill. 2019, art. 44)* **« accrédités » par un arrêté conjoint des ministres chargés de l'enseignement supérieur et de l'éducation nationale, après avis du Conseil national de l'enseignement supérieur et de la recherche.**

L'*(L. n° 2019-791 du 26 juill. 2019, art. 44)* **« institut est accrédité » pour la durée du contrat pluriannuel liant l'État à l'établissement public.**

L'accréditation est renouvelée pour la même durée, après une évaluation nationale, par arrêté conjoint des ministres chargés de l'enseignement supérieur et de l'éducation nationale, après avis du Conseil national de l'enseignement supérieur et de la recherche.

L'accréditation de l'*(L. n° 2019-791 du 26 juill. 2019, art. 44)* **« institut » emporte l'habilitation de l'établissement public à caractère scientifique, culturel et professionnel ou des établissements publics d'enseignement supérieur partenaires, mentionnés à l'article L. 721-2, à délivrer le diplôme national de master dans les domaines des métiers de l'enseignement, de l'éducation et de la formation.**

Les modalités d'accréditation sont définies par arrêté conjoint des ministres chargés de l'enseignement supérieur et de l'éducation nationale.

Cette jurisprudence a été rendue sous l'empire de l'ancien art. L. 625-1 consacré aux IUFM.

1. Nature juridique. Un institut universitaire de formation des maîtres (IUFM) constitue un établissement public d'enseignement supérieur distinct de l'université à laquelle il est rattaché. • CE 29 déc. 2000, n° 195396 B.

2. Sélection. Dès lors que le ministre de l'éducation a déterminé les modalités de sélection pour l'accès aux IUFM, les conseils d'administration de ces établissements ne disposent pas du pouvoir d'édicter des critères supplémentaires de sélection. • CAA Paris, 23 oct. 1997, n° 96PA00165 B. ♦ Les dispositions de l'art. 14 de la L. du 26 janv. 1984 relatif au premier cycle de l'enseignement supérieur s'appliquent, dès lors que les formations qu'ils assurent ne sont pas organisées en plusieurs cycles. • CAA Paris, 27 juin 2000, n° 98PA00350.

3. Principe de neutralité. Le principe de neutralité du service public s'oppose à ce que les formulaires de candidature à l'admission dans les IUFM comportent des demandes de renseignements qui pourraient révéler les opinions confessionnelles, syndicales ou politiques des candidats. Tel n'est cependant pas le cas d'un formulaire qui n'est pas obligatoire et qui se borne à demander aux candidats s'ils ont participé à une action associative sans leur demander le nom de l'association, et exclut expressément les associations à finalité essentiellement confessionnelle ou politique. • CE 4 nov. 1996, *Conf. nat. des groupes autonomes de l'enseignement public*, n°s 134295 et 139709 A.

4. Formation des stagiaires. Circ. du 25 févr. 2010. Légalité. En prévoyant au moins une période de formation dispensée par l'université ou toute autre structure qualifiée pendant l'année suivant la réussite au concours, la circulaire attaquée permet que l'année de stage des enseignants et des personnels d'éducation stagiaires participe de la formation en alternance dispensée par les instituts universitaires de formation des maîtres, conformément aux dispositions de l'art. L. 625-1 C. éduc. • CE 9 févr. 2011, *Synd. nat. de l'enseignement supérieur (SNESUP-FSU) et a.*, n° 340140 : *AJDA 2011. 815* ; *AJFP 2011. 193, concl. Keller* *et note Fortier*. ♦ Les dispositions de la circulaire attaquée, qui n'était pas tenue de reprendre les dispositions prévues par l'arrêté interministériel du 19 déc. 2006 portant cahier des charges de la formation des maîtres en institut universitaire de formation des maîtres et l'Arr. du 22 août 2005 relatif aux conditions d'accomplissement du stage et de la formation de certains personnels stagiaires de l'enseignement du second degré relevant du ministre de l'éducation, ne méconnaissent pas ces arrêtés. • CE 9 févr. 2011, *Synd. nat. de l'enseignement supérieur (SNESUP-FSU) et a.*, n° 340140 : *préc.*

Art. L. 721-2 Les *(L. n° 2019-791 du 26 juill. 2019, art. 44)* « instituts nationaux supérieurs » du professorat et de l'éducation exercent les missions suivantes :

1° *(L. n° 2019-791 du 26 juill. 2019, art. 44)* « Ils » organisent et, avec les composantes, établissements et autres partenaires mentionnés à la première phrase du dernier alinéa du présent article, assurent les actions de formation initiale des étudiants se destinant aux métiers du professorat et de l'éducation et des personnels enseignants et d'éducation stagiaires, dans le cadre des orientations définies par l'État. Ces actions comportent des enseignements communs permettant l'acquisition d'une culture professionnelle partagée et des enseignements spécifiques en fonction des métiers, des disciplines et des niveaux d'enseignement. *(L. n° 2019-791 du 26 juill. 2019, art. 44)* « Ils » fournissent des enseignements disciplinaires et didactiques mais aussi en pédagogie et en sciences de l'éducation. Les *(L. n° 2019-791 du 26 juill. 2019, art. 44)* « instituts » organisent des formations de préparation aux concours de recrutement dans les métiers du professorat et de l'éducation ;

2° *(L. n° 2019-791 du 26 juill. 2019, art. 44)* « Ils » organisent des actions de formation continue des personnels enseignants des premier et second degrés et des personnels d'éducation ;

3° *(L. n° 2019-791 du 26 juill. 2019, art. 44)* « Ils » participent à la formation initiale et continue des personnels enseignants-chercheurs et enseignants de l'enseignement supérieur ;

4° *(L. n° 2019-791 du 26 juill. 2019, art. 44)* « Ils » peuvent conduire des actions de formation aux autres métiers de la formation et de l'éducation ;

5° *(L. n° 2019-791 du 26 juill. 2019, art. 44)* « Ils » participent à la recherche disciplinaire et pédagogique ;

6° *(L. n° 2019-791 du 26 juill. 2019, art. 44)* « Ils » participent à des actions de coopération internationale.

Dans le cadre de leurs missions, *(L. n° 2019-791 du 26 juill. 2019, art. 44)* « ils » assurent le développement et la promotion de méthodes pédagogiques innovantes. *(L. n° 2019-791 du 26 juill. 2019, art. 46)* « Ils forment les étudiants et les enseignants à la maîtrise des outils et ressources numériques, à leur usage pédagogique ainsi qu'à la connaissance et à la compréhension des enjeux liés à l'écosystème numérique *(L. n° 2021-1104 du 22 août 2021, art. 5)* « et à la sobriété numérique ». »

(L. n° 2019-791 du 26 juill. 2019, art. 44) « Ils » préparent les futurs enseignants et personnels d'éducation aux enjeux du socle commun de connaissances, de compétences et de culture *(L. n° 2018-1202 du 22 déc. 2018, art. 18)* « , à ceux de l'éducation aux médias et à l'information » et à ceux de la formation tout au long de la vie.

(L. n° 2019-791 du 26 juill. 2019, art. 44) « Ils » organisent des formations de sensibilisation *(L. n° 2021-1109 du 24 août 2021, art. 62)* « à l'enseignement pluridisciplinaire des faits religieux, à la prévention de la radicalisation, » à l'égalité entre les femmes et les hommes, à la lutte contre les discriminations *(L. n° 2018-1202 du 22 déc. 2018, art. 18)* « , à la manipulation de l'information » *(L. n° 2020-766 du 24 juin 2020, art. 15)* « , à la lutte contre la diffusion de contenus haineux » *(L. n° 2019-791 du 26 juill. 2019, art. 46)* « , au respect et à la protection de l'environnement et à la transition écologique », à la scolarisation des élèves *(L. n° 2019-791 du 26 juill. 2019, art. 46)* « à besoins éducatifs particuliers, dont les élèves » en situation de handicap *(L. n° 2019-791 du 26 juill. 2019, art. 46)* « et les élèves à haut potentiel, » ainsi que des formations à la prévention et à la résolution non violente des conflits. *(L. n° 2019-791 du 26 juill. 2019, art. 44)* « Ils » préparent les enseignants aux enjeux de l'entrée dans les apprentissages et à la prise en compte de la difficulté scolaire dans le contenu des enseignements et la démarche d'apprentissage. *(L. n° 2019-791 du 26 juill. 2019, art. 46)* « Dans les académies d'outre-mer, ils préparent les enseignants aux enjeux du plurilinguisme et à la scolarisation des enfants allophones. Ils préparent aux enjeux d'évaluation des connaissances et des compétences des élèves. *(L. n° 2021-1109 du 24 août 2021, art. 62)* « Ils forment les futurs enseignants et personnels de l'éducation au principe de laïcité et aux modalités de son application dans les écoles, collèges et lycées publics, ainsi que pendant toute activité liée à l'enseignement.

« Dans le cadre de la formation continue, ils organisent des formations sur le principe de laïcité et ses modalités d'application dans les écoles, collèges et lycées publics, ainsi que pendant toute activité liée à l'enseignement. Ils organisent également des formations de sensibilisation à l'enseignement pluridisciplinaire des faits religieux et à la prévention de la radicalisation et sur le dialogue avec les parents. »

« En ce qui concerne les enseignements communs, un arrêté des ministres chargés de l'éducation nationale et de l'enseignement supérieur précise le cahier des charges des contenus de la formation initiale spécifique concernant la scolarisation des enfants en situation de handicap *(L. n° 2021-1109 du 24 août 2021, art. 62)* « ainsi que de la formation spécifique concernant le principe de laïcité ». »

(L. n° 2019-791 du 26 juill. 2019, art. 44) « Ils » assurent leurs missions avec les autres composantes de l'établissement public, les établissements publics d'enseignement supérieur partenaires et d'autres organismes, les services académiques *(L. n° 2019-791 du 26 juill. 2019, art. 46)* « , les établissements scolaires, les établissements du secteur médico-social et les maisons départementales des personnes handicapées », le cas échéant dans le cadre de conventions conclues avec eux. *(L. n° 2019-791 du 26 juill. 2019, art. 46)* « Leurs équipes pédagogiques comprennent des personnels enseignants, d'inspection et de direction en exercice dans les premier et second degrés ainsi que des enseignants-chercheurs. Elles intègrent également des professionnels issus des milieux économiques. »

Art. L. 721-3 I. – Les *(L. n° 2019-791 du 26 juill. 2019, art. 44)* « instituts nationaux supérieurs » du professorat et de l'éducation sont *(L. n° 2019-791 du 26 juill. 2019, art. 44)* « administrés », à parité de femmes et d'hommes, par un conseil de l'école *[institut]* et *(L. n° 2019-791 du 26 juill. 2019, art. 44)* « dirigés » par un directeur. *(L. n° 2019-791 du 26 juill. 2019, art. 44)* « Ils » comprennent également un conseil d'orientation scientifique et pédagogique.

Les membres du conseil de l'*(L. n° 2019-791 du 26 juill. 2019, art. 44)* « institut » et du conseil d'orientation scientifique et pédagogique sont désignés, à parité de femmes et d'hommes, pour un mandat de cinq ans, à l'exception des représentants des usagers qui sont désignés, à parité de femmes et d'hommes, pour une durée moindre fixée par décret. Ce décret fixe les règles relatives à la composition et au fonctionnement de ces conseils, dont les modalités de représentation des personnels, des personnes participant à des actions de formation organisées par l'*(L. n° 2019-791 du 26 juill. 2019, art. 44)* « institut » ainsi que de celles qui en bénéficient.

Le conseil de l'*(L. n° 2019-791 du 26 juill. 2019, art. 44)* « institut », dont l'effectif ne peut dépasser trente membres, comprend des représentants des enseignants, qui sont en nombre au moins égal à celui des représentants des autres personnels et des usagers, un ou plusieurs représentants de l'établissement public mentionné au premier alinéa de l'article L. 721-1 et au moins 30 % de personnalités extérieures, dont au moins un représentant des collectivités territoriales. Au moins la moitié des représentants des enseignants sont des représentants des enseignants-chercheurs ; *(L. n° 2019-791 du 26 juill. 2019, art. 54)* « l'autorité académique » désigne une partie des personnalités extérieures.

Le président du conseil est élu parmi les personnalités extérieures désignées par le recteur.

(L. n° 2019-791 du 26 juill. 2019, art. 45) « Le directeur de l'institut est nommé par arrêté conjoint des ministres chargés de l'éducation nationale et de l'enseignement supérieur.

« Les candidats à l'emploi de directeur d'institut sont auditionnés par un comité coprésidé par *(L. n° 2019-791 du 26 juill. 2019, art. 54)* « l'autorité académique » compétente et le président ou le directeur de l'établissement de rattachement.

« Un décret précise la durée des fonctions de directeur d'institut, les conditions à remplir pour pouvoir être candidat à cet emploi ainsi que les modalités de désignation des membres et de fonctionnement du comité d'audition. »

II. – Le conseil de l'*(L. n° 2019-791 du 26 juill. 2019, art. 44)* « institut » adopte les règles relatives aux examens et les modalités de contrôle des connaissances. Il adopte le budget de l'*(L. n° 2019-791 du 26 juill. 2019, art. 44)* « institut » et approuve les contrats pour les affaires intéressant l'*(L. n° 2019-791 du 26 juill. 2019, art. 44)* « institut ». Il soumet au conseil d'administration de l'établissement public à caractère scientifique, culturel et professionnel la répartition des emplois. Il est consulté sur les recrutements de l'*(L. n° 2019-791 du 26 juill. 2019, art. 44)* « institut ».

III. – Le directeur de l'*(L. n° 2019-791 du 26 juill. 2019, art. 44)* « institut » prépare les délibérations du conseil de l'*(L. n° 2019-791 du 26 juill. 2019, art. 44)* « institut » et en assure l'exécution. Il a autorité sur l'ensemble des personnels.

Il a qualité pour signer, au nom de l'établissement public à caractère scientifique, culturel et professionnel, les conventions relatives à l'organisation des enseignements. Ces conventions ne peuvent être exécutées qu'après avoir été approuvées par le président de l'établissement public à caractère scientifique, culturel et professionnel et votées par le conseil d'administration de l'établissement public.

Le directeur de l'*(L. n° 2019-791 du 26 juill. 2019, art. 44)* « institut » prépare un document d'orientation politique et budgétaire. Ce rapport est présenté aux instances délibératives des établissements publics d'enseignement supérieur partenaires de l'*(L. n° 2019-791 du 26 juill. 2019, art. 44)* « institut national supérieur » du professorat et de l'éducation au cours du troisième trimestre de l'année civile.

Le directeur propose une liste de membres des jurys d'examen au président de l'établissement public à caractère scientifique, culturel et professionnel pour les formations soumises à examen dispensées dans l'*(L. n° 2019-791 du 26 juill. 2019, art. 44)* « institut national supérieur » du professorat et de l'éducation et, le cas échéant, aux présidents des établissements partenaires mentionnés à l'avant-dernier alinéa de l'article L. 721-1.

IV. – Le conseil d'orientation scientifique et pédagogique contribue à la réflexion sur les grandes orientations relatives à la politique partenariale et aux activités de formation et de recherche de l'*(L. n° 2019-791 du 26 juill. 2019, art. 44)* « institut ».

V. – Chaque *(L. n° 2019-791 du 26 juill. 2019, art. 44)* « institut national supérieur » du professorat et de l'éducation dispose, pour tenir compte des exigences de son développement, d'un budget propre intégré au budget de l'établissement public dont *(L. n° 2019-791 du 26 juill. 2019, art. 44)* « il » fait partie. Les ministres compétents peuvent lui affecter directement des crédits et des emplois attribués à l'établissement public. Le directeur de l'*(L. n° 2019-791 du 26 juill. 2019, art. 44)* « institut national supérieur » du professorat et de l'éducation est ordonnateur des recettes et des dépenses. Le budget de l'*(L. n° 2019-791 du 26 juill. 2019, art. 44)* « institut » est approuvé par le conseil d'administration de l'établissement public, qui peut l'arrêter lorsqu'il n'est pas adopté par le conseil de l'*(L. n° 2019-791 du 26 juill. 2019, art. 44)* « institut » ou n'est pas voté en équilibre réel.

Sur les conditions de désignation des directeurs des instituts nationaux supérieurs du professorat et de l'éducation, V. art. D. 721-1 s.

Cette jurisprudence a été rendue sous l'empire de l'ancien art. L. 625-1 consacré aux IUFM.

ÉLECTIONS AU CONSEIL D'ADMINISTRATION

1. Composition du corps électoral. Un professeur agrégé de l'enseignement secondaire ne peut être électeur au collège des enseignants-chercheurs du conseil d'administration d'un IUFM, dès lors qu'il n'appartient pas aux corps de professeurs des universités et de maîtres de conférences. La circonstance que ce professeur a été mis à disposition des enseignements supérieurs sur un emploi d'assistant reste en tout état de cause sans influence sur la détermination du collège dans lequel il est électeur et éligible. • CAA Nancy, 27 mai 1992, *Institut universitaire de formation des maîtres de Franche-Comté*, n° 92NC00097 : *Lebon T. 1021*.

2. Sincérité du scrutin. Un syndicat présentant des candidats à l'élection au conseil scientifique et pédagogique d'un IUFM a envoyé à l'ensemble des électeurs le matériel électoral officiel irrégulièrement mis à sa disposition par l'administration en excluant toutefois de son envoi les bulletins de vote des deux autres listes en présence. Cette démarche a pu laisser croire à certains électeurs, qui n'ont reçu aucune information de la part des services de l'IUFM, que la liste de ce syndicat était seule candidate. Compte tenu de l'importance relative du nombre de votes par correspondance émis en faveur de cette liste, cette façon de procéder a affecté la sincérité de l'ensemble des opérations électorales. • CAA Lyon, 7 déc. 1993, *Mme Arlette de Asis*, n° 93LY00606 : *Lebon T. 796* ; *AJDA 1994. 160*.

3. Contestation du scrutin. Le Décr. du 28 sept. 1990 fixant les règles d'organisation et de fonctionnement des instituts universitaires de formation des maîtres limite aux électeurs, au directeur de l'établissement et au recteur, les personnes ayant le droit d'invoquer l'irrégularité ou la nullité des élections des membres du conseil d'administration représentants des personnels et des usagers de ces établissements publics. Ces dispositions, qui ont pour effet d'exclure la qualité pour agir des syndicats ayant pour mission la défense des intérêts collectifs de ces catégories de personnes, ne méconnaissent pas les principes régissant le droit d'agir en justice des syndicats, eu égard à la compétence de l'organisme collégial en vue de la constitution duquel sont prévues ces opérations électorales. • CAA Lyon, 19 nov. 1991, *Synd. nat. des enseignements du second degré (SNES)*, n° 91LY00409 : *Lebon 584* ; *AJDA 1992. 161* • CAA Nancy, 22 oct. 1992, *Institut universitaire de formation des maîtres de l'académie de Reims c/ Synd. nat. des enseignements du second degré (SNES)*, n° 91NC00246.

CHAPITRE II DROITS ET OBLIGATIONS DE L'ÉTAT ET DES DÉPARTEMENTS CONCERNANT LES INSTITUTS UNIVERSITAIRES DE FORMATION DES MAÎTRES, LES ÉCOLES SUPÉRIEURES DU PROFESSORAT ET DE L'ÉDUCATION ET LES INSTITUTS NATIONAUX SUPÉRIEURS DU PROFESSORAT ET DE L'ÉDUCATION *(L. n° 2013-595 du 8 juill. 2013, art. 71 ; L. n° 2019-791 du 26 juill. 2019, art. 44).*

Art. L. 722-1 Pour l'accomplissement des missions définies à l'article *(L. n° 2013-595 du 8 juill. 2013, art. 71)* « L. 721-2 », les biens meubles et immeubles affectés aux écoles normales primaires et à leurs écoles annexes sont affectés aux instituts universitaires de formation des maîtres.

(L. n° 2013-595 du 8 juill. 2013, art. 71) « A compter de la date prévue à l'article 83 de la loi n° 2013-595 du 8 juillet 2013 d'orientation et de programmation pour la refondation de l'école de la République, ces biens sont affectés aux écoles supérieures du professorat et de l'éducation *(L. n° 2019-791 du 26 juill. 2019, art. 44)* « dénommées instituts nationaux supérieurs du professorat et de l'éducation à compter de la date d'entrée en vigueur de la loi n° 2019-791 du 26 juillet 2019 pour une école de la confiance ». »

Art. L. 722-2 Le département peut demander à passer avec l'État une convention afin de continuer à exercer les responsabilités qu'il assumait précédemment à l'égard des biens mentionnés à l'article L. 722-1 ainsi qu'à l'égard des personnels affectés à leur entretien et à leur gestion. La convention détermine les conditions et les modalités de la prise en charge par le département des dépenses correspondantes. – *[L. n° 90-587 du 4 juill. 1990, art. 2.]*

Art. L. 722-3 A défaut d'intervention de la convention prévue à l'article L. 722-2, les biens visés à l'article L. 722-1 sont mis à la disposition de l'État. L'État les prend en charge ainsi que les personnels affectés à leur gestion et à leur entretien dans les conditions et selon les modalités définies par les articles L. 722-5 à L. 722-15. – *[L. n° 90-587 du 4 juill. 1990, art. 3, al. 1er.]*

Art. L. 722-4 La convention mentionnée à l'article L. 722-2 est passée avant la date de création de l'institut universitaire de formation des maîtres. Elle est conclue sans limitation de durée. Elle peut être révisée à la demande de l'une des deux parties.

La résiliation peut également être demandée par l'une des deux parties ; elle prend effet au 1er janvier de la deuxième année qui suit la demande et entraîne l'application des dispositions des articles L. 722-5 à 722-15. – *[L. n° 90-587 du 4 juill. 1990, art. 4.]*

Art. L. 722-5 Lorsque le département est propriétaire des biens mentionnés à l'article L. 722-1, la mise à la disposition de l'État de ces biens a lieu à la date de création de l'institut universitaire de formation des maîtres ; elle est faite à titre gratuit ; elle est constatée par un procès-verbal établi contradictoirement entre les représentants de l'État et du département. Le procès-verbal précise la consistance, la situation juridique, l'état des biens et l'évaluation de la remise en état de ceux-ci.

L'État assume l'ensemble des obligations du propriétaire. Il possède tous pouvoirs de gestion sous réserve des dispositions de l'article L. 722-16 et agit en justice au lieu et place du département.

Il peut procéder à tous travaux de grosses réparations, de reconstruction, de démolition, de surélévation ou d'addition de constructions qui ne remettent pas en cause l'affectation des biens.

L'État assure l'entretien et le renouvellement des biens meubles mentionnés à l'article L. 722-1.

L'État est substitué au département dans ses droits et obligations relatifs aux biens dont il prend en charge les dépenses. Toutefois, le département conserve la charge du remboursement des emprunts qu'il avait contractés avant la mise à disposition des biens.

Lorsque le département est locataire des biens mis à disposition, l'État succède à tous ses droits et obligations. Il est substitué au département dans les contrats de toute nature que celui-ci avait conclus pour l'aménagement, l'entretien et la conservation des biens mis à disposition ainsi que pour le fonctionnement de l'école normale primaire. Le département constate cette substitution et la notifie à ses cocontractants. – *[L. n° 90-587 du 4 juill. 1990, art. 5.]*

Bâtiments des écoles normales. Le Conseil d'État avait jugé que les bâtiments des écoles normales primaires avaient le caractère de bâtiments départementaux, alors même que ces écoles étaient des établissements publics de l'État. • CE 21 juill. 1970, *MM. Lachaud et Aubineau,* nos 66475, 66488 et 73248 : *Lebon 509*.

Art. L. 722-6 Une convention passée entre le représentant de l'État dans le département et le président du conseil départemental constate le montant des dépenses antérieurement supportées par le département pour le fonctionnement des écoles normales et de leurs écoles annexes, y compris les dépenses relatives à l'entretien et à l'acquisition de matériels ainsi que celles relatives à la réalisation de grosses réparations sur les immeubles ou parties d'immeubles qui leur sont affectés, et à l'exclusion des dépenses relatives à l'acquisition de matériels pédagogiques.

Cette convention, passée dans un délai de trois mois à compter de la date de création de l'institut universitaire de formation des maîtres, prend effet après approbation par un arrêté du ministre de l'intérieur et du ministre chargé de l'enseignement supérieur.

A défaut d'accord entre le représentant de l'État dans le département et le président du conseil départemental, un arrêté conjoint du ministre de l'intérieur et du ministre chargé de l'enseignement supérieur fixe le montant de ces dépenses après avis de la chambre régionale des comptes territorialement compétente. – *[L. n° 90-587 du 4 juill. 1990, art. 6.]*

Art. L. 722-7 Pour l'évaluation des dépenses mentionnées à l'article L. 722-6, il est fait application des règles suivantes :

a) Le montant des dépenses de fonctionnement est arrêté sur la base du compte administratif du département afférent au dernier exercice précédant l'année de prise en charge par l'État ;

b) Le montant des dépenses ne relevant pas du a est calculé par référence aux dépenses actualisées des exercices antérieurs. A défaut d'accord sur la période de référence, ce montant est égal à la moyenne annuelle des dépenses actualisées des cinq dernières années. Il est pondéré afin de tenir compte de la différence entre la moyenne annuelle départementale et la moyenne annuelle nationale des dépenses engagées à ce titre, au cours des cinq dernières années, par instituteur exerçant dans le département. Un décret fixe les modalités de cette pondération ;

c) Les dépenses sont évaluées hors taxe sur la valeur ajoutée.

Le montant des dépenses ainsi déterminé est actualisé par application du taux d'évolution de la dotation globale de fonctionnement des départements pour l'année de prise en charge par l'État. – *[L. n° 90-587 du 4 juill. 1990, art. 7.]*

Art. L. 722-8 En contrepartie de la prise en charge directe par l'État des dépenses mentionnées à l'article L. 722-6, le montant de la dotation générale de décentralisation ou, à défaut, le produit des impôts affectés aux départements pour compenser les charges nouvelles résultant des transferts de compétences dans les conditions prévues aux articles L. 1614-1 à L. 1614-4 du code général des collectivités territoriales, est diminué d'un montant égal à celui déterminé à l'article L. 722-7 du présent code. Cette diminution est réalisée à titre définitif. – *[L. n° 90-587 du 4 juill. 1990, art. 8.]*

Art. L. 722-9 En cas de désaffectation totale ou partielle des biens qui, en application de l'article L. 722-5, ont été mis à disposition de l'État, la collectivité propriétaire recouvre l'ensemble de ses droits et obligations sur les biens désaffectés. – *[L. n° 90-587 du 4 juill. 1990, art. 9.]*

Art. L. 722-10 Les fonctionnaires relevant du statut de la fonction publique territoriale et affectés à l'entretien et à la gestion des biens pris en charge par l'État peuvent demander leur intégration dans la fonction publique de l'État ou le maintien de leur situation antérieure dans les conditions ci-après.

A compter de la date de création de l'institut universitaire de formation des maîtres, les fonctionnaires disposent d'un délai de deux ans pour exercer leur droit d'option.

Il est fait droit à leur demande dans un délai maximum de deux ans à compter de la date de réception de celle-ci.

Les fonctionnaires qui n'optent pas pour leur intégration dans la fonction publique de l'État peuvent demander à être détachés dans un emploi de l'État.

Un décret en Conseil d'État fixe les conditions dans lesquelles les fonctionnaires territoriaux concernés sont intégrés dans les corps de fonctionnaires de l'État.

L'État prend en charge les dépenses relatives aux personnels affectés à l'entretien et à la gestion des écoles normales primaires et de leurs écoles annexes au fur et à mesure qu'il est fait droit aux demandes d'option ou que sont constatées des vacances d'emploi. – *[L. n° 90-587 du 4 juill. 1990, art. 10.]*

Art. L. 722-11 A compter de la date de création de l'institut universitaire de formation des maîtres, le représentant de l'État dans le département et le président du conseil départemental établissent, par convention, dans un délai de trois mois, un état des emplois et des agents mentionnés à l'article L. 722-10, qui comprend le montant des dépenses correspondant à chaque emploi.

Cette convention prend effet après approbation par un arrêté du ministre de l'intérieur et du ministre chargé de l'enseignement supérieur.

A défaut d'accord entre le représentant de l'État dans le département et le président du conseil départemental, un arrêté conjoint du ministre de l'intérieur et du ministre chargé de l'enseignement supérieur fixe cet état après avis de la chambre régionale des comptes territorialement compétente. – *[L. n° 90-587 du 4 juill. 1990, art. 11.]*

Art. L. 722-12 Chaque année, il est procédé au calcul du montant des dépenses afférentes aux rémunérations des agents mentionnés à l'article L. 722-10 supportées par les départements et correspondant aux emplois figurant sur l'état prévu à l'article L. 722-11 qui donnent lieu à un transfert de prise en charge financière l'année suivante.

Les dépenses prises en compte sont celles qui ont été supportées au titre du dernier exercice budgétaire clos.

Ce montant est arrêté par accord entre le représentant de l'État dans le département et le président du conseil départemental, pour chaque année, avant le 30 avril de l'année précédente.

En cas de désaccord, ce montant est fixé par arrêté du ministre de l'intérieur et du ministre chargé de l'enseignement supérieur. – *[L. n° 90-587 du 4 juill. 1990, art. 12.]*

Art. L. 722-13 **Le montant déterminé conformément aux dispositions de l'article L. 722-12 est actualisé entre le dernier exercice budgétaire clos et l'année au cours de laquelle est faite la prise en charge, par application d'un taux correspondant à l'évolution du total annuel du traitement et de l'indemnité de résidence définis à l'article 20 de la loi n° 83-634 du 13 juillet 1983 portant droits et obligations des fonctionnaires** *[V. **C. fonct. publ.**]* **et afférent à l'indice nouveau majoré 254.** – *[L. n° 90-587 du 4 juill. 1990, art. 13.]*

Art. L. 722-14 **Le montant de la dotation générale de décentralisation ou, à défaut, le produit des impôts affectés aux départements pour compenser les charges nouvelles résultant des transferts de compétences dans les conditions prévues aux articles L. 1614-1 à L. 1614-4 du code général des collectivités territoriales, est diminué d'un montant égal à celui défini à l'article L. 722-13 du présent code.** – *[L. n° 90-587 du 4 juill. 1990, art. 14.]*

Art. L. 722-15 **La compensation financière réalisée conformément aux dispositions des articles L. 722-11 à L. 722-14 fait l'objet, au plus tard dans la loi de finances de la deuxième année suivant l'exercice considéré, d'une régularisation pour tenir compte notamment du nombre réel des vacances effectivement constatées au cours de l'année en cause ainsi que du montant définitif des dépenses correspondant aux emplois pris en charge au titre de la même année.** – *[L. n° 90-587 du 4 juill. 1990, art. 15.]*

Art. L. 722-16 **Le président du conseil départemental peut, sous sa responsabilité et après avis du conseil** *(L. n° 2013-595 du 8 juill. 2013, art. 71)* **« de l'***(L. n° 2019-791 du 26 juill. 2019, art. 44)* **« institut national supérieur » du professorat et de l'éducation », utiliser les locaux visés à l'article L. 722-1 pour l'organisation d'activités à caractère éducatif, sportif ou culturel, compatibles avec la nature et l'aménagement de ceux-ci et avec les principes généraux du service public de l'éducation, pendant les heures ou les périodes au cours desquelles ils ne sont pas utilisés pour la mise en œuvre des missions inscrites à l'article** *(L. n° 2013-595 du 8 juill. 2013, art. 71)* **« L. 721-2 ».**

Art. L. 722-17 *(L. n° 2002-92 du 22 janv. 2002, art. 6)* **La collectivité territoriale de Corse prend en charge la gestion des biens meubles et immeubles affectés aux** *(L. n° 2019-791 du 26 juill. 2019, art. 44)* **« instituts nationaux supérieurs »** *(L. n° 2013-595 du 8 juill. 2013, art. 71)* **« du professorat et de l'éducation ». A cet effet, la collectivité territoriale est substituée à l'État, pour l'application des articles L. 722-2 à L. 722-9, à l'exception de toute disposition relative aux personnels.**

CHAPITRE III **MISSIONS ET ORGANISATION DE L'ÉTABLISSEMENT DE FORMATION DES PERSONNELS POUR L'ADAPTATION ET L'INTÉGRATION SCOLAIRES**

(L. n° 2005-102 du 11 févr. 2005, art. 87)

Art. L. 723-1 **La formation professionnelle initiale et continue des personnels qui concourent à la mission d'adaptation et d'intégration scolaires des enfants et adolescents** *(L. n° 2019-791 du 26 juill. 2019, art. 27)* **« en situation de handicap » mentionnés au titre V du livre III est confiée à un établissement public national à caractère administratif placé sous la tutelle du ministre chargé de l'enseignement supérieur et du ministre chargé de l'éducation.**

Cet établissement est administré par un conseil d'administration et dirigé par un directeur nommé par arrêté des ministres précités. Le conseil d'administration comprend des représentants de l'État, des personnalités qualifiées, des représentants des

établissements publics d'enseignement supérieur et des collectivités territoriales ainsi que des représentants élus du personnel et des usagers. Il est assisté par un conseil scientifique et pédagogique.

Un décret fixe les attributions, les modalités d'organisation et de fonctionnement, et la composition du conseil d'administration de cet établissement.

Sur l'Institut national supérieur de formation et de recherche pour l'éducation des jeunes handicapés et les enseignements adaptés, V. ci-dessous Décr. n° 2005-1754 du 30 déc. 2005.

Décret n° 2005-1754 du 30 décembre 2005,

Relatif à l'Institut national supérieur de formation et de recherche pour l'éducation des jeunes handicapés et les enseignements adaptés.

TITRE Ier. DISPOSITIONS GÉNÉRALES

Art. 1er L'Institut national supérieur de formation et de recherche pour l'éducation des jeunes handicapés et les enseignements adaptés, ci-après désigné l'Institut, est un établissement public à caractère administratif doté de la personnalité morale et de l'autonomie financière, qui succède au Centre national d'études et de formation pour l'enfance inadaptée (CNEFEI). Son siège est à Suresnes.

L'Institut est un établissement d'enseignement supérieur placé sous la tutelle du ministre chargé de l'enseignement supérieur et du ministre chargé de l'éducation nationale. Il a vocation à être rattaché à un ou plusieurs établissements publics à caractère scientifique, culturel et professionnel. Ses règles d'organisation et de fonctionnement sont fixées par le présent décret et par le règlement intérieur de l'établissement.

Art. 2 L'Institut contribue par ses activités d'enseignement et de recherche à :

— la prévention des difficultés scolaires ;

— la scolarisation des enfants et des adolescents qui présentent des besoins éducatifs particuliers notamment en lien avec des difficultés graves d'apprentissage ;

— l'éducation et la formation des enfants, adolescents et adultes qui présentent des besoins éducatifs particuliers en lien avec un handicap ou une maladie invalidante ;

— l'enseignement aux personnes placées sous main de justice, notamment les mineurs et les jeunes détenus.

A ce titre :

1° Il apporte son concours à la définition et à la mise en œuvre des politiques d'éducation et de formation correspondantes.

Il dispense une formation supérieure initiale et continue à visée professionnelle destinée aux personnels enseignants, non enseignants et d'encadrement.

Il participe, dans les domaines précisés ci-dessus, à l'animation et à la coordination des formations développées dans les instituts universitaires de formation des maîtres.

Il assure la formation des formateurs.

2° Il conduit des études et des recherches en éducation, notamment à des fins pédagogiques.

Il est un centre de ressources scientifiques, pédagogiques et humaines.

Il contribue à l'information, à la documentation, à l'édition et à la diffusion d'outils en liaison avec le Réseau Canopé.

3° Il exerce ses activités en partenariat avec les départements ministériels intéressés, les organismes de formation et de recherche, les établissements publics ainsi que les associations.

4° Il participe à la coopération internationale dans le cadre de ses missions, en particulier avec les pays de l'Union européenne.

Art. 3 Les conditions d'admission aux formations dispensées par l'Institut sont fixées par arrêté du ministre chargé de l'enseignement supérieur et du ministre chargé de l'éducation nationale. Les conditions de scolarité et les modalités de l'évaluation sont fixées par le conseil d'administration après avis du conseil scientifique et pédagogique, dans le respect des textes en vigueur.

TITRE II. ORGANISATION ADMINISTRATIVE

Art. 4 L'Institut est administré par un conseil d'administration assisté par un conseil scientifique et pédagogique.

Il est dirigé par un directeur assisté d'un secrétaire général et d'un directeur des études.

Art. 5 Le directeur de l'institut est nommé pour une durée de trois ans, renouvelable une fois, par arrêté du ministre chargé de l'enseignement supérieur et du ministre chargé de l'éducation nationale, après appel de candidature et après avis du conseil d'administration. Il est choisi parmi les personnes qui ont vocation à participer à la formation des personnels accueillis par l'Institut. *(Décr. n° 2012-880 du 16 juill. 2012, art. 1er)* « Lorsque le directeur atteint, en cours de mandat, la limite d'âge fixée par la loi n° 84-834 du 13 septembre 1984 modifiée relative à la limite d'âge dans la fonction publique et le secteur public *[V. C. fonct. publ.]*, il exerce ses fonctions jusqu'à la fin du mandat en cours. »

Le directeur des études est nommé dans les mêmes conditions parmi les personnes ayant vocation à participer à la formation des personnels accueillis par l'Institut et pour un mandat de trois ans renouvelable.

Art. 6 Le conseil d'administration comprend 24 membres :

1° Six membres de droit :

— le maire de la ville de Suresnes ou son représentant ;

— le *(Décr. n° 2019-1558 du 30 déc. 2019, art. 18)* « recteur de la région académique Île-de-France » ou son représentant ;

— le président de l'université Paris-X ou son représentant ;

— le directeur chargé de l'enseignement scolaire ou son représentant ;

— le directeur chargé de l'enseignement supérieur ou son représentant ;

— le *(Décr. n° 2020-1677 du 23 déc. 2020, art. 4)* « chef de l'inspection générale de l'éducation, du sport et de la recherche » ou son représentant ;

2° Six personnalités qualifiées dont trois nommées par le ministre chargé de l'enseignement supérieur et trois nommées par le ministre chargé de l'éducation nationale ;

3° Douze membres élus par collège correspondant à leur catégorie :

a) Un représentant des professeurs des universités ou personnels assimilés en application des dispositions de l'arrêté prévu à l'article 6 du décret *[n° 92-70]* du 16 janvier 1992 susvisé ;

b) Un représentant des autres enseignants-chercheurs ou personnels assimilés en application des dispositions de l'arrêté prévu à l'article 6 du décret du 16 janvier 1992 susvisé ;

c) Quatre représentants des autres personnels enseignants ou assimilés et des personnels d'inspection ;

d) Trois représentants des personnels ingénieurs, administratifs, techniques, ouvriers, sociaux et de santé ;

e) Trois représentants des usagers.

Le président du conseil d'administration est élu par celui-ci parmi les personnalités qualifiées et pour la durée de son mandat de membre. Un vice-président est élu dans les mêmes conditions et remplace le président en cas d'empêchement temporaire de celui-ci.

Pour chaque membre élu du conseil, il est désigné un suppléant dans les mêmes conditions que le titulaire.

Le directeur de l'établissement, le secrétaire général, le directeur des études, *(Décr. n° 2012-1247 du 7 nov. 2012, art. 205)* « le contrôleur budgétaire », l'agent comptable ainsi que toute personne dont la présence est jugée utile par le président assistent aux séances avec voix consultative.

Art. 7 Le conseil d'administration se réunit au moins deux fois par an, sur convocation de son président ; en outre, il peut se réunir en séance extraordinaire et sur un ordre du jour précis à l'initiative de son président ou du directeur de l'Institut. Il est également convoqué par son président à la demande du ministre chargé de l'enseignement supérieur, du ministre chargé de l'éducation nationale ou à la demande de la moitié de ses membres. L'ordre du jour, établi par le président sur proposition du directeur, est notifié aux membres du conseil au moins huit jours à l'avance. Un tiers des membres du conseil peut demander l'inscription d'un point à l'ordre du jour.

Le conseil d'administration siège valablement lorsque la majorité des membres en exercice du conseil sont présents à l'ouverture de la séance. Si le quorum n'est pas atteint, le conseil est à nouveau convoqué dans un délai de quinze jours et peut valablement siéger, quel que soit le nombre des membres présents ou représentés.

Les délibérations sont acquises à la majorité des membres présents ou représentés. La voix du président est prépondérante en cas de partage égal des voix.

Un membre empêché peut donner procuration à un autre membre. Nul ne peut être porteur de plus d'une procuration.

Art. 8 Le conseil d'administration peut créer toutes les commissions consultatives utiles. Il en désigne les membres et en définit les missions.

Art. 9 Le conseil scientifique et pédagogique comprend seize membres. Il est composé de :

1° Huit représentants des personnels enseignant dans l'établissement dont trois enseignants-chercheurs ;

2° Deux représentants des usagers ;

3° Cinq personnalités extérieures qualifiées choisies parmi les enseignants-chercheurs ou les chercheurs par le ministre chargé de l'enseignement supérieur ;

4° Un représentant des personnels ingénieurs, administratifs, techniques, ouvriers, sociaux et de santé.

Pour chaque membre élu du conseil, il est désigné un suppléant dans les mêmes conditions que le titulaire.

Le conseil scientifique et pédagogique élit, parmi ses membres, pour la durée de leur mandat, un président et un vice-président qui remplace le président en cas d'empêchement de celui-ci.

Le conseil scientifique et pédagogique se réunit sur convocation de son président au moins deux fois par an dans les mêmes conditions que le conseil d'administration.

Le directeur, le secrétaire général et le directeur des études assistent aux séances du conseil avec voix consultative.

Le conseil peut créer des commissions spécialisées dont la composition et le rôle sont définis par le règlement intérieur de l'établissement.

Les règles de fonctionnement du conseil sont fixées par le règlement intérieur de l'établissement.

Art. 10 Les membres du conseil d'administration et du conseil scientifique et pédagogique sont élus ou nommés pour une durée de trois ans à l'exception des représentants des usagers dont le mandat est d'un an.

Art. 11 Lorsqu'un seul siège est à pourvoir dans un collège, le représentant est élu au scrutin majoritaire uninominal à deux tours, le premier tour à la majorité absolue, le second à la majorité relative. En cas d'égalité des voix au second tour, le siège est attribué au candidat le plus âgé.

Lorsque plusieurs sièges sont à pourvoir, les représentants sont élus au scrutin de liste à la représentation proportionnelle au plus fort reste sans panachage ni liste incomplète.

Les scrutins sont secrets. Nul ne peut prendre part au vote s'il n'est inscrit sur une liste électorale. Les électeurs peuvent exercer leur droit de vote par correspondance.

Le règlement intérieur de l'établissement fixe les modalités d'application de ces dispositions.

Art. 12 Sont électeurs et éligibles dans le collège correspondant à leur catégorie :

1° Les enseignants-chercheurs et personnels assimilés qui assurent à l'Institut au moins au tiers de leurs obligations de service de référence ;

2° Les autres personnels enseignants et assimilés et les personnels d'inspection affectés à l'Institut ainsi que les autres personnels qui assurent à l'Institut au moins cinquante heures annuelles d'enseignement ;

3° Les personnels ingénieurs, administratifs, techniques, ouvriers, sociaux et de santé affectés à l'établissement et accomplissant à l'Institut un service au moins égal à un mi-temps.

4° Les usagers.

Art. 13 Le mandat des membres des conseils cesse lorsqu'ils perdent la qualité au titre de laquelle ils ont été élus et nommés.

Pour les collèges mentionnés à l'article aux *c*, *d* et *e* du 3° de l'article 6 et ceux mentionnés aux 1° et 2° de l'article 9, lorsqu'un membre titulaire des conseils perd la qualité au titre de laquelle il était éligible, démissionne ou est définitivement empêché d'exercer ses fonctions, il est remplacé par son suppléant qui devient titulaire.

Si un suppléant devient titulaire ou s'il cesse de remplir les conditions d'éligibilité, le premier des candidats titulaires non élus de la même liste, ou après épuisement du nombre des candidats titulaires, le premier des candidats suppléants de la même liste lui succède comme suppléant.

Après épuisement du nombre des candidats titulaires et suppléants d'une même liste, et si la vacance intervient six mois au moins avant le terme normal du mandat, il est procédé à des élections partielles.

S'agissant des autres membres élus des conseils, lorsqu'un membre titulaire perd la qualité au titre de laquelle il était éligible, démissionne ou est définitivement empêché d'exercer ses fonctions, il est remplacé par son suppléant qui devient titulaire.

Si un suppléant devient titulaire ou s'il cesse de remplir les conditions d'éligibilité, et si la vacance intervient six mois au moins avant le terme normal du mandat, il est procédé à l'élection partielle d'un suppléant.

Lorsqu'un membre nommé des conseils perd la qualité au titre de laquelle il a été nommé, démissionne ou est définitivement empêché d'exercer ses fonctions, et si la vacance du siège intervient six mois au moins avant le terme du mandat, il est procédé à une nouvelle nomination.

Art. 14 Le directeur de l'institut est chargé de l'organisation des opérations électorales. Il fixe, un mois au moins avant la date du scrutin, la date des élections. Il est assisté d'une commission électorale dont il fixe la composition. Le directeur proclame les résultats du scrutin.

Le règlement intérieur fixe les modalités d'application de ces dispositions.

Art. 15 Tout électeur, ainsi que le directeur de l'établissement et le président du conseil d'administration, peuvent invoquer l'irrégularité ou la nullité des opérations électorales devant le tribunal administratif dans le ressort duquel se trouve le siège de l'institut.

TITRE III. RÉPARTITION DES COMPÉTENCES

Art. 16 Le conseil d'administration détermine la politique générale de l'établissement dans le cadre de la réglementation nationale et des orientations ministérielles.

Il fixe les catégories de contrats, conventions ou marchés qui doivent lui être soumis pour approbation.

Il délibère notamment sur :

1° L'organisation générale et le fonctionnement de l'établissement ;

2° Le règlement intérieur de l'institut ;

3° L'organisation générale des études ;

4° Les orientations relatives aux formations ainsi que la politique de coopération extérieure ;

5° Le budget, ses modifications et le compte financier ;

6° Les conventions de rattachement ou de coopération ;

7° Les acquisitions, aliénations et échanges d'immeubles ;

8° L'acceptation des dons et legs ;

9° Les emprunts ;

10° Les modalités de tarification des prestations de toute nature rendues par l'institut ;

11° Les actions en justice et les transactions ainsi que le recours à l'arbitrage en cas de litiges nés de l'exécution des contrats passés avec des organismes étrangers.

Il autorise le directeur à introduire les actions en justice.

Il peut déléguer les attributions mentionnées aux 3° et 4° au directeur de l'institut. Toutefois, le directeur décide des modifications apportées au budget, en cours d'exercice, lorsque celles-ci n'ont pas pour objet une augmentation des dépenses ou des virements de crédits entre la section de fonctionnement et la section des opérations en capital ou entre les chapitres de personnel et les chapitres de matériel. Le directeur rend compte, à la première séance du conseil, des décisions prises dans le cadre de ces délégations.

Art. 17 Le directeur assure, dans le cadre des orientations définies par le conseil d'administration, la direction et la gestion de l'établissement. Il rend compte annuellement de sa gestion au conseil d'administration.

Le directeur exerce notamment les compétences suivantes :

1° Il représente l'établissement en justice et dans tous les actes de la vie civile ;

2° Il prépare le budget de l'établissement et ses modifications ;

3° Il prépare et exécute les délibérations du conseil d'administration ;

4° Il est ordonnateur des recettes et des dépenses de l'établissement ;

5° Il a autorité sur l'ensemble des personnels de l'établissement et nomme à toutes les fonctions pour lesquelles aucune autre autorité n'a reçu de pouvoir de nomination ;

6° Il est responsable du maintien de l'ordre au sein de l'établissement ;

7° Il répartit les services après avis des équipes pédagogiques ;

8° Il conclut les contrats, conventions et marchés ;

9° Il est chargé de l'organisation des opérations électorales ;

10° Dans les conditions prévues à l'article 16, il introduit les actions en justice et transige ou a recours à l'arbitrage.

Il peut déléguer sa signature au secrétaire général et au directeur des études de l'institut.

Art. 18 Le conseil scientifique et pédagogique est consulté par le conseil d'administration sur les orientations de formation professionnelle initiale et continue, sur les modalités de la participation de l'institut aux actions de recherche en éducation, sur les conditions de scolarité et les modalités de l'évaluation ainsi que sur la nature et les caractéristiques des emplois de l'Institut.

Il propose les mesures de nature à favoriser la concertation entre les formateurs et les usagers et à améliorer les conditions de vie et d'étude de ces derniers.

Art. 19 Sous réserve des dispositions des articles 28 et 29 du présent décret, les délibérations du conseil d'administration sont exécutoires dans un délai de quinze jours suivant la réception des procès-verbaux par *(Décr. n° 2014-1519 du 16 déc. 2014, art. 4)* « le » *(Décr. n° 2019-1558 du 30 déc. 2019, art. 18)* « recteur de région académique », à moins que *(Décr. n° 2014-1519 du 16 déc. 2014, art. 4)* « celui-ci » n'en autorise l'exécution immédiate. Dans ce délai, *(Décr. n° 2014-1519 du 16 déc. 2014, art. 4)* « le *(Décr. n° 2019-1558 du 30 déc. 2019, art. 18)* « recteur de région académique » peut » demander au conseil de prendre une nouvelle délibération sur une décision qui *(Décr. n° 2014-1519 du 16 déc. 2014, art. 4)* « lui » paraît entachée d'irrégularité.

TITRE IV. ORGANISATION FINANCIÈRE

Art. 20 *(Décr. n° 2012-1247 du 7 nov. 2012, art. 205-2°)* Sous réserve des dispositions du présent décret, l'établissement est soumis aux dispositions des titres Ier et III du décret n° 2012-1246 du 7 novembre 2012 relatif à la gestion budgétaire et comptable publique.

Art. 21 et 22 *Abrogés par Décr. n° 2012-1247 du 7 nov. 2012, art. 205.*

Art. 23 L'institut dispose pour l'accomplissement de ses missions d'emplois, de personnels, d'équipements et de crédits qui lui sont attribués par l'État, les collectivités territoriales ou tout autre organisme public ou privé, ainsi que des ressources qui proviennent des activités de l'établissement, notamment :

— les produits résultant de l'application des conventions et contrats ;
— les revenus de biens meubles et immeubles ;
— les recettes provenant des dons et legs ;
— les produits des aliénations ;
— les produits des activités de formation continue ;
— et d'une manière générale, toutes les recettes autorisées par les lois et règlements.

Art. 24 Les dépenses de l'institut comprennent les frais de fonctionnement et d'équipement et, éventuellement, les frais des personnels propres à l'établissement recrutés conformément aux dispositions législatives et réglementaires en vigueur, ainsi que toutes dépenses qui sont nécessaires à l'activité de l'établissement.

Art. 25 Des régies de recettes et d'avances peuvent être créées auprès de l'établissement dans les conditions fixées par le décret n° 2019-798 du 26 juillet 2019 relatif aux régies de recettes et d'avances des organismes publics.

Art. 26 Les projets de budget et de modifications budgétaires sont communiqués au *(Décr. n° 2019-1558 du 30 déc. 2019, art. 18)* « recteur de région académique » quinze jours avant leur présentation au conseil d'administration.

Art. 27 Les délibérations à caractère budgétaire de l'institut sont soumises à l'approbation du *(Décr. n° 2019-1558 du 30 déc. 2019, art. 18)* « recteur de région académique ». Ces délibérations sont réputées approuvées à l'expiration d'un délai de quinze jours à compter de leur réception par le *(Décr. n° 2019-1558 du 30 déc. 2019, art. 18)* « recteur de région académique », sauf si celui-ci fait connaître, pendant ce délai, son refus d'approbation.

En cas de refus d'approbation, le conseil d'administration délibère à nouveau sur le budget ou sur ses modifications dans le délai d'un mois à compter de la notification du refus d'approbation.

A défaut de nouvelle délibération dans le délai d'un mois, ou s'il n'a pas été remédié par la nouvelle délibération aux observations ayant motivé le refus d'approbation, le budget ou ses modifications sont arrêtés par le *(Décr. n° 2019-1558 du 30 déc. 2019, art. 18)* « recteur de région académique ».

Art. 28 Les délibérations du conseil d'administration relatives aux emprunts sont soumises à l'approbation du ministre chargé de l'enseignement supérieur et du ministre chargé du budget.

Art. 29 Le budget est exécutoire au 1er janvier de l'exercice s'il a été régulièrement adopté et approuvé dans les conditions prévues par l'article 27 du présent décret.

Si le budget n'est pas exécutoire au 1er janvier de l'exercice, les opérations de recettes et de dépenses sont effectuées temporairement sur la base de 80 % des prévisions budgétaires définitives de l'exercice précédent, déduction faite, le cas échéant, des crédits affectés à des dépenses non renouvelables.

Si le budget n'est pas exécutoire au 1er mars de l'exercice, il est arrêté par le *(Décr. n° 2019-1558 du 30 déc. 2019, art. 18)* « recteur de région académique ».

TITRE V. DISPOSITIONS TRANSITOIRES ET FINALES

Art. 30 Le présent décret entre en vigueur au 1er janvier 2006. A cette même date :

1° Le décret n° 59-922 du 30 juillet 1959 relatif à l'organisation financière du Centre national d'éducation de plein air de Suresnes et le décret n° 61-492 du 15 mai 1961 relatif à l'organisation du Centre national d'éducation de plein air de Suresnes sont abrogés ;

....

Art. 31 Le conseil d'administration et le directeur du Centre national d'études et de formation pour l'enfance inadaptée, en place à la date d'entrée en vigueur du présent décret, demeurent en fonction jusqu'à l'installation du directeur et du conseil prévus aux articles 4 et 5 du présent décret et exercent les compétences dévolues à ceux-ci.

Les élections du conseil d'administration et du conseil scientifique et pédagogique sont organisées dans les dix mois qui suivent l'entrée en vigueur du présent décret.

Les fonctionnaires de l'État affectés au Centre national d'études et de formation pour l'enfance inadaptée sont affectés dans le nouvel établissement.

Les biens, droits et obligations du centre sont dévolus au nouvel établissement.

Art. 32 Jusqu'à la mise en place des organes mentionnés aux articles 4 et 5 du présent décret, le ministre chargé de l'enseignement supérieur arrête le budget de l'établissement.

Le ministre chargé de l'enseignement supérieur prend, sous réserve des compétences attribuées au conseil d'administration et au directeur, toutes mesures nécessaires à la mise en place et au fonctionnement de l'institut.

TITRE TROISIÈME LES ÉTABLISSEMENTS D'ENSEIGNEMENT SUPÉRIEUR PRIVÉS

BIBL. GÉN. ▸ Chartier, Cinq verbes pour l'enseignement supérieur « privé », *Rapport pour le Premier ministre, MEN, IGAEN, mai 2005*. – Georgel, Enseignement privé, *Juris.-Cl. adm., fasc. 233, n° 62*. – Prélot, Les établissements privés d'enseignement supérieur, *LGDJ, 1990*. – Rey-Lefebvre, L'enseignement supérieur privé gagne du terrain, *Le Monde, 16 oct. 2013. 11*. – Roussel, Bonhotal, Foucault, Gavini-Chevet, Baes-Honoré, L'enseignement supérieur privé : propositions pour un nouveau mode de relations avec l'État, *MENSR, Rapp. IGAENR, n° 2015-047, juin 2015*.

COMMENTAIRE

Initialement, le chapitre Ier du livre III du code de l'éducation comportait dix-sept articles, dont quinze issus de la loi Dupanloup du 12 juillet 1875 (son art. 1er consacrait la liberté de l'enseignement supérieur, V. art. L. 151-6), deux autres étant empruntés à la loi du 18 mars 1880 relative à la liberté de l'enseignement supérieur (qui supprime les garanties accordées aux établissements libres par la loi de 1875) et, le dernier, qui est le seul à ne pas traiter de l'enseignement général, à la loi Astier du 25 juillet 1919 relative à l'organisation de l'enseignement technique, industriel et commercial. Plusieurs articles ont été modifiés par la loi ESR n° 2013-660 du 22 juillet 2013 qui a créé le label EESPIG pour les établissements privés d'enseignement supérieur non lucratifs participant à une mission d'intérêt général (art. 70 modifiant les art. L. 731-1, L. 731-5, L. 731-6-1, L. 731-9, L. 731-10, L. 731-14, L. 731-18). Pour répondre aux critiques souvent faites de l'insuffisance du contrôle, de la complexité et de l'obsolescence des dispositions du code de l'éducation (V. rapport 2012 de la médiatrice de l'éducation nationale), le rapport annexé au projet de loi de programmation de la recherche affiche l'idée de mettre à jour les relations entre l'État et les établissements d'enseignement supérieur privés : clarification de la notion de cours et d'établissement d'enseignement supérieur privé, harmonisation des modalités et les conditions d'ouverture, contrôle de l'État sur les déclarations d'ouverture, délivrance des diplômes visés par l'État ou conférant grade universitaire, habilitation des cours et établissements d'enseignement supérieur privés à recevoir des boursiers ; ces éléments auraient dû faire l'objet d'une ordonnance. Refusant d'habiliter le Gouvernement, le Parlement a adopté la loi n° 2020-1674 du 24 décembre 2020 de programmation de la recherche (LPR) qui n'apporte que deux modifications au Titre troisième, ajoutant les formations vétérinaires (art. 45 ; art. L. 731-1) et prévoyant un dialogue de l'État et des EESPIG tous les trois ans (art. 54 ; art. L. 732-2).

En principe, les conditions de création d'un cours ou d'un établissement privé d'enseignement supérieur sont similaires à celles concernant les écoles (V. art. L. 731-2, L. 731-7). Leur création est libre, sous réserve d'une déclaration d'ouverture (pour les Français auxquels sont assimilés les ressortissants des États membres de l'Union européenne et de l'Espace économique européen ; les étrangers extra-européens sont au contraire soumis au régime de l'autorisation préalable ; déclaration (art. L. 731-2) est faite auprès du recteur (du recteur de région académique depuis 2019), du représentant de l'État et du procureur de la République ; il s'agit donc d'un régime répressif, l'État exerçant la police de l'enseignement supérieur privé ; mais cette police évolue vers une régulation privilégiant la qualité (évaluation). Comme pour les établissements scolaires, la loi prévoit des incapacités. Les individus qui ne jouissent pas de leurs droits civils, ceux qui ont été condamnés pour crime ou délit contraire à la probité ou aux mœurs (l'art. 48 de la L. du 26 juill. 2019 pour une école de la confiance précisant que la condamnation doit être définitive), « y compris un crime ou un délit à caractère terroriste » ajoute la loi n° 2021-1109 du 24 août 2021 confortant le respect des principes de la République ; et ceux qui se trouvent privés par jugement de tout ou partie des droits civils, civiques et de famille sont frappés d'une incapacité leur interdisant d'« ouvrir un cours » (de créer un établissement) et de remplir les fonctions d'administrateur ou de professeur dans un établissement d'enseignement supérieur privé (art. L. 731-7). Toutefois ces dispositions législatives relatives à l'ouverture des établissements d'enseignement supérieur privés (art. L. 731-1 s.) ne sont pas applicables aux établissements d'enseignement supérieur technique privés (art. L. 731-17 ; le Décr. n° 2020-832 du 30 juin 2020 renvoie à l'art. R. 443-1 en l'adaptant à l'enseignement supérieur en prévoyant une évaluation nationale et un avis du CNESER). La loi n° 2021-1109 du 24 août 2021 a en outre donné compétence au préfet pour faire opposition à l'ouverture d'un cours ou d'un établissement d'enseignement supérieur privé afin de prévenir toute forme d'ingérence étrangère ou de protéger les intérêts fondamentaux de la Nation (art. L. 731-1-1 dont l'al. 2 prévoit les sanctions pénales applicables au fait d'ouvrir un cours ou un établissement en dépit de l'opposition préfectorale, renvoyant à l'art. L. 441-4 : un an d'emprisonnement et 15 000 euros d'amende).

Les établissements privés d'enseignement supérieur ressortissent tant de l'enseignement général (notamment les instituts catholiques de Paris, Lille, Lyon, Angers ou Toulouse) que de l'enseignement technique assurant la formation des ingénieurs (sur les écoles d'ingénieurs, V. comm. ss. art. L. 641-1) et des gestionnaires (sur les écoles supérieures de commerce, V. comm. ss. art. L. 753-1). Traditionnellement, le régime de liberté était exclusif du service public (V. P.– H. Prélot). La mise en place du LMD permettant le rapprochement entre les universités et les grandes écoles introduit une conception globale de l'enseignement supérieur. L'augmentation du nombre des étudiants accueillis dans les établissements privés a amené le ministère à reconnaître leur concours au service public (V. les deux protocoles signés par J. Lang en 2002 avec l'enseignement supérieur catholique associant à l'effort collectif les 5 instituts catholiques [UDESCA] et les établissements privés d'enseignement technique [FESTC]) en les associant notamment à la politique contractuelle. La loi n° 2009-1437 du 24 novembre 2009 étend la politique contractuelle en matière de formation professionnelle et le financement public aux établissements privés (amendement Carle, art. L. 611-6). L'État subventionne l'enseignement supérieur privé sur le budget du ministère de l'enseignement supérieur (7 % de leurs ressources), ces crédits permettant d'accompagner les établissements d'enseignement privés en fonction des engagements contractuels.

Après les Assises de l'enseignement supérieur et de la recherche de 2012, le projet de loi qui en était issu ne comportait qu'un seul article, ajoutant aux dispositions répressives de l'article L. 731-14 une mention du master (L. n° 2013-660 du 22 juill. 2013, art. 71). En définitive, la loi du 22 juillet 2013 (LESR) ajouta cinq articles (art. 68 à 73) et divisa le chapitre en deux (art. 70), le chapitre Ier, reprenant les dispositions initiales en les modifiant, notamment pour tenir compte des formations de santé, s'attachant à l'ouverture des établissements, le second, nouveau, précisant les rapports entre l'État et les établissements d'enseignement supérieur privés à but non lucratif ; il y consacre la notion nouvelle d'***établissements privés d'intérêt général***. Le décret n° 2014-635 du 18 juin 2014 retient une nouvelle dénomination, celle d'***établissement d'enseignement supérieur privés d'intérêt général (EESPIG)*** et modifie à son tour le plan de la partie réglementaire.

Les personnes physiques (française, ou ressortissante d'un État de l'Union européenne ou de l'Espace économique européen) comme les personnes morales (associations, fondations...) peuvent « créer librement des cours et des établissements d'enseignement supérieurs » (art. L. 731-1) aux seules conditions prévues par le code de l'éducation dans ses parties législative (art. L. 731-1 : âge, capacité civile ; art. L. 731-2 et L. 731-3 : déclarations ; art. L. 731-4 : administration ; art. L. 731-8 : autorisation pour les étrangers ; art. L. 731-10 : sanctions pénales ; l'art. 72 renvoie en le complétant à l'art. L. 471-3, qui impose un dépôt préalable de toute publicité notamment sur les diplômes ; art. L. 731-11 : opposition ; art. L. 731-12 : fermeture ; art. L. 713-1 : surveillance par les délégués du ministre) et réglementaire (art. R. 731-1 à R. 731-5). Pour les établissements d'enseignement supérieur technique privés, le décret n° 2020-832 du 30 juin 2020 précise les conditions pour exercer des fonctions de direction ou d'enseignement (âge, nationalité, titre, diplôme, certification professionnelle et expérience professionnelle) avec possibilité de dérogation accordée par le recteur de région académique (art. R. 913-5 s.).

Ces établissements « ne peuvent en aucun cas prendre le titre d'université » (art. 4 de la L. du 18 mars 1880, art. L. 731-4, V. CE, ass., *Synd. autonome du personnel enseignant des facultés de droit et des sciences économiques de l'État*, n° 77905, note ss art. L. 731-14 ; interdiction à laquelle ne déroge pas l'accord sur la reconnaissance des grades et des diplômes entre la République française et le Saint-Siège, note ss. art. L. 731-14) ; ils peuvent simplement être désignés sous le nom de « faculté libre », dénomination suivi de l'indication de leur spécialité (art. L. 731-5) si les conditions de création fixées par les articles précédents et de compétence de leurs enseignants (pourvus du grade de docteur) sont remplies ; les certificats éventuellement décernés aux étudiants ne peuvent pas porter les titres de baccalauréat, licence ou doctorat, qui, avec aujourd'hui le master, relèvent de la compétence de l'État (art. L. 613-1) ; les établissements privés peuvent préparer les diplômes d'État sanctionnés par ces grades mais l'organisation des examens est alors confiée à un établissement public (EPSCP) avec lequel l'établissement privé a conclu une convention ; à défaut, le recteur de région académique désigne les jurys (art. L. 613-1). L'article 69 de la loi du 22 juillet 2013, dans un souci d'information des étudiants, dispose que les établissements d'enseignement supérieur privés doivent préciser sur leurs documents d'inscription les formations sanctionnées par un diplôme qui fait l'objet d'une reconnaissance par l'État (art. L. 731-5) et faire figurer dans leur publicité une mention précisant leur statut et la nature de leurs relations avec l'État (art. L. 713-9 ; précisé pour les EESPIG par l'art. D. 732-2).

A la suite de l'implantation en France, à Toulon et à Béziers, d'antennes de l'université Fernando-Pessoa, établissement portugais, mettant en place des formations dans le domaine de la santé, le législateur a introduit plusieurs dispositions en ce domaine (amendement Le Déaut, Assemblée nationale). Si la liberté d'établissement s'oppose à ce qu'un État fasse obstacle à la reconnaissance d'un diplôme délivré par une université délocalisée (V. note 5 ss. art. L. 731-1), l'État d'accueil est compétent pour prendre les mesures nécessitées par l'ordre public ou la santé publique. L'article L. 731-1 imposait déjà pour l'enseignement de la médecine et de la pharmacie de justifier des conditions requises pour l'exercice des professions de médecin ou de pharmacien. L'article 68 de la loi du 22 juillet 2013 ajoute celles de chirurgien-dentiste et de sage-femme. Outre ces conditions personnelles, le même article innove en prévoyant qu'une décision conjointe des ministres chargés de l'enseignement supérieur et de la santé, dénommée « agrément », est désormais nécessaire pour ouvrir des formations de médecine, pharmacie, odontologie, maïeutique ; il en est de même pour toutes les formations paramédicales dont la liste devra être précisée par un arrêté conjoint des ministres (kinésithérapie, infirmier). La LPR du 24 décembre 2020 ajoute les formations vétérinaires soumises à l'agrément du ministre chargé de l'agriculture dans les conditions prévues par l'article L. 813-11 du code rural (LPR, art. 45). En l'absence de demande d'agrément, l'association Université Fernando Pesoa devenue Centre libre d'enseignement supérieur privé n'était pas autorisée à dispenser une formation odontologique ; si les articles L. 731-9 et L. 731-10 ont un caractère répressif, ils n'excluent pas la faculté de saisir le juge civil pour faire cesser un trouble illicite (Civ. 1re, 6 déc. 2017, n° 16-27.276).

Ayant supprimé les dispositions de l'article L. 731-6 concernant les formations de santé, l'article 68 introduit un nouvel article, L. 731-6-1. Si le régime de droit commun de la déclaration (le plus compatible avec la liberté de l'enseignement) est maintenu, celle-ci doit être accompagnée de trois documents attestant de la qualité du projet : une convention entre l'établissement dispensant ces formations et un établissement public de santé ou un établissement de santé privé participant au service public, approuvée par le ministre chargé de la santé ; une convention avec une université comprenant une composante dispensant un enseignement de médecine, de pharmacie, d'odontologie ou de maïeutique ; et un dossier prouvant que l'établissement de formation satisfait aux modalités pédagogiques exigées par arrêté conjoint des ministres chargés de l'enseignement supérieur et de la santé (V. Arr. du 27 mai 2014 relatif aux modalités de l'agrément prévu à l'art. L. 731-6-1 du code de l'éducation pour les formations de médecine, de pharmacie, d'odontologie, de maïeutique et les formations paramédicales dispensées au sein d'un établissement d'enseignement supérieur privé). La demande d'agrément ainsi accompagnée peut être rejetée par une décision explicite de l'administration mais aussi par le silence gardé pendant deux mois (par exception au principe selon lequel le silence vaut acceptation, Décr. n° 2014-1274 du 23 oct. 2014, art. 1er) Il en est de même pour l'habilitation d'un établissement privé d'enseignement supérieur à recevoir des boursiers nationaux (art. L. 831-2, al. 3, et L. 821-3) pour l'enseignement technique, ou pour l'accréditation à délivrer le titre d'ingénieur diplômé (art. L. 642-1 et D. 642-1).

Le nouveau chapitre traite des ***rapports entre l'État et les établissements d'enseignement supérieur privés***. Il n'est pas question ici des établissements secondaires privés qui organisent des formations supérieures (CPGE, STS). Ceux-ci relèvent en effet de la loi Debré du 31 décembre 1959 ou, pour l'enseignement agricole, de la loi Rocard du 31 décembre 1984 (pour les établissements privés d'enseignement supérieur du secteur agricole et vétérinaire, V. art. L. 751-2 qui renvoie au C. rur., art. L. 813-10). Aucune loi n'interdisant aux collectivités territoriales de subventionner les établissements privés d'enseignement supérieur, leur aide est possible sous réserve de correspondre à l'intérêt public dont elles ont la responsabilité (notes 1 et 2 ss. art. L. 731-1). Les établissements concernés organisés en quatre fédérations déjà sous contrat avec l'État peuvent être des écoles d'ingénieurs et de management, des instituts catholiques... ; ils accueillent environ 80 000 étudiants sur un total d'environ 450 000 inscrits dans le privé. Les écoles consulaires sous statut associatif sont elles aussi intéressées par ce nouveau statut.

Pour qu'un établissement privé puisse être qualifié d'« intérêt général », la loi du 22 juillet 2013 pose deux conditions. Il faut d'une part qu'il n'ait ***pas de but lucratif*** ; sa gestion doit être désintéressée (art. L. 732-2, qui entend cette notion au sens de la loi fiscale ; CGI, art. 261, al. 7, 1°, d, qui exonère de TVA les organismes d'utilité général pour les services à caractère social, éducatif, culturel ou sportif), ce qui, en fait, vise les associations, fondations reconnues d'utilité publique ou syndicats professionnels au sens de l'article L. 2131-1 du code du travail. Il est d'autre part nécessaire que les établissements concourent aux missions du service public de l'enseignement supérieur (art. L. 123-3 ; formation initiale et continue tout au long de la vie, recherche scientifique et technologique...). S'ils remplissent ces conditions, les établissements peuvent demander à être reconnus par l'État. La demande de qualification d'intérêt général doit être déposée par le représentant légal de la personne morale responsable de la gestion de l'établissement auprès du ministre chargé de l'enseignement supérieur, accompagnée d'un dossier précisant le statut, le cadre budgétaire et comptable, le caractère non lucratif, les règles substantielles de fonctionnement de l'établissement, son offre de formation et ses implantations géographiques, ces éléments devant notamment permettre d'apprécier son indépendance de gestion ; les moyens et actions mis en œuvre par l'établissement pour contribuer aux missions du service public de l'enseignement supérieur doivent aussi être précisés (art. R. 732-1).

Après avis du comité consultatif de l'enseignement supérieur privé (CCESP) créé par l'article 70 de la LESR du 22 juillet 2013 (art. L. 723-3, D. 732-5 à D. 732-7), le ministre chargé de l'enseignement supérieur prend un ***arrêté portant reconnaissance de la qualité d'établissement d'intérêt général*** (en 2016, 47 établissements ont reçu cette qualification : écoles de commerce, écoles d'ingénieurs, regroupement d'écoles…). L'établissement ainsi reconnu peut conclure avec l'État un contrat pluriannuel d'établissement qui définit les conditions dans lesquelles il exerce les missions du service public de l'enseignement supérieur et détermine, sous réserve du respect des lois de finances, les modalités de soutien de l'État et les engagements de l'établissement en contrepartie (art. D. 732-3). Un cahier des charges doit être élaboré pour mieux encadrer l'accompagnement financier. Comme l'accréditation, cette reconnaissance vaut pour la durée du contrat pluriannuel (cinq ans) et peut être renouvelée après avis du CCESP (art. L. 723-3 et D. 732-5 s.) qui peut formuler des recommandations et des propositions notamment sur l'appui financier attendu de l'État. L'article L. 732-1 ne précise pas les conditions préalables d'évaluation mais prévoit une évaluation nationale pour le renouvellement de la qualification (l'art. D. 732-4 précise qu'elle est assurée par le Haut Conseil de l'évaluation de la recherche et de l'enseignement supérieur). A noter que les établissements privés d'enseignement supérieur « libre ou technique » pouvaient déjà conclure avec l'État des contrats quinquennaux, l'État prenant en charge 20 % des dépenses de fonctionnement des établissements sous contrat (56 contrats, dont ceux passés avec l'Institut catholique de Paris ou l'ESSEC, V. rapport du Médiateur de l'éducation nationale, 2012).

L'établissement d'enseignement supérieur privé ayant obtenu la qualification d'intérêt général la mentionne dans sa publicité (art. L. 731-19) et identifie clairement les filières de formation conduisant à des diplômes conférant un grade universitaire ou visés par l'État. La qualification d'intérêt général attribuée à un établissement d'enseignement supérieur privé est mentionnée dans les publications du ministère chargé de l'enseignement supérieur et de la recherche le concernant (art. R. 732-2).

Les établissements privés d'intérêt général (comme ceux qui n'ont pas cette qualité) ont aussi la possibilité de conclure avec les EPSCP des conventions de coopération sur la base d'un projet partagé défini d'un commun accord (art. L. 718-2). Si ces établissements concourent aux missions du service public (et pourraient donc se voir reconnaître la qualité d'établissement privé d'enseignement supérieur d'intérêt général), ils peuvent être associés sur leur demande à un EPSCP qui le propose, après avis du CNESER. Cette procédure remplace celle désignée auparavant sous le nom de rattachement (l'art. D. 731-6 dresse une liste de 14 établissements privés rattachés à un EPSCP). Un décret doit alors prévoir les compétences mises en commun. Les établissements conservent leur personnalité morale et leur autonomie financière ; ils peuvent toutefois être dotés d'un conseil académique commun. La convention d'association définit les modalités d'approbation par les établissements associés du volet commun du contrat pluriannuel (art. L. 718-5). Le contrat de l'établissement privé sera alors en partie déterminé par le contrat commun. Allant plus loin, l'alinéa 2 de l'article L. 718-16 prévoit qu'un établissement privé concourant aux missions du service public de l'enseignement supérieur peut être intégré à un EPSCP. Si l'établissement privé d'intérêt général subsiste, notamment dans le cadre associatif, il n'en reste pas moins tenu par la règle traditionnelle réaffirmée par l'article 62 de la loi du 22 juillet 2013 : « les établissements ou organismes privés ne peuvent pas prendre le titre d'université » ; de même ne peuvent-ils pas délivrer les diplômes nationaux de l'établissement public à caractère scientifique, culturel et professionnel de l'association (art. L. 718-16, al. 5). ❑

CHAPITRE PREMIER **OUVERTURE DES ÉTABLISSEMENTS D'ENSEIGNEMENT SUPÉRIEUR PRIVÉS** *(L. n° 2013-660 du 22 juill. 2013, art. 70).*

Art. L. 731-1 **Tout Français ou tout ressortissant d'un autre État membre de la Communauté européenne ou d'un autre État partie à l'accord sur l'espace économique européen, âgé de vingt-cinq ans, n'ayant encouru aucune des incapacités prévues par l'article L. 731-7, ainsi que les associations formées légalement dans un dessein d'ensei-**

gnement supérieur, peuvent ouvrir librement des cours et des établissements d'enseignement supérieur, aux seules conditions prescrites par le présent titre.

(L. n° 2013-660 du 22 juill. 2013, art. 68) **« Les formations de médecine, de pharmacie, d'odontologie et de maïeutique et les formations paramédicales sont soumises à l'agrément conjoint des ministres chargés de l'enseignement supérieur et de la santé, dans les conditions fixées à l'article L. 731-6-1.** *(L. n° 2020-1674 du 24 déc. 2020, art. 45)* **« Les formations de vétérinaires sont soumises à l'agrément du ministre chargé de l'agriculture dans les conditions prévues à l'article L. 813-11 du code rural et de la pêche maritime. »**

« Outre les conditions prévues au premier alinéa, pour l'enseignement de la médecine, de la pharmacie, de l'odontologie et de la maïeutique, il faut justifier des conditions requises pour l'exercice des professions de médecin ou de pharmacien ou de chirurgien-dentiste ou de sage-femme. Pour l'enseignement des formations paramédicales, il faut justifier des conditions requises pour l'exercice des professions paramédicales concernées. »

Un décret en Conseil d'État détermine les modalités d'application du présent titre.

En application de l'art. L. 231-5 CRPA, le silence gardé pendant 2 mois par l'administration vaut décision de rejet pour une demande d'agrément pour dispenser des formations de médecine, de pharmacie, d'odontologie, de maïeutique et les formations paramédicales dispensées au sein d'un établissement d'enseignement supérieur privé (Décr. n° 2014-1274 du 23 oct. 2014, art. 1er).

BIBL. ▶ JACQUÉ, La « Catho » de Lille, une université plurielle, *Le Monde, Éducation, 9 mars 2011. 4.*

1. Principe. L'attribution par les collectivités locales de subventions aux établissements privés d'enseignement supérieur est autorisée par le législateur. • CE 10 févr. 1997, n° 139424 • CE, ass., 1er juin 1956, *Sieur Canivez : Lebon 220 ; Rev. adm. 1956. 265, concl. Long.* ♦ Un requérant n'est donc pas fondé à soutenir que la délibération d'un conseil régional serait illégale en tant qu'elle attribue des subventions à des établissements privés d'enseignement supérieur. • CE 10 févr. 1997, n° 139424. ♦ Est légale une subvention versée par une région et un département à l'association du Centre universitaire de Bourgogne, pour contribuer au financement des travaux de réhabilitation des bâtiments destinés à devenir l'annexe universitaire de l'université catholique de Lyon. Le juge administratif a en effet jugé que ces délibérations ne violent pas la L. du 9 déc. 1905 qui interdit toute subvention au culte dans la mesure où le centre n'est pas une association de caractère cultuel. • CAA Lyon, 2 févr. 2006, n° 00LY00905 : *AJDA 2006. 821, concl. Besle.*

2. Intérêt régional. Le projet du conseil régional de Rhône-Alpes qui prévoit, sur un terrain actuellement occupé par une caserne, le regroupement et la construction de 17291 mètres carrés pour cinq établissements supérieurs d'enseignement technique et professionnel de l'université catholique de Lyon comptant près de 1400 étudiants actuellement dispersés sur cinq sites présente, compte tenu de son intérêt éducatif, social et urbain, un intérêt de caractère direct et suffisant pour la région. • CAA Lyon, 17 juin 1999, n° 99LY00287 B : *LPA 31 mars 2000. 12, note Trémeau et Cammarata.*

3. Intérêt. Syndicat professionnel. Le juge reconnaît, pour un syndicat agissant dans l'intérêt de la profession qu'il représente, le droit de saisir le juge civil pour voir statuer sur une demande en cessation du trouble illicite résultant de la méconnaissance des dispositions législatives et réglementaires relatives à l'organisation de la formation de chirurgien-dentiste, une telle méconnaissance portant nécessairement un préjudice à l'intérêt collectif de cette profession. En l'espèce, la Fédération des syndicats dentaires libéraux reprochant à une association d'avoir ouvert un établissement d'enseignement supérieur privé dispensant une formation en odontologie, sans se conformer aux conditions prescrites par les art. L. 731-1 s., l'a assignée à jour fixe pour obtenir la fermeture de cet établissement. • Civ. 1re, 6 déc. 2017, n° 16-27.276 : *D. 2017. 2480.*

4. Absence d'intérêt communautaire. La délibération par laquelle un conseil de communauté décide l'octroi d'une subvention à un établissement privé d'enseignement supérieur ne peut, même en prenant en considération ses effets indirects, être regardée comme une opération de développement économique. La circonstance que le projet subventionné comprendrait le réaménagement de locaux militaires pour en changer la destination ne suffit pas pour lui donner la qualification d'action de réhabilitation d'intérêt communautaire. L'opération projetée ne se rattache à aucune compétence de la communauté urbaine. • CAA Lyon, 17 juin 1999, n° 99LY00321.

5. Liberté d'établissement. Le principe de liberté d'établissement s'oppose à ce qu'un État, en l'espèce l'Italie, par des pratiques administratives diverses, fasse obstacle à toute reconnaissance dans cet État d'un diplôme universitaire étranger délocalisé délivré par une université d'un autre État membre liée par convention à cette université européenne. • CJCE 5e ch., 13 nov. 2003, *Neri, European School of Economics (ESE Insight World Education System Ltd)*, no C-153/02 : *AJDA 2004. 722, note Jégouzo*.

Art. L. 731-1-1 *(L. no 2021-1109 du 24 août 2021, art. 103)* **Le représentant de l'État dans le département peut s'opposer à l'ouverture d'un cours ou d'un établissement d'enseignement supérieur privé afin de prévenir toute forme d'ingérence étrangère ou de protéger les intérêts fondamentaux de la Nation.**

Le fait d'ouvrir un cours ou un établissement d'enseignement supérieur privé en dépit d'une opposition formulée par les autorités compétentes est puni de la peine d'amende prévue à l'article L. 441-4 et de la fermeture de l'établissement. La peine complémentaire d'interdiction d'ouvrir et de diriger un cours ou un établissement d'enseignement supérieur privé ainsi que d'y enseigner, à titre définitif ou pour une durée de cinq ans au plus, est également encourue.

Art. L. 731-2 **Les associations formées pour créer et entretenir des cours ou établissements d'enseignement supérieur doivent établir une déclaration indiquant les noms, professions et domiciles des fondateurs et administrateurs desdites associations, le lieu de leurs réunions et les statuts qui doivent les régir.**

Cette déclaration doit être faite :

1o Au recteur *(L. no 2019-791 du 26 juill. 2019, art. 54)* **« de région académique » ;**

2o Au représentant de l'État dans le département ;

3o Au procureur général de la cour du ressort ou au procureur de la République.

La liste complète des associés, avec leur domicile, doit se trouver au siège de l'association et être communiquée au parquet à toute réquisition du procureur général.

Art. L. 731-3 **L'ouverture de chaque cours doit être précédée d'une déclaration signée par l'auteur de ce cours.**

Cette déclaration indique les nom, qualité et domicile du déclarant, les locaux où seront faits les cours, et l'objet ou les divers objets de l'enseignement qui y sera donné.

Elle est remise au recteur *(L. no 2019-791 du 26 juill. 2019, art. 54)* **« de région académique » dans les départements où est établi le chef-lieu de l'académie, et à** *(Décr. no 2012-16 du 5 janv. 2012, art. 7)* **« l'autorité de l'État compétente en matière d'éducation » dans les autres départements. Il en est donné immédiatement récépissé.**

L'ouverture du cours ne peut avoir lieu que dix jours francs après la délivrance du récépissé. Toute modification aux points qui ont fait l'objet de la déclaration primitive doit être portée à la connaissance des autorités désignées à l'alinéa précédent. Il ne peut être donné suite aux modifications projetées que cinq jours après la délivrance du récépissé.

Art. L. 731-4 **Les établissements d'enseignement supérieur privés doivent être administrés par trois personnes au moins.**

La déclaration prescrite par l'article L. 731-3 doit être signée par les administrateurs ci-dessus désignés ; elle indique leurs noms, qualités et domiciles, le siège et les statuts de l'établissement ainsi que les autres énonciations mentionnées à l'article L. 731-3. En cas de décès ou de retraite de l'un des administrateurs, il doit être procédé à son remplacement dans un délai de six mois. Avis en est donné *(Décr. no 2012-16 du 5 janv. 2012, art. 7)* **« à l'autorité mentionnée au troisième alinéa de l'article L. 731-3 ».**

La liste des professeurs et le programme des cours sont communiqués chaque année aux autorités désignées à l'alinéa précédent.

Indépendamment des cours proprement dits, il peut être fait dans lesdits établissements des conférences spéciales sans qu'il soit besoin d'autorisation préalable.

Les autres formalités prescrites par l'article L. 731-3 sont applicables à l'ouverture et à l'administration desdits établissements.

Art. L. 731-5 **Les établissements d'enseignement supérieur ouverts conformément à l'article L. 731-4, et comprenant au moins le même nombre de professeurs pourvus du grade de docteur que les établissements de l'État qui comptent le moins d'emplois de professeurs des universités, peuvent prendre le nom de faculté libre, suivi de l'indication de leur spécialité, s'ils appartiennent à des particuliers ou à des associations.**

(L. n° 2013-660 du 22 juill. 2013, art. 69) « Les établissements d'enseignement supérieur privés doivent préciser sur leurs documents d'inscription les formations sanctionnées par un diplôme qui fait l'objet d'une reconnaissance par l'État. »

Art. L. 731-6 Pour les facultés des lettres, des sciences et de droit, la déclaration mentionnée à l'article L. 731-4 doit établir que lesdites facultés ont des salles de cours, de conférences et de travail suffisantes pour cent étudiants au moins et une bibliothèque spéciale.

S'il s'agit d'une faculté des sciences, il doit être établi, en outre, qu'elle possède des laboratoires de physique et de chimie, des cabinets de physique et d'histoire naturelle en rapport avec les besoins de l'enseignement supérieur.

Art. L. 731-6-1 *(L. n° 2013-660 du 22 juill. 2013, art. 68)* Pour les formations de médecine, de pharmacie, d'odontologie et de maïeutique et les formations paramédicales dont la liste est fixée par arrêté conjoint des ministres chargés de l'enseignement supérieur et de la santé, la déclaration mentionnée à l'article L. 731-4 doit également comporter :

(Ord. n° 2017-31 du 12 janv. 2017, art. 3) « 1° Une convention entre l'établissement dispensant ces formations et un établissement de santé, approuvée par le ministre chargé de la santé, afin d'associer cet établissement de santé à la formation dispensée ; »

2° Une convention entre l'établissement dispensant ces formations et une université comprenant une composante dispensant un enseignement de médecine, de pharmacie, d'odontologie ou de maïeutique ;

3° Un dossier prouvant que l'établissement de formation satisfait aux modalités pédagogiques exigées par arrêté conjoint des ministres chargés de l'enseignement supérieur et de la santé.

Les modalités d'agrément sont précisées par arrêté conjoint des ministres chargés de l'enseignement supérieur et de la santé.

En application de l'art. L. 231-5 CRPA, le silence gardé pendant 2 mois par l'administration vaut décision de rejet pour une demande d'agrément pour dispenser des formations de médecine, de pharmacie, d'odontologie, de maïeutique et les formations paramédicales dispensées au sein d'un établissement d'enseignement supérieur privé (Décr. n° 2014-1274 du 23 oct. 2014, art. 1er).

Établissement d'enseignement supérieur privé étranger. Ouverture de formation. Odontologie. Saisi par la fédération requérante qui contestait l'ouverture de formations en odontologie par l'association Université Fernando Pessoa France (UFP), ayant pris la dénomination en cours d'instance de Centre libre d'enseignement supérieur international (CLESI), la cour d'appel ordonne à l'association de cesser de dispenser à La Garde et dans tout autre établissement ouvert en France les cours s'inscrivant dans le cadre d'une formation en odontologie sous un délai de deux mois, sous peine d'une astreinte. A cet effet, la cour examine la situation de l'UFP à la date de l'assignation au regard des conditions applicables lors de son ouverture et de la situation actuelle du CLESI, au regard des dispositions légales nouvelles. Le juge estime qu'à la date de la déclaration d'ouverture en 2012, l'association ne remplissait pas les conditions légales d'ouverture, consistant à disposer de 120 lits dans un hôpital ou un établissement public de santé, la convention passée avec l'hôpital Clemenceau à La Garde n'étant qu'une simple convention de mise à disposition de locaux d'enseignements et ne répondant pas à l'impératif posé par l'art. L. 731-6 alors applicable. La cour relève aussi que l'UFP France n'a jamais obtenu aucune accréditation des autorités portugaises pour délivrer des diplômes portugais pour des études réalisées en France, contrairement à ce que l'UPF prétendait dans ses statuts. Par ailleurs, la cour relève que l'obtention de diplômes portugais en odontologie ne pouvait passer que par l'admission des étudiants à l'UFP de Porto conformément à la convention de coopération académique conclue entre elles, sous réserve de remplir les conditions légales portugaises mais que l'UFP a résilié la convention de coopération en considérant que cette dernière ne respectait pas les conditions de certification et de validation des formations suivies ainsi que la supervision académique par l'université portugaise. • Aix-en-Provence, 27 sept. 2016, *Féd. des synd. dentaires libéraux (FDSL) c/ Assoc. CLESI*, n° 14/05102.

Art. L. 731-7 Sont incapables d'ouvrir un cours et de remplir les fonctions d'administrateur ou de professeur dans un établissement d'enseignement supérieur privé :

1° Les individus qui ne jouissent pas de leurs droits civils ;

2° Ceux qui ont *(L. n° 2019-791 du 26 juill. 2019, art. 48)* « été définitivement condamnés par le juge pénal » pour crime ou délit contraire à la probité ou aux mœurs *(L. n° 2021-1109 du 24 août 2021, art. 54)* « , y compris un crime ou un délit à caractère terroriste » ;

3° Ceux qui se trouvent privés par jugement de tout ou partie des droits civils, civiques et de famille mentionnés à l'article 131-26 du code pénal.

Art. L. 731-8 Les étrangers non ressortissants d'un État membre de la Communauté européenne ou d'un autre État partie à l'accord sur l'espace économique européen peuvent être autorisés à ouvrir des cours ou à diriger des établissements d'enseignement supérieur privés après avis du conseil académique de l'éducation nationale. – *[L. 12 juill. 1875, art. 9.]*

Art. L. 731-9 Toute infraction aux articles L. 731-2 à L. 731-7 est punie de 3 750 € d'amende.

Sont passibles de cette peine :

1° L'auteur du cours, dans le cas prévu à l'article L. 731-3 ;

2° Les administrateurs ou, à défaut d'administrateurs régulièrement constitués, les organisateurs, dans les cas prévus par les articles L. 731-2, L. 731-4 *(L. n° 2013-660 du 22 juill. 2013, art. 68)* « , L. 731-6 et L. 731-6-1 » ;

3° Tout professeur qui a enseigné en violation des dispositions de l'article L. 731-7.

Art. L. 731-10 En cas d'infraction aux prescriptions des articles L. 731-2, L. 731-3, L. 731-4, L. 731-5 *(L. n° 2013-660 du 22 juill. 2013, art. 68)* « , L. 731-6 ou L. 731-6-1 », le tribunal peut prononcer la suspension du cours ou de l'établissement pour un temps qui ne doit pas excéder trois mois.

En cas d'infraction aux dispositions de l'article L. 731-7, il prononce la fermeture du cours et peut prononcer celle de l'établissement.

Il en est de même lorsqu'une seconde infraction aux dispositions des articles L. 731-2, L. 731-3, L. 731-4, L. 731-5 *(L. n° 2013-660 du 22 juill. 2013, art. 68)* « , L. 731-6 ou L. 731-6-1 » est commise dans le courant de l'année qui suit la première condamnation. Dans ce cas, le délinquant peut être frappé, pour une durée n'excédant pas cinq ans, de l'incapacité édictée par l'article L. 731-7.

Art. L. 731-11 Lorsque les déclarations faites conformément aux articles L. 731-3 et L. 731-4 indiquent comme professeur une personne frappée d'incapacité ou contiennent la mention d'un sujet contraire à l'ordre public ou aux bonnes mœurs, le procureur de la République peut former opposition dans les dix jours. L'opposition est notifiée à la personne qui a fait la déclaration.

La demande en mainlevée est formée devant le tribunal compétent, soit par déclaration écrite au bas de la notification, soit par acte séparé, adressé au procureur de la République. Elle est portée à la plus prochaine audience.

En cas de pourvoi en cassation, le recours est formé dans la quinzaine de la notification de l'arrêt, par déclaration au greffe de la cour ; il est notifié dans la huitaine, soit à la partie, soit au procureur général, suivant le cas, le tout à peine de déchéance. Le recours formé par le procureur général est suspensif. L'affaire est portée directement devant la Cour de cassation. – *[L. 12 juill. 1875, art. 20, al. 1er à 7.]*

Art. L. 731-12 En cas de condamnation pour délit commis dans un cours, le tribunal peut prononcer la fermeture du cours.

La poursuite entraîne la suspension provisoire du cours ; l'affaire est portée à la plus prochaine audience. – *[L. 12 juill. 1875, art. 21.]*

Art. L. 731-13 I. – Les cours ou établissements d'enseignement supérieur privés sont toujours ouverts et accessibles aux délégués du ministre chargé de l'enseignement supérieur.

La surveillance ne peut porter sur l'enseignement que pour vérifier s'il n'est pas contraire à la morale, à la Constitution et aux lois.

II. – Le fait de refuser de se soumettre à la surveillance, telle qu'elle est prescrite au I, est puni de 3 750 € d'amende.

En cas de récidive dans le courant de l'année qui suit la première condamnation, le tribunal peut prononcer la fermeture du cours ou de l'établissement. – *[L. 12 juill. 1875, art. 7 et 19, al. 1er et 2.]*

Art. L. 731-14 Les établissements d'enseignement supérieur privés ne peuvent en aucun cas prendre le titre d'universités. Les certificats d'études qu'on y juge à propos de décerner aux élèves ne peuvent porter les titres de baccalauréat, de licence ou de doctorat.

Le fait, pour le responsable d'un établissement de donner à celui-ci le titre d'université ou de faire décerner des certificats portant le titre de baccalauréat, de licence ou de doctorat, est puni de 30 000 € d'amende.

(L. nº 2013-660 du 22 juill. 2013, art. 71) « Est puni de la même peine le responsable d'un établissement qui décerne des diplômes portant le nom de master, ou qui décerne des diplômes en référence au grade de master sans avoir été accrédité ou autorisé par l'État, dans l'un ou l'autre cas. »

1. Grades et titres nationaux. La L. du 18 mars 1880 réserve le bénéfice des grades et titres universitaires aux personnes qui ont passé avec succès les examens ou concours réglementaires devant les professeurs ou les jurys des facultés de l'État. Illégalité de l'arrêté ministériel qui permet aux établissements d'enseignement supérieur libre de délivrer à leurs élèves des certificats qui ont pour effet de dispenser ces derniers de subir les examens réglementaires devant les professeurs ou les jurys de l'État. • CE, ass., 25 juin 1969, *Synd. autonome du personnel enseignant des facultés de droit et des sciences économiques de l'État*, nº 77905 : *Lebon 335*.

2. Dénomination d'université. La circonstance que l'accord et le protocole en cause, qui ne portent pas exclusivement sur des établissements situés en France, mentionnent les termes d'université catholique, n'a pas pour effet d'instituer, au bénéfice d'établissements d'enseignement supérieur privés implantés sur le territoire national, une dérogation aux dispositions de cet article qui les autoriserait à faire usage de la dénomination d'université. Rejet de la contestation du Décr. du 16 avr. 2009 portant publication de l'accord entre la République française et le Saint-Siège sur la reconnaissance des grades et diplômes de l'enseignement supérieur. • CE, ass., 9 juill. 2010, *Féd. nat. de la libre pensée*, nº 327663 : *AJDA 2010. 1950, note Legrand*.

Art. L. 731-15 Tout jugement prononçant la suspension ou la fermeture d'un cours est exécutoire par provision, nonobstant appel ou opposition.

Tous les administrateurs de l'établissement sont civilement et solidairement responsables du paiement des amendes prononcées contre l'un ou plusieurs d'entre eux. – *[L. 12 juill. 1875, art. 18 et 19, al. 3.]*

Art. L. 731-16 En cas d'extinction d'un établissement d'enseignement privé supérieur reconnu, soit par l'expiration de la société, soit par révocation de la reconnaissance d'utilité publique, les biens acquis par donation entre vifs et par disposition à cause de mort font retour aux donateurs ou aux successeurs des donateurs et testateurs, dans l'ordre réglé par la loi et, à défaut de successeurs, à l'État.

Les biens acquis à titre onéreux sont dévolus à l'État, si les statuts ne contiennent à cet égard aucune disposition.

Il est fait emploi de ces biens pour les besoins de l'enseignement supérieur par décret en Conseil d'État, après avis du Conseil national de l'enseignement supérieur et de la recherche. – *[L. 12 juill. 1875, art. 12.]*

Art. L. 731-17 *(L. nº 2018-266 du 13 avr. 2018, art. 4)* I. – Les articles L. 731-1 à L. 731-13, L. 731-15 et L. 731-16 ne sont pas applicables aux établissements d'enseignement supérieur technique privés.

II. – Les articles L. 441-1 à L. 441-3, l'article L. 441-4, à l'exception de son deuxième alinéa, les articles L. 443-2 à L. 443-4, l'article L. 914-3, à l'exception des 3º et 4º du I, et les articles L. 914-4 à L. 914-6 sont applicables aux établissements d'enseignement supérieur technique privés.

Les conditions d'âge, de diplôme ou d'expérience professionnelle pour ouvrir ou diriger un établissement d'enseignement supérieur technique privé et y enseigner sont fixées par décret en Conseil d'État.

Art. L. 731-18 *(Ord. nº 2007-329 du 12 mars 2007, art. 6)* Les établissements d'enseignement supérieur privés dont l'activité principale conduit à la délivrance, au nom de l'État, d'un diplôme sanctionnant cinq années d'études après le baccalauréat peuvent conclure des contrats de travail intermittent pour des missions d'enseignement, de formation et de recherche comportant une alternance de périodes travaillées et non travaillées.

Le contrat de travail est à durée indéterminée. Il doit être écrit et mentionner notamment :

1° La qualification du salarié ;

2° Son objet ;

3° Les éléments de la rémunération ;

4° Les périodes à l'intérieur desquelles l'employeur peut faire appel au salarié moyennant un délai de prévenance de sept jours. Le salarié peut refuser les dates et horaires de travail proposés s'ils ne sont pas compatibles avec des obligations familiales impérieuses, avec le suivi d'un enseignement scolaire ou supérieur, avec une période d'activité fixée chez un autre employeur ou une activité professionnelle non salariée. Dans ce cas, le refus du salarié ne constitue pas une faute ou un motif de licenciement ;

5° La durée minimale annuelle, semestrielle, trimestrielle ou mensuelle du travail du salarié.

Le total des heures dépassant la durée minimale fixée au contrat ne peut excéder le tiers de cette durée, sauf accord du salarié.

Le salarié employé en contrat de travail intermittent bénéficie des mêmes droits que ceux reconnus aux salariés à temps complet sous réserve, en ce qui concerne les droits conventionnels, de modalités spécifiques prévues par la convention collective, l'accord d'entreprise ou d'établissement.

Pour la détermination des droits liés à l'ancienneté, les périodes non travaillées sont prises en compte en totalité.

Art. L. 731-19 *(L. n° 2013-660 du 22 juill. 2013, art. 70)* **Les établissements d'enseignement supérieur privés font figurer dans leur publicité une mention précisant leur statut et la nature de leurs relations avec l'État.**

CHAPITRE II RAPPORTS ENTRE L'ÉTAT ET LES ÉTABLISSEMENTS D'ENSEIGNEMENT SUPÉRIEUR PRIVÉS À BUT NON LUCRATIF

(L. n° 2013-660 du 22 juill. 2013, art. 70)

Art. L. 732-1 **Des établissements d'enseignement supérieur privés à but non lucratif, concourant aux missions de service public de l'enseignement supérieur telles que définies par le chapitre III du titre II du livre Ier de la première partie, peuvent, à leur demande, être reconnus par l'État en tant qu'établissements d'enseignement supérieur privés d'intérêt général, par arrêté du ministre chargé de l'enseignement supérieur, après avis du comité consultatif pour l'enseignement supérieur privé.**

Ne peuvent obtenir la qualification d'établissement d'enseignement supérieur privé d'intérêt général que les établissements d'enseignement supérieur privés à but non lucratif créés par des associations ou *(L. n° 2014-856 du 31 juill. 2014, art. 69)* **« des fondations reconnues d'utilité publique » ou des syndicats professionnels au sens de l'article L. 2131-1 du code du travail.**

Un établissement bénéficie de la qualification d'établissement d'enseignement supérieur privé d'intérêt général pour la durée du contrat pluriannuel mentionné à l'article L. 732-2 du présent code. Cette qualification peut, après une évaluation nationale, être renouvelée par arrêté du ministre chargé de l'enseignement supérieur, après avis du comité consultatif pour l'enseignement supérieur privé.

Un décret en Conseil d'État détermine les conditions d'application du présent article.

V. art. R. 732-1 s.

BIBL. ▶ LEGRAND, Un nouveau venu dans le paysage de l'enseignement supérieur : L'établissement d'enseignement supérieur privé d'intérêt général, *AJDA 2017. 1537*.

1. Établissement privé agréé par l'État. Mission de service public. Délivrance diplôme. Compétence du juge administratif. Dans une affaire où était contestée la décision par laquelle le collège ostéopathique du Pays basque avait refusé de délivrer un diplôme de fin d'études d'ostéopathe, le juge souligne en premier lieu que « si le collège ostéopathique du Pays basque, établissement privé agréé par l'État, dispensant un enseignement en ostéopathie, participe à l'accomplissement d'une mission du service public de l'enseignement supérieur, il ne dispose à cet effet d'aucune prérogative de puissance publique. Toutefois, la délivrance par ledit collège du diplôme d'ostéopathe est de nature à être déférée au contrôle du juge administratif par la voie du recours pour excès de pouvoir (V. CE 28 juin 1995, nos 75258, 108281,

110416 B). Il en va d'autant plus ainsi que la délivrance de ce diplôme donne non seulement le droit d'utiliser le titre d'ostéopathe mais qu'en outre, en vertu de l'art. 75 de la loi du 4 mars 2002 ci-dessus visée, elle permet seule d'exercer une activité réglementée dont l'accès est particulièrement contrôlé par l'État pour des motifs de protection de la santé publique ». • TA Pau, 7 juin 2018, n° 1602414.

2. EESPIG. Montant de la subvention. Modalités de calcul. Interrogé sur le calcul des subventions allouées aux EESPIG, le ministère répond que la subvention attribuée s'effectue dans le cadre du contrat pluriannuel conclu avec ces établissements. Il en ressort une moyenne générale de la subvention par établissement de 600 € par étudiant, en distinguant les écoles d'ingénieurs (moyenne 784 €) et les écoles de commerce (moyenne 360 €). Les moyens prévus au PLF 2021 devraient permettre d'amplifier la réduction des écarts entre établissements de même typologie. Il est prévu de constituer au sein du CCESP un groupe de travail pour proposer des pistes en vue d'affiner les critères d'attribution des subventions aux EESPIG, qui prendraient notamment en compte la contribution de ces établissements aux priorités nationales de l'enseignement supérieur. * Rép. min. n° 32534 : *JOAN Q 1er déc. 2020, p. 8757.*

Art. L. 732-2 L'établissement ayant obtenu la qualification d'établissement d'enseignement supérieur privé d'intérêt général dans les conditions prévues à l'article L. 732-1 du présent code conclut avec l'État un contrat pluriannuel d'établissement. Ce contrat définit les conditions dans lesquelles l'établissement exerce les missions du service public de l'enseignement supérieur, dans le cadre d'une gestion désintéressée au sens du *d* du 1° du 7 de l'article 261 du code général des impôts.

Art. L. 732-3 Il est créé un comité consultatif pour l'enseignement supérieur privé, placé auprès du ministre chargé de l'enseignement supérieur.

Ce comité a pour mission de formuler toute recommandation concernant les relations de partenariat entre les établissements d'enseignement supérieur privés et l'État. Il examine les formations dispensées et leur degré de participation à une mission de service public. Il formule des propositions quant à l'appui financier de l'État *(L. n° 2020-1674 du 24 déc. 2020, art. 22)* « et assure à ce titre, tous les trois ans, le dialogue avec l'État en vue de valoriser la participation des établissements définis à l'article L. 732-1 aux missions du service public de l'enseignement supérieur définies à l'article L. 123-3 ». Il peut être saisi, à la demande du ministre chargé de l'enseignement supérieur, de toute question concernant l'enseignement supérieur privé. Il peut émettre des recommandations et des propositions sur toute question relevant de ses missions.

Un décret fixe les règles relatives à la composition et au fonctionnement du comité consultatif pour l'enseignement supérieur privé.

TITRE QUATRIÈME LES ÉTABLISSEMENTS D'ENSEIGNEMENT SUPÉRIEUR À CARACTÈRE ADMINISTRATIF PLACÉS SOUS LA TUTELLE DU MINISTRE CHARGÉ DE L'ENSEIGNEMENT SUPÉRIEUR

CHAPITRE UNIQUE

Art. L. 741-1 Les dispositions des articles *(L. n° 2013-660 du 22 juill. 2012, art. 57)* « L. 712-6-2 », L. 811-5, L. 811-6, L. 952-7 à L. 952-9 sont applicables aux établissements publics à caractère administratif d'enseignement supérieur, placés sous la tutelle du *(L. n° 2013-660 du 22 juill. 2013, art. 5)* « seul ministre chargé de l'enseignement supérieur ou du ministre chargé de l'enseignement supérieur conjointement avec le ministre chargé de l'agriculture », sous réserve des dérogations fixées par décret en Conseil d'État, compte tenu des caractéristiques propres à ces établissements.

(Ord. n° 2014-807 du 17 juill. 2014, art. 3) « Ce décret peut prévoir la création d'un conseil académique disposant de tout ou partie des compétences prévues à l'article L. 712-6-2. Lorsqu'un conseil académique n'a pas été créé, les compétences mentionnées aux articles L. 712-6-2, L. 811-5, L. 811-6 et L. 952-6 à L. 952-9 sont exercées par les instances de l'établissement prévues par le décret de création de l'établissement.

« Le décret de création de l'établissement peut également prévoir que le conseil académique dispose de tout ou partie des compétences prévues à l'article L. 712-6-1.

« Lorsqu'un conseil académique n'a pas été créé, les compétences mentionnées à cet article sont exercées par les instances de l'établissement prévues par le décret de création de l'établissement. »

TITRE CINQUIÈME LES ÉTABLISSEMENTS D'ENSEIGNEMENT SUPÉRIEUR SPÉCIALISÉS

BIBL. ▶ L'enseignement supérieur hors Éducation nationale : la Culture, *Vie universitaire, n° 102, févr. 2007. 13.* – A la rencontre de l'enseignement supérieur : la Culture, Le dossier, *La synthèse de l'ORS, n° 25, avr.-mai-juin 2007. 12.*

CHAPITRE PREMIER LES ÉTABLISSEMENTS D'ENSEIGNEMENT SUPÉRIEUR AGRICOLE ET VÉTÉRINAIRE

BIBL. ▶ CHEVASSUS-AU-LOUIS, Mission sur la création d'un pôle agronomique national, *Rapport final, 17 juin 2013.*

Art. L. 751-1 Les établissements d'enseignement supérieur agricole et vétérinaire publics sont organisés conformément aux dispositions des articles L. 812-2 à L. 812-5 du code rural et de la pêche maritime, ci-après reproduites :

Art. L. 812-2 Les établissements d'enseignement supérieur agricole et vétérinaire, installés sur un domaine appartenant à l'État ou mis à la disposition de l'État, jouissent de la personnalité civile et de l'autonomie financière et constituent des établissements publics nationaux sans préjudice de l'application à ces établissements des dispositions générales applicables à l'enseignement supérieur.

Art. L. 812-3 *(L. n° 99-574 du 9 juill. 1999)* Les établissements d'enseignement supérieur agricole publics sont créés par décret et dirigés par un directeur.

Lorsque ces établissements n'ont pas l'une des formes précisées par *(Ord. n° 2009-1534 du 10 déc. 2009, art. 1er)* « le code de l'éducation », ils respectent les dispositions suivantes.

Ils sont administrés par un conseil d'administration où siègent des représentants de l'État, des collectivités territoriales, des enseignants-chercheurs et des autres enseignants, des étudiants et élèves, des personnels administratifs, techniques, ouvriers et de service et des professions et activités éducatives, économiques et de recherche présentant un lien avec les missions de l'établissement.

Au sein de la représentation des enseignants-chercheurs et des autres enseignants qui constitue au moins 20 % du total des sièges du conseil d'administration, le nombre des professeurs et personnels de niveau équivalent doit être égal à celui des autres personnels.

Le conseil d'administration élit son président en son sein, parmi les personnes extérieures à l'établissement et n'assurant pas la représentation de l'État.

Le conseil d'administration détermine les statuts et structures internes de l'établissement.

Sans préjudice des dispositions relatives au régime financier et comptable des établissements d'enseignement et de formation professionnelle agricoles, les délibérations du conseil d'administration sont exécutoires au plus tard dans le délai d'un mois suivant soit leur transmission au ministre de l'agriculture, soit leur transmission conjointe au ministre de l'agriculture et au ministre chargé de l'enseignement supérieur, sauf opposition notifiée par l'un ou l'autre de ces ministres.

Chaque établissement élabore et arrête un projet d'établissement.

Un décret en Conseil d'État fixe les modalités d'application du présent article.

Art. L. 812-4 Les établissements d'enseignement supérieur publics relevant du ministre de l'agriculture peuvent passer avec des établissements d'enseignement supérieur privés des conventions de coopération en vue de la formation initiale et continue d'ingénieurs, de paysagistes et plus généralement de cadres spécialisés dans les domaines mentionnés au deuxième alinéa de l'article L. 812-1 *[V. C. éduc., art. L. 671-1].*

Art. L. 812-5 *(L. n° 2013-660 du 22 juill. 2013, art. 59)* Le pouvoir disciplinaire à l'égard des enseignants-chercheurs, enseignants et usagers est exercé en premier ressort par le conseil d'administration de l'établissement constitué en section disciplinaire.

Le président de la section disciplinaire est un professeur de l'enseignement supérieur ; il est élu en leur sein par l'ensemble des enseignants-chercheurs membres de la section disciplinaire.

Un décret en Conseil d'État précise la composition, les modalités de désignation des membres et le fonctionnement de la section disciplinaire.

Écoles vétérinaires. Actes de prévention, de diagnostic ou de soins réalisés sur les animaux. Responsabilité. Obligation de résultat. Absence. Obligation de moyens. Nature. Dans une affaire où un animal qui avait subi une ovariectomie de convenance, présentait des signes d'une rémanence ovarienne, le juge rappelle que la responsabilité des écoles nationales vétérinaires du fait des conséquences dommageables des actes de prévention, de diagnostic ou de soins réalisés sur les animaux, n'était engagée qu'en cas de faute et que seule une obligation de moyens et non de résultats pesait sur ces établissements. Il en a déduit que l'échec de l'intervention d'ovariectomie réalisée à l'ENVA n'était pas, en elle-même, de nature à établir l'existence d'une faute médicale. Le tribunal a ensuite précisé que le respect par les écoles nationales vétérinaires de leur obligation de moyens devait être apprécié en tenant compte de la difficulté de l'acte médical en cause et, le cas échéant, de son absence de visée thérapeutique. En l'espèce, la rémanence ovarienne dont a souffert la chienne résultait de la conservation de l'intégralité de son ovaire droit, qui aurait dû être retiré par le vétérinaire lors de l'ovariectomie. Eu égard à la nature de cette intervention, qui relevait de la pratique courante de la médecine vétérinaire et constituait un acte de pure convenance, le tribunal a estimé que l'établissement était tenu à une obligation de moyens renforcée. Il juge que, dans les circonstances de l'espèce, la conservation de l'intégralité de l'ovaire droit à l'issue de l'intervention d'ovariectomie était constitutive d'une faute de nature à engager la responsabilité de l'ENVA. • TA Melun, 28 sept. 2018, n° 1602165.

Art. L. 751-2 **Les rapports entre l'État et les établissements d'enseignement supérieur privés relevant du ministre de l'agriculture sont régis par les dispositions de l'article L. 813-3 du code rural et de la pêche maritime reproduites à l'article L. 442-21 du présent code et par les dispositions de l'article L. 813-10 du code rural et de la pêche maritime, ci-après reproduites :**

Art. L. 813-10 1° Peuvent, si leur organisme de gestion a souscrit avec l'État un contrat portant sur l'exécution des missions définies au présent paragraphe, concourir au service public dans le cadre de la loi n° 84-52 du 26 janvier 1984 sur l'enseignement supérieur *[V. désormais C. éduc.]* et recevoir une aide de l'État les établissements d'enseignement supérieur privés relevant du ministre de l'agriculture qui :

a) Assurent la formation initiale et continue d'ingénieurs, de paysagistes, d'enseignants, de chercheurs, de responsables d'entreprises *(L. n° 2020-1674 du 24 déc. 2020, art. 45)* « , de vétérinaires » et plus généralement de cadres spécialisés dans les matières définies au 1° de l'article L. 812-1 *[V. cet art. à l'art. L. 671-1 C. éduc.]* ;

b) Participent à la politique de développement agricole et rural par les activités de recherche fondamentale et appliquée ;

c) Concourent à la mise en œuvre de la coopération internationale et technique.

Les articles L. 813-5 et L. 813-6 *[V. cet art. à l'art. L. 442-21 C. éduc.]* leur sont applicables.

2° Les associations ou organismes qui sont responsables d'un établissement offrant une formation pédagogique aux chefs d'établissement et aux enseignants des établissements d'enseignement agricole privés sous contrat peuvent souscrire un contrat avec l'État et en recevoir une aide ; les modalités particulières de ce contrat sont fixées par décret.

Les établissements d'enseignement supérieur privés visés au présent article participent aux missions de service public définies *(L. n° 2014-1170 du 13 oct. 2014, art. 64)* « aux 1° à 9° de » l'article L. 812-1 *[V. cet art. à l'art. L. 671-1 C. éduc.]*.

CHAPITRE II LES ÉCOLES D'ARCHITECTURE

Art. L. 752-1 Les dispositions des articles L. 611-1, *(L. n° 2013-660 du 22 juill. 2013, art. 38)* « L. 611-2, L. 611-8 », L. 612-1 à L. 612-7, *(L. n° 2016-925 du 7 juill. 2016,* *art. 54)* « L. 613-1 » à L. 613-5, du premier alinéa de l'article L. 614-3, les dispositions du titre Ier du livre VII, à l'exception des articles L. 713-4 à L. 713-8, et les dispositions des articles L. 951-1, L. 951-2, *(L. n° 2016-925 du 7 juill. 2016, art. 54)* « L. 952-1 à L. 952-3 », L. 952-6, L. 952-13 et L. 953-1 à L. 953-4 peuvent être rendues applicables par décret en Conseil d'État, en totalité ou en partie, avec, le cas échéant, les adaptations nécessaires, aux écoles d'architecture relevant du ministre chargé de l'architecture après avis des conseils d'administration de ces écoles.

(L. n° 2013-660 du 22 juill. 2013, art. 38) « Les écoles d'architecture sont accréditées, par arrêté conjoint des ministres chargés de l'enseignement supérieur et de l'architecture, pris après avis du Conseil national de l'enseignement supérieur et de la recherche, à délivrer, dans leurs domaines de compétences, seules ou conjointement avec des établissements publics à caractère scientifique, culturel et professionnel, des diplômes nationaux de premier, deuxième ou troisième cycles. »

BIBL. ▸ FELTESSE, Concertation sur l'enseignement supérieur et la recherche en architecture, *Rapp. remis au ministre de la culture, avr. 2013.* – GALLOT, DE CANCHY, ROUSSEL et QUENET, Une nouvelle ambition pour la recherche dans les écoles d'architecture. Propositions pour un statut d'enseignant-chercheur, *Rapp. IGAENR-IGAC, n° 2014-074, nov. 2014.*

I. FORMATIONS

1. Procédure. Si aux termes du Décr. du 26 mars 1973, le Conseil supérieur de l'architecture est obligatoirement consulté sur les dispositions relatives à l'organisation du régime des études d'architecture, des modifications apportées à la carte scolaire des écoles d'architecture sont par elles-mêmes sans incidence sur le régime des études d'architecture et ne nécessitent pas l'avis de ce conseil. • CE 6 juin 2003, *Assoc. nouvelle école fédérative et a.*, n° 231206.

2. Compétence. Le ministre chargé de l'architecture ne tient d'aucune disposition législative ou réglementaire compétence pour organiser, par arrêté, des formations postérieures au diplôme d'architecte. • CE 24 juill. 1987, *M. Brasilier*, n° 54547.

II. PERSONNELS

3. Enseignants. Les dispositions concernant les enseignants des écoles d'architecture qui exercent leurs fonctions dans des établissements publics de l'État relèvent des attributions de la direction de l'architecture et de l'urbanisme. • CE 19 févr. 1997, *Mme Guerrier, M. Archambault de Beaune et a.*, n° 139433.

Art. L. 752-2 *(L. n° 2016-925 du 7 juill. 2016, art. 54)* Les écoles nationales supérieures d'architecture concourent à la réalisation des objectifs et des missions du service public de l'enseignement supérieur pour ce qui concerne l'architecture et participent aux stratégies nationales de l'enseignement supérieur et de la recherche ainsi qu'aux regroupements d'établissements d'enseignement supérieur mentionnés au 2° de l'article L. 718-3. Elles veillent au respect *(L. n° 2020-105 du 10 févr. 2020, art. 24)* « de l'environnement et de la préservation des ressources naturelles, » de la diversité architecturale et culturelle et ont pour mission d'assurer la formation initiale et continue tout au long de la vie des professionnels de l'architecture, de la ville, des territoires et du paysage.

Dans l'exercice de leur mission, les écoles mentionnées au premier alinéa du présent article :

1° Conduisent des activités de recherche en architecture, en assurent la valorisation et participent aux écoles doctorales ;

2° Forment à la transmission en matière d'éducation architecturale et culturelle ;

3° Participent à la veille artistique, scientifique et technique et à l'innovation dans ses différentes dimensions, notamment pédagogique ;

4° Délivrent des enseignements permettant de s'adapter aux exigences professionnelles internationales ;

5° Assurent, par des cours obligatoires au sein des écoles d'architecture, la maîtrise d'au moins une langue étrangère au niveau professionnel ;

6° Organisent une meilleure communication, recourant à des méthodes innovantes, autour de réalisations et de concours d'architecture pour les étudiants ;

7° Contribuent à la vie culturelle, économique, sociale et environnementale du territoire en développant des partenariats, notamment avec les institutions culturelles, les collectivités territoriales, les associations, les entreprises, les autres établissements

d'enseignement supérieur et l'ensemble des établissements d'enseignement, notamment dans le cadre du parcours d'éducation artistique et culturelle ;

8° Concourent au développement de la coopération architecturale, culturelle, scientifique, technique et pédagogique internationale ;

(L. n° 2020-105 du 10 févr. 2020, art. 24) **« 9° Enseignent à leurs élèves l'écoconception et leur apprennent à privilégier les matériaux durables, naturels, biosourcés ou recyclables et à favoriser au maximum les économies d'énergie. »**

CHAPITRE III LES ÉCOLES DE COMMERCE

Art. L. 753-1 **Les écoles créées et administrées par les chambres de commerce et d'industrie territoriale en vertu de l'article** *(L. n° 2014-1545 du 20 déc. 2014, art. 43)* **« L. 711-4 »** *(Ord. n° 2008-1304 du 11 déc. 2008, art. 1er)* **« du code de commerce »** *(L. n° 2014-1545 du 20 déc. 2014, art. 43)* **« ou par les chambres de commerce et d'industrie de région en vertu de l'article L. 711-9 du même code » sont soumises au régime des établissements visés à l'article L. 443-2.**

BIBL. ▸ DEVES, Les écoles de commerce et de gestion ont enfin un statut ! A propos de l'article 43 de la loi n° 2014-1545 du 20 décembre 2014 relative à la simplification de la vie des entreprises, *JCP Adm. 2015, n° 9, p. 12.* – FLOC'H et JACQUE, Écoles de commerce : le succès des françaises, *Le Monde, 6 déc. 2007. 22.*

COMMENTAIRE

Les écoles supérieures de commerce ont des statuts divers. Si exceptionnellement elles peuvent être publiques, elles sont généralement privées, qu'elles soient ou non reconnues par l'État ; elles peuvent délivrer des diplômes et des titres professionnels reconnus par l'État (inscrits au RNCP) ou, lorsqu'elles sont accréditées, des diplômes visés par l'État (MES visa pour 6 ans au maximum, notamment pour les diplômes conférant les grades universitaires de licence et de master ; en l'absence de visa, il ne s'agira que de certificat d'établissement ; d'autres sont habilitées à délivrer un diplôme agréé par l'État (90 dont 44 masters). Le livre VII ne comporte qu'un article consacré aux écoles consulaires (qui sont au nombre de 27), renvoyant au code de commerce qui, depuis 2014, permet la création d'établissements d'enseignement supérieur commercial.

Les écoles consulaires

Les écoles de commerce, ou, plus exactement, les écoles créées et administrées par les chambres de commerce et d'industrie (on parle aussi d'établissements consulaires, dont HEC Paris et ESCP, rattachés à la CCI Paris Île-de France ; ESSEC à la CCI de Versailles) qui, malgré leur caractère territorial, sont des établissements publics de l'État (CE 27 févr. 1995, *Mme Verge : Lebon 702*), font l'objet d'un article unique (art. L. 753-1) du chapitre III du titre V consacré aux établissements d'enseignement supérieur auquel il faut ajouter l'article L. 443-1, maintenu dans le livre IV traitant des établissements d'enseignement scolaire, dans le chapitre établissements d'enseignement technique privés visant les écoles des chambres de commerce et, depuis la loi du 20 décembre 2014, leurs filiales. Si ces écoles sont placées sous la tutelle du ministre chargé du commerce (compétent pour fixer leur statut), leur reconnaissance par l'État (qui prend en compte le contenu et la qualité pédagogique des programmes, les équipements et locaux, le corps professoral et le personnel d'encadrement, les finances de l'école) se fait selon les dispositions prévues par le code de l'éducation qui prévoit les conditions dans lesquelles elles peuvent délivrer les diplômes reconnus par l'État, notamment ceux conférant les grades de master ; les écoles reconnues reçoivent des subventions et peuvent accueillir des boursiers de l'État ; le rattachement des écoles consulaires aux CCI leur donnent une reconnaissance de droit ; l'évaluation des formations est assurée par la commission d'évaluation des formations et diplômes de gestion, CEFDG, placée sous la double tutelle des ministres chargés du commerce et de l'enseignement supérieur. Aussi, l'article L. 753-1 renvoie tant au code de commerce (art. L. 711-5) qu'au régime des établissements visés à l'article L. 443-2 du code de l'éducation, c'est-à-dire aux écoles techniques privées qui peuvent être reconnues par l'État (dans des conditions fixées par décret en Conseil d'État, avec possibilité de retrait selon des règles parallèles, V. CE 25 avr. 1986, nos 49775 et 49776) et délivrer des diplômes (dans des conditions déterminées par arrêté ministériel après avis du CSE). Les dispositions législatives figurant dans le livre consacré aux établissements scolaires prévoient que la demande est adressée au ministre de l'éducation nationale qui doit approuver leurs plans d'études et leurs programmes (art. L. 443-2 et R. 443-1 : consultation du CSE, enquête administrative, décret ou arrêté ministériel, visa des diplômes par le ministre). Toutefois, l'article L. 641-3 dispose que les écoles de commerce comme celles d'ingénieurs qui délivrent des diplômes « au plus haut niveau de l'enseignement et de la recherche » ne sont pas soumises aux dispositions du livre III (à noter toutefois que la section de la partie réglementaire du livre VI relative aux diplômes délivrés par les établissements consulaires privés ne comprend pas de dispositions prises par décret ; il en est de même de la section prévue pour traiter les écoles des chambres de commerce et d'industrie territoriales dans la partie réglementaire du livre IV). Établissements d'enseignement supérieur technique, leur reconnaissance comme le contrôle de leur fonctionnement sont de la compétence du ministre chargé de l'enseignement supérieur garant de la qualité des diplômes qu'ils délivrent au nom de l'État (art. L. 641-3, Rép. min. n° 18759, *JOAN Q 1ᵉʳ oct. 2013, p. 18759*). On peut regretter que ces dispositions issues de la loi du 4 août 1942 n'aient pas pu faire l'objet d'une nouvelle rédaction, notamment lors de l'adoption de la loi n° 2013-660 du 22 juillet 2013 relative à l'enseignement supérieur et à la recherche (ESR) qui aurait pu tenir compte de la diversité des écoles de commerce, de gestion ou de management qui sont en général des écoles privées chargées d'une mission de service public (CAA Marseille, 15 avr. 2011 : *n° 09MA00027*) mais peuvent aussi être intégrées à l'université comme l'École de management de Strasbourg (désormais appelée EM *Strasbourg Business School*, née de la fusion de l'IECS et de l'IAE, composantes de l'université de Strasbourg).

La question a été reprise par l'article 43 de la loi Mandon n° 2014-1545 du 20 décembre 2014 relative à la simplification de la vie des entreprises qui modifie le régime des écoles de commerce et de gestion (C. com., art. L. 711-4 et L. 711-9, V. Devès, Les écoles de commerce et de gestion ont enfin un statut, *JCP 2015, n° 9, n° 2065*). Les chambres de commerce, en cohérence avec le contrat de plan régional de développement des formations et de l'orientation professionnelles pour les chambres régionales, peuvent en effet créer des établissements d'enseignement supérieur dans les conditions prévues par la loi.

Les écoles de commerce ont initialement été administrées directement par les chambres de commerce dont elles constituent un service. Cette situation faisait l'objet de critiques, notamment de la part des organismes européens d'accréditation recommandant autonomie et transparence des financements. Aussi, plusieurs écoles ou groupes d'écoles (*Kedge, Neoma, France Business Schools*) recoururent à la forme associative, solution critiquée par la Cour des comptes (Rapport public 2013) ; le juge put même y voir un détournement de procédure (TA Poitiers, 3 déc. 2012, n° 1202660). L'adoption du statut de société anonyme (projet de la CCI de Lyon métropole pour l'EM de Lyon) doit permettre d'ouvrir leur capital à divers investisseurs. Avec pour objectif un modèle économique sans subvention, la CCI Auvergne a décidé de créer une SAS dont le capital qu'elle détiendra en majorité sera ouvert aux amis de l'école (grandes entreprises du territoire, *alumni*) dont l'objet sera d'aider l'ESC Clermont, qui reste sous forme associative, à se développer.

L'article 43 de la loi précitée donne aux écoles de commerce la possibilité d'avoir une personnalité juridique propre. Il s'agit alors de personnes morales de droit privé soumises à des obligations de service public ; elles sont en principe régies par les dispositions applicables aux sociétés anonymes alors que leur but ne doit pas être lucratif. Ces sociétés anonymes réglementées peuvent réunir moins de sept associés ; les collectivités territoriales peuvent y participer ; les chambres de commerce doivent toutefois détenir la majorité des droits de vote ; les personnels et les étudiants sont représentés au conseil d'administration (C. com., art. L. 711-18) ; elles ne peuvent distribuer de bénéfices qui sont donc affectés aux réserves. Cette solution n'est pas obligatoire. Les chambres de commerce peuvent continuer à gérer leur mission de formation en gestion directe ou participer à un GIP ou à un GIE ainsi qu'à toute personne morale de droit public (C. com., art. L. 710-1). Quant aux associations, elles peuvent elles aussi créer ou participer à la création des établissements de type nouveau.

Ces nouvelles écoles doivent conclure une convention avec les chambres de commerce rédigée selon une convention type comportant des stipulations obligatoires prévues par décret (Décr. n° 2015-720 du 23 juin 2015 relatif aux établissements d'enseignement supérieur consulaire précisant que la convention d'une durée de deux à dix ans contient notamment : 1° Les objectifs académiques poursuivis par l'établissement ; 2° Les principes régissant la composition du corps enseignant de l'établissement ; 3° Les principes régissant les modalités d'accès à l'établissement ; 4° La définition des activités de l'établissement ; 5° Les orientations relatives à la politique partenariale, notamment au niveau international ; 6° Les modalités selon lesquelles les biens immobiliers appartenant aux chambres de commerce et d'industrie territoriales et aux chambres de commerce et d'industrie de région sont mis à disposition de l'établissement). Leurs statuts doivent être approuvés par arrêté des ministres chargés de l'enseignement supérieur et du commerce.

Il y a toutefois une volonté de privatiser la gestion de ces établissements auxquels les chambres de commerce peuvent transférer l'ensemble des biens, droits et obligations, sous réserve du déclassement des biens du domaine public consulaire. Cette démarche pose quelques questions concernant tant le principe même du transfert au regard de la Constitution que le devenir du statut des agents (sur ces points, V. Devès, Les écoles de commerce et de gestion ont enfin un statut : *préc.*).

Les grandes écoles de management délivrant un diplôme conférant le grade de master peuvent adhérer à l'association CGE (Conférence des grandes écoles) qui joue notamment un rôle accréditeur en délivrant un label aux diplômes répondant à des spécifications permettant d'attester de la qualité de la formation. Se plaçant sur le marché global, les meilleures écoles de gestion appuient leur reconnaissance internationale, américaine comme l'AACS (*Association to Advanced Collegiate Schools of Business*) ou européenne telle l'EFMD (*European Foundation for Management Development*) qui accordent des labels tant pour les établissements (EQUIS, *European Quality Improvment System*) que pour les formations (EPAS, *Electronic Application Software Protocoles*). ❑

Statut et gestion des écoles. L'attention du ministre été appelée sur la gestion des écoles supérieures de commerce et de gestion. Il a été répondu que ces écoles sont placées sous la tutelle directe du ministère en charge du commerce. Elles ont un statut d'établissement d'enseignement supérieur technique et obéissent donc aux règles de la reconnaissance par l'État accordée par le ministère de l'enseignement supérieur et de la recherche. Ainsi, en qualité d'établissement d'enseignement supérieur privé, ces écoles sont contrôlées au niveau académique et national, pour ce qui concerne leur fonctionnement et leur organisation, par le ministère de l'enseignement supérieur et de la recherche. De plus, celui-ci est garant de la qualité des diplômes qu'elles délivrent au nom de l'État, pouvant conférer le grade de master. Dans ce cadre, leurs formations font l'objet d'une évaluation par une instance nationale, la commission d'évaluation de formations et diplômes de gestion (CEFDG), placée sous la double tutelle des ministères chargés du commerce et de l'enseignement supérieur. En revanche, si le ministère de l'enseignement supérieur a été consulté sur un projet de nouveau statut des écoles consulaires, ce dernier relève de la compétence directe du ministère de l'artisanat, du commerce et du tourisme qui organise la relation entre ces écoles et les chambres de commerce et d'industrie dont elles dépendent. * Rép. min. n° 18759 : *JOAN Q 1er oct. 2013, p. 18759.*

CHAPITRE IV LES ÉTABLISSEMENTS SOUS TUTELLE DES MINISTÈRES CHARGÉS DE LA JUSTICE, DE L'INTÉRIEUR, DE L'INDUSTRIE, DU DÉVELOPPEMENT DURABLE, DE L'ÉNERGIE ET DES SPORTS *(Ord. n° 2014-807 du 17 juill. 2014, art. 2).*

Le présent chapitre ne comprend pas de dispositions législatives.

CHAPITRE V LES ÉCOLES SUPÉRIEURES MILITAIRES

Art. L. 755-1 **L'École polytechnique constitue un établissement public doté de la personnalité civile et de l'autonomie financière, placé sous la tutelle du ministre chargé de la défense.**

(L. n° 2012-347 du 12 mars 2012, art. 74) **« L'administration de l'école est assurée par un conseil d'administration et le président de ce conseil. Un officier général assure, sous l'autorité du président du conseil d'administration, la direction générale et le commandement militaire de l'école.**

« Un décret en Conseil d'État précise la répartition des pouvoirs et des responsabilités entre le conseil d'administration et son président. Il fixe également les règles rela-

tives à l'organisation et au régime administratif et financier de l'école, qui est soumise, sauf dérogation prévue par le même décret, aux dispositions réglementaires concernant l'administration et le contrôle financier des établissements publics à caractère administratif dotés de l'autonomie financière. »

Sur l'organisation et le régime administratif et financier de l'École polytechnique, V. ci-dessous Décr. n° 2015-1176 du 24 sept. 2015.

1. Concours d'accès à l'École polytechnique. Une association demandait l'annulation d'un arrêté qui réservait le droit à concourir pour l'admission à l'École polytechnique par la filière universitaire aux étudiants de nationalité française, inscrits dans une université en vue d'obtenir une licence ou un magistère, titulaires du baccalauréat ou d'un diplôme équivalent depuis moins de trois ans et qui n'ont pas été inscrits en seconde année d'une classe préparatoire scientifique. Le ministre de la défense n'a pas porté une atteinte illégale au principe d'égalité, ces étudiants, engagés dans des formations universitaires répondant à des méthodes et à des objectifs distincts de ceux propres à la formation des étudiants inscrits en seconde année des classes préparatoires scientifiques, étant dans une situation différente de ces derniers au regard du concours d'accès à l'École polytechnique. Une filière d'accès spécifique comportant notamment une admissibilité consistant en une sélection des candidats en fonction de leur dossier universitaire pouvait être légalement instituée, cette filière ne constituant pas un deuxième concours d'accès, mais l'une des filières d'un concours unique, comportant un seul jury d'admission et ne méconnaissant pas, de ce fait, les dispositions de la L. du 15 juill. 1970 qui prévoient un seul concours pour l'accès à l'École polytechnique. • CE 18 oct. 2002, *Assoc. pour l'égalité républicaine à l'École polytechnique*, n° 232119 : *AJDA 2003. 302*.

2. Frais de scolarité. Remboursement. Régime. Réforme. Après que le conseil d'administration de l'École polytechnique a voté, en faveur d'une réforme du dispositif de la « pantoufle », le Conseil d'État a émis un avis négatif sur le projet de décret lors de son examen. L'objet du projet de décret est de réformer le régime actuel, qui prévoit que seuls les corpsards, une minorité des élèves, remboursent leurs frais de scolarité lorsqu'ils démissionnent de la fonction publique avant d'avoir effectué leurs dix ans d'exercice. L'École estime que cela constitue en soi une inégalité de traitement entre tous les élèves polytechniciens. Elle entend ainsi faire en sorte que les non-corpsards qui n'intègrent pas la fonction publique pour dix ans remboursent eux aussi la « pantoufle », à quelques exceptions près (ceux qui créent leur entreprise, ceux qui poursuivent en thèse, etc.). • avis, 17 févr. 2015, *Conseil d'administration de l'École polytechnique : AEF 9 avr. 2015, n° 498568, comm. Piovezan.*

Décret n° 2015-1176 du 24 septembre 2015,

Relatif à l'organisation et au régime administratif et financier de l'École polytechnique.

TITRE Ier. DISPOSITIONS GÉNÉRALES

Art. 1er L'École polytechnique est un établissement public à caractère scientifique, culturel et professionnel bénéficiant des responsabilités et compétences élargies, constitué sous la forme d'un grand établissement au sens de l'article L. 717-1 du code de l'éducation.

Elle est soumise aux dispositions de ce même code et des textes pris pour son application, sous réserve des dispositions prévues au présent décret.

Le siège de l'École polytechnique est fixé à Palaiseau.

Art. 2 Dans le cadre de sa mission définie par la loi, l'École polytechnique dispense un enseignement supérieur ayant pour objet la formation d'ingénieurs, d'étudiants en master et en doctorat très hautement qualifiés.

Dans le domaine de ses compétences, l'École polytechnique conduit des travaux de recherche scientifique et de développement technologique dans ses laboratoires, en partenariat avec d'autres acteurs de la recherche.

Elle promeut l'innovation scientifique, technologique et industrielle dans le cadre de partenariats institutionnels et d'entreprises.

Elle assure la promotion de ses activités et la diffusion de ses travaux tant en France qu'à l'étranger. Elle peut, dans ce cadre, engager des actions de coopération scientifique, technique et pédagogique, y compris par la définition de programmes communs de formation, avec des établissements français et étrangers d'enseignement ou de recherche.

Elle peut également dispenser des enseignements de spécialisation, de perfectionnement et de mise à jour des connaissances, notamment dans le cadre de la formation continue.

Art. 3 I. — En application des dispositions de l'article L. 717-1 du code de l'éducation, sont applicables à l'école, dans les conditions précisées au présent décret, les dispositions de l'article L. 711-1, du I de l'article L. 711-4, de l'article L. 714-2, du premier alinéa de l'article L. 719-4, de l'article L. 719-5 à l'exception de son deuxième alinéa, de l'article L. 719-7 à l'exception de sa deuxième phrase, de l'article L. 719-8 à l'exception de sa deuxième phrase et de l'article L. 719-9 de ce code.

II. — En application des dispositions de l'article L. 717-1 du même code, les articles L. 711-5, L. 711-7, L. 711-8, le 4° de l'article L. 712-2, les articles L. 712-6-2, L. 719-1, L. 719-2, L. 719-3, L. 811-5, L. 811-6 et L. 952-7 à L. 952-9 de ce code ne sont pas applicables à l'école.

III. — En application des dispositions de l'article L. 711-6 du même code, sont étendues à l'école les dispositions des articles L. 611-1, L. 612-1, L. 612-5, L. 612-7, L. 613-1 à l'exception de son dernier alinéa, L. 613-2 à L. 613-5, L. 711-2, L. 711-9, L. 711-10, L. 714-1, L. 717-1, L. 718-2 à L. 718-16, L. 719-12 à L. 719-14, L. 951-1 et L. 951-2 ainsi que les autres dispositions du même code auxquelles elles renvoient, sous réserve des adaptations précisées au présent décret.

Art. 4 I. — Le ministre de la défense exerce les attributions dévolues au ministre chargé de l'enseignement supérieur ou au *(Décr. n° 2019-1554 du 30 déc. 2019, art. 18)* « recteur de région académique », chancelier des universités, par les articles L. 719-7, L. 719-8, L. 719-13 et L. 762-1 du code de l'éducation.

Il exerce, en outre, les attributions du ministre chargé de l'enseignement supérieur ou du *(Décr. n° 2019-1554 du 30 déc. 2019, art. 18)* « recteur de région académique », chancelier des universités, prévues par les textes réglementaires pris pour l'application des articles mentionnés à l'alinéa précédent ainsi que ceux pris pour l'application de l'article L. 719-5 du même code, notamment l'article R. 719-74, à l'exception des dispositions relatives à la nomenclature budgétaire et à l'approbation du plan comptable des établissements publics à caractère scientifique, culturel et professionnel.

II. — L'inspecteur de l'École polytechnique exerce les attributions dévolues à *(Décr. n° 2020-1676 du 23 déc. 2020, art. 12)* « l'inspection générale de l'éducation, du sport et de la recherche » par l'article L. 719-9 du code de l'éducation.

TITRE II. ORGANISATION ADMINISTRATIVE DE L'ÉCOLE

Art. 5 L'École polytechnique est administrée par un conseil d'administration, présidé par le président de l'école. Elle est dirigée par un directeur général, assisté d'un secrétaire général. Un directeur de l'enseignement et de la recherche assiste le président.

L'école comporte un conseil d'enseignement et de recherche et un conseil d'établissement. Elle comprend notamment des départements d'enseignement et de recherche, dont les présidents sont élus en leur sein dans les conditions prévues par le règlement intérieur, et des laboratoires créés par décision du conseil d'administration.

CHAPITRE Ier. *LE CONSEIL D'ADMINISTRATION*

Art. 6 Le conseil d'administration de l'École polytechnique comprend :

1° Le président ;

2° Le directeur général ;

3° Six membres représentant l'État, nommés par arrêté conjoint du ministre de la défense et du ministre qu'ils représentent :

a) Deux représentants du ministre de la défense ;

b) Un représentant du ministre chargé de la recherche ;

c) Un représentant du ministre chargé de l'industrie ;

d) Un représentant du ministre chargé de l'enseignement supérieur ;

e) Un représentant du ministre chargé de l'économie ;

4° Neuf membres choisis en raison de leur compétence, nommés par arrêté du ministre de la défense :

a) Deux personnalités issues d'un établissement d'enseignement supérieur et de recherche, dont au moins une issue d'un établissement étranger ;

b) Un représentant de l'association des anciens élèves et diplômés de l'École polytechnique ;

c) Six personnalités qualifiées dont trois au moins sont cadres supérieurs d'entreprise, une au moins est de nationalité étrangère et une au moins est issue du secteur public ;

5° Huit membres représentant le personnel et les usagers de l'école, y compris de ses laboratoires, nommés par arrêté du ministre de la défense :

a) Deux membres représentant le personnel d'enseignement, dont au moins un enseignant-chercheur exerçant à temps complet, élus par ce personnel ;

b) Deux élèves choisis parmi les promotions admises à l'école depuis plus de six mois, sur proposition de ces promotions ;

c) Un membre représentant les étudiants en master et en doctorat, élu par ces derniers ;

d) Deux membres représentant le personnel de recherche et le personnel technique et administratif de l'école, élus par ce personnel ;

e) Un membre représentant le personnel de recherche affecté dans les laboratoires de l'école et dont elle n'est pas employeur, élu par ce personnel.

Les représentants élus des personnels et des usagers sont élus au scrutin de liste majoritaire à un tour dans les conditions et selon les modalités fixées par arrêté du ministre de la défense.

Art. 7 I. — Assistent aux séances du conseil d'administration avec voix consultative :

1° Le contrôleur budgétaire près l'École polytechnique ;

2° L'agent comptable de l'établissement ;

3° Le directeur de l'enseignement et de la recherche ;

4° Le secrétaire général.

II. — L'inspecteur de l'École polytechnique assiste aux séances du conseil d'administration.

Art. 8 La durée des mandats, à l'exception de ceux des représentants des usagers, est de cinq ans.

La durée des mandats des représentants des usagers est limitée à la durée de la scolarité ou de la présence à l'école dans la limite de deux ans.

Les membres du conseil représentant le personnel et les usagers siègent valablement jusqu'à la désignation de leurs successeurs qui intervient dans les six mois.

Toute vacance par décès, démission ou perte de la qualité au titre de laquelle les intéressés ont été désignés donne lieu à remplacement pour la durée du mandat restant à courir, sauf si cette vacance intervient moins de six mois avant l'expiration du mandat. Ce mandat partiel peut être suivi d'un mandat de cinq ans renouvelable dans les conditions fixées au présent article.

Les mandats des membres, à l'exception de celui du président et du directeur général, ne sont renouvelables qu'une fois.

Art. 9 I. — Le conseil d'administration définit les orientations stratégiques de l'école, notamment en matière d'enseignement, de recherche, d'innovation, de valorisation de la recherche ainsi que de rayonnement international. Il veille à leur réalisation ainsi qu'à l'atteinte des objectifs d'enseignement et de recherche.

Il délibère sur :

1° Les conditions générales d'organisation et de fonctionnement de l'école, y compris ses laboratoires ;

2° Le projet de contrat d'objectifs pluriannuel avec l'État ;

3° Le budget initial et ses modifications ;

4° Le compte financier et l'affectation des résultats de l'exercice ;

5° Les acquisitions, les aliénations et les échanges d'immeubles ;

6° La conclusion d'emprunts ;

7° L'acceptation ou le refus des dons et legs ;

8° Les baux et locations d'immeubles ;

9° La création de filiales et les prises, cessions ou extensions de participations financières ;

10° Les tarifications des prestations et services rendus par l'école ;

11° La participation à des organismes dotés de la personnalité morale ;

12° Les actions en justice et les transactions ;

13° La création de fonds de dotation.

II. — Le conseil d'administration approuve chaque année les comptes des filiales et se fait rendre compte de la situation des sociétés dans lesquelles des participations ont été prises en application de l'article 41 du présent décret. Les rapports annuels des commissaires aux comptes des filiales lui sont communiqués.

Il adopte les règles relatives à la scolarité et aux examens, sous réserve des dispositions prises en application de l'article L. 675-1 du code de l'éducation, et définit les règles d'évaluation des enseignements.

Le conseil d'administration approuve le règlement intérieur de l'établissement, qui fixe notamment les modalités de publicité du budget après son adoption.

Il définit les principes selon lesquels sont établies les conventions relatives à l'enseignement ou à la recherche.

Le conseil d'administration propose au ministre de la défense le programme et les mesures à prendre pour l'organisation du concours d'admission.

En outre, le conseil d'administration peut être appelé à émettre des avis et des propositions sur l'organisation de l'enseignement, y compris la formation complémentaire, et sur toutes les questions dont il est saisi par le ministre de la défense ou qui lui sont soumises par son président.

Le conseil d'administration adresse chaque année au ministre de la défense un rapport sur le fonctionnement, les activités et le rayonnement de l'école.

III. — En tant que de besoin, le conseil, sur la proposition de son président, peut créer toute commission ou tout groupe de travail sur des questions relevant de sa compétence.

Le conseil d'administration peut déléguer à son président, dans les conditions et limites qu'il détermine, le pouvoir d'adopter les décisions modificatives du budget ainsi que la possibilité de conclure des emprunts, de procéder à des acquisitions, aliénations ou échanges d'immeubles, de conclure des baux et locations d'immeubles, d'ester en justice, de déterminer les tarifications des prestations et services rendus par l'école, de prendre des participations à des organismes dotés de la personnalité morale et d'accepter ou de refuser des dons et legs.

Il lui est rendu compte, lors de la prochaine réunion du conseil d'administration, des décisions prises en vertu de ces délégations.

Art. 10 Le conseil d'administration se réunit, sur convocation du président, au moins trois fois par an. Le président est en outre tenu de réunir le conseil à la demande du ministre de la défense ou à la requête des deux tiers au moins des membres du conseil.

L'ordre du jour des séances du conseil est établi par le président. Toute question faisant l'objet d'une demande d'au moins un tiers des membres du conseil et entrant dans son domaine d'attributions est inscrite à l'ordre du jour.

Art. 11 I. — Le conseil d'administration ne peut valablement délibérer que lorsque le nombre total des membres présents est supérieur à la moitié du nombre des membres ayant voix délibérative sous réserve des dispositions prévues au sixième alinéa ci-après.

Sont réputés présents les membres participant à la réunion du conseil par des moyens de visioconférence ou de télécommunication permettant leur identification et leur participation effective à une délibération collégiale, et satisfaisant à des caractéristiques techniques garantissant la transmission continue et simultanée des débats et la confidentialité des votes lorsque le scrutin est secret.

Si, lors d'une séance, ce quorum n'est pas atteint, le président réunit à nouveau le conseil dans un délai de huit jours ; les délibérations sont alors valables quel que soit le nombre des présents.

Un membre du conseil d'administration empêché d'assister à une séance peut donner pouvoir à un autre membre du conseil. Aucun membre du conseil ne peut être porteur de plus d'un pouvoir.

Les décisions sont prises à la majorité des voix des personnes présentes et représentées ; en cas de partage égal des voix, celle du président est prépondérante. Le vote a lieu au scrutin secret, sur demande d'un ou de plusieurs membres du conseil. Dans ce cas, les deux premiers tours de scrutin ont lieu à la majorité absolue des suffrages exprimés, le tour suivant à la majorité relative.

II. — Les membres du conseil d'administration peuvent être consultés par le président, par voie électronique entre deux réunions programmées du conseil, pour toute question urgente. Les décisions sont prises dans les mêmes conditions de quorum et de majorité que celles prévues au I. Il est rendu compte aux membres de la décision prise dès le prochain conseil d'administration.

III. — Les représentants des usagers ne participent pas aux délibérations concernant les nominations du personnel enseignant.

Art. 12 Les délibérations à caractère réglementaire du conseil d'administration, à l'exception de celles qui portent sur le budget et ses modifications, le compte financier, les emprunts, les créations de filiales et les prises de participation prévues à l'article 41 ci-après, les acquisitions, aliénations et échanges d'immeubles, sont exécutoires à compter de la date de leur transmission à l'autorité de tutelle.

Les délibérations portant sur le budget et le compte financier, les emprunts et les acquisitions, échanges et aliénations d'immeubles sont exécutoires dans les conditions définies par le régime budgétaire, financier et comptable prévu à l'article 36.

Les délibérations relatives aux prises de participation et créations de filiales prévues à l'article 41 sont exécutoires dans les conditions définies à l'article R. 711-11 du code de l'éducation.

CHAPITRE II. *LE PRÉSIDENT DU CONSEIL D'ADMINISTRATION*

Art. 13 Le président du conseil d'administration assure la présidence de l'école et perçoit, en cette qualité, une rémunération dont le montant est fixé par le ministre chargé du budget, après avis du ministre de la défense.

Art. 14 Le président du conseil d'administration est nommé par décret en conseil des ministres, sur proposition du ministre de la défense, pour une durée de cinq ans renouvelable.

Il est choisi, après appel public à candidatures, publié au *Journal officiel*, parmi les personnalités justifiant d'une compétence scientifique dans les domaines d'activité de l'école ou ayant une expérience de l'enseignement supérieur ou de la recherche.

Art. 15 I. — Le président administre l'école dans le cadre des orientations définies par le conseil d'administration. Il est responsable de l'exécution des missions de l'école définies à l'article L. 675-1 du code de l'éducation et l'article 2 du présent décret.

A ce titre, il conduit la politique générale de l'établissement, la réflexion sur la définition des programmes et l'organisation des concours, ainsi que les relations de l'école avec les organismes nationaux, étrangers ou internationaux intervenant dans ses domaines d'activité.

A cet effet, il est assisté par le directeur général ainsi que par le directeur de l'enseignement et de la recherche pour les matières relevant de sa compétence.

II. — Outre celles qui lui ont été déléguées par le conseil d'administration, le président exerce, notamment, les responsabilités suivantes :

1° Il prépare les décisions du conseil d'administration et en assure ou fait assurer l'exécution. A ce titre, il décide de la répartition des enveloppes des moyens destinés à la formation et à la recherche ;

2° Il prépare le budget de l'établissement en collaboration avec le directeur général et le directeur de l'enseignement et de la recherche ;

3° Il assure le respect des orientations stratégiques déterminées par le conseil en matière d'enseignement, de recherche et de rayonnement international ;

4° Il fixe les grandes orientations en termes de formation, de recherche et d'innovation et en contrôle l'exécution ;

5° Il nomme les membres du personnel enseignant après avis du conseil d'établissement ;

6° Il nomme les correcteurs, les examinateurs et les membres des jurys du concours d'admission ;

7° Il assure le lien avec les corps civils et militaires de l'État mentionnés à l'article L. 675-1 du code de l'éducation, notamment pour ce qui concerne le recrutement des élèves polytechniciens dans ces corps, les programmes d'enseignement et les modalités du concours d'admission ;

8° Il organise les relations avec les organismes nationaux, étrangers et internationaux, conclut les partenariats entre l'école et ces derniers, négocie et signe les conventions passées par l'école avec les universités, les établissements d'enseignement supérieur et de recherche, les collectivités territoriales, les entreprises et tout autre organisme national, étranger ou international ;

9° Il représente l'école dans tous les actes de la vie civile ;

10° Il est ordonnateur des recettes et des dépenses de l'école ;

11° Il conclut au nom de l'école les contrats et marchés publics.

III. — A son initiative et sous sa responsabilité, le président peut déléguer sa signature aux fins d'accomplir en son nom les actes relatifs à ses attributions énumérées au II.

CHAPITRE III. *LA DIRECTION GÉNÉRALE DE L'ÉCOLE*

Art. 16 Le directeur général est un officier général ; il est nommé par décret en conseil des ministres sur le rapport du ministre de la défense après avis du président du conseil d'administration.

Art. 17 I. — Le directeur général assure, sous l'autorité du président, la direction générale de l'école. A ce titre, il participe à la préparation et à la mise en œuvre des décisions du conseil d'administration. Il assiste le président pour la préparation et le suivi de l'exécution des contrats pluriannuels avec l'État.

II. — Le directeur général assure notamment les missions suivantes :

1° Il gère le personnel civil et militaire de l'école ;

2° Il nomme à toutes les fonctions pour lesquelles aucune autre autorité n'est compétente ;

3° Il est responsable de la formation humaine et militaire des élèves ;

4° Il est responsable de la discipline générale au sein de l'établissement ;

5° Il veille au respect des mesures de sécurité dans l'enceinte de l'école ;

6° Il est responsable de la démarche qualité et d'amélioration continue.

Dans les domaines relevant de sa compétence, il peut déléguer sa signature.

Art. 18 Le directeur général assure le commandement militaire de l'École polytechnique. A ce titre, il est responsable, devant le ministre de la défense, de l'observation des règlements militaires à l'intérieur de l'école et de la formation militaire des élèves pour le temps où ils sont sous son commandement. Il dispose des prérogatives conférées à l'autorité militaire de deuxième niveau par l'article R. 4137-10 du code de la défense.

Art. 19 Le secrétaire général est nommé dans les conditions prévues par le décret du 9 janvier 2012 susvisé, sur proposition du directeur général.

Il assiste le directeur général dans ses fonctions, notamment en assurant la direction des services administratifs, financiers et généraux de l'école.

Art. 20 Le directeur de la formation humaine et militaire est un officier supérieur.

Sous l'autorité du directeur général, il est chargé de la formation humaine et militaire des élèves, de la notation et de la discipline du personnel militaire. Il contribue à la gestion du personnel militaire de l'école.

Il dispose des prérogatives conférées à l'autorité militaire de premier niveau par l'article R. 4137-10 du code de la défense.

CHAPITRE IV. *LA DIRECTION DE L'ENSEIGNEMENT ET DE LA RECHERCHE*

Art. 21 Le directeur de l'enseignement et de la recherche est une personnalité scientifique reconnue pour ses compétences en matière d'enseignement supérieur et de recherche.

Le directeur de l'enseignement et de la recherche est nommé par arrêté du ministre de la défense, sur proposition du président du conseil d'administration, après avis du conseil d'administration.

Art. 22 Le directeur de l'enseignement et de la recherche est chargé, sous l'autorité du président du conseil d'administration :

1° De concevoir et de mettre en œuvre les formations dispensées par l'école ;

2° De proposer et de mettre en œuvre la politique de la recherche ;

3° De gérer les partenariats avec les organismes français, étrangers et internationaux concourant à la formation des usagers et à la recherche ;

4° D'organiser les interactions entre l'enseignement et les laboratoires de l'école ;

5° De proposer la politique de valorisation des résultats des travaux de la recherche et de transfert technologique et d'en assurer la mise en œuvre ;

6° De promouvoir l'innovation en liaison avec l'enseignement et la recherche ;

7° De proposer et de mettre en œuvre la politique de recrutement des personnels d'enseignement et de recherche.

CHAPITRE V. *LE CONSEIL D'ENSEIGNEMENT ET DE RECHERCHE ET LE CONSEIL D'ÉTABLISSEMENT*

SECTION I. *Le conseil d'enseignement et de recherche*

Art. 23 Le conseil d'enseignement et de recherche est un organe consultatif ayant pour mission de conseiller le président du conseil d'administration de l'École polytechnique sur l'ensemble des activités de l'établissement relatives à l'enseignement, la recherche et l'innovation.

A ce titre, il émet des avis et des propositions :

1° Dans le domaine de l'enseignement, sur l'ensemble des formations mises en œuvre à l'école et sur les méthodes pédagogiques. Il est également consulté sur les critères d'évaluation de l'enseignement et des enseignants de l'école, ainsi que sur la constitution et le fonctionnement des départements d'enseignement et de recherche. Il évalue la contribution du centre de recherche au maintien de la qualité de l'enseignement et à la formation des élèves par la recherche ;

2° Dans le domaine de la recherche, sur l'élaboration de la politique de recherche de l'école, sur les domaines scientifiques à privilégier, ainsi que sur les projets retenus par l'établissement ;

3° Dans le domaine de la valorisation de la recherche et de l'innovation, sur la stratégie de l'école et sur la politique de partenariats à mettre en œuvre ;

4° Sur la cohérence du lien entre l'enseignement et la recherche ;

5° Sur les actions engagées par l'école au niveau national et international dans le domaine de l'enseignement et de la recherche.

Art. 24 Ce conseil comprend au maximum quinze membres.

Il est composé de personnalités scientifiques, françaises ou étrangères, extérieures à l'école, désignées par arrêté conjoint du ministre de la défense, du ministre chargé de l'enseignement supérieur et du ministre chargé de la recherche.

Assistent en outre aux séances de ce conseil, sans voix délibérative, le président du conseil d'administration de l'école, le directeur général, le directeur de l'enseignement et de la recherche et le directeur adjoint de l'enseignement et de la recherche.

Le président du conseil d'enseignement et de recherche est choisi parmi ses membres et nommé par le président du conseil d'administration.

SECTION II. *Le conseil d'établissement*

Art. 25 Le conseil d'établissement est un organe consultatif, présidé par le directeur de l'enseignement et de la recherche.

Il a pour mission de conseiller le président du conseil d'administration de l'école, en liaison avec le conseil d'enseignement et de recherche, dans tous les domaines définis à l'article 27 et sur toute question qui lui est soumise par son président.

Le conseil d'établissement peut créer en son sein toute commission chargée spécifiquement d'une mission ou de l'examen d'un sujet particulier.

Art. 26 Le conseil d'établissement se réunit en formation ordinaire ou en formation plénière.

1° En formation ordinaire, il comprend, outre son président :

a) Les présidents de département d'enseignement et de recherche ;

b) Trois vice-présidents de département ;

c) Au moins trois représentants de la direction générale et de la direction de l'enseignement et de la recherche de l'école ;

2° En formation plénière, il comprend les membres de la formation ordinaire et en outre :

a) Les directeurs de laboratoire ;

b) Les cinq représentants élus du personnel au conseil d'administration ;

c) Les deux représentants des élèves au conseil d'administration ;

d) Le représentant élu des étudiants au conseil d'administration.

Le président du conseil d'administration et le directeur général de l'école assistent aux séances du conseil lorsqu'il siège en formation plénière.

Art. 27 I. — Dans sa formation ordinaire, le conseil d'établissement est consulté ou peut émettre des propositions sur :

1° Les programmes des formations et les règles relatives aux examens et à l'évaluation des enseignements ;

2° Les mesures recherchant la réussite du plus grand nombre d'usagers ;

3° Les mesures de nature à permettre la mise en œuvre de l'orientation des usagers et de la validation des acquis, à faciliter leur entrée dans la vie active et à favoriser les activités culturelles, sportives, sociales ou associatives offertes aux usagers, ainsi que les mesures de nature à améliorer les conditions de vie et de travail des usagers et du personnel ;

4° Les mesures visant à promouvoir et développer des interactions entre sciences et société, initiées et animées par des usagers ou des enseignants-chercheurs, au sein de l'école comme sur le territoire de rayonnement de l'établissement ;

5° Les mesures de nature à permettre aux usagers de développer les activités de diffusion de la culture scientifique, technique et industrielle ;

6° Les mesures nécessaires à l'accueil et à la réussite des usagers présentant un handicap ou un trouble invalidant de la santé.

Il est notamment consulté ou peut émettre des vœux sur les orientations des politiques de formation, de recherche, de diffusion de la culture scientifique, technique et industrielle et de documentation scientifique et technique, sur la qualification à donner aux emplois d'enseignant-chercheur et de chercheur vacants ou demandés, sur la demande d'accréditation mentionnée à l'article L. 613-1 du code de l'éducation et sur le contrat d'établissement. Il propose au conseil d'administration un schéma directeur pluriannuel en matière de politique du handicap, qui couvre l'ensemble des domaines concernés par le handicap. Il est consulté sur toutes les mesures visant à garantir l'exercice des libertés des usagers.

Il émet par ailleurs un avis sur les propositions de nomination des enseignants.

Le conseil d'établissement n'est pas compétent pour l'examen des questions individuelles relatives au recrutement, à l'affectation, à la carrière et à la discipline des enseignants-chercheurs de l'école qui ne relèvent pas en la matière, compte tenu de leur statut, des dispositions prévues aux articles L. 712-6-1-IV, L. 712-6-2 et L. 952-6 à L. 952-9 du code de l'éducation.

II. — Dans sa formation plénière, le conseil d'établissement est consulté avant chaque réunion du conseil d'administration sur tous les sujets à l'ordre du jour de ce dernier.

CHAPITRE VI. *DISCIPLINE*

Art. 28 I. — Les usagers de l'École polytechnique, au sens des dispositions de l'article L. 811-1 du code de l'éducation, qui ont enfreint les dispositions du règlement intérieur ou du règlement de scolarité de l'école ou qui sont auteurs ou complices d'une fraude ou d'une tentative de fraude commise à l'occasion d'une inscription, d'une épreuve de contrôle continue, ou d'un examen, ou d'un fait de nature à porter atteinte à l'ordre ou au bon fonctionnement de l'École polytechnique, sont passibles des sanctions disciplinaires suivantes :

1° L'avertissement ;

2° Le blâme ;

3° L'exclusion temporaire, d'une durée ne pouvant dépasser un mois ;

4° L'exclusion définitive de l'École polytechnique.

L'avertissement est prononcé par le directeur général de l'école après que l'intéressé a été mis à même de faire valoir ses droits.

Les autres sanctions sont prononcées par le directeur général de l'école, après avis du conseil de discipline.

II. — Les dispositions du présent article ne sont applicables ni aux élèves français de l'école servant sous statut militaire et qui sont soumis aux dispositions du code de la défense, ni aux élèves étrangers de la formation polytechnicienne, ni aux étudiants en doctorat salariés, soumis, pour ce qui concerne la discipline, aux dispositions du décret du 17 janvier 1986 susvisé. Les élèves étrangers précités sont soumis au régime disciplinaire applicable aux élèves français de l'École polytechnique servant sous statut militaire.

Art. 29 L'envoi d'un usager devant le conseil de discipline est décidé par le directeur général de l'école.

Le conseil de discipline comprend trois représentants du personnel enseignant et trois représentants des usagers. Ses membres sont élus respectivement par et parmi les présidents de départements d'enseignement et de recherche et les usagers de l'école relevant de ce conseil.

Des membres suppléants sont désignés dans les mêmes conditions.

Le président du conseil de discipline est un professeur de l'école. Il est élu par et parmi les enseignants-chercheurs membres du conseil.

Le conseil de discipline se réunit sur convocation de son président. Il ne peut délibérer que lorsque quatre de ses membres au moins sont présents.

Le conseil de discipline se prononce à la majorité absolue de ses membres présents.

CHAPITRE VII. *DISPOSITIONS COMMUNES AUX CONSEILS*

Art. 30 Les présidents des conseils peuvent inviter à assister, à tout ou partie des séances de leur conseil, toute personne dont la présence leur paraît utile. Sans préjudice des dispositions du troisième alinéa de l'article 43, les personnes invitées peuvent avoir voix consultative au conseil d'enseignement et de recherche ainsi qu'au conseil d'établissement.

Art. 31 Les modalités d'organisation et de fonctionnement des conseils mentionnés aux chapitres V et VI du présent décret sont précisées par le règlement intérieur de l'école.

Art. 32 Sans préjudice des dispositions de l'article 13, les fonctions de président et de membre des conseils prévus aux articles 6, 23, 25 et 29 sont exercées à titre gratuit. Toutefois, les frais de déplacement et de séjour peuvent leur être remboursés dans les conditions fixées par la réglementation applicable en matière de déplacements temporaires du personnel civil et militaire de l'État.

TITRE III. PERSONNEL DE L'ÉCOLE

Art. 33 Le personnel de l'École polytechnique comprend :

1° Des fonctionnaires affectés, en service détaché, hors cadres ou mis à disposition ;

2° Des militaires affectés, en service détaché ou hors cadres ;

3° Du personnel enseignant et du personnel scientifique, technique et administratif de recherche recrutés sur contrat dans les conditions prévues par le décret du 3 octobre 1949 susvisé ou par les décrets pris en application du décret du 18 janvier 1984 susvisé ;

4° Des agents non titulaires de droit public ;

5° Du personnel ouvrier régi par les règles en vigueur au ministère de la défense ;

6° Du personnel scientifique de laboratoire et de centre de recherche et du personnel technique de laboratoire et de centre de recherche, chacune de ces catégories étant régie par des textes propres à l'École polytechnique.

Art. 34 I. — Sous réserve d'être employés de manière continue depuis au moins un an, les personnels non titulaires de l'École polytechnique peuvent être autorisés par le président du conseil d'administration de l'école, dans les conditions prévues aux articles L. 531-1 à L. 531-3 du code de la recherche et au titre II du décret du 26 avril 2007 susvisé, à participer à titre personnel, en qualité d'associé ou de dirigeant, à la création d'une entreprise dont l'objet est d'assurer, en exécution d'un contrat conclu avec une personne publique ou une entreprise publique, la valorisation des travaux de recherche qu'ils ont réalisés dans l'exercice de leurs fonctions.

II. — A compter de la date d'effet de l'autorisation, l'agent est soit mis en congé sans rémunération, soit mis à disposition de l'entreprise ou de l'organisme qui concourt à la valorisation de la recherche pour la durée de l'autorisation. Toutefois, lorsque le contrat est conclu pour une durée déterminée, le congé ou la mise à disposition ne peut être accordé au-delà de la périodicité d'engagement restant à courir.

L'agent cesse toute activité au titre du service public dont il relève. Toutefois, il peut continuer à exercer des activités d'enseignement ressortissant de ses compétences, dans les conditions fixées par le président du conseil d'administration de l'école.

Le renouvellement de la mise à disposition au-delà d'une période de deux ans est subordonné au remboursement par l'entreprise de la rémunération de l'agent et des charges sociales y afférentes. Toutefois, le président peut dispenser totalement ou partiellement l'entreprise de ce remboursement, après l'expiration de cette période.

III. — Les personnels recrutés sur le fondement des dispositions de l'article L. 412-2 du code de la recherche bénéficient d'un congé d'un an, renouvelable une fois, dans la limite de la durée de leur contrat, et venant en déduction de celle-ci. Le versement de l'allocation mentionnée au même article peut leur être maintenu pendant les six premiers mois de la première période de congé. La décision de maintenir le versement de l'allocation est prise par le président du conseil d'administration de l'école sur avis du directeur de l'enseignement et de la recherche au vu du projet présenté par l'allocataire.

IV. — Les dispositions des articles L. 531-5 à L. 531-7 du code de la recherche sont applicables aux agents mentionnés aux alinéas précédents. Lorsque l'autorisation est retirée ou n'est pas renouvelée, les intéressés ne peuvent continuer à exercer leurs fonctions dans l'entreprise que dans les conditions prévues au titre Ier du décret du 26 avril 2007 susvisé.

V. — Au terme de l'autorisation, l'agent est réintégré dans ses fonctions dans les conditions prévues aux articles 32 et 33 du décret du 17 janvier 1986 susvisé.

Dans ce cas, il met fin à sa collaboration professionnelle avec l'entreprise dans un délai d'un an et ne peut plus conserver directement ou indirectement un intérêt quelconque dans l'entreprise. Il peut toutefois être autorisé à apporter son concours scientifique à l'entreprise et à conserver une participation dans le capital social de l'entreprise, dans des conditions similaires à celles prévues pour les fonctionnaires réintégrés dans leur corps d'origine par le dernier alinéa de l'article L. 531-6 du code de la recherche.

Art. 35 I. — Sous réserve d'être employés de manière continue depuis au moins un an, les personnels non titulaires de l'École polytechnique peuvent être autorisés par le président du conseil d'administration de l'école dans la limite de la durée de leur contrat, ou pour une période de cinq ans renouvelable lorsque ces personnels bénéficient d'un contrat à durée indéterminée, à apporter leur concours scientifique à une entreprise qui assure, en exécution d'un contrat conclu avec une personne publique ou une entreprise publique, la valorisation des travaux de recherche qu'ils ont réalisés dans l'exercice de leurs fonctions et à détenir une participation dans le capital social de l'entreprise, dans les conditions et selon les modalités fixées aux articles L. 531-8 à L. 531-11 du code de la recherche et au titre II du décret du 26 avril 2007 susvisé.

II. — Lorsque l'autorisation est retirée ou n'est pas renouvelée, les intéressés ne peuvent continuer à exercer leurs fonctions dans l'entreprise que dans les conditions prévues au titre Ier du décret du 26 avril 2007 susvisé.

TITRE IV. ORGANISATION FINANCIÈRE DE L'ÉCOLE

Art. 36 Sauf dispositions contraires prévues dans le présent décret, le régime financier applicable à l'École polytechnique est défini aux articles L. 719-4 à L. 719-9 et aux articles R. 719-51 à R. 719-112 du code de l'éducation.

Art. 37 Les recettes de l'École polytechnique comprennent notamment :

1° Les subventions de l'État, des collectivités publiques et de tout organisme public ou privé, français, étranger ou international ;

2° Les remboursements des frais de scolarité ;

3° Le produit des droits de scolarité, d'examen et de concours ;

4° Les contributions des élèves, des étudiants et des stagiaires ;

5° Les ressources provenant de ses activités de formation, des congrès, colloques et manifestations qu'elle organise et des prestations de services qu'elle effectue ;

6° Les produits des travaux de recherche, de développement et d'application correspondant aux contrats qu'elle exécute, à l'exploitation et à la cession de brevets et aux publications qu'elle édite ;

7° Les recettes provenant du produit des dons et legs et de la participation des employeurs au financement des premières formations technologiques et professionnelles ou des formations professionnelles continues, notamment au titre de la taxe d'apprentissage ;

8° Les revenus des biens meubles et immeubles ;

9° Le produit des emprunts et, de manière générale, toutes les recettes autorisées par les lois et règlements.

Art. 38 Les dépenses de l'École polytechnique comprennent :

1° Les dépenses correspondant aux rémunérations et aux charges sociales du personnel mentionné à l'article 33 ainsi que les dépenses correspondant à la solde et aux charges sociales des élèves ;

2° Les dépenses d'équipement, de fonctionnement, d'entretien et de sécurité ;

3° D'une manière générale, toutes dépenses nécessaires aux activités de l'école et notamment à celles qui résultent de l'application de l'article 41.

Art. 39 Pour ce qui concerne la solde, l'hébergement, la nourriture, l'habillement, l'entretien et les besoins de la formation militaire, l'École polytechnique est soumise aux textes en vigueur pour les armées et peut bénéficier des procédures en vigueur pour les armées.

Art. 40 Des régies d'avances et de recettes peuvent être créées par le président du conseil d'administration, dans les conditions prévues par le décret n° 92-681 du 20 juillet 1992 modifié relatif aux régies de recettes et aux régies d'avances des organismes publics.

Les régisseurs sont désignés par le président du conseil d'administration avec l'agrément de l'agent comptable.

Art. 41 L'école peut, sur délibération de son conseil d'administration, prendre des participations financières et créer des filiales dans le cadre de ses missions définies par la loi, en vue, notamment, d'assurer la valorisation de ses recherches.

TITRE V. CONTRÔLE ET INSPECTION

Art. 42 Le ministre de la défense peut prescrire au contrôle général des armées ou celui-ci peut réaliser à l'initiative du chef du contrôle général des armées suivant les directives générales fixées par le ministre des études, enquêtes et contrôles de l'École polytechnique selon des modalités prévues par décret.

Art. 43 Un officier général de la première section est nommé inspecteur de l'École polytechnique par arrêté du ministre de la défense.

Outre les compétences qu'il tient de l'article 4 du présent décret, il est chargé d'inspecter les élèves, notamment dans leurs activités militaires extérieures à l'école.

Lorsqu'il participe à une séance d'un des conseils de l'école, il y assiste sans voix consultative.

TITRE VI. DISPOSITIONS TRANSITOIRES ET FINALES

Art. 44 Le président du conseil d'administration de l'École polytechnique, le directeur général, le directeur de l'enseignement et de la recherche ainsi que le secrétaire général, en fonction à la date d'entrée en vigueur du présent décret, sont maintenus dans leurs fonctions.

Les conseils et leurs membres en fonction à cette même date continuent d'exercer leurs compétences jusqu'au terme de leur mandat.

....

Art. 46 I. — Les dispositions du présent décret, à l'exception des articles 14 et 16 relatifs aux conditions de nomination du président du conseil d'administration et du directeur général de l'École polytechnique, pourront être modifiées par décret en Conseil d'État.

II. — L'article 1er du décret du 20 mai 2015 susvisé, dans sa rédaction issue du présent décret, peut être modifié par décret en Conseil d'État.

....

Art. 48 Le décret n° 96-1124 du 20 décembre 1996 relatif à l'organisation et au régime administratif et financier de l'École polytechnique est abrogé.

Art. L. 755-2 Les élèves français de l'École polytechnique sont recrutés par voie de concours.

Ils sont entretenus et instruits gratuitement sous réserve du remboursement éventuel des frais d'entretien et d'études, dans les cas et conditions fixés par décret en Conseil d'État. – *[L. n° 70-631 du 15 juill. 1970, art. 3.]*

Sur les conditions d'admission à l'École polytechnique, V. ci-dessous Décr. n° 95-728 du 9 mai 1995.

Sur le remboursement des frais d'entretien et d'études par certains élèves de l'École polytechnique, V. ci-dessous Décr. n° 2015-566 du 20 mai 2015.

I. CLASSEMENT DE SORTIE

1. Régularité. Le jury de sortie de l'École polytechnique, lorsqu'il établit la « liste de sortie » ou liste des élèves ayant droit au titre d'ingénieur diplômé de l'École polytechnique, ne peut se fonder que sur les résultats obtenus par les élèves depuis leur entrée à l'école. Lorsqu'il décide de ne pas inscrire certains élèves sur cette liste, en raison de l'insuffisance de leur instruction, ce jury est lié par l'ordre de classement des élèves tel qu'il résulte des notes qu'ils ont obtenues. Par suite, annulation de la décision du jury de sortie de l'École polytechnique fixant une liste de sortie en tant qu'il a refusé d'inscrire sur cette liste deux élèves qui avaient une moyenne générale supérieure à celle de plusieurs élèves figurant sur cette liste. • CE, sect., 30 mars 1981, ♕ *MM. Aubert, Verdi, Sté amicale des anciens élèves de l'École polytechnique*, nos 14733, 14734 et 14752 : *Lebon 173* ⌀.

2. Juge compétent. Il appartient au Conseil d'État de connaître directement des requêtes dirigées contre la « liste de sortie » ou « liste des élèves ayant droit au titre d'ingénieur diplômé de l'École polytechnique » qui résulte d'une décision administrative d'un organisme collégial à compétence nationale. • CE, sect., 30 mars 1981, ♕ *MM. Aubert, Verdi, Sté amicale des anciens élèves de l'École polytechnique*, nos 14733, 14734 et 14752 : *préc. note 1.*

II. FRAIS DE SCOLARITÉ

3. Dispense du remboursement. Pour être dispensés du remboursement des frais de scolarité, les anciens élèves de l'École polytechnique qui poursuivent à la sortie de l'école des travaux de recherche scientifique doivent réunir deux conditions : leurs travaux, augmentés du temps qu'ils ont passé dans un service public de l'État, doivent atteindre une durée de dix ans ininterrompue et ils doivent avoir obtenu le doctorat d'État dans un délai de six ans à compter de leur sortie de l'École polytechnique. • CE 20 mars 1981, ♕ *école polytechnique*, n° 15680 : *Lebon 154* ⌀. ♦ La poursuite des travaux de recherche pour le compte de la société Elf-Erap ne répond pas à la condition de durée de dix années ininterrompue. • CE 17 nov. 1982, ♕ *M. Perrut*, n° 36494 : *Lebon 387* ⌀.

4. École nationale d'administration. L'objet des dispositions à caractère statutaire du Décr. du 9 oct. 1945 est d'assurer que les fonctionnaires dont les frais de formation à l'École nationale d'administration ont été pris en charge par l'État soient recrutés par lui et, dans l'intérêt du bon fonctionnement de l'administration, demeurent à son service pendant une durée minimum de dix années. Il est prévu à cet effet que les fonctionnaires recrutés à l'issue de leur scolarité à l'École nationale d'administration signent l'engagement de servir l'État pendant une durée minimum de dix années. Ainsi l'indemnité dont ces fonctionnaires sont redevables au Trésor, en cas de rupture de leur engagement de servir, ne revêt pas le caractère d'une sanction. • CE 22 févr. 2006, *M. Bertrand Poplu*, n° 258555 : *Lebon T. 890* ; *AJDA 2006. 465* ; *Cah. fonct. publ., n° 256, mai 2006. 27.* ♦ Le principe de l'égalité de traitement entre agents n'étant applicable qu'aux agents d'un même corps, un ancien élève ne peut utilement se prévaloir, pour contester la légalité de ces dispositions, de la différence de règles prévues entre les fonctionnaires recrutés à l'issue de leur scolarité à l'École nationale d'administration qui ont signé l'engagement décennal et les élèves de cette école ayant démissionné avant d'avoir signé un tel engagement. Il ne saurait pas davantage invoquer une différence de traitement avec les officiers de carrière recrutés à l'issue de leur scolarité dans les écoles militaires. • CE 22 févr. 2006, *M. Bertrand Poplu : préc.* ♦ Le montant de l'indemnité dont sont redevables les fonctionnaires recrutés à l'issue de leur scolarité à l'école nationale d'administration rompant leur engagement de servir est fixé à deux fois leur dernier traitement annuel. Les modalités de calcul de l'indemnité sont identiques pour tous les fonctionnaires auxquels elle est susceptible d'être appliquée. Il ne saurait donc résulter une différence de traitement entre les fonctionnaires selon la durée des services qu'ils ont accomplis avant la rupture de leur engagement de servir. • CE 22 févr. 2006, *M. Bertrand Poplu : préc.*

Décret n° 95-728 du 9 mai 1995,

Relatif aux conditions d'admission à l'École polytechnique.

Art. 1er *(Décr. n° 2017-1461 du 10 oct. 2017, art. 2)* Le ministre de la défense fixe chaque année, par arrêté, pour chacune des voies et filières d'admission, le nombre maximum d'élèves français à admettre à l'École polytechnique et, le cas échéant, les conditions dans lesquelles les places non pourvues dans l'une des filières d'une des voies peuvent être reportées sur une autre filière au sein de la même voie.

Le nombre maximum d'élèves étrangers à admettre est fixé par arrêté du ministre de la défense sur proposition du conseil d'administration de l'École polytechnique. Le ministre de la défense peut, par arrêté, déléguer le pouvoir qu'il tient du présent alinéa au directeur général de l'École polytechnique.

Art. 1er-1 *(Décr. n° 2017-1461 du 10 oct. 2017, art. 3)* Le concours d'admission à l'École polytechnique comporte plusieurs voies et filières, qui diffèrent par le cursus des candidats et le contenu du programme des connaissances exigées. Le concours d'admission dans chacune de ces voies et filières est organisé, soit par l'École polytechnique elle-même, soit en coopération avec d'autres établissements d'enseignement supérieur. La liste des voies et filières d'admission et les règles d'organisation du concours dans ces voies et filières sont fixées par arrêté du ministre de la défense.

Le ministre de la défense arrête, dans chaque voie et filière, pour les candidats français, une liste d'admission qui est publiée au *Journal officiel* de la République française.

SECTION I. *Admission des élèves français*

Art. 2 *(Décr. n° 2017-1461 du 10 oct. 2017, art. 4)* Les règles relatives au concours d'admission portant sur l'organisation générale du concours, la nature des épreuves obligatoires et facultatives, les notes éliminatoires ainsi que le programme des connaissances exigées et les conditions à remplir par les candidats sous réserve des dispositions de l'article 3 ci-après sont fixés par arrêté du ministre de la défense.

Le ministre de la défense arrête chaque année, sur proposition du conseil d'administration de l'École polytechnique, les épreuves dans chaque filière, leur contenu, leur déroulement et leur durée, les coefficients attribués à chacune d'elles, ainsi que les points de majoration auxquels les candidats peuvent avoir droit compte tenu du temps écoulé depuis l'obtention du baccalauréat. Le ministre de la défense peut, par arrêté, déléguer le pouvoir qu'il tient du présent alinéa au directeur général de l'École polytechnique.

Art. 3 *(Décr. n° 99-181 du 11 mars 1999, art. 1er)* En vue de son admission, tout candidat doit justifier :

1° Qu'il est français ou naturalisé français avant la date de la première épreuve du concours ;

2° Qu'il est titulaire du baccalauréat ou d'un titre exigé pour l'accès à l'enseignement supérieur dans un pays étranger et, pour certaines filières, d'un diplôme de niveau supérieur fixé par arrêté du ministre de la défense ;

3° Qu'il a, l'année du concours, dix-sept ans accomplis au 1er septembre et moins de *(Décr. n° 2017-1461 du 10 oct. 2017, art. 5)* « vingt-trois » ans au 1er janvier ;

4° Qu'il n'a encouru aucune condamnation qui, aux termes des textes en vigueur, entraînerait la perte du grade ;

5° Qu'il remplit les conditions d'aptitude physique fixées par le ministre de la défense.

Pour être autorisé à concourir, tout candidat doit fournir un certificat médical délivré, dans les trois mois qui précèdent le dépôt du dossier d'inscription, par le médecin de son choix attestant son aptitude à subir dans leur totalité les épreuves d'éducation physique et sportives du concours.

Art. 4 *Abrogé par Décr. n° 2017-1461 du 10 oct. 2017, art. 6.*

SECTION II. *Admission des élèves étrangers*

Art. 5 *Abrogé par Décr. n° 2017-1461 du 10 oct. 2017, art. 7.*

Art. 6 *(Décr. n° 2017-1461 du 10 oct. 2017, art. 8)* En vue de son admission, tout candidat étranger doit justifier :

1° Qu'il n'est pas de nationalité française à la date de dépôt du dossier de candidature ;

2° Qu'il a moins de vingt-cinq ans au 1er janvier de l'année du concours ;

3° Qu'il remplit les conditions d'aptitude physique fixées par le ministre de la défense.

Art. 7 *(Décr. n° 2017-1461 du 10 oct. 2017, art. 9)* L'élève étranger admis à l'École polytechnique en cette qualité conserve ce statut pendant toute sa scolarité.

Art. 8 Les conditions d'admission des candidats *(Décr. n° 2017-1461 du 10 oct. 2017, art. 10)* « étrangers » sont fixées par le ministre de la défense sur proposition du conseil d'administration de l'école.

Art. 9 Des élèves étrangers peuvent être autorisés par le ministre de la défense à suivre les cours de l'école comme auditeurs libres externes.

(Décr. n° 2017-1461 du 10 oct. 2017, art. 11) « Le ministre de la défense peut, par arrêté, déléguer le pouvoir qu'il tient du présent article au directeur général de l'École polytechnique. »

Décret n° 2015-566 du 20 mai 2015,

Relatif au remboursement des frais d'entretien et d'études par certains élèves de l'École polytechnique.

Art. 1er Les frais supportés par l'École polytechnique pour assurer l'entretien et la formation des élèves de nationalité française de cette école sont remboursés dans les cas et conditions prévus par le présent décret.

Ces remboursements sont versés au budget de l'école *(Décr. n° 2015-1176 du 24 sept. 2015, art. 45)* « en application de l'article 38 du décret n° 2015-1176 du 24 septembre 2015 relatif à l'organisation et au régime administratif et financier de l'École polytechnique ».

Art. 2 Sont tenus à remboursement :

1° Les élèves qui, pour une cause autre que l'inaptitude physique, quittent l'école avant la fin de la scolarité ou n'obtiennent pas le diplôme sanctionnant la fin de la formation polytechnicienne telle que définie aux articles D. 675-3 à D. 675-6 du code de l'éducation ;

2° Les anciens élèves qui, ayant été désignés sur leur demande, compte tenu de leur classement, pour l'un des services publics civils ou militaires recrutés par la voie de l'École polytechnique, n'accomplissent pas, après leur sortie de l'école, au moins dix années de service dans un corps, ou cadre d'emplois, civil ou militaire ou, en position de détachement, auprès d'une entité mentionnée à l'article 14 du décret du 16 septembre 1985 susvisé ;

3° Les anciens élèves qui, n'entrant pas dans la catégorie visée au 2° ci-dessus, n'accomplissent pas, auprès d'une entité mentionnée à l'article 14 du décret du 16 septembre 1985 susvisé, d'une part, au moins un an de service au cours des cinq années qui suivent leur sortie de l'école et, d'autre part, au moins dix années de service au cours des vingt années qui suivent cette sortie.

Ce délai de vingt ans est prolongé de la durée des congés pour cause de maladie dont ont bénéficié, durant cette période, les anciens élèves.

Art. 3 I. — Les anciens élèves entrant dans la catégorie mentionnée au 3° de l'article 2 du présent décret adressent à l'École polytechnique, à l'issue des cinquième et vingtième années suivant la fin de leur scolarité, un état récapitulatif des services accomplis auprès d'une entité mentionnée à l'article 14 du décret du 16 septembre 1985 susvisé, et des durées de congés maladie donnant lieu à prolongation de la période de vingt ans.

L'état récapitulatif des services, accompagné de toutes observations et pièces utiles à son instruction, doit être adressé dans un délai de quatre mois à compter de l'échéance de chaque période mentionnée à l'alinéa précédent. Dans le cas où un ancien élève ne transmet pas son état récapitulatif dans ce délai ou transmet un état récapitulatif incomplet, l'école lui adresse une mise en demeure de s'exécuter sous un délai de deux mois. A défaut de transmission des pièces demandées dans ce dernier délai, l'ancien élève est réputé ne pas avoir satisfait à son obligation de service.

II. — Pour les anciens élèves mentionnés au 2° de l'article 2, l'autorité gestionnaire du corps ou cadre d'emplois d'appartenance des anciens élèves informe l'École polytechnique des cas de cessation définitive de fonctions.

Art. 4 I. — Le montant des frais d'entretien et d'études dû par les élèves mentionnés au 1° de l'article 2 est égal au montant de la solde spéciale et de l'indemnité représentative de frais perçues au cours de la scolarité, selon le taux en vigueur à la date du remboursement, à l'exclusion des sommes perçues pendant les douze premiers mois de celle-ci.

II. — Le montant des frais d'entretien et d'études dû par les anciens élèves mentionnés aux 2° et 3° de l'article 2 est égal au montant de la solde spéciale et de l'indemnité représentative de frais perçues au cours de la scolarité, selon le taux en vigueur à la date du remboursement, à l'exclusion des sommes perçues pendant les douze premiers mois de celle-ci, au prorata du temps de service restant à accomplir au sein d'une entité mentionnée à l'article 14 du décret du 16 septembre 1985 susvisé.

Toutefois, les anciens élèves mentionnés au 3° de l'article 2 qui n'ont pas satisfait à l'obligation de service d'un an au cours des cinq années qui suivent la fin de leur scolarité sont tenus de rembourser, dès la fin de cette période, le montant des frais défini au premier alinéa du présent article.

Le redoublement pour raison de santé n'est pas pris en compte pour le calcul du montant du remboursement des frais défini aux alinéas précédents.

Art. 5 La rupture de l'engagement de servir défini à l'article 2 est constatée par le président du conseil d'administration. La décision notifiée aux anciens élèves précise notamment les services pris en compte ainsi que le calcul du montant des sommes dues. Ces derniers disposent d'un délai de deux mois pour demander au président du conseil d'administration de réexaminer sa décision ou solliciter une dispense totale ou partielle conformément aux dispositions prévues à l'article 6.

Le président du conseil d'administration prononce la rupture définitive de l'engagement de servir à l'issue du délai de deux mois susmentionné ou, le cas échéant, en cas de rejet motivé de la demande de réexamen ou de dispense. Un titre de perception est alors émis par l'agent comptable de l'École polytechnique.

Art. 6 Les élèves et anciens élèves peuvent être dispensés de tout ou partie du remboursement des frais d'entretien et d'études, pour des motifs impérieux, notamment tirés de leur état de santé ou de nécessités d'ordre familial, par décision du ministre de la défense prise sur proposition du directeur général de l'école et après avis du conseil d'administration.

Art. 7 I. — Les dispositions du présent décret sont applicables aux élèves et anciens élèves admis à l'École polytechnique à compter de la promotion 2015.

II. — Sont abrogés, pour les élèves et anciens élèves admis à l'École polytechnique à compter de la promotion 2015 :

— le décret n° 70-323 du 13 avril 1970 modifié relatif au remboursement des frais de scolarité par certains élèves de l'École polytechnique ;

— le décret n° 70-1169 du 9 décembre 1970 modifié pris pour l'application de l'article 6 du décret n° 70-323 du 13 avril 1970 relatif au remboursement des frais de scolarité par certains élèves de l'École polytechnique.

III. — Les décrets mentionnés au II du présent article demeurent applicables aux élèves et anciens élèves admis à l'École polytechnique avant la promotion 2015.

Art. L. 755-3 **Des élèves étrangers peuvent être admis à l'école dans les conditions fixées par décret.** – *[L. n° 70-631 du 15 juill. 1970, art. 5.]*

Sur l'admission des élèves étrangers à l'École polytechnique, V. Décr. n° 95-728 du 9 mai 1995, art. 5 s., ss. art. L. 755-2.

CHAPITRE VI LES ÉCOLES SANITAIRES ET SOCIALES

Art. L. 756-1 **Les établissements publics ou privés dispensant des formations sociales supérieures sont régis par les dispositions des articles 29 et 29-1 de la loi n° 75-535 du 30 juin 1975 relative aux institutions sociales et médico-sociales** *[V. désormais* ***CASF****, art. L. 451-1 et L. 451-2]*. **Ils participent au service public de la formation.**

Art. L. 756-2 *(L. n° 2004-806 du 9 août 2004 art. 84)* **L'École des hautes études en santé publique, établissement public de l'État à caractère scientifique, culturel et professionnel, est placée sous la tutelle des ministres chargés de la santé, des affaires sociales,** *(Décr. n° 2013-756 du 19 août 2013, art. 3)* **« de l'enseignement supérieur » et de la recherche. Elle a pour mission :**

1° D'assurer la formation des personnes ayant à exercer des fonctions de direction, de gestion, d'inspection ou de contrôle dans les domaines sanitaires, sociaux ou médico-sociaux et notamment de celles relevant du ministre chargé de la santé et du ministre chargé des affaires sociales ;

2° D'assurer un enseignement supérieur en matière de santé publique ; à cette fin, elle anime un réseau national favorisant la mise en commun des ressources et des activités des différents organismes publics et privés compétents ;

3° De contribuer aux activités de recherche en santé publique ;

4° De développer des relations internationales dans les domaines cités aux 1°, 2° et 3°, notamment par des échanges avec les établissements dispensant des enseignements comparables.

Les modalités d'exercice de ses missions par l'École des hautes études en santé publique et ses règles particulières d'organisation et de fonctionnement sont fixées par décret en Conseil d'État dans les conditions prévues à l'article L. 717-1 *[V. ci-dessous Décr. n° 2006-1546 du 7 déc. 2006]*.

Au 1er al. de l'art. L. 756-2 C. éduc., les mots : « des ministres chargés de la santé, des affaires sociales, de l'éducation et de la recherche » ont un caractère réglementaire (Cons. const. 22 nov. 2012, n° 2012-236 L : JO 24 nov., p. 18543).

Décret n° 2006-1546 du 7 décembre 2006,

Relatif à l'École des hautes études en santé publique.

TITRE Ier. DISPOSITIONS GÉNÉRALES

Art. 1er L'École des hautes études en santé publique est un établissement public à caractère scientifique, culturel et professionnel constitué sous la forme d'un grand établissement au sens de l'article L. 717-1 du code de l'éducation. Il est soumis aux dispositions de ce même code et des textes pris pour son application, sous réserve des dérogations prévues au présent décret en application du même article.

Art. 2 L'École est placée sous la tutelle conjointe des ministres chargés de la santé, des affaires sociales, de l'éducation et de la recherche qui exercent, à son égard, les compétences attribuées au *(Décr. n° 2019-1554 du 30 déc. 2019, art. 18)* « recteur de région académique », chancelier des universités, par le code de l'éducation et les textes pris pour son application.

Chacun de ces ministres peut exercer les pouvoirs définis au deuxième alinéa de l'article L. 719-7 du même code.

Art. 3 En application de l'article L. 756-2 du code de l'éducation, l'école :

1° Assure les formations initiales et continues permettant d'exercer des fonctions de direction, de gestion, de management, d'inspection, de contrôle et d'évaluation dans les domaines sanitaires, sociaux et médico-sociaux :

— pour les personnels relevant des ministres chargés de la santé et des affaires sociales, des établissements publics de santé et des établissements ou organismes publics sociaux et médico-sociaux ; le contenu et les modalités d'organisation des formations initiales sont définis par arrêtés des ministres chargés de la santé et des affaires sociales ;

— pour les personnels relevant du ministre de l'éducation nationale ; le contenu et les modalités d'organisation des formations initiales sont définis par arrêtés conjoints des ministres chargés de l'éducation nationale, de la santé et de la fonction publique ;

— pour les personnels relevant d'autres départements ministériels, de collectivités territoriales, d'institutions publiques ou privées, d'organisations syndicales et d'associations, en apportant son concours à la formation de leurs cadres responsables d'activités sanitaires, sociales et médico-sociales.

Sous réserve des dispositions du décret du 7 octobre 1991 et du *(Décr. n° 2007-1930 du 26 déc. 2007, art. 47)* « décret du 26 décembre 2007 », les formations délivrées aux élèves fonctionnaires en vue de leur titularisation ne sont pas sanctionnées par un diplôme ;

2° Assure un enseignement supérieur en matière de santé publique ; à cette fin, elle anime un réseau national favorisant la mise en commun des ressources et activités des différents organismes publics et privés compétents ; elle peut, seule ou conjointement avec d'autres établissements d'enseignement supérieur, être habilitée par le ministre chargé de l'enseignement supérieur à délivrer des diplômes nationaux après une évaluation nationale périodiquement renouvelée ; l'école peut, en outre, délivrer des diplômes propres dans les conditions fixées par son règlement de scolarité ;

3° Contribue aux activités de recherche en santé publique. A cet effet, elle associe à ses activités des scientifiques, des praticiens, des professionnels appartenant à d'autres institutions françaises ou étrangères et collabore avec des établissements d'enseignement et de recherche français ou étrangers dans les formes qu'elle détermine ;

4° Développe des relations internationales notamment par des échanges avec les établissements dispensant des enseignements comparables.

Art. 4 L'École conclut avec l'État un contrat d'objectifs et de moyens qui définit les objectifs qui lui sont assignés ainsi que les indicateurs de performance et les moyens qui lui sont accordés.

TITRE II. ORGANISATION ADMINISTRATIVE

Art. 5 L'École est administrée par un conseil d'administration assisté d'un conseil scientifique et d'un conseil des formations. Elle est dirigée par un directeur assisté d'un directeur des études, d'un directeur de la recherche et d'un secrétaire général.

L'École est composée de départements et de services, dont la liste est fixée dans les conditions définies au premier alinéa de l'article L. 711-7 du code de l'éducation.

Art. 6 Le conseil d'administration de l'École comprend trente-trois membres :

1° Quatre représentants de l'État, nommés par les ministres mentionnés à l'article 2 ;

2° Onze représentants des organisations syndicales les plus représentatives d'employeurs et de salariés, des établissements publics de santé, des associations d'anciens élèves, nommés par les ministres mentionnés à l'article 2 ;

3° Quatre personnalités qualifiées dans les domaines d'activités de l'école, nommées conjointement par les ministres mentionnés à l'article 2 ;

4° Trois représentants élus des enseignants-chercheurs, enseignants et chercheurs ayant rang de professeur ou personnels assimilés au sens de l'article 6 du décret du 16 janvier 1992 susvisé *[n° 92-70 relatif au Conseil national des universités, V. cet art. ss. art. L. 952-1]* ou de l'article 5 du décret du 20 janvier 1987 susvisé *[n° 87-31 relatif au Conseil national des universités pour les disciplines médicales et odontologiques]* ;

5° Trois représentants élus des autres personnels d'enseignement et de recherche ;

6° Quatre représentants élus des personnels ingénieurs, administratifs, techniques, ouvriers, sociaux et de santé ;

7° Deux représentants élus des élèves fonctionnaires ;

8° Un représentant élu des étudiants inscrits en vue de la préparation du doctorat ;

9° Un représentant élu des autres étudiants.

Le conseil élit son président parmi les personnalités qualifiées extérieures à l'école mentionnées au 3° du présent article.

Chaque administrateur, à l'exception des personnalités mentionnées au 3° ci-dessus, dispose d'un suppléant.

Art. 7 Le conseil d'administration délibère notamment sur :

1° Les orientations générales de la politique de l'École, le projet scientifique et le projet de contrat d'objectifs et de moyens de l'établissement ;

2° Après avis du conseil des formations, l'offre de formation et la création de diplômes ;

3° La politique de l'emploi scientifique et du recrutement des enseignants-chercheurs ;

4° La création ou la suppression des départements et services ainsi que, le cas échéant, la création d'un service d'activités industrielles et commerciales pour la gestion des activités mentionnées aux articles L. 123-5 et L. 711-1 du code de l'éducation, dont il approuve les statuts ;

5° Le budget et, le cas échéant, ses modifications, le compte financier et l'affectation des résultats ;

6° Le règlement intérieur et le règlement de scolarité de l'école ;

7° La répartition des emplois des personnels ingénieurs, administratifs, techniques, ouvriers ;

8° Les conditions générales d'emploi des agents contractuels et des vacataires ;

9° Les acquisitions, aliénations et échanges d'immeubles ;

10° Les baux et locations d'immeubles ;

11° Les contributions des usagers ;

12° Les emprunts ;

13° L'acceptation de dons et legs ;

14° La participation à des organismes dotés de la personnalité morale ;

15° Les contrats et conventions ;

16° Les actions en justice et les transactions ainsi que le recours à l'arbitrage en cas de litiges nés de l'exécution de contrats passés avec des organismes étrangers ;

17° Le rapport annuel d'activité présenté par le directeur.

Dans les limites qu'il détermine, le conseil d'administration peut déléguer au directeur de l'école les attributions prévues aux 9°, 10°, 13°, 14°, 15° et 16°. Le directeur rend compte au conseil d'administration, lors de sa plus prochaine séance, des décisions qu'il a prises en vertu de ces délégations.

Dans le cadre de ses compétences, le conseil peut créer toutes commissions utiles dont il désigne les membres et définit les missions. Les membres de ces commissions, choisis en fonction de leur compétence, peuvent appartenir ou non au personnel de l'École. Le directeur ou son représentant les préside de droit. Le conseil délibère sur leurs rapports.

Art. 8 Le directeur est nommé par décret sur proposition des ministres de tutelle, mentionnés à l'article 2 du présent décret, après avis du conseil d'administration.

Son mandat est d'une durée de cinq ans, renouvelable une fois.

Art. 9 Le directeur de la recherche et le directeur des études sont nommés, pour une durée de cinq ans renouvelable, par arrêté des ministres de tutelle mentionnés à l'article 2 du présent décret, sur proposition du directeur de l'école et après avis du conseil d'administration ainsi que de l'avis, respectivement, du conseil scientifique pour le directeur de la recherche, et du conseil des formations pour le directeur des études.

Art. 10 Le directeur assure la direction de l'établissement. A ce titre, il exerce les compétences qui ne sont pas attribuées à une autre autorité par le présent décret, et notamment :

1° Il prépare le budget et l'exécute ;

2° Il est ordonnateur des recettes et des dépenses de l'établissement ;

3° Il prépare et met en œuvre les délibérations du conseil d'administration ;

4° Il soumet le règlement intérieur et le règlement de scolarité de l'établissement à l'approbation du conseil d'administration et veille à leur mise en œuvre ;

5° Il a autorité sur l'ensemble des personnels de l'école ;

6° Il nomme à toutes les fonctions de l'école pour lesquelles aucune autre autorité n'a reçu pouvoir de nomination ;

7° Il est responsable du bon fonctionnement de l'établissement et de la sécurité et exerce, en matière de maintien de l'ordre, les compétences attribuées au président d'université dans les conditions prévues par l'article L. 712-2 du code de l'éducation ;

8° Il exerce le pouvoir adjudicateur en matière de marchés et peut dans ce domaine déléguer sa signature au secrétaire général.

Dans les autres domaines, le directeur peut déléguer sa signature au secrétaire général, au directeur des études, au directeur de la recherche et, pour les affaires relatives aux départements et services mentionnés à l'article 5, à leurs directeurs respectifs, ainsi qu'à tout autre agent placé sous leur autorité, dans la limite de leurs attributions.

Art. 11 Le conseil scientifique comprend vingt membres :

1° Huit personnalités qualifiées, extérieures à l'École : quatre sont nommées conjointement par les ministres mentionnés à l'article 2 et quatre sont désignées par le conseil d'administration ;

2° Quatre représentants élus des enseignants-chercheurs, enseignants et chercheurs ayant rang de professeurs ou personnels assimilés au sens de l'article 6 du décret du 16 janvier 1992 susvisé *[nº 92-70 relatif au Conseil national des universités, V. App., vº Statuts particuliers]* ou de l'article 5 du décret du 20 janvier 1987 susvisé *[nº 87-31 relatif au Conseil national des universités pour les disciplines médicales et odontologiques]* ;

3º Deux représentants élus des autres enseignants-chercheurs, enseignants et chercheurs titulaires du doctorat ou de l'habilitation à diriger des recherches ;

4º Deux représentants élus des autres enseignants-chercheurs, enseignants et chercheurs ;

5º Deux représentants élus des ingénieurs et personnels techniques de recherche ;

6º Deux représentants élus des étudiants inscrits en vue de la préparation du doctorat.

Le conseil scientifique élit son président et son vice-président parmi les personnalités qualifiées mentionnées au 1º.

Art. 12 Outre les compétences qu'il tient des articles 9, 11 et 15, le conseil scientifique élabore le projet scientifique qu'il soumet au conseil d'administration et se prononce sur toute question ayant une incidence en matière de recherche. Il est notamment consulté par le conseil d'administration sur :

1º Le projet de contrat d'objectifs et de moyens ;

2º La création ou la suppression de départements de recherche ainsi que la création d'un service d'activités industrielles et commerciales ;

3º La répartition des crédits de recherche ;

4º L'offre de formation, la création ou la suppression de diplômes.

Art. 13 Le conseil des formations comprend trente-trois membres :

1º Six représentants de l'État dont un désigné par le ministre chargé des affaires sociales, deux par le ministre chargé de la santé et trois par le ministre chargé de l'enseignement supérieur ;

2º Cinq personnalités qualifiées dans les domaines d'activités de l'école, nommées conjointement par les ministres mentionnés à l'article 2 ;

3º Neuf représentants des organisations syndicales les plus représentatives des corps de fonctionnaires formés à l'École, nommés conjointement par les ministres mentionnés à l'article 2 sur proposition de ces organisations parmi leurs membres n'appartenant pas aux personnels de l'École ;

4º Deux représentants des établissements visés à l'article 2 de la loi du 9 janvier 1986 susvisée *[nº 86-33 relative à la fonction publique hospitalière, V.* ***C. fonct. publ.****]* désignés par la Fédération hospitalière de France ;

5º Onze membres élus :

a) Deux représentants des enseignants-chercheurs, enseignants et chercheurs ayant rang de professeurs ou personnels assimilés dans les conditions prévues à l'article 6 du décret du 16 janvier 1992 susvisé *[nº 92-70 relatif au Conseil national des universités, V. App., vº Statuts particuliers]* ;

b) Deux représentants des autres enseignants-chercheurs ou personnels assimilés ;

c) Quatre représentants des personnels ingénieurs, administratifs, techniques, ouvriers, sociaux et de santé ;

d) Un représentant des étudiants inscrits en vue de la préparation d'un doctorat ;

e) Un représentant des autres étudiants ;

f) Un représentant des élèves fonctionnaires.

Le conseil des formations élit son président et son vice-président parmi les personnalités qualifiées extérieures à l'école mentionnées au 2º.

Art. 14 Outre les compétences qu'il tient des articles 9, 13 et 15, le conseil des formations est consulté sur :

1º L'offre de formation et les créations et suppressions de diplômes ;

2º Le règlement de scolarité qui comprend les modalités de contrôle des connaissances ;

3º Le règlement intérieur de l'École ;

4º La répartition des enseignements.

Art. 15 *Abrogé par Décr. nº 2007-1929 du 26 déc. 2007, art. 1er.*

TITRE III. DISPOSITIONS COMMUNES AUX CONSEILS

Art. 16 Les dispositions du décret du 18 janvier 1985 susvisé *[nº 85-59, V. désormais art. D. 719-1 s.]* sont applicables à l'École sous réserve des dérogations prévues ci-après.

Art. 17 L'élection des membres élus du conseil d'administration, titulaires et suppléants, du conseil scientifique et du conseil des formations a lieu au scrutin plurinominal majoritaire à deux tours ou, lorsqu'un seul siège est à pourvoir, au scrutin uninominal majoritaire à deux tours. L'élection de chacun des membres est acquise à la majorité absolue des suffrages exprimés au premier tour, à la majorité relative au second tour. En cas d'égalité des voix, le siège est attribué par tirage au sort.

Le vote par correspondance est admis.

Art. 18 Les personnels de l'École sont électeurs et éligibles au titre des personnels d'enseignement et de recherche dans le collège correspondant à leur grade.

Sont également électeurs et éligibles dans les mêmes conditions les personnels assurant à l'école, pendant l'année universitaire, au moins trente heures d'enseignement, s'ils en font la demande, ainsi que, sur leur demande, ceux qui sont rattachés à l'établissement pour leurs activités de recherche.

La liste des personnels mentionnés à l'alinéa précédent est communiquée chaque année par le président au conseil d'administration.

Art. 19 La durée des mandats des représentants des personnels enseignants-chercheurs, enseignants et chercheurs, ainsi que des représentants des personnels ingénieurs, administratifs, techniques, ouvriers, sociaux et de santé est de quatre ans.

Les représentants des élèves fonctionnaires et des étudiants de l'École sont élus pour un an.

Les personnalités extérieures sont désignées pour quatre ans.

Art. 20 Le directeur de l'École, le directeur de la recherche, le directeur des études, le secrétaire général et l'agent comptable, ainsi que, s'ils ne sont pas élus, les directeurs des départements et des services, et toute personne dont la présence est jugée utile par le président de chaque conseil, assistent aux séances avec voix consultative.

Chaque établissement qui aura passé une convention avec l'école est représenté, avec voix consultative, aux conseils de l'école par une personne de son choix chaque fois qu'une question concernant l'exécution de cette convention sera à l'ordre du jour.

Art. 21 Les membres des conseils exercent leurs fonctions à titre gratuit. Toutefois, leurs frais de déplacement et de séjour peuvent être remboursés dans les conditions prévues par la réglementation applicable aux fonctionnaires de l'État.

Art. 22 Les conseils se réunissent au moins deux fois par an. Ils sont convoqués par leur président qui en fixe l'ordre du jour. Ils sont également convoqués, sur un ordre du jour déterminé, à l'initiative du tiers de leurs membres.

Lorsque le président ne peut présider une séance de l'un des conseils, il est procédé à l'élection d'un président de séance à la majorité des membres présents ou représentés.

Sauf urgence, l'ordre du jour des réunions et les documents s'y rapportant sont communiqués aux membres des conseils au moins quinze jours à l'avance. Les points dont l'inscription est demandée par les ministres mentionnés à l'article 2 ou par le directeur de l'école y sont inscrits.

En cas d'empêchement temporaire, les membres du conseil d'administration sont remplacés, s'il y a lieu, par leurs suppléants. A défaut, ils peuvent donner procuration à un autre membre du conseil. Nul ne peut être porteur de plus de deux procurations.

Art. 23 Les conseils délibèrent valablement lorsque la moitié de leurs membres en exercice sont présents ou représentés. Si ce *quorum* n'est pas atteint à l'ouverture de la séance, les conseils sont de nouveau convoqués sur le même ordre du jour dans un délai de quinze jours. Ils délibèrent alors valablement quel que soit le nombre de membres présents ou représentés, sous réserve des règles fixées pour les délibérations à caractère budgétaire.

Sauf dispositions particulières, les délibérations sont prises à la majorité des suffrages exprimés. Toutefois, les délibérations relatives à l'adoption du règlement intérieur sont prises à la majorité absolue des membres en exercice. En cas de partage égal des voix, celle du président est prépondérante.

TITRE IV. RÉGIME FINANCIER

Art. 24 Le régime financier applicable à l'École est défini aux articles L. 719-4 à L. 719-9 du code de l'éducation et par le décret du 14 janvier 1994 susvisé.

Les compétences attribuées par le décret du 14 janvier 1994 précité au recteur d'académie et au ministre chargé de l'enseignement supérieur, à l'exception de celles mentionnées à ses articles 4, 6 et 44, sont exercées par les ministres mentionnés à l'article 2 du présent décret et par le ministre chargé du budget.

Les délibérations portant sur les emprunts, les acquisitions, échanges et aliénations d'immeubles, ainsi que la participation à des organismes dotés de la personnalité morale sont exécutoires, à défaut d'approbation expresse déjà notifiée, dans un délai d'un mois à compter de la réception de ces délibérations, sauf opposition des ministres chargés de tutelle ou du ministre chargé du budget.

L'école peut disposer de ressources provenant des contributions financières des établissements publics de santé et des établissements publics sociaux et médico-sociaux.

TITRE V. DISPOSITIONS TRANSITOIRES ET FINALES

Art. 25 Jusqu'à la désignation du directeur dans les conditions prévues à l'article 8, la direction de l'école est assurée par un administrateur provisoire nommé par arrêté des ministres mentionnés à l'article 2.

L'administrateur provisoire prend, pendant cette période, tous actes nécessaires au fonctionnement normal de l'établissement et, notamment, vise les engagements de dépenses et les ordonnancements de paiement correspondants, au titre de l'exécution du budget de l'année. Il prépare le règlement intérieur et organise les élections au conseil d'administration, au conseil scientifique et au conseil des formations qui auront lieu, au plus tard, dans les six mois suivant la publication du présent décret.

(Décr. n° 2007-795 du 10 mai 2007, art. 1er) « Jusqu'à l'installation des membres élus, ils sont présidés par le doyen d'âge des personnalités qualifiées. »

Art. 26 Le conseil d'administration adopte le règlement intérieur de l'école dans un délai de trois mois à compter de son installation. A défaut, ce règlement peut être fixé par arrêté conjoint des ministres mentionnés à l'article 2.

Art. 27 Le compte financier de l'école nationale de la santé publique est arrêté par l'agent comptable en fonction lors de la suppression de celle-ci. Le conseil d'administration de l'école des hautes études en santé publique arrête et approuve le compte financier de l'école nationale de santé publique.

Art. 28 Jusqu'à la désignation de l'administrateur provisoire, les ministres mentionnés à l'article 2 prennent toutes mesures nécessaires au fonctionnement de l'école et notamment à la continuité de la formation des élèves fonctionnaires.

Art. 29 Jusqu'à l'installation du comité technique paritaire de l'école des hautes études en santé publique qui interviendra dans un délai de six mois à compter de la publication du présent décret, le comité technique paritaire de l'école nationale de la santé publique demeure compétent.

Art. 30 Le présent décret peut être modifié par décret en Conseil d'État.

Art. 31 Les dispositions du présent décret entrent en vigueur à compter du 1er janvier 2007.

Art. 32 Les articles R. 1415-1 à R. 1415-25 ainsi que les articles D. 1415-26 à D. 1415-50 du code de la santé publique sont abrogés *(Décr. n° 2007-1929 du 26 déc. 2007, art. 1er)* « à compter de la date de nomination du directeur de l'école ».

CHAPITRE VII L'ÉCOLE NATIONALE SUPÉRIEURE MARITIME

(L. n° 2009-1503 du 8 déc. 2009, art. 53)

Art. L. 757-1 **L'École nationale supérieure maritime est un établissement public d'enseignement supérieur placé sous la tutelle du ministre chargé de la mer. Elle a notamment pour objet de préparer dans plusieurs sites aux carrières d'officier de la marine marchande.**

Les règles d'organisation et de fonctionnement de l'École nationale supérieure maritime sont fixées par décret en Conseil d'État.

Professeurs de l'enseignement maritime. Aux termes de l'art. 1er du Décr. du 4 janv. 1977 portant statut particulier du corps des professeurs de l'enseignement maritime, ceux-ci constituent un corps d'officiers de carrière de la marine nationale. Eu égard à la nature militaire de ce corps, ses membres, ainsi soumis à l'autorité hiérarchique, ne peuvent être regardés comme des enseignants-chercheurs. • CE 23 mai 2011, *Synd. nat. des personnels de l'administration de la mer CGT, Synd. nat. de l'enseignement supérieur maritime*, n° 344408 : *AJDA 2011. 1584*.

CHAPITRE VIII LA FONDATION NATIONALE DES SCIENCES POLITIQUES

Art. L. 758-1 La Fondation nationale des sciences politiques, établissement doté de la personnalité civile, dont l'objet est défini à l'article L. 621-2, est habilitée à passer des conventions avec l'État, les universités, toutes collectivités publiques ou privées, ou des particuliers, en vue de participer au fonctionnement d'établissements publics ou privés d'enseignement ou de recherche.

Elle assure la gestion administrative et financière de l'Institut d'études politiques de Paris. Elle fixe notamment les moyens de fonctionnement de l'institut et les droits de scolarité pour les diplômes propres à l'institut.

Lorsque le conseil d'administration de la Fondation nationale des sciences politiques examine le budget de l'Institut d'études politiques de Paris et fixe les droits de scolarité pour les formations menant à des diplômes propres de l'établissement, *(Décr. n° 2015-396 du 7 avr. 2015, art. 1er)* « des » représentants des étudiants élus au conseil de direction de l'institut y participent avec voix délibérative.

1. *Gestion financière. Décisions financières. Compétence.* La CDBF a estimé que, en ne soumettant pas au conseil d'administration de la FNSP des décisions financières relevant de sa compétence, notamment celle liée à la rémunération du directeur de l'IEP de Paris, le président du conseil d'administration a enfreint les règles d'exécution des dépenses de la fondation. * CDBF 4 déc. 2015, *Fondation nationale des sciences politiques et Institut d'études politiques de Paris (FSNP-IEP de Paris)*, n° 204-727 : *AJDA 2016. 198.*

2. *Gestion financière. Rémunération directeur. Avantage injustifié. Absence.* Dans la même affaire, la CDBF a estimé que bien que « particulièrement élevée », la rémunération en cause n'était pas en elle-même un avantage injustifié. En l'espèce, le rapport d'instruction du rapporteur observait que la rémunération de M. Descoings « pourrait ne pas sembler totalement injustifié[e] par référence aux résultats de sa gestion de Sciences Po, ni par référence aux rémunérations des dirigeants des grandes écoles ou universités étrangères » alors même que le ministère public s'était borné, dans sa décision de renvoi, à relever à cet égard que la rémunération de M. Descoings excédait « au demeurant [...] toutes les références invoquées concernant les grands établissements d'enseignement supérieur [...] ». * CDBF 4 déc. 2015, *Fondation nationale des sciences politiques et Institut d'études politiques de Paris (FSNP-IEP de Paris)*, n° 204-727 : *préc. note 1.*

Art. L. 758-2 La Fondation nationale des sciences politiques peut recevoir, indépendamment des subventions de l'État et de toutes les collectivités publiques, des libéralités testamentaires et entre vifs, dans les conditions fixées par les dispositions de l'article 5 de la loi du 4 février 1901 sur la tutelle administrative en matière de dons et de legs.

L'État et les collectivités publiques peuvent également mettre à la disposition de la fondation, tous biens nécessaires à l'accomplissement de son objet mentionné à l'article L. 621-2.

Les actes nécessités par l'application du présent chapitre, et notamment les libéralités, sont exonérés de toute perception au profit du Trésor. – *[Ord. n° 45-2284 du 9 oct. 1945, art. 3 et 9.]*

CHAPITRE IX LES ÉTABLISSEMENTS D'ENSEIGNEMENT SUPÉRIEUR DE LA CRÉATION ARTISTIQUE DANS LES DOMAINES DU SPECTACLE VIVANT ET DES ARTS PLASTIQUES

(L. n° 2016-925 du 7 juill. 2016, art. 53)

BIBL. ▶ L'enseignement supérieur en arts plastiques, *C. comptes, comm. A la commission des finances du Sénat, déc. 2020.*

Art. L. 759-1 I. – Les établissements d'enseignement supérieur de la création artistique dans les domaines du spectacle vivant et des arts plastiques concourent à la réalisation des objectifs et des missions du service public de l'enseignement supérieur, pour ce qui concerne la création dans les domaines du spectacle vivant et des arts plastiques, et aux stratégies nationales de l'enseignement supérieur et de la recherche. Ils peuvent participer aux regroupements d'établissements d'enseignement supérieur mentionnés au 2° de l'article L. 718-3. Ils ont pour mission d'assurer la formation initiale ou continue tout au long de la vie ainsi que la validation des acquis de l'expérience, avec un personnel enseignant composé notamment d'artistes et de professionnels de la création, dans les métiers :

1° Du spectacle, notamment ceux d'artiste-interprète, d'auteur, d'enseignant et de technicien dans les domaines de la musique, de la danse, du théâtre et du cirque ;

2° De la création plastique et industrielle, notamment ceux d'artiste et de designer.

II. – Dans l'exercice de leur mission, les établissements mentionnés au I :

1° Peuvent former à la transmission, notamment en matière d'éducation artistique et culturelle ;

2° Conduisent des activités de recherche en art, en assurent la valorisation et participent à la politique nationale de recherche ;

3° Participent à la veille artistique, scientifique et technique et à l'innovation dans ses différentes dimensions, notamment pédagogique ;

4° Contribuent à la vie culturelle, économique, sociale et environnementale du territoire en développant des partenariats, notamment avec les institutions culturelles, les collectivités territoriales, les associations, les entreprises, les autres établissements d'enseignement supérieur et l'ensemble des établissements d'enseignement, notamment dans le cadre du parcours d'éducation artistique et culturelle ;

5° Concourent au développement de la coopération artistique, culturelle, scientifique, technique et pédagogique internationale ;

6° Veillent au respect de la diversité artistique, professionnelle et culturelle.

Art. L. 759-2 Les établissements d'enseignement supérieur de la création artistique dans les domaines du spectacle vivant et des arts plastiques sont accrédités par arrêté du ministre chargé de la culture, après avis du Conseil national de l'enseignement supérieur et de la recherche artistiques et culturels, pour la durée du contrat pluriannuel signé avec l'État. L'arrêté emporte habilitation de l'établissement à délivrer des diplômes d'école et les diplômes nationaux, autres que ceux définis à l'article L. 613-1, dont la liste est annexée à l'arrêté. Pour les établissements publics nationaux, les modalités d'accréditation sont fixées par arrêté conjoint des ministres chargés de l'enseignement supérieur et de la culture, après avis du Conseil national de l'enseignement supérieur et de la recherche artistiques et culturels.

Les établissements d'enseignement supérieur de la création artistique dans les domaines du spectacle vivant et des arts plastiques sont accrédités, par arrêté conjoint des ministres chargés de l'enseignement supérieur et de la culture pris après avis du Conseil national de l'enseignement supérieur et de la recherche artistiques et culturels, pour délivrer, dans leurs domaines de compétences, seuls ou conjointement avec des établissements publics à caractère scientifique, culturel et professionnel, des diplômes nationaux définis au même article L. 613-1.

L'organisation des études et des diplômes ainsi que les modalités de l'évaluation des formations dans les disciplines du spectacle vivant et des arts plastiques sont fixées par voie réglementaire.

Art. L. 759-3 Les établissements mentionnés au 1° du I de l'article L. 759-1 peuvent conclure, en vue d'assurer leur mission, des conventions de coopération avec d'autres établissements de formation.

L'accréditation des établissements publics d'enseignement supérieur de la création artistique dans les domaines du spectacle vivant et des arts plastiques peut emporter habilitation de ces derniers, après avis conforme du ministre chargé de la culture, à délivrer, dans leurs domaines de compétences, conjointement avec des établissements publics à caractère scientifique, culturel et professionnel, des diplômes de troisième cycle au sens de l'article L. 612-7.

Art. L. 759-4 Le personnel enseignant des établissements mentionnés au I de l'article L. 759-1 comprend des enseignants titulaires. Il comprend également des enseignants associés ou invités et des chargés d'enseignement, qui assurent leur service dans les conditions prévues aux deuxième et troisième alinéas de l'article L. 952-1. Les enseignants de ces établissements peuvent être chargés d'une mission de recherche, dans des conditions fixées par décret.

Art. L. 759-5 Les établissements relevant de l'initiative et de la responsabilité des collectivités territoriales, qui assurent une préparation à l'entrée dans les établissements d'enseignement supérieur de la création artistique dans les domaines du spectacle vivant et des arts plastiques, peuvent être agréés par l'État s'ils satisfont à des conditions d'organisation pédagogique définies par décret.

Les élèves inscrits dans les établissements agréés du domaine des arts plastiques bénéficient des aides aux étudiants, des œuvres universitaires, de la santé et de la protection sociale des étudiants prévues aux articles L. 821-1 à L. 832-2.

Les élèves des classes d'enseignement préparant à l'entrée dans les établissements d'enseignement supérieur de la création artistique agréés par l'État dans le domaine du spectacle vivant, bénéficient des aides aux étudiants, des œuvres universitaires, de la santé et de la protection sociale des étudiants prévues aux mêmes articles L. 821-1 à L. 832-2 dès lors qu'ils sont titulaires d'un baccalauréat ou d'une équivalence. Les élèves inscrits qui ne sont pas titulaires d'un baccalauréat ou d'une équivalence peuvent bénéficier d'aides individuelles contingentées.

CHAPITRE X LES ÉTABLISSEMENTS D'ENSEIGNEMENT SUPÉRIEUR DE LA CRÉATION ARTISTIQUE DANS LES DOMAINES DU CINÉMA ET DE LA COMMUNICATION AUDIOVISUELLE

(L. n° 2016-925 du 7 juill. 2016, art. 53)

Art. L. 75-10-1 Les établissements d'enseignement supérieur de la création artistique dans les domaines du cinéma et de la communication audiovisuelle sont accrédités par arrêté du ministre chargé de la culture, après avis du Conseil national de l'enseignement supérieur et de la recherche artistiques et culturels, pour la durée du contrat pluriannuel signé avec l'État. L'arrêté emporte habilitation de l'établissement à délivrer des diplômes d'école et les diplômes nationaux, autres que ceux définis à l'article L. 613-1, dont la liste est annexée à l'arrêté. Pour les établissements publics nationaux, les modalités d'accréditation sont fixées par arrêté conjoint des ministres chargés de l'enseignement supérieur et de la culture, après avis du Conseil national de l'enseignement supérieur et de la recherche artistiques et culturels.

Les établissements d'enseignement supérieur de la création artistique dans les domaines du cinéma et de la communication audiovisuelle sont accrédités, par arrêté conjoint des ministres chargés de l'enseignement supérieur et de la culture pris après avis du Conseil national de l'enseignement supérieur et de la recherche artistiques et culturels, pour délivrer, dans leurs domaines de compétences, seuls ou conjointement avec des établissements publics à caractère scientifique, culturel et professionnel, des diplômes nationaux définis au même article L. 613-1.

L'organisation des études et des diplômes ainsi que les modalités de l'évaluation des formations dans les disciplines du cinéma et de la communication audiovisuelle sont fixées par voie réglementaire.

TITRE SIXIÈME DISPOSITIONS COMMUNES

CHAPITRE PREMIER DISPOSITIONS COMMUNES AUX ÉTABLISSEMENTS PUBLICS ET PRIVÉS

Art. L. 761-1 Les dispositions du chapitre Ier du titre VII du livre IV sont applicables aux établissements d'enseignement supérieur.

CHAPITRE II DISPOSITIONS COMMUNES AUX ÉTABLISSEMENTS PUBLICS

Art. L. 762-1 Nul ne peut être membre d'un conseil des établissements publics d'enseignement supérieur s'il a fait l'objet d'une condamnation pour un crime ou d'une condamnation à une peine d'emprisonnement pour un délit.

Le contrôle des conditions énoncées à l'alinéa précédent relève du recteur de *(L. n° 2019-791 du 26 juill. 2019, art. 54)* « la région académique » dans le ressort de laquelle l'établissement a son siège.

Art. L. 762-2 **Les établissements publics d'enseignement supérieur peuvent se voir confier, par l'État, la maîtrise d'ouvrage de constructions universitaires.**

BIBL. ▶ Dreyfus, Immobilier universitaire et stimulation du partenariat public-privé, *AJDA 2008. 974*. – Gacon, La pertinence et les modalités du recours au contrat de partenariat dans le domaine de l'immobilier universitaire, *AJDA 2008. 1421*. – Menemis, L'ordonnance sur les contrats de partenariat : heureuse innovation ou occasion manquée ?, *AJDA 2004. 1737*.

1. Occupation du domaine public. Il appartient à l'autorité qui exerce les droits et obligations du propriétaire du domaine public, à l'exception du droit de disposition et d'affectation des biens, de fixer les conditions auxquelles elle entend subordonner les permissions d'occupation. Dès lors que l'État a mis à la disposition des établissements d'enseignement supérieur, sous conditions, les bâtiments universitaires dont il reste propriétaire, les conseils d'administration de ces établissements sont compétents pour fixer la redevance d'occupation des dépendances de ces bâtiments. • CAA Paris, 27 avr. 1999, *Univ. de Paris IX-Dauphine*, n° 97PA00311 : *Lebon 512*. ♦ Sur la légalité de l'implantation d'une agence bancaire dans les locaux d'une université, V. * Lettre DAJ B1, n° 08-316, du 23 oct. 2008 : *LIJ 2008, n° 130, p. 22.*

2. Autorisation d'occupation temporaire. Les autorisations d'occupation temporaire, lorsqu'elles sont constitutives de droits réels, sont des actes de disposition des biens en ce qu'elles confèrent à leurs bénéficiaires les prérogatives du propriétaire. L'art. L. 762-2 C. éduc. s'oppose donc à ce que les établissements publics d'enseignement supérieur puissent consentir de telles autorisations sur le domaine public qui leur est affecté ou mis à disposition par l'État. Seul ce dernier est compétent pour les attribuer. * Lettre DAJ B1 n° 2010-196, 11 août 2010 : *LIJ 2010, n° 149, p. 23.*

3. Convention d'occupation temporaire. Rupture anticipée. En faisant usage de son droit de résiliation à l'expiration de la seconde période triennale de validité de la convention, en vue de provoquer la négociation d'un nouveau contrat à des conditions financières plus avantageuses pour l'établissement public, l'assemblée a pris une mesure relative à la gestion du domaine public de l'établissement, non prononcée en considération de la personne et qui n'a nullement le caractère d'une sanction. Une telle décision pouvait donc être légalement prise sans que soit suivie une procédure contradictoire et n'avait pas à être motivée. • CE 23 juin 1986, *M. Thomas*, n° 59878 : *Lebon 167* ; *LIJ 2008, n° 124, p. 25.*

4. Installation de panneaux photovoltaïques. Si l'affectation de la partie du bâtiment concernée par cette installation se trouve modifiée, la délivrance du titre d'occupation du domaine public et la fixation de la redevance correspondante relèvent de la compétence de l'État et doivent respecter les règles du CGPPP et du C. dom. Ét. Si la destination du bâtiment n'est pas modifiée, que son affectation au service public de l'enseignement supérieur est maintenue et que l'exercice de son activité privée par la société est compatible avec la mission de service public de l'établissement, l'octroi de l'autorisation et la fixation de la redevance relèvent de la compétence du conseil d'administration. • CAA Paris, 27 avr. 1999, *Univ. de Paris IX-Dauphine*, n° 97PA00311 : *préc. note 1.* ♦ Dans ce cas, l'occupation n'est pas constitutive de droits réels sur le domaine public au profit de la société privée. Cette disposition n'est d'ailleurs pas incompatible avec le maintien de la propriété de la société sur les installations techniques qu'elle réalise. Enfin, l'octroi des autorisations temporaires d'occupation du domaine public doit respecter les règles de la concurrence. • CE 26 mai 1999, *Sté EDA*, n° 202260 : *Lebon 96*. ♦ Ainsi, l'autorité gestionnaire du domaine public doit assurer la meilleure exploitation possible du domaine qui lui est affecté dans le respect de la libre concurrence. * Lettre DAJ B1 n° 2010-196, 11 août 2010 : *préc. note 2.*

Art. L. 762-3 *(L. n° 2006-450 du 18 avr. 2006, art. 21)* **Dans les conditions prévues à l'article** *(L. n° 2015-737 du 25 juin 2015, art. 5)* **« L. 533-3 » du code de la recherche, les établissements publics d'enseignement supérieur peuvent confier par convention à des personnes morales de droit privé les activités mentionnées à l'article** *(L. n° 2015-737 du 25 juin 2015, art. 5)* **« L. 533-2 » du même code.**

Sur la création de la commission d'examen des conventions de valorisation de la recherche, V. ci-dessous Décr. n° 2008-510 du 28 mai 2008.

Décret n° 2008-510 du 28 mai 2008,

Portant création de la commission d'examen des conventions de valorisation de la recherche.

Art. 1er Il est créé, pour une durée de cinq ans, une commission d'examen des conventions de valorisation de la recherche chargée de donner aux ministres de tutelle des établissements publics mentionnés à l'article L. 321-6 *[L. 313-2]* du code de la recherche et à l'article L. 762-3 du code de l'éducation un avis sur les demandes d'approbation des conventions par lesquelles ces établissements confient à des personnes morales de droit privé les activités mentionnées à l'article L. 321-5 *[devenu L. 313-2]* du code de la recherche.

La commission est placée auprès du ministre chargé de la recherche.

(Décr. nº 2016-308 du 17 mars 2016, art. 2) « Les dispositions des articles R. 133-2 à R. 133-6 et R. 133-8 à R. 133-14 du code des relations entre le public et l'administration » sont applicables à la commission.

Art. 2 La commission d'examen des conventions de valorisation de la recherche comprend :

— le chef du service de l'inspection générale de l'administration de l'éducation nationale et de la recherche ou son représentant ;

— le directeur général de la recherche ou son représentant ;

— le directeur général de l'enseignement supérieur ou son représentant ;

— un représentant de chaque ministre intéressé si l'établissement public demandeur est placé sous la tutelle d'autres ministres que le ministre chargé de la recherche ou le ministre chargé de l'enseignement supérieur ;

— le directeur des affaires financières des ministères chargés de l'enseignement supérieur et de la recherche ou son représentant ;

— le directeur des affaires juridiques des ministères chargés de l'enseignement supérieur et de la recherche ou son représentant ;

— le directeur du budget ou son représentant.

Art. 3 La commission est présidée par un fonctionnaire en activité ou retraité appartenant à un corps d'inspection ou de contrôle, nommé par les ministres chargés de l'enseignement supérieur et de la recherche pour trois ans renouvelables.

Art. 4 La commission se réunit au moins une fois par an. Les autres modalités de son fonctionnement sont précisées par un règlement intérieur approuvé par les ministres chargés de l'enseignement supérieur et de la recherche.

Le secrétariat de la commission est assuré par la direction générale de la recherche et de l'innovation des ministères chargés de l'enseignement supérieur et de la recherche.

TITRE SEPTIÈME DISPOSITIONS APPLICABLES DANS LES ÎLES WALLIS-ET-FUTUNA, À MAYOTTE, EN POLYNÉSIE FRANÇAISE ET EN NOUVELLE-CALÉDONIE

Ce titre est abrogé à compter de l'entrée en vigueur des décrets portant actualisation et adaptation des dispositions réglementaires du code de l'éducation relatives à l'outre-mer et, au plus tard, le 1er janv. 2022 (Ord. nº 2021-552 du 5 mai 2021, art. 13).

BIBL. ▸ Universités d'outre-mer : un contexte difficile, *La synthèse de l'ORS, nº 29, avr.-mai-juin 2008. 6.*

CHAPITRE PREMIER DISPOSITIONS APPLICABLES DANS LES ÎLES WALLIS-ET-FUTUNA

Art. L. 771-1 Sont applicables dans les îles Wallis-et-Futuna *(Ord. nº 2015-24 du 14 janv. 2015, art. 1er)* **« , dans leur rédaction résultant de »** *(L. nº 2017-86 du 27 janv. 2017, art. 224)* **« la loi nº 2017-86 du 27 janvier 2017 relative à l'égalité et à la citoyenneté », les articles L. 711-1, L. 711-2, L. 711-4 à** *(Ord. nº 2015-24 du 14 janv. 2015, art. 1er)* **« L. 711-10 », L. 712-1 à L. 712-4,** *(L. nº 2019-828 du 6 août 2019, art. 33)* **« L. 712-5 à L. 712-6-1, L. 712-7 à L. 712-10 », L. 713-3, L. 713-4, L. 713-9, L. 714-1, L. 714-2, L. 715-1 à L. 715-3, L. 716-1, L. 717-1, L. 718-1** *(Ord. nº 2015-24 du 14 janv. 2015, art. 1er)* **« à L. 718-16 »,** *(Décr. nº 2019-1008 du 30 sept. 2019, art. 4)* **« L. 719-1 à L. 719-8, L. 719-10 à L. 719-14 »,** *(Ord. nº 2014-693 du 26 juin 2014, art. 8)* **« L. 721-1 à L. 721-3 »** *(Ord. nº 2008-728 du 24 juill. 2008, art. 3)* **« , L. 731-14, » L. 741-1,** *(Ord. nº 2015-24 du 14 janv. 2015, art. 1er)* **« L. 752-1, » L. 762-1 et L. 762-2.**

(L. nº 2019-828 du 6 août 2019, art. 33) **« L'article L. 712-6-2 est applicable dans sa rédaction résultant de la loi nº 2019-828 du 6 août 2019 de transformation de la fonction publique. »**

(L. n° 2018-1202 du 22 déc. 2018, art. 20) « L'article L. 721-2 est applicable dans sa rédaction résultant de la *(L. n° 2020-766 du 24 juin 2020, art. 19)* « loi n° 2020-766 du 24 juin 2020 visant à lutter contre les contenus haineux sur internet ». »

(Décr. n° 2019-1008 du 30 sept. 2019, art. 4) « L'article L. 719-9 est applicable dans sa rédaction résultant du décret n° 2019-1008 du 30 septembre 2019. »

Loi du 26 janv. 1984 relative à l'enseignement supérieur. L'art. 70 de la loi qui prévoyait que des dispositions dérogatoires seraient prises, en tant que de besoin, par décrets en Conseil d'État, pour permettre l'application de la présente loi aux territoires d'outre-mer, a été déclaré non conforme à la Constitution. En effet, de telles dispositions législatives intéressaient l'organisation particulière des territoires d'outre-mer. Elles ne pouvaient être rendues applicables dans ces territoires sans consultation préalable des assemblées territoriales intéressées, consultation qui n'a pas eu lieu. • Cons. const. 20 janv. 1984, *Loi relative à l'enseignement supérieur,* n° 83-160 DC : *JO 21 janv., p. 365 ; Rec. Cons. const. 30 ; AJDA 1984. 163, note Boulouis ; GDCC n° 35 ; D. 1984, jurispr. 593, note Luchaire ; Gaz. Pal., 29 déc. 1984, note Hamon ; Rev. adm. 1984. 261, note de Villiers.* ♦ Ces dispositions ont été étendues aux territoires d'outre-mer du Pacifique par la L. du 5 juill. 1996.

Art. L. 771-2 *(Ord. n° 2015-24 du 14 janv. 2015, art. 1er)* Pour l'application de l'article L. 718-2 à Wallis-et-Futuna, les mots : "qui peut être académique ou interacadémique" sont supprimés.

Pour l'application du quatrième alinéa de l'article L. 718-5 à Wallis-et-Futuna, les mots : "la ou les régions et les autres collectivités territoriales" sont remplacés par les mots : "le territoire et les autres circonscriptions territoriales" et la deuxième phrase est supprimée.

Pour l'application à Wallis-et-Futuna, le 3° de l'article L. 718-11 est ainsi rédigé : "3° Des représentants des entreprises, du territoire, des circonscriptions territoriales concernées et des associations ;".

Pour l'application à Wallis-et-Futuna, le 1° de l'article L. 719-3 est ainsi rédigé : "1° D'une part, des représentants du territoire, des circonscriptions territoriales concernées, des activités économiques" *(le reste sans changement).*

Pour l'application à Wallis-et-Futuna du troisième alinéa de l'article L. 721-3, les mots : "un représentant des collectivités territoriales" sont remplacés par les mots : "un représentant du territoire".

CHAPITRE II DISPOSITIONS APPLICABLES À MAYOTTE

Art. L. 772-1 Les articles L. 722-1 à L. 722-16 ne sont pas applicables à Mayotte.

Art. L. 772-2 *(Ord. n° 2015-25 du 14 janv. 2015, art. 2)* Pour l'application à Mayotte de l'article L. 718-2, au premier alinéa, les mots : "qui peut être académique ou interacadémique" sont supprimés, et le second alinéa est supprimé.

Pour l'application à Mayotte du quatrième alinéa de l'article L. 718-5, les mots : "la ou les régions" sont remplacés par les mots : "le Département de Mayotte" et la deuxième phrase est supprimée.

Pour son application à Mayotte, le 3° de l'article L. 718-11 est ainsi rédigé :

"3° Des représentants des entreprises, du Département de Mayotte, des collectivités territoriales et des établissements publics de coopération intercommunale concernés et des associations ;".

CHAPITRE III DISPOSITIONS APPLICABLES EN POLYNÉSIE FRANÇAISE

Art. L. 773-1 Sont applicables en Polynésie française *(Ord. n° 2015-24 du 14 janv. 2015, art. 6)* « , dans leur rédaction résultant de » *(L. n° 2017-86 du 27 janv. 2017, art. 224)* « la loi n° 2017-86 du 27 janvier 2017 relative à l'égalité et à la citoyenneté », les articles L. 711-1, L. 711-2, L. 711-4 à *(Ord. n° 2015-24 du 14 janv. 2015, art. 6)* « L. 711-10 », *(L. n° 2019-828 du 6 août 2019, art. 33)* « L. 712-1 à L. 712-6-1, L. 712-7 à L. 712-10 », L. 713-3, L. 713-4, L. 713-9, L. 714-1, L. 714-2, L. 715-1 à L. 715-3, L. 716-1, L. 717-1, *(L. n° 2020-1674 du 24 déc. 2020, art. 37)* « L. 718-1 à L. 718-7, L. 718-9 à L. 718-16 », *(Décr. n° 2019-1008 du 30 sept. 2019, art. 4)* « L. 719-1 à L. 719-8, L. 719-10 à L. 719-14 », L. 741-1, L. 762-1 et L. 762-2.

(L. n° 2019-828 du 6 août 2019, art. 33) **« L'article L. 712-6-2 est applicable dans sa rédaction résultant de la loi n° 2019-828 du 6 août 2019 de transformation de la fonction publique. »**

(L. n° 2020-1674 du 24 déc. 2020, art. 37) **« Les articles L. 713-1, L. 718-8, L. 721-1 et L. 721-3 sont applicables dans leur rédaction résultant de la loi n° 2019-791 du 26 juillet 2019 pour une école de la confiance. »**

(L. n° 2018-1202 du 22 déc. 2018, art. 20) **« L'article L. 721-2 est applicable dans sa rédaction résultant de la** *(L. n° 2020-766 du 24 juin 2020, art. 19)* **« loi n° 2020-766 du 24 juin 2020 visant à lutter contre les contenus haineux sur internet ». »**

(Décr. n° 2019-1008 du 30 sept. 2019, art. 4) **« L'article L. 719-9 est applicable dans sa rédaction résultant du décret n° 2019-1008 du 30 septembre 2019. »**

Art. L. 773-2 **L'université de Polynésie française est administrée par un conseil d'administration, assisté d'un** *(Ord. n° 2015-24 du 14 janv. 2015, art. 6)* **« conseil académique ».** *(Ord. n° 2008-727 du 24 juill. 2008, art. 4)* **« La deuxième phrase du premier alinéa de l'article L. 719-1 n'est pas applicable aux représentants des enseignants-chercheurs et personnels assimilés. »**

(Ord. n° 2015-24 du 14 janv. 2015, art. 6) **« Le conseil d'administration exerce les compétences prévues au IV de l'article L. 712-3. » Il comprend au plus trente membres répartis dans les conditions fixées à l'article L. 712-3. Le haut-commissaire et le vice-recteur de la Polynésie française assistent aux séances du conseil d'administration. Le représentant du ministre chargé de l'outre-mer peut y assister en tant que besoin.**

(Ord. n° 2015-24 du 14 janv. 2015, art. 6) **« La commission de la recherche du conseil académique comprend de quinze à vingt membres ainsi répartis :**

« 1° De 60 % à 70 % de représentants des personnels. Le nombre de sièges est attribué pour la moitié au moins aux professeurs et aux personnels habilités à diriger des recherches ;

« 2° De 10 % à 20 % de représentants de doctorants inscrits en formation initiale ou continue ;

« 3° De 20 % à 30 % de personnalités extérieures.

« La commission de la formation et de la vie universitaire du conseil académique comprend de quinze à vingt membres répartis dans les conditions fixées à l'article L. 712-6. »

Les conseils des composantes de l'université prévus aux articles L. 713-3 et L. 713-9 comprennent au plus vingt membres répartis dans les conditions fixées par ces articles.

Au sein des différents conseils de l'établissement peuvent siéger, *(Ord. n° 2014-807 du 17 juill. 2014, art. 3)* **« outre des personnalités » désignées par ces conseils à titre personnel, des représentants de la Polynésie française, des activités économiques, des organismes et institutions scientifiques et culturels ainsi que des enseignants des établissements d'enseignement supérieur et de recherche de la zone Pacifique Sud.**

Les catégories de personnalités extérieures appelées à siéger dans les conseils ainsi que le nombre de sièges qui leur sont attribués sont déterminés par les statuts. *(L. n° 2019-791 du 26 juill. 2019, art. 62)* **« Toutefois, au conseil d'administration siègent trois représentants de la Polynésie française, les autres catégories de personnalités extérieures disposant d'au moins un représentant. »**

Art. L. 773-3 *(Ord. n° 2008-727 du 24 juill. 2008, art. 4)* **« Pour l'application de l'article L. 712-3 à la Polynésie française, les mots : "***(Ord. n° 2015-24 du 14 janv. 2015, art. 6)* **« de la région »" sont remplacés par les mots : "***(Ord. n° 2015-24 du 14 janv. 2015, art. 6)* **« de la Polynésie française »". » Pour l'application de l'article L. 719-4 à la Polynésie française, les mots : "régions" et "départements" sont remplacés par le mot : "territoire".**

(Ord. n° 2015-24 du 14 janv. 2015, art. 6) **« Pour l'application de l'article L. 718-2 à la Polynésie française, les mots : "qui peut être académique ou interacadémique" sont supprimés.**

« Pour l'application du quatrième alinéa de l'article L. 718-5 à la Polynésie française, les mots : "la ou les régions et les autres collectivités territoriales" sont remplacés par les mots : "la Polynésie française et les communes" et la deuxième phrase est supprimée.

« Pour l'application à la Polynésie française, le 3° de l'article L. 718-11 est ainsi rédigé : "3° Des représentants des entreprises, de la Polynésie française, des communes concernées et des associations ;"

« Pour l'application du 1° de l'article L. 719-3 à la Polynésie française, les mots : "des représentants de collectivités territoriales" sont remplacés par les mots : "des représentants de la Polynésie française et des communes" ».

Le ministre chargé de l'enseignement supérieur exerce les compétences dévolues par le présent livre au recteur *(L. n° 2019-791 du 26 juill. 2019, art. 54)* « de région académique », chancelier des universités.

Les références à des dispositions législatives ne s'appliquant pas en Polynésie française sont remplacées par les références aux dispositions, ayant le même objet, qui y sont applicables.

1. Pouvoir de tutelle. Au nom du principe de l'indépendance des universités, le Conseil d'État a écarté un projet d'ordonnance relatif au régime de l'enseignement supérieur dans les territoires d'outre-mer du Pacifique, les dispositions relatives au pouvoir de tutelle sur les universités de Polynésie française et de Nouvelle-Calédonie étant confiées à un vice-recteur qui ne répondait pas aux conditions de titres universitaires exigées pour les recteurs d'académie, chanceliers des universités : CE, sect. int., avis, 2 juill. 1998, n° 362339 : *Rapport public, EDCE, 1999. 71.*

2. Compétence. Le vice-recteur de Polynésie française est compétent, en vertu de l'arrêté de délégation du haut-commissaire de la République en Polynésie française du 19 nov. 2001, pour « la liquidation et le mandatement relatifs aux dépenses de soldes et accessoires de soldes afférents aux personnels de l'enseignement supérieur ». Il était de ce fait également compétent pour ordonner le reversement à l'administration de sommes illégalement mandatées. • CE 11 déc. 2006, n° 277206 B.

Art. L. 773-3-1 *(Ord. n° 2014-693 du 26 juin 2014, art. 15)* Pour l'application de l'article L. 721-2 à la Polynésie française, les mots : "services académiques" sont remplacés par les mots : "services de l'éducation de l'État et de la Polynésie française".

Pour l'application de l'article L. 721-3 à la Polynésie française, les mots : "des collectivités territoriales" sont remplacés par les mots : "de la Polynésie française", les mots : "*(L. n° 2019-791 du 26 juill. 2019, art. 54)* « l'autorité académique » désigne" sont remplacés par les mots : "le président de la Polynésie française et le vice-recteur de la Polynésie française désignent" et les mots : "désignées par *(L. n° 2020-1674 du 24 déc. 2020, art. 37)* « l'autorité académique »" sont remplacés par les mots : "désignées par le président de la Polynésie française ou par le vice-recteur de la Polynésie française".

(L. n° 2020-1674 du 24 déc. 2020, art. 37) « Pour l'application du sixième alinéa du I de l'article L. 721-3, les mots : "le recteur compétent" sont remplacés par les mots : "le vice-recteur de la Polynésie française". »

Art. L. 773-4 Afin de répondre aux besoins de recherche propres à la Polynésie française en cohérence avec les besoins économiques et sociaux locaux, l'université mentionnée à l'article L. 773-2 organise une conférence trimestrielle permettant les échanges et la complémentarité entre ses laboratoires et l'ensemble des organismes de recherche implantés dans son territoire. — *[L. n° 84-52 du 26 janv. 1984, art. 74.]*

CHAPITRE IV DISPOSITIONS APPLICABLES EN NOUVELLE-CALÉDONIE

Art. L. 774-1 Sont applicables en Nouvelle-Calédonie *(Ord. n° 2015-24 du 14 janv. 2015, art. 11)* « , dans leur rédaction résultant de » *(L. n° 2017-86 du 27 janv. 2017, art. 224)* « la loi n° 2017-86 du 27 janvier 2017 relative à l'égalité et à la citoyenneté », les articles L. 711-1, L. 711-2, L. 711-4 à *(Ord. n° 2015-24 du 14 janv. 2015, art. 11)* « L. 711-10 », L. 712-1 à L. 712-4, *(L. n° 2019-828 du 6 août 2019, art. 33)* « L. 712-5 à L. 712-6-1, L. 712-7 à L. 712-10 », L. 713-3, L. 713-4, L. 713-9, L. 714-1, L. 714-2, L. 715-1 à L. 715-3, L. 716-1, L. 717-1, *(L. n° 2020-1674 du 24 déc. 2020, art. 37)* « L. 718-1 à L. 718-7, L. 718-9 à L. 718-16 », *(Décr. n° 2019-1008 du 30 sept. 2019, art. 4)* « L. 719-1 à L. 719-8, L. 719-10 à L. 719-14 », L. 741-1, L. 762-1 et L. 762-2.

(L. n° 2019-828 du 6 août 2019, art. 33) « L'article L. 712-6-2 est applicable dans sa rédaction résultant de la loi n° 2019-828 du 6 août 2019 de transformation de la fonction publique. »

(L. n° 2020-1674 du 24 déc. 2020, art. 37) **« Les articles L. 713-1, L. 718-8, L. 721-1 et L. 721-3 sont applicables dans leur rédaction résultant de la loi n° 2019-791 du 26 juillet 2019 pour une école de la confiance. »**

(L. n° 2018-1202 du 22 déc. 2018, art. 20) **« L'article L. 721-2 est applicable dans sa rédaction résultant de la** *(L. n° 2020-766 du 24 juin 2020, art. 19)* **« loi n° 2020-766 du 24 juin 2020 visant à lutter contre les contenus haineux sur internet ». »**

(Décr. n° 2019-1008 du 30 sept. 2019, art. 4) **« L'article L. 719-9 est applicable dans sa rédaction résultant du décret n° 2019-1008 du 30 septembre 2019. »**

Art. L. 774-2 *(Ord. n° 2015-24 du 14 janv. 2015, art. 11)* **L'université de Nouvelle-Calédonie est administrée par un conseil d'administration, assisté d'un conseil académique.**

Pour l'application de l'article L. 712-3 :

– au 2° du I, le mot : "huit" est remplacé par les mots : "huit à douze" ;

– le 1° du II est ainsi rédigé : "trois représentants de la Nouvelle-Calédonie et un représentant du territoire de Wallis-et-Futuna désignés par ces collectivités" ;

– le *d* du 3° du II est supprimé.

En outre le haut-commissaire et le vice-recteur de Nouvelle-Calédonie assistent aux séances du conseil d'administration. Le représentant du ministre chargé de l'outre-mer peut y assister en tant que de besoin.

Pour l'application du premier alinéa de l'article L. 712-5 et du premier alinéa de l'article L. 712-6, les mots : "vingt à quarante" sont remplacés par les mots : "quinze à vingt".

Pour l'application du troisième alinéa de l'article L. 713-3 et du deuxième alinéa de l'article L. 713-9, les mots : "ne peut dépasser quarante membres" sont remplacés par les mots : "comprend au plus vingt membres".

La deuxième phrase du premier alinéa de l'article L. 719-1 n'est pas applicable aux représentants des enseignants-chercheurs et personnels assimilés.

Les catégories de personnalités extérieures appelées à siéger dans les conseils autres que le conseil d'administration ainsi que le nombre de sièges qui leur est attribué sont déterminés par les statuts de l'université en application de l'article L. 719-3. Au sein des différents conseils de l'établissement peuvent siéger des représentants de la Nouvelle-Calédonie, des activités économiques, des organismes et institutions scientifiques et culturels ainsi que des enseignants des établissements d'enseignement supérieur et de recherche de la zone Pacifique Sud.

Transfert de compétence. Le Décr. du 31 mai 1999 portant création de l'université de la Polynésie française et de la Nouvelle-Calédonie a créé, en Nouvelle-Calédonie, un établissement public à caractère scientifique, culturel et professionnel qui prend le nom d'université de la Nouvelle-Calédonie. Les activités exercées par le centre universitaire de Nouvelle-Calédonie de l'université française du Pacifique sont transférées avec leur mode d'organisation à l'université de la Nouvelle-Calédonie. Des dispositions ont pour objet d'organiser un régime transitoire destiné à éviter toute rupture dans la continuité du service de l'enseignement supérieur en Nouvelle-Calédonie du fait du changement de statut de l'université et de la création d'un nouvel établissement. Il en résulte que, dans l'attente de l'installation des organes prévus par les textes, la commission de spécialistes et le conseil du centre universitaire restaient compétents, à la date à laquelle ils se sont respectivement prononcés, pour émettre la proposition de nomination litigieuse. • CE 22 nov. 2006, *MEN c/ Mme Moschetto*, n° 280526.

Art. L. 774-3 *(Ord. n° 2008-727 du 24 juill. 2008, art. 4)* **« Pour l'application de l'article L. 712-3 à la Nouvelle-Calédonie, les mots : "***(Ord. n° 2015-24 du 14 janv. 2015, art. 11)* **« de la région »" sont remplacés par les mots : "***(Ord. n° 2015-24 du 14 janv. 2015, art. 11)* **« de la Nouvelle-Calédonie »". »**

(Ord. n° 2015-24 du 14 janv. 2015, art. 11) **« Pour l'application de l'article L. 718-2 à la Nouvelle-Calédonie, les mots : "qui peut être académique ou interacadémique" sont supprimés.**

« Pour l'application du quatrième alinéa de l'article L. 718-5 à la Nouvelle-Calédonie, les mots : "la ou les régions et les autres collectivités territoriales" sont remplacés par les mots : "la Nouvelle-Calédonie, les provinces et les communes" et la deuxième phrase est supprimée.

« Pour l'application à la Nouvelle-Calédonie, le 3° de l'article L. 718-11 est ainsi rédigé : "3° Des représentants des entreprises, de la Nouvelle-Calédonie, des provinces et des communes concernées et des associations".

« Pour l'application du 1° de l'article L. 719-3 à la Nouvelle-Calédonie, les mots : "des représentants de collectivités territoriales" sont remplacés par les mots : "de la Nouvelle-Calédonie et des provinces" ».

Pour l'application de l'article L. 719-4 à la Nouvelle-Calédonie, les mots : "régions" et "départements" sont remplacés par les mots : "de la Nouvelle-Calédonie, des provinces".

Le ministre chargé de l'enseignement supérieur exerce les compétences dévolues par le présent livre au recteur *(L. n° 2019-791 du 26 juill. 2019, art. 54)* « de région académique », chancelier des universités.

Les références à des dispositions législatives ne s'appliquant pas en Nouvelle-Calédonie sont remplacées par les références aux dispositions, ayant le même objet, qui y sont applicables.

Pouvoir de tutelle. Au nom du principe de l'indépendance des universités, le Conseil d'État a écarté un projet d'ordonnance relatif au régime de l'enseignement supérieur dans les territoires d'outre-mer du Pacifique, les dispositions relatives au pouvoir de tutelle sur les universités de Polynésie française et de Nouvelle-Calédonie étant confiées à un vice-recteur qui ne répondait pas aux conditions de titres universitaires exigées pour les recteurs d'académie, chanceliers des universités. • CE, sect. intérieur avis, 2 juill. 1998, n° 362339 : *Rapport public, EDCE, 1999. 71.*

Art. L. 774-3-1 *(Ord. n° 2014-693 du 26 juin 2014, art. 26)* Pour l'application de l'article L. 721-2 à la Nouvelle-Calédonie, après les mots : "orientations définies par l'État" sont insérés les mots : "et la Nouvelle-Calédonie" et les mots : "services académiques" sont remplacés par les mots : "services de l'éducation de l'État et de la Nouvelle-Calédonie".

Pour l'application de l'article L. 721-3 à la Nouvelle-Calédonie, les mots : "des collectivités territoriales" sont remplacés par les mots : "de la Nouvelle-Calédonie et des provinces", les mots : "*(L. n° 2019-791 du 26 juill. 2019, art. 54)* « l'autorité académique » désigne" sont remplacés par les mots : "le président du gouvernement de la Nouvelle-Calédonie et le haut-commissaire de la République de la Nouvelle-Calédonie désignent" et les mots : "désignées par *(L. n° 2020-1674 du 24 déc. 2020, art. 37)* « l'autorité académique »" sont remplacés par les mots : "désignées par le président du gouvernement de la Nouvelle-Calédonie ou par le haut-commissaire de la République de la Nouvelle-Calédonie".

(L. n° 2020-1674 du 24 déc. 2020, art. 37) « Pour l'application du sixième alinéa du I de l'article L. 721-3, les mots : "le recteur compétent" sont remplacés par les mots : "le vice-recteur de la Nouvelle-Calédonie". »

Art. L. 774-4 Afin de répondre aux besoins de recherche propres à la Nouvelle-Calédonie en cohérence avec les besoins économiques et sociaux locaux, l'université mentionnée à l'article L. 774-2 organise une conférence trimestrielle permettant les échanges et la complémentarité entre ses laboratoires et l'ensemble des organismes de recherche implantés dans son territoire. – *[L. n° 84-52 du 26 janv. 1984, art. 74.]*

TITRE SEPTIÈME *[NOUVEAU]* DISPOSITIONS RELATIVES À L'OUTRE-MER

(Ord. n° 2021-552 du 5 mai 2021, art. 7)

Ce titre entre en vigueur à la date d'entrée en vigueur des décrets portant actualisation et adaptation des dispositions réglementaires du code de l'éducation relatives à l'outre-mer et, au plus tard, le 1er janv. 2022 (Ord. n° 2021-552 du 5 mai 2021, art. 13).

CHAPITRE PREMIER *[NOUVEAU]* GUADELOUPE, GUYANE, MARTINIQUE, LA RÉUNION, MAYOTTE

Nouvel art. L. 771-1 Pour leur application en Guadeloupe, en Guyane, en Martinique, à La Réunion et à Mayotte, les dispositions du présent livre font l'objet des adaptations prévues au présent chapitre.

SECTION PREMIÈRE *[NOUVELLE]* DISPOSITIONS PARTICULIÈRES À LA GUYANE ET À LA MARTINIQUE

Nouvel art. L. 771-2 Pour l'application en Guyane des articles L. 712-3 et L. 718-11, la référence à la région est remplacée par la référence à la collectivité territoriale de Guyane.

Nouvel art. L. 771-3 Pour l'application en Martinique de l'article L. 718-11, la référence à la région est remplacée par la référence à la collectivité territoriale de Martinique.

Nouvel art. L. 771-4 Pour l'application en Guyane et en Martinique du premier alinéa de l'article L. 719-4, les mots : "des régions, départements et communes" sont remplacés par les mots : "des collectivités territoriales".

SECTION II *[NOUVELLE]* DISPOSITIONS PARTICULIÈRES À MAYOTTE

Nouvel art. L. 771-5 Pour l'application à Mayotte des articles L. 712-3 et L. 718-11, la référence à la région est remplacée par la référence au Département de Mayotte.

Nouvel art. L. 771-6 Pour l'application à Mayotte du quatrième alinéa de l'article L. 718-5 :

a) Les mots : "la ou les régions" sont remplacés par les mots : "le Département de Mayotte" ;

b) La deuxième phrase est supprimée.

Nouvel art. L. 771-7 Pour l'application à Mayotte du premier alinéa de l'article L. 719-4, les mots : "des régions, départements et" sont remplacés par les mots : "du Département de Mayotte, des".

Nouvel art. L. 771-8 Les articles L. 722-1 à L. 722-16 ne sont pas applicables à Mayotte.

SECTION III *[NOUVELLE]* DISPOSITIONS APPLICABLES À L'UNIVERSITÉ DES ANTILLES

Nouvel art. L. 771-9 Par dérogation aux dispositions de l'article L. 712-1, le président de l'université par ses décisions, le conseil d'administration par ses délibérations, le conseil académique par ses délibérations et avis, et les conseils des deux pôles universitaires, Guadeloupe et Martinique, par leurs délibérations et avis, assurent l'administration de l'université des Antilles.

Nouvel art. L. 771-10 Par dérogation aux dispositions du premier alinéa de l'article L. 712-2, le président de l'université est élu pour une durée de cinq ans. Son mandat n'est pas renouvelable. Outre les fonctions prévues au troisième alinéa de l'article L. 712-2, le président ne peut exercer celles de vice-président d'un des pôles universitaires.

L'élection du président de l'université et celle des vice-présidents des pôles universitaires, mentionnés à l'article L. 771-14, font l'objet d'un même vote par le conseil d'administration. Chaque candidat aux fonctions de président de l'université présente au conseil d'administration, pour chaque pôle universitaire, une personnalité chargée d'assurer les fonctions de vice-président, désignée au titre de chacune des régions dans lesquelles est implantée l'université parmi les représentants des enseignants-chercheurs et des personnels assimilés mentionnés au même premier alinéa. Une même personnalité peut être présentée, avec son accord, aux fonctions de vice-président d'un pôle universitaire par plusieurs candidats aux fonctions de président de l'université. Le mandat de vice-président n'est pas renouvelable.

Dans le cas où le président cesse ses fonctions, pour quelque cause que ce soit, il est procédé à une nouvelle élection du président et des vice-présidents des pôles universitaires pour la durée du mandat de leurs prédécesseurs restant à courir.

Dans le cas où un vice-président de pôle universitaire régional cesse ses fonctions, pour quelque cause que ce soit, le président de l'université propose au conseil d'administration la désignation d'une nouvelle personnalité au titre de la même région. Il est procédé à l'élection du vice-président pour la durée du mandat de son prédécesseur restant à courir.

Nouvel art. L. 771-11 I. – Par dérogation au I de l'article L. 712-3, le conseil d'administration de l'université des Antilles comprend trente membres ainsi répartis :

1° Douze représentants des enseignants-chercheurs et des personnels assimilés, des enseignants et des chercheurs, en exercice dans l'établissement, dont la moitié de professeurs des universités et personnels assimilés ;

2° Dix personnalités extérieures à l'établissement ;

3° Quatre représentants des étudiants et des personnes bénéficiant de la formation continue inscrits dans l'établissement ;

4° Quatre représentants des personnels ingénieurs, administratifs, techniques, ouvriers et de service, en exercice dans l'établissement.

Le nombre de membres du conseil d'administration est augmenté d'une unité lorsque le président est choisi hors du conseil.

Les membres du conseil d'administration sont élus ou désignés pour cinq ans, à l'exception des représentants des étudiants, qui sont élus pour trente mois. En cas de vacance d'un siège, un nouveau membre est désigné pour la durée du mandat restant à courir, selon des modalités fixées par décret, sauf si la vacance intervient moins de huit mois avant le terme du mandat.

II. – Par dérogation aux 1° à 3° du II du même article, les personnalités extérieures comprennent :

1° Des représentants des collectivités territoriales ou de leurs groupements désignés par leurs organes délibérants, répartis en nombre égal entre chacune des deux régions dans lesquelles est implantée l'université, dont au moins un représentant du conseil régional de Guadeloupe et un représentant de l'assemblée de Martinique ;

2° Au moins un représentant des organismes de recherche au titre de chacune des deux régions dans lesquelles est implantée l'université, désigné par un ou plusieurs organismes entretenant des relations de coopération avec l'établissement ;

3° Au moins une personnalité au titre de chacune des deux régions dans lesquelles est implantée l'université, désignée, après un appel public à candidatures, par les membres élus du conseil et les personnalités désignées aux 1° et 2°.

Les statuts de l'établissement précisent le nombre de personnalités extérieures au titre de chacune des catégories mentionnées aux 1° à 3° et les collectivités et entités appelées à les désigner en application des 1° et 2°.

La désignation des personnalités mentionnées au 3° tient compte de la répartition par sexe des personnalités désignées en application des 1° et 2°, afin de garantir la parité entre les femmes et les hommes parmi les personnalités extérieures membres du conseil d'administration de l'université.

Par dérogation à l'article L. 719-3, les désignations des personnalités extérieures au titre de chacune des deux régions dans lesquelles est implantée l'université s'opèrent de telle sorte que l'écart entre le nombre des femmes désignées, d'une part, et le nombre des hommes désignés, d'autre part, ne soit pas supérieur à un. Le respect de l'obligation d'assurer la parité entre les femmes et les hommes s'apprécie au regard de l'ensemble des personnalités extérieures membres du conseil d'administration de l'université.

Nouvel art. L. 771-12 Outre les fonctions prévues à l'article L. 712-2, le président de l'université assure par ses arbitrages la cohésion et l'équilibre entre les deux pôles universitaires régionaux, en concertation avec les vice-présidents de pôle. Il installe dans chaque pôle universitaire régional une mission "égalité entre les hommes et les femmes". Il présente chaque année au conseil d'administration un rapport sur l'exécution du plan d'action pluriannuel en matière d'égalité entre les femmes et les hommes exposant la situation de chacun des deux pôles universitaires ainsi qu'un rapport sur l'évolution de la situation professionnelle des personnes auxquelles l'université a délivré le diplôme national de doctorat dans les cinq années précédentes. Ces rapports sont transmis, après approbation par le conseil d'administration, aux ministres chargés de l'enseignement supérieur et de la recherche et au Haut Conseil de l'évaluation de la recherche et de l'enseignement supérieur.

Nouvel art. L. 771-13 Le conseil d'administration exerce les compétences définies au IV de l'article L. 712-3 sous réserve des dispositions suivantes :

1° L'approbation des accords et conventions intéressant les pôles universitaires régionaux relève de la compétence du conseil du pôle universitaire régional concerné, en application du 2° du III de l'article L. 771-14 ;

2° La répartition des emplois et crédits alloués à l'université est opérée par pôle universitaire régional en prenant en compte, notamment, les effectifs des étudiants, les enseignements dispensés et l'activité de recherche de chaque pôle ;

3° Le rapport annuel d'activité présenté par le président, en application du 7° du IV de l'article L. 712-3, comprend un bilan et un projet par pôle universitaire régional ;

4° Le bilan social présente les données du bilan social prévu au 7° *bis* du même IV, d'une part, pour l'université, d'autre part, pour chaque pôle universitaire régional.

Nouvel art. L. 771-14 I. – Dans chacune des deux régions dans lesquelles est implantée l'université, il est constitué un pôle universitaire régional regroupant l'ensemble des composantes et des services universitaires propres au pôle implanté dans la région. Chaque pôle universitaire détermine ses statuts et l'organisation de ses services dans les conditions prévues à l'article L. 713-1 ; il est doté d'un budget propre intégré dans les conditions prévues au deuxième alinéa de l'article L. 719-5.

Les sièges de chacun des collèges et de chacune des catégories de personnalités extérieures du conseil d'administration, de la commission de la recherche et de la commission de la formation et de la vie universitaire du conseil académique sont répartis à égalité entre la Guadeloupe et la Martinique.

L'élection des membres est organisée dans le cadre de chaque région.

II. – Les membres du conseil d'administration élus et nommés au titre de chaque collectivité dans laquelle est implantée l'université constituent le conseil du pôle universitaire régional.

III. – Le conseil du pôle universitaire régional :

1° Prépare et adopte un projet stratégique de pôle dont les moyens sont définis avec l'université dans le cadre d'un contrat d'objectifs et de moyens ;

2° Approuve les accords et conventions, pour les affaires intéressant le pôle, dans les conditions fixées par le règlement intérieur de l'université ;

3° Répartit les emplois et les crédits dans les composantes qu'il regroupe ;

4° Établit le rapport annuel d'activité du pôle présenté par le vice-président et le transmet au conseil d'administration de l'université ;

5° Prépare le bilan social du pôle et le transmet au conseil d'administration de l'université ;

6° Émet un avis sur les décisions de la commission de la recherche et la commission de la formation et de la vie universitaire du pôle comportant une incidence financière et les transmet au conseil d'administration de l'université, en application du V de l'article L. 712-6-1 ;

7° Délibère sur toutes les questions relatives aux affaires intéressant le pôle dans les conditions fixées par le règlement intérieur de l'université ;

8° Propose au conseil d'administration les grandes orientations en matière de recrutement et de politique du patrimoine du pôle ;

9° Propose la création de composantes au conseil d'administration et au conseil académique de l'université ;

10° Crée, après avis de la commission de la formation et de la vie universitaire du pôle, un bureau d'aide à l'insertion professionnelle des étudiants dont les missions sont définies à l'article L. 611-5.

IV. – Un vice-président est désigné au titre de chaque pôle universitaire régional parmi les représentants des enseignants-chercheurs et des personnels assimilés siégeant au conseil d'administration ou au conseil académique au titre du pôle.

Il est élu par les membres du conseil d'administration de l'université siégeant au titre du pôle. Le mandat de vice-président n'est pas renouvelable.

Le vice-président du pôle préside le conseil du pôle universitaire régional. Il prépare et exécute les délibérations de ce conseil. Sous réserve des dispositions des articles L. 713-4 et L. 713-9, il est ordonnateur des recettes et des dépenses du pôle. Il a autorité sur les personnels du pôle et émet un avis sur les affectations des personnels ingénieurs, administratifs, techniques, ouvriers et de service dans les services et composantes du pôle.

Le président de l'université peut déléguer sa signature au vice-président du pôle pour les affaires intéressant le pôle, à des membres élus des conseils mentionnés à l'article L. 771-9, ainsi qu'à des agents placés sous son autorité. Il peut déléguer une partie de ses pouvoirs au vice-président du pôle pour les affaires intéressant les pôles et aux agents placés sous son autorité désignés pour exercer des fonctions de responsabilité administrative, scientifique ou pédagogique au sein de l'établissement, d'une composante ou d'une unité de recherche. Ces agents peuvent déléguer leur signature à des agents placés sous leur autorité. Le vice-président du pôle peut proposer au président de l'université de soumettre au conseil d'administration toutes questions intéressant le pôle universitaire régional.

Nouvel art. L. 771-15 Le conseil académique comporte, par dérogation à l'article L. 712-4, les membres de la commission de la recherche et de la commission de la formation et de la vie universitaire de chacun des deux pôles universitaires. La durée du mandat des membres élus et désignés du conseil académique est celle fixée pour les membres du conseil d'administration par le septième alinéa du I de l'article L. 771-11.

Les statuts de l'université prévoient les modalités de désignation par le conseil académique d'un vice-président de la commission de la recherche, d'un vice-président de la commission de la formation et de la vie universitaire et d'un vice-président chargé des questions de vie étudiante au titre de chaque pôle universitaire régional. Les mandats du président du conseil académique, des vice-présidents de la commission de la recherche et de la commission de la formation et de la vie universitaire expirent à l'échéance du mandat des représentants élus des personnels du conseil académique. En cas de partage égal des voix au sein de la commission de la recherche ou de la commission de la formation et de la vie universitaire de chaque pôle universitaire régional, le vice-président a voix prépondérante.

Les attributions mentionnées au I de l'article L. 712-6-1 sont exercées par la commission de la formation et de la vie universitaire de chaque pôle. Toutefois, lorsqu'une formation offerte par les deux pôles universitaires régionaux conduit à la délivrance d'un même diplôme, les règles relatives aux examens, prévues au 2° du I du même article, sont adoptées par le conseil académique de l'université.

Les attributions mentionnées au II de ce même article sont exercées par la commission de la recherche de chaque pôle. Toutefois, lorsqu'une décision de la commission de la recherche d'un pôle universitaire régional concerne une structure de recherche exerçant des activités dans les deux pôles, elle n'entre en vigueur qu'après avoir été approuvée par le conseil académique de l'université.

Nouvel art. L. 771-16 Sans préjudice des compétences du comité social d'administration prévu par l'article L. 951-1-1, un comité social d'administration spécial est institué par le président de l'université dans chacun des deux pôles universitaires. Il est chargé de connaître des questions d'organisation et de fonctionnement de ce pôle.

Nouvel art. L. 771-17 Ne sont pas applicables à l'université des Antilles :

1° La deuxième phrase du troisième alinéa et le quatrième alinéa de l'article L. 712-4 ;

2° A l'article L. 719-1 :

a) S'agissant des enseignants-chercheurs et personnels assimilés en exercice dans l'université, la deuxième phrase du premier alinéa et les deuxième et troisième phrases du cinquième alinéa ;

b) Le huitième alinéa.

CHAPITRE II *[NOUVEAU]* SAINT-BARTHÉLEMY

Le présent chapitre ne comprend pas de dispositions législatives.

CHAPITRE III *[NOUVEAU]* SAINT-MARTIN

Le présent chapitre ne comprend pas de dispositions législatives.

CHAPITRE IV *[NOUVEAU]* SAINT-PIERRE-ET-MIQUELON

Le présent chapitre ne comprend pas de dispositions législatives.

CHAPITRE V *[NOUVEAU]* WALLIS-ET-FUTUNA

Nouvel art. L. 775-1 I. – **Sont applicables dans les îles Wallis-et-Futuna, sous réserve des adaptations prévues au II, les dispositions des articles mentionnés dans la colonne de gauche du tableau ci-après, dans leur rédaction indiquée dans la colonne de droite du même tableau :**

Tableau mod. par L. n° 2021-1104 du 22 août 2021, art. 5 ; L. n° 2021-1109 du 24 août 2021, art. 100.

DISPOSITIONS APPLICABLES	DANS LEUR RÉDACTION
L. 711-1	Résultant de la loi n° 2020-1674 du 24 décembre 2020
L. 711-2	Résultant de la loi n° 2013-660 du 22 juillet 2013
L. 711-3	Résultant de l'ordonnance n° 2000-549 du 15 juin 2000
L. 711-4	Résultant de la loi n° 2017-257 du 28 février 2017
L. 711-5	Résultant de la loi n° 2020-1674 du 24 décembre 2020
L. 711-6	Résultant de l'ordonnance n° 2000-549 du 15 juin 2000
L. 711-7	Résultant de la loi n° 2007-1199 du 10 août 2007
L. 711-8	Résultant de la loi n° 2019-791 du 26 juillet 2019
L. 711-9	Résultant de la loi n° 2007-1199 du 10 août 2007
L. 711-10	Résultant de la loi n° 2013-660 du 22 juillet 2013
L. 711-11	Résultant de la loi n° 2020-1674 du 24 décembre 2020
L. 712-1	Résultant de la loi n° 2013-660 du 22 juillet 2013
L. 712-2 et L. 712-3	Résultant de la loi n° 2020-1674 du 24 décembre 2020
L. 712-4 à L. 712-6	Résultant de la loi n° 2013-660 du 22 juillet 2013
L. 712-6-1	Résultant de la loi n° 2020-1674 du 24 décembre 2020
L. 712-6-2	Résultant de la loi n° 2019-828 du 6 août 2019

DISPOSITIONS APPLICABLES	DANS LEUR RÉDACTION
L. 712-7 à L. 712-10	Résultant de la loi n° 2007-1199 du 10 août 2007
L. 713-1	Résultant de la loi n° 2019-791 du 26 juillet 2019
L. 713-3	Résultant de la loi n° 2003-339 du 14 avril 2003
L. 713-9	Résultant de la loi n° 2005-380 du 23 avril 2005
L. 714-1	Résultant de la loi n° 2017-86 du 27 janvier 2017
L. 714-2	Résultant de l'ordonnance n° 2000-549 du 15 juin 2000
L. 715-1	Résultant de la loi n° 2013-660 du 22 juillet 2013
L. 715-2	Résultant de l'ordonnance n° 2014-807 du 17 juillet 2014
L. 715-3	Résultant de l'ordonnance n° 2000-549 du 15 juin 2000
L. 716-1 à L. 718-1	Résultant de la loi n° 2020-1674 du 24 décembre 2020
L. 718-2 à L. 718-4	Résultant de la loi n° 2013-660 du 22 juillet 2013
L. 718-5	Résultant de la loi n° 2020-1674 du 24 décembre 2020
L. 718-6	Résultant de la loi n° 2013-660 du 22 juillet 2013
L. 718-7	Résultant de la loi n° 2014-1170 du 13 octobre 2014
L. 718-8	Résultant de la loi n° 2019-791 du 26 juillet 2019
L. 718-9 et L. 718-10	Résultant de la loi n° 2013-660 du 22 juillet 2013
L. 718-11 et L. 718-12	Résultant de la loi n° 2014-1170 du 13 octobre 2014
L. 718-13	Résultant de l'ordonnance n° 2014-807 du 17 juillet 2014
L. 718-14 à L. 718-16	Résultant de la loi n° 2013-660 du 22 juillet 2013
L. 719-1	Résultant de la loi n° 2020-1674 du 24 décembre 2020

DISPOSITIONS APPLICABLES	DANS LEUR RÉDACTION
L. 719-2	Résultant de l'ordonnance n° 2000-549 du 15 juin 2000
L. 719-3	Résultant de la loi n° 2013-660 du 22 juillet 2013
L. 719-4	Résultant de la loi n° 2020-1674 du 24 décembre 2020
L. 719-5 et L. 719-6	Résultant de l'ordonnance n° 2000-549 du 15 juin 2000
L. 719-7 et L. 719-8, 1er alinéa	Résultant de la loi n° 2019-791 du 26 juillet 2019
L. 719-9	Résultant du décret n° 2019-1008 du 30 septembre 2009
L. 719-12	Résultant de la loi n° 2013-660 du 22 juillet 2013
L. 719-13	Résultant de la loi n° 2020-1674 du 24 décembre 2020
L. 719-14	Résultant de la loi n° 2019-1479 du 28 décembre 2019
L. 721-1	Résultant de la loi n° 2019-791 du 26 juillet 2019
L. 721-2	Résultant de la loi n° 2021-1104 du 22 août 2021 portant lutte contre le dérèglement climatique et renforcement de la résilience face à ses effets
L. 721-3 et L. 723-1	Résultant de la loi n° 2019-791 du 26 juillet 2019
L. 731-1, 1er, 3e et 4e alinéas	Résultant de la loi n° 2020-1674 du 24 décembre 2020
L. 731-2 et L. 731-3	Résultant de la loi n° 2019-791 du 26 juillet 2019
L. 731-4	Résultant du décret n° 2012-16 du 5 janvier 2012
L. 731-5 et L. 731-6	Résultant de la loi n° 2013-660 du 22 juillet 2013
L. 731-7	Résultant de la loi n° 2021-1109 du 24 août 2021 confortant le respect des principes de la République
L. 731-8	Résultant de l'ordonnance n° 2000-549 du 15 juin 2000

DISPOSITIONS APPLICABLES	DANS LEUR RÉDACTION
L. 731-9 et L. 731-10	Résultant de la loi n° 2013-660 du 22 juillet 2013
L. 731-11 et L. 731-12	Résultant de l'ordonnance n° 2000-549 du 15 juin 2000
L. 731-13	Résultant de l'ordonnance n° 2000-916 du 19 septembre 2000
L. 731-14	Résultant de la loi n° 2013-660 du 22 juillet 2013
L. 731-15 et L. 731-16	Résultant de l'ordonnance n° 2000-549 du 15 juin 2000
L. 731-17	Résultant de la loi n° 2018-266 du 13 avril 2018
L. 731-19	Résultant de la loi n° 2013-660 du 22 juillet 2013
L. 732-1	Résultant de la loi n° 2014-856 du 31 juillet 2014
L. 732-2	Résultant de la loi n° 2013-660 du 22 juillet 2013
L. 732-3	Résultant de la loi n° 2020-1674 du 24 décembre 2020
L. 741-1	Résultant de l'ordonnance n° 2014-807 du 17 juillet 2014
L. 752-1	Résultant de la loi n° 2016-925 du 7 juillet 2016
L. 752-2	Résultant de la loi n° 2020-105 du 10 février 2020
L. 753-1	Résultant de la loi n° 2014-1545 du 20 décembre 2014
L. 755-1	Résultant de la loi n° 2012-347 du 12 mars 2012
L. 755-2 et L. 755-3	Résultant de l'ordonnance n° 2000-549 du 15 juin 2000
L. 757-1	Résultant de la loi n° 2018-1203 du 22 décembre 2018
L. 758-1	Résultant du décret n° 2015-396 du 7 avril 2015
L. 758-2	Résultant de l'ordonnance n° 2000-549 du 15 juin 2000
L. 759-1	Résultant de la loi n° 2016-925 du 7 juillet 2016
L. 759-2	Résultant de la loi n° 2016-925 du 7 juillet 2016
L. 759-3	Résultant de la loi n° 2016-925 du 7 juillet 2016

DISPOSITIONS APPLICABLES	DANS LEUR RÉDACTION
L. 759-4	Résultant de la loi n° 2016-925 du 7 juillet 2016
L. 759-5	Résultant de la loi n° 2016-925 du 7 juillet 2016
L. 75-10-1	Résultant de la loi n° 2016-925 du 7 juillet 2016
L. 762-1	Résultant de la loi n° 2019-791 du 26 juillet 2019
L. 762-2	Résultant de la loi n° 2017-1837 du 30 décembre 2017
L. 762-3	Résultant de la loi n° 2015-737 du 25 juin 2015

II. – Pour l'application du I :

1° Au cinquième alinéa l'article L. 711-1, la dernière phrase est supprimée ;

2° A l'article L. 718-2, les mots : "qui peut être académique ou interacadémique," sont supprimés ;

3° Au cinquième alinéa de l'article L. 718-5 :

a) Les mots : "la ou les régions accueillant le site universitaire concerné, et associant le centre régional des œuvres universitaires et scolaires" sont remplacés par les mots : "le territoire et les autres circonscriptions territoriales" ;

b) Les mots : "et les autres collectivités territoriales concernées" sont supprimés ;

c) La dernière phrase est supprimée ;

3° Au 3° de l'article L. 718-11, les mots : "des collectivités territoriales, dont au moins un de chaque région concernée, des établissements publics de coopération intercommunale" sont remplacés par les mots : "du territoire, des circonscriptions territoriales concernées" ;

4° Au 1° de l'article L. 719-3, les mots : "de collectivités territoriales" sont remplacés par les mots : "du territoire, des circonscriptions territoriales concernées" ;

5° Au premier alinéa de l'article L. 719-4, les mots : "des régions, départements et communes et de leurs groupements" sont remplacés par les mots : "du territoire et des circonscriptions territoriales" ;

6° Au dernier alinéa de l'article L. 721-2, les mots : "et d'autres organismes, les services académiques, les établissements scolaires, les établissements du secteur médico-social et les maisons départementales des personnes handicapées," sont remplacés par les mots : ", les services de l'éducation à Wallis-et-Futuna, les établissements scolaires et tout autre organisme intervenant dans le domaine éducatif," ;

7° Au I de l'article L. 721-3 :

a) Au troisième alinéa, les mots : "des collectivités territoriales" sont remplacés par les mots : "du territoire" et les mots : "l'autorité académique" sont remplacés par les mots : "le vice-recteur de Wallis-et-Futuna" ;

b) Au quatrième alinéa, les mots : "désignées par l'autorité académique" sont remplacés par les mots : "désignées par le vice-recteur de Wallis-et-Futuna" ;

c) Au sixième alinéa, les mots : "le recteur compétent" sont remplacés par les mots : "le vice-recteur de Wallis-et-Futuna" ;

8° A l'article L. 731-2, les 1° et 2° sont ainsi rédigés :

"1° Au vice-recteur de Wallis-et-Futuna" ;

"2° A l'administrateur supérieur des îles Wallis-et-Futuna ;"

9° Au troisième alinéa de l'article L. 731-3, les mots : "au recteur de région académique dans les départements où est établi le chef-lieu de l'académie, et à l'autorité de l'État compétente en matière d'éducation dans les autres départements" sont remplacés par les mots : "au vice-recteur de Wallis-et-Futuna" ;

10° A l'article L. 731-8, les mots : "après avis du conseil académique de l'éducation nationale" sont supprimés ;

11° A l'article L. 753-1, les mots : "ou par les chambres de commerce et d'industrie de région en vertu de l'article L. 711-9 du même code" sont supprimés ;

12° Les montants exprimés en euros sont applicables dans les îles Wallis-et-Futuna sous réserve de leur contrevaleur en monnaie locale.

CHAPITRE VI *[NOUVEAU]* POLYNÉSIE FRANÇAISE

Nouvel art. L. 776-1 I. – Sont applicables en Polynésie française, sous réserve des adaptations prévues au II, les dispositions des articles mentionnés dans la colonne de gauche du tableau ci-après, dans leur rédaction indiquée dans la colonne de droite du même tableau :

Tableau mod. par L. n° 2021-1104 du 22 août 2021, art. 5 ; L. n° 2021-1109 du 24 août 2021, art. 100.

DISPOSITIONS APPLICABLES	DANS LEUR RÉDACTION
L. 711-1	Résultant de la loi n° 2020-1674 du 24 décembre 2020
L. 711-2	Résultant de la loi n° 2013-660 du 22 juillet 2013
L. 711-3	Résultant de l'ordonnance n° 2000-549 du 15 juin 2000
L. 711-4	Résultant de la loi n° 2017-257 du 28 février 2017
L. 711-5	Résultant de la loi n° 2020-1674 du 24 décembre 2020
L. 711-6	Résultant de l'ordonnance n° 2000-549 du 15 juin 2000
L. 711-7	Résultant de la loi n° 2007-1199 du 10 août 2007
L. 711-8, 1er alinéa	Résultant de la loi n° 2019-791 du 26 juillet 2019
L. 711-9	Résultant de la loi n° 2007-1199 du 10 août 2007
L. 711-10	Résultant de la loi n° 2013-660 du 22 juillet 2013
L. 711-11	Résultant de la loi n° 2020-1674 du 24 décembre 2020
L. 712-1	Résultant de la loi n° 2013-660 du 22 juillet 2013
L. 712-2 et L. 712-3	Résultant de la loi n° 2020-1674 du 24 décembre 2020
L. 712-4 à L. 712-6, 1er à 4e alinéas	Résultant de la loi n° 2013-660 du 22 juillet 2013
L. 712-6-1	Résultant de la loi n° 2020-1674 du 24 décembre 2020

DISPOSITIONS APPLICABLES	DANS LEUR RÉDACTION
L. 712-6-2	Résultant de la loi n° 2019-828 du 6 août 2019
L. 712-7 à L. 712-10	Résultant de la loi n° 2007-1199 du 10 août 2007
L. 713-1	Résultant de la loi n° 2019-791 du 26 juillet 2019
L. 713-2	Résultant de l'ordonnance n° 2000-549 du 15 juin 2000
L. 713-3	Résultant de la loi n° 2003-339 du 14 avril 2003
L. 713-4	Résultant de la loi n° 2019-776 du 24 juillet 2019
L. 713-9	Résultant de la loi n° 2005-380 du 23 avril 2005
L. 714-1	Résultant de la loi n° 2017-86 du 27 janvier 2017
L. 714-2	Résultant de l'ordonnance n° 2000-549 du 15 juin 2000
L. 715-1	Résultant de la loi n° 2013-660 du 22 juillet 2013
L. 715-2	Résultant de l'ordonnance n° 2014-807 du 17 juillet 2014
L. 715-3	Résultant de l'ordonnance n° 2000-549 du 15 juin 2000
L. 716-1 à L. 718-1	Résultant de la loi n° 2020-1674 du 24 décembre 2020
L. 718-2 à L. 718-4	Résultant de la loi n° 2013-660 du 22 juillet 2013
L. 718-5	Résultant de la loi n° 2020-1674 du 24 décembre 2020
L. 718-6	Résultant de la loi n° 2013-660 du 22 juillet 2013
L. 718-7	Résultant de la loi n° 2014-1170 du 13 octobre 2014
L. 718-8	Résultant de la loi n° 2019-791 du 26 juillet 2019
L. 718-9 et L. 718-10	Résultant de la loi n° 2013-660 du 22 juillet 2013
L. 718-11 et L. 718-12	Résultant de la loi n° 2014-1170 du 13 octobre 2014
L. 718-13	Résultant de l'ordonnance n° 2014-807 du 17 juillet 2014

DISPOSITIONS APPLICABLES	DANS LEUR RÉDACTION
L. 718-14 à L. 718-16	Résultant de la loi n° 2013-660 du 22 juillet 2013
L. 719-1	Résultant de la loi n° 2020-1674 du 24 décembre 2020
L. 719-2	Résultant de l'ordonnance n° 2000-549 du 15 juin 2000
L. 719-3	Résultant de la loi n° 2013-660 du 22 juillet 2013
L. 719-4	Résultant de la loi n° 2020-1674 du 24 décembre 2020
L. 719-5 et L. 719-6	Résultant de l'ordonnance n° 2000-549 du 15 juin 2000
L. 719-7 et L. 719-8, 1er alinéa	Résultant de la loi n° 2019-791 du 26 juillet 2019
L. 719-9	Résultant du décret n° 2019-1008 du 30 septembre 2009
L. 719-12	Résultant de la loi n° 2013-660 du 22 juillet 2013
L. 719-13	Résultant de la loi n° 2020-1674 du 24 décembre 2020
L. 719-14	Résultant de la loi n° 2019-1479 du 28 décembre 2019
L. 721-1	Résultant de la loi n° 2019-791 du 26 juillet 2019
L. 721-2	Résultant de la loi n° 2021-1104 du 22 août 2021 portant lutte contre le dérèglement climatique et renforcement de la résilience face à ses effets
L. 721-3	Résultant de la loi n° 2019-791 du 26 juillet 2019
L. 731-1, 1er, 3e et 4e alinéas	Résultant de la loi n° 2020-1674 du 24 décembre 2020
L. 731-2 et L. 731-3	Résultant de la loi n° 2019-791 du 26 juillet 2019
L. 731-4	Résultant du décret n° 2012-16 du 5 janvier 2012
L. 731-5 et L. 731-6	Résultant de la loi n° 2013-660 du 22 juillet 2013

DISPOSITIONS APPLICABLES	DANS LEUR RÉDACTION
L. 731-7	Résultant de la loi n° 2021-1109 du 24 août 2021 confortant le respect des principes de la République
L. 731-8	Résultant de l'ordonnance n° 2000-549 du 15 juin 2000
L. 731-9 et L. 731-10	Résultant de la loi n° 2013-660 du 22 juillet 2013
L. 731-11 et L. 731-12	Résultant de l'ordonnance n° 2000-549 du 15 juin 2000
L. 731-13	Résultant de l'ordonnance n° 2000-916 du 19 septembre 2000
L. 731-14	Résultant de la loi n° 2013-660 du 22 juillet 2013
L. 731-15 et L. 731-16	Résultant de l'ordonnance n° 2000-549 du 15 juin 2000
L. 731-17	Résultant de la loi n° 2018-266 du 13 avril 2018
L. 731-19	Résultant de la loi n° 2013-660 du 22 juillet 2013
L. 732-1	Résultant de la loi n° 2014-856 du 31 juillet 2014
L. 732-2	Résultant de la loi n° 2013-660 du 22 juillet 2013
L. 732-3	Résultant de la loi n° 2020-1674 du 24 décembre 2020
L. 741-1	Résultant de l'ordonnance n° 2014-807 du 17 juillet 2014
L. 752-1	Résultant de la loi n° 2016-925 du 7 juillet 2016
L. 752-2	Résultant de la loi n° 2020-105 du 10 février 2020
L. 755-1	Résultant de la loi n° 2012-347 du 12 mars 2012
L. 755-2 et L. 755-3	Résultant de l'ordonnance n° 2000-549 du 15 juin 2000
L. 757-1	Résultant de la loi n° 2018-1203 du 22 décembre 2018
L. 758-1	Résultant du décret n° 2015-396 du 7 avril 2015
L. 758-2	Résultant de l'ordonnance n° 2000-549 du 15 juin 2000
L. 759-1	Résultant de la loi n° 2016-925 du 7 juillet 2016

DISPOSITIONS APPLICABLES	DANS LEUR RÉDACTION
L. 759-2	Résultant de la loi n° 2016-925 du 7 juillet 2016
L. 759-3	Résultant de la loi n° 2016-925 du 7 juillet 2016
L. 759-4	Résultant de la loi n° 2016-925 du 7 juillet 2016
L. 759-5	Résultant de la loi n° 2016-925 du 7 juillet 2016
L. 75-10-1	Résultant de la loi n° 2016-925 du 7 juillet 2016
L. 762-1	Résultant de la loi n° 2019-791 du 26 juillet 2019
L. 762-2	Résultant de la loi n° 2017-1837 du 30 décembre 2017
L. 762-3	Résultant de la loi n° 2015-737 du 25 juin 2015

II. — Pour l'application du I :

1° A l'article L. 711-1 :

a) Au quatrième alinéa, après le mot : "nationale" sont insérés les mots : "et territoriale" ;

b) Au cinquième alinéa, la dernière phrase est supprimée ;

2° A l'article L. 711-6, la référence : "L. 952-13" est supprimée ;

3° A l'article L. 712-3 :

a) Au premier alinéa du I, les mots : "de vingt-quatre à trente-six" sont remplacés par les mots : "au plus trente" ;

b) Le 2° du I est ainsi rédigé :

"2° Huit personnalités extérieures à l'établissement, les différentes catégories de personnalités extérieures disposant d'au moins un représentant, sous réserve des dispositions fixées par le *d* ci-dessous ;

c) Après le sixième alinéa du même I, il est inséré un alinéa ainsi rédigé :

"Le haut-commissaire de la République et le vice-recteur de la Polynésie française assistent aux séances du conseil d'administration. Le représentant du ministre chargé de l'outre-mer peut y assister en tant que de besoin." ;

d) Le 1° du II est remplacé par un alinéa ainsi rédigé :

"1° Trois représentants de la Polynésie française désignés par la collectivité." ;

4° A l'article L. 712-5 :

a) Au premier alinéa, les mots : "de vingt à quarante" sont remplacés par les mots : "de quinze à vingt" ;

b) Au 1°, les mots : "60 à 80 %" sont remplacés par les mots : "60 à 70 %" ;

c) Au 2°, les mots : "10 à 15 %" sont remplacés par les mots : "10 à 20 %" ;

d) Au 3°, les mots : "10 à 30 %" sont remplacés par les mots : "20 à 30 %" ;

5° A l'article L. 712-6 :

a) Au premier alinéa, les mots : "de vingt à quarante" sont remplacés par les mots : "de quinze à vingt" ;

b) Le cinquième alinéa est supprimé ;

6° Au troisième alinéa de l'article L. 713-3 et au deuxième alinéa de l'article L. 713-9 :

a) Le mot : "quarante" est remplacé par le mot : "vingt" ;

b) Après la première phrase, il est inséré une phrase ainsi rédigée : "Peuvent y siéger, outre des personnalités désignées par ces conseils à titre personnel, des représentants de la Polynésie française, des activités économiques, des organismes et institutions scientifiques et culturels ainsi que des enseignants des établissements d'enseignement supérieur et de recherche de la zone Pacifique Sud." ;

7° A l'article L. 718-2, les mots : "qui peut être académique ou interacadémique," sont supprimés ;

8° A l'article L. 718-4, après les mots : "l'État", sont insérés les mots : ", à la Polynésie française" ;

9° Au cinquième alinéa de l'article L. 718-5 :

a) Les mots : "la ou les régions accueillant le site universitaire concerné, et associant le centre régional des œuvres universitaires et scolaires" sont remplacés par les mots : "la Polynésie française et les communes" ;

b) Les mots : "et les autres collectivités territoriales concernées" sont supprimés ;

c) La dernière phrase est supprimée ;

10° Au 3° de l'article L. 718-11, les mots : "des collectivités territoriales, dont au moins un de chaque région concernée, des établissements publics de coopération intercommunale" sont remplacés par les mots : "de la Polynésie française, des communes concernées" ;

11° Au premier alinéa de l'article L. 719-1, la deuxième phrase n'est pas applicable aux représentants des enseignants-chercheurs et personnels assimilés ;

12° Au 1° de l'article L. 719-3 :

a) Les mots : "de collectivités territoriales," sont remplacés par les mots : "de la Polynésie française et des communes," ;

b) Après les mots : "des enseignants du premier et du second degrés" sont ajoutés les mots : "ainsi que des enseignants des établissements d'enseignement supérieur et de recherche de la zone Pacifique Sud" ;

13° Au premier alinéa de l'article L. 719-4, les mots : "des régions, départements et" sont remplacés par les mots : "de la Polynésie française, des" ;

14° A l'article L. 721-2 :

a) Après le 6°, il est inséré un alinéa ainsi rédigé :

"La Polynésie française est associée à la définition des actions de formation mentionnées aux 1° et 2° afin que soient prises en compte les spécificités du territoire." ;

b) Au dernier alinéa, les mots : "et d'autres organismes, les services académiques, les établissements scolaires, les établissements du secteur médico-social et les maisons départementales des personnes handicapées," sont remplacés par les mots : ", les services de l'éducation de l'État et de la Polynésie française, les établissements scolaires et tout autre organisme intervenant dans le domaine éducatif," ;

15° Au I de l'article L. 721-3 :

a) Au troisième alinéa, les mots : "des collectivités territoriales" sont remplacés par les mots : "de la Polynésie française" et les mots : "l'autorité académique désigne" sont remplacés par les mots : "le président de la Polynésie française et le vice-recteur de la Polynésie française désignent chacun" ;

b) Au quatrième alinéa, les mots : "désignées par l'autorité académique" sont remplacés par les mots : "désignées par le président de la Polynésie française ou par le vice-recteur de la Polynésie française" ;

c) Au sixième alinéa, les mots : "le recteur compétent" sont remplacés par les mots : "le vice-recteur de la Polynésie française" ;

16° A l'article L. 731-2, les 1° et 2° sont ainsi rédigés :

"1° Au vice-recteur de Polynésie française ;

"2° Au haut-commissaire de la République en Polynésie française ;"

« 17° Au troisième alinéa de l'article L. 731-3, les mots : "au recteur de région académique dans les départements où est établi le chef-lieu de l'académie, et à l'autorité de l'État compétente en matière d'éducation dans les autres départements" sont remplacés par les mots : "au vice-recteur de Polynésie française qui en informe le ministre de la Polynésie française chargé de l'éducation" ;

18° A l'article L. 731-8, les mots : "après avis du conseil académique de l'éducation nationale" sont supprimés ;

19° Les dispositions des livres IV et IX mentionnées au II de l'article L. 731-17 sont applicables aux établissements d'enseignement supérieur technique privés créés dans la collectivité ;

20° Les montants exprimés en euros sont applicables en Polynésie française sous réserve de leur contrevaleur en monnaie locale.

Nouvel art. L. 776-2 Afin de répondre aux besoins de recherche propres à la Polynésie française en cohérence avec les besoins économiques et sociaux locaux, l'université de Polynésie française organise une conférence trimestrielle permettant les échanges et la complémentarité entre ses laboratoires et l'ensemble des organismes de recherche implantés dans son territoire.

CHAPITRE VII *[NOUVEAU]* NOUVELLE-CALÉDONIE

Nouvel art. L. 777-1 I. — Sont applicables en Nouvelle-Calédonie, sous réserve des adaptations prévues au II, les dispositions des articles mentionnés dans la colonne de gauche du tableau ci-après, dans leur rédaction indiquée dans la colonne de droite du même tableau :

Tableau mod. par L. nº 2021-1104 du 22 août 2021, art. 5 ; L. nº 2021-1109 du 24 août 2021, art. 100.

DISPOSITIONS APPLICABLES	DANS LEUR RÉDACTION
L. 711-1	Résultant de la loi nº 2020-1674 du 24 décembre 2020
L. 711-2	Résultant de la loi nº 2013-660 du 22 juillet 2013
L. 711-3	Résultant de l'ordonnance nº 2000-549 du 15 juin 2000
L. 711-4	Résultant de la loi nº 2017-257 du 28 février 2017
L. 711-5	Résultant de la loi nº 2020-1674 du 24 décembre 2020
L. 711-6	Résultant de l'ordonnance nº 2000-549 du 15 juin 2000
L. 711-7	Résultant de la loi nº 2007-1199 du 10 août 2007
L. 711-8, 1er alinéa	Résultant de la loi nº 2019-791 du 26 juillet 2019
L. 711-9	Résultant de la loi nº 2007-1199 du 10 août 2007
L. 711-10	Résultant de la loi nº 2013-660 du 22 juillet 2013
L. 711-11	Résultant de la loi nº 2020-1674 du 24 décembre 2020
L. 712-1	Résultant de la loi nº 2013-660 du 22 juillet 2013
L. 712-2 et L. 712-3	Résultant de la loi nº 2020-1674 du 24 décembre 2020
L. 712-4 à L. 712-6	Résultant de la loi nº 2013-660 du 22 juillet 2013

DISPOSITIONS APPLICABLES	DANS LEUR RÉDACTION
L. 712-6-1	Résultant de la loi n° 2020-1674 du 24 décembre 2020
L. 712-6-2	Résultant de la loi n° 2019-828 du 6 août 2019
L. 712-7 à L. 712-10	Résultant de la loi n° 2007-1199 du 10 août 2007
L. 713-1	Résultant de la loi n° 2019-791 du 26 juillet 2019
L. 713-2	Résultant de l'ordonnance n° 2000-549 du 15 juin 2000
L. 713-3	Résultant de la loi n° 2003-339 du 14 avril 2003
L. 713-4	Résultant de la loi n° 2019-774 du 24 juillet 2019
L. 713-9	Résultant de la loi n° 2005-380 du 23 avril 2005
L. 714-1	Résultant de la loi n° 2017-86 du 27 janvier 2017
L. 714-2	Résultant de l'ordonnance n° 2000-549 du 15 juin 2000
L. 715-1	Résultant de la loi n° 2013-660 du 22 juillet 2013
L. 715-2	Résultant de l'ordonnance n° 2014-807 du 17 juillet 2014
L. 715-3	Résultant de l'ordonnance n° 2000-549 du 15 juin 2000
L. 716-1 à L. 718-1	Résultant de la loi n° 2020-1674 du 24 décembre 2020
L. 718-2 à L. 718-4	Résultant de la loi n° 2013-660 du 22 juillet 2013
L. 718-5	Résultant de la loi n° 2020-1674 du 24 décembre 2020
L. 718-6	Résultant de la loi n° 2013-660 du 22 juillet 2013
L. 718-7	Résultant de la loi n° 2014-1170 du 13 octobre 2014
L. 718-8	Résultant de la loi n° 2019-791 du 26 juillet 2019
L. 718-9 et L. 718-10	Résultant de la loi n° 2013-660 du 22 juillet 2013
L. 718-11 et L. 718-12	Résultant de la loi n° 2014-1170 du 13 octobre 2014

DISPOSITIONS APPLICABLES	DANS LEUR RÉDACTION
L. 718-13	Résultant de l'ordonnance n° 2014-807 du 17 juillet 2014
L. 718-14 à L. 718-16	Résultant de la loi n° 2013-660 du 22 juillet 2013
L. 719-1	Résultant de la loi n° 2020-1674 du 24 décembre 2020
L. 719-2	Résultant de l'ordonnance n° 2000-549 du 15 juin 2000
L. 719-3	Résultant de la loi n° 2013-660 du 22 juillet 2013
L. 719-4	Résultant de la loi n° 2020-1674 du 24 décembre 2020
L. 719-5 et L. 719-6	Résultant de l'ordonnance n° 2000-549 du 15 juin 2000
L. 719-7 et L. 719-8, 1er alinéa	Résultant de la loi n° 2019-791 du 26 juillet 2019
L. 719-9	Résultant du décret n° 2019-1008 du 30 septembre 2009
L. 719-12	Résultant de la loi n° 2013-660 du 22 juillet 2013
L. 719-13	Résultant de la loi n° 2020-1674 du 24 décembre 2020
L. 719-14	Résultant de la loi n° 2019-1479 du 28 décembre 2019
L. 721-1	Résultant de la loi n° 2019-791 du 26 juillet 2019
L. 721-2	Résultant de la loi n° 2021-1104 du 22 août 2021 portant lutte contre le dérèglement climatique et renforcement de la résilience face à ses effets
L. 721-3	Résultant de la loi n° 2019-791 du 26 juillet 2019
L. 731-1, 1er et 4e alinéas	Résultant de la loi n° 2020-1674 du 24 décembre 2020
L. 731-2 et L. 731-3	Résultant de la loi n° 2019-791 du 26 juillet 2019
L. 731-4	Résultant du décret n° 2012-16 du 5 janvier 2012
L. 731-5 et L. 731-6	Résultant de la loi n° 2013-660 du 22 juillet 2013

DISPOSITIONS APPLICABLES	DANS LEUR RÉDACTION
L. 731-7	Résultant de la loi n° 2021-1109 du 24 août 2021 confortant le respect des principes de la République
L. 731-8	Résultant de l'ordonnance n° 2000-549 du 15 juin 2000
L. 731-9 et L. 731-10	Résultant de la loi n° 2013-660 du 22 juillet 2013
L. 731-11 et L. 731-12	Résultant de l'ordonnance n° 2000-549 du 15 juin 2000
L. 731-13	Résultant de l'ordonnance n° 2000-916 du 19 septembre 2000
L. 731-14	Résultant de la loi n° 2013-660 du 22 juillet 2013
L. 731-15 et L. 731-16	Résultant de l'ordonnance n° 2000-549 du 15 juin 2000
L. 731-17	Résultant de la loi n° 2018-266 du 13 avril 2018
L. 731-19	Résultant de la loi n° 2013-660 du 22 juillet 2013
L. 732-1	Résultant de la loi n° 2014-856 du 31 juillet 2014
L. 732-2	Résultant de la loi n° 2013-660 du 22 juillet 2013
L. 732-3	Résultant de la loi n° 2020-1674 du 24 décembre 2020
L. 741-1	Résultant de l'ordonnance n° 2014-807 du 17 juillet 2014
L. 752-1	Résultant de la loi n° 2016-925 du 7 juillet 2016
L. 752-2	Résultant de la loi n° 2020-105 du 10 février 2020
L. 755-1	Résultant de la loi n° 2012-347 du 12 mars 2012
L. 755-2 et L. 755-3	Résultant de l'ordonnance n° 2000-549 du 15 juin 2000
L. 757-1	Résultant de la loi n° 2018-1203 du 22 décembre 2018
L. 758-1	Résultant du décret n° 2015-396 du 7 avril 2015
L. 758-2	Résultant de l'ordonnance n° 2000-549 du 15 juin 2000
L. 759-1	Résultant de la loi n° 2016-925 du 7 juillet 2016

DISPOSITIONS APPLICABLES	DANS LEUR RÉDACTION
L. 759-2	Résultant de la loi n° 2016-925 du 7 juillet 2016
L. 759-3	Résultant de la loi n° 2016-925 du 7 juillet 2016
L. 759-4	Résultant de la loi n° 2016-925 du 7 juillet 2016
L. 759-5	Résultant de la loi n° 2016-925 du 7 juillet 2016
L. 75-10-1	Résultant de la loi n° 2016-925 du 7 juillet 2016
L. 762-1	Résultant de la loi n° 2019-791 du 26 juillet 2019
L. 762-2	Résultant de la loi n° 2017-1837 du 30 décembre 2017
L. 762-3	Résultant de la loi n° 2015-737 du 25 juin 2015

II. – Pour l'application du I :

1° A l'article L. 711-1 :

a) Au quatrième alinéa, après le mot : "nationale" sont insérés les mots : "et territoriale" ;

b) Au cinquième alinéa, la dernière phrase est supprimée ;

2° A l'article L. 711-6, la référence : "L. 952-13" est supprimée ;

3° A l'article L. 712-3 :

a) Le 2° du I est ainsi rédigé :

"2° Huit personnalités extérieures à l'établissement, les différentes catégories de personnalités extérieures disposant d'au moins un représentant, sous réserve des dispositions fixées par le *d* ci-dessous" ;

b) Après le sixième alinéa du même I, il est inséré un alinéa ainsi rédigé :

"Le haut-commissaire de la République et le vice-recteur de Nouvelle-Calédonie assistent aux séances du conseil d'administration. Le représentant du ministre chargé de l'outre-mer peut y assister en tant que de besoin." ;

c) Le 1° du II est remplacé par un alinéa ainsi rédigé :

"1° Trois représentants de la Nouvelle-Calédonie et un représentant du territoire de Wallis-et-Futuna désignés par ces collectivités ;"

d) Le *d* du 3° du II est supprimé ;

4° Au premier alinéa de l'article L. 712-5, les mots : "de vingt à quarante" sont remplacés par les mots : "de quinze à vingt" ;

5° A l'article L. 712-6 :

a) Au premier alinéa, les mots : "de vingt à quarante » sont remplacés par les mots : "de quinze à vingt" ;

b) Au dernier alinéa, les mots : "Le directeur du centre régional des œuvres universitaires et scolaires ou son représentant" sont remplacés par les mots : "Le directeur de l'organisme chargé des œuvres universitaires et scolaires en Nouvelle-Calédonie ou son représentant" ;

6° Au troisième alinéa de l'article L. 713-3 et au deuxième alinéa de l'article L. 713-9 :

a) Le mot : "quarante" est remplacé par le mot : "vingt" ;

b) Après la première phrase, il est inséré une phrase ainsi rédigée : "Peuvent y siéger des représentants de la Nouvelle-Calédonie, des activités économiques, des organismes et institutions scientifiques et culturels ainsi que des enseignants des établissements d'enseignement supérieur et de recherche de la zone Pacifique Sud." ;

7° A l'article L. 718-2, les mots : "qui peut être académique ou interacadémique," sont supprimés ;

8° A l'article L. 718-4, après les mots : "l'État", sont insérés les mots : ", à la Nouvelle-Calédonie" ;

9° Au cinquième alinéa de l'article L. 718-5 :

a) Les mots : "la ou les régions accueillant le site universitaire concerné, et associant le centre régional des œuvres universitaires et scolaires" sont remplacés par les mots : "la Nouvelle-Calédonie, les provinces et les communes et l'organisme chargé des œuvres universitaires et scolaires" ;

b) Les mots : "et les autres collectivités territoriales concernées" sont supprimés ;

c) La dernière phrase est supprimée ;

10° Au 3° de l'article L. 718-11, les mots : "des collectivités territoriales, dont au moins un de chaque région concernée, des établissements publics de coopération intercommunale" sont remplacés par les mots : "de la Nouvelle-Calédonie, des provinces et des communes concernées" ;

11° Au premier alinéa de l'article L. 719-1, la deuxième phrase n'est pas applicable aux représentants des enseignants-chercheurs et personnels assimilés ;

12° Au 1° de l'article L. 719-3 :

a) Après les mots : "des représentants", sont insérés les mots "de la Nouvelle-Calédonie," ;

b) Après les mots : "des enseignants du premier et du second degrés", sont ajoutés les mots : "ainsi que des enseignants des établissements d'enseignement supérieur et de recherche de la zone Pacifique Sud" ;

13° Au premier alinéa de l'article L. 719-4, les mots : "des régions, départements et" sont remplacés par les mots : "de la Nouvelle-Calédonie, des provinces, des" ;

14° A l'article L. 721-2 :

a) Au 1°, après les mots : "définies par l'État", sont insérés les mots : "et par la Nouvelle-Calédonie" ;

b) Après le 6°, il est inséré un alinéa ainsi rédigé :

"La Nouvelle-Calédonie est associée à la définition des actions de formation mentionnées aux 1° et 2° afin que soient prises en compte les spécificités du territoire." ;

c) Au dernier alinéa, les mots : "et d'autres organismes, les services académiques, les établissements scolaires, les établissements du secteur médico-social et les maisons départementales des personnes handicapées," sont remplacés par les mots : ", les services de l'éducation de l'État et de la Nouvelle-Calédonie, les établissements scolaires et tout autre organisme intervenant dans le domaine éducatif," ;

15° Au I de l'article L. 721-3 :

a) Au troisième alinéa, les mots : "des collectivités territoriales" sont remplacés par les mots : "de la Nouvelle-Calédonie et des provinces" et les mots : "l'autorité académique désigne" sont remplacés par les mots : "le président de la Nouvelle-Calédonie et le haut-commissaire de la République en Nouvelle-Calédonie désignent chacun" ;

b) Au quatrième alinéa, les mots : "désignées par l'autorité académique" sont remplacés par les mots : "désignées par le président du gouvernement de la Nouvelle-Calédonie ou par le haut-commissaire de la République en Nouvelle-Calédonie" ;

c) Au sixième alinéa, les mots : "le recteur compétent" sont remplacés par les mots : "le vice-recteur de la Nouvelle-Calédonie" ;

16° A l'article L. 731-2, les 1° et 2° sont ainsi rédigés :

"1° Au vice-recteur de Nouvelle-Calédonie ;

"2° Au haut-commissaire de la République en Nouvelle-Calédonie ;"

17° Au troisième alinéa de l'article L. 731-3, les mots : "au recteur de région académique dans les départements où est établi le chef-lieu de l'académie, et à l'autorité de l'État compétente en matière d'éducation dans les autres départements" sont remplacés par les mots : "au vice-recteur de Nouvelle-Calédonie qui en informe le membre du gouvernement de la Nouvelle-Calédonie chargé de l'éducation" ;

18° A l'article L. 731-8, les mots : "après avis du conseil académique de l'éducation nationale" sont supprimés ;

19° Les dispositions des livres IV et IX mentionnées au II de l'article L. 731-17 sont applicables aux établissements d'enseignement supérieur technique privés créés dans la collectivité ;

20° Les montants exprimés en euros sont applicables en Nouvelle-Calédonie sous réserve de leur contrevaleur en monnaie locale.

Nouvel art. L. 777-2 Afin de répondre aux besoins de recherche propres à la Nouvelle-Calédonie en cohérence avec les besoins économiques et sociaux locaux, l'université de Nouvelle-Calédonie organise une conférence trimestrielle permettant les échanges et la complémentarité entre ses laboratoires et l'ensemble des organismes de recherche implantés dans son territoire.

TITRE HUITIÈME DISPOSITIONS APPLICABLES AUX UNIVERSITÉS IMPLANTÉES DANS UNE OU PLUSIEURS RÉGIONS ET DÉPARTEMENTS D'OUTRE-MER

(Ord. nº 2008-97 du 31 janv. 2008, art. 1er)

Ce titre est abrogé à compter de l'entrée en vigueur des décrets portant actualisation et adaptation des dispositions réglementaires du code de l'éducation relatives à l'outre-mer et, au plus tard, le 1er janv. 2022 (Ord. nº 2021-552 du 5 mai 2021, art. 13).

CHAPITRE UNIQUE DISPOSITIONS APPLICABLES À L'UNIVERSITÉ DES ANTILLES ET DE LA GUYANE

Art. L. 781-1 *(Ord. nº 2014-806 du 17 juill. 2014, art. 1er)* « I. — Par dérogation aux dispositions de l'article L. 712-1, le président de l'université par ses décisions, le conseil d'administration par ses délibérations, le conseil académique par ses délibérations et avis, et les conseils des pôles universitaires régionaux, par leurs délibérations et avis, assurent l'administration de l'université des Antilles.

« II. — Par dérogation aux dispositions du premier alinéa de l'article L. 712-2, le président de l'université est élu pour une durée de cinq ans. Son mandat n'est pas renouvelable. Outre les fonctions prévues au troisième alinéa de l'article L. 712-2, le président ne peut exercer celles de vice-président de pôle universitaire régional. »

(L. nº 2020-1674 du 24 déc. 2020, art. 34) « L'élection du président de l'université et celle des vice-présidents de pôle universitaire régional, mentionnés au premier alinéa du IV de l'article L. 781-3, font l'objet d'un même vote par le conseil d'administration. Chaque candidat aux fonctions de président de l'université présente au conseil d'administration, pour chaque pôle universitaire régional, une personnalité chargée d'assurer les fonctions de vice-président, désignée au titre de chacune des régions dans lesquelles est implantée l'université parmi les représentants des enseignants-chercheurs et des personnels assimilés mentionnés au même premier alinéa. Une même personnalité peut être présentée, avec son accord, aux fonctions de vice-président d'un pôle universitaire régional par plusieurs candidats aux fonctions de président de l'université. Le mandat de vice-président n'est pas renouvelable.

« Dans le cas où le président cesse ses fonctions, pour quelque cause que ce soit, il est procédé à une nouvelle élection du président et des vice-présidents de pôle universitaire régional pour la durée du mandat de leurs prédécesseurs restant à courir.

« Dans le cas où un vice-président de pôle universitaire régional cesse ses fonctions, pour quelque cause que ce soit, le président de l'université propose au conseil d'administration la désignation d'une nouvelle personnalité au titre de la même région. Il est procédé à l'élection du vice-président pour la durée du mandat de son prédécesseur restant à courir. »

(L. nº 2015-737 du 25 juin 2015, art. 1er) « III. — Par dérogation au I de l'article L. 712-3, le conseil d'administration de l'université des Antilles comprend trente membres ainsi répartis :

« 1° Douze représentants des enseignants-chercheurs et des personnels assimilés, des enseignants et des chercheurs, en exercice dans l'établissement, dont la moitié de professeurs des universités et personnels assimilés ;

« 2° Dix personnalités extérieures à l'établissement ;

« 3° Quatre représentants des étudiants et des personnes bénéficiant de la formation continue inscrits dans l'établissement ;

« 4° Quatre représentants des personnels ingénieurs, administratifs, techniques, ouvriers et de service, en exercice dans l'établissement.

« Le nombre de membres du conseil d'administration est augmenté d'une unité lorsque le président est choisi hors du conseil.

« Les membres du conseil d'administration sont élus ou désignés pour cinq ans, à l'exception des représentants des étudiants, qui sont élus pour trente mois. *(L. n° 2020-1674 du 24 déc. 2020, art. 34)* « En cas de vacance d'un siège, un nouveau membre est désigné pour la durée du mandat restant à courir, selon des modalités fixées par décret, sauf si la vacance intervient moins de huit mois avant le terme du mandat. »

« IV. — Par dérogation aux 1° à 3° du II de l'article L. 712-3, les personnalités extérieures comprennent :

« 1° Des représentants des collectivités territoriales ou de leurs groupements désignés par leurs organes délibérants, répartis en nombre égal entre chacune des régions d'outre-mer dans lesquelles est implantée l'université, dont au moins un représentant de chacun des conseils régionaux ;

« 2° Au moins un représentant des organismes de recherche au titre de chacune des régions d'outre-mer dans lesquelles est implantée l'université, désigné par un ou plusieurs organismes entretenant des relations de coopération avec l'établissement ;

« 3° Au moins une personnalité au titre de chacune des régions d'outre-mer dans lesquelles est implantée l'université, désignée, après un appel public à candidatures, par les membres élus du conseil et les personnalités désignées aux 1° et 2° du présent IV.

« Les statuts de l'établissement précisent le nombre de personnalités extérieures au titre de chacune des catégories mentionnées aux 1° à 3° et les collectivités et entités appelées à les désigner en application des 1° et 2°.

« La désignation des personnalités mentionnées au 3° tient compte de la répartition par sexe des personnalités désignées en application des 1° et 2°, afin de garantir la parité entre les femmes et les hommes parmi les personnalités extérieures membres du conseil d'administration de l'université.

« Par dérogation à l'article L. 719-3, les désignations des personnalités extérieures au titre de chacune des régions d'outre-mer dans lesquelles est implantée l'université s'opèrent de telle sorte que l'écart entre le nombre des femmes désignées, d'une part, et le nombre des hommes désignés, d'autre part, ne soit pas supérieur à un. Le respect de l'obligation d'assurer la parité entre les femmes et les hommes s'apprécie au regard de l'ensemble des personnalités extérieures membres du conseil d'administration de l'université. »

BIBL. ▶ GILLOT et MAGRAS, Rapport d'information sur la situation et l'avenir du système universitaire aux Antilles et en Guyane, *Rapp. n° 470 (2013-2014), 16 avr. 2014.* – Sur l'avenir des pôles universitaires de la Martinique et de la Guadeloupe, Rép. min. n° 42294, *JOAN Q 17 déc. 2013, p. 13296.* – Rapp. au président de la République relatif à l'ordonnance 2014-806 du 17 juill. 2014 modifiant le chapitre unique du titre VIII du livre VII de la troisième partie du code de l'éducation relatif aux dispositions applicables à l'université des Antilles et de la Guyane pour y adapter le titre V de la loi n° 2013-660 du 22 juill. 2013 relative à l'enseignement supérieur et à la recherche, *JO 8 juill. 2014, p. 12021.*

Art. L. 781-2 *(Ord. n° 2014-806 du 17 juill. 2014, art. 2)* **I. — Outre les fonctions prévues à l'article L. 712-2, le président de l'université assure par ses arbitrages la cohésion et l'équilibre entre les pôles universitaires régionaux en concertation avec les vice-présidents de pôle. Il installe dans chaque pôle universitaire régional une mission "égalité entre les hommes et les femmes".** *(L. n° 2020-1674 du 24 déc. 2020, art. 34)* **« Il présente chaque année au conseil d'administration un rapport sur l'exécution du plan d'action pluriannuel en matière d'égalité entre les femmes et les hommes exposant la situation de chaque pôle universitaire régional ainsi qu'un rapport sur l'évolution de la situation professionnelle des personnes auxquelles l'université a délivré le diplôme national de doctorat dans les cinq années précédentes. Ces rapports sont transmis, après approbation par le conseil d'administration, aux ministres chargés de l'enseignement supérieur et de la recherche et au Haut Conseil de l'évaluation de la recherche et de l'enseignement supérieur. »**

II. — Le conseil d'administration détermine la politique de l'établissement. A ce titre :

1° Il approuve le contrat d'établissement de l'université ;

2° Il vote le budget et approuve les comptes ;

3° Il approuve, sous réserve de l'article L. 781-3, les accords et les conventions signés par le président de l'établissement et, sous réserve de conditions particulières fixées par décret, les emprunts, les prises de participation, les créations de filiales et

de fondations prévues à l'article L. 719-12, l'acceptation de dons et legs et les acquisitions et cessions immobilières ;

4° Il adopte le règlement intérieur de l'université ;

5° Il répartit par pôle universitaire régional, sur proposition du président, les emplois et les crédits alloués à l'université par les ministres compétents en prenant en compte notamment les effectifs des étudiants, les enseignements dispensés et l'activité de recherche de chaque pôle ;

6° Il autorise le président à engager toute action en justice ;

7° Il approuve le rapport annuel d'activité présenté par le président. Ce rapport comprend un bilan et un projet par pôle universitaire régional ;

8° Il approuve le bilan social présenté chaque année par le président, après avis du comité technique. Ce bilan présente, pour l'université et pour chaque pôle universitaire régional, l'évolution de l'équilibre entre les emplois titulaires et contractuels et les actions entreprises en faveur de la résorption de la précarité au sein des personnels de l'établissement. Les données et résultats de ce bilan sont examinés au regard des objectifs de gestion prévisionnelle des ressources humaines précisés par le contrat mentionné à l'article L. 711-1 ;

9° Il délibère sur toutes questions que lui soumet le président, au vu notamment des avis et vœux émis par le conseil académique, et approuve les décisions de ce dernier en application du V de l'article L. 712-6-1 ;

10° Il adopte le schéma directeur pluriannuel en matière de politique du handicap proposé par le conseil académique *(L. n° 2020-1674 du 24 déc. 2020, art. 34)* « et le plan d'action pluriannuel en matière d'égalité entre les femmes et les hommes mentionné à l'article 6 *septies* de la loi n° 83-634 du 13 juillet 1983 portant droits et obligations des fonctionnaires ». Chaque année, le président présente au conseil d'administration un rapport d'exécution de ce schéma *(L. n° 2020-1674 du 24 déc. 2020, art. 34)* « et de ce plan d'action », assorti d'indicateurs de résultat et de suivi.

Sous réserve des dispositions statutaires relatives à la première affectation des personnels recrutés par concours national d'agrégation de l'enseignement supérieur, aucune affectation d'un candidat à un emploi d'enseignant-chercheur ne peut être prononcée si le conseil d'administration, en formation restreinte aux enseignants-chercheurs et personnels assimilés, émet un avis défavorable motivé.

Il peut déléguer certaines de ses attributions au président, à l'exception de celles mentionnées aux 1°, 2°, 4°, 7°, 8°, 9° et 10° *(L. n° 2020-1674 du 24 déc. 2020, art. 34)* « du présent II ». Celui-ci rend compte, dans les meilleurs délais, au conseil d'administration des décisions prises en vertu de cette délégation.

Toutefois, le conseil d'administration peut, dans des conditions qu'il détermine, déléguer au président le pouvoir d'adopter les décisions modificatives du budget.

En cas de partage égal des voix, le président a voix prépondérante.

Art. L. 781-3 *(Ord. n° 2014-806 du 17 juill. 2014, art. 2)* I. — Dans chaque région dans laquelle est implantée l'université, il est constitué un pôle universitaire régional regroupant l'ensemble des composantes et des services *(L. n° 2015-737 du 25 juin 2015, art. 1er)* « universitaires propres au pôle » implantés dans la région. Chaque pôle universitaire régional détermine ses statuts et l'organisation de ses services dans les conditions prévues par l'article L. 713-1 ; il est doté d'un budget propre intégré dans les conditions prévues au deuxième alinéa de l'article L. 719-5.

Les sièges de chacun des collèges et de chacune des catégories de personnalités extérieures du conseil d'administration, de la commission de la recherche et de la commission de la formation et de la vie universitaire du conseil académique sont répartis à égalité entre les *(L. n° 2015-737 du 25 juin 2015, art. 1er)* « régions d'outre-mer dans lesquelles est implantée l'université ».

L'élection des membres est organisée dans le cadre de chaque *(L. n° 2015-737 du 25 juin 2015, art. 1er)* « région ».

II. — Les membres du conseil d'administration élus et nommés au titre de chaque région dans laquelle est implantée l'université constituent le conseil du pôle universitaire régional.

III. – Le conseil du pôle universitaire régional :

1° Prépare et adopte un projet stratégique de pôle dont les moyens sont définis avec l'université dans le cadre d'un contrat d'objectifs et de moyens ;

2° Approuve les accords et conventions, pour les affaires intéressant le pôle, dans les conditions fixées par le règlement intérieur de l'université ;

3° Répartit les emplois et les crédits dans les composantes qu'il regroupe ;

4° Établit le rapport annuel d'activité du pôle présenté par le vice-président et le transmet au conseil d'administration de l'université ;

5° Prépare le bilan social du pôle et le transmet au conseil d'administration de l'université ;

6° Émet un avis sur les décisions de la commission de la recherche et la commission de la formation et de la vie universitaire du pôle comportant une incidence financière et les transmet au conseil d'administration de l'université en application du V de l'article L. 712-6-1 ;

7° Délibère sur toutes les questions relatives aux affaires intéressant le pôle dans les conditions fixées par le règlement intérieur de l'université ;

8° Propose au conseil d'administration les grandes orientations en matière de recrutement et de politique du patrimoine du pôle ;

9° Propose la création de composantes au conseil d'administration et au conseil académique de l'université ;

10° Crée, après avis de la commission de la formation et de la vie universitaire du pôle, un bureau d'aide à l'insertion professionnelle des étudiants dont les missions sont définies à l'article L. 611-5.

IV. – Un vice-président est désigné au titre de chaque pôle universitaire régional parmi les représentants des enseignants-chercheurs et des personnels assimilés siégeant au conseil d'administration ou au conseil académique au titre du pôle.

(Abrogé par L. nº 2020-1674 du 24 déc. 2020, art. 34) « Il est élu par les membres du conseil d'administration de l'université siégeant au titre du pôle. Le mandat de vice-président n'est pas renouvelable. »

Le vice-président du pôle préside le conseil du pôle universitaire régional. Il prépare et exécute les délibérations de ce conseil. Sous réserve des dispositions des articles L. 713-4 et L. 713-9, il est ordonnateur des recettes et des dépenses du pôle. Il a autorité sur les personnels du pôle et émet un avis sur les affectations des personnels ingénieurs, administratifs, techniques, ouvriers et de service dans les services et composantes du pôle.

Le président de l'université peut déléguer sa signature au vice-président du pôle pour les affaires intéressant le pôle *(L. nº 2020-1674 du 24 déc. 2020, art. 34)* « , à des membres élus des conseils mentionnés au I de l'article L. 781-1, ainsi qu'à des agents placés sous son autorité.

« Il peut déléguer une partie de ses pouvoirs au vice-président du pôle pour les affaires intéressant les pôles et aux agents placés sous son autorité désignés pour exercer des fonctions de responsabilité administrative, scientifique ou pédagogique au sein de l'établissement, d'une composante ou d'une unité de recherche. Ces agents peuvent déléguer leur signature à des agents placés sous leur autorité. » Le vice-président du pôle peut proposer au président de l'université de soumettre au conseil d'administration toutes questions intéressant le pôle universitaire régional.

Art. L. 781-4 *(Ord. nº 2014-806 du 17 juill. 2014, art. 2)* Le conseil académique comporte par dérogation à l'article L. 712-4 les membres de la commission de la recherche et de la commission de la formation et de la vie universitaire de chaque pôle universitaire régional. La durée du mandat des membres élus et désignés du conseil académique est celle fixée pour les membres du conseil d'administration par le septième alinéa du III de l'article L. 781-1.

Les statuts de l'université prévoient les modalités de désignation par le conseil académique d'un vice-président de la commission de la recherche, d'un vice-président de la commission de la formation et de la vie universitaire et d'un vice-président chargé des questions de vie étudiante au titre de chaque pôle universitaire régional. Les mandats du président du conseil académique, des vice-présidents de la commission de la recherche et de la commission de la formation et de la vie universitaire expirent à l'échéance du mandat des représentants élus des personnels du conseil académique. En cas de partage égal des voix au sein de la commission de la recherche ou de la commission de la formation et de la vie universitaire de chaque pôle universitaire régional, le vice-président a voix prépondérante.

Les attributions mentionnées au I de l'article L. 712-6-1 sont exercées par la commission de la formation et de la vie universitaire de chaque pôle. Toutefois, lorsqu'une formation dispensée au titre de chaque région conduit à la délivrance d'un même diplôme, les règles relatives aux examens, prévues au 2° du I du même article, sont adoptées par le conseil académique de l'université.

Les attributions mentionnées au II de ce même article sont exercées par la commission de la recherche de chaque pôle. *(L. nº 2015-737 du 25 juin 2015, art. 1er)* « Toutefois, lorsqu'une décision de la commission de la recherche d'un pôle universitaire régional concerne une structure de recherche exerçant des activités dans plusieurs pôles, elle n'entre en vigueur qu'après avoir été approuvée par le conseil académique de l'université. »

Art. L. 781-5 *(Ord. nº 2014-806 du 17 juill. 2014, art. 2)* Sans préjudice des compétences du comité technique prévu par l'article L. 951-1-1, un comité technique spécial est institué par le président de l'université dans chaque pôle universitaire régional ; il est chargé de connaître des questions d'organisation et de fonctionnement de ce pôle.

Art. L. 781-6 *(Ord. nº 2014-806 du 17 juill. 2014, art. 2)* Ne sont pas applicables à l'université des Antilles :

1° La deuxième phrase du troisième alinéa et le quatrième alinéa de l'article L. 712-4 ;

2° A l'article L. 719-1 :

a) S'agissant des enseignants-chercheurs et personnels assimilés en exercice dans l'université, la deuxième phrase du premier alinéa et les deuxième et troisième phrases du cinquième alinéa ;

b) Le huitième alinéa.

LIVRE HUITIÈME LA VIE UNIVERSITAIRE

COMMENTAIRE

Le livre VIII « La vie universitaire » suit le même plan que le livre V « La vie scolaire » (en renvoyant à plusieurs reprises aux art. de ce livre, V. art. L. 811-4 renvoyant à l'art. L. 511-3, qui lui-même reproduit les art. 225-16-1 s. C. pén. sur le délit de bizutage ; art. L. 831-3 renvoyant à l'art. L. 541-1 pour le contrôle médical des activités physiques et sportives), traitant tour à tour des droits et obligations des usagers (titre I), des aides aux étudiants (titre II qui comprend un chapitre sur les œuvres universitaires), de la santé (titre III, avec un chapitre sur la protection sociale constitué de deux articles figurant dans la seule partie législative) et des activités périuniversitaires, sportives et culturelles (titre IV). Le contenu des différents titres montre qu'il s'agit ici des conditions de vie des étudiants inscrits à l'Université ou dans d'autres d'établissements d'enseignement supérieur, de « vie étudiante » (avec un portail unique, V. etudiant.gouv.fr). Le décret n° 2015-652 du 10 juin 2015 a codifié les dispositions réglementaires relatives à ces différents aspects de la vie universitaire en regroupant les décrets en Conseil d'État et décrets dans la partie réglementaire du titre VIII. Les conclusions de la concertation en vue d'élaborer un Plan national de vie étudiante (juill. 2015) ont été suivies d'effet sur différents points : simplification des démarches et renforcement de l'accès aux droits avec création d'un portail unique de la vie étudiante, amélioration des conditions de vie et d'études des étudiants salariés, sécurisation des parcours étudiants avec organisation d'une année césure notamment destinée au service civique, meilleur accompagnement des étudiants en fonction de leurs besoins : étudiants étrangers, en situation de handicap, jeunes parents ou étudiantes enceintes ; dynamisation de la vie sur les campus et de l'engagement étudiant.

Le titre I consacré aux droits et obligations des usagers du service public de l'enseignement supérieur [défini par l'art. L. 123-1 comme « l'ensemble des formations post-secondaires relevant des différents départements ministériels » dont le premier objectif est d'assurer la réussite de toutes les étudiantes et de tous les étudiants mais qui doit aussi « contribuer à l'amélioration des conditions de vie étudiante » selon l'art. 6 de la L. n° 2013-660 du 22 juill. 2013 relative à l'enseignement supérieur et à la recherche (ESR) modifiant l'art. L. 123-2] comporte un chapitre unique. Son premier article définit la notion d'usager et aborde la question fondamentale des libertés étudiantes (V. comm. ss. art. L. 811-1). La possibilité pour les étudiants d'être recrutés par leur établissement pour assurer diverses activités d'intérêt général est prévue par l'article L. 811-2 (V. comm. ss. cet art.). La procédure disciplinaire fait l'objet des deux derniers articles (art. L. 811-5, L. 811-6 et D. 811-10 s. ; V. comm. ss. art. L. 811-5).

Le titre II concerne les aides aux étudiants (chap. Ier, art. L. 821-1 à L. 821-5 et D. 821-1 s. intégrant le décret n° 2008-974 du 18 sept. 2008 relatif aux bourses et aides financières accordées aux étudiants relevant du ministère de l'enseignement supérieur) et les œuvres universitaires (chap. II, art. L. 822-1 à L. 822-5, et R. 822-1 à R. 822-29 intégrant le décret n° 87-155 du 5 mars 1987 relatif à l'organisation des œuvres universitaires, CNOUS et CROUS ; si l'article L. 822-1 prévoit l'existence d'un CROUS par académie, cette disposition a un caractère réglementaire : Cons. const. 15 oct. 2015, n° 2015-258 L) (V. comm. ss. art. L. 822-1).

Le titre III traite de la santé universitaire (chap. Ier, art. L. 831-1 à L. 831-5 et D. 831-1 renvoyant aux art. D. 714-20 à D. 714-27 relatifs aux services universitaires et interuniversitaires de médecine préventive et de promotion de la santé qu'une délibération du conseil d'administration doit mettre en place). Il s'agit, dans la continuité de la politique de santé en faveur des élèves, d'organiser une veille sanitaire pour l'ensemble de la population étudiante (un examen préventif intégrant une dimension médicale, psychologique et sociale au cours des trois premières années d'études dans l'enseignement supérieur ; une visite médicale pour tous les étudiants exposés à des risques particuliers durant leur cursus…). Dans le cadre des actions de prévention et d'éducation à la santé, ces services assurent à titre gratuit le contrôle médical des activités physiques et sportives (art. L. 541-1 et L. 541-3). L'accès aux soins a pu être facilité par la création des centres de santé universitaires et l'extension de la couverture médicale universelle (CMU) aux étudiants les plus précaires. Le CHSCT et le conseiller de prévention contribuent à la protection de la santé des étudiants, notamment dans les laboratoires et les salles de travaux pratiques ainsi qu'à l'amélioration des accès pour les étudiants à mobilité réduite. Le chapitre II traite de la protection sociale des étudiants, comportant deux articles dont le premier, l'article L. 832-1, reproduit une série de dispositions du code de la sécurité sociale, la partie réglementaire ne comportant ici aucune disposition. Le décret n° 2019-112 du 18 février 2019 relatif aux services universitaires et interuniversitaires de médecine préventive et de promotion de la santé modifie la mission relative à l'examen préventif dorénavant dénommé « examen de santé » qui est effectué au cours de la scolarité de l'étudiant dans l'enseignement supérieur et complète les missions de ces services par la prescription de moyens de contraception, de traitements de substitution nicotinique, de radiographies du thorax, le dépistage, le diagnostic et le traitement ambulatoire des infections sexuellement transmissibles ainsi que la prescription et la réalisation des vaccinations (art. D. 714-20 s.).

Les étudiants ont accès aux assistants sociaux qui doivent être à leur écoute et leur apporter informations et appui (instruction des dossiers d'aide financière).

La loi n° 2018-166 du 8 mars 2018 relative à l'orientation et à la réussite des étudiants (ORE) supprime le régime spécifique de sécurité sociale des étudiants mis en place par la loi du 3 septembre 1948, assurée dans le cadre de la protection universelle maladie (PUMA). A partir de la rentrée 2018 disparaît ainsi la cotisation forfaitaire (217 euros) due chaque année par les étudiants âgés de plus de vingt ans et suivant des études supérieures (sauf boursiers, activité professionnelle minimale ou réfugiés, demandeurs d'asile). La loi s'applique aux nouveaux étudiants dès la rentrée 2018 ; la sécurité sociale étudiante disparaitra totalement à la rentrée 2019. Désormais, les étudiants bénéficient de la prise en charge de leurs frais de maladie et de maternité dans les conditions prévues par les articles L. 160-1 et suivants du code de la sécurité sociale. La loi ORE supprime également la délégation des opérations de gestion des prestations de santé dues aux étudiants à des mutuelles, ils relèvent désormais de la Caisse nationale d'assurance maladie (CNAM). Si les mutuelles étudiantes ne gèrent plus les prestations, elles peuvent continuer à proposer aux étudiants des complémentaires santé, et les étudiants disposant de faibles revenus peuvent prétendre, à certaines conditions, à la CMU-C (couverture complémentaire gratuite) ou à l'ACS (aide au paiement d'une complémentaire santé).

Le titre IV consacré aux activités péri-universitaires, sportives et culturelles est constitué d'un chapitre unique de quatre articles consacrés essentiellement au sport universitaire et aux associations sportives universitaires qui sont affiliées à des fédérations ou à des unions (art. L. 841-3 renvoyant à l'art. L. 552-3 ; art. L. 841-4, renvoyant au C. sport). Les établissements d'enseignement supérieur qui organisent et développent les activités physiques et sportives pour les étudiants et les personnels, notamment grâce aux services accomplis par les professeurs d'EPS (V. notes ss. art. L. 841-1), peuvent créer des associations sportives universitaires, bénéficiant de l'aide de l'État et du concours des collectivités territoriales (art. L. 841-2). Ces associations adoptent des dispositions statutaires obligatoires définies par décret en Conseil d'État (art. L. 841-2 ; les dispositions du décret n° 86-495 du 14 mars 1986 ont été intégrées dans le seul article de la partie réglementaire précisant le contenu de leurs statuts, art. R. 841-1).

L'autonomie des établissements leur permet, dans le cadre tracé par les dispositions rassemblées dans le livre VIII, d'innover pour la vie universitaire. Celles-ci peuvent s'appuyer sur des initiatives de la conférence des présidents des universités. Ainsi, si la loi du 11 février 2005 impose l'intégration des étudiants handicapés dans les établissements d'enseignement supérieur, la CPU en liaison avec le ministère de la Solidarité a pu proposer une « Charte Université/Handicap » visant à améliorer le dispositif d'accueil et à renforcer l'autonomie des étudiants en leur assurant notamment l'accessibilité de tous les espaces et locaux. Rappelons que les universités, parties prenantes de la politique d'inclusion des personnes souffrant d'un handicap, doivent adopter un schéma directeur « handicap » (L. ESR du 22 juill. 2013, art. 50). Un label identifiera les progrès réalisés en matière d'accessibilité pédagogique.

Pour éviter les risques liés aux événements organisés pour l'intégration de nouvelles promotions, une charte consacrée aux « Événements festifs et d'intégration étudiants : vers une démarche de responsabilité partagée » a été adoptée par la ministre de l'enseignement supérieur, la CPU et l'ensemble des acteurs de la vie étudiante en octobre 2018. Cette charte insiste sur le respect du cadre légal en matière de bizutage, de commercialisation d'alcool, et de lutte contre toutes les formes de discrimination. ❑

TITRE PREMIER LES DROITS ET OBLIGATIONS DES USAGERS DU SERVICE PUBLIC DE L'ENSEIGNEMENT SUPÉRIEUR

BIBL. GÉN. ▶ Bouissou, Les usagers de l'enseignement supérieur, *RD publ. 1988. 687.* – Droesbeke, Dupierreux, Kita-Phambu, Vermandele et autres, La population étudiante. Description, évolution, perspectives, *Ellipses – Éd. de l'Université de Bruxelles, coll. Statistique et mathématiques appliquées, 2001.* – Erlich, Le Monde, des étudiants. Un groupe social en mutation, *Armand Colin, 1998.* – Fischer, L'histoire des étudiants en France de 1945 à nos jours, *Flammarion, 2000.* – Galland, Clémencon, Le Galles et Oberti, Le Monde, des étudiants, *PUF, coll. sociologies, 1995.* – Guiselin, L'étudiant et la démocratie universitaire : contribution pour un statut, *AJDA 2012. 928* . – Houzel, Les étudiants et la vie étudiante, *in* Les universités en France. Fonctionnement et enjeux (dir.), *PURH (Presses des universités de Rouen et du Havre), 2012. 125.* – Turpin, Étudiants, *Rép. intern. Dalloz, 2004.* – L'étudiant dans l'université du XXIe siècle, Conférence des Présidents d'Université, *Actes du colloque de Mulhouse, mars 2002.* – Moderniser la scolarité et la vie de l'étudiant, *Agence de modernisation des universités, Les dossiers de l'Agence, août 2001.* – Repères 2016. Premiers résultats de l'enquête nationale Conditions de vie des étudiants, *Observatoire nat. de la vie étudiante, 2016 : http://www.ove-national.education.fr/medias/Reperes_2016.pdf.*

CHAPITRE UNIQUE

Art. L. 811-1 Les usagers du service public de l'enseignement supérieur sont les bénéficiaires des services d'enseignement, de recherche et de diffusion des connaissances et, notamment, les étudiants inscrits en vue de la préparation d'un diplôme ou d'un concours, les personnes bénéficiant de la formation continue et les auditeurs.

Ils disposent de la liberté d'information et d'expression à l'égard des problèmes politiques, économiques, sociaux et culturels. Ils exercent cette liberté à titre individuel et collectif, dans des conditions qui ne portent pas atteinte aux activités d'enseignement et de recherche et qui ne troublent pas l'ordre public.

Des locaux sont mis à leur disposition. Les conditions d'utilisation de ces locaux sont définies, après consultation du conseil *(L. n° 2013-660 du 22 juill. 2013, art. 51)* **« académique en formation plénière », par le président ou le directeur de l'établissement, et contrôlées par lui.**

BIBL. ▶ Aubin, Contre l'interdiction du port du voile à l'université, *AJDA 2015. 953* . – Beaud, Normale Sup au prétoire : la liberté de réunion dans les locaux universitaires, *AJDA 2011. 585* . – Come et Morder, Les engagements des étudiants. Formes collectives et organisées d'une identité étudiante, *Observatoire de la vie étudiante, 2009.* – Gaudé, Le point sur la laïcité et les usagers de l'enseignement supérieur, *LIJ 2020, n° 211, p. 20.* – Le Bars, Le droit de porter le voile à la fac remis en question, *Le Monde, 6 août 2013. 7.* – Mestre, Laïcité et enseignement supérieur, *CPU, sept. 2015.* – Pitte, Signes religieux à l'université. Les vertus d'une laïcité apaisée, *Le Monde, 10 août 2013. 16.* – Salzmann, Laïcité : « Interdire le port de signes religieux à l'université serait une très mauvaise idée », *AEF, n° 186 269, 5 août 2013.* – Sarthou, Liberté religieuse et obligations inhérentes à la vie scolaire, Note sur l'avis de la HALDE du 18 févr. 2008, *LIJ 2008, n° 126, p. 34.* – Viguier, Faut-il interdire le voile islamique à l'université ?, *AJDA 2015. 545* . – Défendre la laïcité sans surenchère, *Le Monde, 7 août 2013.1.* – Sur la publication du rapport du Haut Conseil à l'intégration réclamant l'interdiction du foulard islamique, Rép. min. n° 35737, *JOAN Q 1er oct. 2013, p. 10357.*

COMMENTAIRE

Les usagers du service public de l'enseignement supérieur sont les ***étudiants*** inscrits en vue de la préparation d'un diplôme ou d'un concours (dont les lauréats des concours de recrutement qui sont fonctionnaires stagiaires en formation à l'ESPÉ) mais aussi les ***stagiaires*** de la formation continue ou les ***auditeurs libres*** (CAA Nantes, 5 juin 2003, n° 00NT01547). Les uns et les autres sont dans une situation légale et réglementaire (CE 12 févr. 1982, n°s 27098, 27099 et 27100 A, et CAA Nantes, 5 juin 2003, n° 00NT01547 : *préc.*) qui leur confère des droits et leur impose des obligations. Leur situation est attestée par la carte d'étudiant donnant accès aux locaux de l'établissement délivrée à tout étudiant régulièrement inscrit (art. D. 612-5) par le chef d'établissement, président d'université ou directeur d'EPSCP, ou proviseur de lycée pour les étudiants inscrits en CPGE ou STS (DAJ B1 n° 2013-152, LIJ 2013, n° 178). « Bénéficiaires des services d'enseignement, de recherche et de diffusion des connaissances », les usagers assistent aux cours et aux travaux dirigés (même si les auditeurs libres peuvent ne pas être admis à suivre ces derniers) et participent à l'ensemble des activités prévues par le service public. Ils ont des obligations qui figurent tant dans le règlement des études (obligation d'assister aux travaux dirigés, de participer au contrôle continu...) que dans le règlement intérieur qui s'appliquant à l'ensemble des membres de la communauté universitaire. Celui-ci leur indique qu'ils doivent respecter l'intégrité des personnes et des biens, les règles d'hygiène et de sécurité, rappelant souvent les dispositions législatives ou réglementaires (répression pénale du harcèlement, interdiction de fumer...). Ils ne doivent ni troubler l'ordre public, ni perturber le bon fonctionnement de l'établissement. En cas de manquement à ces obligations, ils relèvent de la juridiction disciplinaire, de la section disciplinaire du conseil académique de leur établissement (art. L. 811-5).

Ils disposent d'abord du ***droit à l'éducation*** consacré par le Préambule de la Constitution de 1946 ou à l'égal accès à l'instruction consacré par le Conseil constitutionnel (notamment, 8 mars 2018, n° 2018-763 DC). Ils peuvent donc bénéficier de « services d'enseignements de recherche et de diffusion des connaissances », ce qui englobe les enseignements théoriques et pratiques dans les conditions fixées par la loi et le règlement (la décision d'affectation à un groupe de travaux dirigés est toutefois considérée comme une mesure d'ordre intérieur, CE 11 janv. 1967, n° 69609 ; il en serait autrement en cas de mesure discriminatoire ou de décision ayant une conséquence sur le statut de l'étudiant) ; ils peuvent en principe d'accéder aux locaux, même si pour assurer l'ordre public et le bon fonctionnement du service, le président peut édicter une réglementation restrictive (sous réserve de la gravité des menaces, CE 26 juill. 1996, n° 170106). Le juge est toutefois réticent à affirmer que ce droit constitue une liberté fondamentale (auquel cas, la fermeture d'une université pour une durée indéterminée porte au droit à l'éducation une atteinte grave, note ss. art. L. 712-2 ; mais les perturbations auxquelles un président tente de mettre un terme ne constituent pas une atteinte manifestement illégale à la liberté d'aller et venir et ne mettent pas en cause une liberté fondamentale, notes ss. art. L. 712-2). La fermeture des locaux peut toutefois être considérée comme une atteinte à une liberté personnelle, au droit de poursuivre des études (note ss. art. L. 712-2) ou à la continuité du service public. Les principes du service public sont en effet des garanties pour les usagers, notamment celui qui leur assure l'égalité d'accès et de traitement.

Le droit à l'éducation implique le respect du principe d'égalité et l'interdiction des discriminations. La question peut être traitée au moment de l'inscription ; égalité d'accès au service public (V. notamment la question des étudiants étrangers (comm. Livre VI) qui se traduit ici par un meilleur accueil des 300.000 étudiants venus d'ailleurs avec, par exemple la mise en place d'un guichet unique). Elle peut aussi être présentée vis-à-vis des prestations délivrées par le service public (V. ci-dessus) avec le respect de l'égalité de traitement, notamment entre les femmes et les hommes. Le service public doit aussi tenir compte des besoins particuliers des étudiants, notamment de ceux qui souffrent d'un handicap ou d'un trouble invalidant (23.000 étudiants handicapés, chiffre 2016). Ceux qui en font la demande ont la possibilité de bénéficier d'un plan d'accompagnement mobilisant des aides humaines et techniques et des aménagements nécessaires dans l'organisation, le déroulement et l'accompagnement de leurs études (art. L. 112-4, L. 123-4-2, L. 712-6-1 et D. 112-1 ; V. comm. ss. art. L. 112-1), notamment pour les examens (art. D. 613-26 s.) ; les universités doivent en outre se doter d'un schéma directeur pluriannuel handicap assorti d'indicateurs de résultats et de suivi (art. L. 712-3). Pour les ***étudiants salariés***, des droits nouveaux ont pu être institués : droit à un crédit congé formation pour préparer les examens (L. n° 2015-990 du 6 août 2015 pour la croissance, l'activité et l'égalité des chances économiques), mise en place de la prime d'activité...

L'alinéa 2 de l'article L. 811-1 affirme en outre que les usagers disposent de ***« la liberté d'information et d'expression »***. Il s'agit là de l'une des « franchises universitaires » rappelées par l'article 36 de la loi Faure de 1968. Avec la liberté de réunion, elle constitue par ailleurs une des libertés fondamentales dont le juge des référés assure la sauvegarde en prenant les mesures nécessaires (CJA, art. L. 521-2 ; CE, ord., 7 mars 2011, n° 347171). Ces libertés permettent aux étudiants de s'exprimer sur les [« problèmes politiques, économiques, sociaux et culturels » (art. L. 811-1), sous réserve des obligations résultant de leur appartenance à la communauté universitaire qui leur imposent de ne troubler ni l'ordre public ni le bon fonctionnement du service public (la distribution des tracts ou l'affichage dans les locaux peuvent être réglementés au regard de ces deux objectifs ; l'autorisation du chef d'établissement est requise pour l'installation d'un stand, celle de l'enseignant pour une prise de parole en cours). Sous ces deux réserves, les usagers ont la possibilité de porter des signes ou des tenues extériorisant leurs opinions. Si la question a trait aux opinions politiques (insignes politiques) ou aux choix de vie (tatouage, mode gothique...), elle concerne au premier chef les convictions religieuses. La loi de 2004 interdisant dans les écoles, collèges et lycées publics le port de signes ou de tenues manifestant ostensiblement une appartenance religieuse (art. L. 141-5-1) n'est applicable qu'aux étudiants des classes supérieures des lycées publics (CPGE, STS). A l'université, la laïcité et la neutralité du service public doivent garantir la liberté d'opinion et de conscience des étudiants (auxquels ne s'appliquent pas les dispositions de l'art. L. 141-5-1) ; la liberté d'expression dont ils disposent leur permet de porter un vêtement ou un signe sans pouvoir donner à ce choix un caractère ostentatoire ou revendicatif constituant un acte de pression, de provocation, de prosélytisme ou de propagande (CE 26 juill. 1996, *Univ. Lille II*, n° 170106) ; ni perturber les enseignements, troubler l'ordre de l'établissement ou le bon fonctionnement du service public ou poser des problèmes d'hygiène ou de sécurité (CAA Paris, 6 déc. 2016, n° 15PA03527). Il en va différemment pour les étudiants qui collaborent au service public par le biais d'un contrat avec l'université, notamment d'un contrat doctoral, des usagers qui ont le statut de stagiaire de la fonction publique (INSPÉ) ou des étudiants en stage dans d'autres services publics, comme par exemple les infirmiers dans les hôpitaux publics (CE 28 juill. 2017, n° 390740) ; ils sont alors tenus par le principe d'interdiction du port des signes et tenues religieux qui s'impose à tout agent public.

Les mesures prises par les autorités universitaires sont placées sous le contrôle du juge qui vérifie notamment leur nécessité (illégalité de l'interdiction du port du foulard s'il n'est pas établi qu'il était impossible de garantir l'ordre par d'autres moyens : CE 26 juill. 1996, n° 170106 B : – Mais V. CEDH 10 nov. 2005, *Leyla Sahin c/ Turquie*, n° 44774/98 : *AJDA 2006. 315, note Gonzalez*. Les étudiants ne peuvent contester pour des raisons religieuses, le contenu des enseignements, l'organisation des examens, le calendrier universitaire et peuvent être obligés de retirer un vêtement religieux si leur port peut créer un risque dans le cadre de séances de travaux pratiques ou pour l'exercice d'une activité physique. Pour aider à gérer les éventuelles situations conflictuelles, il existe des recommandations figurant dans le Guide de la laïcité dans l'enseignement supérieur publié par la CPU en septembre 2015.

Si la ***liberté de réunion*** n'est pas expressément mentionnée, elle est le corollaire tant de la liberté d'information que de celle d'expression. C'est aussi une liberté fondamentale qui doit s'exercer dans des locaux qui sont mis à disposition (art. L. 811-1) pour garantir les libertés d'expression et d'association, mais l'exercice de ces droits doit se faire dans le respect des activités d'enseignement et de recherche, sans troubler le fonctionnement normal du service public de l'enseignement supérieur ni porter atteinte à l'ordre public. Cette mise à disposition peut être temporaire (pour organiser une conférence ou une activité) ou permanente (salles ou bureaux affectés en fonction des surfaces disponibles, des nécessités de l'ordre public et de la représentativité des organisations syndicales et associations représentées dans les conseils, CE 9 avr. 1999, n° 154166 B, dont les conditions d'utilisation sont définies par le président de l'université après avis du conseil académique en formation plénière (art. L. 811-1, excluant tout versement d'une participation financière). Il revient aux établissements de « veiller à la fois à l'exercice des libertés d'expression et de réunion des usagers du service public de l'enseignement supérieur (qui sont des libertés fondamentales dont le juge des référés assure la sauvegarde en prenant les mesures nécessaires, art. L. 521-2 CJA) et au maintien de l'ordre public dans les locaux comme à l'indépendance intellectuelle de l'établissement, dans une perspective d'expression du pluralisme des opinions » (CE, réf., 7 mars 2011, n° 347171, pour assurer l'indépendance de l'école de toute emprise politique, la directrice de l'ENS a pu refuser de mettre une salle à la disposition du collectif « Palestine ENS » sans porter une atteinte grave et illégale à la liberté de réunion des élèves dans la mesure où ceux-ci pouvaient disposer d'autres locaux et que la direction avait proposé l'organisation dans ses locaux d'une journée d'études avec débat public et contradictoire sur le Proche-Orient). La référence à l'indépendance de l'établissement et au pluralisme des opinions distingue cette solution de la jurisprudence classique sur les salles municipales qui ne se réfère qu'aux exigences de l'ordre public.

Les usagers de l'enseignement supérieur disposent de la ***liberté d'association*** ; afin de valoriser les associations étudiantes et de reconnaître *leur contribution à la vie étudiante de l'université* les établissements peuvent leur apporter une aide, notamment par la mise à disposition de locaux ; encore faut-il que l'objet de l'association respecte le principe de laïcité du service public de l'enseignement supérieur et l'interdiction de subventionner les cultes (TA Versailles, 4 févr. 2021, *Assoc. Bethel*, n° 1806012 : une association ayant pour objectif l'évangélisation du campus, ayant « principalement des activités cultuelles » ne peut être agréée par l'université).

Les restrictions d'accès aux établissements d'enseignement supérieur décidées pour faire face à l'aggravation rapide de l'épidémie comme la mise en place des enseignements à distance pour leurs étudiants ne portent une atteinte grave et manifestement illégale ni au droit à l'éducation ni aux libertés d'expression et de réunion des usagers. La discrimination résultant du maintien des enseignements sur site par les établissements de l'enseignement secondaire (CPGE, STS) ne constitue pas une atteinte à une liberté fondamentale au sens de l'article L. 521-2 du code de justice administrative (CE, réf, 10 déc. 2020, n° 447015).

Les étudiants sont associés à l'accueil des nouveaux étudiants, à l'animation de la vie des établissements d'enseignement supérieur et aux activités d'aide à l'insertion professionnelle ; ils peuvent être recrutés par contrat notamment pour les activités de tutorat ou de service en bibliothèque (art. L. 811-2 mod. par l'art. 22 loi LRU ; V. art. D. 811-1 à D. 811-9 et comm. ss. art. L. 811-2). Ces contrats sont conclus avec les universités et autres établissements publics d'enseignement supérieur, et désormais avec les CROUS (Décr. n° 2017-963 du 10 mai 2017 modifiant les dispositions du code de l'éducation relatives au recrutement et à l'emploi des étudiants). Lorsque les établissements n'entendent plus confier aucune mission à un étudiant, ils doivent procéder à son licenciement. (CE 29 déc. 2020, n° 438064).

L'engagement des étudiants dans les activités associatives (internes à l'université ou extérieures), sociales ou professionnelles (art. L. 611-9, issu de la loi du 27 janv. 2017) peut faire l'objet d'une reconnaissance ; une circulaire DGSIP du 7 septembre 2017, rappelle la liste des activités et engagements qui peuvent être « [validés] au titre de la formation » ; la prise en compte de l'activité associative « ne se limite pas aux activités menées dans des associations étudiantes internes aux établissements d'enseignement » ; les élus étudiants des conseils des établissements d'enseignement supérieur et des CROUS sont également concernés ; la notion d'activité professionnelle s'entend au sens large : étudiant salarié, travailleur indépendant, étudiant entrepreneur… ; les établissements d'enseignement supérieur doivent mettre en œuvre un dispositif de validation des compétences, connaissances et aptitudes acquises par leurs étudiants prises en compte pour l'acquisition des diplômes (Décr. n° 2017-962 du 10 mai 2017 relatif à la reconnaissance de l'engagement des étudiants dans la vie associative, sociale ou professionnelle). Les établissements peuvent en outre prévoir un soutien financier aux projets.

La validation de ces activités, « pas nécessairement liée à l'année universitaire en cours », peut se faire par l'attribution d'éléments constitutifs d'une UE, l'attribution d'ECTS, « l'attribution de point(s) "bonus" dans la moyenne générale sur proposition du jury » ou encore la dispense de stage ou d'enseignement. La valorisation passe « par une inscription dans le supplément au diplôme ou sous une autre forme laissée au choix de l'instance compétente ». L'enclenchement de la procédure de validation se fait par demande écrite de l'étudiant « auprès du responsable de formation ». La circulaire développe aussi la procédure pour l'aménagement de l'organisation des études. Le volontariat effectué dans le cadre du service national universel devrait être « pleinement reconnu et valorisé au sein du système LMD, par des crédits ECTS » (Édouard Philippe,13 sept. 2018 à Avignon).

Leurs associations représentatives (siégeant au CNESER et au conseil d'administration du CNOUS) bénéficient d'aides à la formation des élus et sont associées au fonctionnement d'un observatoire de la vie étudiante (art. L. 811-3). La loi LRU a prévu pour les élus aux différentes instances une information et des actions de formation pouvant être qualifiantes (art. L. 811-3-1) et l'élection par le conseil d'administration d'un vice-président étudiant chargé des questions de vie étudiante en liaison avec le centre régional des œuvres universitaires et scolaires (CROUS, art. L. 712-6). ❑

I. USAGERS

1. *Principe d'égalité.* Le statut des usagers du service public de l'enseignement supérieur étant défini par des textes législatifs et réglementaires, le droit aux avantages qui en résultent est subordonné au maintien en vigueur de ces textes. Par suite, en ne prévoyant pas de dispositions transitoires pour permettre aux étudiants de troisième cycle d'achever leurs études dans l'établissement où ils les ont commencées, une décision de refus de renouvellement d'habilitation ne méconnaît aucun droit acquis des étudiants en cours d'études. • CE 12 févr. 1982, nos 27098, 27099 et 27100 A.

2. *Auditeurs.* Bien qu'usagers du service public de l'enseignement, aucune disposition législative ni réglementaire ne fixe les modalités d'accès des auditeurs aux enseignements supérieurs. En prévoyant que les intéressés ne pourraient assister aux travaux dirigés et acquitteraient des droits d'inscription différents de ceux réclamés aux étudiants, l'université n'a nullement méconnu ni les principes de liberté et d'égalité garantis par la Constitution, ni les principes posés par la L. du 26 janv. 1984 sur l'enseignement supérieur, dès lors qu'il lui appartient, en vertu de cet article, de déterminer la politique de l'établissement. • CAA Nantes, 5 juin 2003, n° 00NT01547.

II. LIBERTÉ D'EXPRESSION

3. BIBL. Bonhotal et Thibau-Lévêque, La situation à l'IEP de Grenoble en mars 2021, *Rapp. IGESR, 2021-085, avr. 2021.*

4. *Liberté fondamentale.* Par voie de référé, le Conseil d'État a précisé que les libertés d'expression et de réunion des usagers du service public de l'enseignement supérieur constituent des libertés fondamentales. • CE, réf., 7 mars 2011, n° 347171 A : *AJDA 2011. 481 ; ibid. 1033 ; ibid. 585, tribune Beaud , note Legrand ; D. 2011. 1195, note Le Bot .*

5. *Convictions religieuses.* La liberté d'expression reconnue aux étudiants comporte pour eux le droit d'exprimer leurs convictions religieuses à l'intérieur des universités mais cette liberté ne saurait leur permettre d'exercer des pressions sur les autres membres de la communauté universitaire, d'avoir un comportement ostentatoire, prosélyte ou de propagande, ni de perturber les activités d'enseignement et de recherche ou de troubler le bon fonctionnement du service public. Si le doyen de l'université avait reçu des menaces mettant en cause la présence d'étudiantes revêtues d'un foulard par lequel elles entendaient exprimer leurs convictions religieuses, il n'établit pas, dans les circonstances de l'espèce, qu'il aurait été dans l'impossibilité d'assurer le maintien de l'ordre dans l'établissement sans interdire l'accès des bâtiments à ces jeunes femmes. Illégalité de l'arrêté par lequel le doyen a interdit à deux étudiantes de pénétrer dans l'université revêtues de ce foulard. • CE 26 juill. 1996, n° 170106 B.

6. *CEDH.* La Cour européenne des droits de l'homme a jugé conforme aux dispositions de la CEDH une circulaire des autorités turques interdisant aux étudiantes de porter le foulard islamique et aux étudiants de porter la barbe à l'université. Une étudiante en cinquième année à la faculté de médecine de l'université d'Istanbul s'était vu refuser l'accès aux cours et aux épreuves. La Cour admet qu'il est possible de « tenir compte de l'enjeu, à savoir la protection des droits et libertés d'autrui, les impératifs de l'ordre public, la nécessité de maintenir la paix civile et un véritable pluralisme religieux, indispensable pour la survie d'une société démocratique ». « Compte tenu de la marge d'appréciation des États contractant en la matière [...], l'ingérence litigieuse était justifiée dans son principe et proportionnée à l'objectif visé ». Pour la Cour, « les autorités universitaires ont judicieusement cherché à trouver des moyens appropriés sans préjudice de l'obligation de protéger les droits d'autrui et les intérêts du monde éducatif pour ne pas fermer les portes des universités aux étudiantes voilées ». La limitation en question n'a pas porté atteinte à la substance même du droit à l'instruction de la requérante. • CEDH 10 nov. 2005, *Leyla Sahin c/ Turquie*, n° 44774/98 : *AJDA 2005. 315, note Gonzalez* .

7. *Publications.* Le fait pour un étudiant de contester, dans le journal qu'il édite, les conditions de recrutement d'un maître de conférences, sans toutefois troubler l'ordre public ni porter atteinte aux activités d'enseignement et de recherche, ne peut être regardé comme dépassant les limites de la liberté d'expression des usagers du service public de l'enseignement supérieur à l'égard du fonctionnement de ce service public. Une telle contestation ne peut donc être qualifiée de faute de nature à justifier une sanction à l'encontre de cet étudiant. • CE 28 sept. 2005, n° 266026 B.

8. *Distribution de tracts.* Le règlement intérieur d'une université peut disposer qu'en dehors de la période des élections universitaires la distribution de tracts à l'intérieur des locaux universitaires n'est permise qu'à l'entrée du bâtiment. Il ne s'agit ni d'une interdiction générale et absolue ni d'une atteinte au principe constitutionnel de la liberté d'expression et d'information. Le président de l'université peut, en cas de risque de trouble au bon fonctionnement des inscriptions, faire procéder à l'évacuation des distributeurs de tracts. • TA Lyon, 17 juin 1998, n° 9603958 B.

III. LAÏCITÉ

9. *Port de signes ou tenues manifestant ostensiblement l'appartenance à une religion. Instituts de formation en soins infirmiers.* Saisi d'un recours d'une étudiante d'un

IFSI contre l'avertissement dont elle avait fait l'objet pour s'être présentée dans l'enceinte de l'établissement revêtue d'un voile, le juge a estimé qu'aucune disposition législative ne prévoit l'interdiction du port de signes d'appartenance religieuse aux étudiants des instituts de formations paramédicaux, y compris lorsque ces instituts relèvent d'un statut public, et a, par suite, eu égard à la liberté d'expression religieuse dont bénéficient ces étudiants, annulé la sanction. Les dispositions de l'art. L. 141-5-1 interdisant le port de signes ou tenues qui manifestent ostensiblement une appartenance religieuse ne visent en effet que les élèves des écoles, collèges et lycées publics. Les étudiants des instituts de formation paramédicaux, lorsqu'ils n'ont pas, par ailleurs, la qualité d'agent public, ne sont pas davantage soumis aux obligations résultant pour ces agents du principe de neutralité du service public. Le juge a toutefois précisé que l'absence de dispositions législatives restreignant leur liberté de manifester leurs convictions religieuses ne saurait faire obstacle à ce que soient imposées aux étudiants des instituts de formation paramédicaux des restrictions édictées dans le but de garantir le fonctionnement normal de l'établissement et demeurant proportionnées à l'objectif poursuivi. Le juge a aussi été amené à déclarer illégales les dispositions de l'annexe IV de l'Arr. du 21 avr. 2007, relatif aux conditions de fonctionnement des instituts de formation paramédicaux, prohibant le port de signes et tenues manifestant ostensiblement l'appartenance à une religion « dans tous les lieux affectés à l'institut de formation ainsi qu'au cours de toutes les activités placées sous la responsabilité de l'institut de formation ou des enseignants, y compris celles qui se déroulent en dehors de l'enceinte dudit établissement ». • TA Paris, 3 juill. 2015, n° 1418776.

10. Élève infirmière. Port du foulard. En cours. En stage. L'Arr. du 21 avr. 2007 relatif aux conditions de fonctionnement des instituts de formation paramédicaux a prévu que les règlements intérieurs de ces instituts doivent interdire, en leur sein mais aussi au cours de toutes les activités placées sous la responsabilité de l'institut dont les stages, le port de signes et de tenues qui manifestent ostensiblement l'appartenance à une religion. Des élèves de l'IFSI ainsi qu'une association ont demandé l'annulation de cet article. Sur le fondement de l'art. L. 141-6, le Conseil d'État rappelle que les instituts de formation paramédicaux étant des établissements d'enseignement supérieur, leurs élèves ont, lorsqu'ils suivent des enseignements théoriques et pratiques en leur sein, la qualité d'usagers du service public. Il en déduit qu'ils sont, en cette qualité, sauf lorsqu'ils suivent un enseignement dispensé dans un lycée public, libres de faire état de leurs croyances religieuses, y compris par le port de vêtements ou de signes manifestant leur appartenance à une religion, sous réserve de ne pas perturber le déroulement des activités d'enseignement et le fonctionnement normal du service public notamment par un comportement revêtant un caractère prosélyte ou provocateur. Il ajoute toutefois que lorsqu'ils effectuent un stage dans un établissement de santé chargé d'une mission de service public, les élèves infirmiers doivent respecter les obligations qui s'imposent aux agents du service public hospitalier. Il en déduit donc que s'ils bénéficient de la liberté de conscience qui interdit toute discrimination fondée sur la religion, le principe de laïcité fait obstacle à ce qu'ils manifestent leurs croyances religieuses dans le cadre du service public. Dans le cas où les élèves infirmiers effectuent leur stage dans un établissement n'ayant aucune mission de service public, ils doivent respecter, le cas échéant, les dispositions du règlement intérieur de cet établissement qui fixent les conditions dans lesquelles ses agents peuvent faire état de leurs croyances religieuses. • CE 28 juill. 2017, n° 390740 B : *AJDA 2017. 1592 ; ibid. 2084, note Juston et Guilbert ; AJFP 2017. 338 ; LIJ 2017, n° 200, p. 4.*

IV. LIBERTÉ D'ASSOCIATION

11. Exercice. Une association d'étudiants a saisi le président de l'université d'une demande d'attribution d'un local. Il appartient au président de l'université de définir, eu égard au nombre limité de locaux susceptibles d'être mis à la disposition des usagers du service public de l'enseignement supérieur, après consultation du conseil des études et de la vie universitaire et sous le contrôle du juge de l'excès de pouvoir, les conditions d'utilisation de ces locaux, en tenant compte non seulement des nécessités de l'ordre public mais également d'autres critères et, notamment, de la représentativité des associations d'usagers. • CE 9 avr. 1999, n° 154186 B : *D. 1999. IR 157*. ♦ Un président d'université ne peut se fonder sur la seule insuffisance de locaux à mettre à disposition des associations d'étudiants pour refuser d'en attribuer un à une association dont plusieurs membres ont été élus aux élections universitaires, ni sur le fait que les locaux antérieurement attribués à la même association n'auraient pas été utilisés. • CAA Bordeaux, 10 déc. 2002, n° 01BX01592 : *AJDA 2003. 452, note Durand-Prinborgne*.

12. Aides matérielles. Le conseil des études et de la vie universitaire devait être consulté préalablement à l'adoption par le conseil de l'université de la délibération décidant de mettre à la disposition des élus étudiants un local et de leur verser une subvention. Une telle formalité, qui garantit l'examen concerté et pluraliste des demandes des organisations d'étudiants revêt, contrairement à ce que soutient l'université, un caractère substantiel. • CAA Douai, 22 mai 2002, n° 98DA02264 : *AJDA 2002. 878*.

♦ Le président de l'université ne pouvait légalement subordonner au versement d'une participation financière la mise à disposition de locaux à un groupement étudiant dès lors que la réglementation qu'il avait édictée à cette fin ne comportait aucune disposition relative à une telle participation. • TA Lyon, 3 oct. 1985, *Assoc. Incidences : Lebon 651* .

13. Association étudiante. Agrément permettant la reconnaissance. Non-renouvellement. Conditions. Laïcité. Une université a demandé à la DAJ dans quelles conditions elle pouvait ne pas renouveler l'octroi de l'agrément permettant la reconnaissance d'une association étudiante qui permet, notamment, à l'association de solliciter l'attribution d'un local et le financement de projets au sein de l'établissement. La DAJ rappelle notamment que le caractère religieux d'une association ne saurait fonder à lui seul un refus d'agrément de la part de l'université et qu'un refus d'agrément ne pourrait être fondé que sur des éléments établissant que les activités de l'association perturbent le bon déroulement des enseignements ou le fonctionnement normal de l'établissement. Mais si l'établissement dispose d'éléments établissant que l'association perturbe, par ses activités et prises de position au sein de l'université, le bon déroulement des enseignements ou le fonctionnement normal de l'établissement, ces éléments pourraient fonder le non-renouvellement de l'agrément qui lui avait été accordé. *Note DAJ B1, n° 2019-0061, 24 juin 2019 : *LIJ 2020, n° 210, p. 8.*

V. LIBERTÉ DE RÉUNION

14. Liberté fondamentale. Par voie de référé, le Conseil d'État a précisé que les libertés d'expression et de réunion des usagers du service public de l'enseignement supérieur constituent des libertés fondamentales. • CE, réf., 7 mars 2011, n° 347171 A : *préc. note 4.*

15. Nature. L'école normale supérieure, comme tout établissement d'enseignement supérieur, doit veiller à la fois à l'exercice des libertés d'expression et de réunion des usagers du service public de l'enseignement supérieur et au maintien de l'ordre dans les locaux comme à l'indépendance intellectuelle et scientifique de l'établissement, dans une perspective d'expression du pluralisme des opinions. Si les élèves de l'ENS ont droit à la liberté d'expression et de réunion dans l'enceinte de l'école, cette liberté ne saurait permettre des manifestations qui, par leur nature, iraient au-delà de la mission de l'école, perturberaient le déroulement des activités d'enseignement et de recherche, troubleraient le fonctionnement normal du service public ou risqueraient de porter atteinte à l'ordre public. Il incombait à la directrice de l'ENS, en vue de donner ou de refuser son accord préalable à la mise à disposition d'une salle, de prendre toutes mesures nécessaires pour à la fois veiller au respect des libertés dans l'établissement, assurer l'indépendance de l'école de toute emprise politique ou idéologique et maintenir l'ordre dans ses locaux, aux fins de concilier l'exercice de ces pouvoirs avec le respect de ces principes. • CE, réf., 7 mars 2011, n° 347171 A : *préc. note 4.* ♦ En l'espèce, la salle est demandée en vue de tenir une série de réunions publiques, même si au cours de l'audience les organisateurs ont proposé de réserver les réunions aux membres de la communauté normalienne, destinées à se faire l'écho de la campagne internationale *Israeli Apartheid Week* qui se déroulera au même moment dans plusieurs pays ; en refusant la mise à disposition d'une salle en vue de l'accueil de telles manifestations, pour ne pas associer dans l'opinion publique son établissement à une campagne politique internationale en faveur du boycott des échanges scientifiques et économiques avec un État, la directrice de l'École normale supérieure, qui a pris en compte à la fois la liberté de réunion et la prévention des risques de troubles à l'ordre public et de contre-manifestations, n'a pas, en l'état de l'instruction, porté une atteinte grave et manifestement illégale à la liberté de réunion des élèves alors que les débats de ladite campagne internationale pouvaient se tenir dans tout autre lieu ayant vocation à accueillir ce type de réunion et que l'école avait proposé une solution alternative sous forme de l'organisation dans ses locaux d'une journée d'études avec débat public et contradictoire sur le Proche-Orient. • CE, réf., 7 mars 2011, n° 347171 A : *préc. note 4.*

16. Mise à disposition de locaux. Si la mise à disposition de locaux est possible au profit des usagers du service public de l'enseignement supérieur pour l'exercice de leur liberté d'information et d'expression à l'égard des problèmes politiques, économiques, sociaux et culturels, cette disposition écarte les associations qui ne sont pas constituées par des étudiants de l'université pour exprimer collectivement leur liberté d'information ou d'expression. Pour la demande de mise à disposition faite par une association portant sur le Chan organisant régulièrement des stages d'arts martiaux. * Lettre DAJ B1, n° 434 du 24 déc. 2009 : *LIJ 2010, n° 142, p. 21.*

VI. LIBERTÉ DE COMMUNICATION

17. Brouilleurs téléphoniques. Consultée sur la légalité des brouilleurs téléphoniques, la DAJ rappelle que les exceptions à l'interdiction d'installer des brouilleurs téléphoniques sont, dorénavant, encore plus restrictives que les exceptions prévues antérieurement (besoins de l'ordre public, de la défense et de la sécurité nationale, ou du service public de la justice). La modification, entrée en vigueur le 1er févr. 2012, de l'art. L. 33-3 du code des postes et des communications électroniques (modifié par l'Ord. n° 2011-1012 du

24 août 2011 relative aux communications électroniques) fait que les établissements d'enseignement supérieurs ne sont toujours pas autorisés à installer de tels équipements dans leurs locaux. * Lettre DAJ B1 n° 2012-39, 1er févr. 2012 : *LIJ 2012, n° 165, p. 17.*

VII. DROIT DE PROPRIÉTÉ

18. Brevet d'invention. Le principe selon lequel le droit de propriété industrielle appartient à l'inventeur s'applique, sauf exception prévue par la loi, aux usagers du service public de l'enseignement supérieur. • TA Paris, 11 juill. 2008, n° 0717692 : *AJDA 2008. 2350, note Dreyfus*. ♦ La propriété des inventions faites par les étudiants non rémunérés, qui ont la qualité d'usagers du service public, ne saurait être déterminée en application des dispositions de l'art. L. 611-7 CPI, lesquelles sont applicables aux seuls salariés et agents publics. Elle relève donc de la règle posée par l'art. L. 611-6 du même code attribuant cette propriété à l'inventeur ou à son ayant cause. • CE 22 févr. 2010, n° 320319 : *AJDA 2010. 962, note Dreyfus ; LIJ 2010, n° 145, p. 19.*

Art. L. 811-2 Les étudiants sont associés à l'accueil des nouveaux étudiants, à l'animation de la vie des établissements d'enseignement supérieur et aux activités d'aide à l'insertion professionnelle.

(L. n° 2007-1199 du 10 août 2007, art. 22) **« A cette fin, le chef d'établissement peut recruter, dans des conditions fixées par décret, tout étudiant, notamment pour des activités de tutorat ou de service en bibliothèque, sous réserve que l'étudiant soit inscrit en formation initiale dans un établissement public d'enseignement supérieur.**

« Le recrutement s'opère prioritairement sur des critères académiques et sociaux. »

(L. n° 2017-86 du 27 janv. 2017, art. 37) **« Pour contribuer à l'animation de la vie étudiante, les centres régionaux des œuvres universitaires et scolaires peuvent recruter des étudiants dans les mêmes conditions. »**

COMMENTAIRE

Reprenant la pratique du monitorat, la loi n° 89-486 du 10 juillet 1989 dispose que les étudiants peuvent être associés à l'accueil des nouveaux étudiants, à l'animation de la vie des établissements d'enseignement supérieur et aux activités d'aide à l'insertion professionnelle ; la loi LRU n° 2007-1199 du 10 août 2007 ajoute le tutorat et le service en bibliothèque en précisant qu'elle ne vise que les étudiants en formation initiale (art. L. 811-2 et D. 811-1 s. résultant de la codification du Décr. n° 2007-1915 du 26 déc. 2007). A cette fin, les étudiants peuvent être recrutés par les établissements d'enseignement supérieur (et depuis la loi du 27 janv. 2017 égalité et citoyenneté, par les CROUS) pour contribuer à l'animation de la vie étudiante, le choix se faisant prioritairement au regard de critères académiques et sociaux (art. D. 811-7), par contrat pour une durée maximale de douze mois ne pouvant être reconduite que de manière expresse pour une durée maximale de six ans (L. n° 84-16 du 11 janv. 1984, art. 6 *bis*). Les présidents et les directeurs des établissements publics d'enseignement supérieur doivent auparavant rendre publiques la procédure et les conditions de recrutement (art. D. 811-7) pour les offres d'emploi concernant des activités diverses : accueil des étudiants ; assistance et accompagnement des étudiants handicapés ; tutorat ; soutien informatique et aide à l'utilisation des nouvelles technologies ; service d'appui aux personnels des bibliothèques ; animations culturelles, scientifiques, sportives et sociales ; aide à l'insertion professionnelle ; promotion de l'offre de formation (art. D. 811-2). L'établissement assure un suivi des étudiants recrutés pouvant comporter une assistance ou une formation complémentaire (art. D. 811-3). Les étudiants poursuivent leurs études et exercent les activités prévues au contrat, en temps partagé, selon un rythme approprié sans pouvoir être astreints à une obligation de travail pendant leurs enseignements obligatoires et leurs examens (art. D. 811-4). L'interruption de la formation et l'absence aux enseignements obligatoires ou aux épreuves de contrôle des connaissances sans motif légitime justifient la résiliation du contrat après un entretien préalable et un préavis de quinze jours. La décision de licenciement notifiée à l'intéressé doit préciser les motifs du licenciement (art. D. 811-6).

Art. L. 811-3 Sont regardées comme représentatives les associations d'étudiants qui ont pour objet la défense des droits et intérêts matériels et moraux, tant collectifs qu'individuels, des étudiants et, à ce titre, siègent au Conseil national de l'enseignement supérieur et de la recherche ou au conseil d'administration du Centre national des œuvres universitaires et scolaires. Elles bénéficient d'aides à la formation des élus.

Elles sont associées au fonctionnement d'un observatoire de la vie étudiante qui rassemble des informations et effectue des études concernant les conditions de vie matérielle, sociale et culturelle des étudiants *(L. n° 2014-788 du 10 juill. 2014, art. 2)* **« et des stagiaires ».**

(L. n° 2013-660 du 22 juill. 2013, art. 105) **« Ces études et informations font l'objet d'un rapport annuel remis au Parlement incluant des recommandations pour agir contre les inégalités sociales repérées. »**

BIBL. ▶ PINATEL, Les organisations étudiantes à vocation représentative : un modèle de représentation atypique sous influence du droit social, *Thèse, Univ. Aix-Marseille, 2014.* – Études sur la participation des étudiants aux élections universitaires, *Rapport du CIDEM, MEN, 2004.* – Table ronde « Associations et syndicats étudiants », *Sén., Mission d'information « Conditions de la vie étudiante en France », 8 avr. 2021 : http://www.senat.fr/compte-rendu-commissions/20210405/mive.html.*

Aides aux listes non affiliées. Ces dispositions n'ont pas pour effet de conférer aux listes d'étudiants rattachées à une organisation nationale représentative et se présentant aux élections universitaires, une situation au niveau local différente de celle des listes sans lien avec ces mêmes organisations. Si l'université soutient qu'elle souhaitait ne pas majorer la charge budgétaire que représentent ces subventions, limiter les surfaces de locaux prélevés pour des usages autres que l'enseignement, et ne pas encourager la multiplication de listes sans représentativité significative au niveau local, ces considérations d'intérêt général ne justifiaient pas légalement, à elles seules, la décision de priver les listes d'étudiants non affiliées à l'une des organisations nationales représentatives de toute aide matérielle sans tenir compte de leurs résultats aux élections universitaires. • CAA Douai, 22 mai 2002, *M. Philippe Dantoing,* n° 98DA02264 : *AJDA 2002. 878.*

Art. L. 811-3-1 *(L. n° 2007-1199 du 10 août 2007, art. 23)* **Les élus étudiants aux différentes instances des établissements publics d'enseignement supérieur bénéficient d'une information et d'actions de formation, le cas échéant qualifiantes, définies par les établissements et leur permettant d'exercer leurs mandats.**

Art. L. 811-4 L'infraction prévue dans la section III *bis* "Du bizutage" du livre II, titre II, chapitre 5 du code pénal est passible des sanctions définies dans cette même section, reproduite à l'article L. 511-3 du présent code.

Propos diffamatoires. Mme Ségolène Royal avait tenu des propos diffusés, en différé, lors du journal télévisé de France 3 le 9 oct. 1997, et publiés par le journal *La Provence* les 9 et 10 oct. 1997 sur des faits de bizutage intervenus le 11 sept. 1997 dans un établissement scolaire, le lycée Thiers, de Marseille. Mme Royal ne contestait pas avoir tenu ces propos à des journalistes en sachant qu'ils allaient être publiés dans la presse écrite ou diffusés par voie audiovisuelle. En déclarant à un journaliste qu'elle considérait qu'il y avait eu de la part des professeurs « une complicité active », deux fonctionnaires ont déposé une plainte estimant que ces allégations ou imputations de faits portaient atteinte à leur honneur et à leur considération. Mme Royal avait fait valoir que ses propos ne visaient nommément personne, qu'elle y dénonçait anonymement le comportement d'adultes et de professeurs, sans que quiconque, et surtout pas les deux plaignants, puissent être reconnus et identifiés ou identifiables dans ses propos. En s'abstenant de se prononcer sur cette possibilité d'identification, élément constitutif du délit de diffamation publique pour la complicité duquel elle renvoie Mme Royal devant la juridiction de jugement, la commission d'instruction, qui avait pour devoir de caractériser le délit dans tous ses éléments constitutifs, a violé les dispositions du code de procédure pénale. La Cour de cassation a cassé et annulé l'arrêt rendu par la commission d'instruction de la Cour de justice de la République en ce qu'il a ordonné le renvoi de Mme Ségolène Royal devant la Cour de justice de la République du chef de complicité de diffamation publique. • Cass., ass. plén., 23 déc. 1999, *Mme Ségolène Royal c/ M. Daniel Victor Pansieri et Mme Joëlle Jeanjean,* n° 99-86.298 P : *Gaz. Pal. 17 févr. 2000, n° 48. 15, note Burgelin.*

Art. L. 811-5 Les conseils *(L. n° 2013-660 du 22 juill. 2013, art. 51)* **« académiques » des établissements publics à caractère scientifique, culturel et professionnel statuant à l'égard des usagers sont constitués par une section disciplinaire qui comprend en nombre égal des représentants du personnel enseignant et des usagers. Ses membres sont élus respectivement par les représentants élus des enseignants-chercheurs et enseignants et des usagers au conseil** *(L. n° 2013-660 du 22 juill. 2013, art. 51)* **« académique ». Dans le cas où les usagers n'usent pas de leur droit de se faire représenter au**

sein de la section disciplinaire et dans le cas où, étant représentés, ils s'abstiennent d'y siéger, cette section peut valablement délibérer en l'absence de leurs représentants. *(L. n° 2019-828 du 6 août 2019, art. 33)* **« Un décret en Conseil d'État précise la composition, qui respecte strictement la parité entre les hommes et les femmes, les modalités de désignation des membres et le fonctionnement de la section disciplinaire. »**

Sur le conseil académique constitué en section disciplinaire, V. art. R. 811-10 s.

BIBL. ▶ Sur l'organisation des procédures disciplinaires pendant l'état d'urgence sanitaire, V. *Notes DAJ B1 n° 2020-0046 du 20 avr. 2020, n° 2020-0069 du 25 mai 2020 et n° 2020-0081 du 15 juin 2020 : LIJ 2020, n° 212, p. 15.*

▶ **Crise sanitaire.** L'ordonnance n° 2020-306 sur la prolongation des délais échus pendant la période de l'état d'urgence sanitaire et l'adaptation des procédures pendant cette même période : Le point sur, *LIJ 2020, n° 212, p. 24.*

Faits justifiant une sanction disciplinaire. Faits qui se sont déroulés en dehors de l'établissement. La section disciplinaire d'un IEP avait prononcé une sanction d'exclusion définitive à raison de faits de violences volontaires avec usage ou menace d'une arme, commis à l'encontre d'un étudiant de la même promotion. Le juge estime que la section disciplinaire était compétente pour en connaître dès lors que ces faits « ont eu un retentissement tant sur le climat régnant entre les étudiants de l'I.E.P. que sur la santé et la scolarité de la victime et (...) étaient, ainsi, de nature à porter atteinte à l'ordre et au bon fonctionnement de l'établissement ». • CE 27 févr. 2019, n° 410644 B : *AJDA 2019. 488 ; LIJ 2019, n° 206, p. 9.*

Ancien art. L. 811-5 ***Les conseils*** *(L. n° 2013-660 du 22 juill. 2013, art. 51)* ***« académiques » des établissements publics à caractère scientifique, culturel et professionnel statuant en matière juridictionnelle, conformément aux dispositions de l'article*** *(L. n° 2013-660 du 22 juill. 2013, art. 51)* ***« L. 712-6-2 », à l'égard des usagers sont constitués par une section disciplinaire qui comprend en nombre égal des représentants du personnel enseignant et des usagers. Ses membres sont élus respectivement par les représentants élus des enseignants-chercheurs et enseignants et des usagers au conseil*** *(L. n° 2013-660 du 22 juill. 2013, art. 51)* ***« académique ». Dans le cas où les usagers n'usent pas de leur droit de se faire représenter au sein de la section disciplinaire et dans le cas où, étant représentés, ils s'abstiennent d'y siéger, cette section peut valablement délibérer en l'absence de leurs représentants.***

L'ancien art. demeure applicable aux procédures en cours à la date de publication de la L. n° 2019-828 du 6 août 2019, ainsi qu'aux appels formés contre les décisions disciplinaires intervenues avant la date de publication de ladite loi devant le Conseil national de l'enseignement supérieur et de la recherche (L. préc., art. 94).

COMMENTAIRE

L'article 33 de la Loi n° 2019-828 du 6 août 2019 de transformation de la fonction publique a mis un terme à la juridiction disciplinaire des étudiants existant depuis le XIXe siècle. Si le conseil académique, constitué en section disciplinaire, est toujours compétent pour prononcer des sanctions à l'égard des usagers de l'université (art. L. 811-5, al. 1er ; R. 811-10), il ne statue plus « en matière juridictionnelle ». La formation juridictionnelle est remplacée par une « *commission de discipline* », de nature administrative (Décr. n° 2020-785 du 26 juin 2020 relatif à la procédure disciplinaire dans les établissements d'enseignement supérieur, art. R. 811-10 à R. 811-42). L'appel devant le CNESER est supprimé ; il en résulte que les décisions (désormais non juridictionnelles) des sections disciplinaires ne peuvent être déférées qu'au juge administratif de droit commun, le tribunal administratif du siège de l'établissement, par la voie d'un recours en annulation. Cette réforme dont l'un des objectifs était de désengorger le CNESER pour accélérer le traitement des affaires, s'apparente à celle résultant du décret n° 2012-640 du 3 mai 2012 retirant à la juridiction universitaire le contentieux des fraudes au baccalauréat, pour la confier à une « commission de discipline du baccalauréat » instituée dans chaque académie, sous la présidence d'un professeur des universités, président du jury du baccalauréat, désigné par le recteur (art. D. 334-25 s.) Dans le même esprit, le décret n° 2020-181 du 28 février 2020 institue le régime disciplinaire applicable aux candidats à une pré-inscription dans une formation initiale du premier cycle de l'enseignement supérieur mentionnée à l'article L. 612-3 (Parcoursup), en donnant compétence non à la section disciplinaire d'un établissement d'enseignement supérieur mais au recteur de région académique saisi par l'établissement des fraudes et tentatives de fraude (art. D. 312-1-36).

La procédure disciplinaire s'inscrit dans le cadre de la vie étudiante (livre VIII, art. L. 811-5 et L. 811-6, D. 811-10 à D. 811-42). Les dispositions relatives à la procédure qui étaient communes aux usagers et aux enseignants sont remplacées par de dispositions propres aux usagers tenant compte du nouveau statut de la section et de sa commission de discipline. Le décret en Conseil d'État annoncé par l'article L. 811-5, alinéa 2 pour préciser la composition de la section disciplinaire dans le strict respect de la parité entre les hommes et les femmes, et fixer les modalités de désignation de ses membres et de son fonctionnement, est intervenu avec le décret n° 2020-785 du 26 juin 2020 relatif à la procédure disciplinaire dans les établissements d'enseignement supérieur (art. R. 811-10 à R. 811-42). Il prévoit en outre des dispositions transitoires non codifiées pour les procédures engagées devant les sections disciplinaires compétentes à l'égard des usagers avant sa publication, ainsi qu'aux appels formés devant le CNESER contre les décisions intervenues dans ces procédures (art. 15 à 21, non codifiés). Le décret reprend les dispositions réglementaires précédentes (art. R. 712-9 s. qui, sous réserve des modifications apportées, restent applicables aux enseignants-chercheurs) auxquelles il donne une nouvelle articulation. Il introduit toutefois quelques dispositions nouvelles, modernisant les anciennes (par ex. en mentionnant la possibilité de recourir à « tout moyen permettant de conférer date certaine », pour la demande de renvoi adressée au recteur de région académique, art. R. 811-23 ; pour la transmission de la copie de la lettre de saisine à l'usager poursuivi, art. R. 811-27 ; pour la convocation devant la commission de discipline, art. R. 811-31) et incluant des « moyens de conférence audiovisuelle » (pour les séances de la commission de discipline, art. R. 811-31). En maintenant les principales garanties disciplinaires (principe du contradictoire, droit d'être assisté ou représenté par un conseil de son choix, motivation de la décision) tout en tenant compte de la déjuridictionnalisation (remplacement des formations d'instruction et de jugement par une commission de discipline, art. R. 811-20 ; présentation d'observations orales et non de sa défense, art. R. 811-27 ; la personne poursuivie et non plus déférée, art. R. 811-33). Deux innovations sont introduites en ajoutant aux sanctions des mesures de responsabilisation (art. R. 811-36, II) et une procédure inspirée du « plaider-coupable » (art. R. 811-40).

La section disciplinaire « usagers », autorité administrative non juridictionnelle.

L'article L. 811-5 dispose que « les conseils académiques des établissements publics à caractère scientifique, culturel et professionnel statuant à l'égard des usagers sont constitués par une section disciplinaire qui comprend en nombre égal des représentants du personnel enseignant et des usagers » ; l'incidente précisant qu'elle statue « en matière juridictionnelle » et renvoyant à l'article L. 712-8-2 ayant été abrogée par l'article 33 de la loi n° 2019-828 du 6 aout 2019, il en résulte implicitement qu'ils ressortent désormais de la catégorie autorité administrative non juridictionnelle.

Comme les membres de la section « enseignants-chercheurs », les membres de la section « usagers » sont élus ; le principe électif est fixé par la loi qui dispose que ceux-ci « sont élus respectivement par les représentants élus des enseignants-chercheurs et enseignants et des usagers au conseil académique » (art. L. 811-5, al. 1er). Les représentants des personnels enseignants et des usagers sont en nombre égal, à parité hommes/femmes (art. R. 831-16 s.). Il sont élus au sein des deux commissions du conseil académique parmi les représentants élus du collège auquel ils appartiennent, pour un mandat, renouvelable, dont la durée est celle du conseil académique (art. L. 811-5, al. 1er ; art. R. 811-19 ; avec remplacement pour la durée restant à courir). Par rapport à la formule antérieure, leur nombre a augmenté ; en principe il est fixé à huit (au lieu de six) pour les usagers et pour les enseignants-chercheurs (quatre professeurs des universités, quatre maîtres de conférences ou assimilés sans représentation des autres enseignants) ; pour tenir compte des effectifs d'étudiants et du nombre des sites universitaires, le décret permet de porter le total de seize à vingt-quatre (en respectant les mêmes proportions, art. R. 811-14). La section disciplinaire « usagers » peut toutefois valablement siéger en l'absence des représentants des étudiants, même si, contrairement aux enseignants, ils peuvent avoir des suppléants, en nombre égal à celui des titulaires ; dans le cas où les usagers n'usent pas de leur droit de se faire représenter au sein de la section disciplinaire et ou si, étant représentés, ils s'abstiennent d'y siéger, cette section peut, comme par le passé, valablement délibérer en l'absence de leurs représentants (art. L. 811-5, al. 1er).

Le président de la section disciplinaire (qui, contrairement à la règle antérieure toujours applicable à la section enseignants-chercheurs, n'est plus automatiquement un professeur des universités, art. R. 712-16) et deux vice-présidents sont élus au sein de la section au scrutin secret, majoritaire à deux tours, par les seuls représentants des enseignants-chercheurs (art. R. 811-18 qui maintient l'exigence du *quorum* de la moitié au moins des enseignants-chercheurs ; en cas d'égalité des voix, le membre le plus âgé est toujours désigné ; par contre en cas d'empêchement provisoire du président de la section disciplinaire, celui-ci est remplacé non plus par un suppléant élu mais par le vice-président le plus âgé). Le président de l'université ne peut être membre de la section disciplinaire (art. R. 811-14, al. 3 ; de même art. R. 712-7).

Les règles de compétence sont fixées par l'article R. 811-13 qui reprend les dispositions des articles R. 712-11 et R. 712-12. La section disciplinaire compétente est celle de l'établissement où les faits ont été commis ou dans lequel l'usager est inscrit (art. R. 811-13, al. 1er et 3 ; s'ils ont été commis dans les enceintes et locaux des COMUE, la section compétente est celle de l'établissement désigné par le conseil d'administration de la communauté, al. 2). Pour les personnes qui ne sont pas usagers des établissements publics et sont poursuivies pour fraude ou tentative de fraude, la section compétente est désignée par le recteur de région académique (art. R. 811-13). Une section disciplinaire commune à plusieurs établissements peut être instituée par délibération des établissements concernés (art. R. 811-42). Comme pour les enseignants6chercheurs en formation juridictionnelle, la section disciplinaire est assistée d'un secrétaire mis à sa disposition par le président de l'université (art. R. 811-24).

I. LE MÉCANISME DISCIPLINAIRE

Contrairement à la répression pénale qui impose un respect strict du principe de légalité des délits et des peines, la répression disciplinaire ne repose pas sur une définition stricte des infractions, mais part d'une référence aux obligations des personnes relevant de l'institution en cause ; par contre, les sanctions doivent être prévues et énumérées par la loi, ou précisées par décret. Le mécanisme disciplinaire ainsi défini qui s'appliquait à la procédure juridictionnelle n'est pas modifié par son abandon.

A. LES FAUTES DISCIPLINAIRES

Les faits qui justifient les poursuites sont qualifiés de faute par l'autorité disciplinaire ; contrairement au droit pénal, la loi ne précise pas les incriminations (CE 14 mai 1997, n° 154876, en se basant sur la seule circonstance qu'aucune disposition législative ou réglementaire n'interdisait l'usage des calculatrices pendant l'épreuve en cause, le CNESER n'a pas légalement justifié sa décision). L'article R. 811-11 précise toutefois le double champ, défini il est vrai largement et non exclusivement par l'emploi répété de l'adverbe *notamment*, dans lequel peuvent s'inscrire les sanctions. Les sections disciplinaires peuvent notamment être saisies d'une part des fraudes et tentatives de fraude (art. R. 811-11, al. 1er, 1°), d'autre part de faits de nature à porter atteinte à l'ordre, au bon fonctionnement ou, ajoute le décret, à la réputation de l'université (art. R. 811-11, al. 1er, 2°), pour connaître des faits imputables à leur auteur ou à un complice.

S'agissant des ***fraudes et tentatives de fraude*** visées par la loi (qui peuvent être réalisées à l'occasion d'une inscription, d'une épreuve de contrôle continu, d'un examen ou d'un concours, art. R. 811-11, al. 1er, 1°) ainsi que les fraudes à l'inscription dans un établissement supérieur privé donnant accès à un examen de l'enseignement supérieur public et fraudes ou tentatives de fraude à l'occasion d'un examen donnant accès à un diplôme national (art. R. 811-11, al. 2), les faits ainsi qualifiés peuvent être classiques (par ex. CNESER 13 févr. 2020, n° 1291 : notes personnelles ; fiches récapitulatives insérés dans le code civil ; intercalaires pré-remplis code civil contenant ; règle sur laquelle est inscrite des éléments du cours) ou renouvelés par le recours aux technologies modernes (téléphone portable, ordinateur, calculatrice sophistiquée, montre connectée dont la simple détention a pu être considérée comme constitutive d'une tentative de fraude au regard des consignes données, TA Paris, 30 juin 2015, n° 1419152 ; TA Melun, 7 juin 2016, n° 1508850 ; possibilité de confiscation au cours de l'épreuve sans possibilité de consulter les données stockées en l'absence de consentement de l'intéressé, note DAJ, *LIJ n° 126*), et concerner les étudiants débutants comme les doctorants (sur le plagiat, V. note ci-dessous). Si les fraudes commises dans les examens et concours publics sont réprimées au pénal (art. L. 331-3 ; loi 23 déc. 1901, 3 ans d'emprisonnement, 900 euros d'amende), la question relève aussi du pouvoir disciplinaire. Comme en droit de la fonction publique, une même faute (par ex. le plagiat, le bizutage, le harcèlement...) peut donner lieu à des poursuites pénales et à une action disciplinaire. Si la section disciplinaire est liée par les décisions du juge pénal ayant acquis force de la chose jugée (constatation des faits), elle dispose d'une marge de manœuvre dans la mesure où, si elle a la possibilité de surseoir à statuer en attendant le jugement pénal, mais elle peut aussi prendre sa décision sans attendre l'issue de la procédure pénale.

L'article R. 811-12 (ex.-art. R. 811-10) fixe la procédure en cas de ***flagrant délit de fraude ou de tentative de fraude aux examens et concours***. Le surveillant responsable de la salle doit prendre toutes mesures pour faire cesser la fraude ou la tentative de fraude sans interrompre la participation à l'épreuve du candidat ; il doit saisir les pièces ou matériels qui permettront d'établir la réalité des faits ; il doit dresser dans un délai raisonnable (2 jours, CAA Nantes, 19 juin 2003, n° 00NT00652) un procès-verbal contresigné par les autres surveillants et par l'auteur de la fraude ou de la tentative de fraude ; en cas de refus de contresigner, mention en est portée au procès-verbal (art. D. 811-12, al. 1er). L'expulsion de la salle des examens ne peut être prononcée par l'autorité responsable de l'ordre et de la sécurité dans les enceintes et locaux de l'établissement qu'en cas de substitution de personne ou de troubles affectant le déroulement des épreuves (art. D. 811-12, al. 2). Le non-respect de ces dispositions est constitutif de fautes et ne permet pas de réunir les preuves sans lesquelles l'intéressé ne peut être sanctionné (V. notes ci-dessous, CAA Paris, 15 févr. 2007, n° 04PA02103 : *LIJ 2007, n° 115*). La section disciplinaire est saisie. Le jury délibère sur les résultats des usagers ayant fait l'objet du procès-verbal dans les mêmes conditions que pour les autres candidats. Aucun certificat de réussite ni de relevé de notes ne peut être délivré avant que la commission de discipline ait pris sa décision (art. D. 811-12, al. 6). En cas de nullité de l'épreuve résultant d'une sanction, l'autorité administrative saisit le jury pour qu'il délibère à nouveau (art. D. 811-12, al. 8 ; il en est de même, en l'absence de flagrance, en cas de fraudes présumées amenant le jury d'examen à saisir le chef d'établissement pour qu'il saisisse la section disciplinaire. Si la sanction prise entraîne la nullité de l'épreuve ou d'un groupe d'épreuves, le jury est saisi à nouveau (art. R. 811-13, al. 4) ; si nécessaire, l'autorité administrative retire l'inscription, le diplôme ou l'admission à l'examen ou au concours et saisit à nouveau le jury.

Les faits de nature à porter atteinte à l'ordre, au bon fonctionnement ou à la réputation de l'université (art. R. 811-1, 2) ; il s'agit ici des actes ou des propos visant les personnes, les personnels de l'université ou les autres usagers (violence physique ou verbale, agressions, menaces ; diffamation, atteinte à l'image d'autrui ; comportements irrespectueux ou inappropriés ; propos haineux ; injures à caractère racial, antisémite ; faits ou propos à caractère sexuels ou sexistes). Les atteintes peuvent aussi concerner les biens, publics ou privés, volés ou dégradés. Il peut aussi s'agir de manquements au règlement intérieur mettant en cause la sécurité sur le campus. Ces faits peuvent se produire à l'intérieur de l'établissement mais aussi en dehors de l'enceinte universitaire. Ainsi, un étudiant a été exclu de l'IEP d'Aix-en-Provence pour violence volontaire avec armes à l'encontre d'un étudiant de la même promotion en dehors de l'institut (CE 27 févr. 2019, n° 410644). C'est aussi à l'extérieur que peuvent être tenus les propos injurieux sur les réseaux sociaux, postées des photographies modifiées sans le consentement de la personne représentée (CNESER 10 déc. 2018, n° 1454). Le juge tient ici compte des traditions universitaires, notamment de la liberté d'expression des usagers du service public de l'enseignement supérieur (ainsi, alors que le CNESER avait jugé que le fait d'avoir formulé, dans un journal étudiant des critiques à l'égard du recrutement d'un enseignant-chercheur de l'UFR de STAPS de cette université était de nature à porter gravement atteinte à l'ordre public et aux activités d'enseignement justifiant une exclusion de 3 ans, le Conseil d'État considère que « la teneur de ces journaux n'a pas dépassé les limites de la liberté d'expression des usagers du service public de l'enseignement supérieur à l'égard du fonctionnement de ce service public » (CE 28 sept. 2005, n° 266026). Par rapport au texte antérieur (ex-art. R. 712-10), celui-ci ajoute la réputation de l'université (art. R. 811-1, 2) ; on a pu s'en émouvoir, considérant qu'une formule aussi large ouvrait la voie au plus grand subjectivisme. En fait, le décret reprend ce qui peut apparaître comme un standard du droit disciplinaire de la fonction publique (atteinte à la réputation et à l'image de l'administration), repris pour les enseignants-chercheurs (CE 22 févr. 2012, n° 333573, pour un président d'université) ; il paraissait plus difficile de l'appliquer aux usagers qui, s'ils appartiennent à la communauté universitaire, ne représentent pas l'université ; l'inscription de ce nouveau standard dans le décret pourrait inciter les commissions de discipline à en faire un usage abusif.

B. LES SANCTIONS DISCIPLINAIRES (ART. L. 811-6 ; R. 811-11 S.)

La loi renvoie à un décret en Conseil d'État la détermination des sanctions applicables aux usagers des établissements publics d'enseignement supérieur, qui « comprennent notamment l'exclusion temporaire ou définitive de tout établissement public d'enseignement supérieur, l'interdiction temporaire ou définitive de passer tout examen conduisant à un titre ou diplôme délivré par un établissement public d'enseignement supérieur et l'interdiction de prendre toute inscription dans un établissement public d'enseignement supérieur » (art. L. 811-6). Les sanctions disciplinaires conçues pour réprimer des comportements contraires aux règles qui s'imposent aux usagers doivent être distinguées des mesures administratives prises à titre préventif (mesures de police pour assurer le maintien de l'ordre et le fonctionnement du service public, par ex., l'interdiction d'accès au campus, CE 18 janv. 2019, n° 426884) ou des décisions des jurys tentés de prendre en compte des éléments relevant de la répression disciplinaire dans leur évaluation (V. par ex. les minorations de note « sanctionnant » un plagiat, CAA Paris, 16 mai 2018, n° 584497 : *dépêche AEF*).

La partie réglementaire comprend deux articles, l'un consacré aux usagers des établissements publics d'enseignement supérieur (art. R. 811-36), l'autre applicable aux usagers des établissements privés en cas de fraude ou de tentative de fraude à l'occasion d'une inscription ouvrant l'accès à un examen ou à l'occasion d'un examen conduisant à l'obtention d'un diplôme national (art. R. 811-37), établissant ainsi deux échelles de sanctions. Dans l'un et l'autre cas sont d'abord prévues des sanctions d'ordre moral, avertissement et blâme pour les usagers des établissements publics (art. R. 811- 36, 1° et 2°), seul le blâme étant prévu pour les usagers des établissements privés (art. R. 811-37, 1°). L'article R. 811-36 précise ensuite l'échelle des sanctions d'exclusion, temporaire (pour une durée maximale de 5 ans, 3° et 5°) ou définitive (4° et 6°), ne concernant que l'établissement dans lequel l'usager est inscrit (3° et 4°) ou s'étendant à tout établissement (5° et 6°). On retrouve cette palette à l'article R. 811-37 qui précise que l'interdiction de subir un examen (2°) ou de s'inscrire (3°) peut être temporaire ou définitive (4°). Quand les mesures d'exclusion ou d'interdiction de passer les examens n'excèdent pas deux ans, elles peuvent être prononcées avec sursis. Pour les usagers des établissements publics (art. R. 811-36), en cas de fraude ou de tentative de fraude, le prononcé des sanctions ainsi prévues entraîne la nullité de l'inscription (art. R. 811-36, al. 2) ou d'une épreuve de contrôle continu, d'un examen ou d'un concours ; la commission de discipline décide s'il y a lieu de prononcer, en outre, la nullité du groupe d'épreuves ou de la session d'examen ou du concours. En cas d'exclusion de l'établissement pour cinq ans et plus, la sanction entraîne en outre l'interdiction de prendre toute inscription dans le ou les établissements publics dispensant des formations post-baccalauréat, de subir des examens sanctionnant ces formations ainsi que de subir tout examen conduisant à un diplôme national

A l'instar du droit disciplinaire applicable dans le second degré qui prévoit des mesures éducatives (art. R. 511-17), le décret n° 2020-785 du 26 juin 2020 introduit ***la mesure de responsabilisation*** qui, dans l'échelle des sanctions, s'interpose entre les sanctions morales et les mesures d'exclusion (art. R. 811-36). Version disciplinaire du travail d'intérêt général, cette mesure implique une participation bénévole, en dehors des heures d'enseignement, pour une durée maximale de quarante heures à des activités de solidarité, culturelles ou de formation à des fins éducatives. Sa réalisation est subordonnée à l'accord de l'étudiant, obtenu par la conclusion d'un contrat dont un arrêté à venir doit prévoir les clauses types. Si l'étudiant refuse de s'engager ou en cas d'inexécution de la mesure, la commission de discipline détermine la sanction applicable (art. R. 811-36, II). Elle doit respecter la dignité de l'usager, ne pas l'exposer à un danger pour sa santé et demeurer en adéquation avec ses capacités. Elle peut être exécutée au sein de l'établissement, d'une association, d'une collectivité territoriale, d'un groupement rassemblant des personnes publiques ou d'une administration de l'État. Si la mesure de responsabilisation est exécutée à l'extérieur de l'établissement, elle impose l'accord de l'usager et, lorsqu'il est mineur, celui de son représentant légal.

II. LA PROCÉDURE DISCIPLINAIRE

L'abandon de la forme juridictionnelle pour la discipline des usagers entraîne des changements procéduraux. Dorénavant, les sections disciplinaires statuent ici comme les autres autorités disciplinaires et prennent, au terme d'une procédure administrative non contentieuse, des décisions administratives dont la légalité peut être examinée par les tribunaux administratifs. En fait, l'évolution de la procédure administrative non contentieuse (dans laquelle on a pu voir une juridictionnalisation fonctionnelle) apporte aux usagers des garanties proches par le respect des principes généraux du droit (légalité des sanctions, *non bis in idem*, principe du contradictoire, droits de la défense, obligation de motivation, droit au recours...).

A. L'ENGAGEMENT DES POURSUITES (REPRISE DE L'ART. R. 721-29 S.)

La section disciplinaire est en principe saisie par le président de l'université. Dans le cas des COMUE le président ou le directeur de l'établissement ainsi désigné est compétent pour engager les poursuites (art. R. 811-13, al. 2). Alors qu'auparavant le recteur d'académie ne pouvait intervenir qu'à titre exceptionnel, en cas de défaillance du président, dorénavant le recteur de région académique dispose comme le président de la possibilité d'engager les poursuites disciplinaires « à son initiative ou sur saisine de toute personne s'estimant lésée par des faits imputés à l'usager » (art. R. 811-25). Déterminant les faits sanctionnables et jugeant de l'opportunité des poursuites, le président ou le recteur de région académique adresse une lettre au président de la section disciplinaire indiquant l'identité des personnes poursuivies, précisant l'objet des poursuites ainsi que les faits qui leur sont reprochés avec toutes pièces justificatives (art. R. 811-26). Dès sa réception, le président de la section disciplinaire en transmet copie à la personne poursuivie ainsi que, s'il s'agit d'un mineur, aux personnes qui exercent à son égard l'autorité parentale ou la tutelle, ainsi qu'au président de l'université, au recteur de région académique et au médiateur académique (art. R. 811-27, al. 1er). Cette lettre indique à l'usager poursuivi le délai dont il dispose pour présenter des observations écrites, précise qu'il peut se faire assister ou représenter par un conseil de son choix, demander à être entendu par les rapporteurs chargés de l'instruction de l'affaire et prendre connaissance du dossier pendant le déroulement de cette instruction (art. R. 811-27, al. 2). Le recteur de région académique est en outre compétent en cas de fraude ou de tentative de fraude contre un étudiant de l'enseignement privé candidat à un examen public.

B. LA COMMISSION DE DISCIPLINE

Les formations d'instruction et de jugement inhérentes à la juridiction sont supprimées et remplacées par une commission de discipline chargée d'examiner les affaires (art. R. 811-20). Les membres de la commission de discipline sont désignés par le président de la section disciplinaire selon un rôle qu'il établit. Pour faire face au nombre des affaires, il a la possibilité d'en instituer plusieurs. Chaque commission est présidée par le président de la section disciplinaire « usagers » ou par un vice-président de la section disciplinaire. Elle comprend huit membres, quatre enseignants-chercheurs (deux professeurs et deux maîtres de conférences, dont son président) et quatre usagers. Pour assurer son **impartialité**, les interdictions prévues dans le texte précédent sont reprises. Ne peuvent siéger les membres de la section disciplinaire faisant l'objet de poursuites disciplinaires, auteurs des plaintes, ou témoins des faits ayant donné lieu aux poursuites. Ils doivent être remplacés par un membre du même collège désigné par le président de la section disciplinaire (art. R. 811-21 ; R. 712-26). En effet, « nul ne peut siéger dans une commission de discipline s'il existe une raison objective de mettre en doute son impartialité ». Un membre d'une commission de discipline peut estimer devoir s'abstenir. En outre, comme en matière juridictionnelle, l'usager peut **récuser** un membre de la commission de discipline. Si la commission fait droit à sa demande, il est remplacé par un membre du même collège désigné par le président de la section disciplinaire ; il en est de même quand un membre se déporte (art. R. 811-22). De plus, s'il existe une raison objective de mettre en doute l'impartialité de la section disciplinaire initialement saisie dans son ensemble, ou en cas de risque avéré de trouble à l'ordre public ou au bon fonctionnement de l'établissement, l'examen des poursuites peut être attribué à la section disciplinaire d'un autre établissement. Mais, contrairement à la garantie contenue dans le texte antérieur, la décision de dépaysement est prise non par une juridiction (en l'occurrence le CNESER, art. R. 712-27-1) mais par le recteur de région académique. Saisi dans un délai de quinze jours par l'usager poursuivi, le président de l'université ou le médiateur académique, il se prononce sur la demande de renvoi, dans un délai de deux mois ; le recteur de région académique peut également, sans être saisi d'une demande, prendre une décision de renvoi dans un délai de quinze jours (art. R. 811-23). Alors que la publicité peut être présentée comme une garantie, l'article R. 811-32 reprend la règle contenue dans l'article R. 712-36 : comme pour les anciennes formations d'instruction et de jugement, les séances des commissions de discipline qu'elles soient consacrées à l'instruction ou à l'examen des affaires ne sont pas publiques. S'il avait été jugé que, lorsque sont encourues des sanctions de nature à priver les intéressés de la liberté d'accéder aux professions soumises à conditions de diplôme, les formations de jugement du CNESER devaient siéger publiquement (CE 7 juin 2000, *M. Zumerly*, n° 206362), désormais, la publicité des débats n'interviendra qu'en cas de recours au tribunal administratif.

1° Le rapport

Le président de la section disciplinaire désigne pour chaque affaire, au sein de la commission de discipline, un rapporteur (enseignant qui ne peut être le président de la commission, art. R. 811-8, al. 2) et un rapporteur adjoint, membre du collège usager, qui instruisent le dossier dans un délai maximum de deux mois (art. R. 811-28) par tous les moyens qu'ils jugent propres à les éclairer. Ils recueillent les observations écrites de l'intéressé, qu'ils peuvent convoquer, l'entendent sur sa demande, peuvent procéder à toutes les autres auditions et consultations qu'ils estiment utiles. Mais les rapporteurs peuvent se contenter de recueillir les observations écrites de l'intéressé et du président de l'université, et peuvent recevoir en audition des témoins. Il n'existe plus d'obligation formelle de tenir des séances d'instruction ; le travail des rapporteurs peut se faire sur la base d'échanges écrits. Lorsque la poursuite concerne un étudiant en médecine, en odontologie ou en pharmacie dans le cadre de sa participation à l'activité hospitalière, les rapporteurs invitent les responsables hospitaliers à faire connaître ses observations. Le rapport d'instruction comporte l'exposé des faits ainsi que les observations présentées, le cas échéant, par le président de l'université et par la personne poursuivie. Il est transmis au président de la commission de discipline, qui peut demander aux rapporteurs de poursuivre l'instruction s'il estime que l'affaire n'est pas en état d'être examinée par la commission de discipline, notamment en raison d'éléments nouveaux portés à la connaissance de la section disciplinaire. Le rapport d'instruction et les pièces du dossier sont tenus à la disposition de la personne poursuivie et du président de l'université, de leur conseil et des membres de la commission de discipline pendant la période d'au moins dix jours prévue au premier alinéa de l'article R. 811-31 (art. R. 811-29).

2° L'examen de l'affaire

Le président de la commission de discipline fixe la date de la séance d'examen de l'affaire et convoque les membres de la commission (art. R. 811-30). Il convoque la personne poursuivie, quinze jours au moins avant la date de la séance en mentionnant le droit, pour l'intéressé ou son conseil, de consulter le rapport d'instruction et des pièces du dossier pendant une période débutant au moins dix jours avant la date de la séance et de présenter des observations orales pendant la séance. En l'absence de la personne poursuivie dûment convoquée, la commission de discipline peut décider soit de siéger si l'intéressé n'a pas fourni de motifs justifiant son absence, soit de renvoyer l'examen de l'affaire à une date ultérieure ; à la demande de la personne poursuivie, des moyens de conférence audiovisuelle peuvent être mis en place avec l'accord du président de la commission de discipline (art. R. 811-35). Un *quorum* de la moitié des membres de la section disciplinaire est requis sans que les représentants des étudiants puissent être plus nombreux que ceux des enseignants ; l'absence des usagers régulièrement convoqués n'empêche pas la tenue de la séance (art. L. 811-5). Le cas échéant, les représentants des usagers admis à siéger sont désignés par le président de la commission après un tirage au sort (art. R. 811-32, al. 3). La séance de jugement permet d'entendre contradictoirement, en présence de l'intéressé et, le cas échéant, de son conseil, qui peuvent présenter des observations, le rapporteur (ou, en son absence, un membre de la commission de discipline désigné par son président parmi les enseignants, qui lit son rapport), les témoins si le président de la commission de discipline l'estime nécessaire et les personnes qui ont engagé les poursuites, c'est-à-dire le président de l'université ou le recteur de région académique ou leurs représentants. Toute personne ayant la qualité de témoin qui s'estime lésée par les agissements de l'usager poursuivi peut demander à être entendue, assistée le cas échéant de la personne de son choix. La personne poursuivie a la parole en dernier. Après la levée de la séance, la décision de sanction est prise par les membres de la commission de discipline ayant assisté à la totalité de la séance, en présence du secrétaire (art. R. 811-33) qui, comme les membres de la commission de discipline, est tenu de respecter le secret sur l'ensemble des opérations d'instruction et sur les débats relatifs à l'affaire examinée (art. R. 811-34). Le procès-verbal ne doit pas faire mention des opinions exprimées pendant les débats (art. R. 811-35). Comme dans les autres procédures disciplinaires, si plusieurs sanctions sont proposées au cours des débats suivant la séance de la commission, la plus forte est mise aux voix la première ; toutes les décisions sont prises au scrutin secret à la majorité des présents ; si aucune sanction ne recueille la majorité des voix, la poursuite est considérée comme rejetée (art. R. 811-38).

3° La décision (art. R. 811-39)

La décision a pour objet de sanctionner ou de relaxer l'usager. Elle est prise au scrutin secret à la majorité des présents. ***Elle doit être motivée***, en fait (pour apporter la preuve, il faut des faits exacts non de simples présomptions, V. note ci-dessous) et en droit. Elle est signée par le président de la séance et par le secrétaire. La sanction prend effet à compter du jour de sa notification. La décision est affichée à l'intérieur de l'établissement. La commission de discipline peut décider que cet affichage ne comprendra pas l'identité de la personne sanctionnée (formule inchangée malgré le changement de nature de la sanction, contrairement aux sanctions infligées aux élèves, art. D. 511-30 à D. 511-43). Elle est notifiée par le président de la section disciplinaire à la personne poursuivie. S'il s'agit d'un mineur, elle est en outre adressée, dans la même forme, aux personnes qui exercent à son égard l'autorité parentale ou la tutelle. La décision de sanction est également adressée au président de l'université et au recteur de région académique. La notification mentionne les voies et délais de recours contentieux.

La décision s'impose à l'autorité administrative compétente (le président de l'université) qui doit prendre les mesures qui en découlent. Lorsqu'une sanction est prononcée en raison d'une fraude ou tentative de fraude après l'inscription, la délivrance du diplôme ou l'admission à l'examen ou au concours, l'autorité administrative compétente doit retirer, en conséquence de la nullité devenue définitive en résultant, l'inscription, le diplôme ou l'admission à l'examen ou au concours ; le cas échéant, elle saisit le jury pour une nouvelle délibération portant sur les résultats obtenus par l'intéressé (art. R. 811-41, al. 2). L'inscription prise dans le cadre des examens annulés s'impute sur le nombre des inscriptions pédagogiques autorisées dans la réglementation du diplôme (art. R. 811-41, al. 3). Aucun des titres acquis pendant la durée des exclusions ou des interdictions ne peut être pris en considération en vue de dispense partielle ou totale des enseignements ou épreuves nécessaires à l'obtention des diplômes délivrés par un établissement public d'enseignement supérieur (art. R. 811-41, al. 3). Les sanctions disciplinaires sont inscrites au dossier de l'intéressé. Celles prévues aux 1° à 3° sont effacées, au terme d'un délai de trois ans, du dossier si aucune autre sanction n'est prononcée pendant cette période.

C. « PLAIDER-COUPABLE »

Dans les seuls cas de fraude ou de tentative de fraude, le décret n° 2020-785 du 26 juin 2020 institue une procédure inspirée du « plaider-coupable » (procédure de comparution sur reconnaissance préalable de culpabilité introduite par l'art. 137 de la L. n° 2004-204 du 9 mars 2004, C. pr. pén., art. 495-7 à 495-16, permettant de juger rapidement l'auteur d'un délit qui reconnaît les faits reprochés ; une peine est alors proposée par le procureur ; en cas d'acceptation, le juge homologue la décision au terme d'une audience particulière). Si dans les établissements publics d'enseignement secondaire, le chef d'établissement peut depuis 2011 prononcer les sanctions à l'exception de l'exclusion définitive, cette possibilité n'est pas suspendue à la reconnaissance préalable des faits (art. R. 511-14). Dans l'enseignement supérieur, le chef d'établissement n'a pas un pouvoir de sanction, mais de proposition. Quand l'usager reconnaît directement les faits, quand la matérialité des faits n'a pas besoin d'être prouvée ou attestée par un travail d'instruction, le président de l'université peut désormais proposer une sanction à l'usager (art. R. 811-40, al. 1er). En cas d'acceptation, le président de l'université doit saisir le président de la section disciplinaire en vue de la réunion de la commission de discipline qui se prononce sur la proposition de sanction (art. R. 811-40, al. 5). Cette possibilité n'est prévue que pour les sanctions les moins fortes (avertissement, blâme, mesure de responsabilisation, exclusion de l'établissement pour une durée qui ne peut alors excéder un an, art. R. 811-40, al. 2). L'usager est convoqué pour un entretien avec le président de l'université (qui peut se faire représenter). Les droits de la défense sont préservés : l'usager dispose d'un délai de huit jours pour préparer sa défense ; le courrier mentionnant les faits reprochés, doit lui rappeler la procédure applicable ainsi que les sanctions maximales encourues ; il est en droit de se faire assister d'un conseil de son choix. En outre, l'usager peut toujours revenir sur la reconnaissance des faits et refuser la proposition de sanction (art. R. 811-40, al. 2). Le président de l'université ou son représentant entend l'usager et, le cas échéant, son conseil, en présence d'un membre du collège représentant les usagers (art. R. 811-14, 3°) désigné par le président de la section disciplinaire ; toutefois, l'absence de cet usager n'empêche pas la tenue régulière de l'entretien s'il a été régulièrement convoqué (art. R. 811-40, al. 3). Le président de l'université informe l'usager qu'il dispose d'un délai de réflexion de quinze jours pour faire connaître s'il accepte ou refuse cette proposition (art. R. 811-40, al. 4). En cas d'acceptation, le président de l'université saisit le président de la section disciplinaire pour qu'il réunisse la commission de discipline appelée à se prononcer sur la proposition de sanction (art. R. 811-5). Si la proposition est adoptée, la sanction prévue est notifiée à l'usager (art. R. 811-6, renvoyant à l'art. R. 811-39). Si, au terme du délai de réflexion de quinze jours, l'usager n'a pas répondu à la proposition de sanction, s'il la refuse ou si la commission de discipline rejette cette proposition de sanction, le président d'université doit alors engager les poursuites devant la section disciplinaire selon la procédure ordinaire (art. R. 811-7, renvoi à l'art. R. 811-25 s.). Si l'intention est louable, on peut craindre que la désectionnalisation des fautes mineures ne se heurte à la complexité procédurale.

III. LE RECOURS DEVANT LE TRIBUNAL ADMINISTRATIF

Avant 2021, les sanctions prononcées par les sections disciplinaires en matière juridictionnelle étaient susceptibles d'appel devant le CNESER en formation disciplinaire, dont les décisions pouvaient être déférées au Conseil d'État, juge de cassation ; celui-ci vérifiait l'exacte appréciation et la qualification des faits, ainsi que la proportionnalité de la mesure ; il assurait le respect des principes généraux du droit disciplinaire, notamment l'impossibilité d'aggraver en appel une sanction infligée en première instance lorsque le juge a été saisi du seul recours de la personne frappée par la sanction (CE11 sept. 2013, n° 362391 ; CE 21 janv. 2015, n° 361529) ; la fréquence des annulations (CE 16 mai 2018, n° 414515) a contribué à justifier la réforme introduite par la loi de 2019. Depuis le décret de 2021, les sections disciplinaires compétentes à l'égard des usagers prenant des sanctions administratives, leurs décisions (administratives) relèvent en premier ressort du tribunal administratif du siège de l'établissement, par la voie d'un recours en annulation. En principe, le contentieux des sanctions relève de l'excès de pouvoir ; le recours pour excès de pouvoir est ouvert à l'encontre des sanctions disciplinaires, infligées par l'administration aux agents publics, aux détenus, aux élèves et désormais aux étudiants. Le contrôle du juge porte sur l'exactitude matérielle des faits et sur le caractère fautif de ceux-ci. Il examine la légalité de la sanction à la date de son édiction et son caractère proportionné. Toutefois, les textes peuvent prévoir un recours de plein contentieux qui nécessite l'assistance d'un avocat, mais permet de demander au juge administratif, non seulement de valider ou d'annuler un acte administratif, mais également de réformer l'acte, de lui en substituer un nouveau ou encore de condamner l'administration au paiement d'une somme d'argent. De même permet-il de faire application d'une loi nouvelle plus douce entrée en vigueur entre la date à laquelle l'infraction a été commise et celle à laquelle il statue. Ainsi, le décret n° 2012-640 du 3 mai 2012 dispose que les sanctions prononcées par la « commission de discipline du baccalauréat » sanctionnant les fraudes peuvent faire l'objet d'un recours de plein contentieux devant le tribunal administratif territorialement compétent (art. R. 334-35) ; il en est de même pour les sanctions prononcées par la commission de discipline du BTS (art. R. 643-32-11, Décr. n° 2020-651 du 28 mai 2020, art. 1er). Pour éviter tout risque de censure de la part de la Cour européenne des droits de l'homme, le Conseil d'État a pris une position de principe considérant que relève du plein contentieux la contestation d'une sanction infligée à un administré (CE, ass., 16 févr. 2009, *Sté ATOM*, n° 274000). L'usager étant un administré, on pourrait souhaiter que cette solution lui soit étendue. Il est en effet nécessaire de lever l'ambiguïté que le silence gardé par le décret de 2021 n'a pas levé pour apprécier la réforme qu'il introduit ; si la possibilité d'un recours à des juges dont la professionnalité et les compétences juridiques sont avérées (et garanties par les voies de recours prévues par le CJA) est évidemment une garantie, on peut se demander si l'inexistence d'une instance d'appel n'est pas un élément régressif.

A noter que le tribunal administratif pourra aussi être saisi pour l'éventuelle réparation des préjudices subis par les usagers du fait de la procédure disciplinaire ; ne s'agissant plus d'un dommage causé par l'exercice de la fonction juridictionnelle, le patrimoine concerné n'est plus celui de l'État (CE 27 févr. 2004, *Popin c/ Université de Strasbourg*, n° 217257) mais de l'université. ❑

1. Section disciplinaire. Composition. Les dispositions combinées de l'art. L. 712-3 dans sa version issue de la L. du 10 août 2007 et des art. 6, 26 et 27 du Décr. du 13 juill. 1992 précisent que la section disciplinaire du conseil d'administration de l'université compétente pour les usagers ne comprend, parmi ses membres, qu'un seul professeur des universités qui la préside tout en siégeant dans sa commission d'instruction. La Haute assemblée juge qu'ainsi cette commission, qui examine la situation de l'usager visé par une procédure disciplinaire et qui compte en son sein l'autorité qui préside ensuite l'instance disciplinaire est de nature à vicier les procédures disciplinaires dont font l'objet les usagers des universités. L'université requérante est donc fondée à demander l'annulation de la décision implicite incriminée. L'autorité administrative dispose de quatre mois pour prendre les mesures nécessaires pour assurer la régularité de la procédure disciplinaire. • CE 17 juill. 2013, *Univ. Paris I-Panthéon-Sorbonne*, n° 361614 : *AJDA 2013. 1542, note Poupeau*.

2. Section disciplinaire. Composition. Suppléants. Aux termes de l'art. 6 du Décr. du 13 juill. 1992 relatif à la composition de la section disciplinaire compétente à l'égard des usagers, seuls les représentants des usagers peuvent avoir des suppléants. Toutefois, les membres de la section peuvent être remplacés en cas de doute sérieux sur leur impartialité. * Lettre DAJ B1 n° 09-71 du 2 mars 2009 : *LIJ 2009, n° 134, p. 23.*

Art. L. 811-6 Un décret en Conseil d'État détermine les sanctions applicables aux usagers d'un établissement public d'enseignement supérieur *[V. art. R. 811-10]*. **Celles-ci comprennent notamment l'exclusion temporaire ou définitive de tout établissement public d'enseignement supérieur, l'interdiction temporaire ou définitive de passer tout examen conduisant à un titre ou diplôme délivré par un établissement public d'enseignement supérieur et l'interdiction de prendre toute inscription dans un établissement public d'enseignement supérieur.**

BIBL. ▶ Mazodier, Blémont, Foucault et Kesler, La fraude aux examens dans l'enseignement supérieur, *Rapp. IGAENR n° 2012-027, avr. 2012.*

I. FRAUDE

Fraudes aux examens : V. aussi notes ss. art. L. 511-1 (pour l'enseignement secondaire).

1. Procédure. Mesures utiles. Aux termes de l'art. 22 du Décr. du 13 juill. 1992, en cas de flagrant délit de fraude ou tentative de fraude aux examens ou concours, le surveillant responsable de la salle prend toutes mesures pour faire cesser la fraude ou la tentative sans interrompre la participation à l'épreuve du ou des candidats. Il saisit les pièces ou matériels permettant d'établir ultérieurement la réalité des faits. Il dresse un procès-verbal contresigné par les autres surveillants et par le ou les auteurs de la fraude ou de la tentative de fraude. En cas de refus de contresigner, mention est portée au procès-verbal. Toutefois, en cas de substitution de personne ou de troubles affectant le déroulement des épreuves, l'expulsion de la salle des examens peut être prononcée par les autorités compétentes. Le non-respect de ces dispositions est constitutif de fautes commises dans la surveillance de cette épreuve. Dès lors, faute de preuves, la section disciplinaire du conseil d'administration de l'établissement ne peut que relaxer le candidat ne pouvant acquérir la certitude des faits reprochés au candidat. • CAA Paris, 15 févr. 2007, n° 04PA02103 : *LIJ 2007, n° 115, p. 8. – V. aussi LIJ 2004, n° 86, p. 16.*

2. Flagrant délit. Téléphone portable. En cas de flagrant délit de fraude ou de tentative de fraude, le surveillant responsable de la salle d'examen prend toutes les mesures pour faire cesser la fraude ou la tentative de fraude sans interrompre la participation à l'épreuve du ou des candidats. La seule détention d'un téléphone portable durant l'épreuve ne saurait suffire en soi à caractériser une fraude. Mais la mise en conformité avec les consignes données peut justifier la confiscation temporaire de l'appareil qui doit être restitué à la fin de l'épreuve. Les données personnelles stockées dans un téléphone confisqué ne peuvent pour autant être consultées sans l'accord de l'étudiant. En l'absence de consentement exprès de l'intéressé, il doit être fait application du régime des perquisitions. Dès lors, seul un officier de police judicaire commis dans le cadre d'une enquête de flagrance ou d'une information judiciaire peut procéder au contrôle des données stockées dans le téléphoné portable d'un élève ou d'un étudiant. Il entre dans les seules prérogatives d'un juge d'instruction d'autoriser le contrôle des communications afin d'établir la réalité de la fraude et de déterminer l'identité de complices susceptibles d'encourir les mêmes peines que le fraudeur.* Lettre DAJ A1 n° 08-118 du 2 mai 2008 : *LIJ 2008, n° 126, p. 28.*

3. Fraude. Tentative. Montre connectée. Possession sur soi. Non prise en compte de l'élément intentionnel de l'infraction. Le tribunal a considéré que la simple détention d'une montre connectée par un candidat lors d'une épreuve du baccalauréat est constitutive d'une tentative de fraude justifiant une sanction. Bien que l'intention frauduleuse ne ressorte pas des circonstances de l'espèce, les consignes prohibant, sur le candidat lui-même lorsqu'il est dans la salle d'examen, la possession d'un appareil connecté avaient été rappelées en début d'épreuves. • TA Melun, 7 juin 2016, n° 1508850 • TA Paris, 30 juin 2015, n° 1419152.

4. Fraude à l'occasion d'une inscription. En application de l'art. 40 du Décr. n° 92-657 du 13 juill. 1992, la sanction prévue à l'occasion d'une fraude ou tentative de fraude à l'inscription entraîne la nullité de l'inscription. * Lettre DAJ B1 n° 09-158 du 11 mai 2009 : *LIJ 2009, n° 137, p. 16.*

5. Fraude en vue d'une inscription. Atteinte grave au principe de la réussite sociale fondée sur le mérite et le travail. Un ancien étudiant est condamné à 6 mois d'emprisonnement avec sursis et à l'interdiction de toute fonction ou emploi public pour une durée de 5 ans pour s'être introduit dans le système informatique de l'université afin d'y falsifier ses notes dans le but d'améliorer son dossier d'inscription à Sciences Po. Le juge estime que les faits ont occasionné une atteinte grave au principe de la réussite sociale fondée sur le mérite et le travail. • Paris, 24 sept. 2014, n° 12/05607.

6. Plagiat. Une thèse constitue une œuvre de l'esprit au sens de l'art. L. 112-2 1 CPI, protégée par la législation, qui permet à son auteur de poursuivre les personnes qui en font une utilisation constitutive d'une contrefaçon. • Civ. 1re, 15 juin 1994, n° 21-61.158. ♦ Le non-respect de ces principes peut conduire à considérer que le diplôme a été obtenu par fraude et peut entraîner une poursuite disciplinaire conduite sur le fondement du décret relatif à la procédure disciplinaire dans les établissements publics d'enseignement supérieur. Selon les dispositions de la L. du 23 déc. 1901 réprimant les fraudes aux examens et aux concours publics, toute fraude commise lors des examens qui ont pour objet l'acquisition d'un diplôme délivré par l'État constitue un délit. Ces dispositions permettent de poursuivre ceux qui ont obtenu ou cherché à obtenir frauduleusement des titres publics ainsi que leurs complices. * DAJ B1 n° 11-312 du 30 sept. 2011 : *LIJ 2011, n° 160, p. 19.* ♦ V. aussi notes ss. art. L. 613-1. ♦ Dans une affaire où une étudiante contestait la qualification juridique des faits en faisant valoir que la reprise du texte rédigé par un tiers qu'elle a effectuée dans son mémoire de fin d'études était trop limitée pour pouvoir être regardée comme un plagiat, le juge estime au contraire que cette reprise pouvait bien être regardée comme un plagiat. En l'espèce, les faits consistaient, dans l'introduction intitulée « avant-propos » de son mémoire, en la reproduction presque intégrale de deux paragraphes d'un texte figurant au sein de documents réalisés par un autre étudiant, et ce sans référencement, le texte étant présenté au contraire comme personnel et de nature à justifier le sujet choisi par son auteure ; par ailleurs, interrogée lors de la soutenance de son mémoire sur les similitudes de celui-ci avec d'autres travaux, l'intéressée n'a pas fait état de cette reprise devant le jury. Ces agissements, considérés comme fautifs, sont donc susceptibles de donner lieu à une sanction disciplinaire. • TA Paris, 3e ch., sect. 2, 28 janv. 2016, n° 1428114.

7. Comportement frauduleux. Permettre à un autre candidat de recopier son travail. Dans une affaire où le juge était amené à déterminer si le fait, pour la requérante, d'avoir laissé copier son travail par une autre candidate au cours de l'examen pouvait être constitutif d'une fraude, celui-ci estime que le jury a décidé à bon droit d'éliminer la candidate pour fraude. En l'espèce en effet, alors que la requérante soutenait que si elle avait « pu manquer de vigilance au cours de l'examen », elle n'était « pas à l'origine de la fraude » et en était même la victime. Le juge ayant relevé, à l'examen des quatre copies litigieuses et des rapports des correcteurs, que ces dernières présentaient des similitudes flagrantes dans l'énoncé et la présentation des solutions proposées et comportaient les mêmes erreurs, il a retenu que, compte tenu tant de la nature des erreurs relevées dans les quatre copies que du caractère quasi identique de leurs rédactions, les faits litigieux n'ont pu être réalisés qu'avec la participation des deux candidates. • TA Melun, 9 juill. 2013, n° 1106515 : *LIJ 2013, n° 179, p. 7.*

8. Conséquences. Refus d'inscription. Aucune disposition législative ou réglementaire n'autorise une université à refuser l'inscription d'un étudiant au seul motif qu'une procédure disciplinaire est engagée à son encontre. • CE 6 mars 2009, n° 305338 B : *AJDA 2009. 458.* ♦ En se bornant à différer le renouvellement de l'inscription de l'intéressé jusqu'à l'intervention de la décision de la section disciplinaire du conseil d'administration, l'université ne commet aucune faute de nature à engager sa responsabilité. • CAA Paris, 15 févr. 2007, n° 04PA02103 : *préc. note 1.*

9. Conséquences. Non-publication des

résultats d'examen. L'administration, saisie d'un rapport de suspicion de fraude, n'a pas à se prononcer sur la fraude, cette compétence relevant de la section disciplinaire après instruction contradictoire. Elle ne porte pas une atteinte grave et manifestement illégale aux libertés, à la présomption d'innocence et au droit de choisir un établissement universitaire pour la poursuite de ses études en ne publiant pas les résultats d'examen du candidat. Rejet du référé sur ce fondement. • TA Versailles, réf., 24 juill. 2009, n° 0906735 : *LIJ 2009, n° 139, p. 10.*

10. Préjudice. Le juge a toutefois estimé que l'expulsion de l'intéressé de la salle d'examen ne l'a pas privé d'une chance sérieuse de réussir l'examen litigieux compte tenu du niveau de ses notes lors de la session de juin ainsi qu'aux deux premières épreuves de la session de septembre, et du caractère très improbable de l'obtention de résultats suffisants lors des deux dernières épreuves. Par suite, l'intéressé ne peut pas non plus se prévaloir de la perte d'une chance sérieuse de trouver un emploi d'agent de maîtrise faute d'obtention de sa licence. • CAA Paris, 15 févr. 2007, n° 04PA02103 : *préc. note 1.*

II. AUTRES CAUSES

11. Faits de violence commis hors de l'établissement. Le Conseil d'État a jugé que des faits de violence qui se sont produits en dehors de l'enceinte de l'établissement mais qui ont eu un retentissement sur le climat régnant entre les étudiants et sur la santé et la scolarité de la victime sont de nature à porter atteinte à l'ordre ou au bon fonctionnement de l'université. Ils justifient à ce titre une sanction disciplinaire. En l'espèce, le requérant, étudiant de l'institut d'études politiques (IEP) d'Aix-en-Provence avait commis des faits de violence volontaires avec usage ou menace d'une arme et soutenait que la section disciplinaire n'était pas compétente pour connaître des poursuites engagées contre lui et contestait la sanction d'exclusion définitive prise à son encontre. Le juge a estimé que la circonstance que les faits soient commis en dehors du service public ne fait pas obstacle « lorsqu'ils sont d'une telle gravité que leur incidence affecte le service public jusque dans son fonctionnement ou dans ses usagers ». • CE 27 févr. 2019, n° 410644 B : *AJDA 2019. 488 ; Vigie 2019, n° 111, p. 7.*

12. Propos diffamatoires. Le chef d'établissement peut, de manière générale, prendre toute mesure utile au maintien de l'ordre. Il est ainsi compétent pour prendre des mesures interdisant à certaines personnes l'accès aux locaux. La mise en œuvre de ces dispositions suppose toutefois l'existence de menaces particulières de désordre grave imputable à l'intéressé. Par ailleurs, une procédure disciplinaire peut être engagée à l'encontre de tout usager, lorsqu'il est auteur ou complice de faits de nature à porter atteinte à l'ordre et au bon fonctionnement de l'établissement. Dans ce cadre, la sanction de l'exclusion de l'usager est possible. Des soupçons ou même des faits, qui ne se sont traduits par aucune action judiciaire ou disciplinaire, ne constituent pas un motif légitime permettant d'opposer un refus à une demande d'inscription. Pour des propos diffamatoires tenus sur un campus : * Lettre DAJ B1, n° 09-347 du 27 oct. 2009 : *LIJ 2009, n° 140, p. 31.*

III. SANCTIONS

13. Exclusion. La sanction d'exclusion d'un an prise à l'encontre d'une étudiante à raison de la fraude commise à l'occasion de l'inscription entraîne la nullité du concours d'admission en seconde année du premier cycle des études médicales et fait obstacle à son inscription en seconde année du premier cycle des études médicales. • CAA Douai, 12 oct. 2000, n° 00DA00793.

14. Refus de redoublement. N'ayant pu être notée à une épreuve en raison de la fraude qu'elle a commise lors de l'examen, une étudiante d'un institut universitaire de technologie s'était vu refuser l'autorisation de redoubler sa deuxième année de scolarité. Le directeur, qui n'a pas pris une telle décision à titre de sanction disciplinaire, pouvait, sans commettre d'erreur de droit, refuser une telle autorisation, l'étudiante ne remplissant pas les conditions pour bénéficier d'un redoublement de droit. • CAA Bordeaux, 26 oct. 2004, n° 01BX01235.

15. Communication de notes et certificats de réussite. A l'issue d'une procédure disciplinaire, si la section disciplinaire du conseil d'administration considère que l'étudiant n'a commis aucune fraude, un certificat de réussite doit lui être délivré sans délai. Dans le cas contraire, aucun relevé ou certificat ne peut lui être délivré. * Lettre DAJ B1 n° 08-99 du 25 mars 2008 : *LIJ 2008, n° 125, p. 24.*

16. Compétence de la section disciplinaire. Étudiant pris en flagrant délit de fraude lors de la dernière épreuve d'un contrôle continu, aucun élément ne permettant de considérer qu'il a fraudé lors des autres épreuves du contrôle continu. La section disciplinaire peut prononcer la nullité de la dernière épreuve seulement ou de l'ensemble des épreuves. * Lettre DAJ B1 n° 09-158 du 11 mai 2009 : *LIJ 2009, n° 137, p. 16.* ♦ Étudiant pris en flagrant délit de fraude lors de l'une des trois épreuves passées le même jour dans le cadre de la première session d'un examen terminal. Même réponse. * Lettre DAJ B1 n° 09-158 du 11 mai 2009 : *préc.*

V. aussi note ss. art. L. 811-5.

IV. PROCÉDURE DISCIPLINAIRE

Sur l'illégalité du Décr. n° 92-657 du 13 juill. 1992 (art. 6, 8, 26 et 27) relatifs à la section disciplinaire compétente à l'égard des usagers des universités : V. notes ss. art. L. 712-6-2.

V. aussi notes ss. art. L. 232-2.

17. Convocation à audience. Irrégularité. Absence. Dans une affaire où le requérant soutient ne pas avoir été convoqué régulièrement à l'audience organisée par le CNESER pour statuer sur son appel, au motif que l'adresse indiquée sur l'enveloppe de la lettre de convocation à l'audience se limitait à l'indication de la rue, de la ville et du code postal sans mentionner le numéro de son domicile, le juge estime que, si l'adresse figurant sur l'enveloppe en cause est revenue non décachetée à la juridiction, il ressort des pièces du dossier que cette enveloppe porte également la mention « avisé le ... » qui témoigne du fait que les services postaux ont identifié l'adresse exacte du requérant et ont présenté à son domicile l'avis de passage du pli contenant la convocation à l'audience que l'intéressé s'est abstenu d'aller retirer au bureau de poste. Le moyen doit ainsi être écarté. • CE 28 nov. 2013, n° 357206.

18. Signature du procès-verbal de tentative de fraude. Irrégularité. Absence. Dans la même affaire, le juge estime que le CNESER n'a pas commis d'erreur en droit en estimant que la circonstance que le requérant n'ait été invité que le 24 sept. à signer et à apposer ses observations au procès-verbal rédigé sur place lors de l'examen du 16 septembre, où sa tentative de fraude a été constatée, n'a pas été de nature à entacher d'irrégularité la procédure disciplinaire. • CE 28 nov. 2013, n° 357206. ♦ La procédure disciplinaire qui a été engagée à l'encontre d'une étudiante pour tentative de fraude n'a pas été viciée par la circonstance que le surveillant a dressé dans un délai raisonnable de deux jours le procès-verbal d'incident, dès lors que les dispositions de l'art. 22 du Décr. n° 92-657 du 13 juill. 1992 relatif à la procédure disciplinaire dans les établissements publics d'enseignement supérieur [V. ss. art. L. 712-4] l'autorisaient à établir ultérieurement la réalité des faits. • CAA Nantes, 19 juin 2003, n° 00NT00652.

19. Étudiant absent. L'art. 29 du Décr. du 13 juill. 1992 précise qu'en l'absence de la personne déférée, la formation de jugement apprécie, le cas échéant, les motifs invoqués pour expliquer cette absence et si elle les juge injustifiés, continue à siéger. En cas d'absence, la procédure est réputée contradictoire. C'est donc à la section disciplinaire qu'il revient d'apprécier si l'absence de la personne convoquée était justifiée. * Lettre DAJ B1 n° 09-297, 23 sept. 2009 : *LIJ 2009, n° 139, p. 21.*

20. Étudiant en stage à l'étranger. S'agissant de fraude commise par un étudiant effectuant un stage obligatoire à l'étranger, la DAJ a précisé que, dès lors que l'établissement sait que ses étudiants se trouvent à l'étranger, il semble nécessaire de leur notifier la décision à leur adresse à l'étranger pendant la période de stage.* Lettre DAJ B1 n° 09-297, 23 sept. 2009 : *préc. note 19.* ♦ Qu'en aucun cas les sanctions ne devaient être communiquées aux entreprises. * Même avis. ♦ Sur la question de savoir si les étudiants étaient autorisés à poursuivre leur stage, la DAJ a répondu que cela dépendait de la sanction prononcée. Toute sanction entraînant pour l'intéressé la nullité de l'épreuve correspondante. L'intéressé est réputé avoir été présent à l'épreuve sans l'avoir subie. Mais il appartient aussi à la section disciplinaire de décider si elle annule seulement l'examen pour lequel il y a eu fraude, ou bien si elle annule l'ensemble de la session. * Même avis. ♦ Cette décision de la section disciplinaire conditionne donc la possibilité de valider ou non l'année universitaire. * Même avis. ♦ Enfin, le stage étant une période de formation durant laquelle un étudiant régulièrement inscrit poursuit la préparation d'un diplôme dans une entreprise ou un organisme en dehors des locaux de l'université, il appartient à l'établissement de déterminer si la sanction prononcée nécessite ou non l'interruption du stage. Il semble toutefois que seules les sanctions de l'exclusion définitive de l'établissement, l'exclusion de tout établissement public d'enseignement supérieur pour une durée maximum de cinq ans et l'exclusion définitive de tout établissement public d'enseignement supérieur puissent aboutir à l'interruption du stage dès la notification de la sanction. * Même avis.

21. Délai raisonnable. Il résulte des principes généraux qui gouvernent le fonctionnement des juridictions administratives que les justiciables ont droit à ce que leurs requêtes soient jugées dans un délai raisonnable. Le caractère raisonnable du délai de jugement d'une affaire doit s'apprécier de manière à la fois globale, compte tenu, notamment, de l'exercice des voies de recours, particulière à chaque instance et concrète, en prenant en compte sa complexité, les conditions de déroulement de la procédure et, en particulier, le comportement des parties tout au long de celle-ci, mais aussi, dans la mesure où la juridiction saisie a connaissance de tels éléments, l'intérêt qu'il peut y avoir, pour l'une ou l'autre, compte tenu de sa situation particulière, des circonstances propres au litige et, le cas échéant, de sa nature même, à ce qu'il soit tranché rapidement. En l'espèce, en l'absence de difficultés particulières propres à cette affaire et à l'intérêt qui s'attachait à ce que la demande de sursis à exécution fût examinée rapidement, le délai de 11 mois, qui s'est écoulé entre la date à laquelle le requérant l'a présentée devant le CNESER et celle où elle est devenue sans objet du fait de la décision rendue au fond, est excessif. • CE 13 févr. 2012, n° 346549 B : *AJDA 2012. 357*. ♦ Lorsque la durée globale du jugement n'a pas dépassé le délai raisonnable, la responsabilité de l'État est néanmoins susceptible d'être engagée si la durée de l'une des instances a, par elle-même, revêtu une durée excessive, notamment s'agissant d'une procédure d'urgence ; résulte de ce qui précède que le requérant est fondé à soutenir que son droit à un délai raisonnable de jugement a été méconnu et à demander la réparation, par l'État, du préjudice qui en est directement résulté. • CE 13 févr. 2012, n° 346549 B : *préc.*

V. CONTRÔLE DU JUGE

22. Illégalité d'une décision d'exclusion prise sur le fondement de simples présomptions. En se fondant sur de simples présomptions et non sur des faits dont l'exactitude matérielle incontestable aurait permis d'établir l'existence d'une fraude, pour exclure un étudiant des épreuves de sélection pour l'entrée dans un établissement, au motif que ce dernier aurait acquis connaissance par fraude des sujets des épreuves, l'administration ne peut être regardée comme ayant apporté la preuve, qui lui incombe, de la réalité de la fraude prétendument commise par l'intéressé. • CE 17 juin 1998, n° 178836 B.

23. Illégalité pour insuffisance de motivation. Le juge annule la décision de relaxe prise en appel par le CNESER pour insuffisance de motivation. En l'espèce, le CNESER « s'est borné » à faire état, sans se prononcer sur leur bien-fondé, des allégations du requérant, « au demeurant le plus souvent dépourvues de lien avec l'appréciation de l'existence d'un comportement frauduleux de sa part », et à « mentionner, sans autre précision », le témoignage d'une surveillante ayant vu l'intéressé composer et remettre une copie. De plus, le CNESER « omet d'indiquer les motifs » pour lesquels il estime la réalité de la fraude non établie alors même que les différences d'écriture entre copies d'une épreuve à l'autre ont été relevées par la section disciplinaire et confirmées par une expertise graphologique versée au dossier qui conclut que ces copies n'ont pas été rédigées par la même personne. Ce faisant, le CNESER n'a pas mis le juge de cassation à même d'exercer son contrôle. Le Conseil d'État annule donc cet arrêt et renvoie l'affaire devant le CNESER pour qu'il statue à nouveau. • CE 18 déc. 2013, n° 352171 : *AEF 7 janv. 2014, Dépêche n° 192069, comm. Toulemonde.*

24. Contrôle du juge. Faits dénaturés. Dans une affaire où un étudiant, inscrit pour la septième fois en première année de licence de droit, avait été exclu de manière définitive de tout établissement public d'enseignement supérieur en raison de ce qu'il s'était rendu coupable du vol de deux cent dix ouvrages de la bibliothèque universitaire, le juge relève que les pièces du dossier permettent de soupçonner des restitutions fictives de sa part, par le passage des puces électroniques d'identification, décollées de l'ouvrage d'origine, devant les dispositifs automatisés qui enregistrent les retours des documents empruntés ; que, parmi les quelques ouvrages rapportés par lui à la suite de relances, plusieurs avaient eu leur puce électronique arrachée, puis recollée. Il en déduit que l'université de Lille 2 est fondée à soutenir que le CNESER, statuant en formation disciplinaire, « a dénaturé les pièces du dossier qui lui était soumis en estimant qu'elles n'établissaient pas la réalité des griefs reprochés ». • CE 6 nov. 2017, n° 393269.

25. Contrôle du juge. Degré d'intensité. Contrôle normal. Le juge, saisi d'un recours en excès de pouvoir, exerce un contrôle normal sur la question de savoir si la sanction prononcée à l'encontre d'un usager du service public de l'enseignement est proportionnée aux faits reprochés à l'intéressée. • TA Paris, 3e ch., sect. 2, 28 janv. 2016, n° 1428114.

26. Contrôle du juge. Proportionnalité entre la faute et la sanction. Dans une affaire où, en raison d'un comportement violent, la section disciplinaire de l'université de Nice Sophia Antipolis avait infligé à un étudiant la sanction d'exclusion de tout établissement d'enseignement supérieur pendant trois ans. Sur appel de l'intéressé, le CNESER avait réduit cette peine à une exclusion de trois ans limitée à l'université en question. L'étudiant avait alors saisi le Conseil d'État dans la cadre du contrôle de cassation. En l'espèce, le juge considère que le CNESER n'a pas, eu égard au comportement de l'intéressé et alors même que celui-ci disait regretter la tournure des événements, prononcé une sanction hors de proportion avec les fautes reprochées. • CE 6 nov. 2017, n° 402380.

VI. RESPONSABILITÉ

27. Absence de faute. Une étudiante soutenait qu'elle avait dénoncé des fraudes commises lors des examens par d'autres étudiants et qu'elle avait été, de ce fait, victime d'agressions verbales de ces étudiants et de discrimination, l'université ayant été informée de ces agressions. L'étudiante n'invoquant pas explicitement dans ses mémoires une abstention ou une carence de l'université face à ces pratiques, ces seules circonstances, à les supposer établies, ne sont pas de nature à établir une faute de l'université susceptible d'engager sa responsabilité. • CAA Versailles, 9 févr. 2006, n° 04VE03425.

28. Absence de faute lourde. La décision par laquelle la section disciplinaire du conseil d'administration d'une université a exclu une étudiante pour une durée de six mois dont trois avec sursis pour s'être rendue coupable d'une tentative de fraude, a été annulée par le Conseil national de l'enseignement supérieur et de la recherche faute d'élément probant. Toutefois, eu égard aux éléments dont disposait la section disciplinaire du conseil d'administration, celle-ci n'a pas commis, dans l'exercice de sa fonction juridictionnelle, en prononçant une telle sanction disciplinaire et en décidant de la rendre exécutoire nonobstant appel, une faute lourde, seule de nature à engager la responsabilité de l'État. • CAA Nantes, 19 juin 2003, n° 00NT00652.

VII. APPEL

V. aussi note ss. art. L. 232-2

29. CNESER. Pouvoirs. Il résulte des principes généraux du droit disciplinaire qu'une sanction infligée en première instance par une juridiction disciplinaire ne peut être aggravée par le juge disciplinaire d'appel saisi du seul recours de la personne sanctionnée, y compris lorsque le juge d'appel statue par voie d'évocation après avoir annulé le jugement de première instance. Le juge disciplinaire d'appel qui méconnaît cette règle ignore l'étendue de sa compétence. Cette règle appartient, dès lors, à l'ordre public qu'il appartient au juge de cassation de protéger, au besoin en relevant d'office sa méconnaissance. • CE 17 juill. 2013, n° 362481 : *AJDA 2013. 1542* ; *AEF, Dépêche n° 186893, comm. Toulemonde* ; *LIJ 2013, n° 178, p. 20.* ♦ Une juridiction d'appel ne peut aggraver la sanction prononcée en première instance si elle n'est saisie que par la personne sanctionnée. • CE 11 sept. 2013, n° 362391 : *AEF, Dépêche n° 188536, 9 oct. 2013, comm. Toulemonde.*

VIII. RECOURS EN CASSATION

30. Office du juge de cassation. L'appréciation, par la juridiction disciplinaire, de la proportionnalité de la sanction aux manquements retenus ne peut être utilement discutée devant le juge de cassation qu'en cas de dénaturation. Dans une affaire où les faits de l'espèce, souverainement appréciés par le CNESER, montrent que la requérante a commis une tentative de fraude à l'épreuve écrite pour l'examen d'entrée à l'école des avocats, en détenant des codes annotés ainsi que des fiches de cours dans un sac qu'elle avait conservés auprès d'elle, le juge considère qu'en estimant que de tels manquements justifiaient la sanction de l'exclusion de tout établissement public d'enseignement supérieur pour une durée de deux ans, le CNESER n'a pas entaché de dénaturation son appréciation quant à la proportionnalité de la sanction à la faute commise. • CE 28 nov. 2013, n° 357206.

31. Qualité pour former un recours. Une université, qui a été partie dans l'instance qui a donné lieu à des décisions par lesquelles le Conseil supérieur de l'éducation nationale a annulé les décisions de la section disciplinaire de cette université infligeant des sanctions à des étudiants et a régulièrement reçu notification de ces décisions, a qualité pour former un recours en cassation contre lesdites décisions du Conseil supérieur de l'éducation nationale. • CE 17 janv. 1992, n°s 68756 et 68757 A.

IX. CONSÉQUENCES

32. Droits acquis. Absence. L'acte obtenu par fraude ne peut faire naître de droits acquis et peut être retiré sans délai. • CE 17 juin 1955, *Sieur Silberstein : Lebon 334.*

TITRE DEUXIÈME LES AIDES AUX ÉTUDIANTS ET LES ŒUVRES UNIVERSITAIRES

BIBL. GÉN. ► Baudet, Pourquoi les étudiants continuent de galérer ?, *Le Monde, Campus, 7 nov. 2006. 34.* – Beduwe et Dupray, D'une Génération à l'autre : l'inquiétude des jeunes en question, *CEREQ, BREF, n° 361, 2018 : http://www.cereq.fr/index.php/content/download/20484/177629/file/BREF361-num.pdf.* – Beffy, Fougère et Maurel, L'impact du travail salarié des étudiants sur la réussite et la poursuite des études universitaires, *Économie et statistique n° 422, 2009.* – Castell, Portella et Rivalin, Les principales ressources des 18-24 ans. Premiers résultats de l'enquête nationale sur les ressources des jeunes, *INSEE Première, n° 1603, juin 2016.* – Delio, La condition sociale des étudiants, un sujet de réflexion, *Dr. soc. 1977. 372.* – Figuière-Lamouranne, L'ouverture sociale dans l'enseignement Post-Baccalauréat, *Rapport MEN, avr. 2002.* – Gruel et Vourc'h, Les conditions de vie des étudiants en Europe, *Les cahiers de l'Institut d'aménagement et d'urbanisme de la région Île-de-France, n° 143, IAURIF, oct. 2005.* – Iribarnegaray, Les étudiants, une population particulièrement fragile psychiquement, *Le Monde, 13 janv. 2021. 13.* – Laïb, La réussite des étudiants selon les difficultés financières et la perception d'une allocation d'études, *MESRI-SIES, Note d'information Enseignement supérieur & Recherche, n° 14. 05, août 2014.* – Le Bars, L'endettement étudiant, bulle financière et politique, *Le Monde, Campus, 7 nov. 2018. 6.* – Lièvre, Les ressources des étudiants selon la formation suivie, *MESRI-SIES, Note d'information Enseignement supérieur & Recherche, n° 18. 05, mai 2018.* – Orivel, Les aides aux étudiants en France, *Dr. soc. 1977. 395.* – La stratégie pluriannuelle d'amélioration des conditions de vie étudiante, Communication au conseil des ministres du 19 sept. 2007, *AJDA 2007. 1732*. – Sur l'endettement des étudiants, Rép. min. n° 30281, *JOAN Q 17 sept. 2013,* *p. 9705.* – Cour des comptes, Le réseau des œuvres universitaires et scolaires : une modernisation indispensable, *Rapp. public annuel 2015, févr. 2015.* – Les principales ressources des 18-24 ans. Premiers résultats de l'enquête nationale sur les ressources des jeunes, *INSEE Première, n° 1603, juin 2016 : http://www.insee.fr/fr/ffc/ipweb/ip1603/ip1603.pdf.* – Évaluation stratégique des bourses du gouvernement français, *Rapp. d'évaluation final, MAEDI_15113_DGM, 3 janv. 2017 : https://www.diplomatie.gouv.fr/IMG/pdf/evaluation_bgf_-_rapport_final_cle09a61f.pdf.* – Préparer son entrée dans l'enseignement supérieur. Guide pratique, *MESRI, 2018 : http://cache.media.enseignementsup-recherche.gouv.fr/file/Vie_etudiante/52/6/MESRI_sociale C_DP_A4_12b_982526.pdf.* – Services et initiatives des établissements à l'usage des étudiants. Enquête nationale conditions de vie des étudiant-e-s 2016, Observatoire de la vie étudiante, mars 2018 : *http://www.ove-national.education.fr/medias/Service_et_initiatives_CdV_2016.pdf.*

▸ **Œuvres universitaires :** Minot, Retour à la cogestion dans les œuvres universitaires, *Rev. adm. 1970. 552.* – Cour des comptes, Le réseau des œuvres universitaires et scolaires : une modernisation indispensable, *Rapp. public annuel 2015, févr. 2015.*

▸ **Logement social :** Anciaux, Le logement étudiant et les aides personnalisées, *Rapp. MEN, 2004.* – Floc'h, Logement étudiant : toujours la galère, *Le Monde, 5 déc. 2008. 26.* – Grignon et Gruel, Le logement étudiant, *Rapp. MEN, 2004.* – Loison, Les centres régionaux des œuvres universitaires, principal recours des étudiants face à la crise du logement, *Le Monde, 9 janv. 2008. 4.* – Pastor, Le logement étudiant et les aides personnelles au logement, *Rapp. MEN, 2008 ; AJDA 2008. 326.*

▸ **Bourses :** Adnot, Le contrôle des conditions de maintien des droits des étudiants boursiers : le scandale des « copies blanches », *Sénat, Rapp. d'information, n° 729 (2015-2016), 29 juin 2016.* – Algava et Lièvre, Les boursiers sur critères sociaux en 2016-2017, MESRI, *Note Flash du SIES, n° 12, sept. 2017.* – Fabre, Les boursiers de l'enseignement supérieur en 2005-2006, *MEN, Note d'information, n° 07.26, mai 2007.* – Kremer, L'université face aux « faux » étudiants boursiers, *Le Monde, 28 mai 2013.* – Lemaire, Pour une réforme du régime d'attribution des bourses de l'enseignement supérieur, *AJDA 2013. 1473.* – Papagiorgiou, Les boursiers sur critères sociaux en 2017-2018, *MESRI-SIES, Note Flash du SIES n° 1, janv. 2019.* – Rollot, Bourses universitaires. Appui aux classes moyennes, *Le Monde, 20 sept. 2007. 21.* – Vachey, Dizambourg, Reboul et Bonaccorsi, La gestion des bourses de l'enseignement supérieur, *Rapp. IGAENR, nov. 2006.* – Wauquiez, Les aides aux étudiants – Les conditions de vie étudiante : comment relancer l'ascenseur social ?, *Rapport au Premier ministre, juill. 2006, www.ladocumentationfrancaise.fr.* – Commission européenne, National student fee and support systems, *Eurydice, coll. Facts and figures, 2013/14.* – Sur les modalités d'accès aux bourses d'enseignement supérieur et les modalités d'octroi en cas de parents séparés, Rép. min. n° 35301, *JOAN Q 17 sept. 2013, p. 9714.* – Sur le calcul du droit à la bourse pour les étudiants, Rép. min. n° 35662, *JOAN Q 24 sept. 2013, p. 10089.* – Sur la pérennité de l'aide au mérite, Rép. min. n° 07688, *JO Sénat Q 1er août 2013, p. 2241.* – Sur les conditions d'attribution des bourses en faveur des étudiants de l'enseignement supérieur pour les jeunes issus du monde rural, Rép. min. n° 07185, *JO Sénat Q 4 juill. 2013, p. 1979.* – OCDE, Equity and quality in Education. Supporting disadvantaged students and schools. *Ed. OCDE, 2012.* – Les boursiers sur critères sociaux en 2016-2017, *MESRI, Note flash du SIES, n° 12, sept. 2017.*

▸ **Aspects budgétaires :** Rabault et Andre, *Ass. nat., Commission des finances, de l'économie générale et du contrôle budgétaire sur le projet de loi de finances pour 2017, Rapp. n° 4125. Annexe n° 38 – Recherche et enseignement supérieur – Enseignement supérieur et vie étudiante, 13 oct. 2016.*

CHAPITRE PREMIER LES AIDES AUX ÉTUDIANTS

Art. L. 821-1 **La collectivité nationale accorde aux étudiants, dans les conditions déterminées par voie réglementaire, des prestations qui sont dispensées notamment par** *(L. n° 2013-660 du 22 juill. 2013, art. 107)* **« le réseau des œuvres universitaires mentionné à l'article L. 822-1 » où les étudiants élisent leurs représentants sans distinction de nationalité et où les collectivités territoriales sont représentées dans les conditions et selon des modalités fixées par décret. Elle privilégie l'aide servie à l'étudiant sous condition de ressources afin de réduire les inégalités sociales.**

Les collectivités territoriales et toutes personnes morales de droit public ou privé peuvent instituer des aides spécifiques, notamment pour la mise en œuvre de programmes de formation professionnelle.

BIBL. ▸ Hirsch, Diversité sociale et territoriale dans l'enseignement supérieur, *Rapp., déc. 2020.*

COMMENTAIRE

Depuis le décret du 9 janvier 1925 décidant d'attribuer des bourses aux étudiants, les aides et procédures se sont multipliées. Régulièrement, il est proposé de remettre à plat la politique d'aide aux étudiants pour en atténuer la complexité et rechercher une meilleure efficacité (par ex., Rapport Wauquiez, 2006). Pour répondre à ce souci le dossier social étudiant (DSE) a été créé, qui permet d'adresser au centre régional des œuvres universitaires et scolaires (CROUS) à la fois une demande d'aide financière et de logement (dans une logique de « guichet unique », DES et APB, dossier social et affectation sont aujourd'hui harmonisés avec dématérialisation du DES pour faciliter l'accès aux bourses). La loi n° 2013-660 du 22 juillet 2013 relative à l'enseignement supérieur et à la recherche (ESR) a modifié l'article L. 821-1, soulignant le rôle du réseau des œuvres universitaires pour délivrer au nom de l'État des prestations aux étudiants en formation initiale. Le système de bourses privilégie l'aide sous conditions de ressources pour réduire les inégalités sociales, même si des aides fondées sur une autre logique ont pu être mises en place. La partie réglementaire présente depuis 2015 les bourses et aides attribuées par l'État selon des conditions d'études, d'âge, de diplôme, de nationalité, de ressources (même si elles ne sont pas imposables, V. note ss. art. L. 821-1) ou de mérite fixées par le ministre (de l'enseignement supérieur : art. D. 821-1, mais aussi de l'agriculture ou de la culture : art. D. 821-10 s.) sans présenter les autres outils que peut mobiliser cette politique.

La loi n° 2018-166 du 8 mars 2018 relative à l'orientation et à la réussite des étudiants (ORE) introduit un article L. 621-1-1 disposant que dans le respect d'un cadre national défini par arrêté du ministre chargé de l'enseignement supérieur, le président ou chef d'établissement détermine les conditions de scolarité et d'assiduité applicables à l'ensemble des étudiants inscrits dans une formation d'enseignement supérieur, conditions qui sont prises en compte pour le maintien du bénéfice des aides attribuées aux étudiants sur le fondement de l'article L. 821-1. La même loi exonère de la contribution étudiante qu'elle crée (art. L. 841-5) les étudiants bénéficiant d'une bourse de l'enseignement supérieur ou autre dispositif d'aide (ainsi que ceux bénéficiant du statut de réfugié ou de la protection subsidiaire ou étant enregistrés par l'autorité compétente en qualité de demandeur d'asile et disposant du droit de se maintenir sur le territoire) de la contribution créée par cette loi.

Les ***bourses d'enseignement supérieur*** sur critères sociaux (BECS) sont accordées aux étudiants confrontés à des difficultés matérielles qu'ils soient inscrits à l'université (le taux d'étudiants boursiers est de 44 % en licence et de 32 % en master, Sies) ou dans les classes post-baccalauréat des établissements publics et des établissements privés sous contrat d'association (art. R. 821-5) ; il en est de même des établissements d'enseignement supérieur privés habilités (art. L. 821-2), notamment des établissements techniques (art. L. 821-3 ; V. Décr. n° 2017-548 du 14 avr. 2017 relatif à l'aide accordée aux personnes inscrites dans une formation labellisée par la Grande École du numérique) ; considérées comme une aide complémentaire à celle de la famille, elles ne suppriment pas l'obligation alimentaire des parents qui doivent assurer l'entretien de leurs enfants, même majeurs, tant que ces derniers ne sont pas en mesure de subvenir à leurs propres besoins (C. civ., art. 203 et 371-2). Pour tenir compte des ruptures familiales, des bourses ont été mises en place à la rentrée 2013 pour les jeunes en situation d'autonomie ou d'indépendance financière avérée et versées indépendamment des revenus des parents (V. Circ. n° 2015-101 du 9 juin 2015 relative aux modalités d'attribution des bourses d'enseignement supérieur sur critères sociaux et des aides à la mobilité internationale pour l'année 2015-2016, *BOEN n° 28 du 9 juill.*).

Même s'il était boursier dans le second degré, l'étudiant doit faire une demande expresse. La décision est prise par le recteur d'académie (art. R. 821-2) après vérification des conditions d'âge, de diplôme, de nationalité et des ressources.

Pour une première demande, il doit en principe avoir moins de 28 ans, la limite d'âge pouvant être reculée en fonction de la durée du service civique (C. serv. nat., art. L. 120-1 s.), du volontariat dans les armées (C. serv. nat., art. L. 121-1 s.) ou du volontariat international (C. serv. nat., art. L. 122-1 s.). Pour tout étudiant, la limite d'âge est reculée d'un an par enfant élevé. Aucune limite d'âge n'est opposable à l'étudiant atteint d'un handicap reconnu par la Commission des droits et de l'autonomie des personnes handicapées. Chaque année, les modalités comme les plafonds de ressources et les taux de ces bourses sont fixés par arrêtés ministériels (V. par. ex. Arr. du 15 juill. 2015).

Le décret n° 2017-969 du 10 mai 2017 institue une prime à la mobilité pour les étudiants de licence inscrits pour la première fois, l'année qui suit l'obtention de leur licence, en première année du diplôme national de master. Il en fixe les conditions de versement (pour les boursiers sur critères sociaux ou aides spécifiques). Une circulaire du 9 juillet 2018 permet au CROUS de verser une aide à certains bacheliers dont les vœux n'ont pas été satisfaits par Parcousup et qui doivent effectuer une mobilité géographique pour s'inscrire en L1.

Les bourses qui permettent de financer des études en France ou dans un État membre du Conseil de l'Europe sont destinées aux étudiants de nationalité française, mais les ressortissants d'un État membre de l'Union européenne ou de l'Espace économique européen peuvent en bénéficier s'ils ont précédemment occupé un emploi en France, à temps plein ou à temps partiel, ou si l'un de leurs responsables légaux dispose de revenus en France (art. 7 et 10 du règlement (UE) n° 492/2011 du Parlement européen et du Conseil du 5 avr. 2011 relatif à la libre circulation des travailleurs à l'intérieur de l'Union) et s'ils remplissent l'une des conditions pour présenter un degré minimal d'intégration dans la société française (un an de séjour au minimum, avoir suivi leur scolarité en France, avoir des liens familiaux en France).

Les aides financières prévues pour les étudiants de nationalité française peuvent être attribuées dans certaines conditions aux étrangers ; des bourses sur critères sociaux peuvent être attribuées aux ressortissants de l'espace économique européen (notamment aux membres de la famille d'un travailleur migrant [CJCE 13 févr. 1985, *François Gravier c/Ville de Liège*, n° 293/83] auquel la Cour a assimilé le travailleur frontalier : CJUE *Giersch e. a. c/ État du Grand-Duché de Luxembourg*, n° C-20/12 : *LIJ 2013, n° 178*) et aux étudiants bénéficiant du statut de réfugié ou apatride reconnu par l'OFRA (ainsi qu'aux étrangers bénéficiaires de la protection subsidiaire). Pour les étudiants de nationalité étrangère non européens, seuls sont éligibles les étudiants domiciliés en France depuis au moins deux ans attestant d'un foyer fiscal de rattachement à la condition qu'ils soient réfugiés reconnus (CESEDA, art. L. 713-1) ou titulaires d'une carte de séjour temporaire ou d'une carte de résident délivrée en application. De manière générale, si les étudiants étrangers peuvent recevoir une aide de leur propre pays, le ministère des affaires étrangères met en place des bourses dédiées gérées par le réseau des ambassades : bourses d'études, de stage, de séjour scientifique de haut niveau, bourses d'excellence (Eiffel notamment en cas de cotutelle de thèse ; Major pour les meilleurs élèves non français des lycées français à l'étranger).

Par ailleurs, un arrêté du 19 octobre 2009 a créé une allocation financière « Parcours de réussite professionnelle » pour soutenir le parcours d'intégration des jeunes qui, arrivés en France au cours de leur scolarité, s'engagent dans des études en IUT, STS ou CPGE.

Sont éligibles aux bourses d'enseignement supérieur les étudiants dont les revenus de la famille sont inférieurs à 33 100 euros (pour 2015). Les boursiers et les pupilles de la nation sont exonérés de droits universitaires (art. R. 719-49). Réparties en neuf échelons (dont l'échelon 0 qui ne comporte aucune aide), ces bourses sont donc destinées aux étudiants les plus modestes. Elles sont attribuées pour dix mois.

Pour tenir compte des ruptures familiales, des bourses ont été mises en place à la rentrée 2013 pour les jeunes en situation d'autonomie ou d'indépendance financière avérée et versées indépendamment des revenus des parents (V. Circ. n° 2015-101 du 9 juin 2015 relative aux modalités d'attribution des bourses d'enseignement supérieur sur critères sociaux et des aides à la mobilité internationale pour l'année 2015-2016, *BOEN n° 28 du 9 juill.*).

A la différence des bourses sur critères sociaux attribuées aux étudiants des premier et second cycles, des bourses de troisième cycle peuvent se fonder sur des critères universitaires. Il existe ainsi des bourses sur critères universitaires et sociaux pour les étudiants préparant un diplôme de master ou le concours de l'agrégation (Circ. n° 2003-066 du 25 avr. 2003). Les bourses font l'objet d'une attribution annuelle ; la demande se fait par télématique (DES) ; l'administration applique le barème ; le recteur, ordonnateur secondaire, ordonnance la dépense qui fait l'objet d'un paiement mensuel par le CROUS.

L'article D. 821-2 mentionne aussi ***les aides au mérite*** qui ont pu être assimilées à des bourses de service public (étudiants se destinant aux concours externes de la fonction publique, Circ. n° 87-316 du 9 oct. 1987 ; bourses de préparation des concours enseignants). Ainsi l'article L. 821-4 dispose que les étudiants inscrits dans les instituts d'études politiques (IEP) et préparant le concours d'entrée à l'École nationale d'administration peuvent recevoir de l'État les moyens nécessaires à la poursuite de leurs études. Ainsi, des bourses de mérite ont pu être accordées aux étudiants de l'IEP de Paris dans le cadre fixé par le contrat passé avec les établissements classés en ZEP sans méconnaître le principe d'égalité. Mises en place par une circulaire du 8 juillet 1998 pour favoriser l'accès des étudiants méritants aux formations ENA et ENM, elles ont été étendues aux étudiants se destinant au métier d'enseignant (Circ. n° 2009-1017 du 5 juin 2009) avant d'être consacrées par le décret n° 2008-974 du 18 septembre 2008, permettant aux bacheliers ayant obtenu la mention très bien de recevoir un complément de 1800 euros par an, renouvelable jusqu'en master en fonction des résultats obtenus. Jugée inefficace, cette aide a été supprimée à la rentrée 2014, le Gouvernement préférant augmenter les bourses sur critères sociaux (V. Circ. n° 2015-027 du 19 févr. 2015 réservé aux étudiants boursiers titulaires du baccalauréat avec la mention très bien). Le juge des référés, considérant qu'il y avait un doute sérieux sur cette mesure (prise par circulaire alors que ce régime est fondé sur l'art. 1er du Décr. n° 2008-974 du 18 sept. 2008) et que la condition d'urgence était remplie (pour les étudiants qui se voyaient privés d'une part substantielle de leurs ressources), décida de suspendre cette mesure (CE, ord., 17 oct. 2014, n° 384757 : *AJDA 2015. 200*, la suspension, par le juge des référés, de la suppression par circulaire de l'aide au mérite accordée aux étudiants en études supérieures a pour effet de faire revivre la circulaire antérieure et ainsi de rétablir cette aide). Toutefois, un arrêté du 11 mai 2015 divise de moitié le montant de cette aide au mérite pour les nouveaux boursiers. La diminution de l'aide devrait aussi concerner les étudiants bénéficiant d'un emploi d'avenir de professeur auxquels des bourses de service public sont attribuées par le recteur (Décr. n° 2013-51 du 15 janv. 2013). Des prix peuvent être attribués par les établissements ou par d'autres organismes publics (Chancellerie, pouvoirs publics, CNFPT…) ou privés (cercles…).

Le ministre chargé de l'enseignement supérieur détermine en outre les conditions dans lesquelles une aide d'urgence peut être allouée aux étudiants par les directeurs des centres régionaux des œuvres universitaires et scolaires (art. D. 821-4). Le Fonds national d'aide d'urgence (FNAU) permet d'apporter une aide financière rapide et personnalisée, ponctuelle, aux étudiants rencontrant de graves difficultés et à ceux qui doivent faire face à des difficultés spécifiques durables, comme la rupture familiale. L'attribution et le montant de cette aide font l'objet d'une décision du directeur du CROUS, sur la base de critères nationaux, après avis d'une commission dans laquelle siègent les représentants des étudiants. (V. Circ. n° 2011-0014 du 28 juin 2011). Pour venir en aide aux étudiants en grande difficulté, le CROUS met par ailleurs en place des dispositifs d'hébergement d'urgence et des guichets d'accueil ouverts pendant les périodes de congés universitaires.

Le ministre chargé de l'enseignement supérieur peut en outre créer des ***aides financières à la mobilité internationale*** permettant aux étudiants de suivre une formation supérieure à l'étranger dans le cadre d'un programme d'échanges ou d'effectuer un stage international inscrit dans leur cursus d'études ; il en définit les modalités de paiement qui font l'objet de décisions individuelles d'attribution prises par le président d'université ou le directeur d'établissement public d'enseignement supérieur (art. D. 821-3). Il s'agit d'une aide complémentaire à la bourse sur critères sociaux accordée pour une période allant de deux à neuf mois, cumulable avec une aide au mérite (bourses de voyages pour les stages individuels obligatoires hors métropole, bourses de mobilité pour les bénéficiaires d'une bourse sur critères sociaux, aide pour mobilité européenne ou internationale, complément ministériel à Erasmus).

Le cumul d'une bourse d'enseignement supérieur sur critères sociaux avec une source de revenu, autre que l'aide familiale, est soumis à certaines conditions. L'étudiant peut compléter sa bourse par une rémunération, notamment par une gratification attachée à un stage obligatoire (art. L. 612-11) ; il en est de même pour les allocations de chômage dans le cadre du plafond de revenus prévu à l'article D. 4383-1 du code de la santé publique. La bourse d'enseignement supérieur sur critères sociaux est en outre cumulable avec une allocation pour la diversité dans la fonction publique, une allocation perçue dans le cadre d'un contrat d'engagement de service public, une bourse de service public accordée dans le cadre d'un emploi d'avenir de professeur, une bourse « Erasmus », l'indemnité servie dans le cadre du service civique ou une bourse accordée par une collectivité territoriale. En revanche, elle n'est pas cumulable avec une aide d'urgence annuelle, une bourse d'un autre département ministériel, une aide de formation permanente ou d'insertion professionnelle ou une bourse d'un Gouvernement étranger.

Les étudiants des établissements d'enseignement supérieur privés remplissant des conditions fixées par la loi (art. L. 731-5) peuvent bénéficier des bourses de l'enseignement supérieur. Certains établissements d'enseignement supérieur publics sont habilités de plein droit ; il en est ainsi des établissements privés sous contrat d'association pour les classes post-baccalauréat (art. R. 442-33 s.). En outre, d'autres établissements d'enseignement supérieur privés peuvent être habilités, par arrêté du ministre chargé de l'enseignement supérieur, sur avis du Conseil national de l'enseignement supérieur et de la recherche.

En application des dispositions du décret n° 51-445 du 16 avril 1951, l'étudiant bénéficiaire d'une bourse doit être inscrit et assidu aux cours, travaux pratiques ou travaux dirigés, suivre les stages obligatoires intégrés à la formation, être présent aux examens (même en cas d'enseignement à distance dans la mesure où il doit rendre les devoirs obligatoires, V. TA Poitiers, 1er févr. 2007, n° 0600192). La loi ORE du 8 mars 2018 rappelant que le président ou le chef d'établissement détermine les conditions de scolarité et d'assiduité ajoute qu'elles sont prises en compte pour le maintien des aides (art. L. 612-1-1). Les contrôles afférents à la scolarisation et à l'assiduité aux cours et à la présence aux examens sont conduits sous la responsabilité des chefs d'établissement, les présidents d'université devant en avertir les directeurs d'établissement qui transmettent les informations au CROUS qui mettent en œuvre la suspension. Un boursier doit donc être assidu et rester scolarisé ; si un élève est exclu d'une formation après décision du conseil de discipline, la bourse peut être retirée ; par contre, sans exclusion ni absentéisme avéré, un « mauvais comportement » ne peut justifier un retrait de la bourse. Le non-respect de l'une des obligations précitées entraîne le reversement des sommes indûment perçues, ce qui ne constitue ni une sanction ni un retrait d'une décision créatrice de droits. Un étudiant dispensé d'assiduité aux cours dans les conditions prévues à l'article 10 de l'arrêté du 1er août 2011 relatif à la licence (engagé dans la vie active ou assumant des responsabilités particulières dans la vie universitaire, la vie étudiante ou associative, chargé de famille, engagé dans plusieurs cursus, handicapé et sportif de haut niveau) ne peut faire l'objet d'un ordre de reversement à ce titre.

Outre les bourses et aides, les étudiants peuvent bénéficier de prêts, prêts d'honneur (Décr. du 1er sept. 1934, prêts sans intérêt et remboursables dix ans après la fin des études) attribués par le CROUS (V. CAA Versailles, 30 avr. 2015, n° 14VE01181 : *AJDA 2015. 1190*) sur fonds publics ou prêts bancaires. A la rentrée 2014 a été annoncée la généralisation de la caution locative étudiante (CLE), expérimentée dans quatre régions ; l'État peut ainsi se porter garant pour des étudiants ne pouvant pas fournir de caution locative aux propriétaires en raison de leur situation familiale ou personnelle.

Les étudiants peuvent en outre bénéficier de l'allocation personnalisée de logement (APL) et de l'allocation logement à caractère social (ALS), aides attribuées par la caisse des allocations familiales (CAF) sur des critères sociaux (ressources, situation familiale, nature du logement...). Ces aides ne sont pas cumulables avec les prestations familiales des parents pour les enfants de moins de vingt ans. L'étudiant qui choisit de bénéficier des aides au logement n'est plus considéré comme étant à la charge de ses parents pour l'ouverture des droits aux prestations familiales. A côté des prestations de l'État, des aides spécifiques peuvent être versées par les collectivités territoriales (aides communales, départementales, régionales...) ou par toute autre personne morale de droit public (Conseil de l'Europe) ou de droit privé (Fondation de France) ; elles peuvent compléter les ressources des étudiants boursiers (ex. : aide au financement pour le financement d'une complémentaire santé en Île-de-France). Ainsi les régions peuvent compléter le système Erasmus en versant des aides à la mobilité internationale (sur critères sociaux ou non, ouvertes à tous les étudiants ou à ceux de certains établissements...), des bourses doctorales ou des incitations à s'installer dans la région (cas des enseignants en Picardie) ou à choisir des formations débouchant sur des métiers en tension (infirmiers en Île-de-France...). ❑

I. CRITÈRES D'ATTRIBUTION

1. Compétence. Détermination des critères. Le ministre de l'éducation est compétent pour définir les conditions de ressources pour l'attribution des bourses d'enseignement supérieur sur critères sociaux. Aucune disposition législative ou réglementaire ne faisait obstacle à la prise en compte, dans la détermination des ressources des familles, de revenus non imposables et notamment des rentes versées aux accidentés du travail ou des pensions versées aux handicapés. • CE 21 janv. 1991, n° 108086 B. ♦ Même solution pour le montant de la taxe foncière acquittée par les familles. Alors même que ce montant était déductible du revenu imposable, les titulaires de revenus fonciers ne se trouvent pas dans la même situation que les titulaires d'autres catégories de revenus. Dès lors, la prise en compte du montant de la taxe foncière dans l'évaluation des ressources du candidat boursier ne porte pas atteinte au principe d'égalité des citoyens devant le service public ni à aucun autre principe général du droit. • CE 20 oct. 1995, n° 161864. ♦ Même solution pour une bonification en faveur des étudiants issus de familles monoparentales et en faveur des familles comportant, outre l'étudiant qui sollicite la bourse, un ou des étudiants déjà engagés dans l'enseignement supérieur, eu égard aux charges supplémentaires inhérentes à ces situations et compte tenu des critères pris en compte par ailleurs pour l'attribution de ces bourses. L'objectif de réduction des inégalités sociales n'est pas méconnu ni le principe d'égalité qui implique que les différences de traitement entre les attributaires potentiels soient motivées par des différences objectives de situation. • CE 13 mars 2002, n° 219105. ♦ Ainsi, en accordant, au titre de cette bonification, un point par enfant à charge non étudiant ou par famille monoparentale, et trois points par étudiant autre que le demandeur et également à la charge de sa famille, le ministre s'est livré à une appréciation qui n'est pas entachée d'erreur manifeste. • CE 13 mars 2002, n° 219105.

2. Situation d'indépendance familiale avérée. Le juge administratif a estimé qu'une étudiante inscrite en première année de troisième cycle au titre de l'année universitaire 2003-2004, qui recevait une aide financière de ses parents d'un montant mensuel de 528,30 euros, ne se trouvait ainsi pas en situation d'indépendance financière avérée. Le recteur, qui avait en l'espèce suffisamment motivé sa décision, était dès lors tenu, sans qu'il fût besoin de faire procéder à des investigations complémentaires des services sociaux, de lui refuser l'octroi de l'allocation d'études. • CAA Bordeaux, 27 mars 2007, n° 04BX02180 : *LIJ 2007, n° 117, p. 9.*

3. Domicile permanent sur le territoire national. Dans le cadre d'un litige opposant un ressortissant allemand résidant en Turquie à la région de Hanovre, au sujet du refus d'une aide à la formation pour des études poursuivies aux Pays-Bas, une juridiction allemande avait saisi la CJUE d'une question préjudicielle afin de savoir si la liberté de circulation et de séjour, conférée au citoyen de l'Union par les art. 20 et 21 du TFUE, s'opposait à une réglementation du droit national en vertu de laquelle un ressortissant allemand ayant son domicile permanent hors de l'Allemagne ne peut se voir attribuer une aide à la formation au titre de la fréquentation d'une institution de formation que si cette dernière est située dans l'État du domicile ou dans un État voisin de cet État. La Cour a répondu que les art. 20 et 21 du TFUE « s'opposent à une réglementation d'un État membre [...] qui subordonne, en principe, l'octroi d'une aide à la formation au titre d'études poursuivies dans un autre État membre à la condition unique d'avoir établi un domicile permanent, au sens de cette réglementation, sur le territoire national et qui, dans le cas où le demandeur est un ressortissant national qui n'aurait pas son domicile permanent sur ce territoire national, ne prévoit une aide à la formation à l'étranger que dans l'État du domicile du demandeur ou dans un État voisin de celui-ci, et uniquement lorsque des circonstances particulières le justifient ». • CJUE 24 oct. 2013, n° C-220/12 : *LIJ 2014, n° 181, p. 7.*

4. Réfugiés et bénéficiaires d'une protection subsidiaire. Le tribunal administratif de Besançon a jugé que la Circ. du 9 juin 2015 est illégale dans la mesure où elle permet une attribution de bourses aux réfugiés mais pas aux bénéficiaires d'une protection subsidiaire. Considérant que le principe d'égalité ne s'oppose pas à ce que l'autorité investie du pouvoir réglementaire règle de façon différente des situations différentes ni à ce qu'elle déroge à l'égalité pour des raisons d'intérêt général, pourvu que la différence de traitement qui en résulte soit, dans l'un comme l'autre cas, en rapport avec l'objet de la norme qui l'établit et ne soit pas manifestement disproportionnée au regard des différences de situation susceptibles de la justifier, le tribunal a estimé que la différence de traitement qui résulte de la circulaire attaquée ne se justifie ni par un motif d'intérêt général, ni par une différence de situation au regard de la protection des réfugiés et celle des bénéficiaires de la protection subsidiaire. Il en a déduit que la Circ. du 9 juin 2015 portant modalités d'attribution des bourses d'enseignement supérieur sur critères sociaux et des aides à la mobilité internationale pour l'année 2015-2016 avait méconnu le principe d'égalité. • TA Besançon, 19 sept. 2017, n° 1601762.

5. Publicité suffisante. Un étudiant ne peut être regardé comme pouvant ignorer les dispositions d'une circulaire ministérielle relative aux modalités d'attribution des bourses d'enseignement supérieur qui a été publiée au bulletin officiel du ministère de l'éducation nationale qui a fait l'objet, de la part des services rectoraux, d'une campagne d'information ainsi que d'une note générale d'information jointe à chaque dossier de demande de bourse. • CE 23 déc. 1994, n° 150614. ♦ Ainsi, une note qui précisait notamment que des revenus non imposables tels que les pensions ou les allocations d'adulte handicapé étaient pris en compte dans la détermination du niveau des ressources familiales avait reçu une publicité suffisante pour être opposable à la requérante. • CE 23 déc. 1994, n° 150614.

6. Bourses sur critères universitaires. A la différence des bourses accordées sur critères sociaux aux étudiants des premier et second cycles universitaires, les bourses de DEA sont des aides contingentées sur critères universitaires. Le ministre ne pouvait donc légalement subordonner l'appréciation du droit à leur obtention à une condition sans rapport avec le mérite de l'étudiant et tenant, s'agissant des étudiants étrangers non ressortissants communautaires, à la résidence de leur parents et des autres enfants et à la charge de ceux-ci. • CAA Paris, 23 janv. 2003, n° 99PA00165 B : *AJDA 2003. 1628, note Foulquier*. ♦ L'illégalité formelle entachant une décision administrative, si elle engage la responsabilité de l'administration envers l'administré qu'elle concerne, n'est pas pour autant de nature à ouvrir un droit à réparation au profit de ce dernier, dès lors que cette même décision est justifiée au fond. Pour une application de ce principe à la demande d'une étudiante qui s'était vu refuser l'attribution d'une bourse de DEA, refus justifié au fond. • CAA Nantes, 20 févr. 2007, n° 05NT01816 : *LIJ 2007, n° 116, p. 10.*

7. Bénéficiaires. Étudiants en médecine, odontologie et pharmacie. Octroi. Année supplémentaire. Conditions. Le tribunal a jugé qu'aux termes de la circulaire du 6 juin 2016 relative aux modalités d'attribution des bourses d'enseignement supérieur sur critères sociaux, des aides au mérite et des aides à la mobilité internationale pour l'année 2016-2017, l'octroi d'une année supplémentaire de bourse à un étudiant suivant un parcours linéaire en médecine, odontologie et pharmacie n'est pas conditionné à ce que le cursus de cet étudiant soit réalisé au sein d'un même établissement. • TA Lille, 17 juill. 2018, n° 1708808.

8. Bénéficiaires. Étudiants en institut de formation en soins infirmiers (IFSI). Absence. Le Conseil d'État a jugé que les aides aux élèves et étudiants inscrits dans les IFSI relèvent de la compétence exclusive des régions dans le dispositif adopté par le législateur. • CE 22 mars 2010, n° 321931 B : *AJDA 2010. 648*. ♦ Le juge administratif a jugé que la formation délivrée par les instituts de formation en soins infirmiers n'est pas sur la liste des formations préparées dans les établissements publics ouvrant droit aux bourses de l'enseignement supérieur figurant au point 1 de l'annexe 1 de la circulaire du ministre chargé de l'enseignement supérieur du 2 juill. 2009 et relevant de la compétence de ce ministre. En l'espèce, une étudiante admise au baccalauréat à la session 2009 avec la mention « très bien » s'était inscrite pour l'année scolaire 2009-2010 à l'institut de formation en soins infirmiers en vue de la préparation du diplôme d'État d'infirmier. Le recteur d'académie avait rejeté sa demande de bourse au motif que les études en IFSI n'étaient pas dispensées dans un établissement ou dans une unité de formation habilitée à recevoir des boursiers relevant du ministère de l'enseignement supérieur. Cette décision avait été annulée par la juridiction administrative en première instance au motif que les dispositions du Décr. n° 2010-1123 du 23 sept. 2010 relatif à la délivrance du grade de licence aux titulaires de certains titres ou diplômes relevant du livre III de la quatrième partie du CSP et de son annexe, alors en vigueur, avaient eu pour conséquence de faire entrer, à compter de la rentrée de septembre 2009, les élèves des IFSI dans le champ des étudiants de l'enseignement supérieur susceptibles de bénéficier de l'aide au mérite. • CAA Bordeaux, 14 janv. 2014, n° 12BX01454 : *LIJ 2014, n° 183, p. 5.*

9. Remboursement de la « trousse dentaire ». Le ministre avait décidé d'attribuer aux établissements concernés les crédits permettant de rembourser le coût de la « trousse dentaire » aux étudiants boursiers suivant les enseignements de la deuxième année du premier cycle et de la première année du deuxième cycle des études d'odontologie, sur la base d'une somme de 20 000 F par étudiant pour une durée d'utilisation de la « trousse » fixée à deux ans. Ces dispositions ne relèvent pas des principes fondamentaux de l'enseignement, dont la détermination relève de la seule compétence du législateur selon les prescriptions de l'art. 34 de la Constitution du 4 oct. 1958 et ont pu être légalement prises par le ministre de l'éducation. Aucune disposition législative ou réglementaire n'exigeait que la décision attaquée fût également signée par le ministre chargé du budget. • CE 19 oct. 2001, n° 211491. ♦ ... Ni que les établissements d'enseignement supérieur concernés fussent consultés préalablement à l'intervention de la décision attaquée alors que, d'ailleurs, celle-ci a été prise après une réunion organisée avec les représentants de l'ensemble des unités de formation et de recherche d'odontologie. • CE 19 oct. 2001, n° 211491. ♦ ... Ni que le ministre chargé de la santé fût consulté avant l'intervention de la décision, laquelle avait pour seul objet d'attribuer aux établissements concernés, en sus des subventions de fonctionnement déjà allouées, les crédits nécessaires au remboursement de la « trousse dentaire » à certains étudiants. • CE 19 oct. 2001, n° 211491. ♦ Les étudiants en odontologie qui ont la qualité de boursier sont dans une situation différente de celle des autres étudiants suivant les mêmes enseignements. Ainsi, eu égard à son objet, qui est de réduire les frais supportés pour l'acquisition de fournitures par les étudiants bénéficiant d'un avantage accordé sous des conditions de ressources, la décision attaquée ne méconnaît pas le principe d'égalité. Cette décision ne porte pas, par elle-même, atteinte au principe de gratuité de l'enseignement public. • CE 19 oct. 2001, n° 211491.

10. Bourses au mérite pour les bacheliers boursiers ayant obtenu une mention très bien au baccalauréat. Le Conseil d'État suspend la suppression des bourses au mérite pour les bacheliers boursiers ayant obtenu une mention « très bien » au baccalauréat, la circulaire visée, qui ne concernait pas les étudiants bénéficiant déjà de cette aide, pouvant créer une situation d'urgence. Le juge des référés tient en l'espèce compte du fait que cette aide peut représenter une part substantielle des ressources des étudiants en cause et du fait qu'il leur est difficile d'exercer une activité rémunérée permettant d'atteindre le même niveau de ressources tout en continuant leurs études supérieures. Il relève aussi que la date tardive de publication de la circulaire n'avait pas permis aux étudiants de trouver d'autres moyens pour financer leurs études. • CE, ord., 17 oct. 2014, n° 384757 : *AEF, Dépêche n° 488724, 17 oct. 2014.*

11. Bourses de mérite destinées aux étudiants de l'IEP de Paris dans le cadre fixé par le contrat passé avec des établissements classés en ZEP. Les élèves admis à l'IEP de Paris, qui sont issus de zones géographiques défavorisées, se trouvent dans une situation différente de celle des étudiants qui ne sont pas issus de ces zones et qui sollicitent des bourses de mérite sur critères sociaux régis par la circulaire du 7 juin 2001. Ainsi, en réservant les quarante bourses litigieuses aux élèves issus des ZEP, le ministre n'a pas méconnu le principe d'égalité. • CE 17 sept. 2007, n° 291548 : *LIJ 2007, n° 119, p. 11.*

12. Allocation de recherche. L'art. 7 du Décr. du 3 avr. 1985 permet au ministre de l'éducation de faire le choix entre deux procédures d'attribution des allocations de recherche. Selon la première, il choisit les établissements et les groupes de formation doctrinale et fixe, pour chacun d'eux, le nombre d'allocations en laissant l'attribution individuelle aux responsables de la recherche et de l'université. Selon la seconde, il choisit les étudiants, le thème, le laboratoire et l'établissement de rattachement. Dès lors que le ministre a opté pour la première de ces deux procédures, le recteur de l'académie ne pouvait refuser de signer un contrat avec un allocataire de recherche désigné par les responsables de l'université. Il avait seulement la possibilité de demander aux autorités universitaires de statuer de nouveau ou de déférer leur décision au juge administratif s'il l'estimait illégale. • CAA Paris, 7 août 2002, n° 02PA01224 : *AJDA 2003. 151.*

13. Aide spécifique. Calcul du revenu du bénéficiaire. Prêt versé par mensualités à un étudiant doctorant. Une université a institué une aide spécifique pour les doctorants boursiers, visant à combler l'écart entre les ressources dont ceux-ci disposent et la somme de 1 370 euros, soit le niveau de vie mensuel regardé comme nécessaire pour un doctorant. Le bénéfice de cette aide a été sollicité par un étudiant étranger bénéficiaire d'une bourse du Gouvernement français. Celui-ci bénéficiait par ailleurs pour faire son doctorat en France d'un prêt remboursable consenti par une université de son pays d'origine. Cet étudiant contestait le fait que, pour fixer le montant de cette aide différentielle, l'université avait soustrait de la somme de 1 370 euros non seulement la bourse du Gouvernement français mais aussi le prêt qu'il devait rembourser à la fin de ses études. Le tribunal rejette la demande du requérant considérant que, dès lors qu'il permet à l'intéressé de disposer de ressources mensuelles et suffisantes pendant la durée de son séjour en France, et qu'il s'inscrit dans le cadre d'un programme de coopération universitaire, un prêt peut être pris en compte dans le calcul des ressources d'un étudiant boursier, sans qu'y fasse obstacle la circonstance qu'il soit remboursable à l'issue de ses études. • TA Paris, 4 oct. 2017, n° 1705696.

14. Cumul avec une gratification de stage. V. note ss. art. L. 612-11.

15. Nécessité d'une demande. Une bourse d'enseignement supérieur ne peut être obtenue par simple transfert de la bourse d'enseignement secondaire antérieurement accordée à l'intéressée. Cette dernière ne se trouve pas dispensée de déposer une demande de bourse d'enseignement supérieur du simple fait qu'elle avait auparavant été attributaire d'une bourse d'enseignement secondaire devenue sans objet par suite d'un changement d'orientation dans la poursuite de ses études. • CE 18 févr. 1994, n° 99175.

16. Condition d'assiduité. La Circ. n° 2004-122 du 21 juill. 2004 fixe, en application du Décr. du 9 janv. 1925, les modalités d'attribution des bourses d'enseignement supérieur sur critères sociaux. Le paiement d'une telle bourse est soumis aux obligations d'assiduité aux cours et de présence aux examens y compris dans le cadre d'un enseignement à distance. Une étudiante, qui n'a retourné au CNED que onze des vingt-cinq devoirs prévus, ne remplit pas ces conditions. • TA Poitiers, 1er févr. 2007, n° 0600192 : *LIJ 2007, n° 115, p. 9.*

17. Bénéfice effectif. Notion. Conséquences. Le juge estime qu'un étudiant ayant renoncé au bénéfice effectif d'une bourse sur critères sociaux à laquelle il avait droit ne peut être regardé comme ayant utilisé un droit à bourse au titre d'une année universitaire donnée. En l'espèce, la requérante s'était certes vu octroyer, au titre de deux années universitaires des bourses sur critères sociaux à l'échelon « 0 », ouvrant droit uniquement à une exonération des droits d'inscription et de sécurité sociale, mais établissait s'être acquittée de ces droits au titre de ces deux années universitaires. Le juge considère que le bénéficiaire s'étant ainsi privé du seul avantage ouvert par l'attribution d'une bourse à l'échelon « 0 », ne pouvait être regardé comme ayant utilisé un droit à bourse au titre de chacune de ces années universitaires. • TA Paris, 6 juin 2018, n° 1708429.

18. *Droits supplémentaires.* La Circ. du 2 juill. 2009 relative aux modalités d'attribution des bourses sur critères sociaux subordonne l'attribution d'une telle bourse à compter du 3e droit, à l'obtention d'un minimum de crédits qu'elle définit. Par dérogation à cette condition, des droits supplémentaires peuvent être accordés pour des étudiants en situation d'échec pour raisons de difficultés familiales ou personnelles notamment. Dans le cas d'espèce, le juge a considéré que les droits supplémentaires de bourse pouvaient être accordés alors même que les raisons graves de santé n'étaient pas intervenues au cours de l'année universitaire précédant la demande litigieuse mais lors d'une année antérieure. • TA Dijon, 9 mars 2011, n° 10000013 : *LIJ 2011, n° 157, p. 7.*

19. *Décision d'attribution. Motivation (non).* La décision par laquelle le recteur décide d'attribuer une bourse d'enseignement supérieur sur critères sociaux correspondant à l'échelon 0 et dont la légalité est contestée par l'intéressé en tant qu'il ne lui a pas accordé une bourse au taux 1 ne constitue pas une décision administrative défavorable au sens de la L. du 11 juill. 1979. Elle n'a donc pas à être motivée. • TA Lyon, 12 mai 2009, n° 0702409 : *LIJ 2009, n° 137, p. 6.*

20. *Reversement des sommes perçues.* Une demande de reversement des sommes perçues par un étudiant qui n'a pas satisfait à l'obligation d'assiduité ou de passage des examens correspondant aux études pour lesquelles la bourse lui avait été accordée ne peut être réputée retirer une décision créatrice de droits et ne constitue pas davantage une sanction. • TA Poitiers, 1er févr. 2007, n° 0600192 : *LIJ 2007, n° 115, p. 9.*

21. *Décision d'attribution obtenue par fraude. Conditions de retrait. Délai.* Un étudiant avait obtenu des bourses de l'enseignement supérieur en fournissant à l'administration de faux documents attestant de sa réussite à des examens. La cour, appelée à examiner la légalité du titre de perception, précise le mode opératoire du retrait de la bourse. A cet effet, elle rappelle qu'une décision administrative accordant un avantage financier crée des droits au profit de son bénéficiaire, alors même que l'administration avait l'obligation de refuser cet avantage ; sous réserve de dispositions législatives ou réglementaires contraires et hors le cas où il est satisfait à une demande du bénéficiaire, l'administration ne peut retirer une décision individuelle explicite créatrice de droits, si elle est illégale, que dans le délai de quatre mois suivant la prise de cette décision. Par ailleurs, un acte administratif obtenu par fraude ne crée pas de droits et, par suite, peut être abrogé ou retiré par l'autorité compétente pour le prendre, alors même que le délai de droit commun serait expiré. • CAA Marseille, 4 mars 2013, n° 10MA02700 : *LIJ 2013, n° 175, p. 15.*

22. *Décision d'attribution obtenue par fraude. Conditions de retrait. Procédure contradictoire.* Dans la même affaire, le juge rappelle que la circonstance qu'une décision ait été obtenue par fraude ne dispense pas l'administration d'inviter le bénéficiaire de cette décision à présenter ses observations. • CAA Marseille, 4 mars 2013, n° 10MA02700 : *préc. note 21.*

23. *Décision d'attribution obtenue par fraude. Conditions de retrait. Motivation.* Dans la même affaire, le juge rappelle encore que la décision d'attribution d'une bourse d'enseignement supérieur constitue une décision créatrice de droits au sens de la L. du 11 juill. 1979 dont le retrait doit être motivé et, en application de l'art. 24 de la L. du 12 avr. 2000, ne peut intervenir qu'après que la personne intéressée a été mise à même de présenter des observations écrites. En l'espèce, le recteur a indiqué au requérant par courrier envoyé en recommandé avec avis de réception qu'il avait bénéficié de bourses depuis 2004/2005 compte tenu de « présumées fausses déclarations » de sa part, et qu'en conséquence, il était dans l'obligation d'émettre à son encontre un ordre de reversement du montant des sommes indûment perçues depuis septembre 2004 pour un montant total de 12 944, 32 € ; que cette décision constitue un titre de recette portant retrait de l'aide octroyée et non pas simplement, contrairement à ce que soutient le ministre, une information donnée au requérant de la mesure que l'administration envisageait de prendre ; qu'il résulte de l'instruction que M. B. n'a pas été mis à même de produire ses observations préalablement à l'émission de l'ordre de reversement précité et du titre de perception contesté ; que la circonstance que M. B. a été convoqué devant la commission d'instruction dans le cadre d'une procédure distincte visant à prononcer une sanction à son encontre en sa qualité d'usager du service public de l'enseignement supérieur ne saurait satisfaire l'obligation issue des dispositions précitées ; que, par suite, et bien que la décision d'octroi de plusieurs bourses d'enseignement ait, en conséquence de la fraude relevée, perdu son caractère créateur de droits, son retrait est intervenu à la suite d'une procédure irrégulière. • CAA Marseille, 4 mars 2013, n° 10MA02700 : *préc. note 21.*

II. SUPPRESSION

24. Compétence. Les requérants demandaient par référé la suspension de l'exécution de la Circ. n° 2014-0010 du 2 juill. 2014 sur les modalités d'attribution des bourses d'enseignement supérieur sur critère sociaux et des aides à la mobilité internationale en tant qu'elle supprime l'aide au mérite dont les modalités étaient définies par la Circ. n° 2013-0011 du 18 juill. 2013 relative aux modalités d'attribution des bourses d'enseignement supérieur sur critères sociaux et des aides au mérite et à la mobilité internationale ; la circulaire litigieuse maintient toutefois l'aide au mérite pour les seuls étudiants qui en étaient déjà bénéficiaires au cours de l'année 2013-2014. Le juge rappelle que la condition d'urgence à laquelle est subordonné le prononcé d'une mesure de suspension doit être regardée comme remplie lorsque la décision administrative contestée préjudicie de manière suffisamment grave et immédiate à un intérêt public, à la situation du requérant ou aux intérêts qu'il entend défendre ; qu'il en va ainsi, alors même que cette décision n'aurait un objet ou des répercussions que purement financiers et que, en cas d'annulation, ses effets pourraient être effacés par une réparation pécuniaire ; qu'il appartient au juge des référés, saisi d'une demande tendant à la suspension d'une telle décision, d'apprécier concrètement, compte tenu des justifications fournies par le requérant, si les effets de celle-ci sur la situation de ce dernier ou, le cas échéant, des personnes concernées, sont de nature à caractériser une urgence justifiant que, sans attendre le jugement de la requête au fond, l'exécution de la décision soit suspendue. En l'espèce, le juge des référés relève qu'il ressort tant des écritures des parties que des échanges lors de l'audience publique, que l'aide au mérite, dans ses modalités appliquées jusqu'à l'entrée en vigueur de la circulaire litigieuse, aurait représenté une part substantielle des ressources des requérants ; que ceux-ci sont engagés dans des études supérieures qui nécessitent un investissement personnel difficilement compatible avec l'exercice d'une activité rémunérée propre à leur permettre de compenser la suppression de l'aide au mérite ; qu'en outre, compte tenu de la date de publication de la circulaire contestée, et des informations données à ce sujet aux étudiants, les requérants n'ont pu trouver d'autres moyens de financement de leurs études ; qu'ainsi, la suppression de l'aide au mérite préjudicie de manière grave et immédiate à la situation des étudiants requérants ; que, d'autre part, la ministre ne fait valoir aucun motif d'intérêt général de nature à faire obstacle à la suspension sollicitée ; que, par suite, la condition d'urgence énoncée à l'art. L. 521-1 CJA doit être regardée comme remplie. • CE, ord., 17 oct. 2014, n° 384757. ♦ Dans la même espèce, le juge des référés estime que le moyen, tiré de ce que les dispositions de l'art. 1er du Décr. n° 2008-974 du 18 sept. 2008, qui créent les aides au mérite et habilitent le ministre chargé de l'enseignement supérieur à en fixer les conditions d'attribution, ne lui permettent pas d'en décider la suppression, est de nature, en l'état de l'instruction, à susciter un doute sérieux sur la légalité de la circulaire contestée. En conséquence, les requérants sont fondés à demander la suspension de l'exécution de la circulaire contestée en tant seulement qu'elle supprime l'aide au mérite pour les étudiants qui n'en bénéficiaient pas déjà au cours de l'année universitaire 2013-2014. • CE, ord., 17 oct. 2014, n° 384757.

25. Assiduité. Non-respect de l'obligation. Remboursement. Au motif qu'elle n'avait pas rempli son obligation d'assiduité, le recteur avait réclamé à la requérante le reversement de la fraction de la bourse qui lui avait été versée au titre de la période correspondante. Statuant sur la demande d'annulation de la décision, le juge rejette sa demande en rappelant le caractère réglementaire de la circulaire ministérielle en cause ainsi que son opposabilité à la requérante et en considérant que les circonstances que la bourse lui ait été versée pour le premier semestre et que les services de l'université lui aient indiqué que ses absences étaient justifiées ne faisaient pas obstacle à ce que l'autorité administrative compétente, après avoir effectué les contrôles appropriés, lui réclame le reversement du montant indûment perçu. • TA Strasbourg, 24 mars 2016, n° 1502082. ♦ En l'espèce, le juge estime qu'en tout état de cause, les certificats médicaux produits ne sont pas, eu égard à leurs énonciations, de nature à faire regarder la requérante comme ayant dû interrompre ses études universitaires pour des raisons médicales graves. • TA Strasbourg, 24 mars 2016, n° 1502082.

III. CITOYENNETÉ DE L'UNION

26. Statut de citoyen de l'Union. Le statut de citoyen de l'Union a vocation à être le statut fondamental des ressortissants des États membres permettant à ceux parmi ces derniers qui se trouvent dans la même situation d'obtenir, indépendamment de leur nationalité et sans préjudice des exceptions expressément prévues à cet égard, le même traitement juridique. • CJCE 20 sept. 2001, *Grzelczyck*, n° C-184/99 : *Rec. CJCE I-6193.* ♦ Rien dans le texte du traité ne permet de considérer que les étudiants qui sont des citoyens de l'Union, lorsqu'ils se déplacent dans un autre État membre pour y poursuivre leurs études, sont privés des droits conférés par le traité aux citoyens de l'Union. • CJCE 20 sept. 2001, *Grzelczyck*, n° C-184/99.

27. Interdiction de discrimination. Une aide accordée, que ce soit sous la forme de prêts subventionnés ou de bourses, aux étudiants séjournant légalement dans l'État membre d'accueil et visant à couvrir leurs frais d'entretien, entre dans le champ d'application du traité aux fins de l'interdiction de discrimination. • CJCE 15 mars 2005, *Bidar*, n° C-209/03 : *Rec. CJCE 2005-1-2119 ; AJDA 2005. 1108*. ♦ Cette décision revient justement sur la position traditionnelle de la Cour. • CJCE 21 juin 1988, *Lair*, n° C-39/86 : *Rec. CJCE 475*. • CJCE 21 juin 1988, *Brown*, n° C-197/86 : *Rec. CJCE 3205*. ♦ Ce revirement est justifié par le fait que, depuis ces arrêts, le traité de l'Union européenne a introduit la citoyenneté de l'Union et a ajouté un chapitre consacré notamment à l'éducation et à la formation professionnelle. • CJCE 20 sept. 2001, *Grzelczyck*, n° C-184/99 : *préc. note 26*. ♦ S'il ressort du sixième considérant de la directive 93/96 que les bénéficiaires du droit de séjour ne doivent pas devenir une charge « déraisonnable » pour les finances publiques de l'État d'accueil, le bénéfice d'une prestation sociale d'un régime non contributif, tel que le minimex, le minimum de moyens d'existence applicable en Belgique, est reconnu aux seuls ressortissants de l'État membre et non à l'ensemble des citoyens de l'Union. • CJCE 20 sept. 2001, *Grzelczyck*, n° C-184/99 : *préc. note 26*. ♦ Le droit de l'Union européenne exige des États membres d'accorder aux travailleurs migrants les mêmes avantages sociaux et fiscaux qu'aux travailleurs nationaux. La Cour rappelle qu'une aide accordée pour financer les études universitaires d'un enfant à charge d'un travailleur migrant constitue, pour ce travailleur, un avantage social qui doit lui être octroyé dans les mêmes conditions qu'aux travailleurs nationaux. La Cour précise à cet égard que ce traitement égalitaire doit être réservé non seulement aux travailleurs migrants résidant dans un État membre d'accueil mais également aux travailleurs frontaliers qui, tout en y exerçant leur activité salariée, résident dans un autre État membre. Par ailleurs, lorsque l'avantage social est accordé directement à l'enfant d'un travailleur migrant, cet enfant peut lui-même se prévaloir du principe de l'égalité de traitement. Ensuite, la Cour constate que la condition de résidence requise par la réglementation luxembourgeoise constitue une discrimination indirecte fondée sur la nationalité dans la mesure où elle risque de jouer principalement au détriment des ressortissants des autres États membres, les non-résidents étant le plus souvent des non-nationaux. Dans ce contexte, la Cour souligne qu'une telle discrimination ne peut pas être justifiée par des considérations d'ordre budgétaire, l'application et la portée du principe de non-discrimination en raison de la nationalité dans le cadre de la libre circulation des travailleurs ne devant pas dépendre de l'état des finances publiques des États membres. • CJUE 20 juin 2013, *Giersch e.a. c/ État du Grand-Duché de Luxembourg*, n° C-20/12 : *LIJ 2013, n° 178, p. 8*. ♦ Dans une autre affaire privilégiant la liberté de circulation et le principe d'égalité de traitement par rapport à la durée de résidence dans l'État auquel une aide est demandée, la cour précise que la condition unique de résidence porte le risque d'exclure du bénéfice de l'aide des étudiants qui possèdent des liens les rattachant suffisamment à la société de l'État membre, mais qui n'ont pas résidé sur le territoire national pendant la période prévue avant d'entamer des études. • CJUE 18 juill. 2013, *Prinz et Seeberger c/ Studentenwerk Heidelberg*, n^os^ C-523/11 et 585/11 : *LIJ 2013, n° 178, p. 9*. ♦ Un nouvel arrêt rompt avec cette tendance jurisprudentielle en décidant que l'État membre d'accueil n'est pas obligé d'accorder le droit à une prestation d'assistance sociale pendant les trois premiers mois de séjour ou, le cas échéant, pendant la période plus longue prévue à l'art. 14, § 4, point *b)* de la directive, ni n'est tenu, avant l'acquisition du droit de séjour permanent, d'octroyer des aides d'entretien aux études, y compris pour la formation professionnelle, sous la forme de bourses d'études ou de prêts, à des personnes autres que les travailleurs salariés, les travailleurs non-salariés, les personnes qui gardent ce statut, ou les membres de leur famille. En l'espèce, la Cour juge que contrairement à ce que suggère la Commission, le Royaume des Pays-Bas n'est nullement obligé, dans ce contexte, d'octroyer la prestation pour frais de transport du seul fait de l'inscription de l'étudiant dans un établissement privé ou public, agréé ou financé par cet État membre sur la base de sa législation ou de sa pratique administrative, pour y suivre à titre principal des études. • CJUE 2 juin 2016, *Comm. européenne c/ Royaume des Pays-Bas*, n° C-233/14 : *LIJ 2017, n° 196, p. 7*. ♦ Dans la continuité de l'arrêt du 20 juin 2013, *Giersch e. a. c/ État du Grand-Duché de Luxembourg*, la Cour juge qu'il est légitime que le Luxembourg cherche à s'assurer que le travailleur frontalier présente un lien d'intégration avec la société luxembourgeoise en exigeant un rattachement suffisant pour lutter contre le risque d'un tourisme des bourses d'études, et qu'une durée de travail minimale du parent travailleur frontalier au Luxembourg est de nature à établir l'existence de ce lien, ainsi qu'une probabilité raisonnable de retour de l'étudiant au Luxembourg lorsqu'il a obtenu son diplôme. Toutefois, elle a estimé en l'espèce que la condition d'une durée de travail ininterrompue de 5 ans à la date de la demande de bourse d'études excèdait ce qui est nécessaire pour atteindre l'objectif recherché et constituait, de ce fait, une discrimination injustifiée entre nationaux et citoyens européens. • CJUE 14 déc. 2016, *Maria do Céu Bragança Linares Verruga e. a. c/ MESR*, n° C-238/15 : *LIJ 2017, n° 197, p. 6*.

28. Interdiction de discrimination. Enfant.

Notion. Dans une affaire où les autorités luxembourgeoises avaient refusé de faire droit aux demandes de bourses d'études pour des enfants dont le beau-père avait travaillé en tant que frontalier de manière ininterrompue depuis plus de 5 ans au Luxembourg, au seul motif que chaque enfant n'était pas l'enfant naturel du travailleur frontalier, mais son « bel-enfant » à la suite de son mariage avec la mère naturelle de l'enfant, la Cour relève que la qualité de membre de la famille à charge résulte d'une situation de fait (CJUE, 18 juin 1987, n° C-316/85) et que cette jurisprudence s'applique également à la contribution d'un conjoint vis-à-vis de ses beaux-enfants. La Cour juge en l'espèce que pour autant qu'ils répondent à la définition de membre de la famille, au sens de la directive 2004/38, d'un travailleur frontalier présentant lui-même des liens suffisants avec la société de l'État membre d'accueil, il apparaît que les enfants du conjoint ou du partenaire reconnu par ledit État membre d'accueil de ce travailleur frontalier peuvent être considérés comme les enfants de celui-ci en vue de pouvoir bénéficier du droit de percevoir une aide financière pour la poursuite de leurs études supérieures, considérée comme étant un avantage social. Elle précise en outre que la contribution à l'entretien de l'enfant peut être démontrée par des éléments objectifs comme le mariage, un partenariat enregistré ou encore un domicile commun, sans qu'il soit nécessaire de déterminer les raisons de la contribution du travailleur frontalier à cet entretien ni d'en chiffrer l'ampleur exacte. • CJUE 15 déc. 2016, ♗ *Noémie Depesme e. a. c/ MESR,* n^os C-401/15, C-402/15, C-403/15 : *LIJ 2017, n° 197, p. 7.*

29. Condition illégale. Le travailleur ressortissant d'un État membre bénéficiant, sur le territoire des autres États membres des mêmes avantages fiscaux et sociaux et les bourses d'enseignement supérieur sur critères sociaux devant être regardées comme un avantage social, le ministre de l'éducation ne pouvait exclure du bénéfice de ces bourses les personnes répondant à la définition communautaire de travailleur migrant ou d'enfant de travailleur migrant. Cette définition, si elle prévoit que l'activité salariée exercée soit réelle et effective, et exclut les activités tellement réduites qu'elles se présentent comme purement marginales et accessoires, ne comporte en revanche aucune condition liée à la permanence de l'emploi occupé. Par suite, le ministre ne pouvait légalement subordonner le bénéfice des bourses en cause, pour les étudiants de nationalité étrangère possédant la nationalité d'un État membre de l'Union européenne, à la condition supplémentaire qu'ils aient occupé un emploi permanent en France au cours de l'année de référence. • CE 15 juill. 2004, ♗ n° 245357 A : *AJDA 2004. 2465, note Jobart* ✎.

30. Degré d'intégration de l'étudiant. La Dir. 93/96/CEE du 29 oct. 1996 relative au droit de séjour des étudiants (JO n° L. 317 p. 59) précise que ce droit de séjour reconnu aux étudiants ressortissants d'autres États membres ne constitue pas le fondement d'un droit au paiement, par l'État membre d'accueil, de bourses d'entretien. La Cour a jugé que s'agissant d'une aide couvrant les frais d'entretien des étudiants, un État membre pouvait n'octroyer une telle aide qu'aux étudiants ayant démontré un certain degré d'intégration dans la société de cet État. • CJCE 15 mars 2005, ♗ *Bidar,* n° C-209/03 : *préc. note 27.* ♦ L'existence d'un certain degré d'intégration peut être considérée comme établie par la constatation selon laquelle l'étudiant en cause a, pendant une certaine période, séjourné dans l'État membre d'accueil. • CJCE 15 mars 2005, ♗ *Bidar,* n° C-209/03 : *préc. note 27.* ♦ Dès lors, un étudiant, ressortissant d'un État membre, qui séjourne légalement et a effectué une partie importante de ses études secondaires dans l'État membre d'accueil a établi un lien réel avec la société de ce dernier État, doit pouvoir poursuivre ses études dans les mêmes conditions qu'un étudiant ressortissant de cet État se trouvant dans la même situation. • CJCE 15 mars 2005, ♗ *Bidar,* n° C-209/03 : *préc. note 27.*

IV. ÉTUDIANTS ÉTRANGERS

31. Foyer fiscal de rattachement en France. Les dispositions de la Circ. du 21 juill. 2004 qui prévoient, pour les étudiants de nationalité étrangère souhaitant bénéficier de l'attribution d'une bourse d'enseignement supérieur sur critères sociaux, une condition relative à l'existence d'un foyer fiscal de rattachement en France depuis plus de deux ans, n'instaurent à leur égard aucune discrimination dès lors que ces dispositions ne conduisent pas à prendre en compte des ressources différentes de celles qui le sont pour l'attribution de ces bourses aux candidats français. • TA Lyon, 29 nov. 2006, n° 0506642 : *LIJ 2006, n° 112, p. 12.*

32. Étudiants étrangers bénéficiaires de la protection subsidiaire. Bourses sur critères sociaux. Rupture égalité. La circulaire excluant du bénéfice de la bourse sur critères sociaux, les titulaires de la protection subsidiaire, contrairement à ceux ayant le statut de réfugié, crée une rupture d'égalité de traitement qui n'est pas justifiée par un motif d'intérêt général ou une différence de situation. En l'espèce, le tribunal estime en effet que si le pouvoir réglementaire pouvait fixer, s'agissant des ressortissants étrangers, des conditions leur ouvrant un droit au bénéfice des bourses sur critères sociaux selon le régime du séjour en France, il ne pouvait légalement le faire que pour autant que les personnes admises au bénéfice de l'asile ou de la protection subsidiaire se trouvent dans une situation différente au regard de la protection accordée ou pour des motifs d'intérêt général en rapport avec cette même condition ; que la différence de traitement qui résulte de la circulaire attaquée ne se justifie ni par un motif d'intérêt général, ni par une différence de situation au regard de la protection des réfugiés et celle des bénéficiaires de la protection subsidiaire. • TA Besançon, 19 sept. 2017, n° 1601762 : *AJDA 2017. 2269, concl. Marion*.

V. COLLECTIVITÉS TERRITORIALES

33. Intérêt communal. Délibération d'un conseil municipal allouant une bourse d'études à deux étudiants étrangers afin de leur permettre de préparer un doctorat. Ces étudiants sont originaires de villes jumelées à la commune et issus d'établissements universitaires entretenant des relations de coopération avec l'université d'accueil, dont le siège est implanté sur son territoire. Il ressort des motifs de la délibération que le conseil municipal a entendu faciliter l'accueil d'étudiants de haut niveau, spécialistes de certaines techniques avancées, dans le but d'encourager le développement ultérieur de projets de coopération associant des instituts de recherche et des entreprises situées tant sur le territoire de la commune que sur celui des collectivités dont les boursiers sont originaires. Ces circonstances conférant à l'objet de la délibération un caractère d'intérêt communal, la délibération était légale. • CE, sect., 28 juill. 1995, *Cne de Villeneuve-d'Ascq*, n° 129838 A : *RF décentralisation 1995, n° 2. 212, note Maillol ; AJDA 1995. 834, note Schwartz*.

34. Absence d'intérêt communal. Conseil municipal instituant une allocation dénommée « revenu minimum étudiant » dont l'octroi est notamment subordonné à la condition que l'intéressé ou ses parents justifient de trois années d'inscription au rôle de la taxe d'habitation dans la commune. Dès lors qu'elle n'était pas la conséquence nécessaire d'une loi, l'institution de différences de traitement entre les allocataires potentiels était légalement subordonnée soit à des différences de situation de nature à les justifier, soit à des nécessités d'intérêt général en rapport avec l'objet de la prestation. Si le conseil municipal pouvait sans méconnaître ce principe limiter le bénéfice de l'allocation aux étudiants justifiant résider dans la commune depuis une durée minimale appropriée, il a commis une erreur de droit en en subordonnant l'octroi à la qualité de contribuable de la commune. • CE, sect., 11 déc. 1996, *CCAS de Saint-André-les-Vergers*, n° 164865 A : *LPA 1997, n° 36, p. 7, concl. Bonichot ; JCP 1997. IV. 1233, obs. Rouault.*

35. Carte de prestations à tarifs préférentiels. Le conseil général du département des Landes avait prévu le financement de la carte « Landes campus » destinée aux étudiants résidant dans le département et qui permettait de bénéficier de prestations d'assurance et de services à des tarifs préférentiels. La délibération se bornait à prévoir le versement d'une subvention destinée à un ou plusieurs organismes gérant les cartes, sans préciser les conditions auxquelles était subordonné le versement de ladite subvention. Par suite, le moyen tiré de ce qu'en l'absence de carence de l'initiative privée dans le domaine des prestations envisagées, la délibération méconnaîtrait la liberté du commerce et de l'industrie, doit être écarté. • CE 16 janv. 2006, n° 258320.

36. Cumul. Les aides régionales aux étudiants peuvent être cumulées avec les allocations-chômage. La seule limite apportée au cumul de ressources des bénéficiaires de l'aide par les dispositions de l'art. D. 4383-1 CSP est constituée par des plafonds de ressources appréciés sur la base des revenus imposables à l'impôt sur le revenu des personnes physiques, sans exclure de ce calcul aucune catégorie de ressources. • CE 22 mars 2010, n° 312138 B : *AJDA 2010. 647.*

VI. DISPOSITIFS SPÉCIFIQUES

37. Emplois d'avenir professeur. Les emplois d'avenir professeur ne constituent pas des emplois publics, dès lors qu'il s'agit, en complément des bourses de l'enseignement supérieur, d'un dispositif social d'aide à l'accès aux emplois de l'enseignement visant à faciliter l'insertion professionnelle et la promotion sociale d'étudiants qui se destinent au professorat (consid. 8). • Cons. const. 24 oct. 2012, *Loi portant création des emplois d'avenir*, n° 2012-656 DC : *JO 27 oct. 2012, p. 16699 ; AJDA 2013. 119, note Melleray*.

Art. L. 821-2 Les élèves des établissements d'enseignement supérieur privés, régis par les dispositions du titre III du livre VII et existant à la date du 1er novembre 1952, peuvent bénéficier des bourses de l'enseignement supérieur dans les conditions fixées par la réglementation concernant les élèves des établissements d'enseignement supérieur publics.

Les établissements d'enseignement supérieur privés qui remplissent les conditions prévues à l'article L. 731-5 sont habilités de plein droit à recevoir des boursiers.

Les autres établissements d'enseignement supérieur privés peuvent être habilités, par arrêté du ministre chargé de l'enseignement supérieur, sur avis du Conseil national de l'enseignement supérieur et de la recherche.

Les établissements habilités en vertu de l'alinéa précédent sont soumis à l'inspection de l'État aux fins de vérifier les conditions de leur habilitation.

En application de l'art. L. 231-5 CRPA, le silence gardé pendant 6 mois par l'administration vaut décision de rejet pour une demande d'habilitation d'un établissement d'enseignement supérieur privé à recevoir des boursiers nationaux (Décr. n° 2014-1274 du 23 oct. 2014, art. 1er).

Sur les taux des bourses d'enseignement supérieur du ministère de l'enseignement supérieur, de la recherche et de l'innovation pour l'année universitaire 2021-2022, V. Arr. du 27 juill. 2021.

Sur les plafonds de ressources relatifs aux bourses d'enseignement supérieur du ministère de l'enseignement supérieur, de la recherche et de l'innovation pour l'année universitaire 2021-2022, V. Arr. du 16 juill. 2021.

Sur les bourses et les aides financières accordées aux étudiants relevant du ministère de l'enseignement supérieur, V. art. D. 821-1 s.

Sur les bourses et les aides attribuées aux étudiants des établissements d'enseignement supérieur relevant du ministère de la culture, V. art. D. 821-10 s.

BIBL. ▶ Sur les solutions apportées aux étudiants pour faire face à la crise de la covid-19, V. *JO Sénat, Q. n° 1580G, 17 déc. 2020.*

1. Principe fondamental. Les dispositions qui prévoient l'attribution de bourses aux élèves des établissements d'enseignement supérieur privés et fixent les conditions dans lesquelles ces établissements sont habilités à recevoir des boursiers, touchent aux principes fondamentaux de l'enseignement au sens de l'art. 34 de la Constitution. • CE 27 avr. 1977, *Synd. nat. des instituteurs et a.*, n° 98891 A.

2. Établissements habilités. Statuant sur le refus opposé par le recteur à la demande d'une étudiante qui s'était inscrite dans un établissement d'enseignement privé ne figurant pas sur la liste de ceux habilités à recevoir des étudiants boursiers, le juge administratif considère que l'intéressé ne peut se prévaloir de la circonstance que c'est par honnêteté qu'elle s'était inscrite dans cet établissement et qu'elle n'avait donc pas cherché à obtenir une bourse par une inscription dans un autre établissement. • TA Pau, 3 nov. 2005, *Mlle Dubertrand*, n° 0500372 : *LIJ 2006, n° 101, p. 8.* ♦ Dans le même sens : • TA Bordeaux, 28 mai 2020, n° 2001832 : *LIJ 2021, n° 213, p. 8.*

Art. L. 821-3 **Après avis favorable du Conseil national de l'enseignement supérieur et de la recherche, l'État peut faire bénéficier de bourses les élèves des établissements d'enseignement supérieur technique privés reconnus par l'État dans les conditions prévues à l'article L. 443-2.**

En application de l'art. L. 231-5 CRPA, le silence gardé pendant 6 mois par l'administration vaut décision de rejet pour une demande d'habilitation d'un établissement d'enseignement supérieur technique privé reconnu par l'État à recevoir des boursiers nationaux (Décr. n° 2014-1274 du 23 oct. 2014, art. 1er).

Art. L. 821-4 **Les étudiants inscrits aux instituts d'études politiques et préparant le concours d'entrée à l'école nationale d'administration peuvent recevoir de l'État les moyens nécessaires à la poursuite de leurs études.**

Les conditions d'application du présent article sont fixées par décret en Conseil d'État.

Régime juridique. Les bourses dites de service public, instituées au profit des étudiants inscrits dans les instituts d'études politiques, et les bourses d'enseignement supérieur n'ont pas le même objet, ne sont pas délivrées par les mêmes autorités et ne sont pas accordées aux mêmes conditions, l'octroi des premières étant notamment subordonné à un engagement du demandeur de servir l'État durant une certaine période, faute de quoi il est tenu de rembourser les sommes perçues. Ces bourses n'étant ni de même nature, ni soumises au même régime, illégalité de la décision refusant à un étudiant l'octroi d'une bourse d'enseignement supérieur pour le motif que l'intéressé, qui avait antérieurement bénéficié d'une bourse de service public, n'aurait pu percevoir une nouvelle bourse d'enseignement supérieur. • CE 1er oct. 1975, *MEN c/ Sieur Ardonceau*, n° 93331 : *Lebon 189*.

Art. L. 821-5 *Abrogé par Ord. n° 2010-1307 du 28 oct. 2010, art. 7.*

CHAPITRE II LES ŒUVRES UNIVERSITAIRES

Art. L. 822-1 (*L. n° 2013-660 du 22 juill. 2013, art. 106*) **« Le réseau des œuvres universitaires contribue à assurer aux étudiants une qualité d'accueil et de vie propice à la**

réussite de leur parcours de formation. Il assure une mission d'aide sociale et concourt à l'information et à l'éducation des étudiants en matière de santé. Il favorise leur mobilité.

« Il contribue aussi à l'amélioration des conditions de vie et de travail de l'ensemble des membres de la communauté universitaire, telle que définie à l'article L. 111-5.

(L. n° 2016-1321 du 7 oct. 2016, art. 32) « Il peut assurer la gestion d'aides à d'autres personnes en formation. »

(L. n° 2016-1088 du 8 août 2016, art. 47) « Il peut accorder des aides en faveur des jeunes à la recherche de leur premier emploi et en assurer la gestion. »

« Les élections des représentants étudiants aux conseils d'administration du Centre national et des centres régionaux des œuvres universitaires ont lieu au scrutin de liste. Chaque liste de candidatures doit être composée alternativement d'un candidat de chaque sexe. La désignation des représentants des personnels aux conseils d'administration du centre national et des centres régionaux du réseau des œuvres est effectuée, respectivement, par le ministre chargé de l'enseignement supérieur et *(L. n° 2019-791 du 26 juill. 2019, art. 54)* « l'autorité académique » sur proposition des organisations syndicales représentatives, qui s'assurent d'une participation égale entre femmes et hommes. »

Les décisions concernant l'attribution des logements destinés aux étudiants sont prises par les centres régionaux des œuvres universitaires et scolaires.

(L. n° 2010-769 du 9 juill. 2010, art. 20) « Une convention passée entre l'État et les centres régionaux des œuvres universitaires vise à la réservation d'un nombre suffisant de logements à destination des personnes majeures victimes de violences inscrites dans un établissement scolaire ou universitaire qui sont protégées ou qui ont été protégées par l'ordonnance de protection prévue aux articles 515-9 et suivants du code civil. »

Les communes ou les établissements publics de coopération intercommunale qui en font la demande ont la charge de la construction, de la reconstruction, de l'extension, des grosses réparations et de l'équipement des locaux destinés au logement des étudiants.

(L. n° 2013-660 du 22 juill. 2013, art. 106) « Les biens appartenant à l'État ou à un établissement public et affectés au logement des étudiants peuvent être transférés par arrêté du représentant de l'État aux collectivités territoriales ou aux établissements publics de coopération intercommunale à fiscalité propre qui ont demandé à assumer la charge de la construction, de la reconstruction, de l'extension, des grosses réparations et de l'équipement de ces locaux. Ce transfert se fait à titre gratuit et ne donne lieu au paiement d'aucune indemnité, droit, taxe, salaire ou honoraires. Les locaux transférés restent affectés au logement étudiant dans les mêmes conditions. La gestion de ces logements est assurée par le centre régional des œuvres universitaires et scolaires territorialement compétent, dans le cadre d'une convention conclue entre celui-ci, d'une part, et la collectivité territoriale ou l'établissement public de coopération intercommunale à fiscalité propre bénéficiaire du transfert, d'autre part.

« Préalablement à l'arrêté du représentant de l'État, une convention conclue entre l'État et la collectivité ou l'établissement public de coopération intercommunale à fiscalité propre ayant demandé à bénéficier du transfert de biens dresse un diagnostic de l'état des logements et détermine les obligations respectives des signataires. »

L'exécution des conventions conclues avant la date d'entrée en vigueur de la loi n° 2004-809 du 13 août 2004 relative aux libertés et responsabilités locales entre des organismes publics d'habitations à loyer modéré ou des sociétés d'économie mixte, l'État et un centre régional des œuvres universitaires et scolaires pour la construction ou la réhabilitation de logements sociaux étudiants se poursuit jusqu'au terme de celles-ci. A compter de cette date, les communes ou leurs groupements sont substitués à l'État *(L. n° 2007-209 du 19 févr. 2007, art. 63)* « ou, le cas échéant, à l'établissement public » dans les droits et obligations résultant de ces conventions. A compter de la date d'entrée en vigueur de la loi n° 2004-809 du 13 août 2004 précitée, ils peuvent y mettre fin à condition de supporter les charges financières afférentes.

Pour la région Île-de-France, la politique de logement des étudiants fait l'objet d'un schéma élaboré par le conseil régional. En Île-de-France, la compétence prévue au *(L. n° 2016-1321 du 7 oct. 2016, art. 32)* « huitième » alinéa est transférée à la région, à

sa demande, si la commune ou l'établissement public de coopération intercommunale y renonce dans un délai d'un an après avoir été invité à l'exercer.

(L. n° 2013-660 du 22 juill. 2013, art. 106) **« Les collectivités territoriales », les établissements publics de coopération intercommunale et, le cas échéant, la région Île-de-France peuvent confier à l'organisme de leur choix la gestion des logements destinés aux étudiants construits après l'entrée en vigueur du transfert de compétence prévu au présent article.**

L'Assemblée des Français de l'étranger peut saisir pour avis le centre national et les centres régionaux de toutes propositions en matière d'accès aux logements des étudiants des Français établis hors de France désireux de poursuivre leurs études en France.

(L. n° 2013-660 du 22 juill. 2013, art. 106) **« Un décret en Conseil d'État fixe les modalités des transferts mentionnés au présent article. Il précise notamment les critères d'attribution des logements destinés aux étudiants. »**

En application de l'art. L. 231-5 CRPA, le silence gardé pendant 8 mois par l'administration vaut décision de rejet pour une demande d'attribution d'un logement en cité universitaire (Décr. n° 2014-1274 du 23 oct. 2014, art. 1er).

BIBL. ▸ **Aides sociales :** CADORET, De la crise sanitaire à la crise sociale : regards sur le rôle des Crous pour venir en aide aux étudiants, *RDSS 2021. 232*. – LAMBERT, Un réseau d'agences pour la vie étudiante, Rapport remis à la ministre de l'enseignement supérieur, sept. 2008, *AJDA 2008. 1743* ; *ibid. 1688*. – SABEG, la réussite des étudiants dépend aussi de leurs conditions de vie, *Le Monde, 8 sept. 2010. 15.*

▸ **Restauration universitaire :** COFFE, PITTE, Améliorer la restauration universitaire, *Rapport au ministère de l'enseignement supérieur, mars 2010.*

▸ **Logement universitaire :** GUICHET, Logement autonome des jeunes, *Rapp. CESE, avr. 2013.* – REY-LEFEBVRE, La course effrénée au logement pas trop cher, *Le Monde, Campus, 7 nov. 2006. 40.* – Table ronde sur le Logement des étudiants, *Sén., Mission d'information « Conditions de la vie étudiante en France », 29 mars 2021.* – Penser l'habitat étudiant, *3e séminaire du réseau des collectivités locales pour l'enseignement supérieur et la recherche. Ass. nat. 3 févr. 2016, Universités et territoires, n° 110 spécial, 23 févr. 2016.* – Logement étudiant : observer pour décider. Guide pour construire les observatoires locaux du logement étudiant, *Féd. Nat. des Agences d'Urbanisme. – CPU, sept. 2017* – Le logement étudiant, Enquête nationale. Conditions de vie des étudiant-e-s 2016, *Observatoire nat. de la vie étudiante, oct. 2017.* – Logement des étudiants et politiques publiques, *Conseil d'Analyse Économique, Focus n° 020-2017, nov. 2017.*

▸ **Sur l'alimentation responsable dans la restauration universitaire :** V. *JOAN Q. n° 31253, 10 nov. 2020, p. 8004.*

▸ **Sur les mesures prises pour éviter toute mise en danger psychologique, alimentaire ou sociale des étudiants les plus fragilisés par la crise sanitaire :** V. *JOAN Q. n° 28615, 10 nov. 2020, p. 7988.*

COMMENTAIRE

Les œuvres universitaires contribuent à assurer aux étudiants « une qualité d'accueil et de vie propice à la réussite de leur parcours de formation » et à « l'amélioration des conditions de vie et de travail » de tous les membres de la communauté universitaire (art. L. 822-1). Il s'agit d'abord du ***logement*** étudiant (cités-U) et de la ***restauration*** (resto-U) mais aussi de l'***aide sociale*** (bourses, prêts, gestion du DSE, dossier social étudiant). La loi ajoute qu'elles favorisent « l'information et (à) l'éducation des étudiants en matière de santé » ainsi que la « mobilité », notamment internationale ; elle oublie les actions organisées pour l'emploi (jobs étudiants) ou pour la vie culturelle et l'animation des campus en liaison avec les universités. Il y a là une particularité française : les œuvres universitaires ne sont pas gérées par les universités mais par un réseau d'établissements publics dédiés qui, depuis la loi du 7 octobre 2016 pour une République numérique, peut assurer la gestion d'aides à d'autres personnes en formation que les étudiants (art. L. 822-1). Certaines questions peuvent toutefois faire l'objet de deux approches parallèles (par ex. l'accueil des étudiants étrangers, V. services communs, art. D. 714-19). Pour assurer la cohérence des actions des universités et des CROUS, des contrats de site peuvent être conclus avec l'État, les régions et, si elles le souhaitent, d'autres collectivités territoriales ; peuvent être ainsi définis des objectifs et pris des engagements en matière de vie étudiante (art. L. 718-5, mod. par LPR, art. 16, II, 3°).

La loi n° 2018-166 du 8 mars 2018 relative à l'orientation et à la réussite des étudiants (ORE) institue une contribution étudiante (dont les boursiers sont exonérés) dénommée « *contribution de vie étudiante et de campus* » (CVEC par le Décr. n° 2018-564 du 30 juin 2018) pour favoriser l'accueil et l'accompagnement social, sanitaire, culturel et sportif des étudiants ; elle est perçue par les CROUS (liquidée et recouvrée par leur agent comptable), qui en reversent une partie aux établissements universitaires selon une clef de répartition fixée par décret (art. L. 841-5). Supprimant le régime de sécurité sociale étudiante, la loi a nécessité une réécriture de l'article R. 822-2 déterminant le critère de définition des bénéficiaires des interventions du réseau des œuvres universitaires par référence au code de la sécurité sociale modifié (Décr. n° 2018-896 du 17 oct. 2018).

UN RÉSEAU D'ÉTABLISSEMENTS PUBLICS NATIONAUX

Initialement, ces questions étaient prises en charge par des associations étudiantes qui, après la Première Guerre mondiale, fondèrent les premières résidences et restaurants universitaires, un décret du 6 juin 1925 ayant créé la Cité internationale universitaire de Paris, fondation reconnue d'utilité publique. En 1936, sous l'impulsion de Jean Zay, le Gouvernement leur apporta une aide et créa un Comité supérieur des œuvres sociales transformé en Comité supérieur des œuvres en faveur de la jeunesse scolaire et universitaire par l'arrêté du 8 août 1947. Des centres régionaux furent alors mis en place dans chaque académie sous le statut d'association de la loi 1901. La loi n° 55-425 du 16 avril 1955 portant réorganisation des services des œuvres sociales en faveur des étudiants les transforma en établissements publics administratifs et créa avec le même statut le Centre national des œuvres universitaires (CNOUS, V. Décr. n° 57-50 du 19 janv. 1957 abrogé par le Décr. n° 87-155 du 5 mars 1987 relatif aux missions et à l'organisation des œuvres universitaires, codifié aux art. R. 822-1 s.).

Les œuvres universitaires sont aujourd'hui gérées par ***un réseau d'établissements publics administratifs*** : malgré leur dénomination « régionale », les CROUS sont des établissements nationaux implantés dans chaque académie (la constitution des régions académiques doit enclencher un mouvement de fusions ; Décr. n° 2018-924 du 27 oct. 2018 portant création du CROUS de Bourgogne-Franche-Comté ; Décr. n° 2018-925 du 27 oct. 2018 portant création du CROUS de Normandie). Le CNOUS est un établissement public national à compétence nationale. Le CNOUS et les CROUS sont dotés de la personnalité civile et de l'autonomie financière et sont placés sous la tutelle du ministre de l'enseignement supérieur qui approuve leur budget (art. L. 822-2 et L. 822-3 ; certaines décisions font l'objet d'une approbation par arrêté conjoint des ministres chargés de l'enseignement supérieur et du budget : emprunts, contrôle budgétaire). Dans les villes universitaires extérieures au siège de l'académie peuvent être créés des centres locaux (CLOUS) qui ne constituent pas des établissements publics mais des antennes locales des CROUS. Si les établissements forment un réseau, ils n'en sont pas moins indépendants ; ainsi, le directeur du CNOUS, même s'il est compétent pour fixer le régime applicable aux personnels ouvriers (CE 23 août 2006, n° 280458), n'est pas fondé à adresser des instructions à l'attention d'agents des CROUS (CE 16 juin 2010, n° 312335). Depuis 1990, le réseau a évolué avec la contractualisation des relations entre le CNOUS et les CROUS, parallèle au développement de la contractualisation des relations entre l'État (CPER avec un volet vie étudiante) et de celles entre le ministère de l'enseignement supérieur et de la recherche et les universités (les CROUS ont toute leur place dans les contrats de site introduits par la loi ESR du 22 juill. 2013).

Même si les personnels universitaires peuvent bénéficier de certaines prestations du réseau (les prestations sont alors servies dans la limite des capacités d'accueil et en tenant compte de leur coût réel, art. R. 822-16), les œuvres sont d'abord destinées aux étudiants. Aussi la loi dispose-t-elle qu'ils participent, par leurs représentants, à la gestion du CNOUS et des CROUS (art. L. 822-4). Les élections des représentants étudiants et de leurs suppléants (qui peuvent être des étudiants étrangers, électeurs et éligibles sans condition de réciprocité. V. CE, sect., 12 mai 1978, n° 07407) aux conseils d'administration du Centre national et des centres régionaux ont lieu, tous les deux ans, au scrutin de liste à la représentation proportionnelle à la plus forte moyenne sans panachage (art. R. 822-17), chaque liste devant être composée alternativement d'un candidat de chaque sexe (art. L. 822-1, al. 3) ; la contestation des élections impose un recours préalable devant le recteur de région académique (V. note ss. art. L. 822-4). Ils participent par ailleurs aux comités consultatifs mis en place dans les CLOUS (art. R. 822-22), aux commissions d'attribution des logements et des bourses et aux conseils de résidence (pour lesquels le conseil d'administration du CROUS a compétence pour prévoir des suppléants, CE 25 sept. 1996, n° 116532).

Dans chaque région académique, le CROUS assure les prestations et services propres à améliorer les conditions de travail et de vie des étudiants, crée les structures nécessaires et passent ses conventions pour assurer leur fonctionnement. Il a en charge les étudiants étrangers boursiers (art. R. 822-14). Comme les universités, il peut dorénavant recruter des étudiants pour contribuer à l'animation de la vie étudiante (art. L. 811-2, mod. par la loi Égalité et citoyenneté du 27 janv. 2017). Tête du réseau, le CNOUS est notamment chargé de définir la politique générale du réseau (art. L. 822-2), d'aider les CROUS dans leur mission, d'analyser les besoins des étudiants, de contrôler la gestion des CROUS, d'organiser l'accueil et le séjour en France des étudiants étrangers boursiers, ou de déterminer les catégories de personnes autres que les étudiants pouvant bénéficier des prestations des centres régionaux (art. R. 822-1). Le CNOUS, opérateur de l'État recevant une subvention de service public (loi de finances, programme 231), est chargé de répartir les crédits budgétaires ordinaires (titre II, « Masse salariale » ; titre III, « Fonctionnement ») et extraordinaires (titres V et VI) entre les CROUS (art. L. 822-2, 2°) ; par ailleurs, il recueille et répartit les dons, legs, subventions et aides diverses pour favoriser le fonctionnement et le développement des œuvres (art. L. 822-2, 3°). Le CNOUS et les CROUS font partie des organismes pour lesquels un contrôle interne budgétaire et comptable a été mis en place, justifiant la suspension du contrôle budgétaire *a priori* de l'État (Arr. du 13 déc. 2019 en application de l'art. 215 du Décr. n° 2012-1246 du 7 nov. 2012 relatif à la gestion budgétaire et comptable publique).

LES CONSEILS D'ADMINISTRATION

Les conseils d'administration prennent les délibérations nécessaires à l'exercice des compétences du CNOUS (art. R. 822-5) et des CROUS, notamment celles adoptant le budget et le compte financier qui sont exécutoires dans les conditions prévues par le décret n° 2012-1246 du 7 novembre 2012, relatif à la gestion budgétaire et comptable publique (GBCP) (art. 176 : le budget est réputé approuvé dans le cas où aucune décision expresse n'a été notifiée dans le délai d'un mois après sa réception par l'autorité de tutelle). C'est dans ce cadre que le conseil d'administration du CNOUS arrête le prix des repas (CE 9 févr. 1977, *Dallet*, n° 97409, déduisant des compétences financières du CNOUS non seulement le pouvoir d'arrêter le montant de la subvention allouée aux CROUS pour les repas servis mais encore la faculté de fixer le montant de la contribution financière demandée aux étudiants, et que les CA des CROUS n'avaient pas à être consultés).

Initialement, les conseils d'administration étaient paritaires, réunissant les représentants élus des étudiants et les représentants nommés de l'État. Si les uns et les autres sont toujours représentés, la composition des conseils s'est diversifiée. Les représentants des étudiants sont désignés par des élections bisannuelles (art. R. 822-12, avec une prorogation exceptionnelle d'un an en raison de la covid, le Décr. n° 2021-90 du 29 janv. 2021 autorisant en outre un recours éventuel au vote électronique, selon des modalités définies par les décrets en Conseil d'État, n°s 2021-457 (CROUS) et 2021-458 (CNOUS) du 15 avr. 2021 précisant les modalités de confidentialité et de sécurité comme les conditions de mise en ligne des candidatures), les étudiants élus sont huit au conseil d'administration du CNOUS et six dans ceux des CROUS. Les représentants de l'État qui sont en même nombre sont désignés par les ministres pour le CNOUS et par le préfet de région sur proposition du recteur de région académique pour les CROUS. Les représentants des personnels, désignés par le ministre pour le CNOUS et par le recteur de région académique pour les CROUS, sur proposition des organisations syndicales représentatives, ont un poids moindre (3 au CNOUS comme dans les CROUS), la parité hommes/femmes imposée par la loi (art. L. 822-1, al. 3) ne pouvant être atteinte qu'en prenant en considération l'ensemble constitué par les titulaires et les suppléants. Au conseil d'administration du CNOUS, les représentants des personnels ont une place égale à celle de la représentation des établissements d'enseignement supérieur (3) ; s'y ajoutent des personnalités désignées par le ministre ou le recteur de région académique en raison de leur compétence (2), un député, un sénateur et deux représentants des associations d'élus locaux au CNOUS ainsi que des représentants de la région et des communes dans les CROUS (pour le CNOUS : art. R. 822-2 ; pour les CROUS : art. R. 822-16).

La présidence du conseil d'administration du CNOUS est confiée à une personnalité qualifiée nommée par le ministre (art. R. 822-2) ; le décret n° 2019-254 du 27 mars 2019 institue une commission d'examen des candidatures et ouvre le choix aux non-fonctionnaires, abrogeant ainsi le décret du 21 octobre 2005, sur la base duquel le Conseil d'État s'était fondé pour annuler une nomination précédente (CE 27 janv. 2016, n° 384873, le directeur de cet établissement ne pouvant être regardé comme occupant un emploi supérieur à la décision du Gouvernement, seuls les fonctionnaires qui remplissent les conditions prévues par l'art. 4 du Décr. du 21 oct. 2005 pouvaient alors être nommés à cet emploi). La présidence des conseils des CROUS est assurée par le recteur de région académique, chancelier des universités, un vice-président étant élu parmi les étudiants (art. R. 822-16). Comblant une lacune, le décret n° 2021-457 du 15 avril 2021 prévoit, sur le modèle des EPSCP, qu'en cas de difficulté grave dans le fonctionnement du conseil d'administration d'un CROUS, le recteur de région académique peut prendre, à titre exceptionnel, toutes dispositions imposées par les circonstances, après consultation du directeur général du CROUS (art. 24 modifiant l'art. R. 822-21).

LES DIRECTEURS GÉNÉRAUX ET LES PERSONNELS

Le directeur général du CNOUS est nommé par le ministre parmi les fonctionnaires qui remplissent les conditions prévues par l'article 4 du décret du 21 octobre 2005 ; même si le directeur aime à dire qu'il a le titre de recteur, il n'occupe pas un emploi supérieur à la décision du Gouvernement (CE 27 janv. 2016, n° 384873, annulation de la nomination d'un non-fonctionnaire). Des fonctionnaires de catégorie A sont nommés dans les emplois de sous-directeurs (Décr. n° 2017-406 du 27 mars 2017). Les directeurs généraux des CROUS sont également des fonctionnaires nommés par arrêté ministériel sur proposition du recteur de région académique. Le directeur général du CNOUS assure le fonctionnement des services (art. R. 822-7, à ce titre il est compétent pour assurer l'organisation générale des services, notamment pour fixer le temps de travail des veilleurs de nuit (CE 3 juill. 2013, n° 343454 ; solution fondée sur l'art. 21 du Décr. du 5 mars 1987). Dans chaque CROUS, il revient au directeur général de proposer au conseil d'administration les priorités en matière d'hébergement et de restauration ainsi que le programme des activités socio-culturelles universitaires après avoir consulté l'ensemble des chefs d'établissement d'enseignement supérieur (art. R. 822-19). Il assure le fonctionnement des services gérés dans chaque académie et a autorité sur les personnels.

Les personnels sont soit des fonctionnaires de l'État (cas des personnels administratifs), soit des contractuels (personnels ouvriers). Alors que la qualité d'agent public avait été refusée à une serveuse de restaurant universitaire (T. confl. 19 avr. 1982, *Mme Robert c/ CROUS de Rennes*, nos 02223 et 02224), ***un arrêt de principe (Berkani)***, rendu à propos d'un cuisinier affirme que « les personnels non statutaires travaillant pour le compte d'un service public à caractère administratif sont des agents contractuels de droit public, quel que soit leur emploi » (T. confl. 25 mars 1996, *Berkani c/ CROUS de Lyon-Saint-Étienne*, n° 03000) ; recrutés, gérés et rémunérés par les centres régionaux, les dispositions qui leur sont applicables sont fixées par le directeur du CNOUS (CE 23 août 2006, n° 280458), qui peut prévoir des temps de travail différents pour les veilleurs de nuit et pour les autres ouvriers travaillant de jour (CE 3 juill. 2013, n° 343454). Un protocole de titularisation des personnels ouvriers des CROUS a été signé en mai 2017.

LE LOGEMENT ÉTUDIANT

Une vision globale de la situation du logement étudiant amène à distinguer trois secteurs. Les étudiants peuvent bénéficier d'un logement en résidence universitaire (chambre traditionnelle de 9 m^2, chambre rénovée ou studio et locaux affectés à la vie collective, V. CCH, art. L. 631-12). Les décisions concernant l'attribution des logements destinés aux étudiants sont prises par les CROUS (art. L. 822-1, al. 4), en fait par le directeur général du CROUS après avis d'une commission paritaire. Les critères d'attribution sont les mêmes que pour le calcul de la bourse : revenus de l'étudiant et de ses parents, composition de la famille, éloignement géographique du domicile familial et résultats universitaires, avec priorité aux étudiants originaires d'outre-mer. Il faut noter que la loi impose la réservation d'un nombre suffisant de logements pour les étudiants majeurs victimes de violences conjugales (art. L. 822-1, al. 5 : prévoyant une convention entre l'État et les CROUS). Si la jurisprudence antérieure considérait que les étudiants étaient dans une situation contractuelle (CE 1er mars 1995, n° 138473, même si le contrat ne peut être conclu qu'avec un étudiant et que le montant du loyer est fixé par une décision unilatérale du CROUS), il est désormais admis qu'ils sont dans une situation réglementaire fondée sur la décision administrative unilatérale de leur accorder un logement (T. confl. 12 févr. 2018, n° 4112 ; CE 21 mars 2018, n° 408006) ; ils doivent respecter le règlement intérieur de la résidence, occuper personnellement leur logement, s'acquitter régulièrement de la redevance et sont exonérés de taxe d'habitation. La réservation peut être remboursée sans justificatifs dans les conditions prévues par le règlement intérieur (notamment en cas de changement de ville universitaire).

Ils peuvent aussi conclure un contrat de location pour douze mois en résidence conventionnée. Enfin, s'ils sont logés dans le secteur privé, les CROUS ont la possibilité de leur apporter la garantie de l'État dans le cadre du dispositif Clé (caution locative étudiante), soit une garantie de l'État qui facilitant l'accès à un logement aux étudiants dépourvus de garants personnels, qui, après une période test en 2013, est désormais disponible dans toutes les académies (encadrement des loyers, limitation des frais d'agence). Une convention de partenariat entre le réseau CNOUS-CROUS, le ministère et Action logement permet la généralisation du dispositif de garantie locative Visale, caution locative gratuite ouverte aux jeunes de 18 à 30 ans, accessible sans conditions de ressources.

L'irrégularité du paiement, les dettes de loyers, la pratique illégale de la sous-location comme le maintien dans les lieux malgré une mise en demeure… peuvent justifier une expulsion des occupants sans titre du domaine public (CJA, art. L. 521-3) par le juge administratif (notamment en référé, TA Lyon, ord., 8 déc. 2016) ; les occupants de logements étudiants ne sont pas protégés par la trêve hivernale (interdiction de procéder aux expulsions du 1er nov. au 31 mars, C. pr. exéc., art. L. 412-7 ; CE 22 sept. 2017, n° 407031 ; CE 21 mars 2018, n° 407386).

Le constat de l'insuffisance quantitative et qualitative des logements universitaires a été fait (par ex. Rapport J.-P. Anciaux, janv. 2004, préconisant de définir des politiques en partenariat, de renforcer l'offre publique, de mobiliser le secteur immobilier privé, ou encore de renforcer l'efficacité sociale des aides personnelles). Des objectifs ont été fixés (doublement à l'horizon 2010). Pour les atteindre, la loi n° 2004-809 du 13 août 2004 a donné aux communes (et aux EPCI à fiscalité propre) la possibilité de demander à prendre en charge leurs construction, reconstruction, extension, grosses réparations ou équipements (art. L. 822-1, al. 7). Une convention est alors conclue entre la collectivité et le préfet pour dresser l'état des lieux (art. R. 822-27) et déterminer les obligations respectives des signataires (art. R. 822-28) ; un arrêté préfectoral procède au transfert (à titre gratuit) des biens appartenant à l'État (art. R. 822-26) ; les locaux transférés restent affectés au logement étudiant et continuent à être gérés par le CROUS dans le cadre d'une convention avec la commune (ou l'EPCI, art. L. 822-1, al. 8). Les modalités d'attribution des logements transférés assurent à la commune (ou à l'EPCI) de disposer d'au moins un quart des voix dans les instances compétentes (art. R. 822-29). En Île-de-France, région où la politique du logement des étudiants fait l'objet d'un schéma, la compétence prévue pour les communes et les EPCI (qui renoncent à l'exercer dans un délai d'un an) est transférée à la région à sa demande (art. L. 822-1, al. 11).

L'article 123 de la loi n° 2017-86 du 27 janvier 2017 relative à la citoyenneté modifie le code de la construction en permettant aux offices publics de l'habitat et aux sociétés d'HLM à titre subsidiaire de construire, acquérir et gérer des résidences universitaires qui peuvent les louer aux CROUS ou à des associations d'étudiants ; elle assouplit les conditions d'attribution d'un logement en résidence universitaire en donnant la possibilité aux gestionnaires de résidences universitaires de louer pour trois mois maximum les logements non occupés à des publics reconnus prioritaires par l'État.

La loi ELAN n° 2018-1021 du 23 novembre 2018 portant évolution du logement, de l'aménagement et du numérique, contient plusieurs mesures incitatives pour le logement étudiant, visant notamment à donner plus de place aux logements pour étudiants et jeunes actifs au sein du patrimoine des bailleurs sociaux (art. 99 et 109), à développer le logement intergénérationnel (art. 117) et à clarifier le cadre juridique d'une expérimentation de colocation dans le logement social (art. 128).

ŒUVRES UNIVERSITAIRES ET LAÏCITÉ

Les œuvres universitaires ont une mission de service public qui leur impose de respecter le principe de laïcité (art. L. 141-1 et L. 141-6). Dans les résidences, la chambre ou l'appartement constitue un espace privé dans lequel l'étudiant peut ou non pratiquer sa foi ; il peut se rendre librement dans un lieu de culte pour sa pratique religieuse, la question se posant pour les équipements collectifs (restaurants, salles collectives, locaux culturels et associatifs). Mais la mise en place dans une résidence universitaire de lieux de culte (salle de prière, salle des sœurs, école coranique) a pu justifier une mesure de fermeture ne portant pas atteinte aux libertés fondamentales de culte et de réunion. Les CROUS doivent « respecter tant les impératifs d'ordre public, de neutralité du service public et de bonne gestion des locaux que le droit de chaque étudiant à pratiquer, de manière individuelle ou collective et dans le respect de la liberté d'autrui, la religion de son choix » (CE, ord., 6 mai 2008, n° 315631). Les étudiants peuvent porter un signe ou une tenue à signification religieuse, mais toute provocation comme tout acte de prosélytisme sont interdits. Les CROUS peuvent toutefois conclure avec une association culturelle regroupant des étudiants une convention pour contribuer à une meilleure organisation de la vie collective dans la résidence ; dans le respect des impératifs de l'ordre public, de neutralité du service public et de bonne gestion des locaux comme « du droit de chaque étudiant à pratiquer, de manière individuelle ou collective et dans le respect d'autrui, la religion de son choix », la convention peut fixer les conditions d'utilisation d'un local à des jours et heures déterminés, permettant de réunir, « dans le respect des exigences de sécurité, des étudiants qui habitent dans la résidence universitaire… pour qu'ils exercent les activités que cette association a pour objet d'organiser, au nombre desquelles figure la pratique de prières en commun » (CE, ord., 6 mai 2008, n° 315631). ❑

I. MISSIONS

1. S'il appartient aux centres régionaux des œuvres universitaires et scolaires d'assurer la gestion des bâtiments dont ils ont la charge de manière à procurer aux étudiants des conditions de vie et de travail adaptées aux besoins de leurs études, il leur incombe de concilier les exigences de l'ordre et de la sécurité dans ces bâtiments avec l'exercice par les étudiants des droits et libertés qui leur sont garantis. Ils peuvent à cette fin conclure des conventions avec des associations regroupant les étudiants qui ont pour objet de contribuer à une meilleure organisation de la vie collective dans la résidence. • CE, ord., 6 mai 2008, n° 315631 A : *D. 2009. 207, note Le Bot* ; *AJDA 2008. 1279* • CE 10 août 2001, n° 237004 B.

II. RÉSIDENCES UNIVERSITAIRES

2. Situation juridique des résidents. Il résulte de la L. du 16 avr. 1955 et des textes pris pour son application que les étudiants sont, vis-à-vis des CROUS qui gèrent les résidences universitaires, dans une situation réglementaire et non contractuelle. • TA Grenoble, 6 avr. 1992 : *Lebon T.*

3. Attribution de logements. Critères d'attribution. Le critère d'attribution d'un logement en résidence universitaire lié à l'âge méconnaît le principe d'égalité de traitement des usagers devant le service public. Le juge précise dès lors qu'elles ne sont pas la conséquence nécessaire d'une loi, les différences de traitement entre les bénéficiaires potentiels d'un logement dans un résidence universitaire doivent être subordonnées soit à des différences de situation de nature à les justifier, soit à des nécessités d'intérêt général en rapport avec l'objet de cette prestation. En l'espèce, le critère d'âge posé par le CROUS, qui n'est en rapport ni avec la durée normale des études ni avec la prévision du volume des demandes de première admission, ne répondait ni à des différences de situation entre étudiants ni à une nécessité d'intérêt général en rapport avec l'objet de la prestation portant sur l'attribution de logements aux étudiants. • TA Lyon, 14 juin 2012, n° 1003321 : *AJDA 2012. 1938*.

4. Disposition personnelle du logement. Les dispositions du règlement intérieur résidence universitaire gérée par le CROUS de Grenoble précisent que les étudiants hébergés sont liés à cet établissement public par un contrat de location limité à la durée de l'année universitaire, ont l'interdiction d'introduire dans la résidence des animaux et des bicyclettes, l'interdiction d'y faire la cuisine, et doivent prévoir le libre accès du gestionnaire si la sécurité l'exige. Ces dispositions, qui sont destinées à préserver l'ordre, la tranquillité et la sécurité des étudiants locataires, ne sont pas de nature à retirer à chacun des intéressés la disposition personnelle du logement qui lui est attribué. • CE 28 mai 2003, n° 238255.

5. Redevances. Juge compétent. Le juge administratif est compétent pour connaître de litiges relatifs aux redevances dues par les étudiants à un CROUS en raison de la mise à leur disposition par cet organisme, en l'absence de tout contrat de sous-location, d'appartements que lui-même loue à un office public d'habitations à loyer modéré. • CAA Paris, 3 mars 1992, n° 90PA00637 B.

Contrat de sous-location. Juge compétent. Le contrat par lequel une société d'HLM loue des logements à un CROUS dans le seul but de sous-louer les logements exclusivement à des étudiants et à des personnes répondant à certaines conditions pour être logés en résidence universitaire est un contrat administratif et ne peut être regardé comme un bail locatif HLM de droit commun. • CE 8 oct. 2010, n° 316723 : *AJDA 2010. 1915*.

6. Expulsions d'étudiants. Juge administratif compétent. Le juge des conflits a tranché la question de la compétence sur l'ordre de juridiction compétent en la matière. Les CROUS sont des établissements publics à caractère administratif chargés de remplir une mission de service public en vertu des art. L. 822-1, R. 822-1 et R. 822-14, en accordant notamment, par décision unilatérale, des logements aux étudiants. Même dans le cas où une résidence universitaire ne peut pas être regardée comme une dépendance du domaine public, toute demande d'expulsion du CROUS vise à assurer le fonctionnement normal et la continuité du service public dont il a la charge. Un litige relatif à l'expulsion d'une personne d'un logement universitaire situé dans une résidence gérée par un CROUS relève par suite de la compétence de la juridiction administrative. • T. confl., 12 févr. 2018, n° C4112 A : *AJDA 2018. 374 ; LIJ 2018, n° 202, p. 16.* ♦ En l'espèce, le Conseil d'État, estimant qu'il existait un doute sérieux sur l'ordre de juridiction compétent, avait renvoyé la question au Tribunal des conflits. • CE 18 oct. 2017, n° 408006. ♦ Pour les solutions antérieurement retenues • TA Paris, 25 janv. 2017, n° 1700030 (compétence du juge judiciaire, s'agissant d'un immeuble appartenant à une personne morale de droit privé) • TA Paris, 25 janv. 2017, n° 1700038 (compétence de la juridiction administrative, s'agissant d'un immeuble appartenant à un établissement public) • TA Paris, 25 janv. 2017, n° 1700046 (compétence de la juridiction administrative, s'agissant d'un immeuble appartenant à une collectivité territoriale).

7. Expulsions d'étudiants. Trêve hivernale. Office du juge. Prise en compte des exigences liées au respect de sa dignité et de sa vie privée et familiale. Les dispositions de l'art. L. 412-6 CPCE prévoient seulement un sursis aux mesures d'expulsion non exécutées à la date du 1er nov. de chaque année, si le relogement de l'intéressé n'est pas assuré. Elles ne s'opposent pas au prononcé par le juge, même pendant la période dite de trêve hivernale mentionnée à cet article, d'une décision d'expulsion. Le principe de la trêve hivernale ne peut trouver application dans le cadre de l'examen par le juge des référés de la demande dont il est saisi par un CROUS concernant le prononcé d'une mesure d'expulsion. • CE 22 sept. 2017, n° 407031 B : *AJDA 2017. 1809*. ♦ Dans le même sens : les dispositions relatives à la « trêve hivernale », pas plus que celles instituant des modulations du délai d'expulsion par le juge en fonction, notamment, de la situation du locataire et de ses possibilités de relogement, ne sont applicables aux occupants de locaux spécialement destinés aux logements d'étudiants dans une résidence pour étudiants gérée par un CROUS. Il incombe au juge administratif, saisi d'un litige relatif à l'expulsion d'un occupant d'un logement situé dans une résidence gérée par un CROUS, de prendre en compte, d'une part, la nécessité d'assurer le fonctionnement normal et la continuité du service public dont cet établissement public a la charge et, d'autre part, la situation de l'occupant en cause ainsi que les exigences qui s'attachent au respect de sa dignité et de sa vie privée et familiale. Il en va notamment ainsi lorsque, saisi d'une demande d'expulsion en application de l'art. L. 521-3 CJA, le juge des référés apprécie, pour décider s'il y a lieu d'y faire droit, si les conditions d'utilité et d'urgence posées par cet article sont remplies. En l'espèce, le Conseil d'État a jugé que le juge des référés avait statué conformément à son office en prenant en compte l'ensemble des intérêts en présence tels qu'ils ressortaient des arguments échangés devant lui, en particulier la situation personnelle des intéressées. Les requérantes ne faisaient notamment état d'aucune circonstance particulière liée aux exigences de respect de leur dignité et de leur vie privée et familiale. • CE 16 avr. 2019, nos 426074 et 426075 B : *AJDA 2019. 844 ; LIJ 2019, n° 207, p. 6.*

8. Taxe d'habitation. Logement HLM. Assujetissement. Un logement appartenant à la société HLM, donné à bail au CROUS et sous-loué par cet organisme en raison du manque de logements en résidence universitaire entre dans le champ d'application de la taxe d'habitation. Le Conseil d'État rappelle que la taxe d'habitation est due pour tous les locaux meublés à usage d'habitation et est établie au nom des personnes qui ont, à quelque titre que ce soit, la disposition ou la jouissance de locaux imposables. En l'espèce, la requérante a disposé avec deux autres étudiantes d'un logement appartenant à une société HLM donné à bail au CROUS et qui lui a été sous-loué par cet organisme en raison du manque de logements en résidence universitaire. Si elle cohabitait avec deux autres colocataires dans le même appartement, elle disposait de la clé de l'appartement et de sa chambre de sorte que chaque occupant avait le libre accès et la disposition personnelle exclusive de sa propre chambre ainsi que la disposition des parties communes de l'appartement. Le conseil d'État estime en outre que si le règlement intérieur applicable à ce logement revêtait un caractère restrictif semblable à celui des résidences universitaires exonérées de taxe d'habitation, ce document est destiné à préserver l'ordre, la tranquillité et la sécurité des locataires et n'est pas de nature à retirer aux résidents et locataires la disposition personnelle du logement qui leur est attribué. Il en déduit que les locaux entrent dans le champ d'application de la taxe d'habitation, V. • CAA Bordeaux, 5 juill. 2004, nos 00BX02587 et 00BX02586.

9. Taxe d'habitation. Résidence universi-

taire. Assujettissement. Le Conseil d'État considère que si le règlement intérieur des résidences universitaires gérées par le CROUS contient certaines dispositions destinées à préserver l'ordre, la tranquillité et la sécurité des étudiants locataires d'un logement dans ces résidences, ces dispositions ne sont de nature à retirer à chacun des intéressés la disposition personnelle du logement qui lui est attribué. Par suite, ces locaux, qui entrent dans le champ d'application de la taxe d'habitation doivent être regardés comme étant à la disposition de leurs locataires, aucune disposition ne prévoyant d'exonération de la taxe en faveur des étudiants locataires d'un logement situé dans une résidence universitaire. • CAA Lyon, 15 juin 2001, n° 00LY01748. ♦ Y compris dans le cas où le règlement intérieur comporte l'interdiction d'introduire dans la résidence des animaux et des bicyclettes, d'y faire la cuisine, et prévoit le libre accès du gestionnaire si la sécurité l'exige. • CE 28 mai 2003, n° 238255.

10. Caution solidaire. Dans une affaire où le montant d'une redevance locative mensuelle était passé de 206 € à 210 €, le juge a estimé que l'obligation principale locative avait été substantiellement modifiée. Dès lors, l'acte de cautionnement qui avait été signé ne pouvait continuer à produire ses effets. • TA Versailles, 10 nov. 2009, n° 0711830 : *LIJ 2010, n° 141, p. 9.* ♦ Dans un litige relatif à un acte de cautionnement, il appartient à la partie qui entend s'en prévaloir de faire diligence pour établir sans conteste devant la juridiction l'identité de la partie contractante. • Même jugement.

11. Caution solidaire. Mention manuscrite prescrite par l'art. L. 341-2 C. consom. Dans une affaire mettant en cause la régularité du contrat de cautionnement signé par un requérant, le juge rappelle que les dispositions de l'art. L. 341-2 C. consom., qui trouvent à s'appliquer aux opérations autres que les crédits à la consommation ou les crédits immobiliers, visent à protéger toute personne physique, qu'elle soit ou non avertie, qui s'engage en qualité de caution envers un créancier professionnel. Le créancier professionnel est celui dont la créance est née dans l'exercice de sa profession ou bien se trouve en rapport direct avec l'une de ses activités professionnelles, même si celle-ci n'est pas principale. Ainsi, ces dispositions s'appliquent au CROUS qui doit être regardé comme créancier professionnel pour son activité de mise à disposition onéreuse à des étudiants d'appartements que lui-même loue à un office public d'habitations à loyer modéré. En l'espèce, le juge estime que la mention manuscrite portée sur l'acte de caution solidaire en cause, qui ne comporte pas de limitation dans la durée et de montant maximal, est irrégulière et que le requérant est fondé à invoquer la nullité de cet engagement de caution et à demander l'annulation du titre exécutoire litigieux émis par le CROUS. • CAA Versailles, 30 avr. 2015, n° 14VE01181 : *AJDA 2015. 1190 ; LIJ 2015, n° 190, p. 6.*

12. Demande de paiement d'avance. Décision faisant grief. Dans une affaire où le directeur d'une résidence universitaire avait demandé aux étudiants qui souhaitaient pouvoir demeurer dans leur logement pour les mois de juillet et d'août de s'acquitter, au plus tard le 19 juin, du paiement des loyers pour ces deux mois, le juge a estimé que le fait que le directeur de la résidence ait subordonné la possibilité de conserver un logement dans la résidence universitaire au paiement d'avance de deux mois de loyer constituait une décision faisant grief contre laquelle les requérants, « en leur qualité d'étudiants directement concernés », justifiaient d'un intérêt à agir. Le tribunal a également jugé que cette décision avait méconnu les dispositions du règlement intérieur des résidences universitaires du CROUS concerné. • TA Versailles, 10 oct. 2013, n° 0906096 : *LIJ 2013, n° 180, p. 7.*

13. Règlements en espèces. Suppression. Illégalité. Invoquant de manière générale, des motifs auxquels toute activité de nature commerciale est susceptible d'adhérer, tirés de la sécurité, de la réduction des délais d'attente en caisse et de la fiabilité des procédures comptables, le CROUS de Bourgogne-Franche-Comté avait décidé de supprimer l'utilisation de la monnaie fiduciaire au sein de ses services, décision qui a eu pour effet d'interdire le paiement direct en espèces des prestations proposées. Le juge a estimé que ces motifs n'étaient pas, par eux-mêmes et en l'absence de risque caractérisé pour la sécurité publique ou de circonstances particulières, de nature à s'opposer à l'application des dispositions précitées du code monétaire et financier et du code pénal. En l'espèce, le CROUS ne justifiait pas de l'existence d'un risque caractérisé pour la sécurité, aucun vol n'ayant été recensé dans le ressort, ou du risque de fraude ni même d'aucune autre circonstance particulière de nature à justifier l'interdiction de tout règlement en espèces. Le requérant étant fondé à soutenir que le CROUS ne justifiait pas d'un intérêt général permettant de déroger à l'application de la loi, il en a conclu que le CROUS avait méconnu les dispositions du code monétaire et financier. • TA Dijon, 8 juill. 2019, n° 1900691 : *AJDA 2019. 1892, note Lemaire* .

14. Pratique des cultes. En l'absence de disposition législative ou réglementaire spécifique à la pratique des cultes dans les résidences universitaires, le CROUS doit respecter tant les impératifs d'ordre public, de neutralité du service public et de bonne gestion des locaux que le droit de chaque étudiant à pratiquer, de manière individuelle ou collective et dans le respect de la liberté d'autrui, la religion de son choix. Ainsi, en décidant la fermeture d'une salle polyvalente pour y réaliser des aménagements nécessaires à sa sécurité, le CROUS n'a, dans les conditions de l'espèce, porté aucune atteinte manifestement illégale aux libertés fondamentales de culte et de réunion. • CE, ord., 6 mai 2008, n° 315631 A : *préc. note 1.*

15. Expulsion. Concours de la force publique. Lorsqu'un étudiant ne se conforme pas à la décision administrative d'exclusion prise à son encontre, il y a lieu de faire appel aux tribunaux pour obtenir une décision de justice. Le juge judicaire est compétent s'il s'agit de l'expulsion d'occupants sans titre d'immeubles appartenant à l'administration, si le contrat a cessé de produire ses effets et si l'immeuble relève du domaine privé de l'administration. • CE 10 oct. 2003, n° 250493 B. ♦ Dans le cas contraire, le juge administratif retrouve sa compétence. * Lettre DAJ B1, n° 2010-01 du 5 janv. 2010 : *LIJ 2010, n° 143, p. 26.*

III. PERSONNELS OUVRIERS

16. Veilleurs de nuit. Temps de travail. Les personnels ouvriers des CROUS, dont font partie les veilleurs de nuit, sont des agents contractuels de droit public et non des fonctionnaires. En l'absence de toute disposition fixant les règles relatives au temps de travail des agents contractuels des CROUS, le directeur du CNOUS était compétent, en vertu des pouvoirs généraux d'organisation des services placés sous son autorité, pour fixer le temps de travail applicable à ces personnels. Le juge administratif rappelle que cette compétence a d'ailleurs été confirmée par l'art. 21 du Décr. du 5 mars 1987 relatif aux missions et à l'organisation des œuvres universitaires, en vertu duquel les dispositions applicables aux personnels ouvriers des établissements sont fixées par le directeur du centre national et approuvées par le ministre chargé de la fonction publique, le ministre chargé des universités et le ministre chargé du budget. • CE 3 juill. 2013, n° 343454 : *AJDA 2013. 2009*.

17. Régime disciplinaire. L'art. 21 du Décr. du 5 mars 1987 relatif aux missions et à l'organisation des œuvres universitaires confie au directeur du centre national, eu égard aux missions de l'établissement public qu'il dirige, le soin d'édicter le régime applicable aux personnels ouvriers des centres régionaux des œuvres universitaires et scolaires pouvant déroger aux dispositions du Décr. du 17 janv. 1986 relatif aux dispositions générales applicables aux agents non titulaires de l'État, pris, s'agissant des personnels en cause, dans le cadre du pouvoir réglementaire autonome du gouvernement. En fixant l'échelle des sanctions disciplinaires applicables aux personnels ouvriers des centres régionaux des œuvres universitaires et scolaires, laquelle comprend le déplacement d'office, sanction non prévue par les dispositions de l'art. 43 du Décr. du 17 janv. 1986, le directeur du centre national des œuvres universitaires et scolaires n'excède ainsi pas la compétence qui lui est confiée par le Décr. du 5 mars 1987. • CE 23 août 2006, n° 280458 B : *AJDA 2006. 2141*.

Art. L. 822-2 *(L. n° 2004-809 du 13 août 2004, art. 66)* **Le Centre national des œuvres universitaires et scolaires est un établissement public, doté de la personnalité civile et de l'autonomie financière.**

Il est placé sous la tutelle du ministre chargé de l'enseignement supérieur qui approuve son budget.

Un décret fixe les conditions dans lesquelles les collectivités territoriales ou leurs groupements sont représentés au sein des conseils d'administration du centre national et des centres régionaux des œuvres universitaires et scolaires *[V. art. R. 822-1 s.].*

(L. n° 2018-699 du 3 août 2018, art. 52) **« Le conseil d'administration du Centre national des œuvres universitaires et scolaires comprend parmi ses membres un député et un sénateur. Il est chargé : »**

1° De définir la politique générale du centre national et des centres régionaux des œuvres universitaires et scolaires ;

2° D'assurer la répartition des crédits budgétaires ordinaires et extraordinaires affectés aux centres régionaux des œuvres universitaires et scolaires ;

3° De recueillir et de répartir tous dons, legs, subventions et aides diverses susceptibles de favoriser l'établissement, le fonctionnement ou le développement de ces œuvres.

I. COMPÉTENCES

1. Tutelle du CNOUS. Le conseil d'administration du Centre national des œuvres universitaires et scolaires tient des art. 2 et 4 de la L. du 16 avr. 1955 modifiés par les décrets des 18 oct. 1963 et 2 sept. 1966 non seulement le pouvoir d'arrêter le montant de la subvention allouée aux centres régionaux pour les repas servis dans les restaurants universitaires mais encore la faculté de fixer le montant de la contribution financière demandée aux étudiants. Le conseil n'a donc pas excédé sa compétence en augmentant, par délibération, le prix minimum des repas dans tous les restaurants universitaires, ce prix étant couvert pour moitié par une subvention. • CE 9 févr. 1977, *Sieur Dallet*, n° 97409 : *Lebon 74*.

II. PRIX DES REPAS

2. Augmentation. Aucune disposition n'imposait au conseil d'administration du CNOUS de recueillir l'avis préalable des conseils d'administration des centres régionaux pour fixer, par délibération, le prix minimum des repas dans tous les restaurants universitaires. • CE 9 févr. 1977, *Sieur Dallet : préc. note 1.*

3. Mesure discrétionnaire. Le prix du repas dans les restaurants universitaires, arrêté par le conseil d'administration du CNOUS, n'est pas susceptible d'être discuté devant le juge de l'excès de pouvoir. • CE 9 févr. 1977, *Sieur Dallet,* n° 97409 : *préc. note 1.*

III. PERSONNELS

4. Directeur du CNOUS. Emploi supérieur à la discrétion du Gouvernement. Absence. Eu égard aux conditions de nomination du directeur du CNOUS et à la nature de ses missions, lesquelles consistent, pour l'essentiel, à animer et à encadrer l'action des CROUS, celui-ci ne peut être regardé comme occupant un emploi supérieur à la décision du Gouvernement. Dès lors, seuls les fonctionnaires qui remplissent les conditions prévues par les textes en vigueur peuvent être nommés à cet emploi. • CE 27 janv. 2016, n° 384873 : *Lebon, concl. Dumortier ; AJDA 2016. 174 ; ibid. 740, concl. Dumortier ; AJFP 2016. 208, note Zarca ; AEF 27 janv. 2016, Dépêche n° 530570, comm. Catin et Cordonnier ; D. actu. 9 févr. 2016, comm. de Montecler.*

5. Régime applicable. L'art. 21 du Décr. du 5 mars 1987 relatif aux missions et à l'organisation des œuvres universitaires confie au directeur du centre national, eu égard aux missions de l'établissement public qu'il dirige, le soin d'édicter le régime applicable aux personnels ouvriers des centres régionaux des œuvres universitaires et scolaires pouvant déroger aux dispositions du Décr. du 17 janv. 1986 relatif aux dispositions générales applicables aux agents non titulaires de l'État, pris, s'agissant des personnels en cause, dans le cadre du pouvoir réglementaire autonome du Gouvernement. En fixant l'échelle des sanctions disciplinaires applicables aux personnels ouvriers des centres régionaux des œuvres universitaires et scolaires, laquelle comprend le déplacement d'office, sanction non prévue par les dispositions de l'art. 43 du Décr. du 17 janv. 1986, le directeur du centre national des œuvres universitaires et scolaires n'excède ainsi pas la compétence qui lui est confiée par le Décr. du 5 mars 1987. • CE 23 août 2006, *M. Albin A.,* n° 280458.

Art. L. 822-3 **Les centres régionaux des œuvres universitaires et scolaires sont des établissements publics dotés de la personnalité civile et de l'autonomie financière. Les centres régionaux sont placés sous la tutelle du ministre chargé de l'enseignement supérieur.**

BIBL. ► Directeur général du Centre régional des œuvres universitaires et scolaires, *Les référentiels de l'encadrement supérieur de l'éducation nationale et de l'enseignement supérieur, de la recherche et de l'innovation, MEN-MESRI, CPU-CDEFI, CNOUS-CROUS, déc. 2017.*

1. Directeur de CROUS. Délégation en matière budgétaire. Successeur. Validité (oui). La DAJ a été interrogée afin de savoir si une délégation consentie par délibération du CA d'un CROUS à sa directrice générale demeure valable pour son successeur. La DAJ rappelle que selon les textes et la jurisprudence en vigueur, cette délégation ne peut être assimilée à une délégation de signature mais constitue bien une délégation de pouvoir. La DAJ poursuit en précisant que les effets d'une délégation de pouvoir étant « indépendants de la personne du délégant et du délégataire », cette délégation n'est pas affectée par les changements intervenus dans la personne des titulaires des fonctions, qu'il s'agisse de l'autorité délégante ou, comme en l'espèce, du délégataire. Peu importe que l'intitulé de la fonction du délégant ou du délégataire ait été modifié depuis ou, comme en l'espèce, qu'il fasse référence au genre de la personne titulaire de la fonction. Cette délégation demeure valable tant qu'elle n'a été ni modifiée ni abrogée. *Note DAJ B1, n° 2019-0043, 23 mai 2019 : *LIJ 2020, n° 210, p. 9.*

2. Personnels contractuels. Les personnels non statutaires des personnes morales de droit public travaillant pour le compte d'un service public administratif sont des agents de droit public quel que soit leur emploi. • T. confl. 25 mars 1996, *Préfet de la région Rhône-Alpes c/ Conseil de prud'hommes de Lyon (affaire Berkani c/ CROUS de Lyon-Saint-Étienne),* n° 03000 B (concl. Martin) : *AJDA 1996. 355, chron. Stahl et Chauvaux ; CJEG 1997. 35, note Lachaume ; D. 1996. 598, note Saint-Jours ; Dr. soc. 1996. 735, obs. Prétot ; JCP 1996, n° 22664, note Moudoudou ; LPA 1997, n° 7, note Alberelli-Francfort.* ♦ Cette décision met fin à la complexité de la jurisprudence précédente qui distinguait selon la nature de l'emploi exercé par l'agent au sein de la collectivité. • T. confl. 25 nov. 1963, *Dame Veuve Mazerand c/ Cne de Jonquières : Lebon 792.*

Art. L. 822-4 **Les étudiants participent, par leurs représentants, à la gestion du Centre national et des centres régionaux des œuvres universitaires et scolaires.** – *[L. n° 89-486 du 10 juill. 1989, art. 12, 2e phr.]*

1. Représentants étudiants. Le conseil d'administration du CROUS avait compétence pour instituer des suppléants des représentants élus des étudiants au sein des conseils de résidence. • CE 25 sept. 1996, *M. Pradines et Mlle Chaumette*, n° 116532.

2. Contestation des élections. Une association contestait les élections des représentants des étudiants au conseil d'administration d'un CROUS. Elle avait saisi le recteur d'académie d'un recours préalable. Ce recours ne contenant que des termes généraux sans énoncer de faits précis avait été rejeté par le recteur. Le juge des référés estime « qu'en raison de l'existence d'un recours préalable obligatoire devant le recteur d'académie, seuls peuvent être soumis au tribunal administratif les griefs qui lui ont été préalablement exposés dans ce recours de manière précise et circonstanciée ». A défaut de quoi les conclusions aux fins de suspension de l'élection doivent être rejetées. • TA Dijon, réf., 12 avr. 2006, *Assoc. UNEF et M. Bessy*, n° 0600800.

Art. L. 822-5 Un décret en Conseil d'État détermine les conditions d'application du présent chapitre, et notamment la composition et le fonctionnement des organismes consultatifs qui peuvent être institués auprès du Centre national et des centres régionaux par arrêté du ministre chargé de l'enseignement supérieur. – *[L. n° 55-425 du 16 avr. 1955, art. 8.]*

TITRE TROISIÈME LA SANTÉ ET LA PROTECTION SOCIALE DES ÉTUDIANTS

BIBL. GÉN. ▶ Katz et Langlois, Protection sociale, *Lamy, 2005.* – Marra, Rapport sur la qualité de vie des étudiants en santé, *avr. 2018 : https://cache.media.enseignementsup-recherche.gouv.fr/file/Sante/04/8/Rapport_Dr_Marra_-_Qualite_de_vie_des_etudiants_en_sante_926048.pdf.* – Méjias De Haro, Mobilité internationale, *Lamy, 2005.* – Rollot, Étudiants. Les oubliés de la santé publique, *Le Monde, 14 juin 2008. 25.* – Veillon, Le régime étudiant de sécurité sociale, *Dr. soc. 1977. 416.*

CHAPITRE PREMIER LA SANTÉ UNIVERSITAIRE

Art. L. 831-1 Des services de médecine préventive et de promotion de la santé sont mis à la disposition des usagers, selon des modalités fixées par décret.

(L. n° 2013-660 du 22 juill. 2013, art. 102 et 103) **« Ils assurent le suivi vaccinal des étudiants.**

« Les établissements auxquels ils sont rattachés concluent une convention avec l'agence mentionnée à l'article L. 1431-1 du code de la santé publique pour concourir à la mise en œuvre » des actions coordonnées de prévention et d'éducation à la santé que comporte le programme régional pour l'accès à la prévention et aux soins des personnes les plus démunies prévu à l'article *(Ord. n° 2010-177 du 23 févr. 2010, art. 8)* **« L. 1434-2 » du code de la santé publique.**

(L. n° 2016-41 du 26 janv. 2016, art. 5) **« Lorsqu'ils sont autorisés à dispenser des soins en tant que centres de santé, au sens de l'article L. 6323-1 du code de la santé publique, ils contribuent à l'accès aux soins de premier recours, notamment des étudiants de l'établissement auquel ils sont rattachés. »**

BIBL. ▶ Nataf, La santé des étudiants en 200 questions, *De Vecchi, 2005.* – Pétillon, Un bulletin de santé guère satisfaisant, *Le Monde, Campus, 7 nov. 2006. 43.* – La santé des étudiants, enquête nationale 2005-2006, *Éd. Vie universitaire, 2006.* – Table ronde sur la santé des étudiants, *Sén., Mission d'information « Conditions de la vie étudiante en France », 25 mars 2021 : http://www.senat.fr/compte-rendu-commissions/20210322/mi_vie_etudiante.html.*

▶ **Handicap :** Fraisse et Gangloff-Ziegler (Dir.), La parole aux acteurs du handicap à l'université, *CPU, juin 2014.* – Guide d'accompagnement des étudiants en situation de handicap en contexte de stage : Travailler ensemble pour leur réussite, *Consortium d'animation sur la persévérance et la réussite en enseignement supérieur, Université de Montréal, Services aux étudiants : http://www.capres.ca/wp-content/uploads/2018/01/Guide_stage-2.pdf.* – Table ronde « Handicap et vie étudiante », *Sén., Mission d'information « Conditions de la vie étudiante en France », 12 avr. 2021 : http://www.senat.fr/commission/missions/conditions_de_la_vie_etudiante_en_france.html.*

1. Affiliation à la sécurité sociale étudiante. Le juge considère que les étudiants qui sont déjà assurés sociaux ou ayants droit d'un assuré social au moment de l'inscription dans un établissement d'enseignement supérieur ne peuvent se voir imposer une affiliation immédiate au régime étudiant de la sécurité sociale. • TA Paris, 28 janv. 2010, *M. M.*, n° 0716398 : *LIJ 2010,* *n° 144, p. 8.*

2. Perte de qualité d'assuré social. Si un étudiant venait à perdre la qualité d'assuré social en cours d'année, il ne devrait être redevable du paiement d'une cotisation que dans un délai de 30 jours à compter de la perte de cette qualité. • TA Paris, 28 janv. 2010, *M. M.*, n° 0716398 : *préc. note 1* (pour une fin de contrat de travail ou au terme d'une période d'essai).

3. Menaces de suicide. Ayant été interrogée sur la procédure à mettre en œuvre dans le cas d'une étudiante ayant menacé à plusieurs reprises de mettre fin à ses jours dans l'enceinte de son établissement, la DAJ rappelle que le Conseil d'État se montre restrictif dans l'application des conditions permettant au président de l'université d'interdire l'accès aux locaux dans la mesure où il s'assure que les risques de désordre invoqués sont tels qu'ils justifient l'interdiction. • CE 26 oct. 2005, *M. Gollnisch : Lebon 443*. ♦ Après avoir soulevé les difficultés de la mise en œuvre de la procédure d'hospitalisation à la demande d'un tiers (HDT), la DAJ estime que, si les menaces sont répétitives et avérées, il est envisageable que l'université prenne contact avec le service de la médecine préventive qui pourrait informer la famille de l'étudiante afin de mettre en œuvre une telle procédure. Enfin, en cas de refus d'un tiers de son entourage de procéder à une demande d'hospitalisation, deux régimes d'hospitalisation d'office sont encore prévus par le code de la santé publique. * Lettre DAJ B1, n° 08-359, du 26 nov. 2008 : *LIJ 2009, n° 131, p. 20.*

Art. L. 831-2 Le contrôle médical des activités physiques et sportives universitaires est assuré dans les conditions définies aux articles L. 541-1 et L. 541-3.

Caractère obligatoire du contrôle. Certificat d'inaptitude. Les examens médicaux périodiques (…) effectués pendant tout le cours de la scolarité tiennent lieu de contrôle médical en application de l'art. L. 541-1 C. éduc. C'est donc dans ce cadre que s'effectue le contrôle médical propre à déterminer si les étudiants sont aptes à la pratique d'une activité sportive. * Lettre DAJ B1, n° 08-120, du 14 avr. 2008 : *LIJ 2008, n° 126, p. 29.*

Art. L. 831-3 *(L. n° 2020-1525 du 7 déc. 2020, art. 98)* « L'avant-dernier » alinéa de l'article L. 541-1 est applicable aux étudiants et élèves de l'enseignement supérieur.

CHAPITRE II LA PROTECTION SOCIALE DES ÉTUDIANTS

Art. L. 832-1 *(L. n° 2018-166 du 8 mars 2018, art. 11)* Les étudiants bénéficient de la prise en charge de leurs frais de santé en cas de maladie ou de maternité dans les conditions prévues aux articles L. 160-1 à L. 160-18 du code de la sécurité sociale.

Art. L. 832-2 Les étudiants bénéficient du régime d'assurance des accidents du travail dans les conditions prévues à l'article L. 412-8 du code de la sécurité sociale à l'exception de ceux de l'enseignement agricole, qui bénéficient du régime spécifique d'assurance obligatoire institué par l'article L. 751-1 du code rural et de la pêche maritime.

TITRE QUATRIÈME LES ACTIVITÉS PÉRIUNIVERSITAIRES, SPORTIVES ET CULTURELLES

BIBL. GÉN. ▸ Barré et Ronzeau, La vie étudiante, t. 1, *Rapp. IGF-IGAENR, nov. 2013.* – Monade et Vincent, Synthèse des résultats. Les jeunes et la culture, *CNL-IPSOS Connect, 28 juin 2016.* – Vouch'h, Loisirs et pratiques culturelles des étudiants, *U-Culture(s), Revue culturelle annuelle de l'Université de Bourgogne, n° 1, Université de Bourgogne, 2006.* – Le sport à l'université : la pratique du sport par les étudiants, *Rapport CNE, 1999.* – L'accompagnement des étudiants dans l'organisation d'événements festifs et d'intégration, *MESRI, oct. 2017 : https://cache.media.enseignementsup-recherche.gouv.fr/file/Enseignement_superieur/61/5/DELCOM_Guide_Etudiant_web_837615.pdf.*

▸ **Sur les bibliothèques et services de documentation :** V. Bibl. ss. art. L. 714-1.

▸ **Sur les services des activités physiques :** V. Bibl. ss. art. L. 714-1.

CHAPITRE UNIQUE

Art. L. 841-1 Les établissements de l'enseignement supérieur organisent et développent la pratique des activités physiques et sportives des étudiants et de leurs personnels. *(L. n° 2003-339 du 14 avr. 2003, art. 4)* « Ils peuvent également, par convention avec les associations sportives universitaires, les fédérations sportives ou les collectivités territoriales ou leurs groupements, autoriser l'accès à leurs installations sportives. »

1. Services accomplis par les enseignants d'éducation physique. Les dispositions du Décr. du 25 mars 1993, prévoyant que le service hebdomadaire d'enseignement assuré par les personnels enseignants du second degré affectés dans les établissements d'enseignement supérieur doit être limité à quinze heures pour les professeurs agrégés et dix-huit heures pour les autres enseignants, ne concernent que les services d'enseignement, c'est-à-dire les cours magistraux, les travaux dirigés ou travaux pratiques. Elles ne s'appliquent pas aux services accomplis par les personnels enseignants d'éducation physique et sportive au titre de la pratique des activités physiques et sportives des étudiants et des personnels. • CAA Lyon, 13 juin 1995, *M. Marc Dupont*, n° 94LY01673 : *Lebon T. 821*.

2. Non-application des limitations du service hebdomadaire. Eu égard au nombre de semaines que compte l'année universitaire, les limitations du service hebdomadaire assuré par les personnels enseignants du second degré affectés dans les établissements d'enseignement supérieur ne sont pas applicables dans le cas de services accomplis au titre de la pratique des activités physiques et sportives des étudiants et des personnels par les enseignants d'éducation physique et sportive, en application de la L. du 16 juill. 1984 relative à l'organisation et à la promotion des activités physiques et sportives. • CE 28 juin 1999, *M. Marc Dupont c/ Univ. Blaise-Pascal–Clermont II*, n° 172109 : *Lebon T. 815*.

Art. L. 841-2 Les associations sportives universitaires sont créées à l'initiative des établissements de l'enseignement supérieur.

Les associations sportives universitaires bénéficient de l'aide de l'État. Les collectivités territoriales peuvent concourir au développement de ces associations, en particulier en favorisant l'accès à leurs équipements sportifs.

Les associations sportives universitaires adoptent des dispositions statutaires obligatoires définies par décret en Conseil d'État *[V. art. R. 841-1]*. — *[L. n° 84-610 du 16 juill. 1984, art. 9, al. 3 à 5.]*

Art. L. 841-3 Les associations visées à l'article L. 841-2 sont affiliées à des fédérations ou à des unions sportives scolaires et universitaires mentionnées à l'article L. 552-3. — *[L. n° 84-610 du 16 juill. 1984, art. 10.]*

Art. L. 841-4 Les associations et fédérations sportives universitaires *(Ord. n° 2006-596 du 23 mai 2006, art. 4)* « sont soumises aux dispositions du code du sport » et, en outre, *(Ord. n° 2008-1304 du 11 déc. 2008, art. 1er)* « aux » dispositions du présent chapitre.

Art. L. 841-5 *(L. n° 2018-166 du 8 mars 2018, art. 12)* I. — Une contribution destinée à favoriser l'accueil et l'accompagnement social, sanitaire, culturel et sportif des étudiants et à conforter les actions de prévention et d'éducation à la santé réalisées à leur intention est instituée au profit des établissements publics d'enseignement supérieur, des établissements mentionnés aux articles L. 443-1 et L. 753-1 du présent code ou à l'article L. 1431-1 du code général des collectivités territoriales dispensant des formations initiales d'enseignement supérieur, des établissements d'enseignement supérieur privés d'intérêt général et des centres régionaux des œuvres universitaires et scolaires.

Les associations d'étudiants mentionnées à l'article L. 811-3 du présent code et, dans chaque établissement, les représentants des étudiants au conseil d'administration et dans les autres conseils, lorsque les établissements en sont dotés, participent à la programmation des actions financées au titre de cet accompagnement.

II. — La contribution est due chaque année par les étudiants lors de leur inscription à une formation initiale dans un établissement d'enseignement supérieur.

Sont exonérés du versement de cette contribution les étudiants bénéficiant, pour l'année universitaire au titre de laquelle la contribution est due, d'une bourse de l'enseignement supérieur ou d'une allocation annuelle accordée dans le cadre des dispositifs d'aide aux étudiants mentionnés à l'article L. 821-1 du présent code. Sont également exonérés les étudiants bénéficiant du statut de réfugié ou de la protection subsidiaire ou étant enregistrés par l'autorité compétente en qualité de demandeur d'asile et disposant du droit de se maintenir sur le territoire dans les conditions prévues aux articles *(Ord. n° 2020-1733 du 16 déc. 2020, art. 7)* « L. 541-1 et L. 573-1 » du code de l'entrée et du séjour des étrangers et du droit d'asile.

Lorsque l'étudiant s'inscrit au titre d'une même année universitaire à plusieurs formations, la contribution n'est due que lors de la première inscription.

III. — Le montant annuel de cette contribution est fixé à 90 €. Ce montant est indexé chaque année universitaire sur l'indice des prix à la consommation hors tabac constaté par l'Institut national de la statistique et des études économiques pour la

France pour l'année civile précédente. Il est arrondi à l'euro le plus proche ; la fraction d'euro égale à 0,50 est comptée pour 1.

IV. – La contribution est acquittée auprès du centre régional des œuvres universitaires et scolaires dans le ressort territorial duquel l'établissement a son siège.

Elle est liquidée et recouvrée par l'agent comptable du centre régional des œuvres universitaires et scolaires selon les règles en matière de recouvrement des créances des établissements publics.

V. – Le produit de la contribution est réparti entre les établissements mentionnés au premier alinéa du I.

Un décret fixe, pour chaque catégorie d'établissements d'enseignement mentionnée au même premier alinéa, le montant versé au titre de chaque étudiant inscrit ainsi que la fraction du produit de la contribution attribuée aux centres régionaux des œuvres universitaires et scolaires et les modalités de sa répartition.

Sur la contribution de vie étudiante et de campus, V. art. D. 841-2 s.

Sur les modalités de programmation et de suivi des actions financées par la contribution de vie étudiante et de campus, V. art. D. 841-8 s.

COMMENTAIRE

L'article 12 de la loi n° 2018-166 du 8 mars 2018 relative à l'orientation et à la réussite des étudiants (dite « loi ORE ») introduit un article L. 841-5 instituant une ***contribution étudiante***, dénommée « contribution de vie étudiante et de campus » (CVEC, Décr. n° 2018-564 du 30 juin 2018, introduisant une nouvelle section regroupant les art. D. 841-2 à D. 852-2). Celle-ci est due par tous les étudiants (à l'exception des boursiers, des réfugiés et des demandeurs d'asile bénéficiaires de la protection subsidiaire), et est destinée à favoriser l'accueil et l'accompagnement social, sanitaire, culturel et sportif des étudiants et à conforter les actions de prévention et d'éducation à la santé réalisées à leur intention. En l'absence de contrepartie directe à son paiement, cette contribution constitue une « *imposition de toute nature* » dont les règles relatives à l'assiette, au taux et aux modalités de recouvrement relèvent de la loi en application de l'article 34 de la Constitution (CE, avis, 16 nov. 2017, n° 393743). En substituant l'Université de Polynésie française au CROUS, l'article L. 853-2 constitue une nouvelle exception à l'autonomie fiscale de cette collectivité d'outre-mer (Cons. const. 3 mai 2007, n° 2007-1 LOM, admettant que l'État dispose du pouvoir d'instituer des taxes destinées à être perçues à l'occasion de l'exécution des missions d'intérêt général qui lui incombent dans le cadre de ses compétences en Polynésie française).

Elle est instituée au profit des établissements publics d'enseignement supérieur, des écoles des chambres de commerce (art. L. 443-1 et L. 753-1), des établissements publics de coopération culturelle dispensant des formations initiales d'enseignement supérieur (CGCT, art. L. 1431-1), des établissements d'enseignement supérieur privés d'intérêt général (ESPIG) et des centres régionaux des œuvres universitaires et scolaires (CROUS). Dans son avis sur le projet de loi, le Conseil d'État considère que les conditions prévues par l'article 2 de la loi organique du 1er août 2001 relative aux lois de finances (LOLF) pour affecter directement à un tiers une imposition à raison des missions de service public qui lui sont confiées sont réunies ; cette affectation peut être prévue par une loi ordinaire (comme par une loi de finances) compte tenu du fait qu'elle ne porte pas sur une ressource établie au profit de l'État.

La contribution est acquittée auprès du CROUS dans le ressort territorial duquel l'établissement a son siège ; elle est liquidée et recouvrée par l'agent comptable du CROUS selon les règles en matière de recouvrement des créances des établissements publics de l'État et acquittée par l'étudiant sur le portail numérique des démarches et services de la vie étudiante www.etudiant.gouv.fr. (art. D. 841-2). Lors de son inscription, l'étudiant justifie qu'il s'est libéré du paiement de la contribution ou qu'il remplit l'une des conditions ouvrant droit à exonération en application du II de l'article L. 841-5 en produisant une attestation qu'il télécharge sur le portail numérique (art. D. 841-3). En l'absence de dispositions particulières quant au régime contentieux de la contribution, celui-ci suivra le régime applicable aux créances de ces mêmes établissements publics (CE, avis, préc.).

Le produit de la contribution (aujourd'hui évalué à 95 millions d'euros) est réparti entre les établissements bénéficiaires selon une clef fixée par le décret n° 2018-564 du 30 juin 2018 qui doit tenir compte de la catégorie à laquelle appartient l'établissement, de ses effectifs et du nombre de ses sites d'implantation (avis CE). L'article D. 841-5 le précise en distinguant deux montants révisables chaque année en fonction de l'indice des prix, fixés dans un premier temps à 41 euros par étudiant inscrit en formation initiale dans les EPSCP et les EPA du ministère de l'enseignement supérieur et à 20 euros pour les autres établissements publics ou privés d'intérêt général.

La contribution est due chaque année par les étudiants avant leur inscription administrative à une formation initiale dans un établissement d'enseignement supérieur ; lorsque l'étudiant s'inscrit au titre d'une même année universitaire à plusieurs formations, la contribution n'est due que lors de la première inscription. L'étudiant qui renonce à son inscription après avoir acquitté la contribution ou qui interrompt ses études en cours d'année ne peut obtenir le remboursement de cette contribution (art. D. 841-4). Son montant annuel est au départ fixé à 90 €, avec indexation annuelle. Des exonérations sont toutefois prévues pour les étudiants bénéficiant d'une bourse de l'enseignement supérieur ou d'une allocation annuelle accordée dans le cadre des dispositifs d'aide (art. L. 821-1) ; il en est de même pour les étudiants bénéficiant du statut de réfugié ou de la protection subsidiaire ou enregistrés par l'autorité compétente en qualité de demandeur d'asile et disposant du droit de se maintenir sur le territoire (CESEDA, art. L. 742-1 et L. 743-1). Ces dispositions n'entraînent pas de rupture caractérisée de l'égalité devant les charges publiques (Cons. const. 13 avr. 2012, *M. Stéphane C. et a.*, n° 2012-231/234 QPC : contribution pour l'aide juridique de 35 € par instance et droit de 150 € dû par les parties à l'instance d'appel).

Les modalités de programmation et de suivi des actions financées par la contribution de vie étudiante et de campus (art. L. 841-5) ont fait l'objet du décret n° 2019-205 du 19 mars 2019 et de la circulaire 2019-029 rappelant que la CVEC doit exclusivement servir à l'amélioration des conditions de vie des étudiants ; son produit peut être programmé et consommé sur plusieurs années ; il peut être utilisé pour les cofinancements, notamment pour la mise en œuvre des plans d'amélioration de la qualité de la vie étudiante et de la promotion sociale (art. L. 718-4) ; il assure le financement du fonds de solidarité et de développement des initiatives étudiantes (FSDIE, art. L. 841-5 et D. 841-11) et de médecine préventive. La contribution n'exclut pas l'existence de droits supplémentaires pour les actions sportives et culturelles (avec justifications) ; elle ne peut pas financer des actions liées à la formation des étudiants (sous réserve des pratiques culturelles et sportives dans le cadre d'UE non obligatoires). Le choix des actions financées par la CVEC et le suivi de leur mise en œuvre associent les acteurs de la vie étudiante. Les associations d'étudiants (art. L. 811-3) et, dans chaque établissement, les représentants des étudiants aux différents conseils participent à la programmation des actions financées au titre de cet accompagnement. Chaque établissement affectataire de la CVEC assure un suivi de son usage permettant de mettre en lumière l'amélioration des conditions de vie des étudiants (art. D. 841-9). Au-delà de la santé des étudiants tant pour la prévention (lutte contre les abus de l'alcool et du tabac, actions pour la santé mentale et sexuelle, formation aux premiers secours) que pour l'accès aux soins, il s'agit de favoriser l'accompagnement social des étudiants, développer tant la pratique sportive des étudiants que les pratiques artistiques et culturelles. L'amélioration de l'accueil des étudiants est aussi au cœur des actions susceptibles d'être ainsi financées.

Le CNOUS doit présenter au ministre chargé de l'enseignement supérieur un rapport annuel récapitulant le total des sommes collectées, les montants reversés à chaque catégorie d'établissements et les éventuelles opérations de péréquation auxquelles il aura été procédé (art. D. 841-7). ❑

TITRE CINQUIÈME DISPOSITIONS APPLICABLES DANS LES ÎLES WALLIS-ET-FUTUNA, À MAYOTTE, EN POLYNÉSIE FRANÇAISE ET EN NOUVELLE-CALÉDONIE

Ce titre est abrogé à compter de l'entrée en vigueur des décrets portant actualisation et adaptation des dispositions réglementaires du code de l'éducation relatives à l'outre-mer et, au plus tard, le 1er janv. 2022 (Ord. n° 2021-552 du 5 mai 2021, art. 10).

CHAPITRE PREMIER DISPOSITIONS APPLICABLES DANS LES ÎLES WALLIS-ET-FUTUNA

Art. L. 851-1 Sont applicables dans les îles Wallis-et-Futuna *(Ord. n° 2015-24 du 14 janv. 2015, art. 1er)* « , dans leur rédaction résultant de l'ordonnance n° 2015-24 du 14 janvier 2015 portant extension et adaptation dans les îles Wallis-et-Futuna, en Polynésie française et en Nouvelle-Calédonie de la loi n° 2013-660 du 22 juillet 2013 relative à l'enseignement supérieur et à la recherche, » les articles L. 811-1 à *(L. n° 2019-828 du 6 août 2019, art. 33)* « L. 811-4, » L. 811-6, L. 821-1, L. 822-4, le premier alinéa de l'article L. 831-1 et l'article L. 841-1.

(L. n° 2019-828 du 6 août 2019, art. 33) « L'article L. 811-5 est applicable dans sa rédaction résultant de la loi n° 2019-828 du 6 août 2019 de transformation de la fonction publique. »

CHAPITRE II DISPOSITIONS APPLICABLES À MAYOTTE

Art. L. 852-1 *Abrogé par Ord. n° 2007-1801 du 21 déc. 2007, art. 6.*

CHAPITRE III DISPOSITIONS APPLICABLES EN POLYNÉSIE FRANÇAISE

Art. L. 853-1 Sont applicables en Polynésie française *(Ord. n° 2015-24 du 14 janv. 2015, art. 6)* « , dans leur rédaction résultant de l'ordonnance n° 2015-24 du 14 janvier 2015 portant extension et adaptation dans les îles Wallis-et-Futuna, en Polynésie française et en Nouvelle-Calédonie de la loi n° 2013-660 du 22 juillet 2013 relative à l'enseignement supérieur et à la recherche, » les articles L. 811-1 à *(L. n° 2019-828 du 6 août 2019, art. 33)* « L. 811-4, » L. 811-6, L. 821-1, L. 822-4, le premier alinéa de l'article L. 831-1, l'article L. 841-1.

(L. n° 2019-828 du 6 août 2019, art. 33) « L'article L. 811-5 est applicable dans sa rédaction résultant de la loi n° 2019-828 du 6 août 2019 de transformation de la fonction publique. »

(L. n° 2018-166 du 8 mars 2018, art. 15) « Est applicable en Polynésie française l'article L. 841-5, dans sa rédaction résultant de la loi n° 2018-166 du 8 mars 2018 relative à l'orientation et à la réussite des étudiants, à l'exception du second alinéa du V *(Ord. n° 2020-1733 du 16 déc. 2020, art. 7)* « , et de l'ordonnance n° 2020-1733 du 16 décembre 2020 ». »

Art. L. 853-2 *(Ord. n° 2015-24 du 14 janv. 2015, art. 6)* Pour l'application à la Polynésie française de l'article L. 821-1, à la première phrase du premier alinéa, les mots : "le réseau des œuvres universitaires mentionné à l'article L. 822-1" sont remplacés par les mots : "des organismes spécialisés", et les mots : "les collectivités territoriales" sont remplacés par les mots : "la Polynésie française et les communes".

(L. n° 2018-166 du 8 mars 2018, art. 15) « Pour l'application à la Polynésie française de l'article L. 841-5 :

« 1° A la fin du premier alinéa du II, les mots : "d'enseignement supérieur" sont remplacés par le mot : "universitaire" ;

« 2° Le IV est ainsi modifié :

« *a)* A la fin du premier alinéa, les mots : "auprès du centre régional des œuvres universitaires et scolaires dans le ressort territorial duquel l'établissement a son siège" sont remplacés par les mots : "auprès de l'université de la Polynésie française" ;

« *b)* Au second alinéa, les mots : "du centre régional des œuvres universitaires et scolaires" sont remplacés par les mots : "de l'université de la Polynésie française". »

CHAPITRE IV DISPOSITIONS APPLICABLES EN NOUVELLE-CALÉDONIE

Art. L. 854-1 Sont applicables en Nouvelle-Calédonie *(Ord. n° 2015-24 du 14 janv. 2015, art. 11)* « , dans leur rédaction résultant de l'ordonnance n° 2015-24 du 14 janvier 2015 portant extension et adaptation dans les îles Wallis-et-Futuna, en Polynésie française et en Nouvelle-Calédonie de la loi n° 2013-660 du 22 juillet 2013 relative à l'enseignement supérieur et à la recherche, » les articles L. 811-1 à *(L. n° 2019-828 du 6 août 2019, art. 33)* « L. 811-4, » L. 811-6, L. 821-1, L. 822-4, le premier alinéa de l'article L. 831-1 et l'article L. 841-1.

(L. n° 2019-828 du 6 août 2019, art. 33) **« L'article L. 811-5 est applicable dans sa rédaction résultant de la loi n° 2019-828 du 6 août 2019 de transformation de la fonction publique. »**

Art. L. 854-2 *(Ord. n° 2015-24 du 14 janv. 2015, art. 11)* **Pour l'application à la Nouvelle-Calédonie de l'article L. 821-1, les mots : "le réseau des œuvres universitaires mentionné à l'article L. 822-1" sont remplacés par les mots : "des organismes spécialisés", et les mots : "les collectivités territoriales" sont remplacés par les mots : "la Nouvelle-Calédonie et les provinces".**

TITRE CINQUIÈME *[NOUVEAU]* DISPOSITIONS RELATIVES À L'OUTRE-MER

(Ord. n° 2021-552 du 5 mai 2021, art. 8)

Ce titre entre en vigueur à la date d'entrée en vigueur des décrets portant actualisation et adaptation des dispositions réglementaires du code de l'éducation relatives à l'outre-mer et, au plus tard, le 1er janv. 2022 (Ord. n° 2021-552 du 5 mai 2021, art. 13).

CHAPITRE PREMIER *[NOUVEAU]* GUADELOUPE, GUYANE, MARTINIQUE, LA RÉUNION, MAYOTTE

Le présent chapitre ne comprend pas de dispositions législatives.

CHAPITRE II *[NOUVEAU]* SAINT-BARTHÉLEMY

Le présent chapitre ne comprend pas de dispositions législatives.

CHAPITRE III *[NOUVEAU]* SAINT-MARTIN

Le présent chapitre ne comprend pas de dispositions législatives.

CHAPITRE IV *[NOUVEAU]* SAINT-PIERRE-ET-MIQUELON

Le présent chapitre ne comprend pas de dispositions législatives.

CHAPITRE V *[NOUVEAU]* WALLIS-ET-FUTUNA

Nouvel art. L. 855-1 **I. — Sont applicables dans les îles Wallis-et-Futuna, sous réserve des adaptations prévues au II, les dispositions des articles mentionnés dans la colonne de gauche du tableau ci-après, dans leur rédaction indiquée dans la colonne de droite du même tableau :**

DISPOSITIONS APPLICABLES	DANS LEUR RÉDACTION
L. 811-1	Résultant de la loi n° 2013-660 du 22 juillet 2013
L. 811-2, 1er, 2e et 3e alinéas	Résultant de la loi n° 2017-86 du 27 janvier 2017
L. 811-3	Résultant de la loi n° 2014-788 du 10 juillet 2014
L. 811-3-1	Résultant de la loi n° 2007-1199 du 10 août 2007
L. 811-4	Résultant de l'ordonnance n° 2000-549 du 15 juin 2000
L. 811-5	Résultant de la loi n° 2019-828 du 6 août 2019

DISPOSITIONS APPLICABLES	DANS LEUR RÉDACTION
L. 811-6 ; L. 821-1 à L. 821-4	Résultant de l'ordonnance nº 2000-549 du 15 juin 2000
L. 822-2	Résultant de la loi nº 2018-699 du 3 août 2018
L. 831-1, 1er et 2e alinéas	Résultant de la loi nº 2016-41 du 26 janvier 2016
L. 841-1	Résultant de la loi nº 2003-339 du 14 avril 2003
L. 841-2 et L. 841-3	Résultant de l'ordonnance nº 2000-549 du 15 juin 2000

II. – Pour l'application du I, à l'article L. 822-2 :

1º La référence aux centres régionaux des œuvres universitaires et scolaires est supprimée ;

2º Le troisième alinéa est supprimé.

CHAPITRE VI *[NOUVEAU]* POLYNÉSIE FRANÇAISE

Nouvel art. L. 856-1 **I. – Sont applicables en Polynésie française, sous réserve des adaptations prévues au II, les dispositions des articles mentionnés dans la colonne de gauche du tableau ci-après, dans leur rédaction indiquée dans la colonne de droite du même tableau :**

DISPOSITIONS APPLICABLES	DANS LEUR RÉDACTION
L. 811-1	Résultant de la loi nº 2013-660 du 22 juillet 2013
L. 811-2, 1er, 2e et 3e alinéas	Résultant de la loi nº 2017-86 du 27 janvier 2017
L. 811-3	Résultant de la loi nº 2014-788 du 10 juillet 2014
L. 811-3-1	Résultant de la loi nº 2007-1199 du 10 août 2007
L. 811-4	Résultant de l'ordonnance nº 2000-549 du 15 juin 2000
L. 811-5	Résultant de la loi nº 2019-828 du 6 août 2019
L. 811-6 ; L. 821-1 à L. 821-4	Résultant de l'ordonnance nº 2000-549 du 15 juin 2000
L. 822-2, 1er, 2e, 4e, 5e et 6e alinéas	Résultant de la loi nº 2018-699 du 3 août 2018
L. 831-1, 1er et 2e alinéas	Résultant de la loi nº 2016-41 du 26 janvier 2016
L. 841-1	Résultant de la loi nº 2003-339 du 14 avril 2003
L. 841-2 et L. 841-3	Résultant de l'ordonnance nº 2000-549 du 15 juin 2000

DISPOSITIONS APPLICABLES	DANS LEUR RÉDACTION
L. 841-5	Résultant de la loi n° 2018-166 du 8 mars 2018

II. – Pour l'application du I :

1° A l'article L. 821-1 :

a) Au premier alinéa, les mots : "les collectivités territoriales" sont remplacés par les mots : "la Polynésie française et les communes" ;

b) Au second alinéa, les mots : "Les collectivités territoriales" sont remplacés par les mots : "La Polynésie française" ;

2° Au 2° de l'article L. 822-2, après les mots : "œuvres universitaires et scolaires", sont insérés les mots : "et des organismes spécialisés" ;

3° A l'article L. 841-3, les mots : "scolaires et" et les mots : "mentionnées à l'article L. 552-3" sont supprimés ;

4° A l'article L. 841-5 :

a) Au premier alinéa du II, les mots : "d'enseignement supérieur" sont remplacés par les mots : "d'enseignement universitaire" ;

b) Au premier alinéa du IV, les mots : "du centre régional des œuvres universitaires et scolaires dans le ressort territorial duquel l'établissement a son siège" sont remplacés par les mots : "de l'université de la Polynésie française" ;

c) Au V, le second alinéa est supprimé ;

5° Les montants exprimés en euros sont applicables en Polynésie française sous réserve de leur contrevaleur en monnaie locale.

CHAPITRE VII *[NOUVEAU]* NOUVELLE-CALÉDONIE

Nouvel art. L. 857-1 I. – Sont applicables en Nouvelle-Calédonie, sous réserve des adaptations prévues au II, les dispositions des articles mentionnés dans la colonne de gauche du tableau ci-après, dans leur rédaction indiquée dans la colonne de droite du même tableau :

DISPOSITIONS APPLICABLES	DANS LEUR RÉDACTION
L. 811-1	Résultant de la loi n° 2013-660 du 22 juillet 2013
L. 811-2, 1er, 2e et 3e alinéas	Résultant de la loi n° 2017-86 du 27 janvier 2017
L. 811-3	Résultant de la loi n° 2014-788 du 10 juillet 2014
L. 811-3-1	Résultant de la loi n° 2007-1199 du 10 août 2007
L. 811-4	Résultant de l'ordonnance n° 2000-549 du 15 juin 2000
L. 811-5	Résultant de la loi n° 2019-828 du 6 août 2019
L. 811-6 ; L. 821-1 à L. 821-4	Résultant de l'ordonnance n° 2000-549 du 15 juin 2000
L. 822-2, 1er, 2e, 4e, 5e et 6e alinéas	Résultant de la loi n° 2018-699 du 3 août 2018

DISPOSITIONS APPLICABLES	DANS LEUR RÉDACTION
Article L. 831-1, 1er et 2e alinéas	Résultant de la loi n° 2016-41 du 26 janvier 2016
L. 841-1	Résultant de la loi n° 2003-339 du 14 avril 2003
L. 841-2 et L. 841-3	Résultant de l'ordonnance n° 2000-549 du 15 juin 2000

II. — Pour l'application du I :

1° A l'article L. 821-1 :

a) Au premier alinéa, les mots : "les collectivités territoriales" sont remplacés par les mots : "la Nouvelle-Calédonie et les collectivités territoriales" ;

b) Au second alinéa, les mots : "Les collectivités territoriales" sont remplacés par les mots : "La Nouvelle-Calédonie, les collectivités territoriales" ;

2° Au 2° de l'article L. 822-2, après les mots : "œuvres universitaires et scolaires", sont insérés les mots : "et des organismes spécialisés" ;

3° A l'article L. 841-3, les mots : "scolaires et" et les mots : "mentionnées à l'article L. 552-3" sont supprimés.

QUATRIÈME PARTIE LES PERSONNELS

LIVRE NEUVIÈME LES PERSONNELS DE L'ÉDUCATION

COMMENTAIRE

L'éducation nationale est le premier employeur de France. Sur les 2,3 millions de fonctionnaires et agents de l'État, plus de 1,3 million relèvent des services et établissements de l'éducation nationale. 860 000 d'entre eux sont enseignants. Il faut y ajouter les personnels des ministères chargés de l'agriculture, de la défense, de la culture ou de la santé qui contribuent à encadrer les 15 millions d'étudiants et d'élèves accueillis dans le système éducatif. Le transfert des personnels techniques, ouvriers et de service (TOS) aux régions et départements, décidé par la loi du 13 août 2004, ajoute à la charge de ces dernières environ 93 000 personnes qui ont cessé d'être *« personnels de l'éducation nationale »* tout en restant membres de la *« communauté éducative »*, du moins pour ceux d'entre eux qui servent en établissement, les agents techniques territoriaux des établissements (ATTEE gérés par le département ou la région, constituant un cadre d'emplois régi par le Décr. n° 2007-913 du 15 mai 2007 portant statut des adjoints techniques territoriaux des établissements d'enseignement) ; au sein de la communauté éducative (art. L. 213-2-1 ; L. 214-6-1), en effet *« ils jouent un rôle éducatif en liaison avec les enseignants »*, (phrase ajoutée par l'art. 49 de la loi pour l'avenir de l'école du 23 avr. 2005, art. L. 913-1).

Le système éducatif peut en outre recourir à des intervenants extérieurs (notamment dans le domaine artistique, art. L. 911-6 ; R. 911-58 s.) et mobiliser des bénévoles. Ainsi, à la rentrée 2015, il doit accueillir 5 000 volontaires du service civique et bénéficier de la réserve citoyenne pour la promotion des valeurs de la République (sur la « réserve citoyenne », V. Circ. n° 2015-077 du 12 mai 2015, *BOEN n° 20 du 14 mai*). L'article 6-III de la loi n° 2017-86 du 27 janvier 2017 relative à l'égalité et à la citoyenneté créant la réserve civique y a placé la réserve citoyenne de l'éducation nationale dont les membres bénévoles interviennent dans les écoles et établissements d'enseignement pour concourir à la transmission des valeurs de la République selon les modalités déterminées par le ministre chargé de l'éducation nationale (art. L. 911-6-1). Le décret n° 2017-930 du 9 mai 2017 précise le contenu de la charte de la réserve civique qui obéit à des règles d'organisation particulières ; l'autorité de gestion de la réserve citoyenne de l'éducation nationale est le recteur d'académie.

Après un titre Ier « Dispositions générales » présentant les dispositions communes à toutes les catégories de personnels puis des dispositions propres aux enseignants, aux personnels administratifs, techniciens, ouvriers et de service (ATOS), restés agents de l'État, puis au personnel des établissements privés, les titres suivants sont consacrés au personnel du premier degré (titre II), du second degré (titre III), au personnel d'inspection et de direction (titre IV), au personnel de l'enseignement supérieur (titre V) et à celui des établissements d'enseignement spécialisé (titre VI).

Parmi les dispositions communes, on retrouve deux articles issus de la loi d'orientation du 10 juillet 1989 qui constituent plus des directives politiques (référence à un plan de recrutement des personnels, plan glissant à horizon 5 ans, révisable chaque année (art. L. 911-2) et à une politique de réduction des inégalités entre les académies et les départements (art. L. 911-3) que des dispositions normatives.

Outre l'article L. 911-1 consacré aux statuts (V. commentaire ss. cet art.), les dispositions législatives du code de l'éducation introduisent d'autres dérogations. Le chapitre Ier, consacré aux dispositions communes, reprend le régime spécial de responsabilité issu de la loi du 5 avril 1937 (art. L. 911-4), et les règles particulières relatives aux incapacités (art. L. 911-5 ; pour le relèvement des déchéances et incapacités : art. L. 911-5-1 ; R. 911-91 s.) ; les dispositions propres au personnel enseignant peuvent être générales (l'art. L. 912-1 s. tente de définir leurs missions) ou ponctuelles (l'art. L. 912-4 prévoit la possibilité de détacher un maître de l'enseignement public dans un établissement privé d'enseignement technique). Il en est de même du titre consacré aux personnels du premier degré, qui régit l'indemnité de logement pour les instituteurs, à laquelle les professeurs des écoles n'ont pas droit (art. L. 921-2), et déroge à l'article 14 de la loi n° 84-16 du 11 janvier 1984 en créant une commission paritaire unique compétente à l'égard des personnels appartenant tant au corps des instituteurs qu'à celui des professeurs des écoles, particularité appelée à disparaître avec l'extinction du corps des instituteurs (art. L. 921-3). Des dispositions catégorielles sont prévues pour les professeurs du second degré (art. L. 931-1, sur les bonifications indiciaires s'ajoutant à la rémunération principale avant l'accès à la hors-classe ; L. 932-1, sur le changement d'académie des PEGC) qui peuvent aussi être recrutés par contrat (art. L. 932-2 sur les professeurs associés ; V. aussi art. L. 911-7 permettant de conclure des « contrats d'association à l'école » avec des demandeurs d'emploi) ; des dispositions particulières aux professeurs d'enseignement technologique concernent leur recrutement (art. L. 932-3). La mobilité des enseignants peut faire l'objet de conventions passées avec les entreprises, publiques ou privées (art. L. 932-5). Alors même qu'ils ont été remplacés par les assistants d'éducation, les personnels de surveillance, maîtres d'internat et surveillants d'externat continuent à être cités par l'article L. 935-1. Si les chapitres consacrés aux personnels d'éducation, aux personnels de direction comme à ceux de la formation continue ne comportent aucune disposition législative et si ceux consacrés aux personnels d'orientation et aux personnels d'inspection ne regroupent chacun qu'un seul article, le titre V consacré aux personnels de l'enseignement supérieur avec une trentaine d'articles constitue un cadre législatif dans lequel s'inscrivent les statuts particuliers des enseignants-chercheurs, des hospitalo-universitaires et des personnels IATOS (ingénieurs, personnels administratifs, techniciens, ouvriers et de service).

La partie réglementaire du livre IX a d'abord été constituée par un seul chapitre consacré aux dispositions propres aux personnels des établissements d'enseignement privé (Décr. n° 2008-1429 du 19 déc. 2008). Le décret n° 2015-652 du 10 juin 2015 qui clôt le travail de codification, sans porter sur les décrets statutaires des différents corps auxquels il ne procède qu'à des renvois, contient à son tour des dispositions transversales, communes à l'ensemble des personnels (le chapitre I rassemblant des questions aussi diverses que le temps partiel, l'ordre des palmes académiques ou les mesures de déconcentration) ou propres aux différentes catégories de personnels. ❑

TITRE PREMIER DISPOSITIONS GÉNÉRALES

BIBL. GÉN. ▶ BUTTNER, MAURIN et THOUVENY, Le droit de la vie scolaire, *Dalloz coll. États de droits, 2002*. – CHAMPAGNE, L'organisation scolaire et universitaire, *PUF, 2003*. – DEUBEL, HUART, MONTOUSSE et VIN-DATICHE, 100 fiches pour comprendre le système éducatif, *Bréal, 2004*. – DUPONT-MARILLIA, Institutions scolaires et universitaires, *Gualino éditeur, coll. Mémentos, 2003*. – DURAND-PRINBORGNE, Le Droit de l'éducation, *Hachette éducation, 2e éd., 1998*. – LESAGE et SIMON, Organisation et gestion de l'Éducation nationale, *Berger-Levrault Éducation, 2004*.

▶ **Personnels. GRH.** JEVAKHOFF et CHARTIER, Régimes dérogatoires aux 35 heures dans la fonction publique de l'État, *Rapp. IGF, n° 2018-M-096-03, févr. 2019*. – LONGUET, Les heures supplémentaires dans le second degré de l'éducation nationale : un enjeu budgétaire et de gestion des ressources humaines, *Sénat, Rapp. d'information, n° 194 (2016-2017), 7 déc. 2016*. – PROUTEAU, Les personnels de l'Éducation nationale en 2019-2020, *MENJS-DEPP, Note d'information n° 20.50, déc. 2020* ; Les personnels du ministère de l'Éducation nationale en 2016-2017, *MEN-DEPP, Note d'information, n° 18-12, juin 2018*. – WAISS et SCHMIDT, Mission d'identification, de recensement et d'évaluation des réseaux et référents métiers au sein du ministère de l'éducation nationale, de l'enseignement supérieur et de la recherche, *Rapp. IGAENR, n° 2016-082, nov. 2016*. – Bilan social du ministère de l'Éducation nationale, de l'Enseignement supérieur et de la Recherche 2014-2015, Partie 1. Enseignement scolaire ; Partie 2. Enseignement supérieur et Recherche, *MENESR, DEPP, nov. 2016*. – Gestion des ressources humaines : la dimension qualitative de la gestion des personnels (du mythe à la réalité), *Rapp. IGAEN, janv. 2000*. – L'éducation nationale : organiser son évaluation pour améliorer sa performance. Enquête demandée par le Comité d'évaluation et de contrôle des politiques publiques de l'Assemblée nationale, *C. comptes, déc. 2017*. – Le système d'information des ressources humaines de l'Éducation nationale : une modernisation dans l'impasse, *in* Le numérique au service de la transformation de l'action publique, *C. comptes, Rapp. public 2020, t. II, 195*.

CHAPITRE PREMIER DISPOSITIONS COMMUNES

Art. L. 911-1 Sous réserve des dispositions du présent livre, les dispositions statutaires de la fonction publique de l'État s'appliquent aux membres des corps de fonctionnaires du service public de l'éducation.

BIBL. ▸ Boissinot, L'Éducation nationale et la fonction publique, *Cah. fonct. publ., août 2013. 83.* – Dupuy-Bardot et Riedinger, Le champ de la protection fonctionnelle des agents publics et la procédure d'instruction des demandes au regard de l'évolution récente des textes applicables, *LIJ 2017, nº 197, p. 16.* – Giraudineau, Application aux personnels de l'Éducation nationale des garanties accordées aux fonctionnaires et agents publics titulaires de mandats électifs, *LIJ 2009, nº 135, p. 36.* – Repères et références statistiques sur les enseignements, la formation et la recherche 2018, *MEN-MESRI, Études et statistiques de la Depp, 2018.*

▸ **Crise sanitaire. Sur la réquisition d'agents publics :** V. *Note DAJ A2 nº 2020-0080 du 31 mars 2020 : LIJ 2020, nº 212, nov. 2020, p. 17.* – L'ordonnance nº 2020-306 sur la prolongation des délais échus pendant la période de l'état d'urgence sanitaire et l'adaptation des procédures pendant cette même période : *Le point sur, LIJ 2020, nº 212, p. 24.*

COMMENTAIRE

Cet article liminaire précisant que les dispositions statutaires de la fonction publique de l'État s'appliquent aux membres des corps de fonctionnaires du service public de l'éducation a été créé au moment de la rédaction du code. Les dispositions législatives regroupées dans ce livre IX, qu'elles concernent tous les personnels (dispositions communes) ou certains d'entre eux seulement (dispositions particulières à un corps ou à un groupe de corps comme les enseignants du second degré ou les personnels ATOS), apportent toutefois quelques dérogations, de principe (par exemple, le régime spécifique de la responsabilité des membres de l'enseignement public, art. L. 911-2) ou de détail (mutation inter-académique des professeurs d'enseignement général de collège, art. L. 932-1), sous la réserve desquelles le droit commun de la fonction publique s'applique.

En principe, les agents du service public de l'éducation, qu'il s'agisse de l'enseignement scolaire ou de l'enseignement supérieur, sont des ***fonctionnaires de l'État***. Nommés dans un emploi permanent, ils ont été titularisés dans un grade de la hiérarchie des administrations. Sont ainsi exclus de cette catégorie à la fois les stagiaires (qui ont été recrutés et ont vocation à être titularisés) et les autres agents non titulaires. Le service public de l'éducation recourt ainsi à des agents contractuels de droit public (employés et rémunérés par l'État comme les maîtres des établissements privés sous contrat d'association, V. art. L. 914-1 s., ou par les établissements comme les assistants d'éducation, V. art. L. 916-1, et les demandeurs d'emploi auxquels sont proposés des « contrats d'association à l'école », V. art. L. 911-7), à des agents publics non titulaires, auxiliaires et, pour des tâches en principe limitées dans le temps, à des agents temporaires, vacataires ou intérimaires (l'art. L. 911-6 précisé par le Décr. nº 88-709 du 6 mai 1988, codifié à l'art. R. 911-58 s., est consacré aux intervenants extérieurs qui peuvent apporter leur concours aux enseignements artistiques et relèvent du droit public). ***Depuis l'arrêt Berkani***, rendu à propos d'un cuisinier employé par un CROUS, « les personnels non statutaires travaillant pour le compte d'un service public à caractère administratif sont des agents contractuels de droit public, quel que soit leur emploi » (T. confl. 25 mars 1996, *Berkani c/ CROUS Lyon-Saint-Étienne*, nº 03000 A : *AJDA 1996. 399* ; *ibid. 355, chron. Stahl et Chauvaux* ; *D. 1996. 598, note Saint-Jours* ; *AJFP 1996. 4* ; *ibid. 5, note Boutelet* ; *Dr. soc. 1996. 735, obs. Prétot* ; *RFDA 1996. 819, concl. Martin*). Seule la loi peut apporter des exceptions à ce principe en autorisant l'administration à conclure des contrats de travail dont le contentieux relève du conseil de prud'hommes : ce fut le cas des aides-éducateurs, emplois jeunes de l'éducation (L. nº 97-940 du 16 oct. 1997) ou des contrats aidés, contrats emploi-solidarité (CES) et contrats emploi consolidé (CEC) qui ne pouvaient pas être conclus par l'État mais l'étaient par les EPLE (C. trav., art. L. 322-4-7), puis des contrats d'accompagnement vers l'emploi (CAE) et des contrats d'avenir (CAV) de la loi de cohésion sociale du 18 janvier 2005. Il en est de même des contrats d'apprentissage (C. trav., art. L. 6211-1 s.). On peut toutefois envisager une possibilité de « requalification » d'un contrat de travail de droit privé en contrat de droit public, notamment quand il apparaît que le contrat passé avec un établissement a été conclu pour le compte de l'État (CE, avis, 16 mai 2001, nº 229811, à propos d'un contrat emploi-solidarité). Mais le juge judiciaire (le conseil de prud'hommes) ne peut se prononcer sur cette demande que si la requalification n'implique pas « la poursuite d'une relation contractuelle avec la personne publique » (T. confl. 12 nov. 2018, nº C4136, personne recrutée en contrat d'avenir puis en contrat unique d'insertion conclus avec le lycée Savary de Mauléon). À la rentrée 2017, la suppression des emplois aidés qui affecte tant les services de l'éducation nationale (notamment les aides aux directeurs d'école) que les collectivités territoriales a fait l'objet d'une exception, 50.000 contrats aidés d'auxiliaire de vie scolaire étant alors sanctuarisés. Objet de revendications récurrentes, la situation précaire des non-titulaires appelle une réponse en termes d'intégration (par liste d'aptitude ou par concours spécifique ; les concours internes peuvent aussi avoir cette fonction, l'art. L. 912-3 le précise pour les enseignants non titulaires exerçant dans les établissements de l'étranger). Si l'objectif des personnels est la titularisation (par ex., loi Sapin n° 2001-2 du 3 janv. 2001 relative à la résorption de la précarité... Loi Sauvadet n° 2012-347 du 12 mars 2012 relative à l'accès à l'emploi titulaire ; Décr. n° 2012-1513 du 28 déc. 2012 relatif à l'ouverture des recrutements réservés pour l'accès à certains corps de fonctionnaires relevant du ministre chargé de l'éducation nationale organisant des examens professionnels ou des concours réservés pour les corps d'enseignants du premier et du second degré comme pour les corps administratifs), le législateur peut aussi conforter les situations contractuelles (possibilité de CDI pour les AESH, L. du 26 juill. 2019, V. comm. ss. art. L. 917-1).

La loi fixe « les garanties fondamentales accordées aux fonctionnaires civils et militaires de l'État » (art. 34 de la Constitution qui vise les règles applicables aux titulaires) ; ainsi, le recrutement par voie de concours (Cons. const. 12 mars 1991, *Nature juridique de certaines dispositions des articles 1er et 2 de la loi n° 80-511 du 7 juillet 1980 relative au recrutement des membres des tribunaux administratifs,* n° 91-165 L : *Rec. Cons. const. 36*), le droit à pension (CE 22 avr. 1966, *Féd. nat. des syndicats de police*) ou le mode d'élection des commissions paritaires ne pourraient être mis en cause que par la loi. S'agissant des agents du service public de l'éducation, les dispositions législatives concernées sont celles du statut général des fonctionnaires de l'État, précisées par les dispositions réglementaires des statuts particuliers et complétées notamment par celles du présent code.

Le statut général des fonctionnaires de l'État est constitué de deux textes fondamentaux. La loi n° 83-634 du 13 juillet 1983 portant droits et obligations des fonctionnaires concerne les trois fonctions publiques, État, collectivités territoriales, établissements d'hospitalisation ; constituant son titre Ier, elle présente les principes généraux concernant la situation statutaire des fonctionnaires, les conditions générales d'accès à la fonction publique (art. 5 et 5 *bis* ; art. R. 911-1) et les garanties fondamentales : liberté d'opinion (art. 6), égalité des sexes (art. 6 *bis*), droit syndical (art. 8), participation (art. 9), droit de grève (art. 10) protection du fonctionnaire (art. 11) ; elle fixe les principes d'organisation de la carrière : distinction du grade et de l'emploi (art. 12), corps et cadres d'emplois (art. 13), principe du recrutement par concours (art. 16) ; elle énumère les obligations : se consacrer à l'emploi public (art. 25), discrétion professionnelle (art. 26), devoir d'obéissance (art. 28).

La loi n° 84-16 du 11 janvier 1984 est spécifique à la fonction publique de l'État. Après un chapitre Ier regroupant les dispositions générales elle traite successivement des organismes consultatifs, de l'accès à la fonction publique (recrutement, nomination, installation), de la structure des carrières, des positions (activité, disponibilité, détachement, congé parental...), des congés (maladie, maternité, paternité...), de la notation, de l'avancement, de la mutation, du reclassement, de la rémunération, de la discipline et de la cessation définitive des fonctions.

Ces textes constituant le statut général des fonctionnaires ont été modifiés à plusieurs reprises. Ainsi, la loi n° 2009-972 du 3 août 2009 relative à la mobilité et aux parcours professionnels dans la fonction publique reconnaît aux fonctionnaires un « droit à la mobilité » qui devrait faciliter l'accès à une « seconde carrière », notamment « hors éducation nationale », dans les corps et cadres d'emplois des différentes fonctions publiques ; elle introduit un nouvel outil dans la stratégie de modernisation de la gestion des ressources humaines. Quant à la loi n° 2016-483 du 20 avril 2016 relative à la déontologie et aux droits et obligations des fonctionnaires modifiant l'article 25 de la loi n° 83-634 du 13 juillet 1983 portant droits et obligations des fonctionnaires, elle précise que tout fonctionnaire doit exercer ses fonctions « avec dignité, impartialité, intégrité et probité » ; il « exerce ses fonctions dans le respect du principe de laïcité ; à ce titre, il s'abstient notamment de manifester dans l'exercice de ses fonctions, ses opinions religieuses ».

Chaque corps de fonctionnaires est régi par un statut particulier (L. n° 83-634, art. 13) ; adopté par décret en Conseil d'État (et délibéré en Conseil des ministres quand les fonctionnaires sont nommés par le Président de la République, comme c'est le cas des professeurs des universités), il fixe les modalités d'application du statut général. Les personnels du service public de l'éducation sont organisés en une multiplicité de corps correspondant aux divers métiers ou groupes de métiers existant : personnels de l'enseignement primaire (ancien corps des instituteurs, corps des professeurs des écoles) et secondaire (corps des professeurs agrégés, des professeurs certifiés...) ; personnels de documentation, d'éducation, de direction et d'inspection ; personnels d'enseignement supérieur ; personnels de santé ; personnels de laboratoire ; personnels techniques et ouvriers ; personnels des bibliothèques, au total plus de quarante métiers et autant de statuts particuliers (dont plus de la moitié concerne les enseignants ; la Cour des comptes a pu souligner les inconvénients de cette multiplicité en dénombrant onze catégories d'enseignants différentes intervenant en collège ; toutefois cinq des onze corps concernés sont aujourd'hui en voie d'extinction).

Le principe de légalité qui repose sur le respect de la hiérarchie des normes emporte la subordination du statut particulier de caractère réglementaire au statut général de nature législative. Mais certains statuts particuliers peuvent déroger au statut général soit que le statut général l'envisage expressément, soit qu'un texte de même nature, telle la partie législative du code de l'éducation le mentionne. Dans le cas du ***statut particulier dérogatoire***, c'est le décret lui-même qui s'écarte de la lettre de la loi. L'article 10 de la loi n° 84-16 prévoit cette possibilité en l'entourant de conditions de forme (décret pris après avis du Conseil supérieur de la fonction publique de l'État) et de fond (dérogations justifiées pas les besoins propres du corps ou aux missions de ses membres), conditions vérifiées par le juge administratif qui peut apprécier la régularité des dérogations. Les statuts particuliers des corps enseignants (catégories qui englobent les personnels de direction, CE 8 janv. 1958, *Dlle Delpech : Lebon 10*, mais non les intendants, CE 6 déc. 1961, *MEN c/ Adam : Lebon 1073*), ceux des personnels de la recherche comme ceux des corps ayant un caractère technique peuvent dans ce cadre faire l'objet de dérogations. Elles portent notamment sur l'organisation des corps, les modes de recrutement, les obligations de service, les règles de cumul, le droit disciplinaire. Il est ainsi prévu que les personnels exerçant dans les établissements publics ne sont pas des fonctionnaires de l'établissement mais des fonctionnaires de l'État, que l'établissement public soit national (EPCSP, art. L. 719-4) ou local (EPLE, art. L. 421-23, sauf pour les personnels de service transférés à la collectivité de rattachement). La loi du 26 juillet 2019 étend les possibilités de dérogation à d'autres corps (personnels d'éducation, psychologues de l'éducation nationale, personnels de direction des établissements d'enseignement et personnels d'inspection relevant du ministère de l'éducation nationale, personnels de la recherche). Le législateur a ainsi régularisé les nombreuses mesures dérogatoires (traitement différencié dans le cadre du mouvement national avec reconnaissance du handicap, centre des intérêts matériels et moraux – CIMM – outre-mer, rapprochement de conjoints et politique de la ville ; évaluation annuelle des personnels d'inspection et de direction) appliquées à ces personnels en donnant une interprétation large à la notion d'enseignants. Par ailleurs, les statuts particuliers peuvent ne pas prévoir de système de notation (L. n° 83-634, art. 17) ; c'est le cas des professeurs des universités et des maîtres de conférences.

L'encadrement des services de l'éducation nationale est soumis à un régime dérogatoire. Si les recteurs des académies et directeurs d'administration centrale sont nommés dans des emplois à la décision du Gouvernement pour une durée indéterminée par décret en Conseil des ministres (Const. 58, art. 13, al. 3) et révocables *ad nutum*..., les autres cadres peuvent occuper des *emplois fonctionnels* dans lesquels ils sont détachés pour une durée déterminée, renouvelable. Ils peuvent faire l'objet d'un retrait d'emploi dans l'intérêt du service, la mesure est prise en considération de la personne et donne lieu à communication du dossier. Dans les services centraux, les emplois concernés sont ceux de chef de service, sous-directeur, chef de projet et administrateur. Le décret n° 2016-1413 du 20 octobre 2016 relatif aux emplois fonctionnels des services déconcentrés de l'éducation nationale fixe les dispositions statutaires communes (statut d'emploi) aux emplois de vice-recteurs, secrétaire général adjoint (SGA) et adjoints, directeurs académiques des services de l'éducation nationale (DASEN) et adjoints, conseillers des recteurs... L'encadrement des établissements publics nationaux (directeur général des services des EPSCP, directeur de CROUS, agent comptable...) repose sur la même technique fonctionnelle (à noter que les personnels de direction des EPLE appartiennent à un corps, l'art. 23 du statut particulier, le Décr. n° 2001-1174 du 11 déc. 2001, mod. prévoit le retrait de fonction dans l'intérêt du service ; par contre l'art. 11 du Décr. n° 89-122 du 24 févr. 1989 relatif aux directeurs d'école prévoit expressément la possibilité du « retrait d'emploi »).

Le décret n° 2015-652 du 10 juin 2015 adoptant la partie réglementaire du livre IX comporte une série de dispositions communes. Une première section porte sur le recrutement (art. R. 911-1 : accès aux différents corps de fonctionnaires de l'éducation des ressortissants européens dans les conditions prévues par l'art. 5 *bis* de la L. n° 83-634 du 13 juill. 1983 et dans le respect des statuts particuliers) et sur le classement des personnels, déterminé par le décret n° 51-1423 du 5 décembre 1951 portant fixation des règles suivant lesquelles doit être déterminée l'ancienneté du personnel nommé dans l'un des corps (art. R. 911-2). S'agissant des conditions d'exercice des fonctions déterminées par la section II, la proximité des élèves, enfants ou adolescents, justifie que tous les personnels soient indemnes d'une affection dangereuse (art. D. 911-3). La section III est consacrée aux modalités d'exercice des fonctions. Le temps partiel étendu à la fonction publique par le décret n° 82-624 du 20 juillet 1982 s'applique dans certaines conditions (respect de l'année scolaire : art. R. 911-5 ; heures supplémentaires : art. R. 911-6) aux personnels de l'éducation soit sur autorisation (art. R. 911-7) soit de droit (même en cours d'année scolaire à l'issue du congé de maternité, du congé d'adoption ou du congé de paternité : art. R. 911-8 ; V. Circ. n° 2015-105 du 30 juin 2015 relative au travail à temps partiel des enseignants du second degré). Les personnels dont l'état de santé est altéré peuvent solliciter un aménagement de leur poste de travail ou une affectation sur un poste adapté, dans les conditions prévues aux articles R. 911-15 à R. 911-30. L'article D. 911-31 précise que tous les personnels de l'éducation ont l'obligation de participer aux jurys, charge normale tant pour les enseignants (jurys d'examens et de concours) que pour les autres personnels appelés à faire partie d'un jury de recrutement s'ils sont qualifiés par leurs titres et leurs emplois. Les dispositions sur le service d'astreinte sont aussi classées dans les dispositions communes alors qu'elles ne concernent pas en principe le personnel enseignant (art. D. 911-32 s.). Le placement en congé d'office (un mois avec traitement intégral) permet à l'inspecteur d'académie-directeur académique des services de l'éducation nationale (IA-DASEN) agissant sur délégation du recteur d'académie, au vu d'une attestation médicale ou sur le rapport des supérieurs hiérarchiques d'un fonctionnaire, d'écarter un membre du personnel qui, par son état physique ou mental, fait courir aux enfants un danger immédiat ; pendant ce délai, il réunit le comité médical pour obtenir son avis sur la nécessité d'un congé de plus longue durée (art. R. 911-36). Les articles R. 911-37 et suivants régissent le détachement en entreprise. ❑

1. Gestion des personnels. Base de données. Légalité. Saisi d'une requête aux fins d'annulation du Décr. n° 2012-342 du 8 mars 2012 portant création d'un traitement automatisé de données à caractère personnel dénommé « SIRHEN » ayant pour objet la gestion administrative et financière des personnels, la gestion des moyens (emplois, postes et heures) et le pilotage national et académique, par la production d'indicateurs statistiques, le Conseil d'État a rappelé que l'ingérence dans l'exercice du droit de toute personne au respect de sa vie privée que constituent la collecte, la conservation et le traitement, par une autorité publique, d'informations personnelles nominatives, ne peut être légalement autorisée que si elle répond à des finalités légitimes et que le choix, la collecte et le traitement des données sont effectués de manière adéquate et proportionnée au regard de ces finalités. En l'espèce, il a considéré que la collecte des données relatives à l'identification des agents, à leur situation familiale, à leur vie professionnelle auxquelles s'ajoutent des éléments économiques et financiers était nécessaire à la finalité légitime du traitement. Il a aussi estimé que la collecte et le traitement de données telles que le nom, le prénom, la date et le lieu de naissance ainsi que le NIR des membres de la famille des agents, nécessaires pour permettre à ces derniers de bénéficier des avantages liés à leur situation de famille, étaient proportionnés au regard des finalités du traitement. • CE 28 mars 2014, n° 361042 B : *AJDA 2014. 715 ; ibid. 2199, note Salen et Perray*.

2. Gestion des personnels. Base de données. Illégalité. Il a en revanche estimé dans la même affaire que la collecte de ces informations relatives au sexe et à la nationalité des conjoints ou partenaires des agents ne pouvait qu'être regardée comme excessive au regard des dispositions du 3° de l'art. 6 de la L. du 6 janv. 1978, l'administration ne faisant état d'aucune nécessité ou utilité quant au recueil des informations. • CE 28 mars 2014, n° 361042 B : *préc. note 1*.

3. Sur les incapacités et leurs conséquences. V. notes ss. art. L. 911-5.

Art. L. 911-2 **Un plan de recrutement des personnels est publié, chaque année, par le ministre chargé de l'éducation. Il couvre une période de cinq ans et est révisable annuellement.** – *[L. n° 89-486 du 10 juill. 1989, art. 16.]*

Sur l'ouverture des recrutements réservés pour l'accès à certains corps de fonctionnaires relevant du ministre chargé de l'éducation nationale en application de la loi n° 2012-347 du 12 mars 2012 relative à l'accès à l'emploi titulaire et à l'amélioration des conditions d'emploi des agents contractuels dans la fonction publique, à la lutte contre les discriminations et portant diverses dispositions relatives à la fonction publique, V. ci-dessous Décr. n° 2012-1513 du 28 déc. 2012.

Sur l'ouverture de recrutements réservés pour l'accès aux échelles de rémunération des maîtres contractuels et agréés de l'enseignement privé sous contrat relevant du ministre chargé de l'éducation nationale, V. Décr. n° 2012-1512 du 28 déc. 2012, ss. C. éduc., art. L. 442-5.

BIBL. ▶ BIDAR, HOSTALIER, TOBATY, LIOUVILLE et ORTUSI, La féminisation de l'encadrement supérieur, *Rapp. IGEN-IGAENR, n° 2016-097, déc. 2016.* – CUBY et GHESQUIERE, Gestion des ressources humaines : la dimension qualitative de la gestion des personnels (du mythe au quotidien), *Rapp. IGAENR, janv. 2000.*

Décret n° 2012-1513 du 28 décembre 2012,

Relatif à l'ouverture des recrutements réservés pour l'accès à certains corps de fonctionnaires relevant du ministre chargé de l'éducation nationale en application de la loi n° 2012-347 du 12 mars 2012 relative à l'accès à l'emploi titulaire et à l'amélioration des conditions d'emploi des agents contractuels dans la fonction publique, à la lutte contre les discriminations et portant diverses dispositions relatives à la fonction publique.

Art. 1er Les annexes du présent décret fixent la liste des corps et grades relevant du ministre chargé de l'éducation nationale accessibles par la voie de recrutements réservés organisés en application des dispositions du chapitre Ier du titre Ier de la loi du 12 mars 2012 susvisée *[V.* ***C. fonct. publ.****]* ainsi que le mode de recrutement dans ces corps.

Les corps et grades de fonctionnaires enseignants, d'éducation et d'orientation mentionnés à l'annexe 1 sont accessibles, dans les conditions prévues à l'article 2 du décret du 3 mai 2012 susvisé *[n° 2012-631 relatif aux conditions d'éligibilité des candidats aux recrutements réservés pour l'accès aux corps de fonctionnaires de l'État des catégories A, B et C et fixant les conditions générales d'organisation de ces recrutements en application de la loi n° 2012-347 du 12 mars 2012 relative à l'accès à l'emploi titulaire et à l'amélioration des conditions d'emploi des agents contractuels dans la fonction publique, à la lutte contre les discriminations et portant diverses dispositions relatives à la fonction publique, V.* ***C. fonct. publ.****]* et à cette annexe, aux agents contractuels relevant du ministre chargé de l'éducation nationale ou d'un de ses établissements publics ainsi qu'aux agents contractuels recrutés par les établissements d'enseignement supérieur relevant du ministre chargé de l'enseignement supérieur qui remplissent les conditions fixées aux articles 2 et 4 de la loi du 12 mars 2012 susvisée ainsi que celles des articles 2 et 3 du présent décret.

Les corps et grades de fonctionnaires administratifs et de santé mentionnés à l'annexe 2 sont accessibles, dans les conditions prévues à l'article 2 du décret du 3 mai 2012 susvisé et à cette annexe, aux agents contractuels relevant du ministre chargé de l'éducation nationale ou d'un de ses établissements publics, aux agents contractuels relevant du ministre chargé de l'enseignement supérieur et de la recherche ou d'un des établissements publics en relevant, à l'exception des établissements publics à caractère scientifique et technologique, ainsi qu'aux agents contractuels de l'Agence d'évaluation de la recherche et de l'enseignement supérieur qui remplissent les conditions fixées aux articles 2 et 4 de la loi du 12 mars 2012 susvisée.

Les corps et grades mentionnés aux annexes 1 et 2 sont également accessibles, dans les mêmes conditions, aux agents contractuels relevant d'un groupement d'établissements créé en application de l'article L. 423-1 du code de l'éducation dans sa version antérieure à l'entrée en vigueur des dispositions de la loi du 17 mai 2011 susvisée *[n° 2011-525 de simplification et d'amélioration de la qualité du droit]* ou qui est constitué, à la date de clôture des inscriptions, sous forme de groupement d'intérêt public en application des dispositions du chapitre II de la loi du 17 mai 2011 susvisée.

Art. 2 *(Décr. n° 2017-120 du 1er févr. 2017, art. 48)* Les candidats aux concours réservés organisés en vue du recrutement de psychologues de l'éducation nationale doivent remplir, à la date de clôture des inscriptions, les conditions de diplôme fixées par l'article 5 du décret n° 2017-120 du 1er février 2017 portant dispositions statutaires relatives aux psychologues de l'éducation nationale.

Art. 3 Les candidats aux concours réservés organisés en vue du recrutement de professeurs d'éducation physique et sportive doivent détenir les qualifications en sauvetage aquatique et en secourisme dans les conditions fixées par le décret du 17 juin 2004 susvisé *[nº 2004-592]*.

Les candidats aux examens professionnalisés réservés organisés en vue du recrutement de professeurs des écoles doivent détenir les qualifications en natation et en secourisme dans les conditions fixées par le décret du 17 juin 2004 susvisé.

Par dérogation à l'article 3 de ce même décret, la justification des qualifications en sauvetage aquatique, en natation et en secourisme est exigée à la date de titularisation pour les candidats admis à ces recrutements réservés.

Art. 4 Les lauréats des concours réservés pour l'accès au corps des médecins de l'éducation nationale sont nommés selon les modalités applicables aux agents recrutés sur le fondement des dispositions de l'article 4 du décret du 27 novembre 1991 susvisé *[nº 91-1195]*.

Les lauréats des concours réservés pour l'accès au corps des infirmiers de l'éducation nationale et de l'enseignement supérieur sont nommés selon les modalités applicables aux agents recrutés sur le fondement des dispositions de l'article 5 du décret du 9 mai 2012 susvisé.

ANNEXES

ANNEXE 1

(Mod. par Décr. nº 2017-120 du 1er févr. 2017, art. 48)

LISTE DES GRADES DES CORPS de fonctionnaires enseignants, d'éducation et d'orientation relevant du ministre chargé de l'éducation nationale ouverts aux recrutements réservés	MODE D'ACCÈS À CES GRADES	AGENTS POUVANT ACCÉDER À CES GRADES
Professeurs des écoles de classe normale	Examen professionnalisé réservé	Agents contractuels relevant du ministre chargé de l'éducation nationale ou de l'un de ses établissements publics
Professeurs de lycée professionnel de classe normale	Examen professionnalisé réservé	et
Professeurs certifiés de classe normale	Concours réservé	Agents contractuels recrutés dans les établissements d'enseignement supérieur relevant du ministre chargé de l'enseignement supérieur et de la recherche
Professeurs d'éducation physique et sportive de classe normale	Concours réservé	et
Conseillers principaux d'éducation de classe normale	Concours réservé	Agents contractuels relevant d'un groupement d'établissements mentionné au dernier alinéa de l'article 1er
Psychologues de l'éducation nationale	Concours réservé	

ANNEXE 2

LISTE DES GRADES DES CORPS administratifs et de santé relevant du ministre de l'éducation nationale ouverts aux recrutements réservés	MODE D'ACCÈS À CES GRADES	AGENTS POUVANT ACCÉDER À CES GRADES
Adjoint administratifs de l'éducation nationale et de l'enseignement supérieur de 2e classe	Recrutement réservé sans concours	Agents contractuels du ministre chargé de l'éducation nationale ou de l'un de ses établissements publics et Agents contractuels relevant du ministre chargé de l'enseignement supérieur et de la recherche, ou d'un de ses établissements publics administratifs, hors établissements publics à caractère scientifique et technologique et Agents contractuels de l'Agence d'évaluation de la recherche et de l'enseignement supérieur et Agents contractuels relevant d'un groupement d'établissements mentionné au dernier alinéa de l'article 1er
Adjoint administratifs de l'éducation nationale et de l'enseignement supérieur de 1re classe	Examen professionnalisé réservé	
Secrétaires administratifs de l'éducation nationale et de l'enseignement supérieur de classe normale	Examen professionnalisé réservé	
Attachés d'administration de l'éducation nationale et de l'enseignement supérieur	Concours réservé	
Infirmiers de l'éducation nationale et de l'enseignement supérieur de classe normale	Concours réservé	Agents contractuels relevant du ministre chargé de l'éducation nationale ou de l'un de ses établissements publics et Agents contractuels relevant du ministre chargé de l'enseignement supérieur et de la recherche ou d'un de ses établissements publics administratifs, hors établissements publics à caractère scientifique et technologique et Agents contractuels de l'Agence d'évaluation de la recherche et de l'enseignement supérieur
Médecins de l'éducation nationale de 2e classe	Concours réservé	

Art. L. 911-3 **Pour la répartition des emplois, une politique de réduction des inégalités constatées entre les académies et entre les départements vise à résorber les écarts de taux de scolarisation en améliorant les conditions d'encadrement des élèves et des étudiants. Elle tient compte des contraintes spécifiques des zones d'environnement social défavorisé et des zones d'habitat dispersé. Dans ce cadre, des mesures sont prises en faveur des départements et autres collectivités territoriales d'outre-mer. Les disparités existant entre ces départements ou ces collectivités et la métropole au regard des taux d'encadrement et de scolarisation seront résorbées.** – *[L. n° 89-486 du 10 juill. 1989, art. 21.]*

Taux d'encadrement. Le taux d'encadrement d'une école rurale des Hautes-Alpes étant, à la rentrée scolaire, proche de la moyenne nationale et le pourcentage de retard scolaire dans cette école étant inférieur à la moyenne départementale, la décision du directeur des services départementaux de l'éducation nationale supprimant un emploi d'instituteur n'a pas eu pour effet de procurer à la population de la commune des prestations qui ne seraient pas comparables à celles qui sont accessibles sur le reste du territoire national. Le moyen tiré de la violation de la L. du 9 janv. 1985 relative au développement et à la protection de la montagne doit être écarté. • CE 20 oct. 1995, *MEN c/ Cne d'Annot et Mme Quenette*, n° 127506.

Art. L. 911-4 **Dans tous les cas où la responsabilité des membres de l'enseignement public se trouve engagée à la suite ou à l'occasion d'un fait dommageable commis, soit par les élèves ou les étudiants qui leur sont confiés à raison de leurs fonctions, soit au détriment de ces élèves ou de ces étudiants dans les mêmes conditions, la responsabilité de l'État est substituée à celle desdits membres de l'enseignement qui ne peuvent jamais être mis en cause devant les tribunaux civils par la victime ou ses représentants.**

Il en est ainsi toutes les fois que, pendant la scolarité ou en dehors de la scolarité, dans un but d'enseignement ou d'éducation physique, non interdit par les règlements, les élèves et les étudiants confiés ainsi aux membres de l'enseignement public se trouvent sous la surveillance de ces derniers.

L'action récursoire peut être exercée par l'État soit contre le membre de l'enseignement public, soit contre les tiers, conformément au droit commun.

Dans l'action principale, les membres de l'enseignement public contre lesquels l'État pourrait éventuellement exercer l'action récursoire ne peuvent être entendus comme témoins.

L'action en responsabilité exercée par la victime, ses parents ou ses ayants droit, intentée contre l'État, ainsi responsable du dommage, est portée devant le tribunal de l'ordre judiciaire du lieu où le dommage a été causé et dirigée contre *(L. n° 2015-177 du 16 févr. 2015, art. 15)* **« l'autorité académique compétente ».**

La prescription en ce qui concerne la réparation des dommages prévus par le présent article est acquise par trois années à partir du jour où le fait dommageable a été commis.

BIBL. ▸ **Ouvrages :** Bonichot, Responsabilité de l'État du fait des accidents scolaires, *Encyclopédie Dalloz de droit public, Répertoire de la responsabilité de la puissance publique.* – Darcy, La responsabilité de l'État du fait des accidents scolaires, Éléments pour une réforme de la loi du 5 avril 1937, *Thèse Paris, 1976* ; La responsabilité de l'administration, *Dalloz, coll. Connaissance du droit, 1996.* – Dubois et Dubois-Dhulu, La responsabilité de l'enseignant. Le guide juridique de l'école, *Éd. du Puits fleuri, 2009.* – Durand-Prinborgne, Le droit de l'éducation, *Hachette, Éducation, 1998.* – Fialaire, Responsabilité en matière d'enseignement, *Juris.-Cl. adm., fasc. 966.* – Moulènes, Les régimes législatifs de responsabilité, *LGDJ, 1974.* – Mallet et Lefebvre, Sécurité et responsabilité au collège et au lycée, *Berger-Levrault, coll. Guides pratiques Éducation, 2002.* – Moreau, La responsabilité administrative, *PUF, coll. Que sais-je ?, 1995.* – Petit, Le contentieux judiciaire de l'administration, *Berger-Levrault, coll. L'Administration nouvelle, 1993* ; La responsabilité pénale des agents publics, *Berger-Levrault, 2001.* – Piérot, Le statut de l'instituteur public, *LGDJ, 1972.* – Thomas-Bion et Roque, Accidents scolaires et responsabilités, *Berger-Levrault, coll. Les Indispensables, 2004* ; Enseignement et responsabilités, *Berger-Levrault, 2e éd., 2008.* – Villard, Éducation et responsabilité, *Thèse, Univ. Toulouse 1, 2001.*

▸ **Articles :** Ambroise-Castérot, Responsabilité pénale des enseignants et dissociation de l'action civile, *D. 2007. 187*. – André et Quenet, L'exigence de la sécurité dans les activités physiques de pleine nature, *Rapp. IGEN-IGAENR n° 2016-081, nov. 2016.* – Carbonnier, La responsabilité civile des père et mère du fait de leur enfant mineur, *LIJ 2003, n° 72, p. 32.* – Caril, L'accident de la circulation lié à un défaut de surveillance scolaire : recours contre l'État devant le juge civil, *JCP 1991. I. 3514*. – CATHERINE, Pour une réforme du contentieux des accidents scolaires, *AJDA 2012. 983*. – CHABAS, Remarques sur la jurisprudence récente en matière de responsabilité des instituteurs, *Gaz. Pal. 1982. 2. Doctr. 501*. – DABEZIES, Loi de 1937 et orientations nouvelles en matière de responsabilité des membres de l'enseignement public, *AJDA 1969. 391*. – DEMESLAY, La faute de surveillance des membres de l'enseignement public dans le cadre des accidents scolaires, *Rev. jur. Ouest 1997/1. 35*. – DESBOIS, Le nouveau régime de responsabilité des instituteurs d'après la loi du 5 avril 1937, *D. 1937. Chron. 53*. – DONTENWILLE, Sécurité et responsabilité. Feu la caste des intouchables, *Rev. Savoir 1996/2. 149*. – DRAGO, Les aspects juridiques de la responsabilité des chefs d'établissement, *Rev. dr. scolaire, n° 15, mai-juin 1996. 3*. – DUMONT, Les « abords » de l'établissement scolaire, approche du statut juridique de la périphérie des locaux d'enseignement, *LIJ 1999, n° 38, p. 19*. – DUPUY-BARDOT, Les suites à donner aux agressions contre les agents publics, *LIJ 2013, n° 177, p. 29*. – DURAND-PRINBORGNE, Les responsabilités des chefs d'établissement, *Administration et éducation, n° 66, avr.-juin 1995. 11*. – FERSTENBERT, Le transfert des personnels dans la loi relative aux libertés et responsabilités locales, *AJDA 2004. 1996*. – FIALAIRE, Le contentieux de la responsabilité dans l'enseignement, *JCP 2000. I. 201* ; Responsabilité en matière d'enseignement et sorties éducatives : quelle adaptation du droit de la responsabilité aux formes actuelles de l'action éducative ?, *AJDA 2000. 977*. – GOSSELIN, La responsabilité des personnels de l'éducation nationale accompagnant des mineurs dans les démarches relatives à une contraception d'urgence ou à une interruption volontaire de grossesse, *LIJ 2008, n° 128, p. 36*. – HUNTER-HÉNIN, La responsabilité des instituteurs : un îlot de subjectivité au sein du droit de la responsabilité pour fait d'autrui, *D. 2002. jurispr. 1517*. – LABBE, Le contentieux de la responsabilité dans le domaine de l'enseignement, *JCP G 2000. I. 201* ; Responsabilité en matière d'enseignement et sorties éducatives, *AJDA 2000. 977*. – LASSERRE et DELARUE, Responsabilité du fait de dommages survenus dans les établissements d'enseignement, *AJDA 1983. 408*. – LAWSON, Le point sur les accidents scolaires, *LIJ 2007, n° 113, p. 33*. – MOUCHOUX, Le traitement contentieux des accidents scolaires, *Rev. adm. 1993. 464* ; Faut-il réformer la loi du 5 avril 1937 ?, *Rev. adm. 1994. 273*. – NABE et BOUQUIN, Les responsabilités de l'enseignant d'EPS dans la pratique des activités physiques et sportives scolaires, *Rev. EPS, 2000, n° 51. 29*. – PLOUVIN, Responsabilité de l'État et enseignement sportif extra-scolaire, *Quot. jur. 30 sept. 1978, n° 103*. – PETIT, Affaire du Drac, l'institutrice avait accompli les diligences normales, *AJFP sept.-oct. 2001. 37*. – SEVAL, Les responsabilités des chefs d'établissement, *Rev. Savoir 1991-3. 681* ; Le chef d'établissement scolaire est-il responsable pénalement de l'administration ?, *AJFP, août 1996/2. 44* ; Sécurité et sorties scolaires – analyse du procès relatif aux conséquences de la catastrophe du Drac, *LIJ 1998, n° 30 p. 12*. – STRAUSZ, Intervention de l'agent judiciaire du Trésor dans le cadre des contentieux relatifs aux établissements publics locaux d'enseignement (EPLE), *LIJ 2008, n° 125, p. 28*. – THOMAS-BION, L'application de la loi du 10 juillet 2000 aux enseignants, *AJFP n° 5, mai 2003. 37* ; Loi Fauchon et responsabilité des enseignants. Note sous Crim. 6 sept. 2005, n° 04-87-778X, *AJFP 2006. 45*. – TOULEMONDE, Droit et responsabilité dans l'institution scolaire, *in* Le système éducatif en France, *Doc. fr., coll. Les Notices, 2003. 22*.

COMMENTAIRE

La responsabilité des membres de l'enseignement public

I. PRINCIPES ET EXCEPTIONS

En principe, les dommages causés aux particuliers par le service public commandent la responsabilité de l'administration selon des règles spéciales appliquées par la juridiction administrative (T. confl. 8 févr. 1873, *Blanco : GAJA*). Les dommages peuvent être la conséquence d'une mauvaise organisation du service ou d'un fonctionnement défectueux d'un ouvrage public ; mais le fait dommageable est le plus souvent le comportement fautif d'un agent. La faute de service engage la responsabilité de l'administration ; l'agent public n'est responsable qu'en cas de faute personnelle, faute caractérisée par son caractère intentionnel et sa gravité particulière (CE 30 juill. 1973, *Pelletier : GAJA*). Dans ce cas, c'est le juge civil qui doit être saisi.

Ces règles ne s'appliquent pas en cas de dommages résultant d'une faute de surveillance d'un membre de l'enseignement public. L'article L. 911-4 substitue à leur responsabilité celle de l'État dont seuls les tribunaux civils peuvent connaître. Cette disposition, exception législative au principe de séparation des autorités administrative et judiciaire posé par la loi des 16 et 24 août 1790, est issue de la loi du 5 avril 1937 sur la responsabilité des instituteurs ; elle fonde un régime d'exception tant par rapport au droit de la responsabilité administrative qu'aux principes du code civil.

En 1804, le Code Napoléon, après avoir posé le principe de la responsabilité personnelle de celui qui cause un dommage à autrui (art. 1382, responsabilité pour faute prouvée, devenu art. 1240, Ord. n° 2016-131 du 10 févr. 2016), fixe plusieurs cas de responsabilité du fait d'autrui (art. 1384, responsabilité pour faute présumée, devenu art. 1242, Ord. n° 2016-131 du 10 févr. 2016) ; les parents qui ont un devoir d'éducation et de surveillance sont présumés responsables des dommages causés par leur enfant mineur ; les artisans de leurs apprentis et les instituteurs des élèves qui leur sont confiés par leurs parents. Si l'élève cause un dommage à quelqu'un pendant qu'il est sous la surveillance de l'instituteur, celui-ci est présumé responsable ; c'est à lui de prouver qu'il n'a commis aucune faute. Par contre, si l'élève subit un dommage, la faute de l'instituteur devra être établie pour que sa responsabilité soit engagée sur la base de l'article 1382.

A la fin du XIXe siècle, quand l'école devint obligatoire et les instituteurs publics, les conditions d'application de ces règles changèrent. Les instituteurs n'ont pas le choix de leurs élèves ni des lieux dans lesquels ils les surveillent. Aussi, leur profession qui commençait à s'organiser, réagit quand les tribunaux condamnèrent lourdement certains de leurs collègues (notamment lors de l'affaire *Leblanc*, directeur d'école qui devint fou après une condamnation consécutive à la mort d'un élève tué d'un coup de pied au ventre).

La loi du 20 juillet 1899 modifia l'article 1384 du code civil (désormais art. 1242) en substituant la responsabilité de l'État à celle de l'instituteur du fait des dommages commis par leurs élèves en maintenant la compétence des tribunaux civils (les dommages subis par les élèves relevaient toutefois du droit commun de la faute de service public, de la compétence administrative). La victime restait toutefois libre de rechercher la responsabilité personnelle de l'instituteur en établissant qu'il avait commis une faute. En pratique, elle saisissait le tribunal en actionnant à la fois l'instituteur (art. 1382, devenu art. 1240) et l'État (art. 1384, devenu art. 1242). Les instituteurs pouvaient alors se voir lourdement condamnés.

Ce mécanisme a été revu et corrigé par la ***loi du 5 avril 1937*** qui, tout en continuant à se référer dans son titre à la responsabilité des instituteurs (formulation maintenue dans l'art. 1384, modifié, devenu art. 1242), élargit son champ d'application en substituant la responsabilité de l'État à celle des « *membres de l'enseignement public* ». Mais cette fois, la substitution est globale ; la loi supprime la responsabilité pour faute présumée de l'article 1384 (devenu art. 1242) et ne retient plus que la responsabilité personnelle pour faute prouvée de l'article 1382 (devenu art. 1240). Que les dommages aient été causés aux élèves ou par les élèves, les fautes qui sont à leur origine doivent être prouvées devant le tribunal civil. Mais c'est l'État qui devant le tribunal répond de cette faute, l'« *instituteur* » ne pouvant être mis en cause dans cette instance ni même entendu comme témoin. La victime doit dans tous les cas apporter la preuve de la faute de l'« *instituteur* » (elle est donc privée du système de présomption mis en place par l'art. 1384, devenu art. 1242). L'action se prescrit par trois ans, mais les délais sont à nouveau ouverts à la majorité de l'élève victime. L'État a la possibilité, par une action récursoire, de se retourner contre l'instituteur ou un tiers, « conformément au droit commun » : compétence judiciaire pour les tiers et administrative pour les agents (CE 13 juill. 2007, n° 297390 A : *AJDA 2007. 1437* ; *AJFP 2008. 30*). Le régime dérogatoire ainsi mis en place a fait l'objet de critiques doctrinales vives (dénonçant notamment un « privilège exceptionnel », P. Dabezies, *AJDA 1969. 392*) renforcées, au fil du temps, par la complexité des solutions contentieuses.

Ces dispositions législatives sont reprises par l'article L. 911-4 ; ses deux premiers paragraphes présentent le principe (« *la responsabilité de l'État est substituée...* ») et son champ d'application tant « *ratione personae* » (les membres de l'enseignement public) que « *ratione temporis* » (activités pendant le temps scolaire, temps pendant lequel les élèves sont sous la surveillance des membres de l'enseignement public) ; les quatre suivants fixent les principes de la procédure. Son déclenchement suppose qu'il y ait eu un dommage subi ou causé par un élève et qu'à son origine puisse être identifiée une faute du membre de l'enseignement public. Pour apprécier ce régime spécifique, deux éléments doivent être rappelés ; le développement de l'assurance scolaire qui couvre les dommages causés ou subis par l'élève donne aux victimes une garantie immédiate et cède à l'assureur ses droits pour agir contre l'État. La faute civile peut aussi constituer une infraction pénale dont l'instituteur devra répondre personnellement devant le juge répressif (C. pén., art. 121-1 :

« Nul n'est responsable que de son propre fait » ; en cas d'infractions volontaires mais aussi de délits non intentionnels : violation manifestement délibérée d'une obligation particulière de prudence ou de sécurité prévue par la loi ou le règlement, V. Crim. 16 mai 2006, n° 05-86.939 P ; faute caractérisée exposant autrui à un risque d'une particulière gravité que l'auteur de la faute ne pouvait ignorer ; C. pén., art. 121-3 modifié par la L. n° 2000-647 du 10 juill. 2000 distinguant auteur direct et auteur indirect du dommage, seule une faute caractérisée pouvant engager la responsabilité pénale de ce dernier).

II. LE CHAMP D'APPLICATION DE L'ARTICLE L. 911-4

A. LES MEMBRES DE L'ENSEIGNEMENT PUBLIC

Les *« membres de l'enseignement public »* ou *« instituteurs »* au sens de l'article 1384 (devenu art. 1240) sont évidemment les *« instituteurs »* au sens strict du terme, appartenant aujourd'hui à un corps en voie d'extinction, remplacé par celui des professeurs des écoles ; qu'ils exercent en maternelle ou en école élémentaire publique leur mission d'enseignement et d'éducation inclut un devoir de surveillance. Il en est de même pour les professeurs des collèges et lycées nommés dans les établissements publics et relevant des divers ministères (éducation nationale, agriculture, défense nationale). Les directeurs d'école publique, proviseurs et principaux des lycées et collèges publics comme les personnels d'éducation et de surveillance sont tout aussi concernés. Dans les lycées militaires, l'encadrement militaire est assimilé au personnel de surveillance. La condition première de l'application de l'article L. 911-4 est la surveillance des élèves attachée à la fonction d'éducation ; *« la mise en jeu de la responsabilité des maîtres est liée au devoir de surveillance qui leur incombe en contrepartie de l'autorité que leur confèrent leurs fonctions »* (Civ. 2e, 15 avr. 1961 : *Bull. civ. II, n° 276*).

Même si la loi se réfère aux élèves et étudiants qui les uns et les autres peuvent causer des dommages ou en subir, les juges ont considéré qu'elle ne s'appliquait pas aux membres de l'enseignement supérieur dans la mesure où ceux-ci n'ont pas d'obligation de surveillance (Civ. 1re, 13 janv. 1969 : *D. 1969. 237*), sauf pendant le déroulement des examens et dans certains cas où la nature de l'exercice impliquait une surveillance particulière (activités physiques et sportives : exercice d'équitation, travail aux agrès ; sortie pédagogique sur un site dangereux).

La loi ne s'applique pas non plus au personnel administratif, ouvrier, de service et de santé intervenant dans les écoles et établissements ; on peut s'en étonner quand la loi souligne le rôle éducatif de ces agents (art. L. 913-1) ; l'étonnement est plus grand encore pour les personnels infirmiers qui sont souvent appelés à surveiller les élèves, malades ou indisposés, et participent à leur éducation. Même si le juge a pu hésiter, les agents des collectivités chargés de la surveillance des cantines ne sont pas concernés (note 3 ; V. aussi T. confl. 30 juin 2008, n° 3671 *Préfet des Alpes-maritimes c/ Caisse régionale Groupama* attribuant au juge administratif pour connaître de la responsabilité de la commune du fait des personnes, agents de la commune, chargées de la surveillance des enfants pendant le déroulement de la cantine et les périodes qui la précèdent, après la sortie de classe, et la suive, jusqu'à la rentrée en classe, dès lors que l'activité ainsi organisée se limite à la prise en charge des enfants en vue de les nourrir et de les détendre, sans poursuivre une fin éducative ; si l'art. L. 133-9 substitue la responsabilité de l'État à celle de la commune en cas de dommage subi ou commis par un élève pour faute de service commise par un agent communal ou défaut de fonctionnement du service public d'accueil, elle ne joue pas en cas de faute personnelle, cet agent n'étant pas couvert par l'art. L. 911-4) ; il en est de même pour les agents territoriaux spécialisés des écoles maternelles (ATSEM). Par contre, le Tribunal des conflits a jugé que l'accident survenu lors d'une classe de neige pendant une activité assurée par un moniteur communal (T. confl. 15 févr. 1999, *Épx Martinez* n° 3021) comme celui se produisant lors d'une initiation à l'escalade encadrée par deux sapeurs-pompiers pendant le temps scolaire (T. confl. 19 nov. 2001, *Épx Gracia c/ État*, n° 3266) engagent la responsabilité de l'État sur le fondement de l'article L. 911-4. Mais, dans les deux cas, ces intervenants extérieurs agissaient dans le cadre d'une activité organisée sous la responsabilité et en présence de l'enseignant chargé de la classe. Les associations sportives doivent obligatoirement contracter une assurance en faveur des élèves affiliés (V. notes ss. art. L. 552-4).

Malgré la référence législative expresse à l'enseignement public, l'article 10 du décret n° 60-389 du 22 avril 1960 pris en application de la loi Debré du 31 décembre 1959 [devenu art. R. 442-40 C. éduc.] étend les dispositions de la loi du 5 avril 1937 aux ***maîtres des établissements d'enseignement privés sous contrat d'association*** dont on sait que le contrat qu'ils ont conclu avec l'État leur confère la qualité d'agent public. Par contre, bien que rémunérés par l'État, les maîtres des établissements privés sous contrat simple qui n'ont pas la qualité d'agent public n'entrent pas dans le champ d'application de la loi. Il en est de même pour les surveillants qui sont rémunérés par les établissements privés (Civ. 2e, 24 avr. 1981 ; V. notes ci-dessous). En effet, seules les classes sont associées au service public, à l'exclusion de la vie scolaire qui relève de la liberté et du caractère propre de l'établissement ; le système prévu pour « les membres de l'enseignement public » ne s'applique en principe qu'aux agents publics enseignant dans les classes sous contrat.

Les activités n'entrant pas dans le cadre du service public d'enseignement sont exclues qu'il s'agisse de l'éducation surveillée du ministère de la justice (T. confl. 25 mars 1968), ou de la rééducation en liberté surveillée (CE 14 juin 1978, *Min. de la Justice c/ Mutuelle générale française accident*).

B. SCOLARITÉ ET ACTIVITÉS PÉRISCOLAIRES

L'article L. 911-4 part de l'obligation de surveillance. Celle-ci existe pendant le temps scolaire, tant en classe pendant les heures d'enseignement que pendant les récréations, les temps de pause entre les cours (au collège ou au lycée, l'enseignant qui a terminé son cours doit se préoccuper de la prise en charge de ses élèves par le professeur qui donne le cours suivant, Civ. 1re, 20 déc. 1982 : *Bull. civ. I, no 369*). Toutes les activités scolaires, à l'école, au collège ou au lycée imposent la surveillance des élèves, même si leur âge appelle une vigilance plus ou moins forte. Les conditions de surveillance varient aussi en fonction des enseignements, l'éducation physique et sportive (et dans ce cadre, certaines activités plus ou moins dangereuses), les sciences expérimentales ou les travaux techniques nécessitent que des précautions soient prises.

Par exception, l'article L. 412-8 du code de la sécurité sociale soumet à un autre régime, celui des accidents du travail, les dommages causés aux élèves et étudiants de l'enseignement technique ou professionnel industriel. Ce régime spécifique ne se limite pas aux seules activités d'enseignement mais couvre l'ensemble des accidents survenus dans l'établissement. Ces règles sont également applicables aux élèves et étudiants de l'enseignement général pour leurs activités en ateliers et laboratoires ainsi qu'au cours des stages en entreprise (CSS, art. D. 412-5). Sauf dans ce dernier cas, les élèves sont sous la surveillance des enseignants ; si les dommages qu'ils subissent sont couverts par le régime des accidents du travail, ceux qu'ils causent restent soumis à l'article L. 911-4.

A côté des heures d'enseignement, la vie scolaire comporte des temps étroitement surveillés (études surveillées, restauration, internat) ; l'entrée et la sortie de l'établissement sont aussi placées sous la surveillance du service public ; des questions peuvent se poser lorsque les élèves se trouvent aux abords de l'établissement. Tout dépendra alors des circonstances de la cause. Parfois le temps scolaire peut être prolongé (par exemple, lorsqu'un membre de l'enseignement public accepte de raccompagner un élève à son domicile).

En dehors de l'école, la loi trouve encore application à la condition que les élèves soient confiés et placés sous la surveillance des membres de l'enseignement public *« dans un but d'enseignement ou d'éducation physique, non interdit par les règlements »* (al. 2). Tel est le cas des sorties scolaires et visite pédagogique ; d'une classe transplantée (classe de neige, classe de mer, classe verte...), d'un stage sportif organisé par un établissement (Civ. 2e, 20 nov. 1996, no 94-19.688 P) ; la responsabilité de l'État sur le fondement de cet article a même trouvé à s'appliquer pour une colonie de vacances dirigée par un membre de l'enseignement public ou un organisme à la disposition duquel est mis un enseignant.

Si la même activité est confiée à un agent municipal, l'article L. 911-4 ne s'applique pas. Les dommages causés dans les transports scolaires ou les centres de loisirs qui relèvent des collectivités territoriales sont aussi en dehors du champ. Il en est de même pour les activités sportives organisées dans le cadre associatif sous l'égide de l'UNSS (assurance obligatoire), ou pour les dommages subis ou causés par les stagiaires de la formation continue.

Enfin, si la loi n° 2008-790 du 20 août 2008 instituant un droit d'accueil au profit des élèves des écoles maternelles et élémentaires pendant le temps scolaire en cas de grève substitue la responsabilité administrative de l'État à celle de la commune en raison des faits dommageables commis ou subis par un élève du fait de l'organisation ou du fonctionnement du service d'accueil (art. L. 133-9), en cas de faute de service commise par un agent communal, elle ne s'étend pas à sa faute personnelle.

III. LES CONDITIONS

Le fait dommageable doit avoir été commis ou subi par un élève (ou étudiant) mineur ou majeur placé sous la surveillance d'un membre de l'enseignement public. Le dommage peut être matériel ou moral. La victime comme le responsable du dommage peut être un tiers, un membre de l'enseignement, un agent du service public ou un élève. Le lien entre le dommage et le défaut de surveillance doit être établi.

Mais, il ne suffit pas qu'un dommage survienne lorsque les élèves sont sous la surveillance des membres de l'enseignement public. *« Les fautes, imprudences ou négligences invoquées contre eux comme ayant causé le fait dommageable, devront être prouvées, conformément au droit commun, par le demandeur à l'instance »* (C. civ. art. 1384, devenu art. 1242).

Cette faute doit être identifiée comme une faute imputable à un *« instituteur »*, déterminé, identifié. Il ne peut s'agir d'une faute anonyme, résultant par exemple de l'absence ou de l'insuffisance de la surveillance ; il s'agirait alors d'une mauvaise organisation du service, constitutive d'une faute de service, entraînant la responsabilité de l'administration jugée par la juridiction administrative (pour l'absence totale de surveillance, V. CE 26 janv. 1973, *Ministère de l'éducation nationale c/ Le Calvez : Lebon 79* ; pour des effectifs insuffisants, V. CE 24 janv. 1979, *Chiche : Lebon 751*).

La distinction classique faite en droit administratif entre faute de service et faute personnelle est ici inopérante ; la faute de l'instituteur qui engage alors l'État peut aussi bien être une faute de service qu'une faute personnelle (T. confl. 31 oct. 1950, *Dlle Gavillet*). Elle pourra par ailleurs être qualifiée de faute pénale entraînant la poursuite personnelle de l'*« instituteur »* devant le juge répressif ; ce sera le cas tant pour certaines imprudences et négligences (C. pén. art. 121-3) qu'en cas de brutalités ou d'attentat à la pudeur.

Au civil, les contours et le contenu de la faute ne sont pas définis à l'avance ; le comportement de l'*« instituteur »* qui a permis qu'un dommage soit commis par un élève ou subi par lui sera considéré comme fautif en fonction des circonstances de la cause ; le défaut de surveillance, l'imprudence ou la négligence (note 7) doivent être établis concrètement. Le juge doit ainsi établir que l'*« instituteur »* n'a pas pris les mesures appropriées (note 8), qu'il a eu une mauvaise appréciation des risques (note 10), a manqué de prudence (note 12) ou n'a pas pris toutes les précautions nécessaires (note 13).

Les juges tiennent alors compte de divers paramètres. L'âge des élèves conditionne le degré de surveillance (nécessité d'être plus attentif avec les plus jeunes, vu leur fragilité et leur manque de discernement, note 13 ; possibilité d'une surveillance moins constante avec les plus grands, allant même jusqu'à la mise en place d'espaces et de temps en autodiscipline). Les caractéristiques des élèves, leur comportement imposent parfois des précautions particulières (cas des élèves difficiles ou souffrant d'un handicap). De même, sera-t-il tenu compte de la nature de l'activité, des dangers qu'elle recèle (notamment dans le cas des exercices d'éducation physique et sportive, comme la poutre en gymnastique, les *« jeux de combat »* ou l'escalade, Reims, 18 mars 1998 : *LIJ 1998, n° 26*, ou le canoë-kayak, T. confl. 2 juill. 1979, *CPAM Béziers-Saint-Pons c/ MEN*, n° 02116).

L'obligation de surveillance pesant sur les instituteurs est une obligation de moyens non de résultat ; pour considérer un comportement fautif, le juge doit établir le manque de vigilance, d'initiative ou de diligence. Il doit considérer que les éléments présentés par la victime établissent qu'il y a eu une faute. Le constat du dommage et de son imputabilité ne suffit pas.

Pour exonérer l'État de sa responsabilité, le juge pourra relever que des consignes adaptées ont bien été données, que les règles de sécurité ont été respectées ou que le règlement intérieur a servi de référence. Il tiendra compte des circonstances, de la configuration des lieux, du caractère prévisible et évitable de l'acte dommageable. Selon les règles du droit commun, l'État pourra être exonéré par la survenance d'un cas fortuit, ou de force majeure (notamment quand un accident résulte d'un fait soudain) ; il pourra aussi prendre en compte le fait de la victime, le fait d'un tiers, ou le mauvais entretien des locaux.

IV. PROCÉDURE

La victime a droit à la réparation intégrale du préjudice subi. Sur la base de la déclaration de l'accident scolaire établie dans l'établissement, l'élève ou ses parents peuvent souhaiter un règlement amiable avant de saisir le juge.

Sachant que l'État est responsable, les victimes peuvent tout d'abord souhaiter un règlement amiable. Elles s'adressent alors à l'autorité académique (au recteur d'académie, compétent pour défendre les intérêts de l'État devant le juge judiciaire par application des dispositions combinées des art. D. 222-35 et R. 911-82, *Note DAJ A1 n° 2018-216 du 19 oct. 2018, LIJ 2018, n° 204*) qui, après instruction du dossier, transmet une proposition au préfet (ou au ministre pour une réparation supérieure à 10 000 euros, V. art. R. 222-36). En cas de désaccord, elles saisissent, comme l'article L. 911-4 leur en donne la possibilité, la juridiction judiciaire.

L'action en responsabilité exercée par la victime, ses parents ou ses ayants droit, au nom de l'enfant ou en en leur nom propre, est portée, selon le seuil de compétence, devant le tribunal d'instance ou de grande instance (pour les dommages supérieurs à 10 000 euros, COJ, art. L. 321-2) du lieu où le dommage a été causé ; le juge civil est ainsi compétent pour apprécier les dommages imputés à l'État ; l'action dont il a à juger est dirigée contre le représentant de l'État dans le département. Dans cette action principale, les membres de l'enseignement public ne peuvent pas être entendus comme témoins.

Condamné à indemniser la victime, l'État a la possibilité d'introduire une action récursoire afin d'obtenir le remboursement des sommes versées ; cette action peut être exercée soit contre le membre de l'enseignement public, soit contre les tiers ; dans ce cas, il saisit le même juge qui appliquera le droit commun, c'est-à-dire les règles de la responsabilité civile prévues par l'article 1382 du code civil (devenu art. 1240). L'action récursoire à l'encontre des membres de l'enseignement public ayant commis une faute personnelle (sur la notion de faute personnelle, V. Civ. 2e, 23 oct. 2003, *Mlle Poinsot* n° 02-14.359 : *D. 2004. 728*) est au contraire à porter devant la juridiction administrative (CE 13 juill. 2007, n° 297390 A : *AJDA 2007. 1437* ; *AJFP 2008. 30*). En pratique, cette possibilité est assez rarement utilisée.

Contrairement au délai prévu à l'article 2226 du code civil, qui pose un délai de prescription de dix ans pour les actions en responsabilité pour dommage corporel, le délai de prescription en cas d'accidents scolaires imputables aux enseignants est de trois ans à partir du fait dommageable (al. 5). En se référant au délai de dix ans, la circulaire n° 2009-154 relative à l'information des parents en cas d'accidents scolaires permet l'archivage des documents utiles pour aider les parents dans leur démarche, quelle que soit la règle de prescription applicable.

V. APPLICABILITÉ

L'article L. 911-4 n'est pas applicable lorsque le préjudice subi est indépendant du fait de l'agent. La responsabilité de l'administration peut alors être recherchée devant la juridiction administrative. Il en est ainsi quand le défaut de surveillance n'est pas imputable à un surveillant déterminé mais résulte de l'absence ou de la mauvaise organisation du service de la surveillance (note 17) ; la faute est alors imputable au service public de l'enseignement, service national, c'est-à-dire à l'État (CE 3 nov. 1978, *CPAM de Béziers-St-Pons : Lebon 413*). Cette faute doit être prouvée (même en cas d'autodiscipline, le juge refusant un autre fondement, V. CE sect., 27 mai 1983, *CPAM des Ardennes c/ Soulard*, conclusions contraires du commissaire du gouvernement B. Genevois qui proposait d'accepter un nouveau cas de responsabilité sans faute, soit en se fondant sur le risque constitué par la pédagogie libérale, soit en se fondant sur la notion de garde). La responsabilité de l'administration couvre alors les dommages subis dans l'établissement mais aussi dans certains cas à l'extérieur (règlement intérieur permissif, absence de contrôle… ; encore faudra-t-il que le dommage ait un lien avec cette faute du service.

Quant aux services publics locaux (restauration scolaire, transports scolaires…) les dommages causés par leur mauvais fonctionnement engagent la responsabilité des collectivités territoriales compétentes (la commune pour la cantine scolaire, le département pour les transports scolaires…).

Le dommage peut enfin trouver sa cause non dans un défaut d'organisation du service mais dans une mauvaise conception ou dans un fonctionnement défectueux de l'ouvrage public (dommage de travaux publics). La responsabilité sera alors celle du maître d'ouvrage, c'est-à-dire de la collectivité propriétaire ou gestionnaire ; la région pour les lycées, le département pour les collèges et la commune pour les écoles seront responsables des dommages de travaux publics résultant tant de la conception des lieux (aménagement défectueux de la cour de récréation) que de leur entretien, même quand le défaut d'entretien résulte d'une négligence commise par un agent de l'État (CE 19 févr. 2007, n° 274758 : *AJDA 2007. 1766*). Dans certains cas le patrimoine responsable peut être celui de l'établissement (not. dans l'enseignement supérieur, CE 24 janv. 1990, n° 69947 B). La personne publique ne peut alors s'exonérer qu'en apportant la preuve que l'ouvrage public (qu'il s'agisse d'un immeuble ou d'un meuble fixé au sol : panneau de basket, toboggan…) a fait l'objet d'un entretien normal. La responsabilité du maître d'ouvrage peut se combiner avec celle du responsable du service public ; ainsi un dommage causé par un ouvrage public peut aussi révéler une faute commise par « un membre de l'enseignement public », par exemple celle du chef d'établissement responsable de la sécurité des personnes et des biens, engageant ainsi la responsabilité de l'État. ❑

I. CHAMP D'APPLICATION DE LA LOI DE 1937

1. Codification. L'art. 2 de la L. du 5 avr. 1937, désormais codifié à l'art. L. 911-4 substitue la responsabilité de l'État à celle des membres de l'enseignement public « toutes les fois que, pendant la scolarité ou en dehors de la scolarité, dans un but d'éducation morale ou physique, non interdit par les règlements, les enfants ou jeunes gens confiés ainsi aux membres de l'enseignement public se trouveront sous la surveillance de ces derniers » et prévoit la compétence du juge judiciaire dans ce cas. • T. confl., 30 juin 2008, *Préfet des Alpes-Maritimes c/ Caisse régionale Groupama*, n° C3671 B : *AJDA 2009. 706, note Bouteiller* ; *LPA 2009, n° 17. 11, note Ondo.*

2. Principes généraux. La L. du 5 avr. 1937, reprise à l'art. L. 911-4, institue une responsabilité générale de l'État, mise en jeu devant les tribunaux de l'ordre judiciaire pour tous les cas où un dommage causé à un élève trouve son origine dans la faute d'un membre de l'enseignement. Il n'est dérogé à cette règle que dans le cas où le préjudice subi est regardé comme indépendant du fait de l'agent, soit que ce préjudice ait son origine dans un dommage afférent à un travail public, soit qu'il trouve sa cause dans un défaut d'organisation du service. • CE 3 nov. 1978, n° 04615 A. • T. confl., 14 janv. 1980, *Falanga*, n° 2136 A. ♦ La responsabilité de l'art. L. 911-4 s'applique lorsque la faute recherchée est imputée à un auteur qualifié. Tel est le cas dans une affaire où une élève, devant tous les élèves de la classe, avait déclaré à son professeur « va te faire enculer ». L'enseignant avait saisi l'élève par le bras, tous les deux avaient chuté au sol. L'enseignant, qui s'était relevé en premier, avait traîné la jeune fille qui refusait de se rendre au bureau de la vie scolaire, en lui faisant descendre les escaliers sur le dos et en lui donnant quelques légers coups de pied pour la faire se lever. La jeune fille avait produit un certificat médical faisant état de plusieurs hématomes et fixant à sept jours l'interruption totale de travail. Elle avait fait l'objet d'une décision d'exclusion temporaire de l'établissement scolaire décidée par le conseil de discipline. Le juge a estimé que les violences reprochées à l'enseignant, en sa qualité de personne chargée d'une mission de service public, résultaient suffisamment du témoignage de la surveillante d'externat et du certificat médical produit et n'étaient aucunement justifiées par l'insulte dont il avait fait l'objet. • Crim. 20 sept. 2006, n° 05-87.229 P : *D. 2007. 187, note Ambroise-Castérot* ; *AJDA 2007. 106* ; *D. 2007. 187* .

3. Membres de l'enseignement public. La qualité de membre de l'enseignement public doit être étendue à toutes les personnes qui, dans l'établissement ou au dehors, participent à l'encadrement des enfants dans toutes les activités réalisées dans un but d'enseignement. Elle ne saurait s'appliquer aux personnes, agents de la commune, chargées de la surveillance des enfants pendant le déroulement de la cantine et les périodes qui la précèdent, après la sortie de classe, et la suivent, jusqu'à la rentrée en classe, dès lors que l'activité ainsi organisée se limite à la prise en charge des enfants en vue de les nourrir et de les détendre, sans poursuivre une fin éducative. • T. confl., 30 juin 2008, *Préfet des Alpes-Maritimes c/ Caisse régionale Groupama*, n° C3671 B : *préc. note 1.*

Le dispositif de la loi de 1937 est applicable aux maîtres de l'enseignement technique et professionnel qu'ils relèvent d'établissements sous tutelle de l'éducation nationale ou d'un autre ministère. • Aix-en-Provence, 24 avr. 1950 : *Gaz.*

Pal. 1950. 2. 86. ♦ Aux agents de surveillance, tant dans les établissements relevant du ministère de l'éducation nationale que dans ceux dépendant du ministère de l'agriculture. • Paris, 11 janv. 1906 : *Gaz. Pal. 1906. 1. 231.*

4. Enseignants mis à disposition. Ce régime est aussi applicable aux enseignants agents de l'État mis à disposition d'un organisme public ou privé. Pour un professeur de sports mis à la disposition de l'école nationale de ski et d'alpinisme. • TA Grenoble, 4 janv. 1996 : *Juris-Data nº 1996-050008.* ♦ Un maître auxiliaire agent de l'État mis à la disposition d'un club sportif. • CAA Paris, 11 avr. 1991, nº 89PA02210 : *RFDA sept.-oct. 1992. 829.*

5. Intervenants extérieurs. Le régime de la loi de 1937 a été appliqué pour la réparation d'un dommage survenant au cours d'études surveillées ou dans une cantine scolaire dont la surveillance incombe à des agents municipaux agréés par l'inspection académique. • Civ. 1re, 24 juill. 1951 : *Bull. civ. I, nº 184.* ♦ Il semble que cette jurisprudence ait été aujourd'hui abandonnée. Ainsi la responsabilité de l'État n'a pas été mise en cause dans le cas d'un dommage subi par un élève dans une cantine scolaire lorsque les élèves étaient surveillés par des agents communaux. • Civ. 2e, 12 déc. 1994, nº 92-20.667 ; *LIJ 1994, nº 63-65 ; Juris-Data nº 1994-002778.* ♦ Plus récemment, le juge des conflits a précisé que le régime de la loi de 1937 devait s'appliquer dans le cas d'un accident survenu à un élève placé sous la surveillance d'un intervenant extérieur alors que cette activité était organisée sous la responsabilité de l'instituteur chargé de la classe. La circonstance que l'élève n'était pas au moment de l'accident, sous la surveillance de l'instituteur ne fait pas obstacle à l'application de ce régime. • T. confl., 19 nov. 2001, *Gracia c/ État,* nº 3266 B : *AJFP 2002, nº 2. 45, note Petit ; D. 2002. 2710, obs. Lachaume.*

6. Enseignement privé. Le régime est également applicable aux maîtres des établissements d'enseignement privés sous contrat d'association avec l'État. • Civ. 2e, 5 déc. 1979 : *Bull. civ. II, nº 281.* ♦ Une incertitude est relevée pour les salariés rémunérés, non par l'État mais par l'établissement privé. Dans un premier temps il semblait que le régime ne s'appliquait pas lorsque le défaut de surveillance était imputable à un surveillant d'établissement privé sous contrat non rémunéré par l'État. • Reims, 20 janv. 1977 : *D. 1979. IR 67.* ♦ Aujourd'hui la jurisprudence semble s'être infléchie, le juge considérant que « le fait que la surveillante (auteur de la faute) était salariée de l'école privée est sans incidence sur l'application de la loi précitée. » • TGI Reims, 29 janv. 2001 : *LIJ 2002, nº 64.* • TGI Lyon, 3 déc. 2001, *C. : LIJ 2002, nº 66.*

7. Lycée militaire. Les dispositions de la loi de 1937 sont applicables aux lycées militaires, définis comme des établissements d'enseignement et d'éducation relevant du ministère de la défense. A propos de l'accident survenu à un élève d'une classe préparatoire au cours d'une marche encadrée par des militaires affectés à cet établissement, sous la surveillance desquels se trouvait l'élève, le juge administratif s'estime incompétent pour connaître de la demande d'indemnisation fondée sur les fautes imputables au personnel d'encadrement, malgré leur statut de militaire. • CAA Lyon, 27 juin 2002, nº 02LY00197 B : *AJDA 2002. 1230.*

8. Personnels exclus du dispositif. Les personnels administratifs, de service. • TGI Avranches, 29 avr. 1963 : *D. 1963. Somm. 109.* ♦ ... Les personnels de santé. • TA Paris, 24 nov. 1966, *Bridault et Todmann : Lebon 798.* ♦ ... Les membres de l'enseignement supérieur. • Angers, 3 mars 1936 : *S. 1937. 2. 1949.* ♦ ... Ainsi que les enseignants des établissements d'enseignement privés sous contrat simple ou hors contrat, l'enseignant étant réputé agir civilement comme préposé de l'établissement. • Civ. 2e, 14 juin 1963 : *Bull. civ. II, nº 458.* ♦ ... Les agents communaux dont l'activité se limite à la prise en charge des enfants en vue de les nourrir et de les détendre sans poursuivre une fin éducative. • T. confl., 30 juin 2008, *Préfet des Alpes-Maritimes c/ Caisse régionale Groupama,* nº 3671 B.

9. Défense des intérêts de l'État. Autorité académique compétente. Accident de ski. Voyage scolaire. Juge judiciaire. Il a été demandé à la DAJ quelle était l'autorité académique compétente, au sens de l'art. L. 911-4, pour défendre, devant le juge judiciaire, les intérêts de l'État dans un litige l'opposant aux représentants légaux de lycéens victimes d'un accident de ski survenu lors d'un stage de pleine nature en montagne. La DAJ précise qu'il résulte de cet article que, lorsqu'une action en responsabilité est intentée contre l'État, dont la responsabilité se substitue à celle de l'enseignant sous la surveillance duquel étaient placés les élèves victimes de l'accident, seul le recteur d'académie est compétent. Il résulte par ailleurs de la combinaison des art. D. 222-35 et R. 911-82 que c'est le recteur de l'académie dans laquelle était affecté, à la date de l'accident, l'enseignant responsable de cet accident, autrement dit le recteur d'académie compétent pour prendre les actes de gestion de cet enseignant, qui est compétent. Elle précise aussi que le critère du lieu du dommage que mentionne le 5e al. de l'art. L. 911-4 permet seulement de déterminer le tribunal de l'ordre judiciaire territorialement compétent. * Note DAJ A1, 19 oct. 2018, nº 2018-216 : *LIJ 2018, nº 204, p. 23.*

II. MISE EN JEU DE LA RESPONSABILITÉ

10. Défaut de surveillance. Accident survenu pendant un atelier d'escalade en cours d'EPS, la responsabilité civile de l'État est retenue alors que, même si le professeur n'avait pas commis de faute caractérisée constitutive de l'infraction pénale pour laquelle il était poursuivi, il « avait incontestablement commis une négligence en ayant insuffisamment prévu une possible erreur de manipulation d'un de ses élèves lors de l'accrochage à la « tyrolienne », faisant ainsi reposer la sécurité de celui-ci sur des actes accomplis par l'élève lui-même ». • TGI Chalon-sur-Saône, 28 juin 2002 : *LIJ 2002 : n° 70.* ♦ L'enseignant ayant achevé son cours doit s'assurer qu'un collègue prend en charge ses élèves. • Civ. 2e, 22 févr. 1967 : *Bull. civ. II, n° 89* • Civ. 2e, 8 juill. 1998, ♘ n° 96-18.519 P : *LIJ 1998, n° 28.* ♦ Pour des dommages intervenus en cours d'EPS durant une épreuve de course à pied, la faute de la personne encadrante, professeur d'EPS, consistant à n'avoir pas empêché un groupe d'élèves distant de se livrer à un jeu dangereux blessant l'un d'entre eux. • Civ. 2e, 5 juin 1985 : *D. 1986. IR 369.* ♦ Pour une chute survenue pendant la récréation d'une élève escaladant un mur de varappe-filet, le jeu en cause présentant intrinsèquement une dangerosité qui imposait aux élèves de respecter des consignes strictes d'utilisation et exigeait des enseignants une surveillance étroite et permanente afin de prévenir toute pratique non conforme. • TI Guingamp, 23 nov. 2006, n° 11-06-000036 : *LIJ 2007, n° 116, p. 27.* ♦ Défaut de surveillance retenu pour un accident d'une élève de collège âgée de 12 ans qui avait été brûlée au bras en renversant de l'acide nitrique qu'elle devait manipuler lors d'un cours de SVT. Le tribunal retient la responsabilité de l'État au motif que les circonstances de l'accident suffisent à établir l'imprudence et le défaut de surveillance du professeur qui avait organisé une séance de travaux pratiques intégrant la manipulation d'un produit aussi dangereux alors que cette expérience se déroulait hors de la vue du responsable, un tel accident étant, dans les circonstances, décrites hautement prévisible. • TGI Mulhouse, 30 avr. 2010, n° 10/00314 : *LIJ 2010, n° 147, p. 18.*

11. Absence de mesures appropriées. Responsabilité de l'État retenue du fait de l'absence d'interdiction, dans une cour de récréation de collège, de la pratique du tennis en dehors d'un espace spécialement prévu et réservé à ce sport. • Paris, 12 juin 1998 : *LIJ 1998, n° 29.* ♦ ... Ou encore du fait que l'institutrice ne s'était pas assurée que « la tenue portée par l'enfant (chaussures de ville) lui permettait d'effectuer les activités sportives prévues ». • TI Marseille, 15 déc. 1994 : *LIJ déc. 1994, janv.-févr. 1995.* ♦ La direction des affaires juridiques rappelle qu'en cas de défaut de surveillance avéré à l'encontre d'un élève en état d'ébriété la responsabilité de l'État pourrait être mise en cause. * DAJ A1, n° 13-174, 10 juin 2013 : *LIJ 2013, n° 179, p. 15.*

12. Mauvaise appréciation des risques. Responsabilité de l'État retenue pour le fait, pour un professeur d'EPS, d'avoir impliqué une élève dans une activité dont elle était dispensée en lui faisant courir un danger plutôt que de la laisser assister au cours comme spectatrice. • TI Arras, 19 déc. 1997 : *LIJ 1998, n° 24.*

13. Manque de prudence. Constitue un défaut de surveillance, l'imprudence d'instituteurs qui par leur permissivité ont mis en danger la vie d'élèves au cours d'une fête d'école, le juge en profitant pour rappeler la nécessité d'une discipline dans les classes. • Paris, 18 juin 1997 : *LIJ 1997, n° 20.* ♦ Ou dans le cas d'une sortie éducative dans un zoo, les consignes données par l'enseignante ayant été jugées insuffisantes au motif qu'en l'espèce la classe fréquentée par l'élève, dite de perfectionnement, nécessitait de la part de l'enseignante une surveillance encore plus grande. • Douai, 18 juin 1998 : *LIJ 1998, n° 28.*

14. Manque de précautions. Faute du professeur établie, alors qu'il surveillait un groupe d'élèves pratiquant une autre épreuve sportive, de n'avoir pris « lui-même, sans attendre les sollicitations d'une enfant encore trop jeune pour mesurer tous les dangers des exercices accomplis, aucune mesure de nature à prévenir les conséquences dommageables des chutes inhérentes aux agrès pratiqués » (cheval d'arçon). • Douai, 10 nov. 1994 : *LIJ 1994, n° 63.* ♦ ... Ou encore dans le cas de consignes préalables non entendues par tous les élèves, le trop grand nombre d'élèves en action empêchant une surveillance efficace et ayant accru le risque d'accident. • TGI Nancy, 14 déc. 1994 : *LIJ 1994, n° 63.*

15. Critères d'appréciation. Le défaut de surveillance est apprécié en fonction de l'âge des enfants. Ainsi, dans une hypothèse où le professeur présent avec la majorité de sa classe avait laissé cinq de ses élèves à l'extérieur sans surveillance, le juge retient « que l'âge de ces élèves, une quinzaine d'années, ne saurait constituer une cause d'exclusion de la responsabilité de l'enseignant alors qu'à pareil âge, des adolescents, pour peu qu'ils soient en groupe comme en l'espèce, présentent le risque de se laisser aller à quelque chahut, comme ils le firent ». • Orléans, 4 mai 1998 : *LIJ 1998, n° 28.* ♦ Dans certaines circonstances, liées à l'âge des élèves ou aux risques des exercices pratiqués, le juge peut estimer que le fractionnement d'une classe en groupes de travail ne permet pas à l'enseignant d'EPS « d'exercer une surveillance immédiate, suffisamment vigilante ». • Aix-en-Provence, 10 juin 1997 : *LIJ 1997, n° 20.* • TGI Marseille, 27 mars 1998 : *LIJ 1998, n° 27.* • TGI Thonon-les-Bains, 25 mars 1999 : *LIJ 1999, n° 37.*

16. Activités hors établissements scolaires. Le régime de la responsabilité des « instituteurs » s'applique à des activités qui s'intègrent aux programmes d'enseignement comme les sorties éducatives ou les voyages scolaires. Ainsi la responsabilité de l'État est partiellement reconnue pour un accident survenu lors d'une sortie nocturne pendant un voyage scolaire en Espagne, compte tenu de l'heure tardive de la sortie, de l'absence d'encadrement des enfants, et de leur âge (14 ans). • Poitiers, 2 juin 1998 : *LIJ 1998, n° 28.* ♦ Pour un dommage intervenu au cours d'une compétition sportive organisée par une association sportive d'établissement fédérée au sein de l'ASSU. • T. confl., 13 févr. 1984 : *RFDA 1985. 390, note Abraham.* ♦ Pour un dommage subi par une élève participant à un stage de canoë-kayak, dès lors que ce stage « autorisé par le principal du collège et réservé aux seuls élèves de ce collège, était organisé par l'établissement et encadré par les professeurs d'EPS » et « dans la mesure où l'État n'apporte pas la preuve que les professeurs auraient agi comme préposés de l'association sportive dudit collège ». • Civ. 2e, 20 nov. 1996, n° 94-19.688 P : *JCP 1997. IV. 15.* ♦ ... Ou encore pour un dommage provenant du fait d'un enseignant en charge de la surveillance d'une étude surveillée organisée par la commune qui en supportait les frais. • T. confl., 2 juill. 1979, *CPAM Béziers-Saint-Pons c/ MEN*, n° 02116 A : ♦ Pour un dommage intervenu pendant une classe transplantée ou une visite pédagogique du fait de l'enseignant organisateur. • Civ. 2e, 22 févr. 1967 : *Bull. civ. II, n° 62.*

17. *Activités dangereuses.* La responsabilité de l'État est retenue dans un cas où une élève avait fait une chute pendant un exercice d'escalade, au motif que « l'activité sportive spécifiquement dangereuse qu'est l'escalade, en raison précisément des risques de chute à une hauteur élevée, justifiait de la part du professeur d'EPS, une vérification depuis le sol des installations techniques particulières nécessaires à l'exercice de ce sport, notamment de l'accrochage normal des cordes, avant que les élèves ne commencent à procéder à l'exercice d'escalade ». Responsabilité retenue alors même que « le mode de fixation des installations avait été vérifié par le président du Comité d'escalade ». • Nancy, 22 juin 1999 : *LIJ 1999, n° 38.* ♦ Le défaut de surveillance est aussi retenu lorsque, lors d'une séance d'escalade dispensée dans le cadre d'un cours d'EPS, la chute d'un élève est survenue alors que l'enseignant exerçait sa surveillance, mais dans des conditions révélant une négligence de sa part (non-détection d'une fausse manœuvre de la part d'un élève novice). • Reims, 18 mars 1998 : *LIJ 1998, n° 26.* ♦ Ou encore dans un accident survenu pendant un cours de gymnastique (chute d'une élève d'une poutre non rembourrée), au motif que « si la proximité d'une personne qualifiée, pouvant assurer une parade lors d'exercices aussi dangereux qu'un saut sur une poutre, n'est pas obligatoire, elle constitue, dans le cadre d'une activité scolaire, une prudence (...) élémentaire », à défaut de quoi le défaut de surveillance est établi. • Civ. 2e, 5 nov. 1998, n° 96-16.662 P : *LIJ 1999, n° 31.*

18. *Limites au défaut de surveillance.* À propos d'accidents consécutifs à des activités sportives non interdites pratiquées dans les cours de récréation, le juge civil précise que le surveillant n'est tenu qu'à une obligation de moyen. • Orléans, 26 oct. 1998 : *LIJ 1999, n° 31.* ♦ Responsabilité de l'État aussi écartée au motif que « la configuration de l'école ne permettait pas à l'enseignant chargé (...) de la surveillance, de couvrir la totalité des lieux dès lors qu'existaient des zones cachées ». • TGI Chambéry, 6 oct. 1998 : *LIJ 1999, n° 31.* ♦ Le juge contrôle si « l'accident avait un caractère prévisible et pouvait être évité par un acte de surveillance des maîtres ». • Douai, 16 oct. 1997 : *LIJ 1998, n° 21.*

III. DÉFAUT D'ORGANISATION DU SERVICE PUBLIC DE L'ENSEIGNEMENT

19. La responsabilité de l'art. L. 911-4 ne joue pas lorsque le préjudice trouve son origine dans un dommage afférent à un travail public ou dans un défaut d'organisation du service. • CE 25 mars 1983, n° 31682 B.

20. *Accidents survenus à l'intérieur de l'établissement.* En matière de surveillance, pour des faits survenus à l'intérieur d'un établissement, l'éducation nationale n'est pas tenue d'une obligation de résultat mais de moyens dans sa mission de prévention des accidents de toute nature. Pour un aménagement défectueux de la cour de récréation : un élève du secondaire avait échappé au cours d'une récréation à la surveillance et s'était blessé en franchissant un fossé en bordure de la limite de la cour. Si l'administration n'avait pas à faire édifier une clôture, elle devait prendre toute mesure dans l'organisation du service pour que les enfants ne puissent franchir les limites de la cour. De telles mesures n'ayant pas été prises, l'accident, qui se rattache non à l'aménagement de l'ouvrage public, dont la commune est propriétaire, mais à l'organisation du service public assuré par l'État, engage la responsabilité de ce dernier. • CE 16 févr. 1972, *Sieur Pinsolle*, n° 80270 B : ♦ ... Ou pour le « mauvais entretien général » conduisant à laisser des produits dangereux accessibles aux enfants. • CE 26 févr. 1982, *Martin*, n° 20528 B. ♦ Pour l'absence ou l'insuffisance de surveillance : accident causé par une règle lancée par un élève qui heurta une table et se brisa, l'un des fragments blessant un élève à l'œil droit. • T. confl., 14 janv. 1980, n° 02136 A. ♦ ... Ou en interclasse, pour un élève de lycée victime d'une chute provoquée par des désordres survenus durant l'intervalle entre deux cours, qui n'ont été rendus possibles que par une grave insuffisance de surveillance. • CE 24 janv. 1979, n° 05193 B. ♦ ... Ou lors de compétitions sportives scolaires : pour un élève ayant été mortellement blessé par un javelot lors d'une manifestation sportive organisée dans le cadre scolaire en l'absence de surveillance des jeunes gens ayant lancé le javelot ou attendant leur tour. • CE 10 févr. 1997, n° 157543 B : *Gaz. Pal. 1993. I. 343.* ♦ Responsabilité de la région, en sa qualité de maître de l'ouvrage chargé de l'entretien des lieux, retenue pour l'accident dû, d'une part, à la conception même des vasistas qui ne comportaient pas de système de sécurité propre à éviter leur décrochement et, d'autre part, à l'absence de vérification et d'entretien périodique de ces éléments qui étaient manipulés fréquemment. • CAA Lyon, 16 févr. 1994, n° 91LY00852 B. ♦ Responsabilité conjointe et solidaire de la communauté urbaine maître de l'ouvrage et de la commune chargée de l'entretien des équipements pour défaut d'entretien normal de l'ouvrage public prononcée pour la chute d'un panneau de basket ayant blessé un élève lors d'un cours d'EPS. L'accident était survenu du fait du mauvais état du système de fixation de cet ouvrage au sol, qui comportait une tige déformée dont le filetage était détérioré et sur laquelle l'écran de fixation n'avait pas une prise suffisante. • CAA Nancy, 18 sept. 1990, n°s 89NC00508 et 89NC01123.

21. Accidents survenus à des élèves à l'extérieur de l'établissement. En matière de surveillance, pour des faits survenus à l'intérieur d'un établissement, l'éducation nationale n'est pas tenue d'une obligation de résultat mais de moyens dans sa mission de prévention des accidents de toute nature ; *a fortiori*, sa responsabilité ne peut être admise pour des faits commis à l'extérieur de l'établissement et en dehors du temps scolaire, au domicile des parents, qu'à titre exceptionnel. • TA Rouen, 12 mai 2011, n° 0901466 : *AJDA 2011. 2431, concl. Van Muyler*. ♦ S'il n'est pas dans la mission du service public de l'enseignement d'assurer la surveillance des enfants lorsqu'ils quittent l'enceinte de l'établissement, des cas de responsabilité pour faute peuvent être relevés. Responsabilité pour faute grave de surveillance dans le cas d'un accident mortel survenu à un élève de 14 ans sorti de l'établissement pour ne pas assister à la gymnastique et qui avait joué avec un engin de guerre. Le juge procède à un partage de responsabilité entre l'État et la victime, qui avait méconnu le règlement intérieur et participé à un jeu dont elle ne pouvait ignorer le danger. En l'espèce était imputable à l'administration un « relâchement général de surveillance qui rendait possibles les libres allées et venues des élèves et par suite incitait ceux-ci à enfreindre les règles de discipline ». • CE 1er juill. 1949, *Le Pajolec : Lebon T. 816.* ♦ Ou plus récemment, la responsabilité a été retenue alors que des élèves qui avaient pu quitter l'école pour rejoindre leur domicile à pied, alors qu'un cyclone avait atteint l'île de la Réunion, que le plan Orsec avait été déclenché deux jours plus tôt, et que le service de ramassage scolaire ne fonctionnait plus en raison des très fortes pluies. Les enfants s'étaient noyés, emportés par un torrent en crue alors qu'ils tentaient de rejoindre leur domicile à pied. • CE 14 mai 1986, n°s 45296, 45297, 45298 et 45299 B : *AJDA 1986. 466, note Richer.* ♦ Élève ayant été mortellement blessé par un javelot lors d'une manifestation sportive organisée dans le cadre scolaire. L'absence de surveillance des jeunes gens ayant lancé le javelot ou attendant leur tour révèle un défaut d'organisation de la manifestation sportive de nature à engager la responsabilité de l'État • CE 10 févr. 1997, n° 157543 B : *préc. note 20.*

22. Accidents survenus lors d'un transport scolaire. Le juge administratif déclare une commune responsable pour l'accident survenu à un très jeune enfant, décédé après avoir été renversé par le car de ramassage scolaire dont il sortait. Alors même que la commune n'était pas l'organisatrice directe de ce service de transport, elle n'était pas pour autant exonérée de l'obligation qui lui incombait, de son propre fait, de prendre des mesures nécessaires pour assurer le bon fonctionnement du service qu'elle s'était engagée à assumer, notamment en ce qui concerne la sécurité des très jeunes enfants, un agent de la commune étant préposé à la surveillance des enfants de l'école maternelle dans le car de ramassage. En l'espèce, ce défaut d'organisation du service est de nature à engager pour moitié la responsabilité de la commune. • TA Amiens, 24 févr. 2005, n° 9901251 : *AJDA 2005. 1591*. ♦ A l'occasion d'une sortie scolaire, une jeune élève, alors âgée de cinq ans, était restée endormie à l'arrière du bus qui quittait l'école après avoir ramené les élèves. L'enfant avait été retrouvée environ quarante minutes après le départ du bus de l'école. Le juge rejette au fond la requête au motif que le défaut de surveillance des élèves par l'instituteur et les accompagnants invoqué ne pouvait se rattacher à une mauvaise organisation du service public de l'enseignement et caractériser une faute qui aurait été commise par l'administration. • TA Montpellier, 16 avr. 2019, n° 1705592 : *LIJ 2019, n° 207, p. 10.* ♦ Sur la question des transports scolaires assurés par les enseignants, V. note ss. art. L. 213-11.

23. Contamination. En vertu de l'art. L. 211-1, l'éducation est un service public de l'État, sous réserve des compétences attribuées aux collectivités territoriales. Il résulte des dispositions que les dommages subis à l'occasion de l'exécution de ce service par ses usagers ne sont susceptibles d'engager à l'égard de ces usagers que la responsabilité de l'État, alors même que la cause du dommage résiderait dans l'agissement ou la négligence d'une autre personne publique collaborant à cette exécution. Ainsi, si l'art. R. 412-127 du code des communes, alors applicable, imposait aux communes de mettre à la disposition de toutes les classes maternelles un agent territorial spécialisé des écoles maternelles, placé sous l'autorité du directeur de l'école, ces dispositions n'ont pas eu pour effet de transférer aux communes la charge du service public de l'enseignement et, par suite, la responsabilité afférente à celui-ci. Est mal dirigé, dès lors, le recours indemnitaire formé à l'encontre d'une commune par les parents d'un enfant à raison de la contamination alléguée de celui-ci par un agent territorial spécialisé atteint par la tuberculose, recruté par cette commune. • CAA Lyon, 12 déc. 2006, n° 04LY01216 B : *AJDA 2007. 391*.

24. Suicide d'un élève hors de l'établissement. La responsabilité de l'État peut être engagée devant les juridictions administratives pour défaillance dans l'organisation du service en raison des carences dans l'appréhension du harcèlement moral dont fait l'objet un élève au sein d'un établissement public scolaire. En l'espèce, il résulte de l'instruction que plusieurs intervenants au sein de l'établissement ont eu connaissance individuellement des faits et agissements dont l'élève a été victime, et dont le caractère a été répété, fréquent, varié, intense et prolongé dans le temps ; que, nonobstant le caractère parcellaire de l'information que ces derniers pouvaient en avoir, et quand bien même certaines initiatives auraient-elles été prises, l'absence de procédure de concertation pour prendre en considération la souffrance d'un élève, avec comme corollaire l'absence de mise en œuvre d'une procédure de prise en charge idoine, révèle une défaillance dans l'organisation du service ; toutefois, s'agissant des conséquences dommageables du décès, il résulte de l'instruction que le suicide de l'élève n'est pas seulement imputable à cette carence de l'administration mais également à des motifs demeurés inexpliqués propres à la victime. • TA Rouen, 12 mai 2011, n° 0901466 : *AJDA 2011. 2431, concl. Van Muyler*.

25. Suicide d'un élève. Responsabilité de l'État. Principes d'application. Absence de réaction appropriée de l'établissement. Dans une espèce où une élève de 4e s'est suicidée en laissant une lettre adressée à son collège dans laquelle elle cite les termes injurieux et menaçants adressés la veille à son encontre par des élèves du collège sur son compte Facebook après des incidents violents qui se sont déroulés dans l'enceinte scolaire, les parents ont engagé la responsabilité de l'État pour les fautes commises dans la protection due à leur fille alors qu'ils avaient cherché sans succès à alerter sur le harcèlement que subissait leur fille. Le juge rappelle que les dispositions de l'art. L. 911-4 trouvent à s'appliquer lorsque la faute recherchée est imputée à un auteur qualifié, la mise en jeu de la responsabilité des maîtres étant alors liée au devoir de surveillance qui leur incombe en contrepartie de l'autorité que leur confèrent leurs fonctions. Il rappelle en outre que ces dispositions sont en revanche inapplicables lorsque le préjudice trouve son origine dans un dommage afférent à un travail public ou dans un défaut d'organisation du service et qu'ainsi, si la juridiction administrative n'est pas compétente pour apprécier les négligences ou un défaut de surveillance imputable à tel ou tel membre de l'enseignement nommément désigné, elle l'est si un défaut d'organisation du service public de l'enseignement ressort du dossier, lequel peut être révélé par un ensemble de fautes qui auraient pu relever du texte précité. En l'espèce, si le harcèlement pouvait avoir lieu sur les réseaux sociaux il avait aussi lieu au sein de l'établissement scolaire sans que celui-ci puisse plaider sa non-connaissance du phénomène (réunion de parents d'élèves ; demande des parents à ce que leur fille soit affectée dans une autre classe afin d'être soustraite au comportement de certains élèves ; multiples demandes des parents pour mettre un terme aux humiliations et intimidations quotidiennes ; simples propos rassurants du principal du collège, etc.). Le juge estime qu'en l'espèce les différentes alertes intervenues n'ont pas été prises en compte par le collège. Parallèlement, si la ministre met en avant la mise en place d'actions de prévention au sein de cet établissement, le tribunal constate que toutefois, cette note n'analyse pas la mise en œuvre de cette politique de lutte contre le harcèlement, ni ne tente d'expliquer l'inefficacité de cette politique de prévention, dans le cas de ce collège et des circonstances de l'espèce. Le juge estime que les incidents intervenus postérieurement aux alertes effectuées par la mère auraient dû conduire les personnels concernés par les activités d'enseignement et de surveillance à prêter une attention particulière aux relations entre les élèves, à s'intéresser à la cause de phénomènes tels que des attroupements, notamment lorsqu'ils survenaient pendant un cours, à mettre en place les mesures destinées à y mettre un terme et de nature à prévenir le geste de la victime. Le juge en déduit que dans ces circonstances, l'absence de réaction appropriée à des évènements et des échanges hostiles entre élèves qui se déroulaient pour partie sur les lieux et pendant les temps scolaires caractérise un défaut d'organisation du service public de l'enseignement de nature à engager la responsabilité de l'administration. Il juge toutefois que la responsabilité de l'administration est atténuée par les circonstances que, d'une part, les échanges hostiles et menaçants ont été matérialisés, pour une partie importante d'entre eux, sur des sites électroniques ne relevant pas de la surveillance du service public de l'enseignement et que, d'autre part, ceux de ces échanges qui peuvent être retenus comme déterminants dans le geste de la victime se sont déroulés pendant les quarante-huit heures précédant son suicide, ce qui était de nature à limiter l'efficacité du dispositif de prévention qui aurait dû être mis en place. La responsabilité de l'État est fixée au quart des conséquences dommageables pour la victime et ses ayants droit. • TA Versailles, 26 janv. 2017, nº 1502910.

IV. ABSENCE DE RESPONSABILITÉ

26. Activités organisées par l'établissement. La responsabilité de l'État n'est pas engagée du seul fait que l'élève subit un dommage à l'intérieur de l'établissement ou à l'occasion d'activités organisées par celui-ci. N'est pas constitutif d'une mauvaise organisation du service révélant une faute génératrice de responsabilité à la charge de l'État le fait qu'un surveillant n'ait pas été présent dans le local d'un établissement dans lequel cinq élèves âgés d'environ 15 ans accomplissaient des travaux scolaires, au cours desquels l'un d'entre eux a été blessé à l'œil par la projection d'une boulette de papier par un condisciple. • CE 27 mai 1983, nº 25090 A : *AJDA 1983. 408.* ♦ Pour une chute de cheval alors que l'élève participait à un cours d'équitation dispensé dans le cadre scolaire par son professeur d'EPS. • CAA Colmar, 5 nov. 2010, nº 917/10 : *LIJ 2011, nº 151, p. 10.*

27. Suppression de cours. Le juge dénie tout lien direct entre la faute consistant à ne pas avoir informé les parents de la suppression d'un cours, et l'accident subi par un élève au cours d'une partie de football organisée pendant ce laps de temps, hors de l'établissement scolaire. • CE 7 mars 1973, *Grisot d'Allance*, nº 85890 B. ♦ Pas de responsabilité de l'État pour l'accident survenu à un collégien, demi-pensionnaire, au domicile d'un de ses camarades, alors qu'il avait été autorisé à quitter l'établissement après le déjeuner et que ses parents n'avaient pas été informés de la suppression des cours de l'après-midi. • CAA Paris, plén., 26 juin 1990, nº 89PA01976 B.

28. Locaux de l'internat ouverts et sans surveillance. Pas de responsabilité de l'État pour un lycéen interne qui s'était tué, avec une arme à feu dérobée à son père, dans les locaux de l'internat laissés ouverts et sans surveillance. • TA Amiens, 27 févr. 1997 : *Dr. adm. 1997, comm. Fialaire.*

29. Escapade de l'élève. Pas de responsabilité de l'État pour un élève de quinze ans ayant quitté l'établissement à une heure non autorisée et ayant fait une chute du rocher d'escalade où il était parti pratiquer cette activité en compagnie d'autres camarades. La cour a estimé que la faute de surveillance de l'établissement était sans lien avec l'accident survenu au jeune homme lors de l'activité pratiquée pendant cette escapade. • CE 23 juill. 2003, nº 204200 : *AJDA 2003. 2274, concl. De Silva.*

30. Nombre de surveillants affectés. Pendant la récréation qui a eu lieu après le repas qu'il avait pris à la cantine, un enfant de six ans s'est étouffé avec la balle rebondissante avec laquelle il jouait. En dépit des tentatives des instituteurs pour extraire cette balle, puis de l'intervention d'un médecin, il a subi un arrêt cardio-vasculaire. Bien qu'ayant pu être par la suite réanimé, il est invalide à 100 %. Les parents demandaient la réparation de l'ensemble des préjudices causés par cet accident, d'une part à l'État, en se prévalant d'un défaut d'organisation du service public de l'enseignement et, d'autre part à la commune, en invoquant la faute qu'aurait commise l'agent communal affecté au service de la cantine, qui, après avoir confisqué la balle à l'enfant pendant le repas, la lui a rendue à la sortie de la cantine sans en informer les instituteurs en charge de la surveillance de la récréation. En l'espèce, le juge a estimé que si, lors de la récréation deux instituteurs assuraient la surveillance de 78 enfants, il ne résultait pas de l'instruction que ce nombre aurait été insuffisant et révèlerait un défaut dans l'organisation du service public de l'enseignement. • CAA Bordeaux, 19 mars 2007, nº 04BX01687 : *LIJ 2007, nº 115, p. 25.*

31. Objets dangereux. Dans cette même affaire, il résultait de l'instruction que l'accident avait pour origine le fait que l'enfant avait fait un usage anormal et imprévisible de la balle rebondissante en caoutchouc avec laquelle il jouait en cherchant à la rattraper avec sa bouche ; que cette balle, qui avait été offerte à l'enfant la veille par sa grand-mère, n'avait pas, par elle-même, le caractère d'un objet dangereux ; que n'était pas de nature à démontrer ce caractère la circonstance que la balle avait été confisquée à l'enfant lors du repas, dès lors que cette mesure n'avait pour objet que d'éviter que l'enfant joue avec cette balle au lieu de déjeuner ; que, par suite, en admettant même que le fait que l'agent communal ait rendu cette balle à l'enfant sans en informer les instituteurs en charge de la surveillance de la récréation soit de nature à révéler un défaut de coordination entre le service public communal de la cantine scolaire et le service public de l'enseignement, le lien de causalité entre la faute alléguée et les préjudices subis n'était pas établi. • CAA Bordeaux, 19 mars 2007, nº 04BX01687 : *préc. note 30.*

32. Chute en cours d'EPS. Absence de responsabilité de l'État au motif que la chute de la victime apparaît comme totalement imprévisible pour le professeur qui a pris les mesures nécessaires au bon déroulement de l'exercice. • TI Quimperlé, 13 mars 2007, nº 11-06-138 : *LIJ 2007, nº 116, p. 28.*

V. PARTAGE DE RESPONSABILITÉ

33. Entre l'État et la commune. L'État et la commune doivent être déclarés responsables à hauteur de 50 % chacun des préjudices subis par un jeune enfant, les faits s'étant produits à une heure indéterminée entre 12 h 40 et 15 heures dans un laps de temps partagé entre activités scolaires et activités périscolaires. En l'espèce, il résultait de l'instruction qu'aussi bien pendant les activités scolaires que pendant les activités périscolaires les enfants circulaient librement au sein de l'établissement pour se rendre aux toilettes ou dans la salle de classe sans que leurs allées et venues fassent l'objet de la moindre surveillance ; que l'agression dont a été victime l'enfant, tout juste âgé de quatre ans, qui s'est déplacé dans l'établissement sans qu'aucun adulte ne le surveille, ou même soupçonne les faits dont il a été victime jusqu'au moment où il a été remis à ses parents dans la soirée, résulte d'un défaut de surveillance qui, compte tenu de l'extrême vulnérabilité des enfants des classes maternelles, révèle une faute d'organisation susceptible d'engager la responsabilité du service. • CAA Versailles, 21 déc. 2006, n° 05VE01127 : *LIJ 2006, n° 112, p. 26.*

VI. ACTION RÉCURSOIRE

34. Principe. L'action récursoire peut être exercée par l'État soit contre le membre de l'enseignement public, soit contre les tiers, conformément au droit commun. A propos d'un enseignant reconnu coupable d'agressions sexuelles sur plusieurs de ses élèves par un arrêt définitif de la cour d'appel. • CE 13 juill. 2007, n° 297390 A : *AJDA 2007. 1437* ; *AJFP 2008. 30*.

35. Compétence du juge administratif. Lorsque l'État engage à l'encontre d'un membre de l'enseignement public une action récursoire pour obtenir le remboursement des sommes mises à sa charge en réparation de dommages causés par suite d'une faute personnelle commise par celui-ci, cette action, qui a trait aux rapports de l'État et de l'un de ses agents et ne trouve sa solution que dans les principes du droit public, n'est pas au nombre des actions en responsabilité engagées en vue de la réparation de faits dommageables commis par des élèves ou étudiants de l'enseignement public ou à leur détriment dont le jugement est expressément attribué à la juridiction judiciaire par les dispositions de l'art. L. 911-4 ; qu'au demeurant, cet art. prévoit que l'action récursoire de l'État est exercée conformément au droit commun ; qu'ainsi la juridiction administrative a seule compétence pour connaître d'une telle action. • CE 13 juill. 2007, n° 297390 A : *préc. note 34.*

VII. CONTRATS D'ASSURANCE

36. Règles de responsabilité et régime des assurances applicables aux élèves dans le cadre de leurs activités réalisées en dehors des établissements scolaires. V. * Note DAJ A1 n° 2016-065 du 3 mars 2016 : *LIJ 2016, n° 193, p. 18.*

37. Souscription. Sur cette question, V. Lettre DAJ B1 n° 07-351 du 5 déc. 2007 : *LIJ 2008, n° 122, p. 23.*

38. Accidents de trajet d'un étudiant. Le principe de substitution de la responsabilité de l'État à celle de l'enseignant s'applique dans le cadre d'une visite à caractère pédagogique, que celle-ci s'inscrive ou non dans le cursus des études, que l'étudiant soit victime ou auteur d'un dommage. En conséquence, aucune obligation d'être couvert par une assurance de responsabilité civile ne saurait être mise à la charge de l'étudiant, dès lors qu'il participe à une activité encadrée par un enseignant. En revanche, lorsque l'enseignant se borne à organiser la visite, laissant à la charge de l'étudiant le soin de se rendre sur place par ses propres moyens, et sous réserve que le déplacement ne nécessite pas d'informations pour se prémunir de dangers particuliers, le régime de responsabilité défini dans le cadre de cet article n'est pas applicable. En ce cas, la souscription d'un contrat d'assurance ne peut être que recommandée.* Lettre DAJ B1 n° 09-87 du 9 mars 2009 : *LIJ 2009, n° 135, p. 34.* ♦ La circonstance que les étudiants soient assurés à titre individuel est sans incidence sur le fait que la responsabilité de l'établissement peut éventuellement être recherchée pour défaut d'organisation du service. * Lettre DAJ B1 n° 09-87 du 9 mars 2009 : *préc.*

Art. L. 911-5 *(L. n° 2019-791 du 26 juill. 2019, art. 48)* **« I. — Sont incapables de diriger un établissement d'enseignement du premier ou du second degré ou tout établissement de formation accueillant un public d'âge scolaire, qu'il soit public ou privé, ou d'y être employés, à quelque titre que ce soit : »**

1° Ceux qui ont *(L. n° 2019-791 du 26 juill. 2019, art. 48)* **« été définitivement condamnés par le juge pénal » pour crime ou délit contraire à la probité et aux mœurs** *(L. n° 2021-1109 du 24 août 2021, art. 54)* **« , y compris un crime ou un délit à caractère terroriste » ;**

2° Ceux qui ont été privés par jugement de tout ou partie des droits civils, civiques et de famille mentionnés à l'article 131-26 du code pénal, ou qui ont été déchus de l'autorité parentale ;

3° Ceux qui ont été frappés d'interdiction *(L. n° 2019-791 du 26 juill. 2019, art. 48)* **« d'exercer, à titre définitif, une fonction d'enseignement ou une activité professionnelle ou bénévole impliquant un contact habituel avec des mineurs.**

« II. – Est incapable de diriger un établissement d'enseignement du premier ou du second degré ou tout établissement de formation accueillant un public d'âge scolaire, qu'il soit public ou privé, ou d'y être employée, toute personne qui, ayant exercé dans un établissement d'enseignement ou de formation accueillant un public d'âge scolaire, a été révoquée ou licenciée en application d'une sanction disciplinaire prononcée en raison de faits contraires à la probité et aux mœurs. »

COMMENTAIRE

Élargissement de la portée de l'article L. 911-5 du code de l'éducation

L'article 48 de la loi du 26 juillet 2019 réécrit l'article L. 911-5 qui permet au ministre ou au recteur de prononcer des incapacités de diriger ou d'être employé (notamment comme enseignant) par un établissement d'enseignement. Ces interdictions ont été conçues à la fin du XIXe siècle pour assurer la protection des enfants confiés aux établissements scolaires. Même si cette possibilité est peu utilisée (entre 2014 et 2017, moins d'une dizaine de professeurs des écoles et de professeurs de lycée professionnel ont été, chaque année, concernés), il convenait de clarifier les règles applicables pour mettre fin à une incohérence (non-application aux professeurs de l'enseignement « général » du second degré) et pour mieux prendre en considération les dispositions du code pénal sur la protection des mineurs.

Le champ d'application de l'article L. 911-5 est très large. *Ratione loci*, il s'applique à tous les établissements de formation accueillant un public scolaire, du premier ou du second degré, publics ou privés, généraux, technologiques ou professionnels, relevant de l'éducation nationale, ou des autres départements ministériels (lycées agricoles, maritimes ou de la défense) ou de l'apprentissage (CFA), le critère étant l'accueil d'un public d'âge scolaire. *Ratione personae*, il concerne dorénavant toutes les personnes qui dirigent (personnel de direction de la fonction publique, dirigeants des établissements privés) ou qui sont employées (professeurs, personnel d'éducation, d'administration, d'entretien… fonctionnaires ou non) dans ces établissements. L'article 48 met un terme à une incohérence en abrogeant l'article 2 de la loi n° 2003-339 du 14 avril 2003 qui excluait les membres de l'enseignement « général » du second degré ; la codification à droit constant des lois Goblet du 30 octobre 1886 (enseignement du premier degré) et Astier du 25 juillet 1919 (enseignement technique) excluait de son champ d'application « les membres de l'enseignement du second degré public », laissant ouverte la question des enseignants des établissements techniques chargés d'un enseignement général, avant que la loi de 2003 ne précise qu'il s'agissait uniquement de ceux chargés d'un enseignement « général » ; aucune différence de situation objective ne justifiant cette différence de traitement, il était logique d'y mettre fin.

Pour ***garantir les droits des personnels concernés, l'article 48 précise que cette mesure ne peut être prise que pour ceux qui ont « été définitivement condamnés par le juge pénal »*** pour crime ou délit contraire à la probité et aux mœurs. Cette précision déjà apportée par le juge est d'autant plus nécessaire que, depuis le 1er janvier 2001, les décisions des cours d'assises peuvent faire l'objet d'un appel. Il en est de même pour ceux qui ont été privés par jugement de tout ou partie des droits civils, civiques et de famille (C. pén., art. 131-26 ; droit de vote, éligibilité, droit d'exercer une fonction juridictionnelle ou d'être expert devant une juridiction, de représenter ou d'assister une partie devant la justice, droit de témoigner en justice autrement que pour y faire de simples déclarations, droit d'être tuteur ou curateur). Cette interdiction n'exclut pas le droit, après avis conforme du juge des tutelles, le conseil de famille entendu, d'être tuteur ou curateur de ses propres enfants ; ce qui n'est pas le cas de ceux ont été déchus de l'autorité parentale. Enfin, l'article 48, reprenant l'incrimination du code pénal, vise ceux qui ont été frappés d'interdiction ***« d'exercer, à titre définitif, une fonction d'enseignement ou une activité professionnelle ou bénévole impliquant un contact habituel avec des mineurs »*** (C. pén., art. 222-45). La radiation ne peut toutefois être prononcée lorsque le juge a ordonné que la condamnation ne soit pas inscrite au bulletin n° 2 du casier judiciaire (CE 10 déc. 1986, *MEN c/ Guilloux*, n° 50059).

La radiation des chefs d'établissements scolaires ou des enseignants des cadres de la fonction publique à la suite d'une condamnation pénale pour crime ou délit contraire à la probité ou aux mœurs prend effet à la date où cette condamnation est devenue définitive, par exemple à la suite d'une décision de la chambre criminelle de la Cour de cassation (CE 6 nov. 2019, n° 418178 B).

Les incapacités de diriger et d'être employé par un établissement scolaire peuvent aussi être la conséquence d'une sanction disciplinaire (non juridictionnelle mais administrative, prononcée par l'autorité hiérarchique après consultation du conseil de discipline) quand celle-ci est motivée par la commission de faits contraires à la probité et aux mœurs ; les personnes concernées seront celles révoquées de l'enseignement public ou licenciées pour un motif disciplinaire. L'application de ces dispositions était jusqu'alors restreinte aux seuls établissements d'enseignement du second degré ; l'article 48 met un terme à cette situation illogique en visant expressément « ***un établissement d'enseignement du premier ou du second degré ou tout établissement de formation accueillant un public*** » (art. L. 911-5, II).

Les dispositions de l'article L. 911-5-I ont été étendues pour l'exercice des fonctions de direction ou d'enseignement dans un organisme de soutien scolaire (art. 48, III de la L. du 26 juill. 2019 qui modifie l'art. L. 445-1) et pour les organismes privés d'enseignement à distance visant alors les fonctions de direction et les fonctions didactiques dans un organisme privé d'enseignement à distance supposant, même occasionnellement, la présence physique du maître dans les lieux où l'enseignement est reçu, dans un organisme privé d'enseignement à distance (art. 48, III de la L. du 26 juill. 2019 qui modifie l'art. L. 444-6). Dans ces deux cas sont aussi concernées les personnes qui ont été condamnées à une peine d'au moins deux mois d'emprisonnement sans sursis pour les délits « d'abus frauduleux de l'état d'ignorance ou de la situation de faiblesse soit d'un mineur... » (C. pén., art. 223-15-2 ; L. n° 2007-293 du 5 mars 2007 réformant la protection de l'enfance, art. 34).

Il a été jugé que les dispositions de l'article L. 911, 5 ne portent en elles-mêmes aucune atteinte au principe constitutionnel des droits de la défense. Elles se bornent à édicter une incapacité et ne déterminent pas la procédure applicable à sa mise en œuvre. Elles ne sont pas non plus contraires au principe constitutionnel du droit à un recours juridictionnel effectif dans la mesure où les décisions constatant ces incapacités peuvent être contestées devant la juridiction compétente (juridiction administrative pour les agents publics, judiciaire pour les contractuels de droit privé) ; le principe constitutionnel de l'individualisation des peines ne s'appliquant qu'aux peines et sanctions ayant le caractère d'une punition n'est pas ici en cause, les dispositions de l'article L. 911-5 du code de l'éducation, dépourvues de caractère répressif, ayant pour objet d'assurer que les professionnels appelés à diriger un établissement d'enseignement ou à y être employés présentent les garanties de moralité indispensables à l'exercice des fonctions d'enseignement public et de garantir la sécurité des élèves (CE 4 avr. 2012, n° 356637, refusant le renvoi au Conseil constitutionnel de la QPC).

S'agissant des fonctionnaires, le constat de l'incapacité à diriger ou à être employé par un établissement d'enseignement est la conséquence nécessaire d'une décision de justice. Cette mesure n'a pas à être précédée d'une procédure disciplinaire, mais doit toutefois être prise dans le respect du contradictoire et avec consultation du dossier. La radiation des cadres d'un enseignant par le recteur tire les conséquences nécessaires de la condamnation pénale ; elle n'a pas en elle-même un caractère répressif. En se limitant à instituer une incapacité professionnelle, la loi a prévu une mesure préventive. L'autorité administrative a compétence liée pour rejeter le recours gracieux contre l'arrêté de radiation (CE 28 juill. 1995, n° 14005). Toutefois, le Conseil d'État ayant jugé que « la contrariété des faits ayant valu une condamnation judiciaire à la probité ou aux mœurs » pouvait être contestée lors d'un recours juridictionnel (CE 4 avr. 2012, n° 356637), l'autorité administrative semble disposer d'une marge d'appréciation qui fait que sa compétence n'est pas entièrement liée. « Si elle conclut à l'existence d'une infraction contraire à la probité ou aux mœurs, elle procède à la radiation des cadres. Si elle ne retient pas cette qualification, elle peut engager une action disciplinaire. Ces deux décisions sont prises sous le contrôle, le cas échéant, du juge administratif de l'excès de pouvoir ».

1. Incapacités de plein droit. Constitutionnalité. Principes constitutionnels. Droits de la défense. Individualisation des peines. ***Droit à un recours juridictionnel effectif. Absence d'atteinte.*** Le Conseil d'État a refusé de transmettre une question prioritaire de constitutionnalité sur l'art. L. 911-5, la question n'étant pas nouvelle et ne présentant pas un caractère sérieux. Les dispositions de l'art. L. 911-5 ne portent, par elles-mêmes, aucune atteinte au principe constitutionnel des droits de la défense, dès lors qu'elles se bornent à édicter une incapacité et ne déterminent pas la procédure applicable à sa mise en œuvre. Il a jugé par ailleurs que toute décision prise en application de ces dispositions est susceptible de recours devant la juridiction compétente, devant laquelle peut notamment être contestée la contrariété des faits ayant valu une condamnation judiciaire à la probité ou aux mœurs. Dès lors, ces dispositions ne sont pas contraires au principe constitutionnel du droit à un recours juridictionnel effectif. Enfin, le Conseil d'État a écarté le moyen tiré de la non-conformité des dispositions au principe constitutionnel de l'individualisation des peines, ce principe ne s'appliquant qu'aux peines et sanctions ayant le caractère d'une punition et ces dispositions, dépourvues de caractère répressif, ayant pour objet d'assurer que les professionnels, appelés à diriger un établissement d'enseignement ou à y être employés, présentent les garanties de moralité indispensables à l'exercice des fonctions d'enseignement public et de garantir la sécurité des élèves. • CE 4 avr. 2012, n° 356637 : *AJDA 2012. 736, comm. Biget ; ibid. 1472 ; AJFP 2012. 257 ; LIJ 2012, n° 166, p. 12.*

2. Radiation. Condition préalable. Tentative de reclassement. Le tribunal administratif affirme que l'agent frappé d'une incapacité à diriger un établissement d'enseignement du premier et du second degré ou un établissement d'enseignement technique et à y être employé ne peut pas être radié avant d'avoir bénéficié d'une tentative de reclassement. En l'espèce, la décision concernait un fonctionnaire qui avait été titularisé dans le corps des instituteurs à compter de 1984 et avait en 2011 intégré le corps des professeurs des écoles. Suite à la consultation du fichier judiciaire national des auteurs d'infractions sexuelles ou violentes (FIJAIS) révélant qu'il avait été condamné en 2006, pour des faits de diffusion, par le biais d'internet, d'un message à caractère violent ou pornographique de nature à porter gravement atteinte à la dignité humaine, l'autorité académique l'a déclaré incapable de diriger un établissement d'enseignement ou d'y être employé et l'a radié du corps des professeurs des écoles. Saisi de la contestation de ces décisions, le juge estime légale la décision de radiation eu égard aux informations même anciennes contenues dans le fichier consulté. En revanche, sur la décision de radiation, ce tribunal indique que l'art. L. 911-5 se borne à édicter une incapacité à diriger un établissement d'enseignement du premier et du second degré ou un établissement d'enseignement technique et à y être employé. Cette incapacité n'implique pas, en tant que telle, la radiation des cadres de la fonction publique du fonctionnaire qui en est frappé. Dès lors, en ne recherchant pas si le reclassement du fonctionnaire dans un autre corps était possible et compatible avec l'intérêt du service, le directeur des services départementaux de l'éducation nationale du Calvados a entaché sa décision d'erreur de droit. • TA Caen, 3 mai 2018, n° 1701914.

3. Délit contraire aux mœurs. Radiation. Il résulte de la L. du 30 oct. 1886 qu'une condamnation pour délit contraire aux mœurs entraîne de plein droit l'incapacité de tenir une école publique ou privée ou d'y être employé. En prononçant la radiation des cadres d'un enseignant, le recteur se borne à tirer les conséquences qui découlent nécessairement de la condamnation pénale pour délit contraire aux mœurs prononcée à l'encontre de cet enseignant. Compétence liée de l'autorité administrative pour rejeter le recours gracieux dirigé contre l'arrêté de radiation des cadres. • CE 28 juill. 1995, n° 140005 A : *AJDA 1996. 161, obs. Salon .* ♦ Ces dispositions sont applicables aux départements du Bas-Rhin, du Haut-Rhin et de la Moselle. • CE 28 juill. 1995, n° 140005 A : *préc.*

4. Condamnation pénale. Faits contraires à la probité ou aux mœurs. Qualification. Résiliation de contrat. Dans une affaire où un maître contractuel dans un collège privé sous contrat contestait la résiliation de son contrat au motif qu'il avait été condamné pénalement pour des faits d'agressions sexuelles sur mineurs de quinze ans par personne abusant de l'autorité de sa fonction, le juge rappelle qu'il appartient à l'autorité compétente d'apprécier, sous le contrôle du juge, si les faits qui ont valu à la personne intéressée une condamnation judiciaire pour crime ou délit doivent être qualifiés de contraires à la probité ou aux mœurs. • TA Lille, 29 nov. 2017, n° 1502767 : *LIJ 2018, n° 203, p. 21.*

5. Délit contraire aux mœurs. Radiation. Exceptions. . La radiation ne peut être prononcée lorsque le jugement a ordonné que la condamnation ne soit pas inscrite au bulletin n° 2 du casier judiciaire en application de l'art. 775-1 C. pr. pén., qui prévoit que « l'exclusion de la mention d'une condamnation au bulletin n° 2 emporte relèvement de toutes les interdictions, déchéances ou incapacités de quelque nature qu'elles soient résultant de cette condamnation ». Ainsi le ministre de l'éducation, en radiant un enseignant du corps des professeurs d'enseignement technique théorique en raison de la condamnation prononcée par la cour d'appel alors que l'arrêt ordonnait que la condamnation ne fût pas inscrite au bulletin n° 2 de son casier judiciaire, a retenu à l'appui de sa décision un motif erroné en droit. • CE 10 déc. 1986, n° 50059 A.

6. Délit contraire à la probité. Exclusion de plein droit. Un enseignant ayant soustrait un imprimé de certificat de brevet élémentaire et un exemplaire de la signature du vice-recteur et ayant surchargé un procès-verbal d'examen, un tel délit est contraire à la probité. • CE 3 déc. 1971, n° 80434 A. ♦ Un professeur de l'enseignement technique avait été condamné pour avoir contrefait, falsifié ou altéré des documents délivrés par une administration publique en vue de constater un droit, une identité, une qualité ou d'accorder une autorisation ainsi que des écrits destinés à constater un droit ou un fait ayant des conséquences juridiques. Un tel délit est contraire à la probité. Dès lors, par l'effet de cette seule condamnation, l'intéressé s'est trouvé de plein droit exclu de l'enseignement. Cette exclusion ne présente pas de caractère disciplinaire. • CAA Versailles, 2 nov. 2006, n° 05VE00120 : *LIJ 2007, n° 112, p. 14.*

7. Condamnation. Conséquences. Compétence liée de l'administration. Les agissements qui ont motivé la condamnation de l'enseignant étant contraires aux mœurs, le ministre de l'éducation est tenu de rejeter la demande de réintégration présentée par l'intéressé. • CE 2 mars 1992, n° 102075 A.

8. Condamnation. Conséquences. Réintégration. Le moyen tiré de ce que la commission administrative paritaire aurait dû être consultée avant que le ministre prenne la décision rejetant sa demande de réintégration est inopérant. • CE 2 mars 1992, n° 102075 A. ♦ L'appréciation à laquelle se livre l'administration pour décider de faire usage ou non de la faculté qui lui est ouverte de réintégrer un agent à la suite de l'intervention d'une loi d'amnistie n'est pas de nature à être discutée devant le juge administratif dès lors qu'elle ne repose pas sur des faits matériellement inexacts et qu'elle n'est entachée ni d'erreur de droit, ni d'erreur manifeste. • CE 29 mars 2002, n° 217195 B.

9. Condamnation. Conséquences. Date d'effet. Rétroactivité possible. Il appartient à l'autorité compétente d'apprécier, sous le contrôle du juge, si les faits ayant valu à une personne dirigeant un établissement d'enseignement du premier et du second degré ou de l'enseignement technique ou y étant employée une condamnation judiciaire pour crime ou délit sont contraires à la probité ou aux mœurs. Lorsque tel est le cas, l'incapacité qui résulte de cette condamnation entraîne de plein droit, à la date à laquelle elle est devenue définitive, la rupture du lien de l'agent avec son service., En fixant la date d'effet de la radiation des cadres du requérant à la date à laquelle la condamnation pénale prononcée contre lui est devenue définitive, le recteur de l'académie s'est borné à tirer les conséquences de l'incapacité de ce dernier à être employé par un établissement d'enseignement du premier ou du second degré découlant de sa condamnation pour un délit contraire aux mœurs. Dès lors, en jugeant que l'arrêté du recteur était illégal en tant qu'il prévoyait une date d'effet antérieure à celle de son édiction, la cour administrative d'appel a entaché son arrêt d'erreur de droit. • CE 6 nov. 2019, n° 418178 B : *AJDA 2020. 743, note Ytier ; ibid. 2019. 2272 ; LIJ 2020, n° 209, p. 7.*

10. Condamnation. Conséquences. Radiation des cadres. Professeur des écoles. Un professeur des écoles avait été radié des cadres et affecté à l'inspection académique après une mesure de suspension à la suite d'une condamnation pénale pour des faits d'atteinte sexuelle sur des élèves dont il avait la charge. Le requérant contestait cette décision de radiation des cadres estimant que l'intention du législateur était uniquement de ne pas laisser en contact avec des enfants des personnes condamnées pour certaines infractions. Le juge des référés a précisé que l'intervention de la condamnation pénale s'opposait à ce que l'administration puisse réintégrer effectivement l'intéressé dans les fonctions d'enseignement auxquelles les dispositions de son statut lui donnent vocation unique à exercer. • TA Rennes, ord., 29 oct. 2008, n° 0804416 : *LIJ 2009, n° 134, p. 17.*

11. Condamnation pour crime ou délit contraire à la probité ou aux mœurs. Conséquences. Radiation des cadres. Obligation de reclassement (absence). Un professeur des écoles avait été condamné pour avoir transféré une photographie à caractère pornographique sur un site de « tchat » réservé aux moins de 18 ans au préjudice d'une mineure de 12 ans, éléments caractérisant des faits de diffusion, par le biais d'internet, d'un message à caractère violent ou pornographique de nature à porter gravement atteinte à la dignité humaine. Sa peine avait été inscrite sur le bulletin n° 2 de son casier judiciaire ainsi qu'au fichier judiciaire automatisé des auteurs d'infractions sexuelles ou violentes. Il avait ensuite été radié des cadres. Cette radiation avait été annulée par le TA au motif que le reclassement de l'intéressé dans un autre corps compatible avec l'intérêt du service n'avait pas été recherché préalablement à sa radiation. Le juge d'appel annule ce jugement en rappelant qu'il appartient à l'autorité compétente d'apprécier, sous le contrôle du juge, si les faits qui ont valu à un agent une condamnation judiciaire pour crime ou délit sont contraires à la probité ou aux mœurs. Si tel est le cas, l'incapacité qui résulte de cette condamnation entraîne de plein droit, à la date à laquelle elle est devenue définitive, la rupture du lien de l'agent avec le service. • CAA Nantes, 16 juin 2020, n° 18NT02665 : *LIJ 2021, n° 214, p. 12.*

12. Radiation. Absence de compétence liée. Nécessité d'une procédure disciplinaire. Le statut de la fonction publique prévoit dans son art. 5 de la L. du 13 juill. 1983 que « Nul ne peut avoir la qualité de fonctionnaire [...] le cas échéant, si les mentions portées au bulletin n° 2 de son casier judiciaire sont incompatibles avec l'exercice des fonctions ». Si l'administration peut faire application de cette disposition pour refuser de nommer ou de titulariser un agent public, elle ne peut légalement se fonder sur elle pour mettre fin aux fonctions de celui-ci sans observer la procédure disciplinaire. Dès lors, le ministre de l'éducation, qui n'est pas en situation de compétence liée pour prendre la décision de radiation d'un enseignant du corps des professeurs certifiés, ne peut prendre une telle mesure sans que la procédure disciplinaire ait été suivie. • CE 12 avr. 1995, n° 136656.

13. Révocation. Contrôle restreint. Eu égard à la nature des fonctions et aux obligations qui incombent au personnel enseignant ainsi qu'à la nécessité d'assurer le bon fonctionnement du service public de l'éducation nationale et de préserver sa réputation, le recteur de l'académie n'a pas, en prononçant la révocation d'un professeur d'enseignement général de collège, en raison du recel à son domicile de cassettes pornographiques mettant en scène des mineurs, pour lequel l'intéressé avait fait l'objet d'une condamnation pénale, entaché sa décision d'erreur manifeste, alors même que le comportement de ce dernier avait été auparavant irréprochable. • CE 8 juill. 2002, n° 237642 : *AJDA 2002. 864, note Lecygne*.

Art. L. 911-5-1 *(Ord. n° 2014-691 du 26 juin 2014, art. 5)* **I. — Les membres de l'enseignement public ou privé peuvent, par décision du ministre chargé de l'éducation, être relevés des déchéances ou incapacités résultant des décisions disciplinaires ayant prononcé à leur encontre l'interdiction du droit d'enseigner ou la suspension du droit de diriger un établissement d'enseignement privé.**

Le bénéfice de cette disposition est étendu aux professeurs de l'enseignement public secondaire, pour les déchéances ou incapacités résultant de leur révocation ou de leur suspension par les conseils disciplinaires.

Un décret en Conseil d'État détermine les modalités d'organisation de la procédure de relèvement.

II. — Les demandes en relèvement formées en vertu du I ne peuvent être présentées qu'après un délai minimum *[minimal]* **écoulé depuis la notification des décisions définitives.**

Le délai est de deux ans pour une suspension, une interdiction ou une exclusion temporaires.

Il est de cinq ans pour une interdiction ou une exclusion ayant un caractère perpétuel.

Lorsque la demande a été rejetée, après examen au fond, elle ne peut être présentée de nouveau qu'après un délai égal au premier délai exigé.

III. — Si l'intéressé peut établir qu'il a été sanctionné à raison de faits amnistiés ou de condamnations judiciaires annulées par suite d'un arrêt de révision, la nécessité d'un délai antérieur à sa première demande de relèvement est supprimée, mais non celle des délais nécessaires aux demandes subséquentes, si la demande est rejetée.

Art. L. 911-6 **Des personnes justifiant d'une compétence professionnelle dans les domaines de la création ou de l'expression artistique, de l'histoire de l'art ou de la conservation du patrimoine peuvent apporter, sous la responsabilité des personnels enseignants, leur concours aux enseignements artistiques dans des conditions fixées par décret en Conseil d'État.** — *[L. n° 88-20 du 6 janv. 1988, art. 7.]*

1. Statut. La personne recrutée pour apporter son concours aux enseignements artistiques, sous la forme de la réalisation de chansons par les élèves d'une classe, est soumise à un régime de droit public en raison de sa participation à une mission de service public administratif géré par une collectivité publique. • T. confl., 22 oct. 2001, *M. Cabanel c/ Recteur de l'académie de Grenoble*, n° 3271 : *Lebon 750 ; AJDA 2002. 348, note Rouault*.

V. aussi notes ss. art. L. 822-3.

2. Refus d'agrément. La décision par laquelle l'inspecteur d'académie refuse l'agrément d'un intervenant extérieur en éducation musicale est justifiée au fond dans la mesure où il ressort des pièces du dossier, et en particulier du rapport d'inspection, que l'intéressé n'était pas compétent, en raison notamment de son refus total de prise en compte des programmes officiels, de sa méthode d'enseignement musical fondée sur l'apprentissage théorique du solfège, de son absence d'élaboration pédagogique pour les autres formes d'activité et de son absence d'exigence de qualité. • TA Lyon, 14 mars 2007, *M. C.*, n° 0500357 : *LIJ 2007, n° 116, p. 7.*

Art. L. 911-6-1 *(L. n° 2017-86 du 27 janv. 2017, art. 6)* **Les membres de la réserve citoyenne de l'éducation nationale concourent à la transmission des valeurs de la République.**

Ils sont recrutés et interviennent dans les écoles et les établissements d'enseignement du second degré selon des modalités déterminées par le ministre chargé de l'éducation nationale.

Seules les personnes majeures peuvent être admises dans la réserve citoyenne de l'éducation nationale.

La réserve citoyenne de l'éducation nationale fait partie de la réserve civique prévue par la loi n° 2017-86 du 27 janvier 2017 relative à l'égalité et à la citoyenneté. Elle est régie par les dispositions du présent code et, pour autant qu'ils n'y sont pas contraires, par les articles 1er à 5 de la même loi.

Art. L. 911-7 **Les établissements publics locaux d'enseignement peuvent confier, par des contrats à durée limitée et non renouvelables, la charge d'activités éducatives à des demandeurs d'emploi qui justifient d'un diplôme ou d'une expérience suffisante ; ces contrats, dénommés « contrats d'association à l'école », sont des contrats de droit public ; ils sont conclus en priorité avec des personnes qui ont exercé des fonctions éducatives dans les écoles ou établissements d'enseignement.**

La rémunération de ces activités est assurée par l'État ; elle peut être cumulée intégralement avec le revenu de remplacement prévu à l'article *(Ord. n° 2008-1304 du 11 déc. 2008, art. 1er)* **« L. 5421-2 » du code du travail.**

Un décret en Conseil d'État détermine les conditions d'application du présent article. Il précise notamment le type d'activités éducatives confiées aux titulaires des contrats et les conditions dans lesquelles les titulaires des contrats peuvent renoncer à l'exécution de ceux-ci.

Les dispositions du présent article s'appliquent aux formations, établissements et personnels relevant du ministre de l'agriculture, dans le respect des principes définis aux chapitres Ier et III du titre Ier du livre VIII du code rural et de la pêche maritime.

Art. L. 911-8 **Les citoyens andorrans sont considérés comme remplissant la condition prévue au 3° de l'article 5 *bis* de la loi n° 83-634 du 13 juillet 1983 portant droits et obligations des fonctionnaires** [*V. C. **fonct. publ.***] **pour l'accès aux corps relevant du ministre chargé de l'éducation.** — [*L. n° 72-2 du 3 janv. 1972, art. 4.*]

CHAPITRE II DISPOSITIONS PROPRES AUX PERSONNELS ENSEIGNANTS

COMMENTAIRE

Le chapitre II consacré au personnel enseignant précise dans deux articles (art. L. 912-1 et L. 912-2) issus de la loi d'orientation du 10 juillet 1989 les missions des professeurs. La loi Fillon n° 2005-380 du 23 avril 2005 a ajouté un paragraphe au premier article et trois nouveaux articles numérotés L. 912-1-1 (liberté pédagogique), L. 912-1-2 et L. 912-1-3 (formation continue). La loi Peillon n° 2013-595 du 8 juillet 2013 d'orientation et de programmation pour la refondation de l'École de la République modifie à nouveau ces articles en précisant les missions des enseignants (art. L. 912-1) et l'importance de la formation (art. L. 912-1-2).

Les missions des enseignants sont définies par l'article L. 912-1. La circulaire n° 97-123 du 23 mai 1997, dite circulaire A. Boissinot et C. Forestier, avait précisé les missions du professeur exerçant en collège, lycée ou lycée professionnel pour déterminer les compétences professionnelles que la formation doit assurer. Cette démarche a été reprise par l'arrêté du 12 mai 2010 définissant les compétences à acquérir puis par l'arrêté du 1er juillet 2013 établissant ***un référentiel de compétences professionnelles des métiers du professorat et de l'éducation***. « Les enseignants sont responsables de l'ensemble des activités scolaires des élèves » (art. L. 912-1, al. 1er). Ils doivent instruire et éduquer les élèves qui leur sont confiés pour leur permettre de réussir et de s'insérer tant dans une profession que dans la société ; pour transmettre les connaissances, ils doivent maîtriser les savoirs disciplinaires et leur didactique ; vis-à-vis des élèves, ils déterminent « les tâches inhérentes à leurs études » (art. L. 511-1), ce qui recouvre tant le travail en classe qu'en dehors (leçons, devoirs) ; ils leur apportent une aide au travail personnel et en assurent le suivi ; aussi, les professeurs doivent-ils être des praticiens experts des apprentissages, adaptant leur enseignement à la diversité des élèves ; leur mission éducative passe par la transmission et le respect des valeurs de la République et le développement de l'esprit critique des élèves dans le respect d'autrui. Ils participent à leur information sur la poursuite des études et les débouchés professionnels, contribuant à les conseiller sur leur projet d'orientation. Ils participent aux actions de formation continue des adultes et aux formations en apprentissage. La loi Avenir de l'école du 23 avril 2005 a ajouté une référence aux « enseignements complémentaires », précisant ainsi que les professeurs doivent contribuer à la continuité de l'enseignement ; aussi peuvent-ils être appelés par le chef d'établissement à assurer les remplacements de courte durée dans les conditions et les limites horaires fixées par le décret n° 2005-1035 du 26 août 2005 (V. ce Décr. ss. art. L. 912-1). L'article L. 912-2 précise que, dans le cadre du projet d'établissement, ils peuvent participer à des actions en faveur de l'innovation technologique et du transfert de technologie. S'ils peuvent dans ce cadre exercer individuellement leurs compétences en entreprise (art. L. 932-4), leur travail au collège ou au lycée se fait au sein d'équipes pédagogiques constituées dans chaque classe ou dans l'établissement (professeurs d'une même classe, d'un même champ disciplinaire auxquels peuvent se joindre les personnels spécialisés, notamment dans les écoles avec les psychologues scolaires ; art. L. 912-1, al. 1er). La loi de refondation de 2013 ajoute : *« Le travail transversal et pluridisciplinaire ainsi que l'innovation pédagogique sont encouragés »*, ce qui là aussi passe notamment par le travail en équipe. Les enseignants ont naturellement la responsabilité d'évaluer les élèves, ce qui recouvre classiquement la notation (souvent sommative, jugée parfois stigmatisante) mais qui devrait évoluer vers une évaluation formative, imposant des contacts avec les parents qu'ils *« tiennent informés... et... aident à suivre la scolarité de leurs enfants »*.

En principe « fonctionnaires de l'État », stagiaires puis titulaires, les enseignants ont des droits et des obligations qui sont fixés tant par le statut général de la fonction publique que par le statut particulier du corps auquel ils appartiennent (professeurs agrégés, professeurs certifiés, professeurs de lycée professionnel, professeurs des écoles...). A ce titre, ils doivent d'abord servir, assurer leurs fonctions, ce qui leur impose de rejoindre leur poste (même si l'affectation est irrégulière), d'être présent et ponctuel, d'assurer personnellement et totalement leur service... (le traitement n'est versé que s'il y a « service fait »). La loi n° 2019-828 du 6 août 2019 de transformation de la fonction publique rappelle que si la durée annuelle de travail des fonctionnaires est de 1 607 heures, c'est « sans préjudice des dispositions statutaires fixant les obligations de service pour les personnels enseignants » (art. 18 *bis*). Les statuts particuliers précisent qu'« ils participent aux actions d'éducation, principalement en assurant un service d'enseignement », avec évaluation permanente du travail des élèves et aide à leur travail personnel (Décr. n° 90-680 du 1er août 1990 relatif aux professeurs des écoles, art. 2), ou suivi individuel et évaluation des élèves qu'ils contribuent à conseiller dans le choix de leur orientation (Décr. n° 72-581 du 4 juill. 1972modifié relatif aux professeurs certifiés, Décr. n° 92-1189 du 6 nov. 1992 relatif aux professeurs de lycée professionnel qui comporte en outre un chapitre consacré à leurs obligations de service). Les obligations qui sont aussi celles des enseignants non fonctionnaires, qu'ils soient dans l'enseignement public ou dans les établissements privés sous contrat d'association, se confondent alors avec leurs missions qu'ils rempliront d'autant mieux qu'ils auront acquis les compétences nécessaires.

Si, comme tous les fonctionnaires de l'État, ils sont soumis aux 35 heures, la part de leur service passée en classe avec les élèves est fixée en heures hebdomadaires (15 heures pour les agrégés, 18 heures pour les certifiés, 26 heures pour les instituteurs et professeurs des écoles...) ; pour les enseignants du secondaire, elle est pondérée par des règles prévues par les décrets du 20 août 2014 (nos 2014-940 et 2014-941) qui remplacent les décrets de 1950 sans en modifier profondément la logique.

Les fonctionnaires sont aussi tenus au devoir d'obéir et sont soumis au principe hiérarchique. L'article 48 de la loi Avenir de l'école du 23 avril 2005 a toutefois reconnu ***la liberté pédagogique*** de l'enseignant (art. L. 912-1-1). L'idée était déjà bien ancrée chez les intéressés. Le professeur, une fois les portes de la classe refermées, est libre, libre de sa parole, libre de choisir les méthodes pour conduire la classe et traiter les questions au programme. Mais chacun sait qu'il fait partie d'un réseau parfois vécu comme une contrainte individuelle mais garant de la qualité de l'enseignement et de l'efficacité du système. L'article L. 912-1-1 rappelle d'ailleurs que la liberté de l'enseignant s'exerce dans le respect des programmes et des instructions du ministre (qui, à une époque, a pu ne pas hésiter à proscrire une méthode comme cela a été fait pour l'apprentissage de la lecture) ; de plus, l'enseignant, qui fait partie non seulement d'une équipe mais aussi de la communauté scolaire, doit s'inscrire dans le cadre du projet d'école ou d'établissement ; loin d'exercer une *« profession libérale »*, son action est encadrée tant dans l'établissement (par le chef d'établissement qui a à la fois une mission administrative dans le cadre de laquelle il note les enseignants et une mission pédagogique qu'il exerce notamment en présidant le conseil pédagogique dont l'alinéa 2 précise qu'il ne peut porter atteinte à la liberté de l'enseignant) que par les corps d'inspection qui ont une mission de conseil et de contrôle (notation pédagogique). Chefs d'établissement et inspecteurs doivent prendre les dispositions nécessaires pour permettre à l'enseignant d'exercer sa liberté pédagogique dans les meilleures conditions et dans la cohérence avec l'ensemble des intervenants. Les uns et les autres leur donneront notamment les possibilités de se perfectionner en participant à l'organisation de leur formation.

Le régime disciplinaire des enseignants du premier et du second degré a cessé d'être confié à une juridiction depuis la loi du 31 décembre 1985 organisant les conseils de l'éducation nationale et supprimant les conseils académiques et départementaux de l'enseignement primaire ; depuis lors, il est régi par le droit commun de la fonction publique, le pouvoir disciplinaire étant exercé par le supérieur hiérarchique (ministre, recteur, DASEN) après consultation du conseil de discipline (formation disciplinaire des commissions administratives paritaires).

Avant 2005, l'article L. 912-1 citait déjà *in fine* la formation qui, initiale comme continue, doit préparer les enseignants à l'ensemble de leurs missions. La loi du 23 avril 2005 a ajouté deux articles sur la formation continue. Le premier prévoit la possibilité d'indemniser les enseignants en stage à la condition que la formation suivie concoure à l'amélioration des enseignements et qu'elle soit approuvée par le recteur ; s'inscrivant dans un projet personnel, elle devra s'accomplir en priorité en dehors des obligations de service (art. L. 912-1-2). Le second affirme qu'elle doit être prise en compte dans la gestion des carrières (art. L. 912-1-3). Si la formation est un droit personnel qui est ainsi renforcé (V. aussi, art. 4 de la loi n° 2007-148 du 2 févr. 2007 de modernisation de la fonction publique reconnaissant aux fonctionnaires un « droit individuel à la formation »), encore ne faudrait-il pas oublier qu'elle doit être un outil de progrès pour le service public, s'inscrivant dans la politique de gestion des ressources humaines tant au niveau national (avec le plan national de formation), qu'au niveau académique (plan académique de formation) et dans l'établissement (où le plan de formation doit être un instrument conçu en cohérence avec le projet d'établissement).

C'est dans ce sens que va la loi du 26 juillet 2019 pour une école de la confiance en affirmant que « ***La formation continue est obligatoire pour chaque enseignant*** ». L'offre de formation continue est adaptée aux besoins des enseignants qui sont envisagés globalement ; elle participe en effet tant à leur développement professionnel (expertise pédagogique et didactique) qu'à leur développement personnel (culture personnelle, approfondissement des connaissances disciplinaires, acquisitions de nouvelles compétences pour une éventuelle reconversion) ; dans les deux cas, la formation continue peut être certificative et sanctionnée un diplôme. L'idée d'imposer systématiquement le déroulement des actions de formation continue en dehors du temps de travail a été abandonnée lors des débats pour une école de la confiance. Toutefois, lorsqu'elle correspond à un projet personnel concourant à l'amélioration des enseignements approuvé par le recteur, la formation continue des enseignants doit toujours s'accomplir en priorité en dehors des obligations de service d'enseignement et peut donner lieu à une indemnisation (art. L. 912-1-2).

Les critiques très fortes du système de formation initiale ainsi mis en place ont amené le Gouvernement nommé après l'élection présidentielle de mai 2012 à annoncer sa refonte. En annulant les arrêtés du 12 mai 2010 sur la mastérisation pour incompétence et en différant jusqu'au 31 juillet les effets de sa décision, le Conseil d'État donna alors quelques semaines au Gouvernement pour poser les bases de cette refondation (CE 1er juin 2012, *Fédération des syndicats généraux de l'éducation nationale et de la recherche publique et a.*, n° 341775).

A la suite de la concertation organisée pendant l'été 2012, le Rapport pour la refondation de l'école a insisté sur la nécessité d'avoir des « personnels formés et reconnus ». L'idée est d'améliorer les conditions d'entrée dans le métier, ce qui paraît indispensable dans un pays, où contrairement aux autres États européens, il n'existe aucun tutorat des nouveaux titulaires (sauf dans l'éducation prioritaire à partir de la rentrée 2015). En créant les ESPÉ (devenus INSPÉ depuis la loi du 26 juill. 2019), la loi du 8 juillet 2013 veut refonder la formation. Les nouvelles écoles organisent la formation initiale en préparant aux concours et en délivrant le master métiers de l'enseignement, de l'éducation et de la formation (bac +5 mettent en place deux années de plus).

Une réflexion d'envergure a été menée par la commission présidée par M. Pochard, conseiller d'État, sur la redéfinition du métier d'enseignant. Un livre vert, remis au ministre de l'éducation nationale en février 2008, dresse un bilan de la condition enseignante à l'aube du XXIe siècle, soulignant les carences en matière d'affectations, d'évaluation, de formation et de gestion personnalisée des carrières. Dans l'attente d'une réforme d'envergure, sont intervenus des textes ponctuels tel le décret n° 2009-81 du 21 janvier 2009 relatif à la rémunération de certains services (études dirigées, accompagnement éducatif) accomplis par diverses catégories de personnels de l'éducation nationale.

A la suite de l'adoption de la loi de refondation de l'école de la République du 8 juillet 2013, le ministre de l'éducation nationale a mené un dialogue social portant sur l'évolution des missions et des métiers des personnels de l'éducation nationale. Ont ainsi été identifiés et valorisés les facteurs favorables à la réussite de tous les élèves : le travail en équipe, le lien avec les familles, la prise d'initiatives pédagogiques, le soutien aux projets éducatifs, le suivi personnalisé des élèves... En septembre 2015, le Premier Ministre a ouvert le chantier de la rénovation des carrières de la fonction publique qui s'inscrit dans le cadre du protocole PPCR (Parcours professionnels, carrières et rémunérations) s'appliquant tant aux fonctionnaires de l'enseignement public (personnels enseignants, d'éducation et psychologues de l'éducation nationale) qu'aux personnels assimilés des établissements privés sous contrat ; il devrait permettre une amélioration des carrières (modification des règles d'avancement, création d'une classe exceptionnelle prioritairement accessible aux personnels enseignants qui auront exercé en éducation prioritaire ou occupé des missions ou responsabilités particulières pendant au moins 8 ans) et une modification de l'évaluation professionnelle (outil de politique de ressources humaines, elle devrait être basée sur quatre rendez-vous de carrière). ❑

Art. L. 912-1 **Les enseignants sont responsables de l'ensemble des activités scolaires des élèves. Ils travaillent au sein d'équipes pédagogiques ; celles-ci sont constituées des enseignants ayant en charge les mêmes classes ou groupes d'élèves ou exerçant dans le même champ disciplinaire et des personnels spécialisés, notamment les psychologues scolaires dans les écoles. Les personnels d'éducation y sont associés.** *(L. n° 2013-595 du 8 juill. 2013, art. 72)* **« Le travail transversal et pluridisciplinaire ainsi que l'innovation pédagogique sont encouragés. »**

Les enseignants apportent une aide au travail personnel des élèves et en assurent le suivi. Ils procèdent à leur évaluation. Ils les conseillent dans le choix de leur projet d'orientation en collaboration avec les personnels d'éducation et d'orientation *(L. n° 2013-595 du 8 juill. 2013, art. 72)* **« qui veillent à favoriser la mixité entre les femmes et les hommes dans l'accès aux filières de formation ». Ils participent aux actions de formation continue des adultes** *(L. n° 2005-380 du 23 avr. 2005, art. 47)* **« et aux formations par apprentissage ».**

(L. n° 2013-595 du 8 juill. 2013, art. 72) **« Les enseignants tiennent informés les parents d'élèves et les aident à suivre la scolarité de leurs enfants. »**

(L. n° 2005-380 du 23 avr. 2005, art. 47) **« Ils contribuent à la continuité de l'enseignement sous l'autorité du chef d'établissement en assurant des enseignements complémentaires. »**

Leur formation les prépare à l'ensemble de ces missions.

Sur le remplacement de courte durée des personnels enseignants dans les établissements du second degré, V. ci-dessous Décr. n° 2005-1035 du 26 août 2005.

BIBL. ► BENHENDA, Tous des bons profs. Un choix de société, *Fayard, coll. Sciences humaines, 2020* ; Education policy, inequalities and student achievement, *Thèse, Paris EHESS, 2020.* – FARGES, Les mondes enseignants. Identités et clivages, *PUF, coll. Éducation et société, 2017.* – OBIN, Les enseignants, *in* Le système éducatif en France, *Doc. fr., coll. Les Notices, 2003. 39.* – PROUTEAU, Les personnels de l'Éducation nationale en 2019-2020, *MENJS-DEPP, Note d'information n° 20.50, déc. 2020.* – SIDOKPOHOU, WAÏS, GALAIS et KESLER, De la gestion quantitative à la gestion qualitative des enseignants, *Rapp. IGEN-IGAENR, n° 2018-091, oct. 2018.* – VALETTE, Profil des admis aux concours enseignants 2019 des premier et second degrés, *MENJS-DEPP, Note* *d'information n° 20.44, nov. 2020.* – OCDE, Regards sur l'Éducation : Panorama, *OCDE 2011, www.oecd.org/dataoecd/61/3/48631572.pdf.* – Bilan social du MENJS, Enseignement scolaire, *éd. 2020.*

▸ **Sur le métier :** André et Collet-Sassere et autres, Les composantes de l'activité professionnelle des enseignants, outre l'enseignement dans les classes, *Rapp. IGEN-IGAEN, n° 2012-070, juill. 2012.* – Bazzo et Desouches, Enjeux éthiques du métier d'enseignant, *éd. ESF, 2016.* – Cros et Obin, Attirer, former et retenir des enseignants de qualité, *Rapp. de base national (France) pour l'OCDE, Doc. fr., 2004.* – Dion, Perception de la profession et articulation avec la vie familiale chez les enseignants, *MENJS-DEPP, Note d'information n° 21.18, avr. 2021.* – Feuillet, Duquet-Metayer et Jouannic, Enseigner, un métier de proximité, *MEN-DEPP, Note d'information, n° 19.27, juin 2019.* – Longhi, Charpentier et Raffaëlli, Caractériser les environnements de travail favorisant la satisfaction professionnelle des enseignants : les apports de l'enquête Talis 2018, *MEN-DEPP, Note d'information n° 20.11, mars 2020.* – Obin, Enseigner, un métier pour demain, *Rapp. au min. de l'Éducation nationale, Doc. fr., 2003.* – Périer, Attractivité du métier d'enseignant (primaire et secondaire). État des lieux et perspectives, *Rapp. scientifique, Cons. nat. d'évaluation du système scolaire, nov. 2016.* – Pochard, Le « Livre vert » sur la condition enseignante à l'aube du XXIe siècle, *Rapp. au MEN, Doc. fr., 2008.* – Les enseignants : panorama, carrières et représentations du métier, *MENJ-DEPP, Éducation & formations, n° 101, nov. 2020.*

▸ **Sur le climat scolaire :** Frechou, Hubert et Touahir, Résultats de la première enquête de climat scolaire auprès des personnels du second degré de l'éducation nationale, *MENJ-DEPP, Note d'information, n° 19.53, déc. 2019.*

▸ **Sur le statut :** Aubert, Un décret très contesté sur le temps de travail des enseignants, *AJDA 2007. 338* ✎. – Bouvier, Propos iconoclastes sur le système éducatif français, *Berger Levrault, oct. 2019.* – Combes, Le traitement des accidents et des maladies des agents publics au sein du service public de l'Éducation nationale, *Thèse, Univ. Limoges, 2014.* – Fialaire, Les corps enseignants soumis à des statuts particuliers dérogatoires : approche contentieuse, *AJFP 2016. 6* ✎. – Feuillet, Le devenir des enseignants entre la rentrée 2017 et la rentrée 2018, *MENJ, Note d'information, n° 20-16, avr. 2020.* – Gaudry-Lachet, La carrière des enseignants en Europe, *MEN-DEPP, Note d'information, n° 19.19, juin 2019.* – de Montecler, La Cour des comptes veut gérer les enseignants autrement, *AJDA 2017. 1868* ✎. – Morin, Le grand chantier du pouvoir d'achat des professeurs, *Le Monde, 3 sept. 2019. 9.* – Prouteau, La moyenne d'âge des nouveaux enseignants augmente dans l'enseignement scolaire public, *MENJ, Note d'information, n° 20-17, mai 2020.* – C. comptes, Gérer les enseignants autrement, *Rapp. thématique, mai 2013* ; *AJDA 2013. 1020, comm. de Montecler* ✎. – Rakocevic, À salaire égal, travail inégal ? Rémunération des femmes et des hommes enseignants en Europe, *MEN, Éducation & formations, n° 96, 2018. 173.* – Thomas, Les heures supplémentaires annualisées des enseignants en 2018-2019 dans le second degré, *MENJ-DEPP, Note d'information, n° 19.37, oct. 2019.* – C. comptes, Gérer les enseignants autrement. Une réforme qui reste à faire, *Rapp. thématique, oct. 2017.* – L'égalité entre les filles et les garçons, entre les femmes et les hommes, dans le système éducatif, *Éducation et formations, n° 96 vol. 1, mars 2018, n° 97 vol. 2, sept. 2018, n° 98 vol. 3, déc. 2018, n° 99 (vol. 4), juill. 2019.*

▸ *V. aussi BIBL. ss. art. L. 931-1.*

▸ **Sur la rémunération :** Defresne, La rémunération des enseignants du MEN en 2014, *MENESR, DEPP, Note d'information, n° 24, sept. 2016* ; L'évolution du salaire des enseignants entre 2015 et 2016, *MEN-DEPP, Note d'information, n° 18.25, oct. 2018* ; L'évolution du salaire des enseignants entre 2017 et 2018, *MENJ-DEPP, Note d'information, n° 20.30, sept. 2020.* – Defresne, Monso et Saint-Philippe, Les enseignantes perçoivent 14 % de moins que les enseignants. Analyse des écarts de salaire, *MEN, Éducation & formations, n° 96, 2018. 203* ; L'évolution du salaire des enseignants entre 2016 et 2017, *MEN-DEPP, Note d'information n° 19. 41, nov. 2019.* – Fournier et Rakocevic, La rémunération des enseignants en Europe : où en est la France ?, *MEN-DEPP, Note d'information n° 19. 42, nov. 2019.* – Rakocevic, À salaire égal, travail inégal ? Rémunération des femmes et des hommes enseignants en Europe, *MEN-DEPP, Éducation & formations, n° 96, 2018.*

▸ **Sur la continuité éducative :** Allal, Georget, Lacoste, Pouliquen et Robert, Le remplacement des enseignants absents, *MEN, Rapp. IGAENR, n° 2011-056, juin 2011.* – Bolch, Pas de classe sans enseignant, *Rapport MEN, févr. 1998.* – Fortier, Le défi de la continuité du service public de l'Éducation nationale : assurer les remplacements, *AJDA 2006. 1822* ✎. – Fournier, Lefresne et Rakocevic, Les enseignants, *in* L'Europe de l'éducation en chiffres, *MEN-MESRI, DEPP, 2018. 38.* – Raimbault, L'avenir de l'école à la lumière de la loi Fillon, *AJDA 2006. 1421* ✎. – Reiss, Travaux préparatoires de la loi n° 2005-380 du 23 avril 2005 d'orientation et de programme pour l'avenir de l'école, *Doc. AN n° 2085 (12e législ.), 9 févr. 2005.* – C. comptes, Rapport sur la gestion, par le ministère chargé de l'enseignement scolaire, des personnels détachés dans d'autres fonctions que d'enseignement ou demeurant sans affectation, *janv. 2005.* – Le dispositif de remplacement des enseignants des premier et second degrés, *C. comptes, réf. S2016-4141, 23 déc. 2016 ; Rép. MENESR, 24 févr. 2017.*

▸ **Sur l'obligation d'assurer la surveillance, la correction et la notation d'épreuves d'examens :** ANDRE et BOUYSSE, COLLET-SASSERE (et a.), Les composantes de l'activité professionnelle des enseignants outre l'enseignement dans les classes, *Rapp. IGEN-IGAENR, n° 2012-070, juill. 2012.* – Retenues sur la rémunération de personnels enseignants participant à la correction d'épreuves d'examens de l'enseignement scolaire et retenant des copies, Lettre DAJ A2 n° 08-239 du 2 oct. 2008, *LIJ 2008, n° 129, p. 21.* – La grève des personnels enseignants chargés d'assurer la surveillance, la correction et la notation d'épreuves d'examens, Lettre DAJ A2 du 27 juin 2008, *LIJ 2008, n° 128, p. 30.* – Combien de temps les enseignants consacrent-ils aux tâches d'enseignement et autres ?, *OCDE, Indicateurs de l'éducation à la loupe, n° 29, juin 2015.*

▸ **Sur l'évaluation des enseignants :** CHASSARD et JEANBRAU, L'appréciation des enseignants du premier et du second degré – Diagnostic et propositions, *Rapp. Haut Conseil de l'évaluation de l'école, n° 6, juin 2002.* – COLLAS, Controverse autour de l'évaluation des enseignants, *Le Monde, 17 nov. 2011. 11.* – DORIATH, MONTAIGU, PONCELET et RICHON, L'évaluation des enseignants, *Rapp. I-GEN n° 2013-035, avr. 2013.* – DE MONTECLER, À peine publié, le décret controversé sur l'évaluation des enseignants sera-t-il abrogé ?, *AJDA 2012. 909* ⌀. – L'évaluation des enseignants des premier et second degrés, *Avis du Haut Conseil de l'évaluation de l'école, HCéé n° 6, janv.-févr. 2003.*

▸ **Sur les IUFM et les ESPÉ :** V. Bibl. livre VI, titre II, chap. V.

▸ **Sur la formation continue des enseignants :** CHARPENTIER et SOLNON, La formation continue, un levier face à la baisse du sentiment d'efficacité personnelle des enseignants au collège ?, *MEN-DEPP, Note d'information n° 19. 23, juin 2019.* – CRISTOFARI, LE PIVERT et LUSSIANA, Évaluation de la politique publique sur la formation continue des professeurs du premier degré. Rapport de diagnostic, *MEN-MESRI, Rapp. IGEN-IGAENR, n° 2017-035, juin 2017.* – ROJAT, CHUDEAU, MAUHOURAT, SZYMANKIEWICZ, BROUSSOIS et FORSTMANN, Actualisation du bilan de la formation continue des enseignants, *MEN, Rapp. IGEN-IGAENR, n° 2013-009, févr. 2013.* – TARDY (coord.), LHERMET (coord.), La formation continue des enseignants du second degré. De la formation continue au développement professionnel et personnel des enseignants du second degré ?, *Rapp. IGEN-IGAENR, n° 2018-068, sept. 2018.*

▸ **Sur la formation :** ERIN, CUISINIER et FARDET, Le pilotage du plan national de formation, *MEN, Rapp. IGEN-IGAENR, n° 2018-124, déc. 2018.* – GROSPERRIN, Rapport d'information de la mission sur la formation initiale et les modalités de recrutement des enseignants, *Ass. nat., n° 4033, 7 déc. 2011.* – MÉNARD, Mission d'information sur la formation des enseignants, *Rapp. comm. aff. culturelles, Ass. nat., n° 4075, 5 oct. 2016.* – POUPEAU, La nouvelle formation des enseignants définie par décrets, *AJDA 2013. 1661* ⌀.

V. aussi Bibl. livre VI, titre II, chap. V.

▸ **Sur les emplois d'avenir :** DE MONTECLER, Publication des décrets sur les emplois d'avenir professeurs, *AJDA 2013. 143* ⌀.

▸ **Sur le port du voile :** FROMONT, Port du voile par les enseignantes : un droit reconnu en Allemagne, *D. 2015. 1264* ⌀.

QUESTIONS GÉNÉRALES

I. ENSEIGNANTS TITULAIRES

1° ENTRÉE DANS LE CORPS

BIBL. Terrier, Combe, Hiller et Tercieux, Faut-il sauver les algorithmes d'affectation ?, *Terra Nova, 6 juin 2018.*

1. Ressortissants des États membres. Les décrets, ouvrant aux ressortissants des États membres de la Communauté européenne l'accès aux corps des professeurs des écoles, professeurs certifiés, professeurs agrégés, professeurs d'éducation physique et sportive, professeurs de lycée professionnel, conseillers principaux d'orientation, conseillers d'orientation psychologues et directeurs de centre d'information et d'orientation, qui n'ont pas pour effet de confier à des personnes qui ne sont pas de nationalité française des missions inséparables de l'exercice de la souveraineté, et qui concernent des corps dont les fonctions ne comportent pas par elles-mêmes l'exercice de prérogatives de puissance publique, ne violent pas l'art. 5 *bis* ajouté à la L. du 13 juill. 1983 par celle du 25 juill. 1991. • CE 6 mai 1989, n° 144904 B.

2. Personnes handicapées. Décision par laquelle la commission nationale d'aptitude, instituée au ministère de l'éducation en application de la L. du 30 juin 1975 d'orientation en faveur des personnes handicapées, a déclaré que le handicap dont souffrait un candidat à l'agrégation était incompatible avec l'exercice des fonctions de professeur d'éducation physique et sportive. Cette décision est entachée d'erreur d'appréciation, dès lors qu'il ressortait des pièces du dossier et notamment du rapport du conseiller pédagogique responsable du stage d'aptitude accompli par ce candidat en vue de l'examen, par l'administration, de sa demande d'admission à passer les épreuves du concours externe de l'agrégation d'éducation physique et sportive, que certaines mesures prises en vue de l'aménagement du poste considéré auraient permis, en l'espèce, de compenser les conséquences de ce handicap. • CE 30 avr. 2004, n° 254106 B : *AJDA 2004. 1718, note Aubin* .

3. *Liste complémentaire. Classement ex aequo. Motifs de départage. Expérience des candidats.* Une maître contractuelle de l'enseignement privé sous contrat, classée première *ex aequo* avec un autre candidat sur la liste complémentaire, n'avait pas été nommée à la suite du désistement d'un candidat admis sur la liste principale au motif que, pour départager les deux candidats *ex aequo*, le critère tiré de l'ancienneté des fonctions d'enseignement occupées avait été appliqué. Le juge, relevant que ce critère n'est prévu par aucun texte, juge que la décision du recteur ne repose sur aucune base légale. • TA Bordeaux, 30 nov. 2017, n° 1700284 : *LIJ 2018, n° 203, p. 11.*

4. *Services effectués auprès de la Commission européenne. Reclassement.* Statuant sur un litige opposant un professeur des écoles au recteur au sujet de la prise en compte pour son reclassement des services qu'il a effectués auprès de la Commission européenne, le tribunal saisit la CJUE de la question de la compatibilité des dispositions du Décr. n° 51-1423 du 5 déc. 1951 avec l'art. 45 TFUE. En l'espèce, le requérant, qui a réussi le concours de professeur des écoles, a fait état, dans le cadre de l'examen de son dossier de reclassement, des services effectués auprès de la Commission européenne à Bruxelles. Le recteur de l'académie de Paris l'a toutefois reclassé sans tenir compte de ces services. • TA Paris, 27 mars 2019, n° 1710580.

2° *DÉROULEMENT DE LA CARRIÈRE*

5. *Principe d'égalité.* Le décret instituant une indemnité de première affectation en faveur des enseignants qui, lors de leur titularisation, reçoivent une affectation dans une académie dont la liste est fixée par arrêté, a pour finalité d'inciter les enseignants à solliciter leur première affectation dans une académie où les besoins en personnel sont importants et à y rester pendant au moins trois ans. Ce texte répond à un motif d'intérêt général en rapport avec son objet et, par suite, ne porte pas une atteinte illégale au principe d'égalité. • CAA Douai, 21 déc. 2000, n° 97DA00070 B.

6. *Atteinte au principe d'égalité.* Le décret, instituant au profit des seuls agents recrutés dans les corps des professeurs certifiés, des instituteurs et des professeurs des écoles qui ont bénéficié d'une allocation d'enseignement attribuée en fonction du mérite et sous condition de ressources, une bonification d'ancienneté, porte au principe d'égalité de traitement des fonctionnaires recrutés dans un même corps une atteinte qui n'est pas justifiée par la différence de situation existant entre les lauréats des concours de recrutement de ces corps, dès lors, du moins, que l'initiation à des activités d'enseignement prévue ne les faisait pas participer au service public de l'enseignement. • CE, ass., 5 mars 1999, *Conf. nat. des groupes autonomes de l'enseignement public*, n° 132023 A : *AJDA 1999. 462* ; *D. 1999. 93* .

7. *Notation.* La note administrative, d'une part, et la note pédagogique, d'autre part, qui sont, chacune, accompagnées d'appréciations littérales, sont proposées par des autorités différentes, ne se fondent pas sur les mêmes éléments et ne font pas l'objet des mêmes voies de recours administratif. Ainsi, la note pédagogique est distincte de la note globale d'un enseignant. • CE 1er juin 2006, n° 281446. ♦ Présentent un caractère statutaire les dispositions d'une note de service relative à la notation et à l'avancement des professeurs agrégés affectés dans l'enseignement supérieur, qui prévoient qu'à « défaut de réception des fiches de proposition des notes dans les délais, l'intéressé se verra attribuer la note minimale correspondant à son échelon ». Le ministre de l'éducation n'a, dès lors, pas compétence pour les édicter. • CE 10 nov. 2004, n°s 255409 et 255557 B : *AJDA 2005. 500, note Legrand* . ♦ Dans une affaire où un professeur de philosophie contestait sa note pédagogique qui était passée de 51 à 30 sur 60, le juge administratif a estimé que les « propos déplacés » de l'enseignant envers son proviseur ne justifiaient pas l'abaissement de la notation. • TA Amiens, 8 févr. 2007, n° 0502409 : *AJDA 2007. 1093* .

8. *Procédure d'établissement de la note pédagogique.* Si la note pédagogique peut être attribuée au vu d'une inspection pédagogique individuelle, aucune disposition législative ou réglementaire ne prévoit les modalités d'une telle inspection. La note de service du 13 déc. 1983 du ministre de l'éducation, relative aux modalités de l'inspection des personnels enseignants, indiquant que toutes les visites des inspecteurs dans les établissements sont annoncées avec mention de leurs objectifs, n'a en tout état de cause fixé aucun délai précis pour l'information préalable du professeur devant faire l'objet d'une inspection. Dès lors, régularité de la note pédagogique établie après inspection d'un professeur qui n'a été informé de celle-ci que six heures avant son déroulement. • CAA Lyon, 1er avr. 1997, n° 95LY01098 B. ♦ Les professeurs agrégés n'ont pas droit à communication de leur appréciation pédagogique avant fixation de leur note pédagogique. • CE 24 sept. 2010, n° 326216 : *AJFP 2011. 34*.

9. *Notation. Professeur certifié détaché dans un établissement d'enseignement supérieur.* V. notes ss. art. L. 952-6.

10. *Éléments pouvant être pris en compte. Refus de participer à certaines activités d'ordre pédagogique.* Pour le refus de participer aux contrôles communs de la discipline de français et à l'encadrement d'une épreuve sportive. • TA Melun, 15 juin 2010, n° 0607717 : *LIJ 2010, n° 148, p. 21.*

11. *Position.* Les fonctionnaires de l'éducation nationale placés en congé de mobilité sont regardés comme étant en position d'activité. Toutefois, si le temps accompli en congé de mobilité est valable pour l'ancienneté, il ne compte pas comme services effectifs accomplis dans le corps car ils n'exercent pas leurs fonctions dans les établissements d'enseignement durant un tel congé. Dès lors, le pouvoir de notation administrative dévolu aux chefs d'établissement ne peut s'exercer à l'égard de fonctionnaires placés en congé de mobilité puisqu'ils ne dispensent pas d'enseignement dans les établissements. • TA Versailles, 6 nov. 1997, n° 922379 B.

12. *Déconcentration de la procédure de mutation.* Le Décr. du 13 oct. 1998, en introduisant une déconcentration au niveau des académies des mutations des personnels des corps enseignants, d'information, d'orientation et d'éducation intervenant au sein de chaque académie, n'a porté atteinte ni au caractère national du statut particulier des corps concernés, ni aux compétences des commissions administratives paritaires nationales ou académiques, lesquelles sont consultées conformément aux dispositions législatives et réglementaires. • CE 7 juin 2000, n° 202608 B.

13. *Établissement du tableau d'avancement.* Une note de service, prise par le ministre de l'éducation, définissant les modalités selon lesquelles les recteurs doivent arrêter le tableau d'avancement à la hors-classe pour certains corps et fixant un cadre national aux critères permettant aux recteurs d'apprécier la valeur professionnelle des intéressés et de fonder leurs choix, comporte, de ce fait, des dispositions impératives à caractère général qui doivent être regardées comme faisant grief. • CE 27 juill. 2005, nos 276433, 276435 et 276888 B.

14. *Déconcentration de la procédure disciplinaire.* Le décret ayant pour objet, en ce qui concerne divers corps de personnel enseignant, de déléguer aux recteurs, déjà compétents pour prononcer, après avis de la commission administrative paritaire du corps auquel appartient l'agent concerné, les sanctions des premier et deuxième groupes, le pouvoir, pour les sanctions des troisième et quatrième groupes qui restent de la compétence du ministre, de saisir pour avis la même commission administrative paritaire siégeant en conseil de discipline, porte uniquement sur la répartition des attributions de certaines autorités administratives de l'État et des instances consultatives placées auprès de ces autorités. S'il modifie ou complète des dispositions contenues dans les décrets portant statut particulier des différents corps concernés, il ne revêt pas un caractère statutaire. Le comité technique paritaire ministériel, appelé à formuler un avis sur le projet de décret, n'avait pas l'obligation, qui lui incombe lorsque lui sont soumises des questions statutaires, de procéder à l'audition des deux représentants du personnel de la commission administrative paritaire de chacun des corps concernés. • CE, ass., 27 oct. 2000, *Synd. nat. des enseignements du second degré (SNES)*, n° 205811 A : *AJDA 2001. 6.*

15. *Suppression de poste.* La « mesure de carte scolaire », dont la suppression d'un poste de professeur d'enseignement de collège est la conséquence directe, constitue une mesure d'organisation du service qui n'est pas susceptible de faire l'objet d'un recours contentieux de la part des agents du service. Par suite, un enseignant dont le poste est supprimé à la suite d'une telle mesure n'est pas recevable à invoquer le moyen tiré de l'illégalité de cette mesure à l'appui de sa demande tendant à l'annulation de la suppression de poste. • CAA Paris, 30 janv. 1997, n° 95PA03725 B.

16. *Professeur stagiaire. Inaptitude physique. Licenciement. Autorité compétente.* Interrogée sur l'autorité administrative compétente pour prononcer le licenciement d'un professeur des écoles inapte physiquement, de manière totale et définitive, à l'exercice de ses fonctions, la DAJ précise que le recteur d'académie – ou le délégataire de sa signature – est seul compétent, dès lors qu'il est seul titulaire du pouvoir de nomination, pour licencier un professeur des écoles stagiaire dont l'inaptitude physique définitive ne lui permet pas de reprendre un service. Si le directeur académique des services de l'éducation nationale, ou un délégataire de sa signature mentionné à l'art. D. 222-20, signe la mesure prononçant son licenciement, ce sera nécessairement en qualité de délégataire de la signature du recteur d'académie. * Note DAJ A2 n° 2019-035 du 1er juill. 2019 : *LIJ 2019, n° 208, p. 14.*

17. *Sur les incapacités.* V. notes ss. art. L. 911-1.

3° DROITS

BIBL. Gibelin, Le droit au report des congés annuels non pris en raison d'un congé pour raisons de santé, *LIJ 2013, n° 178, p. 29*. – Moreau, L'exercice du droit de retrait, *LIJ 2006, n° 103, p. 23*.

18. Temps partiel. En prévoyant, pour les personnels enseignants, les personnels d'éducation et de documentation des écoles et des établissements d'enseignement ainsi que pour les personnels d'orientation en service dans les centres d'information et d'orientation, que le bénéfice du temps partiel de droit pour raisons familiales ne peut être accordé en cours d'année scolaire qu'à l'issue du congé de maternité, du congé d'adoption ou du congé de paternité ou du congé parental ou après la naissance ou l'arrivée au foyer de l'enfant adopté, le pouvoir réglementaire a fait une exacte application des dispositions de la L. du 11 janv. 1984. Ces dispositions n'ont ni pour objet ni pour effet de priver les personnels enseignants bénéficiaires de droit, après la naissance d'un enfant, du temps partiel jusqu'au troisième anniversaire de cet enfant, du droit de retrouver leur emploi à temps complet à l'issue de la période de trois ans, alors même que cette échéance interviendrait en cours d'année scolaire. • CE 22 janv. 2007, n° 286489 : *AJDA 2007. 227 ; AJFP 2007. 204, note Fontier*.

19. Congés. Droit au report. Un enseignant peut reporter sur la période de scolarité des droits à congés annuels qu'il n'a pas pu utiliser pendant les vacances des élèves. En effet, le droit de l'UE reconnaît à tous les travailleurs, y compris les agents publics, la possibilité de reporter leurs congés annuels s'ils n'ont pas été en mesure, au cours d'une période de référence considérée, d'en bénéficier en raison d'un chevauchement avec une situation d'incapacité de travail. Toutefois, le Conseil d'État juge que le report de congés annuels des enseignants hors période de vacances scolaires n'est pas de droit et qu'il est conditionné à l'impossibilité pour eux de prendre au préalable suffisamment de jours de repos. • CE 26 nov. 2012, n° 349896 B : *AJDA 2013. 1229, note Bui-Xuan ; ibid. 2012. 2296 ; D. 2013. 223, note Radé ; AJFP 2013. 193 ; ibid. 195, note Matta-Duvignau* • TA Besançon, 24 mars 2011, n° 101222 : *AJDA 2011. 1386, concl. Poitreau*.

20. Protections contre les attaques. Un professeur de collège a été critiqué dans un courrier adressé, par la section du collège d'une association de parents d'élèves, aux parents d'élèves de deux classes. Le professeur n'était pas destinataire de cette lettre. Le principal du collège ayant reçu copie de ce courrier a méconnu les dispositions législatives en n'informant pas le professeur attaqué de son contenu. En outre, l'administration, en refusant d'accorder à l'intéressé l'assistance juridique et le soutien moral qu'il lui demandait à l'occasion des actions en diffamation qu'il a engagées devant les tribunaux, a commis une faute de nature à engager sa responsabilité. Le professeur est dès lors fondé à obtenir le remboursement des honoraires et des frais de procédures exposés et le paiement d'une indemnité en réparation du préjudice moral, évaluée en l'espèce à 5 000 F. • TA Lyon, 19 mai 1998, n° 9500306 A. ♦ Dans le même sens, pour un refus de protection à la suite des vives critiques soulevées par la réalisation d'un questionnaire, approuvé par le conseil d'administration et réalisé dans le cadre d'un projet d'action éducative, comportant une enquête sociologique et un sondage d'opinion sur la vie et les aspirations des lycéens, tant de la part de professeurs du lycée, que de parents d'élèves et d'organisations syndicales et à la suite de la publication d'articles hostiles dans la presse régionale et nationale. • CE, sect., 18 mars 1994, n° 92410 A : *AJDA 1994. 408*.

21. Protections contre les attaques. Retrait. Faute personnelle. Légalité. Dans une affaire où deux lycéens étaient décédés en suivant, dans le cadre d'un stage, leur professeur d'EPS qui avait emprunté une piste noire fermée en raison d'un fort risque d'avalanche, fermeture matérialisée par une signalétique en plusieurs langues, un panneau de sens interdit et un filet fermant l'accès de la piste, outre un drapeau à damier signalant le risque d'avalanche, le recteur avait décidé, à la suite d'un arrêt rendu par cour d'appel, de retirer la décision accordant à l'enseignant le bénéfice de la protection fonctionnelle. Le juge rappelle que l'administration peut mettre fin pour l'avenir à la protection qu'elle a accordée à un agent public si elle constate postérieurement, sous le contrôle du juge, l'existence d'une faute personnelle. En l'espèce, il retient que l'enseignant avait reconnu avoir délibérément violé une obligation particulière de prudence ou de sécurité, avait commis une très lourde imprudence constitutive d'une faute d'une particulière gravité, compte tenu, d'une part, de la mission d'encadrement qui lui incombait qui impliquait qu'il fasse preuve de la plus grande prudence même si le groupe d'élèves dont il avait la responsabilité était expérimenté et, d'autre part, des risques qu'il avait fait courir à ce groupe sans aucune justification. Il en déduit que l'administration avait pu légalement, au vu des éléments nouveaux portés à sa connaissance dans le cadre de la procédure pénale, abroger en raison de la faute personnelle de l'enseignant la décision lui accordant le bénéfice de la protection fonctionnelle. • TA Lyon, 28 févr. 2018, n° 1608046 : *LIJ 2018, n° 203, p. 13*.

22. Sur la protection fonctionnelle : V. notes ss. art. L. 931-1.

23. Crise sanitaire. Protocole sanitaire national. Caractère suffisant des mesures. Carence caractérisée des autorités académiques locales (absence). Le juge des référés rejette la demande présentée par une organisation syndicale, estimant que les règles définies par le Décr. n° 2020-548 du 11 mai 2020 pour faire face à l'épidémie de covid-19 dans le cadre de l'état d'urgence sanitaire, par la Circ. du 4 mai 2020 du ministre relative à la réouverture des écoles et établissements scolaires et aux conditions de poursuite des apprentissages, et par les protocoles sanitaires relatifs à l'ouverture des écoles primaires et élémentaires et des collèges et lycées qui énoncent la procédure détaillée de détection et de gestion d'un « cas covid » suspect ou avéré et des cas contacts en milieu scolaire étaient suffisamment précises. • TA Marseille, ord., 20 mai 2020, nº 2003724 : *LIJ 2020, nº 212, p. 6.*

24. Santé et sécurité au travail. Crise sanitaire. Édiction de mesures règlementaires. Demande d'injonction. Irrecevabilité. Pour la reprise de l'accueil des enfants dans les établissements scolaires, le ministre a adopté une circulaire et a renvoyé à deux guides, établis par le ministère de l'éducation nationale et de la jeunesse avec le concours du bureau Veritas, comportant des protocoles sanitaires en vue de la réouverture et du fonctionnement, pour l'un, des écoles maternelles et élémentaires, et pour l'autre, des collèges et des lycées. Estimant que le ministre ne peut, au titre des obligations qui lui incombent comme chef de service en matière de protection de la sécurité et de la santé des agents publics, se borner à édicter des recommandations sanitaires non contraignantes et à renvoyer ainsi à la seule responsabilité individuelle des agents publics le soin d'apprécier les mesures qui doivent être mises en œuvre, la fédération requérante a demandé au juge des référés du Conseil d'État d'enjoindre au ministre de prendre des mesures réglementaire dans le cadre de l'état d'urgence sanitaire. Le Conseil d'État rappelle que si le juge des référés peut notamment prescrire, à des fins conservatoires ou à titre provisoire, des injonctions adressées, le cas échéant, à l'administration, c'est à condition que ces mesures soient utiles et ne se heurtent à aucune contestation sérieuse. Une demande tendant à ce qu'il soit ordonné à l'autorité compétente de prendre des mesures réglementaires, y compris d'organisation des services placés sous son autorité, n'est donc pas au nombre de celles qui peuvent être présentées au juge des référés (rejet de la demande). • CE, ord., 22 mars 2020, nº 439674 B : *AJDA 2020. 655 ; ibid. 851, note Vallar ; D. 2020. 687, note Parinet-Hodimont ; AJCT 2020. 175, obs. Renard ; ibid. 250, Pratique Le Chatelier ; ibid. 291, Pratique Lami et Lombard .* ♦ Dans le même sens, pour une demande tendant à ce qu'il soit enjoint au recteur et au DASEN d'établir et de communiquer un document, à l'attention des personnels placés sous leur autorité, contenant un descriptif précis et opérationnel de la procédure à suivre, dans ces établissements, en cas de détection d'un cas de covid-19 suspect ou avéré et pour la gestion des cas contacts (rejet de la demande). • TA Marseille, 20 mai 2020, nº 2003724 : *LIJ 2020, nº 212, p. 6.*

25. Droit de retrait exercé à tort. Sanction. Motivation. Retenue sur salaire. Les décisions par lesquelles l'autorité administrative prend une sanction ou une retenue sur salaire à l'encontre d'un agent ou d'un groupe d'agents qui se sont retirés d'une situation de travail dont ils estimaient, à tort, qu'elle présentait un danger grave et imminent pour leur vie ou leur santé sont au nombre des décisions qui refusent un avantage dont l'attribution constitue un droit et doivent être motivées. En l'espèce, le juge a considéré que les risques sanitaires allégués par les requérants n'étaient pas établis (présence de déjections de chauves-souris dans plusieurs salles de l'école de Camopi et défectuosités affectant la toiture et les toilettes de cette école) et ne présentaient pas un danger grave et imminent pour la vie des personnes, au sens des dispositions du I de l'art. 5-6 du Décr. du 28 mai 1982. Le juge en déduit qu'en adoptant les décisions litigieuses, le recteur de l'académie de Guyane n'a pas commis d'erreur d'appréciation et que les professeurs ne sont pas fondés à demander l'annulation des décisions qu'ils attaquent. • CE 18 juin 2014, nº 369531 B : *AJDA 2014. 1297 ; AJFP 2014. 261 .*

26. Droit de retrait. Conditions. Retenue sur salaire. Absence de motif raisonnable. Saisine CHSCT (non). Le juge rappelle que, selon les dispositions de l'art. 5-6 du décret du 28 mai 1982 relatif à l'hygiène et à la sécurité du travail ainsi qu'à la prévention médicale dans la fonction publique, l'autorité administrative ne peut décider de procéder à une retenue sur salaire qu'après avoir établi que les agents concernés ont exercé leur droit de retrait sans avoir un motif raisonnable de penser que leur situation de travail présentait un danger grave et imminent pour leur vie ou leur santé. Il souligne de la même manière que ces mêmes dispositions n'imposent pas à l'autorité administrative de saisir le CHSCT, préalablement à l'adoption d'une décision portant refus d'exercice du droit de retrait à l'encontre d'un agent l'ayant exercé. Il précise toutefois qu'il revient aux intéressés d'alerter l'autorité administrative compétente de ce qu'ils avaient un motif raisonnable de penser que leur situation de travail présentait un danger grave et imminent pour leur vie ou leur santé. • CE 18 juin 2014, nº 369531 B : *préc. note 25.*

27. Droit de retrait. Conditions. Absence. Sanction pour désobéissance. Le Décr. nº 95-680 (art. 5 et 6) introduit pour les fonctionnaires de l'État un droit de retrait leur offrant ainsi la faculté de désobéir dans le cas où ceux-ci ont un « motif raisonnable de penser » que la situation de travail « présente un danger grave ou imminent » pour leur vie ou leur santé. Refus du juge administratif, saisi à propos d'une sanction pour désobéissance, de considérer les conditions du droit de retrait remplies pour des enseignants ayant cessé le travail pendant une semaine à la suite de faits survenus dans l'établissement qui, selon eux, étaient susceptibles de mettre en cause la sécurité des élèves et des enseignants. • TA Cergy-Pontoise, 16 juin 2005 : *Mme Moreau.* ♦ Dix-huit enseignants d'un lycée de Vitry-sur-Seine avaient exercé leur droit de retrait à la suite de l'agression d'un lycéen par des personnes qui s'étaient introduites dans l'établissement. Le TA a refusé de faire droit à la demande de restitution des sommes retenues sur leur traitement par le recteur en jugeant que ces agents ne se trouvaient pas, au moment des faits, dans une situation de danger grave et imminent justifiant qu'ils cessassent sur le champ d'exercer leurs fonctions. • TA Melun, 13 juill. 2012, n° 1004142 : *AJDA 2012. 1479* ; *AJFP 2012. 236*.

28. Droit de retrait. Absence. Préjudice moral généré par l'insécurité prévalant sur le lieu de travail. Responsabilité de l'État. Dans cette même affaire, le juge administratif fait néanmoins droit à la demande d'indemnisation du préjudice moral subi par les enseignants en estimant que l'administration n'a pas mis en œuvre les mesures propres à assurer la protection des membres du corps enseignant exerçant dans ce lycée. Cette carence fautive engage la responsabilité de l'État et est de nature à ouvrir droit à réparation du fait de l'existence d'un préjudice moral généré par l'insécurité prévalant sur son lieu de travail. • TA Melun, 13 juill. 2012, n° 1004142 : *préc. note 27.*

29. Droit de retrait. Conditions de la reprise de travail. Les dispositions de l'art. 5-6 du Décr. n° 82-453 du 28 mai 1982, relatives au droit de retrait des agents de la fonction publique en cas de danger grave et imminent pour leur vie ou leur santé, ne subordonnent pas la reprise de son service par un agent ayant exercé son droit de retrait à une information préalablement délivrée par l'administration sur les mesures prises pour faire cesser la situation ayant motivé l'exercice de ce droit. Si ces dispositions prévoient que l'autorité administrative ne peut demander à l'agent de reprendre son activité dans une situation de travail où persiste un danger grave et imminent, elles n'impliquent pas que l'administration doive inviter cet agent à reprendre son travail dès que la situation de danger a disparu. • CE 2 juin 2010, n° 320935 A : *AJDA 2010. 1119* ; *LIJ 2010, n° 148, p. 23.*

30. Crise sanitaire. Droit de retrait. Des professeurs des écoles ont demandé au juge des référés de suspendre les décisions du DASEN refusant de reconnaître l'existence d'une situation de danger immédiat et donc la licéité de leur droit de retrait, et d'enjoindre l'administration de ne pas procéder au prélèvement d'un trentième de leur traitement par journée de travail non effectuée et de reconnaître l'existence d'un préjudice d'anxiété. Rappelant le cadre juridique mis en place pour la réouverture des écoles et l'accueil des usagers dans le cadre de l'état d'urgence sanitaire, le juge des référés relève que les équipements de protection contre le virus mis à disposition dans l'école étaient conformes aux normes prévues pour faire face à l'épidémie de covid-19 dans le cadre de l'état d'urgence sanitaire ainsi qu'au protocole sanitaire fixé par le ministère de l'éducation. Il a estimé qu'aucun élément ne justifiait qu'une enquête conjointe de l'administration et du CHSCT doive être réalisée pour valider la reprise d'activité des enseignants. Dès lors, il a jugé qu'aucune atteinte grave et manifestement illégale n'avait été portée à la liberté fondamentale que constitue le droit au respect de la vie et que les conditions de reprise de l'activité des professeurs au sein de leur école ne présentaient pas un danger grave et imminent pour leur santé susceptible de justifier l'exercice du droit de retrait. • TA Marseille, 29 mai 2020, nos 2003908 et 2003927 : *LIJ 2020, n° 212, p. 7.*

31. Limites du droit à protection. En consultant son dossier administratif, un professeur a découvert qu'il contenait des courriers de parents d'élèves présentant le caractère d'outrages au sens de l'art. 11 de la L. du 13 juill. 1983, nonobstant la circonstance qu'ils n'aient pas fait l'objet de diffusion publique. Toutefois, lorsque trois ans plus tard l'intéressé a réclamé la protection du ministre, aucune démarche de l'administration en ce sens, adaptée à la nature et à l'importance desdits outrages, n'était plus envisageable. Par suite, le ministre pouvait légalement rejeter la demande. • CE 21 déc. 1994, n° 140066 B.

32. Absence d'atteinte aux droits. En vue de protéger la santé publique, les dispositions du Décr. du 15 nov. 2006 ont posé le principe d'une interdiction générale de fumer dans les lieux affectés à un usage collectif, sauf dans les emplacements réservés aux fumeurs. Dans le cadre ainsi fixé, il appartient au pouvoir réglementaire de prendre les dispositions permettant d'assurer cette protection et si nécessaire de les adapter, notamment au vu des données épidémiologiques dont il dispose quant à la gravité des risques auxquels le tabagisme expose les personnes qui fréquentent les lieux affectés à un usage collectif. Dès lors que la loi n'a pas imposé que soit dans tous les cas laissée aux fumeurs la possibilité de disposer d'emplacements réservés, mais qu'elle a seulement permis, le cas échéant, la création de tels emplacements, il appartient au Premier ministre d'en interdire l'aménagement dans certains de ces lieux, dès lors que cette interdiction est justifiée par la protection de la santé publique et est proportionnée à l'objectif poursuivi. • CE 19 mars 2007, nos 300467, 300500, 300680, 300682, 300683, 300898 A. ♦ En édictant une telle interdiction dans les collèges et lycées, le décret a entendu assurer une protection particulière des jeunes contre le risque tabagique, dans des conditions de nature à en renforcer l'efficacité. En procédant ainsi et en imposant à cet effet des sujétions particulières aux enseignants et personnels des établissements concernés afin de tenir compte de la spécificité du lieu d'exercice de leurs fonctions, il n'a ni porté une atteinte illégale aux droits des personnes concernées, ni méconnu le principe d'égalité. • Même décision.

33. Inaptitude. Régime d'affectation. Saisi par une enseignante d'un refus de renouvellement d'une affectation de courte durée sur un poste adapté, le Conseil d'État rappelle que, lorsqu'un enseignant a été reconnu inapte à l'exercice de ses fonctions à la suite de l'altération de son état physique, il peut demander à être affecté sur un poste adapté pour une durée d'un an, renouvelable dans la limite de trois ans. Il précise qu'il appartient donc à l'autorité administrative compétente, sous le contrôle du juge de l'excès de pouvoir, de rechercher un poste de travail adapté à l'état de l'intéressé et d'apprécier si sa demande peut être satisfaite compte tenu des nécessités du service, qu'il s'agisse d'une première affectation ou de son renouvellement. Le Conseil d'État en conclut dès lors, qu'en jugeant que l'autorité administrative avait pu légalement prendre la décision de ne pas renouveler l'affectation de courte durée de l'enseignante sur un poste adapté au seul motif qu'un tel renouvellement était une simple faculté, le tribunal administratif a commis une erreur de droit. L'administration ne peut donc pas refuser de renouveler une affectation de courte durée d'un fonctionnaire sur un poste adapté en se prévalant de la simple faculté de ce renouvellement. • CE 21 janv. 2015, n° 357904 : *AJDA 2015. 791*.

4° OBLIGATIONS. DISCIPLINE

34. V. notes ss. art. L. 931-1.

5° ART. 40 DU CODE DE PROCÉDURE PÉNALE

35. Principe général. L'obligation de dénonciation auprès de l'autorité judiciaire des faits délictueux ou criminels, qui s'impose à l'autorité administrative, n'est pas limitée au seul cas dans lequel celle-ci a acquis la certitude de l'exactitude des faits reprochés à l'agent. Pour un professeur d'éducation physique qui s'est suicidé après avoir appris par le principal de son collège qu'un élève l'accusait d'attouchements sexuels et que le chef d'établissement avait dénoncé les supposés faits en cause au Parquet. • CAA Nancy, 30 nov. 2006, n° 05NC00618 : *AJDA 2007. 447*.

36. Modalités d'application. Ces prescriptions ne fixant aucune condition quant aux modalités de leur application, le ministre de l'éducation est compétent, en sa qualité de chef de service, pour indiquer les modalités pratiques qu'il estimait les mieux adaptées, compte tenu de la nature du service en cause, à la transmission des informations. Il peut donc valablement inviter, par instruction, les membres du personnel du ministère à faire l'usage de la forme écrite, si besoin par télécopie, pour aviser le procureur de la République des faits dont les intéressés auraient eu la connaissance directe. • CE 20 mars 2000, n° 200387 A : *AJFP 2000, n° 6, p. 104*.

37. Responsabilité de l'administration. En signalant, après en avoir avisé sa hiérarchie, les faits reprochés à l'enseignant trois jours après la plainte présentée par les parents de l'élève, tout en s'efforçant d'organiser une rencontre entre la famille et l'enseignant, qui n'a pu néanmoins avoir lieu du fait des tergiversations des parents, le principal du collège s'est conformé aux prescriptions posées par l'art. 40 C. pr. pén. et rappelées par la Circ. du ministre de l'éducation nationale en date du 26 août 1997. Si, par la suite, la chambre spéciale des mineurs a reconnu que l'accusation portée à l'encontre du professeur était dénuée de tout fondement, les requérants ne sont cependant pas fondés à soutenir que l'administration aurait agi dans la précipitation et en méconnaissance des dispositions législatives et réglementaires applicables. Par ailleurs, conformément à l'obligation de discrétion professionnelle, ni le principal du collège ni aucune autre autorité administrative n'ont rendu l'affaire publique. Dès lors, les requérants ne sont pas fondés à soutenir que les agissements de l'administration sont constitutifs d'une faute de nature à engager la responsabilité de l'État. • CAA Nancy, 30 nov. 2006, n° 05NC00618 : *préc. note 35*.

6° ORGANISATION DU SERVICE

Sur les obligations de service : V. notes ss. art. L. 931-1.

38. Rentrée des enseignants. Le Décr. du 14 janv. 1991, qui définit les obligations hebdomadaires de service des enseignants pendant les périodes de scolarisation des élèves, ne prive pas le ministre de son pouvoir d'organisation du service en dehors de ces périodes. En fixant la rentrée des enseignants à une date distincte de celle des élèves en vue d'organiser dans les meilleures conditions pédagogiques la rentrée des élèves, le ministre a pris une mesure d'organisation du service public de l'éducation. • CE 30 déc. 2002, n° 234626 B. ♦ Cette mesure, dépourvue de caractère statutaire, pouvait être édictée sans consultation préalable du comité technique paritaire ministériel. • Même arrêt.

39. Remplacements de courte durée. Plusieurs syndicats demandaient l'annulation du Décr. n° 2005-1035 du 26 août 2005 relatif au remplacement de courte durée des personnels enseignants dans les établissements d'enseignement du second degré. Ce décret a pu légalement préciser les modalités d'application des dispositions de la L. du 23 avr. 2005 en complétant, au titre des enseignements complémentaires qu'elles prévoient, les obligations de service des personnels enseignants du second degré. • CE 26 janv. 2007, nos 285051, 286319, 286361, 286401 et 286404 A : *LIJ 2007, n° 114, p. 11.* ♦ Si aux termes de l'art. 3 de la L. du 11 janv. 1984 « les remplacements de fonctionnaires occupant des emplois de l'État (...), dans la mesure où ils correspondent à un besoin prévisible et constant, doivent être assurés en faisant appel à d'autres fonctionnaires », ces dispositions n'ont pas pour objet de limiter le remplacement de fonctionnaires par d'autres fonctionnaires aux seuls cas de besoins prévisibles et constants. Par ailleurs, le premier al. de l'art. 6 de la même loi, aux termes duquel les fonctions qui, correspondant à un besoin permanent, impliquent un service à temps incomplet d'une durée n'excédant pas 70 % d'un service à temps complet, sont assurées par des agents contractuels, n'impose pas davantage de recourir à de tels agents pour pourvoir à des remplacements occasionnels de moins de quinze jours au sein d'un même établissement d'enseignement du second degré. Ainsi, le décret attaqué a pu légalement prévoir que les personnels enseignants pouvaient être appelés à assurer de tels remplacements. • Même décision. ♦ Ce même texte ne méconnaît pas le droit syndical et ne porte pas atteinte à la situation réglementaire et statutaire des enseignants. Dans ces conditions, le Gouvernement a pu, sans commettre d'erreur manifeste ni méconnaître l'interdiction du travail forcé et obligatoire, ni porter atteinte aux droits fondamentaux des agents concernés, notamment celui du respect de leur vie privée, ni enfin méconnaître les droits des élèves à des enseignements conformes aux programmes, prévoir la possibilité pour le chef d'établissement, lorsque la continuité du service public de l'enseignement est menacée, de désigner les personnels chargés d'assurer des enseignements complémentaires. • Même décision.

40. Enseignants titulaires de zones de remplacement. V. notes ss. art. L. 931-1.

II. ENSEIGNANTS NON TITULAIRES

BIBL. Le recours croissant aux personnels contractuels dans l'éducation nationale. Un enjeu désormais significatif pour l'éducation nationale, *C. comptes, Communication à la commission des finances du Sénat, mars 2018.* – Sur les conditions dans lesquelles un agent non titulaire peut se voir refuser le renouvellement de son CDD, V. Note DAJ A4 n° 2021-001082 du 10 mars 2021 : LIJ 2021, n° 214, p. 15.

41. Recrutement. Détermination des conditions. Les comités techniques paritaires créés dans toutes les administrations de l'État « connaissent » des problèmes relatifs non seulement à l'organisation et au fonctionnement des services mais également au recrutement des personnels. Le Décr. du 16 févr. 2000, qui a pour objet de déterminer les conditions de recrutement d'agents contractuels pour l'enseignement des langues à l'école, entre dans le champ d'application de ces dispositions. Annulation de ce décret, en ce qu'il a été pris sans consultation préalable du comité technique paritaire ministériel. • CE 29 déc. 2000, n° 219810 A.

42. Rémunération. Détermination du niveau. Contrôle du juge. Nature. Erreur manifeste d'appréciation. S'appuyant sur le décret du 12 mai 1981, le juge considère « qu'il appartient au recteur de déterminer, lors de l'engagement d'un professeur contractuel, le classement de l'agent dans une catégorie et, au sein de cette catégorie, son niveau de rémunération, en tenant compte tant de la rémunération accordée aux titulaires qu'il remplace que de ses diplômes et de son expérience professionnelle antérieure. Il appartient au juge, saisi d'une contestation en ce sens, de vérifier qu'en fixant cette rémunération l'administration n'a pas commis d'erreur manifeste d'appréciation ». En l'espèce, l'intéressée, « titulaire d'un diplôme d'ingénieur et d'un doctorat en chimie de la pollution atmosphérique et physique de l'environnement, avait été recrutée pour exercer les fonctions de professeur de mathématiques en classe de collège puis de professeur de mathématiques – sciences physiques en classe de lycée d'enseignement professionnel. Dès lors, en la classant en 2e catégorie à l'indice brut 408 (indice majoré 367), soit entre l'indice de recrutement des professeurs certifiés et celui des professeurs agrégés, le recteur de l'académie de la Guadeloupe n'a pas entaché sa décision d'une erreur manifeste d'appréciation, nonobstant les diplômes détenus par Mme S. » • CAA Bordeaux, 18 déc. 2018, n° 16BX03886. ♦ L'arrêt de la cour est annulé en tant qu'il statue sur la demande d'indemnisation relative aux rémunérations non perçues. L'affaire est renvoyée, dans cette mesure, à la cour administrative d'appel de Bordeaux. • CE 12 oct. 2020, n° 428656 : *AJDA 2020. 1941*. ♦ Le juge applique une jurisprudence déjà bien établie selon laquelle si, en l'absence de dispositions législatives ou réglementaires relatives à la fixation de la rémunération des agents non titulaires, l'autorité compétente dispose d'une large marge d'appréciation pour déterminer, en tenant compte notamment des fonctions confiées à l'agent et de la qualification requise pour les exercer, le montant de la rémunération ainsi que son évolution, il appartient au juge, saisi d'une contestation en ce sens, de vérifier qu'en fixant ce montant l'administration n'a pas commis d'erreur manifeste d'appréciation. • CE 30 déc. 2013, n° 348057 B.

43. Rémunération. Compléments. Inégalité entre fonctionnaires et agents contractuels. Saisie sur renvoi d'un tribunal espagnol après qu'un enseignant, recruté par CDD, s'est vu refuser un complément de rémunération réservé par la réglementation nationale aux fonctionnaires pouvant justifier d'une ancienneté de six ans et sept mois. Interprétant l'art. 4, point 1, de l'accord-cadre sur le travail à durée déterminée conclu le 18 mars 1999, la CJUE juge que les professeurs qui ont la qualité d'agent contractuel de droit public ont droit au même complément de rémunération que les professeurs qui ont la qualité de fonctionnaire disposant de la même ancienneté dès lors que l'accomplissement d'une certaine période de service est la seule condition d'octroi de ce complément. • CJUE 20 juin 2019, n° C-72/18 : *AJDA 2019. 1309* ; *AJFP 2020. 36, comm. Luzuy, Cochereau et Batôt* .

44. *Contrats à durée déterminée.* Les dispositions de l'art. 6 de la L. du 11 janv. 1984 et des art. 6 et 7 du Décr. du 17 janv. 1986 relatif aux dispositions applicables aux agents non titulaires de l'État ne font pas obligation à l'administration de conclure un contrat à durée indéterminée lorsqu'elle pourvoit à des fonctions correspondant à un besoin permanent impliquant un service à temps incomplet. Ces dispositions ne définissent la durée du contrat à durée déterminée qu'elles autorisent à conclure que dans les cas où l'administration souhaite faire assurer des fonctions correspondant à un besoin saisonnier ou occasionnel. Par suite, un enseignant accomplissant un service incomplet correspondant à un besoin permanent n'est pas fondé à soutenir que l'administration, qui l'a recruté sur le fondement de ces dispositions, en aurait fait une inexacte application en concluant avec lui des contrats à durée déterminée de dix mois, n'incluant pas les deux mois d'été. • CE 28 nov. 2003, n° 233171 B.

45. *Contrats à durée déterminée. Non renouvellement. Irrégularités. Délai de notification. Motivation (absence).* Dans une affaire relative au refus de renouvellement du contrat d'un agent employé depuis plus de six ans par le CNRS, la cour rappelle les principes constamment appliqués selon lesquels « hormis le cas où une telle décision aurait un caractère disciplinaire, le respect de ce délai ne constitue pas pour l'agent, eu égard à la situation juridique de fin de contrat sans droit au renouvellement de celui-ci, et alors même que la décision peut être prise en considération de sa personne, une garantie dont la privation serait de nature par elle-même à entraîner l'annulation de la décision de non-renouvellement ». Elle ajoute « qu'(...) en tout état de cause, le non-respect de ce délai n'est pas susceptible d'exercer une influence sur le sens de la décision de l'autorité qui s'apprête à ne pas renouveler le contrat d'un agent public ». S'agissant de l'absence de motivation, la cour rappelle que la décision de ne pas renouveler le contrat n'est pas au nombre de celles qui doivent être motivées en application des dispositions de la loi du 11 janv. 1979 relative à la motivation des actes administratifs et à l'amélioration des relations entre l'administration et le public. • CAA Versailles, 21 sept. 2017, n° 16VR01643 : *LIJ 2015, n° 202, p. 14.*

46. *CDIsation.* Un professeur contractuel peut se prévaloir d'une continuité de ses fonctions même si son contrat a été interrompu pendant deux mois pour effectuer un stage de titularisation. • CAA Nancy, 13 juin 2013, n° 12NC02092 : *AJDA 2013. 1895* .

47. *Notion de remplacement. Indemnité de sujétions spéciales de remplacement.* Le Conseil d'État a précisé qu'il résulte de la combinaison des dispositions des Décr. n°s 89-825 du 9 nov. 1989 et 99-823 du 17 sept. 1999 que la notion de remplacement, au sens du Décr. du 9 nov. 1989, doit s'entendre non seulement de la suppléance d'un fonctionnaire momentanément absent, mais également de l'affectation sur un poste provisoirement vacant. • CE 12 déc. 2012, n° 336553 A : *AJDA 2012. 2408* . ♦ Par suite, si l'affectation sur un poste provisoirement vacant doit être regardée comme un remplacement ouvrant, en principe, droit au bénéfice de l'indemnité de sujétions spéciales de remplacement – laquelle est, en vertu de l'art. 5 de ce décret, « exclusive de l'attribution de toute autre indemnité et remboursement des frais de déplacement alloués au même titre » –, ce bénéfice est exclu, en application du 2e al. de l'art. 2 du même décret, lorsque le remplacement s'effectue pour toute la durée de l'année scolaire, quand bien même l'affectation en cause ne porte pas sur un temps plein. Le fonctionnaire qui assure un tel remplacement peut alors prétendre, non à l'indemnité prévue par le Décr. du 9 nov. 1989, mais, le cas échéant, à un défraiement sur le fondement du Décr. n° 2006-781 du 3 juill. 2006 fixant les conditions et les modalités de règlement des frais occasionnés par les déplacements temporaires des personnels civils de l'État. Un enseignant affecté sur un poste provisoirement vacant peut donc, en principe, bénéficier de l'indemnité de sujétions spéciales de remplacement, sauf s'il demeure sur ce poste pendant toute l'année scolaire, a précisé le Conseil d'État. • CE 12 déc. 2012, n° 336553 : *préc.*

48. *Agent en CDI. Diminution des besoins horaires. Nécessité de réorganisation du service. Refus de l'agent d'une offre sérieuse de reclassement. Licenciement justifié par l'intérêt du service.* Dans une affaire où la requérante, recrutée en CDI pour effectuer un service d'enseignement religieux catholique à temps complet, demandait l'annulation de la décision par laquelle le recteur avait décidé de la licencier, en raison d'une baisse d'activité, à la suite du refus qu'elle avait opposé à la proposition de reclassement qui lui avait été faite de l'affecter à plein temps sur quatre établissements différents, le juge a estimé que la mesure devait être regardée comme suffisamment sérieuse pour être prise en compte : rejet de la requête. • TA Strasbourg, 27 nov. 2014, n° 1301064 : *LIJ 2015, n° 188, p. 13.*

49. Licenciement. Insuffisance professionnelle. Faits de nature à justifier. Après avoir rappelé que le licenciement pour inaptitude professionnelle d'un agent public ne peut être fondé que sur des éléments révélant l'inaptitude de l'agent à exercer normalement les fonctions pour lesquelles il a été engagé ou correspondant à son grade et non sur une carence ponctuelle dans l'exercice de ces fonctions, le Conseil d'État a estimé qu'une évaluation portant sur la manière dont l'agent a exercé ses fonctions durant une période suffisante et révélant son inaptitude à un exercice normal de celles-ci est de nature à justifier légalement son licenciement. Il précise qu'aucune disposition législative ou réglementaire ni aucun principe ne fait obstacle à ce que l'insuffisance professionnelle d'un agent contractuel de la fonction publique territoriale exerçant des fonctions d'enseignement dans un centre de formation des apprentis (CFA) soit constatée à l'occasion d'une visite d'inspection pédagogique diligentée dans les conditions prévues par les art. R. 6251-1 s. C. trav. et portant sur l'activité pédagogique de l'agent examinée dans la durée. En l'espèce, il ressort du rapport d'évaluation du service de l'inspection de l'éducation nationale que si l'intéressé, en charge de l'enseignement en mathématiques, sciences et technologie, assure un enseignement en mathématiques, au demeurant réducteur au regard des recommandations pédagogiques nationales car effectué principalement sous forme d'activités, il ne dispense aucun enseignement en sciences physiques. En outre, l'objectif pédagogique des cours qu'il dispense n'est pas clairement identifié et l'évaluation des acquisitions des apprentis est absente. Au vu de ces carences, le recteur de l'académie a fait savoir au maire de la commune qu'il lui semblerait pertinent de procéder au licenciement de l'intéressé. La circonstance que celui-ci n'avait jamais fait l'objet auparavant d'une évaluation professionnelle n'est pas de nature à faire obstacle à ce que son insuffisance professionnelle puisse être relevée. • CE 1er juin 2016, n° 392621 B : *AJDA 2016. 1155*.

III. CAS PARTICULIERS

50. Emplois d'avenir professeurs. Régime juridique. Les emplois d'avenir professeur ne constituent pas des emplois publics, dès lors qu'il s'agit, en complément des bourses de l'enseignement supérieur, d'un dispositif social d'aide à l'accès aux emplois de l'enseignement visant à faciliter l'insertion professionnelle et la promotion sociale d'étudiants qui se destinent au professorat (consid. 8). • Cons. const. 24 oct. 2012, *Loi portant création des emplois d'avenir,* n° 2012-656-DC : *JO 27 oct. 2012. 16699 ; AJDA 2013. 119, note Melleray ; ibid. 2012. 1980*. ♦ Aucun principe constitutionnel ne fait obstacle à ce que le législateur prévoie que des personnes recrutées au titre d'un emploi d'avenir professeur participant à l'exécution du service public de l'éducation nationale soient soumises à un régime de droit privé. • Cons. const. 24 oct. 2012, *Loi portant création des emplois d'avenir,* n° 2012-656-DC : *préc.*

Décret n° 2005-1035 du 26 août 2005,

Relatif au remplacement de courte durée des personnels enseignants dans les établissements d'enseignement du second degré.

Art. 1er Sans préjudice des dispositions du décret du 17 septembre 1999 susvisé *[n° 99-823 du 17 sept. 1999 relatif à l'exercice des fonctions de remplacement dans les établissements d'enseignement du second degré, V. App. v° Statuts particuliers]*, dans les établissements d'enseignement du second degré, le remplacement des personnels enseignants absents pour une durée inférieure ou égale à deux semaines est organisé dans les conditions prévues par le présent décret.

Art. 2 Le chef d'établissement élabore, en concertation avec les équipes pédagogiques, un protocole pour les remplacements de courte durée qui en fixe les objectifs et les priorités ainsi que les principes et les modalités pratiques d'organisation propres à l'établissement. Il concerne en priorité le remplacement des absences qui sont prévisibles tout au long de l'année scolaire.

Le protocole est présenté par le chef d'établissement au conseil d'administration qui est régulièrement tenu informé des conditions de sa mise en œuvre.

Art. 3 Pour la mise en œuvre de ce protocole, le chef d'établissement recherche en priorité l'accord des enseignants qualifiés à même d'effectuer un remplacement de courte durée.

Lorsque cela est nécessaire pour assurer la continuité de l'enseignement mentionnée à l'article L. 912-1 du code de l'éducation susvisé, le chef d'établissement désigne les personnels chargés d'assurer des enseignements complémentaires pour pallier une absence de courte durée.

Art. 4 Pour la mise en œuvre dudit protocole, les personnels enseignants des établissements d'enseignement du second degré ne peuvent être tenus, conformément à leurs qualifications, d'assurer, en sus de leurs obligations de service telles que définies par les décrets du 25 mai 1950 et du 6 novembre 1992 susvisés, plus de soixante heures supplémentaires par année scolaire.

Ces heures supplémentaires donnent droit à rétribution spéciale dans des conditions déterminées par décret.

Un enseignant ne peut être tenu d'effectuer plus de cinq heures supplémentaires par semaine.

Art. 5 Les dispositions du présent décret ne s'appliquent pas aux personnels enseignants du second degré stagiaires.

Art. 6 Les dispositions du second alinéa de l'article 3 du présent décret s'appliquent à compter du 1er janvier 2006.

Art. L. 912-1-1 *(L. nº 2005-380 du 23 avr. 2005, art. 48)* **La liberté pédagogique de l'enseignant s'exerce dans le respect des programmes et des instructions du ministre chargé de l'éducation nationale et dans le cadre du projet d'école ou d'établissement avec le conseil et sous le contrôle des membres des corps d'inspection.**

Le conseil pédagogique prévu à l'article L. 421-5 ne peut porter atteinte à cette liberté.

Art. L. 912-1-2 *(L. nº 2019-791 du 26 juill. 2019, art. 50)* **« La formation continue est obligatoire pour chaque enseignant.**

« L'offre de formation continue est adaptée aux besoins des enseignants. Elle participe à leur développement professionnel et personnel et peut donner lieu à l'attribution d'une certification ou d'un diplôme. »

(L. nº 2005-380 du 23 avr. 2005, art. 48) **« Lorsqu'elle correspond à un projet personnel concourant à l'amélioration des enseignements et approuvé par le recteur, la formation continue des enseignants s'accomplit en priorité en dehors des obligations de service d'enseignement et peut donner lieu à une indemnisation. »**

Art. L. 912-1-3 *(L. nº 2005-380 du 23 avr. 2005, art. 48)* **La formation continue des enseignants est prise en compte dans la gestion de leur carrière.**

Art. L. 912-2 **Les enseignants peuvent participer, dans le cadre des activités prévues par le projet de l'établissement, à des actions en faveur de l'innovation technologique et du transfert de technologie.**

Les dispositions de l'article L. 932-4 leur sont applicables. — *[L. nº 89-486 du 10 juill. 1989, art. 14 bis et L. nº 89-486 du 10 juill. 1989, art. 14 ter.]*

Art. L. 912-3 **Les enseignants non titulaires exerçant dans les établissements scolaires français à l'étranger peuvent se présenter aux concours internes d'accès aux corps d'enseignants titulaires du ministère de l'éducation nationale ouverts en application du 2° de l'article 19 de la loi nº 84-16 du 11 janvier 1984 portant dispositions statutaires relatives à la fonction publique de l'État** *[V. C. **fonct. publ.**]*. **Ils doivent, pour ce faire, satisfaire aux mêmes conditions de nationalité, de diplôme et d'ancienneté de services que celles auxquelles doivent répondre en France, pour faire acte de candidature à ces concours, les enseignants non titulaires des établissements d'enseignement public relevant du ministère de l'éducation nationale.**

Les périodes d'exercice, par ces personnels, de fonctions d'enseignement dans les établissements scolaires français à l'étranger sont à prendre en compte dans l'ancienneté des services requise des candidats aux concours internes ci-dessus mentionnés. — *[L. nº 96-452 du 28 mai 1996, art. 25.]*

Art. L. 912-4 **Les maîtres de l'enseignement public peuvent être détachés dans un établissement d'enseignement technique privé reconnu par l'État pour y exercer des fonctions de direction ou d'enseignement dans les conditions fixées par les dispositions du statut général des fonctionnaires de l'État.** — *[L. du 25 juill. 1919, art. 33, al. 3 (C. ens. techn., art. 74).]*

CHAPITRE III DISPOSITIONS PROPRES AUX PERSONNELS ADMINISTRATIFS, TECHNIQUES, OUVRIERS, SOCIAUX, DE SANTÉ ET DE SERVICE

Art. L. 913-1 **Les personnels administratifs, techniques, ouvriers, sociaux, de santé et de service sont membres de la communauté éducative. Ils concourent directement aux missions du service public de l'éducation et contribuent à assurer le fonctionnement des établissements et des services de l'éducation nationale.** *(L. n° 2005-380 du 23 avr. 2005, art. 49)* **« Ils jouent un rôle éducatif en liaison avec les enseignants. »**

Ils contribuent à la qualité de l'accueil et du cadre de vie et assurent la sécurité, le service de restauration, la protection sanitaire et sociale et, dans les internats, l'hébergement des élèves. *(L. n° 2014-58 du 27 janv. 2014, art. 90)* **« Dans les lycées agricoles, ils contribuent au transport pédagogique des élèves nécessaire aux enseignements réguliers. »**

BIBL. ▶ ALLEMAND et TIFINE, Le transfert aux collectivités territoriales des personnels techniques et ouvriers de service de l'éducation nationale : l'analyse des questions statutaires, *AJDA 2006. 1260* . – BOULU, La mise à disposition dans la fonction publique, *JCP Adm. 2004, 1209. 386.* – COSTANZO, Des changements de statut qui font peur, *in* Décentralisation de l'école. Réforme ou dégraissage ?, *Territoires, n° 440, sept. 2003.* – DOLIGÉ, Transfert des personnels TOS et DDE : un premier bilan encourageant mais des perspectives préoccupantes, *Sénat, Rapport d'information 2006-2007, n° 62, nov. 2006.* – DURAN et GILBERT, Décentralisation et fonction publique, le débat interdit ?, *Pouvoirs locaux 2003, n° 56, 1. 11.* – ELFORT, Le transfert du personnel TOS aux départements et régions : l'exemple de la Guyane, *AJFP 2012. 61* . – FERSTENBERT, Le transfert des personnels dans la loi relative aux libertés et responsabilités locales, *in* Les nouvelles libertés et responsabilités locales, *AJDA 2004. 1996* . – FRIER, Les transferts de compétences dans les secteurs de la formation professionnelle, de l'éducation et de la culture, *in* Les nouvelles libertés et responsabilités locales, *AJDA 2004. 1984* . – GEST, Rapport sur la mise en application de la loi n° 2004-809 du 13 août 2004 relative aux libertés et responsabilités locale, *AN, n° 3199, juin 2006.* – HERTZOG, Des TOS et des sous, *AJFP 2004. 169* . – JEAN-PIERRE, Le transfert des TOS aux départements et régions, *JCP Adm. 2006, n° 8-9. 271* ; Le principe des vases communicants appliqué à la fonction publique : quand les agents de l'État sont reversés dans la fonction publique territoriale, *JCP Adm. 2005, n° 12. 49.* – LAFFINEUR et BONREPAUX, Rapport d'information sur les transferts de compétences de l'État aux collectivités territoriales et leur financement, *AN, n° 3523, déc. 2006.* – DE MONTECLER, Bilan positif pour le transfert des TOS, *AJDA 2010. 1799* ; Les TOS choisissent largement l'intégration dans la fonction publique territoriale, *AJDA 2006. 1582* ; Le transfert des personnels TOS et DDE s'est bien passé mais va coûter cher, *AJDA 2006. 2148* ; Le contentieux de la mise à disposition de services dans le cadre de la décentralisation, *AJDA 2007. 2006* . – RIGAUD, Les difficultés liées au transfert des TOS, *BJCL, n° 3/05. 142.* – TOULEMONDE, Droit et responsabilité dans l'institution scolaire, *in* Le système éducatif en France, *Doc. fr., coll. Les Notices, 2003. 22.* – Guide pratique de gestion : le transfert des personnels des lycées et collèges aux collectivités territoriales, *Doc. fr., 2006.* – La gestion des personnels TOS, *coll. Dossiers d'experts, territorial Éditions.*

▶ **Sur le déroulement de la carrière :** AUVERLOT, CARLUER, HOSTALIER, LEROY, CORMIER, BERNARD, BUISSART, PERRITAZ et ROUSSEL, Le renforcement de l'attractivité des fonctions d'encadrement : vivier, formation, ouverture, mobilité et décloisonnement, *MEN, Rapp. IGEN-IGAENR, n° 2013-021, avr. 2013.* – DEFRESNE, L'évolution du salaire des enseignants entre 2015 et 2016, *MEN-DEPP, Note d'information, n° 18. 25, oct. 2018.*

▶ **ESEN :** AUVERLOT et CORMIER (coord.), Évaluation de l'école supérieure de l'éducation nationale, de l'enseignement supérieur et de la recherche, *MEN, Rapp. IGEN-IGAENR n° 2013-020, avr. 2013.*

I. PRINCIPES GÉNÉRAUX

1. Membres de la communauté éducative. Un conseiller d'administration scolaire et universitaire est sans intérêt lui donnant qualité pour agir à l'encontre des règles fixées par une circulaire relatives aux punitions scolaires, qui constituent une mesure d'organisation du service public de l'éducation et ne portent atteinte ni aux droits et prérogatives qu'il tient de son statut ni aux conditions d'exercice de ses fonctions. La circonstance qu'il appartient à la communauté éducative de l'établissement où il exerce ses fonctions n'est pas à elle seule de nature à lui conférer un intérêt pour demander l'annulation de ces dispositions. • CE 29 juill. 2002, n° 224699 B : *AJDA 2002. 1408* .

2. Ressortissants des États de l'Union. Le

Décr. du 14 mai 1991 portant statut particulier des ouvriers d'entretien et d'accueil des établissements d'enseignement du ministère de l'éducation n'ayant pas été modifié, en application de la L. du 26 juill. 1991, pour permettre l'accès à ce corps des ressortissants des États membres de l'Union européenne est devenu illégal, dès lors que les attributions des membres du corps concerné ne comportent aucune participation directe ou indirecte à l'exercice de prérogatives de puissance publique de l'État ou des autres collectivités publiques. Illégalité, par voie de conséquence, de la décision refusant à une ressortissante portugaise l'accès à ce corps au motif qu'elle n'a pas la nationalité française. • TA Versailles, 9 avr. 1998, n°s 97951 et 972505 A : *AJDA 1998. 15*.

II. MISSIONS

3. *Gestionnaires d'EPLE.* En indiquant qu'il incombe aux gestionnaires de diriger, sous l'autorité du chef d'établissement, l'ensemble des personnels administratifs et ouvriers, d'organiser leur service et de répartir leurs tâches, la circulaire du ministre de l'éducation du 6 févr. 1997 se borne à expliciter les missions de ces agents telles qu'elles sont fixées par les dispositions statutaires qui les régissent. En indiquant notamment que « la charge de la gestion matérielle confère aux gestionnaires une responsabilité particulière en matière de sécurité aux côtés du chef d'établissement et sous son autorité » la circulaire n'a eu ni pour objet ni pour effet de transférer aux gestionnaires les compétences dévolues par les dispositions du Décr. du 30 août 1985 au chef d'établissement en matière de sécurité dans les établissements scolaires ou de déterminer par avance une catégorie de fonctionnaires dont la responsabilité pénale serait susceptible d'être recherchée. • CE 22 févr. 1999, n° 187208 A : *Cah. fonct. publ. 1999, n° 179. 35.*

4. *Adjoints techniques territoriaux.* Il ne résulte pas des dispositions du Décr. du 15 mai 2007 portant statut particulier du cadre d'emplois des adjoints techniques territoriaux des établissements d'enseignement que les adjoints techniques territoriaux exerçant leurs fonctions dans une spécialité professionnelle de ce corps, notamment la spécialité professionnelle de l'accueil, ne pourraient pas recevoir de mission relevant d'une autre spécialité professionnelle. • CE 24 nov. 2010, n° 33066 : *AJDA 2010. 2290*.

5. *Emplois de gestionnaires des CROUS.* Il résulte des dispositions du statut particulier des corps de l'administration scolaire et universitaire que les fonctionnaires de ces corps ont une vocation exclusive, sauf dérogation prévue par un décret à caractère statutaire, à occuper les emplois d'administration des services extérieurs du ministère de l'éducation nationale et du ministère de la jeunesse et des sports ainsi que des établissements publics en relevant. Dès lors, le gouvernement, en se fondant pour édicter les dispositions de l'art. 20 du décret du 5 mars 1987 relatives à la façon dont seraient pourvus les emplois de gestionnaires des centres régionaux des œuvres universitaires, sur l'absence de corps spécifique de fonctionnaires susceptibles d'occuper ces emplois, a méconnu ces dispositions. • CE 10 déc. 1993, n° 86888 B.

III. STATUT

6. *Médecins des établissements scolaires. Nature des fonctions.* Dans une affaire où le centre national de gestion des praticiens hospitaliers (CNG) avait refusé de tenir compte des services antérieurement accomplis par un médecin scolaire pour procéder à son classement dans l'emploi de praticien hospitalier, le Conseil d'État juge que les fonctions exercées par des médecins dans des établissements scolaires doivent, alors même qu'elles consistent principalement en l'accomplissement de missions de prévention et de promotion de la santé, être regardées, au sens des dispositions du 3° de l'art. R. 6152-15 CSP, comme de même nature que celles de praticien hospitalier. • CE 13 oct. 2017, n° 398856 B.

7. *Nomination d'un agent comptable commis d'office.* Un préfet a nommé un agent comptable commis d'office à la reddition des comptes d'un exercice comptable d'un collège en lieu et place de l'agent comptable du collège défaillant. Aucune disposition législative ni aucun principe n'autorisent de fixer le point de départ de l'arrêté portant désignation de l'agent comptable chargé de la reddition des comptes à une date antérieure à celle de son entrée en vigueur qui est au plus tôt celle de la notification de l'agent nommé. • TA Lille, 28 avr. 1998, n° 9462722 B.

8. *Responsabilité pénale.* La responsabilité pénale est fondamentalement personnelle. S'il incombe au chef d'établissement de prendre toutes les mesures pour assurer la sécurité des personnes et des biens, cette responsabilité générale ne peut entraîner une déclaration de culpabilité que si une faute personnelle de négligence a été commise. Ainsi, à la suite d'un accident mortel dû à l'effondrement d'un portique, aucune faute précise n'ayant été relevée à l'encontre du proviseur, seul l'intendant, qui a été reconnu coupable de négligences sérieuses, a été condamné. • Paris, 12 janv. 1996, n° 95/00210 : *AJFP 1996, n° 2. 40*.

9. *Mise à disposition des personnels.* Statuant sur les recours de départements contre la mise à disposition provisoire de personnels de l'État dans le cadre de la décentralisation, le Conseil d'État relève des erreurs de procédure. Sur le non-respect de l'avis motivé prévu par la loi et le fait que la commission nationale de conciliation s'est bornée à émettre un avis global et stéréotypé. • CE 17 oct. 2007, n° 290258 • CE 17 oct. 2007, n° 294282 • CE 17 oct. 2007, n° 294178. ♦ Sur le défaut de composition régulière de la commission nationale de conciliation, faute d'un décret d'application de la loi. • CE 17 oct. 2007, n° 294447. ♦ Au fond, le juge administratif exerce un contrôle de l'erreur manifeste d'appréciation sur le décompte des effectifs mis à disposition. • CE 17 oct. 2007, n° 290009 • CE 17 oct. 2007, n° 294271 • CE 17 oct. 2007, n° 290161 : *AJDA 2007. 2006, note de Montecler*.

10. Emplois transférés. Nombre. Les modalités prévues par la convention type en vue de la détermination des effectifs des services ou parties de services mis à disposition pendant la période transitoire doivent respecter la règle du transfert définitif aux collectivités territoriales des « emplois pourvus » au 31 déc. de l'année précédant celle du transfert des compétences, sous réserve que leur nombre global ne soit pas inférieur à celui constaté le 31 déc. 2002. Cette disposition apporte une garantie quant au nombre des emplois transférés, elle n'implique pas, non plus qu'aucune autre disposition de la L. du 13 août 2004, que l'effectif des agents des services ou parties de services de l'État mis à disposition pendant la période transitoire ne connaisse aucune variation, en plus ou en moins, au cours de cette période. • CE 21 mars 2007, n° 278327 B : *AJDA 2007. 660*.

11. Emplois transférés. Représentativité d'une organisation syndicale. Un syndicat a saisi le tribunal administratif d'un recours en annulation contre la décision par laquelle le président du conseil régional a refusé ses listes de candidats pour les élections au comité technique paritaire central et au comité d'hygiène et de sécurité de la région. Le tribunal annule la décision litigieuse eu égard à la modification substantielle des composantes du corps électoral intervenue à la suite du transfert de personnels relevant auparavant de l'État à la région. Les effectifs et l'audience du syndicat requérant doivent être regardés comme suffisants pour lui assurer la représentativité exigée par les dispositions législatives. • TA Amiens, 20 oct. 2006, n° 0602432 : *AJDA 2007. 821*.

12. Examen professionnel. Concours. Notions. Les épreuves subies par les candidats qui donnent lieu à un classement des stagiaires par ordre de mérite ne présentent pas de ce seul fait, en l'absence de tout effet de droit attaché à un tel classement, le caractère d'un concours mais celui d'un examen professionnel. • CE 25 nov. 2009, nos 317419 et 318500 B : *AJDA 2009. 2254* ; *AJFP, mars-avr. 2010. 73* (pour les conservateurs des bibliothèques stagiaires à l'issue de leur scolarité à l'ENSSIB). ♦ Par suite, un élève n'est recevable à demander l'annulation de la délibération par laquelle le jury a arrêté la liste d'admission, par ordre de mérite, qu'en tant que ce jury l'a exclu de cette liste. Ce faisant, le juge administratif octroie le diplôme au candidat alors que rien n'indique qu'il aurait obtenu la moyenne de 10/20. Par cette annulation « en tant que ne pas », le juge administratif se comporte en jury d'examen alors qu'il aurait pu enjoindre au jury de réexaminer la situation du requérant conformément au règlement d'examen.

13. Personnels ouvriers des CROUS. Statut. Les personnels ouvriers des CROUS, dont font partie les veilleurs de nuit, sont des agents contractuels de droit public et non des fonctionnaires. • CE 3 juill. 2013, n° 343454 : *AJDA 2013. 2009*.

IV. DROITS

14. Entretien professionnel. Convocation. Dans une affaire où la requérante, attachée, demandait l'annulation du compte-rendu de son entretien professionnel, ayant été convoquée le même jour que l'entretien, le juge administratif a considéré que la circonstance qu'elle n'ait bénéficié d'aucun délai entre la convocation et l'entretien était de nature à avoir privé la requérante de la garantie du droit de se préparer à l'entretien dans de bonnes conditions. • TA Rouen, 17 janv. 2013, n° 1000986 : *LIJ 2013, n° 175, p. 8.*

15. Prime de fonctions et de résultats (PFR). Critères d'attribution. Manière de servir. Entretien professionnel. Le juge annule la décision du recteur refusant de modifier la PFR d'une attachée (ADAENS), en considérant qu'il résulte des dispositions des art. 1er à 5 du Décr. n° 2008-1533 du 22 déc. 2008 relatif à la prime de fonctions et de résultats que la part « Résultats » de la prime de fonctions et de résultats est attribuée en fonction d'une modulation appliquée sur la base de la manière de servir appréciée au vu du compte rendu de l'entretien d'évaluation. En l'espèce, il ressort des pièces du dossier qu'en établissant la PFR. par référence à la catégorie de l'établissement, conformément à l'Arr. du 23 sept. 2009 fixant les taux annuels des indemnités allouées aux gestionnaires d'EPLE, qui prévoit un classement des établissements en six catégories (de la catégorie 1, pour les établissements comptant moins de 1 001 points, à la catégorie 6, pour les établissements comptant plus de 3 000 points), le recteur a commis une erreur de droit. • TA Marseille, 21 mars 2013, n° 1107018 : *LIJ 2013, n° 178, p. 13.*

CHAPITRE IV DISPOSITIONS PROPRES AUX PERSONNELS DES ÉTABLISSEMENTS D'ENSEIGNEMENT PRIVÉS

BIBL. GÉN. ▸ BELLENGIER, Le chef d'établissement privé et l'État, *Berger-Levrault, coll. Les Indispensables, 2004*. – FONTAINE, Guide juridique de l'enseignement privé associé à l'État par contrat, *UNAPEC, 1994*. – GEORGEL, Enseignement privé, *J.-Cl. adm., fasc. 233*. – GEORGEL et THOREL, L'enseignement privé en France du VIIIe au XXe siècle, *Dalloz, 1995*. – MONTCHAMBERT, L'enseignement privé en France, *PUF, coll. Que sais-je ?, 1993*. – TOULEMONDE, L'enseignement privé, *in* Le système éducatif en France, *Doc. fr., coll. Les Notices, 2003. 141* ; La naissance de l'enseignement privé, *RFAP 1996, n° 79, juill.-sept. 445*.

COMMENTAIRE

Dans les établissements privés, l'enseignement est assuré soit par des salariés de droit privé (ayant conclu un contrat de travail avec l'établissement « hors contrat » ou sous « contrat simple » ou maîtres agréés rémunérés par l'État) soit, pour les établissements sous « contrat d'association » et « en accord avec la direction de l'établissement » par des « maîtres de l'enseignement public » (fonctionnaires mis à disposition) et à des « maîtres liés à l'État par contrat » (art. L. 442-5). A ces personnels s'ajoutent les délégués rectoraux qui assurent les suppléances (V. comm. livre IV) dont le décret n° 2015-963 du 31 juillet 2015 améliore la rémunération et son évolution ; il précise leur cadre de gestion, en transposant notamment certaines modifications apportées en 2014 au décret n° 86-83 du 17 janvier 1986 applicables aux agents contractuels de l'État. Les personnels de direction, de l'externat, de la vie scolaire, d'administration et de service comme les personnels non enseignants sont recrutés par contrat de travail dans le cadre de conventions collectives. Si un professeur de l'enseignement public peut être nommé dans un établissement privé sous contrat et si un maître de l'enseignement privé peut, en cas d'intégration d'un établissement privé dans l'enseignement public, être reclassé dans l'enseignement public (art. L. 914-2), les deux catégories restent étanches. Ainsi le reclassement des enseignants des établissements privés sous contrat intégrés dans un corps de l'enseignement secondaire public ne peut se faire avec conservation intégrale de l'ancienneté (CE 27 juin 2013, n° 352564).

Le chapitre IV regroupe les dispositions propres au personnel des établissements d'enseignement privés. Les articles L. 914-3 à L. 914-6, reprenant des règles anciennes, s'appliquent aux personnels de l'ensemble des établissements privés, liés ou non à l'État par contrat. Les articles R. 914-1 à R. 914-41 précisent les règles applicables aux personnels exerçant dans les classes sous contrat des établissements d'enseignement privés, maîtres contractuels ou agréés soumis, pour la détermination de leurs conditions de service, aux règles applicables aux personnels de l'enseignement public. Ces dispositions rappellent que l'accès aux fonctions de directeur ou d'enseignant est subordonné à des conditions d'âge, de capacité et de nationalité. Ces dispositions ont été unifiées et simplifiées par la loi n° 2018-266 du 13 avril 2018 (art. L. 914-4 à L. 914-5), et par le décret n° 2018-407 du 29 mai 2018 (art. R. 913-4 à R. 913-9), et précisant la procédure disciplinaire à suivre en cas de faute grave dans leur exercice après avis du CAEN (art. L. 234-2), le recteur peut lui infliger un blâme ou lui interdire d'exercer sa profession.

L'article L. 914-1 ne concerne que les enseignants (auxquels sont assimilés les documentalistes et les directeurs) des établissements d'enseignement privés ayant conclu un contrat avec l'État. En cas de contrat simple, ils sont dans une situation de droit privé, liés par un contrat de travail avec l'organisme gestionnaire de l'établissement et agréés par l'État qui les rémunère (art. L. 914-1, note 2 : CE, sect., 4 déc. 1970, *Sieur Avenel*, n° 75735 A, et CAA Nantes, 8 févr. 1995, n° 93NT00716 B).

Les maîtres des établissements associés au service public sont au contraire liés à l'État par contrat, tacitement renouvelable, en pratique non écrit. Même si contrairement à la loi Rocard sur l'enseignement agricole qui précise qu'il s'agit là d'un *« contrat de droit public »*, la loi Debré se contente de mentionner le contrat sans le qualifier (art. L. 442-5), l'idée originelle confirmée par le juge administratif (art. L. 914-1, note 1 : CE 29 déc. 1995, n° 155077 B), était bien de considérer ces maîtres comme des agents publics (qualification confirmée par Cons. const. 14 juin 2013, *M. Philippe W.*, n° 2013-322 QPC).

La Cour de cassation a toutefois analysé la relation entre le maître et l'organisme gestionnaire de l'établissement comme un contrat de travail, soulignant le lien de subordination et l'autorité du chef d'établissement (art. L. 914-1, note 3 : Soc. 25 mars 1998, n° 95-41.466 P). Les conflits du travail au sein de l'établissement relèvent ainsi, non des tribunaux administratifs, mais du conseil de prud'hommes.

Pour clarifier leur situation, la loi n° 2005-5 dite loi Censi du 5 janvier 2005 a précisé que *« ces derniers, en leur qualité d'agent public, ne sont pas, au titre des fonctions pour lesquelles ils sont employés et rémunérés par l'État, liés par un contrat de travail à l'établissement »* (art. L. 442-5). La formule vise les « fonctions enseignantes » seules rémunérées par l'État ; elle doit être interprétée dans le respect du « caractère propre de l'établissement » : « nonobstant l'absence de contrat de travail avec l'établissement », les personnels enseignants (agents publics) sont pris en compte pour le calcul des effectifs permettant de mettre en place les institutions prévues par le code du travail (délégués du personnel, comité d'hygiène et de sécurité, comité d'entreprise) pour lesquelles ils sont électeurs et éligibles (art. L. 442-5). Les dispositions de l'article 1er de la loi n° 2005-5 du 5 janvier 2005 déterminant le statut des maîtres de l'enseignement privé sous contrat ont été déclarées conformes à la Constitution. Le Conseil constitutionnel a décidé que le législateur avait voulu clarifier le statut juridique des maîtres pour mettre fin à une divergence d'interprétation entre le Conseil d'État et la Cour de cassation sans porter atteinte à des droits légalement acquis. Le Conseil constitutionnel a en outre écarté le grief tiré de la méconnaissance du principe de participation des travailleurs à la détermination collective des conditions de travail affirmé par le huitième alinéa du Préambule de 1946 (Cons. const. 14 juin 2013, *M. Philippe W.*, n° 2013-322 QPC § 9 à 13). Si les maîtres sont liés par contrat à l'État, et malgré l'absence de contrat de travail avec l'établissement, ils n'en participent pas moins aux élections aux institutions représentatives du personnel (ils sont électeurs et éligibles pour les élections des délégués du personnel, des représentants aux comités d'entreprise et au CHSCT) qui représentent l'ensemble des salariés des établissements.

Fixant une priorité d'accès aux services vacants d'enseignement pour les maîtres en place ou nouvellement recrutés (art. L. 914-1, al. 5), et instituant un système de retraites complémentaires pour rapprocher leur situation de celle des fonctionnaires, la même loi s'inscrit dans la recherche de l'égalité de traitement, objectif législatif exprimé par l'article tout entier.

Modifié par la loi Guermeur du 25 novembre 1977, l'article 15 de la loi Debré, aujourd'hui reproduit par l'article L. 914-1, a souhaité assimiler la situation des maîtres du privé à celle des maîtres de l'enseignement public. Les règles générales qui déterminent les conditions de service et de cessation d'activité comme les mesures sociales et les possibilités de formation des professeurs titulaires de l'enseignement public sont applicables aux maîtres des établissements privés. La loi a posé une règle d'équivalence des obligations et, potentiellement, des avantages, leur donnant un statut décalqué sur celui des fonctionnaires. C'est cette idée d'assimilation que reprend la loi Censi, faisant ainsi écho à l'affirmation du principe de parité que le Conseil d'État déduit de la loi en sanctionnant sa méconnaissance (CE 13 mars 2002, n° 220217 A, à propos du seuil de déclenchement des décharges des directeurs d'école ; CE 16 févr. 2007, *LIJ n° 129*, prise en compte de l'ancienneté). Toutefois, l'article L. 914-1 n'exclut pas l'application de dispositions spécifiques aux maîtres de l'enseignement privé sous contrat (par ex., pour la prise en compte des années de service comme maître d'internat pour le calcul de l'ancienneté, CE 9 mai 2012, n° 354473).

Si le Conseil d'État a jugé que « la procédure de recrutement et de mutation des maîtres de l'enseignement privé n'entre pas dans le champ des mesures mentionnées au 1er al. de l'art. L. 914-1 dès lors, notamment, qu'elle ne concerne pas les conditions de service et de cessation d'activité des enseignants au sens de cet article » (CE 21 oct. 2019, n° 421685), on retrouve toutefois les mêmes conditions d'âge, de moralité ou de nationalité (V. CE 16 juill. 2014, n° 372835 B : *AJDA 2014. 1519*). Les enseignants, agents publics, sont nommés par le recteur d'académie sur un emploi après accord du chef d'établissement ; depuis 1993 est organisé un mouvement ; priorité est donnée aux maîtres titulaires d'un contrat définitif ou d'un contrat provisoire dont le service est supprimé, ainsi qu'aux lauréats des concours (art. L. 941-1, al. 6 ; R. 442-33 s. ; R. 914-6 s.) ; les directeurs doivent choisir dans une liste établie par une commission qui fixe des priorités ; les enseignants recrutés par concours sont classés sur une liste d'aptitude. Pour leur formation initiale, les lauréats des concours peuvent être inscrits en Master 2 métiers de l'enseignement, de l'éducation et de la formation (M2 MEEF) en ESPÉ devenu INSPÉ (CE 25 mars 2016, n° 391813, annulant la Circ. n° 2015-083 du 1er juin 2015). Pour les maîtres contractuels appelés à enseigner dans les classes sous contrat d'association, sont organisés des concours dont les modalités, les programmes et même leur dénomination siglée les rapprochent du public. La réussite au CAFEP (le CAPES du privé) permet d'être inscrit sur une liste d'aptitude. La loi Censi donne aux lauréats une priorité d'accès aux services vacants pour lesquels ils seront en concurrence avec les maîtres titulaires d'un contrat définitif dont le service est supprimé ou réduit et avec les maîtres ayant un contrat provisoire (al. 5). Il revient à l'autorité académique d'organiser les opérations de nomination (première nomination et mutations) dans le respect du caractère propre des établissements (proposition du chef d'établissement). Le recteur d'académie est en effet responsable de la gestion des candidatures et du bon déroulement des opérations de mutation des personnels des établissements privés sous contrat d'association (CE 30 déc. 2013, n° 347047 B : *AJDA 2014. 6* ✎ ; *ibid. 645, note Toulemonde* ✎). A l'instar des stagiaires de la fonction publique (V. Décr. n° 94-874 du 7 oct. 1994), les maîtres nouvellement recrutés signeront un contrat provisoire d'une durée d'un an renouvelable, délai dans lequel ils doivent être inspectés, condition nécessaire pour obtenir un contrat définitif (art. L. 914-1, note 6 : CE 14 mars 1997, n° 135811 B). Le stage devant être accompli dans sa totalité, les éventuelles interruptions entraînent un prolongement de la période probatoire de formation de la même durée (V. CE 1er juill. 2019, n° 416268, pour un congé de longue maladie ; en ne renouvelant pas le contrat provisoire, l'administration a commis une faute). L'autorité académique n'a pas le pouvoir d'imposer une candidature à un chef d'établissement privé sous contrat ; en cas d'opposition non justifiée, le chef d'établissement pourra voir le recteur refuser de nommer et devra rémunérer les maîtres délégués sur les services vacants (TA Marseille, 19 oct. 2009, n° 0904874 : *LIJ n° 142, p. 13* ; rappel d'une jurisprudence constante relative au pouvoir de nomination des recteurs : CE 14 mars 1997, n° 158094 A).

Les maîtres de l'enseignement privé doivent avoir les mêmes possibilités de ***formation*** que les enseignants du public **(art. L. 941-1, al. 1er)** ; l'État finance tant la formation initiale que la formation continue au même niveau et dans les mêmes limites que dans l'enseignement public ; des conventions conclues avec les organismes de formation, contrats administratifs dont certaines stipulations ont un caractère réglementaires, permettent d'assurer des actions de formation dans le respect du caractère propre des établissements (art. L. 941-1, al. 4). Les règles générales adoptées pour les professeurs de l'enseignement public (Décr. n° 2007-470 du 15 oct. 2017) sont également applicables aux maîtres de l'enseignement privé sous contrat sans avoir pour effet de supprimer toute différence de traitement (ainsi l'obligation d'obtenir l'accord du responsable de l'organisme de formation, CE 18 mars 2020, n° 422001). Depuis les accords Lang Cloupet de 1992, les IUFM (puis les ESPÉ et INSPÉ) participent à la formation des maîtres du second degré.

Les conditions de service (art. L. 941-1, al. 1er ; R. 914-2) sont soumises aux règles générales applicables aux personnels de la même catégorie de l'enseignement public. Il en est ainsi des obligations de service (art. R. 914-3). Le décret n° 2015-851 du 10 juillet 2015 déclare applicable le décret n° 2014-940 du 20 août 2014 relatif aux obligations de service et aux missions des personnels enseignants exerçant dans un établissement public d'enseignement du second degré (art. 1er) ; l'allégement de service dont peuvent bénéficier les enseignants qui exercent des missions particulières au sein d'un établissement d'enseignement privé du second degré sous contrat est attribué par le recteur d'académie sur la proposition du chef d'établissement après consultation des enseignants de l'établissement qui doit les informer des suites de cette consultation (art. 2 et Circ. n° 2015-112 du 15 juill. 2015). Le décret n° 2017-787 du 5 mai 2017 adapte aux maîtres des établissements d'enseignement privés sous contrat les procédures d'appréciation de la valeur professionnelle introduites dans les statuts particuliers des personnels enseignants dans le cadre de la mise en œuvre du protocole Parcours professionnels, carrières et rémunérations (PPCR). Comme les professeurs de l'enseignement public, les maîtres de l'enseignement privé font l'objet d'une double notation administrative par l'autorité académique (note administrative sur la base des propositions du chef d'établissement et note pédagogique) ; c'est sur cette base que sont prononcées les décisions d'avancement et de promotion (art. L. 914-1 ; CAA Nantes, 8 mars 2001, n° 97NT00323 B) des enseignants. Les maîtres, pour leur mandat syndical (art. L. 914-1 : CAA Lyon, 2 oct. 1998, n° 95LY02432 B) et les directeurs pour leurs responsabilités administratives (art. L. 914-1 ; CE 13 mars 2002, n° 220217 A) bénéficient des mêmes décharges que leurs homologues de l'enseignement public. Il existe toutefois des différences : il n'y a pas de possibilité de mise à disposition (CE 23 juill. 2014, n° 372301 : *LIJ 2015*).

Le régime disciplinaire des maîtres est calqué sur celui des fonctionnaires. Les commissions consultatives mixtes jouant le rôle de la commission administrative paritaire en formation disciplinaire (art. R. 914-4) et les sanctions étant précisées par l'article R. 914-100 (classées en quatre groupes, les plus sévères prévoyant la résiliation du contrat et le retrait de l'agrément), le juge administratif vérifie que les principes généraux du droit et de la procédure disciplinaires ont été respectés (CAA Nantes, 25 janv. 2017, n° 15NT01976), contrôle l'existence et la qualification des faits ainsi que la proportionnalité de la sanction à la gravité de la faute. L'article R. 914-104 prévoit en outre la mesure de suspension d'un maître contractuel, mesure à caractère provisoire et conservatoire, prise dans l'intérêt du service public, qui peut être prononcée par le recteur d'académie pour quatre mois lorsque les faits imputés à l'intéressé présentent un caractère suffisant de vraisemblance et de gravité (CE 25 nov. 2015, n° 386280). S'agissant des établissements privés hors contrat, les enseignants comme les directeurs peuvent faire l'objet de poursuites disciplinaires en cas de faute grave, inconduite ou immoralité ; après avis du CAEN, le recteur peut infliger un blâme ou prononcer une interdiction définitive ou temporaire de la profession (art. L. 914-6).

L'État est tenu de prendre en charge la ***rémunération*** des enseignants des établissements privés sous contrat qui comprend les mêmes éléments que celle des enseignants de l'enseignement public (CE 26 juill. 2018, n° 411870), à laquelle s'ajoutent les charges sociales (CE, sect., 15 mai 1992, n° 83318). Les échelles de ***rémunérations*** ont la même structure ; s'y ajoutent les mêmes indemnités (ISAE, ISOE, IMP), le supplément familial (art. L. 914-1, note 46 : CE 29 déc. 1995, n° 155077 B) et, dans certains cas, la NBI (art. L. 914-1, par ex. pour un chef des travaux, CE 30 mars 2001, n° 213830 B). Ils ont droit au supplément familial de traitement (CE 29 déc. 1995, n° 155071) qui est toutefois calculé selon des modalités différentes. Par contre, les enseignants du privé ne bénéficient ni de la prime d'installation, ni de l'indemnité de première affectation, ni de l'indemnité de sujétion spéciale ZEP, aucun établissement de l'enseignement privé n'étant classé en REP. Ces particularités expliquent en partie la différence de masse salariale moyenne que l'on peut constater au détriment du privé ; il faut noter en outre qu'il y a plus de contractuels dans le privé (14,8 % contre 3,5 %) et moins d'agrégés parmi les titulaires (2,6 % contre 7,4 %) (V. *Étude DEPP, Éducation et formations, déc. 2016*). Le paiement des heures supplémentaires des enseignants du privé « en leur qualité d'agents publics », non liés à l'établissement par un contrat de travail, « quand bien même ces heures avaient été accomplies du fait de l'annualisation du temps de travail à la demande du chef d'établissement privé sans l'accord du rectorat » relève du juge administratif (Soc. 28 mars 2018, n° 16-16.571). La rémunération des heures supplémentaires effectuées à la demande du directeur, « dès lors qu'elles n'ont pas fait l'objet d'une autorisation de l'autorité académique », n'est pas à la charge de l'État (CE 26 juill. 2018, n° 411870). En dehors de leurs obligations réglementaires de service d'enseignement, ils peuvent être gratifiés en dehors des vacances scolaires par l'établissement pour des heures dites de délégation pour l'exercice des mandats relevant du code du travail ; cette rémunération peut se cumuler avec les décharges de service accordées dans le cadre du droit syndical de la fonction publique (V. notamment : Soc. 8 déc. 2016 n° 13-27.913, n° 13-28.002 et n° 15-10.165). Quant au Conseil d'État, il a jugé que l'attribution et la prise en charge des heures de délégation ne sont pas rendues impossibles par l'absence de décret qui « ne fait notamment pas obstacle à la détermination de l'assiette de paiement des heures de délégation et des taux de majoration applicables à ces heures, à la remise d'un bulletin de paie au personnel concerné, au paiement des charges sociales sur les rémunérations versées au titre des heures de délégation ou à l'application du régime des accidents survenus soit à l'occasion de l'exécution d'heures de délégation, soit sur le trajet suivi pour s'y rendre ou en revenir » ; coexistent donc les décharges accordées par l'État sur le temps de service et les heures supplémentaires payées par l'établissement (CE 19 juill. 2017, n° 401570).

Les maîtres liés à l'État par agrément ou par contrat qui exercent la fonction de directeur d'un établissement d'enseignement privé du premier degré sous contrat bénéficient de décharges de services dans les mêmes conditions que les directeurs des écoles publiques (art. L. 941-1, al. 3) ; mais ces dispositions n'ouvrent pas droit aux bonifications indiciaires et indemnités de sujétions spéciales dont peuvent bénéficier les directeurs d'écoles publiques. (CE 8 juill. 2005, n° 261515 A).

L'admission à la retraite. Les règles générale de cessation d'activité des personnels enseignants et de documentation sont applicables dans les mêmes conditions que pour les agents publics (art. L. 941-1, al. 1er). Ils peuvent bénéficier d'avantages temporaires de retraite dont la charge financière est intégralement supportée par l'État (art. L. 914-1-1). La loi Censi n° 2005-5 du 5 avril 2005 a eu pour objectif principal de procéder à un rattrapage, un écart important existant sur ce point entre le privé et le public. Elle institue un régime public de retraite additionnelle alimenté par les cotisations obligatoires de l'État et des personnels bénéficiaires (art. 3). Le décret n° 2006-933 du 28 juillet 2006 [V. désormais art. R. 914-120 à R. 914-132] précise les conditions requises pour l'ouverture, la liquidation et la cessation du versement des avantages temporaires de retraite (régime général de la sécurité sociale auquel s'ajoute une retraite complémentaire). Ce décret ainsi que seize autres, pris depuis 1960, sont abrogés, en tout ou en partie, par le décret n° 2008-1429 du 19 décembre 2008 qui codifie les dispositions concernant les maîtres contractuels ou agréés des établissements d'enseignement privés sous contrat et adopte ainsi le chapitre IV du titre Ier du livre IX de la partie réglementaire du code de l'éducation (recrutement, formation, notation, classement, mouvement, rémunération, retraite). A noter que l'assimilation avec les enseignants du public n'est pas totale (V. par ex. le Décr. n° 64-217 du 10 mars 1964 pour la prise en compte des services de maître d'internat, CE 9 mai 2012, n° 354473 : *AJFP 2012. 243* ✎).

La ***résiliation d'un contrat d'enseignement d'un maître contractuel*** peut être décidée par le recteur d'académie à la suite d'une condamnation pénale pour agressions sexuelles sur mineurs. L'autorité compétente est tenue d'apprécier, sous le contrôle du juge, si les faits qui ont valu à la personne intéressée une condamnation judiciaire pour crime ou délit doivent être qualifiés de contraires à la probité ou aux mœurs (CE 4 avr. 2012, n° 356637). La décision de résiliation ne présente pas de caractère disciplinaire et, à ce titre, n'a pas à être entourée des garanties afférentes à la procédure disciplinaire (TA Lille, 29 nov. 2017, n° 1502767). L'incapacité de plein droit de diriger un établissement (art. L. 911-5), tirant les conséquences d'une condamnation pour délit contraire aux mœurs, s'applique aussi bien aux personnels des établissements publics qu'à ceux des établissements d'enseignement privés liés à l'État par contrat.

Les maîtres des établissements d'enseignement privés sous contrat ne bénéficient pas du même ***régime de protection sociale*** que les titulaires de l'enseignement public (CE, ass., 5 déc. 1997, *Union régionale des organismes de gestion des établissements d'enseignement catholique des Pays-de-Loire et a.*, n° 174185 A). Si le dispositif d'accès spécifique à l'emploi titulaire pour les agents non titulaires de l'État prévu par la loi n° 2012-347 du 12 mars 2012 ne s'applique pas en tant que tel aux maîtres délégués en fonctions dans les établissements privés sous contrat, le décret n° 2012-1512 du 28 décembre 2012 le transpose aux maîtres délégués des établissements d'enseignement privés sous contrat en leur offrant un accès à l'emploi de maître contractuel ou agréé des établissements d'enseignement privés sous contrat, selon des modalités identiques et dans le respect des mêmes principes, notamment pour la durée de service ; mais le Conseil d'État a toutefois pu juger que la durée hebdomadaire des obligations de service des enseignants contractuels ne peut être combinée avec la durée de l'année scolaire, soit trente-six semaines, pour calculer celle des services effectifs, fondée sur l'année ordinaire, soit cinquante-deux semaines (CE 12 déc. 2018, n° 402347).

Sur le modèle de l'administration consultative en place pour les fonctionnaires, l'article 80 de la loi du 8 juillet 2013 institue, auprès du ministre chargé de l'éducation nationale, ***un comité consultatif ministériel*** compétent à l'égard des maîtres des établissements d'enseignement privés des premier et second degrés sous contrat (CCMEPC, art. R. 914-13-1 s.), chargé de connaître des questions relatives aux effectifs, aux emplois et aux compétences, ainsi que des questions d'ordre statutaire intéressant les maîtres. Les représentants des maîtres siégeant dans le comité consultatif ministériel sont élus au scrutin de liste avec représentation proportionnelle (art. L. 914-1-2) ; il en est de même pour les représentants des maîtres siégeant dans les commissions consultatives mixtes académiques et départementales (CCMA et CCMD, art. L. 914-1-3 et R. 914-1 s.) ; des autorisations spéciales d'absence et un crédit de temps syndical sont accordés, sous réserve des nécessités de service (art. R. 914-13-40 s.). Le décret n° 2018-235 du 30 mars 2018 modifie les règles électorales pour assurer la représentation des femmes et des hommes au sein des organismes consultatifs des maîtres des établissements d'enseignement privés sous contrat ; V. pour le CCMEPC, art. R. 914-13-9, et le CCM, art. R. 914-5, les parts respectives de femmes et d'hommes devant être fixées par arrêté de l'autorité auprès de laquelle la commission est placée). Saisi par deux syndicats contestant la légalité du décret créant ce comité, d'une part, le Conseil d'État rejette leurs requêtes en considérant qu'il « n'a pas le caractère d'un comité technique », n'étant chargé de connaître « que des questions relatives aux effectifs, aux emplois et aux compétences et des questions d'ordre statutaire », mais non « des questions relatives à l'organisation du service public de l'enseignement ». Il n'est, d'autre part, pas illégal que les maîtres exerçant des fonctions de directeur d'établissement figurent parmi les électeurs, même s'ils sont « susceptibles d'être chargés de missions confessionnelles » (CE 8 avr. 2015, n°s 375963 et 375964). ☐

Art. L. 914-1 **Les règles générales qui déterminent les conditions de service et de cessation d'activité des maîtres titulaires de l'enseignement public, ainsi que les mesures sociales et les possibilités de formation dont ils bénéficient, sont applicables également et simultanément aux maîtres justifiant du même niveau de** *(Ord. n° 2019-861 du 21 août 2019, art. 2)* **« qualification », habilités par agrément ou par contrat à exercer leur fonction dans des établissements d'enseignement privés liés à l'État par contrat. Ces maîtres bénéficient également des mesures de promotion et d'avancement prises en faveur des maîtres de l'enseignement public.**

Les documentalistes exerçant leurs fonctions au profit des élèves des classes sous contrat des établissements d'enseignement privés du second degré bénéficient d'un contrat dans les mêmes conditions que les maîtres exerçant dans ces classes.

Les maîtres liés à l'État par agrément ou par contrat qui exercent la fonction de directeur d'un établissement d'enseignement privé du premier degré sous contrat bénéficient de décharges de services dans les mêmes conditions que les directeurs des écoles publiques.

Un décret en Conseil d'État fixe les conditions d'accès à la retraite des maîtres de l'enseignement privé en application du principe énoncé au premier alinéa *[V. art. R. 914-120 à R. 914-132]***.**

Les charges afférentes à la formation initiale et continue des maîtres susvisés sont financées par l'État aux mêmes niveaux et dans les mêmes limites que ceux qui sont retenus pour la formation initiale et continue des maîtres de l'enseignement public. Elles font l'objet de conventions conclues avec les personnes physiques ou morales qui assurent cette formation dans le respect du caractère propre de l'établissement visé à l'article L. 442-1 et des accords qui régissent l'organisation de l'emploi et celle de la formation professionnelle des personnels dans l'enseignement privé sous contrat.

(L. n° 2005-5 du 5 janv. 2005, art. 1er) **« Les maîtres titulaires d'un contrat définitif dont le service est supprimé ou réduit, les maîtres titulaires d'un contrat provisoire préalable à l'obtention d'un contrat définitif ainsi que les lauréats de concours bénéficient d'une priorité d'accès aux services vacants d'enseignement ou de documentation des classes sous contrat d'association dans des conditions déterminées par décret en Conseil d'État** *(V. art. R. 442-33 à R. 442-37, R. 442-39 à R. 442-47, R. 442-62, R. 914-6, R. 914-9 et R. 914-14 s.)***. »**

BIBL. ▶ Bedoura, Le licenciement des maîtres dans les établissements confessionnels, *D. 1978. 51.* – Bing, L'affiliation au régime général de la sécurité sociale des maîtres non laïcs, *S. 1962. Chron. 65.* – Cadeau et Séguinot, L'ambiguïté des rapports contractuels entre l'État, les établissements d'enseignement privés et les maîtres qui y travaillent, *in* Les contrats et le système éducatif, *L'Harmattan, 2004. 153.* – Flauss, Le Conseil constitutionnel et la liberté d'opinion des maîtres des établissements privés d'enseignement liés à l'État par un contrat d'association, *Gaz. Pal. 1978. 1. Doctr. 293.* – Lassale, La situation des personnels des établissements d'enseignement privés sous contrat, *D. 1964. Chron. 1.* – Marcou, La liberté de l'enseignement et la liberté des enseignants, *RD publ. 1980. 35.* – Méjan, Les ecclésiastiques catholiques et la sécurité sociale, *Rev. adm. 1977. 130.* – de Montecler, L'essentiel des litiges de l'éducation nationale transférés au juge de droit commun, *AJDA 2014. 1350*. – NGAFAOUNAIN, Les maîtres contractuels des établissements privés d'enseignement sous contrat à la recherche de leur juge, *Dr. soc. 1994. 767*. – PIEROT, Le statut des maîtres de l'enseignement privé sous contrat, *Dr. soc. 1985. 842*. – SAVATIER, L'application du droit du travail dans les rapports entre les maîtres et les établissements d'enseignement privés sous contrat d'association, *Dr. soc. 1992. 439* ; Le statut des maîtres de l'enseignement privé sous contrat d'association, *Mél. B. Jeanneau, Dalloz, 2002. 523*. – TAILLEFAIT, Le statut des maîtres des établissements d'enseignement privés sous contrat après la loi Censi : une « publicisation » inachevée ?, *AJFP 2005. 178*. – TOULEMONDE, Le clair-obscur du droit syndical des maîtres de l'enseignement privé, *AJDA 2017. 634* ; Les maîtres des établissements d'enseignement privés entre droit public et droit privé : une hybridation législative, *AJDA 2005. 478* ; Le statut des maîtres contractuels des établissements d'enseignement privés : une privatisation jurisprudentielle, *AJDA 1995. 427* ; Le statut des maîtres contractuels des établissements d'enseignement privés, *RFDA 1997. 630*. – TRÉMEAU et FERNANDEZ, Le régime de protection sociale des maîtres des établissements d'enseignement privés sous contrat, *RFDA 1997. 630*.

I. SITUATION JURIDIQUE

1. Maîtres des établissements sous contrat d'association. Avant la loi Censi de 2005. Les maîtres contractuels des établissements d'enseignement privés sous contrat d'association sont des agents de droit public non fonctionnaires. • CE 29 déc. 1995, n° 155077 B. ♦ Les dispositions de l'art. L. 442-5, dans sa rédaction issue de l'art. 1er de la L. du 5 janv. 2005, combinées à celles de l'art. L. 1441-1 C. trav. et éclairées par les travaux préparatoires de la L. du 5 janv. 2005, font que les maîtres titulaires de l'enseignement public détachés ou mis à la disposition d'établissements d'enseignement privés sous contrat d'association ainsi que les maîtres contractuels de ces établissements ne sont pas, au titre des fonctions pour lesquelles ils sont employés et rémunérés par l'État, liés à l'établissement dans lequel ils les exercent par un contrat de travail. • CE 28 nov. 2008, n° 319620 B : *AJDA 2008. 2259*. ♦ Position confirmée par la Cour de cassation. • Civ. 2e, 2 avr. 2009, n° 08-60.586 P : *AJDA 2009. 685* • Soc. 31 mars 2009, n° 08-40.408 P : *AJDA 2009. 685*. ♦ La Cour de cassation renonce ainsi à sa jurisprudence selon laquelle les maîtres sont liés par un contrat de travail à l'établissement. • Cass., ass. plén., 5 nov. 1993, n° 92-60.595 P : *D. 1993. 261*.

2. Maîtres des établissements sous contrat d'association. Depuis la loi Censi de 2005. La L. n° 2005-5 du 5 janv. 2005 ayant réaffirmé la qualité d'agent public des maîtres contractuels, le Conseil d'État, saisi d'un litige opposant un maître contractuel à son chef d'établissement à propos de la fixation de son emploi du temps hebdomadaire et de l'obligation d'accomplir en outre des heures de surveillance des devoirs, a confirmé qu'il s'agissait de rapports de droit public. • CE 9 juill. 2010, n° 314942 B : *AJDA 2010. 2067, note Toulemonde*. ♦ Le Conseil constitutionnel a déclaré conforme à la Constitution l'art. 1er de la L. du 5 janvier 2005 relative à la situation des maîtres des établissements d'enseignement privé. Ce texte lui avait été renvoyé par la Cour de cassation • Soc., QPC, 4 avr. 2013, n° 12-25.469 P : *D. 2013. 1481; AJDA 2013. 715* • Cons. const. 14 juin 2013, n° 2013-322 QPC : *AJDA 2013. 1252 ; ibid. 1252 et 1986, note Legrand ; D. 2013. 1481 ; Dr. soc. 2013. 968, chron. Dumortier, Florès, Lallet, Vialettes et Struillou*. ♦ Les maîtres de l'enseignement privé sous contrat sont des employés de l'État dès lors qu'ils sont liés à lui par des contrats de droit public et rémunérés directement par lui. • CE 17 juill. 2013, n° 354729 : *AJDA 2013. 2128*.

3. Maîtres des établissements sous contrat simple. Un professeur agréé d'un établissement privé ayant conclu avec l'État un contrat simple, bien que sa rémunération, dont le montant est fixé par l'État en vertu des dispositions de la L. du 31 déc. 1959, ne figure pas parmi les personnels et agents de l'État. • CE, sect., 4 déc. 1970, *Sieur Avenel*, n° 75735 A. ♦ Il est soumis à un régime de droit privé. • CAA Nantes, 8 févr. 1995, n° 93NT00716 B.

4. Agent contractuel de droit privé. Incompétence du juge administratif. État non responsable. Une enseignante remplaçante recrutée oralement par un établissement d'enseignement privé sous contrat d'association demandait au juge l'annulation de la décision par laquelle le lycée lui signifiait verbalement la fin de son engagement, sept jours après le début du remplacement. La cour confirme l'incompétence de la juridiction administrative dès lors que le contrat n'a pas été signé par l'autorité académique. Elle précise que le recrutement oral par le chef d'établissement ne peut « être regardé comme manifestant l'exercice d'une prérogative de puissance publique ». La cour rejette enfin les conclusions indemnitaires dans la mesure où l'État n'est intervenu en aucune façon dans le recrutement. • CAA Douai, 15 mai 2018, n° 17DA01257 : *AJFP 2019. 20*.

5. Application du droit du travail. Si, dans ses relations avec l'État, le maître auxiliaire, chargé en vertu d'une délégation du recteur, d'un enseignement dans un établissement scolaire privé, se trouve soumis au statut de droit public, il est, dans ses rapports avec l'établissement privé dans lequel il exerce son activité, régi par les dispositions générales du code du travail. Il ne peut donc être engagé sous la forme d'un contrat à durée déterminée conclu hors des conditions et limites fixées par le code du travail. • Soc. 25 mars 1998, n° 95-41.466 P : *RFDA 1999. 656, concl. Chauvy ; RJS 1998. 375, n° 575.*

6. Règles générales applicables. Si les dispositions de cet art. étendent les mesures et règles générales, applicables aux maîtres titulaires de l'enseignement public, à ceux, ayant le même niveau de formation, exerçant dans l'enseignement privé sous contrat, elles n'ont ni pour objet ni pour effet de supprimer toute différence de traitement dans la gestion de la situation respective de ces deux catégories d'enseignants, ni de rendre inapplicables les dispositions spécifiques propres aux seuls maîtres de l'enseignement privé sous contrat. • CE 27 juin 2013, n° 352564.

7. Qualité d'employeur de ces personnels. Si les chefs d'établissement de l'enseignement privé dirigent, organisent et contrôlent le travail du personnel de ces établissements, les organismes de gestion desdits établissements ont seuls la qualité d'employeurs de ce personnel. Dès lors, la décision par laquelle le ministre du travail a refusé d'inviter le syndicat national des chefs d'établissements d'enseignement libre à participer en tant qu'organisation représentative des employeurs aux négociations engagées pour l'élaboration d'une convention collective dans cette profession est légale. • CE 24 juin 1987, n° 77297 A.

8. Élections prud'homales. Les maîtres titulaires de l'enseignement public détachés ou mis à la disposition d'établissements d'enseignement privés sous contrat d'association ainsi que les maîtres contractuels de ces établissements ne sont pas, au titre des fonctions pour lesquelles ils sont employés et rémunérés par l'État, liés à l'établissement dans lequel ils les exercent par un contrat de travail et n'ont donc pas, à ce titre, la qualité de salarié de cet établissement, ni par suite celle d'électeur et d'éligible aux élections prud'homales. • CE 28 nov. 2008, n° 319620 B : *AJDA 2008. 2259* . ♦ Dès lors, la circulaire relative à l'inscription sur les listes électorales prud'homales et à l'éligibilité aux élections prud'homales des maîtres et des documentalistes des établissements d'enseignement privés sous contrat, qui exclut ces personnels des élections aux conseils de prud'hommes, alors qu'ils sont « intégrés de façon étroite et permanente » à la communauté de travail que constitue l'établissement d'enseignement dans lequel ils les exercent, n'est pas entachée d'illégalité • Même décision.

9. Délégués syndicaux. La Cour de cassation a jugé que les enseignants des établissements privés sous contrat pouvaient être délégués syndicaux dans leurs établissements. Deux tribunaux d'instance avaient saisi la Haute Juridiction judiciaire pour avis sur cette question qui se posait depuis que la loi les a qualifiés expressément d'agents publics. Mais pour la Cour de cassation, intégrés de façon étroite et permanente dans la collectivité de travail de leur établissement, les maîtres de l'enseignement privé entrent dans le champ d'application des dispositions de l'art. L. 412-14 C. trav. relatives à la désignation des délégués syndicaux. • Cass., avis, 15 janv. 2007, n° 0070002 P : *AJDA 2007. 227 ; LIJ 2007, n° 113, p. 21.* ♦ Le paiement des heures de délégation des maîtres des établissements privés sous contrat d'association prises en dehors de leur temps de travail incombe à l'établissement au sein duquel ils exercent les mandats dans l'intérêt de la communauté constituée par l'ensemble des personnels de l'établissement. • Civ. 2e, 2 avr. 2009, n° 08-60.586 P : *préc. note 1* • Soc. 31 mars 2009, n° 08-40.408 P : *préc. note 1.* ♦ Les heures de délégation donnent lieu au paiement par l'établissement d'un salaire et de certains accessoires, net de charges sociales, dès lors que ces heures sont effectuées en dehors du temps de travail. Ces heures peuvent se cumuler avec les décharges de service accordées par l'administration, mais elles ne peuvent être rémunérées pendant les vacances scolaires. • Soc. 8 déc. 2016, nos 15-10.165, 13-28.02, 13-27.913 P : *AJDA 2017. 634 ; LIJ 2017, n° 197, p. 11.*

BIBL. Toulemonde, Le clair-obscur du droit syndical des maîtres de l'enseignement privé, *AJDA 2017. 634*

10. Refus d'agrément. Dans une affaire où le requérant, admis au concours de professeurs des écoles des établissements sous contrat privé d'association, s'était vu refuser l'agrément pour enseigner, la Cour de cassation juge que la demande, dirigée contre une personne physique et des personnes morales de droit privé, tendant à la reconnaissance de la nullité de la décision de refus, acte de droit privé détachable de la procédure de recrutement d'un agent contractuel de droit public, relevait des seules juridictions de l'ordre judiciaire. • Soc. 29 juin 2017, n° 15-17.006 P : *AJDA 2017. 1926* .

II. CONTRAT

11. Prolongation du contrat provisoire. Le Décr. du 10 mars 1964 prévoyait que les maîtres des établissements d'enseignement secondaire privé sous contrat d'association bénéficient d'un contrat provisoire d'un an renouvelable par tacite reconduction jusqu'à ce qu'ils aient subi une inspection pédagogique ou, si cette inspection n'est pas favorable, jusqu'à ce qu'ils aient fait l'objet d'une seconde inspection obligatoirement organisée, comme la première, dans un délai de cinq ans à compter de la date d'effet du contrat. Un maître titulaire d'un contrat provisoire avait subi des inspections pédagogiques défavorables. La circonstance que la seconde de ces inspections ait eu lieu après l'expiration du délai de cinq ans, si elle pouvait permettre la prolongation de la durée de validité du contrat provisoire de l'intéressé, ne saurait le faire regarder comme devenu titulaire d'un contrat définitif à l'expiration du délai de cinq ans. • CE 14 mars 1997, n° 135811 B.

12. Licenciement pour résiliation du contrat d'association. La résiliation totale ou partielle du contrat d'association entre l'État et un établissement d'enseignement privé entraîne la résiliation des contrats des personnels enseignants correspondants et, éventuellement leur licenciement. Toutefois, la décision de licenciement ne peut pas être prise légalement avant que la résiliation du contrat d'association devienne effective, même si le projet de résiliation et ses conséquences sont déjà connus. • CAA Lyon, 3 oct. 1997, n° 95LY01936 B.

13. Compétence pour résilier le contrat. En l'absence de toute délégation de compétence du ministre au recteur, seul le ministre de l'éducation a le pouvoir de prononcer la résiliation du contrat liant l'État et un maître exerçant dans un établissement privé sous contrat d'association. • CE 14 mars 1997, n° 126381 B.

14. Non-renouvellement du contrat. La décision par laquelle le directeur d'un établissement d'enseignement privé sous contrat d'association fait savoir à un maître auxiliaire, délégué par le recteur pour assurer dans cet établissement la suppléance d'un maître contractuel en congé, qu'il ne demanderait pas au recteur de le déléguer à nouveau pour poursuivre sa suppléance au-delà de la date prévue, est un acte d'une personne morale de droit privé détachable du contrat de droit public existant entre l'État et ce maître auxiliaire du fait de sa délégation comme maître suppléant. Compétence des juridictions de l'ordre judiciaire pour en connaître. • CE, sect., 26 mars 1993, n° 95606 A : *RFDA 1993. 1124, concl. Pochard*.

III. POUVOIRS DU RECTEUR

15. Principe. L'autorité académique ne peut imposer un enseignant qui n'a pas reçu l'accord du chef d'établissement. • CE 14 mars 1997, n° 158094 A • CAA Bordeaux, 22 nov. 1990, n° 89BX00344 B • CAA Nantes, 26 janv. 2012, n° 10NT02000 : *AJFP 2012. 244* • CAA Marseille, 29 janv. 2013, n° 10MA03342.

16. Nomination d'un enseignant. Un instituteur privé sous contrat à durée indéterminée recherche la responsabilité de l'État en invoquant la faute qu'aurait commise le recteur en le laissant dans une situation irrégulière pendant vingt et un jours puis sans emploi pendant quatorze mois par suite de la suppression de la classe qu'il assurait et qui avait été transférée dans une autre école. Si le recteur procède aux nominations et peut éventuellement refuser la nomination d'un candidat, il ne dispose en cette matière d'aucun pouvoir de proposition, celui-ci étant dévolu au seul chef d'établissement. Le recteur n'ayant été saisi d'aucune proposition de nomination de l'intéressé et les dispositions réglementaires applicables n'imposant aucune priorité en faveur des enseignants dont la classe a été supprimée, ce dernier n'est pas fondé à soutenir que l'autorité académique, qui avait par ailleurs spontanément alerté la direction diocésaine de l'enseignement libre sur sa situation en lui rappelant l'existence de postes vacants dans le département, aurait en le laissant sans affectation commis une illégalité fautive de nature à engager la responsabilité de l'État. • CAA Bordeaux, 22 nov. 1990, n° 89BX00344 B. ♦ Le refus du recteur, fondé sur l'opposition des chefs d'établissement concernés à une candidature, est légal dans la mesure où l'autorité académique n'a pas le pouvoir juridique d'imposer la candidature d'un maître à un établissement scolaire privé sous contrat d'association et dans la mesure où la décision de rejet de la candidature par les chefs d'établissement reposait en l'espèce sur des motifs légitimes et a bien été prise dans l'exercice de leur pleine compétence. • TA Rouen, 7 mai 2013, n° 1103058 : *AJFP 2014. 70, note T. B.*

17. Réintégration d'un enseignant. Établissement sous contrat d'association remettant à la disposition des autorités académiques, à la suite d'une réorganisation pédagogique ayant entraîné la suppression de son service, un maître titulaire d'un contrat définitif. Il résulte des dispositions du Décr. du 22 avr. 1960 que l'autorité académique n'a pas le pouvoir d'imposer la candidature d'un maître à un chef d'établissement privé sous contrat d'association. Le recteur ne commet donc pas d'excès de pouvoir en refusant d'imposer la réintégration de l'intéressée dans l'établissement où elle enseignait auparavant ni, dès lors que sa candidature ne recueillait l'accord d'aucun autre chef d'établissement, en s'abstenant de l'affecter dans un autre établissement. • CE 14 mars 1997, n° 158094 A.

18. Affectation. Responsabilité de l'État. En vertu de l'art. R. 914-75, le recteur est responsable de la gestion des candidatures et du bon déroulement des opérations de mutation des personnels enseignants des établissements d'enseignement privés sous contrat d'association. En conséquence, le préjudice subi par un enseignant d'un établissement d'enseignement privé sous contrat à raison des conditions dans lesquelles il est procédé à son affectation au sein de l'établissement est susceptible d'engager la responsabilité de l'État et il appartient au juge administratif saisi d'une action en responsabilité de rechercher si le recteur n'a pas commis de faute à l'occasion des divers actes de réception, sélection, transmission ou notification des candidatures qu'il reçoit. • CE 30 déc. 2013, n° 347047 B : *AJDA 2014. 6 ; ibid. 645, note Toulemonde*.

IV. PARITÉ

Sur les commissions consultatives chargées de donner un avis sur les questions individuelles intéressant les maîtres de l'enseignement privé sous contrat : V. notes ss. art. R. 914-12.

19. Situation comparable aux agents du public. Eu égard à la nature des liens existant entre l'État et les maîtres contractuels des établissements d'enseignement privé sous contrat d'association, qui se trouvent dans une situation comparable à celle d'agents de l'enseignement public nommés à leur emploi par une décision unilatérale, la décision par laquelle l'inspecteur d'académie accorde à un professeur d'un établissement privé sous contrat d'association un contrat définitif l'assimilant pour sa rémunération aux instituteurs de l'enseignement public crée des droits à son profit. • CE 13 nov. 1981, n° 22656 A. ♦ Cette décision ne peut plus être retirée après l'expiration du délai de recours contentieux. • Même arrêt.

20. Principe de parité. Ayant abaissé à six classes le seuil d'attribution d'une décharge de quatre jours par mois pour les directeurs d'école de l'enseignement public, tout en prévoyant une application progressive de cette mesure en fonction des moyens disponibles, le ministre de l'éducation ne pouvait, sans méconnaître le principe de parité posé par la L. du 31 déc. 1959 et devenu définitivement applicable à compter du 1er sept. 1996, refuser de faire droit à la demande tendant à ce que cette mesure réglementaire soit étendue aux directeurs d'écoles de l'enseignement privé. • CE 13 mars 2002, n° 220217 A. ♦ S'il résulte des dispositions de cet article que les maîtres enseignant dans les établissements privés sous contrat doivent bénéficier de mesures de promotion et d'avancement au sein de ces établissements dans les mêmes conditions que celles dont bénéficient les maîtres enseignant dans les établissements publics, ces dispositions n'ont ni pour objet ni pour effet d'imposer au pouvoir réglementaire de prévoir que le reclassement des enseignants des établissements privés sous contrat qui demandent leur intégration dans un corps de l'enseignement secondaire public doive se faire avec conservation intégrale de l'ancienneté qui leur a été reconnue dans l'enseignement privé. • CE 16 févr. 2007, n° 270497 B : *AJDA 2007. 1982, note Toulemonde* . ♦ Les années d'enseignement effectuées par ces maîtres avant leur intégration doivent être prises en compte, pour le calcul de leur ancienneté, selon des règles identiques à celles applicables aux agents titularisés dans le corps des professeurs certifiés. • CE 3 oct. 2008, n° 304705 : *AJDA 2008. 2415* . ♦ Le reclassement d'un maître de l'enseignement privé n'implique pas une reprise des services antérieurs dès lors qu'il est opéré après promotion dans des conditions exceptionnelles. Conformément au principe de parité, la même règle s'applique aux maîtres de l'enseignement public placés dans la même situation. • CE 12 déc. 2012, n° 342192 : *AJDA 2013. 701, note Toulemonde* .

21. Règle d'égalisation. La règle d'égalisation des situations fixée par la L. du 30 déc. 1959 modifiée fait obstacle à ce que l'État consente aux maîtres contractuels ou agréés des établissements d'enseignement privés sous contrat des mesures sociales ayant pour effet de placer ces maîtres dans une situation plus favorable que celle des maîtres titulaires de l'enseignement public. Illégalité des dispositions du Décr. du 23 août 1995 qui, en reconnaissant aux ayants droit des maîtres des établissements d'enseignement privés sous contrat le bénéfice d'un complément au capital-décès que leur accorde le régime général de la sécurité sociale, ont pour effet d'accroître la différence de situations déjà existante entre ces maîtres et les enseignants des catégories correspondantes de l'enseignement public. • CE, ass., 5 déc. 1997, *Union régionale des organismes de gestion des Éts d'enseignement catholique des Pays-de-Loire*, n° 174185 A (concl. Touvet) : *RFDA 1998. 160, concl. Touvet* ; *JCP 1998. II. 10099, note Moniolle.*

22. Obligations de service. En application du principe d'équivalence, les obligations de service des maîtres de l'enseignement privé titulaires d'un contrat définitif dans l'échelle de rémunération des professeurs des écoles et exerçant exclusivement leurs fonctions dans un établissement d'enseignement privé du second degré sont identiques à celles des enseignants dans les établissements d'enseignement public du second degré. • TA Lille, 2 nov. 2006, n° 0303229 : *AJDA 2007. 706, concl. Bernabeu* .

23. Obligations de service. Ventilation entre plusieurs établissements. Règles applicables aux enseignants de l'enseignement public. Dans une affaire où un enseignant contestait la ventilation de son service entre son établissement d'affectation pour un service de 4,5 heures et dans le collège du même établissement privé pour un service de 3,5 heures, avec un complément de service de 7 heures dans un lycée professionnel privé, le juge rappelle que dès lors que les dispositions du statut particulier des professeurs agrégés du second degré n'établissent pas de distinction entre les lycées professionnels et les lycées d'enseignement général, les professeurs agrégés peuvent être affectés dans l'intérêt du service dans les lycées professionnels. Le juge a considéré en l'espèce qu'un complément de service de 7 heures pouvait donc être confié à l'intéressé dans un lycée professionnel et que compte tenu des besoins exceptionnels du service liés à la suppression pour l'année scolaire en cause de la classe préparatoire dans laquelle l'intéressé enseignait, son affectation pour un service de 3,5 heures dans un collège ne méconnaît pas les dispositions statutaires. • TA Bordeaux, 12 avr. 2016, n° 1500604 : *LIJ 2016, n° 194, p. 14.*

24. Temps partiel. A plusieurs reprises, le juge administratif a annulé la décision prise par le recteur d'académie refusant d'autoriser un maître contractuel d'exercer des fonctions à temps partiel au motif qu'il n'avait pas exercé ses fonctions à temps complet l'année précédente. • CAA Nantes, 3 oct. 2002, n° 99NT00986 • TA Caen, 23 févr. 2006, n° 0401787 • TA Versailles, 30 mai 2006, n° 0404363 • TA Caen, 2 mars 2007, n° 0402599 • TA Paris, 7 mars 2007, n° 0419006/5 : *LIJ 2007, n° 115, p. 23.*

V. LIMITES

25. Recrutement. Mutation. Des organisations syndicales demandaient l'annulation du refus implicite du ministre d'abroger la dernière phrase du 1er al. de l'art. R. 914-77 qui implique que la commission consultative mixte, qui adresse un avis à l'autorité académique dans le cadre des campagnes de recrutement et de mutation des maîtres de l'enseignement privé, soit informée, le cas échéant, de ce que l'avis préalablement donné par un chef d'établissement a été rendu après examen par une commission prévue dans le cadre d'un accord sur l'emploi auquel l'établissement adhère. Le Conseil d'État rappelle que la procédure de recrutement et de mutation des maîtres de l'enseignement privé n'entre pas dans le champ des mesures mentionnées au 1er al. de l'art. L. 914-1 et donc n'obéit pas aux règles générales qui déterminent les conditions de service et de cessation d'activité des maîtres titulaires de l'enseignement public. Rejet de la requête. • CE 21 oct. 2019, n° 421685 B : *AJDA 2020. 436 ; AJFP 2020. 25 ; LIJ 2020, n° 209, p. 10.*

26. Prise en compte de l'ancienneté. Si les dispositions du Décr. du 10 mars 1964 portant statut des maîtres auxiliaires de l'enseignement privé prévoient la prise en compte de l'ancienneté dans l'enseignement public pour des maîtres auxiliaires demandant à enseigner dans des établissements privés, alors que, au même moment, les maîtres auxiliaires de l'enseignement public, lors de leur premier recrutement, sont nommés au premier échelon de leur catégorie, cette circonstance ne saurait être regardée comme révélant par elle-même une méconnaissance du principe d'égalité qui ne trouve à s'appliquer que pour les agents d'un même cadre et à compter de leur intégration. • CAA Lyon, 15 mai 2000, n° 96LY01583 B.

27. Indemnités de sujétions spéciales. Si les directeurs des établissements d'enseignement privé sous contrat bénéficient, à raison des fonctions de direction d'établissement qu'ils exercent, de décharges de service dans les mêmes conditions que les directeurs des écoles publiques et si, en vertu du contrat dont ils peuvent bénéficier, ces heures de décharge de service sont rémunérées comme des heures d'enseignement effectivement assurées, les dispositions du Décr. du 8 mars 1978 et du Décr. du 31 déc. 1992 n'ont pas eu pour objet et ne peuvent avoir eu pour effet d'assimiler les fonctions de directeur d'un établissement d'enseignement privé du premier degré à celles de directeur d'école publique. Ainsi, les directeurs d'établissement privé du premier degré ne sauraient prétendre, à raison de fonctions autres que d'enseignement, aux bonifications indiciaires et indemnités de sujétions spéciales dont peuvent bénéficier les directeurs d'écoles publiques. • CE 8 juill. 2005, n° 261515 A.

28. Lauréats des concours. Stage. Modalités. Le Conseil d'État estime que les art. R. 914-19-2 et R. 914-32, s'ils font référence aux conditions prévues à l'art. L. 613-7, dans lesquelles les étudiants des établissements d'enseignement supérieur privés peuvent subir des contrôles nécessaires à l'obtention d'un diplôme national, n'ont pas eu pour objet ou pour effet d'imposer que l'inscription en deuxième année de master MEEF se fasse uniquement dans des établissements d'enseignement supérieur privés. En édictant une telle obligation, le ministre a ajouté une condition qu'il n'était pas compétent pour imposer. • CE 25 mars 2016, n° 391813 : *AEF 1er avr. 2016, Dépêche n° 535595, comm. Toulemonde.*

29. Stage. Organisation de l'année. Il résulte des dispositions combinées des art. R. 914-32 et R. 914-77, qu'un chef d'établissement, aux fins de respecter le caractère propre des établissements de l'enseignement catholique, peut déléguer à une commission, telle que celle chargée de donner l'accord collégial prévu par l'accord du 10 févr. 2006 sur l'organisation de l'emploi dans l'enseignement catholique du premier degré, le soin d'émettre un avis sur la candidature d'un lauréat • Soc. 25 mars 2020, n° 18-21.380 P : *D. 2020. 768 .*

VI. CARRIÈRE

30. Mouvement. Nomination. Accord préalable du chef d'établissement. Saisi d'une demande de réparation du préjudice qu'il estimait consécutif à un refus d'affectation, le juge rappelle que les maîtres titulaires, c'est-à-dire les lauréats de concours externe ou interne de l'enseignement privé ayant accompli avec succès leur année de stage, doivent, lorsqu'ils demandent leur première nomination dans un établissement d'enseignement privé, obtenir l'accord préalable du chef de l'établissement dans lequel ils sollicitent leur affectation. A défaut d'avoir obtenu ledit accord, leur candidature ne peut être examinée selon l'ordre de priorité fixé par les textes. Dans la mesure où l'autorité académique n'a pas le pouvoir d'imposer la candidature d'un maître à un chef d'établissement privé sous contrat d'association, c'est sans commettre de faute que le ministre n'a pas agréé les demandes d'affectation présentées par le requérant qui n'établissait pas avoir obtenu un accord préalable. • CAA Marseille, 29 janv. 2013, n° 10MA03342 : *LIJ*

2013, n° 175, p. 13.

31. Mouvement. Champ d'application. Procédure de recrutement et de mutation des maîtres de l'enseignement privé (non). Commission consultative mixte. Avis. Dans une affaire où un syndicat demandait l'annulation du rejet implicite de sa demande tendant à l'abrogation de la dernière phrase du 1er al. de l'art. R. 914-77, le Conseil d'État considère que « la procédure de recrutement et de mutation des maîtres de l'enseignement privé n'entre pas dans le champ des mesures mentionnées au 1er al. de l'art. L. 914-1 dès lors, notamment, qu'elle ne concerne pas les conditions de service et de cessation d'activité des enseignants au sens de cet article ». Le juge précise notamment que les dispositions contestées se bornent à prévoir que la commission consultative mixte compétente est éclairée sur les conditions dans lesquelles l'avis du chef d'établissement a été rendu, en l'informant de ceux rendus dans le cadre décrit au point précédent et qui relève de la libre organisation de l'enseignement catholique. Elles n'ont ni pour objet ni pour effet de lier l'avis de la commission consultative mixte, ou de substituer aux avis rendus à l'autorité académique par le chef d'établissement et la commission consultative mixte compétente. La requête est rejetée. • CE 21 oct. 2019, n° 421685 B : *AJDA 2020. 436* ; *AJFP 2020. 25*.

32. Notation. Le pouvoir de notation des maîtres des établissements sous contrat d'association appartient à l'autorité académique, qu'il s'agisse de la note administrative ou de la note pédagogique. S'agissant de la première, celle-ci est arrêtée par ladite autorité, à laquelle les directeurs d'établissement ont transmis les appréciations portées sur les agents. Ces appréciations, qui constituent de simples propositions, ne sont pas de nature à lier l'administration dans son pouvoir d'arrêter la notation des agents en se fondant notamment sur leur manière de servir. Dès lors, le recteur qui refuse d'exercer ce pouvoir sur la note administrative d'un enseignant au motif qu'il était lié par l'appréciation portée par le directeur du lycée privé dont il dépendait, méconnaît l'étendue de sa compétence. • CAA Nantes, 8 mars 2001, n° 97NT00323 B.

33. Avancement. S'il résulte des dispositions de cet art. que les maîtres enseignant dans les établissements privés sous contrat doivent bénéficier de mesures de promotion et d'avancement au sein de ces établissements dans les mêmes conditions que celles dont bénéficient les maîtres enseignant dans les établissements publics, ces dispositions n'ont ni pour objet ni pour effet d'imposer au pouvoir réglementaire de prévoir que le reclassement des enseignants des établissements privés sous contrat qui demandent leur intégration dans un corps de l'enseignement secondaire public doive se faire avec conservation intégrale de l'ancienneté qui leur a été reconnue dans l'enseignement privé. • CE 16 févr. 2007, n° 270497 : *AJDA 2007. 767*. ♦ En jugeant qu'il résultait de la combinaison des dispositions de l'art. L. 914-1 et de l'art. 11 du Décr. du 5 déc. 1951 que les services effectués en qualité de surveillante d'externat devaient être pris en compte, au titre de l'ancienneté, dans le classement des maîtres contractuels et agréés des établissements d'enseignement privés sous contrat, alors qu'étaient seules applicables à la demande de l'intéressée les dispositions de l'art. 9 du Décr. du 10 mars 1964 relatif aux maîtres contractuels et agréés des établissements d'enseignement privés sous contrat, lesquelles ne prévoient la prise en compte pour le classement de ces maîtres dans leur échelle de rémunération que des services effectifs d'enseignement accomplis, le tribunal administratif a commis une erreur de droit. • CE 27 juin 2013, n° 352564. ♦ Dans le même sens : • CE 27 juin 2013, n° 352623 • CE 27 juin 2013, n° 352626.

34. Mise à disposition. Saisi d'un refus opposé à un maître contractuel de l'enseignement privé sous contrat, le Conseil d'État rappelle que si ces dispositions étendent les mesures et règles générales qu'elles mentionnent, applicables aux maîtres titulaires de l'enseignement public, à ceux, ayant le même niveau de formation, exerçant dans l'enseignement privé sous contrat, elles n'ont ni pour objet ni pour effet de supprimer toute différence de traitement dans la gestion de la situation respective de ces deux catégories d'enseignants. Il poursuit en précisant que la mise à disposition, régie par l'art. 41 de la L. du 11 janv. 1984 portant dispositions statutaires relatives à la fonction publique de l'État, n'entre pas dans le champ des mesures mentionnées à l'art. L. 914-1 et, notamment, ne concerne pas les conditions de service et de cessation d'activité des enseignants au sens de cet article. Par suite, en jugeant qu'en application des dispositions combinées des art. L. 911-1 et L. 914-1 et 41 de la L. du 11 janv. 1984, les maîtres contractuels de l'enseignement privé sous contrat d'association pouvaient bénéficier d'une mise à disposition au même titre que les maîtres titulaires de l'enseignement public, le tribunal administratif a commis une erreur de droit. • CE 23 juill. 2014, n° 372301 : *LIJ 2015, n° 186, p. 13.*

35. Maintien en activité. Le principe, posé à l'art. L. 921-4, issu de la L. du 9 nov. 2010 portant réforme des retraites, du maintien en activité jusqu'au 31 août des instituteurs et professeurs des écoles qui atteignent l'âge de la retraite en cours d'année scolaire est applicable aux enseignants du privé. Le juge précise que les règles concernant les conditions de service des enseignants du public sont applicables également et simultanément à ceux du privé. • CE 15 févr. 2013, n° 351124 B : *AJDA 2013. 379*.

36. Formation. Règles applicables. Parité.

Limites. Une organisation syndicale demandait l'annulation d'une convention relative à la formation continue des maîtres de l'enseignement privé sous contrat, en tant notamment qu'elles imposent aux maîtres des établissements d'enseignement privés sous contrat désireux de suivre une formation d'obtenir au préalable l'accord du responsable de l'organisme en charge de dispenser la formation demandée. Le Conseil d'État rappelle que les règles générales en matière de formation applicables aux maîtres titulaires de l'enseignement public sont également applicables aux maîtres de l'enseignement privé sous contrat ayant le même niveau de formation. Celles-ci n'ont ni pour objet ni pour effet de supprimer toute différence de traitement dans la gestion de la situation respective de ces deux catégories d'enseignants, ni de rendre inapplicables les dispositions spécifiques propres aux seuls maîtres de l'enseignement privé sous contrat. Il estime toutefois que les modalités de gestion de l'accès aux formations peuvent varier. • CE 18 mars 2020, nos 422001 et 423530 B : *AJFP 2021. 47*.

VII. DISCIPLINE

BIBL. De Montecler, L'essentiel des litiges de l'éducation nationale transférés au juge de droit commun, *AJDA. 2014. 1350.*

37. Suspension. Régime juridique. Une enseignante, maître contractuel de l'enseignement primaire privé, avait fait successivement l'objet d'une suspension de ses fonctions puis d'une prolongation de cette suspension et enfin d'un licenciement pour insuffisance professionnelle. Suite aux rejets de son recours et de son appel, le Conseil d'État, saisi en cassation confirme l'arrêt de la CAA. Il précise en effet que la suspension d'un maître contractuel, en application des dispositions de l'art. R. 914-104, est une mesure à caractère provisoire et conservatoire, prise dans l'intérêt du service public ; qu'elle peut être prononcée lorsque les faits imputés à l'intéressé présentent un caractère suffisant de vraisemblance et de gravité, l'autorité académique statuant sur sa situation dans les quatre mois ; que, faute de décision prise dans les quatre mois, l'administration peut prolonger cette suspension aux fins, dans un délai raisonnable, soit de réintégrer l'agent dans ses fonctions soit d'engager une procédure disciplinaire. Il juge donc qu'ainsi, la cour n'a pas commis d'erreur de droit en jugeant que l'expiration du délai mentionné n'imposait pas sa réintégration de plein droit dans ses fonctions mais seulement, en l'absence de l'engagement de poursuites pénales, le versement de l'intégralité de sa rémunération, dont il résulte des pièces du dossier soumis aux juges du fond qu'elle n'a jamais été interrompue. • CE 25 nov. 2015, n° 386280 : *AEF 3 déc. 2015, Dépêche n° 511793, comm. Toulemonde.*

38. Sanction. Nature du contrôle du juge. Du contrôle minimum... Alors que, selon une jurisprudence ancienne, le juge administratif avait jugé qu'il résulte de nombreux témoignages d'élèves et de plaintes de parents que le requérant a fait preuve de violence verbale, tenu des propos injurieux, voire racistes et eu des gestes déplacés ; que ces faits étant établis, le recteur de l'académie a pu, sans commettre une erreur manifeste d'appréciation compte tenu de leur gravité, prononcer une sanction d'exclusion temporaire de fonction pour une durée de deux ans. • TA Paris, 18 janv. 2007, n° 0602206/5 : *LIJ 2007, n° 113, p. 20.* ♦ ***Au contrôle de la proportionnalité de la sanction à la gravité de la faute...*** Adoptant désormais pour les maîtres contractuels de l'enseignement privé une solution comparable à celle retenue pour le contentieux relatif au régime disciplinaire des fonctionnaires, le juge vérifie désormais que les principes généraux du droit disciplinaire ont été respectés au cours de la procédure. Il recherche également si les faits reprochés à un agent public constituent des fautes de nature à justifier une sanction et si la sanction retenue est proportionnée à la gravité de ces fautes. • CAA Nantes, 25 janv. 2017, n° 15NT01976.

39. Conséquences. La sanction d'exclusion temporaire n'a pas pour effet de priver un maître contractuel de l'enseignement privé du droit de réintégrer son emploi au terme de la période d'exclusion. • TA Paris, 18 janv. 2007, n° 0602196/5 : *préc. note 38.*

VIII. RÉMUNÉRATION

40. Principes. La rémunération des maîtres contractuels des établissements d'enseignement privés sous contrat à la charge de l'État comprend les mêmes éléments que celle des maîtres de l'enseignement public ainsi que les avantages et indemnités dont ceux-ci bénéficient. • CE 31 janv. 2001, n° 202676 A : *AJDA 2001. 484, note Toulemonde* • CAA Lyon, 2 oct. 1998, *MEN c/ Fondation Don Bosco : Lebon T. 939*. ♦ Mais les maîtres contractuels peuvent aussi se prévaloir de conventions collectives propres aux établissements d'enseignement privés, dans la mesure où ces conventions leur procurent des avantages supérieurs à ceux fournis par l'État. • Soc. 17 oct. 1983, *Assoc. école et famille d'Halluin : Bull. cass. n° 498. 355.* ♦ Dans le même sens • Soc. 10 mai 1983, *Assoc. école et famille Notre-Dame-des-Victoires : Bull. cass. V, n° 258. 182.*

41. Prise en charge. L'État est tenu de prendre en charge la rémunération à laquelle ont droit, après service fait, les maîtres des établissements privés et, même en l'absence de service fait, cette obligation trouve à s'appliquer à l'égard de ceux qui bénéficient de décharges d'activité pour l'exercice d'un mandat syndical.

• CE 31 janv. 2001, *Fondation Don Bosco : préc. note 39.* ♦ L'État doit supporter les charges sociales correspondantes. • CE, sect., 15 mai 1992, *OGEC du lycée d'enseignement professionnel La Baugerie, OGEC de l'école Sainte-Germaine de Pornichet et a.*, n° 83318 A : *RFDA 1993. 1116, concl. Pochard*.

42. Heures supplémentaires. Compétence juge administratif. Dans un litige portant sur le paiement d'heures supplémentaires à des enseignants d'un établissement d'enseignement privé sous contrat, la Cour de cassation juge que ce contentieux relève de la compétence du juge administratif. En l'espèce, les heures avaient été accomplies du fait de l'annualisation du temps de travail, illégale pour des enseignants, et décidée par le seul chef d'établissement. Les enseignants concernés avaient d'abord saisi le tribunal administratif, qui avait rejeté leur requête à l'encontre de l'État. Ils s'étaient ensuite tournés vers le conseil des prud'hommes, demandant cette fois le paiement à l'association gestionnaire du lycée. Mais la cour d'appel de Poitiers s'était déclarée incompétente. La Cour de cassation confirme la position en précisant que les enseignants avaient accompli les heures supplémentaires « en tant que maîtres contractuels d'un établissement privé sous contrat d'association, de sorte qu'en leur qualité d'agents publics ils n'étaient pas liés à l'établissement par un contrat de travail, quand bien même les heures supplémentaires avaient été accomplies du fait de l'annualisation du temps de travail à la demande du chef de l'établissement privé d'enseignement sans l'accord du rectorat ». Elle en conclut que « la cour d'appel, qui n'était pas saisie d'une action en responsabilité à l'encontre de l'établissement privé d'enseignement, en a exactement déduit qu'elle n'était pas compétente pour statuer sur la demande de rappels d'heures supplémentaires à ce titre ». • Soc., 28 mars 2018, n°s 16-16.571, 16-16.577, 16-16.578 et 16-16.579 P : *AJDA 2018. 710* ; *LIJ 2018, n° 203, p. 20.*

43. Heures supplémentaires. Absence d'autorisation de l'autorité académique. Dans un litige opposant un maître titulaire de l'enseignement privé exerçant ses fonctions au sein d'un lycée privé à l'État, le juge rappelle que l'État est tenu de prendre en charge la rémunération à laquelle ont droit, après service fait, les enseignants des établissements privés sous contrat et qui comprend les mêmes éléments que celle des enseignants de l'enseignement public ainsi que les avantages et indemnités dont ceux-ci bénéficient. Cette obligation trouve à s'appliquer, même en l'absence de service fait, à l'égard des enseignants qui bénéficient de décharges d'activité. Toutefois, il n'appartient pas à l'État de prendre en charge la rémunération des heures supplémentaires effectuées, au-delà des obligations de service, à la demande du directeur d'un établissement d'enseignement privé ou acceptées par celui-ci et sans autorisation de l'autorité académique. • CAA Bordeaux, 12 juin 2018, n° 16BX01220 : *AJFP 2019. 45*.

44. Heures supplémentaires. Les maîtres contractuels de l'enseignement privé disposent d'heures de délégation qui donnent lieu au paiement par l'établissement d'un salaire et de certains accessoires, nets de charges sociales, dès lors que ces heures sont effectuées en dehors du temps de travail. Ces heures peuvent se cumuler avec les décharges de service accordées par l'administration, mais elles ne peuvent être rémunérées pendant les vacances scolaires. • Soc. 8 déc. 2016, n° 13-27.913 P : *AJDA 2017. 634, note Toulemonde*.

45. Lorsque les maîtres sont investis de mandats syndicaux et les exercent en dehors des heures de service qu'ils accomplissent normalement, aucune disposition législative ou réglementaire n'impose à l'État de prendre en charge la rémunération des heures supplémentaires dont bénéficient alors les intéressés. • CE 21 nov. 2001, n° 206085. ♦ Pour assurer l'entretien des laboratoires destinés à l'enseignement des sciences physiques ou naturelles, les chefs d'établissements privés ont la faculté, soit d'affecter un personnel à l'entretien du laboratoire, rémunéré sur leur forfait d'externat, soit de les rémunérer sur la dotation globale horaire de leur établissement, ces heures venant en déduction de celles consacrées réellement à l'enseignement. Dans une affaire où la requérante a rapporté la preuve qu'elle remplissait les conditions prévues et que le chef de l'établissement privé qui l'employait n'avait pas affecté de personnel rémunéré sur son forfait d'externat à l'entretien du laboratoire, la décision implicite par laquelle le recteur a refusé de décharger la requérante d'une heure hebdomadaire d'enseignement en sciences physiques ou en sciences naturelles est annulée. • TA Rennes, 1er févr. 2013, n° 0900350 : *AJFP 2013. 323*.

46. SFT. Les dispositions relatives au bénéfice du supplément familial de traitement sont applicables aux maîtres contractuels des établissements d'enseignement privés sous contrat d'association, qui sont des agents de droit public non fonctionnaires. Par suite, la règle de non-cumul s'oppose à ce que le supplément familial soit versé à un agent hospitalier dont le conjoint, maître contractuel d'un établissement d'enseignement privé sous contrat d'association, a perçu de son côté un supplément familial au titre des enfants du ménage. • CE 29 déc. 1995, n° 155077 B.

47. NBI. Les avantages accordés aux personnels de l'enseignement public bénéficient également et simultanément aux maîtres de l'enseignement privé habilités par contrat à exercer les mêmes fonctions. La nouvelle bonification indiciaire des fonctionnaires applicable aux fonctionnaires titulaires du ministère de l'éducation nationale est susceptible de bénéficier aux maîtres contractuels de l'enseignement privé dès lors qu'ils exercent des fonctions pouvant donner lieu à son versement. • CAA Lyon, 3 déc. 1996, n° 95LY00175 B : *AJFP 1997, n° 4, p. 26*. ♦ La NBI s'applique aussi de plein droit aux chefs de travaux contractuels des lycées professionnels et des lycées techniques privés sous contrat d'association. • CE 30 mars 2001, n° 213830 B • CAA Nantes, 22 juill. 1999, n° 95NT01588. ♦ La circulaire qui exclut du bénéfice de la NBI les maîtres de l'enseignement privé exerçant les fonctions de chef de travaux autres que ceux les exerçant à temps complet ou à temps partiel autorisé n'a pas un caractère réglementaire et n'est pas susceptible d'être déférée au juge de l'excès de pouvoir. • CE 30 déc. 2002, n° 230979. ♦ Pour justifier le refus NBI qu'il a opposé à l'intéressé, dont il ne conteste pas qu'il exerçait à la date des décisions attaquées des fonctions ouvrant droit, dans les établissements d'enseignement public, à un tel avantage, le ministre n'est pas fondé à invoquer l'absence de mesure réglementaire ayant étendu ladite bonification aux agents exerçant leurs fonctions dans des établissements d'enseignement privé sous contrat d'association, non plus que le caractère limitatif des dotations budgétaires allouées à son département. • CAA Bordeaux, 17 juin 2003, n° 99BX02513.

48. Indemnité forfaitaire pour sujétions spéciales. Applicabilité. Dans une affaire où un enseignant contractuel demandait au juge d'annuler la décision par laquelle le recteur avait implicitement rejeté sa demande tendant au versement de l'indemnité forfaitaire pour sujétions spéciales, pour les années scolaires 2011-2012 et 2012-2013, le juge précise que les dispositions d'un décret du 29 août 2016, étendant aux agents contractuels le bénéfice de cette indemnité, ne sont applicables qu'à partir de la rentrée 2016 et ne peuvent donc pas être invoquées pour les années précédentes. • CAA Bordeaux, 29 mai 2018, n° 16BX01039 : *AJFP 2019. 44*.

49. Limites. Si les directeurs des établissements d'enseignement privé sous contrat bénéficient, à raison des fonctions de direction d'établissement qu'ils exercent, de décharges de service dans les mêmes conditions que les directeurs des écoles publiques et si, en vertu du contrat dont ils peuvent bénéficier, ces heures de décharge de service sont rémunérées comme des heures d'enseignement effectivement assurées, ces dispositions n'ont pas eu pour objet et ne peuvent avoir eu pour effet d'assimiler les fonctions de directeur d'un établissement d'enseignement privé du premier degré à celles de directeur d'école publique. Ainsi, les directeurs d'établissement privé du premier degré ne sauraient prétendre, à raison de fonctions autres que d'enseignement, aux bonifications indiciaires et indemnités de sujétions spéciales dont peuvent bénéficier les directeurs d'écoles publiques. • CE 8 juill. 2005, n° 261515 A : *AJDA 2005. 1540* ; *ibid. 2193, note Legrand* ; *AJFP 2005. 289, note Toulemonde*.

Art. L. 914-1-1 *(L. n° 2011-1977 du 28 déc. 2011, art. 129)* **Les personnels enseignants et de documentation mentionnés à l'article L. 914-1 peuvent bénéficier d'avantages temporaires de retraite dès leur cessation d'activité. Ces avantages, dont la charge financière est intégralement supportée par l'État, sont destinés à permettre à ces personnels de cesser leur activité dans les mêmes conditions que les maîtres titulaires de l'enseignement public.**

L'ouverture des droits aux avantages temporaires de retraite est subordonnée au respect des conditions suivantes :

1° Les bénéficiaires doivent être titulaires d'un contrat définitif ou d'un agrément au moment où ils sollicitent leur admission au régime temporaire de retraite ;

2° Les bénéficiaires doivent justifier d'une durée de services en qualité de personnels enseignants et de documentation habilités par agrément ou par contrat à exercer leurs fonctions dans les établissements d'enseignement privés liés par contrat à l'État ou reconnus par celui-ci. Les services d'enseignement en tant que maître délégué, les services de direction et de formation exercés concomitamment à une activité d'enseignement, les périodes de formation ainsi que les périodes accomplies au titre du service national actif sont pris en compte dans des conditions déterminées par voie réglementaire. Toutefois, la condition de durée de services n'est pas opposable aux bénéficiaires qui se trouvent dans l'incapacité permanente d'exercer leur fonction ;

3° Les bénéficiaires doivent satisfaire à l'une des conditions auxquelles est subordonnée la possibilité pour les maîtres titulaires de l'enseignement public de demander la liquidation de leur pension.

Les avantages temporaires de retraite sont liquidés en ne prenant en compte que les services mentionnés au 2° du présent article, augmentés des majorations de durée d'assurance prévues aux articles L. 351-4, L. 351-4-1 et L. 351-5 du code de la sécurité sociale et des majorations pour enfants prévues par les régimes de retraite complémentaire mentionnés au livre IX du même code.

Un coefficient de minoration ou de majoration est applicable aux avantages temporaires de retraite dans les mêmes conditions que pour les maîtres titulaires de l'enseignement public.

Les avantages temporaires de retraite cessent d'être versés aux bénéficiaires auxquels aucun coefficient de minoration n'est applicable lorsqu'ils peuvent bénéficier d'une pension de vieillesse du régime général de sécurité sociale liquidée à taux plein. Ils cessent également d'être versés aux bénéficiaires auxquels un coefficient de minoration est applicable lorsqu'ils atteignent l'âge auquel le coefficient de minoration applicable à leur pension de vieillesse du régime général de sécurité sociale est le plus proche du coefficient de minoration qui était appliqué aux avantages temporaires de retraite.

Les limites d'âge et les règles de cumul de pension de retraite et de rémunération des revenus d'activité applicables aux maîtres titulaires de l'enseignement public le sont également aux personnels enseignants et de documentation mentionnés à l'article L. 914-1 du présent code dans des conditions fixées par voie réglementaire.

Les bénéficiaires des avantages temporaires de retraite ainsi que leurs ayants droit bénéficient des prestations en nature des assurances maladie et maternité du régime général de sécurité sociale.

Les conditions dans lesquelles les maîtres des établissements d'enseignement privés sous contrat avec l'État en Nouvelle-Calédonie et en Polynésie française cessent leur activité et sont autorisés à cumuler les avantages temporaires de retraite institués par ces collectivités et les rémunérations servies, directement ou indirectement, par l'une des collectivités mentionnées à l'article L. 86-1 du code des pensions civiles et militaires de retraite sont fixées par voie réglementaire.

Les modalités d'application du présent article sont fixées par décret en Conseil d'État.

Art. L. 914-1-2 *(L. n° 2013-595 du 8 juill. 2013, art. 80)* Il est institué, auprès du ministre chargé de l'éducation nationale, un comité consultatif ministériel compétent à l'égard des maîtres des établissements d'enseignement privés des premier et second degrés sous contrat.

Ce comité est chargé de connaître des questions relatives aux effectifs, aux emplois et compétences ainsi que des questions d'ordre statutaire intéressant les maîtres des établissements d'enseignement privés des premier et second degrés sous contrat.

Ce comité comprend des représentants de l'administration et des représentants des maîtres mentionnés au premier alinéa. Seuls les représentants des maîtres sont appelés à prendre part aux votes.

Les représentants des maîtres siégeant dans le comité consultatif ministériel sont élus au scrutin de liste avec représentation proportionnelle. L'article 9 *bis* de la loi n° 83-634 du 13 juillet 1983 portant droits et obligations des fonctionnaires est applicable à cette élection sous réserve que les mots : "organisations syndicales de fonctionnaires" et "union de syndicats de fonctionnaires" s'entendent, respectivement, comme : "organisations syndicales des maîtres des établissements d'enseignement privés des premier et second degrés sous contrat" et "union de syndicats des maîtres des établissements d'enseignement privés des premier et second degrés sous contrat".

Un décret en Conseil d'État précise les conditions d'application du présent article.

Art. L. 914-1-3 *(L. n° 2013-595 du 8 juill. 2013, art. 81)* Les représentants des maîtres des établissements d'enseignement privés des premier et second degrés sous contrat siégeant dans les commissions consultatives mixtes académiques ou départementales sont élus au scrutin de liste avec représentation proportionnelle. L'article 9 *bis* de la loi n° 83-634 du 13 juillet 1983 portant droits et obligations des fonctionnaires est applicable à ces élections selon les modalités prévues à l'article L. 914-1-2.

Un décret en Conseil d'État précise les conditions d'application du présent article.

Art. L. 914-2 Lorsque la demande d'intégration des établissements d'enseignement privés dans l'enseignement public est agréée conformément aux dispositions de l'article L. 442-4, les maîtres en fonctions sont soit titularisés et reclassés dans les cadres de l'enseignement public, soit maintenus en qualité de contractuels. – *[L. n° 59-1557 du 31 déc. 1959, art. 3, al. 2.]*

Art. L. 914-3 *(L. n° 2018-266 du 13 avr. 2018, art. 3)* **I. – Nul ne peut diriger un établissement d'enseignement scolaire privé :**

1° S'il est frappé d'une incapacité prévue à l'article L. 911-5 ;

2° S'il n'est pas de nationalité française ou ressortissant d'un autre État membre de l'Union européenne ou d'un autre État partie à l'accord sur l'Espace économique européen ;

3° S'il ne remplit pas des conditions d'âge, de diplômes et de pratique professionnelle ou de connaissances professionnelles fixées par décret en Conseil d'État, dans la limite des conditions exigées des agents contractuels recrutés pour exercer des fonctions d'enseignement correspondantes dans les écoles et établissements publics relevant du ministre chargé de l'éducation nationale ;

4° S'il n'a pas exercé pendant cinq ans au moins des fonctions de direction, d'enseignement ou de surveillance dans un établissement d'enseignement public ou privé d'un État membre de l'Union européenne ou d'un autre État partie à l'accord sur l'Espace économique européen.

II. – Nul ne peut être chargé d'un enseignement dans un établissement d'enseignement privé du premier ou du second degré s'il ne remplit pas les conditions fixées aux 1° à 3° du I du présent article.

Sur les conditions de nationalité, d'âge, de diplômes et de pratique professionnelle ou de connaissances professionnelles, les conditions tenant à l'exercice antérieur de fonctions propres à la direction d'un établissement d'enseignement scolaire privé, V. art. R. 913-4 s.

Les personnes investies d'une fonction de direction au sein d'un établissement d'enseignement privé ou qui y exercent des fonctions d'enseignement à la date d'entrée en vigueur de L. n° 2018-266 du 13 avr. 2018 peuvent continuer à exercer leurs fonctions au sein de cet établissement sans que puissent leur être opposées les dispositions des art. L. 914-3 à L. 914-5 dans leur rédaction résultant de la L. préc. (L. préc., art. 3).

1. Conditions. Disponibilité effective de l'intéressé. Il résulte des art. L. 441-3 et L. 914-3 que l'autorité administrative ne peut s'opposer à la nomination du directeur d'un établissement d'enseignement privé hors contrat que dans l'intérêt de l'ordre public ou de la protection de l'enfance et de la jeunesse ou si l'intéressé ne remplit pas les conditions légales. Le Conseil d'État précise que l'autorité administrative peut légalement s'opposer à une telle nomination si l'intéressé n'est pas à même, faute notamment d'une disponibilité effective, d'assurer les missions inhérentes à l'exercice de ses fonctions telles que le respect de la sécurité et la protection des élèves. En l'espèce, l'intéressé, qui occupe un poste de professeur à temps complet dans un autre collège distant d'environ trois kilomètres, n'a pas la disponibilité nécessaire pour occuper ces emplois de directeur. • CE 16 avr. 2021, n° 438490 B : *AJDA 2021. 834*.

Jurisprudence rendue avant l'intervention de la L. n° 2018-266 du 13 avr. 2018.

2. Condition de nationalité. Le législateur avait soumis l'accès aux fonctions d'enseignement dans les établissements privés de l'enseignement primaire et de l'enseignement technique à la condition d'être ressortissant français ou ressortissant d'un autre État membre de l'Union européenne ou d'un autre État partie à l'accord sur l'espace économique européen, tout en assortissant cette condition d'une possibilité de dérogation ; qu'il n'avait en revanche prévu aucune condition de nationalité pour l'accès aux fonctions d'enseignement dans les établissements privés de l'enseignement secondaire général. • CE 19 nov. 2013, *Assoc. Sauvons l'université et a.*, n° 372834 : *AJDA 2013. 2407*. ♦ Dans cette même affaire, le juge des référés du Conseil d'État avait suspendu les dispositions du Décr. n° 2013-767 du 23 août 2013 relatif à la réforme du recrutement et de la formation des maîtres des établissements d'enseignement privé sous contrat qui excluaient de ce recrutement les étrangers non européens. Le juge des référés avait en effet considéré qu'en ce qui concerne l'enseignement primaire et l'enseignement technique, « alors même que l'administration serait en tout état de cause tenue d'appliquer les dispositions législatives citées [art. L. 914-4 et L. 914-5], le moyen tiré de ce que l'article 3 du décret contesté méconnaît ces dispositions est de nature, en l'état de l'instruction, à créer un doute sérieux sur sa légalité ». S'agissant de l'enseignement secondaire général, « le moyen tiré de ce que l'article 3 serait, sur ce point, entaché d'incompétence est de nature à créer, en l'état de l'instruction, un doute sérieux sur sa légalité ». Le juge avait estimé, en outre, que le moyen tiré du caractère disproportionné et injustifié de la différence de traitement créée par le décret entre les Européens et les autres étrangers « est également de nature à faire naître un doute sérieux sur la légalité de l'article 3 du décret contesté ». • CE 19 nov. 2013, *Assoc. Sauvons l'université et a.*, n° 372834 : *préc.* ♦ Parce qu'il avait créé une interdiction générale et absolue d'accès des étrangers hors Union européenne à l'enseignement en tant que maîtres contractuels ou agréés dans les établissements privés, l'art. 3 du Décr. n° 2013-767 du 23 août 2013 relatif à la réforme du recrutement et de la formation des maîtres des établissements d'enseignement privés sous contrat est illégal. • CE 16 juill. 2014, *Assoc. Sauvons l'université et a.*, n° 372835 : *Lebon ; AJDA 2014. 1519*. ♦ Statuant au fond, le juge rappelait que les art. L. 914-4 et L. 914-5 fixaient, s'agissant respectivement de l'enseignement primaire et de l'enseignement technique dans les établissements privés, une condition de nationalité et ouvraient la possibilité d'y déroger par la voie d'autorisations individuelles. Le Conseil d'État a jugé que le pouvoir réglementaire ne pouvait donc légalement exclure la possibilité ouverte aux ressortissants des États non membres de l'Union européenne et non parties à l'accord sur l'Espace économique européen d'obtenir une autorisation individuelle leur permettant d'enseigner en tant que maîtres contractuels ou agréés dans les établissements d'enseignement primaire et d'enseignement technique privés sous contrat. Par suite, l'art. 3 du Décr. n° 2013-767 du 23 août 2013 est illégal en tant qu'il s'applique à l'enseignement primaire et à l'enseignement technique. • CE 16 juill. 2014, *Assoc. « Sauvons l'université » et a.*, n°s 372835, 372882 et 373024 : *préc.* ♦ Le législateur a codifié, parmi les dispositions propres aux personnels des établissements d'enseignement privé, celles qui fixent la condition de nationalité applicable à l'accès aux fonctions d'enseignement dans les établissements privés d'enseignement primaire et d'enseignement technique, qui figuraient respectivement aux art. L. 914-4 et L. 914-5. Aucun article de ce chapitre ne fixait de condition de nationalité applicable à l'accès aux fonctions d'enseignement dans les établissements privés d'enseignement secondaire général et professionnel. Ainsi, en regroupant les dispositions qui fixaient une condition de nationalité pour l'accès aux fonctions d'enseignement dans les établissements privés d'enseignement et les établissements privés d'enseignement technique, sans y ajouter aucune disposition fixant une condition de nationalité pour l'accès aux fonctions d'enseignement dans les établissements privés d'enseignement secondaire général et professionnel, le législateur a écarté l'application de toute condition de nationalité à l'accès à ces dernières fonctions. Le pouvoir réglementaire ne pouvait donc légalement exclure la possibilité ouverte aux ressortissants des États non membres de l'UE et non parties à l'EEE d'enseigner en tant que maîtres contractuels ou agréés dans les établissements d'enseignement secondaire général et professionnel privés. Par suite, l'art. 3 du Décr. n° 2013-767 du 23 août 2013 est illégal en tant qu'il s'applique à l'enseignement secondaire général et professionnel. • CE 16 juill. 2014, *Assoc. Sauvons l'université et a. : préc.*

Art. L. 914-4 *(L. n° 2018-266 du 13 avr. 2018, art. 3)* **Saisie en ce sens par une personne désireuse soit d'ouvrir ou de diriger un établissement d'enseignement scolaire privé, soit d'y enseigner, l'autorité de l'État compétente en matière d'éducation peut accorder des dérogations aux conditions fixées aux 2° à 4° du I de l'article L. 914-3, dans des conditions prévues par décret en Conseil d'État.**

Art. L. 914-5 *(L. n° 2018-266 du 13 avr. 2018, art. 3)* **Le fait de diriger un établissement privé d'enseignement scolaire en dépit d'une opposition formulée par les autorités compétentes ou sans remplir les conditions prescrites aux articles L. 441-1 et L. 914-3 est puni** *(L. n° 2021-1109 du 24 août 2021, art. 53)* **« d'un an d'emprisonnement et de 15 000 € d'amende ». La peine complémentaire d'interdiction de diriger un établissement scolaire et d'y enseigner, à titre définitif ou pour une durée de cinq ans au plus, est également encourue.**

Lorsque l'ouverture d'un établissement a fait l'objet d'une décision d'opposition, la peine d'amende prévue au premier alinéa du présent article ne peut être prononcée qu'après que cette décision est devenue définitive.

La peine de fermeture de l'établissement prévue à cet art., dans sa rédaction en vigueur à la date de publication de la L. n° 2021-1109 du 24 août 2021, demeure applicable aux infractions commises avant cette date (L. préc., art. 53).

Art. L. 914-6 **Toute personne attachée à l'enseignement** *(Ord. n° 2014-691 du 26 juin 2014, art. 20)* **« dans un » établissement d'enseignement privé du premier ou du second degré** *(Ord. n° 2014-691 du 26 juin 2014, art. 20)* **« qui n'est pas lié à l'État par contrat ou dans un » établissement d'enseignement supérieur privé peut, sur la plainte** *(Décr. n° 2012-16 du 5 janv. 2012, art. 7)* **« de l'autorité de l'État compétente en matière d'éducation », du représentant de l'État dans le département ou du ministère public,** *(Ord. n° 2014-691 du 26 juin 2014, art. 20)* **« faire l'objet d'une procédure disciplinaire » pour faute grave dans l'exercice de ses fonctions, inconduite ou immoralité ou lorsque son enseignement est contraire à la morale et aux lois ou, s'agissant**

d'un professeur d'un établissement d'enseignement supérieur privé, pour désordre grave occasionné ou toléré par lui dans son cours.

(Ord. n° 2014-691 du 26 juin 2014, art. 20) **« Après avis du conseil académique de l'éducation nationale réuni dans la formation prévue à l'article L. 234-2, le recteur d'académie peut lui infliger un blâme ou lui interdire » l'exercice de sa profession temporairement ou définitivement, sans préjudice des peines encourues pour crimes ou délits prévus par le code pénal et indépendamment des poursuites pénales prévues aux articles L. 731-11 et L. 731-12 du présent code. L'enseignant du premier degré privé est interdit de l'exercice de sa profession, soit dans la commune où il exerce, soit dans le département, selon la gravité de la faute commise.**

Le présent article est également applicable à tout chef d'établissement d'*(L. n° 2016-457 du 14 avr. 2016, art. 4)* **« enseignement du premier ou du second degré » privé ou d'enseignement technique privé** *(Ord. n° 2014-691 du 26 juin 2014, art. 20)* **« , ainsi qu'à toute personne attachée à la surveillance d'un établissement d'enseignement privé du premier ou du second degré ou d'enseignement supérieur privé ».**

Contrôle de la sanction infligée à un chef d'établissement. Aux termes de l'art. 68 de la loi sur l'enseignement du 15 mars 1850 : « Tout chef d'établissement libre d'enseignement secondaire, toute personne attachée à l'enseignement ou à la surveillance d'une maison d'éducation peut, sur la plainte du ministère public ou du recteur, être traduit pour cause d'inconduite ou d'immoralité, devant le conseil académique et être interdit de sa profession à temps ou à toujours, sans préjudice des peines encourues pour crimes et délits prévus par le code pénal ». En jugeant que le fait, pour un chef d'établissement, de laisser publier dans la revue du collège dont il assurait la direction, un article attaquant violemment les personnes de religion musulmane immigrées d'Afrique du Nord constituait un manquement aux obligations de sa charge entrant dans le champ des dispositions précitées, le Conseil supérieur de l'éducation n'a pas entaché sa décision d'une erreur de qualification juridique des faits. • CE 10 janv. 2000, *M. Massard*, n° 190041 : *Lebon T. 1023* ; *AJFP 2000, n° 6. 102, note Berguin* • CE 27 juin 1997, *M. Massard*, n° 2127 ; *AJFP 1998, n° 1. 37, obs. Mekhantar*. ♦ Ce faisant, le Conseil supérieur de l'éducation se livre à une appréciation souveraine des faits qu'il n'appartient pas au juge de cassation de contrôler. • CE 10 janv. 2000, *M. Massard : préc.*

CHAPITRE V DISPOSITIONS PROPRES AUX PERSONNELS DES ÉTABLISSEMENTS PUBLICS NATIONAUX

Le présent chapitre ne comprend pas de dispositions législatives.

CHAPITRE VI DISPOSITIONS RELATIVES AUX ASSISTANTS D'ÉDUCATION

(L. n° 2003-400 du 30 avr. 2003, art. 2)

BIBL. GÉN. ▶ BLANCHET et LAWSON, Les conditions d'intervention des assistants d'éducation exerçant les fonctions d'auxiliaire de vie scolaire pour l'intégration des élèves handicapés, *LIJ 2004, n° 87*. – LEGRAND, La fin des « pions », *AJDA 2003. 1265*.

▶ **Sur les auxiliaires de vie scolaire :** KOMITES, Professionnaliser les accompagnants pour la réussite des enfants et adolescents en situation de handicap, *Rapport au ministre, avr. 2013*. – DE MONTECLER, Des contrats à durée indéterminée pour les auxiliaires de vie scolaire, *AJDA 2013. 1658*.

COMMENTAIRE

Le chapitre VI comprend deux articles (art. L. 916-1 et L. 916-2) issus de la loi n° 2003-400 du 30 avril 2003 relative aux assistants d'éducation (AE). L'article 124 de la loi de finances n° 2013-1278 du 29 décembre 2013 a ajouté un chapitre VII comprenant l'article L. 917-1 et consacré aux accompagnants des élèves en situation de handicap. Si, dans un premier temps, les assistants d'éducation pouvaient assurer cet accompagnement, il y a désormais deux activités différentes, régies par deux décrets auxquels renvoient les articles D. 916-1 pour les uns (Décr. n° 2003-484 du 6 juin 2003 fixant les conditions de recrutement et d'emploi des assistants d'éducation) et D. 916-2 pour les autres (Décr. n° 2014-724 du 27 juin 2014 relatif aux conditions de recrutement et d'emploi des accompagnants des élèves en situation de handicap).

Prenant la suite des aides éducateurs (contractuels de droit privé) et relayant les « pions » (MI/SE, maîtres d'internat et surveillant d'externat, agents publics non titulaires), les assistants d'éducation (AE) sont recrutés par ***contrat d'une durée maximale de trois ans, renouvelable dans la limite d'une période d'engagement totale de six ans*** (art. L. 916-1, al. 5) ; si la loi ne précise pas la nature du contrat, il s'agit par principe d'un ***contrat de droit public*** permettant aux AE de participer à une mission de service public, le droit privé ne s'appliquant que si la loi le prévoit expressément. Une période d'essai peut être stipulée pour le seul premier contrat (CE 26 nov. 2012, n° 347575).

Le contrat est conclu par les établissements d'enseignement dotés de la personnalité morale (essentiellement les EPLE), que les AE exercent leurs fonctions dans l'établissement qui les a recrutés ou interviennent, compte tenu des besoins appréciés par l'autorité administrative, dans un ou plusieurs autres établissements ou écoles (l'absence de personnalité juridique des écoles imposant ce détour peu conforme au principe de spécialité des établissements). Ils sont alors recrutés par un établissement mutualisateur avec possibilité pour les directeurs d'école de participer à la procédure de recrutement (art. L. 916-1, al. 4). Le contrat précise qu'ils exercent à temps complet ou à temps partiel. Les établissements disposent de crédits que l'autorité académique a dû répartir sur la base de critères objectifs et rationnels (Cons. const. 24 avr. 2003, *Loi relative aux assistants d'éducation*, n° 2003-471 DC), ce qui peut inclure un traitement favorable des établissements en zone d'éducation prioritaire comme de ceux qui développent l'intégration des élèves en situation de handicap. Le conseil d'administration délibère sur le projet de recrutement qui fixe notamment le nombre d'assistants à recruter et la quotité de leur service consacrée à l'établissement ; les candidatures sont rassemblées par les services académiques ; la loi donne priorité aux étudiants boursiers, sous réserve qu'ils aient des aptitudes égales (Cons. const. 24 avr. 2003, *Loi relative aux assistants d'éducation*, n° 2003-471 DC). Dans la mesure où les assistants d'éducation participent à l'action éducative, les actes qui les concernent sont soumis au seul pouvoir d'annulation de l'autorité académique (CE 25 avr. 2007, n° 289041 ; à propos d'une délibération qui écarte par principe le recrutement des assistants d'éducation et pour les contrats qui ne sont pas assimilables aux conventions qui peuvent être déférées au tribunal administratif par le représentant de l'État, V. art. L. 421-14, I).

Initialement, il était prévu qu'ils exercent des fonctions d'assistance à l'équipe éducative en lien avec le projet d'établissement, notamment pour ***l'encadrement et la surveillance des élèves*** (art. L. 916-1, al. 1er, L. n° 2011-1977 du 28 déc. 2011, art. 128). Ils pouvaient aussi assurer « l'aide à l'inclusion scolaire des élèves handicapés » (fonction confiée aux AESH depuis 2013, V. art. L. 917-5). Ils doivent alors être titulaires du baccalauréat ou d'un diplôme équivalent (avec priorité pour les étudiants se destinant aux carrières de l'éducation, notamment pour le soutien et l'accompagnement). Ils peuvent ainsi exercer dans les écoles, collèges ou lycées, pendant ou en dehors du temps scolaire sur la base de 1 600 heures annuelles, des fonctions d'assistance à l'équipe éducative stipulées dans le contrat. Ils peuvent assurer l'encadrement et la surveillance des élèves, notamment en internat, leur assurer un soutien et un accompagnement pédagogique, leur apporter une aide au travail personnel, contribuer à animer la bibliothèque ou les diverses activités artistiques, culturelles ou sportives, ou permettre une meilleure utilisation des nouvelles technologies. Le décret n° 2012-1000 du 27 août 2012 ajoute la participation aux actions de prévention et de sécurité au sein de l'établissement. L'article 13 du décret n° 2014-724 du 27 juin 2014 qui crée un article 7 *bis* au décret n° 2003-484 du 6 juin 2003 fixant les conditions de recrutement et d'emploi des assistants d'éducation permet aux assistants d'éducation d'assurer le remplacement temporaire d'un personnel enseignant ou d'éducation, ou de faire face à une vacance temporaire d'emploi d'enseignement. Les assistants d'éducation peuvent également être mis à disposition des collectivités territoriales pour les activités complémentaires ou en dehors du temps scolaire (art. L. 916-2, qui prévoit alors la conclusion d'une convention).

Allant plus loin, l'article 49 de la loi du 26 juillet 2019 pour une école de la confiance a décidé de confier progressivement aux assistants d'éducation des fonctions de ***soutien, d'accompagnement puis d'éducation et d'enseignement***. Cette mesure qui a pu être critiquée comme un retour aux expédients précaires s'inscrit dans le cadre de la réforme de la formation initiale confiée aux instituts nationaux supérieurs du professorat et de l'éducation (INSPÉ) qui doit renforcer la pratique dans les établissements et les classes ; aussi cette possibilité est-elle réservée à ceux et celles qui se destinent aux métiers de l'enseignement et de l'éducation et sont inscrits dans une formation dispensée par un établissement d'enseignement supérieur délivrant un diplôme préparant au concours d'accès aux corps des personnels enseignants ou d'éducation (art. L. 916-1, al. 2). Ce dispositif qui doit *remplacer celui des étudiants apprentis professeurs* a aussi un objectif social dans la mesure où il est destiné à bénéficier en priorité à des étudiants boursiers (sous réserve de son application « à aptitudes égales », Cons. const. 24 avr. 2003, n° 2003-471 DC), avec cumul possible à la différence des apprentis. Les conditions dans lesquelles les assistants d'éducation peuvent exercer des fonctions pédagogiques, d'enseignement ou d'éducation ont été précisées par le décret n° 2019-981 du 24 septembre 2019 créant les contrats de préprofessionnalisation d'une durée de trois ans au bénéfice des assistants d'éducation ; recrutés par le recteur d'académie en liaison avec les établissements d'enseignement supérieur parmi les étudiants ayant acquis au minimum 60 ECTS (European Credits Transfer System) sur la base d'une durée hebdomadaire de présence en établissement ou en école de 8 heures ; un accompagnement continu est organisé (V. Circ. n° 2019-156 du 6 nov. 2019, BOEN 7 nov., n° 41).

L'administration doit assurer une formation d'adaptation à l'emploi sur le temps de service des assistants d'éducation qui peuvent en outre bénéficier d'un crédit d'heures pour leur formation universitaire ou professionnelle. L'obligation de formation qui incombe à l'employeur pour assurer durablement l'insertion professionnelle du bénéficiaire du contrat aidé peut être satisfaite par une formation dispensée en interne, comme l'initiation à l'informatique, la préparation du C2I, ou le tutorat assuré par le chef d'établissement (Soc. 28 juin 2018, n°s 15-19.007 et 17-17.842). A l'issue de leur contrat, les assistants d'éducation peuvent demander à faire valider l'expérience acquise dans les conditions définies par le code du travail (art. L. 916-1, al. 3). ❑

Art. L. 916-1 *(L. n° 2011-1977 du 28 déc. 2011, art. 128)* **« Des assistants d'éducation peuvent être recrutés par les établissements d'enseignement mentionnés au chapitre II du titre Ier et au titre II du livre IV pour exercer des fonctions d'assistance à l'équipe éducative en lien avec le projet d'établissement, notamment pour l'encadrement et la surveillance des élèves.**

(L. n° 2019-791 du 26 juill. 2019, art. 49) **« Les assistants d'éducation inscrits dans une formation dispensée par un établissement d'enseignement supérieur délivrant un diplôme préparant au concours d'accès aux corps des personnels enseignants ou d'éducation peuvent se voir confier progressivement des fonctions de soutien, d'accompagnement, d'éducation et d'enseignement. »**

A l'issue de leur contrat, les assistants d'éducation peuvent demander à faire valider l'expérience acquise dans les conditions définies par les articles *(L. n° 2015-994 du 17 août 2015, art. 18)* **« L. 2323-10 »** *(Ord. n° 2008-1304 du 11 déc. 2008, art. 1er)* **« , L. 6111-1, L. 6311-1, L. 6411-1 et L. 6422-1** *[V. ces art. ss. l'art. L. 122-7]* **du code du travail ».**

Les assistants d'éducation peuvent exercer leurs fonctions dans l'établissement qui les a recrutés, dans un ou plusieurs autres établissements ainsi que, compte tenu des besoins appréciés par l'autorité administrative, dans une ou plusieurs écoles. Dans ce dernier cas, les directeurs d'école peuvent participer à la procédure de recrutement.

Les assistants d'éducation sont recrutés par des contrats d'une durée maximale de trois ans, renouvelables dans la limite d'une période d'engagement totale de six ans.

Le dispositif des assistants d'éducation est destiné à bénéficier en priorité à des étudiants boursiers.

Les conditions d'application du présent article sont fixées par décret pris après avis du *(L. n° 2010-751 du 5 juill. 2010, art. 35)* **« comité technique » ministériel du ministère chargé de l'éducation.** *(L. n° 2019-791 du 26 juill. 2019, art. 49)* **« Ce décret précise les droits reconnus aux assistants d'éducation au titre des articles L. 970-1 à L. 970-4 du même code, les modalités d'aménagement de leur temps de travail, en particulier pour ceux qui sont astreints à un service de nuit, ainsi que les conditions dans lesquelles les assistants d'éducation mentionnés au deuxième alinéa du présent article peuvent exercer des fonctions pédagogiques, d'enseignement ou d'éducation. » Il peut déroger, dans la mesure justifiée par la nature de leurs missions, aux dispositions**

générales prises pour l'application de l'article 7 de la loi n° 84-16 du 11 janvier 1984 portant dispositions statutaires relatives à la fonction publique de l'État *[V. C. fonct. publ.]*.

Sur les conditions de recrutement et d'emploi des assistants d'éducation, V. ci-dessous Décr. n° 2003-484 du 6 juin 2003.

BIBL. ▶ LEGRAND, *AJDA 2003. 1265* (la fin des « pions »).

1. Conformité à la Constitution. Ces dispositions, qui définissent les conditions de recrutement des assistants d'éducation, ne créent, par elles-mêmes, aucune rupture d'égalité entre les établissements d'enseignement public. Il appartiendra toutefois aux autorités administratives compétentes de répartir les crédits relatifs aux assistants d'éducation entre les établissements selon des critères objectifs et rationnels liés à leurs besoins de telle sorte que ne soient pas remises en cause les exigences du treizième alinéa du Préambule de la Constitution de 1946. • Cons. const. 24 avr. 2003, *Loi relative aux assistants d'éducation*, n° 2003-471 DC.

2. Nature de la mission confiée. Il résulte de la combinaison des dispositions de l'art. L. 916-1 et de l'art. 1er du Décr. n° 2003-484 du 6 juin 2003 fixant les conditions de recrutement et d'emploi des assistants d'éducation que ces derniers participent à l'action éducatrice. • CE 25 avr. 2007, n° 289041 B : *LIJ 2007, n° 117, p. 7 ; AJDA 2007. 2047, note Legrand* . ♦ Le juge considère que l'aide individuelle aux élèves handicapés peut être apportée par un assistant d'éducation recruté par l'inspecteur d'académie mais n'exclut pas qu'elle puisse l'être par d'autres personnes recrutées selon des modalités différentes. Toutefois, si l'aide individuelle nécessaire à l'enfant handicapé ne comporte pas de soutien pédagogique, ces assistants peuvent être recrutés sans condition de diplôme et reçoivent une formation adaptée ; à l'inverse, si l'aide apportée à l'élève est de nature pédagogique, l'auxiliaire de vie scolaire chargé de ce soutien doit être un assistant d'éducation titulaire d'un diplôme ou d'une expérience professionnelle reconnue. • CAA Bordeaux, 10 juill. 2012, n° 11BX01427 : *AJDA 2012. 2201* .

3. Priorité en faveur des étudiants boursiers. En raison de la mission confiée aux assistants d'éducation, qui occupent des « places et emplois publics » au sens de l'art. 6 de la Déclaration de 1789, il appartient aux chefs d'établissement de fonder leurs décisions de recrutement sur la capacité des intéressés à satisfaire les besoins de l'établissement. Il était loisible au législateur d'instituer une priorité en faveur des étudiants boursiers sous réserve que celle-ci s'applique à aptitudes égales. • Cons. const. 24 avr. 2003, n° 2003-471 DC, *Loi relative aux assistants d'éducation*.

4. Cumul d'emplois. La direction des affaires juridiques a été interrogée sur la possibilité pour un assistant d'éducation (AED) ou le bénéficiaire d'un contrat unique d'insertion-contrat d'accompagnement dans l'emploi (CUI-CAE), dans le cadre de l'accompagnement des élèves en situation de handicap, de cumuler son emploi avec un autre, notamment dans le secteur privé. Il a été répondu que, s'agissant des CUI-CAE, cet emploi est cumulable avec une autre activité professionnelle, si cela n'entraîne pas un dépassement de la durée légale du travail (10 h. sur une journée, 48 h. sur une semaine et 44 h., en moyenne, sur 12 semaines consécutives, selon les art. L. 3121-34 à L. 3121-36 C. trav.). Mais, dans la mesure où ce type de contrat s'adresse aux personnes ayant des difficultés à trouver un emploi, la délégation générale à l'emploi et à la formation professionnelle a précisé que le cumul d'activités doit rester exceptionnel, mais n'a pas précisé par quel moyen le limiter. S'agissant des AED, qui exercent généralement à temps incomplet, le cumul envisagé apparaît également juridiquement possible. La direction rappelle toutefois que le dispositif étant destiné à bénéficier en priorité à des étudiants boursiers, le cumul envisagé pourra être admis, à titre exceptionnel, sous réserve de sa compatibilité à la fois avec les obligations de service de l'agent et avec les dispositions législatives et réglementaires en vigueur. * Note DAJ A2, 16 déc. 2013, n° 2013-0203 : *LIJ 2014, n° 182, p. 23.*

5. Mission hors temps scolaire. Prise en charge financière. Revenant sur une position antérieurement admise (CE 20 avr. 2001, n° 345434 : *AJDA 2011. 1520 ; LIJ 2001, n° 157, p. 6*), le Conseil d'État a jugé qu'il n'incombe pas à l'État d'assurer la prise en charge financière du coût de l'accompagnant chargé d'assister cet enfant lorsque ce dernier intervient en dehors du temps scolaire, notamment lors des temps d'accueil du matin ou du soir et des temps d'activités périscolaires. • CE, sect., 20 nov. 2020, n° 422248 A : *AJDA 2020. 2285 ; RDSS 2021. 179, obs. Dagorne-Labbe ; LIJ 2021, n° 213, p. 5.*

6. Contrat. Renouvellement. Absence. Recours. Recours, contre le non-renouvellement de son contrat, d'un agent recruté en qualité d'aide éducatrice pendant 5 ans puis, sur la base de plusieurs contrats à durée déterminée conclus dans la continuité de ce premier CDD, en qualité d'assistante d'éducation pendant 6 ans. Le juge rejette le recours estimant qu'il résulte des dispositions de l'art. L. 916–1 C. éduc. que le législateur a entendu, d'une part, limiter à 6 ans la durée maximale de l'engagement des assistants d'éducation, d'autre part, confier ces emplois en priorité aux étudiants. • TA Saint-Denis de la Réunion, 9 déc. 2010, n° 1000466 : *AJFP 2011. 186*.

7. Recrutement. Conditions. Aide à l'utilisation des nouvelles technologies. Un recteur souhaitait avoir des précisions sur le statut des agents recrutés par des collèges en vue d'assurer des missions d'aide à l'utilisation des TIC. La prise en charge financière de ces agents devait faire l'objet d'un concours financier du département, collectivité de rattachement, dans le cadre de l'opération locale « Un collégien, un ordinateur portable ». Il souhaitait savoir si ces agents avaient bien la qualité d'assistants d'éducation et si leurs contrats d'engagement étaient conformes au dispositif réglementaire. Il a été répondu que les aides éducateurs pouvaient se voir ainsi confier des fonctions tendant à faciliter l'utilisation des nouvelles technologies, comprenant l'utilisation des ordinateurs et la maintenance des équipements nécessaires (V. Circ. n° 97-263 du 16 déc. 1997 relative à la mise en œuvre du dispositif emplois jeunes). Il est néanmoins précisé que ces tâches d'administration du réseau et du parc, qui constituent des fonctions spécialisées, ne doivent pas représenter l'essentiel de leurs missions, rapportées à celles d'assistance aux enseignants et aux élèves. S'agissant du financement, il est précisé qu'une collectivité territoriale peut participer au financement d'emplois d'assistants d'éducation dans les conditions définies à l'art. L. 216-13, mais uniquement pour ce qui concerne les missions relevant de sa compétence (activités complémentaires ou activités périscolaires). * Lettre DAJ A2 n° 2013-0079 du 7 mai 2013 : *LIJ 2013, n° 177, p. 26.*

Décret n° 2003-484 du 6 juin 2003,

Fixant les conditions de recrutement et d'emploi des assistants d'éducation.

Art. 1er Les assistants d'éducation accomplissent, en application de l'article L. 916-1 et du premier alinéa de l'article L. 916-2 du code de l'éducation susvisé, dans les établissements d'enseignement et les écoles, sous la direction des autorités chargées de l'organisation du service, les fonctions suivantes :

1° Encadrement et surveillance des élèves dans les établissements ou les écoles, y compris le service d'internat, et, en dehors de ceux-ci, dans le cadre d'activités nécessitant un accompagnement des élèves ;

(Décr. n° 2005-1194 du 22 sept. 2005, art. 1er) « 2° Appui aux personnels enseignants pour le soutien et l'accompagnement pédagogiques ;

3° *Abrogé par Décr. n° 2014-724 du 27 juin 2014, art. 13 ;*

« 4° Aide à l'utilisation des nouvelles technologies ; »

(Décr. n° 2008-316 du 4 avr. 2008, art. 2) « 5° Participation à toute activité éducative, sportive, sociale, artistique ou culturelle complémentaire aux enseignements ;

« 6° Participation à l'aide aux devoirs et aux leçons ; »

(Décr. n° 2012-1000 du 27 août 2012, art. 1er) « 7° Participation aux actions de prévention et de sécurité conduites au sein de l'établissement. »

Le contrat précise les fonctions pour lesquelles l'assistant d'éducation est recruté ainsi que les établissements ou les écoles au sein desquels il exerce.

Art. 2 Le travail des assistants d'éducation se répartit, dans le respect de la durée annuelle de référence prévue à l'article 1er du décret du 25 août 2000 susvisé *[n° 2000-815 relatif à l'aménagement et à la réduction du temps de travail dans la fonction publique de l'État]*, sur une période d'une durée minimale de trente-neuf semaines et d'une durée maximale de quarante-cinq semaines.

Le service de nuit correspondant à la période, fixée par le règlement intérieur de l'établissement, qui s'étend du coucher au lever des élèves, est décompté forfaitairement pour trois heures.

(Décr. n° 2008-316 du 4 avr. 2008, art. 3) « Le travail au cours d'une année scolaire des assistants d'éducation recrutés pour consacrer tout ou partie de leur temps aux fonctions prévues au 2° de l'article 1er se répartit sur une période d'une durée maximale de trente-six semaines. Le service de ces personnels peut comporter un temps de préparation des interventions auprès des élèves, dont le volume est déterminé par l'autorité chargée de l'organisation du service, à concurrence d'un maximum annuel de deux cents heures pour un temps plein. »

Art. 3 Les candidats aux fonctions d'assistant d'éducation doivent être titulaires du baccalauréat, ou d'un titre ou diplôme de niveau IV au sens de l'article L. 335-6 du code de l'éducation susvisé, ou d'un titre ou diplôme de niveau égal ou supérieur.

(Décr. n° 2005-1194 du 22 sept. 2005, art. 3) « Les candidats aux fonctions mentionnées au 2° de l'article 1er sont recrutés prioritairement parmi les étudiants se destinant aux carrières de

l'enseignement. Ils doivent être titulaires soit d'un titre ou diplôme sanctionnant au moins deux années d'études après le baccalauréat, ou de niveau III au sens de l'article L. 335-6 du code de l'éducation susvisé, soit d'un autre titre ou diplôme de niveau égal ou supérieur. »

(Décr. n° 2012-1000 du 27 août 2012, art. 2) « Les candidats aux fonctions mentionnées au 7° de l'article 1er doivent être titulaires d'un titre ou diplôme de niveau III. »

Les assistants d'éducation exerçant dans un internat doivent être âgés de vingt ans au moins.

Pour un motif de bonne administration, sont exclues du champ d'application du droit des usagers de saisir l'administration par voie électronique les demandes relatives aux recrutements et aux candidatures des assistants d'éducation (Décr. n° 2015-1410 du 5 nov. 2015).

Art. 4 Les assistants d'éducation peuvent être recrutés à temps complet ou à temps incomplet.

Art. 5 Par dérogation aux dispositions *(Décr. n° 2019-981 du 24 sept. 2019, art. 1er)* « de l'article 10 du décret n° 2007-1942 du 26 décembre 2007 relatif à la formation professionnelle des agents non titulaires de l'État et de ses établissements publics et des ouvriers affiliés au régime des pensions résultant du décret n° 2004-1056 du 5 octobre 2004 », les assistants d'éducation peuvent bénéficier d'un crédit d'heures leur permettant de disposer du temps nécessaire à leur formation universitaire ou professionnelle. Le volume maximum d'heures pouvant être attribué à ce titre, qui est fonction de la quotité de service de l'assistant d'éducation, est déterminé par référence à un volume annuel de deux cents heures maximum pour un temps plein. Ce crédit d'heures est attribué, sur demandes formulées par les assistants d'éducation, par l'autorité qui les recrute.

Ils peuvent en sus bénéficier d'autorisations d'absence donnant lieu à compensation de service attribuées dans les mêmes conditions.

Art. 6 Les assistants d'éducation suivent une formation d'adaptation à l'emploi, incluse dans le temps de service effectif, dans les conditions fixées par l'autorité qui les recrute.

Art. 7 La rémunération des assistants d'éducation est fixée par arrêté conjoint des ministres chargés du budget, de l'éducation et de la fonction publique.

Sur le montant de la rémunération des assistants d'éducation, V. Arr. du 6 juin 2003.

Art. 7 *bis* *(Décr. n° 2014-724 du 27 juin 2014, art. 13)* Le contrat de l'assistant d'éducation peut être suspendu avec son accord pour lui permettre d'être recruté temporairement en qualité de professeur ou de personnel d'éducation contractuel selon les modalités fixées par le décret n° 81-535 du 12 mai 1981 modifié relatif au recrutement de professeurs contractuels *(V. ce Décr., App., v° Statuts particuliers)* pour assurer le remplacement d'un fonctionnaire ou pour faire face à une vacance temporaire d'emploi conformément aux dispositions de l'article 6 *quater* ou de l'article 6 *quinquies* de la loi du 11 janvier 1984 susvisée *[n° 84-16, V. **C. fonct. publ.**]*.

La durée de la suspension est limitée à celle de l'exercice des fonctions d'enseignement ou d'éducation.

Pendant cette période, l'intéressé bénéficie d'un congé sans traitement dont la durée ne peut excéder le terme de son contrat d'assistant d'éducation.

A l'issue de son engagement en qualité de professeur ou de personnel d'éducation contractuel, l'agent est réemployé sur son précédent emploi jusqu'au terme de son contrat d'assistant d'éducation.

Le temps de service de professeur ou de personnel d'éducation contractuel n'est pas pris en compte dans le calcul de la durée maximale de services fixée au quatrième alinéa de l'article L. 916-1 du code de l'éducation susvisé.

(Décr. n° 2019-981 du 24 sept. 2019, art. 2) « Les dispositions de cet article ne s'appliquent pas aux assistants d'éducation recrutés conformément à l'article 7 *ter*. »

Art. 7 *ter* *(Décr. n° 2019-981 du 24 sept. 2019, art. 3)* Les étudiants ayant acquis 60 crédits ECTS dans le cadre d'une licence à la rentrée scolaire de la signature du contrat et justifiant d'une inscription en licence peuvent être recrutés en qualité d'assistants d'éducation dans le cadre d'un contrat de préprofessionnalisation. Ils sont recrutés et interviennent dans les conditions fixées dans le présent article.

Les assistants d'éducation recrutés dans le cadre de ces contrats ont le projet de s'inscrire dans une formation dispensée par un établissement d'enseignement supérieur délivrant un diplôme national de master préparant au concours d'accès aux corps des personnels enseignants ou d'éducation.

A l'issue d'une procédure de sélection organisée sous l'autorité du recteur, en collaboration avec les établissements d'enseignement supérieur concernés, le contrat est conclu pour une durée de trois ans. Le renouvellement du contrat tient compte de l'assiduité et de la progression au sein du cursus universitaire de l'assistant d'éducation.

L'assistant d'éducation recruté dans le cadre d'un contrat de préprofessionnalisation exerce progressivement et prioritairement des fonctions à caractère pédagogique. Outre les missions énumérées aux 2° à 6° de l'article 1er, l'assistant d'éducation inscrit dans une formation dispensée par un établissement d'enseignement délivrant un diplôme national de master supérieur préparant au concours d'accès aux corps des personnels enseignants ou d'éducation exerce également des fonctions d'enseignement et d'éducation.

Par dérogation au troisième alinéa de l'article 2, le service des assistants d'éducation ayant conclu un contrat de préprofessionnalisation s'établit à huit heures de présence hebdomadaire en établissement ou en école pendant trente-neuf semaines. Dans les écoles, le temps de présence hebdomadaire peut être aménagé pour tenir compte de l'organisation des enseignements, sans pouvoir excéder 312 heures annuelles.

Par dérogation à l'article 5, le crédit d'heures octroyé aux assistants d'éducation ayant conclu un contrat de préprofessionnalisation est de :

— 597 heures pour les étudiants ayant acquis 60 crédits ECTS dans le cadre d'une licence et justifiant d'une inscription en licence à la rentrée scolaire de la signature du contrat ;

— 808 heures pour les étudiants ayant acquis 120 crédits ECTS dans le cadre d'une licence et justifiant d'une inscription en licence ;

— 827 heures pour les étudiants justifiant d'une inscription dans une formation dispensée par un établissement d'enseignement supérieur délivrant un diplôme préparant au concours d'accès aux corps des personnels enseignants ou d'éducation.

Les assistants d'éducation ayant conclu un contrat de préprofessionnalisation disposent d'un accompagnement continu au sein de l'établissement scolaire d'affectation et de l'établissement d'enseignement supérieur dans lequel ils sont inscrits.

Les assistants d'éducation ayant conclu un contrat de préprofessionnalisation sont tenus de respecter une obligation d'assiduité aux enseignements dispensés dans le cadre de leurs études universitaires. Ils informent le chef d'établissement des crédits ECTS obtenus chaque année.

Tout manquement au respect des obligations mentionnées à l'alinéa précédent constitue un motif de rupture du contrat. Le contrat peut également être rompu si l'assistant d'éducation ne justifie pas de l'obtention de 120 crédits ECTS à l'issue des deux premières années de contrat.

Art. L. 916-2 Les assistants d'éducation peuvent être mis à la disposition des collectivités territoriales pour participer aux activités complémentaires prévues à l'article L. 216-1 ou aux activités organisées en dehors du temps scolaire dans les écoles et les établissements d'enseignement conformément à l'article L. 212-15.

Une convention conclue entre la collectivité intéressée et l'établissement employeur dans les conditions prévues à l'article L. 216-1 précise les conditions de cette mise à disposition.

Objectif. Cet art. se borne à permettre aux assistants d'éducation de participer, en dehors des missions pour lesquelles ils ont été recrutés, à des activités organisées par les collectivités territoriales, qu'il s'agisse des activités éducatives, sportives et culturelles complémentaires prévues, dans le cadre du temps scolaire, par l'art. L. 216-1 C. éduc. ou des activités à caractère culturel, sportif, social ou socio-éducatif organisées, en dehors du temps scolaire, dans les conditions prévues par l'art. L. 212-15. Cet art. n'a ainsi ni pour objet ni pour effet de permettre aux collectivités territoriales de financer des emplois d'assistants d'éducation pour exercer les missions incombant à l'État. Cet art. ne méconnaît par ailleurs ni le treizième alinéa du Préambule de la Constitution de 1946, ni le principe d'égalité. • Cons. const. 24 avr. 2003, *Loi relative aux assistants d'éducation*, n° 2003-471 DC : *Rec. Cons. const. 364 ; JO 2 mai, p. 7641.*

CHAPITRE VII DISPOSITIONS SPÉCIFIQUES RELATIVES AUX ACCOMPAGNANTS DES ÉLÈVES EN SITUATION DE HANDICAP

(L. n° 2013-1278 du 29 déc. 2013, art. 124)

Art. L. 917-1 Des accompagnants des élèves en situation de handicap peuvent être recrutés pour exercer des fonctions d'aide à l'inclusion scolaire de ces élèves, y com-

pris en dehors du temps scolaire. Ils sont recrutés par l'État, par les établissements d'enseignement mentionnés au chapitre II du titre Ier et au titre II du livre IV de la deuxième partie ou par les établissements mentionnés à l'article L. 442-1. Lorsqu'ils sont recrutés par ces établissements, leur recrutement intervient après accord du directeur académique des services de l'éducation nationale.

Des accompagnants des élèves en situation de handicap peuvent également être recrutés pour exercer des fonctions d'accompagnement auprès des étudiants en situation de handicap inscrits dans les établissements d'enseignement supérieur mentionnés aux titres Ier, II, IV et V du livre VII de la troisième partie du présent code et pour lesquels une aide a été reconnue nécessaire par la commission mentionnée à l'article L. 146-9 du code de l'action sociale et des familles.

Ils peuvent exercer leurs fonctions dans l'établissement qui les a recrutés, dans un ou plusieurs autres établissements ainsi que, compte tenu des besoins appréciés par l'autorité administrative, dans une ou plusieurs écoles. Dans ce dernier cas, les directeurs d'école peuvent participer à la procédure de recrutement.

(L. nº 2019-791 du 26 juill. 2019, art. 25) « L'autorité compétente de l'État en matière d'éducation et les collectivités territoriales peuvent s'associer par convention en vue du recrutement commun d'accompagnants des élèves en situation de handicap. » Ils peuvent être mis à la disposition des collectivités territoriales dans les conditions prévues à l'article L. 916-2 du présent code.

Les accompagnants des élèves en situation de handicap bénéficient d'une formation spécifique pour l'accomplissement de leurs fonctions, mise en œuvre en collaboration avec les associations d'aide aux familles d'enfants en situation de handicap. Ils peuvent demander à faire valider l'expérience acquise dans les conditions définies aux articles *(L. nº 2015-994 du 17 août 2015, art. 18)* « L. 2323-10 », L. 6111-1, L. 6311-1, L. 6411-1 et L. 6422-1 du code du travail. *(L. nº 2019-791 du 26 juill. 2019, art. 25)* « Leur formation professionnelle continue est fixée conformément à un référentiel national et adaptée à la diversité des situations des élèves accueillis dans les écoles et établissements d'enseignement. Un arrêté du ministre chargé de l'éducation nationale précise le cahier des charges des contenus de la formation continue spécifique concernant la prise en charge des enfants en situation de handicap.

« Ils sont recrutés par contrat d'une durée de trois ans, renouvelable une fois. » Lorsque l'État conclut un nouveau contrat avec une personne ayant exercé pendant six ans en qualité d'accompagnant des élèves en situation de handicap en vue de poursuivre ces missions le contrat est à durée indéterminée. Pour l'appréciation de la durée des six ans, les services accomplis à temps incomplet et à temps partiel sont assimilés à des services à temps complet. Les services accomplis de manière discontinue sont pris en compte, sous réserve que la durée des interruptions n'excède pas quatre mois.

Les services accomplis en qualité d'assistant d'éducation pour exercer des fonctions d'aide à l'inclusion scolaire des élèves en situation de handicap sont assimilés à des services accomplis en qualité d'accompagnant des élèves en situation de handicap.

Les accompagnants des élèves en situation de handicap sont régis par les dispositions réglementaires générales applicables aux agents contractuels de l'État prises pour l'application de l'article 7 de la loi nº 84-16 du 11 janvier 1984 portant dispositions statutaires relatives à la fonction publique de l'État, sous réserve de dérogations prévues par le décret mentionné au dernier alinéa du présent article.

(L. nº 2019-791 du 26 juill. 2019, art. 25) « Dans chaque département, le directeur académique des services de l'éducation nationale désigne, parmi les accompagnants des élèves en situation de handicap répondant à des critères d'expérience fixés par arrêté, un ou plusieurs référents chargés de fournir à d'autres accompagnants des élèves en situation de handicap un appui dans leurs missions auprès des élèves en situation de handicap. »

Les conditions d'application du présent article sont fixées par décret, pris après avis du comité technique ministériel du ministère chargé de l'éducation nationale.

Sur les conditions de recrutement et d'emploi des accompagnants des élèves en situation de handicap, V. ci-dessous Décr. nº 2014-724 du 27 juin 2014.

COMMENTAIRE

L'article L. 917-1 consacré aux accompagnants des élèves en situation de handicap (AESH) est issu de l'article 124 de la loi de finances n° 2013-1278 du 29 décembre 2013 adoptée après plusieurs années de combat des associations de parents d'enfants handicapés.

Sur cette base, le décret n° 2014-724 du 27 juin 2014 a fixé les conditions de leur recrutement et de leur emploi posant ainsi les premiers linéaments de leur ***professionnalisation*** (exigence d'un diplôme professionnel, possibilité de CDI) préconisée par le rapport Pénélope Komites (juin 2013).

Avant même l'adoption de la loi pour « une école de la confiance » du 26 juillet 2019 dont l'un des objectifs est le renforcement de la « scolarisation inclusive » la circulaire n° 2019-090 du 5 juin 2019 relative au cadre de gestion des AESH exprime la volonté de consolider leur place dans la communauté éducative qui « « dans le cadre d'une école inclusive, (elle) fonde sa cohésion sur la complémentarité des expertises » (art. L. 111-3, al. 2, mod. par l'art. 25 de la L. du 26 juill. 2019), leur intégration dans les équipes (équipe de suivi de la scolarisation, art. L. 112-2, al. 1er mod. par l'art. 25, 2° de la L. du 26 juill. 2019), leur participation aux échanges avec les autres personnels et les familles (avec lesquelles ils auront un entretien au moment de leur prise de fonction (art. L. 351-4, mod. par l'art. 25 de la L. du 26 juill. 2019). Elle a en outre donné une base légale à l'institution auparavant expérimentée des « pôles inclusifs d'accompagnement localisés » (PIAL) qui ont pour objet la coordination des moyens d'accompagnement humain au sein des écoles et établissements scolaires de l'enseignement public et de l'enseignement privé sous contrat (art. L. 351-3, al. 2, mod. par l'art. 25, 4° de la L. du 26 juill. 2019).

Les fonctions d'aide à l'inclusion scolaire des élèves en situation de handicap ou souffrant de troubles de santé invalidant ont pu être confiées à des assistants d'éducation ou assistants de vie scolaire (AVS) devenus accompagnants des élèves en situation de handicap (AESH). Ils assurent un accompagnement collectif (AESH-Co, notamment dans les classes spécialisées, ULIS) ou apportent une aide individuelle à un élève scolarisé en classe ordinaire (AESH-I) ou à plusieurs élèves (AESH-M, mutualisé). Leur intervention peut se prolonger en dehors du temps scolaire (art. L. 917-1, L. n° 2013-1278 du 29 déc. 2013, art. 12 ; sur les missions des AESH, V. Circ. du 3 mai 2007). Dans l'enseignement supérieur, des accompagnants peuvent également être recrutés pour accompagner les étudiants en situation de handicap (art. L. 917-1, al. 1er).

L'aide humaine n'est attribuée qu'après un examen approfondi de la situation par la Commission des droits et de l'autonomie des personnes handicapées (CDAPH, CASF, art. L. 146-9) qui doit en reconnaître la nécessité (art. L. 917-1, al. 3). La loi du 26 juillet 2019 précise que la Commission, lorsqu'elle accorde une aide mutualisée, doit en préciser les activités principales (art. L. 351-3, al. 2, mod. par l'art. 25, 4° de la L. du 26 juill. 2019).

Agents contractuels de l'État, les AESH sont en principe régis par les dispositions réglementaires générales prises pour l'application de l'article 7 de la loi n° 84-16 du 11 janvier 1984 (art. L. 917-1, al. 7) précisées par le décret n° 2014-724 du 27 juin 2014 relatif aux conditions de recrutement et d'emploi des AESH. Il s'agit donc de contrats de droit public (compétence de la juridiction administrative) contrairement aux contrats aidés, contrats unique d'insertion-contrats d'accompagnement à l'emploi (CUI-CAE), contrats de droit privé appelant la compétence du conseil des prud'hommes (qui peuvent notamment être recrutés par des associations qui, par convention, apportent leur service aux écoles et établissements).

Le recrutement des AESH incombe à l'État (recteur, DASEN par délégation) ou aux établissements dotés de la personnalité morale (EPLE, établissements privés ayant passé un contrat avec l'État, établissements d'enseignement supérieur) après accord du DASEN (art. L. 917-1, al. 2).

Les AESH peuvent exercer leurs fonctions dans l'établissement qui les a recrutés, dans un ou plusieurs autres établissements (en ce cas, ils ont été recrutés par un établissement mutualisateur) ainsi que, compte tenu des besoins appréciés par l'autorité administrative, dans une ou plusieurs écoles. Dans ce dernier cas, les directeurs d'école peuvent participer à la procédure de recrutement (art. L. 917-1, al. 4). Comme les assistants d'éducation, ils peuvent être mis à la disposition des collectivités territoriales pour les activités hors temps scolaire (art. L. 916-2). L'article 25 de la loi du 26 juillet 2019 ouvre une nouvelle possibilité, l'IA-DASEN et les collectivités territoriales pouvant désormais « s'associer par convention en vue du recrutement commun d'AESH » (art. L. 917-1, al. 4). Quelle que soit l'autorité qui les a recrutées, la gestion des AESH relève des services académiques (Circ. n° 2019-090 du 5 juin 2019). Les missions relatives à l'accueil et à l'intégration scolaires des enfants handicapés s'étendent au-delà du seul temps scolaire (CE 20 avr. 2011, n° 345434).

Les conditions de recrutement des AESH sont fixées par l'art. 2 du décret n° 2014-724 du 27 juin 2014 ; ils doivent être titulaires d'un diplôme professionnel dans le domaine de l'aide à la personne (ex. DEAE, 2016) ou d'un titre ou diplôme de niveau IV (le baccalauréat est exigé pour l'accompagnement dans les classes de lycée ; ils peuvent faire valoir une expérience professionnelle de neuf mois dans le domaine de l'aide à l'inclusion scolaire (C. trav., art. L. 5134-19-1 ; Décr. n° 2018-666 du 27 juill. 2018). Toutefois, « aucune condition de diplôme puisse leur être opposée lorsque leur mission n'inclut pas un soutien pédagogique ou lorsqu'ils justifient d'au moins trois années d'expérience dans ce domaine » (CE 23 oct. 2013, n° 362715).

« Ils sont recrutés par contrat d'une durée de trois ans, renouvelable une fois » (art. L. 917-1, al. 7 ; Décr. n° 2019-1389 du 18 déc. 2019). Trois ans est ici un minimum (sauf période d'essai non concluante ou licenciement) alors que pour les assistants d'éducation régis par l'article L. 916-1, alinéa 5, c'est une durée maximale. En fixant une durée minimale de trois ans, la loi pour une école de la confiance prévoit un dispositif permettant de limiter la précarité et de donner aux AESH une sécurité minimale. Dans le même ordre d'idées, le ministre a annoncé qu'à l'horizon 2020 auraient disparu les contrats les plus courts, notamment les contrats aidés, contrats unique d'insertion,-contrats d'accompagnement à l'emploi (CUI-CAE).

Le non-renouvellement doit uniquement être justifié par l'intérêt du service. Au-delà de six ans le contrat est transformé par avenant en contrat à durée indéterminée (CDI) conclu par le recteur (faute pour l'établissement employeur d'avoir mis en œuvre des actions de formation de nature à permettre à l'agent d'acquérir de nouvelles compétences et de favoriser son insertion professionnelle à l'issue de la relation contractuelle, le contrat d'accompagnement dans l'emploi d'une aide à la scolarisation des enfants handicapés peut être requalifié en CDI, CA Douai, 30 nov. 2017, n° 16-03496). Pour l'appréciation de la durée des six ans, les services accomplis à temps incomplet et à temps partiel sont assimilés à des services à temps complet ; les services accomplis de manière discontinue sont pris en compte, sous réserve que la durée des interruptions n'excède pas quatre mois (art. L. 917-1, al. 6). Les services accomplis en tant qu'AVS (mais non en tant qu'AE affecté à d'autres missions) sont comptabilisés. La condition de durée (6 ans) est exclusive de toute autre.

Les fonctions confiées à l'accompagnant sont stipulées par le contrat qui est soumis aux dispositions réglementaires générales applicables aux agents contractuels de l'État. L'administration peut proposer la modification d'un élément substantiel du contrat (quotité du temps de travail, lieu du travail...). Le contrat peut comporter une période d'essai, renouvelable une seule fois. Les AESH bénéficient au moins tous les trois ans d'un entretien professionnel avec leur supérieur hiérarchique (IEN, chef d'établissement). Ils peuvent faire l'objet d'un licenciement, notamment en cas de suppression du besoin ou de l'emploi, de refus de la modification d'un élément substantiel du contrat ou d'impossibilité de réemploi.

Leur rémunération est fixée par un arrêté entre le SMIC et l'indice brut 400. Un autre arrêté fixe les conditions de leur promotion à la suite d'un entretien professionnel passé avec l'inspecteur de l'éducation nationale ou le chef d'établissement portant notamment sur leur implication dans l'actualisation des connaissances professionnelles, la connaissance de l'environnement professionnel, le sens du service public et la capacité d'expression orale (V. Circ. n° 2014-083 du 8 juill. 2014, conditions de recrutement et d'emploi des accompagnants des élèves en situation de handicap).

Les AESH bénéficient d'une formation spécifique pour l'accomplissement de leurs fonctions, mise en œuvre en collaboration avec les associations d'aide aux familles d'enfants en situation de handicap ; il s'agit en fait d'actions de formation sur le temps de service, d'une formation d'adaptation à l'emploi de 60 heures qui doit leur permettre d'acquérir les compétences utiles à l'exercice des fonctions d'accompagnement pour les AESH non titulaires des diplômes adaptés (Décr. 2014, al. 8), leur permettant de s'inscrire dans un processus de professionnalisation et de certification par la voie de la valorisation de l'expérience acquise (VAE, art. L. 917-1, al. 5 renvoyant au code du travail). L'article 25 de la loi du 26 juillet 2019 ajoute que « leur formation professionnelle continue est fixée conformément à un référentiel national et adaptée à la diversité des situations des élèves accueillis dans les écoles et établissements d'enseignement. Un arrêté du ministre chargé de l'éducation nationale précise le cahier des charges des contenus de la formation continue spécifique concernant la prise en charge des enfants en situation de handicap » (art. L. 917-1, al. 5). Au-delà du renforcement de la professionnalisation, la formation continue peut aussi s'inscrire dans une logique de développement personnel.

Outre les dispositions concernant leur recrutement et leur formation professionnelle continue, la loi du 26 juillet 2019 dont l'un des objectifs est de renforcer la scolarisation inclusive prévoit que, dans chaque département, le DASEN désigne, parmi les AESH répondant à des critères d'expérience fixés par arrêté, un ou plusieurs référents chargés de fournir à d'autres AESH un appui dans leurs missions auprès des élèves en situation de handicap (art. L. 917-1, al. 9, mod. par l'art. 25, 8° de la L. du 26 juill. 2019). ❑

1. Accompagnants des élèves en situation de handicap. Modalités de recrutement. Nature de l'intervention. En dehors du temps scolaire (oui). Le Conseil d'État a jugé que les accompagnants des élèves en situation de handicap recrutés par l'État sur le fondement d'une décision d'une CDAPH ayant alloué l'aide individuelle prévue à l'art. L. 351-3, peuvent intervenir y compris en dehors du temps scolaire. A ce titre, ils peuvent notamment être mis à la disposition de la collectivité territoriale dans les conditions prévues à l'art. L. 916-2, c'est-à-dire sur le fondement d'une convention conclue entre la collectivité intéressée et l'employeur dans les conditions prévues à l'art. L. 216-1, lequel précise qu'il revient à la collectivité territoriale d'assurer la charge financière de cette mise à disposition. Ils peuvent également être directement employés par la collectivité territoriale pour ces heures accomplies en dehors du temps scolaire. Enfin, ils peuvent être recrutés conjointement par l'État et par la collectivité territoriale ainsi que le prévoient désormais les dispositions de l'art. L. 917-1. • CE, sect., 20 nov. 2020, n° 422248 A : *AJDA 2020. 2285 ; RDSS 2021.179, obs. Dagorne-Labbe ; LIJ 2021, n° 213, p. 5.* ♦ Même solution : • CE 30 déc. 2020, n° 423549.

2. Accompagnants des élèves en situation de handicap. Hors du temps scolaire. Conséquences. Dans la même affaire, le Conseil d'État estime qu'il s'ensuit que lorsque l'État, sur le fondement de la décision d'une CDAPH allouant l'aide prévue à l'art. L. 351-3, recrute une personne pour accompagner un enfant en situation de handicap durant le temps scolaire et qu'en outre, cet enfant recourt au service de restauration scolaire ou participe à tout ou partie des activités complémentaires ou périscolaires organisées dans son établissement scolaire, il appartient à l'État de déterminer avec la collectivité territoriale qui organise ce service et ces activités et, le cas échéant, comment cette même personne peut intervenir auprès de l'enfant durant ce service et ces activités, de façon à assurer, dans l'intérêt de l'enfant, la continuité de l'aide qui lui est apportée. • CE, sect., 20 nov. 2020, n° 422248 A : *préc. note 1.* ♦ Même solution : • CE 30 déc. 2020, n° 423549.

3. Accompagnants des élèves en situation de handicap. Crise sanitaire. Période d'essai. Prorogation. La DAJ a été interrogée sur la possibilité de proroger la période d'essai d'un AESH eu égard à l'état d'urgence sanitaire, sur le fondement de l'Ord. n° 2020-306 du 25 mars 2020 modifiée relative à la prorogation des délais échus pendant la période d'urgence sanitaire et à l'adaptation des procédures pendant cette même période. *V. Note DAJ A4 n° 2020-0042 du 17 juill. 2020 : *LIJ 2020, n° 212, p. 17.*

4. Accompagnants des élèves en situation de handicap. Hors du temps scolaire. Prise en charge des frais. Dans la même affaire et revenant sur une position antérieurement établie, le Conseil d'État juge qu'en revanche, il n'incombe pas à l'État d'assurer la prise en charge financière du coût de l'accompagnant chargé d'assister cet enfant lorsque ce dernier intervient en dehors du temps scolaire, notamment lors des temps d'accueil du matin ou du soir et des temps d'activités périscolaires. • CE, sect., 20 nov. 2020, n° 422248 A : *préc. note 1.* ♦ V. notes ss. art. L. 351-3. ♦ Même solution : • CE 30 déc. 2020, n° 423549.

Décret n° 2014-724 du 27 juin 2014,

Relatif aux conditions de recrutement et d'emploi des accompagnants des élèves en situation de handicap.

TITRE Ier. DISPOSITIONS APPLICABLES AUX ACCOMPAGNANTS DES ÉLÈVES EN SITUATION DE HANDICAP

Art. 1er Les dispositions du titre Ier sont applicables aux accompagnants des élèves en situation de handicap recrutés au titre de l'article L. 917-1 du code de l'éducation pour accomplir, dans les établissements d'enseignement et dans les écoles, sous la direction des autorités chargées de l'organisation du service, des fonctions d'aide à l'inclusion scolaire des élèves en situation de handicap.

Art. 2 *(Décr. n° 2018-666 du 27 juill. 2018, art. 1er)* Les accompagnants des élèves en situation de handicap sont recrutés parmi :

1° les candidats titulaires d'un diplôme professionnel dans le domaine de l'aide à la personne ;

2° les candidats justifiant d'une expérience professionnelle d'au moins neuf mois dans les domaines de l'accompagnement des personnes en situation de handicap, des élèves en situation de handicap ou des étudiants en situation de handicap accomplis, notamment dans le cadre d'un contrat conclu sur le fondement de l'article L. 5134-19-1 du code du travail susvisé ;

3° les candidats justifiant d'un titre ou diplôme classé au moins au niveau IV, ou d'une qualification reconnue au moins équivalente à l'un de ces titres ou diplôme.

Art. 3 *(Décr. n° 2019-1389 du 18 déc. 2019, art. 1er)* Les accompagnants des élèves en situation de handicap sont recrutés par contrat d'une durée de trois ans, renouvelable une fois.

Art. 4 Les accompagnants des élèves en situation de handicap peuvent être recrutés à temps complet ou à temps incomplet.

Art. 5 Outre les mentions prévues à l'article 4 du décret du 17 janvier 1986 susvisé *[n° 86-33, V.* ***C. fonct. publ.****]*, le contrat précise les fonctions pour lesquelles l'accompagnant est recruté ainsi que les établissements ou écoles dans lesquels il exerce.

Art. 6 Le contrat à durée indéterminée prévu au sixième alinéa de l'article L. 917-1 est conclu par le recteur d'académie.

Art. 7 Le travail des accompagnants des élèves en situation de handicap se répartit, dans le respect de la durée annuelle de référence prévue à l'article 1er du décret du 25 août 2000 susvisé *[n° 2000-815 relatif à l'aménagement et à la réduction du temps de travail dans la fonction publique de l'État et dans la magistrature, V.* ***C. fonct. publ.****]*, sur une période d'une durée de trente-neuf à quarante-cinq semaines.

Art. 8 Les accompagnants des élèves en situation de handicap qui ne sont pas titulaires d'un diplôme professionnel dans le domaine de l'aide à la personne suivent une formation d'adaptation à l'emploi *(Décr. n° 2018-666 du 27 juill. 2018, art. 2)* « d'une durée d'au moins soixante heures » incluse dans leur temps de service effectif.

Ils peuvent en outre bénéficier, sur leur temps de service effectif, de la formation nécessaire à l'obtention du diplôme.

Art. 9 Les accompagnants des élèves en situation de handicap recrutés par contrat à durée indéterminée bénéficient au moins tous les trois ans d'un entretien professionnel. Les accompagnants des élèves en situation de handicap engagés depuis plus d'une année par contrat à durée déterminée peuvent également bénéficier d'un entretien professionnel.

Les dispositions de l'article 1er-4 du décret du 17 janvier 1986 susvisé relatives à l'entretien professionnel, au compte rendu et à la demande de révision du compte rendu leur sont applicables.

Un arrêté du ministre en charge de l'éducation nationale fixe les modalités d'organisation de l'entretien professionnel, les critères à partir desquels la valeur professionnelle des accompagnants des élèves en situation de handicap est appréciée au terme de cet entretien ainsi que le contenu du compte rendu.

Art. 10 *(Décr. n° 2021-1106 du 23 août 2021, art. 1er)* Les accompagnants des élèves en situation de handicap reçoivent, après service fait, une rémunération déterminée par référence aux indices et valeur du point de la fonction publique. Le montant de cette rémunération correspond au produit de la valeur de ce point et de l'indice attribué à chaque agent en fonction de l'échelon qu'il détient dans la grille mentionnée à l'article 11.

Cette rémunération ne peut être inférieure au traitement indiciaire correspondant au salaire minimum interprofessionnel de croissance.

Un arrêté conjoint des ministres chargés de l'éducation nationale, de la fonction publique et du budget fixe l'échelonnement indiciaire applicable aux accompagnants des élèves en situation de handicap.

Art. 11 *(Décr. n° 2021-1106 du 23 août 2021, art. 2)* La grille des accompagnants des élèves en situation de handicap comporte 11 échelons.

Les accompagnants des élèves en situation de handicap sont classés, lors de leur recrutement, au premier échelon.

La durée requise dans chaque échelon pour accéder à l'échelon supérieur est fixée à trois ans.

I. — Les accompagnants des élèves en situation de handicap justifiant à la date d'entrée en vigueur du Décr. n° 2021-1106 du 23 août 2021 (1er sept. 2021) d'un 1er CDD sont reclassés au 1er échelon de la grille prévue au présent art. / II. — Les accompagnants des élèves en situation de handicap justifiant à la date d'entrée en vigueur du Décr. préc. au minimum d'un 2e CDD sont reclassés au 2e échelon de la grille prévue à cet art. / III. — Les accompagnants des élèves en situation de handicap justifiant à la date d'entrée en vigueur du Décr. préc. d'un CDI sont reclassés au 3e échelon de la grille prévue au présent art. / IV. — Lors du reclassement dans les conditions prévues aux 3 al. précédents, l'ancienneté du contrat détenu par l'accompagnant d'élèves en situation de handicap est conservée. / Les accompagnants des élèves en situation de handicap reclassés, en application du présent art., à un échelon doté d'un indice brut inférieur à celui sur la base duquel ils étaient rémunérés avant leur reclassement conservent à titre personnel le bénéfice de cet indice brut antérieur jusqu'au jour où ils bénéficient dans la grille prévue au présent art. d'un indice brut au moins égal (Décr. préc., art. 4).

Art. 12 *Abrogé par Décr. n° 2021-1106 du 23 août 2021, art. 3.*

TITRE DEUXIÈME LES PERSONNELS DU PREMIER DEGRÉ

BIBL. GÉN. ▶ ROBERT, Métiers de l'enseignement : y a-t-il une « crise des vocations » ?, *in* Éducation, les enjeux, *Doc. fr., coll. regards sur l'actualité, n° 293, août-sept. 2003.*

▶ **Agents territoriaux spécialisés des écoles maternelles (ATSEM) :** V. Bibl. ss. art. L. 441-1.

COMMENTAIRE

Les personnels du premier degré enseignent en principe dans les écoles maternelles et élémentaires (ils peuvent aussi être affectés en établissements d'enseignement spécialisé, EREA, en collège pour les SEGPA…ou être détachés). Autrefois « instituteurs », ils sont aujourd'hui « professeurs des écoles ».

Le mot « instituteur », déjà utilisé sous l'Ancien Régime, s'est généralisé sous la Révolution (1792). Il désigne alors celui qui institue la Nation et la République dont il diffuse les lumières et les idéaux. On a pu aussi y voir celui qui institue l'homme dans l'enfant, qui élève l'enfant au statut d'homme et de citoyen. Recrutés et formés par les écoles normales (créées par Guizot en 1833, refondées par Paul Bert en 1879), les instituteurs et les institutrices mettent en place et font vivre l'école de la IIIe République, laïque, gratuite et obligatoire. Ils sont fonctionnaires de l'État depuis 1889. La pression démographique et la poursuite des études ont entraîné une diversification du corps notamment par le recrutement latéral de non-titulaires bacheliers ou diplômés de l'enseignement supérieur. Pour refonder le système éducatif et revaloriser la fonction, un nouveau corps a été créé en 1990 (Décr. n° 90-680 du 1er août 1990 relatif au statut particulier des professeurs des écoles, V. App., v° *Statuts particuliers*) ; alors recrutés avec la licence, les professeurs des écoles (PE), formés avec leurs collègues du secondaire par les instituts universitaires de formation des maîtres (IUFM), deviennent des fonctionnaires de catégorie A (les instituteurs étant de catégorie B). Les personnels en place au moment de la réforme ont pu être progressivement intégrés dans le nouveau corps.

Depuis le décret n° 2009-917 du 28 juillet 2009, le niveau de recrutement des PE a été porté au niveau bac + 5 (master). La loi de refondation de l'éducation et de l'école de la République du 8 avril 2013 en créant les Écoles supérieures du professorat et de l'éducation (ESPÉ devenues INSPÉ en 2019) a voulu refonder la formation initiale : les professeurs des écoles doivent être titulaires d'un master, notamment du master « métiers de l'enseignement, de l'éducation et de la formation » (MEEF) qu'ils préparent ainsi que le concours lors de leur première année d'école (M1), le M2 étant nécessaire pour la titularisation dans le corps des professeurs des écoles qui nécessite une année de stage (supprimée en 2009, rétablie en 2013), correspondant en principe à celle de M2. Toutefois, cette voie n'est pas exclusive : la candidature au concours est ouverte non seulement aux étudiants de M1 MEEF, mais aussi aux titulaires d'un master ou aux étudiants inscrits dans tout autre master (Décr. du 1er août 1990 modifié par Décr. n° 2013-768 du 23 août 2013, art. 7 ; exigence pour les concours externes et concours externes spéciaux, non pour les concours internes pour lesquelles la licence est suffisante ou pour le troisième concours fondé sur une expérience professionnelle préalable) ; si, pour être nommés stagiaires, les lauréats des concours doivent être inscrits en seconde année du MEEF (M2), les titulaires d'un autre master suivent une formation comportant une mise en situation professionnelle dans une école et des périodes au sein d'un établissement d'enseignement supérieur (ESPÉ), accompagnée d'un tutorat et adaptée au parcours antérieur (Décr. du 1er août 1990 modifié par Décr. n° 2013-768 du 23 août 2013, art. 10). Au terme de l'année de stage les professeurs sont titularisés à la double condition d'être jugés aptes par le jury académique nommé par le recteur et d'être titulaires du master ou d'un titre équivalent ; la décision de titularisation prise par le DASEN leur confère le certificat d'aptitude au professorat des écoles délivré par le recteur (Arr. du 12 mai 2010, modalités d'évaluation et de titularisation des professeurs des écoles stagiaires).

La mise en extinction du corps des instituteurs devrait entraîner la désuétude de trois des quatre articles du chapitre unique constituant ce titre. L'exigence d'une licence (puis du master) et la durée de la formation initiale au métier semblent en effet exclure que quiconque puisse enseigner avant l'âge de 18 ans (art. L. 921-1). Les communes ne sont plus tenues de loger les maîtres, les professeurs des écoles n'ayant plus, comme les instituteurs, de droit au logement (art. L. 921-2). La commission administrative paritaire unique pour les deux corps créée à titre dérogatoire et transitoire n'a plus lieu d'être (art. L. 921-3). De même, les dispositions de la partie réglementaire consacrées à la médaille d'argent des instituteurs (art. D. 921-4 et D. 921-5), autrefois accompagnée d'une allocation annuelle et viagère supprimée en 1958, remplacée par un simple diplôme en 1991, devraient concerner un nombre de plus en plus limité d'agents ou de retraités.

La partie réglementaire du chapitre consacrée aux personnels du premier degré adoptée par le décret du 10 juin 2015 n'intègre pas les dispositions statutaires du décret n° 2008-775 du 30 juillet 2008 modifié par le décret n° 2017-444 du 29 mars 2017 mais procède à un simple renvoi (art. D. 921-1) qui fixe les missions et modifie les obligations de service des personnels enseignants du premier degré (V. ce Décr. App., v° *Statuts particuliers*) pour tenir compte des modifications apportées à l'organisation de la semaine scolaire. A côté d'un service d'enseignement de vingt-quatre heures en présence de tous les élèves, les activités et missions des professeurs des écoles représentent 108 heures annuelles correspondant à 3 heures hebdomadaires en moyenne annuelle (36 heures pour les activités pédagogiques par groupes restreints, l'aide aux élèves en difficulté, l'aide au travail personnel ; 48 heures pour les travaux en équipes pédagogiques, les relations avec les parents, le suivi des projets personnalisés de scolarisation des élèves handicapés ; 18 heures pour les actions de formation continue (dont la L. du 26 juill. 2019 pour une école de la confiance impose désormais l'obligation, art. L. 912-1-2) et d'animation pédagogique ; 6 heures pour la participation [aux] conseils d'école). Ces heures sont assurées sous la responsabilité de l'inspecteur de l'éducation nationale (IEN) de la circonscription, dans le respect des responsabilités du directeur d'école qui arrête le service des enseignants après avis du conseil des maîtres. Des arrêtés ministériels adaptent la répartition horaire pour tenir compte des différentes situations professionnelles : professeurs servant dans les dispositifs d'accueil des élèves handicapés, membres des RASED, mis à disposition de l'administration pénitentiaire, chargés de mission à l'échelon académique ou départemental.

La réforme des rythmes scolaires dans le premier degré a entraîné une modification du décret de 2008. Le décret n° 2014-942 du 20 août 2014 institue un système de récupération des heures d'enseignement excédant les obligations de service. Le même texte introduit un dispositif de libération de dix-huit demi-journées par année scolaire dans le service d'enseignement des enseignants du premier degré qui exercent dans les écoles les plus difficiles relevant de l'éducation prioritaire. Ces demi-journées sont consacrées, sous la responsabilité des inspecteurs de l'éducation nationale, au travail en équipe nécessaire à l'organisation de la prise en charge des besoins particuliers des élèves, aux actions correspondantes et aux relations avec les parents d'élèves

La partie réglementaire comporte en outre un article sur les ***maîtres-formateurs*** (art. D. 921-2) et un autre sur les ***directeurs d'école*** (art. D. 921-3). Dans les deux cas il s'agit d'un renvoi aux décrets en vigueur. Le décret n° 85-88 du 22 janvier 1985 définit les activités des maîtres-formateurs (animation, recherche et formation tant initiale que continue des professeurs des écoles) et précise les modalités de recrutement (nomination rectorale des personnels titulaires du CAFIPEMF, certificat d'aptitude aux fonctions d'instituteur ou de professeur des écoles maître-formateur, remplaçant l'ancien certificat nécessaire pour enseigner dans les écoles annexes aux écoles normales ou dans les classes d'application) ; ce décret, modifié par le décret n° 2015-883 du 20 juillet 2015, précise aussi les règles applicables aux professeurs des écoles exerçant les fonctions de ***conseiller pédagogique*** dans le premier degré (sur leurs missions, V. Circ. n° 2015-114 du 21 juill. 2015). Le décret n° 89-122 du 24 février 1989 ne fait pas des directeurs d'école des supérieurs hiérarchiques mais confie à ces professeurs des écoles inscrits sur une liste d'aptitude des missions administratives et de coordination pédagogique en liaison avec le conseil des maîtres ; le juge a pu rappeler leur obligation de présence dans l'école et préciser que parmi leurs obligations de service figure celle de faire remonter aux services académiques les informations statistiques (V. notes ss. art. L. 921-1). Aucune mention ni aucun renvoi ne sont faits aux textes qui fondent l'action des ***psychologues scolaires*** (auparavant professeurs des écoles titulaires du diplôme d'État de psychologue scolaire créé par le Décr. n° 89-684 du 18 sept. 1989 délivré à l'issue d'une formation ouverte aux titulaires d'une licence de psychologie ayant trois ans de services effectifs dans le corps des professeurs des écoles ; désormais intégrés par le Décr. n° 2017-120 du 1er févr. 2017 dans un corps unique des psychologues de l'éducation nationale exerçant dans le premier degré avec la spécialité « éducation, développement et apprentissages » ou dans le second degré avec la spécialité « éducation, développement et conseil en orientation scolaire et professionnelle ») et des ***maîtres spécialisés*** dans l'aide aux élèves en grande difficulté (maîtres E pour les aides à dominante pédagogique ; maître G pour les aides à dominante rééducative) qui forment les réseaux d'aides spécialisées aux élèves en difficulté (RASED, V. Circ. n° 2014-107 du 18 août 2014) mais sont membres à part entière des équipes enseignantes.

Pour assurer les remplacements, des titulaires peuvent constituer des brigades intervenant dans des zones déterminées (ZIL, zone d'intervention localisée) dans chaque département et pouvant s'étendre au territoire départemental tout entier (Décr. n° 2017-856 du 9 mai 2017).

La scolarisation des petits dans les classes maternelles impose un encadrement plus fort. Le code des communes (dont le livre IV consacré aux personnels n'a pas été abrogé par le code général des collectivités territoriales) prévoit que « toute classe maternelle doit bénéficier des services d'un agent communal occupant l'emploi d'agent spécialisé des écoles maternelles et des classes enfantines », agents qui « sont chargés de l'assistance au personnel enseignant pour la réception, l'animation et l'hygiène des très jeunes enfants, ainsi que de la préparation et la mise en état de propreté des locaux et du matériel servant directement aux enfants ». Ils sont nommés par le maire après avis du directeur ou de la directrice et rémunérés par la commune ; ils sont placés sous l'autorité du directeur ou de la directrice pendant leur service dans les locaux scolaires (C. cnes, art. R*. 412-127).

A la suite du protocole Parcours Professionnels, Carrières et Rémunérations (PPCR, 2016-2020) dans la fonction publique, des mesures ont été annoncées pour améliorer la rémunération et le déroulement des carrières. Des groupes de travail ont été mis en place (reconnaissance institutionnelle des conseillers pédagogiques, reconnaissance indemnitaire des enseignants du premier degré identique à celle des enseignants du second degré) dont certains dans une perspective inter-degrés (formateurs des premier et second degrés, corps unique de psychologues). Les mesures annoncées ont fait l'objet du décret n° 2017-789 du 5 mai 2017 fixant l'échelonnement indiciaire de certains personnels enseignants et d'éducation relevant du ministre chargé de l'éducation nationale, en vigueur au 1er septembre 2017 ; mais le processus pourrait être bloqué en 2018. ❑

CHAPITRE UNIQUE

Art. L. 921-1 Nul ne peut enseigner dans une école maternelle ou élémentaire avant l'âge de dix-huit ans.

Nul ne peut diriger une école avant l'âge de vingt et un ans. – *[L. du 30 oct. 1886, art. 7.]*

BIBL. ▶ Directeurs : BARRÈRE, Sociologie des chefs d'établissement : Les managers de la République, *PUF, coll. Éducation et société, 2006.* – BLOYET, Chut ! : Le journal d'un directeur d'école, *Jacob-Duvernet, 2011.* – GRANDJEAN-LUTHI et EMERY, Le leadership des directions d'établissement scolaire : Vers une optimisation par des pratiques de gestion des ressources humaines, *L'Harmattan, 2010.* – DE MONTECLER, Améliorer la situation des directeurs d'école, *AJDA 2020. 1263.* – RICH et BAUDRIT, Les nouveaux directeurs d'école : Repenser l'encadrement des établissements scolaires, *Éd. De Boeck, coll. Pédagogie en développement, 2010.* – TEXIER, Direction d'école : Le livre de bord, *Hachette Éducation, 2010.*

▶ Enseigants : SIMIEN, Des maîtres d'école aux instituteurs : une histoire de communautés rurales, de République et d'éducation, entre Lumières et Révolution (années 1760-1802), *Thèse, Univ. Clermont-Auvergne, 2017.* – BUTTNER et MAURIN, Le professeur des écoles et son environnement juridique, *Éd. Édilaix, coll. Point de droit, 2008.*

▶ Accompagnateurs scolaires. Statut. V. Bibl. ss. art. L. 411-1.

1. Directeur d'école. Obligation de présence. Les obligations de directeur d'école, telles qu'elles résultent du Décr. n° 89-122 du 24 févr. 1989, incluent des obligations de présence dans l'établissement. Un directeur d'école a sollicité une autorisation spéciale d'absence de deux jours auprès de sa hiérarchie pour participer à un événement sportif. Ce fonctionnaire doit être regardé comme n'ayant pas, au sens des dispositions de l'art. 4 de la loi n° 61-825 du 29 juill. 1961, accompli son service pendant une fraction au moins des deux journées en cause. Il s'ensuit que les retenues sur traitement pour ces deux journées pouvaient être légalement pratiquées. • CE 16 déc. 2009, *MEN c/ M. Le Pennec*, n° 320035 : *Lebon T. 776 ; AJDA 2010. 1164.*

2. Directeur d'école. Obligations de service. Non-respect. Conséquences. Le juge rappelle qu'il entre nécessairement dans les obligations de service des directeurs d'école de participer à la collecte, par les services académiques et départementaux de l'éducation nationale, des informations nécessaires à l'allocation des moyens en fonction des besoins des élèves et des établissements, notamment dans le cadre de l'élaboration de la carte scolaire. En l'espèce, la circonstance que, parmi les informations à communiquer dans le cadre de « l'enquête 19 », figurait le nombre d'élèves suivant dans l'école un enseignement de langue et de civilisation d'origine, réservé aux élèves étrangers, ne permet pas de regarder cette enquête comme ayant pour finalité une discrimination illicite. La demande adressée par l'inspecteur d'académie aux directeurs d'école ne revêtait donc pas, en tout état de cause, le caractère d'un ordre manifestement illégal et de nature à compromettre gravement un intérêt public. Il a donc été jugé que l'administration était tenue d'opérer sur le traitement de l'intéressé, au titre de l'inexécution d'une partie des obligations attachées à l'une de ses journées de service, matériellement constatée par l'administration sans qu'il ait été porté d'appréciation sur le comportement de l'intéressée, une retenue d'un montant égal au trentième indivisible. • CE 29 oct. 2012, *MEN c/ Mme Aunay et a. (16 décis.)*, n° 356512 : *AJDA 2013.151 ; LIJ 2013, n° 170, p. 13.*

3. Directeur d'école. Retrait d'emploi. Aux termes de l'art. 11 du Décr. du 24 févr. 1989 relatif aux directeurs d'école, les directeurs d'école primaire occupent un emploi qui peut leur être retiré dans l'intérêt du service par décision du directeur des services académiques de l'éducation nationale, après avis de la commission administrative paritaire départementale. Dans une affaire où une décision d'affectation sur un poste d'enseignant adjoint retirant au requérant son poste de directeur d'école faisant suite à une situation de conflit avec des parents d'élèves au sein de l'école concernant le harcèlement psychologique de trois enfants de sa classe par deux de leurs camarades, accompagnée d'un fort retentissement à l'intérieur et à l'extérieur de la communauté éducative, le juge a estimé que, dans les circonstances de l'espèce, la décision d'affectation quand bien même elle relèverait de ses choix d'affectation au tour de mutation, devait ainsi être regardée comme une sanction déguisée. • TA Nîmes, 21 janv. 2016, n° 1402578 : *AJFP 2016. 267, note Legrand.*

Art. L. 921-2 Indépendamment de leur traitement, les instituteurs titulaires et stagiaires ont droit au logement ou à l'indemnité communale en tenant lieu. Cette indem-

nité est fixée par le représentant de l'État dans le département, après avis du conseil départemental de l'éducation nationale, dans les conditions fixées par décret en Conseil d'État.

A Paris et dans les communes correspondant au territoire de l'ancien département de la Seine, l'indemnité de logement est remplacée par un supplément communal. Un décret en Conseil d'État en détermine le tarif, les conditions d'attribution, ainsi que la réduction qu'il subit pour les instituteurs qui jouissent du logement en nature. – *[L. 19 juill. 1889, art. 7.]*

BIBL. ▶ Bachelier, Le logement des instituteurs, *AJDA 1988. 509*. – Prétot, Conditions du droit au logement des instituteurs, *AJDA 1990. 120* ✎. – Marillia, Le maire et l'enseignement, *Vie cnale et dptale, 2005. 188*. – Soler-Couteaux, La jurisprudence récente relative au logement des instituteurs, *LPA, 9 févr. 1990, n° 18. 7*.

I. DROIT AU LOGEMENT

1. Absence de caractère convenable du logement. Un logement dépourvu de système de chauffage ne présente pas un caractère convenable. Illégalité du refus de verser à l'instituteur l'indemnité représentative, malgré l'engagement de la commune, dans le cas où celui-ci accepterait le logement, de le doter d'un système de chauffage. • CE 29 nov. 1993, *Mme Jouannaud*, nos 94728, 95189 et 95586 : *Lebon T. 659* ✎. ♦ Même solution pour un logement qui comporte une installation électrique vétuste ne satisfaisant pas aux normes en vigueur. • CAA Paris, 15 oct. 2002, *M. Moreau*, n° 02PA01846 : *AJDA 2003. 199* ✎.

2. Logement et vie familiale normale. Des élèves-maîtres mariés avaient refusé, comme incompatible avec leur situation matrimoniale, l'hébergement séparé qui leur était proposé à l'internat de l'école normale. Dès lors que les locaux de cet internat ne leur permettaient pas de leur donner un hébergement leur autorisant de mener une vie familiale normale, ils pouvaient prétendre au versement de l'indemnité représentative de logement. • CE 26 oct. 1994, *Epx Colliez*, n° 128413 : *Lebon T. 971* ✎.

3. Absence de déchéance du droit au logement. Les dispositions qui régissent le droit au logement des instituteurs ne prescrivent pas que ceux-ci doivent, à peine de déchéance de ce droit, présenter une demande de logement dès leur nomination, dans une commune. Dès lors, lorsqu'ils présentent cette demande postérieurement à leur nomination ils ont, en l'absence de logement convenable mis à leur disposition, droit à l'indemnité représentative de logement. • CE 14 nov. 2001, *Cne de Saint-Amans-de-Pellagal*, n° 215226.

4. Retrait illégal. Un instituteur qui bénéficiait d'un logement de fonctions qui avait été intégré dans le corps des professeurs des écoles se voyait opposer une redevance d'occupation avec effet rétroactif à la date de son intégration. En continuant à mettre le logement de l'intéressé gratuitement à sa disposition après son intégration, la commune doit être regardée comme ayant pris une décision individuelle de principe de maintenir la gratuité de son logement. Cette décision, qui a créé des droits au profit du requérant, ne pouvait donc être légalement retirée après l'expiration du délai de quatre mois suivant son édiction. • CAA Marseille, 12 oct. 2004, *M. Eledjam*, n° 00MA01394 : *AJDA 2004. 2292* ✎ • CAA Marseille, 2 déc. 2003, *M. Robert X.*, n° 00MA00155.

II. INDEMNITÉ COMPENSATRICE

5. Nature juridique. L'indemnité instituée par le Décr. du 19 déc. 1969 en faveur des professeurs d'enseignement général des collèges d'enseignement général et secondaire, qui a pour objet de compenser la perte d'un avantage en nature constitué par l'attribution d'un logement ou d'une indemnité représentative de cet avantage, ne constitue pas un avantage accessoire du traitement dont le montant peut être réduit au prorata du temps effectif de travail des agents. • TA Versailles, 15 déc. 1998, *Mme Font c/ Cne de Noisy-Le-Roi*, n° 974517 : *Lebon T. 933* ✎ • CAA Nantes, 29 déc. 2000, *MEN c/ Le Vraux*, n° 99NT01705 : *Lebon T. 1019* ✎.

III. EXCLUSIONS

6. Professeurs des écoles. Le bénéfice d'un logement ou d'une indemnité représentative de logement est réservé aux seuls instituteurs. Les professeurs des écoles, dont le statut particulier a été fixé par le Décr. du 1er août 1990, sont exclus de cet avantage. • CE 30 nov. 1994, *Préfet de la Haute-Saône*, n° 150797 : *Lebon T. 833* ✎ • CAA Nancy, 18 nov. 2004, *Cne de Mercy-Le-Bas*, n° 00NC01100.

7. Instituteurs des écoles privées. Le législateur n'a pas étendu le bénéfice de ces dispositions aux instituteurs des écoles privées placées ou non sous le régime de l'un des contrats prévus par la L. du 31 déc. 1959. Ainsi, la commune a l'obligation de prendre en charge, s'il s'agit de classes élémentaires sous contrat d'association, ou la faculté de prendre en charge, s'il s'agit soit de classes maternelles sous contrat d'association, soit de classes élémentaires ou maternelles sous contrat simple, uniquement les dépenses de fonctionnement matériel de ces classes. Les charges afférentes au logement des instituteurs exerçant dans ces classes ne constituent pas des dépenses de fonctionnement matériel de ces classes et ne peuvent donc légalement être assumées par une commune. La délibération du conseil municipal accordant une aide indirecte aux écoles privées sous contrat de la commune, pour le versement d'indemnités de logement aux instituteurs des écoles privées, est illégale. • CE 20 mai 1994, *Préfet du Calvados c/ Ville de Caen*, n° 110775 : *Lebon 249*.

8. *Autres cas.* Sont aussi écartés de ces dispositions, les enseignants mis à la disposition des établissements spécialisés pour enfants handicapés. • CE 21 déc. 1994, *Cne d'Aurillac c/ Valentin*, n°s 124303 et 125397 : *Lebon T. 971*.

Art. L. 921-3 Par dérogation à l'article 14 de la loi n° 84-16 du 11 janvier 1984 portant dispositions statutaires relatives à la fonction publique de l'État [*V. C. fonct. publ.*], il est créé une commission administrative paritaire unique compétente à l'égard des personnels enseignants appartenant aux corps des instituteurs et des professeurs des écoles dans des conditions fixées par décret en Conseil d'État. – [*L. n° 90-587 du 4 juill. 1990, art. 38.*]

Sur les commissions administratives paritaires uniques communes aux corps des instituteurs et des professeurs des écoles, V. ci-dessous Décr. n° 90-770 du 31 août 1990.

I. CARRIÈRE

1. *Refus d'intégration.* Le refus d'intégration dans le corps des professeurs des écoles d'une institutrice non inspectée depuis seize ans est illégal. L'administration ne peut se borner à reconduire la note majorée forfaitairement de deux points sans appréciation de la valeur pédagogique. • CAA Nantes, 11 mai 2000, n° 96NT01517 : *AJDA 2001. 14, obs. Mekhantar.*

2. *Détachement.* L'instituteur, détaché auprès du ministère des affaires étrangères en vue d'exercer des fonctions d'enseignement à l'Institut franco-japonais de Yokohama, recruté en vertu d'un contrat signé localement, doit être considéré comme un agent expatrié et non comme un recruté local. Il a donc droit à l'indemnité de résidence. • TA Paris, 6 avr. 2005, n° 010864653.

3. *Emploi de secrétaire de mairie.* Un fonctionnaire de l'État, titulaire en position d'activité d'un emploi à temps complet d'instituteur, qui occupe un emploi de secrétaire de mairie à temps non complet, a également la qualité de fonctionnaire territorial. Il peut être simultanément en position d'activité dans ces deux fonctions publiques. • CE, sect., 30 nov. 1998, *M. Daniel Dedours*, n° 146970 A.

4. *Maître-formateur.* Si rien ne s'opposait à ce que l'inspecteur d'académie, avant de se prononcer sur la nomination d'un instituteur au poste de maître-formateur auprès d'un inspecteur départemental, sollicite l'avis d'une commission non prévue par la réglementation en vigueur, c'est à la condition, d'une part, qu'il ne s'estime pas lié par cet avis, d'autre part qu'une telle consultation n'ait pas pour effet d'amoindrir les garanties statutaires dont bénéficient les fonctionnaires concernés. La requérante ayant refusé de comparaître devant la « commission d'entretien » instituée par l'inspecteur d'académie a, en l'espèce, exercé sur la commission administrative paritaire départementale chargée de donner un avis sur la demande de mutation présentée par l'intéressée, une influence de nature à amoindrir les garanties statutaires dont elle disposait. La procédure est dès lors irrégulière. • CE 30 juin 1997, n° 127241 B : *AJFP 1997, n° 6, p. 4*.

5. *Temps partiel. Conditions d'octroi.* Dès lors que le service hebdomadaire effectué dans les écoles du premier degré par les personnels relevant d'un régime d'obligations de service n'excède pas neuf demi-journées, l'autorisation d'accomplir un temps partiel selon une quotité de 80 % ne peut être accordée à ceux de ces personnels qui peuvent y prétendre dans le seul cadre de l'aménagement de leur durée hebdomadaire de service. Pour ces personnels, l'accomplissement d'un temps partiel selon une quotité de 80 % peut être organisé dans un cadre annuel, sous réserve toutefois que l'intérêt du service ne s'y oppose pas. • CE 2 déc. 2009, n° 312198 B : *AJDA 2009. 2324*.

6. *Formation continue. Animations pédagogiques. Prescription de leur suivi et de leur contenu par l'autorité hiérarchique (oui).* Interrogée sur la question de savoir si les enseignants du premier degré sont tenus de suivre les animations pédagogiques organisées à leur intention dans le cadre de la formation continue, et dans quelle mesure le contenu de celles-ci peut être prescrit par les inspecteurs de l'éducation nationale, la DAJ rappelle que les professeurs des écoles, comme l'ensemble des fonctionnaires de l'État à qui ces dispositions sont applicables, peuvent être tenus de suivre des formations dont le contenu est défini par l'administration qui les emploie dans le plan annuel de formation, mentionné à l'art. 6 du Décr. n° 2007-1470 du 15 oct. 2007 relatif à la formation professionnelle tout au long de la vie des fonctionnaires de l'État, et que les dispositions spécifiques relatives aux obligations de service des personnels enseignants du premier degré ne dérogent pas à cette règle générale. Elle précise aussi que les actions de formation continue et les animations pédagogiques font ainsi partie intégrante des obligations réglementaires de service (ORS) des enseignants du premier degré au même titre que les heures d'enseignement qu'ils sont tenus d'accomplir devant les élèves. Elle poursuit en précisant que le minimum de 9 h d'actions de formation continue et les animations pédagogiques relèvent des ORS des enseignants, sont effectuées sous la responsabilité de l'IEN et peuvent ainsi être imposées et définies par ce dernier en sa qualité d'autorité hiérarchique, y compris dans leur contenu. * Note DAJ A2 n° 2019-032 du 24 juin 2019 : *LIJ 2019, n° 208, p. 14.*

7. Procédure disciplinaire. Régularité. Dans cette même affaire, la requérante soutenait que la procédure disciplinaire était irrégulière dès lors que le conseil de discipline était présidé par l'inspecteur d'académie, lequel avait déjà présidé les conseils ayant émis, à raison des mêmes faits, un avis favorable à sa mise à la retraite d'office. Après avoir rappelé que le conseil de discipline se borne à émettre un avis, le pouvoir disciplinaire restant entre les mains de l'autorité investie du pouvoir de nomination, le juge précise qu'il ne résulte d'aucune disposition législative ou réglementaire, ni d'aucun principe général du droit, que l'inspecteur d'académie aurait dû s'abstenir de présider le conseil de discipline au motif qu'il avait déjà présidé celui qui s'était prononcé sur les faits reprochés. • CE 25 avr. 2007, n° 292792.

II. COMMISSION ADMINISTRATIVE PARITAIRE

8. Élections. Le défaut d'organisation des opérations de vote dans les locaux du travail, dans une école constituant une section de vote pour l'élection des représentants du personnel à une commission administrative paritaire commune aux corps des instituteurs et professeurs des écoles, constitue, quand bien même la possibilité de voter par correspondance aurait été offerte aux électeurs de cette section, une irrégularité substantielle. Compte tenu des résultats serrés du vote, cette irrégularité doit être regardée comme ayant été de nature à entacher la sincérité des résultats du scrutin. • CAA Bordeaux, 20 mai 1997, n° 96BX00381 B.

9. Consultation. A raison d'un fait de violence physique sur un élève d'une école maternelle, une institutrice chargée des fonctions de directrice a fait l'objet d'une sanction disciplinaire de mise à la retraite d'office. En attendant la décision disciplinaire, l'intéressée a été affectée à titre provisoire dans une autre école primaire. Cette affectation s'étant déroulée en dehors du mouvement annuel et ne comportant aucun changement de résidence administrative ni aucune modification de situation, la commission administrative paritaire n'avait pas à être consultée. • CE 25 avr. 2007, n° 292792.

Décret n° 90-770 du 31 août 1990,

Relatif aux commissions administratives paritaires uniques communes aux corps des instituteurs et des professeurs des écoles.

CHAPITRE Ier. *ORGANISATION ET ATTRIBUTIONS*

Art. 1er *(Décr. n° 2011-958 du 10 août 2011, art. 15)* La commission administrative paritaire unique prévue à l'article L. 921-3 du code de l'éducation et les commissions administratives paritaires locales sont régies par les dispositions du décret du 28 mai 1982 susvisé *[n° 82-451 relatif aux commissions administratives paritaires, V.* ***C. fonct. publ.****]* sous réserve des dérogations prévues par le présent décret. La commission administrative paritaire unique exerce les attributions mentionnées à l'article 25 du décret du 28 mai 1982 susvisé en ce qui concerne les questions d'ordre individuel autres que celles dont la connaissance est attribuée aux commissions administratives paritaires locales par l'article 2 du présent décret.

Art. 2 Une commission administrative paritaire locale commune aux membres du corps des professeurs des écoles et du corps des instituteurs est créée :

1° Dans chaque département, auprès *(Décr. n° 2012-16 du 5 janv. 2012, art. 7)* « du directeur académique des services de l'éducation nationale agissant sur délégation du recteur d'académie » ;

2° Dans la circonscription territoriale de Saint-Pierre-et-Miquelon, auprès du chef de service de l'éducation nationale.

3° *Abrogé par Décr. n° 2019-1553 du 30 déc. 2019, art. 5.*

Les commissions administratives paritaires locales préparent le travail de la commission prévue à l'article 1er ci-dessus et exercent les attributions mentionnées à l'article 25 du décret du 28 mai 1982 susvisé *[n° 82-451 relatif aux commissions administratives paritaires, V.* ***C. fonct. publ.****]* pour toutes les questions d'ordre individuel pour lesquelles le pouvoir de décision appartient à l'autorité auprès de laquelle elles sont placées.

CHAPITRE II. *COMPOSITION*

SECTION I. *Disposition particulière à la commission administrative paritaire nationale*

Art. 3 *(Décr. nº 2002-1129 du 4 sept. 2002, art. 1er)* « La commission administrative paritaire comprend :

« 1° Dix membres titulaires représentant l'administration ; »

(Décr. nº 2005-1193 du 22 sept. 2005, art. 1er) « 2° » *(Décr. nº 2018-683 du 31 juill. 2018, art. 10)* « Dix membres titulaires représentant le personnel : huit représentant les professeurs des écoles de classe normale et les instituteurs, un représentant les professeurs des écoles hors classe et un représentant les professeurs des écoles de classe exceptionnelle. »

Chaque titulaire a deux suppléants qui ont rang de premier et deuxième suppléant en fonction de leur rang d'inscription sur la liste des candidats. Ils sont désignés dans les mêmes conditions que les titulaires.

(Décr. nº 92-911 du 2 sept. 1992, art. 1er) « Le nombre des suppléants qui assistent aux séances de la commission ne peut excéder, pour les représentants de l'administration, le nombre des membres siégeant avec voix délibérative, et pour les représentants du personnel, le nombre, pour chaque liste, des membres siégeant avec voix délibérative au titre de chaque liste. »

Art. 3-1 *(Décr. nº 2011-958 du 10 août 2011, art. 16)* « Par dérogation aux dispositions des premier, deuxième et troisième alinéas de l'article 9 du décret du 28 mai 1982 susvisé *[nº 82-451 relatif aux commissions administratives paritaires, V. **C. fonct. publ.**]*, lorsqu'un représentant du personnel membre titulaire est empêché d'exercer ses fonctions, soit pour les raisons prévues à l'article 8 du même décret, soit par suite de sa mise en position de non-activité, le premier des premiers suppléants pris dans l'ordre de la liste au titre de laquelle il a été élu est nommé titulaire à sa place. »

(Décr. nº 2008-862 du 27 août 2008, art. 5) « Le représentant du personnel titulaire est remplacé par son premier suppléant qui est nommé titulaire. Le représentant du personnel, *(Décr. nº 2011-958 du 10 août 2011, art. 16)* « le premier des deuxièmes suppléants », est alors nommé premier suppléant. Le représentant du personnel, *(Décr. nº 2011-958 du 10 août 2011, art. 16)* « le premier des deuxièmes suppléants », est remplacé par le premier candidat non élu de la même liste.

« Le représentant du personnel, premier suppléant, est remplacé par le représentant du personnel, deuxième suppléant, qui est alors nommé premier suppléant. Le représentant du personnel, deuxième suppléant, est remplacé par le premier candidat non élu de la même liste.

« Le représentant du personnel, deuxième suppléant, est remplacé par le premier candidat non élu de la même liste. »

(Décr. nº 2011-958 du 10 août 2011, art. 16) « Lorsqu'une liste se trouve dans l'impossibilité de pourvoir, dans les conditions prévues aux premier, deuxième et troisième alinéas du présent article, aux sièges de membres titulaires, de premiers suppléants et de deuxièmes suppléants auxquels elle a droit dans un grade, les sièges laissés vacants sont attribués selon la procédure prévue au quatrième alinéa de l'article 9 du décret du 28 mai 1982 susvisé *[nº 82-451 relatif aux commissions administratives paritaires, V. **C. fonct. publ.**]*. »

SECTION II. *Dispositions particulières aux commissions administratives paritaires départementales (Décr. nº 2011-958 du 10 août 2011, art. 17 ; Décr. nº 2019-1553 du 30 déc. 2019, art. 5).*

Art. 4 *(Décr. nº 99-759 du 3 sept. 1999, art. 3)* Chaque commission administrative paritaire comprend :

(Décr. nº 2011-958 du 10 août 2011, art. 18) « 1° Cinq membres titulaires représentant l'administration et cinq membres titulaires représentant le personnel lorsque le nombre total des effectifs de professeurs des écoles et d'instituteurs *(Décr. nº 2014-1177 du 14 oct. 2014, art. 6)* « au 1er septembre » de l'année scolaire au cours de laquelle les élections sont organisées est inférieur à 1 500 ; »

2° Sept membres titulaires représentant l'administration et sept membres titulaires représentant le personnel lorsque *(Décr. nº 2011-958 du 10 août 2011, art. 18)* « les effectifs » mentionnés au 1° ci-dessus sont égaux ou supérieurs à 1 500 et inférieurs à 2 800 ;

3° Dix membres titulaires représentant l'administration et dix membres titulaires représentant le personnel lorsque *(Décr. nº 2011-958 du 10 août 2011, art. 18)* « les effectifs » mentionnés au 1° ci-dessus est *[sont]* au moins égal *[égaux]* à 2 800.

(Décr. n° 2008-862 du 27 août 2008, art. 6) « Chaque titulaire a un suppléant désigné dans les mêmes conditions. »

Art. 5 *(Décr. n° 2018-683 du 31 juill. 2018, art. 11)* Pour l'application de l'article 4, les sièges des membres titulaires au sein de chaque commission administrative paritaire départementale *(Abrogé par Décr. n° 2019-1553 du 30 déc. 2019, art. 5)* « *ainsi qu'à Mayotte* » sont répartis conformément au tableau suivant :

«

DÉPARTEMENTS DONT L'EFFECTIF est égal ou supérieur à 2 800	DÉPARTEMENTS DONT L'EFFECTIF est égal ou supérieur à 1 500 et inférieur à 2 800	DÉPARTEMENTS DONT L'EFFECTIF est inférieur à 1 500
Professeurs des écoles de classe normale et instituteurs : 8 sièges.	Professeurs des écoles de classe normale et instituteurs : 5 sièges.	Professeurs des écoles de classe normale et instituteurs : 3 sièges.
Professeurs des écoles hors classe : 1 siège.	Professeurs des écoles hors classe : 1 siège.	Professeurs des écoles hors classe : 1 siège.
Professeurs des écoles de classe exceptionnelle : 1 siège.	Professeurs des écoles de classe exceptionnelle : 1 siège.	Professeurs des écoles de classe exceptionnelle : 1 siège.

Art. 5-1 *(Décr. n° 2018-683 du 31 juill. 2018, art. 12)* Par dérogation aux articles 4 et 5, dans les départements dans lesquels l'effectif de professeurs des écoles de classe exceptionnelle est inférieur à 100 le 1er septembre de l'année scolaire au cours de laquelle les élections sont organisées, la hors classe et la classe exceptionnelle du corps des professeurs des écoles sont considérées comme constituant un seul et même grade. La représentation des personnels est alors assurée par deux membres titulaires et deux membres suppléants.

Par dérogation aux mêmes articles, dans les départements dans lesquels la somme des effectifs de la hors classe et de la classe exceptionnelle est inférieure à 100 le 1er septembre de l'année scolaire au cours de laquelle les élections sont organisées, la classe normale, la hors classe et la classe exceptionnelle du corps des professeurs des écoles sont considérées comme constituant un seul et même grade. La représentation des personnels est alors assurée par cinq membres titulaires et cinq membres suppléants.

SECTION III. *Dispositions particulières à la commission administrative paritaire de Saint-Pierre-et-Miquelon*

Art. 6 *(Décr. n° 99-759 du 3 sept. 1999, art. 5)* La commission comprend :

1° Trois membres titulaires représentant l'administration ;

(Décr. n° 2011-958 du 10 août 2011, art. 21) « 2° Trois membres titulaires représentant le personnel dans les conditions suivantes :

« Trois membres titulaires représentant les professeurs des écoles et les instituteurs, lorsque l'effectif de professeurs des écoles hors classe est inférieur à 50 *(Décr. n° 2014-1177 du 14 oct. 2014, art. 7)* « le 1er septembre » de l'année scolaire au cours de laquelle les élections sont organisées.

« Deux membres titulaires représentant les professeurs des écoles de classe normale et les instituteurs et un membre titulaire représentant les professeurs des écoles hors classe lorsque l'effectif de professeurs des écoles hors classe est égal ou supérieur à 50 *(Décr. n° 2014-1177 du 14 oct. 2014, art. 7)* « le 1er septembre » de l'année scolaire au cours de laquelle les élections sont organisées. »

(Décr. n° 2018-683 du 31 juill. 2018, art. 13) « Pour la désignation des représentants du personnel, la hors classe et la classe exceptionnelle sont considérées comme constituant un seul et même grade. »

Chaque titulaire a un suppléant désigné dans les mêmes conditions.

....

CHAPITRE III. *DÉSIGNATION DES REPRÉSENTANTS DE L'ADMINISTRATION*

Art. 10 *(Décr. n° 2011-958 du 10 août 2011, art. 22)* La désignation des représentants de l'administration titulaires et suppléants au sein de la commission administrative paritaire nationale est faite conformément aux dispositions des trois premiers alinéas de l'article 10 du décret du 28 mai 1982 susvisé *[n° 82-451 relatif aux commissions administratives paritaires, V.* ***C. fonct. publ.****]*.

Les représentants de l'administration titulaires et suppléants au sein de chaque commission administrative paritaire locale sont désignés par l'autorité auprès de laquelle est créée la commission.

CHAPITRE IV. *DÉSIGNATION DES REPRÉSENTANTS DU PERSONNEL*

Art. 11 Toutefois, un arrêté du ministre chargé de l'éducation peut prévoir que la date des élections aux commissions administratives paritaires locales est fixée par l'autorité auprès de laquelle ces commissions sont constituées.

Art. 12 Pour la constitution d'une commission administrative paritaire déterminée, il est :

1° Créé un collège électoral unique composé des électeurs *(Décr. n° 2007-1290 du 29 août 2007, art. 4)* « des corps des professeurs des écoles et des instituteurs » ;

(Décr. n° 2005-1193 du 22 sept. 2005, art. 4) « 2° Établit *[Établi]* une liste unique réunissant les candidats appartenant aux corps des professeurs des écoles et des instituteurs. »

Art. 13 Sont électeurs au titre d'une commission administrative paritaire déterminée les fonctionnaires en position d'activité ou en position de congé parental appartenant *(Décr. n° 2007-1290 du 29 août 2007, art. 4)* « à l'un des corps » représentés par cette commission.

Les fonctionnaires en position de détachement sont électeurs à la fois dans leur corps d'origine et dans le corps dans lequel ils sont détachés.

Pour la constitution d'une commission administrative paritaire locale, sont électeurs tous les fonctionnaires visés aux deux alinéas ci-dessus, rattachés pour leur gestion à la circonscription considérée.

Les électeurs peuvent être répartis en sections de vote conformément à l'article 13 du décret du 28 mai 1982 susvisé *[n° 82-451 relatif aux commissions administratives paritaires, V.* ***C. fonct. publ.****]*.

Art. 14 *(Décr. n° 2011-958 du 10 août 2011, art. 23)* En cas de renouvellement anticipé d'une commission administrative paritaire, la date limite de dépôt des listes de candidats est fixée par le ministre chargé de l'éducation nationale pour la commission administrative paritaire nationale et par l'autorité auprès de laquelle les commissions administratives paritaires locales sont instituées.

La date limite de dépôt de ces listes doit être antérieure d'au moins six semaines à celle du scrutin.

Art. 15 La préparation et le déroulement des élections sont régis par les dispositions des articles 17 à 19, 21 à 24 du décret du 28 mai 1982 susvisé *[n° 82-451 relatif aux commissions administratives paritaires, V.* ***C. fonct. publ.****]* et par celles de l'article 16 ci-après.

Art. 16 *(Décr. n° 99-759 du 3 sept. 1999, art. 9)* Le bureau de vote constate le nombre total de votants et détermine le nombre total de suffrages valablement exprimés ainsi que le nombre de voix obtenues par chaque liste. Il détermine en outre le quotient électoral en divisant le nombre total de suffrages valablement exprimés par le nombre de représentants titulaires à élire pour l'ensemble *(Décr. n° 2007-1290 du 29 août 2007, art. 4)* « des corps des professeurs des écoles et des instituteurs ».

CHAPITRE V. *FONCTIONNEMENT*

Art. 17 *(Décr. n° 2011-958 du 10 août 2011, art. 24)* « La commission administrative paritaire nationale est présidée par le directeur d'administration centrale du ministère de l'éducation nationale chargé de la gestion des personnels enseignants du premier degré ou, en cas d'absence ou d'empêchement, par son représentant. »

Chaque commission administrative paritaire locale est présidée par l'autorité auprès de laquelle elle est créée ou, en cas d'absence ou d'empêchement, par le représentant de l'administration qu'elle désigne.

Art. 18 *(Décr. n° 92-911 du 2 sept. 1992, art. 4)* Les commissions administratives paritaires siègent en assemblée plénière sauf dans les cas prévus à l'article suivant.

Art. 19 *(Décr. n° 2005-1193 du 22 sept. 2005, art. 5)* Lorsqu'elles sont saisies de questions résultant de l'application à un professeur des écoles *(Décr. n° 2018-683 du 31 juill. 2018, art. 14)* « de classe exceptionnelle » des dispositions des articles 45, 48, 55, 58, 67, 70 et 72 de la loi du 11 janvier 1984 susvisée *[n° 84-16 portant dispositions statutaires relatives à la fonction publique de l'État, V. **C. fonct. publ.**]*, les commissions siègent en formation restreinte. Le membre titulaire, représentant de ce grade, siège avec l'un de ses suppléants, qui a alors voix délibérative. Les dispositions du deuxième alinéa de l'article 37 du décret du 28 mai 1982 susvisé *[n° 82-451 relatif aux commissions administratives paritaires, V. **C. fonct. publ.**]* sont applicables.

Art. 20 *(Décr. n° 92-911 du 2 sept. 1992, art. 6)* Le règlement intérieur de chaque commission administrative paritaire locale est approuvé par l'autorité auprès de laquelle ladite commission est constituée.

Les autres règles de fonctionnement applicables aux commissions administratives paritaires régies par le présent décret sont celles que fixent les articles 29, sous réserve de l'alinéa précédent, 30 à 33 et 38 à 43 du décret du 28 mai 1982 susvisé *[n° 82-451 relatif aux commissions administratives paritaires, V. **C. fonct. publ.**]*.

....

Art. L. 921-4 Les personnels enseignants appartenant aux corps des instituteurs et des professeurs des écoles qui remplissent, en cours d'année scolaire, les conditions d'âge pour obtenir la jouissance immédiate de leur pension sont maintenus en activité *(L. n° 2010-1330 du 9 nov. 2010, art. 46)* **« jusqu'au 31 août », sauf s'ils sont atteints par la limite d'âge. Ce maintien en activité ne s'applique pas aux personnels visés aux 2° et 3° du I de l'article L. 24 du code des pensions civiles et militaires de retraite** *[V. **C. fonct. publ.**]*.

1. Constitutionnalité. Le principe d'égalité de traitement dans le déroulement de la carrière des fonctionnaires n'étant susceptible de s'appliquer qu'entre agents appartenant à un même corps, il ne peut utilement être soutenu qu'en imposant le maintien en activité jusqu'à la fin de l'année scolaire des personnels appartenant aux corps des instituteurs et des professeurs des écoles, remplissant les conditions d'âge pour obtenir la jouissance immédiate de leur pension, la loi aurait méconnu le principe d'égalité. En l'espèce, une enseignante contestait la disposition qui prévoit le maintien en activité jusqu'à la fin de l'année scolaire des professeurs des écoles remplissant, en cours d'année scolaire, les conditions d'âge pour obtenir la jouissance immédiate de leur pension. La requérante y voyait une atteinte au principe d'égalité, dès lors que les professeurs du second degré peuvent obtenir en cours d'année la jouissance immédiate de leur pension. Le Conseil d'État a refusé de transmettre au Conseil constitutionnel une question prioritaire de constitutionnalité qui lui était soumise. • CE 5 mars 2012, *Mme Martin Coruble*, n° 354718 : *Lebon T. 787* ; *AJDA 2012. 518* ; *AJFP 2012. 293*.

2. Maintien en activité. Le principe du maintien en activité jusqu'au 31 août des instituteurs et professeurs des écoles qui atteignent l'âge de la retraite en cours d'année scolaire est applicable aux enseignants du privé • CE 15 févr. 2013, *Féd. nat. des synd. professionnels de l'enseignement libre catholique*, n° 351124 : *AJDA 2013. 379*.

TITRE TROISIÈME LES PERSONNELS DU SECOND DEGRÉ

COMMENTAIRE

Le titre III du livre IX est consacré aux personnels du second degré. La partie réglementaire a été adoptée par le décret n° 2015-652 du 10 juin 2015 sans reprendre les statuts particuliers des différents corps. Les deux parties sont réduites à quelques articles contenant des dispositions catégorielles.

Les personnels du second degré sont d'abord les ***enseignants*** (chap. II les personnels enseignants des lycées et collèges), qu'ils soient ***agrégés*** (Décr. n° 72-580 du 4 juill. 1972 relatif au statut particulier des professeurs agrégés de l'enseignement du second degré), ***certifiés*** (Décr. n° 72-581 du 4 juill. 1972) ou ***professeurs de lycée professionnel***, PLP (Décr. n° 92-1189 du 6 nov. 1992). Le corps des professeurs d'enseignement général de collège (PEGC), qui était géré au seul niveau académique, a été mis en voie d'extinction à partir de la suspension de leur recrutement en 1987. A côté des professeurs titulaires (recrutés en principe par concours, désormais formés par les ESPÉ, nommés dans un emploi, titularisés dans un grade, faisant carrière et bénéficiant de droits et obligations précisés par les statuts particuliers de leur corps), l'administration, qui a longtemps recouru aux maîtres-auxiliaires pour assurer les remplacements et faire face aux besoins dans les disciplines déficitaires avant de procéder à leur titularisation après concours spécifiques, peut recruter des enseignants non titulaires par contrat, notamment des professeurs associés avec une expérience professionnelle de cinq ans (art. L. 932-2 et D. 932-3 ; Décr. n° 2007-322 du 8 mars 2007). La partie réglementaire ajoute les professeurs ***contractuels*** (art. D. 923-4 ; Décr. n° 81-535 du 12 mai 1981 mod.), qui peuvent bénéficier d'un contrat à durée déterminée, CDI (L. n° 2005-843 du 25 juill. 2005, art. 12 et 13). Avec les enseignants, les équipes éducatives comprennent ***les personnels d'éducation*** (CPE : conseillers principaux d'éducation, Décr. n° 90-89 du 24 janv. 1990 relatif au statut particulier des conseillers principaux d'éducation des établissements d'enseignement agricole, mod. par Décr. n° 2010-1605 du 21 déc. 2010), les ***personnels d'orientation*** (COP : conseillers d'orientation-psychologues, Décr. n° 91-290 du 20 mars 1991 relatif au statut particulier des directeurs de centre d'information et d'orientation et conseillers d'orientation-psychologues mod. par le Décr. n° 2011-990 du 23 août 2011 ; en juill. 2016 a été annoncé un projet de regroupement des COP et des psychologues scolaires au sein d'un même corps comportant les deux spécialités, les psychologues de l'éducation) et les personnels de surveillance (maîtres d'internat : art. L. 935-2 ; relayés par les assistants d'éducation, sur les AED, V. comm. ss. art. L. 916-1). Le titre III se termine par deux chapitres concernant les personnels de centre de formation d'apprentis (CFA : art. L. 936-1 renvoyant au code pilote qu'est le code du travail) et les personnels de la formation continue, qui sont soit des personnels enseignants (art. D. 937-1 renvoyant au Décr. n° 91-1126 du 25 oct. 1991 relatif aux modalités de leur service), soit des agents contractuels de l'État de catégorie A (art. D. 937-2, renvoyant au Décr. n° 93-412 du 19 mars 1993) dont certains exercent les fonctions de conseiller en formation continue (CFC : art. D. 937-3, le Décr. n° 90-426 du 22 mai 1990 auquel il renvoie ne fixant toutefois que les dispositions applicables aux conseillers en formation continue appartenant aux corps relevant du ministre chargé de l'éducation, aux fonctionnaires titulaires).

Le chapitre Ier de la partie législative, consacré aux dispositions communes, comporte un seul article (art. L. 931-1) instituant au profit des personnels du second degré une bonification indiciaire pour les plus anciens d'entre eux qui n'ont pas encore intégré la hors-classe. En partie réglementaire sont régies les questions du remplacement (art. D. 931-1, renvoyant au Décr. n° 99-823 du 17 sept. 1999 prévoyant l'affectation de personnels dans les zones de remplacement, système complété par le ***remplacement*** de courte durée prévu pour les seuls enseignants de collèges et de lycées par l'art. D. 932-2 qui renvoie au Décr. n° 2005-1035 du 26 août 2005 prévoyant l'élaboration d'un protocole par le chef d'établissement pour assurer la continuité des enseignements) et les modalités particulières d'affectation des personnels dont le poste a été supprimé par décision rectorale ou par « mesure de carte scolaire » (art. D. 931-2 s.). La question du remplacement et des autorisations d'absence des professeurs de l'enseignement secondaire fait régulièrement l'objet de circulaires dont la légalité peut être contestée (CE 30 janv. 2019, n° 410518 : annule les mots restreignant la possibilité de fractionnement des absences en cas de candidature à une élection, et à 2 ou 3 les autorisations de droit pour les représentants syndicaux siégeant dans les instances de concertation, ces indications allant au-delà de la réglementation).

Les conditions de recrutement ont été modifiées une première fois en 2009 puis une seconde en 2013. Plusieurs décrets du 28 juillet 2009 ont élevé le niveau de recrutement en exigeant un master ou un titre ou diplôme reconnu équivalent par le ministre, la « masterisation » étant alors accompagnée de la suppression de l'année de stage. En 2013, la refondation de l'école de la République s'est accompagnée d'une refondation de la formation initiale des enseignants qui a rétabli l'année de stage et créé les ESPÉ, accréditées pour délivrer les master MEEF (master métiers de l'enseignement, de l'éducation et de la formation), dont la première année permet en principe de préparer les concours et la seconde d'accompagner la période de stage. Mais le poids des habitudes a empêché que cette formation ne soit la seule voie d'accès aux métiers du professorat et de l'éducation. Les concours d'agrégation externe ou interne sont ouverts aux titulaires de tout master ou d'un diplôme équivalent (Décr. n° 72-580 du 4 juill. 1972, mod. par Décr. n° 2013-768 du 23 août 2013, art. 5-III) ; il en est de même pour les autres concours (notamment le CAPES), ouverts aussi aux candidats non titulaires d'un master mais inscrits dans une filière y préparant.

Pour être nommés stagiaires, les lauréats des concours qui n'ont pas encore obtenu le grade de master sont inscrits en seconde année d'études en vue de l'obtention d'un master métiers de l'enseignement, de l'éducation et de la formation (MEEF) et ne peuvent être titularisés qu'après avoir obtenu le diplôme qui la sanctionne (Décr. n° 72-851 du 4 juill. 1972, art. 9-II). Les titulaires d'un autre master reçoivent pendant leur année de stage une formation professionnelle, alternant des périodes de mise en situation et des périodes de formation dans un établissement d'enseignement supérieur, et accompagnée d'un tutorat (pour les agrégés, art. 6 du Décr. n° 72-580 du 4 juill. 1972, mod. par art. 24 du Décr. n° 2013-768 du 2 août 2013 ; pour les certifiés, Décr. n° 72-581 du 4 juill. 1972 mod. par Décr. n° 2013-768 du 23 août 2013).

Le recteur prononce la titularisation des stagiaires (Décr. n° 92-1189 du 6 nov. 1992, art. 10) qui doivent à la fois être titulaires du master et jugés aptes par le jury académique (dit « jury EQP », examen de qualification professionnelle) sur le fondement du référentiel de compétences (Arr. du 12 mai 2010 : « s'agissant non d'un concours ou d'un examen mais d'une procédure tendant à l'appréciation de la manière de servir [...], cette appréciation peut être censurée par le juge de l'excès de pouvoir en cas d'erreur manifeste ». V. CE 23 juill. 2014, n° 363141 ; CE 7 mars 2018, n° 402155), à défaut, le recteur peut prononcer le licenciement (CE 4 mai 2016, n° 395367, le ministre de l'Éducation nationale n'est pas compétent pour prononcer le licenciement d'un professeur stagiaire). Une fois titularisés, les professeurs suivent une carrière au cours de laquelle ils bénéficient ou d'un avancement d'échelon ou d'un avancement de grade (au choix) ; les professeurs certifiés peuvent aussi être promus dans le corps des agrégés s'il sont âgés de quarante ans au moins et justifient de dix années de services effectifs d'enseignement, après inscription sur une liste d'aptitude arrêtée chaque année par le ministre sur proposition du recteur (Décr. n° 72-580 du 4 juill. 1972 relatif au statut particulier des professeurs agrégés de l'enseignement du second degré, mod., art. 5).

Au cours de leur carrière, les personnels du second degré, comme tous les fonctionnaires qui participent à la formation tout au long de la vie (Décr. n° 2007-1470 du 15 oct. 2007), sont encouragés à se former régulièrement ; une offre de formation continue adaptée à leurs besoins leur est proposée, notamment dans le cadre des ESPÉ (art. L. 912-1-1).

La loi n° 2009-1437 du 24 novembre 2009 relative à l'orientation et à la formation professionnelle tout au long de la vie précise que les conseillers d'orientation psychologues exerçant dans les établissements d'enseignement du second degré doivent bénéficier d'une formation initiale leur assurant une connaissance étendue des filières de formation, du monde économique, de l'entreprise, des dispositifs de qualification, des métiers et des compétences qui sont nécessaires à leur exercice en plaçant cette exigence à l'article L. 313-1 alors qu'elle avait toute sa place dans le chapitre consacré à ces personnels.

A la suite de la loi de refondation de l'école de la République du 8 juillet 2013, les décrets de 1950 sur les missions des enseignants du second degré ont été révisés. Si la partie réglementaire aborde les modalités de service, l'article D. 932-1 renvoie à une série de textes statutaires ou transversaux comme le décret n° 2014-940 du 20 août 2014 (en vigueur à la rentrée scolaire 2015, à l'exception des dispositions relatives au décompte des maxima de service dans les établissements relevant de l'éducation prioritaire, applicables dès la rentrée 2014), maintient les maxima horaires et reconnaît dans le cadre général défini par l'article L. 911 l'ensemble des missions inhérentes au métier d'enseignant dans le second degré (préparation, aide et suivi, évaluation et conseil en matière d'orientation, relations avec les parents, travail en équipe, missions académiques ou dans l'établissement sur proposition du CA) ; il prévoit les conditions dans lesquelles sont décidés les compléments de service, avec parfois accord de l'intéressé, et reconduit les dispositifs de pondération du service d'enseignement afin de reconnaître les charges particulières en matière de préparation des cours, d'évaluation et de suivi des élèves dans certaines classes ou niveaux d'enseignement. Il a été jugé que l'appartenance d'enseignants à un même corps ne s'oppose pas à ce que, eu égard à la différence entre deux disciplines d'enseignement, les temps du service d'enseignement et des autres missions liées à ce service, auxquels ils sont soumis, soient répartis différemment selon la discipline enseignée, dans le cadre d'une même durée globale de travail (CE 6 avr. 2016,

Assoc. PAGESTEC et Assoc. nationale pour l'enseignement de la technologie, n° 385223 ; à propos de « l'heure de laboratoire » accordée aux professeurs de SVT et non à ceux de technologie). Le décret n° 2019-309 du 11 avril 2019 porte à deux le nombre d'heures supplémentaires hebdomadaires que les personnels enseignants du second degré ne peuvent refuser dans l'intérêt du service.

Au sein des équipes pédagogiques, les professeurs principaux sont désignés par le chef d'établissement avec leur accord (art. R. 421-10), en fonction de leurs qualités pédagogiques, de leurs aptitudes aux tâches d'organisation, au travail en équipe, au dialogue (art. R. 421-10) ; chargés d'assurer la liaison avec tous les personnels qui suivent l'élève, interlocuteurs privilégiés des familles, ils s'attachent au suivi des acquis, à l'évaluation et à l'accompagnement des élèves ; en matière d'orientation, ils assurent pour chaque élève la coordination de l'information et la préparation progressive aux choix d'orientation en liaison avec les psychologues de l'éducation nationale dans le cadre de leur parcours Avenir (art. L. 331-7) et contribuent à la mise en œuvre de la procédure d'orientation (Circ. n° 2018-108 du 10 oct. 2018, rôle du professeur principal dans les collèges et les lycées). Pour assurer un suivi renforcé des élèves en terminale, il y a désormais à ce niveau deux professeurs principaux par classe (Décr. n° 2018-120 du 20 févr. 2018).

Si les professeurs, fonctionnaires de l'État, sont soumis aux obligations de droit commun, leur service est défini en heures hebdomadaires d'enseignement (15 h pour les agrégés et 18 h pour les certifiés) ; s'y ajoutent les missions liées au service d'enseignement (préparations et recherches personnelles ; aide, suivi et évaluation des élèves ; conseils d'orientation…) incluant la pré-rentrée et les deux demi-journées éventuelles de réflexion pédagogique pouvant être prévues par les arrêtés fixant le calendrier scolaire (CE 30 août 2016, n° 387542). En outre, sont obligatoires la participation aux examens et la communication des notes et bulletins scolaires (CE 17 janv. 1996, n° 147867), la présence aux sessions de formation ou d'information organisées par les autorités académiques et les chefs d'établissement (CE 15 oct. 1982, n° 17816).

Si, dans le cadre de la refondation de la politique de l'éducation prioritaire, il prévoit un dispositif spécial de pondération des heures d'enseignement dans les établissements les plus difficiles afin de permettre la prise en charge des besoins spécifiques des élèves et la mise en œuvre de pratiques pédagogiques adaptées favorisant notamment le travail en équipe, ce décret, comme le ***décret n° 2014-941 du 20 août 2014 portant modification de certains statuts particuliers*** (PEGC, PLP), ne constitue pas une rupture avec le système antérieur. Il en est de même du décret n° 2014-460 du 7 mai 2014 relatif à la participation des enseignants d'éducation physique et sportive aux activités sportives scolaires volontaires des élèves qui permet à ces professeurs de consacrer, dans le cadre de leur service, trois heures par semaine aux activités des associations sportives.

Les professeurs et les conseillers d'éducation peuvent exercer des fonctions de formateur tant en formation initiale que continue. Le décret n° 2015-884 du 20 juillet 2015 précise comment ils participent à l'animation du réseau et à la recherche, et prennent en charge le tutorat des enseignants stagiaires et des étudiants se destinant au métier de l'enseignement. Le même texte prévoit un allègement de trois à six heures de leur service hebdomadaire d'enseignement. Le décret n° 2015-885 du même jour précise les conditions de leur nomination et institue une certification d'aptitude aux fonctions de formateur académique dans le second degré, et renvoie à un arrêté fixant les modalités d'organisation (V. Circ. n° 2015-110 du 21 juill. 2015).

Le décret n° 2012-702 du 7 mai 2012 modifiait le régime de l'appréciation de la valeur professionnelle et des modalités d'avancement d'échelon des personnels enseignants, d'éducation et d'orientation ; un entretien professionnel triennal devait être conduit par le chef d'établissement en tant que supérieur hiérarchique direct et donner lieu à un compte rendu. Pour les personnels exerçant des fonctions d'enseignement, d'éducation ou d'orientation, l'entretien devait être réalisé sur la base d'une autoévaluation, à l'élaboration et à la validation de laquelle les corps d'inspection auraient été associés. Mal préparé, ce texte suscita de nombreuses critiques ; il a été abrogé par le décret n° 2012-999 du 27 août 2012.

L'affectation des personnels enseignants du second degré fait chaque année l'objet d'une révision dans le cadre du « mouvement ». Son organisation relève d'une gestion de masse aujourd'hui portée par un algorithme informatique prenant en compte des critères considérés comme objectifs tant par l'administration que par les organisations syndicales (ancienneté, statut, situation familiale...). Après négociation avec les syndicats, le ministre édicte une note de service pour organiser le recensement des vœux et fixer le cadre des opérations. Depuis celle pour la rentrée 2008, elles ont toutes sans exception été annulées par le Conseil d'État dans la mesure où elles substituent des dispositions à caractère impératif (barèmes, critères précis, règles de départage à égalité de points, bonifications... non prévus par l'art. 60 de la L. n° 84-16 du 11 janv. 1984 qui ne vise que le rapprochement de conjoints, les handicapés et les agents exerçant en zone difficile) à ce qui ne devrait être que des « lignes directrices » (CE 16 déc. 2009, n° 323944 ; CE 7 mars 2012, n° 335130 ; CE 8 sept. 2014, n° 355073 ; CE 22 juill. 2015, n° 374434 ; CE 29 mai 2017, n° 336115). La critique de la rigidité du système a entraîné une première réforme en 1998, dédoublant le mouvement national qui ne concerne plus que les mutations inter-académiques, les affectations en établissement étant décidées au niveau académique, sans que la philosophie générale eût changé. Une approche qualitative prenant en considération les besoins des élèves et l'expérience acquise a justifié la création de « postes à profil » requérant l'avis du chef d'établissement (notamment pour le programme Éclair, CE 19 déc. 2012, n° 357416) qui sont aujourd'hui encore très minoritaires (6 % en 2012, V. Rapport du médiateur de l'éducation nationale, 2010 ; Cour des comptes, Gérer les enseignants autrement, 2013). Pour l'avenir, la loi du 20 avril 2016 relative à la déontologie et aux droits et obligations des fonctionnaires (art. 32 modifiant l'art. 60 de la loi du 11 janv. 1984) autorise à classer les demandes de mutation à l'aide d'un barème et à ajouter, à titre subsidiaire, des priorités supplémentaires, notamment pour les agents originaires de l'outre-mer ; encore faut-il rappeler que le recours à un barème ne peut être qu'une mesure préparatoire ne justifiant pas que l'administration renonce à son pouvoir d'appréciation de chaque situation individuelle.

Au cours de leur carrière, pour les personnels du second degré, comme tous les fonctionnaires qui participent à la formation tout au long de la vie (Décr. n° 2007-1470 du 15 oct. 2007), avant 2019 la loi indiquait qu'ils étaient encouragés à se former régulièrement, laissant entendre qu'il s'agissait plus d'un droit utilisable pour leur développement personnel que d'une obligation imposée par les nécessités du service, même si une offre de formation continue adaptée aux besoins des personnels d'enseignement leur était proposée, notamment par le biais des ESPÉ (devenues INSPÉ) ; l'article 50 de la loi du 26 juillet 2019 a changé d'optique : désormais, ***« la formation continue est obligatoire pour chaque enseignant »***. Elle doit être adaptée aux besoins des enseignants, ce qui recouvre tant leur besoin professionnel que leur choix personnel ; dans un cas comme dans l'autre, elle peut donner lieu à l'attribution d'une certification ou d'un diplôme (art. L. 912-1-2). Si l'idée d'imposer la formation continue en dehors des heures de travail a été abandonnée, lorsqu'elle correspond à un projet personnel concourant à l'amélioration des enseignements et qu'elle a été approuvée par le recteur, elle peut toujours s'accomplir en priorité en dehors des obligations de service d'enseignement et donner lieu à une indemnisation.

A la suite de la loi de refondation de l'école de la République du 8 juillet 2013, les décrets de 1950 sur les missions des enseignants du second degré ont été révisés. Si la partie réglementaire aborde les modalités de service, l'article D. 932-1 renvoie à une série de textes statutaires ou transversaux comme le décret n° 2014-940 du 20 août 2014 (en vigueur à la rentrée scolaire 2015, à l'exception des dispositions relatives au décompte des maxima de service dans les établissements relevant de l'éducation prioritaire, applicables dès la rentrée 2014), maintient les maxima horaires et reconnaît dans le cadre général défini par l'article L. 911 l'ensemble des missions inhérentes au métier d'enseignant dans le second degré (préparation, aide et suivi, évaluation et conseil en matière d'orientation, relations avec les parents, travail en équipe, missions académiques ou dans l'établissement sur proposition du CA). Il prévoit les conditions dans lesquelles sont décidés les compléments de service, avec parfois accord de l'intéressé, et reconduit les dispositifs de pondération du service d'enseignement afin de reconnaître les charges particulières en matière de préparation des cours, d'évaluation et de suivi des élèves dans certaines classes ou niveaux d'enseignement. Il a été jugé que l'appartenance d'enseignants à un même corps ne s'oppose pas à ce que, eu égard à la différence entre deux disciplines d'enseignement, les temps du service d'enseignement et des autres missions liées à ce service, auxquels ils sont soumis, soient répartis différemment selon la discipline enseignée, dans le cadre d'une même durée globale de travail (CE 6 avr. 2016, n° 385223, à propos de « l'heure de laboratoire » accordée aux professeurs de SVT et non à ceux de technologie). Si, dans le cadre de la refondation de la politique de l'éducation prioritaire, ce décret prévoit un dispositif spécial de pondération des heures d'enseignement dans les établissements les plus difficiles afin de permettre la prise en charge des besoins spécifiques des élèves et la mise en œuvre de pratiques pédagogiques adaptées favorisant, notamment, le travail en équipe, ce décret, comme le ***décret n° 2014-941 du 20 août 2014 portant modification de certains statuts particuliers*** (PEGC, PLP), ne constitue pas une rupture avec le système antérieur. Il en est de même du décret n° 2014-460 du 7 mai 2014 relatif à la participation des enseignants d'éducation physique et sportive aux activités sportives scolaires volontaires des élèves qui permet à ces professeurs de consacrer, dans le cadre de leur service, trois heures par semaine aux activités des associations sportives.

Les professeurs et les conseillers d'éducation peuvent exercer des fonctions de formateur tant en formation initiale que continue. Le décret n° 2015-884 du 20 juillet 2015 précise comment ils participent à l'animation du réseau et à la recherche, et prennent en charge le tutorat des enseignants stagiaires et des étudiants se destinant au métier de l'enseignement. Le même texte prévoit un allègement de trois à six heures de leur service hebdomadaire d'enseignement. Le décret n° 2015-885 du 20 juillet 2015 précise les conditions de leur nomination, institue une certification d'aptitude aux fonctions de formateur académique dans le second degré, et renvoie à un arrêté fixant les modalités d'organisation (V. Circ. n° 2015-110 du 21 juill. 2015).

Le décret n° 2012-702 du 7 mai 2012 modifiait le régime de l'appréciation de la valeur professionnelle et des modalités d'avancement d'échelon des personnels enseignants, d'éducation et d'orientation. Un entretien professionnel triennal devait être conduit par le chef d'établissement en tant que supérieur hiérarchique direct et donner lieu à un compte rendu. Pour les personnels exerçant des fonctions d'enseignement, d'éducation ou d'orientation, il devait être réalisé sur la base d'une autoévaluation, à l'élaboration et à la validation de laquelle les corps d'inspection auraient été associés. Mal préparé, ce texte suscita de nombreuses critiques ; il a été abrogé par le décret n° 2012-999 du 27 août 2012.

A la suite du protocole Parcours professionnels, Carrières et Rémunérations (PPCR) dans la fonction publique, de nouvelles mesures ont été annoncées en juillet 2016 afin d'améliorer la rémunération et le déroulement des carrières. Des groupes de travail ont été mis en place pour définir les missions des formateurs du premier et du second degré : assurer la reconnaissance en temps ou par des indemnités des enseignants du second degré, actualiser les missions et clarifier le temps de travail des conseillers principaux d'éducation, reconnaître les responsabilités des chefs de travaux, désormais appelés directeurs délégués aux formations professionnelles et technologiques DDFPT, améliorer la situation des personnels contractuels, créer un corps unique des psychologues de l'éducation nationale et construire un cadre de référence pour les métiers de la formation continue. Les mesures annoncées ont fait l'objet du décret n° 2017-789 du 5 mai 2017 fixant l'échelonnement indiciaire de certains personnels enseignants et d'éducation relevant du ministre chargé de l'éducation nationale, en vigueur le 1er septembre 2017 ; mais le processus pourrait être bloqué en 2018.

Dans les établissements, l'ensemble des personnels sont placés sous l'autorité du chef d'établissement qui leur attribue un service (art. R. 421-10). Toutefois, les professeurs de chaires supérieures affectés dans l'établissement doivent servir exclusivement en CPGE ; si les professeurs agrégés ou certifiés sont affectés en STS, leur statut ne leur garantit pas cette exclusivité. Ainsi, le refus du proviseur de donner à un professeur un service complet en STS, « motivé par les difficultés récurrentes » rencontrées dans ses enseignements, a été pris « dans l'intérêt du service » ; si le moyen tiré d'une modification de l'affectation prononcée par le recteur a été jugé « inopérant », c'est toutefois parce qu'il a été soulevé pour la première fois en cassation (CE 6 juin 2018, n° 400042 B). ☐

CHAPITRE PREMIER **DISPOSITIONS COMMUNES**

Art. L. 931-1 La rémunération principale des fonctionnaires appartenant aux corps des professeurs certifiés et assimilés, des professeurs d'éducation physique et sportive,

des conseillers principaux d'éducation, ainsi qu'au second grade des professeurs de lycée professionnel, relevant du ministère de l'éducation nationale ou du ministère de l'agriculture, comporte, outre la rémunération afférente à leur grade et à l'échelon qu'ils détiennent dans leur grade, une bonification de quinze points d'indice majoré soumise à retenue pour pension.

Les intéressés doivent être parvenus au huitième échelon de leur grade et être âgés de cinquante ans et plus entre le 1er septembre 1989 et le 31 août 1994.

Cette bonification indiciaire n'est plus versée aux personnels mentionnés ci-dessus lorsqu'ils accèdent à la hors classe, ni prise en compte pour déterminer le classement des intéressés dans la hors classe. – *[L. n° 89-486 du 10 juill. 1989, art. 32.]*

BIBL. ▸ Aubert, Un décret très contesté sur le temps de travail des enseignants, *AJDA 2007. 338*. – Bizot, Les personnels en situation de handicap : pour une prise en charge plus transparente et plus humaine, *in* Vers une administration inclusive, *Rapp. 2018 de la médiatrice de l'éducation nationale et de l'enseignement supérieur, MENJ-MESRI, 27 juin 2020. 22* ; Le harcèlement au travail : d'une problématique émergente à un risque réel ?, *in* Vers une administration inclusive, *Rapp. 2018 de la médiatrice de l'éducation nationale et de l'enseignement supérieur, MENJ-MESRI, 27 juin 2020. 33*. – Cédelle, Le Livre vert sur les enseignants veut organiser le travail des profs au niveau de l'établissement, *Le Monde, 1er févr. 2008. 10*. – Cédelle, Rollot, Enseignants. État des lieux avant travaux, *Le Monde, 2 févr. 2008. 19*. – Fialaire, La réforme du service des enseignants du second degré, *AJFP 2015. 223*. – Filatre, Réussir l'année de formation en alternance. Recommandations du comité de suivi de la réforme de la formation des enseignants, *Comité de suivi de la réforme de la formation des enseignants, 30 mai 2014*. – Fortier, Le défi de la continuité du service public de l'éducation nationale : assurer les remplacements, *AJDA 2006. 1822*. – Galicher, Bilan de la mise en place des décrets sur les nouvelles obligations réglementaires de service et le régime indemnitaire des enseignants du second degré, *MENESR, Rapp. IGAENR n° 2016-051, sept. 2016*. – Maugendre, En 2017-2018, les absences pour raison de santé des enseignants du secteur public dépendent de la période de l'année et peu du jour de semaine, *MENJ-DEPP, Note d'information, n° 20.31, sept. 2020*. – Robert, Métiers de l'enseignement : y a-t-il une « crise des vocations » ?, *in* Éducation, les enjeux, *Doc. fr., coll. regards sur l'actualité, n° 293, août-sept. 2003*. – Vulbeau, La communauté éducative, *in* Décentralisation de l'école. Réforme ou dégraissage ?, *Territoires, n° 440, sept. 2003* ; Rapport sur la gestion par le ministère chargé de l'enseignement scolaire, des personnels détachés dans les fonctions autres que d'enseignement ou demeurant sans affectation – Communication à la Commission des finances de l'Assemblée nationale, Cour des comptes, *janv. 2005*. – Men, Rapport rédigé sous la direction du recteur Daniel Bloch, Pas de classe sans enseignant, *févr. 1998*.

▸ **Personnels statutaires :** Alfandari, Buissart, Emaer, Franchi et Schmidt, Les mouvements académiques et départementaux comme outils de gestion des ressources humaines, *Rapp. IGAENR, n° 2015-067, août 2015*. – Lepetit, Avice et Renaudineau, Les décharges statutaires des enseignants du second degré, *Rapp. IGAENR-IGF, avr. 2006*. – Mallet, La déconcentration du mouvement des enseignants des lycées et des collèges : ni panacée ni avancée, *Rev. adm. 1999. 282*. – Mauhourat et Azema, Mission ruralité. Adapter l'organisation et le pilotage du système éducatif aux évolutions et défis des territoires ruraux. Rapport d'étape n° 2, *Rapp. IGEN-IGAENR n° 2018-080, juill. 2018*. – Mekhantar, La limitation des compléments de service imposés aux enseignants du secondaire, *AJFP 2007. 127*. – de Montecler, Les obligations de service des enseignants redéfinies, *AJDA 2014. 1631*. – Thomas, Les différences d'expérience, d'ancienneté dans l'établissement, d'âge et de statut des enseignants du second degré par niveau de formation, *MENJ-DEPP, Note d'information, n° 20-12, avr. 2020* ; Les heures supplémentaires annualisées des enseignants à la rentrée 2019 dans le second degré, *MENJ, Note d'information, n° 20-22, juin 2020* ; Les heures supplémentaires des enseignants à la rentrée 2020 dans le second degré, *MENJS-DEPP, Note d'information n° 21.20, mai 2021*.

▸ *V. aussi BIBL. ss. art. L. 912-1.*

▸ **Enseignants remplaçants.** Lebaudy, Les enseignants remplaçants dans les premier et second degrés publics : place parmi les enseignants et caractéristiques, *MENJS-DEPP, Note d'information n° 20.45, déc. 2020*.

▸ **Personnels contractuels :** Didier, Les vacataires de l'enseignement secondaire : entre statut et précarité, *JCP Adm. 2008, n° 49-50, p. 30*. – Hostalier (pilote IGEN) et Moya (pilote IGAENR), L'accueil, la gestion et la formation des personnels contractuels en EPLE, *Rapp. IGEN-IGAENR, 2014-016, avr. 2014*.

▸ **Agents territoriaux spécialisés des écoles maternelles (ATSEM) :** V. Bibl. ss. art. L. 411-1.

PLAN DES ANNOTATIONS

I. QUESTIONS GÉNÉRALES

1° MISSIONS

1. *Nature.* Le gouvernement est compétent pour préciser dans un Décr. relatif au statut particulier d'un corps de fonctionnaires, les fonctions que doivent assurer les agents de ce corps. En n'assignant pas aux membres des corps d'enseignants une mission limitée au seul enseignement en prévoyant que ces fonctionnaires pourraient participer à une autre forme d'action éducative, les Décr. attaqués n'ont porté atteinte à aucun des principes fondamentaux de l'enseignement. • CE 28 oct. 1974, nos 88525, 88526 et 88527 A.

2. *Équipes de direction.* Une note de service prévoyant que, dans le souci d'assurer la meilleure cohésion possible de l'équipe de direction, les chefs d'établissement concernés seront consultés sur le choix de leurs collaborateurs, a pour seul objet, en recueillant l'avis des chefs d'établissement avant la mutation des agents appelés à les rejoindre, de compléter l'information des commissions administratives paritaires appelées à donner leur avis sur ces mutations. En prévoyant des modalités qui n'empiètent pas sur des règles statutaires et ne les remettent pas en cause, le ministre a pris des mesures qu'il est habilité à prendre en qualité de chef de service. • CE 9 juill. 2003, n° 237021 B.

2° STATUT

3. *Dispositions dérogatoires.* Les dispositions relatives à la fonction publique de l'État impliquent que les fonctionnaires d'un même corps recrutés par concours au grade de début du corps aient vocation à accéder à l'ensemble des grades de ce corps. Si, en ce qui concerne les membres des corps enseignants, les statuts particuliers peuvent déroger, après avis du Conseil supérieur de la fonction publique de l'État, à certaines dispositions du statut général, ces dérogations ne peuvent être légalement édictées que si elles correspondent aux besoins propres de ces corps ou aux missions que leurs membres sont destinés à assurer. • CE, ass., 28 juin 1991, *Synd. nat. des lycées et collèges Force ouvrière (SNLC-FO), Synd. nat. des enseignements techniques et professionnels (SNETP-CGT)*, nos 76263 et 76318 A : *AJDA 1991. 902, concl. de Froment*. ♦ Aux termes de l'art. 2 du Décr. du 20 juill. 1982, pour les personnels enseignants, les personnels d'éducation et de documentation des écoles et des établissements d'enseignement ainsi que pour les personnels en service dans les centres d'information et d'orientation, l'autorisation d'assurer un service à temps partiel ne peut être donnée que pour une période correspondant à une année scolaire. Cette autorisation est renouvelable, pour la même durée, par tacite reconduction dans la limite de trois années scolaires. Au-delà de cette période de trois années scolaires, le renouvellement de l'autorisation de travail à temps partiel doit faire l'objet d'une demande et d'une décision expresses. Les demandes d'octroi ou de renouvellement de l'autorisation d'assurer un service à temps partiel ainsi que les demandes de réintégration à temps plein prennent effet au 1er sept. Ces dispositions n'ont ni pour objet ni pour effet de priver les personnels enseignants bénéficiaires de droit, après la naissance d'un enfant, du temps partiel jusqu'au troisième anniversaire de cet enfant, du droit de retrouver leur emploi à temps complet à l'issue de la période de trois ans, alors même que cette échéance interviendrait en cours d'année scolaire. • CE 22 janv. 2007, n° 286489 : *AJDA 2007. 227 ; AJFP 2007. 204, note Fontier*.

4. Enseignants certifiés bi-admissibles à l'agrégation. Le juge d'appel a estimé que le bénéfice indiciaire des enseignants certifiés bi-admissibles à l'agrégation ne peut pas être réservé par une note de service aux enseignants ayant été bi-admissibles à deux sessions distinctes. Il précise qu'en exigeant une admissibilité à des concours de sessions distinctes une telle restriction ne pourrait, ainsi, résulter que de l'adoption de dispositions réglementaires nouvelles, mais aucune disposition ne donne délégation du pouvoir réglementaire au ministre chargé de l'éducation nationale pour adopter des mesures ayant un tel objet. • CAA Bordeaux, 15 déc. 2015, n° 14BX01156.

5. Recrutement par voie d'inscription sur liste d'aptitude. L'Arr. du 17 mars 2005 prévoyant qu'une troisième catégorie de personnels, les personnels ayant la qualité d'enseignant titulaire, peuvent faire acte de candidature pour être recrutés par liste d'aptitude, sans préciser le titre ou le diplôme qu'ils doivent posséder, méconnaît les dispositions du Décr. du 4 juill. 1972 qui prévoit que peuvent faire acte de candidature, dès lors qu'ils enseignent depuis au moins cinq ans, les personnels détenteurs de l'un des titres ou diplômes permettant de se présenter aux concours externe ou interne du CAPES et au concours externe du CAPET. L'arrêté est annulé. • CE 5 avr. 2006, n° 281610.

6. Candidats au détachement dans le corps des professeurs agrégés. Dispense de diplôme. Absence. Un ingénieur principal de la FPT ayant appartenu au corps de professeur des écoles avant d'être radié de ce corps à la suite de son intégration dans une collectivité territoriale, a sollicité son détachement dans le corps des professeurs agrégés. Sa demande a été rejetée au motif qu'il ne remplissait pas les conditions de diplôme exigées. Le juge estime en effet que la dispense de détention des diplômes requis prévue par les textes ne concerne que les candidats aux concours du CAPES et de l'agrégation et n'a pas pour objet de s'appliquer au détachement d'agents dans les corps des professeurs certifiés et agrégés. • CAA Nantes, 6 juill. 2018, n° 16NT02890 : *AJFP 2019. 150*

3° SERVICE

a. Obligations de service

7. Modalités d'exercice. En prévoyant par circulaire la possibilité pour les enseignants du second degré en position d'activité à temps complet d'effectuer leur service à mi-temps dans un établissement d'enseignement du second degré et à mi-temps dans un établissement d'enseignement supérieur, le ministre de l'éducation n'a pas créé une nouvelle position non prévue au statut. • CE 28 avr. 2004, n° 246545 B.

8. Majoration de service. Absence d'erreur de droit pour une majoration de service hebdomadaire d'une heure pour un professeur enseignant dans une classe à effectifs réduits (inférieurs à 20 élèves). • TA Grenoble, 1er oct. 2010, n° 0903290 : *LIJ 2011, n° 151, p. 8.*

9. Pondération. Maximum de service. Heure supplémentaire. Il résulte des textes en vigueur (art. 6 à 8 du Décr. du 20 août 2014 et du 2e al. de l'art. 6 relatif au décompte des heures d'enseignement dans le cycle terminal de la voie générale et technologique) que ces dispositions ne permettent pas d'imposer une heure d'enseignement supplémentaire entière à un enseignant qui accomplit déjà un service d'enseignement dont la durée, compte tenu notamment des pondérations, excède son maximum de service. Par suite, la Circ. n° 2015-057 du 29 avr. 2015 relative aux missions et obligations réglementaires de service des enseignants des établissements publics d'enseignement du second degré est annulée en tant qu'elle prévoit, au A de son I : « Toutefois, lorsque l'application des pondérations pour le décompte des maxima hebdomadaires de service donne lieu à l'attribution d'au plus 0,5 heure supplémentaire, l'enseignant pourra être tenu d'effectuer, en sus, une heure supplémentaire entière ». • CE 23 mars 2016, n° 391265 : *AEF 29 mars 2015, Dépêche n° 535406, comm. Toulemonde.*

10. Obligations de service. Répartition. Différence de traitement. Absence d'illégalité. L'appartenance d'enseignants à un même corps ne s'oppose pas à ce que, eu égard à la différence entre deux disciplines d'enseignement, les temps du service d'enseignement et des autres missions liées à ce service, auxquels ils sont soumis, soient répartis différemment selon la discipline enseignée, dans le cadre d'une même durée globale de travail. Ainsi, en organisant de manière différente, d'une part, la répartition du service d'enseignement et des services liés pour l'enseignement des sciences de la vie et de la terre et des sciences physiques et, d'autre part, cette même répartition pour l'enseignement de la technologie, le pouvoir réglementaire a introduit, entre professeurs agrégés enseignant des disciplines différentes et entre professeurs certifiés enseignant des disciplines différentes, une différence de traitement qui est justifiée par la différence de situation qui résulte de l'enseignement de disciplines distinctes. Il ne ressort pas des pièces du dossier que cette différence de traitement serait manifestement disproportionnée au regard des obligations de préparation des heures d'enseignement propres à ces différentes disciplines. • CE 6 avr. 2016, n° 385223 B : *AJFP 2016 ; LIJ 2016, n° 194, p. 10 ; AEF, 20 avr. 2011, Dépêche n° 536273, comm. Toulemonde.*

11. Fonctions de remplacement. Les professeurs du second degré assurent à titre principal leurs obligations de service dans l'enseignement de leur spécialité et ne peuvent être amenés à participer à un enseignement différent qu'à titre accessoire, lorsqu'ils ne peuvent assurer leur maximum de service dans leur spécialité. Le Décr. du 30 sept. 1985 n'apporte aucune dérogation à ces dispositions pour les personnels enseignants nommés en vue d'exercer les fonctions de remplacement. • CE 30 nov. 2001, n° 224190 A : *AJFP 2002, n° 3, p. 22, obs. Mekhantar*. ♦ Un professeur ne peut donc être contraint d'enseigner hors de sa discipline qu'à titre accessoire (professeur certifié de physique-chimie affecté sur une zone de remplacement et contraint d'assurer 14 heures de mathématiques). • CE 30 nov. 2001, n° 224190 A : *préc.*

12. Accompagnement personnalisé. Heures d'enseignement. Dans une affaire où un enseignant demandait l'annulation de la décision refusant de prendre en compte, dans le calcul de ses heures d'enseignement hebdomadaires rémunérées, les heures qu'il avait effectuées au titre de l'accompagnement personnalisé des élèves, le Conseil d'État a jugé que si les heures d'accompagnement personnalisé ne sont pas mentionnées à l'art. 1er du Décr. n° 50-581 du 25 mai 1950 portant règlement d'administration publique pour la fixation des maximums de service hebdomadaire du personnel enseignant des établissements d'enseignement du second degré, dans sa version applicable au cours de l'année scolaire en cause, et ne donnent pas lieu à évaluation au baccalauréat, elles sont néanmoins comprises, à raison de deux heures hebdomadaires, dans les enseignements des classes de première et des classes terminales en vertu des dispositions de l'art. 3 de l'Arr. du 27 janv. 2010 relatif à l'organisation et aux horaires des enseignements du cycle terminal des lycées, sanctionnés par le baccalauréat général, pris pour l'application du Décr. n° 2010-100 du 27 janvier 2010 relatif aux enseignements du second degré des voies générale et technologique et à l'information et l'orientation et modifiant le code de l'éducation (art. D. 333-2). Par conséquent, ces heures doivent être regardées comme des heures d'enseignement au sens de l'art. 1er du Décr. du 25 mai 1950. • CE 20 déc. 2017, n° 405438 : *LIJ 2018, n° 202, p. 12.*

13. Privation de conditions normales d'exercice. Les professeurs stagiaires étant soumis à l'obligation statutaire d'assister aux cours organisés en vue de leur formation, il appartenait au directeur de l'établissement, devant une action concertée et systématique d'élèves s'abstenant de suivre les cours d'un professeur, de prendre les mesures propres à assurer leur présence ou, le cas échéant, de les sanctionner pour leur absence. De telles mesures n'ayant pas été prises, le juge retient une faute du directeur de nature à engager la responsabilité de l'État à l'égard du professeur. • CAA Paris, 16 mai 1989, n° 89PA00078 B. ♦ En s'abstenant d'user de son pouvoir hiérarchique pour permettre à un enseignant d'exercer dans des conditions normales son activité, le chef d'établissement lui cause un préjudice moral et une atteinte à sa réputation (préjudice global évalué en l'espèce à 5 000 F). • CAA Paris, 16 mai 1989, n° 89PA00078 B.

14. Affectation au CNED. Est entachée d'une erreur manifeste d'appréciation la décision du ministre de l'Éducation qui a écarté la candidature d'un professeur certifié à une affectation au centre national d'enseignement à distance (CNED) au titre du réemploi, alors que ce professeur a bénéficié, à l'issue d'un congé de maladie de longue durée, d'un emploi de réadaptation sur un poste de correcteur, renouvelé sans discontinuité durant neuf années, que durant cette période, il a fait l'objet d'une excellente notation et d'appréciations élogieuses, que si son état de santé ne lui permet toujours pas d'assurer un enseignement en présence d'élèves, son aptitude à l'exercice d'autres fonctions en matière d'enseignement a été reconnue par un médecin neurologue expert agréé. • CAA Nancy, 16 juin 2001, n° 01NC00781.

15. Candidature sur un poste « Éclair ». Procédure. Les requérants ayant attaqué les dispositions de la note de service n° 2012-018 du ministre du 30 janv. 2012, relative aux modalités de candidature en établissement Éclair (rentrée scolaire 2012 définissant un calendrier ainsi que des modalités de recueil et d'instruction des candidatures), le juge a estimé que cette procédure qui se situe en amont de celles prévues notamment par les statuts de ces personnels en matière ne présentait pas un caractère statutaire et ne contrevenait notamment pas, en tant qu'elle confère une responsabilité aux recteurs dans cette procédure, aux dispositions statutaires confiant au ministre le pouvoir d'affectation en cas de mutation inter-académique : légalité de la note de service. • CE 19 déc. 2012, nos 357416 et 357450.

b. Compléments de service

16. Complément de service dans une autre ville. Après avoir rappelé les termes de l'art. 1er du Décr. n° 50-581 du 25 mai 1950 modifié portant règlement d'administration publique pour la fixation des maxima de service hebdomadaire du personnel enseignant des établissements d'enseignement du second degré, le tribunal juge qu'un enseignant peut effectuer un complément de service à condition qu'il ait lieu dans un établissement situé dans la même ville que l'établissement dans lequel il a été nommé. A défaut, le recteur de l'académie commet une erreur de droit. • TA Melun, 20 févr. 2013, n° 100312 : *LIJ 2013, n° 177, p. 13.* ♦ En revanche, aux termes des dispositions du 1er al. de l'art. 4 du Décr. n° 50-583 du 2 mai 1950 modifié fixant les maximums de service des professeurs et des maîtres d'éducation physique et sportive, titulaires et délégués, les professeurs d'éducation physique et sportive qui n'effectuent pas leur maxima de service dans l'établissement où ils ont été nommés peuvent être appelés à le compléter dans un autre établissement même s'il est situé dans une autre commune. • TA Melun, 20 févr. 2013, n° 100312 : *préc.*

17. Complément de service dans un autre établissement. L'accomplissement, à la demande de l'administration, d'un complément de service au sein d'un autre établissement par des enseignants qui ne peuvent assurer la durée hebdomadaire de service prévue par leur statut dans l'établissement d'enseignement auquel ils ont été affectés constitue une obligation de service relevant des dispositions statutaires. Ni l'art. 25 du Décr. statutaire du 14 mars 1986, ni aucune autre disposition statutaire applicable au corps des professeurs d'enseignement général de collège ne permet à l'administration d'appeler un enseignant nommé dans un établissement à compléter son service dans un autre établissement. • CE 4 oct. 2010, n° 322502 : *AJDA 2010. 2334*.

18. Complément de service en dehors de la spécialité. Le juge administratif a jugé que, si le pouvoir réglementaire a soumis les enseignants titulaires en zone de remplacement à un régime particulier, en permettant notamment qu'ils remplissent, entre deux remplacements, leurs obligations de service par des activités autres que des activités d'enseignement proprement dites, il n'a pas entendu les soustraire à l'obligation statutaire selon laquelle l'activité d'enseignement doit s'effectuer, à titre principal, dans la spécialité de l'enseignant, la participation à un autre enseignement ne pouvant être qu'accessoire. Il estime toutefois que les contraintes particulières liées à l'activité de remplacement, notamment le caractère fréquemment discontinu des affectations du fait du caractère provisoire des vacances de poste ou momentané des absences des enseignants titulaires qu'ils sont appelés à remplacer, autorisent le recteur à confier à ces enseignants, même lorsqu'ils n'effectuent aucun enseignement dans leur spécialité faute de poste vacant ou de titulaire absent, un enseignement en dehors de leur spécialité, conformément à leurs qualifications, dès lors que celui-ci demeure accessoire. • CE 12 mars 2014, n° 362752 B : *AJDA 2014. 1640 ; LIJ 2014, n° 183, p. 7.*

19. Rémunération pour heures supplémentaires. V. ci-dessous.

c. Titulaires de zones de remplacement

20. Obligations de service. Le Conseil d'État a jugé que la réduction des maxima de service liée à un exercice dans plusieurs établissements s'applique aux enseignants affectés dans un établissement, pour le calcul du service qu'ils doivent assurer sur l'ensemble d'une année scolaire ; que, par suite, elle s'applique aux enseignants titulaires sur zone de remplacement (TZR), régis par le Décr. du 17 sept. 1999, dès lors qu'ils assurent un même remplacement sur l'ensemble de l'année scolaire et que celui-ci les conduit à exercer dans plusieurs établissements ; qu'en revanche, elle ne saurait s'appliquer aux enseignants titulaires sur zone de remplacement qui assurent seulement des missions ponctuelles de remplacement, y compris lorsqu'elles s'exécutent dans plusieurs établissements. • CE 12 mai 2017, n° 394237. ♦ Les dispositions de l'art. 4 du Décr. du 25 mai 1950, selon lesquelles le maximum de service est diminué de deux heures pour les professeurs et les maîtres appelés à enseigner dans trois établissements situés chacun dans des localités différentes, ne sont pas applicables aux enseignants titulaires de zones de remplacement (TZR), affectés non dans un établissement mais dans une zone de remplacement, qui assurent des fonctions exclusives de remplacement dans les établissements d'enseignement du second degré en application du Décr. n° 99-823 du 17 sept. 1999. • CE 14 oct. 2009, n° 319926 B : *AJDA 2010. 118*.

21. Notion de service fait. Un enseignant titulaire en zone de remplacement est considéré comme accomplissant son service entre deux remplacements, lorsqu'il reste à la disposition de l'administration sans qu'il soit, en principe, nécessaire qu'il soit présent quotidiennement dans son établissement de rattachement. En l'espèce, le juge précise qu'il lui incombe « entre deux remplacements, de se présenter dans son établissement de rattachement afin de prendre connaissance des dispositions que le chef d'établissement entend prendre à son égard et, en toute hypothèse, de rester à la disposition de ce dernier, sans que cela implique en principe, sauf instruction contraire du chef d'établissement, une présence quotidienne de l'enseignant au sein de l'établissement de rattachement ; que, dans l'hypothèse où aucune disposition n'est prise à son égard au jour où il se présente, il revient alors au chef d'établissement qui entend confier à l'enseignant des activités de nature pédagogique de donner à l'intéressé les consignes nécessaires à leur exercice ». Le juge valide la retenue sur salaire effectuée, l'enseignant ne s'étant plus présenté à son établissement après la signature de son procès-verbal d'installation. • CE 5 févr. 2014, n° 358224 B : *AJDA 2014. 312 ; AJFP 2014. 258 ; LIJ 2014, n° 184, p. 7.* ♦ Le Conseil d'État a précisé qu'il incombe à l'enseignant d'être en mesure, pendant les heures de service et sauf autorisation d'absence, de répondre dans un délai approprié à toute instruction du chef d'établissement ou d'une autre autorité compétente portant sur un remplacement ou une autre activité de nature pédagogique. En l'espèce, le juge estime que le recteur a pu légalement procéder aux retenues sur traitement contestée alors même que la requérante s'était bornée à informer son chef d'établissement qu'elle participait aux épreuves écrites du concours d'administrateur de l'Assemblée nationale après le début des épreuves et ne bénéficiait de ce fait d'aucune autorisation d'absence pour cette période. • CE 22 juill. 2015, n° 361406 B : *AJDA 2015. 2471* ; *LIJ 2015, n° 190, p. 9.*

22. *Enseignants titulaires de zones de remplacement. Obligations de service. Participation à un autre enseignement. Service accessoire.* Le Décr. n° 99-823 du 17 sept. 1999 relatif à l'exercice des fonctions de remplacement dans les établissements d'enseignement du second degré prévoit que les personnels enseignants qu'il vise peuvent être chargés, dans le cadre de l'académie et conformément à leur qualification, d'assurer le remplacement de professeurs momentanément absents ou d'occuper un poste provisoirement vacant au sein de la zone de remplacement dans laquelle ils sont affectés, éventuellement de la zone limitrophe. Si le pouvoir réglementaire a soumis ces personnels à un régime particulier en permettant notamment qu'ils remplissent, entre deux remplacements, leurs obligations de service par des activités autres que des activités d'enseignement proprement dites, il n'a pas entendu les soustraire à l'obligation statutaire selon laquelle l'activité d'enseignement doit s'effectuer, à titre principal, dans la spécialité de l'enseignant, la participation à un autre enseignement ne pouvant être qu'accessoire. Toutefois, les contraintes particulières liées à l'activité de remplacement, notamment le caractère fréquemment discontinu des affectations du fait du caractère provisoire des vacances de poste ou momentané des absences des enseignants titulaires qu'ils sont appelés à remplacer, autorisent le recteur à confier à ces enseignants, même lorsqu'ils n'effectuent aucun enseignement dans leur spécialité faute de poste vacant ou de titulaire absent, un enseignement en dehors de leur spécialité, conformément à leurs qualifications, dès lors que celui-ci demeure accessoire. • CE 12 mars 2014, n° 362752 B • CE 12 mars 2014, n° 362955 B. ♦ V. Dans le même sens, pour un professeur de lycée professionnel, enseignant sur une zone de remplacement, titulaire d'un certificat d'aptitude pour enseigner la discipline « audiovisuel », contestant son affectation pour toute la durée d'une année scolaire, pour enseigner, sur un total de 18 heures, 16 heures dans la discipline « génie électrique option électronique ». • CAA Douai, 12 mars 2020, n° 18DA01344. – A rapprocher de • CE 30 nov. 2001, n° 224190 A : *AJFP 2002. 22* ; *ibid. 23, note Mekhantar* .

23. *Enseignement en dehors de la spécialité.* Dans une affaire où le requérant demandant l'annulation de la décision du recteur l'affectant dans un lycée situé dans sa zone de remplacement pour effectuer un service hebdomadaire d'enseignement de 12 heures 30 en sciences physiques et chimie, le juge rappelle que les contraintes particulières liées à l'activité de remplacement, notamment le caractère fréquemment discontinu des affectations du fait du caractère provisoire des vacances de poste ou momentané des absences des enseignants titulaires qu'ils sont appelés à remplacer, autorisent le recteur à confier à ces enseignants, même lorsqu'ils n'effectuent aucun enseignement dans leur spécialité, faute de poste vacant ou de titulaire absent, un enseignement en dehors de leur spécialité, conformément à leurs qualifications, dès lors que celui-ci demeure accessoire. En l'espèce, il annule la décision du recteur qui lui confie un enseignement dans une discipline qui n'était pas la sienne, non pas à titre accessoire mais pour 12 heures 30 par semaine sur un total de 18 heures de service d'enseignement hebdomadaires dues, soit plus de la moitié des obligations de service d'enseignement auxquelles était astreint le requérant en sa qualité de professeur certifié. • TA Lille, 16 févr. 2016, n° 1206688 : *LIJ 2016, n° 193, p. 13.* ♦ Dans une autre espèce, le même requérant contestait une décision de remplacement dans une zone limitrophe de sa zone d'affectation pour effectuer un service hebdomadaire d'enseignement de 8 heures en mathématiques-sciences physiques. S'agissant de cette décision, le juge a, en revanche, estimé qu'eu égard au caractère accessoire que revêtait le service hebdomadaire de remplacement en sciences physiques de 8 heures confié au requérant, ce remplacement n'était pas contraire aux dispositions du Décr. n° 50-581 du 25 mai 1950, alors même qu'il n'avait pas été confié préalablement ou concomitamment à l'intéressé un service d'enseignement à titre principal dans sa spécialité. • TA Lille, 8 mars 2016, n° 1300438 : *LIJ 2016, n° 193, p. 12.*

24. *Enseignants titulaires de zones de remplacement. Obligations de service. Activités d'enseignement. Participation à un autre enseignement. Limites. Activité accessoire.* Le juge a estimé qu'en confiant à un enseignant titulaire sur une zone de remplacement une activité de 16 heures d'enseignement dans une discipline autre que la sienne, sur un total de 18 heures hebdomadaire, le recteur a méconnu la règle selon laquelle une telle activité doit demeurer accessoire. En l'espèce, d'une part, il s'agissait d'un requérant, professeur de lycée professionnel, TZR dans un lycée professionnel pour y effectuer 16 heures hebdomadaires en génie électrique, option électronique et, d'autre part, pour la même période, en zone de remplacement, pour 2 heures d'enseignement en audiovisuel. • CAA Douai, 12 mars 2020, n° 18DA01344 : *AJDA 2020.892, chron. Cassara ; AJFP 2021. 42* .

25. *Enseignants titulaires de zones de remplacement. Affectation dans une antenne du CNED. Fonctions en dehors du service où ils*

ont vocation à servir. Illégalité. Le Conseil d'État a jugé qu'il résulte des dispositions régissant le CNED que ce dernier est un établissement public national à caractère administratif doté de la personnalité morale et de l'autonomie financière, placé sous la tutelle des ministres chargés de l'éducation et de l'enseignement supérieur en vertu de l'art. R. 426-1 et dont les services, au nombre desquels figurent plusieurs antennes locales, sont placés sous l'autorité de son directeur général en vertu de l'art. R. 426-17. Il s'ensuit que l'affectation d'un enseignant du second degré auprès du CNED était entachée d'illégalité, en ce que, en l'absence de dispositions particulières le prévoyant, elle le conduisait à exercer ses fonctions en dehors du service où elle a vocation à servir. En l'espèce, cette illégalité lui avait fait perdre une chance sérieuse de pouvoir bénéficier du versement d'heures supplémentaires annuelles. • CE 21 sept. 2020, n° 426312 : *AJDA 2021. 124 ; LIJ 2021, n° 213, p. 15.*

26. Indemnisation. Conditions et modalités. Dans une affaire où un professeur certifié titulaire de zone de remplacement contestait, entre autres, le refus du ministre de lui verser un complément de son indemnité de sujétions spéciales de remplacement, ainsi que son refus de lui rembourser différents frais de déplacement, le juge, éclairé par les conclusions du rapporteur public, fait le point sur les sujétions spécifiques de ces enseignants et sur le régime indemnitaire qui en découle. • TA Toulouse, 24 oct. 2014, n° 1101829 : *AJFP 2015. 139, concl. Dubois*.

27. Enseignants titulaires de zones de remplacement. Devoirs à l'expiration d'une période de remplacement. Capacité à répondre dans un délai approprié à une instruction de l'autorité compétente. En application de l'art. 5 du Décr. n° 99-823 du 17 sept. 1999, il incombe à l'enseignant titulaire en zone de remplacement, lorsqu'il est susceptible de se voir confier des activités de nature pédagogique à l'issue d'un remplacement, de se présenter dans son établissement de rattachement afin de prendre connaissance des dispositions que le chef d'établissement entend prendre à son égard et, en toute hypothèse, de rester à la disposition de ce dernier, sans que cela n'implique, en principe, une présence quotidienne de l'enseignant au sein de l'établissement de rattachement. A ce titre, il incombe à l'enseignant titulaire en zone de remplacement d'être en mesure, pendant les heures de service et sauf autorisation d'absence, de répondre dans un délai approprié à toute instruction du chef d'établissement ou d'une autre autorité compétente portant sur un remplacement ou une autre activité de nature pédagogique. • CE 22 juill. 2015, n° 361406 B • CE 5 févr. 2014, n° 358224 B : *AJDA 2014. 312 ; AJFP 2014. 258*.

4° AFFECTATION DANS LE SUPÉRIEUR

BIBL. Adedokun, Les enseignants titulaires du second degré affectés dans les établissements d'enseignement supérieur du MESRI en 2018, *MESRI, Note de la DGRH – Enseignement supérieur, n° 1, janv. 2019.* – Roussel, Peretti, Giami, Champion et Baes-Honoré, La place des agrégés dans l'enseignement universitaire, *IGAENR, Rapp. n° 2016-053, juill. 2016.*

28. Absence de priorité d'affectation. En vertu des dispositions statutaires relatives d'une part, aux professeurs agrégés de l'enseignement du second degré et, d'autre part, aux professeurs certifiés, les enseignants de ces deux corps ont, les uns et les autres, vocation à une affectation dans les établissements d'enseignement supérieur sans que soit énoncée une priorité en faveur des membres de l'un des deux corps. • CE 10 avr. 2002, n° 229049 A.

29. Procédure. La note de service qui prévoit que, s'agissant des candidatures d'enseignants du second degré à des postes d'enseignement supérieur, le chef d'établissement peut, le cas échéant, constituer et réunir une commission *ad hoc* chargée d'examiner et de classer ces candidatures, se borne à indiquer la possibilité de s'entourer de l'avis d'une commission dont la composition n'est pas précisée. Cette circulaire n'édicte pas de règles impératives et ne saurait être regardée comme faisant grief. • CE 3 oct. 2003, n° 215180 B : *AJDA 2004. 161, note Tanguy*. ♦ Par contre, les dispositions qui prévoient que dans le cas où un établissement dispose d'un emploi d'enseignant du second degré devenu vacant de manière imprévue, il peut être envisagé, si l'intérêt du service l'exige, de procéder à l'affectation à titre provisoire pour un an d'un enseignant du second degré, fixent une règle impérative et peuvent faire l'objet d'un recours pour excès de pouvoir. • Même arrêt.

5° CARRIÈRE

a. Stagiaires

30. Stagiaires en formation et stagiaires « en situation ». L'Arr. du 18 juin 1991 distingue parmi les lauréats du concours du CAPES, tous appelé à préparer pendant un stage d'un an l'examen de qualification professionnelle qui entraînera leur titularisation, entre, d'une part les stagiaires en formation qui n'ont qu'un service de six heures et bénéficient d'une formation à l'IUFM et d'autre part les stagiaires « en situation » anciens maîtres auxiliaires ou enseignants contractuels qui sont astreints à un service complet de dix-huit heures. Cet arrêté créait une différence de traitement entre les deux catégories de stagiaires qui était justifiée par une différence de situation. • CE 20 avr. 2005, n° 257547 ; *AJFP 2005. 190, obs. Berguin*.

31. Formation des stagiaires. Circ. du 25 févr. 2010. Légalité. Il résulte des termes mêmes de la circulaire attaquée, qui prévoit un volume de formation et d'accompagnement équivalent pour chaque stagiaire à un tiers de l'obligation réglementaire de service du corps auquel il appartient, qu'elle fixe une règle uniforme de durée de formation pour les stagiaires au sein de chaque corps ; la faculté d'adapter le contenu de cette formation en fonction des parcours personnels et des spécificités locales dans chaque académie et département, qui permet de tenir compte des différences de situation, ne méconnaît pas le principe d'égalité et ne fait pas obstacle à ce qu'une partie de cette formation soit commune à l'ensemble des corps, conformément aux dispositions de l'art. L. 721-1. • CE 9 févr. 2011, n° 340140 : *AJDA 2011. 815*. ♦ Les dispositions de la circulaire, selon lesquelles les enseignants stagiaires, en charge d'une ou plusieurs classes, ainsi que les personnels d'éducation, bénéficient d'un volume de formation et d'accompagnement dispensé équivalent à un tiers de leur obligation réglementaire de service, tout en rappelant la nécessité de concilier les temps de formation et la prise en charge des élèves et en indiquant que les modalités de remplacement des enseignants et des personnels d'éducation stagiaires amenés à s'absenter du fait de leur formation devront être anticipées par les recteurs, ne sont pas contraires au principe de continuité du service public. • CE 9 févr. 2011, n° 340140 : *préc.* ♦ Le ministre n'a pas commis d'erreur manifeste d'appréciation en prévoyant la nécessité d'un accompagnement par un tuteur des enseignants stagiaires, sans que puisse lui être reprochée une absence de précision quant aux modalités pratiques de cet accompagnement. • CE 9 févr. 2011, n° 340140 : *préc.*

32. Fin de stage. Appréciation portée par le jury académique. Contrôle du juge. Nature. Contrôle restreint. Les jurys académiques, appelés notamment à se prononcer en vue de la titularisation des professeurs stagiaires nommés dans certains corps, statuent à l'issue d'une période de formation et de stage. S'agissant non d'un concours ou d'un examen mais d'une procédure tendant à l'appréciation de la manière de servir qui doit être faite en fin de stage, cette appréciation est contrôlée par le juge de l'excès de pouvoir et peut être censurée en cas d'erreur manifeste. • CE 23 juill. 2014, n° 363141 B. *AJDA 2014. 1586* ; *LIJ 2014, n° 185, p. 13.*

33. Notion de résidence administrative pour un stagiaire IUFM. L'agent, appelé à se déplacer pour suivre une action de formation ou un cycle d'adaptation à un premier ou à un nouvel emploi mentionné, peut percevoir des indemnités de stage dont le régime est fixé par un arrêté conjoint du ministre chargé de la fonction publique et du ministre chargé du budget. La résidence administrative est le territoire de la commune sur lequel se situe le service où l'agent est affecté. Pendant leur année de formation, la résidence administrative des professeurs stagiaires est la commune où se situe l'IUFM ou le centre de formation en dépendant auprès duquel ils sont affectés. Dès lors la circonstance, que certains d'entre eux, issus de la liste complémentaire du concours, aient reçu préalablement à l'année de formation en IUFM une affectation temporaire dans une école du département afin de pallier provisoirement une vacance de poste, est sans incidence sur la détermination de leur résidence administrative à compter de l'affectation en centre de formation, compte tenu du caractère provisoire de cette précédente affectation. • CE 12 juin 2006, n° 270814.

34. Stage de formation en IUFM. Nature juridique. Qualification de première affectation. Absence. Prime spécifique d'installation en métropole. Dans une même affaire où se posait la question du refus du bénéfice de la prime spécifique d'installation instituée par le Décr. n° 2001-1225 du 20 déc. 2001 qui est accordée aux fonctionnaires affectés dans un département d'outre-mer qui reçoivent une première affectation en métropole pour quatre ans, le Conseil d'État a jugé que la formation théorique et pratique d'un an reçue par les professeurs stagiaires au sein d'établissements d'enseignement supérieur, dès lors qu'elle n'intervient pas à la suite d'une mutation ou d'une promotion et qu'elle ne se traduit pas par une affectation sur un poste, ne peut être regardée, par elle-même, comme une première affectation au sens de ce décret. Le refus de la prime à un professeur certifié exerçant en Guadeloupe et nommé en métropole au motif qu'il a effectué son stage à l'IUFM de Créteil avant d'être titularisé en Guadeloupe est donc illégal. • CE 7 oct. 2015, n° 369388 : *AEF 2015, Dépêche n° 509209, comm. Toulemonde.*

35. Fin de stage. Licenciement. Compétence. Ministre. Absence. Recteur. Compétence. Saisi dans le cadre d'un référé-suspension, le juge des référés précise que si le recteur a compétence pour prononcer, sur proposition du jury académique, la titularisation d'un professeur à l'issue de son stage, il l'a également pour prononcer le licenciement, et non pas le ministre. • CE 4 mai 2016, n° 395367 : *AEF 26 mai 2016, Dépêche n° 538825, comm. Toulemonde.*

36. Fin de stage. Licenciement. Contestation de la légalité. Recevabilité des moyens. Opération complexe. Après plusieurs années d'enseignement en qualité d'agent contractuel, l'intéressée a été nommée, à suite de la réussite du concours réservé de professeur certifié et a effectué une année de stage probatoire. A la fin du stage, le jury académique a décidé de ne pas inscrire la requérante sur la liste des professeurs aptes à être titularisés et a émis un avis défavorable au renouvellement de son stage. Lors de la contestation contentieuse de la décision, Le Conseil d'État a précisé que les moyens tirés de l'irrégularité de la procédure suivie par le jury académique ayant formulé l'avis défavorable à sa titularisation sur le fondement duquel le ministre de l'éducation nationale, de l'enseignement supérieur et de la recherche a prononcé son licenciement, présentés à l'appui de son recours contre cette décision de licenciement, qui constitue l'acte final d'une opération complexe, ne sauraient être regardés comme mettant en cause la légalité externe de cet acte. Il estime que, par suite, la requérante est fondée à soutenir qu'en rejetant ces moyens comme irrecevables, au motif qu'ils avaient été présentés après expiration du délai d'appel et se rattachaient à une cause juridique distincte de celle dont relevaient les moyens contestant la légalité interne de l'arrêté prononçant son licenciement qu'elle avait présentés dans le délai d'appel, la cour administrative d'appel a commis une erreur de droit. • CE 3 févr. 2021, n° 436786 : *LIJ 2021, n° 215, p. 8.*

b. Évaluation

37. Notation. L'administration ne peut reproduire la notation pédagogique d'un professeur sans porter une appréciation annuelle sur son action. • CAA Nancy, 6 janv. 2011, n° 09NC01168 : *AJDA 2011. 637*. ♦ Il ne résulte d'aucune disposition que la note pédagogique, qui doit être annuelle, doive être décernée au seul vu d'une inspection pédagogique individuelle, dont aucun texte ne précise d'ailleurs la périodicité. • CAA Nancy, 8 avr. 2004, n° 00NC00699. ♦ Il résulte des dispositions de l'art. 30 du Décr. du 4 juill. 1972 que la note administrative, d'une part, et la note pédagogique, d'autre part, qui sont chacune accompagnées d'appréciations littérales, sont proposées par des autorités différentes, ne se fondent pas sur les mêmes éléments et ne font pas l'objet des mêmes voies de recours administratif. Ainsi, la note pédagogique est distincte de la note globale d'un enseignant. • CE 1er juin 2006, n° 281446 : *LIJ 2006, n° 108, p. 13.* ♦ Le syndicat requérant invoquait par voie d'exception l'illégalité de la note de service n° 2004-222 du 8 déc. 2004 du ministre de l'éducation relative aux modalités d'avancement à la hors-classe des professeurs certifiés, des professeurs de lycée professionnel des professeurs d'éducation physique et sportive et des conseillers principaux d'éducation, pour l'année 2005. Le juge a estimé que le ministre a fait application des dispositions statutaires qui lui donnent compétence pour fixer les modalités selon lesquelles sont arrêtés par les recteurs, les tableaux d'avancement à la hors-classe pour chacun des corps concernés. Ainsi, le ministre n'a pas, par la note de service attaquée, transféré aux recteurs l'exercice de la compétence qui lui incombe en vertu des décrets statutaires. Sur le fond, parmi les éléments pris en considération pour apprécier la valeur professionnelle des agents concernés, d'une part la possession de diplômes, d'autre part l'expérience et l'investissement professionnels, le ministre n'a pas méconnu les dispositions de la L. du 11 janv. 1984, ainsi que celles de la L. du 13 juill. 1983 et du Décr. du 29 avr. 2002 relatif aux conditions générales d'évaluation, de notation et d'avancement des fonctionnaires de l'État. • CE 2 mai 2007, n° 291967. ♦ Il résulte des dispositions du Décr. du 4 juill. 1972 relatif au statut particulier des professeurs agrégés de l'enseignement du second degré que, si elles imposent que l'appréciation pédagogique soit communiquée à l'intéressé avant que lui soit notifiée sa note globale, elles ne prévoient pas, à peine d'irrégularité de la procédure de notation, que cette appréciation, qui n'est pas susceptible d'être révisée, doive être portée à sa connaissance avant que la note pédagogique soit fixée par le collège des inspecteurs généraux de la discipline. En estimant que la procédure de notation avait été régulière, dès lors que la requérante avait eu connaissance en oct. 2005 de son appréciation pédagogique, établie le 9 févr. 2005, avant la notification, le 3 mars 2006, de sa note globale, nonobstant la circonstance que sa note pédagogique avait été fixée le 31 août 2005, soit avant la communication de son appréciation, le tribunal n'a donc pas commis d'erreur de droit. • CE 24 sept. 2010, n° 326216 B : *AJDA 2010. 2333*.

38. Exigence d'une appréciation de la manière de servir. Le fait que la « grille de notation » qui, en application des dispositions du statut particulier des professeurs d'éducation physique et sportive, a été définie par arrêté du ministre de l'éducation mentionne, pour chaque échelon que comportent les deux classes de professeurs d'éducation physique et sportive affectés dans les établissements de l'enseignement supérieur, une « note minimale conseillée », une « note maximale conseillée » et une note moyenne, ne pouvait priver l'autorité auprès de laquelle le professeur exerce ses fonctions du pouvoir qui lui est reconnu par ce même article de proposer au ministre une note comprise entre 0 et 100, et ne dispense pas le ministre de fixer cette note sur la base d'une appréciation de la manière de servir de l'intéressé. • CE 27 févr. 1998, n° 176722 B : *AJFP 1998, n° 4, p. 78*.

39. Évaluation des enseignants. Perspectives d'évolution. Interrogé sur cette question, le ministre répond que, dans le second degré, l'évaluation des enseignants est la résultante du regard de deux évaluateurs : le chef d'établissement, d'une part, sous l'angle dit administratif (critères : ponctualité et assiduité, activité et efficacité, autorité et rayonnement) et, d'autre part, l'inspecteur, sous l'angle pédagogique. Cette double évaluation conduit à une note globale prise en compte dans le déroulement de la carrière des personnels d'enseignement. L'évaluation pédagogique des enseignants intervient à la suite d'une procédure d'inspection. Si l'inspection revêt un caractère individuel, elle situe l'enseignant dans une équipe et dans le contexte de l'établissement. Croisée avec les évaluations plus globales (enseignement, établissement) auxquelles l'inspecteur contribue, l'évaluation des personnels enseignants permet de repérer outre les besoins individuels de formation, les besoins collectifs auxquels répond le plan académique de formation. Ce système actuel d'évaluation sera repensé dans les mois à venir dans le cadre de la mise en œuvre du parcours professionnel des enseignants (PPCR). * Rép. min. n° 87257 : *JOAN Q 29 déc. 2015, p. 10784*.

40. Refus de subir une inspection pédagogique. Le refus, par un enseignant, de subir une inspection pédagogique, constitue un manquement qui peut être pris en compte pour l'attribution de la note administrative mais ne saurait légalement fonder par lui-même le refus de lui attribuer une note pédagogique annuelle, si ce n'est dans le cas où le collège des inspecteurs généraux ne disposerait d'aucun autre élément d'appréciation • CE, sect., 19 nov. 1993, *MEN c/ Mlle Chéramy*, n° 115443 A.

41. Inspection pédagogique. Absence durant près de 20 ans. Faute de l'État. Préjudice moral. Dans une affaire où le requérant contestait la décision du recteur refusant de l'inscrire en rang utile au tableau d'avancement à la hors classe, le juge administratif précise que si la note pédagogique doit, comme la note administrative, être attribuée chaque année, il ne résulte d'aucune disposition législative ou réglementaire ni d'aucun principe général du droit qu'elle ne puisse l'être qu'au vu d'une inspection pédagogique individuelle, dont, d'ailleurs, aucun texte ne précise la périodicité. Il ajoute qu'ainsi, en l'absence d'organisation d'une telle inspection, il appartient aux inspecteurs chargés de l'évaluation pédagogique des enseignants de la discipline de se fonder sur l'ensemble des éléments d'information dont ils disposent sur la valeur de l'action éducative et l'enseignement donné par les intéressés. Il considère en l'espèce que l'absence de toute évaluation de la valeur pédagogique d'un enseignant pendant près de 20 ans lui a causé un préjudice moral qui doit être évalué à 5 000 euros. Pour la cour, l'État a commis une faute de nature à engager sa responsabilité, car la valeur pédagogique de l'enseignant au cours de cette période ne peut être regardée comme ayant été légalement appréciée. • CAA Nantes, 17 mai 2016, n° 14NT00945. ♦ En l'espèce toutefois, il ne résulte pas de l'instruction que la faute résultant de l'absence d'appréciation pédagogique pendant près de 20 ans aurait privé le requérant d'une chance sérieuse de bénéficier d'un déroulement de carrière plus favorable que celui qu'il a connu, qui n'est donc pas fondé à soutenir que la faute commise par l'État lui a causé un préjudice financier résultant de traitements et d'une retraite inférieurs à ce qu'ils auraient dû être. • CAA Nantes, 17 mai 2016, n° 14NT00945.

42. Inspection. Rapport. Recours contentieux. L'inspection d'un enseignant et le rapport qui en découle constituent des mesures qui ne sont pas susceptibles d'être directement attaquées par la voie du recours pour excès de pouvoir. Leur éventuelle irrégularité ne peut être invoquée qu'à l'appui de conclusions à fin d'annulation des mesures prises à l'égard de l'enseignant intéressé au vu de ce rapport. Par suite, un requérant qui ne formule aucune critique du motif par lequel le tribunal a rejeté sa demande n'est pas davantage recevable à contester en appel le rapport de l'inspection dont il a fait l'objet. • CAA Lyon, 30 janv. 2020, n° 18LY01882 : *AJFP 2020. 158*.

c. Avancement

43. Avancement d'échelon. L'administration, qui a attribué à l'intéressé la note pédagogique moyenne de tous les professeurs concernés, prend une décision qui ne reflète pas la valeur pédagogique de l'intéressé. N'ayant pas été légalement appréciée, elle ne peut donc être prise en compte pour une décision d'avancement, en l'espèce, au petit choix. • CAA Paris, 21 déc. 2004, nos 01PA00056 et 02PA03232 : *AJFP 2005. 80*.

44. Détermination de l'ancienneté. Services accomplis à l'étranger. Le Décr. du 5 déc. 1951 précise qu'« entrent en compte, dans l'ancienneté d'échelon, pour la promotion éventuelle à l'échelon supérieur [...], après avis du ministre des affaires étrangères et de la commission administrative paritaire compétente, les services accomplis en qualité de professeur, de lecteur ou d'assistant dans un établissement d'enseignement à l'étranger ». Ces dispositions ne limitent pas la faculté de prendre en compte les services accomplis en cette qualité aux seuls services qui l'ont été dans un établissement français. • CE 15 juin 2001, n° 200190 B. ♦ Ce texte, qui ne prévoit pas une telle possibilité pour les lecteurs ayant exercé leurs fonctions en France, fait que les lecteurs enseignant à l'étranger et les lecteurs enseignant en France se trouvent dans des situations différentes. Cette différence de traitement entre agents n'est pas contraire au principe d'égalité, eu égard à l'intérêt général qui s'attache à la propagation de la langue française à l'étranger. • CE 20 oct. 2000, n° 194739 B : *AJFP 2001, n° 4, p. 22*.

45. Détermination de l'ancienneté. Services accomplis en zones urbaines sensibles. Demande d'abrogation du Décr. n° 2001-

48 du 16 janv. 2001 disposant que, pour les agents relevant du ministère de l'éducation nationale, les dates à partir desquelles sont prises en compte les années de service ouvrant droit à l'avantage spécifique d'ancienneté et au droit de mutation prioritaire sont fixées au 1er janv. 2000 et non au 1er janv. 1995, comme c'est le cas pour les autres fonctionnaires civils de l'État. Il en résulte une différence de traitement qui n'est pas manifestement disproportionnée au regard de la différence de situation existant entre ces agents et les autres fonctionnaires civils de l'État, les personnels de l'éducation nationale exerçant dans des quartiers urbains où se posent des problèmes sociaux et de sécurité bénéficiant déjà, en 1995, de mécanismes spécifiques, notamment indemnitaires, prenant en compte les sujétions particulières attachées au service. Par ailleurs, cette différence de traitement est en rapport avec l'objet de la norme qui l'établit, qui vise à favoriser, dans les quartiers urbains où se posent des problèmes sociaux et de sécurité particulièrement difficiles, la stabilité des fonctions des agents qui y sont affectés en prenant mieux en compte les sujétions particulières attachées au service. Absence, dans ces conditions, de méconnaissance du principe d'égalité. • CE 22 oct. 2010, n° 314825 B : *AJDA 2010. 2022* ; *AJFP 2011. 84*.

d. Mutations. Mobilité

46. Procédure. Une note de service relative à la mise en œuvre du mouvement national des mutations des personnels enseignants, d'éducation et d'orientation du second degré prévoyait que, en signant le formulaire de confirmation de demande de mutation, les personnels s'engagent à accepter obligatoirement la nomination et l'affectation qu'ils auront reçues dans le cadre des mouvements inter et intra-académiques. S'il appartient au ministre d'apprécier les suites qui peuvent être données dans l'intérêt du service aux demandes de mutation qui lui sont présentées, il ne tient d'aucune disposition législative ou réglementaire le pouvoir de contraindre un agent qui demande une mutation à s'engager par avance à accepter une mutation ne correspondant pas aux vœux qu'il a formulés. • CE 19 mars 2001, nos 204347 et 204348 B. ♦ Un professeur du second degré demande et obtient l'annulation de deux arrêtés du recteur le mutant dans une zone de remplacement et l'affectant dans un lycée sans consultation de la CAP. Il obtient par ailleurs le remboursement de frais de déplacement que l'administration lui refusait. • TA Rennes, 17 févr. 2012, nos 0904869, 0905423 et 0905635 : *AJFP 2012. 235*. ♦ Était demandée l'annulation des notes de service du 25 oct. 2011 et du 30 oct. 2012, qui définissaient les règles à respecter pour le mouvement national des personnels enseignants du second degré et des personnels d'éducation et d'orientation lors des rentrées scolaires de sept. 2012 et 2013. Le Conseil d'État fait droit à la demande au motif qu'en fixant des règles assorties d'un barème à appliquer pour le classement des demandes de mutation, indivisibles des autres dispositions qu'elles comportent, et en établissant à cette fin des priorités non prévues par le statut, les notes de service attaquées ajoutent illégalement aux dispositions statutaires relatives à la fonction publique de l'État. • CE 8 sept. 2014, nos 355073 et 365050.

47. Procédure. Liste établissant des priorités. Note de service. Illégalité. En fixant des règles assorties d'un barème à appliquer pour le classement des demandes de mutation, indivisibles des autres dispositions qu'elles comportent, et en établissant à cette fin des priorités non prévues par les dispositions de l'art. 60 de la L. du 11 janv. 1984, les notes de service par lesquelles le ministre a défini les règles et procédures relatives au mouvement national à gestion déconcentrée ajoutent illégalement aux dispositions de cet article ; s'agissant des notes de service des personnels enseignants du second degré et des personnels d'éducation et d'orientation pour les rentrées scolaires de sept. 2014 et sept. 2015. • CE 22 juill. 2015, n° 374434 : *AEF 24 août 2015, Dépêche n° 505652, comm. Toulemonde.*

48. Procédure. Barème de mutation. Critères supplémentaires. Note de service. Illégalité. Le Conseil d'État, saisi de la demande d'annulation de la note de service définissant les règles et procédures relatives au mouvement pour la rentrée scolaire de sept. 2017, juge que les critères supplémentaires institués ne revêtent pas un caractère subsidiaire. Le juge observe en effet que la note de service attaquée « fixe un barème à appliquer pour le classement des demandes de mutation formulées, pour la rentrée 2017, par les enseignants du second degré et établit, à cette fin, des règles de priorité. Il considère que le ministre soutient à bon droit que ce barème et ces règles pouvaient compétemment être pris en vertu des dispositions, ajoutées au dernier alinéa de l'art. 60 de la L. du 11 janvier 1984, par l'art. 32 de la L. du 20 avril 2016 relative à la déontologie et aux droits et obligations des fonctionnaires, aux termes desquelles : « Dans les administrations ou services mentionnés au deuxième alinéa du présent article, l'autorité compétente peut procéder à un classement préalable des demandes de mutation à l'aide d'un barème rendu public. Le recours à un tel barème constitue une mesure préparatoire et ne se substitue pas à l'examen de la situation individuelle des agents. Ce classement est établi dans le respect des priorités figurant au quatrième alinéa du présent article. Toutefois, l'autorité compétente peut édicter des lignes directrices par lesquelles elle définit, sans renoncer à son pouvoir d'appréciation, des critères supplémentaires établis à titre subsidiaire, notamment pour les fonctionnaires qui justifient du centre de leurs intérêts matériels et moraux dans une des collectivités régies par les articles 73 et 74 de la Constitution ainsi qu'en Nouvelle-Calédonie, dans des conditions prévues par décret en Conseil d'État ». Il considère toutefois « que les critères supplémentaires que l'autorité administrative est habilitée, en application de ces dispositions, à établir en vue du classement préalable des demandes de mutation, ne sauraient, en raison de leur caractère subsidiaire, avoir d'autre effet que de permettre le départage de demandes ayant obtenu, en application des critères prioritaires cités au point 2, un classement identique ; qu'il ressort, au contraire, de la note de service attaquée que le nombre de points attribué aux agents au titre des critères supplémentaires qu'elle établit s'ajoute au nombre de points obtenu par application de la pondération des priorités définies au quatrième alinéa de l'art. 60 de la L. du 11 janvier 1984 et est, dès lors, susceptible, dans certaines situations, de modifier le classement qui aurait été obtenu par l'application de ces seules priorités ». • CE 16 oct. 2017, n° 406723. ♦ Dans une nouvelle affaire, le Conseil d'État annule la note de service du 6 nov. 2017 relative aux règles et procédures du mouvement national des personnels enseignants du second degré pour la rentrée scolaire de sept. 2018. Il rappelle que « les critères supplémentaires que l'autorité administrative est habilitée à établir à titre subsidiaire [...], en vue du classement préalable des demandes de mutation, ont pour objet de permettre le départage de demandes ayant obtenu un classement identique par application d'une ou plusieurs priorités de mutation fixées par le quatrième alinéa de l'article 60 de la loi du 11 janvier 1984, ainsi que le classement des demandes émanant d'agents ne pouvant se prévaloir d'aucune de ces priorités. Toutefois, dans ce dernier cas, en raison du caractère subsidiaire de ces critères supplémentaires, l'autorité administrative ne saurait légalement prévoir un système de cumul des points ayant pour effet que les demandes de ces agents précèdent, dans le classement établi en vue de l'examen des demandes de mutation, celles des agents relevant d'au moins une des priorités définies au quatrième alinéa de l'article 60 de la loi du 11 janvier 1984. » En l'espèce, le Conseil relève que le barème établi par la note de service attaquée « est susceptible, dans certaines situations, de conduire à ce que la candidature à la mutation d'un agent ne pouvant se prévaloir d'aucune des priorités mentionnées au quatrième alinéa de l'article 60 de la loi du 11 janvier 1984 précède dans le classement celle d'un candidat bénéficiant d'au moins l'une de ces priorités. Dès lors, les critères supplémentaires définis par le ministre dans la note de service attaquée ne revêtent pas tous un caractère subsidiaire et méconnaissent, par suite, les dispositions de l'article 60 de la loi du 11 janvier 1984 ». Illégalité de la circulaire en cause. • CE 4 oct. 2019, n° 416648 B : *AJDA 2019. 1967* ; *La Lettre Vigie 2019, n° 116, p. 12.*

49. Mises à disposition auprès de la Polynésie française. Note de service. Une note de service imposant, pour les personnels qui ont déjà exercé des fonctions dans une collectivité d'outre-mer ou à Mayotte et qui sollicitent une mise à disposition auprès de la Polynésie française, que leur demande fasse suite à une affectation d'une durée minimale de deux ans en métropole ou dans un département d'outre-mer, le Conseil d'État a jugé que le ministre a outrepassé ses compétences en ajoutant une condition non prévue par les textes. • CE 7 oct. 2016, n° 395342 : *AEF 25 oct. 2016, Dépêche n° 547813, comm. Toulemonde.*

50. Procédure. Principe d'égalité. La procédure de mouvement national à gestion déconcentrée visant à organiser la mutation d'enseignants comprend une première phase inter-académique et une deuxième phase intra-académique. En application de ces dispositions, qui ne méconnaissent pas par elles-mêmes le principe d'égalité, le ministre de l'Éducation peut, sans méconnaître l'égalité entre fonctionnaires, fixer un nombre de postes ouverts à la phase inter-académique du mouvement correspondant aux capacités d'accueil de chaque académie et, afin d'assurer une répartition équilibrée des enseignants titulaires sur l'ensemble du territoire national, ne proposer à ce titre que les postes correspondant aux capacités d'accueil de chaque académie. Par suite, en jugeant qu'aucune disposition législative ou réglementaire n'autorise le ministre à restreindre l'accès de postes vacants dans une académie aux seuls enseignants de cette académie, le juge administratif entache son jugement d'une erreur de droit. • CE 22 nov. 2006, n° 288310.

51. Frais de changement de résidence. Saint-Barthélemy et Saint-Martin. Dans une affaire où un professeur à Mayotte, ayant été affecté dans l'académie de Guadeloupe, à Saint-Martin, avait demandé au recteur la prise en charge de la totalité de ses frais de changement de résidence de Mayotte à Saint-Martin, y compris le remboursement du billet correspondant au trajet effectué entre la Guadeloupe et Saint-Martin, ainsi que l'attribution d'une indemnité forfaitaire de changement de résidence, et s'était vu opposé un refus, le Conseil d'État, sur pourvoi en cassation du ministre, précise que la prise en charge d'un déplacement entre Mayotte et Saint-Martin relève du champ d'application du décret de 1989 applicable aux départements d'outre-mer, en dépit du changement de statut de Saint-Martin en 2007. Il juge que le calcul des frais de changement de résidence doit prendre en compte la distance correspondant à la totalité du parcours entre l'ancienne résidence et la nouvelle et qu'il convient, pour déterminer la distance totale parcourue à l'occasion de l'affectation à Saint-Martin de fonctionnaires résidant précédemment à Mayotte, d'ajouter à cette distance orthodromique, compte tenu du transit nécessaire par la Guadeloupe, la distance entre cette dernière et la commune de résidence. • CE 1er oct. 2015, n° 369160 : *AJDA 2016. 239* ; *AEF 16 oct. 2015, Dépêche n° 508469, comm. Toulemonde.*

6° DROITS

BIBL. Moreau, L'exercice du droit de retrait, *LIJ 2006, n° 103, p. 23.* – Tardy (coord.), Lhermet (coord.), La formation continue des enseignants du second degré. De la formation continue au développement professionnel et personnel des enseignants du second degré ?, *Rapp. IGEN-IGAENR, n° 2018-068, sept. 2018.*

52. Sur l'extension de la protection fonctionnelle aux ayants droit du fonctionnaire, V. Note DAJ A2 n° 2021-0018 du 1er mars 2021 : LIJ 2021, n° 215, p. 14.

53. Droit de retrait. V. notes ss. art. L. 912-1.

54. Droits d'auteur. Principe. La direction des affaires juridiques interrogée sur le statut des cours dispensés par les enseignants au regard du droit de propriété intellectuelle et du droit des archives publiques a précisé qu'un cours écrit ou oral ne peut être regardé comme une œuvre de l'esprit au sens de l'art. L. 112-2 CPI qu'à la condition qu'il présente une originalité suffisante. * Lettre DAJ A1, n° 10-013 du 25 janv. 2010 : *LIJ 2010, n° 143, p. 26.* ♦ Dès lors, pour le personnel enseignant du premier et second degré, en application de l'art. L. 131-3-1 CPI, les cours oraux des professeurs des écoles relèvent des obligations de service de l'enseignant et appartiennent en conséquence à l'administration. * Lettre DAJ A1, n° 10-013 du 25 janv. 2010 : *préc.* ♦ Toutefois, aucune des dispositions relatives aux obligations de service des enseignants ne prévoit qu'ils sont tenus de rédiger leurs cours ou de les diffuser par écrit. * Lettre DAJ A1, n° 10-013 du 25 janv. 2010 : *préc.*

55. Diffusion d'œuvres. Exception pédagogique. Sur le régime de la diffusion d'œuvres cinématographiques en classe et l'exception aux droit d'auteur et droits voisins dans le cas où les œuvres sont utilisées à des fins exclusives d'illustration des activités d'enseignement et de recherche. * Note DAJ A1 n° 2018-101 du 11 oct. 2018 : *LIJ 2019, n° 205, p. 22.*

56. Droits d'auteur. Sujets d'examen. Un certain nombre d'œuvres de facture administrative ne sont pas susceptibles de protection au titre du droit d'auteur. C'est le cas des actes officiels qui ont vocation à être diffusés et reproduits dans la plus large mesure. • T. corr. Paris, 17 janv. 1968 : *Gaz. Pal. 1968. 1. 197.* ♦ C'est le cas aussi des sujets d'examen ou de concours. • CAA Paris, 13 juin 1991 : *D. 1992. Somm. 12.* ♦ Les sujets d'examen ou de concours sont donc des informations publiques, ce qui permet leur réutilisation par toute personne qui le souhaite à d'autres fins que celles de la mission de service public pour les besoins de laquelle les documents ont été élaborés. * Lettre DAJ A3, n° 2010-0142 du 25 mai 2010 : *LIJ 2010, n° 147, p. 21.*

57. Droit au reclassement. Les dispositions du Décr. n° 2007-632 du 27 avr. 2007 prévoient la possibilité pour certains personnels enseignants de bénéficier d'un emploi de réadaptation afin de recouvrer la capacité d'assurer la plénitude des fonctions prévues par leur statut particulier. Si l'affectation sur un poste particulier peut être une préparation à une reconversion professionnelle, voire un reclassement, un tel reclassement ne peut être refusé à un enseignant au motif qu'il n'aurait pas réussi à se reconvertir pendant la période où il s'est trouvé bénéficier d'un poste adapté. • TA Nancy, 29 juin 2011, n° 1001055 : *AJDA 2011. 2152* .

58. Congés annuels. Droit au report. Limites. Le Conseil d'État a jugé qu'une enseignante en congé de maternité pendant les vacances d'été n'est en droit de demander le report de son congé annuel que si elle n'a pas pu exercer ce droit pendant les autres périodes de vacances des classes de l'année concernée. La haute juridiction rappelle à cette occasion que le droit à congé annuel des enseignants n'est que de cinq semaines. Il précise que si, conformément au droit de l'Union européenne, elle a droit au bénéfice de son congé annuel lors d'une période distincte de celle de son congé de maternité, elle n'est en droit de prendre un congé annuel en dehors des périodes de vacance des classes que si elle n'est pas en mesure d'exercer ce droit, au cours de l'année concernée, pendant les périodes de vacance des classes précédant ou suivant la période de son congé de maternité. • CE 26 nov. 2012, n° 349896 B : *D. 2013. 223, note Radé* ; *AJDA 2012. 2296* ; *ibid. 2013. 1229, note Bui-Xuan* ; *AJFP 2013. 195, note Matta-Duvignau* .

59. Protection fonctionnelle. Motif d'intérêt général justifiant un refus. Dans une affaire où une enseignante contestait la décision de refus du recteur de lui accorder la protection fonctionnelle prévue à l'art. 11 de la L. n° 83-634 du 13 juill. 1983, le tribunal rappelle qu'il ne peut être dérogé à l'obligation de protection qui incombe aux collectivités publiques à l'égard de leurs agents que pour des motifs d'intérêt général et sous le contrôle du juge. • TA Clermont-Ferrand, 13 avr. 2017, n° 1501141 : *LIJ 2017, n° 199, p. 10.*

60. Protection fonctionnelle. Refus. Mesures suffisantes. Légalité. Dans une affaire où la requérante estimait avoir été victime de différents faits à caractère raciste de la part de collègues et élèves (caricatures, divers incidents intervenus dans sa classe, attitude raciste et xénophobe d'autres élèves...) sans que ces faits n'aient donné lieu à une réaction suffisante du proviseur et de la rectrice, le juge estime qu'il ne résulte pas de l'instruction que le proviseur et la rectrice n'auraient pas pris des mesures suffisantes, adaptées à la gravité des faits dont la requérante s'est estimée victime, et auraient commis une faute susceptible d'engager la responsabilité de l'État. En l'espèce, le juge relève que toutes les mesures prises par la hiérarchie ont été adaptées à la gravité des faits et ne sauraient constituer une faute susceptible d'engager la responsabilité de l'État : professeur mis en cause reçu par le proviseur, en présence de la proviseure adjointe, et, alors même que les faits imputés à ce professeur n'étaient pas formellement établis, rappel des obligations du fonctionnaire en matière de déontologie, de laïcité et des valeurs de la République ; intervention immédiate du proviseur dans la classe concernée par les caricatures pour procéder à un rappel des valeurs républicaines de l'école, courrier adressé aux parents des élèves de cette classe sans qu'aucun autre fait du même type ne soit intervenu ensuite ; exclusion temporaire de trois jours de l'élève ayant jeté une boule puante dans la classe ; exclusion de trois autres élèves ayant adopté un comportement inadapté ; « avertissement comportement » infligé à d'autres élèves suspectés d'avoir adopté un même comportement, après avoir été reçus par le proviseur, en compagnie de leurs parents, en présence de la requérante et d'au moins l'un des deux professeurs principaux de la classe ; interdiction d'accès au lycée prononcée à titre conservatoire pour plusieurs élèves jusqu'à la date d'un entretien contradictoire avec leurs parents ; enquête administrative sur le fonctionnement général de l'établissement ordonnée par la rectrice, rapport rendu par les inspecteurs nommés après un déplacement réalisé dans le lycée relevant tensions et forts clivages ayant favorisé la répercussion particulière qui a été donnée à ces faits. La requête est rejetée. • TA Lyon, 7 nov. 2018, n° 1604613. ♦ Dans le même sens pour des mesures nécessaires déjà prises (courrier du principal et de son adjoint envoyé aux parents d'élèves des classes concernées les informant que certains élèves avaient colporté des propos diffamatoires à l'égard de la professeure et leur faisant savoir qu'ils avaient une entière confiance en la requérante et dans sa démarche pédagogique ; élèves auteurs des propos en outre sanctionnés d'une journée d'exclusion de cours). • TA Rouen, 30 juin 2020, n° 1801753 : *LIJ 2021, n° 213, p. 14.*

61. Protection fonctionnelle. Conditions d'octroi. Poursuites pénales. Notion. Enquête préliminaire. Audition libre. Soupçonné d'avoir commis ou tenté de commettre une infraction d'agression sexuelle sur mineure, un professeur, ayant fait l'objet d'un signalement effectué par le chef d'établissement sur le fondement du 2nd al. de l'art. 40 C. pr. pén., avait été convoqué dans un commissariat de police pour être auditionné librement dans le cadre d'une enquête préliminaire avec un avocat. La procédure avait fait l'objet d'un classement sans suite. Le tribunal annule la décision par laquelle la rectrice avait refusé d'accorder la protection fonctionnelle considérant que le requérant ne pouvait être regardé comme ayant fait l'objet de poursuites pénales au sens de ces dispositions, qui visent uniquement le cas où l'action publique est mise en mouvement contre le fonctionnaire, laquelle action est déclenchée par l'ouverture d'une information sur réquisitoire du ministère public, une plainte avec constitution de partie civile ou une citation directe de la victime. Par ailleurs, le juge souligne que l'audition libre n'est pas au nombre des dérogations prévues par ces dispositions, non constitutives de poursuites pénales mais néanmoins susceptibles d'ouvrir droit à la protection fonctionnelle. Il précise que le requérant était, en revanche, fondé à demander l'octroi de la protection fonctionnelle sur le fondement du IV de l'art. 11 de la loi n° 83-634 du 13 juill. 1983 à raison de faits de diffamation ou d'outrages. Le juge a considéré, en effet, que la simple circonstance que le procureur de la République avait décidé de ne pas poursuivre l'élève impliquée, pour diffamation ou dénonciation calomnieuse, ne dispensait pas l'administration de son devoir d'assurer au professeur une protection appropriée et une réparation adéquate des torts qu'il avait subis du fait de la plainte infondée portée à son encontre, afin de le rétablir dans sa réputation professionnelle et sa dignité. • TA Châlons-en-Champagne, 4 oct. 2019, n° 1801819 : *LIJ 2020, n° 209, p. 6.*

62. Comportement raciste et xénophobe. Préjudice moral. Réparation. Absence. Une professeure a demandé au tribunal de condamner l'État à réparer le préjudice moral lié à la carence fautive dont aurait fait preuve le proviseur du lycée professionnel et le rectorat de l'académie de Lyon à la suite des attaques et du comportement racistes et xénophobes de ses élèves et d'un professeur. Le tribunal rejette la requête au motif qu'il ne résulte pas de l'instruction que le proviseur et le recteur n'auraient pas pris des mesures suffisantes, adaptées à la gravité des faits. En l'espèce, le proviseur a reçu le professeur qui avait été mis en cause, alors même que les faits imputés à ce professeur n'étaient pas formellement établis, et lui a rappelé les obligations du fonctionnaire en matière de déontologie, de laïcité et des valeurs de la République. Le proviseur est également intervenu dans la classe de l'intéressée, pour procéder à un rappel des valeurs républicaines de l'école, et a adressé un courrier aux parents des élèves de cette classe, a prononcé des sanctions d'exclusion temporaire de l'établissement à l'encontre de plusieurs élèves, a reçu, avec leurs parents, les élèves ayant eu des comportements inadaptés, a prononcé plusieurs "avertissements comportement" et a interdit, à titre conservatoire, l'accès au lycée à certains élèves. Enfin, compte tenu de l'incidence des faits dénoncés par l'intéressée sur le fonctionnement général de l'établissement, le recteur a ordonné la réalisation d'une enquête administrative et les inspecteurs nommés ont relevé les tensions et les forts clivages existant au sein du lycée, ayant favorisé la répercussion particulière qui a été donnée aux faits. • TA Lyon, 7 nov. 2018, n° 1604613.

63. Crédit d'heures pour mandat électif. Crédit de temps syndical. Cumul. La DAJ, interrogée sur la possibilité pour un professeur de l'enseignement scolaire de cumuler un crédit d'heures au titre de l'exercice de plusieurs mandats électifs avec un crédit de temps syndical, rappelle que le droit d'un fonctionnaire à bénéficier d'un crédit d'heures au titre de ses fonctions publiques électives est garanti par l'art. 11 *bis* de la L. n° 83-634 du 13 juill. 1983 portant droits et obligations des fonctionnaires et précise qu'aucune disposition législative ou réglementaire ne prohibe le cumul par un agent d'un crédit d'heures au titre d'une fonction publique élective locale et d'un crédit d'heures au titre d'une fonction syndicale. Elle souligne que si l'administration ne peut opposer un refus de principe à la mise en œuvre d'un tel cumul, elle peut toutefois s'opposer au renouvellement du crédit de temps syndical dont bénéficie le professeur, dans la mesure où la désignation d'un agent pour le bénéfice du crédit de temps syndical se révèle incompatible avec la bonne marche de l'administration. Elle en conclut que seul un examen particulier et circonstancié des tâches accomplies par le professeur, ainsi qu'une étude des conséquences de ce cumul sur la bonne marche du service dans son établissement d'affectation, pourrait justifier un refus de renouveler le crédit de temps syndical dont l'agent bénéficiait auparavant. * DAJ, note A2 n° 2019-067, du 22 oct. 2019 : *LIJ 2020, n° 209, p. 14.*

7° OBLIGATIONS

64. Obéissance hiérarchique. Répétition des manquements constatés. Une professeure agrégée de l'enseignement secondaire affectée dans une zone de remplacement demandait au tribunal d'annuler l'arrêté par lequel le ministre avait prononcé à son encontre la sanction de l'exclusion temporaire de fonctions d'une durée de neuf mois, assortie d'un sursis de trois mois. En l'espèce, les faits reprochés consistaient en un refus de se conformer aux emplois du temps fixés par le chef d'établissement de rattachement entre deux périodes de remplacement pour les raisons que ces emplois du temps manquaient, selon elle, de précisions et ne lui permettaient pas d'effectuer au même moment des vacations qu'elle assurait dans l'enseignement supérieur, ainsi qu'en un refus de participer à la surveillance d'épreuves du baccalauréat se déroulant dans son établissement de rattachement pour la raison annoncée à l'administration qu'elle souhaitait choisir l'établissement où accomplir cette mission et qu'à défaut, elle se mettrait en congé de maladie, ce qui avait été fait. Le tribunal juge que les faits reprochés à la requérante étaient de nature à justifier une sanction disciplinaire dans la mesure où ils constituaient une méconnaissance de l'obligation d'obéissance hiérarchique. Il relève ensuite que l'emploi du temps de l'intéressée dans l'établissement de rattachement, consistant en des heures de soutien aux élèves, n'était pas manifestement illégal ni de nature à compromettre gravement un intérêt public et qu'elle était donc tenue de s'y conformer, que l'exercice de vacations dans un établissement d'enseignement supérieur devait rester accessoire à ses fonctions dans l'enseignement scolaire, quand bien même elle bénéficiait d'une autorisation de cumul d'activités, et, enfin, qu'eu égard à son niveau de responsabilité, il appartenait au professeur de faire le nécessaire afin d'assurer son service. Le juge en déduit que la sanction prononcée n'était pas entachée d'une erreur d'appréciation eu égard à la répétition des manquements constatés, au mauvais vouloir du professeur et au fait que son comportement était susceptible de nuire aux chances de réussite des élèves préparant le baccalauréat et de porter atteinte au bon fonctionnement du service public lors des épreuves du baccalauréat. • TA Lille, 9 mai 2017, n° 1307576 : *LIJ 2017, n° 199, p. 11.*

65. Réunion de prérentrée. Un professeur ayant été convoqué par le chef d'établissement pour participer à la réunion de prérentrée, au cours de laquelle lui était communiqué son emploi du temps, était tenu de déférer à cette convocation. C'est dès lors par son fait qu'il n'a assuré aucun service pendant les huit premiers jours de l'année scolaire. La décision par laquelle une retenue de huit jours a été opérée sur son traitement n'est donc pas illégale. • CE 7 juill. 1995, ♧ n° 138172. ♦ Le recteur a compétence liée pour procéder à une retenue sur salaire à l'encontre d'un professeur qui ne s'est pas rendu à une réunion de prérentrée. Le juge administratif précise que cette réunion constitue une obligation de service pour laquelle aucune disposition législative ou réglementaire n'impose l'envoi d'un ordre de mission ou une convocation particulière. • TA Lille, 26 oct. 2005, n° 0003977 : *LIJ 2006, n° 101, p. 14.*

66. Réunion pédagogique. Absence non justifiée. Retenue pour absence de service fait. Dans une affaire où le requérant, professeur certifié, contestait la retenue d'un trentième de son traitement que le recteur d'académie avait opérée en raison de son absence à la réunion pédagogique de l'ensemble des professeurs de sa discipline organisée par le principal du collège dans lequel il enseignait, le juge administratif a estimé que la réunion pédagogique de l'ensemble des professeurs de la discipline organisée par le principal du collège, constituait, pour les enseignants, une obligation de service au sens de l'art. 4 de la L. du 29 juill. 1961, compatible avec les dispositions statutaires applicables aux professeurs certifiés, en soulignant notamment que ces dispositions ne se limitent pas au seul service d'enseignement ni aux actions d'éducation. • TA Lille, 9 déc. 2014, n° 1203173 : *LIJ 2015, n° 188, p. 10* • TA Nice, 13 nov. 2012, n° 1004324 : *LIJ 2013, n° 173, p. 9.*

67. Communication des notes et bulletins. En s'abstenant de transmettre au proviseur du lycée, où ils étaient chargés des fonctions de professeur principal, les bulletins scolaires des élèves de leurs classes respectives en vue de conseils de classe, des enseignants ont manqué à leur obligation de service. Par suite, le recteur a pu légalement opérer une retenue sur leur indemnité de professeur principal. • CE 17 janv. 1996, n°s 147867, 147869 et 149489 B.

68. Participation à l'encadrement et à la correction d'épreuves. « Brevet blanc ». La DAJ a été interrogée sur le régime applicable à la participation des personnels enseignants à l'encadrement et à la correction d'épreuves des « brevets blancs » organisées au cours de l'année scolaire par leur collège pour la préparation des élèves des classes de troisième aux épreuves de l'examen du diplôme national du brevet. La DAJ rappelle que la participation à l'encadrement et à la correction d'épreuves du « brevet blanc » s'inscrit bien dans les missions statutaires des enseignants au sens des dispositions du Décr. du 20 août 2014. L'évaluation des élèves par les personnels enseignants ne peut se limiter aux seuls interrogations et devoirs auxquels l'enseignant soumet les élèves de ses classes tout au long de l'année scolaire dans la mesure où la nécessité de repérer les difficultés des élèves afin de mieux assurer la progression des apprentissages amène les personnels à pratiquer différentes formes d'évaluation. Elle poursuit en précisant qu'un enseignant ne peut donc pas refuser d'apporter son concours à la correction d'épreuves d'entraînement au diplôme national du brevet que subissent les élèves d'autres classes que les siennes puisqu'avec ses collègues, il forme une équipe pédagogique définie par l'art. L. 912-1 comme « constitué[e] des enseignants ayant en charge les mêmes classes ou groupes d'élèves ou exerçant dans le même champ disciplinaire. La participation à l'encadrement et à la correction des épreuves du brevet blanc ne peut donner lieu à une rémunération supplémentaire dans la mesure où ces activités font partie des missions statutaires des enseignants liées à leur service d'enseignement et où aucun texte ne prévoit une telle rémunération. Le versement d'une rémunération supplémentaire est limité au seul cas de la participation d'enseignants à des activités liées au fonctionnement de jurys de l'examen du diplôme national du brevet. * Note DAJ A2 14 févr. 2017, n° 2017-0007 : *LIJ 2017, n° 198, p. 25.*

69. Sanction financière. La L. du 29 juill. 1961 prévoit qu'il n'y a pas service fait lorsque l'agent, bien qu'effectuant ses heures de service, n'exécute pas tout ou partie des obligations de service qui s'attachent à sa fonction, telles qu'elles sont définies dans leur nature et leurs modalités par l'autorité compétente. Le retard pris pour la remise de notes et de copies dans une matière donnée peut donner lieu à une retenue de l'intégralité du traitement alors même que l'enseignement de cette matière ferait l'objet d'une rémunération particulière sous forme d'heures complémentaires. • CE 26 juill. 1996, n°s 126310 et 131850 A.

70. Abaissement de la note. Le fait de refuser de communiquer les notes de ses élèves en fin de trimestre au professeur principal, selon la procédure définie par le chef d'établissement, est de nature, à lui seul, à justifier l'abaissement de la note de l'intéressé, laquelle n'est pas entachée d'une erreur manifeste d'appréciation. • CE 28 juill. 1993, n° 80163.

71. Neutralité. Enseignant d'histoire à qui il est reproché d'avoir présenté à ses élèves de classe de 3e les thèses des « chercheurs révisionnistes et négationnistes » relatives à l'extermination dans les camps nazis, et d'avoir perturbé des rencontres entre les élèves et d'anciens déportés. Ces faits sont constitutifs d'une atteinte grave au principe de neutralité de l'enseignement et justifient, en raison de leur répétition, la sanction de révocation. • TA Nantes, 27 juin 2002, n° 9801650 : *AJFP 2002, n° 5, p. 45.* ♦ Dans une affaire où il était reproché à un enseignant d'histoire-géographie d'avoir dispensé un enseignement orienté délibérément, en procédant ainsi à un détournement des programmes à des fins idéologiques, avec notamment une obsession du complot et des références multiples et univoques à des auteurs de la droite extrême, n'ayant pas lieu d'être dans l'enseignement secondaire, et d'avoir proposé à ses élèves au cours des travaux personnels encadrés « des bibliographies idéologiquement orientées, sans que les auteurs et leurs ouvrages ne leur aient été présentés, en méconnaissance des exigences scientifiques et éthiques d'un professeur », le juge retient que la matérialité de ces griefs est établie notamment par les documents bibliographiques distribués aux élèves, qui ne souffrent « d'aucune ambiguïté quant à leur orientation idéologique et leur destination de nature prosélyte ». Il juge qu'eu égard à la nature de ces faits, l'autorité disciplinaire n'a pas pris une sanction disproportionnée malgré le fait que l'intéressé a jusqu'alors été positivement évalué par sa hiérarchie et que le procureur de la République n'a pas retenu d'incrimination pénale et a classé sans suite le signalement du recteur. • TA Nantes, 9 déc. 2015, n° 1301615 : *LIJ 2016, n° 192, p. 6.* ♦ Dans le même sens : pour un enseignant ayant utilisé l'adresse électronique de son établissement d'enseignement au profit d'une association cultuelle. • CE 15 oct. 2003, n° 244428 A : *D. 2003. 2728* ; *AJFP 2004. 31, note Guillaumont*. ♦ ... Pour un enseignant de collège ayant dispensé un contenu d'enseignement à caractère révisionniste. • CE 22 nov. 2004, n° 244515 B : *AJDA 2005. 734, note Dord* ; *RFDA 2005. 935, note Tusseau*. ♦ ... Pour un enseignant ayant diffusé un film dénonçant l'IVG et distribué à plusieurs classes des tracts émanant d'une association de lutte contre l'avortement. • CAA Marseille, 5 mai 2015, n° 14MA02048. ♦ ... Pour un enseignant ayant évoqué devant ses élèves son engagement politique en mettant à leur disposition lors d'un cours des tracts de nature politique et en évoquant son expérience personnelle en matière de grève. • CAA Douai, 17 déc. 2015, n° 14DA01109. ♦ Dans une affaire où un enseignant contestait la sanction disciplinaire d'exclusion temporaire de fonctions d'un an à raison d'agissements contrevenant de manière délibérée à l'obligation de neutralité des enseignants, le juge d'appel relève qu'il résulte de l'ensemble des pièces du dossier « que le requérant ne trait[ait] que partiellement les thématiques inscrites au programme établi par l'éducation nationale, évitant ou minimisant certains chapitres de ce programme tel celui relatif à la Seconde Guerre mondiale [et] qu'il adopt[ait], dans sa pratique professionnelle, une approche partiale en privilégiant systématiquement et sans étude critique certaines thématiques éminemment sujettes à controverse ». Il poursuit en relevant que l'intéressé « développ[ait] à l'occasion de son enseignement des thèses attribuant à l'existence de complots fomentés par les francs-maçons ou la "finance juive" une part majeure dans l'explication des totalitarismes contemporains [et] (...) pratiqu[ait] une sélection arbitraire et idéologiquement orientée de la bibliographie conseillée à ses élèves ». Il retient enfin que l'enseignant « n'a ni fait évoluer de manière significative ses méthodes d'enseignement à la suite des observations qui lui ont été adressées en 2009, ni accepté la moindre remise en question de sa pédagogie à l'issue de l'inspection diligentée en 2012 ». Il en déduit que la sanction contestée n'apparaît pas disproportionnée. • CAA Nantes, 4 déc. 2017, n° 16NT00498 : *LIJ 2018, n° 202, p. 11.*

72. *Neutralité. Devoir de réserve.* Un professeur certifié de philosophie a été suspendu de ses fonctions et déplacé d'office en zone de remplacement par le recteur en raison de propos tenus devant les élèves de la classe de terminale, dans le cadre d'un débat organisé lors de son cours de philosophie, à la suite de l'attentat commis la veille contre la rédaction du journal « Charlie Hebdo ». En l'espèce, l'enseignant avait apporté son soutien à la thèse légitimant l'assassinat des journalistes de cette publication et tenu des propos inappropriés à l'égard de ceux-ci en les traitant notamment de « crapules ». Le tribunal a considéré que les griefs articulés contre l'intéressé présentaient un caractère de vraisemblance suffisant qui permettait, dans un contexte de profonde émotion provoquée par l'assassinat le 7 janv. 2015 de plusieurs journalistes de « Charlie Hebdo » et de vives tensions liées à la prégnance de la menace terroriste pesant sur l'ensemble du territoire national, de présumer que celui-ci avait commis une faute grave caractérisée par des faits de nature à porter atteinte à l'image du service public de l'éducation. Au regard de la nature des fonctions d'enseignant exercées par l'intéressé, le tribunal estime en effet que ces propos ne pouvaient que compromettre la bonne marche du service public de l'éducation dont il avait la charge ; que, dans ces conditions, les manquements de l'intéressé au devoir de réserve et à son obligation de neutralité avaient, à la date de la décision attaquée, un caractère de gravité suffisante de nature à justifier légalement, dans le seul intérêt du bon fonctionnement du service public, la mesure de suspension. Le tribunal poursuit en précisant que dans le cadre du débat, celui-ci a tenu des propos, sans leur donner une finalité pédagogique, critiquant de manière véhémente le comportement des caricaturistes du journal de nature à légitimer l'assassinat de ces journalistes en traitant notamment ceux-ci de « crapules », qualifiant les auteurs des actes de terrorisme commis en France « d'innocents » et assimilant les militaires français engagés dans les opérations extérieures de lutte contre le djihadisme à des « terroristes ». Le tribunal en conclut que ces propos inadaptés, dont la matérialité est suffisamment établie et qui ont été tenus dans le contexte de profonde émotion provoquée par l'attentat du 7 janv. 2015 et de vives tensions liées à la prégnance de la menace terroriste pesant alors sur l'ensemble du territoire national, quand bien même ils n'ont pas été regardés comme constitutifs d'apologie d'actes de terrorisme au sens du droit pénal par le procureur de la République, sont constitutifs d'un manquement au devoir de réserve et à l'obligation de neutralité de nature à compromettre la bonne marche du service public de l'éducation dont l'enseignant avait la charge. • TA Poitiers, 4 oct. 2017, n°s 1500508 et 1501269 : *AJDA 2017. 2451* ; *AJFP 2018. 52*.

73. *Discrétion professionnelle Absence.* Dans une affaire où la requérante, professeur d'anglais, qui avait été sollicitée par l'inspecteur régional d'académie pour expérimenter des sujets de baccalauréat et avait, à cette occasion, signé un engagement de confidentialité et de non-divulgation des documents portés à sa connaissance lors de cette expérimentation, qui avait cependant diffusé un courrier électronique à l'ensemble de ses collègues enseignant l'anglais au sein du lycée où elle était affectée, dans lequel elle communiquait des informations relativement précises sur la nature des textes et des questions posées, avait été sanctionnée d'une exclusion temporaire de fonctions pour une durée de trois mois : le juge administratif, a estimé, en l'espèce, que l'administration n'avait commis aucune erreur d'appréciation. • TA Pau, 30 déc. 2014, n° 1301438 : *LIJ 2015, n° 188, p. 11.* ♦ Pour le contrôle normal du juge administratif sur la sanction : • CE 13 nov. 2013, n° 347704 A : *AJDA 2013. 2228 ; D. 2013. 2699 ; AJFP 2014. 5, concl. Keller ; AJCT 2015. 511, étude Le Chatelier ; RFDA 2013. 1175, concl. Keller.*

74. Obligations déontologiques. Manquement. Un professeur de classe préparatoire qui avait fait travailler ses élèves sur un sujet dont il savait qu'il était retenu pour un concours d'admission aux grandes écoles s'était vu infliger une sanction fondée sur ce que, tant l'originalité du contenu de l'exercice de travaux dirigés qu'il avait donné à ses élèves que la façon de le traiter avec des questions similaires à celles de l'énoncé du sujet du concours, établissaient qu'il n'avait pu donner cet exercice qu'en ayant connaissance de ce qu'une version identique ou très proche de ce sujet avait été retenue parmi les sujets susceptibles de figurer à l'épreuve écrite du concours d'entrée à des grandes écoles. Estimant que cette action était constitutive d'une faute professionnelle, le ministre a prononcé la mise en retraite d'office de l'intéressé. Alors que les décisions rendues par les juges de première instance et d'appel divergeaient, le Conseil d'État, énonçant les différents indices, estime que le requérant n'est pas fondé à soutenir que la sanction contestée a été prononcée sur le fondement de faits matériellement inexacts. Il considère que le comportement reproché au requérant avait contrevenu gravement aux obligations déontologiques attendues d'un enseignant et constituait, par suite, une faute de nature à justifier une sanction et donc que l'autorité investie du pouvoir disciplinaire n'a pas inexactement qualifié les faits reprochés au requérant. • CE 23 mars 2016, n° 387722 : *AEF 31 mars 2016, Dépêche n° 535492, comm. Toulemonde.*

75. Obligations déontologiques. Manquement. Sanction disproportionnée. Absence. En l'espèce, eu égard à la nature de ces faits, à l'importance des concours en cause et aux conséquences de tels agissements sur leur organisation, ainsi qu'à la circonstance que l'intéressé était âgé de 60 ans à la date de la décision attaquée, l'autorité disciplinaire n'a pas pris une sanction disproportionnée à la faute reprochée en décidant de mettre l'intéressé à la retraite d'office. • CE 23 mars 2016, n° 387722 : *préc. note 74.*

76. Exigence d'exemplarité et d'irréprochabilité. Dans une affaire où le ministre avait saisi le Conseil d'État d'un pourvoi contre un arrêt de la cour administrative d'appel jugeant la sanction de la mise à la retraite d'office d'un professeur disproportionnée, le juge annule l'arrêt de la cour eu égard « à l'exigence d'exemplarité et d'irréprochabilité qui incombe aux enseignants dans leurs relations avec des mineurs, y compris en dehors du service, et compte tenu de l'atteinte portée, du fait de la nature des fautes commises par l'intéressé, à la réputation du service public de l'éducation nationale ainsi qu'au lien de confiance qui doit unir les enfants et leurs parents aux enseignants du service ». Il en conclut que « toutes les sanctions moins sévères susceptibles d'être infligées [...] étaient, en raison de leur caractère insuffisant, hors de proportion avec les fautes commises par ce dernier. En l'espèce, l'intéressé avait été condamné à deux ans de prison avec sursis pour l'agression de deux mineurs, en dehors du service, du fait, notamment, d'une expertise psychiatrique concluant à l'absence de pulsion pédophile et de personnalité perverse et excluant le risque de récidive. • CE 18 juill. 2018, n° 401527 B : *AJDA 2018. 1518 ; ibid. 1979, note Orizet ; LIJ 2018, n° 203, p. 1, comm. Chicot.* ♦ Formulation identique reprise par le juge dans une affaire où un professeur certifié, condamné à une peine d'emprisonnement d'un an avec sursis total et mise à l'épreuve pendant deux ans pour atteintes sexuelles sur un jeune enfant de sept ans commises dans la sphère familiale, s'était vu infligé la sanction de la révocation. • CAA Douai, 8 nov. 2018, n° 16DA01028 : *LIJ 2019, n° 205, p. 11.* ♦ Pour un professeur condamné par un tribunal correctionnel à la peine d'emprisonnement de douze mois, assortie d'un sursis total avec mise à l'épreuve durant trois ans, pour des faits d'atteinte sexuelle sur mineur de quinze ans puis condamné sur le plan disciplinaire par une la mise à la retraite d'office. Sanction jugée non disproportionnée eu égard à l'exigence d'exemplarité et d'irréprochabilité qui incombe aux enseignants dans leurs relations avec les mineurs, y compris en dehors du service et même lorsque ceux-ci affirment consentir à une relation, voire en sont à l'initiative, et compte tenu de l'atteinte portée, du fait de la nature de la faute commise, à la réputation du service public de l'éducation nationale ainsi qu'au lien de confiance qui doit unir les enfants et leurs parents aux enseignants du service. • CAA Douai, 29 mai 2019, n° 17DA00586 : *LIJ 2019, n° 208, p. 8.* ♦ Dans le même sens pour un professeur de chaire supérieure en CPGE qui avait été reconnu coupable de faits d'agression sexuelle sur mineur de quinze ans par ascendant ou personne ayant autorité et avait été condamné à quatre ans d'emprisonnement dont deux avec sursis (sanction de mise à la retraite d'office). • CAA Paris, 10 avr. 2018, n°s 16PA03380 et 17PA01541 : *LIJ 2018, n° 203, p. 14.* ♦ Dans le même sens encore, pour une professeure enseignant en CPGE, révoquée alors qu'elle avait fait l'objet d'une condamnation pénale pour avoir contesté l'existence de crimes contre l'humanité sur sa page Facebook. • TA Paris, 2 oct. 2019, n° 1820353 : *LIJ 2020, n° 209, p. 7.*

77. Conduite des agents publics en dehors du service. Dignité. Absence d'atteinte à la réputation du service public. Absence d'atteinte au bon déroulement du service. Absence de discrédit sur l'administration. Dans une affaire où le requérant contestait la sanction de révocation qui lui avait été infligée en raison de sa participation active à une mouvance intégriste, le juge retient que les faits, alors même qu'ils ont été commis en dehors du service, ont nui à la réputation du service public de l'enseignement et ont constitué des manquements graves et répétés aux obligations de réserve et de dignité attendues des personnels enseignants. • TA Rennes, 23 mars 2018, n° 1701338 : *LIJ 2018, n° 202, p. 13.* ♦ V. aussi • CE 15 juin 2005, n° 261691 A : *AJDA 2005. 1689, concl. Casas.*

78. Insuffisance professionnelle. Motifs. Légalité. Dans une affaire où l'intéressé s'était vu reprocher de graves insuffisances dans la préparation et la conduite de ses enseignements et le fait qu'il n'ait pu établir son autorité sur ses élèves mais aussi son manque d'investissement professionnel, que ces manquements anciens n'aient jamais été corrigés par l'intéressé et qu'enfin, que la formation suivie pour remédier à ces carences ne s'est traduite par aucun progrès dans son attitude professionnelle et qu'il ait refusé tout parcours de reconversion, le Conseil d'État affirme, d'une part, que la circonstance que certains des faits reprochés sont anciens et n'auraient pas fait l'objet de mesures disciplinaires est sans incidence sur la légalité de la mesure de licenciement et, d'autre part, que la mesure de licenciement d'un agent ne saurait être subordonnée à ce que cette insuffisance ait été constatée à plusieurs reprises au cours de sa carrière. Il en déduit que le requérant n'est pas fondé à soutenir que les faits qui lui sont reprochés ne sont pas de nature à justifier légalement la décision de le licencier. • CE 27 déc. 2017, n° 403387.

79. Insuffisance professionnelle. Carence didactique et pédagogique. Absence de sécurité. Un enseignant de lycée professionnel demandait l'annulation de son licenciement pour insuffisance professionnelle. Sa demande est rejetée. En l'espèce, plusieurs rapports d'inspection « concluent de manière concordante au manque de structuration, de rigueur et de précision des enseignements dispensés par l'intéressé et révèlent des insuffisances quant aux aspects didactiques et pédagogiques desdits enseignements, ainsi que des manquements aux règles de sécurité ». D'autres rapports et rappels établis par les chefs d'établissement et le recteur font, de la même manière, état de défaillances dans la manière de servir de l'intéressé, compte tenu « notamment de défauts de surveillance et de mise en sécurité des élèves se trouvant sous sa responsabilité durant ses heures d'enseignements. Il est également fait état de l'incapacité du requérant à surmonter ses difficultés professionnelles », alors qu'il est constant qu'il a bénéficié de la mise en place d'un dispositif d'accompagnement et de tutorat. • TA Rennes, 18 nov. 2019, n° 1605409 : *AJFP 2020. 109.*

80. Formation continue. L'assistance des professeurs de collège d'enseignement technique aux séances de formation organisées à leur intention est une obligation de service au même titre que les heures d'enseignement qu'ils sont tenus d'accomplir dans les classes d'élèves. Légalité d'une retenue d'un trentième, opérée sur le traitement mensuel d'un professeur s'étant abstenu de participer en partie à une journée de formation à laquelle il avait été convoqué par le recteur, en méconnaissance de ses obligations de service. • CE, sect., 15 oct. 1982, *MEN c/ M. Brand,* n° 17816 A.

8° DISCIPLINE

81. Suspension. Aucune disposition législative ou réglementaire, ni aucun principe général du droit, n'oblige l'administration à procéder à une enquête avant de suspendre un enseignant. Si le requérant critique les conditions dans lesquelles a été effectuée la mission confiée par le recteur à deux inspecteurs académiques régionaux afin de l'éclairer sur les faits qui lui sont reprochés, ces critiques sont sans incidence sur la régularité de la décision attaquée. • CE 22 nov. 2004, n° 244515 B : *préc. note 71.* ♦ La mesure de suspension prononcée à l'encontre de M. A. est motivée par ses manquements à son obligation de neutralité dans le cadre de l'enseignement d'histoire-géographie et d'éducation civique qu'il dispensait. S'il soutient qu'un certain nombre des faits qui lui sont reprochés sont erronés, ce moyen ne peut qu'être écarté compte tenu de la vraisemblance des griefs articulés à son encontre. • CE 22 nov. 2004, n° 244515 B : *préc. note 71.*

82. Suspension provisoire. Comportements anormalement rigoureux à l'égard des élèves. Absence de gravité suffisante. Le ministre relevait appel d'un jugement annulant la suspension provisoire d'un professeur des écoles. Le juge rappelle à cet effet que la mesure provisoire de suspension ne présente pas, par elle-même, un caractère disciplinaire. « Elle est uniquement destinée à écarter temporairement un agent du service, en attendant qu'il soit statué disciplinairement ou pénalement sur sa situation. Elle peut être légalement prise dès lors que l'administration est en mesure d'articuler à l'encontre de l'intéressé des griefs qui ont un caractère de vraisemblance suffisant et qui permettent de présumer que celui-ci a commis une faute grave ». En l'espèce, le juge a relevé que si la pratique enseignante de l'intéressé avait pu donner lieu à des critiques sévères de la part de sa hiérarchie, le rapport établi par l'inspection alors diligentée pour « des gestes professionnels inappropriés envers certains élèves » relevait une prise de conscience de l'intéressé et « un changement d'attitude qui devait être conforté, consolidé et devenir pérenne », les seuls éléments récents, réunis à la date à laquelle a été prise la décision contestée, « ne sont pas d'une gravité suffisante pour justifier de sa suspension à titre conservatoire pour un délai de quatre mois, alors qu'il ne ressort pas des pièces du dossier que la conception stricte de cet enseignant en ce qui concerne les méthodes éducatives à mettre en œuvre s'agissant des élèves qui lui ont été confiés ait été de nature à mettre ces derniers en danger. • CAA Nantes, 14 nov. 2019, n° 18NT01949 : *AJFP 2020. 105*.

83. Suspension provisoire. Prolongation. Réintégration juridique. Absence de réintégration fonctionnelle. Versement traitement (non). Indemnisation (oui). Suite à l'annulation de la mesure prolongeant la suspension de fonctions, accompagnée d'une retenue à hauteur de la moitié de la rémunération dont il faisait l'objet, un enseignant avait bien fait l'objet de mesures nécessaires à sa réintégration juridique mais l'administration ne lui avait confié de nouveau le service d'enseignement ni dans son établissement ou un autre établissement scolaire, ni dans un emploi d'enseignement à distance ou de la formation continue des adultes, comme il le souhaitait. Le Conseil d'État rejette son pourvoi, eu égard à la circonstance que le professeur faisait toujours l'objet d'une mesure de contrôle judiciaire lui interdisant d'exercer toute fonction d'enseignement le mettant en contact direct avec les élèves, l'exécution du jugement ne faisait pas obligation à l'administration de procéder à sa réintégration effective dans ses fonctions. S'agissant de la demande de reversement de la moitié du traitement dont il avait été privé, le Conseil d'État a assimilé la mesure de suspension de fonctions à une mesure d'éviction du service en rappelant qu'un agent public irrégulièrement évincé a droit non pas au versement du traitement dont il a été privé, mais à la réparation du préjudice qu'il a effectivement subi du fait de la mesure illégalement prise à son encontre. • CE 12 févr. 2020, n° 416007 B : *AJDA 2020. 379* ; *AJFP 2020. 287* ; *LIJ 2020, n° 211, p. 15.*

84. Déplacement d'office. Demande de suspension. Conditions. Saisi par voie de pourvoi, le Conseil d'État estime que le juge des référés a pu, sans commettre d'erreur de droit ni dénaturer les pièces du dossier qui lui était soumis, estimer qu'en l'état de l'instruction, le moyen tiré de ce que la sanction reposait sur des faits matériellement inexacts n'était pas de nature à faire naître un doute sérieux quant à la légalité de la décision de déplacement d'office. De la même manière, il estime qu'en jugeant que le moyen tiré de ce que cette sanction était hors de proportion avec les faits reprochés à M. A. n'était pas davantage de nature à créer, en l'état de l'instruction, un doute sérieux sur la légalité de la décision de révocation, le juge des référés a porté sur les faits qui lui étaient soumis une appréciation souveraine exempte de dénaturation. • CE 8 oct. 2015, n° 389047 : *AEF 23 oct. 2015, Dépêche n° 508887, comm. Toulemonde.*

85. Procédure. Présidence de l'organe disciplinaire. Le Conseil d'État a précisé que si les commissions administratives paritaires du corps sont en principe présidées par le recteur d'académie, l'absence du recteur suffit à établir son empêchement et, de ce fait, la compétence du secrétaire général de l'académie. • CE 11 déc. 2013, n° 366298 : *AJDA 2014. 719*.

86. Procédure. Déroulement. Alors même que l'intervention du conseil du requérant n'avait pas été précédée de l'information que la commission délibérerait immédiatement après, le Conseil d'État juge que le droit pour l'intéressé à présenter d'ultimes observations immédiatement avant le début du délibéré n'a pas été méconnu. • CE 11 déc. 2013, n° 366298 : *préc. note 85.*

87. Procédure. Suppléants. La haute juridiction précise qu'il résulte des dispositions des art. 9 et 32 du Décr. du 28 mai 1982 relatif aux commissions administratives paritaires qu'un suppléant qui remplace un titulaire acquiert une voix délibérative et peut donc demander un vote à bulletin secret. • CE 11 déc. 2013, n° 366298 B : *préc. note 85.*

88. Procédure. Droit à communication des informations. Dans une affaire où un directeur d'école avait été suspendu suite à des faits de harcèlement psychologique entre enfants, le juge enjoint au recteur de communiquer au requérant les données à caractère personnel le concernant, contenues dans le répertoire informatique de la direction académique des services départementaux de l'éducation nationale qui constitue un fichier de données à caractère personnel concernant le requérant qui a le droit, sur le fondement des dispositions de l'art. 39 de la L. n° 78-17 du 6 janv. 1978, et dans la mesure où il n'est fait état d'aucun élément qui s'y opposerait, d'obtenir la communication de ces données. • TA Nîmes, 18 févr. 2016, n° 1401048. ♦ Quelques mois plus tard, le juge annule la sanction infligée au même requérant en estimant que le directeur académique s'est fondé sur la circonstance que le requérant « a négligé la prise en compte de souffrances endurées durant le temps scolaire par trois enfants de l'école dont il avait la charge » ; que, toutefois, il ne ressort pas des pièces du dossier que le requérant aurait été pleinement informé de souffrances endurées par certains des écoliers et aurait omis, en ses qualités d'enseignant et de directeur d'école, de prendre les mesures de protection et de signalement qui s'imposaient. • TA Nîmes, 14 oct. 2016, n° 1402133.

89. Révocation. Régime de la preuve. Notes blanches des services de renseignement. Valeur. Dans une affaire où le requérant contestait la sanction de révocation qui lui avait été infligée en raison de sa participation active à une mouvance intégriste, le juge, après avoir rappelé que l'autorité investie du pouvoir disciplinaire peut apporter la preuve de ces faits devant le juge administratif par tout moyen, affirme qu'« aucune disposition législative ni aucun principe ne s'oppose à ce que les faits relatés par les notes blanches produites par le ministre, qui ont été versées au débat contradictoire, soient susceptibles d'être pris en considération par le juge administratif ». En l'espèce, le juge retient que les faits de participation du requérant à une mouvance intégriste, alors même qu'ils ont été commis en dehors du service, ont nui à la réputation du service public de l'enseignement et ont constitué des manquements graves et répétés aux obligations de réserve et de dignité attendues des personnels enseignants. Absence de disproportion de la sanction de la révocation, compte de tenu de la nature et de la gravité des fautes, eu égard à ses fonctions d'enseignant, qui impliquent de transmettre et de faire respecter les valeurs de la République et lui imposent d'agir en se référant à des principes éthiques et de responsabilité qui fondent son exemplarité et son autorité, et eu égard enfin à la nécessité d'assurer le bon fonctionnement du service public de l'éducation nationale et de préserver sa réputation. • TA Rennes, 23 mars 2018, n° 1701338 : *LIJ 2018, n° 202, p. 13.* ♦ S'agissant des notes blanches des services de renseignements : • CE 3 mars 2003, n° 238662 A : *AJDA 2003. 1343, note Lecucq* • CE, sect., 11 déc. 2015, n° 395009 A (concl. Domino) : *AJDA 2016. 247, chron. Dutheillet de Lamothe et Odinet ; ibid. 2015. 2404 ; AJCT 2016. 202, étude Jobart ; RFDA 2016. 105, concl. Domino ; ibid. 123, note Roblot-Troizier*.

90. Nature du contrôle exercé sur la sanction (normal). Sur la sanction (proportionnalité). Le juge administratif rappelle qu'il appartient au juge de l'excès de pouvoir de rechercher si les faits reprochés à un agent public ayant fait l'objet d'une sanction disciplinaire constituent des fautes de nature à justifier une sanction et si la sanction retenue est proportionnée à la gravité de ces fautes ; que si le caractère fautif des faits reprochés est susceptible de faire l'objet d'un contrôle de qualification juridique de la part du juge de cassation, l'appréciation du caractère proportionné de la sanction au regard de la gravité des fautes commises relève, pour sa part, de l'appréciation des juges du fond et n'est susceptible d'être remise en cause par le juge de cassation que dans le cas où la solution qu'ils ont retenue quant au choix, par l'administration, de la sanction est hors de proportion avec les fautes commises. • CE 18 juill. 2018, n° 401527 B : *AJDA 2018. 1518 ; ibid. 1979, note Orizet*.

9° RÉMUNÉRATIONS

91. Heures supplémentaires. Qualification juridique. Cumul d'activités. Il résulte de la combinaison des dispositions de l'art. 9 du Décr. du 29 oct. 1936, dans sa rédaction issue du Décr. du 11 juill. 1955, et de l'art. 1er du Décr. n° 50-1253 du 6 oct. 1950 fixant le taux de rémunération des heures supplémentaires d'enseignement effectuées par les personnels enseignants des établissements d'enseignement du second degré que les heures supplémentaires effectuées par ces derniers relèvent du cumul de rémunérations dès lors qu'elles ont le caractère d'activités distinctes de leur activité principale, alors même qu'elles ont été accomplies à la demande de l'administration. • CE 11 déc. 2006, n° 281203 B : *AJDA 2006. 2425*.

92. Rémunération pour heures supplémentaires. Taux. Détermination. Les dispositions du statut de la fonction publique, qui prévoient que les organisations syndicales de fonctionnaires ont qualité pour conduire au niveau national avec le gouvernement des négociations préalables à la détermination de l'évolution des rémunérations, n'imposaient pas au pouvoir réglementaire de consulter ces organisations avant d'édicter le Décr. fixant les taux de rémunération des heures supplémentaires d'enseignement. • CE 28 juill. 1999, nos 199869, 200269 et 200272 B.

93. Rémunération pour heures supplémentaires. La baisse sensible du taux de rémunération des heures supplémentaires du fait de l'ajustement du taux annuel de l'indemnité, déterminée à partir du traitement moyen calculé sur l'année civile, au nombre de semaines de l'année scolaire, ne porte pas d'atteinte à la garantie fondamentale que constitue pour les fonctionnaires le droit à la rémunération après service fait et n'est pas entachée d'une erreur manifeste d'appréciation. • CE 28 juill. 1999, nos 199869, 200269 et 200272 B.

94. Rémunération pour heures supplémentaires. Majorations. Il résulte des dispositions de l'art. 1er, des 1er et 4e al. de l'art. 2 et du 4e al. de l'art. 3 du Décr. n° 50-1253 du 6 oct. 1950 fixant les taux de rémunération des heures supplémentaires d'enseignement effectuées par les personnels enseignants des établissements d'enseignement du second degré que l'indemnité versée aux enseignants pour les heures supplémentaires qu'ils effectuent est calculée, conformément aux dispositions de l'art. 2 du Décr., sur la base du traitement moyen du corps auquel appartient l'enseignant concerné, le 4e al. de cet art. prévoyant une majoration de 10 % pour les enseignants nommés à la hors-classe ou à la classe exceptionnelle de leur corps. L'art. 3 du Décr., qui précise aux membres de quel corps seront assimilées certaines catégories spécifiques d'enseignants, se borne à prévoir, à son 4e al., que le calcul du montant de l'indemnité accordée aux enseignants qui donnent tout leur enseignement dans des classes préparatoires aux grandes écoles, autres que ceux régis par le Décr. n° 68-503 du 30 mai 1968 portant statut particulier des professeurs de chaires supérieures, sera déterminé sur la base du traitement d'un professeur agrégé, même si l'enseignant concerné n'appartient pas à ce corps. Elles n'ont ni pour objet ni pour effet d'exclure les professeurs agrégés exerçant en classe préparatoire aux grandes écoles qui ont atteint la hors-classe de ce corps du bénéfice de la majoration de 10 % prévue au 4e al. de l'art. 2. • CE 3 juill. 2013, n° 350750 B : *AJDA 2013. 2010*.

95. Rémunération pour heures supplémentaires. Professeur agrégé enseignant en STS. Conditions. Obligation d'effectuer un nombre minimum d'heures hébdomadaires au titre du service statutaire. Le Conseil d'État a rappelé qu'il résulte des dispositions de l'art. 1er du Décr. du 25 mai 1950 que les professeurs agrégés dispensent des enseignements littéraires, scientifiques ou techniques théoriques, quelles qu'en soient les modalités, alors que les enseignements pratiques sont les enseignements dispensés par les professeurs techniques, les professeurs techniques adjoints, les chefs des travaux pratiques d'écoles nationales d'arts et métiers et écoles assimilées et les professeurs techniques adjoints de commerce. Par conséquent, les professeurs agrégés sont, pour l'ensemble de leurs enseignements en sections de techniciens supérieurs, susceptibles de bénéficier des dispositions par lesquelles ils pondèrent d'un quart d'heure supplémentaire les heures d'enseignement qui y sont dispensées, sous réserve que le service d'enseignement hebdomadaire accompli ne soit pas inférieur à treize heures trente. • CE 21 janv. 2021, n° 428299 : *LIJ 2021, n° 215, p. 9.*

96. Cumul. Refus. Le requérant, professeur affecté dans un collège public, avait sollicité auprès du recteur une autorisation de cumul de services en vue de dispenser quatre heures d'enseignement dans deux établissements d'enseignement privés. Le recteur avait refusé de la lui accorder en considération du dernier rapport d'inspection de l'intéressé rédigé au seul vu des cahiers de textes de la classe et des cahiers de cours des élèves du fait du refus opposé par l'intéressé de se soumettre à cette inspection. Le juge rappelle à cet effet que les dispositions statutaires ne créent pas un droit au cumul des activités pour les agents publics chargés d'une mission d'enseignement et conditionnent la possibilité d'assurer des activités complémentaires d'enseignement à l'appréciation de la compatibilité de cette activité avec la satisfaction prioritaire des obligations de leur service statutaire. • TA Lille, 19 févr. 2013, n° 1007771 : *LIJ 2013, n° 177, p. 12.*

97. Bulletin de salaire. Document administratif communicable. Conditions. Un enseignant avait demandé au recteur de lui communiquer le bulletin de salaire de cinq enseignants du lycée dans lequel il était affecté. Après l'avis de la CADA, les bulletins lui ont été communiqués avec occultation des mentions autres que celles relatives au traitement brut, au grade, à l'échelon et à l'indice des agents concernés. Le requérant se pourvoit en cassation contre le jugement par lequel le TA a rejeté sa requête tendant à l'annulation de la décision du recteur refusant de lui communiquer les mentions des bulletins de salaires relatives aux heures supplémentaires et à la rémunération nette mensuelle des enseignants. Le Conseil d'État rappelle que le bulletin de salaire d'un agent public est un document administratif librement communicable à toute personne qui en fait la demande, sous réserve que soient occultées, préalablement à la communication, toutes les mentions qui porteraient atteinte à la protection de la vie privée ou comporteraient une appréciation ou un jugement sur la valeur de l'agent public en cause. Il précise que les mentions relatives aux heures supplémentaires et par suite à la rémunération nette d'enseignants sont susceptibles de révéler une appréciation sur la manière de servir des intéressés. • CE 4 nov. 2020, n° 427401 B : *AJDA 2020. 2185* ; *AJFP 2021. 87* ; *LIJ 2021, n° 213, p. 22.*

10° RETENUES SUR TRAITEMENT

98. Principes. La retenue pour absence de service fait étant, sauf dispositions contraires, assise, en ce qui concerne les fonctionnaires, sur l'ensemble de leur rémunération, il en résulte que lorsqu'un professeur de lycée ou de collège s'abstient d'accomplir, au cours d'une journée, tout ou partie des heures hebdomadaires de service inscrites à son emploi du temps, il doit subir une retenue d'un trentième sur son traitement mensuel. • CE, sect., 3 oct. 1980, *MEN c/ Mme Campagnolle*, nos 13377 à 13384, 13789 et 13790 A. ♦ Si l'application de cette réglementation à des professeurs dont l'emploi du temps comprend des heures supplémentaires annuelles et à des professeurs dont l'emploi du temps n'en comprend pas, peut avoir des effets différents, cette différence résulte de ce que les uns et les autres n'ont ni les mêmes obligations de service, ni la même rémunération. Elle ne méconnaît pas le principe d'égalité. • Même arrêt. ♦ Lorsque le médecin agréé mandaté par l'inspecteur d'académie pour effectuer une contre-visite s'est présenté au domicile d'un professeur d'éducation physique et sportive, placé en arrêt de travail pour maladie, ce dernier, sans invoquer de circonstances particulières, a refusé de le laisser accéder à son appartement et lui a proposé de procéder à la contre-visite soit dans le hall de l'immeuble, soit à son cabinet médical. A la suite de ces faits, l'administration a légalement opéré une retenue sur le traitement. • CE 26 janv. 2007, n° 281516 B.

99. Retenues suite à une annulation de cours. Non-information de la hiérarchie. Dans une affaire où un enseignant, qui avait bien assuré ses obligations de service le matin, avait ensuite quitté l'établissement après avoir été informé par une note de service que son cours prévu l'après-midi était annulé, contestait la retenue décidée par le recteur, le juge estime qu'alors même que cette annulation ne résultait pas de son fait, en quittant l'établissement sans en informer préalablement sa hiérarchie, qui aurait pu lui proposer de participer à une action de soutien et d'aide aux élèves pour compléter son service, le requérant devait être regardé comme n'ayant pas effectué son service. Le juge en conclut la légalité de la retenue sur traitement effectuée. • TA Nancy, 28 nov. 2017, n° 1600950 : *LIJ 2018, n° 202, p. 11.*

100. Décompte pour absence de service fait pendant plusieurs jours consécutifs. En cas d'absence de service fait pendant plusieurs jours consécutifs, le décompte des retenues à opérer sur le traitement mensuel d'un agent public s'élève à autant de trentièmes qu'il y a de journées comprises du premier jour inclus au dernier jour inclus où cette absence de service fait a été constatée, même si, durant certaines de ces journées, cet agent n'avait, pour quelque cause que ce soit, aucun service à accomplir. • CE 7 juill. 1978, *Sieur Omont*, n° 03918 A.

101. Retenues pour faits de grève. Eu égard aux conditions particulières d'exercice de leurs fonctions, les personnels enseignants de l'enseignement secondaire qui, en n'assurant pas les cours qu'ils devaient donner devant leurs élèves un jour de grève, ont manifesté leur volonté de participer au mouvement de cessation concertée du travail organisé dans leur établissement, peuvent légalement être regardés comme n'ayant accompli aucune de leurs obligations de service pendant ledit jour de grève. Dès lors, et quel que soit le nombre d'heures de cours qu'ils avaient à assurer ce jour-là, l'administration était fondée à opérer sur leur rémunération une retenue pour absence de service fait égale à un trentième de leur traitement mensuel. • CE 6 mai 1988, n° 69718 A. ♦ Même si l'enseignant n'avait pas de cours à assurer devant les élèves ce jour-là, l'administration était fondée à opérer sur sa rémunération une retenue égale à un trentième. • CE 6 mai 1988, n° 69719 A.

102. Enseignants ayant demandé aux élèves de ne pas venir à l'établissement. En se référant à des consignes syndicales de grève, des enseignants ont demandé par voie de tract aux parents des élèves, dans la mesure de leurs possibilités, de ne pas envoyer leurs enfants au collège lors d'une journée d'action au cours de laquelle ces enseignants, tout en étant présents dans l'établissement pour éviter qu'une retenue soit opérée sur leur traitement et pour recevoir, le cas échéant, les élèves, entendaient élaborer une « plate-forme » d'information et se réunir en groupe de travail sur des questions syndicales et pédagogiques. L'absence des élèves n'a ainsi été que la conséquence de la demande faite aux parents de ne pas les envoyer à l'établissement. Dans ces conditions, ces enseignants ne peuvent pas être regardés comme ayant accompli leur service, bien qu'ils aient été présents au collège pendant tout le temps de service et qu'ils n'aient pas pu, faute d'élèves, assurer leur enseignement. • CE 15 févr. 1980, n° 09752 A. – V. aussi cidessus : *Obligations de service.*

II. DISPOSITIONS SPÉCIFIQUES

1° PROFESSEURS D'ENSEIGNEMENT GÉNÉRAL DE COLLÈGE

103. Indemnité spécifique. L'indemnité qui a pour objet, pour les PEGC concernés, de compenser partiellement la perte du droit à un logement gratuit ou à l'indemnité représentative d'un tel avantage, résultant pour eux de leur affectation dans un collège ou de leur intégration dans le corps des professeurs d'enseignement général de collège, est subordonnée à l'exercice effectif des fonctions dans un collège. Elle doit donc être regardée comme une indemnité afférente à l'emploi dont le montant doit être calculé au prorata du temps de travail effectif du fonctionnaire. • CE 7 févr. 2003, n° 232424 B.

2° PROFESSEURS DE LYCÉE PROFESSIONNEL

104. Reclassement dans le corps. Ayant accompli des services d'enseignement dans un centre de formation d'apprentis, un enseignant tient des dispositions de l'art. 7 *bis* du Décr. du 5 déc. 1951 le droit à ce que ses années d'enseignement soient prises en compte pour son reclassement dans le corps des professeurs de lycée professionnel. • CE 19 mars 2008, n° 295040 B : *AJDA 2008. 614* ; *AJFP 2008. 189*.

105. Reprise d'ancienneté. Prise en compte de l'activité en CFA. L'art. 7 *bis* du Décr. n° 51-1423 du 5 déc. 1951 prévoit que, pour les professeurs de lycée professionnel, les années d'enseignement accomplies dans les établissements d'enseignement privés avant leur nomination entrent en compte dans l'ancienneté pour l'avancement d'échelon. En l'espèce, le recteur avait estimé que les années d'enseignement accomplies par la requérante dans les centres de formation des apprentis (CFA) ne pouvaient être prises en compte dans la reprise d'ancienneté. Le tribunal, dans ce jugement, considère que l'interprétation faite par le recteur est erronée, les CFA pouvant bien être regardés comme des établissements d'enseignement privés. Les années accomplies dans ces centres peuvent donc être prises en compte au titre de la reprise d'ancienneté. • TA Caen, 20 juin 2019, n° 1801519.

106. Nombre d'heures de service. Le juge de cassation exerce un contrôle de qualification juridique des faits sur le point de savoir si l'enseignement dispensé par un professeur de lycée professionnel a le caractère d'un « enseignement professionnel théorique » au sens du Décr. du 6 nov. 1992, qui fixe le nombre d'heures de service devant être accomplies par ces professeurs selon la nature de l'enseignement qu'ils dispensent. • CE 2 avr. 2003, n° 242122 B.

107. Nouveau régime de durée hebdomadaire du service. L'égalité de traitement à laquelle ont droit les agents d'un même corps fait obstacle à ce que les professeurs de lycée professionnel qui dispensent leur enseignement dans des classes relevant de l'enseignement adapté soient régis, en ce qui concerne la durée hebdomadaire du service d'enseignement, par des règles différentes dans leur principe de celles applicables aux autres professeurs de lycée professionnel, dès lors que cette différence ne serait pas justifiée par la spécificité des missions qu'ils exercent. En revanche, les conditions particulières d'exercice des professeurs affectés à l'enseignement adapté, qui impliquent, pour la mise en œuvre de la réduction de leurs obligations de service, des adaptations propres aux contraintes pédagogiques et logistiques de ce type d'enseignement, autorisaient le Premier ministre à prévoir, sans méconnaître le principe de l'égalité de traitement, une période transitoire d'une année jusqu'au 1er sept. 2001 pendant laquelle cette catégorie d'enseignants continuerait à relever de l'ancien régime de durée hebdomadaire du service d'enseignement, dès lors que le délai ainsi laissé aux ministres pour préparer la mise en œuvre de la réduction des obligations de service des professeurs affectés à l'enseignement adapté avait un caractère raisonnable eu égard aux contraintes de cet enseignement. • CE 6 avr. 2001, n° 225594 B.

108. Accès au 2e grade du corps. Sur le fondement du statut particulier des professeurs de lycée professionnel, le ministre de l'éducation a pris un arrêté relatif à l'examen de qualification et au certificat d'aptitude organisés en vue de l'admission au concours d'accès au 2e grade du corps des professeurs de l'enseignement professionnel. Cet arrêté prévoit que l'un des membres du jury est désigné pour « procéder à une inspection, devant une classe, des professeurs stagiaires qui n'ont pas été admis à l'examen de qualification professionnelle ou qui n'ont pas obtenu le certificat d'aptitude ». Le ministre a pu légalement compléter cet arrêté par une note de service précisant, d'une part, que l'inspection du professeur stagiaire se déroule « dans l'une des classes où il assure son service ou dans l'une des classes où il a accompli son stage en présence d'élèves » et, d'autre part, que « sur la convocation adressée au professeur stagiaire (...) figurent obligatoirement l'établissement et la classe dans laquelle celui-ci sera inspecté (...) ». Ces dernières dispositions, qui ajoutent une règle de droit nouvelle, revêtent un caractère réglementaire dont le requérant peut se prévaloir. • CE 23 oct. 2002, n° 222173 B. ♦ La mention, sur la convocation adressée à l'enseignant, de la classe devant laquelle doit se dérouler l'inspection est une formalité substantielle. Annulation de l'arrêté prononçant le licenciement d'un professeur non informé de la classe devant laquelle devait se dérouler l'inspection. • Même arrêt.

109. Avancement. Le Décr. portant dispositions statutaires relatives aux professeurs de lycée professionnel prévoit, que les candidats reçus au concours interne comme au concours externe du deuxième grade sont soumis à un stage d'un an avant de pouvoir être titularisés dans ce grade. Eu égard aux conditions ainsi posées à l'accès au deuxième grade, le Décr. attaqué déroge aux dispositions du statut général. Le ministre de l'éducation ne justifiant pas que cette dérogation corresponde aux besoins propres du corps des professeurs de lycée professionnel ou aux missions que ses membres sont appelés à assurer, le Décr. attaqué est entaché d'excès de pouvoir. • CE, ass., 28 juin 1991, nos 76263 et 76318 A : *AJDA 1991. 902, concl. de Froment*.

110. Retraite des professeurs de l'enseignement technique. Saisi par un requérant recruté par la voie d'un concours dans le corps des chefs de travaux pratiques de l'Ensam, le Conseil d'État a précisé que le bénéfice de la bonification pour la retraite prévue par le code des pensions en faveur des professeurs de l'enseignement technique est réservé à ceux qui justifient lors de leur recrutement par concours d'une expérience professionnelle dans l'industrie et que cette disposition est également valable pour ceux d'entre eux qui, ultérieurement, font l'objet d'une intégration dans un autre corps de professeurs de l'enseignement technique. • CE 24 févr. 2015, n° 391261 : *AEF, Dépêche n° 532872, 4 mars 2016, comm. Toulemonde.*

3° PROFESSEURS D'EPS

111. Agrégation interne. Le principe d'égalité n'implique pas que les candidats à un même concours se trouvant dans des situations différentes soient soumis à des épreuves différentes. Quelles que soient les différences d'âge existant entre les candidats à l'agrégation interne d'éducation physique et sportive, l'Arr. du 27 avr. 1995 du ministre de l'éducation et du ministre de la fonction publique a pu, sans méconnaître le principe d'égalité, soumettre tous les candidats aux mêmes épreuves. • CE 22 nov. 1999, n° 196437 B.

112. Notation des professeurs affectés dans le supérieur. Le fait que la « grille de notation » qui, en application des dispositions du statut particulier des professeurs d'éducation physique et sportive, a été définie par arrêté du ministre de l'éducation mentionne, pour chaque échelon que comportent les deux classes de professeurs affectés dans les établissements de l'enseignement supérieur, une « note minimale conseillée », une « note maximale conseillée » et une note moyenne, ne pouvait priver l'autorité auprès de laquelle le professeur exerce ses fonctions du pouvoir qui lui est reconnu de proposer au ministre une note comprise entre 0 et 100, et ne dispense pas le ministre de fixer cette note sur la base d'une appréciation de la manière de servir de l'intéressé. • CE 27 févr. 1998, n° 176722 B : *AJFP 1998, n° 4, p. 78*.

113. Handicap à la suite d'un accident. Affectation. Saisie de la situation d'un professeur d'EPS qui, à la suite d'un accident de la route, avait perdu l'usage de ses jambes et devait se déplacer en fauteuil roulant, la DAJ rappelle que l'administration doit prendre des mesures pour un agent dont l'état de santé ne lui permet plus d'exercer ses fonctions de manière partielle ou temporaire : aménagement du poste de travail, affectation sur un poste adapté... Elle rappelle que, le Conseil d'État a pu juger que si le handicap est incompatible avec la conduite de certaines des activités prévues par les programmes d'éducation physique et sportive, des aménagements de poste, d'ailleurs fréquemment mis en place dans les établissements du second degré, auraient permis de compenser les conséquences de ce handicap. • CE 30 avr. 2004, n° 254106 B : *AJDA 2004. 1716, note Aubin* ; *RDSS., oct.-déc. 2004. 977, note Fontier.*

4° PROFESSEURS DE DOCUMENTATION

114. Statut. Indemnité. Attribution. Saisie par un professeur certifié de documentation du refus opposé par le recteur de lui verser l'indemnité de sujétions spéciales réservée aux personnels enseignants du second degré exerçant dans les classes pour enfants déficients et inadaptés au titre de l'heure d'enseignement qu'il y effectue en sus de son service de documentaliste, la cour estime qu'en se bornant à rappeler dans sa décision qu'aucune disposition ne prévoit l'attribution de l'indemnité de sujétions spéciales aux personnels exerçant des fonctions de documentation, sans prendre en compte l'activité accessoire d'enseignement du requérant qui appartient à la catégorie des personnels enseignants, le recteur de l'académie d'Orléans-Tours a entaché sa décision d'une erreur de droit. • CAA Nantes, 24 mai 2017, n° 15NT03431 : *AJFP 2017. 353, concl. Bréchot*.

5° PROFESSEURS DE CLASSES SUPÉRIEURES

115. Décharge de service. Il résulte du statut particulier des professeurs de classes supérieures des établissements classiques, modernes et techniques que la décision déchargeant un professeur agrégé de l'enseignement du second degré de son service d'enseignement en classe de lettres supérieures lui fait grief et ne saurait être regardée comme une simple décharge horaire relevant de la catégorie des mesures d'organisation du service. Il incombe à l'autorité hiérarchique, seule détentrice du pouvoir de décision, d'informer un agent de la décharge de service qu'elle envisage de prendre à son encontre et de le mettre à même de demander communication de son dossier pour présenter sa défense. La communication des rapports et avis des corps d'inspection ne peut tenir lieu de cette information. • CAA Paris, 8 févr. 2000, n° 97PA01114 B.

116. Obligations de service. Heures d'enseignement. Calcul de charges. Dans un recours dirigé contre la répartition des heures d'enseignement, le Conseil d'État juge que, eu égard à l'objet des dispositions de l'art. 7 du Décr. du 15 mai 1950, le terme de classe doit être regardé comme faisant référence au groupe d'élèves auxquels le professeur dispense de manière habituelle son enseignement. En l'espèce, il en déduit que le tribunal n'a pas commis d'erreur de droit en retenant l'effectif des élèves suivant la discipline enseignée par le requérant et non celui des divisions dont ils étaient issus. • CE 27 avr. 2015, n° 374020 : *LIJ 2015, n° 189, p. 15 : AEF n° 499643, 5 mai 2015, comm. Toulemonde.*

6° PROFESSEURS DE CHAIRE SUPÉRIEURE

117. Décharge de service. Le juge administratif annule la décision du proviseur d'un lycée retirant définitivement à un professeur de chaire supérieure les enseignements magistraux de physique et de science de l'ingénieur qu'elle dispensait en 2PSI étoile. Ce faisant, il a modifié la chaire sur laquelle l'intéressée avait été affectée par décision ministérielle alors qu'il ne détenait pas la compétence pour prononcer cette nouvelle affectation malgré les dispositions de l'art. R. 421-10. Le juge précise en effet qu'aux termes de l'art. 1er du Décr. du 30 mai 1968, les membres du corps doivent être affectés à un enseignement dont le contenu est précisément défini et forme une chaire. Il suit de là que toute modification définitive du contenu de l'enseignement confié à un professeur de chaires supérieures s'analyse comme une modification de son affectation et que seul le ministre, autorité responsable des affectations des membres de ce corps, est compétent pour la prononcer. • CAA Lyon, 30 janv. 2020, n° 18LY01882 : *AJFP 2020. 158*.

7° ÉDUCATION PRIORITAIRE

118. Durée d'affectation des personnels. La circulaire attaquée du 7 juill. 2010 « Programme Clair – Expérimentation – année scolaire 2010-2011 » prévoit que les affectations des personnels enseignants, d'éducation, administratifs, sociaux et de santé des établissements concernés seront prononcées pour une période de 5 ans prolongeable. Le Conseil d'État juge qu'aucune disposition législative ou réglementaire ne prévoit que les affectations puissent être prononcées pour une durée déterminée. Par suite, le ministre a incompétemment ajouté par la circulaire attaquée une règle nouvelle, de caractère statutaire, aux dispositions en vigueur. Dès lors, le syndicat requérant est fondé à en demander l'annulation sur ce point. • CE 14 oct. 2011, n° 343396 B : *AJDA 2011. 1984, obs. de Montecler ; AJFP 2012. 22 ; LIJ 2011, n° 160, p. 8.*

8° PROFESSEURS CONTRACTUELS

119. Rémunération. Classement dans une catégorie. Critères. Contrôle du juge. Nature. Erreur manifeste d'appréciation. Le Conseil d'État a précisé qu'il résulte des art. 4 et 5 du Décr. n° 81-535 du 12 mai 1981 et de l'Arr. du 29 août 1989 fixant la rémunération des professeurs contractuels que le classement d'un professeur contractuel dans l'une des quatre catégories de rémunération est opéré par l'autorité administrative sur la base exclusive des titres universitaires détenus et de la qualification professionnelle antérieure ; qu'il appartient ensuite à l'autorité administrative de déterminer la rémunération de l'agent en tenant compte, au sein de la catégorie retenue, des indices minimums, moyen et maximum prévus par l'Arr. du 29 août 1989, en fonction notamment de l'expérience de cet agent dans l'enseignement et des caractéristiques particulières du poste pour lequel il est recruté. Il rappelle enfin qu'il incombe au juge, saisi d'une contestation en ce sens, de vérifier qu'en déterminant, d'une part, la classe de rattachement de l'agent et, d'autre part, sa rémunération, l'administration n'a pas commis d'erreur manifeste d'appréciation. • CE 12 oct. 2020, n° 428656 B : *AJDA 2020. 1941 ; AJFP 2021. 13 ; LIJ 2021, n° 213, p. 17.* ♦ Précisions apportées, V. : • CE 30 déc. 2013, n° 348057 B : *AJDA 2014. 16 ; ibid. 1335, note Benelbaz ; AJFP 2014. 210, avis Bourrel* (s'agissant des professeurs contractuels) et • CE, avis, 28 juill. 1995, n° 168605 A.

120. Résiliation des CDD à la fin de l'année scolaire. Légalité. Condition. Indemnité financière. Dans un litige portant sur la résiliation des CDD de professeurs espagnols recrutés pour une année scolaire pour des motifs de nécessité et d'urgence afin d'exercer à titre temporaire des fonctions dévolues aux fonctionnaires, le juge européen estime que l'employeur peut mettre fin aux CDD moyennant le versement d'une indemnité financière. En effet, si les professeurs titulaires et les agents contractuels exercent les mêmes fonctions, eu égard à la nature de leur travail et aux conditions de formation et de travail, la différence de traitement résulte de la nature de la relation de travail des agents non titulaires recrutés à durée déterminée. Le contrat de travail prend en effet fin au terme de l'année scolaire, au moment où ces agents n'exercent plus leurs fonctions. Dès lors, l'État membre peut mettre fin légalement au contrat de travail de ses agents à la fin de l'année scolaire, alors même que les professeurs qui ont la qualité de fonctionnaire ont une relation de travail non interrompue. Il en résulte une absence de différence de traitement entre les deux catégories d'agents, sous réserve que lesdits professeurs perçoivent une indemnité financière à ce titre. • CJUE 21 nov. 2018, n° C-245/17.

121. Remplacements. Établissement privé sous contrat d'association. Dans une affaire où la requérante soutenait que les dispositions de la L. du 12 mars 2012, dite loi Sauvadet, méconnaissent le principe d'égal accès à l'emploi public en ce qu'elles créent une discrimination injustifiée entre les agents contractuels de l'État selon qu'ils ont effectué leurs services exclusivement dans des établissements publics ou en partie dans des établissements privés, le Conseil d'État relève que ces enseignants sont affectés indifféremment par les recteurs dans des établissements d'enseignement publics ou privés sous contrat d'association en fonction des besoins. Ils sont rémunérés directement par l'État et occupent des emplois retracés au budget du département ministériel chargé de l'éducation. Le Conseil d'État en déduit que les services d'enseignement qu'ils ont accomplis auprès d'établissements d'enseignement privés sous contrat d'association ne peuvent être exclus des services pris en compte pour l'appréciation de la condition d'ancienneté posée par la L. du 12 mars 2012 pour l'accès aux concours réservés. Ces dispositions ne sont pas susceptibles de créer une discrimination injustifiée. • CE 15 sept. 2017, n° 411637 B : *AJDA 2017. 1751*.

9° MÉDECINS SCOLAIRES

122. V. notes ss. art. L. 541-1.

CHAPITRE II LES PERSONNELS ENSEIGNANTS DES LYCÉES ET COLLÈGES

BIBL. ▶ Esquieu et Mignard, Les professeurs de langues vivantes. La passion des langues au service des élèves, *MEN, Note d'information 08.03, janv. 2008.* – Vercambre-Jacquot et Billaudeau, Les enseignants de lycée professionnel. Cadre de travail et bien-être... quelles spécificités ?, *in MENESR, Éducation & formations, n° 93, mai 2017. 67.*

Art. L. 932-1 En cas de changement d'académie, les fonctionnaires appartenant à un corps de professeur d'enseignement général de collège sont intégrés dans le corps d'accueil de professeur d'enseignement général de collège sans détachement préalable, dans les conditions fixées par leur statut particulier. – *[L. n° 89-486 du 10 juill. 1989, art. 33.]*

Art. L. 932-2 *(L. n° 2005-380 du 23 avr. 2005, art. 50)* **Dans les établissements publics locaux d'enseignement, il peut être fait appel à des professeurs associés.**

Les professeurs associés sont recrutés à temps plein ou à temps incomplet.

Ils doivent justifier d'une expérience professionnelle d'une durée de cinq ans. Ils sont recrutés par contrat, pour une durée limitée, dans des conditions fixées par décret. Celui-ci détermine les conditions de priorité accordée aux demandeurs d'emploi de plus de trois mois.

Sur le recrutement d'enseignants chargés d'assurer des enseignements spécifiques dans les établissements comportant des sections internationales, V. ci-dessous L. n° 2006-1771 du 30 déc. 2006, art. 165.

Sur les professeurs associés des établissements publics locaux d'enseignement relevant du ministre chargé de l'éducation nationale, V. ci-dessous Décr. n° 2007-322 du 8 mars 2007.

Loi n° 2006-1771 du 30 décembre 2006,

De finances rectificative pour 2006.

Art. 165 Dans les établissements scolaires qui comportent une ou plusieurs sections internationales où sont dispensés des enseignements spécifiques impliquant l'utilisation progressive d'une langue étrangère dans certaines disciplines, les enseignants chargés d'assurer ces enseignements peuvent être mis à disposition par les pays étrangers concernés ou être recrutés et rémunérés par des associations agréées. Ils peuvent également être recrutés par l'État dans les conditions prévues à l'article L. 932-2 du code de l'éducation. Un décret en Conseil d'État pris sur le rapport du ministre chargé des finances détermine les conditions dans lesquelles ces prestations particulières d'enseignement peuvent donner lieu au paiement d'une redevance.

Décret n° 2007-322 du 8 mars 2007,

Relatif aux professeurs associés des établissements publics locaux d'enseignement relevant du ministre chargé de l'éducation nationale.

Art. 1er Des professeurs associés peuvent être recrutés, en application de l'article L. 932-2 du code de l'éducation, dans les conditions et selon les modalités fixées par le présent décret, pour apporter des compétences complémentaires à celles détenues par les agents d'un des corps de fonctionnaires relevant du ministre de l'éducation nationale.

Les professeurs associés assurent des activités d'enseignement en formation initiale. Ces activités incluent notamment le suivi et le conseil ainsi que l'évaluation et la validation des acquis des élèves.

Pour un motif de bonne administration, sont exclues du champ d'application du droit des usagers de saisir l'administration par voie électronique les demandes relatives aux recrutements et aux candidatures des professeurs associés des EPLE (Décr. n° 2015-1410 du 5 nov. 2015).

Art. 2 Peuvent être recrutées en qualité de professeurs associés les personnes justifiant d'une expérience professionnelle en rapport avec la discipline enseignée d'une durée de cinq ans au moins.

Art. 3 Les professeurs associés sont recrutés par le recteur d'académie, sur proposition des chefs d'établissement concernés, par contrat d'une durée maximale de trois ans renouvelable dans la limite de six ans.

Art. 4 Les professeurs associés exerçant une autre activité professionnelle sont recrutés pour un service à temps incomplet correspondant au maximum à 50 % de la durée d'un service à temps plein tel que fixé par le présent décret.

Les demandeurs d'emploi mentionnés au deuxième alinéa de l'article L. 932-2 du code de l'éducation ont, à compétence et à profil comparables, priorité pour exercer les fonctions de professeur associé à temps plein.

Art. 5 Le service annuel des professeurs associés à temps plein est fixé à 648 heures.

Art. 6 Un arrêté conjoint des ministres chargés respectivement de l'éducation nationale, du budget et de la fonction publique détermine les indices majorés, au sens du décret du 24 octobre 1985 susvisé *[nº 85-1148, relatif à la rémunération des personnels civils et militaires de l'État, des personnels des collectivités territoriales et des personnels des établissements publics d'hospitalisation, V. **C. fonct. publ.**]*, minimum et maximum servant à fixer la rémunération des professeurs associés travaillant à temps plein.

Le contrat détermine l'indice servant à fixer la rémunération attribuée à chaque professeur associé en fonction des missions qu'il est amené à exercer, de son expérience professionnelle et des diplômes ou titres qu'il détient.

La rémunération sera réduite à due proportion pour les professeurs associés assurant un service à temps incomplet.

Art. 7 Les dispositions des titres Ier à VIII et X à XII du décret du 17 janvier 1986 susvisé *[nº 86-83 relatif aux dispositions générales applicables aux agents non titulaires de l'État, V. **C. fonct. publ.**]* sont applicables aux agents régis par le présent décret.

Dispositions transitoires et finales

Art. 8 Le décret du 15 juillet 1994 susvisé *[nº 94-594 relatif aux professeurs associés des établissements publics d'enseignement relevant du ministre de l'éducation nationale]* demeure applicable aux contrats en cours d'exécution.

Aucun nouveau contrat, y compris s'il s'agit d'un renouvellement, ne peut être conclu sur le fondement du décret du 15 juillet 1994 précité.

Art. L. 932-3 **Les fonctionnaires des corps enseignants des établissements d'enseignement technologique sont, pour les enseignements généraux de même niveau, recrutés et formés dans les mêmes conditions que les professeurs appelés à dispenser ces enseignements dans les établissements d'enseignement général.**

Ceux des disciplines technologiques sont recrutés en fonction d'exigences de formation et de pratique professionnelles antérieures.

Ils doivent posséder une qualification correspondant à celles des maîtres de l'enseignement général de même niveau.

Les uns et les autres, après recrutement, reçoivent une formation soit dans les mêmes établissements, soit dans *(L. nº 2019-791 du 26 juill. 2019, art. 44)* **« un institut national supérieur »** *(L. nº 2013-595 du 8 juill. 2013, art. 74)* **« du professorat et de l'éducation ».**

Ils sont appelés à accomplir des stages en milieu professionnel.

Art. L. 932-4 **La mobilité des salariés des entreprises publiques et privées vers les établissements d'enseignement, et des personnels enseignants vers les entreprises, est encouragée.**

A cet effet, les personnels enseignants titulaires peuvent, sur leur demande ou avec leur accord, exercer leurs compétences auprès d'entreprises publiques ou privées, dans des conditions fixées par décret en Conseil d'État. Une convention doit être conclue entre l'État et l'entreprise intéressée. — *[L. nº 85-1371 du 23 déc. 1985, art. 17, al. 1er, 2 (3º).]*

Pour les chargés d'enseignement de l'éducation physique et sportive, V. Décr. nº 60-403 du 22 avr. 1960, art. 12-2 à 12-4, App., vº Statuts particuliers.

Pour les professeurs de chaires supérieures des établissements classiques, modernes et techniques, V. Décr. n° 68-503 du 30 mai 1968, art. 6-1 à 6-3, App., v° Statuts particuliers.

Pour les conseillers principaux d'éducation, V. Décr. n° 70-738 du 12 août 1970, art. 15-1 à 15-3, App., v° Statuts particuliers.

Pour les professeurs agrégés de l'enseignement du second degré, V. Décr. n° 72-580 du 4 juill. 1972, art. 18-2 à 18-4, App., v° Statuts particuliers.

Pour les professeurs certifiés, V. Décr. n° 72-581 du 4 juill. 1972, art. 41-1 à 41-3, App., v° Statuts particuliers.

Pour les instituteurs, V. Décr. n° 72-589 du 4 juill. 1972, art. 5-1 à 5-3, App., v° Statuts particuliers.

Pour les professeurs d'éducation physique et sportive, V. Décr. n° 80-627 du 4 août 1980, art. 19-1 à 19-3, App., v° Statuts particuliers.

Pour les professeurs d'enseignement général de collège, V. Décr. n° 86-492 du 14 mars 1986, art. 16-1 à 16-3, App., v° Statuts particuliers.

Pour les professeurs des écoles, V. Décr. n° 90-680 du 1er août 1990, art. 27-1 à 27-3, App., v° Statuts particuliers.

Pour les professeurs de lycée professionnel, V. Décr. n° 92-1189 du 6 nov. 1992, art. 19-1 à 19-3, App., v° Statuts particuliers.

Professeurs agrégés. Notation. Procédure. Les art. 7 à 12 du Décr. n° 72-580 du 4 juill. 1972, relatif au statut particulier des professeurs agrégés de l'enseignement du second degré, prévoient que la note de ces professeurs est fixée par le ministre de l'éducation nationale, sur la base d'une note administrative et d'une note pédagogique. La note pédagogique est établie compte tenu d'une appréciation pédagogique communiquée immédiatement au professeur. Si ces dispositions imposent que l'appréciation pédagogique soit communiquée au professeur concerné avant que lui soit notifiée sa note globale, elles ne prévoient pas, à peine d'irrégularité de la procédure de notation, que cette appréciation doive être portée à sa connaissance avant que la note pédagogique soit fixée. • CE 24 sept. 2010, *Mlle Dubreucq*, n° 326216 : *AJDA 2010. 2333*.

Art. L. 932-5 Des conventions conclues entre l'État et les employeurs ou les membres des professions non salariées permettent à toute personne qualifiée d'assurer un enseignement dans les établissements publics d'enseignement technologique.

Ces conventions peuvent permettre la mise à la disposition partielle ou totale de salariés des entreprises publiques et privées, sur la demande ou après accord de ces salariés et desdites entreprises, en vue de dispenser dans les établissements d'enseignement public une formation technologique ou professionnelle.

Ces salariés sont rémunérés par l'entreprise. Leur contrat de travail est maintenu pendant la période au cours de laquelle ils dispensent leur enseignement. Les conventions peuvent prévoir les contreparties, éventuellement financières, que les entreprises reçoivent en échange d'une telle mise à disposition. – *[L. n° 71-577 du 16 juill. 1971, art. 18.]*

Art. L. 932-6 Les personnels enseignants de l'enseignement technologique bénéficient d'actions de formation et de conversion destinées :

1° A la formation continue des personnels fonctionnaires en vue de leur recyclage, et éventuellement de leur promotion ou de leur conversion ;

2° Au perfectionnement pédagogique des professionnels visés à l'article L. 932-5 ;

3° Au perfectionnement des maîtres auxiliaires en service dans les établissements d'enseignement public, en vue de les préparer aux concours de recrutement des corps enseignants correspondants. – *[L. n° 71-577 du 16 juill. 1971, art. 19.]*

BIBL. ▶ La formation continue des enseignants, *C. comptes, 30 janv. 2015, réf. n° 71653.*

CHAPITRE III LES PERSONNELS D'ÉDUCATION

Le présent chapitre ne comprend pas de dispositions législatives.

Sur les personnels d'éducation, V. Décr. n° 70-738 du 12 août 1970, art. 15-1 à 15-3, App., v° Statuts particuliers.

1. Absence de qualité. Le bénéfice de l'indemnité instituée par le Décr. du 11 sept. 1990 est subordonné à la condition que l'agent intéressé exerce une fonction d'éducation. Tel n'est pas le cas d'un conseiller pédagogique de circonscription dont la mission consiste à organiser la formation des maîtres. • CAA Lyon, 1er oct. 2002, *M. Couturier,* n° 99LY02291 : *Lebon T. 759.*

2. Suppression de poste de conseiller principal d'éducation en collège. Sur une décision de suppression d'un emploi de conseiller principal d'éducation dans un collège contestée par une association de parents d'élèves, le juge administratif précise que la présence d'un tel emploi dans un collège n'est pas une obligation légale. • TA Toulouse, 18 juin 2009, *Assoc. SOS écoles de montagne et a. c/ Recteur de l'académie de Toulouse,* n° 0902698 : *LIJ 2009, n° 138, p. 9.*

CHAPITRE IV LES PERSONNELS D'ORIENTATION

Art. L. 934-1 Lorsqu'un centre facultatif d'orientation scolaire et professionnelle créé avant le 10 octobre 1955 fait l'objet d'une transformation en centre public, les personnels techniques du centre peuvent, dans la limite des emplois vacants, être nommés puis titularisés dans des corps de fonctionnaires relevant de l'autorité du ministre chargé de l'éducation.

Un décret en Conseil d'État détermine les modalités d'application du présent article et notamment les conditions auxquelles sont subordonnées les nominations et les intégrations. – *[L. de finances n° 66-948 du 22 déc. 1966, art. 18.]*

BIBL. ▶ Graveleau, Les conseillers d'orientation pare-feux de la crise, *Le Monde, Campus, 21 janv. 2021. 8.* – Lehner, Les conseillers d'orientation dans l'enseignement secondaire (1959-1993) : un métier « impossible », *Thèse, Univ. Paris 10, 2017 ; PUF, coll. Éducation et société, 2020* ; Les Conseillers d'orientation, un métier impossible, *PUF, 2020.* – Martin, La Naissance de l'orientation professionnelle en France (1900-1940). Aux origines de la profession de conseiller d'orientation, *L'Harmattan,* 2020.

CHAPITRE V LES PERSONNELS DE SURVEILLANCE

BIBL. ▶ Bianchini, La professionnalisation des conseillers principaux d'éducation : entre maintien de l'ordre scolaire et éducation à la citoyenneté, *in* Le droit et l'école. *De la règle aux pratiques, Didact Éducation, 2003. 75.* – Delahaye, Durant, Machure et Véran, Le conseiller principal d'éducation. De la vie scolaire à la politique d'éducation, *Berger-Levrault, coll. Les indispensables, 2009.* – Hostalier (pilote IGEN) et Moya (pilote IGAENR), L'accueil, la gestion et la formation des personnels contractuels en EPLE, *Rapp. IGEN-IGAENR, 2014-016, avr. 2014.* – Legrand, La fin des « pions », *AJDA 2003. 1265* . – Rémy, Vitali et Sérazin, Les conseillers principaux d'éducation, *PUF, coll. Éducation et formation, 5e éd., 2010.* – Commentaire du décret n° 2008-316 du 4 avr. 2008 modifiant le décret n° 2003-484 du 6 juin 2003 fixant les conditions de recrutement et d'emploi des assistants d'éducation, *LIJ 2008, n° 125, p. 32.*

Art. L. 935-1 Les emplois occupés par les maîtres d'internat et les surveillants d'externat des établissements d'enseignement ne sont pas soumis à la règle énoncée à l'article 3 de la loi n° 83-634 du 13 juillet 1983 portant droits et obligations des fonctionnaires *[V. ci-dessous].* – *[L. n° 84-16 du 11 janv. 1984, art. 3, al. 7 (6°).]*

Loi n° 83-634 du 13 juillet 1983,

Portant droits et obligations des fonctionnaires.

Art. 3 Sauf dérogation prévue par une disposition législative, les emplois civils permanents de l'État, des régions, des départements, des communes et de leurs établissements publics à caractère administratif sont, à l'exception de ceux réservés aux magistrats de l'ordre judiciaire et aux fonctionnaires des assemblées parlementaires, occupés soit par des fonctionnaires régis par le présent titre, soit par des fonctionnaires des assemblées parlementaires, des magistrats de l'ordre judiciaire ou des militaires dans les conditions prévues par leur statut.

Art. L. 935-2 Le maximum de temps à passer dans la maîtrise d'internat ne peut excéder six années, y compris le délai de probation, sauf prolongations exceptionnelles après avis motivé du conseil compétent de l'établissement public d'enseignement supérieur.

Les maîtres d'internat qui accèdent ultérieurement à des fonctions publiques sont autorisés à faire entrer leur temps d'intérim et de stage dans cet emploi dans le décompte de leurs années de services.

Les versements effectués pour eux à capital réservé au compte "assurances vieillesse" de la caisse des assurances sociales, ainsi que les bonifications afférentes, seront transférés à leur compte sous le régime des pensions civiles. Ils seront autorisés à les compléter rétroactivement s'il y a lieu. – *[L. 3 avr. 1937, art. 1er.]*

1. Statut. Il résulte des dispositions du Décr. du 11 mai 1937 que les maîtres d'internat des lycées et collèges, dès lors qu'ils ont été nommés intérimaires, sont en droit, sauf motif disciplinaire, d'exercer leurs fonctions pendant un an sans possibilité de retrait d'emploi en cours d'année. • CE 15 févr. 1980, *M. Camin,* n° 07642 : *Lebon 91.*

2. Commission administrative paritaire. Le ministre de l'éducation nationale a, par arrêté, réduit le nombre de représentants des maîtres d'internat et surveillants d'externat dans les commissions paritaires consultatives pour tenir compte de la réduction sensible, dès la rentrée 2005, des effectifs dans chaque académie et de l'extinction progressive de cette catégorie d'agents, à la suite de l'entrée en vigueur de la L. du 30 avr. 2003 relative aux assistants d'éducation. Ce texte ne méconnaît pas l'exigence constitutionnelle du pluralisme syndical et des courants d'opinion, dès lors qu'il n'interdit à aucune organisation syndicale de présenter des candidats aux élections en cause. • CE 11 déc. 2006, *Synd. nat. Force ouvrière des lycées et collèges,* n° 286077 : *AJDA 2007. 326.*

3. Obligations de service. Aucune disposition réglementaire ne dispense les maîtres d'internat du versement du prix des repas qu'ils sont amenés à prendre dans l'établissement où ils sont affectés, même si des obligations de service nécessitent qu'ils prennent leurs repas dans l'établissement. • CAA Bordeaux, 1er avr. 2004, *M. Stéphane X.,* n° 00BX01306.

4. Régime disciplinaire. Le Décr. du 17 janv. 1986 pris sur le fondement de la L. du 11 janv. 1984 énumère les sanctions disciplinaires susceptibles d'être appliquées aux agents non titulaires de l'État. La sanction du déplacement d'office ne figurant pas sur cette liste, elle ne pouvait être édictée par décret simple pour les maîtres d'internat et surveillants d'externat. • CE 20 mai 1996, *Synd. nat. des enseignements du second degré (SNES),* n° 161527 : *Lebon T. 995 ; D. 1997. 276, note Breton ; AJFP 1997, n° 1, p. 40, obs. Mekhantar.*

5. Révocation. Le Conseil supérieur de l'éducation ne peut être saisi que de l'appel des décisions de révocation de maître d'internat prononcées par un conseil de discipline. Il n'est donc pas compétent pour statuer sur une demande d'annulation de la décision d'un recteur de révoquer un maître d'internat pour abandon de poste. • CE 20 mars 2000, *MEN c/ Wisniewski,* n° 135499 : *Lebon T. 1201.*

6. Éviction illégale. Le tribunal administratif a annulé la décision du recteur mettant fin aux fonctions d'un surveillant au motif que cette décision, qui était fondée sur le fait que l'étudiant n'avait pas obtenu de diplôme depuis sa nomination, était entachée d'erreur de droit. Le jugement a en outre condamné l'État à verser une indemnité de 4 000 F avec les intérêts en réparation des troubles dans les conditions d'existence subis par l'agent et une somme de 2 000 F au titre des frais irrépétibles mais a rejeté la demande tendant à enjoindre l'administration de le réintégrer dans son ancien poste et à l'octroi d'une indemnité représentative des traitements que le requérant aurait dû percevoir depuis la date de son éviction jusqu'à la date de sa réintégration. Compte tenu du motif d'annulation retenu par le tribunal administratif, le recteur n'était pas tenu de renouveler l'engagement du surveillant ni de le réintégrer de façon effective et de l'affecter à son ancien poste mais devait seulement le réintégrer juridiquement afin de réexaminer ses droits à renouvellement de son contrat à la date de la décision annulée. En particulier, l'annulation par le tribunal administratif de la décision de licenciement ne faisait pas obstacle à ce que le recteur prononçât à nouveau la cessation des fonctions. • CAA Nancy, 17 mars 2005, *M. Sylvain X.,* n° 00NC01528.

V. aussi chap. VI, ss. art. L. 916-1 et L. 916-2.

CHAPITRE VI LES PERSONNELS DE CENTRES DE FORMATION D'APPRENTIS

Art. L. 936-1 *(Ord. n° 2008-1304 du 11 déc. 2008, art. 1er)* **Les personnels des centres de formation d'apprentis sont régis par les dispositions des articles** *(L. n° 2018-771 du 5 sept. 2018, art. 34)* **« L. 6352-1 et L. 6352-2 » du code du travail.**

CHAPITRE VII LES PERSONNELS DE LA FORMATION CONTINUE

Art. L. 937-1 *(L. n° 2016-1088 du 8 août 2016, art. 84-I)* **Les agents contractuels recrutés pour exercer leurs fonctions dans les groupements d'établissements mentionnés à l'article L. 423-1 sont employés à temps complet ou incomplet, en fonction des besoins du service.**

Les contrats des agents recrutés sur le fondement du premier alinéa du présent article sont conclus et renouvelés dans les conditions fixées aux cinq premiers alinéas de l'article 6 *bis* de la loi n° 84-16 du 11 janvier 1984 portant dispositions statutaires relatives à la fonction publique de l'État.

Le décret pris pour l'application de l'article 7 de la même loi est applicable aux agents contractuels recrutés sur le fondement du premier alinéa du présent article.

1. Statut des personnels contractuels. Les groupements d'établissements (GRETA), constitués entre établissements scolaires publics pour la mise en œuvre de la formation continue, n'ont pas de personnalité juridique distincte et dépendent pour l'ensemble de leurs activités et de leur gestion administrative, financière et comptable du service public administratif de l'éducation nationale. Par suite, les agents contractuels de ces groupements sont des agents de droit public comme travaillant pour le compte d'un service public administratif géré par une personne publique. • T. confl. 7 oct. 1996, *Préfet des Côtes-d'Armor c/ Dames Allam et a.*, n° 03034 : *Lebon 550*.

2. CDI. Droit à transformation. Absence. Le Conseil d'État juge qu'il résulte des dispositions applicables aux contrats conclus pour la mise en œuvre d'un programme de formation, d'insertion, de reconversion professionnelle ou de formation professionnelle d'apprentissage, que de tels contrats sont exclus du champ d'application des dispositions en vertu desquelles les agents qui justifient de six années de services effectifs avant l'échéance du contrat à durée déterminée en cours sont réputés être titulaires d'un contrat à durée indéterminée. En l'espèce, le requérant avait été recruté en qualité de formateur mathématiques et sciences pour dispenser des enseignements dans un GRETA. Le Conseil d'État estime qu'eu égard à son objet, ce contrat doit être regardé comme ayant été conclu pour la mise en œuvre d'un programme de formation, d'insertion, de reconversion professionnelle ou de formation professionnelle d'apprentissage ; que, par suite, la circonstance que le contrat ait été renouvelé plusieurs fois n'a pas eu pour effet de rendre l'intéressé titulaire d'un contrat à durée indéterminée. • CE 16 déc. 2015, n° 389989 : *AEF 4 janv. 2016, Dépêche n° 513521, comm. Toulemonde.*

3. Accord du recteur. Aux termes du Décr. du 19 mars 1993, il peut être fait appel à des agents contractuels pour les emplois du niveau de la catégorie A pour l'exercice des activités de formation continue des adultes. Les contrats de ces personnels sont conclus par le chef d'établissement support du groupement, avec l'accord du recteur d'académie. Le juge administratif en déduit que l'accord du recteur d'académie doit être obtenu lorsqu'il est décidé de ne pas renouveler le contrat de ces personnels avec le groupement. Dès lors, la décision du chef d'établissement, prise sans l'accord du recteur, de ne pas renouveler un contrat est illégale. Mais l'annulation, pour vice de forme, n'implique pas nécessairement la signature d'un nouveau contrat entre l'intéressé et le groupement d'établissements, ni sa réintégration dans les fonctions qu'il occupait auparavant. • CAA Nantes, 20 juin 2002, *Mme Nicole Beurtheret*, n° 99NT01318 : *AJDA 2002. 1084*.

4. Conflits entre les GRETA et leur personnel. Il n'appartient qu'aux tribunaux de l'ordre administratif de connaître du litige opposant un agent employé par un GRETA à l'État (ministre de l'éducation) à propos de la requalification des relations de travail de l'intéressée avec cet organisme en contrat de travail en durée indéterminée et de l'indemnisation de la rupture de ce contrat. • T. confl. 29 déc. 2004, *Préfet des Alpes-Maritimes*, n° 3438 : *AJDA 2005. 395*.

5. Fonctions d'enseignant de formation continue. Les fonctions de professeur de formation continue exercées dans le cadre d'un GRETA et rémunérées par l'organisme support sur ressources propres ne constituent pas un « emploi permanent de l'État ». • CAA Paris, 4 févr. 1993, *MEN c/ M Tescher*, n° 91PA00638 : *Lebon T. 809*.

6. Droit à indemnité. En vertu des dispositions du Décr. du 24 mars 1993 les chefs d'établissement, leurs adjoints, les agents-comptables gestionnaires et les gestionnaires qui participent aux activités de formation continue peuvent percevoir des indemnités, en fin d'exercice, sous réserve du maintien de l'équilibre financier du groupement. Le maintien de l'équilibre financier peut être réalisé par la reprise des excédents des résultats des exercices précédents dès lors qu'ils sont suffisants. • CAA Lyon, 30 mai 2002, *M. Michelon*, n° 00LY01007 : *Lebon T. 759* ; *AJFP 2002. 32*.

GRETA : V. aussi art. L. 421-7.

TITRE QUATRIÈME LES PERSONNELS D'INSPECTION ET DE DIRECTION

BIBL. GÉN. ▸ BARRERE, BOLLORE, BOUVIER, MATRINGE et TOULEMONDE, Des identités professionnelles en construction. Les chefs d'établissement en France, Table ronde, *in* Former des enseignants, *CIEP, Revue internationale d'éducation de Sèvres, n° 54, sept. 2010.* – CASTINCAUDE, FOUQUE et KLEPAL, Diriger un établissement scolaire : L'exigence du possible, *Hachette, coll. Management & éducation,*

2004. – GRANDJEAN-LUTHI et EMERY, Le leadership des directions d'établissement scolaire : Vers une optimisation par des pratiques de gestion des ressources humaines, *L'Harmattan, 2010.* – LEBLOND et LOUIS, Personnel de direction, *Éllipses Marketing, coll. concours administratif, 2007.* – LEBLOND, MORACCHINI, LE GOFF et PERRET, Personnels de direction et gouvernance de l'EPLE : Sens de l'action et réalisation de soi, *Berger-Levrault, coll. Les indispensables, 2010.* – MALLET, LEFEBVRE et VANDEVOORDE, Le collège et le lycée publics : Le chef d'établissement dans l'institution, *Berger-Levrault, coll. Les indispensables, 2009.* – MATRINGE, Les évolutions du métier de chef d'établissement. Constats, enjeux et perspectives, *in* Le métier de chef d'établissement, *CIEP, Revue internationale d'éducation de Sèvres, n° 60, sept. 2012.* – OBIN, Améliorer la direction des établissements scolaires, *Rapp. de base national (France) pour l'OCDE, 2007 : www.oecd.org/dataoecd/63/53/39487500.pdf.* – OBIN (dir.), La formation des personnels de direction 1999-2005, *Rapp. au min. de l'éducation nationale, 2005.* – PAILLOLE et RIMET-MEILLE, Diriger autrement l'établissement scolaire. Analyser et dynamiser sa pratique, *Chronique sociale, coll. Pédagogie Formation, 2003.* – POINTEREAU et DE SAINT-DO, Rôle pédagogique du chef d'établissement : Nouvelles missions, nouveaux outils, *Berger-Levrault, coll. Le point sur, 5e éd., 2010.* – RAYOU et VERAN, Devenir enseignant aujourd'hui : des incertitudes porteuses ?, *in* Les enseignants débutants, *CIEP, Revue internationale d'éducation de Sèvres, n° 74, avr. 2017.* – TOULEMONDE, Le nouveau statut des personnels de direction des établissements d'enseignement du second degré, *AJDA 2002. 230* ✎. – Les nouveaux personnels de direction, *MEN, Note d'information n° 08, 12 févr. 2008.* – Bilan social 2015. Personnels de direction, *MENESR, DGRH, 2015.*

CHAPITRE PREMIER LES PERSONNELS D'INSPECTION

Art. L. 941-1 Les fonctionnaires intégrés dans les corps des inspecteurs de l'éducation nationale en application des articles 34, 41 et 42 du décret n° 90-675 du 18 juillet 1990 *[portant statuts particuliers des inspecteurs pédagogiques régionaux-inspecteurs d'académie et des inspecteurs de l'éducation nationale]* **sont dispensés de l'obligation de mobilité exigée pour leur inscription au tableau d'avancement.** – *[L. n° 96-452 du 28 mai 1996, art. 27-II.]*

PERSONNELS D'INSPECTION

1. Inspecteur d'académie. Statut. IA Paris. Si les inspecteurs de l'académie de Paris ont bien été nommés sur des emplois, ni l'arrêté du conseil de l'Empire du 16 mars 1810, ayant fixé leur nombre à six et leur ayant attribué une mission de contrôle de certains établissements situés dans le ressort de cette ville, ni aucun autre texte ne les a érigés en un corps de fonctionnaires. Ils n'ont jamais été régis par un statut particulier ni titularisés dans un grade de la hiérarchie des administrations centrales de l'État, des services déconcentrés en dépendant ou des établissements publics de l'État. Ainsi, les emplois d'inspecteur de l'académie de Paris, qui ne relevaient d'aucun statut particulier, ne constituaient pas un corps de fonctionnaires mais seulement un ensemble d'emplois budgétaires. • CE 28 déc. 2012, ⚖ *M. Cerfontaine*, n° 355088 : *Lebon T. 784* ✎ ; *AJDA 2013. 893* ✎.

2. Inspecteur d'académie. Fin de fonctions. Décision du président du gouvernement du territoire de la Polynésie française mettant fin aux fonctions d'un inspecteur d'académie, détaché auprès du territoire, et motivée par son absence de loyauté envers l'administration territoriale. Il ressort des pièces du dossier que cette décision est en réalité motivée par le reproche fait à l'intéressé d'avoir adressé une lettre au haut commissaire de la République en vue de connaître la portée de ses pouvoirs hiérarchiques vis-à-vis d'un instituteur dont la réintégration à son poste avait été refusée, alors que sa mutation avait été annulée par un jugement du tribunal administratif confirmé en appel. Le détournement de pouvoir est retenu, dès lors que cette lettre se bornait à solliciter des informations sur la procédure à suivre et ne comportait aucun élément de nature à caractériser un comportement déloyal envers le gouvernement du territoire. • CAA Paris, 18 mars 1997, ⚖ *M. Bernard Pierre c/ Gouvernement de Polynésie française*, n° 95PA00645 : *Lebon T. 835* ✎. ♦ Si les actes administratifs doivent être pris selon les formes et conformément aux procédures prévues par les lois et règlements, un vice affectant le déroulement d'une procédure administrative préalable, suivie à titre obligatoire ou facultatif, n'est de nature à entacher d'illégalité la décision prise que s'il ressort des pièces du dossier qu'il a été susceptible d'exercer, en l'espèce, une influence sur le sens de la décision prise ou qu'il a privé les intéressés d'une garantie. En l'espèce, la requérante, informée de la volonté du ministre d'engager la procédure de retrait d'emploi a demandé à consulter son dossier administratif, par lettre adressée au ministre sous couvert du recteur. Cette demande étant restée sans réponse a été ainsi effectivement privée de la garantie prévue par l'art. 65 de la L. du 22 avr. 1905. Par suite, le Décr. mettant fin à ses fonctions est intervenu selon une procédure irrégulière. • CE 31 janv. 2014, ⚖ n° 369718 : *Lebon T.* ✎ ; *AJDA 2014. 258* ✎.

3. Inspecteur d'académie. Maintien en

fonctions. Interrogée sur la possibilité de confier à un IA-IPR radié des cadres pour limite d'âge, mais maintenu dans ses fonctions dans l'intérêt du service jusqu'à la fin de l'année scolaire, l'intérim des fonctions de directeur académique des services de l'éducation nationale (DASEN) qu'il exerçait jusqu'à sa radiation des cadres, la DAJ rappelle qu'aucun texte législatif ou réglementaire ne prévoit la possibilité, pour les personnels d'inspection atteints par la limite d'âge, d'être maintenus en fonctions, dans l'intérêt du service, jusqu'à la fin de l'année scolaire au cours de laquelle ils atteignent leur limite d'âge. Elle rappelle aussi que la jurisprudence administrative se montre stricte sur la détermination des circonstances dans lesquelles il peut être recouru à un intérim, dans la mesure où la survenance de la limite d'âge d'un fonctionnaire entraîne de plein droit la rupture du lien de cet agent avec le service. En l'absence de dispositions législatives permettant une dérogation à la limite d'âge, ce fonctionnaire ne peut donc être légalement maintenu en fonctions jusqu'à la nomination de son successeur que si ce maintien est rendu nécessaire par des circonstances particulières liées aux responsabilités qui lui sont confiées ou à l'impossibilité de désigner immédiatement une autre personne capable d'exercer celles-ci de manière effective. • CE sect. 16 mai 2001, *Préfet de police c/ X*, n° 231717 : *Lebon 234*. ♦ Elle rappelle enfin que la nomination de l'intéressé dans les fonctions d'intérim ferait peser un risque juridique important sur l'ensemble des actes qui seraient pris par son auteur au cours de la période considérée, laquelle dépasse la brièveté exigée par la jurisprudence. Elle pourrait par ailleurs faire l'objet d'un recours pour excès de pouvoir de la part d'un IAIPR. souhaitant faire acte de candidature à une nomination sur le poste de DASEN que l'admission à la retraite du titulaire actuel devait libérer. * *Lettre DAJ A2, note n° 2012-0209 du 4 déc. 2012 ; LIJ 2013, n° 171, p. 19.*

CHAPITRE II LES PERSONNELS DE DIRECTION

Art. L. 942-1 *Abrogé par L. n° 2003-339 du 14 avr. 2003, art. 2.*

PERSONNELS DE DIRECTION

1. Statut. Maintien des dispositions statutaires. Absence de droits acquis. Différentes questions ont été posées au plan contentieux à l'occasion de la mise en extinction du corps des Casu et son intégration dans le corps interministériel des attachés d'administration de l'État. Le Conseil d'État confirme alors que les fonctionnaires n'ont aucun droit acquis au maintien de leur statut. Il affirme par ailleurs, à nouveau, que les conditions de reclassement des agents dans un nouveau corps constitué par voie d'intégration d'agents appartenant à des corps différents ne sont pas régies par le principe d'égalité et qu'il n'y a aucune obligation d'instituer une représentation propre à un grade au sein des CAP d'un corps de fonctionnaires. • CE 1er juill. 2015, n° 373609 : *AEF, Dépêche n° 504114, comm. Toulemonde.*

2. Statuts particuliers. Le Conseil d'État a admis la légalité du Décr. du 11 avr. 1988 portant statuts particuliers des corps de personnel, de direction d'établissements d'enseignement ou de formation relevant du ministère de l'Éducation et fixant les dispositions relatives aux emplois de direction et à la nomination dans ces emplois. Aucune disposition législative ni aucun principe général du droit ne s'opposent à ce que les membres de ces corps se voient confier des emplois concourant à l'exécution du service public de l'éducation autres que ceux sur lesquels ils ont normalement vocation à être nommés. • CE 10 mars 1995, *Féd. des synd. généraux de l'éducation nat. de la recherche publique et a.*, nos 98873, 98934 et 99028 : *Lebon T. 803*. ♦ Ni le principe d'égal accès aux emplois publics, ni le principe d'égalité de traitement entre fonctionnaires appartenant à un même corps ne faisaient obstacle à l'instauration de conditions d'intégration et d'accès aux corps créés différentes pour les membres des corps existants. • Même arrêt. ♦ Aucune disposition législative ou réglementaire ni aucun principe général du droit ne s'opposent à ce que des fonctionnaires titulaires de grades différents dans un même corps ou appartenant à des corps distincts puissent exercer certaines fonctions similaires et de même niveau, dès lors que les statuts particuliers qui les régissent prévoient qu'ils peuvent être appelés à occuper de tels emplois. • Même arrêt.

3. Titularisation. Procédure. Si les décisions de titularisation et de refus de titularisation des personnels de direction d'établissement d'enseignement ou de formation stagiaires prononcées par le ministre chargé de l'éducation nationale, sur proposition du recteur d'académie compétent, entrent dans le champ d'application de l'art. 25 du Décr. n° 82-451 du 28 mai 1982 relatif aux commissions administratives paritaires (CAP) et doivent dès lors être soumises à l'avis préalable de la CAP nationale, elles ne peuvent en revanche être regardées comme relevant des attributions déléguées aux recteurs dans le cadre des mesures de déconcentration mentionnées à l'art. 2 de l'Arr. du 19 juill. 2002 portant création des CAP du corps des personnels de direction d'établissement d'enseignement ou de formation. Par suite, l'avis par lequel un recteur d'académie propose la titularisation ou la non-titularisation d'un personnel de direction stagiaire n'a pas à être précédé de la consultation de la CAP académique. • CE 28 juin 2013, *MEN c/ Mme Blier*, n° 350166 : *AJDA 2013. 1369*.

4. Titularisation. Procédure. Demande de communication de document. Un proviseur adjoint a sollicité la DAJ afin d'obtenir communication d'une copie du document comportant les informations données par le chef d'établissement à l'inspecteur d'académie. La CADA considère que les documents inachevés en la forme, tels que les ébauches, brouillons et versions successives d'un document, qui précèdent l'élaboration d'un document complet et cohérent [...] ne peuvent être communiqués en l'état. * Lettre DAJ A3, n° 2010-0214 du 30 août 2010 : *LIJ 2010, n° 148, p. 34.*

5. Évaluation. En application des dispositions du Décr. du 11 déc. 2001, le recteur évalue périodiquement les résultats des personnels de direction au regard des objectifs particuliers qu'il leur fixe par une lettre de mission. Le ministre, déterminant les mesures d'organisation du service qu'il lui appartenait de prendre pour la mise en œuvre de ce texte, a fixé à trois ans la période sur laquelle doit porter la lettre de mission ainsi que l'évaluation des résultats. Il en résulte que, lorsque le ministre prononce une mutation avant l'expiration de cette période de trois ans, l'intéressé ne peut se prévaloir des dispositions de ce décret qui imposent la prise en compte, lors des procédures de mutation, des résultats de cette évaluation. • CE 2 nov. 2005, *Mme Oudot*, n° 274973 : *Lebon T. 904* ; *AJDA 2006. 216* ; *AJFP 2006. 90*.

6. Transformation d'emploi. La décision par laquelle un recteur transforme un emploi de conseiller d'administration scolaire et universitaire en emploi d'attaché d'administration scolaire et universitaire fait grief à la personne qui occupait le poste en cause, eu égard aux conséquences qu'elle entraîne sur la situation de l'intéressé, qui a été invité à demander sa mutation sur un autre emploi de conseiller d'administration scolaire et universitaire. • CE 24 juin 1998, *Mme Friedrich*, n° 152916 : *Lebon T. 930*.

7. Obligation de mobilité. Le Décr. du 11 déc. 2001 a institué une obligation de mobilité pour les personnels de direction des établissements d'enseignement secondaire. La circonstance qu'un établissement ait changé de nom et de localisation dans la même commune n'a pas pour effet de changer la situation administrative du chef d'établissement. Ce dernier ne peut être regardé comme ayant changé d'affectation à l'occasion de ce changement. • CE 2 nov. 2005, *Mme Oudot*, n° 274973 : *préc. note 5.*

8. Obligation de mobilité. Prise en compte des vœux. Absence de faute. Dans une affaire où la requérante devait nécessairement faire l'objet d'un changement d'affectation, le juge considère que si le ministre devait, pour procéder à ce changement d'affectation, tenir compte des vœux formulés par la requérante dans le cadre de sa demande de mutation, il n'est pas établi, eu égard au nombre limité de vœux émis par l'intéressée, à l'absence de démonstration d'une quelconque faute dans le choix des agents affectés sur les trois postes pour lesquels la requérante avait émis des vœux. Il estime que le ministre n'a commis aucune faute eu égard à la faible distance séparant l'établissement d'affectation de l'établissement correspondant au premier choix de la requérante. Il précise en outre que le bénéfice d'une dérogation à l'obligation de mobilité, prévue par les textes, n'est, en tout état de cause, quand bien même la condition prévue par le décret serait remplie, qu'une possibilité et non un droit. • CAA Marseille, 29 janv. 2013, *Mme X c/ MEN*, n° 10MA03427 : *LIJ 2013, n° 177, p. 7.*

9. Discipline. Suspension. Prolongation. Illégalité. Dans une affaire où un principal de collège avait été suspendu de ses fonctions par arrêté du ministre à la suite de difficultés relationnelles avec d'autres membres du personnel de l'établissement, le juge décide que le délai de quatre mois durant lequel un membre du corps des personnels de direction peut être suspendu lorsque son maintien en exercice serait de nature à nuire gravement au fonctionnement du service public n'est susceptible d'aucune prolongation. • CAA Marseille, 29 mars 2016, n° 14MA03272 : *LIJ 2016, n° 194, p. 13.*

10. Autorité fonctionnelle. Retrait. Suite à un comportement jugé agressif et inapproprié à l'égard d'agents techniques territoriaux des établissements d'enseignement, le département demandait au recteur de prendre les mesures nécessaires pour faire cesser cette situation et retirait au gestionnaire toute autorité fonctionnelle au profit du seul principal du collège. Saisi aux fins d'annulation de cette dernière décision, le juge estime qu'aucun texte n'autorise la collectivité à retirer à un gestionnaire l'autorité fonctionnelle dont il dispose à l'égard de ces agents. • CAA Versailles, 9 juin 2016, n° 15VE01823 : *LIJ 2017, n° 196, p. 5.*

TITRE CINQUIÈME **LES PERSONNELS DE L'ENSEIGNEMENT SUPÉRIEUR**

BIBL. GÉN. ▶ BEAUD, Les libertés universitaires, *in* Université, Universités, *Dalloz, coll. Thèmes et commentaires, 2010. 315.* – CHARLE, La république des universitaires. 1870-1940, *Éd. du Seuil, coll. L'Univers historique, 1994.* - FOREST, Les ressources humaines, *in* Les universités en France. Fonctionnement et enjeux (dir.), *PURH (Presses des universités de Rouen et du Havre), 2012. 212.* – GAUDEMET, La situation des personnels des universités, *RFAP 1980, n° 2. 299.* – LE BRIS,

Les universités à la loupe, *Économica, 1986*. – TRUCHET, Pour l'étude du droit administratif de l'enseignement supérieur, *Mél. en l'honneur d'Yves Jégouzo, Dalloz, 2009. 363*. – Les contractuels dans l'enseignement supérieur et la recherche, *ORS, Dossier du n° 12, 10 nov. 2006*. – L'état de l'enseignement supérieur et de la recherche en France. 42 indicateurs, *MESR, n° 5, déc. 2011 ; www.enseignementsup-recherche.gouv.fr*. – REFERENS III. Évolution des emplois types de la Recherche et de l'Enseignement supérieur ; Fiches des emplois types de la Recherche et de l'Enseignement supérieur, *MENESR, oct. 2016 : http://www.enseignementsup-recherche.gouv.fr/cid106062/referens-le-referentiel-2016-des-emplois-types-de-la-recherche-et-de-l-enseignement-superieur.html.*

▸ **Loi LRU :** V. Bibl. ss. art. L. 712-8.

▸ **Intégrité scientifique et déontologie :** V. Bibl. ss. art. L. 952-2.

▸ V. aussi BIBL. GÉN. : livre VII, titre Ier.

COMMENTAIRE

Les dispositions ici rassemblées sont principalement issues de la loi Savary n° 84-52 du 26 janvier 1984 ; il subsiste toutefois un article de la loi du 27 février 1880 sur le pouvoir ministériel de suspension provisoire des personnels de l'enseignement supérieur (art. L. 951-4) et deux articles de la loi Edgar Faure n° 68-978 du 12 novembre 1968, art. L. 952-4 et L. 952-5. Le Conseil constitutionnel a considéré que l'abrogation totale de la loi d'orientation du 12 novembre 1968 dont certaines dispositions donnaient aux enseignants des garanties conformes aux exigences constitutionnelles, qui n'ont pas été remplacées dans la loi du 20 janvier 1984 relative à l'enseignement supérieur par des garanties équivalentes, n'était pas conforme à la Constitution (Cons. const. 20 janv. 1984, *Loi relative à l'enseignement supérieur*, n° 83-165 DC : *V. note 3, ss. art. L. 952-2*).

La loi Goulard du 18 avril 2006 a ajouté l'article L. 952-14-1 (possibilité d'autoriser un enseignant-chercheur à assurer une activité en entreprise) ; la loi n° 2007-148 du 2 février 2007 a modifié l'article L. 952-20 sur la compatibilité des emplois d'enseignant-chercheur et de pharmacien ou biologiste des hôpitaux ; la loi LRU du 10 août 2007 a modifié ou introduit dix articles en précisant notamment des éléments de la nouvelle organisation et des nouvelles responsabilités des universités.

La loi ESR du 22 juillet 2013 a ajouté l'article L. 952-2-1 dont l'objectif est de favoriser la mobilité des enseignants-chercheurs et modifié l'article L. 952-6-1 sur leur recrutement ainsi que l'article L. 952-7 sur leur régime disciplinaire, tenant compte à nouveau de modifications institutionnelles (création du conseil académique).

Une section rassemble les dispositions propres aux personnels enseignants et hospitaliers, issues principalement de l'ordonnance n° 58-1373 du 30 décembre 1958 (art. L. 952-21 : leur double fonction ; art. L. 952-22 : la juridiction disciplinaire ; art. L. 952-23 ; renvoi aux décrets, notamment le Décr. n° 84-135 du 24 févr. 1984 ; V. aussi IGAENR-IGAS, Les personnels enseignants et hospitaliers, soixante ans après l'ordonnance de 1958 : propositions d'évolution, *sept. 2018*). ❑

CHAPITRE PREMIER DISPOSITIONS COMMUNES

COMMENTAIRE

Le chapitre Ier consacré aux dispositions communes comporte cinq articles concernant à la fois les enseignants-chercheurs, enseignants et chercheurs et les personnels ingénieurs, administratifs, techniques, ouvriers et de service. Affectés à un titre ou à un autre dans un établissement public à caractère scientifique, culturel et professionnel (EPSCP), ils peuvent tous participer à l'administration de l'établissement et, plus ou moins directement, contribuer au développement et à la diffusion des connaissances et à la recherche (art. L. 951-1).

En principe, ces différents agents ont le statut de fonctionnaire de l'État ; toutefois, certains emplois ont toujours pu être occupés par des contractuels dans les conditions prévues par les articles 4 (contrats d'une durée maximale de trois ans, sauf pour les services d'activités industrielles et commerciales pour lesquels l'art. L. 123-5 autorise des contrats de droit public à durée indéterminée, art. R. 951-6 renvoyant au Décr. n° 2002-1347 du 7 nov. 2002) et 6 de la loi n° 84-16 du 11 janvier 1984 portant dispositions statutaires relatives à la fonction publique de l'État ; ces agents non titulaires peuvent être intégrés dans les corps de la fonction publique de l'État (art. L. 951-2). En supprimant le deuxième alinéa de l'ancienne rédaction de l'article L. 951-2, l'article 19 de la loi LRU du 10 août 2013 permet aux établissements de recourir de manière générale au contrat à durée indéterminée, financé soit sur crédits alloués par l'État ou les collectivités, soit sur ressources propres. Les nouvelles compétences introduites par la loi LRU permettent en outre aux établissements de recruter de nouveaux agents contractuels aussi bien pour occuper des fonctions d'encadrement (niveau catégorie A de la fonction publique) techniques ou administratives que pour assurer des services d'enseignement et/ou de recherche ; ces derniers sont recrutés après avis du comité de sélection mis en place par le conseil académique (art. L. 954-3). La loi n° 2019-828 du 6 août 2019 de transformation de la fonction publique devrait permettre d'élargir le recours au contrat pour pourvoir les emplois permanents, notamment pour les emplois de direction (art. 16) et ceux nécessaires à la réalisation d'un projet ou d'une opération pour une durée déterminée (art. 17).

Les compétences en matière de recrutement et de gestion des personnels titulaires de l'État peuvent en tout ou en partie être déléguées au président de l'université ou au directeur de l'établissement qui les exercent alors au nom de l'État (art. L. 951-3) avec possibilité de délégation de signature du président au DGS ou au directeur de l'UFR médecine, odontologie ou pharmacie (art. D. 951-3), à l'exception de la nomination et de la cessation des fonctions des enseignants-chercheurs (art. R. 951-1) et de l'octroi de congés soumis à l'avis du comité médical supérieur. La déconcentration à leur profit de diverses opérations de gestion renforce leur fonction de gestion des ressources humaines ; celle-ci peut aussi se déployer par des actions de formation continue, de l'action sociale et de la protection médicale (art. L. 951-3). L'article 6 de la loi LRU précise que le président d'université pouvait, comme le directeur d'un institut ou d'une école (art. L. 713-9), s'opposer à toute affectation en motivant son avis défavorable (art. L. 712-2). S'il en était ainsi pour les enseignants-chercheurs à l'exception de la première affectation des professeurs recrutés par le concours national d'agrégation du supérieur, la loi ESR du 8 juillet 2013 a transféré ce pouvoir de veto au conseil d'administration en formation restreinte qui peut émettre un avis défavorable motivé (art. L. 712-3), indiquant que ce choix ne correspond pas aux besoins de l'établissement. Pour les personnels IATOS, le président de l'université garde la possibilité de s'opposer à toute affectation en émettant un avis défavorable motivé sauf en cas de première affectation par concours prévoyant une période de stage (art. L. 712-2, al. 3° et 4°).

Enfin, l'article L. 951-4 reprend l'article 15 de la loi du 27 février 1880 qui donne au ministre la ***possibilité de suspendre*** pour un an maximum sans privation de traitement les membres du personnel de l'enseignement supérieur, mesure provisoire et conservatoire prise pour assurer le bon fonctionnement du service qui n'a pas la nature d'une sanction disciplinaire et n'est donc pas assortie des mêmes garanties procédurales (V. notes ss. art. L. 951-4). Cette compétence ministérielle peut être déléguée au chef d'établissement.

L'article 16 de la loi LRU introduit un article L. 951-1-1 imposant la mise en place dans chaque EPSCP d'un ***comité technique paritaire (CTP)***. Suite aux accords de Bercy sur le dialogue social, la loi n° 2010-751 du 5 juillet 2010 l'a remplacé par un comité technique (CT) qui n'est plus paritaire et est présidé par le chef d'établissement. Si le statut général de la fonction publique (art. 15-II) avait prévu sa création dans tous les établissements publics de l'État ne présentant pas un caractère industriel ou commercial, il n'avait jamais été mis en place dans les établissements ; une loi du 20 juillet 1992 a au contraire prévu ***une commission paritaire d'établissement (CPE)*** compétente à l'égard des corps de personnels ITARF, consultée sur les décisions individuelles mais aussi sur les problèmes généraux d'éducation (art. L. 953-6). Les questions touchant à l'organisation et au fonctionnement des services sont dorénavant de la compétence du CTP qui est en outre consulté sur la politique de gestion des ressources humaines (art. L. 951-1-1). Les attributions de la CPE sont recentrées sur les questions individuelles, préparant les travaux des commissions administratives paritaires des corps d'ingénieurs et de personnels techniques et administratifs de recherche et de formation (art. 16-II modifiant l'al. 5 de l'art. L. 953-6). La loi n° 2019-828 du 6 août 2019 de transformation de la fonction publique substitue au comité technique un comité social d'administration (CSA) (art. L. 951-1-1) et modifie ses compétences en lui retirant l'examen des affectations à l'établissement de membres de ces corps et des réductions de l'ancienneté moyenne pour un avancement d'échelon (art. L. 953-6).

L'article 64 de la loi du 22 juillet 2013 précise que les bilans sociaux des établissements sont présentés au CT et rendus publics chaque année sur le site internet de l'établissement (art. L. 951-1-1 et R. 951-5). ❑

Art. L. 951-1 **Les personnels des établissements publics à caractère scientifique, culturel et professionnel participent à l'administration des établissements et contribuent au développement et à la diffusion des connaissances et à la recherche.**

Ils peuvent bénéficier d'une formation professionnelle initiale. Des actions de formation continue et une action sociale sont organisées à leur intention. Ils participent à la gestion des organismes mis en place à cette fin. Une protection médicale leur est assurée dans l'exercice de leurs activités. – *[L. nº 84-52 du 26 janv. 1984, art. 52.]*

Art. L. 951-1-1 *(L. nº 2007-1199 du 10 août 2007, art. 16)* **Un** *(L. nº 2010-751 du 5 juill. 2010, art. 35)* **« comité »** *(L. nº 2019-828 du 6 août 2019, art. 4)* **« social d'administration » est créé dans chaque établissement public à caractère scientifique, culturel et professionnel par délibération du conseil d'administration. Outre les compétences qui lui sont conférées en application de l'article 15 de la loi nº 84-16 du 11 janvier 1984 portant dispositions statutaires relatives à la fonction publique de l'État** *[V. C. **fonct. publ.**]*, **il est consulté sur la politique de gestion des ressources humaines de l'établissement. Un bilan de la politique sociale de l'établissement lui est présenté chaque année.**

(L. nº 2013-660 du 22 juill. 2013, art. 64) **« Les bilans sociaux des établissements sont rendus publics chaque année, dans des conditions fixées par décret. »**

Comité technique. Mise en place. Fusion d'établissements. Saisi du décret de création de l'université de Montpellier, qui se substitue aux deux anciennes universités de Montpellier I et II, le Conseil d'État rejette les recours en estimant notamment que les dispositions attaquées n'ont pas pour objet de créer le comité technique du nouvel établissement, mais se bornent, d'une part, à rappeler que les personnels des deux universités fusionnées seront électeurs et éligibles au comité technique du nouvel établissement et, d'autre part, à fixer le régime transitoire de fonctionnement du comité technique et de la commission paritaire jusqu'à la création du comité technique et de la commission paritaire de la nouvelle université. Le Conseil d'État en déduit que ces dispositions n'ont ni pour objet, ni pour effet de déroger aux règles de mise en place du comité technique fixées par l'art. L. 951-1-1, ni de priver le conseil d'administration de sa compétence en la matière. • CE 17 avr. 2015, *Synd. Sud Éducation*, nº 385053 : *LIJ 2015, nº 189, p. 6 ; AEF nº 500118, 7 mai 2015, comm. Toulemonde.*

Art. L. 951-2 **Les dispositions de la loi nº 84-16 du 11 janvier 1984 portant dispositions statutaires relatives à la fonction publique de l'État** *[V. C. **fonct. publ.**]*, **définissant les conditions dans lesquelles doivent être pourvus les emplois civils permanents de l'État et de ses établissements publics et autorisant l'intégration des agents non titulaires occupant de tels emplois, sont applicables aux établissements publics à caractère scientifique, culturel et professionnel.**

Le régime des contrats à durée déterminée est fixé par les articles 4 et 6 de la loi nº 84-16 du 11 janvier 1984 précitée *[V. ci-dessous]*.

Lorsque les ressources nécessaires à la rémunération de personnels permanents sont suffisamment garanties, les emplois correspondants, dont la rémunération est couverte par voie de fonds de concours, peuvent être attribués aux établissements dans la limite du total des emplois inscrits à la loi de finances de l'année dans des conditions fixées par décret.

Recrutement. Contrat à durée déterminée. V. notes ss. art. L. 952-1.

Loi nº 84-16 du 11 janvier 1984,

Portant dispositions statutaires relatives à la fonction publique de l'État.

Art. 4 *(L. nº 87-588 du 30 juill. 1987)* Par dérogation au principe énoncé à l'article 3 du titre Ier du statut général *[L. nº 83-634 du 13 juill. 1983, Droits et obligations des fonctionnaires]*, des agents contractuels peuvent être recrutés dans les cas suivants :

1° Lorsqu'il n'existe pas de corps de fonctionnaires susceptibles d'assurer les fonctions correspondantes ;

(L. n° 2019-828 du 6 août 2019, art. 18) « 2° Lorsque la nature des fonctions ou les besoins des services le justifient, notamment :

« *a)* Lorsqu'il s'agit de fonctions nécessitant des compétences techniques spécialisées ou nouvelles ;

« *b)* Lorsque l'autorité de recrutement n'est pas en mesure de pourvoir l'emploi par un fonctionnaire présentant l'expertise ou l'expérience professionnelle adaptée aux missions à accomplir à l'issue du délai prévu par la procédure mentionnée à l'article 61 ;

« 3° Lorsque l'emploi ne nécessite pas une formation statutaire donnant lieu à titularisation dans un corps de fonctionnaires. »

....

Pour un motif de bonne administration, sont exclues du champ d'application du droit des usagers de saisir l'administration par voie électronique les demandes relatives aux recrutements et candidatures des autres contractuels de droit commun (administratifs, techniques, médico-sociaux, chercheurs dont post-doctorants) (Décr. n° 2015-1410 du 5 nov. 2015).

Art. 6 *(L. n° 2001-2 du 3 janv. 2001)* « Les fonctions qui, correspondant à un besoin permanent, impliquent un service à temps incomplet d'une durée n'excédant pas 70 % d'un service à temps complet, sont assurées par des agents contractuels. »

V. note ss. art. 4.

Art. 6 *bis* *(L. n° 2019-828 du 6 août 2019, art. 18)* Les contrats conclus en application du 2° de l'article 3 et des articles 4 et 6 peuvent l'être pour une durée indéterminée.

Lorsque ces contrats sont conclus pour une durée déterminée, cette durée est au maximum de trois ans. Ces contrats sont renouvelables par reconduction expresse, dans la limite d'une durée maximale de six ans.

Tout contrat conclu ou renouvelé en application du 2° de l'article 3 et des articles 4 et 6 avec un agent qui justifie d'une durée de services publics de six ans dans des fonctions relevant de la même catégorie hiérarchique est conclu, par une décision expresse, pour une durée indéterminée.

La durée de six ans mentionnée au troisième alinéa du présent article est comptabilisée au titre de l'ensemble des services effectués dans des emplois occupés en application du 2° de l'article 3 et des articles 4, 6, 6 *quater*, 6 *quinquies* et 6 *sexies*. Elle doit avoir été accomplie dans sa totalité auprès du même département ministériel, de la même autorité publique ou du même établissement public. Pour l'appréciation de cette durée, les services accomplis à temps incomplet et à temps partiel sont assimilés à du temps complet.

Les services accomplis de manière discontinue sont pris en compte, sous réserve que la durée des interruptions entre deux contrats n'excède pas quatre mois.

(L. n° 2020-734 du 17 juin 2020, art. 19, en vigueur depuis le 12 mars 2020) « Pour le calcul de la durée d'interruption entre deux contrats, la période de l'état d'urgence sanitaire déclaré sur le fondement de l'article L. 3131-12 du code de la santé publique n'est pas prise en compte. »

Lorsqu'un agent atteint l'ancienneté mentionnée au troisième alinéa du présent article avant l'échéance de son contrat en cours, celui-ci est réputé être conclu à durée indéterminée. L'autorité d'emploi lui adresse une proposition d'avenant confirmant la nouvelle nature du contrat. En cas de refus par l'agent de l'avenant proposé, l'agent est maintenu en fonctions jusqu'au terme du contrat à durée déterminée en cours.

Art. 6 *ter* *(L. n° 2012-347 du 12 mars 2012, art. 37)* Lorsque l'État ou un établissement public à caractère administratif propose un nouveau contrat sur le fondement des articles 4 ou 6 à un agent contractuel lié par un contrat à durée indéterminée à l'une des personnes morales mentionnées à l'article 2 *(L. n° 2019-828 du 6 août 2019, art. 71)* « de la présente loi, à l'article 2 de la loi n° 84-53 du 26 janvier 1984 portant dispositions statutaires relatives à la fonction publique territoriale ou à l'article 2 de la loi n° 86-33 du 9 janvier 1986 portant dispositions statutaires relatives à la fonction publique hospitalière » pour exercer des fonctions relevant de la même catégorie hiérarchique, le contrat peut être conclu pour une durée indéterminée.

Art. 6 *quater* *(L. n° 2012-347 du 12 mars 2012, art. 37)* Les remplacements de fonctionnaires occupant les emplois permanents de l'État et de ses établissements publics mentionnés à l'article 3 de la loi n° 83-634 du 13 juillet 1983 portant droits et obligations des fonctionnaires, dans la mesure où ils correspondent à un besoin prévisible et constant, doivent être assurés en faisant appel à d'autres fonctionnaires.

Des agents contractuels peuvent être recrutés pour assurer le remplacement momentané de fonctionnaires ou d'agents contractuels autorisés à exercer leurs fonctions à temps partiel ou indisponibles en raison d'un congé annuel, d'un congé de maladie, de grave ou de longue maladie, d'un congé de longue durée, *(L. n° 2019-828 du 6 août 2019, art. 22)* « d'un congé pour invalidité temporaire imputable au service, » d'un congé de maternité ou pour adoption, d'un congé parental, d'un congé de présence parentale, d'un congé de solidarité familiale, de l'accomplissement du service civil ou national, du rappel ou du maintien sous les drapeaux, de leur participation à des activités dans le cadre des réserves opérationnelle, de sécurité civile ou sanitaire ou en raison de tout autre congé régulièrement octroyé en application des dispositions réglementaires applicables aux agents contractuels de l'État.

Le contrat est conclu pour une durée déterminée. Il est renouvelable par décision expresse, dans la limite de la durée de l'absence du fonctionnaire ou de l'agent contractuel à remplacer.

V. note ss. art. 4.

Art. 6 *quinquies* *(L. n° 2012-347 du 12 mars 2012, art. 37)* Pour les besoins de continuité du service, des agents contractuels peuvent être recrutés pour faire face à une vacance temporaire d'emploi dans l'attente du recrutement d'un fonctionnaire.

Le contrat est conclu pour une durée déterminée qui ne peut excéder un an. Il ne peut l'être que lorsque la communication requise à l'article 61 a été effectuée.

Sa durée peut être prolongée, dans la limite d'une durée totale de deux ans, lorsque, au terme de la durée fixée au deuxième alinéa du présent article, la procédure de recrutement pour pourvoir l'emploi par un fonctionnaire n'a pu aboutir.

V. note ss. art. 4.

Art. 6 *sexies* *(L. n° 2012-347 du 12 mars 2012, art. 37)* Des agents contractuels peuvent être recrutés pour faire face à un accroissement temporaire ou saisonnier d'activité lorsque cette charge ne peut être assurée par des fonctionnaires.

La durée maximale des contrats ainsi conclus et leurs conditions de renouvellement sont fixées par le décret prévu à l'article 7.

V. note ss. art. 4.

Art. 6 *septies* *(L. n° 2012-347 du 12 mars 2012, art. 37)* Lorsque, du fait d'un transfert d'autorité ou de compétences entre deux départements ministériels ou autorités publiques, un agent est transféré sous l'autorité d'une autorité ou d'un ministre autre que celle ou celui qui l'a recruté par contrat, le département ministériel ou l'autorité publique d'accueil lui propose un contrat reprenant, sauf dispositions législatives ou réglementaires contraires, les clauses substantielles du contrat dont il est titulaire. S'il s'agit d'un contrat à durée indéterminée, seul un contrat de même nature peut lui être proposé.

Les services accomplis au sein du département ministériel ou de l'autorité publique d'origine sont assimilés à des services accomplis auprès du département ministériel ou de l'autorité publique d'accueil.

En cas de refus de l'agent d'accepter le contrat proposé, le département ministériel ou l'autorité publique d'accueil peut prononcer son licenciement.

Art. L. 951-2-1 *(L. n° 2020-1674 du 24 déc. 2020, art. 13)* **Les enseignants-chercheurs relevant du présent titre et les membres des corps d'ingénieurs et de personnels techniques de recherche et de formation, détachés ou mis à disposition auprès d'administrations, de collectivités territoriales, d'organismes ou d'établissements pour y exercer des fonctions concourant aux missions définies à l'article L. 123-3, d'organisations internationales intergouvernementales ou d'institutions ou d'organes de l'Union européenne, peuvent bénéficier d'une nomination dans un autre corps à la suite de la réussite à un concours ou examen professionnel ou au titre d'une promotion au choix, sans qu'il soit mis fin à leur mise à disposition ou à leur détachement lorsque cette nomination n'est pas conditionnée à l'accomplissement d'une période de formation ou de stage préalable.**

Art. L. 951-3 **Le ministre chargé de l'enseignement supérieur peut déléguer par arrêté aux présidents des universités et aux présidents ou directeurs des autres établissements**

publics d'enseignement supérieur, dans les conditions fixées par décret en Conseil d'État, tout ou partie de ses pouvoirs en matière de recrutement et de gestion des personnels titulaires, stagiaires et non titulaires de l'État qui relèvent de son autorité, dans la limite des emplois inscrits dans la loi de finances et attribués à l'établissement.

Les compétences ainsi déléguées s'exercent au nom de l'État et leur exercice est soumis au contrôle financier. – *[L. n° 92-678 du 20 juill. 1992, art. 5.]*

1. Compétences déléguées. Université. Qualités. Nature. Dans un litige relatif au classement dans le corps des maîtres de conférences d'un chercheur post-doctorant, dans un État non membre de la Communauté européenne ou non partie à l'accord sur l'EEE, le juge affirme que s'agissant des compétences déléguées en vertu de l'art. L. 951-3 aux présidents des universités qui s'exercent au nom de l'État, l'université n'a pas la qualité de défendeur. Sa présence en qualité d'observateur ne lui confère pas davantage la qualité de partie, dès lors qu'elle n'aurait pas eu, à défaut d'être présente, qualité pour faire tierce-opposition du présent arrêt. • CE 1er juin 2018, n° 403554 B : *AJDA 2018. 1130 ; LIJ 2018, n° 203, p. 19.*

2. Pouvoirs délégués. Déconcentration. Recrutement et gestion. Légalité. Le ministre a pu, sans entacher son arrêté d'illégalité, déléguer aux présidents et directeurs d'établissements publics d'enseignement supérieur l'exercice, au nom de l'État, de l'intégralité de ses pouvoirs en matière de recrutement et de gestion des professeurs des universités et des maîtres de conférences, titulaires et stagiaires, exception faite des décisions relatives à la nomination et à la cessation de fonctions, ainsi que de celles relatives à l'octroi des congés prévus à l'art. 34 de la L. du 11 janv. 1984 lorsque l'avis du comité médical supérieur est requis. Contrairement à ce que soutenaient les requérants, cette délégation, par laquelle le ministre s'est borné à mettre en œuvre la déconcentration autorisée par la loi, n'a ni pour objet ni pour effet de dessaisir l'État de ses compétences au bénéfice d'une autre personne morale, ni de créer une nouvelle catégorie de fonctionnaires qui ne serait pas régie par le statut général des fonctionnaires de l'État, ni de porter atteinte au principe d'interdiction des nominations pour ordre. • CE 24 oct. 2012, n° 354077 : *LIJ 2012, n° 170. 16.* ♦ Dans le même sens : • CE 29 oct. 2013, n° 332157 : *AEF, Dépêche n° 8, nov. 2012, Dépêche n° 174327, comm. Toulemonde.* ♦ Pour une affaire concernant le recours portant sur la modification des textes, intervenue en 2009 par le Décr. n° 2009-460 du 23 avr. 2009 sur le statut des enseignants-chercheurs et l'Arr. du 27 juill. 2009 : en l'espèce, les requérants mettaient notamment en cause deux nouvelles compétences transférées en 2009 : la suspension et les mesures d'application des sanctions prononcées par les sections disciplinaires des conseils d'administration des universités et le CNESER à l'égard des enseignants-chercheurs. Sur ce point, le Conseil d'État juge que le transfert ne porte pas sur le pouvoir disciplinaire exercé par ces deux juridictions, qui aurait relevé de la compétence du seul législateur, mais seulement sur la suspension dans l'intérêt du service, mesure administrative qui n'est pas une sanction disciplinaire, et sur les mesures d'exécution des sanctions, à l'exception de la mise à la retraite d'office et de la révocation qui sont des mesures de cessation de fonctions exclues du domaine transférable par le décret de 2009. • CE 29 oct. 2012, n° 332157 : *AEF 174327 du 8 nov. 2012, comm. Toulemonde.* ♦ Le Conseil d'État a rejeté le recours dirigé contre le Décr. n° 2012-195 du 7 févr. 2012 : « Considérant, d'une part, que, contrairement à ce que soutiennent les requérants, ces dispositions, qui excluent des compétences déléguées les décisions relatives à la nomination comme stagiaires des maîtres de conférences, desquelles continuent de relever de la seule compétence du ministre, sont sans influence sur la procédure de nomination des professeurs des universités nommés, en application des dispositions de l'article 50 du Décr. [n° 84-431] du 6 juin 1984 relatif au statut des enseignants-chercheurs par décret du Président de la République ; que le moyen tiré de ce qu'une telle délégation de pouvoir créerait une inégalité de traitement injustifiée entre professeurs et maîtres de conférences n'est, par suite, pas fondé ». Il ajoute d'autre part, que la circonstance que le second al. de l'art. L. 951-3 dispose que « Les compétences ainsi déléguées s'exercent au nom de l'État et leur exercice est soumis au contrôle financier » n'a pas pour effet de faire obstacle à ce que soient déléguées aux présidents et directeurs d'établissements d'enseignement supérieur les compétences mentionnées par les dispositions attaquées, y compris celles relatives à la nomination de certains personnels, dès lors qu'elles continuent de s'exercer au nom de l'État ». • CE 23 oct. 2013, nos 358363 et 358364 : *LIJ 2014, n° 181, p. 13.* ♦ Le Conseil d'État constate la compétence du président en vertu de l'art. 2 de l'Arr. du 10 févr. 2012 portant délégation de pouvoirs en matière de recrutement et de gestion de certains personnels enseignants des établissements publics d'enseignement supérieur et de recherche qui prévoit que « les présidents et les directeurs des établissements publics d'enseignement supérieur dont la liste est fixée à l'article 3 du présent arrêté reçoivent délégation des pouvoirs du ministre chargé de l'enseignement supérieur pour le recrutement et la gestion des personnels enseignants mentionnés à l'article 1er du présent arrêté en ce qui concerne : [...] 24. La suspension ». • CE, ord., 7 mai 2012, n° 358639.

3. Pouvoirs déconcentrés. Aux termes de l'art. 19 du Décr. du 6 juin 1984 fixant les dispositions statutaires communes applicables aux enseignants-chercheurs et portant statut particulier du corps des professeurs des universités, les congés pour recherches ou conversions thématiques sont accordés, dans la limite d'un contingent national, par arrêté pris en application de l'art. L. 951-3. Cet arrêté est pris au vu des projets présentés par les candidats, sur proposition des sections du conseil national des universités ou du conseil scientifique de l'établissement. En refusant d'accorder un congé en se fondant sur le critère de l'ancienneté de l'intéressé, le président de l'université a entaché la décision d'illégalité. • CE 26 janv. 2007, n°s 282364 et 291628 B.

4. Pouvoirs délégués. Retour de disponibilité. Dans une affaire où le président de l'université de la Nouvelle-Calédonie avait rejeté la demande de réintégration anticipée d'un enseignant-chercheur dans l'emploi qu'il exerçait avant sa mise en disponibilité, le juge rappelle que, dans l'exercice des pouvoirs délégués, lorsqu'un enseignant-chercheur en position de disponibilité sollicite sa réintégration auprès du président de l'université dans laquelle il était affecté avant son départ, en demandant d'occuper un poste dans cette université, le président de l'université peut légalement, eu égard à l'absence de tout droit des enseignants-chercheurs en disponibilité à être réintégrés dans l'établissement où ils étaient précédemment affectés, opposer un refus à cette réintégration en raison d'un motif tiré de l'intérêt du service, notamment l'absence, dans cette université, d'emploi vacant dans le grade sur lequel il pourrait être réintégré. En l'espèce, le Conseil d'État estime que la cour administrative d'appel de Paris a, par une appréciation souveraine exempte de dénaturation, estimé que, compte tenu de la nature et de la notoriété des agissements de l'intéressé dans cette université, antérieurement à sa mise en disponibilité, sa réintégration dans cette université présentait, à la date à laquelle la demande de réintégration a été rejetée, un risque de troubles au bon fonctionnement de l'université. Il en déduit que la cour a pu, sans erreur de droit ni inexacte qualification juridique des faits, juger que de tels troubles auraient porté atteinte à l'intérêt du service et justifiaient le rejet de sa demande de réintégration. • CE 14 nov. 2018, n° 406371 B : *AJDA 2018. 2273* ; *ibid. 2505, concl. Lieber* ; *AJFP 2019. 211* . ♦ Situation avant l'adoption du Décr. n° 2012-195 du 7 févr. 2012 : les dispositions réglementaires d'application de l'art. L. 951-3 excluaient que les décisions relatives à la disponibilité puissent faire l'objet d'une délégation aux présidents d'université. • CE 4 févr. 2000, n° 185726 B.

Art. L. 951-4 **Le ministre chargé de l'enseignement supérieur peut prononcer la suspension d'un membre du personnel de l'enseignement supérieur pour un temps qui n'excède pas un an, sans privation de traitement.** – *[L. 27 févr. 1880, art. 15.]*

BIBL. ► CARPENTIER et RASSAFI-GUIBAL, Le régime de la suspension dans l'enseignement supérieur, *AJFP 2018. 281* . – DUMONT, Le retrait de fonctions dans l'enseignement supérieur, *LIJ janv. 2004, p. 23.*

1. Sur la procédure disciplinaire : V. aussi notes ss. art. L. 952-7.

2. Maintien de la disposition. Cette disposition, qui reprend l'art. 15 de la L. du 27 févr. 1880, est restée en vigueur malgré l'intervention de la L. du 13 juill. 1983 portant droits et obligations des fonctionnaires. • CE 7 févr. 1990, *M. Rivière*, n° 82592 A. ♦ En codifiant ces dispositions, l'Ord. du 15 juin 2000 n'a pas méconnu le principe de codification à droit constant. • CE 5 nov. 2001, *Sté des agrégés de l'université*, n° 224380 A.

3. Délégation de pouvoir au président d'université. V. notes ss. art. L. 951-3.

4. La mesure provisoire de suspension prévue à l'art. 15 de la L. du 27 févr. 1880 est une mesure conservatoire prise dans l'intérêt du service et ne constitue pas une sanction disciplinaire. • CE 22 sept. 1993, n°s 87033 et 87456 B • CE 26 oct. 2005, *M. Gollnisch*, n° 279189 A : *AJDA 2006. 505, note Legrand* .

5. Nature juridique. Mesure conservatoire. Caractéristiques. La suspension d'un professeur permet, en particulier, d'écarter à titre provisoire un enseignant, dans l'attente de l'issue d'une procédure disciplinaire ou de poursuites pénales engagées à son encontre, lorsque la continuation des activités de l'intéressé au sein de l'établissement présente des inconvénients suffisamment sérieux pour le service ou pour le déroulement des procédures en cours. • CE, réf., 26 août 2014, n° 382511.

6. Condition de légalité. Est légalement justifiée au regard de cet article une décision de suspension prise à l'encontre d'un professeur dont la reprise des cours s'était accompagnée de désordres afin de restaurer et de préserver, dans l'intérêt de l'ensemble des étudiants et du corps enseignant, la sérénité nécessaire au déroulement des cours et à la sécurité des personnes et des biens. • CE 26 oct. 2005, *M. Gollnisch*, n° 279189 A : *préc. note 4.*

7. Condition de légalité. Absence de caractère excessif. La suspension provisoire peut être prononcée lorsque les faits imputés à l'intéressé présentent un caractère suffisant de vraisemblance et de gravité. • CE 10 déc. 2014, n° 363202 B : *AJDA 2014. 2449* ; *AJFP 2015. 85, obs. Fortier* ; *LIJ 2015, n° 187, p. 13.*

8. Conditions de légalité. Durée. Le juge administratif rappelle que si l'autorité hiérarchique dispose à cet égard d'un large pouvoir d'appréciation, le principe et la durée de la suspension ne doivent pas être manifestement excessifs au regard de l'ensemble des circonstances de l'espèce. • CE, réf., 26 août 2014, n° 382511.

9. Conditions de légalité. Procédure contradictoire. Absence de nécessité. Dans une affaire où un professeur des universités, accusé par une maître de conférences de harcèlement sexuel avait été suspendu de ses fonction à titre conservatoire, le juge indique que le requérant n'est pas fondé à soutenir que l'arrêté le suspendant de ses fonctions dans le but exclusif de préserver, alors même qu'une procédure disciplinaire venait d'être engagée à son encontre pour des faits de « harcèlements sexuel et moral », le bon fonctionnement du service public universitaire, revêt le caractère d'une sanction disciplinaire déguisée ; que, ayant ainsi pour objet de restaurer et préserver, dans l'intérêt de l'ensemble des étudiants et du corps enseignant, la sérénité nécessaire au déroulement des cours et aux activités de recherche universitaire, elle ne revêt pas davantage le caractère d'une mesure prise en considération de la personne au sens des dispositions de l'art. L. 121-1 CRPA. Il s'ensuit que si, pour apprécier le bien-fondé de la mesure de suspension, la présidente de l'université Paris VIII-Vincennes Saint-Denis aurait pu utilement entendre l'intéressé avant l'édiction de cette mesure, M. B. n'est pas fondé à soutenir que l'arrêté attaqué, faute d'avoir été précédé d'une procédure contradictoire, est entaché d'un vice de procédure. • CE 18 juill. 2018, n° 418844 A : *AJDA 2018. 1519 ; D. 2018. 1600 , comm de Montecler ; LIJ 2018, n° 204, p. 16.*

10. Conditions de légalité. Caractère vraisemblable des faits. Dans la même affaire, le requérant soutenait que les faits que l'administration lui imputait ne revêtaient pas le caractère de vraisemblance suffisant pour prendre légalement la mesure attaquée. Le juge estime qu'eu égard à la nature de l'acte de suspension, il appartient au juge de statuer au vu des informations dont disposait effectivement l'autorité administrative au jour de sa décision. Dès lors, les éléments nouveaux qui seraient, le cas échéant, portés à la connaissance de l'administration postérieurement à sa décision, ne peuvent ainsi, alors même qu'ils seraient relatifs à la situation de fait prévalant à la date de l'acte litigieux, être utilement invoqués au soutien d'un recours en excès de pouvoir contre cet acte. Il rappelle enfin que l'administration est en revanche tenue d'abroger la décision en cause si de tels éléments font apparaître que la condition tenant à la vraisemblance des faits à l'origine de la mesure n'est plus satisfaite. • CE 18 juill. 2018, n° 418844 : *préc. note 9.*

11. Suspension. Prolongation. Illégalité. En l'absence de poursuites pénales, son maintien en vigueur ou sa prorogation sont subordonnés à l'engagement de poursuites disciplinaires dans un délai raisonnable après son édiction. Dans une affaire où la mesure de suspension avait été prorogée quatre mois après l'édiction de la nouvelle mesure, alors qu'aucune poursuite ni pénale ni disciplinaire n'avait été engagée, la circonstance, invoquée par l'université, que la section disciplinaire du conseil d'administration n'avait toujours pas été désignée à la suite des récentes élections universitaires ne pouvait justifier ce délai anormalement long dès lors qu'il résulte de l'art. R. 712-21 que les membres des sections disciplinaires demeurent en fonctions jusqu'à la désignation de leurs successeurs. • CE 10 déc. 2014, n° 363202 B : *AJDA 2014. 2449 ; AJFP 2015. 85, obs. Fortier ; LIJ 2015, n° 187, p. 13.*

12. Respect des droits de la défense. Ces dispositions, qui ne prévoient pas l'intervention d'une procédure contradictoire avant le prononcé de cette suspension, ne méconnaissent pas la hiérarchie des normes, notamment des principes de valeur constitutionnelle. La suspension n'ayant pas le caractère d'une sanction, il n'est pas porté atteinte au respect des droits de la défense, principe de valeur constitutionnelle. • CE 25 mars 2002, n° 224221 B. ♦ La mesure provisoire de suspension n'est pas au nombre des mesures pour lesquelles le fonctionnaire concerné doit être mis à même de consulter son dossier par application de la L. du 22 avr. 1905 • CE 22 sept. 1993, n°s 87033 et 87456 B.

13. Contestation. Référé. Demande de suspension de l'exécution. Doute sérieux sur la légalité. Absence. Dans une espèce où, selon les rapports produits à l'instance, les faits relevés à l'encontre du requérant constitueraient, s'ils étaient avérés, des fautes professionnelles et apparaissaient, en l'état où ils étaient formulés, de nature à mettre en doute la probité du requérant et, par suite, l'autorité morale et l'exemplarité attendues d'un enseignant-chercheur, où d'autre part une mission conjointe de l'IGAENR et du contrôle général économique et financier avait d'ailleurs préconisé l'engagement de poursuites disciplinaires à l'égard du requérant et la suspension de ses fonctions afin de « restaurer des conditions normales de gestion dans le laboratoire et d'enrayer un climat délétère indigne de la communauté universitaire » ; où la présidente de l'université avait saisi le CNESER d'une demande de dépaysement de poursuites disciplinaires devant être engagées à l'encontre du requérant sur le fondement des faits constatés dans les rapports de la Cour des comptes et de la mission conjointe ; où enfin, si l'information judiciaire ouverte était, à ce stade, une information contre X, ne visait pas nominativement le requérant, lequel avait été entendu dans le cadre de cette procédure sans être mis pénalement en cause, cette information se basait sur les mêmes faits et avait été ouverte avec les qualifications pénales de favoritisme, escroquerie et détournement de fonds publics, le juge des référés estime que, dans ces conditions, le moyen selon lequel la mesure de suspension prise à l'encontre du requérant serait manifestement excessive tant dans son champ, pour ne pas avoir été limitée aux seules fonctions de gestion du laboratoire, que dans sa durée, n'était pas, en l'état de l'instruction, de nature à faire naître un doute sérieux sur sa légalité. • CE, réf., 26 août 2014, n° 382511. ♦ Le président de l'université a motivé la décision dont la suspension était demandée par la survenance de « faits établissant une présomption sérieuse de faute grave également susceptible de constituer une infraction de droit commun ». Pour justifier une telle présomption, l'université avait produit trois messages anonymes, postérieurs à une première sanction d'interdiction d'exercer toutes fonctions d'enseignement prononcée par la section disciplinaire de l'université. Il ressort de l'examen de ces messages, éclairé par les échanges lors de l'audience publique, que le premier courriel était rédigé de manière à laisser penser à toute étudiante, témoignant dans le cadre de la procédure disciplinaire visant l'intéressé, qu'elle serait passible de poursuites en diffamation et de mise en garde à vue. Bien qu'il ne soit pas établi avec certitude que le requérant en soit l'auteur, il apparaît suffisamment vraisemblable, au regard, d'une part, du climat de tension persistant avec certaines étudiantes de l'université, et d'autre part, du fait que le courriel ait spécifiquement visé deux d'entre elles en lien direct avec l'enquête, qu'un tel message était de nature à préjudicier à l'intérêt du service public universitaire, en particulier en période d'examen. Quant au second message, il se présentait comme émanant d'un avocat au barreau de Paris – qui démentira en être l'auteur – et cherchait à obtenir de la formation disciplinaire de l'université des renseignements sur les débats en son sein. Enfin, la conjonction, établie par le service informatique de l'université, entre les procédures ayant conduit à l'envoi des deux messages, permet de caractériser de manière suffisamment probante et circonstanciée l'existence d'un lien entre l'émetteur des deux messages et le requérant et d'élever le soupçon d'une usurpation d'identité, susceptible, à elle seule, de justifier une mesure de suspension. Dans ces conditions, la mesure attaquée, justifiée par l'intérêt du service universitaire, ne constitue ni un détournement de procédure ni une sanction disciplinaire déguisée. • CE, ord., 7 mars 2017, n° 407768.

14. Annulation de la suspension. Réparation des préjudices. Compétence juridictionnelle. Le Conseil d'État est compétent en premier et dernier ressort pour connaître d'une demande tendant à la réparation des préjudices qu'un professeur des universités estime avoir subis à raison de la mesure de suspension, prononcée par le ministre à titre conservatoire, dont il a fait l'objet sur la base de l'art. L. 951-4. • CE 29 sept. 2017, n° 401679 B : *AJDA 2017. 1867*.

15. Annulation de la suspension. Réintégration. Compétence juridictionnelle. Aucune disposition ne confère au Conseil d'État compétence pour connaître, en premier et dernier ressort, d'un litige relatif aux préjudices nés des conditions de réintégration d'un agent public nommé par décret du Président de la République. Par suite, compétence en premier ressort des tribunaux administratifs, en vertu du 1er al. de l'art. R. 312-12 CJA, pour connaître de telles conclusions. • CE 29 sept. 2017, n° 401679 B : *préc. note 14.*

Art. L. 951-5 *(L. n° 2020-1674 du 24 déc. 2020, art. 36)* **Par dérogation au IV de l'article 25 *septies* de la loi n° 83-634 du 13 juillet 1983 portant droits et obligations des fonctionnaires, l'exercice d'une activité accessoire par les personnels de l'enseignement supérieur relevant du présent titre fait l'objet d'une déclaration à l'autorité dont ils relèvent lorsque cette activité correspond aux missions mentionnées à l'article L. 123-3 du présent code et qu'elle est exercée auprès d'un établissement d'enseignement supérieur, d'un établissement public de recherche relevant du livre III du code de la recherche, d'un établissement public relevant du décret mentionné à l'article L. 112-6 du même code, d'une fondation reconnue d'utilité publique exerçant une ou plusieurs des missions définies à l'article L. 123-3 du présent code, du Haut Conseil d'évaluation de la recherche et de l'enseignement supérieur ou d'une administration de l'État ou d'une collectivité territoriale ou d'une organisation internationale intergouvernementale ou d'une institution ou d'un organe de l'Union européenne. Les conditions d'application de la présente dérogation sont fixées par décret en Conseil d'État.**

CHAPITRE II LES ENSEIGNANTS-CHERCHEURS, LES ENSEIGNANTS ET LES CHERCHEURS

COMMENTAIRE

Le chapitre II est consacré au personnel enseignant des établissements d'enseignement supérieur qui comprend les enseignants-chercheurs, les enseignants et les chercheurs (art. L. 952-1). Il est divisé en trois sections présentant tour à tour dispositions générales, dispositions particulières et dispositions propres aux personnels qui sont à la fois enseignants, chercheurs et praticiens hospitaliers.

L'article L. 952-1 dresse une liste non exhaustive des personnels appelés à enseigner à l'université. Si le principe est de confier cette mission à des enseignants-chercheurs qui nourrissent leur enseignement du fruit de leur recherche et disposent d'un statut qui leur permet de mener de conserve ces deux missions, la nécessité d'accompagner l'explosion démographique, le renouvellement des générations, l'indispensable ouverture de l'enseignement supérieur, comme le souci de maîtriser l'évolution de la masse salariale ont entraîné la diversification des statuts et la multiplication des dispositifs.

Les enseignants-chercheurs

Les enseignements, quelle que soit leur forme, sont d'abord confiés aux ***enseignants-chercheurs***, expression d'origine syndicale apparue avec la loi du 26 janvier 1984 (art. 55, 56, 57), reprise par le décret n° 84-431 du 6 juin 1984 créant deux corps regroupant ***professeurs des universités*** d'une part ***et maîtres de conférences*** d'autre part. Auparavant, les professeurs étaient ou non titulaires de chaire, les maîtres de conférences étant eux aussi chargés d'enseignements magistraux ; pour assurer la promotion des assistants, avait été créé à partir de 1962 un corps de maîtres-assistants. Le regroupement en deux corps (professeurs et maîtres-assistants ; Décr. n° 79-683 du 9 août 1979 créant le corps des professeurs des universités) reposait sur une distinction des fonctions et des charges (3 heures hebdomadaires pour les uns, 6 pour les autres) et laissait subsister les assistants dont la titularisation fut généralisée par le décret n° 83-827 du 8 avril 1983. Le décret du 6 juin 1984 conserve la dualité des corps en substituant aux maîtres-assistants, dont le corps est mis en extinction, les maîtres de conférences en les intégrant dans le nouveau corps ; le corps des assistants est alors mis en extinction ; les missions et les obligations horaires des uns et des autres sont identiques (reprenant les plafonds annualisés du « petit décret » n° 82-823 du 16 sept. 1982 : 128 heures de cours ou 192 heures TD), même si la loi précise que les professeurs ont la responsabilité principale de la préparation des programmes, de l'orientation des étudiants et de la coordination des équipes pédagogiques (art. L. 952-3, al. 3) ; ils ont vocation prioritaire à assurer leur service d'enseignement sous forme de cours et ont, en outre, la responsabilité principale (mais non exclusive) de la direction des centres de recherche. Les uns et les autres participent aux diverses missions du service public ; à l'enseignement qu'ils assurent tant en formation initiale qu'en formation continue à raison de 128 heures de cours (ou 192 heures de travaux dirigés : TD) par an auxquelles s'ajoute le temps consacré au tutorat, à l'orientation, au conseil et au contrôle des connaissances ; la recherche qui s'accompagne de la diffusion des connaissances et de la liaison avec l'environnement économique, social et culturel ; la coopération internationale ; l'administration de l'établissement (art. L. 952-3, al. 1er ; l'al. 2 rappelle qu'en outre les fonctions des enseignants de médecine générale comportent une activité de soins). L'activité hospitalière et l'activité universitaire des professeurs des universités-praticiens hospitaliers (PU-PH et maîtres de conférences en médecine, pharmacie et dentisterie, rassemblés en 6 corps différents) sont indissociables (CE 6 mars 2015, n° 368186, ce qui implique que l'incapacité constatée d'accomplir l'une ou l'autre de ces activités doit entraîner le placement en congé de longue maladie pour l'ensemble des fonctions dévolues à ces personnels, y compris l'activité libérale).

Par conséquent, l'incapacité d'exercer l'une ou l'autre de ces activités doit entraîner le placement en congé de maladie pour l'ensemble de ces fonctions (CE 6 févr. 2015, n° 368186 B : *AJDA 2015. 478*). ***La loi sur l'enseignement supérieur et la recherche*** (ESR) du 22 juillet 2013 a précisé que le statut particulier des enseignants-chercheurs leur permet d'exercer ces missions simultanément ou successivement ; de même favorise-t-il leur mobilité entre l'enseignement supérieur et la recherche, au sein du même établissement d'enseignement supérieur ou avec les organismes de recherche (art. L. 952-2-1). L'extension du principe constitutionnel d'indépendance aux maîtres de conférences par le Conseil constitutionnel (Cons. const. 10 janv. 1995, Loi organique modifiant l'ordonnance n° 58-1270 du 22 décembre 1958 relative au statut de la magistrature, n° 94-355 DC) comme la possibilité conférée aux maîtres de conférences de bénéficier de l'éméritat introduit par le décret n° 2014-997 du 2 septembre 2014 rapprochent encore les deux corps d'enseignants-chercheurs, donnant des arguments nouveaux à ceux qui militent pour la constitution d'un corps unique.

Le respect du principe constitutionnel d'indépendance des enseignants-chercheurs (V. ci-dessous) n'implique pas que leur statut particulier soit fixé par le législateur. Aussi les articles 8 et 10 de la loi de 1984 comme l'article L. 952-3 peuvent-ils habiliter le pouvoir réglementaire à fixer leur statut particulier sans poser de question sérieuse de constitutionnalité (CE, QPC, 9 juin 2010, *Collectif pour la défense de l'Université et a.*, n° 329056).

Le décret n° 84-431 du 6 juin 1984, de nombreuses fois modifié (notamment par le Décr. n° 2009-460 du 23 avr. 2009 pour tenir compte des dispositions de la LRU du 10 août 2007 et par le Décr. n° 2014-997 du 2 sept. 2014 après l'adoption de la loi ESR du 22 juill. 2013), fixe les dispositions statutaires communes aux enseignants-chercheurs et porte statut particulier du corps des professeurs des universités et statut particulier du corps des maîtres de conférences. Les corps des maîtres assistants et des assistants ont été mis en extinction. Les personnels enseignants et hospitaliers des CHU, notamment les professeurs des universités-praticiens hospitaliers (PUPH) et maîtres de conférences-praticiens hospitaliers, sont quant à eux régis par le décret n° 84-135 du 24 février 1984 modifié. Certains grands établissements disposent de statut particuliers propres pour leurs enseignants-chercheurs ; tel est notamment le cas du MHN (Décr. n° 92-1178 du 2 nov. 1992 portant statut du corps des professeurs du Muséum national d'histoire naturelle et du corps des maîtres de conférences du Muséum national d'histoire naturelle), du CNAM (Décr. n° 2019-1122 du 31 oct. 2019 portant statut particulier du corps des professeurs du Conservatoire national des arts et métiers, maintenant un système de chaires) ; ou des ENSA (Décr. n° 2018-105 du 15 févr. 2018).

Les autres enseignants titulaires

Aux côtés des enseignants-chercheurs interviennent « d'autres enseignants ayant également la qualité de fonctionnaire » (art. L. 952-1, al. 1er, D. 952-2). La création des IUT en 1966, l'intégration des IUFM (remplacés par les ESPÉ, puis les INSPÉ) comme l'implantation de postes du second degré dans certaines formations universitaires pour faire face à la montée des effectifs aboutit à l'affectation 13 000 (chiffres 2018) enseignants du second degré, qu'ils soient professeurs agrégés (PRAG, en écriture informatique) ou certifiés (PRCE), sans priorité d'affectation des premiers, les statuts des deux corps précisant que les uns et les autres peuvent être affectés dans les établissements d'enseignement supérieur (Décr. n° 72-580 du 4 juill. 1972, art. 4 pour les agrégés ; Décr. n° 72-581 du 4 juill. 1972, art. 4 pour les certifiés) ; il en est de même pour les professeurs de lycée professionnel (PLP), les professeurs d'éducation physique et sportive (PEPS) et les professeurs des écoles (PE) qui peuvent, notamment, être affectés dans les établissements de formation des maîtres, aujourd'hui en INSPÉ. Les professeurs agrégés ou certifiés sont nommés soit sur des emplois « second degré » implantés en université, soit sur des emplois vacants de l'enseignement supérieur. Leur affectation est prononcée par le ministre sur proposition des établissements ; la publication des emplois vacants dans les établissements d'enseignement supérieur incombe à chaque établissement ; elle s'effectue sur l'application Galaxie. Afin d'assurer le respect des principes d'égalité, de transparence et d'impartialité, l'établissement doit mettre en place une commission d'affectation chargée d'examiner et de classer les candidatures (note de service DGRH B2 du 2 juill. 2020). Longtemps définies par circulaire, leurs obligations de service ne seront fixées que par le décret n° 93-461 du 25 mars 1993 auquel renvoie l'article D. 952-2 ; elles diffèrent de celles de leurs collègues des lycées et collèges, le nombre d'heures à assurer étant moins important et fixé sur une base annuelle (384 heures d'enseignement annuel de TD, Décr. n° 93-461 du 25 mars 1993, auquel renvoie l'art. D. 952-2). Ils ont en outre la possibilité de bénéficier d'un aménagement de service pour participer aux travaux de recherche (Décr. n° 2000-552 du 16 juin 2000) et de décharges de service d'enseignement (V. Décr. n° 2014-1559 du 22 déc. 2014 pour tenir compte de la possibilité pour un enseignant du second degré de diriger un INSPÉ, qui modifie le Décr. n° 2003-896 du 17 sept. 2003 instituant une décharge de service d'enseignement pour les personnels enseignants du second degré exerçant certaines responsabilités administratives dans les établissements d'enseignement supérieur relevant du ministre chargé de l'enseignement supérieur). La perspective d'un parcours bac – 3/bac + 3 ouverte par la loi ESR du 22 juillet 2013 devrait renforcer le rôle de ces enseignants, notamment des agrégés, dans l'encadrement des étudiants de licence. En 2018, près de 13 000 enseignants du secondaire ont été affectés dans des établissements d'enseignement supérieur sous tutelle du MESRI. Ils représentent en moyenne 19 % des enseignants titulaires du supérieur, cette part grimpant à 42 % en « langues et littérature » et baissant à 8 % en « biologie et biochimie ».

Il est aussi possible de faire appel à des ***chercheurs***, chargés de recherche et directeurs de recherche, fonctionnaires affectés dans les établissements publics à caractère scientifique et technique (CNRS, INRA, INSERM), qu'ils interviennent ponctuellement ou qu'ils soient détachés dans un emploi d'enseignant-chercheur ; ils sont alors nommés en qualité d'enseignant-chercheur associé (Décr. n° 85-733 du 17 juill. 1985 modifié, art. 6). Le décret prévu par l'article L. 952-1 n'a jamais été édicté. Le décret n° 2009-994 du 20 août 2009 modifiant le décret n° 2001-935 du 11 octobre 2001 institue une prime de mobilité pédagogique vers l'enseignement supérieur en faveur des directeurs de recherche et des chargés de recherche qui s'engagent à effectuer pendant une période de trois ans non renouvelable, dans un établissement d'enseignement supérieur, un service annuel d'enseignement correspondant à 42 heures de cours, 64 heures de travaux dirigés.

Les enseignants contractuels

Par dérogation au principe posé par l'article 3 du statut général de la fonction publique selon lequel les emplois permanents de l'État sont occupés par des fonctionnaires de l'État (L. n° 84-16 du 11 janv. 1984, art. 5), des emplois permanents à temps complet d'enseignants-chercheurs peuvent être occupés par des ***personnels associés ou invités*** n'ayant pas le statut de fonctionnaire (à temps plein ou à temps partiel, recrutés pour une durée limitée : V. art. D. 952-5 [renvoi à des décrets] ; L. n° 84-16, art. 5 ; Décr. n° 85-733 du 17 juill. 1985 et n° 91-267 du 6 mars 1991) auxquels il faut ajouter les associés et invités exerçant en CHU (Décr. n° 91-666 du 20 sept. 1991 et n° 93-128 du 27 janv. 1993). Ce n'est là qu'une possibilité nécessitant que l'établissement dispose d'emplois vacants. Il peut s'agir d'emplois de maître de conférences ou de professeur, occupés à plein temps ou à mi-temps (les associés ne devront alors qu'un demi-service). Les enseignants associés ont une expérience professionnelle en rapport avec la spécialité enseignée. Ils sont recrutés selon la même procédure que les enseignants-chercheurs titulaires et ont les mêmes obligations de service et la même limite d'âge (V. note ss. art. L. 952-1) mais peuvent ne pas être renouvelés par un simple refus du président non précédé de la consultation des instances (CE 22 déc. 2017, n° 405603), solution surprenante tant au regard du principe de parallélisme des compétences qu'à celui de la pleine indépendance des universitaires ! Participant au service public de l'enseignement supérieur, les professeurs associés sont des contractuels de droit public (contrat à durée déterminée avec possibilité de renouvellement sans possibilité d'obtenir un CDI, loi Sauvadet n° 2012-347 du 12 mars 2012, art. 7).

Si une association à plein temps est incompatible avec une activité professionnelle publique, des fonctionnaires peuvent être associés à mi-temps ; ainsi, magistrats, inspecteurs généraux ou administrateurs civils pourront participer aux formations juridiques ou politiques. La durée de l'association va de six mois à trois ans renouvelables pour le plein temps ; elle a été portée en 2002 à neuf ans pour le mi-temps. Le statut d'invité est réservé aux étrangers qui sont nommés pour une période allant de un mois à un an (l'art. D. 952-5 renvoie au Décr. n° 78-284 du 8 mars 1978 relatif au recrutement des personnels associés ou invités dans les établissements d'enseignement supérieur et de recherche relevant du ministère des universités et au Décr. n° 85-733 du 17 juill. 1985 relatif au recrutement des maîtres de conférences et professeurs des universités associés ou invités).

L'article L. 952-1 vise enfin les ***chargés d'enseignement***. Exerçant une activité professionnelle à titre principal, salariée ou non salariée, nommés pour une durée déterminée par le président de l'université après avis du conseil académique, éventuellement sur proposition du directeur de composante, ils sont censés apporter aux étudiants la contribution de leur expérience. Ils sont nommés pour assurer des vacations dans les disciplines autres que médicales et odontologiques sous forme de cours, travaux dirigés ou travaux pratiques, pour une période ne pouvant excéder une année universitaire (il s'agit donc d'un contrat à durée déterminée éventuellement renouvelable dans l'intérêt du service qui n'ouvre pas droit à une transformation en CDI (CE 15 déc. 2010, n° 328373 ; CE 12 sept. 2018, n° 400453). L'exigence d'une activité professionnelle pour assurer des vacations dont le volume horaire est limité a surtout eu pour motif d'éviter la constitution d'un vivier de non-titulaires revendiquant leur titularisation. Une autre précaution a été prise en réservant aux étudiants de troisième cycle de moins de 28 ans les fonctions d'agents temporaires vacataires pour 96 heures de travaux dirigés par an (l'art. D. 952-5 renvoie au Décr. n° 92-131 du 5 févr. 1992 relatif au recrutement d'enseignants contractuels dans les établissements d'enseignement supérieur et au Décr. n° 87-889 du 29 oct. 1987 relatif aux conditions de recrutement et d'emploi de vacataires pour l'enseignement supérieur ; pour les chargés et attachés (V. Décr. n° 86-655 du 14 mars 1986 ; les personnels non titulaires des CHU, Décr. n° 84-134 du 24 févr. 1984 et les chefs de clinique, Décr. n° 2008-744 du 28 juill. 2008). Le décret n° 87-889 du 29 octobre 1987 permet de recruter des retraités comme vacataires. Réagissant aux abus constatés, la LPR n° 2020-1674 du 24 décembre 2020, reprenant une solution déjà adoptée par la circulaire n° 2017-078 du 24 avril 2017, prévoit qu'à partir de la rentrée 2022, la rémunération des chargés d'enseignement vacataires (CEV) et des agents temporaires vacataires (ATV) sera versée mensuellement (LRU, art. 11 ; art. L. 952-1, al. 4) ; par ailleurs, le rapport annexé annonce que les conditions d'emploi et de rémunération de ces personnels feront l'objet d'une concertation avec les représentants des intéressés.

La loi LRU du 10 août 2007 prévoit en outre la possibilité de recruter des ***agents contractuels d'enseignement et/ou de recherche (ou « contractuels LRU »)*** pour une durée déterminée ou indéterminée (art. L. 954-3). Cette possibilité, réservée aux universités et aux établissements, passés aux RCE, a été prévue pour se doter plus aisément des ressources humaines (chercheurs, enseignants-chercheurs ou personnels assurant des fonctions administratives ou techniques) renforçant leur potentiel pour faire face à la concurrence internationale ; elle est subordonnée aux stipulations du contrat d'établissement qui fixent le montant de la masse salariale utilisable à cette fin (art. L. 712-9, « condition n'a jamais été mise en œuvre par les services ministériels et est déjà tombée en désuétude », IGAENR, *juin 2016*). Les personnes retenues peuvent ne pas avoir été qualifiées par une instance nationale (dérogation à l'art. L. 952-6). Elles sont recrutées par le président après avis du comité de sélection (art. L. 952-6-1) mis en place par délibération du conseil académique (art. L. 954-3, V. IGAENR, État des lieux des contractuels recrutés en application de l'art. L. 954-3 C. éduc., *juin 2016*, qui recense en 2015 1835 contrats dans 77 établissements).

Parmi les enseignants non titulaires de l'enseignement supérieur figurent aussi les répétiteurs de langue étrangère et les maîtres de langue étrangère (Décr. n° 2013-310 du 11 avr. 2013 relatif aux modalités de recrutement de certains personnels enseignants non titulaires des établissements d'enseignement supérieur adaptant les conditions de leur recrutement pour prendre en compte la nouvelle organisation du cursus universitaire issue de la réforme « LMD » ; l'art. D. 952-5 renvoie au Décr. n° 87-754 du 14 sept. 1987 relatif au recrutement de lecteurs de langue étrangère et de maîtres de langue étrangère dans les établissements publics d'enseignement supérieur relevant du ministre chargé de l'enseignement supérieur).

L'article L. 952-1 ne cite pas les ***ATER***. Or, après la suppression du recrutement des assistants en 1984, le décret n° 85-1082 du 11 octobre 1985 crée les « allocataires d'enseignement supérieur et de recherche » recrutés pour trois ans non renouvelables avec le même service que les enseignants-chercheurs. Avec le décret n° 88-653 du 7 mai 1988, sont apparus à partir de 1988 des attachés temporaires d'enseignement et de recherche. Il s'agit ici de contractuels que peuvent recruter les établissements d'enseignement supérieur pour une durée déterminée qui varie selon les cas. L'idée est de permettre à des doctorants de terminer leur thèse et/ou à des docteurs de se préparer aux concours de recrutement. Le décret distingue six cas qui peuvent être regroupés en deux séries. Les uns, dont la caractéristique commune est de terminer leur formation, vont se voir proposer un contrat d'un an renouvelable une fois, qu'ils aient soutenu leur thèse ou soient en bonne voie pour le faire ; les autres, fonctionnaires de catégorie A préparant une thèse ou chercheurs étrangers, disposent de trois ans avec une année supplémentaire éventuelle (l'art. D. 952-5 renvoie au Décr. n° 88-654 du 7 mai 1988 relatif au recrutement d'attachés temporaires d'enseignement et de recherche dans les établissements publics d'enseignement supérieur). Les ATER ont les mêmes obligations horaires que les enseignants-chercheurs. Ils assurent également toutes les autres tâches liées à leur enseignement (contrôle des connaissances, examens) sans rémunération complémentaire ou décharge.

Les EPSCP comme les EPST peuvent aussi recruter des docteurs dans le cadre ***du contrat postdoctoral de droit public*** introduit par la LPR n° 2020-1674 du 24 décembre 2020. Conclu au plus tard trois ans après l'obtention du diplôme de doctorat, il a une durée minimale d'un an et maximale de trois ans. Il est renouvelable une fois dans la limite d'une durée totale de quatre ans ; il stipule les engagements de l'établissement concernant l'accompagnement du bénéficiaire du contrat (LRU, art. 7 ; C. rech., art. L. 412-4). En outre, son article 9 permet de recruter une personne pour contribuer à un projet ou à une opération de recherche identifiée par un contrat de droit public à durée indéterminée dit « ***CDI de mission*** », conclu après appel public à candidatures ; par dérogation à la loi n° 84-16 du 11 janvier 1984, il prend fin avec la réalisation de la mission, après un délai de prévenance fixé par décret en Conseil d'État ; l'activité de recherche ne peut être poursuivie par le recours à de nouveaux contrats portant sur des missions similaires ; inspiré des contrats de chantier du droit du travail, il doit éviter le renouvellement des CDD et permettre de sécuriser les agents sans que soit dissipé le risque d'institutionnalisation de la précarité (LPR, art. 9 ; C. rech., art. L. 436).

L'article D. 952-5 renvoie au décret n° 2009-464 du 23 avril 2009 relatif aux ***doctorants contractuels*** des établissements publics d'enseignement supérieur ou de recherche qui abroge les décrets de 1985 (allocations de recherche) et de 1989 (monitorat d'initiation à l'enseignement supérieur, Décr. n° 89-794 du 30 oct. 1989 dans le cadre inter-établissements des centres d'initiation à l'enseignement supérieur, CIES). Les EPSCP, EPST et autres EPA peuvent recruter des étudiants inscrits en thèse par « contrat doctoral » d'une durée de trois ans prolongeable d'un an, conclu par le président sur proposition du directeur de l'école doctorale, après avis du directeur de thèse et du directeur de l'unité ou de l'équipe de recherche (Décr. n° 2009-464 du 23 avr. 2009 relatif aux doctorants contractuels des établissements publics d'enseignement supérieur ou de recherche). Il s'agit d'un contrat de travail de droit public avec les avantages sociaux qui s'y rattachent (sans possibilité de transformation en CDI, expressément exclue par l'art. 7 de la loi Sauvadet n° 2012-347 du 12 mars 2012). Le président arrête chaque année le service individuel du doctorant qui peut être exclusivement consacré à la recherche ou comporter d'autres missions, notamment d'enseignement, dans la limite de 64 heures TD (art. 5, il est envisagé de diminuer cette limite et de permettre aux doctorants d'effectuer leur enseignement dans plusieurs établissements en cas de cotutelle). Les étudiants de troisième cycle âgés de moins de 28 ans peuvent être recrutés comme « vacataires » pour assurer un nombre limité d'heures d'enseignement (96 heures de TD annuelles).

Les articles D. 811-1 et suivants fixent les conditions de recrutement et d'emploi des étudiants dans les établissements publics d'enseignement supérieur prévus à l'article L. 811-2.

La loi n° 2012-347 du 12 mars 2012, dite loi Sauvadet, a mis en place des dispositifs de lutte contre la précarité pour les agents contractuels remplissant certaines conditions permettant tant leur titularisation que le passage en contrat à durée indéterminée, CDI. Ceux-ci ne s'appliquent pas aux agents occupant les emplois régis par une disposition législative faisant exception au principe énoncé à l'article 3 de la loi n° 83-634 du 13 juillet 1983, aussi, les enseignants-chercheurs invités ou associés, les chargés d'enseignement vacataires, les « contractuels LRU », les ATER, les doctorants contractuels comme les lecteurs et maîtres de langue ne peuvent prétendre à un CDI (note de service n° 2013-0016 du 6 août 2013, annexe 5, *BOEN n° 35 du 26 sept. 2013*). ❑

BIBL. GÉN. ▸ Aubin, Plaidoyer en faveur de chartes de déontologie dans les universités, *AJDA 2014. 1*. – Bideault, Thirion et Tourbeaux, Les personnels enseignants de l'enseignement supérieur du ministère de l'Éducation nationale, de l'Enseignement supérieur et de la Recherche, *2014-2015, MENESR, Note de la DGRH – Enseignement supérieur, n° 7, sept. 2016*. – De Baecque, La situation des personnels enseignants des universités, *Doc. fr., oct. 1974*. – Descombes, L'identité collective d'un corps enseignant, *in La Revue du Mauss, n° 33, La Découverte, 2009*. – Espéret, Nouvelle définition des tâches des enseignants et des enseignants-chercheurs dans l'enseignement supérieur français, *Rapport MEN, juill. 2001*. – Fortier, La réforme des universités à l'épreuve de la non-réforme, *AJDA 2010. 299*. – Fréville, Des universitaires mieux évalués, des universités plus responsables, *Sénat, Rapport n° 54, 2001-2002*. – Fressoz, Les enseignants-chercheurs dans la loi liberté et responsabilité des universités, *in Terres du Droit, Dalloz, 2009*. – Gautherin, Missions des enseignants exerçant dans l'enseignement supérieur technologique, *Rapport MEN, 2001*. – Harfi, Étudiants et chercheurs à l'horizon 2020 : enjeux de la mobilité internationale et de l'attractivité de la France, *Commissariat général du plan, 2005*. – Héon, Balme,

Goujon, Héritier et Soulas, Enseignants-chercheurs : le renouvellement des générations, *Rapport MEN, nov. 2002.* – Mascret, Évaluation et financement sur projets accroissent les tensions entre gagnants et perdants dans les universités (Entretien avec Musselin), *AEF, Dépêche 11 mars 2014, n° 194666.* – Melleray, Quel avenir pour les corps universitaires, *RD publ. 2008. 701.* – Mestre, Les statuts des universitaires, *AJDA 1979. 21.* – Musselin, Les universitaires, *La Découverte, coll. Repères Sociologie, 2008.* – Rivero, Les droits et obligations du professeur d'enseignement supérieur, *Revue de l'enseignement supérieur 1960, p. 128.* – Rollot, Réforme universitaire. Les profs en première ligne, *Le Monde, 13 oct. 2007. 25.* – Rousso, Commission sur le racisme et le négationnisme à l'université Jean-Moulin Lyon III, *Rapport MEN, oct. 2004.* – Les enseignants du supérieur, *Rapport, Comité nat. d'évaluation, 1993.* – Rapport sur les enseignants-chercheurs à l'université. La place des femmes, *Rapport MEN, mars 2000.* – Les personnels dans l'université du XXIe siècle : missions, métiers, partage des responsabilités, *Conférence des présidents d'université, Actes du colloque de Poitiers, mars 2003.* – Cour des comptes, La gestion des chercheurs : des améliorations encore nécessaires, *Rapp. public annuel 2015, févr. 2015.*

▸ **Sur le décret modifiant le statut des enseignants-chercheurs :** V. Bibl. ss. art. L. 952-2.

▸ **Sur l'intégrité scientifique :** V. Bibl. ss. art. L. 952-2.

▸ V. aussi : Bibl. ss. art. L. 952-6-1.

SECTION PREMIÈRE **DISPOSITIONS GÉNÉRALES**

Art. L. 952-1 **Sous réserve des dispositions de l'article L. 951-2, le personnel enseignant comprend des enseignants-chercheurs appartenant à l'enseignement supérieur, d'autres enseignants ayant également la qualité de fonctionnaires, des enseignants associés ou invités et des chargés d'enseignement.**

Les enseignants associés ou invités assurent leur service à temps plein ou à temps partiel. Ils sont recrutés pour une durée limitée dans des conditions fixées par décret en Conseil d'État.

(L. n° 2019-1461 du 27 déc. 2019, art. 108) **« Les chargés d'enseignement apportent aux étudiants la contribution de leur expérience. Cette expérience peut être constituée par une fonction élective locale. Les chargés d'enseignement doivent exercer une activité professionnelle principale en dehors de leur activité d'enseignement ou une fonction exécutive locale. » Ils sont nommés pour une durée limitée par le président de l'université, sur proposition de l'unité intéressée, ou le directeur de l'établissement. En cas de perte d'emploi, les chargés d'enseignement désignés précédemment peuvent voir leurs fonctions d'enseignement reconduites pour une durée maximale d'un an.**

(L. n° 2020-1674 du 24 déc. 2020, art. 11, en vigueur au plus tard le 1er sept. 2022) **« La rémunération des chargés d'enseignement vacataires et des agents temporaires vacataires est versée mensuellement. »**

Le recrutement de chercheurs pour des tâches d'enseignement est organisé dans des conditions fixées par décret.

Sur les maîtres de conférences et professeurs des universités associés ou invités, V. Décr. n° 85-733 du 17 juill. 1985, App., v° Statuts particuliers.

Sur les enseignants associés ou invités, V. Décr. n° 91-267 du 6 mars 1991, App., v° Statuts particuliers.

Sur le Conseil national des universités, V. ci-dessous Décr. n° 92-70 du 16 janv. 1992.

BIBL. ▸ Bigaut, Dubourg-Lavroff, Peretti, Picq et Ponsot, Évolution du statut d'attaché temporaire d'enseignement et de recherche, *Rapp. IGAENR, n° 2014-062, juill. 2014.* – Brondel, Nouvelles règles pour la gestion des enseignants associés des établissements supérieurs, *AJDA 2012. 182* ⌀. – Hazara et Thirion, Les enseignants non permanents affectés dans l'enseignement supérieur. Bilan de l'année 2015-2016, *MESRI, Note de la DGRH - Enseignement supérieur, n° 4, juin 2017.* – De Montecler, La tension monte dans l'enseignement supérieur, *AJDA 2020. 1140* ⌀. – Sery et Thirion, Les enseignants non permanents affectés dans l'enseignement supérieur (hors hospitalo-universitaires). Bilan de l'année 2014-2015, *MENESR, Note de la DGRH - Enseignement supérieur, n° 4, juin 2016 : http://cache.media.enseignementsup-recherche.gouv.fr/file/statistiques/83/9/Non_permanent_2015_601839.pdf.* – Tourbeaux et Thirion, Situation des personnels enseignants non permanents affectés dans l'enseignement supérieur, 2013-2014, *MENESR, Étude de la DGRH A1-1, 2014, http://www.enseignementsup-recherche.gouv.fr/cid22708/bilans-et-statistiques.html.* – Sur la lecture qu'effectuent certains établissements du Décr. n° 87-889 du 29 octobre 1987 relatif aux conditions de recrutement et d'emploi de vacataires pour l'enseignement supérieur, Rép. min. n° 42117, *JOAN Q 17 déc. 2013, p. 13296.* – Étude des freins aux carrières des enseignant.e.s-chercheur.e.s et réponses apportées par des politiques publiques dans certains pays européens, European Platform of Women Scientists (epws), *Rapp. du MENESR, déc. 16 B 05, 2016 : https://s3-eu-west-1.amazonaws.com/data.epws.org/DOCUMENTS/REPORTS/2017/rapport+EPWS+MENESR+22072016.pdf.* – European Code of Conduct for Research Integrity, *All European Academies* (ALLEA), *Revised Edition, 2017 : http://www.allea.org/wp-content/uploads/2017/03/ALLEA-European-Code-of-Conduct-for-Research-Integrity-2017-1.pdf.*

I. PROFESSEURS ASSOCIÉS

1. Statut. Ni les prescriptions du statut général des fonctionnaires, inapplicables aux enseignants associés ou invités de l'enseignement supérieur, qui n'ont pas la qualité de fonctionnaires, ni aucune autre disposition législative ou réglementaire n'imposaient au gouvernement de consulter le Conseil supérieur de la fonction publique avant d'édicter, par le Décr. du 8 mars 1978, le statut de ces personnels. • CE, sect., 20 mars 1981, *Synd. général de l'éducation nat. CFDT*, n° 12399 A : *RD publ. 1981. 1454, concl. Massot ; AJDA 1981. 544, obs. S.S.*

2. Incompatibilité. Mandat parlementaire. Maître de conférences. Le Conseil constitutionnel saisi d'une éventuelle incompatibilité entre le mandat d'un député et les fonctions de maître de conférences exercées par ailleurs a rappelé, dans un premier temps, qu'en application de l'art. L.O. 142 C. élect. l'exercice des fonctions publiques non électives était incompatible avec le mandat de député mais qu'étaient exceptés de ces dispositions notamment les professeurs qui, à la date de leur élection, étaient titulaires de chaires données sur présentation des corps où la vacance s'est produite ou chargés de direction de recherches. S'agissant des maîtres de conférences, il a répondu en considérant que ces dispositions les autorisaient à cumuler leurs fonctions avec un mandat parlementaire, au motif que ceux-ci sont des enseignants-chercheurs titulaires comme les professeurs d'université et bénéficient des mêmes garanties d'indépendance que ces derniers. Dès lors, il considère que ces fonctions sont compatibles avec un mandat de député. • Cons. const. 19 déc. 2013, n° 2013-30 I : *AJDA 2014. 352, note Camby ; AJFP 2014. 101, note Toulemonde ; LIJ 2014, n° 182, p. 14.*

3. Incompatibilité. Mandat parlementaire. Professeurs associés. N'étant pas titulaires, les professeurs associés n'entrent pas dans le champ d'application de la disposition qui réserve aux professeurs titulaires de chaires la faculté de cumuler leurs fonctions avec l'exercice d'un mandat parlementaire. • Cons. const. 14 févr. 2008, *Situation de trois députés au regard du régime des incompatibilités parlementaires*, n° 2008-24-25-26 I : *AJDA 2008. 1154, note Toulemonde.*

4. Recrutement. Publication de poste. En l'absence de texte prévoyant une telle obligation, les vacances d'emplois contractuels de professeur des universités associé ne sont pas soumises à une obligation de publicité préalable. • CE 20 mars 2009, n° 299170 B : *AJDA 2009. 627 ; Rev. adm. 2009. 485, n° 371, note Degoffe.*

5. Recrutement. Examen des candidatures. La commission de spécialistes compétente pour proposer les nominations de professeurs des universités et de maîtres de conférences associés, alors mentionnée à l'art. 2 du Décr. n° 85-733 du 17 juill. 1985, est tenue d'examiner l'ensemble des candidatures qui lui ont été transmises pour pourvoir à ces deux catégories d'emplois vacants. Même en l'absence de décision de l'autorité compétente sur la répartition des emplois d'enseignants associés au sein de l'UFR entre les emplois de maîtres de conférences et de professeurs associés, la commission de spécialistes compétente est tenue d'examiner l'ensemble des candidatures qui lui ont été transmises et il lui appartient, après examen de celles-ci, de présenter ses propositions. • CE 20 mars 2009, n° 299170 B.

6. Recrutement. Condition d'âge. Discrimination. Les dispositions contestées de l'art. 2 du Décr. du 12 mai 1981 relatif au recrutement de professeurs contractuels réservent un traitement moins favorable aux personnes qui n'ont pas atteint le seuil d'âge de 35 ans par rapport à celles qui dépassent cet âge. L'application de ce critère peut conduire à traiter de façon différente des personnes qui présentent les titres et les qualifications professionnelles requis par la réglementation et remplissent par ailleurs les conditions d'aptitude physique, la différence de traitement se fondant exclusivement sur le critère de l'âge respectif de ces personnes. Ce faisant, le Décr. attaqué instaure une discrimination directe fondée sur l'âge au sens du b) du § 2 de l'art. 2 de la Dir. du 27 nov. 2000 qui était transposée à la date de la décision attaquée. • CE 8 déc. 2010, n° 326742 : *AJDA 2011. 406.*

7. Recrutement. Critères. Activité professionnelle. Le juge considère en effet que ces dispositions ont pour objet de permettre aux universités d'accueillir des enseignants à temps partiel disposant d'une expérience professionnelle pouvant directement bénéficier à l'université et à ses étudiants et que, pour apprécier si l'activité professionnelle concernée peut être qualifiée de principale, l'autorité compétente pour recruter l'enseignant associé doit prendre en compte tout à la fois le temps qui est consacré à cette activité et la rémunération qui y est attachée. • CE 23 déc. 2011, n° 340330 B : *AJDA 2012. 69 ; D. 2012. 287 ; LIJ 2012, n° 163, p. 12.* ♦ Pour un requérant exerçant une activité de comptable dans le cadre d'un CDD à temps partiel au sein d'une société dont la rémunération est nettement inférieure à celle d'un maître de conférences associé à mi-temps en début de carrière et malgré la circonstance qu'elle y consacre un nombre d'heures plus élevé que ses heures d'enseignement en qualité de maître de conférences associé, l'activité de comptable du requérant ne saurait constituer une activité professionnelle principale au sens de l'article précité ; la circonstance que les conditions de son emploi comme comptable n'auraient pas évolué depuis son recrutement, et que l'administration aurait donc été en mesure dès cette date de constater l'irrégularité de sa situation, est sans incidence sur la légalité de la décision litigieuse ; par suite, l'administration a pu légalement ne pas renouveler le contrat de la requérante au motif qu'elle ne justifiait pas d'une activité professionnelle principale autre que d'enseignement : • CAA Nancy, 8 avr. 2010, n° 09NC01056 : *LIJ 2010, n° 147, p. 14.* ♦ La cessation de l'activité principale de l'enseignant associé entraîne de plein droit la résiliation du contrat d'association. • CE 23 févr. 2009, n° 311170 (pour l'ouverture d'une procédure de liquidation judiciaire de l'entreprise dans laquelle l'enseignant associé exerce). • CE 27 juill. 2005, n° 274283 (s'agissant d'une enseignante associée à l'activité professionnelle irrégulière).

8. Recrutement. Contestation. Intérêt à agir. Les conditions de recrutement d'un enseignant-chercheur associé, en l'espèce un maître assistant associé des écoles d'architecture, laissant une grande latitude aux établissements concernés, privent pratiquement de ce fait le candidat non retenu à ce recrutement d'un intérêt à contester le choix réalisé par le conseil d'administration de l'établissement. • CAA Nantes, 14 mars 2006, n° 05NT00545 : *AJDA 2006. 1494, note Artus*.

9. Recrutement. Contestation. Référé. Un requérant demandait la suspension du Décr. portant nomination d'un professeur des universités associé à mi-temps dans une université. En l'absence de circonstances particulières, ni une telle nomination, ni les conséquences qui en découlent quant à l'inscription sur les listes électorales du conseil de l'unité de formation et de recherche dont relève l'intéressé ne sont de nature, alors même que des élections auront lieu prochainement, à porter aux intérêts défendus par le requérant une atteinte suffisamment grave pour constituer une situation d'urgence. • CE, ord., 6 déc. 2006, n° 299171.

10. Nomination. Les professeurs associés de l'enseignement supérieur qui occupent, à titre temporaire, des emplois de professeurs titulaires, qui ont les mêmes obligations de service et les mêmes limites d'âge que les professeurs titulaires de l'enseignement supérieur et dont la rémunération est fixée par référence à celle de ces professeurs, occupent le même rang que ceux-ci dans la hiérarchie des personnels de l'enseignement supérieur. Ils sont compris au nombre des « professeurs de l'enseignement supérieur » et donc nommés par Décr. du Président de la République. • CE, sect., 20 mars 1981, *Synd. général de l'éducation nat. CFDT,* n° 12399 A : *préc. note 1.*

11. Nature du contrat. Les enseignants associés ont, en tant qu'ils participent au service public administratif de l'enseignement, le statut d'agent contractuel de droit public. • CAA Nancy, 18 juin 2009, n° 08NC00271 : *AJFP 2009. 271*. ♦ Un enseignant associé engagé sous contrat contenant un terme et renouvelé à plusieurs reprises même de manière continue ne bénéficie pas d'un contrat à durée indéterminée. • CAA Nantes, 28 déc. 2006, n° 05NT01458 : *AJDA 2007. 986, concl. Artus*. ♦ Il suit de là, que l'intéressé a fait l'objet, non d'un licenciement, mais d'un non-renouvellement de son engagement à durée déterminée, au terme de celui-ci. En l'espèce, cette décision, fondée, pour l'essentiel, sur le fait que le requérant n'a pas rempli les objectifs qui lui étaient assignés, n'a pas revêtu le caractère d'une sanction disciplinaire. Une telle décision n'avait pas, dès lors, à être précédée de la communication, à l'intéressé, de son dossier. • Même décision.

12. Recrutement sur contrat à durée déterminée (dispositif antérieur à la loi du 10 août 2007). S'il résulte des dispositions combinées des art. 12 et 13 de la L. du 26 juill. 2005 que les contrats à durée déterminée des agents de la fonction publique de l'État recrutés dans les cas prévus par l'art. 4 de la L. du 11 janv. 1984 sont, dans certaines conditions, reconduits pour une durée indéterminée à l'expiration d'une période de six ans, les dispositions de cet article ne s'appliquent pas aux professeurs des universités associés, dont le recrutement s'effectue sur le fondement exclusif de l'art. 5 de la L. du 11 janv. 1984. • CE 21 mai 2008, n° 299553 B : *AJDA 2008. 1029* ; *ibid. 1735* ; *LIJ 2009, n° 140, p. 25* • TA Lyon, 15 sept. 2009, n° 0708700 : *LIJ 2009, n° 140, p. 25.* ♦ Ces dispositions ne sont pas incompatibles avec les dispositions de la directive 1999/70/CE du Conseil du 28 juin 1999 concernant l'accord cadre CES, UNICE et CEEP sur le travail à durée déterminée. • CE 15 déc. 2010, n° 328372 B : *AJDA 2010. 2457* • CE 15 déc. 2010, n° 328373. ♦ Ces dispositions n'ont pas été abrogées par celles de la L. n° 2005-843 du 26 juill. 2005 qui ne permettent la reconduction des contrats à durée déterminée au-delà de six ans que par décision expresse et pour une durée indéterminée. Par suite, les contrats passés par les universités en vue de recruter des agents chargés d'enseignement ne peuvent être conclus que pour une durée déterminée. • CE 15 déc. 2010, n° 328372. ♦ Même solution pour une enseignante ayant dispensé des enseignements pendant 25 ans au sein d'une université sur le fondement de contrats à durée déterminée conclus chaque année, en en faisant application à des faits postérieurs à la loi LRU du 10 août 2007. • CE 12 sept. 2018, n° 400453 : *LIJ 2019, n° 205, p. 13.*

13. Contrat à durée déterminée. Renouvellement. Motifs. Le juge européen accepte une réglementation qui permet aux universités de procéder au renouvellement des contrats de travail à durée déterminée successifs conclus avec des enseignants associés, sans aucune limitation en ce qui concerne la durée maximale et le nombre de renouvellements de ces contrats, dès lors que de tels contrats sont justifiés par une raison objective. Il estime qu'il appartient à la juridiction nationale de vérifier si le renouvellement est justifié par une raison objective et si le renouvellement des contrats de travail visait effectivement à couvrir des besoins provisoires et qu'il n'a pas été utilisé, en fait, pour satisfaire des besoins permanents et durables en matière de recrutement de personnels enseignants. • CJUE 13 mars 2014, *Antonio Márquez Samohano contre Universitat Pompeu Fabra*, n° C-190/13 : *AJDA 2014. 1147, chron. Aubert, Broussy et Cassagnabère ; AJFP 2014. 305 ; RTD eur. 2014. 513, obs. Robin-Olivier .*

14. Droit à un recrutement en CDI. Dispositif antérieur à l'entrée en vigueur de l'art. 19 de la loi du 10 août 2007. Le juge administratif estime qu'une contractuelle de l'université est exclue du bénéfice du CDI en application des dispositions spécifiques du code de l'éducation sur le recrutement des enseignants associés. Alors que cette exclusion est levée à compter de l'entrée en vigueur de la L. du 10 août 2007 relative aux libertés et responsabilités des universités, la requérante n'obtient que l'annulation pour vice de forme du non-renouvellement de son dernier CDD. Le juge précise en effet que le recrutement par les universités d'agents non titulaires pour exercer des fonctions d'enseignement est régi par les dispositions particulières des art. L. 951-2 et L. 952-1. Il résulte de ces dispositions, qui n'étaient pas abrogées par la L. du 26 juill. 2005, que les contrats passés par les universités en vue de recruter des enseignants associés ou des agents chargés d'enseignement ne pouvaient être conclus que pour une durée déterminée, au moins jusqu'à l'entrée en vigueur de l'art. 19 de la L. du 10 août 2007 qui a abrogé le 2e al. précité de l'art. L. 951-2 C. éduc. Par suite, la requérante n'est pas fondée à soutenir qu'elle aurait dû bénéficier d'un contrat à durée indéterminée au 31 août 2005, soit à l'échéance du contrat dont elle bénéficiait à la date de publication de la L. du 26 juill. 2005, au regard de ses contrats successifs de chargé, d'enseignement de 1992 à 2002, puis de professeur contractuelle à compter de l'année universitaire 2002-2003. • TA Lyon, 25 mai 2011, n° 0806407 : *AJFP 2012. 54 .*

15. Droit à un recrutement en CDI. Entretien préalable. Aux termes de l'art. 45 du Décr. du 17 janv. 1986 : « Lorsque l'agent non titulaire est recruté par un contrat à durée déterminée susceptible d'être reconduit, l'administration lui notifie son intention de renouveler ou non l'engagement au plus tard : [...] au début du 3e mois précédant le terme de l'engagement pour le contrat susceptible d'être reconduit pour une durée indéterminée. Dans ce cas, la notification de la décision doit être précédée d'un entretien. [...] ». En l'espèce, il ressort des pièces du dossier que la requérante a été recrutée sur un emploi permanent à compter de l'année universitaire 2002-2003 par des contrats successifs à durée déterminée d'un an, renouvelés sans interruption jusqu'à l'année universitaire 2007-2008. Le juge estime qu'eu égard à cette période de 6 années successives d'engagement, l'intéressée était dans la situation de bénéficier, de plein droit, d'un contrat à durée indéterminée dans l'hypothèse où l'administration aurait envisagé de poursuivre son engagement. Dès lors, la décision attaquée ne pouvait régulièrement intervenir sans avoir été précédée de l'entretien prévu par les dispositions précitées de l'art. 45 du Décr. du 17 janv. 1986. En l'espèce, il ne ressort pas des pièces du dossier que cet entretien aurait eu lieu ; la requérante est donc fondée à demander l'annulation de cette décision. • TA Lyon, 25 mai 2011, n° 0806407 : *préc. note 14.*

16. Reclassement dans un corps de l'enseignement supérieur. Le Décr. du 26 avr. 1985 prévoit que la durée des fonctions d'enseignement supérieur exercées antérieurement par l'intéressé en France ou à l'étranger et de niveau équivalent à celles du corps dans lequel il est nommé peut être prise en compte pour son reclassement après avis de la section compétente du Conseil supérieur des universités. Les juges du fond apprécient de manière souveraine cette équivalence des fonctions exercées. • CE 18 févr. 2005, n° 258464 B. ♦ Le juge de l'excès de pouvoir exerce un contrôle normal sur l'appréciation de l'équivalence. • CE 30 déc. 1996, n° 154388 B.

17. Transformation CDD en CDI. Notion de même employeur. Le Conseil d'État juge qu'un agent contractuel de l'État employé pendant plus de six ans dans les mêmes fonctions auprès de différents employeurs peut obtenir un CDI s'il est prouvé un lien entre les relations de travail, conférant à ces employeurs une unicité. Le Conseil d'État a en effet estimé qu'il résulte de l'art. 6 *bis* de la L. n° 84-16 du 11 janv. 1984 que lorsqu'un agent demande la transformation de son contrat en CDI, il appartient au juge administratif, saisi par l'intéressé, de rechercher, en recourant au besoin à la méthode du faisceau d'indices, si en dépit de l'existence de plusieurs employeurs apparents, l'agent peut être regardé comme ayant accompli la durée nécessaire de services publics effectifs auprès d'un employeur unique. Ces indices peuvent être notamment les conditions d'exécution du contrat, en particulier le lieu d'affectation de l'agent, la nature des missions qui lui sont confiées et l'existence ou non d'un lien de subordination vis-à-vis du chef du service concerné. En l'espèce, la cour avait estimé que dès lors que l'intéressé était demeuré affecté, pendant la période comprise entre le 1er nov. 2010 et le 31 août 2012, dans le cadre de son contrat d'engagement en qualité d'ATER conclu avec une université, au sein de la même UMR que celle dans laquelle il avait effectué un précédent CDD, et qu'il y avait poursuivi des activités de recherche, cette affectation devait être regardée comme des services publics effectifs accomplis auprès du CNRS, au sens de l'art. 6 *bis* de la L. du 11 janv. 1984. Le Conseil d'État a jugé qu'en statuant ainsi, alors qu'il résulte des dispositions du Décr. n° 88-654 du 7 mai 1988 qu'un contrat d'ATER, qui ne peut être conclu que par un établissement d'enseignement supérieur, a pour objet principal de définir les obligations d'enseignement de l'intéressé pour le compte de cet établissement, la cour avait commis une erreur de droit. • CE 9 oct. 2019, n° 422866 B : *AJDA 2019. 2023 ; La Lettre Vigie 2019, n° 116, p. 24 ; LIJ 2020, n° 209, janv. 2020, p. 8.*

18. Service prolongé au-delà du contrat d'association. Rémunération. Un maître de conférences associé, dont les fonctions ont pris fin de plein droit (du fait de la cessation, pour cause de retraite, de l'activité principale au titre de laquelle avait été conclu son contrat d'association), a vu son service prolongé d'une année par l'université qui recourait à son expérience professionnelle depuis neuf ans, mais cette fois en qualité de chargé d'enseignement vacataire, à un taux de rémunération réglementaire très inférieur. Il conteste cette rémunération et demande réparation du préjudice qu'il estime avoir subi. Le tribunal lui donne raison et condamne l'université au versement des indemnités sollicitées. En l'espèce, le juge sanctionne donc le recrutement de l'intéressé en qualité de vacataire comme une illégalité fautive engageant la responsabilité de l'université au motif que, en vertu de l'art. 6 de la L. du 11 janv. 1984 dans sa rédaction à l'époque des faits, « un vacataire n'a vocation à exercer que des fonctions susceptibles d'être confiées à des fonctionnaires » alors qu'il n'existe pas de corps de fonctionnaires susceptibles d'assurer les fonctions d'enseignant associé, lesquelles consistent à dispenser un enseignement en rapport avec une expérience professionnelle extérieure à l'université. • TA Amiens, 21 nov. 2013, n° 1200932 : *AJFP 2014. 247*.

19. Validation des services. Peuvent être validés pour la retraite les services accomplis à temps complet en qualité de personnel associé auprès des établissements d'enseignement supérieur. Un requérant ne peut dès lors se prévaloir, pour l'obtention de droits à pension, de services qu'il a effectués en qualité de chargé de cours et de personnel associé à mi-temps. • CE 23 oct. 2006, n° 272150. ♦ Un Arr. du 10 août 1976 a autorisé la validation pour la retraite des services de contractuel effectués par les enseignants associés. En vertu du Décr. n° 69-543 du 6 juin 1969 relatif au recrutement de personnel associé dans les établissements d'enseignement supérieur, qui constituait la réglementation alors applicable, cette notion couvrait très largement les contrats conclus avec des enseignants, même pour de courtes durées. Mais le Décr. n° 78-284 du 8 mars 1978, tout en maintenant la possibilité de recruter des enseignants associés, a réservé le titre d'enseignant invité à ceux des enseignants ou chercheurs étrangers appelés à assurer un service d'enseignement ou de recherche pour une période inférieure ou égale à trois mois. Il résulte de ces dispositions que les services accomplis en qualité d'enseignant invité après l'entrée en vigueur de ce dernier Décr. étaient auparavant entièrement inclus dans la définition des enseignants associés du Décr. du 6 juin 1969, que visait l'arrêté interministériel du 10 août 1976, lequel n'a été ni modifié ni complété pour préciser, au regard des possibilités de validation, la portée de la dissociation introduite en 1978 entre les services d'enseignants associés et ceux d'enseignants invités. Dans ces conditions les services accomplis en qualité d'enseignant invité auprès d'établissements d'enseignement supérieur et de recherche doivent être regardés comme ouvrant droit à validation pour la retraite. • CE 20 juin 2007, n° 294067 B : *AJDA 2007. 1273*.

20. Prestations d'enseignement. Un établissement d'enseignement supérieur qui n'est pas en mesure de confier des activités d'enseignement supérieur à des enseignants-chercheurs, à d'autres enseignants ayant la qualité de fonctionnaires ou à des enseignants invités ou associés, peut faire appel soit à des chargés d'enseignement recrutés et rémunérés selon les modalités prévues par le Décr. n° 87-889 du 29 oct. 1987 soit, s'il dispose des compétences élargies, à des enseignants contractuels. * Lettre DAJ B1, n° 08-273, du 23 sept. 2008 : *LIJ 2008, n° 129, p. 23* * Lettre DAJ B1, n° 08-392, du 18 déc. 2008 : *LIJ 2009, n° 132, p. 27.* ♦ Cette réglementation implique que seules des personnes physiques peuvent être rémunérées pour de telles prestations et que toute possibilité de convention avec une entreprise mettant son personnel au service de l'établissement est exclue. * Lettre DAJ B1, n° 09-03, du 6 janv. 2009 : *LIJ 2009, n° 133, p. 27.* ♦ La possibilité de recruter une personne faisant partie d'une entreprise de portage salarial est donc exclue à moins que cette personne accepte d'exercer ses activités en dehors de ce dispositif et sous réserve de satisfaire à l'obligation posée par l'art. 2 du Décr. du 29 oct. 1987 d'accomplir une activité salariée d'au moins neuf cents heures par an. * Lettre DAJ B1, n° 09-03, du 6 janv. 2009 : *préc.*

21. Renouvellement. Droit. Absence. Les enseignants associés ne peuvent se prévaloir d'aucun droit au renouvellement de leur contrat. • TA Lille, 8 nov. 2001, n° 97-3889. ♦ Légalité de la délibération du conseil d'administration d'une université fondée sur le motif qu'un tel renouvellement n'est pas compatible avec la politique suivie par l'université vis-à-vis de ces professeurs. • CE 21 mai 2008, n° 299553 B : *préc. note 12.*

22. Renouvellement. Compétence du président. Conditions. Le Conseil d'État rappelle que, selon les dispositions de l'art. 2 du Décr. du 17 juill. 1985, les nominations de professeurs associés des universités sont prononcées par décret du Président de la République, et que si ces derniers peuvent, au terme d'une période de trois ans, être maintenus en fonction, sur leur demande, par arrêté du président ou du directeur de l'établissement, il ne peut en être ainsi que si le décret de nomination l'a prévu. En l'absence d'une telle disposition, le directeur de l'établissement n'avait pas compétence pour renouveler l'intéressé dans ses fonctions. • CE 12 févr. 2020, n° 425401 B : *AJDA 2020. 379* ; *AJFP 2020. 188* ; *LIJ 2020, n° 211, p. 12.*

23. Renouvellement. Procédure applicable. Le Conseil d'État a jugé que l'art. 2 du Décr. n° 85-733 du 17 juill. 1985 régit la nomination ou le renouvellement dans ses fonctions d'un professeur associé, mais n'est, en revanche, pas applicable aux refus de nommer ou de renouveler un professeur associé. En l'espèce, le président de l'université d'Aix-Marseille avait refusé le maintien dans ses fonctions d'un professeur associé à mi-temps, révélé par un courrier du doyen de l'UFR d'économie et de gestion de cette université. • CE 22 déc. 2017, n° 405603.

24. Renouvellement de contrat. Appréciation de l'activité professionnelle principale. Critère du volume de l'activité principale. Contestant le refus opposé par le ministre à une demande de renouvellement de son contrat au motif qu'il ne tirait pas de ressources suffisantes de son activité professionnelle principale de consultant, le juge précise qu'en se « bornant à prendre en compte, pour apprécier si l'activité professionnelle pouvait être qualifiée de "principale", le seul niveau de rémunération produit par elle, sans tenir compte du temps qui y était consacré, le ministre a commis une erreur de droit ». Le juge relève, en l'espèce, que le ministre avait à juste titre retenu que l'activité principale du requérant avait été déficitaire deux années, puis à l'équilibre une année et faiblement bénéficiaire ensuite alors que le requérant n'avait « pas apporté d'éléments suffisamment précis permettant d'évaluer le volume de temps consacré à son activité ». • CAA Nantes, 17 juill. 2014, n° 13NT01680 : *LIJ 2015, n° 188, p. 16.*

25. Doctorant contractuel. Condamnation pénale. Rupture du contrat. V. notes ss. art. L. 612-7.

26. Doctorant contractuel – Signes d'appartenance religieuse. V. notes ss. art. L. 612-7.

27. Enseignements complémentaires. Notion. Suivi des étudiants. Partenariat avec les entreprises. Prolongement nécessaire des activités d'enseignement. Heures complémentaires (non). Un maître de conférences associé dans un IUT contestait la décision implicite par laquelle l'université avait rejeté sa demande de rémunération d'heures complémentaires qu'il soutenait avoir effectuées dans le cadre de sa mission de suivi des étudiants ayant choisi un enseignement en alternance, des projets tutorés et des projets professionnels personnalisés d'un groupe d'étudiants et de sa mission relative au partenariat avec les entreprises. Le juge, rappelant les dispositions du Décr. n° 2007-772 du 10 mai 2007 relatif à la rémunération des personnels enseignants associés ou invités ainsi que celles du Décr. du 23 déc. 1983 sur la notion d'enseignement complémentaire, a estimé que les missions pour lesquelles le requérant demandait à être rémunéré sur le fondement de ces dispositions ne pouvaient être regardées comme des cours ou des TD, dès lors qu'elles constituent le prolongement nécessaire de ses activités d'enseignement, s'agissant du suivi d'étudiants et de sa mission relative au partenariat avec les entreprises. • TA Lyon, 22 janv. 2020, n° 1801294 ; *LIJ 2020, n° 211, p. 13.*

II. CHARGÉS D'ENSEIGNEMENT

28. Nature du contrat. CDD. Un chargé d'enseignement qui avait ouvert un cabinet d'expert-comptable et dont l'activité principale n'était pas constituée par son enseignement à l'université relevait, à la date des faits donc du Décr. du 29 oct. 1987 relatif aux conditions de recrutement et d'emploi de vacataires pour l'enseignement supérieur et non pas du Décr. du 17 janv. 1986 relatif aux agents non titulaires de l'État. • CE 13 janv. 2010, n° 313553 : *AJDA 2010. 1105* . ♦ Les dispositions législatives précitées applicables à la date des faits litigieux stipulent que les contrats passés par les universités en vue de recruter des agents non titulaires devaient être conclus pour une durée déterminée. Par suite, la circonstance qu'un tel contrat ait été conclu verbalement ne pouvait avoir légalement pour effet de lui conférer une durée indéterminée. • CE 13 janv. 2010, n° 313553 : *préc.*

29. Transformation du contrat en CDD (non). Le président de l'université ayant rejeté la demande de chargés d'enseignement vacataires de requalification de leurs contrats en CDI, le juge rappelle que « les contrats passés par les universités en vue de recruter des chargés d'enseignement sont conclus pour une durée déterminée, le cas échéant renouvelable ». Il juge par conséquent que les requérants ne pouvaient, en qualité de chargés d'enseignement vacataires « prétendre à ce que de tels services, dont les personnes en charge sont censées exercer une activité professionnelle principale en dehors de leur activité d'enseignement, entrent dans le champ de la loi du 12 mars 2012 et puissent être requalifiés en contrats à durée indéterminée ». En l'espèce, ils ne pouvaient pas davantage y prétendre au titre de services par ailleurs accomplis en qualité de professeurs associés. • CAA Marseille, 18 juin 2019, n°s 18MA01619 et 18MA01777 : *LIJ 2019, n° 208, p. 9.* ♦ Le Conseil d'État avait déjà jugé que le recrutement par les universités d'agents non titulaires pour exercer des fonctions d'enseignement est régi par les dispositions particulières de l'art. L. 952-1 et par le Décr. pris pour son application. Ces dispositions n'ont pas été abrogées par celles de la L. n° 2005-843 du 26 juill. 2005 qui ne permettent la reconduction des contrats à durée déterminée au-delà de six ans que par décision expresse et pour une durée indéterminée. • CE 15 déc. 2010, n°s 328372 B et 328373 : *AJDA 2010. 2457* • CE 12 sept. 2018, n° 400453. ♦ Développant un point sur lequel le Conseil d'État ne s'était pas prononcé, le TA précise que, par suite, les contrats successifs par lesquels la requérante a été engagée en qualité de chargée d'enseignement ne peuvent être regardés comme des CDD ouvrant droit à la transformation en CDI en application des dispositions de l'art. 6 *bis* de la L. n° 84-16 du 11 janv. 1984. • TA Paris, 8 avr. 2020, n° 1800177 et 1800227 : *LIJ 2021, n° 213, p. 19.*

30. Paiement des vacations. Refus de payer. Recours en référé-provision tendant au règlement des heures de vacation effectuées à l'université, qui refuse de payer le service fait au motif que le requérant ne remplissait plus les conditions d'âge pour effectuer des vacations. Provision accordée pour les sommes non sérieusement contestables. • TA Cergy-Pontoise, 16 nov. 2011, n° 1105427 : *AJFP 2012. 83* .

31. Régime indemnitaire. Enseignement à distance. Absence. A une question posée sur les possibilités de rémunérer les enseignants vacataires en EAD suite à un jugement de mise en débet d'un agent comptable, au motif que les activités d'EAD sont des fonctions accessoires réalisées en sus des obligations de service, la Direction générale des finances publiques conclu à l'impossibilité de rémunérer les activités d'enseignement réalisées par des personnels non titulaires au titre de l'EAD. Comme la CRC, elle estime que la rémunération de telles prestations ne peut intervenir sur la base du Décr. n° 83-1175 du 23 déc. 1983 relatif aux indemnités pour enseignements complémentaires mais relève du Décr. n° 99-855 du 4 oct. 1999 instituant une prime de responsabilités pédagogiques. Elle précise que, si l'établissement souhaite que de telles dispositions soient prises, il lui appartient de solliciter l'avis de son ministère de tutelle, qui lui indiquera s'il existe une possibilité dérogatoire en la matière. * *DGFIP, Bureau CE – 2B « Opérateurs de l'État », Question/Réponse du 15 avr. 2011.*

32. Allocataire de recherche. Cumul d'activités. Une allocataire de recherche, moniteur de l'enseignement supérieur ayant cumulé avec sa rémunération publique, sans autorisation de son président d'université, une rémunération privée perçue pour un emploi à temps plein dans un cabinet d'avocats, où elle a travaillé sous un statut de stagiaire pendant près de huit mois, s'était vu demander par son université le reversement des sommes illégalement perçues au titre des contrats d'allocation de recherche et de monitorat. Le juge administratif rejette sur le principe sa demande, considérant que les règles statutaires relatives à la déclaration de cumul de la fonction publique sont applicables pour toute fonction qui, en raison de son importance, suffirait à occuper normalement à elle seule l'activité d'un agent et dont la rémunération, quelle que soit sa dénomination, constituerait à raison de sa quotité un traitement normal pour ledit agent. En l'espèce, ces dispositions sont applicables aux allocataires de recherche, liés à l'État, représenté par le chef d'établissement, par un contrat de travail et qui s'engagent à exercer pour une rémunération mensuelle, et à l'exclusion de toute autre activité rémunérée de caractère permanent, l'activité de recherche définie par leur contrat dans l'établissement désigné par celui-ci. • CAA Nancy, 6 août 2009, n° 08NC01097 : *AJFP 2009. 300, note Fortier* .

III. CHERCHEUR POST-DOCTORAL

33. Service effectif. Durée. Prise en compte. Le Conseil d'État a jugé que les années de contrat d'un chercheur post-doctoral sont des années de service effectif à prendre en compte dans le cadre de l'application de la loi Sauvadet (L. du 12 mars 2012). En l'espèce, l'intéressé, qui avait accompli un travail de recherche en qualité de chercheur post-doctoral au sein du CNRS et avait ensuite été recruté comme chercheur contractuel en vertu de plusieurs CDD successifs avait demandé à bénéficier d'un CDI qui lui avait été refusé. Le juge y a fait droit en estimant que la période de travail effectuée en qualité de chercheur post-doctoral devait être prise en compte au titre des années de services publics effectifs accomplis auprès du CNRS. • CE 28 mars 2018, n° 402913 B : *AJDA 2018. 712* .

34. Post-doc effectué au Canada. Reclassement. Prise en compte du temps consacré à la recherche. Dans un litige relatif au classement dans le corps des maîtres de conférences d'un chercheur post-doctorant, dans un État non membre de la Communauté européenne ou non partie à l'accord sur l'EEE, le juge affirme qu'il résulte des art. 5, 14 et 15 du Décr. n° 2009-462 du 23 avr. 2009 que lorsqu'une personne remplissant les conditions prévues à l'art. 5 du même décret a effectué des recherches à l'étranger, dans un État non membre de la Communauté européenne ou non partie à l'accord sur l'Espace économique européen, le temps consacré à la recherche est pris en compte dans la limite de quatre ans prévue à cet article, sans préjudice, au-delà de cette limite, de la prise en compte des services remplissant les conditions prévues à l'art. 14 du même décret. • CE 1er juin 2018, n° 403554 B : *AJDA 2018. 1130*.

IV. DROITS ET OBLIGATIONS

35. Liberté d'expression et obligation de réserve. Dans l'affaire très médiatisée *Matelly*, le Conseil d'État a considéré que les interventions médiatiques reprochées à l'intéressé, officier de gendarmerie, critiquant directement la politique d'organisation des deux grands services français dédiés à la sécurité publique au moment même où celle-ci était en débat devant le Parlement, excédaient les limites que les militaires doivent respecter en raison de la réserve à laquelle ils sont tenus à l'égard des autorités publiques et qu'elles sont ainsi de nature à justifier le prononcé de l'une des sanctions disciplinaires ; il a aussi considéré que ni la circonstance que l'intéressé collabore, avec l'accord de sa hiérarchie, à des travaux du Centre national de la recherche scientifique, qualité qui ne lui confère pas le statut de chercheur et ne lui permet en tout état de cause pas de se prévaloir de la liberté d'expression reconnue aux universitaires, ni celle qu'il occuperait un rang modeste dans la hiérarchie militaire ne sauraient l'exonérer de sa responsabilité quant aux propos ainsi tenus. • CE 12 janv. 2011, *M. Matelly*, n° 338461 A : *AJDA 2011. 623, note Aubin* ; *AJFP 2011. 115*. ♦ En l'espèce, le juge a estimé toutefois qu'eu égard à l'ensemble des données de l'espèce et notamment à la teneur des propos tenus qui expriment une critique de fond présentée comme une défense du corps d'appartenance de l'intéressé et formulée en termes mesurés, sans caractère polémique, ainsi qu'à l'excellente manière de servir de cet officier attestée par les notations produites au dossier, l'autorité disciplinaire, qui disposait d'un éventail de sanctions de natures et de portées différentes, notamment de la possibilité de prendre, au sein même du troisième groupe de sanctions, une mesure de retrait d'emploi allant jusqu'à 12 mois en vertu des dispositions du C. défense, a, en faisant le choix de la plus lourde, celle de la radiation des cadres qui met définitivement fin au lien entre le militaire et la gendarmerie, prononcé à l'encontre de ce dernier une sanction manifestement disproportionnée. • CE 12 janv. 2011, *M. Matelly*, n° 338461 A : *préc.*

Décret n° 92-70 du 16 janvier 1992,

Relatif au Conseil national des universités.

TITRE Ier. LES MISSIONS DU CONSEIL NATIONAL DES UNIVERSITÉS *(Décr. n° 2009-461 du 23 avr. 2009, art. 1er).*

Art. 1er Le Conseil national des universités se prononce, dans les conditions prévues par les dispositions des statuts particuliers et du présent décret, sur les mesures individuelles relatives à la qualification, au recrutement et à la carrière des professeurs des universités et des maîtres de conférences. *(Décr. n° 2009-461 du 23 avr. 2009, art. 2)* « Il procède *(Décr. n° 2015-1102 du 31 août 2015, art. 1er)* « au suivi de carrière » des enseignants-chercheurs régis par le décret *[n° 84-431]* du 6 juin 1984 susvisé. *(Décr. n° 2015-1102 du 31 août 2015, art. 1er)* « Pour chaque section, les critères et les modalités d'appréciation des candidatures ainsi que les modalités de mise en œuvre du suivi de carrière des enseignants-chercheurs sont rendus publics. » Il en va de même des conditions dans lesquelles les sections formulent leurs avis. Un rapport publié annuellement rend compte de l'activité de chacune des sections. »

(Décr. n° 2015-1102 du 31 août 2015, art. 1er) « Le Conseil national des universités exerce les compétences dévolues à l'instance nationale d'évaluation pour l'attribution de la prime d'encadrement doctoral et de recherche des enseignants-chercheurs dans les conditions prévues par le décret n° 2009-851 du 8 juillet 2009 relatif à la prime d'encadrement doctoral et de recherche attribuée à certains personnels de l'enseignement supérieur et de la recherche. »

Il se prononce, dans les mêmes conditions, sur les mesures individuelles relatives à la carrière des maîtres-assistants et des chefs de travaux des disciplines scientifiques *(Abrogé par Décr. n° 2008-308 du 2 avr. 2008, art. 44) « et pharmaceutiques »*.

Il exerce notamment les compétences dévolues aux commissions administratives paritaires par les articles 26 et 58 de la loi du 11 janvier 1984 susvisée.

(Décr. nº 2008-308 du 2 avr. 2008, art. 44) « Les dispositions du présent décret ne sont pas applicables aux personnels enseignants et hospitaliers régis par les dispositions des articles L. 952-21 à L. 952-23 du code de l'éducation, ainsi qu'aux professeurs des universités et aux maîtres de conférences relevant des disciplines pharmaceutiques. »

TITRE II. ORGANISATION DU CONSEIL NATIONAL DES UNIVERSITÉS *(Décr. nº 2009-461 du 23 avr. 2009, art. 3).*

Art. 2 *(Décr. nº 95-489 du 27 avr. 1995, art. 1er)* Le Conseil national des universités est composé de groupes, eux-mêmes divisés en sections dont chacune correspond à une discipline.

La liste des groupes et des sections ainsi que le nombre des membres de chaque section sont fixés par arrêté du ministre chargé de l'enseignement supérieur.

(Décr. nº 2015-1102 du 31 août 2015, art. 2) « Les membres titulaires d'une section ont un nombre égal de suppléants. »

Art. 3 *(Décr. nº 95-489 du 27 avr. 1995, art. 2)* « Chaque section » comprend, en nombre égal, d'une part, des représentants des professeurs des universités et des personnels assimilés, d'autre part, des représentants des maîtres de conférences et des personnels assimilés.

(Décr. nº 2009-461 du 23 avr. 2009, art. 5) « Elle a vocation à assurer la représentation équilibrée de la diversité du champ disciplinaire concerné, des établissements d'affectation des enseignants-chercheurs en relevant et de la répartition entre les femmes et les hommes qui la composent.

« L'exercice des fonctions de membre du Conseil national des universités est incompatible avec l'exercice simultané des fonctions *(Décr. nº 2019-1458 du 24 déc. 2019, art. 1er)* « de recteur, » de président d'université *(Décr. nº 2015-1102 du 31 août 2015, art. 3)* « , de président » ou de directeur d'un établissement public à caractère scientifique, culturel et professionnel, *(Décr. nº 2015-1102 du 31 août 2015, art. 3)* « de président du conseil académique d'une université, ainsi que de président du conseil académique d'une communauté d'universités et d'établissements, » de directeur d'un institut ou d'une école faisant partie d'une université au sens de l'article L. 713-9 du code de l'éducation, *(Décr. nº 2015-1102 du 31 août 2015, art. 3)* « de directeur d'une école supérieur du professorat et de l'éducation relevant de l'article L. 721-1 du même code, » de membre d'une instance d'évaluation mentionnée à l'article L. 321-2 du code de la recherche susvisé, de membre de la commission des titres d'ingénieurs ou de membre de la commission chargée de l'évaluation des formations de gestion.

(Décr. nº 2015-1102 du 31 août 2015, art. 3) « L'exercice des fonctions de président de la commission permanente ou de président de section du Conseil national des universités est incompatible avec l'exercice simultané des fonctions de membre du conseil du Haut Conseil de l'évaluation de la recherche et de l'enseignement supérieur. »

« Les membres du Conseil national des universités ne peuvent participer ni aux délibérations ou à la rédaction de rapports ayant trait à leur situation personnelle, ni à celles de leurs parents ou alliés jusqu'au troisième degré, ni à celle d'un enseignant-chercheur affecté ou exerçant des fonctions au sein de l'établissement dans lequel ils sont eux-mêmes affectés, ou dans lequel ils exercent ou ont exercé des fonctions depuis moins de deux ans. Ils ne peuvent participer aux délibérations ou à la rédaction de rapports concernant un candidat à la qualification qui a préparé son doctorat ou exercé des activités au sein de l'établissement dans lequel ils sont eux-mêmes affectés, ou dans lequel ils exercent ou ont exercé des fonctions depuis moins de deux ans. Ils ne peuvent participer aux délibérations ou à la rédaction de rapports concernant un candidat à la qualification dont ils ont dirigé ou codirigé la thèse ou s'ils ont été garants de son habilitation à diriger des recherches.

(Décr. nº 2015-1102 du 31 août 2015, art. 3) « Le membre titulaire du Conseil national des universités qui ne peut siéger du fait de l'examen de sa situation personnelle est remplacé par un membre suppléant pour les réunions concernant celle-ci, dans les conditions prévues à l'article 9. »

« L'ensemble des incompatibilités mentionnées au présent article est applicable aux membres suppléants. »

Art. 4 I. — Les deux tiers au moins des membres de chaque section du Conseil national des universités sont élus.

Les électeurs sont répartis en deux collèges comprenant les personnels titulaires suivants :

a) D'une part, les professeurs des universités et les personnels assimilés ;

b) D'autre part, les maîtres de conférences et les personnels assimilés.

Les élections sont organisées par section. Les électeurs sont éligibles dans la section au titre de laquelle ils sont inscrits sur les listes électorales. Nul ne peut être élu s'il n'a fait acte de candidature.

(Décr. nº 2009-461 du 23 avr. 2009, art. 6) « Chaque candidat, titulaire et suppléant, produit, à l'appui de son acte de candidature, une notice biographique mentionnant ses titres et travaux *(Décr. nº 2015-1102 du 31 août 2015, art. 4)* « ainsi que ses activités les plus significatives en matière de recherche, d'enseignement et de tâches d'intérêt général », rendue publique dans des conditions prévues par arrêté du ministre chargé de l'enseignement supérieur.

« Les élections peuvent être organisées par voie électronique selon des modalités, fixées par arrêté du ministre chargé de l'enseignement supérieur, propres à garantir la sincérité et la sécurité du scrutin.

(Décr. nº 2015-1102 du 31 août 2015, art. 4) « Le mode d'élection est le scrutin de liste à la représentation proportionnelle avec répartition des sièges restant à pourvoir selon la règle du plus fort reste. Les listes déposées ne font pas mention de la qualité de titulaire ou de suppléant des candidats. Est attaché à chaque liste le nom d'un délégué titulaire et d'un délégué suppléant habilités à représenter les candidatures dans toutes les opérations électorales. Les délégués peuvent être ou non candidats. Les listes doivent comporter un nombre de noms égal au moins à la moitié du nombre de sièges de membres titulaires et de membres suppléants à pourvoir. En outre, elles doivent comporter un nombre pair de noms au moment de leur dépôt. »

« Chaque liste de candidats concourt à l'objectif de représentation équilibrée prévu au deuxième alinéa de l'article 3. »

Dans le cas où il n'y a plus qu'un siège à pourvoir et où il y a égalité de reste entre deux listes, il est procédé à un tirage au sort.

Un arrêté du ministre chargé de l'enseignement supérieur précise les conditions d'inscription sur les listes électorales et les modalités des élections.

Préalablement à tout recours devant la juridiction administrative, les contestations sur la validité des opérations électorales sont portées, dans un délai de cinq jours francs à compter de l'affichage des résultats, devant le ministre chargé de l'enseignement supérieur.

(Décr. nº 2009-461 du 23 avr. 2009, art. 6) « II. — Dans la limite du tiers, au plus, des membres de chaque section, des membres titulaires et suppléants sont nommés par arrêté du ministre chargé de l'enseignement supérieur parmi les professeurs des universités et les personnels assimilés et parmi les maîtres de conférences et les personnels assimilés *(Décr. nº 2015-1102 du 31 août 2015, art. 4)* « qui n'ont pas fait acte de candidature dans le cadre du I ci-dessus. Chaque membre titulaire nommé est associé à un membre suppléant nommé. »

« Chaque membre titulaire ou suppléant nommé produit une notice biographique mentionnant ses titres et travaux *(Décr. nº 2015-1102 du 31 août 2015, art. 4)* « ainsi que ses activités les plus significatives en matière de recherche, d'enseignement et de tâches d'intérêt général », rendue publique dans des conditions prévues par arrêté du ministre chargé de l'enseignement supérieur.

« Les nominations prononcées au titre du II concourent à l'objectif de représentation équilibrée prévu au deuxième alinéa de l'article 3. »

(Décr. nº 2015-1102 du 31 août 2015, art. 4) « III. — Ne peuvent être élus ou nommés les candidats qui ont été frappés d'une interdiction d'accéder à une classe, grade ou corps supérieurs pendant une période de deux ans au maximum ou d'une interdiction d'exercer toutes fonctions d'enseignement ou de recherche ou certaines d'entre elles dans leur établissement ou dans tout établissement public d'enseignement supérieur pendant cinq ans au maximum, avec privation de la moitié ou de la totalité du traitement, à moins qu'ils n'aient été amnistiés ou qu'ils n'aient bénéficié d'une décision acceptant leur demande tendant à ce qu'aucune trace de la sanction prononcée ne subsiste à leur dossier. »

Art. 5 *Abrogé par Décr. nº 95-489 du 27 avr. 1995, art. 3.*

Art. 6 *(Décr. nº 95-489 du 27 avr. 1995, art. 4)* « Pour l'application des dispositions de l'article 4 ci-dessus », sont assimilés aux professeurs des universités et aux maîtres de conférences les personnels appartenant aux catégories mentionnées ci-après :

1º Personnels titulaires d'autres corps de l'enseignement supérieur, de rang au moins égal à celui de professeur des universités ou à celui de maître de conférences, figurant sur une liste fixée par arrêté du ministre chargé de l'enseignement supérieur ;

2º Personnels détachés dans un corps d'enseignants-chercheurs ;

(Décr. nº 95-489 du 27 avr. 1995, art. 4) « 3° Chercheurs titulaires relevant du décret nº 83-1260 du 30 décembre 1983 fixant les dispositions statutaires communes aux corps des fonctionnaires des établissements publics scientifiques et technologiques *(Décr. nº 2015-1102 du 31 août 2015, art. 5)* « ou chercheurs du niveau des directeurs de recherche et des chargés de recherche exerçant dans les établissements et les organismes de recherche, » qui remplissent l'une des conditions suivantes :

« — soit avoir enseigné, au cours d'une période et pendant une durée déterminées par arrêté du ministre chargé de l'enseignement supérieur, dans un établissement public d'enseignement supérieur relevant du ministre chargé de l'enseignement supérieur ;

« — soit exercer leurs fonctions dans des *(Décr. nº 2015-1102 du 31 août 2015, art. 5)* « unités » de recherche des établissements publics d'enseignement supérieur relevant du ministre chargé de l'enseignement supérieur, liées par convention conclue à cet effet entre les organismes de recherche et les établissements publics précités ;

« — soit être membre d'un des conseils qui assurent l'administration des établissements publics d'enseignement supérieur relevant du ministre chargé de l'enseignement supérieur ou des composantes des universités.

« L'inscription des chercheurs sur les listes électorales s'effectue sur leur demande, à l'appui de laquelle ils doivent présenter une attestation du chef de l'établissement public d'enseignement supérieur au titre duquel cette inscription est demandée. »

Art. 7 Lors de la création d'une section et dans tous les cas où le nombre des éligibles est inférieur au double du nombre des membres à élire, un arrêté du ministre chargé de l'enseignement supérieur assure en tout ou partie la représentation par voie de nomination. Les personnels nommés peuvent ne pas appartenir à la section concernée.

Art. 8 Lorsqu'un ou plusieurs des sièges réservés aux élus n'ont pu être pourvus, un arrêté du ministre chargé de l'enseignement supérieur assure en tout ou partie la représentation par voie de nomination. Toutefois, lorsque les résultats d'une élection n'ont pu être proclamés à la suite d'une irrégularité, une nouvelle élection est organisée.

TITRE III. RÈGLES GÉNÉRALES DE FONCTIONNEMENT DU CONSEIL NATIONAL DES UNIVERSITÉS *(Décr. nº 2009-461 du 23 avr. 2009, art. 8)*.

Art. 9 Le mandat des membres du Conseil national des universités a une durée de quatre ans.

(Décr. nº 2009-461 du 23 avr. 2009, art. 9) « Nul ne peut exercer plus de deux mandats consécutifs de membre titulaire du Conseil national des universités. »

La durée du mandat des membres du Conseil national des universités peut être prorogée dans la limite d'un an, par arrêté du ministre chargé de l'enseignement supérieur, notamment pour ne pas interrompre des opérations de recrutement ou de promotion ou dans le cadre de la mise en place de nouvelles instances.

En cas de création d'une section, il est mis fin au mandat des membres de cette section lors du premier renouvellement du Conseil national des universités intervenant après la création de ladite section.

(Décr. nº 2015-1102 du 31 août 2015, art. 6) « Les membres élus de la liste désignent parmi les membres élus un représentant et un représentant adjoint. Le membre titulaire élu qui est absent ou empêché provisoirement est remplacé par un membre suppléant élu au titre de la même liste, sur désignation du représentant ou, le cas échéant, du représentant adjoint habilité à le représenter.

« Le membre titulaire élu qui est empêché définitivement, qui interrompt son mandat, qui perd la qualité au titre de laquelle il a été élu ou qui est frappé au cours de son mandat d'une interdiction d'accéder à une classe, grade ou corps supérieurs pendant une période de deux ans au maximum ou d'une interdiction d'exercer toutes fonctions d'enseignement ou de recherche ou certaines d'entre elles dans son établissement ou dans tout établissement public d'enseignement supérieur pendant cinq ans au maximum, avec privation de la moitié ou de la totalité du traitement, est remplacé pour la fin de son mandat par un membre suppléant élu au titre de la même liste, sur désignation du représentant ou, le cas échéant, du représentant adjoint habilité à le représenter.

« Le membre suppléant élu qui est empêché définitivement, qui interrompt son mandat, qui perd la qualité au titre de laquelle il a été élu ou qui est frappé au cours de son mandat d'une interdiction d'accéder à une classe, grade ou corps supérieurs pendant une période de deux ans au maximum ou d'une interdiction d'exercer toutes fonctions d'enseignement ou de recherche ou certaines d'entre elles dans son établissement ou dans tout établissement public d'enseignement supérieur pendant cinq ans au maximum, avec privation de la moitié ou de la totalité du traitement ou qui est amené à remplacer un membre titulaire au titre de l'alinéa précédent est remplacé en qualité de suppléant par l'un des candidats non élus restants de la même liste, sur désignation du représentant ou, le cas échéant, du représentant adjoint habilité à le représenter, ou, à défaut, par un enseignant-chercheur ou assimilé relevant de la section concernée et issu du même collège, élu par les membres de cette section et de ce collège. Dans ce dernier cas, l'élection a lieu au scrutin secret uninominal majoritaire à deux tours.

« Le membre titulaire nommé qui ne peut siéger pour l'un des motifs mentionnés aux cinquième et sixième alinéas est remplacé provisoirement ou, le cas échéant, pour la fin de son mandat par son suppléant. Le membre suppléant nommé qui ne peut siéger pour l'un des motifs mentionnés au septième alinéa est remplacé pour la fin de son mandat par un membre nommé dans les conditions prévues au II de l'article 4 ci-dessus. »

(Décr. n° 97-1122 du 4 déc. 1997, art. 2) « Le membre qui, lors de son élection ou de sa nomination, se trouve dans l'un des cas d'incompatibilité mentionnés *(Décr. n° 2015-1102 du 31 août 2015, art. 6)* « aux troisième et quatrième alinéas » de l'article 3 du présent décret doit, dans les quinze jours qui suivent son élection ou sa nomination, se démettre des fonctions incompatibles avec son mandat de membre.

« A l'expiration du délai prévu à l'alinéa précédent, le membre qui se trouve dans un des cas d'incompatibilité est réputé démissionnaire d'office du Conseil national des universités et remplacé dans les conditions prévues *(Décr. n° 2015-1102 du 31 août 2015, art. 6)* « aux cinquième, sixième, septième et huitième alinéas » du présent article.

« Un membre accédant en cours de mandat à l'une des fonctions mentionnées au *(Décr. n° 2015-1102 du 31 août 2015, art. 6)* « troisième » alinéa de l'article 3 du présent décret est réputé démissionnaire d'office du Conseil national des universités et remplacé, sous les mêmes délais et selon les mêmes modalités que ceux prévus aux deux alinéas précédents. »

Art. 9-1 *(Décr. n° 2009-461 du 23 avr. 2009, art. 10)* Les membres du Conseil national des universités reçoivent une indemnité dont les conditions d'attribution sont fixées par décret.

Ils bénéficient du remboursement de frais de déplacement et de séjour dans des conditions prévues par décret.

Art. 10 *(Décr. n° 95-489 du 27 avr. 1995, art. 5)* Les réunions du Conseil national des universités ont lieu par groupe ou par section.

Art. 11 *Abrogé par Décr. n° 95-489 du 27 avr. 1995, art. 6.*

Art. 12 *(Décr. n° 2009-461 du 23 avr. 2009, art. 11)* Les membres de chaque section élisent en leur sein, au scrutin uninominal majoritaire à deux tours, un bureau composé d'un président, de deux vice-présidents et d'un ou trois assesseurs en fonction de la taille de la section.

Les membres de chaque section élisent le président parmi les professeurs des universités et les personnels assimilés.

Les professeurs et personnels assimilés élisent, en leur sein, le premier vice-président et un assesseur si le bureau en compte trois; les maîtres de conférences et les personnels assimilés élisent, en leur sein, le second vice-président et l'assesseur ou deux assesseurs si le bureau en compte trois.

Les bureaux des sections du même groupe élisent le bureau du groupe composé d'un président, de vice-présidents et d'assesseurs en nombre égal au nombre de sections composant le groupe, désignés dans les mêmes conditions que celles prévues à l'alinéa précédent.

En cas d'absence ou d'empêchement du président, celui-ci est suppléé par un vice-président. Si aucun d'entre eux ne peut siéger, la présidence est assurée par le professeur ayant la plus grande ancienneté d'échelon dans le grade le plus élevé, présent à la séance.

Art. 12-1 *(Décr. n° 2009-461 du 23 avr. 2009, art. 12; Décr. n° 2015-1102 du 31 août 2015, art. 7)* « La commission permanente du Conseil national des universités est composée de l'assemblée des bureaux de section du Conseil national des universités mentionnés à l'article 12 du présent décret et des bureaux des sections compétentes du groupe des disciplines pharmaceutiques du Conseil national des universités pour les disciplines de santé, régis par les dispositions de l'article 9 du décret n° 87-31 du 20 janvier 1987 relatif au Conseil national des universités pour les disciplines de santé. »

Les membres de la commission permanente élisent en leur sein, au scrutin uninominal majoritaire à deux tours, un bureau composé d'un vice-président par groupe de sections et d'un président.

En cas d'absence ou d'empêchement du président, celui-ci est suppléé par un vice-président. S'ils ne peuvent siéger, la présidence est assurée par le professeur ayant la plus grande ancienneté d'échelon dans le grade le plus élevé, présent à la séance.

La commission permanente élabore son règlement intérieur. Elle définit les orientations propres à garantir la qualité, la transparence et la publicité des procédures de qualification, *(Décr. nº 2015-1102 du 31 août 2015, art. 7)* « de suivi de carrière » et de promotion des enseignants-chercheurs.

Elle veille à favoriser la coopération entre les différents champs disciplinaires. Elle veille également à ce que les critères et les procédures mis en œuvre par le Conseil national des universités prennent en compte l'ensemble des activités des enseignants-chercheurs ainsi que la diversité des champs disciplinaires.

Art. 13 *(Décr. nº 2009-461 du 23 avr. 2009, art. 13)* Le Conseil national des universités dispose d'un secrétariat permanent assuré par la direction des ressources humaines du ministère chargé de l'enseignement supérieur. Il est chargé de la gestion administrative et de la préparation des travaux du Conseil national des universités.

Art. 14 *(Décr. nº 2009-461 du 23 avr. 2009, art. 14)* « Le ministre chargé de l'enseignement supérieur arrête l'ordre du jour des réunions de toutes les formations du Conseil national des universités, prévues aux articles 2 et 12-1 du présent décret et convoque les participants. »

Les séances ne sont pas publiques.

Une formation du Conseil national des universités ne peut valablement délibérer que si la majorité absolue des membres appelés à se prononcer est réunie à l'ouverture de la séance. Si ce quorum n'est pas atteint, une deuxième convocation est envoyée dans le délai d'une semaine. La formation peut alors valablement siéger, quel que soit le nombre des présents.

(Décr. nº 2009-461 du 23 avr. 2009, art. 14) « Le bureau » de la formation concernée peut faire entendre toute personne en qualité d'expert ou de rapporteur.

(Décr. nº 2009-461 du 23 avr. 2009, art. 14) « Lorsque les sections l'estiment nécessaire, elles peuvent recourir à l'expertise de rapporteurs extérieurs pour l'examen des dossiers relatifs à la qualification, aux avancements *(Décr. nº 2015-1102 du 31 août 2015, art. 8)* « , au suivi de carrière et à l'attribution de la prime d'encadrement doctoral et de recherche ». Ces rapporteurs peuvent être choisis parmi les membres suppléants de la section. »

Un arrêté du ministre chargé de l'enseignement supérieur fixe les modalités de fonctionnement du Conseil national des universités.

Art. 15 L'examen des questions individuelles relatives au recrutement relève des seuls représentants des enseignants-chercheurs et personnels assimilés occupant un emploi d'un rang au moins égal à celui qui est postulé par l'intéressé.

L'examen des questions relatives à la carrière *(Décr. nº 2015-1102 du 31 août 2015, art. 9)* « et à l'attribution de la prime d'encadrement doctoral et de recherche » relève des seuls représentants des enseignants-chercheurs et personnels assimilés occupant un emploi d'un rang au moins égal à celui qui est détenu par l'intéressé.

TITRE IV. DISPOSITIONS TRANSITOIRES *(Décr. nº 2009-461 du 23 avr. 2009, art. 15).*

Art. 16 Les dispositions du 2° et du 3° de l'article 6 ci-dessus ne s'appliquent pas pour la constitution initiale du Conseil national des universités. L'inscription des chercheurs sur les listes électorales s'effectue dans les conditions prévues par le décret nº 87-31 du 20 janvier 1987 relatif au Conseil national des universités dans sa rédaction en vigueur avant la publication du présent décret.

Art. 17 Pour le groupe des disciplines pharmaceutiques, la constitution initiale du Conseil national des universités s'effectue dans les conditions suivantes : les membres du groupe des disciplines pharmaceutiques qui n'ont pas fait l'objet du tirage au sort prévu par l'article 16 du décret du 20 janvier 1987 mentionné à l'article 16 ci-dessus, ainsi que les représentants élus à l'issue des dernières opérations électorales, deviennent membres des sections du groupe des disciplines pharmaceutiques du Conseil national des universités définies par le présent décret.

Les modalités de rattachement à ces sections sont fixées par arrêté du ministre chargé de l'enseignement supérieur.

Ces sections sont, en outre, complétées, dans le respect des dispositions de l'article 3 ci-dessus et conformément aux proportions fixées à l'article 4 ci-dessus, d'une part, par des représentants élus par les membres de la section et du collège concernés parmi les professeurs des universités et personnels assimilés et maîtres de conférences et personnels assimilés, relevant de la section et issus du même collège, d'autre part, par des membres nommés dans les conditions prévues au II de l'article 4 ci-dessus.

La commission du groupe des disciplines pharmaceutiques est composée, dans le respect des dispositions du troisième alinéa de l'article 2 et de l'article 3 ci-dessus, conformément aux proportions fixées à l'article 4 ci-dessus, d'une part, de représentants désignés par les membres élus du groupe des disciplines pharmaceutiques du collège concerné parmi les professeurs des universités et personnels assimilés et maîtres de conférences et personnels assimilés, relevant de ce groupe et issus du même collège, d'autre part, de membres nommés dans les conditions prévues au II de l'article 4 ci-dessus.

Les élections prévues aux deux alinéas précédents ont lieu au scrutin secret uninominal majoritaire à deux tours.

Art. 18 Le décret n° 87-31 du 20 janvier 1987 relatif au Conseil national des universités est abrogé en tant qu'il concerne les disciplines autres que les disciplines médicales et odontologiques, sous réserve des dispositions des articles 16 et 19 du présent décret.

Les références au décret du 20 janvier 1987 susmentionné sont remplacées dans tous les textes où elles figurent, à l'exception des textes concernant les disciplines médicales et odontologiques, par une référence au présent décret.

Les termes de : "section du Conseil national des universités" sont substitués à ceux de : "section ou sous-section du Conseil national des universités" dans tous les textes, à l'exception de ceux qui sont relatifs aux disciplines médicales et odontologiques, où figurent ces derniers termes.

Art. 19 Les groupes de sections, sections et sous-sections du Conseil national des universités constitués en application de la réglementation en vigueur avant la publication du présent décret restent compétents jusqu'à la mise en place de chacun des groupes, commissions de groupe et sections correspondants constitués conformément aux dispositions dudit décret.

A cette fin, ces groupes, sections et sous-sections peuvent, pendant six mois à compter de la publication du présent décret, être complétés selon les dispositions du décret du 20 janvier 1987 susmentionné dans la rédaction en vigueur avant la publication du présent décret. Ces dispositions ne s'appliquent pas aux groupes des disciplines médicales et odontologiques.

Art. L. 952-1-1 *(L. n° 2007-1199 du 10 août 2007, art. 26)* **Dans le cadre des contrats pluriannuels d'établissement mentionnés à l'article L. 711-1, chaque établissement public à caractère scientifique, culturel et professionnel présente les objectifs qu'il se fixe en matière de recrutement de maîtres de conférences n'ayant pas obtenu leur grade universitaire dans l'établissement, ainsi qu'en matière de recrutement de professeurs des universités n'ayant pas exercé, immédiatement avant leur promotion à ce grade, des fonctions de maître de conférences dans l'établissement.**

Art. L. 952-2 **Les enseignants-chercheurs, les enseignants et les chercheurs jouissent d'une pleine indépendance et d'une entière liberté d'expression dans l'exercice de leurs fonctions d'enseignement et de leurs activités de recherche, sous les réserves que leur imposent, conformément aux traditions universitaires et aux dispositions du présent code, les principes de tolérance et d'objectivité.**

(L. n° 2020-1674 du 24 déc. 2020, art. 15) **« Les libertés académiques sont le gage de l'excellence de l'enseignement supérieur et de la recherche français. Elles s'exercent conformément au principe à caractère constitutionnel d'indépendance des enseignants-chercheurs. »**

BIBL. ► **Sur le statut des enseignants-chercheurs :** CASSIA, Enseignants statutaires des facultés de droit et exercice de la profession d'avocat : quelles limites juridiques au cumul ?, *D. 2015. 743* ✎. – GAUDEMET, La situation du personnel des universités, *RFAP 1980, n° 14, p. 299* ; Les bases constitutionnelles du droit universitaire, *RD publ. 2008. 680* ; L'indépendance des professeurs d'université, principe commun des droits constitutionnels européens, *RFDA 1984. 100*. – GRANDEMANGE, La composition des conseils universitaires est-elle inconstitutionnelle ? *AJDA 2012. 1089* ✎. – MATHIEU, De la disparition d'un principe constitutionnel : l'indépendance des professeurs d'université, *JCP 2010. 1603*. – MEKHANTAR, Délimitation du principe de l'indépendance des professeurs, *AJDA 1996. 699* ✎. – MELLERAY, Le Conseil constitutionnel au secours de la loi relative aux libertés et responsabilités des universités, *D. 2010. 2335* ✎ ; Quel avenir pour les corps universitaires ?, *RD publ. 2008. 701*. – MORANGE, La liberté du professeur des facultés de droit, *RD publ. 2008. 75*. – ROUYÈRE et SUDRE, La loi relative aux libertés et responsabilités des universités et les garanties statutaires des enseignants-chercheurs, *JCP 2008. I. 153*. – TOULEMONDE, Le cumul du mandat parlementaire avec l'exercice de la fonction de professeur de l'enseignement supérieur en France, *RD publ. 1978. 952*. – Repères pour l'exercice du métier d'enseignant-chercheur, *MESRI, juin 2019*.

▸ **Sur le décret modifiant le statut des enseignants-chercheurs,** V. art. L. 952-6-1.

▸ **Sur les libertés universitaires :** BEAUD, Les libertés universitaires à l'abandon ? Pour une reconnaissance pleine et entière de la liberté académique, *Dalloz, 2010*. – BURGORGUE-LARSEN, Propos négationnistes, présomption d'innocence et obligation de neutralité : un équilibre subtil, *AJDA 2005. 1633* . – DE FROUVILLE, Enseigner et militer : autour des deux visages de Danièle Lochak, *Droits et libertés en question, Billets d'humeur en l'honneur de Danièle Lochak, LGDJ, coll. Droit et Société, 2007*. – DELVOLVÉ, Le Conseil constitutionnel et la liberté de l'enseignement, *RFDA 1985. 624*. – EUDES, Que signifie « l'engagement » pour un universitaire, *Droits et libertés en question, Billets d'humeur en l'honneur de Danièle Lochak, LGDJ, coll. Droit et société, 2007*. – FORTIER, Vers un régime juridique de la diffamation propre aux universitaires, *AJDA 2017. 2097* . – GUISELIN, Le conseil académique des universités et les libertés universitaires, *RFDA 2015. 1184* . – KURI et MARGUÉNAUD, Le droit à la liberté d'expression des universitaires, *D. 2010. 2921* . – LEGRAND, Liberté d'expression des enseignants et protection de l'ordre public dans les universités, *AJDA 2006. 505* . – MAZEAUD (pdt), BROYELLE, FILIBERTI, MALABAT et SUREL, Rapport sur les procédures bâillons, *MENESR, avr. 2017 : http://www.ladocumentationfrancaise.fr/var/storage/rapports-publics/174000354.pdf*. – MONIOLLE, Indépendance et liberté d'expression des enseignants-chercheurs, *AJDA 2001. 226* . – ROUX, L'université et la « protection raisonnable » de la liberté d'expression de l'enseignant-chercheur, *AJFP 2017. 254* . – ROUYÈRE, A propos des voies d'accès au corps des professeurs des universités. Propos iconoclastes, *AJDA 2012. 785* .

▸ **Sur le recrutement :** ADEDOKUN et MOISSETTE, La qualification aux fonctions de maître de conférences et de professeur des universités – Session 2018, *Note de la DGRH – Enseignement supérieur, nº 5, juin 2019*. – CAILLE, MICHON et VATIN, La querelle des recrutements, *in La Revue du Mauss, nº 33, La Découverte, 2009*. – CALMAND, Les épreuves d'entrée dans les carrières universitaires. Un chemin défavorable aux femmes ?, *in* L'égalité entre les filles et les garçons, entre les femmes et les hommes, dans le système éducatif, *Éducation & Formations, vol. 3, nº 98, déc. 2018. 113*. – COLLET-SASSERE, BIGAUT, PAQUIS et VERHAEGHE, Le recrutement, le déroulement de carrière et la formation des enseignants-chercheurs, *Rapp. IGAENR, nº 2015-073, sept. 2015*. – GARY-BOBO et TRANNOY, Le recrutement collégial. L'université comme partenariat à but non lucratif *in Revue économique, vol. 66, nº 1, p. 13, janv. 2015. 3*. – GODECHOT, Recrutement, autonomie et clientélisme, *Le Monde, 27 juin 2007. 19*. – GUERREIRO, ROSSI et THIRION, Campagne 2014 de recrutement et d'affectation des maîtres de conférences et des professeurs des universités, *MENESR, Étude de la DGRH A1-1, 2014, http://www.enseignementsup-recherche.gouv.fr/cid22708/bilans-et-statistiques.html*. – LEGRAND, Pour la crédibilité du recrutement des enseignants-chercheurs, *AJDA 2009. 1527* . – MENGER et MAIRESSE, Compétition, productivité, incitations et carrières dans l'enseignement supérieur et la recherche, *Revue économique, vol. 66, nº 1, p. 5, janv. 2015. 3*. – PERUCCA, Les facs bricolent pour recruter, *Le Monde, 4 juill. 2007. 3*. – SABATIER, MUSSELIN et PIGEYRE, Devenir professeur des universités. Une comparaison sur trois disciplines (1976-2007) *in Revue économique, vol. 66, nº 1, p. 37, janv. 2015. 3*. – STROMBONI, Le débat sur le recrutement des enseignants-chercheurs est de retour, *Le Monde, 4 juin 2019. 13*. – TOURBEAUX, ROSSI et THIRION, Origine des enseignants chercheurs recrutés lors de la campagne 2014, *MENESR, Étude de la DGRH A1-1, 2014, http://www.enseignementsup-recherche.gouv.fr/cid22708/bilans-et-statistiques.html*. – TRANNOY, Universités : quel mode de recrutement ?, *Le Monde, 24 juill. 2007. 16*.

▸ **Autres questions statutaires :** JUEN, Le rapprochement de conjoint des enseignants-chercheurs : un droit à distance, *AJDA 2017. 668* . – DE MONTECLER, Signature d'un accord sur les rémunérations et les carrières dans l'enseignement supérieur et la recherche, *AJDA 2020. 1932* .

▸ **Intégrité scientifique et déontologie :** AUBIN, Plaidoyer en faveur de chartes de déontologie dans les universités, *AJDA 2014. 1* . – CORVOL et GICQUEL (contrib.), Bilan et propositions de mise en œuvre de la charte nationale d'intégrité scientifique, *Rapp. MESR, 29 juin 2016*. – GALLIÉ, VALLA, BEER et VAN DE WEGHE, Les dispositifs de prévention en faveur de l'intégrité scientifique dans les établissements d'enseignement supérieur et de recherche, *MESRI, Rapp. IGESR nº 2020-084, juin 2020*. – Pratiquer une recherche intègre et responsable. Un guide, *CNRS-CPU, 28 nov. 2016 : http://www.cpu.fr/wp-content/uploads/2016/12/pratiquer_une_recherche_integre_*

et_responsable_un_guide_05.12.2016-2.pdf. – Recherche médicale : quelles formalités pour les thèses et les mémoires ?, *CNIL, 3 oct. 2017 : https://www.cnil.fr/fr/recherche-medicale-quelles-formalites-pour-les-theses-et-les-memoires.* – Ouverture des données de recherche. Guide d'analyse du cadre juridique en France, nov. 2016 : *http://prodinra.inra.fr/ft ?id={97224C30-C56B-4CC2-8F78-41C7E1AF5148}.* – Financer la publication scientifique Le « Lecteur » et/ou « l'Auteur » ? Évolutions, Alternatives, Observations de la DIST, *CNRS, juin 2015, actualisé sept. 2016 : http://www.cnrs.fr/dist/z-outils/documents/Distinfo2/DISTetude3_09.2016-final.pdf.* – Avis du collège de déontologie relatif à la transparence des intérêts portés par certains enseignants-chercheurs à l'occasion d'une publication et à la prévention des risques de conflits d'intérêts, *14 déc 2020 : https://cache.media.enseignementsup-recherche.gouv.fr/file/College_deontologie/58/4/Avis010_transparence_publications_1369584.pdf* – Transparence des publications des enseignants-chercheurs, *AJDA 2021.120.* – Cycle de conférences sur l'éthique de la recherche et la protection des données personnelles, *SupDPO, 3 févr. 2021 : https://lalist.inist.fr/ ?p=47885.*

▶ **Science ouverte :** Sergi, Science ouverte et accès ouvert, petit manuel pour chercheurs et chercheuses (épisodes 1 et 2), 11 et 18 janv. 2021 : *https://archibibscdf.hypotheses.org/9063* et *https ://archibibscdf.hypotheses.org/9108*

▶ **Sur les droits d'auteur :** Cedras, L'universitaire et le droit d'auteur, *Mél. André Françon, Dalloz, 1997. 43.* – Dreyfus, Brèves remarques sur le droit d'auteur des agents publics après la loi du 1er août 2006, *AJDA 2006. 2179* . – Lucas, Bouchet-le Mappian, Chatry et le Cam, Guide du droit d'auteur, *3e éd., 2017 : http://media.sup-numerique.gouv.fr/file/Licences_et_droit_d_auteur/82/5/Guide_du_droit_dauteur_3e_ed_777825.pdf* – Papin, L'exception pédagogique : le respect du droit d'auteur et des droits voisins dans le cadre de l'enseignement et la recherche, *LIJ 2009, no 138, p. 34.*

▶ **Sur le plagiat :** Jacque, Pourquoi le plagiat gangrène-t-il l'université ? *Le Monde, 11 nov. 2010. 14.* – Leduc (rapp.), Réflexion éthique sur le plagiat dans la recherche scientifique, *COMETS - CNRS, Avis no 2017-34, 27 juin 2017 : http://www.cnrs.fr/comets/IMG/pdf/avis_2017-34-2.pdf* – Maurel-Indart, Du plagiat, *PUF, coll. Perspectives critiques, 1999* ; Plagiats ou les coulisses de l'écriture, *Éd. de la Différence, 2007* ; Du plagiat, *Gallimard, coll. Folio Essais, 2011.* – Rey-Lefebvre, Le plagiat prospère dans les amphis. Peu sanctionnée, la pratique se répand chez les étudiants, et même les enseignants-chercheurs, *Le Monde, 3 mai 2012.* – Serre, Les sanctions et mesures administratives applicables dans les cas de plagiat commis par des enseignants ou des étudiants dans l'enseignement supérieur, *LIJ 2017, no 200, p. 14.*

▶ **Sur les comités de sélection,** V. Bibl. ss. art. L. 952-6-1.

COMMENTAIRE

PLEINE INDÉPENDANCE ET ENTIÈRE LIBERTÉ D'EXPRESSION DES UNIVERSITAIRES

Le code de l'éducation ne mentionne expressément ni « les libertés universitaires » ni les « franchises universitaires » pourtant énoncées par le titre VII de la loi Edgar Faure du 12 novembre 1968 rassemblant quatre articles concernant l'enseignement et la recherche (art. 35), la liberté d'information des étudiants (art. 36), l'ordre dans les locaux et enceintes universitaires dont le maintien relève du président d'université (art. 37) et la juridiction disciplinaire par les pairs (art. 38) dont les dispositions revues et corrigées par la loi Savary du 26 janvier 1984 sont dispersées dans les livres VII, VIII et IX du code de l'éducation. Jusqu'à la loi de programmation de la recherche et de l'enseignement supérieur du 24 décembre 2020, il ignorait tout autant la « liberté académique » pourtant reconnue tant au niveau européen (proclamée à l'art. 23 de la Charte des droits fondamentaux de l'Union européenne, et bénéficiant des garanties procédurales consacrées par la Cour européenne des droits de l'homme sur la base de l'art. 10 de la Convention qui se réfère aussi à la « liberté universitaire », CEDH 27 mai 2014, *Mustafa Erdogan et a. c/ Turquie*, nos 346/04 et 39779/04, § 40) que sur le plan international (UNESCO, Recommandation concernant la condition du personnel enseignant de l'enseignement supérieur du 11 nov. 1997). Au-delà des textes, la doctrine met en exergue les principes d'indépendance et de liberté d'expression en les fondant sur les traditions universitaires. La référence est ambiguë : s'agit-il des traditions anciennes (privilèges concédés aux corps universitaires dont l'expression de ses membres restait contrôlée par l'Église), de la tradition républicaine ou d'une tradition transnationale inspirée par Humbolt ? S'agit-il de droits collectifs (indépendance des corps universitaires, libertés de la communauté universitaire) ou de droits individuels ; de droits professionnels ou de droits civiques ? En

2019, à la suite d'une série d'incidents causés par différents groupes de pression visant à interdire des expressions culturelles (représentation d'une tragédie d'Eschyle à la Sorbonne) et scientifiques (conférences sur la vision polonaise de la shoah, sur la reproduction...) et pour réagir contre la présence d'une clause de non-dénigrement dans un partenariat avec une entreprise, il a été demandé d'inscrire les composantes de la liberté académique dans le préambule de la loi en discussion sur la recherche (QSF) et même, de faire mention de la liberté académique dans la constitution (CPU). Lors des débats précédant le vote de la loi LPR n° 2020-1674 du 24 décembre 2020, un amendement introduit au Sénat put souhaiter que « les libertés académiques s'exercent dans le cadre des valeurs de la République » (amendement n° 234 L. Darcos). Au-delà de la laïcité, au cœur des débats du moment, l'incertitude sur le contenu de ces valeurs et la crainte de voir ces libertés ainsi minorées ont conduit à abandonner cette rédaction au profit d'une formule au contenu normatif très faible (« *Les libertés académiques sont le gage de l'excellence de l'enseignement supérieur et de la recherche français* ») dont le seul intérêt est d'introduire une référence aux libertés académiques dans le code de l'éducation en conformité avec le principe d'indépendance des enseignants-chercheurs, dont la loi rappelle le caractère constitutionnel (« *Elles s'exercent conformément au principe à caractère constitutionnel d'indépendance des enseignants-chercheurs* », art. L. 952-2, dernier al. ajouté par l'art. 15 de la LPR 2020).

Comme à tout fonctionnaire, la loi garantit aux enseignants-chercheurs la liberté d'opinion (L. n° 83-634 du 11 juill. 1983, art. 6), le statut général assurant leur indépendance vis-à-vis de toute emprise politique, économique ou religieuse. Mais, en principe, les fonctionnaires sont soumis au pouvoir hiérarchique dans le cadre de leur administration et à l'obligation de réserve que peut leur imposer le juge. Certes celle-ci varie en fonction de la place dans la hiérarchie et des responsabilités de chaque catégorie de fonctionnaires ; certains d'entre eux ont besoin pour remplir leur mission d'une indépendance plus grande vis-à-vis de leur hiérarchie ; c'est le cas des membres des corps d'inspection et de contrôle, des membres des corps techniques comme les médecins (sur leur indépendance, V. code de déontologie) ou les enseignants (sur leur liberté pédagogique, V. art. L. 912-1-1) ; parfois d'une indépendance garantie par la Constitution, comme celle des magistrats qui sont toutefois tenus par le respect des devoirs de leur état, notamment à la dignité fondant un devoir de réserve. Reprenant et enrichissant l'article 35 de la loi de 1968, l'article 52 de la loi Savary du 26 janvier 1984 (codifié à l'art. L. 952-2 du C. éduc. dont les termes sont repris par l'art. 2 du Décr. n° 2009-460 du 23 avr. 2009 modifiant l'art. 2 du décret statutaire du 6 juin 1984) va plus loin en reconnaissant aux enseignants-chercheurs (aux professeurs des universités et aux maîtres de conférences) mais aussi aux enseignants et chercheurs qui exercent des fonctions d'enseignement et/ou de recherche dans les universités et autres établissements d'enseignement supérieur, en un mot aux universitaires, non seulement la « pleine indépendance », et mais aussi l'« entière liberté d'expression », formules parfois analysées comme exclusives de toute obligation de réserve.

Mais, si les traditions sont citées par la loi, ce n'est pas pour fonder ces garanties mais au contraire pour en limiter la portée par le rappel des « principes de tolérance et d'objectivité ». Se référant à l'article 3 de la loi de 1984 selon lequel « le service public de l'enseignement supérieur est laïque et indépendant de toute emprise politique, économique, religieuse ou idéologique ; il tend à l'objectivité des savoirs ; il respecte la diversité des opinions » (art. L. 141-6), le Conseil constitutionnel valide cette approche et en souligne la signification dans sa décision en décidant que « par leur nature même, les fonctions d'enseignement et de recherche non seulement permettent mais demandent, dans l'intérêt même du service, que la libre expression et l'indépendance des personnels soient garanties par les dispositions qui leur sont applicables » (Cons. const. 20 janv. 1984, *Loi relative à l'enseignement supérieur*, n° 83-165 DC, § 19). En omettant les qualificatifs introduits par la loi Savary, il invite à s'interroger sur la portée de ces deux principes ; paradoxalement, malgré sa plénitude l'indépendance des universitaires n'a pas toujours la même nature, ni la même portée ; quant à la liberté d'expression, son entièreté n'exclut pas qu'elle soit limitée.

I. – L'indépendance des universitaires est fonctionnelle ; elle est exigée par la nature du service ; toute personne qui exerce des fonctions d'enseignement et de recherche dans le cadre universitaire doit voir son indépendance garantie. S'il peut s'agir d'indépendance matérielle (« les universités et établissements d'enseignement supérieur doivent assurer les moyens d'exercer leur activité d'enseignement et de recherche… ») et morale (« dans les conditions d'indépendance et de *sérénité* indispensables à la réflexion et à la création intellectuelle », art. L. 123-9 issu de l'art. 1er, al. 4 de la L. du 12 nov. 1968), la question est essentiellement statutaire. Or, la diversité des personnes intervenant à l'université (enseignants-chercheurs, enseignants ou chercheurs, titulaires ou contractuels) fait que tant la nature juridique de la garantie que son contenu sont variables, la « plénitude » affichée par la loi n'ayant pas la même force pour tous les universitaires, présentant des degrés en fonction des statuts des uns et des autres.

A. – Si l'indépendance est un « principe fondamental de l'enseignement » dont la détermination est de la compétence du Parlement (CE, sect., 5 avr. 1974, *Leroy*, n° 88572), le Conseil constitutionnel considère qu'elle constitue une garantie constitutionnelle pour les enseignants-chercheurs, qu'ils soient professeurs des universités ou maîtres de conférences (Cons. const. 6 août 2010, *M. Jean C. et a.*, n° 2010-20/21 QPC : *AJDA 2010. 1557* ; *ibid. 2011. 1791, note Verpeaux* ; *D. 2010. 2335, note Melleray* ; *AJFP 2010. 245* ; Cons. const. 24 avr. 2015, *CPU*, n° 2015-465 QPC : *AJDA 2015. 836* ; *ibid. 1552, note Legrand* ; *D. 2015. 926* ; *ibid. 2016. 915, obs. REGINE* ; *Constitutions 2015. 262, chron. Le Bot*), ainsi que pour les fonctionnaires détachés dans un des corps d'enseignants-chercheurs (Cons. const. 26 sept. 2018, n° 2018-41 I pour un député, membre du corps des tribunaux administratifs et des cours administratives d'appel) ; pour les autres enseignants, titulaires d'un corps du second degré (CE 17 janv. 2003, *Synd. des agrégés de l'enseignement supérieur*, n° 229659) ou contractuels, associés ou chargés d'enseignement, comme pour les professeurs associés (Cons. const. 14 févr. 2008, *Situation de trois députés au regard du régime des incompatibilités parlementaires, M. M. Bruno Le Maire, Pierre Moscovici et Henri Plagnol*, n° 2008-24/25/26 I : *AJDA 2008. 1154, note Toulemonde*), la garantie de leur indépendance ne relève pas de la constitution mais de la loi ou des principes généraux du droit.

Le Conseil constitutionnel a d'abord reconnu la valeur constitutionnelle de la « garantie de l'indépendance » pour les seuls professeurs des universités. Il a alors pris en considération les « responsabilités particulières que la loi leur confie », se référant à l'article 55 de la loi Savary de 1984 consacré aux fonctions des enseignants-chercheurs selon lequel « les professeurs ont la responsabilité principale de la préparation des programmes, de l'orientation des étudiants, de la coordination des équipes pédagogiques » (art. L. 952-3, al. 3 ; le décret du 6 juin 1984 reprend la formule en y ajoutant la direction des unités de recherche ; d'autres dispositions législatives auraient pu être mobilisées, notamment l'art. 39 précisant que le nombre de professeurs et personnels de niveau équivalent dans les conseils doit être égal à celui des autres personnels). La loi n'est conforme à la Constitution que si elle a prévu des garanties conformes aux exigences constitutionnelles pour assurer l'indépendance des professeurs des universités. Dans la décision fondatrice du 20 janvier 1984 (n° 83-165 DC, *préc.*), le Conseil constitutionnel dégage un « principe fondamental reconnu par les lois de la République » en se référant « notamment » aux « dispositions relatives à la réglementation des incompatibilités entre le mandat parlementaire et les fonctions publiques » ; la locution adverbiale laisse entendre que d'autres lois auraient pu servir de fondement à cette qualification, par exemple celle du 27 février 1880 sur le statut particulier des professeurs, le régime des chaires et l'absence d'inspection. Avec les ministres du culte en Alsace-Moselle, les professeurs des universités sont alors les seuls fonctionnaires à pouvoir cumuler leur fonction avec un mandat national (C. élect., art. L.O. 142 qui vise les « titulaires de chaires données sur présentation des corps où la vacance s'est produite ou chargés de directions de recherches », reprenant les termes de la L. org. du 15 mars 1849 mettant un terme à l'existence des députés-fonctionnaires de la Monarchie de Juillet tout en faisant une exception pour quelques illustrations nationales : professeurs au Collège de France, au Muséum ou titulaires de chaires universitaires alors en petit nombre). Si le Conseil d'État avait pu être réticent pour considérer que l'indépendance des professeurs des universités constituait une garantie constitutionnelle, il reprend alors cette analyse en visant à son tour ce nouveau principe fondamental reconnu par les lois de la République (CE 9 juill. 1997, n° 161929 A : *AJDA 1997. 718* ; *D. 1997. 194* ; *AJFP 1998. 28* ; *ibid. 29, note Mekhantar* ; *RFDA 1998. 625, concl. Roul*).

En constitutionnalisant le principe d'indépendance pour les seuls professeurs des universités, le Conseil constitutionnel ignorait les autres enseignants-chercheurs bientôt rassemblés dans le corps des maîtres de conférences. Or, s'il y a bien une dualité de corps, les statuts particuliers des professeurs des universités et des maîtres de conférences figurent dans le même décret statutaire du 6 juin 1984 dont les dispositions sont soit communes, soit souvent largement similaires tant pour leur recrutement que pour le déroulement des carrières ou leurs droits et obligations ; professeurs des universités et maîtres de conférences ne peuvent être mutés que sur leur demande (Décr. n° 84-431 du 6 juin 1984, art. 2, al. 3), bénéficiant ainsi comme les magistrats de l'inamovibilité ; ils ne font l'objet ni d'inspection, ni de notation ; l'appréciation de la qualité scientifique de leurs travaux ne peut être portée que par leurs pairs ; les uns et les autres ne sont pas soumis au pouvoir hiérarchique (*a contrario*, V. CE 23 mai 2011, n° 344408 : *AJDA 2011. 1584* ⊘, écartant la qualification d'enseignants-chercheurs pour les membres du corps professeurs de l'enseignement maritime : « eu égard à la nature militaire du corps, ses membres, ainsi soumis à l'autorité hiérarchique, ne peuvent être regardés comme des enseignants-chercheurs »). Le Conseil d'État refusait toutefois cette assimilation, jugeant par exemple que les règles instituant une représentation dans les conseils égale à celle de l'ensemble des autres personnels d'enseignement ou de recherche « ont pour objet de garantir l'indépendance des professeurs et des enseignants ou chercheurs de niveau équivalent » (CE 20 mars 1987, n° 65785) ou relevant que la décision du Conseil constitutionnel du 20 janvier 1984 n'a censuré l'instauration du collège unique qu'en tant qu'elle « portait atteinte à l'indépendance des professeurs d'université » (CE 29 juill. 1994, n° 66966 B). Dans sa décision n° 93-322 DC du 28 juillet 1993, le Conseil constitutionnel affirme toutefois que « par leur nature, les fonctions d'enseignement et de recherche exigent, dans l'intérêt même du service, que la libre expression et l'indépendance des enseignants-chercheurs soient garanties », sans préciser la valeur de ces garanties, tout en rappelant « qu'en ce qui concerne les professeurs, la garantie de l'indépendance résulte en outre d'un principe fondamental reconnu par les lois de la République » ; examinant une loi modifiant le statut de la magistrature, le Conseil constitutionnel sera plus précis : « les magistrats exerçant à titre temporaire ne peuvent exercer aucune activité d'agent public, à l'exception de celles de professeur et de maître de conférences des universités dont l'indépendance est garantie par un principe à valeur constitutionnelle » (Cons. const. 10 janv. 1995, n° 94-355 DC, § 23 : *D. 1997. 117, obs. Car* ⊘ ; *ibid. 128, obs. Renoux* ⊘). Mais ce n'est que dans sa décision du 6 août 2010 (n° 2010-20/21 QPC : *préc.*) qu'il assimilera totalement les uns et les autres en jugeant que « la garantie de l'indépendance des enseignants-chercheurs résulte d'un principe fondamental reconnu par les lois de la République » (de même, Cons. const. 24 avr. 2015, *CPU*, n° 2015-465 QPC : *préc.*). Reprenant l'argument fondé sur la liaison entre la compatibilité d'un mandat parlementaire et de la fonction universitaire, le Conseil constitutionnel le renverse et déduit du caractère constitutionnel de l'indépendance reconnue aux maîtres de conférences la possibilité de cumuler cette fonction d'enseignant-chercheur avec un mandat de député (Cons. const. 19 déc. 2013, *Situation de Mme Sophie Dion au regard du régime des incompatibilités parlementaires*, n° 2013-30 I : *AJDA 2014. 352* ⊘ ; *D. 2014. 19, obs. Laffaille* ⊘ ; *AJFP 2014. 101, note Toulemonde* ⊘). Si la généralisation du cumul n'est pas critiquable en soi, on remarquera toutefois qu'elle laisse entendre que les fonctions universitaires comme les fonctions parlementaires peuvent s'exercer à mi-temps alors même que certains professeurs élus députés ou sénateurs renoncent à ce cumul ou demandent à exercer à l'université à temps partiel, soulignant ainsi que ce privilège est peut-être d'un autre temps. Logiquement, le Conseil d'État tient compte de cette extension de la garantie constitutionnelle en jugeant que les dispositions du décret sur les comités de sélection (CE 15 déc. 2010, n° 316927 A : *AJDA 2011. 1791, note Verpeaux* ⊘ ; *ibid. 2010. 2454* ⊘) ou sur la modulation des services (CE 15 déc. 2010, *Collectif pour la défense de l'Université*, n° 329056 A : *AJDA 2011. 1791, note Verpeaux* ⊘ ; *ibid. 2010. 2454* ⊘) ne sont pas contraires au « principe d'indépendance des enseignants-chercheurs ». Il juge toutefois que la dualité de corps place professeurs et maîtres de conférences dans des situations différentes qui peuvent justifier une différence de traitement en rapport avec l'objectif poursuivi sans être manifestement disproportionnée (épreuve de déontologie imposée aux seuls maîtres de conférences pour l'accès à la profession d'avocat, CE 12 oct. 2016, n° 392053).

Le principe constitutionnel d'indépendance des enseignants-chercheurs n'implique pas que leurs statuts particuliers (contrairement aux statuts spéciaux des magistrats) soient fixés par le législateur (CE 9 juin 2010, *Collectif pour la défense de l'université*, n° 329056

A : *AJDA 2010. 1179* ; *ibid. 1355, chron. Lieber et Botteghi*) ; comme les autres enseignants, leurs statuts qui peuvent, les uns et les autres, déroger au statut général (L. 11 janv. 1984, art. 8) doivent toutefois être conformes à la loi qui, pour les seuls enseignants-chercheurs, ne peut être modifiée pour diminuer les garanties qu'ils tiennent de la Constitution. Le principe implique notamment que les enseignants-chercheurs soient associés au choix de leurs pairs sans toutefois imposer que toutes les personnes intervenant dans la procédure de sélection soient elles-mêmes des enseignants-chercheurs d'un grade au moins égal à celui de l'emploi à pourvoir » (Cons. const. 6 août 2010, n° 2010-20/21 QPC ; Cons. const. 24 avr. 2015, n° 2015-465 QPC). De même il constitue une garantie pour les décisions individuelles en matière d'avancement (CE 25 mars 2016, n° 386199 : est contraire au principe d'indépendance le fait qu'une commission amenée à se prononcer sur un passage à la classe exceptionnelle ne soit pas « exclusivement composée de professeurs de l'enseignement supérieur »).

B. – Si toutes les personnes ayant des fonctions d'enseignement et/ou de recherche à l'université peuvent revendiquer la « pleine indépendance », leur situation statutaire a des conséquences importantes sur la portée de ce principe qui n'atteint pas la même « plénitude » pour tous les universitaires.

Certaines garanties concernent tous les universitaires, même si, comme les professeurs agrégés du second degré, leur affectation dans l'enseignement supérieur peut être de courte durée (CE 18 févr. 1998, n° 185553 : la limitation de la durée d'affectation des professeurs agrégés du secondaire dans les établissements d'enseignement supérieur situés dans les territoires d'outre-mer n'est pas, en elle-même, de nature à compromettre leur indépendance). Ainsi, en tant qu'agents du service public de l'enseignement supérieur qui respecte la diversité de leurs opinions, sont-ils protégés de toute emprise politique, économique, idéologique et religieuse (art. L. 141-6). Ils bénéficient les uns et les autres des « franchises universitaires », relèvent notamment de la compétence de la juridiction disciplinaire compétente pour connaître des faits reprochés tant aux enseignants-chercheurs qu'aux enseignants, la section disciplinaire du conseil académique en première instance, le CNESER en appel (art. L. 952-7 ; l'art. 33 de la loi n° 2019-828 du 6 août 2019 de transformation de la fonction publique, en confiant sa présidence à un conseiller d'État, respecte « la garantie de l'indépendance des enseignants-chercheurs qui n'impose pas que l'instance disciplinaire soit présidée par un enseignant-chercheur » (Cons. const. 1er août 2019, n° 2019-790 DC). Même s'ils sont placés sous l'autorité du président de l'université (C. éduc., art. L. 712-1 et L. 713-9, codification de la L. n° 84-52 du 26 janv. 1984, art. 27 et 33) et, le cas échéant, sous l'autorité du directeur d'école ou d'institut interne, ils ne peuvent recevoir d'ordres sur le contenu de leur enseignement et de leur recherche, ni sur les choix pédagogiques ou méthodologiques. Pour l'organisation du service, la répartition des activités d'enseignement qui doit faire l'objet d'une révision périodique est de la compétence exclusive des enseignants-chercheurs, enseignants et chercheurs et non, comme dans le second degré, de la compétence du chef d'établissement (art. L. 952-4, V. CE 15 déc. 2010, *Collectif pour la défense de l'Université*, n° 329056 : *préc.*). Comme les enseignants-chercheurs, les enseignants des corps du second degré ne sont pas inspectés mais restent toutefois notés par le ministre de l'éducation nationale, compte tenu des notes ou appréciations établies par le président ou directeur de l'établissement d'enseignement supérieur d'affectation, sans que le juge considère que cette procédure d'évaluation entrave leur indépendance (CE 10 nov. 2004, n° 255409 B : *AJDA 2005. 500, note Legrand*). Enfin, ***tous les universitaires doivent voir leur indépendance garantie vis-à-vis des usagers*** ; le principe de l'indépendance du personnel enseignant vis-à-vis des étudiants est un des principes fondamentaux de l'enseignement (CE, sect., 5 avr. 1974, *Leroy*, n° 88572 : le déroulement de la carrière du personnel appelé à participer à l'appréciation des aptitudes et connaissances ne peut être soumis au contrôle des étudiants) ; toutefois, ce principe n'interdit pas la mise en place d'une évaluation des enseignements destinée à permettre « à chaque enseignant de prendre connaissance de l'appréciation des étudiants sur les éléments pédagogiques de son enseignement » à la condition qu'elle ne comporte ni n'implique aucune incidence sur les prérogatives ou la carrière des enseignants (CE 13 mars 1993, *Gohin*, n° 138749 A : *AJDA 1996. 699, note Mekhantar* : « ne comportant aucune incidence sur les prérogatives ou la carrière des enseignants (en général), l'arrêté ne saurait être regardé comme portant, par lui-même, atteinte au principe de l'indépendance des professeurs de l'enseignement supérieur (en particulier) » ; CE 29 déc. 1997, n°s 188347 et 188423 A).

D'autres garanties s'attachent uniquement à la qualité d'enseignant-chercheur. Leur recrutement, leur évaluation (CE 25 mars 2016, n° 386199) et leur promotion ne dépendent que de leurs pairs siégeant dans les instances représentatives de leurs corps.

La garantie de leur indépendance implique que les professeurs des universités et les maîtres de conférences soient associés au choix de leurs pairs siégeant dans les organes compétents, dans les sections du CNU comme dans les formations restreintes des conseils académiques. Aussi, le Conseil constitutionnel, excluant l'existence d'un collège électoral unique, exige que les professeurs, comme les autres enseignants-chercheurs, disposent d'une « représentation propre et authentique dans les conseils de la communauté universitaire » (Cons. const. 20 janv. 1984, n° 83-165 DC, § 25 à 27).

Cette exigence n'est justifiée que pour les questions d'ordre individuel. Aussi, le principe d'indépendance n'interdit pas à une disposition réglementaire d'instituer un collège électoral unique pour la désignation des représentants du personnel au sein du comité technique paritaire central des enseignants-chercheurs de statut universitaire, dès lors que ce comité ne connaît d'aucune question d'ordre individuel et que ses attributions, de caractère purement consultatif, concernent uniquement l'élaboration et la modification des règles statutaires (CE 2 mars 1988, n°s 64534 et 64682) ; il n'interdit pas non plus que les enseignants-chercheurs soient minoritaires dans les conseils d'administration (CE 10 juin 1998, n° 187348 B : à propos du conseil de l'université thématique d'Agen ; CE 8 juill. 2005, *Féd. des synd. généraux de l'éducation nationale et de la recherche publique SGEN CFDT*, n° 266900 B : *AJDA 2005. 1544* : à propos de l'Université Paris Dauphine) ; il a été jugé que le ministre pouvait renvoyer au conseil d'administration de l'établissement accrédité les modalités de désignation des membres du conseil de l'école doctorale autres que les doctorants sans porter atteinte à l'indépendance et aux prérogatives des professeurs des universités (CE 5 déc. 2007, *Olivier Jouanjouan et a.*, n° 298263 : *AJDA 2008. 2238, note Legrand* ; *ibid. 2007. 2343*). Cette décision précise en outre que les compétences du directeur de l'école doctorale ne sont pas de nature à priver les professeurs des universités ni des responsabilités qui leur incombent dans leur mission de direction des thèses, ni de l'indépendance dont ils disposent à cet égard.

La portée de l'indépendance n'est pas toujours la même pour les maîtres de conférences et les professeurs. Si, à la suite de la décision « libertés universitaires » du Conseil constitutionnel (n° 83-165 DC du 20 janv. 1984 préc.), le Conseil d'État a jugé incompatible la notion de représentation propre et authentique avec l'instauration d'un collège regroupant les professeurs et d'autres catégories, en l'occurrence le personnel scientifique des bibliothèques assimilé aux enseignants-chercheurs par l'article 60 de la loi du 26 janvier 1984 modifiée (CE 9 juill. 1997, n° 161929 : *préc.*), les maîtres de conférences sont rattachés à un collège où ils coexistent avec les autres enseignants ou les personnels scientifiques (V. aussi CE 9 juill. 1997, n° 58594 ; CE 28 juill. 2000, n° 183460 ; CE 24 sept 1999, n° 196923, légalité de la représentation propre et authentique imposant le rattachement des professeurs du deuxième et du premier grades de chirurgie dentaire au collège A des professeurs des universités et personnels assimilés). Si, pour le déroulement de leur carrière, l'appréciation portée sur la qualité scientifique des travaux des enseignants-chercheurs ne peut émaner que des conseils des établissements ou des instances nationales où les intéressés disposent d'une représentation propre et authentique impliquant qu'ils ne puissent être jugés que par leurs pairs, les responsabilités particulières des professeurs des universités les amènent à se prononcer sur les dossiers des maîtres de conférences sans que l'inverse ne soit envisageable. Il en est notamment ainsi pour l'attribution des primes d'encadrement doctoral et de recherche (CE 22 mars 2000, n°s 195638 et 195639 A : *AJFP 2000. 9* ; *ibid. 10, obs. Moniolle* ; CE 30 juill. 2003, *Sulzer*, n° 246666), les demandes de congé pour recherches ou conversions thématiques (CRCT) (CE 26 oct. 2005, *Kartchevsky*, n° 265382 B : *AJDA 2006. 111*) ou pour l'obtention de l'éméritat (CE 7 juin 2004, n° 251173 B : *AJDA 2004. 2407, note Durand-Prinborgne*) ; même si le Conseil constitutionnel a pu décider que « le principe d'indépendance des enseignants-chercheurs implique que les professeurs et maîtres de conférences soient associés au choix de leurs pairs, il n'impose pas que toutes les personnes intervenant dans la procédure de sélection soient elles-mêmes des enseignants-chercheurs d'un grade au moins égal à celui de l'emploi à pourvoir » (CE 6 août 2010, n° 2010-20/21 QPC).

Si les fonctionnaires que sont les enseignants-chercheurs, les enseignants et les chercheurs voient leur situation et leur carrière garanties par leurs statuts (et par la juridiction universitaire), on peut s'étonner de la décision du Conseil d'État concernant la fin de fonction des enseignants-chercheurs associés ; contrairement au principe de parallélisme des compétences, il a en effet été jugé qu'ils peuvent ne pas être renouvelés par un simple refus du président non précédé de la consultation des instances qui avaient dû intervenir pour leur recrutement (CE 22 déc. 2017, n° 405603 B).

II. – Si « la liberté d'expression » garantie aux enseignants-chercheurs, enseignants et chercheurs est « entière », elle n'est pas absolue. Des principes résultant tant des traditions que de la loi sont applicables tant aux activités d'enseignement et de recherche qu'au comportement des universitaires dans la vie de l'établissement ou en dehors.

A. – Si la liberté d'expression des universitaires est un acquis de l'Université républicaine, la loi ne la consacre que depuis 1984. Dans sa décision fondatrice, le Conseil constitutionnel ne la rattache pas à la liberté de l'enseignement (expression qu'il réserve à la liberté de créer des établissements) mais « au droit à la libre communication des pensées et des opinions garantie par l'article 11 de la Déclaration des droits de l'homme et du citoyen » (n° 83-165 DC du 20 janv. 1984, § 17). Pour la Cour européenne des droits de l'homme, « la liberté d'expression » garantie par l'article 10, § 1er, de la Convention européenne des droits de l'homme, qui comprend tant la « liberté d'opinion » que « la liberté de recevoir ou de communiquer des informations ou des idées sans qu'il puisse y avoir ingérence d'autorités publiques et sans considération de frontière », fonde la « liberté académique ». Cette dernière recouvre ce que le code de l'éducation définit comme l'« entière liberté d'expression dans les activités d'enseignement et de recherche », garantissant aux universitaires la maîtrise de leurs activités professionnelles qu'ils exercent dans le cadre du service public qui, lui-même, « doit garantir à l'enseignement et à la recherche leurs possibilités de libre développement scientifique, créateur et critique » (art. L. 141-6). Il a été jugé que ce principe s'applique dans des établissements privés confessionnels (CEDH 20 oct. 2009, *Lombardi Vallauri c/ Italie*, n° 39128/05 : *AJDA 2010. 215, note Laffaille* ; *ibid. 997, chron. Flauss* : « le poids accordé à l'intérêt de l'Université consistant à dispenser un enseignement inspiré de la doctrine catholique ne pouvait pas aller jusqu'à atteindre la substance même des garanties procédurales dont devait bénéficier le requérant en vertu de l'article 10 de la Convention »). Encore faut-il s'interroger sur le contenu des messages. Le ressort de la liberté académique étant la recherche de la vérité (Condorcet), la « diversité des opinions » n'est recevable que si elle tend à l'« objectivité du savoir » (art. L. 141-6) compatible avec la diversité des approches, mais qui doit exclure les informations fallacieuses véhiculant des contre-vérités.

Il s'agit tout d'abord de la ***liberté d'enseigner***, de professer, de transmettre des connaissances ; les universitaires en choisissent librement les approches tant théoriques que pratiques ; ils peuvent présenter leurs analyses, donner leur opinion, adopter une vision critique sans être tenus par le respect d'une doxa politique, religieuse ou économique ; en outre, ils sont libres d'adopter la démarche pédagogique de leur choix. Cette première liberté académique pourrait être rapprochée de la « liberté pédagogique » que la loi n° 2005-380 du 23 avril 2005 d'orientation et de programmation pour l'avenir de l'école a reconnue aux enseignants du premier et du second degré (art. L. 912-1-1) ; André Philip visait les uns et les autres quand il réclamait « la liberté pour tout homme d'enseigner ce qu'il considère comme conforme à la vérité [...], la garantie du maître dans l'exercice de sa fonction » (André Philip, commission de la Constitution, 1946). Elle en est toutefois différente : l'auditoire est constitué par un public d'adultes dont l'autonomie de jugement leur permet de faire la part des choses ; les savoirs sont non seulement construits, mais en voie de construction par les enseignants-chercheurs dont l'une des missions est de former par la recherche ; les universitaires, qu'ils soient enseignants-chercheurs ou enseignants, ne sont pas placés sous le contrôle de corps d'inspection et ne reçoivent d'instructions ni du ministre, ni du chef d'établissement. L'enseignement universitaire est toutefois encadré ; si les programmes ne sont plus nationaux et arrêtés par le ministre, l'intitulé et le contenu des cours figurent dans les maquettes ayant fait l'objet d'une évaluation nationale ; le cadre de la forme des enseignements (cours, TP ou TD) s'impose aux enseignants ; les étudiants sont appelés à évaluer l'enseignement…

Dans un second temps, quand l'idée s'est imposée que tous les universitaires, et pas uniquement les spécialistes des sciences physiques et naturelles, étaient à la fois des enseignants et des chercheurs, a été évoquée la ***liberté de la recherche***. Les statuts des chercheurs doivent garantir « l'autonomie de la démarche scientifique » et favoriser la « libre circulation des idées » (C. rech., art. L. 411-3). En théorie, chacun devrait pouvoir choisir ses sujets de recherche, conduire ses travaux, choisir sa méthodologie, en diffuser ou non les résultats, les publier dans les revues de son choix sans obtenir au préalable une autorisation administrative (visant les enseignants-chercheurs, les enseignants et les chercheurs, le CPI précise que « les dispositions des articles L. 121-7 [...] ne s'appliquent pas aux agents auteurs d'œuvres dont la divulgation n'est soumise, en vertu de leur statut ou des règles qui régissent leurs fonctions, à aucun contrôle préalable de l'autorité hiérarchique », CPI, art. L. 111-1) ; ce serait sans compter sur les modes actuels d'organisation et de financement de la recherche ; si, dans certaines disciplines, la recherche peut encore être menée de manière individuelle et artisanale, l'importance des investissements nécessaires pour se doter des équipements et le coût du fonctionnement des laboratoires imposent l'appartenance à une équipe, si possible d'excellence. Le statut des enseignants-chercheurs garantit leur possibilité de participer aux travaux d'une équipe de recherche de leur établissement, le cas échéant d'un autre établissement (Décr. n° 84-431 du 6 juin 1984, art. 4, al. 2 prévoyant en cas la possibilité de saisir le CA en formation restreinte. Sur cette question, V. Rapport du médiateur de l'éducation nationale 2015) ; dans ce cadre, les chercheurs devraient pouvoir utiliser les méthodes et techniques de leur choix ; s'il y a bien liberté, elle est le plus souvent collective, la recherche se faisant alors en équipe dans le cadre de programmes ayant souvent un financement *ad hoc*. Les statuts des chercheurs comme les règles régissant leur emploi doivent garantir l'« autonomie de leur démarche scientifique » et « favoriser la libre circulation des idées » (C. rech., art. L. 411-3). Si les enseignants-chercheurs comme les chercheurs peuvent en outre communiquer leurs résultats (***liberté de publier*** et de diffuser la connaissance), l'organisation actuelle de la recherche a toutefois transformé cette liberté en obligation (le taux des enseignants-chercheurs et chercheurs dits « publiants » est en effet pris en compte pour l'évaluation des établissements et le calcul des dotations). Au-delà du travail collectif, chaque chercheur conserve la liberté individuelle de présenter ses analyses et ses opinions, même dissidentes. Par ailleurs, le Conseil constitutionnel, dans une décision n° 94-345 DC du 29 juillet 1994 rendue à la suite de l'examen de la loi relative à l'emploi de la langue française, a rappelé que des contraintes excessives (résumés en français de textes publiés en langue étrangère) peuvent être de nature à porter atteinte à l'exercice de la liberté d'expression et de communication dans l'enseignement et la recherche. A noter ici que la liberté de recherche est reconnue à l'enseignant-chercheur comme au chercheur par son statut ; il n'en est pas de même pour les enseignants non chercheurs (même si les textes peuvent faciliter leur recherche) ou pour les chercheurs associés dont le statut principal peut leur imposer des limites que ne connaissent pas ceux qui ont le statut de chercheur ou d'enseignant-chercheur (CE 12 janv. 2011, *Matelly*, n° 338461 A : *AJDA 2011. 5* ; *ibid. 623, note Aubin* ; *AJFP 2011. 115* : un officier de gendarmerie chercheur associé au CNRS, en publiant une analyse critique du rôle de la gendarmerie, viole l'obligation de réserve que son statut lui impose, l'association au CNRS ne lui confiant pas le statut de chercheur et ne lui permettant pas de se prévaloir de la liberté d'expression reconnue aux universitaires).

Depuis plusieurs années, des enseignants-chercheurs sont l'objet de plaintes en diffamation ou en dénigrement, à la suite de leurs travaux scientifiques publiés dans des revues académiques ou dans la presse généraliste (dans les 2 cas s'applique la L. du 29 juill. 1881 relative à la liberté de la presse). Ces « procédures bâillons » (pour les Anglo-Saxons, SLAPP, *Strategic Lawsuit Against Public Participation*) ont pour objet ou pour effet de les dissuader de traiter de sujets sensibles, portant manifestement atteinte à leur liberté d'expression ; dans la mesure où le procès oppose un universitaire à un groupe puissant, la question de son caractère équitable est aussi posée (V. D. Mazeaud, Rapport sur les procédures bâillons, avr. 2017). Si les tribunaux ont pu prendre des décisions de relaxe et protéger ainsi la liberté de publier (V. not. l'aff. *Neyret*, spécialiste de droit de l'environnement ayant commenté une décision de justice. Dans un arrêt du 28 sept. 2017, la CA de Paris confirme le jugement et précise *« dès lors que sont ni établies, ni même évoquées, une animosité personnelle de l'auteur [...] le seul fait d'examiner le caractère diffamatoire d'un article tel que celui rédigé par Laurent*

Neyret est une atteinte à sa liberté d'expression », sans viser l'art. L. 952-2 ni la qualité d'enseignant-chercheur. – V. C. Fortier, *AJDA 2017. 2097*), la multiplication des cas imposait une réponse institutionnelle. Une circulaire du 9 mai 2017 rappelle que comme tout fonctionnaire, les enseignants-chercheurs ont le droit à la protection fonctionnelle prévue par l'article 11 de la loi du 13 juillet 1983 avec pour objectif de l'améliorer en cas d'action en diffamation. L'administration devant protéger ses agents contre les attaques et lorsque leur responsabilité pénale est mise en cause pour des faits liés à l'exercice de leurs fonctions, il revient au chef d'établissement (sans autorisation préalable du conseil d'administration, CE 4 avr. 2011, n° 334402), qui s'assurera que la faute n'est pas personnelle, d'accorder cette protection qui permet notamment une prise en charge totale ou partielle des frais de justice. Pour les procédures bâillons, la circulaire recommande une attribution systématique de la protection fonctionnelle. Soulignant les limites de la protection fonctionnelle (qui ne joue pas en cas de faute personnelle, qui peut être refusée dans l'intérêt général, qui laisse au chef d'établissement le choix des mesures de protection), le Rapport Denis Mazeaud propose notamment de modifier la loi de 1881 pour que ne puissent donner lieu « à aucune action en diffamation, injure ou outrage, les propos exprimés et les écrits rédigés de bonne foi par des chercheurs et des enseignants-chercheurs dans le cadre de leurs activités d'enseignement ou de recherche, sous quelque forme ou support que ce soit » (selon le même régime que le compte rendu fidèle et de bonne foi des débats judiciaires) ; ou encore pour que de telles poursuites ne puissent être exercées qu'à la requête du ministère public.

Si, pour assurer leurs activités d'enseignement et de recherche, les universitaires peuvent s'exprimer librement, l'expression de leurs analyses et opinions ne peut se faire que « sous les réserves que leur imposent, conformément aux traditions universitaires et aux dispositions du présent code, les principes de tolérance et d'objectivité » (art. L. 952-2). Si le code de l'éducation contient les « exigences du service public » auxquelles se réfère la décision de 1984 pour fixer les limites du droit de communication des pensées et des opinions (n° 83-165 DC du 20 janv. 1984, § 17), notamment le principe de laïcité (art. L. 141-6, qui a été jugé compatible avec un engagement sacerdotal – TA Strasbourg, 14 déc. 2017, n° 1703016 ; CE 27 juin 2018, n° 419595, rejetant la QPC soulevé par le syndicat devant la cour d'appel –, mais fonde l'interdiction du port des tenues et signes religieux par les agents publics que sont les universitaires), d'autres dispositions législatives sont à prendre en considération – qu'elles s'appliquent à tous (en particulier les dispositions du code pénal) ou soient prévues par le statut général de la fonction publique, qui impose désormais au fonctionnaire d'exercer ses fonctions « avec dignité, impartialité, intégrité et probité » (L. n° 2016-483 du 20 avr. 2016 relative à la déontologie et aux droits et obligations des fonctionnaires modifiant l'art. 25 de la L. n° 83-634 du 13 juill. 1983 portant droits et obligations des fonctionnaires) –, qui sont autant de valeurs aptes à fonder la déontologie universitaire (impartialité du contrôle des connaissances, intégrité et probité pour mener des recherches et en exploiter les résultats).

En se référant à la « tolérance des opinions » (L. de 1968, art. 35), le législateur a souhaité que les universitaires, conformément à la tradition, entendent les positions opposées ou divergentes, organisent le débat en développant une démarche argumentative dans le respect du contradictoire, acceptent la critique ; il aurait peut-être mieux fallu viser le « respect des opinions » celui qu'impose tant les principes d'égalité et de neutralité qui interdisent les discriminations, par exemple d'évaluer un travail en fonction de critères partisans ou de considérations de genre ; sur le plan religieux, le principe de laïcité impose aux universitaires de respecter (et non tolérer comme un moindre mal !) les croyances de chacun et leur interdit de ne pas accepter en cours une personne portant un signe ou une tenue exprimant un choix religieux. C'est aussi par respect pour la liberté de conscience des usagers que tous les agents publics doivent s'abstenir de manifester leur appartenance religieuse ; même s'ils s'adressent à des adultes et peuvent revendiquer une entière liberté d'expression, les universitaires ne peuvent porter ni soutane, ni kippa, ni voile islamique. C'est du moins la solution préconisée par le guide *Laïcité et enseignement supérieur* de la CPU assurant ainsi une « laïcité visuelle » (P.-H. Prélot). On peut toutefois penser que les fondements juridiques de cette solution mériteraient d'être précisés, même s'il est en effet possible d'admettre que « la liberté intellectuelle des enseignants n'est pas fondamentalement remise en cause par cette contrainte formelle » (P.-H. Prélot, *AJDA 2017. 1375*).

Si l'« objectivité du savoir » (L. de 1968, art. 35), principe inhérent à la démarche scientifique, est délicat à cerner (l'enseignement ou la recherche de la vérité objective dépendant le plus souvent de multiples facteurs dont le choix et la combinaison peuvent être éminemment subjectifs), elle rend l'enseignement et la recherche « incompatibles avec toute forme de propagande » et impose qu'ils demeurent « hors de toute emprise politique ou économique » (L. de 1968, art. 35). Si la formule est incomplète, oubliant l'emprise religieuse, et sujette à interprétation, la juridiction disciplinaire sanctionnera les propos et écrits manifestement non objectifs, notamment quand ils font par ailleurs l'objet d'une répression pénale. Ainsi, la publication d'un article s'inscrivant dans le courant négationniste, traduisant l'intolérance et le subjectivisme de son auteur, manque gravement aux « règles de la probité intellectuelle et du respect d'autrui découlant de la déontologie universitaire et des principes susmentionnés de tolérance et d'objectivité » (CE 19 mai 1993, *Bernard Nottin*, n° 125948 A) et justifie une sanction disciplinaire (CE 28 sept. 1998, *M. Nottin*, n° 159236 B) ; les mêmes faits tombent sous le coup de la loi, l'article 24 *bis* de la loi du 29 juillet 1881 sur la liberté de la presse modifié par la loi Gayssot n° 90-615 du 13 juillet 1990 punissant ceux qui ont contesté l'existence d'un crime contre l'humanité, les lois mémorielles devant toutefois ne pas entraver la recherche historique. Des poursuites disciplinaires et pénales peuvent intervenir dans d'autres cas, par exemple pour sanctionner un plagiat, « fraude consistant à présenter des travaux qui étaient en réalité pour partie ceux d'un autre chercheur » (CE 23 févr. 2009, n° 310277 B : *AJDA 2009. 402* ; *D. 2009. 1287* , *point de vue Bruguière* ; *RFDA 2009. 226, note Melleray*), dans la mesure où « toute reproduction, représentation ou diffusion, par quelque moyen que ce soit, d'une œuvre de l'esprit en violation des droits de l'auteur, tels qu'ils sont définis et réglementés par la loi » est un délit de contrefaçon (CPI, art. L. 335-3).

B. – Au-delà de leurs activités d'enseignement et de recherche seules citées par l'article, les universitaires bénéficient-ils toujours d'une pleine liberté d'expression ?

La question peut d'abord être posée dans le cadre de l'institution universitaire. La Cour européenne des droits de l'homme a souligné « l'importance de la liberté académique, qui autorise notamment les universitaires à exprimer librement leurs opinions sur l'institution ou le système au sein duquel ils travaillent ainsi qu'à diffuser sans restriction le savoir et la vérité » (CEDH 23 juin 2009, *Sorguç c/ Turquie*, n° 17089/03, § 34 et 35). A l'intérieur des établissements les universitaires comme les autres membres de la communauté doivent respecter le règlement intérieur, qui peut réglementer l'exercice de la liberté d'expression pour assurer le bon ordre et le bon fonctionnement du service public mais uniquement dans le respect des droits et prérogatives des enseignants ; peuvent ainsi être prévus les conditions dans lesquelles peuvent être distribués des tracts et les emplacements réservés à l'affichage syndical et associatif. La liberté d'expression peut aussi être limitée par les textes généraux qui en répriment les abus ; ainsi ne peut-elle pas être invoquée pour dénigrer publiquement de manière offensante et injurier les étudiants ou le personnel administratif (CE 3 févr. 2003, n° 231952 : annulant la décision du CNESER dénaturant les faits).

En dehors du système universitaire, les universitaires, qu'ils soient ou non enseignants-chercheurs, disposent comme les autres fonctionnaires de la possibilité d'exercer d'autres activités qui pourront les amener à s'exprimer librement, soit qu'ils y aient été autorisés (à la condition que l'activité en question « ne porte pas atteinte au fonctionnement normal, à l'indépendance ou à la neutralité du service » ou « à la dignité des fonctions publiques », L. n° 83-634 du 13 juill. 1983, art. 13), soit même sans autorisation pour exercer une liberté essentielle. Ainsi, les fonctionnaires peuvent exercer une profession libérale découlant de la nature de leur fonction (L. n° 83-634 du 13 juill. 1983, art. 25) ; le juge, ayant interprété strictement cette possibilité en prenant en considération le niveau des enseignements dispensés, la réserve en fait aux enseignants du supérieur, si ce n'est aux enseignants-chercheurs (CE 24 nov. 1982, n° 11650) ; tel est le cas de la profession d'avocat ; à noter que l'universitaire avocat ne pourra pas plaider contre l'État, notamment en cas de fraude fiscale (CE oct. 1976, *Badinter et Bredin*, n° 93718), une forme de loyauté limitant alors sa liberté. En ce domaine, la distinction entre professeurs et maîtres de conférences perdure.

Enfin, les universitaires peuvent aussi participer au débat civique. Dans une affaire concernant un professeur de droit constitutionnel condamné pour diffamation après la publication d'une étude critiquant un arrêt de la Cour constitutionnelle turque et mettant en cause la compétence et l'impartialité des juges, la Cour européenne de droits de l'homme a pu « souligner l'importance de la liberté universitaire », qui à côté de la liberté de l'enseignement et de la recherche comprend aussi la liberté « d'exprimer librement leurs opinions, fussent-elles polémiques ou impopulaires, dans les domaines relevant de leurs recherches, de leur expertise professionnelle et de leur compétence » (§ 40, CEDH 27 mai 2014, *Mustafa Erdogan et a. c/ Turquie*, n° 346/04 et 39779/04). Les universitaires peuvent ainsi remplir dans leur domaine de compétences une fonction sociale ; dans certains cas, leurs connaissances (par exemple dans le domaine de l'environnement ou de la fiscalité) peuvent leur permettre de jouer un rôle de lanceur d'alerte.

S'agissant des enseignants-chercheurs qui cumulent leurs fonctions avec un mandat parlementaire, il est logique de considérer qu'ils disposent de possibilités d'expression aussi grandes dans les deux situations. Mais là encore, cette liberté est encadrée. Un professeur d'université, par ailleurs député européen, ayant tenu dans les locaux de son parti des propos pour le moins ambigus sur l'existence des chambres à gaz, fut sanctionné de cinq ans de suspension pour propos discriminatoires contraires à la déontologie universitaire, faute disciplinaire grave portant atteinte à la réputation, à l'ordre et au bon fonctionnement de l'université (CE, sect., 19 mars 2008, *Gollnish*, n° 296984 A : *AJDA 2008. 674* ; *ibid. 1055, concl. Keller*) ; malgré une relaxe au pénal (Crim. 23 juin 2008, n° 08-82.521 P : *D. 2009. 1976* ; *ibid. 2825, obs. Roujou de Boubée, Garé et Mirabail* ; *AJ pénal 2009. 409, obs. Royer* ; *RSC 2010. 170, obs. Francillon*), la CEDH, notant que « la contribution éventuelle de ses propos aux thèses négationnistes et le désordre qui en est d'ailleurs résulté, au sein de l'université de Lyon III et, plus généralement de l'université française, était incompatible avec les devoirs et responsabilités qui incombaient au requérant en tant qu'enseignant », a considéré que « le requérant a outrepassé les obligations de réserve et de tolérance auxquelles il était tenu » (CEDH, 5e sect., décis., 7 juin 2011, *Bruno Gollnisch c/ France*, n° 48135/08).

Au-delà de la réaction aux discours racistes et négationnistes, les poursuites pénales (même si elles sont parfois jugées excessives, ce qui est critique légitime pour les uns pouvant être diffamant pour les autres) et disciplinaires (même si la tendance des pairs peut être de minimiser la faute) constituent autant de limites à une liberté, pourtant présentée comme entière, qu'il est certainement plus exact de qualifier de « liberté d'expression élargie » (Dijon, 16 avr. 2014, n° 13/01324 : *AJDA 2014. 1904*). En tout état de cause le respect de la loi et de la déontologie universitaire qui en découle, même si elle n'impose pas aux universitaires une « obligation de réserve » au sens de la jurisprudence administrative, n'est pas incompatible avec une indépendance dont la plénitude n'est acceptable que si elle est mise au service des fins de l'institution. ❑

I. PRINCIPE FONDAMENTAL D'INDÉPENDANCE

1. La décision du Cons. const. du 6 août 2010 marque une évolution du champ d'application du principe fondamental d'indépendance des professeurs d'université. • Cons. const. 6 août 2010, *M. Jean C. et a. [Loi Université]*, n° 2010-20/21 QPC : *JO 7 août, p. 14615 ; Rec. Cons. const. 203 ; GDCC, 16e éd., n° 48 ; AJDA 2011. 1791, note Verpeaux ; AJFP 2010. 245 ; D. 2010. 2335, note Melleray ; JCP 2010, n° 36, p. 1602, note Mathieu ; Gaz. Pal. 2010, n° 251-252, p. 14, note Touzeil-Divina ; Commentaire 2011, n° 134, p. 509, note Beaud ; RFDC 2011. 284, note Dargent ; LPA 2011, n° 89, p. 46, note Touzeil-Divina.*

1° CHAMP D'APPLICATION

2. Situation depuis la décision de 2010. La décision du Cons. const. du 6 août 2010 a consisté en une extension des catégories d'universitaires bénéficiant directement du principe fondamental reconnu par les lois de la République d'indépendance. Consacré en 1984, au profit des seuls professeurs, ce principe concerne désormais aussi l'ensemble des enseignants-chercheurs. Certes, jusqu'à présent, le Conseil constitutionnel avait fait référence à un principe « de caractère constitutionnel » ou « à valeur constitutionnelle » d'indépendance qui concernait tous les enseignants-chercheurs. • Cons. const. 28 juill. 1993, *Loi relative aux Éts publics à caractère scientifique, culturel et professionnel*, n° 93-322 DC : *Rec. Cons. const. 204 § 12.* ♦ Mais il avait explicitement fondé cette indépendance sur un PFRLR qu'en ce qui concerne les seuls professeurs. • Cons. const. 20 janv. 1984, *Loi sur l'enseignement supérieur*, n° 83-165 DC : *Rec. Cons. const. 30 ; GDCC ; Cah. Cons. const., n° 30.* ♦ Dans le 6e considérant de sa décision du 6 août 2010, le juge constitutionnel se réfère, pour la première fois, à un PFRLR fondant l'indépendance des « enseignants-chercheurs », et non pas seulement celle des professeurs. ♦ Suivant en ce sens le Conseil constitutionnel, le Conseil d'État applique désormais cette jurisprudence. Sur les décrets pris pour l'application de la L. du 10 août 2007. • CE 15 déc. 2010, n° 316927 A : *AJDA 2011. 1791, note Verpeaux ; ibid. 2010. 2454* • CE 15 déc. 2010, n° 329056 A : *AJDA 2011. 1791, note Verpeaux ; ibid. 2010. 2454*. ♦ Rompant ainsi avec la position qu'il adoptait jusqu'à présent et qui faisait référence au principe constitutionnel d'indépendance pour les seuls professeurs d'université. • CE, ord., 22 juin 2009, n° 328756.

3. Situation antérieure à la décision de 2010. Professeurs. Par leur nature, les fonctions d'enseignement et de recherche exigent, dans l'intérêt même du service, que la libre expression et l'indépendance des enseignants-chercheurs soient garanties. En ce qui concerne les professeurs, la garantie de l'indépendance résulte en outre d'un principe fondamental reconnu par les lois de la République. • Cons. const. 28 juill. 1993, *Loi relative aux Éts publics à caractère scientifique, culturel et professionnel*, n° 93-322 DC : *Rec. Cons. const. 204 ; JO 30 juill., p. 10750 ; RFDC 1993. 830, note Philippe ; LPA 4 mars 1994, p. 4, obs. Verpeaux et Mathieu.* ♦ V. aussi • Cons. const. 10 janv. 1995, n° 94-355 DC § 23 : *D. 1997. 117, obs. Car ; ibid. 128, obs. Renoux* • CE 29 mai 1992, n° 67622 A. • CE 9 juill. 1997, n° 161929 A : *AJDA 1997. 718 ; AJFP 1998. 29, note Mekhantar ; RFDA 1998. 625, concl. Roul*.

4. Situation antérieure à la décision de 2010. Autres catégories d'enseignants-chercheurs. A deux reprises, le Conseil d'État avait confirmé que le législateur n'avait pas entendu conférer aux maîtres de conférences et maîtres-assistants des droits, responsabilités et garanties identiques à ceux conférés aux professeurs. Ils n'étaient donc pas fondés à se prévaloir du principe fondamental reconnu par les lois de la République de l'indépendance des professeurs d'université. • CE 20 mars 1987, n° 65785. • CE 29 juill. 1994, n° 66966 B.

5. Professeurs et maîtres de conférences. Appartenance à des corps distincts. Le Conseil d'État a jugé que les maîtres de conférences et les professeurs appartiennent à des corps distincts, régis par des règles différentes, s'agissant notamment de leurs conditions de recrutement, ainsi que de leurs responsabilités et garanties statutaires. Il en déduit, qu'ainsi placés dans une situation différente, le pouvoir réglementaire a pu prévoir des modalités différentes d'accès à la profession d'avocat, sans porter atteinte au principe d'égalité des uns et des autres à cette profession. En l'espèce, il précise qu'en imposant aux premiers et non aux seconds de subir avec succès un examen de contrôle des connaissances en déontologie et réglementation professionnelle, le pouvoir réglementaire a établi une différence de traitement qui est en rapport avec l'objectif poursuivi par les dispositions attaquées. • CE 12 oct. 2016, n° 392053 : *AEF 18 oct. 2016, Dépêche n° 547855, comm. Toulemonde.*

6. Maintien de certaines dispositions de la loi du 12 nov. 1968. Le Conseil constitutionnel a considéré que l'abrogation totale de la loi d'orientation du 12 nov. 1968 dont certaines dispositions donnaient aux enseignants des garanties conformes aux exigences constitutionnelles, qui n'ont pas été remplacées dans la L. du 20 janv. 1984 relative à l'enseignement supérieur par des garanties équivalentes, n'était pas conforme à la Constitution. • Cons. const. 20 janv. 1984, *Loi relative à l'enseignement supérieur*, 83-165 DC : *Rec. Cons. const. 30 ; JO 21 janv., p. 365 ; GDCC, n° 35 ; AJDA 1984. 161, note Boulouis ; D. 1984. 593, note Luchaire ; D. 1985. 125, chron. Gaudemet ; RD publ. 1984. 687, comm. Favoreu ; Rev. adm. 1984. 261, note de Villiers.*

7. Loi LRU. Absence d'atteinte. Afin de renforcer l'autonomie des universités, l'art. L. 954-1 C. éduc. se borne à autoriser le conseil d'administration à définir les « principes généraux de répartition des obligations de service des personnels enseignants et de recherche entre les activités d'enseignement, de recherche et les autres missions qui peuvent être confiées à ces personnels ». En tout état de cause, cet art. prévoit que le pouvoir ainsi reconnu au conseil d'administration s'exerce « dans le respect des dispositions statutaires applicables », celles-ci résultant à la fois du statut général des fonctionnaires et des règles particulières du statut des enseignants-chercheurs prévues par décret en Conseil d'État. Par suite, ce pouvoir du conseil d'administration ne porte atteinte, en lui-même, ni au principe d'indépendance des enseignants-chercheurs ni au principe d'égalité entre les fonctionnaires d'un même corps. • Cons. const. 6 août 2010, *M. Combacau et a.*, n° 2010-20/21 QPC : *JCP 2010, n° 36, p. 1602, note Mathieu ; Gaz. Pal. 2010, n° 251-252, p. 14, note Touzeil-Divina ; AJDA 2010. 1557 ; ibid. 2011. 1791, note Verpeaux ; AJFP 2010. 245 ; D. 2010. 2335, note Melleray*. ♦ V. aussi. • CE, QPC, 9 juin 2010, *M. Combacau et a.*, n° 316986 : *AJDA 2010. 2454* • CE, QPC, 9 juin 2010, n° 329056 : *AJDA 2010. 1179*.

2° CONSÉQUENCES

8. Représentation « propre et authentique ». Le principe à valeur constitutionnelle d'indépendance des professeurs suppose que ceux-ci aient une représentation propre et authentique dans les conseils de la communauté scientifique. • CE 9 juill. 1997, n° 161929 A : *préc. note 3.* ♦ Ce principe est incompatible avec l'instauration, pour l'élection de ces conseils, d'un collège regroupant les professeurs et d'autres catégories de personnels. Si les dispositions de la L. du 26 janv. 1984 modifiée prévoient que les personnels scientifiques des bibliothèques sont assimilés aux enseignants-chercheurs pour leur participation aux différents conseils, elles n'impliquaient pas d'inclure ces personnels dans le collège des professeurs des universités. Illégalité des dispositions du Décr. du 18 janv. 1985 incluant les personnels scientifiques des bibliothèques dans le collège des professeurs des universités. • Même arrêt. ♦ Ce principe implique qu'ils ne peuvent être jugés que par leurs pairs. La commission nationale de recours chargée d'émettre un avis sur l'attribution des primes d'encadrement doctoral et de recherche avait siégé dans une formation qui comportait des personnes n'ayant pas cette qualité. La délibération est illégale dans la mesure où elle consiste en l'appréciation de travaux scientifiques de l'intéressé • CE 22 mars 2000, n°s 195638 et 195629 A : *AJFP 2000, n° 5, p. 9, note Moniolle*. ♦ La composition du conseil d'université de l'université thématique d'Agen, qui comprend vingt-cinq membres, dont quatre représentants des professeurs des universités, quatre représentants des autres enseignants, deux représentants des personnels administratifs, techniques, ouvriers et de service, et deux représentants des usagers, et le mode d'élection de ce conseil, en l'absence de toute dérogation aux garanties statutaires dont bénéficient les professeurs et les enseignants-chercheurs, permettent d'assurer tant l'indépendance des professeurs des universités que la représentation propre et authentique des professeurs, des enseignants-chercheurs, des autres personnels et des usagers. • CE 10 juin 1998, n° 187348 B. ♦ Les demandes de congés pour recherches ou conversions thématiques doivent être regardées comme portant sur l'examen de questions relatives au déroulement de la carrière des intéressés. Le conseil scientifique doit, lorsqu'il procède à l'examen du projet présenté par un professeur des universités à l'appui de la demande d'un tel congé, siéger dans une formation restreinte aux membres de ce corps. • CE 26 oct. 2005, n° 265382 B : *AJDA 2006. 111*. ♦ L'Arr. du 7 août 2006 relatif à la formation doctorale ne détermine nullement, par lui-même, la représentation des professeurs des universités au sein du conseil de l'école doctorale et renvoie au conseil d'administration de l'établissement ou des établissements concernés par l'accréditation les modalités de désignation des membres autres que les doctorants. Ainsi le moyen tiré de ce que l'arrêté attaqué méconnaîtrait, par lui-même, le principe de la représentation propre et authentique des professeurs des universités au sein du conseil d'école doctorale manque en fait. Au surplus et en tout état de cause, l'arrêté attaqué, qui ne confie au conseil de l'école doctorale qu'un pouvoir d'orientation et de proposition, ne porte atteinte ni au principe d'indépendance ni aux prérogatives des professeurs des universités. • CE 5 déc. 2007, n° 298263 : *AJDA 2008. 2238, note Legrand*. ♦ Professeur à l'École supérieure de physique et de chimie industrielle de la ville de Paris (ESPCI), la requérante demandait réparation du préjudice qu'elle estime avoir subi du fait de l'illégalité des refus de la promouvoir à la classe exceptionnelle. Ces refus ayant été prononcés au terme de procédures qui n'ont pas permis l'appréciation de ses mérites exclusivement par les pairs, elle faisait valoir une atteinte au principe constitutionnel d'indépendance des enseignants-chercheurs. En l'espèce, pour l'examen des mérites, ni le conseil d'administration de l'École, ni la commission administrative paritaire, n'étaient exclusivement composés de professeurs de l'enseignement supérieur. Le juge estime dès lors que la décision a été prise en méconnaissance du principe fondamental reconnu par les lois de la République d'indépendance des professeurs de l'enseignement supérieur. • CAA Paris, 30 sept. 2014, n° 13PA03403 : *AJFP 2015. 75*.

9. Représentation « propre et authentique ». Réparation des préjudices. A propos de la même affaire, la requérante avait demandé au tribunal administratif de condamner la ville de Paris à lui verser une indemnité en réparation des préjudices qu'elle estime avoir subis du fait des refus illégaux de promotion à la classe exceptionnelle du corps des professeurs de l'École supérieure de physique et de chimie industrielle de la ville de Paris (ESPCI). Le Conseil d'État estime que le juge d'appel, après avoir jugé que l'intéressé était fondé à soutenir que la procédure ayant conduit à l'appréciation de ses mérites avait été entachée d'une illégalité fautive, ne peut se borner ensuite, à peine d'erreur de droit, à affirmer, pour rejeter les conclusions indemnitaires de l'intéressé, que le préjudice qu'il aurait subi ne pouvait être regardé comme la conséquence du vice dont ces décisions étaient entachées, sans rechercher si l'irrégularité de la procédure de promotion n'avait pas entraîné pour lui de perte de chance sérieuse d'être nommé dans le grade supérieur. Il renvoie donc l'affaire à la cour administrative d'appel. • CE 25 mars 2016, n° 386199 B : *AJDA 2016. 640 ; AEF 7 avr. 2016, Depêche n° 535877, comm. Toulemonde.*

10. Procédures d'évaluation des enseignements. L'arrêté du ministre de l'éducation instituant des procédures d'évaluation des enseignements prévoit que pour chaque cursus, est organisée une procédure prenant en compte l'appréciation des étudiants, chaque évaluation donnant lieu à deux procédures distinctes. Dès lors que, d'une part, la première forme de la procédure d'évaluation, relative aux enseignements, est exclusivement destinée à permettre « à chaque enseignant de prendre connaissance de l'appréciation des étudiants sur les éléments pédagogiques de son enseignement », seul l'enseignant intéressé ayant connaissance des éléments de cette forme d'évaluation, et que, d'autre part, la seconde forme d'évaluation, relative à l'organisation des études dans la formation concernée, si elle prévoit la mise en place, pour chaque formation, d'une commission comprenant notamment des représentants élus des étudiants, n'a pas pour objet et ne peut légalement avoir pour effet de permettre à cette commission d'avoir communication des éléments d'évaluation recueillis lors de la première phase, l'arrêté en cause est sans incidence sur les prérogatives et la carrière des enseignants et ne saurait donc être regardé comme portant atteinte au principe d'indépendance des professeurs de l'enseignement supérieur. • CE 29 déc. 1997, nos 188347 et 188423 A : *Quot. jur. n° 32, 21 avr. 1998, note Pellissier.*

11. Candidature à l'éméritat. Dans une affaire où avaient assisté à la réunion du conseil d'administration statuant sur une demande d'éméritat, outre les enseignants membres du conseil ayant le grade de professeur, un vice-président de l'université et un doyen de faculté, tous deux maîtres de conférences, ainsi que plusieurs membres de l'administration. Même si seuls les membres ayant le rang de professeur ont pris part au vote, la présence d'autres personnes n'ayant pas le grade de professeur des universités, et donc n'ayant pas un rang au moins égal à celui du requérant, a été de nature à méconnaître le principe d'indépendance et à entacher d'illégalité la délibération du conseil. • CE 7 juin 2007, n° 292167.

12. Indépendance à l'égard des étudiants. Au nombre des principes fondamentaux de l'enseignement figure le principe de l'indépendance du personnel de l'enseignement supérieur à l'égard des étudiants qui implique notamment que le déroulement de la carrière du personnel ne peut être soumis au contrôle des étudiants. • CE, sect., 5 avr. 1974, *Sieur Leroy,* n° 88572 A : *AJDA 1974. 441, concl. Théry.*

13. Mandat parlementaire. Compatibilité. Les fonctions de maître de conférences sont compatibles avec l'exercice d'un mandat parlementaire, au même titre que les fonctions de professeur d'université. • Cons. const. 19 déc. 2013, n° 2013-30 I : *AJDA 2014-352, note Camby ; AEF 6 janv. 2014, Depêche n° 471390, comm. Toulemonde.*

14. LRU. V. également notes ss. art. L. 954-1.

II. DROITS À PROTECTION

15. Conditions d'exercice. Interrogée par un président d'établissement sur la possibilité d'accorder la protection fonctionnelle à un enseignant ayant diffusé à ses étudiants le contenu d'un ouvrage en cours de publication, dont il était le coauteur et dont l'édition avait fait l'objet d'un contrat avec un éditeur, la DAJ a répondu que la faute commise par l'enseignant semblait pouvoir être considérée comme une faute commise dans l'exercice de ses fonctions. Elle a rappelé que les établissements publics d'enseignement supérieur sont compétents pour accorder la protection fonctionnelle aux fonctionnaires qui exercent en leur sein, le président transmettant la demande au conseil d'administration, qui, au vu des éléments transmis, détermine la suite à donner et apprécie si la gravité de la faute est susceptible de constituer une faute personnelle qui serait détachable de l'exercice de ses fonctions. * Lettre DAJ B1 n° 2010-97 du 26 avr. 2010 : *LIJ 2010, n° 146, p. 25.* ♦ Sur la protection juridique accordée à un enseignant-chercheur qui s'estime victime de diffamation et qui souhaite faire appel du jugement qui l'a débouté de son action. Il est demandé si la protection qui lui a été accordée demeure valable en cas d'appel ou de pourvoi en cassation. L'art. 11 de la L. n° 83-634 du 13 juill. 1983 instaure le principe de la protection fonctionnelle des agents publics dans trois hypothèses. La DAJ rappelle que l'obligation de protection ne contraint pas l'administration à prendre à sa charge dans tous les cas l'intégralité des frais engagés dans le cadre des poursuites engagées par un agent. (CE. 2 avr. 2003, n° 249805 B). L'administration est seule compétente pour apprécier quelles modalités de mise en œuvre de la protection fonctionnelle sont les plus appropriées au regard de la situation de l'agent et de l'objectif de protection. La protection fonctionnelle accordée en première instance est, en principe, maintenue sans qu'aucune nouvelle décision n'ait à être prise. Mais l'administration peut refuser, pour l'avenir, le bénéfice de la prise en charge des frais de procédure si la décision a été obtenue par fraude, s'il est constaté l'existence d'une faute personnelle ou si l'appel est manifestement dépourvu de toute chance de succès ou ne constitue pas la modalité de protection la plus appropriée à l'objectif poursuivi. Un raisonnement identique doit, *a fortiori*, être conduit lorsque l'agent débouté en appel souhaite bénéficier de la prise en charge d'un pourvoi en cassation. * Lettre DAJ B1 n° 2012-267 du 31 juill. 2012 : *LIJ 2012, n° 168, p. 21.*

16. Conditions d'exercice. Une lettre d'un président d'université à un professeur s'estimant injustement mis en cause par un collègue, adressée à l'instance disciplinaire compétente mais se bornant à demander la résolution du litige entre les deux universitaires, n'est pas un acte de protection au sens de l'art. 11 de la L. n° 83-634 du 13 juill. 1983. • CE 14 oct. 2009, n° 315956 B : *AJDA 2009. 1921* : pour un tract qui avait été largement diffusé dans les locaux d'une université, qui avait été présenté comme émanant d'un collectif d'étudiants en histoire et qui contenait des appréciations mettant gravement en cause le comportement d'un professeur des universités, dans l'exercice de ses fonctions. ♦ A la suite de l'envoi au président de l'université d'une motion signée par des étudiants comportant des mentions outrageantes à l'égard d'un maître de conférences, ce dernier a demandé le bénéfice de la protection prévue par les dispositions du statut de la fonction publique. Cette demande, présentée après l'achèvement de la scolarité des étudiants, tendait à ce que les auteurs de la motion fussent identifiés en vue de l'engagement de poursuites disciplinaires. Alors même qu'aucune disposition législative ou réglementaire n'impose aux fonctionnaires un délai pour demander la protection prévue, le juge administratif a estimé qu'à la date à laquelle l'enseignant avait présenté sa demande, aucune démarche de l'administration adaptée à la gravité des mentions contenues dans la motion en cause n'était plus envisageable. • CE 28 avr. 2004, n° 232143 : *AJDA 2004. 1613*.

17. Protection fonctionnelle. Diffamation entre enseignants-chercheurs. Absence. Dans une affaire où la requérante soutenait que l'envoi d'une lettre ouverte au Président de la République, ainsi qu'à plusieurs hautes administrations, par un historien, au sujet des événements de Thiaroye (Dakar, Sénégal), du 1er déc 1944, sur lesquels elle mène des travaux de recherche et a publié une synthèse, aurait dû conduire l'université de Bretagne sud à lui accorder la protection fonctionnelle en application des dispositions de la L. du 13 juill. 1983, le juge considère qu'il ressort des pièces du dossier que les propos tenus dans cette correspondance « si peu amènes qu'ils soient, relèvent de la controverse inhérente au fonctionnement de l'institution universitaire, même s'ils ont pu paraître acerbes, voire blessants à l'intéressée ». Le juge précise qu'alors qu'est sans incidence la circonstance que l'historien ne bénéficierait pas du statut de chercheur associé, dès lors qu'il ressort des pièces du dossier, notamment des écritures mêmes de la requérante, que celui-ci participe activement au débat historique qui entoure cet événement de Thiaroye par des échanges réguliers avec la requérante sur ce sujet, les critiques émises, pour vives qu'elles aient été, n'ont pas revêtu le caractère d'injures, d'outrages ou de diffamations, au sens des dispositions de la L. du 13 juill. 1983. • CAA Nantes, 22 déc. 2017, n° 16NT03109 : *AJDA 2018. 637, concl. Bréchot*.

18. Situation d'urgence. En l'espèce un document anonyme se présentant sous la forme d'un « cas pratique » fictif avait été diffusé aux membres du corps professoral de l'unité de formation et de recherche dont le requérant est directeur, ainsi qu'auprès d'étudiants. Ce document évoquait la décision du président d'une université de rémunérer le directeur d'une composante, pour plusieurs centaines d'heures complémentaires fictives (...) en échange du vote de ce dernier en faveur de son fils dans le cadre d'un concours de recrutement de la fonction publique. Sans que ces faits lui soient explicitement imputés, leur présentation, alors que l'université s'apprêtait à engager des poursuites pénales pour « attribution d'heures complémentaires fictives portant préjudice à l'université », avait le caractère d'une mise en cause personnelle en l'accusant de manquements graves à la probité. Le Conseil d'État a estimé que compte tenu d'une part, de la gravité de la mise en cause de l'enseignant et de la large diffusion du document anonyme en cause, d'autre part, du silence observé par le président de l'université qui s'est borné, par une note à rappeler aux membres du corps professoral les règles de déontologie, le requérant justifiait, eu égard au préjudice moral qu'il avait subi, d'une situation d'urgence. • CE 14 déc. 2007, n° 307950 : *AJDA 2007. 2409*

♦ L'université n'invoquant aucun motif d'intérêt général ni aucune faute personnelle du requérant pour justifier son refus, un doute sérieux sur la légalité de ce refus existe. Le président de l'université est enjoint de réexaminer la demande de l'intéressé dans un délai de quinze jours. • Même arrêt.

19. Droit à la vie privée. Amphis. Vidéosurveillance. Ingérence. Dans une affaire où deux professeurs de l'université du Monténégro soutenaient que l'installation d'un système de vidéosurveillance dans leurs lieux d'enseignement constituait une atteinte à la vie privée en soutenant qu'il n'y avait eu aucun contrôle effectif sur les informations collectées et que la surveillance était illégale, la CEDH juge que la vidéosurveillance constitue une ingérence dans l'exercice par les requérants de leur droit à la vie privée et que les éléments de preuve montrent que cette vidéosurveillance méconnaît les dispositions du droit interne, celle-ci n'ayant pas été prévue par la loi. • CEDH 28 nov. 2017, n° 70838/13 : *Min. de l'action et des comptes publics, DGAFP, Vigie 2018, n° 98, p. 4.*

III. LIBERTÉ D'EXPRESSION

20. Liberté académique. Limites. Agissement détachable des fonctions d'enseignement. Le conseil académique de l'université Grenoble-Alpes avait infligé à un professeur d'université en anthropologie et sociologie, la sanction d'interdiction d'exercer toute fonction d'enseignement ou de recherche dans tout établissement public d'enseignement supérieur pendant une durée de huit mois, avec privation de la moitié du traitement, au motif qu'il avait tenu, pendant ses cours et sans nécessité pédagogique, des propos déplacés à connotation sexuelle. Cette sanction avait été annulée par le CNESER saisi en appel. L'université et la ministre ont demandé l'annulation de cette dernière décision. Le Conseil d'État, saisi dans le cadre d'un double pourvoi en cassation, relève qu'il ressort des termes mêmes de la décision que, pour juger qu'aucune faute ne pouvait être reprochée à l'intéressé, le CNESER s'est fondé sur ce que les agissements reprochés à l'intéressé s'inscrivaient dans le cadre de son enseignement et n'avaient « pas excédé les limites de la liberté académique ». Or, il ressortait des pièces du dossier que celui-ci avait eu, lors d'un de ses cours, une attitude humiliante à l'égard de deux étudiants, comportant des allusions personnelles à caractère sexuel, de nature à porter atteinte à leur dignité. Il juge qu'un tel agissement de ce professeur, ne pouvait bénéficier de la protection de la liberté d'expression des enseignants-chercheurs garantie par l'art. L. 952-2. Annulation de la décision du CNESER. • CE 21 juin 2019, n° 424582 : *AJDA 2019. 2140, note Truchot.*

21. *Commentaire d'une décision de justice. Diffamation. Absence.* Dans une affaire où un professeur de droit, poursuivi en diffamation pour un commentaire d'une décision de justice paru dans la revue scientifique *Environnement et développement durable*, avait été relaxé par le TGI de Paris le 13 janv. 2017 au motif de la bonne foi, la cour d'appel confirme la décision en estimant que « le professeur de droit n'a fait que son travail en commentant cette décision de justice et que le seul fait d'engager une poursuite en diffamation contre lui alors qu'il n'y avait pas diffamation est une atteinte à sa liberté d'expression ». Elle estime en effet que « la liberté d'expression intéresse un professionnel du droit dont l'activité, pour une part importante, tient à l'analyse de décisions judiciaires qui n'a pas pour objet d'être seulement didactique, mais doit encore nourrir le débat sur les orientations de la jurisprudence, qu'il s'agisse d'y adhérer ou de proposer des évolutions souhaitées ». • TA Paris, 28 sept. 2017, n° 17/00854 : *AJDA 2017. 2097, comm. Fortier ; D. actu. 4 oct. 2017, obs. Lavric ; D. 2017. 2458, note Libchaber .*

22. Pour une lecture restrictive de la liberté d'expression d'un universitaire dans une université confessionnelle publique en Italie à propos du non-renouvellement de son contrat annuel pour défaut d'orthodoxie idéologique : • CEDH 20 oct. 2009, *M. Lombardi Vallauri c/ Italie*, n° 39128/05 : *AJDA 2010. 215, note Lafaille .*

23. V. notes ss. art. L. 123-9.

IV. DROITS D'AUTEUR

BIBL. Caron, Menaces sur le droit d'auteur des universitaires, *JCP 2005. 1379 ; Dr. adm. 2004. 23.* – Calamarte-Doguet, Le droit d'auteur des fonctionnaires, *AJDA 2003. 1968* . – Cornu, Mallet-Poujol, Clément, Fromageau, Peschanski, Poli et Pfister, Du droit d'auteur des universitaires et des chercheurs, *LPA n° 252, 20 déc. 2005, p. 3.* – Dreyfus, Commentaire de la L. du 1er août 2006, *AJDA 2006. 2179* . – Granchet, Droit d'auteur des universitaires, chronique d'une mort annoncée, *Légipresse, oct. 2005, n° 225. I. 149.* – Guillemain, Lallement, La réforme du droit d'auteur des agents publics : difficultés d'application aux enseignants-chercheurs, *Cah. dr. aff. 2005. 1418.* – Vivant, De l'art de faire de la propriété intellectuelle un instrument de démobilisation, *RLDI 2005, oct. 3.*

24. *Avant la loi du 1er août 2006.* Le cours dispensé par un professeur et mis par écrit par lui sous la forme d'un polycopié constitue une œuvre de l'esprit au sens du premier al. de l'art. L. 111-1 CPI. Toutefois, la conception et la réalisation de cet ouvrage sont intervenues dans le cadre de l'exécution des obligations de service public du requérant et son objet est le contenu même de ces obligations. Si le cours polycopié en question a été réalisé de la propre initiative de l'enseignant, il doit être regardé comme faisant partie par nature du cours que celui-ci avait pour vocation d'assurer. Le droit de propriété intellectuelle s'est trouvé de ce fait, sans qu'il ait été besoin d'un contrat spécifique passé à cet effet avec l'université, transféré à cette dernière, laquelle avait ainsi, sans avoir à requérir l'autorisation de son auteur, la possibilité de diffuser ce cours polycopié aux étudiants et aux professeurs concernés par l'enseignement de cette discipline dans le cadre du service public de l'enseignement dont elle a la charge. • CAA Versailles, 15 mars 2007, n° 04VE338 : *AJDA 2007. 918, concl. Pellissier* . ♦ La cour applique au litige entre une université et un enseignant les principes de l'avis du Conseil d'État *Ofratème*. • CE, avis, 21 nov. 1972.

25. *Statut juridique des cours.* La direction des affaires juridiques interrogée sur le statut des cours dispensés par les enseignants au regard du droit de propriété intellectuelle et du droit des archives publiques a apporté les précisions suivantes. Un cours écrit ou oral ne peut être regardé comme une œuvre de l'esprit au sens de l'art. L. 112-2 CPI qu'à la condition qu'il présente une originalité suffisante. * Lettre DAJ A1 n° 10-013 du 25 janv. 2010 : *LIJ 2010, n° 143, p. 26.* ♦ Dès lors, la protection du droit d'auteur sera plus aisément reconnue aux cours de l'enseignement supérieur. * Lettre DAJ A1, n° 10-013 du 25 janv. 2010 : *préc.*

26. *Sujets d'examen.* Un certain nombre d'œuvres de facture administrative ne sont pas susceptibles de protection au titre du droit d'auteur. C'est le cas des actes officiels qui ont vocation à être diffusés et reproduits dans la plus large mesure. • T. corr. Paris, 17 janv. 1968 : *Gaz. Pal. 1968. 1. 197.* ♦ C'est le cas aussi des sujets d'examen ou de concours. • CAA Paris, 13 juin 1991 : *D. 1992. 12* . ♦ Les sujets d'examen ou de concours sont donc des informations publiques, ce qui permet leur réutilisation par toute personne qui le souhaite à d'autres fins que celles de la mission de service public pour les besoins de laquelle les documents ont été élaborés. * Lettre DAJ A3, n° 2010-0142 du 25 mai 2010 : *LIJ 2010, n° 147, p. 21.*

27. *Droits d'auteur. Principe. Depuis le 4 août 2006.* La L. n° 2006-961 a renversé le principe dégagé par le Conseil d'État dans son avis « Ofratème » en reconnaissant la jouissance du droit d'auteur aux agents de l'État et des établissements publics administratifs. Ce droit d'auteur est toutefois limité pour tenir compte des exigences des missions de service public. Désormais, l'administration ne dispose d'aucun droit d'exploitation *ab initio* des travaux des enseignants et chercheurs jouissant d'une pleine indépendance. L'administration ne peut dès lors disposer des œuvres de ces personnels que dans l'hypothèse de l'existence d'une convention de cession de droits et dans les limites prévues par cette convention. * Lettre DAJ A1, n° 10-013 du 25 janv. 2010 : *préc. note 25.*

28. *Utilisation d'œuvres à des fins pédagogiques. Formation continue.* Un chef d'établissement a demandé à la direction des affaires juridiques de lui faire connaître les conditions d'application de l'art. L. 122-5 CPI s'agissant des activités de formation continue menées dans le cadre des missions de service public de l'enseignement supérieur. La DAJ estime que si ces dispositions n'établissent pas clairement de distinction entre les activités de formation initiale et continue, leur rédaction doit cependant s'interpréter comme ne concernant que la formation initiale. En effet, le public concerné par les utilisations pédagogiques prévues par cet al. de l'art. L. 122-5 CPI doit être composé « d'élèves [ou] d'étudiants ». De même, les accords sur l'utilisation des livres, de la musique imprimée, des publications périodiques et des œuvres des arts visuels, des œuvres musicales et des œuvres cinématographiques et audiovisuelles précisent que les étudiants qui bénéficient du dispositif prévu s'entendent de ceux « inscrits en formation initiale dans les établissements d'enseignement supérieur ». L'exclusion des stagiaires de la formation continue du bénéfice des accords sectoriels est conforme aux règles de concurrence. Un avis du Conseil de la concurrence du 12 déc. 2000 rappelle en effet que les personnes publiques qui ont une mission de formation continue ne doivent pas exercer une concurrence déloyale (avis n° 00-A-31 relatif à une demande d'avis présentée par la Fédération de la formation professionnelle). Or, ce pourrait être le cas si les conditions tarifaires obtenues par le ministère pour les élèves et étudiants de la formation initiale étaient étendues aux activités de formation continue prises en charge par les établissements publics d'enseignement. Ceux-ci seraient alors en mesure de facturer leurs prestations sans avoir à prendre en compte, pour la détermination du prix, les redevances dues au titre des droits d'auteur attachés aux œuvres utilisées pour illustrer les cours de la formation continue. Par conséquent, l'utilisation d'œuvres protégées pour illustrer les enseignements dispensés aux stagiaires de la formation continue, y compris lorsque ces stagiaires suivent des cours auxquels assistent également des étudiants en formation initiale, est soumise aux dispositions de droit commun prévues par le CPI. Il convient donc d'obtenir le consentement préalable des titulaires de droits qui, en contrepartie, peuvent demander une rémunération (CPI, art. L. 122-4 et L. 122-7). Seules « les analyses et courtes citations justifiées par le caractère critique, polémique, pédagogique, scientifique ou d'information de l'œuvre à laquelle elles sont incorporées » sont dispensées de l'accord préalable de l'auteur, en application de l'art. L. 122-5, 3°, *a).* Dans ce cadre, aux termes du premier al. de l'art. L. 131-3 CPI : « La transmission des droits de l'auteur est subordonnée à la condition que chacun des droits cédés fasse l'objet d'une mention distincte dans l'acte de cession et que le domaine d'exploitation des droits cédés soit délimité quant à son étendue et à sa destination, quant au lieu et quant à la durée. » * Lettre DAJ B1 n° 2012-245 du 17 juill. 2012 : *LIJ 2012, n° 168, p. 20.*

V. PROPRIÉTÉ INTELLECTUELLE

29. *Création d'un logiciel. Exploitation commerciale. Prime d'intéressement.* Aux termes de l'art. L. 113-9 CPI, dont les dispositions sont, en vertu de son troisième al., également applicables aux agents de l'État, des collectivités publiques et des établissements publics à caractère administratif : « Sauf dispositions statutaires ou stipulations contraires, les droits patrimoniaux sur les logiciels et leur documentation créés par un ou plusieurs employés dans l'exercice de leurs fonctions ou d'après les instructions de leur employeur sont dévolus à l'employeur qui est seul habilité à les exercer... ». Aux termes de l'art. 1er du Décr. du 2 oct. 1996 relatif à l'intéressement de certains fonctionnaires et agents de l'État et de ses établissements publics ayant participé directement à la création d'un logiciel (...) ou à des travaux valorisés : « Les fonctionnaires ou agents publics de l'État et de ses établissements publics (...) qui ont directement participé, soit lors de l'exécution de missions de création ou de découverte correspondant à leurs fonctions effectives, soit à l'occasion d'études et de recherches qui leur avaient été explicitement confiées, à la création d'un logiciel (...) bénéficient d'une prime d'intéressement aux produits tirés, par la personne publique, de ces créations, découvertes et travaux. Lorsque la personne publique décide de ne pas procéder à la valorisation de la création, de la découverte ou des travaux, les agents mentionnés peuvent en disposer librement, dans les conditions prévues par une convention conclue avec ladite personne publique ». Le juge considère qu'il résulte de ces dispositions que, lorsqu'un agent public a participé à la création d'un logiciel dans les conditions qu'elles définissent, il peut percevoir une prime d'intéressement si ces créations ayant donné lieu à une exploitation commerciale, la personne publique en a directement tiré un produit. • CE 22 mai 2013, n° 345867 : *LIJ 2013, n° 177, p. 7.* ♦ Lorsque qu'une personne publique commercialise une base de données dont l'exploitation est subordonnée à l'utilisation d'un moteur de recherche, les produits tirés de cette commercialisation doivent être regardés, pour l'application des dispositions du Décr. du 2 oct. 1996, comme étant également tirés de la commercialisation du moteur de recherche. • CE 22 mai 2013, n° 345867 : *préc.*

30. Auteurs d'invention. Prime d'intéressement. Compétence de l'ordre judiciaire. Dans une affaire où un directeur de recherche au CNRS avait mis au point plusieurs brevets lui ouvrant droit au bénéfice d'un complément de rémunération prévu par l'art. L. 611-7 CPI applicable aux agents de l'État, qui perçoivent ce complément sous la forme d'une prime d'intéressement et d'une prime au brevet d'invention, le Tribunal des conflits a été appelé à désigner l'ordre de juridiction compétent pour connaître d'une demande formée par un agent public contre l'établissement public qui l'emploie tendant à obtenir la désignation d'un expert aux fins de faire les comptes entre les parties, après production par le CNRS des documents nécessaires pour établir le montant des sommes dues au titre de la prime d'intéressement aux produits tirés des inventions dont l'agent est l'auteur. En l'espèce, le tribunal a jugé que la mesure d'instruction sollicitée, qui a pour objet d'obtenir la production des éléments susceptibles d'établir le montant des primes d'intéressement dues à l'agent en sa qualité d'inventeur ou de co-inventeur des brevets dont le CNRS est titulaire, relève de la compétence de la juridiction judiciaire. • T. confl. 11 avr. 2016, n° C4049 A : *AJDA 2016. 814 ; AJFP 2016. 360 ; LIJ 2016, n° 194, p. 16.*

VI. PLAGIAT

31. Juge administratif compétent. La juridiction judiciaire déclare son incompétence pour connaître des actions dirigées contre les productions des enseignants-chercheurs indépendamment du support et de la date de la diffusion. • Civ. 1re, 23 févr. 2011, n° 09-72.059 P : *AJDA 2011. 420 ; ibid. 738, note Guglielmi .*

Art. L. 952-2-1 *(L. n° 2013-660 du 22 juill. 2013, art. 73)* Les personnels mentionnés à l'article L. 952-1 participent aux missions du service public de l'enseignement supérieur définies à l'article L. 123-3.

Leurs statuts leur permettent d'exercer ces missions simultanément ou successivement. Ils favorisent leur mobilité entre les différents statuts des personnels de l'enseignement supérieur et ceux de la recherche, au sein du même établissement d'enseignement supérieur, entre établissements d'enseignement supérieur, avec les organismes de recherche et les fondations du secteur de la recherche, avec les services publics de toute nature et entre ces services et établissements et les entreprises, en France ou à l'étranger.

Ces statuts permettent à ces personnels, tout en poursuivant leurs travaux au sein des établissements d'enseignement supérieur, de collaborer, pour une période déterminée et renouvelable, avec des laboratoires publics ou privés, afin d'y développer des applications spécifiques.

Ces statuts peuvent, en particulier, permettre des adaptations au régime des positions prévues par le statut général de la fonction publique.

(L. n° 2020-1674 du 24 déc. 2020, art. 25) « Ils peuvent notamment prévoir la possibilité de mettre à disposition à temps complet ou incomplet des enseignants-chercheurs relevant du présent titre auprès de tout employeur de droit privé ou public exerçant une ou plusieurs des missions définies à l'article L. 123-3. Ces mises à disposition donnent lieu à un remboursement, dont les modalités sont fixées par une convention conclue entre l'établissement d'origine et l'employeur d'accueil.

« Afin de favoriser l'accueil de ces enseignants-chercheurs, dans le cadre d'une mise à disposition telle que prévue au cinquième alinéa du présent article, les établissements publics à caractère industriel et commercial, les collectivités territoriales, les entreprises, les associations ou les fondations reconnues d'utilité publique peuvent verser un complément de rémunération, qui est soumis aux mêmes charges sociales que les rémunérations versées à leurs salariés. »

Les établissements publics de recherche ou d'enseignement supérieur et l'administration des ministères chargés de la recherche et de l'enseignement supérieur peuvent bénéficier de la mise à disposition de personnels des établissements publics à caractère industriel et commercial ou des organismes privés concourant aux missions du service public de la recherche. Cette mise à disposition est assortie du remboursement, par l'État ou l'établissement public, des rémunérations, charges sociales, frais profession-

nels et avantages en nature des intéressés et de la passation d'une convention avec leurs employeurs.

COMMENTAIRE

ÉLÉMENTS STATUTAIRES

Fonctionnaires de l'État, les enseignants-chercheurs sont en principe soumis au statut général de la fonction publique (L. n° 83-634 du 13 juill. 1983 portant droits et obligations des fonctionnaires ; L. n° 84-16 du 11 janv. 1984 portant dispositions statutaires relatives à la fonction publique de l'État). Les « règles fondamentales du statut des fonctionnaires (...) constituent des garanties essentielles de l'indépendance des enseignants ; ...il appartient, dès lors, aux autorités de l'État de prendre les mesures nécessaires pour assurer l'application des règles fondamentales de ce statut sans qu'y puisse faire obstacle l'autonomie des établissements publics à caractère scientifique et culturel » (CE, ass., 11 juill. 1975, *MEN c/ Dame Saïd*, n° 95293). Si le principe constitutionnel d'indépendance des enseignants-chercheurs n'implique pas que leurs statuts particuliers soient fixés, comme celui des magistrats, par le législateur (CE 9 juin 2010, *Collectif pour la défense de l'université*, n° 329056 ; V. aussi CE 12 déc. 1994, *Synd. autonome du personnel enseignant des sciences juridiques, politiques, économiques et de gestion*, n° 135460), le ***décret n° 84-431 du 6 juin 1984*** modifié à quinze reprises, notamment après la loi relative aux libertés et responsabilités des universités (LRU) de 2007 par le décret n° 2009-460 du 23 avril 2009, puis après la LRU, et après la loi relative à l'enseignement supérieur et à la recherche (LESR) de 2013 par le décret n° 2014-997 du 2 septembre 2014 qui fixe tant les dispositions statutaires communes (titre I) que les statuts particuliers des deux corps distincts des maîtres de conférences (titre II) et des professeurs des universités (titre III), comporte des dispositions dérogatoires au statut général justifiées par les besoins particuliers, fondées notamment sur les dispositions législatives rassemblées dans le code de l'éducation (art. L. 952-1 : pleine indépendance des enseignants-chercheurs repris par l'art. 2, al. 2, du Décr. de 1984, V. comm. ss. art. L. 952-1 ; entière liberté d'expression ; art. L. 952-2 : rôle des statuts particuliers qui doivent favoriser la mobilité ; art. L. 952-3 : fonctions des enseignants-chercheurs, mobilité enseignement supérieur/recherche ; art. L. 952-4 : compétence exclusive des enseignants-chercheurs, des enseignants et des chercheurs pour la répartition des enseignements et des activités de recherche ; art. L. 952-5 : obligation de résidence...).

Si les dispositions communes concernent les droits et obligations, les comités de sélection et les positions, les titres II et III contiennent les mêmes rubriques concernant le recrutement (V. comm. sous art. L. 952-6) et les différents moments de la carrière. La loi n° 2019-828 du 6 août 2019 de transformation de la fonction publique précise que, par dérogation à l'article 15 de la loi n° 84-16 du 11 janvier 1984 portant dispositions statutaires relatives à la fonction publique de l'État, le comité social d'administration du ministère n'est pas compétent pour l'élaboration ou la modification des règles statutaires relatives aux enseignants-chercheurs de statut universitaire et aux assistants de l'enseignement supérieur qui sont soumises à une formation composée des représentants des enseignants-chercheurs de statut universitaire désignés par les organisations syndicales (art. L. 952-2-2).

A noter que les personnels enseignants et hospitaliers des centres hospitaliers et universitaires sont régis par le décret n° 84-135 du 24 février 1984 pris en application des articles L. 952-21 à L. 952-23 du code de l'éducation ; fonctionnaires, ils disposent à la fois de l'indépendance de l'universitaire et de la liberté du médecin (Cons. const. 27 juin 2001, *Loi relative à l'interruption volontaire de grossesse et à la contraception*, n° 2001-446 DC : *Rec. Cons. const.* 74) ; ils sont soumis pour leur activité hospitalière comme pour leur activité universitaire à une juridiction disciplinaire unique à compétence nationale (art. L. 952-22). Des ***dispositions particulières*** sont prévues pour les enseignants-chercheurs des écoles normales supérieures et des grands établissements (art. L. 952-15). Le décret du 6 juin 1984 comporte en annexe une liste d'établissements d'enseignement supérieur dont les corps d'enseignants-chercheurs n'entrent pas dans son champ d'application, restant soumis aux décrets édictés pour ces corps en particulier : parmi la quinzaine d'établissements concernés figurent le Collège de France, le Conservatoire national des arts et métiers (art. L. 952-16), l'École des hautes études en sciences sociales, l'École nationale des chartes, les écoles normales supérieures, l'École pratique des hautes études ou encore le Museum national d'histoire naturelle. Il existe aussi des corps d'enseignants-chercheurs des établissements publics d'enseignement agricole (art. D. 952-171), des écoles nationales supérieures d'architecture.

Comme tous les fonctionnaires d'un même corps, les professeurs des universités d'une part, les maîtres de conférences d'autre part, ont ***droit à l'égalité de traitement*** qui découle de l'article 6 de la Déclaration de 1789 (Cons. const. 6 août 2010, *M. Jean C. et autres* [Loi Université], n° 2010-20/21 QPC § 20). Ainsi, aucune distinction, directe ou indirecte, ne peut être faite entre les hommes et les femmes (art. 1er, al. 3, dont l'al. 4 réserve toutefois les distinctions nécessaires pour concourir à une représentation équilibrée des femmes et des hommes dans les organes chargés du recrutement, de la carrière ou du suivi de la carrière des enseignants-chercheurs).

Les missions des enseignants-chercheurs

« Les enseignants-chercheurs ont une double mission d'enseignement et de recherche » dispose l'article 2 du décret statutaire du 6 juin 1984 en se référant aux missions du service public de l'enseignement supérieur (art. L. 123-3) et aux missions de la recherche publique (C. rech., art. L. 112-1), complétées par la loi n° 2020-1674 LPR du 24 décembre 2020 tant pour les chercheurs que pour les enseignants chercheurs (LPR 2020, art. 33 ; C. rech., art. L. 411-1). Sont ainsi visées les ***missions de formation*** (qui englobent les activités liées à l'utilisation des technologies de l'information et de la communication, la direction, le conseil, le tutorat, la liaison avec les milieux professionnels, la formation des maîtres et la formation tout au long de la vie, sans oublier la participation aux jurys d'examen et de concours) ; quant aux ***missions de recherche***, elles sont étendues à la valorisation des résultats, au « transfert des connaissances … dans tous les domaines contribuant au progrès économique, social et culturel (LPR 2020, art. 33 qui insère une nouvelle rubrique consacrée à « L'information des citoyens dans le cadre de la politique nationale de science ouverte et la diffusion de la culture scientifique et technique dans toute la population, notamment parmi les jeunes »). Les enseignants-chercheurs sont en outre appelés à participer aux autres missions de service public que sont l'orientation et l'insertion professionnelle ou la coopération internationale en matière d'enseignement supérieur, de recherche et d'innovation (LPR 2020, art. 33). S' y ajoute la participation aux multiples activités administratives qu'impose l'organisation des études, le fonctionnement des équipes de recherche ou l'autonomie et la gestion démocratique des établissements. La loi LPR n° 2020-1674 du 24 décembre 2020 complète la référence à l'administration de l'établissement en prenant en compte, plus largement, les diverses fonctions qui peuvent être confiées à un enseignant-chercheur dans l'enseignement supérieur et la recherche, par exemple en matière d'évaluation ; les missions ainsi énumérées par l'article L. 952-3 modifié sont prises en compte pour l'appréciation de l'activité des enseignants-chercheurs, lors de leur recrutement, leur avancement et promotion (art. L. 952-6, se référant dorénavant aux domaines mentionnés par l'art. L. 952-3). Si ces différentes tâches sont communes à tous les enseignants-chercheurs, « les professeurs des universités ont vocation prioritaire à assurer leur service d'enseignement sous forme de cours ainsi que la direction des unités de recherche » (art. 3, al. 8).

Les droits et obligations des enseignants-chercheurs

Les droits et obligations des enseignants-chercheurs, fonctionnaires de l'État, résultent, sous réserve des dérogations justifiées par leur indépendance et des particularités de leurs missions, de la loi du 13 juillet 1983 relative aux droits et obligations des fonctionnaires.

Droits et libertés. Les enseignants-chercheurs bénéficient d'une protection renforcée de la ***liberté d'opinion*** politique, syndicale, philosophique ou religieuse (L. du 13 juill. 1983, art. 6, al. 1er ; référence aux éléments qui ne peuvent pas être pris en compte dans le recrutement ou la carrière des fonctionnaires et ne peuvent pas figurer à leur dossier) dans la mesure où la loi leur reconnaît comme aux autres universitaires une ***pleine indépendance*** et une ***entière liberté d'expression*** (art. L. 952-2) et que le Conseil constitutionnel considère l'indépendance des enseignants-chercheurs comme une garantie constitutionnelle. Découlant de l'article 11 de la Déclaration des droits de l'homme et du citoyen, la liberté d'expression ainsi renforcée est consubstantielle des activités d'enseignement et de recherche ; elle n'est toutefois pas sans limite (respect de la loi, notamment de la loi pénale, et des principes de tolérance et d'objectivité mentionnés par l'art. L. 952-2 ; s'agissant d'un président d'université, le Conseil d'État rappelle qu'il est tenu « eu égard à la neutralité des services publics [...] à ne pas manifester ses opinions religieuses dans l'exercice de ses fonctions ainsi qu'à un devoir de réserve en dehors de l'exercice de ces fonctions » (CE 27 juin 2018, n° 419595).

Comme les autres fonctionnaires, ils jouissent des ***libertés collectives garanties par la Constitution*** (Préambule Const. 1946), le ***droit syndical*** qui permet à chacun, d'adhérer ou non au syndicat de son choix, de bénéficier d'informations syndicales et d'exercer une activité syndicale (L. n° 83-634, art. 8, al. 1er). ***Le droit de grève***, droit constitutionnel qui s'exerce dans le cadre des lois qui le règlementent (Préambule Const., al. 7) ; la cessation concertée et collective du travail doit être précédée d'un préavis précisant les motifs, le lieu, la date et l'heure qui doit parvenir cinq jours francs avant son déclenchement à l'autorité hiérarchique ou à la direction de l'établissement (C. trav., art. L. 2512-1 s.) ; le recensement des grévistes incombe à l'administration ; les fonctionnaires ayant droit à rémunération après service fait, l'absence de service fait entraîne une retenue sur traitement qui, pour les fonctionnaires de l'État, ne peut pas être inférieure au trentième indivisible (L. n° 61-835 du 21 juill. 1961 ; Circ. DGRH n° 0112 du 7 mai 2018, rappelant les dispositions applicables aux enseignants chercheurs en cas de grève et d'absence de service fait ; cette circulaire n'a ni pour objet, ni pour effet d'ajouter des charges et missions nouvelles pour les enseignants-chercheurs par rapport à celles définies par le Décr. n° 84-431 du 6 juin 1984 : CE 12 févr. 2020, n° 421997). La retenue n'est pas une sanction mais une mesure comptable applicable en cas d'absence de service fait, même en partie (CE 3 juin 1980, *Bonjean c/ Université scientifique et médicale de Grenoble*, n° 17995) ; la période de grève étant considérée comme un tout, le décompte des jours donnant lieu à retenue peut englober des jours au cours desquels le fonctionnaire n'avait aucun service à accomplir (CE 16 juill. 1978, *Osmont c/ Université Paris VII*, n° 03918).

Le décret n° 2014-997 du 2 septembre 2014 consacre ***le droit à la formation continue*** sur le temps de travail qui pourra être notamment organisée dans le cadre des INSPÉ (art. L. 721-2). L'article 11 de la loi n° 83-634 du 13 juillet 1983 instaure au profit des fonctionnaires un ***droit à la protection fonctionnelle*** « contre les menaces, violences, voies de fait, injures, diffamations ou outrages dont ils pourraient être victimes à l'occasion de leurs fonctions, et de réparer, le cas échéant, le préjudice qui en est résulté ». L'administration est seule compétente pour apprécier quelles modalités de mise en œuvre de la protection fonctionnelle sont les plus appropriées au regard de la situation de l'agent et de l'objectif de protection ; le refus opposé par un président d'université d'accorder la protection fonctionnelle à un enseignant-chercheur s'estimant diffamé est toutefois légal quand il est fondé ; en effet, « les critiques émises, pour vives qu'elles aient été, n'ont pas revêtu le caractère d'injures, d'outrages ou de diffamations » (CAA Nantes, 22 déc. 2017, n° 16NT03109).

Déontologie. Les obligations des fonctionnaires résultent notamment de la loi du 13 juillet 1983 relative aux droits et obligations des fonctionnaires, complétée par une mention explicite de la déontologie par la loi n° 2016-483 du 20 avril 2016 relative à la déontologie. Si les universitaires jouissent d'une pleine indépendance et d'une entière liberté d'expression (art. L. 952-2), ils doivent comme tout fonctionnaire exercer leur fonction « *avec dignité, impartialité, intégrité et probité* » ; le nouvel article 28 de la loi de 2016 ajoute que « tout fonctionnaire a le droit de consulter un référent déontologue, chargé de lui apporter tout conseil utile au respect des obligations et des principes déontologiques. Cette fonction de conseil s'exerce sans préjudice de la responsabilité et des prérogatives du chef de service ». Si les établissements peuvent se doter d'une ***charte de déontologie*** et mettre en place un ***déontologue***, un arrêté du 1er mars 2018 institue un collège de déontologie au sein du ministère chargé de l'enseignement supérieur et de la recherche ; il doit notamment rendre des avis sur les questions d'ordre général relatives à l'application des obligations et des principes déontologiques, répondre aux questions relatives aux situations individuelles dont il est saisi afin de recommander toute mesure visant à faire respecter les obligations déontologiques et à prévenir ou faire cesser une situation de conflits d'intérêts. (V. par ex., avis du 14 déc. 2020 relatif à la transparence des intérêts portés par certains enseignants-chercheurs à l'occasion d'une publication et à la prévention des risques de conflits d'intérêts).

Les enseignants-chercheurs sont soumis à l'***obligation de résidence*** ; d'autant plus mal ressentie à une époque où les technologies de la locomotion et de la communication raccourcissent l'espace-temps, elle est invoquée par les enseignants-chercheurs quand ils souhaitent un rapprochement de conjoints (V. recrutement) ; la possibilité pour le président de l'université ou le directeur d'établissement d'accorder une dérogation, même si elle est assortie d'une référence à son caractère exceptionnel (art. L. 952-5) non reproduite par le décret qui ne vise que la compatibilité avec les besoins du service (art. 5), permet de prendre en compte des pratiques parfois bien éloignées de la lettre et de l'esprit du texte (V. Réponse MESR, *JO Sénat* du 2 juin 2011, p. 1484).

Obligations de service. Pour déterminer les obligations de service des enseignants-chercheurs, il est nécessaire de se référer tant au statut général de la fonction publique qu'à leur statut particulier. Ils doivent la totalité de leur temps de service au service public sous réserve des possibilités de cumuls d'emplois et de rémunérations prévues par le statut général et facilitées par la législation sur le développement de la recherche. Il englobe la participation aux heures d'enseignement inscrites dans les tableaux de service et selon les emplois du temps prévus, la surveillance et la correction des épreuves d'examen ainsi que la participation aux délibérations de jurys, de même que la transcription des notes (CE 12 févr. 2020, n° 421997). ***La répartition des fonctions d'enseignement et des activités de recherche*** qui doit être revue régulièrement est de la ***compétence exclusive des enseignants-chercheurs, des enseignants et des chercheurs*** (art. L. 952-4 ; CE 15 déc. 2010, n° 329056). Les principes généraux de répartition des obligations de service sont fixés par le conseil d'administration en formation restreinte (art. L. 712-8 ; L. 954-1 ; Décr. n° 84-431, art. 7, II). Il ne s'agit donc pas de « questions individuelles » (recrutement, avancement, évaluation) qui relèvent du conseil académique ; la formation restreinte n'est donc pas limitée par le jeu des différents corps mais réunit l'ensemble des enseignants-chercheurs, enseignants et chercheurs. Tenant compte des priorités scientifiques et pédagogiques de l'établissement, le conseil adopte un ***tableau des équivalences horaires*** applicables à chacune des activités ainsi que leurs modalités pratiques de décompte sur la base d'un référentiel national approuvé par l'arrêté ministériel du 31 juillet 2009 (Décr. n° 84-431, art. 7, I). Saisi par le Conseil d'État (CE 9 juin 2010, n° 329056), le Conseil constitutionnel, considérant que ce pouvoir était reconnu au conseil d'administration « dans le respect des dispositions statutaires applicables », juge qu'il « ne porte atteinte, en lui-même, ni au principe d'indépendance des enseignants-chercheurs ni au principe d'égalité entre les fonctionnaires d'un même corps » (Cons. const. 6 août 2010, n° 2010-20/21 QPC § 21). Dans le respect des principes généraux ainsi arrêtés, le président de l'université arrête les décisions individuelles d'attribution des services après avis motivé du directeur de l'équipe de recherche de rattachement et du directeur de la composante après consultation du conseil de la composante en formation restreinte (Décr. n° 84-431, art. 7, III). Ce pouvoir de décision du président ainsi encadré comme la possibilité qui lui est donnée de demander à un enseignant-chercheur de compléter son service dans un autre établissement de la même académie (notamment dans les COMUE ou dans les CPGE), sous réserve d'une convention entre les établissements et de l'accord écrit de l'intéressé (Décr. n° 84-431, art. 7), lorsqu'il paraît impossible d'attribuer le service de référence à ces personnels (Décr. n° 84-431, art. 7, III), ne méconnaît aucune disposition législative (CE 15 déc. 2010, n° 32905). S'agissant non de mesures d'ordre intérieur mais de décisions faisant grief pouvant porter atteinte aux prérogatives des enseignants (CE 12 déc. 1984, n° 17130), le juge administratif vérifie leur légalité, notamment le respect de la procédure ; la décision doit être prise après avis motivé (dans l'intérêt du service) du directeur de l'unité de recherche de rattachement et du directeur de la composante formulée après consultation du conseil de la composante, réuni en formation restreinte aux enseignants (Décr. n° 84-431, art. 7, III). Comme tout fonctionnaire, l'enseignant-chercheur « consacre l'intégralité de son activité professionnelle aux tâches qui lui sont confiées » (L. n° 84-634, art. 25 *septies*). Les particularités du métier justifient toutefois des règles particulières pour déterminer le temps de travail et traiter de la question des cumuls.

Le temps de travail des enseignants-chercheurs. La loi n° 2019-828 du 6 août 2019 de transformation de la fonction publique rappelant que la durée annuelle de travail des fonctionnaires est de 1 607 heures, c'est « sans préjudice des dispositions statutaires fixant les obligations de service pour les personnels enseignants et de recherche ». Les statuts particuliers des enseignants-chercheurs doivent leur permettre d'exercer ces missions simultanément ou successivement (art. L. 952-2-1). S'agissant du temps de travail de référence, il n'est toutefois tenu compte que des services d'enseignement (estimés à une charge équivalente aux activités de recherche), déterminés par rapport à une durée annuelle égale à 128 heures de cours ou 192 heures de travaux dirigés ou pratiques ou toute combinaison équivalente en formation initiale, continue ou à distance (la différence entre les uns et les autres ne pouvant se limiter au nombre d'étudiants, TA Lyon, 9 mars 2016, n° 1300643) ; le service d'enseignement est constitué des heures inscrites ***aux tableaux de service*** arrêtés pour chaque enseignant-chercheur par le chef d'établissement (Décr. n° 84-431, art. 7, III, al. 4) mais aussi de la surveillance et de la correction des épreuves d'examen, de la participation aux délibérations de jurys, de la transmission des notes. L'absence de service fait qui a en principe pour conséquence une retenue sur salaire, calculée non au prorata des horaires effectués mais par trentièmes indivisibles (CAA Lyon, 27 sept. 2018, n° 16LY03237) peut en outre justifier la saisine de la juridiction disciplinaire si le « manquement aux obligations statutaires » est « grave et caractérisé » (Circ. DGRH 7 mai 2018). Au-delà de cette référence, les enseignants-chercheurs peuvent percevoir une rémunération complémentaire pour les heures toujours facultatives dites alors ***heures complémentaires*** (HC, dont le taux est déterminé en fonction de la nature pédagogique – CM, TD, TP – et non de l'indice de l'enseignant ; elles peuvent être remises en cause chaque année, leur attribution n'ouvrant aucun droit acquis à leur renouvellement, V. note ci-dessous). Les charges d'enseignement ainsi décomptées englobent les temps de préparation et de contrôle des connaissances qui impliquent la participation aux jurys d'examens.

Pour assurer leurs activités de recherche qui peuvent se mesurer par le nombre de publications ou de brevets déposés, les enseignants-chercheurs doivent pouvoir participer aux travaux d'une équipe de recherche de l'établissement (ou, dans un autre établissement d'enseignement supérieur ou de recherche), avec l'accord des deux établissements. Si les conditions de rattachement à une équipe sont fixées par le conseil d'administration, l'établissement doit donner à chaque enseignant-chercheur la possibilité de remplir ses obligations de recherche. Un refus opposé à une demande de rattachement doit être motivé ; l'enseignant-chercheur peut alors faire appel « auprès du conseil d'administration, après avis du conseil académique, siégeant tous les deux en formation restreinte aux enseignants-chercheurs » (Décr. n° 84-431, art. 4, modifié).

L'article 7 du décret statutaire de 1984 (supprimé par le Décr. n° 88-147 du 15 févr. 1988, rétabli et modifié par le Décr. du 23 avr. 2009, après la loi LRU, V. Rapport É. Espéret, 2001) prévoit une possibilité de ***modulation des services d'enseignement*** se traduisant par un nombre d'heures d'enseignement inférieur ou supérieur au nombre d'heures de référence. Cette modulation est entourée d'une série de limites : elle est facultative et exige l'accord écrit de l'intéressé, ne peut aboutir à ce que le service d'enseignement soit inférieur à 42 heures de cours magistraux ou à 64 heures de travaux pratiques ou dirigés, ou toute combinaison équivalente ; elle doit en outre laisser à chaque enseignant-chercheur un temps significatif pour ses activités de recherche ; elle peut faire l'objet d'une demande de réexamen d'un refus opposé à sa demande de modulation après consultation d'une commission composée d'enseignants-chercheurs d'un rang au moins égal à celui de l'intéressé. Aussi, le Conseil d'État a pu se prononcer sur sa légalité, considérant qu'elle n'est contraire ni à l'indépendance des enseignants-chercheurs, ni au principe d'égalité entre fonctionnaires d'un même corps, ni aux principes généraux applicables au droit de la fonction publique (CE 15 déc. 2010, n° 329056).

Les enseignants-chercheurs peuvent effectuer une partie de leur service dans un autre établissement public d'enseignement supérieur dans les limites prévues par une convention entre les deux établissements avec accord de l'intéressé. Le président de l'université ou le directeur de l'établissement peut accorder des décharges de service (Décr. n° 84-431 du 6 juin 1984, art. 7 mod. par Décr. n° 2014-997 du 2 sept. 2014, art. 4).

LA RÉGLEMENTATION DES CUMULS

Si le principe constitutionnel d'indépendance des professeurs des universités a été déduit par le Conseil constitutionnel de la possibilité de cumuler les fonctions universitaires avec un mandat parlementaire (C. élect., art. L.O. 142, al. 2 ; étendu aux maîtres de conférences puis aux fonctionnaires détachés dans un emploi d'enseignant-chercheur), les enseignants-chercheurs sont en principe soumis à la réglementation des cumuls d'emplois et d'activités des fonctionnaires avec des adaptations tenant compte de leur statut d'indépendance et de leurs missions. Contrairement aux professeurs des établissements privés dont le contrat de travail ne contient pas obligatoirement une clause d'exclusivité ou aux professeurs associés qui, par définition, exercent une autre activité professionnelle, les enseignants-chercheurs comme tous les fonctionnaires et agents publics ont en principe l'obligation de consacrer l'intégralité de leur activité professionnelle à l'enseignement et à la recherche ; aussi, ils « *ne peuvent exercer à titre professionnel une activité privée lucrative de quelque nature que ce soit* » (L. n° 83-634 du 13 juill. 1983, art. 25, modifiée par la L. n° 2007-148 du 2 févr. 2007 abrogeant le Décr. de 1936 ; L. n° 2009-972 du 3 août 2009 relative à la mobilité et aux parcours professionnels dans la fonction publique). Le principe est donc l'interdiction du cumuler leur emploi avec toute activité lucrative complémentaire ; le non-respect de cette interdiction donne lieu au reversement des sommes indûment perçues, par voie de retenue sur le traitement (TA Paris, 25 nov. 1998, n° 9313647/7) ; il peut aussi entraîner des poursuites disciplinaires (CE 12 sept. 2018, n° 416649, V. aussi CE 13 mars 2002, n° 225370, 219835 ; CE 26 juill. 1996, n° 112314) et pénales pour prise illégale d'intérêts en cas d'activité dans une entreprise avec laquelle le fonctionnaire a une relation au titre de son emploi public (C. pén., art. 432-12). Mais le principe est assorti de dérogations qui ont été élargies et redéfinies par les lois de 2007 et 2009 (et par le Décr. n° 2007-658 du 2 mai 2007 relatif au cumul d'activités des fonctionnaires, des agents non titulaires de droit public et des ouvriers des établissements industriels de l'État ; V. Circ. n° 2157 du 11 mars 2008). Certaines activités, correspondant aux libertés essentielles, peuvent être exercées librement. D'autres, considérées comme accessoires ont pu être soumises à autorisation préalable. La loi LPR n° 2020-1674 du 24 décembre 2020 franchit un nouveau cap en remplaçant l'autorisation des activités accessoires aux missions par une simple déclaration (art. L. 951-5). Toutefois, le code de la recherche maintient une autorisation pour la participation à une entreprise (V. C. rech., art. L. 531-1).

Les activités libres. L'article 25 de la loi du 13 juillet 1983 permet aux fonctionnaires d'exercer librement certaines activités. L'interdiction d'exercer à titre professionnel une activité privée lucrative est levée ; les fonctionnaires se voient ainsi reconnaître une série de droits correspondant ***aux libertés essentielles***.

Les enseignants-chercheurs comme tous les fonctionnaires peuvent ainsi librement détenir des parts sociales et percevoir les bénéfices qui s'y rattachent. Ils ont donc le droit de gérer librement leur patrimoine personnel ou familial, de le faire fructifier dès lors qu'ils n'en font pas commerce. Il s'agit là d'un aspect de leur droit de propriété reconnu et garanti tant par la Constitution (DDH, art. 2 et 17) que par la Convention européenne des droits de l'homme.

Les professeurs parmi lesquels on trouve nombre d'artistes, d'écrivains ou des auteurs de découverte se voient reconnaître le droit de ***produire librement des œuvres de l'esprit***, œuvres scientifiques, littéraires ou artistiques, notamment, mais aussi articles de journaux, assurer des animations radio ou télé diffusées dans le respect des dispositions relatives aux droits d'auteur (CPI, art. L. 112-1, L. 112-2 et L. 112-3). S'agissant des œuvres conçues et réalisées dans le cadre de l'exécution des obligations de service public comme les cours polycopiés ou les MOOC, elles sont considérées comme œuvres de l'esprit dans la mesure où elles présentent une originalité suffisante. Depuis la loi n° 2006-961 du 4 août 2006, l'établissement ne peut en disposer que si l'enseignant-chercheur, qui jouit de la pleine indépendance, lui a cédé ses droits par convention (solution contraire à l'avis du CE, sect. int., 21 nov. 1972, *Ofrateme*, n° 309-721). L'article L. 111-1 précise en effet que « les dispositions des articles L. 121-7 [...] ne s'appliquent pas aux agents auteurs d'œuvres dont la divulgation n'est soumise, en vertu de leur statut ou des règles qui régissent leurs fonctions, à aucun contrôle préalable de l'autorité hiérarchique » ; la production doit toutefois être autonome, rémunérée à l'acte, et non accompagnée d'activités commerciales ; elle ne peut donner lieu à un contrat de travail qui placerait le fonctionnaire dans un lien de subordination (CE 28 sept. 1988, n° 66781 : légalité de refus de cumul opposé à un maître-assistant exerçant également des fonctions d'ingénieur chargé de recherche au CREDOC, cette activité ne consistant pas dans la production autonome d'œuvres scientifiques).

Enfin, l'article 25 de la loi du 13 juillet 1983 dispose que « les membres du personnel enseignant, technique ou scientifique des établissements d'enseignement et les personnes pratiquant des activités à caractère artistique peuvent exercer les professions libérales qui découlent de la nature de leurs fonctions ». Il s'agit là d'une dérogation réservée aux seuls enseignants. Les professeurs vont donc pouvoir revendiquer la liberté du commerce et de l'industrie, la liberté d'entreprendre pour ***exercer une profession libérale découlant de la nature de leurs fonctions***. Le juge contrôle si les activités sont bien liées à la nature des fonctions exercées et ont une relation étroite avec l'enseignement dispensé. Leur exercice doit être le complément normal de la fonction publique. Si le texte est formulé de manière générale, l'interprétation qui en a été donnée privilégie l'enseignement supérieur ; ainsi, la fonction de psychanalyste exercée à titre libéral ne découle pas des fonctions d'instituteur, même quand le demandeur est affecté dans un centre de formation des maîtres pour l'enfance inadaptée (CE 22 juill. 1992, n° 116418) ; elle est au contraire admise pour un docteur en médecine et psychiatre enseignant la psychologie clinique à l'université (CE 13 févr. 1987, n° 69487). Sous réserve de ne pas plaider contre l'État (notamment en cas de fraude fiscale, CE 6 oct. 1976, *Badinter et Bredin*, n° 93718), la profession d'avocat est quant à elle compatible avec les fonctions d'enseignement (Décr. n° 91-1197 du 27 nov. 1991 organisant la profession d'avocat, art. 115). Le cumul est d'ailleurs encouragé puisque les « professeurs d'université chargés d'un enseignement juridique » sont dispensés du certificat d'aptitude à la profession d'avocat et du stage (art. 97 et 98). Ce cumul des activités professionnelles paraît en effet bénéfique tant pour l'enseignant-chercheur qui s'enrichit de la pratique du droit, que pour l'avocat qui peut approfondir ses connaissances par la recherche (Rép. ministère de la justice, *JO Sénat 22 nov. 2001*). Mais là encore, le Conseil d'État réserve cette possibilité aux professeurs de droit de l'enseignement supérieur, excluant par exemple les professeurs de sciences sociales des lycées (CE 24 nov. 1982, n° 11650 : « eu égard au contenu et au niveau des enseignements dispensés dans les lycées par les adjoints d'enseignement de sciences économiques et sociales, la profession d'avocat ne peut être regardée comme découlant de la nature des fonctions exercées »). Deux idées peuvent rendre compte de cette position ; l'indépendance d'abord, une profession « indépendante » ne pouvant être ouverte qu'à des fonctionnaires dont l'indépendance est garantie par la Constitution ; l'expertise juridique ensuite, le Conseil d'État justifiant sa décision « eu égard au contenu et au niveau des enseignements dispensés ». Si l'exercice des professions libérales par des enseignants-chercheurs n'est soumis à aucune formalité préalable, l'administration peut leur enjoindre de mettre un terme à leur activité privée lorsqu'elle n'entre pas dans le cadre et les conditions prévues par la loi (CE 23 juin 1982, *Ménard*, n° 14568).

Les activités soumises à déclaration préalable. Dans un souci de simplification, l'article 36 de la loi LPR n° 2020-1674 du 24 décembre 2020 substitue une simple déclaration à l'autorisation préalable pour l'exercice d'une activité accessoire par les personnels de l'enseignement supérieur ; est ainsi introduite une dérogation au IV de l'article 25 *septies* de la loi n° 83-634 du 13 juillet 1983 qui s'appliquait auparavant aux enseignants-chercheurs comme aux autres fonctionnaires, qui peuvent « être autorisés à exercer, à titre accessoire, une activité, lucrative ou non, auprès d'une personne ou d'un organisme public ou privé, dès lors que cette activité est compatible avec les fonctions qui leur sont confiées et n'affecte pas leur exercice ». Remplaçant le décret-loi du 29 octobre 1936 relatif aux cumuls de retraite, de rémunérations et de fonctions, le décret n° 2007-658 du 2 mai 2007 supprime le plafonnement des rémunérations (autrefois fixé à 200 % du traitement principal. Maintenu pour le cumul de rémunérations publiques) et étend les possibilités de dérogation nécessitant une autorisation préalable. Il s'agit des classiques expertises ou consultations auprès d'organismes publics ou privés, des activités d'enseignement ou de formation qui imposent par exemple aux professeurs du second degré une autorisation du recteur pour assurer des vacations à l'université (CE 26 juill. 1996, n° 112314 ; de même, un enseignant-chercheur donnant des enseignements complémentaires dans un autre établissement doit demander une autorisation au chef d'établissement). S'y ajoutent notamment les activités à caractère sportif et culturel, les activités agricoles et la fonction de conjoint collaborateur au sein d'une entreprise artisanale ou commerciale ; il s'agit encore de toute activité d'intérêt général exercée auprès d'une personne publique ou privée à but non lucratif, de mission d'intérêt public ou de coopération internationale. Pour limiter les démarches administratives, les enseignants-chercheurs n'ont plus à solliciter d'autorisation ; une simple déclaration à l'autorité dont ils relèvent est désormais suffisante. L'article 36 de la loi LPR n° 2020-1674 du 24 décembre 2020 précise le champ des activités accessoires soumises à déclaration. Matériellement, ces activités doivent s'inscrire dans le cadre des missions du service public de l'enseignement supérieur (art. L. 123-3 : formation, recherche et valorisation...). Organiquement, ces activités peuvent être assurées auprès d'un établissement (public ou privé) d'enseignement supérieur ou de recherche, du HCERES, d'une administration de l'État ou d'une collectivité territoriale, d'une organisation internationale intergouvernementale ou de l'Union européenne (LPR 2020, art. 36, I ; art. L. 951-5). En pratique, les enseignants-chercheurs n'auront plus à solliciter une autorisation pour enseigner dans un autre établissement, participer à des jurys, donner des consultations, procéder à des expertises.

Les activités restant soumises à autorisation. Pour inciter les enseignants-chercheurs comme les chercheurs à participer à la valorisation de la recherche, le code de la recherche déroge au droit commun de la fonction publique qui, en principe, interdit aux fonctionnaires de créer ou de reprendre une entreprise, de participer aux organes de direction de sociétés, d'être commerçants, de prendre, détenir ou conserver des intérêts dans une entreprise dans laquelle son administration a des intérêts ou soumise à son contrôle (CE 31 juill. 2009, n° 299959). Au-delà des exceptions prévues pour l'ensemble des fonctionnaires, le code de la recherche met en place un régime particulier pour les personnels de la recherche publique, notamment pour les enseignants-chercheurs ; il reprend les dispositions de la loi Allègre n° 99-587 du 12 juillet 1999 sur l'innovation et la recherche modifiées par la loi n° 2019-486 du 22 mai 2019 relative à la croissance et à la transformation des entreprises (PACTE) et la loi LPR n° 2020-1674 du 24 décembre 2020 renforçant la mobilité des enseignants-chercheurs ; sont ainsi soumises à autorisation la création ou la reprise d'entreprise, l'enseignant chercheur pouvant alors participer à titre personnel, en qualité d'associé ou de dirigeant, à la création d'une entreprise (C. rech., art. L. 531-1, mod. par LPR 2020). De même, doit-il être autorisé à apporter son concours scientifique à une entreprise (C. rech., art. L. 531-8) ; dans les deux cas, l'entreprise assure la valorisation des travaux de recherche et d'enseignement, réalisés ou non par les enseignants-chercheurs, dans les conditions prévues par un contrat entre entreprise et l'établissement ; l'enseignant-chercheur peut également être autorisé à détenir une participation dans le capital social de l'entreprise existante (C. rech., art. L. 531-9). L'établissement est informé des revenus perçus (participation, cession de titres) et, le cas échéant, des compléments de rémunération (V. C. rech., livre V).

La carrière des enseignants-chercheurs. Comme leur recrutement (V. art. L. 952-6), le déroulement de la carrière des enseignants-chercheurs, leur avancement, leur affectation ou leurs positions sont entourés de garanties qui doivent assurer leur indépendance ; ainsi, l'examen de ces questions individuelles relève, au sein des organes compétents, des enseignants-chercheurs d'un rang au moins égal à celui auquel postule le candidat (recrutement) ou à celui qu'il détient (avancement, affectation).

Le même principe régit les instances disciplinaires (art. L. 952-7). Les promotions sont décidées pour moitié sur le plan national, pour moitié par l'établissement. L'avancement d'échelon a lieu à l'ancienneté, l'avancement de grade (en l'occurrence de classe, classe normale, classe exceptionnelle pour les maîtres de conférences ; seconde classe, première classe et classe exceptionnelle pour les PU) au choix en fonction des mérites appréciés par les pairs, soit dans le cadre de chaque établissement (pour 50 % des promotions), soit par le CNU ; une procédure d'avancement spécifique est prévue pour les enseignants-chercheurs qui exercent des fonctions administratives (art. 40 et 56). Depuis le décret n° 2014-997 du 2 septembre 2014, les enseignants-chercheurs promouvables ne peuvent présenter leur dossier qu'à l'établissement (voie normale) ou au CNU ; pour les présidents et directeurs d'établissement, le dossier est transmis directement au CNU avec avis du conseil académique. En cas de promotion décidée par le CNU, le chef d'établissement aura compétence liée. Les critères de promotion adoptés par les instances compétentes de chaque établissement seront rendus publics. Les congés pour recherches ou conversion thématique sont eux aussi accordés pour partie par l'université, pour partie par le CNU (40 %). En 2017, des mesures de revalorisation des carrières ont été prises : création d'un échelon exceptionnel de la hors-classe des maîtres de conférences, d'un 7e échelon dans la deuxième classe des professeurs, principe de déroulement des carrières complètes sur au moins deux grades (Circ. n° 2019-039 du 19 févr. 2018).

La rémunération des enseignants-chercheurs. Le traitement des professeurs et des maîtres de conférences est déterminé selon les règles de la fonction publique en fonction de l'échelonnement indiciaire fixé par le décret n° 2013-305 du 10 avril 2013. S'y ajoutent l'indemnité de résidence. La question des primes a notamment été posée par le rapport G. Dury (1987) ; les primes de recherche, financées par un « fonds de participation à la recherche » mis en place en 1957 étaient alors négligeables ; des primes, indexées sur le point de la fonction publique, transformables, à la demande des intéressés, en allègement de service, sont alors créées : l'une a vocation à être versées à tous (PRES, prime de recherche et d'enseignement supérieur versée à tous les enseignants-chercheurs en activité sauf s'ils exercent une profession libérale, Décr. n° 89-775 du 23 oct. 1989), les autres sont destinées à ceux qui assurent certaines missions administratives (prime d'administration pour les présidents et directeurs d'EPSCP, prime de charges administratives pour les autres enseignants-chercheurs, Décr. n° 90-50 du 12 janv. 1990) ou pédagogiques (PRP, prime de responsabilité pédagogique, Décr. n° 99-855 du 4 oct. 1999) ; en outre, la PEDR, prime d'encadrement doctoral et de recherche, un temps dénommée prime d'excellence scientifique (LRU), prévue à l'article L. 954-2 et régie par le décret n° 2014-557 du 28 mai 2014, est attribuée de plein droit aux lauréats d'une distinction scientifique et aux enseignants-chercheurs placés en délégation auprès de l'IUF, par le chef d'établissement après avis du CNU ou de la commission de recherche du conseil académique pour les personnels dont l'activité scientifique est d'un niveau élevé (production scientifique, rayonnement scientifique, encadrement doctoral) ou présente une contribution exceptionnelle à la recherche. Le décret n° 85-618 du 13 juin 1985 fixait en outre les modalités de rétribution des enseignants-chercheurs et chercheurs pour services rendus lors de leur participation à des opérations de recherche scientifique prévues dans des contrats ou conventions, système d'intéressement abrogé par décret n° 2010-619 du 7 juin 2010. La loi LPR n° 2020-1674 du 24 décembre 2020 rappelle que les primes sont attribuées par le président de l'université (après avis de la commission de la recherche du conseil académique pour la PERD), en application des textes applicables et selon les principes de répartition définis par le conseil d'administration (LPR, art. 27, art. L. 954-2, al. 1er). Elle ajoute que le conseil d'administration peut créer des dispositifs d'intéressement, sans qu'ils puissent se substituer aux régimes indemnitaires institués en application d'un texte législatif ou réglementaire (LPR, art. 27 II, art. L. 954-2, al. 2) ; cette loi prévoit par ailleurs que les chercheurs et enseignants-chercheurs mis à disposition d'un EPIC, d'une entreprise ou d'une association, peuvent percevoir un complément de rémunération (LRU, art. 24 ; C. rech., art. L. 422-4).

LE SUIVI DE LA CARRIÈRE DES ENSEIGNANTS-CHERCHEURS

Si l'évaluation est entrée dans le monde universitaire (notamment avec la création du CNE en 1984, puis de l'AERES en 2006 remplacée par le HCEER en 2013), elle est essentiellement collective (évaluation des unités mixtes CNRS, des laboratoires, des établissements) ; contrairement aux chercheurs pour qui il s'agit d'une obligation statutaire (Décr. du 30 déc. 1983 fixant les dispositions statutaires communes aux corps des fonctionnaires des EPSCT), traditionnellement, les enseignants-chercheurs ne faisaient pas l'objet d'une évaluation individuelle régulière. Celle-ci pouvait toutefois avoir lieu soit indirectement ou directement tant au niveau national par le CNU, soit dans le cadre de l'établissement selon des procédures multiples (demande de labellisation des laboratoires, en qualité de promoteur d'un programme de recherche, candidature à la prime d'excellence scientifique, avancement de grade ou de classe...). L'idée fut émise de formaliser et de généraliser l'évaluation individuelle.

Le décret n° 2009-460 du 23 avril 2009 prévoyait que les enseignants-chercheurs devaient être évalués régulièrement. Au moins tous les quatre ans, chaque enseignant-chercheur devait établir un rapport mentionnant l'ensemble des activités effectuées (recherche, enseignement, tâches d'intérêt général) ; soumis par le président ou le directeur de l'établissement au conseil d'administration en formation restreinte, ce rapport d'activité devait être transmis à la section compétente du CNU, avec l'avis du conseil d'administration. Ce dispositif d'évaluation récurrente et globale qui devait servir de base à l'attribution des primes et à la modulation des services se heurta à une forte opposition d'une partie de la communauté universitaire.

Le décret n° 2014-997 du 2 septembre 2014 biffe le terme, le remplaçant par l'expression « suivi de carrière » (art. 7, 1) sans toutefois modifier fondamentalement les règles introduites en 2009, notamment celles figurant à l'article 7-1 du décret fixant les conditions dans lesquelles leurs services sont non plus évalués mais pris en compte pour le suivi de leur carrière dont l'objectif est de favoriser l'accompagnement professionnel.

Tous les cinq ans (et non plus quatre comme dans le texte initial), les professeurs et maîtres de conférences doivent établir un rapport sur l'ensemble de leurs activités (recherche, enseignement, primes, distinctions, responsabilités collectives...) et leurs évolutions éventuelles (voir le guide rédigé par le CNU sur le portail GALAXIE). En sont toutefois dispensés les enseignants-chercheurs nommés depuis moins de 5 ans, ceux appelés à prendre leur retraite dans les 4 prochaines années ainsi que ceux ayant bénéficié d'un avancement de grade dans les 5 dernières années ; toutefois, ces derniers peuvent choisir de déposer un dossier. Chaque année sont invités à déposer une demande de suivi de carrière les enseignants-chercheurs appartenant aux sections et établissements désignés par le ministre. Le rapport est remis au président de l'université ou au directeur de l'établissement qui le transmet au CNU. L'avis émis par le conseil académique (et non plus par le président comme le confirme la loi du 26 juill. 2019 abrogeant la référence à son avis, art. L. 952-6, al. 2) siégeant en formation restreinte, sur les activités pédagogiques et les tâches d'intérêt général (sans mention des activités de recherche) qui figurent dans le rapport d'activité de l'intéressé, est joint à cette transmission et communiqué à l'intéressé à qui est donnée la possibilité de faire des observations sur l'avis de l'établissement. Mais cet avis ne porte pas sur le rapport de suivi de carrière spécialement constitué pour cette procédure qui porte sur l'ensemble des activités et mentionne des informations personnelles ; « le suivi de carrière s'inscrit dans une relation individuelle et confidentielle entre les enseignants-chercheurs, leur établissement et le conseil national des universités ; aussi, le conseil académique ne formule pas d'avis sur les dossiers de suivi de carrière » (DGRH, FAQ, GALAXIE). La disposition précisant que les activités ainsi évaluées sont prises en considération par l'établissement pour les promotions et les indemnités a été supprimée. Il n'en reste pas moins une opposition syndicale au suivi de carrière des enseignants-chercheurs, notamment à son caractère obligatoire et non confidentiel ainsi qu'à toute utilisation de la modulation de service en réponse aux recommandations du CNU. Les modalités de mise en œuvre du suivi de carrière sont fixées par chaque section du CNU en fonction des exigences scientifiques de la discipline et seront rendues publiques dans un souci de transparence (Décr. du 16 janv. 1992 relatif au CNU, art. 1er modifié).

LES POSITIONS STATUTAIRES DES ENSEIGNANTS-CHERCHEURS

Les enseignants-chercheurs sont assujettis aux règles générales concernant les positions des fonctionnaires fixées par la loi du 11 janvier 1984 et ses décrets d'application sous réserve des dispositions du décret statutaire de 1984 (Décr. 1984, art. 10 s.) ; ils sont en activité, en détachement ou en disponibilité ; la position hors cadre initialement prévue par le décret statutaire a été abrogée par le Décret n° 2017-854 du 9 mai 2017, art. 7.

La position normale dite d'activité peut aussi être exercée en délégation, situation prévue par le décret statutaire sans constituer une position statutaire nouvelle (CE 2 mars 1988, n° 61225). Quand ils sont placés en ***délégation*** à des fins d'intérêt général auprès d'une institution internationale ou d'un établissement étranger d'enseignement supérieur et de recherche, d'un établissement français d'enseignement supérieur, de recherche ou d'information scientifique et technique (dont l'Institut universitaire de France) ou de tout autre organisme public ou privé, notamment pour créer une entreprise (V. C. rech., art. L. 531-1 à L. 531-7), les enseignants-chercheurs titulaires (ou les maîtres de conférences stagiaires auprès d'établissements de recherche) placés sur leur demande, à des fins d'intérêt général, en délégation continuent à percevoir leur rémunération et à bénéficier de l'ensemble des droits attachés à la position d'activité (Décr. 1984, art. 11 ; CE 2 mars 1988, n° 61225). La délégation est prononcée par arrêté du président ou du directeur de l'établissement après avis du conseil académique (Décr. 1984, art. 13 ; en respectant le principe de parité, CE 21 mai 2008, n° 297396) pour une durée maximale de cinq ans renouvelable ; elle est subordonnée à la conclusion entre l'établissement d'origine et l'institution, l'établissement, l'entreprise ou l'organisme d'accueil, d'une convention qui en fixe l'objet et en détermine les modalités. L'enseignant-chercheur délégué peut continuer à assurer dans son établissement d'origine son service d'enseignement ; en cas contraire, une contribution permettant le remplacement de l'intéressé est versée au profit de l'établissement d'origine (Décr. 1984, art. 14) ; elle peut s'effectuer à temps incomplet (Décr. 1984, 14-1, sauf art. L. 531-1 à L. 531-7).

Outre les congés dont peuvent disposer tous les fonctionnaires (congé de maladie, congé parental...), les enseignants-chercheurs en activité peuvent bénéficier de ***congés pour recherche ou conversion thématique*** (CRCT, Décr. 1984, art. 19 modifié par Décr. n° 2014-997 ; arrêté du 25 février 2003). Le congé est soit de 12 mois (après six ans d'activité), soit de 6 mois (après 3 ans). Il est de droit pour les présidents d'université, directeurs d'établissement et recteurs d'académie quittant leurs fonctions ; sinon, il est accordé sur demande assortie d'un projet soit par le CNU (pour 40 %), soit par l'établissement après avis du conseil académique en formation restreinte aux représentants des enseignants-chercheurs d'un rang égal au demandeur ; un contingent spécifique de CRCT devrait être prévu pour tenir compte de la priorité prévue pour les enseignants-chercheurs de retour d'un congé de maternité ou d'un congé parental, par exemple pour préparer une HDR. L'avis concerne le déroulement de la carrière du demandeur (CE 26 oct. 2005, n° 265382). Le conseil académique décide en tant que « jury de concours » eu égard à la nature et aux modalités de l'exercice de ses attributions, son avis défavorable étant considéré comme une décision faisant grief dont le juge administratif peut examiner la légalité sans pouvoir discuter l'appréciation portée par le conseil (CAA Bordeaux, 7 avr. 2016, n° 14BX01517, jugé à propos du conseil scientifique). L'attribution du congé dispense du service d'enseignement qui conserve sa rémunération (dont l'indemnité de résidence, la prime de recherche et d'enseignement supérieur et la PEDR). A la fin du congé, un rapport doit être adressé au conseil académique.

Comme les autres fonctionnaires en position d'activité, les enseignants chercheurs peuvent, avec leur accord, être mis à disposition d'une autre administration ou d'un établissement public de l'État, d'une collectivité ou d'un établissement public territorial, d'un organisme mettant en œuvre une politique publique ou, au titre de l'ouverture internationale, d'une organisation internationale, d'une institution de l'Union européenne ou d'un État étranger (Décr. n° 85-896 du 16 sept. 1985, modifié). La loi LPR n° 2020-1674 du 24 décembre 2020 étend cette possibilité à tout employeur de droit privé ou de droit public exerçant une mission de recherche (LPR 2020, art. 24 ; art. L. 952-1). L'enseignant-chercheur titulaire qui reste en position d'activité dans son corps d'origine et rémunéré par son établissement peut être mis à disposition d'un ou de plusieurs organismes simultanément, à temps complet ou incomplet pour une durée maximale de trois ans renouvelable, durée portée à cinq ans pour les mises à disposition pour exercer des fonctions de direction lorsqu'il n'existe aucun emploi correspondant (Décr. n° 84-431, art. 20-1). Une convention conclue entre l'établissement d'origine et l'employeur d'accueil précise la nature des activités et les missions de l'enseignant-chercheur (ou des enseignants-chercheurs) et peut prévoir à son profit un complément de rémunération soumis aux mêmes charges sociales que ses salariés ; il peut être indemnisé des frais et sujétions selon les règles applicables aux personnels de l'organisme d'accueil (sauf dérogation au profit de l'État, ses établissements, les organisations internationales et européennes dont ne font pas partie les ONG : LPR, art. 24 ; art. L. 952-1 visant les EPIC, les collectivités territoriales, les entreprises, les associations ou les fondations reconnues d'utilité publique). Après transmission de la convention à l'enseignant-chercheur concerné, celui-ci est mis à disposition par arrêté du président de l'université ; étant toujours en position d'activité, la réintégration de l'enseignant-chercheur dans son établissement d'origine au terme de la mise à disposition s'effectue automatiquement, sans arrêté.

Conformément au statut général, les enseignants-chercheurs peuvent aussi être mis en position de ***détachement*** ; placés hors de leur corps, pour une durée de 6 mois à 5 ans (V. Décr. 1984, art. 16) renouvelable ; ils peuvent alors exercer leurs fonctions de formation, de recherche, de valorisation de la recherche et de diffusion de l'information scientifique et technique (Décr. 1984, art. 17), dans une administration, un organisme public ou privé, une entreprise, en France ou à l'étranger. S'ils sont rémunérés par le service ou l'organisme d'accueil, ils continuent à bénéficier dans leur corps d'origine de leur droit à l'avancement et à la retraite (V. aussi Décr. 1984, art. 16). Pour encourager les détachements auprès d'organismes publics, l'article 13 de la loi LPR n° 2020-1674 du 24 décembre 2020 prévoit la possibilité de bénéficier d'une nomination dans un autre corps à la suite de la réussite à un concours ou examen professionnel ou au titre d'une promotion au choix, sans qu'il soit mis fin à la mise à disposition ou au détachement lorsque cette nomination n'est pas conditionnée à l'accomplissement d'une période de formation ou de stage préalable (LPR 2020, art. 13 ; art. L. 951-2-1). Le détachement d'un enseignant-chercheur ne peut légalement être soumis à la consultation d'une commission administrative paritaire (CE 8 juin 2015, n° 375625). Si le détachement est parfois de droit (pour exercer un mandat électif, sachant que le mandat parlementaire peut être cumulé avec l'activité d'enseignant-chercheur, V. commentaire ss. art. L. 952-2, ou syndical), il doit en principe faire l'objet d'un refus qui doit être motivé. Les enseignants-chercheurs détachés sont soumis aux règles applicables à la fonction qu'ils exercent (sauf discipline) ; il peut y être mis fin à tout moment dans l'intérêt du service. Le détachement est prononcé par arrêté du président ou du directeur de l'établissement après avis du conseil académique en formation restreinte. Le détachement auprès d'une entreprise ou de tout autre organisme de droit privé ne peut être prononcé que si l'intéressé n'a pas eu, au cours des trois dernières années dans le cadre des fonctions publiques qu'il a effectivement exercées, soit à assurer la surveillance ou le contrôle de cette entreprise ou de cet organisme, soit à conclure des contrats de toute nature avec l'un ou l'autre, ou à formuler un avis sur de tels contrats, soit à proposer des décisions relatives à des opérations réalisées par cette entreprise ou cet organisme, ou à formuler un avis sur de telles décisions (Décr. 1984, art. 15). A l'expiration du détachement, la réintégration d'un enseignant-chercheur dans son corps d'origine et dans le même établissement s'effectue de plein droit (Décr. n° 85-986 du 16 sept. 1985 modifié relatif au régime particulier de certaines positions des fonctionnaires de l'État). Si aucun emploi de son grade ou de sa discipline n'est vacant dans son établissement d'origine, le principe de l'autonomie des universités ne saurait faire obstacle à ce que l'intéressé soit réintégré, à la première vacance ouverte, dans son grade et dans sa discipline, dans un autre établissement (CE 2 mars 1988, n° 61225). La réintégration est prononcée par le président ou le directeur de l'établissement dans lequel l'intéressé était précédemment affecté (Décr. 1984, art. 17). La loi PACTE du 22 mai 2019 prévoit que les personnels de la recherche publique dont font partie les enseignants-chercheurs peuvent être autorisés à créer une entreprise et à y servir en position de détachement (C. rech., art. L. 531-5).

Les enseignants-chercheurs peuvent aussi ***solliciter une mise en disponibilité*** pour convenances personnelles (Décr. n° 85-986 du 16 sept. 1985 relatif au régime particulier de certaines positions des fonctionnaires de l'État, à la mise à disposition, à l'intégration et à la cessation définitive de fonctions ; Décr. n° 2019-234 du 27 mars 2019 modifiant certaines conditions de la disponibilité dans la fonction publique) ; placés en dehors du service, ils cessent alors de bénéficier des droits au traitement, à l'avancement et à la retraite pendant une durée de trois ans renouvelable. Au terme de cette période ou par anticipation, ils peuvent solliciter leur réintégration dans leur corps d'origine ; si celle-ci est soumise à conditions (vérification de l'aptitude physique de l'intéressé à l'exercice de ses fonctions ; nécessité d'avoir respecté pendant la période de mise en disponibilité les obligations qui s'imposent à un fonctionnaire même en dehors du service, notamment la dignité qui s'attache aux fonctions universitaires), elle doit intervenir dans l'une des trois premières vacances dans un emploi de son grade (dans un emploi de sa qualification, dans un délai raisonnable, CE, ass., 11 juill. 1975, *MEN c/ Dame Saïd*, n° 95293, à propos d'une assistante titulaire de l'université de Grenoble). Comme tout fonctionnaire, les enseignants-chercheurs ont le droit d'être nommés dans un emploi vacant de leur grade ; leur réintégration n'est donc pas une simple faculté mais bien un droit statutaire. Tout refus doit être motivé soit par les nécessités du service, soit par ce que le demandeur ne remplit pas les conditions légales (CE 18 nov 1994, n° 77047). Mais il n'a aucun droit à être réintégré dans l'établissement où il était précédemment affecté ; le président d'université peut refuser cette réintégration en raison d'un motif tiré de l'intérêt du service, notamment l'absence d'emploi vacant. Ce refus peut être justifié par la nature et la notoriété des agissements du requérant, sa réintégration présentant un risque de troubles au bon fonctionnement du service (CE 14 nov. 2018, n° 406371).

Comme pour les autres fonctionnaires, l'admission des enseignants-chercheurs à la ***retraite*** (leur radiation des cadres) n'entraîne pas une rupture totale des liens avec le service. Des règles spécifiques concernent les ***limites d'âge*** (art. L. 952-10). Sous réserve des reculs prévus pour l'ensemble des fonctionnaires (L. n° 75-1280 du 30 déc. 1975, art. 14, III), la limite pour les professeurs des universités et personnels assimilés est fixée à 67 ans depuis la loi n° 2010-1330 du 9 novembre 2010 sauf pour les professeurs au

Collège de France qui peuvent désormais atteindre 73 ans (au lieu de 70, art. 14, LPR 2020). Toutefois, les professeurs des universités peuvent être maintenus en surnombre pour un an, jusqu'au 31 août suivant si cette période s'achève en cours d'année. Une autre exception est introduite pour les enseignants-chercheurs et chercheurs lauréats d'un appel à projets inscrit sur une liste fixée par décret pour qu'ils puissent achever les travaux engagés avec leurs équipes, pour une durée maximale de 5 ans (art. L. 952-10, nouvel al. 4). Il revient au ministre d'autoriser le maintien en fonction et d'en fixer la durée sans exclure la possibilité d'y mettre un terme dans l'intérêt du service (art. L. 952-10, nouvel al. 5).

Éméritat. Si tous les professeurs et maîtres de conférences admis à la retraite, comme les autres fonctionnaires, se voient reconnaître l'honorariat sauf opposition de l'autorité administrative, ils peuvent en outre se voir conférer l'éméritat. Le titre de professeur émérite a été institué par la loi Savary de 1984 (art. L. 952-11) ; depuis le décret n° 2014-997 du 2 septembre 2014 (Décr. statutaire, art. 40, 1, 1), il en est de même pour les maîtres de conférences habilités à diriger des recherches admis à la retraite. La loi LPR n° 2 020-1674 du 24 décembre 2020 précise les droits et obligations des professeurs et directeurs de recherche émérites sans référence aux aux maîtres de conférences (LPR 2020, art. 14 ; art. L. 952-11).

L'article 58 du décret statutaire précise que la durée, qui ne peut être indéterminée, de l'éméritat est fixée par l'établissement. Le titre est délivré par le président de l'université sur proposition de la commission de recherche du conseil académique en formation restreinte aux seuls professeurs (V. pour l'ancienne formule, CE 7 juin 2007, *M. Ginisti*, n° 292167). Le refus de l'éméritat doit être motivé par des considérations tenant à la valeur des travaux, à la qualité des services rendus et aux besoins de l'établissement (CE 24 sept 1997, n° 180364 : *D. 1997. 229*). Les membres de l'institut ou les professeurs ayant reçu une des distinctions scientifiques énumérées par l'article 48 du décret n° 2014-997 du 2 septembre 2014 (18 rubriques allant du prix Nobel aux prix scientifiques attribués par l'académie des sciences morales et politiques) sont toutefois professeurs émérites de plein droit.

Ce titre permet aux professeurs (et aux maîtres de conférences) de continuer à apporter leur concours aux missions de l'enseignement supérieur à condition que ce soit à titre accessoire et gracieux (LPR 2020, art. 14 ; art. L. 952-11, al. 3 ne donnant droit ni à rémunération – V. CE 26 juill. 2011, *M. Prieur*, n° 343694 – ni à bonification de la retraite). Ils peuvent ainsi animer gratuitement des séminaires et diriger des thèses.

Les professeurs émérites ne peuvent être électeurs et éligibles aux élections de l'établissement et ne peuvent être soumis à un lien de subordination, ni assumer une fonction de direction, ni disposer d'une autorité ni délégation de gestion sur les moyens humains, matériels et financiers de l'établissement (art. L. 952-11, nouvel al. 4). « Les conditions de la présence du professeur émérite au sein de l'établissement sont fixées par une convention de collaborateur bénévole » (art. L. 952-11, nouvel al. 5). S'agissant de la propriété intellectuelle, les professeurs émérites sont assimilés aux fonctionnaires et agents publics pour l'application des dispositions du code de la propriété intellectuelle ; ils sont notamment soumis aux dispositions des articles L. 113 9 et L. 611 7 pour les logiciels et inventions à la création ou à la découverte desquels ils ont contribué dans le cadre de leur éméritat » (art. L. 952-11, nouvel al. 6). ❑

Art. L. 952-2-2 *(L. n° 2019-828 du 6 août 2019, art. 4, en vigueur en vue du prochain renouvellement général des instances dans la fonction publique)* **Par dérogation à l'article 15 de la loi n° 84-16 du 11 janvier 1984 portant dispositions statutaires relatives à la fonction publique de l'État, le comité social d'administration du ministère chargé de l'enseignement supérieur et de la recherche n'est pas compétent pour l'élaboration ou la modification des règles statutaires relatives aux enseignants-chercheurs de statut universitaire et aux assistants de l'enseignement supérieur. Ce comité social d'administration comprend une formation spécialisée exclusivement compétente sur ces matières.**

Les représentants des enseignants-chercheurs de statut universitaire et des assistants de l'enseignement supérieur au sein de cette formation sont désignés par les organisations syndicales par référence au nombre de voix obtenues parmi la catégorie d'agents concernés à l'élection du comité social d'administration du ministère chargé de l'enseignement supérieur et de la recherche, selon des modalités fixées par décret en Conseil d'État.

Art. L. 952-3 Les fonctions des enseignants-chercheurs s'exercent dans les domaines suivants :

1° L'enseignement incluant formation initiale et continue, tutorat, orientation, conseil et contrôle des connaissances ;

2° La recherche ;

(L. n° 2020-1674 du 24 déc. 2020, art. 33) **« 3° Le transfert des connaissances et leur utilisation dans tous les domaines contribuant au progrès économique, social et culturel ;**

« 3° *bis* L'information des citoyens dans le cadre de la politique nationale de science ouverte et la diffusion de la culture scientifique et technique dans toute la population, notamment parmi les jeunes ;

« 4° La construction de l'espace européen de l'enseignement supérieur et de la recherche, et la coopération européenne et internationale en matière d'enseignement supérieur, de recherche et d'innovation ; »

5° L'administration et la gestion de l'établissement *(L. n° 2020-1674 du 24 déc. 2020, art. 33)* **« et, plus largement, du service public de l'enseignement supérieur et du service public de la recherche ».**

(L. n° 2008-112 du 8 févr. 2008, art. 2) **« En outre, les fonctions des personnels enseignants et hospitaliers et des personnels enseignants de médecine générale comportent une activité de soins, conformément aux articles L. 952-21 à L. 952-23-1. »**

Les professeurs ont la responsabilité principale de la préparation des programmes, de l'orientation des étudiants, de la coordination des équipes pédagogiques.

Un décret en Conseil d'État précise les droits et obligations des enseignants-chercheurs, notamment les modalités de leur présence dans l'établissement.

BIBL. ▶ Bonhotal, Les enseignants-chercheurs et le e.learning : un cadre juridique encore à définir, *LIJ 2007, n° 111, p. 24*. – Bonnet et Caudal, Non, un cours n'est pas un TD, *Dr. adm. 2016, n° 18, p. 977*. – Breton, Enseignement supérieur, services complémentaires et libertés universitaires, *AJFP mai-juin 1997. 31* . – Grandemange, Les incidences contentieuses de la modulation des services des enseignants-chercheurs, *AJFP 2009. 285* . – Schwartz, Rapport de la commission de réflexion sur l'avenir des personnels de l'enseignement supérieur, *juin 2008, AJDA 2008. 1406* ; *www.enseignementsup-recherche.gouv.fr*. – Bilan social 2018-2019 - Enseignement supérieur et Recherche, *MESRI-DGRH, déc. 2020*.

▶ **Recherche scientifique :** Cabut, Herzberg, Larousserie, Morin, Santi, La recherche scientifique chamboulée par le Covid-19, *Le Monde, 6 mai 2020. 22*. – Lemaire, La recherche est mue par le seul désir de connaître et de faire connaître, cela ne signifie pas qu'elle soit inutile, *Le Monde, 10 déc. 2020. 35*. – Hoffmann, Attractivité des carrières de la recherche, *Rapport, Institut de France-Académie des sciences, 9 juill. 2008, AJDA 2008. 1406* . – Raybaud, A l'université, les activités de recherche patinent, *Le Monde 3 févr. 2021. 19*.

I. DIFFÉRENTS CORPS

1. Existence. Le Décr. du 6 juin 1984 fixe deux statuts particuliers distincts pour les corps de maîtres de conférences et de professeurs des universités. En toute hypothèse, la création, la suppression, la modification de corps de fonctionnaires et la répartition de fonctionnaires entre eux dans l'intérêt du service est une question de pure opportunité qui n'est pas susceptible d'être discutée au contentieux. • CE 2 mars 1988, n° 61520 A.

II. OBLIGATIONS DE SERVICE

2. Fixation. La fixation des obligations annuelles de service d'enseignement des professeurs des universités et autres enseignants-chercheurs sous forme de cours, de travaux dirigés, de travaux pratiques et d'exercices en formation initiale ou continue relève d'un décret en Conseil d'État. • CE 25 avr. 1986, n° 54408 B. ♦ Aucune disposition législative ou réglementaire, ni aucun principe général ne réservent aux représentants des seuls professeurs d'université le soin de fixer les obligations de service applicables à ces derniers. Les dispositions réglementaires ont pu légalement confier au conseil d'administration de l'établissement, dans l'intérêt du service, le soin de moduler les horaires des professeurs en fonction des différentes tâches qu'ils ont à assumer ou que la loi leur réserve, alors surtout que ce conseil statue en formation restreinte aux seuls représentants des enseignants. • CE 2 mars 1988, n° 61455 A.

3. Compléments de service. Un enseignant ne peut se prévaloir d'aucun droit acquis à effectuer des heures complémentaires. • CE 4 oct. 1995, n° 133572. ♦ Les dispositions qui précisent que : « dans le cas où il apparaît impossible d'attribuer le service de référence aux enseignants-chercheurs d'un établissement, le président ou le directeur de celui-ci peut demander à ces enseignants de compléter leur service dans un autre établissement public d'enseignement supérieur de la même académie sans que cela donne lieu au paiement d'heures complémentaires » ne sauraient être mises en œuvre que dans le cadre des propositions de répartition des services d'enseignement faites par le conseil d'administration des deux établissements à leur président et avec l'accord des intéressés. Ces dispositions ne portent atteinte ni au principe de l'indépendance des professeurs, ni à la règle selon laquelle ils ne peuvent être mutés que sur leur demande, ni au principe d'autonomie des établissements. • CE 2 mars 1988, n° 61455 A • CE 3 nov. 1999, n° 150329.

4. *Heures complémentaires. Crédit-temps. Intégration. Illégalité.* Le conseil d'administration de l'Université de Bretagne Sud avait approuvé un dispositif spécifique d'épargne-temps applicable aux enseignants-chercheurs et aux enseignants exerçant au sein de l'établissement en vertu duquel ceux-ci pouvaient générer, par l'épargne d'heures complémentaires sur un maximum de six années universitaires, du crédit-temps, puis le convertir en congé pour mener une recherche, une conversion thématique, de l'innovation pédagogique ou encore acquérir de nouvelles compétences. La cour annule la délibération litigieuse, considérant que le dispositif a pour effet de priver irrégulièrement en fait l'agent de la rémunération des heures complémentaires effectuées au-delà de son obligation de service en méconnaissance des dispositions de l'art. 7 du Décr. du 6 juin 1984 et des art. 1er et 2 du Décr. du 23 déc. 1983 ; qu'au surplus, le bénéfice du compte individuel de crédit-temps institué par l'université, alors même qu'il repose sur l'accord des enseignants-chercheurs, est conditionné à l'accumulation d'heures complémentaires non rémunérées en sus des obligations de service pendant les années précédentes. La cour en déduit que la délibération ne peut être regardée comme ayant pour objet de moduler les heures d'enseignement correspondant aux obligations de service d'un enseignant-chercheur et ne relève pas, en conséquence, de la compétence du conseil d'administration au titre de la détermination des principes généraux de répartition des services. • CAA Nantes, 22 févr. 2017, n° 15NT02200 : *LIJ 2017, n° 199, p. 14.*

5. *Absence de service fait.* La L. du 29 juill. 1961 prévoit qu'il n'y a pas service fait lorsque l'agent, bien qu'effectuant ses heures de service, n'exécute pas tout ou partie des obligations de service qui s'attachent à sa fonction, telles qu'elles sont définies dans leur nature et leurs modalités par l'autorité compétente. Le Décr. du 6 juin 1984 ne distinguant pas entre les diverses rémunérations perçues par un professeur au sein d'une même université, le retard pris pour la remise de notes et de copies dans une matière donnée peut donner lieu à une retenue de l'intégralité du traitement alors même que l'enseignement de cette matière ferait l'objet d'une rémunération particulière sous forme d'heures complémentaires. • CE 26 juill. 1996, n°s 126310 et 131850 A. ♦ Légalité d'une retenue sur le traitement d'un professeur d'université qui a suspendu son service d'enseignement pendant une semaine, alors même qu'il aurait poursuivi à son domicile ses activités de recherche, ou compensé ultérieurement cette absence de service fait par l'exécution de travaux supplémentaires. • CE 13 juin 1980, n° 17995 A.

6. *Refus d'attribution de service.* Le refus d'une université d'attribuer un service à une assistante est assimilé à une suspension et non pas une mesure d'ordre intérieur. La décision est illégale dans la mesure où elle a été prise sans l'intervention d'une procédure disciplinaire. • TA Paris, 3 juill. 1996, n° 9515373/5 : *AJFP 1997, n° 2, p. 31, note J.-Y. P.*

7. *Responsabilité de l'université.* En s'abstenant de proposer à un professeur d'université un service effectif durant neuf années alors qu'il appartenait à l'université, soit de lui proposer une activité universitaire appropriée à sa fonction et à son grade soit, si elle l'estimait inapte aux fonctions de professeur des universités, de prendre une initiative pour que soit engagée une procédure de licenciement pour insuffisance professionnelle, l'université a commis une faute de nature à engager sa responsabilité. • CE 23 juill. 2003, n° 241816 B. ♦ Le juge administratif estime que dans une affaire où le requérant avait droit au paiement des heures d'enseignement qu'il a dispensées, le président de l'université, qui ne pouvait ignorer que l'intéressé assurait cet enseignement, a, en refusant le paiement des heures, commis une faute de nature à engager la responsabilité de l'université. • CE 15 oct. 2007, n° 287879.

8. *Cours magistral. Notion.* Saisi par des enseignants de droit à propos des conditions de comptabilisation de leurs obligations de service, le juge administratif précise la distinction entre le cours et les travaux dirigés. Il estime notamment que si les cours magistraux sont normalement destinés, sans obligation de présence, à l'ensemble de l'effectif théorique des étudiants du cursus concerné, alors que les travaux dirigés sont normalement destinés à un effectif plus restreint d'étudiants soumis à une telle obligation de présence, toutefois, le critère numérique fondé en l'espèce sur un effectif inférieur à 40 étudiants ne saurait permettre, à lui seul, de distinguer ces deux types d'enseignement, en particulier en master 2 où les effectifs sont nécessairement réduits, notamment par rapport aux enseignements de licence ou de master 1. Il ajoute qu'un cours magistral doit être entendu comme un enseignement théorique donné sous la forme d'un cours didactique exclusif de toute participation des étudiants, alors que les travaux dirigés doivent être entendus comme un enseignement permettant d'appliquer, sous forme notamment d'exercices, les connaissances acquises lors des cours magistraux, et comme incluant la participation des étudiants. • TA Lyon, 9 mars 2016, n° 1300643 : *AJDA 2016. 977, note Bonnet et Caudal ; ibid. 1377 ; AEF 30 mai 2016, Dépêche n° 539090, comm. Toulemonde.*

9. Accident de service. Mission à l'étranger. Dans une affaire où un maître de conférences était décédé des suites d'un infarctus du myocarde survenu alors qu'il était en mission professionnelle en Espagne, chargé d'opérations de fouilles, le juge regarde l'infarctus comme un accident de service du seul fait qu'il s'est produit dans le cadre du service, ce qui permet de présumer le lien de causalité entre le service et l'accident. • TA Poitiers, 4 févr. 2014, n° 1400824 : *AJFP 2015. 281* .

10. Faute de l'enseignant. Un enseignant était en droit de se voir attribuer un service pour chacune des années universitaires concernées, il lui appartenait également, compte tenu tant de son niveau dans les cadres de l'université que de la durée de la période pendant laquelle il a bénéficié d'un traitement sans accomplir de service, d'entreprendre des démarches en vue d'obtenir un poste administratif, de réaliser un programme de recherche ou d'obtenir un service d'enseignement auprès des instances de l'université. Le requérant se bornant à produire deux lettres de 1982 et 1984 dans lesquelles il constate ne pas effectuer de service d'enseignement, sans demander ni crédits de recherche, ni service précis d'enseignement et alors qu'il n'effectuait plus de service depuis 1980 et que cette situation a perduré jusqu'en 1989, il y a lieu d'exonérer l'université d'un tiers de sa responsabilité. • CE 23 juill. 2003, n° 241816 B.

11. Retrait d'enseignement. La décision retirant à un professeur d'université son enseignement est de nature à porter atteinte aux prérogatives de ses fonctions. Celle lui refusant l'autorisation de s'absenter pour poursuivre sa collaboration avec l'Agence nationale d'accréditation et d'évaluation en santé a pour effet de restreindre un avantage qu'il tenait du statut des personnels enseignants et hospitaliers des centres hospitaliers et universitaires qui permettent à ces personnels d'exercer, dans certaines conditions, des activités d'intérêt général à l'extérieur de l'établissement. Ces deux décisions ne constituent pas de simples mesures d'organisation du service. • CE 11 juin 2003, n° 226863 : *AJDA 2003. 1992, concl. Schwartz* .

12. Privation de la possibilité d'accomplir son service. Absence. La durée des services d'enseignement doit être déterminée selon une durée annuelle de référence égale à 128 heures de cours ou 192 heures de travaux dirigés ou 288 heures de travaux pratiques ou toute combinaison équivalente. Dans une affaire où un enseignant avait assuré l'équivalent de 190 heures et demie de travaux dirigés, tout en ayant intégralement perçu la rémunération correspondant à la durée de référence, ainsi que la prime de recherche, le juge a estimé que, eu égard à la différence minime existant entre la durée de référence fixée par les textes et la durée effective de ses enseignements, le requérant n'était pas fondé à soutenir qu'il aurait été empêché d'accomplir ses obligations statutaires, dans le but de le priver d'une partie de sa rémunération. • CE 4 oct. 1995, n° 133572.

13. Délégation. Contrat. Résiliation. Légalité. Légalité de l'avenant mettant fin, pour raisons financières, à la délégation d'un universitaire auprès d'un organisme de recherche. En l'espèce, le centre universitaire de formation et de recherche (CUFR) d'Albi avait conclu avec l'Inserm, en application de l'art. 11 du Décr. n° 84-431 du 6 juin 1984 relatif au statut des enseignants-chercheurs, une convention de délégation qui s'accompagnait d'une décharge partielle de ses activités d'enseignement au sein de son établissement d'origine. Invoquant des raisons financières et une carence d'enseignants dans la spécialité de l'intéressé, le directeur du centre universitaire avait ensuite signé avec l'organisme d'accueil un avenant mettant fin à la délégation, sur le fondement duquel il abrogea celle-ci. Invoquant l'illégalité de l'avenant, le requérant a demandé en vain l'annulation de l'arrêté d'abrogation. Le juge administratif estime en outre que l'avenant litigieux n'est pas une décision administrative individuelle et n'avait donc pas à être motivé conformément aux dispositions de la L. n° 79-587 du 11 juill. 1979. Enfin, l'Inserm ayant préféré signer l'avenant que de maintenir l'activité de recherche de l'intéressé comme il en avait la possibilité en l'accueillant notamment par la voie du détachement ou en proposant d'augmenter la contrepartie versée, le juge estime que la décision d'interrompre le contrat du requérant, prise dans l'intérêt commun des deux parties, n'est pas entachée d'erreur manifeste d'appréciation. • TA Toulouse, 13 mai 2015, n° 1105157 : *AJFP 2016. 75* .

14. Intérêt à agir. Le décret nommant un professeur des universités est sans effet direct sur les services d'enseignement attribués au requérant qui enseigne une autre discipline. Ce dernier est donc sans qualité pour demander l'annulation du décret de nomination. • CE 5 déc. 2011, n° 338791 A : *AJDA 2012. 339, concl. Keller ; ibid. 2011. 2386 ; AJFP 2012. 120 ; LIJ 2012, n° 164, p. 13.*

III. AUTRES OBLIGATIONS

15. Autres obligations. Fautes. Discipline. V. notes ss. art. L. 952-6.

IV. CUMULS

16. Autorisation. Le Décr. du 29 oct. 1936 disposant que « les fonctionnaires, agents et ouvriers peuvent effectuer des expertises ou donner des consultations, sur la demande d'une autorité administrative ou judiciaire ou s'ils y sont autorisés par le ministre ou le chef de l'administration dont ils dépendent. Ils peuvent, dans les mêmes conditions, être appelés à donner des enseignements ressortissant à leur compétence ». Ces dispositions n'ont pas pour effet de dispenser d'une autorisation préalable des autorités de l'université dont il relève tout enseignant qui entend donner des enseignements complémentaires dans un autre établissement. En l'absence d'une telle autorisation, l'enseignant n'a pas droit au versement de la rémunération correspondant aux enseignements complémentaires assurés dans une autre université. • CE 26 juill. 1996, n° 112314 B : *AJFP 1997, n° 1, p. 14, obs. Breton*.

17. Conditions. L'autorisation de cumul peut être légalement subordonnée à la possibilité pour l'intéressé d'assurer correctement son enseignement. Si le ministre de l'éducation allègue que l'intéressé ne peut assurer à la fois son activité d'enseignant en psychologie technique et psychopathologie à l'UER des lettres et sciences humaines et une profession libérale de psychanalyste de cabinet sans préjudice pour son enseignement, il ressort des pièces versées au dossier et notamment de l'attestation du directeur de l'UER où enseigne l'intéressé que celui-ci assume l'ensemble des activités d'enseignement et la direction de thèses y afférentes. Aussi les éléments invoqués par le ministre ne sont pas, par eux-mêmes, de nature à justifier le refus d'autorisation de cumul des fonctions d'enseignement et d'une pratique libérale. • CE 13 févr. 1987, n° 69497 A. ♦ Légalité du refus du ministre opposé à un maître de conférences en psychologie de cumuler un emploi d'enseignant avec celui de psychologue à temps partiel, l'importance de l'activité envisagée (27 heures par semaine) étant de nature à préjudicier à l'exercice de la fonction d'enseignement. • CAA Paris, 25 juin 2002, n° 98PA01441 : *AJDA 2002. 864*.

18. Fonctionnaire détaché dans le corps des professeurs des universités. Mandat parlementaire. Saisi par M. Olivier Becht, député, en application du 1er al. de l'art. L.O. 151-2 C. élect. d'une demande tendant à apprécier s'il se trouve dans un cas d'incompatibilité, le Conseil constitutionnel estime, au vu de la situation de M. Becht, membre du corps des tribunaux administratifs et des cours administratives d'appel placé en position de détachement dans le corps des professeurs des universités, que la dérogation au principe de l'incompatibilité avec une fonction publique non élective, prévue au 1° de l'art. L.O. 142 C. élect., « s'applique aux professeurs détachés dans le corps, dans la mesure où ils bénéficient, pour le temps de leur détachement, de toutes les garanties de ce corps ». Constatant qu'il résulte de ce qui précède que le bureau de l'Assemblée nationale n'a pas exprimé de doute quant à la situation de M. Becht au regard du régime des incompatibilités parlementaires, le conseil conclut que sa demande n'est, dès lors, pas recevable. • Cons. const. 26 sept. 2018, *Situation de M. Olivier BECHT au regard du régime des incompatibilités parlementaires,* n° 2018-41 I : *AJDA 2018. 2161, note Toulemonde*.

19. Autorisation. Absence. Conséquences. Responsabilité. Partage. Dans une affaire où un agent de la fonction publique territoriale avait effectué des vacations auprès d'une université sans en avoir demandé l'autorisation auprès de l'autorité dont il relevait, le juge estime que les vacations effectuées par cet agent à l'université étaient irrégulières et que cet établissement avait pu à bon droit refuser le paiement des heures de vacations. La cour ajoute que, du fait de l'exercice irrégulier de l'activité exercée au profit de l'université, l'agent a bien commis une faute, quand bien même c'est un professeur qui l'avait sollicité pour exercer ces fonctions et quand bien même lesdites fonctions présentent un caractère de connexité avec ses fonctions principales. Pour autant, elle estime que l'université a commis une faute de nature à engager sa responsabilité en ayant laissé l'agent continuer à effectuer ses heures de vacations au cours de l'année alors que les services de l'université avaient eu connaissance en décembre du caractère irrégulier de ces vacations. En l'espèce, la cour a retenu un partage de responsabilité de 50 %. • CAA Paris, 15 déc. 2015, n° 14PA01450 : *LIJ 2016, n° 192, p. 7.* ♦ Dans le même sens • CE 30 juin 2000, n° 188257.

20. Professeurs de droit. Le Décr. du 29 oct. 1936 disposant que les membres du personnel enseignant des établissements d'enseignement peuvent exercer les professions libérales qui découlent de la nature de leur fonction, les professeurs de droit et chargés de cours de droit peuvent exercer la profession d'avocat. • CE 9 nov. 1954, *Sieur Bertrand : Lebon 583.* ♦ Il leur est toutefois interdit de plaider en justice dans les litiges intéressant notamment les administrations de l'État à moins qu'ils n'exercent leurs fonctions à leur profit. Par suite, le ministre de l'Éducation a pu légalement dénier à deux avocats enseignants le droit d'assurer devant le tribunal correctionnel la défense d'une personne prévenue de fraude fiscale. • CE 6 oct. 1976, *Sieurs Badinter et Bredin,* n° 93718 A.

21. Maître de conférences. Tableau de l'Ordre des avocats. Inscription. En imposant aux catégories de personnes mentionnées à l'art. 98 du Décr. n° 91-1197 du 27 nov. 1991, et en particulier aux maîtres de conférences, de subir avec succès un examen de contrôle des connaissances en déontologie et réglementation professionnelle, le pouvoir réglementaire n'a pas entaché les dispositions de l'art. 98-1 d'une erreur manifeste d'appréciation. • CE 12 oct. 2016, n° 392053 : *D. 2017. 98, comm. Beignier ; LIJ 2017, n° 196, p. 12.*

V. RÉMUNÉRATION

BIBL. Prime d'encadrement doctoral et de recherche 2015, MENESR, DGRH A1-1 : http://cache.media.enseignementsup-recherche.gouv.fr/file/statistiques/47/4/Prime_d_encadrement_doctoral_et_de_recherche_2015_554474.pdf.

22. *Prime d'encadrement doctoral. Décision créatrice de droits.* La décision attribuant le bénéfice de la prime d'encadrement doctoral instituée par le Décr. n° 90-51 du 12 janv. 1990 est créatrice de droits. • CE 11 déc. 2006, n° 277206 B. ♦ En revanche, ne sont pas créatrices de droits les mesures annuelles par lesquelles l'administration, après s'être assurée de l'accomplissement par le bénéficiaire de ses obligations de service, procède au paiement de la prime, qui représente le caractère de simples opérations de liquidation. • Même décision.

23. *Prime d'encadrement doctoral. Absence de droit à attribution.* L'attribution de la prime ne constituant pas un droit pour les personnes qui remplissent les conditions légales pour obtenir cet avantage, une décision refusant le bénéfice de la prime n'est donc pas au nombre des actes administratifs qui doivent être motivés en application des dispositions de la L. du 11 juill. 1979. • CE 21 mars 2007, n° 286324 : *LIJ 2007, n° 115, p. 20* • CE 7 juin 2000, n° 209901.

24. *Prime d'encadrement doctoral. Attribution. Conséquences.* La décision attribuant une prime d'encadrement doctoral et de recherche crée des droits au profit de l'intéressé et ne peut plus être rapportée lorsqu'elle est devenue définitive. L'État peut donc être condamné à payer les sommes dues au bénéficiaire d'une prime dont la date de versement a été illégalement reportée par le président de l'université. • CE 8 mars 1993, n°s 124725 et 129894 B.

25. *Prime d'encadrement doctoral. Recours.* L'attribution ou le refus d'attribution d'une prime d'encadrement doctoral et de recherche peut faire l'objet de la part de l'intéressé d'un recours auprès du ministre de l'enseignement supérieur. La décision du ministre est prise après avis d'une commission composée de représentants des enseignants-chercheurs. Le ministre a pu sans erreur de droit se fonder notamment sur des motifs budgétaires pour opérer, après avis de la commission de recours, une sélection entre les candidats à l'attribution de cette prime. • CE 25 mai 2007, n° 296014. ♦ La circonstance que le président de l'établissement d'affectation du requérant n'a pas porté son avis dans la rubrique « avis et visa » ne saurait constituer un défaut substantiel de nature à vicier la procédure d'examen de sa candidature dès lors que la réglementation ne prévoit aucune obligation pour le chef d'établissement d'émettre une appréciation sur les candidatures. • CE 25 mai 2007, n° 296014.

26. *Prime d'encadrement doctoral. Refus d'attribution. Contrôle restreint.* Le juge administratif opère un contrôle restreint sur les refus d'attribution de prime d'encadrement doctoral. Ainsi, en estimant, après avis de la commission des recours, que les activités de l'intéressé n'étaient pas, au regard des autres demandes qui lui étaient soumises, de nature à justifier l'attribution de la prime, le ministre de l'éducation nationale n'a pas commis d'erreur manifeste d'appréciation. • CE 1er juin 2006, n° 281169. ♦ Les enseignants chercheurs placés en position de délégation au centre national de la recherche scientifique ne remplissent pas les conditions réglementaires pour pouvoir bénéficier de la prime d'encadrement doctoral et de recherche, n'ayant pas souscrit l'engagement d'effectuer, en plus de leurs obligations statutaires, une activité spécifique en matière de formation à la recherche et par la recherche pendant 4 années universitaires. • CE 21 mars 2007, n° 286324.

VI. DROITS

BIBL. Enquête : La grève des enseignants-chercheurs, *ORS, Dossier du n° 37, 23 févr. 2009.*

27. *Protection fonctionnelle.* V. notes ss. art. L. 952-2.

VII. ÉVALUATION

28. *Activité des chercheurs.* Il résulte des dispositions de l'art. 55 de la L. n° 84-16 du 11 janv. 1984, des art. 17 et 26 de la L. n° 82-610 du 15 juill. 1982 et des art. 29 et 30 du Décr. n° 83-1260 du 30 déc. 1983 que l'appréciation écrite que les sections du Comité national de la recherche scientifique (CNRS) portent, en application de l'art. 29 du Décr. du 30 déc. 1983, sur l'activité des chercheurs du CNRS constitue, en l'absence de notation des intéressés, l'unique évaluation de leur valeur professionnelle. • CE 5 sept. 2008, n° 306113 : *AJDA 2008. 1632.*

29. *Dispositions statutaires relatives aux chercheurs.* V. C. rech., art. L. 421-3.

Art. L. 952-4 **La répartition des fonctions d'enseignement et des activités de recherche au sein d'un même établissement fait l'objet d'une révision périodique. Les enseignants-chercheurs, les enseignants et les chercheurs ont compétence exclusive pour effectuer cette répartition.** — [*L. n° 68-978 du 12 nov. 1968, art. 33, al. 2 et 3.*]

I. FONCTIONS D'ENSEIGNEMENT

1. Répartition. La répartition des fonctions d'enseignement fixée par le conseil d'université ne constitue pas une mesure d'ordre intérieur [sol. impl.] mais un acte susceptible de porter atteinte aux prérogatives des professeurs, maîtres de conférences et maîtres assistants. Pour la décision attribuant à un maître de conférences agrégé de biophysique une charge d'enseignement uniquement en mathématiques. • CE 12 déc. 1984, n° 17130 A.

2. Nouvelles procédures de répartition des services. Décr. n° 2009-460 du 23 avr. 2009. L'art. L. 954-1 dispose que le conseil d'administration définit les principes généraux de répartition des obligations de services entre les activités d'enseignement, les activités de recherche et les autres missions. L'art. L. 952-4 prévoit que les enseignants-chercheurs, les enseignants et les chercheurs ont compétence exclusive pour effectuer la répartition des services. Le pouvoir réglementaire a pu, sans méconnaître ces dispositions, confier au conseil d'administration en formation restreinte aux enseignants-chercheurs le soin de répartir les obligations de services de ces derniers. • CE 15 déc. 2010, n°s 329056, 329057, 329111, 329135, 320205, 329207 et 329242 : *AJDA 2011. 1791, note Verpeaux*. ♦ En vertu des art. L. 952-4, L. 954-1 et L. 712-2, le président de l'université est compétent pour prendre les décisions individuelles d'attribution de services. Le pouvoir réglementaire a pu, sans méconnaître le principe d'indépendance des enseignants-chercheurs et le principe d'égalité entre fonctionnaires d'un même corps, ouvrir au président de l'université la faculté de moduler les services, eu égard aux garanties dont cette faculté est assortie, en particulier son encadrement par décret et par la délibération du conseil d'administration répartissant les services, l'accord écrit de l'enseignant-chercheur, et une procédure de réexamen collégial par des pairs en cas de refus d'une demande de l'enseignant-chercheur. • CE 15 déc. 2010, n°s 329056, 329057, 329111, 329135, 320205, 329207 et 329242 : *préc.*

3. Organisation. Constitue une mesure d'organisation du service, insusceptible de recours contentieux, la lettre fixant, en application d'une délibération répartissant les fonctions d'enseignement entre professeurs, maîtres de conférences et maîtres assistants, les modalités pratiques d'organisation des fonctions d'enseignement attribuées à un maître de conférences, notamment pour ce qui concerne les dates et les horaires. • CE 12 déc. 1984, n° 17216 A.

4. Absence de droit à conserver un enseignement. Un enseignant ne peut se prévaloir des fonctions qui lui ont été confiées les années précédentes pour conserver ses enseignements. Dans le cas où un enseignement n'est pas supprimé mais attribué à d'autres enseignants, il n'y a pas lieu de consulter les organes compétents pour connaître des suppressions d'enseignement. Une telle décision ne constitue ni une mesure prise en considération de la personne ni une mesure à caractère disciplinaire. • CE 25 oct. 1996, n° 135138.

5. Suppression d'heures de cours ne figurant plus au programme de la formation dispensée. Conséquences. Situation de sous-service. Éventuelles sanctions. Une enseignante-chercheuse, affectée en IUT avait demandé au juge d'annuler la décision de la directrice pédagogique de l'IUT de suspendre le cours qu'elle assurait jusqu'à présent au motif qu'il ne figurait pas au programme de la formation pour laquelle elle intervenait. Le juge relève que la décision de suspendre le cours dispensé n'avait ni pour objet ni pour effet de procéder à la répartition des enseignements au sein de l'IUT ou de répartir les services entre enseignants-chercheurs au sein de l'établissement. Il juge que le moyen tiré de la méconnaissance des dispositions du III de l'art. 7 du Décr. du 6 juin 1984, qui prévoient qu'il appartient au président de l'université de prendre les décisions individuelles d'attribution de services en appliquant les règles définies par le conseil d'administration en formation restreinte et en prenant en compte les avis motivés exprimés par les instances dirigeantes de l'unité de recherche de rattachement et de la composante ne pouvait qu'être écarté. En l'espèce, la cour a constaté que la requérante se trouvait effectivement en situation de sous-service et que si elle soutenait que ce sous-service résultait de la décision de suspendre le cours qu'elle dispensait et de l'absence d'attribution par l'université d'heures de cours de nature à compenser cette suppression, elle n'établissait toutefois par aucun élément que la situation de sous-service qui lui était reprochée résulterait effectivement de la suppression de ce cours dont elle ne précisait d'ailleurs pas la quotité horaire. • CAA Versailles, 25 juill. 2019, n° 16VE02205 : *LIJ 2019, n° 208, p. 10.*

6. Qualification d'heures d'enseignement en travaux dirigés. Compétence du président, ordonnateur des dépenses. Les requérants, enseignants du second degré et maîtres de conférences, ayant dispensé des cours de langues contestaient le jugement du tribunal administratif rejetant leur demande tendant à l'annulation de la délibération du conseil d'administration de l'université qui avait requalifié en travaux dirigés la totalité des heures d'enseignement en cause. La cour juge que, les dispositions en litige ayant pour seul objet de qualifier les heures d'enseignement de langues, il résulte de la combinaison des dispositions des art. L. 712-1 à L. 712-3 qu'eu égard à cet objet qui n'entre pas dans le champ de compétence du conseil d'administration de l'université, il appartient au président de l'université, en sa qualité d'ordonnateur, de prendre une telle mesure. Par suite, elle décide que la délibération du conseil d'administration litigieuse a été prise par une autorité administrative incompétente. • CAA Marseille, 4 mars 2013, n° 10MA03500 : *LIJ 2013, n° 176, p. 6.* ♦ Dans la même affaire et par voie de conséquence, la décision par laquelle la directrice de l'institut demande aux requérants la modification de leur état de service, conformément à la délibération du conseil d'administration de l'université, constitue un acte d'exécution de la délibération précitée dès lors illégal. Au surplus, la cour rappelle que sous réserve de dispositions législatives ou réglementaires contraires et hors le cas où il est satisfait à une demande du bénéficiaire, l'administration ne peut retirer une décision individuelle accordant un avantage financier, laquelle est créatrice de droits, si elle est illégale, que dans le délai de quatre mois suivant la prise de cette décision. En l'espèce, la décision en cause de la directrice de l'institut ayant eu pour objet et pour effet de retirer, en cours d'année, les avantages financiers accordés à l'intéressée en début d'année universitaire, les requérants sont fondés à soutenir que c'est à tort que, par le jugement attaqué, le tribunal administratif a rejeté leur demande. • CAA Marseille, 4 mars 2013, n° 10MA03500 : *préc.*

7. Nature juridique d'une décision de retrait. La décision du président de l'université retirant à un professeur l'enseignement qu'il assurait dans le premier cycle d'enseignement médical dans un centre hospitalo-universitaire ne lui laissant que son enseignement dans le premier cycle de préparation au diplôme universitaire d'études scientifiques en biologie et géologie ne constitue pas une simple mesure d'ordre intérieur mais comporte une modification de la situation de l'intéressé et de ses perspectives de carrière. • CE 13 févr. 1974, *Mlle Tribalat,* n° 89271. ♦ Dans la mesure où il ressort des pièces du dossier que la décision a été prise en considération de la personne de l'intéressée, elle devait être précédée de la communication du dossier. • Même arrêt.

II. FONCTIONS DE RECHERCHE

8. Direction des travaux de recherche. Aucune disposition législative ni aucun principe général ne réserve aux professeurs d'université la direction des travaux de recherche. Cette prérogative est en réalité attachée à la possession d'un diplôme national (doctorat d'État ou habilitation à diriger des recherches) qui est exigé de tout candidat à un concours de recrutement de professeurs d'université, mais qui ne leur est pas réservé. L'al. 5 de l'art. 41 du décret n° 84-431 du 6 juin 1984 qui précise que les professeurs d'université « assurent la direction des travaux de recherche menés dans l'établissement concurremment avec les autres enseignants ou chercheurs habilités à diriger ces travaux » ne porte donc pas atteinte aux droits et garanties des professeurs. • CE 2 mars 1988, nos 61165 et 61472 A : *RFDA 1988. 615, concl. Laroque.*

9. Directeur d'unité de recherche. Désignation. Des requérants demandaient l'annulation des élections organisées auprès des enseignants-chercheurs et autres personnels pour la désignation du directeur de l'institut des sciences de l'ingénierie d'une université. Le juge rappelle que s'agissant d'une unité de recherche, prenant la forme d'une équipe d'accueil, rattachée à une école doctorale de l'université, les dispositions de l'Arr. du 25 mai 2016, fixant le cadre national de la formation et les modalités conduisant à la délivrance du diplôme national de doctorat, stipulent que les directeurs d'école doctorale, et à plus forte raison les directeurs d'unités de recherche qui la composent, sont désignés par voie de nomination et non pas élus et qu'il ne résulte pas davantage des statuts de l'université qu'ils soient désignés par la voie d'un processus électoral. Il en conclut qu'une telle consultation était purement facultative et ne saurait être assimilée à une élection. • CAA Nancy, 16 déc. 2019, n° 19NC02160 : *LIJ 2020, n° 211, p. 7.*

10. Prime d'intéressement. Produit d'un logiciel. Un agent public qui a développé un logiciel de moteur de recherche permettant l'exploitation commerciale d'une base de données peut bénéficier d'une prime d'intéressement. En effet, aux termes de l'art. L. 113-9 CPI, les droits patrimoniaux sur les logiciels créés par un agent dans l'exercice de ses fonctions sont dévolus à l'employeur, public ou privé. Toutefois, le Décr. n° 96-858 du 2 oct. 1996 oblige l'employeur public à verser à l'agent une prime d'intéressement aux produits tirés du logiciel. En l'espèce, le Conseil d'État juge que lorsque qu'une personne publique commercialise une base de données dont l'exploitation est subordonnée à l'utilisation d'un moteur de recherche, les produits tirés de cette commercialisation doivent être regardés, pour l'application des dispositions du Décr. n° 96-858 du 2 oct. 1996, comme étant également tirés de la commercialisation du moteur de recherche. • CE 22 mai 2013, n° 345867 B : *AJDA 2013. 1078, comm. Pigaglio.*

11. Participation à une manifestation. Il appartient au président de l'université, lorsque celui-ci procède à l'affectation des crédits de recherche, de s'assurer que cette affectation correspond à des fins d'activités de recherche ou de valorisation de la recherche. L'appréciation à laquelle il se livre, à ce titre, du caractère de la manifestation à laquelle souhaite se rendre un enseignant-chercheur ne saurait être discutée devant le juge de l'excès de pouvoir que dans la mesure où elle reposerait sur des faits matériellement inexacts ou une erreur de droit ou serait entachée de détournement de pouvoir ou d'erreur manifeste d'appréciation. • CE 9 juin 2004, n° 254573 B : *AJDA 2004. 1881, note Cassia* ; *D. 2004. 2877, note Pontier*.

Art. L. 952-5 **Les présidents d'université et les directeurs d'établissement peuvent accorder, à titre exceptionnel, des dispenses en tout ou partie aux obligations de résidence et de présence qu'implique toute fonction universitaire d'enseignement et de recherche.** – *[L. n° 68-978 du 12 nov. 1968, art. 33, al. 5.]*

Obligation de résidence. L'obligation de résider au lieu d'exercice de leurs fonctions, instituée par l'art. 5 du décret n° 84-431 du 6 juin 1984, et la disposition des art. 33 et 51 qui subordonne les demandes de mutation des enseignants-chercheurs à une durée minimale de 3 ans d'exercice de leurs fonctions dans leur affectation actuelle, sont l'une et l'autre instituées dans l'intérêt du service et ne sauraient porter atteinte à l'indépendance et à la libre expression des intéressés dans l'exercice de leurs fonctions d'enseignement et de recherche. • CE 2 mars 1988, *Féd. nat. des synd. autonomes de l'enseignement supérieur et de la recherche et Assoc. nat. des professeurs d'université des disciplines juridiques, politiques, économiques et de gestion*, nos 61165 et 61472 : *Lebon 94* ; *RFDA 1988. 615, concl. Laroque.* ♦ Cette obligation de résidence ne méconnaît pas les dispositions de l'art. 215 C. civ. relatives à l'obligation de communauté de vie des époux. • CE 1er mars 1989, *M. Labarre*, n° 61649.

Art. L. 952-6 **Sauf dispositions contraires des statuts particuliers** *(L. n° 2020-1674 du 24 déc. 2020, art. 5)* **« , et sauf lorsque le candidat est maître de conférences titulaire », la qualification des enseignants-chercheurs est reconnue par une instance nationale.**

L'examen des questions individuelles relatives au recrutement, à l'affectation et à la carrière de ces personnels relève, dans chacun des organes compétents, des seuls représentants des enseignants-chercheurs et personnels assimilés d'un rang au moins égal à celui postulé par l'intéressé s'il s'agit de son recrutement et d'un rang au moins égal à celui détenu par l'intéressé s'il s'agit de son affectation ou du déroulement de sa carrière. *(L. n° 2019-791 du 26 juill. 2019, art. 52)* **« Toutefois, les statuts d'un établissement public d'enseignement supérieur peuvent prévoir que le président ou le directeur de l'établissement peut présider la formation restreinte aux enseignants-chercheurs du conseil d'administration ou du conseil académique ou des organes en tenant lieu. Dans ce cas, le président ou le directeur ne peut participer à l'examen des questions individuelles que dans le respect des principes rappelés au présent alinéa. »**

Les statuts particuliers des corps d'enseignants-chercheurs peuvent prévoir, dans les organes compétents en matière de recrutement, la participation d'enseignants associés à temps plein de rang au moins égal à celui qui est postulé par l'intéressé ainsi que d'universitaires ou chercheurs étrangers.

L'appréciation, concernant le recrutement ou la carrière, portée sur l'activité de l'enseignant-chercheur tient compte de l'ensemble de ses fonctions *(L. n° 2020-1674 du 24 déc. 2020, art. 33)* **« exercées dans les domaines mentionnés à l'article L. 952-3 ». Elle est transmise au ministre chargé de l'enseignement supérieur.**

Par dérogation au statut général des fonctionnaires de l'État, *(L. n° 2003-339 du 14 avr. 2003, art. 2)* **« des candidats peuvent être recrutés et titularisés » à tout niveau de la hiérarchie des corps d'enseignants-chercheurs dans des conditions précisées par un décret en Conseil d'État qui fixe notamment les conditions dans lesquelles les qualifications des intéressés sont appréciées par l'instance nationale.**

De même, des personnalités n'ayant pas la nationalité française peuvent, dans les conditions fixées par un décret en Conseil d'État, être nommées dans un corps d'enseignants-chercheurs.

Sur le statut particulier du corps des professeurs des universités et du corps des maîtres de conférences, V. Décr. n° 84-431 du 6 juin 1984, App., v° Statuts particuliers.

BIBL. GÉN. ▸ FABRE-MAGNAN, La réforme du statut des universitaires, *D. 2014. 2232*. – FERNANDES, Des libertés universitaires en France : Étude de droit public sur la soumission de l'enseignant-chercheur au statut général des fonctionnaires, *Thèse, Université de Bourgogne Franche-Comté, 2017.* – GAUDEMET, L'organisation du personnel enseignant, *Rev. ens. sup. 1960. 76* ; La situation du personnel des universités, *RFAP 1980, n° 14, p. 299.* – LE GUYADER, De la profession académique aux métiers d'universitaires, *Thèse, Université de Bordeaux 2, 2006.* – MESTRE, Les statuts des universitaires, *AJDA 1979. 21.* – TOURBEAUX et THIRION, Trajectoire professionnelle des enseignants-chercheurs recrutés en 2016, *MESRI, Note de la DGRH, Enseignement* *supérieur, n° 7, juin 2017.* – Jeunes chercheurs et jeunes enseignants-chercheurs. Statut et conditions de travail, Rapp. Conseil supérieur de la recherche et de la technologie, *Doc. fr., sept. 2007.*

▸ **Recrutement :** BEAUD, La réforme du recrutement ou les tares du système français, *in* L'autonomie des universités : une faillite ? A propos de la loi LRU, *PUF, coll. Cités, n° 50, 2012/2.* – CHAUVET, Landerneau universitaire et recrutement des professeurs, *AJDA 2018. 1633* ; Questions de cumuls : parlementaire, un métier à temps plein ?, *AJDA 2019. 137*. – CHRESTIA, Le recrutement des enseignants-chercheurs procède-t-il d'un concours ?, *AJFP 2006. 230*. – DASTE, Le recrutement des professeurs d'université, *Cah. fonct. publ, nov. 1994. 19.*– DEGOFFE, Réflexions sur les procédures de recrutement universitaire, *AJDA 2004. 2250*. – FORTIER, La qualification nationale aux fonctions universitaires, ou la faillite du CNU, *AJFP 2013. 62* ; *Disputatio* à l'AJDA : sale temps pour l'universitaire-parlementaire !, *AJDA 2019. 545*. – GARY-BOBO et TRANNOY, Le recrutement collégial. L'université comme partenariat à but non lucratif, in Compétition, productivité, incitations et carrières dans l'enseignement supérieur et la recherche, Les Presses Sciences Po, coll. Revue économique, vol. 66, n° 1, janv. 2015. 13. – GODECHOT et LOUVET, Le localisme universitaire : pour une régulation administrative, *avr. 2008, www.laviedesidees.fr.* – GUÉRIN, Le contentieux du recrutement des enseignants-chercheurs, *AJDA 2004. 417*. – LEGRAND, Les pouvoirs du conseil d'administration d'une université dans le recrutement d'un professeur, *AJDA 2003. 861* ; La démocratie de participation, un pari pour l'université, *AJDA 2007. 2041* ; Pour la crédibilité du recrutement des enseignants-chercheurs, *AJDA 2009. 1527* ; Le recrutement local des universitaires, *AJFP 2013. 67*. – LICHÈRE, Le recrutement universitaire en question, *AJDA 2003. 1129*. – MELLERAY, Les concours nationaux d'agrégation de l'enseignement supérieur, *AJFP 2013. 70*. – DE MONTECLER, Dématérialisation partielle de la qualification aux fonctions universitaires, *AJDA 2017. 1593*. – SABATIER, MUSSELIN, PIGEYRE, Devenir professeur des universités. Une comparaison sur trois disciplines (1976-2007), *in* Compétition, productivité, incitations et carrières dans l'enseignement supérieur et la recherche, Les Presses Sciences Po, coll. Revue économique, vol. 66, n° 1, janv. 2015. 37. – SCHRAMECK, La réforme des procédures de recrutement et de promotion des enseignants-chercheurs, *AJDA 1992. 268*. – TOURBEAUX, La situation des femmes universitaires dans l'enseignement supérieur en 2015, *MESRI, Note de la DGRH-Enseignement supérieur, n° 2, mai 2017.*

▸ **Réforme de 2007 :** V. Bibl. ss. art. L. 952-6-1.

▸ **Réforme de 2020 (loi de programmation de la recherche) :** BLAISE, DESBIOLLES et GILLI, Concertation sur le recrutement des enseignants-chercheurs, *Rapp., avr. 2021.* – BONNET et GAHDOUN, La déconstruction des libertés universitaires par le Conseil constitutionnel, *AJDA 2021. 553*. – CAFFIN-MOI, GALLANT, PAGNUCCO, PARIZOT, RODA, SAUTONIE-LAGUIONIE et THERON, À l'usure, devenez Professeur, *D. 2021. 233*. – DISSAUX, Précis de disqualification, *D. 2020. 2233*. – LEGRAND, Des changements non négligeables dans le paysage de l'enseignement supérieur et de la recherche, *AJDA 2021. 544*. – MELLERAY, Autonomie universitaire *versus* libertés académiques, *AJDA 2021. 561*. – DE MONTECLER, Levée de boucliers contre plusieurs amendements à la loi de programmation de la recherche votés par le Sénat, *AJDA 2020. 2117* ; La fronde contre la loi de programmation de la recherche s'amplifie, *AJDA 2020. 2228* ; Des pistes pour la réforme du recrutement des enseignants-chercheurs, *AJDA 2021. 834*. – Loi de programmation de la recherche : publication après validation partielle, *D. 2021.17.* – Vers une loi de programmation pluriannuelle de la recherche, *Dossier de presse, 1er févr. 2019.*

COMMENTAIRE

LE RECRUTEMENT DES ENSEIGNANTS-CHERCHEURS

Traditionnellement, le recrutement des enseignants des universités se faisait sur la base du doctorat par les universités elle-même. En France, l'exigence du doctorat avait été généralisée en 1808 dans le cadre de l'université impériale tant pour les juristes et les médecins dont les facultés délivraient déjà le titre (grade) que pour les littéraires et scientifiques. Mais la centralisation du système universitaire, de l'université impériale à l'université républicaine, a fait des maitres de l'enseignement supérieur des agents d'un service public national, des fonctionnaires de l'État.

Le recrutement des enseignants-chercheurs met en œuvre des principes antagoniques : l'appartenance des ***professeurs des universités*** et des ***maîtres de conférences*** à des corps de fonctionnaires de l'État impose des procédures fondées sur le respect du principe d'égalité d'accès aux emplois publics (Déclaration de 1789, art. 6, dont découlent notamment les principes d'impartialité et d'unicité des jurys de concours ; CE, sect., 4 oct. 2012, n° 347312 : application des principes généraux du droit des concours au recrutement des professeurs du CNAM) et la recherche de la qualité garantie par une régulation nationale. L'autonomie des universités (et autres EPSCP), si elle « ne s'étend pas au recrutement des enseignants-chercheurs, qui appartiennent à des corps de fonctionnaires de l'État » (CE 2 mars 1988, n°s 61165 et 61472) n'en amène pas moins leurs responsables à souhaiter disposer de la maîtrise de leurs ressources humaines, plaidant pour la mise en place de règles permettant des choix adaptés aux besoins de l'établissement, notamment en matière de recherche. La crainte du localisme et du favoritisme, la nécessité d'assurer la meilleure sélection et d'apporter aux candidats les garanties qu'impose la « pleine indépendance » (art. L. 952-2) ont amené le législateur (et le Gouvernement, qui fixe les dispositions statutaires par décret en Conseil d'État, sans porter atteinte au principe d'indépendance des enseignants-chercheurs, CE 12 déc. 1994, n° 13560) à concilier les principes du droit des concours et de l'autonomie des établissements, notamment par la mise en place d'une procédure combinant l'intervention d'une instance nationale et la décision prise au sein de l'établissement. Même si le recrutement des enseignants-chercheurs est largement confié à leurs pairs dans la mesure où « l'examen des questions individuelles liées au recrutement (...) relève, dans chacun des organes compétents, des seuls représentants des enseignants-chercheurs (...) d'un rang au moins égal à celui postulé par l'intéressé » (art. L. 952-6, al. 2), la procédure est placée sous le contrôle des autorités de l'État qui fixent les règles statutaires des corps auxquels appartiennent les enseignants-chercheurs (Décr. n° 84-431 du 6 juin 1984), précisent les conditions d'admission à concourir (notamment les limites d'âge calculées en tenant compte des reculs prévus par la loi, CE 8 avr. 2013, n° 340152), ouvrent les concours et procèdent à la nomination (par décret du Président de la République pour les professeurs, par arrêté du ministre pour les maîtres de conférences), à l'affectation (CE 2 mars 1988, n° 61225) et à la titularisation des candidats retenus (immédiate pour les professeurs des universités, après un stage d'un an pour les maîtres de conférences).

Alors que la sélection des enseignants-chercheurs relevait de commissions de spécialistes puis de spécialités élues qui jouaient le rôle de jury de concours (CE 12 déc. 1994, n° 135460), la LRU du 10 août 2007 a revu la procédure de recrutement des enseignants-chercheurs en instituant des comités de sélection dont les avis motivés devaient être transmis au conseil d'administration en formation restreinte, le président de l'université ayant la possibilité d'émettre un avis défavorable motivé pouvant être présenté comme un veto (LRU, art. 6-2°). La loi ESR du 22 juillet 2013, dans un souci de rééquilibrage des institutions universitaires, crée un nouvel organe, le conseil académique, qui, comme le conseil d'administration, peut siéger en formation restreinte aux enseignants-chercheurs et prendre des délibérations. Tenant compte des établissements qui ne sont pas soumis à cette nouvelle organisation, l'article 75 de la loi précise que le conseil d'administration y conserve son rôle (art. L. 956-6-1). Le pouvoir de *veto* du président est alors confié au conseil d'administration. Ces modifications ont été prises en compte par le décret n° 2009-460 du 23 avril 2009 après la LRU et par le décret n° 2014-997 du 2 septembre 2014 après la loi ESR modifiant le décret n° 84-431 du 6 juin 1984 fixant les dispositions statutaires communes applicables aux enseignants-chercheurs et portant statut particulier du corps des professeurs des universités et du corps des maîtres de conférences (V. Arr. du 13 févr. 2015 ; Circ. du 4 avr. 2015).

L'article 4 de la loi de programmation de la recherche (LPR) pour les années 2021 à 2030 et portant diverses dispositions relatives à la recherche et à l'enseignement supérieur n° 2020-1674 du 24 décembre 2020 a innové en introduisant un nouvel article L. 952-6-3 créant une voie rapide d'accès au professorat (chaires de professeur junior), adaptation de la pratique des *tenure tracks* en place aux États-Unis, au Royaume-Uni ou en Allemagne basée sur l'idée de prétitularisation conditionnelle, présentée comme un ressort d'attractivité adapté notamment aux disciplines émergentes permettant de diversifier les profils. Pour répondre aux critiques soulignant les risques liés à la dérégulation, la mesure a été présentée comme une possibilité de recrutement supplémentaire. Parallèlement, à la suite d'un amendement sénatorial, son article 5 modifie le droit commun du recrutement des enseignants-chercheurs ; sans aucune concertation préalable, l'exigence de la qualification par une instance nationale qui avait pourtant déjà été envisagée (lors des Assises nationales de 2013, pendant la campagne présidentielle de 2017, lors de l'examen de la loi fonction publique de 2019) a été remise en cause. Désormais, les maîtres de conférences titulaires candidats à un poste de professeur des universités en sont dispensés ; en outre, pour les établissements qui le demandent, est prévue la possibilité d'expérimenter une procédure de recrutement des maîtres de conférences sans qualification nationale préalable (à l'exception des disciplines de santé et de celles permettant l'accès au corps des professeurs des universités par la voie des concours nationaux de l'agrégation). Le Conseil constitutionnel a considéré que ces deux articles ne portent atteinte ni au principe de l'égal accès aux emplois publics « qui ne s'oppose pas à ce que les règles de recrutement destinées à permettre l'appréciation des aptitudes et des qualités des candidats à l'entrée dans un corps de fonctionnaires soient différenciées pour tenir compte tant de la variété des mérites à prendre en considération que de celle des besoins du service public », ni au principe d'indépendance des enseignants-chercheurs (Cons. const. 21 déc. 2020, n° 2020-810 DC, § 5 et 8). A la suite des très vives protestations des universitaires une concertation tardive a été ouverte sur l'évolution des dispositions réglementaires relatives au recrutement des enseignants-chercheurs dans l'ensemble des disciplines ; elle s'accompagnerait d'une expérimentation visant à réinventer une régulation nationale, permettant au CNU (sections du groupe 1) d'intervenir *a posteriori* (V. *AJDA 2021. 461*).

I. EMPLOIS, QUALIFICATION ET CONCOURS

A. LES EMPLOIS

Contrairement au droit commun de la fonction publique de l'État organisant la sélection par concours nationaux, les maîtres de conférences et les professeurs des universités sont en principe recrutés par concours spécifiques ouverts par arrêté ministériel pour pourvoir un ou plusieurs emplois vacants d'une même discipline dans un ou plusieurs établissements (sauf exception constituée par l'existence de concours nationaux dont l'agrégation de droit). Ces emplois, nouvellement créés ou déclarés vacants, peuvent être pourvus par des candidats au concours qui vont ainsi être intégrés à l'un des corps d'enseignants-chercheurs (ce sont donc bien des concours de recrutement de la fonction publique), mais aussi par des enseignants-chercheurs titulaires en poste dans un autre établissement ou dans une autre position qui vont ainsi pouvoir être mutés ou réintégrés ou par des fonctionnaires d'autres corps en position de détachement. Les emplois à pourvoir sont attribués aux établissements par le ministre chargé de l'enseignement supérieur après consultation du CNESER dans la limite des plafonds d'emplois fixés par la loi de finances (les emplois d'enseignants en CHU étant ouverts par arrêtés conjoints des ministres de l'enseignement supérieur et de la santé publique). Les créations ou transformations d'emplois doivent préalablement faire l'objet d'une demande de l'établissement qui précise le profil du poste, identifiant ainsi les besoins tant pour l'enseignement que pour la recherche, assurant ce que la loi nomme « la qualification » des emplois (art. L. 712-6-1 ; CE 13 avr. 2018, n° 397866, annulation de la nomination d'un professeur après un concours pour un poste dont le fléchage n'avait pas été examiné par le conseil académique) ; au sein de l'établissement, le conseil d'administration procède à la répartition des emplois entre les disciplines (après consultation du conseil académique) ; les concours sont ouverts par arrêtés du ministre chargé de l'enseignement supérieur ; les emplois à pourvoir ainsi qualifiés (profil enseignement et profil recherche) font l'objet d'une publication par l'application Galaxie du site internet du ministère de l'enseignement supérieur. La décision de créer ou de déclarer vacant un emploi d'enseignant-chercheur impose la constitution d'un comité de sélection sauf en cas de première affectation des candidats recrutés par concours de l'agrégation de l'enseignement supérieur (art. L. 952-6-1) ou de recrutement de professeur junior (LPR 2020, art. 4) ; dans les disciplines concernées par ce mode de recrutement national, le nombre total des emplois mis au concours par établissement en application de l'article 46-1 ne peut être supérieur au nombre des emplois offerts aux concours d'agrégation (règle du contingentement) ; les postes mis au concours avec l'accord des établissements sont alors pourvus par des lauréats qui sont directement affectés sur ces postes sans pour cela porter atteinte au principe d'autonomie des établissements supérieurs (CE 10 mai 1989, n° 97107).

B. LA DIVERSITÉ DES CONCOURS

Les statuts particuliers des maîtres de conférences et des professeurs des universités tels qu'ils résultent du décret n° 84-431 modifié prévoient différentes modalités de concours. Les candidats, qui peuvent ne pas être de nationalité française (art. L. 952-6, al. 5, Décr. n° 84-431 du 6 juin 1984, art. 27), doivent en principe être titulaires du doctorat ou, pour l'accès au professorat, de l'habilitation à diriger des recherches (HDR, sauf dispense par le CNU, art. 46-5, et professeurs juniors, LPR 2020, art. 4) et avoir été inscrits sur une liste de qualification (sauf exceptions pour les maîtres de conférences titulaires pour l'accès au corps des professeurs des universités, et dérogation expérimentale pour l'accès au corps des maîtres de conférences, LPR 2020, art. 4) ; mais ils peuvent aussi postuler sur la base de leur expérience professionnelle ou de leur service dans l'enseignement supérieur (association à plein temps, détachement dans le corps). Par dérogation au statut général des fonctionnaires de l'État, les candidats peuvent être recrutés et titularisés à tout niveau de la hiérarchie des corps des enseignants-chercheurs (art. L. 952-6, al. 4).

Les concours de recrutement des maîtres de conférences (Décr. n° 84-431 du 6 juin 1984, art. 26). Pour les candidats titulaires du doctorat ou de l'habilitation à diriger des recherches un premier concours est prévu pour pourvoir les deux tiers des emplois dans l'ensemble des disciplines. Trois autres concours peuvent être ouverts à des catégories particulières : enseignants titulaires du second degré titulaires du doctorat ou de la HDR enseignant en EPSCP depuis au moins trois ans et pensionnaires des écoles françaises à l'étranger (deuxième concours) ; enseignants associés à temps plein ou personnes ayant quatre années d'activité professionnelle (troisième concours) ; enseignants titulaires de l'ENSAM (quatrième concours).

Les concours de recrutement des professeurs des universités (Décr. n° 84-431 du 6 juin 1984, art. 46). Hors concours national de l'agrégation, il existe cinq concours de recrutement (auxquels s'ajoute la procédure de recrutement des professeurs juniors, LPR 2020, art. 4). Le premier, prévu pour toutes les disciplines, est ouvert aux titulaires de l'habilitation à diriger des recherches inscrits sur la liste de qualification par le CNU (art. 46, 1° ; dont les maîtres de conférences titulaires sont dispensés par LPR 2020, art. 5). Les autres concours sont réservés à des publics spécifiques : pour les maîtres de conférences ayant accompli cinq années de service existe une « voie courte » dans la limite du neuvième des emplois mis aux concours dans l'ensemble des disciplines dont les lauréats doivent être affectés dans un autre établissement (art. 46, 2°) ; la « voie longue » est réservée à ceux qui ont accompli dix ans d'activité professionnelle dont cinq en tant que maîtres de conférences (art. 46, 3°) ; un autre concours qui peut pourvoir 2/9 des emplois est prévu pour les candidats ayant six ans d'activité professionnelle, enseignants associés, ou maîtres de conférences de l'IUF (46, 4°). S'agissant de la « ***voie longue*** », la procédure combine l'intervention d'un jury local (le comité de sélection) et celle d'un jury national. L'article 49-3 du décret n° 84-431 du 6 juin 1984 dispense les candidats de l'inscription sur la liste de qualification ; si la procédure débute alors par un classement effectué par l'établissement, la liste qui en résulte est examinée par la section compétente du CNU qui entend deux rapporteurs et émet un avis sur chaque candidature, sauf pour ceux qui ont déjà été qualifiés ; la section du CNU, composée d'une majorité de spécialistes de la discipline, statue alors en qualité de jury de concours (CE 28 nov. 2013, n° 360409) ; si la section émet un avis défavorable qui a pour effet de modifier le classement proposé, elle est tenue d'établir un rapport motivé en explicitant, au regard notamment des avis motivés antérieurement émis par le comité de sélection sur les candidatures et de la liste de classement, les raisons qui l'ont conduite à modifier le choix du candidat à nommer (CE 8 juin 2015, n° 372848, annulant une délibération se bornant à indiquer que le dossier de candidature témoigne d'un investissement important dans des tâches pédagogiques et administratives et devrait être renforcé par des publications dans des revues à comité de lecture) ; le candidat nommé est alors celui qui a été proposé par l'établissement le mieux classé parmi ceux qui ont reçu un avis favorable de la section compétente du CNU (art. 49-3, al. 4). Dans le cas où l'établissement a retenu un seul candidat, l'avis défavorable ne donne pas lieu à rapport motivé (CE 6 mai 2019, n° 408531). La dimension nationale est aussi marquée pour les concours réservés aux enseignants-chercheurs ayant exercé des responsabilités importantes ; à l'article 46, une cinquième rubrique (46, 5°) prévoit une possibilité de promotion pour les maîtres de conférences et enseignants-chercheurs assimilés ayant exercé des responsabilités importantes dans un EPSCP, notamment pour les directeurs de composante et de services communs ; les candidats qui doivent être titulaires d'une HDR ou en être dispensés par le CNU sont alors inscrits sur une liste de qualification établie par une commission nationale dont les membres sont nommés par le ministre parmi les professeurs des universités membres du CNU ; le décret n° 2017-854 du 9 mai 2017 a retiré du champ d'application du 46, 5° les anciens présidents d'université et chefs d'établissement ainsi que les vice-présidents statutaires titulaires d'une HDR ayant achevé un mandat de quatre ans, instituant pour eux une procédure spéciale d'accès au corps des PU régie par un nouvel article (art. 46-1) prévoyant une sélection par un jury national comprenant deux membres de la discipline du poste postulé.

Dans certaines disciplines existent, ***par exception, des concours nationaux de recrutement des enseignants-chercheurs***. Le Conseil d'État a jugé que ces concours nationaux dont les jurys sont nommés par le ministre et les lauréats affectés dans l'ordre du classement ne portaient atteinte ni au principe de l'indépendance des enseignants-chercheurs ni au principe d'autonomie des établissements d'enseignement supérieur (CE 2 mars 1988, n° 61225). Tel est le cas dans les disciplines médicales, odontologiques et pharmaceutiques, tant pour les maîtres de conférences que pour les professeurs des universités-praticiens hospitaliers (MC-PH, PU-PH) sélectionnés par des jurys nationaux composés de membres du CNU spécial (Décr. n° 84-135 du 24 févr. 1984 pour les maîtres de conférences, art. 48 s. ; pour les PU-PH, art. 61 s.). Cette modalité a remplacé les anciens concours d'agrégation de médecine et de pharmacie qui existaient depuis le XIXe siècle. Ce mode de recrutement national des professeurs subsiste dans les disciplines juridiques, politiques, économiques et de gestion (Décr. n° 84-431 du 6 juin 1984, art. 49-2) : le « concours d'agrégation », parfois encore désigné « agrégation des Facultés de droit », a été dénommé « concours national sur épreuve » (1984) puis « concours de l'agrégation d'enseignement supérieur » (1987). Le ministre arrête l'organisation et le contenu des épreuves (discussion des travaux, leçons), fixe le règlement (Arr. du 13 févr. 1986 modifié, V. CE 18 oct. 2002, n° 242896, les dispositions qui permettent aux candidats de se faire assister dans la préparation de leur leçon n'introduisent par elles-mêmes aucune discrimination entre les candidats) et nomme le président parmi les professeurs de la discipline et six membres du jury sur proposition du président (l'un et les autres ne pouvant cumuler avec des fonctions au CNU), dont deux des professeurs de disciplines proches ou des personnalités compétentes (CE 28 avr. 2004, n° 254012 ; les uns et les autres pouvant rapporter sur les travaux des candidats sans porter atteinte au principe d'égalité, CE 13 févr. 2012, n° 339626). Les concours dits « externes », ouverts aux titulaires du doctorat sans condition d'ancienneté, sont désormais les seuls après la suppression par le décret du 2 septembre 2014 des concours dits « internes » qui étaient réservés aux maîtres de conférences ayant dix ans d'ancienneté (l'obligation d'avoir atteint 40 ans pour se présenter au second concours de l'agrégation de droit avait été jugée contraire au principe d'égalité, CE 26 janv. 2015, *Slama*, n° 373746). Si la moitié des postes doit aujourd'hui être pourvue par la voie de l'agrégation, l'article 53 du décret statutaire prévoit depuis 2015 la possibilité de procéder à titre expérimental à des recrutements hors des concours nationaux de l'agrégation dans les disciplines économiques et de gestion ; cette expérimentation qui doit être évaluée par le HCERES s'accompagne d'une possibilité de décontingentement des postes ouverts, au risque d'un renforcement du localisme.

C. LA QUALIFICATION PAR UNE INSTANCE NATIONALE

Sauf les cas exceptionnels de concours national (et désormais du recrutement sur chaires de professeurs juniors, LPR 2020, art. 4, et de la dispense de qualification préalable pour les maîtres de conférences titulaires et, à titre expérimental, pour les candidats à un emploi de maître de conférences, LPR 2020, art. 5), le recrutement des enseignants-chercheurs se fait en principe par concours local (ou spécifique), auquel peuvent prendre part les candidats ayant au préalable été inscrits sur une liste de qualification aux fonctions de maître de conférences ou de professeur des universités (les candidats exerçant une fonction d'enseignant-chercheur d'un niveau équivalent à celui de l'emploi à pourvoir, dans un établissement d'enseignement supérieur d'un État autre que la France, sont dispensés de l'inscription sur la liste de qualification aux fonctions de maître de conférences ou de professeur ; art. 22 et 43 modifiés par le Décr. n° 2017-854 du 9 mai 2017 pour permettre aux candidats d'être dispensés de la qualification s'ils ont cessé d'exercer depuis moins de 18 mois cette fonction).

La qualification est reconnue par ***une instance nationale (art. L. 952-6, al. 1er), le Conseil national des universités*** (CNU régi par le Décr. n° 92-70 du 16 janv. 1992 ; ou, pour les enseignants-chercheurs de médecine, pharmacie et odontologie, CNU spécial spécial régi par Décr. n° 87-31 du 20 janv. 1987), succédant en 1987 au comité consultatif des universités (CCU créé en 1945), il est organisé en sections par discipline ou groupe de disciplines, composées uniquement d'enseignants-chercheurs (auxquels, depuis le Décr. du 30 août 2015, les chercheurs exerçant dans les établissements d'enseignement peuvent être assimilés, CE 5 déc. 2016, n° 394370), un tiers des membres étant nommés par le ministre parmi les enseignants-chercheurs de la discipline, deux tiers élus par leurs pairs pour quatre ans (dont le mandat n'est renouvelable qu'une fois sans que cette disposition ne porte atteinte aux principes d'impartialité et d'indépendance des enseignants-chercheurs, CE 11 avr. 2014, n° 362582 ; ni au principe constitutionnel d'égalité d'accès aux emplois publics, CE 21 sept. 2015, n° 391314, refus de transmettre une QPC au Conseil constitutionnel). L'exercice des fonctions de membre du CNU est incompatible avec celles de président d'université ou de directeur d'EPSCP, de président du conseil académique comme de responsable d'une instance d'évaluation (HCERES, CTI...V. art. 3, Décr. n° 92-70 modifié par le Décr. n° 2019-1458 du 24 déc. 2019 ajoutant les fonctions de recteur et retirant la qualité de membre du conseil d'administration des EPSCP).

L'article 5 de la LPR n° 2020-1674 du 24 décembre 2020, sans supprimer l'instance nationale (comme l'avait envisagé le candidat Macron) ni le principe de la qualification par une instance nationale, la contourne tant pour le recrutement des professeurs des universités (les maîtres de conférences titulaires étant désormais dispensés de l'inscription préalable) qu'à titre expérimental pour le recrutement des maîtres de conférences à l'exception des disciplines où existe un recrutement national, par la voie des concours nationaux de l'agrégation (droit) d'une part, et pour les disciplines de santé d'autre part. A ceux qui considéraient que l'absence d'évaluation par une instance nationale prive les candidats d'une garantie constitutionnelle, le Conseil constitutionnel répond que si « la règle selon laquelle les mérites des candidats à un poste de professeur ou de maître de conférences doivent être évalués par une instance nationale constitue une garantie légale possible du principe d'indépendance des enseignants-chercheurs, elle ne peut en elle-même être regardée comme figurant au nombre des principes fondamentaux reconnus par les lois de la République mentionnés par le premier alinéa du Préambule de la Constitution de 1946 » (Cons. const. 21 déc. 2020, n° 2020-810 DC, § 8).

Le CNU reçoit les dossiers de candidature à la qualification sans pouvoir opposer d'irrecevabilité en cas de dossier incomplet ; cette possibilité appartient au seul ministre chargé de l'enseignement supérieur qui peut en effet vérifier que les conditions nécessaires sont réunies qu'il s'agisse des titres (doctorat, HDR ou titre équivalent ; la section peut en outre accorder une dispense de HDR), de l'ancienneté de l'activité, ou de la situation administrative (CE 11 févr. 2015, n° 377470). Après examen du dossier et des travaux du candidat, la section compétente du CNU examine les demandes d'inscription sur une liste de qualification (Décr. n° 84-341, art. 24 et 45). Aucun principe général du droit n'impose une audition préalable (CE 12 déc. 1994, n° 140262) ; le bureau de la section désigne deux rapporteurs qui, après avoir été entendus par la section, établissent des rapports écrits sur le dossier et les travaux du candidat (art. 24 et 45). Après avoir examiné l'ensemble des candidatures, la section compétente du CNU arrête, par ordre alphabétique, la liste des qualifiés qui est publiée. Les candidats non qualifiés reçoivent communication motivée du refus ; en cas de second refus consécutif, un recours peut être fait devant le groupe compétent en formation restreinte aux bureaux de section qui procèdent à l'audition des candidats (CE 22 juin 2007, n° 290173) ; aussi, le Conseil d'État a pu préciser sa jurisprudence antérieure (CE 12 déc. 1994, n° 135460 : la reconnaissance d'une qualification au niveau national n'a pas le caractère d'un concours), qualifiant la section du CNU de « jury de concours », solution logique quand elle intervient *a posteriori* (CE 28 nov. 2013, n° 360409). L'appréciation du CNU de la valeur et des mérites des candidats, notamment sur leurs publications, est souveraine ; il n'appartient pas au juge administratif d'en contrôler le bien-fondé (pour l'inscription sur les listes de qualification, V. CE 17 juin 2015, n° 377063 ; pour l'avis 49, 3° : CE 22 juin 2007, n° 290173 ; CE 17 juin 2015, n° 377063). Le CNU est aussi compétent pour retirer la qualification (pour un cas de fraude constituée par un plagiat, CE 23 févr. 2009, n° 310277).

Si « l'appréciation portée (...) sur les mérites des candidats n'est pas susceptible d'être discutée » devant le juge administratif (en premier ressort du Conseil d'État pour les professeurs nommés par décret du Président de la République, du tribunal administratif pour les maîtres de conférences), la procédure de recrutement est placée sous le contrôle du juge, qui fait notamment respecter les principes ***d'égalité des candidats*** (lors d'une audition par un même groupe du CNU, chaque candidat doit avoir les mêmes possibilités, CE 12 mars 2010, n° 325999 ; à propos de la vidéoprojection : CE 17 déc. 2003, n° 246494 A) et d'unicité et d'impartialité du jury (V. ci-dessous, avec possibilité de sanctionner d'éventuelles discriminations, ce qui n'est pas le cas des économistes hétérodoxes, CE 7 oct. 2020, n° 423112, 423113, 423114). Le contrôle de la légalité externe et interne se fait dans le respect de la liberté et de l'indépendance des universitaires (CE 12 oct. 1986 : *AJDA 1986. 649, note Costa*), ainsi, alors que la loi impose que toute décision administrative soit signée par son auteur et indique ses nom, prénom et qualité, il a été jugé à propos d'une section du CNU que pour les autorités à caractère collégial, la seule signature de son président, aisément identifiable, satisfait à cette exigence (CE 5 déc. 2016, n° 377512).

A noter qu'une inscription sur la liste de qualification par une section du CNU n'interdit pas à un candidat de postuler sur un poste ouvert au titre d'une autre section (note ss. art. L. 952-6). La qualification est valide pendant quatre ans.

II. LES CONCOURS SPÉCIFIQUES PAR ÉTABLISSEMENT

Le mode normal de recrutement des enseignants-chercheurs est aujourd'hui constitué par les concours locaux ou spécifiques (art. L. 952-6-1) ; l'opération repose sur la mise en place de comités de sélection éphémères et l'intervention du conseil académique et éventuellement du conseil d'administration pour examiner les candidatures aux emplois d'enseignant-chercheur créés ou vacants. La procédure mise en place par la loi LRU de 2007, qui donnait compétence au conseil d'administration (en formation restreinte) et un droit de veto au président de l'université, a été profondément remaniée par la loi ESR de 2013 qui a institué un nouvel organe, le conseil académique (en formation restreinte, art. L. 712-6-1, IV), et a transféré au conseil d'administration (en formation restreinte) la possibilité finale de s'opposer au choix du comité de sélection (art. 9-2 du Décr. n° 84-431 du 6 juin 1984, mod. par les Décr. n° 2008-333 du 10 avr. 2008 et n° 2014-997 du 2 sept. 2014).

A. LES COMITÉS DE SÉLECTION, « JURY DE CONCOURS »

Avant 2007, la sélection des candidats était assurée par les commissions de spécialistes organes permanents dont les membres, spécialistes de la matière en cause, élus majoritairement par les enseignants-chercheurs et désignant eux-mêmes le président de la commission étaient chargés d'examiner les titres et travaux des candidats, les auditionnaient et les classaient après avoir entendu deux rapporteurs, jouant ainsi le rôle de jury de concours (CE 9 juill. 2007, n° 268208 ; CE 26 avr. 2000, n° 197875 : le conseil d'administration n'est alors pas compétent pour apprécier les aptitudes et mérites des candidats ; CE 2 mars 1988, n°s 61165 et 61472 ; CE 13 janv. 2010, n° 319245). La loi LRU, ayant pour objectif de permettre « une gestion plus réactive des emplois scientifiques (...) mieux adaptée à la mobilité nécessaire au monde universitaire » et de lutter ainsi contre la préférence locale, a institué une nouvelle procédure de recrutement en mettant en place des comités de sélection pour pourvoir chaque emploi d'enseignant-chercheur, créé ou déclaré vacant dans les universités et autres établissements relevant du ministre chargé de l'enseignement supérieur ; l'idée était de réunir les enseignants-chercheurs les mieux à même d'apprécier les travaux des candidats en fonction du profil du poste à pourvoir (art. L. 952-6-1 ; Décr. n° 2008-333 du 10 avr. 2008, relatif aux comités de sélection des enseignants-chercheurs, art. 2, intégrant un nouvel art. 9 au Décr. n° 84-431 du 6 juin 1984, V. App., v° *Statuts particuliers* ; Circ. du 23 avr. 2008). Alors que les commissions de spécialistes étaient pérennes, les comités de sélection sont spécialement constitués pour pourvoir chaque poste vacant soit par recrutement, soit par par détachement de fonctionnaires d'un autre corps, soit par mutation (CE 15 déc. 2010 *SNESUP-FSU*, n° 316927 ; sauf détachements ou mutations prioritaires pour lesquelles le conseil académique est compétent, art. L. 719-6, Décr. n° 84-431, art. 9-3) ; le comité de sélection peut examiner simultanément des candidatures à la mutation, au détachement et au recrutement (art. 9-2 et 9-3) ; à noter que les comités de sélection peuvent aussi être mis en place pour le recrutement de contractuels (LRU) assurant des fonctions d'enseignement, de recherche ou d'enseignement et de recherche selon des règles alors fixées par le conseil d'administration (art. L. 954-3, *b* ; Décr. n° 84-421, art. 29) ; les comités de sélection peuvent se prononcer sur plusieurs postes de la même discipline pour plusieurs établissements (art. 9 et 9-1).

Dans un premier temps, l'administration avait déduit de la rédaction de la loi que le conseil d'administration exerçait les pouvoirs du jury (V. Circ. du 9 janv. 2008) ; cette présentation fit l'objet de fortes critiques (V. Legrand, *AJDA 2007. 2041* ; *ibid. 2009. 1527*) avant d'être invalidée. Le Conseil constitutionnel a ouvert la voie, en se référant au principe d'égalité et à la garantie constitutionnelle de l'indépendance des enseignants-chercheurs : « Le législateur a ainsi entendu laisser au comité la responsabilité d'établir une sélection et interdit au conseil d'administration de proposer au ministre (...) la nomination d'un candidat non sélectionné par le comité » (Cons. const. 6 août 2010, *M. Jean C. et a.*, n° 2010-20/21 QPC § 12). Pour le Conseil d'État, il en résulte que, « dans l'exercice de telles compétences, il incombe au conseil d'administration d'apprécier l'adéquation des candidatures à la stratégie de l'établissement, sans remettre en cause l'appréciation des mérites scientifiques des candidats retenus par le comité de sélection » ; aussi « le comité de sélection, qui comporte une majorité de spécialistes de la discipline dans laquelle le poste est ouvert, (...) agit en qualité de jury du concours » ; contrairement à ce qu'avait pu écrire l'administration dans la circulaire, le conseil d'administration n'agit donc pas en cette qualité (CE 15 déc. 2010, n° 318927, rejetant le recours en annulation du Décr. n° 2008-333 du 10 avr. 2008). Ainsi, a-t-on procédé sinon à une « réécriture de la loi » du moins à une interprétation en cohérence tant avec les traditions universitaires qu'avec le principe de réalité, le conseil d'administration pouvant très souvent ne comporter aucun spécialiste de la discipline. En ***« qualité de jury de concours »*** le comité de sélection prend des décisions qui peuvent être déférées au juge administratif (CE 7 avr. 2016, n° 385891) ; il applique les principes du droit des concours ; son appréciation portée sur les mérites des candidats n'est pas susceptible d'être discutée au contentieux (CE 9 févr. 2011, n° 317314) ; mais le juge vérifie que les règles de procédure ont bien été respectées (composition, quorum, impartialité).

B. LA MISE EN PLACE DU COMITÉ DE SÉLECTION PAR DÉLIBÉRATION DU CONSEIL ACADÉMIQUE

Le comité de sélection est créé sur proposition du président de l'université ou du directeur de l'établissement par délibération, hier du conseil d'administration, aujourd'hui du conseil académique (ou du conseil d'administration dans les établissements dépourvus de conseil académique), l'un et l'autre siégeant ***en formation restreinte*** aux représentants élus des enseignants-chercheurs, chercheurs et assimilés (art. L. 952-6-1, al. 1er ; Décr. n° 84-431, art. 9). Pour composer un comité de sélection chargé de recruter un professeur des universités seuls peuvent délibérer les professeurs des universités et assimilés ; pour la nomination des membres d'un comité de sélection chargé de recruter un maître de conférences, peuvent délibérer les professeurs des universités et assimilés et les maîtres de conférences et assimilés. Saisi d'une question prioritaire de constitutionnalité (CE, QPC, 9 juin 2010, *Collectif pour la défense de l'université et a.*, n° 329056) à propos de la composition des conseils au regard du principe d'indépendance des enseignants-chercheurs, le Conseil constitutionnel précise que si ce principe constitutionnel implique que les enseignants-chercheurs soient associés au choix de leurs pairs, « il n'impose pas que toutes les personnes intervenant dans la procédure de sélection soient elles-mêmes des enseignants-chercheurs d'un grade au moins égal à celui de l'emploi à pourvoir » (Cons. const. 6 août 2010, *M. Jean C. et a.*, n° 2010-20/21 QPC), validant ainsi la délibération du conseil d'administration en formation restreinte (aujourd'hui celle du conseil académique) à laquelle peuvent participer des représentants des enseignants-chercheurs ou des chercheurs dont le rang ne serait pas égal à celui de l'emploi postulé ; ainsi admet-il que la loi puisse conférer le pouvoir de proposition de nomination de leurs membres au président de l'université qui peut n'être ni professeur ni maître de conférences, les garanties offertes par ailleurs étant suffisantes (composition des comités de sélection par des enseignants-chercheurs d'un rang au moins égal à celui de l'emploi postulé, choisis en majorité parmi les spécialistes de la discipline en cause).

Par une ***première délibération***, le conseil académique précise le nombre de membres du comité de sélection, qui doit être compris entre huit et vingt (Décr. n° 84-431 du 6 juin 1984 mod., art. 9, al. 3, le Décr. de 2014 ayant porté son maximum de 16 à 20) ; ce vote est émis par les seuls professeurs et personnels assimilés (englobant les chercheurs depuis la loi ESR du 22 juill. 2013, art. L. 952-24, mais excluant les enseignants associés ou invités, les agrégés et certifiés) pour les membres du comité relevant de ce grade, et par les enseignants-chercheurs et personnels assimilés sans exigence de double parité pour les autres membres du comité ; il décide en outre du nombre des ***membres choisis en dehors de l'établissement*** (pour moitié au moins, art. L. 952-6-1, al. 2 ; art. 9 : sont extérieurs ceux qui n'ont pas la qualité d'électeur pour les élections au conseil d'administration de l'établissement dans lequel l'emploi est à pourvoir, art. D. 719-9 et D. 719-12) et ceux choisis ***parmi les spécialistes de la discipline*** en cause (qui doivent être majoritaires, art. L. 952-6-1 ; Décr. n° 84-431 du 6 juin 1984, art. 9, al. 3, la notion de discipline étant entendue largement, sans obligation de se référer aux catégories représentées au CNU : CE 15 déc. 2010, n° 316927).

Lors d'une ***seconde délibération*** qui intervient après un temps qui doit permettre les consultations nécessaires (mais peut avoir lieu le même jour, CE 4 juill. 2018, n° 393194, les deux décisions devant toutefois faire l'objet de deux délibérations distinctes, la seconde délibération devant respecter la composition fixée par la première (CE 1er oct. 2012, n° 351225)), le conseil académique en formation restreinte arrête, sur proposition du président, ***la liste des membres du comité qui doivent être d'un rang au moins égal à celui postulé par l'intéressé*** et désigne le président du comité de sélection (art. L. 952-6-1) en respectant la composition fixée par la première délibération (CE 1er oct. 2012, n° 351225). Le Conseil constitutionnel a décidé qu'« en fixant une exigence d'égale représentation des femmes et des hommes et en conférant la mise en œuvre de cette exigence au pouvoir réglementaire le législateur n'a pas méconnu sa compétence » (Cons. const. 24 avr. 2015, CPU, n° 2015-465 QPC) ; aussi, le décret a pu prévoir que le comité de sélection doit comprendre au moins 40 % de personnes de chaque sexe et au moins deux personnes de chaque sexe (Décr. n° 2014-997 du 2 sept. 2014, art. 7, 7° ; Décr. n° 84-431 du 6 juin 1984, art. 9, al. 9). Reprenant la règle déjà appliquée, l'article 75, 3°, de la loi ESR du 22 juillet 2013 ajoute que la composition du comité concourt à une représentation équilibrée entre les femmes et les hommes, en précisant avec réalisme que cela n'est possible que si la répartition entre les sexes des enseignants de la discipline le permet (art. L. 952-6-1, al. 2) ; ainsi, si la proportion minimale de personnes de même sexe a été retenue, des proportions dérogatoires ont été admises ; le décret n° 2017-1066 du 24 novembre 2017 fixe une liste de dix disciplines dans lesquelles un taux dérogatoire est introduit, allant par exemple de 20 % pour les mathématiques à 32 % pour les mathématiques appliquées et applications des mathématiques (Décr. n° 2017-1606 du 24 nov. 2017, fixant pour deux ans une nouvelle liste de dérogations dans huit disciplines scientifiques, de 20 à 30 % ; Décr. n° 2019-1346 du 11 déc. 2019 retenant onze disciplines, de 20 à 34 %).

Pour assurer un regard extérieur, gage d'ouverture et de qualité, la moitié des membres au moins sont choisis parmi les enseignants-chercheurs n'appartenant pas à l'établissement, formule permettant notamment d'associer des universitaires et chercheurs d'institutions étrangères (Décr. n° 84-431 du 6 juin 1984, art. 9, al. 7), ou parmi les enseignants-chercheurs extérieurs à la discipline, notion qui n'est pas obligatoirement définie par référence aux sections du Conseil national des universités (CE 15 déc. 2010, n° 316927). Le respect de l'indépendance des enseignants-chercheurs impose que le comité soit constitué de professeurs pour le recrutement de professeurs, et soit composé d'autant de professeurs que de maîtres de conférences pour recruter ces derniers (art. L. 952-6-1, al. 2 ; Décr. n° 84-431, art. 9).

Les membres d'un comité de sélection doivent être en position d'activité, ce qui exclut ceux qui sont en disponibilité, en position hors cadre, en congé parental, et à la retraite, y compris les enseignants-chercheurs émérites. La compétence étant conditionnée par la détention d'un rang au moins égal à celui postulé (art. L. 952-6), un maître de conférences stagiaire peut être membre d'un comité de sélection, mais il ne pourra donner un avis que sur des candidatures au poste de maître de conférences par la voie du recrutement ou celle du détachement, et non sur la mutation de maîtres de conférences titulaires ; si le comité procède à un vote sur chaque candidat, le maître de conférences stagiaire doit s'abstenir lors du vote sur les candidats à la mutation mais peut en revanche voter sur la liste globale de candidats classée par ordre de préférence, quand bien même celle-ci comporterait un ou plusieurs candidats à la mutation.

La même formation du conseil académique désigne le (ou la) président(e) du comité de sélection (Décr. n° 84-431 du 6 juin 1984, art. 9, al. 10) et, depuis le décret n° 2017-854 du 9 mai 2017, un vice-président qui peut suppléer le président en cas d'absence et dispose des mêmes prérogatives, notamment de la voix prépondérante. Le conseil académique, en formation restreinte, statue par un vote sur la liste des noms qui lui sont proposés par le président ou le directeur. Ce vote est émis par les seuls professeurs et personnels assimilés pour les membres du comité relevant de ce grade. Le principe d'indépendance des professeurs impose en effet que ceux-ci puissent non seulement voter mais aussi siéger et débattre hors la présence des autres membres du conseil d'administration (CE 22 juin 2009, n° 328756, jugé à propos du conseil d'administration).

Il est possible de constituer un ***comité de sélection commun à plusieurs établissements***, notamment dans le cadre des regroupements (art. L. 952-6-1, al. 4). Il est créé, par délibérations identiques, différents conseils académiques ; les membres du comité sont proposés en commun par les présidents des universités ou directeurs des établissements ainsi associés (Décr. n° 84-431 du 6 juin 1984, art. 9-1). Depuis 2014, un comité de sélection peut être créé pour pourvoir plusieurs postes dans la même discipline. Pour les membres des comités, il est aussi désormais possible d'appartenir à plusieurs comités de sélection.

Le comité de sélection mettra fin à son activité quand il aura rendu un avis sur les emplois pour lesquels il a été constitué. Si des postes n'ont pu être pourvus au cours d'une première publication et que la deuxième publication reprend toutes les caractéristiques du ou des postes initialement prévus, le conseil académique devra à nouveau délibérer par deux fois.

La composition du comité de sélection doit être rendue publique avant le début de ses travaux, c'est-à-dire avant la date de sa première réunion (art. 9). La date de début des travaux du comité de sélection correspond à la date de la réunion au cours de laquelle les dossiers des candidats sont distribués aux membres du comité de sélection, et les rapporteurs désignés. Cette première réunion doit être effective c'est-à-dire avoir recueilli les quorums requis. Le président du comité convoque les candidats et fixe l'ordre du jour de la réunion (art. 9-2). L'acceptation de la démission d'un membre, de même que son remplacement, relève de la seule compétence du conseil académique ou d'administration, et non du président de l'université.

C. LA SÉLECTION DES CANDIDATS PAR LE JURY DE CONCOURS

La règle du double quorum. « Le comité de sélection siège valablement si la moitié de ses membres sont présents à la séance, parmi lesquels une moitié au moins de membres extérieurs à l'établissement » (Décr. n° 84-431 du 6 juin 1984, art. 9-2) ; il siège valablement si au moins la moitié des membres sont présents et si, parmi eux, la moitié au moins est constituée par des membres extérieurs à l'établissement (art. 9-2, al. 3, avec un minimum de 4 membres physiquement présents en un même lieu, al. 4). En outre, le Conseil d'État a jugé que le comité de sélection ne peut siéger valablement que si la moitié au moins des membres présents sont spécialistes de la discipline (CE 15 déc. 2010, n° 316927) ; ces règles, impératives, doivent être respectées durant toute la réunion ; le quorum dans ses deux exigences ne peut être artificiellement rétabli par le départ d'un des membres, désigné pour remplir cette fonction ; s'il n'est pas atteint, une interruption de séance doit être prononcée ; par contre, aucune disposition réglementaire n'impose le respect de la proportion minimale de 40 % de personnes de chaque sexe ni de la parité de genre lors des délibérations des comités de sélection. En cas de visioconférence, les membres qui participent par ce moyen aux séances du comité sont réputés présents ; toutefois le comité ne peut siéger valablement si le nombre des membres physiquement présents est inférieur à quatre (art. 9-2).

L'égalité entre candidats impose que les membres du comité respectent ***le principe d'impartialité***, garant de l'égalité d'accès aux emplois publics et de la sécurité juridique des recrutements (V. Principes de nature à renforcer l'impartialité des membres des comités de sélection des enseignants-chercheurs de statut universitaire, *avis du collège de déontologie du MESRI du 14 déc. 2018*) ; si la seule connaissance d'un candidat ne justifie pas qu'un membre du comité s'abstienne de participer aux interrogations et délibérations, il n'en est pas de même « des liens, tenant à la vie personnelle ou aux activités professionnelles, qui seraient de nature à influer sur son appréciation » (CE 8 juin 2015, n° 370539 ; CE 17 oct. 2016, n° 364400 B ; CE 3 mai 2017, n° 392549). Cette formule exclut en principe les parents et les conjoints (même si le Conseil d'État a admis la régularité d'un jury dans lequel siégeait le compagnon d'une candidate… il est vrai non admise ! CE 19 juill. 2010, n° 326383) et les situations de conflits qui peuvent résulter tant de la vie personnelle que de l'activité professionnelle (pour un cas de cumul des uns et des autres, V. CE 7 juin 2017, n° 382986 : « des relations personnelles et professionnelles très étroites (...) lesquelles étaient ensuite devenues conflictuelles ») ; s'agissant des activités professionnelles, la transposition des principes applicables dans le droit commun des concours est délicate ; l'évocation traditionnelle de la relation hiérarchique a ici moins de poids, même si la relation entre doctorant et directeur de thèse peut parfois être discriminante (V. toutefois, la circonstance que l'un des membres du jury a présidé le jury de thèse, qui ne saurait établir, à elle seule, le manque d'impartialité du jury, CE 13 mars 1991, n° 109792) ; le petit nombre des spécialistes dans certaines disciplines (V. par ex. pour le recrutement d'un maître de conférences en « expérimentation optique et physique des lasers, astrophysique relativiste observationnelle », CE 17 oct. 2006, n° 386400) comme la proximité inévitable dans des disciplines à faible effectif peuvent rendre difficile la constitution de jurys à la fois impartiaux et compétents ; aussi, le juge se place-t-il sur le plan déontologique en ajoutant qu'« un membre du jury qui a des raisons de penser que son impartialité pourrait être mise en doute ou qui estime, en conscience, ne pas pouvoir participer aux délibérations avec l'impartialité requise, peut également s'abstenir de prendre part aux interrogations et aux délibérations qui concernent un candidat » (CE 30 nov. 2005, n° 382362 ; CE 17 oct. 2016, n° 386400). Reprenant la même formulation, le Conseil d'État précise que le membre du jury doit alors « non seulement s'abstenir de participer aux interrogations et aux délibérations concernant ce candidat mais encore concernant l'ensemble des candidats au concours » (CE 17 oct. 2006, n° 386400) ; en principe, cette situation impose de quitter définitivement le jury. Cherchant à atténuer la portée de cette décision, le Conseil d'État a fait une distinction entre les deux temps de la procédure suivie par le comité de sélection opposant une phase d'examen des candidatures (imposant une simple abstention au membre du comité en relation avec un candidat qui ne pourra ni interroger ni rapporter sur ses travaux) à la phase de sélection proprement dite (CE 7 juin 2017, n° 382986 ; *contra* CE 27 sept. 2017, n° 404475). On a pu envisager d'autres solutions, conservant à l'ensemble de ces opérations complexes le caractère de concours mais précisant la notion d'abstention pour éviter le déport, revenant alors sur le principe d'unicité du jury (V. Guillaume Odinet, Sophie Roussel, Impartialité et unicité des jurys de concours : l'épreuve du réel, *AJDA 2017. 1448*).

Dans une première phase, le comité assure une présélection des candidats à auditionner (Décr. n° 84-431 du 6 juin 1984, art. 9-2, al. 1er), qu'ils postulent pour un premier recrutement (inscrits sur les listes de qualification) ou par mutation (professeurs et maîtres de conférences en poste dans un autre établissement) ou détachement (fonctionnaires d'autres corps). Les deux rapports préalables à l'établissement de la liste des candidats à auditionner (art. 9-2) doivent être rédigés de manière individualisée et faire l'objet de présentations distinctes reflétant les opinions respectives de leurs auteurs (CE 11 juill. 2012, n° 330366, annulation de la nomination d'un candidat n'ayant fait l'objet que d'un seul rapport). Au vu des rapports établis pour chaque candidat par deux de ses membres, ***le comité de sélection établit la liste des candidats qu'il souhaite entendre*** ; cette liste peut inclure des candidats à la mutation ou au détachement, y compris des candidats à la mutation ou au détachement prioritaires. Procédant à une appréciation individuelle des candidatures et pouvant décider d'auditionner autant de candidats qu'il le souhaite, le comité de sélection procède alors comme un jury d'examen (CE 17 juin 2017, n° 382986 ; CE 18 déc. 2017, n° 403997). Les membres du jury qui auraient des liens avec un candidat doivent uniquement s'abstenir de s'exprimer sur le dossier concerné. Si la candidature n'a pas été retenue, les motifs sont communiqués au candidat qui en fait la demande (Décr. n° 84-431 du 6 juin 1984, art. 9-2, al. 1er). Le comité de sélection doit en effet motiver la décision d'écarter un candidat, en précisant les raisons qui l'ont amené à cette conclusion sans se contenter de mentionner qu'il ne correspond pas au profil du poste ou d'utiliser une formule stéréotypée (CE 14 oct. 2011, n° 333712 B).

Dans une seconde phase, le comité de sélection procède aux auditions (obligatoires même s'il n'y a qu'un seul candidat) ***et se prononce comme jury de concours*** ; l'audition a lieu en français. Le comité doit alors comparer les mérites respectifs des candidats pour proposer un nom ou une liste de noms à nommer sur le (ou les postes) mis au concours. Le président convoque les candidats retenus pour une audition et réunit le comité (qui siège valablement si la moitié de ses membres sont présents, parmi lesquels une moitié au moins de membres extérieurs). Un membre du jury qui aurait des liens, personnels, intellectuels ou professionnels, avec un candidat doit alors se retirer du jury (CE 17 oct. 2016, n° 386400 ; V. les recommandations du collège de déontologie). La participation aux réunions peut se faire par télécommunication à la double condition que chacun puisse être identifié à tout moment et que soit garantie une participation effective et exclusive. En tout état de cause, un candidat convoqué pour une audition et qui ne se présenterait pas le jour fixé, même pour un motif légitime, serait considéré comme ayant renoncé à poursuivre le concours et ne pourrait figurer sur la liste de propositions transmise au conseil d'administration (V. Arr. du 17 nov. 2008 fixant les modalités de recours aux moyens de télécommunication pour le fonctionnement des comités de sélection). Dans les cas où la qualification par une instance nationale n'est plus exigée, le comité de sélection examine, préalablement aux candidatures, les titres et travaux des personnes non qualifiées, sur la base du rapport de deux spécialistes de la discipline concernée de niveau au moins équivalent à celui de l'emploi à pourvoir ; en cas d'avis favorable du comité de sélection, il ajoute les dossiers ainsi qualifiés à ceux des candidats disposant d'une qualification reconnue par l'instance nationale et à ceux des personnes dont la qualification reconnue par une instance nationale n'est pas requise avant de procéder à l'examen de l'ensemble de ces candidatures (LPR 2020, art. 4 ; art. L. 952-6-3, al. 2).

Pour apprécier les mérites des candidats, le comité de sélection a la possibilité de recourir à une ***mise en situation professionnelle*** (leçon, séminaire avec exposition des travaux de recherche, éventuellement en public, identique pour tous les candidats avec adaptations pour les personnes handicapées), le principe et les modalités devant en être arrêtés par le conseil académique (art. 9-2, mod. par Décr. n° 2014-997 du 2 sept. 2014, art. 9). Le comité de sélection doit respecter les modalités décidées par le conseil académique. Dans le cas contraire, le conseil académique peut interrompre le recrutement lorsque l'avis du comité de sélection lui est transmis. Il se prononce à la majorité des voix de ses membres présents ; les votes nuls, abstentions, refus de vote ou votes blancs sont tous pris en compte dans le calcul de la majorité, au même titre que les votes défavorables (si l'abstention a pu être assimilée à un vote défavorable, CE 27 sept. 2017, n° 404475 ; le Conseil d'État a aussi jugé que « les membres qui s'abstiennent (...) pour un motif tenant, notamment au respect du principe d'impartialité, ne doivent pas être regardés comme présents », CE 18 déc. 2017, n° 404997), son président ayant voix prépondérante en cas de partage des voix (Décr. n° 84-431 du 6 juin 1984, art. 9-2, al. 7 ; CE 18 déc. 2013, n° 351581, illégalité de la délibération prise sans que le président utilise sa voix prépondérante). Les votes peuvent être à main levée ou à bulletin secret, sauf dans le cadre d'une visioconférence, où les opérations de vote ne peuvent avoir lieu qu'à main levée. Le comité de sélection émet ***un avis motivé unique portant sur l'ensemble des candidats et un avis sur chaque candidature*** (art. 9-2, al. 8) ***qu'il transmet au conseil académique***. L'absence d'avis unique caractérise une insuffisance de motivation (vice de forme, CAA Paris, 28 mai 2019, n° 17PA22867). Portée par le comité de sélection, qui a la qualité de jury de concours, sur les mérites du candidat, elle n'est pas susceptible d'être discutée au contentieux (CE 9 févr. 2011, n° 317314). Chaque candidat peut demander la communication de l'avis portant sur l'ensemble des candidatures et de l'avis motivé qui le concerne (Décr. n° 84-431 du 6 juin 1984, art. 9-2, al. 1er, mod. par Décr. n° 2014-997 du 2 sept. 2014, art. 9) ; en outre, les rapports établis par les deux membres du comité de sélection désignés en qualité de rapporteurs sont des documents administratifs communicables au candidat concerné (L. du 17 juill. 1978, art. 6, II).

Le comité de sélection doit examiner les candidatures en siégeant toujours dans la même formation ; si un membre n'est pas présent lors de la première réunion, il ne peut pas participer aux suivantes ; le président du comité de sélection doit organiser une nouvelle réunion du comité ; en effet, le principe d'égalité des candidats suppose que la composition du jury reste inchangée pendant la durée des épreuves, et un membre du jury doit avoir pris part à toutes les épreuves pour pouvoir participer aux délibérations. Le respect du principe d'égalité des candidats implique que l'absence sans motif légitime d'un membre du jury constitue une irrégularité dans la procédure de recrutement, qui doit être déclarée infructueuse (CE 5 févr. 1960, n° 47662 ; CAA Bordeaux, 17 févr. 2004, n° 00BX00401).

Le comité de sélection exerce un pouvoir souverain ; « l'appréciation portée par le comité de sélection, lequel a la qualité de jury, sur les mérites des candidats n'est pas susceptible d'être discutée au contentieux » (CE 9 févr. 2011, n° 317314) ; « il n'appartient pas au juge de l'excès de pouvoir de contrôler l'appréciation faite par un jury de la valeur des candidats » sans même pouvoir sanctionner l'erreur manifeste d'appréciation (CE 25 nov. 2019, n° 417380). Toutefois, le comité de sélection doit statuer dans les limites de ses compétences et motiver ses avis ; il doit notamment respecter le profil du poste. Le juge de l'excès de pouvoir exerce alors un contrôle restreint, sanctionnant l'erreur manifeste de l'appréciation portée par le comité de sélection sur l'adéquation de la candidature au profil d'un poste de professeur des universités mis au concours (CE 9 févr. 2011, n° 317314 ; ancienne solution pour les commissions de spécialistes : CE 26 mars 2003, n° 232663). Ainsi, est insuffisamment motivée la décision défavorable du comité de sélection se contentant de mentionner « Peu d'adéquation aux profils d'enseignement et de recherche », sans indiquer, même sommairement, les raisons pour lesquelles il estimait que la candidature de l'intéressé correspondait peu à ce profil » (CE 27 janv. 2020, n° 415314).

L'illégalité de la délibération d'un comité de sélection « constitue une faute de nature à engager la responsabilité de l'université » dès lors que cette faute « a causé des préjudices actuels, directs et certains » ; pour prétendre à une indemnisation, le candidat doit établir qu'il a « perdu une chance sérieuse d'être nommé sur le poste » (CE 3 févr. 2017, n° 394660).

D. UNE PROCÉDURE DÉROGATOIRE : LE CONSEIL ACADÉMIQUE EN FORMATION RESTREINTE, JURY DE CONCOURS

Exceptionnellement, le conseil académique en formation restreinte est compétent pour examiner directement, sans intervention préalable d'un comité de sélection, les candidatures à un recrutement par la voie de la mutation ou du détachement ; la formule a pu faire l'objet de critiques vives portant tant sur l'égalité de traitement, la qualité des recrutements (confiés à des enseignants-chercheurs qui peuvent ne pas être de la même discipline) et la stratégie des établissements. Une circulaire DGRH n° 2015-0013 du 4 mai 2015 précise qu'il en est ainsi pour les personnes sollicitant un rapprochement de conjoints, ainsi que pour certains bénéficiaires de l'obligation d'emploi prévue par le code du travail (art. L. 5212-13).

Pour faciliter le rapprochement de conjoints (au sens large, que les intéressés soient mariés, pacsés ou concubins avec enfant), objectif législatif du statut général des fonctionnaires de l'État (L. du 11 janv. 1984, art. 60), le décret de 2014 a prévu que les candidatures à la mutation ou au détachement sont examinées directement par le conseil académique en formation restreinte qui transmet sa délibération au conseil d'administration (Décr. du 6 juin 1984, art. 9-3) ; la circulaire de 2015 a ajouté une condition supplémentaire, une distance de 250 kilomètres, étonnante et certainement illégale ; si le Conseil d'État a jugé que dans ce cas aucun texte ni aucun principe n'impose que soient désignés deux rapporteurs (CE 19 déc. 2018, n° 408616), il s'assure que les refus de transmission au Conseil d'administration sont suffisamment motivés, notamment en vérifiant la convergence ou l'adéquation du profil de l'enseignant-chercheur au profil du poste à pourvoir (CE, ord., 25 août 2017, n° 412719 ; CE 9 mars 2016, n° 391508 ; CE 31 mai 2017, n° 410233 ; CE 19 déc. 2018, n°s 408616 et 412540 ; CE 30 janv. 2019, n° 412159 ; en cas d'annulation de la délibération du conseil académique, le juge adresse à l'université une injonction de reprendre la procédure au stade de l'examen des candidatures par le conseil académique en formation restreinte, CE 10 janv. 2018, n° 403772). Les candidatures non retenues par le conseil académique ou qui ont fait l'objet d'un avis défavorable du conseil d'administration sont examinées avec les autres candidatures par le comité de sélection (LPR, art. 9-3, al. 2 ; CE 5 févr. 2020, n° 412749).

Le conseil académique en formation restreinte est aussi compétent pour l'intégration dans les corps d'enseignants-chercheurs des fonctionnaires détachés (Décr. n° 84-431, art. 58-4) : « l'appréciation souveraine portée par le conseil académique, réuni en formation restreinte, sur les mérites scientifiques et pédagogiques d'un fonctionnaire qui, placé en position de détachement en qualité de professeur des universités, demande à être intégré dans ce corps n'est pas susceptible d'être discutée au contentieux » (V. CE 9 juin

2010, n° 334290, sur la demande d'un directeur de recherches du CNRS détaché dans le corps de professeur des universités qui sollicitait l'annulation de la décision du président de l'université l'informant du rejet de sa demande d'intégration ; V. aussi, TA Pau, 18 juin 2018, n° 1700964).

E. UNE NOUVELLE VOIE DE RECRUTEMENT : LES CHAIRES DE PROFESSEUR JUNIOR

L'article 4 de la loi n° 2020-1674 du 24 décembre 2020 (LPR) crée une voie de recrutement rapide, basée sur l'idée de prétitularisation conditionnelle, présentée par l'étude d'impact sous le nom de « *chaire de professeurs juniors* » concernant tant les chercheurs (C. rech., art. L. 422-3) que les enseignants-chercheurs (L. 952-6-2).

L'objectif est double. Pour l'établissement, il s'agit de « *répondre à un besoin spécifique lié à sa stratégie scientifique ou à son attractivité internationale, dans des domaines de recherche pour lesquels il justifie de cette nécessité* » ; **pour les jeunes chercheurs**, de leur permettre d'accéder rapidement à un emploi de professeur. La formule pourrait notamment convenir pour le recrutement de chercheurs étrangers ou de scientifiques se trouvant au croisement de divers champs disciplinaires. Ces recrutements dérogatoires doivent être ouverts chaque année par arrêté du MESRI, sur proposition du président ou directeur général de l'établissement, dans la limite de 20 % (15 % pour le PU) des recrutements autorisés dans le corps concerné (25 % quand le nombre de recrutements est inférieur à cinq). La part minoritaire de ces recrutements avait amené le Conseil d'État à admettre cette nouvelle entorse au principe selon lequel les emplois permanents de la fonction publique sont occupés par des fonctionnaires régis par un statut (CE, avis, 9 juill. 2020, n° 400328).

La procédure mise en place pour apprécier les mérites des candidats comporte trois temps. Après appel à candidatures sur projet, les titulaires d'un doctorat se présentent tout d'abord devant une commission *ad hoc* spécifique à l'établissement. Les candidats retenus sont recrutés « en qualité d'agent contractuel de droit public » ; l'établissement et l'agent s'engagent sur les objectifs à atteindre. L'établissement précise les moyens apportés qui peuvent être abondés par l'ANR ; le contrat inclut les obligations de l'agent en matière de recherche et d'enseignement. Ce *deuxième temps*, contractuel, d'une durée de trois à six ans, doit ensuite permettre à l'intéressé d'acquérir la qualification requise pour l'exercice des fonctions de professeur dans lesquelles il peut être titularisé. Enfin, dans un *troisième temps*, le chercheur qui a donné satisfaction va pouvoir être titularisé ; une commission de titularisation spécifique à l'établissement doit alors examiner un rapport sur l'activité et les travaux du candidat ; elle doit ainsi apprécier sa valeur scientifique et son aptitude à exercer les missions de recherche, sans que ce dernier dispose obligatoirement de l'HDR (art. L. 411 1).

Le Conseil constitutionnel a jugé que ces trois phases de la procédure de recrutement et de titularisation garantissent une évaluation objective des mérites des candidatures à un poste de professeur, à laquelle les pairs sont associés. « À cet égard, le législateur pouvait, sans méconnaître sa compétence, renvoyer au décret les modalités d'application des garanties qu'il avait ainsi fixées » (Cons. const. 21 déc. 2020, n° 2020-810 DC). Comme pour le recrutement de droit commun, ces commissions spécifiques sont en effet constituées de personnes de rang égal à celui de l'emploi à pourvoir et composées, pour moitié au moins, d'enseignants-chercheurs et de personnels assimilés ou de chercheurs extérieurs à l'établissement dans lequel le recrutement est ouvert, dont au moins une personne de nationalité étrangère (sur avis du Conseil d'État est précisé qu'elle doit exercer ses activités professionnelles à l'étranger) ; en outre, elles ne peuvent comprendre plus de 60 % de membres du même sexe. Si l'avis de la seconde commission est favorable, l'intéressé est nommé professeur titulaire par décret du président de la République. Contrairement au droit commun il ne résulte pas des termes de la loi que l'avis est transmis à la commission académique puis au conseil d'administration. « Toutefois, le principe d'indépendance des enseignants-chercheurs s'oppose à ce que le chef d'établissement puisse refuser, pour des motifs étrangers à l'administration de l'université et, en particulier, des motifs liés à la qualification scientifique de l'intéressé, de proposer à la titularisation un candidat ayant reçu un avis favorable de la commission de titularisation. Le chef d'établissement ne saurait, non plus, quel qu'en soit le motif, proposer à la titularisation un candidat ayant fait l'objet d'un avis défavorable de cette commission. » (Cons. const.

21 déc. 2020, n° 2020-810 DC). Nommés dans un emploi de l'établissement et titularisés dans un corps national après s'être engagés à servir, les professeurs ainsi recrutés disposent des mêmes droits et obligations que leurs collègues recrutés par les voies traditionnelles. Le président de l'établissement présente au conseil d'administration un bilan triennal de l'emploi de ce dispositif.

III. DE LA SÉLECTION À LA TITULARISATION

Dans une première phase, le conseil académique est intervenu pour instituer le comité de sélection qui a pu jouer le rôle de jury de concours ; dans une seconde phase, le comité académique reprend les conclusions du processus de sélection dans ses propositions au Président, qui doit communiquer le nom des candidats retenus au ministre pour qu'il les nomme et les affecte, sauf si le conseil d'administration s'y oppose par un avis motivé. Le ***droit de veto*** (opposition à transmission) qui avait été conféré au président de l'université (ou au directeur de l'établissement) par la loi LRU de 2017 a été transféré au conseil d'administration par la loi ESR du 22 juillet 2013 ; mais cette prérogative continue à appartenir aux directeurs d'institut ou d'école faisant partie de l'université (art. L. 713-9).

A. LA PROPOSITION DU CONSEIL ACADÉMIQUE EN FORMATION RESTREINTE

« Au vu de l'avis motivé du comité de sélection, le conseil académique (...) siégeant en formation restreinte (...) propose le nom du candidat sélectionné ou, le cas échéant, une liste de candidats classés par ordre de préréférence » (Décr. n° 84-431, art. 9-2, al. 11 ; art. L. 952-6-1, al. 3). Il exerce ainsi le rôle que la LRU avait confié au conseil d'administration, qui faisait cette proposition au président de l'université, qui pouvait alors s'y opposer ; depuis la loi de 2013, le droit de veto étant exercé par le conseil d'administration, la proposition du nom du candidat ou de la liste des candidats retenus est faite par le conseil académique au conseil d'administration.

L'examen des questions individuelles, notamment celles relatives au recrutement, relevant des seuls représentants des enseignants-chercheurs, le fait que le président de l'université assure la présidence du conseil académique en formation restreinte alors que, n'étant pas élu pour y siéger, il n'a pas la qualité de représentant des enseignants-chercheurs, ont pu entacher d'illégalité ses délibérations (en 2018, par ex., annulation de la campagne de recrutement de 8 enseignants-chercheurs sélectionnés à l'université de la Réunion). Aussi, l'article 52 de la loi n° 2019-791 du 26 juillet 2019 pour une école de la confiance a autorisé les statuts de l'établissement à prévoir que le président ou le directeur de l'établissement peut présider la formation restreinte aux enseignants-chercheurs du conseil d'administration ou du conseil académique ou des organes en tenant lieu. Dans ce cas, le président ou le directeur ne peut participer à l'examen des questions individuelles uniquement dans le respect des principes régissant l'examen des questions individuelles qui découlent du principe constitutionnel d'indépendance des enseignants-chercheurs (ainsi, si le président n'est pas un enseignant-chercheur, il ne peut pas présider la formation restreinte du conseil académique).

Reprenant l'analyse du Conseil constitutionnel saisi d'une QPC relative aux dispositions de l'article L. 952-6-1 (Cons. const., 6 août 2010, n° 2010-20/21 QPC), le Conseil d'État a précisé la marge de manœuvre dont dispose le conseil pour faire cette proposition : « il incombe au conseil *[alors d'administration]* ***d'apprécier l'adéquation des candidatures à la stratégie de l'établissement, sans remettre en cause l'appréciation des mérites scientifiques des candidats retenus par le comité de sélection***. Il peut donc écarter des candidats pour inadéquation entre la candidature et le profil du poste (CE 19 oct. 2012, n° 354220 ; CE 21 juin 2013, n° 354299), ou des motifs liés à la stratégie de l'établissement comme par exemple l'objectif de promouvoir des recrutements extérieurs (CE 23 déc. 2014, n° 364138) ; en faisant cette proposition, il prend une décision faisant grief aux candidats qui ne sont pas proposés en première position, pour laquelle le délai de recours contentieux est déclenché par la notification assortie de la mention des voies et délais de recours (V. CE 26 oct. 2011, n° 334084) ; alors que le décret ne le précise pas ici expressément, le Conseil d'État juge que cette décision « doit être motivée lorsqu'il ne reprend pas les propositions du comité de sélection » (CE 15 déc. 2010, n° 316927 ; sur la portée de cette obligation jurisprudentielle, V. CE 5 mars 2014, n° 364500, « l'application rétroactive d'une jurisprudence nouvelle, qui ne comporte pas de réserve relative à son application dans le temps, n'est, en tout état de cause, que l'effet des voies normales de recours au juge »). En indiquant que « le conseil d'administration *[aujourd'hui, le conseil académique]* n'agit donc pas en qualité de jury » (CE 15 déc. 2010, n° 316927), le Conseil d'État interdit au conseil de fonder son refus sur des motifs prenant en considération les mérites scientifiques des candidats (CE 9 févr. 2011, n° 329584 ; CE 14 oct. 2011, n° 341103). Au-delà des motifs, le dispositif ne peut ni écarter le candidat sélectionné ni modifier l'ordre du classement (CE 26 oct. 2011, n° 334084 ; CE 30 nov. 2011, n° 330611). La nature et les attributions de l'organisme chargé de la proposition relèvent de la régulation du processus de recrutement. En amont, le conseil académique a défini le profil des postes à pourvoir et mis en place le comité de sélection en fixant sa composition. En aval, il est amené à examiner la procédure de sélection au regard tant de la stratégie de l'établissement que de sa régularité.

L'adéquation à la stratégie de l'établissement. L'appréciation de l'adéquation des candidats sélectionnés à la stratégie de l'établissement impose tout d'abord que cette stratégie soit explicitée. Le refus de transmettre une candidature doit être justifiée par une motivation claire et précise permettant aux candidats de comprendre les raisons pour lesquelles leur profil n'est pas en adéquation avec la stratégie (CE 30 sept. 2015, n° 372281 ; il ne suffit pas de noter « l'absence d'adéquation avec la stratégie générale d'ancrage territorial par la recherche », il faut préciser le « contenu exact de cette exigence »). L'appréciation portée par le conseil sur l'adéquation des candidatures à la stratégie de l'établissement ne peut remettre en cause le profil du poste à pourvoir, tel qu'il a été défini lors de sa publication. Par contre, pour estimer que le candidat retenu par le comité de sélection ne possédait pas un profil en adéquation avec la stratégie de l'établissement, le conseil d'administration de l'ENS a pu se fonder sur ses compétences en matière de recherche et d'encadrement, « déjà bien représentées dans l'unité » ; sur ses spécialisations, « pas les plus adaptées aux orientations interdisciplinaires » ; et sur son parcours, ne répondant pas « de façon optimale » à la préparation de l'agrégation de philosophie par de nombreux élèves de l'établissement (CE 30 août 2016, n° 381294). Le juge vérifie que les objectifs pris en considération relèvent bien de la stratégie de l'établissement et si tel est le cas que ces objectifs stratégiques ont été respectés. Ainsi, si « l'objectif visant à promouvoir un recrutement extérieur à l'établissement peut légalement figurer au nombre des objectifs relevant de la stratégie de l'établissement, en fonction desquels le conseil *[d'administration]* apprécie l'adéquation des candidatures retenues par le comité de sélection (...) il *[lui revient]* d'apprécier, au cas par cas, la mise en œuvre de cet objectif global, qui ne peut qu'être indicatif et ne saurait être assimilé à une règle impérative » (CE 23 déc. 2014, n° 364138) ; le conseil de l'IEP de Paris a pu refuser de transmettre, sans remettre en cause l'appréciation du comité de sélection, la candidature d'une personne dont les travaux et l'expérience ne lui conféraient pas de notoriété internationale alors qu'un des objectifs stratégiques de l'établissement est de recruter des professeurs de réputation internationale sans remettre en cause l'appréciation du comité de sélection (CE 11 oct. 2017, n° 394269).

Procédure irrégulière. Le conseil académique est en outre fondé à refuser de proposer les lauréats d'une sélection lui apparaissant irrégulière. Si le président de l'université peut faire part au conseil académique de ses observations sur la régularité ou de ses doutes sur l'avis du comité de sélection, il n'a pas le pouvoir de s'opposer à la transmission au conseil d'administration qui relève de la compétence du conseil académique (Comp. état antérieur du droit, CE 13 oct. 2003, n° 220031). L'irrégularité peut relever de la ***légalité externe***, le plus souvent pour défaut ou insuffisance de motivation (CE 24 oct. 2012, n° 354077 ; CE 23 oct. 2013, n° 360084 ; CE 14 nov. 2013, n°s 363969 et n° 364007) ; il en est de même en cas de mauvaise composition du comité de sélection (CE 25 juill. 2001, n° 213320 ; CE 5 déc. 2011, n° 334059), vice de procédure (CE 5 mars 2014, n° 363715, une seule réunion du comité de sélection au lieu de deux, précisant même que dans ce cas le conseil est tenu de rejeter la proposition du comité, qu'il a compétence liée, ce qui n'est pas le cas lorsque le refus est motivé par la partialité d'un membre du comité de sélection, CE 5 mars 2014, n° 364500). Le Conseil académique peut aussi motiver son refus par des éléments de légalité interne : détournement de pouvoir (CE 4 nov. 2002, n° 229821 : *AJDA 2003. 861*), erreur de fait, erreur de droit (par exemple quand la nature et l'importance des modifications apportées à la fiche de poste initiale (...) connues seulement d'un seul des deux candidats », étaient « de nature à rompre l'égalité entre les candidats », CE 27 janv. 2016, n° 392246 ; ou quand à la suite d'une annulation, le conseil académique de l'université de Paris-Sorbonne reprend la même motivation en arguant de l'« inadéquation avec la stratégie de l'université », et a « méconnu l'autorité de la chose jugée », CE 24 nov. 2017, n° 404575). Alors qu'il n'exerçait traditionnellement qu'un contrôle restreint, limité à l'erreur manifeste d'appréciation (CE 4 nov. 1996, n° 162117 B ; CE 27 juill. 2005, n° 274619), le Conseil d'État exerce un contrôle normal sur la décision de ne pas transmettre (CE 19 oct. 2012, n° 354220).

B. LE DROIT DE VETO DU CONSEIL D'ADMINISTRATION ET DES DIRECTEURS DES ÉCOLES ET INSTITUTS INTERNES

Le conseil d'administration, siégeant en formation restreinte aux enseignants-chercheurs et personnels assimilés de rang au moins égal à celui postulé, prend connaissance du nom du candidat sélectionné ou de la liste des candidats proposée par le conseil académique. La loi ESR du 22 juillet 2013 donne au conseil d'administration la possibilité, auparavant dévolue au président, d'émettre ***un avis défavorable motivé***, sauf en cas de premier recrutement par concours national (art. L. 712-3, IV, 9°, § 2). Ce pouvoir de s'opposer (ou droit de veto) est par ailleurs conservé par les directeurs des écoles et instituts internes (au sens de l'art. L. 713-9, ce qui exclut les directeurs d'INSPÉ) qui disposent de quinze jours à partir de la transmission par le conseil académique (art. L. 713-9, al. 4 : « aucune affectation ne peut être prononcée si le directeur de l'institut ou de l'école émet un avis défavorable motivé », sans exclure l'hypothèse du recrutement par concours national). Si le président de l'université ou le directeur de l'établissement, lorsqu'il estime que la procédure de recrutement d'un enseignant-chercheur est irrégulière, peut demander au conseil d'administration de délibérer à nouveau sur l'avis motivé du comité de sélection ou faire part de ses observations sur la procédure au ministre à l'occasion de la transmission du nom du candidat ou de la liste arrêtée par le comité de sélection, aucune disposition ni aucun principe ne lui permet de ne pas donner suite à une procédure de recrutement lorsque le conseil d'administration a émis un avis favorable (CE 18 sept. 2019, n° 422962).

Contrairement au refus du conseil académique, l'article 9-2 prévoit expressément que l'avis défavorable du conseil d'administration (comme celui des directeurs d'instituts et d'école) doit être motivé, ce qui s'impose pour une décision faisant grief. Les motifs sur lesquels le titulaire du droit de veto peut légalement se fonder se rapprochent de ceux au regard desquels il appartient au conseil académique de statuer. Le Conseil d'État avait en effet jugé, en se référant à la décision QPC du 6 août 2010 : « que le principe d'indépendance des enseignants-chercheurs interdit que le président de l'université, dans l'exercice de son droit de s'opposer à la nomination d'un candidat proposé par le conseil d'administration, fonde son appréciation sur des ***motifs étrangers à l'administration*** de l'université, donc, en particulier, sur la qualification scientifique des candidats retenus à l'issue de la procédure de sélection » (CE 15 déc. 2010, n° 316927). Comme le conseil académique, le titulaire du droit de veto ne peut fonder son appréciation sur la qualification scientifique des candidats, laquelle relève exclusivement de l'appréciation souveraine du comité de sélection ; le conseil d'administration ne peut se baser que sur des motifs relatifs à ***« l'administration de l'université »*** ; de leur côté, les directeurs d'institut et d'école ne peuvent prendre en considération que les éléments liés à l'administration de la composante (CE 13 févr. 2013, n° 354913, l'inadéquation d'une candidature au profil du poste ne constitue pas un motif étranger à l'administration de l'institut ; de même pour l'administration de l'école, CE 5 nov. 2011, n° 333809). Les motifs relevant de « l'administration de l'université » correspondent-ils à ceux qui s'attachent à la stratégie de l'établissement ? On retrouve ici la référence à la mauvaise définition du poste à pourvoir (CE 5 déc. 2011, n° 333809, décision qui n'avait pas permis une bonne compréhension des priorités scientifiques, ni de déterminer les équipes à renforcer, dans la mesure où de tels motifs ne sont pas étrangers à l'administration de l'établissement), comme l'inadéquation du profil pédagogique du poste aux objectifs (CE 7 déc. 2005, n° 275708 ; CE 13 févr. 2013, n° 354913 ; CE 11 juin 2014, n° 352522). Mais le directeur d'une école ne peut ni refuser la totalité de la liste ni substituer le nom du deuxième au premier candidat, alors qu'un désaccord entre le comité de sélection et le conseil d'administration (qui avait écarté le premier candidat) pouvait révéler une mauvaise définition du profil du poste (CE 5 déc. 2011, n° 333809). Comme le conseil académique, le conseil d'administration ou le directeur d'institut ou d'école interne peut aussi se fonder sur l'irrégularité qui entache la procédure de recrutement (CE 5 déc. 2011, n° 334059). Le droit de veto ne peut en revanche permettre à son titulaire d'invoquer des considérations budgétaires, notamment la dérive de la masse salariale (CE 23 sept. 2013, n° 361259). Le Conseil d'État exerce un contrôle normal sur les motifs du veto (CE 5 déc. 2011, n° 333809 ; CE 13 févr. 2013, n° 354913) ; il vérifie que le titulaire du droit de veto est compétent, qu'il a respecté les règles de droit et que les faits sont établis et correctement qualifiés (CE 8 nov.1993, n° 391508 ; CE 19 oct. 2012, n° 344061).

C. LA NOMINATION DES ENSEIGNANTS-CHERCHEURS

Le ministre chargé de l'enseignement supérieur est destinataire de la délibération du conseil d'administration précisant le nom du candidat sélectionné ou la liste des candidats classés par ordre de préférence que le chef d'établissement doit lui communiquer ; ne disposant pas de pouvoir hiérarchique sur l'université ou l'établissement, le ministre ne peut annuler la délibération du conseil d'administration ; il lui revient alors soit de procéder à la nomination du maître de conférences par arrêté, soit de transmettre le dossier au président de la République qui nomme les professeurs des universités par décret ; sans transmission par le chef d'établissement, le ministre doit s'abstenir de transmettre au Président de la République la candidature de l'intéressé (CE 9 févr. 2011, n° 329584) ; la nomination permet d'affecter l'enseignant-chercheur dans un emploi d'un établissement ; elle est subordonnée à l'engagement exprès du ou des candidats d'occuper l'emploi ou l'un des emplois correspondants ; en cas d'admission à plusieurs concours, cet engagement comporte des vœux d'affectation par ordre décroissant de préférence ; ce choix est confidentiel jusqu'à la fin des procédures de recrutement (Décr. n° 84-431, art. 58-5).

Aucune disposition de la LPR n° 2020-1674 du 24 décembre 2020 ne prévoyant l'intervention du conseil académique ou du conseil d'administration pour le recrutement des professeurs juniors, le candidat est titularisé par décret du Président de la République sur proposition du chef d'établissement, après avis de la commission *ad hoc* (LPR 2020 art. 4 ; art. L. 952-6-2-III). Apportant une réserve d'interprétation, le Conseil constitutionnel précise que « le principe d'indépendance des enseignants-chercheurs s'oppose à ce que le chef d'établissement puisse refuser, pour des motifs étrangers à l'administration de l'université et, en particulier, des motifs liés à la qualification scientifique de l'intéressé, de proposer à la titularisation un candidat ayant reçu un avis favorable de la commission de titularisation. Le chef d'établissement ne saurait, non plus, quel qu'en soit le motif, proposer à la titularisation un candidat ayant fait l'objet d'un avis défavorable de cette commission » (Cons. const. 21 déc. 2020, n° 2020-810 DC, § 11), affirmant ainsi le caractère souverain de l'appréciation de la commission qui exerce la fonction de jury et revenant aux solutions antérieures à la loi de 2013.

Les maîtres de conférences sont nommés en qualité de stagiaire pour une durée d'un an par arrêté du ministre chargé de l'enseignement supérieur. Le décret n° 2017-854 du 9 mai 2017 a prévu une formation pédagogique initiale ; une formation complémentaire a lieu dans les cinq années suivant la titularisation (Arr. du 8 févr. 2018 fixant le cadre national de la formation visant à l'approfondissement des compétences pédagogiques des maîtres de conférences stagiaires, formation obligatoire pendant l'année de stage suivie d'une formation continuée dans les cinq ans suivant la titularisation). A l'issue du stage qui fait l'objet d'un avis du directeur de composante transmis au conseil académique, le stagiaire est soit titularisé (par arrêté du président de l'université ou du directeur de l'établissement, Décr. n° 84-431, art. 32, al. 10), soit admis à renouveler son stage, réintégré dans son corps d'origine ou licencié (par arrêté ministériel, Décr. n° 84-431, art. 32, al. 10) ; en cas d'avis défavorable du conseil académique, communiqué dans les huit jours le stagiaire peut saisir le conseil d'administration qui l'entend à sa demande ; la décision de titularisation ou de maintien en qualité de stagiaire est prise par le président de l'université ; le licenciement est prononcé par le ministre.

Les professeurs des universités sont nommés par décret du Président de la République. Sans transmission par le chef d'établissement, le ministre ne peut que s'abstenir de transmettre au Président de la République la candidature de l'intéressé (CE 9 févr. 2011, n° 329584). Leur statut ne prévoyant pas de période de stage les professeurs des universités sont nommés dans un emploi et titularisés dans le corps par décret du Président de la République (Ord. n° 58-1136, 28 nov. 1958, art. 2, al. 4 ; Décr. n° 84-431, art. 50, al. 1er). Affectés dans un établissement, ils sont classés dans le corps par arrêté du chef d'établissement (Décr. n° 84-431, art. 50, al. 2).

Le décret n° 2017-854 du 9 mai 2017 précise que la nomination et l'affectation dans un emploi d'enseignant-chercheur impliquant l'accès à une zone à régime restrictif sont soumises à une autorisation préalable du chef de service après avis favorable du ministre compétent ; cette formalité est exigée par la protection des éléments essentiels du potentiel scientifique ou technique de la nation (intérêt de la défense nationale, lutte contre le terrorisme) : cette autorisation peut être remplacée par une habilitation au titre de la protection du secret de la défense nationale ; une information adaptée doit être donnée à tous les candidats à ce type d'emploi (Décr. n° 84-431, art. 20-4). ❑

PLAN DES ANNOTATIONS

I. RECRUTEMENT

1. *Particularisme du recrutement.* Pour ce qui concerne les recrutements dans les corps d'enseignants-chercheurs, le statut particulier doit combiner les principes du droit des concours, les dispositions de la L. du 26 janv. 1984 et le principe d'autonomie des établissements d'enseignement supérieur. En disposant que les candidats aux concours ouverts par établissement pour le recrutement des maîtres de conférences et des professeurs d'université verraient, en premier lieu, reconnaître leur qualification, sur titres et travaux, par un jury national qui n'établit pas de liste de classement mais propose une liste de trois à cinq noms par emploi mis au concours et qu'en second lieu, le choix des candidats déclarés reçus serait effectué par la commission de spécialité et d'établissement après audition des intéressés, l'art. 27 du Décr. n° 84-431 du 6 juin 1984 n'a pas méconnu les principes du droit des concours ni les dispositions législatives invoquées. • CE 2 mars 1988, nos 61165 et 61472 A : *RFDA 1988. 615, concl. Laroque.* ♦ Même solution dans une affaire relative à l'examen d'une demande de placement en délégation d'un professeur des universités. • CE 21 mai 2008, n° 297396 : *AJDA 2008. 1791*.

2. *Principe d'indépendance.* Dans une affaire où avaient assisté à la réunion du conseil d'administration statuant sur une demande d'éméritat, outre les enseignants membres du conseil ayant le grade de professeur, un vice-président de l'université et un doyen de faculté, tous deux maîtres de conférences, ainsi que plusieurs membres de l'administration. Même si seuls les membres ayant le rang de professeur ont pris part au vote, la présence d'autres personnes n'ayant pas le grade de professeur des universités, et donc n'ayant pas un rang au moins égal à celui du requérant, a été de nature à méconnaître le principe d'indépendance et à entacher d'illégalité la délibération du conseil. • CE 7 juin 2007, n° 292167.

3. *Principe d'impartialité des jurys de concours.* Saisi d'un recours contre la décision du jury du concours ouvert pour le recrutement de professeurs des universités-praticien hospitalier dans la spécialité chirurgie thoracique et cardio-vasculaire, le Conseil d'État applique les règles relatives à l'impartialité des jurys de concours sur celles posées pour les examens professionnels. • CE, sect., 18 juill. 2008, Mme *Baysse*, n° 291997 A : *AJDA 2008. 2124, concl. Aguila* • CE 8 juin 2015, n° 370539 B : *AJDA 2015. 1181* ; *AJFP 2015. 284*. ♦ Saisi d'un pourvoi dans le cadre d'un contentieux portant sur une procédure de recrutement d'un maître de conférences par l'université de Nice-Sophia Antipolis, la Haute juridiction précise que la seule circonstance qu'un membre du jury d'un concours connaisse un candidat ne suffit pas à justifier qu'il s'abstienne de participer aux délibérations de ce concours. En revanche, le respect du principe d'impartialité exige que, lorsqu'un membre du jury d'un concours a avec l'un des candidats des liens, tenant à la vie personnelle ou aux activités professionnelles, qui seraient de nature à influer sur son appréciation, ce membre doit non seulement s'abstenir de participer aux interrogations et aux délibérations concernant ce candidat mais encore concernant l'ensemble des candidats au concours. En outre, un membre du jury, qui a des raisons de penser que son impartialité pourrait être mise en doute ou qui estime, en conscience, ne pas pouvoir participer aux délibérations avec l'impartialité requise, doit également s'abstenir de prendre part à toutes les interrogations et délibérations de ce jury en vertu des principes d'unicité du jury et d'égalité des candidats devant celui-ci. • CE 17 oct. 2016, n° 386400 B : *AJDA 2016. 1955 ; AJFP 2017. 16, note Zarca ; LIJ 2016, n° 195, p. 14 ; AEF 2 nov. 2016, Dépêche n° 548730, comm. Toulemonde.*

4. *Principe d'impartialité. Connaissance d'un candidat.* La seule circonstance qu'un membre du jury d'un examen ou d'un concours connaisse un candidat ne suffit pas à justifier qu'il s'abstienne de participer aux délibérations de cet examen ou de ce concours. En revanche, le respect du principe d'impartialité exige que, lorsqu'un membre du jury a avec l'un des candidats des liens, tenant à la vie personnelle ou aux activités professionnelles, qui seraient de nature à influer sur son appréciation, ce membre doit s'abstenir de participer aux interrogations et aux délibérations concernant ce candidat. En dehors de ces hypothèses, il incombe aux membres des jurys d'examen de siéger dans les jurys auxquels ils ont été nommés en application de la réglementation applicable. En l'espèce, un membre du jury s'était abstenu de prendre part aux débats du jury portant sur le choix d'auditionner ou non un candidat et n'avait à aucun moment formulé d'avis à son égard. La circonstance que l'intéressé a été présent lors de la délibération litigieuse par laquelle le comité de sélection a récapitulé la liste globale des candidats qui ne seraient pas auditionnés et qu'il a signé cette délibération en sa qualité de président du comité n'est pas de nature à caractériser une méconnaissance du principe d'impartialité. • CE 7 juin 2017, n° 382986 B : *AJDA 2017. 1198 ; ibid. 1448, chron. Odinet et Roussel ; AJFP 2017. 259, concl. Dieu ; ibid. 263, obs. Zarca ; LIJ 2017, n° 200, p. 6.*

5. *Principe d'impartialité. Présence au sein du jury du supérieur hiérarchique de l'un des candidats admis.* Le tribunal a rappelé que, dans le cas particulier d'un concours sur titres et travaux, la participation au jury du supérieur hiérarchique d'un candidat peut être de nature à priver de garantie le respect du principe de l'égalité entre candidats et à caractériser un défaut d'impartialité dans certaines circonstances particulières, appréciées notamment au regard de la direction effectivement exercée sur les travaux du candidat, de la nature des fonctions assumées au sein du jury, du nombre de membres dont est composé celui-ci et de leurs compétences. En l'espèce, le juge a notamment relevé que ce membre du jury n'y avait pas exercé les fonctions de président, n'avait pas rapporté le dossier du candidat travaillant dans son laboratoire et qu'il n'était pas établi qu'il aurait personnellement dirigé et évalué les travaux de recherche de ce candidat. Le tribunal a, dès lors, écarté le moyen. • TA Paris, 4 juill. 2018, n° 1713905.

6. *Limites d'âge.* Sauf disposition contraire, les candidats à un concours pour le recrutement à des emplois publics doivent remplir, au moment de l'ouverture de ce concours, toutes les conditions auxquelles leur nomination est subordonnée. En particulier, l'administration est tenue de refuser l'admission à concourir s'il apparaît que le candidat aura dépassé la limite d'âge le jour de sa titularisation dans le corps auquel le concours donne accès. La détermination de la limite d'âge applicable au candidat doit tenir compte, y compris pour les candidats n'ayant pas la qualité d'agent public, des reculs de limite d'âge auxquels le candidat aura droit s'il est nommé et titularisé, notamment en application des dispositions de l'art. 4 de la L. du 18 août 1936. Dès lors, un président ne peut interdire à un candidat de se présenter à un concours de recrutement sous prétexte qu'il aurait atteint la limite d'âge alors qu'il peut se prévaloir des reculs de limites d'âge prévus par la loi. • CE 8 avr. 2013, n° 340152 B : *AJDA 2013. 768 ; AJFP 2013. 251 ; AEF, Dépêche n° 181692, 17 avr. 2013, comm. Toulemonde.* ♦ Décision rendue en application d'une jurisprudence constante en vertu de laquelle les candidats à un concours ou à un examen professionnel doivent remplir, au moment de l'ouverture de ce concours ou de cet examen, toutes les conditions auxquelles leur nomination est subordonnée. L'administration est dès lors tenue de refuser à un agent la possibilité de se présenter à un examen professionnel lorsqu'il apparaît que l'intéressé ne pourra, avant d'avoir atteint la limite d'âge, satisfaire à la condition exigée pour être titularisé. • CE 4 oct. 1995, n° 147651 A.

7. *Favoritisme.* Sur le favoritisme et le clientélisme au sein des instances de recrutement de certaines universités : * Rép. min. n° 40492 : *JOAN Q 3 déc. 2013, p. 12713* * Rép. min. n° 36827 : *JOAN Q 17 déc. 2013, p. 13294.*

1° CONCOURS

8. Maître de conférences. Troisième concours de recrutement. Le Décr. du 6 juin 1984 prévoit, pour le concours de recrutement dans l'emploi de maître de conférences, qu'un troisième concours est ouvert aux candidats comptant au 1er janv. de l'année du concours au moins six années d'activité professionnelle effective dans les neuf ans qui précèdent. L'autorité compétente ne commet pas d'erreur de droit en refusant de prendre en compte, pour le calcul des années d'activité professionnelle effective, un certificat déposé après la date limite fixée pour le dépôt des dossiers. • CE 19 juin 2000, n° 186814 B. ♦ Ne doivent être pris en compte, au titre de l'activité professionnelle effective, ni l'exercice de fonctions d'administrateur d'une société anonyme, ni le solde des congés payés dû par l'un des employeurs au terme du contrat de travail, ni les jours qui séparent la fin d'un contrat de travail du début du suivant, contrats conclus avec deux employeurs différents. • Même arrêt.

9. Professeur des universités. Des dispositions réglementaires instituent des concours de professeurs des universités réservés aux maîtres de conférences et enseignants-chercheurs assimilés ayant exercé un mandat de président d'université. Dès lors que les dispositions prévoient l'organisation de plusieurs concours pouvant correspondre aux différentes disciplines concernées et, d'autre part, qu'elles ne fixent pas de périodicité, rendant ainsi possible la comparaison entre un nombre suffisant de candidats, elles ne méconnaissent pas les principes du droit des concours. Compte tenu tant des responsabilités et sujétions administratives liées aux fonctions de chef d'établissement que de l'intérêt général qui s'attache à ce que soient encouragées les candidatures à ces fonctions, ces dispositions ne méconnaissent pas le principe d'égalité de traitement entre les agents d'un même corps. • CE 17 déc. 2003, n° 246494 A : *AJDA 2004. 783, note Durand-Prinborgne*.

10. Ouverture ou refus d'ouverture de postes. Le Conseil d'État a précisé qu'un tel litige n'est pas au nombre des litiges concernant le recrutement, au sens du 3° de l'art. R. 311-1 CJA. Par suite, le litige relatif au refus du président d'une université d'ouvrir un poste au titre de la procédure particulière de recrutement (art. 46-1) ressortit, en principe, à la compétence du TA dans le ressort duquel se trouve l'université. • CE 29 juin 2020, n° 421601 B : *LIJ 2021, n° 213, p. 18.*

11. Professeur des universités. Concours réservés aux universitaires ayant exercé des fonctions présidentielles. Un maître de conférences ayant exercé des fonctions de vice-président contestait la légalité du rejet de sa candidature, notamment en tant que le jury n'aurait pas motivé sa délibération. Le Conseil d'État rappelle que, selon l'art. 46-1 du Décr. du 6 juin 1984, le jury se prononce au vu de l'ensemble des activités de chaque candidat. Il arrête la liste des candidats retenus dans la limite d'un candidat au maximum pour chacun des emplois. Il en déduit qu'il ne résulte d'aucune disposition législative ou réglementaire, ni d'aucun principe, que la délibération par laquelle le jury qui se prononce sur les candidatures aux postes de professeur des universités à pourvoir au titre du concours réservé prévu par l'art. 46-1 doive être motivée. • CE 29 juin 2020, n° 426319 B : *AJFP 2021. 6 ; LIJ 2021, n° 213, p. 18.*

12. Décision d'ouverture. Communication. Saisie, à la suite du refus opposé par le président de l'université à la communication de la décision d'ouverture au concours pour le poste de maître de conférences, la CADA estime que ce document administratif est communicable à toute personne qui en fait la demande, en application de l'art. 2 de la L. du 17 juill. 1978. * CADA 6 juin 2013, *Univ. Jean Monnet-Saint-Étienne*, avis n° 20134301.

2° CONSEIL NATIONAL DES UNIVERSITÉS

BIBL. Garçon, Le Dernier Verrou. En finir avec le Conseil national des universités, *Éd. The Media Faculty, 2012*. – Melleray, Les attributions du Conseil national des universités, *in Le droit de l'enseignement supérieur en mouvement, AJDA 2015. 928*. – De Montecler, Recrutement des professeurs de droit : le CNU revient dans le jeu, *AJDA 2021. 421*. – Fiches démographiques des sections du Conseil national des universités, *MESRI, Études et regards statistiques, 2017 : http://www.enseignementsup-recherche.gouv.fr/cid85019/fiches-demographiques-des-sections-du-cnu.html.*

a. Composition

13. Loi de programmation de la recherche. Évaluation par une instance nationale. Garantie du principe d'indépendance (oui). Principe fondamental reconnu par les lois de la République (non). Le Conseil constitutionnel s'est prononcé sur la loi de programmation de la recherche pour les années 2021 à 2030 et portant diverses dispositions relatives à la recherche et à l'enseignement supérieur. Était notamment contesté par les députés et sénateurs requérants l'art. 4 de la loi qui organise une nouvelle voie de recrutement des professeurs d'université. Cette disposition permet au ministre d'autoriser un établissement public de recherche ou d'enseignement supérieur à recruter en qualité d'agent contractuel de droit public une personne en vue de sa titularisation dans le corps des professeurs de l'enseignement supérieur, lorsqu'un tel recrutement répond à un besoin spécifique lié à la stratégie scientifique de ce dernier ou à son attractivité internationale, dans des domaines de recherche pour lesquels il justifie de cette nécessité. Le Conseil a jugé à cette occasion que, si la règle selon laquelle les mérites des candidats à un poste de professeur ou de maître de conférences doivent être évalués par une instance nationale constitue une garantie légale du principe d'indépendance des enseignants-chercheurs, elle ne peut en elle-même être regardée comme figurant au nombre des principes fondamentaux reconnus par les lois de la République. • Cons. const. 21 déc. 2020, n° 2020-810 DC : *AJDA 2020. 2533* ; *D. 2021. 17* ; *AJFP 2021. 67*.

14. *Loi de programmation de la recherche. Suppression de l'exigence de qualification nationale. Méconnaissance du principe d'indépendance et du principe d'égal accès aux emplois publics (non).* Le Conseil constitutionnel a également écarté les critiques dirigées contre l'art. 5 de la loi, qui supprime l'exigence de qualification nationale pour le recrutement des professeurs des universités et des enseignants des écoles d'architecture, et autorise, à titre expérimental, les établissements publics d'enseignement supérieur à déroger à cette exigence pour le recrutement des maîtres de conférences « afin d'élargir les viviers des candidats potentiels et de fluidifier l'accès aux corps ». Il a en effet jugé que, en dépit de la suppression de l'exigence de qualification préalable par le CNU pour le recrutement en qualité de professeur ou de maître de conférences, les dispositions contestées garantissent que leurs pairs soient associés au recrutement des candidats à ces postes et que ces recrutements soient fondés sur l'appréciation des mérites des différents candidats. Il écarte en conséquence les griefs tirés de la méconnaissance du principe d'indépendance des enseignants-chercheurs et du principe d'égal accès aux emplois publics. • Cons. const. 21 déc. 2020, n° 2020-810 DC : *préc. note 13.*

15. *Mandat des membres du CNU. Durée.* La limitation à deux mandats consécutifs de membre titulaire du CNU ne porte atteinte ni au principe d'impartialité, ni au principe d'indépendance des enseignants-chercheurs. • CE 11 avr. 2014, n° 362582 : *AEF, Dépêche n° 479919, 28 avr. 2014, note Toulemonde.*

16. *Composition. Catégories de personnes assimilées. Chercheurs exerçant dans les établissements et les organismes de recherche (art. L. 952-24).* Une organisation syndicale contestait les dispositions qui ont pour objet de modifier l'art. 6 du Décr. du 16 janv. 1992 pour ajouter à la liste des catégories de personnes assimilées aux professeurs des universités et aux maîtres de conférences, pour l'application de l'art. 4 du même décret fixant la composition du CNU, les « chercheurs du niveau des directeurs de recherche et des chargés de recherche exerçant dans les établissements et les organismes de recherche ». Le Conseil d'État rejette la demande qui s'appuyait notamment sur l'argument que les dispositions en cause ne définissaient pas la notion d'« établissements et organismes de recherche ». Il considère en effet qu'il ressort des travaux préparatoires de l'art. 77 de la loi du 22 juill. 2013 qu'en assimilant aux enseignants-chercheurs « les chercheurs exerçant dans les établissements et les organismes de recherche », le législateur n'a entendu viser que les chercheurs exerçant dans des établissements ou organismes relevant de personnes morales de droit public. • CE 5 déc. 2016, n° 394370 : *LIJ 2017, n° 196, p. 12.*

b. Missions

17. *Qualité de jury.* Pour la première fois, le Conseil d'État qualifie de jury de concours une section du CNU statuant en matière de recrutement. En conférant cette qualité, le Conseil d'État conclut à la souveraineté du CNU dans l'appréciation de la valeur et des mérites des candidats. • CE 28 nov. 2013, n° 360409 : *AJDA 2014. 74* ; *ibid. 697, note Fortier* ; *AJFP 2014. 74* ; *LIJ 2014, n° 182, p. 15.* ♦ Cette décision remet en cause la position précédemment adoptée par le Conseil d'État qui avait refusé la qualité de jury, en estimant que les principes d'unité et de souveraineté des jurys de concours sont sans application dans la procédure instituée par les dispositions qui visent la reconnaissance d'une qualification au niveau national par le Conseil supérieur des universités et l'inscription sur une liste d'aptitude, dès lors que cette procédure n'a pas le caractère d'un concours. • CE 12 déc. 1994, n° 135460 B. ♦ Le Conseil d'État a déjà, dans le passé, retenu une telle qualification de jury au CNU pour un recrutement par la voie longue. • CE 4 avr. 2001, n° 223390 • CE 11 juin 2003, n° 244281 • CE 9 juin 2010, n° 333516.

18. *Appréciation souveraine des mérites.* L'appréciation portée par le Conseil national des universités sur les mérites d'un candidat, et en particulier sur la valeur de ses publications scientifiques, n'est pas, eu égard à son caractère souverain, susceptible d'être discutée devant le juge de l'excès de pouvoir. • CE 9 juin 2010, n° 333516 : *LIJ 2010, n° 148, p. 29.* ♦ En estimant que l'audition d'un candidat n'avait pas emporté la conviction de la majorité de ses membres, le groupe s'est livré à une appréciation souveraine des mérites de l'intéressée, qui n'est pas susceptible d'être discutée devant le juge de l'excès de pouvoir. • CE 22 juin 2007, n° 290173. ♦ Il n'appartient pas au juge administratif de contrôler l'appréciation de la qualité des travaux des candidats à laquelle procèdent les sections du CNU dans le cadre de la procédure d'inscription sur la liste de qualification aux fonctions de professeur des universités. En l'espèce, les moyens tirés de ce que la 74e section aurait commis des erreurs manifestes d'appréciation, en estimant insuffisantes les publications du requérant dans les revues répertoriées par l'AERES pour le domaine des sciences et techniques des activités physiques et sportives, ne peuvent qu'être écartés. • CE 17 juin 2015, n° 377063 : *AJFP 2015. 282* ; *AEF, Dépêche n° 503568, 2 juill. 2015, comm. Toulemonde.*

19. Rôle du CNU. Recrutement « voie longue ». Dans le cadre de la procédure de recrutement des enseignants-chercheurs par la « voie longue », l'avis rendu par la section compétente du CNU, qui agit alors « en qualité de jury de concours », « peut avoir pour effet de modifier l'ordre de la liste de classement des candidats établie par le comité de sélection », transmise par l'université. • CE 28 nov. 2013, n° 360409 : *AJFP 2014. 74* ; *AEF, Dépêche n° 360409, comm. Toulemonde.*

c. Fonctionnement

20. Examen des dossiers de candidature. Aucun texte ni aucun principe général du droit n'impose que l'examen par le Conseil national des universités des dossiers de candidature aux fonctions de professeur des universités soit confié à deux rapporteurs, ni que la décision du Conseil national des universités soit précédée d'une audition des candidats, ni que le rapporteur ayant examiné le dossier soit présent lors de la séance au cours de laquelle, après examen du rapport écrit établi par ce rapporteur, le Conseil national prend sa décision. • CE 12 déc. 1994, n° 140262 B.

21. Pièces justificatives. Rapport de soutenance. Validité. Une candidate ayant sollicité son inscription sur la liste de qualifications contestait l'irrecevabilité de son dossier au motif qu'il ne comportait pas de justificatif permettant d'établir l'obtention de son diplôme de doctorat alors qu'elle avait déposé, sur la plate-forme « galaxie », le rapport de soutenance de sa thèse à titre de pièce justificative permettant d'établir la possession d'un doctorat. En l'espèce, le juge souligne que « s'il est vrai que ce document ne mentionnait pas explicitement que l'intéressée se voyait décerner le doctorat au terme de la délibération du jury, ceci ressort néanmoins sans ambiguïté de ce rapport qui est intitulé « doctorat de l'université de Strasbourg » et qui comporte une « évaluation globale » dans le cadre de laquelle Mme F. a obtenu l'appréciation « exceptionnel » pour la rubrique « niveau scientifique » et la mention « très bon » pour les autres rubriques. Il estime que le rejet de la candidature est illégal. • CAA Paris, 26 nov. 2019, n° 18PA03956 : *AJFP 2020. 92, note Seurot* .

22. Pièces justificatives. Dossier incomplet. Demande de régularisation. Obligations de l'administration. Application des art. L. 114-5 et L. 114-6 CRPA. Une professeure agrégée demandait au juge d'annuler la décision par laquelle la ministre avait déclaré irrecevable son dossier de candidature à l'inscription sur la liste de qualification aux fonctions de maître de conférences au motif que son dossier n'était pas complet, le rapport de soutenance de thèse qu'elle avait fourni ne comportant pas la signature du président du jury exigée. Le tribunal juge qu'il résultait de ces dispositions combinées des art. L. 114-5 et L. 114-6 CRPA relatives aux demandes de régularisation des dossiers incomplets ou irréguliers, que « l'administration n'est tenue, à peine d'illégalité de sa décision, d'inviter l'auteur d'une demande affectée par un vice de forme ou de procédure, et notamment par un manque de pièce, à ne régulariser sa demande que si ce vice est susceptible d'être couvert dans les délais légaux » et que, par suite, « une telle obligation d'inviter à régulariser n'est pas applicable lorsque le vice affectant la demande, en particulier son caractère incomplet, est dûment opposé après l'expiration du délai qui a été légalement imparti à peine d'irrecevabilité pour présenter la demande et les pièces limitativement énumérées dont elle doit être assortie ». Le juge estime donc que la méconnaissance de ces dispositions ne saurait être utilement invoquée à l'encontre d'une décision rejetant une candidature à la qualification de maître de conférences comme irrecevable et justifiée par le motif que le candidat n'a pas déposé, dans le délai légalement imparti à peine d'irrecevabilité, un dossier comportant toutes les pièces limitativement énumérées. En l'espèce, il en conclut que la ministre était tenue de déclarer irrecevable la candidature. • TA Paris, 6 janv. 2021, n° 1808944 : *LIJ 2021, n° 215, p. 10.*

23. Modalités d'audition. N'ayant prévu dans ces modalités, qui doivent être les mêmes pour l'ensemble des candidats relevant d'un même groupe du Conseil national des universités, ni l'utilisation d'un vidéoprojecteur, ni celle d'un ordinateur portable, le président du groupe compétent du Conseil national des universités ne pouvait que refuser d'autoriser une candidate à utiliser un vidéoprojecteur et un ordinateur portable lors de son audition. • CE 12 mars 2010, n° 325999 : *LIJ 2010, n° 146, p. 16.*

24. Irrecevabilité de la candidature. Incompétence. Dans une affaire où le CNU n'a pas retenu la candidature du requérant à l'inscription sur la liste de qualification aux fonctions de professeur des universités au motif d'une irrecevabilité en raison du caractère incomplet du dossier, le juge rappelle les dispositions de l'art. 4 de l'Arr. du 16 juill. 2009 relatif à la procédure d'inscription sur les listes de qualification et en déduit qu'une telle décision ne pouvait qu'émaner du ministre chargé de l'enseignement supérieur. Il estime donc que le président de la section du CNU n'était pas compétent en la matière. • CE 11 févr. 2015, n° 377470 B : *AJDA 2015. 1131* ; *LIJ 2015, n° 188, p. 15* ; *AEF, Dépêche n° 495685, comm. Toulemonde.*

25. Critères de sélection illégaux. Aucune

disposition législative ou réglementaire ne permet au Conseil national des universités de retenir un critère tiré de l'âge des candidats aux fonctions de maître de conférences pour refuser leur inscription sur la liste de qualification. • CE 25 nov. 1998, n° 185442 A : *D. 1999. 13*.

26. Critères et modalités d'appréciation des candidatures. Obligation de publication. Si, pour l'application des dispositions de l'art. 1er du Décr. n° 92-70 du 16 janv. 1992 aux recrutements des professeurs d'université, il appartient à chaque section du Conseil national des universités (CNU) de publier les critères et modalités d'appréciation des candidatures qu'elle entend appliquer, tant dans le cadre de la procédure de droit commun, pour les décisions relatives à l'inscription préalable sur une liste de qualification, que dans le cadre de la procédure particulière dite du « 46-3 », pour les avis qu'elle doit rendre à ce titre, il ne résulte ni de ces dispositions, ni d'aucune autre disposition ou d'aucun principe que les sections seraient tenues d'établir et de publier des critères distincts pour ces deux procédures de recrutement. • CE 6 mai 2019, n° 408531 B : *AJDA 2019. 1026*.

27. Critères. Diversité. Dans une affaire où un candidat sur un poste de professeur des universités ouvert au titre « du 46-3 » avait été classé premier par un établissement mais le CNU avait émis un avis défavorable à sa nomination, le Conseil d'État rappelle que le CNU n'est pas tenu d'établir des critères d'appréciation propres à chacune des voies d'accès au corps des professeurs d'université. • CE 6 mai 2019, n° 408531 : *AJDA 2019. 1026* ; *AJFP 2019. 264* ; *LIJ 2019, n° 207, p. 6.*

28. Procédure prévue à l'art. 46-3°. Avis défavorable du CNU. Rapport motivé. Le Conseil d'État a jugé que, lorsqu'en application des dispositions du Décr. du 6 juin 1984, la section compétente du CNU émet un avis défavorable sur un candidat mieux placé, dans la liste de classement proposée par l'établissement, qu'un candidat sur lequel elle émet un avis favorable, elle est tenue d'établir un rapport motivé sur sa délibération, en explicitant, au regard notamment des avis motivés antérieurement émis par le comité de sélection sur les candidatures et la liste de classement, les raisons qui l'ont conduite à modifier le choix du candidat à nommer • CE 8 juin 2015, n° 372848 B : *AJDA 2015. 1184* ; *AJFP 2015. 282* ; *LIJ 2015, n° 190, p. 7.*

29. Délibération. Obligation de signature et de mention des prénoms, nom et qualité de l'auteur de la décision. À l'occasion du rejet par le Conseil national des universités (CNU) d'une demande d'inscription sur la liste de qualification aux fonctions de professeur des universités, le Conseil d'État rappelle les dispositions de l'art. L. 212-1 CRPA, qui prévoient que toute décision comporte la signature de son auteur ainsi que la mention du prénom, du nom et de la qualité de celui-ci, aux délibérations du CNU statuant en qualité de jury. Le Conseil d'État juge, dans une affaire où la décision attaquée comportait, en caractères lisibles, les nom, prénom et qualité du président du groupe compétent du CNU ainsi que sa signature, qu'il n'y a pas de vice de forme. • CE 25 sept. 2019, n° 421585 : *LIJ 2020, n° 209, p. 9.*

30. Urgence à statuer. Le juge des référés estime justifiée l'urgence une situation où deux emplois de professeurs des universités ont été ouverts au recrutement dans une discipline et dans un même établissement alors qu'une telle occasion d'être promue au rang de professeur risque de ne pas se reproduire avant plusieurs années. Alors que l'examen des candidatures doit commencer très prochainement, une telle situation d'urgence justifie une ordonnance du juge des référés ordonnant la suspension de l'exécution des délibérations contestées et enjoignant à la section du Conseil national des universités d'instruire la demande avant une date déterminée. • CE, ord., 20 nov. 2006, n° 298653.

31. Conséquences. Lorsque est annulée la délibération d'un jury du Conseil national des universités qui avait, d'une part, écarté la candidature du requérant à un poste de professeur d'université et, d'autre part, retenu pour ce même poste la candidature d'un autre candidat, mais que la décision ultérieure prononçant la nomination de ce dernier est devenue définitive, les droits créés par cette nomination font obstacle à ce que le ministre de l'éducation puisse la rapporter ou la déclarer caduque. Le ministre n'est pas davantage tenu, en exécution de la chose jugée, d'ouvrir un nouveau concours de recrutement. • CE, sect., 10 oct. 1997, *M. Lugan*, n° 170341 A : *AJDA 1997. 952, chron. Girardot et Raynaud* ; *RFDA 1998. 21, concl. Pécresse* ; *LPA 20 févr. 1998. 6, note Pélissier.*

32. Décisions créatrices de droits. Les admissions à concourir sont des décisions créatrices de droits. Un candidat au concours de recrutement des maîtres de conférences avait été qualifié pour quatre ans par le CNU en 1995. Une modification de la procédure intervient ultérieurement par un décret en 1995 réduisant la portée de la qualification à un an. Le candidat n'est pas qualifié en 1996. La décision du refus de classement par la commission de spécialistes de l'université est illégale. • TA Bastia, 9 oct. 1997, nos 97232, 97233 et 97234 : *AJFP 1998, n° 2, p. 7, concl. Chiaverini*.

d. Retrait de la qualification

33. Plagiat. Le Conseil national des universités, compétent pour prendre la décision d'inscription sur la liste de qualification aux fonctions de maître de conférences, est également compétent pour retirer cette décision. En l'espèce, retrait pour fraude, la thèse de l'intéressée, prise en considération pour son inscription sur cette liste, comportant des emprunts nombreux et manifestes à une autre thèse, sans les citations appropriées. • CE 23 févr. 2009, n° 310277 B : *AJDA 2009. 402* ; *LIJ 2009, n° 134, p. 18.* ♦ Si la thèse de Mme A.-B., qui portait sur un sujet très semblable à celui étudié par Mme C.F. mais appliqué au domaine plus limité de la sécurité sanitaire dans le domaine des aliments pouvait, sans qu'il y ait eu plagiat, comporter l'examen des mêmes problématiques se prêtant à des développements marqués de similitudes naturelles et si les auteurs, s'appuyant sur les mêmes éléments du droit positif, étaient nécessairement conduits à les expliciter en ayant recours à des formulations voisines, son travail reprend dans plusieurs de ses parties la même structure formelle, rend compte dans des termes très semblables des objectifs recherchés par la réglementation et la jurisprudence et de leur évolution et comprend de nombreux et importants paragraphes exposant les propres réflexions de l'auteur qui sont rédigés dans le même ordre et avec les mêmes termes que ceux contenus dans la thèse de Mme C.F., sans faire apparaître qu'il s'agit de citations. Ces faits sont constitutifs d'une fraude consistant à présenter des travaux qui étaient en réalité pour partie ceux d'un autre chercheur. • CE 23 févr. 2009, n° 310277 B : *préc.*

3° LISTES DE QUALIFICATION

BIBL. Sur l'amendement relatif à la suppression de la procédure de qualification lors de l'adoption du projet de loi relatif à l'enseignement supérieur et à la recherche : Poupeau, Enseignement supérieur : le texte adopté par le Sénat a mis le monde universitaire en émoi, *AJDA 2013. 1312* .

34. Qualification par une instance nationale. Principe d'égalité. QPC. Refus. Ayant fait l'objet d'un refus d'inscription sur la liste de qualification aux fonctions de maître de conférences établie par la section 02 du CNU (droit public), le requérant a soulevé une QPC qu'il estime contraire au principe d'égalité d'accès aux emplois publics. Le Conseil d'État refuse de soumettre au Conseil constitutionnel cette question, estimant que ces dispositions ont pour seul objet d'imposer qu'une même instance nationale apprécie la qualification de l'ensemble des enseignants-chercheurs et ne peuvent être, dès lors, regardées comme privant de garanties légales les exigences qui résultent du principe d'égalité d'accès aux emplois publics garanti par l'article 6 de la Déclaration de 1789. • CE 21 sept. 2015, n° 391314 : *AEF, Dépêche n° 507840, comm. Toulemonde.*

35. Établissement. Après avoir entendu deux rapporteurs désignés par son bureau pour chaque candidat, la section compétente du Conseil national des universités arrête, par ordre alphabétique, la liste de qualification aux fonctions de professeur des universités. Les rapporteurs, qui peuvent recueillir, sur les dossiers des candidats, l'avis écrit d'experts extérieurs, établissent des rapports écrits. Ces dispositions doivent être interprétées comme impliquant que les rapports des rapporteurs soient rédigés au plus tard pour la séance au cours de laquelle les candidatures sont examinées. • CE 10 mars 2004, n° 248886 A : *AJDA 2004. 1146, note Legrand* ; *AJFP 2004. 180* ; *D. 2004. 1211* ; *JCP Adm. 2004. 1268, concl. Keller.*

36. Régularité de la procédure. La circonstance que l'un des rapporteurs pour l'inscription d'un candidat sur la liste de qualification aux fonctions de professeur avait déjà exercé cette fonction lors de l'examen de la candidature du requérant aux fonctions de maître de conférences, n'entache pas la régularité de la procédure. • CE 2 mai 2007, n° 290529.

37. Absence de motivation. La délibération par laquelle la section compétente du Conseil national des universités établit la liste des candidats qualifiés pour exercer les fonctions de maître de conférences, qui doit être regardée comme la décision par laquelle un jury procède à l'appréciation des mérites d'un candidat, ne se rattache à aucune des catégories de décisions devant être motivées. • CE 29 mai 2000, n° 196399.

38. Refus d'inscription motivé. Le juge a un temps considéré qu'aucune disposition législative ou réglementaire ou aucun principe général n'imposait qu'il fût procédé en même temps à la communication des motifs du rejet de la candidature et à la notification du rejet de sa candidature. • CE 29 mai 2000, n° 196399. ♦ Il considère aujourd'hui que la notification de la décision par laquelle la section compétente du Conseil national des universités refuse d'inscrire un candidat sur la liste de qualification aux fonctions de maître de conférences doit, à peine d'illégalité, être assortie de la communication de l'énoncé des motifs qui la fondent alors même qu'elle ne relève pas du champ d'application des dispositions de la L. du 11 juill. 1979 relative à la motivation des actes administratifs. • CE 2 juin 2003, n° 249835 : *RD publ. 2003. 1141, note Drago.* ♦ Une décision qui, au moment de sa notification, n'a pas été assortie de la communication des motifs retenus pour écarter une demande d'inscription sur la liste de qualification aux fonctions de professeur des universités, est irrégulière, nonobstant la circonstance que les motifs de cette décision auraient été ultérieurement portés à la connaissance de l'intéressé. • CE 30 déc. 2002, n° 225515 B.

39. Motivation suffisante. La délibération qui procède à la simple affirmation que le candidat présente des insuffisances ou une inadéquation par référence aux critères scientifiques et/ou d'enseignement requis par la section 40 (science du médicament) du Conseil national des universités, sans préciser la nature des insuffisances relevées, n'est pas suffisamment motivée. • CE 17 déc. 2003, n° 242857 : *AJDA 2004. 996*.

40. Emploi interdisciplinaire. Dans le cas d'un emploi dont l'intitulé interdisciplinaire concerne deux sections, la procédure applicable pour procéder au recrutement implique une consultation de chacune des sections concernées ainsi qu'un avis favorable de chacune de ces instances pour qu'il puisse être procédé à la nomination du candidat choisi. Lorsque l'une des sections concernées s'est prononcée dans un sens défavorable à la candidature, cette circonstance est suffisante pour faire obstacle au recrutement. Dans ce cas, l'absence de soumission du dossier de l'intéressé à l'autre section n'entache pas d'irrégularité la procédure. • CE 21 déc. 2001, n° 219794 B.

41. Justification d'une activité professionnelle. Les dispositions du Décr. du 6 juin 1984 prévoient que les personnes qui justifient de six années d'activité professionnelle effective peuvent être candidates à une inscription sur certaines listes de qualification aux fonctions de professeur des universités. Aucune disposition n'exige que cette activité ait été exercée à temps plein. • CE 26 avr. 2000, n° 197329 B.

42. Durée de validité. L'inscription sur la liste de qualification aux fonctions de maître de conférences ou de professeur des universités, laquelle donne à ses titulaires le droit de se présenter aux épreuves des concours donnant accès à ces corps, est valable quatre ans à compter de la date à laquelle intervient la délibération par laquelle la section ou le groupe compétent du Conseil national des universités établit ladite liste. Il résulte des art. 5 des Arr. du 16 févr. 2005 que c'est à la date de clôture des inscriptions aux concours que doit s'apprécier la satisfaction, par les candidats, des conditions d'admission à concourir. • CE 26 janv. 2007, n°s 279944 et 279949 A : *LIJ 2007, n° 113, p. 12.*

43. Contrôle du juge. Les appréciations que comportent les avis écrits sur les candidatures, émis par des experts extérieurs, à la demande de la section compétente du Conseil national des universités chargée de l'examen des demandes d'inscription sur la liste de qualification, ne peuvent être discutées devant le juge administratif. • CE 16 mars 1998, n° 159605 B. ♦ L'appréciation à laquelle se livre une section du Conseil national des universités sur la qualification, par rapport aux différentes missions des enseignants-chercheurs, d'un candidat à l'inscription sur la liste de qualification aux fonctions de professeur d'université, n'est pas susceptible d'être contestée devant le juge de l'excès de pouvoir. • CE 22 juin 1994, n° 140029 A. • CE 29 mai 2000, n° 196399. ♦ Lorsque l'un des motifs sur lesquels s'est fondé le jury d'un concours pour écarter un candidat est illégal, il appartient au juge administratif d'examiner si les autres motifs auraient suffi à justifier la décision en cause. • CE 25 nov. 1998, n° 185442 A : *préc. note 25.*

44. Dispense d'inscription sur la liste de qualification. Concours dit « étranger ». Admission à concourir. Exercice effectif d'une activité d'enseignant-chercheur à l'étranger. Interprétation stricte. En application des dispositions de l'art. 22 du Décr. du 6 juin 1984, les candidats au concours de maître de conférences qui ne sont pas inscrits sur la liste de qualification établie par le CNU peuvent être admis à concourir à la condition qu'ils exercent effectivement une activité universitaire d'enseignement de leur discipline à l'étranger. Le juge précise que, d'une part, l'effectivité de l'expérience est seule à même de garantir, en l'absence de vérification à priori des compétences, une équivalence de niveau avec les candidats inscrits sur la liste et, d'autre part, cette filière constituant une exception au principe de recrutement sur liste de qualification, elle doit être mise en œuvre strictement par l'administration. Il estime donc que la vérification de la condition d'admission des candidats concernés doit intervenir à tous les stades de la procédure de recrutement et que le conseil académique, à la date à laquelle il statue, est tenu de rejeter comme irrecevables, les candidatures d'enseignants qui n'exerceraient pas ou n'exerceraient plus effectivement l'activité d'enseignant-chercheur dans un établissement d'enseignement supérieur d'un État autre que la France. En l'espèce, le candidat avait fait l'objet d'un licenciement pour raison exceptionnelle avec effet immédiat et ne faisait plus partie du personnel de l'université de la Ruhr à Bochum. Une attestation, dont le contenu et la sincérité ne sont pas contestés, démontrait qu'à la date à laquelle le conseil académique restreint avait statué sur la demande d'admission à concourir en dispense de qualification, le requérant n'exerçait plus d'activité effective d'enseignant-chercheur en Allemagne. Le juge a estimé qu'une réintégration juridique, qui n'a d'incidences que statutaires, ne saurait tenir lieu d'attestation d'activité effective et conclut que le conseil académique restreint de l'université Grenoble Alpes était donc tenu de rejeter la candidature alors même qu'il lui a opposé le motif de l'insuffisance de la qualité de ses travaux universitaires. • CAA Lyon, 7 janv. 2021, n°s 19LY02626, 19LY02627 et 19LY02628 : *LIJ 2021, n° 215, p. 10.*

4° COMMISSION DE SPÉCIALISTES

BIBL. Faivre, La disparition des commissions de spécialistes pour le recrutement des enseignants-chercheurs, *AJDA 2008. 785*.

Pour les comités de sélection (réforme de 2007) : V. art. L. 952-6-1.

45. Système antérieur à 2007. Dans le système antérieur à 2007, afin de concilier, dans les modalités de recrutement des enseignants-chercheurs, le droit des concours avec le principe d'autonomie des universités, les commissions de spécialistes constituaient de véritables jurys de concours, investies d'un pouvoir de proposition et seules habilitées à porter une appréciation sur les mérites respectifs des candidats.

46. Composition. Les membres de la commission qui, après le début du concours, perdent la qualité qui a permis de les désigner, continuent de siéger jusqu'à la fin des opérations de ce concours, à moins d'une décision leur interdisant de participer au service public de l'enseignement supérieur. • TA Paris, 4 avr. 2007, n°s 0514925/5 et 0514920/5 : *LIJ 2007, n° 116, p. 24.*

47. Composition. Suppléants. Un représentant suppléant n'a voix délibérative qu'en l'absence du membre titulaire qu'il remplace. Si tel n'est pas le cas, il peut néanmoins assister à la séance qu'à la condition de ne prendre part à la délibération ni au vote de cette dernière. • TA Paris, 4 avr. 2007, n°s 0514925/5 et 0514920/5. ♦ Pour mettre fin aux opérations du premier concours, le ministre s'est fondé sur la circonstance qu'en méconnaissance des dispositions de l'art. 9 du Décr. du 15 févr. 1988, la présidente de la commission de spécialistes, qui avait été absente lors la première réunion de cette commission, au cours de laquelle il a été procédé à l'examen des dossiers des candidats, aurait été présente lors de la seconde réunion de cette commission, au cours de laquelle ont été classés les candidats retenus après audition. Le juge administratif a estimé qu'il ne ressortait pas des pièces du dossier, notamment du procès-verbal de la deuxième réunion de la commission de spécialistes que la présidente de cette commission ait pris part à la délibération et au vote. Il en résultait que c'est à tort que le ministre de l'éducation nationale s'était fondé sur l'irrégularité de la délibération pour interrompre la procédure de recrutement. • CE 18 févr. 2005, n° 266174. ♦ La circonstance que, lors de la seconde réunion de la commission de spécialistes qui a procédé à l'audition des candidats admis à poursuivre le concours et a classé les candidats, un membre titulaire ayant délibéré lors de la première réunion ait été absent, n'a pas entaché la légalité de la délibération, dès lors qu'il n'est pas contesté que les quatre autres membres titulaires présents à la première réunion ont participé à la seconde réunion et ont régulièrement exprimé leur avis. C'est à bon droit que le membre suppléant du titulaire absent, qui n'avait pas assisté à la première réunion de la commission, n'a pas participé à la seconde. • CE 15 oct. 2007, n° 294477.

48. Composition. Impartialité. Si les intéressés travaillaient à l'université dans le laboratoire du professeur membre de la commission de spécialistes ayant examiné les candidatures, cette présence ne peut être regardée comme constituant par elle-même une irrégularité. Le juge vérifie toutefois qu'il ne ressort pas des pièces du dossier que les propositions des commissions soient intervenues pour des motifs étrangers à la valeur des candidats et révélant un manque d'impartialité de la part des personnes qui y siégeaient. • CE 23 avr. 1997, n° 167862 B. ♦ La circonstance que siège dans la commission mixte de recrutement des professeurs affectés dans les IUT un supérieur hiérarchique du candidat n'entache pas d'irrégularité la composition de la commission et n'est pas de nature à caractériser un manquement de la commission au principe d'impartialité. Le rapporteur examinant le dossier de candidature n'est pas tenu de formuler par écrit un avis favorable ou défavorable sur cette candidature. • CE 4 févr. 2004, n° 239219 B : *AJDA 2004. 791*. ♦ La circonstance que les deux rapporteurs qui ont examiné la candidature d'un requérant aient été, dans le passé, ses concurrents pour d'autres emplois de professeur des universités, n'est pas, par elle-même, de nature à affecter la légalité de la délibération. • CE 12 oct. 2006, n° 282148 : *AJDA 2006. 649, note Costa*. ♦ Le Conseil d'État estime que la seule circonstance qu'un membre du jury d'un concours connaisse un candidat ne suffit pas à justifier qu'il s'abstienne de participer aux délibérations qui concernent ce candidat. Il rappelle, en revanche, que le respect du principe d'impartialité exige que s'abstienne de participer, de quelque manière que ce soit, aux interrogations et aux délibérations qui concernent un candidat un membre du jury qui aurait avec celui-ci des liens, tenant à la vie personnelle ou aux activités professionnelles, qui seraient de nature à influer sur son appréciation. En l'espèce, deux des six candidats exerçaient les fonctions de maître de conférences dans le même service de chirurgie cardio-vasculaire dont le chef de service adjoint était membre du jury. L'un des cinq postes ouverts se trouvait au sein de ce même service. L'un des candidats n'ignorait pas que les relations entre le chef de ce service et l'autre candidat s'étaient dégradées, tandis que l'autre faisait état, parmi ses travaux en vue du concours, de recherches effectuées dans le laboratoire du chef de service. Dans ces circonstances, le Conseil d'État estime que ce dernier ne pouvait participer à la délibération de ce jury sans que soit méconnu le principe d'impartialité du jury. • CE 8 juin 2015, n° 370539 B : *AJDA 2015. 1181* ; *AJFP 2015. 284*.

49. Composition. Impartialité. Manquement. La présence de personnes ayant un lien de parenté avec un candidat. L'ancien mari d'une candidate au concours organisé en vue du recrutement d'un professeur des universités faisait partie de la commission de spécialistes auteur de la délibération proposant la liste des candidats admis à poursuivre les épreuves du concours. Quelles qu'aient été les modalités pratiques d'organisation des débats au sein de la commission, cette circonstance était de nature à priver les requérants des garanties d'impartialité auxquelles tout candidat est en droit de prétendre. • CE 10 févr. 1995, n° 109204 B. ♦ De même, la circonstance que plusieurs personnes, qui n'étaient pas membres de la commission compétente pour se prononcer sur les candidatures, aient assisté aux délibérations de la commission et participé aux premiers tours de scrutin est de nature à vicier les opérations de la procédure de recrutement. • CE 23 mars 1994, n° 104420 A. ♦ La commission de spécialistes était présidée par un professeur, qui avait été rapporteur au sein de la commission de spécialistes lors de plusieurs candidatures présentées par une candidate les années précédentes. Dans ces rapports, notamment celui rédigé pour la session ouverte l'année précédente pour le recrutement d'un professeur dans la même discipline, il avait émis à l'encontre de la candidate, de ses travaux et de sa manière de travailler, des considérations extérieures à l'appréciation de ses mérites scientifiques et mettant en cause son comportement privé, qui ne pouvaient se rattacher à l'appréciation des compétences d'un candidat que l'on attend d'un rapporteur. Le contenu de ces jugements aurait dû conduire ce professeur à ne pas siéger lors de l'examen, l'année suivante, de la candidature de l'intéressée. En exerçant la présidence de la commission dans ces conditions, le juge estime que la commission n'a pu délibérer dans des conditions garantissant l'impartialité requise. • CE 26 janv. 2007, n° 280955 : *AJDA 2007. 711* ; *LIJ 2007, n° 114, p. 8.* ♦ La présence d'un membre suppléant à la réunion de la commission de spécialistes qui examine la candidature d'un professeur à une mutation sur un poste où le membre suppléant est lui-même candidat est de nature à entacher d'illégalité l'avis de la commission. • CE 25 mai 2007, n° 295803.

50. Composition. Irrégularité. Formation restreinte aux enseignants-chercheurs et personnels assimilés de rang égal à celui de l'emploi postulé – Méconnaissance. Des candidats retenus par la commission de spécialistes pour le recrutement d'un professeur d'université affecté dans un IUT ont été écartés par la commission de recrutement de cet institut, puis par le conseil d'administration de l'université siégeant en formation restreinte. La commission de recrutement avait délibéré en présence du président de l'IUT, maître de conférences. Cette irrégularité au regard des dispositions de l'art. 56 de la L. du 26 janv. 1984 entache la procédure de consultation d'illégalité. Est annulée la délibération du conseil d'administration de l'université rendue au vu de cet avis irrégulier. • CE 4 mai 2001, n° 222117 B : *AJFP 2002. 16*.

51. Régularité de la convocation. Aucune règle ne s'oppose à ce que la convocation d'un candidat à son audition par la commission de spécialistes lui soit adressée par courrier électronique. • CE 12 oct. 2006, n° 282148 : *préc. note 48.*

52. Dossier de candidature. La commission de spécialistes examine les titres, travaux et activités des candidats et, après avoir entendu deux rapporteurs désignés par son bureau pour chaque candidat, établit une liste des candidats admis à poursuivre le concours. L'audition des candidats admis à poursuivre le concours est faite selon des modalités identiques pour un même concours. Les candidats établissent un dossier destiné au chef de l'établissement affectataire de l'emploi postulé. Les dispositions, qui énumèrent limitativement les pièces constituant le dossier du candidat, n'autorisent pas le président de la commission de spécialistes, laquelle a la qualité de jury de concours, à demander que le dossier d'un candidat soit complété par des documents autres que ceux réglementairement prévus. • CE 9 juill. 2007, n° 268208 B : *AJDA 2007. 1775*.

53. Jury de concours. Les commissions de spécialistes agissent comme jury de concours et sont souveraines. • TA Strasbourg, 2 nov. 2004, n° 0303147 : *AJFP 2005. 72*.

54. Compétence de la commission. Si la commission de spécialistes doit apprécier les capacités et la valeur des candidats en tenant compte des caractéristiques de l'emploi ouvert au concours, et si, le cas échéant, elle peut ne retenir aucune candidature, aucune disposition législative ou réglementaire ne lui donne en revanche compétence pour se prononcer sur la pertinence de la définition du poste ouvert au concours. • CE 9 juill. 2007, n°s 286297 et 289235 : *LIJ 2007, n° 119, p. 20.* ♦ Légalité de la procédure d'une commission où sept candidatures avaient été évaluées comme recevables. La seule circonstance qu'après un premier examen sur dossier, deux candidatures avaient été présélectionnées et qu'à l'issue de l'entretien avec les candidats intéressés, l'un d'eux seulement a été retenu et classé au premier rang sur la liste établie par la commission de spécialistes, l'autre y figurant comme non classé, ne permettait pas en elle-même de douter de la qualité du recrutement envisagé, contrairement à ce qu'avait estimé le conseil d'administration restreint. • CE 13 janv. 2010, n°s 317631 et 317632.

55. Principe de la souveraineté. Le principe de la souveraineté des jurys de concours fait obstacle à ce que, dans le cas où le conseil d'administration s'oppose au recrutement du ou des candidats figurant sur la liste de classement établie par la commission de spécialistes, l'autorité administrative se voit confier le pouvoir d'appeler ladite commission à délibérer à nouveau sur les mérites des candidats. • CE 12 déc. 1994, n°s 135460, 135530, 135555 et 135558 B.

56. Audition par la commission. Selon le

Décr. du 6 juin 1984 fixant les dispositions statutaires communes applicables aux enseignants-chercheurs et portant statut particulier du corps des professeurs des universités et du corps des maîtres de conférences, dans sa rédaction issue du Décr. du 4 déc. 1997, la commission de spécialistes doit procéder à l'audition des seuls candidats admis à poursuivre le concours. Il suit de là que la commission de spécialistes n'est pas tenue de procéder à l'audition d'un candidat n'ayant pas été admis à poursuivre le concours. • CE 1er mars 2006, n° 273602. ♦ La circonstance que le requérant et l'autre candidat n'exerçant pas d'activité au sein du laboratoire avec lequel le candidat retenu devait être amené à collaborer, aient été reçus par le directeur de ce laboratoire, également membre de la commission de spécialistes, à la suite de la première réunion de cette commission, n'avait nullement pour objet de constituer une épreuve supplémentaire de sélection mais, tout au contraire, de combler l'écart existant entre ces deux candidats et un troisième, qui appartenait à ce laboratoire. Dans ces circonstances, cette visite n'a ni constitué une rupture de l'égalité entre les candidats ni entaché la procédure de recrutement d'irrégularité. • CE 15 oct. 2007, n° 294477.

57. Exigence d'une motivation précise. En vertu du même décret, l'absence de classement des candidats fait l'objet d'un rapport motivé établi par le bureau de la commission de spécialistes qui le transmet au conseil d'administration. Cette formalité ne concerne que les candidats admis à poursuivre le concours. Dès lors, la requérante, seule candidate au poste à pourvoir, n'ayant pas été admise à poursuivre le concours, le bureau de la commission de spécialistes n'était pas tenu d'établir de classement ni de transmettre au conseil d'administration un rapport motivé concernant l'absence de ce classement. • CE 1er mars 2006, n° 273602. ♦ En se bornant à indiquer que l'intéressé « ne correspond pas au profil du poste » ouvert, sans préciser les raisons pour lesquelles il estimait qu'en l'espèce le requérant ne correspondait pas à ce profil, le comité de sélection a insuffisamment motivé sa décision. • CE 14 oct. 2011, n° 333712 B : *AJDA 2012. 169, note Legrand ; ibid. 2011. 1986 ; D. 2011. 2601 ; AJFP 2012. 76*.

58. Conséquences d'une annulation pour défaut de motivation. Annulation de la délibération du comité de sélection, de la délibération du conseil d'administration, de la décision du président de l'université et du décret nommant et titularisant l'intéressée professeur des universités. Il est de plus enjoint au comité de sélection de se prononcer à nouveau sur les candidatures au poste de professeur des universités dans un délai fixé par le juge. • CE 14 oct. 2011, n° 333712 B : *préc. note 57.*

59. Contrôle du juge. Absence de contrôle sur l'appréciation des mérites du candidat. Il appartient au juge de l'excès de pouvoir de s'assurer que, dans l'appréciation de l'adéquation du profil du candidat au poste mis au concours, la commission de spécialistes ne commet pas d'erreur manifeste. Mais l'appréciation portée par la commission sur les mérites scientifiques des candidats n'est pas susceptible d'être discutée au contentieux. • CE 26 mars 2003, n° 232663 B. • CAA Bordeaux, 30 sept. 2004, n° 00BX00070 : *AJFP 2005. 34*. ♦ Même solution adoptée pour le recrutement d'un professeur. • CE 13 oct. 2003, n° 247028 • CE 12 oct. 2006, n° 282148 : *préc. note 48.*

60. Erreur de droit. En fondant sa proposition sur un critère étranger à celui qui correspondait à l'intitulé de l'emploi dont la vacance avait été portée à la connaissance des candidats, la commission de spécialistes commet une erreur de droit. Ainsi en est-il de la proposition d'un professeur spécialiste de civilisation britannique « capable de participer à un projet pluridisciplinaire de recherches sur l'histoire culturelle de l'Europe... du XVIIe siècle à nos jours » alors que l'emploi était offert au titre de la « onzième section : civilisation nord-américaine ». • CE 2 déc. 1998, n° 152497 : *AJFP 1999. 14 ; Cah. fonct. publ. 1999. 41, concl. Combrexelle.* ♦ La décision d'une commission de spécialistes qui refuse de classer un candidat, sur le fondement des pré-rapports relatifs à la soutenance de thèse, est illégale car ceux-ci ne peuvent être considérés comme des titres, travaux et activités du candidat, puisqu'ils n'émanent pas du candidat. • TA Nice, 12 mars 2004, nos 990235 et 02-00361 : *AJDA 2004. 2461, concl. Portail*.

61. Spécialités. Erreur de droit. Absence. Pour être nommé dans un établissement de l'enseignement supérieur en qualité de maître de conférences, les candidats à cette fonction doivent demander à être inscrits sur une liste de qualification aux fonctions de maître de conférences, arrêtée par discipline, par la section compétente du Conseil national des universités, puis, lorsqu'ils ont été qualifiés, ils doivent présenter leur candidature aux emplois à pourvoir par concours de recrutement ouverts par arrêté ministériel, afin que celle-ci soit soumise à une commission de spécialistes et à une formation restreinte du conseil d'administration de l'établissement. Ces dispositions ne font pas obstacle à ce qu'un candidat inscrit sur la liste de qualification aux fonctions de maître de conférences par une section du Conseil national des universités puisse être candidat à un poste de maître de conférences ouvert au titre d'une autre section. Par suite, en retenant la candidature du requérant qualifié au titre de la 5e section science économique générale pour un poste ouvert au titre de la 6e section science de gestion, la commission de spécialistes de l'université n'a pas commis d'erreur de droit. • CAA Bordeaux, 30 sept. 2004, n° 00BX00070 : *préc. note 59* • CE 13 oct. 2003, n° 247028 • CE 12 oct. 2006, n° 282148 : *préc. note 48.*

62. *Ordre des délibérations.* Si les dispositions du Décr. du 16 janv. 1992 maintenues en vigueur jusqu'au 31 déc. 1995 imposent que la commission de spécialistes statue sur les candidatures présentées par voie de mutation avant de délibérer des candidatures au concours de recrutement dans le corps des professeurs des universités, elles ne lui interdisent pas de procéder à l'audition des candidats à ce concours ou de certains d'entre eux avant de se prononcer sur les candidatures des professeurs sollicitant leur mutation. • CE 20 mars 2000, n° 193419 B. ♦ Lorsqu'un poste de maître de conférences est ouvert à la mutation, la commission de spécialistes est tenue de procéder à l'examen de chacune des candidatures présentées à ce titre avant celui des candidatures présentées, le cas échéant, au titre de la réintégration des enseignants-chercheurs en détachement, puis des candidatures présentées au titre d'une procédure de recrutement. • CE 6 sept. 2007, n° 295001. ♦ La commission de spécialistes qui, à l'unanimité, se prononce contre le principe même de ce que le poste ouvert soit pourvu par la voie de la mutation, entache sa délibération d'illégalité. • Même décision.

63. *Demande de communication de documents.* Ni les dispositions du présent article, ni les mentions portées sur le site Internet de l'université que cite le requérant ne prescrivent l'établissement de rapports concernant les candidatures et ne comportent l'obligation d'une consignation par écrit des avis de ces rapporteurs. Dans ces conditions, les avis ou rapports doivent être considérés comme n'ayant jamais été établis. • TA Paris, 19 nov. 2009, n° 0720719 : *LIJ 2010, n° 141, p. 19.* ♦ Le Conseil d'État considère que l'art. 1er de la L. du 17 juill. 1978 exclut les documents qui n'ont pas été formellement établis et sont donc inexistants. Ainsi, si, en l'absence de disposition expresse prescrivant de consigner ces conclusions par écrit, il incombait cependant à ladite sous-commission de rédiger un tel document, il résulte des pièces figurant au dossier que ce compte-rendu n'a pas été établi. La circonstance qu'une trace écrite des conclusions de la sous-commission aurait dû être conservée est sans incidence sur la légalité de la décision de refus de communication prise par le président de l'université qui, fondée sur une impossibilité matérielle, n'a pas méconnu les dispositions de la L. du 17 juill. 1978. • CE 11 mars 1994, n° 117669. ♦ Dès lors que le requérant n'apporte aucun élément tendant à établir l'existence de rapports écrits, ces documents sont considérés comme inexistants. • TA Paris, 17 avr. 2008, n° 07009938 : *LIJ 2010, n° 141, p. 19.*

5° CONSEIL D'ADMINISTRATION

64. V. aussi notes ss. art. L. 952-6-1 (réforme de 2007).

65. *Pouvoirs du président de l'université.* S'il appartient au président de l'université de faire part au conseil d'administration de ses observations quant à la régularité et au bien-fondé de l'avis de la commission de spécialistes et d'inviter, le cas échéant, le conseil, à rejeter la proposition de la commission, il n'a pas le pouvoir de s'opposer à la transmission au conseil d'administration de la proposition de la commission de spécialistes. • CE 13 oct. 2003, nos 220031 et 233801 B : *AJDA 2004. 281, note Tanguy.*

66. *Composition. Irrégularité. Nombre de membres.* Un « conseil », instance collégiale, ne peut valablement siéger en présence d'un seul membre, y compris en formation restreinte. • CE 5 déc. 2011, n° 334059 A : *AJDA 2012. 339, concl. Keller ; ibid ; 2011. 2386 ; AJFP 2012. 120 ; LIJ 2012, n° 164, p. 13.*

67. *Rôle.* Le Conseil d'État est amené à censurer l'ingérence du conseil d'administration dans le choix effectué par la commission de spécialistes jouant le rôle d'un jury. • CE 13 janv. 2010, n° 319245 : *AJDA 2010. 748, concl. Keller.* ♦ Si le conseil d'administration de l'université n'a pas le pouvoir de modifier l'ordre de classement des candidats établi par la commission de spécialistes, il a celui de rejeter la totalité de la liste, notamment s'il estime que les candidats proposés ne correspondent pas aux besoins de l'établissement. Légalité de la décision du conseil d'administration d'une université qui, pour le recrutement d'un professeur, a rejeté la liste établie par la commission en se fondant sur l'insuffisance du nombre des candidats ayant postulé pour le poste, sur l'indigence des dossiers présentés et sur la nécessité de préserver l'excellence du corps professoral. • CE 26 avr. 2000, n° 197875 B. ♦ Aux termes de l'art. 2 du Décr. du 17 juill. 1985, les nominations des professeurs des universités et maîtres de conférences associés sont prononcées par les autorités compétentes pour la nomination des enseignants-chercheurs titulaires de même catégorie, sur la proposition de la commission de spécialistes concernée. Le conseil d'administration, seulement chargé d'émettre un avis, ne pouvait, sans méconnaître sa compétence, mettre un terme à une procédure de recrutement au seul motif qu'il entendait préalablement recueillir l'avis du conseil de l'unité de formation et de recherche, alors que la consultation de ce conseil n'est prévue par aucun texte. • CE 27 avr. 2006, n° 282133.

68. *Motivation insuffisante de la délibération.* Le conseil d'administration est soumis à l'obligation de motivation car il intervient comme un organe de gestion. Le conseil s'étant contenté d'une réponse stéréotypée, sa délibération est censurée. • TA Strasbourg, 2 nov. 2004, n° 020450 : *AJDA 2005. 616, note Latour.* ♦ En se bornant à estimer que le profil du candidat classé en première position par la commission de spécialistes n'était pas en adéquation avec les attentes de l'établissement pour l'emploi visé, sans préciser davantage en quoi le profil de l'intéressé ne correspondait pas aux attentes de l'établissement, le conseil d'administration n'a pas suffisamment motivé sa délibération. • CE 25 avr. 2007, n° 290197 B : *AJDA 2007. 1428*. ♦ Même solution pour une délibération se bornant, pour rejeter la liste, à estimer qu'il y avait un écart important entre le profil du candidat classé en première position par la commission de spécialistes et le profil affiché et nécessaire au laboratoire de recherche, sans préciser davantage en quoi résidait l'inadéquation sur laquelle il se fondait. • CE 18 avr. 2008, n° 307705. ♦ Même solution pour une délibération du conseil d'administration s'étant fondée sur les mérites respectifs des candidats et n'expliquant pas en quoi le requérant ne présentait pas le profil requis pour le poste ouvert. • CE 13 janv. 2010, n° 319245 : *AJDA 2010. 748, concl. Keller*. ♦ En sens contraire, une jurisprudence ancienne précisait que la délibération par laquelle le conseil d'administration rejetait la proposition d'une commission de spécialistes ne se rattachait à aucune des catégories de décisions qui doivent être motivées en application de la L. n° 79-587 du 11 juill. 1979 modifiée. • CE 9 juin 1999, n° 180507 B : ♦ Dans une autre affaire, le comité de sélection avait classé le requérant en numéro un sur la liste de deux candidats proposés au conseil d'administration, en relevant notamment qu'il s'agissait d'un jeune chercheur à fort potentiel, proposant des perspectives de recherche et d'enseignement dynamiques et dont la candidature était bien en phase avec le profil. Le juge administratif estime que le conseil d'administration, en se bornant à avancer le faible nombre de candidats, le fait que les profils présentés n'ont pas paru suffisamment en adéquation avec la stratégie de l'établissement et les réserves formulées par le comité de sélection, alors que ces réserves ne s'adressaient pas au candidat proposé a motivé de manière insuffisante sa délibération et celle-ci ne permettait de connaître ni en quoi le profil du candidat était inadéquat avec la stratégie de l'établissement ni les éléments de cette stratégie qui étaient susceptibles de justifier le rejet de sa candidature. • CE 24 oct. 2012, n° 354077 : *AJFP 2013. 77*.

69. Substitution de motifs. Absence. Lorsque le juge, saisi d'un moyen en ce sens, constate qu'une décision administrative est insuffisamment motivée, l'administration ne peut utilement lui demander de procéder à une substitution de motifs, laquelle ne saurait, en tout état de cause, remédier au vice de forme résultant de l'insuffisance de motivation. Ainsi, en se bornant, pour rejeter cette liste, à estimer que le profil d'un candidat classé en première position par la commission de spécialistes, n'était pas en adéquation avec les attentes de l'établissement pour l'emploi visé, sans préciser davantage en quoi le profil ne correspondait pas aux attentes de l'établissement, le conseil d'administration de l'université n'a pas suffisamment motivé sa délibération. • CE 25 avr. 2007, n° 290197 : *AJDA 2007. 1428*.

70. Contrôle du juge. Contrôle restreint. Le Conseil d'État exerce un contrôle restreint sur la délibération du conseil d'administration comme il le fait classiquement s'agissant d'une décision fondée sur des motifs d'opportunité administrative. • CE 4 nov. 1996, n° 162117 B • CE 27 juill. 2005, n° 274619.

71. Détournement de pouvoir. S'il est loisible au conseil d'administration de l'université de rejeter la liste de candidats à un emploi de professeur des universités proposée par la commission de spécialistes au motif que la qualification de ces candidats lui paraît insuffisante ou pour des motifs tirés de la politique générale de l'université, il ne peut le faire, sans entacher sa décision de détournement de pouvoir, dans le seul but de refuser de proposer au ministre la nomination de tout autre candidat que celui qui, d'ailleurs déjà en fonctions à l'université, avait été classé deuxième par la commission de spécialistes. • CE 4 nov. 2002, n° 229821 B : *AJDA 2003. 861, note Legrand*.

72. Détournement de pouvoir. Interruption de concours. Illégalité du motif. En l'espèce, le juge annule la décision par laquelle un président d'université a mis fin à une procédure de recrutement par concours au motif que cette interruption n'avait d'autre but que de favoriser l'un des candidats. En effet, il ressort des pièces du dossier, notamment de la succession des faits qui viennent d'être rappelés, que cette décision avait en réalité pour motif déterminant de faire en sorte que le poste soit attribué à un autre candidat. Un tel motif n'est pas au nombre de ceux qui peuvent légalement justifier l'interruption d'un concours de recrutement. • CE 25 févr. 2015, n° 374002 : *AJDA 2015. 1250* ; *AJFP 2015. 285* ; *AEF, Dépêche n° 506025, comm. Toulemonde.*

73. Référé. Urgence à statuer. Il y a urgence à suspendre une décision administrative lorsqu'elle préjudicie d'une manière suffisamment grave et immédiate à un intérêt public, à la situation du requérant ou aux intérêts qu'il entend défendre. Pour justifier de l'urgence qui s'attacherait à la suspension des délibérations d'une commission de spécialistes et du conseil d'administration d'une université proposant une nomination à un poste de professeur des universités ouvert au recrutement, la requérante invoque uniquement le caractère imminent de l'intervention du décret prononçant la nomination de la candidate proposée. Elle n'allègue aucune circonstance de nature à établir que cette nomination pourrait préjudicier à sa propre situation de professeur des universités dans la même discipline au sein de la même université ou aux intérêts du service public de l'enseignement supérieur. Faute d'urgence, la requête est rejetée. • CE, réf., 31 janv. 2006, n° 289578.

74. Référé. Absence d'urgence à statuer. La circonstance que, la candidature d'un maître de conférences n'ayant pas été retenue par la commission de spécialistes en vue d'une nomination dans un emploi de professeur des universités, le candidat estime avoir perdu une chance sérieuse d'obtenir le poste qu'il espérait, n'est pas de nature, à elle seule, à démontrer que cette décision porte à ses intérêts ou à l'intérêt public une atteinte suffisamment grave pour caractériser une urgence justifiant l'intervention d'une mesure de suspension. Les inconvénients résultant de l'organisation d'une nouvelle procédure de recrutement, ne suffisent pas davantage à établir l'urgence ni enfin, l'absence de nomination dans l'immédiat d'un professeur. • CE, réf., 23 juill. 2007, n° 307706.

75. Injonction. Dans le cas d'une annulation de la délibération et de toute la procédure qui a conduit l'année suivante à la nomination d'un autre candidat au même poste, le juge a prononcé une injonction de l'université de procéder à un nouvel examen de recrutement dans les deux mois. • TA Strasbourg, 2 nov. 2004, n° 0303147 : *préc. note 53.*

76. Réparation du préjudice. Professeur des universités. Compétence du Conseil d'État. Les dispositions du 3° de l'art. R. 311-1 CJA donnent compétence au Conseil d'État pour connaître en premier et dernier ressort de l'ensemble des litiges concernant le recrutement et la discipline des agents publics nommés par décret du Président de la République en vertu de l'art. 13, 3e al. de la Constitution et des art. 1er et 2 de l'Ord. n° 58-1136 du 28 nov. 1958, qu'il s'agisse des litiges relatifs aux décisions des autorités administratives prises en matière de recrutement et de discipline ou des litiges indemnitaires relatifs à la réparation du préjudice que ces décisions auraient causé. • CE 21 juin 2013, n° 354299 A : *AJDA 2013. 1303 ; AEF, Dépêche n° 184826, 1er juill. 2013, comm. Toulemonde ; AJFP 2014. 75, note Legrand .*

77. Réparation du préjudice. Droit à indemnisation. L'illégalité de la délibération du conseil d'administration constitue une faute de nature à engager la responsabilité de celle-ci. L'intéressé est en droit d'obtenir réparation des préjudices directs et certains ayant résulté pour lui de cette délibération. • CE 21 juin 2013, n° 354299 A : *préc. note 76.*

78. Réparation du préjudice. Droit à indemnisation. Perte d'une chance sérieuse. Dans une affaire où l'université faisait valoir que son conseil d'administration était en tout état de cause fondé à rejeter la candidature de la requérante, dès lors que les travaux de l'intéressée n'étaient pas en adéquation avec le poste à pourvoir et ne correspondaient pas à la stratégie développée par l'université, le juge estime qu'il résulte de l'instruction que le poste à pourvoir, ouvert sous l'intitulé « géographie humaine et sociale », était situé au sein d'une unité dont le projet scientifique comportait trois axes de recherche incluant les thématiques environnementales et urbaines, qui correspondaient au champ scientifique des travaux de l'intéressée ; que si ces travaux portaient, pour l'essentiel, sur l'Éthiopie, cette circonstance n'était pas de nature à les faire regarder comme étant en inadéquation avec le poste proposé ; qu'il ressort d'ailleurs des rapports présentés devant la commission de spécialistes sur la candidature de l'intéressée que les titres, travaux et activités de la requérante n'étaient pas en inadéquation avec le poste à pourvoir et la stratégie de l'établissement ; que, dans ces conditions, celle-ci doit être regardée comme ayant été privée d'une chance sérieuse d'occuper un emploi de professeur des universités. • CE 21 juin 2013, n° 354299 A : *préc. note 76.* ♦ L'illégalité d'une délibération du conseil d'administration lors d'une procédure de recrutement constitue une faute de nature à engager la responsabilité de l'établissement. L'université est condamnée à réparer les préjudices causés à un maître de conférences privé d'une chance sérieuse d'occuper l'emploi de professeur des universités pour lequel il avait été proposé en première position par le comité de sélection. • CE 8 oct. 2014, n° 365939 : *AEF, Dépêche n° 488812, 20 oct. 2014, comm. Toulemonde.* ♦ En l'espèce, le requérant doit être regardé comme ayant été privé, par la faute de l'université, d'une chance sérieuse d'occuper un emploi de professeur des universités du 1er sept. 2009 au 1er sept. 2011 et de percevoir le traitement correspondant. Il doit également être regardé comme ayant été privé d'une chance sérieuse de bénéficier, à l'intérieur du grade de professeur de 2e classe, des avancements d'échelon à l'ancienneté consécutifs à une nomination au 1er sept. 2009 jusqu'à la date de lecture de la décision. • CE 8 oct. 2014, n° 365939 : *préc.*

6° MINISTRE DE L'ENSEIGNEMENT SUPÉRIEUR

V. aussi notes ss. art. L. 952-6-1 (réforme de 2007).

79. Pouvoirs. Le ministre chargé de l'enseignement supérieur, non plus qu'aucune autre autorité administrative, ne tire d'aucun texte le pouvoir d'annuler ou de réformer une délibération du conseil d'administration d'un établissement public à caractère scientifique, culturel et professionnel relatif au recrutement d'un professeur des universités. Par suite, le ministre est tenu de rejeter le recours administratif introduit devant lui à l'encontre de la délibération d'un conseil d'administration. • CE 17 déc. 2009, n° 324069 : *LIJ 2010, n° 143, p. 12.* ♦ Le ministre de l'Éducation commet une erreur de droit en estimant que l'avis défavorable donné par le Conseil national des universités aux candidats placés en, première et en deuxième position par les instances compétentes de l'université lui interdisait de proposer l'affectation du requérant dans cette université, alors même que sa candidature avait été proposée par lesdites instances et avait reçu un avis favorable de ce même Conseil. • CE 19 oct. 2001, n° 219965 B : *D. 2002. 755, note Rolin*. ♦ Dans une affaire où le ministère avait demandé au président de l'université d'interrompre la procédure de recrutement pour nonconformité aux dispositions réglementaires régissant l'accès au corps des professeurs des universités, le juge rappelle que les candidats reçus à un concours ne peuvent se prévaloir d'un droit à être nommé et que l'administration est tenue d'exercer, à tous les stades d'une procédure de nomination, un contrôle de légalité. Elle précise que dans l'exercice de ce contrôle, les services du ministère ont estimé, à bon droit, que les dispositions de l'art. 48 du Décr. du 6 juin 1984 faisaient obstacle à ce qu'un professeur de sciences économiques soit recruté par la voie d'un concours organisé au titre du 1° de l'art. 46 de ce Décr. Par suite, le ministre était tenu d'interrompre la procédure et se trouvait en situation de compétence liée. • CE 24 oct. 2014, n° 372133.

80. Nouvel examen. Le juge administratif ayant annulé le refus du ministre de proposer la nomination d'un professeur des universités, celuici s'étant à tort cru lié par les avis défavorables du Conseil national des universités, rien n'interdit au ministre de procéder, sans rouvrir une procédure de recrutement, à un nouvel examen de la candidature de l'intéressé et reprendre la même décision en se fondant sur un autre motif, non erroné en droit, fondée sur l'intérêt du service. • CE 14 mai 1997, n°s 176806 et 180269 B.

81. Irrecevabilité d'une candidature. Dans une affaire où le CNU n'avait pas retenu la candidature du requérant à l'inscription sur la liste de qualification aux fonctions de professeur des universités au motif d'une irrecevabilité en raison du caractère incomplet du dossier, le juge rappelle les dispositions de l'art. 4 de l'Arr. du 16 juill. 2009 relatif à la procédure d'inscription sur les listes de qualification pour conclure qu'une telle décision ne pouvait qu'émaner du ministre chargé de l'enseignement supérieur. • CE 11 févr. 2015, n° 377470 B : *préc. note 24.*

82. Contrôle restreint du juge administratif. En estimant, au vu notamment de l'ensemble des avis émis sur la candidature de l'intéressée au poste de professeur des universités ouvert à l'école nationale supérieure d'arts et métiers, que le profil de celle-ci ne correspondait pas aux caractéristiques du poste auquel elle était candidate et qu'il ne pouvait dès lors proposer sa candidature au président de la République, le ministre de l'éducation nationale n'a pas commis d'erreur manifeste d'appréciation. • CE 15 nov. 2006, n° 283996.

83. Point de départ des délais de recours contentieux. Décision mise en ligne sur le site Galaxie. Une ATER, candidate à un poste de maître de conférences classée en seconde position par le comité de sélection, avait demandé l'annulation de l'arrêté nommant la personne qui avait été classée première au titre de la procédure de recrutement. Le juge précise, dans le cadre de ce contentieux, que l'obligation de publication de la liste des candidats recrutés dans le corps des maîtres de conférences sur le domaine applicatif du portail Galaxie, accessible depuis le site du ministère, prévue par les textes, avait constitué la mesure de publicité appropriée faisant courir le délai de recours à l'égard de la requérante. • TA Toulouse, 6 févr. 2019, n° 1702827 : *LIJ 2019, n° 207, p. 11.*

7° CONCOURS RÉSERVÉS

84. Recrutement des professeurs. Art. 46-1 du Décr. du 6 juin 1984. Un maître de conférences à l'université de Lille, ayant exercé les fonctions de vice-président chargé de la formation continue au sein de cette université, candidat à un poste de professeur des universités ouvert par la voie du concours réservé, prévu par l'art. 46-1, contestait le rejet de sa candidature par le jury sur le fondement de l'absence de motivation de la décision. Le Conseil d'État rejette la requête en rappelant qu'il ne résulte ni des dispositions de l'art. 46-1 ou de celles de l'Arr. du 9 mai 2018 pris pour son application, ni de celles de l'art. L. 211-2 CRPA, ni d'aucune autre disposition législative ou réglementaire, ni d'aucun principe, que la délibération par laquelle le jury se prononce sur les candidatures aux postes de professeurs des universités à pourvoir au titre du concours réservé prévu par l'art. 46-1 doive être motivée. En outre, il rappelle que l'appréciation portée par le jury d'un concours organisé sur le fondement de l'art. 46-1 sur les candidatures soumises à son examen n'est pas susceptible d'être discutée devant le juge de l'excès de pouvoir. • CE 29 juin 2020, n° 426319 B : *AJDA 2020. 1323*.

8° CONCOURS D'AGRÉGATION

BIBL. Beaud, Libres propos sur le concours d'agrégation du supérieur, *in Le droit de l'enseignement supérieur en mouvement, AJDA 2015. 920*. – Fulchiron, Propositions pour une réforme du concours d'agrégation, *D. 2019. 2369*. – Guérin-Bargues et Wachsmann, Défendre l'agrégation de droit et la réformer, *D. 2019. 2344*. – Lombard, « Ne sacrifiez pas une génération de jeunes et talentueux juristes ! », *AJDA*

2019. 1902. – De Montecler, La fin du deuxième concours d'agrégation de droit, *AJDA 2014. 1686*. – Plouseau, Qu'est-ce que l'agrégation du supérieur ? *La synthèse de l'ORS.fr, n° 50, oct.-nov.-déc. 2013. 26.*

85. Règlement du premier concours. Aucune disposition du règlement du premier concours national d'agrégation de droit public ne porte une atteinte illégale au principe d'égalité, ne viole ni le principe d'accessibilité et d'intelligibilité du droit ni les dispositions législatives et réglementaires relatives à la composition du jury. • CE 18 oct. 2002, n° 242896 : *AJDA 2002. 1353, note Cassia*.

86. Admission à concourir. Condition d'âge. Discrimination. Illégalité. Le Décr. n° 84-431 du 6 juin 1984 prévoyait une condition d'âge minimal de quarante ans pour se présenter au second concours national d'agrégation en droit public. Le juge a estimé que ces dispositions réservaient un traitement moins favorable aux personnes qui n'ont pas atteint le seuil d'âge de quarante ans par rapport à celles qui ont atteint cet âge et conduisait à traiter de façon différente des personnes qui présentent les titres et les conditions d'expérience professionnelle requis par la réglementation, la différence de traitement se fondant exclusivement sur le critère de l'âge respectif de ces personnes. Si le ministre chargé de l'enseignement supérieur a fait valoir que cette différence de traitement en fonction de l'âge se justifiait par la nécessité de limiter le nombre de candidats au second concours afin de préserver les perspectives de promotion des maîtres de conférence les plus âgés, il ne ressortait pas des pièces du dossier que, eu égard aux conditions de titre et d'ancienneté déjà exigées par le Décr. du 6 juin 1984 pour pouvoir postuler au second concours d'agrégation, l'admission à concourir des candidats répondant à ces conditions mais n'ayant pas atteint l'âge de quarante ans serait, en raison du nombre ou du profil de ces candidats, de nature à empêcher la promotion des maîtres de conférence plus âgés. Dès lors, cette différence de traitement ne répondait pas à une exigence professionnelle essentielle et déterminante. Il en a résulté que cette condition d'âge constituait une discrimination qui méconnaissait les dispositions de l'art. 2 de la L. n° 2008-496 du 27 mai 2008. • CE 26 janv. 2015, n° 373746 B : *AJDA 2015. 190* ; *D. 2015. 23* ; *AJFP 2015. 293, Comm. Otero*. ♦ En l'espèce, le référé-suspension avait été rejeté, le juge ayant estimé que « la circonstance que, en raison de la règle selon laquelle pour se présenter au second concours national d'agrégation de l'enseignement supérieur en droit public les candidats doivent être âgés d'au moins quarante ans au 1er janv. de l'année d'ouverture du concours, il ne peut se présenter cette année à ce concours, alors qu'il satisfera à cette condition d'âge lors de l'ouverture du concours suivant, ne porte ni à ses intérêts propres ni aux intérêts de l'ensemble des autres maîtres de conférences qui pourraient se porter candidats une atteinte suffisamment grave pour constituer une situation d'urgence ». • CE 4 déc. 2013, n° 373560 : *AJDA 2014. 320*.

87. Composition du jury. Aux termes de l'art. 49-2 du Décr. du 6 juin 1984, le jury de chaque concours d'agrégation comprend le président, nommé par le ministre chargé de l'enseignement supérieur parmi les professeurs de la discipline considérée, et six autres membres nommés par le ministre sur proposition du président du jury ; quatre de ces membres sont des professeurs de la discipline concernée. Les deux autres membres du jury sont choisis parmi les professeurs d'une autre discipline ou parmi les personnalités françaises ou étrangères du secteur public ou du secteur privé connues pour leurs compétences ou leurs travaux dans des domaines liés à la discipline considérée. Ainsi, est régulière la composition du jury du premier concours national d'agrégation de l'enseignement supérieur pour le recrutement des professeurs des universités en science politique, dans lequel a été nommé, au titre des quatre professeurs de la discipline concernée, un professeur ordinaire de science politique à l'université de Louvain-La-Neuve, en Belgique, le rang de professeur ordinaire étant équivalent, dans l'enseignement supérieur belge, à celui de professeur des universités français, responsable de l'unité de science politique et de relations internationales de cette université, membre du jury. • CE 28 avr. 2004, n° 254012 B.

88. Égalité des chances. Rupture du principe. Absence. Les dispositions de l'art. 49-2 du Décr. du 6 juin 1984 précisent que les 2 membres du jury du concours de l'agrégation de l'enseignement supérieur en droit public, qui ne sont pas des professeurs de droit public, sont soit des professeurs des universités dans l'une des disciplines pour lesquelles cet article prévoit des concours d'agrégation de l'enseignement supérieur, soit des personnalités connues pour leurs compétences dans des domaines liés au droit public. Le requérant dont les travaux avaient été examinés par un professeur de sciences politiques et non un professeur de droit public, alors que les travaux des autres candidats l'avaient été par 2 professeurs de droit public, soutenait que l'égalité des chances entre les candidats avait été rompue. Le Conseil d'État a estimé que tout membre du jury pouvant être désigné comme rapporteur, le jury n'a pas rompu l'égalité des chances entre les candidats. • CE 13 févr. 2012, n° 339626 : *AJDA 2012. 1024*.

9° AFFECTATION

89. Obligation d'installation. Un maître de conférences qui avait été président d'une université avait été nommé et titularisé par un décret du Président de la République en qualité de professeur des universités et affecté dans cette même université à compter de son installation. Malgré cette nomination par décret du Président de la République, le président en exercice de l'université avait tacitement opposé un refus à la demande du requérant de prendre les mesures nécessaires à son installation en qualité de professeur des universités. Le Conseil d'État considère que l'université était tenue de prendre, dans un délai raisonnable, les mesures nécessaires à l'exécution du décret le nommant professeur et l'affectant en son sein. En l'espèce, l'université des Antilles et de la Guyane, devenue l'université des Antilles, n'avait pris aucune des mesures requises pour l'installation du demandeur dans ses nouvelles fonctions. Le Conseil d'État ajoute que ni les dysfonctionnements relevés par la Cour des comptes dans la gestion de l'université durant la présidence de l'intéressé ni les procédures disciplinaires ou judiciaires engagées à son encontre ne pouvaient utilement faire obstacle à ces mesures d'exécution du décret de nomination. • CE 3 mai 2017, n° 391773 : *LIJ 2017, n° 199, p. 8.*

10° TITULARISATION

90. Liaison de la procédure de titularisation à la procédure de nomination. Alors même que le délai de recours contentieux serait expiré, le premier jugement du tribunal annulant l'arrêté de nomination d'un maître de conférences emporte par voie de conséquence l'annulation de la titularisation. La procédure de titularisation est totalement liée à la procédure de nomination • TA Strasbourg, 28 juin 2005, n° 0500198 : *AJFP 2005. 234, obs. P. C.*

91. Absence de droit à titularisation en première classe. Si les personnes nommées dans le corps des maîtres de conférences peuvent obtenir, lorsqu'elles ont exercé des fonctions d'enseignement supérieur de niveau au moins égal, que la durée de ces fonctions soit prise en compte pour leur classement dans leur corps lors de leur titularisation, en revanche, elles ne peuvent prétendre, dès lors que le concours à l'issue duquel elles ont été nommées en qualité de stagiaire n'a pas été ouvert en vue de nommer des maîtres de conférences de première classe, à être titularisées dans la première classe de ce corps. L'administration est uniquement tenue, dans un premier temps, de les titulariser à l'échelon de la deuxième classe correspondant à leur ancienneté déterminée après prise en compte des durées de fonctions d'enseignement exercées antérieurement puis, dans un second temps, d'examiner si les intéressées remplissent les conditions pour être promues au choix au grade supérieur. • CE 17 déc. 2003, n° 236566 B : *AJDA 2004. 942*.

92. Prise en compte des services accomplis antérieurement. Principe de l'équivalence de niveau. Les dispositions réglementaires permettent la prise en compte des fonctions d'enseignement ou de recherches accomplies dans des organismes privés, sous réserve que ces fonctions soient jugées, par le conseil supérieur des universités, d'un niveau équivalent à celui des fonctions exercées par les membres du corps auquel appartient l'intéressé. Elles permettent au demeurant la prise en compte des fonctions d'enseignement exercées à l'étranger, notamment dans les États membres de la Communauté européenne. • CE 22 févr. 2007, n° 281507 : *AJDA 2007. 655*.

93. Prise en compte des services accomplis antérieurement. Principe de l'équivalence de niveau. Avocat. Absence de principe. La section 2 du Conseil national des universités a estimé que le niveau des fonctions antérieurement exercées par un avocat n'était pas équivalent à celui des fonctions exercées par les membres du corps des maîtres de conférences. Le CNU considère en effet qu'à l'appui de sa demande, l'intéressé fait essentiellement état de certains des dossiers qu'il a défendus ou des consultations qu'il a données en cette qualité d'avocat et que ces activités, qui ne correspondent nullement à des fonctions de recherche ou d'enseignement, sont d'une nature différente de celles qu'exercent les maîtres de conférences, mais en outre ne sont pas du même niveau, dans la mesure où les grades et titres universitaires des avocats sont, d'une façon générale, nettement inférieurs à ceux des maîtres de conférences, lesquels sont tous, en pratique, docteurs en droit et ont produit nombres d'études postérieures à l'obtention de ce grade, et ont subi (...) des sélections d'une rigueur sans commune mesure avec celles permettant d'accéder à la profession d'avocat. • CAA Bordeaux, 19 oct. 2010, n° 09BX02601 : *AJDA 2011. 126*.

94. Prise en compte des services accomplis antérieurement. Principe de l'équivalence de niveau. Avocat. Équivalence. Au vu du dossier, le juge estime que l'avis du CNU est entaché une erreur manifeste d'appréciation que l'intéressé dans la mesure où celui-ci, docteur en droit, ne s'est pas borné à faire état dans sa demande de reclassement des dossiers contentieux qu'il a traités, mais s'est également prévalu de l'ensemble des enseignements qu'il avait dispensés et des publications dont il était l'auteur avant sa nomination dans la fonction publique, à savoir, d'une part, plusieurs enseignements juridiques à l'Université et à l'école nationale d'application des cadres territoriaux de Montpellier et d'autre part, la création d'une rubrique dans une revue juridique, la rédaction de dix articles juridiques et quatorze notes de jurisprudence, ainsi que la rédaction, en tant qu'auteur ou coauteur, de quatre ouvrages juridiques. • CAA

Bordeaux, 19 oct. 2010, n° 09BX02601 : *préc. note 93.*

95. Principes de l'égalité de traitement. Les agents nommés en qualité de stagiaires dans un corps de fonctionnaires accomplissent une période probatoire de services ou de formation qui est exigée par le statut particulier du corps dans lequel ils ont été recrutés, durant laquelle ils ne sont pas titularisés dans un grade de la hiérarchie afférente à ce corps, ayant seulement vocation à y être titularisés après la période probatoire. Les fonctionnaires nommés et titularisés dans un grade du corps et les agents nommés fonctionnaires stagiaires étant ainsi placés dans des situations différentes, les dispositions attaquées n'ont pas pour effet d'inverser illégalement l'ordre d'ancienneté entre des fonctionnaires déjà en fonctions. Par suite, le Décr. n° 2009-462 du 23 avr. 2009 a pu, sans méconnaître le principe d'égalité de traitement entre les fonctionnaires d'un même corps, prévoir des règles particulières de reclassement pour les stagiaires, y compris ceux en prolongation de stage, sans les appliquer aux fonctionnaires nommés et titularisés dans le corps des maîtres de conférences. • CE 7 juill. 2010, n°s 329054 et 329097 : *AJDA 2010. 2231 ; LIJ 2010, n° 148, p. 28.*

96. Ressortissant de l'Union européenne. Il résulte des stipulations du traité instituant la Communauté européenne que, lorsqu'un État membre prévoit, à l'occasion du recrutement du personnel, de prendre en compte des activités professionnelles antérieures exercées par les candidats au sein d'une administration publique, il ne peut, à l'égard des ressortissants communautaires, opérer de distinction selon que ces activités ont été exercées dans le service public de ce même État membre ou dans celui d'un autre État membre. Il suit de là que les dispositions de l'art. 4 du Décr. du 26 avr. 1985 qui prennent en compte, pour le classement des personnes recrutées dans l'enseignement supérieur, les services accomplis antérieurement en qualité d'agent non titulaire de l'État, des collectivités locales ou de leurs établissements, ne peuvent être regardées comme excluant la prise en compte de services de même nature lorsqu'ils ont été accomplis dans un autre État membre de la Communauté européenne. • CE 13 mars 2002, n° 209938 A : *AJDA 2002. 530, note de Montecler ; AJFP 2002. 21, obs. Moniolle* • CE 9 juill. 2003, n° 239085 B.

97. Même activité exercée dans deux États membres distincts. Reprise partielle d'activité. Contraire au principe de libre circulation. La CJUE a estimé que la réglementation autrichienne, en ne prenant pas en compte l'intégralité des périodes d'activités équivalentes accomplies dans un autre État membre, violait le principe de libre circulation des travailleurs en rendant cette libre circulation moins attrayante. • CJUE 10 oct. 2019, n° C-703/17 : *D. 2019. 1937 ; La Lettre Vigie 2019, n° 116, p. 19.*

98. Reclassement. Décr. n° 2009-462 du 23 avr. 2009. Principe constitutionnel de clarté et objectif de valeur constitutionnelle d'intelligibilité de la loi. Aux termes de l'art. 125 de la L. du 30 déc. 2009 de finances pour 2010 : Les maîtres de conférences régis par le Décr. n° 84-431 du 6 juin 1984 relatif au statut des enseignants-chercheurs de l'enseignement supérieur et les agents appartenant à l'un des corps assimilés à celui des maîtres de conférences en application de l'annexe du Décr. n° 2009-462 du 23 avr. 2009 relatif aux règles de classement des personnes nommées dans les corps d'enseignants-chercheurs des établissements publics d'enseignement supérieur, titularisés dans leur corps avant le 1er sept. 2009, classés dans le premier grade et en fonctions à la date de publication de la présente loi, peuvent bénéficier, sur leur demande, d'une proposition de reclassement établie par application du Décr. n° 2009-462 du 23 avr. 2009, la durée des services accomplis depuis la date de leur recrutement et jusqu'au 31 août 2009 étant prise en compte dans la limite d'un an. Toutefois, l'ancienneté de service des intéressés dans leur corps continue à être décomptée à partir de la date à laquelle ils y ont accédé. La demande doit être présentée dans un délai de six mois à compter de la date de publication de la présente loi. Les demandeurs doivent justifier, par tout moyen approprié, de la nature et de la durée des services à prendre en compte. L'administration leur communique une proposition de nouveau classement. Ils disposent alors d'un délai de deux mois pour faire connaître leur décision ». Pour contester la constitutionnalité de cette disposition législative, un requérant soutient que ces dispositions sont contraires au principe constitutionnel de clarté et à l'objectif de valeur constitutionnelle d'intelligibilité de la loi, et qu'elles sont en outre contraires au principe constitutionnel d'égalité entre les fonctionnaires d'un même corps. Le Conseil d'État estime, en premier lieu, que l'objectif de valeur constitutionnelle d'intelligibilité et d'accessibilité de la loi n'est pas au nombre, au sens et pour l'application de l'art. 23-1 de l'Ord. portant L. org. du 7 nov. 1958, des droits et libertés garantis par la Constitution. Il estime, en second lieu, que, les dispositions législatives rendant applicable le Décr. du 23 avr. 2009 aux maîtres de conférences intégrés dans ce corps avant l'entrée en vigueur du Décr. que ceux-ci n'étant pas dans la même situation que les maîtres de conférences nouvellement recrutés après l'entrée en vigueur du Décr., il ne peut être utilement soutenu que l'art. 125 de la LF pour 2010, en limitant à un an la durée de prise en compte des services accomplis antérieurement au 31 août 2009 par les maîtres de conférences titularisés avant le 1er sept. 2009, aurait méconnu le principe d'égalité entre agents d'un même corps. • CE, QPC, 6 oct. 2010, *M. Serge Slama*, n° 341584 : *AJDA 2010. 1910* ; *LIJ 2010, n° 149, p. 12.*

99. Principe d'égalité. Absence d'atteinte. Suite à son succès au concours de l'agrégation, un agent titulaire peut se voir appliquer un classement moins favorable qu'un agent non titulaire sans qu'il y ait d'atteinte au principe d'égalité dès lors que les agents titulaires ne se trouvent pas dans la même situation que les agents non titulaires. En l'espèce, il s'agissait d'un agent ayant antérieurement la qualité de fonctionnaire, l'échelon détenu dans son ancien corps entraînant pour lui un classement moins favorable que celui des agents non titulaires nommés dans ce même corps, dont le classement initial prend en compte de l'ancienneté acquise dans les fonctions antérieures. • CE 29 oct. 2007, n° 294491 : *AJDA 2008. 2108, note Faivre* .

II. CARRIÈRE

1° AVANCEMENT

100. Procédure. Une note de service d'un président d'université, qui prévoit que, en cas de pluralité des maîtres de conférences relevant d'une même section du Conseil national des universités pouvant postuler à un avancement, un classement devait impérativement être établi par la commission de spécialistes compétente, pose ainsi des règles nouvelles, de caractère statutaire, qui ne peuvent être légalement édictées que par décret en Conseil d'État. Le président de l'université était donc incompétent pour instituer un échelon supplémentaire de consultation non prévu par le Décr. du 6 juin 1984 relatif au statut des enseignants-chercheurs. • CAA Lyon, 19 juin 1998, n° 97LY02706 B. ♦ La décision par laquelle le ministre de l'éducation nationale, pour la mise en œuvre des dispositions relatives à l'avancement, répartit, pour une année donnée, en deux groupes les promotions à prononcer, en fonction des dates prévues de vacance des postes, les unes prenant effet sur des emplois vacants au 1er janv., les autres sur des emplois vacants au 1er sept., constitue une mesure d'organisation du service dépourvue de caractère statutaire. • CE 6 janv. 2006, *M. Danthony*, n° 265449 B : *AJDA 2006. 566* .

101. Droit au recours. En vertu des dispositions des art. 56 et 57 du Décr. du 6 juin 1984 portant statut des enseignants-chercheurs, dans leur rédaction applicable à la date du litige sur lequel le Conseil d'État a statué (req. n° 313186 du 22 oct. 2008), l'avancement de la première classe à la classe exceptionnelle des professeurs des universités se fait, pour partie, sur proposition de la section compétente du Conseil national des universités dans la limite des promotions offertes par discipline sur le plan national. Si le Conseil d'État statuant au contentieux a annulé la délibération des 2 et 3 mai 2007 de la 2e section du Conseil national des universités établissant la proposition d'avancement à la classe exceptionnelle des professeurs des universités en droit public pour l'année 2007, il résulte des pièces du dossier que, les nominations prononcées sur la base de cette délibération n'ayant pas fait l'objet de recours contentieux et n'ayant pas été retirées dans le délai de 4 mois après leur intervention, celles-ci sont devenues définitives et l'administration ne pouvait légalement les retirer en exécution de la Décis. n° 313186 du 22 oct. 2008. D'autre part, l'ensemble des promotions à la classe exceptionnelle au titre de l'année 2007 ayant été prononcées par le ministre sur proposition du Conseil national des universités en application des dispositions des art. 56 et 57 du Décr. du 6 juin 1984, l'exécution de la chose jugée par la Décis. n° 313186 du 22 oct. 2008 n'impliquait pas davantage que le ministre organisât une nouvelle délibération de la deuxième section du Conseil national des universités pour compléter la promotion de professeurs des universités en droit public à la classe exceptionnelle au titre de l'année 2007. Dès lors, le requérant n'est pas fondé à soutenir que la décision attaquée, par laquelle le ministre a refusé d'organiser cette nouvelle délibération de la deuxième section du Conseil national des universités, méconnaît la chose jugée par la décision du Conseil d'État du 27 juin 2002. • CE 5 déc. 2011, n° 334331 B : *AJDA 2011. 2452* .

102. Contrôle restreint. Pour la promotion de classe d'un professeur d'université, le juge de l'excès de pouvoir exerce un contrôle restreint sur l'appréciation des mérites des candidats portée par le Conseil national des universités. • CE 2 avr. 1997, n° 145614 A. ♦ Le juge administratif revient ainsi sur sa jurisprudence qui considérait que l'appréciation de la valeur professionnelle était insusceptible de recours. • CE 7 avr. 1995, n° 154129 A.

103. Appréciation de l'ancienneté. Le requérant ayant été promu au 1er échelon de la classe exceptionnelle du corps des professeurs des universités à compter du 1er sept. 2006, il remplissait dès lors, à compter du 1er mars 2008, les conditions d'ancienneté mentionnées à l'art. 57 du Décr. du 6 juin 1984. Il est, par suite, fondé à soutenir qu'en se bornant à apprécier son ancienneté à la date du 31 déc. 2007, pour en déduire qu'il ne remplissait pas les conditions autorisant sa promotion, le ministre de l'enseignement supérieur et de la recherche a entaché sa décision d'une erreur de droit. • CE 2 déc. 2009, n° 318787 : *AJDA 2010. 1102* .

104. Enseignant handicapé. Refus de promotion. Discrimination. Illégalité. Un professeur handicapé à la suite d'un accident de service, dispensé d'activités pédagogiques, demandait une promotion au grade de professeur d'université de 1re classe. Il avait finalement été promu après que l'université avait refusé ses demandes durant trois années. Après avoir saisi le Défenseur des droits, qui avait rendu un avis concluant qu'il avait été victime de discriminations dans sa progression de carrière du fait de son handicap, il demandait à être indemnisé des différents préjudices résultant de cette discrimination. La cour rappelle l'obligation faite à l'administration de prendre les règlements spécifiques et les mesures appropriées, au cas par cas, pour permettre l'accès de chaque personne handicapée à l'emploi pour lequel elle postule, sous réserve, d'une part, que ce handicap n'ait pas été déclaré incompatible avec l'emploi en cause et, d'autre part, que ces mesures ne constituent pas une charge disproportionnée pour le service. Elle rappelle la possibilité toutefois offerte à l'administration, pour le bon fonctionnement du service public, d'édicter des obligations de portée générale fixant des conditions d'aptitude physique liées à l'exercice même de certains emplois. En l'espèce, elle juge qu'en ne retenant pas la candidature du requérant au motif qu'il n'exerçait aucune activité d'enseignement, alors qu'il en avait été dispensé en raison de son handicap, l'université avait commis une illégalité fautive de nature à engager sa responsabilité. • CAA Paris, 10 avr. 2018, n° 16PA03817 : *LIJ 2018, n° 204, p. 17.*

105. *Professeurs de l'enseignement supérieur agricole.* Il résulte des dispositions des art. 34 et 50 du Décr. du 21 févr. 1992 portant statuts particuliers des corps d'enseignants-chercheurs des établissements supérieurs publics relevant du ministère de l'agriculture que les sections qui composent la commission nationale des enseignants-chercheurs, lorsqu'elles émettent leur avis sur les professeurs candidats à l'avancement, doivent procéder au classement de tous les candidats et non se borner à proposer une sélection de ceux-ci à la commission. • CE 10 mai 2006, n° 270455 B.

2° MUTATIONS

106. *Emplois offerts à la mutation.* Aux termes de l'art. 18 de l'Arr. du 1er mars 2000 portant déclaration de vacance d'emplois de professeur des universités offerts à la mutation, au détachement et, en application du 1° de l'art. 46 du Décr. du 6 juin 1984 modifié, au recrutement (année 2000), les candidats admis à un ou plusieurs concours doivent faire parvenir au ministre au plus tard le 28 juin 2000 par voie télématique ou, à défaut, par écrit leur engagement d'occuper l'emploi ou l'un des emplois correspondants qu'ils devront classer par ordre décroissant de préférence. En vertu de l'art. 19 de cet Arr., la saisie des vœux peut être modifiée par voie télématique jusqu'au 28 juin 2000 inclus. Passée cette date limite, les candidatures ne peuvent plus être présentées. • CE 8 févr. 2002, n° 229650 B.

107. *Compétence de la commission de spécialistes.* Pour la procédure de mutation applicable aux professeurs des universités, la commission de spécialistes doit apprécier les capacités et la valeur des candidats à une nomination dans l'emploi déclaré vacant, en tenant compte des caractéristiques de cet emploi. Le cas échéant, elle peut ne retenir aucune des candidatures. En revanche, aucune disposition législative ou réglementaire ne lui donne compétence pour se prononcer sur la question, qui relève de la compétence d'autres instances de l'université, de l'opportunité de pourvoir à l'emploi. Elle ne peut, par suite, légalement décider de surseoir à statuer sur le mérite des candidats « ... dans l'attente des décisions stratégiques de l'université ». • CE 30 juin 2000, nos 210123 et 214298 B.

108. *Priorité de mutation.* S'ils ne justifient pas de trois ans de fonctions en position d'activité dans l'établissement où ils sont affectés, les professeurs des universités ne peuvent déposer une demande de mutation qu'après avoir obtenu l'accord de leur chef d'établissement d'affectation, donné après avis favorable du conseil d'administration siégeant en formation restreinte. Le juge administratif estime que pour quitter l'établissement le bénéfice de la priorité qu'instaurent les dispositions de la L. du 11 janv. 1984 en faveur des fonctionnaires séparés de leur conjoint pour des raisons professionnelles ne s'applique qu'aux fonctionnaires ayant sollicité leur mutation et non aux professeurs ayant sollicité l'autorisation préalable à la mutation. • CE 16 janv. 2008, n° 304353 : *AJDA 2008. 774 ; LIJ 2008, n° 123, p. 17.*

109. *Réintégration après disponibilité. Droit à réintégration. Absence. Refus. Intérêt du service. Légalité.* Dans l'exercice des pouvoirs délégués aux présidents des universités en application de l'art. L. 951-3, lorsqu'un enseignant-chercheur en position de disponibilité sollicite sa réintégration auprès du président de l'université dans laquelle il était affecté avant son départ, en demandant d'occuper un poste dans cette université, le président peut légalement, eu égard à l'absence de tout droit des enseignants-chercheurs en disponibilité à être réintégrés dans l'établissement où ils étaient précédemment affectés, opposer un refus à cette réintégration en raison d'un motif tiré de l'intérêt du service, notamment l'absence, dans cette université, d'emploi vacant dans le grade sur lequel il pourrait être réintégré. En l'espèce, le juge a estimé que, « compte tenu de la nature et de la notoriété des agissements de [l'intéressé] dans cette université antérieurement à sa mise en disponibilité, sa réintégration dans cette université présentait, à la date à laquelle la demande de réintégration a été rejetée, un risque de troubles au bon fonctionnement de l'université ». • CE 14 nov. 2018, n° 406371 B : *AJDA 2018. 2505, concl. Lieber ; ibid. 2273 ; LIJ 2019, n° 205, p. 13.*

110. Contentieux. Juge compétent. Le litige relatif au recrutement par voie de mutation d'un professeur des universités ressortit à la compétence de premier et dernier ressort du Conseil d'État, en application du 3° de l'art. R. 311-1 CJA (sol. impl.). • CE 29 mai 2020, n° 424367 B : *AJDA 2020. 1090 ; AJFP 2020. 244, comm. Zarca ; LIJ 2021, n° 213, p. 18.*

3° OBLIGATIONS

111. Astreinte à résidence. S'ils ne justifient pas de trois ans de fonctions en position d'activité dans l'établissement où ils sont affectés, les professeurs des universités ne peuvent déposer une demande de mutation qu'avec l'accord de leur chef d'établissement d'affectation, donné après avis favorable du conseil d'administration en formation restreinte aux enseignants-chercheurs de rang au moins égal. Lorsqu'ils examinent une demande d'autorisation à une candidature à la mutation formulée pour des motifs familiaux par un professeur qui ne justifie pas de trois années d'exercice dans sa précédente affectation, il appartient au conseil d'administration et au président de l'université de se prononcer, sous le contrôle du juge, en fonction, d'une part, de l'intérêt du service, d'autre part, de la situation familiale de l'intéressé. Dans une affaire où un professeur avait continué de résider, avec son épouse et ses quatre enfants, sans avoir sollicité l'autorisation prévue dans la ville de son ancienne affectation, alors que ses enseignements étaient regroupés sur deux journées par semaine, le juge a estimé que, quelles que soient les contraintes et les charges financières qui résultent du trajet en train entre Dijon et Amiens et de la nuit d'hôtel passée par l'intéressé entre deux journées d'enseignement, l'éloignement entre ces deux villes, les moyens de transport existants entre elles et les conditions d'exercice du service de l'intéressé ne sont pas tels qu'en l'absence de difficultés particulières, tenant par exemple à l'état de santé d'un membre de sa famille, les effets des décisions contestées, qui se bornent à prolonger pour une année universitaire supplémentaire des contraintes qui découlent de l'application de la réglementation et des choix faits par le requérant après sa réussite à l'agrégation, ne portent pas à la situation du requérant une atteinte suffisamment grave pour caractériser une urgence justifiant que, sans attendre le jugement de la requête au fond, une mesure de suspension soit prononcée. • CE, réf., 7 mai 2007, n° 304352.

112. Obligation de tolérance et d'objectivité. Le Conseil national de l'enseignement supérieur et de la recherche statuant en matière disciplinaire a relevé que l'intéressé, par un article publié dans la revue *Économies et sociétés* et signé en précisant sa qualité de maître de conférences à l'université de Lyon 3, d'une part, contribuait à la campagne négationniste en s'appuyant exclusivement sur des arguments non scientifiques, en écartant tous les travaux historiques et en mettant en cause la rigueur des témoins et survivants des chambres à gaz ainsi que celle des historiens et, d'autre part, soutenait avec véhémence des thèses racistes et antisémites. Il a pu légalement en déduire que celui-ci avait manqué aux obligations de tolérance et d'objectivité imposées aux enseignants et aux chercheurs par l'art. 57 de la L. du 26 janv. 1984 sur l'enseignement supérieur • CE 28 sept. 1998, *M. Notin,* n° 159236 B.

113. Participation aux jurys. Préparation et contrôle des connaissances. Portée. Inclusion. Surveillance et correction des épreuves. Transcription des notes. Alors qu'était contestée une note du ministre rappelant les dispositions applicables aux enseignants-chercheurs en cas de grève et d'absence de service fait, cette note indiquant que les obligations de service des personnels enseignants de l'enseignement supérieur impliquent notamment la participation aux heures d'enseignement inscrites dans les tableaux de service et selon les emplois du temps prévus, la surveillance et la correction des épreuves d'examen ainsi que la participation aux délibérations de jurys, de même que la transcription des notes et que l'absence de service fait peut être constatée lorsqu'elle porte sur des activités programmées de façon calendaire, notamment celles exercées en présentiel (cours, TP, TD, surveillance d'examens, auditions, etc.) et dont le calendrier prévu coïncide avec une période couverte par un préavis de grève, cette note n'a ni pour objet, ni pour effet d'ajouter des charges et missions nouvelles pour les enseignants-chercheurs par rapport à celles définies par le Décr. n° 84-431 du 6 juin 1984. Ces missions font partie des obligations de service des enseignants-chercheurs. • CE 12 févr. 2020, n° 421997 B : *AJDA 2020. 380 ; LIJ 2020, n° 211, p. 9.* ♦ Alors que les requérants soutenaient que certaines de ces missions dépassaient du cadre des obligations de service énoncées par le Décr. n° 84-431 du 6 juin 1984, le Conseil d'État rappelle que le non-accomplissement de ces missions doit entraîner une retenue sur salaire en cas de service non fait. • CE 12 févr. 2020, n° 421997 B : *préc.*

114. Service fait. Rappel des obligations. Grève. Le juge, saisi de la légalité de la note du ministre rappelant aux présidents et directeurs le cadre juridique applicable aux enseignants-chercheurs en cas de grève et d'absence de service fait (n° 2018-081 du 7 mai 2018), estime que ladite note se borne à rappeler les dispositions en vigueur. Il considère que la note attaquée, en indiquant que les obligations de service des personnels enseignants de l'enseignement supérieur impliquent la participation aux heures d'enseignement inscrites dans les tableaux de service et selon les emplois du temps prévus, la surveillance et la correction des épreuves d'examen ainsi que la participation aux délibérations de jurys, de même que la transcription des notes et que l'absence de service fait peut être constatée lorsqu'elle porte sur des activités programmées de façon calendaire, notamment celles exercées en présentiel (cours, TP, TD, surveillance d'examens, auditions, etc.) et dont le calendrier prévu coïncide avec une période couverte par un préavis de grève n'a ni pour objet, ni pour effet d'ajouter des charges et missions nouvelles pour les enseignants-chercheurs par rapport à celles définies par le Décr. du 6 juin 1984. • CE 12 févr. 2020, n° 421997 B : *préc. note 113.*

115. Délégation. Contrat. Résiliation. V. notes ss. art. L. 952-3.

Cumuls. Emploi. Mandat. V. notes ss. art. L. 952-3.

4° DISCIPLINE

BIBL. Parent, La possibilité d'anonymiser des témoignages dans le cadre d'une procédure disciplinaire dirigée contre un enseignant-chercheur, *LIJ 2013, n° 180, p. 21.* – Un décret distingue les procédures disciplinaires applicables aux enseignants et aux étudiants dans les établissements publics d'enseignement supérieur, *La lettre VIGIE, n° 123, juin-juill.-août 2020. 15.*

116. Procédure disciplinaire. CNESER. V. notes ss. art. L. 232-2.

117. Audience disciplinaire. Convocation. Légalité. Même si l'universitaire a annoncé qu'il estimait sa présence à l'audience inutile, la juridiction doit l'avertir régulièrement du jour de l'audience. • CE 22 févr. 2012, n° 333573 B : *AJDA 2012. 408 ; AJFP 2012. 278.* ♦ En l'espèce, le requérant avait informé la juridiction, par un courrier daté du 9 avr. 2009, qu'il se rendrait aux États-Unis du 14 avr. 2009 au 25 juill. 2009 et que les actes de procédures devaient être envoyés pendant cette période à sa nouvelle adresse à Minneapolis ; le courrier du 15 mai 2009 envoyé à cette nouvelle adresse et convoquant l'intéressé à la séance de jugement du 9 juin 2009, a été présenté à cette adresse en son absence le 29 mai 2009 et a été retiré par l'intéressé le 12 juin 2009 et n'a pas permis d'avertir régulièrement M. G. de la date de l'audience ; il ne ressort d'aucune autre pièce du dossier que M. G. ait été régulièrement convoqué 15 jours avant la date de la séance de jugement. • CE 22 févr. 2012, n° 333573 B : *préc.*

118. Abandon de poste. Autorité compétente. Président. Un président d'université est compétent pour adresser à un maître de conférences en situation d'abandon de poste une mise en demeure de rejoindre son poste. En effet, le président d'université qui a autorité sur l'ensemble des personnels de l'université est compétent, après avoir rappelé à l'intéressé ses obligations d'enseignement, pour lui adresser une mise en demeure de rejoindre son poste, alors même que le prononcé de la mesure de radiation des cadres pour abandon de poste relève du pouvoir du ministre en sa qualité d'autorité investie du pouvoir de nomination des maîtres de conférences. Par ailleurs, la mise en demeure, qui précise clairement que le requérant s'expose à une mesure de radiation des cadres sans accomplissement de la procédure disciplinaire préalable, est régulière et a laissé au requérant un délai suffisant pour rejoindre son poste. • CAA Bordeaux, 8 oct. 2013, n° 12BX011001 : *AJDA 2014. 429.*

119. Faute disciplinaire. Publications. Fausses déclarations. Dans une affaire où la section disciplinaire du conseil d'administration de l'université de Bretagne occidentale avait prononcé à l'encontre d'un professeur des universités, la sanction d'abaissement d'échelon en raison de fausses déclarations relatives à ses publications scientifiques, le CNESER, statuant en matière disciplinaire, a annulé la sanction. L'université de Bretagne occidentale s'étant pourvu contre cette décision, le Conseil d'État a considéré qu'il ressort des énonciations de la décision attaquée que le CNESER avait notamment retenu que l'intéressé avait « traité avec légèreté et mépris » la demande qui lui avait été faite de produire une fiche complète et exacte recensant ses publications pour l'AERES et qu'il avait laissé signer une fiche de publications qui n'était pas entièrement exacte. Il estime qu'en jugeant que ces agissements n'étaient pas constitutifs d'une faute de nature à justifier une sanction, le CNESER a donné aux faits énoncés une qualification juridique erronée. La décision du CNESER est annulée. • CE 21 sept. 2015, n° 375504 ; *AJDA 2016. 181 : AEF, 29 sept. 2015, Dépêche n° 507077, comm. Toulemonde.*

120. Faute disciplinaire. Principe de proportionnalité. Dans une affaire où, au cours d'une mission de fouilles archéologiques qu'il dirigeait à Oman, un enseignant-chercheur de l'université Paris I Panthéon-Sorbonne avait invité à de nombreuses reprises une de ses étudiantes dans sa chambre la nuit pour de longues conversations personnelles et que, au cours de ces rencontres, s'il n'y a pas eu de relations sexuelles, « certains [de ses] gestes ont dépassé le cadre d'une relation amicale », le Conseil d'État juge qu'en déduisant des faits ainsi relevés que le maître de conférences avait commis une faute de nature à justifier une sanction disciplinaire, faute de « conserver la distance requise » et de « s'imposer des règles de conduite très strictes », le CNESER n'a entaché sa décision, qui est suffisamment motivée, d'aucune erreur de qualification juridique. Il poursuit en précisant qu'en choisissant de prononcer la sanction de l'abaissement d'échelon, le CNESER ne peut être regardé comme ayant retenu une sanction hors de proportion avec la faute reprochée à l'intéressé • CE 18 déc. 2017, n° 396256 : *LIJ 2018, n° 201, p. 13.*

121. Faute disciplinaire. Principe de proportionnalité entre la sanction et la faute. Absence. Sanction trop légère. Dans une affaire où un enseignant-chercheur avait signé une convention avec un organisme privé de Guadeloupe au nom de l'université sans accord du CA, avait exercé une activité rémunérée auprès de cet organisme sans autorisation de cumul et n'avait pas respecté les conditions d'inscription en licence et master des étudiants issus de cet organisme, ni les conditions de délivrance des diplômes à ces mêmes étudiants, le CNESER statuant en matière disciplinaire avait en appel annulé la sanction de l'exclusion temporaire de fonctions pour une durée de trois mois avec privation de la moitié de son traitement et avait prononcé à l'encontre de l'intéressé un blâme. Le Conseil d'État, juge de cassation, rappelle que si le choix de la sanction relève de l'appréciation des juges du fond au vu de l'ensemble des circonstances de l'espèce, il lui appartient de vérifier que la sanction retenue n'est pas hors de proportion avec la faute commise et qu'elle a pu dès lors être légalement prise. En l'espèce, il considère qu'eu égard au fait que la nécessité d'obtenir une autorisation de cumul avant d'exercer une activité privée lucrative est une obligation qui s'impose à tout fonctionnaire et agent public en application de dispositions législatives établies de longue date, que le remboursement des sommes perçues sans autorisation n'a pas le caractère d'une sanction et eu égard à la gravité des manquements relevés aux obligations des enseignants-chercheurs en ce qui concerne la délivrance des diplômes, alors même que des dysfonctionnements peuvent être imputés à l'université, le CNSER, en n'infligeant qu'une sanction du niveau le plus faible de celles susceptibles d'être infligées à un enseignant-chercheur, a retenu une sanction hors de proportion avec les fautes commises. • CE 6 avr. 2016, n° 389821 : *AJDA 2016. 1723 ; AJFP 2016. 231, note Aubin ; AEF, 12 avr. 2016, Dépêche n° 536267, comm. Toulemonde.*

122. Suspension. Régime. V. notes ss. art. L. 952-7.

5° DROITS

BIBL. Bui-Xuan, Circulaire du 30 avril 2012 : du nouveau au sujet des congés des enseignants-chercheurs ?, *AJFP 2012. 261* . – Cassia, Enseignants statutaires des facultés de droit et exercice de la profession d'avocat : quelles limites juridiques au cumul ?, *D. 2015. 743* .

▸ **Sur la liberté d'expression et ses limites** : V. notes ss. art. L. 952-2.

123. Congés. Conseil scientifique. Composition. Les demandes de congés pour recherches ou conversions thématiques doivent être regardées comme portant sur l'examen de questions relatives au déroulement de la carrière des intéressés. Le conseil scientifique doit, lorsqu'il procède à l'examen du projet présenté par un professeur des universités à l'appui de la demande d'un tel congé, siéger dans une formation restreinte aux membres de ce corps. • CE 26 oct. 2005, n° 265382 B : *AJDA 2006. 111* .

124. Congés. Conseil scientifique. Qualité de jury. Eu égard à la nature et aux modalités de l'exercice de ses attributions, le juge administratif estime que le conseil scientifique, appréciant les mérites des projets d'un candidat à l'attribution d'un congé pour recherches ou conversions thématiques, a la qualité de jury. En l'espèce, même s'il a pris en compte l'intégration dans le « paysage scientifique » de l'université du projet en vue de la réalisation duquel était demandé le congé, le conseil scientifique ne s'est pas livré à une appréciation de l'adéquation du projet et du candidat à un poste déterminé au sein de l'université. Par suite, l'appréciation qu'il a portée sur les mérites des projets des candidats n'est pas susceptible d'être discutée au contentieux. Dès lors, l'enseignant-chercheur à qui le bénéfice du congé a été refusé ne saurait donc utilement soutenir que le refus reposerait sur une erreur manifeste d'appréciation de ses mérites. • CAA Bordeaux, 7 avr. 2016, n° 14BX01517 : *AJDA 2016. 1614 ; AJFP 2016. 327 ; AEF, Dépêche n° 545882, 27 sept. 2026, comm. Toulemonde.*

125. Protection statutaire. Un professeur s'estimant injustement mis en cause par un collègue a demandé à bénéficier de la protection fonctionnelle au titre des dispositions de l'art. 11 de la L. n° 83-634 du 13 juill. 1983. Une lettre du président de l'université adressée à l'instance disciplinaire compétente, mais se bornant à demander la résolution du litige entre les deux universitaires, n'est pas un acte de protection au sens de l'art. 11 de la L. du 13 juill. 1983. • CE 14 oct. 2009, n° 315956 B : *AJDA 2009.1921.*

Sur les droits à protection en cas de plagiat : V. notes ss. art. L. 952-2.

126. Protection fonctionnelle. Harcèlement moral. Attaques émanant de l'autorité administrative elle-même. Protection accordée. Dans une affaire où le juge a estimé que les agissements invoqués par le requérant, enseignant-chercheur à l'université de la Réunion, caractérisaient effectivement un harcèlement moral lui ayant porté préjudice, le juge a rappelé qu'il appartient à l'agent public, qui soutient avoir été victime d'agissements constitutifs de harcèlement moral, de soumettre au juge des éléments de fait susceptibles de faire présumer l'existence d'un tel harcèlement. Il incombe à l'administration de produire, en sens contraire, une argumentation de nature à démontrer que les agissements en cause sont justifiés par des considérations étrangères à tout harcèlement. La conviction du juge, à qui il revient d'apprécier si les agissements de harcèlement sont ou non établis, se détermine au vu de ces échanges contradictoires, qu'il peut compléter, en cas de doute, en ordonnant toute mesure d'instruction utile. En l'espèce, le juge a estimé qu'au vu des faits invoqués, le requérant a subi un préjudice moral et des troubles dans ses conditions d'existence significatifs. • TA La Réunion, 31 oct. 2019, n° 1700699 : *AJDA 2020. 364*.

127. Suppression d'emploi. Situation de réorientation professionnelle. Les dispositions de la loi Mobilité du 3 août 2009 créant une situation de réorientation professionnelle pour les fonctionnaires dont l'emploi a été supprimé sont conformes à la Constitution. Le Conseil constitutionnel a cependant émis une réserve d'interprétation fondée sur le principe d'indépendance des enseignants-chercheurs : ces dispositions n'ayant pas pour objet de déroger aux règles particulières relatives au recrutement et à la nomination des enseignants-chercheurs, elles ne sauraient, s'agissant de ces personnels, conduire à un changement de corps. • Cons. const. 17 juin 2011, *UGFF-CGT et a.*, n° 2011-134 QPC : *JO 18 juin, p. 10456 ; D. 2011. 1690 ; AJDA 2011. 1231*.

128. Activité accessoire sous contrat. Inapplicabilité du décret relatif aux agents contractuels. Dans une affaire de contestation d'une décision de résiliation d'un contrat de recrutement d'un professeur d'université, agent titulaire de l'État, pour une mission dans l'Institut national des hautes études de la sécurité et de la justice (INHESJ), établissement public administratif qui l'avait recruté cinq ans auparavant en qualité de conseiller du directeur, le juge rappelle que les fonctionnaires peuvent être autorisés à exercer, dans des conditions fixées par décret en Conseil d'État, à titre accessoire, une activité, lucrative ou non, auprès d'une personne ou d'un organisme public ou privé, dès lors que cette activité est compatible avec les fonctions qui leur sont confiées et n'affecte pas leur exercice. Il en déduit que le requérant, professeur des universités exerçant à temps plein, n'est pas fondé à soutenir qu'il devait être regardé, pour l'exercice de ces fonctions à l'INHESJ, comme un agent contractuel titulaire d'un contrat à durée indéterminée. • CAA Paris, 13 févr. 2015, n° 13PA04408 : *AJFP 2015. 297, concl. Vrignon*.

129. Disponibilité. Réintégration. Même établissement. Absence de droit. Un professeur des universités, en position de disponibilité, ayant sollicité sa réintégration, ne tient d'aucun texte ni d'aucun principe le droit d'être réintégré dans l'emploi qu'il occupait avant sa mise en disponibilité. Si cet emploi a été offert à la mutation, au détachement et au recrutement, il appartient au ministre, saisi d'une demande de réintégration dans cet emploi, d'apprécier, tant que la commission de spécialistes compétente n'a examiné aucune candidature, s'il y a lieu de réviser la liste des postes offerts à la mutation, au détachement et au recrutement pour faire droit à cette demande. • CE 4 févr. 2000, n° 185726 B. ♦ Si un professeur ne dispose d'aucun droit à réintégration sur le poste qu'il occupait à l'expiration d'une période de disponibilité, l'administration a la possibilité de réviser la liste des postes mis au concours pour faire droit à une demande de réintégration. • CE 25 mars 1987, n° 42836 A. ♦ Dans une affaire où le président de l'université de la Nouvelle-Calédonie avait rejeté la demande de réintégration anticipée d'un enseignant-chercheur dans l'emploi qu'il exerçait avant sa mise en disponibilité, le juge rappelle que, dans l'exercice des pouvoirs délégués, lorsqu'un enseignant-chercheur en position de disponibilité sollicite sa réintégration auprès du président de l'université dans laquelle il était affecté avant son départ, en demandant d'occuper un poste dans cette université, le président de l'université peut légalement, eu égard à l'absence de tout droit des enseignants-chercheurs en disponibilité à être réintégrés dans l'établissement où ils étaient précédemment affectés, opposer un refus à cette réintégration en raison d'un motif tiré de l'intérêt du service, notamment l'absence, dans cette université, d'emploi vacant dans le grade sur lequel il pourrait être réintégré. En l'espèce, le Conseil d'État estime que la cour administrative d'appel de Paris a, par une appréciation souveraine exempte de dénaturation, estimé que, compte tenu de la nature et de la notoriété des agissements de l'intéressé dans cette université, antérieurement à sa mise en disponibilité, sa réintégration dans cette université présentait, à la date à laquelle la demande de réintégration a été rejetée, un risque de troubles au bon fonctionnement de l'université. Il en déduit que la cour a pu, sans erreur de droit ni inexacte qualification juridique des faits, juger que de tels troubles auraient porté atteinte à l'intérêt du service et justifiaient le rejet de sa demande de réintégration. • CE 14 nov. 2018, n° 406371 : *AJDA 2018. 2505 ; AJFP 2019. 211, concl. Lieber*.

130. Exclusion d'un laboratoire. Absence de compétence de l'assemblée générale du laboratoire. Un professeur d'université, exclu de son laboratoire par l'assemblée générale de celui-ci, demande au juge des référés la suspension de l'exécution de cette décision. Le juge prononce la suspension de la décision qui d'une part l'empêche concrètement d'assurer ses activités de recherche et caractérise de ce fait une urgence au sens de l'art. L. 521-1 CJA et d'autre part constitue un doute sérieux quant à la légalité, l'assemblée générale d'un laboratoire n'étant pas compétente pour prononcer une telle exclusion. • TA Limoges, ord., 8 févr. 2019, n° 1900091 : *AJFP 2019. 213*.

131. Grève. Suivi de l'effectivité du service fait. Légalité. Saisi de la légalité de la note du ministre rappelant aux présidents et directeurs le cadre juridique applicable aux enseignants-chercheurs en cas de grève et d'absence de service fait (n° 2018-081 du 7 mai 2018), le Conseil d'État juge que le dispositif par lequel les présidents s'assurent, en cas de grève, de l'effectivité du service fait par les enseignants-chercheurs, eu égard aux conditions particulières d'exercice de leurs fonctions ainsi qu'à la situation et à l'organisation interne de chaque établissement, n'a ni pour objet ni pour effet de recueillir des informations précises sur les activités scientifiques des enseignants-chercheurs et qu'ainsi, la note attaquée ne porte atteinte ni au principe constitutionnel d'indépendance des enseignants-chercheurs, ni à leur liberté d'expression. • CE 12 févr. 2020, n° 421997 B : *préc. note 113.*

6° PRIMES

132. **BIBL.** Tourbeaux, Prime d'encadrement doctoral et de recherche, *MESRI, Note de la DGRH, n° 3, mai 2017.*

133. Prime de recherche et d'enseignement supérieur. En vertu du Décr. n° 85-618 du 13 juin 1985, les personnels des établissements publics d'enseignement supérieur et de recherche peuvent être rétribués pour les essais, recherches, études ou analyses auxquels ils participent dans le cadre de certains contrats ou conventions signés par leur établissement. En vertu de l'art. 3 de ce Décr., le bénéfice des rémunérations qu'il prévoit est incompatible avec la perception de la prime de recherche, instituée par le Décr. du 6 juill. 1957, ou de la prime de participation à la recherche. La prime de recherche et d'enseignement supérieur (PRES), créée par le Décr. n° 89-775 du 23 oct. 1989, est attribuée aux personnels qui participent à l'élaboration et à la transmission des connaissances ainsi qu'au développement de la recherche. Ayant pour objet de remplacer à la fois l'indemnité forfaitaire spéciale en faveur des personnels enseignants et la prime de recherche, ce même Décr. a abrogé par son art. 4 les Décr. du 26 mai 1954 et du 6 juillet 1957 qui instituaient ces primes. Si, en son art. 1er, le Décr. du 23 oct. 1989 prévoit que le versement de la prime d'enseignement supérieur et de recherche est exclusif de la prime d'enseignement supérieur instaurée par le Décr. n° 89-776 du même jour, il n'instaure aucune incompatibilité en ce qui concerne les activités de recherche, dès lors qu'elles ne procèdent pas d'un cumul prohibé par le second alinéa de son art. 3. Le Décr. du 13 juin 1985 ne comporte aucun régime général d'incompatibilité. Ainsi, en assimilant la PRES, qui a un objet différent de la prime de recherche, à cette dernière, pour en refuser, sur le fondement de l'art. 3 du Décr. du 13 juin 1985, le versement aux enseignants-chercheurs qui bénéficieraient de la rétribution pour leurs travaux de recherche dans le cadre de contrats ou conventions signés par leur établissement, un président d'université fait une inexacte application des textes analysés ci-dessus. • CE, sect., 9 déc. 2011, *M. Gérard Marcou*, n° 337255 B (concl. Keller) : *AJDA 2011. 2444 ; ibid. 2012. 897, note Legrand ; AJFP 2012. 248 ; RFDA 2012. 279, concl. Keller ; ibid. 441, note Ramaud .*

134. Prime d'encadrement doctoral et de recherche. Critères d'attribution. Fonctionnement des instances universitaires. Le Décr. n° 2009-851 du 8 juill. 2009 relatif à la PEDR prévoit que cette prime peut être accordée aux personnels dont l'activité scientifique est jugée d'un niveau élevé, au regard notamment de la production scientifique, de l'encadrement doctoral et scientifique, de la diffusion de leurs travaux et des responsabilités scientifiques exercées, ainsi qu'aux personnels apportant une contribution exceptionnelle à la recherche. Il revient au conseil d'administration de l'université d'arrêter « les critères de choix » des bénéficiaires de cette prime ainsi que le barème « afférent au sein duquel s'inscrivent les attributions individuelles ». Le CNU rend un avis sur l'ensemble des candidatures, et les attributions individuelles sont fixées par le président de l'université. En prévoyant, quel que soit le nombre de candidatures présentées, que les candidats dont les dossiers n'ont pas été évalués comme appartenant aux 50 % des meilleurs dossiers par le CNU, devaient nécessairement se voir refuser l'octroi de la PEDR, le conseil d'administration de l'université Le Havre Normandie a entaché sa délibération d'illégalité. Annulation la décision par laquelle le président a refusé, sur le fondement de cette délibération, l'octroi de la PEDR à un enseignant-chercheur dont la candidature n'avait pas été classée par le CNU dans le groupe des 50 % de meilleurs dossiers. • TA Rouen, 23 janv. 2020, n° 1800931.

135. Prime d'encadrement doctoral et de recherche. Refus d'attribution. Critère non arrêté par le CA. Illégalité. Le juge décide que, en l'absence de tout critère relatif à la réalisation des recherches sous la tutelle de l'université dans la délibération du CA, le président ne pouvait valablement refuser l'octroi de la prime à la requérante, qui effectue son service d'enseignement dans son établissement, au seul motif de la localisation de ses travaux de recherche dans un autre établissement de la communauté d'universités et établissements. • TA Lyon, 25 nov. 2020, n° 2000676 : *LIJ 2021, n° 214,* p. *11.*

136. Prime d'intéressement. Création d'un logiciel. Exploitation commerciale. Aux termes de l'art. L. 113-9 CPI, dont les dispositions sont, en vertu de son troisième alinéa, également applicables aux agents de l'État, des collectivités publiques et des établissements publics à caractère administratif : « Sauf dispositions statutaires ou stipulations contraires, les droits patrimoniaux sur les logiciels et leur documentation créés par un ou plusieurs employés dans l'exercice de leurs fonctions ou d'après les instructions de leur employeur sont dévolus à l'employeur qui est seul habilité à les exercer... ». Aux termes de l'art. 1er du Décr. du 2 oct. 1996 relatif à l'intéressement de certains fonctionnaires et agents de l'État et de ses établissements publics ayant participé directement à la création d'un logiciel (...) ou à des travaux valorisés : « Les fonctionnaires ou agents publics de l'État et de ses établissements publics (...) qui ont directement participé, soit lors de l'exécution de missions de création ou de découverte correspondant à leurs fonctions effectives, soit à l'occasion d'études et de recherches qui leur avaient été explicitement confiées, à la création d'un logiciel (...) bénéficient d'une prime d'intéressement aux produits tirés, par la personne publique, de ces créations, découvertes et travaux. Lorsque la personne publique décide de ne pas procéder à la valorisation de la création, de la découverte ou des travaux, les agents mentionnés peuvent en disposer librement, dans les conditions prévues par une convention conclue avec ladite personne publique ». Le juge considère qu'il résulte de ces dispositions que, lorsqu'un agent public a participé à la création d'un logiciel dans les conditions qu'elles définissent, il peut percevoir une prime d'intéressement si, ces créations ayant donné lieu à une exploitation commerciale, la personne publique en a directement tiré un produit. • CE 22 mai 2013, n° 345867 : *LIJ 2013, n° 177, p. 7.*

137. Prime d'intéressement. Auteurs d'invention. V. aussi notes ss. art. L. 952-2.

138. Prime d'excellence scientifique. Liste des bénéficiaires. Nature juridique. Communication. Dans une affaire où il était demandé au tribunal administratif d'annuler la décision par laquelle le CNRS avait rejeté une demande de communication de la liste alphabétique des bénéficiaires de la prime d'excellence scientifique, le juge décide que l'attribution de la prime d'excellence scientifique aux personnels dont l'activité scientifique est jugée d'un niveau élevé et aux personnels apportant une contribution exceptionnelle à la recherche révèle nécessairement une appréciation ou un jugement de valeur sur ces personnels. Leur liste n'est par conséquent pas communicable au titre de la loi sur la liberté d'accès aux documents administratifs. Il en va différemment pour la liste des bénéficiaires de cette prime au titre d'une distinction scientifique internationale ou nationale, puisque dans ce cas, par définition, son attribution ne révèle pas une appréciation ou un jugement de valeur porté par le CNRS sur ces personnels. • CE 8 juin 2016, n° 389756 B : *AEF 15 juin 2016, Dépêche n° 540217, comm. Toulemonde.*

7° PROFESSEUR DE CHAIRE SUPÉRIEURE

139. Contenu de l'enseignement. Modification. Compétence. Ministre. Il résulte des dispositions de l'art. 1er du Décr. n° 68-503 du 30 mai 1968 portant statut particulier des professeurs de chaire supérieure que les membres du corps doivent être affectés à un enseignement dont le contenu est précisément défini et forme une chaire. Il suit de là que toute modification définitive du contenu de l'enseignement confié à un professeur de chaires supérieures s'analyse comme une modification de son affectation et que seul le ministre de l'éducation nationale, autorité responsable des affectations des membres de ce corps, est compétent pour la prononcer. • CAA Lyon, 30 janv. 2020, n° 18LY01882.

8° POST-DOC

140. Post-doc effectué au Canada. Reclassement. Prise en compte du temps consacré à la recherche. Dans un litige relatif au classement dans le corps des maîtres de conférences d'un chercheur post-doctorant, dans un État non membre de la Communauté européenne ou non partie à l'accord sur l'EEE, le juge affirme qu'il résulte des art. 5, 14 et 15 du Décr. n° 2009-462 du 23 avr. 2009 que lorsqu'une personne remplissant les conditions prévues à l'art. 5 du même décret a effectué des recherches à l'étranger, dans un État non membre de la Communauté européenne ou non partie à l'accord sur l'Espace économique européen, le temps consacré à la recherche est pris en compte dans la limite de quatre ans prévue à cet article, sans préjudice, au-delà de cette limite, de la prise en compte des services remplissant les conditions prévues à l'art. 14 du même décret. • CE 1er juin 2018, n° 403554 B : *AJDA 2018. 1130* .

9° CHERCHEURS

141. Détachement. Aucun texte de forme législative ne s'oppose, ni explicitement ni implicitement, à ce qu'un chercheur puisse être éventuellement détaché sur un emploi d'enseignant-chercheur, la garantie de la liberté et de l'indépendance des enseignants-chercheurs, qui doit être assurée quelles que soient les modalités de recrutement des intéressés, n'étant pas affectée par le seul fait qu'il serait recouru à la procédure du détachement pour l'accès de chercheurs au corps des enseignants-chercheurs. • CE, sect. finances avis, 6 mars 1990, n° 347490.

10° ENSEIGNANTS DU SECOND DEGRÉ

BIBL. Adedokun, Les enseignants titulaires du second degré affectés dans les établissements d'enseignement supérieur du MESRI en 2018, *MESRI, Note de la DGRH – Enseignement supérieur, n° 1, janv. 2019.*

142. ***Absence de priorité d'affectation.*** En vertu des dispositions statutaires relatives d'une part, aux professeurs agrégés de l'enseignement du second degré et, d'autre part, aux professeurs certifiés, les enseignants de ces deux corps ont les uns et les autres vocation à une affectation dans les établissements d'enseignement supérieur sans que soit énoncée une priorité en faveur des membres de l'un des deux corps. • CE 10 avr. 2002, n° 229049 A.

143. ***Modalités d'exercice du service.*** En prévoyant par circulaire la possibilité pour les enseignants du second degré en position d'activité à temps complet d'effectuer leur service à mi-temps dans un établissement d'enseignement du second degré et à mi-temps dans un établissement d'enseignement supérieur, le ministre de l'éducation, qui n'a pas créé ainsi une position qui ne serait pas prévue par la L. du 11 janv. 1984, n'a pas édicté une règle statutaire mais s'est borné à prendre des dispositions qui entrent dans le champ des mesures qu'il est habilité à prendre en sa qualité de chef de service. • CE 28 avr. 2004, n° 246545 B.

144. ***Calcul des obligations de service.*** Les enseignants du second degré affectés dans les établissements d'enseignement supérieur sont dans une situation différente de celle des enseignants appartenant aux mêmes corps affectés dans l'enseignement secondaire. • CE 29 juill. 1994, n°s 147467, 148217 148226, 148243 et 148362 B. ♦ La circonstance que le nombre de semaines d'enseignement soit différent selon les universités ne saurait faire regarder les dispositions réglementaires qui prévoient des obligations de service calculées annuellement dans la limite de maxima hebdomadaires, comme portant atteinte au principe d'égalité. • Même arrêt. ♦ La circonstance que les heures de travaux dirigés et de travaux pratiques fassent l'objet d'un décompte différent selon qu'ils sont effectués par les enseignants du second degré affectés dans l'enseignement supérieur ou par les autres personnels de l'enseignement supérieur n'est pas contraire au principe d'égalité. • Même arrêt.

145. ***Obligations de service des enseignants d'EPS.*** Les services accomplis par les personnels enseignants d'éducation physique et sportive au titre de la pratique des activités physiques et sportives des étudiants et des personnels ne comportant pas les mêmes obligations que les autres services d'enseignement, il est possible, sans méconnaître le principe d'égalité, de décider que les services dont il s'agit ne seraient pris en compte que pour les deux tiers de leur durée réelle dans le calcul des obligations de service de ces personnels. • CE 29 juill. 1994, n°s 147467, 148217, 148226, 148243 et 148362 B : *préc. note 144.* ♦ Les dispositions du Décr. du 25 mars 1993, prévoyant que le service hebdomadaire d'enseignement assuré par les personnels enseignants du second degré affectés dans les établissements d'enseignement supérieur doit être limité à quinze heures pour les professeurs agrégés et dix-huit heures pour les autres enseignants, ne concernent que les services d'enseignement, c'est-à-dire les cours magistraux, les travaux dirigés ou travaux pratiques. Elles ne s'appliquent pas aux services accomplis par les personnels enseignants d'éducation physique et sportive au titre de la pratique des activités physiques et sportives des étudiants et des personnels. • CAA Lyon, 13 juin 1995, n° 94LY01673 B. ♦ Eu égard au nombre de semaines que compte l'année universitaire, les limitations du service hebdomadaire assuré par les personnels enseignants du second degré affectés dans les établissements d'enseignement supérieur ne sont pas applicables dans le cas de services accomplis au titre de la pratique des activités physiques et sportives des étudiants et des personnels par les enseignants d'éducation physique et sportive, en application de la L. du 16 juill. 1984 relative à l'organisation et à la promotion des activités physiques et sportives. • CE 28 juin 1999, n° 172109 B.

146. ***Notation.*** Eu égard à la différence des situations existant entre les professeurs agrégés, selon qu'ils sont affectés dans les établissements de l'enseignement secondaire ou dans les établissements de l'enseignement supérieur, le gouvernement pouvait légalement définir des modalités différentes de fixation de leur notation. • CE 10 nov. 2004, n° 255409 B : *AJDA 2005. 500, note Legrand*. ♦ Présentent un caractère statutaire les dispositions d'une note de service relative à la notation et à l'avancement des professeurs agrégés affectés dans l'enseignement supérieur, qui prévoient qu'à « défaut de réception des fiches de proposition des notes dans les délais, l'intéressé se verra attribuer la note minimale correspondant à son échelon ». Le ministre de l'éducation n'a dès lors pas compétence pour les édicter. • Même arrêt. ♦ La grille de notation des professeurs certifiés à l'université n'est qu'indicative. L'existence d'une grille de notation établie par arrêté ministériel an application du statut des professeurs d'éducation physique et sportive ne limite pas l'échelle de notation de l'autorité auprès de laquelle un enseignant exerce ses fonctions. La cour administrative d'appel a commis une erreur de droit en estimant que le ministre avait l'obligation de réviser une note proposée en dehors des limites de la grille. • CE 27 févr. 1998, n° 17672 B : *AJFP 1998, n° 4. 78, obs. Mekhantar*.

147. ***Notation. Compétences. Proposition du chef d'établissement. Acte préparatoire insusceptible de recours.*** Dans une affaire où un professeur certifié en situation de détachement contestait sa notation, le juge rappelle que seul le ministre a compétence pour procéder à la notation des professeurs certifiés détachés pour exercer dans un établissement d'enseignement supérieur, que l'autorité auprès de laquelle le professeur exerce ses fonctions n'a qu'un pouvoir de proposition. Il en déduit que, dès lors, la notice annuelle de notation émise par celle-ci revêt le caractère d'un acte préparatoire insusceptible de recours. • CAA Paris, 13 déc. 2016, n° 15PA00746 : *LIJ 2017, n° 198, p. 10.*

148. Retraite des professeurs de l'enseignement technique. Saisi par un requérant recruté par la voie d'un concours dans le corps des chefs de travaux pratiques de l'Ensam, le Conseil d'État a précisé que le bénéfice de la bonification pour la retraite prévue par le code des pensions en faveur des professeurs de l'enseignement technique est réservé à ceux qui justifient lors de leur recrutement par concours d'une expérience professionnelle dans l'industrie et que cette disposition est également valable pour ceux d'entre eux qui, ultérieurement, font l'objet d'une intégration dans un autre corps de professeurs de l'enseignement technique. • CE 24 févr. 2015, n° 391261 : *AEF, Dépêche n° 532872, 4 mars 2016, comm. Toulemonde.*

11° ENSEIGNEMENT MARITIME

149. Professeurs de l'enseignement maritime. Aux termes de l'art. 1er du Décr. du 4 janv. 1977 portant statut particulier du corps des professeurs de l'enseignement maritime, les professeurs de l'enseignement maritime constituent un corps d'officiers de carrière de la marine nationale. Eu égard à la nature militaire de ce corps, ses membres, ainsi soumis à l'autorité hiérarchique, ne peuvent être regardés comme des enseignants-chercheurs. • CE 23 mai 2011, n° 344408 : *AJDA 2011. 1584*.

150. Professeurs techniques de l'enseignement maritime. Les professeurs techniques de l'enseignement maritime peuvent exercer les fonctions de chefs de travaux. Ces fonctions consistent à assurer (...) l'organisation et la coordination des enseignements technologiques, l'organisation et la direction technique des ateliers et laboratoires. Ils proposent, en outre, le renouvellement des matériels dont ils ont la garde. Eu égard aux fonctions dévolues aux professeurs techniques de l'enseignement maritime, lesquelles ne comportent pas de missions de recherche, ils ne peuvent être assimilés à des enseignants-chercheurs. • CE 23 mai 2011, n° 344408 : *préc. note 149.*

Art. L. 952-6-1 *(L. n° 2007-1199 du 10 août 2007, art. 25)* Sous réserve des dispositions statutaires relatives à la première affectation des personnels recrutés par concours national d'agrégation d'enseignement supérieur *(L. n° 2013-660 du 22 juill. 2013, art. 75)* « et des dérogations prévues par les statuts particuliers des corps d'enseignants-chercheurs ou par les statuts des établissements », lorsqu'un emploi d'enseignant-chercheur est créé ou déclaré vacant, les candidatures des personnes dont la qualification est reconnue par l'instance nationale prévue à l'article L. 952-6 *(L. n° 2020-1674 du 24 déc. 2020, art. 5)* « et celles des personnes dispensées de qualification au titre du même article L. 952-6 » sont soumises à l'examen d'un comité de sélection créé par délibération du *(L. n° 2013-660 du 22 juill. 2013, art. 75)* « conseil académique ou, pour les établissements qui n'en disposent pas, du conseil d'administration, » siégeant en formation restreinte aux représentants élus des enseignants-chercheurs, des chercheurs et des personnels assimilés.

Le comité est composé d'enseignants-chercheurs et de personnels assimilés, pour moitié au moins extérieurs à l'établissement, d'un rang au moins égal à celui postulé par l'intéressé. Ses membres sont proposés par le président et nommés par le *(L. n° 2013-660 du 22 juill. 2013, art. 75)* « conseil académique ou, pour les établissements qui n'en disposent pas, par le conseil d'administration, » siégeant en formation restreinte aux représentants élus des enseignants-chercheurs et personnels assimilés. Ils sont choisis en raison de leurs compétences, en majorité parmi les spécialistes de la discipline en cause. *(L. n° 2013-660 du 22 juill. 2013, art. 75)* « La composition du comité concourt à une représentation équilibrée entre les femmes et les hommes lorsque la répartition entre les sexes des enseignants de la discipline le permet. » Le comité siège valablement si au moins la moitié des membres présents sont extérieurs à l'établissement.

Au vu de son avis motivé, *(L. n° 2013-660 du 22 juill. 2013, art. 75)* « le conseil académique ou, pour les établissements qui n'en disposent pas, » le conseil d'administration, siégeant en formation restreinte aux enseignants-chercheurs et personnels assimilés de rang au moins égal à celui postulé, transmet au ministre compétent le nom du candidat dont il propose la nomination ou une liste de candidats classés par ordre de préférence.

Un comité de sélection commun à plusieurs établissements d'enseignement supérieur peut être mis en place, notamment dans le cadre *(L. n° 2013-660 du 22 juill. 2013, art. 75)* « des regroupements prévus au 2° de l'article L. 718-3 ».

BIBL. ▶ Beaud, La réforme du recrutement ou les tares du système français, in L'autonomie des universités : une faillite ? A propos de la loi LRU, *PUF, coll. Cités, n° 50, 2012/2.* – Catin et Taquet, LRU : une loi, trois décrets, deux absents, *ORS, Dossier du n° 51, 21 mai 2010.* – Faivre, La disparition des commissions de spécialistes pour le recrutement des enseignants-chercheurs, *AJDA 2008. 785* . – Fressoz, Les enseignants-chercheurs dans la loi libertés et responsabilités des universités, *in Terres du droit. Mél. en l'honneur d'Yves Jégouzo, Dalloz, 2009. 299.* – Gérard, Comités de sélection : usine à gaz ou révolution ?, *ORS, Dossier du n° 51, 21 mai 2010* ; Évaluation des enseignants-chercheurs : les prémices d'une nouvelle culture ?, *ORS, Dossier du n° 51, 21 mai 2010.* – Jégouzo, Autonomie universitaire *versus* libertés académiques, *AJDA 2011. 2497* . – Legrand, La démocratie de participation, un pari pour l'université, *AJDA 2007. 2041* ; Pour la crédibilité du recrutement des enseignants-chercheurs, *AJDA 2009. 1527* ; La loi, le juge et les libertés universitaires, *AJFP 2011. 69* . – Mathieu, De la disparition d'un principe constitutionnel : l'indépendance des professeurs d'université, *JCP 2010, n° 36. 1602.* – Melleray, A la recherche des jurys de recrutement des enseignants-chercheurs. De la LRU à l'arrêt SNESUP-FSU et autres, *AJDA 2011.539* . – Parent, Le cadre juridique de l'intervention des instances et autorités des établissements d'enseignement supérieur dans la procédure de recrutement des enseignants-chercheurs, *LIJ 2014, n° 185, p. 19.* – Rollot, La cooptation des universitaires est mise en cause, *Le Monde, 2 mai 2008. 10.* – Ronzeau, Allal, Bézagu, Monti et Roussel, Des effets de la loi LRU sur les processus de recrutement des enseignants-chercheurs, *IGAENR, Rapp. n° 2013-089, nov. 2013.* – Rouyère et Sudre, La loi relative aux libertés et responsabilités des universités et les garanties statutaires des enseignants-chercheurs, *JCP 2008. I. 153, n°s 4 s.* –Taquet, Temps de service des enseignants-chercheurs : un tabou difficile à lever ?, *ORS, Dossier du n° 51, 21 mai 2010.* – Touzeil-Divina, La constitutionnalité de la LRU n'implique pas nécessairement le respect de l'indépendance des professeurs d'université, *Gaz. Pal. 8-9 sept. 2010. 14.* – Enseignants-chercheurs : une GRH à géométrie variable, *ORS, Dossier du n° 51, 21 mai 2010.* – Statut des enseignants-chercheurs : le point sur le nouveau décret, *ORS, Dossier du n° 40, 22 mai 2009.* – Enseignants-chercheurs. Comité de sélection, Commentaire du décret n° 2008-333 du 10 avr. 2008 relatif aux comités de sélection des enseignants-chercheurs, *LIJ 2008, n° 125, p. 31.*

▶ **Sur le décret modifiant le statut des enseignants-chercheurs :** Beaud, Pourquoi il faut refuser l'actuelle réforme du statut des universitaires ?, *in La Revue du Mauss, n° 33, La Découverte, 2009* ; Les libertés universitaires à l'abandon, *Dalloz, 2010.* – Belloc, Propositions pour une modification du décret n° 84-431 portant statut des enseignants-chercheurs, *Rapport, MEN, 2004.* – du Bois de Gaudusson, L'évaluation des enseignants-chercheurs, *in* Université, *Universités, Dalloz, coll. Thèmes et commentaires, 2010. 347.* – Dord, Réforme du statut des enseignants-chercheurs : universités *vs* universitaires ?, *AJDA 2010. 323* . – de Montecler, Un projet de décret visant à réformer le statut des enseignants-chercheurs, *AJDA 2008. 2253* ; Publication très controversée du statut des enseignants-chercheurs, *AJDA 2009. 853* ; Valérie Pécresse veut rassurer les universitaires sur leur prochain statut, *AJDA 2009. 68* . – Latour, Universitaires, encore un effort pour être autonomes, *in La Revue du Mauss, n° 33, La Découverte, 2009.* – Legrand, Un toilettage du statut des enseignants-chercheurs mais pas une révolution, *AJDA 2014. 2304* ; Le statut des enseignants-chercheurs : débats récents, *Cah. fonct. publ. 5/2012. 10.* – Marcou, Prime d'excellence ou déprime d'enseigner ?, *AJDA 2009. 1633* . – Pitte, Les universitaires doivent prendre leurs responsabilités, *Le Monde, 6 févr. 2009. 19.* – Prieur, Les oubliés de la réforme Pécresse sur le statut des enseignants-chercheurs, *AJDA 2009. 793* . – Roger et Varoqueaux, La réforme du statut des enseignants-chercheurs, *LIJ 2009, n° 136, p. 39.* – Romi et Le Mercier, Les nouvelles modalités de recrutement des enseignants-chercheurs : une réforme à parfaire ?, *AJDA 2009. 192* . – Rouyère, Statut des universitaires : se placer au-delà des contingences des gestions locales, *AJDA 2009. 1* . – Sako, Étude de la jurisprudence du Conseil d'État sur la question de l'impartialité des comités de sélection pour le recrutement des enseignants-chercheurs, *LIJ 2017, n° 199, p. 18.*

I. PRINCIPES

1. Principe d'indépendance des enseignants-chercheurs. Absence d'atteinte. L'art. L. 952-6-1 précise que le conseil d'administration siège dans une formation restreinte aux enseignants-chercheurs et personnels assimilés de rang au moins égal à celui de l'emploi à pourvoir, que sa délibération est prise au vu de l'avis motivé du comité de sélection et qu'il transmet au ministre chargé de l'Enseignement supérieur le nom du candidat dont il propose la nomination ou une liste de candidats classés par ordre de préférence. Dans ces conditions, tous les candidats au recrutement, à la mutation ou au détachement se trouvant soumis aux mêmes règles, les dispositions contestées ne portent pas atteinte au principe d'égalité. Associant les professeurs et maîtres de conférences au choix de leurs pairs, elles ne portent, par suite, pas davantage atteinte au principe constitutionnel d'indépendance des enseignants-chercheurs. • Cons. const. 6 août 2010, *M. Jean C. et a. [Loi Université]*, n° 2010-20/21 QPC : *JO*

7 août, p. 14615 ; Rec. Cons. const. 203, GDCC, 16e éd., n° 48 ; Commentaire 2011, n° 134, p. 509, note Beaud ; RFDC 2011. 284, note Dargent ; LPA 2011, n° 89, p. 46, note Touzeil-Divina ; AJDA 2010. 1557 ; D. 2010. 2335, note Melleray ; ibid. 2011. 1791, note Verpeaux ; AJFP 2010. 245 ; Gaz. Pal. 8-9 sept. 2010. 14, note Touzeil-Divina ; JCP 2010, n° 862, note Mathieu. ♦ V. aussi : de Montecler, Le nouveau statut des enseignants-chercheurs est-il conforme à la Constitution ?, *AJDA 2010. 1179* • CE 9 juin 2010, n° 316986 • CE 9 juin 2010, n° 329056 : *AJDA 2010. 1179 ; ibid. 1355, chron. Liéber et Botteghi ; Dr. adm. 2010, n° 116, obs. Melleray ; AEF 2010, Dépêche n° 136032, comm. Toulemonde.* ♦ V. aussi : Sabete, De l'insuffisante argumentation des décisions du Conseil constitutionnel, *AJDA 2011. 885.*

II. COMITÉ DE SÉLECTION

BIBL. Sur les dérogations au principe de présidence alternée des jurys dans la fonction publique (art. 83 de la L. n° 2019-828 du 6 août 2019 de transformation de la fonction publique) plus applicable aux comités de sélection : *La lettre Vigie, n° 120, févr. 2020. 11.*

2. Composition. Principe d'indépendance. Si le principe d'indépendance des enseignants-chercheurs implique que les professeurs et maîtres de conférences soient associés au choix de leurs pairs, il n'impose pas que toutes les personnes intervenant dans la procédure de sélection soient elles-mêmes des enseignants-chercheurs d'un grade au moins égal à celui de l'emploi à pourvoir. • Cons. const. 6 août 2010, *M. Jean C. et a. [Loi Université]*, n° 2010-20/21 QPC : *préc. note 1.* ♦ Le juge constitutionnel n'a ainsi pas censuré la disposition par laquelle le comité de sélection chargé de porter une appréciation sur les candidats à un poste d'enseignant-chercheur est « créé par délibération du conseil d'administration siégeant en formation restreinte aux représentants élus des enseignants-chercheurs, des chercheurs et des personnels assimilés », sans préciser que ces derniers devaient être de rang au moins égal à celui de l'emploi postulé, alors qu'il en est ainsi lorsque le conseil d'administration « transmet au ministre compétent le nom du candidat dont il propose la nomination ou une liste de candidats classés par ordre de préférence ». Absence de réserve d'interprétation qui ne garantit donc plus que seuls des professeurs participent à la constitution des comités de sélection chargés de rendre un avis motivé dressant la liste des candidats retenus en vue de pourvoir un poste de professeur. • Cons. const. 6 août 2010, *M. Jean C. et a. [Loi Université]*, n° 2010-20/21 QPC : *préc. note 1.* ♦ Dans une affaire où un candidat à un emploi de professeur des universités sollicitait l'annulation des délibérations par lesquelles le conseil d'administration avait nommé les membres du comité de sélection puis approuvé la liste des candidats proposés en contestant que des maîtres de conférences eux-mêmes candidats aient participé à la désignation des membres du jury, le Conseil d'État rappelle que le respect du principe d'indépendance des enseignants-chercheurs n'implique pas que toutes les personnes participant à la désignation des membres d'un comité de sélection soient elles-mêmes des enseignants-chercheurs d'un grade au moins égal à celui de l'emploi à pourvoir. • CE 12 mai 2017, n° 377887 : *AJDA 2017. 1365 ; AJFP 2017. 265, obs. Fortier.* ♦ Dans un sens contraire : • CE 4 mai 2001, n° 222117 B : *AJFP 2002. 16.*

3. Composition. Personnel assimilé. Notion. Dans une affaire où était contestée la composition d'un comité de sélection à l'école normale supérieure de Cachan du fait de la désignation de deux professeurs d'HEC, au motif que ne peuvent en faire partie que les personnes ayant la qualité d'enseignant-chercheur ou assimilé, le juge est venu préciser que l'assimilation, au sens des dispositions précitées, s'applique aux seuls personnels des établissements publics à caractère scientifique, culturel et professionnel dont les modalités de cette assimilation sont expressément organisées par un texte législatif et réglementaire. Bien que les professeurs d'HEC exercent notamment des activités de recherche et soient habilités à diriger des recherches, ils relèvent d'un établissement privé, créé par la chambre de commerce et d'industrie de Paris, qui n'est pas un établissement ou organisme de recherche au sens des dispositions de l'art. L. 952-24. Salariés de droit privé, ils ne bénéficient pas du statut d'enseignant-chercheur qui est public, et aucune disposition législative ou réglementaire n'existe, les assimilant aux titulaires de ce statut. • TA Melun, 5 juill. 2018, n° 1503809.

4. Composition. Irrégularités. Appartenance à un laboratoire destiné à fusionner. Absence. Le Conseil d'État a jugé que le fait que deux des cinq membres extérieurs à l'université composant le comité appartenaient à un laboratoire destiné à fusionner avec l'unité mixte de recherche organisant le recrutement n'était ni constitutif d'une méconnaissance des dispositions de cet art. ni de nature à faire regarder les intéressés comme ne disposant pas des garanties d'impartialité requises pour siéger au sein de ce comité. • CE 5 févr. 2014, n° 350088.

5. Composition. Irrégularités. Présence d'un membre étranger à la spécialité. Pour la présence d'un membre étranger à la spécialité indiquée lors de la définition du comité de sélection. • CE 1er oct. 2012, n° 351225 : *LIJ 2012, n° 170, p. 14.*

6. Composition. Irrégularités. Visioconférence. Limites. Le juge a considéré illégale la délibération d'un comité de sélection adoptée alors qu'au moins quatre membres de ce comité n'étaient pas présents physiquement sur les lieux de la séance. En l'espèce, le juge relève que les membres du comité de sélection extérieurs à l'université de La Réunion ont participé aux séances du comité de sélection par visioconférence depuis Paris et Bordeaux. Il estime que si, en application des dispositions de l'art. 9-2 du Décr. du 6 juin 1984 et des art. 2 et 3 de l'Arr. du 17 nov. 2008, les membres du comité ayant ainsi participé aux séances par visioconférence sont réputés avoir été présents pour le calcul du quorum et de la majorité, ils ne peuvent pour autant être regardés comme ayant été physiquement présents au sens de ces mêmes dispositions, lesquelles exigent la présence physique d'au moins quatre membres au lieu de réunion du comité de sélection pour que celui-ci puisse valablement siéger. Il juge donc que le comité de sélection s'est réuni et a délibéré dans une composition irrégulière. Il précise que ni la circonstance que la situation constatée a pour origine une attitude de boycott de la part de certains membres du comité, ni le fait que l'université ne disposait, dans l'immédiat, d'aucun moyen d'action lui permettant de faire face à cet acte d'indiscipline de manière à mener régulièrement à son terme la procédure de recrutement engagée, ne sont de nature à couvrir l'irrégularité des délibérations. • TA La Réunion, 22 juin 2017, n° 1600693.

7. Composition. Quorum. Respect des règles. Appréciation. Membre s'abstenant. Le Conseil d'État estime que le respect des règles de quorum et de composition fixées au 3e al. de l'art. 9-2 du Décr. n° 84-431 s'apprécie au regard du nombre des membres du comité de sélection qui sont présents pour délibérer, que ce soit physiquement ou par l'entremise d'un moyen de télécommunication. A ce titre, les membres qui s'abstiennent de prendre part à la délibération pour un motif tenant, notamment, au respect du principe d'impartialité, ne doivent pas être regardés comme présents au sens de ces dispositions. En l'espèce, le juge enjoint au président de l'université de Picardie-Jules-Verne de demander au conseil d'administration de délibérer à nouveau sur le recrutement en cause. • CE 18 déc. 2017, n° 404997 B : *AJDA 2018. 718* ; *LIJ 2018, n° 202, p. 8.*

8. Composition identique. Illégalité (absence). Le Conseil d'État rappelle aussi qu'aucune règle ni aucun principe n'impose que le comité de sélection statue dans une composition identique pour tous les candidats, lorsqu'il se prononce sur les mérites des candidats pour choisir, ou non, de les entendre. • CE 26 janv. 2018, n° 404004 : *LIJ 2018, n° 203, p. 18.*

9. Nomination des membres. Le juge constitutionnel considère que si la L. du 10 août 2007 a renforcé les pouvoirs des organes permanents des universités et notamment les attributions du président, s'agissant de la composition des comités de sélection, le président ne dispose que d'un pouvoir de proposition. Il doit ainsi tenir compte, dans ces propositions, du rang et des compétences des personnes, et respecter un équilibre entre les enseignants de l'université et ceux qui exercent leurs fonctions dans d'autres universités. Il estime qu'ainsi, son pouvoir de proposition est strictement encadré par la loi et que la nomination des membres des comités de sélection ressortit à la seule compétence du conseil d'administration. • Cons. const. 6 août 2010, *M. Jean C. et a. [Loi Université]*, n° 2010-20/21 QPC § 8 : *préc. note 1.* ♦ Le Conseil d'État, pour sa part, a rappelé que lorsqu'il prend une délibération créant un comité de sélection, le conseil d'administration en formation restreinte précise, en particulier, le nombre des membres du comité appartenant à la discipline dont relève le poste mis au concours. De la même manière, lorsque, ultérieurement, le conseil d'administration désigne, sur proposition du président de l'université, les personnes composant le comité, il est tenu de respecter la composition fixée par sa première délibération. • CE 1er oct. 2012, n° 351225 : *AJDA 2013. 20* .

10. Qualité de jury de concours. Le comité de sélection, composé d'une majorité de spécialistes de la discipline concernée, choisit ceux des candidats au poste de maître de conférences ou de professeur des universités présentant des mérites, notamment scientifiques, suffisants, dont il dresse la liste à l'attention du conseil d'administration, le cas échéant en les classant par ordre de leurs mérites respectifs. Dans l'exercice de cette compétence, le comité de sélection agit en qualité de jury de concours. • CE 15 déc. 2010, n° 316927 A : *AJDA 2010. 2454* ; *ibid. 2011. 1791, note Verpeaux* • CE 14 oct. 2011, n° 333712 B : *D. 2011. 2061* ; *AJDA 2011. 1986* ; *ibid. 2012. 169, note Legrand* ; *AJFP 2012. 76* .

11. Impartialité. La requérante, qui avait statué comme juge des référés, enseignait à la faculté de droit et d'économie et avait siégé trois fois au conseil de la faculté, en tant que personnalité extérieure. Elle n'était plus membre de cette instance à la date de l'ordonnance attaquée et n'avait ni donné de cours ni exercé de fonction au sein de la faculté pour laquelle il était procédé à un recrutement de maître de conférences et n'était membre ni du comité de sélection des candidats ni du conseil d'administration de l'université qui avait délibéré sur la création de ce comité. Le juge estime que la seule circonstance qu'aient fait partie du conseil de la faculté de droit et d'économie deux membres du conseil d'administration de l'université qui ont délibéré après l'avis du comité de sélection sur les candidats qui leur étaient soumis n'est pas de nature à établir, dans les circonstances de l'espèce, que le principe d'impartialité ait été méconnu. • CE 24 nov. 2011, n° 343433. ♦ Dans le cadre d'une procédure de recrutement d'un maître de conférences pour l'enseignement d'une discipline scientifique hautement spécialisée, cette discipline comportant en France un nombre extrêmement restreint de spécialistes pouvant valablement figurer ès qualités comme membres du comité de sélection, la cour juge que les candidats pouvant sérieusement se proposer pour le poste devaient nécessairement, au cours ou au terme de leurs études universitaires, lors de conférences ou à l'occasion de la publication d'articles ou d'ouvrages de recherche, avoir été amenés à côtoyer un certain nombre d'autres spécialistes de cette discipline, et notamment certains de ceux qui ont été désignés parmi les membres du comité de sélection, et à collaborer avec eux dans des travaux de recherche communs, que, sauf à priver le requérant de toute possibilité de concourir pour ce poste devant un jury à la désignation duquel il n'a eu aucune part, une telle circonstance, dans un contexte aussi particulier et alors qu'au moins cinq membres du comité de sélection ne le connaissaient pas, ne saurait suffire à faire douter de l'impartialité de ce comité, en l'absence de tout autre élément invoqué par l'université de nature à rompre, en faveur du requérant, l'égalité entre les candidats. • CAA Marseille, 26 sept. 2014, n° 13MA002950 : *LIJ 2015, n° 187, p. 15.* ♦ Sur la question, V. aussi notes ss. art. L. 952-6. ♦ Dans le cadre d'une mutation pour rapprochement de conjoints, le conseil académique de l'université de Nice Sophia Antipolis n'avait pas retenu la candidature de l'intéressé. Le Conseil d'État relève en l'espèce que, dans le cadre d'une plainte déposée pour fraude à des concours publics, une dégradation particulière et récente des relations personnelles entre le candidat et le président du comité de sélection, qui avait non seulement présidé la délibération relative à la candidature, en prenant part au vote, mais également été rapporteur du dossier de candidature et avait donné, à ce titre, un avis défavorable à l'audition du candidat, a entaché la délibération d'irrégularité. • CE 19 déc. 2018, n° 412540.

12. Impartialité. Recommandations. Principes de nature à renforcer l'impartialité des membres des comités de sélection. La DGRH a saisi le collège de déontologie sur la question générale suivante : Compte tenu de l'impératif d'impartialité des membres des comités de sélection des enseignants-chercheurs vis-à-vis des candidats et candidates se présentant à ces concours, quels principes fondamentaux pourraient être recommandés aux membres de ces jurys, afin de leur permettre de discerner les situations dans lesquelles leur impartialité ne serait pas assurée ? Le collège de déontologie de l'ESR a formulé plusieurs recommandations afin de permettre aux membres des comités de sélection des enseignants-chercheurs de discerner les situations dans lesquelles leur impartialité vis-à-vis des candidats ne serait pas assurée. Le collège donne une grille d'aide à la détection des situations de partialité en fonction des liens professionnels, hiérarchiques, intellectuels ou encore personnels pouvant exister avec le candidat. Ainsi être le subordonné d'un candidat, avoir été son directeur de thèse ou entretenir un lien proche de parenté fait obstacle à la participation à un jury. En revanche, avoir été le supérieur hiérarchique du candidat ou avoir organisé des manifestions intellectuelles avec lui ne suffit pas à remettre en cause l'impartialité. * Avis, 14 déc. 2018, NOR : ESRH1900028V : *BO MESRI, n° 8, 21 févr. 2019.*

13. Impartialité. Recommandations. Grille indicative d'aide à la détection de situations de partialité à disposition des membres de comité de sélection. * Avis, 14 déc. 2018, NOR : ESRH1900028V : *préc. note 12.*

14. Impartialité. Connaissance d'un candidat. La seule circonstance qu'un membre du jury d'un concours connaisse un candidat ne suffit pas à justifier qu'il s'abstienne de participer aux délibérations de ce concours. En revanche, le respect du principe d'impartialité exige que, lorsqu'un membre du jury d'un concours a avec l'un des candidats des liens, tenant à la vie personnelle ou aux activités professionnelles, qui seraient de nature à influer sur son appréciation, ce membre doit s'abstenir de participer aux interrogations et aux délibérations concernant non seulement ce candidat mais encore l'ensemble des candidats au concours. En l'espèce, si le requérant soutient que certains membres du comité de sélection avaient des liens professionnels avec l'un des candidats à ce concours ou avec le laboratoire qui accueillait temporairement ce même candidat, il ne ressort pas des pièces du dossier que ces liens étaient de nature à influer sur leur appréciation des mérites de ce candidat ou de ses concurrents. • CE 3 mai 2017, n° 392549 : *LIJ 2017, n° 199, p. 6.* ♦ Dans le même sens : • CE 7 juin 2017, n° 382986 A : *AJDA 2017. 1198 ; ibid. 1448, chron. Odinet et Roussel ; AJFP 2017. 259, concl. Dieu ; ibid. 263, obs. Zarca .* ♦ V. aussi notes ss. art. L. 952-6.

15. Impartialité. Présence du directeur de thèse. Faible nombre de spécialistes de la discipline. Un candidat classé en deuxième position par le comité de sélection attaque la nomination du candidat placé en première position au motif que ce dernier avait soutenu une thèse de doctorat sous la direction d'un des membres du comité de sélection. Le Conseil d'État rappelle que « le respect du principe d'impartialité fait obstacle à ce qu'un comité de sélection constitué pour le recrutement d'un enseignant-chercheur puisse régulièrement siéger, en qualité de jury de concours, si l'un de ses membres a, avec l'un des candidats, des liens tenant aux activités professionnelles dont l'intensité est de nature à influer sur son appréciation. A ce titre toutefois, la nature hautement spécialisée du recrutement et le faible nombre de spécialistes de la discipline susceptibles de participer au comité de sélection doivent être pris en considération pour l'appréciation de l'intensité des liens faisant obstacle à une participation au comité de sélection ». En l'espèce, il ressort des pièces du dossier que l'un des membres du comité de sélection constitué pour examiner les candidatures du concours litigieux avait été le directeur de thèse d'un candidat, lequel avait soutenu sa thèse moins de deux ans avant la délibération du comité de sélection et avait, ensuite, poursuivi une collaboration scientifique avec son directeur de thèse en cosignant plusieurs articles avec lui. Par suite, en jugeant que les liens existant entre ce candidat et son ancien directeur de thèse n'étaient pas de nature à influer sur son appréciation et ne pouvaient, par suite, entacher d'irrégularité la délibération du jury, la cour administrative d'appel, alors même que le recrutement en cause concernait un champ disciplinaire très spécialisé, a inexactement qualifié les faits qui lui étaient soumis. • CE 12 juin 2019, n° 409394 B : *D. 2019. 1256 ; AJFP 2019. 345 ; LIJ 2019, n° 208, p. 11.*

16. *Impartialité. Nature hautement spécialisée du recrutement et faible nombre de spécialistes de la discipline.* Le Conseil d'État a précisé que le respect du principe d'impartialité fait obstacle à ce qu'un comité de sélection constitué pour le recrutement d'un enseignant-chercheur puisse régulièrement siéger, en qualité de jury de concours, si l'un de ses membres a, avec l'un des candidats, des liens tenant aux activités professionnelles dont l'intensité est de nature à influer sur son appréciation. A ce titre, toutefois, la nature hautement spécialisée du recrutement et le faible nombre de spécialistes de la discipline susceptibles de participer au comité de sélection doivent être pris en considération pour l'appréciation de l'intensité des liens faisant obstacle à une participation au comité de sélection. En l'espèce, plusieurs éléments étaient présentés : les membres du comité de sélection avaient participé ensemble, à plusieurs reprises, à divers colloques ou journées d'étude consacrés à l'histoire du droit, plusieurs des membres du comité de sélection étaient membres du comité de rédaction d'une revue relative à l'histoire du droit dont la requérante est la rédactrice en chef, ou avaient publié avec elle des contributions dans différents ouvrages et la requérante a également publié une contribution dans un ouvrage dont la publication était dirigée par un membre du comité de sélection. Par ailleurs, elle aurait figuré sur la même liste de membres élus au CNU que deux membres du comité de sélection. Le Conseil d'État estime que les liens résultant de ces relations professionnelles, dans une discipline qui compte peu de spécialistes, ne pouvaient à eux seuls, dans les circonstances de l'espèce, être regardés comme révélant une collaboration scientifique dont l'étroitesse aurait fait obstacle à ce que ces membres participent régulièrement au comité de sélection pour se prononcer sur les mérites de la candidature. Il s'ensuit qu'en se fondant, pour émettre un avis défavorable à la liste de candidats retenue par le conseil académique, sur le manquement du comité de sélection au principe d'impartialité, le conseil d'administration de l'université de Bordeaux a entaché sa délibération d'erreur d'appréciation. • CE 29 mai 2020, n° 424367 B : *AJDA 2020. 1090 ; AJFP 2020. 244, comm. Zarca ; La lettre VIGIE, n° 122, mars-avr.-mai 2020.30.* ♦ Pour une candidate retenue par le conseil académique et les membres du comité de sélection ayant participé ensemble, à plusieurs reprises, à divers colloques ou journées d'étude (plusieurs membres du comité étant membres du comité de rédaction d'une revue dont la candidate est la rédactrice en chef, ou ayant publié avec elle des contributions dans différents ouvrages et candidate ayant également publié une contribution dans un ouvrage dont la publication était dirigée par un membre du comité de sélection ; candidate ayant, par ailleurs, figuré sur la même liste de membres élus au CNU que deux membres du comité de sélection). Le Conseil d'État confirme que les liens résultant de ces relations professionnelles entre la candidate retenue et les membres du comité de sélection, dans une discipline qui compte peu de spécialistes, ne pouvaient à eux seuls, dans les circonstances de l'espèce, être regardés comme révélant une collaboration scientifique dont l'étroitesse aurait fait obstacle à ce que ces membres participent régulièrement au comité de sélection pour se prononcer sur les mérites de la candidature de l'intéressée. • CE 29 juin 2020, n° 421601 B : *LIJ 2021, n° 213, p. 18.*

17. *Égalité de traitement. Absence. Modifications substantielles apportées au cours d'une procédure de recrutement.* Dans une affaire où des modifications substantielles avaient été apportées sur une fiche de poste au cours d'une procédure de recrutement, le juge estime qu'eu égard à la nature et à l'importance des modifications apportées à la fiche de poste initiale et au rôle qui incombe au comité de sélection dans l'appréciation de l'adéquation des candidats au profil du poste, ces modifications, connues seulement d'un seul des deux candidats auditionnés par le comité de sélection, étaient de nature à rompre l'égalité entre les candidats. Par suite, le conseil académique n'a pas fait une inexacte application des dispositions du Décr. du 6 juin 1984 en estimant, par une délibération suffisamment motivée sur ce point, qu'il ne pouvait, par suite, proposer de candidat sélectionné ni procéder à leur classement par ordre de préférence. De la même manière, le requérant n'est pas fondé à soutenir que le conseil académique aurait, en mettant ainsi indirectement en cause la régularité de la délibération du comité de sélection, excédé sa compétence. Par suite encore, faute d'avoir été saisi par le conseil académique du nom d'un candidat sélectionné ou d'une liste de candidats classés par ordre de préférence, le conseil d'administration ne pouvait légalement donner aucune suite à la transmission qui lui était adressée par le conseil académique et n'a donc pas entaché sa décision d'incompétence ni fait une inexacte application des dispositions du décret de 1984 en donnant, par une délibération suffisamment motivée sur ce point, un avis défavorable motivé à la nomination de chacun des deux candidats. Enfin, le juge estime que le président de l'université était, par suite de l'avis défavorable motivé rendu par le conseil d'administration, tenu de ne transmettre aucun des deux noms au ministre chargé de l'enseignement supérieur. • CE 27 janv. 2016, n° 392246.

18. *Procédure.* Le juge administratif estime qu'il résulte des dispositions de l'art. 9-2 du Décr. du 6 juin 1984 fixant les dispositions statutaires communes applicables aux enseignants-chercheurs que le comité de sélection constitué pour pourvoir chaque emploi d'enseignant-chercheur créé ou déclaré vacant doit tenir au moins deux réunions ; que la première a pour but de lui permettre d'examiner les dossiers des candidats et, après avoir entendu les rapports présentés sur chacun d'eux de manière individuelle par deux rapporteurs, d'établir la liste de ceux qu'il souhaite entendre ; que, lors de la seconde, le comité doit procéder aux auditions des candidats convoqués, délibérer sur l'ensemble des candidatures et émettre un avis motivé sur chacune d'entre elles ; que le premier temps de cette procédure n'a pas seulement pour objet de décider éventuellement de ne pas auditionner certains candidats, mais contribue aussi à la préparation des futures auditions ; qu'elle garde donc son objet même dans l'hypothèse où le comité de sélection souhaite auditionner tous les candidats ; que le respect de cette procédure, qui a pour objet d'apprécier les mérites scientifiques des candidats en toute impartialité et ainsi de mettre en œuvre le principe d'égal accès aux emplois publics, constitue donc une garantie pour les candidats à la mutation ou à la nomination par détachement ou par recrutement au concours. En l'espèce, le comité de sélection ne s'étant réuni qu'une seule fois pour auditionner les quatre candidats, cette circonstance a eu pour effet de priver d'une garantie les candidats non retenus et était de nature à entacher d'irrégularité l'ensemble de la procédure devant conduire au recrutement envisagé. • CE 5 mars 2014, n° 363715 : *AJDA 2014. 1173, note Legrand* ; *LIJ 2014, n° 184, p. 14.*

19. *Fonctionnement. Décision. Rapports.* Le Conseil d'État a jugé que le comité de sélection qui fixe la liste des candidats à un poste d'universitaire qu'il souhaite entendre doit s'appuyer sur deux rapports distincts. S'appuyant sur l'art. 9-2 du Décr. du 6 juin 1984, la Haute Assemblée affirme « qu'il résulte de ces dispositions que les rapports au vu desquels le comité de sélection fixe la liste des candidats qu'il souhaite entendre doivent, pour chaque candidature, être établis de manière individuelle par chacun des deux rapporteurs et faire l'objet de présentations distinctes reflétant les opinions respectives de leurs auteurs ». La candidature du requérant ayant fait l'objet d'un rapport unique présenté conjointement par les deux membres du comité de sélection, celui-ci a été privé de la garantie prévue par les dispositions du Décr. du 6 juin 1984 : annulation sur le fondement d'une procédure irrégulière. • CE 11 juill. 2012, n° 330366 B : *AJDA 2012. 1432* ; *AJFP 2012. 242*.

20. *Fonctionnement. Décision. Partage des voix. Voix prépondérante.* En refusant de présenter une proposition au motif qu'aucun des candidats n'avait obtenu, en raison d'un partage des voix, la majorité des suffrages au sein du comité de sélection, le conseil d'administration fait une « inexacte application » des textes, dès lors que ceux-ci prévoient qu'en cas de partage, la voix du président du comité de sélection est prépondérante. • CE 18 déc. 2013, n° 351581 : *AEF 8 janv. 2014, Dépêche n° 192087, comm. Toulemonde ; LIJ 2014, n° 182, p. 15.* ♦ Décision dans le même sens dans une affaire où lors du vote au cours duquel le comité de sélection s'est prononcé sur son souhait d'entendre ou non le requérant quatre membres sur huit ont voté en faveur de l'audition, un membre s'est abstenu et trois membres, dont le président du comité, ont voté contre l'audition. • CE 27 sept. 2017, n° 404475 A : *AJDA 2017. 1866*.

21. *Fonctionnement. Décision. Avis défavorable.* Le comité de sélection agit en qualité de jury du concours. Sa décision d'émettre un avis défavorable sur certains candidats à l'intention du conseil d'administration présente le caractère d'une décision susceptible d'être déférée au juge de l'excès de pouvoir par ces candidats. En outre, si un candidat demande, en application de l'art. 9-1 Décr. du 6 juin 1984, à avoir communication de la décision du comité de sélection, cette communication doit, pour faire courir à l'encontre de son destinataire le délai de recours contentieux, être assortie de la mention des voies et délais de recours. • CE 14 oct. 2011, n° 333712 B : *préc. note 10.*

22. *Décision. Motivation.* Pour motiver sa décision défavorable à une candidature, le comité de sélection s'est borné à indiquer que l'intéressé ne correspond pas au profil du poste ouvert, sans préciser les raisons pour lesquelles il estimait que le candidat ne correspondait pas à ce profil. Par suite, ce dernier est fondé à soutenir que la délibération est insuffisamment motivée. • CE 14 oct. 2011, n° 333712 B : *préc. note 10.* ♦ Irrégularité pour une motivation stéréotypée et non adaptée au profil de chaque candidat. En l'espèce, le Conseil d'État, sans contester le droit du CA de se fonder sur l'adéquation des candidatures au profil du poste et à la stratégie de l'établissement, considère que la délibération est insuffisamment motivée, et par conséquent il procède à son annulation. En outre, il enjoint au CA de réexaminer les candidatures et de procéder à une nouvelle délibération, dans le délai de trois mois. En revanche, contrairement au souhait du requérant, le juge refuse de lui imposer de retenir cette candidature et de la transmettre au ministre car, compte tenu des motifs de l'annulation de la délibération en question, le CA peut à nouveau rejeter les propositions du comité de sélection, à condition toutefois de préciser en quoi le profil des candidats ne correspond pas au profil du poste et à la stratégie de l'établissement. • CE 24 oct. 2012, n° 354077 : *AJFP 2013. 77* ; *LIJ 2012, n° 170, p. 16* ; *AEF 2012, Dépêche n° 174135, comm. Toulemonde.*

23. Motivation. Insuffisance. Illégalité. Nature du contrôle. Erreur manifeste d'appréciation. Le Conseil d'État rappelle que « si le juge de l'excès de pouvoir ne contrôle pas l'appréciation que le comité de sélection porte sur les mérites notamment scientifiques d'un candidat, il contrôle, en revanche, l'erreur manifeste susceptible d'entacher son appréciation de l'adéquation de la candidature au profil du poste ouvert. A ce titre, il appartient au comité de sélection d'énoncer, dans son avis motivé, les raisons pour lesquelles il estime qu'une candidature n'est pas en adéquation avec le profil du poste ouvert au recrutement ». En l'espèce, le comité de sélection de l'université de Picardie Jules Verne s'est fondé, non pas sur les mérites scientifiques de la candidate mais sur l'adéquation de la candidature de l'intéressée au profil du poste, en se bornant à mentionner : « Peu d'adéquation aux profils d'enseignement et de recherche », sans indiquer, même sommairement, les raisons pour lesquelles il estimait que la candidature de l'intéressée correspondait peu à ce profil. La décision est insuffisamment motivée, elle est donc annulée. • CE 27 janv. 2020, n° 415314 B : *AJDA 2020. 1395* ; *AJFP 2020. 148* .

24. Motivation. Discrimination liée à l'âge. Illégalité. Un maître de conférences qui s'était porté candidat à un emploi au sein d'une université s'était vu opposer un refus d'audition par le comité de sélection en raison de son âge. Le tribunal administratif juge en l'espèce que le requérant était fondé à soutenir qu'il a été victime d'une discrimination injustifiée en raison de son âge en retenant qu'il ne ressort pas des termes de la délibération contestée ni des autres pièces du dossier que le comité de sélection aurait écarté la candidature du requérant pour des motifs ne tenant pas à son âge. • TA Strasbourg, 3 nov. 2016, n° 1503342 : *LIJ 2017, n° 196, p. 13.*

25. Intervention en fin de procédure. Recrutement au titre du 3° de l'art. 46 et de l'art. 49-3 du Décr. n° 84-431 du 6 juin 1984. Lorsqu'en application de ces dispositions, la section compétente du CNU émet un avis défavorable sur un candidat mieux placé, dans la liste de classement proposée par l'établissement, qu'un candidat sur lequel elle émet un avis favorable, elle est tenue d'établir un rapport motivé sur sa délibération, en explicitant, au regard notamment des avis motivés antérieurement émis par le comité de sélection sur les candidatures et la liste de classement, les raisons qui l'ont conduite à modifier le choix du candidat à nommer. En l'espèce, une motivation se bornant à indiquer au candidat que son dossier de candidature témoigne d'un investissement important dans des tâches pédagogiques et administratives, et devrait être renforcé par des publications dans des revues à comité de lecture, ne saurait être regardée comme constituant un tel rapport motivé. • CE 8 juin 2015, n° 372848 B : *AJDA 2015. 1184* ; *AJFP 2015. 282* .

26. Contrôle du juge. Décision susceptible d'être déférée au juge. La délibération d'un comité de sélection qui écarte certaines candidatures sur le fondement de ces dispositions a le caractère d'une décision susceptible d'être déférée au juge de l'excès de pouvoir. • CE 9 févr. 2011, n° 317314 B : *AJDA 2011. 305* .

27. Contrôle du juge. Appréciation portée par le comité de sélection. . Le juge de l'excès de pouvoir ne contrôle pas l'appréciation portée par le comité de sélection, agissant en qualité de jury de concours, sur les mérites scientifiques des candidats à un poste de professeur des universités. • CE 9 févr. 2011, n° 317314 B : *préc. note 26.*

28. Contrôle du juge. Appréciation de l'adéquation au profil du poste. Contrôle restreint. En revanche, le juge de l'excès de pouvoir exerce un contrôle de l'erreur manifeste de l'appréciation portée par le comité de sélection, qui agit en qualité de jury de concours, sur l'adéquation de la candidature au profil du poste mis au concours. Le juge en déduit donc qu'il appartient au comité de sélection d'énoncer, dans son avis motivé, les raisons pour lesquelles il estime qu'une candidature n'est pas en adéquation avec le profil du poste ouvert au recrutement. • CE 9 févr. 2011, n° 317314 B : *préc. note 26.* ♦ Dans le même sens, il juge insuffisamment motivée la décision du comité de sélection qui avait rejeté la candidature de la requérante au motif que celle-ci présentait « peu d'adéquation aux profils d'enseignement et de recherche » sans indiquer, même sommairement, les raisons pour lesquelles il estimait que la candidature de l'intéressée correspondait peu à ce profil. • CE 27 janv. 2020, n° 415314 B : *préc. note 23.*

29. Conséquences de l'annulation. Reprise des opérations. L'annulation des décisions attaquées implique la reprise des opérations du concours ; elle n'implique pas, en revanche, que la candidature du requérant soit nécessairement retenue ; il y a donc seulement lieu d'enjoindre au comité de sélection de se prononcer à nouveau sur les candidatures dans un délai fixé par le juge. • CE 14 oct. 2011, n° 333712 B : *préc. note 10.* ♦ Lorsque le Conseil d'État statuant au contentieux enjoint, sur le fondement de l'art. L. 911-2 CJA, à un comité de sélection de se prononcer de nouveau sur les candidatures à un poste de professeur des universités dans le cadre d'un concours de recrutement dont les opérations sont annulées, il appartient au comité de sélection de procéder à ce nouvel examen au regard de la situation de droit et de fait existant à la date à laquelle il se prononce. • CE 27 juin 2013, n° 357376 : *AEF 8 juill. 2013, Dépêche n° 185202, comm. Toulemonde.*

30. Conséquences de l'annulation. Réparation du préjudice. Dans une affaire où le requérant avait obtenu, pour insuffisance de motivation de la délibération du comité de sélection, l'annulation d'une procédure de recrutement d'un professeur des universités dans le cadre de laquelle il avait candidaté et demandait réparation des préjudices matériels et moraux liés à l'illégalité de cette procédure, le Conseil d'État rejette sa demande. En l'espèce, il considère qu'il n'est pas établi qu'il aurait perdu une chance sérieuse d'être nommé sur le poste auquel il a candidaté, ni par suite que cette illégalité aurait été la cause directe des préjudices qu'il allègue avoir subis. Le lien de causalité entre l'illégalité de la procédure et les préjudices allégués n'étant pas établi, la responsabilité de l'université Rennes 2 n'est pas engagée. • CE 3 févr. 2017, n° 394660 : *AJFP 2017. 267*.

III. CONSEIL SCIENTIFIQUE

31. Compétence. Le juge constitutionnel considère que, si le conseil scientifique de l'université n'est pas, en vertu de l'art. L. 712-5 C. éduc., composé uniquement d'enseignants-chercheurs, ce conseil n'émet qu'un simple avis sur les propositions faites par le président de l'université. • Cons. const. 6 août 2010, *M. Jean C. et a. [Loi Université]*, n° 2010-20/21 QPC § 9 : *préc. note 1.* ♦ Le conseil d'État confirme qu'il résulte de ces dispositions que, dans le cadre de la procédure de recrutement d'un enseignant-chercheur, le conseil d'administration siégeant dans une formation restreinte aux enseignants-chercheurs et personnels assimilés de rang au moins égal à celui de l'emploi à pourvoir prend, au vu de la délibération du comité de sélection, une délibération propre par laquelle il établit sa proposition. Il résulte donc de ce qui a été jugé par le Conseil constitutionnel dans sa Décis. du 6 août 2010 que, dans l'exercice de telles compétences, il incombe au conseil d'administration d'apprécier l'adéquation des candidatures à la stratégie de l'établissement, sans remettre en cause l'appréciation des mérites scientifiques des candidats retenus par le comité de sélection. Ainsi, lorsque le comité de sélection lui a transmis une liste de candidats classés par ordre de préférence, le conseil d'administration, qui n'agit pas en qualité de jury, ne peut pas remettre en cause ce classement. • CE 30 nov. 2011, n° 330611.

IV. CONSEIL ACADÉMIQUE

32. Candidature. Avis défavorable. Motivation. Insuffisance. Le juge estime qu'est insuffisamment motivé l'avis défavorable rendu par un conseil académique sur la candidature d'un professeur de sociologie à un poste de professeur d'université intitulé « sociologie du genre, sociologie de l'égalité », qui se borne à indiquer que la pleine adéquation de la candidature de l'intéressé avec le profil du poste n'était pas avérée, sans indiquer, même sommairement, les raisons pour lesquelles il estimait que la candidature de l'intéressée ne correspondait pas au profil de poste. En l'espèce, le requérant, professeur des universités à l'université Toulouse 3, avait fait acte de candidature sur le poste de professeur des universités intitulé « sociologie du genre, sociologie de l'égalité » ouvert à l'université Lumière Lyon 2 en demandant à bénéficier des dispositions relatives aux personnes dont la candidature est dispensée de l'examen par le comité de sélection, au titre de la mutation pour rapprochement de conjoints. • CE 30 janv. 2019, n° 412159 B : *AJDA 2019. 260*

33. Mutations. Décision défavorable. Motivation. Dans une affaire où le requérant contestait l'avis défavorable émis par le conseil académique de l'université au sujet de sa demande de mutation pour rapprochement de conjoints (Décr. n° 2014-997 du 2 sept. 2014 réintroduisant une procédure de mutation indépendante de la procédure concurrentielle de recrutement), le juge estime que l'avis défavorable du conseil académique constitue une décision susceptible de recours qui doit, dès lors, être motivée. En l'espèce, le Conseil d'État enjoint à l'université de reprendre la procédure de recrutement sur ce poste au stade de l'examen par le conseil académique des candidatures présentées, sous réserve que le poste n'ait pas été pourvu par l'effet de décisions devenues définitives. • CE 9 mars 2016, n° 391508 B : *LIJ 2016, n° 193, p. 13 ; AJFP 2016. 263*.

34. Mutations. Rapprochement de conjoint. Procédure. S'agissant du même litige et alors que le Conseil d'État enjoint à l'université de reprendre la procédure de recrutement sur ce poste au stade de l'examen par le conseil académique des candidatures présentées, le Conseil d'État, une nouvelle fois saisi, précise que sa décision « impliquait seulement que le conseil académique délibère de nouveau sur la candidature de [l'intéressé] et sur la transmission de celle-ci au conseil d'administration de l'université ». • CE 10 janv. 2018, ♔ n° 403772 : *LIJ 2018, n° 202, p. 17.*

35. IEP de Paris. Conseil des enseignants-chercheurs. Compétences. Le Conseil d'État a jugé que le conseil composé des enseignants-chercheurs prévu par l'art. 7 du Décr. n° 85-497 du 10 mai 1985 est celui qui exerce, au sein de l'Institut d'études politiques (IEP) de Paris, et en vertu de l'art. L. 717-1, les compétences dévolues au conseil académique par les art. L. 952-6 à L. 952-9. • CE 11 oct. 2017, ♔ n° 394269.

V. CONSEIL D'ADMINISTRATION

V. aussi notes ss. art. L. 952-6.

36. Qualité de jury de concours. Absence. Le conseil d'administration, qui a pour rôle de proposer un nom au ministre sur la base d'une appréciation de l'adéquation des candidatures à la stratégie de l'établissement, sans remettre en cause l'appréciation des mérites scientifiques des candidats retenus par le comité de sélection, n'agit pas en qualité de jury. • CE 15 déc. 2010, ♔ n° 316927 A : *préc. note 10* • CE 9 févr. 2011, ♔ n° 329584 B : *AJDA 2011. 305*. ♦ A noter : la réforme de 2007 ayant élargi le pouvoir du conseil d'administration restreint, le ministère a pris à plusieurs reprises des positions critiquées par la doctrine (Circ. 9 janv. 2008 indiquant que le comité de sélection ne constituait plus la formation de jury, mais bien le conseil d'administration siégeant en formation restreinte ; Note du 18 juill. 2008, indiquant que le conseil d'administration pouvait proposer au ministre la nomination d'un candidat non sélectionné par le comité). Ces positions ont aujourd'hui été remises en cause par le juge. Le droit a ainsi été remis dans son état antérieur.

37. Procédure. Délibération sur la liste des candidats retenus par le comité de sélection. Présence de membres extérieurs. Un requérant demandait l'annulation de l'avis défavorable du CA à la transmission de la liste des candidats à la ministre. Le Conseil d'État relève que, outre les sept professeurs des universités membres de la formation restreinte du CA, ont assisté à la séance à titre consultatif, en application du règlement intérieur de l'université, les quatre vice-présidents et quatre membres de l'administration. Si le requérant soutient que la présence de ces membres extérieurs est susceptible d'avoir influencé la délibération du CA et avoir entaché la procédure d'irrégularité, le Conseil constate que seuls les sept professeurs membres de la formation restreinte du CA ont pris part aux débats puis au vote relatif à la transmission au ministre de la liste des candidats ayant reçu un avis favorable du conseil académique. Il n'y a donc pas d'irrégularité. • CE 2 déc. 2020, ♔ n° 430058 : *LIJ 2021, n° 214, p. 13.*

38. Compétence. Nature. Relevant que, lorsqu'il procède à la nomination des membres des comités de sélection, le conseil d'administration de l'université siège dans une formation restreinte aux représentants élus des enseignants-chercheurs et personnels assimilés ; que les comités de sélection, qui apprécient les mérites scientifiques des candidats, sont composés d'enseignants-chercheurs et de personnels assimilés, pour moitié au moins extérieurs à l'université, d'un rang au moins égal à celui de l'emploi à pourvoir ; que les membres de ces comités sont choisis en raison de leurs compétences, en majorité parmi les spécialistes de la discipline en cause ; que chaque comité de sélection dresse la liste de ceux qu'il retient par un avis motivé, le juge constitutionnel a ainsi considéré que le législateur a entendu laisser au comité la responsabilité d'établir une sélection et a interdit au conseil d'administration de proposer au ministre chargé de l'enseignement supérieur la nomination d'un candidat non sélectionné par le comité. • Cons. const. 6 août 2010, ♔ *M. Jean C. et a. [Loi Université]*, n° 2010-20/21 QPC § 8 à 12 : *préc. note 1.* ♦ Le Conseil d'État confirme qu'il résulte de ces dispositions que, dans le cadre de la procédure de recrutement d'un enseignant-chercheur, le conseil d'administration siégeant dans une formation restreinte aux enseignants-chercheurs et personnels assimilés de rang au moins égal à celui de l'emploi à pourvoir prend, au vu de la délibération du comité de sélection, une délibération propre par laquelle il établit sa proposition. Il résulte donc de ce qui a été jugé par le Conseil constitutionnel dans sa Décis. du 6 août 2010 que, dans l'exercice de telles compétences, il incombe au conseil d'administration d'apprécier l'adéquation des candidatures à la stratégie de l'établissement, sans remettre en cause l'appréciation des mérites scientifiques des candidats retenus par le comité de sélection. Ainsi, lorsque le comité de sélection lui a transmis une liste de candidats classés par ordre de préférence, le conseil d'administration, qui n'agit pas en qualité de jury, ne peut pas remettre en cause ce classement. • CE 30 nov. 2011, ♔ n° 330611.

39. Compétence. Nature. Conséquences. Le conseil d'administration, saisi de la proposition du conseil académique, ne peut émettre un avis défavorable, hors le cas où il estime, sans remettre en cause l'appréciation des mérites scientifiques des candidats par le comité de sélection, que leurs candidatures ne sont pas en adéquation avec le profil du poste ouvert au recrutement ou avec la stratégie de l'établissement, que si la procédure de recrutement par voie de mutation à un emploi de professeur des universités est entachée d'irrégularité. A ce titre il lui appartient, notamment, de veiller au respect du principe d'impartialité. • CE 29 mai 2020, ♔ n° 424367 B : *AJDA 2020. 1090* ; *AJFP 2020. 244, comm. Zarca*.

40. Compétence. Appréciation de l'adéquation des candidatures à la stratégie de l'établissement. Le conseil d'administration, siégeant dans une formation restreinte aux enseignants-chercheurs et personnels assimilés de rang au moins égal à celui de l'emploi à pourvoir, prend, au vu de la délibération du comité de sélection, une délibération propre par laquelle il établit sa proposition. Le juge administratif estime qu'il découle de cette interprétation que, dans l'exercice de telles compétences, il incombe au conseil d'administration d'apprécier l'adéquation des candidatures au profil du poste et à la stratégie de l'établissement, sous le contrôle du juge et sans remettre en cause l'appréciation des mérites scientifiques des candidats retenus par le comité de sélection, lequel a la qualité de jury. • CE 8 oct. 2014, n° 358645. ♦ Dans une affaire où le conseil d'administration s'était fondé, pour estimer que la candidature de l'intéressé n'était pas en adéquation avec la nouvelle stratégie de l'établissement, sur la circonstance que ses compétences en matière de recherche et d'encadrement doctoral étaient déjà bien représentées au sein d'une unité de service et de recherche, que ses spécialisations n'étaient pas les plus adaptées aux orientations interdisciplinaires touchant à la littérature et à l'histoire des sciences et, enfin, que son parcours ne répondait pas non plus de façon optimale au besoin de préparation, chaque année, de nombreux élèves de l'établissement au concours de l'agrégation de philosophie, le conseil d'administration n'a pas fait une inexacte application des dispositions du code de l'éducation. • CE 30 août 2016, n° 381294.

41. Compétence. Appréciation de l'adéquation des candidatures à la stratégie de l'établissement. Illégalité. L'objectif visant à promouvoir un recrutement extérieur à l'établissement peut légalement figurer au nombre des objectifs relevant de la stratégie de l'établissement, en fonction desquels le conseil d'administration apprécie l'adéquation des candidatures retenues par le comité de sélection. Il appartient alors au conseil d'administration d'apprécier, au cas par cas, la mise en œuvre de cet objectif global, qui ne peut qu'être indicatif et ne saurait être assimilé à une règle impérative. En l'espèce, le conseil d'administration s'est borné à retenir que son recrutement serait en opposition à la politique de l'université visant à réduire le nombre de recrutements internes au cours de la période en cause, sans faire apparaître, ni dans sa décision ni devant le Conseil d'État, en quoi la mise en œuvre de cet objectif global justifiait en l'espèce qu'il ne soit pas donné suite à la candidature du requérant sur le poste ouvert au concours, alors qu'il ressort des pièces du dossier que sept des huit postes de professeur pourvus dans cette université cette année l'avaient été par des recrutements externes. • CE 23 déc. 2014, n° 364138 B : *AJDA 2015. 5 ; AJFP 2015. 71 ; LIJ 2015, n° 187, p. 14.*

42. Compétence. Appréciation de l'adéquation des candidatures à la stratégie de l'établissement. Légalité du rejet de l'ensemble des candidats proposés par le comité de sélection. Le conseil d'administration, siégeant dans une formation restreinte aux enseignants-chercheurs et personnels assimilés de rang au moins égal à celui de l'emploi à pourvoir, prend, au vu de la délibération du comité de sélection, une délibération propre par laquelle il établit sa proposition. Dans l'exercice de telles compétences, il incombe au conseil d'administration d'apprécier l'adéquation des candidatures à la stratégie de l'établissement, sans remettre en cause l'appréciation des mérites scientifiques des candidats retenus par le comité de sélection. En l'espèce, s'il était loisible au conseil d'administration de rejeter l'ensemble des candidats proposés par le comité de sélection au motif que la qualification de ces candidats, telle qu'appréciée par le comité de sélection, lui apparaissait insuffisante au regard de la stratégie de l'établissement, il ressort des pièces du dossier que le conseil d'administration s'est fondé, pour rejeter l'ensemble des candidats proposés par le comité de sélection, sur sa propre appréciation des mérites respectifs des candidats. En remettant ainsi en cause l'appréciation portée sur ces candidats par le comité de sélection, qui a seul la qualité de jury, le conseil d'administration a commis une erreur de droit. • CE 14 oct. 2011, n° 341103 B : *AJDA 2012. 169, note Legrand ; ibid. 2011. 1986.*

43. Compétence. Appréciation de l'adéquation des candidatures à la stratégie de l'établissement. Illégalité de l'inversion de l'ordre du classement. Lorsque le comité de sélection transmet au conseil d'administration une liste de candidats classés par ordre de préférence, ce dernier, qui n'agit pas en qualité de jury, ne peut pas remettre en cause ce classement. • CE 26 oct. 2011, n° 334084 B : *AJDA 2012. 169, note Legrand ; ibid. 2011. 2097 ; AJFP 2012. 24 ; LIJ 2012, n° 161, p. 11.*

44. Compétence. Appréciation de l'adéquation des candidatures au profil du poste. Le juge administratif admet le rejet d'une candidature, par le conseil d'administration, fondé sur l'inadéquation de la candidature avec le profil du poste. • CE 19 oct. 2012, n° 354220 B : *AJFP 2013. 75, concl. Keller ; AJDA 2012. 1986, comm. de Montecler ; LIJ 2012, n° 170, p. 15 ; AEF 25 oct. 2012, Dépêche n° 173772, comm. Toulemonde.* ♦ Dans une affaire où le requérant, classé premier par le comité de sélection, jury du concours, contestait la délibération par laquelle le conseil d'administration avait rejeté la liste de classement établie par le jury au motif de l'inadéquation de sa candidature au profil du poste et à la stratégie de l'établissement, le juge rejette la requête sans qu'ait d'incidence, pour la cour, la circonstance que ces projets n'aient pas été précisément définis, ni celle que la spécialité de l'intéressé n'était pas sans lien avec le profil du poste. En l'espèce, le dossier de l'intéressé, quoique scientifiquement irréprochable, n'établissait pas de manière suffisante sa capacité à participer à des projets de recherche inter-équipes et pluridisciplinaires que l'établissement souhaitait promouvoir et dont la fiche de poste faisait état. • CAA Paris, 24 sept. 2015, n° 14PA02387 : *AJFP 2016. 83*.

45. Appréciation de l'adéquation du candidat au poste et à la stratégie. Nature du contrôle du juge. Procédant à un contrôle minutieux de l'adéquation du profil d'un candidat au poste et à la stratégie de l'université, le juge a une position inverse de l'appréciation portée par le conseil d'administration de l'université. En l'espèce, il considère que les travaux du requérant couvrent l'ensemble des domaines concernés par le poste et que ses compétences et ses travaux philosophiques, comme sa connaissance générale des textes et de la culture antiques ne sont pas contestés. Il poursuit en relevant que les thèmes de recherche de l'intéressé présentent des convergences avec les sujets de recherche du laboratoire, ainsi qu'en atteste sa participation à plusieurs travaux scientifiques au sein de ce laboratoire ou en association avec certains de ses membres et que la circonstance que les recherches conduites au sein de l'Institut d'études augustiniennes présenteraient une grande proximité avec celles du candidat n'établit pas, par elles-mêmes, l'absence d'adéquation de la candidature de l'intéressé avec la stratégie de l'université. Il en déduit que le conseil d'administration n'a pas fait une exacte appréciation des dispositions du code de l'éducation en estimant que le profil du requérant n'était en adéquation ni avec le profil du poste ni avec la stratégie de l'établissement. • CE 13 juin 2016, n° 382405 : *LIJ 2016, n° 195, p. 14 ; AEF 24 juin 2016, Dépêche n° 540753, comm. Toulemonde.*

46. Appréciation de l'adéquation du candidat au poste et à la stratégie. Autorité de la chose jugée. S'agissant de la même affaire et alors que, suite à l'injonction du Conseil d'État, le conseil académique avait refusé à nouveau de transmettre la liste établie par le comité de sélection, le Conseil d'État annule cette dernière délibération et enjoint l'université, sous réserve qu'elle maintienne le recrutement, de faire délibérer son conseil d'administration alors compétent, sur la liste de candidats établie par le comité de sélection, en respectant l'autorité absolue de la chose jugée dans les motifs de la décision du 13 juin 2016 tant en ce qui concerne l'adéquation de la candidature au profil du poste qu'en ce qui concerne son adéquation à la stratégie de l'université. • CE 24 nov. 2017, n° 404575 : *LIJ 2018, n° 202, p. 15.*

47. Compétence. Préférence pour un candidat local. La décision du conseil d'administration ayant pour motif le refus de proposer toute autre nomination que celle du maître de conférences habilité à diriger les recherches dans la spécialité et dont le poste pourrait ainsi être supprimé ne peut légalement justifier l'interruption du concours qui avait été ouvert, alors même que l'université fait valoir que le recrutement d'une deuxième personne pour enseigner la matière entraînerait une charge budgétaire excessive au regard des objectifs de maîtrise de la masse salariale qu'elle poursuit. • CE 23 sept. 2013, n° 361259 : *AJDA 2013. 1889 ; LIJ 2013, n° 179, p. 11 ; AEF 3 oct. 2013, Dépêche n° 188305, comm. Toulemonde.*

48. Compétence. Appréciation sur la partialité d'un membre du comité de sélection. Compétence liée. Absence. Le juge estime que le conseil d'administration, qui porte une appréciation sur les faits de l'espèce pour retenir que la partialité d'un membre du comité de sélection justifiait qu'il ne soit pas donné suite aux procédures de recrutement, n'est pas dans une situation de compétence liée pour décider de ne pas donner suite à la procédure de recrutement. • CE 5 mars 2014, n° 364500. ♦ En conséquence, annulation de la délibération qui implique que le conseil d'administration examine à nouveau la liste des candidatures transmises par le comité de sélection. • CE 5 mars 2014, n° 364500.

49. Modalités de vote et majorités. L'art. L. 952-6-1 étant silencieux sur les modalités de vote et les majorités requises au sein du conseil d'administration lorsqu'il se prononce sur le recrutement d'enseignants-chercheurs, la règle applicable est donc que les votes sont acquis à la majorité des suffrages exprimés sans que les abstentions ou refus de vote soient pris en compte, sauf règles de computation différentes à prendre en compte dans les statuts. • CE 21 mai 1997, n° 181334.

50. Motivation de la délibération. La délibération du conseil d'administration proposant un candidat au ministre compétent doit être motivée lorsqu'elle ne reprend pas les propositions du comité de sélection. • CE 15 déc. 2010, n° 316927 A : *préc. note 10.* ♦ Dans le même sens pour le principe général selon lequel un organe administratif est lié par le classement opéré par un jury de concours. • CE, ass., 13 juill. 1967, *Geslin*, n° 68680 : *Lebon 316* • CE 12 déc. 1994, n° 135460 B. • CE 23 oct. 2013, n° 360084 : *LIJ 2014, n° 181, p. 15.*

51. Motivation. Appréciation des mérites scientifiques. Illégalité. Le motif de refus du conseil d'administration, fondé sur l'insuffisance des travaux de recherche de l'intéressée ayant trait aux mérites scientifiques de la candidate, n'est pas au nombre de ceux que le conseil d'administration pouvait légalement prendre en compte pour ne pas donner suite à l'avis motivé favorable du comité de sélection. • CE 9 févr. 2011, n° 329584 B : *préc. note 38.* ♦ Illégalité pour un refus de recrutement motivé par des raisons financières. En l'espèce, la décision du conseil d'administration avait pour motif le refus de proposer toute autre nomination que celle du maître de conférences habilité à diriger les recherches dans la spécialité à l'université et dont le poste pouvait ainsi être supprimé. Un tel motif n'est pas au nombre de ceux pouvant légalement justifier l'interruption du concours qui avait été ouvert, alors même que l'université fait valoir que le recrutement d'une deuxième personne pour enseigner la matière entraînerait une charge budgétaire excessive au regard des objectifs de maîtrise de la masse salariale qu'elle poursuit. • CE 23 sept. 2013, n° 361259 : *préc. note 47.*

52. Motivation. Appréciation de l'adéquation du profil du poste avec celui du candidat et à la stratégie de l'université. Le juge administratif procède à un examen minutieux des motifs invoqués relatifs à l'adéquation du profil du poste avec celui de la candidate et à la stratégie de l'université, seuls motifs légaux sur lesquels peut se fonder le conseil d'administration. En l'espèce, les axes de recherche de l'unité au sein de laquelle le poste était ouvert correspondaient au champ des travaux scientifiques du requérant et les rapports présentés à la commission de spécialistes ne relevaient pas une inadéquation entre le profil de la candidate avec le poste ouvert. Ainsi la délibération du CA est-elle illégale. • CE 21 juin 2013, n° 354299 A : *AEF 2013, Dépêche n° 184826, comm. Toulemonde ; AJFP 2014. 75, note Legrand*.

53. Motivation. Insuffisance. Pour décider de ne pas pourvoir le poste, le conseil d'administration s'est borné à indiquer qu'il a décidé de ne proposer aucun candidat pour le poste au motif que « les candidatures proposées par le comité de sélection ne sont pas en adéquation avec la stratégie de l'établissement en matière d'enseignement et de recherche ». Le juge estime que cette motivation ne permet pas de comprendre pourquoi le profil du requérant était inadéquat avec la stratégie de l'établissement ni de connaître les éléments de cette stratégie susceptibles de justifier le rejet de sa candidature. Annulation de la décision du conseil pour motivation insuffisante. Il est enjoint au conseil d'administration de réexaminer les candidatures retenues par le comité de sélection. • CE 14 nov. 2013, n° 363969. ♦ Pour décider, par sa délibération, de ne pas pourvoir le poste, le conseil d'administration a estimé que « le classement proposé par le comité de sélection ne répond pas complètement aux critères scientifiques de recrutement sur un poste de ce type », le juge considère que, de la même manière, cette motivation ne permet pas de comprendre pourquoi le profil du requérant, tel qu'apprécié souverainement par le comité de sélection, ne correspondait pas aux besoins de l'université pour le poste ouvert au concours. Il est enjoint au conseil d'administration de réexaminer les candidatures retenues par le comité de sélection. • CE 14 nov. 2013, n° 364007.

54. Âge. Discrimination. Le juge annule la délibération par laquelle le conseil d'administration de l'INALCO a arrêté la liste des candidats proposés par le comité de sélection dans le cadre d'un concours de recrutement d'un maître de conférences, au motif que l'appréciation du comité de sélection reposait sur des critères entachés de discrimination liée à l'âge. Le juge rappelle qu'en l'absence de dispositions statutaires fixant des conditions d'âge ou d'ancienneté maximales pour exercer des fonctions ouvertes au concours, l'âge ou l'ancienneté ne sauraient figurer au nombre des critères de sélection des candidats par le jury. En l'espèce, le requérant soulignait que l'un des deux rapports émis sur sa candidature mentionnait notamment que « sans la réserve sur son âge, M. J était certainement un candidat parfait pour le poste ». Le tribunal a considéré que cet élément était susceptible de faire présumer l'existence d'une discrimination. En défense, l'INALCO faisait valoir que, nonobstant les termes de ce rapport, le comité de sélection avait décidé d'auditionner M. J. et de le classer parmi les candidats retenus. Il soulignait également que le 2e rapport émis sur la candidature du requérant, qui ne faisait pas mention de son âge, indiquait que cette candidature était pleinement justifiée au regard des compétences et de l'expérience de l'intéressé. L'INALCO faisait en outre valoir que les avis émis par le comité de sélection à l'issue de la procédure ne faisaient pas apparaître que le critère de l'âge aurait été pris en compte, et que le candidat classé en 2e position était plus âgé que les candidats classés en 3e et 4e position. Le tribunal a estimé que ces éléments ne permettaient pas, au regard notamment du caractère succinct de la motivation des avis émis par le comité de sélection, d'établir que celui-ci n'aurait pas pris en compte l'âge de l'intéressé, dès lors que ledit comité s'est fondé sans l'écarter sur le rapport faisant mention de l'âge du candidat. • TA Paris, 12 juill. 2019, n° 1820799.

55. Délibération du conseil académique restreint et délibération du conseil d'administration restreint approuvant cette liste rendues le même jour. Illégalité (non). Le juge écarte le moyen de contestation d'une délibération qui avait été rendue le même jour que celle du conseil académique, ce qui aurait, selon le requérant, empêché le conseil d'administration de délibérer en temps utile et en toute connaissance de cause. Le juge rappelle en effet que les dispositions de l'art. 9-2 du Décr. du 6 juin 1984 limitent le rôle du conseil d'administration à prendre connaissance du nom et du classement arrêté par le conseil académique, l'examen des mérites scientifiques étant réalisé en amont, par le comité de sélection. • TA Strasbourg, 3 oct. 2019, n° 1804790 : *LIJ 2020, n° 201, p. 6.*

VI. ANNULATION CONTENTIEUSE

56. *Procédure. Éléments d'appréciation. Office du juge.* Il appartient au juge administratif, dans la conduite de la procédure inquisitoire, de demander aux parties de lui fournir tous les éléments d'appréciation de nature à établir sa conviction. Cette responsabilité doit, dès lors qu'il est soutenu qu'une mesure a pu être empreinte de discrimination, s'exercer en tenant compte des difficultés propres à l'administration de la preuve en ce domaine et des exigences qui s'attachent aux principes à valeur constitutionnelle des droits de la défense et de l'égalité de traitement des personnes. Il appartient au requérant qui s'estime lésé par une telle mesure de soumettre au juge des éléments de fait susceptibles de faire présumer une atteinte à ce dernier principe, et au défendeur de produire tous ceux permettant d'établir que la décision attaquée repose sur des éléments objectifs étrangers à toute discrimination. La conviction du juge, à qui il revient d'apprécier si la décision contestée devant lui a été ou non prise pour des motifs entachés de discrimination, se détermine au vu de ces échanges contradictoires. En cas de doute, il lui appartient de compléter ces échanges en ordonnant toute mesure d'instruction utile. • TA Paris, 12 juill. 2019, n° 1820799.

57. *Conséquences. Illégalité du décret de nomination. Annulation. Reprise de la procédure de recrutement.* L'annulation par le Conseil d'État, pour excès de pouvoir, de la délibération du conseil académique sur les candidatures à un poste de professeur implique par voie de conséquence l'annulation du décret, contesté dans le délai du recours contentieux, nommant un autre candidat sur ce poste. En l'espèce, le Conseil d'État enjoint l'université de Nice-Sophia Antipolis de reprendre la procédure de recrutement au stade de l'examen des candidatures par le conseil académique de l'université, dans un délai d'un mois. • CE 13 sept. 2017, ♔ n° 398351. ♦ Dans le même sens, précédemment : • CE 14 oct. 2011, ♔ n° 341103.

58. *Annulation. Responsabilité pour faute de l'université. Condamnation pécuniaire de l'université.* L'illégalité de la délibération du conseil d'administration écartant une candidature à un poste de professeur constitue une faute de nature à engager la responsabilité de l'université. La candidate évincée est en droit d'obtenir réparation des préjudices directs et certains ayant résulté pour elle de cette délibération. En l'espèce, le conseil d'État retient un préjudice moral causé à l'intéressée par la délibération litigieuse (première condamnation financière d'une université à la suite d'une procédure irrégulière de recrutement : 6 000 €). • CE 21 juin 2013, ♔ n° 354299 A : *préc. note 52.*

VII. PRÉSIDENT DE L'UNIVERSITÉ. CHEF D'ÉTABLISSEMENT

59. *Lettre du président.* La lettre par laquelle le président de l'université transmet au ministre la délibération du conseil d'administration n'est pas une décision susceptible de recours. • CE, 9 févr. 2011, ♔ n° 329584 B : *préc. note 36.*

60. *Pouvoirs de veto. Existence.* En vertu de l'art. L. 712-2, aucune affectation ne peut être prononcée si le président de l'université émet un avis défavorable motivé. Le juge constitutionnel estime que le président dispose ainsi, sous réserve des dispositions statutaires relatives à la première affectation des personnels recrutés par concours national d'agrégation de l'enseignement supérieur, d'un « pouvoir de veto » qui s'applique à tous les personnels, y compris aux enseignants-chercheurs. Il en résulte que le président de l'université peut s'opposer au recrutement, à la mutation ou au détachement des candidats dont les mérites ont été au préalable distingués par un comité de sélection. • Cons. const. 6 août 2010, ♔ *M. Jean C. et a. [Loi Université]*, n° 2010-20/21 QPC, § 15 : *préc. note 1.*

61. *Pouvoir de veto. Exercice.* Le juge estime que le principe d'indépendance des enseignants-chercheurs s'oppose à ce que le président de l'université fonde son appréciation sur des motifs étrangers à l'administration de l'université et, en particulier, sur la qualification scientifique des candidats retenus à l'issue de la procédure de sélection. Sous cette réserve, il estime que le « pouvoir de veto » du président, en ce qu'il s'applique au recrutement, à la mutation et au détachement des enseignants-chercheurs, ne porte pas atteinte au principe d'indépendance des enseignants-chercheurs. • Cons. const. 6 août 2010, ♔ *M. Jean C. et a. [Loi Université]*, n° 2010-20/21 QPC, § 16 : *préc. note 1.* Le Conseil a en effet estimé que « le principe d'indépendance des enseignants-chercheurs s'oppose à ce que le président de l'université fonde son appréciation sur des motifs étrangers à l'administration de l'université et, en particulier, sur la qualification scientifique des candidats [...] ». • Cons. const. 6 août 2010, ♔ n° 2010-20/21 QPC : *préc. note 1.*

62. *Pouvoir de veto. Motivation. Illégalité.* Dans une affaire où le profil publié par l'établissement comportait de nombreuses précisions sur les compétences et qualités pédagogiques requises, en soulignant notamment l'importance des thématiques relatives aux transports, à la mobilité et à l'action publique ainsi que de celles touchant à l'aménagement des territoires régionaux, nationaux ou internationaux, l'avis défavorable opposé par le directeur de l'IEP ne pouvait légalement se fonder sur un motif tiré de ce que ce profil était insuffisamment défini et ne permettait pas de comprendre les besoins et priorités pédagogiques de l'établissement • CE 30 sept. 2015, n° 372281 : *AEF, 26 oct. 2015, Dêpèche n° 509390, comm. Toulemonde.*

63. Pouvoir de veto. Motivation insuffisante. Illégalité. L'avis du directeur est insuffisamment motivé du fait qu'il se fonde sur l'absence d'adéquation de la liste retenue par le conseil d'administration avec la stratégie générale « d'ancrage territorial par la recherche » mentionnée dans le préambule du contrat d'établissement mais ne précise pas le contenu exact de cette exigence et n'explique pas en quoi les profils des candidats figurant sur la liste ne correspondent pas à cet objectif stratégique. Une telle motivation ne permet notamment pas aux candidats de connaître les raisons du refus de communiquer au ministre la liste sur laquelle ils figurent. • CE 30 sept. 2015, n° 372281 : *préc. note 62.*

64. Pouvoirs de veto. Légalité. Rédaction issue de la loi du 10 août 2007. Dans sa rédaction issue de la loi LRU du 10 août 2007, l'art. L. 952-6-1 prévoyait bien que le responsable de l'établissement pouvait émettre un avis défavorable, pour des motifs tenant à l'administration de l'université ou de l'établissement, sur la proposition de nomination faite par le conseil d'administration, cet avis ayant pour effet de mettre fin à la procédure de recrutement. • CE 5 déc. 2011, n° 333809 A : *AJDA2011. 2384 ; ibid. 2012. 336, concl. Keller ; AJFP 2012. 118 ; LIJ 2012, n° 164, p. 12 ; AEF 25 oct. 2012, Dépêche n° 173772, comm. Toulemonde.* ♦ Dans le même sens, légalité du veto du président en cas d'absentéisme important lors de la délibération du conseil d'administration réduit à une seule personne. • CE 5 déc. 2011, n° 334059 A : *AJDA 2011. 2386 ; ibid. 2012. 339, concl. Keller ; AJFP 2012. 120 ; AEF 25 oct. 2012, Dépêche n° 173772, comm. Toulemonde.* ♦ Dans une affaire où le veto du président de l'université a aussi été jugé, les précisions apportées par le Conseil d'État constituent un véritable mode opératoire à suivre pour éviter les annulations. En l'espèce, il est ainsi d'abord précisé que les seules circonstances que, d'une part, le courrier ait été accompagné du procès-verbal de la réunion du conseil d'administration validant la liste établie par le comité de sélection et que, d'autre part, cette liste aurait été communiquée au CNU, compétent pour examiner les candidatures proposées par l'établissement, avant que le président de l'université ait fait part de son avis défavorable au ministre, ne sont pas de nature à entacher d'illégalité la décision attaquée. Il est ensuite mentionné qu'en indiquant que le profil du candidat classé en première position sur la liste n'était pas en adéquation avec le projet pédagogique de la faculté de droit de l'université en raison de son caractère essentiellement pénaliste, inadapté aux besoins de la faculté, dont l'objectif était d'assurer le renouvellement de la discipline de droit civil en développant, par ailleurs, des compétences en droit comparé, le président de l'université d'Auvergne a suffisamment motivé son avis. Il est aussi précisé que les motifs de l'avis défavorable attaqué, tirés de l'inadéquation du profil du candidat classé en première position au projet pédagogique et aux besoins de la faculté de droit de l'université, ne portaient pas sur la qualification scientifique des candidats retenus et n'étaient pas étrangers à l'administration de l'établissement ; qu'il ressortait des pièces du dossier que le droit comparé était au nombre des matières mentionnées dans le descriptif du profil du poste communiqué dans l'avis publié. Le Conseil d'État en conclut dès lors que le moyen tiré de ce que le président de l'université n'a pu légalement faire état de cette exigence dans son avis défavorable au motif que celle-ci n'aurait pas été mentionnée dans le profil porté à la connaissance des candidats manque en fait. Il est enfin relevé que l'essentiel des travaux et activités dont l'intéressé justifiait au soutien de sa candidature portait, à parts égales, sur le droit de la santé et le droit pénal. La Haute juridiction estime dès lors qu'en estimant que le profil du candidat n'était pas adapté aux besoins de la faculté de droit prioritairement tournés vers le droit civil et le droit comparé, le président de l'université n'a pas commis d'erreur d'appréciation. • CE 11 juin 2014, n° 352522.

65. Pouvoir du chef d'établissement. Interruption du concours. Limites. L. du 22 juill. 2013. Le Conseil d'État rappelle que la L. du 22 juill. 2013 relative à l'enseignement supérieur et à la recherche a supprimé la possibilité, pour le président de l'université d'émettre un avis défavorable qui avait pour effet de mettre fin à la procédure de recrutement. Depuis l'entrée en vigueur de la L. du 22 juill. 2013, s'il est toujours loisible au président de l'université, lorsqu'il estime que la procédure de recrutement d'un enseignant-chercheur est irrégulière, de demander au conseil d'administration de délibérer à nouveau sur l'avis motivé du comité de sélection ou de faire part de ses observations sur la procédure au ministre chargé de l'enseignement supérieur à l'occasion de la transmission du nom du candidat ou de la liste arrêtée par le comité de sélection, aucune disposition ni aucun principe n'investit le président du pouvoir de ne pas donner suite à une procédure de recrutement d'un enseignant-chercheur lorsque le conseil d'administration a émis un avis favorable. • CE 18 sept. 2019, n° 422962 B : *AJDA 2019. 1842 ; AJFP 2020. 94 ; La lettre Vigie 2019, n° 115, p. 10 ; LIJ 2020, n° 209, p. 9.*

VIII. MINISTRE

66. Pouvoirs. Le ministre, qui n'exerce pas de pouvoir hiérarchique sur l'université, ne peut en tout état de cause faire droit à la demande d'annulation de la délibération du conseil d'administration dont il était saisi par la requérante ; n'étant pas saisi d'une proposition du conseil d'administration, il ne pouvait que s'abstenir de transmettre au Président de la République la candidature de l'intéressée. • CE 9 févr. 2011, n° 329584 B : *préc. note 36.*

Art. L. 952-6-2 *(L. n° 2020-1674 du 24 déc. 2020, art. 4)* **I. — Afin de répondre à un besoin spécifique lié à sa stratégie scientifique ou à son attractivité internationale, dans des domaines de recherche pour lesquels il justifie de cette nécessité, un établissement public d'enseignement supérieur ou de recherche peut être autorisé, par arrêté du ministre chargé de l'enseignement supérieur, à recruter en qualité d'agent contractuel de droit public des personnes titulaires d'un doctorat, tel que prévu à l'article L. 612-7, ou d'un diplôme équivalent en vue de leur titularisation dans un corps de professeur relevant du présent titre.**

Ces recrutements sont ouverts chaque année, sur proposition du chef d'établissement, par l'arrêté mentionné au premier alinéa du présent I, dans la limite de 15 % des recrutements autorisés dans le corps concerné ou de 25 % de ceux-ci lorsque le nombre de recrutements autorisés dans le corps est inférieur à cinq. Ils ne peuvent représenter plus de la moitié des recrutements de l'établissement dans le corps pour l'année concernée.

Le recrutement est réalisé, après appel public à candidatures, à l'issue d'une sélection par une commission constituée de personnes de rang égal à celui de l'emploi à pourvoir et composée, pour moitié au moins, d'enseignants-chercheurs et de personnels assimilés ou de chercheurs extérieurs à l'établissement dans lequel le recrutement est ouvert, dont au moins une personne de nationalité étrangère exerçant ses activités professionnelles à l'étranger. Cette commission ne peut comprendre plus de 60 % de membres du même sexe.

Le contrat a pour objet de permettre à la personne recrutée d'acquérir une qualification en rapport avec les fonctions du corps dans lequel elle a vocation à être titularisée, définies à l'article L. 952-3. Il est conclu par l'établissement public d'enseignement supérieur au sein duquel l'intéressé a vocation à être titularisé ou par un établissement public de recherche partenaire de celui-ci. Dans le respect des dispositions de l'article L. 952-2, il stipule les engagements des parties concernant les objectifs à atteindre par l'intéressé et les moyens qui lui sont apportés par son employeur pour l'exercice de ses fonctions. Ces engagements incluent les obligations de l'intéressé en matière d'enseignement et de recherche.

II. — La durée du contrat mentionné au I du présent article ne peut être inférieure à trois ans et ne peut être supérieure à six ans.

Le contrat peut être prolongé dans la limite de la durée des congés pour maternité ou adoption et des congés de paternité et d'accueil de l'enfant, de maladie et d'accident du travail.

Ce contrat peut être renouvelé, dans la limite d'un an, sans dépasser la durée maximale de six ans prévue au premier alinéa du présent II, lorsque l'intéressé n'a pas pu atteindre les objectifs auxquels il avait initialement souscrit.

III. — Au terme de son contrat, une commission de titularisation entend le candidat au cours d'une audition et apprécie sa valeur scientifique ainsi que son aptitude à exercer les fonctions mentionnées à l'article L. 952-3, afin de vérifier qu'il remplit les conditions pour être titularisé dans un corps de professeur. L'intéressé est ensuite titularisé par décret du Président de la République, sur proposition du chef d'établissement après avis de la commission.

Cette commission est constituée de personnes de rang égal à celui de l'emploi à pourvoir et est composée, pour moitié au moins, d'enseignants-chercheurs et de personnels assimilés ou de chercheurs extérieurs à l'établissement, dont au moins une personne de nationalité étrangère exerçant ses activités professionnelles à l'étranger. Cette commission ne peut comprendre plus de 60 % de membres du même sexe.

Elle examine, pour chaque candidat, un rapport sur son activité et les travaux qu'il a accomplis.

La titularisation est subordonnée à un engagement de servir.

IV. — Le chef d'établissement présente devant l'instance délibérante compétente un bilan triennal de la mise en œuvre au sein de son établissement des dispositions du

présent article. Ce bilan comporte notamment des données relatives aux proportions de femmes et d'hommes recrutés.

V. – Un décret en Conseil d'État fixe les modalités d'application du présent article, notamment les conditions d'équivalence de diplôme exigées pour le recrutement en qualité d'agent contractuel, les modalités de la procédure de sélection, les conditions de renouvellement du contrat, les modalités d'appréciation, avant la titularisation, de la valeur scientifique et de l'aptitude à exercer les missions mentionnées à l'article L. 952-3, les modalités de l'appréciation de l'habilitation à diriger des recherches, les modalités de nomination des membres des commissions mentionnées au troisième alinéa du I et au premier alinéa du III du présent article et les conditions de l'engagement de servir.

Nouvelle voie de recrutement des professeurs d'université. Les sénateurs et députés requérants estimant que ces nouvelles dispositions méconnaîtraient le principe fondamental reconnu par les lois de la République d'indépendance des enseignants-chercheurs, le Cons. const. rappelle que le principe de l'égal accès des citoyens aux emplois publics ne s'oppose pas à ce que les règles de recrutement destinées à permettre l'appréciation des aptitudes et des qualités des candidats à l'entrée dans un corps de fonctionnaires soient différenciées pour tenir compte tant de la variété des mérites à prendre en considération que de celle des besoins du service public (§ 5). Il précise aussi que si la règle selon laquelle les mérites des candidats à un poste de professeur ou de maître de conférences doivent être évalués par une instance nationale constitue une garantie légale possible du principe d'indépendance des enseignants-chercheurs, elle ne peut en elle-même être regardée comme figurant au nombre des principes fondamentaux reconnus par les lois de la République mentionnés par le 1er al. du Préamb. Const. 1946 (§ 8). S'agissant des autres griefs, le Conseil relève que, afin de garantir la qualité du recrutement, seules les personnes titulaires d'un doctorat ou d'un diplôme équivalent sont autorisées à faire acte de candidature ; que les trois phases de la procédure de recrutement et de titularisation garantissent une évaluation objective des mérites des candidatures à un poste de professeur, à laquelle les pairs sont associés (§ 10). Le Conseil estime toutefois que le principe d'indépendance des enseignants-chercheurs s'oppose à ce que le chef d'établissement puisse refuser, pour des motifs étrangers à l'administration de l'université et, en particulier, des motifs liés à la qualification scientifique de l'intéressé, de proposer à la titularisation un candidat ayant reçu un avis favorable de la commission de titularisation. Le chef d'établissement ne saurait, non plus, quel qu'en soit le motif, proposer à la titularisation un candidat ayant fait l'objet d'un avis défavorable de cette commission (§ 11). Le Conseil en conclut que, sous la réserve énoncée au § 11, cet article est conforme à la Constitution. • Cons. const. 21 déc. 2020, *Loi de programmation de la recherche pour les années 2021 à 2030 et portant diverses dispositions relatives à la recherche et à l'enseignement supérieur,* n° 2020-810 DC : *AJDA 2020. 2533 ; ibid. 2021. 553, étude Bonnet et Gahdoun ; D. 2021. 17 ; AJFP 2021. 67.*

Art. L. 952-6-3 *(L. n° 2020-1674 du 24 déc. 2020, art. 5)* **Par dérogation aux articles L. 952-6 et L. 952-6-1 et à titre expérimental, pour les postes publiés au plus tard le 30 septembre 2024, les établissements publics d'enseignement supérieur peuvent demander, après approbation du conseil d'administration, à être autorisés à déroger pour un ou plusieurs postes à la nécessité d'une qualification des candidats reconnue par l'instance nationale afin d'élargir les viviers des candidats potentiels et de fluidifier l'accès aux corps, cela dans toutes les disciplines à l'exception des disciplines de santé et de celles permettant l'accès au corps des professeurs des universités par la voie des concours nationaux de l'agrégation. La dérogation est accordée par décret pour la durée de l'expérimentation, compte tenu des objectifs en matière de recrutement de maîtres de conférences n'ayant pas obtenu leur grade universitaire dans l'établissement, mentionnés à l'article L. 952-1-1.**

Dans ce cas, préalablement à l'examen des candidatures, le comité de sélection, ou l'instance équivalente prévue par les statuts de l'établissement, examine les titres et travaux des personnes qui ne disposent pas d'une qualification reconnue par l'instance nationale, sur la base du rapport de deux spécialistes de la discipline concernée de niveau au moins équivalent à celui de l'emploi à pourvoir. En cas d'avis favorable du comité de sélection, il ajoute les dossiers ainsi qualifiés à ceux des candidats disposant d'une qualification reconnue par l'instance nationale et à ceux des personnes dont la qualification reconnue par une instance nationale n'est pas requise. Il procède ensuite à l'examen de l'ensemble de ces candidatures.

Au plus tard le 1er janvier 2025, un rapport d'évaluation de l'expérimentation établi par le Haut Conseil de l'évaluation de la recherche et de l'enseignement supérieur est remis au ministre chargé de l'enseignement supérieur et transmis au Parlement. Cette évaluation porte notamment sur l'incidence de la dispense de qualification reconnue par l'instance nationale sur la qualité et la transparence des procédures de recrutement.

Un décret en Conseil d'État fixe les conditions d'application des dispositions du présent article, après concertation avec l'ensemble des parties prenantes, notamment les organisations représentatives des personnels, les conférences d'établissements et l'instance nationale.

Expérimentation. Exigence de qualification nationale. Dérogation. Conformité à la Constitution. L'art. L. 952-6-3 autorise, à titre expérimental, les établissements publics d'enseignement supérieur à déroger à l'exigence de qualification nationale pour le recrutement des maîtres de conférences. Le Conseil rappelle que la possibilité pour les établissements publics d'enseignement supérieur de déroger à l'exigence de qualification par l'instance nationale, dans certaines disciplines, est accordée par décret pour la durée de l'expérimentation à la demande de chaque établissement. Il juge par ailleurs que, en dépit de la suppression de l'exigence de qualification préalable par le CNU pour le recrutement en qualité de professeur ou de maître de conférences, les dispositions contestées garantissent que leurs pairs soient associés au recrutement des candidats à ces postes et que ces recrutements soient fondés sur l'appréciation des mérites des différents candidats. Les griefs tirés de la méconnaissance du principe d'indépendance des enseignants-chercheurs et du principe d'égal accès aux emplois publics doivent donc être écartés. • Cons. const. 21 déc. 2020, *Loi de programmation de la recherche pour les années 2021 à 2030 et portant diverses dispositions relatives à la recherche et à l'enseignement supérieur,* n° 2020-810 DC : *AJDA 2020. 2533* ; *ibid. 2021. 553, étude Bonnet et Gahdoun* ; *D. 2021. 17* ; *AJFP 2021. 67*.

Art. L. 952-7 **Les conseils** *(L. n° 2013-660 du 22 juill. 2013, art. 76)* **« académiques » des établissements publics à caractère scientifique, culturel et professionnel statuant en matière juridictionnelle, conformément aux dispositions de l'article** *(L. n° 2013-660 du 22 juill. 2013, art. 76)* **« L. 712-6-2 », à l'égard des enseignants-chercheurs et des enseignants sont constitués par une section disciplinaire dont les membres sont élus par les représentants élus des enseignants-chercheurs et enseignants répartis selon leurs collèges électoraux respectifs. Pour le jugement de chaque affaire, la formation disciplinaire ne doit comprendre que des membres d'un rang égal ou supérieur à celui de la personne déférée devant elle et au moins un membre du corps ou de la catégorie de personnels non titulaires auquel appartient la personne déférée devant elle.**

Les sanctions prononcées à l'encontre des enseignants par la section disciplinaire ne font pas obstacle à ce que ces enseignants soient traduits, en raison des mêmes faits, devant les instances disciplinaires prévues par les statuts qui leur sont applicables dans leur corps d'origine.

Sur la procédure disciplinaire dans les établissements publics d'enseignement supérieur placés sous la tutelle du ministre chargé de l'enseignement supérieur, V. art. R. 811-10 s.

BIBL. ▶ Burgorgue-Larsen, Propos négationnistes, présomption d'innocence et obligation de neutralité : un équilibre subtil, *AJDA 2005. 1633*. – David, Le régime disciplinaire des enseignants-chercheurs, des enseignants et des usagers des établissements publics d'enseignement supérieur, *LIJ 2001, n° 53*. – Fortier, Les avatars de la non-admission d'un pourvoi contre une décision du CNESER sur renvoi, *AJFP 2020. 232*. – Sauvageot, Réflexions sur le degré de juridictionnalisation des instances disciplinaires universitaires, *RFDA 2002. 968*. – Vedel, Réflexions sur la justice universitaire, *Mél. Trotabas, LGDJ 1970. 559*.

V. aussi notes ss. art. L. 232-2 et L. 712-4.

COMMENTAIRE

Contrairement au droit commun de la discipline dans la fonction publique (applicable aux chercheurs, aux enseignants du premier et du second degré comme aux agents administratifs et techniques pour lesquels les commissions administratives paritaires en formation disciplinaire donnent un avis à l'autorité hiérarchique), la tradition en matière de discipline universitaire tant pour les maîtres (art. L. 952-7 à L. 952-9 ; L. 952-22 pour le personnel enseignant et hospitalier ; R. 712-9 à R. 712-46) que pour les étudiants (V.

livre VIII, art. L. 811-5 ; L. 811-6 ; R. 811-10 s.) reposait sur l'intervention de juridictions universitaires. Si, avant 1968, les sanctions les moins graves pouvaient être décidées par l'autorité hiérarchique, l'article 38 de la loi Faure fait figurer parmi les franchises universitaires la compétence exclusive des juridictions universitaires en matière disciplinaire ; les universitaires (enseignants-chercheurs, enseignants) ne devant être jugés pour leurs fautes professionnelles que par leurs pairs selon une procédure garantissant leur indépendance (pour les étudiants, V. Livre VIII). Depuis la loi ESR du 22 juillet 2013, le conseil académique de l'université constitué en section disciplinaire est substitué au conseil d'administration comme juge de premier ressort (art. L. 712-6-2 ; R. 712-9 à R. 712-46 ; CE 5 déc. 2016, n° 380763), la formation disciplinaire du CNESER étant compétente en appel (art. L. 232-2 ; R. 232-23 à R. 232-43). Alors que la tradition universitaire réservait le soin de juger les enseignants-chercheurs et les enseignants aux seuls universitaires, l'article 33 de la loi n° 2019-828 du 6 août 2019 de transformation de la fonction publique, à la fois pour alléger le travail du CNESER et renforcer l'expertise de la juridiction d'appel, a décidé de substituer les tribunaux administratifs au CNESER (art. L. 232-2) pour connaître des appels des sections disciplinaires statuant (désormais en forme non juridictionnelle) sur les usagers et de confier la présidence du CNESER disciplinaire à un conseiller d'État qui peut désigner un magistrat des juridictions administrative ou financière extérieur à la formation disciplinaire pour exercer la fonction de rapporteur de la commission d'instruction (art. L. 232-3). Malgré les réticences du monde universitaire, le Conseil constitutionnel considère que cette formule ne porte pas atteinte à « la garantie de l'indépendance des enseignants-chercheurs qui n'impose pas que l'instance disciplinaire qui les concerne soit présidée par un enseignant-chercheur » (Cons. const., 1er août 2019, n° 2019-790 DC). Le décret n° 2020-785 du 26 juin 2020 relatif à la procédure disciplinaire dans les établissements publics d'enseignement supérieur en tire les conséquences pour modifier la partie réglementaire (art. R. 712-9 à R. 712-46 formant une sous-section désormais intitulée Discipline des enseignants-chercheurs et des personnes exerçant des fonctions d'enseignement).

LES JURIDICTIONS DISCIPLINAIRES UNIVERSITAIRES

La solution est ancienne ; les historiens la font remonter au XIIe siècle quand la communauté universitaire fut soustraite à la justice séculière et obtint le *privilegium flori*, maîtres et élèves relevant alors de la justice ecclésiastique avant de bénéficier d'une justice corporative. Le pouvoir royal n'eut de cesse de limiter ce privilège. Paradoxalement, c'est, après la Révolution, l'avènement d'un pouvoir autoritaire qui fit revivre la tradition. L'Université impériale à laquelle la loi du 10 mai 1806 confère le monopole de l'enseignement « aura juridiction sur ses membres en tout ce qui touche l'observation de ses statuts et règlements, l'accomplissement des devoirs et obligations de chacun » (Décr. du 15 nov. 1811, art. 41). Si le privilège de juridiction ayant pour objectif de soustraire les membres de la communauté universitaire au droit commun, civil et pénal, était critiquable au regard du principe d'égalité, la juridictionnalisation de la discipline et le fait de confier cette juridiction aux universitaires eux-mêmes peuvent apparaître comme une garantie tant pour les maîtres que pour les étudiants, une tradition libérale. Longtemps ce régime exceptionnel concerna tous les membres de l'enseignement public ; si le recteur d'académie ou le ministre pouvait décider des premières sanctions, les plus lourdes relevaient des juridictions disciplinaires (notamment du conseil d'université) avec appel au conseil supérieur de l'enseignement public (de l'éducation nationale à partir de 1946). Ces règles furent appliquées jusqu'à la loi d'orientation de l'enseignement supérieur n° 68-978 du 12 novembre 1968 qui, au titre des « franchises universitaires », confia le pouvoir disciplinaire en entier aux juridictions disciplinaires des universitaires (L. n° 68-978 du 12 nov. 1968, art. 38), c'est-à-dire à des instances collégiales dotées de l'autonomie organique (elles sont composées de membres élus permettant aux universitaires d'être jugés par leurs pairs) et fonctionnelles (elles ne dépendent d'aucune autre autorité, politique ou administrative) ; la loi a voulu mettre ainsi en place une justice indépendante pour connaître des agissements de fonctionnaires pleinement indépendants (et d'usagers) en leur donnant des garanties juridiques tant au fond que dans la forme (procédure, droits de la défense…) ; conformément au principe fondamental reconnu par les lois de la République garantissant l'indépendance des juridictions administratives (Cons. const. n° 80-119-DC du 22 juill. 1980), les juridictions universitaires composées de membres élus ne dépendent ni du ministre ou du recteur-chancelier qui le représente ni du chef d'établissement, qui ne peuvent leur donner des instructions ni leur adresser des injonctions.

Aujourd'hui, les règles applicables doivent respecter la Convention européenne des droits de l'homme dont l'article 6, § 1er est interprété comme une garantie du « droit à un procès équitable » (cause entendue équitablement, publiquement et dans un délai raisonnable, tribunal indépendant et impartial qui statue publiquement, de manière contradictoire, en assurant « l'égalité des armes ») pour les mesures portant atteinte au droit d'exercer les fonctions d'enseignant-chercheur. A l'exception de la publicité des audiences, ces règles recoupent les principes constitutionnels ou les principes généraux du droit applicables en la matière, notamment le respect des droits de la défense.

Les enseignants-chercheurs (à l'exception des hospitalo-universitaires soumis pour leur activité universitaire comme pour leur activité hospitalière à une juridiction unique instituée sur le plan national, art. L. 952-2, sous réserve de la compétence des juridictions ordinales pour les actes détachables de leurs activités universitaires, CE 13 avr. 2018, n° 406887) et les personnels exerçant des fonctions d'enseignement dans l'université (pour un professeur certifié voir par ex. CE 15 janv. 2010, n° 326876) sont jugés en premier ressort par ***la section disciplinaire de l'établissement*** où les faits donnant lieu aux poursuites ont été commis (art. R. 712-11). Longtemps constituée au sein du conseil d'université, puis du conseil d'administration, elle est aujourd'hui une émanation du conseil académique (art. L. 712-4, section disciplinaire constituée au sein du conseil académique ; art. L. 712-6-2, issu de l'art. 51-II-1° de la L. du 22 juill. 2013 ; Décr. n° 2015-79 du 28 janv. 2015 modifiant les art. R. 712-9 s.). La section disciplinaire est constituée de quatre professeurs des universités (ou assimilés), de quatre maîtres de conférences (ou assimilés) et de deux représentants des autres enseignants titulaires (art. R. 712-13) dans le strict respect de la parité entre les hommes et les femmes (art. L. 712-6-2, al. 4) ; ces membres, désignés au sein du conseil académique, élisent l'un des professeurs des universités président de la section disciplinaire (art. L. 712-6-2). Si le président de l'université ne peut être membre de la section disciplinaire (art. R. 712-17), la proximité des juges et des justiciables est éminemment variable en fonction de la taille de l'établissement. Rejetant une question prioritaire de constitutionnalité, le Conseil d'État a décidé que l'exigence d'indépendance et d'impartialité de la section disciplinaire n'impliquait pas nécessairement la présence en son sein de magistrats professionnels (CE, QPC, 16 mai 2012, n° 356924 : *AJDA 2012. 1031* ; de même a-t-il considéré que le pouvoir réglementaire pouvait préciser les règles de composition et de fonctionnement, art. R. 712-11 s.). La composition des formations de jugement dépend du corps auquel appartient la personne poursuivie (art. R. 712-22 s), chaque enseignant-chercheur ne pouvant être jugé que par des collègues d'un rang égal ou supérieur. Il peut être institué une section disciplinaire commune à plusieurs établissements par arrêté du ministre chargé de l'enseignement supérieur (art. L. 712-6-2 ; R. 712-46). L'organisation des juridictions disciplinaires dans les autres EPSCP peut faire l'objet de règles particulières (ex. ENS, Décr. n° 2013-1140 du 9 déc. 2013, art. 22 et 24). L'ordonnance du 12 décembre 2018 sur l'expérimentation de nouvelles formes de regroupement dispose que les statuts de l'établissement public expérimental (EPE) peuvent désigner, le cas échéant, l'organe au sein duquel est constituée la section disciplinaire et les instances appelées à en élire les membres (art. 3).

Les décisions prises par les sections disciplinaires des conseils académiques à l'égard des enseignants-chercheurs et des enseignants (comme des usagers, V. Livre VIII) peuvent être examinées en appel et en dernier ressort par le ***CNESER statuant en matière disciplinaire*** (art. L. 232-2). Traditionnellement composé des seuls représentants des enseignants-chercheurs, le conseil est désormais présidé par un conseiller d'État (art. L. 232-3, modifié par la loi du 6 août 2019). « Hormis son président », elle ne comprend que des enseignants-chercheurs d'un rang égal ou supérieur à celui de la personne faisant l'objet d'une procédure disciplinaire devant lui » (art. L. 232-3). Lorsqu'une section disciplinaire n'a pas été constituée ou lorsqu'aucun jugement n'est intervenu dans les six mois après la saisine (art. L. 232-2), le CNESER est appelé à statuer en premier et dernier ressort, le législateur ayant pu traiter de façon différente les enseignants-chercheurs (CE 10 oct. 2011, n° 350969, refusant de transmettre une QPC, considérant qu'il n'y a pas de rupture d'égalité, les justiciables étant placés dans une situation différente de leurs collègues, dans la mesure où ils relèvent d'universités dont les conseils d'administration n'ont pas été constitués en section disciplinaire). En outre, le CNESER est compétent pour décider du « relèvement des interdictions, exclusions ou suspensions prononcées par les instances disciplinaires compétentes à l'égard des enseignants-chercheurs, enseignants et usagers » (art. L. 232-5, issu de la L. du 17 juill. 1908) ; sur le modèle de la réhabilitation pénale, le CNESER, saisi par le ministre sur demande de l'intéressé, rend alors, après avis de la section disciplinaire de l'établissement, une décision juridictionnelle qui permet de rétablir le fonctionnaire dans ses droits (L. du 17 juill. 1908, art. 4 ; art. L. 232-7 ; R. 232-44 à R. 232-48).

Les décisions de la juridiction nationale compétente pour les hospitalo-universitaires et du CNESER en formation disciplinaire (publiées au *Bulletin officiel de l'éducation nationale*) relèvent du ***Conseil d'État par la voie de la cassation*** ; si la loi ne le précise pas expressément, ce recours n'en existe pas moins, il est de droit commun (CE, ass., 7 févr. 1947, *d'Aillères*, n° 79128 A : *GAJA*) ; la juridiction administrative suprême est alors compétente « pour apprécier non pas le fond (des) décisions, mais (leur) légalité », notamment la bonne application des règles de procédure, en particulier de celles qui garantissent les droits de la défense (concl. Corneille sur CE 20 juin 2013, *Tery : Lebon 736*) ; en cas d'annulation, elle renvoie l'affaire devant le CNESER (V. CJA, art. L. 111-1) ou règle l'affaire au fond si l'intérêt d'une bonne administration de la justice le justifie. Dans le premier cas, la nouvelle décision du CNESER peut faire l'objet d'un second pourvoi en cassation ; le Conseil d'État statue alors définitivement (CJA, art. L. 821-2, CE 3 mai 2017, n° 384113). Comme le Conseil d'État, les juridictions administratives spécialisées que sont le CNESER statuant en matière disciplinaire et les sections disciplinaires des conseils académiques, même si ces dernières sont des organes indépendants d'établissements autonomes, rendent la justice au nom de l'État auquel il appartient de répondre, à l'égard des justiciables, des dommages pouvant résulter pour eux de leur exercice de la fonction juridictionnelle (CE 27 févr. 2004, n° 21725). Pour améliorer le fonctionnement du CNESER, on a pu proposer de confier sa présidence à un spécialiste du droit, à l'instar de la juridiction nationale des hospitalo-universitaires qui peut être présidée par un conseiller d'État (ou par un PUPH) nommé par les ministres chargés de l'enseignement supérieur et de la santé (art. L. 952-22).

La souveraineté des juridictions disciplinaires réduit au minimum le rôle des autorités administratives ; leurs compétences se limitent, en amont, à engager les poursuites, à interjeter appel ou à se pourvoir en cassation ; en aval, à la notification et à la publication des décisions.

En raison de sa nature juridictionnelle, la section disciplinaire est tenue de rendre une décision et ne peut émettre un simple avis (CE, sect., 27 févr. 2004, n° 217257 ; CE 5 déc. 2016, n° 380783).

LE MÉCANISME DISCIPLINAIRE

Comme en droit commun de la fonction publique, « toute faute commise par un fonctionnaire dans l'exercice ou à l'occasion de l'exercice de ses fonctions l'expose à une sanction disciplinaire sans préjudice, le cas échéant, des peines prévues par la loi pénale » (L. n° 83-634 du 13 juill. 1983 portant droits et obligations des fonctionnaires, dite loi Le Pors, art. 29). Si les sanctions doivent, comme les peines en droit pénal, être prévues limitativement par un texte (principe de la légalité des peines), le principe de la légalité des incriminations qui caractérise le droit pénal n'est pas ici applicable, même si un même fait peut être considéré comme une infraction pénale et comme un manquement aux obligations prévues par les statuts (statut général, statuts particuliers).

LA HIÉRARCHIE DES SANCTIONS

En vertu du principe *nulla poena sine lege*, les sanctions doivent être déterminées sinon par la loi du moins par le droit. Les sanctions se distinguent des mesures administratives prises tant pour prévenir les troubles (mesures de police : interdiction d'accès...) qu'à titre conservatoire (suspension).

Autrefois, les sanctions étaient en effet fixées par des décrets qui contenaient d'ailleurs les mêmes dispositions pour l'ensemble des enseignants. Aujourd'hui, la partie législative du code de l'éducation prévoit les ***échelles de sanctions*** pour les enseignants-chercheurs et membres des corps des personnels enseignants de l'enseignement supérieur (art. L. 952-8) et les autres enseignants, titulaires ou non titulaires (art. L. 952-9), celle applicable aux hospitalo-universitaires figure à l'article 19 du décret n° 84-135 du 24 février 1984 qui fixe leur statut particulier.

Comme les sanctions prévues par le statut général de la fonction publique (L. n° 84-16 du 11 janv. 1984 portant dispositions statutaires relatives à la fonction publique de l'État, art. 66) auxquelles les articles L. 952-8 et L. 952-9 dérogent, elles vont des moins au plus contraignantes.

Les premières sont d'ordre moral ; si les hospitalo-universitaires peuvent comme en droit commun de la fonction publique recevoir un avertissement ou un blâme, seul celui-ci est prévu pour les enseignants-chercheurs, les autres enseignants pouvant simplement faire l'objet d'un rappel à l'ordre. A l'échelon supérieur sont prévues des sanctions à incidence financière (retard d'avancement d'échelon pour une durée maximale de deux ans, abaissement d'échelon puis interdiction de promotion de grade, de classe ou de corps pour les enseignants-chercheurs, V. CE 19 mai 1993, *Bernard Nottin*, n° 125948) ; l'interdiction temporaire d'enseigner, commune à tous les corps d'enseignants, est reprise et complétée pour les enseignants-chercheurs sous la forme d'une interdiction d'exercer toutes (ou partie des) fonctions d'enseignement et de recherche dans l'établissement (avec possibilité d'extension à tous les établissements publics d'enseignement supérieur) pendant une durée maximale de cinq ans, avec privation de la moitié ou de la totalité du traitement ; certains des aspects de cette mesure s'appliquent aux autres enseignants qui peuvent voir leurs fonctions dans l'établissement interrompues pour deux ans, être exclus de l'établissement ou se voir interdire pour une durée déterminée ou définitivement l'exercice des fonctions d'enseignement et de recherche dans tout établissement d'enseignement supérieur, ce qui ne les empêche pas de réintégrer l'enseignement secondaire où d'autres poursuites disciplinaires pourront être diligentées dans le cadre des règles prévues par le statut particulier de leur corps (ex. pour les professeurs agrégés, art. 14 du Décr. n° 72-580 du 4 juill. 1972 qui renvoie à l'art. 66 du statut général de la fonction publique de l'État). Un dernier échelon est atteint avec les sanctions qui excluent définitivement l'enseignant-chercheur de ses fonctions, qu'il soit mis à la retraite d'office ou révoqué, l'article L. 952-8 ne précisant pas, contrairement au droit commun et au statut des hospitalo-universitaires, si la révocation s'accompagne ou non de la suspension des droits à pension (le Conseil d'État, saisi d'une QPC par un président d'université ayant fait l'objet d'une mesure de révocation, a considéré qu'était dépourvu de sérieux le moyen soutenant que les dispositions relatives à la sanction de révocation seraient contraires au principe de légalité et de nécessité des peines énoncé par l'art. 8 de la Déclaration de 1789 ; CE, QPC, 16 mai 2012, n° 356924). Ainsi, pour la période 2015-2020, sept révocations ont été prononcées, quatre de professeurs, deux de maîtres de conférences, dans des affaires de harcèlement sexuel (CE 9 oct. 2020, n° 425459) ou de détournement de fonds (CE 8 nov. 2017, n° 404627). Il est en outre prévu que les enseignants-chercheurs révoqués ou mis à la retraite d'office peuvent, à titre accessoire, être interdits d'exercer toute fonction dans un établissement public ou privé pour une durée déterminée ou définitivement (art. L. 952-8, al. 2). Les décisions prononçant les sanctions les plus graves (suspension avec privation totale ou partielle de la rémunération, mise à la retraite d'office et révocation) sont susceptibles de porter atteinte à l'exercice du droit d'exercer les fonctions d'enseignant-chercheur, lequel revêt le caractère d'un droit civil au sens des stipulations précitées de la convention européenne de sauvegarde des droits de l'homme et des libertés fondamentales (V. pour un PU-PH, CE 23 févr. 2000, n° 192480). La liste des sanctions est exhaustive ; toute autre sanction constituerait une erreur de droit (toutefois, la section disciplinaire peut prononcer l'exclusion définitive d'un professeur certifié alors que l'art. L. 952-9 ne mentionne que l'exclusion sans préciser la durée : CE 15 janv. 2010, n° 326876). Les sanctions sont inscrites au dossier des intéressés ; les sanctions du bas de l'échelle (blâme, rappel à l'ordre) sont effacées automatiquement à l'expiration d'un délai de trois ans si aucune autre sanction n'est intervenue (art. R. 712-42).

LA RECHERCHE DE LA FAUTE DISCIPLINAIRE

Contrairement à la répression pénale basée sur le principe de la légalité des incriminations (*nullum crimen sine lege*), il n'existe en matière disciplinaire aucune énumération exhaustive des fautes qui peuvent être retenues. « Toute faute » peut alors être retenue. Si, par ailleurs les mêmes faits peuvent tomber sous le coup de la loi pénale (harcèlement moral et sexuel, plagiat, détournement de deniers publics...), la faute disciplinaire est caractérisée par les « manquements » des fonctionnaires à leurs obligations ; la qualification des faits relèvent de l'autorité disciplinaire, en l'occurrence des juridictions universitaires sous le contrôle du Conseil d'État. Si, en droit de la fonction publique, tout manquement aux obligations professionnelles ou tout acte, même relevant de la vie privée, portant atteinte au bon fonctionnement du service ou à la dignité du corps, peut être considéré comme une faute disciplinaire, son application aux universitaires prend en considération leur indépendance et leur liberté d'expression.

Les normes de référence. Fonctionnaires de l'État, les universitaires sont en effet tenus de respecter les obligations qui découlent de la loi du 13 juillet 1983 portant droits et obligations des fonctionnaires (obligation de servir, de consacrer l'intégralité de leur activité professionnelle au service sous réserve de la législation sur les cumuls ; obligation d'obéir, de se conformer aux instructions ; obligation de neutralité, de moralité et de probité, discrétion, secret professionnel) ; ils doivent exercer leurs fonctions « avec dignité, impartialité, intégrité et probité » (L. n° 2016-483 du 20 avr. 2016 relative à la déontologie et aux droits et obligations des fonctionnaires modifiant l'art. 25 de la L. n° 83-634 du 13 juill. 1983 portant droits et obligations des fonctionnaires). L'impartialité leur impose de faire cesser immédiatement ou de prévenir les situations de conflit d'intérêts. Ces éléments de déontologie administrative peuvent être complétés par les statuts particuliers. Contrairement au statut de la magistrature qui dispose que « tout manquement par un magistrat aux devoirs de son état, à l'honneur, à la délicatesse ou à la dignité constitue une faute disciplinaire » (Ord. 22 déc. 1958, art. 43), aucune définition ne figure dans les textes applicables aux universitaires ; tout au plus peut-on citer l'article 22 de la loi du 12 juillet 1875 sur l'enseignement supérieur privé qui prévoit une action disciplinaire contre tout professeur « pour cause d'inconduite notoire, ou lorsque son enseignement sera contraire à la morale et aux lois, ou pour désordre grave occasionné ou toléré par lui dans son cours » ; il est donc nécessaire de combiner les règles statutaires (statut général de la fonction publique, statut particulier des enseignants-chercheurs qui précisent notamment leurs obligations de service) avec les dispositions du code de l'éducation. Ainsi, en excluant « toute emprise politique, économique, religieuse ou idéologique » sur le service public de l'enseignement supérieur, l'article L. 141-6 se réfère non seulement à la laïcité mais aussi à la neutralité qui s'impose à tous les membres de la communauté universitaire ; toutefois, l'interdiction du port de signes ou tenues manifestant leur appartenance ou leurs convictions religieuses, qui concerne tous les agents publics, leur est pleinement applicable (V. par ex. Observatoire de la laïcité, avis, Décr. 2015). Il sera aussi possible de se référer aux textes adoptés par les établissements : statuts de l'université, règlement intérieur, charte de déontologie ou spécifique à l'usage d'internet.

Mais la « pleine indépendance » et l'« entière liberté d'expression » garantis par l'article L. 952-2 non seulement aux enseignant-chercheurs mais aussi aux autres enseignants et chercheurs invitent à avoir une autre lecture, précisant le contenu de la ***déontologie universitaire*** (avec possibilité pour l'établissement de se doter d'une charte de déontologie). Pour remplir leurs missions, les universitaires peuvent user pleinement de la liberté d'expression tant dans leur enseignement (s'adressant à un public adulte, ils n'ont pas à faire preuve de la réserve qui s'imposent aux professeurs des écoles, de collèges ou de lycées qui ne doivent pas heurter la sensibilité des élèves) que dans leur recherche et les publications qui en résultent. La fonction enseignante étant « une fonction qui comporte par elle-même l'expression d'opinions », les franchises universitaires reconnaissent la pleine liberté d'expression (Ad L, Traité, 1953, 693), le professeur de l'enseignement supérieur ayant le droit de faire connaître son opinion personnelle en termes mesurés et objectifs ; pour lui, elle se réduit à une obligation d'objectivité et de mesure dans l'expression de ses idées (MEN, réponse 5 déc. 1952). S'ils doivent respecter le cadre légal et réglementaire du travail universitaire, ils ne reçoivent aucune instruction, du moins sur le contenu de leur enseignement ou activités de recherche. L'article L. 952-2 précise toutefois que, conformément aux traditions universitaires, ils doivent respecter les principes de tolérance (acceptant « la diversité des opinions », art. L. 141-6) et d'objectivité (il s'agit ici de « l'objectivité du savoir » dans le cadre du service public qui doit « garantir à l'enseignement et à la recherche leurs possibilités de libre développement scientifique, créateur et critique », (art. L. 141-6) ; manque ainsi aux obligations de tolérance et d'objectivité un enseignant-chercheur qui contribue à la campagne négationniste en soutenant avec véhémence des thèses racistes et antisémites dans une de ses publications (CE 28 sept. 1998, *Bernard Nottin*, n° 159236). Dans une autre décision, le Conseil d'État a jugé que cette publication manquait gravement aux « règles de la probité intellectuelle et du respect d'autrui découlant de la déontologie universitaire et des principes susmentionnés de tolérance et d'objectivité » (CE 19 mai 1993, *Bernard Nottin*, n° 125948). Il en est de même des propos antisémites et négationnistes tenus en dehors du service et en dehors de l'université (CE 19 mars 2008, *Bruno Gollnisch*, n° 296984, professeur d'université, par ailleurs élu politique, lors d'une rencontre avec la presse dans sa permanence politique). Le devoir d'exemplarité applicable aux fonctionnaires avec une intensité dépendant de leur mission (V. pour les enseignants du second degré CE 18 juill. 2008, exigence d'exemplarité dans leurs relations avec les mineurs) peut aussi s'imposer aux enseignants-chercheurs (CE 9 oct. 2020, n° 425459 ; révocation d'un professeur ayant méconnu le devoir d'exemplarité qui s'imposait à lui en cherchant à entretenir avec des étudiantes, contre leur volonté, des relations intimes et inappropriées, en adoptant un comportement brutal et arbitraire à l'encontre d'étudiants, en adressant des messages électroniques diffamatoires ou insultants à ses collègues) ; si le standard d'exemplarité peut être cerné avec une certaine rigueur pour les sévices sexuels et sexistes, on peut craindre son utilisation pour limiter la liberté d'enseigner ou de rechercher (comp. CE 21 juin 2019, n° 424582 annulant une décision du CNESER qui avait jugé que les propos crus utilisés en cours par un professeur de sociologie n'avaient pas excédé les limites de la liberté académique).

Les différentes fonctions. Des manquements peuvent être constatés dans le service dans le cadre des différentes fonctions exercées par les enseignants-chercheurs. Il peut s'agir de simples négligences ou de faits dont la gravité peut justifier la révocation et par ailleurs être poursuivis au pénal (harcèlement, détournement de fonds). L'**enseignement** peut être émaillé d'incidents constituant des manquements aux obligations statutaires constituant des fautes professionnelles (retards systématiques, absences répétées et injustifiées, refus de participer aux jurys d'examen, refus d'encadrer des étudiants en master ou en doctorat…). Des faits plus graves peuvent être relevés portant atteinte à la dignité des personnes (propos et comportements racistes, antisémites, sexistes, humiliants, en un mot inappropriés ; harcèlement moral et sexuel), à l'égalité et à l'impartialité qui en découle (discriminations dans le contrôle des connaissances, complicité de fraudes, falsification de documents…). La **recherche**, obligation statutaire, peut ne donner lieu à aucune activité ou être altérée par des comportements fautifs, notamment par le plagiat, « fraude consistant à présenter des travaux qui étaient en réalité pour partie ceux d'un autre chercheur » (CE 23 févr. 2009, n° 310277 ; justifiant en l'espèce le retrait de la liste de qualification par le CNESER-FD). L'**administration et la gestion des établissements ou de ses composantes** peuvent aussi être marquées par des manquements, notamment à l'obligation de probité, des irrégularités constatées dans l'inscription des étudiants étrangers ou dans les procédures de dépenses, la passation de marchés de prestations de services et l'utilisation de fonds européens, la corruption, le détournements de fonds, la prise illégale d'intérêts, le favoritisme… Ces manquements peuvent entraîner des sanctions tant pour le président d'université (CE 16 mai 2012, n° 356924) que pour un responsable de laboratoire (CE 26 août 2014, n° 382513). De manière générale, la vie de la communauté universitaire impose un comportement personnel respectueux des bonnes mœurs auquel manqueraient le harcèlement moral ou sexuel des étudiants, des doctorants, des enseignants ou des agents (V. le cas des ATER, CE 13 janv. 2010, n° 317564), comme les violences, agressions, menaces, propos injurieux et diffamatoires portant parfois atteinte à l'image d'autrui, la dégradation des biens de l'établissement ; certains de ces faits et comportements par leur gravité peuvent porter atteinte **à l'honorabilité de la fonction, à la dignité du service, à la réputation du corps ou à la réputation ou à l'honneur de l'université, sachant que le seuil de tolérance varie** selon les responsabilités de l'enseignant-chercheur (CE 22 févr. 2012, n° 333573, un président d'université, au surplus professeur de gestion a porté gravement atteinte à l'image et à la réputation de l'université en se rendant coupable de prise illégale d'intérêt et en ne respectant pas la législation des marchés publics) ou selon les circonstances qui peuvent évoluer (ainsi on a pu passer d'une conception stricte des bonnes mœurs à des pratiques permissives avant de traquer les comportements inappropriés). C'est sur cette base que des fautes commises par des enseignants-chercheurs en dehors du service ont été reconnues (maître de conférences condamné pour viol de la fille handicapée d'un de ses collègues ; professeur organisant des séances de photographies pornographiques dans les locaux de l'université ; détention et diffusion d'images caractère pornographique d'un mineur ; utilisation abusive des réseaux sociaux…).

POURSUITES DISCIPLINAIRES ET POURSUITES PÉNALES

Souvent les manquements relevés font par ailleurs l'objet d'une incrimination pénale (viol, harcèlement moral et sexuel, fraude aux examens, diffamation, plagiat, détournement de deniers publics...). Un même fait commis par un universitaire peut donner lieu à la fois à une action pénale au nom de la société (amende, peine de prison...) et à des poursuites disciplinaires dans le cadre professionnel. La juridiction disciplinaire peut se prononcer sur l'action disciplinaire sans attendre l'issue de la procédure pénale ; si elle décide de différer sa décision en attendant que le juge pénal se prononce, il lui incombe, dans le choix de la sanction, de tenir compte non seulement de la nature et de la gravité des faits répréhensibles, de leur matérialité mais aussi de la situation d'ensemble de l'agent en cause, à la date à laquelle la sanction est prononcée, compte tenu, le cas échéant, des éléments recueillis, des expertises ordonnées et des constatations faites par le juge pénal qui vont alors lier le juge disciplinaire. La procédure disciplinaire étant une garantie, le ministre ne peut prononcer directement la radiation des cadres d'un enseignant-chercheur ayant fait l'objet d'une condamnation inscrite au bulletin n° 2 de son casier judiciaire ; même si l'absence d'une telle inscription figure au nombre des conditions à remplir pour être nommé ou titularisé, la radiation ne peut intervenir qu'à titre de sanction prise par la juridiction disciplinaire au terme d'une procédure contradictoire (CE 5 déc. 2016, n° 380763).

LA SUSPENSION DES UNIVERSITAIRES

Les enseignants-chercheurs auxquels un grave manquement est reproché, notamment en cas de poursuites ou de condamnations pénales, peuvent faire l'objet d'une mesure de **suspension** pour une durée maximale d'un an (et non de quatre mois renouvelables dans le droit commun de la fonction publique, l'art. 30 de la L. du 13 juill. 1983 ne s'appliquant pas aux enseignants-chercheurs, CE 7 févr. 1990, *M. Rivière*, n° 82592 ; CE 5 nov. 2001, *Sté de agrégés de l'université*, n° 224380 ; CE 25 mars 2002, n° 224221) sans privation de traitement (art. L. 951-4 codifiant l'art. 15 de la L. du 27 févr. 1880). Il s'agit d'une mesure provisoire et conservatoire prise dans l'intérêt du service public universitaire qui ne constitue pas une sanction disciplinaire (CE 30 mars 2018, n° 418843, la décision n'a pas à être motivée ; l'intéressé ne bénéficie pas de garanties disciplinaires ; CE 2 sept. 1993, *M. Serguène*, n°s 87033 et 87456 ; CE 26 oct. 2005, *Bruno Gollnish*, n° 279189 ; CE 25 mars 2002, n° 224221) mais est appliquée ; à noter toutefois que le statut particulier des hospitalo-universitaires prévoit dans l'échelle des sanctions la suspension avec privation totale ou partielle de la rémunération, Décr. n° 2008-744 du 28 juill. 2008, art. 36). Mesure de la compétence du ministre, elle a pu être déléguée aux présidents et directeurs des établissements depuis un arrêté du 10 février 2012 (art. D. 711-2 ; CE 29 oct. 2012, n° 332157 ; CE 23 sept. 2017, n° 401679, pour un directeur d'INSA) ; le Conseil d'État a toutefois commencé à vérifier que cette suspension et cette durée ne sont pas « manifestement excessifs au regard de l'ensemble des circonstances de l'espèce » (manquement évident à la déontologie universitaire, risque de pression sur les témoins, complexité de l'affaire, V. CE, ord., 5 nov 2012, *J. M. Maixent c/Univ. de Poitiers*, n° 363203 ; CE 10 déc. 2014, *Maixent c/ Univ. de Poitiers*, n° 362202 et 363373). Si la décision de suspendre un enseignant-chercheur est prise sans respecter les conditions légales, elle peut être analysée comme une sanction et annulée en tant qu'elle a été édictée par une autorité incompétente (CE 31 août 2009, n° 309928). La complexité de l'affaire et les délais supérieurs à un an ont pu amener le juge à considérer que la suspension d'un an était inadaptée, justifiant alors d'autres mesures administratives non constitutives de sanctions (retrait d'un cours en amphithéâtre, de la direction d'un centre de recherche, CE, réf, 20 nov. 2002, *Charles Debbasch*, n° 251102). Commet une faute le directeur d'un établissement renouvelant une mesure de suspension alors même que le CNESER avait décidé de surseoir à l'exécution de la sanction disciplinaire prise par la section disciplinaire de l'établissement (CE 23 sept. 2017, n° 401679). Le juge a pu d'autre part considérer que l'interdiction d'accès aux locaux de l'université est une mesure de police connexe à la suspension (CE 26 août 2014, n° 382511). Pour les PUPH, la suspension peut aussi être décidée par le directeur de l'ARS, et, en cas d'urgence, par le directeur de l'hôpital (CE 15 déc. 2000, n° 194807 ; CE 5 févr. 2020, n° 422922, la poursuite de l'activité hospitalière de l'intéressée n'était pas de nature à caractériser une situation exceptionnelle mettant en péril, de manière imminente, la continuité du service de médecine légale où elle exerçait ou la sécurité des patients).

LA PROCÉDURE DISCIPLINAIRE

La procédure disciplinaire est régie par la partie réglementaire (art. R. 712-29 s.) qui a codifié le décret n° 71-216 du 24 mars 1971 modifié (notamment par le Décr. n° 2020-785 du 26 juin 2020) et qui présente les règles relatives à la saisine (art. R. 721-29 s.), à l'instruction, au jugement et aux voies de recours. Ces dispositions respectent les principes de procédure administrative contentieuse qui résultent des principes généraux du droit dégagés par la jurisprudence applicables à toutes les juridictions administratives : droits de la défense, caractère contradictoire de la procédure (CE 30 mars 2005, n° 262928), présomption d'innocence (CE 14 mars 2005, *M. Bruno Gollnisch*, n° 278435), impartialité, motivation (mention des observations présentées par les parties et de leur argumentation, CE 15 juin 1987, n° 71212 ; pour le CNESER, CE, 20 mars 2009, n° 32087). Ces principes sont aujourd'hui confortés par l'article 6, § 1er de la Convention européenne des droits de l'homme. En effet, les sanctions disciplinaires peuvent porter atteinte à l'exercice du droit d'exercer les fonctions de professeur qui revêtent le caractère d'un droit civil au sens de l'article 6, §1er de la Convention européenne de sauvegarde des droits de l'homme et des libertés fondamentales (CE 23 févr. 2000, n° 192480), imposent que la cause soit entendue équitablement, publiquement et dans un délai raisonnable par un tribunal indépendant et impartial qui statue publiquement, de manière contradictoire, en assurant « l'égalité des armes ».

La section disciplinaire saisie est celle de l'établissement où les faits ont été commis ; si la personne poursuivie relève d'un autre établissement, celui-ci est tenu informé ; si les faits ont été commis dans les enceintes ou locaux d'une COMUE, la section compétente est celle de l'établissement désigné par le conseil d'administration de la communauté (art. R. 712-11).

LA SAISINE

Les poursuites sont engagées devant la section disciplinaire compétente par le président de l'université (art. R. 712-29-1°) auquel les faits justifiant une action disciplinaire ont été signalés par un rapport écrit. Le chef d'établissement n'est pas tenu de saisir la juridiction ; mais, en cas de défaillance, le recteur de région académique engage la procédure à l'expiration d'un délai d'un mois à compter de la notification de sa demande expresse (art. R. 712-9, 1°). Dans une affaire concernant un président d'université, le Conseil d'État avait admis que le pouvoir de substitution du recteur puisse s'exercer directement ; le décret n° 2013-756 du 19 août 2013 a donné compétence au ministre chargé de l'enseignement supérieur pour engager les poursuites à l'encontre du président de l'université (art. R. 712-29, 3°).

Longtemps, on a pu considérer que l'action disciplinaire était imprescriptible ; le juge revint sur cette solution en n'exigeant toutefois qu'un « délai raisonnable » (CE 12 mars 2014, n° 367260) ; depuis l'article 36 de la loi n° 2016-483 du 20 avril 2016 relative à la déontologie et aux droits et obligations des fonctionnaires, l'action disciplinaire se prescrit par trois ans.

La section disciplinaire est saisie par une lettre adressée à son président, précisant notamment les faits reprochés et accompagnée des pièces justificatives (art. R. 712-30). Pour assurer le caractère contradictoire de la procédure, une copie en est transmise par le président de la section aux personnes poursuivies, par lettre recommandée avec accusé de réception (art. R. 712-31, modifié en 2015 pour ajouter aux destinataires le président d'université, le recteur et le médiateur académique).

Le président de la section informe les intéressés de leur ***droit de se faire assister d'un conseil de leur choix*** (art. R. 712-31, al. 2), qui peut être aussi bien un avocat qu'une personne de confiance, par exemple un représentant syndical. Les droits de la défense imposent aussi que la personne poursuivie et son conseil puissent prendre connaissance du dossier pendant le déroulement de l'instruction (art. R. 712-31, al. 2). Au cours de l'instruction, la personne poursuivie est entendue et peut se faire accompagner de son défenseur (art. R. 712-33). La convocation à l'audience de jugement mentionnera le droit pour les intéressés de présenter leur défense oralement ou par écrit et par le conseil de leur choix (art. R. 712-35).

L'INSTRUCTION

Le président de la section désigne pour chaque affaire une ***commission d'instruction*** composée de deux enseignants-chercheurs dont un rapporteur qui peut désormais être un magistrat des juridictions administrative ou financière qui n'a pas voix délibérative au sein de la formation de jugement (art. L. 232-3, mod. par l'art. 33 de la L. du 6 août 2019 ; art. R. 712-32 ; si la personne poursuivie est un professeur des universités, les deux membres doivent être professeurs ou assimilés) ; le président de la section disciplinaire ne peut en faire partie (CE 13 janv. 2010, n° 317564), même si rien n'interdit à un membre de la commission de participer au délibéré de la formation de jugement (CE 7 juin 2000, *Zurmely*, n° 206362). La commission instruit l'affaire par tous moyens ; elle entend les observations de la personne poursuivie ; elle recueille des informations auprès des différentes parties et des témoins ; elle est chargée d'élaborer, dans les délais fixés par le président, qui ne peuvent excéder deux mois sauf supplément d'information ou réouverture d'instruction si apparaissent des éléments nouveaux, un rapport d'instruction comportant l'exposé des faits et des conclusions des parties ; comme les pièces du dossier, ce rapport est tenu à la disposition des parties (art. R. 712-33). Le principe du contradictoire implique que les parties puissent disposer du temps nécessaire pour répliquer ; ainsi la transmission par le recteur de région académique d'un mémoire contenant des éléments nouveaux après la clôture de l'instruction prive l'intéressé d'un délai suffisant pour préparer sa défense (CE 8 juin 2015, n° 35205, annulant la décision du CNESER révoquant un président d'université ; nécessité de rouvrir l'instruction en raison de la production de deux mémoires en réplique postérieurs au dépôt du rapport de la commission d'instruction constituant des éléments nouveaux, art. R. 232-37, CE 8 nov. 2017, n°s 404627 et 404630), « aucun principe général du droit n'impose la séparation des phases d'instruction et de jugement au sein d'un même procès ; que les fonctions dévolues à la commission d'instruction ne diffèrent pas de celles que la formation collégiale de jugement pourrait elle-même exercer et ne confèrent pas à la commission d'instruction le pouvoir de modifier le champ de la saisine de la juridiction ; qu'ainsi, elles ne font pas obstacle à ce que ses membres participent au délibéré de la formation de jugement dans le respect de l'exigence d'un tribunal impartial prévue par l'article 6 de la Convention européenne de sauvegarde des droits de l'homme et des libertés fondamentales » (CE 7 juin 2000, n° 206362). Toutefois, le président de la section ne peut être membre de la commission d'instruction (art. R. 712-32, al. 4 introduit par le Décr. du 28 janv. 2015). Aucun principe général du droit, ni l'article 6 de la Convention européenne de sauvegarde des droits de l'homme et des libertés fondamentales, n'impose la publicité de la procédure préalable d'instruction devant lesdites juridictions (CE 7 juin 2000, n° 206362).

Le président de la section disciplinaire fixe la date de la séance de jugement et convoque la formation compétente (art. R. 712-34) ; il convoque les personnes déférées par lettre recommandée quinze jours au moins avant la date de la séance (art. R. 712-35) ; il précise les modalités de consultation du rapport d'instruction et des pièces du dossier, qui doit être possible dix jours francs avant la comparution (art. R. 712-35, al. 3) ; il s'agit là de formalités substantielles dont la méconnaissance constitue un vice de procédure (CE 7 juin 2000, n° 194294). La personne poursuivie, assistée de son conseil, doit en effet pouvoir connaître tous les éléments du dossier, analyser les différents griefs et préparer sa défense. A l'impossible nul n'étant tenu, la procédure est réputée contradictoire en cas d'absence non justifiée de la personne déférée (art. R. 712-35). Le déroulement de l'instruction doit permettre d'examiner les mémoires en réplique, même s'ils ont été déposés postérieurement au dépôt du rapport de la commission d'instruction (CE 8 nov. 2017, n° 404627, à propos du CNESER).

Comme l'instruction, les séances des formations de jugement ne sont pas publiques (art. R. 712-36). Pour tenir compte de l'exigence de publicité qui découle de l'article 6, §1er de la Convention européenne des droits de l'homme, le Conseil d'État aura une analyse globale de la procédure ; s'il sanctionne l'absence de publicité de l'audience de la juridiction nationale compétente en premier et dernier ressort pour les PU-PH (CE 23 févr. 2000, *Lhermitte*, n° 192480) ou l'absence d'audience publique des enseignants-chercheurs ou des étudiants en première instance comme en appel (CE 7 juin 2000, *M. Zurmely*, n° 194294), il valide la procédure ayant donné la possibilité à la personne poursuivie de s'exprimer au cours d'une séance publique devant au moins l'une des formations de jugement statuant en matière disciplinaire, la publicité de l'audience d'appel au CNESER étant donc suffisante (CE 7 juin 2000, n° 206362). Aucune règle ni aucun principe n'exige que le président de la section disciplinaire ait déjà reçu le rapport de la commission d'instruction pour convoquer la formation de jugement (CE 9 juill. 2003, *M. Soler*, n° 242930).

LE JUGEMENT

Le président de la section disciplinaire convoque la formation de jugement et fixe la date de la séance (art. R. 712-34).

La section disciplinaire doit présenter des garanties d'indépendance (elle est composée par des pairs, représentants élus) et d'impartialité. « Nul ne peut siéger dans la formation de jugement (...) s'il existe une raison sérieuse de mettre en doute son impartialité » ; la formule a été corrigée par le décret n° 2015-79 du 28 janvier 2015 qui exige une raison « objective » interdisant à une personne ayant eu connaissance du dossier en tant que plaignant, témoin... de siéger (art. R. 712-26) ; pour prévenir l'impartialité objective ou subjective (interdisant aux parents, conjoints et alliés mais aussi à ceux qui sont liés par une amitié notoire ou font preuve d'une animosité personnelle de siéger ; depuis 2014, s'il existe une raison objective de mettre en doute son impartialité), les parties disposent de la possibilité de demander la récusation d'une personne (art. R. 712-26-1) ou de renvoi à une autre juridiction pour suspicion légitime collective, cette demande peut être formée non seulement par la personne poursuivie mais aussi par le président de l'université, le recteur de région académique et le médiateur académique qui peuvent saisir le CNESER par une lettre motivée lui permettant de prendre une décision de renvoi en connaissance de cause (art. R. 712-27-1).

Pendant la séance, le rapporteur lit son rapport ; des observations peuvent être faites par l'intéressé et son conseil ; il est possible d'entendre contradictoirement des témoins et, à leur demande, les personnes ayant engagé les poursuites ; la personne déférée a la parole en dernier. Ne peuvent participer au délibéré que les membres de la commission qui ont assisté à la totalité de la séance. L'ensemble des griefs doit être examiné (CE 20 mars 2009, n° 320837 : décision fondée sur des griefs que la section disciplinaire du conseil d'administration de l'établissement n'avait pas examinés en première instance). Le président met aux voix la sanction proposée la plus forte, puis la suivante dans l'échelle descendante des sanctions. La décision est prise au scrutin secret à la majorité des présents. Il est dressé procès-verbal sans mentionner les opinions exprimées (art. R. 712-39).

La décision doit être suffisamment motivée (art. R. 712-41). La décision doit mentionner les observations présentées par les parties et l'argumentation développée (CE 15 juin 1987, n° 71212 ; CE 18 nov. 1987, n° 78981). Elle doit ainsi viser et analyser les conclusions et les moyens des parties (CE 20 mars 2009, n° 320837) et indiquer les faits constitutifs du comportement justifiant une sanction (CE 8 juill. 2011, n° 333394). Le Conseil d'État vérifie que la motivation est suffisante.

La décision ne prend effet qu'à compter de sa notification (en recommandé avec accusé de réception) aux intéressés, au président de l'université, au recteur de région académique et éventuellement au ministre. Elle fait en outre l'objet d'une publication par voie d'affiche à l'intérieur de l'établissement, information à destination de la communauté universitaire que la section peut décider de rendre anonyme (art. R. 712-41). La décision notifiée doit mentionner les voies de recours.

LE RECOURS EN APPEL

L'appel (ou l'appel incident formé par l'intimé) peut être interjeté par la personne déférée ou par l'autorité auteur des poursuites auprès du Conseil national de l'enseignement supérieur et de la recherche (CNESER) statuant en matière disciplinaire, dans le délai de deux mois (art. R. 712-43). L'appel est suspensif sauf si la section disciplinaire a décidé qu'elle était immédiatement exécutoire (art. R. 712-45). Les décisions ainsi rendues immédiatement exécutoires peuvent faire l'objet d'une demande de sursis à exécution devant le CNESER-FD qui doit statuer dans un délai raisonnable (eu égard à l'absence de difficultés de l'affaire et à l'intérêt de la demande, un délai de 11 mois a été jugé excessif, CE 13 févr. 2012, n° 3465549). Le CNESER statue sur la forme du jugement pris (contrôle des vices de procédure) et sur le fond (opportunité de la sanction (CE 21 nov. 2001, n° 211911) et peuvent faire l'objet d'un enregistrement sonore ou audiovisuel (CE 29 juill. 2000, *Zuzmely*, n° 240050).

Il résulte des principes généraux du droit disciplinaire qu'une sanction infligée en première instance par une juridiction disciplinaire ne peut être aggravée par le juge d'appel sur le recours de la personne frappée par la sanction ». Cette solution classique (CE, sect.,16 mars 1984, *Moreteau*, n° 41438) reprend le principe de procédure pénale selon lequel l'appel ne peut nuire à l'appelant (interdiction de la réformation aggravante, dite *in pejus*) ; cette règle s'applique, y compris lorsque le juge d'appel statue par voie d'évocation après avoir annulé le jugement de première instance ; le juge disciplinaire d'appel qui méconnaît cette règle ignore l'étendue de sa compétence ; s'agissant d'une règle d'ordre public, le juge de cassation peut relever d'office cette méconnaissance (CE 27 juill. 2013, n° 362481 ; CE 21 janv. 2015, n° 36159). Par contre, en cas de recours incident, notamment de l'université, le CNESER peut aggraver la sanction ; comme en procédure pénale quand le ministère public fait incidemment appel *a minima*, l'appel incident de la partie en défense est formé en réaction à l'appel principal (CE 9 oct. 2020, n° 425459 ; révocation d'un professeur qui avait été sanctionné d'une interdiction d'enseigner d'une durée de cinq ans par la section disciplinaire de l'université de Poitiers). Si le choix de la sanction relève de l'appréciation de la juridiction disciplinaire, le Conseil d'État vérifie qu'elle n'est pas hors de proportion avec la faute retenue ; ainsi annule-t-il une sanction jugée trop faible au vu des faits reprochés (CE 6 avr. 2016, n° 389891 ; CE 9 oct. 2020, *préc.*).

LE POURVOI EN CASSATION

Le pourvoi en cassation des arrêts du CNESER statuant en matière disciplinaire est ouvert aux universitaires sanctionnés, au chef d'établissement qui a engagé les poursuites et au ministre. La requête doit être déposée dans un délai de deux mois à compter de la notification de l'arrêt, pouvant être réduit à quinze jours pour les référés ; le pourvoi n'a pas d'effet suspensif mais peut être accompagné d'une demande de sursis à exécution. En cassation, le Conseil d'État ne constitue pas un troisième degré de juridiction mais une instance chargée de vérifier la bonne application du droit par les juridictions statuant en dernier ressort (ce qui est le cas du CNESER-FD). Il lui revient alors d'examiner la légalité externe de la décision, s'attachant au respect des règles de compétence, de procédure (droits de la défense, principe du contradictoire, impartialité), et de forme (motivation suffisante pour justifier le dispositif de la décision). Il se livre ensuite à un contrôle de la légalité interne ; il sanctionne ainsi l'erreur de droit (CE 12 janv. 2005, n° 257917). Si le juge de cassation ne peut remettre en cause l'appréciation souveraine des faits par le juge du fond, le Conseil d'État peut toutefois censurer pour erreur de fait les décisions fondées sur l'inexactitude matérielle (au vu des pièces du dossier, CE 6 nov. 2017, n° 393269, vol d'ouvrages à la BU Lille) ; il en est ainsi en cas d'erreurs grossières (contrôle de la dénaturation s'apparentant à la censure de l'erreur manifeste d'appréciation) ; de même, sans revenir sur l'appréciation des faits, il peut censurer la qualification inexacte des faits par le CNESER, notamment quand le juge n'a pas pris en compte le contexte (CE 9 juill. 2003, n° 241930 ; CE 3 févr. 2003, n° 231952). Par ailleurs, « si le choix de la sanction relève de l'appréciation des juges du fond au vu de l'ensemble des circonstances de l'espèce, il appartient au juge de cassation de vérifier que la sanction retenue n'est pas hors de proportion avec la faute commise et qu'elle a pu, dès lors, être légalement prise » (CE 15 mars 2017, n° 391654 ; CE 12 janv. 2011, *Matelly*, n° 338461), soit trop faible (blâme à un maître de conférences pour avoir signé une convention au nom de l'université : CE 6 avr. 2016, n° 231952), soit trop sévère (CE 6 nov. 2017, n° 402380) ; en jugeant qu'« en infligeant la sanction de révocation à raison de l'ensemble de ces faits fautifs, le CNESER n'a pas prononcé une sanction hors de proportion avec les fautes commises » (CE 9 oct. 2020, n° 425459), le Conseil d'État ne se prononce pas sur l'adéquation de la sanction à la faute, mais sur la compatibilité du choix avec la gravité des fautes commises.

Le Conseil d'État accepte ou rejette le pourvoi ; il peut aussi procéder à une substitution de motifs, voire à une substitution de base légale si cela implique aucune appréciation des faits. En cas de cassation, il renvoie au juge du fond (CJA, art. L. 181-2) mais peut aussi, dans l'intérêt d'une bonne administration de la justice régler directement le litige (CE 3 mai 2017, n° 384113). En cas de renvoi, le CNESER juge dans la même formation ; en cas de nouveau pourvoi, le Conseil d'État est alors tenu de trancher définitivement le litige au fond (CJA, art. L. 821-2 ; CE 3 mai 2017 n° 384113). Lorsque la sanction prononcée par la décision annulée a été entièrement exécutée, le CNESER, eu égard à l'effet rétroactif de l'annulation, ne peut décider de ne plus infliger aucune sanction (CE 3 mai 2017, n° 384113).

Le préjudice né des actions en responsabilité « qui mettent en cause l'exercice de sa fonction juridictionnelle par une juridiction disciplinaire », « à raison d'une faute lourde qui aurait été commise », engage la responsabilité de l'État (CE, sect., 27 févr. 2004, *Mme Popin*, n° 217257 A : *GAJA n° 104*). Une université ne peut pas former de demandes de mise à charge des requérants des frais répétitibles (CJA, art. L. 761-1) n'étant pas partie en défense lorsque la décision en litige a été prise au nom de l'État (CE 1er juin 2018, n° 403554, pour une décision de suspension) ; en revanche, le préjudice matériel et moral né de l'impossibilité d'obtenir une prime ou des coûts entraînés par une mutation est imputable à l'établissement lui-même (CE 29 sept. 2017, n° 401679). ❑

I. POURSUITES DISCIPLINAIRES

Sur la procédure disciplinaire : V. notes ss. art. L. 232-2.

Sur le régime de la suspension : V. notes ss. art. L. 951-4.

Sur le régime disciplinaire des personnels détachés dans un corps d'enseignant-chercheur : V. note DAJ B1 n° 2016-193 du 14 déc. 2016 : LIJ 2017, n° 196, p. 18.

1. Formalités. Le rapport et les pièces du dossier doivent être déposés par le rapporteur au secrétariat du Conseil supérieur de l'éducation nationale pour être tenus à la disposition des parties deux jours francs avant le jour fixé pour la délibération. Les parties doivent en outre être informées de la date de la délibération du conseil et des modalités de consultation des documents. Ces dispositions ont le caractère de formalités substantielles. • CE 27 juin 1994, *Univ. de Lille-III*, n° 101453 : *Lebon T. 974*.

2. Présomption d'innocence. La présomption d'innocence, qui concourt à la liberté de la défense, constitue une liberté fondamentale. Elle implique qu'en matière répressive la culpabilité d'une personne faisant l'objet de poursuites ne puisse être présentée publiquement comme acquise avant l'intervention d'une condamnation devenue irrévocable. Le respect de cette exigence s'impose, non seulement devant les instances chargées de l'instruction puis du jugement de l'affaire, mais également vis-à-vis d'autres autorités publiques. Un professeur d'université avait été poursuivi devant le juge pénal et les instances disciplinaires pour avoir proféré des propos négationnistes. Le recteur d'académie avait multiplié les déclarations publiques attestant qu'à ses yeux le manquement de l'intéressé à ses obligations déontologiques était établi et appelait de ses vœux la sanction la plus grave susceptible d'être prononcée, celle de la révocation. Ces prises de position, en raison de leur contenu catégorique et de la manière désobligeante dont elles ont été exprimées, constituent, dans les conditions de l'espèce, une atteinte grave et manifestement illégale à la liberté fondamentale qu'est la présomption d'innocence. • CE 14 mars 2005, *M. Bruno Gollnisch*, n° 278435 : *AJDA 2005. 1633, note Burgorgue-Larsen* ; *AJFP 2005. 222* ; *Lebon 103*.

3. Composition de la commission d'instruction. Aucun principe général du droit n'impose la séparation des phases d'instruction et de jugement au sein d'un même procès. Les fonctions dévolues à la commission d'instruction ne diffèrent pas de celles que la formation collégiale de jugement pourrait elle-même exercer et ne confèrent pas à la commission d'instruction le pouvoir de modifier le champ de la saisine de la juridiction. Ainsi, elles ne font pas obstacle à ce que ses membres participent au délibéré de la formation de jugement dans le respect de l'exigence d'un tribunal impartial. • CE 7 juin 2000, *M. Zurmely*, n° 206362 : *Lebon T. 1166*. ♦ Voir aussi : Lettre DAJ B1 n° 08-11 du 17 janv. 2008 : *LIJ 2008, n° 123, p. 27.*

4. Composition de la section disciplinaire. Dans l'hypothèse où la formation compétente de la section disciplinaire appelée à connaître de poursuites engagées contre un enseignant comporterait un membre qui ne serait pas d'un rang égal ou supérieur à celui de l'enseignant poursuivi, ce membre devrait s'abstenir de siéger. • CE 10 nov. 2004, *M. Denis Roynard*, n° 262252 : *Lebon T. 717* ; *AJDA 2005. 500, note Legrand*.

5. Impartialité. Absence de garanties. Le juge considère que les garanties d'impartialité ne sont pas respectées dès lors que plusieurs personnes ayant manifesté leur hostilité à un candidat et ayant exprimé par avance leur opposition à sa candidature ont pris part, en qualité de membres de la commission de spécialistes à la délibération. • CE 22 juin 1994, *M. Bernard Lugan*, n° 131232. ♦ L'ancien mari d'une candidate au concours organisé en vue du recrutement d'un professeur des universités faisait partie de la commission de spécialistes auteur de la délibération proposant la liste des candidats admis à poursuivre les épreuves du concours. Quelles qu'aient été les modalités pratiques d'organisation des débats au sein de la commission, cette circonstance était de nature à priver les requérants des garanties d'impartialité auxquelles tout candidat est en droit de prétendre. • CE 22 juin 1994, *M. Perrin et a.*, n° 109204 : *Lebon T. 851*.

6. Risques de désordre. En cas de désordre ou de menace de désordre dans les enceintes et locaux, les autorités responsables peuvent interdire, notamment, à des membres du personnel, l'accès des enceintes et locaux de l'établissement. Cette interdiction ne peut être décidée pour une durée supérieure à trente jours. Toutefois, au cas où des poursuites disciplinaires ou judiciaires seraient engagées, elle peut être prolongée jusqu'à la décision définitive de la juridiction saisie. • CE 26 oct. 2005, *M. Bruno Gollnish c/ Univ. de Lyon III*, n° 275512 : *Lebon 443* ; *AJDA 2006. 505, note Legrand*.

II. SUSPENSION

7. Faits justifiant la suspension. Dans une affaire où la section disciplinaire du conseil académique avait prononcé à l'encontre d'un professeur la sanction d'interdiction d'exercer toutes fonctions d'enseignement pendant une période de cinq ans avec privation de la moitié de son traitement sur le fondement de comportements inappropriés avec plusieurs de ses étudiantes, le CNESER avait prononcé le sursis à exécution de la mesure de sanction. Sur le fondement de l'art. L. 951-4, une nouvelle mesure de suspension, d'une durée de quatre mois, avait été prononcée à son encontre par le président de l'université, justifiée par l'existence de faits nouveaux. La demande au juge des référés de la suspension de l'exécution de cette décision a été rejetée. En l'espèce, le Conseil d'État prend un soin tout particulier à motiver son ordonnance. Il précise que le président de l'université a motivé la décision par la survenance de « faits établissant une présomption sérieuse de faute grave également susceptible de constituer une infraction de droit commun ». Pour justifier une telle présomption, l'université produit trois messages anonymes, postérieurs à la première sanction d'interdiction d'exercer toutes fonctions d'enseignement prononcée par la section disciplinaire de l'université. Il ressort de l'examen de ces messages, éclairé par les échanges lors de l'audience publique, que le premier courriel était rédigé de manière à laisser penser à toute étudiante, témoignant dans le cadre de la procédure disciplinaire visant l'intéressé, qu'elle serait passible de poursuites en diffamation et de mise en garde à vue. Bien qu'il ne soit pas établi avec certitude que l'intéressé en soit l'auteur, il apparaît suffisamment vraisemblable, au regard, d'une part, du climat de tension persistant avec certaines étudiantes, et d'autre part, du fait que le courriel ait spécifiquement visé deux d'entre elles en lien direct avec l'enquête, qu'un tel message était de nature à préjudicier à l'intérêt du service public universitaire, en particulier en période d'examen. Quant au second message, il se présentait comme émanant d'un avocat au barreau de Paris – qui démentira en être l'auteur – et cherchait à obtenir de la formation disciplinaire de l'université des renseignements sur les débats en son sein. Enfin, la conjonction, établie par le service informatique de l'université, entre les procédures ayant conduit à l'envoi des deux messages, permet de caractériser de manière suffisamment probante et circonstanciée l'existence d'un lien entre l'émetteur des deux messages et le requérant et d'élever le soupçon d'une usurpation d'identité, susceptible, à elle seule, de justifier une mesure de suspension. Dans ces conditions, la mesure attaquée, justifiée par l'intérêt du service universitaire, ne constitue ni un détournement de procédure ni une sanction disciplinaire déguisée. • CE 7 mars 2017, n° 407768.

III. SUITES DE LA PROCÉDURE

8. Contestation. La contestation par un fonctionnaire de la sanction disciplinaire qui lui a été infligée n'est relative ni à un droit ou une obligation de caractère civil, ni au bien-fondé d'une accusation en matière pénale. Par suite, un tel litige n'entre pas dans le champ d'application de l'art. 6 Conv. EDH. • CE 28 sept. 1998, *M. Bernard Notin*, n° 159236 : *Lebon T. 938*.

9. Refus de constater le bénéfice de l'amnistie. Le recours dirigé contre la décision, de nature juridictionnelle, par laquelle la section disciplinaire d'un conseil d'université refuse de reconnaître le bénéfice d'une loi d'amnistie, ressortit à la compétence du Conseil supérieur de l'éducation nationale. • CE 15 avr. 1983, *M. et Mme Virmaux c/ Univ. de la Sorbonne nouvelle Paris III*, n° 38835 : *Lebon 150*.

10. Rôle du juge de cassation. Même si le requérant soutient que la sanction qui lui a été infligée est disproportionnée, il n'appartient pas au juge de cassation de contrôler l'adéquation de la sanction à la faute commise. • CE 19 mars 2008, *M. Gollnisch*, n° 296984 : *Lebon T. 759* ; *AJDA 2008. 674, note Faivre*.

IV. RESPONSABILITÉ

11. Responsabilité de l'État. La justice est rendue de façon indivisible au nom de l'État. Il n'appartient dès lors qu'à celui-ci de répondre, à l'égard des justiciables, des dommages pouvant résulter pour eux de l'exercice de la fonction juridictionnelle assurée, sous le contrôle du Conseil d'État, par les juridictions administratives. Il en va ainsi alors même que la loi a conféré à des instances relevant d'autres personnes morales compétence pour connaître, en premier ressort ou en appel, de certains litiges. Par suite, seule la responsabilité de l'État peut être engagée du fait de la sanction que le conseil d'administration d'une université, constitué en formation disciplinaire, a infligée à un agent. • CE, sect., 27 févr. 2004, *Mme Popin*, n° 217257 : *Lebon 86* ; *AJDA 2004. 653, chron. Donnat et Casas* ; *AJDA 2004. 672, concl. Schwartz*.

Art. L. 952-8 **Sous réserve des dispositions prises en application de l'article L. 952-23, les sanctions disciplinaires qui peuvent être appliquées aux enseignants-chercheurs et aux membres des corps des personnels enseignants de l'enseignement supérieur sont :**

1° Le blâme ;
2° Le retard à l'avancement d'échelon pour une durée de deux ans au maximum ;
3° L'abaissement d'échelon ;
4° L'interdiction d'accéder à une classe, grade ou corps supérieurs pendant une période de deux ans au maximum ;
5° L'interdiction d'exercer toutes fonctions d'enseignement ou de recherche ou certaines d'entre elles dans l'établissement ou dans tout établissement public d'enseignement supérieur pendant cinq ans au maximum, avec privation de la moitié ou de la totalité du traitement ;
6° La mise à la retraite d'office ;
7° La révocation.

Les personnes à l'encontre desquelles a été prononcée la sixième ou la septième sanction peuvent être frappées à titre accessoire de l'interdiction d'exercer toute fonction dans un établissement public ou privé, soit pour une durée déterminée, soit définitivement. — *[L. n° 84-52 du 26 janv. 1984, art. 29-1.]*

1. Définition des manquements. Saisi par le CNESER, statuant en matière disciplinaire, d'une question prioritaire de constitutionnalité formée par un enseignant-chercheur, à l'occasion du recours dirigé contre la sanction de la révocation qui lui avait été infligée, le Conseil d'État a considéré qu'appliquée en dehors du droit pénal, l'exigence d'une définition des manquements sanctionnés se trouve satisfaite, en matière disciplinaire, dès lors que les textes applicables font référence aux obligations auxquelles les intéressés sont soumis en raison de l'activité qu'ils exercent, de la profession à laquelle ils appartiennent ou de l'institution dont ils relèvent. Que si la nécessité des peines attachées aux infractions relève du pouvoir d'appréciation du législateur, il incombe au juge disciplinaire de s'assurer de l'absence d'inadéquation manifeste entre les peines qu'il inflige et les obligations dont elles tendent à réprimer la méconnaissance. • CE, QPC, 16 mai 2012, *M. Oueslati*, n° 356924 : *AJDA 2012. 1031 ; LIJ 2012, n° 167, p. 13* • Cons. const. 25 nov. 2011, *M. Michel G.*, n° 2011-199 QPC : *JO 26 nov., p. 20016 ; Rec. Cons. const. 555 ; D. 2011. 2873 ; AJDA 2011. 2317 ; ibid. 2012. 578, étude Lombard, Nicinski et Glaser ; RSC 2012. 184, obs. Danet ; Constitutions 2012. 337, note Le Bot ; Gaz. Pal. 2012, n° 162-164, p. 17, note Sénac ; Dr. adm. 2012, n° 3, p. 20, note Froget, § 7.* ♦ Par ailleurs, les enseignants-chercheurs étant soumis, d'une part, aux obligations définies par la L. du 13 juill. 1983 portant droits et obligations des fonctionnaires, d'autre part, aux règles particulières que leur imposent l'art. L. 952-2, l'art. L. 952-3, précisé par le Décr. du 6 juin 1984 fixant les dispositions statutaires communes applicables aux enseignants-chercheurs, et l'art. L. 952-5, le requérant ne saurait soutenir que l'exigence de définition des manquements sanctionnés ne serait pas satisfaite. Par suite, les dispositions de cet art. ne méconnaissent pas l'art. 8 DDH. • CE, QPC, 16 mai 2012, n° 356924 : *préc.*

2. Enseignant-chercheur retraité. Faits commis antérieurement à la retraite. La DAJ rappelle que seuls les enseignants-chercheurs en activité peuvent être déférés devant la section disciplinaire du conseil académique (ou de l'organe en tenant lieu) d'un établissement d'enseignement supérieur. En effet, les sanctions disciplinaires prévues par les dispositions de l'art. L. 952-8 applicables aux enseignants-chercheurs affectent le déroulement de la carrière de ces derniers. Elles ne peuvent donc être infligées à un enseignant-chercheur retraité dont la carrière est achevée. Elle rappelle en outre que le Conseil d'État a été amené à préciser, de longue date, que l'admission à la retraite d'un fonctionnaire fait obstacle à ce que lui soit infligée une sanction disciplinaire ayant pour objet d'exclure ce dernier des cadres ou de modifier sa situation dans les cadres (• CE, sect., 3 mai 1946, n° 78901 : *Lebon* ; • CE 6 févr. 1948, n° 84701 : *Lebon).* * Note DAJ B1 7 mars 2017, n° 2017-35 : *LIJ 2017, n° 198, p. 25.*

Art. L. 952-9 Sous réserve des dispositions prises en application de l'article L. 952-23, les sanctions disciplinaires applicables aux autres enseignants sont :
1° Le rappel à l'ordre ;
2° L'interruption de fonctions dans l'établissement pour une durée maximum de deux ans ;
3° L'exclusion de l'établissement ;
4° L'interdiction d'exercer des fonctions d'enseignement ou de recherche dans tout établissement public d'enseignement supérieur soit pour une durée déterminée, soit définitivement. — *[L. n° 84-52 du 26 janv. 1984, art. 29-2.]*

Art. L. 952-10 Sous réserve des reculs de limite d'âge pouvant résulter des textes applicables à l'ensemble des agents de l'État, la limite d'âge des professeurs de l'ensei-

gnement supérieur, des directeurs de recherche des établissements publics à caractère scientifique et technologique relevant de la loi n° 82-610 du 15 juillet 1982 d'orientation et de programmation pour la recherche et le développement technologique de la France *[V. désormais C. rech.]* **et des personnels titulaires de l'enseignement supérieur assimilés aux professeurs d'université pour les élections à l'instance nationale mentionnée à l'article L. 952-6 est fixée à** *(L. n° 2010-1330 du 9 nov. 2010, art. 38)* **« soixante-sept » ans. Toutefois, la limite d'âge des professeurs au Collège de France** *(L. n° 2020-1674 du 24 déc. 2020, art. 14)* **« est fixée à soixante-treize » ans.**

Lorsqu'ils atteignent la limite d'âge *(L. n° 2020-1674 du 24 déc. 2020, art. 14)* **« ou à l'issue des reculs de limite d'âge fixés par la loi du 18 août 1936 concernant les mises à la retraite par ancienneté », les professeurs de l'enseignement supérieur et les personnels titulaires de l'enseignement supérieur assimilés aux professeurs d'université pour les élections à l'instance nationale mentionnée à l'article L. 952-6 sont, sur leur demande, maintenus en activité, en surnombre,** *(L. n° 2020-1674 du 24 déc. 2020, art. 14)* **« pour une durée d'un an. Si cette durée s'achève en cours d'année universitaire, ils sont maintenus en activité, en surnombre, jusqu'au 31 août suivant. »**

Les professeurs de l'enseignement supérieur *(L. n° 2003-339 du 14 avr. 2003, art. 2)* **« , les directeurs de recherche des établissements publics à caractère scientifique et technologique » et les autres personnels enseignants qui relèvent du ministre chargé de l'enseignement supérieur restent en fonctions jusqu'au 31 août quand ils atteignent la limite d'âge en cours d'année universitaire, si les besoins du service d'enseignement le justifient.**

(L. n° 2020-1674 du 24 déc. 2020, art. 14) **« Lorsqu'ils sont, à la date à laquelle ils atteignent la limite d'âge qui leur est applicable, responsables d'un projet lauréat d'un appel à projets inscrit sur une liste fixée par décret, les professeurs de l'enseignement supérieur, les directeurs de recherche, les maîtres de conférences, les chargés de recherche et les personnels titulaires de l'enseignement supérieur assimilés aux maîtres de conférences et aux professeurs d'université pour les élections à l'instance nationale mentionnée à l'article L. 952-6 peuvent être maintenus en activité au-delà de cette date jusqu'à l'achèvement du projet de recherche et de développement technologique pour lequel ils ont été lauréats, et pour une durée maximale de cinq ans.**

« Cette autorisation est donnée par arrêté du ministre chargé de l'enseignement supérieur pour les professeurs de l'enseignement supérieur, les maîtres de conférences et les personnels titulaires de l'enseignement supérieur assimilés mentionnés à l'avant-dernier alinéa du présent article et par décision du chef d'établissement pour les directeurs de recherche et les chargés de recherche. L'autorisation fixe la durée du maintien dans les fonctions. Elle peut être révoquée dans l'intérêt du service. »

Sur la liste des appels à projets de recherche et de développement technologique ouvrant droit à une demande de report de départ à la retraite des enseignants-chercheurs ou chercheurs responsables de tels appels à projets, V. Décr. n° 2021-756 du 12 juin 2021.

Sur la limite d'âge pour participer au concours de recrutement des professeurs d'université : V. notes ss. art. L. 952-6.

1. Champ d'application. Si les professeurs des écoles d'architecture dispensent leur enseignement dans ces écoles qui relèvent du service public de l'enseignement supérieur, une telle circonstance ne saurait avoir pour effet de leur conférer la qualité de professeur de l'enseignement supérieur. Ils ne peuvent donc être maintenus en fonction jusqu'à l'âge de soixante-huit ans. • CAA Paris, 9 mars 1999, *M. Saint-Arroman*, n° 97PA01329. ♦ Même solution pour un « directeur d'études non cumulant », à titre étranger, à l'école des hautes études en sciences sociales, qui n'a jamais été titularisé dans un corps de l'enseignement supérieur. • CE 21 févr. 1997, *MEN c/ M. Romano,* n° 141960 : *Lebon 55* ; *D. 1987. 98.* ♦ ... Ou pour les professeurs du premier et du deuxième grade de chirurgie dentaire-odontologistes des services de consultations et de traitements dentaires, nommés par arrêté conjoint du ministre de l'éducation et du ministre de la santé. • CE 24 nov. 1999, *M. Batarec*, n° 122436.

2. Limite d'âge. Recrutement. L'administration est tenue de refuser l'admission à concourir s'il apparaît que le candidat aura dépassé la limite d'âge applicable, au plus tard le jour de son éventuelle titularisation dans le corps auquel le concours donne accès. En l'espèce, le requérant demandait l'annulation de la décision par laquelle le président de l'université avait refusé de l'admettre à se présenter au concours de recrutement pour un poste de professeur des universités au motif qu'en cas d'admission au concours, il aurait dépassé la limite d'âge de soixante-cinq ans à la date de sa titularisation et que, n'ayant pas la qualité d'agent public, il ne pouvait se prévaloir des dispositions de l'art. 4 de la L. du 18 août 1936 relatives au recul de limite d'âge. Le juge rappelle que sauf disposition contraire, les candidats à un concours pour le recrutement à des emplois publics doivent remplir, au moment de l'ouverture de ce concours, toutes les conditions auxquelles leur nomination est subordonnée. La détermination de la limite d'âge applicable au candidat doit tenir compte, y compris pour les candidats n'ayant pas la qualité d'agent public, des reculs de limite d'âge auxquels le candidat aura droit s'il est nommé et titularisé, notamment en application des dispositions de l'art. 4 de la L. du 18 août 1936. • CE 8 avr. 2013, *M. Lepastier c/ Univ. Paris-Ouest Nanterre-la Défense*, n° 340152 : *AJDA 2013. 768, comm. de Montecler* ; *AEF n° 181692 du 14 avr. 2013, comm. Toulemonde* • CE 27 juin 2013, *M. A. c/ Univ. de Rennes 2*, n° 357376 : *AEF n° 185202 du 8 juill. 2013, comm. Toulemonde.*

3. Demande de maintien en activité. Les professeurs de l'enseignement supérieur doivent présenter leur demande de maintien en activité avant qu'ils atteignent la limite d'âge. En conséquence, le ministre de l'éducation est tenu de rejeter la demande de réintégration dans le corps des professeurs des universités d'un professeur, ayant atteint cette limite et ayant cessé d'exercer ses fonctions. • CE 11 juill. 1991, *M. Schwartz*, n° 87026 : *Lebon T. 968* .

4. Maintien en activité. Compétence liée du président. Il résulte des dispositions de l'art. 20 de la L. du 11 janv. 1984 portant dispositions statutaires relatives à la fonction publique de l'État que la vérification des conditions requises pour concourir peut intervenir à tous les stades de la procédure de recrutement, jusqu'à la date de la nomination du ou des candidats déclarés aptes par le jury. L'administration est dès lors tenue de refuser l'admission à concourir s'il apparaît qu'un candidat aura dépassé la limite d'âge applicable, au plus tard le jour de son éventuelle titularisation dans le corps auquel le concours donne accès. En l'espèce, le candidat, qui avait dépassé la limite d'âge applicable aux professeurs des universités et qui n'était pas titularisé dans le corps des professeurs des universités, ne pouvait se prévaloir des dispositions du deuxième al. de l'art. L. 952-10 pour soutenir qu'il aurait été en droit de demander son maintien en activité jusqu'à la date à laquelle il aurait atteint l'âge de soixante-huit ans. Dès lors, le président de l'université était tenu d'écarter la candidature du candidat au motif que celui-ci avait dépassé, avant même son éventuelle titularisation dans le corps des professeurs d'université, la limite d'âge qui lui aurait été applicable. • CE 27 juin 2013, *M. Thépaut. c/ Univ. de Rennes II*, n° 357376 : *AEF, Dépêche n° 185202, 8 juill. 2013, comm. Toulemonde.*

5. Maintien en activité. PU-PH. Les dispositions combinées du code de l'éducation – s'agissant des professeurs de l'enseignement supérieur – et de l'art. L. 6151-3 CSP – s'agissant des professeurs des universités-praticiens hospitaliers – instituent un régime spécial de prolongation des activités hospitalières au-delà de la limite d'âge dérogeant aux dispositions générales de l'art. 1er de la L. n° 84-934 du 13 sept. 1984. L'administration a compétence liée pour rejeter une demande de prolongation des activités hospitalières sur le fondement de l'art. 1er-1 de la L. du 13 sept. 1984. • CE 21 mai 2008, *M. Rigaud*, n° 299395 : *AJDA 2008. 1975* .

6. Modification du régime. La suppression de la possibilité prévue pour les directeurs de recherche par la L. du 23 déc. 1986 d'être maintenus en activité, sur leur demande, jusqu'à la fin de l'année universitaire au cours de laquelle ils atteignent la limite d'âge de 68 ans, ne saurait, en l'absence de droit acquis, être regardée comme portant par elle-même atteinte au respect des biens au sens de la Conv. EDH. En outre, les professeurs de l'enseignement supérieur et les directeurs de recherche appartenant à des corps différents de la fonction publique, la définition de règles différentes pour ces deux corps correspond à une différence de situation et n'institue aucune des discriminations de la nature de celles qui sont visées par la convention européenne. Enfin, ces dispositions ne relèvent pas de la catégorie des droits protégés par le pacte relatif aux droits civils et politiques signé à New-York le 19 déc. 1966. • CAA Paris, 31 déc. 2004, *Mme Jacqueline X.*, n° 00PA02264 • CAA Paris, 31 déc. 2004, *M. Guy X.*, n° 01PA00063.

7. Conséquences financières et comptables. Un enseignant, chef de service ayant atteint l'âge de la retraite, doit quitter ses fonctions à cette date. Le versement de la rémunération d'activité servie doit être interrompu. Si tel n'est pas le cas, un ordre de reversement est établi sur demande de l'agent comptable. En se maintenant à son poste à la tête du service et en continuant à ordonnancer les dépenses du service, sans en avoir le pouvoir et malgré l'ordre qui lui avait été donné, il commet l'infraction sanctionnée par l'art. L. 313-3 CJF. Sa responsabilité doit être recherchée pour avoir enfreint les règles d'exécution des dépenses de l'organisme public concerné en continuant à les ordonnancer. • CDBF 14 oct. 1998, *A., service X. : Lebon 662* .

Art. L. 952-11 *(L. n° 2020-1674 du 24 déc. 2020, art. 14)* **« L'éméritat est le titre qui permet à un professeur des universités admis à la retraite de continuer à apporter un concours aux missions prévues à l'article L. 123-3. »**

« L'exercice de ce concours intervient à titre accessoire et gracieux. Les professeurs émérites ne peuvent être électeurs et éligibles aux élections de l'établissement et ne peuvent être soumis à aucun lien de subordination, ni assumer aucune fonction de direction, ni disposer d'aucune autorité ni délégation de gestion sur les moyens humains, matériels et financiers de l'établissement.

« Les conditions de la présence du professeur émérite au sein de l'établissement sont fixées par une convention de collaborateur bénévole.

« Les professeurs émérites sont assimilés aux fonctionnaires et agents publics pour l'application des dispositions du code de la propriété intellectuelle ; ils sont notamment soumis aux dispositions des articles L. 113-9 et L. 611-7 du même code pour les logiciels et inventions à la création ou à la découverte desquels ils ont contribué dans le cadre de leur éméritat. »

Les conditions dans lesquelles le titre de professeur émérite est conféré aux professeurs des universités admis à la retraite, la durée de l'éméritat et les droits attachés à ce titre sont fixés par décret en Conseil d'État. Pour l'exercice de ces droits, les dispositions de l'article L. 86-1 du code des pensions civiles et militaires de retraite *[V. C. **fonct. publ.**]* **ne sont pas applicables. Les dispositions du présent** *(L. n° 2020-1674 du 24 déc. 2020, art. 14)* **« article » sont applicables aux personnels titulaires de l'enseignement supérieur assimilés aux professeurs des universités pour les élections à l'instance nationale mentionnée à l'article L. 952-6 du présent code.**

Les professeurs d'université membres de l'Institut et ceux qui sont titulaires d'une des distinctions reconnues par la communauté scientifique dont la liste est établie par décret en Conseil d'État sont, de plein droit, professeurs émérites dès leur admission à la retraite.

Sur le titre de professeur émérite, V. Décr. n° 84-431 du 6 juin 1984, art. 58, App., v° Statuts particuliers.

BIBL. ▶ DE CALAN, Contribution à un statut de l'éméritat, *RJO 2016/1*. – VEYET, L'éméritat, *LIJ 2006, n° 105, p. 24.*

1. Candidature à l'éméritat. Avaient assisté à la réunion du conseil d'administration statuant sur une demande d'éméritat, outre les enseignants membres du conseil ayant le grade de professeur, un vice-président de l'université et un doyen de faculté, tous deux maîtres de conférences, ainsi que plusieurs membres de l'administration. Même si seuls les membres ayant le rang de professeur ont pris part au vote, la présence d'autres personnes n'ayant pas le grade de professeur des universités, et donc n'ayant pas un rang au moins égal à celui du requérant, a été de nature à méconnaître le principe d'indépendance et à entacher d'illégalité la délibération du conseil. • CE 7 juin 2007, n° 292167.

2. Autorité compétente pour se prononcer. Le président de l'université ne peut se substituer au conseil scientifique pour se prononcer sur une demande tendant à obtenir le titre de professeur émérite, alors même que la candidature ne répond pas aux critères préalablement définis par le conseil scientifique pour proposer au conseil d'administration l'attribution de ce titre. • CE 5 mars 2003, n° 229124 B : *AJDA 2003. 1464*.

3. Appréciation des titres et mérites. La garantie de l'indépendance des professeurs de l'enseignement supérieur impose notamment que, pour l'obtention de l'éméritat, l'appréciation portée sur les titres et mérites de ces enseignants ne puisse émaner que d'organismes où les intéressés disposent d'une représentation propre et authentique impliquant qu'ils ne puissent être jugés que par leurs pairs. Tel est le cas d'un conseil d'administration d'une université siégeant sur une demande d'éméritat dans une formation restreinte aux seuls professeurs d'université. • CE 7 juin 2004, n° 251173 B : *AJDA 2004. 2407, note Durand-Prinborgne*.

4. Refus dans l'intérêt du service. Les professeurs émérites peuvent diriger des séminaires, des thèses, et participer à des jurys de thèse ou d'habilitation. Pour rejeter la demande présentée par un enseignant de lui confier, après son admission à la retraite, des fonctions de direction de travaux de recherche et de participation à des jurys de thèse ou d'habilitation, le conseil scientifique de l'université ne commet pas d'erreur de droit en se fondant sur des motifs tirés de la valeur des travaux scientifiques de l'intéressé, de la qualité des services rendus à l'université, ainsi que de l'intérêt, pour cette dernière. • CE 24 sept. 1997, n° 180364 A : *D. 1997. 229*. ♦ L'université, pour rejeter la demande présentée par le requérant, s'est fondée non sur les titres et mérites de l'intéressé, mais sur l'absence de besoin de l'université au regard des missions attachées aux fonctions d'éméritat. En retenant ainsi un critère tiré de l'intérêt du service, l'université a fait une exacte application des dispositions précitées et n'a pas commis d'erreur manifeste d'appréciation. • CE 1er mars 2010, n° 322410.

5. Droit à rémunération. Absence. Le droit d'un agent public à rémunération ne peut résulter que de dispositions législatives ou réglementaires ou d'un contrat conclu par l'intéressé avec la collectivité publique qui l'emploie. Les professeurs émérites ne tiennent ni de ces dispositions ni de celles de l'art. 20 de la L. du 13 juill. 1983 portant droits et obligations des fonctionnaires selon lesquelles les fonctionnaires ont droit, après service fait, à une rémunération, ni de celles de l'art. 64 de la L. du 11 janv. 1984 portant dispositions statutaires relatives à la fonction publique de l'État le droit de percevoir une rémunération pour les activités qu'ils exercent et les services qu'ils rendent en cette qualité. • CE 26 juill. 2011, n° 343694 B : *AJDA 2011. 2200* ; *LIJ 2011, n° 160, p. 14.*

6. Protection fonctionnelle. La DAJ a été interrogée sur la possibilité pour un professeur émérite assurant la direction d'une équipe de recherche de se voit offrir la possibilité de demander le bénéfice de la protection prévue par l'art. 11 de la L. du 13 juill. 1983 portant droits et obligations des fonctionnaires en tant qu'ancien fonctionnaire. La DAJ rappelle que l'art. 11 est applicable. Toutefois, elle rappelle que la direction d'une équipe de recherche n'entre pas dans le champ des fonctions prévues, qui se limitent à des activités de nature pédagogique, lesquelles, en toute hypothèse, ne sauraient conserver la prise de décision impliquant un autre enseignant-chercheur. Dans ces conditions, en sa qualité de fonctionnaire retraité, condition substantielle à la condition de professeur émérite, l'intéressé ne saurait continuer à exercer la direction d'une équipe de recherche, fonction qui ne peut être confiée qu'à des fonctionnaires en position d'activité, dans la mesure où elle suppose que l'intéressé peut être amené à prendre des décisions susceptibles de faire grief. * Lettre DAJ B1, n° 2010-125 du 25 mai 2010 : *LIJ juill.-août 2010, p. 21.*

7. Missions. Participation à un jury. Dans une affaire où la nomination d'un professeur émérite en tant que président d'un jury était contestée, le juge, s'appuyant sur les dispositions des art. L. 613-1 et L. 952-11 ainsi que le Décr. du 6 juin 1984 fixant les dispositions statutaires communes applicables aux enseignants-chercheurs et portant statut particulier du corps des professeurs des universités et du corps des maîtres de conférences, rappelle que ni ces dispositions, ni aucune autre disposition législative ou règlementaire, n'interdisent à un professeur des universités retraité ayant reçu le titre de professeur émérite de prendre part à un jury d'examen. • TA Nîmes, 5 déc. 2017, n° 1503208.

8. Missions. Présidence de jury. Dans la même affaire, le juge, considérant que le caractère accessoire du concours que peuvent continuer à apporter les professeurs émérites s'apprécie au regard des seules activités des intéressés, déduit qu'il ne saurait venir limiter la nature des fonctions pouvant leur être confiées. Il en déduit par suite que ces dispositions ne font pas obstacle à ce qu'un professeur émérite des universités soit désigné pour présider un jury de diplôme national de licence lorsqu'il participe en tant qu'enseignant à la formation concernée, et qu'en tout état de cause, une telle présidence ne saurait être regardée comme instaurant un rapport hiérarchique entre le président et les autres membres du jury. • TA Nîmes, 5 déc. 2017, n° 1503208.

Art. L. 952-12 Lorsque les fonctionnaires appartenant aux corps des enseignements supérieurs qui accomplissent une mission de coopération sont placés en service détaché ou se trouvent sous le régime des dispositions particulières qui leur sont applicables dans certaines affectations, les emplois auxquels ils étaient affectés avant leur départ en mission de coopération ne peuvent être attribués à un autre titulaire pendant toute la durée de leur mission. – *[L. n° 72-659 du 13 juill. 1972, art. 5.]*

Art. L. 952-13 Les enseignants associés de nationalité étrangère auxquels est reconnue la qualité de réfugié, conformément aux dispositions de la loi n° 52-893 du 25 juillet 1952 relative au droit d'asile *[V. désormais* ***CESEDA****]*, peuvent être renouvelés annuellement dans leurs fonctions, au-delà de la durée fixée en application de l'article L. 952-1. – *[L. n° 85-1223 du 22 nov. 1985, art. unique.]*

Art. L. 952-14 L'enregistrement automatique de leurs vœux d'affectation et de mutation par les enseignants-chercheurs, par voie télématique, jusqu'à une date limite fixée par arrêté, fait foi, à défaut d'écrit, jusqu'à preuve contraire. – *[L. n° 92-678 du 20 juill. 1992, art. 9.]*

Art. L. 952-14-1 *(L. n° 2006-450 du 18 avr. 2006, art. 18)* Dans le respect des dispositions de l'article 432-12 du code pénal, et *(L. n° 2020-1674 du 24 déc. 2020, art. 25)* « , le cas échéant, » par dérogation à l'interdiction d'exercer à titre professionnel une activité privée lucrative fixée au premier alinéa *(L. n° 2016-483 du 20 avr. 2016, art. 10)* « du I de l'article 25 *septies* » de la loi n° 83-634 du 13 juillet 1983 portant droits et obligations des fonctionnaires *[V.* ***C. fonct. publ.****]*, les enseignants-chercheurs *(L. n° 2020-1674 du 24 déc. 2020, art. 25)* « relevant du présent titre » autorisés à

accomplir une période de service à temps partiel peuvent être autorisés à exercer, en sus de leurs fonctions, *(L. n° 2020-1674 du 24 déc. 2020, art. 25)* **« dans les domaines définis à l'article L. 952-3, une activité auprès de tout employeur de droit privé ou public ».**

Art. L. 952-14-2 *(L. n° 2020-1674 du 24 déc. 2020, art. 25)* **Les services accomplis à temps complet ou à temps incomplet dans des fonctions de chercheur ou d'ingénieur au sein des établissements publics à caractère industriel et commercial, des collectivités territoriales et des organismes privés par des enseignants-chercheurs relevant du présent titre sont pris en compte pour l'appréciation des conditions d'ouverture des droits à pension au regard du code des pensions civiles et militaires de retraite, à concurrence de cinq ans.**

SECTION II DISPOSITIONS PARTICULIÈRES

Art. L. 952-15 Les statuts particuliers des corps d'enseignants-chercheurs des écoles normales supérieures, des grands établissements et des écoles françaises à l'étranger peuvent prévoir la participation de personnalités extérieures dans les organes de recrutement de ces corps. – *[L. n° 84-52 du 26 janv. 1984, art. 37, al. 4.]*

Art. L. 952-16 Les instances de recrutement du Conservatoire national des arts et métiers, lorsqu'elles sont appelées à se prononcer sur une candidature à un recrutement d'enseignant-chercheur, siègent en formation restreinte aux enseignants-chercheurs, aux personnels assimilés d'un rang au moins égal à celui postulé par l'intéressé et aux personnalités extérieures. – *[L. n° 90-587 du 4 juill. 1990, art. 37.]*

1. Recrutement. Procédure. Qualité de jury. Absence. En vertu des principes généraux du droit des concours, un jury de concours porte sur les mérites des candidats une appréciation souveraine qui n'est pas susceptible d'être remise en cause par l'administration. Lorsqu'un jury se prononce sur la liste des candidats qu'il estime aptes à occuper un emploi d'enseignant, il doit comporter des spécialistes de la discipline examinée. S'agissant du recrutement des professeurs du CNAM, d'une part, aucune disposition du Décr. du 22 mai 1920 ne permet d'assurer que les autorités chargées de proposer certains des candidats au ministre comportent des spécialistes de la discipline dont relève le poste à pourvoir. D'autre part, ces autorités disposant de pouvoirs de proposition concurrents, elles n'apprécient pas souverainement les mérites des candidats et il revient au ministre, qui n'est pas tenu par l'éventuel ordre dans lequel elles présentent les candidats qu'elles retiennent, de choisir parmi les candidats qui lui sont proposés celui qu'il juge le plus apte à occuper la chaire vacante, en vue de sa nomination par le président de la République. Ainsi, eu égard à ses caractéristiques particulières, la procédure de recrutement des professeurs du CNAM ne constitue pas un concours. Par suite ni le CNAM ni l'Institut de France n'ont, dans cette procédure, la qualité de jury de concours. • CE, sect., 4 oct. 2012, *M. Rousseaux*, n° 347312 : *Lebon 349, concl. Keller ; AJDA 2013. 131, note Toulemonde ; ibid. 2012. 1879 ; AJFP 2013. 81, note M. Touzeil-Divina ; RFDA 2012. 1195, concl. Keller ; AEF, Enseignement supérieur, n° 172931, 9 oct. 2012, note Toulemonde.*

2. Recrutement. Procédure de nomination aux chaires. Dès lors que plusieurs candidatures valables sont enregistrées, le conseil d'administration du CNAM, qui n'agit pas en qualité de jury, ne peut limiter à un seul et même nom la liste de présentations pour la nomination à une chaire vacante. • CE, sect., 4 oct. 2012, n° 347312 : *Lebon 349, concl. Keller ; AJDA 2013. 131, note Toulemonde ; ibid. 2012. 1879 ; AJFP 2013. 81, note Touzeil-Divina ; RFDA 2013. 1195, concl. Keller ; AEF, Enseignement supérieur, n° 172931, 9 oct. 2012, note Toulemonde.* ♦ Cette jurisprudence revient sur la position jusqu'alors adoptée par le Conseil d'État. • CE 29 déc. 2000, n° 187799 : *Lebon T. 1022.* ♦ Par une décision du 3 nov. 2014, le Conseil d'État annule un nouveau décret nommant à nouveau M. B. sur cette chaire. A la suite de cette seconde annulation, le conseil d'administration du CNAM a estimé, après avoir recueilli l'avis du conseil scientifique, que la chaire ne devait pas être maintenue. Au vu de cet avis du conseil d'administration, la ministre a décidé de supprimer cette chaire. Saisi une nouvelle fois, le Conseil d'État considère que l'exécution de l'arrêt du 3 nov. 2014 impliquait, soit que la chaire sur laquelle portait le recrutement litigieux soit supprimée, soit que les opérations de recrutement visant à la pourvoir soient reprises. Par suite, en ayant décidé la suppression de cette chaire, la ministre n'a pas méconnu l'autorité de la chose jugée. Le conseil considère en outre qu 'il ne ressort pas des pièces du dossier que la décision litigieuse serait entachée de détournement de pouvoir. Le conseil d'État clôt ainsi l'affaire de la chaire d'économie et de gestion de l'industrie numérique et des nouveaux médias créée au CNAM. • CE 13 sept. 2017, n° 401863.

3. Qualité pour agir en justice. Une association de délégués et d'auditeurs du Conservatoire national des Arts et Métiers justifie d'un intérêt lui donnant qualité pour contester la légalité d'un décret nommant un professeur de cet établissement. • CE, sect., 29 oct. 1976, *Assoc. des délégués et d'auditeurs du Conservatoire national des Arts et Métiers*, n° 99201 : *Lebon 460* ; *AJDA 1976. 676, note Théry.*

Art. L. 952-17 **Les professeurs du Collège de France issus du corps des professeurs des universités-praticiens hospitaliers peuvent cumuler leurs fonctions avec des fonctions hospitalières. Outre leur rémunération de professeur du Collège de France, ils perçoivent, en ce cas, au titre de leur activité hospitalière, des émoluments non soumis à retenue pour pension fixés conformément à la grille des émoluments hospitaliers applicable aux professeurs des universités-praticiens hospitaliers.**

Pour la partie hospitalière de leur activité, ils sont soumis aux mêmes règles et aux mêmes obligations que les professeurs des universités-praticiens hospitaliers et peuvent accéder aux fonctions de chef de service dans les mêmes conditions que les professeurs des universités-praticiens hospitaliers. Lors de leur nomination au Collège de France, ils sont reclassés dans la grille des émoluments hospitaliers au niveau qu'ils avaient atteint comme professeurs des universités-praticiens hospitaliers. – *[L. n° 90-587 du 4 juill. 1990, art. 36.]*

Art. L. 952-18 **Dans les centres hospitaliers régionaux ou les établissements hospitaliers et assimilés, les postes de pharmacien résidents peuvent être pourvus, dans des conditions fixées par décret en Conseil d'État, par des enseignants d'une unité de formation et de recherche de pharmacie sous réserve qu'ils respectent les règles de recrutement du corps national des pharmaciens des hôpitaux.** – *[L. n° 79-4 du 2 janv. 1979, art. 2.]*

Art. L. 952-19 **Des conventions conclues entre les universités et les centres hospitaliers régionaux ou les établissements hospitaliers et assimilés déterminent les conditions dans lesquelles les pharmaciens résidents et les pharmaciens biologistes n'exerçant pas de fonctions universitaires peuvent collaborer à l'enseignement.** – *[L. n° 79-4 du 2 janv. 1979, art. 3.]*

Art. L. 952-20 **Un décret en Conseil d'État fixe les conditions dans lesquelles les enseignants d'une unité de formation et de recherche de pharmacie exerçant conjointement des fonctions de pharmacien ou de biologiste des hôpitaux peuvent être autorisés à occuper ces deux emplois par dérogation** *(L. n° 2016-483 du 20 avr. 2016, art. 10)* **« au I de l'article 25 *septies* »** *(L. n° 2007-148 du 2 févr. 2007, art. 23)* **« de la loi n° 83-634 du 13 juillet 1983 portant droits et obligations des fonctionnaires** *[V. C. fonct. publ.]* **».**

Il fixe aussi les conditions de régularisation des situations des personnels lésés par l'interdiction antérieure d'exercer conjointement les deux fonctions.

SECTION III **DISPOSITIONS PROPRES AUX PERSONNELS ENSEIGNANTS ET HOSPITALIERS**

Art. L. 952-21 **Les membres du personnel enseignant et hospitalier des centres hospitaliers et universitaires créés en application de l'article L. 6142-3 du code de la santé publique, cité à l'article L. 713-5 du présent code, exercent conjointement les fonctions universitaire et hospitalière. L'accès à leur double fonction est assuré par un recrutement commun.**

Ils sont nommés par les ministres chargés de l'enseignement supérieur et de la santé ou sur le rapport de ces ministres.

Ils consacrent à leurs fonctions hospitalières, à l'enseignement et à la recherche la totalité de leur activité professionnelle, sous réserve des dérogations qui peuvent être prévues par leur statut.

Les effectifs du personnel faisant l'objet du présent article sont fixés, pour chaque centre et pour chaque catégorie, par décision commune des ministres chargés de l'enseignement supérieur et de la santé. – *[Ord. n° 58-1373 du 30 déc. 1958, art. 5, al. 1er à 5.]*

BIBL. ▸ FRYDMAN, Faculté de médecine : le malaise, *Le Monde, 17 août 2007.* 13. – MOQUET-ANGER, Le statut des praticiens hospitaliers publics, *PUF, 1994.*

I. STATUT

1. Dispositions spécifiques. Le régime statutaire des enseignants de statut hospitalo-universitaire, qui trouve sa base légale dans les dispositions de l'Ord. n° 58-1373 du 30 déc. 1958, est différent de celui des personnels de statut universitaire. • CE 19 avr. 1985, *Féd. nat. des synd. autonomes de l'enseignement supérieur et de la recherche et a.*, n°s 45820, 45821, 45822, 46446, 46456, 46402 et 46490 : *Lebon 108*.

2. Statut. Indissociabilité. Saisie par un professeur des universités-praticien hospitalier (PU-PH) d'un recours contre les décisions l'ayant placé en congé de longue maladie en ne lui maintenant que la part de son traitement liée à ses fonctions universitaires, le Conseil d'État a précisé qu'il résulte des dispositions de l'art. L. 952-21 C. éduc., reproduites à l'art. L. 6151-1 CSP, que l'activité universitaire et l'activité hospitalière des professeurs des universités-praticiens hospitaliers sont indissociables. • CE 6 mars 2015, n° 368186 : *AJDA 2015. 478* ; *AJFP 2015. 302* ; *LIJ 2015, n° 188, p. 15* ; *AEF n° 497560, 24 mars 2015, comm. Toulemonde.*

3. Recrutement. Concours de recrutement de professeurs des universités-praticiens hospitaliers (PU-PH). Jury. Impartialité subjective. Dans une espèce où deux des six candidats exerçaient leurs fonctions de maître de conférences-praticiens hospitaliers au sein du service dont l'un des professeurs membres du jury était adjoint au chef de service et où se trouvait l'un des postes ouverts au concours, un membre du jury n'ignorait pas que l'un des deux candidats, en concurrence directe avec l'autre pour obtenir le poste ouvert dans le service, entretenait de mauvaises relations avec le chef du service tandis que, au surplus, l'autre candidat faisait état de travaux réalisés en utilisant le plateau technique du laboratoire dirigé par ce professeur membre du jury. Le juge estime que ce membre du jury ne pouvait participer à la délibération sans que soit méconnu le principe d'impartialité du jury. • CE 8 juin 2015, n° 370539 : *Lebon* ; *AJDA 2015. 1181* ; *AJFP 2015. 284* ; *LIJ 2015, n° 190, p. 7.*

4. Réglementation des cumuls. Le reversement des rémunérations perçues en méconnaissance de la réglementation relative au cumul, ne peut, compte tenu de sa nature et de son objet, être regardé comme une sanction professionnelle entrant dans le champ de la L. du 6 août 2002 portant amnistie. Les dispositions du Décr. du 29 oct. 1936 prévoient que les sommes à reverser doivent comprendre l'intégralité des rémunérations irrégulièrement perçues, sans déduction du montant de l'impôt sur le revenu acquitté sur ces rémunérations. S'agissant d'un reversement de rémunérations, il appartient à l'intéressé, s'il s'y croit fondé, de tirer les conséquences fiscales de ce reversement lors de la souscription de sa déclaration de revenu au titre de l'année du reversement et, le cas échéant, des années ultérieures. • CE 16 janv. 2006, *M. Schlienger*, n° 272648 : *Lebon 21*.

5. Suspension de l'activité du service. La décision du directeur d'un CHU, ayant suspendu à titre provisoire l'activité du service de chirurgie digestive où exerçait le chirurgien requérant et refusant à ce dernier de poursuivre son activité médicale dans un autre service, a pour conséquence de faire obstacle à ce que le praticien en cause exerce toute activité médicale au centre hospitalier, y compris dans le cadre de la permanence médicale du service de chirurgie. Cette situation affecte nécessairement l'activité d'enseignement de ce professeur des universités-praticien hospitalier et donc sa situation individuelle car il a été placé dans l'impossibilité d'exercer son activité chirurgicale dans sa spécialité conformément à son statut et ce, en l'absence de justification tirée de l'intérêt de la santé publique et de tout risque pour les patients. • CE 19 oct. 2001, *M. Jean-Pierre Bail*, n° 234352 : *Lebon 474*.

6. Enseignement. Retrait. Mesure d'ordre intérieur. Absence. La décision retirant à un professeur d'université son enseignement est de nature à porter atteinte aux prérogatives de ses fonctions. Celle lui refusant l'autorisation de s'absenter pour poursuivre sa collaboration avec l'Agence nationale d'accréditation et d'évaluation en santé a pour effet de restreindre un avantage qu'il tenait du statut des personnels enseignants et hospitaliers des centres hospitaliers et universitaires qui permet à ces personnels d'exercer, dans certaines conditions, des activités d'intérêt général à l'extérieur de l'établissement. Ces deux décisions ne constituent pas de simples mesures d'organisation du service. • CE 11 juin 2003, *M. Lejeune c/ Univ. de Bretagne occidentale*, n° 226863 : *AJDA 2003. 1992, concl. Schwartz*.

7. Responsabilités d'animation et de coordination. Retrait. Mesure d'ordre intérieur. Absence. Bien que ces mesures de retrait des responsabilités d'animation et de coordination à l'université et au centre hospitalier régional universitaire affectant un PU-PH soient sans incidence sur la rémunération et les perspectives de carrière de l'intéressé et ne portent pas atteinte à son statut ou à une garantie, elles entraînent une diminution sensible de ses attributions et responsabilités et ne constituent pas de simples mesures d'ordre intérieur insusceptibles de recours. • CE 7 oct. 2015, n° 377036 : *Lebon* ; *AJDA 2016. 293* ; *AJFP 2016. 154*, *comm. Legrand* ; *LIJ 2016, n° 193, p. 15.*

8. Congé maladie. L'activité universitaire et l'activité hospitalière des professeurs des universités-praticiens hospitaliers étant indissociables, le Conseil d'État a jugé que l'incapacité constatée d'accomplir l'une ou l'autre de ces activités doit entraîner le placement en congé de longue maladie pour l'ensemble des fonctions dévolues à ces personnels, y compris l'activité libérale que le professeur des universités-praticien hospitalier concerné a pu être autorisé à pratiquer de façon annexe à son activité hospitalière, sans que l'intéressé puisse prétendre à ce que les effets de ce placement soient limités aux seules fonctions pour lesquelles l'incapacité d'exercer a été constatée. • CE 6 mars 2015, n° 368186 : *préc. note 2.* ♦ Le même arrêt censure dès lors les décisions qui suppriment la rémunération afférente à l'activité hospitalière et ne maintiennent que la rémunération universitaire considérant que le placement d'un professeur en congé longue maladie lui ouvre droit au maintien tant de la part hospitalière que de la part universitaire de sa rémunération, ces deux parts étant maintenues intégralement pendant un an, puis réduites de moitié pendant les deux années qui suivent. • CE 6 mars 2015, n° 368186 : *préc. note 2.*

9. Prolongation d'activité. Les praticiens hospitaliers, anciens chefs de service, lorsqu'ils sollicitent une prolongation d'activité au-delà de l'âge de soixante-cinq ans, poursuivent leurs activités en tant que consultants. Ces dispositions, insérées au code de la santé publique, ne confèrent pas un droit, mais donnent seulement vocation, dans les conditions qu'elles prévoient, aux professeurs des universités-praticiens hospitaliers à poursuivre leurs activités universitaires au-delà de l'âge de soixante-cinq ans. • CE 17 déc. 1997, *CHU de Lille c/ M. Lenoir*, n° 162200.

10. Consultants. Le préfet a un large pouvoir d'appréciation lorsqu'il procède à la nomination d'un praticien en qualité de consultant. Il peut ainsi légalement invoquer la charge budgétaire que représente pour le centre hospitalier cette nomination pour apprécier l'intérêt que représente pour le service cette nomination. Légalité de l'arrêté du préfet se fondant sur ce motif pour ne nommer un consultant que pour une durée de un an. • CE 22 sept. 1997, *M. Lelord*, n°s 145758, 148465 et 152064 : *Lebon T. 910*.

11. Principe de liberté du médecin. Si le chef de service d'un établissement public de santé ne peut s'opposer à ce que des interruptions volontaires de grossesse soient effectuées dans son service, il conserve, en application des dispositions du code de la santé publique, le droit de ne pas en pratiquer lui-même. Ainsi sa liberté est sauvegardée, laquelle relève de sa conscience personnelle et ne saurait s'exercer aux dépens de celle des autres médecins et membres du personnel hospitalier qui travaillent dans son service. L'invocation du principe d'indépendance des professeurs d'université est inopérant, dès lors qu'est seule en cause la liberté du médecin en sa qualité de praticien-chef de service. • Cons. const. 27 juin 2001, *Loi relative à l'interruption volontaire de grossesse et à la contraception*, n° 2001-446 DC : *Rec. Cons. const. 74 ; JO 7 juill., p. 10 828.*

12. Qualité pour agir. Un membre du personnel enseignant et hospitalier ne justifie d'aucun intérêt lui donnant qualité pour demander l'annulation d'une décision modifiant la situation individuelle d'un agent affecté dans le même centre hospitalier mais relevant d'une autre discipline. • CE 20 mars 1992, *M. Melki*, n°s 55619 et 56749 : *Lebon T. 986*.

13. Mutation interne. Deux centres hospitaliers, liés par convention à une université, constituent avec cette université un centre hospitalier et universitaire. Par suite, la mutation d'un professeur d'un centre hospitalier à un autre constitue une simple mutation interne. Les conditions posées pour la mutation d'un professeur des universités – praticien hospitalier dans un centre hospitalier et universitaire autre que celui où il est affecté ne sont dès lors pas applicables. • CE 10 janv. 1996, *CH de Nîmes*, n° 165000 : *Lebon T. 928*.

14. Emploi vacant. Mutation et recrutement. Procédure. Dès lors que la personne occupant un emploi de professeur des universités-praticien hospitalier renonce à sa mutation sur un autre emploi, les ministres compétents doivent légalement tirer les conséquences de cette situation en retirant cet emploi de la liste des emplois ouverts à la mutation ou au recrutement « alors même que les opérations de recrutement par concours étaient déjà engagées ». • CE 3 juill. 2013, n° 360711 : *AEF, Dépêche n° 186931, 26 sept. 2013, note Toulemonde.*

II. CHEF DE SERVICE HOSPITALIER

15. Renouvellement. Le renouvellement des fonctions d'un chef de service hospitalier, qui est soumis à l'appréciation du bilan de son activité, ne saurait constituer un droit pour l'intéressé. Cette décision n'est donc pas au nombre de celles qui doivent être motivées en application de la L. du 11 juill. 1979. • CE 18 févr. 1994, *M. Milhaud*, n° 146000 : *Lebon T. 864*.

16. Refus de renouvellement. La décision ministérielle refusant de renouveler les fonctions de chef de service dans un centre hospitalier relève de la compétence du Conseil d'État en premier et dernier ressort. • CE 3 déc. 1980, *M. Geindre*, n° 17911 : *Lebon T. 649*. ♦ Un refus de renouvellement des fonctions de chef de service hospitalier, fondé sur les dysfonctionnements du service, n'a pas le caractère d'une sanction. • Même arrêt.

Art. L. 952-21-1 *(L. n° 2020-1674 du 24 déc. 2020, art. 4)* **L'article L. 952-6-2 est applicable aux membres du personnel enseignant et hospitalier, sous réserve des adaptations prévues par décret en Conseil d'État.**

Art. L. 952-22 **Les membres du personnel enseignant et hospitalier sont soumis, pour leur activité hospitalière comme pour leur activité universitaire, à une juridiction disciplinaire unique instituée sur le plan national. Cette juridiction est présidée soit par un conseiller d'État, soit par un professeur d'enseignement supérieur, désigné conjointement par les ministres chargés de l'enseignement supérieur et de la santé ; elle est composée de membres pour moitié élus par les personnels intéressés et pour moitié nommés à parts égales par les mêmes ministres.** — *[Ord. nº 58-1373 du 30 déc. 1958, art. 5, al. 4.]*

1. Juridiction spécialisée. Compétence. Le Conseil d'État considère qu'il résulte des dispositions de cet article, « interprétées au regard du principe fondamental reconnu par les lois de la République de l'indépendance des enseignants-chercheurs, que si les professeurs des universités-praticiens hospitaliers ou les maîtres de conférence des universités-praticiens hospitaliers sont susceptibles de faire l'objet de poursuites devant les juridictions de l'ordre dont ils relèvent pour tout fait lié à l'exercice de leurs fonctions, il n'en va toutefois pas de même pour ceux de ces faits qui seraient indétachables de leur activité universitaire, lesquels ne sont susceptibles de fonder régulièrement des poursuites que devant la juridiction spécialisée instaurée par l'article L. 952-22 ». En l'espèce, la chambre disciplinaire nationale avait jugé que le libellé du sujet d'examen donné à l'université Paris Diderot avait méconnu les principes déontologiques qui résultent des art. R. 4127-3 et R. 4127-31 CSP. Le juge estime que cet agissement, portant exclusivement sur la connotation politique du libellé d'un sujet d'examen, n'était pas détachable des fonctions d'enseignement de professeur des universités, grief qui n'était pas recevable devant la chambre disciplinaire nationale. • CE 13 avr. 2018, nº 406887 B : *AJDA 2018. 826*. ♦ Même solution pour un PUPH ayant donné à ses étudiants, dans le cadre de son enseignement universitaire, un sujet d'examen dont le libellé était susceptible de méconnaître les principes déontologiques qui résultent des articles R. 4127-3 et R. 4127-31 CSP. L'agissement mis en cause par ce grief n'est pas détachable des fonctions d'enseignement de l'intéressé en sa qualité de professeur des universités. Ce grief n'est pas recevable devant la chambre disciplinaire nationale de l'ordre des médecins. Le Conseil d'État précise qu'il résulte des art. L. 952-2 et L. 952-22 et des art. 22 et 24-1 du Décr. nº 84-135 du 24 févr. 1984, interprétés au regard du principe fondamental reconnu par les lois de la République de l'indépendance des enseignants-chercheurs, que si les professeurs des universités-praticiens hospitaliers (PUPH) ou les maîtres de conférence des universités-praticiens hospitaliers sont susceptibles de faire l'objet de poursuites devant les juridictions de l'ordre dont ils relèvent pour tout fait lié à l'exercice de leurs fonctions, il n'en va toutefois pas de même pour ceux de ces faits qui seraient indétachables de leur activité universitaire, lesquels ne sont susceptibles de fonder régulièrement des poursuites que devant la juridiction spécialisée instaurée par l'art. L. 952-22. • CE 13 avr. 2018, nº 406887 : *LIJ 2018, nº 203, p. 19.*

2. Décisions des juridictions disciplinaires. Les sanctions de suspension avec privation totale ou partielle de la rémunération, mise à la retraite d'office et révocation sont des décisions qui sont susceptibles de porter atteinte à l'exercice du droit d'exercer les fonctions de professeur d'université-praticien hospitalier et revêtent le caractère d'un droit civil au sens des stipulations de l'art. 6-1 de la Conv. EDH, dès lors que les attributions des personnels enseignants et hospitaliers des centres hospitaliers et universitaires ne comportent pas de participation à l'exercice de la puissance publique et aux fonctions visant à sauvegarder les intérêts généraux de l'État ou des autres personnes publiques. Par suite, les stipulations de l'art. 6-1 s'appliquent à la procédure suivie devant la juridiction disciplinaire nationale compétente pour les personnels enseignants et hospitaliers des centres hospitaliers et universitaires. • CE 23 févr. 2000, nº 192480 A : *AJDA 2000. 363 ; AJFP 2000, nº 3, p. 51, note Aubin ; D. 2000. 137*.

3. Suspension des PU-PH. Compétence. Directeur du centre hospitalier. Conditions. Situation d'urgence. Continuité du service ou risques graves pour la sécurité des patients. Dans des circonstances exceptionnelles, en cas d'urgence, le directeur d'un centre hospitalier, qui exerce son autorité sur l'ensemble du personnel de son établissement, peut également, pour assurer la continuité du service, décider, sous le contrôle du juge et à condition d'en référer immédiatement aux autorités compétentes pour prononcer la nomination du praticien concerné, suspendre un praticien hospitalo-universitaire de ses activités cliniques et thérapeutiques au sein du centre hospitalier, sans qu'y fassent obstacle les dispositions qui ne prévoient la possibilité de suspendre les intéressés par une décision des ministres compétents que dans le seul cas où ils font l'objet d'une procédure disciplinaire. • CE 15 déc. 2000, nºs 194807, 200887 et 202841 A : *AJFP 2001, nº 4. 39* ♦ • CE 5 févr. 2020, nº 422922 B : *AJDA 2020. 328 ; ibid. 961, note Legrand ; LIJ 2020, nº 211, p. 13.* ♦ Dans une autre espèce, le comportement d'un professeur des universités et praticien hospitalier remplissant les fonctions de chef de service temporaire au sein d'un service de psychiatrie infanto-juvénile a eu pour effet de provoquer le départ d'une proportion importante de personnels médicaux et non médicaux et de tarir le recrutement de leurs remplaçants, en particulier les nouveaux internes. Une telle situation compromettait de manière grave et imminente la continuité du service et faisait courir des risques à la santé des patients. Dans ces circonstances exceptionnelles et eu égard à l'urgence, le directeur général pouvait, légalement, décider de suspendre celui-ci de ses activités cliniques et thérapeutiques au sein du centre hospitalier. • CE 1er mars 2006, n° 279822 B. ♦ Dans une affaire où la mesure de suspension attaquée est fondée sur deux courriers, émanant l'un, du chef du pôle d'activité auquel est affecté le requérant en qualité de chirurgien, et l'autre du chef du pôle d'activité des urgences, dont il résulte que l'intéressé souffre de pertes d'équilibre qui peuvent être préjudiciables à la sécurité des patients ; le juge a estimé que ces motifs sont de nature à justifier la suspension à titre provisoire et conservatoire des activités cliniques et thérapeutiques du requérant dans l'intérêt du service. • CE 8 nov. 2010, n° 337124 : *LIJ 2011, n° 151, p. 9.* ♦ La mesure de suspension attaquée, prise sur le fondement des pouvoirs conférés au chef d'établissement public de santé pour assurer la continuité du service et la sécurité des patients, a un caractère conservatoire et ne constitue pas une sanction ; elle n'est donc pas au nombre de celles pour lesquelles le fonctionnaire doit être mis à même de consulter son dossier ou de présenter des observations. • CE 8 nov. 2010, n° 337124 : *préc.*

4. Caractère temporaire. La sanction de suspension des fonctions prévue par l'art. 19 du Décr. du 24 févr. 1984 doit par sa nature même avoir un caractère temporaire. Le juge administratif estime dès lors que lorsque la juridiction disciplinaire a omis d'assortir sa décision de suspension d'un délai, il appartient aux ministres de la santé et de l'enseignement supérieur, soit de leur propre initiative, soit à la demande du praticien sanctionné, de saisir conjointement la juridiction disciplinaire pour qu'elle fixe un délai ou qu'elle se prononce sur la levée de la suspension • CE 16 avr. 2008, n° 286585 B : *AJDA 2008. 841, note Faivre*.

5. Exclusion de la permanence médicale. Un praticien hospitalier exclu de la permanence médicale ne peut obtenir réparation des pertes de rémunération subies du fait de l'absence de paiement des gardes et astreintes dès lors que ces compléments de rémunération ne sont prévus par son statut qu'en contrepartie de services de gardes et d'astreintes effectivement assurées et non récupérées. • CE 10 mars 2004, n° 240180.

Art. L. 952-23 Des décrets en Conseil d'État déterminent les modalités d'application de la présente section, et notamment le statut et les conditions de rémunération du personnel médical et scientifique enseignant et hospitalier des centres hospitaliers et universitaires. *(L. n° 2009-879 du 21 juill. 2009, art. 19)* « Le régime indemnitaire applicable à ces personnels est fixé par décret. »

SECTION III *BIS* DISPOSITIONS PROPRES AUX PERSONNELS ENSEIGNANTS DE MÉDECINE GÉNÉRALE

(L. n° 2008-112 du 8 févr. 2008, art. 1er)

Art. L. 952-23-1 Les membres du personnel enseignant titulaire et non titulaire de médecine générale exercent conjointement les fonctions d'enseignement, de recherche et de soins en médecine générale.

Ils consacrent à leurs fonctions de soins en médecine générale, à l'enseignement et à la recherche la totalité de leur activité professionnelle, sous réserve des dérogations qui peuvent être prévues par leur statut. Ils exercent leur activité de soins en médecine générale et ambulatoire.

Pour leur activité d'enseignement et de recherche, ils sont soumis à la juridiction disciplinaire mentionnée à l'article L. 952-22.

Un décret en Conseil d'État fixe les modalités d'application de la présente section, et notamment le statut des personnels enseignants de médecine générale, les conditions de leur recrutement et d'exercice de leurs fonctions ainsi que les mesures transitoires et les conditions dans lesquelles les enseignants associés de médecine générale peuvent être recrutés ou demander à être intégrés dans les nouveaux corps.

SECTION IV DISPOSITIONS PROPRES AUX PERSONNELS DE RECHERCHE

(L. n° 2007-1199 du 10 août 2007, art. 24)

Art. L. 952-24 Les chercheurs des organismes de recherche, les chercheurs et, dès lors que leurs activités d'enseignement sont au moins égales au tiers des obligations d'enseignement de référence *(L. n° 2013-660 du 22 juill. 2013, art. 80)* « ou qu'ils effectuent, en tant que docteurs, une activité de recherche à temps plein », les person-

nels contractuels exerçant des fonctions d'enseignement ou de recherche dans les établissements publics à caractère scientifique, culturel et professionnel participent à la vie démocratique des établissements. Ils sont assimilés aux enseignants et enseignants-chercheurs pour leur participation aux différents conseils et instances des établissements.

(L. n° 2013-660 du 22 juill. 2013, art. 77) **« Les chercheurs exerçant dans les établissements et les organismes de recherche sont assimilés aux enseignants-chercheurs pour la mise en œuvre des articles L. 952-6 et L. 952-6-1. »**

BIBL. ▶ Cour des comptes, La gestion des chercheurs : des améliorations encore nécessaires, *Rapp. public annuel 2015, févr. 2015.* – Les sciences humaines et sociales au Centre national de la recherche scientifique, *C. comptes, réf. 64694, 1er août 2012.* – Le Centre national de la recherche scientifique et des sciences humaines et sociales, *C. comptes, réf. S2021-0072, 18 févr. 2021.*

CHAPITRE III LES PERSONNELS INGÉNIEURS, ADMINISTRATIFS, TECHNIQUES, OUVRIERS ET DE SERVICE

BIBL. GÉN. ▶ Claveri, Marti, Martin, Pittoors et Roignot, La résorption de la précarité des personnels ATOSS et ITRF, *MEN, IGAEN, Rapport n° 03-2003, avr. 2003.* – Espéret, La place du personnel non enseignant des universités, in Universités, *Dalloz, coll. Thèmes et commentaires, 2010. 357.* – Jay, Personnels administratifs et techniques, les éternels oubliés, *Dossier, L'ORS.fr, n° 76, oct. 2012* ; Personnels administratifs et techniques : le tiers état des universités et des labos, *La synthèse de l'ORS, n° 46, juill.-sept.-oct. 2012. 16.* – Pierronnet, Les universités gèrent-elles leurs personnels BIATSS ? : l'entretien professionnel comme révélateur des pratiques, *Thèse, Communautés d'Universités et d'Établissements Université Paris-Est, 2018.* – Pinet, Chaigneau, Menasseyre, Ribier et Flabbée, Les personnels ingénieurs, administratifs, techniciens, ouvriers et de service (IATOS) dans les établissements d'enseignement supérieur, *Rapport Comité nat. d'évaluation, 1995.* – Soulas, Table ronde sur les personnels ATOS et ITARF, *Rapport MEN, 1998.* – Référentiels métier des personnels d'encadrement des établissements publics d'enseignement supérieur et de recherche. Agent comptable, *MENESR-DE A3, déc. 2004.* – Les référentiels de l'encadrement supérieur de l'Éducation nationale et de l'enseignement supérieur, de la recherche et de l'innovation, *MEN-MESRI, CPU-CDEFI.*

▶ **Sur le déroulement de la carrière :** Auverlot, Carluer, Hostalier, Leroy, Cormier, Bernard, Buissart, Perritaz et Roussel, Le renforcement de l'attractivité des fonctions d'encadrement : vivier, formation, ouverture, mobilité et décloisonnement, *MEN, Rapp. IGEN-IGAENR, n° 2013-021, avr. 2013.*

▶ **ESEN :** Auverlot et Cormier (coord.), Évaluation de l'école supérieure de l'éducation nationale, de l'enseignement supérieur et de la recherche, *MEN, Rapp. IGEN-IGAENR n° 2013-020, avr. 2013.*

COMMENTAIRE

Le chapitre III est consacré aux personnels ingénieurs, administratifs, techniques, ouvriers et de service (IATOS), auxquels il faut ajouter les personnels des bibliothèques et services de documentation universitaire (bibliothécaires, bibliothécaires adjoints spécialisés, assistants et magasiniers), qui sont assimilés à l'exception des conservateurs généraux et conservateurs, considérés comme des personnels scientifiques, assimilés aux enseignants-chercheurs pour leur participation aux différentes instances (art. L. 953-3), ce qui n'est contraire à aucune règle constitutionnelle à la condition de ne pas priver les professeurs des universités de leur représentation propre et authentique (V. notes ss. art. L. 953-3). Les personnels IATOS qui exercent de nombreux métiers appartiennent soit aux différents corps de l'administration scolaire et universitaire (ASU servant dans les services académiques, dans les lycées et collèges et dans les établissements d'enseignement supérieur, Décr. n° 83-1033 du 3 déc. 1983 modifié), soit aux corps des ingénieurs, techniciens, administratifs de recherche et de formation (ITARF, devenu ITRF depuis la mise en extinction de la filière administrative, analogues à ceux servant dans les EPST ou dans certains services académiques, Décr. n° 85-1534 du 31 déc. 1985 fixant les dispositions statutaires applicables aux ingénieurs et aux personnels techniques et administratifs de recherche et de formation du ministère chargé de l'enseignement supérieur, modifié ; les corps sont divisés en « branches d'activités professionnelles » ou BAP). Malgré les dispositions restrictives du statut général de la fonction publique (L. du 11 janv. 1984, art. 4 et 6), les établissements d'enseignement supérieur peuvent recourir à des non-titulaires, pouvant être rémunérés sur ressources propres ; les personnels non statutaires travaillant pour le compte d'un service public à caractère administratif sont par principe (sauf exception prévue par la loi pour les contrats aidés) des agents contractuels de droit public quels que soient leur emploi et la durée, déterminée ou indéterminée, de leur contrat (T. confl. 25 mars 1996, *M. Berkani c/ CROUS Lyon-Saint Étienne*, n° 3000 : *Lebon ; AJDA 1996. 399* ; *ibid. 355, chron. Stahl et Chauvaux* ; *D. 1996. 598, note Saint-Jours* ; *AJFP 1996. 4* ; *ibid. 5, note Boutelet* ; *Dr. soc. 1996. 735, obs. Prétot* ; *RFDA 1996. 819, concl. Martin* ; CE 3 juill. 2013, *CROUS d'Aix-en-Provence*, n° 343454 : *AJDA 2013. 2009*). La loi n° 2009-972 du 3 août 2009 modifiant l'article 4 de la loi n° 84-16 du 11 janvier 1984 précisait que les agents recrutés en CDD d'une durée maximale de trois ans pouvaient voir celui-ci reconduit expressément dans la limite d'une durée de six ans à l'issue de laquelle ils ne pouvaient être reconduits par décision expresse que dans le cadre d'un CDI (sauf pour les contrats de formation ou d'apprentissage) ; la loi Sauvadet n° 2012-347 du 12 mars 2012, dont l'objectif premier était de faciliter l'accès à l'emploi titulaire (sur les modalités voir note de service DGRH C1-2 n° 2013-009 du 14 janv. 2013), a permis en outre d'améliorer la situation des contractuels en disposant que la transformation du CDD en CDI doit obligatoirement être proposée à l'agent ayant accompli six années de services publics.

Par ailleurs, la loi LRU de 2007 a prévu que les universités disposant des responsabilités et compétences élargies puissent recruter des agents contractuels pour une durée déterminée (CDD) ou indéterminée (CDI) pour occuper des fonctions techniques ou administratives (art. L. 954-3). La LPR n° 2020-1674 introduit, sur le modèle du contrat de chantier du droit du travail, un contrat de droit public dit de mission permettant de recruter un agent pour la durée d'un projet de recherche auquel il est appelé à contribuer (LPR 2020, art. 9 ; C. rech. L. 431-6).

Les obligations de service des agents sont fixées par arrêté interministériel (enseignement supérieur, fonction publique, budget, art. L. 953-4) sous la forme d'un nombre d'heures fixé pour l'année (1 600 h annuelles depuis le Décr. n° 2000-815 du 25 août 2000 relatif à l'aménagement et à la réduction du temps de travail). La Cour des comptes relève toutefois que la durée annuelle effective du temps de travail s'établirait à 1 462 heures annuelles (Cour des comptes, rapport 2015 sur l'autonomie des universités ; référé, 19 sept. 2019 ; cette situation découlant en partie d'une circulaire n° 2002-007 comptabilisant les jours fériés légaux et les temps de pause dans le temps de travail effectif) ; la Cour recommande au MESRI d'adopter une instruction conforme au décret du 25 août 2000 et de faire du respect de la durée annuelle légale du temps de travail l'un des éléments du dialogue de gestion avec les établissements d'enseignement supérieur et l'un des objectifs des contrats de sites correspondants. L'article 3 de la loi n° 92-678 du 20 juillet 1992 relative à la validation des acquis professionnels a institué dans les établissements d'enseignement supérieur une commission paritaire d'établissement (CPE) pour les ingénieurs et les personnels techniques et administratifs de recherche et de formation ; elle est, comme une commission administrative paritaire (CAP), consultée sur les décisions individuelles, et traite, tel un conseil technique paritaire (CTP), des problèmes généraux d'organisation et de fonctionnement des services. Ses compétences peuvent être étendues aux autres corps administratifs, techniciens, ouvriers et services (ATOS, art. L. 953-6). L'article 16 de la loi n° 2007-1199 du 10 août 2007 relative aux libertés et responsabilités des universités (LRU) prévoyant dans chaque établissement public à caractère scientifique, culturel et professionnel (EPSCP) l'institution d'un comité technique paritaire (CTP) par délibération du conseil d'administration (art. L. 951-1 modifié par la L. n° 2010-75 du 5 juill. 2010 substituant au CTP un CT, comité technique consulté notamment sur la gestion des ressources humaines de l'établissement), la CPE ne traite plus que des questions individuelles dans le cadre de la préparation des travaux des CAP (art. L. 953-6). Le CTP a été remplacé par un comité technique (non paritaire) par la loi du 5 juillet 2010 (Décr. n° 2011-184 du 15 févr. 2011).

Par dérogation au droit commun de la fonction publique, l'exercice d'une activité accessoire fait l'objet d'une simple déclaration lorsque cette activité correspond aux missions de l'enseignement supérieur et qu'elle est exercée notamment auprès d'un établissement d'enseignement supérieur ou de recherche (LPR 2020, art. 36 ; art. L. 951-5).

Le corps des conseillers d'administration scolaire et universitaire (CASU) institué par le décret n° 83-1033 du 3 décembre 1983, dont les membres assuraient des fonctions d'encadrement dans les établissements et les services nationaux ou académiques, a été mis en voie d'extinction à compter du 1er janvier 2011, puis intégré dans le corps interministériel des attachés d'administration de l'État par le décret n° 2013-876 du 30 septembre 2013 qui procède à l'intégration de seize corps ministériels (CE 1er juill. 2015, n° 373609) les fonctionnaires n'ont aucun droit acquis au maintien de leur statut, les conditions de reclassement des agents dans un nouveau corps constitué par voie d'intégration d'agents appartenant à des corps différents ne sont pas régies par le principe d'égalité. Il n'y a aucune obligation d'instituer une représentation propre à un grade au sein des CAP d'un corps de fonctionnaires).

L'article 48 de la loi du 22 juillet 2013 a entériné la substitution du directeur général des services (DGS) au secrétaire général d'EPSCP qui reste nommé par le ministre chargé de l'enseignement supérieur, sur proposition du président ou du directeur de l'établissement, et a toujours la charge de la gestion de l'établissement, sous l'autorité du président ou du directeur (art. L. 953-2).

Les dispositions réglementaires codifiées par le décret n° 2015-652 du 10 juin 2015 précisent les conditions dans lesquelles le ministre chargé de l'enseignement supérieur peut déléguer, par arrêté, aux présidents des universités et aux présidents ou directeurs des autres établissements publics d'enseignement supérieur tout ou partie de ses pouvoirs en matière de recrutement et de gestion des personnels stagiaires et titulaires des différents corps de bibliothèque, ingénieurs, administratifs, techniciens, ouvriers, de service et de santé (BIATOS) aux statuts particuliers desquels renvoie l'article R. 953-1 ainsi que des personnels non titulaires ; le ministre peut aussi déléguer ses pouvoirs au recteur d'académie pour les personnel ingénieurs et personnels techniques et administratifs de recherche et de formation ITARF (art. R. 953-4). ❑

Art. L. 953-1 Les personnels qui concourent aux missions de l'enseignement supérieur et qui assurent le fonctionnement des établissements, en dehors des personnels enseignants et chercheurs, sont des personnels ingénieurs, administratifs, techniques, ouvriers et de service. Ils exercent leurs activités dans les différents services des établissements, et notamment les bibliothèques, les musées, les services sociaux et de santé. – *[L. n° 84-52 du 26 janv. 1984, art. 58.]*

1. Recrutement. Composition des jurys. Pour le recrutement d'ingénieurs et de personnels techniques de recherche et de formation de catégorie A, aucun principe n'impose, s'agissant d'un jury de concours, que la personne désignée pour représenter le président, le directeur ou le responsable d'un établissement soit choisie parmi celles soumises au pouvoir hiérarchique du président, du directeur ou du responsable de cet établissement. • CE 22 janv. 2007, *Mme Chambert-Loir*, n° 287255 : *Lebon T. 874* ; *LIJ 2007, n° 114, p. 8* ; *AJDA 2007. 1150* • CE 22 janv. 2007, *M. Alexandre A.*, n° 287487. ♦ De la même manière, rien ne s'oppose à ce qu'un ingénieur de recherche en poste dans une université soit désigné au titre de représentant du ministre chargé de l'éducation pour exercer ces fonctions. • CE 17 janv. 2003, *M. Jean-Pierre X.*, n° 238174.

2. Recrutement. L. du 26 juill. 2005. Illégalité du non-renouvellement du contrat d'un agent non titulaire. En l'espèce, l'université reconnaît expressément que le renouvellement du contrat de l'intéressée, qui comptabilisait 4 ans et 7 mois d'ancienneté sur divers postes, aurait conduit à l'issue d'un prochain contrat à lui accorder un contrat à durée indéterminée et à grever ainsi le budget de l'établissement pour une durée indéterminée en impliquant un engagement budgétaire sur un trop long terme ; dans ces conditions, la décision n'a pas été dictée par la manière de servir de l'intéressée, mais dans le but de ne pas la faire bénéficier d'un contrat à durée indéterminée en application des dispositions de la L. n° 2005-843 du 26 juill. 2005. • CAA Bordeaux, 2 mars 2010, *Univ. de Bordeaux I*, n° 09BX00962 : *AJDA 2010. 1391*.

3. Agent recruté par une association pour le compte de l'université. Un agent avait effectué des services à l'université dans le cadre d'un programme de recherche financé par l'association pour le développement des relations entre l'économie et la recherche auprès des universités de Strasbourg et de l'université de Haute-Alsace (ADRERUS), association de droit local. Saisi d'un litige relatif aux droits à pension, le tribunal administratif avait estimé que, dès lors que cette association était une personne morale de droit privé, les services accomplis auprès d'elle ne pouvaient être validés pour une pension civile de retraite, même si l'intéressé a exercé en fait ses fonctions à l'université. Le Conseil d'État estime au contraire qu'en omettant de vérifier si l'intéressée ne devait pas être regardée comme l'ayant recruté pour le compte de l'université et si celle-ci ne pouvait pas être désignée comme le véritable employeur du requérant, le tribunal a entaché son jugement d'une erreur de droit. • CE 11 déc. 2006, *M. Larue de Tournemine*, n° 281284 : *Lebon T. 973* ; *LIJ 2007, n° 113, p. 8.*

4. *Licenciement. Agent contractuel recruté sans examen de son casier judiciaire.* Agent d'entretien recruté sans avoir été informé du fait qu'il avait fait l'objet d'une condamnation pénale de douze années de réclusion criminelle pour viol et agressions sexuelles. L'agent, dont le licenciement intervient au cours ou à l'expiration d'une période d'essai ne peut prétendre à aucun préavis et ne peut prétendre à aucune indemnité. Le licenciement ne peut intervenir qu'à l'issue d'un entretien préalable. La décision de licenciement doit être notifiée par LR/AR. Cette lettre précise le ou les motifs du licenciement et la date à laquelle doit intervenir le licenciement compte tenu des droits à congés annuels restant à courir et de la durée du préavis. Il appartient à l'établissement de déterminer si les mentions portées au bulletin n° 2 du casier judiciaire sont, ou non, incompatibles avec l'exercice de ces fonctions. * Lettre DAJ B1 n° 09-93 du 12 mars 2009 : *LIJ 2009, n° 136, p. 36.*

Art. L. 953-2 **Le** *(L. n° 2013-660 du 22 juill. 2013, art. 48)* **« directeur général des services » de chaque établissement public à caractère scientifique, culturel et professionnel est nommé par le ministre chargé de l'enseignement supérieur, sur proposition du président ou du directeur de l'établissement. Sous l'autorité du président ou du directeur, il est chargé de la gestion de cet établissement.**

L'agent comptable de chaque établissement est nommé, sur proposition du président ou du directeur, par un arrêté conjoint du ministre chargé de l'enseignement supérieur et du ministre chargé du budget. Il a la qualité de comptable public. Il peut exercer, sur décision du président ou du directeur, les fonctions de chef des services financiers de l'établissement.

Le *(L. n° 2013-660 du 22 juill. 2013, art. 48)* **« directeur général des services » et l'agent comptable participent avec voix consultative au conseil d'administration et aux autres instances administratives de l'établissement.**

BIBL. ▶ Directeur général des services d'établissement public à caractère scientifique, culturel et professionnel ou d'école nationale d'ingénieur, *Les référentiels de l'encadrement supérieur de l'Éducation nationale et de l'enseignement supérieur, de la recherche et de l'innovation, MEN-MESRI, CPU-CDEFI, déc. 2017.*

SECRÉTAIRES GÉNÉRAUX D'UNIVERSITÉ

1. *Constitution initiale du corps.* Par Décr. du 30 nov. 1970, le ministre a fixé les règles de nomination aux emplois de secrétaires généraux d'université, emploi qui n'existait pas jusqu'alors. Le juge administratif a jugé que le gouvernement était en droit de fixer des règles différentes à celles prévues par le Décr. du 20 août 1962 pour l'accès à des emplois de secrétaire général accessibles à certains attachés principaux d'administration universitaire. L'égalité de traitement à laquelle ont droit les agents d'un même corps fait obstacle à l'établissement, pour l'accès aux emplois auxquels les membres de ces corps ont vocation, de règles discriminatoires au détriment de certains d'entre eux, à moins que des circonstances exceptionnelles ne les légitiment dans l'intérêt du service. En l'espèce, compte tenu de la nécessité de procéder rapidement à la constitution dans de très nombreuses universités dont la création était prévue par la L. du 12 nov. 1968 et d'employer à cet effet le personnel qualifié que la suppression des facultés risquait de laisser sans emploi, la discrimination est jugée légale. • CE 16 juin 1972, n°s 82228, 82255, 82973 et 82275 A. ♦ En prévoyant par circulaire que certains emplois de secrétaire général d'université pourraient, dans certaines circonstances, être occupés par des agents contractuels et en fixant les conditions de recrutement et de nomination de ceux-ci, alors qu'aucun texte ne prévoyait cette possibilité, le ministre a pris une décision de nature réglementaire pour laquelle il est incompétent. • CE 16 juin 1972, n°s 82272, 8274 82276, 82288 et 82864 A.

2. *Indemnités pour charges administratives. Catégories d'établissements. Principe.* Saisi de la contestation d'un SGEPES qui contestait le classement de l'établissement dans lequel il exerçait ses fonctions, le juge précise que dès lors que l'université du requérant n'est pas nominativement inscrite par l'annexe de l'Arr. du 4 févr. 2004 parmi les établissements de première et de deuxième catégories, elle doit, en application des dispositions de cet arrêté, être nécessairement regardée comme un établissement de troisième catégorie pour l'application du Décr. du 27 mars 1992. • CE 25 mars 2013, n° 354748 : *LIJ 2013, n° 175, p. 13.*

3. *Indemnités pour charges administratives. Catégories d'établissements. Nature du contrôle du juge. Restreint.* Dans la même affaire, le juge précise que si le requérant fait valoir que le classement en troisième catégorie de l'université en cause n'est pas justifié, il ne ressort pas des pièces du dossier que, eu égard au budget et au nombre d'étudiants considérés, l'autorité compétente aurait commis une erreur manifeste d'appréciation en estimant que l'importance des sujétions propres au secrétaire général de cette université justifiaient son classement en troisième catégorie. • CE 25 mars 2013, n° 354748 : *préc. note 2.*

4. Comportement vexatoire. Préjudices professionnels et moraux. Troubles dans les conditions d'existence. Dans une affaire où le président d'une université avait mis fin aux fonctions d'un secrétaire général, exigé la restitution immédiate des objets appartenant à l'université et désigné un autre fonctionnaire afin d'assurer les missions et fonctions de son ancien poste, le juge fait droit à une requête en annulation en considérant que seul le ministre était compétent pour mettre fin à l'emploi d'un secrétaire général d'un établissement d'enseignement supérieur. Si en l'espèce, le président soutenait que sa décision ne portait que sur les fonctions et missions de l'emploi et non sur son support, le juge estime que ces fonctions et missions constituent l'emploi lui-même lorsqu'il s'agit, comme en l'espèce, d'un emploi fonctionnel. Il considère que, par suite, la décision de retrait de l'emploi a été prise par une autorité incompétente et doit être annulée. De plus, il estime que les deux décisions prises pour l'exécution de cette décision illégale, à savoir la demande de restitution des objets que détenait le requérant et la nomination d'un autre agent pour le remplacer, doivent, par voie de conséquence, également être annulées. • TA Basse-Terre, 30 mai 2013, n°s 0900633 et 1000258 : *LIJ 2013, n° 178, p. 18.* ♦ Dans la même affaire, sur les conclusions indemnitaires, le tribunal a considéré que si le président de l'université estimait avoir perdu confiance en son secrétaire général, il lui appartenait, dans le cadre de la mission d'intérêt du service qui est la sienne, de se rapprocher de ce dernier pour organiser en concertation avec lui et dans l'attente de l'aboutissement d'une procédure de fin de détachement anticipée les modalités d'un fonctionnement le plus adéquat possible du service ; qu'au contraire, il résulte de l'instruction que le président s'est cru autorisé à brutalement priver le requérant de l'exercice effectif de ses fonctions, à faire occuper son bureau par une remplaçante, sans lui attribuer aucun poste de travail, et à exiger de lui la restitution immédiate de son ordinateur de service et des clés de l'établissement dont il disposait ; qu'il a également effectué des démarches pour qu'il soit muté en dehors de l'académie et a tardé à organiser sa réintégration dans un nouveau poste spécialement affecté par le ministère à l'université pour placer l'intéressé dans une situation d'emploi conforme à son statut. Considérant qu'au surplus, le président a donné à ses décisions une publicité étendue à la communauté universitaire et aux responsables locaux sans que le comportement du requérant, qui, certes, était en désaccord sur divers points avec le président, soit à l'origine exclusive des décisions prises à son encontre, le juge estime que l'illégalité des décisions litigieuses, ajoutée au comportement vexatoire qu'il a dû subir pendant plusieurs mois, a constitué une faute de nature à engager la responsabilité de l'administration. • TA Basse-Terre, 30 mai 2013, n°s 0900633 et 1000258 : *préc.*

DIRECTEURS GÉNÉRAUX DES SERVICES

5. Agent non titulaire. Licenciement. Obligation de reclassement préalable. Le DGS d'une université a demandé au juge d'annuler la décision par laquelle le président, après avoir constaté une insuffisance professionnelle de l'intéressé et lui avoir proposé un reclassement en qualité de chargé de mission développement durable que celui-ci avait refusé, avait prononcé son licenciement pour refus d'une modification d'un élément substantiel de son contrat. En outre, l'université avait demandé au juge que soit substitué au motif initial du licenciement, à savoir le refus d'une modification d'un élément substantiel du contrat, le motif tiré de la volonté de recruter un fonctionnaire titulaire sur les fonctions de DGS. Le juge annule la décision du président, la substitution de motif ne pouvant être accueillie, une telle substitution de motifs aurait pour effet de priver le requérant des garanties résultant des dispositions de l'art. 45-3 du Décr. du 17 janv. 1986 dès lors que la décision de licenciement contestée ne précisait pas la possibilité pour le requérant de présenter une demande écrite de reclassement. • TA Amiens, 8 mars 2019, n° 1702532 : *LIJ 2019, n° 207, p. 9.*

Art. L. 953-3 **Les personnels des bibliothèques exercent des fonctions de documentation et d'information scientifique et technique pour répondre aux besoins des personnels et des usagers du service public de l'enseignement supérieur. Ils participent, avec les personnels des musées, à la mission d'animation scientifique et de diffusion des connaissances.**

Les personnels scientifiques des bibliothèques et des musées sont assimilés aux enseignants-chercheurs pour leur participation aux différents conseils et au fonctionnement des établissements. — *[L. n° 84-52 du 26 janv. 1984, art. 60.]*

BIBL. ► CLAUD et MICOL, Documentation et formation, *Rapp. IGB n° 2015-0010, déc. 2014.* – DURPAIRE et RENOULT, L'accès et la formation à la documentation du lycée à l'université : un enjeu pour la réussite des études supérieures, *Rapp. IGEN-IGB, n° 2009-000, 2 mars 2009.* – MIQUEL,

Les bibliothèques universitaires : rapport au ministre d'État ministre de l'éducation nationale, de la jeunesse et des sports, *Doc. fr, 1989*.

1. Constitutionnalité de l'assimilation. Le Conseil constitutionnel a considéré que ces dispositions, qui assimilent les personnels scientifiques des bibliothèques et des musées aux enseignants-chercheurs pour la participation aux différents conseils et au fonctionnement de l'établissement, ne sont contraires à aucun principe ou règle de valeur constitutionnelle dans la mesure où elles concernent un personnel étroitement associé à l'enseignement et à la recherche. • Cons. const. 20 janv. 1984, *Loi relative à l'enseignement supérieur*, n° 83-165 DC : *Rec. Cons. const. 30 ; JO 21 janv., p. 365 ; GDCC n° 35 ; AJDA 1984. 161, note Boulouis ; D. 1984. 593, note Luchaire ; D. 1985. 125, chron. Gaudemet ; RD publ. 1984. 687, comm. Favoreu ; Rev. adm. 1984. 261, note de Villiers.*

2. Collège électoral. Si les dispositions de la L. du 26 janv. 1984 modifiée prévoient que les personnels scientifiques des bibliothèques sont assimilés aux enseignants-chercheurs pour leur participation aux différents conseils, elles n'impliquaient pas d'inclure ces personnels dans le collège des professeurs des universités. • CE 9 juill. 1997, *M. Picard*, n° 161929 : *Lebon 294 ; AJDA 1997. 718 ; AJFP 1998, n° 1, p. 28, obs. Mekhantar ; RFDA 1998. 625, concl. Roul.*

3. Atteinte au principe d'indépendance des professeurs. En incluant les personnels scientifiques des bibliothèques dans le collège des professeurs des universités, ces derniers sont privés de la représentation propre et authentique nécessaire à l'exercice de leurs responsabilités particulières. Ces dispositions ont ainsi porté atteinte au principe, à valeur constitutionnelle, d'indépendance des professeurs d'université. • CE 9 juill. 1997, *Mmes Turquet, Ferrier et a.*, n° 158594 : *RFDA 1998. 625, concl. Roul.*

Art. L. 953-3-1 *(L. n° 2016-1088 du 8 août 2016, art. 84)* **Les agents contractuels recrutés par les établissements d'enseignement supérieur mentionnés au livre VII de la troisième partie pour occuper des fonctions techniques ou administratives dans le cadre de la mission de formation continue prévue aux articles L. 123-3 et L. 123-4 sont employés à temps complet ou incomplet, en fonction des besoins du service.**

Les contrats des agents recrutés sur le fondement du premier alinéa du présent article sont conclus et renouvelés dans les conditions fixées aux cinq premiers alinéas de l'article 6 *bis* de la loi n° 84-16 du 11 janvier 1984 portant dispositions statutaires relatives à la fonction publique de l'État.

Le décret pris pour l'application de l'article 7 de la même loi est applicable aux agents contractuels recrutés sur le fondement du premier alinéa du présent article.

Art. L. 953-4 **Les obligations de service des personnels mentionnés à l'article L. 953-1 sont fixées par arrêté du ministre chargé de l'enseignement supérieur, du ministre chargé de la fonction publique et du ministre chargé du budget sous la forme d'un nombre d'heures annuel ; ce nombre d'heures est déterminé par référence à la durée hebdomadaire du travail et au nombre de jours de congés dans la fonction publique. –** *[L. n° 84-52 du 26 janv. 1984, art. 61.]*

Détermination des obligations de service. Aux termes de cet article, le ministre de l'éducation n'est pas compétent pour procéder sous sa seule signature à l'aménagement des horaires de service par voie de circulaire. • CE 10 juill. 2000, *Féd. des synd. généraux de l'éducation nat. et de la recherche publique (SGEN-CFDT)*, n° 212275 : *AJFP 2001, n° 2, p. 4, obs. Mekhantar.*

Art. L. 953-5 **Les dispositions des articles** *(L. n° 2020-1674 du 24 déc. 2020, art. 25)* **« L. 411-3 et L. 421-3 du code de la recherche » sont applicables aux membres des corps d'ingénieurs, de techniciens et de personnels administratifs de recherche et de formation qui exercent leurs fonctions dans des établissements relevant du ministre chargé de l'enseignement supérieur.**

Art. L. 953-6 **Il est créé, dans les établissements publics d'enseignement supérieur relevant du ministre chargé de l'enseignement supérieur, une commission paritaire d'établissement compétente à l'égard des corps d'ingénieurs et de personnels techniques et administratifs de recherche et de formation. Cette commission comprend un nombre égal de représentants des membres de ces corps affectés dans l'établissement, désignés par catégorie, et de représentants de l'administration. Une commission peut être commune à plusieurs établissements.**

Les membres représentant chaque catégorie de fonctionnaires dans les commissions d'établissement sont élus à la représentation proportionnelle. Les listes de candidats

sont présentées par les organisations syndicales *(L. n° 2019-828 du 6 août 2019, art. 11)* **« qui, dans la fonction publique de l'État, remplissent les conditions fixées à l'article 9 *bis* de la loi n° 83-634 du 13 juillet 1983 portant droits et obligations des fonctionnaires ».**

La commission paritaire d'établissement est consultée sur les décisions individuelles *(L. n° 2019-828 du 6 août 2019, art. 11, en vigueur en vue de l'élaboration des décisions individuelles prises au titre de l'année 2021)* **« soumises aux commissions administratives paritaires » concernant les membres des corps mentionnés au premier alinéa affectés à l'établissement ; ne peuvent alors siéger que les membres appartenant à la catégorie à laquelle appartient le fonctionnaire concerné et les membres représentant la ou les catégories supérieures ainsi qu'un nombre égal de représentants de l'administration.**

L'accès, par inscription sur une liste d'aptitude, à un corps mentionné au premier alinéa, ainsi que l'avancement de grade font l'objet d'une proposition du chef d'établissement ou du chef de service auprès duquel le fonctionnaire est affecté ou détaché ; ces mesures sont prononcées par le ministre.

(L. n° 2007-1199 du 10 août 2007, art. 16) **« La commission paritaire d'établissement prépare les travaux des commissions administratives paritaires** *(Abrogé par L. n° 2019-828 du 6 août 2019, art. 11, à compter de l'élaboration des décisions individuelles prises au titre de l'année 2021) « des corps mentionnés au premier alinéa ».* **»**

Un décret en Conseil d'État détermine les conditions de création, la composition, l'organisation et le fonctionnement de la commission paritaire d'établissement.

Les compétences des commissions paritaires d'établissement prévues au présent article peuvent être étendues aux autres corps administratifs, techniques, ouvriers et de *(L. n° 2019-828 du 6 août 2019, art. 11)* **« services sociaux, de santé, et de bibliothèques » exerçant dans les établissements publics d'enseignement supérieur relevant du ministre chargé de l'enseignement supérieur. Un décret en Conseil d'État fixe les conditions de cette extension, avec les adaptations nécessaires, notamment pour permettre une représentation des personnels appartenant aux trois groupes suivants : corps d'administration générale, corps des personnels de bibliothèques, autres corps de fonctionnaires.**

Sur les commissions paritaires d'établissement des établissements publics d'enseignement supérieur, V. ci-dessous Décr. n° 99-272 du 6 avr. 1999.

1. Nature juridique. Bien que ces dispositions prévoient que les commissions paritaires d'établissement sont consultées sur les situations individuelles des membres des corps à l'égard desquels elles ont compétence, le législateur n'a pas entendu donner à ces commissions la nature de commissions administratives paritaires. • CE 9 févr. 2001, ♔ *Synd. nat. des personnels de la recherche et Éts d'enseignement supérieur – Force ouvrière et a.*, n° 207809.

2. Listes électorales. Fonctionnaires en position de détachement. Sur la possibilité d'inscrire sur les listes électorales établies pour les élections à la commission paritaire d'établissement les personnels appartenant aux corps des attachés ou conseillers d'administration scolaire et universitaires détachés sur des emplois de secrétaire général d'établissement public d'enseignement supérieur ou de secrétaire général d'administration scolaire et universitaire. Le détachement étant défini comme la position du fonctionnaire placé hors de son corps d'origine, le fonctionnaire détaché n'est plus en activité dans un des corps de fonctionnaires relevant d'un groupe de corps représenté à la CPE. Il perd donc sa qualité d'électeur au sens de l'art. 9 du Décr. n° 99-272 du 6 avr. 1999 modifié relatif aux commissions paritaires d'établissement des établissements publics d'enseignement supérieur. * Lettre DAJ B1 n° 09-63 du 26 févr. 2009 : *LIJ 2009, n° 134, p. 25.*

3. Scrutin. Aucune disposition législative, ni aucun principe général du droit n'institue, pour l'élection des membres représentant le personnel dans les organes représentatifs de la fonction publique, l'obligation d'un scrutin à deux tours. • CE 9 févr. 2001, ♔ *Synd. nat. des personnels de la recherche et Éts d'enseignement supérieur – Force ouvrière et a.*, n° 207809.

4. Compétence. La CPE n'est compétente qu'à l'égard d'agents titulaires. Le Décr. du 6 avr. 1999 qui fixe les conditions de création, de composition et de fonctionnement des CPE pouvait donc, sans illégalité, omettre de prévoir une représentation des agents non titulaires au sein de la commission paritaire d'établissement. • CE 9 févr. 2001, ♔ *Synd. nat. des personnels de la recherche et Éts d'enseignement supérieur – Force ouvrière et a.*, n° 207809. ♦ En indiquant à ce même article que la CPE est consultée sur « les décisions individuelles concernant les membres des corps... affectés à l'établissement et sur les affectations à l'établissement » et avant de faire l'objet d'une proposition du chef d'établissement, sur l'accès, par inscription sur une liste d'aptitude, à un corps ainsi que sur l'avancement de grade et les réductions de l'ancienneté moyenne pour un avancement d'échelon, la loi a entendu déroger aux dispositions législatives régissant les commissions administratives paritaires. • CE 9 févr. 2001, *Synd. nat. des personnels de la recherche et Éts d'enseignement supérieur – Force ouvrière et a.*, n° 207809. ♦ Le président d'une université a, par arrêté, affecté un conservateur de bibliothèque, comme chargé de mission auprès de la directrice du service de documentation. Cette décision, qui entraînait pour l'intéressé une réduction de ses attributions antérieures et une diminution de ses primes, devait être précédée de la consultation de la CPE compétente. L'université, qui ne pouvait utilement se prévaloir ni de ce que cette commission était nouvelle, ni des difficultés matérielles de mise en place, n'était donc pas fondée à soutenir que la consultation de la commission paritaire d'établissement compétente revêtait le caractère d'une formalité impossible. Par suite, la décision du président de l'université est intervenue au terme d'une procédure irrégulière. • CAA Bordeaux, 30 déc. 2005, *M. X. c/ Univ. de Pau et des Pays de l'Adour*, n° 02BX01402. ♦ Par arrêté, le président de l'université a, sous la dénomination de « commission paritaire de l'Université de Nantes », entendu créer une commission paritaire locale chargée de préparer les travaux des commissions administratives paritaires nationales pour les personnels ingénieurs, techniciens administratifs de recherche et de formation et donner son avis au président de l'université sur le classement des dossiers des agents concernés susceptibles de bénéficier d'un avancement. Il résulte des dispositions législatives que la commission paritaire litigieuse ne pouvait être instituée que par décret en Conseil d'État. • CAA Nantes, 29 juin 2001, *Union dptale CGT-FO des synd. de salariés de Loire-Atlantique*, n° 97NT00930.

5. *CPE commune à plusieurs établissements.* L'absence de mention, dans le décret de 1999, d'un niveau minimum d'agents dans un établissement au-dessous duquel une commission paritaire d'établissements commune à plusieurs établissements devrait être créée, ne méconnaît pas le principe d'égalité de traitement entre agents d'un même corps. • CE 9 févr. 2001, *Synd. nat. des personnels de la recherche et Éts d'enseignement supérieur – Force ouvrière et a. : préc. note 1.*

6. *Représentation des corps de fonctionnaires.* La loi ayant elle-même fixé les missions de la CPE en ce qui concerne l'examen des questions individuelles ainsi que la représentation des fonctionnaires par groupes de corps et par catégories au sein de la commission, le décret ne méconnaît pas le principe de la représentation par corps de fonctionnaires dans les organes chargés de l'examen des situations individuelles, ni ne permet que les dossiers des personnels appartenant à un corps soient examinés par des agents n'y appartenant pas. • CE 9 févr. 2001, *Synd. nat. des personnels de la recherche et Éts d'enseignement supérieur – Force ouvrière et a.*, n° 207809. ♦ En revanche, dès lors que les dispositions de la L. du 26 janv. 1984 n'assimilent les personnels scientifiques des bibliothèques et des musées aux enseignants-chercheurs que « pour leur participation aux différents conseils et au fonctionnement de l'établissement » et que la CPE, compétente pour les questions relatives aux personnels, n'est pas assimilable à un des conseils de l'établissement, principalement compétents pour l'organisation et la politique de l'établissement, les requérants ne sont pas fondés à soutenir qu'en ne prévoyant pas la désignation de ces personnels en qualité de représentants de l'établissement au sein des CPE, au même titre que les enseignants-chercheurs, les enseignants ou les chercheurs, le décret attaqué méconnaîtrait ces dispositions de la L. du 26 janv. 1984. • CE 9 févr. 2001, *Synd. nat. des personnels de la recherche et Éts d'enseignement supérieur – Force ouvrière et a.*, n° 207809.

7. *Présence des enseignants-chercheurs.* Si les syndicats requérants soutiennent que le décret serait illégal, faute pour les enseignants-chercheurs d'avoir vocation à se prononcer sur l'évolution des carrières des personnels non enseignants, ce moyen, eu égard aux termes de l'art. 55 de la L. du 26 janv. 1984 sur l'enseignement supérieur selon lequel « Les fonctions des enseignants-chercheurs s'exercent dans les domaines suivants :... l'administration et la gestion de l'établissement. », n'est pas fondé. • CE 9 févr. 2001, *Synd. nat. des personnels de la recherche et Éts d'enseignement supérieur – Force ouvrière et a.*, n° 207809.

8. *Absence d'illégalité.* Les moyens tirés de ce que le décret attaqué empiéterait sur les compétences des commissions administratives paritaires, introduirait des inégalités de traitement entre agents d'un même corps selon qu'ils sont ou non affectés dans un établissement comportant une commission paritaire d'établissement et méconnaîtrait tant les dispositions de la L. du 11 janv. 1984 portant dispositions statutaires relatives à la fonction publique de l'État que celles du Décr. du 28 mai 1982 relatif aux commissions administratives paritaires, sont inopérants. • CE 9 févr. 2001, *Synd. nat. des personnels de la recherche et Éts d'enseignement supérieur – Force ouvrière et a.*, n° 207809.

9. *Autres organes consultatifs.* L'administrateur provisoire de l'Université de Marne-La-Vallée a créé par un arrêté, en exécution d'une délibération du conseil d'université, une commission des personnels IATOS appelée Comité Université IATOS. Les compétences consultatives de ce comité comprenaient : les problèmes généraux d'organisation de l'établissement, les conditions générales de fonctionnement de l'établissement et en particulier l'aménagement du temps de travail, les programmes de modernisation des méthodes et techniques de travail et leur incidence sur le personnel, l'examen des grandes orientations à définir pour l'accomplissement des tâches, les problèmes d'hygiène et de sécurité, les critères généraux d'avancement, de répartition des primes, indemnités et bonifications et le plan de formation des personnels. Ce comité doit être regardé comme ayant constitué un organisme faisant fonction de comité technique paritaire. Ni le conseil d'université de l'université, ni l'administrateur provisoire de cette université n'avaient compétence pour créer un tel comité technique paritaire. • CAA Paris, 31 oct. 2000, *Synd. nat. des personnels de recherche et Éts d'enseignement supérieur (SNPREES)*, n° 97PA02897.

Décret n° 99-272 du 6 avril 1999,

Relatif aux commissions paritaires d'établissement des établissements publics d'enseignement supérieur.

Art. 1er Dans les établissements publics d'enseignement supérieur relevant du ministre chargé de l'enseignement supérieur, les commissions paritaires d'établissement instituées par *(Décr. n° 2020-362 du 27 mars 2020, art. 1er)* « l'article L. 953-6 du code de l'éducation », et compétentes à l'égard des corps d'ingénieurs et de personnels techniques et administratifs de recherche et de formation sont également compétentes, en application du dernier alinéa *(Décr. n° 2020-362 du 27 mars 2020, art. 1er)* « du même article », à l'égard des autres corps administratifs, techniques, ouvriers, de service, sociaux, de santé et de bibliothèques exerçant dans ces établissements.

Une commission paritaire d'établissement est créée par décision du chef d'établissement auprès duquel elle est placée.

Lorsqu'une commission paritaire d'établissement est commune à plusieurs établissements, elle est créée par décision conjointe des chefs d'établissement concernés. Ladite décision détermine le chef d'établissement auprès duquel la commission est placée.

L'ensemble des personnels appartenant aux corps mentionnés au premier alinéa du présent article, affectés dans ces établissements, est pris en considération pour l'application de l'alinéa précédent.

TITRE Ier. COMPOSITION

CHAPITRE Ier. *DISPOSITIONS GÉNÉRALES*

Art. 2 La commission paritaire d'établissement comprend en nombre égal des représentants de l'établissement et des représentants du personnel. Elle a des membres titulaires et un nombre égal de membres suppléants.

Au sein de chaque commission paritaire d'établissement, la représentation des personnels est assurée pour chacun des trois groupes suivants :

— corps d'ingénieurs et de personnels techniques et administratifs de recherche et de formation, corps des personnels de laboratoire, corps des personnels ouvriers, corps des personnels de service, corps des personnels sociaux et corps des personnels de santé ;

(Décr. n° 2020-362 du 27 mars 2020, art. 2) « — corps des secrétaires administratifs de l'éducation nationale et de l'enseignement supérieur, corps des adjoints administratifs de l'éducation nationale et de l'enseignement supérieur et membres du corps interministériel des attachés d'administration de l'État rattachés pour leur nomination et leur gestion aux ministres chargés de l'éducation nationale, de l'enseignement supérieur et de la recherche ; »

— corps des personnels des bibliothèques, corps des personnels de documentation et corps des personnels de magasinage.

Dans chaque groupe ainsi défini, les représentants du personnel sont désignés pour chacune des catégories prévues à l'*(Décr. n° 2020-362 du 27 mars 2020, art. 2)* « article 13 de la loi du 13 juillet 1983 » susvisée *[n° 83-634 portant droits et obligations des fonctionnaires, V. C. **fonct. publ.**]*.

Art. 3 Le nombre des représentants du personnel par catégorie dans chacun des groupes créés à l'article 2 ci-dessus est défini comme suit :

1° Lorsque le nombre de fonctionnaires d'une même catégorie est inférieur à vingt, le nombre de représentants du personnel pour cette catégorie est de un membre titulaire et de un membre suppléant ;

2° Lorsque le nombre de fonctionnaires d'une même catégorie est supérieur ou égal à vingt et inférieur à *(Décr. n° 2004-719 du 20 juill. 2004, art. 1er)* « trois cents », le nombre de représentants du personnel pour cette catégorie est de deux membres titulaires et de deux membres suppléants ;

3° Lorsque le nombre de fonctionnaires d'une même catégorie est supérieur ou égal à *(Décr. n° 2004-719 du 20 juill. 2004, art. 1er)* « trois cents » le nombre de représentants du personnel pour cette catégorie est de trois membres titulaires et de trois membres suppléants.

(Décr. n° 2020-362 du 27 mars 2020, art. 3) « Les parts respectives de femmes et d'hommes composant les effectifs pris en compte pour la détermination du nombre de représentants du personnel par catégorie dans chacun des groupes sont fixées par décision du chef d'établissement auprès duquel la commission paritaire d'établissement est placée, six mois au plus tard avant la date de l'élection des représentants du personnel. Ces parts sont appréciées, pour chaque catégorie, sur l'ensemble des fonctionnaires des corps qui y sont représentés, au 1er janvier de l'élection des représentants du personnel. Elles sont déterminées au plus tard huit mois avant la date du scrutin.

« Toutefois, si dans les six premiers mois de cette année de référence une réorganisation des services ou une modification statutaire entraîne une variation des effectifs d'au moins 20 % des effectifs représentés au sein de la commission, les parts respectives de femmes et d'hommes sont appréciées et fixées au plus tard quatre mois avant la date du scrutin. »

Art. 4 Les membres de la commission paritaire d'établissement sont désignés pour une période de trois années par le chef d'établissement auprès duquel la commission est placée. Leur mandat peut être renouvelé.

(Décr. n° 2004-719 du 20 juill. 2004, art. 2) « La durée du mandat peut être exceptionnellement réduite ou prorogée dans l'intérêt du service par arrêté du ministre chargé de l'enseignement supérieur après avis du comité technique compétent. » Ces réductions ou prorogations ne peuvent excéder une durée *(Décr. n° 2020-362 du 27 mars 2020, art. 4)* « de dix-huit mois ».

(Décr. n° 2004-719 du 20 juill. 2004, art. 2) « Dans le cas où la structure d'une catégorie au sein d'un groupe de corps se trouve modifiée, il est mis fin sans condition de durée au mandat des membres de la commission paritaire d'établissement représentant les personnels de cette catégorie au sein de ce groupe par décision du chef d'établissement auprès duquel la commission est placée. Il est procédé, dans les conditions fixées au chapitre III ci-après, au renouvellement de ces représentants, pour la durée du mandat restant à courir.

« Lorsque la représentation d'une catégorie au sein d'un groupe de corps n'a pas pu être assurée, en raison de l'absence de fonctionnaires de cette catégorie ou de l'existence d'un seul fonctionnaire de cette catégorie, lors de l'élection des représentants du personnel au sein de la commission paritaire d'établissement, et que, postérieurement à cette élection, la représentation des fonctionnaires de cette catégorie devient possible dans les conditions prévues à l'article 3, le chef d'établissement auprès duquel la commission est placée fait procéder, dans les conditions fixées au chapitre III ci-après, à la désignation des représentants du personnel de cette catégorie, pour la durée du mandat restant à courir.

« Il n'est pas fait application des dispositions des deux alinéas qui précèdent lorsque la durée du mandat restant à courir des membres de la commission est inférieure à six mois. »

Lors du renouvellement d'une commission paritaire d'établissement, les nouveaux membres entrent en fonctions à la date à laquelle prend fin, en application des dispositions qui précèdent, le mandat des membres auxquels ils succèdent.

Nouvel art. 4 *Les membres de la commission paritaire d'établissement sont désignés pour une période de (Décr. n° 2020-362 du 27 mars 2020, art. 4) « quatre années » par le chef d'établissement auprès duquel la commission est placée. Leur mandat peut être renouvelé.*

(Décr. n° 2004-719 du 20 juill. 2004, art. 2) « La durée du mandat peut être exceptionnellement réduite ou prorogée dans l'intérêt du service par arrêté (Décr. n° 2020-362 du 27 mars 2020, art. 4) « des ministres chargés de la fonction publique et de l'enseignement supérieur » après avis du (Décr. n° 2020-362 du 27 mars 2020, art. 4) « comité social d'administration » compétent. » Ces réductions ou prorogations ne peuvent excéder une durée (Décr. n° 2020-362 du 27 mars 2020, art. 4) « de dix-huit mois ».

(Décr. n° 2004-719 du 20 juill. 2004, art. 2) « Dans le cas où la structure d'une catégorie au sein d'un groupe de corps se trouve modifiée, il est mis fin sans condition de durée au mandat des membres de la commission paritaire d'établissement représentant les personnels de cette catégorie au sein de ce groupe par décision du chef d'établissement auprès duquel la commission est placée. Il est procédé, dans les conditions fixées au chapitre III ci-après, au renouvellement de ces représentants, pour la durée du mandat restant à courir.

« Lorsque la représentation d'une catégorie au sein d'un groupe de corps n'a pas pu être assurée, en raison de l'absence de fonctionnaires de cette catégorie ou de l'existence d'un seul

fonctionnaire de cette catégorie, lors de l'élection des représentants du personnel au sein de la commission paritaire d'établissement, et que, postérieurement à cette élection, la représentation des fonctionnaires de cette catégorie devient possible dans les conditions prévues à l'article 3, le chef d'établissement auprès duquel la commission est placée fait procéder, dans les conditions fixées au chapitre III ci-après, à la désignation des représentants du personnel de cette catégorie, pour la durée du mandat restant à courir.

« Il n'est pas fait application des dispositions des deux alinéas qui précèdent lorsque la durée du mandat restant à courir des membres de la commission est inférieure à six mois. »

Lors du renouvellement d'une commission paritaire d'établissement, les nouveaux membres entrent en fonctions à la date à laquelle prend fin, en application des dispositions qui précèdent, le mandat des membres auxquels ils succèdent.

Le nouvel art. entre en vigueur à compter du prochain renouvellement général des instances de représentation de la fonction publique (Décr. n° 2020-362 du 27 mars 2020, art. 14).

Art. 5 Les représentants de l'établissement membres titulaires ou suppléants de la commission paritaire d'établissement venant, au cours de la période précitée de trois années, par suite de démission, de mise en congé de longue durée au titre de l'article 34 de la loi du 11 janvier 1984 susvisée *[n° 84-16 portant dispositions statutaires relatives à la fonction publique de l'État, V.* ***C. fonct. publ.****]*, de mise en disponibilité ou pour toute autre cause que l'avancement, à cesser les fonctions en raison desquelles ils ont été nommés ou qui ne réunissent plus les conditions exigées par le présent décret pour faire partie d'une commission paritaire d'établissement sont remplacés dans la forme indiquée à l'article 7 ci-après. Le mandat de leurs successeurs expire dans ce cas lors du renouvellement de la commission paritaire d'établissement.

A compter du prochain renouvellement général des instances de représentation de la fonction publique, les mots : « trois années » sont remplacés par les mots : « quatre années » (Décr. n° 2020-362 du 27 mars 2020, art. 5 et 14).

Art. 6 Si, avant l'expiration de son mandat, l'un des représentants du personnel, membre titulaire ou suppléant de la commission paritaire d'établissement, se trouve dans l'impossibilité d'exercer ses fonctions pour l'un des motifs énumérés à l'article 5 ci-dessus, le chef d'établissement auprès duquel la commission paritaire d'établissement est placée procède à son remplacement jusqu'au renouvellement de la commission, dans les conditions définies ci-après.

Lorsqu'un représentant titulaire se trouve dans l'impossibilité d'exercer ses fonctions, son suppléant est nommé titulaire et est remplacé par le premier candidat non élu de la même liste.

Lorsqu'un représentant suppléant se trouve dans l'impossibilité d'exercer ses fonctions, il est remplacé par le premier candidat non élu de la même liste.

Lorsqu'une liste se trouve dans l'impossibilité de pourvoir dans les conditions prévues aux deux alinéas précédents aux sièges de membres titulaires ou de membres suppléants auxquels elle a droit dans une catégorie, les sièges laissés vacants sont attribués selon la procédure prévue *(Décr. n° 2004-719 du 20 juill. 2004, art. 3)* « au 3° de l'article 18 » lorsque la durée du mandat restant à courir est inférieure ou égale au tiers de la durée prévue au premier alinéa de l'article 4. *(Décr. n° 2004-719 du 20 juill. 2004, art. 3)* « Lorsque la durée du mandat restant à courir est supérieure au tiers de la durée prévue au premier alinéa de l'article 4, il est procédé, dans les conditions fixées au chapitre III ci après, au renouvellement des membres de la commission représentant cette catégorie dans le groupe de corps concerné, pour la durée du mandat restant à courir. »

Lorsqu'un représentant du personnel, membre titulaire ou suppléant de la commission, accède à un corps appartenant à un autre groupe ou à une autre catégorie, il continue à représenter le groupe et la catégorie au titre desquels il a été désigné.

Nouvel art. 6 *Si, avant l'expiration de son mandat, l'un des représentants du personnel, membre titulaire ou suppléant de la commission paritaire d'établissement, se trouve dans l'impossibilité d'exercer ses fonctions pour l'un des motifs énumérés à l'article 5 ci-dessus, le chef d'établissement auprès duquel la commission paritaire d'établissement est placée procède à son remplacement jusqu'au renouvellement de la commission, dans les conditions définies ci-après.*

Lorsqu'un représentant titulaire se trouve dans l'impossibilité d'exercer ses fonctions, son suppléant est nommé titulaire et est remplacé par le premier candidat non élu de la même liste.

Lorsqu'un représentant suppléant se trouve dans l'impossibilité d'exercer ses fonctions, il est remplacé par le premier candidat non élu de la même liste.

(*Décr. nº 2020-362 du 27 mars 2020, art. 6*) « *Lorsqu'une liste se trouve dans l'impossibilité de pourvoir, dans les conditions prévues aux deux alinéas précédents, aux sièges de membres titulaires et de membres suppléants auxquels elle a droit dans une catégorie, l'organisation syndicale ayant présenté la liste désigne son représentant parmi les fonctionnaires titulaires de cette catégorie relevant de la commission, éligibles au moment où se fait la désignation, pour la durée du mandat restant à courir.* »

Lorsqu'un représentant du personnel, membre titulaire ou suppléant de la commission, accède à un corps appartenant à un autre groupe ou à une autre catégorie, il continue à représenter le groupe et la catégorie au titre desquels il a été désigné.

Le nouvel art. entre en vigueur à compter du prochain renouvellement général des instances de représentation de la fonction publique (Décr. nº 2020-362 du 27 mars 2020, art. 14).

CHAPITRE II. *DÉSIGNATION DES REPRÉSENTANTS DE L'ÉTABLISSEMENT*

Art. 7 Les représentants de l'établissement, titulaires et suppléants, au sein de la commission paritaire d'établissement sont nommés par le chef d'établissement auprès duquel la commission est placée dans les quinze jours suivant la proclamation des résultats des élections prévue à l'article 15 du présent décret. Outre le chef d'établissement et le secrétaire général, membres de droit, ils sont choisis parmi les fonctionnaires titulaires appartenant à la catégorie A, exerçant leurs fonctions dans l'établissement ou dans un des établissements en cas de commission paritaire commune à plusieurs établissements.

Au moins un tiers et au plus la moitié des représentants de l'établissement, titulaires et suppléants, doivent être des enseignants-chercheurs, des enseignants ou des chercheurs ; les représentants de l'établissement n'appartenant pas à ces catégories doivent exercer des responsabilités de chef de service.

(*Décr. nº 2004-719 du 20 juill. 2004, art. 4*) « Il peut être dérogé aux règles fixées à l'alinéa précédent lorsque l'effectif de fonctionnaires de catégorie A exerçant des responsabilités de chef de service est insuffisant. En ce cas, la commission paritaire d'établissement est complétée par l'adjonction de membres désignés parmi les fonctionnaires de catégorie A n'exerçant pas de responsabilités de chef de service, et, à défaut, parmi les enseignants-chercheurs, les enseignants ou les chercheurs exerçant leurs fonctions dans l'établissement.

« Pour la désignation des représentants de l'établissement, le chef d'établissement auprès duquel la commission est placée doit respecter une proportion minimale d'un tiers de personnes de chaque sexe.

« Cette proportion est calculée sur l'ensemble des membres représentant l'établissement, titulaires et suppléants. »

A compter du prochain renouvellement général des instances de représentation de la fonction publique, les mots : « d'un tiers » sont remplacés par les mots : « de 40 % » (Décr. nº 2020-362 du 27 mars 2020, art. 7 et 14).

CHAPITRE III. *DÉSIGNATION DES REPRÉSENTANTS DU PERSONNEL*

Art. 8 Sauf le cas de renouvellement anticipé d'une commission, les élections à la commission paritaire d'établissement ont lieu quatre mois au plus et deux mois au moins avant la date d'expiration du mandat de leurs membres en exercice, telle que cette date est déterminée à l'article 4 ci-dessus. La date de ces élections est fixée par le chef d'établissement auprès duquel la commission est placée.

Nouvel art. 8 (*Décr. nº 2020-362 du 27 mars 2020, art. 8*) *Sauf le cas de renouvellement anticipé d'une commission, la date des élections est celle fixée par l'arrêté conjoint du Premier ministre et du ministre chargé de la fonction publique mentionné à l'article 11 du décret nº 82-451 du 28 mai 1982 relatif aux commissions administratives paritaires.*

Le nouvel art. entre en vigueur à compter du prochain renouvellement général des instances de représentation de la fonction publique (Décr. nº 2020-362 du 27 mars 2020, art. 14).

Art. 9 Sont électeurs, au titre d'une catégorie déterminée et pour chacun des groupes de corps, les fonctionnaires en position d'activité ou en position de congé parental affectés dans l'établissement ou dans un des établissements en cas de commission commune et appartenant à l'un des corps énumérés à l'article 1er du présent décret ou détachés dans l'un de ces corps.

Art. 10 Les listes des électeurs sont arrêtées pour chaque catégorie et groupe de corps par le chef d'établissement auprès duquel la commission est placée. Elles sont affichées dans le ou les établissements concernés trois semaines au moins avant la date fixée pour le scrutin.

Dans les huit jours qui suivent la publication, les électeurs peuvent vérifier les inscriptions et, le cas échéant, présenter des demandes d'inscription. Dans le même délai, et pendant trois jours à compter de son expiration, des réclamations peuvent être formulées contre les inscriptions ou omissions sur les listes électorales.

Le chef d'établissement auprès duquel la commission est placée statue sans délai sur les réclamations.

Pour l'accomplissement des opérations électorales, les électeurs sont répartis en sections de vote créées, auprès d'un chef de service, par décision du chef d'établissement auprès duquel la commission est placée. Lorsqu'une commission est commune à plusieurs établissements, il est créé au moins une section de vote par établissement.

Art. 11 Sont éligibles au titre d'une catégorie et d'un groupe de corps déterminés les fonctionnaires remplissant les conditions requises pour être inscrits sur la liste électorale correspondante.

Toutefois, ne peuvent être élus ni les fonctionnaires en congé de longue durée au titre de l'article 34 de la loi du 11 janvier 1984 susvisée *[nº 84-16 portant dispositions statutaires relatives à la fonction publique de l'État, V.* ***C. fonct. publ.****]*, ni ceux qui sont frappés d'une des incapacités prononcées par les articles L. 5 à L. 7 du code électoral, ni ceux qui ont été frappés d'une rétrogradation ou d'une exclusion temporaire de fonctions relevant du troisième groupe des sanctions disciplinaires énumérées à l'article 66 de la loi du 11 janvier 1984 susvisée *[nº 84-16 portant dispositions statutaires relatives à la fonction publique de l'État, V.* ***C. fonct. publ.****]*, à moins qu'ils n'aient été amnistiés ou qu'ils n'aient bénéficié d'une décision acceptant leur demande tendant à ce qu'aucune trace de la sanction prononcée ne subsiste à leur dossier.

Art. 12 Les listes de candidats sont établies par catégorie et groupe de corps. Chaque liste comprend autant de noms qu'il y a de sièges à pourvoir, titulaires et suppléants, pour une catégorie donnée.

(Décr. nº 2020-362 du 27 mars 2020, art. 9) « Au sein de chaque groupe de corps, chaque liste comprend un nombre de femmes et d'hommes correspondant aux parts respectives de femmes et d'hommes représentés dans la catégorie concernée. Ce nombre est calculé sur l'ensemble des candidats inscrits sur la liste.

« Lorsque l'application de l'alinéa précédent n'aboutit pas à un nombre entier de candidats à désigner pour chacun des deux sexes, l'organisation syndicale procède indifféremment à l'arrondi à l'entier inférieur ou supérieur. »

Les listes doivent être déposées par les organisations syndicales au moins six semaines avant la date fixée pour les élections et porter le nom d'un fonctionnaire, délégué de liste, habilité à les représenter dans toutes les opérations électorales.

(Décr. nº 2020-362 du 27 mars 2020, art. 9) « Chaque liste déposée mentionne les nom, prénoms et sexe de chaque candidat et indique le nombre de femmes et d'hommes. »

Le dépôt de chaque liste doit, en outre, être accompagné d'une déclaration de candidature signée par chaque candidat. Le dépôt fait l'objet d'un récépissé remis au délégué de liste.

Art. 13 Aucune liste ne peut être déposée ou modifiée après la date limite prévue à l'article précédent.

Toutefois, si, dans un délai de trois jours francs suivant la date limite de dépôt des listes, un ou plusieurs candidats inscrits sur une liste sont reconnus inéligibles, le chef d'établissement auprès duquel la commission est placée informe sans délai le délégué de liste. Celui-ci peut alors procéder, dans un délai de trois jours à compter de l'expiration du délai de trois jours francs susmentionné, aux rectifications nécessaires.

(Décr. nº 2020-362 du 27 mars 2020, art. 10) « Le candidat inéligible est remplacé par un candidat désigné dans le respect des règles définies aux deuxième et troisième alinéas de l'article 12. A l'occasion de cette désignation, le délégué de liste peut modifier l'ordre de présentation de la liste. »

A défaut de rectification, si un ou plusieurs candidats inscrits sur une liste sont reconnus inéligibles, la liste intéressée est considérée comme n'ayant présenté aucun candidat *(Décr. nº 2004-719 du 20 juill. 2004, art. 6)* « pour la catégorie correspondante ».

(Décr. nº 2020-362 du 27 mars 2020, art. 10) « Les parts respectives de femmes et d'hommes telles que définies aux deuxième et troisième alinéas de l'article 12 s'apprécient sur la liste de candidats reconnus éligibles. »

Si le fait motivant l'inéligibilité est intervenu après la date limite prévue pour le dépôt de la liste, le candidat défaillant peut également être remplacé sans qu'il y ait lieu de modifier la date des élections.

Les listes établies dans les conditions fixées par le présent décret sont affichées dès que possible dans chaque section de vote.

Aucun autre retrait de candidature ne peut être opéré après le dépôt des listes de candidature.

Art. 14 Les bulletins de vote et les enveloppes sont établis, aux frais de l'administration, d'après un modèle type fourni par celle-ci.

Les bulletins de vote, les enveloppes et les professions de foi sont remis au chef de service auprès duquel est placée chaque section de vote, en nombre au moins égal, pour chaque liste, au nombre des électeurs inscrits sur la liste électorale et relevant de cette section. Ils sont transmis par les soins de l'administration aux fonctionnaires admis à voter dans les sections de vote mentionnées à l'article 10 du présent décret.

Art. 15 Un bureau de vote central est institué pour chaque commission paritaire d'établissement à former.

Le chef d'établissement auprès duquel la commission paritaire d'établissement est placée peut également créer des bureaux de vote spéciaux dans les sections de vote. Dans ce cas, les suffrages recueillis dans les sections de vote sont transmis, sous pli cacheté, par les soins du chef de service auprès duquel est placée chaque section, soit à un bureau de vote spécial s'il en existe, soit au bureau de vote central au cas contraire.

Les bureaux de vote spéciaux, lorsqu'ils sont institués, procèdent au dépouillement du scrutin et transmettent les résultats au bureau de vote central.

Le dépouillement du scrutin est mis en œuvre, sauf circonstances particulières, dans un délai qui ne peut être supérieur à trois jours ouvrables à compter de la date de l'élection.

Le bureau de vote central procède au dépouillement du scrutin lorsqu'il n'existe pas de bureaux de vote spéciaux. Dans tous les cas, il procède à la proclamation des résultats. Le bureau de vote central et, le cas échéant, les bureaux de vote spéciaux comprennent un président et un secrétaire désignés par le chef d'établissement, ainsi qu'un délégué de chaque liste en présence.

Les sections de vote comprennent un président et un secrétaire désignés par le chef de service auprès duquel elles sont placées ainsi que, le cas échéant, un délégué de chaque liste en présence.

Art. 16 Les opérations électorales se déroulent publiquement dans les locaux du travail et pendant les heures de service.

Le vote a lieu au scrutin secret et sous enveloppe.

Les électeurs ne peuvent voter que pour une liste entière, sans radiation ni adjonction de noms et sans modification de l'ordre de présentation des candidats. Est nul tout bulletin établi en méconnaissance de l'une de ces conditions.

Le vote peut avoir lieu par correspondance, dans les conditions fixées par arrêté du ministre chargé de l'enseignement supérieur.

Les enveloppes expédiées aux frais de l'administration par les électeurs doivent parvenir au bureau de vote avant l'heure de la clôture du scrutin.

Art. 17 Le bureau de vote central constate le nombre total de votants et détermine le nombre total de suffrages valablement exprimés ainsi que le nombre de voix obtenues par chaque liste.

Il détermine en outre le quotient électoral en divisant le nombre total de suffrages valablement exprimés par le nombre de représentants titulaires à élire *(Décr. n° 2004-719 du 20 juill. 2004, art. 7)* « pour chaque catégorie de chaque groupe de corps ».

Art. 18 *(Décr. n° 2004-719 du 20 juill. 2004, art. 8)* Les représentants du personnel au sein de la commission paritaire d'établissement sont élus au bulletin secret à la proportionnelle. La désignation des membres titulaires est effectuée, par catégorie pour chaque groupe de corps, selon les modalités suivantes :

1° Chaque liste a droit à autant de sièges de représentants titulaires que le nombre de voix recueillies par elle contient de fois le quotient électoral. Les sièges de représentants titulaires restant éventuellement à pourvoir sont attribués suivant la règle de la plus forte moyenne.

Dans le cas où, pour l'attribution d'un siège, des listes ont la même moyenne, le siège est attribué à la liste qui a recueilli le plus grand nombre de voix. Si plusieurs de ces listes ont obtenu le même nombre de voix, le siège est attribué à l'une d'entre elles par voie de tirage au sort.

2° Les représentants titulaires sont désignés selon l'ordre de présentation de la liste.

3° Dans l'hypothèse où, pour une catégorie d'un groupe de corps, aucune liste de candidats n'a été présentée, les représentants de cette catégorie sont désignés par voie de tirage au sort parmi les fonctionnaires titulaires de cette catégorie affectés dans l'établissement, ou dans un des établissements en cas de commission commune. Si les fonctionnaires ainsi désignés n'acceptent pas leur nomination, les sièges vacants des représentants du personnel sont attribués par voie de tirage au sort à des représentants des enseignants-chercheurs au conseil d'administration du ou des établissements.

Art. 19 Dans chaque groupe de corps, il est attribué à chaque liste et pour chaque catégorie un nombre de sièges de représentants suppléants égal à celui des représentants titulaires élus au titre de cette liste pour la représentation de la catégorie considérée.

Les élus sont désignés selon l'ordre de présentation de la liste.

Art. 20 Un procès-verbal des opérations électorales est établi par le bureau de vote et immédiatement transmis au chef d'établissement auprès duquel la commission est placée ainsi qu'aux fonctionnaires habilités à représenter les listes de candidats dans les conditions prévues à l'article 12.

Art. 21 Les contestations sur la validité des opérations électorales sont portées, dans un délai de cinq jours à compter de la proclamation des résultats, devant le chef d'établissement auprès duquel la commission est placée, puis, le cas échéant, devant la juridiction administrative.

TITRE II. FONCTIONNEMENT

Art. 22 La commission paritaire d'établissement est présidée par le chef d'établissement auprès duquel elle est placée.

Art. 23 Le président est, en cas d'empêchement, remplacé par un représentant de l'établissement dans les conditions fixées par le règlement intérieur prévu à l'article 24 ci-après.

Art. 24 Chaque commission paritaire d'établissement élabore son règlement intérieur selon un règlement type établi après avis du comité technique ministériel.

Le secrétariat est assuré par un représentant de l'établissement qui peut n'être pas membre de la commission.

Un représentant du personnel est désigné par la commission en son sein pour exercer les fonctions de secrétaire adjoint.

Un procès-verbal est établi après chaque séance. Il est signé par le président et contresigné par le secrétaire et le secrétaire adjoint et transmis, dans un délai d'un mois, aux membres de la commission.

A compter du prochain renouvellement général des instances de représentation de la fonction publique, les mots au 1er al. : « comité technique » sont remplacés par les mots : « comité social d'administration » (Décr. n° 2020-362 du 27 mars 2020, art. 11 et 14).

Art. 25 La commission paritaire d'établissement se réunit *(Décr. n° 2004-719 du 20 juill. 2004, art. 9)* « au moins une fois par an en formation plénière et au moins une fois par an en formation restreinte à chaque catégorie de chaque groupe de corps », sur convocation de son président, à son initiative ou, dans le délai maximal de deux mois, sur demande écrite de la moitié au moins des représentants titulaires du personnel.

Art. 26 Les suppléants peuvent assister aux séances de la commission sans pouvoir prendre part aux débats. Ils n'ont voix délibérative qu'en l'absence des titulaires qu'ils remplacent.

Le président de la commission peut convoquer des experts à la demande de l'administration ou à la demande des représentants du personnel afin qu'ils soient entendus sur un point inscrit à l'ordre du jour.

Les experts ne peuvent assister qu'à la partie des débats, à l'exclusion du vote, relative aux questions pour lesquelles leur présence a été demandée.

Art. 27 La commission paritaire d'établissement est saisie par son président ou sur demande écrite signée par la moitié au moins des représentants du personnel de toutes questions entrant dans sa compétence. Elle émet un avis à la majorité des membres présents.

S'il est procédé à un vote, celui-ci a lieu à main levée. Les abstentions sont admises. Toutefois, à la demande de l'un des membres titulaires de la commission, le vote a lieu à bulletin secret. En cas de partage des voix, l'avis est réputé avoir été donné.

Lorsque la proposition du chef d'établissement est contraire à l'avis émis par la commission paritaire d'établissement, le chef d'établissement doit informer la commission des motifs qui l'ont conduit à ne pas suivre cet avis.

Art. 28 Les séances de la commission paritaire d'établissement ne sont pas publiques.

Art. 29 La commission paritaire d'établissement siège en formation restreinte lorsqu'elle est saisie des questions individuelles, en application du troisième alinéa de *(Décr. n° 2020-362 du 27 mars 2020, art. 12)* « l'article L. 953-6 du code de l'éducation ». Dans les autres cas, elle siège en assemblée plénière.

Art. 30 Lorsque la commission paritaire d'établissement siège en formation restreinte, seuls les membres titulaires et, éventuellement, leurs suppléants représentant dans le groupe de corps considéré la catégorie à laquelle appartient le fonctionnaire intéressé et les membres titulaires ou suppléants représentant la ou les catégories supérieures dans ce groupe de corps ainsi qu'un nombre égal de représentants de l'établissement sont appelés à délibérer.

Art. 31 Lorsque le fonctionnaire dont le cas est soumis à l'examen de la commission appartient à la catégorie A, le ou les représentants de cette catégorie pour le groupe considéré siègent avec leurs suppléants qui ont alors voix délibérative.

Art. 32 Dans le cas mentionné à l'article précédent, si aucun représentant du personnel ne peut valablement siéger, il est fait application de la procédure de tirage au sort prévue à l'article 18 du présent décret. Si cette solution est inapplicable, en raison notamment de la situation des effectifs de la catégorie intéressée, la commission peut être complétée par l'adjonction des membres désignés dans les mêmes conditions parmi les représentants des enseignants-chercheurs au conseil d'administration du ou des établissements en cas de commission paritaire d'établissement commune.

Art. 33 *Abrogé par Décr. n° 2020-362 du 27 mars 2020, art. 13.*

Art. 34 Toutes facilités doivent être données aux membres de la commission paritaire d'établissement par l'administration pour leur permettre de remplir leurs attributions. En outre, communication doit leur être donnée de toutes pièces et documents nécessaires à l'accomplissement de leur mission huit jours au moins avant la date de la séance.

Une autorisation d'absence est accordée aux représentants du personnel pour leur permettre de participer aux réunions de la commission paritaire d'établissement, sur simple présentation de leur convocation. La durée de cette autorisation est calculée en tenant compte des délais de route, de la durée prévisible de la réunion et augmentée d'un temps égal à cette durée afin de mettre les intéressés en mesure d'assurer la préparation et le compte rendu des travaux de la commission, sans que ce temps puisse excéder deux journées.

Les membres de la commission sont soumis à l'obligation de discrétion professionnelle en ce qui concerne tous les faits et documents dont ils ont eu connaissance en cette qualité.

Art. 35 En cas de difficulté dans le fonctionnement de la commission paritaire d'établissement, le chef d'établissement auprès duquel la commission est placée en rend compte au ministre chargé de l'enseignement supérieur, qui statue après avis du comité technique ministériel.

A compter du prochain renouvellement général des instances de représentation de la fonction publique, les mots : « comité technique » sont remplacés par les mots : « comité social d'administration » (Décr. n° 2020-362 du 27 mars 2020, art. 11 et 14).

Art. 36 La commission paritaire d'établissement ne délibère valablement qu'à la condition d'observer les règles de constitution et de fonctionnement édictées par *(Décr. n° 2020-362 du 27 mars 2020, art. 12)* « l'article L. 953-6 du code de l'éducation » et par le présent décret, ainsi que par le règlement intérieur.

En outre, les trois quarts au moins des membres de la commission doivent être présents lors de l'ouverture de la réunion. Lorsque ce quorum n'est pas atteint, une nouvelle convocation est envoyée dans le délai de huit jours aux membres de la commission qui siège alors valablement si la moitié de ces membres sont présents.

Art. 37 En cas de difficultés graves dans son fonctionnement et après avis du comité technique ministériel, une commission paritaire d'établissement peut être dissoute par arrêté du ministre chargé de l'enseignement supérieur. Il est alors procédé, dans le délai de deux mois et selon la procédure ordinaire, à la constitution d'une nouvelle commission dont le renouvellement est soumis aux conditions déterminées aux articles 4 et 8 ci-dessus.

A compter du prochain renouvellement général des instances de représentation de la fonction publique, les mots : « comité technique » sont remplacés par les mots : « comité social d'administration » (Décr. n° 2020-362 du 27 mars 2020, art. 11 et 14).

Art. 38 Les membres de la commission paritaire d'établissement ne perçoivent aucune indemnité du fait de leurs fonctions dans cette commission. Ils sont toutefois indemnisés de leurs frais de déplacement et de séjour dans les conditions fixées par les décrets du 12 avril 1989 [*n° 89-271 fixant les conditions et les modalités de règlement des frais de déplacement des personnels civils à l'intérieur des départements d'outre-mer, entre la métropole et ces départements, et pour se rendre d'un département d'outre-mer à un autre*], du 28 mai 1990 [*n° 90-437 fixant les conditions et les modalités de règlement des frais occasionnés par les déplacements des personnels civils sur le territoire métropolitain de la France lorsqu'ils sont à la charge des budgets de l'État, des établissements publics nationaux à caractère administratif et de certains organismes subventionnés*] et du 22 septembre 1998 [*n° 98-844 fixant les conditions et les modalités de règlement des frais occasionnés par les déplacements des personnels civils de l'État à l'intérieur d'un territoire d'outre-mer, entre la métropole et un territoire d'outre-mer, entre deux territoires d'outre-mer et entre un territoire d'outre-mer et un département d'outre-mer, la collectivité territoriale de Mayotte ou celle de Saint-Pierre-et-Miquelon*] susvisés.

Art. L. 953-7 (*L. n° 2007-1199 du 10 août 2007, art. 24*) **Les personnels ingénieurs, techniques et administratifs des organismes de recherche ou les personnels contractuels qui exercent des fonctions techniques ou administratives dans les établissements publics à caractère scientifique, culturel et professionnel participent à la vie démocratique des établissements. Ils sont assimilés aux personnels ingénieurs, administratifs, techniques, et des bibliothèques, nommés dans l'établissement pour leur participation aux différents conseils et instances des établissements.**

CHAPITRE IV DISPOSITIONS APPLICABLES AUX UNIVERSITÉS BÉNÉFICIANT DE RESPONSABILITÉS ET DE COMPÉTENCES ÉLARGIES MENTIONNÉES À L'ARTICLE L. 712-8

(*L. n° 2007-1199 du 10 août 2007, art. 19-I*)

Art. L. 954-1 Le conseil d'administration définit, dans le respect des dispositions statutaires applicables et des missions de formation initiale et continue de l'établissement, les principes généraux de répartition des obligations de service des personnels enseignants et de recherche entre les activités d'enseignement, de recherche et les autres missions qui peuvent être confiées à ces personnels.

1. Principe d'indépendance des enseignants-chercheurs. Absence d'atteinte. Afin de renforcer l'autonomie des universités, l'art. L. 954-1 C. éduc. se borne à autoriser le conseil d'administration à définir les « principes généraux de répartition des obligations de service des personnels enseignants et de recherche entre les activités d'enseignement, de recherche et les autres missions qui peuvent être confiées à ces personnels ». En tout état de cause, cet art. prévoit que le pouvoir ainsi reconnu au conseil d'administration s'exerce « dans le respect des dispositions statutaires applicables », celles-ci résultant à la fois du statut général des fonctionnaires et des règles particulières du statut des enseignants-chercheurs prévues par décret en Conseil d'État. Par suite, ce pouvoir du conseil d'administration ne porte atteinte, en lui-même, ni au principe d'indépendance des enseignants-chercheurs ni au principe d'égalité entre les fonctionnaires d'un même corps. • Cons. const. 6 août 2010, *M. Combacau et a.*, n° 2010-20/21 QPC : *JCP 2010, n° 36, p. 1602, note Mathieu ; Gaz. Pal. 2010, n° 251-252, p. 14, note Touzeil-Divina ; AJDA 2010. 1557 ; AJFP 2010. 245 ; D. 2010. 2335, note Melleray.* ♦ V. aussi • CE, QPC, 9 juin 2010, *M. Combacau et a.*, n° 316986 ; • 9 juin 2010, *Collectif pour la défense de l'université, M. Beaud et a.*, n° 329056 : *AJDA 2010. 1179, comm. de Montecler.*

2. Égalité de traitement entre les fonctionnaires d'un même corps. Absence d'atteinte. L'art. L. 712-8 C. éduc. limitant la mise en œuvre du pouvoir du conseil d'administration au seul conseil d'administration des universités bénéficiant des responsabilités et compétences élargies, les « principes généraux de répartition des obligations de service » entre les enseignants-chercheurs peuvent ainsi varier d'une université à l'autre. Toutefois, l'art. 49 de la L. du 10 août 2007 prévoit que toutes les universités bénéficieront, au plus tard cinq ans après sa date de publication, soit avant le 12 août 2012, des responsabilités et compétences élargies. Le juge estime que la différence de traitement qui peut résulter, à titre transitoire, de la disposition contestée repose sur des critères objectifs et rationnels et que, par suite, le grief tiré de l'atteinte à l'égalité de traitement entre les fonctionnaires d'un même corps doit être écarté. • Cons. const. 6 août 2010, *M. Combacau et a.*, n° 2010-20/21 QPC : *préc. note 1.*

3. Nouvelles procédures de répartition des services. Décr. n° 2009-460 du 23 avr. 2009. Compétence du conseil d'administration. Répartition des obligations de service. L'art. L. 954-1 dispose que le conseil d'administration définit les principes généraux de répartition des obligations de services entre les activités d'enseignement, les activités de recherche et les autres missions et doit être combiné aux dispositions de l'art. L. 952-4 qui prévoit que les enseignants-chercheurs, les enseignants et les chercheurs ont compétence exclusive pour effectuer la répartition des services. Le pouvoir réglementaire a ainsi pu, sans méconnaître ces dispositions, confier au conseil d'administration en formation restreinte aux enseignants-chercheurs le soin de répartir les obligations de services de ces derniers. • CE 15 déc. 2010, *Collectif pour la défense de l'Université et a.*, n° 329056 : *AJDA 2011. 1791, note Verpeaux*. ♦ V. notes ss. art. L. 712-2 et L. 952-4.

4. Nouvelles procédures de répartition des services. Décr. n° 2009-460 du 23 avr. 2009. Compétence du président. Modulation des services. En vertu des art. L. 952-4, L. 954-1 et L. 712-2, le président de l'université est compétent pour prendre les décisions individuelles d'attribution de services. Le pouvoir réglementaire a pu, sans méconnaître le principe d'indépendance des enseignants-chercheurs et le principe d'égalité entre fonctionnaires d'un même corps, ouvrir au président de l'université la faculté de moduler les services, eu égard aux garanties dont cette faculté est assortie, en particulier son encadrement par décret et par la délibération du conseil d'administration répartissant les services, l'accord écrit de l'enseignant-chercheur, et une procédure de réexamen collégial par des pairs en cas de refus d'une demande de l'enseignant-chercheur. • CE 15 déc. 2010, *Collectif pour la défense de l'Université et a.*, n° 329056 : *préc. note 3.*

Art. L. 954-2 *(L. n° 2020-1674 du 24 déc. 2020, art. 27)* **« Le président est responsable de l'attribution des primes aux personnels qui sont affectés dans l'établissement, en application des textes applicables et selon les principes de répartition définis par le conseil d'administration. »**

Le conseil d'administration peut créer des dispositifs d'intéressement permettant d'améliorer la rémunération des personnels. *(L. n° 2020-1674 du 24 déc. 2020, art. 27)* **« Un dispositif d'intéressement ne peut se substituer aux régimes indemnitaires institués en application d'un texte législatif ou réglementaire. »**

Les conditions d'application du présent article peuvent être précisées par décret.

Sur la prime d'encadrement doctoral et de recherche, V. ci-dessous Décr. n° 2009-851 du 8 juill. 2009.

Primes. Liste des bénéficiaires. Nature juridique. Communication. Dans une affaire où il était demandé au tribunal administratif d'annuler la décision par laquelle le CNRS avait rejeté une demande de communication de la liste alphabétique des bénéficiaires de la prime d'excellence scientifique, le juge décide que l'attribution de la prime d'excellence scientifique aux personnels dont l'activité scientifique est jugée d'un niveau élevé et aux personnels apportant une contribution exceptionnelle à la recherche révèle nécessairement une appréciation ou un jugement de valeur sur ces personnels. Leur liste n'est par conséquent pas communicable au titre de la loi sur la liberté d'accès aux documents administratifs. Il en va différemment pour la liste des bénéficiaires de cette prime au titre d'une distinction scientifique internationale ou nationale, puisque dans ce cas, par définition, son attribution ne révèle pas une appréciation ou un jugement de valeur porté par le CNRS sur ces personnels. • CE 8 juin 2016, *CNRS*, n° 389756 : *Lebon ; AEF 15 juin 2016, Dépêche n° 540217, comm. Toulemonde.*

Décret n° 2009-851 du 8 juillet 2009,

Relatif à la prime d'encadrement doctoral et de recherche attribuée à certains personnels de l'enseignement supérieur et de la recherche (Décr. n° 2014-557 du 28 mai 2014, art. 1er).

Art. 1er La prime d'encadrement doctoral et de recherche prévue par l'article L. 954-2 du code de l'éducation, est attribuée par les établissements publics d'enseignement supérieur et de recherche.

Elle peut être accordée aux personnels dont l'activité scientifique est jugée d'un niveau élevé *(Décr. n° 2014-557 du 28 mai 2014, art. 2)* « au regard notamment de la production scientifique, de l'encadrement doctoral et scientifique, de la diffusion de leurs travaux et des responsabilités scientifiques exercées. »

Elle peut également être attribuée aux personnels apportant une contribution exceptionnelle à la recherche.

(Décr. n° 2014-557 du 28 mai 2014, art. 2) « Elle est attribuée aux personnels lauréats d'une distinction scientifique de niveau international ou national conférée par un organisme de recherche dont la liste est fixée par arrêté du ministre chargé de la recherche. »

Art. 2 La *(Décr. n° 2014-557 du 28 mai 2014, art. 1er)* « prime d'encadrement doctoral et de recherche » peut être attribuée dans les conditions fixées par le présent décret :

1. Aux professeurs des universités et aux maîtres de conférences titulaires et stagiaires régis par le décret du 6 juin 1984 susvisé *[n° 84-431, V. App., v° Statuts particuliers]* ainsi qu'aux personnels qui leur sont assimilés en application de l'arrêté prévu à l'article 6 du décret du 16 janvier 1992 susvisé *[n° 92-70, V. cet art. ss. art. L. 952-1]* ;

2. Aux directeurs de recherche et aux chargés de recherche régis par le décret du 30 décembre 1983 susvisé *[n° 83-1260]* ;

3. Aux professeurs des universités-praticiens hospitaliers et aux maîtres de conférences des universités-praticiens hospitaliers titulaires et stagiaires régis par les décrets du 24 février 1984 et du 24 janvier 1990 susvisés *[n° 84-135 et n° 90-92, V. App., v° Statuts particuliers]* ;

4. Aux professeurs des universités de médecine générale et aux maîtres de conférences des universités de médecine générale titulaires et stagiaires régis par le décret du 28 juillet 2008 susvisé *[n° 2008-744, V. App., v° Statuts particuliers]*.

La *(Décr. n° 2014-557 du 28 mai 2014, art. 1er)* « prime d'encadrement doctoral et de recherche » est attribuée de plein droit aux enseignants-chercheurs placés en délégation auprès de l'Institut universitaire de France.

Art. 3 La *(Décr. n° 2014-557 du 28 mai 2014, art. 1er)* « prime d'encadrement doctoral et de recherche » est attribuée pour une période de quatre ans renouvelable *(Décr. n° 2014-557 du 28 mai 2014, art. 3)* « ou pour la durée de la délégation mentionnée au dernier alinéa de l'article 2 ».

(Décr. n° 2014-557 du 28 mai 2014, art. 3) « Dans les établissements d'enseignement supérieur, l'ensemble des candidatures des personnels mentionnés aux deuxième et troisième alinéas de l'article 1er font l'objet soit de l'avis de l'instance nationale d'évaluation compétente à l'égard des personnels mentionnés à l'article 2, soit d'une expertise confiée à des enseignants-chercheurs ou personnels assimilés au sens du deuxième alinéa de l'article L. 952-24 du code de l'éducation, conformément à la proposition de la commission de la recherche du conseil académique ou de l'organe en tenant lieu. Ces experts doivent être extérieurs à l'établissement ainsi qu'à l'ensemble des établissements composant le regroupement prévu au 2° de l'article L. 718-3 du code de l'éducation dont relève l'établissement. Les attributions individuelles sont fixées par le président ou le directeur, après avis de la commission de la recherche du conseil académique ou de l'organe en tenant lieu.

« Dans les établissements publics scientifiques et technologiques, les attributions individuelles sont fixées par le président ou le directeur, en fonction de l'évaluation réalisée par l'instance d'évaluation compétente à l'égard de son bénéficiaire en application des règles statutaires afférentes à son corps en ce qui concerne les candidatures des personnels mentionnés aux deuxième et troisième alinéas de l'article 1er. Ces attributions peuvent être révisées à l'issue d'une période de deux ans par le président ou le directeur dans le cadre des modalités arrêtées par le conseil d'administration après avis de l'instance d'évaluation compétente. »

Un arrêté des ministres chargés du budget, de la fonction publique, de l'enseignement supérieur et de la recherche fixe les taux annuels minimum et maximum d'attribution de la présente prime.

Art. 4 Pour bénéficier de cette prime, les personnels mentionnés *(Décr. n° 2014-557 du 28 mai 2014, art. 4)* « aux 1, 3 et 4 de l'article 2 » doivent effectuer un service d'enseignement dans un établissement d'enseignement supérieur correspondant annuellement à *(Décr. n° 2014-557 du 28 mai 2014, art. 4)* « un minimum de » 42 heures de cours, 64 heures de travaux dirigés ou toute combinaison équivalente.

La *(Décr. n° 2014-557 du 28 mai 2014, art. 1er)* « prime d'encadrement doctoral et de recherche » peut également être attribuée aux chercheurs régis par le décret du 30 décembre 1983 susvisé *[n° 83-1260]* qui s'engagent à effectuer pendant une période de quatre ans renouvelable, dans un établissement d'enseignement supérieur, un service d'enseignement correspondant annuellement à *(Décr. n° 2014-557 du 28 mai 2014, art. 4)* « un minimum de » 42 heures de cours, 64 heures de travaux dirigés ou toute combinaison équivalente *(Décr. n° 2014-557 du 28 mai 2014, art. 4)* « ou, pour ceux qui exercent à l'étranger, à des activités pédagogiques équivalentes définies par le conseil d'administration ». Ce service d'enseignement doit être accompli en priorité dans l'établissement au sein duquel ils effectuent leurs recherches.

L'obligation de service d'enseignement fixée au présent article est réduite des heures de cours ou de travaux dirigés qui n'ont pas été effectuées pour cause de congé maladie, de congé de maternité, de paternité ou d'adoption ou de congé consécutif à un accident de travail. Il en est de même en cas de congé pour recherches ou conversions thématiques.

(Décr. n° 2014-557 du 28 mai 2014, art. 4) « En cas de changement d'établissement du bénéficiaire de la prime, l'établissement d'accueil prend en charge le versement de la prime d'encadrement doctoral et de recherche, sur la base du montant fixé par l'établissement d'origine. »

Art. 5 Le conseil d'administration arrête, après avis du conseil scientifique *(Décr. n° 2014-557 du 28 mai 2014, art. 5)* « dans les établissements publics scientifiques et technologiques, ou après avis de la commission de la recherche du conseil académique ou de l'organe en tenant lieu dans les établissements d'enseignement supérieur », les critères de choix des bénéficiaires de la *(Décr. n° 2014-557 du 28 mai 2014, art. 1er)* « prime d'encadrement doctoral et de recherche » ainsi que le barème afférent au sein duquel s'inscrivent les attributions individuelles.

Ces critères de choix et le barème sont rendus publics et transmis au ministre chargé de l'enseignement supérieur et au ministre chargé de la recherche *(Décr. n° 2014-557 du 28 mai 2014, art. 5)* « ainsi qu'à l'ensemble des enseignants-chercheurs et chercheurs de l'établissement avec l'appel à candidature au moins quinze jours avant la date de dépôt des dossiers ».

Art. 6 Les bénéficiaires d'une *(Décr. n° 2014-557 du 28 mai 2014, art. 1er)* « prime d'encadrement doctoral et de recherche » peuvent être autorisés à convertir, pour tout ou partie, leur prime en décharge de service d'enseignement, par décision du président ou du directeur de l'établissement, selon des modalités définies par le conseil d'administration.

Art. 7 Sont abrogés :

— le décret n° 90-51 du 12 janvier 1990 instituant une prime d'encadrement doctoral et de recherche attribuée à certains personnels de l'enseignement supérieur ;

— le décret n° 2007-927 du 15 mai 2007 instituant une indemnité d'excellence scientifique attribuée à certains personnels de l'enseignement supérieur et de la recherche.

Art. 8 I. — A titre transitoire et jusqu'au *(Décr. n° 2013-370 du 30 avr. 2013, art. 1er)* « 31 décembre 2013 » :

1° L'instance nationale nommée par le ministre chargé de l'enseignement supérieur qui formulait auprès de lui les propositions d'attribution de la prime d'encadrement doctoral et de recherche instituée par le décret n° 90-51 du 12 janvier 1990 est maintenue ;

2° Ses modalités de fonctionnement sont définies par arrêté du ministre chargé de l'enseignement supérieur.

II. — A titre transitoire et jusqu'au *(Décr. n° 2013-370 du 30 avr. 2013, art. 1er)* « 31 décembre 2013 », la prime d'excellence scientifique est attribuée aux enseignants-chercheurs par le président ou le directeur de l'établissement dans les conditions prévues à l'article 5, sous réserve des dispositions suivantes :

1° Dans les établissements bénéficiant des responsabilités et compétences élargies mentionnées à l'article L. 712-8 du code de l'éducation, le président ou le directeur peut recueillir, préalablement à l'attribution des primes, sur proposition du conseil d'administration, l'avis de l'instance nationale mentionnée au 1° du I du présent article sur les candidats ; cette décision est valable jusqu'au terme de la période transitoire.

2° Dans les autres établissements, le président ou le directeur de l'établissement prend sa décision d'attribution sur proposition de l'instance nationale mentionnée au 1° du I du présent article.

Ces dispositions transitoires ne sont pas applicables aux enseignants-chercheurs qui relèvent du dernier alinéa de l'article 2.

Art. L. 954-3 **Sous réserve de l'application de l'article L. 712-9, le président peut recruter, pour une durée déterminée ou indéterminée, des agents contractuels :**

1° Pour occuper des fonctions techniques ou administratives correspondant à des emplois de catégorie A ;

2° Pour assurer, par dérogation au premier alinéa de l'article L. 952-6, des fonctions d'enseignement, de recherche ou d'enseignement et de recherche, après avis du comité de sélection prévu à l'article L. 952-6-1.

Pour un motif de bonne administration, sont exclues du champ d'application du droit des usagers de saisir l'administration par voie électronique les demandes relatives aux recrutements et aux candidatures des contractuels enseignants-chercheurs, contractuels chercheurs, contractuels enseignants et contractuels cadres techniques et administratifs au titre des dispositions applicables aux universités bénéficiant de responsabilités et de compétences élargies mentionnées à l'art. L. 712-8 (Décr. n° 2015-1410 du 5 nov. 2015).

BIBL. ▸ Déroche, Amar, Bigaut et Giami, État des lieux des contractuels recrutés en application de l'article L. 954-3 du code de l'éducation, *Rapp. IGAENR, n° 2016-036, juin 2016*. – Hazara et Thirion, Les enseignants non permanents affectés dans l'enseignement supérieur. Bilan de l'année 2015-2016, *MESRI, Note de la DGRH, Enseignement supérieur, n° 4, juin 2017*.

1. Prestations d'enseignement. Un établissement d'enseignement supérieur qui n'est pas en mesure de confier des activités d'enseignement supérieur à des enseignants-chercheurs, à d'autres enseignants ayant la qualité de fonctionnaires ou à des enseignants invités ou associés, peut faire appel soit à des chargés d'enseignement recrutés et rémunérés selon les modalités prévues par le Décr. n° 87-889 du 29 oct. 1987 soit, s'il dispose des compétences élargies, à des enseignants contractuels. * Lettre DAJ B1, n° 08-273, du 23 sept. 2008 : *LIJ 2008, n° 129, p. 23*. ♦ Cette réglementation implique que seules des personnes physiques peuvent être rémunérées pour de telles prestations et que toute possibilité de convention avec une entreprise mettant son personnel au service de l'établissement est exclue. * Lettre DAJ B1, n° 09-03, du 6 janv. 2009 : *LIJ 2009, n° 133, p. 27*.

2. Transformation de CDD en CDI. En application de ces dispositions, on ne saurait exclure l'hypothèse où un agent, avant l'expiration de la période de six années prévue par l'article 4 de la L. du 11 janvier 1984, se verrait confier, non pas la reconduction de son contrat initial sous la forme d'un contrat à durée déterminée mais un nouveau contrat à durée indéterminée conclu sur la base de cet article.* Lettre DAJ B1, n° 09-30, du 30 janv. 2009 : *LIJ 2009, n° 133, p. 26*.

TITRE SIXIÈME LES PERSONNELS DES ÉTABLISSEMENTS D'ENSEIGNEMENT SPÉCIALISÉS

CHAPITRE PREMIER LES PERSONNELS DE L'ENSEIGNEMENT AGRICOLE

Art. L. 961-1 **Les personnels de l'enseignement agricole public relèvent des dispositions de l'article L. 811-4 du code rural et de la pêche maritime, ci-après reproduites :**

Art. L. 811-4 Les statuts des personnels des établissements visés à l'article L. 811-8 *[V. C. éduc., art. L. 421-22]* sont harmonisés, jusqu'à réalisation de la parité, avec ceux des corps homologues de l'enseignement général, technologique et professionnel, de telle sorte que l'ensemble de ces personnels soit en mesure d'exercer ses fonctions selon les mêmes conditions et avec les mêmes garanties dans les établissements relevant de l'enseignement général, technologique et professionnel et dans les établissements relevant de l'enseignement agricole.

1. Portée de l'harmonisation des statuts des personnels. Il résulte des travaux préparatoires qu'en édictant ces dispositions le législateur a seulement entendu faciliter les échanges et la mobilité des personnels enseignants entre l'enseignement agricole d'une part, et l'enseignement général et technique d'autre part. • CE 25 oct. 1996, ♔ *Synd. nat. de l'enseignement technique agricole public (SNETAP)*, n° 131667 : *Lebon 409* ⌀.

2. Choix d'instituer un statut d'emploi et non de corps. Si les dispositions de la L. du 9 juill. 1984 interdisaient au gouvernement d'attribuer aux personnels nommés dans les emplois de direction des établissements publics d'enseignement technique relevant du ministre de l'agriculture des garanties inférieures à celles dont bénéficient les personnels de direction de rang équivalent des établissements relevant du ministre de l'éducation nationale, elles ne lui imposaient pas de doter ces personnels d'un statut de corps. Eu égard notamment à la spécificité des fonctions de direction d'établissement d'enseignement technique agricole et à la diversité des corps au sein desquels sont recrutés ceux qui les exercent, les auteurs du décret n'ont pas commis d'erreur manifeste d'appréciation en décidant d'instituer un statut d'emploi. Légalité du décret n° 91-921 du 12 sept. 1991 relatif aux conditions de nomination et d'avancement dans ces emplois. • CE 25 oct. 1996, *Synd. nat. de l'enseignement technique agricole public (SNETAP)*, n° 131667 : *préc. note 1.*

Art. L. 961-2 Les personnels de l'enseignement agricole privé relèvent des dispositions de l'article L. 813-7 du code rural et de la pêche maritime, reproduites à l'article L. 442-21 du présent code, et des dispositions des articles L. 813-8 et L. 813-9 du code rural et de la pêche maritime, ci-après reproduites :

Art. L. 813-8 Dans les établissements dont les formations sont dispensées dans les conditions prévues au premier alinéa de l'article L. 811-5, l'association ou l'organisme responsable, et lié à l'État par contrat, désigne le chef d'établissement qui doit détenir les titres et présenter les qualifications comparables à ceux requis dans l'enseignement agricole public. Cette désignation est aussitôt notifiée à l'autorité administrative. Le chef d'établissement détient l'autorité au sein de l'établissement. *(L. n° 2019-828 du 6 août 2019, art. 27)* « Il est associé à l'appréciation de la valeur professionnelle des enseignants et aux décisions » concernant le déroulement de leur carrière.

Les personnels enseignants et de documentation de ces établissements sont nommés par le ministre de l'agriculture, après vérification de leurs titres et de leurs qualifications, sur proposition du chef d'établissement. Ils sont liés par un contrat de droit public à l'État, qui les rémunère directement par référence aux échelles *(L. n° 2020-1721 du 29 déc. 2020, art. 229)* « de rémunération d'agents publics » exerçant des fonctions comparables et ayant *(Ord. n° 2019-861 du 21 août 2019, art. 5)* « les mêmes niveaux de qualification ». *(L. n° 2005-5 du 5 janv. 2005)* « En leur qualité d'agent public, ils ne sont pas, au titre des fonctions pour lesquelles ils sont employés et rémunérés par l'État, liés par un contrat de travail à l'établissement au sein duquel l'enseignement leur est confié. *(L. n° 2020-1721 du 29 déc. 2020, art. 229)* « Un décret en Conseil d'État précise les modalités de cette rémunération. »

« Nonobstant l'absence de contrat de travail avec l'établissement, les personnels enseignants mentionnés à l'alinéa précédent sont, pour l'application des articles *(Ord. n° 2017-1718 du 20 déc. 2017, art. 2)* « L. 4523-11, L. 4523-14, L. 4523-15, L. 4523-16, L. 4523-17, L. 2311-2 et L. 2312-8 » du code du travail, pris en compte dans le calcul des effectifs de l'établissement, tel que prévu à l'article *(Ord. n° 2017-1718 du 20 déc. 2017, art. 2)* « L. 1111-2 » du même code. Ils sont électeurs et éligibles pour les élections *(Ord. n° 2017-1718 du 20 déc. 2017, art. 2)* « des membres du comité social et économique. » Ils bénéficient de ces institutions dans les conditions prévues par le code du travail. Les rémunérations versées par l'État à ces personnels sont prises en compte pour le calcul de la masse salariale brute, tel que prévu à l'article *(Ord. n° 2017-1718 du 20 déc. 2017, art. 2)* « L. 2312-83 » du même code, et la détermination du rapport entre la contribution aux institutions sociales et le montant global des salaires, mentionné à l'article *(Ord. n° 2017-1718 du 20 déc. 2017, art. 2)* « L. 2312-81 » du même code. »

Lorsqu'un emploi est à pourvoir, le chef d'établissement est tenu de donner priorité aux candidats qualifiés qui auraient perdu leur emploi par suite de la suppression totale ou partielle d'une filière dans l'établissement même ou dans un autre établissement d'enseignement agricole privé relevant du présent article. *(L. n° 2005-5 du 5 janv. 2005)* « Un décret en Conseil d'État précise les conditions de recrutement par concours et les garanties d'emploi dont les lauréats bénéficient. »

Une commission, dont la composition est fixée par décret, peut être saisie des différends concernant l'application du présent alinéa.

Le contrat type liant le personnel enseignant et de documentation à l'État est approuvé par décret en Conseil d'État.

L'association ou l'organisme intéressé reçoit une subvention de fonctionnement versée par élève et par an qui tient compte des conditions de scolarisation et qui est déterminée en fonction du coût moyen des charges de personnel non enseignant et des dépenses, autres que celles visées au deuxième alinéa du présent article, des formations correspondantes de l'enseignement agricole public.

Art. L. 813-9 Pour les associations ou organismes, liés à l'État par un contrat, qui offrent des formations à temps plein en conjuguant, selon un rythme approprié, les enseignements théoriques et pratiques dispensés d'une part dans l'établissement même et d'autre part dans le milieu agricole et rural, l'aide financière de l'État est calculée sur la base :

1° Du nombre de postes de formateurs nécessaires à la mise en œuvre de filières de formation retenues par le schéma prévisionnel national, compte tenu des modalités d'organisation interne de ces filières au sein des établissements ou des groupes d'établissements ;

2° Du coût d'un poste, déterminé pour chaque filière de formation, par référence au coût moyen des formateurs qui participent aux filières analogues existant dans les établissements, mentionnés à l'article L. 813-8.

Cette base de calcul est fixée par décret.

Pour bénéficier de l'aide de l'État, les associations, les organismes ou leurs groupements doivent assurer, directement ou indirectement, la totalité des enseignements d'une ou de plusieurs filières de formation.

Le décret en Conseil d'État qui fixe les modalités d'application du présent article définit également les garanties supplémentaires dont les agents recrutés par les associations et les organismes responsables, et soumis à leur autorité, bénéficient en ce qui concerne notamment leurs droits et obligations professionnels, les procédures disciplinaires, les cas de licenciement et l'exercice du droit syndical *[V. C. rur., art. R. 813-1 s.]*.

1. Dépenses dont la prise en charge est assurée par l'État. Il résulte des dispositions de la L. du 31 déc. 1984 portant réforme des relations entre l'État et les établissements d'enseignement agricole privés que la subvention de fonctionnement par élève assure la prise en charge non seulement du coût de l'externat mais aussi, en fonction des conditions de scolarisation des élèves, de dépenses relatives à la restauration et à l'hébergement. • CE 18 nov. 1998, *Synd. nat. de l'enseignement technique agricole public*, n° 170647 : *Lebon T. 936*.

2. Calcul des subventions. Le mode de calcul des subventions allouées à l'enseignement privé agricole tel qu'il résulte des dispositions du code rural ne revêt pas en tous ses éléments un caractère automatique et forfaitaire. La méthode d'évaluation qui ne repose que sur une extrapolation des résultats d'une enquête nationale et qui n'est pas assortie de précisions, notamment quant aux effectifs scolarisés et à la consistance réelle de l'activité propre à l'établissement concerné, n'est pas légale. • CAA Bordeaux, 6 mai 2003, *Min. de l'agriculture c/ Lycée d'enseignement agricole privé polyvalent Roc Fleuri à Ruffec*, n° 02BX02617.

3. Situation et plan de carrière. L'attention du ministre ayant été attirée sur la situation des professeurs des établissements d'enseignement agricole privés liés par un contrat d'association avec l'État et qui dépendent du ministère de l'agriculture, il a été répondu que le Décr. n° 89-406 du 20 juin 1989 relatif aux personnels enseignants et de documentation de l'enseignement agricole privé permet l'accès à un contrat d'enseignant aux lauréats de concours, mais aussi à tous les titulaires de l'un des certificats d'aptitude pédagogique requis de la part des professeurs de l'enseignement général ou technique public ou privé sous contrat, y compris ceux relevant du ministère de l'éducation nationale, de l'enseignement supérieur et de la recherche (MENESR), alors que le C. éduc. limite l'accès à un contrat d'enseignant au sein d'un établissement d'enseignement privé sous contrat dépendant du MENESR aux seuls lauréats de concours de ce ministère. Le ministère de l'agriculture, de l'agroalimentaire et de la forêt (MAAF) et le MENESR ont déjà été alertés de cette difficulté que seule une modification du C. éduc. pourra résoudre. Le service compétent au MENESR étudie actuellement la possibilité d'introduire une modification au C. éduc. permettant l'accès des personnels enseignants et de documentation du MAAF aux échelles de rémunération du MENESR correspondant à leur catégorie d'origine. S'agissant du plan de carrière, dans l'enseignement agricole privé, en 2e et 4e catégories, la carrière est alignée sur celle des professeurs certifiés et des professeurs de lycée professionnel relevant de l'enseignement public des deux ministères. En revanche, les enseignants de 3e catégorie au MAAF, comme les adjoints d'enseignement au MENESR, ont une rémunération inférieure, les conditions de recrutement étant également inférieures. Cependant, au MAAF, afin d'améliorer la carrière des enseignants de 3e catégorie, un plan de promotion a été mis en place en leur faveur pendant une période de 8 ans pour leur permettre l'accès à la 2e ou à la 4e catégorie. S'agissant des droits à la retraite, les enseignants du privé des deux ministères étant des agents contractuels, ils ne bénéficient pas de la pension civile mais d'une retraite relevant du régime général de la sécurité sociale pour le MENESR et de la mutualité sociale agricole pour le MAAF. Un régime additionnel de retraite a été ouvert à l'ensemble des enseignants du privé en 2005, pour rapprocher progressivement leur niveau de retraite de celui de leurs collègues du public. En revanche, la réglementation relative aux congés de formation, au reclassement et à la promotion de grade est identique dans l'enseignement public et privé ; et pour les changements d'affectation dans l'enseignement privé, une priorisation a été mise en place. S'agissant de l'emploi, en tant qu'agents contractuels, en cas de diminution des effectifs d'élèves, les personnels enseignants et de documentation du MAAF peuvent faire l'objet d'un licenciement suite à la suppression de leur poste. Cependant, une priorité est donnée par le Décr. du 20 juin 1989 à ces enseignants pour retrouver un poste dans un autre établissement dans le cadre du mouvement annuel. Ainsi, une attention toute particulière est apportée à ces situations par la commission consultative mixte compétente. En revanche, il n'est pas possible pour ces personnels de postuler à certains postes à responsabilité de l'enseignement public, car les statuts d'emploi sont accessibles aux seuls fonctionnaires. Enfin, s'agissant de la L. n° 84-1285 du 31 déc. 1984, dite « loi Rocard », il convient de rappeler qu'elle a été complétée, pour les droits sociaux, par la L. n° 2005-5 du 5 janv. 2005, dite « loi Censi », qui a permis de rapprocher, dans toute la mesure du possible, la situation des personnels enseignants et de documentation de celle des personnels titulaires correspondants. Il n'est pas envisagé de modifier ce dispositif législatif. En outre, si ces personnels souhaitent accéder aux corps d'enseignants titulaires, leurs services accomplis dans l'enseignement agricole privé sont pris en compte pour s'inscrire aux concours internes d'accès à ces corps. * Rép. min. n° 88179 : *JOAN Q 1er déc. 2015, p. 9618.*

CHAPITRE II LES PERSONNELS ENSEIGNANTS DE L'ARCHITECTURE

BIBL. ► FELTESSE, Concertation sur l'enseignement supérieur et la recherche en architecture, *Rapp. remis au ministre de la culture, avr. 2013.* – GALLOT, DE CANCHY, ROUSSEL et QUENET, Une nouvelle ambition pour la recherche dans les écoles d'architecture. Propositions pour un statut d'enseignement-chercheur, *Rapp. IGAENR-IGAC, n° 2014-074, nov. 2014.*

Art. L. 962-1 **Par dérogation au statut général des fonctionnaires de l'État, des personnalités ne possédant pas la qualité de fonctionnaire peuvent être recrutées et titularisées à tout niveau de la hiérarchie des corps d'enseignants des écoles d'architecture selon les modalités fixées par décret en Conseil d'État. Ce décret précise notamment les conditions dans lesquelles les qualifications des intéressés sont appréciées par l'instance nationale.** *(L. n° 2020-1674 du 24 déc. 2020, art. 5)* **« La qualification par l'instance nationale n'est pas requise lorsque le candidat est maître de conférences titulaire. »**

Des personnalités n'ayant pas la nationalité française peuvent, dans les conditions fixées par décret en Conseil d'État, être nommées dans un corps d'enseignants des écoles d'architecture.

Le personnel enseignant des écoles d'architecture peut comprendre des enseignants associés ou invités, recrutés pour une durée limitée dans les conditions fixées par décret en Conseil d'État. Ces personnes assurent un service à plein temps ou à temps partiel.

1. Statut. Les professeurs des écoles d'architecture ne sont pas des professeurs de l'enseignement supérieur au sens de l'art. 2 de l'Ord. du 28 nov. 1958, même si l'enseignement dispensé dans ces écoles appartient au service public de l'enseignement supérieur. • CE 18 févr. 1994, *M. Archambault de Beaune et a.*, nos 135717, 135718, 135719 et 135780 : *Lebon T. 979*.

2. Concours de recrutement. L'arrêté interministériel du 26 avr. 2002 pris en application du Décr. du 1er avr. 1994 relatif au statut des professeurs et maîtres-assistants des écoles d'architecture prévoit que l'épreuve d'admission consiste en un entretien de quarante minutes avec le jury, au cours duquel chaque candidat doit commenter sa note d'intention et ses propositions au regard des caractéristiques du poste pour lequel il concourt. Cet entretien doit permettre au jury d'apprécier la capacité du candidat à occuper ce poste et à remplir les différentes missions dévolues aux enseignants d'école d'architecture. Au vu des résultats de l'audition, le jury propose pour chaque poste à pourvoir un candidat au ministre chargé de l'architecture. Il résulte de ces dispositions qu'un candidat doit disposer, pour chacun des postes auxquels il postule, dès lors qu'ils relèvent de spécialités différentes, d'un temps d'entretien de quarante minutes avec le jury. Un candidat qui n'a subi, alors qu'il était admissible sur plusieurs postes relevant de spécialités différentes, qu'un seul entretien de quarante minutes est donc fondé à demander l'annulation du concours qui s'est déroulé dans des conditions illégales. • CE 5 avr. 2006, *M. Jean*

A. c/ Min. de la culture, n° 274119. ♦ Le Décr. du 1er avr. 1994 relatif au statut des maîtres-assistants et des professeurs des écoles d'architecture dispose que les fonctionnaires détachés sur un contrat d'enseignant des écoles d'architecture depuis au moins quatre ans peuvent demander à subir les épreuves des concours internes de recrutement. Ces dispositions ont pu légalement prévoir, sans méconnaître le principe d'égalité, des modalités particulières d'accès au concours interne, au profit des seuls fonctionnaires exerçant effectivement des fonctions d'enseignant. • CAA Paris, 21 déc. 2004, *M. Jacques X. c/ Min. de l'aménagement du territoire*, n° 01PA00446.

3. Contestation du recrutement. En l'absence de toute condition autre que les justifications d'expérience professionnelle ou de diplômes et d'exercice de fonctions d'enseignement ou de recherche, ainsi qu'un avis favorable du conseil d'administration de l'école d'architecture et de toute procédure organisée de sélection, le requérant, bien qu'ayant la qualité d'architecte DPLG et ayant occupé un emploi contractuel de maître assistant associé à l'école d'architecture concernée et alléguant avoir été privé de la possibilité de se porter candidat à l'un des emplois litigieux, ne justifiait d'aucun intérêt lui donnant qualité pour attaquer la délibération par laquelle le conseil d'administration de cette école s'est prononcé favorablement au recrutement, en qualité de maître assistant associé, de trois candidats sur les six proposés par la commission de recrutement. Les conditions de recrutement, qui laissent ainsi une grande latitude aux établissements concernés, privent pratiquement de ce fait le candidat non retenu à ce recrutement d'un intérêt à contester le choix réalisé par le conseil d'administration de l'établissement. • CAA Nantes, 2e ch., 14 mars 2006, *M. Cortella*, n° 05NT00545 : *AJDA 2006. 1494, note Artus*.

4. Intégration. Un fonctionnaire, qui a toujours occupé son emploi d'architecte en chef des bâtiments civils et des palais nationaux, n'entre pas, alors même qu'il a exercé à titre accessoire des fonctions d'enseignement en vertu d'un contrat conclu avec le ministre chargé des affaires culturelles, dans le champ d'application de la L. du 11 janv. 1984 portant dispositions statutaires relatives à la fonction publique de l'État. L'administration était donc tenue de rejeter la demande d'intégration dans le corps des professeurs d'école d'architecture qu'il sollicitait. • CE 5 nov. 2003, *M. Jean Brasilier*, n° 239603 : *Lebon T. 823 ; AJDA 2004. 164*.

CHAPITRE III LES PERSONNELS DES ENSEIGNEMENTS ARTISTIQUES

Le présent chapitre ne comprend pas de dispositions législatives.

CHAPITRE IV LES PERSONNELS DE L'ENSEIGNEMENT DE LA DANSE

Le présent chapitre ne comprend pas de dispositions législatives.

CHAPITRE V LES PERSONNELS DE L'ENSEIGNEMENT DES ACTIVITÉS PHYSIQUES ET SPORTIVES

Le présent chapitre ne comprend pas de dispositions législatives.

CHAPITRE VI LES PERSONNELS DE L'ENSEIGNEMENT MARITIME

Le présent chapitre ne comprend pas de dispositions législatives.

1. Professeurs de l'enseignement maritime. Aux termes de l'art. 1er du Décr.. du 4 janv. 1977 portant statut particulier du corps des professeurs de l'enseignement maritime, les professeurs de l'enseignement maritime constituent un corps d'officiers de carrière de la marine nationale. Eu égard à la nature militaire de ce corps, ses membres, ainsi soumis à l'autorité hiérarchique, ne peuvent être regardés comme des enseignants-chercheurs. • CE 23 mai 2011, *Synd. nat. des personnels de l'administration de la mer CGT, Synd. nat. de l'enseignement supérieur maritime*, n° 344408 : *AJDA 2001. 1584*.

2. Professeurs techniques de l'enseignement maritime. Les professeurs techniques de l'enseignement maritime peuvent exercer les fonctions de chefs de travaux. Ces fonctions consistent à assurer (...) l'organisation et la coordination des enseignements technologiques, l'organisation et la direction technique des ateliers et laboratoires. Ils proposent, en outre, le renouvellement des matériels dont ils ont la garde. Eu égard aux fonctions dévolues aux professeurs techniques de l'enseignement maritime, lesquelles ne comportent pas de missions de recherche, ils ne peuvent être assimilés à des enseignants-chercheurs. • CE 23 mai 2011, *Synd. nat. des personnels de l'administration de la mer CGT, Synd. nat. de l'enseignement supérieur maritime*, n° 344408 : *préc. note 1*.

TITRE SEPTIÈME DISPOSITIONS APPLICABLES DANS LES ÎLES WALLIS-ET-FUTUNA, À MAYOTTE, EN POLYNÉSIE FRANÇAISE ET EN NOUVELLE-CALÉDONIE

Ce titre est abrogé à compter de l'entrée en vigueur des décrets portant actualisation et adaptation des dispositions réglementaires du code de l'éducation relatives à l'outre-mer et, au plus tard, le 1er janv. 2022 (Ord. nº 2021-552 du 5 mai 2021, art. 13).

CHAPITRE PREMIER DISPOSITIONS APPLICABLES DANS LES ÎLES WALLIS-ET-FUTUNA

Art. L. 971-1 **Sont applicables dans les îles Wallis-et-Futuna les articles L. 911-1 à L. 911-5,** *(Ord. nº 2014-691 du 26 juin 2014, art. 23)* **« L. 911-5-1, » L. 912-1,** *(L. nº 2005-380 du 23 avr. 2005, art. 60)* **« L. 912-1-1, L. 912-1-2, L. 912-1-3, » L. 912-2, L. 913-1, L. 931-1, L. 932-1, L. 932-3 à** *(L. nº 2016-1088 du 8 août 2016, art. 84)* **« L. 937-1, » L. 941-1** *(Ord. nº 2015-24 du 14 janv. 2015, art. 1er)* **« et, dans leur rédaction résultant de l'ordonnance nº 2015-24 du 14 janvier 2015 portant extension et adaptation dans les îles Wallis-et-Futuna, en Polynésie française et en Nouvelle-Calédonie de la loi nº 2013-660 du 22 juillet 2013 relative à l'enseignement supérieur et à la recherche, les articles » L. 951-1 à L. 951-4, L. 952-1 à L. 952-12, L. 952-14 à L. 952-20** *(Ord. nº 2008-728 du 24 juill. 2008, art. 3)* **« , L. 952-24 », L. 953-1 à L. 953-4, L. 953-6** *(Ord. nº 2008-728 du 24 juill. 2008, art. 3)* **« , L. 953-7 et L. 954-1 à L. 954-3 ».** *(L. nº 2017-86 du 27 janv. 2017, art. 224)* **« Est également applicable l'article L. 911-6-1, dans sa rédaction résultant de la loi nº 2017-86 du 27 janvier 2017 relative à l'égalité et à la citoyenneté. »**

Art. L. 971-2 *Abrogé par L. nº 2015-177 du 16 févr. 2015, art. 15.*

Art. L. 971-3 **Le ministre chargé de l'enseignement supérieur exerce les compétences dévolues par le présent livre au recteur** *(L. nº 2019-791 du 26 juill. 2019, art. 54)* **« de région académique », chancelier des universités.**

Les références à des dispositions législatives ne s'appliquant pas dans les îles Wallis-et-Futuna sont remplacées par les références aux dispositions, ayant le même objet, qui y sont applicables.

CHAPITRE II DISPOSITIONS APPLICABLES À MAYOTTE

Art. L. 972-1 *Abrogé par Ord. nº 2007-1801 du 21 déc. 2007, art. 6.*

1. Principe d'égalité de traitement. Le Décr. nº 2005-119 du 14 févr. 2005 relatif au statut du corps des instituteurs de la fonction publique de l'État recrutés à Mayotte prévoit que l'exercice des fonctions afférentes aux emplois de directeur d'établissement spécialisé de maître formateur et de directeur d'écoles maternelles et élémentaires à deux classes ou plus, ou à classe unique, est régi par les textes relatifs à l'exercice de ces fonctions par des instituteurs de métropole « sous réserve des dérogations rendues nécessaires par l'organisation de l'enseignement spécialisé du premier degré à Mayotte, l'organisation de la formation des enseignants du premier degré propre à Mayotte » et « l'organisation de l'enseignement du premier degré à Mayotte ». En prévoyant de telles adaptations et la fixation de modalités de rémunération différentes, en ce qui concerne les bonifications accordées, de celles prévues pour les instituteurs et professeurs des écoles de métropole, ces dispositions se sont bornées à tirer les conséquences de la spécificité de l'exercice des fonctions exercées dans le cadre de l'organisation de l'enseignement à Mayotte et n'ont pas ainsi méconnu le principe d'égalité de traitement pour des agents appartenant à un même corps. • CE 30 mars 2007, ♔ *Synd. des enseignants CGT à Mayotte et Synd. des instituteurs de Mayotte – Force ouvrière*, nos 280156 et 280498.

2. Mises à disposition auprès de la Polynésie française. Note de service. Une note de service imposant, pour les personnels qui ont déjà exercé des fonctions dans une collectivité d'outre-mer ou à Mayotte et qui sollicitent une mise à disposition auprès de la Polynésie française, que leur demande fasse suite à une affectation d'une durée minimale de deux ans en métropole ou dans un département d'outre-mer, le Conseil d'État a jugé que le ministre a outrepassé ses compétences en ajoutant une condition non prévue par les textes. • CE 7 oct. 2016, ♔ nº 395342 : *AEF 25 oct. 2016, Dépêche nº 547813, comm. Toulemonde.*

Art. L. 972-2 *Abrogé par L. nº 2015-177 du 16 févr. 2015, art. 15.*

Art. L. 972-3 *Abrogé par L. nº 2010-1487 du 7 déc. 2010, art. 19.*

CHAPITRE III DISPOSITIONS APPLICABLES EN POLYNÉSIE FRANÇAISE

Art. L. 973-1 **Sont applicables en Polynésie française les articles L. 911-1 à L. 911-5, L. 912-1,** *(L. nº 2005-380 du 23 avr. 2005, art. 75)* **« L. 912-1-1, L. 912-1-2, L. 912-1-3, » L. 912-2, L. 913-1, L. 914-1,** *(Ord. nº 2014-693 du 26 juin 2014, art. 16)* **« L. 914-1-2, » L. 914-2, L. 931-1, L. 932-1, L. 932-3 à L. 932-6, L. 941-1** *(Ord. nº 2015-24 du 14 janv. 2015, art. 6)* **« et, dans leur rédaction résultant de l'ordonnance nº 2015-24 du 14 janvier 2015 portant extension et adaptation dans les îles Wallis-et-Futuna, en Polynésie française et en Nouvelle-Calédonie de la loi nº 2013-660 du 22 juillet 2013 relative à l'enseignement supérieur et à la recherche, les articles » L. 951-1 à L. 951-4, L. 952-1 à L. 952-12, L. 952-14 à L. 952-20** *(L. nº 2007-1199 du 10 août 2007, art. 42)* **« , L. 952-24 », L. 953-1 à L. 953-4, L. 953-6** *(L. nº 2007-1199 du 10 août 2007, art. 42)* **« et L. 953-7 »** *(Ord. nº 2008-727 du 24 juill. 2008, art. 4)* **« , L. 954-1 à L. 954-3 »** *(L. nº 2016-1088 du 8 août 2016, art. 84)* **« , à l'exception** *(Ord. nº 2020-1256 du 14 oct. 2020, art. 21)* **« de l'article L. 952-1, qui est applicable dans sa rédaction résultant de la loi nº 2019-1461 du 27 décembre 2019 relative à l'engagement dans la vie locale et à la proximité de l'action publique, et » de l'article L. 953-3-1, qui est applicable dans sa rédaction résultant de la loi nº 2016-1088 du 8 août 2016 relative au travail, à la modernisation du dialogue social et à la sécurisation des parcours professionnels ».** *(L. nº 2017-86 du 27 janv. 2017, art. 224)* **« Est également applicable l'article L. 911-6-1, dans sa rédaction résultant de la loi nº 2017-86 du 27 janvier 2017 relative à l'égalité et à la citoyenneté. »** *(L. nº 2020-1674 du 24 déc. 2020, art. 37)* **« Est également applicable l'article L. 932-3, dans sa rédaction résultant de la loi nº 2019-791 du 26 juillet 2019 pour une école de la confiance. »**

(L. nº 2019-791 du 26 juill. 2019, art. 62) **« L'article L. 911-5-1 est applicable en Polynésie française sans préjudice de l'exercice de leurs compétences en matière d'enseignement privé par les autorités locales. »**

(L. nº 2016-1088 du 8 août 2016, art. 84) **« Les articles L. 914-1-3 et L. 953-3-1 sont applicables »** *(Ord. nº 2014-693 du 26 juin 2014, art. 16)* **« en Polynésie française sans préjudice de l'exercice de leurs compétences par les autorités locales. »**

Compétences. Aux termes de la convention du 19 juill. 1999 sur l'éducation en Polynésie française : « L'État met chaque année à la disposition de la Polynésie française les agents relevant de son autorité nécessaires au fonctionnement du service public de l'éducation en Polynésie française. Ces mises à disposition ont lieu dans la limite des emplois et crédits ouverts à cet effet par la loi de finances annuelle et en tenant compte des besoins exprimés par la Polynésie française » et « pour les agents de l'État autres que ceux relevant du CEAPF (corps de l'État pour l'administration de la Polynésie française), le ministre territorial chargé de l'éducation retient les agents qui seront affectés en Polynésie française parmi les candidatures présentées par le ministre de l'éducation nationale ». Dès lors, en ne retenant pas une candidature présentée par le ministre, le territoire de la Polynésie française a pris une décision faisant obstacle à la mise à disposition de ce dernier par le ministre de l'éducation. • CE 12 mars 2007, *Territoire de la Polynésie française c/ M. Hénon,* nº 282628.

Art. L. 973-2 *Abrogé par L. nº 2015-177 du 16 févr. 2015, art. 15.*

Art. L. 973-3 **Le ministre chargé de l'enseignement supérieur exerce les compétences dévolues par le présent livre au recteur** *(L. nº 2019-791 du 26 juill. 2019, art. 54)* **« de région académique », chancelier des universités.**

Les références à des dispositions législatives ne s'appliquant pas en Polynésie française sont remplacées par les références aux dispositions, ayant le même objet, qui y sont applicables.

CHAPITRE IV DISPOSITIONS APPLICABLES EN NOUVELLE-CALÉDONIE

Art. L. 974-1 **Sont applicables en Nouvelle-Calédonie les articles L. 911-1 à L. 911-5, L. 912-1,** *(L. nº 2005-380 du 23 avr. 2005, art. 83)* **« L. 912-1-1, L. 912-1-2, L. 912-1-3, » L. 912-2, L. 913-1, L. 914-1,** *(Ord. nº 2014-693 du 26 juin 2014, art. 27)*

« L. 914-1-2, » L. 914-2, L. 931-1, L. 932-1, L. 932-3 à L. 932-6, L. 941-1 *(Ord. n° 2015-24 du 14 janv. 2015, art. 11)* « et, dans leur rédaction résultant de l'ordonnance n° 2015-24 du 14 janvier 2015 portant extension et adaptation dans les îles Wallis-et-Futuna, en Polynésie française et en Nouvelle-Calédonie de la loi n° 2013-660 du 22 juillet 2013 relative à l'enseignement supérieur et à la recherche, les articles » L. 951-1 à L. 951-4, L. 952-1 à L. 952-12, L. 952-14 à L. 952-20 *(L. n° 2007-1199 du 10 août 2007, art. 42)* « , L. 952-24 », L. 953-1 à L. 953-4, L. 953-6 *(L. n° 2007-1199 du 10 août 2007, art. 42)* « et L. 953-7 » *(Ord. n° 2008-727 du 24 juill. 2008, art. 4)* « , L. 954-1 à L. 954-3 » *(L. n° 2016-1088 du 8 août 2016, art. 84)* « , à l'exception *(Ord. n° 2020-1256 du 14 oct. 2020, art. 50)* « de l'article L. 952-1, qui est applicable dans sa rédaction résultant de la loi n° 2019-1461 du 27 décembre 2019 relative à l'engagement dans la vie locale et à la proximité de l'action publique, et » de l'article L. 953-3-1, qui est applicable dans sa rédaction résultant de la loi n° 2016-1088 du 8 août 2016 relative au travail, à la modernisation du dialogue social et à la sécurisation des parcours professionnels ». *(L. n° 2017-86 du 27 janv. 2017, art. 224)* « Est également applicable l'article L. 911-6-1, dans sa rédaction résultant de la loi n° 2017-86 du 27 janvier 2017 relative à l'égalité et à la citoyenneté. » *(L. n° 2020-1674 du 24 déc. 2020, art. 37)* « Est également applicable l'article L. 932-3, dans sa rédaction résultant de la loi n° 2019-791 du 26 juillet 2019 pour une école de la confiance. »

(L. n° 2019-791 du 26 juill. 2019, art. 62) « L'article L. 911-5-1 est applicable en Nouvelle-Calédonie sans préjudice de l'exercice de leurs compétences en matière d'enseignement privé par les autorités locales. »

(L. n° 2016-1088 du 8 août 2016, art. 84) « Les articles L. 914-1-3 et L. 953-3-1 sont applicables » *(Ord. n° 2014-693 du 26 juin 2014, art. 27)* « en Nouvelle-Calédonie sans préjudice de l'exercice de leurs compétences par les autorités locales. »

Art. L. 974-2 *Abrogé par L. n° 2015-177 du 16 févr. 2015, art. 15.*

Art. L. 974-3 Le ministre chargé de l'enseignement supérieur exerce les compétences dévolues par le présent livre au recteur *(L. n° 2019-791 du 26 juill. 2019, art. 54)* « de région académique », chancelier des universités.

Les références à des dispositions législatives ne s'appliquant pas en Nouvelle-Calédonie sont remplacées par les références aux dispositions, ayant le même objet, qui y sont applicables.

TITRE SEPTIÈME *[NOUVEAU]* DISPOSITIONS RELATIVES À L'OUTRE-MER

(Ord. n° 2021-552 du 5 mai 2021, art. 9)

Ce titre entre en vigueur à la date d'entrée en vigueur des décrets portant actualisation et adaptation des dispositions réglementaires du code de l'éducation relatives à l'outre-mer et, au plus tard, le 1er janv. 2022 (Ord. n° 2021-552 du 5 mai 2021, art. 13).

CHAPITRE PREMIER *[NOUVEAU]* GUADELOUPE, GUYANE, MARTINIQUE, LA RÉUNION, MAYOTTE

Le présent chapitre ne comprend pas de dispositions législatives.

CHAPITRE II *[NOUVEAU]* SAINT-BARTHÉLEMY

Le présent chapitre ne comprend pas de dispositions législatives.

CHAPITRE III *[NOUVEAU]* SAINT-MARTIN

Le présent chapitre ne comprend pas de dispositions législatives.

CHAPITRE IV *[NOUVEAU]* SAINT-PIERRE-ET-MIQUELON

Le présent chapitre ne comprend pas de dispositions législatives.

CHAPITRE V *[NOUVEAU]* WALLIS-ET-FUTUNA

Nouvel art. L. 975-1 I. – Sont applicables dans les îles Wallis-et-Futuna, sous réserve des adaptations prévues au II, les dispositions des articles mentionnés dans la colonne de gauche du tableau ci-après, dans leur rédaction indiquée dans la colonne de droite du même tableau : – *Tableau mod. par L. n° 2021-1109 du 24 août 2021, art. 100.*

DISPOSITIONS APPLICABLES	DANS LEUR RÉDACTION
L. 911-1 à L. 911-3	Résultant de l'ordonnance n° 2000-549 du 15 juin 2000
L. 911-4	Résultant de la loi n° 2015-177 du 16 février 2015
L. 911-5	Résultant de la loi n° 2021-1109 du 24 août 2021 confortant le respect des principes de la République
L. 911-5-1	Résultant de l'ordonnance n° 2014-691 du 26 juin 2014
L. 911-6	Résultant de l'ordonnance n° 2000-549 du 15 juin 2000
L. 911-6-1	Résultant de la loi n° 2017-86 du 27 janvier 2017
L. 912-1	Résultant de la loi n° 2013-595 du 8 juillet 2013
L. 912-1-1	Résultant de la loi n° 2005-380 du 23 avril 2005
L. 912-1-2	Résultant de la loi n° 2019-791 du 26 juillet 2019
L. 912-1-3	Résultant de la loi n° 2005-380 du 23 avril 2005
L. 912-2	Résultant de l'ordonnance n° 2000-549 du 15 juin 2000
L. 913-1	Résultant de la loi n° 2014-58 du 27 janvier 2014
L. 914-3 et L. 914-4	Résultant de la loi n° 2018-266 du 13 avril 2018
L. 914-5	Résultant de la loi n° 2021-1109 du 24 août 2021 confortant le respect des principes de la République
L. 914-6	Résultant de la loi n° 2016-457 du 14 avril 2016
L. 917-1, 1er, 3e, 8e et 10e alinéas	Résultant de la loi n° 2019-791 du 26 juillet 2019
L. 921-1	Résultant de l'ordonnance n° 2000-549 du 15 juin 2000
L. 932-3	Résultant de la loi n° 2019-791 du 26 juillet 2019

DISPOSITIONS APPLICABLES	DANS LEUR RÉDACTION
L. 932-4 à L. 932-6	Résultant de l'ordonnance n° 2000-549 du 15 juin 2000
L. 937-1	Résultant de la loi n° 2016-1088 du 8 août 2016
L. 951-1	Résultant de l'ordonnance n° 2000-549 du 15 juin 2000
L. 951-1-1	Résultant de la loi n° 2019-828 du 6 août 2019
L. 951-2, 1er et 3e alinéas	Résultant de la loi n° 2007-1199 du 10 août 2007
L. 951-2-1	Résultant de la loi n° 2020-1674 du 24 décembre 2020
L. 951-3 et L. 951-4	Résultant de l'ordonnance n° 2000-549 du 15 juin 2000
L. 951-5	Résultant de la loi n° 2020-1674 du 24 décembre 2020
L. 952-1	Résultant de la loi n° 2019-1461 du 27 décembre 2019
L. 952-1-1	Résultant de la loi n° 2007-1199 du 10 août 2007
L. 952-2 et L. 952-2-1	Résultant de la loi n° 2020-1674 du 24 décembre 2020
L. 952-2-2	Résultant de la loi n° 2019-828 du 6 août 2019
L. 952-3	Résultant de la loi n° 2020-1674 du 24 décembre 2020
L. 952-4 et L. 952-5	Résultant de l'ordonnance n° 2000-549 du 15 juin 2000
L. 952-6 et L. 952-6-1	Résultant de la loi n° 2020-1674 du 24 décembre 2020
L. 952-7	Résultant de la loi n° 2013-660 du 22 juillet 2013
L. 952-8 et L. 952-9	Résultant de l'ordonnance n° 2000-549 du 15 juin 2000
L. 952-10 et L. 952-11	Résultant de la loi n° 2020-1674 du 24 décembre 2020
L. 952-12 et L. 952-14	Résultant de l'ordonnance n° 2000-549 du 15 juin 2000
L. 952-14-1 et L. 952-14-2	Résultant de la loi n° 2020-1674 du 24 décembre 2020
L. 952-15 à L. 952-17	Résultant de l'ordonnance n° 2000-549 du 15 juin 2000

DISPOSITIONS APPLICABLES	DANS LEUR RÉDACTION
L. 952-24	Résultant de la loi n° 2013-660 du 22 juillet 2013
L. 953-1	Résultant de l'ordonnance n° 2000-549 du 15 juin 2000
L. 953-2	Résultant de la loi n° 2019-791 du 26 juillet 2019
L. 953-3 et L. 953-4	Résultant de l'ordonnance n° 2000-549 du 15 juin 2000
L. 953-5	Résultant de la loi n° 2020-1674 du 24 décembre 2020
L. 953-6	Résultant de la loi n° 2019-828 du 6 août 2019
L. 953-7 et L. 954-1	Résultant de la loi n° 2007-1199 du 10 août 2007
L. 954-2	Résultant de la loi n° 2020-1674 du 24 décembre 2020
L. 954-3	Résultant de la loi n° 2007-1199 du 10 août 2007
L. 962-1	Résultant de la loi n° 2020-1674 du 24 décembre 2020

II. – Pour l'application du I :

1° Au cinquième alinéa de l'article L. 911-4, les mots : "l'autorité académique compétente" sont remplacés par les mots : "le vice-recteur" ;

2° Au troisième alinéa de l'article L. 912-1-2, le mot : "recteur" est remplacé par le mot : "vice-recteur" ;

3° A l'article L. 914-6 :

a) Au premier alinéa, les mots : "du représentant de l'État dans le département" sont remplacés par les mots : "de l'administrateur supérieur des îles Wallis-et-Futuna" ;

b) Au deuxième alinéa, les mots : "Après avis du conseil académique de l'éducation nationale réuni dans la formation prévue à l'article L. 234-2, le recteur d'académie" sont remplacés par les mots : "Le vice-recteur" ;

4° Au premier alinéa de l'article L. 917-1, les mots : ", par les établissements d'enseignement mentionnés au chapitre II du titre Ier et au titre II du livre IV de la deuxième partie ou par les établissements mentionnés à l'article L. 442-1. Lorsqu'ils sont recrutés par ces établissements, leur recrutement intervient après accord du directeur académique des services de l'éducation nationale" sont supprimés ;

5° Les montants exprimés en euros sont applicables dans les îles Wallis-et-Futuna sous réserve de leur contrevaleur en monnaie locale.

Nouvel art. L. 975-2 Sauf lorsqu'il en est disposé autrement, le ministre chargé de l'enseignement supérieur exerce les compétences dévolues par le présent livre au recteur de région académique, chancelier des universités et à l'autorité académique.

CHAPITRE VI *[NOUVEAU]* POLYNÉSIE FRANÇAISE

Nouvel art. L. 976-1 I. – Sont applicables en Polynésie française, sous réserve des adaptations prévues au II, les dispositions des articles mentionnés dans la colonne de gauche du tableau ci-après, dans leur rédaction indiquée dans la colonne de droite du même tableau :

Tableau mod. par L. nº 2021-1109 du 24 août 2021, art. 100.

DISPOSITIONS APPLICABLES	DANS LEUR RÉDACTION
L. 911-1 à L. 911-3	Résultant de l'ordonnance nº 2000-549 du 15 juin 2000
L. 911-4	Résultant de la loi nº 2015-177 du 16 février 2015
L. 911-5	Résultant de la loi nº 2021-1109 du 24 août 2021 confortant le respect des principes de la République
L. 911-5-1	Résultant de l'ordonnance nº 2014-691 du 26 juin 2014
L. 912-1, 1er, 2e, 4e et 5e alinéas	Résultant de la loi nº 2013-595 du 8 juillet 2013
L. 912-1-1, 1er alinéa	Résultant de la loi nº 2005-380 du 23 avril 2005
L. 912-1-2	Résultant de la loi nº 2019-791 du 26 juillet 2019
L. 912-1-3	Résultant de la loi nº 2005-380 du 23 avril 2005
L. 912-2	Résultant de l'ordonnance nº 2000-549 du 15 juin 2000
L. 914-1	Résultant de l'ordonnance nº 2019-861 du 21 août 2019
L. 914-1-2 et L. 914-1-3	Résultant de la loi nº 2013-595 du 8 juillet 2013
L. 914-3 et L. 914-4	Résultant de la loi nº 2018-266 du 13 avril 2018
L. 914-5	Résultant de la loi nº 2021-1109 du 24 août 2021 confortant le respect des principes de la République
L. 914-6	Résultant de la loi nº 2016-457 du 14 avril 2016
L. 917-1, 2e alinéa	Résultant de la loi nº 2019-791 du 26 juillet 2019
L. 921-4	Résultant de la loi nº 2010-1330 du 9 novembre 2010
L. 932-3	Résultant de la loi nº 2019-791 du 26 juillet 2019
L. 932-4 à L. 932-6	Résultant de l'ordonnance nº 2000-549 du 15 juin 2000
L. 951-1	Résultant de l'ordonnance nº 2000-549 du 15 juin 2000
L. 951-1-1	Résultant de la loi nº 2019-828 du 6 août 2019
L. 951-2	Résultant de la loi nº 2007-1199 du 10 août 2007

DISPOSITIONS APPLICABLES	DANS LEUR RÉDACTION
L. 951-2-1	Résultant de la loi n° 2020-1674 du 24 décembre 2020
L. 951-3 et L. 951-4	Résultant de l'ordonnance n° 2000-549 du 15 juin 2000
L. 951-5	Résultant de la loi n° 2020-1674 du 24 décembre 2020
L. 952-1	Résultant de la loi n° 2019-1461 du 27 décembre 2019
L. 952-1-1	Résultant de la loi n° 2007-1199 du 10 août 2007
L. 952-2 et L. 952-2-1	Résultant de la loi n° 2020-1674 du 24 décembre 2020
L. 952-2-2	Résultant de la loi n° 2019-828 du 6 août 2019
L. 952-3	Résultant de la loi n° 2020-1674 du 24 décembre 2020
L. 952-4 et L. 952-5	Résultant de l'ordonnance n° 2000-549 du 15 juin 2000
L. 952-6 et L. 952-6-1	Résultant de la loi n° 2020-1674 du 24 décembre 2020
L. 952-7	Résultant de la loi n° 2013-660 du 22 juillet 2013
L. 952-8 et L. 952-9	Résultant de l'ordonnance n° 2000-549 du 15 juin 2000
L. 952-10 et L. 952-11	Résultant de la loi n° 2020-1674 du 24 décembre 2020
L. 952-12 et L. 952-14	Résultant de l'ordonnance n° 2000-549 du 15 juin 2000
L. 952-14-1 et L. 952-14-2	Résultant de la loi n° 2020-1674 du 24 décembre 2020
L. 952-15 à L. 952-17	Résultant de l'ordonnance n° 2000-549 du 15 juin 2000
L. 952-24	Résultant de la loi n° 2013-660 du 22 juillet 2013
L. 953-1	Résultant de l'ordonnance n° 2000-549 du 15 juin 2000
L. 953-2	Résultant de la loi n° 2019-791 du 26 juillet 2019
L. 953-3	Résultant de l'ordonnance n° 2000-549 du 15 juin 2000

DISPOSITIONS APPLICABLES	DANS LEUR RÉDACTION
L. 953-3-1	Résultant de la loi n° 2016-1088 du 8 août 2016
L. 953-4	Résultant de l'ordonnance n° 2000-549 du 15 juin 2000
L. 953-5	Résultant de la loi n° 2020-1674 du 24 décembre 2020
L. 953-6	Résultant de la loi n° 2019-828 du 6 août 2019
L. 953-7 et L. 954-1	Résultant de la loi n° 2007-1199 du 10 août 2007
L. 954-2	Résultant de la loi n° 2020-1674 du 24 décembre 2020
L. 954-3	Résultant de la loi n° 2007-1199 du 10 août 2007
L. 962-1	Résultant de la loi n° 2020-1674 du 24 décembre 2020

II. – Pour l'application du I :

1° Au cinquième alinéa de l'article L. 911-4, les mots : "l'autorité académique compétente" sont remplacés par les mots : "le vice-recteur" ;

2° A l'article L. 912-1 :

a) Au premier alinéa, la première phrase est seule applicable ;

b) Au deuxième alinéa, les mots : "en collaboration avec les personnels d'éducation et d'orientation qui veillent à favoriser la mixité entre les femmes et les hommes dans l'accès aux filières de formation. Ils participent aux actions de formation continue des adultes et aux formations par apprentissage" sont supprimés ;

3° Au premier alinéa de l'article L. 912-1-1, les mots : "du ministre chargé de l'éducation nationale et dans le cadre du projet d'école ou d'établissement" sont remplacés par les mots : "du gouvernement de la Polynésie française" ;

4° Au troisième alinéa de l'article L. 912-1-2, le mot : "recteur" est remplacé par le mot : "vice-recteur" ;

5° Au premier alinéa de l'article L. 912-2, les mots : ", dans le cadre des activités prévues par le projet de l'établissement," sont supprimés ;

6° Au premier alinéa de l'article L. 914-1, les mots : "à l'État" sont remplacés par les mots : "à la Polynésie française" ;

7° Au premier alinéa de l'article L. 914-1-3, les mots : "académiques ou départementales" sont remplacés par le mot : "locales" ;

8° A l'article L. 914-4, les mots : "de l'État" sont supprimés ;

9° A l'article L. 914-6 :

a) Au premier alinéa, les mots : "dans un établissement d'enseignement privé du premier ou du second degré qui n'est pas lié à l'État par contrat ou" sont supprimés et les mots : "du représentant de l'État dans le département" sont remplacés par les mots : "du haut-commissaire de la République en Polynésie-française" ;

b) Au deuxième alinéa, les mots : "Après avis du conseil académique de l'éducation nationale réuni dans la formation prévue à l'article L. 234-2," et la dernière phrase sont supprimés ;

c) Le troisième alinéa est ainsi rédigé :

"Le présent article est également applicable à toute personne attachée à la surveillance d'un établissement d'enseignement supérieur privé" ;

10° Au deuxième alinéa de l'article L. 917-1, les mots : "et pour lesquels une aide a été reconnue nécessaire par la commission mentionnée à l'article L. 146-9 du code de l'action sociale et des familles" sont supprimés ;

11° A l'article L. 921-4, les mots : "jusqu'au 31 août" sont remplacés par les mots : "jusqu'à la date fixée pour la rentrée scolaire des enseignants" ;

12° Au premier alinéa de l'article L. 932-4, les mots : "des salariés des entreprises publiques et privées vers les établissements d'enseignement, et" sont supprimés ;

13° Au premier alinéa de l'article L. 932-5, après les mots : "personne qualifiée", sont insérés les mots : ", avec l'accord de la Polynésie française," ;

14° A l'article L. 952-3, le huitième alinéa est supprimé ;

15° Les montants exprimés en euros sont applicables en Polynésie française sous réserve de leur contrevaleur en monnaie locale.

Nouvel art. L. 976-2 A moins qu'il en soit disposé autrement, le ministre chargé de l'enseignement supérieur exerce les compétences dévolues par le présent livre au recteur de région académique, chancelier des universités et à l'autorité académique.

CHAPITRE VII *[NOUVEAU]* NOUVELLE-CALÉDONIE

Nouvel art. L. 977-1 I. – Sont applicables en Nouvelle-Calédonie, sous réserve des adaptations prévues au II, les dispositions des articles mentionnés dans la colonne de gauche du tableau ci-après, dans leur rédaction indiquée dans la colonne de droite du même tableau :

Tableau mod. par L. n° 2021-1109 du 24 août 2021, art. 100.

DISPOSITIONS APPLICABLES	DANS LEUR RÉDACTION
L. 911-1 à L. 911-3	Résultant de l'ordonnance n° 2000-549 du 15 juin 2000
L. 911-4	Résultant de la loi n° 2015-177 du 16 février 2015
L. 911-5	Résultant de la loi n° 2021-1109 du 24 août 2021 confortant le respect des principes de la République
L. 911-5-1	Résultant de l'ordonnance n° 2014-691 du 26 juin 2014
L. 912-1, 1er, 2e, 4e et 5e alinéas	Résultant de la loi n° 2013-595 du 8 juillet 2013
L. 912-1-1, 1er alinéa	Résultant de la loi n° 2005-380 du 23 avril 2005
L. 912-1-2	Résultant de la loi n° 2019-791 du 26 juillet 2019
L. 912-1-3	Résultant de la loi n° 2005-380 du 23 avril 2005
L. 912-2	Résultant de l'ordonnance n° 2000-549 du 15 juin 2000
L. 914-1	Résultant de l'ordonnance n° 2019-861 du 21 août 2019
L. 914-1-2 et L. 914-1-3	Résultant de la loi n° 2013-595 du 8 juillet 2013
L. 914-3 et L. 914-4	Résultant de la loi n° 2018-266 du 13 avril 2018

DISPOSITIONS APPLICABLES	DANS LEUR RÉDACTION
L. 914-5	Résultant de la loi n° 2021-1109 du 24 août 2021 confortant le respect des principes de la République
L. 914-6	Résultant de la loi n° 2016-457 du 14 avril 2016
L. 917-1, 2e alinéa	Résultant de la loi n° 2019-791 du 26 juillet 2019
L. 921-4	Résultant de la loi n° 2010-1330 du 9 novembre 2010
L. 932-3	Résultant de la loi n° 2019-791 du 26 juillet 2019
L. 932-4 à L. 932-6	Résultant de l'ordonnance n° 2000-549 du 15 juin 2000
L. 951-1	Résultant de l'ordonnance n° 2000-549 du 15 juin 2000
L. 951-1-1	Résultant de la loi n° 2019-828 du 6 août 2019
L. 951-2, 1er et 3e alinéas	Résultant de la loi n° 2007-1199 du 10 août 2007
L. 951-2-1	Résultant de la loi n° 2020-1674 du 24 décembre 2020
L. 951-3 et L. 951-4	Résultant de l'ordonnance n° 2000-549 du 15 juin 2000
L. 951-5	Résultant de la loi n° 2020-1674 du 24 décembre 2020
L. 952-1	Résultant de la loi n° 2019-1461 du 27 décembre 2019
L. 952-1-1	Résultant de la loi n° 2007-1199 du 10 août 2007
L. 952-2 et L. 952-2-1	Résultant de la loi n° 2020-1674 du 24 décembre 2020
L. 952-2-2	Résultant de la loi n° 2019-828 du 6 août 2019
L. 952-3	Résultant de la loi n° 2020-1674 du 24 décembre 2020
L. 952-4 et L. 952-5	Résultant de l'ordonnance n° 2000-549 du 15 juin 2000
L. 952-6 et L. 952-6-1	Résultant de la loi n° 2020-1674 du 24 décembre 2020
L. 952-7	Résultant de la loi n° 2013-660 du 22 juillet 2013

DISPOSITIONS APPLICABLES	DANS LEUR RÉDACTION
L. 952-8 et L. 952-9	Résultant de l'ordonnance n° 2000-549 du 15 juin 2000
L. 952-10 et L. 952-11	Résultant de la loi n° 2020-1674 du 24 décembre 2020
L. 952-12 et L. 952-14	Résultant de l'ordonnance n° 2000-549 du 15 juin 2000
L. 952-14-1 et L. 952-14-2	Résultant de la loi n° 2020-1674 du 24 décembre 2020
L. 952-15 à L. 952-17	Résultant de l'ordonnance n° 2000-549 du 15 juin 2000
L. 952-24	Résultant de la loi n° 2013-660 du 22 juillet 2013
L. 953-1	Résultant de l'ordonnance n° 2000-549 du 15 juin 2000
L. 953-2	Résultant de la loi n° 2019-791 du 26 juillet 2019
L. 953-3	Résultant de l'ordonnance n° 2000-549 du 15 juin 2000
L. 953-3-1, 1er alinéa	Résultant de la loi n° 2016-1088 du 8 août 2016
L. 953-4	Résultant de l'ordonnance n° 2000-549 du 15 juin 2000
L. 953-5	Résultant de la loi n° 2020-1674 du 24 décembre 2020
L. 953-6	Résultant de la loi n° 2019-828 du 6 août 2019
L. 953-7 et L. 954-1	Résultant de la loi n° 2007-1199 du 10 août 2007
L. 954-2	Résultant de la loi n° 2020-1674 du 24 décembre 2020
L. 954-3	Résultant de la loi n° 2007-1199 du 10 août 2007
L. 962-1	Résultant de la loi n° 2020-1674 du 24 décembre 2020

II. – Pour l'application du I :

1° Au cinquième alinéa de l'article L. 911-4, les mots : "l'autorité académique compétente" sont remplacés par les mots : "le vice-recteur" ;

2° A l'article L. 912-1 :

a) Au premier alinéa, la première phrase est seule applicable ;

b) Au deuxième alinéa, les mots : "en collaboration avec les personnels d'éducation et d'orientation qui veillent à favoriser la mixité entre les femmes et les hommes dans l'accès aux filières de formation. Ils participent aux actions de formation continue des adultes et aux formations par apprentissage" sont supprimés ;

3° Au premier alinéa de l'article L. 912-1-1, les mots : "du ministre chargé de l'éducation nationale et dans le cadre du projet d'école ou d'établissement" sont remplacés par les mots : "du gouvernement de la Nouvelle-Calédonie et, pour les programmes de l'enseignement secondaire, du ministre chargé de l'éducation nationale," ;

4° Au troisième alinéa de l'article L. 912-1-2, le mot : "recteur" est remplacé par le mot : "vice-recteur" ;

5° Au premier alinéa de l'article L. 912-2, les mots : ", dans le cadre des activités prévues par le projet de l'établissement," sont supprimés ;

6° Au premier alinéa de l'article L. 914-1, les mots : "à l'État" sont remplacés par les mots : "à la Nouvelle-Calédonie" ;

7° Au premier alinéa de l'article L. 914-1-3, les mots : "académiques ou départementales" sont remplacés par le mot : "locales" ;

8° A l'article L. 914-4, les mots : "de l'État" sont supprimés ;

9° A l'article L. 914-6 :

a) Au premier alinéa, les mots : "dans un établissement d'enseignement privé du premier ou du second degré qui n'est pas lié à l'État par contrat ou" sont supprimés et les mots : "du représentant de l'État dans le département" sont remplacés par les mots : "du haut-commissaire de la République en Nouvelle-Calédonie" ;

b) Au deuxième alinéa, les mots : "Après avis du conseil académique de l'éducation nationale réuni dans la formation prévue à l'article L. 234-2," et la dernière phrase sont supprimés ;

c) Le troisième alinéa est ainsi rédigé :

"Le présent article est également applicable à toute personne attachée à la surveillance d'un établissement d'enseignement supérieur privé." ;

10° Au deuxième alinéa de l'article L. 917-1, les mots : "Cet pour lesquels une aide a été reconnue nécessaire par la commission mentionnée à l'article L. 146-9 du code de l'action sociale et des familles" sont supprimés ;

11° A l'article L. 921-4, les mots : "jusqu'au 31 août" sont remplacés par les mots : "jusqu'à la date fixée pour la rentrée scolaire des enseignants" ;

12° Au premier alinéa de l'article L. 932-4, les mots : "des salariés des entreprises publiques et privées vers les établissements d'enseignement, et" sont supprimés ;

13° Au premier alinéa de l'article L. 932-5, après les mots : "personne qualifiée", sont insérés les mots : ", avec l'accord de la Nouvelle-Calédonie," ;

14° A l'article L. 952-3, le huitième alinéa est supprimé ;

15° Les montants exprimés en euros sont applicables en Nouvelle-Calédonie sous réserve de leur contrevaleur en monnaie locale.

Nouvel art. L. 977-2 A moins qu'il en soit disposé autrement, le ministre chargé de l'enseignement supérieur exerce les compétences dévolues par le présent livre au recteur de région académique, chancelier des universités et à l'autorité académique.

DEUXIÈME PARTIE : RÉGLEMENTAIRE

Identification des articles :

– « R » : dispositions relevant d'un décret en Conseil d'État.

– « D » : dispositions relevant d'un décret.

– « R » : dispositions relevant d'un décret en Conseil d'État et en Conseil des ministres.*

– « D » : dispositions relevant d'un décret en Conseil des ministres.*

LIVRE PREMIER PRINCIPES GÉNÉRAUX DE L'ÉDUCATION

(Décr. n° 2004-703 du 13 juill. 2004)

TITRE PREMIER LE DROIT À L'ÉDUCATION

CHAPITRE PREMIER DISPOSITIONS GÉNÉRALES

SECTION UNIQUE

(Décr. n° 2006-935 du 28 juill. 2006, art. 1er)

Les dispositions issues du Décr. n° 2006-935 du 28 juill. 2006 sont applicables aux écoles publiques et aux établissements d'enseignement public du second degré relevant du ministère de l'éducation nationale (Décr. préc., art. 2).

Sur les parents d'élèves, d'étudiants et d'apprentis, les associations de parents d'élèves et les représentants des parents d'élèves, d'étudiants et d'apprentis dans les instances des établissements publics locaux d'enseignement et de formation professionnelle agricoles, V. ***C. rur.****, art. D. 811-178 s.*

SOUS-SECTION 1 LES PARENTS D'ÉLÈVES

Art. D. 111-1 **Les parents des élèves nouvellement inscrits sont réunis par le directeur d'école ou le chef d'établissement dans les premiers jours suivant la rentrée scolaire.**

Art. D. 111-2 **Le conseil des maîtres présidé par le directeur d'école dans le premier degré, le chef d'établissement dans le second degré organisent au moins deux fois par an et par classe une rencontre, qui peut prendre différentes formes, entre les parents et les enseignants. Dans les collèges et les lycées, l'information sur l'orientation est organisée chaque année dans ce cadre.**

Art. D. 111-3 *(Décr. n° 2015-1929 du 31 déc. 2015, art. 1er)* **Les parents sont tenus régulièrement informés de l'évolution des acquis scolaires de leurs enfants et du respect par ceux-ci de leurs obligations scolaires définies à l'article L. 511-1.**

Cette information se fait notamment par l'intermédiaire du carnet de suivi des apprentissages à l'école maternelle, du livret scolaire à l'école élémentaire et au collège, ainsi que du bulletin et du livret scolaires dans les lycées.

Cette information est transmise plusieurs fois par an, selon une périodicité définie par le conseil des maîtres pour l'école maternelle et élémentaire et par le conseil d'administration, en prenant en compte le nombre de réunions du conseil de classe, pour les établissements du second degré.

L'école ou l'établissement scolaire prend toute mesure adaptée pour que les parents ou le responsable légal de l'élève prennent connaissance de ces documents.

Art. D. 111-4 **Le directeur d'école, le chef d'établissement et les enseignants veillent à ce qu'une réponse soit donnée aux demandes d'information et d'entrevues présentées par les parents. Toute réponse négative doit être motivée.**

Art. D. 111-5 **Lors de sa première réunion, le conseil d'école ou le conseil d'administration examine les conditions d'organisation du dialogue avec les parents. Le conseil d'école ou le conseil d'administration peut prévoir toutes actions supplémentaires pour tenir compte des spécificités locales et des orientations du projet d'école ou d'établissement. Les conditions d'accueil des parents sont précisées, ainsi que les conditions dans lesquelles ils peuvent accéder aux espaces numériques de travail. Les parents**

d'élèves sont informés des décisions prises, notamment en ce qui concerne le nombre, la nature et la date des rencontres prévues.

SOUS-SECTION 2 LES ASSOCIATIONS DE PARENTS D'ÉLÈVES

Art. D. 111-6 **Les articles D. 111-7 à D. 111-10 et D. 111-14 sont applicables aux associations de parents d'élèves, regroupant exclusivement des parents d'élèves auxquels sont assimilées les personnes ayant la responsabilité légale d'un ou plusieurs élèves et ayant pour objet la défense des intérêts moraux et matériels communs aux parents d'élèves, représentées au conseil d'école et à celles représentées au conseil d'administration des établissements publics locaux d'enseignement. Les mêmes articles sont applicables aux associations de parents d'élèves représentées au Conseil supérieur de l'éducation, dans les conseils académiques et dans les conseils départementaux de l'éducation nationale.**

Parents d'élèves. Associations. Bourse aux livres. Il a été demandé à la direction des affaires juridiques si des associations qui ne sont pas exclusivement composées de parents d'élèves peuvent organiser dans les lycées des bourses aux livres destinées à la location de manuels scolaires aux lycéens. Après avoir rappelé les dispositions des art. D. 111-6, D. 551-1, D. 551-6 ainsi que celles de la Circ. n° 2006-137 du 25 août 2006 relative au rôle et à la place des parents à l'école, la DAJ indique « qu'il n'y a pas d'obstacle juridique à ce qu'une association qui ne serait pas exclusivement composée de parents d'élèves organise une bourse aux livres dans un établissement scolaire ». Elle rappelle également que « lorsqu'une association organise une bourse aux livres dans un établissement scolaire sans qu'un stockage des manuels soit nécessaire, la passation, après avis du conseil d'administration ou d'école, de la convention prévue à l'article L. 212-15 entre la collectivité de rattachement et le responsable de l'association n'est pas obligatoire. Toutefois, cette association doit au préalable obtenir l'autorisation du chef d'établissement. De plus, comme l'indique la circulaire du 25 août 2006, il est préférable que le maire ou la collectivité territoriale de rattachement de l'établissement en soit informé et la souscription d'une assurance est recommandée. Ce raisonnement s'applique quelle que soit l'association concernée afin de ne pas entraîner de rupture d'égalité dans la façon dont seraient traitées des associations amenées à rendre exactement le même service ». * Note DAJ A1 n° 2017-0120 du 24 août 2017 : *LIJ 2017, n° 200, p. 12.*

Art. D. 111-7 **Dans chaque école et établissement scolaire, un lieu accessible aux parents permet l'affichage de la liste des associations de parents d'élèves, avec mention des noms et coordonnées des responsables.**

Art. D. 111-8 **Les associations de parents d'élèves peuvent prendre connaissance et obtenir copie de la liste des parents d'élèves de l'école ou de l'établissement scolaire mentionnant leurs noms, adresses postale et électronique, à la condition que ceux-ci aient donné leur accord exprès à cette communication.**

Elles doivent bénéficier de moyens matériels d'action, notamment d'une boîte aux lettres et d'un panneau d'affichage situés dans un lieu accessible aux parents.

Art. D. 111-9 **Le directeur d'école ou le chef d'établissement doit permettre aux associations de parents d'élèves de faire connaître leur action auprès des autres parents d'élèves. A cet effet, les documents remis par les associations sont distribués aux élèves pour être donnés à leurs parents au fur et à mesure de leur remise.**

Ces documents ne font pas l'objet d'un contrôle *a priori* et doivent être clairement identifiés comme émanant des associations de parents d'élèves. Leur contenu, qui doit cependant respecter le principe de laïcité et les dispositions relatives à la vie privée et prohibant les injures et diffamations et exclure toute propagande en faveur d'un parti politique ou d'une entreprise commerciale, relève de la seule responsabilité des associations.

Les modalités de diffusion de ces documents sont définies en concertation entre le directeur d'école ou le chef d'établissement et les associations de parents d'élèves. Sauf disposition contraire arrêtée par le conseil d'école ou le conseil d'administration, les documents sont remis par l'association en nombre suffisant pour leur distribution.

En cas de désaccord sur les modalités de diffusion des documents ainsi que, dans le cas où le directeur d'école ou le chef d'établissement estime que leur contenu méconnaît le principe, les dispositions ou l'interdiction mentionnés au deuxième alinéa, l'association de parents d'élèves concernée ou le directeur d'école ou le chef d'établissement peut saisir l'autorité académique qui dispose d'un délai de sept jours pour se prononcer. A défaut de réponse dans ce délai, les documents sont diffusés dans les conditions initialement prévues.

SOUS-SECTION 3 LES REPRÉSENTANTS DES PARENTS D'ÉLÈVES

Art. D. 111-10 Pendant la période de quatre semaines précédant les élections au conseil d'école et au conseil d'administration des établissements publics locaux d'enseignement, l'article D. 111-7 et le premier alinéa de l'article D. 111-8 sont applicables aux parents d'élèves et aux associations de parents d'élèves, candidats à ces élections.

Art. D. 111-11 Dans les écoles et établissements scolaires, les représentants des parents d'élèves facilitent les relations entre les parents d'élèves et les personnels. Ils peuvent intervenir auprès des directeurs d'école ou des chefs d'établissement pour évoquer un problème particulier et assurer ainsi une médiation à la demande d'un ou des parents concernés. En toute circonstance, les représentants des parents sont tenus à une obligation de confidentialité à l'égard des informations à caractère personnel dont ils peuvent avoir connaissance.

Art. D. 111-12 Les heures de réunion des conseils d'école, des conseils d'administration, des conseils de classe et des conseils de discipline sont fixées de manière à permettre la représentation des parents d'élèves.

Dans le second degré, le calendrier de ces réunions doit tenir compte des horaires des classes et, selon les périodes, des spécificités de l'établissement, du calendrier des activités scolaires, du calendrier de l'orientation et des examens. Le chef d'établissement, lorsqu'il doit procéder à des adaptations en fonction de ces contraintes, organise une concertation préalable avec les représentants des parents d'élèves après consultation des représentants des enseignants et des élèves.

Art. D. 111-13 Les représentants des parents d'élèves sont destinataires pour l'exercice de leur mandat des mêmes documents que les autres membres de l'instance concernée.

Art. D. 111-14 Un local de l'école ou de l'établissement scolaire peut être mis à la disposition des représentants des parents d'élèves, de manière temporaire ou permanente, notamment pour l'organisation de réunions, pendant ou en dehors du temps scolaire.

Art. D. 111-15 Tout représentant des parents d'élèves doit pouvoir rendre compte des travaux des instances dans lesquelles il siège. Ces comptes rendus sont diffusés dans les conditions définies à l'article D. 111-9.

CHAPITRE II DISPOSITIONS PARTICULIÈRES AUX ENFANTS ET ADOLESCENTS HANDICAPÉS

Art. D. 112-1 *(Décr. nº 2006-583 du 23 mai 2006, art. 3)* Afin de garantir l'égalité de leurs chances avec les autres candidats, les candidats aux examens ou concours de l'enseignement scolaire et de l'enseignement supérieur qui présentent un handicap tel que défini à l'article L. 114 du code de l'action sociale et des familles bénéficient des aménagements rendus nécessaires par leur situation, dans les conditions définies aux articles D. 351-27 à D. 351-32 en ce qui concerne l'enseignement scolaire *(Décr. nº 2013-756 du 19 août 2013, art. 7)* « et aux articles D. 613-26 à D. 613-30 en ce qui concerne l'enseignement supérieur. »

Ces aménagements portent sur tous les examens ou concours de l'enseignement scolaire et de l'enseignement supérieur organisés par le ministre chargé de l'éducation et le ministre chargé de l'enseignement supérieur ou par des établissements sous tutelle ou services dépendant de ces ministres.

Ils peuvent porter sur toutes les formes d'épreuves de ces examens ou concours, quel que soit le mode d'évaluation des épreuves et, pour un diplôme, quel que soit son mode d'acquisition.

Ils peuvent, selon les conditions individuelles, s'appliquer à tout ou partie des épreuves.

Art. D. 112-1-1 *(Décr. nº 2014-1485 du 11 déc. 2014, art. 1er)* Les élèves disposant d'un projet personnalisé de scolarisation élaboré dans les conditions définies à l'article L. 112-2 peuvent être dispensés d'un ou de plusieurs enseignements lorsqu'il n'est pas possible de leur rendre ces enseignements accessibles en raison de leur handicap.

La décision est prise par le recteur d'académie ou, dans le cas de l'enseignement agricole, par le directeur régional de l'alimentation, de l'agriculture et de la forêt, après avoir recueilli l'accord écrit de l'élève majeur ou, s'il est mineur, de ses parents ou de son responsable légal, lesquels sont informés des conséquences de cette décision sur le parcours de formation de l'élève.

Les dispenses d'enseignement ne créent pas de droit à bénéficier d'une dispense des épreuves d'examens et concours correspondantes.

Art. D. 112-2 *(Décr. nº 2006-583 du 23 mai 2006, art. 3)* Les dispositions relatives au parcours de formation des élèves présentant un handicap sont fixées par les articles D. 351-3 à D. 351-20.

Art. R. 112-3 *(Décr. nº 2006-583 du 23 mai 2006, art. 3)* Les conditions d'application des dispositions de l'article L. 112-2-2, relatives à l'éducation des jeunes sourds, sont fixées par les articles R. 351-21 à R. 351-26.

CHAPITRE III DISPOSITIONS PARTICULIÈRES AUX ENFANTS D'ÂGE PRÉSCOLAIRE

Art. D. 113-1 Les enfants qui ont atteint l'âge de deux ans au jour de la rentrée scolaire peuvent être admis dans les écoles et les classes maternelles dans la limite des places disponibles. Ils y sont scolarisés jusqu'à la rentrée scolaire de l'année civile au cours de laquelle ils atteignent l'âge de six ans.

L'accueil des enfants de moins de trois ans est assuré en priorité dans les écoles et classes maternelles situées dans un environnement social défavorisé, que ce soit dans les zones urbaines, rurales ou de montagne *(Décr. nº 2005-1014 du 24 août 2005, art. 1er)* « et dans les régions d'outre-mer », et particulièrement en zone d'éducation prioritaire.

CHAPITRE IV DISPOSITIONS RELATIVES À L'OBLIGATION DE FORMATION

(Décr. nº 2020-978 du 5 août 2020, art. 1er)

Art. R. 114-1 Satisfont à l'obligation de formation par la poursuite de la scolarité dans un établissement d'enseignement public ou privé les jeunes qui attestent de leur inscription et de leur assiduité à des actions de formation, qui peuvent être dispensées en tout ou en partie à distance.

Art. R. 114-2 Satisfont à l'obligation de formation au titre des dispositifs d'accompagnement ou d'insertion sociale et professionnelle mentionnés à l'article L. 114-1 les jeunes âgés de seize à dix-huit ans :

1° Bénéficiant d'un accompagnement par un acteur du service public de l'emploi mentionné aux articles L. 5312-1, L. 5314-1 et L. 5214-3-1 du code du travail ;

2° Bénéficiant d'un parcours de formation personnalisé mentionné à l'article L. 214-14 du présent code ;

3° Ayant conclu un contrat de volontariat pour l'insertion défini à l'article L. 130-1 du code du service national ;

4° Bénéficiant d'un accompagnement par un établissement ou service mentionné aux 2°, 5° et 12° du I de l'article L. 312-1 du code de l'action sociale et des familles.

Art. R. 114-3 Sont exemptés du respect de l'obligation de formation les jeunes âgés de seize à dix-huit ans attestant de difficultés liées à leur état de santé par un certificat médical.

Art. R. 114-4 En application du troisième alinéa de l'article L. 114-1, chaque établissement d'enseignement du second degré, y compris les établissements privés ayant passé avec l'État l'un des contrats prévus par le présent code et ceux de l'enseignement agricole, et chaque centre de formation d'apprentis transmet, selon un dispositif organisé par l'État, aux acteurs mentionnés à l'article L. 313-8 les coordonnées de ses anciens élèves ou apprentis qui ne sont plus inscrits dans un cycle de formation.

Le traitement des données collectées répond aux finalités suivantes :

1° L'identification des jeunes ne respectant pas l'obligation de formation ;

2° La mise en relation de ces jeunes avec les acteurs mentionnés à l'article L. 313-8 afin que ces derniers leur apportent sans délai et dans un cadre coordonné entre acteurs de la formation et de l'insertion sociale et professionnelle, des solutions de formation, d'accompagnement ou d'accès à l'emploi ;

3° Le contrôle par les missions locales du respect de l'obligation de formation ;

4° L'analyse et l'évaluation de la mise en œuvre de l'obligation de formation, notamment par les moyens de la statistique.

Art. R. 114-5 Peuvent être collectées, dans la mesure où leur exploitation est nécessaire à la poursuite des finalités définies à l'article R. 114-4, les catégories de données à caractère personnel suivantes :

1° Données relatives à l'identité et aux coordonnées du jeune et de ses représentants légaux ;

2° Données relatives à la dernière scolarité du jeune ;

3° Données relatives aux solutions et à l'accompagnement proposés au jeune.

Un arrêté des ministres chargés de l'éducation et du travail précise les catégories de données à caractère personnel mentionnées ci-dessus.

Art. R. 114-6 Les données transmises en application du troisième alinéa de l'article L. 114-1 sont examinées par les missions locales en lien avec les autres acteurs mentionnés à l'article L. 313-8.

A l'issue de cet examen, les missions locales et les mêmes acteurs s'organisent au plan régional et local pour procéder à l'information du jeune sur l'obligation de formation, lui proposer un entretien avec son représentant légal visant à permettre un retour en scolarité ou en formation ou l'accès à un dispositif d'accompagnement ou d'insertion mentionnés à l'article L. 114-1 et s'assurer du suivi de ce parcours.

Les acteurs visés à l'article L. 313-8 sont responsables de l'actualisation des données mentionnées au premier alinéa afin de permettre aux missions locales pour l'insertion des jeunes d'assurer le contrôle du respect de l'obligation de formation.

Art. R. 114-7 La mission locale convoque le jeune et son représentant légal :

1° En cas d'absence non justifiée à l'entretien prévu à l'article R. 114-6 ;

2° Lorsque le jeune abandonne précocement son parcours d'accompagnement prévu à l'article R. 114-2 ;

3° Lorsqu'il ne répond plus aux sollicitations de la mission locale.

Dans un délai de deux mois suivant la convocation et en l'absence de respect de l'obligation de formation, la mission locale transmet au président du conseil départemental les informations relatives à la situation du jeune au regard de l'obligation de formation, en vue de lui permettre de mettre en œuvre les actions mentionnées au 2° de l'article L. 221-1 du code de l'action sociale et des familles ou toute autre mesure adaptée à la situation du jeune en lien notamment avec le programme départemental mentionné à l'article L. 263-1 du même code.

TITRE DEUXIÈME OBJECTIFS ET MISSIONS DU SERVICE PUBLIC DE L'ENSEIGNEMENT

CHAPITRE PREMIER DISPOSITIONS GÉNÉRALES

Art. D. 121-1 *(Décr. n° 2019-919 du 30 août 2019, art. 1er)* I. — Le cadre de référence des compétences numériques figurant en annexe fixe les compétences numériques attendues dans cinq domaines d'activité et huit niveaux de maîtrise de ces compétences.

Les compétences numériques acquises par les élèves, les étudiants, les apprentis et les stagiaires de la formation continue font l'objet d'une certification dans des conditions et selon des modalités définies par arrêté des ministres chargés de l'éducation nationale et de l'enseignement supérieur.

II. — Dans les écoles élémentaires et les collèges, publics et privés sous contrat, les niveaux de maîtrise des compétences numériques des élèves sont évalués par les équipes pédagogiques dans les conditions et selon les modalités arrêtées par le ministre chargé de l'éducation nationale.

Un bilan de la maîtrise des compétences numériques des élèves est réalisé en classe de cours moyen deuxième année (CM2) et en classe de sixième pour le cycle 3.

A la fin du cycle 4, les collégiens font l'objet de la certification mentionnée au deuxième alinéa du I. Dans les lycées, la formation aux compétences numériques dispensée aux élèves s'appuie sur le cadre de référence des compétences numériques mentionné au même I. Les compétences numériques acquises par les lycéens et les étudiants des formations dispensées en lycée public et privé sous contrat font l'objet de la certification mentionnée au deuxième alinéa du même I.

III. — Dans les établissements d'enseignement supérieur, la formation aux compétences numériques dispensée aux étudiants s'appuie sur le cadre de référence des compétences

numériques mentionné au I. Les compétences numériques acquises par les étudiants peuvent faire l'objet de la certification mentionnée au deuxième alinéa du même I.

IV. – Dans le cadre de la formation tout au long de la vie, les services et établissements d'enseignement publics peuvent organiser la certification mentionnée au deuxième alinéa du I.

ANNEXE

CADRE DE RÉFÉRENCE DES COMPÉTENCES NUMÉRIQUES

I. — Domaines et compétences

1. Information et données	1.1. Mener une recherche et une veille d'information	Mener une recherche et une veille d'information pour répondre à un besoin d'information et se tenir au courant de l'actualité d'un sujet tout en étant en mesure de vérifier les sources et la fiabilité de l'information *(avec un moteur de recherche, au sein d'un réseau social, par abonnement à des flux ou des lettres d'information, ou tout autre moyen).*
	1.2. Gérer des données	Stocker et organiser des données pour les retrouver, les conserver et en faciliter l'accès et la gestion *(avec un gestionnaire de fichiers, un espace de stockage en ligne, des classeurs, des bases de données, un système d'information...).*
	1.3. Traiter des données	Appliquer des traitements à des données pour les analyser et les interpréter *(avec un tableur, un programme, un logiciel de traitement d'enquête, une requête de calcul dans une base de données...).*
2. Communication et collaboration	2.1. Interagir	Interagir avec des individus et des petits groupes pour échanger dans divers contextes liés à la vie privée ou à une activité professionnelle, de façon ponctuelle et récurrente *(avec une messagerie électronique, une messagerie instantanée, un système de visio-conférence...).*
	2.2. Partager et publier	Partager et publier des informations et des contenus pour communiquer ses propres productions ou opinions, relayer celles des autres en contexte de communication publique en apportant un regard critique sur la nature du contenu *(avec des plateformes de partage, des réseaux sociaux, des blogs, des espaces de forum et de commentaires, de système de gestion de contenu CMS...).*
	2.3. Collaborer	Collaborer dans un groupe pour réaliser un projet, co-produire des ressources, des connaissances, des données, et pour apprendre *(avec des plateformes de travail collaboratif et de partage de document, des éditeurs en ligne, des fonctionnalités de suivi de modifications ou de gestion de versions...).*
	2.4 S'insérer dans le monde numérique	Maîtriser les enjeux de la présence en ligne, développer des stratégies et des pratiques autonomes en respectant les règles, les droits et les valeurs qui leur sont liés, pour se positionner en tant qu'acteur social, économique et citoyen dans le monde numérique, et répondre à des objectifs (a*vec les réseaux sociaux et les outils permettant de développer une présence publique sur Internet, et en lien avec la vie citoyenne, la vie professionnelle, la vie privée...).*

3. Création de contenus	3.1. Développer des documents textuels	Produire des documents à contenu majoritairement textuel pour communiquer des idées, rendre compte et valoriser ses travaux *(avec des logiciels de traitement de texte, de présentation, de création de page web, de carte conceptuelle...).*
	3.2. Développer des documents multimédia	Développer des documents à contenu multimédia*[s]* pour créer ses propres productions multimédia, enrichir ses créations textuelles *(avec des logiciels de capture et d'édition d'image/son/vidéo/animation...).*
	3.3. Adapter les documents à leur finalité	Adapter des documents de tous types en fonction de l'usage envisagé et maîtriser l'usage des licences pour permettre, faciliter et encadrer l'utilisation dans divers contextes (mise à jour fréquente, diffusion multicanale, impression, mise en ligne, projection...) *(avec les fonctionnalités des logiciels liées à la préparation d'impression, de projection, de mise en ligne, les outils de conversion de format...).*
	3.4. Programmer	Écrire des programmes et des algorithmes pour répondre à un besoin (automatiser une tâche répétitive, accomplir des tâches complexes ou chronophages, résoudre un problème logique...) et pour développer un contenu riche (jeu, site web...) *(avec des environnements de développement informatique simples, des logiciels de planification de tâches...).*
4. Protection et sécurité	4.1. Sécuriser l'environnement numérique	Sécuriser les équipements, les communications et les données pour se prémunir contre les attaques, pièges, désagréments et incidents susceptibles de nuire au bon fonctionnement des matériels, logiciels, sites internet, et de compromettre les transactions et les données *(avec des logiciels de protection, la maîtrise de bonnes pratiques...).*
	4.2. Protéger les données personnelles et la vie privée	Maîtriser ses traces et gérer les données personnelles pour protéger sa vie privée et celle des autres, et adopter une pratique éclairée *(avec le paramétrage des paramètres de confidentialité, la surveillance régulière de ses traces...).*
	4.3. Protéger la santé, le bien-être et l'environnement	Prévenir et limiter les risques générés par le numérique sur la santé, le bien-être et l'environnement mais aussi tirer parti de ses potentialités pour favoriser le développement personnel, le soin, l'inclusion dans la société et la qualité des conditions de vie, pour soi et pour les autres *(avec la connaissance des effets du numérique sur la santé physique et psychique et sur l'environnement, et des pratiques, services et outils numériques dédiés au bien-être, à la santé, à l'accessibilité...).*

5. Environnement numérique	5.1 Résoudre des problèmes techniques	Résoudre des problèmes techniques pour garantir et rétablir le bon fonctionnement d'un environnement informatique *(avec les outils de configuration et de maintenance des logiciels ou des systèmes d'exploitation, et en mobilisant les ressources techniques ou humaines nécessaires...).*
	5.2 Évoluer dans un environnement numérique	Installer, configurer et enrichir un environnement numérique (matériels, outils, services) pour disposer d'un cadre adapté aux activités menées, à leur contexte d'exercice ou à des valeurs *(avec les outils de configuration des logiciels et des systèmes d'exploitation, l'installation de nouveaux logiciels ou la souscription à des services...).*

II. — Niveaux de maîtrise des compétences numériques — Grille d'évaluation

Novice	Niveau 1	L'individu est capable de réaliser des actions élémentaires associées aux situations les plus courantes. Il peut appliquer une procédure simple en étant guidé, et en ayant parfois recours à l'aide d'un tiers.
	Niveau 2	L'individu est capable de réaliser des actions élémentaires associées aux situations les plus courantes. Il peut appliquer seul une procédure simple tant que ne survient pas de difficulté. Il cherche des solutions avec d'autres lorsqu'il est confronté à des imprévus. Il peut répondre ponctuellement à une demande d'aide.
Indépendant	Niveau 3	L'individu est capable de réaliser des actions simples dans la plupart des situations courantes. Il peut élaborer de façon autonome une procédure pour accomplir une de ces actions.
	Niveau 4	L'individu est capable de réaliser des actions simples dans toutes les situations courantes. Il peut élaborer de façon autonome une procédure adaptée et l'appliquer efficacement pour accomplir une de ces actions. Il peut venir en aide à d'autres selon une modalité d'entraide informelle.
Avancé	Niveau 5	L'individu est capable de mettre en œuvre des pratiques avancées dans des situations nouvelles pour lui, ou imposant un cadre d'exigence particulier. Il peut choisir une démarche adaptée pour atteindre son but, parmi des approches déjà établies.
	Niveau 6	L'individu est capable de mettre en œuvre des pratiques avancées dans des situations nouvelles pour lui, ou imposant un cadre d'exigence particulier. Il peut concevoir et mettre en œuvre une démarche adaptée pour atteindre son but, en combinant de façon créative les solutions existantes. Il peut transmettre avec aisance ses compétences à d'autres.

Expert	Niveau 7	L'individu est capable de mettre en œuvre des pratiques complexes dans des situations potentiellement inédites, imprévisibles ou contraignantes. Il peut analyser un besoin et élaborer une solution mobilisant le numérique de façon originale pour y répondre.
	Niveau 8	L'individu est capable de mettre en œuvre des pratiques complexes dans des situations potentiellement inédites, imprévisibles ou contraignantes. Il peut analyser un besoin et élaborer une solution mobilisant le numérique de façon originale pour y répondre. Il met ses productions numériques à la disposition d'autres, qui les utilisent, traduisant ainsi son rayonnement et son influence dans la sphère numérique.

CHAPITRE II OBJECTIFS ET MISSIONS DE L'ENSEIGNEMENT SCOLAIRE

SECTION PREMIÈRE MISSION DE FORMATION INITIALE

Art. D. 122-1 *(Décr. nº 2015-372 du 31 mars 2015, art. 1er)* Le socle commun de connaissances, de compétences et de culture prévu à l'article L. 122-1-1 est composé de cinq domaines de formation qui définissent les grands enjeux de formation durant la scolarité obligatoire :

1° Les langages pour penser et communiquer : ce domaine vise l'apprentissage de la langue française, des langues étrangères et, le cas échéant, régionales, des langages scientifiques, des langages informatiques et des médias ainsi que des langages des arts et du corps ;

2° Les méthodes et outils pour apprendre : ce domaine vise un enseignement explicite des moyens d'accès à l'information et à la documentation, des outils numériques, de la conduite de projets individuels et collectifs ainsi que de l'organisation des apprentissages ;

3° La formation de la personne et du citoyen : ce domaine vise un apprentissage de la vie en société, de l'action collective et de la citoyenneté, par une formation morale et civique respectueuse des choix personnels et des responsabilités individuelles ;

4° Les systèmes naturels et les systèmes techniques : ce domaine est centré sur l'approche scientifique et technique de la Terre et de l'Univers ; il vise à développer la curiosité, le sens de l'observation, la capacité à résoudre des problèmes ;

5° Les représentations du monde et l'activité humaine : ce domaine est consacré à la compréhension des sociétés dans le temps et dans l'espace, à l'interprétation de leurs productions culturelles et à la connaissance du monde social contemporain.

Art. D. 122-2 *(Décr. nº 2015-372 du 31 mars 2015, art. 1er)* Chaque domaine de formation énoncé à l'article D. 122-1 comprend des objectifs de connaissances et de compétences qui sont définis en annexe à la présente section.

Chacun de ces domaines requiert la contribution transversale et conjointe de toutes les disciplines et démarches éducatives.

Les objectifs de connaissances et de compétences de chaque domaine de formation et la contribution de chaque discipline ou enseignement à ces domaines sont déclinés dans les programmes d'enseignement prévus à l'article L. 311-1 et suivants.

Art. D. 122-3 *(Décr. nº 2015-372 du 31 mars 2015, art. 1er)* Les acquis des élèves dans chacun des domaines de formation sont évalués au cours de la scolarité sur la base des connaissances et compétences attendues à la fin des cycles 2, 3 et 4, telles qu'elles sont fixées par les programmes d'enseignement.

Dans le domaine de formation intitulé "les langages pour penser et communiquer", cette évaluation distingue quatre composantes : langue française ; langues étrangères et, le cas échéant, langues régionales ; langages mathématiques, scientifiques et informatiques ; langages des arts et du corps.

L'acquisition et la maîtrise de chacun de ces domaines ne peuvent être compensées par celles d'un autre domaine. Les quatre composantes du premier domaine, mentionnées dans l'alinéa ci-dessus, ne peuvent être compensées entre elles.

(Décr. nº 2015-1929 du 31 déc. 2015, art. 2) **« Le niveau de maîtrise de chacune des composantes du premier domaine et de chacun des quatre autres domaines du socle commun est évalué à la fin de chaque cycle selon une échelle de référence qui comprend quatre échelons ainsi désignés :**

« 1. "Maîtrise insuffisante".

« 2. "Maîtrise fragile".

« 3. "Maîtrise satisfaisante".

« 4. "Très bonne maîtrise" ».

« Un domaine ou une composante du premier domaine du socle commun est maîtrisé(e) à compter de l'échelon 3 de l'échelle de référence appliquée au cycle 4. »

En fin de cycle 4, le diplôme national du brevet atteste la maîtrise du socle commun.

ANNEXE

(Décr. nº 2015-372 du 31 mars 2015, art. 2, mod. par Décr. nº 2019-824 du 2 août 2019, art. 2)

Le socle commun de connaissances, de compétences et de culture couvre la période de la scolarité obligatoire, c'est-à-dire treize années fondamentales de la vie et de la formation des enfants, de trois à seize ans. Il correspond pour l'essentiel aux enseignements de l'école élémentaire et du collège qui constituent une culture scolaire commune. Initiée par une scolarisation en maternelle qui a permis de poser de premières bases en matière d'apprentissage et de vivre ensemble, la scolarité obligatoire poursuit un double objectif de formation et de socialisation. Elle donne aux élèves une culture commune, fondée sur les connaissances et compétences indispensables, qui leur permettra de s'épanouir personnellement, de développer leur sociabilité, de réussir la suite de leur parcours de formation, de s'insérer dans la société où ils vivront et de participer, comme citoyens, à son évolution. Le socle commun doit devenir une référence centrale pour le travail des enseignants et des acteurs du système éducatif, en ce qu'il définit les finalités de la scolarité obligatoire et qu'il a pour exigence que l'école tienne sa promesse pour tous les élèves.

Le socle commun doit être équilibré dans ses contenus et ses démarches :

— il ouvre à la connaissance, forme le jugement et l'esprit critique, à partir d'éléments ordonnés de connaissance rationnelle du monde ;

— il fournit une éducation générale ouverte et commune à tous et fondée sur des valeurs qui permettent de vivre dans une société tolérante, de liberté ;

— il favorise un développement de la personne en interaction avec le monde qui l'entoure ;

— il développe les capacités de compréhension et de création, les capacités d'imagination et d'action ;

— il accompagne et favorise le développement physique, cognitif et sensible des élèves, en respectant leur intégrité ;

— il donne aux élèves les moyens de s'engager dans les activités scolaires, d'agir, d'échanger avec autrui, de conquérir leur autonomie et d'exercer ainsi progressivement leur liberté et leur statut de citoyen responsable.

L'élève engagé dans la scolarité apprend à réfléchir, à mobiliser des connaissances, à choisir des démarches et des procédures adaptées, pour penser, résoudre un problème, réaliser une tâche complexe ou un projet, en particulier dans une situation nouvelle ou inattendue. Les enseignants définissent les modalités les plus pertinentes pour parvenir à ces objectifs en suscitant l'intérêt des élèves, et centrent leurs activités ainsi que les pratiques des enfants et des adolescents sur de véritables enjeux intellectuels, riches de sens et de progrès.

Le socle commun identifie les connaissances et compétences qui doivent être acquises à l'issue de la scolarité obligatoire. Une compétence est l'aptitude à mobiliser ses ressources (connaissances, capacités, attitudes) pour accomplir une tâche ou faire face à une situation complexes *[complexe]* ou inédites *[inédite]*. Compétences et connaissances ne sont ainsi pas en opposition. Leur acquisition suppose de prendre en compte dans le processus d'apprentissage les vécus et les représentations des élèves, pour les mettre en perspective, enrichir et faire évoluer leur expérience du monde.

Par la loi d'orientation et de programmation pour la refondation de l'école de la République du 8 juillet 2013, la République s'engage afin de permettre à tous les élèves d'acquérir le socle commun de connaissances, de compétences et de culture, porteur de la culture commune. Il s'agit de contribuer au succès d'une école de la réussite pour tous, qui refuse exclusions et discriminations et qui permet à chacun de développer tout son potentiel par la meilleure éducation possible.

La logique du socle commun implique une acquisition progressive et continue des connaissances et des compétences par l'élève, comme le rappelle l'intitulé des cycles d'enseignement de la scolarité obligatoire que le socle commun oriente : cycle 1 des apprentissages premiers, cycle 2 des apprentissages fondamentaux, cycle 3 de consolidation, cycle 4 des approfondissements. Ainsi, la maîtrise des acquis du socle commun doit se concevoir dans le cadre du parcours scolaire de l'élève et en référence aux attendus et objectifs de formation présentés par les programmes de chaque cycle. La vérification de cette maîtrise progressive est faite tout au long du parcours scolaire et en particulier à la fin de chaque cycle. Cela contribue à un suivi des apprentissages de l'élève. Pour favoriser cette maîtrise, des stratégies d'accompagnement sont à mettre en œuvre dans le cadre de la classe, ou, le cas échéant, des groupes à effectifs réduits constitués à cet effet.

Domaine 1 : les langages pour penser et communiquer

Le domaine des langages pour penser et communiquer recouvre quatre types de langage, qui sont à la fois des objets de savoir et des outils : la langue française ; les langues vivantes étrangères ou régionales ; les langages mathématiques, scientifiques et informatiques ; les langages des arts et du corps. Ce domaine permet l'accès à d'autres savoirs et à une culture rendant possible l'exercice de l'esprit critique ; il implique la maîtrise de codes, de règles, de systèmes de signes et de représentations. Il met en jeu des connaissances et des compétences qui sont sollicitées comme outils de pensée, de communication, d'expression et de travail et qui sont utilisées dans tous les champs du savoir et dans la plupart des activités.

Objectifs de connaissances et de compétences pour la maîtrise du socle commun

Comprendre, s'exprimer en utilisant la langue française à l'oral et à l'écrit

L'élève parle, communique, argumente à l'oral de façon claire et organisée ;

Il adapte son niveau de langue et son discours à la situation, il écoute et prend en compte ses interlocuteurs. Il adapte sa lecture et la module en fonction de la nature et de la difficulté du texte. Pour construire ou vérifier le sens de ce qu'il lit, il combine avec pertinence et de façon critique les informations explicites et implicites issues de sa lecture. Il découvre le plaisir de lire.

L'élève s'exprime à l'écrit pour raconter, décrire, expliquer ou argumenter de façon claire et organisée. Lorsque c'est nécessaire, il reprend ses écrits pour rechercher la formulation qui convient le mieux et préciser ses intentions et sa pensée.

Il utilise à bon escient les principales règles grammaticales et orthographiques. Il emploie à l'écrit comme à l'oral un vocabulaire juste et précis.

Dans des situations variées, il recourt, de manière spontanée et avec efficacité, à la lecture comme à l'écriture.

Il apprend que la langue française a des origines diverses et qu'elle est toujours en évolution. Il est sensibilisé à son histoire et à ses origines latines et grecques.

Comprendre, s'exprimer en utilisant une langue étrangère et, le cas échéant, une langue régionale

L'élève pratique au moins deux langues vivantes étrangères ou, le cas échéant, une langue étrangère et une langue régionale.

Pour chacune de ces langues, il comprend des messages oraux et écrits, s'exprime et communique à l'oral et à l'écrit de manière simple mais efficace. Il s'engage volontiers dans le dialogue et prend part activement à des conversations. Il adapte son niveau de langue et son discours à la situation, il écoute et prend en compte ses interlocuteurs. Il maîtrise suffisamment le code de la langue pratiquée pour s'insérer dans une communication liée à la vie quotidienne : vocabulaire, prononciation, construction des phrases ; il possède aussi des connaissances sur le contexte culturel propre à cette langue (modes de vie, organisations sociales, traditions, expressions artistiques...).

Comprendre, s'exprimer en utilisant les langages mathématiques, scientifiques et informatiques

L'élève utilise les principes du système de numération décimal et les langages formels (lettres, symboles...) propres aux mathématiques et aux disciplines scientifiques, notamment pour effectuer des calculs et modéliser des situations. Il lit des plans, se repère sur des cartes. Il produit et utilise des représentations d'objets, d'expériences, de phénomènes naturels tels que schémas, croquis, maquettes, patrons ou figures géométriques. Il lit, interprète, commente, produit des tableaux, des graphiques et des diagrammes organisant des données de natures diverses.

Il sait que des langages informatiques sont utilisés pour programmer des outils numériques et réaliser des traitements automatiques de données. Il connaît les principes de base de l'algorithmique et de la conception des programmes informatiques. Il les met en œuvre pour créer des applications simples.

Comprendre, s'exprimer en utilisant les langages des arts et du corps

Sensibilisé aux démarches artistiques, l'élève apprend à s'exprimer et communiquer par les arts, de manière individuelle et collective, en concevant et réalisant des productions, visuelles, plastiques, sonores ou verbales notamment. Il connaît et comprend les particularités des différents langages artistiques qu'il emploie. Il justifie ses intentions et ses choix en s'appuyant sur des notions d'analyse d'œuvres.

Il s'exprime par des activités, physiques, sportives ou artistiques, impliquant le corps. Il apprend ainsi le contrôle et la maîtrise de soi.

Domaine 2 : les méthodes et outils pour apprendre

Ce domaine a pour objectif de permettre à tous les élèves d'apprendre à apprendre, seuls ou collectivement, en classe ou en dehors, afin de réussir dans leurs études et, par la suite, se former tout au long de la vie. Les méthodes et outils pour apprendre doivent faire l'objet d'un apprentissage explicite en situation, dans tous les enseignements et espaces de la vie scolaire.

En classe, l'élève est amené à résoudre un problème, comprendre un document, rédiger un texte, prendre des notes, effectuer une prestation ou produire des objets. Il doit savoir apprendre une leçon, rédiger un devoir, préparer un exposé, prendre la parole, travailler à un projet, s'entraîner en choisissant les démarches adaptées aux objectifs d'apprentissage préalablement explicités. Ces compétences requièrent l'usage de tous les outils théoriques et pratiques à sa disposition, la fréquentation des bibliothèques et centres de documentation, la capacité à utiliser de manière pertinente les technologies numériques pour faire des recherches, accéder à l'information, la hiérarchiser et produire soi-même des contenus.

La maîtrise des méthodes et outils pour apprendre développe l'autonomie et les capacités d'initiative ; elle favorise l'implication dans le travail commun, l'entraide et la coopération.

Objectifs de connaissances et de compétences pour la maîtrise du socle commun

Organisation du travail personnel

L'élève se projette dans le temps, anticipe, planifie ses tâches. Il gère les étapes d'une production, écrite ou non, mémorise ce qui doit l'être.

Il comprend le sens des consignes ; il sait qu'un même mot peut avoir des sens différents selon les disciplines.

Pour acquérir des connaissances et des compétences, il met en œuvre les capacités essentielles que sont l'attention, la mémorisation, la mobilisation de ressources, la concentration, l'aptitude à l'échange et au questionnement, le respect des consignes, la gestion de l'effort.

Il sait identifier un problème, s'engager dans une démarche de résolution, mobiliser les connaissances nécessaires, analyser et exploiter les erreurs, mettre à l'essai plusieurs solutions, accorder une importance particulière aux corrections.

L'élève sait se constituer des outils personnels grâce à des écrits de travail, y compris numériques : notamment prise de notes, brouillons, fiches, lexiques, nomenclatures, cartes mentales, plans, croquis, dont il peut se servir pour s'entraîner, réviser, mémoriser.

Coopération et réalisation de projets

L'élève travaille en équipe, partage des tâches, s'engage dans un dialogue constructif, accepte la contradiction tout en défendant son point de vue, fait preuve de diplomatie, négocie et recherche un consensus.

Il apprend à gérer un projet, qu'il soit individuel ou collectif. Il en planifie les tâches, en fixe les étapes et évalue l'atteinte des objectifs.

L'élève sait que la classe, l'école, l'établissement sont des lieux de collaboration, d'entraide et de mutualisation des savoirs. Il aide celui qui ne sait pas comme il apprend des autres. L'utilisation des outils numériques contribue à ces modalités d'organisation, d'échange et de collaboration.

Médias, démarches de recherche et de traitement de l'information

L'élève connaît des éléments d'histoire de l'écrit et de ses différents supports. Il comprend les modes de production et le rôle de l'image.

Il sait utiliser de façon réfléchie des outils de recherche, notamment sur internet. Il apprend à confronter différentes sources et à évaluer la validité des contenus. Il sait traiter les informations collectées, les organiser, les mémoriser sous des formats appropriés et les mettre en forme. Il les met en relation pour construire ses connaissances.

L'élève apprend à utiliser avec discernement les outils numériques de communication et d'information qu'il côtoie au quotidien, en respectant les règles sociales de leur usage et toutes leurs potentialités pour apprendre et travailler. Il accède à un usage sûr, légal et éthique pour produire, recevoir et diffuser de l'information. Il développe une culture numérique.

Il identifie les différents médias (presse écrite, audiovisuelle et web) et en connaît la nature. Il en comprend les enjeux et le fonctionnement général afin d'acquérir une distance critique et une autonomie suffisantes dans leur usage.

Outils numériques pour échanger et communiquer

L'élève sait mobiliser différents outils numériques pour créer des documents intégrant divers médias et les publier ou les transmettre, afin qu'ils soient consultables et utilisables par d'autres. Il sait réutiliser des productions collaboratives pour enrichir ses propres réalisations, dans le respect des règles du droit d'auteur.

L'élève utilise les espaces collaboratifs et apprend à communiquer notamment par le biais des réseaux sociaux dans le respect de soi et des autres. Il comprend la différence entre sphères publique et privée. Il sait ce qu'est une identité numérique et est attentif aux traces qu'il laisse.

Domaine 3 : la formation de la personne et du citoyen

L'École a une responsabilité particulière dans la formation de l'élève en tant que personne et futur citoyen. Dans une démarche de coéducation, elle ne se substitue pas aux familles, mais elle a pour tâche de transmettre aux jeunes les valeurs fondamentales et les principes inscrits dans la Constitution de notre pays. Elle permet à l'élève d'acquérir la capacité à juger par lui-même, en même temps que le sentiment d'appartenance à la société. Ce faisant, elle permet à l'élève de développer dans les situations concrètes de la vie scolaire son aptitude à vivre de manière autonome, à participer activement à l'amélioration de la vie commune et à préparer son engagement en tant que citoyen.

Ce domaine fait appel :

— à l'apprentissage et à l'expérience des principes qui garantissent la liberté de tous, comme la liberté de conscience et d'expression, la tolérance réciproque, l'égalité, notamment entre les hommes et les femmes, le refus des discriminations, l'affirmation de la capacité à juger et agir par soi-même ;

— à des connaissances et à la compréhension du sens du droit et de la loi, des règles qui permettent la participation à la vie collective et démocratique et de la notion d'intérêt général ;

— à la connaissance, la compréhension mais aussi la mise en pratique du principe de laïcité, qui permet le déploiement du civisme et l'implication de chacun dans la vie sociale, dans le respect de la liberté de conscience.

Ce domaine est mis en œuvre dans toutes les situations concrètes de la vie scolaire où connaissances et valeurs trouvent, en s'exerçant, les conditions d'un apprentissage permanent, qui procède par l'exemple, par l'appel à la sensibilité et à la conscience, par la mobilisation du vécu et par l'engagement de chacun.

Objectifs de connaissances et de compétences pour la maîtrise du socle commun

Expression de la sensibilité et des opinions, respect des autres

L'élève exprime ses sentiments et ses émotions en utilisant un vocabulaire précis.

Il exploite ses facultés intellectuelles et physiques en ayant confiance en sa capacité à réussir et à progresser.

L'élève apprend à résoudre les conflits sans agressivité, à éviter le recours à la violence grâce à sa maîtrise de moyens d'expression, de communication et d'argumentation. Il respecte les opinions et la liberté d'autrui, identifie et rejette toute forme d'intimidation ou d'emprise. Apprenant à mettre à distance préjugés et stéréotypes, il est capable d'apprécier les personnes qui sont différentes de lui et de vivre avec elles. Il est capable aussi de faire preuve d'empathie et de bienveillance.

La règle et le droit

L'élève comprend et respecte les règles communes, notamment les règles de civilité, au sein de la classe, de l'école ou de l'établissement, qui autorisent et contraignent à la fois et qui engagent l'ensemble de la communauté éducative. Il participe à la définition de ces règles dans le cadre adéquat. Il connaît le rôle éducatif et la gradation des sanctions ainsi que les grands principes et institutions de la justice.

Il comprend comment, dans une société démocratique, des valeurs communes garantissent les libertés individuelles et collectives, trouvent force d'applications dans des règles et dans le système du droit, que les citoyens peuvent faire évoluer selon des procédures organisées.

Il connaît les grandes déclarations des droits de l'homme (notamment la Déclaration des droits de l'homme et du citoyen de 1789, la Déclaration universelle des droits de l'homme de 1948), la

Convention européenne de sauvegarde des droits de l'homme, la Convention internationale des droits de l'enfant de 1989 et les principes fondateurs de la République française. Il connaît le sens du principe de laïcité ; il en mesure la profondeur historique et l'importance pour la démocratie dans notre pays. Il comprend que la laïcité garantit la liberté de conscience, fondée sur l'autonomie du jugement de chacun et institue des règles permettant de vivre ensemble pacifiquement.

Il connaît les principales règles du fonctionnement institutionnel de l'Union européenne et les grands objectifs du projet européen.

Réflexion et discernement

L'élève est attentif à la portée de ses paroles et à la responsabilité de ses actes.

Il fonde et défend ses jugements en s'appuyant sur sa réflexion et sur sa maîtrise de l'argumentation. Il comprend les choix moraux que chacun fait dans sa vie ; il peut discuter de ces choix ainsi que de quelques grands problèmes éthiques liés notamment aux évolutions sociales, scientifiques ou techniques.

L'élève vérifie la validité d'une information et distingue ce qui est objectif et ce qui est subjectif. Il apprend à justifier ses choix et à confronter ses propres jugements avec ceux des autres. Il sait remettre en cause ses jugements initiaux après un débat argumenté, il distingue son intérêt particulier de l'intérêt général. Il met en application et respecte les grands principes républicains.

Responsabilité, sens de l'engagement et de l'initiative

L'élève coopère et fait preuve de responsabilité vis-à-vis d'autrui. Il respecte les engagements pris envers lui-même et envers les autres, il comprend l'importance du respect des contrats dans la vie civile. Il comprend en outre l'importance de s'impliquer dans la vie scolaire (actions et projets collectifs, instances), d'avoir recours aux outils de la démocratie (ordre du jour, compte rendu, votes notamment) et de s'engager aux côtés des autres dans les différents aspects de la vie collective et de l'environnement.

L'élève sait prendre des initiatives, entreprendre et mettre en œuvre des projets, après avoir évalué les conséquences de son action ; il prépare ainsi son orientation future et sa vie d'adulte.

Domaine 4 : les systèmes naturels et les systèmes techniques

Ce domaine a pour objectif de donner à l'élève les fondements de la culture mathématique, scientifique et technologique nécessaire à une découverte de la nature et de ses phénomènes ainsi que des techniques développées par les femmes et les hommes. Il s'agit d'éveiller sa curiosité, son envie de se poser des questions, de chercher des réponses et d'inventer, tout en l'initiant à de grands défis auxquels l'humanité est confrontée. L'élève découvre alors, par une approche scientifique, la nature environnante. L'objectif est bien de poser les bases lui permettant de pratiquer des démarches scientifiques et techniques.

Fondées sur l'observation, la manipulation et l'expérimentation, utilisant notamment le langage des mathématiques pour leurs représentations, les démarches scientifiques ont notamment pour objectif d'expliquer l'Univers, d'en comprendre les évolutions, selon une approche rationnelle privilégiant les faits et hypothèses vérifiables, en distinguant ce qui est du domaine des opinions et croyances. Elles développent chez l'élève la rigueur intellectuelle, l'habileté manuelle et l'esprit critique, l'aptitude à démontrer, à argumenter.

La familiarisation de l'élève avec le monde technique passe par la connaissance du fonctionnement d'un certain nombre d'objets et de systèmes et par sa capacité à en concevoir et en réaliser luimême. Ce sont des occasions de prendre conscience que la démarche technologique consiste à rechercher l'efficacité dans un milieu contraint (en particulier par les ressources) pour répondre à des besoins humains, en tenant compte des impacts sociaux et environnementaux.

En s'initiant à ces démarches, concepts et outils, l'élève se familiarise avec les évolutions de la science et de la technologie ainsi que leur histoire, qui modifient en permanence nos visions et nos usages de la planète.

L'élève comprend que les mathématiques permettent de développer une représentation scientifique des phénomènes, qu'elles offrent des outils de modélisation, qu'elles se nourrissent des questions posées par les autres domaines de connaissance et les nourrissent en retour.

Objectifs de connaissances et de compétences pour la maîtrise du socle commun

Démarches scientifiques

L'élève sait mener une démarche d'investigation. Pour cela, il décrit et questionne ses observations ; il prélève, organise et traite l'information utile ; il formule des hypothèses, les teste et les éprouve ; il manipule, explore plusieurs pistes, procède par essais et erreurs ; il modélise pour représenter une situation ; il analyse, argumente, mène différents types de raisonnements (par analogie, déduction logique...) ; il rend compte de sa démarche. Il exploite et communique les résultats de mesures ou de recherches en utilisant les langages scientifiques à bon escient.

L'élève pratique le calcul, mental et écrit, exact et approché, il estime et contrôle les résultats, notamment en utilisant les ordres de grandeur. Il résout des problèmes impliquant des grandeurs variées (géométriques, physiques, économiques...), en particulier des situations de proportionnalité. Il interprète des résultats statistiques et les représente graphiquement.

Conception, création, réalisation

L'élève imagine, conçoit et fabrique des objets et des systèmes techniques. Il met en œuvre observation, imagination, créativité, sens de l'esthétique et de la qualité, talent et habileté manuels, sens pratique, et sollicite les savoirs et compétences scientifiques, technologiques et artistiques pertinents.

Responsabilités individuelles et collectives

L'élève connaît l'importance d'un comportement responsable vis-à-vis de l'environnement et de la santé et comprend ses responsabilités individuelle et collective. Il prend conscience de l'impact de l'activité humaine sur l'environnement, de ses conséquences sanitaires et de la nécessité de préserver les ressources naturelles et la diversité des espèces. Il prend conscience de la nécessité d'un développement plus juste et plus attentif à ce qui est laissé aux générations futures.

Il sait que la santé repose notamment sur des fonctions biologiques coordonnées, susceptibles d'être perturbées par des facteurs physiques, chimiques, biologiques et sociaux de l'environnement et que certains de ces facteurs de risques dépendent de conduites sociales et de choix personnels. Il est conscient des enjeux de bien-être et de santé des pratiques alimentaires et physiques. Il observe les règles élémentaires de sécurité liées aux techniques et produits rencontrés dans la vie quotidienne.

Pour atteindre les objectifs de connaissances et de compétences de ce domaine, l'élève mobilise des connaissances sur :

— les principales fonctions du corps humain, les caractéristiques et l'unité du monde vivant, l'évolution et la diversité des espèces ;

— la structure de l'Univers et de la matière ; les grands caractères de la biosphère et leurs transformations ;

— l'énergie et ses multiples formes, le mouvement et les forces qui le régissent ;

— les nombres et les grandeurs, les objets géométriques, la gestion de données, les phénomènes aléatoires ;

— les grandes caractéristiques des objets et systèmes techniques et des principales solutions technologiques.

Domaine 5 : les représentations du monde et l'activité humaine

Ce domaine est consacré à la compréhension du monde que les êtres humains tout à la fois habitent et façonnent. Il s'agit de développer une conscience de l'espace géographique et du temps historique. Ce domaine conduit aussi à étudier les caractéristiques des organisations et des fonctionnements des sociétés. Il initie à la diversité des expériences humaines et des formes qu'elles prennent : les découvertes scientifiques et techniques, les diverses cultures, les systèmes de pensée et de conviction, l'art et les œuvres, les représentations par lesquelles les femmes et les hommes tentent de comprendre la condition humaine et le monde dans lequel ils vivent.

Ce domaine vise également à développer des capacités d'imagination, de conception, d'action pour produire des objets, des services et des œuvres ainsi que le goût des pratiques artistiques, physiques et sportives. Il permet en outre la formation du jugement et de la sensibilité esthétiques. Il implique enfin une réflexion sur soi et sur les autres, une ouverture à l'altérité, et contribue à la construction de la citoyenneté, en permettant à l'élève d'aborder de façon éclairée de grands débats du monde contemporain.

Objectifs de connaissances et de compétences pour la maîtrise du socle commun

L'espace et le temps

L'élève identifie ainsi les grandes questions et les principaux enjeux du développement humain, il est capable d'appréhender les causes et les conséquences des inégalités, les sources de conflits et les solidarités, ou encore les problématiques mondiales concernant l'environnement, les ressources, les échanges, l'énergie, la démographie et le climat. Il comprend également que les lectures du passé éclairent le présent et permettent de l'interpréter.

L'élève se repère dans l'espace à différentes échelles, il comprend les grands espaces physiques et humains et les principales caractéristiques géographiques de la Terre, du continent européen et du territoire national : organisation et localisations, ensembles régionaux, outre-mer. Il sait situer un lieu ou un ensemble géographique en utilisant des cartes, en les comparant et en produisant lui-même des représentations graphiques.

Organisations et représentations du monde

L'élève lit des paysages, identifiant ce qu'ils révèlent des atouts et des contraintes du milieu ainsi que de l'activité humaine, passée et présente. Il établit des liens entre l'espace et l'organisation des sociétés.

Il exprime à l'écrit et à l'oral ce qu'il ressent face à une œuvre littéraire ou artistique ; il étaye ses analyses et les jugements qu'il porte sur l'œuvre ; il formule des hypothèses sur ses significations et en propose une interprétation en s'appuyant notamment sur ses aspects formels et esthétiques. Il justifie ses intentions et ses choix expressifs, en s'appuyant sur quelques notions d'analyse des œuvres. Il s'approprie, de façon directe ou indirecte, notamment dans le cadre de sorties scolaires culturelles, des œuvres littéraires et artistiques appartenant au patrimoine national et mondial comme à la création contemporaine.

Invention, élaboration, production

L'élève imagine, conçoit et réalise des productions de natures diverses, y compris littéraires et artistiques. Pour cela, il met en œuvre des principes de conception et de fabrication d'objets ou les démarches et les techniques de création. Il tient compte des contraintes des matériaux et des processus de production en respectant l'environnement. Il mobilise son imagination et sa créativité au service d'un projet personnel ou collectif. Il développe son jugement, son goût, sa sensibilité, ses émotions esthétiques.

Il connaît les contraintes et les libertés qui s'exercent dans le cadre des activités physiques et sportives ou artistiques personnelles et collectives. Il sait en tirer parti et gère son activité physique et sa production ou sa performance artistiques pour les améliorer, progresser et se perfectionner. Il cherche et utilise des techniques pertinentes, il construit des stratégies pour réaliser une performance sportive. Dans le cadre d'activités et de projets collectifs, il prend sa place dans le groupe en étant attentif aux autres pour coopérer ou s'affronter dans un cadre réglementé.

Pour mieux connaître le monde qui l'entoure comme pour se préparer à l'exercice futur de sa citoyenneté démocratique, l'élève pose des questions et cherche des réponses en mobilisant des connaissances sur :

— les principales périodes de l'histoire de l'humanité, situées dans leur chronologie, les grandes ruptures et les événements fondateurs, la notion de civilisation ;

— les principaux modes d'organisation des espaces humanisés ;

— la diversité des modes de vie et des cultures, en lien avec l'apprentissage des langues ;

— les éléments clés de l'histoire des idées, des faits religieux et des convictions ;

— les grandes découvertes scientifiques et techniques et les évolutions qu'elles ont engendrées, tant dans les modes de vie que dans les représentations ;

— les expressions artistiques, les œuvres, les sensibilités esthétiques et les pratiques culturelles de différentes sociétés ;

— les principaux modes d'organisation politique et sociale, idéaux et principes républicains et démocratiques, leur histoire et leur actualité ;

— les principales manières de concevoir la production économique, sa répartition, les échanges qu'elles impliquent ;

— les règles et le droit de l'économie sociale et familiale, du travail, de la santé et de la protection sociale.

SECTION PREMIÈRE *BIS* MISSION DE FORMATION DES SORTANTS DU SYSTÈME ÉDUCATIF

(Décr. nº 2014-1453 du 5 déc. 2014, art. 1er)

Art. D. 122-3-1 Sans préjudice des dispositions de l'article L. 6314-1 du code du travail, tout jeune âgé de seize à vingt-cinq ans révolus sortant du système éducatif sans diplôme ou ne possédant que le diplôme national du brevet ou le certificat de formation générale bénéficie, à sa demande, d'une durée complémentaire de formation qualifiante qui a pour objet de lui permettre d'acquérir soit un diplôme, soit un titre ou certificat inscrit au répertoire national des certifications professionnelles.

Art. D. 122-3-2 La formation qualifiante définie à l'article L. 122-2 peut être dispensée sous statut scolaire, dans le cadre d'un contrat en alternance ou sous statut de stagiaire de la formation professionnelle.

Art. D. 122-3-3 Dans les quinze jours qui suivent la réception de sa demande, un entretien entre le jeune et un représentant de l'une des structures contribuant au service public de l'orientation permet d'informer et de conseiller l'intéressé sur les possibilités de formation qui peuvent lui être proposées, de définir avec lui les objectifs de la formation qualifiante retenue et le statut le plus adapté à son profil et à son projet de formation, et de le renseigner sur ses droits au titre du compte personnel de formation.

En tant que de besoin, l'entretien est complété par une évaluation du niveau de connaissances et de compétences de l'intéressé.

Si l'entrée en formation ne peut s'effectuer immédiatement, le représentant de l'une des structures contribuant au service public de l'orientation qui a défini avec le jeune la formation qualifiante la plus appropriée à sa situation organise la prise en charge du jeune par un établissement d'enseignement de proximité lui fournissant un accompagnement personnalisé destiné à préparer son parcours de formation, jusqu'à son entrée effective dans la formation retenue.

Art. D. 122-3-4 La formation qualifiante dispensée sous statut scolaire a une durée n'excédant pas une année scolaire, éventuellement renouvelable en fonction de la durée de formation nécessaire pour accéder au diplôme. Au terme de cette période, cette formation fait l'objet d'un bilan par l'établissement scolaire d'accueil, dont il est tenu compte pour décider de la poursuite de la formation.

La poursuite de cette formation est décidée au cours d'un entretien organisé dans les conditions fixées à l'article D. 122-3-3.

Art. D. 122-3-5 A l'issue de la formation qualifiante dont a bénéficié le jeune, le représentant de l'une des structures contribuant au service public de l'orientation qui en assure le suivi mentionne la durée de cette formation dans le compte personnel de formation de l'intéressé.

Art. D. 122-3-6 *(Décr. nº 2014-1454 du 5 déc. 2014, art. 1er)* Sans préjudice des dispositions de l'article L. 6314-1 du code du travail et de la formation qualifiante qui pourrait dans ce cadre lui être proposée sous statut de stagiaire de la formation continue ou de salarié, tout jeune âgé de seize à vingt-cinq ans révolus sortant du système éducatif sans posséder un des diplômes, titres ou certificats inscrits au répertoire national des certifications professionnelles peut bénéficier, à sa demande, d'une formation professionnelle dans le cadre scolaire qui a pour objet de lui permettre d'acquérir un de ces diplômes. L'accueil dans une formation professionnelle dispensée sous statut scolaire ou sous statut d'étudiant s'effectue dans la limite des places disponibles.

Art. D. 122-3-7 *(Décr. nº 2014-1454 du 5 déc. 2014, art. 1er)* Dans les quinze jours qui suivent la réception de sa demande, un entretien entre le jeune et un représentant de l'une des structures contribuant au service public de l'orientation permet d'informer et de conseiller l'intéressé sur les possibilités de formation qui peuvent lui être proposées, de définir avec lui les objectifs de la formation qualifiante retenue et le statut le plus adapté à son profil et à son projet de formation, et de le renseigner sur ses droits au titre du compte personnel de formation.

En tant que de besoin, l'entretien est complété par une évaluation du niveau de connaissances et de compétences de l'intéressé.

Si l'entrée en formation ne peut s'effectuer immédiatement, le représentant de l'une des structures contribuant au service public de l'orientation qui a défini avec le jeune la formation qualifiante la plus appropriée à sa situation organise la prise en charge du jeune par un établissement d'enseignement de proximité lui fournissant un accompagnement personnalisé destiné à préparer son parcours de formation, jusqu'à son entrée effective dans la formation retenue.

Art. D. 122-3-8 *(Décr. nº 2014-1454 du 5 déc. 2014, art. 1er)* A l'issue de la formation professionnelle dont a bénéficié le jeune, le représentant de l'une des structures contribuant au service public de l'orientation qui en assure le suivi mentionne la durée de cette formation dans le compte personnel de formation de l'intéressé.

SECTION II **MISSION DE FORMATION CONTINUE DES ADULTES**

Art. D. 122-4 Le service public de l'éducation a, conformément à l'article L. 122-5, une mission de formation continue des adultes.

Dans ce cadre, il contribue au développement économique, social et culturel, aux niveaux local, régional et national. Il répond aux besoins collectifs du pays, notamment des entreprises, en favorisant l'élévation du niveau de qualification de la population et sa capacité d'adaptation aux mutations économiques et sociales. Il concourt à la satisfaction des besoins individuels en permettant à chacun de développer ses aptitudes et en facilitant la promotion professionnelle et sociale. Il participe, par la formation, à la lutte contre les inégalités et les risques d'exclusion sociale et économique.

Art. D. 122-5 La mission de formation continue des adultes s'exerce dans le cadre général fixé par le code du travail, notamment *(Décr. n° 2015-652 du 10 juin 2015, art. 11)* « son livre III de la sixième partie règlementaire ».

Art. D. 122-6 Le service public de l'éducation fonde ses interventions dans le domaine de la formation continue des adultes sur les principes suivants :

a) Il est conçu dans une logique de réponse à la diversité des besoins de formation des adultes et des jeunes engagés dans la vie active ou qui s'y engagent ;

b) Il obéit à des règles déontologiques vis-à-vis des prescripteurs et des bénéficiaires, en particulier : neutralité, permanence du service, recherche du dialogue, transparence ;

c) Il développe, en particulier avec les établissements publics d'enseignement supérieur et d'autres services publics de formation, des actions en partenariat susceptibles d'aider à la réalisation de projets communs dans le respect de ses objectifs et de ses contraintes ;

d) Il définit ses engagements de qualité envers les prescripteurs, les bénéficiaires et les partenaires sous forme d'une charte nationale ;

e) Il participe au développement et à l'adaptation permanente des dispositifs de formation et des méthodes pédagogiques.

Art. D. 122-7 Dans l'exercice de sa mission de formation continue des adultes, le service public de l'éducation contribue à donner à chaque individu l'opportunité, à l'issue de la formation initiale, de reprendre ultérieurement ou poursuivre sa formation.

Il aide à l'élaboration de projets personnels et professionnels. Il conçoit et met en œuvre des formations adaptées dans leurs contenus et leurs méthodes. Il offre la possibilité d'obtenir un diplôme ou un titre de l'enseignement technologique par la voie d'une formation, par la validation d'acquis de l'expérience dans les conditions prévues par les articles L. 335-5, L. 335-6, L. 613-3 à L. 613-6.

Art. D. 122-8 L'offre de formation continue d'adultes par le service public de l'éducation répond à la demande des prescripteurs publics et privés de formation et aux besoins des individus.

Dans le cadre de cette mission, le service public de l'éducation développe, outre des actions de formation, des activités de conseil et d'ingénierie et des activités de bilan de compétences et de validation des acquis de l'expérience.

Art. D. 122-9 La mission de formation continue des adultes est prise en compte dans la définition des objectifs de formation et de qualification, la conception des diplômes et des modes de validation et l'organisation de la coopération entre le système éducatif et le monde professionnel.

Elle est également prise en compte dans l'élaboration et la mise en œuvre des politiques académiques en ce qui concerne l'éducation nationale, des politiques à l'échelon régional en ce qui concerne l'enseignement agricole et des projets d'établissement.

SECTION II *BIS* **LE LABEL QUALITÉ "EDUFORM"**

(Décr. n° 2017-239 du 24 févr. 2017, art. 1er)

Art. D. 122-9-1 *(Décr. n° 2019-1390 du 18 déc. 2019, art. 1er)* Le label qualité "EDUFORM" garantit la conformité des prestations et des évaluations certificatives mises en œuvre par les organismes prestataires d'actions concourant au développement des compétences mentionnés à l'article L. 6351-1 du code du travail pour la préparation de diplômes professionnels de l'éducation nationale, par les services académiques et par les groupements d'intérêt public chargés de l'apprentissage et de la formation continue, à des critères définis, en référence aux critères énoncés à l'article R. 6316-1 du code du travail, par un arrêté du ministre chargé de l'éducation nationale.

Art. D. 122-9-2 Le label qualité "EDUFORM" fait l'objet d'une candidature de la part des organismes, services et groupements mentionnés à l'article D. 122-9-1. Il est attribué pour une durée de trois ans, par décision du ministre chargé de l'éducation nationale *(Décr. n° 2019-1390 du 18 déc. 2019, art. 1er)* « sur proposition de la commission nationale de labellisation "EDUFORM" placée auprès de lui » à l'issue d'une expertise réalisée par des auditeurs dans des conditions définies par un arrêté du ministre chargé de l'éducation nationale.

SECTION III **MISSION D'ÉDUCATION CULTURELLE**

Art. D. 122-10 L'éducation culturelle a pour but d'accroître les connaissances générales acquises au cours de la scolarité obligatoire et d'ouvrir plus largement l'accès à toutes les sources de culture et à tous les moyens de développement personnel.

L'éducation culturelle est assurée :

a) Soit dans des centres spécialisés, gérés ou reconnus par l'État ;

b) Soit dans les divers établissements d'enseignement ;

c) Soit par des œuvres privées, dont la création et le fonctionnement bénéficient, en raison de l'objectif poursuivi, de l'aide de l'État.

CHAPITRE III **OBJECTIFS ET MISSIONS DE L'ENSEIGNEMENT SUPÉRIEUR**

SECTION PREMIÈRE **MISSION DE FORMATION CONTINUE DES ADULTES**

Art. D. 123-1 Les articles D. 122-1 à D. 122-6 sont applicables au service public de l'enseignement supérieur.

SECTION II **MISSION DE VALORISATION DES RÉSULTATS DE LA RECHERCHE SCIENTIFIQUE ET TECHNIQUE AINSI QUE DE LA CULTURE ET DE L'INFORMATION SCIENTIFIQUE ET TECHNIQUE**

BIBL. ▸ Rapport sur la valorisation de la recherche, *Rapp. IGAENR, IGF, www.ladocumentationfrancaise.fr ; AJDA 2007. 337, note Biget* ✎.

SOUS-SECTION 1 **PRESTATIONS DE SERVICES**

Art. D. 123-2 En vue de la valorisation des résultats de la recherche dans leurs domaines d'activité, les établissements publics d'enseignement supérieur et les centres hospitaliers universitaires ainsi que les filiales de ces établissements ou les sociétés ou groupements auxquels ils participent lorsque leurs statuts les y autorisent peuvent fournir des prestations de services à des créateurs d'entreprises ou à de jeunes entreprises.

Ces prestations de services revêtent les formes suivantes :

a) La mise à disposition de locaux, de matériels et d'équipements ;

b) La prise en charge ou la réalisation d'études de développement, de faisabilité technique, industrielle, commerciale, juridique et financière ;

c) Et toute autre prestation de services nécessaire à la création et au développement de l'entreprise. – *[Décr. n° 2000-893 du 13 sept. 2000, art. 1er.]*

Art. D. 123-3 Les bénéficiaires de ces prestations sont des personnes physiques créant une entreprise ou des petites entreprises créées depuis moins de deux ans. Sont considérées comme petites entreprises les entreprises qui emploient moins de 50 salariés, dont le chiffre d'affaires annuel n'excède pas 7 millions d'euros ou le total du bilan annuel n'excède pas 5 millions d'euros et dont le niveau de détention du capital ou des droits de vote par des entreprises ne satisfaisant pas ces conditions est inférieur à 25 %.

Ce seuil de 25 % peut être dépassé si le capital de l'entreprise est détenu par des sociétés de capital-risque, des fonds communs de placement à risques, des sociétés de développement régional et des sociétés publiques de participation, dès lors que ceux-ci n'exercent à titre individuel ou conjointement aucun contrôle sur l'entreprise.

Ces conditions s'apprécient au moment de la signature de la convention mentionnée à l'article D. 123-5. – *[Décr. n° 2000-893 du 13 sept. 2000, art. 2.]*

Art. D. 123-4 Pour bénéficier de ces prestations de services, les entreprises doivent, en outre, avoir un caractère innovant, valoriser des travaux de recherche et disposer d'un potentiel de croissance et de créations d'emplois. – *[Décr. n° 2000-893 du 13 sept. 2000, art. 3.]*

Art. D. 123-5 Les prestations de services sont fournies pour une durée ne pouvant excéder six ans qui inclut la période précédant la création de l'entreprise. Ces prestations donnent lieu à une convention d'une durée de trois ans au maximum et, à titre exceptionnel, renouvelable une fois entre le créateur ou l'entreprise bénéficiaire et le ou les organismes prestataires. La convention définit la nature et le montant des prestations.

Elle établit également les modalités de rémunération de l'organisme prestataire et, le cas échéant, sa participation au capital de l'entreprise. La signature de la convention est subordonnée à la régularité de la situation des bénéficiaires au regard de leurs obligations fiscales et sociales. – *[Décr. n° 2000-893 du 13 sept. 2000, art. 4.]*

Art. D. 123-6 *(Décr. n° 2015-652 du 10 juin 2015, art. 6)* « La commission de la recherche du conseil académique ou le conseil scientifique ou l'organe en tenant lieu » de l'établissement public est tenu régulièrement informé des conventions signées au titre des articles D. 123-2 à D. 123-7.

Art. D. 123-7 Le montant maximal des prestations de services ne peut excéder 100 000 euros hors taxes sur une période de trois ans par entreprise. Ce montant est calculé après déduction de la rémunération de l'organisme prestataire et, le cas échéant, de sa participation au capital de l'entreprise. Les prestations de services, lorsqu'elles prennent la forme d'une mise à disposition de locaux ou de matériels, sont comptabilisées sous ce plafond pour leurs valeurs annuelles d'amortissement. Les autres prestations sont comptabilisées au prix de revient. – *[Décr. n° 2000-893 du 13 sept. 2000, art. 6.]*

Légalité du décret. L'art. L. 123-5 renvoie à un décret le soin de définir les prestations de services qui peuvent faire l'objet de conventions en vue de la valorisation des résultats de la recherche, les modalités de leur évaluation et celles de la rémunération des établissements publics concernés. En définissant les formes que peuvent prendre ces prestations de services et en prévoyant que les conventions entre les établissements publics et les entreprises bénéficiaires définissent la nature, le montant, les modalités, notamment financières, de la fourniture de ces prestations et la durée pendant laquelle elles peuvent être assurées, l'auteur du décret attaqué n'a pas méconnu sa propre compétence. Les critères retenus pour définir les entreprises bénéficiaires ne sont pas entachés d'erreur manifeste d'appréciation. • CE 5 sept. 2001, *M. Gweltaz Guiavarc'h*, n° 225473.

SOUS-SECTION 2 RECRUTEMENT D'AGENTS NON TITULAIRES

Art. R. 123-8 En application des dispositions du dernier alinéa de l'article L. 123-5, les conditions dans lesquelles des agents non titulaires peuvent être recrutés par contrats de droit public à durée déterminée ou indéterminée sont fixées par le décret n° 2002-1347 du 7 novembre 2002 portant dispositions générales applicables aux agents non titulaires recrutés dans les services d'activités industrielles et commerciales des établissements publics d'enseignement supérieur *[V. ce Décr. ci-dessous]*.

Décret n° 2002-1347 du 7 novembre 2002,

Portant dispositions générales applicables aux agents non titulaires recrutés dans les services d'activités industrielles et commerciales des établissements publics d'enseignement supérieur.

Art. 1er Les dispositions du décret du 17 janvier 1986 susvisé *[n° 86-33 relatif aux dispositions générales applicables aux agents non titulaires de l'État pris pour l'application de l'article 7 de la loi n° 84-16 du 11 janvier 1984 portant dispositions statutaires relatives à la fonction publique de l'État, V.*

C. fonct. publ.], à l'exception des articles 1er, 4, 5, 6, 7, 8, 28 et 29, sont applicables aux agents non titulaires de droit public recrutés en application de l'article L. 123-5 du code de l'éducation pour le fonctionnement des services d'activités industrielles et commerciales et la réalisation de ces activités.

Art. 2 L'agent non titulaire est recruté par contrat écrit qui précise, outre sa date d'effet et la définition du poste occupé, s'il est établi pour une durée déterminée ou indéterminée, ainsi que les obligations et les droits de l'agent.

Les contrats à durée déterminée sont renouvelables dans la limite d'une durée totale maximale de trois ans.

Le contrat est signé par le président ou le directeur de l'établissement ou, par délégation, par le directeur du service. Dans le cas d'un service d'activités industrielles et commerciales commun à plusieurs établissements publics à caractère scientifique, culturel et professionnel, la convention prévue à l'article D. 719-90 mentionne, le cas échéant, la délégation faite au directeur du service.

Pour un motif de bonne administration, sont exclues du champ d'application du droit des usagers de saisir l'administration par voie électronique les demandes relatives aux recrutements et aux candidatures des agents non titulaires des services d'activités industrielles et commerciales (SAIC) des établissements d'enseignement supérieur (Décr. n° 2015-1410 du 5 nov. 2015).

SOUS-SECTION 3 TRANSACTIONS ET CONVENTIONS D'ARBITRAGE

Art. D. 123-9 **Les établissements publics à caractère scientifique, culturel et professionnel et les établissements publics administratifs d'enseignement supérieur relevant du ministre chargé de l'enseignement supérieur sont autorisés à transiger, dans les conditions prévues par les articles 2044 à 2058 du code civil, en vue de mettre fin aux litiges les opposant à d'autres personnes physiques ou morales publiques ou privées.**

Les transactions sont conclues par le président ou le directeur et soumises à l'approbation du conseil d'administration de l'établissement ou de l'organe en tenant lieu.

Le conseil d'administration, ou l'organe en tenant lieu, peut déléguer au président ou au directeur de l'établissement une partie de ses pouvoirs en matière de transaction pour les litiges de toute nature.

Le président ou le directeur rend compte au conseil d'administration, ou à l'organe en tenant lieu, lors de sa plus prochaine séance, des décisions qu'il a prises en vertu de cette délégation de pouvoir. – *[Décr. n° 2000-764 du 1er août 2000, art. 1er.]*

Art. D. 123-10 **Les établissements mentionnés à l'article D. 123-9 sont autorisés à conclure des conventions d'arbitrage en vue du règlement de litiges nés de l'exécution de contrats passés avec des organismes étrangers dans le cadre de leurs missions.**

Ces conventions sont soumises à l'approbation du conseil d'administration de l'établissement ou de l'organe en tenant lieu. – *[Décr. n° 2000-764 du 1er août 2000, art. 2.]*

Art. D. 123-11 **Les transactions et les conventions d'arbitrage, conclues par les établissements publics administratifs d'enseignement supérieur mentionnés à l'article D. 123-9, lorsque leur statut prévoit un** *(Décr. n° 2012-1247 du 7 nov. 2012, art. 2)* **« contrôle budgétaire »** ***a priori*****, sont soumises au visa préalable du** *(Décr. n° 2012-1247 du 7 nov. 2012, art. 2)* **« contrôleur budgétaire ».**

SECTION III CONSTRUCTION DE L'ESPACE EUROPÉEN DE L'ENSEIGNEMENT SUPÉRIEUR

BIBL. ▶ CROCHE, Bologne confisqué. Constitution, autour de la Commission européenne, d'un acteur-réseau et d'un dispositif européen de l'enseignement supérieur, *Thèse, Université Lyon 2-2009 Diffusion [intranet] URI http://demeter.univ-lyon2.fr/sdx/theses/lyon2/2009/croche_s.* – FILATRE, L'évolution des politiques universitaires de formation en France à travers le processus de Bologne, *in* Université, Universités, *Dalloz, coll. Thèmes et commentaires, 2010. 251.* – FROMENT, Quelle politique européenne de l'enseignement supérieur ?, *in* Université, Universités, *Dalloz, coll. Thèmes et commentaires, 2010. 115.* – GARCIA, Réformes de Bologne et économicisation de l'enseignement supérieur, *in La Revue du Mauss, n° 33, La Découverte, 2009.* – GUTIEREZ-CORTINES, Les universités et l'enseignement supérieur dans l'espace européen de la connaissance, *Rapport MEN, Commission européenne de la culture, de la jeunesse, de l'éducation, des médias et des sports,* *sept. 2002.* – Musselin, Les réformes des universités en Europe, *in La Revue du Mauss, n° 33, La Découverte, 2009.* – Pertek, L'Europe des universités, *AJDA 1990. 233* . – European Commission/EACEA/Eurydice, Focus on higher Education in Europe 2010 : The impact of the Bologna process, *2010* ; The European Higher Education Area in 2015 : Bologna Process Implementation Report. Luxembourg : *Publications Office of the European Union, 2015.*

Art. D. 123-12 **Afin d'assurer, dans le respect des objectifs et missions fixés aux articles L. 123-1 à L. 123-9 et dans la perspective de l'Espace européen de l'enseignement supérieur, la transition entre le dispositif réglementaire fixant l'organisation actuelle de l'enseignement supérieur et une organisation renouvelée de cet enseignement, les articles D. 123-13 et D. 123-14 ainsi que** *(Décr. n° 2015-652 du 10 juin 2015, art. 6)* **« les articles D. 611-1 à D. 611-6 » ont pour objet de permettre aux établissements d'innover par l'organisation de nouvelles formations.**

Art. D. 123-13 **L'application nationale aux études supérieures et aux diplômes nationaux de la construction de l'Espace européen de l'enseignement supérieur se caractérise par :**

a) **Une architecture des études fondée principalement sur les trois grades de licence, master et doctorat ;**

b) **Une organisation des formations en semestres et en unités d'enseignement ;**

c) **La mise en œuvre du système européen d'unités d'enseignement capitalisables et transférables, dit "système européen de crédits-ECTS" ;**

d) **La délivrance d'une annexe décrivant les connaissances et aptitudes acquises dite "supplément au diplôme" afin d'assurer la lisibilité des diplômes dans le cadre de la mobilité internationale.** – *[Décr. n° 2002-482 du 8 avr. 2002, art. 2.]*

Art. D. 123-14 **Pour la mise en œuvre de l'article D. 123-13, la politique nationale a pour objectifs :**

a) **D'organiser l'offre de formation sous la forme de parcours types de formation préparant à l'ensemble des diplômes nationaux ;**

b) **D'intégrer, en tant que de besoin, des approches pluridisciplinaires et de faciliter l'amélioration de la qualité pédagogique, de l'information, de l'orientation et de l'accompagnement de l'étudiant ;**

c) **De développer la professionnalisation des études supérieures, de répondre aux besoins de formation continue diplomante et de favoriser la validation des acquis de l'expérience, en relation avec les milieux économiques et sociaux ;**

d) **D'encourager la mobilité, d'accroître l'attractivité des formations françaises à l'étranger et permettre la prise en compte et la validation des périodes de formation, notamment à l'étranger ;**

e) **D'intégrer l'apprentissage de compétences transversales telles que la maîtrise des langues vivantes étrangères et celle des outils informatiques ;**

f) **De faciliter la création d'enseignements par des méthodes faisant appel aux technologies de l'information et de la communication et au développement de l'enseignement à distance.** – *[Décr. n° 2002-482 du 8 avr. 2002, art. 3.]*

SECTION IV MISSION DE COOPÉRATION INTERNATIONALE

SOUS-SECTION 1 COOPÉRATION INTERNATIONALE DES ÉTABLISSEMENTS

Art. D. 123-15 **Les modalités selon lesquelles** *(Décr. n° 2015-668 du 15 juin 2015, art. 1er)* **« les établissements publics à caractère scientifique, culturel et professionnel, d'une part, les autres établissements publics d'enseignement supérieur relevant du ministre chargé de l'enseignement supérieur, d'autre part, » organisent, dans le cadre de leur autonomie, et dans le respect des règles qui régissent les relations extérieures de la France, des actions de coopération avec des institutions étrangères ou internationales sont fixées par les articles D. 123-16 à D. 123-21.**

Art. D. 123-16 **Les actions de coopération peuvent intéresser tous les secteurs de l'activité des établissements mentionnés à l'article D. 123-15, et se manifester notamment par la conclusion de conventions d'échange d'étudiants, d'enseignants-chercheurs, d'enseignants et de chercheurs, et portant sur la formation, l'ingénierie pédagogique, des recherches conjointes et la publication de leurs résultats, la diffusion, l'échange ou**

la réalisation en commun de documents d'information scientifique et technique, l'organisation de colloques et congrès internationaux. – *[Décr. nº 85-1124 du 21 oct. 1985, art. 2.]*

Art. D. 123-17 *Abrogé par Décr. nº 2015-668 du 15 juin 2015, art. 2.*

Art. D. 123-18 Les actions de coopération peuvent faire l'objet de dotations particulières provenant des administrations intéressées, notamment *(Décr. nº 2015-668 du 15 juin 2015, art. 3)* « des départements ministériels dont relèvent les établissements mentionnés à l'article D. 123-15 et du » ministère des affaires étrangères.

Les établissements peuvent également présenter à ces administrations des projets de coopération sous forme de conventions pluriannuelles établies pour une période ne pouvant excéder cinq ans.

Art. D. 123-19 Tout établissement ayant l'intention de contracter avec une institution étrangère ou internationale, universitaire ou non, communique le projet d'accord au ministre chargé de l'enseignement supérieur, *(Décr. nº 2015-668 du 15 juin 2015, art. 4)* « à ses autorités de tutelle et au » ministre des affaires étrangères.

Le projet d'accord fait l'objet d'un examen conjoint du ministre chargé de l'enseignement supérieur *(Décr. nº 2015-668 du 15 juin 2015, art. 4)* « , des autorités de tutelle » et du ministre des affaires étrangères.

(Décr. nº 2015-668 du 15 juin 2015, art. 4) « Le délai d'un mois mentionné au troisième alinéa de l'article L. 123-7-1 est applicable aux projets d'accords des établissements publics mentionnés à l'article D. 123-15 autres que les établissements publics à caractère scientifique, culturel et professionnel.

« En cas de renouvellement de cet accord, il est à nouveau soumis à la procédure de communication. »

Art. D. 123-20 Les actions de coopération ont lieu sous la responsabilité des présidents ou directeurs des établissements intéressés, qui en assurent la mise en œuvre, sous réserve des dispositions réglementaires relatives aux relations entre personnes physiques ou morales françaises et étrangères, et plus particulièrement de celles touchant à la protection du patrimoine scientifique et technique. – *[Décr. nº 85-1124 du 21 oct. 1985, art. 6.]*

Art. D. 123-21 Lorsqu'un engagement international de la France implique l'intervention d'établissements mentionnés à l'article D. 123-15, il appartient au ministre chargé de l'enseignement supérieur, à la demande du ministre des affaires étrangères, d'examiner avec les établissements intéressés les modalités de cette intervention. – *[Décr. nº 85-1124 du 21 oct. 1985, art. 7.]*

SOUS-SECTION 2 ACCUEIL DES ÉTUDIANTS ÉTRANGERS

Art. D. 123-22 L'accueil des étudiants étrangers incombe au ministre chargé de l'éducation, en liaison avec les ministres chargés des affaires étrangères et de la coopération ainsi qu'aux établissements publics à caractère scientifique, culturel et professionnel, dans le respect de l'autonomie de ces établissements.

Cette mission, qui constitue un élément de la politique universitaire, doit tendre notamment à assurer la cohérence entre la formation des étudiants étrangers en France et le développement des centres universitaires dans les pays en voie de développement. – *[Décr. nº 71-376 du 13 mai 1971, art. 14.]*

BIBL. ▶ Les étudiants étrangers en France, *Vie universitaire, nº 112, janv. 2007. 5.*

CHAPITRE IV STAGES ET PÉRIODES DE FORMATION EN MILIEU PROFESSIONNEL

(Décr. nº 2014-1420 du 27 nov. 2014, art. 1er)

Art. D. 124-1 Les périodes de formation en milieu professionnel ou les stages sont intégrés à un cursus de formation dans les conditions suivantes :

1º Les finalités, les modalités de mise en œuvre et l'évaluation des périodes de formation en milieu professionnel sont définies conformément aux dispositions de l'article D. 331-15 du présent code et de l'article R. 715-1-5 du code rural et de la pêche maritime.

2° Les finalités et les modalités de mise en œuvre des stages sont définies dans les textes réglementaires relatifs à l'organisation des formations. Les stages font l'objet d'une restitution de la part du stagiaire donnant lieu à évaluation de la part de l'établissement et à attribution de crédits européens, le cas échéant.

Art. D. 124-2 *(Décr. nº 2017-1652 du 30 nov. 2017, art. 1er)* Les périodes de formation en milieu professionnel et les stages définis à l'article L. 124-1 font partie d'un cursus de formation dont le volume pédagogique d'enseignement est, au minimum, de deux cents heures par année d'enseignement.

Les périodes de formation en milieu professionnel ou les stages n'entrent pas dans le décompte de ce volume pédagogique.

Dans l'enseignement scolaire, le volume pédagogique d'enseignement de deux cents heures est dispensé en présence des élèves.

Dans l'enseignement supérieur, le volume pédagogique d'enseignement de deux cents heures comporte un minimum de cinquante heures dispensées en présence des étudiants. *(Décr. nº 2021-1154 du 3 sept. 2021, art. 2)* « Le recteur de région académique, à la demande de l'établissement et en lien avec l'autorité dont relève l'établissement lorsque le cursus de formation retenu est dispensé par un établissement ne relevant pas des ministres chargés de l'éducation nationale ou de l'enseignement supérieur, peut accorder une dérogation pour permettre à l'établissement de dispenser ce volume minimum d'enseignement soit à distance, y compris sous forme numérique, soit selon des dispositifs associant, en même temps, présence des étudiants et de l'enseignant dans l'établissement et enseignement à distance. Lorsque le cursus de formation retenu est dispensé par un établissement relevant du ministre chargé de l'agriculture, l'autorité académique compétente exerce les compétences attribuées au recteur de région académique. »

Art. D. 124-3 Conformément à l'article L. 124-2, l'établissement d'enseignement désigne l'enseignant référent parmi les membres des équipes pédagogiques. Celui-ci est responsable du suivi pédagogique de la période de formation en milieu professionnel ou du stage.

(Décr. nº 2017-1652 du 30 nov. 2017, art. 1er) « Dans l'enseignement scolaire, un même enseignant référent ne peut suivre simultanément plus de seize stagiaires.

« Dans l'enseignement supérieur, un même enseignant référent ne peut suivre simultanément plus de vingt-quatre stagiaires. »

Le conseil d'administration de l'établissement d'enseignement ou l'instance équivalente détermine les modalités du suivi régulier des stagiaires par les enseignants référents.

Art. D. 124-4 La convention de stage est signée par l'établissement d'enseignement, l'organisme d'accueil, le stagiaire ou son représentant légal, l'enseignant référent et le tuteur de stage. Elle comporte les mentions obligatoires suivantes :

1° L'intitulé complet du cursus ou de la formation du stagiaire et son volume horaire par année d'enseignement ou par semestre d'enseignement, selon les cas ;

2° Le nom de l'enseignant référent de l'établissement d'enseignement et le nom du tuteur dans l'organisme d'accueil ;

3° Les compétences à acquérir ou à développer au cours de la période de formation en milieu professionnel ou du stage ;

4° Les activités confiées au stagiaire en fonction des objectifs de formation et des compétences à acquérir définies au 3° et validées par l'organisme d'accueil ;

5° Les dates du début et de la fin de la période de formation en milieu professionnel ou du stage ainsi que la durée totale prévue, calculée selon les modalités prévues à l'article D. 124-6 ;

6° La durée hebdomadaire de présence effective du stagiaire dans l'organisme d'accueil et sa présence, le cas échéant, la nuit, le dimanche ou des jours fériés, en application de l'article L. 124-14 ;

7° Les conditions dans lesquelles l'enseignant référent de l'établissement d'enseignement et le tuteur dans l'organisme d'accueil assurent l'encadrement et le suivi du stagiaire ;

8° Le montant de la gratification versée au stagiaire et les modalités de son versement, le cas échéant ;

9° Le régime de protection sociale dont bénéficie le stagiaire, y compris la protection en cas d'accident du travail, conformément aux *a*, *b* et *f* du 2° de l'article L. 412-8 du code de la sécurité sociale ou aux 1° et 8° du II de l'article L. 751-1 du code rural et de la pêche maritime et au 1° de l'article L. 761-14 du même code ainsi que, le cas échéant, l'obligation faite au stagiaire de justifier d'une assurance couvrant sa responsabilité civile ;

10° Les conditions dans lesquelles le stagiaire est autorisé à s'absenter, notamment dans le cadre d'obligations attestées par l'établissement d'enseignement et des congés et autorisations d'absence mentionnés à l'article L. 124-13 ;

11° Les modalités de suspension et de résiliation de la convention de stage ;

12° Les modalités de validation du stage ou de la période de formation en milieu professionnel en cas d'interruption, conformément à l'article L. 124-15 ;

13° La liste des avantages offerts par l'organisme d'accueil au stagiaire, notamment l'accès au restaurant d'entreprise ou aux titres-restaurant prévus à l'article L. 3262-1 du code du travail et la prise en charge des frais de transport prévue à l'article L. 3261-2 du même code, le cas échéant, ainsi que les activités sociales et culturelles mentionnées à l'article L. 2323-83 du code du travail ;

14° Les clauses du règlement intérieur de l'organisme d'accueil qui sont applicables au stagiaire, le cas échéant ;

15° Les conditions de délivrance de l'attestation de stage prévue à l'article D. 124-9.

La convention de stage peut faire l'objet d'avenants, notamment en cas de report ou de suspension de la période de formation en milieu professionnel ou du stage.

Art. D. 124-5 Les établissements d'enseignement public *[publics]* et les établissements d'enseignement privés dispensant une formation dont *[où]* les élèves ou les étudiants accomplissent des périodes de formation en milieu professionnel ou des stages prévus à l'article L. 124-1 élaborent, en concertation avec les organismes d'accueil intéressés, la convention de stage sur la base d'une convention type définie par les ministres intéressés.

Art. D. 124-6 La durée du (ou des) stage(s) ou de la (ou des) période(s) de formation en milieu professionnel prévue aux articles L. 124-5 et L. 124-6 est calculée en fonction du temps de présence effective du stagiaire dans l'organisme d'accueil. Chaque période au moins égale à sept heures de présence, consécutives ou non, est considérée comme équivalente à un jour et chaque période au moins égale à vingt-deux jours de présence, consécutifs ou non, est considérée comme équivalente à un mois.

Art. D. 124-7 Les trajets effectués par les stagiaires accueillis au sein d'un organisme de droit public entre leur domicile et le lieu où ils accomplissent leur période de formation en milieu professionnel ou de stage sont pris en charge dans les conditions fixées par le décret n° 2010-676 du 21 juin 2010 instituant une prise en charge partielle du prix des titres d'abonnement correspondant aux déplacements effectués par les agents publics entre leur résidence habituelle et leur lieu de travail.

Le stagiaire accueilli dans un organisme de droit public et qui effectue une mission dans ce cadre bénéficie de la prise en charge de ses frais de déplacement temporaire selon la réglementation en vigueur.

Pour l'application des alinéas précédents, est assimilé à la résidence administrative du stagiaire le lieu de la période de formation en milieu professionnel ou du stage indiqué dans la convention de stage.

Art. D. 124-8 La gratification de stage définie à l'article L. 124-6 est due au stagiaire sans préjudice du remboursement des frais engagés par celui-ci pour effectuer la période de formation en milieu professionnel ou le stage et des avantages offerts, le cas échéant, pour la restauration, l'hébergement et le transport.

La durée du stage est décomptée en fonction de la durée de présence du stagiaire selon les modalités prévues à l'article D. 124-6.

La gratification prévue à l'article L. 124-6 est due pour chaque heure de présence du stagiaire dans l'organisme d'accueil, à compter du premier jour du premier mois de la période de formation en milieu professionnel ou du stage. Elle est versée mensuellement.

La gratification due par une administration, un établissement public ou tout organisme de droit public ne peut être cumulée avec une rémunération versée par ce même organisme d'accueil au cours de la période concernée. Le montant de cette gratification ne peut excéder le taux défini à l'article L. 124-6.

Tout organisme d'accueil peut prévoir de verser une gratification lorsque la durée de la période de formation en milieu professionnel ou du stage est inférieure à la durée définie à l'article L. 124-6.

Art. D. 124-9 Une attestation de stage est délivrée par l'organisme d'accueil à tout élève ou étudiant. Cette attestation mentionne la durée effective totale du stage et le montant total de la gratification versée au stagiaire, le cas échéant.

Art. R. 124-10 *(Décr. nº 2015-1359 du 26 oct. 2015, art. 1er)* Le nombre de stagiaires dont la convention de stage est en cours pendant une même semaine civile dans l'organisme d'accueil doté de la personnalité morale ne peut excéder :

1° 15 % de l'effectif arrondis à l'entier supérieur pour les organismes d'accueil dont l'effectif est supérieur ou égal à vingt ;

2° Trois stagiaires, pour les organismes d'accueil dont l'effectif est inférieur à vingt.

Art. R. 124-11 *(Décr. nº 2015-1359 du 26 oct. 2015, art. 1er)* Pour les périodes de formation en milieu professionnel rendues obligatoires par l'article L. 331-4, *(Décr. nº 2019-1554 du 30 déc. 2019, art. 1er)* « le recteur de région académique » peut fixer par arrêté un nombre de stagiaires supérieur à celui mentionné à l'article R. 124-10, dans la limite de 20 % de l'effectif lorsque celui-ci est supérieur ou égal à trente et dans la limite de cinq stagiaires lorsqu'il est inférieur à trente. Il peut limiter cette dérogation à des secteurs d'activités qu'il détermine. Pour l'appréciation de ces deux limites, il est tenu compte de l'ensemble des personnes accueillies au titre des stages et des périodes de formation en milieu professionnel.

Art. R. 124-12 *(Décr. nº 2015-1359 du 26 oct. 2015, art. 1er)* Pour l'application des articles R. 124-10 et R. 124-11, l'effectif est égal :

1° Au nombre des personnes physiques employées dans l'organisme d'accueil au dernier jour du mois civil précédant la période sur laquelle est appréciée la condition ;

2° A la moyenne sur les douze mois précédents du nombre des personnes mentionnées au 1°, si elle est supérieure au nombre mentionné au 1°.

Pour les administrations et établissements publics administratifs, l'effectif s'entend de l'ensemble des personnels exerçant leurs fonctions dans l'organisme d'accueil, apprécié selon les modalités définies au présent article.

Art. R. 124-12-1 *(Décr. nº 2018-1227 du 24 déc. 2018, art. 3)* La demande mentionnée à l'article L. 124-8-1 précise le nom ou la raison sociale de son auteur, son adresse ainsi que les catégories de personnes que l'organisme d'accueil envisage de prendre en compte en vue de la détermination de son effectif pour l'application des articles R. 124-10 et R. 124-11.

Elle est présentée au directeur régional des entreprises, de la concurrence, de la consommation du travail et de l'emploi de la région dans laquelle est situé le siège de l'organisme d'accueil par tout moyen conférant date certaine à sa réception.

Si la demande est incomplète, le service invite le demandeur, dans les mêmes formes, à fournir les éléments complémentaires nécessaires.

Le directeur régional des entreprises, de la concurrence, de la consommation, du travail et de l'emploi se prononce dans un délai de trois mois à compter de la date de réception de la demande ou des éléments complémentaires demandés.

Art. R. 124-13 *(Décr. nº 2015-1359 du 26 oct. 2015, art. 1er)* Une même personne ne peut être désignée en qualité de tuteur dans un organisme d'accueil lorsqu'elle l'est déjà dans trois conventions de stage en cours d'exécution à la date à laquelle la désignation devrait prendre effet.

TITRE TROISIÈME L'OBLIGATION ET LA GRATUITÉ SCOLAIRES

CHAPITRE PREMIER L'OBLIGATION SCOLAIRE

SECTION PREMIÈRE CONTRÔLE DE L'OBLIGATION SCOLAIRE

SOUS-SECTION 1 CONTRÔLE DE L'INSCRIPTION

Art. R. 131-1 Afin de garantir aux enfants soumis à l'obligation scolaire le respect du droit à l'instruction, les modalités de contrôle de l'obligation, de la fréquentation et de l'assiduité scolaires sont définies par les articles R. 131-2 à R. 131-9, R. 131-17 et R. 131-18 conformément à l'article L. 131-12. Le contrôle de l'assiduité scolaire s'appuie sur un dialogue suivi entre les personnes responsables de l'enfant et celles qui sont chargées de ce contrôle. – *[Décr. n° 66-104 du 18 févr. 1966, art. 1er-1.]*

Art. R. 131-1-1 *(Décr. n° 2019-826 du 2 août 2019, art. 1er)* L'obligation d'assiduité peut être aménagée en petite section d'école maternelle à la demande des personnes responsables de l'enfant. Ces aménagements ne peuvent porter que sur les heures de classe prévues l'après-midi.

La demande d'aménagement, écrite et signée, est adressée par les personnes responsables de l'enfant au directeur de l'école qui la transmet, accompagnée de son avis, à l'inspecteur de l'éducation nationale de la circonscription dans laquelle est implantée l'école, dans un délai maximum de deux jours ouvrés. L'avis du directeur de l'école est délivré au terme d'un dialogue avec les membres de l'équipe éducative.

Lorsque cet avis est favorable, l'aménagement demandé est mis en œuvre, à titre provisoire, dans l'attente de la décision de l'inspecteur de l'éducation nationale. Le silence gardé par ce dernier pendant un délai de quinze jours à compter de la transmission de la demande d'aménagement par le directeur de l'école vaut décision d'acceptation.

Les modalités de l'aménagement décidé par l'inspecteur de l'éducation nationale sont communiquées par écrit par le directeur de l'école aux personnes responsables de l'enfant. Elles tiennent compte des horaires d'entrée et de sortie des classes, du fonctionnement général de l'école et de son règlement intérieur. Elles peuvent être modifiées à la demande des personnes responsables de l'enfant, en cours d'année scolaire, selon les mêmes modalités que celles applicables aux demandes initiales.

Art. R. 131-2 Le directeur de l'école ou le chef de l'établissement scolaire dans lequel un enfant a été inscrit délivre aux personnes responsables de l'enfant, au sens de l'article L. 131-4, un certificat d'inscription.

Dans le cas où ces personnes ont déclaré au maire et *(Décr. n° 2012-16 du 5 janv. 2012, art. 7)* « au directeur académique des services de l'éducation nationale agissant sur délégation du recteur d'académie » ou son délégué qu'elles feront donner l'instruction dans la famille, *(Décr. n° 2012-16 du 5 janv. 2012, art. 7)* « le directeur académique des services de l'éducation nationale agissant sur délégation du recteur d'académie » ou son délégué accuse réception de leur déclaration.

Art. R. 131-3 Chaque année, à la rentrée scolaire, le maire dresse la liste de tous les enfants résidant dans sa commune et qui sont soumis à l'obligation scolaire. Sont mentionnés sur la liste *(Décr. n° 2019-838 du 19 août 2019, art. 8)* « les nom, prénoms, sexe, date et lieu de naissance de l'enfant », les nom, prénoms, domicile, profession des personnes qui en sont responsables.

La liste scolaire est mise à jour le premier de chaque mois. Pour en faciliter l'établissement et la mise à jour, les directeurs des écoles ou les chefs des établissements scolaires, publics ou privés, doivent déclarer au maire *(Décr. n° 2018-407 du 29 mai 2018, art. 5)* « et au directeur académique des services de l'éducation nationale agissant par délégation du recteur d'académie », dans les huit jours qui suivent la rentrée des classes, les enfants fréquentant leur établissement. L'état des mutations sera fourni à la fin de chaque mois. Les conseillers municipaux, les délégués départementaux de l'éducation nationale, les assistants de service social, les membres de l'enseignement, les agents de l'autorité, *(Décr. n° 2012-16 du 5 janv. 2012, art. 7)* « le directeur académique des services de l'éducation nationale agissant sur délégation du recteur d'académie » ou son délégué ont le droit de prendre connaissance et copie, à la mairie, de la liste des enfants d'âge scolaire. Les omissions sont signalées au maire, qui en accuse réception.

Art. D. 131-3-1 *(Décr. n° 2020-811 du 29 juin 2020, art. 1er)* Ne peuvent être exigées à l'appui de la demande d'inscription sur la liste mentionnée à l'article L. 131-6 que les pièces suivantes :

1° Un document justifiant de l'identité de l'enfant ;

2° Un document justifiant de l'identité des personnes responsables de l'enfant ;

3° Un document justifiant de leur domicile.

Les documents qui peuvent être produits au titre des 1° et 2° figurent en colonne A de l'article R. 113-5 du code des relations entre le public et l'administration. Lorsque les personnes responsables de l'enfant ne sont pas en mesure de produire l'un de ces documents, il peut être attesté sur l'honneur des nom, prénoms, date et lieu de naissance de l'enfant et de l'identité des personnes qui en sont responsables.

Il peut être justifié du domicile par tous moyens, y compris une attestation sur l'honneur. Le maire peut faire procéder à la vérification de la domiciliation sur le territoire de la commune. Cette vérification ne peut faire obstacle à l'inscription de l'enfant sur la liste scolaire.

Art. R. 131-4 Le maire fait connaître sans délai *(Décr. n° 2012-16 du 5 janv. 2012, art. 7)* « au directeur académique des services de l'éducation nationale agissant sur délégation du recteur d'académie », les manquements à l'obligation d'inscription dans une école ou un établissement d'enseignement ou de déclaration d'instruction dans la famille prévue par l'article L. 131-5 pour les enfants soumis à l'obligation scolaire.

Sont également habilitées à signaler lesdits manquements *(Décr. n° 2012-16 du 5 janv. 2012, art. 7)* « au directeur académique des services de l'éducation nationale agissant sur délégation du recteur d'académie » les personnes mentionnées au deuxième alinéa de l'article R. 131-3.

SOUS-SECTION 2 CONTRÔLE DE L'ASSIDUITÉ

Art. R. 131-5 Il est tenu, dans chaque école et établissement scolaire public ou privé, un registre d'appel sur lequel sont mentionnées, pour chaque classe, les absences des élèves inscrits. Tout personnel responsable d'une activité organisée pendant le temps scolaire signale les élèves absents, selon des modalités arrêtées par le règlement intérieur de l'école ou de l'établissement.

Toute absence est immédiatement signalée aux personnes responsables de l'enfant qui doivent sans délai en faire connaître les motifs au directeur de l'école ou au chef de l'établissement, conformément à l'article L. 131-8.

En cas d'absence prévisible, les personnes responsables de l'enfant en informent préalablement le directeur de l'école ou le chef de l'établissement et en précisent le motif. S'il y a doute sérieux sur la légitimité du motif, le directeur de l'école ou le chef de l'établissement invite les personnes responsables de l'enfant à présenter une demande d'autorisation d'absence qu'il transmet *(Décr. n° 2012-16 du 5 janv. 2012, art. 7)* « au directeur académique des services de l'éducation nationale agissant sur délégation du recteur d'académie ».

Art. R. 131-6 Les absences d'un élève, avec leur durée et leurs motifs, sont mentionnées dans un dossier, ouvert pour la seule année scolaire, qui regroupe l'ensemble des informations et documents relatifs à ces absences.

En cas d'absences répétées d'un élève, justifiées ou non, le directeur de l'école ou le chef de l'établissement scolaire engage avec les personnes responsables de l'enfant un dialogue sur sa situation. – *[Décr. n° 66-104 du 18 févr. 1966, art. 5-1.]*

Art. R. 131-7 *(Décr. n° 2014-1376 du 18 nov. 2014, art. 1er)* I. – Lorsque l'enfant a manqué la classe sans motif légitime ni excuses valables au moins quatre demi-journées dans le mois, le directeur d'école ou le chef d'établissement réunit les membres concernés de l'équipe éducative dans le premier degré ou de la commission éducative dans le second degré, afin de rechercher l'origine du comportement de l'élève et de proposer les mesures qui peuvent être prises pour y remédier. Un document récapitulant ces mesures est signé avec les personnes responsables de l'élève afin de formaliser cet engagement.

Le directeur académique des services de l'éducation nationale agissant sur délégation du recteur d'académie, saisi du dossier de l'élève par le directeur de l'école ou le chef de l'établissement scolaire, adresse aux personnes responsables un avertissement et leur rappelle leurs obligations légales et les sanctions pénales auxquelles elles s'exposent. Il peut diligenter une enquête sociale.

Les personnes responsables de l'enfant peuvent être convoquées pour un entretien avec le directeur académique des services de l'éducation nationale agissant sur délégation du recteur d'académie ou son représentant. Celui-ci peut proposer des mesures de nature pédagogique ou éducative pour l'élève.

II. – En cas de persistance du défaut d'assiduité, le directeur d'école ou le chef d'établissement réunit conformément aux dispositions de l'article L. 131-8 les membres concernés de la communauté éducative pour élaborer avec les personnes responsables de l'enfant un dispositif d'aide et d'accompagnement adapté et contractualisé avec elles. Il propose toute mesure complémentaire de nature à rétablir l'assiduité de l'enfant.

Il désigne un personnel d'éducation référent pour assurer le suivi de l'application des mesures d'accompagnement mises en œuvre au bénéfice de l'élève concerné.

III. – S'il constate la poursuite de l'absentéisme de l'enfant, en dépit des mesures prises en vertu des alinéas précédents, le directeur d'école ou le chef d'établissement saisit à nouveau le directeur académique des services de l'éducation nationale et lui transmet le dossier individuel de suivi de l'absentéisme de l'élève.

Les personnes responsables de l'élève peuvent être convoquées par pli recommandé par le directeur académique des services de l'éducation nationale, agissant sur délégation du recteur d'académie, afin d'être entendues par ce dernier en présence du président du conseil départemental ou de son représentant ainsi que, le cas échéant, des représentants d'autres services de l'État. Il rappelle aux personnes responsables de l'élève leurs obligations légales en matière d'assiduité scolaire et les sanctions pénales auxquelles elles s'exposent. Il propose de nouvelles mesures de nature éducative ou sociale ainsi que des dispositifs d'accompagnement à la famille.

IV. – Si les mesures prises en vertu des alinéas précédents n'ont pas permis de mettre fin à l'absentéisme de l'enfant, le directeur académique des services de l'éducation nationale, agissant sur délégation du recteur d'académie, saisit le procureur de la République des faits susceptibles d'être constitutifs de l'infraction prévue à l'article R. 624-7 du code pénal *[V. cet art. à l'art. R. 131-19]*. Il informe de cette saisine les personnes responsables de l'enfant.

Art. R. 131-8 Pour l'application aux élèves relevant de l'enseignement agricole du premier alinéa de l'article R. 131-7, la saisine *(Décr. n° 2012-16 du 5 janv. 2012, art. 7)* « du directeur académique des services de l'éducation nationale agissant sur délégation du recteur d'académie » est effectuée par l'intermédiaire, pour la métropole, du directeur régional de l'alimentation, de l'agriculture et de la forêt et, pour les départements d'outre-mer, du directeur de l'agriculture et de la forêt. Pour l'application des dispositions du deuxième alinéa de l'article R. 131-7 aux mêmes élèves, les personnes responsables sont convoquées par le directeur régional de l'alimentation, de l'agriculture et de la forêt pour la métropole et par le directeur de l'agriculture et de la forêt pour les départements d'outre-mer. Ceux-ci peuvent proposer des mesures de nature pédagogique ou éducative pour l'élève.

Art. R. 131-9 Lorsqu'un enfant d'âge scolaire est trouvé par un agent de l'autorité publique dans la rue ou dans une salle de spectacles ou dans un lieu public, sans motif légitime, pendant les heures de classe, il est conduit immédiatement à l'école ou à l'établissement scolaire auquel il est inscrit ou, si la déclaration prescrite à l'article L. 131-5 n'a pas été faite, à l'école publique la plus proche. Le directeur de l'école ou le chef de l'établissement scolaire informe, sans délai, *(Décr. n° 2012-16 du 5 janv. 2012, art. 7)* « le directeur académique des services de l'éducation nationale agissant sur délégation du recteur d'académie » ou son délégué.

Art. R. 131-10 Les organismes ou services débiteurs des prestations familiales peuvent, lorsqu'ils ont connaissance des manquements notoires à l'obligation scolaire, provoquer une enquête de l'administration académique. — *[Décr. n° 66-104 du 18 févr. 1966, art. 8.]*

SOUS-SECTION 3 TRAITEMENT AUTOMATISÉ RELATIF AU RECENSEMENT DES ENFANTS SOUMIS À L'OBLIGATION SCOLAIRE ET À L'AMÉLIORATION DU SUIVI DE L'ASSIDUITÉ

(Décr. n° 2008-139 du 14 févr. 2008, art. 1er)

Art. R. 131-10-1 En application de l'article L. 131-6, le maire peut mettre en œuvre un traitement automatisé de données à caractère personnel ayant pour finalités de procéder au recensement des enfants soumis à l'obligation scolaire résidant dans la commune et de recueillir les informations concernant l'inscription et l'assiduité scolaires de ces enfants afin de lui permettre de prendre les mesures à caractère social ou éducatif dans le cadre des compétences qui lui sont conférées, notamment *(Décr. n° 2014-1376 du 18 nov. 2014, art. 2)* « par l'article L. 141-2 » du code de l'action sociale et des familles.

Art. R. 131-10-2 Les catégories de données enregistrées sont les suivantes :

1° Nom, prénoms, sexe, date et lieu de naissance et adresse de l'enfant soumis à l'obligation scolaire ;

2° Nom, prénoms, adresse et profession de la ou les personnes responsables de l'enfant, au sens de l'article L. 131-4 ;

3° Nom, prénom et adresse de l'allocataire des prestations familiales ;

4° Nom et adresse de l'établissement d'enseignement public ou privé fréquenté, date d'inscription et date de radiation de l'élève ; le cas échéant, date de la déclaration annuelle d'instruction dans la famille ;

5° Mention et date de la saisine *(Décr. n° 2012-16 du 5 janv. 2012, art. 7)* « du directeur académique des services de l'éducation nationale agissant sur délégation du recteur d'académie », par le directeur ou le chef d'établissement d'enseignement pour défaut d'assiduité de l'élève en application de l'article L. 131-8 ;

(Décr. n° 2014-1376 du 18 nov. 2014, art. 3) « 6° » Mention, date et éventuellement durée de la sanction d'exclusion temporaire ou définitive de l'élève prononcée par le chef d'établissement ou le conseil de discipline de l'établissement d'enseignement.

Art. R. 131-10-3 Les organismes chargés du versement des prestations familiales transmettent au maire, à sa demande et par voie sécurisée, les données suivantes :

1° Données relatives à l'identité de l'enfant ouvrant droit au versement de prestations familiales : nom, prénom, date de naissance, sexe ;

2° Données relatives à l'identité de l'allocataire : nom, prénom, adresse.

Art. R. 131-10-4 Les données figurant aux 1°, 2°, 3° et 4° de l'article R. 131-10-2 ne sont pas conservées au-delà de l'année scolaire au cours de laquelle l'élève atteint l'âge de seize ans.

Les données figurant *(Décr. n° 2014-1376 du 18 nov. 2014, art. 4)* « au 5° et au 6° » du même article ne sont pas conservées au-delà de la fin de l'année scolaire au cours de laquelle elles ont fait l'objet du traitement automatisé.

Toutefois les données sont immédiatement effacées lorsque le maire a connaissance de ce que l'enfant ne réside plus dans la commune.

Art. R. 131-10-5 I. — Ont accès aux données enregistrées en fonction de leurs attributions respectives et du besoin d'en connaître :

— les élus ayant reçu délégation du maire pour les affaires scolaires ou sociales ;

— les agents des services municipaux chargés des affaires scolaires ou sociales, individuellement désignés par le maire.

II. — Sont habilités à recevoir communication des données enregistrées, en fonction de leurs attributions respectives et du besoin d'en connaître :

— les agents du centre communal d'action sociale, individuellement désignés par son directeur et les agents de la caisse des écoles, individuellement désignés par le président du comité de caisse ;

— *(Décr. n° 2012-16 du 5 janv. 2012, art. 7)* « le directeur académique des services de l'éducation nationale agissant sur délégation du recteur d'académie », et son ou ses représentants, individuellement désignés ;

— le président du conseil départemental, son ou ses représentants individuellement désignés et les agents des services départementaux chargés de l'aide et de l'action sociales, individuellement désignés par le président du conseil départemental ;

— le coordonnateur prévu par l'article L. 121-6-2 du code de l'action sociale et des familles.

Art. R. 131-10-6 Le droit d'accès et le droit de rectification s'exercent auprès du maire dans les conditions définies par les articles 39 et 40 de la loi du 6 janvier 1978 relative à l'informatique, aux fichiers et aux libertés.

Le droit d'opposition prévu à l'article 38 de la même loi ne s'applique pas au traitement mentionné à l'article R. 131-10-1.

SOUS-SECTION 4 CONTRÔLE DU CONTENU DES CONNAISSANCES REQUIS DES ENFANTS INSTRUITS DANS LA FAMILLE OU DANS LES ÉTABLISSEMENTS D'ENSEIGNEMENT PRIVÉS HORS CONTRAT *(Décr. n° 2008-139 du 14 févr. 2008, art. 1er).*

Art. D. 131-11 *Abrogé par Décr. n° 2019-823 du 2 août 2019, art. 1er.*

Art. R. 131-12 *(Décr. n° 2019-823 du 2 août 2019, art. 2)* Pour les enfants qui reçoivent l'instruction dans la famille ou dans les établissements d'enseignement privés hors contrat, l'acquisition des connaissances et des compétences est progressive et continue dans chaque domaine de formation du socle commun de connaissances, de compétences et de culture et doit avoir pour objet d'amener l'enfant, à l'issue de la période de l'instruction obligatoire, à la maîtrise de l'ensemble des exigences du socle commun. La progression retenue doit être compatible avec l'âge de l'enfant et, lorsqu'il présente un handicap tel que défini à l'article L. 114 du code de l'action sociale et des familles, avec ses besoins particuliers, tout en tenant compte des choix éducatifs effectués par les personnes responsables de l'enfant et de l'organisation pédagogique propre à chaque établissement.

Art. R. 131-13 *(Décr. n° 2016-1452 du 28 oct. 2016, art. 2)* Le contrôle de la maîtrise progressive de chacun des domaines du socle commun est fait au regard des objectifs de connaissances et de compétences attendues à la fin de chaque cycle d'enseignement de la scolarité obligatoire, en tenant compte des méthodes pédagogiques retenues par l'établissement ou par les personnes responsables des enfants qui reçoivent l'instruction dans la famille.

Art. R. 131-14 *(Décr. n° 2016-1452 du 28 oct. 2016, art. 2)* Lorsque l'enfant reçoit *(Décr. n° 2019-823 du 2 août 2019, art. 3)* « l'instruction » dans la famille, le contrôle de l'acquisition des connaissances et compétences prescrit par l'autorité de l'État compétente en matière d'éducation se déroule sous la forme d'un entretien avec *(Décr. n° 2019-823 du 2 août 2019, art. 3)* « au moins l'une des personnes » responsables de l'enfant soumis à l'obligation scolaire, le cas échéant en présence de ce dernier. Les personnes responsables de l'enfant précisent notamment à cette occasion la démarche et les méthodes pédagogiques qu'elles mettent en œuvre. *(Décr. n° 2019-823 du 2 août 2019, art. 3)* « Afin d'apprécier l'acquisition par l'enfant des connaissances et des compétences mentionnées aux articles R. 131-12 et R. 131-13, l'une au moins des personnes responsables de l'enfant présentent à la personne chargée du contrôle des travaux réalisés par l'enfant au cours de son instruction et l'enfant effectue des exercices écrits ou oraux, adaptés à son âge et à son état de santé. »

Art. R. 131-15 *(Décr. n° 2019-823 du 2 août 2019, art. 4)* Lorsque le directeur académique des services de l'éducation nationale accuse réception de la déclaration d'instruction dans la famille par les personnes responsables de l'enfant conformément aux dispositions du deuxième alinéa de l'article R. 131-2, il les informe, sans délai, par lettre recommandée avec accusé de réception :

1° Que leur déclaration emporte l'engagement de se soumettre aux contrôles prévus aux troisième et sixième alinéas de l'article L. 131-10 ;

2° De l'objet et des modalités de ces contrôles qui peuvent être inopinés, sous réserve des dispositions du 2° de l'article R. 131-16-1 ;

3° Qu'elles sont susceptibles de faire l'objet d'une mise en demeure d'inscrire leur enfant dans un établissement d'enseignement scolaire public ou privé en cas de second refus, sans motif légitime, de soumettre leur enfant au contrôle annuel prévu au troisième alinéa de l'article L. 131-10 ou, en cas de résultats insuffisants, au second contrôle prévu au sixième alinéa du même article ;

4° Des sanctions pénales auxquelles elles s'exposent, si elles ne respectent pas, sans excuse valable, la mise en demeure prévue au 3° ;

5° Des modalités selon lesquelles elles peuvent demander que leur enfant participe aux évaluations organisées au niveau national par le ministre chargé de l'éducation nationale.

Lorsque les personnes responsables de l'enfant demandent que leur enfant participe à ces évaluations, le directeur académique des services de l'éducation nationale les informe de leurs dates et de leurs modalités d'organisation.

Art. R. 131-16 *(Décr. n° 2019-823 du 2 août 2019, art. 4)* Le directeur académique des services de l'éducation nationale fixe la date et le lieu du contrôle qui est organisé, en principe, au domicile où l'enfant est instruit.

Art. R. 131-16-1 *(Décr. n° 2019-823 du 2 août 2019, art. 4)* Le bilan du contrôle est notifié par lettre recommandée avec accusé de réception aux personnes responsables de l'enfant dans un délai qui ne peut être supérieur à trois mois.

Lorsque les résultats du contrôle sont jugés insuffisants, ce bilan :

1° Précise aux personnes responsables de l'enfant les raisons pour lesquelles l'enseignement dispensé ne permet pas l'acquisition progressive par l'enfant de chacun des domaines du socle commun de connaissances, de compétences et de culture ;

2° Rappelle aux personnes responsables de l'enfant qu'elles feront l'objet d'un second contrôle dans un délai qui ne peut être inférieur à un mois et précise les modalités de ce contrôle, qui ne peut être inopiné ;

3° Informe les personnes responsables de l'enfant de la mise en demeure et des sanctions pénales dont elles peuvent faire l'objet, au terme de la procédure, en application de l'article L. 131-10 du code de l'éducation et du premier alinéa de l'article 227-17-1 du code pénal.

Art. R. 131-16-2 *(Décr. n° 2019-823 du 2 août 2019, art. 4)* Lorsque les personnes responsables de l'enfant ont été avisées, dans un délai ne pouvant être inférieur à un mois, de la date et du lieu du contrôle et qu'elles estiment qu'un motif légitime fait obstacle à son déroulement, elles en informent sans délai le directeur académique des services de l'éducation nationale qui apprécie le bien-fondé du motif invoqué.

Lorsque le motif opposé est légitime, le directeur académique des services de l'éducation nationale en informe les personnes responsables de l'enfant et organise à nouveau le contrôle dans un délai qui ne peut être inférieur à une semaine.

Lorsque le motif opposé n'est pas légitime, il informe les personnes responsables de l'enfant du maintien du contrôle.

Art. R. 131-16-3 *(Décr. n° 2019-823 du 2 août 2019, art. 4)* Lorsque le contrôle est intervenu de manière inopinée et que les personnes responsables de l'enfant ont refusé d'y soumettre ce dernier, le directeur académique des services de l'éducation nationale les invite, par lettre recommandée avec accusé de réception, à justifier du motif de leur refus dans un délai qui ne peut être supérieur à quinze jours.

Lorsque le motif opposé est légitime, il en informe les personnes responsables de l'enfant et organise à nouveau le contrôle.

Art. R. 131-16-4 *(Décr. n° 2019-823 du 2 août 2019, art. 4)* En cas de refus de contrôle sans motif légitime, le directeur académique des services de l'éducation nationale rappelle aux personnes responsables de l'enfant l'obligation de se soumettre aux contrôles prévus à l'article L. 131-10 ainsi que la mise en demeure et les sanctions attachées à son inexécution dont elles sont susceptibles de faire l'objet en cas de second refus sans motif légitime.

SECTION II SANCTIONS AUX MANQUEMENTS RELATIFS À L'OBLIGATION SCOLAIRE

SOUS-SECTION 1 SANCTIONS DISCIPLINAIRES

Art. R. 131-17 *(Décr. nº 2019-823 du 2 août 2019, art. 5)* **Tout personnel enseignant d'un établissement privé hors contrat ou tout directeur d'un établissement d'enseignement privé qui ne s'est pas conformé aux dispositions des articles R. 131-2 à R. 131-9 peut faire l'objet de la procédure prévue à l'article L. 914-6.**

SOUS-SECTION 2 SANCTIONS PÉNALES

Art. R. 131-18 **Le fait, par les parents d'un enfant ou toute personne exerçant à son égard l'autorité parentale ou une autorité de fait de façon continue, de ne pas déclarer en mairie qu'il sera instruit dans sa famille ou dans un établissement privé hors contrat est puni de l'amende prévue pour les contraventions de la cinquième classe.** – *[L. nº 98-1165 du 18 déc. 1998, art. 6, al. 1er.]*

Art. R. 131-19 **L'infraction prévue dans la section IV du chapitre IV du titre II du livre VI de la deuxième partie (Décrets en Conseil d'État) du code pénal est passible des sanctions définies dans cette même section, ci-après reproduite :**

Section IV Du manquement à l'obligation d'assiduité scolaire (Décr. nº 2006-583 du 23 mai 2006, art. 3).

Art. R. 624-7 Le fait, pour l'un ou l'autre parent d'un enfant soumis à l'obligation scolaire ou pour toute personne exerçant à son égard l'autorité parentale ou une autorité de fait de façon continue, après avertissement donné par *(Décr. nº 2012-16 du 5 janv. 2012, art. 7)* « le directeur académique des services de l'éducation nationale agissant sur délégation du recteur d'académie » et mise en œuvre des procédures définies *(Décr. nº 2004-703 du 13 juill. 2004, art. 5 ; Décr. nº 2006-583 du 23 mai 2006, art. 6)* « à l'article R. 131-7 du code de l'éducation », de ne pas imposer à l'enfant l'obligation d'assiduité scolaire sans faire connaître de motif légitime ou d'excuse valable ou en donnant des motifs d'absence inexacts est puni de l'amende prévue pour les contraventions de la 4e classe.

Le fait de faciliter, par aide ou assistance, la commission de la contravention prévue au présent article est puni des mêmes peines.

CHAPITRE II LA GRATUITÉ DE L'ENSEIGNEMENT SCOLAIRE PUBLIC

Le présent chapitre ne comprend pas de dispositions réglementaires.

TITRE QUATRIÈME LA LAÏCITÉ DE L'ENSEIGNEMENT PUBLIC

CHAPITRE UNIQUE

(Décr. nº 2004-701 du 13 juill. 2004)

Art. R. 141-1 **Dans les écoles élémentaires publiques, il n'est pas prévu d'aumônerie. L'instruction religieuse est donnée, si les parents le désirent, à l'extérieur des locaux et en dehors des heures de classe, dans le respect des dispositions des articles L. 141-3 et L. 141-4.** – *[Décr. nº 60-391 du 22 avr. 1960, art. 5.]*

Art. R. 141-2 **Dans les établissements publics d'enseignement comportant un internat, une aumônerie est instituée à la demande de parents d'élèves.** – *[Décr. nº 60-391 du 22 avr. 1960, art. 1er.]*

Art. R. 141-3 **L'instruction religieuse prévue à l'article R. 141-2 est donnée par les aumôniers et ministres des différents cultes dans l'intérieur des établissements.** – *[Décr. nº 60-391 du 22 avr. 1960, art. 2, al. 1er.]*

Art. R. 141-4 **Les lycées, collèges, et généralement tous établissements publics d'enseignement du niveau du second degré ne recevant pas d'internes et non encore pourvus**

d'un service d'aumônerie peuvent en être dotés, à la demande de parents d'élèves. La décision est prise par le recteur *(Décr. n° 2019-1554 du 30 déc. 2019, art. 1er)* « d'académie » dans des conditions et selon des procédures déterminées par arrêté du ministre chargé de l'éducation.

Si la sécurité ou la santé des élèves le justifie, le recteur *(Décr. n° 2019-1554 du 30 déc. 2019, art. 1er)* « d'académie » peut, après avis du chef d'établissement, autoriser les aumôniers à donner l'enseignement religieux à l'intérieur des établissements.

Art. R. 141-5 Dans les cas prévus aux R. 141-2, R. 141-3 et R. 141-4, l'instruction religieuse est donnée par les aumôniers aux heures laissées libres par l'horaire des cours et leçons, suivant un emploi du temps dressé par le chef de l'établissement. – *[Décr. n° 60-391 du 22 avr. 1960, art. 4.]*

Art. R. 141-6 Les aumôniers sont proposés à l'agrément du recteur *(Décr. n° 2019-1554 du 30 déc. 2019, art. 1er)* « d'académie » par les autorités des différents cultes.

Le recteur peut autoriser l'aumônier à se faire aider par des adjoints si le nombre ou la répartition des heures d'instruction religieuse le rend nécessaire.

Art. R. 141-7 Les frais d'aumônerie sont à la charge des familles, sous réserve de l'application des dispositions de l'article 2 de la loi du 9 décembre 1905 concernant la séparation des Églises et de l'État *[V. C. **assoc.**]*. – *[Décr. n° 60-391 du 22 avr. 1960, art. 8.]*

Art. R. 141-8 Les articles R. 141-1 à R. 141-7 ne sont pas applicables aux départements du Bas-Rhin, du Haut-Rhin et de la Moselle. – *[Décr. n° 60-391 du 22 avr. 1960, art. 9.]*

TITRE CINQUIÈME LA LIBERTÉ DE L'ENSEIGNEMENT

Le présent titre ne comprend pas de dispositions réglementaires.

TITRE SIXIÈME DISPOSITIONS APPLICABLES DANS LES ÎLES WALLIS-ET-FUTUNA, À MAYOTTE, EN POLYNÉSIE FRANÇAISE ET EN NOUVELLE-CALÉDONIE

CHAPITRE PREMIER DISPOSITIONS APPLICABLES DANS LES ÎLES WALLIS-ET-FUTUNA

Art. D. 161-1 *(Décr. n° 2017-410 du 27 mars 2017, art. 2)* « L'article R. 123-8 est applicable dans les îles Wallis-et-Futuna, dans sa » rédaction résultant du *(Décr. n° 2015-1929 du 31 déc. 2015, art. 25)* « décret n° 2015-1929 du 31 décembre 2015 relatif à l'évaluation des acquis scolaires des élèves et au livret scolaire, à l'école et au collège ».

Art. D. 161-2 *(Décr. n° 2017-410 du 27 mars 2017, art. 3)* Sont applicables dans les îles Wallis-et-Futuna les dispositions mentionnées dans la colonne de gauche du tableau ci-après, dans leur rédaction indiquée dans la colonne de droite du même tableau :

Tableau mod. par Décr. n° 2019-919 du 30 août 2019, art. 2.

DISPOSITIONS APPLICABLES		DANS LEUR RÉDACTION RÉSULTANT DU
Titre II Chapitre Ier	Article D. 121-1	Décret n° 2019-919 du 30 août 2019
Titre II Chapitre II	Articles D. 122-1 et D. 122-2	Décret n° 2015-372 du 31 mars 2015
	Article D. 122-3	Décret n° 2015-1929 du 31 décembre 2015

DISPOSITIONS APPLICABLES		DANS LEUR RÉDACTION RÉSULTANT DU
Titre II Chapitre III	Articles D. 123-2 à D. 123-5, D. 123-7, D. 123-13, D. 123-14, D. 123-16, D. 123-20 à D. 123-22	Décret n° 2004-703 du 13 juillet 2004
	Articles D. 123-6 et D. 123-12	Décret n° 2015-652 du 10 juin 2015
	Articles D. 123-15, D. 123-18 et D. 123-19	Décret n° 2015-668 du 15 juin 2015

CHAPITRE II DISPOSITIONS APPLICABLES À MAYOTTE

Art. D. 162-1 *Abrogé par Décr. n° 2019-1553 du 30 déc. 2019, art. 1er.*

CHAPITRE III DISPOSITIONS APPLICABLES EN POLYNÉSIE FRANÇAISE

Art. D. 163-1 *(Décr. n° 2017-410 du 27 mars 2017, art. 4)* « L'article R. 123-8 est applicable en Polynésie française, dans sa » *(Décr. n° 2015-652 du 10 juin 2015, art. 6)* « rédaction résultant du décret n° 2015-652 du 10 juin 2015 relatif aux dispositions réglementaires des livres VIII et IX du code de l'éducation (décrets en Conseil d'État et décrets) ».

Art. D. 163-2 *(Décr. n° 2017-410 du 27 mars 2017, art. 5)* Sont applicables en Polynésie française les dispositions mentionnées dans la colonne de gauche du tableau ci-après, dans leur rédaction indiquée dans la colonne de droite du même tableau :

Tableau mod. par Décr. n° 2019-919 du 30 août 2019, art. 3.

DISPOSITIONS APPLICABLES		DANS LEUR RÉDACTION RÉSULTANT DU
Titre II Chapitre Ier	Article D. 121-1 pour ce qui concerne l'enseignement supérieur.	Décret n° 2019-919 du 30 août 2019
Titre II Chapitre II	Articles D. 122-1 à D. 122-3	Décret n° 2015-372 du 31 mars 2015
Titre II Chapitre III	Articles D. 123-2 à D. 123-5, D. 123-7, D. 123-13, D. 123-14, D. 123-16, D. 123-20 à D. 123-22	Décret n° 2004-703 du 13 juillet 2004
	Articles D. 123-6 et D. 123-12	Décret n° 2015-652 du 10 juin 2015
	Articles D. 123-15, D. 123-18 et D. 123-19	Décret n° 2015-668 du 15 juin 2015

CHAPITRE IV DISPOSITIONS APPLICABLES EN NOUVELLE-CALÉDONIE

Art. D. 164-1 *(Décr. n° 2017-410 du 27 mars 2017, art. 6)* « L'article R. 123-8 est applicable en Nouvelle-Calédonie, dans sa » *(Décr. n° 2015-652 du 10 juin 2015, art. 6)* « rédaction résultant du décret n° 2015-652 du 10 juin 2015 relatif aux dispositions réglementaires des livres VIII et IX du code de l'éducation (décrets en Conseil d'État et décrets) ».

Art. D. 164-2 *(Décr. nº 2017-410 du 27 mars 2017, art. 7)* Sont applicables en Nouvelle-Calédonie les dispositions mentionnées dans la colonne de gauche du tableau ci-après, dans leur rédaction indiquée dans la colonne de droite du même tableau :

Tableau mod. par Décr. nº 2019-919 du 30 août 2019, art. 4.

DISPOSITIONS APPLICABLES		DANS LEUR RÉDACTION RÉSULTANT DU
Titre II Chapitre Ier	Article D. 121-1 pour ce qui concerne l'enseignement supérieur.	Décret nº 2019-919 du 30 août 2019
Titre II Chapitre II	Articles D. 122-1 à D. 122-3 à l'exception, des classes de l'enseignement primaire.	Décret nº 2015-372 du 31 mars 2015
Titre II Chapitre III	Articles D. 123-2 à D. 123-5, D. 123-7, D. 123-13, D. 123-14, D. 123-16, D. 123-20 à D. 123-22	Décret nº 2004-703 du 13 juillet 2004
	Articles D. 123-6 et D. 123-12	Décret nº 2015-652 du 10 juin 2015
	Articles D. 123-15, D. 123-18 et D. 123-19	Décret nº 2015-668 du 15 juin 2015

LIVRE DEUXIÈME L'ADMINISTRATION DE L'ÉDUCATION

(Décr. nº 2004-703 du 13 juill. 2004)

TITRE PREMIER LA RÉPARTITION DES COMPÉTENCES ENTRE L'ÉTAT ET LES COLLECTIVITÉS TERRITORIALES

CHAPITRE PREMIER LES COMPÉTENCES DE L'ÉTAT

SECTION PREMIÈRE CRÉATION D'ÉTABLISSEMENTS D'ENSEIGNEMENT PUBLIC DU PREMIER ET DU SECOND DEGRÉ

Art. R. 211-1 L'organisation convenable du service public de l'enseignement *(Décr. nº 2019-826 du 2 août 2019, art. 2)* « du premier degré » dans une commune s'apprécie par référence aux conditions d'accueil dans les communes comparables du département.

Art. R. 211-2 Dans le cas où l'organisation du service public l'exige, le préfet du département, sur proposition *(Décr. nº 2012-16 du 5 janv. 2012, art. 7)* « du directeur académique des services de l'éducation nationale agissant sur délégation du recteur d'académie », et après avis du conseil départemental de l'éducation nationale, peut mettre en demeure le conseil municipal intéressé de fournir un local convenable affecté au fonctionnement de l'école ou de la classe.

Faute pour la commune d'avoir fourni ce local dans le délai fixé par le préfet, celui-ci décide de la création de l'école ou de la classe.

Art. R. 211-3 Dans le cas où l'organisation convenable du service public de l'enseignement du second degré l'exige, le préfet peut, sur proposition *(Décr. nº 2019-1554 du 30 déc. 2019, art. 1er)* « du recteur d'académie ou du directeur académique des services de l'éducation nationale agissant sur délégation du recteur d'académie », et après avis du conseil départemental ou académique de l'éducation nationale, mettre en demeure la collectivité compétente de procéder à l'inscription de l'opération d'investissement nécessaire au programme prévisionnel des investissements et d'accepter son inscription sur la liste annuelle des opérations de construction ou d'extension prévues respectivement aux articles L. 211-2, L. 213-1 et L. 214-5.

Faute pour la collectivité territoriale d'avoir pris, dans le délai fixé par le préfet, les décisions faisant l'objet de la mise en demeure, le préfet saisit le ministre chargé de l'éducation qui décide de la création ou de l'extension de l'établissement.

Art. R. 211-4 Au cas où la collectivité territoriale ayant pris les décisions faisant l'objet de la mise en demeure prévue à l'article R. 211-3 ne réalise pas l'opération d'investissement dans un délai fixé par le préfet, l'opération est réalisée par l'État dans les conditions fixées par la présente section. – *[Décr. nº 86-486 du 14 mars 1986, art. 4.]*

Art. R. 211-5 Le projet d'ouvrage peut être qualifié de projet d'intérêt général par le préfet, pour l'application *(Décr. nº 2015-1783 du 28 déc. 2015, art. 9)* « de l'article L. 102-1 » du code de l'urbanisme.

Art. R. 211-6 Le préfet procède à toutes les opérations nécessaires à la réalisation du projet, en tenant compte de la structure pédagogique établie par *(Décr. nº 2019-1554 du 30 déc. 2019, art. 1er)* « le recteur d'académie ou le directeur académique des services de l'éducation nationale agissant sur délégation du recteur d'académie ».

Il arrête le programme technique et le montant prévisionnel de l'opération.

Si le terrain d'assiette n'est pas fourni à l'État, il prend les mesures nécessaires pour l'acquérir en recourant éventuellement à l'expropriation.

Il délivre le permis de construire dans les conditions prévues *(Décr. nº 2007-18 du 5 janv. 2007, art. 17)* « par les articles L. 422-2 et R. 422-2 du code de l'urbanisme ».

Il passe les marchés et souscrit l'assurance de dommages prévue par les articles L. 242-1 et suivants du code des assurances pour le compte de la collectivité territoriale, future propriétaire.

Art. R. 211-7 L'État fournit le premier équipement matériel. – *[Décr. nº 86-486 du 14 mars 1986, art. 7.]*

Art. R. 211-8 **La réception de l'ouvrage est notifiée par le préfet à la collectivité territoriale compétente.**

La notification entraîne de plein droit transfert de propriété et transfert de l'ensemble des droits et obligations du propriétaire, à l'exclusion des droits et obligations nés des marchés et contrats passés pour la réalisation de l'ouvrage. – *[Décr. n° 86-486 du 14 mars 1986, art. 8.]*

SECTION II CARTE SCOLAIRE

BIBL. ▶ ASCHIERI, Carte scolaire : poker menteur, *Le Monde, 2 juin 2007. 21.* – CÉDELLE, Carte scolaire. Les pièges du libre choix, *Le Monde, 13 juin 2007. 24.* – Carte scolaire et aménagement des territoires, *Dossier d'actualité n° 32, INRP janv. 2008.*

SOUS-SECTION 1 CARTE SCOLAIRE DU PREMIER DEGRÉ

Art. D. 211-9 **Le nombre moyen d'élèves accueillis par classe et le nombre des emplois par école sont définis annuellement par** *(Décr. n° 2012-16 du 5 janv. 2012, art. 7)* **« le directeur académique des services de l'éducation nationale agissant sur délégation du recteur d'académie », compte tenu des orientations générales fixées par le ministre chargé de l'éducation, en fonction des caractéristiques des classes, des effectifs et des postes budgétaires qui lui sont délégués, et après avis du** *(Décr. n° 2011-184 du 15 févr. 2011, art. 55)* **« comité technique » départemental.**

1. Regroupement pédagogique. Si les communes sont compétentes pour décider de la création d'écoles, le regroupement pédagogique de plusieurs écoles, dès lors qu'il est susceptible de modifier notamment l'affectation des enseignants, ne peut être créé ou supprimé que par l'autorité compétente de l'État, seule habilitée à décider de l'ouverture des classes et de l'affectation des emplois de professeurs. • CAA Nantes, 29 juin 2010, *Préfet d'Ille-et-Vilaine,* n° 10NT00159 : *AJDA 2010. 2279.*

2. Organisation du service public. Sur une décision de suppression d'un emploi d'enseignant dans une école maternelle contestée par une association de parents d'élèves, le juge administratif précise que les requérants ne sauraient invoquer utilement la circonstance que la décision attaquée provoquera le licenciement d'un agent territorial spécialisé des écoles maternelles. • TA Pau, 5 mai 2009, *Assoc. « école et territoire » et a. c/ Inspection académique des Hautes-Pyrénées,* n° 0801308 : *LIJ 2009, n° 138, p. 8.*

SOUS-SECTION 2 SECTEURS ET DISTRICTS DU SECOND DEGRÉ

Art. D. 211-10 **Le territoire de chaque académie est divisé en secteurs et en districts.**

Les *(Décr. n° 2013-683 du 24 juill. 2013, art. 2)* **« secteurs de recrutement » correspondent aux zones de desserte des collèges. Un secteur comporte un seul collège public, sauf** *(Décr. n° 2014-800 du 15 juill. 2014, art. 1er)* **« dans le cas prévu au deuxième alinéa de l'article L. 213-1 ou pour des raisons liées » aux conditions géographiques.**

Les *(Décr. n° 2014-800 du 15 juill. 2014, art. 1er)* **« districts de recrutement » correspondent aux zones de desserte des lycées. Les élèves des** *(Décr. n° 2013-683 du 24 juill. 2013, art. 2)* **« secteurs de recrutement » qu'ils regroupent doivent y trouver une variété d'enseignements suffisante pour permettre un bon fonctionnement de l'orientation.**

Toutefois, certains enseignements et certaines spécialités professionnelles, en raison de leur spécificité, ne font l'objet que d'implantations correspondant à une desserte soit nationale, soit commune à plusieurs académies, soit académique.

Carte scolaire. Un élève a droit à une affectation conforme aux règles posées par le C. éduc., lesquelles lui donnent une priorité pour les établissements de la zone de desserte où se trouve son domicile. • TA Paris, 11 févr. 2010, *M. Zamour,* n° 0913418 : *AJDA 2010. 1214, note Legrand.*

Art. D. 211-11 **Les collèges et les lycées accueillent les élèves résidant dans leur zone de desserte.**

(Décr. n° 2012-16 du 5 janv. 2012, art. 7) **« Le directeur académique des services de l'éducation nationale agissant sur délégation du recteur d'académie » détermine pour chaque rentrée scolaire l'effectif maximum d'élèves pouvant être accueillis dans chaque établissement en fonction des installations et des moyens dont il dispose.**

Dans la limite des places restant disponibles après l'inscription des élèves résidant dans la zone normale de desserte d'un établissement, des élèves ne résidant pas dans cette zone peuvent y être inscrits sur l'autorisation *(Décr. nº 2012-16 du 5 janv. 2012, art. 7)* « du directeur académique des services de l'éducation nationale agissant sur délégation du recteur d'académie » dont relève cet établissement.

Lorsque les demandes de dérogation excèdent les possibilités d'accueil, l'ordre de priorité de celles-ci est arrêté par *(Décr. nº 2012-16 du 5 janv. 2012, art. 7)* « le directeur académique des services de l'éducation nationale agissant sur délégation du recteur d'académie », conformément aux procédures d'affectation en vigueur.

Toute dérogation concernant un élève résidant dans un département autre que celui où se trouve l'établissement sollicité ne peut être accordée qu'après avis favorable *(Décr. nº 2012-16 du 5 janv. 2012, art. 7)* « du directeur académique des services de l'éducation nationale agissant sur délégation du recteur d'académie » du département de résidence.

(Décr. nº 2015-1668 du 14 déc. 2015, art. 1er) « La demande de dérogation est réputée acceptée si aucune réponse n'a été donnée à l'intéressé à l'expiration du délai de trois mois mentionné en annexe du décret nº 2014-1275 du 23 octobre 2014 relatif aux exceptions à l'application du délai de deux mois de naissance des décisions implicites d'acceptation prévu aux articles L. 231-5 et L. 231-6 du code des relations entre le public et l'administration. Le délai court à compter de la date de dépôt de la demande dans le respect d'un calendrier fixé par le recteur d'académie ou le directeur académique des services de l'éducation nationale agissant sur délégation du recteur d'académie. »

BIBL. ▸ DUPUIS, Carte scolaire : la Cour des comptes pointe un risque de ghettoïsation, *Le Monde, 6 nov. 2009. 16.*

Assouplissement. Limites. Il n'est pas possible de refuser à un enfant d'accéder à un établissement situé dans la zone dont dépend son domicile. • TA Paris, 11 févr. 2010, *M. Zamour,* nº 09134418 : *AJDA 2010. 359, comm. S. B.*

Art. D. 211-11-1 *(Décr. nº 2014-800 du 15 juill. 2014, art. 2)* Lorsque le conseil départemental décide, en application du deuxième alinéa de l'article L. 213-1, de partager un même secteur de recrutement entre plusieurs collèges afin de favoriser la mixité sociale, les services académiques l'accompagnent dans cette démarche et lui apportent leur soutien, notamment dans le cadre de la procédure d'affectation des élèves qui relève de leur compétence.

Afin de préciser les modalités de leur coopération dans l'exercice de leurs compétences respectives, le président du conseil départemental et le directeur académique des services de l'éducation nationale, agissant par délégation du recteur d'académie, peuvent signer une convention.

Cette convention peut prévoir la création d'une commission de concertation sur la mixité sociale au sein des collèges, présidée conjointement par le président du conseil départemental et le directeur académique des services de l'éducation nationale, agissant sur délégation du recteur d'académie, ou par leurs représentants. Cette commission est chargée d'assurer le suivi du dispositif et des travaux décidés en commun.

SECTION III LISTE DES ÉTABLISSEMENTS DONT LA RESPONSABILITÉ ET LA CHARGE INCOMBENT ENTIÈREMENT À L'ÉTAT

Art. D. 211-12 En application de l'article L. 211-4, la liste des établissements d'enseignement dont la responsabilité et la charge incombent entièrement à l'État est fixée ainsi qu'il suit :

(Décr. nº 2006-610 du 26 mai 2006, art. 4) « 1º Pour les établissements relevant du ministère de l'agriculture :

« *a)* Centre d'enseignement zootechnique de Rambouillet (Yvelines) ; »

(Décr. nº 2014-1548 du 19 déc. 2014, art. 1er) « *b)* Lycée professionnel agricole de Wallis-et-Futuna ; »

(Décr. nº 2021-183 du 17 févr. 2021, art. 1er) « *c)* Lycée agricole de Mayotte. »

2º Pour les établissements relevant du ministère de l'éducation nationale :

a) Abrogé par Décr. nº 2005-1754 du 30 déc. 2005, art. 30 ;

b) à *f) Abrogés par Décr. n° 2014-1548 du 19 déc. 2014, art. 1er ;*

(Décr. n° 2011-1774 du 5 déc. 2011, art. 1er) **« *g)* Lycée d'État Jean Zay internat d'excellence ; »**

h) et *i) Abrogés par Décr. n° 2014-1548 du 19 déc. 2014, art. 1er ;*

(Décr. n° 2014-1548 du 19 déc. 2014, art. 1er) **« *j)* Lycée-collège et lycée professionnel Émile Letournel à Saint-Pierre-et-Miquelon ; »**

(Décr. n° 2009-772 du 23 juin 2009, art. 9) **« *k)* Lycée-collège d'État de Sourdun ; »**

(Décr. n° 2010-795 du 12 juill. 2010, art. 9) **« *l)* Internat d'excellence de Montpellier ; »**

(Décr. n° 2014-1548 du 19 déc. 2014, art. 1er) **« *m)* Collèges implantés dans les îles Wallis-et-Futuna et lycée polyvalent et professionnel de Mata-Utu ;**

« *n)* Collèges et lycées implantés dans le Département de Mayotte ».

Art. D. 211-13 **En application de l'article L. 216-2, les établissements d'enseignement public de la musique, de la danse et de l'art dramatique dont la responsabilité et la charge incombent entièrement à l'État sont les suivants :**

1° Les conservatoires nationaux supérieurs de musique de Paris et de Lyon ;

2° Le Conservatoire national supérieur d'art dramatique. – *[Décr. n° 91-729 du 23 juill. 1991, art. 1er.]*

Art. D. 211-13-1 *(Décr. n° 2008-1027 du 7 oct. 2008, art. 1er)* **En application de l'article L. 216-3, les établissements d'enseignement public des arts plastiques dont la responsabilité et la charge incombent entièrement à l'État sont les suivants :**

École nationale supérieure des arts décoratifs ;

École nationale supérieure des beaux-arts ;

École nationale supérieure de création industrielle ;

École nationale supérieure de la photographie (Arles) ;

École nationale supérieure d'art de Bourges ;

École nationale supérieure d'art de Cergy ;

École nationale supérieure d'art de Dijon ;

École nationale supérieure d'art de Limoges-Aubusson ;

École nationale supérieure d'art de Nancy ;

Villa Arson (Nice).

SECTION IV LISTE DES DÉPENSES PÉDAGOGIQUES À LA CHARGE DE L'ÉTAT

Art. D. 211-14 **Les dépenses pédagogiques mentionnées aux articles L. 211-8, L. 213-2 et L. 214-6 restant à la charge de l'État sont, en investissements, les dépenses relatives au premier équipement en matériel des établissements scolaires réalisées dans le cadre d'un programme d'intérêt national et correspondant à l'introduction de nouvelles technologies ou à la fourniture de matériels spécialisés indispensables à la rénovation des enseignements. Ces dépenses concernent l'acquisition des matériels suivants :**

1° Pour les collèges, les lycées et les établissements d'éducation spéciale :

***a)* Matériels informatiques, ainsi que leurs logiciels d'accompagnement, systèmes de développement, matériels périphériques, notamment audiovisuels ;**

***b)* Matériels de bureautique et de productique ;**

***c)* Équipements spécialisés en électronique du domaine de cette filière ;**

***d)* Équipements technologiques de communication télématique ou audiovisuelle ;**

***e)* Équipement des ateliers pour l'enseignement de la technologie dans les collèges ;**

***f)* Équipements spécialisés dans les technologies de pointe.**

2° Pour les établissements d'enseignement agricole mentionnés à l'article L. 811-8 du code rural et de la pêche maritime *[V. cet art. à l'art. L. 421-22]* **:**

***a)* Technologies nouvelles : informatique pédagogique ; matériel audiovisuel ;**

***b)* Équipements expérimentaux dans les exploitations et les ateliers technologiques.**

3° Pour les lycées professionnels maritimes :

***a)* Matériels informatiques destinés à l'assistance, à l'enseignement ainsi que leurs logiciels d'accompagnement, systèmes de développement et matériels périphériques, notamment audiovisuels ;**

***b)* Équipements et simulation destinés à la formation ;**

c) Équipements spécialisés dans les technologies de pointe. – *[Décr. n° 85-269 du 25 févr. 1985, art. 1er.]*

Art. D. 211-15 Les dépenses pédagogiques mentionnées aux articles L. 211-8, L. 213-2 et L. 214-6, restant à la charge de l'État, sont, en fonctionnement, les dépenses afférentes :

1° Pour les collèges, les lycées, les établissements d'éducation spéciale et les lycées professionnels maritimes :

a) A la fourniture des manuels scolaires dans les collèges et les établissements d'éducation spéciale et des documents pédagogiques à usage collectif dans les lycées professionnels ainsi que pour les formations initiales des lycées professionnels maritimes, au titre de l'aide apportée aux familles ;

b) Aux projets d'action éducative ;

c) A la recherche et à l'expérimentation pédagogiques ;

d) A la maintenance des matériels acquis par l'État en application de l'article D. 211-14.

2° Pour les établissements d'enseignement agricole mentionnés à l'article L. 811-8 du code rural et de la pêche maritime *[V. cet art. ss. art. L. 421-22]* :

a) A l'affectation de véhicules de transports en commun ;

b) A la fourniture des manuels scolaires et de documentations pédagogiques à usage collectif au titre de l'aide apportée aux familles ;

c) A la fourniture de logiciels et de productions audiovisuelles destinés à la pédagogie ;

d) Aux projets d'établissement ou d'actions d'animation relevant d'un programme national ;

e) A la recherche et à l'expérimentation pédagogiques ;

f) A la maintenance des matériels acquis par l'État en application de l'article D. 211-14. – *[Décr. n° 85-269 du 25 févr. 1985, art. 2.]*

Art. D. 211-16 Les matériels mentionnés à l'article D. 211-14 sont mis à disposition des établissements publics concernés par l'État. L'État, selon le cas, verse à ces établissements publics, sous forme de subvention, les crédits correspondant aux dépenses sous la forme de fourniture ou de prestations de service. – *[Décr. n° 85-269 du 25 févr. 1985, art. 3.]*

CHAPITRE II LES COMPÉTENCES DES COMMUNES

SECTION PREMIÈRE ÉCOLES ET CLASSES ÉLÉMENTAIRES ET MATERNELLES

SOUS-SECTION 1 LOGEMENT DES INSTITUTEURS

Art. D. 212-1 Le logement convenable que les communes attribuent, sous réserve de l'article D. 212-6, aux instituteurs en application de l'article L. 212-5, est défini par les dispositions des articles D. 212-2 à D. 212-5. – *[Décr. n° 84-465 du 15 juin 1984, art. 1er.]*

Art. D. 212-2 La composition minimale et la surface habitable minimale du logement convenable mentionné à l'article D. 212-1 sont déterminées par arrêté conjoint des ministres chargés de l'économie, des finances et du budget, de l'intérieur et de l'éducation en fonction du nombre de personnes logées. – *[Décr. n° 84-465 du 15 juin 1984, art. 2.]*

Art. D. 212-3 Le logement convenable doit répondre aux normes minimales d'habitabilité prévues par l'article R. 322-20 du code de la construction et de l'habitation. – *[Décr. n° 84-465 du 15 juin 1984, art. 3.]*

Art. D. 212-4 Sont compris au nombre des personnes occupant le logement :

a) L'instituteur ;

b) Son conjoint ou, dans le cas où l'agent vit en concubinage dans les conditions définies par l'article 515-8 du code civil, son concubin ou la personne liée par un pacte civil de solidarité, conformément aux articles 515-1 à 515-7 du même code ;

c) Les enfants à charge. – *[Décr. n° 84-465 du 15 juin 1984, art. 4.]*

Art. D. 212-5 Les prescriptions des articles D. 212-1 à D. 212-4 sont applicables à tous les projets de constructions scolaires. – *[Décr. nº 84-465 du 15 juin 1984, art. 5.]*

Art. D. 212-6 Les dispositions du décret du 25 octobre 1894 relatif à la composition du logement des instituteurs *[V. ce Décr. ci-dessous]* demeurent applicables aux logements qui ont été attribués par les communes avant le 18 juin 1984. – *[Décr. nº 84-465 du 15 juin 1984, art. 6.]*

Décret du 25 octobre 1894,

Relatif à la composition du logement des instituteurs.

Art. 1er Le logement convenable, tel que l'a prévu l'article 48, paragraphe 15, de la loi du 25 juillet 1893 *[relative au classement et au traitement des instituteurs]*, doit se composer au minimum :

1º Pour un instituteur, marié ou non, placé à la tête d'une école primaire élémentaire :

Dans les communes de moins de 12 000 habitants, d'une cuisine-salle à manger et de trois pièces à feu ;

Dans les communes de 12 000 habitants et au-dessus, d'une cuisine, d'une salle à manger et de trois pièces à feu.

2º Pour tout adjoint titulaire ou stagiaire marié et pour tout instituteur placé à la tête d'une école de hameau :

D'une cuisine, salle à manger, de deux pièces à feu.

3º Pour tout adjoint célibataire, titulaire ou stagiaire :

De deux pièces, dont une à feu.

4º Pour les directeurs et directrices des écoles primaires supérieures ;

D'une cuisine, d'une salle à manger, de trois pièces à feu.

5º Pour les instituteurs adjoints mariés des écoles primaires supérieures :

D'une cuisine, d'une salle à manger, de deux pièces à feu.

6º Pour les instituteurs adjoints célibataires :

De deux pièces à feu.

Tous les maîtres désignés ci-dessus auront à leur disposition soit une cave, soit un débarras servant de cellier et de bûcher ainsi que l'usage de privés.

Art. 2 Les dispositions de l'article premier sont applicables aux institutrices exerçant dans les écoles de filles ou dans les écoles maternelles. Toutefois, toute adjointe célibataire, titulaire ou stagiaire, a droit à une cuisine distincte.

....

Art. R. 212-7 L'indemnité représentative de logement prévue au premier alinéa de l'article L. 212-5 est versée dans les conditions fixées par les articles R. 212-8 à R. 212-18 aux instituteurs exerçant dans les écoles publiques des communes, à défaut par celles-ci de mettre à leur disposition un logement convenable. – *[Décr. nº 83-367 du 2 mai 1983, art. 1er.]*

Art. R. 212-8 Les instituteurs non logés perçoivent l'indemnité représentative de logement :

1º De la commune où se situe l'école :

a) Quand ils occupent l'emploi de directeur d'école ou sont chargés des fonctions de directeur d'école ;

b) Quand ils sont chargés des classes des écoles ;

c) Quand ils exercent dans les écoles annexes aux instituts universitaires de formation des maîtres ;

2º De la commune où se situe leur résidence administrative :

a) Quand ils sont chargés des remplacements dans les classes des écoles ;

b) Quand ils assurent des fonctions d'aide psychopédagogique auprès des élèves des écoles ;

c) Quand ils sont chargés de la formation pédagogique dans les écoles ;

d) Quand ils ont un service complet partagé entre plusieurs écoles d'une commune ou entre plusieurs communes. – *[Décr. nº 83-367 du 2 mai 1983, art. 2.]*

Art. R. 212-9 Le montant de l'indemnité prévue à l'article R. 212-8 est fixé par le préfet après avis du conseil départemental de l'éducation nationale et du conseil municipal. – *[Décr. n° 83-367 du 2 mai 1983, art. 3.]*

Art. R. 212-10 Ce montant est majoré d'un quart pour les instituteurs mariés avec ou sans enfant à charge et pour les instituteurs célibataires, veufs ou divorcés, avec enfant à charge.

(Décr. n° 2006-24 du 3 janv. 2006, art. 1er) « L'instituteur divorcé ou séparé au domicile duquel la résidence d'au moins un enfant est fixée en alternance en application de l'article 373-2-9 du code civil bénéficie également de la majoration prévue à l'alinéa précédent. Cette disposition s'applique aux deux parents s'ils sont tous les deux instituteurs. »

Art. R. 212-11 Lorsqu'une commune n'est pas en mesure d'attribuer un logement convenable à un instituteur lors de son affectation et lui verse l'indemnité représentative de logement, elle ne peut substituer ultérieurement à l'indemnité l'attribution d'un logement qu'avec l'accord de l'intéressé. – *[Décr. n° 83-367 du 2 mai 1983, art. 5.]*

Art. R. 212-12 Lorsque deux instituteurs mariés ont leur résidence administrative située dans la même commune, ils n'ont droit qu'à un logement ou, à défaut de logement, à une indemnité. – *[Décr. n° 83-367 du 2 mai 1983, art. 6, al. 1er.]*

Art. R. 212-13 Lorsque deux instituteurs mariés ont leur résidence administrative située dans deux communes distantes de cinq kilomètres au plus, ils n'ont droit qu'à un logement ou, à défaut de logement, à une indemnité. S'ils ne sont pas logés, ils reçoivent la plus élevée des deux indemnités auxquelles ils auraient pu prétendre de la part de la commune siège de leur résidence administrative. Le montant de l'indemnité attribuée aux intéressés est mis à la charge des deux communes proportionnellement à la dépense que chacune d'elles aurait eu à supporter si les deux indemnités avaient été payées. – *[Décr. n° 83-367 du 2 mai 1983, art. 6, al. 2.]*

Art. R. 212-14 Lorsque deux instituteurs mariés ont leur résidence administrative située dans deux communes distantes de plus de cinq kilomètres et ne sont pas logés, celui des époux qui peut prétendre à l'indemnité la plus élevée perçoit l'indemnité majorée conformément aux dispositions de l'article R. 212-10. Son conjoint perçoit l'indemnité qui est prévue pour les maîtres célibataires sans enfant de la commune où il a sa résidence administrative. Si l'un des instituteurs est logé, son conjoint perçoit l'indemnité majorée conformément aux dispositions de l'article R. 212-10. – *[Décr. n° 83-367 du 2 mai 1983, art. 6, al. 3.]*

Art. R. 212-15 Lorsqu'un ménage est composé d'un instituteur et d'un fonctionnaire n'ayant pas la qualité d'instituteur et que celui-ci reçoit de l'État, du département, de la commune ou d'un établissement public le logement en nature, aucune indemnité n'est due à l'instituteur si celui-ci exerce dans la même commune ou dans une commune éloignée de cinq kilomètres au plus. Si chacun d'eux peut prétendre à une indemnité de logement, ils doivent opter pour l'une ou pour l'autre. – *[Décr. n° 83-367 du 2 mai 1983, art. 6, al. 4.]*

Art. R. 212-16 La distance de cinq kilomètres prévue aux articles R. 212-13, R. 212-14 et R. 212-15 doit être appréciée entre les limites territoriales de chaque commune. – *[Décr. n° 83-367 du 2 mai 1983, art. 6, al. 5.]*

Art. R. 212-17 Pour l'application de la présente section, sont assimilés aux agents mariés les agents ayant conclu et déclaré un pacte civil de solidarité conformément aux articles 515-1 à 515-7 du code civil, ainsi que ceux vivant en concubinage dans les conditions définies par l'article 515-8 du même code. – *[Décr. n° 83-367 du 2 mai 1983, art. 7.]*

Art. R. 212-18 Les instituteurs en fonction dans une commune conservent, à titre personnel, pendant toute la durée de leur affectation dans cette commune, les avantages qu'ils tenaient de la réglementation en vigueur antérieurement à la date du 6 mai 1983 lorsque l'application des dispositions de la présente sous-section leur est moins favorable.

Art. R. 212-19 Les règles financières relatives à la dotation spéciale pour le logement des instituteurs sont fixées par les dispositions des articles R. 2334-13 à R. 2334-18 du code général des collectivités territoriales. – *[Décr. n° 83-367 du 2 mai 1983, art. 8.]*

SOUS-SECTION 2 LOGEMENT DES INSTITUTEURS DE LA VILLE DE PARIS

Art. R. 212-20 Le supplément communal prévu par l'article L. 921-2 est versé dans les conditions prévues par le décret du 6 août 1927 relatif à l'attribution du supplément communal alloué aux instituteurs et institutrices du département de la Seine.

SOUS-SECTION 3 PARTICIPATION FINANCIÈRE DES COMMUNES

Art. R. 212-21 La commune de résidence est tenue de participer financièrement à la scolarisation d'enfants dans une autre commune dans les cas suivants :

1° Père et mère ou tuteurs légaux de l'enfant exerçant une activité professionnelle lorsqu'ils résident dans une commune qui n'assure pas directement ou indirectement la restauration et la garde des enfants, ou l'une seulement de ces deux prestations ;

2° État de santé de l'enfant nécessitant, d'après une attestation établie par un médecin de santé scolaire ou par un médecin agréé au titre du décret n° 86-442 du 14 mars 1986 relatif à la désignation des médecins agréés, à l'organisation des comités médicaux et des commissions de réforme, aux conditions d'aptitude physique pour l'admission aux emplois publics et au régime de congés de maladie des fonctionnaires *[V. **C. fonct. publ.**]*, une hospitalisation fréquente ou des soins réguliers et prolongés, assurés dans la commune d'accueil et ne pouvant l'être dans la commune de résidence ;

3° Frère ou sœur de l'enfant inscrit la même année scolaire dans une école maternelle, une classe enfantine ou une école élémentaire publique de la commune d'accueil, lorsque l'inscription du frère ou de la sœur dans cette commune est justifiée :

a) Par l'un des cas mentionnés au 1° ou au 2° ci-dessus ;

b) Par l'absence de capacité d'accueil dans la commune de résidence ;

c) Par l'application des dispositions du dernier alinéa de l'article L. 212-8.

Art. R. 212-22 Lorsque le maire de la commune d'accueil inscrit un enfant au titre de l'un des cas prévus à l'article R. 212-21, il doit informer, dans un délai maximum de deux semaines à compter de cette inscription, le maire de la commune de résidence du motif de cette inscription.

Art. R. 212-23 L'arbitrage du préfet peut être demandé dans les deux mois de la décision contestée soit par le maire de la commune de résidence ou le maire de la commune d'accueil, soit par les parents ou les tuteurs légaux. Le préfet statue après avis *(Décr. n° 2012-16 du 5 janv. 2012, art. 7)* « du directeur académique des services de l'éducation nationale agissant sur délégation du recteur d'académie ».

SECTION II CAISSE DES ÉCOLES

Art. R. 212-24 Les fonctions de comptables des caisses des écoles dont les produits annuels excèdent 450 000 € peuvent être confiées à un comptable spécial. – *[Décr. n° 59-1088 du 18 sept. 1959, art. 1er.]*

Art. R. 212-25 Dans le cas où le montant des subventions accordées par les collectivités publiques à une caisse des écoles a été supérieur pour les trois derniers exercices connus au montant des cotisations versées par les membres, les dispositions des articles R. 212-26 à R. 212-31 sont applicables, nonobstant toutes dispositions contraires prévues dans les statuts. – *[Décr. n° 60-977 du 12 sept. 1960, art. 1er.]*

Art. R. 212-26 Le comité de la caisse comprend pour les caisses des écoles autres que celles qui sont mentionnées aux articles R. 212-27 et R. 212-28 :

a) Le maire, président ;

b) L'inspecteur de l'éducation nationale chargé de la circonscription ou son représentant ;

c) Un membre désigné par le préfet ;

d) Deux conseillers municipaux désignés par le conseil municipal ;

e) Trois membres élus par les sociétaires réunis en assemblée générale ou par correspondance s'ils sont empêchés.

Le conseil municipal peut, par délibération motivée, porter le nombre de ses représentants à un chiffre plus élevé, sans toutefois excéder le tiers des membres de l'assemblée municipale. Dans ce cas, les sociétaires peuvent désigner autant de représentants supplémentaires que le conseil municipal en désigne en plus de l'effectif normal. – *[Décr. n° 60-977 du 12 sept. 1960, art. 2, al. 1er à 8.]*

Art. R. 212-27 A Paris et dans les arrondissements ou groupes d'arrondissements de Lyon et Marseille où est instituée une caisse des écoles, le comité de la caisse comprend, dans chaque arrondissement ou groupe d'arrondissements :

a) Des représentants de la commune ;

b) Des membres élus par les sociétaires dans les conditions prévues à l'article R. 212-29 ;

c) Des membres de droit et des personnalités désignées.

Le nombre des membres de chacune des trois catégories prévues ci-dessus est égal au tiers du nombre des membres du conseil d'arrondissement sans pouvoir excéder douze. Lorsque ce tiers n'est pas un nombre entier, le nombre des membres est porté au nombre entier supérieur.

Les représentants de la commune sont le maire d'arrondissement, président, et les membres du conseil d'arrondissement désignés par celui-ci.

Sont membres de droit les membres de l'Assemblée nationale élus dans les circonscriptions de l'arrondissement ou du groupe d'arrondissements et les inspecteurs de l'éducation nationale chargés de l'inspection des écoles de l'arrondissement ou du groupe d'arrondissements.

Les personnalités désignées sont choisies pour moitié par le maire d'arrondissement et pour moitié par le préfet du département. Toutefois, lorsque le nombre de personnalités à désigner est un nombre impair, le maire d'arrondissement prononce une désignation de plus que le préfet. – *[Décr. n° 60-977 du 12 sept. 1960, art. 2, al. 9 à 17.]*

Art. R. 212-28 *(Décr. n° 2012-124 du 30 janv. 2012, art. 2)* « Pour les caisses des écoles des communes associées mentionnées aux articles L. 2113-14 et L. 2113-17 à L. 2113-20 du code général des collectivités territoriales, dans leur rédaction antérieure à la loi n° 2010-1563 du 16 décembre 2010 de réforme des collectivités territoriales, et des autres communes associées où le conseil municipal a décidé de faire application des articles L. 2113-26, dans sa rédaction antérieure à la même loi, et L. 2511-29 du même code, ou des communes déléguées mentionnées à l'article L. 2113-10 du même code, dans sa rédaction issue de la même loi, le comité de la caisse comprend, dans chacune de ces communes associées ou déléguées : »

a) Des représentants de la commune ;

b) Des membres élus par les sociétaires dans les conditions prévues à l'article R. 212-29 ;

c) Des membres de droit et des personnalités désignées.

Le nombre des membres de chacune des trois catégories prévues ci-dessus est égal au tiers du nombre des membres du conseil consultatif ou de la commission consultative sans toutefois pourvoir excéder dix. Lorsque ce tiers n'est pas un nombre entier, le nombre des membres est porté au nombre entier supérieur.

Les représentants de la commune sont le maire délégué, président, et les membres du conseil consultatif ou de la commission consultative désignés par celui-ci.

Sont membres de droit les inspecteurs de l'éducation nationale chargés de l'inspection des écoles de la commune associée *(Décr. n° 2012-124 du 30 janv. 2012, art. 2)* « ou de la commune déléguée ».

Les personnalités désignées sont choisies pour moitié par le maire délégué et pour moitié par le préfet du département. Toutefois, lorsque le nombre de personnalités à désigner est un nombre impair, le maire délégué prononce une désignation de plus que le préfet.

Art. R. 212-29 Les représentants des sociétaires sont élus au scrutin uninominal avec un seul tour de scrutin, quel que soit le nombre des votants. Les candidats qui ont obtenu le plus de voix sont proclamés élus. La durée de leur mandat est fixée à trois ans. Ils sont rééligibles. – *[Décr. n° 60-977 du 12 sept. 1960, art. 2 bis.]*

Art. R. 212-30 Le président du comité de la caisse est chargé de l'exécution des décisions de ce comité.

Dans les arrondissements de Paris, le président du comité de la caisse des écoles de l'arrondissement peut déléguer sa signature au chef des services économiques de la caisse des écoles de l'arrondissement. – *[Décr. n° 60-977 du 12 sept. 1960, art. 3 et 4.]*

Art. R. 212-31 Les règles du contrôle budgétaire auxquelles sont soumises les décisions du comité de la caisse des écoles ainsi que les règles concernant l'exécution des recettes et des dépenses sont celles applicables à la commune dont relève la caisse. – *[Décr. n° 60-977 du 12 sept. 1960, art. 5.]*

Art. R. 212-32 Les comités des caisses des écoles dont les recettes de fonctionnement annuelles n'excèdent pas 15 000 € peuvent décider que leurs opérations ne seront pas retracées dans un compte distinct et qu'elles feront l'objet d'une comptabilité annexée à celle de la commune de rattachement.

Le budget adopté par le comité est présenté en annexe du budget de la commune, les comptes de l'établissement public communal sont arrêtés par son comité et présentés en annexe des comptes de la commune de rattachement.

Les fonctions d'ordonnateur de la caisse des écoles sont assurées par l'ordonnateur de la commune de rattachement. – *[Décr. n° 87-130 du 26 févr. 1987, art. 4.]*

Art. R. 212-33 Les règles budgétaires et comptables applicables aux caisses des écoles sont fixées par les articles R. 2312-2, R. 2313-6, R. 2313-7, R. 2321-4, R. 2321-5 et R. 2122-9 du code général des collectivités territoriales.

Art. R. 212-33-1 *(Décr. n° 2005-637 du 30 mai 2005, art. 1er)* Un conseil consultatif de réussite éducative est institué par délibération du comité de la caisse dans les caisses des écoles ayant décidé d'étendre leurs compétences, en application du deuxième alinéa de l'article L. 212-10, à des actions à caractère éducatif, culturel, social et sanitaire en faveur des enfants relevant de l'enseignement du premier et du second degrés.

Le conseil consultatif de réussite éducative comprend :

1° Le maire, président, ou son représentant ;

2° Le président du conseil départemental ou son représentant ;

3° *(Décr. n° 2012-16 du 5 janv. 2012, art. 7)* « Le directeur académique des services de l'éducation nationale agissant sur délégation du recteur d'académie » ou son représentant ;

4° Deux représentants de l'État désignés par le préfet de département ;

5° Un médecin désigné par le directeur départemental des affaires sanitaires et sociales ;

6° Le président de la caisse d'allocations familiales ou son représentant ;

7° Un directeur d'école de la commune ou de l'une des communes concernées désigné par *(Décr. n° 2012-16 du 5 janv. 2012, art. 7)* « le directeur académique des services de l'éducation nationale agissant sur délégation du recteur d'académie » ;

8° Un chef d'établissement ou, à défaut, un enseignant désigné par *(Décr. n° 2012-16 du 5 janv. 2012, art. 7)* « le directeur académique des services de l'éducation nationale agissant sur délégation du recteur d'académie » ;

9° Un représentant des parents d'élèves siégeant au conseil d'école d'une école de la commune désigné par *(Décr. n° 2012-16 du 5 janv. 2012, art. 7)* « le directeur académique des services de l'éducation nationale agissant sur délégation du recteur d'académie » ;

10° Un représentant des parents d'élèves siégeant au conseil d'administration d'un établissement public local d'enseignement, désigné par *(Décr. n° 2012-16 du 5 janv. 2012, art. 7)* « le directeur académique des services de l'éducation nationale agissant sur délégation du recteur d'académie » ;

11° A leur demande, un représentant des associations œuvrant dans les domaines éducatif, périscolaire, culturel, sportif, social ou sanitaire, désigné par le maire ou le président de l'établissement de coopération intercommunal.

La région, à sa demande, est associée aux travaux du conseil consultatif de réussite éducative.

Art. R. 212-33-2 *(Décr. nº 2005-637 du 30 mai 2005, art. 1er)* **Le conseil consultatif de réussite éducative est compétent pour donner un avis sur toutes les questions relatives aux projets de réussite éducative.**

Il se réunit, au moins deux fois par an, à l'initiative du président du comité de la caisse ou sur demande de la majorité des membres de ce conseil.

Il propose la répartition des crédits affectés aux dispositifs de réussite éducative au comité de la caisse des écoles et évalue les résultats des actions précédemment menées ou entreprises.

SECTION III COLLÈGES

Art. D. 212-34 Les dispositions des articles D. 2321-8 à D. 2321-16 du code général des collectivités territoriales sont applicables aux établissements municipaux mentionnés à l'article L. 422-2 du code de l'éducation. — *[Décr. nº 85-1024 du 23 sept. 1985, art. 15.]*

SECTION IV UTILISATION DES LOCAUX SCOLAIRES

La présente section ne comprend pas de dispositions réglementaires.

CHAPITRE III LES COMPÉTENCES DES DÉPARTEMENTS

SECTION PREMIÈRE COLLÈGES

Art. R. 213-1 Les règles relatives à la dotation départementale d'équipement des collèges sont fixées par les dispositions des articles de la section III "Dotation départementale d'équipement des collèges" du chapitre IV du titre III du livre III de la troisième partie du code général des collectivités territoriales dont celles de l'article R. 3334-17.

Art. R. 213-2 Les règles relatives aux compétences des départements d'outre-mer en matière de collèges sont fixées par les dispositions de l'article R. 3443-3 du code général des collectivités territoriales.

SECTION II TRANSPORTS SCOLAIRES

SOUS-SECTION 1 DISPOSITIONS GÉNÉRALES

§ 1er L'ORGANISATION DES TRANSPORTS SCOLAIRES

Art. R. 213-3 *(Décr. nº 2016-1550 du 17 nov. 2016, art. 7)* **Les services de transports scolaires et de transport des élèves handicapés, définis à l'article R. 3111-5 du code des transports, sont régis par les articles R. 3111-15 à R. 3111-29, R. 3111-31, R. 3111-32 et D. 3111-33 à D. 3111-36 du même code.** — *V. ces art. ci-dessous.*

Code des transports

Transports scolaires hors de la région Île-de-France

Art. R. 3111-15 La convention relative à l'exécution de services de transports scolaires comporte les éléments mentionnés aux articles L. 1221-3 à L. 1221-6.

Elle précise :

1° Les établissements scolaires et les points d'arrêt à desservir ;

2° L'itinéraire à suivre et le kilométrage quotidien ;

3° Le nombre de jours pendant lesquels le service est assuré ;

4° Les fréquences et les horaires à observer ;

5° Le nombre d'élèves prévus ;

6° Les responsabilités respectives des parties au contrat dans les mesures à prendre pour assurer la garde des élèves ;

7° Les conditions de transport des personnes n'ayant pas la qualité d'élève.

Art. R. 3111-16 Les conventions conclues par les autorités compétentes pour l'organisation des transports scolaires mentionnées à l'article L. 3111-7 fixent les droits et obligations des parties pour le cas où l'organisation du service serait confiée, en cours d'exécution, à un autre organisateur en application des dispositions de l'article L. 3111-9.

Art. R. 3111-17 Les conventions sont conclues par périodes entières correspondant à une ou plusieurs années scolaires.

Sauf résiliation par l'autorité organisatrice, elles ne peuvent prendre fin par dénonciation par l'une ou l'autre des parties qu'après notification par lettre recommandée au moins cent cinq jours avant la date prévue pour la rentrée scolaire suivante. Cette dénonciation ne peut prendre effet au cours d'une année scolaire.

Art. R. 3111-18 La convention fixe les conditions de sa résiliation ainsi que les mesures prises en cas de défaillance de l'entreprise.

Art. R. 3111-19 La convention est résiliée de plein droit en cas de disparition de l'entreprise, pour quelque cause que ce soit, ou lorsqu'elle est radiée du registre mentionné à l'article R. 3113-4.

Une nouvelle convention est alors passée par l'autorité compétente avec une autre entreprise. Sa durée est au moins celle de la période restant à courir jusqu'à la fin de l'année scolaire. Passé ce délai, les dispositions du premier alinéa de l'article R. 3111-17 sont applicables.

Art. R. 3111-20 Lorsque la responsabilité de l'organisation du service a été confiée à l'une des personnes morales mentionnées à l'article L. 3111-9, la durée des conventions conclues avec les entreprises de transport ne peut excéder celle pendant laquelle ces personnes ont reçu compétence pour organiser le service.

Art. R. 3111-21 L'autorité administrative compétente de l'État mentionnée à l'article L. 3111-8 est le préfet de région.

La procédure d'arbitrage prévue à l'article L. 3111-8 est mise en œuvre à la demande du président de l'organe exécutif de l'autorité compétente pour l'organisation des transports scolaires mentionnées à l'article L. 3111-7.

Art. R. 3111-22 Lorsqu'une demande d'arbitrage lui est présentée, le préfet de région transmet le dossier au président de la chambre régionale des comptes qui désigne un conseiller chargé de concilier les parties ou, à défaut, de présenter des propositions.

Le préfet de région procède de même lorsqu'aucune convention n'est passée dans un délai de trois mois à compter, le cas échéant, de l'acte de création d'un établissement public compétent en matière de mobilité, de l'acte de transfert de la compétence d'organisation de la mobilité à un établissement public existant par ses membres ou de la modification du ressort territorial de l'autorité compétente pour l'organisation de la mobilité.

Art. R. 3111-23 Si les parties peuvent être conciliées, le conseiller désigné en informe le préfet de région.

A défaut d'accord, et au plus tard dans un délai de quarante-cinq jours à compter de la transmission du dossier, le conseiller adresse au préfet de région ses propositions accompagnées des observations des parties. Un arrêté préfectoral fixe les conditions de financement des services de transports scolaires concernés.

Art. R. 3111-24 Les frais de déplacement exposés par les élèves handicapés qui fréquentent un établissement d'enseignement général, agricole ou professionnel, public ou privé placé sous contrat, en application des articles L. 442-5 et L. 442-12 du code de l'éducation, ou reconnu aux termes du livre VIII du code rural et de la pêche maritime, et qui ne peuvent utiliser les moyens de transport en commun en raison de la gravité de leur handicap, médicalement établie, sont pris en charge par le département du domicile des intéressés.

Art. R. 3111-25 Les frais de transport mentionnés à l'article R. 3111-24 sont remboursés directement aux familles ou aux intéressés s'ils sont majeurs ou, le cas échéant, à l'organisme qui en a fait l'avance.

Art. R. 3111-26 Pour les déplacements dans des véhicules appartenant aux élèves ou à leur famille, le remboursement des frais mentionnés à l'article R. 3111-24 s'opère sur la base d'un tarif fixé par le conseil départemental.

Pour les déplacements dans des véhicules exploités par des tiers rémunérés à ce titre, le remboursement des frais s'opère sur la base des dépenses réelles dûment justifiées.

Art. R. 3111-27 Les frais de déplacement exposés par les étudiants handicapés qui fréquentent un des établissements d'enseignement supérieur relevant du ministre de l'éducation nationale ou du ministre de l'agriculture et qui ne peuvent utiliser les moyens de transport en commun, en raison de la gravité de leur handicap, médicalement établie, sont pris en charge par le département du domicile des intéressés.

Les frais de déplacement exposés par les étudiants handicapés sont pris en charge dans les conditions prévues aux articles R. 3111-25 et R. 3111-26.

Art. R. 3111-28 Le droit à compensation mentionné à l'article L. 3111-7 au titre du transfert de compétences en matière de transports scolaires aux autorités compétentes pour l'organisation de la mobilité au sens de l'article L. 1231-1 et les règles applicables à la répartition et au versement des crédits correspondants sont définis par les articles R. 1614-65 à R. 1614-74 du code général des collectivités territoriales.

Art. R. 3111-29 Les conditions dans lesquelles les autorités compétentes pour l'organisation des transports scolaires mentionnées à l'article L. 3111-7 sont tenues d'établir des statistiques liées à l'exercice de leurs compétences en matière de transports scolaires sont fixées par les dispositions des articles R. 1614-36 à R. 1614-40 du code général des collectivités territoriales.

....

Transports scolaires en région Île-de-France

Art. R. 3111-31 L'organisation des transports scolaires dans les départements de la région Île-de-France est régie par les dispositions du chapitre Ier du titre IV du livre II de la partie I.

Art. R. 3111-32 Les modalités des conventions passées entre, d'une part, le Syndicat des transports d'Île-de-France, *(Décr. n° 2020-801 du 29 juin 2020, art. 3)* « ou, le cas échéant, les entités mentionnées à l'article L. 3111-15 » et, d'autre part, les entreprises de transport ou les associations pour assurer à titre principal à l'intention des élèves la desserte des établissements d'enseignement sont définies par les articles R. 3111-15 à R. 3111-20.

Art. D. 3111-33 Dans la région Île-de-France, les frais de déplacement exposés par les élèves handicapés ayant leur domicile dans la région et fréquentant un des établissements d'enseignement général, agricole ou professionnel, publics et privés sous contrat conclu en application des articles L. 442-5 et L. 442-12 du code de l'éducation, ou reconnus selon les dispositions des articles R. 813-1 à R. 813-35 du code rural et de la pêche maritime et qui ne peuvent utiliser les moyens de transport en commun compte tenu de la gravité de leur handicap, médicalement établie, pour se rendre audit établissement et en revenir, sont remboursés par le Syndicat des transports d'Île-de-France.

Art. D. 3111-34 Les frais de transport mentionnés à l'article D. 3111-33 sont remboursés directement aux familles ou aux intéressés s'ils sont majeurs ou, le cas échéant, à l'organisme qui en a fait l'avance.

Art. D. 3111-35 Pour les déplacements assurés dans des véhicules appartenant aux élèves ou à leur famille, le remboursement des frais de transfert s'opère sur la base d'un tarif fixé par le conseil du Syndicat des transports d'Île-de-France.

Pour les déplacements assurés à bord des véhicules exploités par des tiers, rémunérés à ce titre, le remboursement des frais s'opère sur la base des dépenses réelles dûment justifiées.

Art. D. 3111-36 Dans la région Île-de-France, les frais de déplacement exposés par les étudiants handicapés ayant leur domicile dans la région et fréquentant un des établissements d'enseignement supérieur relevant du ministre chargé de l'éducation et du ministre chargé de l'enseignement supérieur ou du ministre de l'agriculture et qui ne peuvent utiliser les moyens de transport en commun, compte tenu de la gravité de leur handicap ou de l'inadaptation de ces moyens de transport pour se rendre audit établissement et en revenir, sont pris en charge par le Syndicat des transports d'Île-de-France.

Les frais de déplacement exposés par les étudiants handicapés sont pris en charge dans les conditions prévues aux articles D. 3111-34 et D. 3111-35.

Art. R. 213-4 à R. 213-12 *Abrogés par Décr. n° 2016-1550 du 17 nov. 2016, art. 4.*

§ 2 LE FINANCEMENT DES FRAIS DE DÉPLACEMENT DES ÉLÈVES ET ÉTUDIANTS HANDICAPÉS

Art. R. 213-13 à R. 213-16 *Abrogés par Décr. n° 2016-1550 du 17 nov. 2016, art. 4.*

§ 3 LES TRANSPORTS ORGANISÉS SUR L'INITIATIVE DES ÉTABLISSEMENTS D'ENSEIGNEMENT

Art. R. 213-17 *Abrogé par Décr. n° 2016-1550 du 17 nov. 2016, art. 4.*

§ 4 COMPENSATION FINANCIÈRE ET STATISTIQUES

Art. R. 213-18 et R. 213-19 *Abrogés par Décr. n° 2016-1550 du 17 nov. 2016, art. 4.*

SOUS-SECTION 2 DISPOSITIONS PARTICULIÈRES À LA RÉGION D'ÎLE-DE-FRANCE

§ 1er L'ORGANISATION DES TRANSPORTS SCOLAIRES EN RÉGION D'ÎLE-DE-FRANCE

Art. R. 213-20 *Abrogé par Décr. n° 2016-1550 du 17 nov. 2016, art. 4.*

§ 2 FINANCEMENT DES TRANSPORTS SCOLAIRES EN RÉGION D'ÎLE-DE-FRANCE

Art. R. 213-21 *Abrogé par Décr. n° 2005-664 du 10 juin 2005, art. 26.*

§ 3 FINANCEMENT DES FRAIS DE DÉPLACEMENT DES ÉLÈVES ET ÉTUDIANTS HANDICAPÉS DANS LA RÉGION D'ÎLE-DE-FRANCE

Art. D. 213-22 à D. 213-26 *Abrogés par Décr. n° 2016-1550 du 17 nov. 2016, art. 4.*

Art. D. 213-27 et D. 213-28 *Abrogés par Décr. n° 2005-664 du 10 juin 2005, art. 27.*

SOUS-SECTION 3 PROCÉDURE DE CONSULTATION

(Décr. n° 2005-291 du 30 mars 2005, art. 1er)

Art. D. 213-29 **L'harmonisation géographique des temps scolaires étant un facteur déterminant pour l'organisation, la mise en œuvre et la qualité des transports scolaires,** *(Décr. n° 2019-1558 du 30 déc. 2019, art. 7)* **« la région, compétente en matière d'organisation et de financement du transport scolaire, est consultée » par écrit :**

1° Par le recteur d'académie, sur les modifications de la structure pédagogique générale des établissements du second degré susceptibles d'entraîner des évolutions dans l'organisation des transports scolaires ;

2° Par le recteur d'académie, sur les modifications du calendrier scolaire régies par les dispositions du décret du 14 mars 1990 *(Décr. n° 2006-583 du 23 mai 2006, art. 4)* **« relatif aux conditions dans lesquelles le calendrier scolaire peut être adapté pour tenir compte de situations locales »** *[n° 90-236, V. désormais art. D. 521-1 s.]*, **ou par** *(Décr. n° 2012-16 du 5 janv. 2012, art. 7)* **« le directeur académique des services de l'éducation nationale agissant sur délégation du recteur d'académie », lorsqu'il a reçu délégation de signature pour procéder à ces modifications ;**

3° Par *(Décr. n° 2012-16 du 5 janv. 2012, art. 7)* **« le directeur académique des services de l'éducation nationale agissant sur délégation du recteur d'académie, » sur :**

a) Les projets de création ou de suppression d'écoles, de regroupements pédagogiques intercommunaux ou d'établissements du second degré ;

b) Les projets d'aménagement du temps scolaire ou de modification des horaires d'entrée et de sortie des écoles maternelles et élémentaires ;

4° Par les chefs d'établissement, sur les projets d'aménagement du temps scolaire relevant de l'autonomie de l'établissement public local d'enseignement qui ont une incidence sur l'organisation des transports scolaires.

1. Carte scolaire. Obligation de consultation du département. Moyen justifiant l'annulation. Fermeture du poste unique implanté dans une école primaire sans que le département ait été consulté par écrit. Procédure irrégulière. • TA Poitiers, 28 mai 2009, *Assoc. « école et territoire » et a. c/ Recteur de l'académie de Poitiers,* n° 0801740 : *LIJ 2009, n° 138, p. 8.*

2. Carte scolaire. Obligation de consultation du département. Moyen écarté car n'ayant pas eu une influence. Fermeture du poste unique implanté dans une école primaire sans que le département ait été consulté par écrit. Le juge écarte le moyen au motif qu'« il ne ressort pas des pièces du dossier que cette absence de consultation ait eu une influence sur le sens de la décision prise par l'inspectrice d'académie ou qu'elle ait privé les requérants d'une quelconque garantie, dès lors qu'il n'est pas établi que la décision contestée s'accompagnera d'une modification substantielle en matière de transport, justifiant la consultation du département auquel incombe la responsabilité de l'organisation et du fonctionnement de ces transports ». • CAA Nancy, 13 juin 2013, n° 12NC01472 : *LIJ 2014, n° 181, p. 6.*

Art. D. 213-30 La consultation *(Décr. n° 2019-1558 du 30 déc. 2019, art. 7)* « de la région » intervient dans des délais autorisant, le cas échéant, la mise en œuvre des procédures de délégation de service public prévues *(Décr. n° 2016-86 du 1er févr. 2016, art. 50)* « aux articles L. 1411-1 à L. 1411-19 et R. 1411-1 à R. 1411-8 du code général des collectivités territoriales ».

Si, au terme d'un délai d'un mois après qu'une demande d'avis prévue à l'article D. 213-29 *(Décr. n° 2006-583 du 23 mai 2006, art. 4)* « du présent code » lui a été adressée, *(Décr. n° 2019-1558 du 30 déc. 2019, art. 7)* « la région » n'a pas fait connaître son avis, celui-ci est réputé favorable.

CHAPITRE IV LES COMPÉTENCES DES RÉGIONS

SECTION PREMIÈRE PLANIFICATION DES FORMATIONS

La présente section ne comprend pas de dispositions réglementaires.

SECTION II LYCÉES, ÉTABLISSEMENTS D'ÉDUCATION SPÉCIALE, LYCÉES PROFESSIONNELS MARITIMES ET ÉTABLISSEMENTS D'ENSEIGNEMENT AGRICOLE

Art. R. 214-1 Les règles relatives à la dotation régionale d'équipement scolaire sont fixées par les dispositions de la section II "Dotation régionale d'équipement scolaire" du chapitre II du titre III du livre III de la quatrième partie du code général des collectivités territoriales et notamment par les dispositions de l'article R. 4332-10.

SECTION III ORIENTATION ET FORMATION PROFESSIONNELLE *(L. n° 2018-771 du 5 sept. 2018, art. 34).*

SOUS-SECTION 1 LE FONDS RÉGIONAL DE L'APPRENTISSAGE ET DE LA FORMATION PROFESSIONNELLE CONTINUE

Art. R. 214-2 Les règles relatives au fonds régional de l'apprentissage et de la formation professionnelle continue sont fixées par les dispositions des articles R. 4332-1 et R. 4332-2 du code général des collectivités territoriales.

Art. R. 214-3 Les règles relatives à la formation professionnelle des jeunes de moins de vingt-six ans sont fixées par les dispositions des articles R. 4332-3 à R. 4332-8 du code général des collectivités territoriales.

Art. R. 214-4 Les règles relatives à l'établissement par la région de statistiques en matière de formation professionnelle et d'apprentissage sont fixées par les dispositions des articles R. 1614-10 à R. 1614-15 du code général des collectivités territoriales.

SOUS-SECTION 2 CONTRATS PLURIANNUELS D'OBJECTIFS DE DÉVELOPPEMENT DE L'APPRENTISSAGE ET DE L'ENSEIGNEMENT PROFESSIONNEL OU TECHNOLOGIQUE PAR ALTERNANCE

Art. D. 214-5 Le préfet de région agissant en concertation avec les autorités de l'État compétentes en matière de structure pédagogique générale des établissements d'enseignement, le président du conseil régional, un ou plusieurs représentants des organisations professionnelles d'employeurs peuvent conclure des contrats d'objectifs. Ces contrats pluriannuels fixent des objectifs de développement de l'apprentissage et de l'enseignement professionnel ou technologique par alternance, coordonnés avec les autres voies de formation et d'enseignement professionnels.

Les chambres de commerce et d'industrie territoriales, les chambres de métiers et de l'artisanat de région et les chambres d'agriculture peuvent être associées aux contrats d'objectifs.

Le schéma prévisionnel des formations prévu à l'article L. 214-1 et le schéma prévisionnel de l'apprentissage prévu à l'article L. 214-13, paragraphe II, tiennent compte des orientations générales définies par les contrats d'objectifs. — *[Décr. n° 93-51 du 14 janv. 1993, art. 1er.]*

Art. D. 214-6 Les contrats d'objectifs déterminent, en particulier, les orientations sur les effectifs à former par type et niveau de qualification, la localisation souhaitable des formations, les durées prévisionnelles des formations en centre de formation et les types d'actions susceptibles de favoriser l'information des jeunes et de leurs familles.

Les contrats d'objectifs peuvent, en outre, prévoir la conclusion de contrats de qualité entre les régions et les organismes gestionnaires des centres de formation d'apprentis. — *[Décr. n° 93-51 du 14 janv. 1993, art. 2.]*

Art. D. 214-7 Les contrats d'objectifs tiennent compte des orientations définies dans le cadre de la négociation de branche telle que prévue aux articles L. 6323-6 à L. 6323-8 du code du travail et des conventions et accords nationaux conclus entre l'État et les organisations professionnelles.

En l'absence de négociation de branche, la commission paritaire nationale de l'emploi est informée sur le contenu et la mise en œuvre des contrats d'objectifs.

Les commissions paritaires interprofessionnelles régionales de l'emploi peuvent être consultées et formuler des propositions en ce qui concerne la détermination de contrats d'objectifs intéressant des formations à caractère transversal et interprofessionnel.

Le *(Décr. n° 2014-1055 du 16 sept. 2014, art. 5)* « comité régional de l'emploi, de la formation *[et]* de l'orientation professionnelles » ainsi que le conseil académique de l'éducation nationale pour les questions relevant de la compétence du recteur *(Décr. n° 2019-1558 du 30 déc. 2019, art. 8)* « de région académique », ou le comité régional de l'enseignement agricole pour les questions relevant de la compétence du directeur régional de l'alimentation, de l'agriculture et de la forêt, sont consultés lors de l'élaboration des contrats d'objectifs et tenus régulièrement informés de leur mise en œuvre ainsi que du bilan.

Art. D. 214-8 L'État et la région peuvent conclure dans le cadre des contrats de plan, sauf dérogation, des conventions pluriannuelles de développement de l'enseignement professionnel et technologique en alternance et de l'apprentissage pour la mise en œuvre de contrats d'objectifs. — *[Décr. n° 93-51 du 14 janv. 1993, art. 4.]*

SOUS-SECTION 3 *[ABROGÉE]* LE COMITÉ DE COORDINATION DES PROGRAMMES RÉGIONAUX D'APPRENTISSAGE ET DE FORMATION PROFESSIONNELLE CONTINUE

(Abrogée par Décr. n° 2006-583 du 23 mai 2006, art. 4)

SECTION IV ÉCOLES DE LA DEUXIÈME CHANCE

(Décr. n° 2007-1756 du 13 déc. 2007)

Art. D. 214-9 Les écoles de la deuxième chance mentionnées à l'article L. 214-14 sont des établissements ou des organismes de formation gérés par toute personne physique ou morale auxquels a été attribué, sur leur demande, le label "école de la deuxième chance".

Les formations dispensées par les écoles de la deuxième chance s'inscrivent dans le cadre de la programmation des actions de formation professionnelle des jeunes mentionnée à l'article L. 214-13.

Sur les conditions de financement des écoles de la deuxième chance par la taxe d'apprentissage, V. ci-dessous Décr. n° 2009-221 du 24 févr. 2009.

Décret n° 2009-221 du 24 février 2009,

Relatif aux conditions de financement des écoles de la deuxième chance par la taxe d'apprentissage.

Art. 1er Peuvent percevoir les versements exonératoires prévus au III de l'article 1er de la loi du 16 juillet 1971 susvisée *[n° 71-578, V. désormais C. trav., art. L. 6241-8]* les écoles de la deuxième chance auxquelles a été attribué le label prévu aux articles D. 214-9 et D. 214-10 du code de l'éducation.

Art. 2 Les versements prévus au III de l'article 1er de la loi du 16 juillet 1971 susvisée sont exonératoires de la fraction de la taxe d'apprentissage dont l'entreprise est redevable au titre de la catégorie A mentionnée au 1° des articles R. 6241-22 et R. 6241-23 du code du travail.

...

Art. 4 Les dispositions du présent décret s'appliquent à la taxe d'apprentissage due au titre des salaires versés à compter du 1er janvier 2008.

Art. D. 214-10 Le label "école de la deuxième chance" est délivré pour une durée de quatre ans par l'association "Réseau des E2C en France" aux établissements et organismes de formation se conformant aux critères définis par un cahier des charges établi par cette association sur avis conforme des ministres chargés de l'éducation et de la formation professionnelle.

Le label peut être renouvelé au vu d'une évaluation dont les modalités figurent à la convention mentionnée au quatrième alinéa de l'article L. 214-14.

Art. D. 214-11 Le parcours de formation personnalisé prévu à l'article L. 214-14, dont la durée ne peut excéder quarante-huit mois, est défini sur la base d'une évaluation individuelle du niveau initial de connaissances et de compétences des personnes admises au sein d'une école de la deuxième chance et d'un entretien réalisé lors de leur entrée en formation et portant notamment sur leurs projets professionnel et personnel.

Art. D. 214-12 L'attestation de fin de formation délivrée par les écoles de la deuxième chance précise le niveau des connaissances et des compétences atteintes par les personnes ayant suivi la formation, notamment au regard du socle commun de connaissances, de compétences et de culture défini à l'article L. 122-1-1.

Cette attestation est prise en compte lors du positionnement prévu notamment aux articles D. 337-4, D. 337-58, D. 337-59, D. 337-61 et D. 337-145 ou de l'évaluation des compétences définie aux articles L. 6222-7 à L. 6222-10, L. 6222-14, L. 6222-15, L. 6222-19, R. 6211-6, R. 6222-10, R. 6222-12, R. 6222-23 et R. 6222-46 du code du travail.

CHAPITRE V LES COMPÉTENCES DE LA COLLECTIVITÉ DE CORSE

(Décr. n° 2017-1777 du 27 déc. 2017, art. 1er).

Art. R. 215-1 Les règles relatives aux compétences de la *(Décr. n° 2017-1777 du 27 déc. 2017, art. 1er)* « collectivité de Corse » en matière d'éducation, de culture et de formation professionnelle sont fixées par les dispositions des articles R. 4424-1 à R. 4424-5, R. 4424-31 et R. 4424-32 du code général des collectivités territoriales ci-après reproduites :

Art. R. 4424-1 Dès le commencement des travaux de construction d'un nouvel établissement, le président du conseil exécutif informe le préfet de Corse de la date prévue pour leur achèvement et pour la mise en service des locaux.

Art. R. 4424-2 Les moyens financiers assurés par l'État en application des dispositions du dernier alinéa de l'article L. 4424-2 *[V. cet art. à l'art. L. 215-1]* comprennent les dépenses d'investissement et de fonctionnement énumérées *(Décr. n° 2006-583 du 23 mai 2006, art. 4)* « par les articles D. 211-14 à D. 211-16 du code de l'éducation ».

Art. R. 4424-3 L'Assemblée de Corse répartit entre les établissements d'enseignement mentionnés à l'article L. 4424-2 *[V. cet art. à l'art. L. 215-1]* les subventions prévues par cet article. Les services académiques sont mis, à cet effet et en tant que de besoin, à la disposition de la *(Décr. nº 2017-1777 du 27 déc. 2017, art. 1er)* « collectivité de Corse » conformément aux dispositions du premier alinéa de l'article L. 4422-43. Les autorités académiques notifient à chaque établissement le montant des subventions qui lui sont accordées.

Art. R. 4424-4 La carte de l'enseignement supérieur et de la recherche établie par l'Assemblée de Corse dans les conditions prévues à l'article L. 4424-3 *[V. cet art. à l'art. L. 215-1]* définit les types de formation qu'assurent les établissements d'enseignement supérieur de Corse ainsi que la localisation de ces formations et des activités de recherche et de documentation. Elle inclut notamment les formations assurées par l'institut universitaire de formation des maîtres, les sections de techniciens supérieurs et les instituts universitaires de technologie.

Art. R. 4424-5 La convention prévue au deuxième alinéa de l'article L. 4424-3 *[V. cet art. à l'art. L. 215-1]* fixe notamment l'engagement financier pluriannuel de la *(Décr. nº 2017-1777 du 27 déc. 2017, art. 1er)* « collectivité de Corse », de l'État et de l'université de Corse.

Art. R. 4424-31 Le programme des formations et des opérations d'équipement de *(Décr. nº 2016-1539 du 15 nov. 2016, art. 6)* « l'établissement mentionné à l'article L. 5315-1 du code du travail », autres que d'intérêt national, réalisées en Corse, est préparé par le président du conseil exécutif après consultation de l'association et adopté par l'Assemblée de Corse.

Art. R. 4424-32 Les crédits consacrés antérieurement, par l'Association nationale pour la formation professionnelle des adultes, à ces opérations d'équipement en Corse sont intégrés dans la dotation générale de décentralisation.

CHAPITRE VI LES COMPÉTENCES COMMUNES AUX COLLECTIVITÉS TERRITORIALES

SECTION PREMIÈRE DISPOSITIONS GÉNÉRALES

(Décr. nº 2008-263 du 14 mars 2008, art. 3)

Art. D. 216-1 La contribution que le département ou la région verse chaque année à la collectivité territoriale propriétaire d'un collège, d'un lycée, d'un établissement d'éducation spéciale, d'un établissement d'enseignement agricole mentionné à l'article L. 811-8 du code rural et de la pêche maritime *[V. cet art. à l'art. L. 421-22]* ou au groupement de communes compétent en application du quatrième alinéa de l'article L. 216-5 du présent code est calculée dans les conditions suivantes :

1° La première année, cette contribution est au moins égale au montant total des dépenses supportées par le département ou la région au titre du fonctionnement de l'ensemble des établissements relevant de sa compétence pondéré, pour au moins un tiers, par la part relative de l'établissement dans le montant total des dépenses supportées à ce titre l'année précédente par le département ou la région, pour au moins un tiers, par la part relative de l'établissement dans le nombre des élèves inscrits au 1er octobre de la même année dans l'ensemble des établissements relevant de la compétence du département ou de la région et pour le solde, par la part relative de l'établissement telle qu'elle résulte de la mise en œuvre des critères arrêtés par la région ou le département en application de l'article L. 421-11.

2° Les années ultérieures, cette contribution est au moins égale au montant total des dépenses supportées par le département ou la région au titre du fonctionnement de l'ensemble des établissements relevant de sa compétence, pondéré, pour au moins un tiers, par la part relative de la contribution versée l'année précédente par le département ou la région à la collectivité locale propriétaire ou au groupement de communes compétent dans le montant total des dépenses supportées l'année précédente par le département ou la région au titre du fonctionnement de l'ensemble des établissements relevant de sa compétence, pour au moins un tiers, par la part relative de l'établissement dans le nombre des élèves inscrits au 1er octobre de la même année dans l'ensemble des établissements relevant désormais de la compétence du département ou de la région et, pour le solde, par la part relative de l'établissement telle qu'elle résulte de la mise en œuvre des critères arrêtés par la région ou le département en application du *g* de l'article L. 421-11.

Pour l'application du présent article et dans les limites fixées par celui-ci, le conseil départemental ou le conseil régional fixe l'importance relative de chacune des trois parts mentionnées ci-dessus.

Art. D. 216-2 Le coût moyen par élève servant au calcul de la contribution que le département ou la région verse chaque année à la commune siège ou au groupement de communes compétent en application du troisième alinéa de l'article L. 216-6 est égal au rapport entre le montant total des dépenses de fonctionnement de l'année précédente de l'ensemble des établissements relevant du département ou de la région et le nombre total des élèves inscrits dans ces établissements au 1er octobre de la pénultième année.

Les dépenses mentionnées à l'alinéa précédent sont les dépenses de fonctionnement matériel afférentes à l'externat, à l'exception de celles des dépenses pédagogiques restant à la charge de l'État en application des articles D. 211-14 à D. 211-16.

Le coût moyen par élève est actualisé chaque année du taux annuel d'évolution du montant total des dépenses supportées par le département ou la région au titre du fonctionnement de l'ensemble des établissements relevant de sa compétence.

Le nombre d'élèves pris en compte pour le calcul de la contribution est le nombre des élèves inscrits dans l'établissement au 1er octobre de l'année précédente.

Art. R. 216-3 *(Décr. no 2008-263 du 14 mars 2008, art. 3)* Les règles relatives au classement des établissements d'enseignement public de la musique, de la danse et de l'art dramatique sont fixées par la section 1 du chapitre Ier du titre VI du livre IV.

SECTION II CONCESSIONS DE LOGEMENT ACCORDÉES AUX PERSONNELS DE L'ÉTAT DANS LES ÉTABLISSEMENTS PUBLICS LOCAUX D'ENSEIGNEMENT

(Décr. no 2008-263 du 14 mars 2008, art. 3)

Art. R. 216-4 Dans les établissements publics locaux d'enseignement relevant de leur compétence en application des articles L. 211-8, L. 213-2, L. 214-6, L. 216-5 et L. 216-6 du présent code et dans les établissements publics locaux d'enseignement et de formation professionnelle agricoles relevant de la section III du chapitre Ier du titre Ier du livre VIII du code rural et de la pêche maritime, la région, le département ou, le cas échéant, la commune ou le groupement de communes attribue les concessions de logement aux personnels de l'État exerçant certaines fonctions, dans les conditions fixées par la présente section.

Les concessions de logement sont attribuées par nécessité absolue ou utilité de service, dans les conditions fixées aux articles R. 92 à R. 103 du code du domaine de l'État et par la présente section.

(Décr. no 2019-1554 du 30 déc. 2019, art. 1er) « Pour les établissements publics locaux d'enseignement relevant du ministre chargé de l'éducation nationale, l'autorité académique mentionnée à la présente section est le recteur d'académie ou le directeur académique des services de l'éducation nationale agissant sur délégation du recteur d'académie. »

BIBL. ▶ **Sur le régime des concessions de logement dans les EPLE :** V. Note DAJ A1 no 2018-154 du 6 mai 2019, *LIJ 2019, no 207, p. 15.*

1. Attribution. Compétence. Il appartient à la collectivité de rattachement de l'établissement public d'enseignement de concéder, le cas échéant, un logement à un agent de l'État qui exerce un emploi dans cet établissement et que la gratuité de ce logement ne peut intervenir que si celui-ci est attribué pour nécessité absolue de service en vertu d'un arrêté de la collectivité. Par ailleurs, les occupants, qui ne peuvent justifier d'un arrêté de concession ou d'une convention d'occupation précaire régulière, sont tenus au paiement de la redevance fixée par les services des domaines. En l'espèce, quand bien même le requérant aurait, en pratique, exercé des tâches s'apparentant aux fonctions dévolues à des agents d'éducation ou à des agents de service, ses fonctions statutaires de professeur chef de travaux le rangeaient parmi les personnels d'enseignement et par suite ne lui ouvraient pas droit à l'attribution d'un logement pour nécessité absolue de service, comportant la gratuité de ce logement. • CAA Marseille, 11 juill. 2011, n° 09MA00412.

2. Attribution. Conditions. Il résulte des dispositions des art. R. 216-16 et R. 216-17 qu'il appartient à l'organe délibérant de la collectivité territoriale de rattachement de l'établissement public local d'enseignement d'arrêter la liste des emplois dont les titulaires bénéficient d'une concession de logement par nécessité absolue de service ou par utilité de service, la situation et la consistance des locaux concédés, ainsi que les conditions financières de chaque concession, dans la limite, s'agissant des agents devant être logés par nécessité absolue de service, du nombre déterminé par le barème établi dans les conditions prévues à l'art. R. 216-6. Il s'ensuit que les personnels de direction, d'administration, de gestion et d'éducation, mentionnés à l'art. R. 216-5, ne sauraient être regardés comme bénéficiant d'un droit à être logés dans l'établissement par nécessité absolue de service que dans la mesure où leur emploi figure sur une liste arrêtée par l'organe délibérant de la collectivité territoriale de rattachement, laquelle doit être établie en prenant en compte les fonctions qui ne pourraient être exercées normalement par un agent qui ne serait pas logé sur place. • CE 12 déc. 2014, n° 367974 B : *AJDA 2014. 2450*.

3. Attribution. Conditions. Extension. Si les dispositions de l'art. R. 94 C. dom. Ét., alors applicable, et celles de l'art. 12 du Décr. n° 86-428 du 14 mars 1986 relatif aux concessions de logement accordées aux personnels de l'État dans les établissements publics locaux d'enseignement ne font pas obstacle à ce qu'un agent logé par nécessité absolue ou utilité de service puisse bénéficier, sous le même régime et si sa demande est justifiée, d'une extension de son logement de fonction, il résulte en revanche de ces mêmes dispositions que cet agent ne peut bénéficier, en outre, d'un logement dans le cadre d'une convention d'occupation précaire. • CE 23 juill. 2008, n° 301807 B : *AJDA 2008. 1520*.

4. Attribution. Refus de prise en compte d'une demande. Responsabilité. Les décisions du chef d'établissement refusant d'instruire ou de prendre en compte la demande d'une conseillère principale d'éducation dans un collège de bénéficier d'un logement par nécessité absolue de service, et de saisir le conseil d'administration de l'établissement de ce sujet ne sont susceptibles d'engager la responsabilité que de l'établissement public d'enseignement, et non celle de l'État, le chef d'établissement n'agissant pas, en cette matière, au nom de celui-ci. • TA Marseille, 26 juin 2014, n° 11049474.

5. Jouissance. Règles. Circulaire du ministre de l'éducation nationale demandant au chef d'établissement des lycées et des collèges de limiter l'usage des logements de fonction aux seuls ascendants, descendants et domestiques des fonctionnaires qui y sont logés, et soumettant à autorisation du chef d'établissement l'accès de ces logements à toute autre personne, quelles que soient les circonstances et la durée de l'occupation. S'il appartient au chef d'établissement de veiller à ce que les fonctionnaires auxquels une concession de logement a été accordée jouissent des locaux en « bon père de famille », le ministre de l'éducation nationale ne pouvait créer par circulaire, en l'absence de texte, un régime d'autorisation préalable. • CE 7 juin 2000, n° 198626 B.

6. Conflit de voisinage. Protection fonctionnelle. Refus du bénéfice. Lien de causalité entre les fonctions exercées par l'agent et les attaques (absence). Le principal d'un collège avait sollicité le bénéfice de la protection fonctionnelle, en raison d'insultes et de menaces prononcées à son encontre par l'adjoint gestionnaire du collège dont le logement de fonction était situé dans le même immeuble que celui dont il bénéficiait. La rectrice lui ayant opposé un refus, confirmé par le ministre, le principal demandait l'annulation de ces décisions. Le tribunal a jugé que les faits dont le principal se plaignait étaient de nature à ouvrir droit au bénéfice de la protection fonctionnelle. Toutefois, il relève en l'espèce, d'une part, que l'attitude irrespectueuse et non professionnelle reprochée à l'adjoint gestionnaire par le principal ne concernait pas l'attitude de l'adjoint en sa qualité d'agent public, mais en tant qu'occupant de l'immeuble où leurs logements de fonction se situaient et, d'autre part, que les faits litigieux s'étaient déroulés dans les parties communes de l'immeuble, en dehors des heures de service du principal ou de sa présence. Le tribunal en a déduit que les faits litigieux n'avaient pas été commis à l'encontre du principal en raison de l'exercice de ses fonctions et n'étaient donc pas susceptibles d'ouvrir droit au bénéfice de la protection fonctionnelle. • TA Lyon, 19 juin 2019, n° 1803127 : *LIJ 2019, n° 208*.

7. Pouvoir d'ordonner la libération d'un logement concédé par nécessité absolue de service. Compétence de la juridiction administrative. La juridiction administrative est compétente pour se prononcer sur la demande formulée par une région devant le juge des référés d'ordonner la libération d'un logement concédé à un fonctionnaire pour nécessité absolue de service. • CE 9 févr. 2000, n° 188954 B.

8. Demande de dérogation à l'obligation de résidence sur le lieu d'affectation. V. notes ss. art. R. 216-5.

Art. R. 216-5 Dans les conditions fixées au premier alinéa de l'article R. 94 du code du domaine de l'État, sont logés par nécessité absolue de service les personnels appartenant aux catégories suivantes :

1° Les personnels de direction, d'administration, de gestion et d'éducation, dans les limites fixées à l'article R. 216-6, selon l'importance de l'établissement ;

2° Les personnels de santé, dans les conditions définies à l'article R. 216-7 ;

3° Dans les établissements publics locaux d'enseignement et de formation professionnelle agricoles mentionnés à l'article L. 815-1 du code rural et de la pêche maritime, les personnels responsables d'une exploitation agricole et ceux chargés des élevages et des cultures, dans les conditions définies à l'article R. 216-8.

1. Principe. Obligation statutaire. Dérogation. Refus. Éléments d'appréciation. Dans une affaire où la gestionnaire matérielle d'un EPLE contestait le refus de dérogation à son obligation de résidence sur son lieu d'affectation alors qu'elle soutenait que son logement de fonction porterait atteinte à la vie commune de son couple, son compagnon ayant des activités professionnelles de gérant de sociétés commerciales à l'adresse de leur logement personnel, la cour rappelle que l'occupation du logement de fonction mis à la disposition d'un attaché d'administration chargé de la gestion matérielle et financière d'un établissement constitue une obligation statutaire justifiée par l'intérêt du service. Sauf autorisation délivrée par le recteur d'académie, ces personnels administratifs sont donc tenus de résider sur leur lieu d'affectation. La cour rappelle en outre que les concessions de logement par nécessité absolue de service sont accordées aux personnels de direction, d'administration, de gestion et d'éducation, ainsi que le prévoit l'art. R. 2124-65 CGPPP (qui a repris la substance de l'art. R. 94 C. dom. Ét.), lorsque l'agent ne peut accomplir normalement son service, notamment pour des raisons de sûreté, de sécurité ou de responsabilité, sans être logé sur son lieu de travail ou à proximité immédiate. La cour écarte en l'espèce les arguments de la requérante relatifs à sa situation personnelle après avoir relevé que l'obligation de résidence sur son lieu d'affectation ne portait pas atteinte de façon disproportionnée à la vie commune de son couple. • CAA Marseille, 31 janv. 2017, n° 15MA00986 : *LIJ 2017, n° 198, p. 11.*

2. Logement de fonction. Obligation de résidence. Dérogation. Dans une affaire où la gestionnaire matérielle contestait la décision du recteur lui refusant la dérogation demandée, le juge estime que le recteur de l'académie s'est fondé sur la nécessité absolue de service, en raison du poste occupé par l'intéressée, d'occuper un logement dans les locaux de l'établissement afin d'assurer la sécurité des personnes et des biens ; qu'en se bornant à soutenir que son partenaire de pacte civil de solidarité est gérant de quatre sociétés domiciliées au domicile qu'ils occupent et que ce logement est situé non loin du lycée professionnel, la requérante ne justifie pas de circonstance personnelle ou familiale particulière justifiant la dérogation demandée. Elle ne saurait davantage se prévaloir d'une quelconque obligation de vie commune en raison du pacte civil de solidarité invoqué, et rien ne s'oppose à ce que le couple réside au sein du lycée et à ce que son partenaire poursuive ses activités au sein du logement précédemment occupé. • TA Toulon, 19 déc. 2014, n° 1203242 : *LIJ 2015, n° 188, p. 11.*

Art. R. 216-6 Le nombre des personnels mentionnés au 1° de l'article R. 216-5 et logés par nécessité absolue de service est fixé selon un classement pondéré des établissements :

– moins de 400 points : 2 ;
– de 400 à 800 points : 3 ;
– de 801 à 1 200 points : 4 ;
– de 1 201 à 1 700 points : 5 ;
– de 1 701 à 2 200 points : 6 ;
– de 2 201 à 2 700 points : 7.

Au-delà, à raison d'un agent supplémentaire logé par nécessité absolue de service par tranche de 500 points.

Dans ce calcul, chaque élève est compté pour un point. Toutefois, sont comptés pour deux points les élèves des classes préparatoires aux grandes écoles, les élèves des sections industrielles des lycées, les élèves de l'enseignement agricole et les élèves de l'enseignement pour les enfants et adolescents handicapés. En outre, chaque demi-pensionnaire est compté pour un point supplémentaire et chaque interne pour trois points supplémentaires. Lorsque les demi-pensionnaires et les internes sont hébergés dans un autre établissement, ces points supplémentaires sont attribués à l'établissement qui assure l'hébergement.

Art. R. 216-7 Le nombre des personnels mentionnés au 2° de l'article R. 216-5 et logés par nécessité absolue de service est fixé au minimum à un dans un établissement d'externat simple, deux s'il existe une demi-pension et trois s'il existe un internat.

Art. R. 216-8 Le nombre des personnels mentionnés au 3° de l'article R. 216-5 et logés par nécessité absolue de service ne peut excéder quatre par établissement public local d'enseignement et de formation professionnelle agricoles auquel la ou les exploitations sont rattachées.

Art. R. 216-9 Dans les conditions fixées au deuxième alinéa de l'article R. 94 du code du domaine de l'État, peuvent être logés par utilité de service, dans la limite des logements disponibles après application des articles R. 216-5 à R. 216-8, les personnels occupant les emplois dont la liste est proposée par le conseil d'administration de l'établissement sur rapport du chef d'établissement.

Art. R. 216-10 Dans le ressort d'une même commune ou d'un groupement de communes, l'autorité académique ou l'autorité en tenant lieu peut procéder, avec l'accord de la collectivité ou des collectivités de rattachement, à une compensation entre établissements compte tenu des logements disponibles.

La compensation ne peut jouer que sur des logements concédés par utilité de service.

Art. R. 216-11 Seules les concessions de logement accordées par nécessité absolue de service comportent la gratuité du logement nu.

Les charges locatives sont remboursées à l'établissement, sous réserve des prestations accessoires accordées gratuitement aux personnels concessionnaires dans les conditions fixées à l'article R. 216-12.

Les concessions par utilité de service ne comportent aucune prestation gratuite.

Art. R. 216-12 La collectivité de rattachement fixe chaque année le taux d'actualisation de la valeur des prestations accessoires mentionnées à l'article R. 216-11 pour chacune des catégories d'agents mentionnées à l'article R. 216-5, selon qu'ils exercent leurs fonctions en métropole, en distinguant les logements dotés d'un chauffage collectif de ceux qui n'y sont pas raccordés, ou dans les départements de la Guadeloupe, de la Guyane, de la Martinique et de la Réunion. L'actualisation de ce montant ne peut être inférieure à celle de la dotation générale de décentralisation.

Art. R. 216-13 En cas de concession de logement par utilité de service, les redevances mises à la charge des bénéficiaires sont égales à la valeur locative des locaux, déterminée conformément aux règles applicables aux concessions de logement accordées par l'État. Cette valeur locative est diminuée d'un abattement décidé par la collectivité de rattachement selon les critères fixés par l'article R. 100 du code du domaine de l'État.

Art. R. 216-14 La durée des concessions de logement est limitée à celle de l'exercice des fonctions au titre desquelles les bénéficiaires les ont obtenues.

Art. R. 216-15 Lorsque tous les besoins résultant de la nécessité ou de l'utilité de service ont été satisfaits, le conseil d'administration, sur le rapport du chef d'établissement, émet des propositions sur l'attribution des logements demeurés vacants. La collectivité de rattachement peut accorder à des personnels de l'État, en raison de leurs fonctions, des conventions d'occupation précaire de ces logements.

Art. R. 216-16 Sur le rapport du chef d'établissement, le conseil d'administration propose les emplois dont les titulaires bénéficient d'une concession de logement par nécessité absolue de service ou par utilité de service, la situation et la consistance des locaux concédés ainsi que les conditions financières de chaque concession.

Logement de fonction. Attribution. Personnels de direction, d'administration, de gestion et d'éducation. Il résulte des dispositions des art. R. 216-16 et R. 216-17 qu'il appartient à l'organe délibérant de la collectivité territoriale de rattachement d'arrêter la liste des emplois dont les titulaires bénéficient d'une concession de logement par nécessité absolue de service ou par utilité de service, la situation et la consistance des locaux concédés, ainsi que les conditions financières de chaque concession, dans la limite, s'agissant des agents devant être logés par nécessité absolue de service, du nombre déterminé par le barème établi dans les conditions prévues à l'art. R. 216-6. Il s'ensuit que les personnels de direction, d'administration, de gestion et d'éducation, mentionnés à l'art. R. 216-5 C. éduc., ne sauraient être regardés comme bénéficiant d'un droit à être logés dans l'établissement par nécessité absolue de service que dans la mesure où leur emploi figure sur une liste arrêtée par l'organe délibérant de la collectivité territoriale de rattachement, laquelle doit être établie en prenant en compte les fonctions qui ne pourraient être exercées normalement par un agent qui ne serait pas logé sur place. • CE 12 déc. 2014, *Dpt du Val-de-Marne*, n° 367974 : *Lebon* ; *AJDA 2014. 2450* ; *LIJ 2015, n° 187, p. 6.*

Art. R. 216-17 **Le chef d'établissement, avant de transmettre les propositions du conseil d'administration à la collectivité de rattachement en vue d'attribuer les logements soit par voie de concession, soit par voie de convention d'occupation précaire, recueille l'avis du service des domaines sur leur nature et leurs conditions financières. Il soumet ensuite ces propositions, assorties de l'avis du service des domaines, à la collectivité de rattachement et en informe l'autorité académique ou l'autorité en tenant lieu.**

La collectivité de rattachement délibère sur ces propositions. Le président du conseil régional, le président du conseil départemental, le maire ou le président du groupement de communes compétent accorde, par arrêté, les concessions de logement telles qu'elles ont été fixées par la délibération de la collectivité de rattachement. Il signe également les conventions d'occupation précaire.

Toute modification dans la nature ou la consistance d'une concession fait l'objet d'un arrêté pris dans les mêmes conditions.

Art. R. 216-18 **La concession ou la convention d'occupation prend fin en cas d'aliénation, de nouvelle affectation ou de désaffectation du logement. L'occupant du logement en est informé au moins trois mois à l'avance.**

La concession ou la convention prend également fin si le bénéficiaire ne s'acquitte pas de ses obligations financières et sur proposition de l'autorité académique ou de l'autorité en tenant lieu, lorsque le bénéficiaire ne jouit pas des locaux en bon père de famille.

Lorsque la concession ou la convention d'occupation vient à expiration pour quelque cause que ce soit, le bénéficiaire doit quitter les lieux dans le délai qui lui est imparti conjointement par l'autorité académique ou l'autorité en tenant lieu et la collectivité de rattachement, sous peine d'être astreint à payer à l'établissement public une redevance fixée et majorée selon les critères fixés par l'article R. 102 du code du domaine de l'État.

Art. R. 216-19 **Tout établissement public local d'enseignement créé depuis le 1er janvier 1986 doit comporter un nombre de logements correspondant au moins à celui des concessions déterminées en application des dispositions de la présente section. Il ne peut être dérogé à cette obligation qu'avec l'accord de l'autorité académique ou de l'autorité en tenant lieu.**

Pour les établissements existant à la date précitée, les dispositions de la présente section ne s'appliquent que dans la limite du nombre des logements existant à cette date.

TITRE DEUXIÈME L'ORGANISATION DES SERVICES DE L'ADMINISTRATION DE L'ÉDUCATION

CHAPITRE PREMIER LES SERVICES DE L'ADMINISTRATION CENTRALE

Art. R. 221-1 L'administration centrale est organisée conformément aux dispositions du *(Décr. n° 2006-572 du 17 mai 2006, art. 17)* « décret n° 2006-572 du 17 mai 2006 » *[fixant l'organisation de l'administration centrale du ministère de l'éducation nationale, de l'enseignement supérieur et de la recherche, V. désormais Décr. n° 2014-133 du 17 févr. 2014, ci-dessous]*.

Décret n° 2014-133 du 17 février 2014,

Fixant l'organisation de l'administration centrale des ministères de l'éducation nationale, de la jeunesse et des sports et de l'enseignement supérieur et de la recherche. (Décr. n° 2020-1727 du 28 déc. 2020, art. 2).

Art. 1er L'administration centrale des ministères de l'éducation nationale *(Décr. n° 2020-1727 du 28 déc. 2020, art. 2)* «, de la jeunesse et des sports » et de l'enseignement supérieur et de la recherche comprend *(Décr. n° 2019-1556 du 30 déc. 2019, art. 1er)* « , outre l'inspection générale de l'éducation, du sport et de la recherche rattachée conjointement aux deux ministres » :

I. — Au titre des ministères de l'éducation nationale *(Décr. n° 2020-1727 du 28 déc. 2020, art. 2)* « , de la jeunesse et des sports » et de l'enseignement supérieur et de la recherche, outre le médiateur de l'éducation nationale et de l'enseignement supérieur, le haut fonctionnaire de défense et de sécurité et les bureaux des cabinets qui sont directement rattachés aux ministres :

— le secrétariat général.

II. — Au titre du ministère de l'éducation nationale *(Décr. n° 2020-1727 du 28 déc. 2020, art. 2)* « , de la jeunesse et des sports » :

— la direction générale de l'enseignement scolaire ;

(Décr. n° 2020-1727 du 28 déc. 2020, art. 3) « — la direction des sports ;

« — la direction de la jeunesse, de l'éducation populaire et de la vie associative. »

III. — Au titre du ministère de l'enseignement supérieur et de la recherche :

— la direction générale de l'enseignement supérieur et de l'insertion professionnelle ;

— la direction générale de la recherche et de l'innovation.

Art. 2 Secrétariat général :

I. — Le secrétariat général comprend :

1° La direction générale des ressources humaines ;

(Décr. n° 2021-790 du 22 juin 2021, art. 2) « 2° La direction de l'encadrement ; »

3° La direction des affaires financières ;

4° La direction des affaires juridiques ;

5° La direction de l'évaluation, de la prospective et de la performance ;

6° La délégation à la communication ;

7° La délégation aux relations européennes et internationales et à la coopération ;

8° Le service de l'action administrative et des moyens.

II. — Le secrétaire général dirige le secrétariat général. Les directions, délégations et services mentionnés au I sont placés sous son autorité. *(Décr. n° 2021-790 du 22 juin 2021, art. 2)* « Il est assisté, pour l'ensemble de ses fonctions, par deux secrétaires généraux adjoints, dont l'un exerce les fonctions de directeur de l'encadrement. »

III. — Le secrétaire général assiste les ministres pour l'administration de leur ministère.

Il veille à la cohérence de l'action ministérielle en assurant la coordination administrative entre les directions et l'animation territoriale dans les domaines relevant de sa compétence.

Il conduit les réflexions stratégiques relatives à l'organisation et à l'administration des ministères et propose leurs évolutions, en lien avec les directions. Il définit et met en œuvre les politiques de modernisation administrative.

Il réunit en collège les directeurs sur les sujets d'intérêt commun et s'assure de la mise en œuvre des décisions prises dans ce cadre.

Il s'assure, au sein des ministères, de la prise en compte des objectifs de performance des programmes budgétaires.

Il est chargé, en lien avec les directions de programme, de la définition de la politique de l'encadrement *(Abrogé par Décr. n° 2021-790 du 22 juin 2021, art. 2)* « *supérieur* » ainsi que de sa gestion prévisionnelle et personnalisée.

Il coordonne les dispositifs de contrôle interne pour la maîtrise des risques mis en place au sein de ces ministères.

Il organise l'exercice de la tutelle des établissements publics nationaux relevant de l'enseignement scolaire.

Il assure la coordination des travaux du conseil supérieur de l'éducation et des comités techniques ministériels.

IV. — Le secrétariat général est responsable du programme "soutien de la politique de l'éducation nationale" arrêté dans les lois de finances.

(Décr. n° 2019-682 du 28 juin 2019, art. 2) « V. — Le secrétaire général exerce les fonctions de haut fonctionnaire de défense et de sécurité. Il dispose à ce titre du service de défense et de sécurité. » *(Décr. n° 2020-1727 du 28 déc. 2020, art. 4)* « Il coordonne la politique de sécurité en lien avec la direction générale de l'enseignement scolaire, la direction des sports, la direction de la jeunesse, de l'éducation populaire et de la vie associative et la direction générale de l'enseignement supérieur et de l'insertion professionnelle. »

Art. 3 *(Décr. nº 2021-790 du 22 juin 2021, art. 3)* Direction générale des ressources humaines :

I. — La direction générale des ressources humaines est chargée, au sein des ministères, de la mise en œuvre des orientations générales de la politique des ressources humaines définies par le ministère chargé de la fonction publique.

La direction générale des ressources humaines est chargée de la gestion des recrutements et des carrières des personnels des ministères, sous réserve des compétences du service de l'action administrative et des moyens pour les personnels d'administration centrale et de la direction de l'encadrement pour les personnels d'encadrement.

Elle favorise l'innovation et promeut la modernisation des pratiques professionnelles et le partage des bonnes pratiques.

Elle assure la conduite des dispositifs d'accompagnement des personnels des ministères et une fonction d'analyse des métiers et des compétences. Elle apporte son appui aux directions, services et établissements en matière de gestion des ressources humaines.

La direction générale des ressources humaines prépare, en liaison avec la direction générale de l'enseignement scolaire, la direction générale de l'enseignement supérieur et de l'insertion professionnelle et la direction générale de la recherche et de l'innovation, la direction des sports et la direction de la jeunesse, de l'éducation populaire et de la vie associative, la politique et la gestion prévisionnelle des recrutements des ministères, sous réserve des compétences de la direction de l'encadrement. Elle les met en œuvre en veillant à la cohérence des actions conduites par les autorités académiques et par les établissements publics relevant des ministères.

En relation avec ces directions et sous réserve des compétences de la direction de l'encadrement, elle définit les orientations relatives à la gestion de carrière de ces personnels, au développement de la mobilité, y compris de la mobilité à l'international, et élabore les projets statutaires et indemnitaires. S'agissant des personnels relevant des organismes de recherche sous tutelle, elle coordonne l'élaboration des projets statutaires et indemnitaires.

En lien avec l'ensemble des directions, elle définit les orientations en matière de diversité, de lutte contre les discriminations, d'égalité professionnelle femmes-hommes, de politique en faveur des personnels en situation de handicap et est chargée de leur mise en œuvre.

Elle assure, en lien avec la direction générale de l'enseignement scolaire et la direction des affaires financières, la maîtrise d'ouvrage des systèmes d'information des ressources humaines, sous réserve des compétences de la direction de l'encadrement.

Elle contribue aux politiques contractuelles en apportant son expertise en matière de ressources humaines aux autorités académiques et aux établissements publics relevant des ministères.

II. — La direction générale des ressources humaines coordonne l'ensemble de la politique de formation des ministères, contribuant ainsi à la cohérence des parcours professionnels.

Elle définit la politique de formation initiale des personnels administratifs, techniques, pédagogiques, sociaux et de santé et contribue, en lien avec la direction générale de l'enseignement scolaire et la direction générale de l'enseignement supérieur et de l'insertion professionnelle, à la définition des orientations générales de la politique de formation initiale des personnels enseignants, d'éducation et d'orientation.

Dans le cadre du schéma directeur ministériel de la formation continue et dans sa traduction qu'en est le plan national de formation ministériel :

— elle définit, autant que de besoin avec la direction générale de l'enseignement scolaire, la direction des sports, la direction de la jeunesse, de l'éducation populaire et de la vie associative, les orientations de la politique de formation continue des personnels administratifs, techniques, pédagogiques, sociaux et de santé ;

— elle concourt, en lien avec la direction générale de l'enseignement scolaire, à la définition des orientations générales de la politique de formation continue des personnels enseignants, d'éducation et d'orientation ;

— elle s'assure de leur mise en œuvre par les autorités académiques et les établissements de formation.

La direction générale des ressources humaines définit les orientations générales de la politique de formation en matière d'évolution professionnelle pour l'ensemble des personnels.

III. — La direction générale des ressources humaines contribue à la conduite du dialogue social et assure une fonction d'analyse sur les relations sociales.

Elle répartit les contingents d'autorisations spéciales d'absence et de décharges de service entre les organisations syndicales compte tenu de leur représentativité.

Elle assure le secrétariat des comités techniques ministériels et des comités d'hygiène et de sécurité ministériels.

IV. — La direction générale des ressources humaines définit les orientations de l'action sociale ministérielle et conduit l'action des ministères en matière de qualité de vie au travail, de conditions de travail, de sécurité et de santé au travail.

V. — La direction générale des ressources humaines est chargée de la gestion des questions relatives à la déontologie des agents des ministères.

Art. 3-1 *(Décr. n° 2021-790 du 22 juin 2021, art. 4)* Direction de l'encadrement :

La direction de l'encadrement est chargée de la définition et de la mise en œuvre de la politique de gestion des ressources humaines des personnels d'encadrement des ministères, notamment des personnels d'encadrement supérieur.

Elle décline la politique relative à l'encadrement définie dans le cadre interministériel et est l'interlocutrice de la direction générale de l'administration et de la fonction publique sur l'ensemble des questions relatives aux personnels d'encadrement.

En lien avec la direction générale des ressources humaines chargée de l'organisation des recrutements par concours et en lien avec les directions de programme, elle définit la politique et la gestion prévisionnelle des recrutements des personnels d'encadrement.

Elle élabore les projets de textes statutaires et indemnitaires relatifs aux personnels d'encadrement et aux emplois fonctionnels.

Elle est chargée de la gestion des emplois fonctionnels et de la gestion individuelle et collective des carrières des personnels d'encadrement. Elle définit les orientations relatives au développement de la mobilité, y compris de la mobilité à l'international.

Elle assure l'accompagnement des parcours de carrière et le suivi personnalisé des personnels de direction, des personnels d'inspection, des administrateurs civils et des personnels d'encadrement administratif en lien avec les autorités académiques et les établissements publics relevant des ministères.

Elle conduit le dialogue social avec les représentants des personnels d'encadrement.

Elle assure la maîtrise d'ouvrage des systèmes d'information des ressources humaines dédiés aux personnels dont elle est gestionnaire en lien avec la direction générale des ressources humaines.

Elle définit la politique de formation initiale des personnels d'encadrement et, autant que de besoin avec la direction générale des ressources humaines et les directions de programme, les orientations de la politique de formation continue de ces personnels conformément au schéma directeur de la formation continue. Elle s'assure de la mise en œuvre de ces orientations par les autorités académiques et les établissements de formation. Elle conçoit et réalise des actions de formation à l'attention des personnels d'encadrement supérieur.

Art. 4 Direction des affaires financières :

I. — La direction des affaires financières est responsable de la fonction financière ministérielle du ministère de l'éducation nationale *(Décr. n° 2020-1727 du 28 déc. 2020, art. 6)* « , de la jeunesse et des sports » et du ministère de l'enseignement supérieur et de la recherche.

II. — La direction des affaires financières coordonne la préparation des budgets des missions interministérielles "recherche et enseignement supérieur" *(Décr. n° 2020-1727 du 28 déc. 2020, art. 6)* « , "enseignement scolaire" et "sport, jeunesse et vie associative". »

Elle définit, en liaison avec le ministère chargé du budget, les règles de paye applicables aux personnels des deux ministères.

Elle assure le suivi des dépenses salariales et des emplois des programmes budgétaires relevant des deux ministères.

Elle contribue à l'expertise technique et financière des projets statutaires et indemnitaires pour l'ensemble des personnels.

Elle assure l'exercice de la tutelle financière sur les opérateurs du ministère de l'éducation nationale.

(Décr. n° 2021-790 du 22 juin 2021, art. 5) « Elle est chargée des actes de gestion relatifs aux subventions et aux recettes non fiscales de l'administration centrale du ministère de l'éducation nationale, de la jeunesse et des sports et du ministère de l'enseignement supérieur, de la recherche et de l'innovation. »

Elle analyse le coût des actions menées par les ministères et réalise des études financières.

Elle assure la maîtrise d'ouvrage des systèmes d'information budgétaires et financiers des ministères. *(Décr. n° 2021-790 du 22 juin 2021, art. 5)* « Elle veille au respect des normes comptables et à la mise en œuvre de la réglementation financière. »

Elle est chargée de l'animation de la fonction financière de l'administration centrale, des services déconcentrés et, conjointement avec les tutelles, des opérateurs.

(Décr. nº 2021-790 du 22 juin 2021, art. 5) « Elle assure la définition du contrôle interne financier et coordonne sa mise en œuvre à l'ensemble des services. »

Elle met en œuvre les règles de gestion budgétaire et comptable des établissements relevant des ministères chargés de l'éducation nationale, *(Décr. nº 2020-1727 du 28 déc. 2020, art. 6)* « de la jeunesse, des sports, » de l'enseignement supérieur et de la recherche.

Elle fournit une expertise et un appui à la mise en place de ressources financières extrabudgétaires.

III. — La direction des affaires financières est chargée des questions relatives aux pensions pour l'ensemble des personnels de l'enseignement scolaire *(Décr. nº 2020-1727 du 28 déc. 2020, art. 6)* « , de la jeunesse, des sports » et de l'enseignement supérieur.

IV. — La direction des affaires financières est responsable du programme "enseignement privé du premier et du second degré" arrêté dans les lois de finances. Elle traite des questions relatives aux établissements d'enseignement privés.

Art. 5 Direction des affaires juridiques :

La direction des affaires juridiques exerce une fonction de conseil, d'expertise et d'assistance auprès de l'administration centrale, des services déconcentrés et des établissements. A ce titre, elle est consultée sur les projets de textes législatifs ou réglementaires préparés par les directions générales et les autres directions et assure le suivi des procédures d'adoption de ces textes. Elle est responsable de la codification des textes législatifs et réglementaires.

Elle représente les ministres devant les juridictions dans les instances ne relevant pas du contentieux des pensions ou de la compétence des services déconcentrés.

Elle assure la diffusion des compétences et connaissances juridiques auprès de l'administration centrale, des services déconcentrés et des établissements publics sous la tutelle des ministres.

Elle assure le secrétariat du conseil supérieur de l'éducation.

Art. 6 Direction de l'évaluation, de la prospective et de la performance :

I. — La direction de l'évaluation, de la prospective et de la performance exerce ses compétences d'évaluation et de mesure de la performance dans les domaines de l'éducation et de la formation.

Elle contribue à l'évaluation des politiques conduites par le ministère de l'éducation nationale.

II. — La direction de l'évaluation, de la prospective et de la performance est chargée de la conception, de la gestion et de l'exploitation du système d'information statistique en matière d'enseignement. Elle a la responsabilité des répertoires et nomenclatures utilisés dans les systèmes d'information des ministères chargés de l'éducation et de l'enseignement supérieur.

Elle exerce une fonction de suivi statistique, d'expertise et d'assistance pour l'ensemble du ministère de l'éducation nationale. Elle garantit la qualité de la production statistique.

III. — Par sa fonction d'expertise et de conseil, la direction de l'évaluation, de la prospective et de la performance assure la cohérence et la qualité de la mesure de la performance du système éducatif aux niveaux national et territorial.

Elle conçoit et met à disposition de l'ensemble des acteurs du système éducatif des outils d'aide à l'évaluation, au pilotage et à la décision.

Elle élabore des prévisions à court et moyen termes et contribue aux travaux de prospective nationale et territoriale en matière d'éducation et de formation.

IV. — La direction de l'évaluation, de la prospective et de la performance rend compte de l'état du système de formation et d'éducation au moyen d'études qu'elle mène et de recherches qu'elle engage avec des établissements d'enseignement supérieur ou des organismes de recherche.

Par la diffusion de l'ensemble de ses travaux et productions, elle contribue à éclairer le débat public sur l'éducation et la formation.

En liaison avec le ministère chargé de la recherche, elle contribue à orienter la politique de la recherche en matière d'éducation et de formation et concourt au développement de ses travaux et à la valorisation de ses résultats.

Elle participe pour le ministère de l'éducation nationale aux projets européens ou internationaux destinés à comparer les performances et les modes de fonctionnement des différents systèmes éducatifs.

Pour les questions intéressant à la fois l'enseignement scolaire et l'enseignement supérieur, elle apporte son concours à la direction générale de l'enseignement supérieur et de l'insertion professionnelle et réciproquement.

Art. 7 Délégation à la communication :

La délégation à la communication élabore la politique d'information et de communication interne et externe des ministères et coordonne sa mise en œuvre aux niveaux central et déconcentré.

Art. 8 Délégation aux relations européennes et internationales et à la coopération :

La délégation aux relations européennes et internationales et à la coopération coordonne les politiques européenne, internationale et de coopération *(Décr. n° 2018-496 du 19 juin 2018, art. 2)* « relevant de la compétence du ministre chargé de l'éducation nationale ». Elle contribue à l'ouverture internationale du système éducatif français *(Décr. n° 2018-496 du 19 juin 2018, art. 2)* « et » à sa valorisation à l'extérieur des frontières.

(Décr. n° 2018-496 du 19 juin 2018, art. 2) « Elle coordonne la politique de coopération et de promotion de la francophonie en lien avec les directions concernées et les opérateurs du ministère chargé de l'éducation nationale.

« Elle assure, en lien avec la direction des affaires financières, la tutelle *(Décr. n° 2020-956 du 30 juill. 2020, art. 4)* « de France Éducation international ».

« Elle coordonne le suivi de l'enseignement français à l'étranger. »

Elle coordonne le développement des liens, des échanges et de la coopération avec les systèmes scolaires étrangers. A cette fin, elle contribue à la préparation des accords bilatéraux ainsi qu'à l'élaboration des projets conduits dans le cadre des organisations européennes ou internationales compétentes.

Elle contribue à préparer les positions *(Décr. n° 2018-496 du 19 juin 2018, art. 2)* « du ministre chargé de l'éducation nationale » et assure *(Décr. n° 2018-496 du 19 juin 2018, art. 2)* « sa » représentation, en accord avec les directions concernées, dans les instances et rencontres *(Décr. n° 2018-496 du 19 juin 2018, art. 2)* « européennes et » internationales.

Elle coordonne, dans le cadre des orientations données par le ministre *(Décr. n° 2018-496 du 19 juin 2018, art. 2)* « chargé de l'éducation nationale », l'élaboration des axes d'une stratégie européenne et internationale en matière d'enseignement scolaire, en concertation avec les directions et services du ministère *(Décr. n° 2018-496 du 19 juin 2018, art. 2)* « chargé » de l'éducation nationale et des établissements publics qui lui sont rattachés. Elle contribue à la mise en œuvre et assure le suivi de cette stratégie, notamment dans le cadre des instances interministérielles.

Elle *(Décr. n° 2018-496 du 19 juin 2018, art. 2)* « assure » la liaison avec les partenaires étrangers *(Décr. n° 2018-496 du 19 juin 2018, art. 2)* « en ce qui concerne » les dispositifs d'enseignement international.

Elle appuie et coordonne les services déconcentrés dans le domaine des relations *(Décr. n° 2018-496 du 19 juin 2018, art. 2)* « européennes et internationales ».

Elle rassemble et synthétise, en coordination avec les directions *(Décr. n° 2018-496 du 19 juin 2018, art. 2)* « du ministère chargé de l'éducation nationale », notamment la direction de l'évaluation, de la prospective et de la performance, des analyses et des informations sur les systèmes éducatifs étrangers et la dimension internationale des politiques d'éducation et de formation.

(Décr. n° 2018-496 du 19 juin 2018, art. 2) « En concertation avec les directions générales concernées, la délégation aux relations européennes et internationales et à la coopération coordonne, en qualité d'autorité nationale, la négociation, la mise en œuvre et le suivi du programme Erasmus + Éducation-Formation. En vue de la préparation des comités de l'éducation, des comités des représentants permanents et des conseils des ministres de l'Union européenne, elle coordonne également les positions des directions générales concernées, dans le champ scolaire et universitaire, sur les initiatives transversales qui leur sont communes. »

Art. 9 Service de l'action administrative et des moyens :

I. — Le service de l'action administrative et des moyens assure la gestion administrative, logistique et financière de l'administration centrale.

Il réalise pour l'ensemble des personnels de l'administration centrale les prévisions relatives à la masse salariale dont il assure le pilotage et la gestion. *(Décr. n° 2021-790 du 22 juin 2021, art. 6)* « Il a compétence en matière de gestion des emplois et des personnels, à l'exception des personnels d'encadrement supérieur et de l'inspection générale de l'éducation, du sport et de la recherche. »

Il définit et conduit, en relation avec la direction générale des ressources humaines *(Décr. n° 2021-790 du 22 juin 2021, art. 6)* « , la direction de l'encadrement » et la direction des affaires financières, la politique des ressources humaines des personnels qu'il gère.

Il élabore et met en œuvre la politique immobilière et la politique d'achat des ministères. *(Décr. n° 2021-1100 du 20 août 2021, art. 1er)* « Il met en œuvre les procédures de commande publique et assure l'exécution des dépenses, hors subventions, pour le compte des services prescripteurs de l'administration centrale. »

Il développe, en relation avec la direction des affaires financières, le contrôle de gestion. Il anime les procédures d'évaluation et de recherche de la performance.

Il assure le secrétariat du comité technique d'administration centrale.

Il met en œuvre la politique d'archivage des ministères ;

(Décr. n° 2020-1727 du 28 déc. 2020, art. 7) « Il peut réaliser la gestion de la paie pour d'autres services par convention de gestion. »

II. — Le service de l'action administrative et des moyens contribue à la préparation du programme budgétaire de soutien de la politique de l'éducation nationale arrêté dans les lois de finances et relevant du ministère de l'éducation nationale *(Décr. n° 2020-1727 du 28 déc. 2020, art. 7)* « , de la jeunesse et des sports » et au contrôle de son exécution.

Il répartit les crédits qu'il gère au titre de ce programme entre les services déconcentrés.

Art. 10 Direction générale de l'enseignement scolaire :

I. — La direction générale de l'enseignement scolaire élabore la politique *(Décr. n° 2019-682 du 28 juin 2019, art. 4)* « pédagogique et » éducative et assure la mise en œuvre des programmes d'enseignement des écoles, des collèges, des lycées et des lycées professionnels.

Elle définit le cadre des actions de formation *(Décr. n° 2019-682 du 28 juin 2019, art. 4)* « professionnelle » continue *(Décr. n° 2019-682 du 28 juin 2019, art. 4)* « destinées aux adultes » organisées dans les établissements du second degré.

(Décr. n° 2019-682 du 28 juin 2019, art. 4) « Elle est chargée des questions pédagogiques relatives aux établissements d'enseignement scolaire privés.

« Elle assure la conduite de la politique d'orientation et d'affectation des élèves et accompagne les services académiques et les établissements scolaires pour sa mise en œuvre. En lien avec la direction générale de l'enseignement supérieur et de l'insertion professionnelle, elle veille à la continuité des parcours de formation du lycée vers l'enseignement supérieur.

« Elle concourt au développement des relations entre l'éducation nationale et les acteurs économiques et professionnels. »

Elle élabore la réglementation relative à l'organisation et au fonctionnement des écoles et des établissements du second degré.

(Décr. n° 2019-682 du 28 juin 2019, art. 4) « Elle définit la politique en matière de vie scolaire et d'action sanitaire et sociale en faveur des élèves. Elle anime la politique de prévention des violences en milieu scolaire.

« Elle anime la politique de lutte contre toutes les formes de discrimination et concourt à l'amélioration du climat scolaire dans les établissements.

« Elle favorise le développement de l'innovation et des expérimentations en milieu scolaire.

« Elle concourt à la diffusion des résultats de la recherche en éducation dans les établissements.

« Elle est responsable de l'action artistique, culturelle et sportive en milieu scolaire.

« En liaison avec la direction générale des ressources humaines, elle contribue à la définition des objectifs de la politique de recrutement des personnels enseignants, d'éducation et d'orientation et fixe les orientations générales de la politique de formation initiale et continue de ces personnels en matière de politique éducative. » *(Décr. n° 2021-790 du 22 juin 2021, art. 7)* « Elle concourt, avec la direction de l'encadrement et la direction générale des ressources humaines, à la définition de la politique de formation des personnels d'encadrement et des personnels sociaux et de santé. »

Elle assure la maîtrise d'ouvrage des systèmes d'information dans les domaines relevant de ses compétences.

Elle définit et anime la politique de scolarisation des élèves présentant un handicap ou un trouble invalidant de la santé. *(Décr. n° 2019-682 du 28 juin 2019, art. 4)* « Elle définit et anime la politique d'éducation prioritaire et celle relative aux territoires exposés à des difficultés sociales ou géographiques spécifiques. » Elle en évalue la mise en œuvre.

(Décr. n° 2019-682 du 28 juin 2019, art. 4) « Elle définit le cadre du partenariat avec les associations éducatives qui prolongent l'action de l'enseignement public et attribue les aides auxquelles elles peuvent prétendre. »

Elle contribue à l'action européenne et internationale relative à l'enseignement scolaire *(Décr. nº 2019-682 du 28 juin 2019, art. 4)* « , en liaison avec la délégation aux relations européennes et internationales et à la coopération » *(Décr. nº 2018-496 du 19 juin 2018, art. 3)* « et fixe le cadre pédagogique des enseignements internationaux ».

(Décr. nº 2019-682 du 28 juin 2019, art. 4) « Elle assure, en lien avec la direction des affaires financières, la tutelle du réseau Canopé, du Centre national d'enseignement à distance et de l'Office national d'information sur les enseignements et les professions. »

II. — La direction générale de l'enseignement scolaire est responsable des programmes budgétaires relatifs à l'enseignement scolaire public du premier degré, à l'enseignement scolaire public du second degré et à la vie de l'élève arrêtés dans les lois de finances.

Elle fixe aux autorités académiques leurs objectifs dans le champ de ces missions et évalue leurs résultats.

Elle alloue aux autorités académiques les moyens en crédits et en emplois destinés aux écoles et aux établissements publics du second degré.

Art. 10-1 *(Décr. nº 2020-1727 du 28 déc. 2020, art. 8)* Direction des sports.

La direction des sports a compétence en matière de sport civil national et international.

Elle élabore et évalue la politique des activités physiques et sportives de l'État.

En liaison respectivement avec les ministères chargés de l'éducation et de l'enseignement supérieur, le ministère chargé de la santé, le ministère chargé du travail, le ministère chargé du handicap, le ministère chargé du développement durable, elle est compétente en matière de sport scolaire et universitaire, de sport santé et de santé en matière sportive, de sport en entreprise, de sport handicap et de sport de nature.

Elle vise à favoriser l'accès de tous les publics à ces activités en mettant en valeur les fonctions sociales et éducatives du sport.

Elle met en œuvre les actions visant à assurer la sécurité des activités physiques et sportives. Elle engage et coordonne les actions de prévention, de surveillance médicale, de recherche et d'éducation pour assurer la protection de la santé des sportifs et lutter contre le dopage. Elle élabore les règles d'encadrement, au sein des fédérations sportives, de la pratique sportive professionnelle.

Elle contribue au développement de la coopération et des relations sportives internationales et participe aux travaux communautaires et internationaux en matière sportive. Elle apporte un appui aux services déconcentrés des collectivités d'outre-mer en matière de coopération, dans le domaine du sport, avec les États voisins. Elle coordonne la négociation, la mise en œuvre et le suivi du programme ERASMUS + sport. Elle contribue à préparer les positions du ministre chargé des sports et assure sa représentation. Elle contribue à la politique de coopération et de promotion de la francophonie en lien avec les activités physiques et sportives.

Elle élabore et met en œuvre, en liaison avec la direction de la jeunesse, de l'éducation populaire et de la vie associative, les politiques qui, dans leur domaine de compétence, concourent à la promotion des filières économiques, à l'aménagement du territoire, au développement durable, au développement de la pratique sportive et favorisent le développement de l'emploi et de la vie associative. Cette politique vise notamment à garantir la sécurité dans le cadre des pratiques sportives et de loisirs.

Elle anime et coordonne les actions en faveur de l'emploi et des formations conduites sous son impulsion par les services déconcentrés et par les établissements publics placés sous la tutelle du ministère. Elle reconnaît les qualifications attestées par les diplômes, titres à finalité professionnelle ou certificats de qualification autres que ceux qui ont été délivrés en application des réglementations dont elle a la charge.

Elle établit les équivalences des titres et diplômes étrangers.

Elle assure la transposition des directives communautaires relatives au champ du sport.

Elle élabore les textes législatifs et réglementaires relatifs aux activités physiques et sportives de haut niveau et pour tous les autres publics, ainsi qu'en liaison avec la direction de la jeunesse, de l'éducation populaire et de la vie associative, ceux relatifs aux diplômes et aux formations à visée professionnelle et à la validation des acquis de l'expérience. Elle veille à leur mise en œuvre.

Elle accompagne les acteurs du sport dans leur transition écologique et vers un développement durable.

Elle est responsable des programmes budgétaires relatifs au sport et aux Jeux olympiques et paralympiques 2024 arrêtés dans les lois de finances.

Par dérogation à l'article 5, elle représente le ministre chargé des sports devant les tribunaux administratifs et, en défense, devant les cours administratives d'appel, dans les instances relevant des compétences de ce dernier à l'exception des contentieux relatifs aux personnels jeunesse et sport.

La direction des sports anime et coordonne les actions des services déconcentrés en matière sportive. Elle assure la tutelle des fédérations sportives et veille au respect de leur mission de service public. Elle exerce la tutelle sur les établissements publics qui relèvent du ministère chargé des sports et élabore les textes organiques les concernant.

Elle définit les orientations dans lesquelles s'inscrivent les actions conduites dans le domaine sportif par les opérateurs placés sous la tutelle du ministre.

Avec l'appui de l'Agence nationale du sport, elle met en œuvre la politique des activités physiques et sportives ainsi que des actions visant à favoriser l'accès de tous les publics à ces activités. Elle est chargée des relations avec l'Agence française de lutte contre le dopage et participe aux activités internationales dans le domaine de la lutte contre le dopage.

En liaison avec la direction générale des ressources humaines, elle contribue à la définition des objectifs de la politique de recrutement des personnels techniques et pédagogiques de la jeunesse et des sports.

(Décr. nº 2021-790 du 22 juin 2021, art. 8) « Elle contribue, autant que de besoin avec la direction générale des ressources humaines, à la définition des orientations de la politique de formation continue des personnels techniques et pédagogiques et, en lien avec la direction générale de l'enseignement scolaire et la direction de l'encadrement, à la politique de formation continue des personnels d'encadrement. »

Elle assure la maîtrise d'ouvrage des systèmes d'information dans les domaines relevant de ses compétences.

Art. 10-2 *(Décr. nº 2020-1727 du 28 déc. 2020, art. 8)* La direction de la jeunesse, de l'éducation populaire et de la vie associative.

La direction de la jeunesse, de l'éducation populaire et de la vie associative élabore, coordonne et évalue les politiques en faveur de la jeunesse, de l'engagement, de l'éducation populaire et de la vie associative.

Elle contribue à la coordination des actions interministérielles concernant la jeunesse et la vie associative. Elle assure le secrétariat permanent du Conseil d'orientation des politiques de jeunesse et celui du Haut conseil de la vie associative.

Elle anime et coordonne l'action des services déconcentrés en matière de jeunesse et d'éducation populaire. Elle définit les orientations dans lesquelles s'inscrivent les actions conduites dans ces domaines par les établissements et opérateurs qui relèvent du ministère en charge de la jeunesse et dont elle assure la tutelle.

Elle concourt à l'élaboration et à la mise en œuvre de la politique de développement de la vie associative.

Elle soutient les actions d'intérêt général des associations de jeunesse et d'éducation populaire.

Elle contribue à assurer la protection des mineurs pendant leur temps de vacances et de loisirs. A cette fin, elle élabore la réglementation concernant leur accueil hors du domicile parental et veille à son application. Elle appuie le développement des politiques éducatives locales, soutient les actions visant à accroître la qualité éducative des accueils et les liens entre éducation formelle et non formelle. Elle analyse, en liaison avec la direction des sports, les compétences et les qualifications nécessaires à l'encadrement des mineurs qui y sont accueillis. Elle détermine les orientations applicables dans ce domaine au plan national. Elle élabore la réglementation relative aux diplômes et aux formations à visée non professionnelle, dans le champ de l'animation. Elle veille à son application.

Elle définit les conditions d'encadrement et de pratique des activités physiques dans les accueils collectifs de mineurs conformément aux dispositions du code de l'action sociale et des familles.

Elle assure le suivi des actions d'information destinées aux jeunes, relatives à leur vie quotidienne et à leurs droits et devoirs. Elle favorise l'expression des jeunes et soutient les structures de participation et de dialogue qui leur sont ouvertes. Elle soutient la prise d'initiatives et l'engagement des jeunes.

Elle assure l'animation générale du fonds d'expérimentation pour la jeunesse créé par l'article 25 de la loi nº 2008-1249 du 1er décembre 2008 généralisant le revenu de solidarité active et réformant les politiques d'insertion. Elle assure le secrétariat du conseil scientifique et du conseil de gestion de ce fonds.

Elle concourt à la mise en œuvre des politiques visant à prévenir les comportements qui entraînent des risques pour la santé et soutient les actions en faveur de l'insertion sociale et professionnelle.

Elle contribue au développement des programmes d'action européens et internationaux en matière de jeunesse et d'éducation populaire.

Elle assure une veille juridique et technique sur la réglementation des formations aux métiers de l'animation et de la vie associative, en liaison avec la direction des sports.

En matière de vie associative, elle élabore, coordonne et évalue les politiques en faveur de la vie associative.

Elle assure le suivi et la gestion du Fonds pour le développement de la vie associative.

Elle assure la promotion et le développement de toutes les formes d'engagement associatif (bénévolat, volontariat, mécénat de compétences).

Elle participe à l'élaboration de la réglementation liée à la vie associative.

Elle exerce une fonction d'expertise de la vie associative auprès des autres administrations et coordonne les actions interministérielles conduites dans ce domaine.

Elle définit le cadre juridique du service civique et veille, avec l'appui de l'agence du service civique au déploiement de ce programme.

Elle assure la mise en œuvre du service national universel. A ce titre, elle en définit le cadre réglementaire et en assure le pilotage et la coordination.

Elle coordonne, pour le compte de l'autorité nationale de gestion de la réserve civique, la mise en œuvre de la réserve par les autorités territoriales de gestion.

La direction de la jeunesse, de l'éducation populaire et de la vie associative conduit les études et détermine les procédures d'observation, de collecte de données et d'informations statistiques permettant de prendre en compte les données actuelles et les évolutions en matière de vie associative, de jeunesse, d'éducation populaire et de sport, notamment en termes d'impact sur l'économie. A ce titre, elle est responsable des bases de données et d'informations statistiques relatives à la vie associative, ainsi qu'aux filières de l'animation et du sport.

Elle assure la maîtrise d'ouvrage des systèmes d'information dans les domaines relevant de ses compétences.

En liaison avec la direction générale des ressources humaines, elle contribue à la définition des objectifs de la politique de recrutement des personnels techniques et pédagogiques de la jeunesse et des sports.

(Décr. n° 2021-790 du 22 juin 2021, art. 9) « Elle contribue, autant que de besoin avec la direction générale des ressources humaines, à la définition des orientations de la politique de formation continue des personnels techniques et pédagogiques et, en lien avec la direction générale de l'enseignement scolaire et la direction de l'encadrement, à la politique de formation continue des personnels d'encadrement. »

Elle est responsable du programme budgétaire relatif à la jeunesse et à la vie associative et à ce titre, alloue les moyens en crédits et le cas échéant, en emplois aux services déconcentrés ainsi qu'aux opérateurs et établissements relevant de son champ.

Art. 11 *(Décr. n° 2019-682 du 28 juin 2019, art. 5)* Direction du numérique pour l'éducation : La direction du numérique pour l'éducation est une direction commune au secrétariat général et à la direction générale de l'enseignement scolaire.

La direction du numérique pour l'éducation a pour mission l'impulsion et l'accompagnement de la transformation numérique du système éducatif, au bénéfice de la communauté éducative comme des agents.

(Décr. n° 2020-1288 du 23 oct. 2020, art. 1er) « Elle intervient au profit de l'ensemble du ministère chargé de l'éducation nationale, *(Décr. n° 2020-1727 du 28 déc. 2020, art. 9)* « de la jeunesse et des sports, » sur le périmètre des systèmes d'information à l'exception de ceux relevant de la zone fonctionnelle des ressources humaines du ministère. »

Elle définit la politique de développement du service public du numérique éducatif. Elle en assure le déploiement et la valorisation.

Elle coordonne les actions du ministère chargé de l'éducation nationale *(Décr. n° 2020-1727 du 28 déc. 2020, art. 9)* « , de la jeunesse et des sports, » en matière de systèmes d'information, de développement de services numériques et d'innovation numérique, de développement de la culture numérique ainsi que de gestion des compétences numériques. A ce titre, elle représente le ministère auprès des structures interministérielles chargées du numérique et des systèmes d'information et de *(Décr. n° 2020-1288 du 23 oct. 2020, art. 1er)* « communication, sur le périmètre de ses attributions. »

Elle coordonne le volet numérique de l'activité des opérateurs de l'enseignement scolaire, en lien avec la direction générale de l'enseignement scolaire, la direction générale des ressources humaines et la direction des affaires financières, et définit les orientations stratégiques dans ce domaine.

Elle prépare les orientations stratégiques et les éléments de programmation en matière de numérique pour l'éducation. Elle conduit la politique partenariale avec les acteurs publics et privés de la filière numérique.

Sans préjudice des compétences de la direction de l'évaluation, de la prospective et de la performance en matière de données statistiques, elle coordonne les actions en matière d'inventaire, de gouvernance, de production, de circulation et d'exploitation des données.

(Décr. n° 2020-1288 du 23 oct. 2020, art. 1er) « Pour le ministère chargé de l'éducation nationale, *(Décr. n° 2020-1727 du 28 déc. 2020, art. 9)* « de la jeunesse et des sports, » elle assure, sur le périmètre de ses attributions, le cadrage opérationnel, technique et juridique des projets numériques *(Abrogé par Décr. n° 2020-1727 du 28 déc. 2020, art. 9) « pour l'éducation »* et pilote les relations avec les partenaires concernés. »

Elle assure la maîtrise d'ouvrage, la mise en œuvre et la maintenance de l'infrastructure technique adaptée à ces projets.

Elle conçoit, met en œuvre et assure la maintenance des systèmes d'information et de communication *(Décr. n° 2020-1288 du 23 oct. 2020, art. 1er)* « relevant de ses attributions ».

Elle élabore, en lien avec les maîtrises d'ouvrage, le schéma stratégique des systèmes d'information et des télécommunications et conduit sa mise en œuvre opérationnelle.

Elle assure la maîtrise d'œuvre des projets informatiques et *(Décr. n° 2020-1288 du 23 oct. 2020, art. 1er)* « numériques relevant de ses attributions » et en propose la programmation budgétaire et à ce titre, elle a autorité fonctionnelle sur les équipes informatiques nationales implantées dans certaines académies.

Elle assure une mission de contrôle de gestion dans le domaine du numérique pour l'éducation.

Pour le ministère chargé de l'enseignement supérieur et de la recherche, la direction du numérique pour l'éducation participe, avec les directions en charge de la maîtrise d'ouvrage, à l'élaboration du schéma stratégique des systèmes d'information et des télécommunications. Elle peut assurer la maîtrise d'œuvre de projets et la maintenance des infrastructures techniques définis dans ce cadre.

Art. 12 Outre les services qui leur sont respectivement rattachés, la direction générale de l'enseignement supérieur et de l'insertion professionnelle et la direction générale de la recherche et de l'innovation comprennent un service commun et une *(Décr. n° 2018-496 du 19 juin 2018, art. 4)* « délégation » commune :

— le service de la coordination des stratégies *(Décr. n° 2018-496 du 19 juin 2018, art. 4)* « de l'enseignement supérieur et de la recherche » ;

(Décr. n° 2018-496 du 19 juin 2018, art. 4) « — la délégation aux affaires européennes et internationales. »

Art. 13 Direction générale de l'enseignement supérieur et de l'insertion professionnelle :

I. — La direction générale de l'enseignement supérieur et de l'insertion professionnelle élabore et met en œuvre la politique relative à l'ensemble des formations supérieures, initiales et tout au long de la vie, relevant du ministre chargé de l'enseignement supérieur.

Elle veille à la mise en œuvre, par les établissements relevant de sa compétence, de leurs missions d'orientation et d'insertion professionnelle, et les accompagne dans l'exercice de leur autonomie.

Elle impulse et coordonne la rédaction de la stratégie nationale d'enseignement supérieur, y compris dans sa dimension européenne et internationale.

Elle est responsable des programmes "formations supérieures et recherche universitaire" et "vie étudiante" arrêtés dans les lois de finances.

Elle établit le projet annuel de performance et le rapport annuel de performance de ces programmes, dont elle suit l'exécution budgétaire.

II. — La direction générale de l'enseignement supérieur et de l'insertion professionnelle exerce la tutelle des établissements publics relevant du ministre chargé de l'enseignement supérieur et élabore le cadre juridique de leur organisation et de leur fonctionnement, en s'appuyant, en tant que de besoin, sur les recteurs, chanceliers des universités.

Elle répartit les moyens entre les établissements d'enseignement supérieur à partir d'une analyse de leurs activités et de leurs performances. Elle définit les orientations stratégiques de la politique du patrimoine immobilier de l'enseignement supérieur et assure le suivi des contrats de projet État-régions pour les opérations qui concernent les établissements relevant de sa tutelle ainsi que les centres régionaux des œuvres universitaires. Elle assure le pilotage des plans campus.

Elle définit une politique d'accréditation des établissements et d'habilitation qui prend en compte prioritairement les objectifs de cohérence et de qualité, la fédération des forces pédagogiques et scientifiques et la maîtrise raisonnée des flux d'étudiants et de diplômés. Pour l'accomplissement de ses missions, elle s'appuie sur les travaux du Haut Conseil de l'évaluation de la recherche et de l'enseignement supérieur.

III. — La direction générale de l'enseignement supérieur et de l'insertion professionnelle fixe le cadre national des formations et la structure des niveaux de diplômes et élabore les textes réglementaires y afférents. Elle met en œuvre une politique active d'orientation et de préparation à l'insertion professionnelle, en lien avec la direction générale de l'enseignement scolaire et le service public de l'orientation.

Elle assure le lien avec les autres ministères sur le champ de la formation. Dans le cadre de l'expression de la tutelle conjointe, elle exerce les compétences dévolues au ministre chargé de l'enseignement supérieur concernant les établissements de formation et d'enseignement supérieur relevant d'autres ministères.

Elle exerce les compétences dévolues au ministre chargé de l'enseignement supérieur concernant les établissements de formation et d'enseignement supérieur privés.

Elle définit les actions propres à promouvoir la réussite de tous et à améliorer les conditions de vie des étudiants.

Elle exerce la tutelle sur le centre national et les centres régionaux des œuvres universitaires et scolaires. Elle est chargée de la réglementation et du suivi des aides aux étudiants.

Elle participe à la définition et à la mise en œuvre de la stratégie numérique pour l'enseignement supérieur, qui vise à faire du numérique un levier de rénovation pédagogique d'attractivité renforcée de l'enseignement supérieur dans le monde et plus particulièrement dans les pays francophones.

IV. — Conjointement avec la direction générale de la recherche et de l'innovation, la direction générale de l'enseignement supérieur et de l'insertion professionnelle :

— garantit aux niveaux national et territorial, la cohérence des politiques d'enseignement supérieur et de recherche, élabore la stratégie de contractualisation de site et conduit, en lien avec les autres ministères exerçant la tutelle sur des établissements d'enseignement supérieur et de recherche, le dialogue stratégique et de performance avec les communautés et les établissements d'enseignement supérieur et de recherche ;

— pilote le programme des investissements d'avenir ;

(Décr. n° 2021-790 du 22 juin 2021, art. 10) « — définit, en liaison avec la direction générale des ressources humaines et la direction de l'encadrement, les stratégies de ressources humaines des établissements de recherche et d'enseignement supérieur, en particulier la politique de l'encadrement supérieur et de l'emploi scientifique ; »

— favorise la promotion de la parité et de la lutte contre les discriminations ;

— définit la politique de documentation et d'information scientifique et technique à l'appui des missions d'enseignement supérieur, de recherche et d'innovation ;

— assure la maîtrise d'ouvrage et la cohérence des systèmes d'information dans les domaines relevant de sa compétence et en définit l'architecture et la gouvernance ;

— garantit la production, la qualité et la valorisation des informations statistiques nécessaires à la connaissance et au pilotage de l'enseignement supérieur, de la recherche et de l'innovation ;

— assure le secrétariat du Conseil national de l'enseignement supérieur et de la recherche.

(Décr. n° 2018-496 du 19 juin 2018, art. 5) « V. — Conjointement avec la direction générale de la recherche et de l'innovation, la direction générale de l'enseignement supérieur et de l'insertion professionnelle :

« — élabore et met en œuvre une feuille de route européenne et internationale en matière d'enseignement supérieur, de recherche et d'innovation, en cohérence avec les stratégies nationales d'enseignement supérieur et de recherche ;

« — définit les mesures nécessaires à la construction de l'espace européen de l'enseignement supérieur et de la recherche, prépare les positions du ministre chargé de l'enseignement supérieur et de la recherche pour les conseils de l'Union européenne éducation et compétitivité, ainsi que pour les comités de l'éducation et les comités des représentants permanents ;

« — participe aux négociations internationales et conduit les coopérations bilatérales dans ses domaines de compétence ;

« — coordonne la politique de coopération et de promotion de la francophonie en lien avec les directions concernées et les opérateurs du ministère chargé de l'enseignement supérieur et de la recherche ;

« — favorise l'ouverture européenne et internationale des formations de l'enseignement supérieur ainsi que la mobilité des étudiants et de l'ensemble des personnels de l'enseignement supérieur et de la recherche ;

« — contribue, pour ce qui concerne l'enseignement supérieur, en lien avec la délégation aux relations européennes et internationales et à la coopération, à la mise en œuvre du programme Erasmus+ Éducation-Formation. »

Art. 14 Direction générale de la recherche et de l'innovation :

I. — La direction générale de la recherche et de l'innovation pilote l'élaboration de la stratégie nationale de recherche, en étroite collaboration avec les ministères concernés et en impliquant l'ensemble des parties prenantes. Elle la décline par grands domaines scientifiques et dans ses dimensions transversales. Elle s'assure de sa mise en œuvre et veille à son évaluation. A ce titre, elle contribue au renforcement de la capacité nationale d'innovation.

Elle assure le secrétariat permanent du conseil stratégique de la recherche dont elle prépare les travaux.

Elle assure la cohérence et la qualité du système français de recherche et d'innovation, en liaison avec l'ensemble des ministères intéressés.

En lien avec les ministères compétents, elle définit une stratégie européenne et internationale en matière de recherche et d'innovation.

II. — La direction générale de la recherche et de l'innovation est responsable des programmes "recherches scientifiques et technologiques pluridisciplinaires", "recherche dans le domaine de la gestion des milieux et des ressources" et "recherche spatiale" arrêtés dans les lois de finances.

Elle s'assure de la mobilisation des moyens nécessaires à la réalisation des priorités de la politique scientifique, avec les différents ministères concourant à la gestion des programmes de la mission interministérielle relative à la recherche et à l'enseignement supérieur.

Elle prépare en liaison avec la direction des affaires financières les décisions relatives à l'attribution des ressources et des moyens alloués par l'État dans le cadre de la mission interministérielle "recherche et enseignement supérieur".

Elle définit les objectifs et indicateurs de performance des programmes dont elle a la charge et en assure le suivi, dans le cadre des orientations fixées par la stratégie nationale de recherche.

Elle alloue les moyens aux organismes et établissements publics relevant du ministre chargé de la recherche et gère les dispositifs nationaux ne relevant pas de ces organismes.

Elle exerce la tutelle sur les établissements publics et organismes relevant du ministre chargé de la recherche et élabore le cadre juridique de leur fonctionnement.

Elle assure, avec les responsables des organismes de recherche, un dialogue de performance et de gestion, appuyé sur un contrat pluriannuel et les indicateurs de performance des organismes. Elle s'assure de la mise en œuvre de ce contrat.

Elle veille à la cohérence des partenariats que les organismes de recherche nouent au niveau territorial avec les acteurs de l'enseignement supérieur.

Elle coordonne la définition des priorités nationales pour les grands équipements scientifiques, notamment ceux portés par des organisations internationales.

Elle contribue au partage de la culture scientifique, technique et industrielle. Elle favorise le dialogue entre parties prenantes sur les questionnements sociétaux relatifs à l'activité scientifique et aux développements technologiques. Elle assure la bonne prise en compte de l'éthique et la déontologie dans les pratiques scientifiques.

Pour l'accomplissement de ses missions, elle s'appuie sur les travaux du Haut conseil de l'évaluation de la recherche et de l'enseignement supérieur.

III. — En liaison avec le ministère chargé de l'industrie, la direction générale de la recherche et de l'innovation définit la politique de recherche industrielle et d'innovation, favorise la création d'entreprises technologiques et assure le suivi, l'évaluation et l'amélioration des dispositifs d'aide à l'innovation et à la recherche.

Elle propose et met en œuvre les mesures concourant à l'intensification du transfert des résultats de la recherche publique au bénéfice de la société, notamment vers les acteurs économiques.

Elle assure le suivi des contrats de plan État-régions pour ce qui concerne les établissements de recherche et coordonne l'action des *(Décr. n° 2020-1555 du 9 déc. 2020, art. 9)*

« délégués régionaux académiques à la recherche et à l'innovation et, en Guyane, du délégué régional à la recherche et à la technologie ».

IV. — Conjointement avec la direction générale de l'enseignement supérieur et de l'insertion professionnelle, la direction générale de la recherche et de l'innovation :

— garantit aux niveaux national et territorial, la cohérence des politiques d'enseignement supérieur et de recherche ;

— assure le pilotage des actions du programme d'investissements d'avenir relatives à l'enseignement supérieur, la recherche et l'innovation ;

— définit, en liaison avec la direction générale des ressources humaines, les stratégies de ressources humaines des établissements de recherche et d'enseignement supérieur, en particulier la politique de l'emploi scientifique ;

— favorise la promotion de la parité et de la lutte contre les discriminations ;

— définit la politique de documentation et d'information scientifique et technique à l'appui des missions d'enseignement supérieur, de recherche et d'innovation ;

— assure la maîtrise d'ouvrage et la cohérence des systèmes d'information dans les domaines relevant de sa compétence et en définit l'architecture et la gouvernance ;

— garantit la production, la qualité et la valorisation des informations statistiques nécessaires à la connaissance et au pilotage de l'enseignement supérieur, de la recherche et de l'innovation ;

— assure le secrétariat du Conseil national de l'enseignement supérieur et de la recherche.

(Décr. n° 2018-496 du 19 juin 2018, art. 6) « V. — Conjointement avec la direction générale de l'enseignement supérieur et de l'insertion professionnelle, la direction générale de la recherche et de l'innovation :

« — élabore et met en œuvre une feuille de route européenne et internationale en matière d'enseignement supérieur, de recherche et d'innovation, en cohérence avec les stratégies nationales d'enseignement supérieur et de recherche ;

« — définit les mesures nécessaires à la construction de l'espace européen de l'enseignement supérieur et de la recherche, prépare les positions du ministre chargé de l'enseignement supérieur et de la recherche pour les conseils de l'Union européenne éducation et compétitivité, ainsi que pour les comités de l'éducation et les comités des représentants permanents ;

« — participe aux négociations internationales et conduit les coopérations bilatérales dans ses domaines de compétence ;

« — coordonne la politique de coopération et de promotion de la francophonie en lien avec les directions concernées et les opérateurs du ministère chargé de l'enseignement supérieur et de la recherche ;

« — favorise l'ouverture européenne et internationale des formations de l'enseignement supérieur ainsi que la mobilité des étudiants et de l'ensemble des personnels de l'enseignement supérieur et de la recherche ;

« — coordonne la négociation, la mise en œuvre et le suivi du programme-cadre européen pour la recherche et l'innovation. »

Art. 15 Le décret n° 2006-572 du 17 mai 2006 modifié fixant l'organisation de l'administration centrale des ministères de l'éducation nationale et de l'enseignement supérieur et de la recherche est abrogé.

Art. 16 Les dispositions du présent décret entrent en vigueur le 31 mars 2014.

CHAPITRE II LES SERVICES ACADÉMIQUES ET DÉPARTEMENTAUX

Le Décr. n° 2019-1200 du 20 nov. 2019 relatif à l'organisation des services déconcentrés des ministres chargés de l'éducation nationale et de l'enseignement supérieur, de la recherche et de l'innovation qui modifie certaines dispositions de ce chap. est entré en vigueur le 1er janv. 2020.

SECTION PREMIÈRE RÉGIONS ACADÉMIQUES ET CIRCONSCRIPTIONS ACADÉMIQUES *(Décr. n° 2015-1616 du 10 déc. 2015, art. 3).*

SOUS-SECTION 1 DISPOSITIONS GÉNÉRALES *(Décr. n° 2015-1616 du 10 déc. 2015, art. 4).*

Art. R. 222-1 *(Décr. n° 2015-1616 du 10 déc. 2015, art. 5)* **La France est divisée en régions académiques, composées d'une ou de plusieurs circonscriptions académiques, définies à l'article R. 222-2.**

(Décr. nº 2019-1200 du 20 nov. 2019, art. 1er) « Dans chaque région académique, le recteur de région académique est le garant, au niveau régional, de la cohérence des politiques publiques des ministres chargés de l'éducation nationale, de l'enseignement supérieur, de la recherche et de l'innovation.

« Dans les régions académiques comportant plusieurs académies, le recteur de région académique a autorité sur les recteurs d'académie. Les décisions de ces derniers s'inscrivent dans les orientations stratégiques définies par le recteur de région. L'autorité du recteur de région sur les recteurs d'académie ne peut être déléguée.

« Le recteur de région académique peut évoquer, par arrêté publié au recueil des actes administratifs de la préfecture de région, et pour une durée limitée, tout ou partie d'une compétence d'un ou des recteurs d'académie de la région, à des fins de coordination régionale. Dans ce cas, il prend la décision correspondante en lieu et place du recteur d'académie concerné. Il ne peut déléguer ce pouvoir d'évocation. »

Sous réserve des compétences du recteur de région académique, la circonscription académique continue d'être administrée par un recteur *(Décr. nº 2019-1200 du 20 nov. 2019, art. 9)* « d'académie ».

(Décr. nº 2017-1543 du 6 nov. 2017, art. 1er) « Par dérogation *(Décr. nº 2019-1200 du 20 nov. 2019, art. 1er)* « à l'alinéa précédent », un recteur de région académique peut être chargé, par décret pris en conseil des ministres, d'administrer les autres académies de la même région académique. Les dispositions relatives au comité régional académique prévu à l'article *(Décr. nº 2019-1200 du 20 nov. 2019, art. 1er)* « R. 222-16 » ne sont alors pas applicables. »

Art. R. 222-2 *(Décr. nº 2015-1616 du 10 déc. 2015, art. 5)* La compétence et les missions des services dépendant *(Décr. nº 2019-1200 du 20 nov. 2019, art. 1er)* « des ministres chargés de l'éducation nationale, de l'enseignement supérieur, de la recherche et de l'innovation » s'exercent à l'intérieur des régions académiques et des académies suivantes :

(Décr. nº 2019-1200 du 20 nov. 2019, art. 1er) « 1º Région académique Auvergne-Rhône-Alpes, constituée des académies de Clermont-Ferrand (départements de l'Allier, du Cantal, de la Haute-Loire et du Puy-de-Dôme), Grenoble (départements de l'Ardèche, de la Drôme, de l'Isère, de la Savoie et de la Haute-Savoie) et Lyon (départements de l'Ain, de la Loire et du Rhône) ;

« 2º Région académique Bourgogne-Franche-Comté, constituée des académies de Besançon (départements du Doubs, du Jura, de la Haute-Saône et du Territoire de Belfort) et Dijon (départements de la Côte-d'Or, de la Nièvre, de Saône-et-Loire et de l'Yonne) ;

« 3º Région académique Bretagne, constituée de l'académie de Rennes (départements des Côtes-d'Armor, du Finistère, d'Ille-et-Vilaine et du Morbihan) ;

« 4º Région académique Centre-Val de Loire, constituée de l'académie d'Orléans-Tours (départements du Cher, d'Eure-et-Loir, de l'Indre, d'Indre-et-Loire, de Loir-et-Cher et du Loiret) ;

« 5º Région académique de Corse, constituée de l'académie de Corse (départements de la Corse-du-Sud et de la Haute-Corse) ;

« 6º Région académique Grand Est, constituée des académies de Nancy-Metz (départements de Meurthe-et-Moselle, de la Meuse, de la Moselle et des Vosges), Reims (départements des Ardennes, de l'Aube, de la Marne et de la Haute-Marne) et Strasbourg (départements du Bas-Rhin et du Haut-Rhin) ;

« 7º Région académique de la Guadeloupe, constituée de l'académie de la Guadeloupe (département de la Guadeloupe) ;

« 8º Région académique de la Guyane, constituée de l'académie de la Guyane (département de la Guyane) ;

« 9º Région académique Hauts-de-France, constituée des académies d'Amiens (départements de l'Aisne, de l'Oise et de la Somme) et Lille (départements du Nord et du Pas-de-Calais) ;

« 10º Région académique Ile-de-France, constituée des académies de Créteil (départements de Seine-et-Marne, de la Seine-Saint-Denis et du Val-de-Marne), Paris (Ville de Paris) et Versailles (départements des Yvelines, de l'Essonne, des Hauts-de-Seine et du Val-d'Oise) ;

« 11° Région académique de La Réunion, constituée de l'académie de La Réunion (département de La Réunion) ;

« 12° Région académique de la Martinique, constituée de l'académie de la Martinique (département de la Martinique) ;

« 13° Région académique de Mayotte, constituée de l'académie de Mayotte (département de Mayotte) ;

« 14° Région académique Normandie, constituée de l'académie de Normandie (départements du Calvados, de l'Eure, de la Manche, de l'Orne et de la Seine-Maritime) ;

« 15° Région académique Nouvelle-Aquitaine, constituée des académies de Bordeaux (départements de la Dordogne, de la Gironde, des Landes, de Lot-et-Garonne et des Pyrénées-Atlantiques), Limoges (départements de la Corrèze, de la Creuse et de la Haute-Vienne) et Poitiers (départements de la Charente, de la Charente-Maritime, des Deux-Sèvres et de la Vienne) ;

« 16° Région académique Occitanie, constituée des académies de Montpellier (départements de l'Aude, du Gard, de l'Hérault, de la Lozère et des Pyrénées-Orientales) et Toulouse (départements de l'Ariège, de l'Aveyron, de la Haute-Garonne, du Gers, du Lot, des Hautes-Pyrénées, du Tarn et de Tarn-et-Garonne) ;

« 17° Région académique Pays de la Loire, constituée de l'académie de Nantes (départements de la Loire-Atlantique, de Maine-et-Loire, de la Mayenne, de la Sarthe et de la Vendée) ;

« 18° Région académique Provence-Alpes-Côte d'Azur, constituée des académies d'Aix-Marseille (départements des Alpes-de-Haute-Provence, des Hautes-Alpes, des Bouches-du-Rhône et de Vaucluse) et Nice (départements des Alpes-Maritimes et du Var). »

(Décr. n° 2020-1542 du 9 déc. 2020, art. 1er) « La compétence et les missions des services relevant des ministres chargés de la jeunesse, de la vie associative, de l'engagement civique et des sports s'exercent également à l'intérieur des régions académiques et des académies mentionnées ci-dessus, à l'exception de la Guyane. »

Art. R. 222-2-1 *(Décr. n° 2015-1616 du 10 déc. 2015, art. 5)* Les recteurs des régions académiques métropolitaines mentionnées à l'article R. 222-2 comprenant plusieurs académies sont les recteurs des académies de :

(Décr. n° 2019-1200 du 20 nov. 2019, art. 1er) « 1° Lyon (région académique Auvergne-Rhône-Alpes) ;

« 2° Besançon (région académique Bourgogne-Franche-Comté) ;

« 3° Nancy-Metz (région académique Grand Est) ;

« 4° Lille (région académique Hauts-de-France) ;

« 5° Paris (région académique Ile-de-France) ;

« 6° Bordeaux (région académique Nouvelle-Aquitaine) ;

« 7° Montpellier (région académique Occitanie) ;

« 8° Aix-Marseille (région académique Provence-Alpes-Côte d'Azur). »

Art. R. 222-2-2 *(Décr. n° 2019-1200 du 20 nov. 2019, art. 1er)* Dans les régions académiques ne comportant qu'une académie, le recteur de région académique est le recteur de cette académie.

En outre, dans les régions académiques de La Réunion, de la Martinique, de la Guadeloupe, de la Guyane et de Mayotte, il exerce les fonctions de directeur des services départementaux de l'éducation nationale.

SOUS-SECTION 2 *[ABROGÉE]* COMPÉTENCES DU RECTEUR DE RÉGION ACADÉMIQUE ET DU COMITÉ RÉGIONAL ACADÉMIQUE

(Abrogée par Décr. n° 2019-1200 du 20 nov. 2019, art. 3) (Décr. n° 2015-1616 du 10 déc. 2015, art. 6)

Art. R. 222-3 à R. 222-3-7 *Abrogés par Décr. n° 2019-1200 du 20 nov. 2019, art. 3.*

SOUS-SECTION 3 SERVICE INTERACADÉMIQUE DES EXAMENS ET CONCOURS D'ÎLE-DE-FRANCE *(Décr. n° 2019-1200 du 20 nov. 2019, art. 2).*

Art. D. 222-4 Dans la région d'Île-de-France, le service interacadémique des examens et concours est placé sous l'autorité des recteurs des académies de Créteil, de Paris et de Versailles, la coordination étant assurée par *(Décr. n° 2015-1616 du 10 déc. 2015, art. 8)* « le comité régional académique d'Île-de-France ». Il est rattaché administrativement à l'académie de Paris.

Le directeur de ce service est nommé par arrêté du ministre chargé de l'éducation *(Décr. n° 2019-1200 du 20 nov. 2019, art. 9)* « nationale », après avis des recteurs des académies intéressées.

Art. D. 222-5 Le directeur du service interacadémique des examens et concours a compétence pour la gestion matérielle de la maison des examens d'Arcueil. Il est responsable de l'organisation du service intérieur, du maintien de l'ordre et des problèmes de sécurité. – *[Décr. n° 82-245 du 15 mars 1982, art. 6.]*

Art. D. 222-6 Les emplois nécessaires au service interacadémique des examens et concours sont délégués à l'académie de rattachement.

Les crédits afférents à la couverture des frais d'examens et concours organisés par le service interacadémique et à celle des dépenses globalisées nécessaires à son fonctionnement lui sont spécifiquement délégués. – *[Décr. n° 82-245 du 15 mars 1982, art. 7 et 8.]*

Art. D. 222-7 Le directeur du service interacadémique des examens et concours est habilité à déléguer sa signature au secrétaire général et aux chefs de division de ce service. – *[Décr. n° 82-245 du 15 mars 1982, art. 9.]*

Art. D. 222-8 *(Décr. n° 2013-469 du 5 juin 2013, art. 2)* Les recteurs des académies de Créteil, Paris et Versailles peuvent donner délégation au directeur et au secrétaire général du service interacadémique des examens et concours pour signer les actes relatifs à la procédure disciplinaire applicable aux candidats au baccalauréat prévus par les dispositions des articles D. 334-28 à D. 334-30 ainsi que les actes correspondants pris en application des articles D. 336-22-1 et D. 337-94-1. – *[Anc. art. D. 222-23-1.]*

Art. D. 222-9 Sous réserve des dispositions de l'article *(Décr. n° 2019-1200 du 20 nov. 2019, art. 2)* « D. 222-10 », le directeur du service interacadémique des examens et concours exerce les compétences propres des recteurs *(Décr. n° 2019-1200 du 20 nov. 2019, art. 9)* « d'académie » relatives à l'organisation des concours et examens telles qu'elles sont définies par les règlements de ces concours et examens.

Les pouvoirs propres du recteur de l'académie de Paris pour les centres français d'examens ouverts à l'étranger sont également exercés par le directeur du service interacadémique. – *[Anc. art. D. 222-31.]*

Art. D. 222-10 Toutefois, les recteurs des académies de Créteil, de Paris et de Versailles conservent, outre les compétences qu'ils tiennent de délégations ministérielles, les compétences suivantes :

1° La désignation des présidents de jury ;

2° L'approbation des sujets d'examen pour le baccalauréat général et technologique ainsi que des sujets d'enseignement général pour tous les autres examens de l'enseignement technologique.

Restent également soumis à leur approbation l'établissement définitif du calendrier des examens et concours relevant de leur autorité ainsi que le choix des centres d'examen. – *[Anc. art. D. 222-32.]*

Art. D. 222-10-1 Les tâches incombant aux recteurs des académies de Créteil, de Paris et de Versailles, en ce qui concerne l'organisation des examens et concours nationaux ou académiques relevant du *(Décr. n° 2019-1200 du 20 nov. 2019, art. 2)* « ministre chargé » de l'éducation nationale à l'exception des concours académiques de recrutement des personnels administratifs, techniques et de service des académies de Créteil et de Versailles, sont assurées par le service interacadémique des examens et concours. – *[Anc. art. D. 222-33.]*

SOUS-SECTION 4 *[ABROGÉE]* **DISPOSITIONS PROPRES AUX ACADÉMIES D'OUTRE-MER** *(Décr. n° 2015-1616 du 10 déc. 2015, art. 3).*

(Abrogée par Décr. n° 2019-1200 du 20 nov. 2019, art. 3)

SOUS-SECTION 5 **DISPOSITIONS COMMUNES** *(Décr. n° 2015-1616 du 10 déc. 2015, art. 3).*

Art. D. 222-11 Le territoire de chaque académie comprend les secteurs et districts du second degré mentionnés aux articles D. 211-10 et D. 211-11.

Art. R. 222-12 Par décision du recteur d'académie, les inspecteurs de l'éducation nationale peuvent notamment être chargés d'une circonscription d'enseignement du premier degré *(Décr. n° 2006-583 du 23 mai 2006, art. 4)* « ou exercer des fonctions de conseil auprès *(Décr. n° 2012-16 du 5 janv. 2012, art. 7)* « du directeur académique des services de l'éducation nationale agissant sur délégation du recteur d'académie », dans les domaines des enseignements primaire, technique, professionnel et de l'apprentissage, de l'information et de l'orientation, de l'adaptation, de l'intégration et de la psychologie scolaires ».

Lorsqu'ils sont chargés d'une circonscription du premier degré, les inspecteurs de l'éducation nationale, sous l'autorité des *(Décr. n° 2012-16 du 5 janv. 2012, art. 7)* « directeurs académiques des services de l'éducation nationale agissant sur délégation du recteur d'académie », ont compétence sur les écoles publiques et privées sous contrat du premier degré et leurs personnels.

SECTION II **AUTORITÉS ADMINISTRATIVES DÉCONCENTRÉES**

SOUS-SECTION 1 **LE RECTEUR**

§ 1er DISPOSITIONS COMMUNES *(Décr. n° 2019-1200 du 20 nov. 2019, art. 4).*

Art. R.* 222-13 *(Décr. n° 2004-701 du 13 juill. 2004)* Nul ne peut être nommé recteur s'il n'est habilité à diriger des recherches.

(Décr. n° 2018-838 du 3 oct. 2018, art. 1er) « Toutefois, dans la limite de 40 % de l'effectif des emplois correspondants, les personnes qui ne détiennent pas cette habilitation peuvent être nommées recteur après avis d'une commission chargée d'apprécier l'aptitude des intéressés à exercer cette fonction. »

Art. R.* 222-14 *(Décr. n° 2004-701 du 13 juill. 2004)* Les titulaires d'un doctorat acquis sous le régime antérieur au décret n° 73-226 du 27 février 1973 relatif aux diplômes nationaux de l'enseignement supérieur et les titulaires d'un doctorat d'État mentionné par le même décret peuvent être nommés recteurs.

Art. R.* 222-15 *(Décr. n° 2007-1109 du 18 juill. 2007, art. 1er)* Les recteurs qui bénéficient d'un recul de la limite d'âge en vertu des textes applicables à l'ensemble des fonctionnaires de l'État continuent d'exercer, jusqu'à ce qu'ils atteignent cette limite, les fonctions de directeur et de président du conseil d'administration des établissements publics qui leur sont conférées par les textes régissant ces établissements.

§ 2 LE RECTEUR DE RÉGION ACADÉMIQUE

(Décr. n° 2019-1200 du 20 nov. 2019, art. 4)

Art. R. 222-16 Le recteur de région académique fixe les orientations stratégiques des politiques de la région académique pour l'ensemble des compétences relevant des ministres chargés de l'éducation nationale, de l'enseignement supérieur, de la recherche et de l'innovation *(Décr. n° 2020-1542 du 9 déc. 2020, art. 1er)* « et, sous réserve des compétences du préfet de région et des préfets de département, de celles des ministres chargés de la jeunesse, de la vie associative, de l'engagement civique et des sports. » Dans les régions comportant plusieurs académies, il organise les modalités de l'action commune des recteurs d'académie et assure la coordination des politiques académiques. A cet effet, des services régionaux, des services interacadémiques et des services interrégionaux peuvent être créés dans les conditions prévues à la section III du présent chapitre.

Dans les régions comportant plusieurs académies, le recteur de région académique préside un comité régional académique, qui réunit les recteurs d'académie de la région et, pour les questions relatives à l'enseignement supérieur, la recherche et l'innovation, le recteur délégué prévu à l'article R. 222-16-3.

Art. R. 222-16-1 Pour les questions régionales requérant une coordination avec les politiques conduites par l'État ou par la région, le recteur de région académique, ou la personne qu'il désigne, représente les académies de la région académique.

Lorsque le comité de l'administration régionale, prévu à l'article 35 du décret nº 2004-374 du 29 avril 2004 relatif aux pouvoirs des préfets, à l'organisation et à l'action des services de l'État dans les régions et départements, au sein duquel siège le recteur de région académique, examine des questions de la compétence du ministre chargé de l'éducation nationale ou du ministre chargé de l'enseignement supérieur, de la recherche et de l'innovation, le préfet de région peut, sur proposition du recteur de région, associer, pour les affaires qui les concernent, les autres recteurs de la région académique.

Art. R. 222-16-2 Sous réserve des compétences du préfet de région, le recteur de région académique arrête l'organisation fonctionnelle et territoriale de la région académique. Il détermine les attributions des services régionaux prévus à l'article R. 222-24-4 et des services interacadémiques prévus à l'article R. 222-36-4.

Le recteur de région académique arrête un schéma de mutualisation des moyens entre les services des académies, qui intègre les services régionaux, interacadémiques et interrégionaux.

Art. R. 222-16-3 Pour les questions relatives à l'enseignement supérieur, à la recherche et à l'innovation, le recteur de région académique est assisté par un recteur délégué pour l'enseignement supérieur, la recherche et l'innovation, nommé par décret du Président de la République, dans les régions académiques suivantes :

1º Auvergne-Rhône-Alpes ;
2º Grand Est ;
3º Hauts-de-France ;
4º Île-de-France ;
5º Nouvelle-Aquitaine ;
6º Occitanie ;
7º Provence-Alpes-Côte d'Azur.

Art. R. 222-16-4 Dans les régions comportant plusieurs académies, un secrétaire général de région académique est chargé, sous l'autorité du recteur de région académique, de l'administration de la région académique. A ce titre, il assure le pilotage des services régionaux et dispose, en tant que de besoin, des services académiques et interacadémiques, ainsi que des services interrégionaux qui concourent à la mise en œuvre des politiques de la région académique.

Dans les régions académiques mentionnées à l'article R. 222-16-3, le secrétaire général de région académique assiste le recteur délégué pour l'enseignement supérieur, la recherche et l'innovation. Pour les questions communes aux enseignements secondaires et supérieurs, il assure la coordination entre les services concernés, en lien avec le recteur délégué.

(Décr. nº 2019-1554 du 30 déc. 2019, art. 1er) « Dans la région Île-de-France, le recteur délégué est assisté d'un secrétaire général pour l'enseignement supérieur, la recherche et l'innovation, auquel il peut déléguer sa signature. Ayant rang de secrétaire général d'académie, ce dernier exerce les fonctions de secrétaire général de la chancellerie des universités de Paris. »

Art. R. 222-16-5 Le secrétaire général de région académique supplée le recteur de région académique en cas d'absence ou d'empêchement de celui-ci.

En cas de vacance momentanée de l'emploi de recteur de région académique, le secrétaire général de région académique assure l'intérim, à l'exception des attributions définies du deuxième au quatrième alinéa de l'article R. 222-1, à la première phrase de l'article R. 222-16, à l'article R. 222-24-6, au quatrième alinéa du I de l'article R. 222-36-4 et à l'article R. 222-36-5.

Dans les régions académiques mentionnées à l'article R. 222-16-3, pour les questions relatives à l'enseignement supérieur, la recherche et l'innovation, l'intérim du recteur de région académique est assuré par le recteur délégué.

Pendant l'intérim du recteur de région académique et sauf décision contraire du ou des fonctionnaires assurant l'intérim, les délégations de signature données par le précédent recteur de région académique sont maintenues jusqu'à la nomination d'un nouveau recteur de région académique.

Art. R. 222-16-6 *(Décr. n° 2020-1542 du 9 déc. 2020, art. 1er)* Pour les questions relatives à la jeunesse, à l'éducation populaire, à la vie associative, à l'engagement civique et aux sports, le recteur de région académique est assisté par un délégué régional académique à la jeunesse, à l'engagement et aux sports qui a autorité sur la délégation régionale académique à la jeunesse, à l'engagement et aux sports. Les attributions de cette délégation sont fixées par décret.

Le recteur de région académique peut, par arrêté, mutualiser au sein de la délégation régionale académique à la jeunesse, à l'engagement et aux sports les attributions du service départemental à la jeunesse, à l'engagement et aux sports du département siège de la région académique, mentionné à l'article R. 222-24.

Dans les régions académiques de la Martinique, de la Guadeloupe, de Mayotte et de La Réunion, la délégation régionale académique exerce les compétences du service départemental à la jeunesse, à l'engagement et aux sports mentionné à l'article R. 222-24.

Art. R. 222-16-6 ***[7]*** *(Décr. n° 2020-1555 du 9 déc. 2020, art. 1er)* Dans chaque région académique, à l'exception de Mayotte, un délégué régional académique à la recherche et à l'innovation est placé sous l'autorité du recteur de région académique, ou par délégation de ce dernier, sous l'autorité du recteur délégué à l'enseignement supérieur, à la recherche et à l'innovation dans les régions académiques mentionnées à l'article R. 222-16-3. Le délégué régional académique assiste le recteur de région académique et le recteur délégué dans les domaines de la recherche, de la technologie, de l'innovation et de la culture scientifique, technique et industrielle dans la région académique.

Le délégué régional académique est placé sous l'autorité fonctionnelle du préfet de région, dont il est le conseiller en matière de recherche et d'innovation.

Lorsque le délégué régional est appelé à exercer des fonctions de responsable d'un service régional au sens de l'article R. 222-24-5, les dispositions de cet article sont applicables.

Art. R. 222-17 *(Décr. n° 2020-986 du 5 août 2020, art. 1er)* I. — Le recteur de région académique peut déléguer sa signature :

1° A chacun des recteurs d'académie de la région académique, dans les conditions prévues à l'article R. 222-17-1 ;

2° Pour les questions relatives à l'enseignement supérieur, à la recherche et à l'innovation, au recteur délégué, dans les régions mentionnées à l'article R. 222-16-3 *(Décr. n° 2020-1543 du 9 déc. 2020, art. 1er)* « et, dans la limite de ses attributions, au délégué régional académique à la recherche et à l'innovation mentionné à l'article R. 222-16-7 dans les régions académiques autres que celles mentionnées à l'article R. 222-16-3 ;

« 3° Pour les questions relatives à la jeunesse, à la vie associative, à l'engagement civique et aux sports, au délégué régional académique à la jeunesse, à l'engagement et aux sports mentionné à l'article R. 222-16-6 ;

« 4° » Au secrétaire général de région académique ;

(Décr. n° 2020-1543 du 9 déc. 2020, art. 1er) « 5° » Dans la région académique Île-de-France, pour les questions relatives à la chancellerie de l'académie de Paris, au secrétaire général pour l'enseignement supérieur, la recherche et l'innovation.

II. — Pour les questions relatives à l'enseignement supérieur, à la recherche et à l'innovation, le recteur délégué peut donner délégation au secrétaire général de région académique *(Décr. n° 2020-1543 du 9 déc. 2020, art. 1er)* « et au délégué régional académique à la recherche et à l'innovation », ainsi que dans la région académique Île-de-

France, au secrétaire général pour l'enseignement supérieur, la recherche et l'innovation, pour signer tous actes relatifs aux affaires pour lesquelles il a lui-même reçu délégation du recteur de région académique.

Le secrétaire général de région académique peut donner délégation pour signer tous actes relatifs aux affaires pour lesquelles il a lui-même reçu délégation à ses adjoints, aux responsables des services régionaux prévus aux articles R. 222-24-4 et R. 222-24-6, ainsi qu'aux *(Décr. n° 2020-1543 du 9 déc. 2020, art. 1er)* « délégués régionaux académiques mentionnés aux articles R. 222-16-6 et R. 222-16-7 et aux » responsables des services interrégionaux prévus à l'article R. 222-36-5, dans la limite de leurs attributions respectives.

Dans la région académique Île-de-France, le secrétaire général pour l'enseignement supérieur, la recherche et l'innovation peut donner délégation pour signer tous actes relatifs aux affaires pour lesquelles il a lui-même reçu délégation à ses adjoints, aux responsables des services régionaux prévus aux articles R. 222-24-4 et R. 222-24-6, ainsi qu'aux chefs des services administratifs relevant de son autorité, dans la limite de leurs attributions respectives.

(Décr. n° 2020-1543 du 9 déc. 2020, art. 1er) « Le délégué régional académique à la jeunesse, à l'engagement et aux sports ainsi que le délégué régional académique à la recherche et à l'innovation peuvent donner délégation à leur adjoint et aux agents placés sous leur autorité pour signer tous actes relatifs aux affaires pour lesquelles ils ont eux-mêmes reçu délégation dans la limite de leurs attributions respectives. »

Art. R. 222-17-1 Le recteur de région académique peut déléguer sa signature à un recteur d'académie :

1° A effet de signer les actes relatifs aux affaires régionales sur le territoire de l'académie que le recteur d'académie délégataire administre.

Le recteur d'académie peut donner délégation pour signer tous actes relatifs aux affaires pour lesquelles il a lui-même reçu délégation en vertu de l'alinéa précédent :

a) Au secrétaire général d'académie, qui peut donner délégation pour signer ces mêmes actes à son adjoint et aux chefs de division des rectorats, dans la limite de leurs attributions respectives ;

b) Au directeur académique des services de l'éducation nationale.

Pour la mise en œuvre des politiques régionales au niveau académique, le recteur d'académie dispose en tant que de besoin de l'appui des services régionaux et interrégionaux concernés ;

2° A effet de signer les actes relatifs aux affaires régionales pour l'ensemble du territoire régional. Le recteur d'académie exerce alors l'autorité fonctionnelle sur le service régional concerné dans la limite des attributions confiées.

Le recteur d'académie peut donner délégation pour signer tous actes relatifs aux affaires pour lesquelles il a lui-même reçu délégation en vertu de l'alinéa précédent :

a) Au secrétaire général d'académie, qui peut donner délégation pour signer ces mêmes actes à son adjoint et aux chefs de division des rectorats, dans la limite de leurs attributions respectives ;

b) A chacun des responsables des services régionaux prévus aux articles R. 222-24-4 et R. 222-24-6, dans la limite des attributions desdits services ;

c) Au directeur académique des services de l'éducation nationale.

Art. D. 222-17-2 Les délégations mentionnées aux articles R. 222-17 et R. 222-17-1 fixent les actes pour lesquels elles ont été accordées.

Art. R.* 222-18 *Cet art. est devenu l'art. R. 222-21 (Décr. n° 2019-1200 du 20 nov. 2019, art. 4).*

§ 3 LE RECTEUR D'ACADÉMIE *(Décr. n° 2019-1200 du 20 nov. 2019, art. 4).*

Art. R.* 222-19 *(Décr. n° 2012-16 du 5 janv. 2012, art. 1er)* Le recteur *(Décr. n° 2019-1200 du 20 nov. 2019, art. 4)* « d'académie arrête, dans le respect du schéma de mutualisation des moyens entre les services des académies prévu au second alinéa de l'article R. 222-16-2 », l'organisation fonctionnelle et territoriale de l'académie ainsi que les attributions des services de l'académie et des services départementaux de l'éducation nationale placés sous son autorité.

Un rectorat ayant souhaité savoir si, en l'absence de recteur d'académie régulièrement nommé, le secrétaire général d'académie pouvait présider le conseil d'administration d'un CROUS, il a été précisé que s'il n'existe pas de précédent jurisprudentiel, cette solution a été retenue pour le préfet et le secrétaire général de la préfecture. * Courriel DAJ B1, n° 2010-303 du 1er déc. 2010 ; *LIJ 2011, n° 151, p. 13.*

Art. R. 222-19-1 *(Décr. n° 2012-16 du 5 janv. 2012, art. 1er) (Décr. n° 2019-1200 du 20 nov. 2019, art. 4)* « Le recteur d'académie a pour adjoints : »

1° Pour les académies autres que celles de Paris et d'outre-mer, le secrétaire général d'académie et les directeurs académiques des services de l'éducation nationale ;

2° Pour l'académie de Paris, *(Décr. n° 2019-1200 du 20 nov. 2019, art. 4)* « le directeur de l'académie de Paris, le secrétaire général d'académie pour l'enseignement scolaire prévu à l'article R. 222-21 et les directeurs académiques des services de l'éducation nationale » ;

3° Pour les académies d'outre-mer, le secrétaire général d'académie ainsi que *(Décr. n° 2019-1200 du 20 nov. 2019, art. 4)* « le directeur académique adjoint des services de l'éducation nationale, auquel il peut déléguer sa signature dans les domaines relatifs à l'enseignement scolaire.

« Le recteur d'académie et ses adjoints constituent le comité de direction de l'académie. »

Art. R. 222-19-2 *(Décr. n° 2012-16 du 5 janv. 2012, art. 1er)* Sous l'autorité du recteur *(Décr. n° 2019-1200 du 20 nov. 2019, art. 9)* « d'académie », le secrétaire général d'académie est chargé de l'administration de l'académie. Il supplée le recteur *(Décr. n° 2019-1200 du 20 nov. 2019, art. 9)* « d'académie » en cas d'absence ou d'empêchement de celui-ci.

(Décr. n° 2019-1200 du 20 nov. 2019, art. 4 et 9) « En cas de vacance momentanée de l'emploi de recteur d'académie, le secrétaire général d'académie assure l'intérim. Toutefois, l'intérim du recteur de l'académie de Paris est assuré par le directeur de l'académie de Paris pour les questions mentionnées au premier alinéa de l'article R. 222-21. »

Art. R. 222-19-3 *(Décr. n° 2012-16 du 5 janv. 2012, art. 1er)* A compter du jour suivant la publication au *Journal officiel* de la République française de l'acte les nommant dans leurs fonctions ou à compter du jour où cet acte prend effet si ce jour est postérieur, les directeurs académiques des services de l'éducation nationale peuvent signer, au nom du recteur *(Décr. n° 2019-1200 du 20 nov. 2019, art. 9)* « d'académie » et par délégation, l'ensemble des actes relatifs aux affaires des services placés sous leur autorité se rapportant à la mise en œuvre de la politique éducative relative aux enseignements primaires et secondaires ainsi qu'aux établissements qui les dispensent et aux personnels qui y sont affectés *(Décr. n° 2020-1543 du 9 déc. 2020, art. 2)* « , ainsi que les actes relatifs aux affaires du service départemental à la jeunesse, à l'engagement et aux sports mentionné à l'article R. 222-24 ».

Cette délégation s'exerce sous l'autorité du recteur d'académie, qui peut y mettre fin à tout moment, totalement ou partiellement, par arrêté publié au recueil des actes administratifs de la préfecture de région, notamment pour prendre en compte l'organisation fonctionnelle et territoriale définie en application de l'article R.* 222-19. Cet arrêté met fin de plein droit, pour les délégations concernées, à celles consenties par le directeur académique des services de l'éducation nationale sur le fondement des deuxième à quatrième alinéas de l'article D. 222-20.

Sous réserve des dispositions de l'alinéa précédent, le changement de recteur *(Décr. n° 2019-1200 du 20 nov. 2019, art. 9)* « d'académie » ne met pas fin à cette délégation.

Les agents désignés par le recteur *(Décr. n° 2019-1200 du 20 nov. 2019, art. 9)* « d'académie » pour assurer la suppléance ou l'intérim des directeurs académiques des services de l'éducation nationale disposent de la même délégation dans les mêmes conditions.

Art. D. 222-20 *(Décr. n° 2012-16 du 5 janv. 2012, art. 1er)* Le recteur *(Décr. n° 2019-1200 du 20 nov. 2019, art. 9)* « d'académie » est autorisé à déléguer sa signature au secrétaire général de l'académie et, en cas d'absence ou d'empêchement de celui-ci,

(*Décr. n° 2016-1413 du 20 oct. 2016, art. 29*) « à l'adjoint au secrétaire général d'académie » et aux chefs de division du rectorat, dans la limite de leurs attributions.

(*Décr. n° 2020-1543 du 9 déc. 2020, art. 3*) « Dans les régions académiques ne comportant qu'une académie, le secrétaire général de l'académie peut donner délégation aux délégués régionaux académiques mentionnés aux articles R. 222-16-6 et R. 222-16-7 pour signer tous actes relatifs aux affaires pour lesquelles il a lui-même reçu délégation. »

Les directeurs académiques des services de l'éducation nationale peuvent donner délégation pour signer tous actes relatifs aux affaires pour lesquelles ils ont eux-mêmes reçu délégation en application (*Décr. n° 2019-1200 du 20 nov. 2019, art. 4*) « de l'article R. 222-17-1 et » de l'article R. 222-19-3 :

a) Aux directeurs académiques adjoints des services de l'éducation nationale, (*Décr. n° 2016-1413 du 20 oct. 2016, art. 29*) « au secrétaire général de direction du service départemental de l'éducation nationale » ou au chef des services administratifs de ce même service ;

b) Aux inspecteurs de l'éducation nationale qui sont leurs adjoints ;

(*Décr. n° 2020-1543 du 9 déc. 2020, art. 3*) « *c*) Au chef du service départemental à la jeunesse, à l'engagement et aux sports, lequel peut également donner délégation aux agents placés sous son autorité pour signer tous actes relatifs aux affaires pour lesquelles il a lui-même reçu délégation. »

Les délégations mentionnées aux alinéas précédents fixent les actes pour lesquels elles ont été accordées. Elles entrent en vigueur le lendemain du jour de leur publication au recueil des actes administratifs de la préfecture de région, pour ce qui concerne les délégations consenties par le recteur (*Décr. n° 2019-1200 du 20 nov. 2019, art. 9*) « d'académie », ou de la préfecture de département, pour ce qui concerne les délégations consenties par le directeur académique des services de l'éducation nationale, et peuvent être abrogées à tout moment.

Art. R. 222-21 (*Décr. n° 2004-701 du 13 juill. 2004*) Pour les questions relatives aux écoles, aux collèges, aux lycées et aux établissements d'éducation spéciale, à la formation et à la gestion des personnels affectés aux enseignements qui y sont dispensés, ainsi qu'à la formation continue des adultes (*Décr. n° 2020-1542 du 9 déc. 2020, art. 1er*) « , et pour les questions relatives à la jeunesse, à l'éducation populaire, à la vie associative, à l'engagement civique et aux sports », le recteur de l'académie de Paris est assisté par un adjoint, nommé par décret du Président de la République, qui prend le titre de directeur de l'académie de Paris (*Décr. n° 2012-16 du 5 janv. 2012, art. 1er*) « et exerce les fonctions de directeur des services départementaux de l'éducation nationale ».

Le directeur de l'académie de Paris est lui-même assisté (*Décr. n° 2012-16 du 5 janv. 2012, art. 1er*) « de directeurs académiques des services de l'éducation nationale ».

Sous l'autorité du recteur (*Décr. n° 2019-1200 du 20 nov. 2019, art. 9*) « d'académie », un secrétaire général d'académie, qui prend le titre de secrétaire général de l'enseignement scolaire, est chargé de l'administration de l'académie pour les questions mentionnées au premier alinéa du présent article.

Art. D. 222-22 Pour les questions relatives aux écoles, aux collèges, aux lycées et aux établissements d'éducation spéciale, à la formation et à la gestion des personnels affectés aux enseignements qui y sont dispensés, ainsi qu'à la formation continue des adultes, (*Décr. n° 2020-1543 du 9 déc. 2020, art. 4*) « et pour les questions relatives à la jeunesse, à la vie associative, à l'engagement civique et aux sports, » le recteur de l'académie de Paris peut déléguer sa signature :

1° Au directeur de l'académie de Paris ;

2° Pour les affaires relevant de leurs compétences, aux (*Décr. n° 2012-16 du 5 janv. 2012, art. 7*) « directeurs académiques des services de l'éducation nationale agissant sur délégation du recteur d'académie » qui assistent le directeur de l'académie de Paris, en cas d'absence ou d'empêchement de ce dernier.

3° Au secrétaire général de l'enseignement scolaire.

(*Décr. n° 2019-1200 du 20 nov. 2019, art. 4*) « 4° Aux chefs de division du rectorat, en cas d'absence simultanée du directeur de l'académie de Paris et du secrétaire général de l'enseignement scolaire. »

(Décr. n° 2020-1543 du 9 déc. 2020, art. 4) « Pour les questions relatives à la jeunesse, à la vie associative, à l'engagement civique et aux sports, le directeur de l'académie de Paris peut donner délégation au chef du service départemental à la jeunesse, à l'engagement et aux sports pour signer tous actes relatifs aux affaires pour lesquelles il a lui-même reçu délégation. Le chef du service départemental peut également donner délégation aux agents placés sous son autorité à effet de signer tous actes relatifs aux affaires pour lesquelles il a lui-même reçu délégation. »

Art. D. 222-23 *Abrogé par Décr. n° 2019-1200 du 20 nov. 2019, art. 4.*

Art. D. 222-23-1 *Cet art. est devenu l'art. D. 222-8.*

Art. D. 222-23-2 *(Décr. n° 2007-1540 du 26 oct. 2007, art. 2)* Pendant l'intérim du recteur *(Décr. n° 2019-1200 du 20 nov. 2019, art. 9)* « d'académie » et sauf décision contraire du ou des fonctionnaires assurant l'intérim, les délégations de signature données par le précédent recteur *(Décr. n° 2019-1200 du 20 nov. 2019, art. 9)* « d'académie » sont maintenues jusqu'à la nomination d'un nouveau recteur *(Décr. n° 2019-1200 du 20 nov. 2019, art. 9)* « d'académie ».

SOUS-SECTION 2 LE DIRECTEUR ACADÉMIQUE DES SERVICES DE L'ÉDUCATION NATIONALE

(Décr. n° 2012-16 du 5 janv. 2012, art. 2)

Art. R. 222-24 Les directeurs académiques des services de l'éducation nationale et les directeurs académiques adjoints des services de l'éducation nationale sont nommés par décret du Président de la République pris sur proposition du ministre chargé de l'éducation.

Sauf dans les académies de Paris et d'outre-mer, les directeurs académiques des services de l'éducation nationale sont les directeurs des services départementaux de l'éducation nationale du département dans lequel ils sont nommés. Ils représentent le recteur *(Décr. n° 2019-1200 du 20 nov. 2019, art. 5)* « d'académie et le recteur de région » dans ce département. Ils participent à la définition d'ensemble de la stratégie académique qui met en œuvre la politique éducative et pédagogique relative aux enseignements primaires et secondaires arrêtée par le ministre chargé de l'éducation. Sous l'autorité du recteur *(Décr. n° 2019-1200 du 20 nov. 2019, art. 9)* « d'académie », ils mettent en œuvre la stratégie académique organisant l'action éducatrice dans les écoles, les collèges, les lycées et les établissements d'éducation spéciale de leur département. *(Décr. n° 2019-1200 du 20 nov. 2019, art. 5)* « Sous l'autorité du recteur d'académie agissant par délégation du recteur de région académique, ils participent à la mise en œuvre des politiques régionales dans leur département. »

Dans le cadre de l'organisation fonctionnelle et territoriale arrêtée par le recteur *(Décr. n° 2019-1200 du 20 nov. 2019, art. 9)* « d'académie » en application de l'article R.* 222-19, les directeurs académiques des services de l'éducation nationale ont autorité sur les services départementaux de l'éducation nationale chargés de la mise en œuvre de l'action éducatrice et de la gestion des personnels et des établissements qui y concourent. Ils peuvent se voir confier la responsabilité des services interdépartementaux ou en charge de la mutualisation mentionnés aux articles R. 222-36-2 et R. 222-36-3.

Ils sont assistés par les directeurs académiques adjoints des services de l'éducation nationale.

(Décr. n° 2020-1542 du 9 déc. 2020, art. 1er) « Sauf dans les académies d'outre-mer, un service départemental à la jeunesse, à l'engagement et aux sports est placé auprès de chaque directeur académique des services de l'éducation nationale et, à Paris, auprès du directeur de l'académie de Paris. Les attributions de ce service sont fixées par décret. »

Art. R. 222-24-1 I. — Le directeur académique des services de l'éducation nationale, agissant par délégation du recteur d'académie dans les conditions prévues à l'article R. 222-19-3, est l'autorité compétente de l'État en matière d'éducation pour l'application des articles L. 131-5 à L. 131-10, L. 351-3 et L. 731-3 du code de l'éducation ainsi que des articles 227-17-1 du code pénal *[V. art. L. 131-11]*, L. 811-10 du code rural et de la pêche maritime *[V. cet art. ss. art. L. 421-22]*, et L. 141-2 du code de l'action sociale et des familles.

II. – Pour l'application de l'article L. 914-6 du code de l'éducation, l'autorité compétente en matière d'éducation est le recteur d'académie ou le directeur académique des services de l'éducation nationale, agissant par délégation du recteur *(Décr. n° 2019-1200 du 20 nov. 2019, art. 9)* « d'académie ».

SECTION III COMPÉTENCES

SOUS-SECTION 1 COMPÉTENCES DU RECTEUR DE RÉGION ACADÉMIQUE

(Décr. n° 2019-1200 du 20 nov. 2019, art. 6)

Art. R. 222-24-2 I. – Sous réserve des attributions dévolues au préfet de région et au préfet de département, et sans préjudice des compétences dévolues aux recteurs d'académie par le présent code ou par toute autre disposition, le recteur de région académique prend les décisions dans les matières entrant dans le champ de compétences des ministres chargés de l'éducation nationale, de l'enseignement supérieur, de la recherche et de l'innovation *(Décr. n° 2020-1542 du 9 déc. 2020, art. 1er)* « , de la jeunesse, de la vie associative, de l'engagement civique et des sports ».

A ce titre, il exerce les compétences suivantes :

1° Définition du schéma prévisionnel des formations des établissements publics d'enseignement du second degré ;

2° Formation professionnelle et apprentissage, à l'exception des dispositions prévues au chapitre VII du titre III du livre III ;

3° Enseignement supérieur, recherche et innovation, à l'exception de la gestion des personnels ;

4° Information, orientation et lutte contre le décrochage scolaire, à l'exception des procédures d'orientation et d'affectation des élèves dans l'enseignement du second degré et sous réserve des dispositions de l'article D. 313-9 ;

5° Service public du numérique éducatif ;

6° Utilisation des fonds européens ;

7° Contrats prévus par le chapitre III de la loi n° 82-653 du 29 juillet 1982 portant réforme de la planification ;

8° Politique des achats de l'État ;

9° Politique immobilière de l'État ;

10° Relations européennes, internationales et coopération ;

(Décr. n° 2020-1542 du 9 déc. 2020, art. 1er) « 11° Politiques en matière de jeunesse, d'éducation populaire, de vie associative, d'engagement civique et de sports. »

II. – Après avis du comité régional académique, le recteur de région académique exerce les attributions dévolues aux autorités académiques par le II de l'article L. 214-13 *(Décr. n° 2020-986 du 5 août 2020, art. 2)* « et par l'article L. 214-13-1 ».

Art. D. 222-24-3 Le recteur de région académique peut être habilité à prendre certaines décisions concernant l'aide de l'État aux étudiants. Des arrêtés du ministre chargé de l'enseignement supérieur, de la recherche et de l'innovation fixent les modalités des mesures de déconcentration qui interviennent à ce titre.

Le recteur de région académique, chancelier des universités, peut recevoir délégation de compétence du ministre chargé de l'enseignement supérieur à l'effet de viser ou de signer des diplômes sanctionnant des formations d'enseignement supérieur ou des diplômes d'État.

Art. R. 222-24-4 Sous réserve des attributions des préfets et dans la limite des attributions qui lui sont dévolues à l'article R. 222-24-2, le recteur de région académique crée par arrêté des services régionaux dans les domaines suivants :

1° Enseignement supérieur, recherche et innovation ;

2° Information, orientation et lutte contre le décrochage scolaire ;

3° Formation professionnelle initiale et continue et apprentissage ;

4° Numérique éducatif ;

5° Achats de l'État ;

6° Politique immobilière de l'État ;

7° Relations européennes et internationales et coopération.

Le service régional, ou les services régionaux, agissant dans les domaines mentionnés au 1° est notamment chargé du contrôle budgétaire des établissements publics à caractère scientifique, culturel et professionnel ainsi que du contrôle administratif et financier des délibérations des conseils d'administration et des décisions des présidents et directeurs de ces mêmes établissements et des établissements publics administratifs relevant du ministre chargé de l'enseignement supérieur, de la recherche et de l'innovation.

Le recteur de région académique peut, par arrêté, créer des services régionaux pour toute question relevant de ses attributions autres que celles relevant des domaines mentionnés aux 1° à 7°.

Art. R. 222-24-5 Chaque arrêté de création d'un service régional mentionné à l'article R. 222-24-4 fixe les attributions du service régional et désigne son responsable.

Les responsables des services régionaux sont placés sous l'autorité hiérarchique du recteur de région académique et peuvent être placés, sur délégation du recteur de région, sous l'autorité fonctionnelle d'un recteur d'académie dans les conditions prévues au *b* du 2° de l'article R. 222-17-1.

Les arrêtés du recteur de région académique créant un service régional sont publiés au recueil des actes administratifs de la préfecture de région.

Art. R. 222-24-6 Pour toute question autre que celles relevant de ses attributions, le recteur de région académique peut proposer la mise en place de politiques communes au niveau régional et, à cet effet, la création d'un service régional chargé des missions concernées. Le service régional est créé sur proposition du recteur de région académique, après avis du comité régional académique prévu à l'article R. 222-16, par arrêté des ministres chargés de l'éducation nationale, de l'enseignement supérieur, de la recherche et de l'innovation publié au *Bulletin officiel* de l'éducation nationale. Le recteur de région académique exerce alors les compétences dévolues aux recteurs d'académie. Les compétences ainsi exercées par le recteur de région académique ne peuvent être déléguées à un recteur d'académie.

L'arrêté ministériel créant le service régional fixe ses attributions.

Un arrêté du recteur de région académique publié au recueil des actes administratifs de la préfecture de région désigne le responsable du service régional. Cet arrêté met fin de plein droit aux délégations consenties par le recteur d'académie sur le fondement des articles R. 222-19-3 et D. 222-20 pour les questions intéressant le service régional.

Art. R. 222-24-7 *(Décr. n° 2021-350 du 29 mars 2021, art. 1er)* Le recteur de région académique met en œuvre la protection prévue à l'article 11 de la loi n° 83-634 du 13 juillet 1983 portant droits et obligations des fonctionnaires au bénéfice des présidents et directeurs d'établissements publics sous la tutelle des ministres chargés de l'enseignement supérieur et de la recherche dont le siège est situé dans le ressort de la région académique ainsi qu'au bénéfice des personnes mettant en cause ces présidents et directeurs.

Les dispositions issues du Décr. n° 2021-350 du 29 mars 2021 sont applicables aux requêtes d'appel enregistrées devant les juridictions administratives, aux demandes indemnitaires et aux décisions de justice intervenues après la date de publication du Décr. préc. ainsi qu'aux demandes de protection fonctionnelle présentées à compter de cette date (Décr. préc., art. 4).

Art. D. 222-24-8 *(Décr. n° 2021-351 du 29 mars 2021, art. 1er)* Sous réserve des attributions dévolues aux préfets de région et aux préfets de département, les recteurs de région académique ont compétence pour présenter les mémoires en défense aux recours introduits à l'occasion des litiges relatifs aux décisions prises, dans le cadre des pouvoirs que leur confèrent les dispositions législatives et réglementaires en vigueur, soit par eux-mêmes, soit par les personnels placés sous leur autorité.

Les dispositions issues du Décr. n° 2021-351 du 29 mars sont applicables aux requêtes enregistrées devant les juridictions administratives après la date de publication du Décr. préc. (Décr. préc., art. 2).

Art. R. 222-24-9 *(Décr. n° 2021-350 du 29 mars 2021, art. 1er)* I. – Sous réserve des attributions dévolues au préfet de région et au préfet de département et sous réserve des compétences dévolues au recteur d'académie par l'article R. 222-36, le recteur de région académique prend dans le cadre des pouvoirs qui lui sont conférés :

1° Les décisions relatives au règlement amiable des demandes d'indemnité mettant en cause la responsabilité de l'État, pour les litiges relevant de la compétence des services déconcentrés et portant sur un montant inférieur à 50 000 euros ;

2° Les décisions à caractère financier prises pour l'exécution des décisions de justice portant sur les litiges mettant en cause la responsabilité des services déconcentrés.

II. – Le recteur de région académique engage au nom de l'État :

1° Les actions récursoires prévues par les dispositions de l'article L. 911-4 ;

2° Les actions subrogatoires consécutivement aux faits dommageables survenus à des personnels, exercées sur le fondement de l'ordonnance n° 59-76 du 7 janvier 1959 relative aux actions en réparation civile de l'État et de certaines autres personnes publiques, de l'article 21 *bis* de la loi n° 83-634 du 13 juillet 1983 portant droits et obligations des fonctionnaires et du chapitre II de la loi n° 85-677 du 5 juillet 1985 tendant à l'amélioration de la situation des victimes d'accidents de la circulation et à l'accélération des procédures d'indemnisation.

La compétence des recteurs de région académique pour exercer l'action subrogatoire est déterminée par le lieu de la dernière affectation administrative des agents concernés au jour de l'appel en la cause de l'État ou de son intervention.

V. Ndlr ss. art. R. 222-24-7.

SOUS-SECTION 2 COMPÉTENCES DU RECTEUR D'ACADÉMIE *(Décr. n° 2019-1200 du 20 nov. 2019, art. 7).*

Art. R.* 222-25 *(Décr. n° 2012-16 du 5 janv. 2012, art. 3)* Sous réserve des attributions dévolues au préfet de région et au préfet de département, le recteur *(Décr. n° 2019-1200 du 20 nov. 2019, art. 9)* « d'académie », pour l'exercice des missions relatives au contenu et à l'organisation de l'action éducatrice ainsi qu'à la gestion des personnels et des établissements qui y concourent, prend les décisions dans les matières entrant dans le champ de compétences du ministre chargé de l'éducation et du ministre chargé de l'enseignement supérieur exercées à l'échelon de l'académie et des services départementaux de l'éducation nationale.

(Décr. n° 2020-1542 du 9 déc. 2020, art. 1er) « Sous réserve des attributions dévolues au préfet de région et au préfet de département pour la mise en œuvre des politiques relatives à la jeunesse, à l'éducation populaire, à la vie associative, à l'engagement civique et aux sports, le recteur d'académie agissant par délégation du recteur de région académique prend les décisions dans les matières entrant dans le champ de compétences des ministres chargés de la jeunesse, de la vie associative, de l'engagement civique et des sports à l'échelon de l'académie et des services départementaux de l'éducation nationale. »

Art. R.* 222-26 *Abrogé par Décr. n° 2012-16 du 5 janv. 2012, art. 3.*

Art. D. 222-27 Le recteur *(Décr. n° 2019-1200 du 20 nov. 2019, art. 9)* « d'académie » peut être habilité à prendre certaines décisions concernant l'organisation et le fonctionnement des établissements d'enseignement et d'éducation de son ressort, l'éducation des élèves, la vie scolaire, la promotion de la santé des enfants et des adolescents en milieu scolaire et l'aide de l'État aux élèves.

Des arrêtés du ministre chargé de l'éducation *(Décr. n° 2019-1200 du 20 nov. 2019, art. 9)* « nationale » fixent les modalités et les dates d'effet des mesures de déconcentration qui interviennent à ce titre.

Le recteur *(Décr. n° 2019-1200 du 20 nov. 2019, art. 9)* « d'académie » peut recevoir délégation de compétence du ministre chargé de l'enseignement supérieur à l'effet de viser ou de signer des diplômes sanctionnant des formations d'enseignement supérieur ou des diplômes d'État.

Il assure la coordination de toutes les mesures propres à réaliser le plein emploi des locaux et des moyens d'enseignement de l'académie. Il prend à cet effet toutes décisions utiles.

Art. D. 222-28 *Abrogé par Décr. n° 2012-16 du 5 janv. 2012, art. 3.*

Art. R. 222-29 *(Décr. n° 2011-958 du 10 août 2011, art. 41)* **Le ministre chargé de l'éducation** *(Décr. n° 2019-1200 du 20 nov. 2019, art. 9)* **« nationale » peut, par arrêté, déléguer aux recteurs d'académie le pouvoir de fixer le nombre de sièges de membres titulaires et suppléants composant les commissions administratives paritaires des instituteurs et des professeurs des écoles pour chaque département de leur académie en application des articles 4 et 5 du décret n° 90-770 du 31 août 1990 relatif aux commissions administratives paritaires uniques communes aux corps des instituteurs et des professeurs des écoles.**

Art. R. 222-30 *(Décr. n° 2011-958 du 10 août 2011, art. 42)* **Par dérogation à l'article 31 du décret n° 2011-184 du 15 février 2011 relatif aux comités techniques dans les administrations et les établissements publics de l'État, pour chaque comité technique spécial institué dans les départements d'une académie dont la composition est établie selon un scrutin de sigles ou selon les dispositions prévues aux troisième à sixième alinéas de l'article 14 du décret du 15 février 2011 susmentionné, un arrêté du recteur d'académie fixe la liste des organisations syndicales habilitées à désigner des représentants ainsi que le nombre de sièges auxquels elles ont droit et impartit un délai pour la désignation qui ne peut être inférieur à quinze jours et supérieur à trente jours.**

Art. D. 222-31 à D. 222-33 *Ces art. sont devenus respectivement les art. D. 222-9 à D. 222-10-1.*

Art. R. 222-34 **Les compétences du recteur** *(Décr. n° 2019-1200 du 20 nov. 2019, art. 9)* **« d'académie » en matière de gestion de personnel s'exercent selon les dispositions prévues au livre IX.**

Art. D. 222-35 *(Décr. n° 2021-351 du 29 mars 2021, art. 1er)* **« Sous réserve des attributions dévolues aux préfets de région et aux préfets de département, » les recteurs** *(Décr. n° 2019-1200 du 20 nov. 2019, art. 9)* **« d'académie » ont compétence pour présenter les mémoires en défense aux recours introduits à l'occasion des litiges relatifs aux décisions prises, dans le cadre des pouvoirs que leur confèrent les dispositions législatives et réglementaires en vigueur, soit par eux-mêmes, soit par les personnels placés sous leur autorité** *(Abrogé par Décr. n° 2021-351 du 29 mars 2021, art. 1er)* **«, *dans l'exercice des missions relatives au contenu et à l'organisation de l'action éducatrice ainsi qu'à la gestion des personnels et des établissements qui y concourent* ».**

(Décr. n° 2019-890 du 27 août 2019, art. 1er) **« Les recteurs d'académie ont compétence pour présenter les mémoires en défense aux recours introduits à l'occasion des litiges nés de décisions prises en matière de gestion des personnels par le ministre chargé de l'éducation nationale sur proposition conforme des recteurs d'académie. »**

(Décr. n° 2015-1355 du 26 oct. 2015, art. 1er) **« Les recteurs d'académie ont également compétence pour assurer la défense de l'État dans les actions en responsabilité, intentées à son encontre, exercées devant les juridictions judiciaires sur le fondement de l'article L. 911-4. »**

Les dispositions issues du Décr. n° 2021-351 du 29 mars 2021 sont applicables aux requêtes enregistrées devant les juridictions administratives après la date de publication du Décr. préc. (Décr. préc., art. 2).

Art. R. 222-36 *(Décr. n° 2019-889 du 27 août 2019, art. 2)* **« I. — » Sont prises par le recteur d'académie :**

***a)* Les décisions de règlement amiable des demandes d'indemnité mettant en cause la responsabilité de l'État, pour les litiges relevant de la compétence des services déconcentrés et portant sur un montant inférieur à** *(Décr. n° 2019-889 du 27 août 2019, art. 2)* **« 50 000 € » ;**

***b)* Les décisions à caractère financier prises pour l'exécution des décisions de justice portant sur les litiges mettant en cause la responsabilité des services déconcentrés.**

(Décr. n° 2019-889 du 27 août 2019, art. 2) **« II. — Le recteur d'académie engage au nom de l'État :**

« *a)* Les actions récursoires prévues par les dispositions de l'article L. 911-4 du code de l'éducation ;

« *b)* Les actions subrogatoires consécutivement aux faits dommageables survenus à des personnels, exercées sur le fondement de l'ordonnance n° 59-76 du 7 janvier 1959 relative aux actions en réparation civile de l'État et de certaines autres personnes publiques, de l'article 21 *bis* de la loi n° 83-634 du 13 juillet 1983 portant droits et obligations des fonctionnaires et du chapitre II de la loi n° 85-677 du 5 juillet 1985 tendant à l'amélioration de la situation des victimes d'accidents de la circulation et à l'accélération des procédures d'indemnisation.

« La compétence des recteurs pour exercer l'action subrogatoire est déterminée par le lieu de la dernière affectation administrative des agents concernés au jour de l'appel en la cause de l'État ou de son intervention. »

SOUS-SECTION 3 SERVICES EN CHARGE DE LA MUTUALISATION ET SERVICES INTERDÉPARTEMENTAUX

(Décr. n° 2012-16 du 5 janv. 2012, art. 4)

§ 1er SERVICES INTERDÉPARTEMENTAUX ET SERVICES MUTUALISÉS AUX NIVEAUX ACADÉMIQUE ET INFRAACADÉMIQUE *(Décr. n° 2019-1200 du 20 nov. 2019, art. 8).*

Art. R. 222-36-1 *(Décr. n° 2015-1616 du 10 déc. 2015, art. 8)* « , Dans le respect du schéma organisant la mutualisation des moyens entre les services des académies prévu à l'article » *(Décr. n° 2019-1200 du 20 nov. 2019, art. 8)* « R. 222-16-2 » et en cohérence avec les orientations des schémas organisant la mutualisation des moyens entre services de l'État dans la région et dans le département mentionnés à l'article 23-1 du décret n° 2004-374 du 29 avril 2004 relatif aux pouvoirs des préfets, à l'organisation et à l'action des services de l'État dans les régions et départements *[V. CGCT]*, le recteur d'académie arrête un schéma organisant la mutualisation des moyens entre les services de l'académie et les services départementaux de l'éducation nationale.

Art. R. 222-36-2 Sous réserve des attributions des services interacadémiques, le recteur d'académie peut, par arrêté, charger un service de l'académie ou un service départemental de l'éducation nationale, le cas échéant, pour l'ensemble de l'académie, de missions d'étude, d'expertise, de gestion, y compris des personnels, d'appui technique à la maîtrise d'ouvrage, de la préparation d'actes administratifs ou du contrôle du budget et des actes des établissements publics locaux d'enseignement prévu aux articles L. 421-11, L. 421-12 et au II de l'article L. 421-14.

L'arrêté rectoral fixe la compétence matérielle et l'étendue de la compétence territoriale de ce service en charge de la mutualisation et désigne son responsable.

Le recteur *(Décr. n° 2019-1200 du 20 nov. 2019, art. 9)* « d'académie » peut désigner comme responsable de ce service le secrétaire général de l'académie ou l'adjoint de ce dernier ou un directeur académique des services de l'éducation nationale.

Le responsable et les personnels du service en charge de la mutualisation sont placés sous l'autorité hiérarchique du recteur *(Décr. n° 2019-1200 du 20 nov. 2019, art. 9)* « d'académie » et sous l'autorité fonctionnelle de chacun des directeurs académiques des services de l'éducation nationale pour lesquels ils exercent leurs missions.

A ce titre, le recteur *(Décr. n° 2019-1200 du 20 nov. 2019, art. 9)* « d'académie » et chacun des directeurs académiques des services de l'éducation nationale concernés peuvent déléguer leur signature à ce responsable ainsi qu'à ses subordonnés dans les matières relevant de leurs attributions. Ces délégations fixent les actes pour lesquels elles ont été accordées. Elles entrent en vigueur le lendemain du jour de leur publication au recueil des actes administratifs de la préfecture de région, en ce qui concerne la délégation consentie par le recteur *(Décr. n° 2019-1200 du 20 nov. 2019, art. 9)* « d'académie », ou de la préfecture de département, en ce qui concerne la délégation donnée par un directeur académique des services de l'éducation nationale, et peuvent être abrogées à tout moment.

Art. R. 222-36-3 Pour la conduite durable d'actions communes à plusieurs services départementaux de l'éducation nationale, le recteur *(Décr. n° 2019-1200 du 20 nov. 2019, art. 9)* « d'académie » peut créer, par arrêté, un service interdépartemental.

L'arrêté instituant ce service fixe ses attributions, les moyens mis à sa disposition et les modalités d'évaluation de son action. Cet arrêté en désigne le responsable, qui reçoit délégation de signature, parmi les directeurs académiques des services de l'éducation nationale entrant dans son champ de compétence territoriale. Le responsable du service a autorité fonctionnelle sur les services intéressés, dans la limite des attributions du service interdépartemental. Cette délégation fixe les actes pour lesquels elle a été accordée. Elle entre en vigueur le lendemain du jour de sa publication au recueil des actes administratifs de la préfecture de région et de la préfecture de chacun des départements entrant dans le champ de compétence territoriale du service et peut être abrogée à tout moment.

(Décr. nº 2019-1200 du 20 nov. 2019, art. 8) « A ce titre, le directeur académique des services de l'éducation nationale peut donner délégation pour signer tous actes relatifs aux affaires pour lesquelles il a lui-même reçu délégation en application de l'alinéa précédent aux chefs de service de la direction des services départementaux de l'éducation nationale. »

§ 2 SERVICES INTERACADÉMIQUES

(Décr. nº 2019-1200 du 20 nov. 2019, art. 8)

Art. R. 222-36-4 I. — Sous réserve qu'il n'existe pas de service régional chargé de ces mêmes questions, des services interacadémiques sont créés par arrêté du recteur de région académique dans les domaines suivants :

1º Affaires juridiques ;

2º Systèmes d'information.

Pour toute question autre que celles relevant des domaines mentionnés aux deux alinéas précédents, le recteur de région académique peut mettre en place des politiques coordonnées au niveau interacadémique et, à cet effet, créer un service interacadémique, par arrêté pris après avis du comité régional académique. Il en détermine le contenu et les modalités d'organisation sans préjudice des compétences dévolues aux recteurs d'académie par les textes réglementaires en vigueur.

II. — L'arrêté fixe les attributions du service interacadémique, l'étendue de sa compétence territoriale, les moyens mis à sa disposition et les modalités d'évaluation de son action. Il désigne également son responsable.

Ce responsable est placé sous l'autorité hiérarchique du recteur de l'académie où est implanté ce service, et sous l'autorité fonctionnelle de chacun des recteurs pour lesquels il exerce ses missions. A cet effet, chaque recteur d'académie peut déléguer sa signature au responsable du service ainsi qu'à ses subordonnés dans les matières relevant de leurs attributions. Ces délégations sont publiées au recueil des actes administratifs de la préfecture de région.

Le responsable du service interacadémique a autorité fonctionnelle sur les services académiques qui concourent à la définition des politiques concernées, dans la limite des attributions confiées au service interacadémique.

Les arrêtés du recteur de région académique créant un service interacadémique sont publiés au recueil des actes administratifs de la préfecture de région.

§ 3 SERVICES INTERRÉGIONAUX

(Décr. nº 2019-1200 du 20 nov. 2019, art. 8)

Art. R. 222-36-5 Des recteurs de région académique peuvent proposer la mise en place de politiques communes au niveau interrégional. A cet effet, des services interrégionaux peuvent être créés sur proposition des recteurs de région académique concernés, par arrêté des ministres chargés de l'éducation nationale, de l'enseignement supérieur, de la recherche et de l'innovation publié au *Bulletin officiel* de l'éducation nationale. Cet arrêté est pris après avis de chaque comité régional académique concerné lorsque les questions relèvent des attributions dévolues par les textes en vigueur aux recteurs d'académie.

L'arrêté ministériel mentionné au premier alinéa fixe l'étendue de la compétence territoriale du service interrégional, ses attributions et l'autorité hiérarchique de laquelle il relève. Il en désigne également le responsable.

Ce responsable est placé sous l'autorité fonctionnelle de chacun des recteurs pour lesquels il exerce ses missions. A cet effet, chaque recteur peut déléguer sa signature au responsable du service, ainsi qu'à ses subordonnés dans les matières relevant de leurs attributions. Ces délégations sont publiées au recueil des actes administratifs des préfectures de région intéressées.

L'arrêté ministériel met fin de plein droit aux délégations consenties par le recteur d'académie sur le fondement des articles R. 222-19-3 et D. 222-20 pour les questions intéressant le service interrégional.

SECTION IV **MÉDIATEURS**

Art. D. 222-37 Un médiateur de l'éducation nationale *(Décr. n° 2017-610 du 24 avr. 2017, art. 1er)* « et de l'enseignement supérieur », des médiateurs académiques et leurs correspondants reçoivent les réclamations concernant le fonctionnement du service public de l'éducation dans ses relations avec les usagers et ses agents.

BIBL. ► BAUMARD, Le médiateur et « le mammouth », *Le Monde, 16 déc. 2009. 3.* – SASSIER, La médiation à l'éducation nationale et dans l'enseignement supérieur, *LIJ 2010, n° 148, p. 35.*

Médiateur de l'éducation nationale. Réclamation. Le juge administratif a considéré qu'en raison de son mode de nomination, le médiateur de l'éducation nationale a le caractère d'une autorité administrative indépendante. Les réponses qu'il adresse aux personnes qui le saisissent n'ont pas le caractère de décisions administratives susceptibles de faire l'objet d'un recours par la voie contentieuse. • TA Lille, 13 févr. 2006, *M. Beauvois,* n° 0102466 : *LIJ 2006, n° 104, p. 21.* • TA Grenoble, 20 oct. 2016, n° 1606761 : *LIJ 2017, n° 196, p. 6.*

Art. D. 222-38 Le médiateur de l'éducation nationale *(Décr. n° 2017-610 du 24 avr. 2017, art. 1er)* « et de l'enseignement supérieur » est nommé pour trois ans par arrêté des ministres chargés de l'éducation et de l'enseignement supérieur.

Il reçoit les réclamations concernant le fonctionnement des services centraux du ministère et des établissements qui ne relèvent pas de la tutelle d'un recteur d'académie.

Pour l'instruction de ces affaires, il peut faire appel en tant que de besoin aux services du ministère ainsi qu'aux inspections générales.

Il est le correspondant du Défenseur des droits.

Il coordonne l'activité des médiateurs académiques.

Art. D. 222-39 Chaque année, le médiateur de l'éducation nationale *(Décr. n° 2017-610 du 24 avr. 2017, art. 1er)* « et de l'enseignement supérieur » remet au ministre chargé de l'éducation et au ministre chargé de l'enseignement supérieur un rapport dans lequel il formule les propositions qui lui paraissent de nature à améliorer le fonctionnement du service public de l'éducation nationale *(Décr. n° 2017-610 du 24 avr. 2017, art. 2)* « et de l'enseignement supérieur ».

Documents communicables. Rapports établis par les médiateurs académiques. Suite à une demande de conseil relative au caractère communicable des rapports, transmis par les médiateurs académiques, contenant les informations servant à la rédaction du rapport annuel du médiateur de l'éducation nationale. De manière générale, la CADA rappelle que les documents administratifs revêtant un caractère préparatoire se trouvent provisoirement exclus du droit d'accès défini par la L. du 17 juill. 1978. Ils redeviennent communicables, dans les conditions de droit commun, dès que le processus de décision dans lequel ils s'inscrivent prend fin. Les rapports établis par les médiateurs académiques n'ont pas pour seul objet de servir de support à la rédaction du rapport annuel du médiateur de l'éducation nationale. Si les informations qu'ils comportent fournissent, en effet, certains des éléments retenus et utilisés pour l'élaboration de ce rapport annuel, ces documents revêtent un caractère autonome et constituent ainsi des documents administratifs ayant un objet propre. Ils sont notamment transmis, en tant que tels, aux différents recteurs afin de parfaire l'information des rectorats sur les difficultés relevées, par exemple, dans la gestion du personnel enseignant ou l'organisation et le fonctionnement des établissements d'enseignement. Ces rapports ne sauraient donc être assimilés à de simples documents préparatoires et sont par conséquent communicables de plein droit à toute personne qui en fait la demande. • CADA 7 déc. 2006, *Recteur de l'académie de Caen,* n° 20065311, ♦ La commission souligne cependant que cette communication doit être précédée de l'occultation préalable des passages, mentions ou éléments portant une appréciation ou un jugement de valeur sur une personne physique nommément désignée ou facilement identifiable, ou dont la communication porterait atteinte au secret de la vie privée et des dossiers personnels, ou encore faisant apparaître le comportement d'une personne, dès lors que la divulgation de ce comportement serait de nature à lui porter préjudice. • CADA 7 déc. 2006, *Recteur de l'académie de Caen : préc.*

Art. D. 222-40 **Les médiateurs académiques et leurs correspondants sont nommés** *(Décr. nº 2019-918 du 30 août 2019, art. 7)* **« pour une durée maximale de trois années, renouvelable, » par arrêté du ministre chargé de l'éducation et du ministre chargé de l'enseignement supérieur, sur proposition du médiateur de l'éducation nationale** *(Décr. nº 2017-610 du 24 avr. 2017, art. 1er)* **« et de l'enseignement supérieur ».**

Ils reçoivent les réclamations concernant les services et les établissements situés dans le ressort de la circonscription dans laquelle ils sont nommés.

Art. D. 222-41 **Les réclamations doivent avoir été précédées de démarches auprès des services et établissements concernés.**

La saisine du Défenseur des droits, dans son champ de compétences, met fin à la procédure de réclamation instituée par la présente section. – *[Décr. nº 98-1082 du 1er déc. 1998, art. 4.]*

Art. D. 222-42 **Lorsque les réclamations leur paraissent fondées, les médiateurs émettent des recommandations aux services et établissements concernés. Ceux-ci les informent des suites qui leur ont été données. Si le service ou l'établissement saisi maintient sa position, il leur en fait connaître par écrit les raisons.** – *[Décr. nº 98-1082 du 1er déc. 1998, art. 5.]*

Art. D. 222-42-1 *(Décr. nº 2017-610 du 24 avr. 2017, art. 3)* **Les médiateurs académiques reçoivent les réclamations concernant les opérations électorales décrites aux articles D. 719-1 à D. 719-37 du présent code.**

Par dérogation au premier alinéa de l'article D. 222-41, ils peuvent recevoir directement ces réclamations.

Le médiateur de l'éducation nationale et de l'enseignement supérieur coordonne l'activité des médiateurs académiques en la matière.

TITRE TROISIÈME LES ORGANISMES COLLÉGIAUX NATIONAUX ET LOCAUX

CHAPITRE PRÉLIMINAIRE *[ABROGÉ]* LE HAUT CONSEIL DE L'ÉDUCATION

(Abrogé par Décr. nº 2013-681 du 24 juill. 2013, art. 2)

Art. D. 230-1 à D. 230-7 *Abrogés par Décr. nº 2013-681 du 24 juill. 2013, art. 2.*

CHAPITRE PREMIER LE CONSEIL SUPÉRIEUR DE L'ÉDUCATION

SECTION PREMIÈRE LE CONSEIL SUPÉRIEUR DE L'ÉDUCATION DÉLIBÉRANT EN MATIÈRE CONSULTATIVE *(Abrogé par Décr. nº 2015-856 du 13 juill. 2015, art. 1er).*

Art. R. 231-1 **Le Conseil supérieur de l'éducation donne des avis :**

1° Sur les objectifs et le fonctionnement du service public de l'éducation ;

2° Sur les règlements relatifs aux programmes, aux examens, à la délivrance des diplômes et à la scolarité ;

3° Sur les questions intéressant les établissements privés d'enseignement primaire, secondaire et technique ;

(Décr. nº 2013-1230 du 23 déc. 2013, art. 2) **« 4° Sur toutes les questions d'intérêt national concernant l'enseignement ou l'éducation, quel que soit le département ministériel intéressé ;**

« 5° Sur toutes questions dont il est saisi par le ministre chargé de l'éducation. »

Art. R. 231-2 **Le Conseil supérieur de l'éducation est présidé par le ministre chargé de l'éducation ou son représentant, nommé par arrêté du ministre.**

Il se compose de *(Décr. n° 2016-1522 du 10 nov. 2016, art. 1er)* « quatre-vingt-dix-huit » membres répartis de la manière suivante :

1° Quarante-huit membres représentant les enseignants, les enseignants-chercheurs et les autres personnels de l'enseignement public ainsi que les établissements d'enseignement privés et leurs personnels, à savoir :

a) Vingt membres représentant les personnels enseignants titulaires et auxiliaires de l'enseignement public des premier et second degrés ;

b) Trois membres représentant les directeurs de centre d'information et d'orientation, les conseillers d'orientation-psychologues, les conseillers principaux d'éducation, les maîtres d'internat *(Décr. n° 2009-947 du 29 juill. 2009, art. 1er)* « , les surveillants d'externat et les assistants d'éducation » ;

c) Cinq membres représentant les enseignants-chercheurs élus par les représentants des mêmes catégories au Conseil national de l'enseignement supérieur et de la recherche ;

d) Deux membres représentant les chefs des établissements d'enseignement public ;

e) Deux membres représentant les corps d'inspection exerçant au niveau départemental ou académique ;

f) Neuf membres représentant les personnels administratifs, techniques, ouvriers, de service et de santé relevant du ministère de l'éducation nationale ;

g) Sept membres représentant les établissements d'enseignement privés et leurs personnels, à savoir :

ga) Deux membres représentant les chefs d'établissement secondaire ou technique privé sous contrat ;

gb) Quatre membres représentant les personnels enseignants des établissements d'enseignement privés du premier et du second degré sous contrat ;

gc) Un membre représentant les établissements d'enseignement supérieur privés.

Les membres mentionnés aux *a, b, d, e, (Décr. n° 2015-856 du 13 juill. 2015, art. 2)* « *f* et *gb* » sont désignés sur proposition des organisations syndicales les plus représentatives du personnel ayant présenté des candidats aux élections professionnelles.

La répartition des sièges entre ces organisations s'effectue à la représentation proportionnelle suivant la règle de la plus forte moyenne.

(Décr. n° 2015-856 du 13 juill. 2015, art. 2) « Les membres mentionnés au *ga)* sont désignés sur proposition de leurs organisations professionnelles ou syndicales les plus représentatives ; la représentativité de ces organisations est appréciée au niveau national au regard du nombre de leurs représentants désignés pour siéger avec voix consultative dans les commissions consultatives mixtes académiques dans les conditions prévues par l'article R. 914-10-23. »

2° *(Décr. n° 2016-1522 du 10 nov. 2016, art. 1er)* « Vingt » membres représentant les usagers, à savoir :

a) Neuf membres représentant les parents d'élèves de l'enseignement public, proposés par les associations de parents d'élèves de l'enseignement public ; la répartition des sièges entre ces associations s'effectue à la représentation proportionnelle selon le système de la plus forte moyenne, proportionnellement aux résultats des élections aux conseils d'administration et aux conseils d'école ;

b) Trois membres représentant les parents d'élèves des établissements d'enseignement privés, proposés par les associations de parents d'élèves des établissements d'enseignement privés, choisies par le ministre chargé de l'éducation parmi les plus représentatives ;

c) Trois membres représentant les étudiants, proposés par les associations d'étudiants ; la répartition des sièges entre ces associations s'effectue à la représentation proportionnelle selon le système du plus fort reste, proportionnellement aux résultats des élections au Conseil national de l'enseignement supérieur et de la recherche ;

d) Un membre représentant les associations familiales, proposé par lesdites associations choisies par le ministre chargé de l'éducation parmi les plus représentatives ;

e) *(Décr. n° 2016-1522 du 10 nov. 2016, art. 1er)* « Quatre » membres représentant les élèves des lycées et les élèves des établissements régionaux d'enseignement adapté fréquentant les classes des niveaux correspondant à ceux des lycées, élus en leur sein par les représentants *(Décr. n° 2015-856 du 13 juill. 2015, art. 2)* « titulaires et premiers suppléants » des délégués des élèves des lycées et des établissements régionaux d'enseignement adapté siégeant dans les conseils académiques de la vie lycéenne. L'élection a lieu par correspondance ; la répartition des sièges s'effectue selon *(Décr. n° 2016-1522 du 10 nov. 2016, art. 1er)* « le système » du scrutin majoritaire *(Décr. n° 2016-1522 du 10 nov. 2016, art. 1er)* « binominal » à un tour.

3° Trente membres représentant les collectivités territoriales, les associations périscolaires et les grands intérêts culturels, éducatifs, sociaux et économiques, à savoir :

a) Douze membres représentant les élus des collectivités territoriales, à savoir :

aa) Quatre conseillers régionaux, désignés par les présidents de conseils régionaux ;

ab) Quatre conseillers départementaux, désignés par l'assemblée des présidents de conseils départementaux ;

ac) Quatre maires, désignés par l'Association des maires de France ;

b) Deux membres représentant les associations périscolaires, proposés par lesdites associations choisies par le ministre chargé de l'éducation parmi les plus représentatives ;

c) Seize membres représentant les grands intérêts culturels, éducatifs, sociaux et économiques, à savoir :

ca) Huit membres représentant les fédérations et confédérations syndicales de salariés ou de fonctionnaires proposés par lesdits groupements choisis par le ministre chargé de l'éducation parmi les plus représentatifs ;

cb) Six membres représentant les organisations syndicales d'employeurs et les chambres consulaires, proposés par lesdits groupements choisis par le ministre chargé de l'éducation parmi les plus représentatifs ;

cc) Un membre représentant, en alternance, les présidents d'université et les responsables d'établissement et d'école publics délivrant le diplôme d'ingénieur.

Le représentant des présidents d'université est désigné par la conférence des présidents d'université. Le représentant des responsables d'établissement et d'école publics délivrant le diplôme d'ingénieur est désigné par la conférence des directeurs d'écoles et formations d'ingénieurs. Pour le premier mandat, le titulaire du siège est un président d'université. Cette alternance se poursuit au cours des mandats suivants ;

cd) Un membre assurant la représentation de l'enseignement agricole désigné par le Conseil national de l'enseignement agricole.

Des membres suppléants dont le nombre est égal au double de celui des titulaires, à l'exception du membre visé au 3° *(cc)* pour lequel il n'y a qu'un suppléant, sont désignés dans les mêmes conditions que les membres titulaires.

Pour les membres visés au 2° *(e)*, *(Décr. n° 2016-1522 du 10 nov. 2016, art. 1er)* « les déclarations de candidature comportent le nom de deux candidats à l'élection de membre titulaire et, pour chacun d'entre eux, de deux suppléants. *(Décr. n° 2018-526 du 26 juin 2018, art. 1er)* « Les deux candidats titulaires sont de sexe différent. Chaque candidat titulaire et ses suppléants sont du même sexe. » Chacun des candidats » *(Décr. n° 2015-856 du 13 juill. 2015, art. 2)* « et ses deux suppléants doivent comprendre parmi eux au moins un élève inscrit en classe de seconde ou de niveau équivalent ».

Les membres titulaires et les membres suppléants autres que ceux qui sont mentionnés au 1° *(c)* sont nommés par arrêté du ministre chargé de l'éducation.

Art. R. 231-3 Tout membre du Conseil supérieur de l'éducation qui, avant le terme normal de son mandat, cesse de remplir les conditions au titre desquelles il y a été appelé ou qui démissionne doit être remplacé.

Le siège est attribué sur proposition de l'organisation ayant présenté le membre remplacé. Le mandat du remplaçant ainsi nommé expire lors du renouvellement général du conseil.

Le remplacement d'un membre titulaire mentionné au 2° *(e)* de l'article R. 231-2 s'effectue parmi ses suppléants dans l'ordre de proclamation des résultats. Il n'est pas procédé au remplacement des suppléants devenus membres titulaires jusqu'à l'élection suivante.

Un membre suppléant ne peut siéger qu'en l'absence du membre titulaire qu'il remplace. Les membres suppléants désignés, au titre d'un collège, pour représenter une organisation syndicale, une association de parents d'élèves, une association d'étudiants ou une association périscolaire peuvent siéger pour remplacer indifféremment tout membre titulaire du même collège et de la même organisation ou association. – *[Décr. nº 90-468 du 7 juin 1990, art. 3.]*

Art. R. 231-4 Le Conseil supérieur de l'éducation comprend une section permanente, composée de quarante-neuf membres du conseil, ainsi répartis :

1º Vingt-quatre membres représentant les enseignants, les enseignants-chercheurs et les autres personnels de l'enseignement public ainsi que les établissements d'enseignement privés et leurs personnels, à savoir :

a) Vingt et un membres représentant le personnel des établissements d'enseignement public élus par les représentants des catégories mentionnées au 1º *(a, b, c, d, e* et *f)* de l'article R. 231-2 ;

b) Trois membres représentant les établissements d'enseignement privés et leurs personnels, élus par les membres mentionnés au 1º *(g)* de l'article R. 231-2 ;

2º Dix membres représentant les usagers, élus par les membres mentionnés au 2º de l'article R. 231-2 ;

3º Quinze membres représentant les collectivités territoriales, les associations périscolaires et les grands intérêts culturels, éducatifs, sociaux et économiques, à savoir :

a) Six membres élus par les membres cités au 3º *(a)* de l'article R. 231-2 ;

b) Neuf membres représentant les associations périscolaires, les grands intérêts culturels, éducatifs, sociaux et économiques élus par les membres mentionnés au 3º *(b)* et *(c)* de l'article R. 231-2.

Chaque siège est occupé par un membre titulaire et deux membres suppléants. Les membres titulaires de la section permanente sont élus parmi les membres titulaires. Les membres suppléants sont élus parmi les membres titulaires ou suppléants du conseil.

Le ministre chargé de l'éducation ou son représentant préside la section permanente du Conseil supérieur de l'éducation.

En dehors des sessions plénières, la section permanente exerce l'ensemble des attributions dévolues au Conseil supérieur de l'éducation. – *[Décr. nº 90-468 du 7 juin 1990, art. 4.]*

Art. R. 231-5 Il est créé trois commissions spécialisées qui préparent les avis du conseil sur les textes concernant les programmes, les horaires et l'organisation des enseignements :

a) Une commission des écoles ;

b) Une commission des collèges ;

c) Une commission des lycées. – *[Décr. nº 90-468 du 7 juin 1990, art. 5, al. 1er à 5.]*

Art. R. 231-6 L'effectif de ces trois commissions est ainsi composé :

1º Chaque siège est occupé par un membre titulaire et un membre suppléant élus parmi les membres titulaires ou suppléants du conseil.

Dans chacune de ces trois commissions, chaque organisation syndicale représentant dans le conseil plénier les membres enseignants mentionnés aux 1º *(a)* et 1º *(gb)* de l'article R. 231-2 et qui représente les personnels du niveau d'enseignement concerné par la commission a droit au minimum à un siège ; à ces membres, s'ajoutent huit membres élus en leur sein par les membres du conseil, cités au 1º *(a)* de l'article R. 231-2, parmi les membres titulaires et suppléants appartenant à des corps ayant vocation à enseigner dans les établissements du niveau considéré et un membre élu en leur sein par les membres du conseil mentionnés au 1º *(gb)* de l'article R. 231-2 parmi les membres titulaires et suppléants ayant vocation à enseigner dans les établissements du niveau considéré.

2º Des membres, en nombre égal au nombre de membres résultant de l'application du 1º, sont élus en leur sein par les membres du conseil, à l'exclusion de ceux qui sont mentionnés au 1º *(a)* et au 1º *(gb)* de l'article R. 231-2, parmi les membres titulaires et suppléants. – *[Décr. nº 90-468 du 7 juin 1990, art. 5, al. 6 à 9.]*

Art. R. 231-7 Le président de chaque commission est le directeur de l'administration centrale compétent pour le niveau d'enseignement correspondant, ou son représentant. – *[Décr. nº 90-468 du 7 juin 1990, art. 5, al. 10.]*

Art. R. 231-8 D'autres commissions spécialisées peuvent être créées sur décision du ministre chargé de l'éducation ou à la demande de la majorité des membres du conseil. Elles sont présidées par un membre du conseil. Pour constituer ces commissions spécialisées, le conseil peut faire appel à des personnes extérieures. – *[Décr. nº 90-468 du 7 juin 1990, art. 5, al. 11.]*

Art. R. 231-9 L'élection des membres de la section permanente et des commissions spécialisées a lieu, pour chacune des catégories mentionnées *(Décr. nº 2020-1632 du 21 déc. 2020, art. 1er)* « aux articles R. 231-4 et R. 231-6 » au scrutin proportionnel, avec possibilité de listes incomplètes et répartition des sièges restant à pourvoir selon le système du plus fort reste, le siège étant attribué, en cas de restes égaux, à celle des listes qui a obtenu le moins de voix. En cas d'égalité des restes et d'égalité du nombre de voix obtenues par les listes en présence, le siège est attribué par tirage au sort.

Pour la section permanente, chaque nom de candidat titulaire est accompagné de deux noms de suppléant. Pour les commissions spécialisées, chaque nom de candidat titulaire est accompagné d'un nom de suppléant.

Pour chaque catégorie, il peut également être procédé, à la demande de la majorité des membres présents de la catégorie, à un affichage des noms des candidats dans la limite des sièges à pourvoir. Les candidats figurant sur les listes affichées sont considérés comme élus à la fin de la séance. Toutefois, lorsqu'un membre manifeste son opposition à tout ou partie d'une liste ainsi constituée et affichée, ou lorsque des candidatures nouvelles sont présentées après l'affichage de ladite liste, il y a lieu de recourir aux procédures prévues à chacun des deux premiers alinéas du présent article.

Les représentants du Conseil supérieur de l'éducation dans d'autres organismes sont élus au scrutin majoritaire uninominal à deux tours.

Art. R. 231-10 Les membres du Conseil supérieur de l'éducation sont nommés ou élus pour *(Décr. nº 2015-856 du 13 juill. 2015, art. 3)* « quatre » ans, *(Décr. nº 2015-856 du 13 juill. 2015, art. 3)* « à l'exception des membres représentant les usagers mentionnés au 2° de l'article R. 231-2 » qui siègent pour deux ans. Leur mandat est renouvelable.

Lorsqu'un membre de la section permanente ne fait plus partie de cette section pour quelque cause que ce soit, il est remplacé. Le siège est alors attribué sur proposition de l'organisation ayant présenté le membre ainsi remplacé.

Le mandat du remplaçant ainsi nommé expire lors du renouvellement général du conseil.

Lorsqu'un membre de l'une des commissions spécialisées appartenant aux catégories mentionnées à l'article R. 231-6 cesse de faire partie de cette commission, pour quelque cause que ce soit, il est remplacé. Le siège est alors attribué sur proposition de l'organisation ayant présenté le membre ainsi remplacé.

Art. R. 231-11 Le conseil est convoqué en session plénière au moins deux fois par an.

Les membres du Conseil supérieur de l'éducation, de sa section permanente et des trois commissions spécialisées mentionnées à l'article R. 231-5 sont convoqués par le ministre chargé de l'éducation, qui fixe l'ordre du jour des sessions. – *[Décr. nº 90-468 du 7 juin 1990, art. 10, al. 5, et art. 11.]*

Art. R. 231-12 Le conseil et sa section permanente siègent valablement lorsque la majorité de leurs membres sont présents.

Lorsque le quorum n'est pas atteint, une nouvelle convocation est envoyée dans le délai de quinze jours aux membres du conseil, qui siège alors valablement, quel que soit le nombre des membres présents.

Les avis du Conseil supérieur de l'éducation et de sa section permanente sont donnés à la majorité simple.

Le vote au scrutin secret est de droit sur décision du président ou sur demande d'un des membres présents. – *[Décr. nº 90-468 du 7 juin 1990, art. 10, al. 1er à 4.]*

Art. R. 231-13 Tout membre du conseil peut demander par écrit qu'une question de la compétence du conseil soit inscrite à l'ordre du jour. La décision de l'inscription est prise soit par le ministre chargé de l'éducation, soit par le conseil à la majorité absolue des membres présents.

Les séances du conseil ne sont pas publiques. – *[Décr. n° 90-468 du 7 juin 1990, art. 10, al. 6 et art. 13.]*

Art. R. 231-14 Chacune des questions figurant à l'ordre du jour du conseil ou de sa section permanente fait l'objet d'un exposé introductif présenté par un rapporteur désigné par le ministre chargé de l'éducation. Le rapporteur de la commission spécialisée concernée présente ensuite son rapport, s'il en fait la demande.

Le ministre chargé de l'éducation peut, de sa propre initiative ou à la demande du quart des membres du conseil, inviter toute personne compétente, et notamment des fonctionnaires des autres ministères, à participer aux débats.

A la demande d'un quart de leurs membres, le conseil plénier ou la section permanente peuvent décider d'entreprendre des études sur des sujets de leur compétence et désigner un rapporteur à cet effet.

Le président du conseil plénier, de la section permanente ou d'une commission spécialisée peut convoquer des experts à la demande d'une organisation représentée afin qu'ils soient entendus sur un point inscrit à l'ordre du jour.

Les experts n'ont pas voix délibérative. Ils ne peuvent assister, à l'exclusion du vote, qu'à la partie des débats relative aux questions pour lesquelles leur présence a été demandée.

Tout ministre peut, avec l'accord du ministre chargé de l'éducation, désigner un représentant pour participer aux débats de nature à intéresser spécialement son département, tant au conseil plénier qu'à sa section permanente. – *[Décr. n° 90-468 du 7 juin 1990, art. 12, al. 1er à 6.]*

Art. R. 231-15 Les projets de textes sont soumis au vote après audition des rapports et discussion générale. S'il s'agit d'un projet de loi, le conseil peut, soit émettre un avis d'ensemble, soit passer à la discussion des articles avant d'émettre un avis d'ensemble.

Pour tous les textes législatifs ou réglementaires présentés au conseil, tout membre du conseil peut proposer un amendement qui est soumis au vote.

Dans tous les cas, les textes soumis au vote sont ceux proposés par l'administration en séance. – *[Décr. n° 90-468 du 7 juin 1990, art. 12, al. 7 à 9.]*

Art. R. 231-16 Il est dressé, pour chacune des séances du conseil plénier ou de sa section permanente, un procès-verbal qui est adressé aux membres du conseil.

L'organisation des élections au conseil, le secrétariat des séances et la diffusion des convocations, documents de travail et procès-verbaux sont assurés par les services du ministère de l'éducation nationale.

(Décr. n° 2020-1632 du 21 déc. 2020, art. 1er) « Les modalités d'organisation des élections sont précisées par arrêté du ministre chargé de l'éducation nationale. »

SECTION II *[ABROGÉE]* LE CONSEIL SUPÉRIEUR DE L'ÉDUCATION STATUANT EN MATIÈRE CONTENTIEUSE ET DISCIPLINAIRE

(Abrogée par Décr. n° 2015-856 du 13 juill. 2015, art. 1er-2°)

SOUS-SECTION 1 *[ABROGÉE]* DISPOSITIONS GÉNÉRALES

Art. R. 231-17 à R. 231-26 *Abrogés par Décr. n° 2015-856 du 13 juill. 2015, art. 1er.*

SOUS-SECTION 2 *[ABROGÉE]* RELÈVEMENT DES EXCLUSIONS, DÉCHÉANCES ET INCAPACITÉS

Art. R. 231-27 à R. 231-33 *Abrogés par Décr. n° 2015-856 du 13 juill. 2015, art. 1er.*

CHAPITRE PREMIER *BIS* LE CONSEIL SUPÉRIEUR DES PROGRAMMES

(Décr. n° 2013-681 du 24 juill. 2013, art. 1er)

Art. D. 231-34 Les membres du Conseil supérieur des programmes sont désignés conformément aux dispositions de l'article L. 231-14.

Chacune des instances et autorités chargées de la désignation des membres du conseil respecte, pour ce qui la concerne, la parité entre les femmes et les hommes.

Pour la première désignation des députés et des sénateurs, sauf en cas d'accord entre les commissions permanentes compétentes de l'Assemblée nationale et du Sénat permettant la nomination de trois femmes et trois hommes, la commission permanente compétente de l'Assemblée nationale désigne deux femmes et un homme et la commission permanente compétente du Sénat désigne une femme et deux hommes. A défaut d'accord entre les deux commissions permanentes compétentes, la répartition entre les femmes et les hommes est inversée lors de chaque renouvellement des membres du Conseil supérieur des programmes.

Le président et un vice-président sont désignés par le ministre chargé de l'éducation nationale parmi les membres du Conseil supérieur des programmes. Le vice-président est notamment chargé de suppléer le président en cas d'absence ou d'empêchement de celui-ci.

Art. D. 231-35 Le Conseil supérieur des programmes est saisi par le ministre chargé de l'éducation nationale. Il peut également se saisir de toute question relevant de ses attributions définies par l'article L. 231-15.

Le Conseil supérieur des programmes peut faire appel au concours du Conseil national de l'évaluation du système scolaire et des établissements publics placés sous la tutelle du ministère de l'éducation nationale.

Art. D. 231-36 Pour l'exercice des missions qui lui sont confiées, le Conseil supérieur des programmes peut mettre en place des groupes d'experts dont il choisit les membres à raison de leurs compétences.

Art. D. 231-37 Le Conseil supérieur des programmes se réunit sur convocation de son président soit à l'initiative de celui-ci, soit à la demande de la majorité de ses membres, soit à la demande du ministre chargé de l'éducation nationale.

Lorsque le Conseil supérieur des programmes est appelé à rendre un avis, chacun de ses membres peut demander que soient joints à cet avis la mention et les motifs d'une position divergente.

Art. D. 231-38 Les séances du Conseil supérieur des programmes ne sont pas publiques.

Les propositions et avis du Conseil supérieur des programmes sont rendus publics.

Art. D. 231-39 Le Conseil supérieur des programmes établit un règlement intérieur fixant les règles de son fonctionnement ainsi que les obligations auxquelles ses membres sont assujettis. Il rédige une charte des programmes qui précise la procédure d'élaboration des programmes, notamment les modalités de consultation des enseignants et des usagers.

Art. D. 231-40 Le président du Conseil supérieur des programmes établit, chaque semestre, un calendrier prévisionnel de ses travaux, tenant compte des échéances fixées par le ministre chargé de l'éducation nationale.

Art. D. 231-41 Le ministre chargé de l'éducation nationale met à la disposition du Conseil supérieur des programmes les moyens nécessaires à l'accomplissement de ses missions.

Sous l'autorité du président, un secrétaire général, nommé par le ministre chargé de l'éducation nationale, assure l'organisation et la coordination des travaux du conseil.

Art. D. 231-42 Les frais occasionnés par les déplacements et les séjours des membres du conseil et des personnes qu'il appelle en consultation sont remboursés dans les conditions prévues par la réglementation applicable aux fonctionnaires de l'État.

CHAPITRE II LE CONSEIL NATIONAL DE L'ENSEIGNEMENT SUPÉRIEUR ET DE LA RECHERCHE

SECTION PREMIÈRE LE CONSEIL NATIONAL DE L'ENSEIGNEMENT SUPÉRIEUR ET DE LA RECHERCHE DÉLIBÉRANT EN MATIÈRE CONSULTATIVE

Art. D. 232-1 *(Décr. nº 2014-1421 du 28 nov. 2014, art. 2)* Le Conseil national de l'enseignement supérieur et de la recherche donne son avis sur les questions relatives aux missions confiées aux établissements publics à caractère scientifique, culturel et professionnel, dans les cas prévus par le code de l'éducation, et aux établissements

publics de recherche, relevant des articles L. 311-1 et L. 311-2 du code de la recherche, dans les cas prévus par le code de la recherche.

Il est notamment consulté sur :

1° Les stratégies nationales de l'enseignement supérieur et de la recherche et les rapports biennaux au Parlement ;

2° Les bilans établis par l'État, à destination des institutions européennes, sur la mise en œuvre des stratégies européennes d'enseignement supérieur et de recherche ;

3° Les orientations générales des contrats pluriannuels prévus aux articles L. 711-1 et L. 718-5 du code de l'éducation et à l'article L. 311-2 du code de la recherche ;

4° La répartition des emplois et des moyens entre les différents établissements prévus par l'article L. 719-4 du code de l'éducation ;

5° Les projets de réformes concernant l'organisation de la recherche ;

6° Les projets de réformes relatives à l'emploi scientifique ;

7° Le cadre national des formations, la liste des diplômes nationaux ainsi que les modalités et demandes d'accréditation prévues à l'article L. 613-1 ;

8° La carte des formations supérieures et de la recherche prévue à l'article L. 614-3 ;

9° La création, la suppression ou le regroupement d'établissements ou de composantes prévus aux articles L. 711-4, L. 713-1 et L. 718-16 ;

10° La liste des formations mentionnées au deuxième alinéa de l'article L. 612-6 ;

11° Le transfert des biens en cas d'extinction d'un établissement privé dans les conditions prévues à l'article L. 731-16 ;

12° L'extension du bénéfice des bourses aux étudiants inscrits dans des établissements d'enseignement privés mentionnés aux articles L. 821-2 et L. 821-3 dans les conditions prévues par ces articles.

Le Conseil national est informé des rapports annuels de performance et des projets annuels de performance des programmes relevant des ministres chargés de l'enseignement supérieur et de la recherche.

Il peut faire, au ministre chargé de l'enseignement supérieur ou au ministre chargé de la recherche, toutes propositions dans les domaines relevant de sa compétence.

Il peut enfin être saisi de toutes questions à l'initiative du ministre chargé de l'enseignement supérieur ou du ministre chargé de la recherche.

SOUS-SECTION 1 COMPOSITION

Art. D. 232-2 **Le Conseil national de l'enseignement supérieur et de la recherche, présidé par le ministre chargé de l'enseignement supérieur** *(Décr. n° 2014-1421 du 28 nov. 2014, art. 3)* **« ou par le ministre chargé de la recherche, en fonction de l'ordre du jour, ou leur représentant, comprend cent membres titulaires » répartis de la manière suivante :**

1° *(Décr. n° 2014-1421 du 28 nov. 2014, art. 3)* **« Soixante » représentants** *(Décr. n° 2008-846 du 25 août 2008, art. 2)* **« des responsables, » des personnels et des étudiants des établissements publics à caractère scientifique, culturel et professionnel** *(Décr. n° 2014-1421 du 28 nov. 2014, art. 3)* **« et des établissements publics de recherche » ;**

2° *(Décr. n° 2014-1421 du 28 nov. 2014, art. 3)* **« Quarante » personnalités représentant les grands intérêts nationaux, notamment éducatifs, culturels, scientifiques, économiques et sociaux.**

Art. D. 232-3 *(Décr. n° 2008-846 du 25 août 2008, art. 3)* **I. — Les responsables des établissements publics à caractère scientifique, culturel et professionnel sont représentés par les deux conférences composant la Conférence des chefs d'établissements de l'enseignement supérieur à raison de** *(Décr. n° 2014-1421 du 28 nov. 2014, art. 4)* **« trois » représentants pour la conférence des présidents d'universités et d'un représentant pour la conférence des directeurs des écoles françaises d'ingénieurs. Chacune de ces conférences désigne ses représentants.**

(Décr. n° 2014-1421 du 28 nov. 2014, art. 4) **« II. — Les représentants des responsables des établissements publics de recherche sont nommés par le ministre chargé de la recherche, à raison d'un dirigeant d'établissement public à caractère scientifique et technologique et d'un dirigeant d'établissement public à caractère industriel et commercial.**

« III. – Les représentants des personnels et des étudiants des établissements publics à caractère scientifique, culturel et professionnel sont élus par collège à raison de :

« 1° Dix représentants des professeurs et personnels de niveau équivalent au sens du collège A du I de l'article D. 719-4, à l'exception des personnels désignés au IV du présent article ;

« 2° Dix représentants des autres enseignants-chercheurs, enseignants et chercheurs au sens du collège B du I de l'article D. 719-4, à l'exception des personnels mentionnés au 3° du présent article et des personnels désignés au IV du présent article ;

« 3° Un représentant des personnels scientifiques des bibliothèques ;

« 4° Cinq représentants des personnels administratifs, ouvriers et de service, au sens du III de l'article D. 719-4 ;

« 5° Onze représentants des étudiants.

« IV. – Les représentants des personnels des établissements publics à caractère scientifique et technologique sont élus par collège à raison de :

« 1° Six représentants des chercheurs ;

« 2° Quatre représentants des personnels ingénieurs, techniciens et des autres personnels.

« V. – Les représentants des personnels des établissements publics à caractère industriel et commercial sont élus par un collège unique, à raison de sept représentants.

« VI. – Pour chaque représentant des responsables, des personnels et des étudiants des établissements, un suppléant est désigné dans les mêmes conditions. »

Art. D. 232-4 *(Décr. n° 2014-1421 du 28 nov. 2014, art. 5)* « Les représentants des personnels des établissements sont élus au suffrage direct par et parmi l'ensemble des personnels dans les collèges définis à l'article D. 232-3. Ils exercent leur droit de vote dans les conditions prévues par les articles D. 719-2 et suivants, sous réserve des dispositions particulières applicables à certains établissements. »

(Décr. n° 2013-393 du 10 mai 2013, art. 1er) « Les représentants des étudiants sont élus parmi les membres étudiants titulaires et suppléants des conseils d'administration *(Décr. n° 2014-1421 du 28 nov. 2014, art. 5)* « et de la commission de la formation et de la vie universitaire des conseils académiques et parmi les membres doctorants titulaires et suppléants de la commission de la recherche des conseils académiques », ou des organes en tenant lieu, des établissements publics à caractère scientifique, culturel et professionnel. Ils sont élus par de grands électeurs désignés parmi les mêmes membres étudiants des conseils précités.

« Un arrêté du ministre chargé de l'enseignement supérieur détermine les catégories d'établissements en fonction des effectifs des étudiants régulièrement inscrits et les modalités de désignation des grands électeurs au sein de chaque catégorie d'établissements. »

Nul ne dispose de plus d'une voix.

L'élection des représentants des étudiants a lieu par correspondance. Pour l'élection des représentants des personnels, le vote par correspondance *(Décr. n° 2014-1421 du 28 nov. 2014, art. 5-3°)* « et le vote électronique par internet, dans les conditions fixées par les articles 2 à 17 du décret n° 2011-595 du 26 mai 2011 relatif aux conditions et modalités de mise en œuvre du vote électronique par internet pour l'élection des représentants du personnel au sein des instances de représentation du personnel de la fonction publique de l'État, sous réserve des dispositions de l'article D. 232-7, sont autorisés ».

Art. D. 232-5 *(Décr. n° 2014-1421 du 28 nov. 2014, art. 6)* Les personnalités représentant les grands intérêts nationaux, notamment éducatifs, culturels, scientifiques, économiques et sociaux, sont nommées par arrêté conjoint des ministres chargés de l'enseignement supérieur et de la recherche. Pour chaque représentant, un suppléant de même sexe est désigné dans les mêmes conditions.

Ces personnalités comprennent notamment :

1° Seize à vingt représentants des employeurs et des salariés, désignés par leurs organisations respectives, parmi les organisations représentatives au niveau national et interprofessionnel définies aux articles L. 2122-9 et L. 2152-2 du code du travail. Le nombre de représentants des employeurs et des salariés, qui doit être égal, est déterminé dans le respect de ces dispositions, selon les critères prévus par les articles L. 2121-1 et L. 2151-1 du même code ;

2° Trois personnalités choisies respectivement parmi les membres de l'Assemblée nationale, du Sénat et du Conseil économique, social et environnemental, à raison d'une pour chacune de ces assemblées et désignées par chacune d'elles conformément aux dispositions prévues par leur règlement ;

3° Deux représentants désignés par les associations de collectivités territoriales :

a) L'une représentant les régions ;

b) L'autre représentant les villes comportant des implantations de formations supérieures et d'activités de recherche ;

4° Deux représentants des fédérations de parents d'élèves représentées au Conseil supérieur de l'éducation ;

5° Deux personnalités nommées sur proposition des organisations étudiantes représentatives.

Pour chaque autorité ou organisme appelé à désigner plus d'un représentant, l'écart entre les membres de chaque sexe ne peut être supérieur à un.

Art. D. 232-5-1 *(Décr. nº 2014-1421 du 28 nov. 2014, art. 7)* Les représentants suivants participent à titre consultatif au Conseil national de l'enseignement supérieur et de la recherche :

1° Un représentant désigné par *(Décr. nº 2018-1262 du 26 déc. 2018, art. 1er)* « la Commission nationale de la négociation collective, de l'emploi et de la formation professionnelle » ;

2° Un représentant désigné par le Conseil national de l'enseignement supérieur et de la recherche agricole, agroalimentaire et vétérinaire ;

3° Un représentant du Conseil supérieur de l'éducation désigné en son sein parmi ses membres élus ;

4° Un représentant désigné par chaque ministère exerçant la tutelle sur des établissements d'enseignement supérieur et de recherche ;

5° Un représentant désigné par le ministre en charge de l'éducation nationale.

Art. D. 232-6 Les membres du Conseil national de l'enseignement supérieur et de la recherche sont élus ou nommés pour une période de quatre ans, à l'exception des représentants des étudiants qui sont élus pour deux ans. La durée de leur mandat commence à courir du jour de la séance d'installation et au plus tard deux mois après la date de la proclamation des résultats des élections.

Ils ne peuvent accomplir plus de deux mandats successifs.

(Décr. nº 2014-1421 du 28 nov. 2014, art. 8) « Au cas où un représentant perd la qualité au titre de laquelle il a été élu ou nommé, ou cesse définitivement de siéger pour quelque cause que ce soit, il est remplacé par son suppléant qui devient titulaire pour la durée du mandat restant à courir.

« Au cas où le suppléant d'un représentant élu devient titulaire ou s'il cesse de remplir les conditions d'éligibilité, le premier des candidats titulaires non élus de la même liste, ou après épuisement du nombre des candidats titulaires, le premier des candidats suppléants de la même liste lui succède comme suppléant.

« Au cas où le suppléant d'un représentant des grands intérêts nationaux perd la qualité au titre de laquelle il siégeait, il est procédé à son remplacement pour la durée du mandat restant à courir. Le remplaçant doit être du même sexe que la personne qu'il remplace. »

Art. D. 232-7 Les élections des représentants des personnels prévues au premier alinéa de l'article D. 232-4 s'effectuent, dans les conditions fixées par le présent article, au scrutin de liste, sans panachage, ni vote préférentiel, avec répartition proportionnelle, les sièges restant à pourvoir étant attribués au plus fort reste. Quand un seul siège est à pourvoir, l'élection a lieu au scrutin *(Décr. nº 2014-1421 du 28 nov. 2014, art. 9)* « uninominal majoritaire à un tour ».

Les listes électorales sont établies par chaque président ou directeur d'établissement public à caractère scientifique, culturel et professionnel *(Décr. nº 2014-1421 du 28 nov. 2014, art. 9)* « ou d'établissement public de recherche ». Les modalités d'affichage et de rectification de ces listes sont fixées par arrêté. La qualité d'électeur et de candidat s'apprécie à l'expiration du délai de rectification de ces listes.

(Décr. nº 2014-1421 du 28 nov. 2014, art. 9) « Les listes de candidats sont nationales pour chacun des collèges définis à l'article D. 232-3. Chaque liste respecte la parité entre les femmes et les hommes et comporte un nombre de candidats titulaires et suppléants égal au nombre de sièges de titulaires et de suppléants à pourvoir. Chaque liste de candidats titulaires est composée alternativement d'un candidat de chaque sexe.

« Pour l'élection du représentant des personnels scientifiques des bibliothèques, chaque candidat peut se présenter avec deux suppléants, chacun de sexe différent.

« Lorsque l'élection a lieu au scrutin de liste, les candidats titulaires représentant les établissements publics à caractère scientifique, culturel et professionnel doivent appartenir à des établissements différents. Les candidats titulaires représentant les établissements publics de recherche doivent être représentatifs de la diversité de ces établissements.

« Les listes de candidats doivent être déposées au moins cinquante jours avant la date fixée pour les élections auprès des ministres chargés de l'enseignement supérieur et de la recherche. Les ministres font procéder à la vérification des conditions d'éligibilité des candidats et de la conformité des listes aux dispositions des articles D. 232-1 à D. 232-13. Ils recueillent l'avis de la commission nationale prévue à l'article D. 232-13 et demandent, le cas échéant, la rectification des listes non conformes dans un délai fixé par arrêté. A l'expiration de ce délai, les ministres refusent, le cas échéant, par une décision motivée prise après avis de la commission nationale, l'enregistrement des listes qui ne remplissent pas les conditions énoncées ci-dessus.

« Les listes de candidats sont mises en ligne sur le site internet des ministères chargés de l'enseignement supérieur et de la recherche vingt jours au moins avant la date des élections. »

Art. D. 232-8 Les bureaux de vote institués dans *(Décr. nº 2014-1421 du 28 nov. 2014, art. 10)* « les établissements organisateurs » procèdent au dépouillement des votes et établissent un procès-verbal qu'ils transmettent à la commission nationale *(Décr. nº 2014-1421 du 28 nov. 2014, art. 10)* « prévue à l'article D. 232-13 ».

Art. D. 232-9 La commission nationale *(Décr. nº 2014-1421 du 28 nov. 2014, art. 10)* « prévue à l'article D. 232-13 » procède au regroupement des résultats, répartit les sièges à pourvoir entre les listes et les candidats en présence et proclame les résultats, qui sont publiés au *Journal officiel* de la République française.

Art. D. 232-10 Les élections des représentants des étudiants prévues au deuxième alinéa de l'article D. 232-4 s'effectuent, dans les conditions fixées par le présent article, au scrutin de liste, sans panachage ni vote préférentiel avec répartition proportionnelle, les sièges restant à pourvoir étant attribués à la plus forte moyenne.

La liste électorale est établie par le ministre chargé de l'enseignement supérieur. Les modalités d'affichage et de rectification de cette liste sont fixées par arrêté. La qualité d'électeur s'apprécie à l'expiration du délai de rectification de la liste.

Les listes de candidats sont nationales. *(Décr. nº 2014-1421 du 28 nov. 2014, art. 11)* « Chaque liste assure la parité entre les femmes et les hommes et comporte un nombre de candidats titulaires et suppléants égal au nombre de sièges de titulaires et de suppléants à pourvoir. Chaque liste de candidats titulaires est composée alternativement d'un candidat de chaque sexe. » Les candidats d'une liste, titulaires ou suppléants, doivent tous être inscrits dans un établissement différent. Nul ne peut être candidat sur plus d'une liste. La qualité des candidats s'apprécie à l'expiration du délai de rectification mentionné à l'alinéa précédent.

Les listes de candidats doivent être déposées auprès du ministre chargé de l'enseignement supérieur au plus tard le vingtième jour avant l'ouverture du scrutin. Le ministre fait procéder à la vérification des conditions d'éligibilité des candidats et de la conformité des listes aux dispositions des articles D. 232-1 à D. 232-22. Il recueille l'avis de la commission nationale prévue à l'article D. 232-13 et demande, le cas échéant, la rectification des listes non conformes dans un délai fixé par arrêté. A l'expiration de ce délai, le ministre refuse, le cas échéant, par une décision motivée prise après avis de la commission nationale, l'enregistrement des listes qui ne remplissent pas les conditions énoncées ci-dessus.

Art. D. 232-11 Le dépouillement est effectué par la commission nationale *(Décr. n° 2014-1421 du 28 nov. 2014, art. 10)* « prévue à l'article D. 232-13 ». Celle-ci répartit les sièges à pourvoir entre les listes en présence et proclame les résultats, qui sont publiés au *Journal officiel* de la République française.

Art. D. 232-12 *(Décr. n° 2014-1421 du 28 nov. 2014, art. 12)* Lorsque trois sièges d'un même collège sont vacants, ou lorsque le siège du collège visé au 3° du III de l'article D. 232-3 est vacant, des élections partielles sont organisées selon les règles applicables à chaque collège de représentants, sauf si la ou les vacances interviennent moins de six mois avant le terme du mandat.

Art. D. 232-13 *(Décr. n° 2014-1421 du 28 nov. 2014, art. 13)* « La commission nationale, présidée par un représentant du ministre chargé de l'enseignement supérieur ou du ministre chargé de la recherche, est composée de délégués des organisations nationales représentatives des électeurs et de délégués de chaque liste en présence ainsi que d'assesseurs désignés parmi les personnels des ministères chargés de l'enseignement supérieur et de la recherche. »

La régularité des élections peut être contestée par le ministre chargé de l'enseignement supérieur *(Décr. n° 2014-1421 du 28 nov. 2014, art. 13)* « , par le ministre chargé de la recherche » ainsi que par tout électeur devant le tribunal administratif de Paris, dans le délai des huit jours francs qui suivent la publication des résultats.

(Décr. n° 2014-1421 du 28 nov. 2014, art. 13) « Des arrêtés du ministre chargé de l'enseignement supérieur et du ministre chargé de la recherche fixent les modalités d'organisation ainsi que la date des élections des représentants des personnels et précisent la composition et les attributions de la commission nationale. Un arrêté du ministre chargé de l'enseignement supérieur fixe les modalités d'organisation ainsi que les dates du scrutin pour la désignation des représentants des étudiants. »

SOUS-SECTION 2 FONCTIONNEMENT

Art. D. 232-14 *(Décr. n° 2014-1421 du 28 nov. 2014, art. 14)* Il est créé, au sein du Conseil national de l'enseignement supérieur et de la recherche, une commission permanente, composée de quarante et un membres :

1° Vingt-sept représentants des responsables, des personnels et des étudiants des établissements publics à caractère scientifique, culturel et professionnel, et des établissements publics de recherche, choisis par et parmi les membres du collège auquel ils appartiennent, à savoir :

a) Trois représentants des responsables des établissements publics à caractère scientifique, culturel et professionnel à raison de deux représentants pour la conférence des présidents d'universités et d'un représentant pour la conférence des directeurs des écoles françaises d'ingénieurs ;

b) Un représentant des responsables des établissements publics de recherche ;

c) Cinq représentants au titre du collège prévu au 1° du III de l'article D. 232-3 ;

d) Cinq représentants au titre du collège prévu au 2° du III du même article ;

e) Deux représentants au titre des collèges prévus aux 3° et 4° du III du même article ;

f) Cinq représentants au titre du collège prévu au 5° du III du même article ;

g) Deux représentants au titre du collège prévu au 1° du IV du même article ;

h) Deux représentants au titre du collège prévu au 2° du IV du même article ;

i) Deux représentants au titre du collège prévu au V du même article ;

2° Quatorze représentants des grands intérêts nationaux, dont :

a) Six à huit représentants des employeurs et des salariés, qui doivent être en nombre égal, choisis par et parmi les membres du conseil appartenant à cette catégorie ;

b) Un représentant des fédérations de parents d'élèves représentées au Conseil supérieur de l'éducation.

En dehors des sessions plénières, la commission permanente exerce l'ensemble des attributions dévolues au Conseil national de l'enseignement supérieur et de la recherche.

Art. D. 232-15 *(Décr. n° 2014-1421 du 28 nov. 2014, art. 15)* Le Conseil national de l'enseignement supérieur et de la recherche peut constituer en son sein des commissions d'études spécialisées ayant pour objet d'instruire des dossiers afin de formuler des propositions d'avis qui seront soumises pour délibération au conseil national en formation plénière ou à sa commission permanente.

Art. D. 232-16 *(Décr. nº 2014-1421 du 28 nov. 2014, art. 16)* Le Conseil national de l'enseignement supérieur et de la recherche, sa commission permanente et les commissions qu'il constitue éventuellement en son sein sont présidés par le ministre chargé de l'enseignement supérieur ou le ministre chargé de la recherche ou leur représentant.

Le conseil national est convoqué en session au moins trois fois par an. L'une de ces sessions est consacrée au débat budgétaire.

Le conseil national et la commission permanente siègent valablement lorsque la moitié de leurs membres sont présents ou représentés.

Si ce quorum n'est pas atteint, le conseil national ou la commission permanente peut être à nouveau convoqué avec le même ordre du jour dans un délai de huit jours. Le conseil national ou sa commission permanente délibère alors sans condition de quorum.

Art. D. 232-17 Tout membre du Conseil national de l'enseignement supérieur et de la recherche, s'il est empêché d'assister à une séance ou s'il doit s'en absenter, peut donner par écrit procuration à un autre membre.

Nul ne peut détenir plus d'une procuration.

Art. D. 232-18 *(Décr. nº 2014-1421 du 28 nov. 2014, art. 18)* Le Conseil national de l'enseignement supérieur et de la recherche et sa commission permanente sont convoqués par le ministre chargé de l'enseignement supérieur ou le ministre chargé de la recherche, qui fixe l'ordre du jour des sessions.

Tout membre du conseil national peut demander par écrit qu'une question soit inscrite à l'ordre du jour. La décision est prise soit par le président, soit par le conseil national à la majorité des membres présents ou représentés en séance, lorsque la demande est formulée pour la séance en cours, ou à la majorité des membres en exercice quand l'inscription est demandée pour la séance suivante.

Le président du conseil national peut, de sa propre initiative ou à la demande des membres du conseil national ou de sa commission permanente, inviter toute personne dont la présence paraît utile à participer aux séances à titre consultatif.

Art. D. 232-19 *(Décr. nº 2014-1421 du 28 nov. 2014, art. 19)* Chacune des questions figurant à l'ordre du jour du Conseil national de l'enseignement supérieur et de la recherche ou de sa commission permanente peut faire l'objet d'un exposé introductif présenté par un rapporteur désigné par le ministre chargé de l'enseignement supérieur ou par le ministre chargé de la recherche.

Les rapporteurs peuvent être choisis soit parmi les membres du conseil national, soit parmi les représentants du ministère chargé de l'enseignement supérieur ou du ministère chargé de la recherche, soit parmi les représentants des autres ministères concernés.

Le conseil national ou sa commission permanente peut soit exprimer son avis immédiatement sur le rapport qui lui est présenté, soit charger un ou plusieurs de ses membres d'élaborer le projet d'avis sur lequel la formation sera appelée à statuer lors de sa plus prochaine séance après la rédaction du projet d'avis.

Les projets de textes sont soumis au vote après audition des rapports et discussion générale. S'il s'agit d'un projet de loi, le conseil national peut soit émettre un avis d'ensemble, soit procéder à la discussion des articles avant d'émettre un avis d'ensemble.

Pour tous les textes législatifs ou réglementaires présentés au conseil national, tout membre peut proposer un amendement qui est soumis au vote.

Dans tous les cas, les textes soumis au vote sont ceux proposés par le président du conseil national en séance.

Les membres du conseil national peuvent obtenir du ministre chargé de l'enseignement supérieur ou du ministre chargé de la recherche tous documents et toutes informations nécessaires à l'exercice des fonctions de rapporteur ou à l'élaboration des projets d'avis prévus au présent article.

Les séances ne sont pas publiques.

Le vote au scrutin secret est de droit sur décision du président ou sur demande d'un sixième des membres présents.

Art. D. 232-20 Les désignations des représentants du Conseil national de l'enseignement supérieur et de la recherche dans d'autres organismes ont lieu au scrutin majoritaire uninominal à deux tours. Il peut également être procédé, à la demande de la majorité des membres présents, à un affichage en séance des noms des candidats dans la limite des sièges à pourvoir. Les candidats figurant sur les listes affichées sont considérés comme élus à la fin de la séance. Toutefois, lorsqu'un cinquième au moins des membres en séance manifestent leur opposition à tout ou partie d'une liste ainsi constituée et affichée ou lorsque des candidatures nouvelles sont présentées après affichage de ladite liste, il y a lieu de recourir à la procédure prévue à la première phrase du présent article.

Les membres de la commission permanente et des commissions sont désignés dans les mêmes conditions.

Art. D. 232-21 *(Décr. nº 2014-1421 du 28 nov. 2014, art. 21)* Il est dressé un procès-verbal de chacune des séances, dans des conditions précisées par le règlement intérieur.

L'organisation des élections au Conseil national de l'enseignement supérieur et de la recherche, le secrétariat des séances et la diffusion des convocations, documents de travail et procès-verbaux sont assurés par les services des ministères chargés de l'enseignement supérieur et de la recherche. Un secrétariat général est institué à cette fin au sein de ces services.

Les responsables des services concernés assistent à titre consultatif aux séances du conseil national.

Art. D. 232-22 *(Décr. nº 2014-1421 du 28 nov. 2014, art. 22)* Un règlement intérieur précise les conditions de fonctionnement du Conseil national de l'enseignement supérieur et de la recherche, de sa commission permanente et de ses commissions. Il est fixé par arrêté conjoint des ministres chargés de l'enseignement supérieur et de la recherche pris après avis du conseil national.

SECTION II LE CONSEIL NATIONAL DE L'ENSEIGNEMENT SUPÉRIEUR ET DE LA RECHERCHE STATUANT EN MATIÈRE DISCIPLINAIRE

Décret nº 2020-785 du 26 juin 2020,

Relatif à la procédure disciplinaire dans les établissements publics d'enseignement supérieur.

Art. 15 Les dispositions de la section 2 du chapitre II du titre III du livre II de la partie réglementaire du code de l'éducation, dans leur rédaction antérieure au présent décret, demeurent applicables aux procédures engagées devant les sections disciplinaires compétentes à l'égard des usagers avant la publication du présent décret ainsi qu'aux appels formés devant le Conseil national de l'enseignement et de la recherche contre les décisions intervenues dans ces procédures, sous réserve des dispositions des articles 16 à 19 ci-après.

Art. 16 A compter de l'entrée en vigueur du présent décret, la formation compétente du Conseil national de l'enseignement supérieur et de la recherche statuant en matière disciplinaire comprend, outre le président, un conseiller mentionné au 1º de l'article R. 232-23 du code de l'éducation et un conseiller mentionné au 2º ainsi que trois conseillers mentionnés au 3º du même article.

Les conseillers, désignés parmi les conseillers titulaires et les conseillers suppléants, sont appelés à siéger selon un rôle établi par le président.

Le nombre des représentants des usagers ne peut être supérieur à celui des enseignants-chercheurs.

Art. 17 Lorsque l'état du dossier permet de s'interroger sur l'intérêt que la requête conserve pour son auteur, le président du Conseil national de l'enseignement supérieur et de la recherche statuant en matière disciplinaire peut inviter ce dernier à confirmer expressément le maintien de ses conclusions. La demande qui lui est adressée mentionne que, à défaut de réception de cette confirmation à l'expiration du délai fixé, qui ne peut être inférieur à un mois, il sera réputé s'être désisté de ses conclusions.

Art. 18 Un conseiller, désigné par le président du Conseil national de l'enseignement supérieur et de la recherche statuant en matière disciplinaire parmi les conseillers titulaires et les conseillers suppléants mentionnés au 1° ou au 2° de l'article R. 232-23 du code de l'éducation, instruit l'affaire par tous les moyens qu'il juge propres à l'éclairer. Il recueille les observations écrites de la personne déférée et peut entendre cette dernière.

Art. 19 Les séances des formations de jugement sont présidées par le président du Conseil national de l'enseignement supérieur et de la recherche statuant en matière disciplinaire, par le vice-président ou par un conseiller désigné par le président parmi ceux mentionnés au 1° de l'article R. 232-23 du code de l'éducation.

SOUS-SECTION 1 DISPOSITIONS GÉNÉRALES

§ 1er COMPOSITION DE LA FORMATION DISCIPLINAIRE

Art. R. 232-23 Le Conseil national de l'enseignement supérieur et de la recherche statuant en matière disciplinaire se compose de *(Décr. n° 2020-785 du 26 juin 2020, art. 1er)* « dix » conseillers titulaires et *(Décr. n° 2020-785 du 26 juin 2020, art. 1er)* « dix » conseillers suppléants répartis de la façon suivante :

1° Cinq conseillers titulaires et cinq conseillers suppléants élus parmi les professeurs des universités ou personnels assimilés en application de l'article 5 du décret n° 87-31 du 20 janvier 1987 relatif au *(Décr. n° 2008-308 du 2 avr. 2008, art. 61)* « Conseil national des universités pour les disciplines *(Décr. n° 2020-785 du 26 juin 2020, art. 1er)* « de santé » » ou de l'article 6 du décret n° 92-70 du 16 janvier 1992 relatif au Conseil national des universités *[V. cet art. ss. art. L. 952-1]* ;

2° Cinq conseillers titulaires et cinq conseillers suppléants élus parmi les maîtres de conférences ou maîtres-assistants ou chefs de travaux ou personnels assimilés en application de l'article 5 du décret du 20 janvier 1987 précité ou de l'article 6 du décret du 16 janvier 1992 précité *[n° 92-70]* et parmi les assistants de l'enseignement supérieur.

Art. R. 232-24 Les membres du Conseil national de l'enseignement supérieur et de la recherche statuant en matière disciplinaire sont élus par les représentants élus des enseignants-chercheurs, membres titulaires et suppléants du Conseil national de l'enseignement supérieur et de la recherche, répartis selon leurs collèges électoraux respectifs.

Les élections ont lieu au scrutin plurinominal majoritaire à deux tours ou, lorsqu'un seul siège est à pourvoir, au scrutin uninominal majoritaire à deux tours. Le vote est secret.

Chaque candidat aux fonctions de conseiller titulaire se présente aux suffrages avec un suppléant nommément désigné.

Art. R. 232-25 Le président est élu au scrutin uninominal majoritaire à deux tours parmi les professeurs des universités conseillers titulaires, membres du Conseil national de l'enseignement supérieur et de la recherche statuant en matière disciplinaire, par l'ensemble des conseillers titulaires et suppléants, membres de cette formation, enseignants-chercheurs et personnels assimilés en application de l'article 5 du décret du 20 janvier 1987 *[n° 87-31 relatif au Conseil national des universités pour les disciplines médicales, odontologiques et pharmaceutiques]* ou de l'article 6 du décret n° 92-70 du 16 janvier 1992 *[V. cet art. ss. art. L. 952-1]* cités à l'article R. 232-23.

Le vice-président est élu dans les mêmes conditions. Il est notamment appelé à remplacer le président en cas d'empêchement de ce dernier. — *[Décr. n° 90-1011 du 14 nov. 1990, art. 3.]*

Art. R. 232-26 Les conseillers titulaires et les conseillers suppléants qui composent la formation disciplinaire sont élus pour la durée de leur mandat comme membre du conseil. Leur mandat de conseiller de la formation disciplinaire peut être renouvelé.

Ils restent en fonctions jusqu'à la désignation de leurs successeurs. — *[Décr. n° 90-1011 du 14 nov. 1990, art. 4.]*

Art. R. 232-27 Lorsqu'un conseiller titulaire perd la qualité au titre de laquelle il a été élu ou est définitivement empêché d'exercer ses fonctions ou démissionne, il est remplacé par son suppléant, qui devient titulaire pour la durée du mandat restant à courir.

Lorsqu'un conseiller suppléant perd la qualité au titre de laquelle il a été élu ou est définitivement empêché d'exercer ses fonctions ou démissionne, il est procédé à son remplacement pour la durée du mandat restant à courir, selon les règles prévues à l'article R. 232-24. — *[Décr. nº 90-1011 du 14 nov. 1990, art. 5.]*

Art. R. 232-28 *(Décr. nº 2020-785 du 26 juin 2020, art. 1er)* « La formation de jugement comprend tous les conseillers titulaires enseignants-chercheurs et personnels assimilés d'un rang égal ou supérieur à celui de la personne déférée devant elle. »

Chaque conseiller suppléant ne siège que pour remplacer le conseiller titulaire empêché.

Art. R. 232-29 *Abrogé par Décr. nº 2020-785 du 26 juin 2020, art. 1er.*

Art. R. 232-30 Nul ne peut siéger dans la formation de jugement ou dans la formation mentionnée à l'article R. 232-34 s'il existe une raison *(Décr. nº 2015-79 du 28 janv. 2015, art. 1er)* « objective » de mettre en doute son impartialité.

(Décr. nº 2015-79 du 28 janv. 2015, art. 1er) « Le membre de la juridiction qui suppose en sa personne une cause de récusation ou estime en conscience devoir s'abstenir se fait remplacer par son suppléant s'il est conseiller titulaire ou par un autre conseiller suppléant désigné par le président de la juridiction s'il siège en qualité de conseiller suppléant.

« La personne qui veut récuser un membre de la juridiction doit, à peine d'irrecevabilité, le faire dès qu'elle a connaissance de la cause de la récusation. En aucun cas, la demande de récusation ne peut être formée après la fin de l'audience.

« La demande de récusation est adressée par lettre recommandée, avec demande d'avis de réception, au président du Conseil national de l'enseignement supérieur et de la recherche statuant en matière disciplinaire ou remise au secrétariat de la juridiction. Dans ce dernier cas, il est délivré récépissé de la demande. La demande doit, à peine d'irrecevabilité, indiquer avec précision les motifs de la récusation et être accompagnée de tous les éléments utiles permettant de la justifier.

« Le secrétariat communique immédiatement au membre de la juridiction copie de la demande de récusation dont il est l'objet. Dès qu'il a communication de la demande, le membre récusé doit s'abstenir jusqu'à ce qu'il ait été statué sur la demande de récusation. En cas d'urgence, son suppléant s'il est conseiller titulaire ou un autre conseiller suppléant s'il siège en qualité de conseiller suppléant est désigné par le président de la juridiction pour procéder aux opérations nécessaires. Dans les huit jours de cette communication, le membre récusé fait connaître par écrit soit son acquiescement à la récusation, soit les motifs pour lesquels il s'y oppose.

« Les actes accomplis par le membre récusé avant qu'il ait eu connaissance de la demande de récusation ne peuvent être remis en cause.

« Si le membre récusé acquiesce à la demande de récusation, il est aussitôt remplacé dans les conditions prévues au deuxième alinéa. Dans le cas contraire, la juridiction se prononce, par une décision non motivée, sur la demande de récusation. La juridiction statue sans la participation de celui de ses membres dont la récusation est demandée. La décision rendue ne peut être contestée devant le juge de cassation qu'avec l'arrêt rendu ultérieurement par le Conseil national de l'enseignement supérieur et de la recherche statuant en matière disciplinaire. »

§ 2 PROCÉDURE DISCIPLINAIRE

Art. R. 232-31 Lorsqu'une section disciplinaire n'a pas été constituée ou lorsque aucun jugement n'est intervenu six mois après la date à laquelle les poursuites ont été engagées devant la juridiction disciplinaire compétente, l'autorité compétente pour engager les poursuites saisit le Conseil national de l'enseignement supérieur et de la recherche statuant en formation disciplinaire. — *[Décr. nº 90-1011 du 14 nov. 1990, art. 9.]*

Art. R. 232-31-1 *(Décr. nº 2015-79 du 28 janv. 2015, art. 2)* A la réception de la demande de renvoi prévue à l'article R. 712-27-1, le Conseil national de l'enseignement supérieur et de la recherche statuant en matière disciplinaire en informe le président de la section disciplinaire initialement saisie.

Le Conseil national de l'enseignement supérieur et de la recherche statuant en matière disciplinaire se prononce, dans un délai de deux mois, sur la demande de renvoi. Sa décision est immédiatement notifiée par lettre recommandée, avec demande d'avis de réception, au demandeur et au président de la section disciplinaire initialement saisie.

Art. R. 232-32 Le Conseil national de l'enseignement supérieur et de la recherche statuant en matière disciplinaire se réunit sur convocation de son président. La décision fixant la date de chaque séance est publiée au Bulletin officiel du ministère de l'éducation nationale. – *[Décr. nº 90-1011 du 14 nov. 1990, art. 10.]*

Art. R. 232-33 Les décisions rendues immédiatement exécutoires nonobstant appel par les sections disciplinaires en application *(Décr. nº 2015-79 du 28 janv. 2015, art. 3)* « de l'article R. 712-45 » peuvent faire l'objet d'une demande de sursis à exécution devant le Conseil national de l'enseignement supérieur et de la recherche statuant en matière disciplinaire.

Art. R. 232-34 La demande de sursis à exécution est, à peine d'irrecevabilité, présentée par requête distincte jointe à l'appel. Elle est immédiatement transmise par la section disciplinaire au secrétariat du Conseil national de l'enseignement supérieur et de la recherche statuant en matière disciplinaire.

(Décr. nº 2020-785 du 26 juin 2020, art. 1er) « Le Conseil national de l'enseignement supérieur et de la recherche statuant en matière disciplinaire peut se prononcer sur cette demande en formation restreinte comprenant, outre le président, deux conseillers titulaires désignés par ce dernier, d'un rang égal ou supérieur à celui de la personne déférée. »

Le président confie l'instruction de la demande de sursis à exécution à un membre de la formation restreinte, celui-ci devant être d'un rang égal ou supérieur à celui de la personne déférée. Il instruit l'affaire et peut fixer le délai accordé aux parties intéressées pour déposer leurs observations. En cas de non-respect de ce délai, il est passé outre sans mise en demeure.

Le sursis peut être prononcé si les moyens présentés dans la requête paraissent sérieux et de nature à justifier l'annulation ou la réformation de la décision attaquée.

A tout moment, le Conseil national de l'enseignement supérieur et de la recherche statuant en matière disciplinaire peut mettre fin au sursis.

Les décisions accordant le sursis à exécution ou y mettant fin prennent effet à compter de leur notification au demandeur.

Art. R. 232-35 La formation mentionnée à l'article R. 232-34 peut donner acte des désistements, rejeter les requêtes ne relevant pas de la compétence du Conseil national de l'enseignement supérieur et de la recherche statuant en matière disciplinaire ou entachées d'une irrecevabilité et constater qu'il n'y a pas lieu de statuer. La formation peut alors être réunie sans instruction préalable. – *[Décr. nº 90-1011 du 14 nov. 1990, art. 10-2.]*

Art. R. 232-36 Le président du Conseil national de l'enseignement supérieur et de la recherche statuant en matière disciplinaire désigne pour chaque affaire une commission d'instruction composée de deux conseillers mentionnés aux 1° et 2° de l'article R. 232-23, dont l'un est désigné en tant que rapporteur parmi les membres titulaires appelés à siéger à la formation de jugement.

Si les poursuites concernent un professeur des universités ou un membre des personnels assimilés en application de l'article 5 du décret du 20 janvier 1987 ou de l'article 6 du décret du 16 janvier 1992 cités à l'article R. 232-23, la commission d'instruction comprend exclusivement deux conseillers mentionnés au 1° de l'article R. 232-23.

(Décr. nº 2006-583 du 23 mai 2006, art. 4) « L'instruction n'est pas publique. »

Art. R. 232-37 La commission d'instruction entend la personne déférée et instruit l'affaire par tous les moyens qu'elle juge propres à l'éclairer et en fait un rapport écrit comprenant l'exposé des faits et moyens des parties. Ce rapport est transmis au président dans un délai qu'il a préalablement fixé et qui ne peut être supérieur à trois mois. Toutefois, le président peut ordonner un supplément d'instruction s'il estime que l'affaire n'est pas en état d'être jugée. Le rapport et les pièces des dossiers sont déposés par le rapporteur au secrétariat du Conseil national de l'enseignement supérieur et de la recherche pour être tenus à la disposition des parties, de leur conseil et des membres du conseil statuant en matière disciplinaire, dix jours francs avant la date fixée pour la séance du jugement. Ce délai est réduit à cinq jours francs lorsque l'affaire est soumise à la formation mentionnée à l'article R. 232-34.

Dans le cas où la juridiction est saisie de nouveaux éléments, le président ordonne la réouverture de l'instruction qui se déroule selon les formes prescrites à l'alinéa précédent du présent article.

V. aussi notes ss. art. L. 952-7.

Procédure. Le juge considère que ces dispositions permettent au président de la commission d'instruction d'entendre toute personne dont il estime que l'audition est propre à éclairer la commission, même si cette personne n'a pas été un témoin direct des faits. • CE 19 mars 2008, *M. Gollnisch*, n° 296984 : *Lebon T. 759* ; *AJDA 2008. 674, note Faivre* .

Art. R. 232-38 Le président du Conseil national de l'enseignement supérieur et de la recherche statuant en matière disciplinaire convoque chacune des personnes intéressées devant la formation de jugement par lettre recommandée, avec demande d'avis de réception, quinze jours au moins avant la date de la séance de jugement. Ce délai est réduit à sept jours lorsque l'affaire est soumise à la formation mentionnée à l'article R. 232-34.

Au jour fixé pour la séance, un secrétaire est désigné en leur sein par les enseignants-chercheurs siégeant dans la formation de jugement. Le rapport de la commission d'instruction est lu par le rapporteur ou, en cas d'absence de celui-ci, par le secrétaire. S'il l'estime nécessaire, le président peut entendre des témoins à l'audience. Sur sa demande, le président ou le directeur *(Décr. n° 2015-79 du 28 janv. 2015, art. 4)* « de l'établissement ou son représentant est entendu » ainsi que le recteur *(Décr. n° 2019-1554 du 30 déc. 2019, art. 1er)* « de région académique » ou son représentant, s'il est l'auteur des poursuites disciplinaires ou de l'appel. La personne déférée et son conseil sont entendus dans leurs observations. La personne déférée a la parole en dernier.

Après que la personne déférée et son conseil se sont retirés, le président met l'affaire en délibéré et la formation appelée à connaître de l'affaire statue.

En l'absence de la personne déférée, la formation de jugement apprécie, le cas échéant, les motifs invoqués pour expliquer cette absence et, si elle les juge injustifiés, continue à siéger. En cas d'absence non justifiée, la procédure est réputée contradictoire.

Art. R. 232-39 Les séances des formations de jugement sont publiques. Toutefois, le président de la formation de jugement peut, à titre exceptionnel, décider que la séance aura lieu ou se poursuivra hors de la présence du public si la sauvegarde de l'ordre public ou le respect de la vie privée ou de secrets protégés par la loi l'exige. Le président veille à l'ordre de la séance. Il peut faire expulser toute personne qui n'obtempère pas à ses injonctions, sans préjudice des poursuites disciplinaires qui pourraient être exercées contre elle.

Les séances sont présidées par le président du Conseil national de l'enseignement supérieur et de la recherche statuant en matière disciplinaire ou à défaut par le conseiller titulaire le plus âgé parmi ceux qui sont mentionnés au 1° de l'article R. 232-23.

Les différentes formations de jugement ne peuvent valablement délibérer que si la moitié au moins des membres appelés à siéger sont présents. – *[Décr. n° 90-1011 du 14 nov. 1990, art. 14.]*

Art. R. 232-40 Si plusieurs sanctions différentes sont proposées au cours de la délibération, la sanction la plus forte est mise aux voix la première.

Les décisions qui prononcent une sanction sont prises à la majorité absolue des membres présents.

Le vote est secret. – *[Décr. n° 90-1011 du 14 nov. 1990, art. 15.]*

Art. R. 232-41 La décision est prononcée en séance publique.

La décision doit être motivée. Elle est signée par le président de la séance et par le secrétaire.

(Décr. n° 2007-1346 du 12 sept. 2007, art. 4) « Elle est notifiée au ministre chargé de l'enseignement supérieur, à la personne contre qui les poursuites ont été intentées et à l'autorité qui a intenté les poursuites. Copie de la décision est adressée au recteur *(Décr. n° 2019-1554 du 30 déc. 2019, art. 1er)* « de région académique », chancelier des universités. »

La notification à l'intéressé a lieu par lettre recommandée avec demande d'avis de réception.

Art. R. 232-42 Les décisions sont publiées au *Bulletin officiel* du ministère de l'éducation nationale *(Décr. n° 2008-1183 du 14 nov. 2008, art. 3-1°)* « sous forme anonyme ».

Art. R. 232-43 La personne déférée, le président ou directeur de l'établissement qui a engagé les poursuites en première instance, et le ministre chargé de l'enseignement supérieur peuvent former un recours en cassation devant le Conseil d'État. »

SOUS-SECTION 2 RELÈVEMENT DES EXCLUSIONS, DÉCHÉANCES ET INCAPACITÉS

Art. R. 232-44 La demande en relèvement présentée en application des articles L. 232-4 et L. 232-6 est adressée au ministre chargé de l'enseignement supérieur, qui la transmet au président du Conseil national de l'enseignement supérieur et de la recherche statuant en matière disciplinaire. – *[Décr. n° 90-1011 du 14 nov. 1990, art. 17.]*

Art. R. 232-45 La demande est ensuite transmise au président de la section disciplinaire de l'établissement public d'enseignement supérieur devant laquelle la procédure disciplinaire ayant abouti à la décision en cause avait été engagée.

Le président de la section disciplinaire peut inviter le demandeur à fournir par écrit des précisions complémentaires sur sa situation actuelle et ses activités depuis l'intervention de la sanction.

La section disciplinaire statuant dans la formation correspondant à la situation du demandeur à l'époque de l'engagement de la procédure disciplinaire donne un avis motivé sur la demande.

Art. R. 232-46 La demande, accompagnée de l'avis motivé de la section disciplinaire et, le cas échéant, de l'échange de correspondances avec le demandeur, est transmise au Conseil national de l'enseignement supérieur et de la recherche.

Elle est examinée par la formation du Conseil national de l'enseignement supérieur et de la recherche statuant en matière disciplinaire, dont la composition est prévue aux articles R. 232-28 à R. 232-30 et selon la procédure fixée aux articles R. 232-32 à R. 232-39. Les termes "le demandeur" sont substitués dans ce cas aux termes "la personne déférée". – *[Décr. n° 90-1011 du 14 nov. 1990, art. 19.]*

Art. R. 232-47 Les décisions de relèvement sont prises à la majorité des deux tiers des membres présents. Ceux-ci peuvent toutefois décider par un vote à la majorité absolue le renvoi de l'examen de la demande à la session suivante du Conseil national de l'enseignement supérieur et de la recherche statuant en matière disciplinaire pour un complément d'instruction.

Le vote est secret. – *[Décr. n° 90-1011 du 14 nov. 1990, art. 20.]*

Art. R. 232-48 La décision est prononcée en séance publique. La décision doit être motivée. Elle est signée par le président, le vice-président et le secrétaire de séance. Elle est notifiée par le ministre chargé de l'enseignement supérieur au demandeur et au président de la section disciplinaire de l'établissement public d'enseignement supérieur dont l'avis avait été sollicité.

Les décisions portant relèvement d'exclusions, déchéances et incapacités sont publiées au *Bulletin officiel* du ministère de l'éducation nationale *(Décr. n° 2008-1183 du 14 nov. 2008, art. 4)* « sous forme anonyme ».

CHAPITRE III LA CONFÉRENCE DES CHEFS D'ÉTABLISSEMENTS PUBLICS À CARACTÈRE SCIENTIFIQUE, CULTUREL ET PROFESSIONNEL

SECTION PREMIÈRE LA CONFÉRENCE DES PRÉSIDENTS D'UNIVERSITÉ

Art. D. 233-1 La Conférence des présidents d'université regroupe tous les présidents des universités et des établissements publics à caractère scientifique, culturel et professionnel et relevant du ministre chargé de l'enseignement supérieur.

Le ministre chargé de l'enseignement supérieur en est président de droit.

Art. D. 233-2 La Conférence des présidents d'université étudie les questions qui intéressent l'ensemble des universités et établissements définis à l'article D. 233-1. Elle peut présenter au ministre chargé de l'enseignement supérieur des vœux et des projets relatifs à ces questions.

En outre, la Conférence des présidents est appelée à donner des avis motivés sur les questions qui lui sont soumises par le ministre chargé de l'enseignement supérieur. Lorsque ces questions sont inscrites à l'ordre du jour du Conseil national de l'enseignement supérieur et de la recherche, l'avis de la Conférence des présidents est communiqué à ce conseil. – *[Décr. n° 71-147 du 24 févr. 1971, art. 2.]*

Art. D. 233-3 La Conférence des présidents d'université arrête ses méthodes de travail, et notamment les conditions dans lesquelles sont fixés ses ordres du jour et les dates de ses réunions. Celles-ci sont présidées par l'un des vice-présidents.

Toutefois, lorsque la Conférence des présidents est appelée à donner un avis sur des questions qui lui sont soumises par le ministre chargé de l'enseignement supérieur, ce dernier la convoque en session dont il fixe l'ordre du jour.

Dans le cas prévu à l'alinéa précédent, les séances sont présidées par le ministre ou par un représentant qu'il désigne. Chaque question fait l'objet d'un exposé introductif présenté par un rapporteur désigné par le ministre chargé de l'enseignement supérieur. La conférence peut soit se prononcer immédiatement, soit charger un ou plusieurs de ses membres d'élaborer le projet d'avis sur lequel elle sera appelée à statuer. L'avis doit être rendu au cours de la session où l'affaire a été inscrite à l'ordre du jour. – *[Décr. n° 71-147 du 24 févr. 1971, art. 3.]*

Art. D. 233-4 La Conférence des présidents d'université siège en formation plénière. Ses séances ne sont pas publiques.

Elle peut créer en son sein des commissions chargées de préparer ses débats. – *[Décr. n° 71-147 du 24 févr. 1971, art. 4.]*

Art. D. 233-5 Le ministre chargé de l'enseignement supérieur met à la disposition de la Conférence des présidents d'université les locaux nécessaires à son fonctionnement.

La Conférence des présidents peut demander l'aide des services du ministère. – *[Décr. n° 71-147 du 24 févr. 1971, art. 5.]*

Art. D. 233-6 Lorsque la Conférence des présidents d'université siège sur convocation du ministre, le secrétariat des séances est assuré par les services du ministère de l'éducation nationale.

Il est dressé procès-verbal de chacune des séances. – *[Décr. n° 71-147 du 24 févr. 1971, art. 6.]*

SECTION II LA CONFÉRENCE DES DIRECTEURS DES ÉCOLES FRANÇAISES D'INGÉNIEURS

(Décr. n° 2006-428 du 11 avr. 2006, art. 1er)

Art. D. 233-7 La conférence des directeurs des écoles françaises d'ingénieurs regroupe les responsables d'établissements d'enseignement supérieur, d'instituts ou écoles internes à ces établissements habilités à délivrer le diplôme d'ingénieur.

Les directeurs des écoles d'ingénieurs autres que celles relevant du ministre chargé de l'enseignement supérieur sont, sur leur demande, membres de la conférence, après, le cas échéant, approbation de leur autorité de tutelle.

Les règles d'organisation et de fonctionnement de la conférence sont fixées par les articles D. 233-8 à D. 233-12 et par son règlement intérieur.

Art. D. 233-8 La conférence des directeurs des écoles françaises d'ingénieurs a pour objet de promouvoir la mutualisation des expériences de ses membres, d'étudier tous sujets relatifs au métier et à la formation des ingénieurs, au développement de la recherche et à sa valorisation, et de valoriser le diplôme d'ingénieur dans le cadre notamment de l'Espace européen de l'enseignement supérieur et de la recherche.

Elle peut présenter au ministre chargé de l'enseignement supérieur des vœux et des projets relatifs à ces questions.

En outre, la conférence est appelée à donner des avis motivés sur les questions qui lui sont soumises par le ministre chargé de l'enseignement supérieur. Lorsque ces questions sont inscrites à l'ordre du jour du Conseil national de l'enseignement supérieur et de la recherche, l'avis de la conférence est communiqué à ce conseil.

Art. D. 233-9 L'assemblée générale des membres de la conférence des directeurs des écoles françaises d'ingénieurs est présidée par le ministre chargé de l'enseignement supérieur. Elle se réunit en formation plénière au moins deux fois par an. Ses séances ne sont pas publiques. Elle peut créer en son sein des commissions chargées de préparer ses débats.

Il est dressé procès-verbal de chacune des séances.

Art. D. 233-10 L'assemblée générale élit en son sein, pour un mandat de deux ans, un premier vice-président et plusieurs autres vice-présidents.

Le premier vice-président préside l'assemblée générale en l'absence du président. Il est responsable des activités de la conférence des directeurs des écoles françaises d'ingénieurs.

Le bureau est constitué de l'ensemble des vice-présidents.

Art. D. 233-11 Le règlement intérieur de la conférence des directeurs des écoles françaises d'ingénieurs est approuvé par l'assemblée générale et soumis pour approbation au ministre chargé de l'enseignement supérieur.

Art. D. 233-12 La gestion financière et comptable de la conférence des directeurs des écoles françaises d'ingénieurs est assurée, dans le cadre d'un service à comptabilité distincte, par l'un de ses membres fixé par arrêté du ministre chargé de l'enseignement supérieur. Le ministre chargé de l'enseignement supérieur alloue à cet établissement les moyens nécessaires au fonctionnement de la conférence.

CHAPITRE IV LES CONSEILS ACADÉMIQUES DE L'ÉDUCATION NATIONALE

SECTION PREMIÈRE DISPOSITIONS GÉNÉRALES

Art. R. 234-1 Dans les conseils de l'éducation nationale institués dans les académies, les présidents sont suppléés dans les conditions ci-après :

1° En cas d'empêchement du préfet de région, le conseil est présidé par le recteur de l'académie ou, lorsque les questions examinées concernent l'enseignement agricole, par le directeur régional de l'alimentation, de l'agriculture et de la forêt.

2° En cas d'empêchement du président du conseil régional, le conseil est présidé par le conseiller régional délégué à cet effet par le président du conseil régional.

Les suppléants des présidents, ainsi que le directeur interrégional de la mer, ont la qualité de vice-président.

Les présidents et les vice-présidents sont membres de droit du conseil. Ils ne participent pas aux votes. – *[Décr. n° 85-895 du 21 août 1985, art. 8.]*

Art. R. 234-2 Outre les présidents et les vice-présidents, les conseils comprennent :

1° Vingt-quatre membres représentant la région, les départements et les communes : huit conseillers régionaux, huit conseillers départementaux ainsi que huit maires ou conseillers municipaux ;

2° Vingt-quatre membres représentant les personnels titulaires de l'État exerçant leurs fonctions dans les services administratifs et les établissements d'enseignement et de formation du premier et du second degré ainsi que les établissements publics d'enseignement supérieur :

a) Quinze représentants des personnels des services administratifs et des établissements scolaires dont un représentant au moins des personnels enseignants exerçant ses fonctions dans les classes postbaccalauréat des lycées ;

b) Quatre représentants des personnels des établissements publics d'enseignement supérieur ;

c) Trois représentants des présidents d'université et directeurs d'établissements publics d'enseignement supérieur ;

d) Deux représentants des établissements d'enseignement et de formation agricole siégeant au comité régional de l'enseignement agricole ;

3° Huit parents d'élèves et trois étudiants, le président du comité économique et social de la région ou son représentant, six représentants des organisations syndicales de salariés et six représentants des organisations syndicales d'employeurs dont un représentant des exploitants agricoles. — *[Décr. n° 85-895 du 21 août 1985, art. 9.]*

Art. R. 234-3 Les membres de ces conseils sont désignés dans les conditions suivantes :

1° Les conseillers régionaux sont désignés par le conseil régional.

Les conseillers départementaux sont désignés par le conseil départemental. La répartition des huit sièges attribués aux conseillers départementaux est effectuée selon la procédure suivante : chaque département désigne un nombre de représentants égal au rapport, arrondi à l'unité inférieure, entre huit et le nombre de départements de l'académie. Le ou les sièges restant éventuellement à pourvoir sont attribués aux départements dans l'ordre décroissant de leur population.

Les maires ou conseillers municipaux sont désignés par accord entre les associations départementales des maires ou, à défaut, élus par le collège des maires de l'ensemble des départements situés dans le ressort de l'académie à la représentation proportionnelle à la plus forte moyenne sans adjonction ni suppression de noms et sans modification de l'ordre de présentation. Sur chaque liste, les sièges sont attribués aux candidats d'après l'ordre de présentation. Le vote peut avoir lieu par correspondance. Le collège des maires est convoqué par le préfet. Lorsqu'il existe une ou plusieurs communautés urbaines dans l'académie, l'un des sièges réservés aux maires est occupé par un conseiller communautaire élu par le conseil de la communauté ou par les conseils des communautés réunis à cet effet.

2° Les représentants des personnels sont nommés par le préfet de région. A cet effet, le recteur d'académie et le directeur régional de l'alimentation, de l'agriculture et de la forêt reçoivent les propositions des organisations syndicales représentatives dans l'académie pour les personnels relevant du ministère de l'éducation nationale et dans la région pour les personnels relevant du ministère de l'agriculture : ils transmettent ces propositions au préfet de région. Les représentants des présidents d'université et directeurs d'établissements publics d'enseignement supérieur sont nommés par le préfet de région sur proposition du recteur.

3° Les représentants des parents d'élèves sont nommés par le préfet de région : sept au titre des établissements scolaires relevant du ministère de l'éducation nationale et un au titre des établissements scolaires relevant du ministère de l'agriculture. Le recteur d'académie et le directeur régional de l'alimentation, de l'agriculture et de la forêt reçoivent à cet effet les propositions des associations représentatives des parents d'élèves pour ce qui concerne respectivement les établissements relevant du ministère de l'éducation nationale et les établissements d'enseignement et de formation agricole. Ils transmettent ces propositions au préfet de région. La représentativité des associations de parents d'élèves est appréciée en fonction des voix obtenues aux élections aux instances représentatives des établissements scolaires dans l'académie.

Les représentants des étudiants sont nommés par le préfet de région. A cet effet, le recteur, chancelier des universités, reçoit les propositions des organisations représentatives des étudiants, qu'il transmet au préfet. La représentativité des organisations d'étudiants est appréciée dans les conditions prévues à l'article L. 811-3.

Les représentants des organisations syndicales de salariés et d'employeurs sont nommés par le préfet de région sur proposition des organisations syndicales représentatives dans la région. – *[Décr. nº 85-895 du 21 août 1985, art. 9 bis.]*

Art. R. 234-4 Pour chaque membre titulaire du conseil académique de l'éducation nationale, il est procédé dans les mêmes conditions à la désignation d'un membre suppléant. Le membre suppléant ne peut siéger et être présent à la séance qu'en l'absence du membre titulaire.

Sur l'initiative de l'un des présidents ou vice-présidents du conseil, peut être invitée à participer aux séances, à titre consultatif, toute personne dont la présence est utile.

Toutefois, les agents des services de l'État dans l'académie ou des services de la région ne peuvent être entendus par le conseil qu'après accord des autorités dont ils dépendent. – *[Décr. nº 85-895 du 21 août 1985, art. 9 ter.]*

Art. R. 234-5 La durée des mandats des membres du conseil académique de l'éducation nationale est de trois ans. Tout membre qui perd la qualité en raison de laquelle il a été nommé perd sa qualité de membre du conseil académique de l'éducation nationale.

En cas de décès, de vacance ou d'empêchement définitif, il est procédé, dans le délai de trois mois et pour la durée du mandat en cours, au remplacement des membres dans les mêmes conditions que celles prévues à l'article R. 234-3. – *[Décr. nº 85-895 du 21 août 1985, art. 10.]*

Art. R. 234-6 L'ordre du jour des séances du conseil académique de l'éducation nationale est arrêté conjointement par ses deux présidents lorsqu'il porte sur des questions qui relèvent de la compétence de l'État et de la compétence de la collectivité territoriale ou par l'un des présidents pour les questions qui relèvent de sa compétence.

Le conseil académique de l'éducation nationale se réunit sur convocation conjointe de ses deux présidents sur un ordre du jour portant sur des questions relevant de la compétence de l'État et de la compétence de la collectivité territoriale ou sur convocation de l'un de ses présidents sur un ordre du jour portant sur des questions relevant de sa compétence.

Sur la demande des deux tiers des membres du conseil, et sur un ordre du jour déterminé, le préfet de région et le président du conseil régional convoquent le conseil académique de l'éducation nationale.

Toute question proposée à la majorité des membres du conseil figure de droit à l'ordre du jour. – *[Décr. nº 85-895 du 21 août 1985, art. 11, al. 1er à 4.]*

Art. R. 234-7 Le conseil académique de l'éducation nationale est réuni au moins deux fois par an. – *[Décr. nº 85-895 du 21 août 1985, art. 11, al. 5.]*

Art. R. 234-8 Le règlement intérieur du conseil académique de l'éducation nationale est établi conjointement par le préfet de région et par le président du conseil régional et adopté par le conseil. – *[Décr. nº 85-895 du 21 août 1985, art. 12.]*

Art. R. 234-9 Le conseil académique de l'éducation nationale peut être consulté et émettre des vœux sur toute question relative à l'organisation et au fonctionnement du service public d'enseignement dans l'académie. – *[Décr. nº 85-895 du 21 août 1985, art. 13, al. 1er.]*

Art. R. 234-10 Le conseil académique de l'éducation nationale est notamment consulté :

1° Au titre des compétences de l'État sur la structure pédagogique générale des lycées, des établissements d'éducation spéciale, des lycées professionnels maritimes et des établissements d'enseignement agricole visés à l'article L. 811-8 du code rural et de la pêche maritime *[V. cet art. à l'art. L. 421-22]*, la liste annuelle des opérations de construction ou d'extension des collèges, des lycées, des établissements d'éducation spéciale, des lycées professionnels maritimes et des établissements d'enseignement agricole visés à l'article L. 811-8 du code rural et de la pêche maritime, les modalités générales d'attribution des moyens en emplois et des dotations en crédits ou en nature au titre des dépenses pédagogiques, les orientations du programme académique de formation continue des adultes. S'agissant de l'enseignement supérieur, le conseil est consulté sur les aspects régionaux de la carte des formations supérieures et de la recherche prévue à l'article L. 614-3 du code de l'éducation.

2° Au titre des compétences de la région sur le schéma prévisionnel des formations des collèges, des lycées, des établissements d'éducation spéciale, des lycées professionnels maritimes et des établissements d'enseignement agricole visés à l'article L. 811-8 du code rural et de la pêche maritime, qui comporte la section relative à l'enseignement agricole prévue à l'article L. 814-4 du code rural et de la pêche maritime, le programme prévisionnel des investissements relatifs aux lycées, aux établissements d'éducation spéciale, aux lycées professionnels maritimes et aux établissements d'enseignement agricole visés à l'article L. 811-8 du code rural et de la pêche maritime, ainsi que sur les modalités générales d'attribution des subventions allouées à ces établissements. Le conseil est également consulté sur le plan régional de développement des formations de l'enseignement supérieur, ainsi que sur les aspects universitaires des programmes pluriannuels d'intérêt régional en matière de recherche. – *[Décr. n° 85-895 du 21 août 1985, art. 13, al. 2 à 4.]*

Art. R. 234-11 Le conseil comporte une section spécialisée en matière d'enseignement supérieur. Cette section est présidée par le recteur et chargée lorsque la question relève de l'enseignement supérieur, de donner un avis préalable à celui du conseil.

Il est rendu compte de cet avis au conseil par le recteur. – *[Décr. n° 85-895 du 21 août 1985, art. 13 bis, al. 1er et 2.]*

Art. R. 234-12 La section comprend, outre son président :

1° Seize membres choisis parmi les membres mentionnés à l'article R. 234-2 : un représentant de la région, un représentant des départements, un représentant des communes, un représentant des personnels enseignants exerçant leurs fonctions dans les classes postbaccalauréat des lycées, un représentant des autres personnels enseignants de lycées, trois représentants des personnels des établissements publics d'enseignement supérieur, deux représentants des présidents d'université et directeurs d'établissements publics d'enseignement supérieur, deux représentants des parents d'élèves, deux représentants des étudiants, un représentant des organisations syndicales d'employeurs et un représentant des organisations syndicales de salariés, désignés respectivement par les membres des catégories correspondantes de l'assemblée plénière ;

2° Le président du comité économique et social de la région ou son représentant ;

3° Cinq membres représentant les activités économiques, de formation et de recherche :

a) Deux représentants des organismes nationaux de recherche, dont un représentant du Centre national de la recherche scientifique ;

b) Un représentant des directeurs d'établissements publics d'enseignement supérieur agricole ou vétérinaire ou un représentant d'un organisme national de recherche relevant du ministre chargé de l'agriculture ;

c) Deux personnalités choisies en raison de leurs compétences.

Ces cinq membres sont nommés par le préfet de région, sur proposition respectivement du recteur pour les personnalités choisies en raison de leurs compétences et du *(Décr. n° 2020-1555 du 9 déc. 2020, art. 9)* « délégué régional académique à la recherche et à l'innovation » pour les représentants des organismes nationaux de recherche.

Art. R. 234-13 Lorsque l'académie comprend au moins un département côtier, le conseil académique de l'éducation nationale comporte une section spécialisée en matière maritime.

La présidence en est assurée, selon que les questions soumises aux délibérations de la section sont de la compétence de l'État ou de la région, par le préfet de région ou le président du conseil régional de la région dans le ressort géographique de laquelle se trouve située l'académie.

En cas d'empêchement du préfet de région ou du président du conseil régional, la section est présidée selon le cas par le directeur interrégional de la mer ou le conseiller régional, vice-président du conseil de l'éducation nationale. – *[Décr. n° 85-895 du 21 août 1985, art. 14, al. 1er à 3.]*

Art. R. 234-14 La section maritime du conseil est composée ainsi qu'il suit :

1° Huit membres choisis parmi les membres visés à l'article R. 234-2 :

a) Quatre membres représentants des communes, des départements et de la région désignés par les membres du conseil appartenant à cette catégorie ;

b) Deux membres représentant les personnels nommés par le préfet de région sur proposition des organisations syndicales les plus représentatives dans la région transmise par le directeur interrégional de la mer ;

c) Deux membres représentants des usagers, dont un représentant des parents d'élèves nommés par le préfet sur proposition du directeur interrégional de la mer et le président du comité économique et social de la région ;

2° Huit représentants du secteur maritime :

a) Trois membres représentant les personnels *(Décr. n° 2006-583 du 23 mai 2006, art. 4)* « des lycées professionnels maritimes » et, s'il y a lieu, les personnels des écoles nationales de la marine marchande nommés par le préfet de région sur proposition des organisations syndicales des personnels les plus représentatives dans la région ou pour les professeurs de l'enseignement maritime sur proposition de l'inspecteur général de l'enseignement maritime ;

b) Un représentant des parents d'élèves nommé par le préfet de région sur proposition des organisations syndicales de marins les plus représentatives dans la région ou un étudiant sur proposition des organisations représentatives des étudiants des écoles nationales de la marine marchande ;

c) Deux représentants des organisations syndicales de marins nommés par le préfet de région sur proposition des organisations syndicales les plus représentatives dans la région ;

d) Deux représentants des organisations d'employeurs nommés par le préfet de région sur proposition des organisations d'employeurs représentatives dans la région.

Le directeur interrégional de la mer reçoit, à cet effet, les propositions et les transmet au préfet de région.

Art. R. 234-15 La section maritime du conseil donne un avis en dernier ressort sur les questions spécifiques à l'enseignement maritime.

Pour les autres questions ayant une incidence maritime, la section donne un avis préalable à tout examen par le conseil.

Cet avis est rapporté au conseil par le président de la section.

Les représentants du secteur maritime au sein de la section peuvent assister aux débats du conseil avec voix consultative. – *[Décr. n° 85-895 du 21 août 1985, art. 14, al. 15 à 18.]*

SECTION II DISPOSITIONS PARTICULIÈRES

SOUS-SECTION 1 CONSEIL INTERACADÉMIQUE D'ÎLE-DE-FRANCE

Art. R. 234-16 Les dispositions des articles R. 234-1 à R. 234-12 s'appliquent au conseil interacadémique d'Île-de-France compétent pour les académies de Paris, de Créteil et de Versailles, sous réserve des dispositions des articles de la présente sous-section. – *[Décr. n° 91-108 du 25 janv. 1991, art. 1er, al. 1er et 2.]*

Art. R. 234-17 Le conseil interacadémique d'Île-de-France est présidé, selon que les questions soumises aux délibérations du conseil sont de la compétence de l'État ou de la région d'Île-de-France, par le préfet de la région d'Île-de-France ou le président du conseil régional.

En cas d'empêchement du préfet de région, le conseil est présidé par le recteur de l'académie de Paris, ou lorsque les questions soumises à délibération concernent exclusivement soit l'académie de Versailles, soit l'académie de Créteil, par le recteur de l'académie concernée. Lorsque les questions examinées concernent exclusivement l'enseignement agricole, le conseil est présidé, en cas d'empêchement du préfet de région, par le directeur régional de l'alimentation, de l'agriculture et de la forêt d'Île-de-France.

En cas d'empêchement du président du conseil régional, le conseil est présidé par le conseiller régional délégué à cet effet par celui-ci.

Les suppléants des présidents ont la qualité de vice-président.

Les présidents et les vice-présidents sont membres de droit du conseil. Ils ne participent pas aux votes. – *[Décr. nº 91-108 du 25 janv. 1991, art. 2.]*

Art. R. 234-18 Outre les présidents et les vice-présidents, le conseil interacadémique d'Île-de-France comprend :

1° Vingt-sept membres représentant la région, les départements et les communes : dix conseillers régionaux, sept conseillers départementaux, à raison d'un conseiller départemental par département autre que le département de Paris, cinq conseillers de Paris ainsi que cinq maires ou conseillers municipaux ;

2° Vingt-sept membres représentant les personnels titulaires de l'État exerçant leurs fonctions dans les services administratifs et les établissements d'enseignement et de formation du premier et du second degré ainsi que les établissements publics d'enseignement supérieur :

a) Quinze représentants des personnels des services administratifs et des établissements scolaires, dont au moins un représentant des personnels enseignants exerçant ses fonctions dans les classes postbaccalauréat des lycées ;

b) Six représentants des personnels de l'enseignement supérieur ;

c) Quatre représentants des présidents d'université et directeurs d'établissements publics d'enseignement supérieur ;

d) Un représentant des services administratifs et des établissements publics d'enseignement et de formation agricole siégeant au comité régional de l'enseignement agricole ;

e) Un représentant des personnels des établissements publics d'enseignement supérieur agricole ou vétérinaire ;

3° Huit parents d'élèves et six étudiants, le président du comité économique et social de la région d'Île-de-France ou son représentant, six représentants des organisations syndicales de salariés et six représentants des organisations syndicales d'employeurs, dont un représentant des exploitants agricoles. – *[Décr. nº 91-108 du 25 janv. 1991, art. 3.]*

Art. R. 234-19 Les membres du conseil interacadémique d'Île-de-France sont désignés dans les conditions suivantes :

a) Les conseillers régionaux sont désignés par le conseil régional ;

b) Les conseillers départementaux des départements autres que celui de Paris sont désignés par leur conseil départemental. Les conseillers de Paris sont désignés par le conseil de Paris ;

c) Les maires ou conseillers municipaux sont désignés par accord entre les associations départementales des maires ou, à défaut, élus par le collège des maires de l'ensemble des départements situés dans le ressort des trois académies dans les conditions fixées au troisième alinéa du 1° de l'article R. 234-3 ;

d) Les représentants des personnels sont nommés par le préfet de la région d'Île-de-France. A cet effet, le recteur de l'académie de Paris reçoit les propositions des organisations syndicales représentatives dans les académies de Paris, de Créteil et de Versailles. Il transmet ces propositions au préfet de la région. Le directeur régional de l'alimentation, de l'agriculture et de la forêt reçoit dans les mêmes conditions les propositions des organisations syndicales représentatives des personnels relevant du ministère de l'agriculture dans la région d'Île-de-France et les transmet au préfet. Les représentants des présidents d'université et directeurs d'établissement public d'enseignement supérieur sont nommés par le préfet de la région sur proposition du recteur de l'académie de Paris ;

e) Les représentants des parents d'élèves sont nommés par le préfet de la région d'Île-de-France : sept au titre des établissements scolaires relevant du ministère de l'éducation nationale et un au titre des établissements scolaires relevant du ministère de l'agriculture. A cet effet, le recteur de l'académie de Paris et le directeur régional de l'alimentation, de l'agriculture et de la forêt reçoivent les propositions des associations de parents d'élèves représentatives dans chacune des trois académies et dans la région d'Île-de-France et les transmettent au préfet de région. La représentativité des associations de parents d'élèves est appréciée en fonction des voix obtenues aux élections aux instances représentatives des établissements d'enseignement agricole de la région d'Île-de-France ;

f) Les représentants des étudiants sont nommés par le préfet de la région d'Île-de-France. A cet effet, le recteur, chancelier des universités de Paris, reçoit les propositions des organisations représentatives des étudiants dans les trois académies. La représentativité de ces organisations est appréciée dans les conditions prévues à l'article L. 811-3 ;

g) Les représentants des organisations syndicales de salariés et d'employeurs sont nommés par le préfet de la région d'Île-de-France sur proposition des organisations représentatives des salariés et des employeurs dans la région. – *[Décr. n° 91-108 du 25 janv. 1991, art. 4.]*

Art. R. 234-20 Au sein du conseil interacadémique d'Île-de-France une section spécialisée en matière d'enseignement supérieur est chargée, lorsque la question relève de l'enseignement supérieur, de donner un avis préalable à celui du conseil. Il est rendu compte de cet avis au conseil par le recteur.

Cette section est présidée par le recteur de l'académie de Paris ou lorsque les questions soumises à délibération concernent exclusivement soit l'académie de Versailles, soit l'académie de Créteil, par le recteur de l'académie concernée. – *[Décr. n° 91-108 du 25 janv. 1991, art. 5, al. 1er et 2.]*

Art. R. 234-21 La section comprend, outre son président :

1° Vingt-six membres choisis parmi les membres mentionnés à l'article R. 234-18 : quatre représentants de la région d'Île-de-France, un représentant des départements, un représentant des communes, un représentant des personnels enseignants exerçant leurs fonctions dans les classes postbaccalauréat des lycées, un représentant des autres personnels enseignants de lycées, six représentants des personnels des établissements publics d'enseignement supérieur, quatre représentants des présidents d'université et directeurs d'établissement public d'enseignement supérieur, deux représentants des parents d'élèves, deux représentants des étudiants, deux représentants des organisations syndicales de salariés, deux représentants des organisations syndicales d'employeurs. Ces représentants sont désignés respectivement par les membres des catégories correspondantes de l'assemblée plénière ;

2° Le président du comité économique et social de la région d'Île-de-France ou son représentant ;

3° Sept membres représentant les activités économiques, de formation et de recherche : quatre représentants des organismes nationaux de recherche dont un représentant du Centre national de la recherche scientifique, un représentant des directeurs d'établissement public d'enseignement supérieur agricole ou vétérinaire ou un représentant d'un organisme national de recherche relevant du ministre chargé de l'agriculture, deux personnalités choisies en raison de leur compétence.

Ces sept membres sont nommés par le préfet de région sur proposition respectivement du recteur de Paris pour les personnalités choisies en raison de leur compétence et du *(Décr. n° 2020-1555 du 9 déc. 2020, art. 9)* « délégué régional académique à la recherche et à l'innovation » d'Île-de-France pour les représentants des organismes nationaux de recherche.

SOUS-SECTION 2 CONSEIL DE L'ÉDUCATION NATIONALE DE L'ACADÉMIE DE CORSE

Art. R. 234-22 Les dispositions des articles R. 234-1 à R. 234-15 sont applicables au conseil de l'éducation nationale de l'académie de Corse, sous réserve des dispositions de la présente sous-section. – *[Décr. n° 85-895 du 21 août 1985, art. 21, al. 1er, 1re phr.]*

Art. R. 234-22-1 *(Décr. n° 2017-1881 du 29 déc. 2017, art. 1er)* Pour l'application en Corse des articles R. 234-1 à R. 234-15, il y a lieu de lire : "président du conseil exécutif de Corse" au lieu de : "président du conseil régional".

Art. R. 234-22-2 *(Décr. n° 2017-1881 du 29 déc. 2017, art. 1er)* Pour l'application en Corse du deuxième alinéa de l'article R. 234-2, il y a lieu de lire : "1° Vingt-quatre membres représentant la collectivité de Corse et les communes : seize représentants de la collectivité de Corse et huit maires ou conseillers municipaux".

Art. R. 234-22-3 *(Décr. n° 2017-1881 du 29 déc. 2017, art. 1er)* Pour l'application en Corse des deuxième et troisième alinéas de l'article R. 234-3, il y a lieu de lire : "1°

Les représentants de la collectivité de Corse sont des conseillers élus en son sein par l'Assemblée de Corse".

Art. R. 234-23 Compte tenu des compétences dévolues par les articles L. 4424-1 à L. 4424-5 *[V. C. éduc., art. L. 215-1]* et L. 4424-34 du code général des collectivités territoriales, le conseil de l'éducation nationale de l'académie de Corse peut être consulté dans les domaines concernant l'organisation et le fonctionnement du service public d'enseignement dans l'académie et, dans ces domaines, émettre tous vœux qu'il juge utiles. – *[Décr. nº 85-895 du 21 août 1985, art. 21, al. 1er, 2e phr.]*

Art. R. 234-24 Le conseil de l'éducation nationale de Corse est notamment consulté :

1° Au titre des compétences de l'État sur les modalités générales d'attribution des dotations pour dépenses pédagogiques aux collèges, lycées, établissements d'enseignement professionnel, établissements d'éducation spéciale, lycées professionnels maritimes et établissements d'enseignement agricole visés à l'article L. 811-8 du code rural et de la pêche maritime *[V. cet art. ss. art. L. 421-22]*, les orientations du programme académique de formation continue des adultes ;

2° Au titre des compétences de la *(Décr. nº 2017-1777 du 27 déc. 2017, art. 1er)* « collectivité de Corse » sur la carte scolaire des collèges, des lycées, des établissements d'enseignement professionnel, des établissements d'éducation spéciale et des centres d'information et d'orientation, des lycées professionnels maritimes et des établissements d'enseignement agricole visés à l'article L. 811-8 du code rural et de la pêche maritime, les modalités générales d'attribution des moyens en emplois et en crédits à ces établissements, la structure pédagogique générale des établissements mentionnés ci-dessus, ainsi que sur la détermination des activités éducatives complémentaires ;

3° S'agissant de l'enseignement supérieur, sur la convention prévue par l'article L. 4424-3 du code général des collectivités territoriales *[V. C. éduc., art. L. 215-1]* passée entre la *(Décr. nº 2017-1881 du 29 déc. 2017, art. 2)* « collectivité de Corse », l'État et l'université de Corse. Le conseil est informé régulièrement par le recteur de la mise en œuvre de la carte des formations supérieures et des activités de recherche universitaire.

Art. R. 234-24-1 *(Décr. nº 2017-1881 du 29 déc. 2017, art. 3)* Pour l'application en Corse du 1° de l'article R. 234-12, le représentant de la région et le représentant des départements sont remplacés par deux représentants de la collectivité de Corse, désignés par les membres du conseil appartenant à cette catégorie.

Art. R. 234-24-2 *(Décr. nº 2017-1881 du 29 déc. 2017, art. 3)* Pour l'application en Corse du troisième alinéa de l'article R. 234-14, il y a lieu de lire : "*a)* quatre membres représentants des communes et de la collectivité de Corse, désignés par les membres du conseil appartenant à cette catégorie".

SOUS-SECTION 3 CONSEILS DE L'ÉDUCATION NATIONALE DANS LES ACADÉMIES DE GUADELOUPE, DE GUYANE, DE MARTINIQUE ET DE LA RÉUNION *(Décr. nº 2019-1553 du 30 déc. 2019, art. 1er)*.

Art. R. 234-25 Les dispositions des articles R. 234-1 à R. 234-15 et *(Décr. nº 2006-1104 du 1er sept. 2006, art. 2)* « R. 235-1 à R. 235-11-1 » sont applicables dans les régions et les départements d'outre-mer, sous réserve des dispositions de la présente sous-section.

Art. R. 234-26 Le conseil de l'éducation nationale, selon que les questions soumises à délibération sont de la compétence de l'État, de la région ou du département, est présidé par le préfet de région, par le président du conseil régional ou par le président du conseil départemental.

Les présidents des conseils de l'éducation nationale sont suppléés dans les conditions ci-après :

1° En cas d'empêchement du préfet de région, le conseil est présidé par le recteur d'académie ou, en cas d'empêchement de ce dernier, par *(Décr. nº 2012-16 du 5 janv. 2012, art. 7)* « le directeur académique des services de l'éducation nationale agissant sur délégation du recteur d'académie ». Lorsque les questions examinées concernent l'enseignement agricole, le préfet est suppléé par le directeur départemental de l'agriculture ;

2° En cas d'empêchement du président du conseil régional, le conseil de l'éducation nationale est présidé par un conseiller régional délégué à cet effet par le président du conseil régional ;

3° En cas d'empêchement du président du conseil départemental, le conseil de l'éducation nationale est présidé par un conseiller départemental délégué à cet effet par le président du conseil départemental.

Les suppléants des présidents ainsi que le directeur départemental des affaires maritimes ont la qualité de vice-président. Les présidents et les vice-présidents sont membres de droit du conseil. Ils ne participent pas aux votes.

Art. R. 234-27 Outre les présidents et les vice-présidents, le conseil comprend :

1° Vingt-deux membres représentant la région, le département et les communes : huit conseillers régionaux désignés par le conseil régional, huit conseillers départementaux désignés par le conseil départemental ainsi que six maires ou conseillers municipaux soit désignés par l'association des maires du département, soit, s'il n'existe pas d'association des maires ou s'il en existe plusieurs, élus par le collège des maires dans les conditions prévues au troisième alinéa du 1° de l'article R. 234-3 ;

2° Vingt-deux membres représentant les personnels titulaires de l'État exerçant leurs fonctions dans les services administratifs et les établissements d'enseignement et de formation du premier et du second degré ainsi que les établissements publics d'enseignement supérieur :

a) Quinze représentants des personnels des services administratifs et des établissements scolaires, dont au moins un représentant des personnels enseignants exerçant ses fonctions dans les classes postbaccalauréat des lycées ;

b) Quatre représentants des personnels des établissements publics d'enseignement supérieur ;

c) Un président d'université ou son représentant ;

d) Deux représentants des établissements d'enseignement et de formation agricole siégeant au comité régional de l'enseignement agricole ;

3° Sept parents d'élèves et trois étudiants, le président du comité économique et social de la région ou son représentant, cinq représentants des organisations syndicales de salariés, cinq représentants des organisations syndicales d'employeurs, dont un représentant des exploitants agricoles, ainsi qu'un représentant des associations complémentaires de l'enseignement public. — *[Décr. n° 85-1264 du 28 nov. 1985, art. 4, al. 1er à 8.]*

Art. R. 234-28 Pour chaque membre titulaire du conseil de l'éducation nationale, il est procédé, dans les mêmes conditions, à la désignation d'un membre suppléant. Le membre suppléant ne peut siéger et être présent à la séance qu'en l'absence du membre titulaire.

A l'exception du président du comité économique et social de la région, les membres du conseil énumérés au 2° et au 3° de l'article R. 234-27 ainsi que leurs suppléants sont désignés dans les conditions fixées à l'article R. 234-3.

Siège, en outre, à titre consultatif, un délégué départemental de l'éducation nationale nommé par le préfet. *(Décr. n° 2012-16 du 5 janv. 2012, art. 7)* « Le directeur académique des services de l'éducation nationale agissant sur délégation du recteur d'académie » reçoit à cet effet les propositions du président départemental des délégations et les transmet au préfet.

Sur l'initiative de l'un des présidents ou vice-présidents du conseil, peut être invitée à participer aux séances à titre consultatif toute personne dont la présence lui paraît utile. Toutefois, les agents des services de l'État, du département ou de la région ne peuvent être entendus par le conseil qu'après accord des autorités dont ils dépendent.

Art. R. 234-29 Pour l'application des dispositions de l'article R. 234-15, le directeur départemental des affaires maritimes est substitué au directeur interrégional de la mer.

En outre, lorsqu'il n'existe pas de lycée professionnel maritime dans le ressort du conseil de l'éducation nationale, les membres de la section spécialisée représentant les personnels et les parents d'élèves sont remplacés par quatre personnalités qualifiées dans le domaine de l'enseignement maritime, nommées par le préfet sur proposition du directeur départemental des affaires maritimes. — *[Décr. n° 85-1264 du 28 nov. 1985, art. 5.]*

Art. R. 234-30 Le conseil de l'éducation nationale se réunit sur convocation conjointe de ses trois présidents sur un ordre du jour portant sur des questions relevant à la fois de la compétence de l'État, de celle de la région et de celle du département ou sur convocation de l'un de ses présidents sur un ordre du jour portant sur des questions relevant de sa seule compétence.

L'ordre du jour des séances du conseil de l'éducation nationale est arrêté conjointement par ses trois présidents lorsqu'il porte sur des questions qui relèvent à la fois de la compétence de l'État, de celle de la région et de celle du département ou par l'un de ses présidents pour les questions qui relèvent de sa compétence.

Sur la demande des deux tiers des membres du conseil, et sur un ordre du jour déterminé, le préfet de région, le président du conseil régional et le président du conseil départemental convoquent le conseil de l'éducation nationale.

Toute question proposée à la majorité des membres du conseil figure de droit à l'ordre du jour.

Le conseil de l'éducation nationale est réuni au moins deux fois par an.

Le règlement intérieur du conseil de l'éducation nationale est établi par le préfet de région, le président du conseil régional et le président du conseil départementalet adopté par le conseil. – *[Décr. n° 85-1264 du 28 nov. 1985, art. 6.]*

Art. R. 234-31 Il est institué au sein de chaque conseil de l'éducation nationale en Guadeloupe, en Guyane, en Martinique et à La Réunion une section spécialisée en matière d'enseignement supérieur. Cette section est présidée par le recteur et chargée, lorsque la question relève de l'enseignement supérieur, de donner un avis préalable à celui de chaque conseil. Il est rendu compte de cet avis par le recteur. – *[Décr. n° 85-1264 du 28 nov. 1985, art. 6 bis, al. 1er.]*

Art. R. 234-32 La section comprend, outre son président :

1° Onze membres choisis parmi les membres mentionnés à l'article R. 234-27 un représentant de la région, un représentant du département, un représentant des communes, un représentant des personnels enseignants exerçant leurs fonctions dans les classes postbaccalauréat des lycées, deux représentants des personnels d'établissement public d'enseignement supérieur, un président d'université ou son représentant, un représentant des parents d'élèves, un représentant des étudiants, un représentant des organisations syndicales d'employeurs et un représentant des organisations syndicales de salariés, désignés respectivement par les membres des catégories correspondantes de l'assemblée plénière ;

2° Le président du comité économique et social de la région ou son représentant ;

3° Trois membres représentant les activités économiques, de formation et de recherche : un représentant des organismes nationaux de recherche, un représentant des directeurs d'établissements publics d'enseignement supérieur agricole ou vétérinaire ou un représentant d'un organisme national de recherche relevant du ministre chargé de l'agriculture, ainsi qu'une personnalité choisie en raison de ses compétences. Ces trois membres sont nommés par le préfet de région, sur proposition du recteur pour la personnalité choisie en raison de ses compétences et du délégué régional à la recherche et à la technologie pour le représentant des organismes nationaux de recherches. – *[Décr. n° 85-1264 du 28 nov. 1985, art. 6 bis, al. 2 à 4.]*

Art. R. 234-33 A La Réunion, la section spécialisée se réunit au moins une fois par an sur convocation de l'un des présidents ou du recteur.

En Guadeloupe, en Guyane et en Martinique, les trois sections spécialisées examinent obligatoirement en commun les questions qui leur sont soumises. Elles se réunissent au moins une fois par an sur convocation du recteur, à la demande de l'un des présidents ou du recteur, alternativement en Guadeloupe, en Guyane et en Martinique. Les avis préparés sont soumis à chacun des conseils, pour ce qui le concerne. – *[Décr. n° 85-1264 du 28 nov. 1985, art. 6 ter.]*

SOUS-SECTION 4 CONSEIL DE L'ÉDUCATION NATIONALE DE L'ACADÉMIE DE MAYOTTE (*Décr. nº 2019-1553 du 30 déc. 2019, art. 1er*).

Art. R. 234-33-1 Les dispositions des articles R. 234-1, R. 234-2, R. 234-4, R. 234-6 à R. 234-8, R. 234-10 à R. 234-12 et R. 235-1 à R. 235-11 ne s'appliquent pas à Mayotte.

Art. R. 234-33-2 Le conseil de l'éducation nationale, selon que les questions soumises à délibération sont de la compétence de l'État ou (*Décr. nº 2015-652 du 10 juin 2015, art. 13-1º*) « du Département de Mayotte », est présidé par le préfet de Mayotte ou par le président du conseil départemental.

Les présidents du conseil de l'éducation nationale sont suppléés dans les conditions ci-après :

1º En cas d'empêchement du préfet de Mayotte, le conseil est présidé par le (*Décr. nº 2019-1553 du 30 déc. 2019, art. 1er*) « recteur de l'académie ». Lorsque les questions examinées concernent l'enseignement agricole, le préfet est suppléé par le directeur de (*Décr. nº 2019-1553 du 30 déc. 2019, art. 1er*) « l'alimentation, de » l'agriculture et de la forêt ;

2º En cas d'empêchement du président du conseil départemental, le conseil de l'éducation nationale est présidé par un conseiller départemental délégué à cet effet par le président du conseil départemental.

Les suppléants des présidents ont la qualité de vice-président. Les présidents et les vice-présidents sont membres de droit du conseil. Ils ne participent pas aux votes.

Art. R. 234-33-3 Outre les présidents et les vice-présidents, le conseil comprend :

1º Quatorze membres représentant (*Décr. nº 2015-652 du 10 juin 2015, art. 13*) « le Département de Mayotte » et les communes : huit conseillers départementaux désignés par le conseil départemental et six maires ou conseillers municipaux soit désignés par l'association des maires de la collectivité, soit, s'il n'existe pas d'association des maires ou s'il en existe plusieurs, élus par le collège des maires dans les conditions prévues au troisième alinéa du 1º de l'article R. 234-3 ;

2º Quatorze membres représentant les personnels titulaires de l'État exerçant leurs fonctions dans les services administratifs et les établissements d'enseignement et de formation du premier et du second degré ainsi que les établissements publics d'enseignement supérieur :

a) Dix représentants des personnels des services administratifs et des établissements scolaires, dont au moins un représentant des personnels exerçant ses fonctions dans les classes post-baccalauréat des lycées ;

b) Deux représentants des personnels du ou des établissements publics d'enseignement supérieur ;

c) Un président d'établissement d'enseignement supérieur ou son représentant ;

d) Un représentant des établissements d'enseignement et de formation agricole ;

3º Six parents d'élèves et deux étudiants, le président du (*Décr. nº 2010-788 du 12 juill. 2010, art. 250*) « Conseil économique, social et environnemental régional » ou son représentant, deux représentants des organisations syndicales de salariés, deux représentants des organisations syndicales d'employeurs dont un représentant des exploitations agricoles, ainsi qu'un représentant des associations complémentaires de l'enseignement public.

Art. R. 234-33-4 Pour chaque membre titulaire du conseil de l'éducation nationale, il est procédé, dans les mêmes conditions, à la désignation d'un membre suppléant. Le membre suppléant ne peut siéger ou être présent à la séance qu'en l'absence du membre titulaire.

A l'exception du président du conseil économique et social de la collectivité, les membres du conseil énumérés au 2º et au 3º de l'article R. 234-33-3 ainsi que leurs suppléants sont désignés par le préfet de Mayotte dans les conditions fixées à l'article R. 234-3.

Siège, en outre, à titre consultatif, un délégué départemental de l'éducation nationale nommé par le préfet de Mayotte. Le (*Décr. nº 2019-1553 du 30 déc. 2019, art. 1er*) « recteur de l'académie » reçoit à cet effet les propositions du président départemental des délégations et les transmet au préfet de Mayotte.

Sur l'initiative de l'un des présidents ou vice-présidents du conseil, peut être invitée à participer aux séances à titre consultatif toute personne dont la présence lui paraît utile. Toutefois, les agents des services de l'État et *(Décr. n° 2015-652 du 10 juin 2015, art. 13)* « du Département de Mayotte » ne peuvent être entendus par le conseil qu'après accord des autorités dont ils dépendent.

Art. R. 234-33-5 Le conseil de l'éducation nationale se réunit sur convocation conjointe de ses deux présidents sur un ordre du jour portant sur des questions relevant à la fois de la compétence de l'État et *(Décr. n° 2015-652 du 10 juin 2015, art. 13)* « du Département de Mayotte » ou sur convocation de l'un de ses présidents sur un ordre du jour portant sur des questions relevant de sa seule compétence.

L'ordre du jour des séances du conseil de l'éducation nationale est arrêté conjointement par ses deux présidents lorsqu'il porte sur des questions qui relèvent à la fois de la compétence de l'État et de celle *(Décr. n° 2015-652 du 10 juin 2015, art. 13)* « du Département de Mayotte » ou par l'un de ses présidents pour les questions qui relèvent de sa compétence.

Sur la demande des deux tiers des membres du conseil, et sur un ordre du jour déterminé, le préfet de Mayotte et le président du conseil départemental convoquent le conseil de l'éducation nationale.

Toute question proposée à la majorité des membres du conseil figure de droit à l'ordre du jour.

Le conseil de l'éducation nationale est réuni au moins deux fois par an.

Le règlement intérieur du conseil de l'éducation nationale est établi par le préfet de Mayotte et le président du conseil départemental et adopté par le conseil.

Art. R. 234-33-6 Pour l'application à Mayotte de l'article R. 234-5, la référence à l'article R. 234-3 est remplacée par celle des articles R. 234-33-3 et R. 234-33-4.

Art. R. 234-33-7 Le conseil de l'éducation nationale est notamment consulté :

1° Au titre des compétences de l'État :

a) Sur la répartition entre les communes intéressées, à défaut d'accord entre celles-ci, des charges des écoles maternelles, des classes enfantines et des écoles élémentaires publiques ;

b) Sur la répartition des emplois d'enseignant des écoles maternelles et élémentaires publiques ;

c) Sur le montant de l'indemnité de logement allouée dans chaque commune aux instituteurs ;

d) Sur le règlement type départemental des écoles maternelles et élémentaires ;

e) Sur la structure pédagogique générale des collèges, des lycées, des établissements d'éducation spéciale et des établissements d'enseignement agricole ;

f) Sur la liste annuelle des opérations de construction ou d'extension des collèges, des lycées, des établissements d'éducation spéciale et des établissements d'enseignement agricole ;

g) Sur les modalités générales d'attribution des moyens en emplois et des dotations en crédits ou en nature pour les dépenses pédagogiques des collèges, des lycées, des établissements d'éducation spéciale et des établissements d'enseignement agricole ;

h) Sur les orientations du programme académique de formation continue des adultes ;

i) Sur le schéma prévisionnel des formations des collèges, des lycées, des établissements d'éducation spéciale et des établissements d'enseignement agricole ;

j) Sur le programme prévisionnel des investissements relatifs aux collèges, aux lycées, aux établissements d'éducation spéciale et aux établissements d'enseignement agricole ;

k) Sur les aspects locaux de la carte des formations supérieures et de la recherche prévue à l'article L. 614-3 du code de l'éducation ;

2° Au titre des compétences *(Décr. n° 2015-652 du 10 juin 2015, art. 13)* « du Département de Mayotte », sur l'organisation et le fonctionnement des transports scolaires.

SOUS-SECTION 5 CONSEIL DE L'ÉDUCATION NATIONALE DE L'ACADÉMIE DE LYON

(Décr. nº 2015-425 du 15 avr. 2015, art. 1er)

Art. R. 234-33-8 Les dispositions des articles R. 234-1 à R. 234-12 s'appliquent au conseil de l'éducation nationale de l'académie de Lyon.

Toutefois :

1° Le 1° de l'article R. 234-2 est remplacé par un alinéa ainsi rédigé :

"1° Vingt-quatre membres représentant la région, la métropole de Lyon, les départements et les communes : huit conseillers régionaux, six conseillers départementaux, deux conseillers de la métropole de Lyon ainsi que huit maires ou conseillers municipaux." ;

2° Le troisième alinéa de l'article R. 234-3 est remplacé par un alinéa ainsi rédigé :

"Chacun des trois conseils départementaux désigne deux conseillers départementaux. Les conseillers de la métropole de Lyon sont désignés par le conseil de la métropole de Lyon."

SECTION III DISPOSITIONS RELATIVES AU CONSEIL ACADÉMIQUE DE L'ÉDUCATION NATIONALE DANS LA FORMATION PRÉVUE À L'ARTICLE L. 234-2 *(Décr. nº 2015-856 du 13 juill. 2015, art. 5-1º).*

SOUS-SECTION 1 DISPOSITIONS GÉNÉRALES

Art. R. 234-34 Les quatre représentants des personnels *(Décr. nº 2015-856 du 13 juill. 2015, art. 5)* « enseignants titulaires » de l'enseignement public du premier et du second degré, mentionnés au 3° de l'article L. 234-2, sont élus *(Décr. nº 2015-856 du 13 juill. 2015, art. 5)* « en son sein par le conseil académique de l'éducation nationale » selon les modalités suivantes :

Une liste de présentation de quatre enseignants titulaires de l'éducation nationale est dressée au scrutin majoritaire plurinominal à deux tours par *(Décr. nº 2015-856 du 13 juill. 2015, art. 5)* « les quinze représentants des personnels titulaires relevant du ministère de l'éducation nationale mentionnés au *a* du 2° de l'article R. 234-2 » ;

Cette liste de présentation est soumise à l'approbation du conseil académique de l'éducation nationale, dans sa formation plénière fixée par l'article R. 234-2 ;

En cas de rejet de la liste présentée, le conseil procède sans présentation préalable, en formation plénière, à l'élection des quatre enseignants titulaires de l'éducation nationale, au scrutin majoritaire plurinominal à deux tours.

Art. R. 234-35 Les élections professionnelles sur la base desquelles est déterminée la représentativité des organisations syndicales mentionnées au 4° de l'article L. 234-2 sont les élections aux commissions consultatives mixtes départementales *(Décr. nº 2015-856 du 13 juill. 2015, art. 5)* « , aux commissions consultatives mixtes interdépartementales » et aux commissions consultatives mixtes académiques *(Décr. nº 2015-856 du 13 juill. 2015, art. 5)* « prévues par les articles R. 914-3-1, R. 914-4, R. 914-6 et R. 914-7 ».

Art. R. 234-36 En cas de vacance pour quelque cause que ce soit du siège d'un représentant des personnels de l'enseignement public du premier et du second degré, il est pourvu, jusqu'au renouvellement du conseil, à son remplacement par un représentant élu dans les conditions fixées à l'article R. 234-34.

En cas de vacance pour quelque cause que ce soit du siège d'un représentant des personnels enseignants des établissements d'enseignement privés sous contrat ou du représentant des personnels de direction en fonction dans les établissements d'enseignement privés hors contrat, il est pourvu à son remplacement dans les conditions fixées à l'article R. 234-35. – *[Décr. nº 86-642 du 19 mars 1986, art. 3.]*

Art. R. 234-37 *(Décr. nº 2015-856 du 13 juill. 2015, art. 5)* Le conseil réuni dans la formation prévue à l'article L. 234-2 est saisi par le recteur d'académie lorsqu'il est appelé à rendre un avis dans les cas prévus au II de l'article L. 234-6.

Le recteur d'académie désigne un rapporteur parmi les membres du conseil. Son rapport doit indiquer clairement les faits ou les manquements reprochés à la personne poursuivie et les circonstances dans lesquelles ils se sont produits.

La personne poursuivie est convoquée par le recteur d'académie quinze jours au moins avant la date de la réunion, par lettre recommandée avec demande d'avis de réception. La convocation mentionne les faits reprochés à la personne poursuivie et lui indique qu'elle a le droit de se faire assister par un ou plusieurs défenseurs de son choix.

Le rapport du rapporteur est mis à la disposition de la personne poursuivie huit jours au moins avant la date fixée pour la réunion du conseil et est porté à la connaissance des membres du conseil par le président, en début de séance.

La personne poursuivie peut présenter devant le conseil des observations écrites ou orales, citer des témoins et se faire assister par un ou plusieurs défenseurs de son choix. Le droit de citer des témoins appartient également à l'administration.

Pendant la première partie de la séance, sont présents les membres du conseil, l'intéressé et, le cas échéant, son ou ses défenseurs. Ils entendent séparément chaque témoin cité. A la demande d'un membre du conseil, de la personne poursuivie ou de son ou ses défenseurs, le président peut décider de procéder à une confrontation des témoins ou à une nouvelle audition d'un témoin déjà entendu. La personne poursuivie et, le cas échéant, son ou ses défenseurs peuvent, à tout moment de la procédure devant le conseil, demander au président l'autorisation d'intervenir afin de présenter des observations orales. Après que la personne poursuivie et, le cas échéant, son défenseur ont été invités à présenter d'ultimes observations, le conseil délibère à huis clos.

S'il ne se juge pas suffisamment éclairé sur les circonstances dans lesquelles les faits reprochés se sont produits, le conseil peut, à la majorité des membres présents, ordonner une enquête.

Le conseil académique de l'éducation nationale réuni dans la formation prévue à l'article L. 234-2 émet, à la majorité des membres présents, un avis motivé sur les suites qui lui paraissent devoir être réservées à la procédure disciplinaire engagée. Conformément aux dispositions du III de l'article L. 234-6, en cas de partage égal des voix, la voix du président est prépondérante.

Art. R. 234-38 *Abrogé par Décr. n° 2015-856 du 13 juill. 2015, art. 5.*

SOUS-SECTION 2 DISPOSITIONS PARTICULIÈRES AU CONSEIL INTERACADÉMIQUE D'ÎLE-DE-FRANCE

Art. R. 234-39 Outre le président, le conseil interacadémique d'Île-de-France siégeant *(Décr. n° 2015-856 du 13 juill. 2015, art. 5)* « dans la formation prévue à l'article L. 234-2 » comprend :

1° Un représentant des présidents d'université nommé par le recteur de l'académie de Paris ;

2° Trois inspecteurs pédagogiques régionaux-inspecteurs d'académie et un inspecteur de l'éducation nationale nommés par le recteur de l'académie de Paris ;

3° Cinq représentants des personnels de l'enseignement public du premier et du second degré élus en son sein par le conseil interacadémique de l'éducation nationale d'Île-de-France parmi les personnels enseignants titulaires de l'éducation nationale ;

4° Quatre représentants des personnels enseignants des établissements d'enseignement privés sous contrat, nommés par le recteur de l'académie de Paris sur proposition des organisations syndicales les plus représentatives, proportionnellement aux résultats des élections professionnelles constatés dans chaque académie et regroupés au niveau interacadémique, et un représentant des personnels de direction en fonction dans les établissements d'enseignement privés hors contrat, nommé par le recteur de l'académie de Paris, sur proposition de l'organisation la plus représentative.

Lorsque le conseil exerce des compétences relatives à l'enseignement supérieur privé, un administrateur d'un établissement privé relevant de cet enseignement, nommé par le recteur de l'académie de Paris, lui est adjoint.

Avant chaque nomination au titre des 1°, 2° et 4° ci-dessus, le recteur de l'académie de Paris consulte les recteurs des académies de Créteil et de Versailles.

Art. R. 234-40 Pour les désignations prévues au 3° de l'article R. 234-39, une liste de présentation de cinq enseignants titulaires de l'éducation nationale est dressée au scrutin majoritaire plurinominal à deux tours par *(Décr. n° 2015-856 du 13 juill. 2015, art. 5)* « les quinze représentants des personnels titulaires relevant du ministère de l'éducation nationale mentionnés au *a* du 2° de l'article R. 234-18 ». Cette liste de présentation est soumise à l'approbation du conseil interacadémique d'Île-de-France dans sa formation plénière fixée par l'article R. 234-18. En cas de rejet de la liste présentée, le conseil procède, sans présentation préalable, en formation plénière à l'élection de cinq enseignants titulaires de l'éducation nationale au scrutin majoritaire plurinominal à deux tours.

Art. R. 234-41 Les élections professionnelles sur la base desquelles est déterminée la représentativité des organisations syndicales mentionnées au 4° de l'article R. 234-39 sont les élections aux *(Décr. n° 2015-856 du 13 juill. 2015, art. 5)* « commissions consultatives mixtes départementales, aux commissions consultatives mixtes interdépartementales » et aux *(Décr. n° 2015-856 du 13 juill. 2015, art. 5)* « commissions consultatives mixtes académiques prévues par les articles R. 914-3-1, R. 914-4, R. 914-6 et R. 914-7 ».

Art. R. 234-42 Lorsque le conseil interacadémique d'Île-de-France exerce les compétences énumérées *(Décr. n° 2015-856 du 13 juill. 2015, art. 5)* « à l'article L. 234-6 », il est présidé par le recteur de l'académie de Paris. Toutefois, lorsque les questions soumises à *(Décr. n° 2015-856 du 13 juill. 2015, art. 5)* « son avis » concernent exclusivement soit l'académie de Versailles, soit l'académie de Créteil, il est présidé par le recteur de l'académie concernée.

Art. R. 234-43 Lorsque le conseil interacadémique d'Île-de-France siège *(Décr. n° 2015-856 du 13 juill. 2015, art. 5)* « dans la formation prévue à l'article L. 234-2 », les dispositions des articles R. 234-36 *(Décr. n° 2015-856 du 13 juill. 2015, art. 5)* « et R. 234-37 » sont également applicables.

SOUS-SECTION 3 DISPOSITIONS PARTICULIÈRES AU CONSEIL DE L'ÉDUCATION NATIONALE DE MAYOTTE

(Décr. n° 2008-1206 du 20 nov. 2008, art. 2)

Art. R. 234-44 Pour l'application à Mayotte de l'article L. 234-2 :

1° *Abrogé par Décr. n° 2019-1553 du 30 déc. 2019, art. 1er.*

2° Le 2° est ainsi rédigé : "2° Un inspecteur d'académie-inspecteur pédagogique régional, un inspecteur d'académie-inspecteur pédagogique régional ou un inspecteur de l'éducation nationale chargé de l'enseignement technique et un inspecteur de l'éducation nationale nommés par le *(Décr. n° 2019-1553 du 30 déc. 2019, art. 1er)* « recteur de l'académie »."

Art. R. 234-45 Pour l'application à Mayotte de l'article R. 234-34, le mot : "quinze" est supprimé et la référence à l'article R. 234-2 est remplacée par celle à l'article R. 234-33-3.

CHAPITRE V LES CONSEILS DÉPARTEMENTAUX DE L'ÉDUCATION NATIONALE

SECTION PREMIÈRE DISPOSITIONS GÉNÉRALES

Art. R. 235-1 Les présidents des conseils de l'éducation nationale institués dans les départements sont suppléés dans les conditions ci-après :

1° En cas d'empêchement du préfet du département, le conseil est présidé par *(Décr. n° 2012-16 du 5 janv. 2012, art. 7)* « le directeur académique des services de l'éducation nationale agissant sur délégation du recteur d'académie » ;

2° En cas d'empêchement du président du conseil départemental, le conseil est présidé par le conseiller départemental délégué à cet effet par le président du conseil départemental.

Les suppléants des présidents ont la qualité de vice-présidents.

Les présidents et les vice-présidents sont membres de droit des conseils. Ils ne participent pas aux votes.

Art. R. 235-2 Outre les présidents et les vice-présidents, les conseils comprennent :

1° Dix membres représentant les communes, le département et la région : quatre maires désignés dans les conditions fixées à l'article R. 235-3, cinq conseillers départementaux désignés par le conseil départemental, un conseiller régional désigné par le conseil régional ;

2° Dix membres représentant les personnels titulaires de l'État exerçant leurs fonctions dans les services administratifs et les établissements d'enseignement et de formation des premier et second degrés situés dans le département et désignés dans les conditions fixées à l'article R. 235-3 ;

3° Dix membres représentant les usagers, dont sept parents d'élèves désignés dans les conditions fixées à l'article R. 235-3, un représentant des associations complémentaires de l'enseignement public nommé par le préfet sur proposition *(Décr. n° 2012-16 du 5 janv. 2012, art. 7)* « du directeur académique des services de l'éducation nationale agissant sur délégation du recteur d'académie » et deux personnalités nommées en raison de leur compétence dans le domaine économique, social, éducatif et culturel, l'une par le préfet du département, l'autre par le président du conseil départemental.

Art. R. 235-3 Les maires sont désignés par l'association départementale des maires ou, à défaut, élus par le collège des maires du département à la représentation proportionnelle à la plus forte moyenne, sans adjonction ni suppression de noms et sans modification de l'ordre de présentation. Sur chaque liste, les sièges sont attribués aux candidats d'après l'ordre de présentation. Le vote peut avoir lieu par correspondance. Le collège des maires est convoqué par le préfet.

Si une ou plusieurs communautés urbaines existent dans le département, l'un des quatre sièges réservés aux maires est occupé par un conseiller communautaire élu par le conseil de la communauté ou par les conseils des communautés réunis à cet effet.

Les représentants des personnels sont nommés par le préfet du département. *(Décr. n° 2012-16 du 5 janv. 2012, art. 7)* « Le directeur académique des services de l'éducation nationale agissant sur délégation du recteur d'académie » reçoit à cet effet les propositions des organisations syndicales représentatives dans le département et transmet les propositions au préfet.

Les représentants des parents d'élèves sont nommés par le préfet du département. *(Décr. n° 2012-16 du 5 janv. 2012, art. 7)* « Le directeur académique des services de l'éducation nationale agissant sur délégation du recteur d'académie » reçoit à cet effet les propositions des associations de parents d'élèves représentatives dans le département et les transmet au préfet. La représentativité des associations de parents d'élèves est appréciée en fonction du nombre de voix obtenues dans le département lors des élections des parents d'élèves dans les instances représentatives des établissements scolaires.

Art. R. 235-4 Pour chaque membre titulaire du conseil de l'éducation nationale, il est procédé, dans les mêmes conditions, à la désignation d'un membre suppléant. Le membre suppléant ne peut siéger et être présent à la séance qu'en l'absence du membre titulaire. – *[Décr. n° 85-895 du 21 août 1985, art. 3, al. 9.]*

Art. R. 235-5 Siège en outre à titre consultatif un délégué départemental de l'éducation nationale nommé par le préfet du département. *(Décr. n° 2012-16 du 5 janv. 2012, art. 7)* « Le directeur académique des services de l'éducation nationale agissant sur délégation du recteur d'académie » reçoit à cet effet les propositions du président départemental des délégations et les transmet au préfet.

L'un des présidents ou vice-présidents peut inviter à assister aux séances, avec voix consultative, toute personne dont la présence lui paraît utile. Toutefois, les agents des services de l'État dans le département ou des services du département ne peuvent être entendus par le conseil qu'après accord des autorités dont ils dépendent.

Art. R. 235-6 La durée des mandats des membres titulaires et suppléants du conseil départemental de l'éducation nationale est de trois ans. Tout membre qui perd la qualité en raison de laquelle il a été nommé perd sa qualité de membre du conseil.

En cas de décès, de vacance ou d'empêchement définitif, il est procédé dans le délai de trois mois et pour la durée du mandat en cours, au remplacement des membres dans les mêmes conditions que celles prévues à l'article R. 235-3. – *[Décr. n° 85-895 du 21 août 1985, art. 4.]*

Art. R. 235-7 L'ordre du jour des séances du conseil départemental de l'éducation nationale est arrêté conjointement par ses deux présidents lorsqu'il porte sur des questions qui relèvent de la compétence de l'État et de la compétence de la collectivité territoriale ou par l'un des présidents pour les questions qui relèvent de sa compétence.

Le conseil départemental de l'éducation nationale se réunit sur convocation conjointe de ses deux présidents sur un ordre du jour portant sur des questions qui relèvent de la compétence de l'État et de la compétence de la collectivité territoriale ou sur convocation de l'un de ses présidents sur un ordre du jour portant sur des questions relevant de sa compétence.

Sur la demande des deux tiers des membres du conseil et sur un ordre du jour déterminé, le préfet du département et le président du conseil départemental convoquent le conseil de l'éducation nationale.

Toute question proposée à la majorité des membres du conseil figure de droit à l'ordre du jour. – *[Décr. n° 85-895 du 21 août 1985, art. 5, al. 1er à 4.]*

Art. R. 235-8 Le conseil de l'éducation nationale est réuni au moins deux fois par an. – *[Décr. n° 85-895 du 21 août 1985, art. 5, al. 5.]*

Art. R. 235-9 Le règlement intérieur du conseil départemental de l'éducation nationale est établi conjointement par le préfet et par le président du conseil départemental et adopté par le conseil. – *[Décr. n° 85-895 du 21 août 1985, art. 6.]*

Art. R. 235-10 Le conseil départemental de l'éducation nationale peut être consulté et émettre des vœux sur toute question relative à l'organisation et au fonctionnement du service public d'enseignement dans le département. – *[Décr. n° 85-895 du 21 août 1985, art. 7, al. 1er.]*

Art. R. 235-11 Le conseil départemental de l'éducation est notamment consulté :

1° Au titre des compétences de l'État ;

a) Sur la répartition entre les communes intéressées, à défaut d'accord entre celles-ci, des charges des écoles maternelles, des classes enfantines et des écoles élémentaires publiques ;

b) Sur la répartition des emplois d'enseignants des écoles maternelles et élémentaires publiques ;

c) Sur le règlement type départemental des écoles maternelles et élémentaires ;

d) Sur la structure pédagogique générale des collèges du département ;

e) Sur les modalités générales d'attribution des moyens en emplois et des dotations financières, ou en nature, pour les dépenses pédagogiques des collèges du département ;

f) Sur le montant de l'indemnité de logement allouée dans chaque commune aux instituteurs ;

2° Au titre des compétences du département :

a) Sur l'organisation et le fonctionnement des transports scolaires ;

b) Sur le programme prévisionnel des investissements relatifs aux collèges ;

c) Sur les modalités générales d'attribution des subventions allouées aux collèges du département. – *[Décr. n° 85-895 du 21 août 1985, art. 7, al. 2 à 13.]*

Art. R. 235-11-1 *(Décr. n° 2006-1104 du 1er sept. 2006, art. 2)* Le conseil départemental de l'éducation nationale peut instituer, selon des modalités définies dans le règlement intérieur prévu à l'article R. 235-9, une section spécialisée. Cette section spécialisée peut être saisie, pour avis, de mesures destinées à renforcer l'assiduité scolaire, et notamment des aides aux familles envisagées à cette fin par le président du conseil départemental. Elle est également informée de leur mise en œuvre.

Cette section est présidée, selon que les questions qui lui sont soumises relèvent de la compétence de l'État ou du département, par le préfet du département ou par le président du conseil départemental.

Elle comprend, outre des membres du conseil départemental représentant les trois catégories mentionnées à l'article R. 235-2, dont le nombre est déterminé par délibération du conseil départemental siégeant en formation plénière, deux membres représentant les organismes débiteurs des prestations familiales nommés par le préfet sur proposition desdits organismes et deux membres représentant les associations familiales nommés par le président du conseil départemental sur proposition de l'union départementale des associations familiales.

SECTION II DISPOSITIONS PARTICULIÈRES AU DÉPARTEMENT DE PARIS

Art. R. 235-12 Le conseil de l'éducation nationale institué dans le département de Paris est présidé, selon que les questions soumises à délibération sont de la compétence de l'État ou du département, par le préfet du département de Paris ou par le maire de Paris.

En cas d'empêchement du préfet, le conseil est présidé par le recteur de l'académie de Paris ou, en cas d'empêchement de ce dernier, par le directeur de l'académie de Paris.

En cas d'empêchement du maire de Paris, le conseil est présidé par un conseiller de Paris délégué à cet effet par le maire.

Les suppléants des présidents ont la qualité de vice-président.

Les présidents et les vice-présidents sont membres de droit du conseil. Ils ne participent pas aux votes. – *[Décr. n° 91-108 du 25 janv. 1991, art. 7.]*

Art. R. 235-13 Outre les présidents et les vice-présidents, le conseil comprend :

1° Dix conseillers de Paris dont quatre maires d'arrondissement ;

2° Dix membres représentant les personnels titulaires de l'État exerçant leurs fonctions dans les services administratifs et les établissements d'enseignement et de formation des premier et second degrés situés dans le département ;

3° Sept parents d'élèves, un représentant des associations complémentaires de l'enseignement public et deux personnalités nommées en raison de leur compétence dans les domaines économique, social, éducatif ou culturel. – *[Décr. n° 91-108 du 25 janv. 1991, art. 8.]*

Art. R. 235-14 Les membres du conseil de l'éducation nationale de Paris sont désignés dans les conditions suivantes :

1° Les conseillers de Paris sont désignés par le Conseil de Paris.

2° Les représentants des personnels des établissements scolaires sont nommés par le préfet du département de Paris. A cet effet, le directeur des services académiques de l'éducation nationale de Paris reçoit les propositions des organisations syndicales représentatives dans le département et les transmet au préfet.

3° Les représentants des parents d'élèves sont nommés par le préfet du département de Paris. A cet effet, le directeur des services académiques de l'éducation nationale de Paris reçoit les propositions des associations des parents d'élèves représentatives dans le département et les transmet au préfet. La représentativité des associations des parents d'élèves est appréciée en fonction des voix obtenues aux élections aux instances représentatives des établissements scolaires dans le département. Le représentant des associations complémentaires de l'enseignement public est nommé par le préfet de Paris sur proposition du directeur des services académiques de l'éducation nationale de Paris. Les deux personnalités sont nommées, l'une par le préfet du département, l'autre par le maire de Paris.

Pour chaque membre titulaire du conseil de l'éducation nationale, il est procédé, dans les mêmes conditions, à la désignation d'un membre suppléant. Le membre suppléant ne peut siéger et être présent à la séance qu'en l'absence du membre titulaire. – *[Décr. n° 91-108 du 25 janv. 1991, art. 9, al. 1er à 4.]*

Art. R. 235-15 Siège, en outre, à titre consultatif, un délégué départemental de l'éducation nationale désigné par le préfet du département de Paris. Le directeur des services académiques de l'éducation nationale de Paris reçoit à cet effet les propositions du président départemental des délégations et les transmet au préfet.

L'un des présidents ou vice-présidents peut inviter à assister aux séances, avec voix consultative, toute personne dont la présence lui paraît utile. Toutefois, les agents des services de l'État dans le département ou des services du département ne peuvent être entendus par le conseil qu'après accord des autorités dont ils dépendent. – *[Décr. n° 91-108 du 25 janv. 1991, art. 9, al. 6.]*

Art. R. 235-16 Les dispositions des articles *(Décr. n° 2006-1104 du 1er sept. 2006, art. 2)* « R. 235-1 à R. 235-11-1 » s'appliquent également au conseil de l'éducation nationale de Paris sous réserve des articles de la présente section.

SECTION III DISPOSITIONS PARTICULIÈRES AUX CIRCONSCRIPTIONS DÉPARTEMENTALES DE CORSE *(Décr. n° 2017-1881 du 29 déc. 2017, art. 4)*.

Art. R. 235-17 Les dispositions des articles *(Décr. n° 2006-1104 du 1er sept. 2006, art. 2)* « R. 235-1 à R. 235-11-1 » sont applicables au conseil de l'éducation nationale de *(Décr. n° 2017-1881 du 29 déc. 2017, art. 5)* « chacune des deux circonscriptions départementales » de Corse, sous réserve *(Décr. n° 2017-1881 du 29 déc. 2017, art. 5)* « des dispositions de la présente section et » des dispositions relatives aux compétences en matière de collèges qui relèvent du conseil de l'éducation nationale de l'académie de Corse conformément aux dispositions des articles R. 234-22 à R. 234-24.

Art. R. 235-17-1 *(Décr. n° 2017-1881 du 29 déc. 2017, art. 6)* Pour l'application en Corse des articles R. 235-1 à R. 235-11-1, il y a lieu de lire : "président du conseil exécutif de Corse" au lieu de : "président du conseil départemental".

Art. R. 235-17-2 *(Décr. n° 2017-1881 du 29 déc. 2017, art. 6)* Pour l'application en Corse du 1° de l'article R. 235-2, il y a lieu de lire : "1° Dix membres représentant les communes et la collectivité de Corse : quatre maires désignés dans les conditions fixées à l'article R. 235-3 et six conseillers élus en son sein par l'Assemblée de Corse".

Art. R. 235-17-3 *(Décr. n° 2017-1881 du 29 déc. 2017, art. 6)* Pour l'application en Corse de l'article R. 235-5, il y a lieu de lire : "services de la collectivité de Corse" au lieu de : "services du département" et, pour l'application du 2° de l'article R. 235-11, "compétences de la collectivité de Corse" au lieu de : "compétences du département".

SECTION IV DISPOSITIONS PARTICULIÈRES À LA CIRCONSCRIPTION DÉPARTEMENTALE DU RHÔNE

(Décr. n° 2015-425 du 15 avr. 2015, art. 2)

Art. R. 235-18 Les présidents du conseil de l'éducation nationale institué dans la circonscription départementale du Rhône sont suppléés dans les conditions ci-après :

1° En cas d'empêchement du préfet du Rhône, le conseil est présidé par le directeur académique des services de l'éducation nationale agissant sur délégation du recteur d'académie ;

2° En cas d'empêchement du président du conseil départemental, le conseil est présidé par le conseiller départemental délégué à cet effet par le président du conseil départemental ;

3° En cas d'empêchement du président du conseil de la métropole, le conseil est présidé par le conseiller métropolitain délégué à cet effet par le président du conseil de la métropole.

Les suppléants des présidents ont la qualité de vice-présidents.

Les présidents et les vice-présidents sont membres de droit des conseils. Ils ne participent pas aux votes.

Art. R. 235-19 Outre les présidents et les vice-présidents, le conseil comprend :

1° Sept représentants des collectivités territoriales pris, dans les conditions prévues à l'article R. 235-26, parmi les dix élus suivants : trois maires de la circonscription départementale du Rhône désignés dans les conditions fixées à l'article R. 235-22, trois conseillers départementaux désignés par le conseil départemental, trois conseillers métropolitains désignés par le conseil de la métropole de Lyon, un conseiller régional désigné par le conseil régional ;

2° Sept membres représentant les personnels titulaires de l'État exerçant leurs fonctions dans les services administratifs et les établissements d'enseignement et de formation des premier et second degrés situés dans la circonscription départementale et désignés dans les conditions fixées à l'article R. 235-22 ;

3° Sept membres représentant les usagers, dont cinq parents d'élèves désignés dans les conditions fixées à l'article R. 235-22, un représentant des associations complémentaires de l'enseignement public nommé par le préfet sur proposition du directeur académique des services de l'éducation nationale, agissant sur délégation du recteur d'académie, et une personnalité nommée en raison de ses compétences dans le domaine économique, social, éducatif et culturel, conjointement par le préfet du Rhône, le président du conseil départemental et le président du conseil de la métropole de Lyon.

Art. R. 235-20 Pour chaque membre titulaire, il est procédé, dans les mêmes conditions, à la désignation d'un membre suppléant. Le membre suppléant ne peut siéger et être présent à la séance qu'en l'absence du membre titulaire.

Art. R. 235-21 La durée des mandats des membres titulaires et suppléants est de trois ans. Tout membre qui perd la qualité en raison de laquelle il a été nommé perd sa qualité de membre du conseil.

En cas de décès, de vacance ou d'empêchement définitif, il est procédé, dans le délai de trois mois et pour la durée du mandat en cours, au remplacement des membres dans les mêmes conditions que celles prévues à l'article R. 235-22.

Art. R. 235-22 Les maires sont désignés par l'association représentative des maires de la circonscription départementale du Rhône ou, à défaut, élus par le collège des maires de la circonscription départementale du Rhône à la représentation proportionnelle à la plus forte moyenne, sans adjonction ni suppression de noms et sans modification de l'ordre de présentation. Sur chaque liste, les sièges sont attribués aux candidats d'après l'ordre de présentation. Le vote peut avoir lieu par correspondance. Le collège des maires est convoqué par le préfet.

Les représentants des personnels sont nommés par le préfet du Rhône. Le directeur académique des services de l'éducation nationale, agissant sur délégation du recteur d'académie, reçoit à cet effet les propositions des organisations syndicales représentatives dans la circonscription départementale et transmet les propositions au préfet.

Les représentants des parents d'élèves sont nommés par le préfet du Rhône. Le directeur académique des services de l'éducation nationale, agissant sur délégation du recteur d'académie, reçoit à cet effet les propositions des associations de parents d'élèves représentatives dans la circonscription départementale et les transmet au préfet. La représentativité des associations de parents d'élèves est appréciée en fonction du nombre de voix obtenues dans la circonscription départementale lors des élections des parents d'élèves dans les instances représentatives des établissements d'enseignement scolaire.

Art. R. 235-23 Siège en outre, à titre consultatif, un délégué de l'éducation nationale pour la circonscription départementale du Rhône nommé par le préfet du Rhône. Le directeur académique des services de l'éducation nationale, agissant sur délégation du recteur d'académie, reçoit à cet effet les propositions du président départemental des délégations et les transmet au préfet.

L'un des présidents ou vice-présidents peut inviter à assister aux séances, avec voix consultative, toute personne dont la présence lui paraît utile. Toutefois, les agents des services de l'État dans la circonscription départementale ainsi que ceux des services du département du Rhône ou de la métropole de Lyon ne peuvent être entendus par le conseil qu'après accord des autorités dont ils dépendent.

Art. R. 235-24 L'ordre du jour des séances du conseil de l'éducation nationale institué dans la circonscription départementale du Rhône est arrêté conjointement par ses trois présidents lorsqu'il porte sur des questions qui relèvent de la compétence de l'État et de la compétence des deux collectivités territoriales ou par un ou par deux de ses présidents selon les compétences en cause pour les questions soumises aux délibérations du conseil.

Le conseil se réunit sur convocation conjointe de ses trois présidents sur un ordre du jour portant sur des questions qui relèvent de la compétence de l'État et de la compétence des deux collectivités territoriales ou sur convocation d'un ou de deux de ses présidents selon les compétences en cause pour les questions soumises aux délibérations du conseil.

Les deux tiers des membres du conseil admis à participer au vote, dans les conditions fixées à l'article R. 235-26, peuvent demander sa convocation sur un ordre du jour déterminé. Lorsque la question inscrite à l'ordre du jour relève d'une compétence de la métropole de Lyon ou du conseil départemental du Rhône, les voix respectives des membres représentant le conseil départemental ou la métropole ne sont pas prises en compte. Le conseil est convoqué dans les conditions fixées au deuxième alinéa du présent article.

Toute question proposée à la majorité des membres du conseil admis à participer au vote dans les conditions fixées à l'article R. 235-26 figure de droit à l'ordre du jour.

Le conseil se réunit au moins deux fois par an.

Art. R. 235-25 Le règlement intérieur du conseil de l'éducation nationale institué dans la circonscription départementale du Rhône est préparé conjointement par le préfet du Rhône, par le président du conseil départemental du Rhône et par le président du conseil de la métropole de Lyon. Il est adopté par le conseil.

Art. R. 235-26 Lorsque le conseil de l'éducation nationale institué dans la circonscription départementale du Rhône est appelé à rendre un avis sur une question relevant d'une compétence exercée par le conseil départemental du Rhône, les représentants de la métropole de Lyon ne participent pas au vote.

Lorsque le conseil de l'éducation nationale institué dans la circonscription départementale du Rhône est appelé à rendre un avis sur une question relevant d'une compétence exercée par la métropole de Lyon, les représentants du conseil départemental du Rhône ne participent pas au vote.

Lorsque le conseil de l'éducation nationale institué dans la circonscription départementale du Rhône est appelé à rendre un avis sur une question relevant d'une compétence exercée par l'État, à délibérer dans les conditions fixées à l'article R. 235-29, ou adopte le règlement intérieur prévu à l'article R. 235-25, ou se prononce sur toute autre question ne relevant pas de la compétence exclusive du conseil départemental du Rhône ou de la métropole de Lyon, les représentants des collectivités mentionnés au 1° de l'article R. 235-19 admis à participer au vote sont au nombre de sept :

– deux des trois conseillers départementaux pour le conseil départemental du Rhône désignés par ce conseil ;

– deux des trois conseillers métropolitains pour la métropole de Lyon désignés par le conseil de la métropole ;

– deux maires, après tirage au sort, sauf accord entre eux, de celui des trois maires qui ne prend pas part à la délibération ;

– le représentant du conseil régional.

Art. R. 235-27 Pour chaque point de l'ordre du jour, le quorum est atteint lorsque la moitié au moins des membres admis à participer à la délibération en vertu de l'article R. 235-26 concourt à celle-ci :

– en étant présent ;

– en étant représenté ; ou

– en prenant part aux débats au moyen d'une conférence téléphonique ou audiovisuelle satisfaisant aux conditions fixées par l'ordonnance n° 2014-1329 du 6 novembre 2014 relative aux délibérations à distance des instances administratives à caractère collégial.

Art. R. 235-28 I. – Le conseil de l'éducation nationale institué dans la circonscription départementale du Rhône peut être consulté et émettre des vœux sur toute question relative à l'organisation et au fonctionnement du service public d'enseignement dans la circonscription départementale du Rhône.

II. – Il est notamment consulté :

1° Au titre des compétences de l'État :

a) Sur la répartition entre les communes intéressées, à défaut d'accord entre celles-ci, des charges des écoles maternelles, des classes enfantines et des écoles élémentaires publiques ;

b) Sur la répartition des emplois d'enseignants des écoles maternelles et élémentaires publiques ;

c) Sur le règlement type des écoles maternelles et élémentaires pour la circonscription départementale du Rhône ;

d) Sur la structure pédagogique générale des collèges de la circonscription départementale du Rhône ;

e) Sur les modalités générales d'attribution des moyens en emplois et des dotations financières, ou en nature, pour les dépenses pédagogiques des collèges de la circonscription départementale du Rhône ;

f) Sur le montant de l'indemnité de logement allouée dans chaque commune aux instituteurs ;

2° Au titre des compétences du département du Rhône ou de la métropole de Lyon :

a) Sur l'organisation et le fonctionnement des transports scolaires ;

b) Sur le programme prévisionnel des investissements relatifs aux collèges ;

c) Sur les modalités générales d'attribution des subventions allouées aux collèges.

Art. R. 235-29 Le conseil de l'éducation nationale institué dans la circonscription départementale du Rhône peut créer, selon des modalités définies dans le règlement intérieur prévu à l'article R. 235-25, une section spécialisée dans les questions d'assiduité scolaire.

Cette section peut être saisie, pour avis, de mesures destinées à renforcer l'assiduité scolaire, notamment des aides aux familles envisagées à cette fin par le président du conseil départemental du Rhône ou par le président du conseil de la métropole de Lyon. Elle est alors informée de leur mise en œuvre.

La section est présidée, selon que les questions qui lui sont soumises relèvent de la compétence de l'État, du département du Rhône ou de la métropole de Lyon, par le préfet du Rhône ou par le président du conseil départemental du Rhône ou par le président du conseil de la métropole de Lyon.

Elle comprend, outre des membres des trois catégories mentionnées à l'article R. 235-19, deux membres représentant les organismes débiteurs des prestations familiales nommés par le préfet sur proposition desdits organismes et deux membres représentant les associations familiales nommés conjointement par le président du conseil départemental du Rhône et le président du conseil de la métropole de Lyon, sur proposition de l'union départementale des associations familiales.

Art. R. 235-30 Au sens de la présente section, la circonscription départementale du Rhône s'entend du territoire formé par le département du Rhône et la métropole de Lyon.

CHAPITRE VI DISPOSITIONS COMMUNES AUX ORGANISMES COLLÉGIAUX ET LOCAUX

SECTION UNIQUE LES REPRÉSENTANTS DES PARENTS D'ÉLÈVES SIÉGEANT DANS LES CONSEILS DÉPARTEMENTAUX, RÉGIONAUX, ACADÉMIQUES ET NATIONAUX

(Décr. n° 2016-1574 du 23 nov. 2016, art. 1er)

Art. R. 236-1 Pour l'application de l'article L. 236-1, le régime d'autorisations d'absence et d'indemnisation dont bénéficient les représentants des parents d'élèves est régi :

1° Lorsqu'ils sont salariés, par les dispositions relatives au congé de représentation prévu par les articles L. 3142-60 à L. 3142-63 et R. 3142-27 à R. 3142-33 du code du travail ;

2° Lorsqu'ils sont agents publics, selon leur situation, par les dispositions du 10° de l'article 34 de la loi n° 84-16 du 11 janvier 1984 portant dispositions statutaires relatives à la fonction publique de l'État, du 11° de l'article 57 de la loi n° 84-53 du 26 janvier 1984 portant dispositions statutaires relatives à la fonction publique territoriale, ou du 10° de l'article 41 de la loi n° 86-33 du 9 janvier 1986 portant dispositions statutaires relatives à la fonction publique hospitalière, ou par celles de l'article 11 du décret n° 86-83 du 17 janvier 1986 relatif aux dispositions applicables aux agents contractuels de l'État pris pour l'application de l'article 7 de la loi n° 84-16 du 11 janvier 1984 portant dispositions statutaires relatives à la fonction publique de l'État, de l'article 6 du décret n° 88-145 du 15 février 1988 pris pour l'application de l'article 136 de la loi du 26 janvier 1984 modifiée portant dispositions statutaires relatives à la fonction publique territoriale et relatif aux agents contractuels de la fonction publique territoriale, ou de l'article 9 du décret n° 91-155 du 6 février 1991 relatif aux dispositions générales applicables aux agents contractuels des établissements mentionnés à l'article 2 de la loi n° 86-33 du 9 janvier 1986 modifiée portant dispositions statutaires relatives à la fonction publique hospitalière, ainsi que par celles du décret n° 2005-1237 du 28 septembre 2005 relatif aux modalités d'attribution aux fonctionnaires et aux agents non titulaires du congé de représentation ;

3° Dans les autres cas, par les dispositions des articles R. 236-2 et R. 236-4.

Art. R. 236-2 Les représentants des parents d'élèves qui ne perçoivent aucune rémunération d'un employeur lorsqu'ils siègent dans les conseils départementaux, régionaux, académiques et nationaux, ni aucune indemnisation au titre de l'article L. 3142-61 du code du travail, reçoivent de l'État une indemnité forfaitaire pour leur participation aux réunions de ces instances dans la limite de neuf jours ou dix-huit demi-journées de réunion par année scolaire.

Pour chaque heure de participation à ces réunions, le montant de l'indemnité est fixé par arrêté conjoint du ministre chargé de l'éducation nationale et du ministre chargé du budget.

L'indemnité forfaitaire est versée à la fin de chaque trimestre, au vu de l'attestation établie par le service responsable de la convocation des membres à l'instance concernée. Ce document atteste, pour chacune des réunions auxquelles a participé le représentant des parents d'élèves, la durée de sa présence effective à cette réunion.

Art. R. 236-3 *(Décr. n° 2016-1574 du 23 nov. 2016, art. 1er)* Par dérogation à l'article R. 3142-27 du code du travail et à l'article 1er du décret n° 2005-1237 du 28 septembre 2005 relatif aux modalités d'attribution aux fonctionnaires et aux agents non titulaires du congé de représentation, le représentant des parents d'élèves qui a la qualité de salarié ou d'agent public adresse sa demande écrite de congé de représentation à son employeur ou à l'autorité hiérarchique dont il relève au moins huit jours francs avant le début du congé.

Art. R. 236-4 *(Décr. n° 2016-1574 du 23 nov. 2016, art. 1er)* Les représentants des parents d'élèves qui siègent dans les conseils départementaux, régionaux, académiques et nationaux sont remboursés des frais de déplacement occasionnés par leur participation aux réunions de ces organismes dans les conditions fixées par le décret n° 2006-781 du 3 juillet 2006 fixant les conditions et les modalités de règlement des frais occasionnés par les déplacements temporaires des personnels civils de l'État.

CHAPITRE VII LES INSTANCES CONSULTATIVES EN MATIÈRE DE RELATIONS ÉDUCATION-ÉCONOMIE ET DE FORMATION PROFESSIONNELLE *(Décr. n° 2015-856 du 13 juill. 2015, art. 10)*.

SECTION PREMIÈRE LES INSTANCES CONSULTATIVES NATIONALES

SOUS-SECTION 1 *[ABROGÉE]* LE HAUT COMITÉ ÉDUCATION-ÉCONOMIE-EMPLOI

(Abrogée par Décr. n° 2006-672 du 8 juin 2006)

Art. D. 237-1 à D. 237-8 *Abrogés par Décr. n° 2006-672 du 8 juin 2006.*

SOUS-SECTION 2 LE CONSEIL NATIONAL DE LA FORMATION PROFESSIONNELLE TOUT AU LONG DE LA VIE

(Décr. n° 2006-583 du 23 mai 2006, art. 4-11°)

Art. D. 237-9 *(Décr. n° 2014-965 du 22 août 2014, art. 3)* Les dispositions relatives *(Décr. n° 2018-1262 du 26 déc. 2018, art. 1er)* « à la Commission nationale de la négociation collective, de l'emploi et de la formation professionnelle » sont fixées par les articles R. 6123-1 à R. 6123-14 du code du travail.

SECTION II LES INSTANCES RÉGIONALES *(Décr. nº 2015-856 du 13 juill. 2015, art. 10-2º).*

Art. R. 237-10 *(Décr. nº 2015-652 du 10 juin 2015, art. 11)* Les dispositions relatives au comité régional de l'emploi, de l'orientation et de la formation professionnelle sont fixées par les articles R. 6123-3 à R. 6123-3-8 du code du travail.

Art. D. 237-11 *(Décr. nº 2015-652 du 10 juin 2015, art. 11)* Les dispositions relatives au comité régional de l'emploi, de l'orientation et de la formation professionnelle dans les régions d'outre-mer sont fixées par les articles R. 6523-15 à R. 6523-28 du code du travail.

Art. D. 237-12 à D. 237-14 *Abrogés par Décr. nº 2015-856 du 13 juill. 2015, art. 10.*

SECTION III *[ABROGÉE]* LA COMMISSION SPÉCIALE DE LA TAXE D'APPRENTISSAGE

(Abrogée par Décr. nº 2015-856 du 13 juill. 2015, art. 10)

Art. R. 237-15 à R. 237-27 *Abrogés par Décr. nº 2015-856 du 13 juill. 2015, art. 10.*

CHAPITRE VIII LES INSTANCES CONSULTATIVES EN MATIÈRE D'ENSEIGNEMENT AGRICOLE

SECTION PREMIÈRE LE CONSEIL NATIONAL DE L'ENSEIGNEMENT AGRICOLE

Art. R. 238-1 Les règles relatives à la composition et au fonctionnement du Conseil national de l'enseignement agricole sont fixées par les dispositions des articles R. 814-1 à R. 814-9 du code rural et de la pêche maritime.

SECTION II LE CONSEIL NATIONAL DE L'ENSEIGNEMENT SUPÉRIEUR ET DE LA RECHERCHE AGRICOLE, AGROALIMENTAIRE ET VÉTÉRINAIRE

Art. R. 238-2 Les règles relatives aux attributions, à la composition et au fonctionnement du Conseil national de l'enseignement supérieur et de la recherche agricole, agroalimentaire et vétérinaire sont fixées par les dispositions des articles R. 814-10 à R. 814-30 du code rural et de la pêche maritime.

SECTION III LES COMITÉS RÉGIONAUX DE L'ENSEIGNEMENT AGRICOLE

Art. R. 238-3 Les règles relatives à la composition et au fonctionnement des comités régionaux de l'enseignement agricole sont fixées par les dispositions des articles R. 814-33 à R. 814-40 du code rural et de la pêche maritime.

SECTION IV CONSEIL DES DIRECTEURS DES ÉCOLES NATIONALES VÉTÉRINAIRES *(Décr. nº 2020-1520 du 3 déc. 2020, art. 4).*

Art. R. 238-4 Les règles relatives aux attributions, à la composition et au fonctionnement *(Décr. nº 2020-1520 du 3 déc. 2020, art. 4)* « du conseil des directeurs des écoles vétérinaires sont fixées par les dispositions de l'article R. 812-62 » du code rural et de la pêche maritime.

SECTION V LE COMITÉ DE COORDINATION

Art. R. 238-5 Les règles relatives aux attributions et à la composition du comité de coordination entre les services du ministre de l'agriculture et le ministre chargé de l'éducation sont fixées par les dispositions des articles D. 814-41 et R. 814-42 du code rural et de la pêche maritime.

CHAPITRE IX LES AUTRES INSTANCES CONSULTATIVES *(Décr. nº 2017-778 du 4 mai 2017, art. 1er).*

SECTION PREMIÈRE CONSEIL NATIONAL DE L'ENSEIGNEMENT SUPÉRIEUR ET DE LA RECHERCHE ARTISTIQUES ET CULTURELS

(Décr. nº 2017-778 du 4 mai 2017, art. 1er)

SOUS-SECTION 1 ATTRIBUTIONS

Art. D. 239-1 I. – Dans le cadre de ses missions définies à l'article L. 239-1, le Conseil national de l'enseignement supérieur et de la recherche artistiques et culturels est consulté sur les questions relatives aux missions confiées aux établissements d'enseignement supérieur relevant du ministère chargé de la culture. Il est également consulté sur les questions relatives aux missions confiées aux structures de recherche relevant de ce ministère, notamment dans les domaines des arts plastiques, de l'architecture, du paysage, du patrimoine, du spectacle vivant, du cinéma, de l'audiovisuel, du français et des langues de France, du livre et de la lecture, des médias et des industries culturelles, ou encore des recherches interdisciplinaires portant sur ces domaines.

Ces consultations portent notamment sur :

1° Les emplois et les moyens financiers alloués par le ministère chargé de la culture aux activités d'enseignement supérieur et de recherche ;

2° La participation des établissements d'enseignement supérieur relevant du ministère chargé de la culture et des structures de recherche relevant de ce ministère à la coopération et aux regroupements des établissements prévus aux articles L. 718-2 et suivants ;

3° Les orientations générales des contrats pluriannuels signés entre l'État et chaque établissement d'enseignement supérieur relevant du ministère chargé de la culture et, le cas échéant, chaque structure de recherche relevant de ce ministère.

Le ministre chargé de la culture présente chaque année au Conseil national de l'enseignement supérieur et de la recherche artistiques et culturels un rapport sur l'état de l'enseignement supérieur et de la recherche artistiques et culturels relevant de la compétence de son département ministériel. Ce rapport est rendu public.

II. – Les établissements d'enseignement supérieur relevant du ministère chargé de la culture au sens du I du présent article sont :

1° Les établissements publics nationaux d'enseignement supérieur placés sous sa tutelle ;

2° Les établissements d'enseignement supérieur accrédités par lui.

La liste de ces établissements est fixée par arrêté du ministre chargé de la culture. Elle précise le domaine dont relève chaque établissement.

III. – Les structures de recherche relevant du ministère chargé de la culture au sens du I du présent article sont les services de ce ministère et les établissements publics nationaux sous sa tutelle, chargés d'une activité de recherche qu'ils exercent seuls ou en partenariat et qui fait l'objet d'une évaluation dans les conditions définies aux articles L. 114-1 et suivants du code de la recherche.

La liste de ces structures est fixée par arrêté du ministre chargé de la culture.

SOUS-SECTION 2 COMPOSITION ET MODALITÉS DE DÉSIGNATION

Art. D. 239-2 Le Conseil national de l'enseignement supérieur et de la recherche artistiques et culturels est présidé par le ministre chargé de la culture ou son représentant et comprend soixante-neuf membres ainsi répartis :

I. – Des représentants des établissements d'enseignement supérieur et des structures de recherche relevant du ministère chargé de la culture au sens de l'article D. 239-1, dont :

1° Dix-sept représentants des enseignants des établissements d'enseignement supérieur relevant du ministre chargé de la culture, dont :

a) Cinq enseignants en architecture ou paysage ;

b) Cinq enseignants en arts plastiques ;

c) Cinq enseignants en spectacle vivant ;

d) Un enseignant en cinéma ou en audiovisuel ;

e) Un enseignant en patrimoine ;

2° Huit représentants des étudiants des établissements d'enseignement supérieur relevant du ministre chargé de la culture, dont :

a) Deux étudiants en architecture ou paysage ;

b) Deux étudiants en arts plastiques ;

c) Deux étudiants en spectacle vivant ;

d) Un étudiant en cinéma ou en audiovisuel ;

e) Un étudiant en patrimoine ;

3° Huit représentants des personnels scientifiques et de recherche relevant du ministère chargé de la culture, dont :

a) Deux représentants des personnels des corps de recherche ;

b) Deux représentants des personnels de conservation ;

c) Un représentant des personnels des corps de documentation ;

d) Deux représentants des agents contractuels de recherche ;

e) Un représentant des enseignants rattachés aux unités de recherche, qui font l'objet d'une évaluation dans les conditions définies aux articles L. 114-1 et suivants du code de la recherche, des établissements d'enseignement supérieur relevant du ministre chargé de la culture ;

4° Sept représentants des directeurs d'établissements d'enseignement supérieur relevant du ministère chargé de la culture ;

5° Deux représentants des responsables de structures de recherche relevant du ministère chargé de la culture ;

II. – Des représentants des grands intérêts nationaux, notamment éducatifs, culturels, artistiques, scientifiques, économiques et sociaux, dont :

1° Quinze personnalités représentants les secteurs professionnels principalement concernés, dont :

a) Un représentant au titre des employeurs et un représentant au titre des salariés de la branche professionnelle de l'architecture ;

b) Un représentant au titre des employeurs et un représentant au titre des salariés de la branche professionnelle de l'audiovisuel ;

c) Trois représentants au titre des employeurs et trois représentants au titre des salariés de la branche professionnelle du spectacle vivant ;

2° Six personnalités qualifiées en raison de leurs compétences dans les domaines culturel, artistique, de l'enseignement, de la recherche, économique ou social ;

3° Un député et un sénateur ;

4° Un conseiller régional et un conseiller municipal ou communautaire, désignés respectivement par l'association des régions de France et l'association des maires de France ;

5° Un représentant du Centre national de la recherche scientifique, désigné par son président ;

6° Un représentant du conseil économique, social et environnemental, désigné par son président.

Les membres mentionnés aux 4° et 5° du I et aux 1° et 2° du II sont nommés par arrêté du ministre chargé de la culture, à l'exception des représentants des branches professionnelles, désignés par leur branche respective.

Pour chaque membre titulaire, à l'exception des membres mentionnés au 2° du II, un suppléant est désigné dans les mêmes conditions.

Art. D. 239-3 Participent avec voix consultative au Conseil national de l'enseignement supérieur et de la recherche artistiques et culturels :

1° Un représentant désigné par le Conseil national de l'enseignement supérieur et de la recherche ;

2° Un représentant désigné par le ministre chargé de l'enseignement supérieur ;

3° Un représentant désigné par le ministre chargé de la recherche ;

4° Un représentant désigné par le ministre chargé de la jeunesse et des sports ;

5° Un représentant désigné par le ministre chargé de l'industrie ;

6° Un représentant désigné par le ministre chargé des collectivités territoriales ;

7° Un représentant désigné par le président du centre d'études et de recherches sur les qualifications ;

8° Un directeur régional des affaires culturelles, désigné par le ministre chargé de la culture.

Art. D. 239-4 Les membres du Conseil national de l'enseignement supérieur et de la recherche artistiques et culturels sont élus ou nommés pour cinq ans, à l'exception des représentants des étudiants qui sont élus pour deux ans. La durée de leur mandat commence à courir du jour de la séance d'installation et au plus tard deux mois après la date de la proclamation des résultats des élections.

Ils ne peuvent accomplir plus de deux mandats successifs.

Au cas où un représentant perd la qualité au titre de laquelle il a été élu ou nommé, ou cesse définitivement de siéger pour quelque cause que ce soit, il est remplacé par son suppléant qui devient titulaire pour la durée du mandat restant à courir.

Au cas où le suppléant d'un représentant élu devient titulaire ou s'il cesse de remplir les conditions d'éligibilité, le premier des candidats titulaires non élu de la même liste, ou après épuisement du nombre des candidats titulaires, le premier des candidats suppléants de la même liste lui succède comme suppléant.

Au cas où le suppléant d'un représentant nommé perd la qualité au titre de laquelle il siégeait, il est procédé à son remplacement pour la durée du mandat restant à courir. Le remplaçant doit être du même sexe que la personne qu'il remplace.

Art. D. 239-5 Les membres du Conseil national de l'enseignement supérieur et de la recherche artistiques et culturels exercent leurs fonctions à titre gratuit. Toutefois, ils sont remboursés de leurs frais de transport et de séjour dans les conditions prévues par la réglementation applicable aux personnels civils de l'État.

Art. D. 239-6 Les représentants des enseignants et des étudiants mentionnés aux 1° et 2° du I de l'article D. 239-2 sont élus au suffrage indirect respectivement par et parmi les représentants des enseignants et les représentants des étudiants du conseil d'administration ou le cas échéant de l'organe équivalent et, s'ils existent, des conseils chargés de la vie étudiante et de la pédagogie des établissements d'enseignement supérieur relevant du ministère chargé de la culture, dans les conditions prévues à la présente sous-section.

Les représentants mentionnés au 3° du I de l'article D. 239-2 sont élus au suffrage direct par et parmi les personnels scientifiques et de recherche relevant du ministère chargé de la culture.

Art. D. 239-7 Les élections des représentants des personnels et des étudiants mentionnés aux 1° à 3° du I de l'article D. 239-2 ont lieu au scrutin de liste à un tour, sans panachage ni vote préférentiel, à la représentation proportionnelle avec répartition des sièges restant à pourvoir selon la règle du plus fort reste.

Quand un seul siège est à pourvoir, l'élection a lieu au scrutin uninominal majoritaire à un tour.

Nul ne dispose de plus d'une voix.

Les élections de ces représentants ont lieu par correspondance. Le recours au vote électronique, dans les conditions fixée par le décret n° 2011-595 du 26 mai 2011 relatif aux conditions et modalités de mise en œuvre du vote électronique par internet pour l'élection des représentants du personnel au sein des instances de représentation du personnel de la fonction publique de l'État, peut constituer l'une des modalités d'expression des suffrages ou son unique modalité. Les conditions d'expression des votes et, le cas échéant, les modalités de mise en œuvre du vote électronique sont fixées par arrêté du ministre chargé de la culture.

Art. D. 239-8 I. – Pour l'élection des représentants définis aux 1° et 2° du I de l'article D. 239-2, sont électeurs et éligibles les membres enseignants et étudiants, titulaires et suppléants, du conseil d'administration ou le cas échéant de l'organe équivalent et, s'ils existent, des conseils chargés de la vie étudiante et de la pédagogie des établissements d'enseignement supérieur relevant du ministère chargé de la culture. Ils sont répartis dans les collèges électoraux suivants :

1° Collège des enseignants en architecture et paysage ;

2° Collège des enseignants en arts plastiques ;

3° Collège des enseignants en cinéma et audiovisuel ;
4° Collège des enseignants en patrimoine ;
5° Collège des enseignants en spectacle vivant ;
6° Collège des étudiants en architecture et paysage ;
7° Collège des étudiants en arts plastiques ;
8° Collège des étudiants en cinéma et audiovisuel ;
9° Collège des étudiants en patrimoine ;
10° Collège des étudiants en spectacle vivant.

II. – Pour l'élection des différentes catégories de représentants définies au 3° du I de l'article D. 239-2, les électeurs sont répartis dans les collèges électoraux suivants :

1° Collège des corps de recherche relevant du ministère chargé de la culture : assistants ingénieurs, ingénieurs d'études, ingénieurs de recherche et techniciens de recherche ;

2° Collège des personnels de conservation relevant du ministère chargé de la culture : conservateurs du patrimoine, conservateurs généraux des bibliothèques et conservateurs des bibliothèques, affectés au ministère chargé de la culture ;

3° Collège des corps de documentation relevant du ministère chargé de la culture : chargés d'études documentaires et secrétaires de documentation ;

4° Collège des agents contractuels de recherche relevant du ministère chargé de la culture : agents contractuels exerçant des activités de recherche au sein des structures de recherche relevant du ministère chargé de la culture ;

5° Collège des enseignants rattachés aux unités de recherche des établissements d'enseignement supérieur relevant du ministère chargé de la culture.

Pour les collèges définis aux 1° à 3° du présent article, sont électeurs et éligibles les fonctionnaires titulaires ou stagiaires, à l'exclusion des personnels en position de disponibilité, de congé de longue durée ou de congé parental.

Pour le collège défini au 4° du présent article, sont électeurs et éligibles les agents contractuels de droit public et de droit privé bénéficiant d'un contrat à durée indéterminée ou recrutés à titre temporaire pour une durée minimale supérieure à dix mois, à l'exclusion des personnels en congé parental ou en congé sans rémunération et des personnels rémunérés à la vacation.

Pour le collège défini au 5° du présent article, sont électeurs et éligibles les fonctionnaires titulaires ou stagiaires, à l'exclusion des personnels en position de disponibilité, de congé de longue durée ou de congé parental. Sont également électeurs et éligibles dans ce même collège, les agents contractuels de droit public et de droit privé bénéficiant d'un contrat à durée indéterminée ou recrutés à titre temporaire pour une durée minimale supérieure à dix mois, à l'exclusion des personnels en congé parental ou en congé sans rémunération et des personnels rémunérés à la vacation.

Art. D. 239-9 Nul ne peut prendre part au vote s'il ne figure sur une liste électorale. La qualité d'électeur s'apprécie à l'expiration du délai de rectification de la liste concernée.

Les listes électorales pour les élections des représentants mentionnés aux 1° à 3° du I de l'article D. 239-2 sont nationales et établies par le ministre chargé de la culture.

Art. D. 239-10 Les listes de candidats sont nationales pour chacun des collèges définis à l'article D. 239-8.

Chaque liste comporte un nombre de candidats titulaires et un nombre de candidats suppléants égal au nombre de sièges à pourvoir. Pour les élections des représentants définis aux 1° et 2° du I de l'article D. 239-2, les candidats titulaires inscrits sur une même liste ne peuvent appartenir à un même établissement. Pour les élections des représentants définis au *d* du 3° du I de ce même article, les candidats titulaires inscrits sur une même liste ne peuvent appartenir à une même structure de recherche.

Chaque liste respecte la parité entre les femmes et les hommes. Chaque liste de candidats titulaires est composée alternativement d'un candidat de chaque sexe. Pour chaque candidat titulaire, le candidat suppléant est du même sexe.

Les listes sont transmises au secrétariat général du ministère chargé de la culture au moins cinquante jours avant la date fixée pour les élections. Le ministre procède à la vérification des conditions d'éligibilité des candidats et de la conformité des listes aux dispositions de la présente section. Il demande, le cas échéant, la rectification des listes non conformes dans un délai qu'il fixe par arrêté. A l'expiration de ce délai, le ministre refuse, le cas échéant, par une décision motivée, l'enregistrement des listes qui ne remplissent pas les conditions énoncées ci-dessus.

Les listes des candidats sont publiées par le ministre chargé de la culture vingt jours au moins avant la date des élections.

Art. D. 239-11 Les modalités d'organisation des élections des représentants des personnels et des étudiants, notamment la date des élections, sont définies par arrêté du ministre chargé de la culture.

SOUS-SECTION 3 ORGANISATION ET FONCTIONNEMENT

Art. D. 239-12 Au sein du Conseil national de l'enseignement supérieur et de la recherche artistiques et culturels, une section permanente, présidée par le ministre chargé de la culture ou son représentant, est composée de vingt-quatre membres dont :

1° Six représentants des enseignants des établissements d'enseignement supérieur relevant du ministère chargé de la culture ;

2° Cinq personnalités représentants les secteurs professionnels principalement concernés, notamment les branches professionnelles ;

3° Trois représentants des directeurs d'établissements d'enseignement supérieur relevant du ministère chargé de la culture ;

4° Trois représentants des étudiants des établissements d'enseignement supérieur relevant du ministère chargé de la culture ;

5° Trois représentants des personnels scientifiques et de recherche relevant du ministère chargé de la culture ;

6° Deux personnalités qualifiées en raison de leurs compétences dans les domaines culturel, artistique, de l'enseignement, de la recherche, économique ou social ;

7° Un représentant des responsables des structures de recherche relevant du ministère chargé de la culture ;

8° Un conseiller municipal ou communautaire.

Les membres titulaires et suppléants de la section permanente sont élus par et parmi les membres de chaque catégorie composant le conseil national, mentionnés à l'article D. 239-2.

Art. D. 239-13 En dehors des séances plénières, la section permanente exerce l'ensemble des attributions dévolues au Conseil national de l'enseignement supérieur et de la recherche artistiques et culturels. Elle informe ce dernier de ses activités et des avis qu'elle a été amenée à rendre.

Le Conseil national de l'enseignement supérieur et de la recherche artistiques et culturels peut constituer en son sein des commissions d'études spécialisées, présidées par le ministre chargé de la culture ou son représentant, ayant pour objet d'instruire des dossiers afin de formuler des propositions d'avis qui seront soumis pour délibération au conseil national ou à la section permanente.

Art. D. 239-14 Le Conseil national de l'enseignement supérieur et de la recherche artistiques et culturels se réunit au moins deux fois par an.

Tout membre du conseil national peut demander par écrit qu'une question soit inscrite à l'ordre du jour. La décision est prise soit par le président, soit par le conseil national à la majorité des membres présents ou représentés en séance, lorsque la demande est formulée pour la séance en cours, ou à la majorité des membres en exercice quand l'inscription est demandée pour la séance suivante.

La section permanente est convoquée par le ministre chargé de la culture, qui fixe l'ordre du jour.

Pour chaque question figurant à l'ordre du jour du conseil national ou de sa section permanente, il peut être fait appel à des experts.

Le ministre chargé de la culture adresse l'ordre du jour du conseil national ou de sa section permanente, accompagné des documents qui s'y rapportent, aux membres titulaires en même temps que les convocations quinze jours au moins avant la tenue de la réunion.

Art. D. 239-15 *[D. 239-14-1]* Tout membre du Conseil national de l'enseignement supérieur et de la recherche artistiques et culturels, s'il est empêché d'assister à une séance du conseil national ou de sa section permanente ou s'il doit s'en absenter, peut donner mandat à un autre membre.

Nul ne peut détenir plus d'un mandat.

Art. D. 239-16 *[D. 239-14-2]* Chacune des questions figurant à l'ordre du jour du Conseil national de l'enseignement supérieur et de la recherche artistiques et culturels ou de sa section permanente peut faire l'objet d'un exposé introductif présenté par un rapporteur désigné par le ministre chargé de la culture, le cas échéant en dehors des membres du conseil.

Le conseil ou la section permanente se prononce sur chaque question figurant à l'ordre du jour ou le cas échéant sur le rapport qui lui est présenté.

Le vote au scrutin secret est de droit sur décision du président ou sur demande d'un sixième des membres présents.

Art. D. 239-17 *[D. 239-14-3]* L'organisation des élections au Conseil national de l'enseignement supérieur et de la recherche artistiques et culturels et son secrétariat sont assurés par le secrétariat général du ministère chargé de la culture.

Art. D. 239-18 *[D. 239-14-4]* Un règlement intérieur précise les conditions de fonctionnement du Conseil national de l'enseignement supérieur et de la recherche artistiques et culturels. Il est fixé par arrêté du ministre chargé de la culture après avis du conseil national.

Le Décr. n° 2017-778 du 4 mai 2017 utilise pour les art. D. 239-15 à D. 239-18 une numérotation déjà existante à la section II ci-dessous.

SECTION II LA COMMISSION NATIONALE POUR L'ÉDUCATION, LA SCIENCE ET LA CULTURE

Art. D. 239-15 *(Décr. n° 2008-1400 du 19 déc. 2008, art. 1er)* La Commission nationale pour l'éducation, la science et la culture, placée auprès du ministre des affaires étrangères, remplit un rôle consultatif auprès du Gouvernement pour les questions relevant de l'Organisation des Nations unies pour l'éducation, la science et la culture (UNESCO).

Elle a pour mission de renforcer l'influence d'ordre intellectuel de la France à l'UNESCO, de promouvoir l'influence de l'UNESCO au sein de la société française et de favoriser le développement de coopérations internationales dans les domaines de compétence de l'UNESCO, conformément aux priorités du Gouvernement, et en liaison étroite avec la délégation permanente de la France auprès de l'UNESCO.

A cette fin :

1° Elle donne son avis sur le programme et les activités de l'UNESCO, sur saisine du Gouvernement ;

2° Elle remplit, dans le cadre de ses missions, les tâches que lui confie le Gouvernement dans les domaines de l'éducation, de la science, de la culture et de la communication ;

3° Elle peut être associée aux travaux de la délégation française à la Conférence générale et au Conseil exécutif de l'UNESCO ;

4° Elle exerce une activité de veille, de proposition et d'évaluation à l'égard des programmes et activités de l'UNESCO ;

5° Elle suit l'exécution, au plan national, des décisions prises à la Conférence générale de l'UNESCO ;

6° Elle assure au sein de l'UNESCO et du réseau des commissions nationales étrangères pour l'UNESCO la promotion des débats et réflexions menés en France dans les domaines de l'éducation, de la science, de la culture et de la communication ;

7° Elle fait connaître les objectifs, les programmes et les activités de l'UNESCO, notamment les débats qui s'y déroulent ;

8° Elle participe à la coordination et à l'animation, sur le plan national, des différents réseaux mis en place par l'UNESCO, notamment celui des "chaires UNESCO" et des "écoles associées" ;

9° Elle incite les institutions françaises, les organisations, les associations ou particuliers qui œuvrent dans les secteurs de l'éducation, de la science, de la culture et de la communication à participer aux activités de l'UNESCO ;

10° Elle favorise le développement de partenariats avec les administrations de l'État, les collectivités territoriales, les secteurs associatif et privé ainsi qu'avec les organisations internationales.

La commission adresse chaque année au Gouvernement un rapport écrit sur ses activités.

Art. D. 239-16 *(Décr. n° 2008-1400 du 19 déc. 2008, art. 1er)* La commission est composée, outre son président et le délégué permanent de la France auprès de l'UNESCO, de soixante-quatre membres désignés dans les conditions suivantes :

1° Deux députés et deux sénateurs désignés respectivement par le président de l'Assemblée nationale et par le président du Sénat ;

2° Dix représentants de l'État nommés par arrêté des ministres intéressés à raison de :

– deux représentants du ministre des affaires étrangères ;
– deux représentants du ministre de l'éducation nationale ;
– deux représentants du ministre de la culture ;
– deux représentants du ministre chargé de l'environnement ;
– un représentant du ministre chargé de l'enseignement supérieur ;
– un représentant du ministre chargé de la recherche ;

3° Trente représentants d'institutions, associations et organisations actives dans les secteurs de l'éducation, de la science, de la culture et de la communication nommément désignés sur proposition de celles-ci. La liste des institutions, associations et organisations est établie conjointement par les ministres mentionnés au 2° du présent article ;

4° Dix personnalités désignées conjointement en raison de leurs compétences dans les domaines de l'éducation, de la science, de la culture et de la communication par les ministres mentionnés au 2° du présent article ;

5° Dix personnalités de l'éducation, de la science, de la culture et de la communication proposées par la commission au cours de l'année suivant son installation.

Les membres de la commission mentionnés aux 3°, 4° et 5° sont nommés par arrêté du Premier ministre.

Art. D. 239-17 *(Décr. n° 2008-1400 du 19 déc. 2008, art. 1er)* La commission est créée pour une durée de quatre ans.

La commission se réunit en séance plénière au moins une fois par an sur convocation de son président.

La commission se prononce à la majorité des voix des membres présents ou représentés.

La commission peut former des comités spécialisés et des groupes de travail sur des thèmes et des projets précis. Ces comités spécialisés sont composés de membres de la commission et d'experts désignés par elle. La commission désigne en son sein un président pour chaque comité spécialisé. Les présidents des comités spécialisés sont de droit vice-présidents de la commission.

La commission peut également désigner des correspondants en tant que de besoin.

Dans l'intervalle des séances plénières, un comité permanent, dont la commission fixe les attributions, se réunit au moins deux fois par an pour statuer sur les questions inscrites à son ordre du jour.

Le président et les vice-présidents de la commission ainsi que le délégué permanent de la France auprès de l'UNESCO et les représentants de l'État sont membres du comité permanent.

Les comités spécialisés font rapport à la commission réunie en séance plénière et, dans l'intervalle de ses sessions, au comité permanent.

Art. D. 239-18 *(Décr. n° 2008-1400 du 19 déc. 2008, art. 1er)* Les membres de la commission sont nommés pour une durée de quatre ans. Le mandat des personnalités désignées en raison de leurs compétences en matière d'éducation, de science, de culture et de communication sur proposition de la commission prend fin en même temps que celui des autres membres.

Art. D. 239-19 *(Décr. n° 2008-1400 du 19 déc. 2008, art. 1er)* Le président de la commission est nommé, sur proposition de la commission, par arrêté du Premier ministre, pour une durée de quatre ans.

Art. D. 239-20 *(Décr. n° 2008-1400 du 19 déc. 2008, art. 1er)* Le secrétaire général de la commission est nommé, après consultation du président de la commission, par arrêté du Premier ministre pour une durée de trois ans renouvelable une fois.

Le secrétaire général est chargé notamment des questions administratives et financières et dirige les travaux du secrétariat prévu à l'article 8.

Il participe à ce titre aux travaux et aux réunions de la commission sans voix délibérative.

Art. D. 239-21 *(Décr. n° 2008-1400 du 19 déc. 2008, art. 1er)* Le secrétariat de la commission est assuré par l'Association pour l'éducation, la science et la culture, dont les statuts ont été légalement déposés le 16 mai 1947 et révisés le 23 avril 2001.

Art. D. 239-22 à D. 239-24 *Abrogés par Décr. n° 2008-1400 du 19 déc. 2008, art. 1er.*

SECTION III L'OBSERVATOIRE NATIONAL DE LA SÉCURITÉ ET DE L'ACCESSIBILITÉ DES ÉTABLISSEMENTS D'ENSEIGNEMENT *(Décr. n° 2007-1722 du 6 déc. 2007, art. 1er).*

Art. D. 239-25 *(Décr. n° 2007-1722 du 6 déc. 2007, art. 2)* « L'Observatoire national de la sécurité et de l'accessibilité des établissements d'enseignement », placé auprès du ministre chargé de l'éducation et de l'enseignement supérieur étudie, au regard des règles de sécurité et dans le respect des compétences des commissions centrale et locales de sécurité et de celles des inspecteurs du travail, les conditions d'application des règles de sécurité, l'état des immeubles et des équipements *(Décr. n° 2007-1722 du 6 déc. 2007, art. 3)* « notamment utilisés à des fins d'enseignement, de recherche, de restauration, d'hébergement, d'information, d'orientation et d'administration ainsi que les conditions de leur protection en vue de prévenir toute atteinte aux personnes et aux biens ».

(Décr. n° 2007-1722 du 6 déc. 2007, art. 3) « Il évalue l'accessibilité des établissements mentionnés à l'article D. 239-26, conformément aux dispositions du code de la construction et de l'habitation. »

Il informe des conclusions de ses travaux les collectivités territoriales, les administrations, les chancelleries des universités, les établissements d'enseignement supérieur ou les propriétaires privés concernés. Il peut porter à la connaissance du public les informations qu'il estime nécessaires. Dans le respect du droit de propriété, du principe de la libre administration des collectivités territoriales et de l'autonomie des établissements d'enseignement supérieur, il peut solliciter tous renseignements et demander à consulter sur place tous documents qu'il estime, en toute indépendance, utiles à sa mission. Il remet au ministre chargé de l'éducation le 31 décembre de chaque année, un rapport qui est rendu public.

Art. D. 239-26 *(Décr. n° 2007-1722 du 6 déc. 2007, art. 2)* « L'Observatoire national de la sécurité et de l'accessibilité des établissements d'enseignement » est compétent pour les établissements scolaires du premier et du second degré, publics et privés sous contrat, ainsi que pour les établissements publics d'enseignement supérieur et ceux visés à l'article L. 813-10 du code rural et de la pêche maritime *[V. cet art. à l'art. L. 751-2]*.

Art. D. 239-27 *(Décr. n° 2007-1722 du 6 déc. 2007, art. 2)* « L'Observatoire national de la sécurité et de l'accessibilité des établissements d'enseignement » est composé de cinquante et un membres. Ceux-ci ainsi que, s'il y a lieu, leurs suppléants, sont nommés pour une durée de trois ans par arrêté du ministre chargé de l'éducation.

Ils se répartissent de la manière suivante :

1° Collège des élus et des gestionnaires de l'immobilier scolaire et universitaire, composé de dix-sept membres titulaires et de deux suppléants pour chaque membre titulaire :

a) Un membre de l'Assemblée nationale ;

b) Un membre du Sénat ;

c) Trois présidents ou vice-présidents de conseil régional ;

d) Trois présidents ou vice-présidents de conseil départemental ;

e) Sept maires ;

f) Un représentant de la Fédération nationale des organismes de gestion de l'enseignement catholique ;

g) Un président d'université désigné par la Conférence des présidents d'université.

2° Collège des représentants des personnels et des usagers, composé de dix-sept membres titulaires et de deux membres suppléants pour chaque membre titulaire nommés sur proposition des organisations représentatives :

a) Représentants des établissements publics :

aa) Trois représentants de la Fédération syndicale unitaire (FSU) ;

ab) Trois représentants de l'Union nationale des syndicats autonomes (UNSA-Éducation) ;

ac) Un représentant du Syndicat général de l'éducation nationale (SGEN-CFDT) ;

ad) Un représentant de la Confédération générale du travail-Force ouvrière (CGT-FO) ;

ae) Un représentant du Syndicat national des lycées et collèges (SNALC-CSEN) ;

af) Un représentant de la Confédération générale du travail (CGT) ;

ag) Trois représentants de la Fédération des conseils de parents d'élèves (FCPE) ;

ah) Un représentant de la Fédération des parents d'élèves de l'enseignement public (PEEP) ;

ai) Un représentant de l'organisation syndicale d'étudiants la plus représentative au Conseil national de l'enseignement supérieur et de la recherche.

b) Représentants des établissements privés :

ba) Un représentant de la Fédération de l'enseignement privé (FEP-CFDT) ;

bb) Un représentant de l'Union nationale des associations de parents d'élèves de l'enseignement libre (UNAPEL).

3° Collège des représentants de l'État, des chefs d'établissement et des personnalités qualifiées nommées par lui, composé ainsi qu'il suit :

a) Onze représentants des ministres et deux suppléants pour chaque membre titulaire :

aa) *(Décr. n° 2007-1722 du 6 déc. 2007, art. 4)* « Un représentant » du ministre chargé de l'éducation ;

ab) Un représentant du ministre chargé de l'enseignement supérieur ;

ac) Un représentant du ministre de l'intérieur ;

ad) Un représentant du ministre chargé des collectivités locales ;

ae) Un représentant du ministre chargé du budget ;

af) Un représentant du ministre chargé de la fonction publique ;

ag) Un représentant du ministre chargé de l'agriculture ;

ah) Un représentant du ministre chargé de l'outre-mer ;

ai) Un représentant du ministre chargé de l'équipement ;

aj) Un représentant du ministre chargé des sports ;

(Décr. n° 2007-1722 du 6 déc. 2007, art. 4) « *ak)* Un représentant du ministre chargé des personnes handicapées ».

b) Deux membres titulaires représentants des chefs d'établissement et deux suppléants, nommés sur proposition des organisations représentatives :

ba) Un représentant du Syndicat national des personnels de direction de l'éducation nationale (SNPDEN) ;

bb) Un représentant du Syndicat national des chefs d'établissement de l'enseignement libre (SNCEEL) ;

(Décr. n° 2009-553 du 15 mai 2009, art. 4) « *c)* Quatre personnalités qualifiées désignées en fonction de leurs compétences. »

Art. D. 239-28 Le ministre chargé de l'éducation nomme, parmi les membres de *(Décr. n° 2007-1722 du 6 déc. 2007, art. 2)* « l'Observatoire national de la sécurité et de l'accessibilité des établissements d'enseignement », le président, pour une durée de trois ans, par arrêté.

Art. D. 239-29 Des experts peuvent être entendus par *(Décr. n° 2007-1722 du 6 déc. 2007, art. 2)* « l'Observatoire national de la sécurité et de l'accessibilité des établissements d'enseignement ».

Art. D. 239-30 *(Décr. n° 2007-1722 du 6 déc. 2007, art. 2)* « L'Observatoire national de la sécurité et de l'accessibilité des établissements d'enseignement » élabore son règlement intérieur.

Art. D. 239-31 *(Décr. n° 2007-1722 du 6 déc. 2007, art. 2)* « L'Observatoire national de la sécurité et de l'accessibilité des établissements d'enseignement » détermine notamment la périodicité, la nature et les conditions de ses travaux ainsi que les conditions dans lesquelles les collectivités ou les propriétaires privés présentent les remarques que leur suggèrent les informations transmises par *(Décr. n° 2007-1722 du 6 déc. 2007, art. 2)* « l'Observatoire national de la sécurité et de l'accessibilité des établissements d'enseignement ».

Art. D. 239-32 L'ordre du jour des séances est fixé par le président, ou sur demande d'au moins un quart des membres de *(Décr. n° 2007-1722 du 6 déc. 2007, art. 2)* « l'Observatoire national de la sécurité et de l'accessibilité des établissements d'enseignement ». Il choisit, en son sein, un rapporteur.

Art. D. 239-33 Un secrétariat est mis à la disposition de *(Décr. n° 2007-1722 du 6 déc. 2007, art. 2)* « l'Observatoire national de la sécurité et de l'accessibilité des établissements d'enseignement » par le ministre chargé de l'enseignement supérieur.

SECTION IV *[ABROGÉE]* LE CONSEIL SUPÉRIEUR DES BIBLIOTHÈQUES

(Abrogée par Décr. n° 2006-672 du 8 juin 2006)

Art. D. 239-34 à D. 239-41 *Abrogés par Décr. n° 2006-672 du 8 juin 2006.*

TITRE QUATRIÈME L'INSPECTION ET L'ÉVALUATION DE L'ÉDUCATION

CHAPITRE PREMIER L'EXERCICE DES MISSIONS D'INSPECTION ET D'ÉVALUATION

SECTION PREMIÈRE L'ÉVALUATION DE LA MISSION DE FORMATION CONTINUE DES ADULTES DU SERVICE PUBLIC DE L'ÉDUCATION *(Décr. n° 2020-1676 du 23 déc. 2020, art. 2).*

Art. D. 241-1 *(Décr. n° 2020-1676 du 23 déc. 2020, art. 2)* « L'inspection générale de l'éducation, du sport et de la recherche » et l'inspection de l'enseignement agricole procèdent à des évaluations du fonctionnement et des résultats de l'activité de formation continue des adultes relevant de leur champ de compétences respectif. A cet effet, elles établissent les relations nécessaires avec les services administratifs compétents et les partenaires extérieurs.

(Décr. n° 2020-1676 du 23 déc. 2020, art. 2) « Le rapport annuel de l'inspection générale de l'éducation, du sport et de la recherche comporte » l'évaluation de l'activité de formation continue des adultes.

Ces évaluations s'effectuent sans préjudice des contrôles exercés dans les conditions prévues aux articles L. 6361-1 à L. 6361-3 du code du travail.

Art. D. 241-2 *(Décr. n° 2020-1676 du 23 déc. 2020, art. 2)* « Les inspecteurs généraux de l'éducation, du sport et de la recherche », les inspecteurs de l'enseignement agricole, les inspecteurs d'académie-inspecteurs pédagogiques régionaux et les inspecteurs de l'éducation nationale procèdent, selon les modalités appropriées, à l'évaluation des personnels relevant de leur champ de compétences respectif en vue de promouvoir la qualité de la formation continue des adultes et la cohérence globale entre formation initiale et formation continue.

SECTION II L'INSPECTION GÉNÉRALE DE L'ÉDUCATION, DU SPORT ET DE LA RECHERCHE *(Décr. nº 2020-1676 du 23 déc. 2020, art. 2)*.

Art. R. 241-3 *(Décr. nº 2020-1676 du 23 déc. 2020, art. 2)* L'inspection générale de l'éducation, du sport et de la recherche est compétente dans les domaines de l'éducation, de l'enseignement supérieur, de la recherche, de la jeunesse, du sport, de l'éducation populaire, de la vie associative, de la lecture, de la documentation et des bibliothèques publiques.

Art. R. 241-4 *(Décr. nº 2020-1676 du 23 déc. 2020, art. 2)* L'inspection générale de l'éducation, du sport et de la recherche est placée sous l'autorité directe des ministres chargés de l'éducation, de l'enseignement supérieur, de la recherche, de la jeunesse et des sports. Elle assure auprès de ces ministres une mission permanente de contrôle, d'étude, d'information, de conseil et d'évaluation.

L'inspection générale de l'éducation, du sport et de la recherche peut recevoir des lettres de mission du Premier ministre.

L'inspection générale est mise à la disposition du ministre chargé de la culture pour l'exercice des missions fixées par l'article L. 310-2 du code du patrimoine, ainsi que pour la réalisation de missions thématiques portant sur la lecture, la documentation et les bibliothèques publiques.

Les ministres mentionnés au premier alinéa peuvent autoriser l'inspection générale de l'éducation, du sport et de la recherche à intervenir à la demande d'autres ministres, de collectivités territoriales, de gouvernements étrangers ou d'organisations internationales, pour toutes missions entrant dans le champ de sa compétence.

L'inspection générale formule tous avis et propositions utiles à l'intention des ministres pour la mise en œuvre des politiques publiques relevant de leurs compétences.

Art. R. 241-5 *(Décr. nº 2020-1676 du 23 déc. 2020, art. 2)* L'inspection générale de l'éducation, du sport et de la recherche est chargée du contrôle et de l'inspection des personnels, des services centraux et déconcentrés, des établissements publics et de tous organismes relevant ou bénéficiant d'un concours direct ou indirect des ministères de l'éducation, de l'enseignement supérieur, de la recherche, de la jeunesse et des sports, en particulier dans les domaines administratif, financier, comptable et économique.

Art. R. 241-6 *(Décr. nº 2020-1676 du 23 déc. 2020, art. 2)* Les missions confiées à l'inspection générale par l'article L. 241-1 au titre des enseignements dispensés dans les établissements scolaires publics et, sous réserve des dispositions des articles L. 442-5 et L. 442-12, dans les établissements d'enseignement privés ayant conclu un contrat avec l'État, portent sur les types de formation, les contenus d'enseignement, les programmes, les méthodes pédagogiques, les procédures et les moyens mis en œuvre.

Art. R. 241-7 *(Décr. nº 2020-1676 du 23 déc. 2020, art. 2)* L'inspection générale de l'éducation, du sport et de la recherche participe au recrutement, à la formation et à l'évaluation des personnels.

Elle contribue au contrôle des personnels d'inspection, de direction, d'enseignement, d'éducation et d'orientation. Elle coordonne, en liaison avec les autorités académiques, l'action des corps d'inspection à compétence pédagogique.

Les missions de l'inspection générale de l'éducation, du sport et de la recherche peuvent s'exercer sur tous les organismes et personnels soumis au contrôle pédagogique du ministre chargé de l'éducation, à l'exception de ceux qui sont régis par les dispositions du livres VII et des titres V et VI du livre IX du présent code.

Elles s'étendent aux établissements de formation professionnelle des personnels.

Art. R. 241-8 Le contrôle par l'*(Décr. nº 2020-1676 du 23 déc. 2020, art. 2)* « inspection générale de l'éducation, du sport et de la recherche », en application des dispositions du II de l'article L. 241-2, du compte d'emploi des ressources collectées auprès du public par un organisme faisant *(Décr. nº 2017-908 du 6 mai 2017, art. 22)* « appel public à la générosité » est décidé, après avis du chef du service de l'*(Décr. nº 2020-1676 du 23 déc. 2020, art. 2)* « inspection générale de l'éducation, du sport et de la recherche », par le ou les ministres compétents.

Art. R. 241-9 Le chef du service de l'*(Décr. nº 2020-1676 du 23 déc. 2020, art. 2)* « inspection générale de l'éducation, du sport et de la recherche » notifie au représentant légal de l'organisme concerné ou, si ce dernier a son siège à l'étranger, au représentant mentionné au troisième alinéa du I de l'article 1er du décret nº 92-1011 du 17 septembre 1992 relatif au contrôle des organismes faisant appel à la générosité publique *[V. **C. assoc.**]* les noms des membres de la mission qu'il a chargés du contrôle et la période sur laquelle portera celui-ci.

Art. R. 241-10 Lorsque les constatations de la mission d'inspection rendent nécessaires auprès d'autres organismes les vérifications prévues au deuxième alinéa du II de l'article L. 241-2, ces vérifications sont décidées par le chef du service de l'*(Décr. nº 2020-1676 du 23 déc. 2020, art. 2)* « inspection générale de l'éducation, du sport et de la recherche ». Cette décision est notifiée aux représentants des organismes concernés dans les conditions prévues à l'article R. 241-9.

Art. R. 241-11 Afin de vérifier la conformité des dépenses engagées par les organismes mentionnés au premier et au deuxième alinéa du II de l'article L. 241-2 aux objectifs poursuivis par l'*(Décr. nº 2017-908 du 6 mai 2017, art. 22)* « appel public à la générosité », les inspecteurs procèdent à toutes investigations utiles sur pièces et sur place, dans les conditions prévues au III du même article.

Les inspecteurs peuvent se rendre dans tous les locaux dépendant des organismes faisant l'objet d'un contrôle ou de vérifications. Les responsables de ces organismes prennent toutes dispositions pour que les inspecteurs aient connaissance des écritures et des documents utiles au contrôle des pièces justifiant les opérations de recettes et de dépenses. Les inspecteurs se font délivrer copie des pièces qu'ils estiment nécessaires à leur contrôle.

Les inspecteurs peuvent procéder à toute vérification portant sur les fournitures, les matériels, les travaux, les constructions et les personnels inscrits dans les comptes d'emploi des ressources collectées auprès du public.

Art. R. 241-12 Lorsque l'organisme a son siège à l'étranger, les obligations pesant sur les dirigeants ou responsables de l'organisme en vertu des II et III de l'article L. 241-2 s'appliquent au représentant mentionné au troisième alinéa du I de l'article 1er du décret nº 92-1011 du 17 septembre 1992 relatif au contrôle des organismes faisant appel à la générosité publique *[V. **C. assoc.**]*. – *[Décr. nº 2001-711 du 27 juill. 2001, art. 4, al. 4.]*

Art. R. 241-13 Dans l'hypothèse où les organismes faisant l'objet du contrôle ou de vérifications ne défèrent pas aux demandes des inspecteurs, mention en est faite dans le rapport, indépendamment des sanctions prévues à l'article L. 241-3. – *[Décr. nº 2001-711 du 27 juill. 2001, art. 4, al. 5.]*

Art. R. 241-14 Dans le cadre de leur mission de contrôle, les inspecteurs sont tenus de respecter l'obligation de secret professionnel. L'*(Décr. nº 2020-1676 du 23 déc. 2020, art. 2)* « inspection générale de l'éducation, du sport et de la recherche » prend toutes dispositions pour garantir le secret de ses investigations.

Art. R. 241-15 Pour l'application du troisième alinéa du II de l'article L. 241-2, lorsque l'organisme n'a pas de conseil d'administration ou d'assemblée générale, le président de cet organisme communique les rapports définitifs dont il a été destinataire aux organes en tenant lieu lors de la première réunion qui suit leur réception. – *[Décr. nº 2001-711 du 27 juill. 2001, art. 5.]*

Art. R. 241-16 Les rapports définitifs, auxquels sont jointes, le cas échéant, les réponses des organismes ayant fait l'objet du contrôle, peuvent, sur décision du ou des ministres compétents, faire l'objet d'une publication au *Journal officiel* de la République française et être insérés dans le rapport prévu à l'article L. 241-1. – *[Décr. nº 2001-711 du 27 juill. 2001, art. 6.]*

Art. R. 241-17 *Abrogé par Décr. nº 2020-1676 du 23 déc. 2020, art. 2.*

SECTION III MISSIONS DES INSPECTEURS D'ACADÉMIE-INSPECTEURS PÉDAGOGIQUES RÉGIONAUX ET DES INSPECTEURS DE L'ÉDUCATION NATIONALE

Art. R. 241-18 Les inspecteurs d'académie-inspecteurs pédagogiques régionaux et les inspecteurs de l'éducation nationale, régis par les dispositions du *(Décr. n° 2006-583 du 23 mai 2006, art. 4)* « décret n° 90-675 du 18 juillet 1990 » portant statuts particuliers des inspecteurs d'académie-inspecteurs pédagogiques régionaux et des inspecteurs de l'éducation nationale, exercent les missions énumérées aux articles ci-après.

Art. R. 241-19 Les inspecteurs d'académie-inspecteurs pédagogiques régionaux et les inspecteurs de l'éducation nationale veillent à la mise en œuvre de la politique éducative arrêtée par le ministre chargé de l'éducation. A cet effet, dans le cadre du programme de travail académique arrêté *(Décr. n° 2020-1676 du 23 déc. 2020, art. 2)* « par » le recteur de l'académie, ils ont vocation à exercer sous l'autorité de ce dernier les missions ci-après :

a) Ils évaluent dans l'exercice de leur compétence pédagogique le travail individuel et le travail en équipe des personnels enseignants, d'éducation et d'orientation des écoles, des collèges et des lycées et concourent à l'évaluation de l'enseignement des disciplines, des unités d'enseignement, des procédures et des résultats de la politique éducative. Ils procèdent, notamment, à l'observation directe des actes pédagogiques ;

b) Ils inspectent, selon les spécialités qui sont les leurs, les personnels enseignants, d'éducation et d'orientation des écoles, des collèges et des lycées et s'assurent du respect des objectifs et des programmes nationaux de formation, dans le cadre des cycles d'enseignement ; ils sont chargés des missions *(Décr. n° 2018-1210 du 21 déc. 2018, art. 2)* « de contrôle pédagogique prévues par les articles L. 6211-2 et R. 6251-1 à R. 6251-4 du code du travail » ;

c) Ils participent à l'animation pédagogique dans les formations initiales, continues et par alternance, prêtent leur concours à l'élaboration des projets d'établissement et collaborent avec *(Décr. n° 2020-1676 du 23 déc. 2020, art. 2)* « l'inspection générale de l'éducation, du sport et de la recherche » pour l'évaluation des expériences pédagogiques et leur généralisation ;

d) Ils ont vocation à participer au recrutement et à la formation des personnels de l'éducation nationale et à l'organisation des examens ;

e) Ils assurent des missions d'expertise dans ces différents domaines ainsi que pour l'orientation des élèves, les examens, la gestion des personnels éducatifs et dans le choix des équipements pédagogiques.

Art. R. 241-20 Le recteur de l'académie peut également confier à des inspecteurs de l'éducation nationale et à des inspecteurs d'académie-inspecteurs pédagogiques régionaux, pour une durée déterminée, dans le cadre départemental ou académique, des missions particulières. *(Décr. n° 2019-1554 du 30 déc. 2019, art. 1er)* « Il en est de même pour le recteur de région académique dans le cadre régional académique. »

Art. R. 241-21 Les inspecteurs d'académie-inspecteurs pédagogiques régionaux inspectent les personnels de direction d'établissements d'enseignement ou de formation, les directeurs de centre d'information et d'orientation, les professeurs agrégés, ainsi que les enseignants en fonctions dans les classes postbaccalauréat. – *[Décr. n° 90-675 du 18 juill. 1990, art. 2, al. 11.]*

SECTION IV LA MISSION DE CONTRÔLE PÉDAGOGIQUE DES FORMATIONS PAR APPRENTISSAGE *(Décr. n° 2018-1210 du 21 sept. 2018, art. 2)*.

Art. R. 241-22 *(Décr. n° 2018-1210 du 21 déc. 2018, art. 2)* La mission de contrôle pédagogique des formations par apprentissage conduisant à un diplôme, placée sous l'autorité du recteur d'académie, exerce ses attributions conformément aux dispositions des articles R. 6251-1 à R. 6251-4 du code du travail.

Art. R. 241-23 *Abrogé par Décr. n° 2018-1210 du 21 déc. 2018, art. 2.*

SECTION V LES DÉLÉGUÉS DÉPARTEMENTAUX DE L'ÉDUCATION NATIONALE

Art. D. 241-24 Les délégués départementaux de l'éducation nationale sont désignés par circonscription d'inspection départementale pour visiter les écoles publiques et privées qui y sont installées.

Nul ne peut être désigné comme délégué départemental de l'éducation nationale s'il n'est âgé de vingt-cinq ans au moins et s'il a fait l'objet d'une condamnation pour crime ou délit contraire à la probité et aux bonnes mœurs, ou s'il a été privé par jugement de tout ou partie des droits civils, civiques et de famille mentionnés aux articles 131-26 et 131-29 du code pénal. – *[Décr. n° 86-42 du 10 janv. 1986, art. 1er.]*

Art. D. 241-25 Ne peuvent être désignés comme délégués départementaux de l'éducation nationale les instituteurs et les professeurs des écoles, en position d'activité, qui exercent leurs fonctions dans les écoles maternelles et élémentaires publiques et privées. – *[Décr. n° 86-42 du 10 janv. 1986, art. 2.]*

Art. D. 241-26 Les délégués départementaux de l'éducation nationale sont désignés pour une durée de quatre ans par *(Décr. n° 2012-16 du 5 janv. 2012, art. 7)* « le directeur académique des services de l'éducation nationale agissant sur délégation du recteur d'académie », après avis du conseil départemental de l'éducation nationale.

Art. D. 241-27 Le mandat des délégués départementaux de l'éducation nationale est renouvelable. Toutefois, il peut à tout moment être mis un terme au mandat d'un délégué pour des raisons tirées de l'intérêt du service après que l'intéressé a été mis à même de présenter ses observations.

Il peut être procédé, selon les besoins, à des désignations complémentaires pour la période du mandat restant à courir. – *[Décr. n° 86-42 du 10 janv. 1986, art. 4.]*

Art. D. 241-28 Les délégués de chaque circonscription forment une délégation.

Les délégués départementaux de l'éducation nationale peuvent être désignés pour former une délégation d'une étendue inférieure à la circonscription ou comprenant plusieurs circonscriptions. – *[Décr. n° 86-42 du 10 janv. 1986, art. 5.]*

Art. D. 241-29 Chaque délégation élit un président et un vice-président. Elle détermine les écoles que chaque délégué doit visiter. Les parents d'élèves, délégués départementaux, ne peuvent être chargés de l'école où sont scolarisés leurs enfants. Les maires et conseillers municipaux chargés des questions scolaires ne peuvent être chargés des écoles de leur commune, ni des communes limitrophes.

La délégation se réunit au moins une fois par trimestre, sur convocation de son président, et convient des avis à transmettre aux autorités compétentes. – *[Décr. n° 86-42 du 10 janv. 1986, art. 6.]*

Art. D. 241-30 Les présidents des délégations du département ou leurs représentants élisent un président et un vice-président départementaux.

Ceux-ci représentent l'ensemble des délégations auprès des autorités et instances départementales. – *[Décr. n° 86-42 du 10 janv. 1986, art. 7.]*

Art. D. 241-31 Les délégués départementaux de l'éducation nationale communiquent aux inspecteurs de l'éducation nationale et à la municipalité tous les renseignements utiles qu'ils ont pu obtenir lors de leurs visites dans les écoles.

Chaque délégué correspond avec les autorités locales auxquelles il doit adresser ses rapports pour tout ce qui regarde l'état et les besoins de l'enseignement préélémentaire et élémentaire dans sa délégation. – *[Décr. n° 86-42 du 10 janv. 1986, art. 8, al. 1er et 2.]*

Art. D. 241-32 Les délégués départementaux de l'éducation nationale peuvent être notamment consultés :

1° Sur la convenance des projets de construction, d'aménagement et d'équipement des locaux que les communes doivent fournir pour la tenue de leurs écoles publiques ;

2° Sur toutes les questions relatives à l'environnement scolaire, en particulier dans le domaine des actions périscolaires locales. – *[Décr. n° 86-42 du 10 janv. 1986, art. 8, al. 3 à 5.]*

Art. D. 241-33 La commune peut en outre consulter les délégués sur les problèmes pour lesquels elle estime utile d'avoir leur avis, en particulier sur l'utilisation des locaux scolaires en dehors des heures scolaires. – *[Décr. n° 86-42 du 10 janv. 1986, art. 8, al. 6.]*

Art. D. 241-34 Dans les écoles publiques, la visite des délégués départementaux de l'éducation nationale porte notamment sur l'état des locaux, la sécurité, le chauffage et l'éclairage, le mobilier scolaire et le matériel d'enseignement, sur l'hygiène, la fréquentation scolaire.

La fonction des délégués s'étend à tout ce qui touche à la vie scolaire, notamment aux centres de loisirs, aux transports, aux restaurants, aux bibliothèques et aux caisses des écoles.

Le délégué exerce une mission d'incitation et de coordination.

Il veille à faciliter les relations entre l'école et la municipalité.

Le délégué départemental de l'éducation nationale ne formule pas d'appréciation sur les méthodes ni sur l'organisation pédagogique de l'école. Les exercices de la classe peuvent continuer en sa présence. Les travaux des élèves peuvent lui être présentés. – *[Décr. n° 86-42 du 10 janv. 1986, art. 9, al. 1er et 5.]*

Art. D. 241-35 Dans les écoles privées, la visite du délégué départemental de l'éducation nationale porte sur les conditions de sécurité, d'hygiène et de salubrité de l'établissement. Il s'informe de la fréquentation scolaire. – *[Décr. n° 86-42 du 10 janv. 1986, art. 9, al. 6.]*

CHAPITRE PREMIER *BIS* LE CONSEIL D'ÉVALUATION DE L'ÉCOLE

(Décr. n° 2019-1058 du 17 oct. 2019, art. 1er)

Art. D. 241-36 Le président et les membres du conseil d'évaluation de l'école sont désignés conformément aux dispositions de l'article L. 241-13. Le ministre publie la liste de ces membres.

Le mandat des six personnalités mentionnées au 1° de cet article est renouvelable pour une durée maximale de trois ans.

Les trois représentants du ministre chargé de l'éducation nationale composant le collège mentionné au 3° du même article sont le directeur général de l'enseignement scolaire, le chef de l'inspection générale de l'éducation, du sport et de la recherche et le directeur de l'évaluation, de la performance et de la prospective. Ils peuvent se faire représenter par leur adjoint.

Lorsqu'un membre mentionné au 1° ou au 2° décède, démissionne ou perd la qualité au titre de laquelle il a été désigné, il est remplacé pour la durée du mandat restant à courir par une personne désignée dans les mêmes conditions et du même sexe.

Art. D. 241-37 Le conseil d'évaluation de l'école se réunit sur convocation de son président, à l'initiative de celui-ci ou à la demande de la majorité de ses membres.

Il établit son règlement intérieur.

Ses séances ne sont pas publiques.

Il délibère valablement si la moitié au moins de ses membres sont présents à la séance, parmi lesquels une moitié au moins des personnalités qualifiées mentionnées au 1° de l'article L. 241-13. Lorsque le quorum n'est pas atteint, il délibère valablement sans condition de quorum après une nouvelle convocation portant sur le même ordre du jour et mentionnant qu'aucun quorum ne sera exigé.

Le conseil élabore un rapport annuel. Les rapports, avis et recommandations du conseil sont approuvés à la majorité des membres présents. Ils sont rendus publics, dans un délai d'un mois.

Le conseil d'évaluation de l'école peut entendre toute personne sur les questions qui relèvent de sa compétence. Les personnes ainsi entendues ne participent pas au vote.

Art. D. 241-38 Le conseil d'évaluation de l'école élabore son programme de travail annuel qui est approuvé par une délibération de ses membres. Ce programme de travail annuel est transmis au ministre chargé de l'éducation nationale avant d'être rendu public, dans un délai d'un mois.

Au titre de la mission relative aux évaluations des établissements mentionnée au 2° de l'article L. 241-12, le conseil d'évaluation de l'école analyse la proposition de programmation des évaluations des établissements pour l'année scolaire à venir et les résultats des évaluations des établissements réalisées au cours de l'année scolaire écoulée que lui transmet, chaque année en fin d'année scolaire, le recteur d'académie.

Sous l'autorité du président, un secrétaire général, nommé par le ministre chargé de l'éducation nationale, assure l'organisation des travaux du conseil.

Les frais occasionnés par les déplacements et les séjours des membres du conseil et des personnes qu'il appelle en consultation sont remboursés dans les conditions prévues par la réglementation applicable aux fonctionnaires de l'État.

CHAPITRE II LE HAUT CONSEIL DE L'ÉVALUATION DE LA RECHERCHE ET DE L'ENSEIGNEMENT SUPÉRIEUR

(Décr. n° 2015-652 du 10 juin 2015, art. 7)

Art. R. 242-1 L'organisation et le fonctionnement du Haut Conseil de l'évaluation de la recherche et de l'enseignement supérieur sont régis par le décret n° 2014-1365 du 14 novembre 2014 *[V. ce Décr. ss. C. rech., art. L. 114-3-1].*

CHAPITRE III *[ABROGÉ]* LE HAUT CONSEIL DE L'ÉVALUATION DE L'ÉCOLE

(Abrogé par Décr. n° 2005-999 du 22 août 2005, art. 3)

Art. D. 243-1 *à* D. 243-9 *Abrogés par Décr. n° 2005-999 du 22 août 2005, art. 3.*

TITRE CINQUIÈME DISPOSITIONS RELATIVES À SAINT-PIERRE-ET-MIQUELON

CHAPITRE UNIQUE DISPOSITIONS RELATIVES À L'ORGANISATION DE L'ADMINISTRATION DES SERVICES DE L'ÉDUCATION

Art. D. 251-1 *(Décr. n° 2008-1363 du 18 déc. 2008, art. 1er)* Le chef du service de l'éducation à Saint-Pierre-et-Miquelon exerce les attributions dévolues aux *(Décr. n° 2012-16 du 5 janv. 2012, art. 7)* « directeurs académiques des services de l'éducation nationale agissant sur délégation du recteur d'académie » *(Décr. n° 2020-1542 du 9 déc. 2020, art. 1er)* « , à l'exception des questions relatives à la jeunesse, à l'éducation populaire, à la vie associative, à l'engagement civique et aux sports ».

Les fonctions de chef du service de l'éducation de Saint-Pierre-et-Miquelon sont assurées par un fonctionnaire titulaire de catégorie A nommé par arrêté conjoint du ministre chargé de l'éducation nationale et du ministre chargé de l'outre-mer.

Art. D. 251-2 *(Décr. n° 2020-1542 du 9 déc. 2020, art. 1er)* « A l'exception des questions relatives à la jeunesse, à l'éducation populaire, à la vie associative, à l'engagement civique et aux sports, les compétences dévolues aux recteurs de région académique et aux recteurs d'académie sont exercées par le recteur de l'académie de Normandie, qui peut déléguer sa signature au chef du service de l'éducation. »

Le conseil académique *(Décr. n° 2019-1056 du 15 oct. 2019, art. 3)* « de l'éducation nationale » de l'académie de *(Décr. n° 2019-1056 du 15 oct. 2019, art. 3)* « Normandie » connaît des affaires intéressant la collectivité territoriale de Saint-Pierre-et-Miquelon et entrant dans sa compétence.

Art. D. 251-3 *à* D. 251-7 *Abrogés par Décr. n° 2008-1363 du 18 déc. 2008, art. 1er.*

Art. D. 251-8 *(Décr. n° 2015-652 du 10 juin 2015, art. 11)* Les dispositions relatives au comité de l'emploi, de l'orientation et de la formation professionnelle *[professionnelles]* de Saint-Pierre-et-Miquelon sont fixées par les articles R. 6523-24 à R. 6523-26 du code du travail.

TITRE SIXIÈME DISPOSITIONS APPLICABLES DANS LES ÎLES WALLIS-ET-FUTUNA, À MAYOTTE, EN POLYNÉSIE FRANÇAISE, ET EN NOUVELLE-CALÉDONIE

CHAPITRE PREMIER DISPOSITIONS APPLICABLES DANS LES ÎLES WALLIS-ET-FUTUNA

Art. R. 261-1 Dans les îles Wallis-et-Futuna, les compétences de l'État en matière d'enseignement des premier et second degrés ainsi que d'enseignement postérieur au baccalauréat dispensé dans les lycées sont exercées, dans les conditions fixées à l'article R. 261-2, sous l'autorité de l'administrateur supérieur du territoire, par un vice-recteur.

(Décr. n° 2016-1413 du 20 oct. 2016, art. 14) « Le vice-recteur est nommé par arrêté conjoint du ministre chargé de l'éducation et du ministre chargé de l'outre-mer. »

Art. R. 261-2 Le vice-recteur exerce en matière d'enseignement scolaire :

1° Les attributions qui relèvent de la compétence de l'État conférées en métropole aux recteurs et aux *(Décr. n° 2012-16 du 5 janv. 2012, art. 7)* « directeurs académiques des services de l'éducation nationale agissant sur délégation du recteur d'académie » ;

2° Les pouvoirs que le ministre chargé de l'éducation lui délègue par arrêté, dans la limite de ceux qu'il est habilité à déléguer aux recteurs et aux *(Décr. n° 2012-16 du 5 janv. 2012, art. 7)* « directeurs académiques des services de l'éducation nationale agissant sur délégation du recteur d'académie ».

Art. D. 261-3 *(Décr. n° 2020-1676 du 23 déc. 2020, art. 2)* Sont applicables dans les îles Wallis-et-Futuna les dispositions mentionnées dans la colonne de gauche du tableau ci-après, dans leur rédaction indiquée dans la colonne de droite du même tableau :

DISPOSITIONS APPLICABLES	DANS LEUR RÉDACTION
Articles D. 232-1 à D. 232-5	Résultant du décret n° 2014-1421 du 28 novembre 2014
Article D. 232-5-1	Résultant du décret n° 2018-1262 du 26 décembre 2018
Articles D. 232-6 à D. 232-22	Résultant du décret n° 2014-1421 du 28 novembre 2014
Articles D. 241-1 et D. 241-2	Résultant du décret n° 2020-1676 du 23 décembre 2020

Art. R. 261-4 *(Décr. n° 2016-1522 du 10 nov. 2016, art. 2)* Sont applicables dans les îles Wallis-et-Futuna *(Décr. n° 2020-1676 du 23 déc. 2020, art. 2)* « , en tant qu'elles concernent les compétences exercées par l'État, » les dispositions mentionnées dans la colonne de gauche du tableau ci-après, dans leur rédaction indiquée dans la colonne de droite du même tableau : — *Tableau mod. par Décr. n° 2018-526 du 26 juin 2018, art. 2 ; Décr. n° 2020-785 du 26 juin 2020, art. 11 ; Décr. n° 2020-1676 du 23 déc. 2020, art. 2.*

DISPOSITIONS APPLICABLES	DANS LEUR RÉDACTION
Article R. 231-2	Résultant du décret n° 2018-526 du 26 juin 2018
Article R. 231-10	Résultant du décret n° 2015-856 du 13 juillet 2015

DISPOSITIONS APPLICABLES	DANS LEUR RÉDACTION
Articles R. 232-23 et R. 232-24	Résultant du décret n° 2020-785 du 26 juin 2020
Articles R. 232-25 à R. 232-27	Résultant du décret n° 2015-652 du 10 juin 2015
Articles R. 232-28 et R. 232-29	Résultant du décret n° 2020-785 du 26 juin 2020
Articles R. 232-30 à R. 232-33	Résultant du décret n° 2015-652 du 10 juin 2015
Article R. 232-34	Résultant du décret n° 2020-785 du 26 juin 2020
Article R. 232-35	Résultant du décret n° 2015-652 du 10 juin 2015
Article R. 232-36	Résultant du décret n° 2020-785 du 26 juin 2020
Articles R. 232-37 à R. 232-40	Résultant du décret n° 2015-652 du 10 juin 2015
Article R. 232-41	Résultant du décret n° 2020-785 du 26 juin 2020
Article R. 232-42	Résultant du décret n° 2008-1183 du 14 novembre 2008
Article R. 232-43	Résultant du décret n° 2007-1346 du 12 septembre 2007
Article R. 232-44	Résultant du décret n° 2004-703 du 13 juillet 2004
Article R. 232-45	Résultant du décret n° 2015-652 du 10 juin 2015
Articles R. 232-46 et R. 232-47	Résultant du décret n° 2004-703 du 13 juillet 2004
Article R. 232-48	Résultant du décret n° 2015-652 du 10 juin 2015
Article R. 241-3 Article R. 241-4, 1er, 2e, 4e et 5e alinéas Article R. 241-5 Articles R. 241-7 à R. 241-10	Résultant du décret n° 2020-1676 du 23 décembre 2020
Article R. 241-11	Résultant du décret n° 2017-908 du 6 mai 2017
Articles R. 241-12 et R. 241-13	Résultant du décret n° 2004-703 du 13 juillet 2004
Article R. 241-14	Résultant du décret n° 2020-1676 du 23 décembre 2020

DISPOSITIONS APPLICABLES	DANS LEUR RÉDACTION
Articles R. 241-15 et R. 241-16	Résultant du décret n° 2004-703 du 13 juillet 2004
Article R. 242-1	Résultant du décret n° 2015-652 du 10 juin 2015

(Décr. n° 2016-1574 du 23 nov. 2016, art. 2) « Les articles R. 236-1 à R. 236-4 sont applicables dans les îles de Wallis-et-Futuna dans leur rédaction issue du décret n° 2016-1574 du 23 novembre 2016, en ce qu'elles concernent les représentants des parents d'élèves siégeant au Conseil supérieur de l'éducation. »

Art. R. 261-5 Pour l'application des articles R. 232-38, R. 232-41, R. 232-42 et R. 232-43, les compétences qui relèvent de la compétence de l'État conférées en métropole aux recteurs sont exercées dans les îles Wallis-et-Futuna par le ministre chargé de l'enseignement supérieur. – *[Décr. n° 90-1011 du 14 nov. 1990, art. 24-1, 2e partie.]*

Art. R. 261-6 *Abrogé par Décr. n° 2020-1676 du 23 déc. 2020, art. 2.*

Art. D.* 261-7 *Abrogé par Décr. n° 2013-756 du 19 août 2013, art. 8.*

CHAPITRE II DISPOSITIONS APPLICABLES À MAYOTTE

Art. R. 262-1 et R. 262-2 *Abrogés par Décr. n° 2019-1553 du 30 déc. 2019, art. 1er.*

Art. R. 262-3 *(Décr. n° 2013-781 du 27 août 2013, art. 1er)* En matière d'enseignement supérieur, le *(Décr. n° 2019-1553 du 30 déc. 2019, art. 1er)* « recteur de l'académie » attribue, après avoir assuré l'instruction des demandes, les bourses d'enseignement supérieur sur critères sociaux et les aides au mérite prévues au titre des dispositions de l'article L. 821-1.

Art. R. 262-4 *Abrogé par Décr. n° 2013-781 du 27 août 2013, art. 1er.*

CHAPITRE III DISPOSITIONS APPLICABLES EN POLYNÉSIE FRANÇAISE

Art. R. 263-1 En Polynésie française, les compétences de l'État en matière d'enseignement des premier et second degrés ainsi que d'enseignement postérieur au baccalauréat dispensé dans les lycées sont exercées, dans les conditions fixées à l'article R. 263-2, sous l'autorité du haut-commissaire de la République, par un vice-recteur.

(Décr. n° 2016-1413 du 20 oct. 2016, art. 14) « Le vice-recteur est nommé par décret. »

Art. R. 263-2 Le vice-recteur exerce en matière d'enseignement scolaire :

1° Les attributions qui relèvent de la compétence de l'État conférées en métropole aux recteurs et aux *(Décr. n° 2012-16 du 5 janv. 2012, art. 7)* « directeurs académiques des services de l'éducation nationale agissant sur délégation du recteur d'académie » ;

2° Les pouvoirs que le ministre chargé de l'éducation lui délègue par arrêté, dans la limite de ceux qu'il est habilité à déléguer aux recteurs et aux *(Décr. n° 2012-16 du 5 janv. 2012, art. 7)* « directeurs académiques des services de l'éducation nationale agissant sur délégation du recteur d'académie ».

Art. R. 263-3 Le vice-recteur exerce, en matière d'enseignement supérieur, les compétences prévues par le deuxième alinéa de l'article L. 612-3 et par l'article L. 613-7 *(Décr. n° 2021-629 du 19 mai 2021, art. 2)* « ainsi que les compétences dévolues aux recteurs de région académique par l'article R. 612-36-3 ».

(Décr. n° 2013-781 du 27 août 2013, art. 1er) « Il attribue, après avoir assuré l'instruction des demandes, les bourses d'enseignement supérieur sur critères sociaux et les aides au mérite prévues au titre des dispositions de l'article L. 821-1. »

(Décr. nº 2021-350 du 29 mars 2021, art. 2) « Il met en œuvre la protection prévue à l'article 11 de la loi nº 83-634 du 13 juillet 1983 portant droits et obligations des fonctionnaires au bénéfice des présidents et directeurs d'établissements publics sous la tutelle des ministres chargés de l'enseignement supérieur et de la recherche dont le siège est situé en Polynésie française, ainsi qu'au bénéfice des personnes mettant en cause ces présidents et directeurs. »

Les dispositions issues du Décr. nº 2021-350 du 29 mars 2021 sont applicables aux requêtes d'appel enregistrées devant les juridictions administratives, aux demandes indemnitaires et aux décisions de justice intervenues après la date de publication du Décr. préc. ainsi qu'aux demandes de protection fonctionnelle présentées à compter de cette date (Décr. préc., art. 4).

Art. D. 263-4 *(Décr. nº 2017-410 du 27 mars 2017, art. 8)* Sont applicables en Polynésie française les dispositions mentionnées dans la colonne de gauche du tableau ci-après, dans leur rédaction indiquée dans la colonne de droite du même tableau :

DISPOSITIONS APPLICABLES		DANS LEUR RÉDACTION RÉSULTANT DU
Titre III Chapitre II	Articles D. 232-1 à D. 232-22	Décret nº 2014-1421 du 28 novembre 2014
Titre III Chapitre III	Article D. 233-1	Décret nº 2006-583 du 23 mai 2006
	Articles D. 233-2 à D. 233-6	Décret nº 2004-703 du 13 juillet 2004

Art. R. 263-5 *(Décr. nº 2016-1522 du 10 nov. 2016, art. 2)* Sont applicables en Polynésie française *(Décr. nº 2020-1676 du 23 déc. 2020, art. 2)* « , en tant qu'elles concernent les compétences exercées par l'État, » les dispositions mentionnées dans la colonne de gauche du tableau ci-après, dans leur rédaction indiquée dans la colonne de droite du même tableau : – *Tableau mod. par Décr. nº 2018-526 du 26 juin 2018, art. 2 ; Décr. nº 2020-785 du 26 juin 2020, art. 11 ; Décr. nº 2020-1676 du 23 déc. 2020, art. 2.*

DISPOSITIONS APPLICABLES	DANS LEUR RÉDACTION
Article R. 231-2	Résultant du décret nº 2018-526 du 26 juin 2018
Article R. 231-10	Résultant du décret nº 2015-856 du 13 juillet 2015
Articles R. 232-23 et R. 232-24	Résultant du décret nº 2020-785 du 26 juin 2020
Articles R. 232-25 à R. 232-27	Résultant du décret nº 2015-652 du 10 juin 2015
Articles R. 232-28 et R. 232-29	Résultant du décret nº 2020-785 du 26 juin 2020
Articles R. 232-30 à R. 232-33	Résultant du décret nº 2015-652 du 10 juin 2015
Article R. 232-34	Résultant du décret nº 2020-785 du 26 juin 2020

DISPOSITIONS APPLICABLES	DANS LEUR RÉDACTION
Article R. 232-35	Résultant du décret n° 2015-652 du 10 juin 2015
Article R. 232-36	Résultant du décret n° 2020-785 du 26 juin 2020
Articles R. 232-37 à R. 232-40	Résultant du décret n° 2015-652 du 10 juin 2015
Article R. 232-41	Résultant du décret n° 2020-785 du 26 juin 2020
Article R. 232-42	Résultant du décret n° 2008-1183 du 14 novembre 2008
Article R. 232-43	Résultant du décret n° 2007-1346 du 12 septembre 2007
Article R. 232-44	Résultant du décret n° 2004-703 du 13 juillet 2004
Article R. 232-45	Résultant du décret n° 2015-652 du 10 juin 2015
Articles R. 232-46 et R. 232-47	Résultant du décret n° 2004-703 du 13 juillet 2004
Article R. 232-48	Résultant du décret n° 2015-652 du 10 juin 2015
Article R. 241-3 Article R. 241-4, 1er, 2e, 4e et 5e alinéas Article R. 241-5 Articles R. 241-7 à R. 241-10	Résultant du décret n° 2020-1676 du 23 décembre 2020
Article R. 241-11	Résultant du décret n° 2017-908 du 6 mai 2017
Articles R. 241-12 et R. 241-13	Résultant du décret n° 2004-703 du 13 juillet 2004
Article R. 241-14	Résultant du décret n° 2020-1676 du 23 décembre 2020
Articles R. 241-15 et R. 241-16	Résultant du décret n° 2004-703 du 13 juillet 2004
Article R. 242-1	Résultant du décret n° 2015-652 du 10 juin 2015

(Décr. n° 2016-1574 du 23 nov. 2016, art. 2) « Les articles R. 236-1 à R. 236-4 sont applicables en Polynésie française dans leur rédaction issue du décret n° 2016-1574 du 23 novembre 2016, en ce qu'elles concernent les représentants des parents d'élèves siégeant au Conseil supérieur de l'éducation. »

Art. R. 263-6 Pour l'application des articles R. 232-38, R. 232-41 et R. 232-43, les compétences qui relèvent de la compétence de l'État conférées en métropole au recteur *(Décr. n° 2019-1554 du 30 déc. 2019, art. 1er)* **« de région académique » sont exercées en Polynésie française par le ministre chargé de l'enseignement supérieur.**

Art. D. 263-7 *Abrogé par Décr. n° 2017-410 du 27 mars 2017, art. 27.*

Art. R. 263-8 *Abrogé par Décr. n° 2020-1676 du 23 déc. 2020, art. 2.*

Art. D.* 263-9 et D.* 263-10 *Abrogés par Décr. n° 2013-756 du 19 août 2013, art. 8.*

Art. D. 263-11 Le ministre chargé de l'enseignement supérieur, pour l'exercice des compétences qu'il détient en vertu du troisième alinéa de l'article L. 683-2, *(Décr. n° 2017-410 du 27 mars 2017, art. 9)* **« du sixième alinéa de l'article L. 773-3 », du premier alinéa de l'article L. 973-3 et des articles D. 263-4, R. 263-5 et R. 263-6, peut donner par arrêté délégation de signature au vice-recteur de Polynésie française ou, en cas d'empêchement de celui-ci, à un fonctionnaire de catégorie A placé sous son autorité.**

CHAPITRE IV DISPOSITIONS APPLICABLES EN NOUVELLE-CALÉDONIE

Art. R. 264-1 En Nouvelle-Calédonie, les compétences de l'État en matière d'enseignement des premier et second degrés ainsi que d'enseignement postérieur au baccalauréat dispensé dans les lycées sont exercées, dans les conditions fixées à l'article R. 264-2, sous l'autorité du représentant de l'État, par un vice-recteur.

(Décr. n° 2016-1413 du 20 oct. 2016, art. 14) **« Le vice-recteur est nommé par décret. »**

Art. R. 264-2 Le vice-recteur exerce en matière d'enseignement scolaire :

1° Les attributions qui relèvent de la compétence de l'État conférées en métropole aux recteurs et aux *(Décr. n° 2012-16 du 5 janv. 2012, art. 7)* **« directeurs académiques des services de l'éducation nationale agissant sur délégation du recteur d'académie » ;**

2° Les pouvoirs que le ministre chargé de l'éducation lui délègue par arrêté, dans la limite de ceux qu'il est habilité à déléguer aux recteurs et aux *(Décr. n° 2012-16 du 5 janv. 2012, art. 7)* **« directeurs académiques des services de l'éducation nationale agissant sur délégation du recteur d'académie ».**

Vice-recteur. Compétences. Absence. Saisi d'une demande d'annulation de la note de service n° 2012-085 du 9 mai 2012 du ministre de l'éducation nationale par laquelle il indique les modalités de dépôt et de traitement des candidatures des personnels enseignants du second degré, d'éducation et d'orientation à une mise à disposition de la Nouvelle-Calédonie pour la rentrée scolaire de févr. 2013, le juge a annulé le texte au motif qu'en l'absence de délégation régulièrement publiée au *Journal officiel*, la note de service n'a pu légalement attribuer une telle compétence au vice-recteur de la Nouvelle-Calédonie. • CE 19 sept. 2014, *Synd. nat. des enseignements de second degré*, n° 361344.

Art. R. 264-3 Le vice-recteur exerce, en matière d'enseignement supérieur, les compétences prévues par le deuxième alinéa de l'article L. 612-3 et par l'article L. 613-7 *(Décr. n° 2021-629 du 19 mai 2021, art. 3)* **« ainsi que les compétences dévolues aux recteurs de région académique par l'article R. 612-36-3 ».**

(Décr. n° 2013-781 du 27 août 2013, art. 1er) **« Il attribue, après avoir assuré l'instruction des demandes, les bourses d'enseignement supérieur sur critères sociaux et les aides au mérite prévues au titre des dispositions de l'article L. 821-1. »**

(Décr. n° 2021-350 du 29 mars 2021, art. 2) **« Il met en œuvre la protection prévue à l'article 11 de la loi n° 83-634 du 13 juillet 1983 portant droits et obligations des fonctionnaires au bénéfice des présidents et directeurs d'établissements publics sous la tutelle des ministres chargés de l'enseignement supérieur et de la recherche dont le siège est situé en Nouvelle-Calédonie, ainsi qu'au bénéfice des personnes mettant en cause ces présidents et directeurs. »**

Les dispositions issues du Décr. n° 2021-350 du 29 mars 2021 sont applicables aux requêtes d'appel enregistrées devant les juridictions administratives, aux demandes indemnitaires et aux décisions de justice intervenues après la date de publication du Décr. préc. ainsi qu'aux demandes de protection fonctionnelle présentées à compter de cette date (Décr. préc., art. 4).

Art. D. 264-4 *(Décr. nº 2017-410 du 27 mars 2017, art. 10)* Sont applicables en Nouvelle-Calédonie les dispositions mentionnées dans la colonne de gauche du tableau ci-après, dans leur rédaction indiquée dans la colonne de droite du même tableau :

DISPOSITIONS APPLICABLES		DANS LEUR RÉDACTION RÉSULTANT DU
Titre III Chapitre II	Articles D. 232-1 à D. 232-22	Décret nº 2014-1421 du 28 novembre 2014
Titre III Chapitre III	Article D. 233-1	Décret nº 2006-583 du 23 mai 2006
	Articles D. 233-2 à D. 233-6	Décret nº 2004-703 du 13 juillet 2004

Art. R. 264-5 *(Décr. nº 2016-1522 du 10 nov. 2016, art. 2)* Sont applicables en Nouvelle-Calédonie *(Décr. nº 2020-1676 du 23 déc. 2020, art. 2)* « , en tant qu'elles concernent les compétences exercées par l'État, » les dispositions mentionnées dans la colonne de gauche du tableau ci-après, dans leur rédaction indiquée dans la colonne de droite du même tableau : – *Tableau mod. par Décr. nº 2018-526 du 26 juin 2018, art. 2 ; Décr. nº 2020-785 du 26 juin 2020, art. 11 ; Décr. nº 2020-1676 du 23 déc. 2020, art. 2.*

DISPOSITIONS APPLICABLES	DANS LEUR RÉDACTION
Article R. 231-2	Résultant du décret nº 2018-526 du 26 juin 2018
Article R. 231-10	Résultant du décret nº 2015-856 du 13 juillet 2015
Articles R. 232-23 et R. 232-24	Résultant du décret nº 2020-785 du 26 juin 2020
Articles R. 232-25 à R. 232-27	Résultant du décret nº 2015-652 du 10 juin 2015
Articles R. 232-28 et R. 232-29	Résultant du décret nº 2020-785 du 26 juin 2020
Articles R. 232-30 à R. 232-33	Résultant du décret nº 2015-652 du 10 juin 2015
Article R. 232-34	Résultant du décret nº 2020-785 du 26 juin 2020
Article R. 232-35	Résultant du décret nº 2015-652 du 10 juin 2015
Article R. 232-36	Résultant du décret nº 2020-785 du 26 juin 2020
Articles R. 232-37 à R. 232-40	Résultant du décret nº 2015-652 du 10 juin 2015
Article R. 232-41	Résultant du décret nº 2020-785 du 26 juin 2020

DISPOSITIONS APPLICABLES	DANS LEUR RÉDACTION
Article R. 232-42	Résultant du décret n° 2008-1183 du 14 novembre 2008
Article R. 232-43	Résultant du décret n° 2007-1346 du 12 septembre 2007
Article R. 232-44	Résultant du décret n° 2004-703 du 13 juillet 2004
Article R. 232-45	Résultant du décret n° 2015-652 du 10 juin 2015
Articles R. 232-46 et R. 232-47	Résultant du décret n° 2004-703 du 13 juillet 2004
Article R. 232-48	Résultant du décret n° 2015-652 du 10 juin 2015
Article R. 241-3 Article R. 241-4, 1er, 2e, 4e et 5e alinéas Article R. 241-5 Articles R. 241-7 à R. 241-10	Résultant du décret n° 2020-1676 du 23 décembre 2020
Article R. 241-11	Résultant du décret n° 2017-908 du 6 mai 2017
Articles R. 241-12 et R. 241-13	Résultant du décret n° 2004-703 du 13 juillet 2004
Article R. 241-14	Résultant du décret n° 2020-1676 du 23 décembre 2020
Articles R. 241-15 et R. 241-16	Résultant du décret n° 2004-703 du 13 juillet 2004
Article R. 242-1	Résultant du décret n° 2015-652 du 10 juin 2015

(Décr. n° 2016-1574 du 23 nov. 2016, art. 2) « Les articles R. 236-1 à R. 236-4 sont applicables en Nouvelle-Calédonie dans leur rédaction issue du décret n° 2016-1574 du 23 novembre 2016, en ce qu'elles concernent les représentants des parents d'élèves siégeant au Conseil supérieur de l'éducation. »

Art. R. 264-6 Pour l'application des articles R. 232-38, R. 232-41 et R. 232-43, les compétences qui relèvent de la compétence de l'État conférées en métropole au recteur *(Décr. n° 2019-1554 du 30 déc. 2019, art. 1er)* « de région académique » sont exercées en Nouvelle-Calédonie par le ministre chargé de l'enseignement supérieur.

Art. D. 264-7 *Abrogé par Décr. n° 2017-410 du 27 mars 2017, art. 27.*

Art. R. 264-8 *Abrogé par Décr. n° 2020-1676 du 23 déc. 2020, art. 2.*

Art. D.* 264-9 et D.* 264-10 *Abrogés par Décr. n° 2013-756 du 19 août 2013, art. 8.*

Art. D. 264-11 Le ministre chargé de l'enseignement supérieur, pour l'exercice des compétences qu'il détient en vertu du troisième alinéa de l'article L. 684-2, *(Décr. n° 2017-410 du 27 mars 2017, art. 11)* « du septième alinéa de l'article L. 774-3 », du premier alinéa de l'article L. 974-3 et des articles D. 264-4, R. 264-5 et R. 264-6, peut donner par arrêté délégation de signature au vice-recteur de Nouvelle-Calédonie ou, en cas d'empêchement de celui-ci, à un fonctionnaire de catégorie A placé sous son autorité.

Art. R. 264-12 A compter de 2001, le montant annuel de la dotation globale de construction et d'équipement des collèges, prévue au IV de l'article 181 de la loi organique n° 99-209 du 19 mars 1999 relative à la Nouvelle-Calédonie, est indexé sur le taux d'évolution, entre les deux années précédant l'année de son versement, du nombre d'élèves inscrits dans les collèges d'enseignement public à la rentrée scolaire. – *[Décr. n° 2000-578 du 22 juin 2000, art. 1er, al. 2.]*

Art. R. 264-13 La dotation globale de construction et d'équipement des collèges est répartie chaque année entre les provinces, en fonction de l'évolution de la population scolarisable, à concurrence de 40 % de son montant, et en fonction de la capacité d'accueil des établissements, à concurrence de 60 % de son montant. – *[Décr. n° 2000-578 du 22 juin 2000, art. 2.]*

Art. R. 264-14 La part de la dotation destinée à tenir compte de l'évolution de la population scolarisable est répartie proportionnellement au nombre de naissances constatées dans les provinces entre la septième et la quatrième année précédant l'année de versement de la dotation.

Le nombre de naissances par province est établi en fonction du lieu de résidence de la mère à la date de la naissance. – *[Décr. n° 2000-578 du 22 juin 2000, art. 3.]*

Art. R. 264-15 La part de la dotation destinée à tenir compte de la capacité d'accueil des établissements est répartie, pour moitié, proportionnellement à la superficie développée hors œuvre totale des collèges publics et, pour moitié, proportionnellement aux effectifs des élèves des collèges publics.

La superficie des collèges et le nombre des élèves pris en compte sont ceux constatés à la rentrée scolaire de l'année précédant celle du versement de la dotation. – *[Décr. n° 2000-578 du 22 juin 2000, art. 4.]*

Art. R. 264-16 Dans les communes de Nouvelle-Calédonie, le comité de la caisse des écoles comprend :

1° Le maire ou un membre du conseil municipal désigné par lui, président ;

2° Le ou les inspecteurs de l'éducation nationale des écoles de la circonscription ou leurs représentants ;

3° Un membre désigné par le haut-commissaire de la République en Nouvelle-Calédonie ;

4° Deux conseillers municipaux désignés par le conseil municipal ;

5° Un membre de l'assemblée de province ;

6° Trois membres élus par les sociétaires réunis en assemblée générale ;

7° Le médecin responsable de la médecine scolaire.

Le conseil municipal peut, par délibération motivée, porter le nombre de ses représentants à un chiffre plus élevé, sans toutefois excéder le tiers des membres de l'assemblée municipale. Dans ce cas, les sociétaires peuvent désigner autant de représentants supplémentaires que le conseil municipal en désigne en plus de l'effectif normal. – *[Décr. n° 96-413 du 13 mai 1996, art. 1er.]*

Art. R. 264-17 Les représentants des sociétaires sont élus au scrutin uninominal avec un seul tour de scrutin, quel que soit le nombre des votants. Les candidats qui ont obtenu le plus de voix sont proclamés élus. La durée de leur mandat est fixée à trois ans. Ils sont rééligibles. – *[Décr. n° 96-413 du 13 mai 1996, art. 2.]*

Art. R. 264-18 Le maire est chargé de l'exécution des décisions du comité de la caisse, et notamment, en sa qualité d'ordonnateur, du budget en recettes et en dépenses. – *[Décr. n° 96-413 du 13 mai 1996, art. 3.]*

Art. R. 264-19 Les règles du contrôle de légalité et du contrôle budgétaire auxquelles sont soumises les décisions du comité de la caisse des écoles et celles du maire ainsi que les règles de la comptabilité publique et d'exécution des recettes et des dépenses sont celles applicables à la commune dont relève la caisse. – *[Décr. n° 96-413 du 13 mai 1996, art. 4.]*

TITRE SEPTIÈME DISPOSITIONS RELATIVES AUX COLLECTIVITÉS TERRITORIALES DE SAINT-BARTHÉLEMY ET DE SAINT-MARTIN

CHAPITRE UNIQUE DISPOSITIONS RELATIVES À L'ORGANISATION DE L'ADMINISTRATION DES SERVICES DE L'ÉDUCATION NATIONALE

(Décr. n° 2008-1363 du 18 déc. 2008, art. 2)

Art. D. 271-1 A Saint-Barthélemy et à Saint-Martin, les attributions qui relèvent de la compétence de l'État conférées en métropole aux recteurs et aux *(Décr. n° 2012-16 du 5 janv. 2012, art. 7)* « directeurs académiques des services de l'éducation nationale agissant sur délégation du recteur d'académie » sont exercées par le recteur de l'académie de la Guadeloupe. Il est assisté par un adjoint, *(Décr. n° 2019-1145 du 6 nov. 2019, art. 1er)* « nommé dans l'emploi de vice-recteur chef du service de l'éducation nationale » de Saint-Barthélemy et Saint-Martin, auquel il peut déléguer sa signature.

Art. D. 271-2 Les fonctions de *(Décr. n° 2019-1145 du 6 nov. 2019, art. 1er)* « vice-recteur chef du service de l'éducation nationale » de Saint-Barthélemy et Saint-Martin sont exercées par un fonctionnaire nommé par arrêté conjoint du ministre chargé de l'éducation nationale et du ministre chargé de l'outre-mer.

LIVRE TROISIÈME L'ORGANISATION DES ENSEIGNEMENTS SCOLAIRES

(Décr. nº 2006-583 du 23 mai 2006)

TITRE PREMIER L'ORGANISATION GÉNÉRALE DES ENSEIGNEMENTS

CHAPITRE PREMIER DISPOSITIONS COMMUNES

SECTION PREMIÈRE LA NOMENCLATURE DES SPÉCIALITÉS DE FORMATION

Art. D. 311-1 La nomenclature des spécialités de formation, élaborée au sein du Conseil national de l'information statistique, et figurant à l'article D. 311-4, est utilisée dans les textes officiels, décisions, documents, travaux et études ainsi que dans les systèmes informatiques des administrations et établissements publics et dans les travaux effectués par des organismes privés à la demande des administrations.

Elle est applicable sur l'ensemble du territoire de la République française. – *[Décr. nº 94-522 du 21 juin 1994, art. 1er, 2, al. 1 et 3.]*

Art. D. 311-2 La nomenclature des spécialités de formation est utilisée pour déterminer les métiers, groupes de métiers ou types de formations au sens de l'article R. 335-14 *[abrogé. – V. désormais C. trav., art. R. 6113-8 s.]* du présent code.

Elle est aussi utilisée pour l'élaboration par les régions des statistiques concernant la formation professionnelle continue et l'apprentissage au sens de l'arrêté fixant le modèle des documents annexés aux conventions de formation professionnelle pris en application des articles R. 1614-10 à R. 1614-15 du code général des collectivités territoriales. – *[Décr. nº 94-522 du 21 juin 1994, art. 4.]*

Art. D. 311-3 L'Institut national de la statistique et des études économiques est chargé de la gestion, de la diffusion et de la mise à jour périodique de la nomenclature des spécialités de formation.

Les propositions de révision de la nomenclature des spécialités de formation sont examinées dans le cadre du Conseil national de l'information statistique. Elles font l'objet d'une approbation par décret. – *[Décr. nº 94-522 du 21 juin 1994, art. 5.]*

Art. D. 311-4 La nomenclature des spécialités de formation comporte trois niveaux, figurant au I ci-dessous. Les deux premiers niveaux (4 postes et 17 postes) fixent la liste des domaines de spécialités en matière de formation. Le troisième niveau (93 postes) fixe la liste des groupes de spécialités de formation.

Une nomenclature plus fine est obtenue en croisant le troisième niveau de la nomenclature décrite au I avec les codes lettres figurant au II (code des champs d'application pour les domaines disciplinaires et code des fonctions pour les domaines technico-professionnels).

ANNEXE

I. DOMAINES ET GROUPES DE SPÉCIALITÉS AUX NIVEAUX 4, 17 ET 93

Domaines codés sur 1 chiffre (niveau 4) ou 2 chiffres (niveau 17)

Groupes (niveau 93) codés sur 3 chiffres

1. Domaines disciplinaires

10 Formations générales

100 Formations générales.

11 Mathématiques et sciences

110 Spécialités pluriscientifiques.
111 Physique-chimie.
112 Chimie-biologie, biochimie.

113 Sciences naturelles (biologie-géologie).
114 Mathématiques.
115 Physique.
116 Chimie.
117 Sciences de la Terre.
118 Sciences de la vie.

12 Sciences humaines et droit

120 Spécialités pluridisciplinaires. Sciences humaines et droit.
121 Géographie.
122 Économie.
123 Sciences (y compris démographie, anthropologie).
124 Psychologie.
125 Linguistique.
126 Histoire.
127 Philosophie, éthique et théologie.
128 Droit, sciences politiques.

13 Lettres et arts

130 Spécialités littéraires et artistiques plurivalentes.
131 Français, littérature et civilisation française.
132 Arts plastiques.
133 Musique, arts du spectacle.
134 Autres disciplines artistiques et spécialités artistiques plurivalentes.
135 Langues et civilisations anciennes.
136 Langues vivantes, civilisations étrangères et régionales.

2. Domaines technico-professionnels de la production

20 Spécialités pluritechnologiques de la production

200 Technologies industrielles fondamentales (génie industriel et procédés de transformation, spécialités à dominante fonctionnelle).

201 Technologies de commandes des transformations industrielles (automatismes et robotique industriels, informatique industrielle).

21 Agriculture, pêche, forêt et espaces verts

210 Spécialités plurivalentes de l'agronomie et de l'agriculture.

211 Productions végétales, cultures spécialisées et protection des cultures (horticulture, viticulture, arboriculture fruitière...).

212 Productions animales, élevage spécialisé, aquaculture, soins aux animaux (y compris vétérinaire).

213 Forêts, espaces naturels, faune sauvage, pêche.

214 Aménagement paysager (parcs, jardins, espaces verts, terrains de sport).

22 Transformations

220 Spécialités pluritechnologiques des transformations.
221 Agro-alimentaire, alimentation, cuisine.
222 Transformations chimiques et apparentées (y compris industrie pharmaceutique).
223 Métallurgie (y compris sidérurgie, fonderie, non-ferreux).
224 Matériaux de construction, verre, céramique.
225 Plasturgie, matériaux composites.
226 Papier, carton.

227 Énergie, génie climatique (y compris énergie nucléaire, thermique, hydraulique ; utilités ; froid, climatisation, chauffage).

23 Génie civil, construction, bois

230 Spécialités pluritechnologiques. Génie civil, construction, bois.
231 Mines et carrières, génie civil, topographie.
232 Bâtiment : construction et couverture.
233 Bâtiment : finitions.
234 Travail du bois et de l'ameublement.

24 Matériaux souples

240 Spécialités pluritechnologiques Matériaux souples.
241 Textile.
242 Habillement (y compris mode, couture).
243 Cuirs et peaux.

25 Mécanique, électricité, électronique

250 Spécialités pluritechnologiques Mécanique-électricité (y compris maintenance mécano-électrique).
251 Mécanique générale et de précision, usinage.
252 Moteurs et mécanique auto.
253 Mécanique aéronautique et spatiale.
254 Structures métalliques (y compris soudure, carrosserie, coque de bateau, cellule d'avion).
255 Électricité, électronique (non compris automatismes, productique).

3. Domaines technico-professionnels des services

30 Spécialités plurivalentes des services

300 Spécialités plurivalentes des services.

31 Échanges et gestion

310 Spécialités plurivalentes des échanges et de la gestion (y compris administration générale des entreprises et des collectivités).
311 Transport, manutention, magasinage.
312 Commerce, vente.
313 Finance, banques, assurances.
314 Comptabilité, gestion.
315 Ressources humaines, gestion du personnel, gestion de l'emploi.

32 Communication et information

320 Spécialités plurivalentes de la communication.
321 Journalisme et communication (y compris communication graphique et publicité).
322 Techniques de l'imprimerie et de l'édition.
323 Techniques de l'image et du son, métiers connexes du spectacle.
324 Secrétariat, bureautique.
325 Documentation, bibliothèques, administration des données.
326 Informatique, traitement de l'information, réseau de transmission des données.

33 Services aux personnes

330 Spécialités plurivalentes sanitaires et sociales.
331 Santé.
332 Travail social.
333 Enseignement formation.
334 Accueil, hôtellerie, tourisme.
335 Animation culturelle, sportive et de loisirs.
336 Coiffure, esthétique et autres spécialités des services aux personnes.

34 Services à la collectivité

340 Spécialités plurivalentes des services à la collectivité.
341 Aménagement du territoire, développement, urbanisme.
342 Protection et développement du patrimoine.
343 Nettoyage, assainissement, protection de l'environnement.
344 Sécurité des biens et des personnes, police, surveillance (y compris hygiène et sécurité).
345 Application des droits et statuts des personnes.
346 Spécialités militaires.

4. Domaines du développement personnel

41 Domaines des capacités individuelles

410 Spécialités concernant plusieurs capacités.
411 Pratiques sportives (y compris arts martiaux).
412 Développement des capacités mentales et apprentissage de base.

413 Développement des capacités comportementales et relationnelles.
414 Développement des capacités individuelles d'organisation.
415 Développement des capacités d'orientation, d'insertion ou de réinsertion sociales et professionnelles.

42 Domaines des activités quotidiennes et de loisirs

421 Jeux et activités spécifiques de loisirs.
422 Économie et activités domestiques.
423 Vie familiale, vie sociale et autres formations au développement personnel.

II. CODES LETTRES POUR LE CLASSEMENT EN SOUS-GROUPES DE SPÉCIALITÉS

Codes des champs d'application disciplinaires

a) Champ non indiqué.
b) Outils, méthodes et modèles.
c) Application à une discipline scientifique.
d) Application à une discipline du droit et des sciences humaines.
e) Application à une discipline des lettres, arts et langues.
f) Application à une technologie ou à une activité de production.
g) Application à une activité des services.

Codes des fonctions (domaines technico-professionnels)

m) Fonction non indiquée ou plurifonctionnelle.
n) Conception.
p) Organisation, gestion.
r) Contrôle, prévention, entretien.
s) Production.
t) Réalisation du service.
u) Conduite, surveillance de machine.
v) Production à caractère artistique (métiers d'art).
w) Commercialisation.

Code du développement personnel : z – [Décr. n° 94-522 du 21 juin 1994, Annexe.]

SECTION II LES PROGRAMMES

Art. D. 311-5 Les programmes ne peuvent entrer en vigueur que douze mois au moins après leur publication, sauf décision expresse du ministre chargé de l'éducation ou du ministre chargé de l'enseignement supérieur, prise après avis du Conseil supérieur de l'éducation. – *[Décr. n° 90-179 du 23 févr. 1990, art. 7, al. 1er.]*

SECTION III LE LIVRET SCOLAIRE À L'ÉCOLE ÉLÉMENTAIRE ET AU COLLÈGE

(Décr. n° 2019-824 du 2 août 2019, art. 3).

Art. D. 311-6 *(Décr. n° 2015-1929 du 31 déc. 2015, art. 4)* Le livret scolaire permet de rendre compte de l'évolution des acquis scolaires de l'élève. Il sert d'instrument de liaison entre les enseignants et les parents ou le responsable légal de l'élève.

Un livret scolaire est établi pour chaque élève *(Décr. n° 2019-824 du 2 août 2019, art. 4)* « scolarisé dans une école élémentaire ou un collège ». Il est créé lors de la première inscription dans une école *(Décr. n° 2019-824 du 2 août 2019, art. 4)* « élémentaire » ou un collège publics ou dans un établissement d'enseignement privé lié à l'État par contrat. Il est mis à jour lors de tout changement *(Abrogé par Décr. n° 2019-824 du 2 août 2019, art. 4) « d'école ou »* d'établissement scolaire.

Le livret scolaire peut être consulté par l'élève, par ses parents ou son responsable légal, par les équipes pédagogiques et éducatives du cycle concerné ou par celles de la première année du cycle suivant, ainsi que par le responsable de l'école ou de l'établissement scolaire dans lequel l'élève est inscrit.

Art. D. 311-7 *(Décr. n° 2015-1929 du 31 déc. 2015, art. 5)* Le livret scolaire comporte :

1° Pour chaque cycle, les bilans périodiques de l'évolution des acquis scolaires de l'élève du cycle concerné. Lorsque l'élève est dans la première année des cycles 3 ou 4,

le livret comprend en outre les bilans périodiques de la dernière année du cycle précédent ;

2° Les bilans de fin de cycle comprenant une évaluation du niveau de maîtrise de chacune des composantes du premier domaine et de chacun des quatre autres domaines du socle commun de connaissances, de compétences et de culture ;

3° Les attestations mentionnées sur une liste définie par arrêté du ministre chargé de l'éducation.

Le contenu des bilans périodiques et des bilans de fin de cycle est précisé par un arrêté du ministre chargé de l'éducation.

Sur le contenu du livret scolaire, V. ci-dessous Arr. du 31 déc. 2015.

Arrêté du 31 décembre 2015,

Fixant le contenu du livret scolaire de l'école élémentaire et du collège.

Art. 1er Conformément à l'article D. 311-7 du code de l'éducation, le livret scolaire prévu à l'article D. 311-6 du code de l'éducation regroupe :

— pour chaque cycle de la scolarité obligatoire, l'ensemble des bilans périodiques de l'évolution des acquis scolaires de l'élève dont le contenu est précisé en annexe du présent arrêté ;

— les bilans de fin des cycles 2, 3 et 4, prévus à l'article 5 du présent arrêté ;

— les attestations mentionnées à l'article 7 du présent arrêté.

Art. 2 Au cycle 2, le contenu des bilans périodiques de l'évolution des acquis scolaires de l'élève mentionnés à l'article 1er est fixé par l'annexe 1 du présent arrêté.

Les bilans périodiques sont établis par chaque école. Conformément à l'article D. 111-3 du code de l'éducation, ils sont renseignés et communiqués aux parents ou au responsable légal de l'élève plusieurs fois par an.

Le cas échéant, les bilans périodiques sont également complétés avant tout changement d'école.

Art. 3 Au cycle 3, le contenu des bilans périodiques de l'évolution des acquis scolaires de l'élève mentionnés à l'article 1er est fixé par l'annexe 2 du présent arrêté.

Les bilans périodiques sont établis par chaque école pour les classes de cours moyen première année (CM1) et les classes de cours moyen seconde année (CM2) et par chaque collège pour la classe de sixième. Conformément à l'article D. 111-3 du code de l'éducation, ils sont renseignés et communiqués aux parents ou au responsable légal de l'élève plusieurs fois par an.

Le cas échéant, les bilans périodiques sont également complétés avant tout changement d'école ou de collège.

Art. 4 Au cycle 4, le contenu des bilans périodiques de l'évolution des acquis scolaires de l'élève mentionnés à l'article 1er est fixé par l'annexe 3 du présent arrêté.

Les bilans périodiques sont établis par chaque collège. Conformément à l'article D. 111-3 du code de l'éducation, ils sont renseignés et communiqués aux parents ou au responsable légal de l'élève plusieurs fois par an.

Le cas échéant, les bilans périodiques sont également complétés avant tout changement d'établissement scolaire.

Art. 5 Le bilan de fin de cycle comprend une évaluation du niveau de maîtrise de chacune des composantes du premier domaine et de chacun des quatre autres domaines du socle commun de connaissances, de compétences et de culture. Cette évaluation se fait selon l'échelle de référence prévue à l'article D. 122-3 du code de l'éducation.

Le bilan de fin de cycle comprend également une appréciation sur les acquis scolaires du cycle et, le cas échéant, des conseils pour le cycle suivant.

Une annexe de correspondance est jointe au bilan périodique pour favoriser le dialogue avec les parents de l'élève.

Art. 6 Les bilans périodiques et les bilans de fin de cycle sont visés :

— à l'école élémentaire, par le ou les enseignants de la classe et le directeur de l'école et par les parents ou le responsable légal de l'élève ;

— au collège, par le professeur principal et le chef d'établissement ou son adjoint et par les parents ou le responsable légal de l'élève.

Art. 7 Les attestations prévues à l'article D. 311-7 du code de l'éducation sont :

— les attestations confirmant que l'élève a été sensibilisé à la prévention des risques et aux missions des services de secours, formé aux premiers secours, ou qu'il a effectivement suivi un enseignement des règles générales de sécurité, conformément à l'article D. 312-40 du code de l'éducation, et notamment l'attestation de prévention et secours civiques de niveau 1 (PSC1) prévue à l'article D. 312-41 ;

— les attestations confirmant que l'élève a effectivement suivi un enseignement des règles de sécurité routière, conformément à l'article D. 312-43 du code de l'éducation, et notamment les attestations scolaires de sécurité routière de premier et second niveau (ASSR1, ASSR2, AER) prévues au même article ;

— l'attestation scolaire "savoir-nager" (ASSN), prévue à l'article D. 312-47-2.

Art. 8 Les éléments constitutifs du livret scolaire, définis à l'article 1er, sont numérisés dans une application informatique nationale, dénommée livret scolaire unique numérique.

En cas de changement d'école ou d'établissement scolaire, y compris à l'occasion du passage entre l'école élémentaire et le collège, le livret scolaire est transmis à la nouvelle école ou au nouvel établissement par le biais de cette application.

Art. 9 Le présent arrêté entre en vigueur à compter de la rentrée scolaire 2016.

ANNEXES

ANNEXE 1

Contenu des bilans périodiques au cycle 2, cycle des apprentissages fondamentaux

Au cycle 2, les bilans périodiques de l'évolution des acquis scolaires de l'élève comportent au moins :

1. Une appréciation générale sur la progression de l'élève durant la période.

2. Un suivi des acquis scolaires de l'élève qui mentionne, pour chaque enseignement du volet 3 de l'annexe 1 de l'arrêté du 9 novembre 2015 susvisé (programmes du cycle 2) :

— les principaux éléments du programme travaillés durant la période ;

— les acquisitions, progrès et difficultés éventuelles de l'élève ;

— le positionnement de l'élève au regard des objectifs d'apprentissage fixés pour la période sur une des quatre positions suivantes : objectifs d'apprentissage non atteints, objectifs d'apprentissage partiellement atteints, objectifs d'apprentissage atteints, objectifs d'apprentissage dépassés.

Le positionnement de l'élève s'effectue au niveau de chaque composante pour l'enseignement de "français" – langage oral ; lecture et compréhension de l'écrit ; écriture ; étude de la langue (grammaire, orthographe, lexique) – et l'enseignement de "mathématiques" – nombres et calcul ; grandeurs et mesures ; espace et géométrie.

3. Le cas échéant, la mention des projets mis en œuvre durant la période dans le cadre du parcours d'éducation artistique et culturelle et du parcours citoyen.

4. Le cas échéant, la mention de la ou des modalités spécifiques d'accompagnement en cours mises en place, parmi la liste suivante :

— *(Arr. du 11 mai 2016, art. 1er)* « — plan d'accompagnement personnalisé (PAP) » ;

— projet d'accueil individualisé (PAI) ;

— *(Arr. du 11 mai 2016, art. 1er)* « — programme personnalisé de réussite éducative (PPRE) » ;

— projet personnalisé de scolarisation (PPS) ;

— réseau d'aides spécialisées aux élèves en difficulté (RASED) ;

— unité localisée pour l'inclusion scolaire (ULIS) ;

— unité pédagogique pour élèves allophones arrivants (UPE2A).

ANNEXE 2

Contenu des bilans périodiques au cycle 3, cycle de consolidation

Au cycle 3, les bilans périodiques de l'évolution des acquis scolaires de l'élève comportent au moins :

1. Un bilan de l'acquisition des connaissances et compétences et des conseils pour progresser.

2. Un suivi des acquis scolaires de l'élève qui mentionne, pour chaque enseignement du volet 3 de l'annexe 2 de l'arrêté du 9 novembre 2015 susvisé (programme du cycle 3) :

— les principaux éléments du programme du cycle travaillés durant la période ;

— les acquisitions, progrès et difficultés éventuelles de l'élève ;

— le positionnement de l'élève au regard des objectifs d'apprentissage fixés pour la période sur une des quatre positions suivantes : objectifs d'apprentissage non atteints, objectifs d'apprentissage partiellement atteints, objectifs d'apprentissage atteints, objectifs d'apprentissage dépassés ou, le cas échéant, en classe de 6e, la note obtenue par l'élève.

En classes de CM1 et CM2, le positionnement de l'élève s'effectue au niveau de chaque composante pour l'enseignement de "français" – langage oral ; lecture et compréhension de l'écrit ; écriture ; étude de la langue (grammaire, orthographe, lexique) – et l'enseignement de "mathématiques" – nombres et calcul ; grandeurs et mesures ; espace et géométrie.

3. En classe de 6e, une indication des actions réalisées dans le cadre de l'accompagnement personnalisé, ainsi qu'une appréciation de l'implication de l'élève dans celles-ci.

4. Le cas échéant, la mention et l'appréciation des projets mis en œuvre durant la période dans le cadre du parcours d'éducation artistique et culturelle, du parcours citoyen et, en classe de sixième, du parcours Avenir.

5. Le cas échéant, la mention des modalités spécifiques d'accompagnement en cours mises en place, parmi la liste suivante :

— *(Arr. du 11 mai 2016, art. 2)* « — plan d'accompagnement personnalisé (PAP) » ;

— projet d'accueil individualisé (PAI) ;

— *(Arr. du 11 mai 2016, art. 2)* « — programme personnalisé de réussite éducative (PPRE) » ;

— projet personnalisé de scolarisation (PPS) ;

— unité localisée pour l'inclusion scolaire (ULIS) ;

— unité pédagogique pour élèves allophones arrivants (UPE2A) ;

— en CM1 et CM2, réseau d'aides spécialisées aux élèves en difficulté (RASED) ;

— *(Arr. du 11 mai 2016, art. 2)* « — en 6e, section d'enseignement général et professionnel adapté (SEGPA) ».

6. En classe de 6e, des éléments d'appréciation portant sur la vie scolaire : assiduité, ponctualité ; participation à la vie de l'établissement. Sont notamment consignés, pour la période considérée :

— le nombre de demi-journées d'absences justifiées par les responsables légaux ;

— le nombre de demi-journées d'absences non justifiées par les responsables légaux.

ANNEXE 3

Contenu des bilans périodiques au cycle 4, cycle des approfondissements

Au cycle 4, les bilans périodiques de l'évolution des acquis scolaires de l'élève comportent au moins :

1. Un bilan de l'acquisition des connaissances et compétences et des conseils pour progresser.

2. Un suivi des acquis scolaires de l'élève qui mentionne, pour chaque enseignement du volet 3 de l'annexe 3 de l'arrêté du 9 novembre 2015 susvisé (programmes du cycle 4) et, le cas échéant, chaque enseignement de complément mentionné à l'article 7 de l'arrêté du 19 mai 2015 relatif à l'organisation des enseignements dans les classes de collège :

— les principaux éléments du programme du cycle travaillés durant la période ;

— les acquisitions, progrès et difficultés éventuelles de l'élève ;

— la note de l'élève ou tout autre positionnement de l'élève au regard des objectifs d'apprentissage fixés pour la période.

3. Une indication des actions réalisées dans le cadre de l'accompagnement personnalisé, ainsi qu'une appréciation de l'implication de l'élève dans celles-ci.

4. La mention et l'appréciation des projets réalisés dans le cadre des enseignements pratiques interdisciplinaires, en précisant la thématique travaillée et les disciplines d'enseignement concernées.

5. Le cas échéant, la mention et l'appréciation des projets mis en œuvre durant la période dans le cadre du parcours d'éducation artistique et culturelle, du parcours citoyen et du parcours Avenir.

6. Le cas échéant, la mention des modalités spécifiques d'accompagnement en cours mises en place, parmi la liste suivante :

— dispositif spécifique à vocation transitoire prévu à l'article D. 332-6 du code de l'éducation ;

— *(Arr. du 11 mai 2016, art. 3)* « — plan d'accompagnement personnalisé (PAP) » ;

— projet d'accueil individualisé (PAI) ;

— *(Arr. du 11 mai 2016, art. 3)* « — programme personnalisé de réussite éducative (PPRE) » ;

— projet personnalisé de scolarisation (PPS) ;

— unité localisée pour l'inclusion scolaire (ULIS) ;

— unité pédagogique pour élèves allophones arrivants (UPE2A) ;

— *(Arr. du 11 mai 2016, art. 3)* « — section d'enseignement général et professionnel adapté (SEGPA) ».

7. Pour la classe de troisième, la mention des vœux d'orientation et de la décision d'orientation.

8. Des éléments d'appréciation portant sur la vie scolaire : assiduité, ponctualité ; participation à la vie de l'établissement. Sont notamment consignés, pour la période considérée :

— le nombre de demi-journées d'absences justifiées par les responsables légaux ;
— le nombre de demi-journées d'absences non justifiées par les responsables légaux.

Art. D. 311-8 *(Décr. nº 2015-1929 du 31 déc. 2015, art. 6)* **Le livret scolaire est renseigné :**

1º A l'école élémentaire publique, par les enseignants de l'école du cycle concerné et, dans les écoles élémentaires privées sous contrat, par l'enseignant ou l'équipe pédagogique prévue à l'article D. 321-20 ;

2º Au collège et, le cas échéant, au lycée, par les professeurs concernés, sous la coordination du professeur principal ou, dans les sections d'enseignement général et professionnel adapté ainsi que dans les établissements régionaux d'enseignement adapté, par l'enseignant de référence de chaque division, après consultation de l'équipe pédagogique et du conseiller principal d'éducation lors du conseil de classe conformément à l'article R. 421-51 ;

3º Dans les centres de formation d'apprentis, pour les élèves relevant du dispositif d'initiation aux métiers en alternance, par le référent mentionné à l'article D. 337-178 et, pour les autres apprentis encore soumis à l'obligation scolaire, par un formateur désigné par le directeur du centre.

Art. D. 311-9 *(Décr. nº 2015-1929 du 31 déc. 2015, art. 7)* **Jusqu'à la fin de la scolarité obligatoire, le livret scolaire de l'élève est transmis aux écoles et établissements publics ou privés ayant conclu un contrat avec l'État, dans lesquels il est successivement inscrit.**

A la fin des cycles 2, 3 et 4, ou, à défaut, lorsqu'un élève ayant atteint l'âge de seize ans cesse d'être scolarisé, l'évaluation du niveau de maîtrise de chacune des composantes du premier domaine et de chacun des quatre autres domaines du socle commun de connaissances, de compétences et de culture est remise aux parents de l'élève ou à son responsable légal.

SECTION IV LES CYCLES D'ENSEIGNEMENT À L'ÉCOLE PRIMAIRE ET AU COLLÈGE

(Décr. nº 2013-682 du 24 juill. 2013, art. 1er)

Art. D. 311-10 *(Décr. nº 2013-682 du 24 juill. 2013, art. 1er)* **La scolarité de l'école maternelle à la fin du collège est organisée en quatre cycles pédagogiques successifs :**

1º Le cycle 1, cycle des apprentissages premiers, correspond aux trois niveaux de l'école maternelle appelés respectivement : petite section, moyenne section et grande section ;

2º Le cycle 2, cycle des apprentissages fondamentaux, correspond aux trois premières années de l'école élémentaire appelées respectivement : cours préparatoire, cours élémentaire première année et cours élémentaire deuxième année ;

3º Le cycle 3, cycle de consolidation, correspond aux deux années de l'école élémentaire suivant le cycle des apprentissages fondamentaux et à la première année du collège appelées respectivement : cours moyen première année, cours moyen deuxième année et classe de sixième ;

4º Le cycle 4, cycle des approfondissements, correspond aux trois dernières années du collège appelées respectivement : classes de cinquième, de quatrième et de troisième.

Le ministre chargé de l'éducation nationale définit par arrêté, pour chaque cycle, les objectifs d'apprentissage, les horaires et les programmes d'enseignement incluant des repères réguliers de progression ainsi que les niveaux de fin de cycle requis pour l'acquisition du socle commun prévu à l'article L. 122-1-1.

Dans les établissements d'enseignement privés sous contrat, la scolarité, de l'école maternelle à la fin du collège, est organisée, conformément aux dispositions du présent article.

SECTION V L'ACCOMPAGNEMENT PÉDAGOGIQUE DES ÉLÈVES

(Décr. nº 2014-1377 du 18 nov. 2014, art. 1er)

Art. D. 311-11 **Pour soutenir la capacité d'apprendre et de progresser de tous les élèves des écoles publiques, des établissements publics locaux d'enseignement ainsi que**

des établissements d'enseignement privés ayant conclu un contrat avec l'État, et mettre en œuvre le principe d'inclusion mentionné à l'article L. 111-1, ceux-ci bénéficient dans leurs apprentissages scolaires d'un accompagnement pédagogique qui répond à leurs besoins.

Mis en œuvre prioritairement par les enseignants, cet accompagnement porte sur tout type d'apprentissage et comprend notamment des aides appropriées aux difficultés rencontrées.

Les élèves présentant des besoins éducatifs particuliers bénéficient d'un accompagnement pédagogique spécifique en application des dispositions des articles D. 311-13, D. 321-3 à D. 321-5, D. 321-7, D. 321-22, D. 332-6 à D. 332-8, D. 333-10 et D. 351-1 à D. 351-9.

Art. D. 311-12 Le programme personnalisé de réussite éducative, prévu à l'article L. 311-3-1, permet de coordonner les actions mises en œuvre lorsqu'il apparaît qu'un élève risque de ne pas maîtriser certaines connaissances et compétences attendues à la fin d'un cycle. Il implique des pratiques pédagogiques diversifiées et différenciées, d'une durée ajustable, suivant une progression accordée à celle de l'élève. L'essentiel de ces actions est conduit au sein de la classe.

Art. D. 311-13 Les élèves dont les difficultés scolaires résultent d'un trouble des apprentissages peuvent bénéficier d'un plan d'accompagnement personnalisé prévu à l'article L. 311-7, après avis du médecin de l'éducation nationale. Il se substitue à un éventuel programme personnalisé de réussite éducative. Le plan d'accompagnement personnalisé définit les mesures pédagogiques qui permettent à l'élève de suivre les enseignements prévus au programme correspondant au cycle dans lequel il est scolarisé. Il est révisé tous les ans.

Art. D. 311-13-1 *(Décr. n° 2020-1523 du 4 déc. 2020, art. 1er)* Sans préjudice des dispositions de l'article D. 351-28, les candidats aux examens ou concours de l'enseignement scolaire qui disposent d'un plan d'accompagnement personnalisé au titre d'un trouble du neuro-développement peuvent bénéficier d'aménagements et adaptations dans les mêmes conditions que celles définies à l'article D. 351-27 et suivants. Ces aménagements et adaptations sont en cohérence avec les mesures pédagogiques mises en œuvre dans le cadre du plan d'accompagnement personnalisé.

CHAPITRE II DISPOSITIONS PROPRES À CERTAINES MATIÈRES D'ENSEIGNEMENT

SECTION PREMIÈRE L'ÉDUCATION PHYSIQUE ET SPORTIVE

Art. D. 312-1 L'éducation physique et sportive figure au programme et dans les horaires, à tous les degrés de l'enseignement public. Elle s'adresse à l'ensemble des élèves. Elle doit être adaptée à l'âge et aux possibilités individuelles, déterminées par un contrôle médical. – *[Décr. n° 59-57 du 6 janv. 1959, art. 46.]*

Art. D. 312-1-1 *(Décr. n° 2017-766 du 4 mai 2017, art. 1er)* Les personnes susceptibles d'apporter leur concours à l'enseignement de l'éducation physique et sportive dans les écoles maternelles et élémentaires publiques en application de l'article L. 312-3 sont agréées par le directeur académique des services de l'éducation nationale agissant sur délégation du recteur d'académie.

Art. D. 312-1-2 *(Décr. n° 2017-766 du 4 mai 2017, art. 1er)* I. — L'agrément prévu au 1° de l'article L. 312-3 est accordé lorsque l'intervenant :

1° Justifie des compétences lui permettant d'apporter son concours à l'enseignement de l'éducation physique et sportive dans les écoles maternelles et élémentaires pour l'activité concernée ;

2° N'a pas fait l'objet d'une condamnation pour un crime ou un délit incompatible avec une intervention auprès d'élèves mineurs ;

3° Ne fait pas l'objet d'une mesure administrative d'interdiction d'exercer auprès de mineurs ou d'une injonction de cesser d'exercer l'enseignement, l'animation ou l'encadrement d'une activité physique ou sportive ou l'entraînement de ses pratiquants mineurs sur le fondement de l'article L. 212-13 du code du sport ;

4° Ne fait pas l'objet d'une mesure administrative d'interdiction temporaire ou permanente ou d'une suspension d'exercer une fonction particulière ou quelque fonction que ce soit auprès de mineurs dans le cadre d'un accueil de mineurs sur le fondement de l'article L. 227-10 du code de l'action sociale et des familles.

II. – La personne sollicitant l'agrément est regardée détenir les compétences mentionnées au 1° du II lorsqu'elle remplit au moins l'une des conditions suivantes pour l'activité concernée :

1° Elle dispose d'une qualification répondant aux conditions prévues par l'article L. 212-1 du code du sport ou relève des agents publics civils mentionnés à l'article L. 212-3 du même code ;

2° Elle est détentrice d'une certification délivrée par une fédération sportive agréée prévue à l'article L. 211-2 du code du sport ;

3° Elle est détentrice du diplôme du brevet national de pisteur-secouriste ou du brevet national de sécurité et de sauvetage aquatique ;

4° Elle a réussi un test organisé par les services de l'État permettant de vérifier ses compétences.

III. – La composition du dossier de demande d'agrément est fixée par le ministre chargé de l'éducation nationale.

IV. – Sont réputées agréées les personnes mentionnées à l'article L. 212-1 du code du sport dès lors qu'elles sont titulaires d'une carte professionnelle en cours de validité délivrée dans les conditions prévues à l'article R. 212-86 du même code, ainsi que les agents publics civils mentionnés à l'article L. 212-3 du code du sport. Elles sont dispensées du dépôt de la demande prévu au III pour l'activité concernée.

Art. D. 312-1-3 *(Décr. n° 2017-766 du 4 mai 2017, art. 1er)* I. – Le délai de deux mois à l'expiration duquel le silence gardé par l'administration vaut décision d'acceptation court à compter de la date de dépôt de la demande d'agrément dans le respect d'un calendrier fixé par le directeur académique des services de l'éducation nationale, sur délégation du recteur.

II. – L'agrément des personnes mentionnées à l'article L. 212-1 du code du sport vaut pour une durée identique à la durée de validité de leur carte professionnelle prévue à l'article R. 212-86 du même code.

L'agrément des agents publics civils mentionnés à l'article L. 212-3 du code du sport vaut pour la durée d'exercice de leurs missions.

Pour les autres personnes, l'agrément est délivré pour une durée d'un an. Lorsqu'une procédure de vérification annuelle des conditions mentionnées aux 2°, 3° et 4° du II de l'article D. 312-1-2 est mise en place, la validité de l'agrément est portée à cinq ans.

III. – L'agrément est retiré si l'intervenant ne satisfait plus à l'une des conditions énumérées aux 2°, 3° et 4° du I de l'article D. 312-1-2.

L'agrément des personnes mentionnées à l'article L. 212-1 du code du sport est retiré lorsqu'elles perdent, de façon temporaire ou permanente, le bénéfice de leur carte professionnelle dans les conditions prévues à l'article R. 212-86 du même code. Le cas échéant, le recteur compétent en est informé dans des conditions définies conjointement par les ministres en charge de l'éducation nationale et des sports.

L'agrément peut être retiré si le comportement d'un intervenant perturbe le bon fonctionnement du service public de l'enseignement, s'il est de nature à constituer un trouble à l'ordre public ou s'il est susceptible de constituer un danger pour la santé ou la sécurité physique ou morale des mineurs.

IV. – L'agrément est retiré par le directeur académique des services de l'éducation nationale, sur délégation du recteur. Le chef du service départemental de l'État en charge des sports et de la jeunesse en est informé.

Art. R. 312-2 Les élèves des établissements d'enseignement du premier et du second degré publics et des établissements d'enseignement du premier et du second degré privés sous contrat qui invoquent une inaptitude physique doivent en justifier par un certificat médical indiquant le caractère total ou partiel de l'inaptitude. En cas d'inaptitude partielle, ce certificat peut comporter, dans le respect du secret médical, des indications utiles pour adapter la pratique de l'éducation physique et sportive aux possibilités individuelles des élèves.

Le certificat médical précise également sa durée de validité, qui ne peut excéder l'année scolaire en cours. – *[Décr. n° 88-977 du 11 oct. 1988, art. 1er.]*

Art. R. 312-3 Les médecins de santé scolaire peuvent, à l'occasion des examens prévus aux articles L. 541-1 et L. 541-4, délivrer des certificats constatant une inaptitude physique totale ou partielle à la pratique de l'éducation physique et sportive.

Ils sont destinataires des certificats médicaux délivrés en dehors de ces examens lorsqu'une inaptitude d'une durée supérieure à trois mois a été constatée. – *[Décr. n° 88-977 du 11 oct. 1988, art. 2.]*

Art. D. 312-4 Dans les examens de l'enseignement du second degré, lorsque l'évaluation certificative résulte d'un contrôle en cours de formation, seuls peuvent être dispensés de l'épreuve d'éducation physique et sportive les candidats reconnus totalement inaptes, pour la durée de l'année scolaire, par un médecin qui délivre, à cet effet, un certificat médical, conformément aux articles R. 312-2 et R. 312-3.

Dans le cas d'inaptitudes, totales ou partielles, intervenant pour une durée limitée, il appartient à l'enseignant d'apprécier si les cours suivis par l'élève lui permettent de formuler une proposition de note ou si, les éléments d'appréciation étant trop réduits, ils doivent conduire à la mention "dispensé d'éducation physique et sportive pour raisons médicales".

Aucun certificat médical d'inaptitude totale ou partielle ne peut avoir d'effet rétroactif.

Art. D. 312-5 Pour les candidats soumis à l'épreuve ponctuelle d'éducation physique et sportive, une dispense médicale de participation à cette épreuve, lors de la session annuelle d'examen, vaut dispense de l'épreuve d'éducation physique et sportive. – *[Décr. n° 92-109 du 30 janv. 1992, art. 2.]*

Art. D. 312-6 Les candidats handicapés physiques et les inaptes partiels scolarisés peuvent, en fonction des modalités de prise en compte de l'éducation physique et sportive définies par le règlement d'examen, soit bénéficier d'un contrôle en cours de formation adapté à leurs possibilités, soit participer à une épreuve ponctuelle d'éducation physique et sportive aménagée, selon des modalités précisées par arrêté du ministre chargé de l'éducation.

Pour être autorisés à présenter l'épreuve ponctuelle d'éducation physique et sportive aménagée, ces candidats doivent avoir été déclarés soit handicapés physiques, soit inaptes partiels, et reconnus aptes à passer cette épreuve par le médecin de santé scolaire. – *[Décr. n° 92-109 du 30 janv. 1992, art. 3.]*

SECTION II LES ENSEIGNEMENTS ARTISTIQUES

Art. D. 312-7 Le Haut Conseil de l'éducation artistique et culturelle peut être consulté sur toute question relative aux orientations, objectifs et moyens des politiques d'éducation artistique et culturelle conduites par les administrations de l'État et les collectivités territoriales. Il est tenu informé des projets de loi et de décrets relatifs à l'éducation artistique et culturelle.

(Décr. n° 2013-783 du 28 août 2013, art. 1er) « Dans le cadre du rapport annuel mentionné à l'article L. 312-8, il rend un avis chaque année sur le bilan des politiques d'éducation artistique et culturelle conduites aux plans national et territorial. »

Art. D. 312-8 Le haut conseil fait toutes propositions dans les domaines relevant de sa compétence. – *[Décr. n° 2005-1289 du 17 oct. 2005, art. 2.]*

Art. D. 312-9 *(Décr. n° 2017-1045 du 10 mai 2017, art. 2)* Outre le ministre chargé de la culture et le ministre chargé de l'éducation, présidents, le Haut Conseil de l'éducation artistique et culturelle comprend trente membres, soit :

1° Onze représentants de l'État :

a) Deux représentants du ministre chargé de la culture, dont un directeur régional des affaires culturelles ;

b) Deux représentants du ministre chargé de l'éducation, dont un recteur d'académie ;

c) Un représentant du ministre chargé de la jeunesse ;

d) Un représentant du ministre chargé de l'agriculture ;

e) Un représentant du ministre chargé de l'enseignement supérieur ;
f) Un représentant du ministre chargé de la ville ;
g) Un représentant du ministre chargé de la famille ;
h) Un inspecteur général des affaires culturelles ;
i) Un *(Décr. n° 2020-1677 du 23 déc. 2020, art. 1er)* « inspecteur général de l'éducation, du sport et de la recherche » ;
2° Dix représentants des collectivités territoriales, dont :
a) Deux représentants de l'Association des maires de France ;
b) Deux représentants de l'Assemblée des départements de France ;
c) Deux représentants de l'association Régions de France ;
d) Deux représentants d'associations des élus de métropoles et d'intercommunalités ;
e) Un représentant de la Fédération nationale des collectivités territoriales pour la culture ;
f) Un représentant du Réseau français des villes éducatrices ;
3° Neuf personnalités désignées en raison de leurs compétences, dont :
a) Sept personnalités issues du monde de l'éducation, de la culture ou de la communication ;
b) Deux représentants des parents d'élèves.

Pour chacun des membres nommés autres que les personnalités qualifiées, un suppléant est désigné dans les mêmes conditions ; il siège en cas d'absence ou d'empêchement du titulaire.

Art. D. 312-10 *(Décr. n° 2013-783 du 28 août 2013, art. 3)* Les membres du Haut Conseil de l'éducation artistique et culturelle sont nommés pour trois ans par arrêté du ministre chargé de la culture et du ministre chargé de l'éducation.

Les membres mentionnés aux *c, d, e* et *f* du 1° de l'article D. 312-9 sont nommés sur proposition de chacun des ministres concernés.

Les membres mentionnés au 2° de l'article D. 312-9 sont désignés par chacun des organismes concernés.

Le ministre chargé de la culture et le ministre chargé de l'éducation nomment par arrêté un vice-président choisi parmi les membres du Haut Conseil de l'éducation artistique et culturelle.

Art. D. 312-11 Le haut conseil se réunit au moins deux fois par an sur convocation de ses présidents qui fixent l'ordre du jour. *(Décr. n° 2013-783 du 28 août 2013, art. 4)* « Il peut en outre être réuni, sur convocation de ses présidents, à la demande expresse du tiers au moins de ses membres.

« Le Haut Conseil de l'éducation artistique et culturelle établit son règlement intérieur. »

Art. D. 312-12 Le haut conseil entend, à la demande de ses présidents, toute personne dont l'audition lui paraît utile, et notamment les responsables des administrations et organismes assurant des missions d'enseignement et de formation *(Décr. n° 2013-783 du 28 août 2013, art. 5)* « et les représentants des personnels proposés par les organisations représentatives concernées ».

Art. D. 312-13 Le haut conseil peut, à l'initiative de ses présidents, constituer des groupes de travail, qui peuvent comprendre des personnes ne siégeant pas au haut conseil. – *[Décr. n° 2005-1289 du 17 oct. 2005, art. 7.]*

Art. D. 312-14 *(Décr. n° 2013-783 du 28 août 2013, art. 6) (Décr. n° 2017-1045 du 10 mai 2017, art. 3)* « Le secrétaire général du Haut Conseil de l'éducation artistique et culturelle est nommé par arrêté conjoint du ministre chargé de l'éducation et du ministre chargé de la culture.

« Les moyens de fonctionnement du secrétariat général sont fournis conjointement par le ministère chargé de l'éducation et le ministère chargé de la culture. »

Les frais occasionnés par les déplacements des membres du conseil et des personnes qu'il appelle en consultation sont remboursés dans les conditions prévues par la réglementation applicable *(Décr. n° 2017-1045 du 10 mai 2017, art. 3)* « au personnel civil » de l'État.

SECTION III LES ENSEIGNEMENTS DE TECHNOLOGIE ET D'INFORMATIQUE

La présente section ne comprend pas de dispositions réglementaires.

SECTION III *BIS* L'ENSEIGNEMENT DE LA LANGUE DES SIGNES

Art. R. 312-15 L'utilisation de la langue des signes dans l'éducation des jeunes sourds est régie par les articles R. 351-21 à R. 351-26.

SECTION III *TER* L'ENSEIGNEMENT DES LANGUES VIVANTES ÉTRANGÈRES

SOUS-SECTION 1 ORGANISATION DE L'ENSEIGNEMENT DES LANGUES VIVANTES ÉTRANGÈRES

Art. D. 312-16 Les niveaux de compétence en langues vivantes étrangères attendus des élèves des écoles, collèges et lycées relevant de l'enseignement public ou privé sous contrat sont fixés, conformément à l'annexe à la présente sous-section, de la façon suivante :

1° A la fin de l'école élémentaire, le niveau A1 dans la langue vivante étudiée ;

2° A la fin de la scolarité obligatoire, le niveau B1 pour la première langue vivante étudiée et le niveau A2 pour la seconde langue vivante étudiée ;

3° A la fin des études du second degré, le niveau B2 pour la première langue vivante étudiée et le niveau B1 pour la seconde langue vivante étudiée.

Les programmes et méthodes d'enseignement des langues vivantes étrangères sont définis en fonction de ces objectifs. – *[Décr. n° 2005-1011 du 22 août 2005, art. 1er.]*

Art. D. 312-16-1 *(Décr. n° 2010-100 du 27 janv. 2010, art. 1er)* Dans le respect des dispositions de l'article L. 121-3, les enseignements des disciplines autres que linguistiques peuvent être dispensés en partie dans une langue vivante étrangère ou régionale, conformément aux horaires et aux programmes en vigueur dans les classes considérées.

Art. D. 312-17 Les enseignements de langues vivantes étrangères peuvent être dispensés en groupes de compétences, indépendamment des classes ou divisions. Les principes de constitution de ces groupes sont adoptés par le conseil d'école sur proposition du conseil des maîtres, dans le cadre du projet d'école, ou, pour les collèges et les lycées, par le conseil d'administration dans le cadre du projet d'établissement. – *[Décr. n° 2005-1011 du 22 août 2005, art. 2.]*

Art. D. 312-18 Les connaissances et compétences acquises en langues vivantes étrangères au cours de la scolarité font l'objet *(Décr. n° 2020-1341 du 3 nov. 2020, art. 1er)* « d'attestations de langues vivantes, et de » certifications spécifiques, dans des conditions définies par arrêté du ministre chargé de l'éducation.

Art. D. 312-19 Ces *(Décr. n° 2020-1341 du 3 nov. 2020, art. 2)* « attestations et » certifications sont organisées par le ministère de l'éducation nationale dans un cadre défini, le cas échéant, conjointement avec des organismes délivrant des certifications étrangères internationalement reconnues et avec lesquels l'État a passé une convention.

Dans ce cas, le document attestant la certification peut faire apparaître la dénomination étrangère concernée.

Art. D. 312-20 Les *(Décr. n° 2020-1341 du 3 nov. 2020, art. 3)* « attestations et » certifications attestant des connaissances et compétences acquises en langues vivantes étrangères sont délivrées par *(Décr. n° 2019-1558 du 30 déc. 2019, art. 2)* « le recteur d'académie ».

Art. D. 312-21 Les conditions dans lesquelles les certifications visées à l'article D. 312-18 sont prises en compte pour la délivrance des diplômes nationaux sont définies par les décrets relatifs à ces diplômes. – *[Décr. n° 2005-1011 du 22 août 2005, art. 6.]*

Art. D. 312-22 Un arrêté du ministre chargé de l'éducation précise les modalités particulières d'application des dispositions des articles D. 312-18, D. 312-19 et D. 312-20 aux élèves qui reçoivent une instruction dans leur famille ou dans les classes des établissements d'enseignement privés hors contrat. – *[Décr. n° 2005-1011 du 22 août 2005, art. 7.]*

Art. D. 312-23 Les dispositions de la présente sous-section s'appliquent à compter de la rentrée de l'année scolaire 2007-2008. – *[Décr. n° 2005-1011 du 22 août 2005, art. 13, al. 1er, et Annexe.]*

ANNEXE

Relative aux niveaux de compétence en langue vivante

La répartition de la progression des apprentissages en langue vivante en niveaux symbolisés par des lettres provient de l'échelle des niveaux communs de référence qui figure dans le Cadre européen commun de référence pour les langues (CECRL) publié en 2001 par le Conseil de l'Europe.

Le cadre européen, grâce aux descripteurs de compétences qu'il présente pour chaque niveau, permet d'asseoir sur une base solide et objective la reconnaissance réciproque des qualifications en langue. L'étalonnage fourni par le CECRL permet d'élaborer des référentiels cohérents dans chaque langue et pour chaque niveau commun de l'échelle et aide les enseignants, les élèves, les concepteurs de cours et les organismes de certification à coordonner leurs efforts et à situer leurs productions les unes par rapport aux autres.

Cette échelle comporte trois degrés, eux-mêmes subdivisés, pour former en tout six niveaux. A chacun de ces niveaux correspond un corpus de connaissances (d'ordre linguistique, socio-linguistique ou culturel) et un ensemble de capacités à mettre en œuvre pour communiquer.

Le niveau A 1 correspond à la première découverte de la langue.

Le niveau A 2 reconnaît que l'utilisateur dispose des moyens linguistiques usuels dans le pays où la langue est pratiquée. A ce stade, l'élève peut comprendre des phrases isolées et des expressions fréquemment utilisées en relation avec des domaines familiers. Il peut communiquer lors de tâches simples et habituelles ne demandant qu'un échange d'informations simple et direct sur des sujets habituels. Il peut se situer, se présenter, se diriger, décrire avec des moyens simples sa formation, son environnement et ses besoins immédiats.

Les niveaux de l'utilisateur indépendant : B 1 et B 2.

Au niveau B 1, un élève devient capable de comprendre les points essentiels quand un langage clair et standard est utilisé à propos de choses familières dans le travail, à l'école, dans la vie quotidienne. Il est en mesure, dans la plupart des situations rencontrées en voyage dans une région où la langue est parlée, de produire un discours simple et cohérent sur des sujets familiers. Il peut relater un événement, décrire un espoir ou un but et exposer brièvement un raisonnement.

Au niveau B 2, un élève peut comprendre le contenu essentiel de sujets concrets ou abstraits dans un texte complexe, y compris une discussion technique dans sa spécialité. Il peut communiquer avec un degré de spontanéité et d'aisance tel qu'une conversation avec un locuteur natif ne comporte de tension ni pour l'un ni pour l'autre. Il peut s'exprimer de façon claire et détaillée sur une grande gamme de sujets, émettre un avis sur un sujet d'actualité et exposer les avantages et les inconvénients de différentes possibilités. Il peut aussi lire des articles sur des questions contemporaines et des textes littéraires contemporains en prose.

Les niveaux de l'utilisateur expérimenté : C 1 et C 2.

Les niveaux C se situent au-delà du champ scolaire, sauf C 1 pour les langues de spécialité au baccalauréat. A ce stade, un élève peut comprendre une grande gamme de textes longs et exigeants ainsi que saisir des significations implicites. Il peut s'exprimer spontanément et couramment sans trop souvent chercher ses mots. Il peut utiliser la langue de façon efficace et souple dans la vie sociale ou académique et, ultérieurement, dans sa vie professionnelle. Il peut s'exprimer sur des sujets complexes de façon claire et bien structurée.

Le niveau C 2 est le degré le plus élevé de la compétence dans une langue apprise en tant que langue étrangère.

SOUS-SECTION 2 LA COMMISSION ACADÉMIQUE SUR L'ENSEIGNEMENT DES LANGUES VIVANTES ÉTRANGÈRES

Art. D. 312-24 Dans chaque académie, une commission académique sur l'enseignement des langues vivantes étrangères est placée auprès du recteur.

Cette commission est chargée de veiller à la diversité de l'offre de langues, à la cohérence et à la continuité des parcours de langues proposés, de diffuser une information aux établissements, aux élus, aux parents et aux élèves sur l'offre linguistique, d'actualiser cette offre en fonction des besoins identifiés et de vérifier l'adéquation de l'offre de langues avec les spécificités locales.

Elle peut en outre être consultée par le recteur d'académie et émettre des vœux sur toute question relative à l'enseignement des langues vivantes étrangères dans l'académie.

Chaque année la commission établit un bilan de l'enseignement et peut faire des propositions d'aménagement de la carte académique des langues. – *[Décr. n° 2005-1011 du 22 août 2005, art. 8, et C. éduc., sect. III ter, chap. II, titre I, livre III.]*

Les commissions académiques sur l'enseignement des langues vivantes étrangères sont renouvelées pour une durée de 5 ans à compter du 8 juin 2020 (Décr. n° 2020-631 du 25 mai 2020, art. 1er).

Art. D. 312-25 La commission sur l'enseignement des langues vivantes étrangères comprend :

1° Au titre de l'administration :

a) Le recteur d'académie, président ;

b) Un *(Décr. n° 2012-16 du 5 janv. 2012, art. 7)* « directeur académique des services de l'éducation nationale agissant sur délégation du recteur d'académie » ;

c) Le directeur de l'institut universitaire de formation des maîtres ou son représentant ;

d) Deux inspecteurs d'académie-inspecteurs pédagogiques régionaux de langue vivante étrangère ;

e) Un inspecteur chargé d'une circonscription du premier degré ;

f) Un principal de collège et un proviseur de lycée ;

2° Au titre des personnels enseignants et des usagers :

a) Un représentant des personnels enseignants des écoles publiques ;

b) Deux représentants des personnels enseignants de langue vivante étrangère des établissements publics du second degré ;

c) Un représentant des personnels enseignants de langue vivante étrangère des établissements d'enseignement privés ;

d) Deux représentants des parents d'élèves de l'enseignement public ;

e) Un représentant des parents d'élèves de l'enseignement privé ;

f) Un représentant des lycéens ;

3° Au titre des représentants des collectivités territoriales et des milieux économiques et professionnels :

a) Deux conseillers régionaux ;

b) Deux conseillers départementaux ;

c) Deux maires ou conseillers municipaux ou représentants des établissements publics de coopération intercommunale ;

d) Deux représentants du conseil économique et social de la région.

Art. D. 312-26 Les membres de cette commission sont désignés dans les conditions suivantes :

1° Sont nommés par le recteur d'académie :

a) Les membres des corps d'inspection et les chefs d'établissement ;

b) Les représentants des personnels enseignants sur proposition des organisations syndicales représentatives dans l'académie ;

c) Les représentants des parents d'élèves sur proposition des associations représentatives des parents d'élèves, la représentativité des associations de parents d'élèves étant appréciée en fonction des voix obtenues aux élections aux instances représentatives des établissements scolaires dans l'académie ;

2° Le représentant des lycéens est élu par et parmi leurs représentants au conseil académique de la vie lycéenne, au scrutin uninominal majoritaire à deux tours ;

3° Les conseillers régionaux sont désignés par le conseil régional ;

4° Les conseillers départementaux sont désignés par les conseils départementaux ; la répartition des sièges est effectuée dans l'ordre décroissant de la population des départements ;

5° Les maires ou conseillers municipaux ou représentants des établissements publics de coopération intercommunale sont désignés par accord entre les associations départementales des maires ou, à défaut, par le collège des maires du département ;

6° Les représentants du *(L. n° 2010-788 du 12 juill. 2010, art. 250)* « conseil économique, social et environnemental régional » sont désignés par le conseil.

Art. D. 312-26-1 *(Décr. n° 2017-1883 du 29 déc. 2017, art. 1er)* En Corse, la commission sur l'enseignement des langues vivantes étrangères comprend, au titre des représentants des collectivités territoriales mentionnés aux *a* et *b* du 3° de l'article D. 312-25, quatre conseillers de la collectivité de Corse, dont trois conseillers élus en son sein par l'Assemblée de Corse et un membre du conseil exécutif désigné par le président du conseil exécutif.

Art. D. 312-27 La durée du mandat des membres est de trois ans, sauf pour le représentant des lycéens, pour lequel il est de deux ans.

Tout membre qui perd la qualité en raison de laquelle il a été nommé perd sa qualité de membre de la commission.

En cas de décès, de vacance ou d'empêchement définitif, il est procédé au remplacement des membres, pour la durée du mandat en cours, dans les mêmes conditions que celles prévues à l'article D. 312-26. – *[Décr. n° 2005-1011 du 22 août 2005, art. 11.]*

Art. D. 312-28 La commission sur l'enseignement des langues est réunie au moins deux fois par an.

L'ordre du jour des séances de la commission est arrêté par le recteur d'académie, qui la convoque. Elle peut être aussi convoquée sur la demande des deux tiers de ses membres et sur un ordre du jour déterminé.

Toute question proposée à la majorité des membres de la commission est ajoutée de droit à l'ordre du jour.

A l'initiative du président, peut être invitée à participer aux séances, à titre consultatif, toute personne dont la présence est jugée utile. – *[Décr. n° 2005-1011 du 22 août 2005, art. 12.]*

SECTION IV L'ENSEIGNEMENT DES LANGUES ET CULTURES RÉGIONALES

SOUS-SECTION 1 ORGANISATION DE L'ENSEIGNEMENT DE LANGUES ET CULTURES RÉGIONALES *(Décr. n° 2020-1341 du 3 nov. 2020, art. 4).*

Art. D. 312-29 *(Décr. n° 2020-1341 du 3 nov. 2020, art. 5)* Les connaissances et les compétences acquises en langues et cultures régionales au cours de la scolarité font l'objet d'attestations de langues vivantes, dans des conditions définies par arrêté du ministre chargé de l'éducation.

Ces attestations de langues vivantes sont organisées par le ministère de l'éducation nationale et délivrées par le recteur d'académie.

Art. D. 312-30 *(Décr. n° 2020-1341 du 3 nov. 2020, art. 6)* Les dispositions de la présente sous-section s'appliquent à compter de la rentrée de l'année scolaire 2020-2021.

Art. D. 312-31 et D. 312-32 *Abrogés par Décr. n° 2006-672 du 8 juin 2006.*

SOUS-SECTION 2 LE CONSEIL ACADÉMIQUE DES LANGUES RÉGIONALES

Art. D. 312-33 Dans les académies figurant sur une liste fixée par arrêté du ministre chargé de l'éducation après avis du Conseil supérieur de l'éducation, un conseil académique des langues régionales veille au statut et à la promotion des langues et cultures régionales dans l'académie, dans toute la diversité de leurs modes d'enseignement. Il s'attache à favoriser l'ensemble des activités correspondantes.

Ce conseil est consultatif. – *[Décr. n° 2001-733 du 31 juill. 2001, art. 1er et 2.]*

Les conseils académiques des langues régionales sont renouvelés pour une durée de 5 ans à compter du 8 juin 2020 (Décr. n° 2020-631 du 25 mai 2020, art. 1er).

Art. D. 312-34 Le conseil académique des langues régionales participe à la réflexion sur la définition des orientations de la politique académique des langues régionales qui sont arrêtées après consultation des comités techniques départementaux, des comités techniques académiques, des conseils départementaux de l'éducation nationale et des conseils académiques de l'éducation nationale. A ce titre, il est consulté sur les conditions du développement de l'enseignement de ces langues et cultures régionales dans le cadre de l'élaboration d'un plan pluriannuel.

Il examine le suivi de cette politique. Il donne son avis sur les moyens propres à garantir la spécificité de l'apprentissage du bilinguisme. Il veille notamment à la cohérence et à la continuité pédagogique des enseignements bilingues, dont celui dispensé par la méthode dite de l'immersion.

Il est également consulté sur toute proposition d'implantation des enseignements en langue régionale, notamment sur les projets de création d'écoles ou d'établissements "langues régionales" ou de sections d'enseignement bilingue ainsi que sur les demandes d'intégration dans l'enseignement public des établissements dispensant un tel enseignement.

Ces écoles et établissements fonctionnent selon les modalités administratives et statutaires habituelles.

Le conseil donne son avis sur l'attribution ou le retrait de la qualité d'école ou d'établissement "langues régionales" qui est prononcée, sans conditions de durée, par arrêté du recteur d'académie intéressé.

Son avis est également recueilli sur les actions de formation initiale et continue organisées dans l'académie.

Les conditions de mise en œuvre de l'enseignement bilingue dans les établissements de l'éducation nationale sont précisées par arrêté du ministre chargé de l'éducation après avis du Conseil supérieur de l'éducation. – *[Décr. n° 2001-733 du 31 juill. 2001, art. 3.]*

Art. D. 312-35 Les réflexions et avis du conseil académique des langues régionales ne peuvent se substituer aux avis des conseils académiques et départementaux de l'éducation nationale et des comités techniques académiques et départementaux qui sont consultés par *(Décr. n° 2019-1558 du 30 déc. 2019, art. 2)* « le recteur d'académie ou le directeur des services de l'éducation nationale agissant sur délégation du recteur d'académie » conformément à leurs attributions.

Art. D. 312-36 Le conseil académique des langues régionales contribue à la définition d'une politique d'édition, de production et de diffusion du matériel pédagogique pour l'enseignement de la langue régionale.

A cette fin, il est tenu informé des conventions passées entre l'académie et les services déconcentrés des ministères partenaires ainsi qu'avec les associations concourant à la promotion des langues et cultures régionales. – *[Décr. n° 2001-733 du 31 juill. 2001, art. 5.]*

Art. D. 312-37 Le conseil académique des langues régionales est composé pour un tiers des représentants de l'administration, pour un tiers des représentants des établissements scolaires et des associations de parents d'élèves mentionnées ci-après au 2°, pour un tiers des représentants des collectivités de rattachement et des mouvements associatifs et éducatifs ayant pour objet la promotion de la langue et de la culture régionales. Il comporte :

1° Pour l'administration :

a) Les inspecteurs d'académie-inspecteurs pédagogiques régionaux, directeurs des services départementaux de l'éducation nationale ;

b) Les chargés de mission, coordonnateurs des enseignements de langues et cultures régionales dans l'académie ;

c) Le directeur de l'institut universitaire de formation des maîtres ou son représentant ;

d) Un professeur d'université assurant un enseignement de langue et culture régionales, désigné par le *(Décr. n° 2019-1558 du 30 déc. 2019, art. 9)* « recteur d'académie » sur avis du président de l'université correspondante ;

e) Le directeur du centre régional de documentation pédagogique ou son représentant ;

f) Un inspecteur d'académie-inspecteur pédagogique régional, représentant des corps d'inspection pédagogique régionale, désigné par le *(Décr. n° 2019-1558 du 30 déc. 2019, art. 9)* « recteur d'académie » ;

g) Un inspecteur de l'éducation nationale, chargé de circonscription du premier degré, coordonnateur de l'enseignement des langues régionales dans les écoles de son département, désigné par le *(Décr. n° 2019-1558 du 30 déc. 2019, art. 9)* « recteur d'académie » sur avis des *(Décr. n° 2012-16 du 5 janv. 2012, art. 7)* « directeurs académiques des services de l'éducation nationale agissant sur délégation du recteur d'académie » ;

h) Un représentant des maîtres formateurs délégué auprès d'un *(Décr. n° 2012-16 du 5 janv. 2012, art. 7)* « directeur académique des services de l'éducation nationale agissant sur délégation du recteur d'académie », désigné par le *(Décr. n° 2019-1558 du 30 déc. 2019, art. 9)* « recteur d'académie » après avis *(Décr. n° 2012-16 du 5 janv. 2012, art. 7)* « du directeur académique des services de l'éducation nationale agissant sur délégation du recteur d'académie » auprès duquel il est affecté ;

i) Le directeur régional des affaires culturelles ou son représentant ;

2° Pour les établissements scolaires et les associations de parents d'élèves, en nombre égal au collège défini au 1° et répartis par moitié :

a) D'une part, des représentants des parents d'élèves des écoles ou établissements comportant un enseignement de langue et culture régionales, sur proposition des associations de parents d'élèves représentatives dans l'académie ;

b) D'autre part, des représentants de personnels enseignants des écoles et des établissements comportant un enseignement de langue et culture régionales, sur proposition des organisations syndicales représentées au conseil académique de l'éducation nationale ;

3° Pour les collectivités territoriales de rattachement et mouvements associatifs, en nombre égal au collège défini au 1° et répartis par moitié :

a) D'une part, des représentants des mouvements associatifs et éducatifs ayant pour objet la promotion de la langue et de la culture régionales, sur proposition de leurs instances dirigeantes ;

b) D'autre part, des représentants des maires des communes sièges d'un enseignement de langue et culture régionales, sur proposition de l'association départementale des maires ou, à défaut, par le collège des maires du département, des représentants des conseillers départementaux, sur proposition des présidents de conseils départementaux, des représentants des conseillers régionaux, sur proposition du président du conseil régional.

Art. D. 312-37-1 *(Décr. n° 2017-1883 du 29 déc. 2017, art. 2)* En Corse, le conseil académique des langues régionales comprend, au titre des représentants des conseillers départementaux et des conseillers régionaux mentionnés au *b* du 3° de l'article D. 312-37, des conseillers de la collectivité de Corse. Un de ces conseillers est un membre du conseil exécutif désigné par le président du conseil exécutif, les autres conseillers sont élus en son sein par l'Assemblée de Corse.

Art. D. 312-38 Le recteur d'académie fixe le nombre des membres du conseil académique des langues régionales et procède à leur nomination pour une durée de trois ans. – *[Décr. n° 2001-733 du 31 juill. 2001, art. 7.]*

Art. D. 312-39 Le conseil académique des langues régionales est réuni au moins deux fois par an, en séance plénière sur convocation du recteur d'académie qui le préside ou, en cas d'absence ou d'empêchement, par un représentant qu'il désigne et sur un ordre du jour déterminé. Lorsque le recteur le juge nécessaire, le conseil peut être réuni en groupes techniques restreints. Les groupes techniques associent des représentants des trois collèges. Les résultats des travaux de ces groupes techniques sont soumis à l'avis du conseil académique. – *[Décr. n° 2001-733 du 31 juill. 2001, art. 8.]*

SECTION V L'ENSEIGNEMENT DE LA DÉFENSE

La présente section ne comprend pas de dispositions réglementaires.

SECTION VI LES ENSEIGNEMENTS DE LA SÉCURITÉ

SOUS-SECTION 1 L'ENSEIGNEMENT DES RÈGLES GÉNÉRALES DE SÉCURITÉ

Art. D. 312-40 Dans les établissements scolaires publics et privés sous contrat sont assurés une sensibilisation à la prévention des risques et aux missions des services de secours, une formation aux premiers secours ainsi qu'un enseignement des règles générales de sécurité.

Dans les écoles, un enseignement des règles générales de sécurité et de principes simples pour porter secours est intégré dans les horaires et programmes de l'école primaire tels que fixés par arrêté du ministre chargé de l'éducation. Il a un caractère transdisciplinaire. Des activités peuvent être organisées dans le cadre du projet d'école.

Dans les collèges et les lycées, cet enseignement et cette formation sont mis en œuvre en application des programmes et dans les différentes activités organisées par l'établissement dans le cadre du projet d'établissement ; le projet d'établissement prend en compte les propositions du comité d'éducation à la santé et à la citoyenneté mentionné aux articles R. 421-46 et R. 421-47 du code de l'éducation.

Les personnels d'enseignement et d'éducation contribuent, en liaison étroite avec les familles, à cette action éducative à laquelle participent également les autres membres du personnel exerçant dans l'établissement, en particulier les personnels de santé. – *[Décr. nº 2006-41 du 11 janv. 2006, art. 1er et 2.]*

Art. D. 312-41 La formation aux premiers secours, validée par l'attestation de formation aux premiers secours, est assurée par des organismes habilités, parmi lesquels figurent notamment les services déconcentrés du ministère de l'éducation nationale, du ministère de la santé en liaison avec les centres d'enseignement des soins d'urgence et du ministère de l'intérieur ainsi que les services départementaux d'incendie et de secours, ou par des associations agréées pour les formations aux premiers secours, dans les conditions définies par un arrêté pris en application du décret nº 91-834 du 30 août 1991 relatif à la formation aux premiers secours. – *[Décr. nº 2006-41 du 11 janv. 2006, art. 3.]*

Art. D. 312-42 Au cours de leur formation initiale et continue, les enseignants sont préparés à dispenser aux élèves des principes simples pour porter secours. Les personnels d'enseignement, d'éducation et les personnels de santé peuvent être formés au brevet national de moniteur des premiers secours. – *[Décr. nº 2006-41 du 11 janv. 2006, art. 4.]*

SOUS-SECTION 2 L'ENSEIGNEMENT DES RÈGLES DE SÉCURITÉ ROUTIÈRE

Art. D. 312-43 *(Décr. nº 2007-429 du 25 mars 2007, art. 1er)* Afin de permettre aux élèves, usagers de l'espace routier, d'acquérir des comportements responsables, un enseignement des règles de sécurité routière est assuré par les établissements dispensant un enseignement du premier et du second degré. Cet enseignement s'intègre obligatoirement dans le cadre des horaires et des programmes en vigueur dans ces établissements. Il a un caractère transdisciplinaire. Les conditions de sa mise en œuvre sont fixées par le ministre chargé de l'éducation en vue d'assurer, notamment, une continuité dans l'apprentissage des règles de sécurité routière.

Afin de permettre aux apprentis, usagers de l'espace routier, qui n'auraient pas obtenu les attestations scolaires de sécurité routière de premier et de second niveaux, prévues à l'article R. 211-1 du code de la route, d'acquérir des comportements responsables, un enseignement des règles de sécurité routière est dispensé par les centres de formation d'apprentis.

Afin de permettre aux personnes, usagers de l'espace routier, qui ne sont pas titulaires des attestations mentionnées à l'alinéa précédent et qui ne sont pas scolarisées, d'acquérir des comportements responsables, les groupements d'établissements dispensent un enseignement des règles de sécurité routière. Cet enseignement peut être dispensé par d'autres établissements ou organismes, notamment les établissements d'enseignement de la conduite mentionnés aux articles L. 213-1 et suivants du code de la route.

Art. D. 312-44 *(Décr. nº 2007-429 du 25 mars 2007, art. 2)* Dans le cadre de la formation initiale et de la formation continue, les enseignants des établissements mentionnés au premier alinéa de l'article D. 312-43 sont préparés à assurer l'acquisition par les élèves de la connaissance des règles de sécurité routière et des comportements adaptés qui en découlent.

Art. D. 312-45 Les enseignants peuvent faire appel à des agents d'administrations compétentes en matière de sécurité routière ou, dans les conditions fixées par les arti-

cles D. 551-1 à D. 551-12 du code de l'éducation, à des membres d'associations intervenant dans le même domaine. – *[Décr. n° 93-204 du 12 févr. 1993, art. 3.]*

Art. D. 312-46 Les actions spécifiques dans le domaine de la sécurité routière s'inscrivent dans le cadre du projet d'école ou du projet d'établissement. – *[Décr. n° 93-204 du 12 févr. 1993, art. 4.]*

Art. R. 312-47 Les règles relatives aux attestations scolaires de premier et de deuxième niveau et au brevet de sécurité routière sont fixées par l'article R. 211-1 du code de la route.

Art. D. 312-47-1 *(Décr. n° 2007-429 du 25 mars 2007, art. 3)* **Pour les personnes présentant une déficience visuelle ne leur permettant pas de se présenter aux épreuves des attestations scolaires de sécurité routière ou de l'attestation de sécurité routière, il est créé une attestation d'éducation à la route dont les modalités d'organisation et de délivrance sont fixées par arrêté des ministres intéressés.**

SOUS-SECTION 3 L'ATTESTATION SCOLAIRE « SAVOIR-NAGER »

(Décr. n° 2015-847 du 9 juill. 2015, art. 1er)

Art. D. 312-47-2 Une attestation scolaire "savoir-nager" est délivrée aux élèves qui ont subi avec succès un contrôle des compétences en matière de sécurité en milieu aquatique.

Un arrêté du ministre chargé de l'éducation fixe les modalités de ce contrôle.

Sur l'attestation scolaire « savoir-nager », V. ci-dessous Arr. du 9 juill. 2015.

Arrêté du 9 juillet 2015,

Relatif à l'attestation scolaire « savoir-nager ».

Art. 1er Le savoir-nager, dont la maîtrise permet la délivrance de l'attestation scolaire "savoir-nager" prévue par l'article D. 312-47-2 du code de l'éducation, est défini par l'annexe 1 du présent arrêté.

Art. 2 L'attestation scolaire "savoir-nager", délivrée par le directeur de l'école ou par le principal du collège, est incluse dans le livret scolaire de l'élève ; un exemplaire, imprimé selon le modèle fixé par l'annexe 2 du présent arrêté, lui est remis.

La maîtrise du savoir-nager est attestée par les personnels qui ont encadré la formation et la passation des tests correspondants : à l'école primaire, un professeur des écoles en collaboration avec un professionnel qualifié et agréé par le directeur académique des services de l'éducation nationale ; au collège, un professeur d'éducation physique et sportive.

Art. 3 Pour l'année scolaire 2015-2016, les dispositions relatives au savoir-nager qui figurent à l'annexe de l'arrêté du 9 juillet 2008 susvisé sont remplacées par les dispositions de l'annexe 1 du présent arrêté.

Art. 4 Le présent arrêté entre en vigueur à compter de la rentrée scolaire 2015.

ANNEXES
ANNEXE 1

LE SAVOIR-NAGER

Le savoir-nager correspond à une maîtrise du milieu aquatique. Il reconnaît la compétence à nager en sécurité, dans un établissement de bains ou un espace surveillé (piscine, parc aquatique, plan d'eau calme à pente douce). Il ne doit pas être confondu avec les activités de la natation fixées par les programmes d'enseignement.

Son acquisition est un objectif des classes de CM1, CM2 et sixième (qui constitueront le cycle de consolidation à compter de la rentrée 2016). Le cas échéant, l'attestation scolaire « savoir-nager » pourra être délivrée ultérieurement.

Sa maîtrise permet d'accéder à toute activité aquatique ou nautique susceptible d'être programmée dans le cadre des enseignements obligatoires ou d'activités optionnelles en EPS, ou à l'extérieur de l'école, notamment pour la pratique des activités sportives mentionnées aux articles A. 322-42 et A. 322-64 du code du sport.

Il est défini comme suit :

Parcours à réaliser en continuité, sans reprise d'appuis au bord du bassin et sans lunettes :

— à partir du bord de la piscine, entrer dans l'eau en chute arrière ;

— se déplacer sur une distance de 3 m 50 en direction d'un obstacle ;

— franchir en immersion complète l'obstacle sur une distance de 1 m 50 ;

— se déplacer sur le ventre sur une distance de 15 mètres ;

— au cours de ce déplacement, au signal sonore, réaliser un surplace vertical pendant 15 secondes puis reprendre le déplacement pour terminer la distance des 15 mètres ;

— faire demi-tour sans reprise d'appuis et passer d'une position ventrale à une position dorsale ;

— se déplacer sur le dos sur une distance de 15 mètres ;

— au cours de ce déplacement, au signal sonore réaliser un surplace en position horizontale dorsale pendant 15 secondes, puis reprendre le déplacement pour terminer la distance des 15 mètres ;

— se retourner sur le ventre pour franchir à nouveau l'obstacle en immersion complète ;

— se déplacer sur le ventre pour revenir au point de départ.

Connaissances et attitudes :

— savoir identifier la personne responsable de la surveillance à alerter en cas de problème ;

— connaître les règles de base liées à l'hygiène et la sécurité dans un établissement de bains ou un espace surveillé ;

— savoir identifier les environnements et les circonstances pour lesquels la maîtrise du savoir-nager est adaptée.

ANNEXE 2

MODÈLE D'ATTESTATION SCOLAIRE « SAVOIR-NAGER »

V. JO du 11 juill. 2015.

SECTION VII L'ENSEIGNEMENT DES PROBLÈMES DÉMOGRAPHIQUES

La présente section ne comprend pas de dispositions réglementaires.

SECTION VIII L'ENSEIGNEMENT D'ÉDUCATION CIVIQUE

Art. D. 312-48 Le 27 avril de chaque année ou, à défaut, le jour le plus proche, une heure est consacrée dans toutes les écoles primaires, les collèges et les lycées de la République à une réflexion sur l'esclavage et son abolition. – *[Décr. nº 83-1003 du 23 nov. 1983, art. 2.]*

Art. D. 312-48-1 *(Décr. nº 2010-485 du 12 mai 2010, art. 4)* Dans les lycées publics et privés sous contrat, d'enseignement général et technologique ou professionnel, les élèves bénéficient au cours de leur scolarité d'une information sur le service civique créé par la loi nº 2010-241 du 10 mars 2010.

SECTION IX L'ÉDUCATION À LA SANTÉ ET À LA SEXUALITÉ

Art. D. 312-49 Les contrôles et les diverses actions à finalités éducatives de la santé scolaire dont bénéficient les élèves de l'enseignement primaire à leur admission et au cours de leur scolarité sont définis conjointement par le ministre chargé de l'éducation et le ministre chargé de la santé et de la protection sociale. – *[Décr. nº 90-788 du 6 sept. 1990, art. 8.]*

SECTION X PRÉVENTION ET INFORMATION SUR LES TOXICOMANIES

La présente section ne comprend pas de dispositions réglementaires.

CHAPITRE III L'INFORMATION ET L'ORIENTATION

Art. D. 313-1 Des services spécialisés organisés à l'échelon national *(Décr. nº 2015-1616 du 10 déc. 2015, art. 9)* « , régional », académique et local ont pour mission d'organiser l'information et l'orientation des élèves qui suivent les enseignements de second degré dans un processus éducatif d'observation continue de façon à favoriser leur adaptation à la vie scolaire, de les guider vers l'enseignement le plus conforme à leurs aptitudes, de contribuer à l'épanouissement de leur personnalité et de les aider à choisir leur voie dans la vie active, en harmonie avec les besoins du pays et les perspectives du progrès économique et social.

(Décr. n° 2019-218 du 21 mars 2019, art. 1er) « Leurs actions sont articulées avec les actions d'information sur les métiers et les formations menées par les régions en coordination avec les psychologues de l'éducation nationale, les enseignants et les conseillers principaux d'éducation. »

Ces services peuvent participer à l'information *(Décr. n° 2019-218 du 21 mars 2019, art. 1er)* « et à l'accompagnement à l'orientation » des étudiants en vue *(Décr. n° 2019-218 du 21 mars 2019, art. 1er)* « d' » apporter leur concours aux universités en ce domaine, dans des conditions qui sont définies par arrêté du ministre chargé de l'éducation *(Décr. n° 2019-218 du 21 mars 2019, art. 1er)* « , en lien avec le ministère chargé de l'enseignement supérieur ».

Ces services recueillent auprès de l'Office national d'information sur les enseignements et les professions et *(Décr. n° 2019-218 du 21 mars 2019, art. 1er)* « des services des régions » la documentation qui leur est nécessaire.

Art. D. 313-2 Le ministre chargé de l'éducation élabore les directives en matière d'information et d'orientation et veille à l'organisation des services. – *[Décr. n° 71-541 du 7 juill. 1971, art. 2.]*

Art. D. 313-3 Le ministre chargé de l'éducation peut conclure avec des organismes interprofessionnels des conventions ayant pour but de contribuer au bon fonctionnement des services d'information et d'orientation et d'accroître leur documentation. – *[Décr. n° 55-1342 du 10 oct. 1955, art. 7.]*

Art. D. 313-4 *Abrogé par Décr. n° 2015-1616 du 10 déc. 2015, art. 9.*

Art. D. 313-5 *(Décr. n° 2019-1558 du 30 déc. 2019, art. 3)* Au niveau régional, le recteur de région académique coordonne les activités d'information sur les métiers et les formations de manière concertée avec la région. Il en fixe les priorités dans le cadre du parcours individuel d'information, d'orientation et de découverte du monde économique et professionnel défini à l'article L. 331-7.

Le recteur d'académie, par délégation du recteur de région académique, au niveau académique et le directeur académique des services de l'éducation nationale agissant par délégation du recteur d'académie, au niveau départemental, assurent la responsabilité des activités d'information et d'orientation.

Art. D. 313-6 Les services d'information et d'orientation publics ou privés subventionnés par l'État sont soumis à l'inspection prévue au chapitre Ier du titre IV du livre II de la partie législative du présent code. – *[Décr. 26 sept. 1922, art. 7.]*

SECTION PREMIÈRE LES CENTRES D'INFORMATION ET D'ORIENTATION PUBLICS

Art. D. 313-7 Les centres d'information et d'orientation publics sont créés par arrêté du ministre chargé de l'éducation dans le cadre des districts scolaires mentionnés à l'article D. 211-10. Dans les districts les plus importants, il peut en être créé plusieurs.

Dans le domaine de l'information et de l'orientation, le centre apporte son concours à l'ensemble des actions menées dans le district. Il assure l'accueil, la documentation et l'information du public scolaire et non scolaire, procède aux consultations nécessaires et collabore avec les services chargés de l'emploi des jeunes. – *[Décr. n° 71-541 du 7 juill. 1971, art. 5, al. 1er et 2.]*

Art. D. 313-8 Les modalités de fonctionnement et d'organisation des centres sont fixées par arrêté du ministre chargé de l'éducation et du ministre chargé du budget.

Art. D. 313-9 Chaque centre est dirigé par un directeur nommé par arrêté du ministre chargé de l'éducation dans des conditions fixées par le *(Décr. n° 2019-218 du 21 mars 2019, art. 2)* « décret n° 2017-120 du 1er février 2017 portant dispositions statutaires relatives aux psychologues de l'éducation nationale. »

Les centres sont placés sous l'autorité *(Décr. n° 2012-16 du 5 janv. 2012, art. 7)* « du directeur académique des services de l'éducation nationale agissant sur délégation du recteur d'académie ».

Art. D. 313-10 Lorsqu'ils ont été créés sur la demande soit d'un département, soit d'une commune par arrêté du ministre chargé de l'éducation et du ministre chargé du budget, les centres d'information et d'orientation sont à la charge de cette collectivité en ce qui concerne les dépenses prévues à l'article D. 313-12. – *[Décr. n° 55-1342 du 10 oct. 1955, art. 3.]*

Art. D. 313-11 Les traitements, les rémunérations, les allocations et indemnités accessoires, les frais de déplacement et de mission autres que ceux mentionnés à l'article D. 313-12, dus aux personnels technique et administratif, les vacations des médecins des centres d'information et d'orientation sont à la charge de l'État. – *[Décr. n° 55-1342 du 10 oct. 1955, art. 1er, al. 1er.]*

Art. D. 313-12 Les dépenses de fonctionnement et d'investissement autres que celles mentionnées à l'article D. 313-11, y compris les rémunérations des personnels de service, les frais de déplacement et de mission se rapportant au fonctionnement même des centres d'information et d'orientation, sont à la charge des départements ou des communes à la demande desquels ces centres sont constitués conformément à l'article D. 313-10.

Les recettes de ces centres et notamment les subventions en espèces, souscriptions et contributions des autres collectivités locales, des organismes interprofessionnels et des particuliers sont perçues par les collectivités mentionnées à l'alinéa précédent. – *[Décr. n° 55-1342 du 10 oct. 1955, art. 1er, al. 2, et art. 8, al. 4.]*

Art. D. 313-13 En application de l'article L. 313-5, les centres mentionnés à l'article D. 313-10 peuvent être transformés en services d'État par arrêté du ministre chargé de l'éducation dans la limite des crédits inscrits aux lois de finances. – *[Décr. n° 71-541 du 7 juill. 1971, art. 8.]*

SECTION II L'OFFICE NATIONAL D'INFORMATION SUR LES ENSEIGNEMENTS ET LES PROFESSIONS

SOUS-SECTION 1 ORGANISATION ADMINISTRATIVE

Art. D. 313-14 I. – Conformément aux dispositions de l'article L. 313-6 et en liaison avec les établissements d'enseignement, les administrations, les professions et organismes intéressés, l'Office national d'information sur les enseignements et les professions est chargé :

(Décr. n° 2011-1503 du 14 nov. 2011, art. 1er) « 1° D'élaborer et de mettre à la disposition des utilisateurs, selon toutes modalités et supports adaptés, la documentation nécessaire à la personnalisation de l'information et de l'orientation par une meilleure connaissance des moyens d'éducation et des activités professionnelles ; »

2° De contribuer aux études et recherches relatives aux méthodes et aux moyens propres à développer cette documentation et à faciliter l'information et l'orientation ;

3° De *(Décr. n° 2011-1503 du 14 nov. 2011, art. 1er)* « contribuer aux études et recherches » tendant à améliorer la connaissance des activités professionnelles et de leur évolution ;

4° De contribuer à la définition des orientations générales de la politique de formation du personnel chargé de l'information sur les enseignements et les professions et de participer à son perfectionnement.

II. – Dans ce cadre, l'office peut passer convention avec tous les organismes intéressés, notamment avec :

1° Les universités, pour leur permettre de remplir les missions définies aux articles L. 611-2 et L. 611-3 et de contribuer, dans le cadre de la planification établie par le Conseil national de l'enseignement supérieur et de la recherche, à l'adaptation réciproque des débouchés professionnels et des enseignements universitaires dispensés ;

2° *(Décr. n° 2014-524 du 22 mai 2014, art. 23)* « Pôle emploi. »

Il est également chargé d'apporter sa collaboration aux administrations et aux organismes intéressés par les questions qui relèvent de sa compétence, et notamment *(Décr. n° 2018-1262 du 26 déc. 2018, art. 1er)* « à la Commission nationale de la négociation collective, de l'emploi et de la formation professionnelle » instituée aux articles

R. 6123-1 à R. 6123-14 du code du travail », en vue de l'élaboration et de la mise en œuvre de la politique coordonnée de formation professionnelle et de promotion sociale.

Art. D. 313-15 *(Décr. nº 2011-1503 du 14 nov. 2011, art. 2)* L'Office national d'information sur les enseignements et les professions est administré par un conseil d'administration assisté d'un conseil d'orientation. Il est dirigé par un directeur.

Le conseil d'administration comprend vingt-six membres :

1° Neuf représentants de l'État :

a) Trois nommés par arrêté du ministre chargé de l'éducation ;

b) Un nommé par arrêté du ministre chargé de l'enseignement supérieur ;

c) Un nommé par arrêté du ministre chargé du budget ;

d) Un nommé par arrêté du ministre chargé de la formation professionnelle ;

e) Un nommé par arrêté du ministre chargé de l'agriculture ;

f) Un nommé par arrêté du ministre chargé des petites et moyennes entreprises ;

g) Un nommé par arrêté du ministre chargé de la jeunesse ;

2° Quatre membres de droit :

a) Le délégué à l'information et à l'orientation ou son représentant ;

b) Le directeur général de *(Décr. nº 2014-524 du 22 mai 2014, art. 23-2°)* « Pôle emploi » ou son représentant ;

c) Le chef du service des droits des femmes et de l'égalité entre les femmes et les hommes au ministère chargé des droits des femmes ou son représentant ;

d) Le président du conseil prévu à l'article L. 6123-1 du code du travail *[V. cet art. ss. art. L. 237-1]* ou son représentant ;

3° Un représentant de l'Union nationale des associations familiales ;

4° Trois représentants des associations de parents d'élèves les plus représentatives, dont un de l'enseignement privé sous contrat ;

5° Un représentant de l'association d'étudiants la plus représentative, désigné sur proposition du Conseil national de l'enseignement supérieur et de la recherche ;

6° Un représentant des lycéens, désigné sur proposition du Conseil national de la vie lycéenne ;

7° Cinq représentants du personnel de l'office, désignés sur proposition des organisations syndicales les plus représentatives au sein de l'office ;

8° Le président du conseil d'orientation de l'office et un membre choisi parmi les personnalités particulièrement compétentes dans les domaines qui intéressent l'office, désigné sur proposition du directeur de l'office.

Le directeur, le directeur adjoint, le secrétaire général, l'agent comptable, le *(Décr. nº 2012-1247 du 7 nov. 2012, art. 2)* « contrôleur budgétaire » ainsi que toute personne dont la présence est jugée utile par le président assistent aux séances avec voix consultative.

Les membres mentionnés aux 3°, 4°, 5°, 6°, 7° et 8° sont nommés par arrêté conjoint des ministres chargés de l'éducation et de l'enseignement supérieur.

Pour chacun des membres mentionnés aux 1°, 3°, 4°, 5°, 6° et 7°, un suppléant est désigné dans les mêmes conditions que le titulaire.

Le président du conseil d'administration de l'Office national d'information sur les enseignements et les professions est nommé par arrêté conjoint des ministres chargés de l'éducation et de l'enseignement supérieur.

Art. D. 313-16 *(Décr. nº 2011-1503 du 14 nov. 2011, art. 3)* Le conseil d'administration règle par ses délibérations les affaires de l'Office national d'information sur les enseignements et les professions. Il délibère notamment sur :

1° Les orientations et l'organisation générale de l'établissement proposées par le directeur ;

2° Le programme d'activité de l'office et le rapport annuel d'activité que le directeur lui soumet ;

3° Le budget et ses modifications ;

4° Le compte financier et l'affectation du résultat de l'exercice ;

5° Le taux des redevances et rémunérations de toute nature dues à l'office ;

6° Les dons et legs ;

7° Les acquisitions, aliénations et échanges d'immeubles ;

8° L'adhésion aux groupements d'intérêt public ;

9° L'exercice des actions en justice et les transactions ;
10° Les conditions générales de passation des marchés ;
11° Le règlement intérieur du conseil d'administration.

Il donne son avis sur toutes les questions qui lui sont soumises par les ministres intéressés ou qui sont inscrites à l'ordre du jour par son président.

Le conseil d'administration désigne en son sein une délégation permanente chargée de suivre, en liaison avec le directeur, les questions qui sont de la compétence du conseil.

Art. D. 313-17 *(Décr. n° 2011-1503 du 14 nov. 2011, art. 4)* Le conseil d'administration de l'Office national d'information sur les enseignements et les professions se réunit au moins deux fois par an sur convocation de son président. Il peut être réuni à la demande conjointe des ministres chargés de la tutelle de l'office ou du directeur ou de la majorité des membres du conseil.

Le président fixe l'ordre du jour, en accord avec le directeur.

Le conseil d'administration ne peut valablement délibérer que si la moitié de ses membres assistent à la séance. Dans le cas où ce quorum n'est pas atteint, le conseil d'administration se réunit à nouveau dans un délai de quinze jours et délibère valablement quel que soit le nombre des membres présents.

Les délibérations du conseil d'administration sont adoptées à la majorité des suffrages exprimés.

En cas de partage égal des voix, celle du président est prépondérante.

Chaque membre du conseil d'administration peut donner mandat à un autre membre pour le représenter. Nul ne peut être porteur de plus de deux mandats.

Les délibérations du conseil d'administration autres que celles mentionnées aux 7° et 10° de l'article D. 313-16 sont exécutoires de plein droit, à défaut d'approbation expresse notifiée dans ce délai, un mois après leur réception par les ministres chargés de l'éducation et de l'enseignement supérieur si l'un d'eux n'y a pas fait opposition dans ce délai. Les délibérations prévues au 10° du même article doivent, pour devenir exécutoires, faire l'objet d'une approbation expresse des ministres chargés de l'éducation, de l'enseignement supérieur et du budget.

(Décr. n° 2012-1247 du 7 nov. 2012, art. 29) « Les délibérations portant sur le budget et le compte financier sont exécutoires dans les conditions prévues par le titre III du décret n° 2012-1246 du 7 novembre 2012 relatif à la gestion budgétaire et comptable publique. »

Art. D. 313-18 *(Décr. n° 2011-1503 du 14 nov. 2011, art. 5)* Les membres du conseil d'administration de l'Office national d'information sur les enseignements et les professions autres que les membres de droit sont nommés pour une durée de trois ans renouvelable.

Le mandat des membres cesse lorsqu'ils perdent la qualité au titre de laquelle ils ont été nommés.

En cas de vacance de siège pour quelque cause que ce soit survenant plus de trois mois avant l'expiration du mandat, un remplaçant est désigné dans les mêmes conditions pour la durée du mandat restant à courir.

Les membres du conseil d'administration de l'Office national d'information sur les enseignements et les professions exercent leurs fonctions à titre gratuit. Toutefois, leurs frais de déplacement et de séjour sont pris en charge par l'office dans les conditions fixées par la réglementation applicable aux fonctionnaires de l'État en matière de frais de mission.

Art. D. 313-18-1 *(Décr. n° 2011-1503 du 14 nov. 2011, art. 6)* Le conseil d'orientation de l'office comprend vingt-deux membres :

1° Trois représentants des organisations professionnelles d'employeurs les plus représentatives ;
2° Un représentant de *(Décr. n° 2015-536 du 15 mai 2015, art. 3)* « CCI France » ;
3° Un représentant de *(Décr. n° 2019-56 du 30 janv. 2019, art. 4)* « CMA France » ;
4° Un représentant de l'Assemblée permanente des chambres d'agriculture ;
5° Quatre représentants des organisations syndicales de salariés les plus représentatives ;
6° Un représentant de l'organisation d'exploitants agricoles la plus représentative ;

7° Un représentant de l'Association des régions de France ;
8° Un représentant de l'Assemblée des départements de France ;
9° Un représentant de l'Association des maires de France ;
10° Cinq représentants des organisations syndicales d'enseignants les plus représentatives, dont un de l'enseignement privé sous contrat ;
11° Un directeur d'institut de formation du personnel des services d'information et d'orientation ;
12° Un directeur de centre d'information et d'orientation ;
13° Un directeur de service commun universitaire d'information et d'orientation.

Les membres mentionnés aux 1° à 10° sont nommés par arrêté conjoint des ministres chargés de l'éducation et de l'enseignement supérieur. Les membres mentionnés aux 11°, 12° et 13° sont nommés par arrêté conjoint des ministres chargés de l'éducation et de l'enseignement supérieur, sur proposition du directeur de l'office. Ils sont nommés pour une durée de trois ans renouvelable.

Pour chaque titulaire, un suppléant est désigné dans les mêmes conditions.

Le mandat des membres cesse lorsqu'ils perdent la qualité au titre de laquelle ils ont été nommés.

En cas de vacance de siège pour quelque cause que ce soit survenant plus de trois mois avant l'expiration du mandat, un remplaçant est désigné dans les mêmes conditions pour la durée du mandat restant à courir.

Le président du conseil d'orientation de l'office, choisi parmi les membres du conseil d'orientation, est nommé par arrêté conjoint des ministres chargés de l'éducation et de l'enseignement supérieur.

Le conseil d'orientation se réunit en tant que de besoin, en fonction des sujets choisis par le conseil d'administration ou des questions dont il se saisit. Les travaux conduits par le conseil d'orientation à la demande du conseil d'administration sont précisés dans un cahier des charges, qui indique toutes les modalités utiles à la conduite des travaux, y compris l'élaboration d'un échéancier. A l'issue des travaux conduits à la demande du conseil d'administration, le conseil d'orientation donne un avis à la majorité des suffrages exprimés. Cet avis est présenté par le président du conseil d'orientation. Il fait l'objet d'un débat en conseil d'administration et peut donner lieu à une décision soumise au vote.

Le conseil d'orientation siège valablement lorsque la majorité de ses membres sont présents.

Le directeur de l'office, le directeur adjoint et les membres de la direction qu'il désigne en accord avec le président du conseil d'orientation assistent aux séances plénières avec voix consultative.

Le président du conseil d'orientation peut inviter à participer aux réunions toute personne dont il juge la présence utile.

Les membres du conseil d'orientation exercent leurs fonctions à titre gratuit. Toutefois, leurs frais de déplacement et de séjour sont pris en charge par l'office dans les conditions fixées par la réglementation applicable aux fonctionnaires de l'État en matière de frais de mission.

Art. R. 313-19 Le *(Decr. n° 2019-254 du 27 mars 2019, art. 4)* « directeur général » de l'Office national d'information sur les enseignements et les professions est nommé par décret pris sur proposition des ministres chargés de l'éducation et de l'enseignement supérieur pour une période maximale de trois ans renouvelable une fois.

Il peut se voir retirer cet emploi dans l'intérêt du service.

Art. D. 313-20 *(Décr. n° 2011-1503 du 14 nov. 2011, art. 7)* Le directeur assure la direction de l'Office national d'information sur les enseignements et les professions. A ce titre :

1° Il conduit la politique générale de l'établissement dans le cadre des orientations définies par le conseil d'administration ;
2° Il prépare les délibérations du conseil d'administration et en assure l'exécution ;
3° Il prépare et exécute le budget ;
4° Il est ordonnateur des recettes et des dépenses ;
5° Il représente l'établissement en justice et dans tous les actes de la vie civile ;

6° Il gère le personnel, nomme aux emplois pour lesquels aucune autre autorité n'a pouvoir de nomination et recrute les personnels contractuels. Il a autorité sur l'ensemble du personnel de l'établissement ;

7° Il conclut les conventions et marchés, sous réserve des dispositions de l'article D. 313-16.

Il peut déléguer sa signature à des agents de catégorie A de l'office, à l'exception de l'agent comptable.

Art. D. 313-21 Le directeur constitue avec les représentants des administrations et organismes intéressés les groupes de travail utiles à l'accomplissement de la mission de l'Office national d'information sur les enseignements et les professions.

Un groupe de travail spécialisé pour l'étude des problèmes relatifs à la formation des personnels pour les tâches d'information est chargé de faire toutes propositions au ministre chargé de l'éducation sur ces problèmes. — *[Décr. n° 70-239 du 19 mars 1970, art. 7.]*

Art. R. 313-22 Le directeur adjoint et le secrétaire général sont nommés, après avis du directeur de l'établissement concerné, par arrêté des ministres chargés de l'éducation et de l'enseignement supérieur.

Tout fonctionnaire nommé à l'un de ces emplois peut se voir retirer cet emploi dans l'intérêt du service. — *[Décr. n° 2005-1312 du 21 oct. 2005, art. 2, al. 1er et 2, et art. 7, en ce qui concerne l'ONISEP.]*

Art. D. 313-23 *(Décr. n° 2011-1503 du 14 nov. 2011, art. 8)* Le comité technique de l'Office national d'information sur les enseignements et les professions est organisé conformément aux dispositions du décret n° 2011-184 du 15 février 2011 relatif aux comités techniques dans les administrations et les établissements publics de l'État *[V. **C. fonc. publ.**]*.

Art. D. 313-24 *(Décr. n° 2015-1616 du 10 déc. 2015, art. 9)* « Dans chaque région académique, une délégation régionale de l'Office national d'information sur les enseignements et les professions, placée sous la tutelle du recteur de région académique, est dirigée par le chef du service d'information et d'orientation exerçant sous l'autorité du même recteur. »

La délégation régionale est chargée notamment :

1° De diffuser dans les conditions fixées par le ministre chargé de l'éducation l'information sur les enseignements et les professions ;

2° D'élaborer la documentation propre à l'académie ;

3° De mettre à la disposition des centres chargés de l'information et de l'orientation les moyens de documentation et d'information nécessaires à leur action ;

4° De participer aux études suscitées par l'office national, en particulier pour l'analyse des fonctions et l'évolution des qualifications professionnelles.

A ces fins, la délégation régionale collabore avec les divers services ou organismes régionaux compétents, et notamment avec le *(Décr. n° 2014-1055 du 16 sept. 2014, art. 5)* « comité régional de l'emploi, de la formation et de l'orientation professionnelles » prévu aux articles L. 6123-1, L. 6123-2, R. 6123-2, R. 6521-1, R. 6521-16, D. 6123-1, D. 6123-14, D. 6123-19 à D. 6123-21, D. 6123-25 à D. 6123-27 du code du travail. Elle passe également, au nom de l'office, avec les universités et les autres établissements à caractère scientifique, culturel et professionnel, les conventions de coopération nécessaires.

Art. D. 313-25 et D. 313-26 *Abrogés par Décr. n° 2011-1503 du 14 nov. 2011, art. 14.*

SOUS-SECTION 2 ORGANISATION FINANCIÈRE

Art. D. 313-27 *(Décr. n° 2011-1503 du 14 nov. 2011, art. 9)* Les ressources de l'Office national d'information sur les enseignements et les professions comprennent :

1° Les subventions et les fonds de concours attribués notamment par l'État, les collectivités publiques et l'Union européenne ;

2° Les droits, redevances et produits de toute nature résultant de ses activités ;

3° Les versements au titre de la taxe d'apprentissage ;

4° Les produits des conventions ou contrats, notamment de travaux ou d'études ;
5° Les revenus des biens meubles et immeubles de l'établissement ;
6° Le produit des aliénations ;
7° Les contributions privées, les dons et legs ;
8° D'une manière générale, toutes les recettes autorisées par les lois et règlements.

Art. D. 313-28 Les dépenses de l'Office national d'information sur les enseignements et les professions comprennent les frais de personnel, de fonctionnement et, éventuellement, d'équipement, et d'une manière générale toutes celles qui sont nécessaires à l'activité de l'établissement. – *[Décr. n° 70-239 du 19 mars 1970, art. 12.]*

Art. D. 313-29 Le directeur de l'Office national d'informations sur les enseignements et les professions engage le personnel dont la nomination n'est pas réservée à une autre autorité.

Il peut, en outre, être fait appel à des personnels spécialisés, dont le recrutement est assuré par le directeur de l'office. – *[Décr. n° 70-239 du 19 mars 1970, art. 13.]*

Art. D. 313-30 *Abrogé par Décr. n° 2011-1503 du 14 nov. 2011, art. 14.*

Art. D. 313-31 *Abrogé par Décr. n° 2012-1247 du 7 nov. 2012, art. 29.*

Art. D. 313-32 *(Décr. n° 2012-1247 du 7 nov. 2012, art. 29)* L'établissement public est soumis aux dispositions des titres Ier et III du décret n° 2012-1246 du 7 novembre 2012 relatif à la gestion budgétaire et comptable publique.

Art. D. 313-33 *(Décr. n° 2011-1503 du 14 nov. 2011, art. 12)* Des régies d'avances et de recettes peuvent être créées auprès de l'établissement dans les conditions fixées par le *(Décr. n° 2019-798 du 26 juill. 2019, art. 20)* « décret n° 2019-798 du 26 juillet 2019 » relatif aux régies de recettes et aux régies d'avances des organismes publics.

Art. D. 313-34 *Abrogé par Décr. n° 2016-1982 du 30 déc. 2016, art. 1er.*

Art. D. 313-35 *Abrogé par Décr. n° 2011-1503 du 14 nov. 2011, art. 14.*

Art. D. 313-36 *Abrogé par Décr. n° 2016-1982 du 30 déc. 2016, art. 1er.*

SECTION III LE CENTRE D'ÉTUDES ET DE RECHERCHES SUR LES QUALIFICATIONS

Les art. R. 313-37 à R. 313-42, R. 313-44 à R. 313-47 et R. 313-49 à R. 313-58 sont devenus respectivement les art. D. 313-37 à D. 313-42, D. 313-44 à D. 313-47 et D. 313-49 à D. 313-58 (Décr. n° 2020-956 du 31 juill. 2020, art. 3).

SOUS-SECTION 1 DISPOSITIONS GÉNÉRALES

Art. D. 313-37 Le Centre d'études et de recherches sur les qualifications est un établissement public national à caractère administratif doté de la personnalité civile et de l'autonomie financière. Il est placé sous la tutelle du ministre chargé de l'éducation et du ministre chargé de l'emploi.

Art. D. 313-38 Le Centre d'études et de recherches sur les qualifications a pour mission :

1° De procéder aux études et recherches sur la qualification de la population et les conditions de son acquisition par la formation initiale et continue et l'exercice d'une activité professionnelle, sur l'évolution des qualifications liée aux transformations des technologies, de l'organisation du travail et de l'emploi ainsi que sur les conditions d'accès aux emplois et les conditions de la mobilité professionnelle et sociale, en fonction de la formation reçue et de la gestion de la main-d'œuvre par les entreprises ;

2° De formuler des avis et des propositions sur les conséquences susceptibles d'être tirées des études et recherches précédentes dans la détermination des choix en matière de politique de formation et d'enseignement.

La réalisation et la valorisation des travaux du centre s'appuient sur des relations suivies avec le monde du travail et les entreprises.

Le centre effectue lui-même les études et recherches définies dans le cadre d'orientations à moyen terme et appuyées sur le développement de plusieurs disciplines ; il peut

également les susciter auprès d'organismes qualifiés. A cet effet, il peut passer convention avec tous les organismes intéressés. Dans tous les cas, il en coordonne, exploite et diffuse les résultats, notamment auprès des pouvoirs publics et des organisations professionnelles du monde du travail et des entreprises.

Dans ce cadre, il apporte sa collaboration aux administrations intéressées par les questions qui relèvent de sa compétence, et notamment aux instances prévues par les dispositions des articles *(Décr. nº 2015-652 du 10 juin 2015, art. 11)* **« L. 6123-1 et L. 6123-3 » du code du travail, à la Commission nationale de certification professionnelle prévue par l'article L. 335-6 du code de l'éducation et aux commissions professionnelles consultatives prévues par les articles D. 335-33 à D. 335-37 du même code.**

SOUS-SECTION 2 ORGANISATION ADMINISTRATIVE

Art. D. 313-39 Le conseil d'administration du Centre d'études et de recherches sur les qualifications comprend *(Décr. nº 2020-956 du 31 juill. 2020, art. 1er)* **« trente-huit membres » :**

(Décr. nº 2020-956 du 31 juill. 2020, art. 1er) **« 1º Sept représentants de l'État :**

« *a)* Le directeur chargé de l'enseignement scolaire au ministère chargé de l'éducation ou son représentant ;

« *b)* Le directeur chargé des statistiques et des études statistiques pour l'enseignement scolaire au ministère chargé de l'éducation ou son représentant ;

« *c)* Le directeur chargé de l'enseignement supérieur au ministère chargé de l'enseignement supérieur ou son représentant ;

« *d)* Le délégué chargé de l'emploi au ministère chargé de l'emploi ou son représentant ;

« *e)* Le directeur chargé des statistiques et des études au ministère chargé de l'emploi ou son représentant ;

« *f)* Le directeur chargé de la recherche au ministère chargé de la recherche ou son représentant ;

« *g)* Le directeur chargé des entreprises au ministère chargé de l'industrie ou son représentant ; »

Pour chacun de ces membres, un suppléant est désigné dans les mêmes conditions ;

2º Six membres de droit :

***a)* Le directeur général de** *(Décr. nº 2016-1539 du 15 nov. 2016, art. 6)* **« l'établissement mentionné à l'article L. 5315-1 du code du travail » ou son représentant ;**

***b)* Le directeur général de** *(Décr. nº 2014-524 du 22 mai 2014, art. 23)* **« Pôle emploi » ou son représentant ;**

***c)* Le** *(Décr. nº 2013-333 du 22 avr. 2013, art. 11)* **« Commissaire général à la stratégie et à la prospective » ou son représentant ;**

***d)* Le directeur** *(Décr. nº 2020-956 du 31 juill. 2020, art. 1er)* **« général » de l'Office national d'information sur les enseignements et les professions ou son représentant ;**

(Décr. nº 2020-956 du 31 juill. 2020, art. 1er) **« *e)* Le directeur général de France compétences ou son représentant ; »**

***f)* L'administrateur général du Conservatoire national des arts et métiers ou son représentant ;**

3º Treize membres désignés comme suit :

***a)* Deux sur proposition des organisations professionnelles d'employeurs les plus représentatives ;**

***b)* Un sur proposition de** *(Décr. nº 2015-536 du 15 mai 2015, art. 3)* **« CCI France » ;**

***c)* Un sur proposition de** *(Décr. nº 2019-56 du 30 janv. 2019, art. 4)* **« CMA France » ;**

***d)* Cinq sur proposition des organisations syndicales de salariés représentatives ;**

***e)* Un par chacune des deux organisations les plus représentatives des personnels de l'éducation nationale ;**

***f)* Un sur proposition de l'Assemblée permanente des chambres d'agriculture ;**

***g)* Un sur proposition de l'organisation d'exploitants agricoles la plus représentative ;**

4º Cinq membres choisis parmi les personnalités particulièrement compétentes dans les domaines qui intéressent le centre ;

5º Le président du conseil scientifique du centre ;

6º Six représentants du personnel du centre élus à la représentation proportionnelle selon des modalités fixées par arrêté des ministres de tutelle.

(Décr. n° 2020-956 du 31 juill. 2020, art. 1er) « Le mandat des membres du conseil d'administration, à l'exclusion des membres mentionnés aux 1°, 2° et 5°, est de trois ans. Il est renouvelable. »

Les membres du conseil d'administration mentionnés au 3° ci-dessus sont nommés par arrêté du ministre chargé de l'éducation et du ministre chargé de l'emploi.

Les membres du conseil d'administration mentionnés au 4° ci-dessus sont nommés par arrêté des mêmes ministres, après avis du ministre chargé de la recherche.

Art. D. 313-40 *(Décr. n° 2020-956 du 31 juill. 2020, art. 1er)* « Le président du conseil d'administration du Centre d'études et de recherches sur les qualifications est nommé par arrêté conjoint des ministres chargés de l'éducation et de l'emploi parmi les personnalités mentionnées au 4° de l'article D. 313-39. En cas d'empêchement temporaire, il est suppléé par le doyen des personnalités mentionnées au même 4°. »

Les fonctions de président ou de membre du conseil d'administration n'ouvrent pas droit à rémunération.

Le directeur *(Décr. n° 2020-956 du 31 juill. 2020, art. 1er)* « général » du centre, le *(Décr. n° 2012-1247 du 7 nov. 2012, art. 2)* « contrôleur budgétaire » et l'agent comptable assistent aux séances du conseil d'administration avec voix consultative.

En outre, le président du conseil d'administration peut, compte tenu des problèmes inscrits à l'ordre du jour, demander à chacun des ministres intéressés qui ne seraient pas représentés dans le conseil d'administration de désigner un fonctionnaire pour assister à la séance avec voix consultative.

Art. D. 313-41 Le conseil d'administration du Centre d'études et de recherches sur les qualifications arrête son règlement intérieur. Il délibère sur le budget et le compte financier du centre, sur le programme annuel d'activité, sur le rapport annuel d'activité, sur les mesures générales relatives à l'organisation et au fonctionnement du centre et sur la politique d'action sociale.

Il donne son avis sur toutes les questions qui lui sont soumises par les membres intéressés.

Les avis du conseil scientifique ainsi que les évaluations des travaux scientifiques du centre lui sont communiqués ; il peut solliciter lui-même tous avis et évaluations.

Le conseil d'administration désigne en son sein une délégation permanente chargée de préparer ses travaux en liaison avec le directeur *(Décr. n° 2020-956 du 31 juill. 2020, art. 1er)* « général ». Cette délégation, dont la composition et le fonctionnement sont fixés par le règlement intérieur, comprend notamment deux représentants du personnel.

Art. D. 313-42 Le conseil d'administration du Centre d'études et de recherches sur les qualifications se réunit au moins deux fois par an sur convocation de son président, qui fixe l'ordre du jour. La convocation est obligatoire si elle est demandée par un des ministres de tutelle, le directeur *(Décr. n° 2020-956 du 31 juill. 2020, art. 1er)* « général » du centre ou la majorité de ses membres.

Le conseil d'administration ne peut valablement délibérer que si la moitié de ses membres assiste à la séance. Dans le cas où ce quorum n'est pas atteint, le conseil d'administration se réunit à nouveau dans un délai de quinze jours et délibère valablement sur le même ordre du jour, quel que soit le nombre des membres présents. Les délibérations du conseil d'administration sont adoptées à la majorité des membres présents.

Les relevés de décision, signés par le président, sont adressés au ministre chargé de l'éducation, au ministre chargé de l'emploi et au ministre chargé de la recherche dans les quinze jours.

Les délibérations du conseil d'administration sont exécutoires à l'expiration du délai de quinze jours qui suit leur réception, à moins que le ministre chargé de l'éducation ou le ministre chargé de l'emploi n'aient fait connaître dans ce délai leur refus motivé d'approuver les délibérations ou leur décision de surseoir à leur application. Les motifs de ce refus ou de cette décision sont portés à la connaissance du ministre chargé de la recherche.

(Décr. n° 2012-1247 du 7 nov. 2012, art. 29) « Les délibérations portant sur le budget et le compte financier sont exécutoires dans les conditions prévues par le titre III du

décret n° 2012-1246 du 7 novembre 2012 relatif à la gestion budgétaire et comptable publique.

« Les délibérations portant sur les emprunts et les acquisitions, aliénations et échanges d'immeubles sont exécutoires dans les mêmes conditions que les délibérations relatives au budget et au compte financier. »

Art. R. 313-43 Le *(Decr. n° 2019-254 du 27 mars 2019, art. 4)* « directeur général » du Centre d'études et de recherches sur les qualifications est nommé par décret pris sur proposition des ministres chargés de l'éducation et de l'emploi pour une période maximale de trois ans renouvelable une fois.

Il peut se voir retirer cet emploi dans l'intérêt du service.

Art. D. 313-44 Le directeur *(Décr. n° 2020-956 du 31 juill. 2020, art. 1er)* « général » du Centre d'études et de recherches sur les qualifications assure l'exécution des délibérations du conseil d'administration. Il a autorité sur l'ensemble du personnel du centre.

Il représente l'établissement en justice et dans tous les actes de la vie civile.

Il est ordonnateur des recettes et des dépenses de l'établissement.

Art. D. 313-45 Le directeur *(Décr. n° 2020-956 du 31 juill. 2020, art. 1er)* « général » du Centre d'études et de recherches sur les qualifications est assisté par un conseil scientifique, qui comprend :

1° Huit personnalités choisies en raison de leur compétence dans les domaines scientifiques intéressant le centre, dont une personnalité nommée sur proposition du vice-président de la conférence des présidents d'université et une exerçant ses fonctions dans un organisme étranger ;

2° Deux membres de droit :

a) Le directeur de l'Institut national de la statistique et des études économiques ou son représentant ;

b) Le directeur général du Centre national de la recherche scientifique ou son représentant ;

3° Quatre membres élus par les personnels scientifiques et techniques du centre selon des modalités fixées par le conseil d'administration sur proposition du directeur *(Décr. n° 2020-956 du 31 juill. 2020, art. 1er)* « général ».

Le directeur *(Décr. n° 2020-956 du 31 juill. 2020, art. 1er)* « général » et le responsable de la coordination des activités de recherche du centre assistent au conseil scientifique avec voix consultative.

Art. D. 313-46 Les membres du conseil scientifique du Centre d'études et de recherches sur les qualifications sont nommés ou élus pour trois ans. Ceux des membres de ce conseil qui sont mentionnés au 1° de l'article R. 313-45 sont nommés par arrêté du ministre chargé de l'éducation et du ministre chargé de l'emploi, après consultation du ministre chargé de la recherche.

Le président du conseil scientifique est nommé par arrêté du ministre chargé de l'éducation et du ministre chargé de l'emploi, après consultation du ministre chargé de la recherche. Il est choisi parmi les membres du conseil scientifique sur une liste de trois noms proposés par celui-ci.

Art. D. 313-47 Le conseil scientifique du Centre d'études et de recherches sur les qualifications est consulté sur le programme d'études et de recherches du centre.

Il donne son avis sur les actions de valorisation, de diffusion, d'information et sur leur cohérence avec le programme de recherche.

Afin d'assurer la cohérence des travaux du centre avec l'ensemble de ceux qui sont menés dans ce domaine, il formule toute proposition concernant l'orientation des recherches, la coopération avec d'autres organismes et les conventions d'association prévues à l'article R. 313-49.

Il procède à l'évaluation des travaux scientifiques menés par le centre.

Il établit un rapport annexé au rapport annuel d'activité mentionné à l'article R. 313-41.

Art. R. 313-48 Le secrétaire général est nommé, après avis du directeur *(Décr. n° 2020-956 du 31 juill. 2020, art. 1er)* « général » de l'établissement, par arrêté des ministres chargés de l'éducation et de l'emploi.

Il peut se voir retirer cet emploi dans l'intérêt du service.

Art. D. 313-49 Des centres associés au Centre d'études et de recherches sur les qualifications ne disposant pas de la personnalité juridique peuvent être institués par convention passée entre le centre et des établissements publics d'enseignement supérieur ou de recherche. Les conventions sont soumises à l'approbation du conseil d'administration du centre.

Les centres associés ont notamment pour mission :

1° De coopérer avec le centre pour la collecte et l'analyse des données ;

2° De développer des recherches selon des programmes coordonnés avec le centre ;

3° D'aider à la diffusion des résultats des travaux menés par le centre et les centres associés auprès des pouvoirs publics et des représentants des partenaires sociaux, et notamment des instances prévues par les dispositions des articles *(Décr. n° 2015-652 du 10 juin 2015, art. 11)* « R. 6123-3 à R. 6123-3-8 » du code du travail.

Art. D. 313-50 La constitution de groupements d'intérêt public prévus par les articles L. 341-1 à L. 341-4 du code de la recherche *[abrogés]* et l'article L. 719-11 du présent code est soumise à délibération du conseil d'administration.

Art. D. 313-51 Une convention passée avec l'Office national d'information sur les enseignements et les professions détermine notamment les conditions dans lesquelles les informations sur les métiers et leur évolution réunies par le Centre d'études et de recherches sur les qualifications, dans le cadre de ses travaux d'études et de recherches, sont mises à la disposition de l'office pour l'exécution de la mission confiée à cet organisme par l'article D. 313-14.

Art. R. 313-52 *Abrogé par Décr. n° 2011-958 du 10 août 2011, art. 46.*

Art. D. 313-53 Le directeur *(Décr. n° 2020-956 du 31 juill. 2020, art. 1er)* « général » du Centre d'études et de recherches sur les qualifications est autorisé à déléguer sa signature à des agents du centre, à l'exception de l'agent comptable. La liste de ces agents est fixée par arrêté du ministre chargé de l'éducation et du ministre chargé de l'emploi.

SOUS-SECTION 3 ORGANISATION FINANCIÈRE

Art. D. 313-54 Les ressources du Centre d'études et de recherches sur les qualifications comprennent notamment :

1° Les subventions allouées par l'État et les collectivités publiques pour le fonctionnement et l'investissement ;

2° Les versements des assujettis à la taxe d'apprentissage ;

3° Les contributions privées, les dons et legs ;

4° Les droits, redevances et produits de toute nature résultant de ses activités.

Art. D. 313-55 Les dépenses du Centre d'études et de recherches sur les qualifications comprennent les frais de personnel, de fonctionnement et d'équipement ainsi que, d'une manière générale, toutes celles qui sont nécessaires à l'activité de l'établissement.

Art. D. 313-56 L'agent comptable du Centre d'études et de recherches sur les qualifications est nommé par arrêté du ministre chargé de l'éducation, du ministre chargé de l'emploi et du ministre chargé du budget.

Art. D. 313-57 *(Décr. n° 2012-1247 du 7 nov. 2012, art. 29)* Le Centre d'études et de recherches sur les qualifications est soumis aux dispositions des titres Ier et III du décret n° 2012-1246 du 7 novembre 2012 relatif à la gestion budgétaire et comptable publique.

Art. D. 313-58 Des régies de recettes et d'avances peuvent être instituées au Centre d'études et de recherches sur les qualifications, conformément au *(Décr. n° 2019-798 du 26 juill. 2019, art. 20)* « décret n° 2019-798 du 26 juillet 2019 » relatif aux régies de recettes et régies d'avances des organismes publics.

SECTION IV COORDINATION DES ACTEURS DE LA FORMATION ET DE L'INSERTION SOCIALE ET PROFESSIONNELLE DES JEUNES

(Décr. nº 2010-1781 du 31 déc. 2010, art. 1er)

Art. D. 313-59 Le niveau de qualification mentionné à l'article L. 313-7 du code de l'éducation est celui correspondant à l'obtention :

1° Soit du baccalauréat général ;

2° Soit d'un diplôme à finalité professionnelle enregistré au répertoire national des certifications professionnelles et classé au niveau V ou IV de la nomenclature interministérielle des niveaux de formation.

Les élèves ou apprentis doivent avoir été précédemment inscrits dans un des cycles de formation menant aux diplômes mentionnés aux 1° et 2° ci-dessus.

Des arrêtés des ministres intéressés peuvent préciser les diplômes n'entrant pas dans le champ d'application du 2° ci-dessus.

CHAPITRE IV LA RECHERCHE, L'EXPÉRIMENTATION ET LA DOCUMENTATION PÉDAGOGIQUES *(Décr. nº 2019-1403 du 18 déc. 2019, art. 1er).*

SECTION PREMIÈRE LA RECHERCHE ET L'EXPÉRIMENTATION PÉDAGOGIQUES

(Décr. nº 2019-1403 du 18 déc. 2019, art. 1er)

Art. D. 314-1 Les recherches effectuées au sein des écoles et des établissements donnent lieu à l'établissement d'une convention conclue entre le directeur académique des services de l'éducation nationale, s'agissant des établissements du premier degré, ou le chef d'établissement, s'agissant d'un établissement du second degré, d'une part, et le responsable de chacune des institutions apportant son concours, d'autre part. Cette convention précise l'objet des recherches et définit les modalités de collaboration entre les signataires. Elle est soumise, préalablement à sa signature, à la consultation des équipes pédagogiques concernées et à l'accord des autorités académiques.

Art. D. 314-2 Les projets d'expérimentation pédagogiques sont présentés par le directeur d'école ou le chef d'établissement, sur proposition des équipes pédagogiques, et concertés au conseil d'école ou au conseil pédagogique en application des articles D. 411-2 et R. 421-41-3. Ces projets précisent le périmètre de l'expérimentation, sa durée, l'équipe responsable, le diagnostic initial porté sur la situation pédagogique ou éducative, les objectifs visés et les éventuels partenaires impliqués.

Le projet d'expérimentation comporte un protocole d'évaluation qui précise les indicateurs retenus pour mesurer les effets produits ainsi que les modalités de recueil des données. Le protocole d'évaluation prévoit l'élaboration de bilans réguliers et d'un rapport final.

Le projet d'expérimentation est transmis pour approbation au directeur académique des services de l'éducation nationale agissant sur délégation du recteur d'académie avant d'être adopté par le conseil d'école ou le conseil d'administration et annexé au projet d'école ou d'établissement mentionné à l'article L. 401-1 du code de l'éducation.

Art. D. 314-3 L'évaluation des expérimentations pédagogiques est menée sous l'autorité du recteur d'académie dans les conditions prévues par le protocole mentionné à l'article D. 314-2, avec l'appui des corps d'inspection territoriaux et, le cas échéant, de chercheurs désignés à cet effet.

Les résultats des évaluations sont présentés au conseil d'école ou au conseil d'administration des établissements concernés. Ils sont ensuite remis aux autorités académiques et présentés au comité technique académique.

Lorsqu'une expérimentation est évaluée positivement, le recteur d'académie peut décider, sous réserve de l'accord du conseil d'école ou du conseil d'administration, de la reconduire pour une nouvelle période limitée à cinq ans et éventuellement de l'étendre à d'autres écoles ou établissements selon la procédure prévue à l'article D. 314-2.

Le conseil d'école ou le conseil d'administration peut également, sous réserve de l'approbation du recteur d'académie, proposer de reconduire une expérimentation pour une nouvelle période limitée à cinq ans.

Art. D. 314-4 Le ministre chargé de l'éducation nationale définit les grandes orientations des expérimentations engagées au niveau national, après consultation du conseil supérieur de l'éducation. La participation des écoles et des établissements à ces expérimentations est préalablement soumise à l'accord de chacun des conseils d'école ou conseils d'administration des établissements concernés, dans les conditions définies à l'article D. 314-2.

Art. D. 314-5 Pour la mise en œuvre des dispositions des articles L. 314-1, L. 314-2, D. 314-1, D. 314-2, D. 314-3 et D. 314-4 dans les établissements d'enseignement privés sous contrat, le chef de l'établissement consulte l'équipe pédagogique. Il la consulte également sur la décision de reconduire l'expérimentation. Lorsque le projet d'expérimentation est transmis pour approbation au directeur académique des services de l'éducation nationale agissant sur délégation du recteur d'académie, il en informe la collectivité territoriale concernée.

Art. D. 314-6 Les représentants légaux des élèves scolarisés dans des classes dans lesquelles des travaux de recherche ou des expérimentations sont réalisés sont informés de leurs objectifs et de leurs résultats.

Art. D. 314-7 Les recteurs d'académie produisent annuellement un bilan des recherches et des expérimentations conduites dans les écoles et les établissements de leur territoire et en assurent sa diffusion, notamment en direction des collectivités territoriales.

Art. D. 314-8 à D. 314-10 *Abrogés par Décr. n° 2019-1403 du 18 déc. 2019, art. 1er.*

SECTION II *[ABROGÉE]* RECHERCHE ET EXPÉRIMENTATION PÉDAGOGIQUES DANS LES ÉTABLISSEMENTS D'ENSEIGNEMENT PRIVÉS DU PREMIER DEGRÉ ET DU SECOND DEGRÉ SOUS CONTRAT

(Abrogée par Décr. n° 2019-1403 du 18 déc. 2019, art. 1er)

Art. D. 314-11 à D. 314-23 *Abrogés par Décr. n° 2019-1403 du 18 déc. 2019, art. 1er.*

SECTION III *[ABROGÉE]* L'INSTITUT NATIONAL DE RECHERCHE PÉDAGOGIQUE

(Abrogée par Décr. n° 2013-756 du 19 août 2013, art. 9)

Art. D. 314-24 à D. 314-28 *Abrogés par Décr. n° 2010-1649 du 28 déc. 2010, art. 4.*

Art. R. 314-29 et R. 314-30 *Abrogés par Décr. n° 2013-756 du 19 août 2013, art. 9.*

Art. D. 314-31 à D. 314-38 *Abrogés par Décr. n° 2010-1649 du 28 déc. 2010, art. 4.*

Art. D. 314-39 à D. 314-50 *Abrogés par Décr. n° 2010-1649 du 28 déc. 2010, art. 4.*

SECTION IV FRANCE ÉDUCATION INTERNATIONAL *(Décr. n° 2020-956 du 31 juill. 2020, art. 2).*

Les art. R. 314-51 à R. 314-59, R. 314-61 et R. 314-63 à R. 314-69 sont devenus respectivement les art. D. 314-51 à D. 314-59, D. 314-61 et D. 314-63 à D. 314-69 (Décr. n° 2020-956 du 31 juill. 2020, art. 3).

SOUS-SECTION 1 ORGANISATION ADMINISTRATIVE

Art. D. 314-51 *(Décr. n° 2020-956 du 31 juill. 2020, art. 2)* « France Éducation international », établissement public à caractère administratif placé sous la tutelle du ministre chargé de l'éducation, est constitué d'un service central dont le siège est à Sèvres et d'un centre local à la Réunion.

Art. D. 314-52 *(Décr. n° 2020-956 du 31 juill. 2020, art. 2)* « France Éducation international » a pour mission :

1° De contribuer à la mise en œuvre des programmes de coopération en éducation organisés dans un cadre bilatéral ou multilatéral. Il est notamment chargé à ce titre de la préparation des rapports, études et comptes rendus correspondant à ces programmes. Il procède à des analyses comparatives de documents étrangers et français relatifs à l'organisation et au fonctionnement des systèmes éducatifs ;

2° D'assurer la formation et le perfectionnement de spécialistes de l'enseignement du français langue étrangère en liaison avec les institutions françaises et étrangères spécialisées, ainsi que la documentation sur la didactique des langues et l'élaboration du matériel pédagogique correspondant ;

Il est chargé de l'organisation hors de France des examens institués par le ministère de l'éducation nationale pour évaluer l'enseignement du français langue étrangère ;

3° De favoriser le développement des échanges pédagogiques et scientifiques internationaux, notamment par des échanges de chercheurs, d'enseignants et d'élèves, des stages et des séjours linguistiques, des colloques et séminaires ;

Il apporte une aide technique aux visiteurs et stagiaires étrangers et contribue à leur accueil et à la réalisation de leurs projets et de leurs missions ;

4° De concourir au développement de l'enseignement à caractère international en France et à l'étranger ;

A cette fin, il apporte son appui technique et pédagogique aux établissements scolaires à l'étranger et aux établissements à sections internationales *(Décr. n° 2021-1054 du 6 août 2021, art. 1er)* « et à classes menant au baccalauréat français international » en France et assure une formation de conseil technique et pédagogique auprès de ces établissements, en particulier pour leur information et leur documentation et pour la mise en œuvre des programmes pédagogiques ;

5° De favoriser la promotion et la valorisation des actions conduites par les associations qui œuvrent en faveur de la coopération internationale en éducation.

Les dispositions issues du Décr. n° 2021-1054 du 6 août 2021 sont applicables à compter de la rentrée scolaire 2022-2023 pour les classes de première et de la rentrée scolaire 2023-2024 pour les classes de terminale (Décr. préc., art. 22).

Art. D. 314-53 *(Décr. n° 2020-956 du 31 juill. 2020, art. 2)* « France Éducation international » organise des stages destinés :

1° A des responsables français et étrangers des systèmes éducatifs ;

2° A des formateurs, des enseignants et étudiants français et étrangers.

Il dispose à cet effet d'un service d'hébergement. – *[Décr. n° 87-325 du 12 mai 1987, art. 3.]*

Art. D. 314-54 Le centre de la Réunion concourt à la réalisation des missions *(Décr. n° 2020-956 du 31 juill. 2020, art. 2)* « de France Éducation international » dans la zone de l'océan Indien.

Art. D. 314-55 *(Décr. n° 2020-1263 du 16 oct. 2020, art. 1er)* « Outre son président, le » *(Décr. n° 2020-956 du 31 juill. 2020, art. 2)* « conseil d'administration de France Éducation international comprend seize membres :

« 1° Huit représentants de l'État :

« *a)* Le chef de l'inspection générale de l'éducation, du sport et de la recherche ou son représentant ;

« *b)* Le directeur chargé des affaires financières au ministère chargé de l'éducation ou son représentant ;

« *c)* Le directeur chargé de l'enseignement scolaire au ministère chargé de l'éducation ou son représentant ;

« *d)* Le délégué chargé des affaires européennes et internationales au ministère chargé de l'éducation ou son représentant ;

« *e)* Le recteur de l'académie de Versailles ou son représentant ;

« *f)* Le directeur chargé de l'enseignement supérieur au ministère chargé de l'enseignement supérieur ou son représentant ;

« *g)* Le directeur chargé de l'enseignement au ministère des affaires étrangères ou son représentant ;

« *h)* Le directeur chargé du développement durable au même ministère ou son représentant ; »

2° Quatre personnalités choisies en raison de leur compétence désignées par le ministre chargé de l'éducation ;

3° Quatre représentants du personnel de l'établissement élus selon des modalités fixées par arrêté du ministre chargé de l'éducation dont deux au titre des personnels administratifs, ouvriers et de service et deux au titre des personnels enseignants et de documentation. Pour chacun des représentants du personnel, un suppléant est élu dans les mêmes conditions, afin de remplacer le titulaire en cas d'empêchement.

(Décr. n° 2020-956 du 31 juill. 2020, art. 2) « Le mandat des membres du conseil d'administration, à l'exclusion des membres mentionnés au 1°, est de trois ans. Il est renouvelable. »

Art. D. 314-56 *(Décr. n° 2020-1263 du 16 oct. 2020, art. 2)* « Le président du conseil d'administration de France Éducation international est nommé par décret, pris sur le rapport du ministre chargé de l'éducation, pour une durée de trois ans. Son mandat est renouvelable. En cas d'empêchement temporaire, il est suppléé par le doyen des personnalités mentionnées au 2° de l'article D. 314-55. »

Les fonctions de président et de membre du conseil d'administration sont gratuites. Ces fonctions ouvrent droit aux indemnités de déplacement et de séjour prévues par la réglementation applicable aux fonctionnaires de l'État.

(Décr. n° 2020-956 du 31 juill. 2020, art. 2) « Le directeur général de l'établissement, le directeur adjoint, » le secrétaire général, le *(Décr. n° 2012-1247 du 7 nov. 2012, art. 2)* « contrôleur budgétaire » et l'agent comptable assistent aux séances du conseil d'administration avec voix consultative.

Le président peut appeler à assister aux séances toute personne dont il juge la présence utile.

Art. D. 314-57 Le conseil d'administration *(Décr. n° 2020-956 du 31 juill. 2020, art. 2)* « de France Éducation international » règle par ses délibérations les affaires de l'établissement.

Il délibère sur le budget et les comptes financiers de l'établissement, sur le programme annuel d'activité de l'établissement, sur le rapport annuel d'activité de l'établissement, sur les mesures relatives à l'organisation et au fonctionnement de l'établissement et sur la politique d'action sociale.

Il fixe le taux des redevances, les rémunérations pour services rendus et le montant des produits résultant de ces activités.

Il autorise les emprunts. Il approuve l'acceptation des dons et legs. Il détermine les conventions qui peuvent être passées sans son autorisation préalable.

Il arrête le règlement intérieur.

Art. D. 314-58 Le conseil d'administration *(Décr. n° 2020-956 du 31 juill. 2020, art. 2)* « de France Éducation international » se réunit au moins deux fois par an sur convocation de son président qui fixe son ordre du jour. La réunion est de droit lorsqu'elle est demandée par le ministre chargé de l'éducation ou le directeur *(Décr. n° 2020-956 du 31 juill. 2020, art. 2)* « général » de l'établissement.

Le conseil d'administration ne peut valablement délibérer que si la moitié de ses membres assiste à la séance. Dans le cas où ce quorum n'est pas atteint, le conseil d'administration se réunit à nouveau dans un délai de quinze jours et délibère valablement sur le même ordre du jour, quel que soit le nombre des membres présents. Les délibérations du conseil d'administration sont adoptées à la majorité des membres présents. En cas de partage égal des voix, la voix du président est prépondérante.

Art. D. 314-59 Les délibérations du conseil d'administration *(Décr. n° 2020-956 du 31 juill. 2020, art. 2)* « de France Éducation international » sont exécutoires dès leur approbation par le ministre chargé de l'éducation. Sous réserve des dispositions du dernier alinéa du présent article, elles sont réputées approuvées si, dans le mois qui suit leur réception par le ministre, celui-ci n'a pas informé le conseil, par une décision motivée, qu'il refuse son approbation ou sursoit à leur exécution.

(Décr. n° 2012-1247 du 7 nov. 2012, art. 29) « Les délibérations portant sur le budget et le compte financier sont exécutoires dans les conditions prévues par le titre III du décret n° 2012-1246 du 7 novembre 2012 relatif à la gestion budgétaire et comptable publique. »

Les délibérations relatives aux emprunts ne sont exécutoires qu'après avoir reçu l'accord exprès du ministre chargé de l'éducation et du ministre chargé du budget.

Art. R. 314-60 Le *(Décr. n° 2019-254 du 27 mars 2019, art. 4)* « directeur général » *(Décr. n° 2020-956 du 31 juill. 2020, art. 2)* « de France Éducation international » est nommé par décret pris sur proposition du ministre chargé de l'éducation pour une période maximale de trois ans renouvelable une fois.

Il peut se voir retirer cet emploi dans l'intérêt du service.

Art. D. 314-61 Le directeur *(Décr. nº 2020-956 du 31 juill. 2020, art. 2)* « général de France Éducation international » assure l'exécution des délibérations du conseil d'administration.

Il représente l'établissement en justice et dans tous les actes de la vie civile.

Il a autorité sur l'ensemble du personnel *(Décr. nº 2020-956 du 31 juill. 2020, art. 2)* « de l'établissement ».

Il recrute les personnels dont la nomination n'est pas réservée à une autre autorité.

Il est habilité, dans le cadre des missions imparties à l'établissement et des délibérations du conseil d'administration, à passer des contrats ou conventions avec tous les établissements publics et privés avec les associations et organismes français et étrangers.

Il peut déléguer sa signature à des agents de l'établissement, à l'exception de l'agent comptable.

(Décr. nº 2012-1247 du 7 nov. 2012, art. 29) « Il est ordonnateur des recettes et des dépenses de l'établissement dans les conditions prévues par les titres Ier et III du décret nº 2012-1246 du 7 novembre 2012 relatif à la gestion budgétaire et comptable publique. »

Il peut nommer des ordonnateurs secondaires et désigner, avec l'agrément du ministre chargé du budget, des agents comptables secondaires.

Art. R. 314-62 La nomination aux emplois de directeur adjoint et de secrétaire général est prononcée, après avis du directeur *(Décr. nº 2020-956 du 31 juill. 2020, art. 2)* « général » de l'établissement, par arrêté du ministre chargé de l'éducation.

Tout fonctionnaire nommé à l'un de ces emplois peut se voir retirer cet emploi dans l'intérêt du service.

Art. D. 314-63 Le directeur du centre de la Réunion est nommé par arrêté du ministre chargé de l'éducation, sur proposition du directeur *(Décr. nº 2020-956 du 31 juill. 2020, art. 2)* « général de France Éducation international ».

Il assure, dans le cadre de la politique générale de l'établissement et sous l'autorité de son directeur *(Décr. nº 2020-956 du 31 juill. 2020, art. 2)* « général », la gestion du centre. Il peut déléguer sa signature aux agents du centre, dont la liste est fixée par décision du directeur *(Décr. nº 2020-956 du 31 juill. 2020, art. 2)* « général de France Éducation international ».

Dans l'exercice de sa mission, il est assisté d'une commission consultative présidée par le recteur d'académie de la Réunion ou son représentant et dont la composition est fixée par le ministre chargé de l'éducation. Cette commission est associée à l'élaboration du programme d'action du centre local. Elle se réunit au moins deux fois par an sur convocation de son président. Le directeur du centre assiste aux réunions de la commission.

Art. D. 314-64 Le personnel *(Décr. nº 2020-956 du 31 juill. 2020, art. 2)* « de France Éducation international » comprend des fonctionnaires de l'État et des agents contractuels recrutés dans les conditions prévues par l'article 4 de la loi nº 84-16 du 11 janvier 1984 portant dispositions statutaires relatives à la fonction publique de l'État *[V. ss. art. L. 951-2]*.

SOUS-SECTION 2 ORGANISATION FINANCIÈRE

Art. D. 314-65 Les ressources *(Décr. nº 2020-956 du 31 juill. 2020, art. 2)* « de France Éducation international » comprennent :

1º Les subventions allouées par l'État et les collectivités publiques pour le fonctionnement et l'investissement ;

2º Les droits, redevances et produits de toute nature résultant de ses activités ;

3º Les revenus de biens et de valeurs et tous produits financiers ;

4º Les dons et legs ;

5º Les produits des emprunts ;

6° Les versements au titre de la participation des employeurs au financement de la formation professionnelle continue ;

7° Les versements des assujettis à la taxe d'apprentissage.

Art. D. 314-66 Les dépenses *(Décr. n° 2020-956 du 31 juill. 2020, art. 2)* « de France Éducation international » comprennent les frais de personnel, de fonctionnement et d'équipement, les frais financiers ainsi que, d'une manière générale, toutes dépenses nécessaires à l'activité de l'établissement.

Art. R. 314-67 *Abrogé par Décr. n° 2012-1247 du 7 nov. 2012, art. 29.*

Art. D. 314-68 *(Décr. n° 2012-1247 du 7 nov. 2012, art. 29) (Décr. n° 2020-956 du 31 juill. 2020, art. 2)* « France Éducation international » est soumis aux dispositions des titres Ier et III du décret n° 2012-1246 du 7 novembre 2012 relatif à la gestion budgétaire et comptable publique.

Art. D. 314-69 Des régies de dépenses et de recettes peuvent être instituées auprès *(Décr. n° 2020-956 du 31 juill. 2020, art. 2)* « de France Éducation international », conformément au *(Décr. n° 2019-798 du 26 juill. 2019, art. 20)* « décret n° 2019-798 du 26 juillet 2019 » relatif aux régies de recettes et régies d'avances des organismes publics.

SECTION V LE RÉSEAU CANOPÉ *(Décr. n° 2014-1631 du 26 déc. 2014, art. 1er-I).*

§ 1er DISPOSITIONS GÉNÉRALES

Art. D. 314-70 *(Décr. n° 2014-1631 du 26 déc. 2014, art. 2)* Un établissement public national à caractère administratif, dénommé "Réseau Canopé", est constitué en réseau de création et d'accompagnement pédagogiques. Il est placé sous la tutelle du ministre chargé de l'éducation.

Son siège est fixé par arrêté du même ministre.

Art. D. 314-71 *(Décr. n° 2014-1631 du 26 déc. 2014, art. 3)* Le Réseau Canopé exerce une mission d'édition, de production, de développement et de mise à disposition de ressources et de services éducatifs à destination des enseignants, des communautés éducatives et universitaires, des écoles et des établissements d'enseignement scolaire.

Dans le cadre de ses attributions, il participe à la mise en œuvre de la politique éducative et à son déploiement au niveau académique. A ce titre, il accompagne les pratiques pédagogiques au service de la réussite de tous les élèves, valorise les actions et dispositifs innovants et contribue à la mise en œuvre du service public du numérique éducatif.

Il contribue, dans le domaine de l'usage des ressources éducatives, à la formation initiale et continue des personnels enseignants et d'éducation et des personnels d'encadrement et à l'accompagnement de tous les membres de la communauté éducative, notamment en complément des missions académiques de formation et des *(Décr. n° 2019-920 du 30 août 2019, art. 3)* « instituts nationaux supérieurs » du professorat et de l'éducation.

Il contribue à la mise en œuvre de la politique d'éducation artistique et culturelle ainsi qu'à l'éducation à la citoyenneté en s'appuyant sur le centre de liaison de l'enseignement et des médias d'information.

Il participe à l'animation des espaces documentaires et à l'accompagnement des politiques documentaires des écoles et des établissements d'enseignement.

Art. D. 314-71-1 *(Décr. n° 2010-1650 du 28 déc. 2010, art. 1er)* Le Réseau Canopé assure la conservation et le développement des collections muséographiques en matière de recherche en éducation, les met à la disposition du public et organise des manifestations et des expositions, notamment par l'intermédiaire du Musée national de l'éducation.

(Décr. n° 2014-1631 du 26 déc. 2014, art. 4) « Le Musée national de l'éducation est un service du Réseau Canopé. Il gère un fonds documentaire accessible aux chercheurs, contribue à la recherche sur l'histoire de l'éducation et en assure la diffusion. »

Art. D. 314-72 Pour l'exercice de ses missions, le Réseau Canopé peut notamment :

1° Concevoir, *(Décr. n° 2014-1631 du 26 déc. 2014, art. 5)* « éditer, » distribuer et vendre des produits ou des services liés à ses activités ;

(Décr. n° 2014-1631 du 26 déc. 2014, art. 5) « 2° Assurer des prestations d'édition, de production audiovisuelle et numérique, de mise à disposition des ressources éducatives, de formation, d'ingénierie et de conseil ; »

3° Acquérir ou exploiter tout droit de propriété intellectuelle ;

4° Attribuer des subventions, par voie de convention, aux organismes dont les missions concourent à la réalisation de celles dont il est chargé ;

5° Coopérer avec les organismes étrangers et internationaux *(Décr. n° 2014-1631 du 26 déc. 2014, art. 5)* « dans son périmètre de compétence » ;

6° Participer à des groupements d'intérêt public, à des groupements d'intérêt économique et à des groupements européens d'intérêt économique ;

7° Prendre des participations ou créer des filiales.

§ 2 ORGANISATION ADMINISTRATIVE

Art. D. 314-73 Le Réseau Canopé est administré par un conseil d'administration et dirigé par un directeur général.

SOUS-§ 1er LE CONSEIL D'ADMINISTRATION DU RÉSEAU CANOPÉ

Art. D. 314-74 *(Décr. n° 2014-1631 du 26 déc. 2014, art. 6)* Le conseil d'administration du Réseau Canopé comprend vingt et un membres :

1° Huit représentants de l'État :

– le directeur chargé de l'enseignement scolaire au ministère chargé de l'éducation ou son représentant ;

– le directeur chargé de l'enseignement supérieur au ministère chargé de l'enseignement supérieur ou son représentant ;

– le directeur chargé du numérique pour l'éducation au ministère chargé de l'éducation ou son représentant ;

– le directeur chargé des affaires financières au ministère chargé de l'éducation ou son représentant ;

– *(Décr. n° 2020-1677 du 23 déc. 2020, art. 1er)* « le chef de l'inspection générale de l'éducation, du sport et de la recherche » ou son représentant ;

– le secrétaire général du ministère chargé de la culture ou son représentant ;

– le directeur chargé de l'enseignement au ministère chargé de l'agriculture ou son représentant ;

– un *(Décr. n° 2019-1558 du 30 déc. 2019, art. 9)* « recteur de région académique » ou son représentant ;

2° Cinq personnalités qualifiées dans les domaines de compétence de l'établissement, dont un directeur d'*(Décr. n° 2019-920 du 30 août 2019, art. 3)* « institut national supérieur » du professorat et de l'éducation et un représentant de l'association de parents d'élèves la plus représentative au niveau national ;

3° Cinq représentants des personnels du Réseau Canopé, sur proposition des organisations syndicales les plus représentatives au sein de l'établissement ;

4° Trois représentants des collectivités territoriales :

a) Un maire ou un conseiller municipal désigné par le président de l'Association des maires de France ;

b) Un président de conseil départemental ou un conseiller départemental, désigné par le président de l'Assemblée des départements de France ;

c) Un président de conseil régional ou un conseiller régional, désigné par le président de l'Association des régions de France.

Le *(Décr. n° 2019-1558 du 30 déc. 2019, art. 9)* « recteur de région académique » mentionné au 1° ainsi que les membres mentionnés aux 2° et 3° sont désignés par le ministre chargé de l'éducation.

Pour chacun des membres mentionnés aux 3° et 4°, un suppléant est désigné dans les mêmes conditions que le titulaire.

Le directeur général, les directeurs adjoints, le secrétaire général, l'agent comptable, le contrôleur budgétaire, les directeurs territoriaux ainsi que toute personne dont la présence est jugée utile par le président assistent aux séances du conseil d'administration à titre consultatif.

Art. D. 314-75 Le président du conseil d'administration du Réseau Canopé, choisi parmi les personnalités mentionnées *(Décr. nº 2014-1631 du 26 déc. 2014, art. 7)* « au 2° » de l'article D. 314-74, est nommé par arrêté du ministre chargé de l'éducation.

En cas d'empêchement temporaire, il est suppléé par l'un des représentants de l'État mentionnés *(Décr. nº 2014-1631 du 26 déc. 2014, art. 7)* « au 1° » du même article, désigné dans les mêmes conditions.

Art. D. 314-76 *(Décr. nº 2014-1631 du 26 déc. 2014, art. 8)* Le conseil d'administration règle par ses délibérations les affaires du Réseau Canopé. Il établit son règlement intérieur. Il délibère notamment sur :

1° Les orientations de l'établissement ;

2° L'organisation générale de l'établissement, notamment au niveau territorial ;

3° Le règlement intérieur de l'établissement ;

4° La création d'instances thématiques ou scientifiques ;

5° Le budget initial et les budgets rectificatifs ;

6° Le compte financier et l'affectation des résultats de l'exercice ;

7° Le programme d'audit interne budgétaire et comptable et la mise en place d'un comité d'audit ;

8° L'acceptation des dons et legs ;

9° Les acquisitions, aliénations et échanges d'immeubles ;

10° La création de filiales, les prises, extensions et cessions de participations ;

11° La participation à des groupements d'intérêt public, à des groupements d'intérêt économique ou à des groupements européens d'intérêt économique ;

12° Les conventions mentionnées au 4° de l'article D. 314-72 ;

13° Les conditions générales de passation des marchés ;

14° Les actions en justice et les transactions ;

15° Le rapport annuel d'activité ;

16° Les emprunts.

Par dérogation aux dispositions du 2°, le paragraphe 4 de la présente section définit l'organisation et le fonctionnement du centre de liaison de l'enseignement et des médias d'information.

Dans les limites qu'il détermine, le conseil d'administration peut déléguer au directeur général les pouvoirs prévus aux 8° et 14°. Celui-ci lui rend compte, lors de sa plus prochaine séance, des décisions qu'il a prises en vertu de cette délégation.

Art. D. 314-77 *(Décr. nº 2014-1631 du 26 déc. 2014, art. 9)* Le conseil d'administration du Réseau Canopé se réunit au moins deux fois par an sur convocation de son président, qui fixe l'ordre du jour en accord avec le directeur général.

Le conseil est en outre convoqué à la demande du ministre chargé de l'éducation ou de la majorité de ses membres.

Le conseil ne délibère valablement que si la moitié au moins de ses membres est présente ou représentée. Sont réputés présents les membres ayant été autorisés par le président à participer à la réunion du conseil par des moyens de visioconférence ou de communication électronique permettant leur identification et leur participation effective à une délibération collégiale et satisfaisant à des caractéristiques techniques garantissant la transmission continue et simultanée des débats et la confidentialité des votes lorsque le scrutin est secret. Si ce quorum n'est pas atteint, le conseil est à nouveau convoqué avec le même ordre du jour dans un délai maximum de trois semaines. Il délibère alors valablement sans condition de quorum.

Les délibérations du conseil d'administration sont prises à la majorité des suffrages exprimés. En cas de partage égal des voix, celle du président est prépondérante.

Les membres du conseil d'administration qui ne peuvent assister à une réunion peuvent donner pouvoir à un autre membre du conseil pour voter en leur nom. Nul ne peut détenir plus de deux pouvoirs.

Art. D. 314-78 Les délibérations du conseil d'administration du Réseau Canopé autres que celles mentionnées aux alinéas suivants ainsi que celles prises par le directeur général en application du dernier alinéa de l'article D. 314-76 sont exécutoires de plein droit, à défaut d'approbation expresse notifiée dans ce délai, quinze jours après leur réception par le ministre chargé de l'éducation, s'il n'y a pas fait opposition dans ce délai.

Les délibérations relatives aux matières mentionnées *(Décr. nº 2014-1631 du 26 déc. 2014, art. 10)* « aux 9°, 10°, 11° et 16° » du même article doivent, pour devenir exécutoires, faire l'objet d'une approbation expresse des ministres chargés de l'éducation et du budget.

(Décr. nº 2012-1247 du 7 nov. 2012, art. 29) « Les délibérations portant sur le budget et le compte financier sont exécutoires dans les conditions prévues par le titre III du décret nº 2012-1246 du 7 novembre 2012 relatif à la gestion budgétaire et comptable publique. »

Art. D. 314-79 La durée du mandat des membres du conseil d'administration du Réseau Canopé est de *(Décr. nº 2014-1631 du 26 déc. 2014, art. 10)* « quatre » ans renouvelable.

Toute vacance, pour quelque cause que ce soit, ou perte de la qualité au titre de laquelle les membres du conseil ont été désignés donne lieu à remplacement pour la durée du mandat, si elle survient plus de six mois avant le terme normal de celui-ci.

Art. D. 314-80 Les membres du conseil d'administration du Réseau Canopé exercent leurs fonctions à titre gratuit. Toutefois, leurs frais de déplacement et de séjour sont pris en charge dans les conditions prévues par la réglementation applicable aux fonctionnaires de l'État.

SOUS-§ 2 LE DIRECTEUR GÉNÉRAL, LES DIRECTEURS ADJOINTS, LES DIRECTEURS TERRITORIAUX ET LE SECRÉTAIRE GÉNÉRAL *(Décr. nº 2014-1631 du 26 déc. 2014, art. 11)*.

Art. R. 314-81 Le directeur général du Réseau Canopé est nommé par décret pris sur proposition du ministre chargé de l'éducation pour une période maximale de trois ans renouvelable une fois.

Il peut se voir retirer cet emploi dans l'intérêt du service.

Art. D. 314-82 Le directeur général du Réseau Canopé assure la direction de l'établissement. A ce titre :

1° Il conduit la politique générale de l'établissement dans le cadre des orientations définies par le conseil d'administration ;

2° Il prépare et exécute le budget et les autres délibérations du conseil d'administration ;

3° Il est ordonnateur des recettes et des dépenses ;

4° Il représente l'établissement en justice et dans les actes de la vie civile ;

5° Il gère le personnel et nomme aux emplois pour lesquels aucune autre autorité n'a pouvoir de nomination ; il a autorité sur l'ensemble du personnel de l'établissement ;

6° Il conclut les conventions et marchés, sous réserve des dispositions de l'article D. 314-76 ;

7° Il peut créer des commissions ou comités consultatifs dont il fixe la composition et les missions.

Le directeur général est assisté de deux directeurs adjoints *(Décr. nº 2014-1631 du 26 déc. 2014, art. 11)* « et des directeurs territoriaux ». Dans la gestion administrative et financière de l'établissement, il est assisté d'un secrétaire général.

Il peut déléguer sa signature aux agents de l'établissement.

Art. R. 314-83 *(Décr. nº 2014-1631 du 26 déc. 2014, art. 11)* « La nomination aux emplois de directeur adjoint, de directeur territorial et de secrétaire général est prononcée, sur proposition du directeur général de l'établissement, par arrêté du ministre chargé de l'éducation. »

Tout fonctionnaire nommé à l'un de ces emplois peut se voir retirer cet emploi dans l'intérêt du service.

§ 3 RÉGIME FINANCIER

Art. D. 314-84 *(Décr. nº 2012-1247 du 7 nov. 2012, art. 29)* **L'établissement est soumis aux dispositions des titres Ier et III du décret nº 2012-1246 du 7 novembre 2012 relatif à la gestion budgétaire et comptable publique.**

Art. D. 314-85 *Abrogé par Décr. nº 2012-1247 du 7 nov. 2012, art. 29.*

Art. D. 314-86 **Les ressources du Réseau Canopé comprennent notamment :**

1º Les subventions et fonds de concours ;

2º Les droits, redevances et produits de toute nature résultant de ses activités ;

3º Les revenus des biens meubles et immeubles de l'établissement ;

4º Les contributions privées, les dons et legs ;

5º Les emprunts ;

6º D'une manière générale, toutes les recettes autorisées par les lois et règlements.

Art. D. 314-87 **Les dépenses du Réseau Canopé comprennent les frais de personnel, de fonctionnement et d'équipement et, d'une manière générale, toutes les dépenses nécessaires aux activités de l'établissement.**

Art. D. 314-88 **Le Réseau Canopé met en place une comptabilité analytique qui distingue les activités commerciales des autres activités.**

Art. D. 314-89 *Abrogé par Décr. nº 2012-1247 du 7 nov. 2012, art. 29.*

Art. D. 314-90 **Des régies de recettes et des régies d'avances peuvent être instituées par le directeur général du Réseau Canopé dans les conditions prévues par le** *(Décr. nº 2019-798 du 26 juill. 2019, art. 20)* **« décret nº 2019-798 du 26 juillet 2019 » relatif aux régies de recettes et régies d'avances des organismes publics.**

Des secteurs d'activité de l'établissement peuvent être gérés sous la forme de services à comptabilité distincte ou de services particuliers disposant d'un budget annexe, sur proposition du conseil d'administration et après avis du ministre chargé du budget.

Art. D. 314-91 *(Décr. nº 2014-1631 du 26 déc. 2014, art. 12)* **I. — Un conseil d'experts et d'usagers assiste le conseil d'administration et le directeur général en apportant son expertise sur les questions dont il est saisi. Il se réunit au moins deux fois par an.**

Ce conseil comprend, outre son président, dix-huit membres :

1º *(Décr. nº 2020-1677 du 23 déc. 2020, art. 1er)* **« Quatre inspecteurs généraux de l'éducation, du sport et de la recherche » ;**

2º Un directeur académique des services de l'éducation nationale ;

3º Un inspecteur d'académie, inspecteur pédagogique régional ;

4º Un inspecteur de l'éducation nationale ;

5º Deux représentants des organisations syndicales d'enseignants les plus représentatives au niveau du comité technique ministériel de l'éducation nationale et un représentant de l'organisation syndicale la plus représentative au niveau du comité consultatif ministériel des maîtres de l'enseignement privé, désignés sur proposition de ces organisations ;

6º Trois représentants de la communauté éducative dont un chef d'établissement et deux représentants des parents d'élèves choisis au sein des associations les plus représentatives au niveau national ;

7º Deux personnalités qualifiées dans les domaines de compétence de l'établissement ;

8º Trois représentants des collectivités territoriales.

Les membres du conseil sont nommés par le ministre chargé de l'éducation pour une durée de quatre ans renouvelable. Pour les membres mentionnés du 2º au 6º, un suppléant est désigné dans les mêmes conditions.

Le président du conseil d'experts et d'usagers, choisi parmi les personnalités qualifiées du conseil d'administration de l'établissement, est nommé par arrêté du ministre chargé de l'éducation.

Les membres mentionnés au 5º sont nommés sur la base des suffrages cumulés obtenus par les organisations syndicales lors des dernières élections professionnelles.

Le mandat des membres cesse lorsqu'ils perdent la qualité au titre de laquelle ils ont été nommés.

En cas de vacance de siège pour quelque cause que ce soit survenant plus de six mois avant l'expiration du mandat, un remplaçant est désigné dans les mêmes conditions pour la durée du mandat restant à courir.

Les membres du conseil d'experts et d'usagers exercent leurs fonctions à titre gratuit. Toutefois, leurs frais de déplacement et de séjour sont pris en charge par l'établissement dans les conditions fixées par la réglementation applicable aux fonctionnaires de l'État en matière de frais de mission.

II. — Le directeur général du Réseau Canopé et les membres de la direction qu'il désigne, en accord avec le président du conseil d'experts et d'usagers, assistent aux séances.

§ 4 ORGANISATION TERRITORIALE DU RÉSEAU CANOPÉ *(Décr. n° 2014-1631 du 26 déc. 2014, art. 1er).*

Art. D. 314-92 *(Décr. n° 2014-1631 du 26 déc. 2014, art. 13)* En application du 2° de l'article D. 314-76, le conseil d'administration définit les zones territoriales dans lesquelles sont mises en œuvre les actions du Réseau Canopé au niveau local.

Chaque zone est dirigée par un directeur territorial qui y déploie la stratégie nationale du Réseau Canopé. Le directeur territorial met en œuvre des actions et des services dans les domaines d'expertise du Réseau Canopé, dans le cadre des politiques académiques *(Décr. n° 2019-1558 du 30 déc. 2019, art. 3)* « ou régionales » arrêtées par le ou les recteurs concernés. Il peut être assisté dans ses fonctions par un ou plusieurs directeurs territoriaux adjoints nommés par le directeur général.

Les directions territoriales concourent à l'accomplissement des missions définies à l'article D. 314-71 et interviennent dans le cadre des politiques académiques *(Décr. n° 2019-1558 du 30 déc. 2019, art. 3)* « ou régionales » définies par le ou les recteurs concernés.

Art. D. 314-93 *(Décr. n° 2014-1631 du 26 déc. 2014, art. 14)* Il est créé au sein de chaque *(Décr. n° 2019-1558 du 30 déc. 2019, art. 3)* « région académique un comité régional Canopé, présidé par le recteur de région académique », qui se réunit au moins deux fois par an.

Dans le cadre du projet *(Décr. n° 2019-1558 du 30 déc. 2019, art. 3)* « régional et des projets académiques définis par les recteurs concernés », notamment dans les domaines de l'innovation pédagogique, du numérique éducatif, de la formation des enseignants, de la politique documentaire et de l'éducation artistique et culturelle, le *(Décr. n° 2019-1558 du 30 déc. 2019, art. 3)* « comité régional » Canopé identifie les axes d'accompagnement et de valorisation des pratiques pédagogiques des enseignants qui seront développés conjointement avec le Réseau Canopé.

Chaque comité est constitué de dix membres *(Décr. n° 2019-1558 du 30 déc. 2019, art. 3)* « au plus, issus de chacune des académies de la région, nommés par le recteur de région académique sur proposition des recteurs d'académie concernés ». Un représentant du Réseau Canopé, désigné par le directeur général, participe au comité. Il peut être accompagné par toute personne appartenant à la direction territoriale compétente.

Une convention triennale précisant les actions et les services d'accompagnement de la politique académique *(Décr. n° 2019-1558 du 30 déc. 2019, art. 3)* « ou régionale » par la direction territoriale du Réseau Canopé est conclue entre l'académie *(Décr. n° 2019-1558 du 30 déc. 2019, art. 3)* « ou la région académique » et le Réseau Canopé. L'exécution de cette convention est évaluée et, le cas échéant, révisée annuellement par le comité. Un rapport d'activité territorial annuel est présenté au comité *(Décr. n° 2019-1558 du 30 déc. 2019, art. 3)* « régional » Canopé par le directeur territorial du Réseau Canopé compétent. L'ensemble des conventions et rapports d'activité est annexé au rapport d'activité annuel du Réseau Canopé voté par le conseil d'administration.

Art. D. 314-94 à D. 314-98 *Abrogés par Décr. n° 2014-1631 du 26 déc. 2014, art. 15.*

§ 5 LE CENTRE DE LIAISON DE L'ENSEIGNEMENT ET DES MÉDIAS D'INFORMATION *(Décr. nº 2008-263 du 14 mars 2008, art. 4).*

Art. D. 314-99 *(Décr. nº 2008-263 du 14 mars 2008, art. 4)* Le Centre de liaison de l'enseignement et des médias d'information est chargé de l'éducation aux médias dans l'ensemble du système éducatif. Il a pour mission de promouvoir, tant au plan national que dans les académies, notamment par des actions de formation, l'utilisation pluraliste des moyens d'information dans l'enseignement afin de favoriser une meilleure compréhension par les élèves du monde qui les entoure tout en développant leur sens critique.

Ce centre constitue un service du Réseau Canopé.

Art. D. 314-100 Un conseil d'orientation et de perfectionnement auprès du *(Décr. nº 2008-263 du 14 mars 2008, art. 4)* « Centre de liaison de l'enseignement et des médias d'information » donne des avis et formule des recommandations sur les actions à entreprendre et apprécie les bilans des actions menées ou en cours qui lui sont périodiquement soumis.

Art. D. 314-101 *(Décr. nº 2008-263 du 14 mars 2008, art. 4)* Le ministre chargé de l'éducation nomme les membres du conseil d'orientation et de perfectionnement et son président.

Le directeur général du Réseau Canopé est membre de droit du conseil d'orientation et de perfectionnement.

Ce conseil comprend un nombre égal de représentants des pouvoirs publics, de représentants du système éducatif et de représentants des professionnels de l'information et de la communication :

1º Vingt et un représentants des pouvoirs publics, dont le directeur général du Réseau Canopé ;

2º Vingt et un représentants du système éducatif choisis au sein des organisations syndicales représentatives des personnels des corps enseignants, des associations à finalité pédagogique ou périscolaire et des associations de parents d'élèves les plus représentatives ;

3º Vingt et un représentants des professionnels de l'information et de la communication choisis en raison de leur expérience et de leur compétence en matière de relations entre la presse et l'enseignement.

En cas d'empêchement, chacun des membres mentionnés au 1º et au 2º du présent article peut se faire représenter par toute autre personne qu'il désignera au président du conseil d'orientation et de perfectionnement.

Art. D. 314-102 Les représentants du système éducatif et des professionnels de l'information et de la communication sont renouvelables, au sein de chacune de ces deux catégories, tous les six ans.

En cas de vacance, les membres sont remplacés dans les mêmes conditions pour la durée de ce mandat restant à courir. – *[Décr. nº 93-718 du 25 mars 1993, art. 4.]*

Art. D. 314-103 Le conseil du *(Décr. nº 2008-263 du 14 mars 2008, art. 4)* « Centre de liaison de l'enseignement et des médias d'information » se réunit deux fois par an en séance plénière.

Sur proposition du président, le conseil peut désigner une commission permanente composée, outre du président, de représentants en nombre égal de chacun des trois collèges. Cette commission permanente assure le suivi des dossiers entre chacune des deux réunions annuelles.

Le conseil peut être convoqué en séance extraordinaire à l'initiative de son président ou du directeur du centre ou à la demande de la moitié au moins de ses membres.

Art. D. 314-104 Le directeur du *(Décr. nº 2008-263 du 14 mars 2008, art. 4)* « Centre de liaison de l'enseignement et des médias d'information » prépare les travaux et délibérations du conseil d'orientation et de perfectionnement.

Il recueille et lui transmet tous documents nécessaires ou utiles à son information.

Il assiste aux séances du conseil.

Art. D. 314-105 Le directeur du *(Décr. nº 2008-263 du 14 mars 2008, art. 4)* « Centre de liaison de l'enseignement et des médias d'information » est nommé par arrêté du ministre chargé de l'éducation, après avis du directeur général du Réseau Canopé.

Il détermine et conduit les actions du centre en s'appuyant sur les recommandations du conseil d'orientation et de perfectionnement. Il assure la gestion administrative et technique du centre.

Art. D. 314-106 à D. 314-127 *Abrogés par Décr. nº 2014-1631 du 26 déc. 2014, art. 15.*

SECTION VI L'ÉDITION SCOLAIRE

Art. D. 314-128 Sont considérés comme livres scolaires, au sens du quatrième alinéa de l'article 3 de la loi du 10 août 1981 sur le livre, les manuels et leur mode d'emploi, ainsi que les cahiers d'exercices et de travaux pratiques qui les complètent ou les ensembles de fiches qui s'y substituent, régulièrement utilisés dans le cadre de l'enseignement primaire, secondaire et préparatoire aux grandes écoles ainsi que les formations au brevet de technicien supérieur, et conçus pour répondre à un programme préalablement défini ou agréé par les ministres intéressés.

La classe ou le niveau d'enseignement doit être imprimé sur la couverture ou la page de titre de l'ouvrage. — *[Décr. nº 85-862 du 8 août 1985, art. 1er.]*

TITRE DEUXIÈME L'ENSEIGNEMENT DU PREMIER DEGRÉ

CHAPITRE UNIQUE

SECTION PREMIÈRE ORGANISATION ET FONCTIONNEMENT DES ÉCOLES MATERNELLES ET ÉLÉMENTAIRES PUBLIQUES

Art. D. 321-1 L'école favorise l'ouverture de l'élève sur le monde et assure, conjointement avec la famille, l'éducation globale de l'enfant. Elle a pour objectif la réussite individuelle de chaque élève en offrant les mêmes chances à chacun d'entre eux. Elle assure la continuité des apprentissages.

L'objectif général de l'école maternelle est de développer toutes les possibilités de l'enfant, afin de lui permettre de former sa personnalité et de lui donner les meilleures chances de réussir à l'école élémentaire et dans la vie en le préparant aux apprentissages ultérieurs. L'école maternelle permet aux jeunes enfants de développer la pratique du langage et d'épanouir leur personnalité naissante par l'éveil esthétique, la conscience de leur corps, l'acquisition d'habiletés et l'apprentissage de la vie en commun. Elle participe aussi au dépistage des difficultés sensorielles, motrices ou intellectuelles et favorise leur traitement précoce.

L'école élémentaire apporte à l'élève les éléments et les instruments fondamentaux du savoir : expression orale et écrite, lecture, mathématiques. Elle lui permet d'exercer et de développer son intelligence, sa sensibilité, ses aptitudes manuelles, physiques et artistiques. L'école permet à l'élève d'étendre sa conscience du temps, de l'espace, des objets du monde moderne et de son propre corps. Elle permet l'acquisition progressive de savoirs méthodologiques et prépare l'élève à suivre dans de bonnes conditions la scolarité du collège.

Les caractères particuliers du milieu local ou régional peuvent être pris en compte dans la formation. — *[Décr. nº 90-788 du 6 sept. 1990, art. 1er.]*

Art. D. 321-2 *Abrogé par Décr. nº 2013-682 du 24 juill. 2013, art. 3.*

Art. D. 321-3 *(Décr. nº 2014-1377 du 18 nov. 2014, art. 2)* L'enseignement et l'organisation pédagogique mis en œuvre pour assurer la continuité des apprentissages, en particulier au sein de chaque cycle, prennent en compte les besoins et les réussites de chaque élève afin de permettre le plein développement de ses potentialités, ainsi que l'objectif de le conduire à l'acquisition du socle commun de connaissances, de compétences et de culture.

A tout moment de la scolarité à l'école primaire, lorsque la progression d'un élève dans ses apprentissages le nécessite, un dispositif d'aide est mis en place par l'équipe pédagogique au sein de la classe. Ce dispositif peut s'inscrire dans un programme personnalisé de réussite éducative.

La progression de l'élève est régulièrement évaluée par l'équipe pédagogique afin de faire évoluer les aides qui lui sont apportées. Les représentants légaux sont associés à la mise en place et au suivi du dispositif d'aide.

Des aides spécialisées sont en outre mises en place au profit des élèves qui éprouvent des difficultés persistantes. Elles sont mises en œuvre par des enseignants spécialisés et des psychologues scolaires, conjointement avec l'enseignant de la classe dans laquelle l'élève est scolarisé, et coordonnées avec les autres aides apportées à ces élèves.

Les élèves allophones nouvellement arrivés en France bénéficient d'actions particulières favorisant leur accueil et leur scolarisation.

Art. D. 321-4 Des adaptations pédagogiques et des aides spécialisées sont mises en œuvre pour les élèves présentant un handicap ou un trouble de la santé invalidant.

Suivant la nature ou la spécialité des besoins, ces interventions peuvent être réalisées par les maîtres des classes fréquentées par l'élève, par des maîtres spécialisés, éventuellement au sein de dispositifs adaptés, ou par des spécialistes extérieurs à l'école. Elles peuvent être prévues dans le projet personnalisé de scolarisation élaboré pour l'élève.

Elles se déroulent pendant tout ou partie de la semaine scolaire. Elles donnent lieu, le cas échéant, à l'attribution de bourses d'adaptation. – *[Décr. nº 90-788 du 6 sept. 1990, art. 22.]*

Art. D. 321-5 Dans le cadre du projet personnalisé de scolarisation prévu à l'article L. 112-1 du code de l'éducation, les enfants présentant un handicap ou un trouble de la santé invalidant sont scolarisés conformément aux dispositions de ce même article.

Le projet personnalisé de scolarisation de l'élève est élaboré par l'équipe pluridisciplinaire mentionnée à l'article L. 146-8 du code de l'action sociale et des familles, à l'issue d'une évaluation de ses compétences et de ses besoins, ainsi que des mesures effectivement mises en œuvre. – *[Décr. nº 90-788 du 6 sept. 1990, art. 23.]*

Art. D. 321-6 *(Décr. nº 2018-119 du 20 févr. 2018, art. 1er)* L'enseignant de la classe est responsable de l'évaluation régulière des acquis de l'élève. Les représentants légaux sont tenus périodiquement informés des résultats et de la situation scolaire de leur enfant. Si l'élève rencontre des difficultés importantes d'apprentissage, un dialogue renforcé est engagé avec ses représentants légaux et un dispositif d'accompagnement pédagogique est immédiatement mis en place au sein de la classe pour lui permettre de progresser dans ses apprentissages.

Au terme de chaque année scolaire, le conseil des maîtres se prononce sur les conditions dans lesquelles se poursuit la scolarité de chaque élève en recherchant les conditions optimales de continuité des apprentissages, en particulier au sein de chaque cycle. A titre exceptionnel, dans le cas où le dispositif d'accompagnement pédagogique mentionné au premier alinéa n'a pas permis de pallier les difficultés importantes d'apprentissage rencontrées par l'élève, un redoublement peut être proposé par le conseil des maîtres. Cette proposition fait l'objet d'un dialogue préalable avec les représentants légaux de l'élève et d'un avis de l'inspecteur de l'éducation nationale chargé de la circonscription du premier degré. Elle prévoit au bénéfice de l'élève concerné un dispositif d'accompagnement pédagogique spécifique qui peut prendre la forme d'un programme personnalisé de réussite éducative prévu par l'article D. 311-12. Aucun redoublement ne peut intervenir à l'école maternelle, sans préjudice des dispositions de l'article D. 351-7.

Le conseil des maîtres ne peut se prononcer que pour un seul redoublement ou pour un seul raccourcissement de la durée d'un cycle durant toute la scolarité primaire d'un élève. Toutefois, dans des cas particuliers, il peut se prononcer pour un second raccourcissement, après avis de l'inspecteur de l'éducation nationale chargé de la circonscription du premier degré.

La proposition du conseil des maîtres est adressée aux représentants légaux de l'élève qui font connaître leur réponse dans un délai de quinze jours. A l'issue de ce délai, le conseil des maîtres arrête sa décision qui est notifiée aux représentants légaux. Ces derniers peuvent, dans un nouveau délai de quinze jours, former un recours auprès de la commission départementale d'appel prévue à l'article D. 321-8.

Acceptation des parents. Absence de décision. Les dispositions de l'art. D. 321-6 applicables aux écoles élémentaires publiques ne prévoient pas, à la différence des dispositions de l'art. D. 321-22 applicables aux écoles élémentaires d'enseignement privé sous contrat, que « toute proposition acceptée vaut décision ». Par suite, si les parents ont signé la fiche-navette en cochant, selon eux par erreur, la case correspondant à la ligne « nous acceptons la proposition du conseil des maîtres », une telle mention ne valait pas par elle-même décision. • TA Lille, 2 juin 2010, n° 0905662 : *LIJ 2010, n° 149, p. 6.*

Art. D. 321-7 **Tout au long de la scolarité primaire, des aménagements appropriés sont prévus au profit des élèves intellectuellement précoces ou manifestant des aptitudes particulières qui montrent aisance et rapidité dans les acquisitions scolaires. Leur scolarité peut être accélérée en fonction de leur rythme d'apprentissage.**

(Décr. n° 2014-1377 du 18 nov. 2014, art. 4) **« Le cas échéant, ces élèves peuvent bénéficier des dispositions prévues à l'article D. 321-3 ou à l'article D. 311-13. »**

Art. D. 321-8 **Les recours formés par les** *(Décr. n° 2014-1377 du 18 nov. 2014, art. 5)* **« représentants légaux » de l'élève contre les décisions prises par le conseil des maîtres sont examinés par une commission départementale d'appel présidée par** *(Décr. n° 2012-16 du 5 janv. 2012, art. 7)* **« le directeur académique des services de l'éducation nationale agissant sur délégation du recteur d'académie ».**

La commission départementale d'appel comprend des inspecteurs responsables des circonscriptions du premier degré, des directeurs d'école, des enseignants du premier degré, des parents d'élèves et, au moins, un psychologue scolaire, un médecin de l'éducation nationale, un principal de collège et un professeur du second degré enseignant en collège. Sa composition et son fonctionnement sont précisés par arrêté du ministre chargé de l'éducation.

Le directeur d'école transmet à la commission les décisions motivées prises par le conseil des maîtres ainsi que les éléments susceptibles d'informer cette instance. Les *(Décr. n° 2014-1377 du 18 nov. 2014, art. 5)* **« représentants légaux » de l'élève qui le demandent sont entendus par la commission.**

La décision prise par la commission départementale d'appel vaut décision définitive de passage dans la classe supérieure, de redoublement ou de *(Décr. n° 2014-1377 du 18 nov. 2014, art. 5)* **« raccourcissement de la durée du cycle d'enseignement ».**

Art. D. 321-9 **Les écoles recourent aux interventions de psychologues scolaires, de médecins de l'éducation nationale, d'enseignants spécialisés et d'enseignants ayant reçu une formation complémentaire. Ces interventions ont pour finalités, d'une part, d'améliorer la compréhension des difficultés et des besoins des élèves et, d'autre part, d'apporter des aides spécifiques ou de dispenser un enseignement adapté, en complément des aménagements pédagogiques mis en place par les maîtres dans leur classe. Elles contribuent en particulier à l'élaboration et à la mise en œuvre des programmes personnalisés de réussite éducative.**

Afin de garantir l'efficacité des interventions dans les écoles, la coordination de cet ensemble de ressources spécifiques et l'organisation de leur fonctionnement en réseau d'aide et de soutien aux élèves en difficulté sont assurées par l'inspecteur chargé de la circonscription du premier degré, dans le cadre de la politique définie par *(Décr. n° 2012-16 du 5 janv. 2012, art. 7)* **« le directeur académique des services de l'éducation nationale agissant sur délégation du recteur d'académie ».**

Art. D. 321-10 *(Décr. n° 2015-1929 du 31 déc. 2015, art. 8)* **Les modalités d'évaluation des apprentissages des élèves au regard des objectifs des programmes sont définies par les enseignants en conseil de cycle. L'évaluation des acquis de l'élève est réalisée par l'enseignant. Elle a pour fonction d'aider l'élève à progresser et de rendre compte de ses acquis. Les élèves ainsi que les parents ou le responsable légal sont informés des objectifs, des modalités et des résultats de cette évaluation.**

A l'école maternelle, un carnet de suivi des apprentissages permet de rendre compte des progrès de l'élève. Il est régulièrement renseigné par l'enseignant de la classe, selon une fréquence adaptée à l'âge de l'élève. Ce document suit l'élève en cas de changement d'école au cours de sa scolarité en cycle 1.

Au terme de la dernière année de scolarisation à l'école maternelle, une synthèse des acquis scolaires de l'élève est établie, selon un modèle national fixé par arrêté du

ministre chargé de l'éducation nationale. Cette synthèse est renseignée en conseil de cycle par les enseignants du cycle 1. Elle est transmise à l'école élémentaire lors de l'admission de l'élève en première année du cycle 2, cycle des apprentissages fondamentaux, et communiquée aux parents ou au responsable légal de l'élève.

A l'école élémentaire, le suivi de l'évolution des acquis scolaires des élèves est assuré par le livret scolaire défini aux articles D. 311-6 et D. 311-7.

Art. D. 321-11 Les classes maternelles et élémentaires sont mixtes. — *[Décr. nº 90-788 du 6 sept. 1990, art. 6.]*

Art. D. 321-12 La surveillance des élèves durant les heures d'activité scolaire doit être continue et leur sécurité doit être constamment assurée en tenant compte de l'état de la distribution des locaux et du matériel scolaires et de la nature des activités proposées.

L'accueil des élèves est assuré dix minutes avant l'entrée en classe. Le service de surveillance à l'accueil et à la sortie des classes, ainsi que pendant les récréations, est réparti entre les maîtres en conseil des maîtres de l'école. — *[Décr. nº 90-788 du 6 sept. 1990, art. 11.]*

Sécurité. Abords des écoles. Si la surveillance des élèves dans les conditions définies par cet article relèvent de la compétence de l'État, en revanche, les services de l'éducation nationale ne sont pas compétents pour définir la réglementation applicable aux abords des écoles. Il appartient en effet au maire d'en assurer la sécurité, conformément aux pouvoirs de police qui lui sont conférés. * Rép. min. nº 98630 : *JOAN Q 2006. 10635.*

V. note ss. art. L. 411-1 et L. 911-5.

Art. D. 321-13 Chaque enseignant assume de façon permanente la responsabilité pédagogique de l'organisation des activités scolaires, dans les conditions définies par le règlement type départemental des écoles maternelles et élémentaires, y compris dans le cas de participation d'intervenants extérieurs à l'école. — *[Décr. nº 90-788 du 6 sept. 1990, art. 12.]*

Art. D. 321-14 *(Décr. nº 2014-1231 du 22 oct. 2014, art. 1er)* Le conseil de cycle comprend les membres du conseil des maîtres de l'école prévu à l'article D. 411-7 compétents pour le cycle considéré.

Sont en outre membres du conseil du cycle 3 les professeurs exerçant en classe de sixième dans le ou les collèges du secteur de recrutement dont relèvent les élèves de l'école et désignés dans les conditions prévues à l'article R. 421-41-3.

Art. D. 321-15 *(Décr. nº 2014-1231 du 22 oct. 2014, art. 2)* Chaque conseil de cycle élit son président parmi ses membres.

Il élabore la partie pédagogique du projet d'école pour le cycle considéré et assure le suivi et l'évaluation de sa mise en œuvre.

Il peut consulter toute personne intervenant durant le temps scolaire.

La partie pédagogique du projet d'école propre à chaque cycle tient compte du programme d'actions élaboré par le conseil école-collège.

Les membres du conseil de cycle se concertent régulièrement sur la progression, les acquis et les besoins des élèves.

Lorsqu'une ou plusieurs écoles élémentaires comptent moins de trois classes, il revient à l'inspecteur de l'éducation nationale chargé de circonscription d'enseignement du premier degré d'organiser le travail en équipe et la réflexion des maîtres des écoles concernées.

Art. D. 321-16 L'équipe éducative est composée des personnes auxquelles incombe la responsabilité éducative d'un élève ou d'un groupe d'élèves. Elle comprend le directeur d'école, le ou les maîtres et les parents concernés, le psychologue scolaire et les enseignants spécialisés intervenant dans l'école, éventuellement le médecin de l'éducation nationale, l'infirmière scolaire, l'assistante sociale et les personnels contribuant à la scolarisation des élèves handicapés dans l'école. Le directeur d'école peut recueillir l'avis des agents spécialisés des écoles maternelles.

Elle est réunie par le directeur chaque fois que l'examen de la situation d'un élève ou d'un groupe d'élèves l'exige qu'il s'agisse de l'efficience scolaire, de l'assiduité ou du comportement.

Les parents peuvent se faire accompagner ou remplacer par un représentant d'une association de parents d'élèves de l'école ou par un autre parent d'élève de l'école. – *[Décr. n° 90-788 du 6 sept. 1990, art. 21.]*

Art. D. 321-17 Les dispositions des articles D. 331-1 à D. 331-4, des premier, deuxième et quatrième alinéas de l'article D. 331-5, des articles D. 331-7 et D. 331-9 relatives à la formation en alternance sont applicables dans les écoles élémentaires publiques.

SECTION II ORGANISATION DE L'ENSEIGNEMENT DANS LES ÉCOLES MATERNELLES ET ÉLÉMENTAIRES PRIVÉES SOUS CONTRAT

Art. D. 321-18 L'école favorise l'ouverture de l'élève sur le monde et assure, conjointement avec la famille, l'éducation globale de l'enfant. Elle a pour objectif la réussite individuelle de chaque élève en offrant les mêmes chances à chacun d'entre eux. Elle assure la continuité des apprentissages.

L'objectif général de l'école maternelle est de développer toutes les possibilités de l'enfant, afin de lui permettre de former sa personnalité et de lui donner les meilleures chances de réussir à l'école élémentaire et dans la vie en le préparant aux apprentissages ultérieurs. L'école maternelle permet aux jeunes enfants de développer la pratique du langage et d'épanouir leur personnalité naissante par l'éveil esthétique, la conscience de leur corps, l'acquisition d'habiletés et l'apprentissage de la vie en commun. Elle participe aussi au dépistage des difficultés sensorielles, motrices ou intellectuelles et favorise leur traitement précoce.

L'école élémentaire apporte à l'élève les éléments et les instruments fondamentaux du savoir : expression orale et écrite, lecture, mathématiques. Elle lui permet d'exercer et de développer son intelligence, sa sensibilité, ses aptitudes manuelles, physiques et artistiques. L'école permet à l'élève d'étendre sa conscience du temps, de l'espace, des objets du monde moderne et de son propre corps. Elle permet l'acquisition progressive de savoirs méthodologiques et prépare l'élève à suivre dans de bonnes conditions la scolarité du collège.

Les caractères particuliers du milieu local ou régional peuvent être pris en compte dans la formation. – *[Décr. n° 91-891 du 9 sept. 1991, art. 1er.]*

Art. D. 321-19 *Abrogé par Décr. n° 2013-682 du 24 juill. 2013, art. 3.*

Art. D. 321-20 *(Décr. n° 2014-1231 du 22 oct. 2014, art. 3)* Chacun des trois premiers cycles prévus à l'article D. 311-10 comporte une équipe pédagogique mise en place sous la responsabilité du directeur de l'école et composée des enseignants de l'école exerçant dans le cycle considéré.

L'équipe pédagogique de cycle élabore le projet pédagogique, veille à sa mise en œuvre et assure son évaluation interne.

Si elle le juge utile, l'équipe pédagogique de chaque cycle peut consulter toute personne intervenant durant le temps scolaire.

Art. D. 321-21 Chaque école privée sous contrat d'association ou sous contrat simple comporte une équipe pédagogique mise en place sous la responsabilité du directeur *(Décr. n° 2014-1231 du 22 oct. 2014, art. 4)* « et composée de ce dernier et des maîtres exerçant dans l'école ».

L'équipe pédagogique de l'école assure la cohérence des projets pédagogiques de cycle sous la responsabilité du directeur.

Art. D. 321-22 *(Décr. n° 2014-1377 du 18 nov. 2014, art. 6)* L'enseignement et l'organisation pédagogique mis en œuvre pour assurer la continuité des apprentissages au sein de chaque cycle prennent en compte les besoins et les réussites de chaque élève afin de permettre le plein développement de ses potentialités, ainsi que l'objectif de le conduire à l'acquisition du socle commun de connaissances, de compétences et de culture.

Les dispositions pédagogiques mises en œuvre dans chaque cycle peuvent donner lieu à une répartition des élèves en groupes par l'enseignant ou par l'équipe pédagogique prévue à l'article D. 321-20.

Les acquis des élèves font l'objet d'une évaluation régulière effectuée par l'enseignant ou par l'équipe pédagogique.

La progression d'un élève dans chaque cycle est déterminée, sur proposition de l'enseignant intéressé, par l'équipe pédagogique. Les représentants légaux doivent être tenus régulièrement informés de la situation scolaire de leur enfant.

Afin d'assurer l'accompagnement pédagogique prévu aux articles D. 311-11 à D. 311-13, lorsque la progression d'un élève dans ses apprentissages le nécessite, un dispositif d'aide peut être mis en place par l'enseignant ou par l'équipe pédagogique à tout moment de la scolarité à l'école primaire.

Au terme de chaque année scolaire, l'équipe pédagogique se prononce sur les conditions dans lesquelles se poursuit la scolarité de chaque élève, en recherchant les conditions optimales de continuité des apprentissages, en particulier au sein de chaque cycle.

(Décr. nº 2018-119 du 20 févr. 2018, art. 2) « A titre exceptionnel, dans le cas où le dispositif d'aide prévu au cinquième alinéa n'a pas permis de pallier les difficultés importantes d'apprentissage rencontrées par l'élève, un redoublement peut être proposé par l'équipe pédagogique. Cette proposition fait l'objet d'un dialogue préalable avec les représentants légaux de l'élève et prévoit pour ce dernier un dispositif d'aide qui est mis en place lorsque le redoublement est décidé. Aucun redoublement ne peut intervenir à l'école maternelle, sans préjudice des dispositions de l'article D. 351-7. »

L'équipe pédagogique ne peut se prononcer que pour un seul *(Décr. nº 2018-119 du 20 févr. 2018, art. 2)* « redoublement ou » raccourcissement de la durée d'un cycle durant toute la scolarité primaire d'un élève. Toutefois, dans des cas particuliers, un second raccourcissement peut être décidé.

Lorsque la durée passée par un élève à l'école élémentaire doit être allongée ou réduite d'un an, il est procédé comme suit :

L'équipe pédagogique, éventuellement sur demande des représentants légaux, examine la situation de l'enfant. L'avis du médecin scolaire peut être demandé. Une proposition écrite est adressée aux représentants légaux par le directeur. Ceux-ci font connaître leur réponse écrite dans un délai de quinze jours à compter de cette notification. Passé ce délai, l'absence de réponse équivaut à l'acceptation de la proposition.

Toute proposition acceptée devient décision.

Si les représentants légaux contestent la proposition, ils peuvent, dans le même délai, saisir une commission de recours constituée à l'initiative d'au moins une école privée. A cet effet, le directeur de l'école privée sous contrat, dans le délai de huit jours suivant leur refus de la proposition, informe les représentants légaux de l'existence de la commission et de la possibilité qu'ils ont de la saisir par son intermédiaire. La commission de recours est composée de deux directeurs d'écoles privées sous contrat au moins et de deux enseignants contractuels ou agréés au moins. Les membres de la commission de recours ne siègent pas lorsqu'est examiné le recours concernant un enfant de l'école dans laquelle ils exercent. La composition et les règles de fonctionnement de la commission sont communiquées au directeur académique des services de l'éducation nationale agissant sur délégation du recteur d'académie.

La commission procède à un nouvel examen de la situation de l'enfant.

Le directeur académique des services de l'éducation nationale agissant sur délégation du recteur d'académie, ou son représentant, peut assister aux réunions de la commission de recours.

Les décisions prises par la commission de recours sont définitives.

Elles sont communiquées aux représentants légaux et au directeur académique des services de l'éducation nationale agissant sur délégation du recteur d'académie.

Art. D. 321-23 *(Décr. nº 2015-1929 du 31 déc. 2015, art. 9)* Les modalités d'évaluation des apprentissages des élèves au regard des objectifs des programmes sont définies par l'équipe pédagogique de cycle. L'évaluation des acquis de l'élève est réalisée par l'enseignant. Elle a pour fonction d'aider l'élève à progresser et de rendre compte de ses acquis. Les élèves ainsi que les parents ou le responsable légal sont informés des objectifs, des modalités et des résultats de cette évaluation.

A l'école maternelle, un carnet de suivi des apprentissages permet de rendre compte des progrès de l'élève. Il est régulièrement renseigné par l'enseignant de la classe, selon une fréquence adaptée à l'âge de l'élève. Ce document suit l'élève en cas de changement d'école au cours de sa scolarité en cycle 1.

Au terme de la dernière année de scolarisation à l'école maternelle, une synthèse des acquis scolaires de l'élève est établie, selon le modèle national fixé par l'arrêté du ministre chargé de l'éducation nationale mentionné au troisième alinéa de l'article D. 321-10. Cette synthèse est renseignée par l'équipe pédagogique du cycle 1. Elle est transmise à l'école élémentaire lors de l'admission de l'élève en première année du cycle 2, cycle des apprentissages fondamentaux, et communiquée aux parents ou au responsable légal de l'élève.

A l'école élémentaire, le suivi de l'évolution des acquis scolaires des élèves est assuré par le livret scolaire défini aux articles D. 311-6 et D. 311-7.

Art. D. 321-24 Les décisions relatives à la durée passée par un élève *(Décr. n° 2013-682 du 24 juill. 2013, art. 2)* « à l'école élémentaire » prises dans l'enseignement public sont applicables dans les établissements d'enseignement privés du premier degré sous contrat. L'admission d'élèves de l'enseignement public dans les établissements d'enseignement privés du premier degré sous contrat est réalisée en fonction des décisions prises à leur égard dans l'enseignement public.

Les décisions prises dans le même domaine par les établissements d'enseignement privés sous contrat sont applicables dans l'enseignement public. L'admission d'élèves des établissements d'enseignement privés du premier degré sous contrat dans l'enseignement public est réalisée en fonction des décisions prises à leur égard dans les établissements d'enseignement privés sous contrat.

Art. D. 321-25 La surveillance des élèves durant les heures d'activité scolaire relevant du contrat simple ou du contrat d'association doit être continue et leur sécurité doit être constamment assurée en tenant compte de l'état et de la distribution des locaux et des matériels scolaires ainsi que de la nature des activités proposées. — *[Décr. n° 91-891 du 9 sept. 1991, art. 9.]*

Art. D. 321-26 Chaque enseignant assume de façon permanente la responsabilité pédagogique de l'organisation des activités scolaires relevant du contrat simple ou du contrat d'association, y compris dans le cas de participation d'intervenants extérieurs à l'école. — *[Décr. n° 91-891 du 9 sept. 1991, art. 10.]*

Art. D. 321-27 Les dispositions des articles D. 321-4 et D. 321-5 sont applicables en tant que de besoin aux écoles privées sous contrat.

Les dispositions des premier et troisième alinéas de l'article D. 113-1 sont applicables aux écoles et classes maternelles privées sous contrat.

Les dispositions des articles D. 331-1 à D. 331-4, des premier, deuxième et quatrième alinéas de l'article D. 331-5, des articles D. 331-7 et D. 331-9 sont applicables dans les écoles privées sous contrat. — *[Décr. n° 91-891 du 9 sept. 1991, art. 2 et 11.]*

TITRE TROISIÈME LES ENSEIGNEMENTS DU SECOND DEGRÉ

CHAPITRE PREMIER DISPOSITIONS COMMUNES AUX ENSEIGNEMENTS DU SECOND DEGRÉ

SECTION PREMIÈRE LES EXAMENS ET DIPLÔMES NATIONAUX

La présente section ne comprend pas de dispositions réglementaires.

SECTION II LA FORMATION EN ALTERNANCE

SOUS-SECTION 1 ACCUEIL D'ÉLÈVES MINEURS DE MOINS DE SEIZE ANS EN MILIEU PROFESSIONNEL

Art. D. 331-1 En application des dispositions des articles L. 4153-1 à L. 4153-3, L. 4153-5 et R. 4153-6 du code du travail *[V. ces art. à l'art. L. 331-5]*, les établissements d'enseignement scolaire peuvent organiser, pour les élèves mineurs de moins de seize ans, des visites d'information, des séquences d'observation, des stages d'initiation, d'application ou des périodes de formation en milieu professionnel dans les établissements et professions mentionnés au premier alinéa de l'article L. 3111-1 du code du travail et à l'article L. 331-4 du code de l'éducation. — *[Décr. n° 2003-812 du 26 août 2003, art. 1er.]*

Art. D. 331-2 Les visites d'information, séquences d'observation, stages d'initiation, d'application ou périodes de formation en milieu professionnel mentionnés à l'article

D. 331-1 doivent être prévus dans le cadre de la formation suivie ou dans le cadre du projet d'établissement ou du projet d'école ou dans le cadre de l'éducation à l'orientation. – *[Décr. n° 2003-812 du 26 août 2003, art. 2.]*

Art. D. 331-3 Dans tous les cas, une convention est passée entre l'établissement d'enseignement scolaire dont relève l'élève et l'entreprise ou l'organisme d'accueil intéressé, selon des modalités définies par le ministre chargé de l'éducation. – *[Décr. n° 2003-812 du 26 août 2003, art. 3.]*

Art. D. 331-4 Les élèves demeurent sous statut scolaire durant la période où ils sont en milieu professionnel. – *[Décr. n° 2003-812 du 26 août 2003, art. 4.]*

Art. D. 331-5 Les visites d'information ont pour objectif de permettre aux élèves de découvrir l'environnement technologique, économique et professionnel, en liaison avec les programmes d'enseignement, notamment dans le cadre de l'éducation à l'orientation.

Les modalités d'encadrement des élèves au cours des visites d'information sont fixées par l'établissement d'enseignement scolaire, dans le cadre général de l'organisation des sorties scolaires.

A partir des deux dernières années de la scolarité obligatoire, les élèves, scolarisés au moins en classe de quatrième ou de troisième, peuvent être admis à effectuer individuellement ces visites, sous réserve qu'un encadrement leur soit assuré dans l'entreprise ou l'organisme d'accueil.

Dans tous les cas, les conditions d'encadrement des élèves sont précisées dans la convention prévue à l'article D. 331-3. – *[Décr. n° 2003-812 du 26 août 2003, art. 5.]*

Art. D. 331-6 Les séquences d'observation ont pour objectif de sensibiliser les élèves à l'environnement technologique, économique et professionnel, en liaison avec les programmes d'enseignement, notamment dans le cadre de l'éducation à l'orientation.

(Décr. n° 2019-636 du 24 juin 2019, art. 1er) « Elles ne peuvent être organisées qu'à partir des deux derniers niveaux de l'enseignement des collèges ou durant la scolarité au lycée. »

Les modalités d'encadrement des élèves au cours des séquences d'observation sont fixées par l'établissement d'enseignement scolaire, dans le cadre général de l'organisation des sorties scolaires.

Les élèves peuvent être admis à effectuer individuellement ces séquences, sous réserve que leur soient assurés un suivi par l'établissement d'enseignement scolaire et un encadrement dans l'entreprise ou l'organisme d'accueil.

Dans tous les cas, les conditions d'encadrement des élèves sont précisées dans la convention prévue à l'article D. 331-3.

Art. D. 331-7 Au cours des visites d'information, les élèves peuvent effectuer des enquêtes en liaison avec les enseignements. Ils peuvent également découvrir les activités de l'entreprise ou de l'organisme d'accueil ou assister à des démonstrations, répondant aux objectifs de formation de leur classe, sous le contrôle de personnels responsables de leur encadrement en milieu professionnel, dans les conditions définies par la convention prévue à l'article D. 331-3. – *[Décr. n° 2003-812 du 26 août 2003, art. 7.]*

Art. D. 331-8 Au cours des séquences d'observation, les élèves peuvent effectuer des enquêtes en liaison avec les enseignements. Ils peuvent également participer à des activités de l'entreprise ou de l'organisme d'accueil ou à des essais, des démonstrations en liaison avec les enseignements et les objectifs de formation de leur classe, sous le contrôle de personnels de l'établissement d'enseignement scolaire ou de personnes responsables de leur accueil en milieu professionnel, dans les conditions définies par la convention prévue à l'article D. 331-3. – *[Décr. n° 2003-812 du 26 août 2003, art. 8.]*

Art. D. 331-9 Au cours des visites d'information ou des séquences d'observation, les élèves ne peuvent accéder aux machines, appareils ou produits dont l'usage est proscrit aux mineurs par les articles R. 234-11 à R. 234-21 du code du travail *[devenus art. D. 4153-20 s. C. trav.]*. Ils ne peuvent ni procéder à des manœuvres ou manipulations sur d'autres machines, produits ou appareils de production, ni effectuer les travaux légers autorisés aux mineurs par le même code. – *[Décr. n° 2003-812 du 26 août 2003, art. 9.]*

Art. D. 331-10 Les établissements d'enseignement scolaire peuvent organiser des stages d'initiation, des stages d'application ou des périodes de formation en milieu professionnel pour les élèves qui, durant les deux dernières années de la scolarité obligatoire, suivent un enseignement alterné ou un enseignement professionnel.

Dans tous les cas, les conditions d'encadrement des élèves sont précisées dans la convention prévue à l'article D. 331-3. – *[Décr. n° 2003-812 du 26 août 2003, art. 10.]*

Art. D. 331-11 Les stages d'initiation ont pour objectif de permettre aux élèves de découvrir différents milieux professionnels afin de développer leurs goûts et aptitudes et de définir un projet de formation ultérieure.

Ils s'adressent aux élèves dont le programme d'enseignement comporte une initiation aux activités professionnelles. – *[Décr. n° 2003-812 du 26 août 2003, art. 11.]*

Art. D. 331-12 Au cours des stages d'initiation, les élèves effectuent des activités pratiques variées et, sous surveillance, des travaux légers autorisés aux mineurs par le code du travail.

Ils ne peuvent accéder aux machines, appareils ou produits dont l'usage est proscrit aux mineurs par les articles R. 234-11 à R. 234-21 du code du travail *[devenus art. D. 4153-20 s.* ***C. trav.****]*. – *[Décr. n° 2003-812 du 26 août 2003, art. 12.]*

Art. D. 331-13 Les stages d'application en milieu professionnel sont prévus dans le cadre d'une formation préparatoire à une formation technologique ou professionnelle.

Ils ont pour objectif de permettre aux élèves d'articuler les savoirs et savoir-faire acquis dans l'établissement scolaire avec les langages techniques et les pratiques du monde professionnel.

Ils sont organisés dans les conditions fixées par les textes définissant chacune des formations suivies. – *[Décr. n° 2003-812 du 26 août 2003, art. 13.]*

Art. D. 331-14 Au cours des stages d'application, les élèves peuvent procéder à des manœuvres ou manipulations sur des machines, produits ou appareils de production nécessaires à leur formation.

Ils ne peuvent accéder aux machines, appareils ou produits dont l'usage est proscrit aux mineurs par les articles R. 234-11 à R. 234-21 du code du travail *[devenus art. D. 4153-20 s.* ***C. trav.****]*. – *[Décr. n° 2003-812 du 26 août 2003, art. 14.]*

Art. D. 331-15 Les périodes de formation en milieu professionnel sont prévues dans le cadre d'une formation conduisant à un diplôme technologique ou professionnel.

Leurs objectifs et modalités d'organisation sont fixés par les textes définissant chacune des formations suivies.

(Décr. n° 2014-1420 du 27 nov. 2014, art. 1er) « Les périodes de formation en milieu professionnel relèvent des dispositions prévues aux articles D. 124-1 à D. 124-9. »

Au cours des périodes de formation en milieu professionnel, les élèves peuvent être autorisés, dans les conditions prévues *(Décr. n° 2014-1420 du 27 nov. 2014, art. 1er)* « aux articles R. 4153-38 à » *(Décr. n° 2015-443 du 15 avr. 2015, art. 3)* R. 4153-45 » du code du travail, à utiliser les machines ou appareils ou produits dont l'usage est proscrit aux mineurs par les articles *(Décr. n° 2014-1420 du 27 nov. 2014, art. 1er)* « D. 4153-15 à D. 4153-37 » du code du travail.

SOUS-SECTION 2 LE CERTIFICAT D'ACCOMPLISSEMENT RÉGULIER DE STAGE

Art. D. 331-16 Le certificat d'accomplissement régulier de stage prévu à l'article 10 de l'ordonnance n° 82-273 du 26 mars 1982 relative aux mesures destinées à assurer aux jeunes de seize à dix-huit ans une qualification professionnelle et à faciliter leur insertion sociale *[V.* ***C. trav.****, App., v° Formation professionnelle]* est obligatoirement délivré par l'organisme de formation à chaque stagiaire ayant suivi avec assiduité un stage de formation alternée.

Ce certificat doit explicitement faire référence à la convention prévue à l'article 9 de l'ordonnance précitée et à l'accord conclu par le jeune avec l'organisme responsable, en application de l'article 7 de l'ordonnance précitée.

Il décrit le programme de formation du stage et les modalités de validation des acquis, le cas échéant par la délivrance d'un titre ou diplôme de l'enseignement technologique par le ministère de l'éducation nationale ou d'un autre titre ou diplôme enregistré dans le répertoire national des certifications professionnelles. – *[Décr. n° 82-906 du 20 oct. 1982, art. 1er.]*

Art. D. 331-17 Le certificat attestant l'accomplissement régulier d'un stage de formation alternée peut permettre d'accéder aux sanctions normales des cycles de formation organisés par les différents ministères intéressés en vue de l'acquisition d'un titre ou d'un diplôme de l'enseignement technologique délivré par le ministère de l'éducation nationale ou d'un autre titre ou diplôme enregistré dans le répertoire national des certifications professionnelles. – *[Décr. n° 82-906 du 20 oct. 1982, art. 2.]*

Art. D. 331-18 Le certificat d'accomplissement régulier de stage permet également, en tant que de besoin, de bénéficier de dérogations à la réglementation propre à chaque titre ou diplôme de l'enseignement technologique.

Ces dérogations peuvent consister en :

1° L'organisation de sessions spéciales d'examen réservées aux jeunes qui auront suivi les stages de formation alternée ;

2° La suppression des conditions d'âge, de scolarité ou d'exercice professionnel exigées par la réglementation pour l'entrée dans un cycle de formation ou pour en subir les sanctions. – *[Décr. n° 82-906 du 20 oct. 1982, art. 3.]*

Art. D. 331-19 Des dérogations à la réglementation peuvent également autoriser, sous réserve de contrôle des acquis par l'autorité administrative responsable :

1° Des modalités particulières d'organisation de la sanction par délivrance d'attestation d'unités capitalisables ou d'attestation de modules de formation ;

2° La reconnaissance de dispense d'une épreuve ou de plusieurs épreuves sélectionnées à l'intérieur d'un ou de plusieurs règlements d'examen.

La durée de validité des mesures individuelles prises en application de l'article D. 331-18 et du présent article est limitée à cinq années. – *[Décr. n° 82-906 du 20 oct. 1982, art. 4.]*

Art. D. 331-20 Le bénéfice des dispositions des articles D. 331-18 et D. 331-19 est subordonné à la mention dans la convention prévue à l'article 9 de l'ordonnance citée à l'article D. 331-16 de l'engagement pris par l'autorité administrative responsable de la délivrance du titre ou diplôme de mettre en œuvre les procédures adaptées de sanctions des formations.

Cet engagement reconnaît la cohérence des contenus de formation avec les sanctions proposées par l'organisme de formation. – *[Décr. n° 82-906 du 20 oct. 1982, art. 5.]*

Art. D. 331-21 Le candidat qui bénéficie de la participation à une session spéciale d'examen ne peut se présenter à la session normale organisée au titre de la même année scolaire dans la même spécialité. – *[Décr. n° 82-906 du 20 oct. 1982, art. 6.]*

Art. D. 331-22 Les ministres responsables de la délivrance des titres ou diplômes de l'enseignement technologique prennent, dans le cadre des attributions qu'ils détiennent dans ce domaine, les dispositions nécessaires à l'application des articles D. 331-16 à D. 331-21.

Ils sont habilités à déléguer la responsabilité de la procédure prévue au premier alinéa de l'article D. 331-20 à l'autorité administrative régionale ou départementale compétente. – *[Décr. n° 82-906 du 20 oct. 1982, art. 7.]*

SECTION III LA PRATIQUE SPORTIVE DE HAUT NIVEAU

La présente section ne comprend pas de dispositions réglementaires.

SECTION IV LE SUIVI DES ACQUIS SCOLAIRES ET LA PROCÉDURE D'ORIENTATION *(Décr. n° 2014-1377 du 18 nov. 2014, art. 7).*

SOUS-SECTION 1 LA PROCÉDURE D'ORIENTATION DES ÉLÈVES DANS LES ÉTABLISSEMENTS D'ENSEIGNEMENT PUBLICS SOUS TUTELLE DU MINISTRE CHARGÉ DE L'ÉDUCATION

Art. D. 331-23 L'orientation est le résultat du processus continu d'élaboration et de réalisation du projet personnel de formation et d'insertion sociale et professionnelle que l'élève de collège, puis de lycée, mène en fonction de ses aspirations et de ses capacités. La *(Décr. n° 2014-1377 du 18 nov. 2014, art. 8)* « participation » de l'élève garantit le caractère personnel de son projet.

(Décr. n° 2014-1377 du 18 nov. 2014, art. 8) « Ce processus est conduit avec l'aide des représentants légaux de l'élève, des personnels concernés de l'établissement scolaire, notamment l'équipe de direction, des personnels enseignants, d'éducation et de santé scolaire, et des personnels d'orientation. *(Décr. n° 2019-218 du 21 mars 2019, art. 3)* « La région et les acteurs des secteurs économique, professionnel et associatif qu'elle mandate apportent leur contribution en organisant des actions d'information sur les métiers et les formations conformément au cadre national de référence établi conjointement entre l'État et les régions. »

« Ce processus prend appui sur le suivi du parcours scolaire de l'élève, qui inclut notamment l'évaluation de la progression de ses acquis, sur son information et celle de ses représentants légaux et sur le dialogue entre ces derniers et les membres de l'équipe éducative. Il se situe dans une perspective de développement des potentialités de l'élève et d'égalité d'accès des filles et des garçons aux formations. »

Art. D. 331-24 *(Décr. n° 2014-1377 du 18 nov. 2014, art. 9)* « Le suivi de l'élève est réalisé dans l'établissement scolaire par les personnels enseignants, avec le concours des personnels d'éducation et d'orientation. L'équipe pédagogique, à laquelle collaborent le conseiller principal d'éducation et le *(Décr. n° 2019-218 du 21 mars 2019, art. 4)* « psychologue de l'éducation nationale », établit, sous la responsabilité du professeur principal *(Décr. n° 2021-954 du 19 juill. 2021, art. 1er)* « , ou du professeur référent de groupe d'élèves du lycée général et technologique », ou d'un autre membre de l'équipe pédagogique, une synthèse du suivi, régulièrement transmise à l'élève et à ses représentants légaux. Elle leur propose à cette occasion les objectifs et modalités pédagogiques permettant l'élaboration puis la réalisation du projet personnel de l'élève. »

Art. D. 331-25 *(Décr. n° 2015-1929 du 31 déc. 2015, art. 10)* L'évaluation des acquis de l'élève, menée en référence au socle commun de connaissances, de compétences et de culture pour le collège, est réalisée par les enseignants, avec, le cas échéant, la collaboration de l'équipe éducative. Elle a pour fonction d'aider l'élève à progresser et de rendre compte de ses acquis. Les élèves ainsi que les parents ou le responsable légal sont informés des objectifs, des modalités et des résultats de cette évaluation.

Le bilan des acquis est régulièrement communiqué à l'élève et à ses représentants légaux par le chef d'établissement ou, en son nom, par le professeur principal *(Décr. n° 2021-954 du 19 juill. 2021, art. 2)* « , ou par le professeur référent de groupes d'élèves du lycée général et technologique », ou par un membre de l'équipe pédagogique. En fonction de ce bilan, les enseignants proposent des modalités d'accompagnement afin de permettre à l'élève d'atteindre les objectifs du cycle.

Au collège, ces éléments sont consignés dans le livret scolaire, conformément à l'article D. 311-7.

Au lycée, les synthèses du suivi et les bilans des évaluations sont conservés dans le dossier scolaire de l'élève.

Art. D. 331-26 *(Décr. n° 2019-218 du 21 mars 2019, art. 7)* « Conformément au cadre national de référence établi conjointement entre l'État et les régions pendant la scolarité en collège et en lycée, les régions organisent, en lien avec les services de l'État, des actions d'information sur les métiers, les formations et sur la carte des formations qui y préparent. Dans le cadre de l'accompagnement au choix de l'orientation les psychologues de l'éducation nationale, les conseillers principaux d'éducation et les enseignants participent à la diffusion de cette information *[et]* à son appropriation par les élèves et leurs représentants légaux. »

L'information prend place pendant le temps de présence des élèves dans l'établissement scolaire et fait l'objet d'un programme annuel ou pluriannuel *(Décr. n° 2019-218 du 21 mars 2019, art. 7)* « élaboré en lien avec la région et » approuvé par le conseil d'administration sur proposition du chef d'établissement. Celui-ci procède préalablement aux consultations nécessaires, notamment à celles des équipes pédagogiques, du conseil des délégués des élèves et du centre d'information et d'orientation.

L'établissement scolaire entretient *(Décr. n° 2019-218 du 21 mars 2019, art. 7)* « , en lien avec la région, » des contacts avec les organisations professionnelles et les entreprises partenaires de la communauté éducative afin de faciliter leur participation à l'information.

Le conseil de classe est informé chaque année de la carte des formations.

Art. D. 331-27 Afin de permettre l'élaboration et la réalisation du projet personnel de l'élève, le chef d'établissement facilite le dialogue entre l'élève et ses parents, les enseignants et les personnels d'éducation et d'orientation. Après avoir procédé aux consultations nécessaires, notamment celle des équipes pédagogiques, le chef d'établissement propose, chaque année, à l'approbation du conseil d'administration des orientations relatives au programme des rencontres utiles à la conduite du dialogue. – *[Décr. n° 90-484 du 14 juin 1990, art. 5.]*

Art. D. 331-28 Les interventions des *(Décr. n° 2019-218 du 21 mars 2019, art. 8)* « psychologues de l'éducation nationale » telles qu'elles sont prévues aux articles D. 331-23, D. 331-24, D. 331-26 et D. 331-27 sont mises en œuvre grâce à une concertation entre les établissements et le centre d'information et d'orientation.

Art. D. 331-29 *(Décr. n° 2010-100 du 27 janv. 2010, art. 2)* « A l'intérieur du cycle terminal de la voie générale et de la voie technologique du lycée, un changement de voie d'orientation peut être réalisé, en cours ou en fin d'année, sur demande écrite des *(Décr. n° 2014-1377 du 18 nov. 2014, art. 11)* « représentants » légaux ou de l'élève majeur, après avis du conseil de classe. Lorsque ce changement a lieu dans le même établissement, il est prononcé par le chef d'établissement dans le délai d'un mois qui suit la demande. Lorsque le changement implique l'affectation dans un autre établissement, il est prononcé par *(Décr. n° 2012-16 du 5 janv. 2012, art. 7)* « le directeur académique des services de l'éducation nationale agissant sur délégation du recteur d'académie » dans les conditions fixées à l'article D. 331-38, après avis du chef de l'établissement d'accueil ».

Art. D. 331-30 Au cours de l'année terminale *(Décr. n° 2014-1377 du 18 nov. 2014, art. 12 ; Décr. n° 2015-1394 du 2 nov. 2015, art. 2)* « du cycle 4 des collèges », le conseil de classe procède à un bilan afin de déterminer si l'élève a atteint les objectifs du cycle considéré. Le résultat de ce bilan est communiqué à l'élève et à ses parents par le professeur principal.

Art. D. 331-31 En fonction du bilan, de l'information fournie et des résultats du dialogue avec les membres de l'équipe éducative, les parents de l'élève ou l'élève majeur formulent des demandes d'orientation, dans le cadre des voies d'orientation définies par l'arrêté mentionné à l'article D. 331-36.

Art. D. 331-32 Les demandes d'orientation sont examinées par le conseil de classe qui prend en compte l'ensemble des informations réunies par ses membres sur chaque élève ainsi que les éléments fournis par l'équipe pédagogique dans les conditions précisées par le décret n° 85-924 du 30 août 1985 relatif aux établissements publics locaux d'enseignement. Le conseil de classe émet des propositions d'orientation, dans le cadre des voies d'orientation définies par l'arrêté mentionné à l'article D. 331-36.

(Décr. n° 2010-100 du 27 janv. 2010, art. 3) « Lorsque ces propositions ne sont pas conformes aux demandes, le conseil de classe peut recommander que l'élève suive un dispositif de remise à niveau. »

Lorsque les parents d'un élève ou un élève majeur manifestent leur intention d'interrompre les études en cours de cycle ou avant la présentation au diplôme de fin de cycle, le conseil de classe prend toutes dispositions pour les inciter à achever le cycle et, si besoin est, pour les informer sur les possibilités de formation, y compris le retour ultérieur en formation initiale. L'avis de l'élève mineur est recueilli.

Art. D. 331-33 Lorsque ces propositions sont conformes aux demandes, le chef d'établissement prend ses décisions conformément aux propositions du conseil de classe et les notifie aux parents de l'élève ou à l'élève majeur. – *[Décr. n° 90-484 du 14 juin 1990, art. 11.]*

Art. D. 331-34 Lorsque les propositions ne sont pas conformes aux demandes, le chef d'établissement, ou son représentant, reçoit l'élève et ses parents ou l'élève majeur, afin de les informer des propositions du conseil de classe et de recueillir leurs observations. *(Décr. n° 2010-100 du 27 janv. 2010, art. 4)* « Le chef d'établissement présente, à cette occasion, les recommandations émises par le conseil de classe dans les conditions définies à l'article D. 331-32. »

Le chef d'établissement prend ensuite les décisions d'orientation dont il informe l'équipe pédagogique, et les notifie aux parents de l'élève ou à l'élève majeur.

(Décr. n° 2014-1377 du 18 nov. 2014, art. 15) « Le chef d'établissement peut conseiller, notamment quand le conseil de classe l'a recommandé, à l'élève et à ses représentants légaux que celui-ci suive un dispositif de remise à niveau. »

Les décisions non conformes aux demandes font l'objet de motivations signées par le chef d'établissement.

Les motivations comportent des éléments objectifs ayant fondé les décisions, en termes de connaissances, de capacités et d'intérêts. Elles sont adressées aux parents de l'élève ou à l'élève majeur qui font savoir au chef d'établissement s'ils acceptent les décisions ou s'ils en font appel, dans un délai de trois jours ouvrables à compter de la réception de la notification de ces décisions ainsi motivées.

Art. D. 331-35 En cas d'appel, le chef d'établissement transmet à la commission d'appel les décisions motivées ainsi que tous éléments susceptibles d'éclairer cette instance. Les parents de l'élève ou l'élève majeur qui le demandent sont entendus par la commission. L'élève mineur peut être entendu à sa demande, avec l'accord de ses parents.

Les décisions prises par la commission d'appel valent décisions d'orientation définitives.

(Décr. n° 2014-1377 du 18 nov. 2014, art. 16) « Pour les élèves des classes de troisième et de seconde, lorsque la décision d'orientation définitive n'obtient pas l'assentiment des représentants légaux de l'élève ou de l'élève majeur, ceux-ci peuvent demander le maintien dans le niveau de classe d'origine, conformément aux dispositions de l'article D. 331-37. »

La commission d'appel est présidée par *(Décr. n° 2012-16 du 5 janv. 2012, art. 7)* « le directeur académique des services de l'éducation nationale agissant sur délégation du recteur d'académie » ou son représentant. Elle comprend des chefs d'établissement, des enseignants, des parents d'élèves, des personnels d'éducation et d'orientation nommés par *(Décr. n° 2012-16 du 5 janv. 2012, art. 7)* « le directeur académique des services de l'éducation nationale agissant sur délégation du recteur d'académie ».

La composition et le fonctionnement de la commission d'appel sont précisés par arrêté du ministre chargé de l'éducation.

1. Décision de redoublement. Contrôle du juge. Hors le cas d'erreur manifeste, il n'appartient pas à la juridiction administrative de contrôler l'appréciation à laquelle s'est livré le chef d'établissement sur les mérites et les aptitudes d'un élève. En l'espèce, bien que l'attention de l'élève ait été appelée à l'issue du 2e trimestre sur le caractère déterminant du 3e trimestre pour son passage en seconde, ses résultats se sont dégradés au cours de ce dernier trimestre et les efforts qu'elle a fournis paraissent très insuffisants. Absence d'erreur manifeste d'appréciation dans l'appréciation par le principal du collège de son travail scolaire. • TA Nantes, 21 juin 2007, n° 053748 : *LIJ 2007, n° 119, p. 9.* ♦ Si le requérant soutient que la commission académique d'appel n'a pas pris en compte la spécificité de la situation de son fils, eu égard aux problèmes de santé de celui-ci et de sa mère, il ressort des pièces du dossier que l'élève avait des résultats très faibles dans toutes les matières en raison notamment d'un manque de travail. Par suite, en considérant qu'il avait un niveau insuffisant pour pouvoir passer en classe de seconde générale, la commission d'appel n'a pas commis d'erreur manifeste d'appréciation. La circonstance qu'il ait obtenu son brevet des collèges est sans influence sur la légalité de la décision relative à son passage en classe de seconde. • CAA Bordeaux, 6 juill. 2004, n° 01BX00461.

2. Décision d'orientation. Contrôle du juge. Il n'appartient pas à la juridiction administrative de contrôler les appréciations auxquelles le conseil de classe s'est livré au sujet de l'aptitude d'un élève à poursuivre ses études. • CE 10 janv. 1969, n° 74293 A.

3. Recours. Les décisions prises par la commission d'appel ont un caractère définitif et ne peuvent, par suite, faire l'objet d'un recours gracieux ou hiérarchique. • TA Nice, 3 mars 2009, n° 0803706 : *LIJ 2009, n° 136, p. 11.*

Art. D. 331-36 Les demandes d'orientation, les propositions d'orientation et les décisions d'orientation sont formulées dans le cadre des voies d'orientation définies par arrêté du ministre chargé de l'éducation.

Les voies d'orientation ainsi définies n'excluent pas des parcours scolaires différents pour des cas particuliers sous réserve que soient assurés les aménagements pédago-

giques adéquats. Ils ne peuvent être suivis qu'à la demande ou avec l'accord de la famille ou de l'élève majeur et sont autorisés par le chef d'établissement après consultation des conseils des classes d'origine et d'accueil.

(Décr. n° 2009-148 du 10 févr. 2009, art. 2) **« Pour la voie d'orientation correspondant aux enseignements professionnels, les demandes d'orientation peuvent porter sur** *(Décr. n° 2019-370 du 25 avr. 2019, art. 1er)* **« une ou plusieurs familles de métiers et spécialités professionnelles ». De même, les propositions d'orientation et les décisions d'orientation peuvent inclure à titre de conseil »** *(Décr. n° 2019-370 du 25 avr. 2019, art. 1er)* **« une ou plusieurs familles de métiers et spécialités professionnelles ».**

Sur les voies d'orientation, V. ci-dessous Arr. du 19 juill. 2019.

1. Redoublement. Orientation. Commission d'appel. Accord préalable des représentants légaux. Absence. Dans une affaire où suite à une proposition d'orientation d'un élève en filière professionnelle, alors que le père avait émis le souhait de le voir poursuivre sa scolarité en première générale ou technologique, un chef d'établissement avait proposé que l'élève triple la classe de seconde générale, tout en continuant à lui conseiller une orientation en voie professionnelle, le père de l'élève avait fait appel de cette décision devant la commission d'appel qui avait confirmé l'orientation de l'élève en première professionnelle. Le juge administratif rappelle que les dispositions de l'art. D. 331-36 n'imposent l'accord de la famille que si un parcours scolaire différent est proposé au sein d'une même voie d'orientation. Il conclut que, dès lors, « aucune disposition législative ou réglementaire ne fait obligation à cette commission d'obtenir l'accord préalable des parents pour une orientation en première professionnelle ». • TA Versailles, 2 avr. 2015, n° 1204178 : *LIJ 2015, n° 189, p. 5.*

2. Commission d'appel. Décision. Caractère définitif. Dans cette même affaire, le juge rappelle que les décisions prises par la commission d'appel valent décisions d'orientation ou de redoublement définitives. • TA Versailles, 2 avr. 2015, n° 1204178 : *préc. note 1.* ♦ Dans le même sens : • TA Nice, 3 mars 2009, n° 0803706 : *LIJ 2009, n° 136, p. 11.*

Arrêté du 19 juillet 2019,

Relatif aux voies d'orientation.

Art. 1er Les voies d'orientation prévues par l'article D. 331-36 du code de l'éducation sont les suivantes :

A l'issue de la classe de troisième :

— la classe de seconde générale et technologique ou la classe de seconde à régime spécifique "sciences et technologies de l'hôtellerie et de la restauration" (STHR) ;

— la classe de seconde professionnelle, qui constitue la première année du cycle de préparation en trois ans du baccalauréat professionnel ;

— la première année du cycle de deux ans conduisant à une spécialité de certificat d'aptitude professionnelle ou de certificat d'aptitude professionnelle agricole.

A l'issue de la classe de seconde générale et technologique ou de la classe de seconde à régime spécifique STHR :

— les classes de première puis de terminale de la voie générale qui préparent au baccalauréat général ;

— les classes de première puis de terminale des diverses séries de la voie technologique qui préparent au baccalauréat technologique. Chacune des séries de la voie technologique constitue une voie d'orientation : "sciences et technologies de la santé et du social" (ST2S), "sciences et technologies de l'agronomie et du vivant" (STAV), "sciences et technologies du design et des arts appliqués" (STD2A), "sciences et technologies de l'industrie et du développement durable" (STI2D), "sciences et technologies de l'hôtellerie et de la restauration" (STHR), "sciences et technologies de laboratoire" (STL), "sciences et technologies du management et de la gestion" (STMG), "sciences et techniques du théâtre, de la musique et de la danse" (S2TMD) ;

— les classes de première puis de terminale préparant au brevet de technicien "métiers de la musique".

Art. 2 Les dispositions du présent arrêté sont applicables à Wallis-et-Futuna.

Art. 3 Les dispositions du présent arrêté entrent en application à l'issue de l'année scolaire 2018-2019.

Art. D. 331-37 Lorsque les parents de l'élève ou l'élève majeur n'obtiennent pas satisfaction pour les voies d'orientation demandées, ils peuvent, de droit, obtenir le maintien de l'élève dans sa classe d'origine pour la durée d'une seule année scolaire. – *[Décr. nº 90-484 du 14 juin 1990, art. 15.]*

Art. D. 331-38 *(Décr. nº 2009-148 du 10 févr. 2009, art. 3)* « Le choix des enseignements optionnels, *(Décr. nº 2019-370 du 25 avr. 2019, art. 2)* « familles de métiers » et spécialités d'une voie d'orientation incombe aux parents de l'élève ou à l'élève majeur, éclairés par le dialogue avec les membres de l'équipe éducative et par l'avis du conseil de classe. »

(Décr. nº 2012-16 du 5 janv. 2012, art. 7) « La décision d'affectation est signée par le directeur académique des services de l'éducation nationale, délégataire du recteur pour les formations implantées dans le département ». *(Décr. nº 2018-120 du 20 févr. 2018, art. 1er)* « Il est assisté d'une commission dont la composition et le fonctionnement sont définis par arrêté du ministre chargé de l'éducation. » *(Décr. nº 2009-148 du 10 févr. 2009, art. 3)* « L'affectation de l'élève, à l'issue d'un cycle, dans la voie d'orientation du cycle supérieur est réalisée en fonction des décisions d'orientation et des choix des parents de l'élève ou de l'élève majeur. »

Le changement d'établissement en cours de cycle de formation est autorisé par *(Décr. nº 2012-16 du 5 janv. 2012, art. 7)* « le directeur académique des services de l'éducation nationale agissant sur délégation du recteur d'académie » dont relève l'établissement d'accueil. L'élève est scolarisé dans la même voie d'orientation *(Décr. nº 2010-100 du 27 janv. 2010, art. 5)* « ou dans une voie d'orientation différente, en vertu d'un changement prononcé dans les conditions définies à l'article D. 331-29 » et compte tenu de la formation déjà reçue.

1. Décision d'affectation. Décision susceptible de recours. La décision d'affectation en classe de seconde qui fait droit au troisième vœu d'affectation formulé par l'élève ou ses parents constitue une décision susceptible de recours. • TA Lyon, 6 déc. 2018, nº 1604746 • CAA Nantes, 13 avr. 2018, ♱ nº 16NT02011.

2. Choix des parents. Seul le choix des enseignements optionnels ou des spécialités incombe aux parents de l'élève. • TA Versailles, 20 déc. 2007, nº 0708543 : *LIJ 2008, nº 123, p. 6.*

3. Vœux d'affectation. Procédure de sélection. Illégalité. Il résulte de la combinaison des art. D. 211-10, D. 211-11, D. 331-38 et de l'art. 4 de l'Arr. du 27 janv. 2010 relatif à l'organisation et aux horaires de la classe de seconde des LEGT et des LEGTA que l'élève choisit librement les enseignements d'exploration qu'il souhaite suivre. Aucune sélection en fonction du nombre de places n'est prévue en ce qui concerne ce choix dès lors que les enseignements d'exploration choisis sont assurés dans un établissement de la zone de desserte du lieu de résidence de l'élève ou du secteur de rattachement. Si ces dispositions prévoient l'instauration d'une procédure de sélection lorsque le souhait d'affectation formulé déroge aux principes régissant l'affectation des élèves dans leur zone de desserte, une telle sélection ne peut légalement être mise en œuvre qu'à la condition que les demandes de dérogation excèdent les possibilités d'accueil de l'établissement. • TA Lyon, 6 déc. 2018, nº 1604746.

Art. D. 331-39 Les décisions d'orientation prises dans l'enseignement public sont applicables dans les établissements d'enseignement privés sous contrat. L'admission d'élèves de l'enseignement public dans les établissements d'enseignement privés sous contrat est réalisée en fonction des décisions prises à leur égard.

Les décisions prises par les établissements d'enseignement privés sous contrat sont applicables dans l'enseignement public. L'admission d'élèves des établissements d'enseignement privés sous contrat dans l'enseignement public est réalisée en fonction des décisions prises à leur égard. Les dossiers des élèves issus de l'enseignement public et ceux des élèves issus des établissements d'enseignement privés sous contrat sont examinés par la même commission lors de l'affectation.

Orientation. Établissements privés. Prérogatives de puissance publique (non). Compétence de la juridiction administrative (non). Les requérants contestaient la décision du DASEN qui avait affecté l'intéressé en classe de seconde professionnelle dans un lycée public alors que, sur la proposition du chef d'établissement privé sous contrat dans lequel cet élève était scolarisé, la commission d'appel lui avait refusé le passage en classe de seconde générale. Le juge administratif rappelle que la circonstance que les décisions relatives à l'orientation des élèves des établissements privés sous contrat sont applicables dans l'enseignement public n'est pas de nature à les faire regarder comme comportant l'exercice d'une prérogative de puissance publique et comme étant susceptibles d'être contestées devant la juridiction administrative. Le tribunal rejette les conclusions des requérants dirigées contre la décision de la commission d'appel de l'établissement comme portée devant une juridiction incompétente. • TA Rouen, 26 avr. 2018, n° 1602800 : *LIJ 2018, n° 204, p. 9.*

Art. D. 331-40 **La continuité éducative entre les cycles est assurée notamment au moyen de la transmission de bilans pédagogiques, de rencontres et d'échanges entre enseignants et élèves des cycles concernés.** – *[Décr. n° 90-484 du 14 juin 1990, art. 18.]*

Art. D. 331-41 **Tout élève admis dans un cycle de formation doit pouvoir parcourir la totalité de ce cycle dans l'établissement scolaire** *(Décr. n° 2009-148 du 10 févr. 2009, art. 4)* **« , sous réserve des choix relatifs à la poursuite d'un enseignement optionnel ou de spécialité »** *(Décr. n° 2010-100 du 27 janv. 2010, art. 6)* **« ou d'un changement de voie d'orientation, conformément aux dispositions de l'article D. 331-38, ou en raison de décisions à caractère disciplinaire. »**

Classe de seconde. La classe de seconde constituant à elle seule un cycle, la nécessité d'un changement d'établissement à la fin de cette classe pour satisfaire le choix de la série scientifique ne méconnaît pas les dispositions de cet article. • TA Versailles, 20 déc. 2007, n° 0708543 : *LIJ 2008, n° 123, p. 6.*

Art. D. 331-42 *(Décr. n° 2015-1351 du 26 oct. 2015, art. 1er)* **Tout élève ayant échoué à l'examen du baccalauréat, du brevet de technicien, du brevet de technicien supérieur ou du certificat d'aptitude professionnelle se voit offrir, à la rentrée scolaire qui suit cet échec, en vue de préparer cet examen, le droit à une nouvelle inscription dans l'établissement dont il est issu, le cas échéant selon des modalités adaptées au niveau des connaissances et compétences qu'il a acquises dans les matières d'enseignement correspondant aux épreuves de l'examen. Ce droit ne s'exerce qu'une seule fois. Lorsqu'il est demandé par l'élève, le changement éventuel d'établissement scolaire relève de la compétence du directeur académique des services de l'éducation nationale agissant sur délégation du recteur d'académie.**

Art. D. 331-43 **Le projet d'établissement mentionné à l'article L. 401-1 comporte des dispositions relatives au dialogue et à l'information nécessaires ainsi qu'à l'orientation.**

Les actions menées dans l'établissement scolaire en matière de dialogue, d'information, de préparation de l'orientation, ainsi que les résultats de l'orientation et de l'affectation figurent dans le rapport annuel prévu par l'article L. 421-4. – *[Décr. n° 90-484 du 14 juin 1990, art. 21.]*

Art. D. 331-44 **Les actions menées en matière d'information des élèves, les évolutions générales constatées dans les flux d'orientation et les résultats de l'affectation dans l'académie font l'objet d'un rapport annuel présenté par le recteur au conseil académique de l'éducation nationale.** – *[Décr. n° 90-484 du 14 juin 1990, art. 22.]*

Art. D. 331-45 **Pour leur application à Saint-Pierre-et-Miquelon, les articles suivants sont ainsi modifiés :**

1° Les troisième et quatrième alinéas de l'article D. 331-35 sont remplacés par les alinéas suivants :

"La commission d'appel est présidée par le chef du service de l'éducation nationale ; celui-ci peut se faire représenter. Elle comprend les membres suivants :

"– le proviseur du lycée ;

"– le conseiller principal d'éducation ;

"– le directeur du centre d'information et d'orientation ;

"– trois professeurs, le professeur principal de la classe étant le rapporteur ;

"– deux représentants des parents d'élèves.

"La commission peut s'adjoindre un médecin de santé scolaire et une assistante sociale scolaire.

"Les membres de la commission sont nommés par le chef du service de l'éducation nationale pour une durée d'un an renouvelable, sur proposition des associations pour les représentants des parents d'élèves. Dans les mêmes conditions, ils désignent un nombre égal de suppléants des représentants des parents d'élèves."

2° Les deuxième et troisième alinéas de l'article D. 331-38 sont remplacés par les alinéas suivants :

"L'affectation est de la compétence du chef du service de l'éducation nationale.

"La commission réalise les travaux préalables à l'affectation des élèves et les propose à la décision du chef du service de l'éducation nationale.

"Le changement d'établissement en cours de cycle de formation est autorisé par le chef du service de l'éducation nationale. L'élève est scolarisé dans la même voie d'orientation et compte tenu de la formation déjà reçue."

3° Dans l'article D. 331-42, les mots : *(Décr. n° 2012-16 du 5 janv. 2012, art. 7)* "directeur académique des services de l'éducation nationale agissant sur délégation du recteur d'académie" sont remplacés par les mots : "chef du service de l'éducation nationale".

4° Le deuxième alinéa de l'article D. 331-43 est modifié ainsi qu'il suit :

"Les actions menées dans l'établissement scolaire en matière de dialogue, d'information, de préparation de l'orientation, ainsi que les résultats de l'orientation figurent dans un rapport annuel adressé au chef du service de l'éducation nationale."

SOUS-SECTION 2 LA PROCÉDURE D'ORIENTATION ET D'AFFECTATION DES ÉLÈVES DANS LES ÉTABLISSEMENTS D'ENSEIGNEMENT PRIVÉS SOUS CONTRAT

Art. D. 331-46 Dans les établissements d'enseignement privés mentionnés aux articles L. 442-5 et L. 442-12, la procédure d'orientation et d'affectation des élèves est régie par les dispositions des articles D. 331-47 à D. 331-61.

Art. D. 331-47 *(Décr. n° 2014-1377 du 18 nov. 2014, art. 18)* L'orientation est le résultat du processus continu d'élaboration et de réalisation du projet personnel de formation et d'insertion sociale et professionnelle que l'élève de collège, puis de lycée, mène en fonction de ses aspirations et de ses capacités. La participation de l'élève garantit le caractère personnel de son projet.

Ce processus est conduit avec l'aide des représentants légaux de l'élève, des personnels enseignants et des autres personnels concernés de l'établissement scolaire.

Ce processus prend appui sur le suivi du parcours scolaire de l'élève, qui inclut notamment l'évaluation de la progression de ses acquis, sur son information et celle de ses représentants légaux et sur le dialogue entre ces derniers et les membres de l'équipe éducative. Il se situe dans une perspective de développement des potentialités de l'élève et d'égalité d'accès des filles et des garçons aux formations.

Art. D. 331-48 *(Décr. n° 2014-1377 du 18 nov. 2014, art. 19)* « Le suivi de l'élève est réalisé dans l'établissement scolaire privé par les personnels enseignants. L'équipe pédagogique établit une synthèse du suivi, régulièrement transmise à l'élève et à ses représentants légaux. Elle leur propose à cette occasion, sous la responsabilité du chef d'établissement, les objectifs et modalités pédagogiques permettant l'élaboration puis la réalisation du projet personnel de l'élève. »

Le professeur principal *(Décr. n° 2021-954 du 19 juill. 2021, art. 3)* « , ou le professeur référent de groupes d'élèves du lycée général et technologique », ou un membre de l'équipe pédagogique, facilite la synthèse *(Décr. n° 2014-1377 du 18 nov. 2014, art. 19)* « du suivi ».

Art. D. 331-49 *(Décr. n° 2015-1929 du 31 déc. 2015, art. 11)* L'évaluation des acquis de l'élève, menée en référence au socle commun de connaissances, de compétences et de culture pour le collège, est réalisée par les enseignants. Elle a pour fonction d'aider l'élève à progresser et de rendre compte de ses acquis. Les élèves ainsi que les parents ou le responsable légal sont informés des objectifs, des modalités et des résultats de cette évaluation.

Le bilan des acquis est régulièrement communiqué à l'élève et à ses représentants légaux par le chef d'établissement ou, en son nom, par le professeur principal *(Décr. n° 2021-954 du 19 juill. 2021, art. 4)* « , ou le professeur référent de groupes d'élèves du lycée général et technologique, » ou par un membre de l'équipe pédagogique. En fonction de ce bilan, les enseignants proposent, le cas échéant, des modalités d'accompagnement afin de permettre à l'élève d'atteindre les objectifs du cycle.

Au collège, ces éléments sont consignés dans le livret scolaire, conformément à l'article D. 311-7.

Au lycée, les synthèses du suivi et les bilans des évaluations sont conservés dans le dossier scolaire de l'élève.

Art. D. 331-50 Le droit à l'information sur les enseignements et les professions est organisé à la diligence du chef d'établissement après consultation, notamment, des équipes pédagogiques *(Décr. n° 2019-218 du 21 mars 2019, art. 9)* « , en lien avec la région, conformément au cadre national de référence établi conjointement par l'État et les régions. »

Le chef d'établissement et les équipes pédagogiques prennent toutes dispositions utiles pour permettre l'accès des élèves à cette information.

Art. D. 331-51 *(Décr. n° 2010-100 du 27 janv. 2010, art. 7)* « A l'intérieur du cycle terminal de la voie générale et de la voie technologique des lycées privés sous contrat, un changement de voie d'orientation peut être réalisé en cours ou en fin d'année sur demande écrite des représentants légaux ou de l'élève majeur, après avis du conseil de classe. Lorsque ce changement a lieu dans le même établissement, il est prononcé par le chef d'établissement dans le délai d'un mois qui suit la demande. Lorsque le changement implique l'affectation dans un établissement public, il est prononcé par *(Décr. n° 2012-16 du 5 janv. 2012, art. 7)* « le directeur académique des services de l'éducation nationale agissant sur délégation du recteur d'académie », dans les conditions prévues à l'article D. 331-38, après avis du chef de l'établissement d'accueil. »

Art. D. 331-52 Au cours de l'année terminale *(Décr. n° 2014-1377 du 18 nov. 2014, art. 22, et Décr. n° 2015-1394 du 2 nov. 2015, art. 2)* « du cycle 4 » des collèges, le conseil de la classe réuni sous la présidence du chef d'établissement procède à un bilan afin de déterminer si l'élève a atteint les objectifs du cycle considéré. Le résultat de ce bilan est communiqué à l'élève et à ses parents par le chef d'établissement ou, en son nom, par le professeur principal.

Art. D. 331-53 En fonction du bilan effectué selon le processus défini à l'article D. 331-47, les parents de l'élève ou l'élève majeur formulent des demandes d'orientation dans le cadre des voies d'orientation et des parcours définis conformément à l'article D. 331-36.

Art. D. 331-54 Le conseil de la classe réuni sous la présidence du chef d'établissement formule des propositions d'orientation dans le cadre des voies d'orientation et des parcours définis conformément à l'article D. 331-36.

(Décr. n° 2010-100 du 27 janv. 2010, art. 8) « Lorsque ces propositions ne sont pas conformes aux demandes, le conseil de classe peut recommander que l'élève suive un dispositif de remise à niveau. »

Lorsque les parents d'un élève ou un élève majeur manifestent leur intention d'interrompre les études en cours de cycle ou avant la présentation au diplôme de fin de cycle, le conseil de la classe réuni sous la présidence du chef d'établissement prend toutes dispositions pour les inciter à achever le cycle et, si besoin est, pour les informer sur les possibilités de formation, y compris le retour ultérieur en formation initiale. L'avis de l'élève mineur est recueilli.

Art. D. 331-55 Lorsque ces propositions sont conformes aux demandes d'orientation, le chef d'établissement prend ses décisions conformément aux propositions du conseil de la classe réuni sous sa présidence et les notifie aux parents de l'élève ou à l'élève majeur. – *[Décr. n° 91-372 du 16 avr. 1991, art. 9.]*

Art. D. 331-56 Lorsque les propositions ne sont pas conformes aux demandes, le chef d'établissement, ou son représentant, reçoit l'élève et ses parents ou l'élève majeur, pour les informer des propositions du conseil de la classe réuni sous sa présidence et recueillir leurs observations. *(Décr. n° 2010-100 du 27 janv. 2010, art. 9)* « Le chef d'établissement présente, à cette occasion, les recommandations émises par le conseil de classe dans les conditions définies à l'article D. 331-54. »

Les décisions d'orientation sont ensuite prises par le chef d'établissement qui les notifie aux parents de l'élève ou à l'élève majeur et en informe l'équipe pédagogique.

(Décr. nº 2014-1377 du 18 nov. 2014, art. 25) « Le chef d'établissement peut conseiller, notamment quand le conseil de classe l'a recommandé, à l'élève et à ses représentants légaux que celui-ci suive un dispositif de remise à niveau. »

Les décisions non conformes aux demandes font l'objet de motivations signées par le chef d'établissement.

Les motivations comportent les éléments objectifs ayant fondé les décisions, en termes de connaissances, de capacités et d'intérêts. Elles sont adressées aux parents de l'élève ou à l'élève majeur qui font savoir au chef d'établissement s'ils acceptent les décisions ou s'ils en font appel, dans un délai de trois jours ouvrables à compter de la réception de la notification de ces décisions ainsi motivées.

Art. D. 331-57 *(Décr. nº 2014-1377 du 18 nov. 2014, art. 26)* « Les responsables légaux de l'élève, ou l'élève majeur peuvent saisir une commission d'appel. » En cas d'appel, le chef d'établissement transmet à la commission les décisions d'orientation motivées ainsi que tous les éléments susceptibles d'éclairer cette instance. La commission d'appel comprend, pour les deux tiers au moins de ses membres, des chefs d'établissement, des professeurs, des représentants de parents d'élèves. Aucun membre de la commission ne siège lorsque le dossier d'un de ses élèves ou de ses enfants est examiné. Les parents de l'élève ou l'élève majeur qui le demandent sont entendus par la commission. L'élève mineur est entendu à sa demande, avec l'accord de ses parents.

Les décisions prises par la commission d'appel valent décisions d'orientation définitives.

(Décr. nº 2014-1377 du 18 nov. 2014, art. 26) « Pour les élèves des classes de troisième et de seconde, lorsque la décision d'orientation définitive n'obtient pas l'assentiment des représentants légaux de l'élève ou de l'élève majeur, ceux-ci peuvent demander le maintien dans le niveau de classe d'origine, conformément aux dispositions de l'article D. 331-58. »

La composition et les règles de fonctionnement de la commission, ainsi que les décisions qu'elle prend, sont communiquées *(Décr. nº 2012-16 du 5 janv. 2012, art. 7)* « au directeur académique des services de l'éducation nationale agissant sur délégation du recteur d'académie ».

Art. D. 331-58 Lorsque les parents de l'élève ou l'élève majeur n'obtiennent pas satisfaction pour les voies d'orientation demandées, ils peuvent, de droit, obtenir le maintien de l'élève dans sa classe d'origine pour la durée d'une seule année scolaire. – *[Décr. nº 91-372 du 16 avr. 1991, art. 12.]*

Art. D. 331-59 *(Décr. nº 2009-148 du 10 févr. 2009, art. 6)* Le choix des enseignements optionnels, *(Décr. nº 2019-370 du 25 avr. 2019, art. 2)* « familles de métiers » et spécialités d'une voie d'orientation incombe aux parents de l'élève ou à l'élève majeur, éclairés par le dialogue avec les membres de l'équipe éducative et par l'avis du conseil de la classe réuni sous la présidence du chef d'établissement.

Art. D. 331-60 Tout élève admis dans un cycle de formation doit pouvoir parcourir la totalité de ce cycle dans l'établissement scolaire *(Décr. nº 2009-148 du 10 févr. 2009, art. 7)* « , sous réserve des choix relatifs à la poursuite d'un enseignement optionnel ou de spécialité » *(Décr. nº 2010-100 du 27 janv. 2010, art. 10)* « ou d'un changement de voie d'orientation conformément aux dispositions de l'article D. 331-51, ou en raison de décisions à caractère disciplinaire. »

Art. D. 331-61 *(Décr. nº 2015-1351 du 26 oct. 2015, art. 2)* Tout élève ayant échoué à l'examen du baccalauréat, du brevet de technicien, du brevet de technicien supérieur ou du certificat d'aptitude professionnelle se voit offrir, à la rentrée scolaire qui suit cet échec, en vue de préparer cet examen, le droit à une nouvelle inscription dans l'établissement dont il est issu, le cas échéant selon des modalités adaptées au niveau des connaissances et compétences qu'il a acquises dans les matières d'enseignement correspondant aux épreuves de l'examen. Ce droit ne s'exerce qu'une seule fois.

SECTION V LE REDOUBLEMENT

(Décr. nº 2014-1377 du 18 nov. 2014, art. 27)

Art. D. 331-62 *(Décr. nº 2018-119 du 20 févr. 2018, art. 3)* A tout moment de l'année scolaire, lorsque l'élève rencontre des difficultés importantes d'apprentissage, un dispositif d'accompagnement pédagogique est mis en place. A titre exceptionnel, lorsque le dispositif d'accompagnement pédagogique mis en place n'a pas permis de pallier les difficultés importantes d'apprentissage rencontrées par l'élève, un redoublement peut être décidé par le chef d'établissement en fin d'année scolaire. Cette décision intervient à la suite d'une phase de dialogue avec l'élève et ses représentants légaux ou l'élève lui-même lorsque ce dernier est majeur et après que le conseil de classe s'est prononcé, conformément à l'article L. 311-7.

La décision de redoublement est notifiée par le chef d'établissement aux représentants légaux de l'élève ou à l'élève lui-même lorsqu'il est majeur. Ces derniers peuvent faire appel de cette décision dans les conditions prévues par les articles D. 331-34, D. 331-35, D. 331-56 et D. 331-57.

La mise en œuvre d'une décision de redoublement s'accompagne d'un dispositif d'accompagnement pédagogique spécifique de l'élève concerné, qui peut notamment prendre la forme d'un programme personnalisé de réussite éducative.

Une seule décision de redoublement peut intervenir durant la scolarité d'un élève avant la fin du cycle 4 mentionné à l'article D. 311-10, sans préjudice des dispositions de l'article D. 351-7. Toutefois, une seconde décision de redoublement peut être prononcée, avant la fin du cycle 4, après l'accord préalable du directeur académique des services de l'éducation nationale.

Art. D. 331-63 Les dispositions des articles D. 331-34, D. 331-35, D. 331-56 et D. 331-57 sont applicables en cas de rejet des demandes de redoublement.

Art. D. 331-64 Lorsqu'elle a été arrêtée, la décision de redoublement s'impose à l'égard des établissements d'enseignement publics et à l'égard des établissements d'enseignement privés sous contrat.

En cas de décision de redoublement, l'admission d'élèves issus de l'enseignement public dans un établissement d'enseignement privé sous contrat ou l'admission d'élèves des établissements d'enseignement privés sous contrat dans l'enseignement public est réalisée selon les modalités définies à l'article D. 331-39.

SECTION V *BIS* L'ORIENTATION POST-BACCALAURÉAT DANS LES LYCÉES

(Décr. n° 2018-120 du 20 févr. 2018, art. 2)

Art. D. 331-64-1 En classe terminale des lycées, dans le cadre du dispositif d'information et d'orientation mentionné au deuxième alinéa *(Décr. n° 2018-172 du 9 mars 2018, art. 6)* « du I » de l'article L. 612-3 qui s'inscrit dans un processus continu de dialogue entre l'élève, ses représentants légaux si l'élève est mineur et l'équipe pédagogique, le chef d'établissement émet, après que le conseil de classe s'est prononcé, un avis sur chacun des vœux de poursuite d'études de l'élève dans l'enseignement supérieur.

SECTION VI LES CONSEILLERS ENTREPRISES POUR L'ÉCOLE

(Décr. n° 2017-960 du 10 mai 2017, art. 1er)

Art. D. 331-65 Les conseillers entreprises pour l'école assurent une mission de coopération entre leurs organisations professionnelles ou interprofessionnelles et les services académiques et les établissements d'enseignement.

Ils contribuent aux actions qui ont pour objet de rapprocher le système éducatif de son environnement économique en vue de favoriser la future insertion sociale et professionnelle des élèves, notamment dans le cadre de la mise en œuvre du parcours individuel d'information, d'orientation et de découverte du monde économique et professionnel prévu par l'article L. 331-7.

Art. D. 331-66 Une convention conclue entre le recteur d'académie et les représentants des organisations professionnelles ou interprofessionnelles définit les objectifs et les conditions d'exercice des missions des conseillers entreprises pour l'école. Elle est conclue pour une durée de trois ans.

Art. D. 331-67 Les conseillers entreprises pour l'école sont des représentants des professions désignés par les recteurs d'académie sur proposition des organisations professionnelles ou interprofessionnelles.

Les candidatures, assorties de propositions portant sur l'étendue et la durée des missions susceptibles d'être confiées à chaque conseiller entreprises pour l'école, sont présentées au recteur d'académie par les organisations professionnelles ou interprofessionnelles ayant conclu une convention prévue à l'article D. 331-66.

Un arrêté du recteur d'académie fixe chaque année la liste nominative des conseillers entreprises pour l'école.

CHAPITRE II LES ENSEIGNEMENTS DISPENSÉS DANS LES COLLÈGES

SECTION PREMIÈRE L'ORGANISATION DE LA FORMATION AU COLLÈGE

Art. D. 332-1 Le collège accueille tous les élèves ayant suivi leur scolarité élémentaire. Il leur assure, dans le cadre de la scolarité obligatoire, la formation qui sert de base à l'enseignement secondaire et les prépare ainsi aux voies de formation ultérieures. – *[Décr. n° 96-465 du 29 mai 1996, art. 1er.]*

Art. D. 332-2 *(Décr. n° 2015-544 du 19 mai 2015, art. 1er)* Le collège dispense à chaque élève, sans distinction, une formation générale qui lui permet d'acquérir, au meilleur niveau de maîtrise possible, le socle commun de connaissances, de compétences et de culture défini en application de l'article L. 122-1-1 et dont l'acquisition a commencé dès le début de la scolarité obligatoire.

Art. D. 332-3 *(Décr. n° 2013-682 du 24 juill. 2013, art. 2)* « L'enseignement est organisé en quatre niveaux, d'une durée d'un an chacun, relevant de deux cycles pédagogiques conformément à l'article D. 311-10. ».

Art. D. 332-4 *(Décr. n° 2015-544 du 19 mai 2015, art. 2)* I. – Les enseignements obligatoires dispensés au collège se répartissent en enseignements communs à tous les élèves et en enseignements complémentaires définis par l'article L. 332-3.

Les programmes des enseignements communs, le volume horaire des enseignements communs et complémentaires, ainsi que les conditions dans lesquelles ce dernier peut être modulé par les établissements, sont fixés par arrêté du ministre chargé de l'éducation. Cet arrêté fixe également le cadre des enseignements complémentaires dont le contenu est défini par chaque établissement.

Cet arrêté peut prévoir d'autres enseignements pour les élèves volontaires.

II. – Conformément à l'article R. 421-41-3, le conseil pédagogique est consulté sur la préparation de l'organisation des enseignements. En application du 2° de l'article R. 421-2, l'organisation des enseignements est fixée par le conseil d'administration, après avis du conseil pédagogique et conformément au projet d'établissement.

(Abrogé par CE du 1er juin 2016, nos 390958) « L'amplitude quotidienne ne dépasse pas six heures d'enseignement pour les élèves de sixième, sauf dérogation accordée par le recteur d'académie en cas de contraintes spécifiques.

« Une pause méridienne d'une durée minimale d'une heure trente minutes est assurée à chaque élève, sauf dérogation accordée par le recteur d'académie en cas de contraintes spécifiques. »

III. – Pour la mise en œuvre du premier alinéa du II dans les établissements d'enseignement privés sous contrat, l'organisation des enseignements est fixée par le chef d'établissement en concertation avec les professeurs. Ces derniers sont informés par le chef d'établissement des suites de cette consultation. *(Abrogé par CE nos 390956 et 390958 du 1er juin 2016) « Dans ces établissements, les deux derniers alinéas du II ne sont pas applicables. »*

Sur l'organisation des enseignements dans les classes de collège, V. ci-dessous Arr. du 19 mai 2015.

Arrêté du 19 mai 2015,

Relatif à l'organisation des enseignements dans les classes de collège.

Art. 1er Les enseignements obligatoires dispensés au collège sont organisés conformément aux volumes horaires précisés dans les tableaux en annexe.

Art. 2 Le volume horaire et les programmes des enseignements communs d'un cycle sont identiques pour tous les élèves.

Art. 3 I. — Les contenus des enseignements complémentaires sont établis en fonction des objectifs de connaissances et de compétences du socle commun de connaissances, de compétences et de culture et des programmes des cycles concernés.

II. — Les enseignements complémentaires prennent la forme de temps d'accompagnement personnalisé *(Arr. du 16 juin 2017, art. 1er)* « ou » d'enseignements pratiques interdisciplinaires :

a) L'accompagnement personnalisé s'adresse à tous les élèves selon leurs besoins ; il est destiné à soutenir leur capacité d'apprendre et de progresser, notamment dans leur travail personnel, à améliorer leurs compétences et à contribuer à la construction de leur autonomie intellectuelle ;

b) Les enseignements pratiques interdisciplinaires permettent de construire et d'approfondir des connaissances et des compétences par une démarche de projet conduisant à une réalisation concrète, individuelle ou collective. *(Arr. du 16 juin 2017, art. 1er)* « A l'issue du cycle 4, tout élève doit avoir bénéficié de chacune des formes d'enseignements complémentaires. Ces derniers contribuent, avec les autres enseignements, à la mise en œuvre du parcours citoyen, du parcours d'éducation artistique et culturelle, du parcours éducatif de santé ainsi que du parcours Avenir. »

Art. 4 *(Arr. du 16 juin 2017, art. 2)* La répartition entre les enseignements complémentaires est déterminée par l'établissement, en fonction des besoins des élèves accueillis et du projet pédagogique de l'établissement. Elle est identique pour tous les élèves d'un même niveau.

Dans les collèges publics, cette répartition est fixée par le conseil d'administration après avis du conseil pédagogique.

Dans les collèges privés sous contrat, cette répartition est fixée par le chef d'établissement en concertation avec les professeurs. Ces derniers sont informés par le chef d'établissement des suites de cette consultation.

Art. 5 *(Arr. du 16 juin 2017, art. 3)* Conformément au 1° de l'article L. 121-3 du code de l'éducation, un enseignement commun ou un enseignement complémentaire peut à chaque niveau être dispensé dans une langue vivante étrangère, ou régionale, à la condition que l'enseignement en langue étrangère, ou régionale, ne représente pas plus de la moitié du volume horaire de l'enseignement considéré.

Art. 6 *(Arr. du 16 juin 2017, art. 4)* Outre la dotation horaire correspondant aux enseignements obligatoires, une dotation horaire, sur la base de trois heures par semaine et par division, est mise à la disposition des établissements qui en arrêtent l'emploi conformément à l'article D. 332-5 du code de l'éducation et dans les conditions prévues aux II et III de l'article D. 332-4.

Cette dotation horaire attribuée à l'établissement lui permet de favoriser le travail en groupes à effectifs réduits et les interventions conjointes de plusieurs enseignants. En outre, elle peut être utilisée pour proposer un ou plusieurs enseignements facultatifs.

Art. 7 *(Arr. du 16 juin 2017, art. 5)* Les enseignements facultatifs peuvent porter sur :

a) les langues et cultures de l'Antiquité au cycle 4, dans la limite d'une heure hebdomadaire en classe de cinquième et de trois heures hebdomadaires pour les classes de quatrième et de troisième ;

b) une deuxième langue vivante étrangère, ou régionale, en classe de sixième. Le cas échéant, l'enseignement des deux langues vivantes se fait dans la limite de six heures hebdomadaires ;

c) un enseignement de langues et cultures européennes, s'appuyant sur l'une des langues vivantes étudiées, dans la limite de deux heures hebdomadaires au cycle 4 ;

d) les langues et cultures régionales, en classe de sixième et au cycle 4, dans la limite de deux heures hebdomadaires ;

(Arr. du 9 janv. 2018) « *e)* un enseignement de chant choral rassemblant des élèves de l'ensemble des niveaux du collège, de 72 heures annuelles, dont au moins une heure hebdomadaire. »

Le cas échéant, une dotation horaire spécifique peut être attribuée à cette fin.

Art. 8 *(Arr. 10 avr. 2019, art. 1er)* L'organisation des enseignements des classes de troisième dites "prépa-métiers", implantées dans des collèges, des lycées professionnels ou des lycées polyvalents, permet la poursuite de l'acquisition du socle commun de connaissances, de compétences et de culture mentionné à l'article L. 122-1-1 du code de l'éducation. S'y ajoute un enseignement de découverte professionnelle des métiers et des formations professionnelles, pour lequel ces classes disposent d'un complément de dotation horaire spécifique.

Ces élèves bénéficient de stages en milieu professionnel et de périodes d'immersion, dans les lycées professionnels ou polyvalents, dans des centres de formation d'apprentis, ou des unités de formation par apprentissage.

Art. 9 *(Arr. du 16 juin 2017, art. 7)* L'établissement peut moduler la répartition du volume horaire hebdomadaire par discipline, dans le respect à la fois du volume horaire global dû à chaque discipline d'enseignement obligatoire pour la durée du cycle, du volume horaire global annuel des enseignements obligatoires dû à chaque élève et des obligations réglementaires de service des enseignants. La répartition du volume horaire des enseignements obligatoires doit rester identique pour tous les élèves d'un même niveau. Toutes les disciplines d'enseignement obligatoire sont enseignées chaque année du cycle.

Dans les collèges publics, cette modulation est fixée par le conseil d'administration après avis du conseil pédagogique.

Dans les collèges privés sous contrat, cette modulation est fixée par le chef d'établissement en concertation avec les professeurs. Ces derniers sont informés par le chef d'établissement des suites de cette consultation.

Art. 10 *Abrogé par Arr. du 16 juin 2017, art. 8.*

Art. 11 L'arrêté du 29 mai 1996 relatif à l'organisation des enseignements dans les classes de sixième de collège, l'arrêté du 26 décembre 1996 relatif à l'organisation des enseignements du cycle central de collège (classes de cinquième et de quatrième), l'arrêté du 2 juillet 2004 relatif à l'organisation des enseignements du cycle d'orientation de collège (classe de troisième), l'arrêté du 14 février 2005 relatif à l'enseignement de l'option facultative de découverte professionnelle (trois heures hebdomadaires) en classe de troisième ainsi que l'arrêté du 14 février 2005 relatif à l'enseignement du module de découverte professionnelle (six heures hebdomadaires) en classe de troisième sont abrogés.

Art. 12 Le présent arrêté est applicable dans les îles Wallis-et-Futuna.

Art. 13 Le présent arrêté entre en vigueur à compter de la rentrée scolaire 2016.

ANNEXES

ANNEXE 1

Niveau sixième (cycle 3)

(Arr. du 16 juin 2017, art. 9)

Volumes horaires des enseignements obligatoires applicables aux élèves du niveau sixième de collège.

ENSEIGNEMENTS	HORAIRES hebdomadaires
Éducation physique et sportive	4 heures
Enseignements artistiques (*) (arts plastiques + éducation musicale)	1 heure + 1 heure
Français	4,5 heures
Histoire – Géographie – Enseignement moral et civique	3 heures
Langue vivante	4 heures
Mathématiques	4,5 heures
SVT, technologie, physique-chimie	4 heures
Total (**)	26 heures, dont 3 heures d'enseignements complémentaires
(*) Chacun de ces enseignements peut être organisé à raison de 2 heures hebdomadaires sur un semestre. (**) S'y ajoutent au moins 10 heures annuelles de vie de classe.	

ANNEXE 2

NIVEAUX DU CYCLE 4

(Arr. du 10 avril 2019, art. 2)

Volumes horaires des enseignements obligatoires applicables aux élèves des niveaux du cycle 4 de collège.

ENSEIGNEMENTS	HORAIRES HEBDOMADAIRES		
	Cinquième	Quatrième	Troisième
Éducation physique et sportive	3 heures	3 heures	3 heures
Enseignements artistiques (*) (arts plastiques + éducation musicale)	1 heure + 1 heure	1 heure + 1 heure	1 heure + 1 heure
Français	4,5 heures	4,5 heures	4 heures
Histoire – Géographie – Enseignement moral et civique	3 heures	3 heures	3,5 heures
Langue vivante 1	3 heures	3 heures	3 heures
Langue vivante 2	2,5 heures	2,5 heures	2,5 heures
Mathématiques	3,5 heures	3,5 heures	3,5 heures
SVT	1,5 heure	1,5 heure	1,5 heure
Technologie	1,5 heure	1,5 heure	1,5 heure
Physique-Chimie	1,5 heure	1,5 heure	1,5 heure
Total (**)	26 heures, dont 4 heures d'enseignements complémentaires		

(*) Chacun de ces enseignements peut être organisé à raison de 2 heures hebdomadaires sur un semestre.

(**) S'y ajoutent au moins 10 heures annuelles de vie de classe par niveau, ainsi que, à titre indicatif, selon les besoins des élèves et les modalités de l'accompagnement à l'orientation mises en place dans l'établissement, 12 heures annuelles d'accompagnement à l'orientation en classe de quatrième et 36 heures annuelles en classe de troisième.

Art. D. 332-4-1 *Abrogé par Décr. n° 2014-29 du 14 janv. 2014, art. 1er.*

Art. D. 332-5 *(Décr. n° 2014-1377 du 18 nov. 2014, art. 30)* **Le collège offre, conformément au principe d'inclusion prévu à l'article L. 111-1 et sans constituer de filières, un enseignement et une organisation pédagogique appropriés à la diversité des élèves, afin de leur permettre d'acquérir, au niveau de maîtrise le plus élevé possible, les connaissances et les compétences du socle commun de connaissances, de compétences et de culture mentionné à l'article L. 122-1-1.**

L'enseignement repose sur des pratiques pédagogiques diversifiées et différenciées qui visent à permettre à tous les élèves de progresser dans leurs apprentissages et qui intègrent les aides appropriées aux difficultés rencontrées. Ces pratiques sont régulièrement ajustées pour tenir compte de l'évolution des besoins de chaque élève.

La mise en œuvre des modalités de différenciation relève de l'autonomie des établissements.

Art. D. 332-6 *(Décr. n° 2014-1377 du 18 nov. 2014, art. 31)* **A tout moment de la scolarité, un accompagnement pédagogique spécifique est apporté aux élèves qui manifestent des besoins éducatifs particuliers, notamment ceux qui présentent des capacités singulières ou qui éprouvent des difficultés importantes dans l'acquisition du socle**

commun de connaissances, de compétences et de culture. Cet accompagnement est mis en place par les équipes pédagogiques, sous l'autorité du chef d'établissement, en associant l'élève et ses représentants légaux.

Lorsqu'il apparaît que l'élève risque de ne pas maîtriser à un niveau requis certaines connaissances et compétences attendues à la fin d'un cycle, l'équipe pédagogique définit et met en œuvre, sous la coordination du professeur principal, un programme personnalisé de réussite éducative, prévu par l'article L. 311-3-1, qui doit faciliter la progression de l'élève dans ses apprentissages. La mise en œuvre de ce programme peut également faire appel à des enseignants extérieurs à l'équipe pédagogique de la classe ou à d'autres professionnels qualifiés.

Les élèves intellectuellement précoces ou manifestant des aptitudes particulières bénéficient d'aménagements appropriés. Le cas échéant, ces élèves peuvent bénéficier des dispositions prévues à l'article D. 311-13. En accord avec leurs représentants légaux, leur scolarité peut être accélérée en fonction de leur rythme d'apprentissage.

Lorsqu'il apparaît à l'équipe pédagogique qu'un élève tirerait profit d'un aménagement de son parcours scolaire, des dispositifs spécifiques à vocation transitoire comportant, le cas échéant, des aménagements d'horaires et de programmes peuvent lui être proposés avec l'accord de ses représentants légaux.

Les élèves allophones nouvellement arrivés en France bénéficient d'actions particulières favorisant leur accueil et leur scolarisation.

Art. D. 332-7 Des enseignements adaptés sont organisés dans le cadre de sections d'enseignement général et professionnel adapté, pour la formation des élèves qui connaissent des difficultés scolaires graves et durables. Les élèves y sont admis sur décision *(Décr. n° 2012-16 du 5 janv. 2012, art. 7)* « du directeur académique des services de l'éducation nationale agissant sur délégation du recteur d'académie », après accord des parents ou du représentant légal et avis d'une commission départementale créée à cet effet, par arrêté du ministre chargé de l'éducation.

La commission départementale est présidée par *(Décr. n° 2012-16 du 5 janv. 2012, art. 7)* « le directeur académique des services de l'éducation nationale agissant sur délégation du recteur d'académie » et composée de membres des corps d'inspection, de personnels de direction, d'enseignants, de représentants de parents d'élèves, du médecin conseiller technique départemental, de l'assistant social conseiller technique départemental, d'un directeur de centre d'information et d'orientation *(Décr. n° 2019-218 du 21 mars 2019, art. 5)* « , d'un ou deux psychologues de l'éducation nationale », d'un assistant de service social, d'un pédopsychiatre, désignés dans les conditions définies par arrêté du ministre chargé de l'éducation.

En application de l'article L. 351-1 du code de l'éducation, les élèves qui ont fait l'objet d'une décision de la commission mentionnée à l'article L. 146-9 du code de l'action sociale et des familles sont affectés en section d'enseignement général et professionnel adapté.

Les commissions départementales d'orientation vers les enseignements adaptés du second degré sont renouvelées pour une durée de 5 ans à compter du 8 juin 2020 (Décr. n° 2020-631 du 25 mai 2020, art. 1er).

Art. D. 332-8 Des formations partiellement ou totalement aménagées sont organisées, en tant que de besoin, au sein de dispositifs adaptés prévus à l'article L. 112-1, dans le cadre du projet personnalisé de scolarisation pour des élèves présentant un handicap ou un trouble de la santé invalidant.

Les conditions dans lesquelles d'autres formations adaptées peuvent être dispensées à ces élèves sont définies par le même article L. 112-1. – *[Décr. n° 96-465 du 29 mai 1996, art. 5-3.]*

Art. D. 332-9 Des formations, partiellement ou totalement aménagées, sont organisées, le cas échéant dans des structures particulières, pour répondre à des objectifs d'ordre linguistique, artistique, sportif.

Les modalités d'organisation des formations, partiellement ou totalement aménagées, sont définies par le ministre chargé de l'éducation, le cas échéant conjointement avec les ministres intéressés. – *[Décr. n° 96-465 du 29 mai 1996, art. 5-4.]*

Art. D. 332-10 Peuvent être proposées aux élèves, en réponse à un projet personnel, des formations à vocation technologique ou d'initiation professionnelle dispensées dans des établissements d'enseignement agricole. Les modalités d'organisation en sont définies par arrêté du ministre chargé de l'éducation et du ministre chargé de l'agriculture – *[Décr. nº 96-465 du 29 mai 1996, art. 5-5.]*

Art. D. 332-11 Dans les zones d'éducation prioritaire, les formations mentionnées à l'article D. 332-10 se conjuguent avec les dispositions existantes. – *[Décr. nº 96-465 du 29 mai 1996, art. 5-6.]*

Art. D. 332-12 Le diplôme national du brevet sanctionne la formation acquise à l'issue de la scolarité suivie dans les collèges ou dans les classes de niveau équivalent situées dans d'autres établissements. – *[Décr. nº 96-465 du 29 mai 1996, art. 6.]*

Art. D. 332-13 *(Décr. nº 2014-1377 du 18 nov. 2014, art. 32)* « Si, au terme de la scolarité obligatoire, un élève ne maîtrise pas le socle commun de connaissances, de compétences et de culture permettant la poursuite de la scolarité, un bilan personnalisé lui est proposé. Il précise les éléments de réussite du parcours de l'élève, en référence à ce socle. »

Il donne lieu à la délivrance d'une attestation, prise en compte pour l'acquisition du certificat de formation générale, notamment pour les élèves scolarisés dans les enseignements adaptés.

Art. D. 332-14 Afin de développer les connaissances des élèves sur l'environnement technologique, économique et professionnel, et notamment dans le cadre de l'éducation à l'orientation, l'établissement peut organiser, dans les conditions prévues par le code du travail, des visites d'information et des séquences d'observation dans des entreprises, des associations, des administrations, des établissements publics ou des collectivités territoriales. En classe de troisième, tous les élèves accomplissent une séquence d'observation en milieu professionnel. L'établissement organise également des stages auprès de ceux-ci pour les élèves âgés de 14 ans au moins qui suivent une formation dont le programme d'enseignement comporte une initiation aux activités professionnelles.

Dans tous les cas, une convention est passée entre l'établissement dont relève l'élève et l'organisme concerné. Le ministre chargé de l'éducation élabore à cet effet une convention-cadre. – *[Décr. nº 96-465 du 29 mai 1996, art. 8.]*

Art. D. 332-15 Dans l'enseignement public, après affectation par *(Décr. nº 2012-16 du 5 janv. 2012, art. 7)* « le directeur académique des services de l'éducation nationale agissant sur délégation du recteur d'académie », l'élève est inscrit dans un collège par le chef d'établissement, à la demande des parents ou du responsable légal.

SECTION II LE DIPLÔME NATIONAL DU BREVET

Art. D. 332-16 *(Décr. nº 2012-1351 du 4 déc. 2012, art. 1er)* Le diplôme national du brevet comporte deux séries : série générale, série professionnelle.

Art. D. 332-17 *(Décr. nº 2015-1929 du 31 déc. 2015, art. 12)* Pour les candidats scolaires issus des classes de troisième des établissements d'enseignement publics ou des établissements d'enseignement privés ayant conclu un contrat avec l'État et pour les candidats ayant préparé le diplôme national du brevet par la voie de la formation professionnelle continue dans un établissement public, le diplôme est attribué sur la base de l'évaluation du niveau de maîtrise de chacune des composantes du premier domaine et de chacun des quatre autres domaines du socle commun de connaissances, de compétences et de culture, conformément à l'article D. 122-3, ainsi que des notes obtenues à un examen.

Les modalités d'attribution du diplôme national du brevet sont précisées par un arrêté du ministre chargé de l'éducation.

Sur les modalités d'attribution du diplôme national du brevet, V. ci-dessous Arr. du 31 déc. 2015.

Arrêté du 31 décembre 2015,

Relatif aux modalités d'attribution du diplôme national du brevet.

Art. 1er Le diplôme national du brevet, dont les conditions de délivrance sont fixées par le présent arrêté, comporte deux séries : une série générale et une série professionnelle.

Art. 2 Peuvent se présenter à la série générale les élèves des classes de troisième des collèges. Peuvent se présenter à la série générale ou à la série professionnelle les élèves des classes de troisième qui bénéficient de dispositifs particuliers.

Les autres candidats choisissent la série à laquelle ils postulent.

Art. 3 Le diplôme national du brevet est attribué selon les modalités définies à l'article 5 aux candidats dits " scolaires ", à savoir les candidats :

a) Des classes de troisième des établissements publics ou privés sous contrat ;

b) Des classes de troisième des établissements d'enseignement français à l'étranger figurant sur la liste prévue à l'article 2 du décret n° 93-1084 du 9 septembre 1993 ;

c) Qui sont scolarisés, soit en classe de troisième au Centre national d'enseignement à distance (CNED), soit, au titre de la formation continue, dans un groupement d'établissements scolaires (GRETA) ou dans un centre de formation d'apprentis (CFA) de l'éducation nationale ;

d) Des unités d'enseignement des établissements et services médico-sociaux mentionnées à l'article D. 351-17 du code de l'éducation.

Art. 4 Le diplôme national du brevet est attribué dans les conditions fixées à l'article 9 aux candidats dits " individuels " à savoir les candidats :

a) Scolarisés en classe de troisième, ou équivalente, dans des établissements non mentionnés à l'article 3 ;

b) Sous statut scolaire qui ont accompli une classe de troisième ou une classe équivalente ;

c) Âgés de seize ans ou plus et qui ont suivi une formation équivalente à une formation en classe de troisième ;

d) Suivant une instruction dans leur famille.

Art. 5 Pour les candidats mentionnés à l'article 3, sont pris en compte pour l'attribution du diplôme national du brevet :

a) Le niveau de maîtrise de chacune des composantes du premier domaine et de chacun des quatre autres domaines du socle commun de connaissances, de compétences et de culture atteint par le candidat ;

b) Les notes obtenues aux épreuves de l'examen du brevet.

Art. 6 Le diplôme national du brevet est décerné aux candidats mentionnés à l'article 3 ayant obtenu un nombre total de points au moins égal à *(Arr. du 27 nov. 2017, art. 1er)* « 400 sur 800 ». Ce total correspond aux points attribués selon le niveau de maîtrise de chacune des composantes du premier domaine et de chacun des quatre autres domaines du socle commun de connaissances, de compétences et de culture ajoutés à ceux obtenus par les notes des épreuves d'examen.

Art. 7 *(Arr. du 27 nov. 2017, art. 2)* Pour les candidats mentionnés à l'article 3, l'examen comporte cinq épreuves obligatoires :

— une épreuve écrite qui porte sur le programme de français ;

— une épreuve écrite qui porte sur le programme de mathématiques ;

— une épreuve écrite qui porte sur les programmes d'histoire et géographie et d'enseignement moral et civique ;

— une épreuve écrite qui porte sur les programmes de physique-chimie, sciences de la vie et de la Terre et technologie, en tenant compte, pour la série professionnelle, des spécificités des classes de troisième préparatoires à l'enseignement professionnel, des classes des sections d'enseignement général et professionnel adapté et des classes de troisième de l'enseignement agricole ;

— une épreuve orale qui porte sur l'enseignement d'histoire des arts ou l'un des projets menés par le candidat dans le cadre des enseignements pratiques interdisciplinaires du cycle 4, du parcours Avenir, du parcours citoyen, du parcours éducatif de santé ou du parcours d'éducation artistique et culturelle.

La définition de ces épreuves relève du ministre chargé de l'éducation nationale.

Art. 8 Le décompte des points, pour les candidats mentionnés à l'article 3, s'effectue ainsi :

— pour chacune des quatre composantes du domaine 1 "les langages pour penser et communiquer" et pour chacun des quatre autres domaines de formation du socle commun de connaissances, de compétences et de culture établi conformément à l'article D. 122-3 :

— 10 points si le candidat obtient le niveau "Maîtrise insuffisante" ;

— 25 points s'il obtient le niveau "Maîtrise fragile" ;

— 40 points s'il obtient le niveau "Maîtrise satisfaisante" ;

— 50 points s'il obtient le niveau "Très bonne maîtrise" ;

(Arr. du 27 nov. 2017, art. 3) « — pour chacune des deux épreuves écrites obligatoires de l'examen, celle de français d'une part et celle de mathématiques d'autre part, de 0 à 100 points ;

« — pour chacune des deux épreuves écrites obligatoires de l'examen, celle d'histoire et géographie et d'enseignement moral et civique d'une part et celle de physique-chimie, sciences de la vie et de la Terre et technologie d'autre part, de 0 à 50 points ;

« — pour l'épreuve orale obligatoire de l'examen, de 0 à 100 points. »

Des points supplémentaires sont accordés aux candidats ayant suivi un enseignement *(Arr. du 27 nov. 2017, art. 3)* « facultatif » *(Arr. du 16 févr. 2016, art. 2)* « ou un enseignement en langue des signes française, » selon le niveau qu'ils ont acquis à la fin du cycle 4 au regard des objectifs d'apprentissage de cet enseignement :

— 10 points si les objectifs d'apprentissage du cycle sont atteints ;

— 20 points si les objectifs d'apprentissage du cycle sont dépassés.

Le niveau atteint est apprécié par l'enseignant ayant eu en charge l'enseignement *(Arr. du 27 nov. 2017, art. 3)* « facultatif ou l'enseignement en langue des signes française » suivi par l'élève.

Art. 9 *(Arr. du 27 nov. 2017, art. 4)* Pour les candidats mentionnés à l'article 4, le diplôme national du brevet est attribué à ceux qui ont obtenu un nombre total de points égal ou supérieur à 200 à l'ensemble des épreuves d'un examen comportant les cinq épreuves obligatoires suivantes, selon la série choisie :

— une épreuve écrite, notée sur 100, qui porte sur le programme de français ;

— une épreuve écrite, notée sur 100, qui porte sur le programme de mathématiques ;

— une épreuve écrite, notée sur 50, d'histoire et géographie et d'enseignement moral et civique ;

— une épreuve écrite, notée sur 50 de physique-chimie, sciences de la vie et de la Terre et technologie, en tenant compte, pour la série professionnelle, des spécificités des classes de troisième préparatoires à l'enseignement professionnel, des classes des sections d'enseignement général et professionnel adapté et des classes de troisième de l'enseignement agricole ;

— une épreuve écrite, notée sur 100, qui porte sur le programme de la langue vivante étrangère choisie par le candidat à son inscription.

Pour l'épreuve de langue vivante étrangère, le candidat a le choix entre les langues vivantes étudiées selon une liste établie par le ministre chargé de l'éducation nationale.

Art. 10 *(Arr. du 27 nov. 2017, art. 5)* Des mentions sont attribuées conformément à l'article D. 332-20 du code de l'éducation.

Le diplôme délivré au candidat admis porte :

1° Pour les candidats scolaires mentionnés à l'article 3 :

a) La mention "assez bien", quand le candidat a obtenu un total de points au moins égal à 480 sur 800 ;

b) La mention "bien", quand le candidat a obtenu un total de points au moins égal à 560 sur 800 ;

c) La mention "très bien", quand le candidat a obtenu un total de points au moins égal à 640 sur 800.

2° Pour les candidats individuels mentionnés à l'article 4 :

a) La mention "assez bien", quand le candidat a obtenu un total de points au moins égal à 240 sur 400 ;

b) La mention "bien", quand le candidat a obtenu un total de points au moins égal à 280 sur 400 ;

c) La mention "très bien", quand le candidat a obtenu un total de points au moins égal à 320 sur 400.

Art. 11 En application du 5° de l'article D. 351-27 du code de l'éducation, un arrêté du ministre chargé de l'éducation nationale définit les adaptations et dispenses d'épreuves rendues nécessaires par certaines situations de handicap.

Art. 12 Une mention "langue régionale", suivie de la désignation de la langue concernée, peut être inscrite sur le diplôme national du brevet. Cette mention est délivrée aux élèves qui ont obtenu, pour la langue régionale concernée, la validation du niveau A2 du cadre européen commun de référence pour les langues (CECRL), tel que défini par l'annexe de l'article D. 312-16 du code de l'éducation ; cette évaluation est effectuée par l'enseignant de langue régionale. Les élèves de la classe de troisième, candidats à l'obtention de cette mention, font connaître leur choix lors de l'inscription à l'examen. Les langues régionales concernées sont les suivantes : basque, breton, catalan, corse, créole, gallo, occitan-langue d'oc, langues régionales d'Alsace, langues régionales des pays mosellans, langues mélanésiennes *(Arr. du 27 nov. 2017, art. 6)* « , tahitien, wallisien et futunien. »

Les élèves des classes de troisième des sections bilingues français-langue régionale peuvent choisir de composer en français ou en langue régionale lors de l'épreuve écrite qui porte *(Arr. du 27 nov. 2017, art. 6)* « sur les programmes d'histoire et géographie et d'enseignement moral et civique », pour les exercices ouvrant cette possibilité. Ils font connaître leur choix au moment de l'inscription à l'examen.

Art. 13 Un arrêté du ministre chargé de l'éducation nationale précise les modalités d'attribution du diplôme aux élèves des classes de troisième des sections internationales de collège et de troisième des établissements franco-allemands.

Art. 14 Un arrêté conjoint du ministre chargé de l'éducation nationale et du ministre chargé de l'agriculture précise les modalités d'attribution du diplôme aux candidats des établissements d'enseignement agricole.

Art. 15 *(Arr. du 16 févr. 2016, art. 4)* Les sujets des épreuves pour chaque série sont établis en fonction des programmes du cycle 4, en tenant compte, le cas échéant, des spécificités des classes de troisième préparatoires à l'enseignement professionnel, des classes des sections d'enseignement général et professionnel adapté et des classes de troisième de l'enseignement agricole.

Art. 16 La nature et la durée des épreuves sont définies par le ministre chargé de l'éducation nationale.

Art. 17 *(Arr. du 27 nov. 2017, art. 7)* Le jury du diplôme national du brevet, défini par l'article D. 332-19 du code de l'éducation, est souverain.

Les sujets des épreuves écrites du diplôme national du brevet sont choisis par le ministre chargé de l'éducation nationale ou, sur délégation de celui-ci, en tout ou partie, par le recteur d'académie chargé de l'élaboration d'un sujet national.

Art. 18 L'organisation générale de l'examen relève du recteur d'académie ou d'un directeur académique des services de l'éducation nationale agissant par délégation du recteur d'académie.

La date d'ouverture et de clôture du registre d'inscription à l'examen et le lieu d'inscription des candidats sont fixés par le recteur d'académie, pour un cadre territorial qui peut être académique, départemental ou commun à plusieurs départements.

Art. 19 Pour procéder à leur inscription à l'examen, les candidats qui ne sont pas inscrits dans un établissement scolaire doivent se présenter à la direction des services départementaux de l'éducation nationale dans le département de leur résidence.

Art. 20 Une session est organisée chaque année pour la délivrance du diplôme national du brevet. La date de l'examen est fixée par le ministre chargé de l'éducation nationale. Pour les candidats qui, pour raison de force majeure dûment constatée, n'ont pu se présenter aux épreuves écrites de l'examen, le recteur peut organiser une session de remplacement au début de l'année scolaire suivante.

Art. 21 Les candidats scolarisés qui ont présenté l'épreuve orale dans leur établissement, mais n'ont pu, pour raison de force majeure dûment constatée, passer les épreuves écrites de la session normale conservent la note obtenue lors de l'épreuve orale et ne passent que les épreuves écrites lors de la session de remplacement.

Art. 22 Le diplôme national du brevet est attribué conformément aux dispositions de l'article D. 332-19 du code de l'éducation.

Les membres du jury sont nommés par le recteur d'académie ou par le directeur académique des services de l'éducation nationale agissant sur délégation du recteur d'académie parmi les catégories suivantes :

a) Des enseignants des établissements d'enseignement publics et des établissements d'enseignement privés sous contrat ;

b) Des enseignants des établissements d'enseignement publics et des établissements d'enseignement privés sous contrat de l'enseignement agricole ;

c) Des personnels de direction des établissements d'enseignement publics et des chefs d'établissement d'enseignement privé sous contrat ;

d) Des personnels de direction des établissements d'enseignement publics et des chefs d'établissement d'enseignement privé sous contrat de l'enseignement agricole ;

e) Des membres des corps d'inspection de l'éducation nationale ;

f) Des membres des corps d'inspection de l'enseignement agricole à compétence pédagogique.

Art. 23 Les candidats doivent faire preuve de leur identité au moment des épreuves.

Art. 24 Il est dressé procès-verbal de toute fraude ou tentative de fraude constatée pendant les épreuves. Tout élément de nature à établir la réalité de la fraude ou de la tentative de fraude est joint au procès-verbal. Jusqu'à ce qu'il soit statué sur son cas, le candidat est autorisé à continuer à se présenter aux épreuves du diplôme national du brevet.

Art. 25 En accord avec le ministre chargé des affaires étrangères et de la coopération, des jurys peuvent être constitués dans les pays étrangers en vue de l'attribution du diplôme national du brevet. Les décisions de ces jurys sont validées par le recteur d'académie de l'académie de rattachement, dans les conditions définies par le ministre chargé de l'éducation nationale.

Art. D. 332-18 *(Décr. nº 2007-921 du 15 mai 2007, art. 2)* **Pour les candidats non mentionnés à l'article D. 332-17, le** *(Décr. nº 2012-1351 du 4 déc. 2012, art. 3)* **« diplôme national du brevet » est attribué, dans des conditions fixées par un arrêté du ministre chargé de l'éducation, sur la base des notes obtenues à un examen.**

Art. D. 332-19 *(Décr. nº 2008-124 du 11 févr. 2008, art. 1er)* **Le diplôme national du brevet est attribué par un jury dont le ressort territorial, fixé par le recteur d'académie, peut être académique, départemental ou commun à plusieurs départements.**

Le jury est présidé par le recteur d'académie ou par *(Décr. nº 2012-16 du 5 janv. 2012, art. 7)* **« le directeur académique des services de l'éducation nationale agissant sur délégation du recteur d'académie ».**

Le président nomme les autres membres du jury dans des conditions précisées par arrêté du ministre de l'éducation nationale.

Art. D. 332-20 *(Décr. nº 2015-1929 du 31 déc. 2015, art. 13)* **Le diplôme délivré au candidat admis peut porter la mention "assez bien", "bien" ou "très bien" dont les conditions d'attribution sont définies par arrêté.**

Art. D. 332-21 Les dates et les sujets des épreuves d'examen sont fixés par *(Décr. nº 2012-1351 du 4 déc. 2012, art. 6)* **« le ministre chargé de l'éducation nationale ».**

Art. D. 332-22 Pour l'application de toutes dispositions législatives ou réglementaires, *(Décr. nº 2012-1351 du 4 déc. 2012, art. 7)* **« les titulaires du diplôme national du brevet » bénéficient des droits et avantages accordés aux titulaires du brevet des collèges ou du brevet d'études du premier cycle du second degré.**

SECTION III **LE CERTIFICAT DE FORMATION GÉNÉRALE**

Art. D. 332-23 *(Décr. nº 2010-784 du 8 juill. 2010, art. 1er)* **Peuvent se présenter au diplôme du certificat de formation générale, dans les conditions fixées par la présente section, les candidats appartenant à l'une des catégories suivantes :**

– élèves scolarisés dans l'une des sections mentionnées à l'article D. 332-7 du présent code ;

(Décr. nº 2015-1929 du 31 déc. 2015, art. 14) **« – à titre exceptionnel, dans des conditions fixées par arrêté, d'autres élèves de collège ou de lycée ; »**

– élèves handicapés scolarisés selon les dispositions prévues à l'article L. 112-1 du présent code ;
– candidats scolarisés dans un établissement relevant du ministère de la justice ;
– candidats qui ne sont plus soumis à l'obligation scolaire.

Art. D. 332-24 *(Décr. n° 2010-784 du 8 juill. 2010, art. 2)* Le certificat de formation générale valide l'aptitude du candidat à l'utilisation des outils de l'information et de la communication sociale ainsi que sa capacité à évoluer dans un environnement social et professionnel. *(Décr. n° 2015-1929 du 31 déc. 2015, art. 15)* « Il précise le niveau de maîtrise de chacune des composantes du premier domaine et de chacun des quatre autres domaines du socle commun de connaissances, de compétences et de culture, conformément aux dispositions de l'article D. 122-3. Ce niveau doit être au moins égal à l'échelon "maîtrise satisfaisante" de l'échelle de référence prévue à ce même article, appliquée aux connaissances et compétences telles que fixées par le programme du cycle 3. »

Art. D. 332-25 Le certificat de formation générale est organisé et délivré par *(Décr. n° 2010-784 du 8 juill. 2010, art. 3)* « le recteur d'académie ».

Art. D. 332-26 Le jury du certificat de formation générale est nommé par *(Décr. n° 2010-784 du 8 juill. 2010, art. 4)* « le recteur d'académie ». Il est présidé par *(Décr. n° 2012-391 du 21 mars 2012, art. 1er)* « le » *(Décr. n° 2012-16 du 5 janv. 2012, art. 7)* « recteur d'académie » ou son représentant.

Il comprend :

1° Dans la proportion des deux tiers *(Décr. n° 2012-391 du 21 mars 2012, art. 1er)* « des membres, personnels de l'État », chefs d'établissement et enseignants, intervenant en particulier comme formateurs d'adultes ;

2° Deux représentants des organismes professionnels, un employeur et un salarié, désignés par *(Décr. n° 2012-391 du 21 mars 2012, art. 1er)* « la commission départementale de l'emploi et de l'insertion ».

Il peut comprendre également des représentants des ministères intéressés par les stages de formation alternée, notamment un représentant de chacun des ministères chargés de l'emploi et de la formation professionnelle.

Art. D. 332-27 Le jury du certificat de formation générale, qui est souverain, a la possibilité de se constituer en commissions locales comprenant au moins deux membres du jury. – *[Décr. n° 83-569 du 29 juin 1983, art. 5 et 6.]*

Art. D. 332-28 *Abrogé par Décr. n° 2010-784 du 8 juill. 2010, art. 5.*

Art. D. 332-29 Un arrêté du ministre chargé de l'éducation fixe les modalités d'application de la présente section, notamment la procédure de contrôle des connaissances *(Décr. n° 2015-1929 du 31 déc. 2015, art. 16)* « et des compétences » des candidats.

CHAPITRE III DISPOSITIONS COMMUNES AUX ENSEIGNEMENTS DISPENSÉS DANS LES LYCÉES

SECTION PREMIÈRE LA FORMATION SECONDAIRE

Art. D. 333-1 La formation secondaire assurée dans les lycées aux élèves prolonge celle qui est acquise dans les collèges, en développant la culture générale et les connaissances spécialisées des élèves. Elle peut comporter l'acquisition d'une qualification professionnelle et préparer à des formations ultérieures. – *[Décr. n° 76-1304 du 28 déc. 1976, art. 1er.]*

Art. D. 333-2 Trois voies de formation sont organisées dans les lycées :

1° La voie générale conduisant au diplôme national du baccalauréat général ;

2° La voie technologique conduisant au diplôme national du baccalauréat technologique et au diplôme national du brevet de technicien qui porte mention d'une spécialité technique. *(Décr. n° 2010-100 du 27 janv. 2010, art. 11)* « Le diplôme national du brevet de technicien atteste que ses titulaires » sont aptes à exercer une activité de technicien ;

3° *(Décr. n° 2009-148 du 10 févr. 2009, art. 8)* **« La voie professionnelle conduisant à la délivrance du certificat d'aptitude professionnelle** *(Abrogé par Décr. n° 2020-1277 du 20 oct. 2020, art. 1er)* ***« , du brevet d'études professionnelles »*** **et du baccalauréat professionnel. Ces diplômes portent mention d'une spécialité professionnelle. »**

Les voies générale et technologique se composent :

a) **D'un cycle de détermination constitué par la classe de seconde générale et technologique et des classes de seconde à régime spécifique ;**

b) **D'un cycle terminal constitué par les classes de première et terminale de la voie générale et les classes de première et terminale de la voie technologique.**

(Décr. n° 2009-148 du 10 févr. 2009, art. 8) **« La voie professionnelle comprend :**

« ***a)*** **Un cycle de deux ans conduisant à un des diplômes de niveau V dont la liste est fixée par arrêté du ministre chargé de l'éducation ;**

« ***b)*** **Un cycle de référence de trois ans conduisant au diplôme du baccalauréat professionnel constitué par les classes de seconde professionnelle, de première professionnelle et de terminale professionnelle.** *(Décr. n° 2019-370 du 25 avr. 2019, art. 3)* **« La classe de seconde professionnelle peut être organisée en familles de métiers définies par arrêté du ministre chargé de l'éducation. »** *(Abrogé par Décr. n° 2020-1277 du 20 oct. 2020, art. 1er)* ***« Au cours de ce cycle, les élèves se présentent aux épreuves d'un brevet d'études professionnelles ou d'un certificat d'aptitude professionnelle dans les conditions prévues par arrêté du ministre chargé de l'éducation. »***

« Des passerelles permettant une adaptation des parcours sont organisées entre les voies générale, technologique et professionnelle ainsi qu'entre les cycles de la voie professionnelle. »

(Décr. n° 2010-100 du 27 janv. 2010, art. 11) **« Des dispositifs d'accompagnement personnalisé sont mis en place pour tous les élèves selon leurs besoins dans les classes de seconde, première et terminale préparant aux baccalauréats général, technologique et professionnel. Ils comprennent des activités de soutien, d'approfondissement, d'aide méthodologique et d'aide à l'orientation, pour favoriser la maîtrise progressive par l'élève de son parcours de formation et d'orientation. Ils prennent notamment la forme de travaux interdisciplinaires.**

« Un dispositif de tutorat est proposé à tous les élèves, pour les aider à construire leur parcours de formation et d'orientation. »

Art. D. 333-3 **Les objectifs de chacune des formations secondaires dispensées par les lycées sont fixés par le ministre chargé de l'éducation** *(Décr. n° 2018-614 du 16 juill. 2018, art. 32)* **« nationale ». De la même façon, des arrêtés du ministre chargé de l'éducation** *(Décr. n° 2018-614 du 16 juill. 2018, art. 32)* **« nationale » définissent les enseignements communs,** *(Décr. n° 2018-614 du 16 juill. 2018, art. 1er)* **« les enseignements de spécialité, » les enseignements optionnels, les spécialités professionnelles, offerts aux élèves dans le cadre de ces formations, ainsi que leurs programmes et leurs horaires, et précisent les conditions dans lesquelles s'exerce l'autonomie pédagogique des lycées.**

Pour les formations mentionnées à l'article D. 333-16, ainsi que pour ceux des enseignements optionnels qui sont pris en compte pour l'attestation d'une qualification professionnelle, les arrêtés du ministre chargé de l'éducation *(Décr. n° 2018-614 du 16 juill. 2018, art. 32)* **« nationale » interviennent après avis des commissions professionnelles consultatives.**

Sur l'organisation et les volumes horaires de la classe de seconde des lycées d'enseignement général et technologique et des lycées d'enseignement général et technologique agricole à compter de la rentrée de l'année scolaire 2019-2020, V. ci-dessous, 1er Arr. du 16 juill. 2018.

Sur l'organisation et les volumes horaires des enseignements du cycle terminal des lycées, sanctionnés par le baccalauréat général à compter de la rentrée de l'année scolaire 2019-2020 en classes de première et à compter de la rentrée de l'année scolaire 2020-2021 en classe de terminale, V. ci-dessous 2e Arr. du 16 juill. 2018.

Arrêté du 16 juillet 2018,

Relatif à l'organisation et aux volumes horaires de la classe de seconde des lycées d'enseignement général et technologique et des lycées d'enseignement général et technologique agricole.

Art. 1er La classe de seconde est l'année qui conduit les élèves au cycle terminal des lycées d'enseignement général et technologique et des lycées d'enseignement général et technologique agricole menant au baccalauréat général ou technologique. Elle est conçue pour permettre aux élèves de consolider leur maîtrise du socle commun de connaissances, de compétences et de culture afin de réussir la transition du collège au lycée. Elle les prépare à déterminer leur choix d'un parcours au sein du cycle terminal jusqu'au baccalauréat général ou technologique dans l'objectif d'une poursuite d'études supérieures réussie et, au-delà, de leur insertion professionnelle.

Art. 2 Conformément aux dispositions de l'article D. 333-3 du code de l'éducation, les enseignements de la classe de seconde comprennent des enseignements communs dispensés à tous les élèves et des enseignements optionnels qui leur sont proposés.

La liste et le volume horaire de ces enseignements sont fixés dans le tableau figurant en annexe 1 du présent arrêté.

Art. 3 I. — Les élèves peuvent choisir au plus deux enseignements optionnels selon les modalités suivantes :

— un enseignement optionnel général choisi dans une liste figurant dans le tableau en annexe 1 au présent arrêté,

— un enseignement optionnel technologique choisi dans une liste figurant dans le tableau en annexe 1 au présent arrêté.

II. — Les enseignements optionnels de langues et cultures de l'Antiquité – LCA – de latin et grec peuvent être choisis en plus des enseignements mentionnés au I.

III. — Le présent article n'est pas applicable à la série "sciences et technologies de l'hôtellerie et de la restauration" – STHR.

Art. 4 Une enveloppe horaire de 12 heures par semaine et par division, qui peut, en fonction des spécificités pédagogiques de chaque établissement, être abondée par le recteur d'académie ou le vice-recteur, ou, pour les établissements relevant de leur compétence, par les directeurs régionaux de l'alimentation, de l'agriculture et de la forêt, est laissée à la disposition des établissements.

L'utilisation de cette enveloppe est fixée par le conseil d'administration.

Dans les établissements publics locaux d'enseignement et dans les établissements publics locaux d'enseignement et de formation professionnelle agricoles, le conseil d'administration se prononce après consultation, respectivement, du conseil pédagogique ou des conseils compétents.

Dans les établissements d'enseignement privés sous contrat, l'utilisation de cette enveloppe horaire est fixée par le chef d'établissement en concertation avec les professeurs.

Le projet de répartition des heures prévues pour la constitution des groupes à effectif réduit tient compte des activités impliquant l'utilisation des salles spécialement équipées et comportant un nombre limité de places.

Art. 5 Les élèves bénéficient d'un accompagnement personnalisé, dont une aide à l'orientation, selon leurs besoins.

L'accompagnement personnalisé en classe de seconde est destiné à améliorer les compétences scolaires de l'élève dans la maîtrise écrite et orale de la langue française et en mathématiques. Une évaluation des compétences de chaque élève dans chacun de ces domaines est organisée en début de classe de seconde. L'accompagnement personnalisé est également destiné à soutenir la capacité d'apprendre et de progresser des élèves, notamment dans leur travail personnel, à améliorer leurs compétences et à contribuer à la construction de leur autonomie intellectuelle.

L'accompagnement au choix de l'orientation mentionné au premier alinéa implique l'intervention des membres de l'équipe éducative et, le cas échéant, des personnes et organismes invités par l'établissement et qui peuvent être mandatés par le conseil régional.

Conformément aux dispositions des articles D. 331-26 et R. 421-41-3 du code de l'éducation, les modalités d'organisation de l'accompagnement personnalisé et, notamment, de l'accompagnement au choix de l'orientation sont fixées par le conseil d'administration.

Dans les établissements publics locaux d'enseignement et dans les établissements publics locaux d'enseignement de formation professionnelle agricoles, le conseil d'administration se prononce après consultation, respectivement, du conseil pédagogique ou des conseils compétents.

Dans les établissements d'enseignement privés sous contrat, les modalités d'organisation de l'accompagnement personnalisé et, notamment, de l'accompagnement au choix de l'orientation sont fixées par le chef d'établissement en concertation avec les professeurs.

Art. 6 Conformément au dernier alinéa de l'article D. 333-2 du code de l'éducation, un dispositif de tutorat est proposé à tous les élèves. Il consiste à les conseiller et à les guider dans leur parcours de formation et d'orientation.

Art. 7 Outre les enseignements communs et optionnels mentionnés à l'article 2, les élèves volontaires peuvent, dans les conditions prévues par l'article D. 331-34 du code de l'éducation, bénéficier de stages de remise à niveau, notamment pour éviter un redoublement.

Les élèves volontaires peuvent également bénéficier de stages passerelles pour leur permettre de changer d'orientation dans les conditions prévues par l'article D. 333-18-1 du code de l'éducation.

Art. 8 La classe de seconde de la série "sciences et technologies de l'hôtellerie et de la restauration" – STHR – comprend des enseignements communs et des enseignements optionnels dont les volumes horaires sont fixés en annexe 2 du présent arrêté.

Des stages d'initiation ou d'application en milieu professionnel d'une durée de quatre semaines sont organisés dans cette classe.

Les élèves bénéficient d'un congé au titre de leurs vacances scolaires d'été, d'une durée minimale de quatre semaines consécutives.

Les stages d'initiation ou d'application en milieu professionnel font l'objet d'une convention entre le chef de l'entreprise qui accueille les élèves et le chef de l'établissement scolaire dans lequel ces derniers sont scolarisés.

La convention doit notamment :

1° Rappeler le statut scolaire des élèves suivant la formation en entreprise ;

2° Rappeler la responsabilité pédagogique de l'établissement scolaire ;

3° Indiquer les modalités de couverture en matière d'accidents du travail et de responsabilité civile ;

4° Préciser les objectifs et les modalités de formation en milieu professionnel (durée, calendrier, contenus, conditions d'accueil de l'élève dans l'entreprise...) ;

5° Fixer les conditions d'intervention des professeurs ;

6° Fixer les modalités de la participation des professionnels à la formation des élèves ;

7° Prévoir les modalités de suivi et d'évaluation de la formation en milieu professionnel.

Le volume de l'enveloppe horaire de la classe de seconde STHR laissée à disposition des établissements est calculé en divisant par vingt-neuf le nombre d'élèves dont l'inscription est prévue dans l'établissement à la rentrée scolaire suivante dans les classes de seconde de la série STHR et en multipliant par quatorze le résultat obtenu et, enfin, en l'arrondissant à l'entier supérieur.

Cette enveloppe horaire peut être abondée par le recteur d'académie ou le vice-recteur ou, pour les établissements relevant de leur compétence, par les directeurs régionaux de l'alimentation, de l'agriculture et de la forêt, en fonction des spécificités pédagogiques de chaque établissement.

L'utilisation de cette enveloppe est fixée par le conseil d'administration.

Dans les établissements publics locaux d'enseignement et dans les établissements publics locaux d'enseignement et de formation professionnelle agricoles, le conseil d'administration se prononce après consultation, respectivement, du conseil pédagogique ou des conseils compétents.

Dans les établissements d'enseignement privés sous contrat, l'utilisation de cette enveloppe horaire est fixée par le chef d'établissement en concertation avec les professeurs.

Art. 9 Les dispositions du présent arrêté sont applicables dans les îles Wallis-et-Futuna.

Art. 10 Les dispositions du présent arrêté entrent en vigueur à compter de la rentrée de l'année scolaire 2019-2020.

Les dispositions de l'arrêté du 27 janvier 2010 modifié relatif à l'organisation et aux horaires de la classe de seconde des lycées d'enseignement général et technologique et des lycées d'enseignement général et technologique agricole sont abrogées à cette même date. Les dispositions de l'arrêté du 11 mars 2015 relatif à l'organisation et aux horaires des enseignements des classes de seconde, première et terminale de la série STHR sont abrogées à cette même date en ce qui concerne la classe de seconde.

ANNEXE 1

Classe de seconde générale et technologique – liste et volumes horaires des enseignements

Annexe 1 mod. par Arr. du 9 avr. 2019, art. 1er ; Arr. du 19 juill. 2019, art. 1er.

ENSEIGNEMENTS	HORAIRE ÉLÈVE
ENSEIGNEMENTS COMMUNS	
Français	4 heures
Histoire-Géographie	3 heures
LVA et LVB (enveloppe globalisée) (a) (b)	5 h 30
Sciences économiques et sociales	1 h 30
Mathématiques	4 heures
Physique-chimie	3 heures
Sciences de la vie et de la Terre	1 h 30
Éducation physique et sportive	2 heures
Enseignement moral et civique	18 heures annuelles
Sciences numériques et technologie	1 h 30
Accompagnement personnalisé (c)	
Accompagnement au choix de l'orientation (d)	
Heures de vie de classe	
ENSEIGNEMENTS OPTIONNELS	
1 enseignement général au choix parmi	
Langues et cultures de l'Antiquité : latin (e)	3 heures
Langues et cultures de l'Antiquité : grec (e)	3 heures
Langue vivante C (a) (b)	3 heures
Langue des signes française	3 heures
Arts : au choix parmi arts plastiques ou cinéma-audiovisuel ou danse ou histoire des arts ou musique ou théâtre	3 heures
Éducation physique et sportive	3 heures
Arts du cirque	6 heures
Écologie-agronomie-territoires-développement durable (f)	3 heures
1 enseignement technologique au choix parmi	
Management et gestion	1 h 30
Santé et social	1 h 30
Biotechnologies	1 h 30
Sciences et laboratoire	1 h 30
Sciences de l'ingénieur	1 h 30
Création et innovation technologiques	1 h 30

ENSEIGNEMENTS	HORAIRE ÉLÈVE
Création et culture – design	6 heures
Hippologie et équitation ou autres pratiques sportives (f)	3 heures
Pratiques sociales et culturelles (f)	3 heures
Pratiques professionnelles (f)	3 heures
Culture et pratique de la danse/ou de la musique/ou du théâtre (g)	6 heures
Atelier artistique	72 heures annuelles

(a) La langue vivante B ou C peut être étrangère ou régionale.
(b) Enseignement auquel peut s'ajouter une heure avec un assistant de langue.
(c) Volume horaire déterminé selon les besoins des élèves.
(d) 54 heures, à titre indicatif, selon les besoins des élèves et les modalités de l'accompagnement à l'orientation mises en place dans l'établissement.
(e) Les enseignements optionnels de LCA latin et grec peuvent être choisis en plus des enseignements optionnels suivis par ailleurs.
(f) Enseignements assurés uniquement dans les lycées d'enseignement général et technologique agricole.
(g) Enseignements pouvant etre suivis par les éleves inscrits au sein d'un établissement d'enseignement artistique classé ou reconnu par l'État et sous réserve d'une convention signée entre l'établissement ou est scolarisé l'éleve et cet établissement d'enseignement artistique.

ANNEXE 2

CLASSE DE SECONDE GÉNÉRALE ET TECHNOLOGIQUE « STHR » – LISTE ET VOLUMES HORAIRES DES ENSEIGNEMENTS

Annexe 2 mod. par Arr. du 9 avr. 2019, art. 1er.

ENSEIGNEMENTS	HORAIRE ÉLÈVE
Enseignements communs	
Mathématiques	3 heures
Français	4 heures
Histoire- géographie	3 heures
LVA + LVB (a)	5 heures
Éducation physique et sportive	2 heures
Sciences	3 heures
Enseignement moral et civique	18 heures annuelles
Économie et gestion hôtelière	2 heures
Sciences et technologies des services	4 heures
Sciences et technologies culinaires	4 heures
Stages d'initiation ou d'application en milieu professionnel	4 semaines
Accompagnement personnalisé (b) Accompagnement au choix de l'orientation (c) Heures de vie de classe	

ENSEIGNEMENTS	HORAIRE ÉLÈVE
Enseignements optionnels : 2 au plus parmi les suivants	
Langue vivante C (étrangère ou régionale)	3 heures
Langue des signes française	3 heures
Éducation physique et sportive	3 heures
Arts (arts plastiques ou cinéma-audiovisuel ou histoire des arts ou musique ou théâtre ou danse)	3 heures
Atelier artistique	72 heures annuelles

(a) L'une des deux langues vivantes doit être obligatoirement l'anglais.
(b) Volume horaire déterminé selon les besoins des élèves
(c) 54 heures, à titre indicatif, selon les besoins des élèves et les modalités de l'accompagnement à l'orientation mises en place dans l'établissement.

Arrêté du 16 juillet 2018,

Relatif à l'organisation et aux volumes horaires des enseignements du cycle terminal des lycées, sanctionnés par le baccalauréat général.

Art. 1er A l'issue de la classe de seconde générale et technologique des lycées d'enseignement général et technologique et des lycées d'enseignement général et technologique agricole, les élèves qui s'orientent dans la voie générale suivent un cycle d'études de deux ans pour la préparation d'un baccalauréat général. Ce cycle est composé de la classe de première et de la classe de terminale qui sont organisées en enseignements communs, en enseignements de spécialité et en enseignements optionnels, de manière à préparer progressivement les élèves à une spécialisation dans une perspective de poursuite d'études supérieures.

Art. 2 Conformément aux dispositions de l'article D. 333-3 du code de l'éducation, les enseignements de la classe de première et de la classe de terminale comprennent, pour tous les élèves :
— des enseignements communs, dispensés à tous les élèves ;
— des enseignements de spécialité au choix dans les conditions définies à l'article 3 ;
— des enseignements optionnels au choix des élèves.
La liste et le volume horaire de ces enseignements sont fixés dans les tableaux figurant en annexe du présent arrêté.

Art. 3 La liste des enseignements de spécialité et des enseignements optionnels est établie conformément à la liste nationale fixée en annexe du présent arrêté. Le recteur ou le vice-recteur arrête la carte de ces enseignements en veillant à l'équilibre et à leur bonne répartition dans le cadre géographique le plus adapté au territoire relevant de sa compétence, après avis des instances consultatives compétentes. Les directeurs régionaux de l'alimentation, de l'agriculture et de la forêt fixent, pour les établissements relevant de leur compétence, la carte des enseignements de spécialité.

A titre exceptionnel, un élève peut suivre une partie des enseignements dans un établissement autre que celui dans lequel il est inscrit, lorsque ces enseignements ne peuvent être dispensés dans son établissement d'inscription et lorsqu'une convention existe à cet effet entre les deux établissements, ou changer d'établissement dans les conditions prévues à l'article D. 331-38 susvisé du code de l'éducation.

Le choix des enseignements de spécialité s'opère de la façon suivante :
— en classe de première, l'élève choisit trois enseignements de 4 heures hebdomadaires dans la liste proposée ;
— en classe de terminale, l'élève choisit deux enseignements de 6 heures hebdomadaires parmi ceux déjà choisis en classe de première.

A titre exceptionnel, le choix en classe de terminale d'un enseignement de spécialité différent de ceux choisis en classe de première est possible après avis du conseil de classe en fin d'année.

Le travail de projet individuel ou collectif dans la perspective de l'épreuve orale est préparé dans le cadre des enseignements de spécialité.

Art. 4 Les élèves bénéficient d'un accompagnement personnalisé, dont une aide à l'orientation, selon leurs besoins.

L'accompagnement personnalisé est destiné à soutenir la capacité d'apprendre et de progresser des élèves, notamment dans leur travail personnel, à améliorer leurs compétences et à contribuer à la construction de leur autonomie intellectuelle. En classe de terminale, l'accompagnement personnalisé prend appui prioritairement sur les enseignements de spécialité.

L'accompagnement au choix de l'orientation mentionné au premier alinéa implique l'intervention des membres de l'équipe éducative et, le cas échéant, des personnes et organismes invités par l'établissement et qui peuvent être mandatés par le conseil régional.

Les modalités d'organisation de l'accompagnement personnalisé et, notamment, de l'accompagnement au choix de l'orientation sont fixées par le conseil d'administration.

Dans les établissements publics locaux d'enseignement et dans les établissements publics locaux d'enseignement et de formation professionnelle agricoles, le conseil d'administration se prononce après consultation, respectivement, du conseil pédagogique ou des conseils compétents.

Dans les établissements privés sous contrat, les modalités d'organisation de l'accompagnement personnalisé et de l'accompagnement au choix de l'orientation sont fixées par le chef d'établissement en concertation avec les professeurs.

Art. 5 Conformément au dernier alinéa de l'article D. 333-2 du code de l'éducation, un dispositif de tutorat est proposé à tous les élèves. Il consiste à les conseiller et à les guider dans leur parcours de formation et d'orientation.

Art. 6 Outre les enseignements communs, de spécialité et optionnels mentionnés à l'article 2, les élèves volontaires peuvent, dans les conditions prévues par l'article D. 331-34 du code de l'éducation, bénéficier de stages de remise à niveau, notamment pour éviter un redoublement.

Les élèves volontaires peuvent également bénéficier de stages passerelles lors des changements de voie d'orientation mentionnés à l'article D. 331-29 du code de l'éducation.

Art. 7 Une enveloppe horaire de 8 heures par semaine et par division en classe de première et de 8 heures par semaine et par division en classe de terminale, qui peut, en fonction des spécificités pédagogiques de chaque établissement, être abondée par le recteur d'académie ou le vice-recteur, ou, pour les établissements relevant de leur compétence, par les directeurs régionaux de l'alimentation, de l'agriculture et de la forêt est laissée à la disposition des établissements.

L'utilisation de cette enveloppe est fixée par le conseil d'administration.

Dans les établissements publics locaux d'enseignement et dans les établissements publics locaux d'enseignement et de formation professionnelle agricoles, le conseil d'administration se prononce après consultation, respectivement du conseil pédagogique ou des conseils compétents.

Dans les établissements privés sous contrat, l'utilisation de cette enveloppe horaire est fixée par le chef d'établissement en concertation avec les professeurs.

Le projet de répartition des heures prévues pour la constitution des groupes à effectif réduit tient compte des activités impliquant l'utilisation des salles spécialement équipées et comportant un nombre limité de places.

Art. 8 Les dispositions du présent arrêté sont applicables dans les îles Wallis-et-Futuna.

Art. 9 Les dispositions du présent arrêté entrent en vigueur à compter de la rentrée de l'année scolaire 2019-2020 en classes de première et à compter de la rentrée de l'année scolaire 2020-2021 en classe de terminale.

Est abrogé aux mêmes dates, respectivement, en ce qu'ils concernent les classes de première et les classes de terminale, l'arrêté du 27 janvier 2010 modifié, relatif à l'organisation et aux horaires des enseignements des classes de première et terminale des lycées, sanctionnés par le baccalauréat général.

En tant que de besoin, le ministre chargé de l'éducation nationale et le ministre chargé de l'agriculture fixent les dispositions transitoires applicables lors des rentrées 2019-2020 et 2020-2021 aux élèves redoublants.

Art. 10 Est abrogé à la date d'entrée en vigueur du présent arrêté l'arrêté du 17 janvier 1992 modifié relatif aux voies d'orientation et l'arrêté du 17 janvier 1992 modifié portant organisation des classes de première et des classes terminales des lycées d'enseignement général et technologique et des lycées d'enseignement général et technologique agricole.

ANNEXE

Grilles horaires du cycle terminal de la voie générale

Mod. par Arr. du 22 févr. 2019 ; Arr. du 9 avr. 2019, art. 2 ; Arr. du 17 févr. 2021, art. 1er.

1. Classe de première

ENSEIGNEMENTS COMMUNS	
Français	4 heures
Histoire-géographie	3 heures
LVA et LVB (enveloppe globalisée) (a) (b)	4 h 30
Éducation physique et sportive	2 heures
Enseignement scientifique	2 heures
Enseignement moral et civique	18 heures annuelles
ENSEIGNEMENTS DE SPÉCIALITÉ : 3 au choix	
Arts (c)	4 heures
Biologie-écologie (d)	4 heures
Éducation physique, pratiques et culture sportives (e)	4 heures
Histoire-géographie, géopolitique et sciences politiques	4 heures
Humanités, littérature et philosophie	4 heures
Langues, littératures et cultures étrangères et régionales (f)	4 heures
Littérature et LCA	4 heures
Mathématiques	4 heures
Numérique et sciences informatiques	4 heures
Physique-chimie	4 heures
Sciences de la vie et de la Terre	4 heures
Sciences de l'ingénieur	4 heures
Sciences économiques et sociales	4 heures
Accompagnement personnalisé (g)	
Accompagnement au choix de l'orientation (h)	
Heures de vie de classe	
ENSEIGNEMENTS OPTIONNELS	
a) 1 enseignement parmi :	
LVC (a) (b)	3 heures
Langue des signes française	3 heures
LCA : latin (i)	3 heures
LCA : grec (i)	3 heures
Éducation physique et sportive	3 heures
Arts (c)	3 heures
Hippologie et équitation (d)	3 heures
Agronomie-Économie-Territoires (d)	3 heures
Pratiques sociales et culturelles (d)	3 heures

(a) La langue vivante B ou C peut être étrangère ou régionale.
(b) Enseignement auquel peut s'ajouter une heure avec un assistant de langue.
(c) Au choix parmi : arts plastiques ou cinéma-audiovisuel ou danse ou histoire des arts ou musique ou théâtre. Les arts du cirque ne peuvent être choisis qu'en enseignement de spécialité. Les élèves ont la possibilité de cumuler en enseignement de spécialité et en enseignement optionnel deux enseignements relevant d'un même domaine artistique ou non.
(d) Enseignement assuré uniquement dans les lycées d'enseignement général et technologique agricole.
(e) Pour les élèves ne choisissant pas en première l'enseignement optionnel « Éducation physique et sportive ».
(f) Langue suivie en LVA ou LVB ou LVC.
(g) Volume horaire déterminé selon les besoins des élèves.
(h) 54 heures, à titre indicatif, selon les besoins des élèves et les modalités de l'accompagnement à l'orientation mises en place dans l'établissement.
(i) Les enseignements optionnels de LCA latin et grec peuvent être choisis en plus de l'enseignement optionnel suivi par ailleurs.

2. Classe de terminale

ENSEIGNEMENTS COMMUNS	
Philosophie	4 heures
Histoire-géographie	3 heures
LVA et LVB (enveloppe globalisée) (a) (b)	4 heures
Éducation physique et sportive	2 heures
Enseignement scientifique	2 heures
Enseignement moral et civique	18 heures annuelles
ENSEIGNEMENTS DE SPÉCIALITÉ : 2 au choix (parmi ceux déjà choisis en première)	
Arts (c)	6 heures
Biologie-écologie (d)	6 heures
Éducation physique, pratiques et culture sportives (e)	6 heures
Histoire-géographie, géopolitique et sciences politiques	6 heures
Humanités, littérature et philosophie	6 heures
Langues, littératures et cultures étrangères et régionales (f)	6 heures
Littérature et LCA	6 heures
Mathématiques	6 heures
Numérique et sciences informatiques	6 heures
Physique-chimie	6 heures
Sciences de la vie et de la Terre	6 heures
Sciences de l'ingénieur (g)	6 heures
Sciences économiques et sociales	6 heures
Accompagnement personnalisé (h)	
Accompagnement au choix de l'orientation (i)	
Heures de vie de classe	
ENSEIGNEMENTS OPTIONNELS	
a) 1 enseignement parmi :	
Mathématiques complémentaires (j)	3 heures
Mathématiques expertes (k)	3 heures
Droit et grands enjeux du monde contemporain	3 heures
b) 1 enseignement parmi :	
LVC (a) (b)	3 heures
Langue des signes française	3 heures
LCA : latin (l)	3 heures
LCA : grec (l)	3 heures
Éducation physique et sportive	3 heures
Arts (c)	3 heures
Hippologie et équitation (d)	3 heures
Agronomie-Économie-Territoires (d)	3 heures
Pratiques sociales et culturelles (d)	3 heures

(a) La langue vivante B ou C peut être étrangère ou régionale.
(b) Enseignement auquel peut s'ajouter une heure avec un assistant de langue.
(c) Au choix parmi : arts plastiques ou cinéma-audiovisuel ou danse ou histoire des arts ou musique ou théâtre. Les arts du cirque ne peuvent être choisis qu'en enseignement de spécialité. Les élèves ont la possibilité de cumuler en enseignement de spécialité et en enseignement optionnel, deux enseignements relevant d'un même domaine artistique ou non.
(d) Enseignement assuré uniquement dans les lycées d'enseignement général et technologique agricole.
(e) Pour les élèves ne choisissant pas en terminale l'enseignement optionnel « Éducation physique et sportive ».
(f) Langue suivie en LVA ou LVB ou LVC.
(g) Cet enseignement est complété de 2 h de sciences physiques.
(h) Horaire déterminé selon les besoins des élèves.
(i) 54 heures, à titre indicatif, selon les besoins des élèves et les modalités de l'accompagnement à l'orientation mises en place dans l'établissement.
(j) Pour les élèves ne choisissant pas en terminale la spécialité « Mathématiques ».
(k) Pour les élèves choisissant en terminale la spécialité « Mathématiques ».
(l) Les enseignements optionnels de LCA latin et grec peuvent être choisis en plus des enseignements optionnels suivis par ailleurs.

SECTION II LES ÉTABLISSEMENTS ET LES FORMATIONS PARTICULIÈRES

BIBL. ▶ Rapport sur la valorisation de la recherche, Rapp. IGAENR - IGF, www. ladocumentationfrançaise.fr ; *AJDA 2007. 337, note Biget*.

Art. D. 333-4 Dans chaque lycée, les formations, les spécialités professionnelles et les enseignements optionnels sont fixés par décision du ministre chargé de l'éducation ou de l'autorité académique habilitée par lui à cet effet. – *[Décr. nº 76-1304 du 28 déc. 1976, art. 5.]*

Art. D. 333-5 Les lycées concourent dans des conditions et suivant des modalités fixées par arrêté du ministre chargé de l'éducation à la mise en œuvre de la formation professionnelle continue dans les conditions définies *(Décr. nº 2015-652 du 10 juin 2015, art. 11)* « au livre III de la sixième partie réglementaire » du code du travail. A ce titre, ils dispensent des éléments divers de formation aux adultes et aux jeunes déjà engagés dans la vie professionnelle.

Ils concourent également, dans des conditions et suivant des modalités fixées par arrêté du ministre chargé de l'éducation, à la mise en œuvre des actions de promotion sociale.

Art. D. 333-6 Les lycées organisent à l'intention des jeunes non encore engagés dans une profession des actions d'adaptation professionnelles contractuelles ou non, soit au titre de complément de formation initiale, soit au titre d'action d'adaptation à l'emploi. Les modalités de leur organisation et leur sanction sont fixées par arrêté du ministre chargé de l'éducation. – *[Décr. nº 76-1304 du 28 déc. 1976, art. 20.]*

Art. D. 333-7 *(Décr. nº 2009-148 du 10 févr. 2009, art. 9)* Les lycées professionnels organisent des formations conduisant à des diplômes nationaux professionnels inscrits au répertoire national des certifications professionnelles.

Art. D. 333-8 *(Décr. nº 2009-148 du 10 févr. 2009, art. 10)* « Les lycées organisant une formation professionnelle conduisant à des diplômes nationaux professionnels peuvent comporter des classes au niveau de la troisième et de la quatrième année des collèges comme il est prévu à l'article L. 332-3. »

La scolarité est organisée suivant les dispositions des articles D. 332-3, D. 332-4 et D. 332-5.

Art. D. 333-9 Dans les lycées désignés par arrêté du ministre chargé de l'éducation, sont organisées des formations faisant suite à la formation secondaire et préparant soit au concours d'entrée dans les établissements d'enseignement supérieur et les écoles d'ingénieurs, soit au diplôme du brevet de technicien supérieur, soit à une qualification de niveau équivalent. Les objectifs, les programmes et les horaires de ces formations ainsi que les conditions d'admission des élèves sont fixés par des arrêtés du ministre chargé de l'éducation, le cas échéant après consultation des organismes compétents. – *[Décr. nº 76-1304 du 28 déc. 1976, art. 18.]*

Art. D. 333-10 Certains lycées désignés par arrêté du ministre chargé de l'éducation organisent une formation secondaire partiellement ou totalement aménagée pour répondre à des objectifs spécifiques, notamment dans les domaines artistique et sportif, ou à des besoins particuliers, d'ordre médical par exemple. Le ministre chargé de l'éducation, le cas échéant conjointement avec les ministres intéressés, arrête la nature et les modalités des aménagements. – *[Décr. nº 76-1304 du 28 déc. 1976, art. 21.]*

Art. D. 333-11 Des établissements dénommés lycées internationaux ou des sections internationales *(Décr. nº 2021-1054 du 6 août 2021, art. 2)* « de seconde ou des classes menant au baccalauréat français international » de lycées peuvent être créés par arrêté du ministre chargé de l'éducation. Ils peuvent comporter, le cas échéant, des enseignements correspondant à la formation secondaire dispensée dans les collèges.

Ils ont pour objet d'assurer à des élèves français et étrangers des enseignements spécifiques permettant aux élèves français d'acquérir une formation secondaire intégrant la maîtrise d'une langue étrangère, et à des enfants étrangers d'effectuer des études en langue française intégrant des enseignements dans leur langue nationale.

Les formations sont sanctionnées soit par l'un des diplômes nationaux mentionnés à l'article D. 333-2, soit par des diplômes reconnus conjointement par la France et par les pays partenaires.

Les dispositions issues du Décr. n° 2021-1054 du 6 août 2021 sont applicables à compter de la rentrée scolaire 2022-2023 pour les classes de première et de la rentrée scolaire 2023-2024 pour les classes de terminale (Décr. préc., art. 22).

Sur les sections internationales, V. art. D. 421-131 s.

Enseignement optionnel obligatoire. Tirage au sort. Illégalité. Lorsqu'un établissement scolaire propose à ses élèves l'apprentissage d'une langue comme deuxième langue vivante à titre d'enseignement optionnel obligatoire, il doit être en mesure de satisfaire les demandes des élèves sollicitant leur inscription à cet enseignement. L'établissement ne peut donc limiter l'accès à cet enseignement à un nombre défini d'élèves et recourir au tirage au sort pour arbitrer entre les candidatures, quand bien même les parents d'élèves en auraient accepté tacitement le principe. • TA Lyon, 8 janv. 2018, n° 1508083.

SECTION III L'ORGANISATION DES ENSEIGNEMENTS

Art. D. 333-12 Les élèves des lycées sont répartis en classes. Pour des enseignements spécifiques, des groupes peuvent être constitués d'élèves appartenant à une ou plusieurs classes. – *[Décr. n° 76-1304 du 28 déc. 1976, art. 6.]*

Art. D. 333-13 L'autonomie dont disposent les lycées dans le domaine pédagogique s'exerce dans le respect des dispositions de l'article L. 111-1 ainsi que des objectifs fixés par le ministre chargé de l'éducation pour chaque formation secondaire et sous réserve des responsabilités respectives de l'autorité de tutelle et des corps d'inspection. Elle tend à adapter l'action éducative, compte tenu notamment des caractéristiques et de l'environnement de l'établissement.

Son champ d'application est déterminé par les limites arrêtées par le ministre chargé de l'éducation. Elle porte sur :

1° L'organisation du lycée en classes et groupes ainsi que sur les modalités de répartition des élèves ; elles sont décidées par le chef d'établissement après consultation du conseil d'administration ;

2° L'emploi des contingents annuels d'heures d'enseignement mis à la disposition des établissements ; il est fixé par le chef d'établissement après concertation avec les enseignants intéressés, et après consultation du conseil d'administration ;

3° Le choix de sujets d'études spécifiques à l'établissement, notamment pour compléter ceux qui figurent dans les programmes nationaux ; il est arrêté par le chef d'établissement sur proposition d'un ou plusieurs professeurs concernés ;

4° Des activités facultatives concourant à l'action éducative ; elles sont organisées par le chef d'établissement et s'adressent aux élèves dont les familles ont donné leur accord ou qui l'ont fait eux-mêmes s'ils sont majeurs ; les programmes et l'organisation de ces activités sont définis par le chef d'établissement après consultation du conseil d'administration. – *[Décr. n° 76-1304 du 28 déc. 1976, art. 7.]*

Art. D. 333-14 Les services d'enseignement sont répartis entre les personnels par le chef d'établissement qui recueille à cet effet tous les avis qu'il juge utiles. – *[Décr. n° 76-1304 du 28 déc. 1976, art. 8.]*

Art. D. 333-15 Plusieurs lycées peuvent organiser des actions coordonnées en ce qui concerne les formations, le contrôle des connaissances et des capacités, l'utilisation des moyens dont ils disposent et les activités éducatives complémentaires.

Les conditions de fonctionnement conjoint d'un lycée et d'un centre de formation d'apprentis sont arrêtées par le ministre chargé de l'éducation.

L'utilisation par un lycée, pour certains des enseignements pratiques des formations qui y sont organisées, des moyens mis à la disposition par des établissements publics ne relevant pas du ministère de l'éducation nationale ou par des entreprises industrielles, commerciales ou artisanales est autorisée par décision du ministre chargé de l'éducation et de l'autorité académique habilitée par lui à cet effet. – *[Décr. n° 76-1304 du 28 déc. 1976, art. 24.]*

SECTION IV FORMATIONS ET DIPLÔMES

Art. D. 333-16 *(Décr. nº 2009-148 du 10 févr. 2009, art. 11)* **L'organisation des formations conduisant aux diplômes professionnels est diversifiée en tant que de besoin pour tenir compte des acquis des élèves dans la formation générale, technologique et professionnelle.**

Art. D. 333-17 *(Décr. nº 2009-148 du 10 févr. 2009, art. 11)* **Les formations des lycées préparant les élèves à l'exercice d'une activité professionnelle permettent la prise en compte dans les conventions collectives prévues au code du travail des diplômes les sanctionnant, au niveau de qualification professionnelle prévu par les dispositions réglementaires qui les régissent.**

Art. D. 333-18 *(Décr. nº 2009-148 du 10 févr. 2009, art. 11)* **Sur demande de la famille ou de l'élève s'il est majeur et après avis du conseil de classe de l'établissement fréquenté,** *(Décr. nº 2012-16 du 5 janv. 2012, art. 7)* **« le directeur académique des services de l'éducation nationale agissant sur délégation du recteur d'académie » peut autoriser un titulaire du brevet d'études professionnelles ou du certificat d'aptitude professionnelle à poursuivre des études en lycée conduisant soit au brevet de technicien, soit au baccalauréat général ou technologique. Dans les mêmes conditions, un élève parvenu au terme d'une seconde ou d'une première professionnelle peut être autorisé à poursuivre des études conduisant à un baccalauréat général ou technologique.**

L'élève est accueilli en deuxième ou troisième année de formation soit directement, soit après une période d'adaptation dont la durée et les conditions sont fixées par arrêté du ministre chargé de l'éducation en fonction de la nature et de la spécialité du diplôme acquis et du diplôme préparé.

Art. D. 333-18-1 *(Décr. nº 2009-148 du 10 févr. 2009, art. 12)* **Sur demande de la famille ou de l'élève s'il est majeur et après avis de l'équipe pédagogique de la classe de l'établissement d'accueil, le** *(Décr. nº 2019-1558 du 30 déc. 2019, art. 9)* **« recteur d'académie » peut autoriser les élèves ayant accompli la scolarité complète d'une classe de seconde ou de première dans un lycée d'enseignement général ou technologique à intégrer une classe de seconde ou de première professionnelle.**

CHAPITRE IV DISPOSITIONS PROPRES AUX ENSEIGNEMENTS CONDUISANT AU BACCALAURÉAT GÉNÉRAL

Art. D. 334-1 **L'enseignement général du second degré est sanctionné par le diplôme national du baccalauréat général, premier grade de l'enseignement supérieur.** – *[Décr. nº 59-57 du 6 janv. 1959, art. 26.]*

Sur l'organisation de l'examen du baccalauréat général et technologique de la session 2021 pour l'année scolaire 2020-2021, V. Décr. nº 2021-209 du 25 févr. 2021 et Arr. du 25 févr. 2021 (JO 26 févr.).

Sur l'organisation de l'examen du baccalauréat général et technologique de la session 2022 pour l'année scolaire 2020-2021, V. Décr. nº 2021-210 du 25 févr. 2021 et Arr. du 25 févr. 2021 (JO 26 févr.).

SECTION PREMIÈRE CONDITIONS DE DÉLIVRANCE

Art. D. 334-2 **Le baccalauréat général est délivré au vu des résultats à un examen qui sanctionne les enseignements dispensés dans les classes de première et terminales préparant à ce diplôme.**

La réussite à l'examen détermine la collation par l'État du grade universitaire de bachelier. – *[Décr. nº 93-1092 du 15 sept. 1993, art. 1er.]*

Art. D. 334-3 *(Décr. nº 2018-614 du 16 juill. 2018, art. 2)* **Le baccalauréat général comprend des épreuves** *(Décr. nº 2021-983 du 27 juill. 2021, art. 1er)* **« ou des évaluations de contrôle continu » portant sur les enseignements communs dispensés à tous les élèves et les enseignements de spécialité choisis par l'élève ainsi que, le cas échéant, sur des enseignements optionnels.**

Sur les épreuves du baccalauréat général à compter de la session de 2021, V. ci-dessous, Arr. du 16 juill. 2018.

Arrêté du 16 juillet 2018,

Relatif aux épreuves du baccalauréat général à compter de la session de 2021.

Art. 1er La liste et les coefficients des épreuves terminales obligatoires du baccalauréat général sont fixés comme suit :

	Coefficient
Épreuves anticipées	
1. Français (écrit)	5
2. Français (oral)	5
Épreuves finales	
3. Philosophie	8
4. Épreuve orale terminale	10
5. Épreuves de spécialité (deux au choix du candidat)	16

Art. 2 *(Arr. du 27 juill. 2021, art. 3)* La liste et le coefficient des épreuves du baccalauréat général en contrôle continu sont fixés comme suit :

Un coefficient 40 est affecté à l'évaluation chiffrée annuelle des résultats de l'élève, pour le cycle terminal, dans les enseignements suivants : Histoire-géographie ; Langue vivante A ; Langue vivante B ; Enseignement scientifique ; Éducation physique et sportive ; Enseignement moral et civique et dans l'enseignement de spécialité choisi par le candidat ne donnant pas lieu à une épreuve terminale.

Ce coefficient 40 se répartit comme suit :

Enseignements obligatoires		
1. Enseignements communs		
Histoire-géographie	30	32
Langue vivante A		
Langue vivante B		
Enseignement scientifique		
Éducation physique et sportive (1)		
Enseignement moral et civique	2	
2. Enseignement de spécialité suivi uniquement en classe de première	8	
Total	40	

(1) Contrôle en cours de formation (cf. arrêté du 21 décembre 2011 relatif aux modalités d'organisation du contrôle en cours de formation et de l'examen ponctuel terminal pour l'éducation physique et sportive des baccalauréats général et technologique)

Le coefficient 30 est affecté à l'évaluation chiffrée des résultats de l'élève pour le cycle terminal, correspondant à la moyenne des moyennes constatées en conseil de classe des résultats de l'élève au cours du cycle terminal, en histoire-géographie, en enseignement scientifique, en langue vivante A et en langue vivante B, chacun de ces enseignements comptant avec un coefficient 3 pour les résultats de l'année de première et un coefficient 3 pour les résultats de l'année de terminale.

En éducation physique et sportive, le résultat de l'élève, pris en compte dans le calcul de cette évaluation chiffrée, correspond à la note obtenue au contrôle en cours de formation, pondérée avec un coefficient 6.

Le coefficient 2 est affecté à l'évaluation chiffrée annuelle, correspondant à la moyenne générale des résultats obtenus par l'élève sur le cycle terminal en enseignement moral et civique, soit avec un coefficient 1 pour les résultats de l'année de première et un coefficient 1 pour les résultats de l'année de terminale.

Le coefficient 8 est affecté à l'évaluation chiffrée annuelle, correspondant à la moyenne des moyennes constatées en conseil de classe, des résultats de l'élève pour la classe de première dans l'enseignement de spécialité suivi uniquement en classe de première.

Arrêté du 27 juillet 2021,

Portant adaptations des modalités d'organisation du baccalauréat général et technologique à compter de la session 2022.

Art. 15 Pour la session 2022, les élèves conservent le bénéfice des notes obtenues en classe de première au cours de l'année 2020-2021 dans le cadre du contrôle continu à due proportion des coefficients qui leur étaient attribués.

Pour la voie générale, les dispositions de l'article 3 du présent arrêté s'appliquent uniquement à l'année de terminale. L'évaluation chiffrée annuelle des résultats de l'élève, dans les enseignements obligatoires, est prise en compte dans le contrôle continu avec les coefficients définis comme suit :

Enseignements obligatoires	
Enseignements communs pour l'année de terminale 2021-2022	
Histoire-géographie	3
Langue vivante A	3
Langue vivante B	3
Enseignement scientifique	2,5
Éducation physique et sportive	5
Enseignement moral et civique	1
Total	17,5

Art. 2-1 *(Arr. du 27 juill. 2021, art. 3)* Les résultats obtenus par les candidats aux enseignements optionnels sont affectés chacun d'un coefficient 2 par année d'enseignement, qui s'ajoute aux coefficients mentionnés à l'article 2.

Un enseignement optionnel de Langues et civilisations de l'Antiquité peut être suivi en sus des autres enseignements optionnels. Le cas échéant, cet enseignement optionnel est affecté, pour chaque langue concernée (latin et grec), d'un coefficient 2 pour chaque année.

Art. 3 Les langues régionales pouvant donner lieu à épreuve obligatoire sont les suivantes : basque, breton, catalan, corse, créole, langues mélanésiennes, occitan-langue d'oc, tahitien, wallisien-et-futunien.

Outre les langues énumérées à l'alinéa précédent, peuvent être choisis par le candidat au titre des évaluations des enseignements optionnels : le gallo, les langues régionales d'Alsace, les langues régionales des pays mosellans. Ce choix est possible à condition que le candidat ait suivi l'enseignement correspondant dans un établissement d'enseignement scolaire public ou privé sous contrat ou auprès du Centre national d'enseignement à distance.

Art. 4 Les épreuves de langue vivante étrangère évaluent les compétences écrites et orales définies par arrêté du ministre chargé de l'éducation nationale.

Art. 5 Le choix des langues vivantes étrangères pour les épreuves de langue vivante A, B ou C et le choix des langues régionales pour l'épreuve de langue vivante B ou C sont opérés par le candidat au moment de l'inscription à l'examen, à condition qu'il ait suivi l'enseignement correspondant dans un établissement d'enseignement scolaire public ou privé sous contrat ou auprès du Centre national de l'enseignement à distance.

Les candidats ont à choisir, au titre des épreuves de langues vivantes étrangères dont l'enseignement est assuré dans l'établissement d'inscription, entre les langues énumérées ci-après : allemand, anglais, arabe, arménien, cambodgien, chinois, coréen, danois, espagnol, finnois, grec moderne, hébreu, italien, japonais, néerlandais, norvégien, persan, polonais, portugais, russe, suédois, turc et vietnamien.

Art. 6 Les langues énumérées au deuxième alinéa de l'article 5 du présent arrêté peuvent être choisies par le candidat au titre des évaluations des enseignements optionnels du baccalauréat général, à condition qu'il ait suivi l'enseignement correspondant dans un établissement d'enseignement scolaire public ou privé sous contrat ou auprès du Centre national de l'enseignement à distance.

Les candidats peuvent, le cas échéant, choisir au titre des évaluations des enseignements optionnels une langue vivante étrangère autre que celles qui peuvent faire l'objet d'une épreuve obligatoire à la même condition que celle fixée à l'alinéa précédent.

Art. 7 Une même langue vivante (étrangère ou régionale) ne peut être évaluée plusieurs fois au titre des évaluations des enseignements obligatoires ou optionnels, à l'exception des cas prévus par l'arrêté du 9 mai 2003 relatif aux conditions d'attribution de l'indication « section européenne » ou « section de langue orientale » sur les diplômes du baccalauréat général et du baccalauréat technologique.

Art. 8 Une épreuve obligatoire orale terminale de vingt minutes (20 minutes) est préparée pendant le cycle terminal. Elle porte sur un projet adossé à un ou deux enseignements de spécialité choisis par le candidat.

Art. 8-1 *(Arr. du 29 avr. 2019, art. 1er)* I. — A compter de la session 2021 de l'examen du baccalauréat général, les candidats qui remplissent les conditions prévues par les articles D. 334-13 et D. 334-14 du code de l'éducation ont la possibilité de conserver sur leur demande, conformément aux dispositions respectives de ces articles, les notes qu'ils ont obtenues à la première session de la même série du baccalauréat général à laquelle ils se sont présentés avant la session *(Arr. du 27 juill. 2021, art. 3)* « 2022 », dans les conditions suivantes :

1° Pour les candidats qui ont présenté le baccalauréat de la série ES :

— la note obtenue à l'épreuve de spécialité de mathématiques intégrée à l'épreuve terminale de mathématiques peut être conservée au titre de l'épreuve terminale de spécialité "Mathématiques" ;

— la note obtenue à l'épreuve de spécialité de sciences sociales et politiques accolée à l'épreuve terminale de sciences économiques et sociales peut être conservée au titre de l'épreuve terminale de spécialité "Histoire-géographie, géopolitique et sciences politiques" ;

— la note obtenue à l'épreuve de spécialité d'économie approfondie accolée à l'épreuve terminale de sciences économiques et sociales peut être conservée au titre de l'épreuve terminale de spécialité "Sciences économiques et sociales".

2° Pour les candidats qui ont présenté le baccalauréat de la série L :

— la note obtenue à l'épreuve terminale de littérature peut être conservée au titre de l'épreuve terminale de spécialité "Humanités, littérature et philosophie" ;

— la note obtenue à l'épreuve de spécialité de langues et culture de l'Antiquité en latin ou en grec peut être conservée au titre de l'épreuve terminale de spécialité "Littérature et LCA" ;

— la note obtenue à l'épreuve de spécialité d'arts, parmi arts du cirque, arts plastiques, cinéma-audiovisuel, histoire des arts, musique, théâtre ou danse, peut être conservée au titre de l'épreuve terminale de spécialité "Arts" correspondante ;

— la note obtenue à l'épreuve de spécialité langue vivante 1 ou 2 approfondie intégrée à l'épreuve de langue vivante 1 ou 2 peut être conservée au titre de l'épreuve terminale de spécialité de "Langues, littératures et cultures étrangères et régionales".

3° Pour les candidats qui ont présenté le baccalauréat de la série S :

— la note obtenue à l'épreuve de spécialité de mathématiques intégrée à l'épreuve terminale de mathématiques peut être conservée au titre de l'épreuve terminale de spécialité "Mathématiques" ;

— la note obtenue à l'épreuve de spécialité de physique-chimie intégrée à l'épreuve terminale de physique-chimie peut être conservée au titre de l'épreuve terminale de spécialité de "Physique-chimie" ;

— la note obtenue à l'épreuve de spécialité de sciences de la vie et de la Terre intégrée à l'épreuve terminale de sciences de la vie et de la Terre peut être conservée au titre de l'épreuve terminale de spécialité "Sciences de la vie et de la Terre" ;

— la note moyenne issue de l'épreuve terminale d'écologie, agronomie et territoires et de l'épreuve de spécialité d'écologie, agronomie et territoires peut être conservée au titre de l'épreuve terminale de spécialité "Biologie-écologie" ;

— la note obtenue à l'épreuve de spécialité d'informatique et sciences du numérique peut être conservée au titre de l'épreuve terminale de spécialité "Numérique et sciences informatiques" ;

— la note obtenue à l'épreuve terminale de sciences de l'ingénieur sans choix d'épreuve de spécialité peut être conservée au titre de l'épreuve terminale de spécialité "Sciences de l'ingénieur".

4° Pour tous les candidats qui ont présenté un baccalauréat de la voie générale, quelle que soit la série :

— les notes obtenues aux épreuves anticipées de français, écrite et/ou orale, et à l'épreuve de philosophie peuvent être conservées, respectivement, au titre des épreuves terminales de français, écrite et/ou orale, et de philosophie ;

(Arr. du 27 juill. 2021, art. 3) « — la note obtenue à l'épreuve d'histoire-géographie peut être conservée au titre de l'évaluation chiffrée des résultats du candidat sur le cycle terminal, en histoire-géographie ;

« — les notes obtenues aux épreuves de langues vivantes 1 et 2 peuvent être conservées au titre des évaluations chiffrées des résultats du candidat sur le cycle terminal, respectivement en langue vivante A et en langue vivante B ; »

— la note obtenue à l'épreuve de contrôle en cours de formation d'éducation physique et sportive peut être conservée au titre de la même épreuve ;

— la note de l'épreuve facultative obtenue, le cas échéant, antérieurement à la session 2021 de l'examen ne peut pas être conservée.

(Arr. du 27 juill. 2021, art. 3) « II. — A compter de la session 2022 de l'examen du baccalauréat général, pour les candidats mentionnés au I :

« — la note moyenne de contrôle continu est constituée de la moyenne des évaluations chiffrées de la classe de terminale, pour tous les enseignements communs faisant l'objet d'une prise en compte du contrôle continu ;

« — l'évaluation chiffrée annuelle des résultats de l'élève dans l'enseignement de spécialité suivi uniquement en classe de première fait l'objet d'une dispense. »

Art. 9 Les dispositions du présent arrêté sont applicables dans les îles Wallis-et-Futuna, en Nouvelle-Calédonie et en Polynésie française.

Art. 10 Le présent arrêté est applicable au baccalauréat général de la session 2021 et aux épreuves anticipées organisées au titre de cette session de l'examen. Est abrogé, à compter de son entrée en vigueur, l'arrêté du 15 septembre 1993 modifié relatif aux épreuves du baccalauréat général à compter de la session de 1995.

Art. D. 334-4 *(Décr. n° 2018-614 du 16 juill. 2018, art. 3)* « *(Abrogé par Décr. n° 2021-983 du 27 juill. 2021, art. 2)* ***« L'examen du baccalauréat général est composé d'épreuves portant sur des enseignements obligatoires et des enseignements optionnels. »***

« L'évaluation des enseignements obligatoires repose sur des épreuves terminales et sur des évaluations de contrôle continu tout au long du cycle terminal.

« Les épreuves terminales portent sur les enseignements de français et de philosophie, *(Décr. n° 2021-983 du 27 juill. 2021, art. 2)* **« sur deux enseignements de spécialité » et comportent une épreuve orale terminale. »**

Les épreuves sont réparties en deux groupes. Le premier groupe d'épreuves comprend l'ensemble des épreuves obligatoires et, le cas échéant, *(Décr. n° 2018-614 du 16 juill. 2018, art. 3)* **« les évaluations des enseignements optionnels ». Le second groupe d'épreuves est constitué d'épreuves de contrôle portant sur** *(Décr. n° 2018-614* *du 16 juill. 2018, art. 3)* « les enseignements ayant fait l'objet d'épreuves terminales obligatoires écrites » du premier groupe, anticipées ou non.

(Décr. nº 2021-983 du 27 juill. 2021, art. 2) « Les candidats ne peuvent être évalués sur plus d'un enseignement optionnel en classe de première et deux enseignements optionnels en classe de terminale, sauf modalités spécifiques précisées par arrêté du ministre chargé de l'éducation nationale. »

La liste, la nature, *(Décr. nº 2018-614 du 16 juill. 2018, art. 3)* « la durée et le » coefficient des épreuves sont définis par arrêté du ministre chargé de l'éducation *(Décr. nº 2018-614 du 16 juill. 2018, art. 32)* « nationale ».

(Décr. nº 2021-983 du 27 juill. 2021, art. 2) « Un arrêté du ministre chargé de l'éducation nationale définit les modalités de prise en compte des notes de contrôle continu pour le baccalauréat général pour les candidats inscrits dans un établissement public d'enseignement, dans un établissement d'enseignement ayant passé avec l'État le contrat d'association prévu par l'article L. 442-5 du code de l'éducation, dans un établissement technique privé reconnu par l'État en application de l'article L. 443-2 du code de l'éducation, dans un établissement d'enseignement français à l'étranger mentionné pour le cycle terminal du lycée général et technologique sur la liste prévue à l'article R. 451-2 du code de l'éducation, au centre national d'enseignement à distance sur le fondement du dernier alinéa de l'article R. 426-2, dans une unité d'enseignement mentionnée à l'article D. 351-17 du code de l'éducation ou dans un service de l'enseignement mentionné aux articles D. 435 et D. 436 du code de procédure pénale. Il prévoit également des évaluations ponctuelles, organisées au titre du contrôle continu, pour les candidats susmentionnés qui ne bénéficieraient pas de notes de contrôle continu, ainsi que pour les candidats qui ne suivent les cours d'aucun établissement, les candidats scolarisés dans un établissement d'enseignement privé n'ayant pas passé avec l'État le contrat d'association prévu par l'article L. 442-5 du code de l'éducation, dans un établissement privé dispensant un enseignement à distance, dans un établissement d'enseignement français à l'étranger ne disposant pas de l'homologation pour le cycle terminal du lycée général et technologique prévue à l'article R. 451-2 du code de l'éducation, ou au centre national d'enseignement à distance ne relevant pas de la scolarité réglementée prévue au dernier alinéa de l'article R. 426-2 du code de l'éducation et, sur leur demande, pour les sportifs de haut niveau, sportifs espoirs et sportifs des collectifs nationaux inscrits sur les listes mentionnées à l'article L. 221-2 du code du sport. »

En ce qui concerne l'épreuve d'éducation physique et sportive, la note résulte, pour *(Décr. nº 2018-614 du 16 juill. 2018, art. 3)* « les élèves de classe de terminale » des lycées publics et des lycées d'enseignement privés sous contrat, du contrôle en cours de formation prévu par l'article L. 331-1. Pour les autres candidats, le cas échéant, la note résulte d'un examen terminal.

Le ministre chargé de l'éducation *(Décr. nº 2018-614 du 16 juill. 2018, art. 32)* « nationale » arrête la liste des langues que les candidats peuvent choisir à l'examen.

L'inscription au baccalauréat impose aux candidats de subir la totalité des épreuves obligatoires sous réserve des dispositions prévues aux articles D. 334-6, D. 334-7, *(Décr. nº 2018-614 du 16 juill. 2018, art. 3)* « D. 334-7-1, D. 334-13 et D. 334-14 » *(Décr. nº 2006-978 du 1er août 2006, art. 1er)* « et sous réserve de dispositions particulières prévues par arrêté du ministre chargé de l'éducation » *(Décr. nº 2018-614 du 16 juill. 2018, art. 32)* « nationale ».

Sur les modalités d'organisation du contrôle continu pour l'évaluation des enseignements dispensés dans les classes conduisant au baccalauréat général et au baccalauréat technologique à compter de la session 2021, V. ci-dessous Arr. du 16 juill. 2018.

Arrêté du 16 juillet 2018,

Relatif aux modalités d'organisation du contrôle continu pour l'évaluation des enseignements dispensés dans les classes conduisant au baccalauréat général et au baccalauréat technologique.

Art. 1er *(Arr. du 27 juill. 2021, art. 2)* Les candidats aux baccalauréats général et technologique scolarisés dans les établissements publics d'enseignement, dans les établissements d'enseignement privés ayant passé avec l'État le contrat prévu par l'article L. 442-5 du code de l'éducation, au centre national d'enseignement à distance sur le fondement des dispositions du dernier alinéa de l'article R. 426-2 du code de l'éducation, dans un établissement technique privé reconnu par l'État en application de l'article L. 443-2 du code de l'éducation, dans un établissement d'enseignement français à l'étranger figurant sur la liste prévue à l'article R. 451-2 du code de l'éducation pour le cycle terminal du lycée d'enseignement général et technologique, dans une unité d'enseignement mentionnée à l'article D. 351-17 du code de l'éducation et dans un service de l'enseignement mentionné aux articles D. 435 et D. 436-3 du code de procédure pénale font l'objet d'évaluations au cours du cycle terminal mentionné à l'article D. 333-2 du code de l'éducation, qui se traduisent par une note de contrôle continu, comptant pour quarante pour cent (40 %) de la note moyenne obtenue à l'examen par le candidat.

Cette note de contrôle continu est fixée en prenant en compte :

— pour une part de trente pour cent (30 %), l'évaluation chiffrée annuelle, correspondant à la moyenne des moyennes constatées en conseil de classe des résultats de l'élève au cours du cycle terminal, en histoire-géographie, en enseignement scientifique (dans la voie générale), en mathématiques (dans la voie technologique), en langue vivante A, en langue vivante B et à la note du contrôle en cours de formation en éducation physique et sportive, chacun de ces enseignements comptant à poids égal, soit six pour cent (6 %), sur le cycle terminal. En histoire-géographie, en enseignement scientifique (dans la voie générale), en mathématiques (dans la voie technologique), en langue vivante A et en langue vivante B, le résultat de l'élève, pris en compte dans le calcul de cette évaluation chiffrée, correspond à la moyenne des moyennes annuelles de première et de terminale, constatées en conseil de classe, chacune de ces moyennes étant pondérée à hauteur de trois pour cent (3 %). En éducation physique et sportive, le résultat de l'élève, pris en compte dans le calcul de cette évaluation chiffrée, correspond à la note obtenue au contrôle en cours de formation, pondérée à hauteur de six pour cent (6 %) ;

— pour une part de huit pour cent (8 %), l'évaluation chiffrée annuelle, correspondant à la moyenne des moyennes constatées en conseil de classe, des résultats de l'élève dans l'enseignement de spécialité suivi uniquement en classe de première ;

— pour une part de deux pour cent (2 %), l'évaluation chiffrée annuelle, correspondant à la moyenne générale des résultats obtenus par l'élève dans l'enseignement moral et civique à hauteur de 1 % pour les résultats de l'année de première et de 1 % pour les résultats de l'année de terminale.

L'organisation du contrôle continu pour le baccalauréat général et technologique fait l'objet d'un projet d'évaluation travaillé en conseil d'enseignement, validé en conseil pédagogique et présenté au conseil d'administration dans les établissements publics d'enseignement, et élaboré dans le cadre d'une concertation au sein de l'équipe pédagogique dans les établissements privés ayant passé un contrat avec l'État.

Art. 2 à 6 *Abrogés par Arr. du 27 juill. 2021, art. 2.*

Art. 7 Conformément aux articles D. 334-4-1 et D. 336-4-1 du code de l'éducation, une commission d'harmonisation des notes *(Arr. du 27 juill. 2021, art. 2)* « retenues au titre du contrôle continu pour le » baccalauréat est mise en place dans chaque académie, dans le Département de Mayotte, en Polynésie française et en Nouvelle-Calédonie.

Elle est présidée par le recteur d'académie ou le vice-recteur, ou par la personne qu'ils désignent et composée d'inspecteurs d'académie-inspecteurs pédagogiques régionaux et d'enseignants, nommés par le recteur d'académie ou le vice-recteur pour chaque session du baccalauréat.

(Arr. du 27 juill. 2021, art. 2) « La commission prend connaissance des évaluations chiffrées annuelles des résultats de l'élève, renseignées dans le livret scolaire, et des notes obtenues aux évaluations ponctuelles par les candidats concernés par cette modalité d'évaluation. Elle procède si nécessaire à leur harmonisation. Des éléments statistiques sur les résultats de l'établissement d'inscription des candidats au cours de deux dernières sessions du baccalauréat, respectant l'anonymat des candidats et de leur établissement d'inscription, sont mis à la disposition de la commission pour conduire cette harmonisation. »

Art. 8 *Abrogé par Arr. du 27 juill. 2021, art. 2.*

Art. 9 *(Arr. du 27 juill. 2021, art. 2)* Les candidats qui ne suivent les cours d'aucun établissement, les candidats scolarisés dans un établissement d'enseignement privé n'ayant pas passé avec l'État le contrat d'association prévu par l'article L. 442-5 du code de l'éducation, dans un établissement privé dispensant un enseignement à distance, dans un établissement d'enseignement français à l'étranger ne disposant pas de l'homologation pour le cycle terminal du lycée général et technologique prévue à l'article R. 451-2 du code de l'éducation, ou au centre national d'enseignement à distance ne relevant pas de la scolarité réglementée prévue au dernier alinéa de l'article R. 426-2 du code de l'éducation et, sur leur demande, les sportifs de haut niveau, sportifs espoirs et sportifs des collectifs nationaux inscrits sur les listes mentionnées à l'article L. 221-2 du code du sport sont convoqués à des évaluations ponctuelles.

Les sujets de ces évaluations ponctuelles sont élaborés sous l'autorité du ministre chargé de l'éducation nationale. Ces sujets sont centralisés dans une banque nationale numérique.

Chaque candidat formule, au moment de son inscription à l'examen, un choix entre les deux modalités d'organisation suivantes :

1° Soit il se présente à ces évaluations ponctuelles à la fin du cycle terminal. Dans ce cas, ces évaluations ponctuelles portent sur le programme du cycle terminal en histoire-géographie, en langue vivante A, en langue vivante B, en enseignement scientifique (pour la voie générale) et en mathématiques (pour la voie technologique) et sur le programme de la classe de première dans l'enseignement de spécialité suivi uniquement en classe de première.

2° Soit il se présente à ces évaluations ponctuelles en fin de chaque année du cycle terminal, afin d'être successivement évalué en fin de classe de première sur le programme de la classe de première en histoire-géographie, en langue vivante A, en langue vivante B, en enseignement scientifique (pour la voie générale), en mathématiques (pour la voie technologique), et dans l'enseignement de spécialité suivi uniquement en classe de première, puis en fin de classe de terminale sur le programme de la classe de terminale dans ces mêmes enseignements, à l'exception de l'enseignement suivi uniquement en classe de première.

Le choix du candidat est définitif une fois qu'il a été formulé lors de son inscription à l'examen, sauf en cas de situation exceptionnelle, et sous réserve de l'autorisation du recteur d'académie.

La note globale de contrôle continu affectée d'un coefficient 40, mentionnée à l'article 1er, est fixée en tenant compte des notes obtenues à ces évaluations ponctuelles. Elle est communiquée par le recteur d'académie au candidat et au jury de l'examen du baccalauréat.

Art. 10 Les sportifs de haut niveau, les sportifs espoirs ou les sportifs des collectifs nationaux inscrits sur les listes mentionnées à l'article L. 221-2 du code du sport peuvent, lorsque les conditions d'aménagement de leur scolarité ne leur permettent pas de *(Arr. du 27 juill. 2021, art. 2)* « disposer d'une évaluation chiffrée annuelle », être autorisés par le recteur d'académie ou le vice-recteur à bénéficier de l'accès à l'examen selon les mêmes modalités que celles arrêtées pour les candidats mentionnés à l'article 9.

Art. 11 Les candidats en situation de handicap tel que défini à l'article L. 114 du code de l'action sociale et des familles peuvent bénéficier de modalités d'aménagement *(Arr. du 27 juill. 2021, art. 2)* « du contrôle continu » dans les conditions définies aux articles D. 351-27 à D. 351-32 du code de l'éducation.

Art. 12 *(Arr. du 27 juill. 2021, art. 2)* Lorsque, pour cause de force majeure dûment constatée, le candidat ne dispose pas d'une évaluation chiffrée annuelle pour l'année de première dans un enseignement ne faisant pas l'objet d'une épreuve terminale, il est convoqué à une évaluation de remplacement dans cet enseignement au cours du premier trimestre de l'année de terminale.

Lorsque l'évaluation chiffrée annuelle faisant défaut porte sur l'année de terminale, le candidat est convoqué à une évaluation ponctuelle avant la fin de l'année de terminale.

Art. 13 *et* 14 *Abrogés par Arr. du 27 juill. 2021, art. 2.*

Art. 15 Les dispositions du présent arrêté sont applicables dans les îles Wallis-et-Futuna, en Nouvelle-Calédonie et en Polynésie française.

Art. 16 Les dispositions du présent arrêté sont applicables à compter de la session 2021 du baccalauréat.

Art. D. 334-4-1 *(Décr. nº 2018-614 du 16 juill. 2018, art. 4)* **Une commission d'harmonisation des notes** *(Décr. nº 2021-983 du 27 juill. 2021, art. 3)* **« de contrôle continu » est mise en place dans chaque académie, en Polynésie française et en Nouvelle-Calédonie. Cette commission prend connaissance des notes** *(Décr. nº 2021-*

983 du 27 juill. 2021, art. 3) **« des évaluations ponctuelles et des notes figurant dans les livrets scolaires des candidats », s'assure qu'il n'existe pas de discordance manifeste entre ces notes et procède si nécessaire à leur harmonisation. Les membres de la commission peuvent procéder à des contrôles de copies. La composition et les modalités de fonctionnement de cette commission académique sont fixées par arrêté du ministre chargé de l'éducation nationale.**

Art. D. 334-5 *(Décr. nº 2018-614 du 16 juill. 2018, art. 5)* **« Les épreuves terminales portent sur les programmes d'enseignement applicables en classes de première et de terminale. » Le ministre chargé de l'éducation** *(Décr. nº 2018-614 du 16 juill. 2018, art. 32)* **« nationale » fixe la liste des épreuves qui doivent être subies par anticipation. Elles portent sur les programmes des classes de première. Les résultats obtenus à ces épreuves sont pris en compte avec l'ensemble des notes des épreuves de l'examen subi l'année suivante dont elles font partie intégrante.**

(Décr. nº 2018-614 du 16 juill. 2018, art. 5) **« Les évaluations de contrôle continu portent sur les programmes d'enseignement applicables en classes de première et de terminale. »**

Un arrêté ministériel fixe les conditions dans lesquelles il peut être dérogé aux dispositions du présent article.

Sur les épreuves anticipées du baccalauréat général et du baccalauréat technologique applicables au baccalauréat de la session 2021 et aux épreuves anticipées organisées au titre de cette session de l'examen, V. ci-dessous, Arr. du 16 juill. 2018.

Arrêté du 16 juillet 2018,

Relatif aux épreuves anticipées du baccalauréat général et du baccalauréat technologique.

Art. 1er La liste des épreuves anticipées du baccalauréat général et du baccalauréat technologique est fixée comme suit :

Baccalauréats général et technologique : français, épreuve écrite et épreuve orale.

Art. 2 Les épreuves anticipées du baccalauréat général et du baccalauréat technologique sont présentées, sauf cas prévus au présent arrêté, au plus tard un an avant la fin de la session d'examen où se déroulent les autres épreuves. Les notes obtenues sont prises en compte, l'année suivante, au titre de la session du baccalauréat dont les épreuves anticipées font partie intégrante. Les élèves redoublant la classe de première doivent de nouveau présenter les épreuves anticipées. Les notes obtenues se substituent à celles de l'année précédente. Les élèves redoublant pour une partie de l'année scolaire la classe de première dans un établissement scolaire de l'hémisphère Nord et qui ont présenté les épreuves anticipées l'année précédente dans l'hémisphère Sud peuvent conserver les notes qu'ils y ont obtenues.

Les élèves qui recommencent une classe de première et qui, en application de l'article D. 351-27 du code de l'éducation, sont autorisés à étaler sur plusieurs sessions le passage des épreuves de l'examen du baccalauréat général ou de l'examen du baccalauréat technologique peuvent conserver les notes obtenues aux épreuves anticipées qu'ils ont présentées l'année précédente.

Art. 3 Sous réserve de n'avoir pas présenté les épreuves anticipées l'année précédente, sont autorisés à présenter à la même session du baccalauréat toutes les épreuves, y compris les épreuves anticipées, les candidats âgés d'au moins vingt ans au 31 décembre de l'année de l'examen, ainsi que les candidats n'ayant pas atteint cette limite d'âge mais qui se trouvent dans l'une des situations suivantes :

— les candidats ayant un enfant à charge au moment de l'inscription ;

— les candidats de retour en formation initiale ;

— les candidats régulièrement inscrits aux épreuves anticipées qui, pour cause de force majeure dûment constatée, n'auraient ni pu présenter tout ou partie de ces épreuves au cours ou à la fin de l'année scolaire durant laquelle elles sont organisées, ni pu subir les épreuves de remplacement correspondantes au début de l'année scolaire suivante ;

— les candidats résidant temporairement à l'étranger au niveau de la classe de première ;

— les candidats résidant de façon permanente à l'étranger dans un pays où il n'y a pas de centre d'examen ou un centre d'examen trop éloigné de leur résidence ;

— les candidats ayant échoué au baccalauréat général ou au baccalauréat technologique et se présentant de nouveau ;

— les candidats qui ont présenté les épreuves anticipées du baccalauréat général ou du baccalauréat technologique, qui ne se sont pas inscrits au baccalauréat l'année suivante ;

— les candidats déjà titulaires d'un baccalauréat général, d'un baccalauréat technologique, d'un baccalauréat professionnel, d'un brevet de technicien, d'un brevet de technicien agricole ;

— les candidats titulaires d'un diplôme étranger sanctionnant des études d'un niveau et d'une durée comparables à ceux des études secondaires françaises ;

— les candidats ayant changé de voie, ou de série au sein de la voie technologique, au niveau de la classe de terminale.

Art. 4 Les candidats au baccalauréat général qui présentent à nouveau l'examen peuvent demander à conserver, pour la session qui suit immédiatement leur succès ou leur échec, les notes obtenues aux épreuves anticipées de français. Les candidats au baccalauréat technologique qui présentent à nouveau l'examen dans la même série, dans une autre série ou dans la voie générale peuvent demander à conserver, pour la session qui suit immédiatement leur succès ou leur échec, les notes obtenues aux épreuves anticipées de français.

Les candidats régulièrement inscrits au baccalauréat, mais qui, pour cause de force majeure dûment constatée, n'auraient pu subir aucune des épreuves organisées au cours ou à la fin de l'année scolaire ni les épreuves de remplacement correspondantes, conservent pour la session suivante les notes des épreuves anticipées de français.

Les candidats résidant temporairement à l'étranger, après avoir subi les épreuves anticipées de français, conservent les notes obtenues à ces épreuves pour l'une des deux sessions qui suivent.

Art. 5 Les candidats ayant présenté par anticipation les épreuves de français du baccalauréat général ou du baccalauréat technologique conservent les notes qu'ils y ont obtenues s'ils se présentent l'année suivante au baccalauréat de la voie générale ou à l'un des baccalauréats de la voie technologique.

Art. 6 Les dispositions du présent arrêté sont applicables dans les îles Wallis-et-Futuna, en Nouvelle-Calédonie et en Polynésie française.

Art. 7 Les dispositions du présent arrêté sont applicables au baccalauréat de la session 2021 et aux épreuves anticipées organisées au titre de cette session de l'examen. Est abrogé, à compter de l'entrée en vigueur du présent arrêté, l'arrêté du 15 septembre 1993 relatif aux épreuves anticipées du baccalauréat général et du baccalauréat technologique.

Art. D. 334-6 Les candidats qui ne peuvent subir l'épreuve d'éducation physique et sportive pour une raison de santé, sont dispensés de cette épreuve à condition de produire un certificat délivré par un médecin concourant à l'exercice des tâches médico-scolaires.

Les candidats reconnus handicapés physiques et déclarés aptes à subir l'épreuve d'éducation physique et sportive conformément aux dispositions de la réglementation en vigueur concernant les conditions de dispense de l'épreuve d'éducation physique et sportive peuvent demander à participer à cette épreuve, aménagée selon des modalités précisées par arrêté du ministre chargé de l'éducation *(Décr. n° 2018-614 du 16 juill. 2018, art. 32)* **« nationale ».**

Pour un motif de bonne administration, sont exclues du champ d'application du droit des usagers de saisir l'administration par voie électronique les demandes d'aménagement ou de dispense à l'épreuve d'éducation physique et sportive pour les candidats en situation d'inaptitude partielle ou de handicap et les candidats reconnus handicapés physiques et déclarés aptes (Décr. n° 2015-1410 du 5 nov. 2015).

Art. D. 334-7 Les candidats déjà titulaires du baccalauréat peuvent être dispensés de subir certaines épreuves dans des conditions fixées par arrêté du ministre chargé de l'éducation *(Décr. n° 2018-614 du 16 juill. 2018, art. 32)* **« nationale ».**

(Décr. n° 2015-335 du 25 mars 2015, art. 1er) **« Aucune mention ne peut être attribuée aux candidats qui ont demandé à bénéficier de dispenses d'épreuves en application des dispositions du présent article. »**

Art. D. 334-7-1 *(Décr. n° 2018-614 du 16 juill. 2018, art. 7)* **En cas de redoublement de la classe de terminale ou d'interruption de la scolarité après un échec à l'examen,**

les candidats conservent les notes du contrôle continu acquises durant l'année de la classe de première de la session *(Décr. n° 2021-983 du 27 juill. 2021, art. 4)* « précédant l'échec à l'examen ».

Art. D. 334-8 La valeur de chacune des épreuves est exprimée par une note variant de 0 à 20, en points entiers. L'absence non justifiée à une épreuve que le candidat doit subir est sanctionnée par la note zéro.

(Décr. n° 2018-614 du 16 juill. 2018, art. 8) « La note de chaque épreuve est multipliée par son coefficient. »

(Décr. n° 2021-983 du 27 juill. 2021, art. 5) « Dans chaque enseignement ne faisant pas l'objet d'une épreuve terminale, la note retenue pour le baccalauréat est la note chiffrée des résultats sur le cycle terminal arrondie au dixième de point supérieur. »

La note moyenne de chaque candidat est calculée en divisant la somme des points obtenus par le total des coefficients attribués.

Après délibération du jury à l'issue du premier groupe d'épreuves, les candidats ayant obtenu une note moyenne égale ou supérieure à 10 sont déclarés admis par le jury. Les candidats dont la note moyenne est inférieure à 8 sont déclarés ajournés. Ceux qui ont obtenu une note moyenne au moins égale à 8 et inférieure à 10 sont autorisés à se présenter au second groupe d'épreuves dans les conditions fixées par arrêté du ministre chargé de l'éducation *(Décr. n° 2018-614 du 16 juill. 2018, art. 32)* « nationale ».

Après délibération du jury à l'issue du second groupe d'épreuves, sont déclarés admis les candidats dont la note moyenne pour l'ensemble des deux groupes d'épreuves est au moins égale à 10 sur 20. Les candidats admis à l'issue du second groupe d'épreuves ne peuvent obtenir une mention.

(Décr. n° 2006-978 du 1er août 2006, art. 2) « Pour les candidats *(Décr. n° 2018-614 du 16 juill. 2018, art. 8)* « en situation de » handicap tel que défini à l'article L. 114 du code de l'action sociale et des familles et qui sont autorisés à étaler sur plusieurs sessions le passage de la totalité des épreuves de l'examen, le jury délibère pour les seules épreuves effectivement présentées. La mention "sans décision finale" est portée sur le relevé des notes du candidat. » *(Décr. n° 2009-380 du 3 avr. 2009, art. 1er)* « Pour ces candidats, la présentation des épreuves du second groupe de l'examen fait l'objet d'aménagements dans les conditions fixées par arrêté du ministre chargé de l'éducation *(Décr. n° 2018-614 du 16 juill. 2018, art. 32)* « nationale ». »

Art. D. 334-9 Au cours *(Décr. n° 2015-1066 du 26 août 2015, art. 1er)* « des épreuves *(Décr. n° 2018-614 du 16 juill. 2018, art. 9)* « terminales » de l'examen du baccalauréat général », les membres du jury ne peuvent pas examiner leurs élèves de l'année en cours.

(Décr. n° 2018-614 du 16 juill. 2018, art. 9) « Les épreuves terminales écrites et *(Décr. n° 2021-983 du 27 juill. 2021, art. 6)* « les évaluations ponctuelles » sont corrigées sous couvert de l'anonymat. »

(Abrogé par Décr. n° 2021-983 du 27 juill. 2021, art. 6) « Au cours des (Décr. n° 2020-923 du 29 juill. 2020, art. 1er) *« évaluations communes », les examinateurs ne peuvent pas évaluer leurs élèves de l'année en cours. »*

(Décr. n° 2015-1066 du 26 août 2015, art. 1er) « Le jury délibère sans avoir connaissance des nom et prénom du candidat ainsi que du nom de son établissement d'origine. »

Art. D. 334-10 Les éléments d'appréciation dont dispose le jury sont :

1° Les notes obtenues par le candidat aux épreuves prévues à l'article D. 334-4 ;

2° Pour certaines épreuves, les notes et les appréciations des professeurs portant sur les résultats obtenus en cours d'année scolaire accompagnées, le cas échéant, de travaux ou de comptes rendus de travaux réalisés par le candidat. Les modalités de cette disposition sont fixées par arrêté du ministre chargé de l'éducation *(Décr. n° 2018-614 du 16 juill. 2018, art. 32)* « nationale » ;

3° Pour les épreuves mentionnées à l'article D. 334-16, les notes attribuées aux candidats par les examinateurs, accompagnées le cas échéant de leurs appréciations, des travaux ou comptes rendus de travaux des candidats ;

4° Le livret scolaire qui peut être produit par le candidat et qui est constitué dans les conditions déterminées par arrêté du ministre chargé de l'éducation *(Décr. n° 2018-614 du 16 juill. 2018, art. 32)* **« nationale ».**

Les notes définitives résultent de la délibération du jury. *(Décr. n° 2019-1090 du 25 oct. 2019, art. 1er)* **« Le jury peut notamment ajouter des points à la somme de ceux obtenus par le candidat aux épreuves. »**

Aucun candidat ayant fourni un livret scolaire ne peut être ajourné sans que le jury ait examiné ce livret. La mention de cet examen est portée au livret scolaire sous la signature du président du jury.

Art. D. 334-11 **Les diplômes délivrés aux candidats admis à l'issue des épreuves, sous réserve des dispositions** *(Décr. n° 2015-335 du 25 mars 2015, art. 2)* **« de l'article D. 334-7, »** *(Décr. n° 2006-978 du 1er août 2006, art. 3)* **« du »** *(Décr. n° 2018-614 du 16 juill. 2018, art. 10)* **« cinquième alinéa de l'article D. 334-8 et de l'article D. 334-13 » portent les mentions :**

1° Assez bien, quand le candidat a obtenu une note moyenne au moins égale à 12 et inférieure à 14 ;

2° Bien, quand le candidat a obtenu une note moyenne au moins égale à 14 et inférieure à 16 ;

3° Très bien, quand le candidat a obtenu une note moyenne au moins égale à 16 ; *(Décr. n° 2018-614 du 16 juill. 2018, art. 10)* **« 4° Très bien, avec les félicitations du jury, quand le candidat a obtenu une note moyenne au moins égale à 18. »**

En application de modalités fixées par arrêté du ministre chargé de l'éducation *(Décr. n° 2018-614 du 16 juill. 2018, art. 32)* **« nationale », les diplômes délivrés aux candidats peuvent comporter l'indication : "section européenne" ou "section de langue orientale"** *(Décr. n° 2018-1199 du 20 déc. 2018, art. 1er)* **« ou "discipline non linguistique ayant fait l'objet d'un enseignement en langue vivante" »** *(Décr. n° 2010-592 du 2 juin 2010, art. 1er)* **« ou "option internationale" ».**

A compter de la rentrée scolaire 2022-2023 pour les classes de première et de la rentrée scolaire 2023-2024 pour les classes de terminale, au dernier al. de cet art., les mots : « "option internationale" » sont remplacés par les mots : « "baccalauréat français international" » (Décr. n° 2021-1054 du 6 août 2021, art. 3 et 22).

Art. D. 334-12 **Les candidats ajournés à l'examen du baccalauréat reçoivent, s'ils ont obtenu pour l'ensemble des épreuves une note moyenne au moins égale à 8, un certificat de fin d'études secondaires. Ce certificat leur est délivré par le recteur de l'académie chargée de l'organisation de l'examen, selon des modalités fixées par arrêté du ministre chargé de l'éducation** *(Décr. n° 2018-614 du 16 juill. 2018, art. 32)* **« nationale ».**

Art. D. 334-13 *(Décr. n° 2015-1351 du 26 oct. 2015, art. 6)* **Les candidats au baccalauréat général peuvent conserver, après un échec à l'examen, sur leur demande et pour chacune des épreuves** *(Décr. n° 2018-614 du 16 juill. 2018, art. 11)* **« terminales » du premier groupe** *(Décr. n° 2021-983 du 27 juill. 2021, art. 7)* **« ou des évaluations ponctuelles », dans la limite des cinq sessions suivant la première session à laquelle ils se sont présentés, le bénéfice des notes égales ou supérieures à 10 qu'ils ont obtenues à ces épreuves** *(Décr. n° 2021-983 du 27 juill. 2021, art. 7)* **« ou ces évaluations ponctuelles ». Ils ne subissent alors que les autres épreuves** *(Décr. n° 2021-983 du 27 juill. 2021, art. 7)* **« ou évaluations ponctuelles ».**

Le renoncement à un bénéfice de notes lors d'une session est définitif et seules les notes obtenues ultérieurement sont prises en compte pour l'attribution du diplôme.

Pour ces candidats, à chaque session, le calcul de la moyenne pour l'admission s'effectue sur la base des notes conservées et des notes obtenues aux épreuves *(Décr. n° 2021-983 du 27 juill. 2021, art. 7)* **« ou aux évaluations ponctuelles » nouvellement subies.**

(Rétabli par CE n° 395506, 31 mars 2017, art. 1er) **« Aucune mention ne peut être attribuée aux candidats qui ont demandé à conserver le bénéfice de notes en application des dispositions du premier alinéa du présent article. »**

Art. D. 334-14 *(Décr. n° 2006-978 du 1er août 2006, art. 5)* **Les candidats** *(Décr. n° 2018-614 du 16 juill. 2018, art. 12)* **« en situation de » handicap tel que défini à**

l'article L. 114 du code de l'action sociale et des familles peuvent conserver, sur leur demande et pour chacune des épreuves *(Décr. n° 2018-614 du 16 juill. 2018, art. 12)* « terminales » du premier groupe *(Décr. n° 2021-983 du 27 juill. 2021, art. 8)* « ou des évaluations ponctuelles », dans la limite des cinq sessions suivant la première session à laquelle ils se sont présentés, le bénéfice des notes qu'ils ont obtenues *(Décr. n° 2009-380 du 3 avr. 2009, art. 4)* « à ces épreuves » *(Décr. n° 2021-983 du 27 juill. 2021, art. 8)* « ou ces évaluations ponctuelles ». Ils ne subissent alors que les autres épreuves *(Décr. n° 2021-983 du 27 juill. 2021, art. 8)* « ou évaluations ponctuelles ».

Les dispositions *(Décr. n° 2018-614 du 16 juill. 2018, art. 12)* « du deuxième alinéa » de l'article D. 334-13 s'appliquent aux candidats mentionnés au premier alinéa du présent article.

Pour ces candidats, à chaque session, le calcul de la moyenne pour l'admission s'effectue sur la base des notes conservées et des notes obtenues aux épreuves *(Décr. n° 2021-983 du 27 juill. 2021, art. 8)* « ou évaluations ponctuelles » nouvellement subies.

SECTION II ORGANISATION DE L'EXAMEN

Art. D. 334-15 Une session d'examen est organisée *(Décr. n° 2015-1066 du 26 août 2015, art. 2)* « au titre » de chaque année scolaire aux dates et selon des modalités fixées par le ministre chargé de l'éducation *(Décr. n° 2018-614 du 16 juill. 2018, art. 32)* « nationale ».

La liste des centres d'examen et les modalités d'inscription sont arrêtées par les *(Décr. n° 2019-1558 du 30 déc. 2019, art. 9)* « recteurs d'académie ».

Des centres d'examen peuvent être ouverts à l'étranger par le ministre chargé de l'éducation *(Décr. n° 2018-614 du 16 juill. 2018, art. 32)* « nationale ».

Sauf dérogation accordée par le recteur de l'académie, les candidats doivent se présenter dans l'académie où ils ont accompli leur dernière année d'études avant l'examen. Ceux qui ne suivent les cours d'aucun établissement se présentent dans l'académie de leur résidence.

Les candidats qui accomplissent leurs études à l'étranger désignent lors de leur inscription l'académie où ils choisissent de se présenter.

Art. D. 334-15-1 *(Décr. n° 2014-314 du 10 mars 2014, art. 1er)* Des épreuves ou parties d'épreuve peuvent, lorsque les circonstances le justifient, être organisées par des moyens de communication audiovisuelle pour la totalité des candidats ou pour une partie d'entre eux, sous réserve que le recours à cette technique permette d'assurer, tout au long de l'épreuve :

1° L'identité du candidat qui subit l'épreuve ;

2° La présence dans la salle où se déroule l'épreuve des seules personnes autorisées.

Un arrêté du ministre chargé de l'éducation *(Décr. n° 2018-614 du 16 juill. 2018, art. 32)* « nationale » détermine les épreuves qui peuvent être organisées par des moyens de communication audiovisuelle, les conditions dans lesquelles il peut être recouru à ces modalités techniques et les précautions à prendre pour garantir le bon déroulement de l'épreuve.

Art. D. 334-16 Certaines épreuves *(Décr. n° 2018-614 du 16 juill. 2018, art. 14)* « terminales » ou parties d'épreuve *(Décr. n° 2018-614 du 16 juill. 2018, art. 14)* « terminale » peuvent faire l'objet d'un examen organisé dans les établissements publics ou privés sous contrat *(Décr. n° 2015-1066 du 26 août 2015, art. 3)* « au cours » de l'année scolaire selon les modalités définies par arrêté du ministre chargé de l'éducation *(Décr. n° 2018-614 du 16 juill. 2018, art. 32)* « nationale ».

Art. D. 334-17 *(Décr. n° 2018-614 du 16 juill. 2018, art. 15)* Les candidats au baccalauréat général ne peuvent s'inscrire, par an, qu'à une seule session et qu'à un seul examen du baccalauréat.

Art. D. 334-18 Les sujets des épreuves *(Décr. n° 2018-614 du 16 juill. 2018, art. 16)* « terminales » écrites du baccalauréat sont choisis par le ministre ou, sur délégation de celui-ci, en tout ou partie, par les *(Décr. n° 2019-1558 du 30 déc. 2019, art. 9)* « recteurs d'académie ».

(*Abrogé par Décr. n° 2021-983 du 27 juill. 2021, art. 9*) (*Décr. n° 2018-614 du 16 juill. 2018, art. 16*) ***« Les sujets des** (Décr. n° 2020-923 du 29 juill. 2020, art. 1er) **« évaluations communes » sont élaborés sous l'autorité du ministre chargé de l'éducation nationale. Ces sujets sont constitués d'exercices et d'énoncés qui sont centralisés dans une banque nationale numérique. »***

Art. D. 334-19 (*Décr. n° 2015-1066 du 26 août 2015, art. 4*) **Les candidats qui, pour cause de force majeure dûment constatée, n'ont pu se présenter à tout ou partie des épreuves** (*Décr. n° 2018-614 du 16 juill. 2018, art. 17*) **« terminales » organisées au cours ou à la fin de l'année scolaire peuvent, sur autorisation du** (*Décr. n° 2019-1558 du 30 déc. 2019, art. 9*) **« recteur d'académie », se présenter aux épreuves de remplacement correspondantes,** (*Décr. n° 2021-100 du 1er févr. 2021, art. 1er*) **« organisées à la fin de l'année scolaire en cours ou au début de l'année scolaire suivante ».**

Art. D. 334-20 **La délivrance du baccalauréat général résulte de la délibération du jury qui est souverain.** – [*Décr. n° 93-1092 du 15 sept. 1993, art. 16, al. 1er et art. 17, 1re phr.*]

Art. D. 334-21 **Les membres des jurys mentionnés à l'article D. 334-20 sont désignés par le** (*Décr. n° 2019-1558 du 30 déc. 2019, art. 9*) **« recteur d'académie ».**

Les jurys sont présidés par un professeur des universités ou un maître de conférences nommé par le (*Décr. n° 2019-1558 du 30 déc. 2019, art. 9*) **« recteur d'académie » sur proposition des présidents d'université.**

Les présidents de jurys peuvent être assistés ou suppléés par des présidents adjoints choisis par le (*Décr. n° 2019-1558 du 30 déc. 2019, art. 9*) **« recteur d'académie » parmi les professeurs agrégés ou, à défaut, parmi les professeurs certifiés de l'enseignement du second degré exerçant dans un établissement d'enseignement public.**

Pour la composition des jurys du baccalauréat, il peut être fait appel aux personnels appartenant aux catégories suivantes :

1° Professeur des universités, maître de conférences ou autre enseignant-chercheur, membre du personnel enseignant des autres établissements publics d'enseignement supérieur, en activité ou à la retraite ;

2° Inspecteur d'académie-inspecteur pédagogique régional ;

3° Professeur de l'enseignement public du second degré exerçant ou ayant exercé dans les classes de seconde, première et terminales des lycées d'enseignement général et technologique et des lycées d'enseignement général et technologique agricoles ;

4° Professeur agrégé, certifié, adjoint d'enseignement, affecté dans les établissements d'enseignement privés sous contrat d'association, maître contractuel des établissements d'enseignement privés sous contrat d'association qui bénéficie d'un contrat définitif, exerçant ou ayant exercé dans les classes de seconde, première et terminales des voies de formation générales et technologiques.

Le (*Décr. n° 2019-1558 du 30 déc. 2019, art. 9*) **« recteur d'académie » peut nommer des examinateurs adjoints et des correcteurs adjoints pour participer, avec les membres des jurys, à l'évaluation ou à la correction de certaines épreuves. Les examinateurs et correcteurs adjoints peuvent, le cas échéant, participer aux délibérations des jurys avec voix consultative pour l'attribution de notes se rapportant aux épreuves qu'ils ont évaluées ou corrigées.**

Dans les sections comportant des enseignements artistiques spécialisés où interviennent des professionnels de façon continue, ceux-ci peuvent participer aux opérations d'évaluation et aux jurys du baccalauréat.

Dans les centres ouverts à l'étranger, les jurys sont constitués selon les mêmes modalités ; toutefois, à défaut d'un président membre de l'enseignement supérieur, un (*Décr. n° 2012-16 du 5 janv. 2012, art. 7*) **« directeur académique des services de l'éducation nationale agissant sur délégation du recteur d'académie » ou un professeur agrégé de l'enseignement du second degré peut être désigné.**

Au sein des jurys conduisant à la délivrance du baccalauréat option internationale ou à la délivrance de baccalauréats binationaux, le (*Décr. n° 2019-1558 du 30 déc. 2019, art. 9*) **« recteur d'académie » peut désigner des personnels d'inspection ou d'enseignement étrangers** (*Décr. n° 2008-1012 du 1er oct. 2008, art. 1er*) **« qui ne peuvent constituer plus de la moitié des membres du jury, ni exercer la fonction de président ou président adjoint ».**

A compter de la rentrée scolaire 2022-2023 pour les classes de première et de la rentrée scolaire 2023-2024 pour les classes de terminale, au dernier al. de cet art., les mots : « du baccalauréat option internationale » sont remplacés par les mots : « de l'option internationale du baccalauréat, intitulée "baccalauréat français international", » (Décr. n° 2021-1054 du 6 août 2021, art. 4 et 22).

Art. D. 334-21-1 *(Décr. n° 2014-314 du 10 mars 2014, art. 2)* **A l'exception du président, les membres du jury, ainsi que les examinateurs adjoints, correcteurs adjoints ou professionnels mentionnés à l'article D. 334-21 qui prennent part à ses délibérations peuvent participer aux réunions et délibérations par tous moyens de communication audiovisuelle permettant leur identification et garantissant leur participation effective selon des modalités précisées par arrêté du ministre chargé de l'éducation** *(Décr. n° 2018-614 du 16 juill. 2018, art. 32)* **« nationale ».**

Art. D. 334-22 Le diplôme du baccalauréat est délivré par le recteur de l'académie chargée de l'organisation de l'examen.

(Décr. n° 2018-614 du 16 juill. 2018, art. 18) **« Quels que soient les enseignements de spécialité choisis et, éventuellement, la mention portée sur le diplôme, le grade de bachelier confère les mêmes droits. »**

SECTION III DISPOSITIONS PARTICULIÈRES AUX BACCALAURÉATS BINATIONAUX

(Décr. n° 2008-1012 du 1er oct. 2008, art. 2)

Art. D. 334-23 *(Décr. n° 2010-592 du 2 juin 2010, art. 2)* **En application d'accords passés avec un partenaire étranger, un examen unique permet la délivrance simultanée du baccalauréat général ou technologique et d'un diplôme de fin d'études secondaires d'un État étranger ou d'une certification particulière, délivrée par un État ou par un organisme public ou privé étranger, et reconnue dans le pays concerné pour l'accès à l'enseignement supérieur.**

Dans le cadre d'une telle délivrance simultanée, le diplôme du baccalauréat est délivré aux élèves scolarisés dans un établissement d'enseignement étranger par les recteurs désignés par le ministre chargé de l'éducation.

Art. D. 334-24 *(Décr. n° 2010-592 du 2 juin 2010, art. 3)* **« L'examen permettant la délivrance simultanée prévue à l'article D. 334-23 est créé par arrêté du ministre chargé de l'éducation, dans le cadre de l'accord passé avec le partenaire étranger. » Cet arrêté précise les éventuelles dérogations aux articles D. 334-4, D. 334-5, D. 334-18 et D. 334-19 du code. Elles peuvent porter sur la liste, la nature, la durée et le coefficient des épreuves, sur la composition du second groupe d'épreuves, sur les contenus pédagogiques sur lesquels portent les épreuves, sur la liste des épreuves qui doivent être subies par anticipation, sur l'autorité procédant à la sélection des sujets des épreuves écrites et sur l'existence et l'organisation** *(Décr. n° 2015-1066 du 26 août 2015, art. 5)* **« des épreuves de remplacement ».**

SECTION IV PROCÉDURE DISCIPLINAIRE APPLICABLE AUX CANDIDATS AU BACCALAURÉAT GÉNÉRAL

(Décr. n° 2012-640 du 3 mai 2012, art. 2)

BIBL. ▶ Goyer-Jennepin, Le point sur la procédure disciplinaire applicable aux candidats au baccalauréat. Examen des premières décisions de justice, *LIJ 2014, n° 183, p. 23.*

Art. D. 334-25 Dans chaque académie, une commission de discipline du baccalauréat est compétente pour prononcer des sanctions disciplinaires à l'égard des candidats auteurs ou complices d'une fraude ou d'une tentative de fraude commise à l'occasion du baccalauréat.

Art. D. 334-26 La commission de discipline du baccalauréat est présidée par un *(Décr. n° 2013-469 du 5 juin 2013, art. 3)* **« enseignant-chercheur » qui a été nommé en qualité de président du jury du baccalauréat, désigné par le recteur** *(Décr. n° 2019-1558 du 30 déc. 2019, art. 3)* **« d'académie ». Le président ne peut siéger au sein de la commission lorsque l'élève qui fait l'objet d'une procédure disciplinaire a été évalué par le jury qu'il a présidé.**

Cette commission comprend, outre son président, les personnes suivantes nommées par le recteur *(Décr. n° 2019-1558 du 30 déc. 2019, art. 3)* « d'académie » :

1° *(Décr. n° 2013-469 du 5 juin 2013, art. 3)* « Un inspecteur d'académie-inspecteur pédagogique régional et un inspecteur de l'éducation nationale, l'un des deux étant » désigné comme vice-président ;

2° Un chef de centre des épreuves du baccalauréat ;

3° Un enseignant membre de jury du baccalauréat ;

4° Un étudiant désigné, sur proposition du président de l'établissement, parmi les représentants des étudiants au conseil d'administration d'un établissement public à caractère scientifique, culturel et professionnel, désigné par le recteur *(Décr. n° 2019-1558 du 30 déc. 2019, art. 3)* « d'académie » et dont le siège est situé dans le ressort de l'académie où la fraude ou la tentative de fraude a été commise ;

5° Un élève inscrit en terminale au titre de l'année au cours de laquelle est organisée la session. Cet élève est désigné sur proposition du conseil académique de la vie lycéenne, parmi les élus de ce conseil. L'élève qui fait l'objet d'une procédure disciplinaire à raison d'un soupçon de fraude au baccalauréat ne peut siéger au sein de la commission.

Pour chaque membre de la commission, un suppléant est désigné dans les mêmes conditions.

En l'absence de son président et du suppléant de ce dernier, la commission est présidée par son vice-président.

(Décr. n° 2013-469 du 5 juin 2013, art. 3) « La commission de discipline du baccalauréat est assistée d'un secrétaire mis à sa disposition par le recteur *(Décr. n° 2019-1558 du 30 déc. 2019, art. 3)* « d'académie ». »

Art. D. 334-27 En cas de fraude ou de tentative de fraude flagrante commise à l'occasion du baccalauréat, le surveillant responsable de la salle prend toutes mesures pour faire cesser la fraude ou la tentative de fraude, sans interrompre la participation à l'épreuve du ou des candidats. Il saisit les pièces ou matériels permettant d'établir la réalité des faits.

En cas de substitution de personne ou de troubles affectant le déroulement des épreuves, l'expulsion de la salle des examens peut être prononcée par le chef de centre des épreuves du baccalauréat *(Décr. n° 2020-1348 du 4 nov. 2020, art. 1er)* « ou, dans le cadre des *(Décr. n° 2021-983 du 27 juill. 2021, art. 10)* « évaluations ponctuelles », par le chef d'établissement. »

Dans tous les cas, le surveillant responsable de la salle dresse un procès-verbal contresigné par le ou les autres surveillants et par le ou les auteurs des faits. En cas de refus de contresigner, mention est portée au procès-verbal.

Le *(Décr. n° 2019-1558 du 30 déc. 2019, art. 9)* « recteur d'académie » est saisi sans délai des procès-verbaux correspondants *(Décr. n° 2020-1348 du 4 nov. 2020, art. 1er)* « par le chef de centre ou, pour les *(Décr. n° 2021-983 du 27 juill. 2021, art. 10)* « évaluations ponctuelles », par le chef d'établissement ».

Art. D. 334-28 Les poursuites devant la commission de discipline du baccalauréat sont engagées par le *(Décr. n° 2019-1558 du 30 déc. 2019, art. 9)* « recteur d'académie ».

Dix jours au moins avant la date de réunion de la commission de discipline du baccalauréat, le *(Décr. n° 2019-1558 du 30 déc. 2019, art. 9)* « recteur d'académie » convoque le candidat poursuivi et, le cas échéant, son représentant légal par lettre recommandée avec demande d'avis de réception.

La convocation comporte l'énoncé des faits reprochés et précise à l'intéressé sous quel délai et dans quel lieu il peut prendre connaissance de son dossier.

Elle mentionne le droit pour l'intéressé de présenter des observations écrites et orales et de se faire assister d'un conseil de son choix ou, le cas échéant, de se faire représenter par ce dernier.

Fraude au baccalauréat. Procédure disciplinaire. Commission de discipline du baccalauréat. Recours hiérarchique. Interrogée sur la possibilité de former un recours hiérarchique à l'encontre des décisions de la commission de discipline du baccalauréat, la DAJ précise que le nouveau dispositif distingue une première phase de poursuite et d'instruction, qui relève du recteur, et une seconde phase confiée à la commission de discipline du baccalauréat, instance collégiale, qui prononce éventuellement une sanction à l'encontre des responsables des faits en cause. A la question de savoir si le recteur d'académie pouvait être regardé comme l'autorité hiérarchique de cette commission administrative constituée au sein de chaque académie, elle rappelle que, par une série de jugements rendus le 7 avr. 2015, le tribunal administratif de Paris a jugé que le recteur d'académie ne disposait d'aucun pouvoir hiérarchique sur la commission de discipline du baccalauréat et était, par conséquent, incompétent pour réformer ses décisions. Dans ces affaires, le rapporteur public avait notamment fait valoir que, dans la mesure où la commission de discipline du baccalauréat a été conçue comme autonome du recteur, autorité qui engage les poursuites à l'encontre des candidats suspectés de fraude, le recteur ne pouvait pas être également l'autorité hiérarchique de la commission qui statue sur ces poursuites et prononce éventuellement la sanction. L'économie générale du dispositif mis en place par le décret de 2012 tend en effet à « pénaliser » la procédure disciplinaire pour le cas particulier des fraudes commises dans le cadre de l'examen du baccalauréat. Elle le fait, d'une part, en dissociant la phase de poursuite et d'instruction de la phase du prononcé de la sanction et, d'autre part, en confiant à une autorité collégiale le soin d'infliger les éventuelles sanctions. Dans cette mesure, conférer au recteur, qui intervient dans la première phase, la possibilité de substituer sa décision à celle de la commission semble contraire à l'esprit du texte. La mise en place d'une telle commission fait de cette procédure de sanction un dispositif à part, hors de l'exercice traditionnel du pouvoir disciplinaire. La procédure disciplinaire spécifique mise en place pour les fraudes au baccalauréat exclut ainsi la possibilité pour le recteur de réformer les décisions prises par la commission de discipline du baccalauréat. De la même manière, le ministre ne serait pas davantage compétent pour réformer les décisions de la commission. En effet, dès lors que le caractère collégial et la composition de la commission de discipline du baccalauréat revêtent le caractère d'une garantie pour les candidats susceptibles d'être sanctionnés, ses décisions ne sauraient être réformées par une décision unilatérale du ministre. Il ressort de cette analyse que la seule voie de contestation possible des décisions prises par les commissions de discipline du baccalauréat est la voie contentieuse portée directement devant la juridiction administrative. * Note DAJ A1, n° 15-263 du 7 oct. 2015 : *LIJ 2016, n° 191, p. 15.*

Art. D. 334-29 Au regard des observations éventuellement produites et des éléments recueillis, le *(Décr. n° 2019-1558 du 30 déc. 2019, art. 9)* « recteur d'académie » peut décider de ne pas donner suite aux poursuites. Il en informe l'intéressé et, le cas échéant, son représentant légal.

Art. D. 334-30 Dans le cas contraire, le *(Décr. n° 2019-1558 du 30 déc. 2019, art. 9)* « recteur d'académie » saisit la commission de discipline du baccalauréat par écrit. Ce document mentionne le nom et l'adresse du candidat poursuivi ainsi que les faits qui lui sont reprochés. Il est accompagné de toutes pièces justificatives.

La séance de la commission de discipline du baccalauréat n'est pas publique. Elle se tient valablement même en l'absence du candidat poursuivi.

Lorsque la commission de discipline du baccalauréat examine l'affaire au fond, son président expose les faits et donne lecture, le cas échéant, des observations écrites produites par l'intéressé. Celui-ci est entendu dans ses explications. Il peut à tout moment, ainsi que son représentant légal s'il est mineur et éventuellement son conseil, demander l'autorisation au président de présenter des observations orales.

La commission peut entendre des témoins. Cette audition a lieu contradictoirement en présence du candidat poursuivi, sauf s'il est absent, le cas échéant, de son représentant légal et éventuellement de son conseil.

Le *(Décr. n° 2019-1558 du 30 déc. 2019, art. 9)* « recteur d'académie », ou toute personne désignée par lui à cet effet, peut assister à la séance de la commission de discipline du baccalauréat et présenter des observations.

Le candidat est invité à présenter ses ultimes observations avant que la commission ne commence à délibérer.

Si elle se juge insuffisamment éclairée, la commission de discipline du baccalauréat peut décider de reporter l'affaire à une séance ultérieure. Il en est de même si le candidat, pour des motifs impérieux, n'est ni présent ni représenté et n'a pas fait parvenir d'observation.

Art. D. 334-31 Seules les personnes composant la commission de discipline du baccalauréat *(Décr. n° 2013-469 du 5 juin 2013, art. 4)* « et celle qui en assure le secrétariat » ont accès à la salle des délibérations. *(Décr. n° 2013-469 du 5 juin 2013, art. 4)*

« Aucun des membres de la commission » ne peut délibérer s'il n'a assisté à la totalité de la séance.

La commission ne peut valablement délibérer que si quatre membres au moins sont présents. Le vote a lieu à bulletin secret.

La décision prise à la majorité des membres présents est motivée. Elle est signée par le président.

Elle est notifiée à l'intéressé et, le cas échéant, à son représentant légal, par lettre recommandée avec demande d'avis de réception. Elle mentionne les voies et les délais de recours.

La commission de discipline du baccalauréat statue dans un délai de deux mois suivant la proclamation des résultats de la session à laquelle se rattachent les faits ayant donné lieu aux poursuites.

La décision de la commission de discipline du baccalauréat, accompagnée des pièces au vu desquelles elle s'est prononcée, est transmise aux ministres chargés de l'éducation nationale et de l'enseignement supérieur.

Art. D. 334-32 Les sanctions disciplinaires qui peuvent être prononcées par la commission de discipline du baccalauréat sont :

1° Le blâme ;

2° La privation de toute mention portée sur le diplôme délivré au candidat admis ;

3° L'interdiction de subir tout examen conduisant à l'obtention du baccalauréat pour une durée maximum de cinq ans ou d'un titre ou diplôme délivré par un établissement public dispensant des formations post-baccalauréat pour une durée maximum de cinq ans. Cette sanction peut être prononcée avec sursis si l'interdiction n'excède pas deux ans ;

4° L'interdiction de prendre toute inscription dans un établissement public dispensant des formations post-baccalauréat pour une durée maximum de cinq ans.

(Décr. n° 2013-469 du 5 juin 2013, art. 5) « Toute sanction prononcée en vertu du présent article peut être assortie d'une inscription au livret scolaire, s'il existe. Dans les cas du blâme et de la privation de mention, ces inscriptions sont effacées au terme d'une période d'un an après leur prononcé. Dans le cas des autres sanctions, l'effacement intervient au terme de la période d'interdiction qui est prononcée. »

Art. D. 334-32-1 *(Décr. n° 2020-1348 du 4 nov. 2020, art. 2)* Pour les fraudes ou tentatives de fraude commises *(Décr. n° 2021-983 du 27 juill. 2021, art. 11)* « à l'occasion des évaluations ponctuelles », le recteur d'académie peut prononcer seul les sanctions prévues aux 1° et 2° de l'article D. 334-32.

Dans ce cas, le recteur d'académie convoque par écrit le candidat poursuivi. La convocation mentionne les faits reprochés au candidat, le lieu où il peut prendre connaissance de son dossier et le délai dont il dispose pour présenter sa défense oralement ou par écrit ou en se faisant assister par une personne de son choix. Ce délai est d'au moins dix jours ouvrables.

Si le candidat est mineur, cette communication est également faite à son représentant légal afin que ce dernier produise ses observations éventuelles. Dans tous les cas, le candidat, son représentant légal et la personne éventuellement chargée de l'assister pour présenter sa défense peuvent prendre connaissance de son dossier.

Le recteur d'académie, ou toute personne désignée par lui à cet effet, reçoit le candidat poursuivi ainsi que, le cas échéant, la personne chargée de l'assister et, si le candidat est mineur, son représentant légal. Il expose les faits et donne lecture, le cas échéant, des observations écrites produites par l'intéressé, la personne chargée de l'assister ou son représentant légal. Le candidat est entendu dans ses explications. L'audition se tient valablement même en l'absence du candidat.

La décision du recteur d'académie est notifiée à l'intéressé et, le cas échéant, à son représentant légal.

Art. D. 334-33 Toute sanction prononcée entraîne, pour l'intéressé, la nullité de l'épreuve au cours de laquelle la fraude ou la tentative de fraude a été commise. L'intéressé est réputé avoir été présent sans l'avoir subie. La commission de discipline du baccalauréat peut en outre décider de prononcer à l'égard de l'intéressé la nullité du groupe d'épreuves ou de la session d'examen.

Art. D. 334-34 *(Décr. n° 2013-469 du 5 juin 2013, art. 6)* Lorsqu'un candidat fait l'objet de poursuites disciplinaires dans le cas de fraude ou de tentative de fraude flagrante commise à l'occasion du baccalauréat, il ne peut lui être délivré un relevé de notes ou un certificat de réussite avant que la commission de discipline du baccalauréat *(Décr. n° 2020-1348 du 4 nov. 2020, art. 3)* « ou le recteur d'académie » ait statué. En cas de nullité de l'épreuve, du groupe d'épreuves ou de la session d'examen prononcée par la commission de discipline du baccalauréat dans les conditions prévues par l'article D. 334-33, le *(Décr. n° 2019-1558 du 30 déc. 2019, art. 9)* « recteur d'académie » saisit le jury pour une nouvelle délibération sur les résultats obtenus par l'intéressé.

Lorsqu'une fraude est découverte postérieurement à la délivrance du baccalauréat, le *(Décr. n° 2019-1558 du 30 déc. 2019, art. 9)* « recteur d'académie » engage les poursuites devant la commission de discipline du baccalauréat dans les conditions prévues par les articles D. 334-28 à D. 334-30. Si la sanction prononcée en application de l'article D. 334-32 implique que le jury se prononce à nouveau, le *(Décr. n° 2019-1558 du 30 déc. 2019, art. 9)* « recteur d'académie » retire le diplôme du baccalauréat et saisit le jury pour une nouvelle délibération sur les résultats obtenus par l'intéressé.

Art. R. 334-35 Toute sanction prononcée en application des dispositions de la présente section peut faire l'objet d'un recours de plein contentieux devant le tribunal administratif territorialement compétent.

CHAPITRE V DISPOSITIONS COMMUNES AUX FORMATIONS TECHNOLOGIQUES ET AUX FORMATIONS PROFESSIONNELLES

SECTION PREMIÈRE LE LABEL DE "LYCÉE DES MÉTIERS"

Art. D. 335-1 *(Décr. n° 2016-48 du 27 janv. 2016, art. 1er)* « Le label de "lycée des métiers" permet d'identifier des pôles de compétences en matière de formation professionnelle, de certification et de coopération avec les entreprises.

« Il est défini par un cahier des charges national composé des critères suivants :

« 1° Une offre de formations professionnelles construite autour d'un ensemble de métiers et de parcours de formation ;

« 2° L'accueil de publics de statuts différents ;

« 3° Un partenariat actif avec le tissu économique local et les organismes de proximité agissant dans les domaines de la formation professionnelle, de l'orientation et de l'insertion ;

« 4° L'organisation d'actions culturelles ;

« 5° La mise en œuvre d'actions visant à l'ouverture internationale ;

« 6° La mise en place et le suivi d'actions pour prévenir le décrochage scolaire et pour accueillir des jeunes bénéficiant du droit au retour en formation initiale prévu à l'article L. 122-2 ;

« 7° Une politique active de communication. »

8° et 9° *Abrogés par Décr. n° 2016-48 du 27 janv. 2016, art. 1er*.

(Décr. n° 2016-48 du 27 janv. 2016, art. 1er) « La demande de délivrance du label est présentée par l'établissement d'enseignement. Elle doit comporter l'accord de son conseil d'administration. »

BIBL. ▶ Koukidis et Saint Venant, Le lycée des métiers : constats, enjeux, perspectives, *Rapp. IGEN, janv. 2002*. – Rage et Sultan, Structuration des établissements publics locaux d'enseignement : lycées polyvalents, lycées des métiers, *Rapp. IGEN-IGAENR, 12 déc. 2014*.

Art. D. 335-2 Le label de "lycée des métiers" est délivré sur décision du recteur de *(Décr. n° 2019-1558 du 30 déc. 2019, art. 3)* « la région académique ou, par délégation de ce dernier, du recteur de » l'académie dans laquelle est implanté l'établissement qui le sollicite, sur proposition du groupe *(Décr. n° 2019-1558 du 30 déc. 2019, art. 3)* « régional ou » académique "lycée des métiers" mentionné à l'article D. 335-3 et après avis du conseil académique de l'éducation nationale *(Décr. n° 2019-1558 du 30 déc. 2019, art. 3)* « concerné ».

Art. D. 335-3 *(Décr. n° 2016-48 du 27 janv. 2016, art. 2)* « Le recteur *(Décr. n° 2019-1558 du 30 déc. 2019, art. 3)* « de région académique » met en place, sous son autorité, un *(Décr. n° 2019-1558 du 30 déc. 2019, art. 3)* « groupe régional » "lycée des métiers" qui associe des personnels *(Décr. n° 2019-1558 du 30 déc. 2019, art. 3)* « de la région académique » compétents en matière de formation professionnelle, des parents d'élèves et des représentants de la région et des milieux professionnels.

« Le *(Décr. n° 2019-1558 du 30 déc. 2019, art. 3)* « groupe régional » "lycée des métiers" est chargé de définir la *(Décr. n° 2019-1558 du 30 déc. 2019, art. 3)* « procédure régionale » de labellisation et de déterminer le cahier des charges du label, qui comprend au moins les critères mentionnés à l'article D. 335-1. Il instruit les demandes de délivrance du label des établissements, vérifie leur conformité au cahier des charges et transmet ses propositions au recteur *(Décr. n° 2019-1558 du 30 déc. 2019, art. 3)* « de région académique ».

« Le *(Décr. n° 2019-1558 du 30 déc. 2019, art. 3)* « groupe régional » est chargé de définir et de mettre en œuvre la procédure d'évaluation et de renouvellement du label des établissements déjà labellisés. »

(Décr. n° 2019-1558 du 30 déc. 2019, art. 3) « Lorsqu'il agit par délégation du recteur de région académique, le recteur d'académie met en place un groupe académique "lycée des métiers". Le groupe académique associe des personnels de l'académie compétents en matière de formation professionnelle, des parents d'élèves et des représentants de la région et des milieux professionnels. Il exerce au niveau académique les mêmes compétences que le groupe régional au niveau régional. »

Le recteur *(Décr. n° 2019-1558 du 30 déc. 2019, art. 3)* « de région académique » transmet au ministre chargé de l'éducation *(Décr. n° 2019-1558 du 30 déc. 2019, art. 3)* « nationale » la liste des établissements pour lesquels il a décidé la délivrance du label.

Les établissements labellisés « lycée des métiers » à la date de publication du Décr. n° 2016-48 du 27 janv. 2016 se conforment au cahier des charges prévu à l'art. D. 335-3 dans sa rédaction issue du Décr. préc. au plus tard au moment de leur demande de renouvellement du label (Décr. préc., art. 4).

Art. D. 335-4 Le ministre chargé de l'éducation procède *(Décr. n° 2016-48 du 27 janv. 2016, art. 3)* « chaque année » à la publication de la liste des établissements auxquels a été délivré le label "lycée des métiers" au *Bulletin officiel* de l'éducation nationale.

Le label est délivré pour une durée de cinq ans. Il peut être renouvelé au vu de l'évaluation prévue au troisième alinéa de l'article D. 335-3.

SECTION II **VALIDATION DES ACQUIS DE L'EXPÉRIENCE** *(Décr. n° 2018-1172 du 18 déc. 2018, art. 2).*

Art. R. 335-5 La validation des acquis de l'expérience est organisée dans les conditions définies par les articles R. 335-6 à R. 335-11 pour la délivrance de l'ensemble des *(Décr. n° 2019-1119 du 31 oct. 2019, art. 1er)* « certifications professionnelles enregistrées au répertoire national prévu à l'article L. 6113-1 du code du travail », à l'exception des diplômes et des titres de l'enseignement supérieur délivrés par les établissements d'enseignement supérieur mentionnés à l'article L. 613-3.

Art. R. 335-6 *(Décr. n° 2017-1135 du 4 juill. 2017, art. 1er)* I. — Sont prises en compte dans une demande de validation des acquis de l'expérience l'ensemble des activités professionnelles salariées, non salariées, bénévoles, de volontariat, ou exercées par une personne inscrite sur la liste des sportifs de haut niveau mentionnée au premier alinéa de l'article L. 221-2 du code du sport, ou exercées dans le cadre de responsabilités syndicales, d'un mandat électoral local ou d'une fonction élective locale.

(Décr. n° 2019-1119 du 31 oct. 2019, art. 1er) « Lorsqu'il s'agit d'activités réalisées en formation initiale ou continue, peuvent être prises en compte les périodes de formation en milieu professionnel, les périodes de mise en situation en milieu professionnel, les stages pratiques et les périodes en entreprise des préparations opérationnelles à l'emploi. Peuvent également être prises en compte les périodes d'activité réalisées en milieu professionnel avec l'accompagnement d'un tuteur dans le cadre d'un contrat d'apprentissage, d'un contrat de professionnalisation ou d'un contrat de travail aidé.

« II. — Sont prises en compte les activités en rapport direct avec la certification professionnelle pour laquelle la demande est déposée, que ces activités, qui peuvent être de nature différente, aient été exercée*[s]* de façon continue ou non. La durée minimale d'activité requise pour qu'une candidature soit recevable correspond à la durée de travail annuelle résultant de l'application durant cette période de la durée légale du travail, soit 1 607 heures.

« La durée des activités mentionnées au deuxième alinéa du I doit représenter moins de la moitié des activités prises en compte. »

Art. R. 335-7 *(Décr. nº 2017-1135 du 4 juill. 2017, art. 2)* I. — La procédure de validation des acquis de l'expérience comprend une étape de recevabilité de la demande de validation des acquis de l'expérience et une étape d'évaluation par le jury, organisées par *(Décr. nº 2019-1119 du 31 oct. 2019, art. 1er)* « le ministère ou l'organisme certificateur ».

(Décr. nº 2019-1119 du 31 oct. 2019, art. 1er) « Le ministère ou l'organisme certificateur » peut proposer au candidat une aide gratuite à la constitution de son dossier de recevabilité.

II. — Le dossier de recevabilité comprend :

1º Un formulaire de candidature dûment renseigné avec la signature manuscrite ou électronique du candidat dont le modèle *(Décr. nº 2019-1119 du 31 oct. 2019, art. 1er)* « et la notice sont fixés » par arrêté du ministre chargé de l'emploi ;

(Décr. nº 2019-1119 du 31 oct. 2019, art. 1er) « 2º Les documents justifiant de la nature et de la durée des activités exercées par le candidat en rapport direct avec la certification visée, les attestations de formations suivies antérieurement distinguant la durée des périodes de formation initiale ou continue réalisées en situation de travail, en rapport direct avec la certification visée et, le cas échéant, les certifications ou parties de certifications obtenues antérieurement attestant de la maîtrise d'un ou plusieurs blocs de compétences constitutifs de la certification visée ;

« 3º Le cas échéant, les documents supplémentaires requis par le référentiel de la certification ciblée. »

Un candidat ne peut déposer qu'un seul dossier de recevabilité pendant la même année civile et pour *(Décr. nº 2019-1119 du 31 oct. 2019, art. 1er)* « la même certification professionnelle ». Pour des *(Décr. nº 2019-1119 du 31 oct. 2019, art. 1er)* « certifications professionnelles différentes », il ne peut déposer plus de trois dossiers de recevabilité au cours de la même année civile. Ces obligations et l'engagement sur l'honneur du candidat à les respecter sont rappelés sur chaque formulaire de candidature à une validation.

Le candidat adresse le dossier de recevabilité *(Décr. nº 2019-1119 du 31 oct. 2019, art. 1er)* « au ministère ou à l'organisme certificateur », dans les conditions que ce dernier a préalablement fixées et rendues publiques, notamment sur son site internet ou sur le portail gouvernemental dématérialisé dédié à la validation des acquis de l'expérience. *(Décr. nº 2019-1119 du 31 oct. 2019, art. 1er)* « A réception du dossier, le ministère ou l'organisme certificateur indique, le cas échéant, au candidat la ou les pièces manquantes. Lorsque le dossier de recevabilité est complet, le ministère ou l'organisme certificateur en accuse réception par tout moyen permettant de lui conférer date certaine. »

L'examen du dossier de recevabilité est réalisé par *(Décr. nº 2019-1119 du 31 oct. 2019, art. 1er)* « le ministère ou l'organisme certificateur ». Il consiste, d'une part, à contrôler la conformité de la durée effective d'activité par rapport à la durée requise et, d'autre part, à vérifier le rapport direct des activités déclarées par le candidat avec *(Décr. nº 2019-1119 du 31 oct. 2019, art. 1er)* « le référentiel d'activités » de la certification.

(Décr. nº 2019-1119 du 31 oct. 2019, art. 1er) « III. — Le ministère ou l'organisme certificateur notifie sa décision au candidat dans les deux mois à compter de la réception du dossier de recevabilité complet. Cette notification comprend le résultat de l'analyse des écarts entre les activités déclarées par le candidat et le référentiel d'activités de la certification visée. Elle peut comporter des recommandations, relatives notamment aux formations complémentaires prévues à l'article R. 6423-3 du code du travail.

« L'absence de réponse dans ce délai vaut acceptation de la recevabilité de la candidature, sous réserve des exceptions prévues par décret en Conseil d'État en application des articles L. 231-5 et L. 231-6 du code des relations entre le public et l'administration et répertoriées sur une liste dressée par arrêté du ministre chargé de la formation professionnelle.

« Lorsque la candidature est recevable, le ministère ou l'organisme certificateur indique au candidat la durée de validité de cette recevabilité, à l'expiration de laquelle le candidat doit renouveler sa demande ou solliciter sa prorogation si le contenu du référentiel de la certification est demeuré inchangé. Il propose au candidat au moins une date de session d'évaluation dans les douze mois suivant la date d'envoi de la notification de la décision favorable sur la recevabilité ou de la naissance d'une décision implicite de recevabilité. »

Art. R. 335-8 *(Décr. n° 2017-1135 du 4 juill. 2017, art. 3)* « *(Décr. n° 2019-1119 du 31 oct. 2019, art. 1er)* « I. — » Le candidat, ayant reçu une décision favorable à sa demande de recevabilité, constitue son dossier de validation comprenant la description de ses aptitudes, compétences et connaissances mobilisées au cours de son expérience dans les différentes activités exercées et, le cas échéant, au cours de formations complémentaires mentionnées à l'article R. 6423-3 du code du travail. Il l'adresse à l'organisme certificateur, chargé de l'organisation du jury de la certification professionnelle, dans les délais et les conditions que ce dernier lui aura préalablement fixés et communiqués.

« *(Décr. n° 2019-1119 du 31 oct. 2019, art. 1er)* « II. — » Le dossier de validation est soumis au jury constitué et présidé conformément au règlement et aux dispositions régissant le diplôme, le titre ou le certificat de qualification postulé. »

Ce jury est composé à raison *(Décr. n° 2019-1119 du 31 oct. 2019, art. 1er)* « d'au moins deux représentants qualifiés des professions, représentant au moins un quart des membres du jury, » et de façon à concourir à une représentation équilibrée des hommes et des femmes.

Lorsque des personnes appartenant à l'entreprise ou à l'organisme où le candidat exerce son activité, ou ayant accompagné le candidat dans sa démarche, sont membres de ce jury, elles ne peuvent participer à ses délibérations concernant le candidat concerné.

Art. R. 335-9 Les procédures d'évaluation doivent permettre au jury de vérifier si les acquis dont fait état le candidat correspondent aux aptitudes, compétences et connaissances exigées par *(Décr. n° 2019-1119 du 31 oct. 2019, art. 1er)* « les référentiels de la certification visée.

« Le jury décide de l'attribution ou de la non-attribution de la certification visée. Il peut délivrer une ou plusieurs parties identifiées de certification attestant de l'acquisition d'un ou plusieurs blocs de compétences. Dans ce cas, il identifie les aptitudes, compétences et connaissances devant faire l'objet d'un contrôle complémentaire en vue de l'obtention de la certification visée.

« En cas de plagiat du dossier de validation, le ministère ou l'organisme certificateur peut, après que le candidat a été mis en mesure de présenter ses observations, refuser de délivrer ou retirer la certification ou les parties de certification attribuées par le jury. »

Art. R. 335-10 *(Décr. n° 2017-1135 du 4 juill. 2017, art. 4)* La décision du jury est notifiée au candidat par *(Décr. n° 2019-1119 du 31 oct. 2019, art. 1er)* « le ministère ou l'organisme certificateur. En cas d'obtention partielle de la certification, les parties de certification obtenues de manière définitive font l'objet d'attestations de compétences remises au candidat ».

(Décr. n° 2019-1119 du 31 oct. 2019, art. 1er) « Le ministère ou l'organisme certificateur » prend les mesures nécessaires pour satisfaire toute demande de duplicata *(Décr. n° 2019-1119 du 31 oct. 2019, art. 1er)* « de ces attestations ou de la certification obtenue.

« Un arrêté du ministère chargé de la formation professionnelle fixe les règles de conservation des documents relatifs à la procédure de validation des acquis de l'expérience. »

Art. R. 335-11 Les dérogations mentionnées *(Décr. n° 2019-1119 du 31 oct. 2019, art. 1er)* « au huitième alinéa du II » de l'article L. 335-5 sont déterminées par *(Décr. n° 2019-1119 du 31 oct. 2019, art. 1er)* « le ministère ou l'organisme » qui délivre le diplôme ou le titre et, si elle est distincte de la précédente, par le ministre intéressé par l'exercice de la profession à laquelle le diplôme ou le titre permet d'accéder. Lorsque le diplôme ou le titre est délivré par l'État ou en son nom, la nature de ces dérogations et leur liste détaillée doivent faire l'objet d'un arrêté conjoint des ministres concernés, après avis de la Commission nationale de la certification professionnelle.

Une telle mesure est prise individuellement pour chaque diplôme ou partie de diplôme, de même que pour chaque titre ou partie de titre concerné. Elle ne saurait s'appliquer à l'ensemble d'une profession ou d'un secteur d'activité.

Art. R. 335-12 à R. 335-32 *Abrogés par Décr. n° 2018-1172 du 18 déc. 2018, art. 2.*

La certification professionnelle est maintenant prévue aux art. R. 6113-1 s. C. trav.

SECTION III LE LABEL "CAMPUS DES MÉTIERS ET DES QUALIFICATIONS"

(Décr. n° 2014-1100 du 29 sept. 2014, art. 1er)

Art. D. 335-33 Le label "campus des métiers et des qualifications" permet d'identifier, sur un territoire donné, un réseau d'acteurs qui interviennent en partenariat pour développer une large gamme de formations professionnelles, technologiques et générales, relevant de l'enseignement secondaire et de l'enseignement supérieur, ainsi que de la formation initiale ou continue, qui sont centrées sur des filières spécifiques et sur un secteur d'activité *(Décr. n° 2019-962 du 16 sept. 2019, art. 1er)* « en réponse » à un enjeu économique national ou régional.

(Décr. n° 2019-962 du 16 sept. 2019, art. 1er) « Le réseau auquel est attribué le label offre un service d'hébergement et des activités associatives, culturelles et sportives. Les formations accueillent des élèves, des étudiants, des apprentis ou des stagiaires de la formation professionnelle.

« Le label "campus des métiers et des qualifications" est attribué aux projets qui respectent des critères en matière d'objectifs stratégiques, d'organisation du réseau et de projet pédagogique. Ces critères sont précisés dans un cahier des charges national pris par arrêté conjoint des ministres chargés de l'éducation nationale, de l'enseignement supérieur, de la formation professionnelle et de l'économie.

« La mention "excellence" peut être attribuée aux campus des métiers et des qualifications qui répondent à des exigences supplémentaires mentionnées au même cahier des charges. »

Le réseau auquel est attribué le label regroupe, par voie de convention, des établissements d'enseignement du second cycle du second degré, des établissements d'enseignement supérieur, des centres de formation d'apprentis, des *(Décr. n° 2019-962 du 16 sept. 2019, art. 1er)* « structures » de recherche, des organismes de formation continue, des entreprises et, le cas échéant, des associations à caractère sportif, culturel ou d'entraide. *(Décr. n° 2019-962 du 16 sept. 2019, art. 1er)* « Cette convention précise la composition et le fonctionnement de l'instance de gouvernance du campus des métiers et des qualifications. L'instance de gouvernance comprend au moins les représentants d'un établissement public local d'enseignement, d'un établissement public à caractère scientifique, culturel et professionnel et d'une entreprise.

« Un directeur opérationnel du campus des métiers et des qualifications est nommé par le *(Décr. n° 2019-1558 du 30 déc. 2019, art. 9)* « recteur de région académique » après avis de l'instance de gouvernance du campus des métiers et des qualifications pour mettre en œuvre, en lien avec les partenaires, la stratégie, les plans d'actions et les actions de communication du campus des métiers et des qualifications. »

Décret instituant la faculté de délivrer par arrêté un label campus des métiers et des qualifications. Un requérant soutenait que les termes campus des métiers et des qualifications méconnaissent le monopole d'exploitation des marques institué par l'art. L. 713-3 CPI, en raison d'un risque de confusion avec plusieurs marques enregistrées à l'Institut national de la propriété industrielle à la date de publication du décret attaqué. Le juge estime que la violation de ces dispositions ne peut, le cas échéant, résulter que d'un usage de ces termes, sans autorisation des propriétaires des marques déjà enregistrées. De telles circonstances ne peuvent découler que de l'attribution de ce label, laquelle ne procèdent pas du décret attaqué, qui se borne à en fixer les conditions et modalités, mais des arrêtés susceptibles d'être pris sur son fondement. Il conclut par suite à l'inopérance du moyen. • CE 30 nov. 2016, n° 386023 B.

Art. D. 335-34 Le *(Décr. n° 2019-1558 du 30 déc. 2019, art. 9)* « recteur de région académique » et le président du conseil régional proposent conjointement *(Décr. n° 2019-962 du 16 sept. 2019, art. 2)* « les projets de campus des métiers et des qualifications à la labellisation, après avis » du conseil académique de l'éducation nationale et du comité régional de l'emploi, de la formation et de l'orientation professionnelles.

(Décr. n° 2019-962 du 16 sept. 2019, art. 2) « Le label "campus des métiers et des qualifications" est attribué après l'examen des projets de campus, au regard des critères du cahier des charges national mentionné à l'article D. 335-33, par un groupe d'experts composé à parts égales de représentants du monde économique d'une part, et de représentants de l'État et des collectivités territoriales d'autre part. »

Il est délivré, pour une durée *(Décr. n° 2019-962 du 16 sept. 2019, art. 2)* « maximale » de *(Décr. n° 2019-962 du 16 sept. 2019, art. 2)* « « cinq » ans, par arrêté conjoint des ministres chargés de l'éducation nationale, de la formation professionnelle, de l'enseignement supérieur et de l'économie. Cet arrêté fixe la liste des campus des métiers et des qualifications et précise l'intitulé de chacun. Cet intitulé doit comporter le secteur d'activité concerné ainsi que, le cas échéant, la mention *(Décr. n° 2019-962 du 16 sept. 2019, art. 2)* « excellence ».

Le label peut être renouvelé dans les conditions définies aux alinéas précédents.

Art. D. 335-35 *(Décr. n° 2019-962 du 16 sept. 2019, art. 3)* Le groupe d'experts est composé de deux présidents de conseil régional ou leur représentant, deux *(Décr. n° 2019-1558 du 30 déc. 2019, art. 9)* « recteurs de région académique » ou leur représentant, un directeur régional des entreprises, de la concurrence, de la consommation, du travail et de l'emploi ou son représentant, un représentant de l'association des Régions de France, un *(Décr. n° 2020-1677 du 23 déc. 2020, art. 1er)* « inspecteur général de l'éducation, du sport et de la recherche », un représentant de la direction générale de l'enseignement scolaire, un représentant de la direction générale pour l'enseignement supérieur et l'insertion professionnelle, un représentant de la direction générale pour la recherche et l'innovation, un représentant de la direction générale des entreprises, un représentant de la délégation générale à l'emploi et à la formation professionnelle et quatorze représentants des filières économiques impliquées dans les campus des métiers et des qualifications. Ces experts, choisis en raison de leurs compétences dans les domaines de l'éducation ou de l'économie, sont nommés par les ministres chargés de l'éducation nationale, de l'enseignement supérieur, de la formation professionnelle et de l'économie.

Le président est désigné, parmi les membres du groupe d'experts, par les mêmes ministres.

SECTION IV *[ABROGÉE]* LES CONSEILLERS DE L'ENSEIGNEMENT TECHNOLOGIQUE

(Abrogée par Décr. n° 2017-960 du 10 mai 2017, art. 2)

Art. D. 335-38 à D. 335-47 *Abrogés par Décr. n° 2017-960 du 10 mai 2017, art. 2.*

SECTION V LA FORMATION À L'ACCESSIBILITÉ DU CADRE BÂTI

(Décr. n° 2007-436 du 25 mars 2007, art. 1er)

Art. R. 335-48 Doivent, en application de l'article 41-V de la loi n° 2005-102 du 11 février 2005 *[pour l'égalité des droits et des chances, la participation et la citoyenneté des personnes handicapées]*, comporter un enseignement à l'accessibilité aux personnes handicapées du cadre bâti, tel que défini à l'article *(Décr. n° 2021-872 du 30 juin 2021, art. 7)* « L. 161-1 » du code de la construction et de l'habitation, les formations qui conduisent aux diplômes, titres et certifications :

– préparant à des professions dont l'objet est la conception ou la réalisation de bâtiments, de lieux spécialement aménagés pour être ouverts au public, ainsi que d'installations ou d'équipements susceptibles d'y être incorporés ;

– et relevant de l'un des domaines énumérés ci-après :

1. Architecture.

2. Domaines inclus dans la nomenclature des spécialités de formation établie par le code de l'éducation :

Lettres et arts :

a) Arts plastiques ;

b) Arts et design, art et patrimoine ; art et communication ;

Agriculture, pêche, forêt et espaces verts :

c) Forêt, espaces naturels ;

d) Aménagement paysager (parcs, jardins, espaces verts, terrains de sport) ;

Transformations :

e) Agro-alimentaires, alimentation, cuisine ;

f) Matériaux de construction, verre, céramique ;

g) Énergie, génie climatique ;

Génie civil, construction, bois :

h) Spécialités pluritechnologiques génie civil, construction, bois ;

i) Mines et carrières, génie civil, topographie ;

j) Bâtiment : construction et couverture ;

k) Bâtiment : finitions ;

l) Travail du bois et de l'ameublement ;

Mécanique, électricité, électronique :

m) Spécialités pluritechnologiques mécanique — électricité ;

n) Électricité, électronique ;

Échanges et gestion :

o) Transports, manutention, magasinage ;

Communication et information :

p) Spécialités plurivalentes de la communication et de l'information ;

q) Techniques de l'image et du son ;

Services à la collectivité :

r) Aménagement du territoire, développement, urbanisme ;

s) Développement et protection du patrimoine culturel ;

t) Assainissement, protection de l'environnement.

Art. R. 335-49 Doivent comporter un enseignement à l'accessibilité aux personnes handicapées du cadre bâti, lorsqu'ils relèvent de l'article R. 335-48, les formations conduisant :

— aux diplômes et titres délivrés par l'État ou en son nom, acquis conformément aux dispositions de l'article L. 335-5, mentionnés au I de l'article L. 335-6, et enregistrés de droit au répertoire national des certifications professionnelles en vertu du deuxième alinéa du II de l'article L. 335-6 ;

— aux autres diplômes, titres et certifications enregistrés au répertoire national des certifications professionnelles selon les modalités définies au premier alinéa du II de l'article L. 335-6.

Art. R. 335-50 Des arrêtés pris par les ministres intéressés déterminent les diplômes ou spécialités de diplômes, titres et certifications visés à l'article R. 335-49, en tenant compte des difficultés d'accessibilité propres à chaque type de handicap.

CHAPITRE VI DISPOSITIONS PROPRES AUX FORMATIONS TECHNOLOGIQUES

SECTION PREMIÈRE DISPOSITIONS GÉNÉRALES RELATIVES AU BACCALAURÉAT TECHNOLOGIQUE

Art. D. 336-1 Le diplôme national du baccalauréat technologique est délivré au vu des résultats à un examen qui sanctionne la formation dispensée dans les classes de première et terminale préparant à ce diplôme.

La réussite à l'examen détermine la collation par l'État du grade universitaire de bachelier.

Sur l'organisation de l'examen du baccalauréat général et technologique de la session 2021 pour l'année scolaire 2020-2021, V. Décr. nº 2021-209 du 25 févr. 2021 et Arr. du 25 févr. 2021 (JO 26 févr.).

Sur l'organisation de l'examen du baccalauréat général et technologique de la session 2022 pour l'année scolaire 2020-2021, V. Décr. n° 2021-210 du 25 févr. 2021 et Arr. du 25 févr. 2021 (JO 26 févr.).

Art. D. 336-2 **L'appellation de baccalauréat technologique se substitue à l'appellation de baccalauréat de technicien dans les textes réglementaires relatifs à ce diplôme. –** *[Décr. n° 86-378 du 7 mars 1986, art. 2.]*

Art. D. 336-3 **Le baccalauréat technologique comprend les séries suivantes :**

1° *(Décr. n° 2008-263 du 14 mars 2008, art. 4)* **« Série ST2S : sciences et technologies de la santé et du social » ;**

2° *(Décr. n° 2010-565 du 27 mai 2010, art. 1er)* **« Série STI2D : sciences et technologies de l'industrie et du développement durable » ;**

3° Série STL : sciences et technologies de laboratoire ;

(Décr. n° 2011-1218 du 29 sept. 2011, art. 1er) **« 4° Série STMG : sciences et technologies du management et de la gestion » ;**

(Décr. n° 2021-983 du 27 juill. 2021, art. 12) **« 5° Série STAV : sciences et technologies de l'agronomie et du vivant ; »**

(Décr. du 21 août 2006, art. 1er) **« 6° » Série** *(Décr. n° 2015-270 du 11 mars 2015, art. 2)* **« STHR : sciences et technologies de l'hôtellerie et de la restauration » ;**

(Décr. du 21 août 2006, art. 1er) **« 7° » Série** *(Décr. n° 2019-750 du 19 juill. 2019, art. 2)* **« S2TMD : sciences et techniques du théâtre, de la musique et de la danse » ;**

(Décr. n° 2010-565 du 27 mai 2010, art. 1er) **« 8° Série STD2A : sciences et technologies du design et des arts appliqués. »**

(Décr. n° 2018-614 du 16 juill. 2018, art. 19) **« Le baccalauréat technologique comprend des épreuves** *(Décr. n° 2021-983 du 27 juill. 2021, art. 12)* **« ou des évaluations de contrôle continu » portant sur les enseignements communs dispensés à tous les élèves et les enseignements de spécialité suivis par l'élève ainsi que, le cas échéant, sur des enseignements optionnels. »**

Sur les épreuves du baccalauréat technologique à compter de la session de 2021, V. ci-dessous, 1er Arr. du 16 juill. 2018.

Sur l'organisation et les volumes horaires des enseignements des classes de première et terminale des lycées sanctionnés par le baccalauréat technologique, séries « sciences et technologies de la santé et du social (ST2S) », « sciences et technologies de laboratoire (STL) » « sciences et technologies du design et des arts appliqués (STD2A) », « sciences et technologies de l'industrie et du développement durable (STI2D) », « sciences et technologies du management et de la gestion (STMG) », « sciences et technologies de l'hôtellerie et de la restauration (STHR) » à compter de la rentrée de l'année scolaire 2019-2020 pour les classes de première et à compter de la rentrée de l'année scolaire 2020-2021 pour les classes de terminale, V. ci-dessous 2e Arr. du 16 juill. 2018.

Arrêté du 16 juillet 2018,

Relatif aux épreuves du baccalauréat technologique à compter de la session de 2021.

Art. 1er Les enseignements sur lesquels portent les épreuves obligatoires du baccalauréat technologique ainsi que les coefficients attribués à chacun de ces enseignements sont fixés comme suit pour les séries suivantes :

— série sciences et technologies de la santé et du social (ST2S) ;

— série sciences et technologies de laboratoire (STL) ;

— série sciences et technologies du design et des arts appliqués (STD2A) ;

— série sciences et technologies de l'industrie et du développement durable (STI2D) ;

— série sciences et technologies du management et de la gestion (STMG) ;

— *(Arr. du 19 juill. 2019, art. 3)* « — série sciences et technologies de l'hôtellerie et de la restauration (STHR) ;

« — série sciences et techniques du théâtre, de la musique et de la danse (S2TMD). »

Épreuves terminales

	Coefficient
Épreuves anticipées	
1. Français (écrit)	5
2. Français (oral)	5
Épreuves finales	
3. Philosophie	4
4. Épreuve orale terminale	14
5. Épreuves de spécialité	16

(Arr. du 27 juill. 2021, art. 4) « Évaluations en contrôle continu

« Un coefficient 40 est affecté à l'évaluation chiffrée des résultats de l'élève pour le cycle terminal, dans les enseignements suivants : Histoire-géographie ; Langue vivante A ; Langue vivante B ; Mathématiques ; Éducation physique et sportive ; Enseignement moral et civique et dans l'enseignement de spécialité suivi uniquement en classe de première.

« Ce coefficient 40 se répartit comme suit :

Enseignements obligatoires		
1. Enseignements communs		32
Histoire-géographie	30	
Langue vivante A		
Langue vivante B		
Mathématiques		
Éducation physique et sportive (1)		
Enseignement moral et civique	2	
2. Enseignements de spécialité suivi uniquement en classe de première		8
Total		40

« (1) Contrôle en cours de formation (cf. arrêté du 21 décembre 2011 relatif aux modalités d'organisation du contrôle en cours de formation et de l'examen ponctuel terminal pour l'éducation physique et sportive des baccalauréats général et technologique).

« Le coefficient 30 est affecté à l'évaluation chiffrée des résultats de l'élève pour le cycle terminal, correspondant à la moyenne des moyennes constatées en conseil de classe des résultats de l'élève au cours du cycle terminal, en histoire-géographie, en mathématiques, en langue vivante A et en langue vivante B, chacun de ces enseignements comptant avec un coefficient 3 pour les résultats de l'année de première, et un coefficient 3 pour les résultats de l'année de terminale.

« En éducation physique et sportive, le résultat de l'élève, pris en compte dans le calcul de cette évaluation chiffrée, correspond à la note obtenue au contrôle en cours de formation, pondérée avec un coefficient 6.

« Le coefficient 2 est affecté à l'évaluation chiffrée annuelle, correspondant à la moyenne générale des résultats obtenus par l'élève sur le cycle terminal en enseignement moral et civique, soit avec un coefficient 1 pour les résultats de l'année de première et un coefficient 1 pour les résultats de l'année de terminale.

« Le coefficient 8 est affecté à l'évaluation chiffrée annuelle, correspondant à la moyenne des moyennes constatées en conseil de classe, des résultats de l'élève pour la classe de première dans l'enseignement de spécialité suivi uniquement en classe de première. »

Arrêté du 27 juillet 2021,

Portant adaptations des modalités d'organisation du baccalauréat général et technologique à compter de la session 2022.

Art. 15 Pour la session 2022, les élèves conservent le bénéfice des notes obtenues en classe de première au cours de l'année 2020-2021 dans le cadre du contrôle continu à due proportion des coefficients qui leur étaient attribués.

....

Pour la voie technologique, les dispositions de l'article 4 du présent arrêté s'appliquent uniquement à l'année de terminale. L'évaluation chiffrée annuelle des résultats de l'élève, dans les enseignements obligatoires, est prise en compte dans le contrôle continu avec les coefficients définis comme suit :

Enseignements obligatoires	
Enseignements communs pour l'année de terminale 2021-2022	
Histoire-géographie	3
Langue vivante A	3
Langue vivante B	3
Mathématiques	1,66
Éducation physique et sportive	5
Enseignement moral et civique	1
Total	16.66 *[16,66]*

Art. 1er-1 *(Arr. du 27 juill. 2021, art. 4)* Concernant les enseignements optionnels, les candidats peuvent présenter à l'examen leurs résultats dans deux enseignements au choix, suivis en classe de première, et dans deux enseignements au choix suivis en classe de terminale. Un coefficient 2 est affecté à chaque enseignement, pour chaque année.

Art. 2 Les langues régionales pouvant donner lieu à épreuve obligatoire sont les suivantes : basque, breton, catalan, corse, créole, langues mélanésiennes, occitan-langue d'oc, tahitien, wallisien-et-futunien.

Outre les langues énumérées à l'alinéa précédent, peuvent être choisis par le candidat au titre des évaluations des enseignements optionnels : le gallo, les langues régionales d'Alsace, les langues régionales des pays mosellans. Ce choix est possible à condition que le candidat ait suivi l'enseignement correspondant dans un établissement d'enseignement scolaire public ou privé sous contrat ou auprès du Centre national d'enseignement à distance.

Art. 3 Les épreuves de langue vivante étrangère évaluent les compétences écrites et orales définies par arrêté du ministre chargé de l'éducation nationale.

Art. 4 Le choix des langues vivantes étrangères pour l'épreuve de langue vivante A, B ou C et le choix d'une langue régionale pour l'épreuve de langue vivante B ou C sont opérés par le candidat au moment de l'inscription à l'examen, à condition qu'il ait suivi l'enseignement correspondant dans un établissement d'enseignement scolaire public ou privé sous contrat ou auprès du Centre national de l'enseignement à distance.

Les candidats ont à choisir, au titre des épreuves obligatoires de langues vivantes étrangères du baccalauréat technologique, entre les langues énumérées ci-après : allemand, anglais, arabe, arménien, cambodgien, chinois, coréen, danois, espagnol, finnois, grec moderne, hébreu, italien, japonais, néerlandais, norvégien, persan, polonais, portugais, russe, suédois, turc et vietnamien.

Pour la série sciences et technologies de l'hôtellerie et de la restauration (STHR), l'une des deux langues vivantes doit être obligatoirement l'anglais.

Un arrêté du ministre chargé de l'éducation nationale fixe, pour chaque session de l'examen, les académies où peuvent être subies les épreuves de langue autres qu'allemand, anglais, espagnol et italien.

Art. 5 Les langues énumérées au deuxième alinéa de l'article 4 du présent arrêté peuvent être choisies par le candidat au titre des évaluations des enseignements optionnels du baccalauréat technologique, à condition qu'il ait suivi l'enseignement correspondant dans un établissement d'enseignement scolaire public ou privé sous contrat ou auprès du Centre national de l'enseignement à distance.

Les candidats peuvent, le cas échéant, choisir au titre des évaluations des enseignements optionnels une langue vivante étrangère autre que celles qui peuvent faire l'objet d'une épreuve obligatoire à la même condition que celle fixée à l'alinéa précédent.

Art. 6 Une même langue vivante (étrangère ou régionale) ne peut être évaluée plusieurs fois au titre des évaluations des enseignements obligatoires ou optionnels, à l'exception des cas prévus par l'arrêté du 9 mai 2003 relatif aux conditions d'attribution de l'indication « section européenne » ou « section de langue orientale » sur les diplômes du baccalauréat général et du baccalauréat technologique.

Art. 7 Une épreuve obligatoire orale terminale de vingt minutes (20 minutes) est préparée pendant le cycle terminal. Elle porte sur un projet adossé à un ou deux des enseignements de spécialité suivis par le candidat.

Art. 7-1 *(Arr. du 29 avr. 2019, art. 2)* I. — A compter de la session 2021 de l'examen du baccalauréat techonologique, les candidats qui remplissent les conditions prévues par les articles D. 334-13 et D. 334-14 du code de l'éducation ont la possibilité de conserver sur leur demande, conformément aux dispositions respectives de ces articles, les notes qu'ils ont obtenues à la première session de la même série du baccalauréat technologique à laquelle ils se sont présentés avant la session *(Arr. du 27 juill. 2021, art. 4)* « 2022 », dans les conditions suivantes :

1° Pour les candidats issus de la série ST2S, la note obtenue à l'épreuve de sciences et techniques sanitaires et sociales peut être conservée au titre de l'épreuve terminale de spécialité "Sciences et techniques sanitaires et sociales" ;

2° Pour les candidats issus de la série STL, la note obtenue à l'épreuve de chimie-biochimie-sciences du vivant et enseignement spécifique à la spécialité biotechnologies peut être conservée au titre de l'épreuve terminale de spécialité biochimie-biologie-biotechnologie et la note obtenue à l'épreuve de chimie-biochimie-sciences du vivant et enseignement spécifique à la spécialité sciences physiques et chimiques en laboratoire peut être conservée au titre de l'épreuve terminale de spécialité "Sciences physiques et chimiques en laboratoire" ;

3° Pour les candidats issus de la série STD2A, la note obtenue à l'épreuve d'analyse méthodique en design et arts appliqués peut être conservée au titre de l'épreuve terminale de spécialité "Analyse et méthodes en design" ;

4° Pour les candidats issus de la série STI2D, la note obtenue à l'épreuve d'enseignements technologiques transversaux peut être conservée au titre de l'épreuve terminale de spécialité " Ingénierie, Innovation et développement durable " ;

5° Pour les candidats issus de la série STMG, la note obtenue à l'épreuve d'économie-droit peut être conservée au titre de l'épreuve de spécialité "Droit et économie" ;

6° Pour les candidats issus de la série STHR, la note obtenue à l'épreuve d'économie et gestion hôtelière peut être conservée au titre de l'épreuve terminale de spécialité "Économie-gestion hôtelière" ;

7° Pour tous les candidats qui ont présenté un baccalauréat de la voie technologique, quelle que soit la série :

— les notes obtenues aux épreuves anticipées de français, écrite et/ou orale, et à l'épreuve de philosophie peuvent être conservées, respectivement, au titre des épreuves terminales de français, écrite et/ou orale, et de philosophie ;

(Arr. du 27 juill. 2021, art. 4) « — la note obtenue à l'épreuve d'histoire-géographie peut être conservée au titre de l'évaluation chiffrée des résultats de l'élève au cours du cycle terminal, attribuée par son professeur en histoire-géographie ;

« — les notes obtenues aux épreuves de langues vivantes 1 et 2 peuvent être conservées au titre de l'évaluation chiffrée des résultats de l'élève sur le cycle terminal, en langue vivante A et en langue vivante B ; »

— la note obtenue à l'épreuve de mathématiques peut être conservée au titre de *(Arr. du 27 juill. 2021, art. 4)* « l'évaluation chiffrée des résultats de l'élève au cours du cycle terminal, attribuée par son professeur en mathématiques » ;

— la note obtenue à l'épreuve de contrôle en cours de formation d'éducation physique et sportive peut être conservée au titre de la même épreuve ;

— la note de l'épreuve facultative obtenue, le cas échéant, antérieurement à la session 2021 de l'examen ne peut pas être conservée.

(Arr. du 27 juill. 2021, art. 4) « II. — A compter de la session 2022 de l'examen du baccalauréat technologique, pour les candidats mentionnés au I :

« — la note moyenne de contrôle continu pour le cycle terminal est constituée de l'évaluation chiffrée des résultats de la classe de terminale, pour tous les enseignements communs faisant l'objet d'une prise en compte du contrôle continu ;

« — l'évaluation chiffrée annuelle des résultats de l'élève dans l'enseignement de spécialité suivi uniquement en classe de première fait l'objet d'une dispense. »

Art. 8 Les dispositions du présent arrêté sont applicables dans les îles Wallis-et-Futuna, en Nouvelle-Calédonie et en Polynésie française.

Art. 9 Le présent arrêté est applicable au baccalauréat technologique de la session 2021 et aux épreuves anticipées organisées au titre de cette session de l'examen. Est abrogé, à compter de son entrée en vigueur, l'arrêté du 15 septembre 1993 modifié relatif aux épreuves du baccalauréat technologique à compter de la session de 1995.

Arrêté du 16 juillet 2018,

Portant organisation et volumes horaires des enseignements des classes de première et terminale des lycées sanctionnés par le baccalauréat technologique, séries « sciences et technologies de la santé et du social (ST2S) », « sciences et technologies de laboratoire (STL) » « sciences et technologies du design et des arts appliqués (STD2A) », « sciences et technologies de l'industrie et du développement durable (STI2D) », « sciences et technologies du management et de la gestion (STMG) », « sciences et technologies de l'hôtellerie et de la restauration (STHR) » « , sciences et techniques du théâtre, de la musique et de la danse (S2TMD) » (Arr. du 19 juill. 2019, art. 2).

Art. 1er A l'issue de la classe de seconde générale et technologique des lycées d'enseignement général et technologique et des lycées d'enseignement général et technologique agricole, les élèves qui s'orientent dans la voie technologique suivent un cycle d'études de deux ans pour la préparation d'un baccalauréat technologique. Ce cycle est composé de la classe de première et de la classe de terminale qui sont organisées en enseignements communs, en enseignements de spécialité et en enseignements optionnels, de manière à préparer progressivement les élèves à une spécialisation dans une perspective de poursuite d'études supérieures.

Art. 2 L'accès à la classe de première des séries technologiques ST2S, STL, STD2A, STI2D, STMG *(Arr. du 19 juill. 2019, art. 2)* « , STHR et S2TMD » est ouvert aux élèves qui s'orientent dans ces séries à l'issue de la classe de seconde générale et technologique ainsi qu'aux élèves ayant suivi la classe de seconde à régime spécifique conduisant au baccalauréat technologique STHR. Cet accès est possible quels que soient les enseignements suivis en classe de seconde.

L'accès aux séries technologiques est également ouvert aux élèves parvenus au terme d'une classe de seconde ou de première professionnelle et aux titulaires d'un brevet d'études professionnelles ou d'un certificat d'aptitude professionnelle, conformément aux dispositions de l'article D. 333-18 du code de l'éducation.

Art. 3 Conformément aux dispositions de l'article D. 333-3 du code de l'éducation, les enseignements dans les séries ST2S, STL, STD2A, STI2D, STMG *(Arr. du 19 juill. 2019, art. 2)* « , STHR ou S2TMD » comprennent, pour tous les élèves :

— des enseignements communs, dispensés dans toutes les séries ;

— dans chacune des séries, des enseignements de spécialité ;

— des enseignements optionnels au choix des élèves.

La liste et le volume horaire des enseignements dans chaque série sont fixés dans les tableaux figurant en annexe du présent arrêté.

Art. 4 Dans les séries STL, STI2D *(Arr. du 19 juill. 2019, art. 2)* « , STMG et S2TMD », les élèves choisissent un enseignement spécifique en lien avec les enseignements de spécialité de la série :

1° Pour la série STL, la classe de première et la classe de terminale comprennent les enseignements spécifiques suivants :

— biotechnologies ;

— sciences physiques et chimiques en laboratoire.

2° Pour la série STI2D, la classe de terminale comprend les enseignements spécifiques suivants :

— architecture et construction ;

— énergies et environnement ;

— innovation technologique et éco-conception ;

— systèmes d'information et numérique.

3° Pour la série STMG, la classe de terminale comprend les enseignements spécifiques suivants :

— gestion et finance ;

— mercatique (marketing) ;

— ressources humaines et communication ;

— systèmes d'information de gestion.

(Arr. du 19 juill. 2019, art. 2) « 4° Pour la série S2TMD, la classe de première et la classe de terminale comprennent :

« Pour la première spécialité les enseignements spécifiques :

« — culture et sciences chorégraphiques ;

« — culture et sciences musicales ;

« — culture et sciences théâtrales.

« Pour la seconde spécialité les enseignements spécifiques :

« — pratique chorégraphique ;

« — pratique musicale ;

« — pratique théâtrale. »

Art. 5 A l'intérieur du cycle terminal, un changement d'enseignement spécifique peut être réalisé, en cours ou en fin d'année, sur demande écrite des représentants légaux ou de l'élève majeur, après avis du conseil de classe et avant l'inscription au baccalauréat, dans les conditions prévues à l'article D. 331-29 du code de l'éducation.

Art. 6 Les élèves bénéficient d'un accompagnement personnalisé, dont une aide à l'orientation, selon leurs besoins.

L'accompagnement personnalisé est destiné à soutenir la capacité d'apprendre et de progresser des élèves, notamment dans leur travail personnel, à améliorer leurs compétences et à contribuer à la construction de leur autonomie intellectuelle. En classe de terminale, l'accompagnement personnalisé prend appui prioritairement sur les enseignements de spécialité.

L'accompagnement au choix de l'orientation mentionné au premier alinéa implique l'intervention des membres de l'équipe éducative et, le cas échéant, des personnes et organismes invités par l'établissement et qui peuvent être mandatés par le conseil régional.

Les modalités d'organisation de l'accompagnement personnalisé et, notamment, de l'accompagnement au choix de l'orientation sont fixées par le conseil d'administration.

Dans les établissements publics locaux d'enseignement et dans les établissements publics locaux d'enseignement et de formation professionnelle agricoles, le conseil d'administration se prononce après consultation, respectivement, du conseil pédagogique ou des conseils compétents.

Dans les établissements privés sous contrat, les modalités d'organisation de l'accompagnement personnalisé et de l'éducation au choix de l'orientation sont fixées par le chef d'établissement en concertation avec les professeurs.

Art. 7 Conformément au dernier alinéa de l'article D. 333-2 du code de l'éducation, un dispositif de tutorat est proposé à tous les élèves. Il consiste à les conseiller et à les guider dans leur parcours de formation et d'orientation.

Art. 8 Le volume horaire de l'enseignement technologique en langue vivante A est de trente-six heures annuelles, soit une heure hebdomadaire

Art. 9 Une enveloppe horaire est laissée à la disposition des établissements.

Le volume de cette enveloppe horaire est calculé en divisant par vingt-neuf le nombre d'élèves dont l'inscription est prévue dans l'établissement à la rentrée scolaire suivante dans les classes de première et de terminale de chaque série, puis en multipliant le résultat obtenu par :

— *(Arr. du 19 juill. 2019, art. 2)* « — huit pour les séries STMG et S2TMD ; »

— dix pour la série ST2S ;

— quatorze pour les séries STD2A, STHR, STI2D et STL,

et, enfin, en arrondissant le résultat ainsi obtenu à l'entier supérieur.

Cette enveloppe horaire peut être abondée par le recteur d'académie ou le vice-recteur ou, pour les établissements relevant de leur compétence, par les directeurs régionaux de l'alimentation, de l'agriculture et de la forêt, en fonction des spécificités pédagogiques de chaque établissement.

L'utilisation de cette enveloppe est fixée par le conseil d'administration.

Dans les établissements publics locaux d'enseignement et dans les établissements publics locaux d'enseignement et de formation professionnelle agricoles, le conseil d'administration se prononce après consultation, respectivement, du conseil pédagogique ou des conseils compétents.

Dans les établissements d'enseignement privés sous contrat, l'utilisation de cette enveloppe horaire est fixée par le chef d'établissement en concertation avec les professeurs.

Le projet de répartition des heures prévues pour la constitution des groupes à effectif réduit tient compte des activités impliquant l'utilisation des salles spécialement équipées et comportant un nombre limité de places.

Art. 10 Les enseignements spécifiques et les enseignements optionnels sont choisis par les élèves parmi ceux mentionnés en annexe du présent arrêté, dans la limite des enseignements offerts par leur établissement.

Le recteur d'académie ou le vice-recteur arrête la carte de ces enseignements après avis des instances consultatives compétentes.

A titre exceptionnel, un élève peut suivre une partie des enseignements dans un établissement autre que celui dans lequel il est inscrit, lorsque ces enseignements ne peuvent être dispensés dans son établissement d'inscription et lorsqu'une convention existe à cet effet entre les deux établissements, ou changer d'établissement dans les conditions prévues à l'article D. 331-38 du code de l'éducation.

Art. 11 Outre les enseignements communs, de spécialité et optionnels mentionnés à l'article 3, les élèves volontaires peuvent, dans les conditions prévues par l'article D. 331-34 du code de l'éducation, bénéficier de stages de remise à niveau, notamment pour éviter un redoublement. Les élèves volontaires peuvent également bénéficier de stages passerelles lors des changements de voie d'orientation mentionnés à l'article D. 331-29 du code de l'éducation.

Art. 12 Dans la série STHR, les dispositions particulières suivantes sont applicables :

1° Parmi les deux langues vivantes obligatoires, l'une est obligatoirement l'anglais ;

2° La scolarité comporte des stages d'initiation ou d'application en milieu professionnel organisés en classe de première sur une durée de quatre semaines ;

3° Les élèves bénéficient d'un congé au titre de leurs vacances scolaires d'été, d'une durée minimale de quatre semaines consécutives ;

4° Les stages d'initiation ou d'application en milieu professionnel font l'objet d'une convention entre le chef de l'entreprise qui accueille les élèves et le chef de l'établissement scolaire dans lequel ces derniers sont scolarisés.

La convention doit notamment :

— rappeler le statut scolaire des élèves suivant la formation en entreprise ;

— rappeler la responsabilité pédagogique de l'établissement scolaire ;

— indiquer les modalités de couverture en matière d'accidents du travail et de responsabilité civile ;

— préciser les objectifs et les modalités de formation en milieu professionnel (durée, calendrier, contenus, conditions d'accueil de l'élève dans l'entreprise...) ;

— fixer les conditions d'intervention des professeurs ;

— fixer les modalités de la participation des professionnels à la formation des élèves ;

— prévoir les modalités de suivi et d'évaluation de la formation en milieu professionnel.

Art. 13 Les dispositions du présent arrêté sont applicables dans les îles Wallis-et-Futuna.

Art. 14 Les dispositions du présent arrêté entrent en vigueur à compter de la rentrée de l'année scolaire 2019-2020 pour les classes de première et à compter de la rentrée de l'année scolaire 2020-2021 pour les classes de terminale.

Sont abrogés aux mêmes dates, respectivement, en ce qu'ils concernent les classes de première et les classes de terminale :

— l'arrêté du 27 mai 2010 portant organisation et horaires des enseignements des classes de première et terminale des lycées sanctionnés par le baccalauréat technologique, série "sciences et technologies du design et des arts appliqués (STD2A)" ;

— l'arrêté du 27 mai 2010 portant organisation et horaires des enseignements des classes de première et terminale des lycées sanctionnés par le baccalauréat technologique, séries " sciences et technologies de l'industrie et du développement durable (STI2D) " et "sciences et technologies de laboratoire (STL)" ;

— l'arrêté du 29 septembre 2011 portant organisation et horaires des enseignements des classes de première et terminale deslycées sanctionnées par le baccalauréat technologique, série "sciences et technologies de la santé et du social (ST2S) " ;

— l'arrêté du 29 septembre 2011 portant organisation et horaires des enseignements des classes de première et terminale deslycées sanctionnées par le baccalauréat technologique série "sciences et technologies du management et de la gestion (STMG)" ;

— l'arrêté du 11 mars 2015 portant organisation et horaires des enseignements des classes de seconde, de première et terminale des lycées sanctionnés par le baccalauréat technologique série "sciences et technologies de l'hôtellerie et de la restauration (STHR)".

En tant que de besoin, le ministre chargé de l'éducation nationale fixe les dispositions transitoires applicables lors des rentrées 2019-2020 et 2020-2021 aux élèves redoublants.

ANNEXE

Liste et volumes horaires des disciplines enseignées pour les classes de première et les classes de terminale dans les séries ST2S, STL, STD2A, STI2D, STMG, STHR et S2TMD de la voie technologique *(Arr. du 19 juill. 2019, art. 2)* (les volumes horaires indiqués sont hebdomadaires, sauf précision contraire)

Mod. par Arr. du 9 avr. 2019, art. 1er ; Arr. du 19 juill. 2019, art. 2 ; Arr. du 27 juill. 2021, art. 1er.

<table>
<tr><th colspan="5">Enseignements communs</th></tr>
<tr><th colspan="3">Enseignement</th><th colspan="2">Volumes horaires en classe de première et de terminale</th></tr>
<tr><td colspan="3">Français</td><td colspan="2">3 heures en classe de première</td></tr>
<tr><td colspan="3">Philosophie</td><td colspan="2">2 heures en classe de terminale-</td></tr>
<tr><td colspan="3">Histoire-géographie</td><td colspan="2">1 heure 30</td></tr>
<tr><td colspan="3">Enseignement moral et civique</td><td colspan="2">18 heures annuelles</td></tr>
<tr><td colspan="3">Langues vivantes A et B + enseignement technologique en langue vivante (1)</td><td colspan="2">4 heures (dont 1 heure d'ETLV)</td></tr>
<tr><td colspan="3">Éducation physique et sportive</td><td colspan="2">2 heures</td></tr>
<tr><td colspan="3">Mathématiques</td><td colspan="2">3 heures</td></tr>
<tr><td colspan="3">Accompagnement personnalisé (2)</td><td colspan="2"></td></tr>
<tr><td colspan="3">Accompagnement au choix de l'orientation (3)</td><td colspan="2"></td></tr>
<tr><td colspan="3">Heures de vie de classe</td><td colspan="2"></td></tr>
<tr><th colspan="5">Enseignements de spécialité</th></tr>
<tr><th>Série</th><th>Enseignement</th><th>Volumes horaires en classe de première</th><th>Enseignement</th><th>Volumes horaires en classe de terminale</th></tr>
<tr><td>ST2S</td><td>Physique-Chimie pour la santé</td><td>3 heures</td><td>-</td><td>-</td></tr>
<tr><td></td><td>Biologie et physiopathologie humaines</td><td>5 heures</td><td>-</td><td>-</td></tr>
<tr><td></td><td></td><td></td><td>Chimie, Biologie et physiopathologie humaines</td><td>8 heures</td></tr>
<tr><td></td><td>Sciences et techniques sanitaires et sociales</td><td>7 heures</td><td>Sciences et techniques sanitaires et sociales</td><td>8 heures</td></tr>
</table>

STL	Physique chimie et Mathématiques	5 heures	Physique chimie et Mathématiques	5 heures
	Biochimie-Biologie	4 heures	-	-
	Biotechnologie ou Sciences physiques et chimiques en laboratoire	9 heures	-	-
			Biochimie-Biologie-Biotechnologie ou Sciences physiques et chimiques en laboratoire	13 heures
STD2A	Physique-Chimie	2 heures	-	-
	Outils et langages numériques	2 heures	-	-
	Design et métiers d'art	14 heures	Analyse et méthodes en design	9 heures
			Conception et création en design et métiers d'art	9 heures
STI2D	Innovation technologique	3 heures	-	-
	Ingénierie et développement durable (I2D)	9 heures	-	-
			Ingénierie, Innovation et développement durable (2I2D) avec 1 enseignement spécifique parmi : architecture et construction ; énergies et environnement ; innovation technologique et éco-conception ; systèmes d'information et numérique	12 heures
	Physique-Chimie et Mathématiques	6 heures	Physique-Chimie et Mathématiques	6 heures
STMG	Sciences de gestion et numérique	7 heures	-	-
	Management	4 heures	-	-
	-	-	Management, sciences de gestion et numérique avec 1 enseignement spécifique parmi : gestion et finance ; mercatique (marketing) ; ressources humaines et communication ; systèmes d'information de gestion.	10 heures
	Droit et économie	4 heures	Droit et économie	6 heures

STHR	Enseignement scientifique alimentation – environnement (ESAE)	3 heures	-	-
	Sciences et technologies culinaires et des services	10 heures	-	-
	-	-	Sciences et technologies culinaires et des services – Enseignement scientifique alimentation-environnement (ESAE)	13 heures
	Économie – gestion hôtelière	5 heures	Économie – gestion hôtelière	5 heures
S2TMD	Économie, droit et environnement du spectacle vivant	3 heures		
	Culture et sciences chorégraphiques / ou musicales / ou théâtrales (4)	5 heures 30	Culture et sciences chorégraphiques/ou musicales/ou théâtrales (4)	7 heures
	Pratique chorégraphique / ou musicale / ou théâtrale (4)	5 heures 30	Pratique chorégraphique/ou musicale/ou théâtrale (4)	7 heures
Enseignements optionnels				
Au choix du candidat, deux enseignements au plus parmi : Arts (4) ; Éducation physique et sportive ; LV C (étrangère ou régionale) (5) Langue des signes française		3 heures	Au choix du candidat, deux enseignements au plus parmi : Arts (4) ; Éducation physique et sportive ; LV C (étrangère ou régionale) (5) Langue des signes française	3 heures
Atelier artistique		72 heures annuelles	Atelier artistique	72 heures annuelles

(1) La langue vivante A est étrangère. La langue vivante B peut être étrangère ou régionale. L'horaire élève indiqué correspond à une enveloppe globalisée pour ces deux langues vivantes. A l'enseignement d'une langue vivante peut s'ajouter une heure avec un assistant de langue. L'enseignement technologique en langue vivante est pris en charge conjointement par un enseignant d'une discipline technologique et un enseignant de langue vivante. Il est adossé soit à la langue vivante A, soit à la langue vivante B.

(2) Volume horaire déterminé selon les besoins des élèves.

(3) 54 h, à titre indicatif, selon les besoins des élèves et les modalités de l'accompagnement à l'orientation mises en place dans l'établissement.

(4) L'enseignement spécifique (soit de danse, soit de musique, soit de théâtre) est le même pour les deux enseignements de spécialité. Cet enseignement peut être suivi par les élèves inscrits au sein d'un établissement d'enseignement artistique classé ou reconnu par l'État et sous réserve d'une convention signée entre l'établissement où est scolarisé l'élève et cet établissement d'enseignement artistique.

(5) Au choix parmi : arts plastiques ou cinéma-audiovisuel ou danse ou histoire des arts ou musique ou théâtre.

(6) Uniquement pour la série STHR.

SOUS-SECTION 1 CONDITIONS DE DÉLIVRANCE

Art. D. 336-4 *(Abrogé par Décr. n° 2021-983 du 27 juill. 2021, art. 13)* ***« L'examen du baccalauréat technologique comprend des épreuves obligatoires et des épreuves** (Décr. n° 2018-614 du 16 juill. 2018, art. 20)* ***« portant sur des enseignements optionnels ». »***

(Décr. n° 2018-614 du 16 juill. 2018, art. 20) **« L'évaluation des enseignements obligatoires repose sur des épreuves terminales et sur des évaluations de contrôle continu tout au long du cycle terminal de la série concernée.**

« Les épreuves terminales portent sur les enseignements de français et de philosophie, *(Décr. n° 2021-983 du 27 juill. 2021, art. 13)* **« sur deux enseignements de spécialité » et comportent une épreuve orale terminale. »**

Les épreuves sont réparties en deux groupes. Le premier groupe d'épreuves comprend l'ensemble des épreuves obligatoires et, le cas échéant, *(Décr. n° 2018-614 du 16 juill. 2018, art. 20)* **« les évaluations des enseignements optionnels ». Le second groupe d'épreuves est constitué d'épreuves de contrôle portant sur** *(Décr. n° 2018-614 du 16 juill. 2018, art. 20)* **« les enseignements ayant fait l'objet d'épreuves terminales obligatoires écrites » du premier groupe, anticipées ou non.**

(Décr. n° 2018-614 du 16 juill. 2018, art. 20) **« Les candidats ne peuvent être évalués sur plus de deux enseignements optionnels. »**

La liste, la nature, la durée et le coefficient des épreuves des différentes séries sont fixés par arrêtés du ministre chargé de l'éducation *(Décr. n° 2018-614 du 16 juill. 2018, art. 32)* **« nationale » ou, pour** *(Décr. du 21 août 2006, art. 2)* **« la série STAV », par arrêté du ministre chargé de l'éducation** *(Décr. n° 2018-614 du 16 juill. 2018, art. 32)* **« nationale » et du ministre chargé de l'agriculture. Les conditions dans lesquelles la note attribuée à certaines épreuves peut prendre en compte des résultats obtenus en cours d'année scolaire sont définies par arrêté du ministre chargé de l'éducation** *(Décr. n° 2018-614 du 16 juill. 2018, art. 32)* **« nationale » ou, pour** *(Décr. du 21 août 2006, art. 2)* **« la série STAV », par arrêté du ministre chargé de l'agriculture.**

(Décr. n° 2021-983 du 27 juill. 2021, art. 13) **« Un arrêté du ministre chargé de l'éducation nationale définit les modalités de prise en compte des notes de contrôle continu pour le baccalauréat technologique pour les candidats inscrits dans un établissement public d'enseignement, dans un établissement d'enseignement ayant passé avec l'État le contrat d'association prévu par l'article L. 442-5 du code de l'éducation, dans un établissement technique privé reconnu par l'État en application de l'article L. 443-2 du code de l'éducation, dans un établissement d'enseignement français à l'étranger mentionné pour le cycle terminal du lycée général et technologique sur la liste prévue à l'article R. 451-2 du code de l'éducation, au centre national d'enseignement à distance sur le fondement du dernier alinéa de l'article R. 426-2, dans une unité d'enseignement mentionnée à l'article D. 351-17 du code de l'éducation ou dans un service de l'enseignement mentionné aux articles D. 435 et D. 436 du code de procédure pénale. Il prévoit également des évaluations ponctuelles, organisées au titre du contrôle continu, pour les candidats susmentionnés qui ne bénéficieraient pas de notes de contrôle continu, ainsi que pour les candidats qui ne suivent les cours d'aucun établissement, les candidats scolarisés dans un établissement d'enseignement privé n'ayant pas passé avec l'État le contrat d'association prévu par l'article L. 442-5 du code de l'éducation, dans un établissement privé dispensant un enseignement à distance, dans un établissement d'enseignement français à l'étranger ne disposant pas de l'homologation pour le cycle terminal du lycée général et technologique prévue à l'article R. 451-2 du code de l'éducation, ou au centre national d'enseignement à distance ne relevant pas de la scolarité réglementée prévue au dernier alinéa de l'article R. 426-2 du code de l'éducation et, sur leur demande, pour les sportifs de haut niveau, sportifs espoirs et sportifs des collectifs nationaux inscrits sur les listes mentionnées à l'article L. 221-2 du code du sport. »**

En ce qui concerne l'épreuve d'éducation physique et sportive, la note résulte, pour *(Décr. n° 2018-614 du 16 juill. 2018, art. 20)* **« les élèves des classes de terminale » des lycées d'enseignement public et des lycées d'enseignement privé sous contrat, du contrôle en cours de formation prévu par l'article L. 331-1. Pour les autres candidats, la note résulte d'un examen terminal.**

La liste des langues que les candidats peuvent choisir à l'examen est fixée par arrêté du ministre chargé de l'éducation ou, pour *(Décr. du 21 août 2006, art. 2)* « la série STAV », par arrêté du ministre chargé de l'éducation *(Décr. n° 2018-614 du 16 juill. 2018, art. 32)* « nationale » et du ministre chargé de l'agriculture.

L'inscription au baccalauréat impose aux candidats de subir la totalité des épreuves obligatoires sous réserve des dispositions prévues aux articles D. 336-6, D. 336-7, *(Décr. n° 2018-614 du 16 juill. 2018, art. 20)* « D. 336-7-1, » D. 336-13 et D. 336-14 *(Décr. du 21 août 2006, art. 3)* « et sous réserve de dispositions particulières prévues par arrêté du ministre chargé de l'éducation » *(Décr. n° 2018-614 du 16 juill. 2018, art. 32)* « nationale ».

Sur les épreuves anticipées du baccalauréat général et du baccalauréat technologique applicables au baccalauréat de la session 2021 et aux épreuves anticipées organisées au titre de cette session de l'examen, V. Arr. du 16 juill. 2018 ss. art. D. 334-5.

Art. D. 336-4-1 *(Décr. n° 2018-614 du 16 juill. 2018, art. 21)* Une commission d'harmonisation des notes *(Décr. n° 2021-983 du 27 juill. 2021, art. 14)* « de contrôle continu » est mise en place dans chaque académie, en Polynésie française et en Nouvelle-Calédonie. Cette commission prend connaissance des notes *(Décr. n° 2021-983 du 27 juill. 2021, art. 14)* « des évaluations ponctuelles et des notes figurant dans les livrets scolaires des candidats », s'assure qu'il n'existe pas de discordance manifeste entre ces notes et procède si nécessaire à leur harmonisation. Les membres de la commission peuvent procéder à des contrôles de copies. La composition et les modalités de fonctionnement de cette commission académique sont fixées par arrêté du ministre chargé de l'éducation nationale.

(Décr. n° 2021-983 du 27 juill. 2021, art. 14) « La composition et les modalités de fonctionnement de la commission d'harmonisation des notes de contrôle continu pour la série STAV sont fixées par arrêté du ministre chargé de l'agriculture. »

Art. D. 336-5 *(Décr. n° 2018-614 du 16 juill. 2018, art. 22)* « Les épreuves terminales portent sur les programmes d'enseignement applicables en classes de première et de terminale. » La liste des épreuves qui doivent être subies par anticipation est fixée par arrêté du ministre chargé de l'éducation *(Décr. n° 2018-614 du 16 juill. 2018, art. 32)* « nationale » ou, pour *(Décr. du 21 août 2006, art. 2)* « la série STAV », par arrêté du ministre chargé de l'éducation *(Décr. n° 2018-614 du 16 juill. 2018, art. 32)* « nationale » et du ministre chargé de l'agriculture. Elles portent sur les programmes des classes de première. Les résultats obtenus à ces épreuves sont pris en compte avec l'ensemble des notes des épreuves de l'examen subi l'année suivante dont elles font partie intégrante.

(Décr. n° 2018-614 du 16 juill. 2018, art. 22) « Les évaluations de contrôle continu portent sur les programmes d'enseignement applicables en classes de première et de terminale. »

Un arrêté du ministre chargé de l'éducation *(Décr. n° 2018-614 du 16 juill. 2018, art. 32)* « nationale » ou, pour *(Décr. du 21 août 2006, art. 2)* « la série STAV », un arrêté du ministre chargé de l'éducation *(Décr. n° 2018-614 du 16 juill. 2018, art. 32)* « nationale » et du ministre chargé de l'agriculture fixe les conditions dans lesquelles il peut être dérogé aux dispositions du présent article.

Sur les épreuves anticipées du baccalauréat général et du baccalauréat technologique applicables au baccalauréat de la session 2021 et aux épreuves anticipées organisées au titre de cette session de l'examen, V. Arr. du 16 juill. 2018 ss. art. D. 334-5.

Art. D. 336-6 Les candidats qui ne peuvent subir l'épreuve d'éducation physique et sportive pour une raison de santé sont dispensés de cette épreuve à condition de produire un certificat délivré par un médecin concourant à l'exercice des tâches médico-scolaires.

Les candidats reconnus handicapés physiques et déclarés aptes à subir l'épreuve d'éducation physique et sportive peuvent demander à participer à cette épreuve, aménagée selon des modalités précisées par arrêté du ministre chargé de l'éducation *(Décr. n° 2018-614 du 16 juill. 2018, art. 32)* « nationale ».

Pour un motif de bonne administration, sont exclues du champ d'application du droit des usagers de saisir l'administration par voie électronique les demandes d'aménagement ou de dispense à l'épreuve d'éducation physique et sportive pour les candidats en situation d'inaptitude partielle ou de handicap et les candidats reconnus handicapés physiques et déclarés aptes (Décr. n° 2015-1410 du 5 nov. 2015).

Art. D. 336-7 Les candidats déjà titulaires d'une autre série du baccalauréat *(Décr. n° 2018-614 du 16 juill. 2018, art. 23)* « technologique ou déjà titulaires d'un baccalauréat général » peuvent être dispensés de subir certaines épreuves dans des conditions fixées par arrêté du ministre chargé de l'éducation *(Décr. n° 2018-614 du 16 juill. 2018, art. 32)* « nationale » ou par arrêté du ministre chargé de l'éducation *(Décr. n° 2018-614 du 16 juill. 2018, art. 32)* « nationale » et du ministre chargé de l'agriculture.

(Décr. n° 2015-335 du 25 mars 2015, art. 3) « Aucune mention ne peut-être attribuée aux candidats qui ont demandé à bénéficier de dispenses d'épreuves en application des dispositions du présent article. »

Art. D. 336-7-1 *(Décr. n° 2018-614 du 16 juill. 2018, art. 24)* En cas de redoublement de la classe de terminale ou d'interruption de la scolarité après un échec à l'examen, les candidats conservent les notes du contrôle continu acquises durant l'année de la classe de première de la session *(Décr. n° 2021-983 du 27 juill. 2021, art. 15)* « précédant l'échec à l'examen ».

Art. D. 336-8 La valeur de chacune des épreuves du baccalauréat technologique est exprimée par une note variant de 0 à 20, en points entiers. L'absence non justifiée à une épreuve obligatoire est sanctionnée par la note zéro.

(Décr. n° 2018-614 du 16 juill. 2018, art. 25) « La note de chaque épreuve est multipliée par son coefficient. »

(Décr. n° 2021-983 du 27 juill. 2021, art. 16) « Dans chaque enseignement ne faisant pas l'objet d'une épreuve terminale, la note retenue pour le baccalauréat est la note chiffrée des résultats sur le cycle terminal arrondie au dixième de point supérieur. »

La note moyenne de chaque candidat est calculée en divisant la somme des points obtenus par le total des coefficients attribués.

Après délibération du jury à l'issue du premier groupe d'épreuves, les candidats ayant obtenu une note moyenne égale ou supérieure à 10 sont déclarés admis par le jury. Les candidats dont la note moyenne est inférieure à 8 sont déclarés ajournés. Ceux qui ont obtenu une note moyenne au moins égale à 8 et inférieure à 10 sont autorisés à se présenter au second groupe d'épreuves dans les conditions fixées par arrêté du ministre chargé de l'éducation *(Décr. n° 2018-614 du 16 juill. 2018, art. 32)* « nationale » ou, pour *(Décr. du 21 août 2006, art. 2)* « la série STAV », par arrêté du ministre chargé de l'agriculture.

Après délibération du jury à l'issue du second groupe d'épreuves, sont déclarés admis les candidats dont la note moyenne pour l'ensemble des deux groupes d'épreuves est au moins égale à 10 sur 20. Les candidats admis à l'issue du second groupe d'épreuves ne peuvent obtenir une mention.

(Décr. du 21 août 2006, art. 4) « Pour les candidats *(Décr. n° 2018-614 du 16 juill. 2018, art. 25)* « en situation de » handicap tel que défini à l'article L. 114 du code de l'action sociale et des familles et qui sont autorisés à étaler sur plusieurs sessions le passage de la totalité des épreuves de l'examen, le jury délibère pour les seules épreuves effectivement présentées. La mention « sans décision finale » est portée sur le relevé des notes du candidat. » *(Décr. n° 2009-380 du 3 avr. 2009, art. 2)* « Pour ces candidats, la présentation des épreuves du second groupe de l'examen fait l'objet d'aménagements dans les conditions fixées par arrêté du ministre chargé de l'éducation *(Décr. n° 2018-614 du 16 juill. 2018, art. 32)* « nationale » ou, pour la série STAV, par arrêté du ministre chargé de l'agriculture. »

Art. D. 336-9 Lors *(Décr. n° 2015-1066 du 26 août 2015, art. 6)* « des épreuves *(Décr. n° 2018-614 du 16 juill. 2018, art. 26)* « terminales » de l'examen du baccalauréat technologique », les membres du jury ne peuvent pas examiner leurs élèves de l'année en cours.

(Décr. n° 2018-614 du 16 juill. 2018, art. 26) « Les épreuves terminales écrites et *(Décr. n° 2021-983 du 27 juill. 2021, art. 17)* « les évaluations ponctuelles » sont corrigées sous couvert de l'anonymat.

« *(Abrogé par Décr. n° 2021-983 du 27 juill. 2021, art. 17)* « *Au cours des (Décr. n° 2020-923 du 29 juill. 2020, art. 1er)* « *évaluations communes* », *les examinateurs ne peuvent pas évaluer leurs élèves de l'année en cours.* » »

(Décr. n° 2015-1066 du 26 août 2015, art. 6) « Le jury délibère sans avoir connaissance des nom et prénom du candidat ainsi que du nom de son établissement d'origine. »

Art. D. 336-10 Les éléments d'appréciation dont dispose le jury du baccalauréat technologique sont :

1° Les notes obtenues par le candidat aux épreuves prévues à l'article D. 336-4 ;

2° Pour certaines épreuves, les notes et les appréciations des professeurs portant sur les résultats obtenus en cours d'année scolaire accompagnées, le cas échéant, de travaux ou de comptes rendus de travaux réalisés par le candidat. Les modalités de cette disposition sont fixées par arrêté du ministre chargé de l'éducation *(Décr. n° 2018-614 du 16 juill. 2018, art. 32)* « nationale » ou, pour *(Décr. du 21 août 2006, art. 2)* « la série STAV », par arrêté du ministre chargé de l'agriculture ;

3° Le livret scolaire qui peut être produit par le candidat et qui est constitué dans les conditions déterminées par arrêté du ministre chargé de l'éducation *(Décr. n° 2018-614 du 16 juill. 2018, art. 32)* « nationale » ou, pour *(Décr. du 21 août 2006, art. 2)* « la série STAV », par arrêté du ministre chargé de l'agriculture.

Les notes définitives résultent de la délibération du jury. *(Décr. n° 2019-1090 du 25 oct. 2019, art. 2)* « Le jury peut notamment ajouter des points à la somme de ceux obtenus par le candidat aux épreuves. »

Aucun candidat ayant fourni un livret scolaire ne peut être ajourné sans que le jury ait examiné ce livret. La mention de cet examen est portée au livret scolaire sous la signature du président du jury.

Art. D. 336-11 Les diplômes délivrés aux candidats admis à l'issue des épreuves du baccalauréat technologique portent, sous réserve des dispositions *(Décr. n° 2015-335 du 25 mars 2015, art. 4)* « de l'article D. 336-7, » *(Décr. du 21 août 2006, art. 5)* « du sixième alinéa de l'article D. 336-8 » *(Rétabli par CE n° 395506 du 31 mars 2017, art. 1er)* « et de l'article D. 336-13 », les mentions :

1° Assez bien, quand le candidat a obtenu une note moyenne au moins égale à 12 et inférieure à 14 ;

2° Bien, quand le candidat a obtenu une note moyenne au moins égale à 14 et inférieure à 16 ;

3° Très bien, quand le candidat a obtenu une note moyenne au moins égale à 16 ;

(Décr. n° 2018-614 du 16 juill. 2018, art. 27) « 4° Très bien, avec les félicitations du jury, quand le candidat a obtenu une note moyenne au moins égale à 18. »

En application de modalités fixées par arrêté du ministre chargé de l'éducation *(Décr. n° 2018-614 du 16 juill. 2018, art. 32)* « nationale », dans toutes les séries du baccalauréat, les diplômes délivrés aux candidats peuvent comporter l'indication : "section européenne" ou "section de langue orientale" *(Décr. n° 2018-1199 du 20 déc. 2018, art. 2)* « ou "discipline non linguistique ayant fait l'objet d'un enseignement en langue vivante" ».

Art. D. 336-12 Les candidats ajournés reçoivent, s'ils ont obtenu pour l'ensemble des épreuves une note moyenne au moins égale à 8, un certificat de fin d'études technologiques secondaires. Ce certificat leur est délivré par le recteur de l'académie chargé de l'organisation de l'examen, selon des modalités fixées par arrêté du ministre chargé de l'éducation *(Décr. n° 2018-614 du 16 juill. 2018, art. 32)* « nationale » ou, pour *(Décr. du 21 août 2006, art. 2)* « la série STAV », selon des modalités définies par arrêté du ministre chargé de l'agriculture.

Art. D. 336-13 *(Décr. n° 2015-1351 du 26 oct. 2015, art. 8)* Les candidats au baccalauréat technologique peuvent conserver, après un échec à l'examen, sur leur demande et pour chacune des épreuves *(Décr. n° 2018-614 du 16 juill. 2018, art. 28)* « terminales » du premier groupe *(Décr. n° 2021-983 du 27 juill. 2021, art. 18)* « ou des évaluations ponctuelles », dans la limite des cinq sessions suivant la première session à laquelle ils se sont présentés, le bénéfice des notes égales ou supérieures à 10 qu'ils ont obtenues à ces épreuves *(Décr. n° 2021-983 du 27 juill. 2021, art. 18)* « ou ces évaluations ponctuelles ». Ils ne subissent alors que les autres épreuves *(Décr. n° 2021-983 du 27 juill. 2021, art. 18)* « ou évaluations ponctuelles ».

Les dispositions du premier alinéa ne s'appliquent qu'aux candidats qui se présentent dans la même série que celle où ils ont obtenu des notes dont ils demandent à conserver le bénéfice, à l'exception de règles particulières définies par arrêté ministériel.

Le renoncement à un bénéfice de notes lors d'une session est définitif et seules les notes obtenues ultérieurement sont prises en compte pour l'attribution du diplôme.

Pour ces candidats à chaque session, le calcul de la moyenne pour l'admission s'effectue sur la base des notes conservées et des notes obtenues aux épreuves *(Décr. n° 2021-983 du 27 juill. 2021, art. 18)* « ou évaluations ponctuelles » nouvellement subies.

(Rétabli par CE n° 395506 du 31 mars 2017, art. 1er) « Aucune mention ne peut être attribuée aux candidats qui ont demandé à conserver le bénéfice de notes en application des dispositions du premier alinéa. »

Art. D. 336-14 *(Décr. du 21 août 2006, art. 7)* Les candidats *(Décr. n° 2018-614 du 16 juill. 2018, art. 29)* « en situation de » handicap tel que défini à l'article L. 114 du code de l'action sociale et des familles peuvent conserver, sur leur demande et pour chacune des épreuves *(Décr. n° 2018-614 du 16 juill. 2018, art. 29)* « terminales » du premier groupe *(Décr. n° 2021-983 du 27 juill. 2021, art. 19)* « ou des évaluations ponctuelles », dans la limite des cinq sessions suivant la première session à laquelle ils se sont présentés, le bénéfice des notes qu'ils ont obtenues *(Décr. n° 2009-380 du 3 avr. 2009, art. 4)* « à ces épreuves » *(Décr. n° 2021-983 du 27 juill. 2021, art. 19)* « ou ces évaluations ponctuelles ». Ils ne subissent alors que les autres épreuves *(Décr. n° 2021-983 du 27 juill. 2021, art. 19)* « ou ces évaluations ponctuelles ».

Les dispositions des deuxième et troisième alinéas de l'article D. 336-13 s'appliquent aux candidats mentionnés au premier alinéa du présent article.

Pour ces candidats, à chaque session, le calcul de la moyenne pour l'admission s'effectue sur la base des notes conservées et des notes obtenues aux épreuves *(Décr. n° 2021-983 du 27 juill. 2021, art. 19)* « ou évaluations ponctuelles » nouvellement subies.

SOUS-SECTION 2 ORGANISATION DE L'EXAMEN

Art. D. 336-15 Une session d'examen du baccalauréat technologique est organisée *(Décr. n° 2015-1066 du 26 août 2015, art. 7)* « au titre » de chaque année scolaire aux dates et selon des modalités fixées par le ministre chargé de l'éducation *(Décr. n° 2018-614 du 16 juill. 2018, art. 32)* « nationale ».

La liste des centres d'examen et les modalités d'inscription sont arrêtées par les *(Décr. n° 2019-1558 du 30 déc. 2019, art. 9)* « recteurs d'académie ».

Des centres d'examen peuvent être ouverts à l'étranger par le ministre chargé de l'éducation *(Décr. n° 2018-614 du 16 juill. 2018, art. 32)* « nationale ».

Sauf dérogation accordée par le recteur de l'académie, les candidats doivent se présenter dans l'académie où ils ont accompli leur dernière année d'études avant l'examen. Ceux qui ne suivent les cours d'aucun établissement se présentent dans l'académie de leur résidence.

Les candidats qui accomplissent leurs études à l'étranger désignent lors de leur inscription l'académie où ils choisissent de se présenter.

Art. D. 336-15-1 *(Décr. n° 2014-314 du 10 mars 2014, art. 3)* Des épreuves ou parties d'épreuve des différentes séries peuvent, lorsque les circonstances le justifient, être organisées par des moyens de communication audiovisuelle pour la totalité des candidats ou pour une partie d'entre eux, sous réserve que le recours à cette technique permette d'assurer, tout au long de l'épreuve :

1° L'identité du candidat qui subit l'épreuve ;

2° La présence dans la salle où se déroule l'épreuve des seules personnes autorisées.

Un arrêté du ministre chargé de l'éducation *(Décr. n° 2018-614 du 16 juill. 2018, art. 32)* « nationale » détermine les épreuves qui peuvent être organisées par des moyens de communication audiovisuelle, les conditions dans lesquelles il peut être recouru à ces modalités techniques et les précautions à prendre pour garantir le bon déroulement de l'épreuve.

Art. D. 336-16 Les candidats ne peuvent s'inscrire qu'à une seule session et série de baccalauréat par an quel que soit le diplôme de baccalauréat postulé. – *[Décr. n° 93-1093 du 15 sept. 1993, art. 13.]*

Art. D. 336-17 Les sujets des épreuves *(Décr. n° 2018-614 du 16 juill. 2018, art. 30)* « terminales » écrites du baccalauréat technologique sont choisis par le ministre chargé de l'éducation *(Décr. n° 2018-614 du 16 juill. 2018, art. 32)* « nationale » ou, sur délégation de celui-ci, en tout ou partie, par les *(Décr. n° 2019-1558 du 30 déc. 2019, art. 9)* « recteurs d'académie ».

(Abrogé par Décr. n° 2021-983 du 27 juill. 2021, art. 20) « *(Décr. n° 2018-614 du 16 juill. 2018, art. 30)* « *Les sujets des (Décr. n° 2020-923 du 29 juill. 2020, art. 1er)* « *évaluations communes* » *sont élaborés sous l'autorité du ministre chargé de l'éducation nationale. Ces sujets sont constitués d'exercices et d'énoncés qui sont centralisés dans une banque nationale numérique.* » »

Art. D. 336-18 *(Décr. n° 2015-1066 du 26 août 2015, art. 8)* Les candidats qui, pour cause de force majeure dûment constatée, n'ont pu se présenter à tout ou partie des épreuves *(Décr. n° 2018-614 du 16 juill. 2018, art. 31)* « terminales » organisées au cours ou à la fin de l'année scolaire peuvent, sur autorisation du *(Décr. n° 2019-1558 du 30 déc. 2019, art. 9)* « recteur d'académie », se présenter aux épreuves de remplacement correspondantes *(Décr. n° 2021-100 du 1er févr. 2021, art. 1er)* « organisées à la fin de l'année scolaire en cours ou au début de l'année scolaire suivante ».

Art. D. 336-19 La délivrance du baccalauréat technologique résulte de la délibération du jury qui est souverain. – *[Décr. n° 93-1093 du 15 sept. 1993, art. 16, al. 1er et art. 18, 1re phr.]*

Art. D. 336-20 Les membres des jurys sont désignés par le recteur d'académie.

Les jurys sont présidés par un professeur des universités ou un maître de conférences nommé par le *(Décr. n° 2019-1558 du 30 déc. 2019, art. 9)* « recteur d'académie ».

Les présidents de jurys peuvent être assistés ou suppléés par des présidents adjoints choisis par le *(Décr. n° 2019-1558 du 30 déc. 2019, art. 9)* « recteur d'académie » parmi les professeurs agrégés et assimilés ou, à défaut, parmi les professeurs certifiés et assimilés.

Pour la composition des jurys du baccalauréat, il peut être fait appel aux personnes appartenant aux catégories suivantes :

1° Professeur des universités, maître de conférences ou autre enseignant-chercheur, membre du personnel enseignant des autres établissements publics d'enseignement supérieur, en activité ou à la retraite ;

2° Professeur appartenant à l'enseignement public et, sauf impossibilité, au moins un professeur appartenant à un établissement d'enseignement privé, exerçant ou ayant exercé dans les classes de seconde, première et terminales des lycées d'enseignement général et technologique et des lycées d'enseignement général et technologique agricole ;

3° Pour un tiers du nombre total des membres, de représentants des professions intéressées par le diplôme, employeurs et salariés.

Si cette proportion n'est pas atteinte en raison de l'absence d'un ou plusieurs membres, le jury peut néanmoins délibérer valablement.

Dans les sections comportant des enseignements artistiques spécialisés où interviennent des professionnels de façon continue, ceux-ci peuvent participer aux opérations d'évaluation et aux jurys du baccalauréat.

Dans les centres ouverts à l'étranger, les jurys sont constitués selon les mêmes modalités ; toutefois, à défaut d'un président membre de l'enseignement supérieur, un *(Décr. n° 2012-16 du 5 janv. 2012, art. 7)* « directeur académique des services de l'éducation nationale agissant sur délégation du recteur d'académie » ou un professeur agrégé de l'enseignement du second degré peut être désigné.

Art. D. 336-20-1 *(Décr. n° 2014-314 du 10 mars 2014, art. 4)* A l'exception du président, les membres du jury, ainsi que les professionnels mentionnés à l'article D. 336-20 qui prennent part à ses délibérations peuvent participer aux réunions et délibérations par tous moyens de communication audiovisuelle permettant leur identification et garantissant leur participation effective selon des modalités précisées par arrêté du ministre chargé de l'éducation *(Décr. n° 2018-614 du 16 juill. 2018, art. 32)* « nationale ».

Art. D. 336-21 Pour *(Décr. du 21 août 2006, art. 2)* « la série STAV », le ministre chargé de l'agriculture ou le directeur régional de l'alimentation, de l'agriculture et de la forêt sont substitués au ministre chargé de l'éducation *(Décr. n° 2018-614 du 16 juill. 2018, art. 32)* « nationale » ou au *(Décr. n° 2019-1558 du 30 déc. 2019, art. 9)* « recteur d'académie » en ce qui concerne les premier, deuxième et quatrième alinéas de l'article D. 336-15, les articles D. 336-17, D. 336-18 et D. 336-20.

Art. D. 336-22 Le diplôme du baccalauréat technologique est délivré par le recteur de l'académie chargée de l'organisation de l'examen.

Pour *(Décr. du 21 août 2006, art. 2)* « la série STAV », le diplôme est délivré conjointement par le recteur de l'académie et le directeur régional de l'alimentation, de l'agriculture et de la forêt.

Quelles que soient la série et éventuellement la mention portées sur le diplôme, le grade de bachelier confère les mêmes droits.

SOUS-SECTION 3 PROCÉDURE DISCIPLINAIRE APPLICABLE AUX CANDIDATS AU BACCALAURÉAT TECHNOLOGIQUE

(Décr. n° 2012-640 du 3 mai 2012, art. 3)

Art. D. 336-22-1 Les articles D. 334-25 à R. 334-35 sont applicables aux candidats au baccalauréat technologique.

SECTION II *[ABROGÉE]* DISPOSITIONS PARTICULIÈRES AU BACCALAURÉAT TECHNOLOGIQUE SÉRIE « HÔTELLERIE »

(Abrogée par Décr. n° 2015-270 du 11 mars 2015, art. 1er)

Art. D. 336-23 à D. 336-38-1 *Abrogés par Décr. n° 2015-270 du 11 mars 2015, art. 1er.*

SECTION III *[ABROGÉE]* DISPOSITIONS PARTICULIÈRES AU BACCALAURÉAT TECHNOLOGIQUE SÉRIE "TECHNIQUES DE LA MUSIQUE ET DE LA DANSE"

(Abrogée par Décr. n° 2019-750 du 19 juill. 2019, art. 1er)

Art. D. 336-39 à D. 336-48 *Abrogés par Décr. n° 2019-750 du 19 juill. 2019, art. 1er.*

SECTION IV LE BREVET DE TECHNICIEN

Art. D. 336-49 Le brevet de technicien délivré aux candidats qui subissent avec succès les épreuves de l'examen public porte mention de la spécialité professionnelle. Le titre de technicien breveté, ou toute autre appellation en usage dans la profession considérée, est attaché à la possession du brevet. – *[Décr. n° 64-42 du 14 janv. 1964, art. 1er.]*

Art. D. 336-50 Les candidats qui sont élèves d'un établissement d'enseignement technique doivent :

1° Avoir accompli, à la date de la session d'examen, la scolarité complète du second cycle long (trois ans), dont, sauf dérogation du ministre chargé de l'éducation *(Décr. n° 2018-614 du 16 juill. 2018, art. 32)* « nationale », celle des classes de première et terminale préparatoires au brevet de technicien de la spécialité considérée ;

2° Avoir, dans les conditions définies par un arrêté du même ministre pour chaque spécialité, accompli un stage professionnel unique ou fractionné ou, à défaut, avoir suivi dans les ateliers d'un établissement d'enseignement technique un enseignement pratique reconnu équivalent.

Art. D. 336-51 Les candidats qui se présentent au titre de la promotion sociale doivent :

1° Soit, au 1er janvier de l'année de l'examen, être âgés de vingt ans au moins et justifier de deux ans à temps plein de pratique professionnelle de leur spécialité ;

2° Soit justifier de la scolarité requise des candidats mentionnés à l'article D. 336-50 et d'un an à temps plein de pratique professionnelle de leur spécialité au 1er janvier de l'année de l'examen. – *[Décr. nº 64-42 du 14 janv. 1964, art. 3.]*

Art. D. 336-52 Sauf dérogation accordée par les *(Décr. nº 2019-1558 du 30 déc. 2019, art. 9)* « recteurs d'académie », les candidats mentionnés à l'article D. 336-50 doivent se présenter dans le centre d'examen correspondant à l'établissement où ils ont accompli leur dernière année d'études et les candidats mentionnés à l'article D. 336-51 dans le centre d'examen correspondant à leur résidence.

Art. D. 336-53 Une session d'examen a lieu chaque année.

Ces examens sont organisés dans le cadre de l'académie ou d'un groupement d'académies.

La date des examens et les spécialités intéressées sont arrêtées par le ministre chargé de l'éducation *(Décr. nº 2018-614 du 16 juill. 2018, art. 32)* « nationale » ; la liste des centres et les modalités d'inscription sont arrêtées par les *(Décr. nº 2019-1558 du 30 déc. 2019, art. 9)* « recteurs d'académie ».

Art. D. 336-54 L'examen comporte des épreuves obligatoires et, éventuellement, des épreuves facultatives.

Les épreuves obligatoires comprennent :

1° Des épreuves d'enseignement général dont une épreuve orale de langue vivante étrangère et, sauf dispense motivée par une raison de santé, une épreuve d'éducation physique ;

2° Des épreuves professionnelles comportant notamment une ou plusieurs épreuves pratiques. – *[Décr. nº 64-42 du 14 janv. 1964, art. 6.]*

Art. D. 336-55 Les candidats qui se présentent au titre de l'article D. 336-51 peuvent, sur leur demande, être dispensés de l'épreuve orale de langue vivante et de l'épreuve d'éducation physique.

En outre, pour l'épreuve écrite de français et de formation générale, ces candidats ont à traiter un sujet plus directement adapté aux conditions de leur expérience professionnelle. – *[Décr. nº 64-42 du 14 janv. 1964, art. 7.]*

Art. D. 336-56 Les épreuves obligatoires sont réparties en deux séries. Chacune de ces séries comporte des épreuves d'enseignement général et des épreuves professionnelles.

Les candidats qui ont obtenu à la première série une note moyenne égale ou supérieure à 10 sur 20 sont admis à subir les épreuves de la deuxième série.

En outre, les candidats ayant obtenu à la première série une note moyenne égale ou supérieure à 8 sur 20 et inférieure à 10 sur 20 peuvent être admis par le jury, après examen du dossier scolaire, à subir les épreuves de la deuxième série.

A l'issue des épreuves de la première série, le jury, après un examen du dossier scolaire et tout particulièrement des résultats obtenus au cours de la scolarité dans les disciplines correspondant aux épreuves de la deuxième série, peut dispenser des épreuves de la deuxième série les candidats se présentant au titre de l'article D. 336-50, qui ont obtenu une moyenne supérieure à 10 sur 20 aux épreuves de la première série.

En ce qui concerne l'épreuve d'éducation physique et sportive, pour les candidats préparant le brevet de technicien par la voie scolaire dans un établissement public ou privé sous contrat, la note résulte du contrôle en cours de formation prévu par l'article L. 331-1. Pour les autres candidats, la note résulte d'un examen terminal.

Les résultats sont pris en compte avec ceux obtenus aux épreuves de la première série.

Le titre de technicien breveté est décerné :

1° Aux candidats qui, en application du quatrième alinéa du présent article, ont été dispensés des épreuves de la deuxième série ;

2° Aux candidats qui ont obtenu à la fois une moyenne générale égale ou supérieure à 10 sur 20 et une moyenne de 10 sur 20 aux épreuves professionnelles des deux séries.

Les sujets des épreuves sont choisis par le ministre chargé de l'éducation *(Décr. nº 2018-614 du 16 juill. 2018, art. 32)* « nationale » ou, par délégation, par les recteurs d'académie.

L'anonymat des épreuves doit être assuré.

Art. D. 336-57 Les candidats qui, pour une cause de force majeure dûment constatée, n'ont pu subir les épreuves d'enseignement général ou n'ont pu les subir en totalité et ont obtenu dans ce cas à l'ensemble des épreuves subies une note moyenne au moins égale à 8 sur 20 sont admis, s'ils ont obtenu par ailleurs une note moyenne égale ou supérieure à 8 sur 20 aux épreuves professionnelles de la première série, à subir les épreuves professionnelles de la deuxième série. S'ils ont obtenu une note moyenne égale ou supérieure à 10 sur 20 à l'ensemble des épreuves professionnelles, ils peuvent subir, lors d'une session de remplacement organisée en septembre, l'ensemble des épreuves d'enseignement général des deux séries. L'admission des candidats est prononcée dans les conditions prévues à l'article D. 336-56.

Les candidats qui, pour une cause de force majeure dûment constatée, n'ont pu subir les épreuves d'enseignement général de la deuxième série ou n'ont pu les subir en totalité et ont obtenu dans ce cas à l'ensemble des épreuves subies une note moyenne au moins égale à 8 sur 20 sont admis, s'ils ont obtenu une note moyenne égale ou supérieure à 10 sur 20 à l'ensemble des épreuves professionnelles des deux séries, à subir, lors de la session de remplacement organisée en septembre, les épreuves d'enseignement général de la deuxième série. L'admission des candidats est prononcée dans les conditions prévues à l'article D. 336-56.

Les notes qu'ils ont obtenues aux épreuves obligatoires ainsi que les notes éventuellement obtenues lors de la session normale à l'épreuve d'éducation physique et aux épreuves facultatives, lesquelles ne sont pas organisées lors de la session de remplacement, entrent en ligne de compte pour la détermination de la note moyenne d'enseignement général des candidats.

Si l'empêchement énoncé aux premier et deuxième alinéas du présent article est motivé par une raison de santé, les candidats doivent fournir un certificat délivré par un médecin de la santé publique concourant à l'exercice des tâches médico-scolaires. – *[Décr. nº 64-42 du 14 janv. 1964, art. 8 bis.]*

Art. D. 336-58 Pour chaque spécialité, le jury est nommé et présidé par le *(Décr. nº 2019-1558 du 30 déc. 2019, art. 9)* « recteur d'académie » ou par son délégué.

Ce jury comprend, outre son président, des membres appartenant pour moitié à l'enseignement public, pour moitié à la profession intéressée (employeurs et salariés), et, sauf impossibilité, à l'enseignement privé.

CHAPITRE VII DISPOSITIONS PROPRES AUX FORMATIONS PROFESSIONNELLES

SECTION PREMIÈRE LE CERTIFICAT D'APTITUDE PROFESSIONNELLE

SOUS-SECTION 1 DISPOSITIONS GÉNÉRALES

Art. D. 337-1 Le certificat d'aptitude professionnelle est un diplôme national qui atteste d'un premier niveau de qualification professionnelle.

Il est classé au niveau V de la nomenclature interministérielle des niveaux de formation. – *[Décr. nº 2002-463 du 4 avr. 2002, art. 1er.]*

Art. D. 337-2 Chaque spécialité du certificat d'aptitude professionnelle est définie par un arrêté du ministre chargé de l'éducation, après avis de la ou des commissions professionnelles consultatives compétentes.

Cet arrêté détermine les activités auxquelles se réfère le certificat d'aptitude professionnelle, les connaissances et compétences générales et professionnelles requises pour son obtention et un règlement d'examen.

Il organise le diplôme en unités et peut prévoir que des unités constitutives du diplôme sont soit communes à plusieurs spécialités du certificat d'aptitude professionnelle, soit équivalentes à des unités d'autres spécialités.

(Décr. nº 2016-772 du 10 juin 2016, art. 1er) « Une unité correspond à un bloc de compétences mentionné au 1º du II de l'article L. 6323-6 du code du travail. »

(Décr. nº 2009-147 du 10 févr. 2009, art. 1er) « Des spécialités relevant de la formation professionnelle maritime, au sens de l'article R. 342-1, sont créées par arrêté du

ministre chargé de l'éducation et du ministre chargé de la mer, après avis des commissions professionnelles consultatives compétentes. »

Art. D. 337-3 Le règlement d'examen de chaque certificat d'aptitude professionnelle fixe la liste des unités, le coefficient correspondant à chaque unité et les modalités d'examen.

L'examen comporte *(Décr. nº 2017-961 du 10 mai 2017, art. 1er)* « des » unités obligatoires et le cas échéant *(Décr. nº 2019-907 du 30 août 2019, art. 1er)* « deux unités facultatives ». A chaque unité constitutive du diplôme correspond une épreuve.

Art. D. 337-3-1 *(Décr. nº 2019-1236 du 26 nov. 2019, art. 1er)* Les candidats sous statut scolaire et les apprentis préparant une des spécialités de certificat d'aptitude professionnelle mentionnées au premier alinéa de l'article D. 337-2 réalisent, au cours de leur formation conduisant au diplôme, un chef*[-]*d'œuvre en relation avec la spécialité préparée.

Le chef*[-]*d'œuvre, dont la préparation peut être collective, met en œuvre des compétences que le candidat a acquises dans le cadre des enseignements généraux et professionnels.

L'évaluation relative au chef*[-]*d'œuvre consiste en une présentation orale par le candidat en fin de cursus. Cette évaluation est prise en compte pour l'obtention du diplôme.

Ses modalités sont précisées par un arrêté du ministre de l'éducation.

Art. D. 337-4 Une période de formation en milieu professionnel est organisée par l'établissement de formation. L'arrêté prévu à l'article D. 337-2 en fixe la durée qui doit être comprise entre douze et *(Décr. nº 2019-907 du 30 août 2019, art. 2)* « quatorze » semaines.

(Décr. nº 2019-907 du 30 août 2019, art. 2) « Une partie de la période de formation en milieu professionnel peut être réalisée dans le cadre d'une mobilité européenne ou internationale sur la base d'une convention établie entre l'apprenant et les établissements d'enseignement et les entreprises en France et à l'étranger. »

Les modalités d'organisation *(Décr. nº 2008-263 du 14 mars 2008, art. 4)* « , d'évaluation et de dispense » de la formation en milieu professionnel sont fixées pour l'ensemble des spécialités par un arrêté du ministre chargé de l'éducation.

(Décr. nº 2016-772 du 10 juin 2016, art. 1er) « Toutefois, à la demande du candidat, cette durée peut être diminuée dans les conditions fixées par l'arrêté prévu à l'article D. 337-2, en prenant en compte son parcours professionnel et les titres ou diplômes professionnels dont il est titulaire. Cette décision est prise par le *(Décr. nº 2019-1558 du 30 déc. 2019, art. 9)* « recteur d'académie » après avis de l'équipe pédagogique. » Pour les candidats préparant l'examen par la voie scolaire, la durée de cette période ne peut être inférieure à *(Décr. nº 2019-907 du 30 août 2019, art. 2)* « cinq » semaines. *(Décr. nº 2009-147 du 10 févr. 2009, art. 2)* « Pour les candidats admis dans le cycle de trois ans conduisant au baccalauréat professionnel, la durée de cette période ne peut être inférieure à huit semaines. »

SOUS-SECTION 2 VOIES D'ACCÈS AU DIPLÔME ET CONDITIONS DE DÉLIVRANCE

Art. D. 337-5 Le certificat d'aptitude professionnelle est obtenu par le succès à un examen ou, en tout ou en partie, par la validation des acquis de l'expérience en application de l'article L. 335-5.

(Décr. nº 2020-726 du 12 juin 2020, art. 1er) « Les candidats qui n'obtiennent qu'une validation partielle reçoivent une attestation reconnaissant l'acquisition des blocs de compétences correspondant aux unités qu'ils ont validées. Cette attestation est délivrée par le recteur d'académie. »

Art. D. 337-6 La formation préparant à l'examen du certificat d'aptitude professionnelle peut être suivie par la voie scolaire *(Décr. nº 2019-907 du 30 août 2019, art. 3)* « sur un cycle d'études de deux ans » dans un établissement public local d'enseignement ou dans un établissement d'enseignement technique privé, par l'apprentissage défini au *(Décr. nº 2009-147 du 10 févr. 2009, art. 3)* « livre II de la sixième partie » du code du travail, dans le cadre de la formation professionnelle continue définie au *(Décr. nº 2009-147 du 10 févr. 2009, art. 3)* « livre III de la sixième partie » du même code, ou par la voie de l'enseignement à distance. *(Décr. n° 2019-907 du 30 août 2019, art. 3)* « La formation peut être suivie pour partie dans des organismes de formation professionnelle à l'étranger, en particulier dans le cadre des programmes de l'Union européenne, sur la base de la convention mentionnée à l'article D. 337-4. »

(Décr. n° 2020-624 du 22 mai 2020, art. 1er) « Pour les candidats préparant l'examen du certificat d'aptitude professionnelle par la voie de l'apprentissage, et conformément aux dispositions prévues au cinquième alinéa de l'article L. 6211-2 du code du travail, la durée de la formation en centre de formation d'apprentis est au moins égale à 800 heures.

« Dans les conditions prévues au troisième alinéa de l'article L. 6222-7-1 du code du travail, en cas de réduction de la durée du contrat d'apprentissage à un an, cette durée de formation en centre de formation d'apprentis ne peut être inférieure à 400 heures.

« En cas de réduction de la durée du contrat d'apprentissage s'étendant de six mois à deux ans, la durée de formation en centre de formation d'apprentis prévue pour le cas de réduction de la durée du contrat à un an s'applique *prorata temporis.* »

(Décr. n° 2019-907 du 30 août 2019, art. 3) « A la demande du candidat, après son admission en formation, une décision du *(Décr. n° 2019-1558 du 30 déc. 2019, art. 9)* « recteur d'académie » ou du directeur interrégional de la mer, prise après avis de l'équipe pédagogique de la classe de l'établissement d'accueil ou de l'organisme de formation, peut réduire ou allonger la durée du cycle de formation. La durée de la formation fixée par la décision de positionnement est celle requise lors de l'inscription à l'examen.

« Cette décision de positionnement prend en compte les études suivies en France ou à l'étranger, les titres ou diplômes français ou étrangers détenus, les compétences professionnelles que les candidats peuvent faire valoir, le bénéfice des notes déjà obtenues, les dispenses d'épreuves ou d'unités, les attestations reconnaissant l'acquisition de blocs de compétences dont ils bénéficient ainsi que la durée de période de formation en milieu professionnel résultant de l'application de l'article D. 337-4. La décision vaut jusqu'à obtention du diplôme selon les modalités fixées par arrêté du ministre de l'éducation. »

Art. D. 337-7 *(Décr. n° 2009-147 du 10 févr. 2009, art. 4)* Peuvent se présenter au certificat d'aptitude professionnelle :

1° Les candidats majeurs ou mineurs :

a) Sous statut scolaire dans un établissement public local d'enseignement ou dans un établissement privé sous contrat qui ont suivi le cycle conduisant au diplôme ;

(Décr. n° 2020-1277 du 20 oct. 2020, art. 2) « *b)* » Qui ont préparé le diplôme par la voie de l'apprentissage ;

(Décr. n° 2020-1277 du 20 oct. 2020, art. 2) « *c)* » Qui justifient avoir suivi une préparation par la voie de la formation professionnelle continue définie au livre III de la sixième partie du code du travail ou une préparation dans un établissement privé hors contrat ou par la voie de l'enseignement à distance ;

2° Les candidats majeurs ne justifiant pas avoir suivi une formation.

Art. D. 337-8 Le certificat d'aptitude professionnelle est délivré au vu des résultats obtenus à un examen évaluant chez les candidats les connaissances et compétences générales et professionnelles mentionnées au deuxième alinéa de l'article D. 337-2.

Les épreuves de l'examen peuvent être passées au cours d'une seule session ou réparties sur plusieurs sessions.

(Décr. n° 2020-726 du 12 juin 2020, art. 2) « Les candidats qui, au terme du calcul de la moyenne conditionnant la délivrance du diplôme, échouent à l'examen et les candidats ayant choisi la forme progressive de l'examen dans les conditions prévues à l'article D. 337-10 qui n'obtiennent pas cette moyenne, reçoivent une attestation reconnaissant l'acquisition de blocs de compétences correspondant aux unités auxquelles ils ont obtenu une note égale ou supérieure à 10 sur 20. Cette attestation est délivrée par le recteur d'académie. »

Art. D. 337-9 Les candidats *(Décr. n° 2009-147 du 10 févr. 2009, art. 5)* « sous statut scolaire ou d'apprenti » sont tenus, à l'issue de la formation, de passer l'ensemble des épreuves au cours d'une seule session, sauf dérogation individuelle accordée par le

(Décr. n° 2019-1558 du 30 déc. 2019, art. 9) « recteur d'académie » dans des conditions fixées par le ministre chargé de l'éducation.

Art. D. 337-10 Les autres candidats au certificat d'aptitude professionnelle peuvent choisir, au moment de l'inscription, de passer l'ensemble des épreuves au cours d'une seule session ou de les répartir sur plusieurs sessions. Ce choix est définitif.

Toutefois, les candidats mineurs au 31 décembre de l'année de l'examen et ayant préparé celui-ci dans le cadre de la formation professionnelle continue ou par la voie de l'enseignement à distance ne peuvent choisir de répartir les épreuves sur plusieurs sessions que s'ils justifient, au moment de leur demande, d'une inscription dans un établissement de formation continue ou d'enseignement à distance. – *[Décr. n° 2002-463 du 4 avr. 2002, art. 10.]*

Art. D. 337-11 *(Décr. n° 2009-147 du 10 févr. 2009, art. 6)* Quatre au moins des épreuves obligatoires mentionnées à l'article D. 337-3 sont évaluées par contrôle en cours de formation pour les candidats :

1° Mentionnés *(Décr. n° 2020-1277 du 20 oct. 2020, art. 3)* « au *a* » du 1° de l'article D. 337-7 ;

(Décr. n° 2021-940 du 15 juill. 2021, art. 1er) « 2° Ou qui ont préparé le diplôme par l'apprentissage dans :

« *a)* Un centre de formation d'apprentis porté par un établissement public local d'enseignement, par un groupement d'établissements (GRETA) ou par un groupement d'intérêt public "formation continue et insertion professionnelle" (GIP-FCIP), lorsque la formation se déroule en totalité dans ces structures ;

« *b)* Un centre de formation d'apprentis relevant du ministère chargé de la mer ;

« *c)* Un centre de formation d'apprentis habilité dans les conditions mentionnées au 3° de l'article D. 337-14 » ;

(Décr. n° 2020-1277 du 20 oct. 2020, art. 3) « 3° » Ou qui ont préparé le diplôme dans le cadre de la formation professionnelle continue dans un établissement d'enseignement public autre que ceux mentionnés à l'article D. 337-12.

Les autres épreuves sont évaluées par un contrôle en cours de formation ou par un contrôle terminal.

Art. D. 337-12 Pour les candidats qui ont préparé le diplôme du certificat d'aptitude professionnelle dans le cadre de la formation professionnelle continue dans un établissement d'enseignement public habilité dans les conditions mentionnées au 3° de l'article D. 337-14, l'évaluation est intégralement réalisée par un contrôle en cours de formation. – *[Décr. n° 2002-463 du 4 avr. 2002, art. 12.]*

Art. D. 337-13 L'examen du certificat d'aptitude professionnelle a lieu en totalité sous forme d'épreuves terminales pour les candidats ayant suivi une préparation :

1° Par la voie de l'enseignement à distance ;

2° Par la voie scolaire dans un établissement privé hors contrat ;

3° Par l'apprentissage *(Décr. n° 2021-940 du 15 juill. 2021, art. 2)* « dans un centre de formation d'apprentis non habilité » ;

4° Ou dans le cadre de la formation professionnelle continue dans un établissement privé.

Il en va de même pour les candidats majeurs ne justifiant pas avoir suivi une préparation.

Art. D. 337-14 Des arrêtés du ministre chargé de l'éducation fixent :

1° Les modalités de notation des épreuves du certificat d'aptitude professionnelle ;

2° Les modalités de mise en œuvre du contrôle en cours de formation ;

3° Les conditions dans lesquelles les établissements *(Décr. n° 2021-940 du 15 juill. 2021, art. 3)* « mentionnés au *c* du 2° » de l'article D. 337-11 et à l'article D. 337-12 sont habilités à pratiquer le contrôle en cours de formation.

La demande d'habilitation est présentée au recteur de l'académie par le chef d'établissement ou le directeur du centre de formation d'apprentis.

Art. R. 337-15 L'habilitation à pratiquer le contrôle en cours de formation est réputée acquise si, dans un délai de trois mois, aucune décision de refus n'a été notifiée à l'établissement ou au centre de formation d'apprentis. – *[Décr. n° 2002-463 du 4 avr. 2002, art. 14, al. 6.]*

Art. D. 337-16 Le diplôme du certificat d'aptitude professionnelle est délivré aux candidats qui ont présenté l'ensemble de ses unités constitutives, à l'exception de celles dont ils ont été dispensés dans les conditions fixées par les articles D. 337-18 et D. 337-19, et ont obtenu la note moyenne, d'une part, à l'ensemble des unités du diplôme affectées de leur coefficient, d'autre part, à l'ensemble des unités professionnelles affectées de leur coefficient.

Seuls les points excédant 10 sur 20 obtenus à l'épreuve facultative sont pris en compte pour le calcul de la note moyenne.

(Abrogé par Décr. n° 2020-726 du 12 juin 2020, art. 3, à compter du 1er janv. 2025) (Décr. n° 2016-772 du 10 juin 2016, art. 1er) ***« Quelle que soit la forme d'examen choisie, les candidats préparant le certificat d'aptitude professionnelle par la voie de la formation professionnelle continue ou dans le cadre de la validation des acquis de l'expérience reçoivent, pour les unités du diplôme préparé qui ont fait l'objet, au titre de la session en cours ou dans les cinq années précédentes, d'une note égale ou supérieure à 10 sur 20 ou d'une validation des acquis de l'expérience, y compris si elles ont été obtenues par la voie scolaire ou par la voie de l'apprentissage, une attestation délivrée par le*** *(Décr. n° 2019-1558 du 30 déc. 2019, art. 9)* ***« recteur d'académie » reconnaissant l'acquisition des compétences constitutives de ces unités du diplôme. »***

Aucun candidat ayant produit un livret scolaire ou de formation ne peut être ajourné sans que le jury ait examiné ce livret. La mention de cet examen est portée au livret scolaire ou de formation sous la signature du président du jury.

Le modèle de livret scolaire est fixé par arrêté du ministre chargé de l'éducation.

Lorsqu'un candidat est déclaré absent à une ou plusieurs épreuves, le diplôme ne peut lui être délivré.

Toutefois, en cas d'absence justifiée, la note zéro lui est attribuée pour chaque épreuve manquée et le diplôme peut être délivré si les conditions prévues au premier alinéa du présent article sont remplies. Dans le cas où le diplôme n'a pu lui être délivré, le candidat se présente à des épreuves de remplacement, dans les conditions fixées à l'article D. 337-21.

Art. D. 337-17 Les candidats qui n'ont pas obtenu le diplôme du certificat d'aptitude professionnelle conservent, à leur demande, durant cinq années à compter de leur date d'obtention, les notes obtenues.

Dans cette limite de cinq ans, les candidats peuvent choisir, à chaque session, soit de conserver leurs notes, soit de passer à nouveau l'épreuve. Dans ce second cas, la dernière note obtenue est seule prise en compte.

(Décr. n° 2017-961 du 10 mai 2017, art. 2) « Un arrêté du ministre chargé de l'éducation nationale fixe les conditions dans lesquelles les candidats qui se présentent dans une autre spécialité du diplôme ou d'un diplôme de même niveau peuvent conserver des notes qu'ils ont déjà obtenues. Pour les spécialités mentionnées au cinquième alinéa de l'article D. 337-2, ces conditions sont fixées par un arrêté conjoint du ministre chargé de la mer et du ministre chargé de l'éducation nationale. »

Art. D. 337-18 Dans des conditions fixées par arrêté du ministre chargé de l'éducation, les candidats titulaires de certains titres ou diplômes peuvent être dispensés de l'obtention d'une ou de plusieurs unités constitutives du diplôme présenté.

Dans les mêmes conditions, les candidats justifiant de l'obtention de certaines unités ou du bénéfice de certaines épreuves d'un diplôme préparé antérieurement peuvent, dès lors qu'elles sont encore valables, être dispensés de l'obtention d'une ou de plusieurs unités constitutives du diplôme présenté.

(Décr. n° 2016-772 du 10 juin 2016, art. 1er) « Au-delà de la durée de cinq ans pendant laquelle ils peuvent demander, dans les conditions prévues par l'article D. 337-17, à conserver les notes obtenues, les candidats titulaires de l'attestation reconnaissant l'acquisition de compétences mentionnée à *(Décr. n° 2020-726 du 12 juin 2020, art. 5)* « l'article D. 337-8 » peuvent être dispensés à leur demande de l'obtention de l'unité constitutive du certificat d'aptitude professionnelle correspondante, sous réserve du maintien de l'unité dans le règlement d'examen de la spécialité du diplôme. En cas de modification de celle-ci, il est tenu compte d'un tableau de correspondance entre anciennes et nouvelles unités. »

(Décr. n° 2020-726 du 12 juin 2020, art. 5) « Les candidats titulaires, au titre de la validation des acquis de l'expérience, de l'attestation mentionnée à l'article D. 337-5 peuvent être dispensés de l'unité, à leur demande et sous réserve de son maintien dans le règlement d'examen de la spécialité du diplôme. En cas de modification de celle-ci, il est tenu compte d'un tableau de correspondance entre anciennes et nouvelles unités.

« Les candidats titulaires de l'attestation mentionnée aux deux précédents alinéas, lorsqu'elle porte sur des unités communes à plusieurs spécialités du diplôme, peuvent être dispensés de ces unités, à leur demande, s'ils se présentent à une autre spécialité du diplôme. Un arrêté du ministre de l'éducation précise les unités communes concernées. Le cas échéant, un arrêté du ministre chargé de la mer précise ces unités communes concernées, pour les spécialités mentionnées au cinquième alinéa de l'article D. 337-2. »

Les dispenses accordées au titre des alinéas précédents peuvent porter sur la totalité des unités permettant l'obtention du diplôme.

Art. D. 337-19 Les candidats au certificat d'aptitude professionnelle autres que scolaires et apprentis peuvent demander à être dispensés de l'épreuve d'éducation physique et sportive. – *[Décr. n° 2002-463 du 4 avr. 2002, art. 18.]*

Art. D. 337-20 Les conditions dans lesquelles le diplôme du certificat d'aptitude professionnelle peut être obtenu par la validation des acquis de l'expérience sont fixées par les articles R. 335-5 à R. 335-11. – *[Décr. n° 2002-463 du 4 avr. 2002, art. 19.]*

SOUS-SECTION 3 ORGANISATION DES EXAMENS

Art. D. 337-21 Une session d'examen du certificat d'aptitude professionnelle, au moins, est organisée chaque année scolaire, au sein d'une académie ou d'un groupement d'académies.

A chaque session, les candidats ne peuvent s'inscrire qu'en vue de l'obtention d'un seul certificat d'aptitude professionnelle, sauf dérogation individuelle accordée par le *(Décr. n° 2019-1558 du 30 déc. 2019, art. 9)* « recteur d'académie ».

(Décr. n° 2012-197 du 8 févr. 2012, art. 1er) « Par dérogation à l'alinéa précédent, les candidats titulaires d'un contrat d'apprentissage conclu en application de l'article L. 6222-5-1 du code du travail ou d'un contrat de professionnalisation conclu en application de l'article L. 6325-4-1 du même code, peuvent s'inscrire en vue de l'obtention de deux certificats d'aptitude professionnelle à la même session. »

Sur autorisation du *(Décr. n° 2019-1558 du 30 déc. 2019, art. 9)* « recteur d'académie », les épreuves de remplacement, à l'exception de l'épreuve d'éducation physique et sportive et de l'épreuve facultative, sont organisées pour les candidats mentionnés au sixième alinéa de l'article D. 337-16, au sein d'une académie ou d'un groupement d'académies.

Art. D. 337-21-1 *(Décr. n° 2015-520 du 11 mai 2015, art. 1er)* Des épreuves ou parties d'épreuve des différentes spécialités de certificat d'aptitude professionnelle peuvent, lorsque les circonstances le justifient, être organisées par des moyens de communication audiovisuelle pour la totalité des candidats ou pour une partie d'entre eux, sous réserve que le recours à cette technique permette d'assurer, tout au long de l'épreuve :

1° L'identité du candidat qui subit l'épreuve ;

2° La présence dans la salle où se déroule l'épreuve des seules personnes autorisées.

Un arrêté du ministre chargé de l'éducation détermine les épreuves qui peuvent être organisées par des moyens de communication audiovisuelle, les conditions dans lesquelles il peut être recouru à ces modalités techniques et les précautions à prendre pour garantir le bon déroulement de l'épreuve.

Art. D. 337-22 *(Décr. n° 2021-64 du 25 janv. 2021, art. 1er)* « I. – » Pour chaque session d'examen du certificat d'aptitude professionnelle, les jurys sont constitués au sein d'une académie ou d'un groupement d'académies, après consultation des organisations professionnelles représentatives pour ce qui concerne la désignation des personnes qualifiées de la profession.

Un jury peut être commun à plusieurs certificats d'aptitude professionnelle. Il comporte alors des représentants, enseignants et professionnels, de toutes les spécialités intéressées.

Pour chaque session d'examen, les présidents, vice-présidents et membres des jurys sont nommés et les sujets et le calendrier des épreuves et des réunions des jurys sont fixés par le ou les recteurs *(Décr. n° 2019-1558 du 30 déc. 2019, art. 3)* « d'académie » ou, par délégation de ceux-ci, par le ou les *(Décr. n° 2012-16 du 5 janv. 2012, art. 7)* « directeurs académiques des services de l'éducation nationale agissant sur délégation du recteur d'académie ».

Les inspecteurs de l'éducation nationale, chargés de l'enseignement technique, veillent à l'organisation des examens.

(Décr. n° 2021-64 du 25 janv. 2021, art. 1er) « II. — Pour les spécialités du certificat d'aptitude professionnelle relevant de la formation professionnelle maritime au sens de l'article R. 342-1, sur proposition de l'inspecteur général de l'enseignement maritime, le ministre chargé de la mer nomme par arrêté les membres des jurys et fixe les sujets et le calendrier des épreuves et des réunions des jurys. »

Art. D. 337-23 *(Décr. n° 2021-64 du 25 janv. 2021, art. 2)* « I. — » Le jury du certificat d'aptitude professionnelle est composé à parité :

1° De professeurs des établissements d'enseignement public et des établissements d'enseignement privés sous contrat ainsi que d'enseignants des centres de formation d'apprentis ;

2° De personnes qualifiées de la profession choisies en nombre égal parmi les employeurs et les salariés après consultation des organisations représentatives.

Si ces proportions ne sont pas atteintes en raison de l'absence d'un ou plusieurs de ses membres, le jury peut néanmoins valablement délibérer.

(Décr. n° 2017-960 du 10 mai 2017, art. 3) « Le jury est présidé par un de ses membres qui a la qualité de personne qualifiée de la profession. » Un vice-président est désigné parmi les membres du jury enseignant dans des établissements d'enseignement public pour suppléer le président en cas d'empêchement.

Un arrêté du ministre chargé de l'éducation précise les modalités de fonctionnement des jurys.

(Décr. n° 2021-64 du 25 janv. 2021, art. 2) « II. — Pour les spécialités du certificat d'aptitude professionnelle relevant de la formation professionnelle maritime au sens de l'article R. 342-1, la composition et les modalités de fonctionnement des jurys sont fixées dans les conditions prévues au II de l'article D. 337-22. »

Art. D. 337-23-1 *(Décr. n° 2015-520 du 11 mai 2015, art. 2)* A l'exception du président, les membres du jury, mentionnés à l'article D. 337-23, peuvent participer aux réunions et délibérations par tous moyens de communication audiovisuelle permettant leur identification et garantissant leur participation effective selon des modalités précisées par arrêté du ministre chargé de l'éducation.

Art. D. 337-24 *(Décr. n° 2019-391 du 29 avr. 2019, art. 1er)* Au vu des procès-verbaux des jurys, le *(Décr. n° 2019-1558 du 30 déc. 2019, art. 9)* « recteur d'académie » délivre le diplôme du certificat d'aptitude professionnelle. En cas d'erreur matérielle, il apporte les rectifications nécessaires, après avis du président du jury.

Dans les conditions fixées par arrêté du ministre chargé de l'éducation, le diplôme du certificat d'aptitude professionnelle peut porter l'indication que le titulaire a suivi une formation en langue ou a accompli, notamment à l'étranger, la période de formation en milieu professionnel.

Art. D. 337-25 Les dispositions des deuxième et troisième alinéas de l'article D. 337-2, des articles D. 337-3, D. 337-11 et D. 337-12 entrent en vigueur au fur et à mesure de la mise en conformité des arrêtés relatifs aux spécialités du certificat d'aptitude professionnelle.

Les articles 4 et 5, les premier, deuxième et troisième alinéas de l'article 7, le premier alinéa de l'article 8, l'article 9, le premier alinéa de l'article 10, les articles 12 et 19 du décret n° 87-852 du 19 octobre 1987 portant règlement général des certificats d'aptitude professionnelle délivrés par le ministre de l'éducation nationale continuent à s'appliquer aux spécialités du certificat d'aptitude professionnelle avant leur mise en conformité. – *[Décr. n° 2002-463 du 4 avr. 2002, art. 25.]*

Art. D. 337-25-1 *(Décr. n° 2009-147 du 10 févr. 2009, art. 7)* Dans les spécialités *(Décr. n° 2016-772 du 10 juin 2016, art. 1er)* « relevant de la formation professionnelle maritime, au sens de l'article R. 342-1 », le ministre chargé de la mer et le directeur interrégional de la mer sont substitués respectivement au ministre chargé de l'éducation et au *(Décr. n° 2019-1558 du 30 déc. 2019, art. 9)* « recteur d'académie » en ce qui concerne les *(Décr. n° 2021-64 du 25 janv. 2021, art. 3)* « articles D. 337-4, D. 337-9, D. 337-14, D. 337-16, D. 337-18, D. 337-21 et D. 337-24. »

SECTION II *[ABROGÉE]* LE BREVET D'ÉTUDES PROFESSIONNELLES

(Décr. n° 2009-146 du 10 févr. 2009)

Art. D. 337-26 à D. 337-30 *Abrogés par Décr. n° 2020-1277 du 20 oct. 2020, art. 14.*

Art. R. 337-31 Des arrêtés du ministre chargé de l'éducation précisent, pour les brevets d'études professionnelles dont le règlement particulier prévoit cette modalité, les conditions dans lesquelles les recteurs *(Décr. n° 2019-1554 du 30 déc. 2019, art. 1er)* « d'académie » peuvent habiliter les établissements d'enseignement publics et les établissements d'enseignement privés sous contrat à mettre en œuvre le contrôle continu qui constitue alors une modalité particulière de délivrance du brevet d'études professionnelles. Cette habilitation est réputée acquise si, dans un délai de trois mois, aucune décision de refus n'a été notifiée aux intéressés.

Art. D. 337-32 à D. 337-44 *Abrogés par Décr. n° 2020-1277 du 20 oct. 2020, art. 14.*

Art. R. 337-45 Les centres de formation d'apprentis sont réputés habilités à mettre en œuvre le contrôle en cours de formation si, dans un délai de trois mois, aucune décision de refus ne leur a été notifiée par le recteur de l'académie. – *[Décr. n° 87-851 du 19 oct. 1987, art. 18, al. 2.]*

Art. D. 337-46 à D. 337-50-1 *Abrogés par Décr. n° 2020-1277 du 20 oct. 2020, art. 14.*

SECTION III LE BACCALAURÉAT PROFESSIONNEL

SOUS-SECTION 1 DÉFINITION DU DIPLÔME

Art. D. 337-51 Le baccalauréat professionnel est un diplôme national délivré dans les conditions fixées par les articles D. 337-52 à D. 337-94.

Il est enregistré dans le répertoire national des certifications professionnelles et classé au niveau IV de la nomenclature interministérielle des niveaux de formation.

La possession du baccalauréat professionnel confère le grade universitaire de bachelier.

Elle atteste que ses titulaires sont aptes à exercer une activité professionnelle hautement qualifiée.

Le diplôme du baccalauréat professionnel est délivré au titre d'une spécialité professionnelle. – *[Décr. n° 85-1267 du 27 nov. 1985, art. 1er, et Décr. n° 95-663 du 9 mai 1995, art. 1er.]*

Art. D. 337-52 Le diplôme du baccalauréat professionnel atteste d'une qualification professionnelle.

Le référentiel de certification de chaque baccalauréat professionnel énumère les capacités, savoir-faire, compétences professionnelles, technologiques et générales et savoirs que les titulaires du diplôme doivent posséder, précise les savoirs qui doivent être acquis et détermine les niveaux d'exigence requis pour l'obtention du diplôme.

Le référentiel de certification est organisé en unités constituées d'un ensemble, cohérent au regard de la finalité du diplôme, de capacités, savoir-faire, compétences et savoirs. Certaines unités peuvent être communes à plusieurs diplômes. Le référentiel de certification peut comporter des unités dans la limite de trois, dont l'obtention est facultative.

(Décr. n° 2016-771 du 10 juin 2016, art. 1er) « Une unité correspond à un bloc de compétences mentionné au 1° du II de l'article L. 6323-6 du code du travail. »

Art. D. 337-53 *(Décr. n° 2009-145 du 10 févr. 2009, art. 2)* « Les spécialités de baccalauréat professionnel sont créées » par arrêté du ministre chargé de l'éducation, après avis des commissions professionnelles consultatives compétentes.

(Décr. n° 2009-145 du 10 févr. 2009, art. 2) « Des spécialités de baccalauréat professionnel sont créées par arrêté du ministre chargé de l'éducation et du ministre chargé de l'agriculture, après avis de la commission professionnelle consultative "Métiers de l'agriculture, de la transformation, des services et de l'aménagement des espaces". Elles sont préparées essentiellement dans les établissements relevant du ministre chargé de l'agriculture et, le cas échéant, du ministre chargé de l'éducation, sur la base du référentiel professionnel, caractéristique de chaque spécialité de baccalauréat professionnel. »

Des spécialités du baccalauréat professionnel relevant des domaines professionnels maritimes sont créées par arrêté du ministre chargé de l'éducation et du ministre chargé de *(Décr. n° 2009-145 du 10 févr. 2009, art. 2)* « la mer », après avis des commissions professionnelles consultatives compétentes.

(Décr. n° 2009-145 du 10 févr. 2009, art. 2) « Pour chaque spécialité de baccalauréat professionnel », l'arrêté portant création établit le référentiel des activités professionnelles, le référentiel de certification ainsi que le règlement particulier qui fixe les conditions de délivrance de ce diplôme.

Art. D. 337-54 La formation conduisant au baccalauréat professionnel comporte des périodes de formation en milieu professionnel, organisées sous la responsabilité des établissements de formation.

(Décr. n° 2014-725 du 27 juin 2014, art. 1er) « Ces périodes de formation peuvent être réalisées pour partie dans le cadre d'une mobilité » *(Décr. n° 2019-907 du 30 août 2019, art. 4)* « européenne ou internationale, en particulier dans le cadre des programmes de l'Union européenne, sur la base d'une convention établie entre l'apprenant et les établissements d'enseignement et les entreprises en France et à l'étranger. »

Les modalités générales d'organisation de la formation et des périodes de formation en milieu professionnel sont précisées par arrêté du ministre chargé de l'éducation.

SOUS-SECTION 2 MODALITÉS DE PRÉPARATION

Art. D. 337-55 Le baccalauréat professionnel est préparé :

1° Soit par la voie scolaire dans les lycées, essentiellement les lycées professionnels, les lycées professionnels agricoles *(Décr. n° 2009-145 du 10 févr. 2009, art. 3)* « , ou les établissements publics mentionnés à l'article L. 811-1 du code rural et de la pêche maritime *[V. cet art. à l'art. L. 341-1]*, » ou dans les écoles ou établissements d'enseignement technique privés mentionnés au chapitre III du titre IV du livre IV du code de l'éducation et par l'article L. 813-1 du code rural et de la pêche maritime *[V. cet art. à l'art. L. 341-1]*, ou dans les établissements scolaires maritimes mentionnés à l'article R. 342-2 ainsi que dans les établissements relevant des départements ministériels dont la liste est fixée par arrêté du ministre chargé de l'éducation ;

2° Soit par la voie de l'apprentissage définie *(Décr. n° 2009-145 du 10 févr. 2009, art. 3)* « au livre II de la sixième partie du code du travail » ;

3° Soit par la voie de la formation professionnelle continue définie *(Décr. n° 2009-145 du 10 févr. 2009, art. 3)* « au livre III de la sixième partie du code du travail ».

Le baccalauréat professionnel peut également être préparé dans des établissements d'enseignement à distance *(Décr. n° 2014-725 du 27 juin 2014, art. 2)* « ou, pour partie, dans des » *(Décr. n° 2019-907 du 30 août 2019, art. 5)* « organismes de formation professionnelle à l'étranger, en particulier dans le cadre des programmes de l'Union européenne sur la base de la convention mentionnée à l'article D. 337-54 », dans des conditions fixées par arrêté du ministre chargé de l'éducation, par arrêté du ministre chargé de l'agriculture pour *(Décr. n° 2009-145 du 10 févr. 2009, art. 3)* « les spécialités de baccalauréat professionnel mentionnées » au deuxième alinéa de l'article D. 337-53 ou par arrêté du *(Décr. n° 2009-145 du 10 févr. 2009, art. 3)* « ministre chargé de la mer pour les spécialités de baccalauréat professionnel mentionnées » au troisième alinéa de l'article D. 337-53.

Art. D. 337-56 *(Décr. n° 2009-145 du 10 févr. 2009, art. 4)* L'admission, à l'issue de la classe de troisième, et la progression dans le cycle conduisant au baccalauréat professionnel s'effectuent, pour les candidats inscrits dans un établissement public local d'enseignement, dans les conditions fixées par les articles D. 331-23 et suivants et, pour les candidats inscrits dans un établissement privé sous contrat, dans les conditions fixées par les articles D. 331-46 et suivants. L'organisation et la durée de ce cycle sont définies à l'article D. 333-2.

L'admission, à l'issue de la classe de troisième, et la progression dans le cycle conduisant aux spécialités de baccalauréat professionnel mentionnées au deuxième alinéa de l'article D. 337-53 s'effectuent dans les conditions fixées par les articles D. 341-1 et suivants. L'organisation et la durée de ce cycle sont définies aux articles D. 810-5 et R. 811-145 *[devenu art. D. 811-145]* du code rural et de la pêche maritime.

Pour les spécialités de baccalauréat professionnel mentionnées au troisième alinéa de l'article D. 337-53, l'admission dans le cycle est prononcée, dans les conditions fixées par arrêté du ministre chargé de l'éducation et du ministre chargé de la mer, par le directeur interrégional de la mer.

Art. D. 337-57 *(Décr. n° 2009-145 du 10 févr. 2009, art. 4)* Sont admis, en cours de cycle, en classe de première professionnelle dans les établissements mentionnés à l'article D. 337-56, sur demande de la famille ou de l'élève, s'il est majeur, et après avis du conseil de classe de l'établissement d'origine, les candidats titulaires d'un diplôme de niveau V obtenu à la session précédant l'inscription, dans une spécialité en cohérence avec celle du baccalauréat professionnel préparé.

L'affectation est prononcée, selon les cas, par *(Décr. n° 2012-16 du 5 janv. 2012, art. 7)* « le directeur académique des services de l'éducation nationale agissant sur délégation du recteur d'académie », dans les conditions fixées par l'article D. 331-38, ou par le directeur régional de l'alimentation, de l'agriculture et de la forêt, dans les conditions fixées par l'article D. 341-16.

Art. D. 337-58 *(Décr. n° 2009-145 du 10 févr. 2009, art. 4)* Sur décision du *(Décr. n° 2019-1558 du 30 déc. 2019, art. 9)* « recteur d'académie » prise après avis de l'équipe pédagogique de la classe de l'établissement d'accueil, peuvent également être admis en formation sous statut scolaire des candidats qui ne relèvent pas des articles D. 337-56 et D. 337-57.

Pour ces candidats, la durée de formation requise est soumise à une décision de positionnement prise dans les conditions fixées aux articles D. 337-62 et D. 337-63. Cette décision peut avoir pour effet de réduire ou d'allonger la durée du cycle. Cependant, pour les candidats justifiant de certains titres, diplômes ou études, cette durée de formation peut être fixée par arrêté du ministre chargé de l'éducation.

Art. D. 337-59 *(Décr. n° 2020-1277 du 20 oct. 2020, art. 8)* Une attestation intermédiaire est délivrée par le recteur, en fin de classe de première, aux candidats scolarisés dans les établissements publics locaux d'enseignement et dans les établissements d'enseignement privés sous contrat, sous condition de moyenne déduite des éléments figurant au livret scolaire de l'élève.

Le modèle de cette attestation et les conditions dans lesquelles elle est délivrée sont fixés par arrêté du ministre chargé de l'éducation.

Pour les spécialités du baccalauréat professionnel relevant du deuxième alinéa de l'article D. 337-53, une attestation intermédiaire, remise en fin de classe de première, est délivrée par le directeur régional de l'agriculture et de la forêt aux candidats scolarisés dans les établissements relevant du ministre chargé de l'agriculture.

Le modèle de l'attestation et les conditions de délivrance de cette attestation sont fixés par un arrêté du ministre chargé de l'agriculture.

Le cas échéant, pour les spécialités de baccalauréat professionnel relevant du troisième alinéa de l'article D. 337-53, une attestation intermédiaire, remise en fin de première, est délivrée par le directeur interrégional de la mer aux candidats scolarisés dans les établissements relevant du ministre chargé de la mer. Celui-ci en fixe, le cas échéant, les conditions de délivrance et le modèle par arrêté.

Art. D. 337-60 La durée de la formation nécessaire à la préparation du baccalauréat professionnel par la voie de l'apprentissage dispensée en centre de formation d'apprentis est au moins égale à *(Décr. nº 2009-145 du 10 févr. 2009, art. 5)* « 1 850 heures » *(Décr. nº 2020-624 du 22 mai 2020, art. 2)* « conformément aux dispositions prévues au cinquième alinéa de l'article L. 6211-2 du code du travail ».

(Décr. nº 2009-145 du 10 févr. 2009, art. 5) « En cas de réduction de la durée du contrat d'apprentissage à deux ans ou à un an dans les conditions fixées par le *(Décr. nº 2020-624 du 22 mai 2020, art. 2)* « troisième alinéa de l'article L. 6222-7-1 du » code du travail, cette durée de formation ne peut être inférieure, respectivement, à 1 350 heures ou à 675 heures. »

(Décr. nº 2020-624 du 22 mai 2020, art. 2) « En cas de réduction de la durée de contrat d'apprentissage s'étendant de six mois à trois ans, la durée de formation en centre de formation d'apprentis prévue au premier alinéa ou pour les cas de réduction de la durée du contrat à deux ans et un an s'appliquent *prorata temporis.* »

Art. D. 337-61 *(Décr. nº 2016-771 du 10 juin 2016, art. 1er)* Hormis la période de formation en milieu professionnel, aucune durée de formation préparant au baccalauréat professionnel n'est exigée pour les candidats préparant le baccalauréat professionnel par la voie de la formation professionnelle continue.

Art. D. 337-62 *(Décr. nº 2016-771 du 10 juin 2016, art. 1er)* « La décision de positionnement fixe, lors de l'inscription au diplôme, la durée de formation qui sera requise. » Elle est prononcée par le *(Décr. nº 2019-1558 du 30 déc. 2019, art. 9)* « recteur d'académie » ou par *(Décr. nº 2009-145 du 10 févr. 2009, art. 7)* « le directeur régional de l'alimentation, de l'agriculture et de la forêt » ou le directeur interrégional de la mer pour les candidats relevant des deuxième et troisième alinéas de l'article D. 337-53, à la demande du candidat, après son admission dans un établissement et selon les modalités fixées par arrêté du ministre chargé de l'éducation.

Cette décision est prise au titre du baccalauréat professionnel que le candidat souhaite préparer et vaut jusqu'à l'obtention de ce diplôme.

Art. D. 337-63 La décision de positionnement prend en compte les études suivies en France ou à l'étranger par le candidat, les titres ou diplômes français ou étrangers possédés, les compétences professionnelles qu'il peut faire valoir, ainsi que les dispenses d'épreuves ou d'unités dont il bénéficie au titre de l'article D. 337-71 ou au titre de la validation des acquis de l'expérience. – *[Décr. nº 95-663 du 9 mai 1995, art. 13.]*

Art. D. 337-64 *(Décr. nº 2009-145 du 10 févr. 2009, art. 8)* « La formation conduisant au baccalauréat professionnel se déroule en milieu professionnel pendant une durée fixée entre douze et vingt-six semaines sur la base d'une convention établie entre les établissements d'enseignement et les entreprises, dans des conditions fixées par les arrêtés mentionnés à l'article D. 337-53. »

(Décr. nº 2019-907 du 30 août 2019, art. 6) « Pour chaque spécialité de baccalauréat professionnel, la durée de la formation en milieu professionnel est fixée par les arrêtés mentionnés à l'article D. 337-53. »

La durée de la formation en milieu professionnel peut toutefois être augmentée pour les élèves des établissements dispensant des formations selon un rythme approprié, au titre de l'article L. 813-9 du code rural et de la pêche maritime *[V. cet art. à l'art. L. 961-2]*, à condition que la formation en centre dure au moins *(Décr. nº 2009-145 du 10 févr. 2009, art. 8)* « 1 900 heures ». Un arrêté du ministre chargé de l'éducation et du ministre chargé de l'agriculture fixe les conditions d'application du présent alinéa.

(Décr. nº 2019-907 du 30 août 2019, art. 6) « Une partie de ces périodes de formation peut être réalisée dans le cadre d'une mobilité européenne ou internationale sur la base de la convention mentionnée à l'article D. 337-54 et dans des conditions fixées par les arrêtés mentionnés à l'article D. 337-53. »

Les élèves qui préparent le baccalauréat professionnel par la voie scolaire restent sous statut scolaire pendant leur formation en milieu professionnel.

(Décr. nº 2014-725 du 27 juin 2014, art. 3) « Pour les spécialités de baccalauréat relevant du domaine professionnel maritime, la durée de la période de formation effectuée dans le cadre de la *(Décr. nº 2019-907 du 30 août 2019, art. 6)* « mobilité mentionnée au quatrième alinéa » peut être modifiée par arrêté du ministre chargé de la mer. »

Art. D. 337-65 *(Décr. nº 2016-771 du 10 juin 2016, art. 1er)* « La durée de la période de formation en milieu professionnel peut être réduite pour les candidats préparant le baccalauréat professionnel par la voie de la formation professionnelle continue dans les conditions fixées par le règlement particulier du diplôme. »

Pour les candidats préparant le baccalauréat professionnel par la voie scolaire, cette durée ne peut être inférieure à dix semaines.

Art. D. 337-66 Aucune durée de formation n'est exigée pour les candidats qui, en application de l'article R. 335-9, bénéficient d'unités obtenues au titre de la validation des acquis de l'expérience et souhaitent *(Décr. nº 2009-145 du 10 févr. 2009, art. 9)* « se présenter à l'épreuve ou aux épreuves correspondant à l'évaluation complémentaire prévue à cet article. »

Art. D. 337-66-1 *(Décr. nº 2020-1277 du 20 oct. 2020, art. 9, en vigueur le 1er janv. 2022)* Les candidats sous statut scolaire et les apprentis préparant une des spécialités de baccalauréat professionnel mentionnée au premier alinéa de l'article D. 337-53 réalisent, au cours de leur formation conduisant au diplôme, un chef-d'œuvre en relation avec la spécialité préparée. Le chef-d'œuvre dont la préparation peut être collective, met en œuvre des compétences que le candidat a acquises dans le cadre des enseignements généraux et professionnels.

L'évaluation relative au chef-d'œuvre consiste en une présentation orale par le candidat en fin de cursus, associée selon des conditions précisées par arrêté du ministre chargé de l'éducation à du contrôle continu. Cette évaluation est prise en compte pour l'obtention du diplôme.

Les modalités de cette évaluation et de sa prise en compte pour son intégration dans la moyenne générale mentionnée au troisième alinéa de l'article D. 337-78 sont définies par l'arrêté précité.

SOUS-SECTION 3 CONDITIONS DE DÉLIVRANCE

Art. D. 337-67 Le baccalauréat professionnel est obtenu :

1° Par le succès à un examen ;

L'examen valide l'acquisition par les candidats des capacités, compétences, savoirs et savoir-faire constitutifs des unités prévues par le référentiel de certification de chaque spécialité du diplôme ;

2° Par la validation des acquis de l'expérience, en application de l'article L. 335-5 du code de l'éducation, et dans les conditions fixées par les articles R. 335-5 à R. 335-11. – *[Décr. nº 95-663 du 9 mai 1995, art. 16.]*

Art. D. 337-68 L'examen conduisant à la délivrance du diplôme du baccalauréat professionnel peut prendre deux formes :

1° Une forme globale dans laquelle le candidat présente l'ensemble des unités constitutives du diplôme au cours d'une même session, sous réserve des dispositions *(Décr. nº 2009-145 du 10 févr. 2009, art. 10)* « du sixième alinéa » de l'article D. 337-78 ;

2° Une forme progressive dans laquelle le candidat choisit de ne présenter que certaines unités constitutives du diplôme au cours d'une même session. Dans ce cas, le règlement particulier du diplôme peut prévoir un ordre de présentation ou d'obtention des unités.

Art. D. 337-69 *(Décr. nº 2009-145 du 10 févr. 2009, art. 11)* « L'examen du baccalauréat professionnel comporte :

(Décr. nº 2015-846 du 9 juill. 2015, art. 1er) « 1° Sept épreuves obligatoires et, le cas échéant, deux épreuves facultatives. A chaque épreuve correspondent une ou plusieurs unités constitutives. L'examen est organisé soit par combinaison entre unités constitutives évaluées sous forme ponctuelle et unités constitutives évaluées par contrôle en cours de formation, dans les conditions fixées aux articles D. 337-74 à D. 337-76, soit uniquement en épreuves ou unités sous forme ponctuelle dans les conditions fixées à l'article D. 337-77. Il prend en compte la formation en milieu professionnel. »

« Les notes égales ou supérieures à 10 sur 20 obtenues aux épreuves ou unités constitutives sont valables cinq ans à compter de leur date d'obtention. » *(Décr. nº 2020-726 du 12 juin 2020, art. 6)* « Les candidats qui, au terme du calcul de la moyenne conditionnant la délivrance du diplôme, échouent à l'examen et les candidats ayant choisi la forme progressive de l'examen dans les conditions prévues à l'article D. 337-79 qui n'obtiennent pas cette moyenne, reçoivent une attestation reconnaissant l'acquisition de blocs de compétences correspondant aux unités auxquelles ils ont obtenu une note égale ou supérieure à 10 sur 20. Cette attestation est délivrée par le recteur d'académie. »

Tout candidat peut présenter, à titre facultatif, *(Décr. n° 2014-725 du 27 juin 2014, art. 4)* « une ou deux unités choisies » parmi celles proposées, le cas échéant, par le règlement d'examen. Le bénéfice des points supérieurs à 10 sur 20 obtenus à l'épreuve validant cette unité peut être conservé pendant 5 ans.

Les unités constitutives du diplôme *(Décr. n° 2020-726 du 12 juin 2020, art. 6)* « peuvent être » acquises au titre de la validation des acquis de l'expérience, dans les conditions prévues par l'article R. 335-9. *(Décr. n° 2020-726 du 12 juin 2020, art. 6)* « Les candidats qui n'obtiennent qu'une validation partielle reçoivent une attestation reconnaissant l'acquisition des blocs de compétences correspondant aux unités qu'ils ont validées. Cette attestation est délivrée par le recteur d'académie. »

(Décr. n° 2009-145 du 10 févr. 2009, art. 11) « 2° Une épreuve de contrôle organisée pour certains candidats dans les conditions prévues aux articles D. 337-78 et D. 337-79. Cette épreuve orale qui porte sur des connaissances et compétences générales et professionnelles est définie par arrêté du ministre chargé de l'éducation, par arrêté du ministre chargé de l'agriculture pour les baccalauréats mentionnés au deuxième alinéa de l'article D. 337-53 ou par arrêté du ministre chargé de la mer pour les baccalauréats mentionnés au troisième alinéa du même article. »

Art. D. 337-70 Pour se présenter à l'examen du baccalauréat professionnel, les candidats doivent :

1° Soit avoir suivi une préparation au diplôme par la voie scolaire, de l'apprentissage ou de la formation professionnelle continue dont la durée est fixée conformément aux dispositions de la sous-section 2 ;

2° Soit avoir accompli trois ans d'activités professionnelles dans un emploi de niveau au moins égal à celui d'un ouvrier ou employé qualifié et dans un domaine professionnel en rapport avec la finalité du diplôme postulé.

Ils doivent être inscrits en vue de l'obtention du diplôme.

Les candidats mentionnés au 1° ci-dessus qui, au cours de leur préparation au diplôme, ont changé de voie de préparation s'inscrivent à l'examen au titre de celle dans laquelle ils achèvent leur formation.

En outre, les conditions mentionnées ci-dessus sont exigibles à la date à laquelle le candidat présente l'ensemble du diplôme ou la dernière unité ouvrant droit à la délivrance du diplôme. – *[Décr. n° 95-663 du 9 mai 1995, art. 19.]*

Art. D. 337-71 Dans les conditions fixées par un arrêté du ministre chargé de l'éducation, les candidats titulaires de certains titres ou diplômes français peuvent être dispensés de l'obtention d'une ou plusieurs unités constitutives du baccalauréat professionnel. Cet arrêté peut également prévoir qu'une dispense peut être accordée aux candidats justifiant de l'obtention de certaines unités ou du bénéfice de certaines épreuves d'un diplôme, dans la limite de leur validité.

(Décr. n° 2016-771 du 10 juin 2016, art. 1er) « Au-delà de la durée de cinq ans pendant laquelle ils peuvent demander, dans les conditions prévues au troisième alinéa de l'article D. 337-69, à conserver les notes obtenues, les candidats titulaires de l'attestation reconnaissant l'acquisition de compétences *(Décr. n° 2020-726 du 12 juin 2020, art. 7)* « mentionnée au même article » peuvent être dispensés à leur demande de l'obtention de l'unité constitutive du baccalauréat professionnel correspondante, sous réserve du maintien de l'unité dans le règlement d'examen de la spécialité du diplôme. En cas de modification de celle-ci, il est tenu compte d'un tableau de correspondance entre anciennes et nouvelles unités. »

(Décr. n° 2020-726 du 12 juin 2020, art. 7) « Les candidats titulaires, au titre de la validation des acquis de l'expérience, de l'attestation mentionnée au cinquième alinéa de l'article D. 337-69 peuvent être dispensés de l'unité, à leur demande et sous réserve de son maintien dans le règlement d'examen de la spécialité du diplôme. En cas de modification de celle-ci, il est tenu compte d'un tableau de correspondance entre anciennes et nouvelles unités.

« Les candidats titulaires de l'attestation mentionnée aux deux précédents alinéas, lorsqu'elle porte sur des unités communes à plusieurs spécialités du diplôme, peuvent être dispensés de ces unités, à leur demande, s'ils se présentent à une autre spécialité du diplôme. Un arrêté du ministre de l'éducation précise les unités communes concernées. Le cas échéant, un arrêté du ministre chargé de l'agriculture précise les unités communes concernées, pour les spécialités mentionnées au deuxième alinéa de l'article D. 337-53 et un arrêté du ministre chargé de la mer précise quelles sont ces unités pour les spécialités mentionnées au troisième alinéa du même article. »

Dans des conditions fixées par arrêté du même ministre, des dispenses d'unités peuvent également être accordées à des candidats titulaires de diplômes étrangers.

Art. D. 337-72 Lorsqu'un candidat au baccalauréat professionnel justifie de dispenses au titre de la validation des acquis de l'expérience conformément aux articles R. 335-5 à R. 335-11, l'appréciation du jury de validation des acquis de l'expérience est transmise au jury de délivrance du diplôme. – *[Décr. n° 95-663 du 9 mai 1995, art. 21.]*

Art. D. 337-73 Le bénéfice d'unités obtenues au titre de la validation des acquis de l'expérience, dans les conditions prévues par les articles R. 335-5 à R. 335-11 et les dispenses accordées au titre des articles D. 337-71 et D. 337-72 peuvent porter sur la totalité des épreuves ou unités du diplôme. – *[Décr. n° 95-663 du 9 mai 1995, art. 22.]*

Art. D. 337-74 *(Décr. n° 2015-846 du 9 juill. 2015, art. 2)* « Pour les candidats préparant le baccalauréat professionnel par la voie scolaire dans un établissement public ou privé sous contrat, ou par la voie de la formation professionnelle continue dans un établissement public autre que ceux mentionnés à l'alinéa suivant, *(Décr. n° 2021-940 du 15 juill. 2021, art. 4)* « ou bien par la voie de l'apprentissage dans un centre de formation d'apprentis porté par un établissement public local d'enseignement, à l'exception de ceux prévus à l'article D. 337-74-1, par un groupement d'établissements (GRETA) ou par un groupement d'intérêt public "formation continue et insertion professionnelle" (GIP-FCIP), lorsque la formation se déroule en totalité dans ces structures, dans un centre de formation d'apprentis relevant du ministère chargé de la mer, ou un centre de formation d'apprentis habilité » par le *(Décr. n° 2019-1558 du 30 déc. 2019, art. 9)* « recteur d'académie », *(Décr. n° 2020-1277 du 20 oct. 2020, art. 10)* « au moins trois » unités obligatoires constituant les épreuves prévues au 1° de l'article D. 337-69 sont évaluées par contrôle en cours de formation et au moins *(Décr. n° 2020-1277 du 20 oct. 2020, art. 10)* « trois » unités constitutives sous forme ponctuelle, conformément aux dispositions de l'article D. 337-82. Lorsque l'évaluation a lieu en mode ponctuel, elle peut, pour partie, prendre en compte les résultats des travaux réalisés au cours de la formation, dans les conditions fixées par le règlement particulier du diplôme. »

(Décr. n° 2009-145 du 10 févr. 2009, art. 12) « Les candidats préparant le diplôme par la voie de la formation professionnelle continue dans un établissement public habilité à pratiquer intégralement le contrôle en cours de formation peuvent être évalués, pour l'ensemble des épreuves ou unités prévues au 1° de l'article D. 337-69, par contrôle en cours de formation.

« Les conditions d'habilitation des centres de formation d'apprentis *(Abrogé par Décr. n° 2021-940 du 15 juill. 2021, art. 4) « ou des sections d'apprentissage »* prévus au premier alinéa du présent article et celles d'habilitation des établissements publics mentionnés au deuxième alinéa sont fixées par arrêté du ministre chargé de l'éducation. »

Art. D. 337-74-1 *(Décr. n° 2021-940 du 15 juill. 2021, art. 5)* Les centres de formation d'apprentis préparant aux spécialités de baccalauréat professionnel prévues au deuxième alinéa de l'article D. 337-53 sont habilités à pratiquer le contrôle en cours de formation dans les conditions fixées par arrêté du ministre chargé de l'agriculture.

Art. R. 337-75 Les habilitations prévues à l'article D. 337-74 sont réputées acquises si, dans un délai de deux mois, aucune décision de refus n'a été notifiée aux intéressés. – *[Décr. n° 95-663 du 9 mai 1995, art. 23, al. 3.]*

Art. D. 337-76 *(Décr. n° 2009-145 du 10 févr. 2009, art. 13)* « Les dispositions du premier alinéa de l'article D. 337-74 s'appliquent aux candidats préparant par la voie de la formation professionnelle continue, dans des établissements privés habilités par le directeur régional de l'alimentation, de l'agriculture et de la forêt, les spécialités de baccalauréat professionnel mentionnées au deuxième alinéa de l'article D. 337-53. »

Les conditions relatives à l'octroi et au retrait de l'habilitation des établissements à pratiquer le contrôle en cours de formation prévu par le présent article sont précisées par arrêté du ministre chargé *(Décr. n° 2009-145 du 10 févr. 2009, art. 13)* « de l'agriculture ».

Pour les candidats préparant les spécialités de baccalauréat professionnel mentionnées au deuxième alinéa de l'article D. 337-53, les modalités de mise en œuvre du contrôle en cours de formation sont précisées par un arrêté du ministre chargé de l'agriculture.

Pour les candidats préparant les spécialités de baccalauréat professionnel mentionnées au troisième alinéa de l'article D. 337-53, les modalités de mise en œuvre du contrôle en cours de formation sont précisées par un arrêté du ministre chargé de *(Décr. n° 2009-145 du 10 févr. 2009, art. 13)* « la mer ».

Art. D. 337-77 *(Décr. n° 2015-846 du 9 juill. 2015, art. 3)* Les candidats ayant préparé le baccalauréat professionnel par la voie scolaire dans un établissement privé hors contrat, par la voie de la formation professionnelle continue dans un établissement privé, ou par la voie de l'apprentissage dans un centre de formation d'apprentis ou une section d'apprentissage non habilités, les candidats ayant suivi une préparation par la voie de l'enseignement à distance, quel que soit leur statut, ainsi que les candidats qui se présentent au titre de leur expérience professionnelle en application du 2° de l'article D. 337-70, passent l'ensemble des épreuves ou des unités constitutives prévues au 1° de l'article D. 337-69 intégralement sous forme d'épreuves ponctuelles.

Art. D. 337-78 *(Décr. n° 2009-145 du 10 févr. 2009, art. 15)* « Les candidats ayant préparé le baccalauréat professionnel par la voie scolaire ou par la voie de l'apprentissage passent obligatoirement, à l'issue de leur formation, les épreuves prévues au 1° de l'article D. 337-69 sous la forme globale définie à l'article D. 337-68, sauf dérogation qui peut être accordée par le *(Décr. n° 2019-1558 du 30 déc. 2019, art. 9)* « recteur d'académie » pour les candidats relevant des dispositions de l'article D. 337-58 ou du troisième alinéa de l'article D. 337-60.

« Les points excédant 10 sur 20 obtenus à l'épreuve facultative sont pris en compte pour le calcul de la moyenne générale.

« Les candidats qui ont obtenu une moyenne générale égale ou supérieure à 10 sur 20 à l'ensemble des épreuves prévues au 1° de l'article D. 337-69 affectées de leur coefficient sont déclarés admis, après délibération du jury.

« Les candidats dont la moyenne générale est inférieure à 8 sont déclarés ajournés. Ceux qui ont obtenu une moyenne générale au moins égale à 8 et inférieure à 10 sur 20 ainsi qu'une note au moins égale à 10 sur 20 à l'épreuve d'évaluation de la pratique professionnelle définie pour chaque spécialité de baccalauréat professionnel sont autorisés à se présenter à l'épreuve de contrôle prévue au 2° de l'article D. 337-69.

« Peuvent également se présenter à l'épreuve de contrôle les candidats ayant obtenu une moyenne générale au moins égale à 8 et inférieure à 10 et qui bénéficient d'une dispense de l'ensemble des unités correspondant à l'épreuve d'évaluation de la pratique professionnelle, obtenue au titre des articles D. 337-71 et D. 337-72.

« Les candidats qui ont obtenu une note au moins égale à 10 sur 20 à l'issue de l'épreuve de contrôle sont déclarés admis, après délibération du jury. Cette note est la moyenne entre la note obtenue à cette épreuve et la note moyenne obtenue aux épreuves prévues au 1° de l'article D. 337-69. »

Les candidats ajournés à l'examen sont tenus, lorsqu'ils tentent à nouveau d'obtenir le diplôme considéré au titre de la voie scolaire ou de l'apprentissage, de le représenter sous la forme globale. Dans ce cas, ils conservent, à leur demande et dans les conditions précisées à l'article D. 337-69, le bénéfice des notes obtenues *(Décr. n° 2009-145 du 10 févr. 2009, art. 15)* « aux épreuves ou unités prévues au 1° de l'article D. 337-69 » lorsqu'elles sont supérieures ou égales à 10 sur 20 et présentent alors l'ensemble des unités non détenues.

(Décr. n° 2016-782 du 10 juin 2016, art. 1er) « Les candidats ajournés à l'examen d'une des spécialités relevant du deuxième alinéa de l'article D. 337-53, qui tentent à nouveau d'obtenir le diplôme considéré au titre de la voie scolaire ou de l'apprentissage, peuvent, à leur demande, présenter les épreuves correspondantes aux unités constitutives du diplôme non acquises sur un maximum de cinq sessions consécutives. »

Le calcul de la moyenne générale s'effectue sur la base des notes conservées et des notes obtenues aux évaluations à nouveau présentées.

Art. D. 337-79 Les candidats ayant préparé le baccalauréat professionnel par la voie de la formation professionnelle continue, ceux qui se présentent au titre de leur expérience professionnelle conformément aux dispositions du 2° de l'article D. 337-70 et les candidats ayant suivi une préparation par la voie de l'enseignement à distance, quel que soit leur statut, optent pour la forme d'examen globale ou progressive au moment de leur inscription à l'examen. Le choix de l'une ou l'autre de ces modalités est définitif.

Les candidats ayant opté pour la forme globale relèvent des modalités de délivrance du diplôme définies à l'article D. 337-78.

Les candidats ayant opté pour la forme progressive relèvent des modalités de délivrance du diplôme précisées aux alinéas suivants.

Les notes supérieures ou égales à 10 sur 20 sont, à la demande des candidats et dans les conditions précisées à l'article D. 337-69, conservées en vue des sessions ultérieures.

Les notes inférieures à 10 sur 20 peuvent, à chaque session et au choix des candidats, soit être conservées et reportées dans la limite de cinq ans à compter de leur obtention, soit donner lieu à une nouvelle évaluation. Dans ce dernier cas, c'est la dernière note obtenue qui est prise en compte.

Le calcul de la moyenne générale s'effectue sur la base des notes conservées et des notes obtenues aux évaluations à nouveau présentées *(Décr. n° 2009-145 du 10 févr. 2009, art. 16)* « , les points excédant 10, obtenus à l'épreuve facultative, étant pris en compte dans ce calcul. »

(Décr. n° 2009-145 du 10 févr. 2009, art. 16) « Les candidats dont la moyenne générale, établie à l'issue de la dernière unité donnant droit à la délivrance du diplôme, est inférieure à 8 sont déclarés ajournés. Ceux qui ont obtenu une moyenne générale au moins égale à 8 et inférieure à 10 sur 20 et une note au moins égale à 10 sur 20 à l'épreuve d'évaluation de la pratique professionnelle sont autorisés à se présenter à l'épreuve de contrôle prévue au 2° de l'article D. 337-69.

« Sont déclarés admis, après délibération du jury, les candidats qui ont obtenu une note au moins égale à 10 sur 20 à l'issue de l'épreuve de contrôle. Cette note est la moyenne entre la note obtenue à cette épreuve et la note moyenne obtenue à l'issue de la dernière unité donnant droit à la délivrance du diplôme. »

(Abrogé par Décr. n° 2020-726 du 12 juin 2020, art. 8, à compter du 1er janv. 2025) (Décr. n° 2016-771 du 10 juin 2016, art. 1er) ***« Quelle que soit la forme d'examen choisie, les candidats préparant le baccalauréat professionnel par la voie de la formation professionnelle continue ou dans le cadre de la validation des acquis de l'expérience reçoivent, pour les unités du diplôme préparé qui ont fait l'objet, au titre de la session en cours ou dans les cinq années précédentes, d'une note égale ou supérieure à 10 sur 20 ou d'une validation des acquis de l'expérience, y compris si elles ont été obtenues par la voie scolaire ou par la voie de l'apprentissage, une attestation délivrée par le*** *(Décr. n° 2019-1558 du 30 déc. 2019, art. 9)* ***« recteur d'académie » reconnaissant l'acquisition des compétences constitutives de ces unités du diplôme. »***

Art. D. 337-80 Le baccalauréat professionnel est délivré aux candidats qui ont présenté l'ensemble des unités constitutives du diplôme, à l'exception de celles dont ils ont été dispensés dans les conditions fixées aux articles D. 337-71 et D. 337-72, et qui ont obtenu une moyenne générale supérieure ou égale à 10 sur 20 à l'ensemble des évaluations affectées de leur coefficient *(Décr. n° 2009-145 du 10 févr. 2009, art. 17)* « ou à l'issue de l'épreuve de contrôle prévue au 2° de l'article D. 337-69. »

Art. D. 337-81 Lorsqu'un candidat est déclaré absent à une épreuve, le diplôme du baccalauréat professionnel ne peut lui être délivré.

Toutefois, l'absence justifiée à une ou plusieurs unités donne lieu à l'attribution de la note zéro à l'unité ou aux unités concernées et le diplôme peut être délivré si les conditions prévues aux articles D. 337-78 et D. 337-80 sont remplies. Dans le cas où le diplôme ne peut être délivré au candidat, celui-ci se présente à l'épreuve ou aux épreuves de remplacement dans les conditions fixées à l'article D. 337-92.

Le diplôme ne peut être délivré si les acquis correspondant à l'épreuve pratique prenant en compte la formation en milieu professionnel n'ont pas été validés. – *[Décr. n° 95-663 du 9 mai 1995, art. 27.]*

Art. D. 337-82 **Le règlement particulier de chaque spécialité de baccalauréat professionnel fixe notamment la liste, la nature et le coefficient des différentes évaluations validant l'acquisition de ces unités et, lorsqu'il s'agit d'épreuves ponctuelles, leur durée.** *(Décr. n° 2015-846 du 9 juill. 2015, art. 4)* **« Il précise la nature des épreuves ou unités constitutives concernées par le contrôle en cours de formation, les modalités d'organisation et de prise en compte de ce contrôle par le jury ainsi que la durée de la formation en milieu professionnel exigée pour se présenter à l'examen. »**

L'évaluation des acquis par contrôle en cours de formation porte notamment sur l'épreuve pratique prenant en compte la formation en milieu professionnel.

Art. D. 337-83 **Les candidats qui ne peuvent se présenter à l'épreuve d'éducation physique et sportive pour une raison de santé en sont dispensés à condition de produire un certificat délivré par un médecin concourant à l'exercice des tâches médico-scolaires.**

Les candidats reconnus handicapés physiques et déclarés aptes à se présenter à l'épreuve d'éducation physique et sportive peuvent demander à participer à cette épreuve aménagée, selon des modalités précisées par arrêté du ministre chargé de l'éducation. – *[Décr. n° 95-663 du 9 mai 1995, art. 29.]*

Pour un motif de bonne administration, sont exclues du champ d'application du droit des usagers de saisir l'administration par voie électronique les demandes d'aménagement ou de dispense à l'épreuve d'éducation physique et sportive pour les candidats en situation d'inaptitude partielle ou de handicap (Décr. n° 2015-1410 du 5 nov. 2015).

Art. D. 337-84 **Les candidats mentionnés à l'article D. 337-61 et au 2° de l'article D. 337-70 peuvent être dispensés, sur leur demande, de l'épreuve d'éducation physique et sportive du baccalauréat professionnel.** – *[Décr. n° 95-663 du 9 mai 1995, art. 30.]*

Art. D. 337-85 **Les éléments d'appréciation dont dispose le jury du baccalauréat professionnel sont :**

1° Les résultats aux évaluations obtenus par les candidats aux épreuves prévues à l'article D. 337-82 ;

2° Le livret scolaire ou de formation des candidats.

Aucun candidat ayant fourni un livret scolaire ou de formation ne peut être ajourné sans que le jury ait examiné celui-ci. La mention de cet examen est portée au livret scolaire ou de formation sous la signature du président du jury. – *[Décr. n° 95-663 du 9 mai 1995, art. 31.]*

Art. D. 337-86 **Le diplôme du baccalauréat professionnel délivré au candidat porte les mentions :**

1° Assez bien, quand le candidat a obtenu une moyenne au moins égale à 12 et inférieure à 14 ;

2° Bien, quand le candidat a obtenu une moyenne au moins égale à 14 et inférieure à 16 ;

3° Très bien, quand le candidat a obtenu une moyenne égale ou supérieure à 16.

(Décr. n° 2009-145 du 10 févr. 2009, art. 18) **« Les candidats qui ont été admis à l'issue de l'épreuve de contrôle prévue au 2° de l'article D. 337-69 ne peuvent obtenir une mention.**

« Pour toutes les spécialités de baccalauréat professionnel, à l'issue de l'évaluation spécifique définie par un arrêté du ministre chargé de l'éducation et dans les conditions fixées par cet arrêté, les diplômes délivrés aux candidats peuvent comporter l'indication "section européenne". »

Le candidat, au moment de son inscription à l'examen, peut choisir de substituer l'évaluation spécifique à l'épreuve facultative de langue vivante. Dans ce cas, les points supérieurs à 10 sur 20 obtenus à l'évaluation spécifique sont pris en compte pour le calcul de la moyenne générale en vue de l'obtention du diplôme et de l'attribution d'une mention. Ce bénéfice de points est valable 5 ans.

Art. D. 337-87 Les candidats ajournés au baccalauréat professionnel reçoivent, s'ils ont obtenu pour l'ensemble des épreuves *(Décr. nº 2009-145 du 10 févr. 2009, art. 19)* « mentionnées au 1° de l'article D. 337-69 » une moyenne générale au moins égale à 8 sur 20, un certificat de fin d'études professionnelles secondaires. Ce certificat est délivré par le recteur de l'académie dans laquelle a été présenté l'examen suivant des modalités fixées par arrêté.

Art. D. 337-88 Les résultats définitifs des évaluations résultent de la délibération du jury souverain. – *[Décr. nº 95-663 du 9 mai 1995, art. 34.]*

SOUS-SECTION 4 ORGANISATION DES EXAMENS

Art. D. 337-89 Une session d'examen du baccalauréat professionnel, au moins, est organisée chaque année scolaire, dans le cadre d'une académie ou d'un groupement d'académies, selon des modalités fixées par le ministre chargé de l'éducation. – *[Décr. nº 95-663 du 9 mai 1995, art. 35.]*

Art. D. 337-89-1 *(Décr. nº 2014-314 du 10 mars 2014, art. 9)* Des épreuves ou parties d'épreuve des différentes séries peuvent, lorsque les circonstances le justifient, être organisées par des moyens de communication audiovisuelle pour la totalité des candidats ou pour une partie d'entre eux, sous réserve que le recours à cette technique permette d'assurer, tout au long de l'épreuve :

1° L'identité du candidat qui subit l'épreuve ;

2° La présence dans la salle où se déroule l'épreuve des seules personnes autorisées.

Un arrêté du ministre chargé de l'éducation détermine les épreuves qui peuvent être organisées par des moyens de communication audiovisuelle, les conditions dans lesquelles il peut être recouru à ces modalités techniques et les précautions à prendre pour garantir le bon déroulement de l'épreuve.

Art. D. 337-90 A chaque session, les candidats ne peuvent s'inscrire qu'en vue de l'obtention d'une seule spécialité de baccalauréat professionnel.

(Décr. nº 2012-197 du 8 févr. 2012, art. 2) « Par dérogation à l'alinéa précédent, les candidats titulaires d'un contrat d'apprentissage conclu en application de l'article L. 6222-5-1 du code du travail, ou d'un contrat de professionnalisation conclu en application de l'article L. 6325-4-1 du même code, peuvent s'inscrire en vue de l'obtention de deux spécialités de baccalauréat professionnel à la même session. »

Art. D. 337-91 Les sujets des épreuves sont choisis par le ministre chargé de l'éducation ou, par délégation de celui-ci, par les *(Décr. nº 2019-1558 du 30 déc. 2019, art. 9)* « recteurs d'académie ».

Pour les baccalauréats professionnels mentionnés au deuxième alinéa de l'article D. 337-53, les sujets des épreuves sont choisis par le ministre chargé de l'agriculture.

Pour les baccalauréats professionnels mentionnés au troisième alinéa de l'article D. 337-53, les sujets des épreuves sont choisis par le ministre chargé de *(Décr. nº 2009-145 du 10 févr. 2009, art. 20)* « la mer ».

Art. D. 337-92 Les candidats qui, pour une cause de force majeure dûment constatée, n'ont pu se présenter à tout ou partie des épreuves de la session organisée à la fin de l'année scolaire peuvent, sur l'autorisation du *(Décr. nº 2019-1558 du 30 déc. 2019, art. 9)* « recteur d'académie », se présenter aux épreuves de remplacement correspondantes organisées dans des centres interacadémiques désignés par le ministre chargé de l'éducation, à l'exception de l'épreuve d'éducation physique et sportive et des épreuves facultatives.

Art. D. 337-93 Le jury est nommé pour chaque session par arrêté du *(Décr. nº 2019-1558 du 30 déc. 2019, art. 9)* « recteur d'académie » pour chaque baccalauréat professionnel. Il est présidé par un enseignant-chercheur.

Le président du jury peut être assisté ou suppléé par des présidents adjoints choisis par le *(Décr. nº 2019-1558 du 30 déc. 2019, art. 9)* « recteur d'académie » parmi les professeurs agrégés et assimilés ou les membres de la profession intéressée ou parmi les professeurs du corps des professeurs de lycée professionnel et assimilés et les professeurs certifiés et assimilés.

Il est composé :

1° De professeurs appartenant à l'enseignement public et, sauf impossibilité, au moins d'un professeur appartenant à l'enseignement privé sous contrat ou exerçant en centre de formation d'apprentis ou en section d'apprentissage ;

2° Et, pour un tiers au moins, de membres de la profession intéressée par le diplôme, choisis en nombre égal parmi les employeurs et les salariés.

Si cette proportion n'est pas atteinte en raison de l'absence d'un ou de plusieurs de ses membres, le jury peut néanmoins délibérer valablement.

(Décr. n° 2009-145 du 10 févr. 2009, art. 21) « Le *(Décr. n° 2019-1558 du 30 déc. 2019, art. 9)* « recteur d'académie » peut nommer des examinateurs adjoints et des correcteurs adjoints pour participer, avec les membres des jurys, à l'évaluation ou à la correction de certaines épreuves, notamment de l'épreuve de contrôle prévue au 2° de l'article D. 337-69. Les examinateurs et correcteurs adjoints peuvent, le cas échéant, participer aux délibérations des jurys avec voix consultative pour l'attribution de notes se rapportant aux épreuves qu'ils ont évaluées ou corrigées. »

Pour les baccalauréats professionnels mentionnés au deuxième alinéa de l'article D. 337-53, le jury est nommé par le directeur régional de l'alimentation de l'agriculture et de la forêt. Il est présidé par un enseignant-chercheur. Les membres de ce jury peuvent être choisis parmi les enseignants des établissements d'enseignement relevant du ministre chargé de l'agriculture.

Pour les spécialités mentionnées au troisième alinéa de l'article D. 337-53, le jury est nommé par le *(Décr. n° 2009-145 du 10 févr. 2009, art. 21)* « ministre chargé de la mer ». Il est présidé par un enseignant-chercheur ou un professeur en chef ou général de l'enseignement maritime. Les membres de ce jury peuvent être choisis parmi les enseignants des établissements scolaires maritimes mentionnés à l'article R. 342-2.

Art. D. 337-93-1 *(Décr. n° 2014-314 du 10 mars 2014, art. 10)* A l'exception du président, les membres du jury, ainsi que les examinateurs adjoints ou correcteurs adjoints mentionnés à l'article D. 337-93 qui prennent part à ses délibérations peuvent participer aux réunions et délibérations par tous moyens de communication audiovisuelle permettant leur identification et garantissant leur participation effective selon des modalités précisées par arrêté du ministre chargé de l'éducation.

Art. D. 337-94 *(Décr. n° 2019-391 du 29 avr. 2019, art. 2)* « Au vu des procès-verbaux des jurys, le *(Décr. n° 2019-1558 du 30 déc. 2019, art. 9)* « recteur d'académie » délivre le diplôme du bac professionnel. En cas d'erreur matérielle, il apporte les rectifications nécessaires, après avis du président du jury. »

Pour les spécialités de baccalauréat professionnel mentionnées au deuxième alinéa de l'article D. 337-53, le diplôme est délivré conjointement par le recteur d'académie et le directeur régional de l'alimentation, de l'agriculture et de la forêt. Pour ces spécialités, le ministre chargé de l'agriculture ou le directeur régional *(Décr. n° 2009-145 du 10 févr. 2009, art. 22)* « de l'alimentation, » de l'agriculture et de la forêt sont substitués respectivement au ministre chargé de l'éducation et au recteur en ce qui concerne les articles D. 337-54, D. 337-57, D. 337-58, *(Décr. n° 2009-145 du 10 févr. 2009, art. 22)* « D. 337-59, » D. 337-62, D. 337-69, D. 337-71, D. 337-74, *(Décr. n° 2009-145 du 10 févr. 2009, art. 22)* « D. 337-78, *(Décr. n° 2016-771 du 10 juin 2016, art. 1er)* « D. 337-79, » D. 337-83, » D. 337-86, D. 337-87, D. 337-89 et D. 337-92.

Pour les spécialités mentionnées au troisième alinéa de l'article D. 337-53, le diplôme est délivré conjointement par le recteur d'académie et le directeur interrégional de la mer. Pour ces spécialités, le ministre chargé de *(Décr. n° 2009-145 du 10 févr. 2009, art. 22)* « la mer » ou le directeur interrégional de la mer sont substitués respectivement au ministre chargé de l'éducation et au recteur en ce qui concerne les articles D. 337-54, D. 337-57, D. 337-58, *(Décr. n° 2009-145 du 10 févr. 2009, art. 22)* « D. 337-59, » D. 337-62, D. 337-64, D. 337-69, D. 337-71, D. 337-74, D. 337-78, *(Décr. n° 2016-771 du 10 juin 2016, art. 1er)* « D. 337-79, » *(Décr. n° 2009-145 du 10 févr. 2009, art. 22)* « D. 337-83, » D. 337-86, D. 337-87, D. 337-89 et D. 337-92.

SOUS-SECTION 5 PROCÉDURE DISCIPLINAIRE APPLICABLE AUX CANDIDATS AU BACCALAURÉAT PROFESSIONNEL

(Décr. n° 2012-640 du 3 mai 2012, art. 4)

Art. D. 337-94-1 Les articles D. 334-25 à R. 334-35 sont applicables aux candidats au baccalauréat professionnel.

SECTION IV LE BREVET PROFESSIONNEL

SOUS-SECTION 1 DISPOSITIONS GÉNÉRALES

Art. D. 337-95 Le brevet professionnel est un diplôme national qui atteste l'acquisition d'une haute qualification dans l'exercice d'une activité professionnelle définie, à caractère industriel, artisanal, commercial, administratif ou social.

En outre, lorsque des dispositions législatives ou réglementaires le prévoient, il atteste l'aptitude du titulaire à exercer des fonctions réglementées ou son aptitude à la gestion d'une entreprise.

Le diplôme du brevet professionnel est délivré au titre d'une spécialité professionnelle. – *[Décr. n° 95-664 du 9 mai 1995, art. 1er.]*

Art. D. 337-96 Les spécialités de brevet professionnel sont créées par arrêté du ministre chargé de l'éducation, après avis des commissions professionnelles consultatives compétentes.

Pour chaque spécialité, cet arrêté établit le référentiel de certification ainsi que le règlement particulier qui fixe les conditions de délivrance de ce diplôme. – *[Décr. n° 95-664 du 9 mai 1995, art. 2.]*

Art. D. 337-97 Le référentiel de certification de chaque spécialité de brevet professionnel énumère les capacités, savoir-faire, compétences professionnelles, technologiques, générales et savoirs que les titulaires du diplôme doivent posséder, et détermine les niveaux d'exigence requis pour l'obtention du diplôme.

Le référentiel de certification est organisé en unités constituées d'un ensemble, cohérent au regard de la finalité du diplôme, de capacités, savoir-faire, compétences et savoirs. Certaines unités peuvent être communes à plusieurs diplômes. Il peut comporter des unités, dans la limite de trois, dont l'obtention est facultative.

(Décr. n° 2017-790 du 5 mai 2017, art. 1er) « Une unité correspond à un bloc de compétences mentionné au 1° du II de l'article L. 6323-6 du code du travail. »

Art. D. 337-98 Les modalités d'organisation de la formation conduisant au brevet professionnel sont précisées par arrêté du ministre chargé de l'éducation. – *[Décr. n° 95-664 du 9 mai 1995, art. 4.]*

SOUS-SECTION 2 MODALITÉS DE PRÉPARATION

Art. D. 337-99 Le brevet professionnel est préparé :

1° Soit par la voie de la formation professionnelle continue définie *(Décr. n° 2015-652 du 10 juin 2015, art. 11)* « au livre III de la sixième partie réglementaire » du code du travail ;

2° Soit par la voie de l'apprentissage définie *(Décr. n° 2015-652 du 10 juin 2015, art. 11)* « au livre II de la sixième partie réglementaire » du code du travail, dans des conditions précisées par arrêté du ministre chargé de l'éducation après avis des commissions professionnelles consultatives compétentes.

(Décr. n° 2019-907 du 30 août 2019, art. 7) « Le brevet professionnel peut également être préparé, dans les conditions fixées par arrêté du ministre chargé de l'éducation :

« 1° Dans des établissements d'enseignement à distance ;

« 2° Pour partie, dans des organismes de formation professionnelle à l'étranger, en particulier dans le cadre des programmes de l'Union européenne, sur la base d'une convention établie entre l'apprenant et les établissements d'enseignement et les entreprises en France et à l'étranger. »

Art. D. 337-100 Le brevet professionnel est délivré aux candidats remplissant les conditions de formation prévues à l'article D. 337-101 et les conditions de pratique professionnelle prévues à l'article D. 337-102 et qui ont satisfait aux exigences de l'examen dans les conditions définies à la sous-section 3. – *[Décr. nº 95-664 du 9 mai 1995, art. 6.]*

Art. D. 337-101 *(Décr. nº 2017-790 du 5 mai 2017, art. 2)* « Les candidats préparant le brevet professionnel par la voie de la formation professionnelle continue n'ont pas à justifier d'une durée minimum de formation. »

Les candidats préparant le brevet professionnel par la voie de l'apprentissage doivent justifier d'une formation en centre de formation d'apprentis d'une durée minimum de 400 heures par an fixée par chaque arrêté de spécialité *(Décr. nº 2020-624 du 22 mai 2020, art. 3)* « conformément aux dispositions prévues au cinquième alinéa de l'article L. 6211-2 du code du travail ».

(Décr. nº 2020-624 du 22 mai 2020, art. 3) « En cas de réduction de la durée du contrat d'apprentissage dans les conditions prévues au troisième alinéa de l'article L. 6222-7-1 du code du travail s'étendant entre six mois et deux ans, la durée de formation en centre de formation d'apprentis prévue au deuxième alinéa s'applique *prorata temporis*.

« Toutefois » *(Décr. nº 2012-1272 du 20 nov. 2012, art. 1er)* « les *(Décr. nº 2017-790 du 5 mai 2017, art. 2)* « candidats préparant le brevet professionnel par la voie de l'apprentissage qui sont titulaires d'une spécialité » de baccalauréat professionnel du même secteur professionnel que la spécialité de brevet professionnel postulée doivent justifier d'une formation *(Décr. nº 2020-624 du 22 mai 2020, art. 3)* « en centre de formation d'apprentis » d'une durée minimum de 240 heures. »

Art. D. 337-102 Les candidats doivent justifier d'une période d'activité professionnelle :

1º Soit de cinq années effectuées à temps plein ou à temps partiel dans un emploi en rapport avec la finalité du diplôme postulé ;

2º Soit, s'ils possèdent un diplôme ou titre homologué classé au niveau V ou à un niveau supérieur, figurant sur une liste arrêtée pour chaque spécialité par le ministre chargé de l'éducation, de deux années effectuées à temps plein ou à temps partiel dans un emploi en rapport avec la finalité du diplôme postulé.

Au titre de ces deux années peut être prise en compte la durée du contrat de travail de type particulier préparant au brevet professionnel, effectuée après l'obtention d'un diplôme ou titre de niveau V de la nomenclature interministérielle des niveaux de formation.

(Décr. nº 2012-1272 du 20 nov. 2012, art. 2) « La durée de deux années peut être réduite, sans pouvoir être inférieure à vingt mois, pour les candidats titulaires d'un contrat de travail de type particulier dont la durée effective est inférieure à deux ans au moment du passage de l'examen et qui ont bénéficié d'une formation en centre de 800 heures minimum.

« 3º Soit de six mois à un an pour les candidats titulaires d'une spécialité de baccalauréat professionnel du même secteur professionnel que la spécialité de brevet professionnel postulée. »

Art. D. 337-103 *et* D. 337-104 *Abrogés par Décr. nº 2017-790 du 5 mai 2017, art. 3.*

SOUS-SECTION 3 CONDITIONS DE DÉLIVRANCE

Art. D. 337-105 Le brevet professionnel est délivré au vu des résultats obtenus à un examen sanctionnant l'acquisition par le candidat des capacités, compétences, savoirs et savoir-faire constitutifs des unités prévues par le référentiel de certification de chaque spécialité du diplôme.

Tout candidat peut présenter à titre facultatif *(Décr. nº 2019-907 du 30 août 2019, art. 8)* « deux unités au maximum choisies » parmi celles proposées, le cas échéant, par le référentiel.

Art. D. 337-106 L'examen conduisant à la délivrance du diplôme peut prendre deux formes :

1º Une forme globale dans laquelle le candidat présente l'ensemble des unités constitutives du diplôme au cours d'une même session, sous réserve des dispositions du quatrième alinéa de l'article D. 337-114 ;

2° Une forme progressive dans laquelle le candidat choisit de ne présenter que certaines unités constitutives du diplôme au cours d'une même session. Dans ce cas, le règlement particulier du diplôme peut prévoir un ordre de présentation ou d'obtention des unités.

Les candidats doivent être inscrits en vue de l'obtention du diplôme. Les conditions de formation et de pratique professionnelle fixées aux articles D. 337-101 et D. 337-102 sont exigibles à la date à laquelle le candidat se présente à l'ensemble des unités constitutives du diplôme ou à la dernière unité ouvrant droit à la délivrance du diplôme. — *[Décr. n° 95-664 du 9 mai 1995, art. 12.]*

Art. D. 337-107 L'examen est constitué d'épreuves obligatoires. Il est organisé soit par combinaison entre épreuves ponctuelles et épreuves évaluées par contrôle en cours de formation conformément aux articles D. 337-111, R. 337-112 et D. 337-113, soit uniquement en épreuves ponctuelles. Il peut prendre en compte la formation en milieu professionnel ou les activités exercées en milieu professionnel, dans les conditions fixées aux articles D. 337-111 et R. 337-112.

(Décr. n° 2019-907 du 30 août 2019, art. 9) « La formation en milieu professionnel ou les activités exercées en milieu professionnel peuvent être réalisées pour partie dans le cadre d'une mobilité européenne ou internationale, en particulier dans le cadre des programmes de l'Union européenne, sur la base de la convention mentionnée à l'article D. 337-99. »

L'obtention d'une note supérieure ou égale à 10 sur 20 à une épreuve de l'examen donne lieu à la délivrance d'une ou de plusieurs unités. Les notes et unités correspondantes sont valables cinq ans à compter de leur date d'obtention.

(Décr. n° 2020-726 du 12 juin 2020, art. 9) « Les candidats qui, au terme du calcul de la moyenne conditionnant la délivrance du diplôme, échouent à l'examen et les candidats ayant choisi la forme progressive de l'examen dans les conditions prévues à l'article D. 337-115 qui n'obtiennent pas cette moyenne, reçoivent une attestation reconnaissant l'acquisition de blocs de compétences correspondant aux unités auxquelles ils ont obtenu une note égale ou supérieure à 10 sur 20. Cette attestation est délivrée par le recteur d'académie. »

Art. D. 337-108 Dans les conditions fixées par un arrêté du ministre chargé de l'éducation, les candidats titulaires de certains titres ou diplômes français peuvent être dispensés de l'obtention d'une ou plusieurs unités constitutives d'un brevet professionnel. Cet arrêté peut également prévoir qu'une dispense peut être accordée aux candidats justifiant de l'obtention de certaines unités ou *(Décr. n° 2017-790 du 5 mai 2017, art. 5)* « justifiant du bénéfice de notes obtenues à certaines épreuves » d'un diplôme dans la limite de leur validité.

(Décr. n° 2017-790 du 5 mai 2017, art. 5) « Au-delà de la durée de cinq ans pendant laquelle ils peuvent demander, dans les conditions prévues à l'article D. 337-107, à conserver les notes obtenues, les candidats titulaires de l'attestation reconnaissant l'acquisition de compétences *(Décr. n° 2020-726 du 12 juin 2020, art. 10)* « mentionnée au même article » peuvent être dispensés à leur demande, de l'obtention de l'unité constitutive du brevet professionnel correspondante, sous réserve du maintien de l'unité dans le règlement d'examen de la spécialité du diplôme. En cas de modification de celle-ci, il est tenu compte d'un tableau de correspondance entre anciennes et nouvelles unités. »

(Décr. n° 2020-726 du 12 juin 2020, art. 10) « Les candidats titulaires, au titre de la validation des acquis de l'expérience, de l'attestation mentionnée à l'article D. 337-109 peuvent être dispensés de l'unité, à leur demande et sous réserve de son maintien dans le règlement d'examen de la spécialité du diplôme. En cas de modification de celle-ci, il est tenu compte d'un tableau de correspondance entre anciennes et nouvelles unités.

« Les candidats titulaires de l'attestation mentionnée aux deux précédents alinéas, lorsqu'elle porte sur des unités communes à plusieurs spécialités du diplôme, peuvent être dispensés de ces unités, s'ils se présentent à une autre spécialité du diplôme. Un arrêté du ministre de l'éducation précise les unités communes concernées. »

Dans des conditions fixées par arrêté du même ministre, des dispenses d'unités peuvent également être accordées à des candidats titulaires de diplômes étrangers.

Art. D. 337-109 Lorsqu'un candidat au brevet professionnel justifie de dispenses au titre de la validation des acquis de l'expérience conformément aux articles R. 335-5 à R. 335-11, l'appréciation du jury de validation des acquis de l'expérience est transmise au jury de délivrance du diplôme.

(Décr. nº 2020-726 du 12 juin 2020, art. 11) « Les candidats qui n'ont validé, au titre de la validation des acquis de l'expérience, qu'une partie des unités du diplôme reçoivent une attestation reconnaissant l'acquisition des blocs de compétences correspondant aux unités validées. Cette attestation est délivrée par le recteur d'académie. »

Art. D. 337-110 Les dispenses accordées au titre des articles D. 337-108 et D. 337-109 peuvent porter sur la totalité des épreuves ou unités du diplôme. – *[Décr. nº 95-664 du 9 mai 1995, art. 16.]*

Art. D. 337-111 Les candidats ayant préparé un brevet professionnel, soit par la voie de la formation professionnelle continue dans un établissement public, *(Décr. nº 2021-940 du 15 juill. 2021, art. 6)* « soit par la voie de l'apprentissage dans un centre de formation d'apprentis porté par un établissement public local d'enseignement, par un groupement d'établissements (GRETA) ou par un groupement d'intérêt public "formation continue et insertion professionnelle" (GIP-FCIP), lorsque la formation se déroule en totalité dans ces structures, dans un centre de formation d'apprentis relevant du ministère chargé de la mer, ou dans un centre de formation d'apprentis habilité », passent l'examen en épreuves ponctuelles et en épreuves évaluées par contrôle en cours de formation.

L'évaluation des épreuves ponctuelles peut, pour partie, prendre en compte les résultats des travaux réalisés au cours de la formation, dans les conditions fixées par le règlement particulier du diplôme.

Les candidats préparant le diplôme par la voie de la formation professionnelle continue dans un établissement public habilité peuvent être évalués, pour l'ensemble des épreuves ou unités de l'examen, par contrôle en cours de formation. La demande d'habilitation de l'établissement précise s'il s'agit d'une évaluation par contrôle en cours de formation donnant lieu ou non à notation.

Art. R. 337-112 Les habilitations prévues aux premier et troisième alinéas de l'article D. 337-111 sont réputées acquises si, dans un délai de trois mois, aucune décision de refus n'a été notifiée aux intéressés. Les conditions relatives à l'octroi et au retrait de ces habilitations sont précisées par arrêté du ministre chargé de l'éducation. – *[Décr. nº 95-664 du 9 mai 1995, art. 17, al. 4.]*

Art. D. 337-113 Les candidats ayant préparé le brevet professionnel par la voie de la formation continue dans un établissement privé ou par la voie de l'apprentissage dans un centre de formation d'apprentis *(Abrogé par Décr. nº 2021-940 du 15 juill. 2021, art. 7)* ***« ou dans une section d'apprentissage »*** non *(Décr. nº 2021-940 du 15 juill. 2021, art. 7)* « habilité » ainsi que les candidats ayant suivi la préparation par la voie de l'enseignement à distance, quel que soit leur statut, présentent l'examen intégralement sous forme d'épreuves ponctuelles.

Art. D. 337-114 Les candidats ayant préparé le brevet professionnel par la voie de l'apprentissage présentent obligatoirement l'examen sous la forme globale à l'issue de leur formation, sauf dérogation qui peut être accordée par le *(Décr. nº 2019-1558 du 30 déc. 2019, art. 9)* « recteur d'académie » pour les candidats dont la durée de formation a été réduite ou allongée dans les conditions prévues par le code du travail.

Le diplôme est délivré aux candidats qui ont présenté l'ensemble des unités constitutives du diplôme, à l'exception de celles dont ils ont été dispensés dans les conditions fixées aux articles D. 337-108 et D. 337-109 et qui ont obtenu une moyenne générale supérieure ou égale à 10 sur 20 à l'ensemble des évaluations affectées de leur coefficient.

Les points excédant 10 sur 20 obtenus à l'issue de l'épreuve facultative sont pris en compte pour le calcul de la moyenne générale en vue de l'attribution du diplôme.

Les candidats ajournés à l'examen sont tenus, lorsqu'ils tentent à nouveau d'obtenir le diplôme considéré par la même voie, de le représenter sous la forme globale. Dans ce cas, ils conservent à leur demande et dans les conditions précisées à l'article

D. 337-107 le bénéfice des notes obtenues lorsqu'elles sont supérieures ou égales à 10 sur 20 et présentent alors l'ensemble des unités non détenues.

Le calcul de la moyenne générale s'effectue sur la base des notes conservées et des notes obtenues aux évaluations à nouveau subies.

Art. D. 337-115 Les candidats ayant préparé le brevet professionnel par la voie de la formation professionnelle continue et les candidats de l'enseignement à distance, quel que soit leur statut, optent soit pour la forme d'examen globale, soit pour la forme d'examen progressive au moment de leur inscription à l'examen. Le choix de l'une ou l'autre de ces modalités est définitif.

Les candidats ayant opté pour la forme globale relèvent des modalités de délivrance du diplôme définies à l'article D. 337-114.

Les candidats ayant opté pour la forme progressive relèvent des modalités de délivrance du diplôme précisées ci-après.

Les notes supérieures ou égales à 10 sur 20 sont, à la demande des candidats et dans les conditions précisées à l'article D. 337-107, conservées en vue des sessions ultérieures.

Les notes inférieures à 10 sur 20 peuvent, à chaque session et au choix des candidats, soit être conservées et reportées dans la limite de cinq ans, soit donner lieu à une nouvelle évaluation. Dans ce dernier cas, c'est la dernière note obtenue qui est prise en compte.

Le calcul de la moyenne générale s'effectue sur la base des notes conservées et des notes obtenues aux évaluations à nouveau subies.

Les points excédant 10 sur 20 obtenus à l'épreuve facultative sont pris en compte pour le calcul de la moyenne générale en vue de l'attribution du diplôme.

Le brevet professionnel est délivré aux candidats qui ont présenté l'ensemble des unités constitutives du diplôme, à l'exception de celles dont ils ont été dispensés dans les conditions fixées aux articles D. 337-108 et D. 337-109 et qui ont obtenu une moyenne générale supérieure ou égale à 10 sur 20 à l'ensemble des évaluations affectées de leur coefficient.

*(Abrogé par Décr. n° 2020-726 du 12 juin 2020, art. 12, à compter du 1er janv. 2025) (Décr. n° 2017-790 du 5 mai 2017, art. 7) « **Quelle que soit la forme d'examen choisie, les candidats préparant le brevet professionnel par la voie de la formation professionnelle continue ou dans le cadre de la validation des acquis de l'expérience reçoivent, pour les unités du diplôme préparé qui ont fait l'objet, au titre de la session en cours ou dans les cinq années précédentes, d'une note égale ou supérieure à 10 sur 20 ou d'une validation des acquis de l'expérience, y compris si elles ont été obtenues par la voie de l'apprentissage, une attestation délivrée par le** (Décr. n° 2019-1558 du 30 déc. 2019, art. 9) « **recteur d'académie** » **reconnaissant l'acquisition des compétences constitutives de cette unité du diplôme.** »*

Lorsque, pour les candidats mentionnés au troisième alinéa de l'article D. 337-111, les résultats des évaluations par contrôle en cours de formation ne donnent pas lieu à notation, le brevet professionnel est délivré à ceux qui ont présenté l'ensemble des unités constitutives du diplôme, à l'exception de celles dont ils ont été dispensés dans les conditions fixées aux articles D. 337-108 et D. 337-109, et que le jury a déclaré admis après avoir, compte tenu du règlement particulier du diplôme, apprécié globalement les résultats obtenus aux différentes unités.

Art. D. 337-116 *(Décr. n° 2019-391 du 29 avr. 2019, art. 3)* Lorsqu'un candidat est déclaré absent à une épreuve, le diplôme du brevet professionnel ne peut lui être délivré.

Toutefois, l'absence justifiée donne lieu à l'attribution de la note zéro à chaque épreuve manquée et le diplôme peut être délivré si les conditions prévues à l'article D. 337-114 sont remplies.

Dans le cas où le diplôme ne peut être délivré au candidat, celui-ci peut se présenter, sur autorisation du *(Décr. n° 2019-1558 du 30 déc. 2019, art. 9)* « recteur d'académie », à l'épreuve ou aux épreuves de remplacement, organisées par le *(Décr. n° 2019-1558 du 30 déc. 2019, art. 9)* « recteur d'académie » au sein d'une académie ou d'un groupement d'académies.

Les épreuves facultatives du brevet professionnel ne donnent pas lieu à l'organisation d'épreuves de remplacement.

Art. D. 337-117 Le règlement particulier de chaque brevet professionnel fixe, notamment, la liste, la nature et le coefficient des différentes évaluations sanctionnant l'acquisition de ces unités et, lorsqu'il s'agit d'épreuves ponctuelles, leur durée. Il précise les modalités du contrôle en cours de formation prévu aux articles D. 337-111 et R. 337-112. – *[Décr. n° 95-664 du 9 mai 1995, art. 22.]*

Art. D. 337-118 Les résultats définitifs des évaluations résultent de la délibération du jury qui est souverain. Aucun candidat ayant fourni un livret de formation ne peut être ajourné sans que le jury ait examiné ce livret. La mention de cet examen est portée au livret de formation sous la signature du président du jury. – *[Décr. n° 95-664 du 9 mai 1995, art. 23.]*

SOUS-SECTION 4 **ORGANISATION DES EXAMENS**

Art. D. 337-119 Les sessions d'examens du brevet professionnel sont organisées à l'initiative du *(Décr. n° 2019-1558 du 30 déc. 2019, art. 9)* « recteur d'académie » dans le cadre de l'académie. Elles peuvent l'être dans le cadre d'un groupement d'académies ou dans un cadre national, sous l'autorité des *(Décr. n° 2019-1558 du 30 déc. 2019, art. 9)* « recteurs d'académie » concernés.

Art. D. 337-119-1 *(Décr. n° 2015-520 du 11 mai 2015, art. 5)* Des épreuves ou parties d'épreuve des différentes spécialités de brevet professionnel peuvent, lorsque les circonstances le justifient, être organisées par des moyens de communication audiovisuelle pour la totalité des candidats ou pour une partie d'entre eux, sous réserve que le recours à cette technique permette d'assurer, tout au long de l'épreuve :

1° L'identité du candidat qui subit l'épreuve ;

2° La présence dans la salle où se déroule l'épreuve des seules personnes autorisées. Un arrêté du ministre chargé de l'éducation détermine les épreuves qui peuvent être organisées par des moyens de communication audiovisuelle, les conditions dans lesquelles il peut être recouru à ces modalités techniques et les précautions à prendre pour garantir le bon déroulement de l'épreuve.

Art. D. 337-120 Pour chaque session d'examen du brevet professionnel, les sujets, le calendrier des épreuves et des réunions de jury sont fixés par le ou les *(Décr. n° 2019-1558 du 30 déc. 2019, art. 9)* « recteurs d'académie » concernés.

Un inspecteur de l'éducation nationale est chargé de veiller à l'organisation des examens et à leur bon déroulement.

Art. D. 337-121 A chaque session, les candidats ne peuvent s'inscrire qu'en vue de l'obtention d'un seul brevet professionnel. – *[Décr. n° 95-664 du 9 mai 1995, art. 26.]*

Art. D. 337-122 Le brevet professionnel est attribué après délibération du jury. Pour chaque session, les jurys sont constitués dans un cadre académique ou interacadémique, par décision du ou des *(Décr. n° 2019-1558 du 30 déc. 2019, art. 9)* « recteurs d'académie » concernés.

Art. D. 337-123 Le jury du brevet professionnel est nommé pour chaque session par arrêté du *(Décr. n° 2019-1558 du 30 déc. 2019, art. 9)* « recteur d'académie ».

Il est présidé par un *(Décr. n° 2020-1677 du 23 déc. 2020, art. 1er)* « inspecteur général de l'éducation, du sport et de la recherche » ou par un inspecteur de l'éducation nationale. En cas d'indisponibilité de ces derniers, un vice-président est désigné parmi les *(Décr. n° 2017-960 du 10 mai 2017, art. 5)* « personnalités qualifiées de la profession membres du jury ».

Il est composé à parité :

1° De professeurs des établissements d'enseignement public et d'enseignement privé ou, le cas échéant, d'enseignants exerçant en centres de formation d'apprentis ou en sections d'apprentissage ;

2° De personnalités qualifiées de la profession choisies en nombre égal parmi les employeurs et les salariés.

Si cette parité n'est pas atteinte en raison de l'absence d'un ou plusieurs de ses membres, le jury peut néanmoins délibérer valablement.

Art. D. 337-123-1 *(Décr. n° 2015-520 du 11 mai 2015, art. 6)* A l'exception du président, les membres du jury, mentionnés à l'article D. 337-123, peuvent participer aux réunions et délibérations par tous moyens de communication audiovisuelle permettant leur identification et garantissant leur participation effective selon des modalités précisées par arrêté du ministre chargé de l'éducation.

Art. D. 337-124 *(Décr. n° 2019-391 du 29 avr. 2019, art. 4)* Au vu des procès-verbaux des jurys, le *(Décr. n° 2019-1558 du 30 déc. 2019, art. 9)* « recteur d'académie » délivre le diplôme du brevet professionnel. En cas d'erreur matérielle, il apporte les rectifications nécessaires, après avis du président de jury.

SECTION V LE DIPLÔME NATIONAL DU BREVET DES MÉTIERS D'ART

(Décr. n° 2011-1029 du 26 août 2011, art. 1er)

SOUS-SECTION 1 DÉFINITION DU DIPLÔME

Art. D. 337-125 Le brevet des métiers d'art est un diplôme national délivré dans les conditions fixées par les articles D. 337-126 à D. 337-138.

Il atteste que son titulaire est apte à promouvoir l'innovation, à conserver et transmettre les techniques traditionnelles dans le secteur professionnel concerné.

Il est enregistré dans le répertoire national des certifications professionnelles et classé au niveau IV de la nomenclature interministérielle des niveaux de formation.

Le diplôme du brevet des métiers d'art est délivré au titre d'une spécialité professionnelle.

Les compétences professionnelles, technologiques, artistiques et générales requises pour l'obtention de ce brevet sont définies par des référentiels.

Art. D. 337-126 Les spécialités de brevet des métiers d'art sont créées par un arrêté du ministre chargé de l'éducation, après avis des commissions professionnelles consultatives compétentes.

Pour chaque spécialité de brevet des métiers d'art, l'arrêté portant création établit le référentiel des activités professionnelles, le référentiel de certification ainsi que le règlement particulier qui fixe les conditions de délivrance de ce diplôme.

Le référentiel des activités professionnelles décrit les activités et les tâches susceptibles d'être exercées par le titulaire du diplôme.

Le référentiel de certification énumère les compétences et les connaissances ainsi que les niveaux d'exigence requis pour l'obtention du diplôme. Il les regroupe en unités qui peuvent être communes à plusieurs spécialités de brevets des métiers d'art.

(Décr. n° 2017-790 du 5 mai 2017, art. 8) « Une unité correspond à un bloc de compétences mentionné au 1° du II de l'article L. 6323-6 du code du travail. »

Le règlement d'examen du diplôme fixe la liste des épreuves, ainsi que leur coefficient et leurs modalités d'évaluation.

SOUS-SECTION 2 MODALITÉS DE PRÉPARATION

Art. D. 337-127 Le brevet des métiers d'art est préparé :

1° Soit par la voie scolaire dans les lycées ou dans les établissements d'enseignement technique privés mentionnés au chapitre III du titre IV du livre IV du code de l'éducation ;

2° Soit par la voie de l'apprentissage définie au livre II de la sixième partie du code du travail ;

3° Soit par la voie de la formation professionnelle continue définie au livre III de la sixième partie du code du travail.

Le brevet des métiers d'art peut également être préparé dans des établissements d'enseignement à distance *(Décr. n° 2019-907 du 30 août 2019, art. 10)* « ou, pour partie, dans des organismes de formation professionnelle à l'étranger, en particulier dans le cadre des programmes de l'Union européenne, sur la base d'une convention établie entre l'apprenant et les établissements d'enseignement et les entreprises en France et à l'étranger ».

Sont admis en formation au brevet des métiers d'art au titre des 1° et 2° du présent article les candidats titulaires d'un diplôme ou titre du même secteur professionnel enregistré dans le répertoire national des certifications professionnelles et classé au niveau V de la nomenclature interministérielle des niveaux de formation.

L'arrêté mentionné à l'article D. 337-126 précise, pour chaque spécialité de brevet des métiers d'art, les autres titres ou diplômes qui permettent d'accéder à la formation.

Art. D. 337-128 Sur décision du *(Décr. nº 2019-1558 du 30 déc. 2019, art. 9)* « recteur d'académie » prise après avis de l'équipe pédagogique de la classe de l'établissement d'accueil, peuvent également être admis en formation, sous statut scolaire, les candidats qui ne relèvent pas du sixième alinéa de l'article D. 337-127.

Pour ces candidats, l'admission en formation relève d'une décision de positionnement prononcée par le *(Décr. nº 2019-1558 du 30 déc. 2019, art. 9)* « recteur d'académie ». Cette décision peut avoir pour effet de réduire ou d'allonger la durée du cycle fixée à l'article D. 337-129.

La décision de positionnement prend en compte les études suivies en France ou à l'étranger, les titres ou diplômes français ou étrangers possédés, les compétences professionnelles que les candidats peuvent faire valoir ainsi que les dispenses d'unités dont ils bénéficient.

Art. D. 337-128-1 Les candidats à l'admission dans le cycle d'études par la voie scolaire déposent un dossier auprès de l'établissement dans lequel ils souhaitent s'inscrire. Ce dossier comporte les résultats scolaires des deux dernières années et, si l'établissement le juge nécessaire, des travaux personnels.

Le dossier est soumis à l'appréciation d'une commission présidée par le chef de l'établissement ou son représentant et composée de professeurs enseignant dans ce cycle d'études et *(Décr. nº 2017-960 du 10 mai 2017, art. 6)* « d'une personnalité qualifiée de la profession ».

La décision d'admission est prononcée par le chef d'établissement sur proposition de la commission.

Art. D. 337-129 La durée du cycle d'études est de deux ans pour les candidats relevant du 1º de l'article D. 337-127.

Le volume horaire de la *(Décr. nº 2017-790 du 5 mai 2017, art. 9)* « formation scolaire dispensée » dans les établissements publics ou privés sous contrat est fixé par l'arrêté prévu à l'article D. 337-126 et ne peut être inférieur à 1 680 heures.

La durée de formation nécessaire à la préparation du brevet des métiers d'art par la voie de l'apprentissage, dispensée en centre de formation d'apprentis pour les candidats relevant du 2º de l'article D. 337-127, est au moins égale à 1 350 heures *(Décr. nº 2020-624 du 22 mai 2020, art. 4)* « conformément aux dispositions prévues au cinquième alinéa de l'article L. 6211-2 du code du travail.

« En cas de réduction de la durée du contrat d'apprentissage à un an, dans les conditions prévues au troisième alinéa de l'article L. 6222-7-1 du code du travail, cette durée de formation en centre de formation d'apprentis ne peut être inférieure à 675 heures.

« En cas de réduction de la durée de contrat d'apprentissage s'étendant entre six mois et deux ans, la durée de formation en centre de formation d'apprentis prévue pour le cas de réduction de la durée du contrat à un an s'applique *prorata temporis*. »

(Décr. nº 2017-790 du 5 mai 2017, art. 9) « Hormis la période de formation en milieu professionnel, aucune durée minimum de formation n'est exigée des candidats préparant le brevet des métiers d'art par la voie de la formation professionnelle continue. »

Art. D. 337-130 La formation conduisant au brevet des métiers d'art comporte des périodes de formation en milieu professionnel comprises entre douze et seize semaines, dont la durée est fixée par l'arrêté prévu à l'article D. 337-126. Ces périodes sont organisées sous la responsabilité des établissements de formation. *(Décr. nº 2019-907 du 30 août 2019, art. 11)* « Une partie de ces périodes peut être réalisée dans le cadre de la mobilité européenne ou internationale, sur la base de la convention mentionnée à l'article D. 337-127. »

(Décr. nº 2017-790 du 5 mai 2017, art. 10) « Les candidats peuvent bénéficier d'une décision de positionnement prise par le *(Décr. nº 2019-1558 du 30 déc. 2019, art. 9)* « recteur d'académie », qui a pour effet de réduire la durée des périodes de formation en milieu professionnel dans les conditions fixées par le règlement particulier de chaque spécialité. »

Pour les candidats préparant l'examen par la voie scolaire, cette durée ne peut être inférieure à la moitié de la durée précisée par l'arrêté de spécialité.

Art. D. 337-131 Pour se présenter à l'examen du brevet des métiers d'art, les candidats doivent :

1° Soit justifier de la formation prévue aux articles D. 337-129 et D. 337-130 ;

2° Soit avoir accompli trois années d'activités professionnelles dans un domaine professionnel en rapport avec la spécialité de brevet des métiers d'art postulée et posséder un diplôme ou titre du même secteur professionnel enregistré dans le répertoire national des certifications professionnelles, classé au niveau V de la nomenclature interministérielle des niveaux de formation.

Ils doivent être inscrits en vue de l'obtention du diplôme.

SOUS-SECTION 3 CONDITIONS DE DÉLIVRANCE

Art. D. 337-132 Le brevet des métiers d'art est obtenu par le succès à un examen ou par la validation des acquis de l'expérience en application de l'article L. 335-5 du code de l'éducation et dans les conditions fixées par les articles R. 335-5 à R. 335-11. *(Décr. n° 2020-726 du 12 juin 2020, art. 13)* « Les candidats qui n'obtiennent qu'une validation partielle reçoivent une attestation reconnaissant l'acquisition des blocs de compétences correspondant aux unités qu'ils ont validées. Cette attestation est délivrée par le recteur d'académie. »

L'examen du brevet des métiers d'art comporte *(Décr. n° 2017-790 du 5 mai 2017, art. 11)* « des » épreuves obligatoires et, le cas échéant, *(Décr. n° 2019-907 du 30 août 2019, art. 12)* « deux épreuves facultatives au maximum ».

A chaque épreuve correspond une unité.

Une épreuve prend en compte la présentation d'un projet ayant un caractère de synthèse significatif de la vocation du brevet des métiers d'art considéré.

Pour les candidats préparant le diplôme soit par la voie scolaire dans un établissement public ou privé sous contrat, *(Décr. n° 2021-940 du 15 juill. 2021, art. 8)* « soit par la voie de l'apprentissage dans un centre de formation d'apprentis porté par un établissement public local d'enseignement, par un groupement d'établissements (GRETA) ou par un groupement d'intérêt public "formation continue et insertion professionnelle" (GIP-FCIP), lorsque la formation se déroule en totalité dans ces structures, dans un centre de formation d'apprentis relevant du ministère chargé de la mer, ou un centre de formation d'apprentis habilité », soit par la voie de la formation professionnelle continue dans un établissement public, l'évaluation a lieu sous la forme d'un contrôle en cours de formation pour trois épreuves au moins et sous forme ponctuelle terminale pour les autres.

Pour les candidats préparant le diplôme soit par la voie scolaire dans un établissement privé hors contrat, soit par la voie de l'apprentissage dans un centre de formation d'apprentis *(Abrogé par Décr. n° 2021-940 du 15 juill. 2021, art. 8)* « ***ou une section d'apprentissage*** » non *(Décr. n° 2021-940 du 15 juill. 2021, art. 8)* « habilité », soit par la voie de la formation professionnelle continue dans un établissement privé, l'évaluation a lieu intégralement sous la forme ponctuelle terminale.

Pour les candidats mentionnés au 2° de l'article D. 337-131, l'évaluation a lieu intégralement sous la forme ponctuelle.

Les conditions d'habilitation des centres de formation d'apprentis *(Abrogé par Décr. n° 2021-940 du 15 juill. 2021, art. 8)* « ***, ou des sections d'apprentissage et des établissements publics de formation professionnelle continue*** », à pratiquer le contrôle en cours de formation sont fixées par arrêté du ministre chargé de l'éducation.

En application de l'art. L. 231-5 CRPA, le silence gardé pendant 2 mois par l'administration vaut décision de rejet pour une demande d'habilitation d'un établissement à pratiquer le contrôle en cours de formation pour le diplôme du brevet des métiers d'art (Décr. n° 2014-1274 du 23 oct. 2014, art. 1er).

Art. D. 337-133 Dans les conditions fixées par chaque arrêté de création, les candidats titulaires de certains titres ou diplômes français ou étrangers peuvent être dispensés *(Décr. n° 2017-790 du 5 mai 2017, art. 12)* « d'une ou plusieurs épreuves ».

(Décr. n° 2017-790 du 5 mai 2017, art. 12) « Au-delà de la durée de cinq ans pendant laquelle ils peuvent demander, dans les conditions prévues à l'article D. 337-135,

à conserver les notes obtenues, les candidats titulaires de l'attestation reconnaissant l'acquisition de compétences *(Décr. n° 2020-726 du 12 juin 2020, art. 14)* « mentionnée au même article » peuvent être dispensés à leur demande, de l'obtention de l'unité constitutive du brevet des métiers d'art correspondante, sous réserve du maintien de l'unité dans le règlement d'examen de la spécialité du diplôme. En cas de modification de celle-ci, il est tenu compte d'un tableau de correspondance entre anciennes et nouvelles unités ».

(Décr. n° 2020-726 du 12 juin 2020, art. 14) « Les candidats titulaires, au titre de la validation des acquis de l'expérience, de l'attestation mentionnée à l'article D. 337-132 peuvent être dispensés de l'unité, à leur demande et sous réserve de son maintien dans le règlement d'examen de la spécialité du diplôme. En cas de modification de celle-ci, il est tenu compte d'un tableau de correspondance entre anciennes et nouvelles unités.

« Les candidats titulaires de l'attestation mentionnée aux deux précédents alinéas, lorsqu'elle porte sur des unités communes à plusieurs spécialités du diplôme, peuvent être dispensés de ces unités, à leur demande, s'ils se présentent à une autre spécialité du diplôme. Un arrêté du ministre de l'éducation précise les unités communes concernées. »

Les *(Décr. n° 2017-790 du 5 mai 2017, art. 12)* « candidats mentionnés au 3° de l'article D. 337-127 » et au 2° de l'article D. 337-131 peuvent être dispensés, sur leur demande, de l'épreuve d'éducation physique et sportive du brevet des métiers d'art.

Lorsqu'un candidat est déclaré absent à une ou plusieurs épreuves, le diplôme ne peut lui être délivré.

L'absence justifiée à une ou plusieurs *(Décr. n° 2017-790 du 5 mai 2017, art. 12)* « épreuves » donne lieu à l'attribution de la note zéro à l'*(Décr. n° 2017-790 du 5 mai 2017, art. 12)* « épreuve » ou aux *(Décr. n° 2017-790 du 5 mai 2017, art. 12)* « épreuves » concernées et le diplôme peut être délivré si les conditions prévues au premier alinéa du présent article sont remplies. Dans le cas où le diplôme ne peut être délivré au candidat, celui-ci se présente à des épreuves de remplacement, dans les conditions fixées à l'article D. 337-137.

Art. D. 337-134 Les éléments d'appréciation dont dispose le jury du brevet des métiers d'art sont :

1° Les résultats obtenus par les candidats aux épreuves prévues à l'article D. 337-132 ;

2° Le cas échéant, le livret scolaire ou de formation des candidats.

Aucun candidat ayant fourni un livret scolaire ou de formation ne peut être ajourné sans que le jury ait examiné celui-ci. La mention de cet examen est portée au livret scolaire ou de formation sous la signature du président du jury.

Le brevet des métiers d'art est délivré aux candidats ayant obtenu une moyenne égale ou supérieure à 10 sur 20, d'une part, à l'épreuve évaluant la pratique professionnelle, d'autre part, à l'ensemble des épreuves constitutives du diplôme.

Les points excédant 10 sur 20 obtenus à l'épreuve facultative sont pris en compte pour le calcul de la moyenne générale.

(Abrogé par Décr. n° 2020-726 du 12 juin 2020, art. 15, à compter du 1er janv. 2025) (Décr. n° 2017-790 du 5 mai 2017, art. 13) « ***Les candidats préparant le brevet des métiers d'art par la voie de la formation professionnelle continue ou dans le cadre de la validation des acquis de l'expérience reçoivent, pour les unités du diplôme préparé qui ont fait l'objet, au titre de la session en cours ou dans les cinq années précédentes, d'une note égale ou supérieure à 10 sur 20 ou d'une validation des acquis de l'expérience, y compris si elles ont été obtenues par la voie scolaire ou par la voie de l'apprentissage, une attestation délivrée par le*** *(Décr. n° 2019-1558 du 30 déc. 2019, art. 9)* « ***recteur d'académie*** » ***reconnaissant l'acquisition des compétences constitutives de cette unité du diplôme.*** »

Art. D. 337-135 Les candidats ajournés à l'examen conservent, pendant cinq ans à compter de leur date d'obtention et, à leur demande, le bénéfice des notes obtenues supérieures ou égales à 10 sur 20, en vue de sessions ultérieures.

Le calcul de la moyenne générale s'effectue sur la base des notes conservées et des notes obtenues aux évaluations à nouveau présentées, les points excédant 10 obtenus à l'épreuve facultative étant pris en compte dans le calcul.

(*Décr. n° 2020-726 du 12 juin 2020, art. 16*) « Les candidats qui, au terme du calcul de la moyenne conditionnant la délivrance du diplôme, échouent à l'examen reçoivent une attestation reconnaissant l'acquisition de blocs de compétences correspondant aux unités auxquelles ils ont obtenu une note égale ou supérieure à 10 sur 20. Cette attestation est délivrée par le recteur d'académie. »

Art. D. 337-136 Le diplôme du brevet des métiers d'art délivré au candidat porte les mentions :

1° Assez bien, quand le candidat a obtenu une moyenne au moins égale à 12 et inférieure à 14 ;

2° Bien, quand le candidat a obtenu une moyenne au moins égale à 14 et inférieure à 16 ;

3° Très bien, quand le candidat a obtenu une moyenne égale ou supérieure à 16.

A l'issue de l'évaluation spécifique définie par un arrêté du ministre chargé de l'éducation, et dans les conditions fixées par cet arrêté, le diplôme délivré aux candidats peut comporter l'indication "section européenne".

(*Décr. n° 2017-793 du 5 mai 2017, art. 1er*) « Le candidat, au moment de son inscription à l'examen, peut choisir de substituer l'évaluation spécifique à l'épreuve facultative de langue vivante. Dans ce cas, les points supérieurs à 10 sur 20 obtenus à l'évaluation spécifique sont pris en compte pour le calcul de la moyenne générale en vue de l'obtention du diplôme et de l'attribution d'une mention. Ce bénéfice de points est valable cinq ans. »

SOUS-SECTION 4 ORGANISATION DE L'EXAMEN

Art. D. 337-137 Une session d'examen du brevet des métiers d'art est organisée chaque année scolaire, dans le cadre d'une académie ou d'un groupement d'académies, selon les modalités fixées par le ministre chargé de l'éducation.

Les sujets des épreuves sont choisis par le ministre chargé de l'éducation ou, par délégation de celui-ci, par les (*Décr. n° 2019-1558 du 30 déc. 2019, art. 9*) « recteurs d'académie ».

Sur autorisation du (*Décr. n° 2019-1558 du 30 déc. 2019, art. 9*) « recteur d'académie », les épreuves de remplacement sont organisées pour les candidats mentionnés au quatrième alinéa de l'article D. 337-133 au sein d'une académie ou d'un groupement d'académies.

Art. D. 337-137-1 (*Décr. n° 2015-520 du 11 mai 2015, art. 7*) Des épreuves des différentes spécialités de brevet des métiers d'art peuvent, lorsque les circonstances le justifient, être organisées par des moyens de communication audiovisuelle pour la totalité des candidats ou pour une partie d'entre eux, sous réserve que le recours à cette technique permette d'assurer, tout au long de l'épreuve :

1° L'identité du candidat qui subit l'épreuve ;

2° La présence dans la salle où se déroule l'épreuve des seules personnes autorisées.

Un arrêté du ministre chargé de l'éducation détermine les épreuves qui peuvent être organisées par des moyens de communication audiovisuelle, les conditions dans lesquelles il peut être recouru à ces modalités techniques et les précautions à prendre pour garantir le bon déroulement de l'épreuve.

Art. D. 337-138 Les résultats définitifs des évaluations résultent de la délibération du jury souverain.

Le jury est nommé pour chaque session par le (*Décr. n° 2019-1558 du 30 déc. 2019, art. 9*) « recteur d'académie ». Il est présidé par celui-ci ou son représentant. Le président du jury est assisté ou suppléé par un président adjoint choisi parmi les membres de la profession considérée.

Il est composé à parité :

1° De professeurs de l'enseignement public et de l'enseignement privé ainsi que d'un enseignant de centre de formation d'apprentis préparant à cet examen, parmi lesquels au moins un membre de l'équipe pédagogique assurant la formation ;

2° De membres de la profession intéressée, employeurs et salariés en nombre égal.

Si cette proportion n'est pas atteinte en raison de l'absence d'un ou de plusieurs de ses membres, le jury peut néanmoins délibérer valablement.

(Décr. nº 2019-391 du 29 avr. 2019, art. 5) « Au vu des procès-verbaux des jurys, le *(Décr. nº 2019-1558 du 30 déc. 2019, art. 9)* « recteur d'académie » délivre le diplôme du brevet des métiers d'art. En cas d'erreur matérielle, il apporte les rectifications nécessaires, après avis du président du jury. »

Art. D. 337-138-1 *(Décr. nº 2015-520 du 11 mai 2015, art. 8)* A l'exception du président, les membres du jury, mentionnés à l'article D. 337-138, peuvent participer aux réunions et délibérations par tous moyens de communication audiovisuelle permettant leur identification et garantissant leur participation effective selon des modalités précisées par arrêté du ministre chargé de l'éducation.

SECTION VI LA MENTION COMPLÉMENTAIRE

SOUS-SECTION 1 DÉFINITION DU DIPLÔME

Art. D. 337-139 La mention complémentaire est un diplôme national professionnel délivré dans les conditions définies par les articles D. 337-140 à D. 337-160.

Elle est conçue dans un objectif d'insertion professionnelle et, à cette fin, est créée, par arrêté du ministre chargé de l'éducation, après avis de la commission professionnelle consultative compétente, au titre d'une spécialité correspondant à l'exercice d'un métier. Elle atteste que son titulaire est apte à exercer une activité professionnelle spécialisée.

(Décr. nº 2021-533 du 30 avr. 2021, art. 1er) « Des spécialités peuvent être créées par arrêté du ministre chargé de l'éducation et d'un ou plusieurs autres ministres après avis des commissions professionnelles consultatives compétentes. »

Chaque mention complémentaire est classée, par arrêté du ministre chargé de l'éducation, au niveau V ou au niveau IV de la nomenclature interministérielle des niveaux de formation.

Art. D. 337-140 L'arrêté de création de chaque spécialité de mention complémentaire fixe le référentiel d'activités professionnelles, le référentiel de certification et le règlement d'examen.

Le référentiel de certification de chaque spécialité énumère les compétences professionnelles et savoirs constitutifs du diplôme que les titulaires doivent posséder. Il détermine les niveaux d'exigence requis pour l'obtention du diplôme au regard des activités professionnelles de référence.

Le référentiel de certification est organisé *(Décr. nº 2017-790 du 5 mai 2017, art. 14)* « en deux unités au moins », chacune constituant un ensemble cohérent de compétences professionnelles et de savoirs associés au regard de la finalité du diplôme. A chaque unité constitutive du diplôme correspond une épreuve.

(Décr. nº 2017-790 du 5 mai 2017, art. 14) « Une unité correspond à un bloc de compétences mentionné au 1º du II de l'article L. 6323-6 du code du travail. »

Art. D. 337-141 La formation conduisant à une mention complémentaire comporte, d'une part, une formation en établissement ou en centre de formation et, d'autre part, des périodes de formation en milieu professionnel organisées sous la responsabilité des établissements de formation. – *[Décr. nº 2001-286 du 28 mars 2001, art. 3.]*

SOUS-SECTION 2 MODALITÉS DE PRÉPARATION

Art. D. 337-142 La mention complémentaire est préparée :

1º Par la voie scolaire dans les lycées et dans les écoles ou établissements d'enseignement technique privés mentionnés au titre IV du livre IV du code de l'éducation ainsi que dans les établissements relevant de départements ministériels dont la liste est fixée par arrêté du ministre chargé de l'éducation ; *(Décr. nº 2021-533 du 30 avr. 2021, art. 2)* « les spécialités créées par arrêté du ministre chargé de l'éducation et d'autres ministres peuvent être préparées dans les établissements relevant de la compétence des ministres concernés » ;

2º Par la voie de l'apprentissage définie *(Décr. nº 2015-652 du 10 juin 2015, art. 11)* « au livre II de la sixième partie réglementaire » du code du travail ;

3º Par la voie de la formation professionnelle continue définie *(Décr. nº 2015-652 du 10 juin 2015, art. 11)* « au livre III de la sixième partie réglementaire » du code du travail.

La mention complémentaire peut être préparée dans le cadre de l'enseignement à distance *(Décr. n° 2019-907 du 30 août 2019, art. 13)* « ou, pour partie, dans des organismes de formation professionnelle à l'étranger, en particulier dans le cadre des programmes de l'Union européenne, sur la base d'une convention établie entre l'apprenant et les établissements d'enseignement et les entreprises en France et à l'étranger ».

Art. D. 337-143 Les diplômes ainsi que les titres homologués permettant l'accès en formation sont fixés par chaque arrêté de spécialité. — *[Décr. n° 2001-286 du 28 mars 2001, art. 5.]*

Art. D. 337-144 Sur décision du *(Décr. n° 2019-1558 du 30 déc. 2019, art. 9)* « recteur d'académie », prise après avis de l'équipe pédagogique de l'établissement concerné par la formation demandée, peuvent également être admises en formation les personnes ayant accompli en France ou à l'étranger une formation validée par un diplôme ou un titre d'un niveau comparable aux diplômes et titres mentionnés à l'article D. 337-143 et dans un secteur en rapport avec leur finalité.

(Décr. n° 2017-790 du 5 mai 2017, art. 15) « Sur décision du *(Décr. n° 2019-1558 du 30 déc. 2019, art. 9)* « recteur d'académie », prise après positionnement par l'équipe pédagogique de l'établissement de formation, peuvent également être admises à préparer la mention complémentaire par la voie de la formation professionnelle continue définie au livre III de la sixième partie du code du travail les personnes ne possédant pas les diplômes et titres exigés par chaque arrêté de spécialité mentionné à l'article D. 337-143 ni les autres diplômes ou titres mentionnés au premier alinéa du présent article. »

Art. D. 337-145 La durée de la formation en établissement ou *(Décr. n° 2020-624 du 22 mai 2020, art. 5)* « , conformément aux dispositions prévues au cinquième alinéa de l'article L. 6211-2 du code du travail, » en centre de formation *(Décr. n° 2020-624 du 22 mai 2020, art. 5)* « d'apprentis » nécessaire à la préparation d'une mention complémentaire est de 400 heures au minimum. *(Décr. n° 2017-790 du 5 mai 2017, art. 16)* « Aucun minimum de formation n'est exigé pour les candidats mentionnés au 3° de l'article D. 337-142. »

(Décr. n° 2020-624 du 22 mai 2020, art. 5) « Pour les candidats mentionnés au 1° de l'article D. 337-142 » cette durée de formation peut être réduite dans les conditions fixées par chaque arrêté de spécialité ou par une décision de positionnement prise par le *(Décr. n° 2019-1558 du 30 déc. 2019, art. 9)* « recteur d'académie » après avis de l'équipe pédagogique.

(Décr. n° 2020-624 du 22 mai 2020, art. 5) « Pour les candidats mentionnés au 2° de l'article D. 337-142, en cas de réduction de la durée du contrat d'apprentissage dans les conditions prévues au troisième alinéa de l'article L 6222-7-1 du code du travail et s'étendant de six mois à un an, la durée de formation en centre de formation d'apprentis prévue au premier alinéa s'applique *prorata temporis*. »

Aucune durée de formation n'est exigée pour les candidats qui, en application de l'article R. 335-9, bénéficient d'unités obtenues au titre de la validation des acquis de l'expérience et souhaitent présenter la ou les épreuves complémentaires.

Art. D. 337-146 La durée des périodes de formation en milieu professionnel est comprise entre douze et dix-huit semaines. L'organisation et la durée de ces périodes sont précisées par chaque arrêté de spécialité. *(Décr. n° 2019-907 du 30 août 2019, art. 14)* « Une partie de la formation peut être réalisée dans le cadre d'une mobilité européenne ou internationale, sur la base de la convention mentionnée à l'article D. 337-142. »

Cette durée de formation peut être réduite dans les conditions fixées par chaque arrêté de spécialité ou par une décision de positionnement prise par le *(Décr. n° 2019-1558 du 30 déc. 2019, art. 9)* « recteur d'académie » après avis de l'équipe pédagogique.

Pour les candidats préparant l'examen par la voie scolaire, la durée des périodes de formation en milieu professionnel ne peut être inférieure à huit semaines.

SOUS-SECTION 3 CONDITIONS DE DÉLIVRANCE

Art. D. 337-147 La mention complémentaire est délivrée au vu des résultats obtenus à un examen validant l'acquis par les candidats des compétences professionnelles et savoirs associés constitutifs des unités du référentiel de certification de chaque spécialité et dans les conditions fixées à l'article D. 337-149.

La mention complémentaire est également obtenue, en tout ou en partie, par la validation des acquis de l'expérience en application de l'article L. 335-5 et dans les conditions fixées par les articles R. 335-5 à R. 335-11.

(Décr. n° 2020-726 du 12 juin 2020, art. 17) « Les candidats qui n'obtiennent qu'une validation partielle reçoivent une attestation reconnaissant l'acquisition des blocs de compétences correspondant aux unités qu'ils ont validées. Cette attestation est délivrée par le recteur d'académie. »

Art. D. 337-148 Pour pouvoir se présenter à l'examen de la mention complémentaire, les candidats doivent être inscrits et :

1° Soit avoir suivi une préparation au diplôme par la voie scolaire, par la voie de l'apprentissage ou par la voie de la formation professionnelle continue, conformément aux dispositions des articles D. 337-142 à D. 337-146 ;

2° Soit avoir accompli trois ans d'activités professionnelles dans un emploi et dans un domaine professionnel en rapport avec la finalité de la mention complémentaire postulée. – *[Décr. n° 2001-286 du 28 mars 2001, art. 10.]*

Art. D. 337-149 Pour les candidats ayant préparé une mention complémentaire soit par la voie scolaire dans un établissement public ou privé sous contrat, soit *(Décr. n° 2021-940 du 15 juill. 2021, art. 9)* « par la voie de l'apprentissage dans un centre de formation d'apprentis porté par un établissement public local d'enseignement, par un groupement d'établissements (GRETA) ou par un groupement d'intérêt public "formation continue et insertion professionnelle" (GIP-FCIP), lorsque la formation se déroule en totalité dans ces structures, dans un centre de formation d'apprentis relevant du ministère chargé de la mer, ou un centre de formation d'apprentis habilité » par le *(Décr. n° 2019-1558 du 30 déc. 2019, art. 9)* « recteur d'académie », soit par la voie de la formation professionnelle continue dans un établissement public, l'évaluation a lieu sous la forme ponctuelle terminale *(Décr. n° 2017-790 du 5 mai 2017, art. 17)* « ou » par contrôle en cours de formation.

Pour les candidats ayant préparé le diplôme soit par la voie scolaire dans un établissement privé hors contrat, soit par la voie de l'apprentissage dans un centre de formation d'apprentis *(Abrogé par Décr. n° 2021-940 du 15 juill. 2021, art. 9)* *« ou une section d'apprentissage »* non *(Décr. n° 2021-940 du 15 juill. 2021, art. 9)* « habilité », soit par la voie de la formation professionnelle continue dans un établissement privé, pour les candidats ayant suivi la préparation par la voie de l'enseignement à distance ainsi que pour les candidats qui se présentent au titre de trois années d'expérience professionnelle, l'évaluation a lieu intégralement sous la forme ponctuelle terminale.

(Décr. n° 2021-940 du 15 juill. 2021, art. 9) « Les conditions d'habilitation des centres de formation d'apprentis à pratiquer le contrôle en cours de formation sont fixées par arrêté du ministre chargé de l'éducation. »

En application de l'art. L. 231-5 CRPA, le silence gardé pendant 2 mois par l'administration vaut décision de rejet pour une demande d'habilitation d'un établissement à pratiquer le contrôle en cours de formation pour le diplôme de mention complémentaire (Décr. n° 2014-1274 du 23 oct. 2014, art. 1er).

Art. D. 337-150 Le diplôme de mention complémentaire est délivré aux candidats qui ont obtenu une moyenne générale égale ou supérieure à 10 sur 20 à l'ensemble des unités affectées de leurs coefficients, à l'exception de celles dont ils ont été dispensés *(Décr. n° 2017-790 du 5 mai 2017, art. 18)* « conformément aux dispositions de l'article D. 337-152 ».

(Décr. n° 2021-533 du 30 avr. 2021, art. 3) « Lorsque la spécialité de mention complémentaire est créée dans les conditions prévues au troisième alinéa de l'article D. 337-139, le règlement d'examen de son référentiel d'évaluation peut, cumulativement à la condition prévue au précédent alinéa, subordonner la délivrance du diplôme à l'obtention d'une note au moins égale à 10 sur 20 à certaines unités du diplôme. »

Les candidats ajournés à l'examen conservent, sur leur demande, les notes égales ou supérieures à 10 sur 20 obtenues aux unités, dans la limite de cinq ans à compter de leur date d'obtention.

Le diplôme ne peut être délivré aux candidats déclarés absents à l'évaluation d'une unité sauf en cas d'absence justifiée. L'absence justifiée donne lieu à l'attribution de la note zéro à la ou aux unités et le diplôme peut être délivré si les conditions prévues au premier alinéa du présent article sont remplies. Dans le cas où le diplôme ne peut être délivré au candidat, celui-ci se présente à l'épreuve ou aux épreuves de remplacement, dans les conditions fixées à l'article D. 337-157.

(Décr. n° 2020-726 du 12 juin 2020, art. 18) « Les candidats qui, au terme du calcul de la moyenne conditionnant la délivrance du diplôme, échouent à l'examen reçoivent une attestation reconnaissant l'acquisition de blocs de compétences correspondant aux unités auxquelles ils ont obtenu une note égale ou supérieure à 10 sur 20. Cette attestation est délivrée par le recteur d'académie. »

(Abrogé par Décr. n° 2020-726 du 12 juin 2020, art. 18, à compter du 1er janv. 2025) (Décr. n° 2017-790 du 5 mai 2017, art. 18) « Les candidats préparant la mention complémentaire par la voie de la formation professionnelle continue ou dans le cadre de la validation des acquis de l'expérience reçoivent, pour les unités du diplôme préparé qui ont fait l'objet, au titre de la session en cours ou dans les cinq années précédentes, d'une note égale ou supérieure à 10 sur 20 ou d'une validation des acquis de l'expérience, y compris si elles ont été obtenues par la voie scolaire ou par la voie de l'apprentissage, une attestation délivrée par le (Décr. n° 2019-1558 du 30 déc. 2019, art. 9) « recteur d'académie » reconnaissant l'acquisition des compétences constitutives de ces unités du diplôme. »

Art. D. 337-151 Le règlement particulier de chaque spécialité de mention complémentaire fixe la liste, la nature et le coefficient des évaluations validant l'acquisition des unités et la durée des épreuves ponctuelles.

Un arrêté du ministre chargé de l'éducation fixe les modalités de notation à l'examen. — *[Décr. n° 2001-286 du 28 mars 2001, art. 13.]*

Art. D. 337-152 L'arrêté de création de chaque spécialité de mention complémentaire peut prévoir que des titres ou diplômes sont équivalents à cette spécialité.

Dans des conditions fixées par cet arrêté, les candidats titulaires de certains titres ou diplômes peuvent être dispensés de l'obtention d'une ou de plusieurs unités constitutives du diplôme présenté.

(Décr. n° 2017-790 du 5 mai 2017, art. 19) « Au-delà de la durée de cinq ans pendant laquelle ils peuvent demander, dans les conditions prévues à l'article D. 337-150, à conserver les notes obtenues, les candidats titulaires de l'attestation reconnaissant l'acquisition de compétences également mentionnée à cet article peuvent être dispensés à leur demande, de l'obtention de l'unité constitutive de la mention complémentaire correspondante, sous réserve du maintien de l'unité dans le règlement d'examen de la spécialité du diplôme. En cas de modification de celle-ci, il est tenu compte d'un tableau de correspondance entre anciennes et nouvelles unités. »

(Décr. n° 2020-726 du 12 juin 2020, art. 19) « Les candidats titulaires, au titre de la validation des acquis de l'expérience, de l'attestation mentionnée à l'article D. 337-147 peuvent être dispensés de l'unité, à leur demande et sous réserve de son maintien dans le règlement d'examen de la spécialité du diplôme. En cas de modification de celle-ci, il est tenu compte d'un tableau de correspondance entre anciennes et nouvelles unités.

« Les candidats titulaires de l'attestation mentionnée aux deux précédents alinéas, lorsqu'elle porte sur des unités communes à plusieurs spécialités du diplôme, peuvent être dispensés de ces unités, à leur demande, s'ils se présentent à une autre spécialité du diplôme. Un arrêté du ministre de l'éducation précise les unités communes concernées. »

Les dispenses accordées au titre *(Décr. n° 2020-726 du 12 juin 2020, art. 19)* « des alinéas précédents » ainsi que celles accordées au titre de la validation des acquis de l'expérience peuvent porter sur la totalité des unités permettant l'obtention du diplôme.

Art. D. 337-153 Les résultats définitifs des évaluations résultent de la délibération du jury du diplôme souverain dans ses décisions. — *[Décr. n° 2001-286 du 28 mars 2001, art. 15.]*

SOUS-SECTION 4 ORGANISATION DES EXAMENS

Art. D. 337-154 Pour les mentions complémentaires de niveau V de la nomenclature interministérielle des niveaux de formation, une session d'examen est organisée, chaque année scolaire, par le *(Décr. n° 2019-1558 du 30 déc. 2019, art. 9)* « recteur d'académie », dans le cadre de l'académie ou dans le cadre d'un groupement d'académies.

Pour les mentions complémentaires de niveau IV de la nomenclature interministérielle des niveaux de formation, une session d'examen est organisée, chaque année scolaire, par le *(Décr. n° 2019-1558 du 30 déc. 2019, art. 9)* « recteur d'académie », dans le cadre de l'académie, selon les modalités fixées par le ministre chargé de l'éducation ou, par délégation de celui-ci, par les *(Décr. n° 2019-1558 du 30 déc. 2019, art. 9)* « recteurs d'académie ».

Art. D. 337-154-1 *(Décr. n° 2015-520 du 11 mai 2015, art. 9)* Des épreuves ou parties d'épreuve des différentes spécialités de mention complémentaire des niveaux V ou IV de la nomenclature interministérielle des niveaux de formation peuvent, lorsque les circonstances le justifient, être organisées par des moyens de communication audiovisuelle pour la totalité des candidats ou pour une partie d'entre eux, sous réserve que le recours à cette technique permette d'assurer, tout au long de l'épreuve :

1° L'identité du candidat qui subit l'épreuve ;

2° La présence dans la salle où se déroule l'épreuve des seules personnes autorisées. Un arrêté du ministre chargé de l'éducation détermine les épreuves qui peuvent être organisées par des moyens de communication audiovisuelle, les conditions dans lesquelles il peut être recouru à ces modalités techniques et les précautions à prendre pour garantir le bon déroulement de l'épreuve.

Art. D. 337-155 A chaque session, les candidats ne peuvent s'inscrire qu'en vue de l'obtention d'une seule spécialité de mention complémentaire sauf dérogation individuelle accordée par le *(Décr. n° 2019-1558 du 30 déc. 2019, art. 9)* « recteur d'académie ».

Art. D. 337-156 Les sujets des épreuves ponctuelles sont choisis par le ministre chargé de l'éducation ou, par délégation de celui-ci, par les *(Décr. n° 2019-1558 du 30 déc. 2019, art. 9)* « recteurs d'académie ».

Art. D. 337-157 Les candidats qui, compte tenu d'une absence justifiée, n'ont pu se présenter à tout ou partie des épreuves de la session organisée à la fin de l'année scolaire peuvent, sur autorisation du *(Décr. n° 2019-1558 du 30 déc. 2019, art. 9)* « recteur d'académie », se présenter aux épreuves de remplacement correspondantes organisées dans des centres interacadémiques désignés par le ministre chargé de l'éducation.

Art. D. 337-158 Le jury est nommé pour chaque session par arrêté du *(Décr. n° 2019-1558 du 30 déc. 2019, art. 9)* « recteur d'académie ».

La présidence du jury est assurée :

1° Par un *(Décr. n° 2020-1677 du 23 déc. 2020, art. 1er)* « inspecteur général de l'éducation, du sport et de la recherche » ou par un inspecteur d'académie-inspecteur pédagogique régional ou par un inspecteur de l'éducation nationale pour les mentions complémentaires classées au niveau IV de la nomenclature interministérielle des niveaux de formation ;

2° Par *(Décr. n° 2017-960 du 10 mai 2017, art. 8)* « une personnalité qualifiée de la profession, membre du jury » pour les mentions complémentaires classées au niveau V de la nomenclature interministérielle des niveaux de formation.

Pour suppléer le président en cas d'indisponibilité, un vice-président est désigné parmi les membres de la profession composant le jury pour les mentions complémentaires de niveau IV de la nomenclature interministérielle des niveaux de formation et parmi les membres du personnel enseignant composant le jury pour les mentions complémentaires de niveau V de la nomenclature interministérielle des niveaux de formation.

Le jury est composé à parité :

1° De professeurs appartenant à l'enseignement public et, sauf impossibilité, d'au moins un professeur appartenant à l'enseignement privé sous contrat ou exerçant en centre de formation d'apprentis ou en section d'apprentissage ;

2° De membres de la profession correspondant au champ du diplôme choisis en nombre égal parmi les employeurs et les salariés.

Si cette parité n'est pas atteinte en raison de l'absence d'un ou de plusieurs de ses membres, le jury peut néanmoins délibérer valablement.

Art. D. 337-158-1 *(Décr. n° 2015-520 du 11 mai 2015, art. 10)* A l'exception du président, les membres du jury, mentionnés à l'article D. 337-158, peuvent participer aux réunions et délibérations par tous moyens de communication audiovisuelle permettant leur identification et garantissant leur participation effective selon des modalités précisées par arrêté du ministre chargé de l'éducation.

Art. D. 337-159 *(Décr. n° 2019-391 du 29 avr. 2019, art. 6)* Au vu des procès-verbaux des jurys, le *(Décr. n° 2019-1558 du 30 déc. 2019, art. 9)* « recteur d'académie » délivre la mention complémentaire. En cas d'erreur matérielle, il apporte les rectifications nécessaires, après avis du président du jury.

Art. D. 337-160 Les dispositions de l'article D. 337-149 sont applicables aux spécialités de mention complémentaire créées par arrêté antérieurement au 1er septembre 2002. Leur mise en conformité avec ces dispositions s'effectue par arrêtés du ministre chargé de l'éducation. — *[Décr. n° 2001-286 du 28 mars 2001, art. 22 et 23.]*

SECTION VII *[ABROGÉE]* LA FORMATION D'APPRENTI JUNIOR

(Abrogée par Décr. n° 2013-769 du 26 août 2013, art. 1er)

Art. D. 337-161 à D. 337-171 *Abrogés par Décr. n° 2013-769 du 26 août 2013, art. 1er.*

SECTION VIII LES CLASSES DE TROISIÈME "PRÉPA-MÉTIERS"

(Décr. n° 2019-176 du 7 mars 2019, art. 1er)

Art. D. 337-172 Au cours de la dernière année du cycle 4 au collège, les élèves volontaires des classes de troisième peuvent bénéficier d'une organisation spécifique des enseignements dans le cadre d'une classe de troisième "prépa-métiers".

Les classes peuvent être créées dans un collège, un lycée professionnel ou un lycée polyvalent.

Une convention est conclue entre des lycées professionnels ou polyvalents et un ou plusieurs collèges. Elle définit les modalités pédagogiques et d'organisation des enseignements, dont celui de la découverte professionnelle des métiers et des formations professionnelles.

Art. D. 337-173 A l'issue de la classe de quatrième, tout élève poursuivant sa scolarité en classe de troisième peut demander son admission en classe de troisième "prépa-métiers".

La demande d'admission dans la classe de troisième "prépa-métiers" est formulée par l'élève et ses représentants légaux. Cette demande est présentée au chef d'établissement d'origine qui émet un avis après consultation de l'équipe éducative.

Une commission placée sous l'autorité du recteur d'académie examine les candidatures d'élèves sur la base du dossier constitué par le chef d'établissement et, le cas échéant, propose leur affectation dans une classe de troisième "prépa-métiers".

Art. D. 337-174 Le contenu des enseignements est défini conformément aux dispositions de l'article D. 332-4, et aux programmes d'enseignement du cycle 4.

La formation comporte des enseignements communs et complémentaires, des séquences d'observation et des stages en milieu professionnel, conformément aux dispositions des articles D. 331-1 et suivants, et des périodes d'immersion dans des lycées, dans des centres de formation d'apprentis ou dans des unités de formation par apprentissage.

Le volume horaire des enseignements communs et complémentaires, ainsi que la durée des stages et les périodes d'immersion sont fixés par arrêté du ministre chargé de l'éducation.

Art. D. 337-175 Les stages en milieu professionnel effectués pendant l'année scolaire incluent la séquence d'observation prévue à l'article D. 332-14 et des stages d'initiation définis aux articles D. 331-11 et D. 331-12.

CHAPITRE VIII AUTRES DIPLÔMES ET TITRES

SECTION PREMIÈRE LE TITRE PROFESSIONNEL

Art. R. 338-1 *(Décr. n° 2016-954 du 11 juill. 2016, art. 1er)* La certification professionnelle délivrée, au nom de l'État, par le ministre chargé de l'emploi est appelée "titre professionnel". Ce titre atteste que son titulaire maîtrise les compétences et les aptitudes et connaissances associées permettant l'exercice d'activités professionnelles qualifiées.

Le titre professionnel est destiné à toute personne souhaitant acquérir une qualification professionnelle. Les niveaux et domaines d'activité couverts par le titre professionnel sont définis par le ministre chargé de l'emploi.

Il favorise également l'évolution professionnelle en permettant à son titulaire de viser une qualification d'un niveau supérieur.

Art. R. 338-2 Chaque spécialité du titre professionnel est définie par arrêté du ministre chargé de l'emploi, après avis de la commission professionnelle consultative compétente. Cet arrêté fait l'objet d'un réexamen au moins tous les cinq ans.

L'arrêté portant création, révision de la définition, ou suppression d'une ou de plusieurs spécialités du titre est publié au *Journal officiel* de la République française. Il mentionne pour chaque spécialité son niveau et son domaine d'activité. Il comporte en annexe les informations requises pour l'inscription du titre au répertoire national des certifications professionnelles. – *[Décr. n° 2002-1029 du 2 août 2002, art. 2.]*

Art. R. 338-3 Le titre professionnel peut être composé *(Décr. n° 2016-954 du 11 juill. 2016, art. 1er)* « d'un ou plusieurs blocs de compétences sanctionnés » par des certificats de compétences professionnelles. Chaque certificat est créé et organisé dans les conditions prévues à l'article R. 338-2. Il atteste que son titulaire maîtrise un ensemble cohérent de compétences, aptitudes et connaissances permettant l'exercice d'une ou de plusieurs des activités correspondant au titre visé.

(Décr. n° 2016-954 du 11 juill. 2016, art. 1er) « Une fois obtenu, le titre peut être complété par un ou plusieurs blocs de compétences sanctionnés par des certificats complémentaires de spécialisation. Le niveau et le domaine des certificats complémentaires de spécialisation sont identiques à celui du titre auquel ils sont associés. »

Art. R. 338-4 Les activités et les compétences liées à la qualification visée par la spécialité du titre professionnel ainsi que les modalités d'évaluation des compétences sont décrites dans les documents de référence mentionnés à l'article R. 335-17 *[abrogé. – V. désormais C. trav., art. R. 6113-8 s.]*.

Ces documents sont soumis à l'avis de la commission professionnelle consultative compétente.

Art. R. 338-5 Le titre professionnel et les certificats qui le composent ou qui lui sont associés sont accessibles par la formation professionnelle continue et par la validation des acquis de l'expérience. Les conditions d'accès, de préparation ainsi que les règles générales d'évaluation en vue de l'obtention du titre ou des certificats qui lui sont associés sont précisées par arrêté du ministre chargé de l'emploi en vue de l'obtention du titre. Les certificats de compétences professionnelles constitutifs du titre peuvent être acquis au cours d'une période de cinq ans maximum. Aucun délai n'est requis pour l'acquisition de certificats complémentaires. *(Décr. n° 2016-954 du 11 juill. 2016, art. 1er)* « Le titre professionnel peut également être préparé par la voie de l'apprentissage, dans des conditions précisées par arrêté conjoint du ministre chargé de l'emploi et du ministre chargé de l'éducation.

« Le titre professionnel s'inscrit dans le cadre de la construction d'un parcours professionnel donnant lieu, notamment, à la mise en place de passerelles entre les différentes certifications, conformément aux objectifs fixés par l'article L. 6111-1 du code du travail.

« Les certificats de compétences professionnelles constitutifs du titre peuvent être acquis pendant la période de validité du titre.

« Les modalités de validation pour l'obtention du titre et des certificats qui le composent ou qui lui sont associés permettent d'attester de compétences professionnelles pour l'exercice des activités visées par le titre. A cet effet, les évaluations peuvent être réalisées en situation de travail réelle ou reconstituée, ainsi qu'à l'aide de tout document susceptible d'établir que le candidat possède les compétences, aptitudes et connaissances requises. L'acquisition de connaissances et de compétences générales est évaluée dans ce cadre. Pour l'attribution du titre, un entretien avec le jury permet de s'assurer que le candidat maîtrise l'ensemble des compétences, aptitudes et connaissances requises. »

Art. R. 338-6 *(Décr. n° 2016-954 du 11 juill. 2016, art. 1er)* Le jury du titre professionnel est composé de membres habilités par le directeur régional des entreprises, de la concurrence, de la consommation, du travail et de l'emploi dans les conditions définies par un arrêté du ministre chargé de l'emploi relatif aux modalités de délivrance du titre.

Art. R. 338-7 Le titre professionnel, les certificats de compétences professionnelles qui le composent et les certificats complémentaires qui s'y rapportent sont délivrés par le *(Décr. n° 2009-1377 du 10 nov. 2009, art. 11)* « directeur régional des entreprises, de la concurrence, de la consommation, du travail et de l'emploi ».

Art. R. 338-8 *(Décr. n° 2010-59 du 18 janv. 2010, art. 1er)* Les sessions de validation en vue de la délivrance du titre professionnel dans une spécialité déterminée sont organisées par les organismes ayant fait l'objet d'un agrément délivré par le préfet de région. Cet agrément est accordé, pour une durée maximale de cinq ans, renouvelable dans les mêmes conditions, aux organismes qui justifient de leur capacité à organiser ces sessions de validation en assurant, dans le respect des exigences prévues aux articles R. 338-2, R. 338-4 et R. 338-5, l'inscription, l'information du candidat et la mise en place des moyens nécessaires au bon déroulement de la session. Un arrêté du ministre chargé de l'emploi précise le contenu de la demande d'agrément et les modalités d'octroi de cet agrément.

SECTION II LE DIPLÔME "UN DES MEILLEURS OUVRIERS DE FRANCE"

SOUS-SECTION 1 DÉFINITION DU DIPLÔME

Art. D. 338-9 Le diplôme professionnel "un des meilleurs ouvriers de France" est un *(Décr. n° 2017-87 du 26 janv. 2017, art. 2)* « diplôme national » qui atteste l'acquisition d'une haute qualification dans l'exercice d'une activité professionnelle dans le domaine artisanal, commercial, *(Décr. n° 2009-1145 du 22 sept. 2009, art. 2)* « de service, industriel ou agricole ».

Le diplôme est classé au niveau III de la nomenclature interministérielle des niveaux de formation.

(Décr. n° 2009-1145 du 22 sept. 2009, art. 2) « Il est délivré, à l'issue d'un examen dénommé "concours un des meilleurs ouvriers de France", au titre d'une profession dénommée "classe", rattachée à un groupe de métiers et, le cas échéant, au titre d'une option de cette classe. Le nombre ainsi que la dénomination des groupes, des classes et des options sont fixés par arrêté du ministre chargé de l'éducation, ou par arrêté conjoint du ministre chargé de l'éducation et du ministre chargé de l'agriculture lorsque des classes relevant du domaine agricole sont ouvertes au titre d'une session d'examen. »

La délivrance du diplôme donne droit au port d'une médaille de bronze et émail attachée au cou par une cravate aux couleurs nationales.

Dans l'exercice de leur profession, seuls les titulaires du diplôme peuvent arborer un col aux couleurs nationales.

Les titulaires du diplôme portent le titre de "un des meilleurs ouvriers de France".

Le titre de "un des meilleurs ouvriers de France" *honoris causa* peut être décerné, sur proposition du président du comité d'organisation *(Décr. n° 2009-1145 du 22 sept. 2009, art. 2)* « du concours "un des meilleurs ouvriers de France" et » des expositions du travail et du *(Décr. n° 2017-87 du 26 janv. 2017, art. 2)* « président du » jury général, à des personnes qui méritent d'en être honorées pour les services éminents qu'elles ont rendus au comité d'organisation des expositions du travail ou aux meilleurs ouvriers de France. Il donne droit au port d'une médaille du même modèle et à la délivrance d'un diplôme.

(Décr. n° 2017-87 du 26 janv. 2017, art. 2) « Les œuvres de tout ou partie des diplômés peuvent faire l'objet d'une exposition dénommée "exposition nationale du travail" ou d'expositions régionales. Au titre d'une session donnée, aucune exposition d'œuvres des lauréats ne peut être organisée sans l'autorisation du comité d'organisation des expositions du travail et du concours "un des meilleurs ouvriers de France". »

Art. R.* 338-10 *(Décr. n° 2006-582 du 23 mai 2006)* Le diplôme professionnel "un des meilleurs ouvriers de France" est délivré par le ministre chargé de l'éducation.

Le titre de « un des meilleurs ouvriers de France » *honoris causa* est décerné par le ministre chargé de l'éducation.

SOUS-SECTION 2 ORGANISATION

Art. D. 338-11 Peut se présenter aux épreuves de l'examen du diplôme professionnel "un des meilleurs ouvriers de France" :

1° Toute personne âgée de vingt-trois ans au moins à la date de clôture des inscriptions ;

2° Toute équipe dont les membres, répondant à la condition d'âge précitée, présentent des capacités complémentaires. Chacun des membres de l'équipe doit justifier de sa participation personnelle à la réalisation de l'œuvre. Le diplôme et le titre sont décernés, le cas échéant, à l'équipe ou à certains de ses membres. – *[Décr. n° 2001-599 du 5 juill. 2001, art. 3.]*

Art. D. 338-12 *(Décr. n° 2009-1145 du 22 sept. 2009, art. 3)* Aucun titulaire du diplôme "un des meilleurs ouvriers de France" ne peut poser à nouveau sa candidature au titre de la même classe de métier ou de la même option d'une même classe de métier.

Art. D. 338-13 *(Décr. n° 2009-1145 du 22 sept. 2009, art. 4)* Les épreuves de l'examen conduisant au diplôme "un des meilleurs ouvriers de France" peuvent être publiques, sur décision du jury général.

Art. D. 338-14 *(Décr. n° 2017-87 du 26 janv. 2017, art. 3)* Par décision du ministre chargé de l'éducation nationale, sur proposition du président du comité d'organisation des expositions du travail et du concours "un des meilleurs ouvriers de France" et du président du jury général, les épreuves peuvent être organisées en deux groupes. Dans ce cas, seuls les candidats retenus à l'issue du premier groupe d'épreuves peuvent se présenter au deuxième groupe d'épreuves.

Art. D. 338-15 *(Décr. n° 2009-1145 du 22 sept. 2009, art. 6)* « Pour chaque classe ou option d'une même classe définie à l'article D. 338-9, les sujets de l'examen sont établis par des commissions composées d'enseignants, de formateurs *(Décr. n° 2017-87 du 26 janv. 2017, art. 4)* « de membres des corps d'inspection de l'éducation nationale, inspecteurs de l'éducation nationale et inspecteurs d'académie inspecteurs pédagogiques régionaux et, le cas échéant, de l'agriculture » ou de professionnels, salariés ou employeurs, en activité ou retraités. Les membres de ces commissions sont nommés par le ministre chargé de l'éducation, sur proposition du comité d'organisation du concours "un des meilleurs ouvriers de France" et des expositions du travail et, pour les classes relevant du domaine agricole, par le ministre chargé de l'agriculture. » Elles sont présidées par le président du jury de classe.

Art. D. 338-16 L'examen du diplôme professionnel "un des meilleurs ouvriers de France" *(Décr. n° 2009-1145 du 22 sept. 2009, art. 7)* « comporte une ou plusieurs épreuves » qui consistent en la réalisation d'une ou de plusieurs œuvres, à partir d'un sujet imposé ou d'une ou de plusieurs œuvres libres intégrant des contraintes techniques.

(Décr. nº 2017-87 du 26 janv. 2017, art. 5) « Selon les classes ou options d'une même classe, il peut y avoir, en outre, ou une épreuve théorique, technologique ou pratique, écrite ou orale et/ou la réalisation d'un dossier. »

(Décr. nº 2009-1145 du 22 sept. 2009, art. 7) « Pour chaque classe, un arrêté du ministre chargé de l'éducation ou, le cas échéant, du ministre chargé de l'éducation et du ministre chargé de l'agriculture fixe le nombre et la nature des épreuves. »

(Décr. nº 2017-87 du 26 janv. 2017, art. 5) « Les dispositions du présent article s'appliquent pour chaque groupe d'épreuves prévues à l'article D. 338-14. »

Art. D. 338-17 *(Décr. nº 2009-1145 du 22 sept. 2009, art. 8)* Le ministre chargé de l'éducation fixe la date de chaque session d'examen.

(Décr. nº 2017-87 du 26 janv. 2017, art. 6) « La délibération du jury général de l'examen conduisant à la délivrance du diplôme "un des meilleurs ouvriers de France" est organisée à l'issue des épreuves finales ».

Art. D. 338-18 L'organisation matérielle des examens du diplôme professionnel "un des meilleurs ouvriers de France" tant au niveau local que national ainsi que l'organisation des expositions nationales du travail sont assurées par le comité d'organisation *(Décr. nº 2009-1145 du 22 sept. 2009, art. 9)* « du concours "un des meilleurs ouvriers de France" et » des expositions du travail.

Un arrêté du ministre chargé de l'éducation *(Décr. nº 2009-1145 du 22 sept. 2009, art. 9)* « ou, le cas échéant, un arrêté du ministre chargé de l'éducation et du ministre chargé de l'agriculture » fixe les conditions de mise en œuvre des articles D. 338-11 à D. 338-17 et du premier alinéa du présent article.

Art. D. 338-18-1 *(Décr. nº 2017-87 du 26 janv. 2017, art. 7)* Des épreuves ou des parties d'épreuves des différentes classes peuvent, lorsque les circonstances le justifient, être organisées par des moyens de communication audiovisuelle pour la totalité des candidats ou pour une partie d'entre eux, sous réserve que le recours à cette technique permette de s'assurer, tout au long de l'épreuve, de :

1° l'identité du candidat qui subit l'épreuve ;

2° la présence dans le lieu où se déroule l'épreuve des seules personnes autorisées.

Un arrêté du ministre chargé de l'éducation nationale et, le cas échéant, du ministre chargé de l'agriculture, détermine les épreuves qui peuvent être organisées par des moyens de communication audiovisuelle, les conditions dans lesquelles il peut être recouru à ces modalités techniques et les précautions à prendre pour garantir le bon déroulement de l'épreuve.

SOUS-SECTION 3 LES JURYS

Art. D. 338-19 *(Décr. nº 2017-87 du 26 janv. 2017, art. 8)* Pour la composition du jury de chaque classe, il peut être fait appel à des personnes, en activité ou retraitées, appartenant aux catégories suivantes :

1° Enseignants ;

2° Formateurs ;

3° Inspecteurs d'académie-inspecteurs pédagogiques régionaux ;

4° Inspecteurs de l'éducation nationale ou, le cas échéant, inspecteurs de l'enseignement agricole ;

5° Professionnels, employeurs et salariés.

Le nombre de titulaires du diplôme "un des meilleurs ouvriers de France" ne peut excéder la moitié des membres du jury.

Le jury est présidé par un professionnel ou, à défaut, par un enseignant ou un inspecteur de l'éducation nationale ou un inspecteur d'académie-inspecteur pédagogique régional ou le cas échéant, par un inspecteur de l'enseignement agricole. Un ou plusieurs vice-présidents sont nommés parmi les membres appartenant à la catégorie des enseignants ou des inspecteurs ou parmi les professionnels.

Les membres des jurys de classe, le président et le ou les vice-présidents sont nommés par décision du ministre chargé de l'éducation nationale sur proposition du comité d'organisation des expositions du travail et du concours "un des meilleurs ouvriers de France" et, pour les classes relevant du domaine agricole, par le ministre chargé de l'agriculture.

Art. D. 338-20 *(Décr. nº 2017-87 du 26 janv. 2017, art. 9)* Pour la composition du jury général, il est fait appel à des personnes, en activité ou retraitées, appartenant aux catégories suivantes :

1º *(Décr. nº 2020-1677 du 23 déc. 2020, art. 1er)* « Inspecteurs généraux de l'éducation, du sport et de la recherche » ;

2º Professionnels, employeurs et salariés.

Il peut en outre être fait appel à des personnes appartenant aux catégories suivantes :

1º Enseignants ;

2º Formateurs ;

3º Inspecteurs d'académie-inspecteurs pédagogiques régionaux ;

4º Inspecteurs de l'éducation nationale ou, le cas échéant, inspecteurs de l'enseignement agricole.

Ces membres sont nommés par arrêté du ministre chargé de l'éducation nationale, et le cas échéant, sur proposition du ministre chargé de l'agriculture lorsque des classes relevant du domaine agricole sont ouvertes au titre d'une session.

Le jury général est présidé par un *(Décr. nº 2020-1677 du 23 déc. 2020, art. 1er)* « inspecteur général de l'éducation, du sport et de la recherche ». Deux vice-présidents sont désignés, l'un parmi les membres du jury représentant les professionnels, l'autre au sein du corps des *(Décr. nº 2020-1677 du 23 déc. 2020, art. 1er)* « inspecteurs généraux de l'éducation, du sport et de la recherche » ; lorsque des classes relevant du domaine agricole sont ouvertes au titre d'une session, un troisième vice-président est désigné sur proposition du ministre chargé de l'agriculture. Le président et les vice-présidents sont nommés par arrêté du ministre chargé de l'éducation nationale.

Le président du jury général est chargé de se prononcer sur toute difficulté relative au déroulement de l'examen.

Art. D. 338-21 *(Décr. nº 2009-1145 du 22 sept. 2009, art. 12)* Le jury de chaque classe délibère à l'issue du premier groupe et *(Décr. nº 2017-87 du 26 janv. 2017, art. 10)* « , le cas échéant, » du second groupe d'épreuves. Après sa dernière délibération, il fait connaître ses propositions au jury général, seul habilité à proposer au ministre chargé de l'éducation la liste des lauréats.

Art. D. 338-21-1 *(Décr. nº 2017-87 du 26 janv. 2017, art. 11)* A l'exception du président, les membres du jury de classe, et les membres du jury général peuvent participer aux réunions et délibérations par tous moyens de communication audiovisuelle permettant leur identification et garantissant leur participation effective selon des modalités précisées par arrêté du ministre chargé de l'éducation nationale et, le cas échéant, du ministre chargé de l'agriculture.

Art. D. 338-22 Les titulaires du diplôme "un des meilleurs ouvriers de France" obtenu sous l'empire de la réglementation antérieure au 10 juillet 2001 ont les mêmes prérogatives que celles des nouveaux diplômés. — *[Décr. nº 2001-599 du 5 juill. 2001, art. 14.]*

SECTION III DIPLÔME INITIAL DE LANGUE FRANÇAISE

(Décr. nº 2006-1626 du 19 déc. 2006, art. 1er)

Art. D. 338-23 Les personnes de nationalité étrangère et les Français non francophones, non titulaires d'un diplôme de l'enseignement secondaire français, peuvent se voir délivrer par le ministre chargé de l'éducation nationale un diplôme initial de langue française, qui leur est réservé.

Le diplôme initial de langue française sanctionne un niveau de connaissance de la langue intitulé "niveau A1.1".

Les épreuves conduisant à la délivrance du diplôme initial de langue française comprennent une épreuve de compréhension orale, une épreuve de compréhension écrite, une épreuve de production orale et une épreuve de production écrite. Le contenu de ces épreuves est précisé par un arrêté du ministre chargé de l'éducation nationale.

Art. D. 338-24 Les candidats au diplôme initial de langue française doivent être âgés de seize ans au moins à la date de la première épreuve.

Art. D. 338-25 *Abrogé par Décr. n° 2019-918 du 30 août 2019, art. 11*

Art. D. 338-26 *(Décr. n° 2019-918 du 30 août 2019, art. 11) (Décr. n° 2020-956 du 31 juill. 2020, art. 2)* « France Éducation international » organise les examens et détermine les modalités d'inscription et de déroulement des épreuves. Pour la fixation des critères de choix des sujets, il bénéficie de l'expertise d'un *(Décr. n° 2020-1677 du 23 déc. 2020, art. 1er)* « inspecteur général de l'éducation, du sport et de la recherche » ou d'un inspecteur d'académie-inspecteur pédagogique régional, ainsi que d'une personnalité qualifiée dans le domaine du français langue étrangère désignés par le ministre chargé de l'éducation nationale.

Art. D. 338-27 *(Décr. n° 2019-918 du 30 août 2019, art. 11) (Décr. n° 2020-956 du 31 juill. 2020, art. 2)* « Le directeur général de France Éducation international » dresse la liste des centres d'examen, qui se situent en France ou à l'étranger, après avis du directeur général de l'enseignement scolaire.

Art. D. 338-28 Les dates des sessions de l'examen conduisant à la délivrance du diplôme, communes pour l'ensemble des centres d'examen, sont arrêtées par le ministre chargé de l'éducation nationale.

Art. D. 338-29 Le jury du diplôme initial de langue française est composé, outre son président, d'au moins deux membres.

Le président est nommé par le ministre chargé de l'éducation nationale parmi les personnels d'inspection du ministère de l'éducation nationale. Les autres membres du jury sont désignés parmi les personnels enseignants selon la même procédure.

Art. D. 338-30 *(Décr. n° 2019-918 du 30 août 2019, art. 11)* « Le directeur » *(Décr. n° 2020-956 du 31 juill. 2020, art. 2)* « de France Éducation international » désigne les examinateurs et les correcteurs des épreuves de l'examen. Les notes proposées par les examinateurs et les correcteurs sont transmises au jury.

Les notes définitives obtenues aux épreuves du diplôme résultent de la délibération du jury.

Les notes obtenues à une session ne peuvent être conservées pour une session ultérieure.

Art. D. 338-31 La délivrance du diplôme initial de langue française résulte de la délibération du jury, qui est souverain.

Pour être déclarés admis, les candidats doivent avoir obtenu, à la fois, une note au moins égale à 35 sur 70 aux seules épreuves orales et une note finale égale ou supérieure à 50 sur 100 à l'ensemble des épreuves écrites et orales.

Art. D. 338-32 Les articles D. 351-28, *(Décr. n° 2020-1523 du 4 déc. 2020, art. 1er)* « D. 351-28-1, » D. 351-29 et D. 351-31 du code de l'éducation sont applicables aux épreuves menant au diplôme initial de langue française. L'article D. 351-27 leur est également applicable, à l'exception des 3° et 4°.

L'autorité administrative compétente est *(Décr. n° 2019-918 du 30 août 2019, art. 11)* « le directeur » *(Décr. n° 2020-956 du 31 juill. 2020, art. 2)* « de France Éducation international ». Pour l'application des dispositions du premier alinéa de l'article D. 351-28, les candidats peuvent adresser leur demande à tout médecin.

SECTION IV DIPLÔME DE COMPÉTENCE EN LANGUE

(Décr. n° 2010-469 du 7 mai 2010, art. 1er)

SOUS-SECTION 1 DÉFINITION DU DIPLÔME

Art. D. 338-33 Le diplôme de compétence en langue est un diplôme national professionnel qui atteste les compétences, acquises par des adultes en langue de communication usuelle et professionnelle, communes à l'ensemble des secteurs d'activité économique.

Art. D. 338-34 Le diplôme de compétence en langue comporte des spécialités définies par arrêté du ministre chargé de l'éducation.

Cet arrêté fixe, pour chaque spécialité, le référentiel de certification ainsi que le règlement particulier de l'examen conduisant à la délivrance du diplôme.

SOUS-SECTION 2 CONDITIONS DE DÉLIVRANCE

Art. D. 338-35 Aucune formation n'est requise pour se présenter à l'examen du diplôme de compétence en langue.

Art. D. 338-36 Les candidats doivent s'inscrire auprès du rectorat de leur domicile.

Art. D. 338-37 Un examen unique est organisé à chaque session pour l'ensemble des niveaux de chaque spécialité du diplôme de compétence en langue.

Art. D. 338-38 Le diplôme de compétence en langue est délivré, sur proposition du jury, par le recteur d'académie aux candidats qui ont satisfait au contrôle des capacités définies dans le référentiel de certification, dans les conditions fixées par le règlement d'examen.

Le diplôme de compétence en langue mentionne la spécialité, la langue et le niveau obtenu.

SOUS-SECTION 3 ORGANISATION DE L'EXAMEN

Art. D. 338-39 L'examen est organisé dans des centres agréés par le *(Décr. n° 2019-1558 du 30 déc. 2019, art. 9)* « recteur d'académie ».

Art. D. 338-40 Les sessions d'examen sont organisées dans le cadre d'une académie ou d'un groupement d'académies selon des modalités fixées par arrêté du ministre chargé de l'éducation.

Art. D. 338-41 Les sujets d'examen sont choisis par le ministre ou, par délégation de celui-ci, par le recteur.

Art. D. 338-42 Pour chaque session, il est constitué dans l'académie ou le groupement d'académies un jury dont les membres sont nommés par arrêté du recteur ou des recteurs *(Décr. n° 2019-1558 du 30 déc. 2019, art. 3)* « d'académie » concernés.

Ce jury est composé d'enseignants de langue appartenant à l'enseignement public ou privé sous contrat, d'un ou de plusieurs représentants des professions intéressées par le diplôme et d'au moins un des examinateurs de chaque centre agréé par le recteur *(Décr. n° 2019-1558 du 30 déc. 2019, art. 3)* « d'académie ».

Il est présidé par un *(Décr. n° 2020-1677 du 23 déc. 2020, art. 1er)* « inspecteur général de l'éducation, du sport et de la recherche », ou par un inspecteur d'académie, inspecteur pédagogique régional, ou par un enseignant-chercheur.

SECTION V DIPLÔMES D'INITIATION AUX ACTIVITÉS AÉRONAUTIQUES ET SPATIALES

(Décr. n° 2015-193 du 19 févr. 2015)

Art. D. 338-43 Le brevet d'initiation aéronautique est un diplôme qui valide un niveau d'initiation à la culture scientifique et technique dans le domaine de l'aéronautique et du spatial.

Art. D. 338-44 Le certificat d'aptitude à l'enseignement aéronautique est un diplôme qui valide un niveau de connaissances et de compétences nécessaires à un enseignement d'initiation à la culture scientifique et technique dans le domaine de l'aéronautique et du spatial. Il s'adresse aux personnes majeures.

Art. D. 338-45 Les conditions de délivrance du brevet d'initiation aéronautique et du certificat d'aptitude à l'enseignement aéronautique, la composition du jury et le règlement particulier de ces examens sont arrêtés conjointement par le ministre chargé de l'éducation et par le ministre chargé de l'aviation civile. Les programmes d'enseignement et le niveau des connaissances exigées sont arrêtés par le ministre chargé de l'éducation, sur proposition du ministre chargé de l'aviation civile.

Art. D. 338-46 Le *(Décr. n° 2019-1558 du 30 déc. 2019, art. 9)* « recteur d'académie » coordonne, dans l'académie, l'organisation des formations au brevet d'initiation aéronautique et au certificat d'aptitude à l'enseignement aéronautique et des activités associées. Il organise les examens du brevet d'initiation aéronautique et du certificat d'aptitude à l'enseignement aéronautique et délivre les diplômes correspondants. Il favorise la sensibilisation aux activités en milieu associatif et aux débouchés professionnels qu'offrent l'aéronautique et l'espace.

Art. D. 338-47 La formation au brevet d'initiation aéronautique est assurée par une personne titulaire du certificat d'aptitude à l'enseignement aéronautique. En tant que de besoin, cette dernière peut se faire assister, avec l'accord du chef de l'établissement où se déroule la formation, par toute personne qualifiée dans le domaine des sciences et techniques aéronautiques et spatiales.

SECTION VI DIPLÔMES D'INITIATION À LA MER

(Décr. n° 2020-1158 du 21 sept. 2020, art. 1er)

Art. D. 338-48 Le brevet d'initiation à la mer est un diplôme qui valide un niveau d'initiation aux activités professionnelles et à la culture scientifique et technique dans le domaine de la mer.

Art. D. 338-49 Le certificat d'aptitude à l'enseignement d'initiation à la mer est un diplôme qui valide les connaissances et les compétences nécessaires à un enseignement d'initiation aux activités de la mer. Il s'adresse aux personnes majeures.

Art. D. 338-50 Les conditions de délivrance du brevet d'initiation à la mer et du certificat d'aptitude à l'enseignement d'initiation à la mer, la composition du jury, le règlement particulier de ces examens, les programmes d'enseignement et le niveau des compétences et des connaissances requis sont arrêtés conjointement par le ministre des armées, le ministre chargé de l'éducation et le ministre chargé de la mer.

Sur le brevet d'initiation à la mer, V. Arr. du 21 sept. 2020 ; sur le certificat d'aptitude à l'enseignement d'initiation à la mer, V. Arr. du 21 sept. 2020.

Art. D. 338-51 Le recteur d'académie coordonne, dans l'académie, l'organisation des formations au brevet d'initiation à la mer et au certificat d'aptitude à l'enseignement d'initiation à la mer. Il organise les examens et délivre ces deux diplômes au nom du ministre des armées et des ministres chargés de l'éducation nationale et de la mer.

Il favorise la sensibilisation aux activités en milieu associatif et aux débouchés professionnels qu'offre la mer, en lien avec le service du recrutement de la marine nationale et les directeurs interrégionaux de la mer ou l'autorité compétente outre-mer.

Art. D. 338-52 La formation au brevet d'initiation à la mer est assurée par une personne titulaire du certificat d'aptitude à l'enseignement d'initiation à la mer. En tant que de besoin, cette dernière peut se faire assister, avec l'accord du chef de l'établissement où se déroule la formation, par toute personne qualifiée dans le domaine des activités de la mer.

Cet art. entre en vigueur le 1er sept. 2023 (Décr. n° 2020-1158 du 21 sept. 2020, art. 3).

TITRE QUATRIÈME L'ENSEIGNEMENT AGRICOLE ET MARITIME

CHAPITRE PREMIER L'ENSEIGNEMENT AGRICOLE

SECTION PREMIÈRE L'ORIENTATION DES ÉLÈVES

SOUS-SECTION 1 L'ORIENTATION DES ÉLÈVES DANS LES ÉTABLISSEMENTS D'ENSEIGNEMENT AGRICOLE PUBLICS

Art. D. 341-1 L'orientation est le résultat du processus continu d'élaboration et de réalisation du projet personnel de formation et d'insertion sociale et professionnelle que l'élève mène en fonction de ses aspirations et de ses capacités. La *(Décr. n° 2014-1377 du 18 nov. 2014, art. 33)* « participation » de l'élève garantit le caractère personnel de son projet.

Ce processus est conduit avec l'aide des parents de l'élève, de l'établissement scolaire, des personnels enseignants, d'éducation et de santé scolaire. Des intervenants extérieurs au système éducatif apportent leur contribution aux actions d'information préparatoires à l'orientation.

(Décr. n° 2014-1377 du 18 nov. 2014, art. 33) « Ce processus prend appui sur le suivi du parcours scolaire de l'élève, qui inclut notamment l'évaluation de la progression de ses acquis, sur son information et celle de ses représentants légaux et sur le dialogue entre ces derniers et les membres de l'équipe éducative. Il se situe dans une perspective de développement des potentialités de l'élève et d'égalité d'accès des filles et des garçons aux formations. »

Art. D. 341-2 *(Décr. n° 2014-1377 du 18 nov. 2014, art. 34)* « Le suivi de l'élève est réalisé dans l'établissement scolaire par les personnels enseignants avec le concours des personnels d'éducation qui mettent en œuvre leurs compétences spécifiques. Sous la présidence du chef d'établissement, l'équipe pédagogique, à laquelle collabore le conseiller principal d'éducation, établit, sous la responsabilité du professeur principal, ou d'un autre membre de l'équipe pédagogique, une synthèse du suivi, régulièrement transmise à l'élève et à ses représentants légaux.

« Elle leur propose à cette occasion les objectifs et modalités pédagogiques permettant l'élaboration puis la réalisation du projet personnel de l'élève. »

Art. D. 341-3 *(Décr. n° 2015-1929 du 31 déc. 2015, art. 19)* L'évaluation des acquis de l'élève, menée en référence au socle commun de connaissances, de compétences et de culture pour les élèves des classes de quatrième et de troisième, est réalisée par l'équipe pédagogique. Elle a pour fonction d'aider l'élève à progresser et de rendre compte de ses acquis. Les élèves ainsi que les parents ou le responsable légal sont informés des objectifs, des modalités et des résultats de cette évaluation.

Le bilan des acquis est régulièrement communiqué à l'élève et à ses représentants légaux par le chef d'établissement ou, en son nom, par le professeur principal. En fonction de ce bilan, l'équipe pédagogique propose, le cas échéant, des modalités d'accompagnement afin de permettre à l'élève d'atteindre les objectifs du cycle.

Pour les élèves des classes de quatrième et de troisième, ces éléments sont consignés dans le livret scolaire, conformément à l'article D. 311-7.

Au lycée, les synthèses du suivi et les bilans des évaluations sont conservés dans le dossier scolaire de l'élève.

Art. D. 341-4 *(Décr. n° 2019-218 du 21 mars 2019, art. 10)* « Conformément au cadre national de référence établi conjointement par l'État et les régions pendant la scolarité en collège et en lycée, les régions organisent, en lien avec les services de l'État, des actions d'information sur les formations, les métiers et sur la carte des formations qui y préparent. Dans le cadre de l'accompagnement au choix de l'orientation[,] les psychologues de l'éducation nationale, les conseillers principaux d'éducation et les enseignants participent à la diffusion de cette information et à son appropriation par les élèves et leurs représentants légaux. »

L'information prend place pendant le temps de présence des élèves dans l'établissement scolaire et fait l'objet d'un programme annuel ou pluriannuel *(Décr. n° 2019-218 du 21 mars 2019, art. 10)* « élaboré en lien avec la région et » approuvé par le conseil d'administration sur proposition du chef d'établissement. Celui-ci procède préalablement aux consultations nécessaires, notamment à celles des équipes pédagogiques et du conseil des délégués des élèves.

L'établissement scolaire entretient *(Décr. n° 2019-218 du 21 mars 2019, art. 10)* « , en lien avec la région, » des contacts avec les organisations professionnelles et les entreprises partenaires de la communauté éducative afin de faciliter leur participation à l'information.

Le conseil de classe est informé chaque année de la carte des formations.

Art. D. 341-5 Afin de permettre l'élaboration et la réalisation du projet personnel de l'élève, le chef d'établissement facilite le dialogue entre l'élève et ses parents, les enseignants et les personnels d'éducation. Après avoir procédé aux consultations nécessaires, notamment celle des équipes pédagogiques, le chef d'établissement propose, chaque année, à l'approbation du conseil d'administration des orientations relatives au programme des rencontres utiles à la conduite du dialogue. – *[Décr. n° 92-920 du 7 sept. 1992, art. 5.]*

Art. D. 341-6 Les interventions des *(Décr. n° 2019-218 du 21 mars 2019, art. 8)* « psychologues de l'éducation nationale » peuvent être mises en œuvre grâce à une concertation entre les établissements et le centre d'information et d'orientation.

Art. D. 341-7 *(Décr. n° 2010-100 du 27 janv. 2010, art. 13)* « A l'intérieur du cycle terminal de la voie générale et de la voie technologique du lycée, un changement de voie d'orientation peut être réalisé, en cours ou en fin d'année, sur demande écrite des *(Décr. n° 2014-1377 du 18 nov. 2014, art. 36)* « représentants » légaux ou de l'élève majeur, après avis du conseil de classe. Lorsque ce changement a lieu à l'intérieur du même établissement, il est prononcé par le chef d'établissement dans le délai d'un mois qui suit la demande. Lorsque le changement implique l'affectation dans un autre établissement, il est prononcé dans les conditions fixées à l'article D. 341-16. »

Art. D. 341-8 Au cours de l'année terminale de chaque cycle, le conseil de classe procède à un bilan afin de déterminer si l'élève a atteint les objectifs du cycle considéré. Le résultat de ce bilan est communiqué à l'élève et à ses parents par le professeur principal. – *[Décr. n° 92-920 du 7 sept. 1992, art. 8.]*

Art. D. 341-9 En fonction du bilan mentionné à l'article précédent, de l'information fournie et des résultats du dialogue avec les membres de l'équipe éducative, les parents de l'élève ou l'élève majeur formulent des demandes d'orientation, dans le cadre des voies d'orientation définies par l'arrêté mentionné à l'article D. 341-14.

Art. D. 341-10 Les demandes d'orientation sont examinées par le conseil de classe qui prend en compte l'ensemble des informations réunies par ses membres sur chaque élève ainsi que les éléments fournis par l'équipe pédagogique dans les conditions précisées par *(Décr. n° 2009-224 du 24 févr. 2009, art. 1er)* « les dispositions réglementaires du livre VIII du code rural et de la pêche maritime relatives » aux établissements publics locaux d'enseignement et de formation professionnelle agricoles. Le conseil de classe émet des propositions d'orientation dans le cadre des voies d'orientation définies par l'arrêté mentionné à l'article D. 341-14.

(Décr. n° 2010-100 du 27 janv. 2010, art. 14) « Lorsque ces propositions ne sont pas conformes aux demandes, le conseil de classe peut recommander que l'élève suive un dispositif de remise à niveau. »

Lorsque les parents d'un élève ou un élève majeur manifestent leur intention d'interrompre les études en cours de cycle ou avant la présentation au diplôme de fin de cycle, le conseil de classe prend toutes dispositions pour les inciter à achever le cycle et, si besoin est, pour les informer sur les possibilités de formation, y compris le retour ultérieur en formation initiale. L'avis de l'élève mineur est recueilli.

Art. D. 341-11 Lorsque les propositions d'orientation sont conformes aux demandes, le chef d'établissement prend ses décisions conformément aux propositions du conseil de classe et les notifie aux parents de l'élève ou à l'élève majeur. – *[Décr. n° 92-920 du 7 sept. 1992, art. 11.]*

Art. D. 341-12 Lorsque les propositions d'orientation ne sont pas conformes aux demandes, le chef d'établissement, ou son représentant, reçoit l'élève et ses parents ou l'élève majeur, afin de les informer des propositions du conseil de classe et de recueillir leurs observations. *(Décr. n° 2010-100 du 27 janv. 2010, art. 15)* « Le chef d'établissement présente, à cette occasion, les recommandations émises par le conseil de classe dans les conditions définies à l'article D. 341-10. »

Le chef d'établissement prend ensuite les décisions d'orientation dont il informe l'équipe pédagogique, et les notifie aux parents de l'élève ou à l'élève majeur.

(Décr. n° 2014-1377 du 18 nov. 2014, art. 39) « Le chef d'établissement peut conseiller, notamment quand le conseil de classe l'a recommandé, à l'élève et à ses représentants légaux que celui-ci suive un dispositif de remise à niveau. »

Les décisions non conformes aux demandes font l'objet de motivations signées par le chef d'établissement.

Les motivations comportent des éléments objectifs ayant fondé les décisions, en termes de connaissances, de capacités et d'intérêts. Elles sont adressées aux parents de l'élève ou à l'élève majeur qui font savoir au chef d'établissement s'ils acceptent les décisions ou s'ils en font appel, dans un délai de trois jours ouvrables à compter de la réception de la notification de ces décisions ainsi motivées.

Art. D. 341-13 En cas d'appel, le chef d'établissement transmet à la commission d'appel les décisions motivées ainsi que tous éléments susceptibles d'éclairer cette instance. Les parents de l'élève ou l'élève majeur qui le demandent sont entendus par la commission. L'élève mineur peut être entendu à sa demande, avec l'accord de ses parents.

Les décisions prises par la commission d'appel valent décisions d'orientation définitives.

(Décr. n° 2014-1377 du 18 nov. 2014, art. 40) « Pour les élèves des classes de troisième et de seconde, lorsque la décision d'orientation définitive n'obtient pas l'assentiment des représentants légaux de l'élève ou de l'élève majeur, ceux-ci peuvent demander le maintien dans le niveau de classe d'origine, conformément aux dispositions de l'article D. 341-15. »

La commission d'appel est présidée par le directeur régional de l'alimentation, de l'agriculture et de la forêt ou son représentant. Elle comprend des chefs d'établissement, des enseignants, des parents d'élèves, des délégués des élèves, des personnels d'éducation nommés par le directeur régional de l'alimentation, de l'agriculture et de la forêt et un représentant *(Décr. n° 2012-16 du 5 janv. 2012, art. 7)* « du service départemental de l'éducation nationale » sur proposition du *(Décr. n° 2019-1558 du 30 déc. 2019, art. 9)* « recteur d'académie ».

La composition et le fonctionnement de la commission d'appel sont précisés par arrêté du ministre chargé de l'agriculture et du ministre chargé de l'éducation.

Art. D. 341-14 Les demandes d'orientation, les propositions d'orientation et les décisions d'orientation sont formulées dans le cadre des voies d'orientation définies par arrêté du ministre chargé de l'agriculture.

Les voies d'orientation ainsi définies n'excluent pas des parcours scolaires différents pour des cas particuliers sous réserve que soient assurés les aménagements pédagogiques adéquats.

Ils ne peuvent être suivis qu'à la demande ou avec l'accord de la famille ou de l'élève majeur et sont autorisés par le chef d'établissement après consultation des conseils des classes d'origine et d'accueil.

(Décr. n° 2009-224 du 24 févr. 2009, art. 1er) « Pour les voies d'orientation correspondant aux enseignements professionnels agricoles, les demandes d'orientation peuvent porter sur *(Décr. n° 2019-370 du 25 avr. 2019, art. 1er)* « une ou plusieurs familles de métiers et spécialités professionnelles ». De même, les propositions d'orientation et les décisions d'orientation peuvent inclure à titre de conseil » *(Décr. n° 2019-370 du 25 avr. 2019, art. 1er)* « une ou plusieurs familles de métiers et spécialités professionnelles ».

Art. D. 341-15 Lorsque les parents de l'élève ou l'élève majeur n'obtiennent pas satisfaction pour les voies d'orientation demandées, ils peuvent, de droit, obtenir le maintien de l'élève dans sa classe d'origine pour la durée d'une seule année scolaire. – *[Décr. n° 92-920 du 7 sept. 1992, art. 15.]*

Art. D. 341-16 *(Décr. n° 2009-224 du 24 févr. 2009, art. 1er)* « Le choix des enseignements optionnels, *(Décr. n° 2019-370 du 25 avr. 2019, art. 2)* « familles de métiers » et spécialités d'une voie d'orientation incombe aux parents de l'élève ou à l'élève majeur, éclairés par le dialogue avec les membres de l'équipe éducative et par l'avis du conseil de classe. » L'affectation de l'élève à l'issue d'un cycle dans la voie d'orientation du cycle supérieur est réalisée en fonction des décisions d'orientation et des choix des parents de l'élève ou de l'élève majeur.

Le changement d'établissement en cours de cycle de formation est autorisé par le chef d'établissement d'accueil. L'élève est scolarisé dans la même voie d'orientation *(Décr. n° 2010-100 du 27 janv. 2010, art. 16)* « ou dans une voie d'orientation différente, en vertu d'un changement prononcé dans les conditions définies au deuxième alinéa de l'article D. 341-7 » et compte tenu de la formation déjà reçue.

Art. D. 341-17 Les décisions d'orientation prises dans l'enseignement public sont applicables dans les établissements d'enseignement privés sous contrat. L'admission d'élèves de l'enseignement public dans les établissements d'enseignement privés sous contrat est réalisée en fonction des décisions prises à leur égard.

Les décisions prises par les établissements d'enseignement privés sous contrat sont applicables dans l'enseignement public.

L'admission d'élèves des établissements d'enseignement privés sous contrat dans l'enseignement public est réalisée en fonction des décisions prises à leur égard. Les dossiers des élèves issus de l'enseignement public et ceux des élèves issus des établissements d'enseignement privés sous contrat sont examinés par la même commission lors de l'affectation.

Art. D. 341-18 La continuité éducative entre les cycles est assurée notamment au moyen de la transmission de bilans pédagogiques, de rencontres et d'échanges entre enseignants et élèves des cycles concernés. – *[Décr. n° 92-920 du 7 sept. 1992, art. 18.]*

Art. D. 341-19 *(Décr. n° 2009-224 du 24 févr. 2009, art. 1er)* Sous réserve des choix relatifs à la poursuite d'un enseignement optionnel ou de spécialité *(Décr. n° 2010-100 du 27 janv. 2010, art. 17)* « ou d'un changement de voie d'orientation, conformément aux dispositions de l'article D. 341-16, ou en raison de décisions à caractère disciplinaire », tout élève admis dans un cycle de formation devra pouvoir parcourir la totalité de ce cycle dans un ou plusieurs établissements scolaires. Lorsqu'un changement d'établissement scolaire est nécessaire en cours de cycle, la famille ou l'élève majeur sont informés préalablement au début du cycle.

Art. D. 341-20 *(Décr. n° 2015-1351 du 26 oct. 2015, art. 3)* Tout élève ayant échoué à l'examen du brevet de technicien supérieur agricole, du brevet de technicien agricole, du baccalauréat, du brevet d'études professionnelles agricoles ou du certificat d'aptitude professionnelle agricole se voit offrir, à la rentrée scolaire qui suit cet échec, en vue de préparer cet examen, le droit à une nouvelle inscription dans l'établissement dont il est issu, le cas échéant selon des modalités adaptées au niveau des connaissances et compétences qu'il a acquises dans les matières d'enseignement correspondant aux épreuves de l'examen. Ce droit ne s'exerce qu'une seule fois. Lorsqu'il est demandé par l'élève, le changement éventuel d'établissement scolaire relève de la compétence du directeur régional de l'alimentation, de l'agriculture et de la forêt.

Art. D. 341-21 Le projet d'établissement comporte des dispositions relatives au dialogue et à l'information nécessaires ainsi qu'à l'orientation.

Les actions menées dans l'établissement scolaire en matière de dialogue, d'information, de préparation de l'orientation ainsi que les résultats de l'orientation et de l'affectation figurent dans le rapport annuel prévu par *(Décr. n° 2009-224 du 24 févr. 2009, art. 1er)* « l'article R. 811-23 du code rural et de la pêche maritime. »

Art. D. 341-22 Les actions menées en matière d'information des élèves, les évolutions générales constatées dans les flux d'orientation et les résultats de l'affectation dans la région font l'objet d'un rapport annuel présenté par le directeur régional de l'alimentation, de l'agriculture et de la forêt au comité régional de l'enseignement agricole. – *[Décr. n° 92-920 du 7 sept. 1992, art. 22.]*

SOUS-SECTION 2 L'ORIENTATION DES ÉLÈVES DANS LES ÉTABLISSEMENTS D'ENSEIGNEMENT AGRICOLE PRIVÉS SOUS CONTRAT

Art. D. 341-23 L'orientation est le résultat du processus continu d'élaboration et de réalisation du projet personnel de formation et d'insertion sociale et professionnelle que l'élève mène en fonction de ses aspirations et de ses capacités. La *(Décr. n° 2014-1377 du 18 nov. 2014, art. 42)* « participation » de l'élève garantit le caractère personnel de son projet.

(Décr. n° 2014-1377 du 18 nov. 2014, art. 42) « Ce processus est conduit avec l'aide des représentants légaux de l'élève, des personnels concernés de l'établissement scolaire, notamment l'équipe de direction, des personnels enseignants, d'éducation et de santé.

« Ce processus prend appui sur le suivi du parcours scolaire de l'élève, qui inclut notamment l'évaluation de la progression de ses acquis, sur son information et celle de ses représentants légaux et sur le dialogue entre ces derniers et les membres de l'équipe éducative. Il se situe dans une perspective de développement des potentialités de l'élève et d'égalité d'accès des filles et des garçons aux formations. »

Art. D. 341-24 *(Décr. nº 2014-1377 du 18 nov. 2014, art. 43)* Le suivi de l'élève est réalisé par les personnels enseignants et les autres partenaires de la formation. L'équipe pédagogique, à laquelle collabore le conseiller principal d'éducation, établit, sous la responsabilité du professeur principal, ou d'un autre membre de l'équipe pédagogique, une synthèse du suivi, régulièrement transmise à l'élève et à ses représentants légaux. Elle leur propose à cette occasion les objectifs et modalités pédagogiques permettant l'élaboration puis la réalisation du projet personnel de l'élève.

Art. D. 341-25 *(Décr. nº 2015-1929 du 31 déc. 2015, art. 20)* L'évaluation des acquis de l'élève, menée en référence au socle commun de connaissances, de compétences et de culture pour les élèves des classes de quatrième et de troisième, est réalisée par l'équipe pédagogique. Elle a pour fonction d'aider l'élève à progresser et de rendre compte de ses acquis. Les élèves ainsi que les parents ou le responsable légal sont informés des objectifs, des modalités et des résultats de cette évaluation.

Le bilan des acquis est régulièrement communiqué à l'élève et à ses représentants légaux par le chef d'établissement ou, en son nom, par le professeur principal, ou par un membre de l'équipe pédagogique. En fonction de ce bilan, l'équipe pédagogique propose, le cas échéant, des modalités d'accompagnement afin de permettre à l'élève d'atteindre les objectifs du cycle.

Pour les élèves des classes de quatrième et de troisième, ces éléments sont consignés dans le livret scolaire, conformément à l'article D. 311-7.

Au lycée, les synthèses du suivi et les bilans des évaluations sont conservés dans le dossier scolaire de l'élève.

Art. D. 341-26 Le droit à l'information sur les enseignements et les professions est organisé à la diligence du chef d'établissement après consultation, notamment, des équipes pédagogiques *(Décr. nº 2019-218 du 21 mars 2019, art. 11)* « , en lien avec la région ». Le chef d'établissement et les équipes pédagogiques prennent toutes dispositions utiles pour permettre l'accès des élèves à cette information.

Art. D. 341-27 *(Décr. nº 2010-100 du 27 janv. 2010, art. 18)* « A l'intérieur du cycle terminal de la voie générale et de la voie technologique du lycée, un changement de voie d'orientation peut être réalisé, en cours ou en fin d'année, sur demande écrite des *(Décr. nº 2014-1377 du 18 nov. 2014, art. 45)* « représentants » légaux ou de l'élève majeur, après avis du conseil de classe. Lorsque ce changement a lieu à l'intérieur du même établissement, il est prononcé par le chef d'établissement dans le délai d'un mois qui suit la demande. Lorsque le changement implique l'affectation dans un autre établissement, il est prononcé dans les conditions fixées à l'article D. 341-36. »

Art. D. 341-28 Au cours de l'année terminale de chaque cycle, le conseil de la classe réuni sous la présidence du chef d'établissement procède à un bilan afin de déterminer si l'élève a atteint les objectifs du cycle considéré. Le résultat de ce bilan est communiqué à l'élève et à ses parents par le chef d'établissement ou, en son nom, par le professeur principal. – *[Décr. nº 92-921 du 7 sept. 1992, art. 6.]*

Art. D. 341-29 En fonction du bilan effectué selon le processus défini à l'article D. 341-23, les parents de l'élève ou l'élève majeur formulent des demandes d'orientation dans le cadre des voies d'orientation et des parcours définis conformément à l'arrêté prévu à l'article D. 341-14.

Art. D. 341-30 Le conseil de classe réuni sous la présidence du chef d'établissement formule des propositions d'orientation dans le cadre des voies d'orientation et des parcours définis conformément à l'arrêté prévu à l'article D. 341-14.

(Décr. nº 2010-100 du 27 janv. 2010, art. 19) « Lorsque ces propositions ne sont pas conformes aux demandes, le conseil de classe peut recommander que l'élève suive un dispositif de remise à niveau. »

Lorsque les parents d'un élève ou un élève majeur manifestent leur intention d'interrompre les études en cours de cycle ou avant la présentation au diplôme de fin de cycle, le conseil de classe prend toutes dispositions pour les inciter à achever le cycle et, si besoin est, pour les informer sur les possibilités de formation, y compris le retour ultérieur en formation initiale. L'avis de l'élève mineur est recueilli.

Art. D. 341-31 Lorsque les propositions d'orientation sont conformes aux demandes, le chef d'établissement prend ses décisions conformément aux propositions du conseil de la classe réuni sous sa présidence et les notifie aux parents de l'élève ou à l'élève majeur. — *[Décr. n° 92-921 du 7 sept. 1992, art. 9.]*

Art. D. 341-32 Lorsque les propositions d'orientation ne sont pas conformes aux demandes, le chef d'établissement ou son représentant reçoit l'élève et ses parents, ou l'élève majeur, pour les informer des propositions du conseil de la classe réuni sous sa présidence et recueillir leurs observations. *(Décr. n° 2010-100 du 27 janv. 2010, art. 20)* « Le chef d'établissement présente, à cette occasion, les recommandations émises par le conseil de classe dans les conditions définies à l'article D. 341-30 ».

Les décisions d'orientation sont ensuite prises par le chef d'établissement qui les notifie aux parents de l'élève ou à l'élève majeur.

(Décr. n° 2014-1377 du 18 nov. 2014, art. 48) « Le chef d'établissement peut conseiller, notamment quand le conseil de classe l'a recommandé, à l'élève et à ses représentants légaux que celui-ci suive un dispositif de remise à niveau. »

Les décisions non conformes aux demandes font l'objet de motivations signées par le chef d'établissement.

Les motivations comportent les éléments objectifs ayant fondé les décisions, en termes de connaissances, de capacités et d'intérêts. Elles sont adressées aux parents de l'élève ou à l'élève majeur qui font savoir au chef d'établissement s'ils acceptent les décisions ou s'ils en font appel, dans un délai de trois jours ouvrables à compter de la réception de la notification de ces décisions ainsi motivées.

Art. D. 341-33 La famille ou l'élève majeur doit pouvoir saisir une commission d'appel. En cas d'appel, le chef d'établissement transmet à la commission les décisions d'orientation motivées ainsi que tous les éléments susceptibles d'éclairer cette instance. La commission d'appel doit comprendre, pour les deux tiers au moins de ses membres, des chefs d'établissement, des professeurs, des représentants de parents d'élèves. Aucun membre de la commission ne doit siéger lorsque le dossier d'un de ses élèves ou de ses enfants est examiné. Les parents de l'élève ou l'élève majeur qui le demandent sont entendus par la commission. L'élève mineur peut être entendu à sa demande, avec l'accord de ses parents.

Les décisions prises par la commission d'appel valent décisions d'orientation définitives.

(Décr. n° 2014-1377 du 18 nov. 2014, art. 49) « Pour les élèves des classes de troisième et de seconde, lorsque la décision d'orientation définitive n'obtient pas l'assentiment des représentants légaux de l'élève ou de l'élève majeur, ceux-ci peuvent demander le maintien dans le niveau de classe d'origine, conformément aux dispositions de l'article D. 341-35. »

La composition et les règles de fonctionnement de la commission sont communiquées au directeur régional de l'alimentation, de l'agriculture et de la forêt.

Art. D. 341-34 Les demandes d'orientation, les propositions d'orientation et les décisions d'orientation sont formulées dans le cadre des voies d'orientation définies par arrêté du ministre chargé de l'agriculture.

Les voies d'orientation ainsi définies n'excluent pas des parcours scolaires différents pour des cas particuliers, sous réserve que soient assurés les aménagements pédagogiques adéquats.

Ils ne peuvent être suivis qu'à la demande ou avec l'accord de la famille ou de l'élève majeur et sont autorisés par le chef d'établissement après consultation des conseils des classes d'origine et d'accueil.

(Décr. n° 2009-224 du 24 févr. 2009, art. 1er) « Pour les voies d'orientation correspondant aux enseignements technologiques et professionnels agricoles, les demandes d'orientation peuvent porter sur *(Décr. n° 2019-370 du 25 avr. 2019, art. 1er)* « une ou plusieurs familles de métiers et spécialités professionnelles ». De même, les propositions d'orientation et les décisions d'orientation peuvent inclure à titre de conseil » *(Décr. n° 2019-370 du 25 avr. 2019, art. 1er)* « une ou plusieurs familles de métiers et spécialités professionnelles ».

Art. D. 341-35 Lorsque les parents de l'élève ou l'élève majeur n'obtiennent pas satisfaction pour les voies d'orientation demandées, ils peuvent, de droit, obtenir le maintien de l'élève dans sa classe d'origine pour la durée d'une seule année scolaire. – *[Décr. nº 92-921 du 7 sept. 1992, art. 13.]*

Art. D. 341-36 *(Décr. nº 2009-224 du 24 févr. 2009, art. 1er)* Le choix des enseignements optionnels, *(Décr. nº 2019-370 du 25 avr. 2019, art. 2)* « familles de métiers » et spécialités d'une voie d'orientation incombe aux parents de l'élève ou à l'élève majeur, éclairés par le dialogue avec les membres de l'équipe éducative et par l'avis du conseil de la classe réuni sous la présidence du chef d'établissement.

Art. D. 341-37 *(Décr. nº 2009-224 du 24 févr. 2009, art. 1er-7º)* Sous réserve des choix relatifs à la poursuite d'un enseignement optionnel ou de spécialité *(Décr. nº 2010-100 du 27 janv. 2010, art. 21)* « ou d'un changement de voie d'orientation, conformément aux dispositions de l'article D. 341-36, ou en raison de décisions à caractère disciplinaire » et des dispositions prévues à l'article R. 813-44 du code rural et de la pêche maritime, tout élève admis dans un cycle de formation devra pouvoir parcourir la totalité de ce cycle dans un ou plusieurs établissements scolaires. Lorsqu'un changement d'établissement scolaire est nécessaire en cours de cycle, la famille ou l'élève majeur sont informés préalablement au début du cycle.

Art. D. 341-38 Les décisions d'orientation prises dans l'enseignement public sont applicables dans les établissements d'enseignement privés sous contrat. L'admission d'élèves de l'enseignement public dans les établissements d'enseignement privés sous contrat est réalisée en fonction des décisions prises à leur égard.

Les décisions prises par les établissements d'enseignement privés sous contrat sont applicables dans l'enseignement public.

L'admission d'élèves des établissements d'enseignement privés sous contrat dans l'enseignement public est réalisée en fonction des décisions prises à leur égard. Les dossiers des élèves issus de l'enseignement public et ceux des élèves issus des établissements d'enseignement privés sous contrat sont examinés par la même commission lors de l'affectation.

Art. D. 341-39 *(Décr. nº 2015-1351 du 26 oct. 2015, art. 4)* Tout élève ayant échoué à l'examen du brevet de technicien supérieur agricole, du brevet de technicien agricole, du baccalauréat, du brevet d'études professionnelles agricoles ou du certificat d'aptitude professionnelle agricole se voit offrir, à la rentrée scolaire qui suit cet échec, en vue de préparer cet examen, le droit à une nouvelle inscription dans l'établissement dont il est issu, le cas échéant selon des modalités adaptées au niveau des connaissances et compétences qu'il a acquises dans les matières d'enseignement correspondant aux épreuves de l'examen. Ce droit ne s'exerce qu'une seule fois.

SECTION II LES ENSEIGNEMENTS ET LES DIPLÔMES

Art. R. 341-40 Les règles relatives aux enseignements et à la *(Décr. nº 2011-191 du 17 févr. 2011, art. 3)* « formation professionnelle publics aux métiers de l'agriculture, de la forêt, de la nature et des territoires » ainsi qu'aux diplômes les sanctionnant sont fixées au chapitre Ier du titre Ier du livre VIII de la partie réglementaire du code rural et de la pêche maritime.

Art. D. 341-41 Les dispositions des articles D. 332-16 à D. 332-22 sont étendues aux candidats des établissements d'enseignement agricole. – *[Décr. nº 87-370 du 4 juin 1987, art. 1er.]*

Art. D. 341-42 *(Décr. nº 2015-1929 du 31 déc. 2015, art. 21)* Pour les candidats scolaires issus des classes de troisième des établissements d'enseignement agricole publics et privés ayant passé avec l'État les contrats prévus aux articles L. 813-1 et L. 813-3 du code rural et de la pêche maritime, le diplôme national du brevet est attribué sur la base de l'évaluation du niveau de maîtrise de chacune des composantes du premier domaine et de chacun des quatre autres domaines du socle commun de connaissances, de compétences et de culture, conformément aux articles D. 122-3, D. 341-3 et D. 341-25, ainsi que des notes obtenues à un examen.

Art. D. 341-43 *(Décr. n° 2015-1929 du 31 déc. 2015, art. 22)* Pour les candidats issus de l'enseignement agricole non mentionnés à l'article D. 341-42, le diplôme national du brevet est délivré au vu des résultats obtenus à un examen.

Art. D. 341-44 *(Décr. n° 2015-1929 du 31 déc. 2015, art. 23)* Le jury défini par l'article D. 332-19 s'adjoint des enseignants des établissements d'enseignement agricole publics et privés ayant passé avec l'État les contrats prévus aux articles L. 813-1 et L. 813-3 du code rural et de la pêche maritime.

Art. D. 341-45 Les modalités d'application des articles D. 341-41 à D. 341-44 sont fixées par arrêté des ministres chargés de l'éducation et de l'agriculture. – *[Décr. n° 87-370 du 4 juin 1987, art. 7.]*

Art. D. 341-46 *Abrogé par Décr. n° 2014-29 du 14 janv. 2014, art. 1er.*

CHAPITRE II L'ENSEIGNEMENT MARITIME

SECTION PREMIÈRE LA FORMATION PROFESSIONNELLE MARITIME

Art. R. 342-1 La formation professionnelle maritime a pour objet de former le personnel qualifié, autre que le personnel du service de santé, nécessaire à l'armement des navires de commerce, de pêche ou de plaisance ainsi que le personnel des entreprises de cultures marines. – *[Décr. n° 85-378 du 27 mars 1985, art. 1er.]*

Art. R. 342-2 La formation professionnelle maritime relève du ministre chargé de la mer. Elle est mise en œuvre dans le cadre de la politique de formation professionnelle défini par le ministre chargé de la formation professionnelle.

(Décr. n° 2019-640 du 25 juin 2019, art. 14) « Elle est dispensée dans les établissements de formation professionnelle maritime qui comprennent l'École nationale supérieure maritime, les lycées professionnels maritimes et les établissements mentionnés au I de l'article L. 5547-3 du code des transports, agréés dans les conditions prévues au décret n° 2019-640 du 25 juin 2019 relatif à l'agrément des organismes de formation professionnelle maritime. Des établissements d'enseignement autres que les établissements ou organismes précités peuvent également concourir à la formation maritime selon des modalités fixées par arrêté des ministres chargés de la mer et de l'éducation et, le cas échéant, du ministre chargé de l'agriculture. »

En application de l'art. L. 231-5 CRPA, et par exception à l'application du délai de 2 mois prévu à l'art. L. 231-1 du même code, le délai à l'expiration duquel le silence gardé par l'administration vaut décision d'acceptation est fixé à 6 mois pour une demande d'agrément des prestataires de formation professionnelle maritime (Décr. n° 2014-1272 du 23 oct. 2014, art. 1er).

Art. R. 342-3 *(Décr. n° 2009-553 du 15 mai 2009, art. 5)* L'organisation des examens et concours ainsi que les programmes d'enseignement sont déterminés par arrêté du ministre chargé de la mer. Cet arrêté est pris conjointement avec le ministre chargé de l'éducation lorsque le diplôme en cause est l'un des diplômes nationaux sanctionnant une formation professionnelle du second degré mentionnée à l'article L. 337-1.

Art. R. 342-4 *(Décr. n° 2019-640 du 25 juin 2019, art. 14)* A l'École nationale supérieure maritime et dans les lycées professionnels maritimes, l'enseignement est assuré par :

1° Des professeurs de l'enseignement maritime ;

2° Des administrateurs des affaires maritimes ;

3° Des professeurs techniques de l'enseignement maritime ;

4° Des professeurs des corps enseignants relevant du ministère chargé de l'agriculture ;

5° En tant que de besoin, pour assurer des cours ou travaux pratiques, des professeurs appartenant aux cadres du ministère de l'éducation nationale ou du ministère chargé de l'enseignement supérieur ou des personnes qualifiées.

Art. R. 342-5 Les titres qui sanctionnent la formation professionnelle maritime peuvent comporter, selon des modalités qui sont précisées par arrêté des ministres chargés de la mer et de l'éducation, des équivalences avec les titres de niveau correspondant délivrés par le ministre chargé de l'éducation. – *[Décr. n° 85-378 du 27 mars 1985, art. 6.]*

Art. R. 342-6 *Abrogé par Décr. n° 2019-640 du 25 juin 2019, art. 14.*

SECTION II LES TITRES DE FORMATION PROFESSIONNELLE MARITIME

Art. D. 342-7 Les titres de formation professionnelle maritime permettent à leurs titulaires d'exercer les fonctions définies dans le *(Décr. n° 2015-723 du 24 juin 2015, art. 44)* « décret n° 2015-723 du 24 juin 2015 relatif à la délivrance des titres de formation professionnelle maritime et aux conditions d'exercice de fonctions à bord des navires armés au commerce, à la plaisance, à la pêche et aux cultures marines ».

Ces titres sont délivrés conformément aux dispositions de ce décret.

Art. R. 342-8 *(Décr. n° 2009-553 du 15 mai 2009, art. 5)* Les titres de formation professionnelle maritime sont définis dans *(Décr. n° 2015-723 du 24 juin 2015, art. 44)* « le décret n° 2015-723 du 24 juin 2015 relatif à la délivrance des titres de formation professionnelle maritime et aux conditions d'exercice de fonctions à bord des navires armés au commerce, à la plaisance, à la pêche et aux cultures marines ».

TITRE CINQUIÈME LES ENSEIGNEMENTS POUR LES ENFANTS ET ADOLESCENTS HANDICAPÉS

CHAPITRE PREMIER SCOLARITÉ

SECTION PREMIÈRE DISPOSITIONS GÉNÉRALES

Art. D. 351-1 En complément des dispositions prévues au présent chapitre, les règles relatives aux formations aménagées pour les élèves des écoles, des collèges et des lycées présentant un handicap ou un trouble de la santé invalidant sont fixées respectivement aux articles D. 321-4, D. 321-5, D. 332-8 et D. 333-10.

Art. R. 351-2 Les règles relatives aux compétences, à la composition et au fonctionnement de la Commission des droits et de l'autonomie des personnes handicapées sont fixées par les articles L. 241-6 et R. 241-24 à R. 241-34 du code de l'action sociale et des familles.

(Décr. n° 2010-366 du 9 avr. 2010, art. 2) « Pour l'application à Saint-Pierre-et-Miquelon des articles D. 351-8, D. 351-14, R. 351-21, R. 351-24 et R. 351-25, les mots : "maison départementale des personnes handicapées" sont remplacés par les mots : "maison territoriale de l'autonomie". »

SECTION II LE PARCOURS DE FORMATION DES ÉLÈVES PRÉSENTANT UN HANDICAP

SOUS-SECTION 1 ORGANISATION DE LA SCOLARITÉ

Art. D. 351-3 Tout enfant ou adolescent présentant un handicap tel que défini à l'article L. 114 du code de l'action sociale et des familles est inscrit dans une école ou dans l'un des établissements mentionnés au premier alinéa de l'article L. 351-1 du présent code, le plus proche de son domicile. Cette école ou cet établissement constitue son établissement de référence. – *[Décr. n° 2005-1752 du 30 déc. 2005, art. 1er, al. 1er.]*

Art. D. 351-4 Le parcours de formation de l'élève s'effectue en priorité en milieu scolaire ordinaire, dans son établissement scolaire de référence ou, le cas échéant, dans une autre école ou un autre des établissements scolaires mentionnés au premier alinéa de l'article L. 351-1 du présent code où l'élève est inscrit si son projet personnalisé de scolarisation, mentionné à l'article D. 351-5 du présent code, rend nécessaire le recours à un dispositif adapté.

L'élève reste inscrit dans son établissement scolaire de référence s'il est contraint d'interrompre momentanément sa scolarité en raison de son état de santé et de recevoir un enseignement à domicile, en ayant recours, si besoin, à des modalités aménagées d'enseignement à distance.

Il reste également inscrit dans son établissement scolaire de référence lorsqu'il est accueilli dans l'un des établissements *(Décr. n° 2009-378 du 2 avr. 2009, art. 9)* « ou des services » mentionnés au 2° *(Décr. n° 2014-1485 du 11 déc. 2014, art. 2)* « et au 12° » du I de l'article L. 312-1 du code de l'action sociale et des familles *(Décr. n° 2014-1485 du 11 déc. 2014, art. 2)* « ou dans l'un des établissements mentionnés aux titres IV et VI du » livre Ier de la sixième partie du code de la santé publique.

Sa scolarité peut alors s'effectuer, soit dans l'unité d'enseignement, définie à l'article D. 351-17 du présent code, de l'établissement dans lequel il est accueilli, soit à temps partagés dans cette unité d'enseignement et dans son établissement scolaire de référence, soit à temps partagés dans cette unité d'enseignement et dans l'une des écoles ou l'un des établissements scolaires avec lesquels l'établissement d'accueil met en œuvre une coopération dans les conditions prévues par la convention mentionnée à l'article D. 351-18 du présent code. Dans ce dernier cas, l'élève peut être inscrit dans cette école ou cet établissement scolaire.

Dans tous les cas, les modalités de déroulement de sa scolarité sont précisées dans son projet personnalisé de scolarisation ou dans son projet d'accueil individualisé, *(Décr. n° 2014-1485 du 11 déc. 2014, art. 2)* « définis respectivement aux articles D. 351-5 et D. 351-9 du présent code ». Ce projet définit, le cas échéant, les *(Décr. n° 2014-1485 du 11 déc. 2014, art. 2)* « modalités » du retour de l'élève dans son établissement scolaire de référence.

Art. D. 351-5 Un projet personnalisé de scolarisation définit *(Décr. n° 2014-1485 du 11 déc. 2014, art. 3)* « et coordonne » les modalités de déroulement de la scolarité et les actions pédagogiques, psychologiques, éducatives, sociales, médicales et paramédicales répondant aux besoins particuliers des élèves présentant un handicap.

(Décr. n° 2014-1485 du 11 déc. 2014, art. 3) « Il est rédigé conformément au modèle défini par arrêté conjoint des ministres chargés de l'éducation nationale, de l'agriculture et des personnes handicapées, et comprend :

« – la mention du ou des établissements où l'élève est effectivement scolarisé en application de l'article D. 351-4 ;

« – les objectifs pédagogiques définis par référence au socle commun de connaissances, de compétences et de culture mentionné à l'article L. 122-1-1 et au contenu ou référentiel de la formation suivie au vu des besoins de l'élève ; ces objectifs tiennent compte de l'éventuelle nécessité d'adapter la scolarisation de l'élève en fonction des actions mentionnées au premier alinéa du présent article ;

« – les décisions de la commission des droits et de l'autonomie des personnes handicapées dans les domaines relatifs au parcours de formation mentionnés à l'article D. 351-7 ;

« – les préconisations utiles à la mise en œuvre de ce projet.

« Le projet personnalisé de scolarisation est révisé au moins à chaque changement de cycle ou d'orientation scolaire. »

Art. D. 351-6 L'équipe pluridisciplinaire, mentionnée à l'article L. 146-8 du code de l'action sociale et des familles, élabore le projet personnalisé de scolarisation, à la demande de l'élève handicapé majeur, ou *(Décr. n° 2014-1485 du 11 déc. 2014, art. 4)* « , s'il est mineur, » de ses parents ou de son représentant légal, et après avoir pris connaissance *(Décr. n° 2014-1485 du 11 déc. 2014, art. 4)* « du projet de formation de l'élève et des conditions de déroulement de sa scolarité ».

Pour conduire l'évaluation prévue à l'article R. 146-29 du code de l'action sociale et des familles, l'équipe pluridisciplinaire s'appuie notamment sur les observations relatives aux besoins et aux compétences de l'enfant ou de l'adolescent réalisées en situation scolaire par l'équipe de suivi de la scolarisation, *(Décr. n° 2014-1485 du 11 déc. 2014, art. 4)* « et formalisées dans le document mentionné à l'article D. 351-10 » du présent code. Elle prend en compte les aménagements qui peuvent être apportés à l'environnement scolaire, ainsi que les mesures déjà mises en œuvre pour assurer son éducation.

Avant décision de la Commission des droits et de l'autonomie des personnes handicapées, le projet personnalisé de scolarisation est transmis à l'élève majeur, ou à ses parents ou à son représentant légal, dans les conditions prévues à l'article R. 146-29 du code de l'action sociale et des familles.

(Décr. n° 2014-1485 du 11 déc. 2014, art. 4) « Après décision de la commission des droits et de l'autonomie des personnes handicapées, le projet personnalisé de scolari-

sation est transmis à l'élève majeur ou, s'il est mineur, à ses parents ou son responsable légal, à l'enseignant référent ainsi qu'au directeur d'école, au chef d'établissement ou au directeur de l'établissement ou du service social ou médico-social ainsi qu'aux membres de l'équipe éducative chargés de le mettre en œuvre dans la limite de leurs attributions respectives. »

Art. D. 351-7 *(Décr. n° 2014-1485 du 11 déc. 2014, art. 5)* 1° La commission des droits et de l'autonomie des personnes handicapées se prononce sur l'orientation propre à assurer la scolarisation de l'élève handicapé, au vu du projet personnalisé de scolarisation élaboré par l'équipe pluridisciplinaire et des observations formulées par l'élève majeur ou, s'il est mineur, ses parents ou son représentant légal.

Elle prend, en fonction des besoins de l'élève, les décisions d'orientation mentionnées à l'article D. 351-4 :

a) Soit en milieu scolaire ordinaire, y compris au sein des dispositifs collectifs de scolarisation et des enseignements adaptés ;

b) Soit au sein des unités d'enseignement définies à l'article D. 351-17 ;

c) Soit à temps partagé entre l'unité d'enseignement et l'établissement scolaire ;

2° Elle se prononce sur l'attribution d'une aide humaine conformément aux dispositions de l'article L. 351-3 ;

3° Elle se prononce sur un maintien à l'école maternelle ;

4° Elle se prononce sur les mesures de compensation de nature à favoriser la scolarité de l'élève handicapé, notamment sur l'attribution d'un matériel pédagogique adapté ainsi que sur les actions pédagogiques, psychologiques, éducatives, sociales, médicales et paramédicales nécessaires.

Art. D. 351-8 Si l'équipe éducative d'une école ou d'un établissement scolaire souhaite qu'un projet personnalisé de scolarisation soit élaboré pour un élève, le directeur de l'école ou le chef d'établissement en informe l'élève majeur, ou *(Décr. n° 2014-1485 du 11 déc. 2014, art. 6)* « , s'il est mineur, » ses parents ou son représentant légal, pour qu'ils en fassent la demande. Il leur propose de s'informer des aides qui peuvent être apportées dans le cadre de ce projet auprès de l'enseignant référent affecté sur le secteur dont dépend l'école ou l'établissement scolaire, selon les modalités prévues à l'article D. 351-14 du présent code.

Si l'élève majeur, ou *(Décr. n° 2014-1485 du 11 déc. 2014, art. 6)* « , s'il est mineur, » ses parents ou son représentant légal, ne donnent pas suite à cette proposition dans un délai de quatre mois, *(Décr. n° 2012-16 du 5 janv. 2012, art. 7)* « le directeur académique des services de l'éducation nationale agissant sur délégation du recteur d'académie » informe de la situation de l'élève la maison départementale des personnes handicapées, définie à l'article L. 146-3 du code de l'action sociale et des familles *[V. cet art. ss. art. L. 112-1]*, qui prend toutes mesures utiles pour engager un dialogue avec l'élève, ou ses parents ou son représentant légal.

Art. D. 351-9 Lorsque la scolarité d'un élève, notamment en raison d'un trouble de la santé invalidant, nécessite un aménagement sans qu'il soit nécessaire de recourir aux dispositions prévues par les articles D. 351-5 à D. 351-7, un projet d'accueil individualisé est élaboré avec le concours du médecin de l'éducation nationale *(Décr. n° 2014-1485 du 11 déc. 2014, art. 7)* « ou, pour les élèves relevant de l'enseignement agricole, d'un médecin désigné par l'autorité académique compétente, » ou du médecin du service de protection maternelle et infantile, à la demande de la famille, ou en accord et avec la participation de celle-ci, par le directeur d'école ou le chef d'établissement. Si nécessaire, le projet d'accueil individualisé est révisé à la demande de la famille ou de l'équipe éducative de l'école ou de l'établissement scolaire concerné. Hormis les aménagements prévus dans le cadre du projet individualisé, la scolarité de l'élève se déroule dans les conditions ordinaires.

SOUS-SECTION 2 LES ÉQUIPES DE SUIVI DE LA SCOLARISATION

Art. D. 351-10 *(Décr. n° 2014-1485 du 11 déc. 2014, art. 8)* L'équipe de suivi de la scolarisation, mentionnée au deuxième alinéa de l'article L. 112-2-1, comprenant nécessairement l'élève, ou ses parents, ou son représentant légal ainsi que l'enseignant référent de l'élève, défini à l'article D. 351-12, facilite la mise en œuvre du projet personnalisé de scolarisation et assure son suivi pour chaque élève handicapé. Elle procède, au moins une fois par an, à l'évaluation de ce projet et de sa mise en œuvre sous la forme d'un document défini par arrêté conjoint des ministres chargés de l'éducation nationale, de l'agriculture et des personnes handicapées. Cette évaluation permet de mesurer l'adéquation des moyens mis en œuvre aux besoins de l'élève. Ce document est adressé par l'enseignant référent à la maison départementale des personnes handicapées et à l'élève majeur ou, s'il est mineur, à ses parents ou son responsable légal. Il est également adressé au directeur d'école, au chef d'établissement ou au directeur de l'établissement ou du service médico-social chargés de la mise en œuvre du projet personnalisé de scolarisation.

Cette évaluation peut être organisée à la demande de l'élève majeur ou, s'il est mineur, de ses parents ou de son représentant légal ainsi qu'à la demande de l'équipe éducative de l'école ou de l'établissement scolaire, ou à la demande du directeur de l'établissement de santé ou de l'établissement médico-social, si des adaptations s'avèrent indispensables en cours d'année scolaire.

L'équipe de suivi de la scolarisation informe la commission des droits et de l'autonomie des personnes handicapées de toute difficulté de nature à mettre en cause la poursuite de la mise en œuvre du projet personnalisé de scolarisation de l'élève.

En tant que de besoin, elle propose à la commission, avec l'accord de l'élève majeur ou, s'il est mineur, de ses parents ou de son représentant légal, toute révision de l'orientation de l'élève qu'elle juge utile. Lors de la réunion de l'équipe de suivi de la scolarisation, les parents de l'élève peuvent être assistés par une personne de leur choix ou se faire représenter.

Art. D. 351-10-1 *(Décr. nº 2017-620 du 24 avr. 2017, art. 2)* Lorsque, en application d'une décision de la commission des droits et de l'autonomie des personnes handicapées mentionnée à l'article L. 146-9 du code de l'action sociale et des familles, un élève a été orienté et pris en charge par un dispositif intégré mentionné à l'article L. 312-7-1 du même code, l'équipe de suivi de la scolarisation est autorisée à modifier le projet personnalisé de scolarisation de l'élève, sous réserve de son accord si l'élève est majeur ou, s'il est mineur, de l'accord de ses parents ou de son représentant légal, et sous réserve de l'accord du représentant du dispositif intégré, d'un enseignant, membre de l'équipe de suivi de la scolarisation, désigné par le directeur académique des services de l'éducation nationale ou le directeur régional de l'alimentation, de l'agriculture et de la forêt et ayant une connaissance approfondie de la situation particulière de l'élève et de son parcours scolaire.

L'élève majeur ou, s'il est mineur, ses parents ou son représentant légal disposent d'un délai de rétractation de quinze jours francs à compter de la date à laquelle ils ont signé la fiche de liaison mentionnée à l'article D. 351-10-2 afin, le cas échéant, de revenir sur leur accord.

Art. D. 351-10-2 *(Décr. nº 2017-620 du 24 avr. 2017, art. 2)* Une fiche de liaison argumentée informe la maison départementale des personnes handicapées des nouvelles modalités de scolarisation de l'élève et des modifications substantielles de son projet personnalisé d'accompagnement défini à l'article D. 312-10-3 du code de l'action sociale et des familles. Elle est intégrée au projet personnalisé de scolarisation de l'élève. La fiche de liaison est complétée par l'établissement ou le service médico-social qui accompagne l'élève. Elle est signée par l'élève majeur ou, s'il est mineur, par ses parents ou son représentant légal. A l'expiration du délai de rétractation, elle est transmise à la maison départementale des personnes handicapées par l'établissement ou le service qui accompagne l'élève. L'enseignant référent en est également destinataire.

Une modification substantielle consiste en tout changement relatif aux modalités d'accompagnement et de scolarisation qui aurait donné lieu, en dehors du fonctionnement en dispositif intégré, à une nouvelle décision de la commission des droits et de l'autonomie des personnes handicapées.

La fiche de liaison type est annexée à la convention prévue par l'article L. 312-7-1 du code de l'action sociale et des familles.

Art. D. 351-10-3 *(Décr. nº 2017-620 du 24 avr. 2017, art. 2)* Toute décision relative à l'attribution d'une aide humaine et à l'attribution d'un matériel pédagogique adapté mentionnée respectivement aux 2° et 4° de l'article D. 351-7 est prise dans les conditions prévues par l'article D. 351-10 par la commission des droits et de l'autonomie des personnes handicapées mentionnée à l'article L. 146-9 du code de l'action sociale et des familles.

Afin de garantir la continuité des prises en charge et de l'accompagnement des élèves, la convention mentionnée à l'article L. 312-7-1 du code de l'action sociale et des familles prévoit que toute modification du projet personnalisé de scolarisation par l'équipe de suivi de la scolarisation, impliquant une orientation vers les classes des établissements régionaux d'enseignement adapté, les sections d'enseignement général et professionnel adapté et les unités locales d'inclusion scolaire donne lieu à une affectation prononcée par *(Décr. n° 2019-1558 du 30 déc. 2019, art. 2)* « le recteur d'académie ou le directeur des services de l'éducation nationale agissant sur délégation du recteur d'académie » au vu de cette modification.

Une convention peut être conclue, conformément à l'article L. 351-1-1, entre les instituts thérapeutiques éducatifs et pédagogiques, les établissements publics locaux d'enseignement et les services académiques, afin de faciliter la scolarisation au sein de dispositifs ou classes à effectifs contingentés, d'enfants ou de jeunes accompagnés par le dispositif intégré.

Art. D. 351-11 *(Décr. n° 2014-1485 du 11 déc. 2014, art. 9)* « L'équipe de suivi de la scolarisation fonde son action, notamment sur les expertises du *(Décr. n° 2019-218 du 21 mars 2019, art. 6)* « psychologue de l'éducation nationale », du médecin de l'éducation nationale ou du médecin du service de protection maternelle et infantile, des professionnels de santé qui suivent l'enfant et, éventuellement, de l'assistant de service social ou de l'infirmier scolaire qui interviennent dans l'école ou l'établissement scolaire concerné. Elle peut faire appel, en liaison avec le directeur de l'établissement de santé ou de l'établissement ou du service médico-social, aux personnels de ces établissements et services qui participent à l'accompagnement de l'enfant ou de l'adolescent. »

Les membres des équipes de suivi de la scolarisation sont tenus au secret professionnel dans les conditions prévues aux articles 226-13 et 226-14 du code pénal.

Art. D. 351-12 *(Décr. n° 2009-378 du 2 avr. 2009, art. 8)* « Un enseignant titulaire de la fonction publique de l'État ou, dans l'enseignement privé sous contrat, un enseignant agréé ou contractuel détenteur du certificat d'aptitude professionnelle pour les aides spécialisées, les enseignements adaptés et la scolarisation des élèves en situation de handicap ou du certificat complémentaire pour les enseignements adaptés et la scolarisation des élèves en situation de handicap ou de l'un des diplômes délivrés par le ministère chargé des personnes handicapées, à savoir le certificat d'aptitude au professorat de l'enseignement des jeunes sourds régi par les dispositions du *(Décr. n° 2018-124 du 21 févr. 2018, art. 7)* « décret n° 2018-124 du 21 février 2018 », le certificat d'aptitude à l'enseignement général, à l'enseignement technique ou à l'enseignement musical des aveugles et des déficients visuels, et le certificat d'aptitude aux fonctions de professeur d'enseignement technique aux déficients auditifs, régis par les dispositions des arrêtés du 15 décembre 1976 et des arrêtés modifiant celles-ci, exerce les fonctions de référent auprès de chacun des élèves handicapés du département afin d'assurer, sur l'ensemble du parcours de formation, la permanence des relations avec l'élève, ses parents ou son représentant légal, s'il est mineur. »

Cet enseignant est chargé de réunir l'équipe de suivi de la scolarisation pour chacun des élèves handicapés dont il est le référent. Il favorise la continuité et la cohérence de la mise en œuvre du projet personnalisé de scolarisation.

Art. D. 351-13 Le nombre de d'enseignants affectés à des fonctions de référent pour la scolarisation des élèves handicapés est arrêté annuellement par *(Décr. n° 2012-16 du 5 janv. 2012, art. 7)* « le directeur académique des services de l'éducation nationale agissant sur délégation du recteur d'académie » en tenant compte de critères arrêtés nationalement, dont notamment le nombre d'élèves handicapés devant faire l'objet d'un suivi.

Le secteur d'intervention des enseignants référents est fixé par décision *(Décr. n° 2012-16 du 5 janv. 2012, art. 7)* « du directeur académique des services de l'éducation nationale agissant sur délégation du recteur d'académie ». Il comprend nécessairement des écoles et des établissements du second degré, ainsi que les établissements de santé ou médico-sociaux implantés dans ce secteur, de manière à favoriser la continuité des parcours de formation.

Les enseignants référents sont affectés dans l'une des écoles ou l'un des établissements scolaires de leur secteur d'intervention et placés sous l'autorité d'un ou plusieurs inspecteurs ayant reçu une formation spécifique pour la scolarisation des élèves handicapés, désignés par *(Décr. n° 2012-16 du 5 janv. 2012, art. 7)* « le directeur académique des services de l'éducation nationale agissant sur délégation du recteur d'académie ».

Art. D. 351-14 La convention constitutive du groupement d'intérêt public « maison départementale des personnes handicapées », mentionnée à l'article L. 146-4 du code de l'action sociale et des familles, définit les modalités selon lesquelles les enseignants exerçant les fonctions de référents pour la scolarisation des élèves handicapés apportent leur concours aux missions du groupement.

Ces enseignants contribuent, dans leur secteur d'intervention, à l'accueil et à l'information de l'élève majeur, ou de ses parents ou de son représentant légal, lors de son inscription dans une école ou un établissement scolaire. Ils organisent les réunions des équipes de suivi de la scolarisation et transmettent les bilans réalisés à l'élève majeur, ou à ses parents ou son représentant légal, ainsi qu'à l'équipe pluridisciplinaire. Ils contribuent à l'évaluation conduite par cette même équipe pluridisciplinaire ainsi qu'à l'élaboration du projet personnalisé de scolarisation. – *[Décr. n° 2005-1752 du 30 déc. 2005, art. 11.]*

Art. D. 351-15 Le ou les inspecteurs, désignés conformément au troisième alinéa de l'article D. 351-13, coordonnent l'action des enseignants référents pour la scolarisation des élèves handicapés afin d'assurer la cohérence des démarches et l'harmonisation des pratiques pour faciliter les parcours de formation de ces élèves.

En liaison avec le médecin conseiller technique *(Décr. n° 2012-16 du 5 janv. 2012, art. 7)* « du directeur académique des services de l'éducation nationale agissant sur délégation du recteur d'académie » et l'inspecteur chargé de l'orientation, ils constituent une cellule de veille de la scolarisation de ces élèves.

Art. D. 351-16 Dans le cadre du rapport annuel d'activité prévu à l'article R. 241-34 du code de l'action sociale et des familles, la Commission des droits et de l'autonomie des personnes handicapées dresse un bilan de la scolarisation des élèves handicapés dans le département faisant état, notamment, des écarts observés entre l'offre d'éducation scolaire et médico-sociale et les besoins recensés. – *[Décr. n° 2005-1752 du 30 déc. 2005, art. 13.]*

SOUS-SECTION 3 L'AIDE HUMAINE AUX ÉLÈVES HANDICAPÉS

(Décr. n° 2012-903 du 23 juill. 2012, art. 2)

§ 1er CHAMP D'APPLICATION

Art. D. 351-16-1 L'aide individuelle et l'aide mutualisée mentionnées à l'article L. 351-3 constituent deux modalités de l'aide humaine susceptible d'être accordée aux élèves handicapés. Un même élève ne peut se voir attribuer simultanément une aide mutualisée et une aide individuelle. Ces aides sont attribuées par la commission mentionnée à l'article L. 146-9 du code de l'action sociale et des familles *[commission des droits et de l'autonomie des personnes handicapées]* et intégrées dans le plan personnalisé de compensation du handicap mentionné à l'article L. 146-8 du même code. La commission se prononce sur la base d'une évaluation de la situation scolaire de l'élève handicapé, en prenant en compte notamment son environnement scolaire, la durée du temps de scolarisation, la nature des activités à accomplir par l'accompagnant, la nécessité que l'accompagnement soit effectué par une même personne identifiée, les besoins de modulation et d'adaptation de l'aide et sa durée.

§ 2 L'AIDE MUTUALISÉE

Art. D. 351-16-2 L'aide mutualisée est destinée à répondre aux besoins d'accompagnement d'élèves qui ne requièrent pas une attention soutenue et continue.

Lorsqu'elle accorde une aide mutualisée, la commission mentionnée à l'article L. 146-9 du code de l'action sociale et des familles définit les activités principales de l'accompagnant.

Art. D. 351-16-3 L'aide mutualisée accordée à un élève lui est apportée par un *(Décr. n° 2014-1484 du 11 déc. 2014, art. 1er)* « accompagnant des élèves en situation de handicap » recruté dans les conditions fixées au premier alinéa de l'*(Décr. n° 2014-1484 du 11 déc. 2014, art. 1er)* « article L. 917-1 ». Cet *(Décr. n° 2014-1484 du 11 déc. 2014, art. 1er)* « accompagnant des élèves en situation de handicap » peut être chargé d'apporter une aide mutualisée à plusieurs élèves handicapés simultanément.

L'employeur de la personne chargée d'apporter une aide mutualisée organise son service pour répondre aux besoins des différents élèves qui bénéficient de l'aide, après concertation, le cas échéant, avec les directeurs des écoles et les chefs des établissements où cette personne exerce son activité.

§ 3 L'AIDE INDIVIDUELLE

Art. D. 351-16-4 L'aide individuelle a pour objet de répondre aux besoins d'élèves qui requièrent une attention soutenue et continue, sans que la personne qui apporte l'aide puisse concomitamment apporter son aide à un autre élève handicapé. Elle est accordée lorsque l'aide mutualisée ne permet pas de répondre aux besoins d'accompagnement de l'élève handicapé. Lorsqu'elle accorde une aide individuelle, dont elle détermine la quotité horaire, la commission susmentionnée définit les activités principales de l'accompagnant.

SOUS-SECTION 4 LES UNITÉS D'ENSEIGNEMENT *(Décr. n° 2012-903 du 23 juill. 2012, art. 1er).*

Art. D. 351-17 Afin d'assurer la scolarisation et la continuité des parcours de formation des enfants et adolescents présentant un handicap ou un trouble de la santé invalidant qui nécessite un séjour dans un établissement de santé ou un établissement médico-social, une unité d'enseignement peut être créée au sein des établissements ou services mentionnés au 2° du I de l'article L. 312-1 du code de l'action sociale et des familles ou des établissements mentionnés au livre Ier de la sixième partie du code de la santé publique, accueillant des enfants ou des adolescents qui ne peuvent effectuer leur scolarité à temps plein dans une école ou un établissement scolaire. – *[Décr. n° 2005-1752 du 30 déc. 2005, art. 14.]*

Art. D. 351-18 La création d'une unité d'enseignement est prévue dans le cadre d'une convention signée entre les représentants de l'organisme gestionnaire et l'État représenté conjointement par le préfet de département et *(Décr. n° 2012-16 du 5 janv. 2012, art. 7)* « le directeur académique des services de l'éducation nationale agissant sur délégation du recteur d'académie ».

Cette unité met en œuvre tout dispositif d'enseignement concourant à la réalisation du projet personnalisé de scolarisation, au service du parcours de formation de l'élève. Le projet pédagogique de l'unité d'enseignement constitue un volet du projet de l'établissement. La convention précise notamment les caractéristiques de la population de jeunes accueillis, l'organisation de l'unité d'enseignement, le nombre et la qualification des enseignants qui y exercent, les modalités de coopération avec les écoles ou les établissements scolaires mentionnés au premier alinéa de l'article L. 351-1, le rôle du directeur et du responsable pédagogique ainsi que les locaux scolaires.

(Décr. n° 2009-378 du 2 avr. 2009, art. 10) « Dans le cadre de cette convention, le directeur de l'établissement ou du service médico-social est responsable de la mise en œuvre des modalités de fonctionnement de l'unité d'enseignement.

« Lorsque l'unité est organisée pour tout ou partie dans un établissement scolaire, cette mise en œuvre est menée conjointement avec les responsables des établissements scolaires concernés, qui agissent par délégation *(Décr. n° 2012-16 du 5 janv. 2012, art. 7)* « du directeur académique des services de l'éducation nationale agissant sur délégation du recteur d'académie » ou du directeur régional de l'agriculture et de la pêche.

« L'unité d'enseignement est organisée selon les modalités suivantes :

« 1° Soit dans les locaux d'un établissement scolaire ;

« 2° Soit dans les locaux d'un établissement ou d'un service médico-social ;

« 3° Soit dans les locaux des deux établissements ou services. »

Art. D. 351-19 Pour l'application de la présente section à l'enseignement agricole, les mots : *(Décr. n° 2012-16 du 5 janv. 2012, art. 7)* "directeur académique des services de l'éducation nationale agissant sur délégation du recteur d'académie", sont remplacés par les mots : "directeur régional de l'alimentation, de l'agriculture et de la forêt".

Art. D. 351-20 Les modalités d'application de la présente section sont précisées par arrêté du ministre chargé de l'éducation, du ministre chargé de l'agriculture et du ministre chargé des personnes handicapées. – *[Décr. n° 2005-1752 du 30 déc. 2005, art. 17.]*

SOUS-SECTION 5 LA CONTINUITÉ DE L'ACCOMPAGNEMENT *(Décr. n° 2012-903 du 23 juill. 2012, art. 1er).*

(Décr. n° 2009-993 du 20 août 2009, art. 1er)

Art. D. 351-20-1 I. – Les associations ou groupements d'associations qui ont conclu avec le ministère de l'éducation nationale une convention-cadre à l'effet d'assurer l'aide individuelle mentionnée à l'article L. 351-3 peuvent recruter les personnels dont la continuité de l'accompagnement a été reconnue comme nécessaire aux élèves handicapés en vertu du II et bénéficier à ce titre d'une subvention dans les conditions prévues au III.

II. – Les personnels employés par le ministère de l'éducation nationale ou par les établissements publics locaux d'enseignement assurant auprès d'élèves handicapés une aide individuelle peuvent, lorsque les dispositions législatives et réglementaires en vigueur ne permettent pas le renouvellement de leur contrat, demander *(Décr. n° 2012-16 du 5 janv. 2012, art. 7)* « au directeur académique des services de l'éducation nationale agissant sur délégation du recteur d'académie », leur inscription sur une liste départementale.

Celui-ci apprécie si la nature particulière du handicap de l'élève rend nécessaire la continuité de son accompagnement par l'agent concerné au regard, notamment, des compétences spécifiques que ce dernier a acquises pour la prise en charge de ce handicap.

S'il conclut à la nécessité d'une telle continuité et si la famille de l'élève en est d'accord, *(Décr. n° 2012-16 du 5 janv. 2012, art. 7)* « le directeur académique des services de l'éducation nationale agissant sur délégation du recteur d'académie » inscrit l'agent concerné sur la liste.

III. – Lorsqu'ils procèdent au recrutement d'un agent inscrit sur la liste prévue au II, les associations et groupements d'associations employeurs concluent une convention avec *(Décr. n° 2012-16 du 5 janv. 2012, art. 7)* « le directeur académique des services de l'éducation nationale agissant sur délégation du recteur d'académie » qui précise notamment le montant de la subvention attribuée par l'État au titre de l'accompagnement de l'élève handicapé.

(Décr. n° 2010-937 du 24 août 2010, art. 1er) « Cette subvention est calculée ainsi qu'il suit :

« – dans le cas d'un recrutement par une association gestionnaire de services mentionnés aux 1°, 6° et 7° du I de l'article L. 312-1 du code de l'action sociale et des familles autorisés par le président du conseil départemental, d'un montant horaire égal à 170 % du salaire horaire brut pour un auxiliaire de vie sociale ayant moins d'un an d'ancienneté au sens de l'accord de la branche aide à domicile du 29 mars 2002 relatif aux emplois et rémunérations ;

« – dans le cas d'un recrutement par un autre type d'association ou de groupement d'associations, sur la base de la rémunération brute annuelle antérieurement perçue par le salarié recruté pour l'élève concerné, à laquelle s'applique une majoration de 54 %, dont 44 % au titre des charges et 10 % au titre des frais de gestion.

« La subvention est susceptible d'être révisée en cours d'année pour tenir compte, le cas échéant, des évolutions de la quotité horaire de l'aide individuelle déterminée par la commission des droits et de l'autonomie des personnes handicapées postérieurement au recrutement des intéressés. »

IV. – Les modalités de mise en œuvre du présent article et, en particulier, les conditions d'instruction des demandes prévues au II ainsi que les éléments devant figurer dans les conventions mentionnées aux I et III sont définis conjointement par les ministres chargés de l'éducation nationale, du travail, de l'emploi et de la solidarité.

SECTION III DISPOSITIONS PARTICULIÈRES EN FAVEUR DES JEUNES SOURDS

Art. R. 351-21 Afin d'éclairer le libre choix entre les deux modes de communication prévus par l'article L. 112-2-2 du présent code, une information est délivrée au jeune sourd et, le cas échéant, à ses représentants légaux s'il est mineur ou majeur protégé. Cette information est assurée par la maison départementale des personnes handicapées instituée par l'article L. 146-3 du code de l'action sociale et des familles *[V. cet art. ss. art. L. 112-1]*.

L'équipe pluridisciplinaire instituée au sein de la maison départementale des personnes handicapées veille à ce que le jeune sourd et, le cas échéant, ses représentants légaux aient reçu toute l'information nécessaire sur les modes de communication prévus à l'article L. 112-2-2 du présent code. Elle est informée du mode de communication choisi. – *[Décr. n° 2006-509 du 3 mai 2006, art. 1er.]*

Art. R. 351-22 Le mode de communication adopté par le jeune sourd est inscrit dans le projet de vie mentionné à l'article R. 146-28 du code de l'action sociale et des familles, après un diagnostic constatant les difficultés d'accès à la communication orale et la nécessité du recours à des modalités adaptées de communication. Ce choix peut être confirmé, précisé ou modifié dans le projet de vie. – *[Décr. n° 2006-509 du 3 mai 2006, art. 2.]*

Art. R. 351-23 L'équipe pluridisciplinaire élabore le projet personnalisé de scolarisation inclus dans le plan personnalisé de compensation en respectant le mode de communication choisi. Le projet personnalisé de scolarisation précise, si nécessaire, les conditions d'accompagnement du jeune sourd par des personnels qualifiés. Il fait l'objet des transmissions prévues à l'article R. 146-29 du code de l'action sociale et des familles.

Le mode de communication choisi s'impose à la Commission des droits et de l'autonomie des personnes handicapées, lorsqu'elle se prononce en application de l'article L. 146-9 du code de l'action sociale et des familles. – *[Décr. n° 2006-509 du 3 mai 2006, art. 3.]*

Art. R. 351-24 Les écoles et les établissements scolaires mentionnés aux articles *(Décr. n° 2019-838 du 19 août 2019, art. 1er)* « L. 212-1, » L. 213-2, L. 214-6, L. 422-1, L. 422-2 et L. 442-1 qui proposent des dispositifs collectifs spécifiquement adaptés aux besoins des jeunes sourds élaborent un document relatif aux conditions d'éducation et au parcours scolaire proposés à ces derniers.

Ce document précise notamment le ou les modes de communication retenus. Il est élaboré sous la responsabilité de l'inspecteur de l'éducation nationale chargé de la circonscription du premier degré pour les écoles publiques et sous la responsabilité du chef d'établissement pour les établissements mentionnés à l'alinéa précédent.

(Décr. n° 2019-838 du 19 août 2019, art. 1er) « Il est intégré au projet d'école ou au projet d'établissement prévus respectivement par les articles D. 411-2 et R. 421-20 ». Il est *(Décr. n° 2019-838 du 19 août 2019, art. 1er)* « transmis » aux autorités académiques compétentes et *(Décr. n° 2019-838 du 19 août 2019, art. 1er)* « communiqué » pour information à la maison départementale des personnes handicapées.

Art. R. 351-25 Les établissements ou services relevant du 2° du I de l'article L. 312-1 du code de l'action sociale et des familles qui soit assurent en leur sein la scolarisation des jeunes sourds, soit contribuent à leur projet personnalisé de scolarisation lorsqu'ils sont scolarisés dans des écoles ou des établissements scolaires, ainsi que les établissements dont la création ou l'extension sont envisagées, élaborent un document annexé au projet d'établissement ou de service relatif aux conditions d'éducation et au parcours scolaire proposés aux jeunes sourds.

Ces conditions doivent figurer dans l'état descriptif des caractéristiques du projet de création ou d'extension de l'établissement mentionné au 2° de l'article R. 313-3 du même code.

Le document mentionné au premier alinéa précise notamment le ou les modes de communication retenus. Il est transmis pour information à la maison départementale des personnes handicapées. — *[Décr. n° 2006-509 du 3 mai 2006, art. 5.]*

Art. R. 351-26 Les décisions d'autorisation relatives à la création ou à l'extension des établissements et services accueillant des jeunes sourds sont délivrées par les autorités mentionnées à l'article L. 313-3 du code de l'action sociale et des familles. Les autorisations sont prononcées dans les conditions fixées à la section I du chapitre III du titre Ier du livre III de ce code en tenant compte des besoins exprimés par les jeunes sourds ou leurs familles et recensés par la Commission des droits et de l'autonomie des personnes handicapées.

Les autorités habilitées à délivrer les autorisations d'extension ou de création d'établissements et services accueillant des jeunes sourds et entrant dans le champ d'application du code de l'action sociale et des familles, et les autorités responsables de la mise en place des classes et sections accueillant des jeunes sourds et dépendant du ministère de l'éducation nationale procèdent au niveau régional au recensement des besoins et à l'inventaire des moyens et coordonnent leurs projets en vue de permettre, au même niveau, l'exercice du libre choix du mode de communication. — *[Décr. n° 92-1132 du 8 oct. 1992, art. 5.]*

SECTION IV AMÉNAGEMENT DES EXAMENS ET CONCOURS

Art. D. 351-27 Les candidats aux examens ou concours de l'enseignement scolaire qui présentent un handicap peuvent bénéficier d'aménagements portant sur :

1° Les conditions de déroulement des épreuves, de nature à leur permettre de bénéficier des conditions matérielles ainsi que des aides techniques et humaines appropriées à leur situation ;

2° Une majoration du temps imparti pour une ou plusieurs épreuves, qui ne peut excéder le tiers du temps normalement prévu pour chacune d'elles. Toutefois, cette majoration peut être augmentée, eu égard à la situation exceptionnelle du candidat, sur demande motivée du médecin et portée dans l'avis mentionné à l'article D. 351-28 ;

3° La conservation, durant cinq ans, des notes à des épreuves ou des unités obtenues à l'examen ou au concours, ainsi que, le cas échéant, le bénéfice d'acquis obtenus dans le cadre de la procédure de validation des acquis de l'expérience, fixée aux articles R. 335-5 à R. 335-11 ;

4° L'étalement sur plusieurs sessions du passage des épreuves ;

5° Des adaptations ou des dispenses d'épreuves, rendues nécessaires par certaines situations de handicap, dans les conditions prévues par arrêté du ministre chargé de l'éducation. — *[Décr. n° 2005-1617 du 21 déc. 2005, art. 3, en ce qui concerne l'enseignement scolaire.]*

Pour un motif de bonne administration, sont exclues du champ d'application du droit des usagers de saisir l'administration par voie électronique les demandes d'aménagement et de dispense d'épreuve, ou d'étalement de la session d'examen pour les candidats présentant un handicap (Décr. n° 2015-1410 du 5 nov. 2015).

Art. D. 351-28 Les candidats sollicitant un aménagement des conditions d'examen ou de concours adressent leur demande à l'un des médecins désignés par la Commission des droits et de l'autonomie des personnes handicapées *(Décr. n° 2015-1051 du 25 août 2015, art. 1er)* « territorialement compétente ».

(Décr. n° 2015-1051 du 25 août 2015, art. 1er) « La demande doit être formulée au plus tard à la date limite d'inscription à l'examen ou au concours concerné, sauf dans le cas où le handicap est révélé après cette échéance. »

Le médecin rend un avis, qui est adressé au candidat et à l'autorité administrative compétente pour ouvrir et organiser l'examen ou le concours, dans lequel il propose des aménagements. L'autorité administrative décide des aménagements accordés et notifie sa décision au candidat.

En application de l'art. L. 231-5 CRPA, le silence gardé pendant 2 mois par l'administration vaut décision de rejet pour une demande d'aménagement, dispense ou étalement de la session d'examen pour un candidat présentant un handicap (Décr. n° 2014-1274 du 23 oct. 2014, art. 1er).

Pour un motif de bonne administration, sont exclues du champ d'application du droit des usagers de saisir l'administration par voie électronique les demandes d'aménagement et de dispense d'épreuve, ou d'étalement de la session d'examen pour les candidats présentant un handicap (Décr. n° 2015-1410 du 5 nov. 2015).

Art. D. 351-28-1 *(Décr. n° 2020-1523 du 4 déc. 2020, art. 2)* **Par dérogation aux dispositions du premier et du troisième alinéa de l'article D. 351-28, les candidats qui bénéficient d'un projet personnalisé de scolarisation, d'un projet d'accueil individualisé ou d'un plan d'accompagnement personnalisé accordé au titre d'un trouble du neurodéveloppement adressent leur demande d'aménagements des conditions d'examen ou de concours à l'autorité administrative compétente pour ouvrir et organiser l'examen ou le concours dans les délais prévus au deuxième alinéa de l'article D. 351-28, sans solliciter un nouvel avis médical.**

Lorsque ces candidats sollicitent des aménagements qui ne sont pas en cohérence avec ceux prévus par le plan ou projet dont ils bénéficient ou lorsqu'ils sollicitent la majoration prévue au 2° de l'article D. 351-27, ils ne peuvent bénéficier de la procédure dérogatoire prévue à l'alinéa précédent.

Art. D. 351-29 **L'autorité administrative mentionnée à l'article D. 351-28 s'assure de l'accessibilité aux personnes handicapées des locaux prévus pour le déroulement des épreuves. Elle fait mettre en place les aménagements autorisés pour chaque candidat.** – *[Décr. n° 2005-1617 du 21 déc. 2005, art. 5.]*

Pour un motif de bonne administration, sont exclues du champ d'application du droit des usagers de saisir l'administration par voie électronique les demandes d'aménagement et de dispense d'épreuve, ou d'étalement de la session d'examen pour les candidats présentant un handicap (Décr. n° 2015-1410 du 5 nov. 2015).

Art. D. 351-30 *(Décr. n° 2019-1558 du 30 déc. 2019, art. 2)* **« Le recteur d'académie ouvre des centres spéciaux d'examen pour les examens ou concours dont il assure l'organisation », si certains candidats accueillis dans des établissements hospitaliers pour des séjours de longue durée ou recevant des soins en liaison avec ces établissements ne peuvent aller composer dans des centres ouverts dans les établissements scolaires.**

Pour un motif de bonne administration, sont exclues du champ d'application du droit des usagers de saisir l'administration par voie électronique les demandes d'aménagement et de dispense d'épreuve, ou d'étalement de la session d'examen pour les candidats présentant un handicap (Décr. n° 2015-1410 du 5 nov. 2015).

Art. D. 351-31 **Le président du jury de l'examen ou du concours est informé par le service organisateur de ce dernier des aménagements dont ont bénéficié les candidats concernés, dans le respect de la règle d'anonymat des candidats. Il informe, le cas échéant, les membres du jury des aménagements mis en œuvre.** – *[Décr. n° 2005-1617 du 21 déc. 2005, art. 7.]*

Art. D. 351-32 *Abrogé par Décr. n° 2015-1051 du 25 août 2015, art. 2.*

SECTION V **FORMATION CONDUISANT À L'EXERCICE DE LA PROFESSION DE MONITEUR-ÉDUCATEUR** *(Décr. n° 2013-756 du 19 août 2013, art. 9).*

Art. D. 351-33 *(Décr. n° 2013-756 du 19 août 2013, art. 9)* **La formation conduisant au diplôme d'État de moniteur-éducateur, délivré par les** *(Décr. n° 2019-1558 du 30 déc. 2019, art. 9)* **« recteurs de région académique », est organisée dans les conditions prévues par le code de l'action sociale et des familles.**

CHAPITRE II **LA FORMATION PROFESSIONNELLE ET L'APPRENTISSAGE DES JEUNES HANDICAPÉS**

Art. R. 352-1 **Les règles aménageant les dispositions relatives à l'apprentissage au bénéfice des jeunes handicapés sont fixées par le code du travail.**

TITRE SIXIÈME LES ENSEIGNEMENTS PRÉPARANT AUX PROFESSIONS ARTISTIQUES ET SPORTIVES

CHAPITRE PREMIER LES FORMATIONS DISPENSÉES DANS LES ÉTABLISSEMENTS D'ENSEIGNEMENT ARTISTIQUE

SECTION PREMIÈRE DISPOSITIONS GÉNÉRALES

Art. R. 361-1 Les procédures de sélection et d'admission des élèves dans les établissements d'enseignement artistique reconnus en application de l'article L. 361-2 doivent garantir l'égalité entre les candidats.

Les études menées dans l'établissement font l'objet, par des personnes qualifiées en raison des titres ou diplômes qu'elles détiennent ou de leur expérience professionnelle, d'évaluations régulières des connaissances qui entrent en compte pour la délivrance du titre ou du diplôme qui les sanctionnent.

Les modalités d'évaluation des connaissances et de délivrance des titres et diplômes figurent au règlement intérieur de l'établissement, qui est porté à la connaissance des élèves ou étudiants lors de leur admission. — *[Décr. nº 88-605 du 6 mai 1988, art. 1er.]*

Art. R. 361-2 Les articles R. 335-5 à R. 335-11 sont applicables à l'ensemble des diplômes et titres sanctionnant les formations placées sous la tutelle ou le contrôle du ministre chargé de la culture. — *[Décr. nº 88-605 du 6 mai 1988, art. 2.]*

SECTION II L'ENSEIGNEMENT DU THÉATRE

Art. D. 361-3 *(Décr. nº 2015-1227 du 2 oct. 2015, art. 1er)* Le diplôme d'État de professeur de théâtre valide les connaissances et les compétences générales et professionnelles correspondant au premier niveau de qualification de ce métier.

Ce diplôme est inscrit de droit au répertoire national des certifications professionnelles.

Art. D. 361-4 *(Décr. nº 2015-1227 du 2 oct. 2015, art. 1er)* Le diplôme d'État de professeur de théâtre peut être obtenu :

– par la voie de la formation initiale ;
– par la voie de la formation continue ;
– à l'issue d'un examen sur épreuves ;
– ou, en tout ou partie, par la validation des acquis de l'expérience.

Art. D. 361-5 *(Décr. nº 2015-1227 du 2 oct. 2015, art. 1er)* *(Décr. nº 2020-1127 du 11 sept. 2020, art. 5)* « Dans le cadre de la procédure d'accréditation prévue à l'article L. 759-2 du code de l'éducation, l'habilitation à délivrer le diplôme d'État de professeur de théâtre est accordée aux établissements d'enseignement supérieur répondant aux conditions suivantes : »

– proposer une formation permettant l'acquisition des connaissances et compétences générales et professionnelles définies par l'arrêté prévu à l'article D. 361-6 ;

– attester de l'intervention d'enseignants dont les qualifications répondent aux conditions *(Décr. nº 2020-1127 du 11 sept. 2020, art. 5)* « définies par arrêté du ministre chargé de la culture » ;

– respecter les conditions d'obtention du diplôme d'État fixées par l'arrêté prévu à l'article D. 361-6.

(Abrogé par Décr. nº 2020-1127 du 11 sept. 2020, art. 5) « L'habilitation est prononcée pour une durée de cinq ans au plus, après avis de la Commission nationale d'habilitation mentionnée à l'article 7 du décret nº 2007-1678 du 27 novembre 2007 modifié relatif aux diplômes nationaux supérieurs professionnels délivrés par les établissements supérieurs habilités par le ministre chargé de la culture dans les domaines de la musique, de la danse, du théâtre et des arts du cirque et à la procédure d'habilitation de ces établissements. »

Art. D. 361-6 *(Décr. nº 2015-1227 du 2 oct. 2015, art. 1er)* Un arrêté du ministre chargé de la culture, pris après avis de la commission professionnelle consultative du spectacle vivant, définit le référentiel des activités professionnelles, les connaissances et les compétences générales et professionnelles requises pour l'obtention du diplôme d'État de professeur de théâtre ainsi que le niveau auquel ce diplôme est inscrit au répertoire national des certifications professionnelles.

L'arrêté fixe les conditions d'accès à la formation *(Décr. n° 2020-1127 du 11 sept. 2020, art. 5)* « et les conditions de délivrance du diplôme pour ses diverses voies d'obtention ».

SECTION III LE CYCLE D'ENSEIGNEMENT PROFESSIONNEL INITIAL ET LES DIPLÔMES NATIONAUX D'ORIENTATION PROFESSIONNELLE DE MUSIQUE, DE DANSE ET D'ART DRAMATIQUE

(Décr. n° 2008-263 du 14 mars 2008, art. 4)

Art. R. 361-7 Le cycle d'enseignement professionnel initial de musique, de danse et d'art dramatique est destiné à approfondir la motivation et les aptitudes des élèves en vue d'une orientation professionnelle. Ce cycle est assuré par les conservatoires classés par l'État.

L'accès au cycle d'enseignement professionnel initial et son organisation sont définis par arrêté du ministre chargé de la culture.

Le cycle d'enseignement professionnel initial est sanctionné par un diplôme national.

Art. R. 361-8 Le cycle d'enseignement professionnel initial est accessible aux élèves ayant achevé le second cycle des conservatoires classés tel que défini par les schémas nationaux d'orientation pédagogique et aux personnes présentant un dossier attestant d'un niveau équivalent.

L'admission est décidée par un jury après étude du dossier personnel du candidat et réussite à l'examen d'entrée.

Art. R. 361-9 Le cycle d'enseignement professionnel initial dispense un enseignement permettant à l'élève d'acquérir le savoir-faire nécessaire à une pratique artistique confirmée et une culture musicale, chorégraphique ou théâtrale.

Art. R. 361-10 Les diplômes nationaux qui sanctionnent le cycle d'enseignement professionnel initial sont :

– le diplôme national d'orientation professionnelle de musique ;
– le diplôme national d'orientation professionnelle de danse ;
– le diplôme national d'orientation professionnelle d'art dramatique.

Ces diplômes sont délivrés à compter de l'année 2009.

Art. R. 361-11 *Abrogé par Décr. n° 2020-733 du 15 juin 2020, art. 9.*

Art. R. 361-12 Le diplôme est délivré aux élèves ayant satisfait à l'évaluation continue et à l'épreuve d'évaluation terminale devant un jury.

Le diplôme ouvre à ses titulaires la possibilité de suivre une formation professionnelle supérieure.

Les modalités de l'évaluation des cursus et les conditions d'obtention des diplômes nationaux d'orientation professionnelle sont définies par arrêté du ministre chargé de la culture.

CHAPITRE II L'ENSEIGNEMENT DE LA DANSE

Art. R. 362-1 *(Décr. n° 2008-263 du 14 mars 2008, art. 4)* Les enfants de quatre et cinq ans ne peuvent pratiquer que les activités d'éveil corporel.

Pour l'enseignement de la danse classique, de la danse contemporaine et de la danse de jazz, les enfants de six et sept ans ne peuvent pratiquer qu'une activité d'initiation.

Les activités d'éveil corporel et d'initiation ne doivent pas inclure les techniques propres à la discipline enseignée.

L'ensemble des activités pratiquées par les enfants de quatre à sept ans inclus ne peuvent comporter un travail contraignant pour le corps, des extensions excessives ni des articulations forcées.

Art. R. 362-2 *(Décr. n° 2008-263 du 14 mars 2008, art. 4)* Les exploitants doivent s'assurer, avant le début de chaque période d'enseignement, que les élèves sont munis d'un certificat médical attestant l'absence de contre-indication à l'enseignement qui leur est dispensé. Ce certificat doit être renouvelé chaque année. A la demande de tout enseignant, un certificat attestant un examen médical supplémentaire doit être requis.

CHAPITRE III LES FORMATIONS ET LES PROFESSIONS DES ACTIVITÉS PHYSIQUES, SPORTIVES ET DE L'ANIMATION

(Décr. n° 2007-1133 du 24 juill. 2007, art. 3)

SECTION PREMIÈRE CONDITIONS D'EXERCICE DES PROFESSIONS RELATIVES AUX ACTIVITÉS PHYSIQUES ET SPORTIVES

Art. R. 363-1 Les règles relatives aux conditions d'exercice des professions relatives aux activités physiques et sportives sont prévues au chapitre II du titre Ier du livre II du code du sport

SECTION II LES DIPLÔMES

Art. D. 363-2 Les règles relatives aux conditions de délivrance du brevet d'État d'animateur technicien de l'éducation populaire et de la jeunesse sont fixées par le décret n° 86-687 du 14 mars 1986.

Les règles relatives aux diplômes permettant d'exercer contre rémunération l'enseignement, l'animation ou l'encadrement des activités physiques et sportives ainsi que l'entraînement de pratiquants sont fixées à la section 1 du chapitre II du titre Ier du livre II du code du sport.

Art. R. 363-3 Les sanctions applicables en cas de fraude aux examens conduisant à la délivrance d'un diplôme, titre à finalité professionnelle ou certificat de qualification délivré en application de l'article L. 212-1 du code du sport sont fixées par l'article R. 212-6 du même code.

TITRE SEPTIÈME DISPOSITIONS APPLICABLES DANS LES ÎLES WALLIS-ET-FUTUNA, À MAYOTTE, EN POLYNÉSIE FRANÇAISE ET EN NOUVELLE-CALÉDONIE

CHAPITRE PREMIER DISPOSITIONS APPLICABLES DANS LES ÎLES WALLIS-ET-FUTUNA

Art. R. 371-1 *(Décr. n° 2015-652 du 10 juin 2015, art. 7)* « Dans leur rédaction résultant du décret n° 2015-652 du 10 juin 2015 relatif aux dispositions réglementaires des livres VIII et IX du code de l'éducation (décrets en Conseil d'État et décrets), » les articles R. 337-15, R. 337-31, R. 337-45, R. 337-75 et R. 337-112 sont applicables dans les îles Wallis-et-Futuna sous réserve des adaptations suivantes :

1° A l'article R. 337-31, les mots : "les recteurs *(Décr. n° 2019-1554 du 30 déc. 2019, art. 1er)* « d'académie » peuvent" sont remplacés par les mots : "le vice-recteur peut" ;

2° A l'article R. 337-45, les mots : "le recteur de l'académie" sont remplacés par les mots : "le vice-recteur".

Art. R. 371-2 Les adaptations des programmes nationaux mentionnés à l'article L. 311-3 sont arrêtées par le ministre chargé de l'éducation. – *[Décr. n° 91-116 du 28 janv. 1991, art. 2, en ce qui concerne Wallis-et-Futuna.]*

Art. D. 371-3 *(Décr. n° 2016-771 du 10 juin 2016, art. 2)* « I. – Sont applicables dans les îles Wallis-et-Futuna les dispositions mentionnées dans la colonne de gauche du tableau ci-après, dans leur rédaction indiquée dans la colonne de droite du même tableau :

Tableau mod. par Décr. n° 2017-961 du 10 mai 2017, art. 4 ; Décr. n° 2018-120 du 20 févr. 2018, art. 6 ; Décr. n° 2018-172 du 9 mars 2018, art. 8 ; Décr. n° 2018-272 du 13 avr. 2018, art. 3 ; Décr. n° 2018-614 du 16 juill. 2018, art. 33 ; Décr. n° 2018-1199 du 20 déc. 2018, art. 3 ; Décr. n° 2019-176 du 7 mars 2019, art. 2 ; Décr. n° 2019-218 du 21 mars 2019, art. 13 ; Décr. n° 2019-370 du 25 avr. 2019, art. 4 ; Décr. n° 2019-391 du 29 avr. 2019, art. 7 ; Décr. n° 2019-750 du 19 juill. 2019, art. 3 ; Décr. n° 2019-907 du

30 août 2019, art. 15 ; Décr. n° 2019-1090 du 25 oct. 2019, art. 3 ; Décr. n° 2019-1236 du 26 nov. 2019, art. 2 ; Décr. n° 2020-726 du 12 juin 2020, art. 20 ; Décr. n° 2020-923 du 29 juill. 2020, art. 2 ; Décr. n° 2020-1158 du 21 sept. 2020, art. 2 ; Décr. n° 2020-1277 du 20 oct. 2020, art. 11 ; Décr. n° 2020-1341 du 3 nov. 2020, art. 7 ; Décr. n° 2020-1348 du 4 nov. 2020, art. 4 ; Décr. n° 2020-1677 du 23 déc. 2020, art. 1er ; Décr. n° 2021-64 du 25 janv. 2021, art. 4 ; Décr. n° 2021-100 du 1er févr. 2021 art. 2 ; Décr. n° 2021-533 du 30 avr. 2021, art. 4 ; Décr. n° 2021-954 du 19 juill. 2021, art. 9 ; Décr. n° 2021-983 du 27 juill. 2021, art. 21 ; Décr. n° 2021-1054 du 6 août 2021, art. 21.

A compter du 1er janv. 2022, les lignes qui mentionnent ou comprennent, dans leur colonne de gauche, les art. D. 337-26 à D. 337-30, D. 337-32 à D. 337-37, D. 337-39 à D. 337-44 et D. 337-46 à D. 337-50-1 sont supprimées, ces articles étant eux-mêmes abrogés (Décr. n° 2020-1277 du 20 oct. 2020, art. 11).

DISPOSITIONS APPLICABLES	DANS LEUR RÉDACTION
Article D. 311-5	Résultant du décret n° 2015-652 du 10 juin 2015
Articles D. 312-18 à D. 312-20	Résultant du décret n° 2020-1341 du 3 novembre 2020
Articles D. 312-29 et D. 312-30	Résultant du décret n° 2020-1341 du 3 novembre 2020
Article D. 312-48-1	Résultant du décret n° 2015-652 du 10 juin 2015
Article D. 321-1	Résultant du décret n° 2006-583 du 23 mai 2006
Article D. 321-3	Résultant du décret n° 2014-1377 du 18 novembre 2014
Articles D. 321-4 et D. 321-5	Résultant du décret n° 2006-583 du 23 mai 2006
Article D. 321-6	Résultant du décret n° 2018-119 du 20 février 2018 relatif au redoublement
Articles D. 321-7 et D. 321-8	Résultant du décret n° 2014-1377 du 18 novembre 2014
Article D. 321-9	Résultant du décret n° 2012-16 du 5 janvier 2012
Article D. 321-10	Résultant du décret n° 2015-1929 du 31 décembre 2015
Articles D. 321-11 à D. 321-13	Résultant du décret n° 2006-583 du 24 mai 2006
Articles D. 321-14 et D. 321-15	Résultant du décret n° 2014-1231 du 22 octobre 2014
Article D. 321-16	Résultant du décret n° 2006-583 du 23 mai 2006
Article D. 331-23	Résultant du décret n° 2019-218 du 21 mars 2019
Article D. 331-24	Résultant du décret n° 2021-954 du 19 juillet 2021
Article D. 331-25	Résultant du décret n° 2021-954 du 19 juillet 2021
Article D. 331-26	Résultant du décret n° 2019-218 du 21 mars 2019
Article D. 331-27	Résultant du décret n° 2006-583 du 23 mai 2006
Article D. 331-28	Résultant du décret n° 2019-218 du 21 mars 2019
Articles D. 331-29 à D. 331-32	Résultant du décret n° 2014-1377 du 18 novembre 2014
Article D. 331-33	Résultant du décret n° 2006-583 du 23 mai 2006

DISPOSITIONS APPLICABLES	DANS LEUR RÉDACTION
Articles D. 331-34 et D. 331-35	Résultant du décret n° 2014-1377 du 18 novembre 2014
Article D. 331-36	Résultant du décret n° 2019-370 du 25 avril 2019
Article D. 331-37	Résultant du décret n° 2006-583 du 23 mai 2006
Article D. 331-38	Résultant du décret n° 2019-370 du 25 avril 2019
Article D. 331-39	Résultant du décret n° 2014-1377 du 18 novembre 2014
Article D. 331-40	Résultant du décret n° 2006-583 du 23 mai 2006
Article D. 331-41	Résultant du décret n° 2010-100 du 27 janvier 2010
Article D. 331-42	Résultant du décret n° 2015-1531 du 26 octobre 2015
Article D. 331-43	Résultant du décret n° 2006-583 du 23 mai 2006
Article D. 331-62	Résultant du décret n° 2018-119 du 20 février 2018 relatif au redoublement
Articles D. 331-63 et D. 331-64	Résultant du décret n° 2014-1377 du 18 novembre 2014
Article D. 331-64-1	Résultant du décret n° 2018-172 du 9 mars 2018
Article D. 332-1	Résultant du décret n° 2006-583 du 23 mai 2006
Article D. 332-2	Résultant du décret n° 2015-544 du 19 mai 2015
Article D. 332-3	Résultant du décret n° 2014-1377 du 18 novembre 2014
Article D. 332-4	Résultant du décret n° 2015-544 du 19 mai 2015
Articles D. 332-5 et D. 332-6	Résultant du décret n° 2014-1377 du 18 novembre 2014
Article D. 332-7	Résultant du décret n° 2019-218 du 21 mars 2019
Articles D. 332-8 à D. 332-12	Résultant du décret n° 2006-583 du 23 mai 2006
Article D. 332-13	Résultant du décret n° 2014-1377 du 18 novembre 2014
Article D. 332-14	Résultant du décret n° 2006-583 du 23 mai 2006
Article D. 332-15	Résultant du décret n° 2012-16 du 5 janvier 2012
Article D. 332-16	Résultant du décret n° 2012-1351 du 4 décembre 2012
Article D. 332-17	Résultant du décret n° 2015-1929 du 31 décembre 2015
Articles D. 332-18 et D. 332-19	Résultant du décret n° 2012-1351 du 4 décembre 2012
Article D. 332-20	Résultant du décret n° 2015-1929 du 31 décembre 2015

DISPOSITIONS APPLICABLES	DANS LEUR RÉDACTION
Articles D. 332-21 et D. 332-22	Résultant du décret n° 2012-1351 du 4 décembre 2012
Articles D. 332-23 et D. 332-24	Résultant du décret n° 2015-1929 du 31 décembre 2015
Article D. 332-25	Résultant du décret n° 2010-784 du 8 juillet 2010
Article D. 332-26	Résultant du décret n° 2012-391 du 21 mars 2012
Article D. 332-27	Résultant du décret n° 2006-583 du 23 mai 2006
Article D. 332-29	Résultant du décret n° 2015-1929 du 31 décembre 2015
Article D. 333-1	Résultant du décret n° 2015-652 du 10 juin 2015
Article D. 333-2	Résultant du décret n° 2020-1277 du 20 octobre 2020
Articles D. 333-3 à D. 333-10	Résultant du décret n° 2015-652 du 10 juin 2015
Articles D. 333-11	Résultant du décret n° 2021-1054 du 6 août 2021
Articles D. 333-12 à D. 333-18	Résultant du décret n° 2015-652 du 10 juin 2015
Articles D. 334-1 à D. 334-2	Résultant du décret n° 2015-652 du 10 juin 2015
Articles D. 334-3 et D. 334-4	Résultant du décret n° 2021-983 du 27 juill. 2021
Article D. 334-4-1	Résultant du décret n° 2021-983 du 27 juill. 2021
Articles D. 334-5 à D. 334-7	Résultant du décret n° 2018-614 du 16 juillet 2018
Article D. 334-7-1	Résultant du décret n° 2021-983 du 27 juill. 2021
Article D. 334-8	Résultant du décret n° 2018-614 du 16 juillet 2018
Article D. 334-9	Résultant du décret n° 2021-983 du 27 juill. 2021
Article D. 334-10	Résultant du décret n° 2019-1090 du 25 octobre 2019
Article D. 334-11	Résultant du décret n° 2021-1054 du 6 août 2021
Article D. 334-12	Résultant du décret n° 2018-614 du 16 juillet 2018
Article D. 334-13	Résultant du décret n° 2021-983 du 27 juill. 2021
Article D. 334-14	Résultant du décret n° 2021-983 du 27 juill. 2021
Article D. 334-15	Résultant du décret n° 2019-1558 du 30 décembre 2019
Articles D. 334-16 et D. 334-17	Résultant du décret n° 2018-614 du 16 juillet 2018
Article D. 334-18	Résultant du décret n° 2021-983 du 27 juill. 2021
Article D. 334-19	Résultant du décret n° 2021-100 du 1er février 2021
Article D. 334-20	Résultant du décret n° 2015-652 du 10 juin 2015
Article D. 334-21	Résultant du décret n° 2021-1054 du 6 août 2021
Article D. 334-22	Résultant du décret n° 2015-652 du 10 juin 2015

DISPOSITIONS APPLICABLES	DANS LEUR RÉDACTION
Article D. 334-25	Résultant du décret n° 2012-640 du 3 mai 2012
Article D. 334-26	Résultant du décret n° 2019-1558 du 30 décembre 2019
Article D. 334-27	Résultant du décret n° 2021-983 du 27 juillet 2021
Articles D. 334-28 à D. 334-30	Résultant du décret n° 2019-1558 du 30 décembre 2019
Articles D. 334-31 à D. 334-32	Résultant du décret n° 2013-469 du 5 juin 2013
Article D. 334-32-1	Résultant du décret n° 2021-983 du 27 juillet 2021
Article D. 334-33	Résultant du décret n° 2012-640 du 3 mai 2012
Article D. 334-34	Résultant du décret n° 2020-1348 du 4 novembre 2020
Articles D. 336-1 à D. 336-2	Résultant du décret n° 2015-652 du 10 juin 2015
Article D. 336-3	Résultant du décret n° 2021-983 du 27 juillet 2021
Article D. 336-4	Résultant du décret n° 2021-983 du 27 juillet 2021
Article D. 336-4-1	Résultant du décret n° 2021-983 du 27 juillet 2021
Articles D. 336-5 à D. 336-7	Résultant du décret n° 2018-614 du 16 juillet 2018
Article D. 336-7-1	Résultant du décret n° 2021-983 du 27 juillet 2021
Article D. 336-8	Résultant du décret n° 2018-614 du 16 juillet 2018
Article D. 336-9	Résultant du décret n° 2021-983 du 27 juillet 2021
Article D. 336-10	Résultant du décret n° 2019-1090 du 25 octobre 2019
Article D. 336-11	Résultant du décret n° 2018-1199 du 20 décembre 2018
Article D. 336-12	Résultant du décret n° 2018-614 du 16 juillet 2018
Article D. 336-13	Résultant du décret n° 2021-983 du 27 juillet 2021
Article D. 336-14	Résultant du décret n° 2021-983 du 27 juillet 2021
Article D. 336-15	Résultant du décret n° 2015-1066 du 26 août 2015
Article D. 336-16	Résultant du décret n° 2015-652 du 10 juin 2015
Article D. 336-17	Résultant du décret n° 2021-983 du 27 juillet 2021
Article D. 336-18	Résultant du décret n° 2021-100 du 1er février 2021
Articles D. 336-19 à D. 336-22-1	Résultant du décret n° 2015-652 du 10 juin 2015
Articles D. 336-49 à D. 336-58	Résultant du décret n° 2015-652 du 10 juin 2015
Articles D. 337-1 et D. 337-2	Résultant du décret n° 2016-772 du 10 juin 2016
Article D. 337-3	Résultant du décret n° 2019-907 du 30 août 2019

DISPOSITIONS APPLICABLES	DANS LEUR RÉDACTION
Article D. 337-3-1	Résultant du décret n° 2019-1236 du 26 novembre 2019
Article D. 337-4	Résultant du décret n° 2019-907 du 30 août 2019
Article D. 337-5	Résultant du décret n° 2020-726 du 12 juin 2020
Article D. 337-6	Résultant du décret n° 2019-907 du 30 août 2019
Article D. 337-7	Résultant du décret n° 2020-1277 du 20 octobre 2020
Article D. 337-8	Résultant du décret n° 2020-726 du 12 juin 2020
Articles D. 337-9 et D. 337-10	Résultant du décret n° 2016-772 du 10 juin 2016
Article D. 337-11	Résultant du décret n° 2020-1277 du 20 octobre 2020
Articles D. 337-12 à D. 337-15	Résultant du décret n° 2016-772 du 10 juin 2016
Articles D. 337-16 à D. 337-18	Résultant du décret n° 2020-726 du 12 juin 2020
Articles D. 337-19 à D. 337-21	Résultant du décret n° 2016-772 du 10 juin 2016
Articles D. 337-22 et D. 337-23	Résultant du décret n° 2021-64 du 25 janvier 2021
Article D. 337-23-1	Résultant du décret n° 2016-772 du 10 juin 2016
Article D. 337-24	Résultant du décret n° 2019-391 du 29 avril 2019
Article D. 337-25	Résultant du décret n° 2016-772 du 10 juin 2016
Article D. 337-25-1	Résultant du décret n° 2021-64 du 25 janvier 2021
Articles D. 337-26 à D. 337-28	Résultant du décret n° 2016-772 du 10 juin 2016
Article D. 337-29	Résultant du décret n° 2020-1277 du 20 octobre 2020
Article D. 337-30	Résultant du décret n° 2016-772 du 10 juin 2016
Articles D. 337-32 à D. 337-37	Résultant du décret n° 2015-652 du 10 juin 2015
Article D. 337-37-1	Résultant du décret n° 2017-961 du 10 mai 2017
Articles D. 337-39 et D. 337-40	Résultant du décret n° 2020-1277 du 20 octobre 2020 *– Articles abrogés à compter du 1er janv. 2022.*
Articles D. 337-41 à D. 337-44	Résultant du décret n° 2015-652 du 10 juin 2015
Articles D. 337-46 à D. 337-47	Résultant du décret n° 2016-771 du 10 juin 2016
Article D. 337-48	Résultant du décret n° 2017-960 du 10 mai 2017
Articles D. 337-49 à D. 337-53	Résultant du décret n° 2016-771 du 10 juin 2016
Articles D. 337-54 et D. 337-55	Résultant du décret n° 2019-907 du 30 août 2019
Articles D. 337-56 à D. 337-58	Résultant du décret n° 2016-771 du 10 juin 2016
Article D. 337-59	Résultant du décret n° 2020-1277 du 20 octobre 2020
Articles D. 337-60 à D. 337-63	Résultant du décret n° 2016-771 du 10 juin 2016

DISPOSITIONS APPLICABLES	DANS LEUR RÉDACTION
Article D. 337-64	Résultant du décret n° 2019-907 du 30 août 2019
Articles D. 337-65 et D. 337-66	Résultant du décret n° 2016-771 du 10 juin 2016
Article D. 337-66-1	Résultant du décret n° 2020-1277 du 20 octobre 2020
Articles D. 337-67 et D. 337-68	Résultant du décret n° 2016-771 du 10 juin 2016
Article D. 337-69	Résultant du décret n° 2020-726 du 12 juin 2020
Article D. 337-70	Résultant du décret n° 2016-771 du 10 juin 2016
Article D. 337-71	Résultant du décret n° 2020-726 du 12 juin 2020
Articles D. 337-72 et D. 337-73	Résultant du décret n° 2016-771 du 10 juin 2016
Article D. 337-74	Résultant du décret n° 2020-1277 du 20 octobre 2020
Articles D. 337-76 à D. 337-77	Résultant du décret n° 2016-782 du 10 juin 2016
Article D. 337-78	Résultant du décret n° 2016-782 du 10 juin 2016
Article D. 337-79	Résultant du décret n° 2020-726 du 12 juin 2020
Articles D. 337-80 à D. 337-93	Résultant du décret n° 2016-782 du 10 juin 2016
Article D. 337-94	Résultant du décret n° 2019-391 du 29 avril 2019
Articles D. 337-95 et D. 337-96	Résultant du décret n° 2016-782 du 10 juin 2016
Article D. 337-97	Résultant du décret n° 2017-790 du 5 mai 2017
Article D. 337-98	Résultant du décret n° 2016-782 du 10 juin 2016
Article D. 337-99	Résultant du décret n° 2019-907 du 30 août 2019
Article D. 337-100	Résultant du décret n° 2016-782 du 10 juin 2016
Article D. 337-101	Résultant du décret n° 2017-790 du 5 mai 2017
Articles D. 337-102 à D. 337-104	Résultant du décret n° 2016-782 du 10 juin 2016
Article D. 337-105	Résultant du décret n° 2019-907 du 30 août 2019
Article D. 337-106	Résultant du décret n° 2016-782 du 10 juin 2016
Articles D. 337-107 à D. 337-109	Résultant du décret n° 2020-726 du 12 juin 2020
Articles D. 337-110 et D. 337-111	Résultant du décret n° 2016-782 du 10 juin 2016
Articles D. 337-113-et D. 337-114	Résultant du décret n° 2015-652 du 10 juin 2015
Article D. 337-115	Résultant du décret n° 2020-726 du 12 juin 2020
Article D. 337-116	Résultant du décret n° 2019-391 du 29 avril 2019
Articles D. 337-117-à D. 337-122	Résultant du décret n° 2015-652 du 10 juin 2015

DISPOSITIONS APPLICABLES	DANS LEUR RÉDACTION
Article D. 337-123	Résultant du décret n° 2020-1677 du 23 décembre 2020
Articles D. 337-123-1 à D. 337-125	Résultant du décret n° 2015-652 du 10 juin 2015
Article D. 337-126	Résultant du décret n° 2017-790 du 5 mai 2017
Article D. 337-127	Résultant du décret n° 2019-907 du 30 août 2019
Article D. 337-128	Résultant du décret n° 2015-652 du 10 juin 2015
Article D. 337-128-1	Résultant du décret n° 2017-960 du 10 mai 2017
Article D. 337-129	Résultant du décret n° 2017-790 du 5 mai 2017
Article D. 337-130	Résultant du décret n° 2019-907 du 30 août 2019
Article D. 337-131	Résultant du décret n° 2015-652 du 10 juin 2015
Articles D. 337-132 à D. 337-135	Résultant du décret n° 2020-726 du 12 juin 2020
Articles D. 337-136 à D. 337-137-1	Résultant du décret n° 2015-652 du 10 juin 2015
Article D. 337-138	Résultant du décret n° 2019-391 du 29 avril 2019
Article D. 337-138-1	Résultant du décret n° 2015-652 du 10 juin 2015
Article D. 337-139	Résultant du décret n° 2021-533 du 30 avril 2021
Article D. 337-140	Résultant du décret n° 2017-790 du 5 mai 2017
Article D. 337-141	Résultant du décret n° 2006-583 du 23 mai 2006
Article D. 337-142	Résultant du décret n° 2021-533 du 30 avril 2021
Article D. 337-143	Résultant du décret n° 2006-583 du 23 mai 2006
Articles D. 337-144 et D. 337-145	Résultant du décret n° 2017-790 du 5 mai 2017
Article D. 337-146	Résultant du décret n° 2019-907 du 30 août 2019
Article D. 337-147	Résultant du décret n° 2020-726 du 12 juin 2020
Article D. 337-148	Résultant du décret n° 2006-583 du 23 mai 2006
Article D. 337-149	Résultant du décret n° 2017-790 du 5 mai 2017
Article D. 337-150	Résultant du décret n° 2021-533 du 30 avril 2021
Article D. 337-151	Résultant du décret n° 2006-583 du 23 mai 2006
Article D. 337-152	Résultant du décret n° 2020-726 du 12 juin 2020
Articles D. 337-153 et D. 337-154	Résultant du décret n° 2006-583 du 23 mai 2006
Article D. 337-154-1	Résultant du décret n° 2015-520 du 11 mai 2015

DISPOSITIONS APPLICABLES	DANS LEUR RÉDACTION
Articles D. 337-155 à D. 337-157	Résultant du décret n° 2006-583 du 23 mai 2006
Article D. 337-158	Résultant du décret n° 2020-1677 du 23 décembre 2020
Article D. 337-158-1	Résultant du décret n° 2015-520 du 11 mai 2015
Article D. 337-159	Résultant du décret n° 2019-391 du 29 avril 2019
Article D. 337-160	Résultant du décret n° 2006-583 du 23 mai 2006
Articles D. 337-172 à D. 337-175	Résultant du décret n° 2019-176 du 7 mars 2019
Articles D. 338-23 et D. 338-24	Résultant du décret n° 2006-1626 du 19 décembre 2006
Article D. 338-26	Résultant du décret n° 2020-1677 du 23 décembre 2020
Article D. 338-27	Résultant du décret n° 2020-956 du 31 juillet 2020
Article D. 338-28	Résultant du décret n° 2019-918 du 30 août 2019
Article D. 338-29	Résultant du décret n° 2006-1626 du 19 décembre 2006
Article D. 338-30	Résultant du n° 2020-956 du 31 juillet 2020
Article D. 338-31	Résultant du décret n° 2006-1626 du 19 décembre 2006
Articles D. 338-43 à D. 338-47	Résultant du décret n° 2015-652 du 10 juin 2015
Articles D. 338-48 à D. 338-52	Résultant du décret n° 2020-1158 du 21 septembre 2020

« II. — Ces articles sont applicables dans les îles Wallis-et-Futuna sous réserve des adaptations prévues au présent II et aux articles D. 371-4 et D. 371-5 : »

1° Les mots : "recteur" ou "recteur de l'académie" *(Décr. n° 2020-1348 du 4 nov. 2020, art. 4)* « "ou recteur d'académie" » ou "directeur des services départementaux de l'éducation nationale" sont remplacés par le mot : "vice-recteur" ;

2° Le mot : "département" est remplacé par les mots : "collectivité d'outre-mer" ;

3° Les mots : "directeur régional de l'alimentation, de l'agriculture et de la forêt" sont remplacés par les mots : "directeur de l'agriculture, de la forêt et de l'environnement" ;

4° Les mots : "directeur régional des affaires maritimes" sont remplacés par les mots : "directeur des affaires maritimes" ;

(Décr. n° 2014-1231 du 22 oct. 2014, art. 10) « 5° Au deuxième alinéa de l'article D. 321-14, les mots : "dans les conditions prévues à l'article R. 421-41-3" sont remplacés par les mots : "par les chefs d'établissement de ces collèges" ;

« 6° Le quatrième alinéa de l'article D. 321-15 n'est pas applicable ; »

(Décr. n° 2020-1277 du 20 oct. 2020, art. 11) « 7° Les références au code du travail sont remplacées par les références au droit du travail applicable localement. »

Art. D. 371-4 I. — Pour leur application dans les îles Wallis-et-Futuna, les troisième et quatrième alinéas de l'article D. 331-35 sont remplacés par les alinéas suivants :

"— La commission d'appel est présidée par le vice-recteur ; celui-ci peut se faire représenter. Elle comprend les membres suivants :

"— deux chefs d'établissement ;

"– trois professeurs exerçant au niveau scolaire concerné ;
"– un conseiller principal d'éducation ou un conseiller d'éducation ;
"– un directeur de centre d'information et d'orientation ;
"– trois représentants des parents d'élèves.

"La commission peut s'adjoindre un médecin de santé scolaire et une assistante sociale scolaire.

"Les membres de la commission sont nommés par le vice-recteur pour une durée d'un an renouvelable, sur proposition des associations en ce qui concerne les parents d'élèves. Dans les mêmes conditions, ils désignent un nombre égal de suppléants des représentants des parents d'élèves.

"Le vice-recteur peut mettre en place des sous-commissions d'appel dont la composition est identique à celle de la commission d'appel, à l'exception de la présidence, qui est assurée par un chef d'établissement dont l'établissement n'est pas situé dans le ressort de la sous-commission."

II. – Pour leur application dans les îles Wallis-et-Futuna, les deuxième et troisième alinéas de l'article D. 331-38 sont remplacés par les alinéas suivants :

"L'affectation est de la compétence du vice-recteur.

"Le changement d'établissement en cours de cycle de formation est autorisé par le vice-recteur. L'élève est scolarisé dans la même voie d'orientation et compte tenu de la formation déjà reçue."

III. – Pour l'application dans les îles Wallis-et-Futuna de l'article D. 331-42, les mots : *(Décr. n° 2012-16 du 5 janv. 2012, art. 7)* "directeur académique des services de l'éducation nationale agissant sur délégation du recteur d'académie" sont remplacés par le mot : "vice-recteur".

IV. – Pour son application dans les îles Wallis-et-Futuna, le deuxième alinéa de l'article D. 331-43 est remplacé par les dispositions suivantes :

"Les actions menées dans l'établissement scolaire en matière de dialogue, d'information, de préparation de l'orientation, ainsi que les résultats de l'orientation figurent dans un rapport annuel adressé au vice-recteur."

Art. D. 371-5 Dans les jurys mentionnés aux articles D. 334-21, D. 336-20 et D. 336-38, à défaut d'un président membre de l'enseignement supérieur, un *(Décr. n° 2012-16 du 5 janv. 2012, art. 7-I)* « directeur académique des services de l'éducation nationale agissant sur délégation du recteur d'académie » ou un professeur agrégé de l'enseignement du second degré peut être désigné.

Art. D. 371-6 *Abrogé par Décr. n° 2020-1677 du 23 déc. 2020, art. 1er.*

CHAPITRE II DISPOSITIONS APPLICABLES À MAYOTTE

Art. R. 372-1 *Abrogé par Décr. n° 2019-1553 du 30 déc. 2019, art. 1er.*

Art. R. 372-2 Les adaptations des programmes nationaux mentionnés à l'article L. 311-3 sont arrêtées par le ministre chargé de l'éducation. – *[Décr. n° 91-116 du 28 janv. 1991, art. 2, en ce qui concerne Mayotte.]*

Art. D. 372-3 Les articles D. 311-5, D. 312-1, D. 312-4 à D. 312-6, D. 312-40 à D. 312-42, *(Décr. n° 2007-429 du 25 mars 2007, art. 4)* « D. 312-43, D. 312-44, D. 312-47-1 », D. 312-48, *(Décr. n° 2010-1771 du 30 déc. 2010, art. 2)* « D. 312-48-1 », D. 321-1 à D. 321-16, D. 331-23 à D. 331-43, D. 332-1 à D. 332-29, D. 333-1 à D. 333-18, D. 334-1 à D. 334-22, *(Décr. n° 2020-1348 du 4 nov. 2020, art. 4)* « D. 334-25 à D. 334-34 », D. 336-1 à D. 336-58, D. 337-1 à D. 337-14, D. 337-16 à D. 337-30, D. 337-32 à D. 337-44, D. 337-46 à D. 337-74, D. 337-76 à D. 337-111 et D. 337-113 à D. 337-160 sont applicables à Mayotte sous réserve des adaptations prévues *(Décr. n° 2014-1407 du 26 nov. 2014, art. 4)* « aux 1° à 5° » du présent article et aux articles D. 372-4 et D. 372-5 :

1° *Abrogé par Décr. n° 2019-1553 du 30 déc. 2019, art. 1er* ;

(Décr. n° 2015-652 du 10 juin 2015, art. 13) « 2° Le mot : "département" est remplacé par les mots : "Département de Mayotte" » ;

3° Les mots : "directeur régional de l'alimentation, de l'agriculture et de la forêt" sont remplacés par les mots : "directeur *(Décr. n° 2019-1553 du 30 déc. 2019, art. 1er)* « de l'alimentation, de l'agriculture et de la forêt »" ;

(Décr. nº 2019-1553 du 30 déc. 2019, art. 1er) « 4º Les mots : "directeur interrégional de la mer" sont remplacés par les mots : "directeur de la mer Sud océan Indien" ».

Art. D. 372-4 Pour son application à Mayotte, le deuxième alinéa de l'article D. 331-43 est remplacé par les dispositions suivantes :

"Les actions menées dans l'établissement scolaire en matière de dialogue, d'information, de préparation de l'orientation, ainsi que les résultats de l'orientation figurent dans un rapport annuel adressé au *(Décr. nº 2019-1553 du 30 déc. 2019, art. 1er)* « recteur de l'académie »."

Art. D. 372-5 Dans les jurys mentionnés aux *(Décr. nº 2019-1553 du 30 déc. 2019, art. 1er)* « articles D. 334-21 et D. 336-20 », à défaut d'un président membre de l'enseignement supérieur, un *(Décr. nº 2012-16 du 5 janv. 2012, art. 7)* « directeur académique *(Décr. nº 2019-1553 du 30 déc. 2019, art. 1er)* « adjoint » des services de l'éducation nationale agissant sur délégation du recteur d'académie » ou un professeur agrégé de l'enseignement du second degré peut être désigné.

Art. D. 372-6 *Abrogé par Décr. nº 2019-1553 du 30 déc. 2019, art. 1er.*

Art. R. 372-7 *Abrogé par Décr. nº 2015-1280 du 13 oct. 2015, art. 11.*

Art. R. 372-8 *Abrogé par L. nº 2015-1702 du 21 déc. 2015, art. 59.*

CHAPITRE III DISPOSITIONS APPLICABLES EN POLYNÉSIE FRANÇAISE

SECTION PREMIÈRE DISPOSITIONS GÉNÉRALES

Art. R. 373-1 *(Décr. nº 2015-652 du 10 juin 2015, art. 7)* « Dans leur rédaction résultant du décret nº 2015-652 du 10 juin 2015 relatif aux dispositions réglementaires des livres VIII et IX du code de l'éducation (décrets en Conseil d'État et décrets), » les articles R. 337-15, R. 337-31, R. 337-45, R. 337-75 et R. 337-112 sont applicables en Polynésie française sous réserve des adaptations suivantes :

1º A l'article R. 337-31, les mots : "les recteurs *(Décr. nº 2019-1554 du 30 déc. 2019, art. 1er)* « d'académie » peuvent" sont remplacés par les mots : "le vice-recteur peut" ;

2º A l'article R. 337-45, les mots : "le recteur de l'académie » sont remplacés par les mots : "le vice-recteur".

Art. D. 373-2 *(Décr. nº 2016-771 du 10 juin 2016, art. 3)* « I. — Sont applicables en Polynésie française les dispositions mentionnées dans la colonne de gauche du tableau ci-après, dans leur rédaction indiquée dans la colonne de droite du même tableau :

Tableau mod. par Décr. nº 2017-960 du 10 mai 2017, art. 10 ; Décr. nº 2017-961 du 10 mai 2017, art. 4 ; Décr. nº 2018-272 du 13 avr. 2018, art. 3 ; Décr. nº 2018-614 du 16 juill. 2018, art. 33 ; Décr. nº 2019-391 du 29 avr. 2019, art. 8 ; Décr. nº 2019-750 du 19 juill. 2019, art. 3 ; Décr. nº 2019-907 du 30 août 2019, art. 16 ; Décr. nº 2019-1090 du 25 oct. 2019, art. 3 ; Décr. nº 2019-1236 du 26 nov. 2019, art. 3 ; Décr. nº 2020-726 du 12 juin 2020, art. 21 ; Décr. nº 2020-923 du 29 juill. 2020, art. 2 ; Décr. nº 2020-1158 du 21 sept. 2020, art. 2 ; Décr. nº 2020-1277 du 20 oct. 2020, art. 12 ; Décr. nº 2020-1341 du 3 nov. 2020, art. 8 ; Décr. nº 2020-1348 du 4 nov. 2020, art. 4 ; Décr. nº 2020-1677 du 23 déc. 2020, art. 1er ; Décr. nº 2021-64 du 25 janv. 2021, art. 5 ; Décr. nº 2021-100 du 1er févr. 2021, art. 2 ; Décr. nº 2021-533 du 30 avr. 2021, art. 5 ; Décr. nº 2021-983 du 27 juill. 2021, art. 21 ; Décr. nº 2021-1054 du 6 août 2021, art. 21.

A compter du 1er janv. 2022, les lignes qui mentionnent ou comprennent, dans leur colonne de gauche, les art. D. 337-26 à D. 337-30, D. 337-32 à D. 337-37, D. 337-39 à D. 337-44 et D. 337-46 à D. 337-50-1 sont supprimées, ces articles étant eux-mêmes abrogés (Décr. nº 2020-1277 du 20 oct. 2020, art. 12).

DISPOSITIONS APPLICABLES	DANS LEUR RÉDACTION
Articles D. 312-18 à D. 312-20	Résultant du décret nº 2020-1341 du 3 novembre 2020
Articles D. 312-29 et D. 312-30	Résultant du décret nº 2020-1341 du 3 novembre 2020

DISPOSITIONS APPLICABLES	DANS LEUR RÉDACTION
Articles D. 332-16 à D. 332-29	Résultant du décret n° 2015-652 du 10 juin 2015
Articles D. 334-1 à D. 334-3	Résultant du décret n° 2015-652 du 10 juin 2015
Articles D. 334-3 à D. 334-4	Résultant du décret n° 2021-983 du 27 juillet 2021
Article D. 334-4-1	Résultant du décret n° 2021-983 du 27 juillet 2021
Articles D. 334-5 à D. 334-7	Résultant du décret n° 2018-614 du 16 juillet 2018
Article D. 334-7-1	Résultant du décret n° 2021-983 du 27 juillet 2021
Article D. 334-8	Résultant du décret n° 2018-614 du 16 juillet 2018
Article D. 334-9	Résultant du décret n° 2018-614 du 16 juillet 2018
Article D. 334-10	Résultant du décret n° 2019-1090 du 25 octobre 2019
Article D. 334-11	Résultant du décret n°2021-1054 du 6 août 2021
Article D. 334-12	Résultant du décret n° 2018-614 du 16 juillet 2018
Article D. 334-13	Résultant du décret n° 2021-983 du 27 juillet 2021
Article D. 334-14	Résultant du décret n° 2021-983 du 27 juillet 2021
Article D. 334-15	Résultant du décret n° 2019-1558 du 30 décembre 2019
Articles D. 334-16 et D. 334-17	Résultant du décret n° 2018-614 du 16 juillet 2018
Article D. 334-18	Résultant du décret n° 2021-983 du 27 juillet 2021
Article D. 334-19	Résultant du décret n° 2021-100 du 1er février 2021
Article D. 334-20	Résultant du décret n° 2015-652 du 10 juin 2015
Article D. 334-21	Résultant du décret n° 2021-1054 du 6 août 2021
Article D. 334-22	Résultant du décret n° 2015-652 du 10 juin 2015
Article D. 334-25	Résultant du décret n° 2012-640 du 3 mai 2012
Article D. 334-26	Résultant du décret n° 2019-1558 du 30 décembre 2019
Article D. 334-27	Résultant du décret n° 2021-983 du 27 juillet 2021
Articles D. 334-28 à D. 334-30	Résultant du décret n° 2019-1558 du 30 décembre 2019
Articles D. 334-31 à D. 334-32	Résultant du décret n° 2013-469 du 5 juin 2013
Article D. 334-32-1	Résultant du décret n° 2021-983 du 27 juillet 2021
Article D. 334-33	Résultant du décret n° 2012-640 du 3 mai 2012
Article D. 334-34	Résultant du décret n° 2020-1348 du 4 novembre 2020
Articles D. 336-1 et D. 336-2	Résultant du décret n° 2015-652 du 10 juin 2015
Article D. 336-3	Résultant du décret n° 2021-983 du 27 juillet 2021

DISPOSITIONS APPLICABLES	DANS LEUR RÉDACTION
Article D. 336-4	Résultant du décret n° 2021-983 du 27 juillet 2021
Article D. 336-4-1	Résultant du décret n° 2021-983 du 27 juillet 2021
Articles D. 336-5 à D. 336-7	Résultant du décret n° 2018-614 du 16 juillet 2018
Article D. 336-7-1	Résultant du décret n° 2021-983 du 27 juillet 2021
Article D. 336-8	Résultant du décret n° 2018-614 du 16 juillet 2018
Article D. 336-9	Résultant du décret n° 2021-983 du 27 juillet 2021
Article D. 336-10	Résultant du décret n° 2019-1090 du 25 octobre 2019
Article D. 336-11	Résultant du décret n° 2018-1199 du 20 décembre 2018
Article D. 336-12	Résultant du décret n° 2018-614 du 16 juillet 2018
Article D. 336-13	Résultant du décret n° 2021-983 du 27 juillet 2021
Article D. 336-14	Résultant du décret n° 2021-983 du 27 juillet 2021
Article D. 336-15	Résultant du décret n° 2019-1558 du 30 décembre 2019
Article D. 336-16	Résultant du décret n° 2015-652 du 10 juin 2015
Article D. 336-17	Résultant du décret n° 2021-983 du 27 juillet 2021
Article D. 336-18	Résultant du décret n° 2021-100 du 1er février 2021
Articles D. 336-19 à D. 336-22-1	Résultant du décret n° 2015-652 du 10 juin 2015
Article D. 336-39	Résultant du décret n° 2019-1558 du 30 décembre 2019
Articles D. 336-39-1 à D. 336-40	Résultant du décret n° 2018-614 du 16 juillet 2018
Articles D. 336-41 à D. 336-42	Résultant du décret n° 2015-652 du 10 juin 2015
Article D. 336-43	Résultant du décret n° 2015-1066 du 26 août 2015
Articles D. 336-44 à D. 336-45	Résultant du décret n° 2015-652 du 10 juin 2015
Article D. 336-46	Résultant du décret n° 2019-1558 du 30 décembre 2019
Articles D. 336-46-1 à D. 336-47	Résultant du décret n° 2018-614 du 16 juillet 2018
Articles D. 336-48 à D. 336-58	Résultant du décret n° 2015-652 du 10 juin 2015
Articles D. 337-1 et D. 337-2	Résultant du décret n° 2016-772 du 10 juin 2016
Article D. 337-3	Résultant du décret n° 2019-907 du 30 août 2019
Article D. 337-3-1	Résultant du décret n° 2019-1236 du 26 novembre 2019

DISPOSITIONS APPLICABLES	DANS LEUR RÉDACTION
Article D. 337-4	Résultant du décret n° 2016-772 du 10 juin 2016
Article D. 337-5	Résultant du décret n° 2020-726 du 12 juin 2020
Article D. 337-6	Résultant du décret n° 2016-772 du 10 juin 2016
Article D. 337-7	Résultant du décret n° 2020-1277 du 20 octobre 2020
Article D. 337-8	Résultant du décret n° 2020-726 du 12 juin 2020
Articles D. 337-9 et D. 337-10	Résultant du décret n° 2016-772 du 10 juin 2016
Article D. 337-11	Résultant du décret n° 2020-1277 du 20 octobre 2020
Articles D. 337-12 à D. 337-15	Résultant du décret n° 2016-772 du 10 juin 2016
Articles D. 337-16 à D. 337-18	Résultant du décret n° 2020-726 du 12 juin 2020
Articles D. 337-19 à D. 337-21	Résultant du décret n° 2016-772 du 10 juin 2016
Articles D. 337-22 et D. 337-23	Résultant du décret n° 2021-64 du 25 janvier 2021
Article D. 337-23-1	Résultant du décret n° 2016-772 du 10 juin 2016
Article D. 337-24	Résultant du décret n° 2019-391 du 29 avril 2019
Article D. 337-25	Résultant du décret n° 2016-772 du 10 juin 2016
Article D. 337-25-1	Résultant du décret n° 2021-64 du 25 janvier 2021
Articles D. 337-26 à D. 337-28	Résultant du décret n° 2016-772 du 10 juin 2016
Article D. 337-29	Résultant du décret n° 2020-1277 du 20 octobre 2020
Article D. 337-30	Résultant du décret n° 2016-772 du 10 juin 2016
Articles D. 337-32 à D. 337-37	Résultant du décret n° 2015-652 du 10 juin 2015
Article D. 337-37-1	Résultant du décret n° 2017-961 du 10 mai 2017
Articles D. 337-39 et D. 337-40	Résultant du décret n° 2020-1277 du 20 octobre 2020 *– Articles abrogés à compter du 1er janv. 2022.*
Article D. 337-42	Résultant du décret n° 2019-1558 du 30 décembre 2019
Article D. 337-42-1	Résultant du décret n° 2015-520 du 11 mai 2015
Articles D. 337-43 à D. 337-44	Résultant du décret n° 2019-1558 du 30 décembre 2019
Articles D. 337-46 à D. 337-47	Résultant du décret n° 2016-771 du 10 juin 2016
Article D. 337-48	Résultant du décret n° 2017-960 du 10 mai 2017
Articles D. 337-49 à D. 337-58	Résultant du décret n° 2016-771 du 10 juin 2016
Article D. 337-59	Résultant du décret n° 2020-1277 du 20 octobre 2020
Articles D. 337-60 à D. 337-66	Résultant du décret n° 2016-771 du 10 juin 2016
Article D. 337-66-1	Résultant du décret n° 2020-1277 du 20 octobre 2020

DISPOSITIONS APPLICABLES	DANS LEUR RÉDACTION
Articles D. 337-67 et D. 337-68	Résultant du décret nº 2016-771 du 10 juin 2016
Article D. 337-69	Résultant du décret nº 2020-726 du 12 juin 2020
Article D. 337-70	Résultant du décret nº 2016-771 du 10 juin 2016
Article D. 337-71	Résultant du décret nº 2020-726 du 12 juin 2020
Articles D. 337-72 et D. 337-73	Résultant du décret nº 2016-771 du 10 juin 2016
Article D. 337-74	Résultant du décret nº 2020-1277 du 20 octobre 2020
Articles D. 337-76 à D. 337-77	Résultant du décret nº 2016-782 du 10 juin 2016
Article D. 337-78	Résultant du décret nº 2016-782 du 10 juin 2016
Article D. 337-79	Résultant du décret nº 2020-726 du 12 juin 2020
Articles D. 337-80 à D. 337-93	Résultant du décret nº 2016-782 du 10 juin 2016
Article D. 337-94	Résultant du décret nº 2019-391 du 29 avril 2019
Articles D. 337-95 et D. 337-96	Résultant du décret nº 2016-782 du 10 juin 2016
Articles D. 337-97, D. 337-101	Résultant du décret nº 2017-790 du 5 mai 2017
Articles D. 337-98, D. 337-100, D. 337-102 à D. 337-104	Résultant du décret nº 2016-782 du 10 juin 2016
Article D. 337-105	Résultant du décret nº 2019-907 du 30 août 2019
Article D. 337-106	Résultant du décret nº 2016-782 du 10 juin 2016
Articles D. 337-107 à D. 337-109	Résultant du décret nº 2020-726 du 12 juin 2020
Articles D. 337-110 et D. 337-111	Résultant du décret nº 2016-782 du 10 juin 2016
Articles D. 337-113 et D. 337-114	Résultant du décret nº 2015-652 du 10 juin 2015
Article D. 337-115	Résultant du décret nº 2020-726 du 12 juin 2020
Article D. 337-116	Résultant du décret nº 2019-391 du 29 avril 2019
Articles D. 337-117 à D. 337-122	Résultant du décret nº 2015-652 du 10 juin 2015
Article D. 337-123	Résultant du décret nº 2020-1677 du 23 décembre 2020
Article D. 337-123-1	Résultant du décret nº 2015-652 du 10 juin 2015
Article D. 337-124	Résultant du décret nº 2019-391 du 29 avril 2019
Articles D. 337-125, D. 337-127 et D. 337-128	Résultant du décret nº 2015-652 du 10 juin 2015
Article D. 337-126	Résultant du décret nº 2017-790 du 5 mai 2017
Article D. 337-128-1	Résultant du décret nº 2017-960 du 10 mai 2017

DISPOSITIONS APPLICABLES	DANS LEUR RÉDACTION
Articles D. 337-129 et D. 337-130	Résultant du décret n° 2017-790 du 5 mai 2017
Article D. 337-131	Résultant du décret n° 2015-652 du 10 juin 2015
Articles D. 337-132 à D. 337-135	Résultant du décret n° 2020-726 du 12 juin 2020
Articles D. 337-136 à D. 337-137-1	Résultant du décret n° 2015-652 du 10 juin 2015
Article D. 337-138	Résultant du décret n° 2019-391 du 29 avril 2019
Article D. 337-138-1	Résultant du décret n° 2015-652 du 10 juin 2015
Article D. 337-139	Résultant du décret n° 2021-533 du 30 avril 2021
Article D. 337-140	Résultant du décret n° 2017-790 du 5 mai 2017
Article D. 337-141	Résultant du décret n° 2006-583 du 23 mai 2006
Article D. 337-142	Résultant du décret n° 2021-533 du 30 avril 2021
Article D. 337-143	Résultant du décret n° 2006-583 du 23 mai 2006
Articles D. 337-144 et D. 337-145	Résultant du décret n° 2017-790 du 5 mai 2017
Article D. 337-146	Résultant du décret n° 2006-583 du 23 mai 2006
Article D. 337-147	Résultant du décret n° 2020-726 du 12 juin 2020
Article D. 337-148	Résultant du décret n° 2006-583 du 23 mai 2006
Article D. 337-149	Résultant du décret n° 2017-790 du 5 mai 2017
Article D. 337-150	Résultant du décret n° 2021-533 du 30 avril 2021
Article D. 337-151	Résultant du décret n° 2006-583 du 23 mai 2006
Article D. 337-152	Résultant du décret n° 2020-726 du 12 juin 2020
Articles D. 337-153 et D. 337-154	Résultant du décret n° 2006-583 du 23 mai 2006
Article D. 337-154-1	Résultant du décret n° 2015-520 du 11 mai 2015
Articles D. 337-155 à D. 337-157	Résultant du décret n° 2006-583 du 23 mai 2006
Article D. 337-158	Résultant du décret n° 2020-1677 du 23 décembre 2020
Article D. 337-158-1	Résultant du décret n° 2015-520 du 11 mai 2015
Article D. 337-159	Résultant du décret n° 2019-391 du 29 avril 2019
Article D. 337-160	Résultant du décret n° 2006-583 du 23 mai 2006
Articles D. 337-172 a D. 337-175	Résultant du décret n° 2019-176 du 7 mars 2019

DISPOSITIONS APPLICABLES	DANS LEUR RÉDACTION
Articles D. 338-23 et D. 338-24	Résultant du décret nº 2006-1626 du 19 décembre 2006
Article D. 338-26	Résultant du décret nº 2020-1677 du 23 décembre 2020
Article D. 338-27	Résultant du décret nº 2020-956 du 31 juillet 2020
Article D. 338-28	Résultant du décret nº 2019-918 du 30 août 2019
Article D. 338-29	Résultant du décret nº 2006-1626 du 19 décembre 2006
Article D. 338-30	Résultant du décret nº 2020-956 du 31 juillet 2020
Article D. 338-31	Résultant du décret nº 2006-1626 du 19 décembre 2006
Articles D. 338-43 à D. 338-47	Résultant du décret nº 2015-652 du 10 juin 2015
Articles D. 338-48 à D. 338-52	Résultant du décret nº 2020-1158 du 21 septembre 2020

« II. – Ces articles sont applicables en Polynésie française sous réserve des adaptations suivantes : »

1° Les mots : "recteur" ou "recteur de l'académie" *(Décr. nº 2020-1348 du 4 nov. 2020, art. 4)* « "ou recteur d'académie" » ou "directeur des services départementaux de l'éducation nationale" sont remplacés par le mot : "vice-recteur" ;

2° Le mot : "département" est remplacé par les mots : "collectivité d'outre-mer" ;

3° Les mots : "directeur régional de l'alimentation, de l'agriculture et de la forêt" sont remplacés par les mots : "directeur de l'agriculture, de la forêt et de l'environnement" ;

4° Les mots : "directeur régional des affaires maritimes" sont remplacés par les mots : "directeur des affaires maritimes" ;

5° Dans les jurys mentionnés aux articles D. 334-21, D. 336-20 et D. 336-38, à défaut d'un président membre de l'enseignement supérieur, un *(Décr. nº 2012-16 du 5 janv. 2012, art. 7)* « directeur académique des services de l'éducation nationale agissant sur délégation du recteur d'académie » ou un professeur agrégé de l'enseignement du second degré peut être désigné ;

(Décr. nº 2020-1277 du 20 oct. 2020, art. 12) « 6° Les références au code du travail sont remplacées par les références au droit du travail applicable localement. »

Art. D. 373-2-1 *Abrogé par Décr. nº 2020-1677 du 23 déc. 2020, art. 1er.*

SECTION II RECONNAISSANCE DE DIPLÔMES OU DE TITRES À FINALITÉ PROFESSIONNELLE PRÉPARÉS ET DÉLIVRÉS EN POLYNÉSIE FRANÇAISE

Art. R. 373-3 Conformément à l'article 19 de la loi nº 2003-660 du 21 juillet 2003 de programme pour l'outre-mer, les diplômes ou titres à finalité professionnelle préparés en Polynésie française et délivrés par cette collectivité sont, à la demande de leurs autorités, reconnus par un arrêté des ministres intéressés.

Les diplômes ou titres ainsi reconnus attestent des mêmes compétences, aptitudes, connaissances et conditions de délivrance que ceux délivrés au nom de l'État. Ils produisent les mêmes effets que les diplômes ou titres à finalité professionnelle délivrés au nom de l'État qui leur servent de référence.

Les diplômes ou titres qui ont fait l'objet de cette reconnaissance portent la mention des termes : « reconnu par l'État ». Ils sont inscrits au répertoire national des certifications professionnelles. – *[Décr. n° 2005-1245 du 27 sept. 2005, art. 1er et 2, en ce qui concerne la Polynésie française.]*

Art. R. 373-4 La demande de reconnaissance d'un titre ou d'un diplôme à finalité professionnelle est adressée par le chef de l'exécutif de la Polynésie française au haut-commissaire de la République. Elle est accompagnée des documents suivants :

1° La délibération de l'assemblée relative à la demande de reconnaissance du diplôme ou du titre à finalité professionnelle ;

2° Des fiches techniques précisant, pour chaque diplôme ou titre :

a) Les compétences, aptitudes, connaissances et qualifications attestées par le diplôme ou le titre ainsi que les emplois et activités auxquels il prépare ;

b) Les conditions de délivrance du diplôme ou du titre, les modalités de l'examen, la composition et la compétence du jury, la nature, la durée et le contenu pédagogique des actions de formation ;

c) La liste des organismes désignés ou agréés par les autorités de la collectivité pour dispenser la formation menant aux diplômes ou titres. Cette liste comprend le nom, la forme juridique et le lieu du siège social de ces organismes ;

3° L'engagement du chef de l'exécutif de la collectivité à respecter les conditions de délivrance du diplôme ou du titre, mentionnées au 2°, une fois intervenue la reconnaissance par l'État, et à signaler toute modification de celles-ci, qui surviendrait antérieurement ou postérieurement à cette reconnaissance ;

4° L'engagement de l'autorité habilitée de la collectivité à permettre l'exercice de missions de contrôle diligentées par le ou les ministres intéressés. Ces missions apprécient, par un contrôle sur pièces et sur place, les conditions dans lesquelles la préparation au diplôme ou au titre et la délivrance de ceux-ci sont organisées. – *[Décr. n° 2005-1245 du 27 sept. 2005, art. 3.]*

Art. R. 373-5 Le haut-commissaire de la République transmet le dossier avec son avis au ministre intéressé dans un délai de quinze jours à compter de la réception du dossier complet.

Dans le cas où plusieurs ministères sont intéressés, le dossier est transmis au ministre chargé de la formation professionnelle qui assure la coordination de l'instruction. – *[Décr. n° 2005-1245 du 27 sept. 2005, art. 4, en ce qui concerne la Polynésie française.]*

Art. R. 373-6 Le ministre accuse réception du dossier auprès du haut-commissaire de la République, qui en informe le chef de l'exécutif de la Polynésie française. Le ministre dispose d'un délai de quatre mois à compter de la réception du dossier complet pour prendre sa décision après avis, le cas échéant, de l'ordre professionnel.

En cas de refus, cette décision doit être motivée. – *[Décr. n° 2005-1245 du 27 sept. 2005, art. 5, en ce qui concerne la Polynésie française.]*

Art. R. 373-7 Le chef de l'exécutif de la collectivité dispose d'un délai de quinze jours francs, après sa réception, pour présenter ses observations sur le projet d'arrêté. Passé ce délai, en cas de silence, il est réputé avoir acquiescé à la rédaction proposée. La mention du diplôme ou du titre à finalité professionnelle délivré en Polynésie française ainsi reconnu figure sur l'arrêté du ou des ministres concernés.

Cet arrêté est publié au *Journal officiel* de la République française et au *Journal officiel* de la Polynésie française. – *[Décr. n° 2005-1245 du 27 sept. 2005, art. 6, en ce qui concerne la Polynésie française.]*

Art. R. 373-8 Le ministre abroge l'arrêté ayant reconnu le diplôme ou le titre à finalité professionnelle lorsque celui délivré au nom de l'État qui a servi de référence à cette reconnaissance est supprimé.

L'arrêté ayant reconnu le diplôme ou le titre à finalité professionnelle est abrogé si les conditions nécessaires à l'équivalence avec les diplômes ou titres à finalité professionnelle délivrés au nom de l'État ne sont pas respectées. – *[Décr. n° 2005-1245 du 27 sept. 2005, art. 7, en ce qui concerne la Polynésie française.]*

Art. R. 373-9 Le chef de l'exécutif de la Polynésie française peut demander que des diplômes et des titres préparés en Polynésie française, délivrés par cette collectivité, et qui ne peuvent faire l'objet d'une reconnaissance par l'État, soient enregistrés au répertoire national des certifications professionnelles dans les conditions prévues à l'article R. 335-16 *[abrogé. — V. désormais C. trav., art. R. 6113-8 s.]*.

La première demande d'enregistrement ainsi que les demandes de renouvellement ou de suppression d'enregistrement doivent être transmises au haut-commissaire de la République qui les fait parvenir, avec son avis, au président de la Commission nationale de la certification professionnelle. — *[Décr. nº 2005-1245 du 27 sept. 2005, art. 8, en ce qui concerne la Polynésie française.]*

CHAPITRE IV DISPOSITIONS APPLICABLES EN NOUVELLE-CALÉDONIE

SECTION PREMIÈRE DISPOSITIONS GÉNÉRALES

Art. R. 374-1 *(Décr. nº 2015-652 du 10 juin 2015, art. 7)* « Dans leur rédaction résultant du décret nº 2015-652 du 10 juin 2015 relatif aux dispositions réglementaires des livres VIII et IX du code de l'éducation (décrets en Conseil d'État et décrets), » sont applicables en Nouvelle-Calédonie les articles R. 337-15, R. 337-31, R. 337-45, R. 337-75 et R. 337-112, sous réserve des adaptations suivantes :

1º A l'article R. 337-31, les mots : "les recteurs *(Décr. nº 2019-1554 du 30 déc. 2019, art. 1er)* « d'académie » peuvent" sont remplacés par les mots : "le vice-recteur peut" ;

2º A l'article R. 337-45, les mots : "le recteur de l'académie » sont remplacés par les mots : "le vice-recteur".

Art. R. 374-2 Les adaptations des programmes nationaux dans les enseignements qui relèvent de la compétence de l'État conformément au III de l'article 21 de la loi organique nº 99-209 du 19 mars 1999 relative à la Nouvelle-Calédonie sont arrêtées par le ministre chargé de l'éducation. — *[Décr. nº 91-116 du 28 janv. 1991, art. 2, en ce qui concerne la Nouvelle-Calédonie.]*

Art. D. 374-3 *(Décr. nº 2016-771 du 10 juin 2016, art. 4)* « I. — Sont applicables en Nouvelle-Calédonie les dispositions mentionnées dans la colonne de gauche du tableau ci-après, dans leur rédaction indiquée dans la colonne de droite du même tableau :

Tableau mod. par Décr. nº 2017-960 du 10 mai 2017, art. 10 ; Décr. nº 2017-961 du 10 mai 2017, art. 4 ; Décr. nº 2018-272 du 13 avr. 2018, art. 3 ; Décr. nº 2018-614 du 16 juill. 2018, art. 33 ; Décr. nº 2018-1199 du 20 déc. 2018, art. 3 ; Décr. nº 2019-370 du 25 avr. 2019, art. 4 ; Décr. nº 2019-391 du 29 avr. 2019, art. 9 ; Décr. nº 2019-750 du 19 juill. 2019, art. 3 ; Décr. nº 2019-907 du 30 août 2019, art. 16 ; Décr. nº 2019-1090 du 25 oct. 2019, art. 3 ; Décr. nº 2019-1236 du 26 nov. 2019, art. 3 ; Décr. nº 2020-726 du 12 juin 2020, art. 22 ; Décr. nº 2020-923 du 29 juill. 2020, art. 2 ; Décr. nº 2020-1158 du 21 sept. 2020, art. 2 ; Décr. nº 2020-1277 du 20 oct. 2020, art. 13 ; Décr. nº 2020-1341 du 3 nov. 2020, art. 9 ; Décr. nº 2020-1348 du 4 nov. 2020, art. 4 ; Décr. nº 2021-100 du 1er févr. 2021, art. 2 ; Décr. nº 2021-533 du 30 avril 2021, art. 5 ; Décr. nº 2021-983 du 27 juill. 2021, art. 21 ; Décr. nº 2021-1054 du 6 août 2021, art. 21.

A compter du 1er janv. 2022, les lignes qui mentionnent ou comprennent, dans leur colonne de gauche, les art. D. 337-26 à D. 337-30, D. 337-32 à D. 337-37, D. 337-39 à D. 337-44 et D. 337-46 à D. 337-50-1 sont supprimées, ces articles étant eux-mêmes abrogés (Décr. nº 2020-1277 du 20 oct. 2020, art. 13).

DISPOSITIONS APPLICABLES	DANS LEUR RÉDACTION
Articles D. 312-18 à D. 312-20	Résultant du décret nº 2020-1341 du 3 novembre 2020
Articles D. 312-29 et D. 312-30	Résultant du décret nº 2020-1341 du 3 novembre 2020
Articles D. 312-48-1, D. 321-18 à D. 321-27, D. 331-23 à D. 331-35	Résultant du décret nº 2015-652 du 10 juin 2015
Article D. 331-36	Résultant du décret nº 2019-370 du 25 avril 2019

DISPOSITIONS APPLICABLES	DANS LEUR RÉDACTION
Article D. 331-37	Résultant du décret n° 2015-652 du 10 juin 2015
Article D. 331-38	Résultant du décret n° 2019-370 du 25 avril 2019
Articles D. 331-39 à D. 331-43, D. 331-46 à D. 331-58	Résultant du décret n° 2015-652 du 10 juin 2015
Article D. 331-59	Résultant du décret n° 2019-370 du 25 avril 2019
Articles D. 331-60 à D. 331-61, D. 332-1 à D. 332-6 et les deux premiers alinéas de l'article D. 332-7	Résultant du décret n° 2015-652 du 10 juin 2015
Articles D. 332-8 à D. 332-29	Résultant du décret n° 2015-652 du 10 juin 2015
Article D. 333-1	Résultant du décret n° 2015-652 du 10 juin 2015
Article D. 333-2	Résultant du décret n° 2020-1277 du 20 octobre 2020
Articles D. 333-3 à D. 333-10	Résultant du décret n° 2015-652 du 10 juin 2015
Article D. 333-11	Résultant du décret n° 2021-1054 du 6 août 2021
Articles D. 333-12 à D.333-18	Résultant du décret n° 2015-652 du 10 juin 2015
Articles D. 334-1 à D. 334-2	Résultant du décret n° 2015-652 du 10 juin 2015
Articles D. 334-3 et D. 334-4	Résultant du décret n° 2021-983 du 27 juillet 2021
Article D. 334-4-1	Résultant du décret n° 2021-983 du 27 juillet 2021
Articles D. 334-5 à D. 334-7	Résultant du décret n° 2018-614 du 16 juillet 2018
Article D. 334-7-1	Résultant du décret n° 2021-983 du 27 juillet 2021
Article D. 334-8	Résultant du décret n° 2018-614 du 16 juillet 2018
Article D. 334-9	Résultant du décret n° 2021-983 du 27 juillet 2021
Article D. 334-10	Résultant du décret n° 2019-1090 du 25 octobre 2019
Article D. 334-11	Résultant du décret n° 2021-1054 du 6 août 2021
Article D. 334-12	Résultant du décret n° 2018-614 du 16 juillet 2018
Article D. 334-13	Résultant du décret n° 2021-983 du 27 juillet 2021
Article D. 334-14	Résultant du décret n° 2021-983 du 27 juillet 2021
Article D. 334-15	Résultant du décret n° 2019-1558 du 30 décembre 2019
Articles D. 334-16 et D. 334-17	Résultant du décret n° 2018-614 du 16 juillet 2018
Article D. 334-18	Résultant du décret n° 2021-983 du 27 juillet 2021
Article D. 334-19	Résultant du décret n° 2021-100 du 1er février 2021
Article D. 334-20	Résultant du décret n° 2015-652 du 10 juin 2015
Article D. 334-21	Résultant du décret n° 2021-1054 du 6 août 2021

DISPOSITIONS APPLICABLES	DANS LEUR RÉDACTION
Article D. 334-22	Résultant du décret n° 2015-652 du 10 juin 2015
Article D. 334-25	Résultant du décret n° 2012-640 du 3 mai 2012
Article D. 334-26	Résultant du décret n° 2019-1558 du 30 décembre 2019
Article D. 334-27	Résultant du décret n° 2021-983 du 27 juillet 2021
Articles D. 334-28 à D. 334-30	Résultant du décret n° 2019-1558 du 30 décembre 2019
Articles D. 334-31 à D. 334-32	Résultant du décret n° 2013-469 du 5 juin 2013
Article D. 334-32-1	Résultant du décret n° 2021-983 du 27 juillet 2021
Article D. 334-33	Résultant du décret n° 2012-640 du 3 mai 2012
Article D. 334-34	Résultant du décret n° 2020-1348 du 4 novembre 2020
Articles D. 336-1 à D. 336-2	Résultant du décret n° 2015-652 du 10 juin 2015
Article D. 336-3	Résultant du décret n° 2021-983 du 27 juillet 2021
Article D. 336-4	Résultant du décret n° 2021-983 du 27 juillet 2021
Article D. 336-4-1	Résultant du décret n° 2021-983 du 27 juillet 2021
Articles D. 336-5 à D. 336-7	Résultant du décret n° 2018-614 du 16 juillet 2018
Article D. 336-7-1	Résultant du décret n° 2021-983 du 27 juillet 2021
Article D. 336-8	Résultant du décret n° 2018-614 du 16 juillet 2018
Article D. 336-9	Résultant du décret n° 2021-983 du 27 juillet 2021
Article D. 336-10	Résultant du décret n° 2019-1090 du 25 octobre 2019
Article D. 336-11	Résultant du décret n° 2018-1199 du 20 décembre 2018
Article D. 336-12	Résultant du décret n° 2015-652 du 10 juin 2015
Article D. 336-13	Résultant du décret n° 2021-983 du 27 juillet 2021
Article D. 336-14	Résultant du décret n° 2021-983 du 27 juillet 2021
Article D. 336-15	Résultant du décret n° 2015-1066 du 26 août 2015
Article D. 336-16	Résultant du décret n° 2015-652 du 10 juin 2015
Article D. 336-17	Résultant du décret n° 2021-983 du 27 juillet 2021
Article D. 336-18	Résultant du décret n° 2021-100 du 1er février 2021
Articles D. 336-19 à D. 336-22-1	Résultant du décret n° 2015-652 du 10 juin 2015
Article D. 336-39	Résultant du décret n° 2019-1558 du 30 décembre 2019
Articles D. 336-39-1 et D. 339-40	Résultant du décret n° 2018-614 du 16 juillet 2018

DISPOSITIONS APPLICABLES	DANS LEUR RÉDACTION
Articles D. 336-41 et D. 339-42	Résultant du décret nº 2015-652 du 10 juin 2015
Article D. 336-43	Résultant du décret nº 2015-1066 du 26 août 2015
Articles D. 336-44 et D. 336-45	Résultant du décret nº 2015-652 du 10 juin 2015
Article D. 336-46	Résultant du décret nº 2019-1558 du 30 décembre 2019
Articles D. 336-46-1 et D. 336-47	Résultant du décret nº 2018-614 du 16 juillet 2018
Articles D. 336-48 à D. 336-58	Résultant du décret nº 2015-652 du 10 juin 2015
Articles D. 337-1 et D. 337-2	Résultant du décret nº 2016-772 du 10 juin 2016
Article D. 337-3	Résultant du décret nº 2019-907 du 30 août 2019
Article D. 337-3-1	Résultant du décret nº 2019-1236 du 26 novembre 2019
Article D. 337-4	Résultant du décret nº 2016-772 du 10 juin 2016
Article D. 337-5	Résultant du décret nº 2020-726 du 12 juin 2020
Article D. 337-6	Résultant du décret nº 2016-772 du 10 juin 2016
Article D. 337-7	Résultant du décret nº 2020-1277 du 20 octobre 2020
Article D. 337-8	Résultant du décret nº 2020-726 du 12 juin 2020
Articles D. 337-9 et D. 337-10	Résultant du décret nº 2016-772 du 10 juin 2016
Article D. 337-11	Résultant du décret nº 2020-1277 du 20 octobre 2020
Articles D. 337-12 à D. 337-15	Résultant du décret nº 2016-772 du 10 juin 2016
Articles D. 337-16 à D. 337-18	Résultant du décret nº 2020-726 du 12 juin 2020
Articles D. 337-19 à D. 337-22	Résultant du décret nº 2016-772 du 10 juin 2016
Article D. 337-23	Résultant du décret nº 2017-960 du 10 mai 2017
Article D. 337-23-1	Résultant du décret nº 2016-772 du 10 juin 2016
Article D. 337-24	Résultant du décret nº 2019-391 du 29 avril 2019
Articles D. 337-25 à D. 337-28	Résultant du décret nº 2016-772 du 10 juin 2016
Article D. 337-29	Résultant du décret nº 2020-1277 du 20 octobre 2020
Article D. 337-30	Résultant du décret nº 2016-772 du 10 juin 2016
Articles D. 337-32 à D. 337-37	Résultant du décret nº 2015-652 du 10 juin 2015
Article D. 337-37-1	Résultant du décret nº 2017-961 du 10 mai 2017
Articles D. 337-39 et D. 337-40	Résultant du décret nº 2020-1277 du 20 octobre 2020 *– Articles abrogés à compter du 1er janv. 2022.*
Articles D. 337-41 à D. 337-44	Résultant du décret nº 2015-652 du 10 juin 2015
Articles D. 337-46 à D. 337-47	Résultant du décret nº 2016-771 du 10 juin 2016

DISPOSITIONS APPLICABLES	DANS LEUR RÉDACTION
Article D. 337-48	Résultant du décret n° 2017-960 du 10 mai 2017
Articles D. 337-49 à D. 337-58	Résultant du décret n° 2016-771 du 10 juin 2016
Article D. 337-59	Résultant du décret n° 2020-1277 du 20 octobre 2020
Articles D. 337-60 à D. 337-66	Résultant du décret n° 2016-771 du 10 juin 2016
Article D. 337-66-1	Résultant du décret n° 2020-1277 du 20 octobre 2020
Articles D. 337-67 et D. 337-68	Résultant du décret n° 2016-771 du 10 juin 2016
Article D. 337-69	Résultant du décret n° 2020-726 du 12 juin 2020
Article D. 337-70	Résultant du décret n° 2016-771 du 10 juin 2016
Article D. 337-71	Résultant du décret n° 2020-726 du 12 juin 2020
Articles D. 337-72 et D. 337-73	Résultant du décret n° 2016-771 du 10 juin 2016
Article D. 337-74	Résultant du décret n° 2020-1277 du 20 octobre 2020
Articles D. 337-76 à D. 337-77	Résultant du décret n° 2016-782 du 10 juin 2016
Article D. 337-78	Résultant du décret n° 2016-782 du 10 juin 2016
Article D. 337-79	Résultant du décret n° 2020-726 du 12 juin 2020
Articles D. 337-80 à D. 337-93	Résultant du décret n° 2016-782 du 10 juin 2016
Article D. 337-94	Résultant du décret n° 2019-391 du 29 avril 2019
Articles D. 337-95 et D. 337-96	Résultant du décret n° 2016-782 du 10 juin 2016
Articles D. 337-97, D. 337-101	Résultant du décret n° 2017-790 du 5 mai 2017
Articles D. 337-98, D. 337-100, D. 337-102 à D. 337-104	Résultant du décret n° 2016-782 du 10 juin 2016
Article D. 337-105	Résultant du décret n° 2019-907 du 30 août 2019
Article D. 337-106	Résultant du décret n° 2016-782 du 10 juin 2016
Articles D. 337-107 à D. 337-109	Résultant du décret n° 2020-726 du 12 juin 2020
Articles D. 337-110 et D. 337-111	Résultant du décret n° 2016-782 du 10 juin 2016
Articles D. 337-113 et D. 337-114	Résultant du décret n° 2015-652 du 10 juin 2015
Article D. 337-115	Résultant du décret n° 2020-726 du 12 juin 2020
Article D. 337-116	Résultant du décret n° 2019-391 du 29 avril 2019
Articles D. 337-117 à D. 337-122	Résultant du décret n° 2015-652 du 10 juin 2015
Article D. 337-123	Résultant du décret n° 2020-1677 du 23 décembre 2020

DISPOSITIONS APPLICABLES	DANS LEUR RÉDACTION
Article D. 337-123-1	Résultant du décret n° 2015-652 du 10 juin 2015
Article D. 337-124	Résultant du décret n° 2019-391 du 29 avril 2019
Articles D. 337-125, D. 337-127 et D. 337-128	Résultant du décret n° 2015-652 du 10 juin 2015
Article D. 337-126	Résultant du décret n° 2017-790 du 5 mai 2017
Article D. 337-128-1	Résultant du décret n° 2017-960 du 10 mai 2017
Articles D. 337-129 et D. 337-130	Résultant du décret n° 2017-790 du 5 mai 2017
Article D. 337-131	Résultant du décret n° 2015-652 du 10 juin 2015
Articles D. 337-132 à D. 337-135	Résultant du décret n° 2020-726 du 12 juin 2020
Articles D. 337-136 à D. 337-137-1	Résultant du décret n° 2015-652 du 10 juin 2015
Article D. 337-138	Résultant du décret n° 2019-391 du 29 avril 2019
Article D. 337-138-1	Résultant du décret n° 2015-652 du 10 juin 2015
Article D. 337-139	Résultant du décret n° 2021-533 du 30 avril 2021
Article D. 337-140	Résultant du décret n° 2017-790 du 5 mai 2017
Article D. 337-141	Résultant du décret n° 2006-583 du 23 mai 2006
Article D. 337-142	Résultant du décret n° 2021-533 du 30 avril 2021
Article D. 337-143	Résultant du décret n° 2006-583 du 23 mai 2006
Articles D. 337-144 et D. 337-145	Résultant du décret n° 2017-790 du 5 mai 2017
Article D. 337-146	Résultant du décret n° 2006-583 du 23 mai 2006
Article D. 337-147	Résultant du décret n° 2020-726 du 12 juin 2020
Article D. 337-148	Résultant du décret n° 2006-583 du 23 mai 2006
Article D. 337-149	Résultant du décret n° 2017-790 du 5 mai 2017
Article D. 337-150	Résultant du décret n° 2021-533 du 30 avril 2021
Article D. 337-151	Résultant du décret n° 2006-583 du 23 mai 2006
Article D. 337-152	Résultant du décret n° 2020-726 du 12 juin 2020
Articles D. 337-153 et D. 337-154	Résultant du décret n° 2006-583 du 23 mai 2006
Article D. 337-154-1	Résultant du décret n° 2015-520 du 11 mai 2015
Articles D. 337-155 à D. 337-157	Résultant du décret n° 2006-583 du 23 mai 2006

DISPOSITIONS APPLICABLES	DANS LEUR RÉDACTION
Article D. 337-158	Résultant du décret n° 2020-1677 du 23 décembre 2020
Article D. 337-158-1	Résultant du décret n° 2015-520 du 11 mai 2015
Article D. 337-159	Résultant du décret n° 2019-391 du 29 avril 2019
Article D. 337-160	Résultant du décret n° 2006-583 du 23 mai 2006
Articles D. 338-23 et D. 338-24	Résultant du décret n° 2006-1626 du 19 décembre 2006
Article D. 338-26	Résultant du décret n° 2020-1677 du 23 décembre 2020
Article D. 338-27	Résultant du décret n° 2020-956 du 31 juillet 2020
Article D. 338-28	Résultant du décret n° 2019-918 du 30 août 2019
Article D. 338-29	Résultant du décret n° 2006-1626 du 19 décembre 2006
Article D. 338-30	Résultant du décret n° 2020-956 du 31 juillet 2020
Article D. 338-31	Résultant du décret n° 2006-1626 du 19 décembre 2006
Articles D. 338-43 à D. 338-47	Résultant du décret n° 2015-652 du 10 juin 2015
Articles D. 338-48 à D. 338-52	Résultant du décret n° 2020-1158 du 21 septembre 2020

« II. — Ces articles sont applicables en Nouvelle-Calédonie sous réserve des adaptations prévues au présent II et aux articles D. 374-4 et D. 374-5 : »

1° Les mots : "recteur" ou "recteur de l'académie" *(Décr. n° 2020-1348 du 4 nov. 2020, art. 4)* « "ou recteur d'académie" » ou "directeur des services départementaux de l'éducation nationale" sont remplacés par le mot : "vice-recteur" ;

2° Le mot : "département" est remplacé par le mot : "Nouvelle-Calédonie" ;

3° Les mots : "directeur régional de l'alimentation, de l'agriculture et de la forêt" sont remplacés par les mots : "directeur de l'agriculture, de la forêt et de l'environnement" ;

4° Les mots : "directeur régional des affaires maritimes" sont remplacés par les mots : "directeur des affaires maritimes" ;

5° Les références au code du travail sont remplacées par des références au droit du travail applicable localement ;

6° Les références au décret n° 85-924 du 30 août 1985 sont remplacées par des références au décret n° 86-164 du 31 janvier 1986 *[V. désormais art. R. 511-2 s.]*.

Art. D. 374-3-1 *(Décr. n° 2020-1341 du 3 nov. 2020, art. 9)* Les articles D. 312-18 à D. 312-20 sont applicables en Nouvelle-Calédonie uniquement en ce qui concerne les attestations de langues vivantes.

Art. D. 374-4 I. — Pour leur application en Nouvelle-Calédonie, les troisième et quatrième alinéas de l'article D. 331-35 sont remplacés par les alinéas suivants :

« La commission d'appel est présidée par le vice-recteur ; celui-ci peut se faire représenter. Elle comprend les membres suivants :

« — deux chefs d'établissement ;

« — trois professeurs exerçant au niveau scolaire concerné ;

« — un conseiller principal d'éducation ou un conseiller d'éducation ;

« — un directeur de centre d'information et d'orientation ;

« – trois représentants des parents d'élèves.

« La commission peut s'adjoindre un médecin de santé scolaire et une assistante sociale scolaire.

« Les membres de la commission sont nommés par le vice-recteur pour une durée d'un an renouvelable, sur proposition des associations en ce qui concerne les parents d'élèves. Dans les mêmes conditions, ils désignent un nombre égal de suppléants des représentants des parents d'élèves.

« Le vice-recteur peut mettre en place des sous-commissions d'appel dont la composition est identique à celle de la commission d'appel, à l'exception de la présidence, qui est assurée par un chef d'établissement dont l'établissement n'est pas situé dans le ressort de la sous-commission. »

II. – Pour leur application en Nouvelle-Calédonie, les deuxième et troisième alinéas de l'article D. 331-38 sont remplacés par les alinéas suivants :

« L'affectation est de la compétence du vice-recteur. Il est assisté d'une commission préparatoire à l'affectation des élèves dont la composition est fixée comme suit :

« – un représentant du vice-recteur, président ;

« – les chefs des établissements scolaires d'accueil ;

« – deux chefs d'établissements scolaires d'origine ;

« – un directeur de centre d'information et d'orientation ou son représentant ;

« – deux représentants des parents d'élèves de l'enseignement public, au titre des associations les plus représentatives.

« Les membres de la commission sont nommés par le vice-recteur pour une durée d'un an renouvelable, sur proposition des associations en ce qui concerne les parents d'élèves. Dans les mêmes conditions, le vice-recteur désigne un nombre égal de suppléants des représentants des parents d'élèves.

« La commission réalise les travaux préalables à l'affectation des élèves et les propose à la décision du vice-recteur.

« Le changement d'établissement en cours de cycle de formation est autorisé par le vice-recteur. L'élève est scolarisé dans la même voie d'orientation et compte tenu de la formation déjà reçue. »

III. – Pour l'application de l'article D. 331-42 en Nouvelle-Calédonie, les mots : *(Décr. nº 2012-16 du 5 janv. 2012, art. 7)* « directeur académique des services de l'éducation nationale agissant sur délégation du recteur d'académie » sont remplacés par le mot : « vice-recteur ».

IV. – Pour son application en Nouvelle-Calédonie, le deuxième alinéa de l'article D. 331-43 est remplacé par les dispositions suivantes :

« Les actions menées dans l'établissement scolaire en matière de dialogue, d'information, de préparation de l'orientation, ainsi que les résultats de l'orientation figurent dans un rapport annuel adressé au vice-recteur. »

Art. D. 374-5 Dans les jurys mentionnés aux articles D. 334-21, D. 336-20 et D. 336-38, à défaut d'un président membre de l'enseignement supérieur, un *(Décr. nº 2012-16 du 5 janv. 2012, art. 7)* « directeur académique des services de l'éducation nationale agissant sur délégation du recteur d'académie » ou un professeur agrégé de l'enseignement du second degré peut être désigné.

Art. D. 374-5-1 *Abrogé par Décr. nº 2020-1677 du 23 déc. 2020, art. 1er.*

SECTION II RECONNAISSANCE DE DIPLÔMES OU DE TITRES À FINALITÉ PROFESSIONNELLE PRÉPARÉS ET DÉLIVRÉS EN NOUVELLE-CALÉDONIE

Art. R. 374-6 Conformément à l'article 19 de la loi nº 2003-660 du 21 juillet 2003 de programme pour l'outre-mer, les diplômes ou titres à finalité professionnelle préparés en Nouvelle-Calédonie et délivrés par cette collectivité sont, à la demande de leurs autorités, reconnus par un arrêté des ministres intéressés.

Les diplômes ou titres ainsi reconnus attestent des mêmes compétences, aptitudes, connaissances et conditions de délivrance que ceux délivrés au nom de l'État. Ils produisent les mêmes effets que les diplômes ou titres à finalité professionnelle délivrés au nom de l'État qui leur servent de référence.

Les diplômes ou titres qui ont fait l'objet de cette reconnaissance portent la mention des termes : « reconnu par l'État ». Ils sont inscrits au répertoire national des certifications professionnelles. – *[Décr. nº 2005-1245 du 27 sept. 2005, art. 1er et 2, en ce qui concerne la Nouvelle-Calédonie.]*

Art. R. 374-7 La demande de reconnaissance d'un titre ou d'un diplôme à finalité professionnelle est adressée par le chef de l'exécutif de la Nouvelle-Calédonie au haut-commissaire de la République. Elle est accompagnée des documents suivants :

1° La délibération de l'assemblée relative à la demande de reconnaissance du diplôme ou du titre à finalité professionnelle ;

2° Des fiches techniques précisant, pour chaque diplôme ou titre :

a) Les compétences, aptitudes, connaissances et qualifications attestées par le diplôme ou le titre ainsi que les emplois et activités auxquels il prépare ;

b) Les conditions de délivrance du diplôme ou du titre, les modalités de l'examen, la composition et la compétence du jury, la nature, la durée et le contenu pédagogique des actions de formation ;

c) La liste des organismes désignés ou agréés par les autorités de la collectivité pour dispenser la formation menant aux diplômes ou titres. Cette liste comprend le nom, la forme juridique et le lieu du siège social de ces organismes ;

3° L'engagement du chef de l'exécutif de la collectivité à respecter les conditions de délivrance du diplôme ou du titre, mentionnées au 2°, une fois intervenue la reconnaissance par l'État, et à signaler toute modification de celles-ci, qui surviendrait antérieurement ou postérieurement à cette reconnaissance ;

4° L'engagement de l'autorité habilitée de la collectivité à permettre l'exercice de missions de contrôle diligentées par le ou les ministres intéressés. Ces missions apprécient, par un contrôle sur pièces et sur place, les conditions dans lesquelles la préparation au diplôme ou au titre et la délivrance de ceux-ci sont organisées. – *[Décr. nº 2005-1245 du 27 sept. 2005, art. 3, en ce qui concerne la Nouvelle-Calédonie.]*

Art. R. 374-8 Le haut-commissaire de la République transmet le dossier avec son avis au ministre intéressé dans un délai de quinze jours à compter de la réception du dossier complet.

Dans le cas où plusieurs ministères sont intéressés, le dossier est transmis au ministre chargé de la formation professionnelle qui assure la coordination de l'instruction. – *[Décr. nº 2005-1245 du 27 sept. 2005, art. 4, en ce qui concerne la Nouvelle-Calédonie.]*

Art. R. 374-9 Le ministre accuse réception du dossier auprès du haut-commissaire de la République, qui en informe le chef de l'exécutif de la Nouvelle-Calédonie. Le ministre dispose d'un délai de quatre mois à compter de la réception du dossier complet pour prendre sa décision après avis, le cas échéant, de l'ordre professionnel.

En cas de refus, cette décision doit être motivée. – *[Décr. nº 2005-1245 du 27 sept. 2005, art. 5, en ce qui concerne la Nouvelle-Calédonie.]*

Art. R. 374-10 Le chef de l'exécutif de la collectivité dispose d'un délai de quinze jours francs, après sa réception, pour présenter ses observations sur le projet d'arrêté. Passé ce délai, en cas de silence, il est réputé avoir acquiescé à la rédaction proposée. La mention du diplôme ou du titre à finalité professionnelle délivré en Nouvelle-Calédonie ainsi reconnu figure sur l'arrêté du ou des ministres concernés.

Cet arrêté est publié au *Journal officiel* de la République française et au *Journal officiel* de la Nouvelle-Calédonie. – *[Décr. nº 2005-1245 du 27 sept. 2005, art. 6, en ce qui concerne la Nouvelle-Calédonie.]*

Art. R. 374-11 Le ministre abroge l'arrêté ayant reconnu le diplôme ou le titre à finalité professionnelle lorsque celui délivré au nom de l'État qui a servi de référence à cette reconnaissance est supprimé.

L'arrêté ayant reconnu le diplôme ou le titre à finalité professionnelle est abrogé si les conditions nécessaires à l'équivalence avec les diplômes ou titres à finalité professionnelle délivrés au nom de l'État ne sont pas respectées. – *[Décr. nº 2005-1245 du 27 sept. 2005, art. 7, en ce qui concerne la Nouvelle-Calédonie.]*

Art. R. 374-12 Le chef de l'exécutif de la Nouvelle-Calédonie peut demander que des diplômes et des titres préparés en Nouvelle-Calédonie, délivrés par cette collectivité, et qui ne peuvent faire l'objet d'une reconnaissance par l'État, soient enregistrés au répertoire national des certifications professionnelles dans les conditions prévues à l'article R. 335-16.

La première demande d'enregistrement ainsi que les demandes de renouvellement ou de suppression d'enregistrement doivent être transmises au haut-commissaire de la République qui les fait parvenir, avec son avis, au président de la Commission nationale de la certification professionnelle. – *[Décr. n° 2005-1245 du 27 sept. 2005, art. 8, en ce qui concerne la Nouvelle-Calédonie.]*

SECTION III LE CENTRE DE DOCUMENTATION PÉDAGOGIQUE

SOUS-SECTION 1 ORGANISATION ET FONCTIONNEMENT

Art. R. 374-13 Le centre de documentation pédagogique de Nouvelle-Calédonie, établissement public national à caractère administratif, est placé sous la tutelle du ministre chargé de l'éducation. Le Réseau Canopé exerce sur cet établissement les pouvoirs définis par les articles D. 314-71 et D. 314-124 à D. 314-127.

Art. R. 374-14 Le centre de documentation pédagogique de Nouvelle-Calédonie fournit aux établissements d'enseignement supérieur, aux lycées, aux collèges et aux écoles, aux communautés universitaires et éducatives, ainsi qu'aux instituts universitaires de formation des maîtres définis par l'article L. 721-1, les prestations et services de documentation, d'édition et d'ingénierie éducative propres à favoriser leur mission et susceptibles d'améliorer les conditions de travail des enseignants, des étudiants et des élèves. Son activité concourt à la réalisation des objectifs académiques définis par le vice-recteur.

A cette fin, il peut passer des conventions avec les collectivités territoriales et tout organisme de droit public ou privé pouvant apporter sa collaboration à l'accomplissement de ses missions.

En matière de documentation, il met à la disposition des communautés universitaires et éducatives, et notamment des centres de documentation et d'information des établissements du second degré, y compris ceux relevant du ministre chargé de l'agriculture, des bibliothèques et des centres documentaires des écoles, les textes et documents pédagogiques de nature administrative ou technique, ainsi que les produits et services documentaires qui leur sont nécessaires.

En matière d'édition, il apporte sa contribution à l'édition nationale écrite, audiovisuelle ou informatique, selon les modalités définies par le Réseau Canopé ; en outre, il édite sur tout support des documents correspondant aux objectifs académiques définis par le vice-recteur.

En matière d'ingénierie éducative, il tient informés les usagers et les enseignants, notamment ceux qui sont en cours de formation dans les instituts universitaires de formation des maîtres, des possibilités offertes à l'enseignement par les techniques modernes de la communication et leur apporte dans ces domaines aide, assistance et conseil.

Le centre peut passer avec les autorités de chaque province une convention qui détermine les conditions dans lesquelles sont adaptés les programmes de l'enseignement primaire en fonction des réalités culturelles et linguistiques.

Le centre peut exercer son activité au profit de la collectivité de Wallis-et-Futuna selon des modalités définies par convention avec les autorités de cette collectivité. Cette convention ne peut avoir pour effet de créer de structure permanente sur les îles Wallis-et-Futuna.

Art. R. 374-15 Le centre de documentation pédagogique de Nouvelle-Calédonie est administré par un conseil d'administration. Le conseil arrête l'organisation des services de l'établissement, sur proposition du directeur, après avis du *(Décr. n° 2011-184 du 15 févr. 2011, art. 55)* « comité technique » constitué dans les conditions définies par le décret n° 82-452 du 28 mai 1982 relatif aux *(Décr. n° 2011-184 du 15 févr. 2011, art. 55)* « comités techniques » *[V. désormais Décr. n° 2011-184 du 15 févr. 2011, **C. fonct. publ.**]* qui s'applique au centre de documentation pédagogique de Nouvelle-Calédonie.

Art. R. 374-16 Le conseil d'administration du centre de documentation pédagogique de Nouvelle-Calédonie est présidé par le vice-recteur ; il comprend en outre vingt membres :

1° Trois représentants de l'État, nommés par le délégué du Gouvernement, haut-commissaire de la République en Nouvelle-Calédonie, sur proposition du vice-recteur ;

2° Quatre représentants des collectivités territoriales :

a) Un représentant de la collectivité élu par le congrès ;

b) Un représentant de chaque province élu par chaque assemblée de province en son sein ;

3° Le directeur de l'institut universitaire de formation des maîtres du Pacifique ;

4° Six représentants des communautés éducatives, nommés par le ministre chargé de l'éducation, sur proposition du vice-recteur, à savoir : deux chefs d'établissement, deux enseignants et deux représentants des parents d'élèves ;

5° Trois membres nommés par le vice-recteur sur proposition du directeur du centre de documentation pédagogique et choisis parmi les personnes particulièrement qualifiées en raison de leur compétence dans les domaines mentionnés à l'article R. 374-14 ;

6° Trois représentants des personnels permanents du centre désignés par le vice-recteur, sur proposition des organisations syndicales les plus représentatives au sein de l'établissement.

En cas d'empêchement, chaque administrateur peut donner procuration à un autre membre du conseil. Nul ne peut être porteur de plus de deux procurations.

En cas de partage égal des voix, le président a voix prépondérante.

Le directeur du centre de documentation pédagogique et l'agent comptable assistent au conseil d'administration avec voix consultative.

Le président peut en outre inviter à assister à la séance toute personne dont l'audition lui paraîtrait utile. – *[Décr. n° 96-483 du 21 mai 1996, art. 4.]*

Art. R. 374-17 Le conseil d'administration du centre de documentation pédagogique de Nouvelle-Calédonie est renouvelé tous les trois ans. Dans l'intervalle, et en cas de vacance pour quelque cause que ce soit, notamment pour perte de la qualité au titre de laquelle ils siègent, les administrateurs sont remplacés dans un délai de trois mois. Les nouveaux membres siègent au conseil d'administration jusqu'à la date à laquelle aurait cessé normalement le mandat de ceux qu'ils remplacent.

Le mandat des administrateurs est renouvelable. – *[Décr. n° 96-483 du 21 mai 1996, art. 5.]*

Art. R. 374-18 Le conseil d'administration du centre de documentation pédagogique de Nouvelle-Calédonie est convoqué par son président qui établit l'ordre du jour.

Il tient au moins deux séances par an. La convocation est de droit lorsqu'elle est demandée par la moitié au moins des membres du conseil.

Le conseil d'administration ne peut valablement délibérer que si la moitié de ses membres en exercice est présent ou représenté.

Lorsque le quorum n'est pas atteint, le président convoque à nouveau le conseil d'administration dans un délai de une à quatre semaines. Les délibérations sont alors prises à la majorité des administrateurs présents ou représentés.

Dans le mois qui suit chaque séance du conseil d'administration, les procès-verbaux signés par le président sont envoyés au ministre chargé de l'éducation et au directeur général du centre national.

Sous réserve des dispositions de l'article R. 374-20, les délibérations du conseil d'administration sont exécutoires dès leur approbation par le ministre chargé de l'éducation ou, à défaut d'approbation expresse, à l'expiration d'un délai d'un mois suivant leur envoi au ministre.

Lorsque la délibération est illégale ou qu'elle est de nature à compromettre l'équilibre financier de l'établissement, le ministre peut dans ce délai soit refuser de l'approuver, soit inviter le conseil à délibérer à nouveau. – *[Décr. n° 96-483 du 21 mai 1996, art. 6.]*

Art. R. 374-19 Le centre de documentation pédagogique de Nouvelle-Calédonie est dirigé par un directeur chargé de préparer et d'exécuter les délibérations du conseil d'administration et d'assurer le fonctionnement des services.

Le directeur représente le centre en justice et dans tous les actes de la vie civile. Il est ordonnateur des dépenses et des recettes de l'établissement.

Le directeur du centre de documentation pédagogique de Nouvelle-Calédonie est nommé, pour une durée de trois ans renouvelable, après avis du ministre chargé de l'outre-mer, par le ministre chargé de l'éducation sur une liste de trois noms proposée par le directeur général du Réseau Canopé après avis du vice-recteur, conformément aux dispositions des articles 1er à 3 du décret n° 92-1090 du 2 octobre 1992 fixant les conditions de nomination et d'avancement dans l'emploi de directeur de centre régional de documentation pédagogique.

SOUS-SECTION 2 RÉGIME FINANCIER

Art. R. 374-20 Le budget du centre de documentation pédagogique de Nouvelle-Calédonie, ses modifications, le compte financier, les acquisitions, les échanges et aliénations d'immeubles sont approuvés par arrêté du ministre chargé de l'éducation.

Les modifications au budget sont soumises à approbation dans les cas suivants :

1° Si elles entraînent une augmentation du montant global des recettes et des dépenses ;

2° Si elles comportent des virements de crédits entre les chapitres de personnel et les chapitres de matériel ;

3° Si elles entraînent des virements de crédits entre la section de fonctionnement et la section des opérations en capital.

Les autres décisions modificatives sont prises par le directeur du centre régional, en accord avec le *(Décr. n° 2012-1247 du 7 nov. 2012, art. 2)* « contrôleur budgétaire » du centre, et soumises à la ratification du conseil d'administration lors de sa plus proche séance.

Les délibérations relatives aux emprunts ne sont exécutoires qu'après avoir reçu l'accord du ministre chargé du budget et du ministre chargé de l'éducation ; cet accord est réputé donné à l'expiration d'un délai de deux mois suivant l'envoi de la délibération au ministre chargé de l'éducation. – *[Décr. n° 96-483 du 21 mai 1996, art. 8.]*

Art. R. 374-21 Les ressources du centre de documentation pédagogique de Nouvelle-Calédonie comprennent :

1° Les subventions des personnes morales de droit public ou privé ;

2° Les revenus de biens et valeurs ;

3° Les produits provenant des ventes de publications, de documents, de matériels, des droits d'entrée, des abonnements et, en général, des opérations diverses de prestations de services. – *[Décr. n° 96-483 du 21 mai 1996, art. 9.]*

Art. R. 374-22 Les dépenses du centre de documentation pédagogique de Nouvelle-Calédonie comprennent tous les frais de fonctionnement et d'équipement nécessités par l'activité des services, et notamment :

1° Les traitements et indemnités du personnel ;

2° Les dépenses de matériels de toute nature, nécessitées par la gestion des services ;

3° Les dépenses pour acquisition de locaux, travaux de construction ou de grosse réparation ;

4° Les dépenses d'équipement et de première installation ;

5° Les dépenses nécessitées par le fonctionnement du conseil d'administration et de ses commissions. – *[Décr. n° 96-483 du 21 mai 1996, art. 10.]*

Art. R. 374-23 Les opérations de recettes et de dépenses du centre de documentation pédagogique de Nouvelle-Calédonie sont confiées à un agent comptable nommé par arrêté du ministre chargé du budget et du ministre chargé de l'éducation, après avis du ministre chargé de l'outre-mer.

L'agent comptable perçoit une indemnité de service lorsque l'activité du centre ne justifie pas l'existence d'un poste comptable à temps plein.

Outre les fonctions qui pourraient lui être confiées par le conseil d'administration, il exerce les attributions et il est astreint aux obligations fixées par *(Décr. n° 2012-1247 du 7 nov. 2012, art. 1er)* « le titre III du décret n° 2012-1246 du 7 novembre 2012 relatif à la gestion budgétaire et comptable publique ».

Il tient à jour la comptabilité du centre.

Il est placé sous l'autorité du directeur du centre de documentation pédagogique.

Art. R. 374-24 Sous réserve des dispositions de la présente sous-section, le centre de documentation pédagogique de Nouvelle-Calédonie est soumis au régime financier et comptable défini par *(Décr. n° 2012-1247 du 7 nov. 2012, art. 1er)* « le titre III du décret n° 2012-1246 du 7 novembre 2012 relatif à la gestion budgétaire et comptable publique. »

Conformément *(Décr. n° 2012-1247 du 7 nov. 2012, art. 1er)* « à la section II du chapitre IV du titre III du décret n° 2012-1246 du 7 novembre 2012 relatif à la gestion budgétaire et comptable publique », l'office est soumis au *(Décr. n° 2012-1247 du 7 nov. 2012, art. 2)* « contrôle budgétaire » dans les conditions prévues par *(Décr. n° 2012-1247 du 7 nov. 2012, art. 1er)* « la section II du chapitre IV du titre III du décret n° 2012-1246 du 7 novembre 2012 relatif à la gestion budgétaire et comptable publique ».

Art. R. 374-25 Par décision du directeur du centre de documentation pédagogique de Nouvelle-Calédonie, des régies de recettes et des régies d'avances peuvent être constituées dans les conditions prévues par le *(Décr. n° 2019-798 du 26 juill. 2019, art. 20)* « décret n° 2019-798 du 26 juillet 2019 » relatif aux régies de recettes et régies d'avances des organismes publics, qui s'applique au centre de documentation pédagogique de Nouvelle-Calédonie. Pour l'application de ce décret, les compétences dévolues au préfet sont exercées par le délégué du Gouvernement.

Art. R. 374-26 *Abrogé par Décr. n° 2006-672 du 8 juin 2006.*

LIVRE QUATRIÈME LES ÉTABLISSEMENTS D'ENSEIGNEMENT SCOLAIRE

(Décr. n° 2008-263 du 14 mars 2008)

TITRE PRÉLIMINAIRE DISPOSITIONS COMMUNES

(Décr. n° 2013-683 du 24 juill. 2013, art. 1er)

CHAPITRE UNIQUE

Art. D. 401-1 Le conseil école-collège, institué par l'article L. 401-4, associe un collège public et les écoles publiques de son secteur de recrutement afin de contribuer à améliorer la continuité pédagogique et éducative entre l'école et le collège.

Art. D. 401-2 I. – Le conseil école-collège comprend :

1° Le principal du collège ou son adjoint ;

2° L'inspecteur de l'éducation nationale chargé de la circonscription du premier degré ou le représentant qu'il désigne ;

3° Des personnels désignés par le principal du collège sur proposition du conseil pédagogique du collège prévu à l'article L. 421-5 ;

4° Des membres du conseil des maîtres prévu à l'article D. 411-7 de chacune des écoles du secteur de recrutement du collège, désignés par l'inspecteur de l'éducation nationale chargé de la circonscription du premier degré dont relève l'école, sur proposition de chacun des conseils des maîtres concernés.

Le conseil école-collège est présidé conjointement par le principal du collège ou son adjoint et par l'inspecteur de l'éducation nationale chargé de la circonscription du premier degré ou le représentant qu'il désigne.

Le principal du collège et l'inspecteur de l'éducation nationale chargé de la circonscription du premier degré fixent conjointement le nombre des membres du conseil école-collège en s'assurant d'une représentation égale des personnels des écoles et du collège.

II. – Lorsque plusieurs circonscriptions du premier degré relèvent d'un même secteur de recrutement de collège, le directeur académique des services de l'éducation nationale agissant sur délégation du recteur d'académie désigne l'inspecteur de l'éducation nationale chargé de la circonscription du premier degré qui siège au conseil école-collège.

III. – Le conseil école-collège peut inviter à participer ponctuellement à ses travaux toute personne dont les compétences peuvent lui être utiles.

Art. D. 401-3 Le conseil école-collège détermine un programme d'actions, qui s'inscrit dans le champ des missions qui lui sont assignées par l'article L. 401-4. Le conseil école-collège peut créer des commissions école-collège chargées de la mise en œuvre d'une ou plusieurs de ces actions. La composition, les objectifs et les modalités de travail de ces commissions sont arrêtés par le conseil école-collège.

Art. D. 401-4 Le conseil école-collège se réunit au moins deux fois par an. Chaque année, il établit son programme d'actions pour l'année scolaire suivante ainsi qu'un bilan de ses réalisations. Il soumet le programme d'actions à l'accord du conseil d'administration du collège et du conseil d'école de chaque école concernée. Le bilan des réalisations est présenté aux mêmes instances. Le programme d'actions et le bilan sont transmis pour information, conjointement par l'inspecteur de l'éducation nationale chargé de la circonscription du premier degré et le principal du collège, au directeur académique des services de l'éducation nationale.

TITRE PREMIER LES ÉCOLES

CHAPITRE PREMIER ORGANISATION ET FONCTIONNEMENT DES ÉCOLES MATERNELLES ET ÉLÉMENTAIRES

Art. D. 411-1 Dans chaque école, le conseil d'école est composé des membres suivants :

1° Le directeur de l'école, président ;

(Décr. n° 2013-983 du 4 nov. 2013, art. 1er) « 2° Deux élus :

« *a)* Le maire ou son représentant ;

« *b)* Un conseiller municipal désigné par le conseil municipal ou, lorsque les dépenses de fonctionnement de l'école ont été transférées à un établissement public de coopération intercommunale, le président de cet établissement ou son représentant ; »

3° Les maîtres de l'école et les maîtres remplaçants exerçant dans l'école au moment des réunions du conseil ;

4° Un des maîtres du réseau d'aides spécialisées intervenant dans l'école choisi par le conseil des maîtres de l'école ;

5° Les représentants des parents d'élèves en nombre égal à celui des classes de l'école, élus selon les modalités fixées par arrêté du ministre chargé de l'éducation.

6° Le délégué départemental de l'éducation nationale chargé de visiter l'école.

L'inspecteur de l'éducation nationale de la circonscription assiste de droit aux réunions.

Le conseil d'école est constitué pour une année et siège valablement jusqu'à l'intervention du renouvellement de ses membres.

Le conseil d'école se réunit au moins une fois par trimestre, et obligatoirement dans *(Décr. n° 2019-918 du 30 août 2019, art. 8)* « le mois » suivant la proclamation des résultats des élections, sur un ordre du jour adressé au moins huit jours avant la date des réunions aux membres du conseil. En outre, il peut également être réuni à la demande du directeur de l'école, du maire ou de la moitié de ses membres.

Assistent avec voix consultative aux séances du conseil d'école pour les affaires les intéressant :

a) Les personnels du réseau d'aides spécialisées *(Décr. n° 2015-652 du 10 juin 2015, art. 8)* « non mentionnés au septième alinéa (4°) » du présent article ainsi que les médecins chargés du contrôle médical scolaire, les infirmiers et infirmières scolaires, les assistants de service social et les agents spécialisés des écoles maternelles ; en outre, lorsque des personnels médicaux ou paramédicaux participent à des actions d'intégration d'enfants handicapés, le président peut, après avis du conseil, inviter une ou plusieurs de ces personnes à s'associer aux travaux du conseil ;

b) Le cas échéant, les personnels chargés de l'enseignement des langues vivantes, les maîtres étrangers assurant dans les locaux scolaires des cours de langue et culture d'origine, les maîtres chargés des cours de langue et culture régionales, les personnes chargées des activités complémentaires prévues à l'article L. 216-1 et les représentants des activités périscolaires pour les questions relatives à leurs activités en relation avec la vie de l'école.

Le président, après avis du conseil, peut inviter une ou plusieurs personnes dont la consultation est jugée utile en fonction de l'ordre du jour.

Les suppléants des représentants des parents d'élèves peuvent assister aux séances du conseil d'école.

Art. D. 411-2 Le conseil d'école, sur proposition du directeur de l'école :

1° Vote le règlement intérieur de l'école ;

(Décr. n° 2013-77 du 24 janv. 2013, art. 1er) « 2° Établit le projet d'organisation pédagogique de la semaine scolaire ; »

3° Dans le cadre de l'élaboration du projet d'école à laquelle il est associé, donne tous avis et présente toutes suggestions sur le fonctionnement de l'école et sur toutes les questions intéressant la vie de l'école, et notamment sur :

a) Les actions pédagogiques *(Décr. n° 2013-983 du 4 nov. 2013, art. 2)* « et éducatives » qui sont entreprises pour réaliser les objectifs nationaux du service public d'enseignement ;

b) L'utilisation des moyens alloués à l'école ;

c) Les conditions de bonne intégration d'enfants handicapés ;

d) Les activités périscolaires ;

e) La restauration scolaire ;

f) L'hygiène scolaire ;

g) La protection et la sécurité des enfants dans le cadre scolaire et périscolaire *(Décr. nº 2013-983 du 4 nov. 2013, art. 2-2º)* « notamment contre toutes les formes de violence et de discrimination, en particulier de harcèlement » ;

(Décr. nº 2013-983 du 4 nov. 2013, art. 2) « *h)* Le respect et la mise en application des valeurs et des principes de la République ; »

4º Statue sur proposition des équipes pédagogiques pour ce qui concerne la partie pédagogique du projet d'école ;

5º En fonction de ces éléments, adopte le projet d'école ;

(Décr. nº 2013-983 du 4 nov. 2013, art. 2) « 6º Donne son accord :

« *a)* Pour l'organisation d'activités complémentaires éducatives, sportives et culturelles prévues par l'article L. 216-1 ;

« *b)* Sur le programme d'actions établi par le conseil école-collège prévu par l'article L. 401-4 ; »

7º Est consulté par le maire sur l'utilisation des locaux scolaires en dehors des heures d'ouverture de l'école, conformément à l'article L. 212-15.

En outre, une information doit être donnée au sein du conseil d'école sur :

a) Les principes de choix de manuels scolaires ou de matériels pédagogiques divers ;

b) L'organisation des aides spécialisées.

En fin d'année scolaire, le directeur de l'école établit à l'intention des membres du conseil d'école un bilan sur toutes les questions dont a eu à connaître le conseil d'école, notamment sur la réalisation du projet d'école, et sur les suites qui ont été données aux avis qu'il a formulés.

Par ailleurs, le conseil d'école est informé des conditions dans lesquelles les maîtres organisent les rencontres avec les parents de leurs élèves, et notamment la réunion de rentrée.

Le conseil d'école établit son règlement intérieur, et notamment les modalités des délibérations.

Art. D. 411-3 Pour l'application des articles D. 411-1 et D. 411-2, des conseils d'école peuvent décider de se regrouper en un seul conseil pour la durée de l'année scolaire après délibération prise à la majorité des membres de chaque conseil, sauf opposition motivée *(Décr. nº 2012-16 du 5 janv. 2012, art. 7)* « du directeur académique des services de l'éducation nationale agissant sur délégation du recteur d'académie ».

Tous les membres des conseils des écoles d'origine sont membres du conseil ainsi constitué, qui est présidé par l'un des directeurs d'école désigné par *(Décr. nº 2012-16 du 5 janv. 2012, art. 7)* « le directeur académique des services de l'éducation nationale agissant sur délégation du recteur d'académie » après avis de la commission administrative paritaire départementale unique des instituteurs et professeurs des écoles.

Art. D. 411-4 A l'issue de chaque séance du conseil d'école, un procès-verbal de la réunion est dressé par son président, signé par celui-ci puis contresigné par le secrétaire de séance et consigné dans un registre spécial conservé à l'école. *(Décr. nº 2020-1633 du 21 déc. 2020, art. 1er)* « Un exemplaire du procès-verbal est transmis à l'inspecteur de l'éducation nationale chargé de la circonscription d'enseignement du premier degré et au maire par voie électronique ou, en cas d'impossibilité technique, par tout autre moyen. » Un exemplaire du procès-verbal est affiché en un lieu accessible aux parents d'élèves.

Art. R. 411-5 Un règlement type des écoles maternelles et des écoles élémentaires publiques de chaque département est arrêté par *(Décr. nº 2012-16 du 5 janv. 2012, art. 7)* « le directeur académique des services de l'éducation nationale agissant sur délégation du recteur d'académie », après avis du conseil départemental de l'éducation nationale.

Art. D. 411-6 Le règlement intérieur de chaque école est établi par le conseil d'école compte tenu des dispositions du règlement type du département. Il est affiché dans l'école et remis aux parents d'élèves. – *[Décr. nº 90-788 du 6 sept. 1990, art. 9, al. 2.]*

Art. D. 411-7 Dans chaque école, le conseil des maîtres de l'école est composé des membres de l'équipe pédagogique suivants :

1º Le directeur, président ;

2° L'ensemble des maîtres affectés à l'école ;

3° Les maîtres remplaçants exerçant dans l'école au moment des réunions du conseil ;

4° Les membres du réseau d'aides spécialisées intervenant dans l'école.

Le conseil des maîtres de l'école se réunit au moins une fois par trimestre en dehors de l'horaire d'enseignement dû aux élèves et chaque fois que le président le juge utile ou que la moitié de ses membres en fait la demande.

Il donne son avis sur l'organisation du service qui est ensuite arrêtée par le directeur de l'école, conformément aux dispositions du décret n° 89-122 du 24 février 1989 relatif aux directeurs d'école *[V. ce Décr. ss. art. L. 411-1]*. Il peut donner des avis sur tous les problèmes concernant la vie de l'école.

Il exerce les attributions prévues aux articles D. 312-17, D. 321-6 et D. 321-15.

Un relevé des conclusions du conseil des maîtres de l'école est établi par son président, signé par celui-ci et consigné dans un registre spécial conservé à l'école. Une copie en est adressée à l'inspecteur de l'éducation nationale chargé de la circonscription d'enseignement du premier degré. – *[Décr. n° 90-788 du 6 sept. 1990, art. 14.]*

Art. D. 411-8 Dans chaque école, un projet d'école est élaboré par le conseil des maîtres avec les représentants de la communauté éducative. Il est adopté, pour une durée comprise entre trois et cinq ans, par le conseil d'école conformément aux dispositions de l'article D. 411-2.

Le projet d'école définit les modalités particulières de mise en œuvre des objectifs et des programmes nationaux ; il précise pour chaque cycle les actions pédagogiques qui y concourent ainsi que les voies et moyens mis en œuvre pour assurer la réussite de tous les élèves et pour associer les parents ou le représentant légal à cette fin. Il organise la continuité éducative avec les activités proposées aux élèves en dehors du temps scolaire, notamment dans le cadre des dispositifs de réussite éducative.

Le projet d'école peut prévoir, pour une durée maximale de cinq ans, la réalisation d'expérimentations portant sur les domaines énumérés *(Décr. n° 2019-1403 du 18 déc. 2019, art. 2)* « par l'article L. 314-2 ».

Art. D. 411-9 Les écoles peuvent également accueillir des adultes qui participent à des actions de formation organisées au titre *(Décr. n° 2015-652 du 10 juin 2015, art. 11)* « de la sixième partie réglementaire » du code du travail.

CHAPITRE II LES ÉCOLES RÉGIONALES DU PREMIER DEGRÉ

Art. D. 412-1 Les écoles régionales du premier degré mentionnées à l'article L. 412-1 accueillent les enfants de familles exerçant des professions non sédentaires. Elles reçoivent également des enfants de familles dispersées ou en difficultés financières momentanées. Ces écoles sont mixtes. – *[Décr. n° 93-723 du 29 mars 1993, art. 1er.]*

Art. R. 412-2 Les élèves qui sont accueillis dans les écoles régionales du premier degré reçoivent un enseignement du premier degré. L'organisation de cet enseignement est conçue en complémentarité avec celui dispensé dans les écoles du réseau scolaire local. Le régime des élèves est l'internat. Des enfants de familles répondant aux critères énoncés à l'article D. 412-1 fréquentant un établissement du second degré peuvent être accueillis dans l'internat de ces écoles.

Les classes des écoles régionales du premier degré sont soumises aux mêmes règles de fonctionnement pédagogique que celles des écoles élémentaires. – *[Décr. n° 93-723 du 29 mars 1993, art. 2, et Décr. n° 85-924 du 30 août 1985, art. 33, al. 19, en ce qui concerne les écoles régionales du premier degré.]*

Art. R. 412-3 Sont applicables aux écoles régionales du premier degré les dispositions des articles R. 421-2 à R. 421-8, R. 421-9, sous réserve des dispositions du deuxième alinéa du présent article, R. 421-10 à R. 421-13, R. 421-15, R. 421-17, sous réserve des dispositions du dernier alinéa du présent article, à R. 421-20, R. 421-23 à R. 421-26, R. 421-29 et R. 421-30, uniquement en ce qui concerne les personnels et les parents d'élèves, D. 421-31 à R. 421-36, R. 421-46, R. 421-47 et R. 421-53 à R. 421-78.

Pour son application aux écoles régionales du premier degré :

a) Le 3° de l'article R. 421-9 est ainsi rédigé : "Préside le conseil d'administration ;" ;
b) Le 9° de l'article R. 421-17 est ainsi rédigé : "Quatre représentants élus des parents d'élèves et quatre représentants des professions non sédentaires nommés par *(Décr. n° 2012-16 du 5 janv. 2012, art. 7)* « le directeur académique des services de l'éducation nationale agissant sur délégation du recteur d'académie »."

Art. D. 412-4 *Abrogé par Décr. n° 2016-328 du 16 mars 2016, art. 1er.*

TITRE DEUXIÈME LES COLLÈGES ET LES LYCÉES

CHAPITRE PREMIER ORGANISATION ET FONCTIONNEMENT DES ÉTABLISSEMENTS PUBLICS LOCAUX D'ENSEIGNEMENT

Art. R. 421-1 Sont applicables aux collèges et aux lycées relevant du ministre chargé de l'éducation les dispositions *(Décr. n° 2015-750 du 24 juin 2015, art. 2)* « des articles R. 421-2 à R. 421-78-2 ».

Ces dispositions sont applicables aux établissements régionaux d'enseignement adapté relevant du ministère de l'éducation nationale, à l'exception des articles R. 421-14, R. 421-16, R. 421-21, R. 421-37 et R. 421-38. Sont ainsi applicables aux élèves de ces établissements qui fréquentent les classes des niveaux correspondant à ceux des lycées celles de ces dispositions qui sont applicables aux élèves des lycées.

Les dispositions du présent article ne sont pas applicables aux établissements dont la responsabilité et la charge incombent entièrement à l'État, en application de l'article L. 211-4, et aux établissements municipaux ou départementaux mentionnés à l'article L. 422-2.

SECTION PREMIÈRE DISPOSITIONS GÉNÉRALES

Art. R. 421-2 Les collèges, les lycées, les écoles régionales du premier degré et les établissements régionaux d'enseignement adapté disposent, en matière pédagogique et éducative, d'une autonomie qui porte sur :

1° L'organisation de l'établissement en classes et en groupes d'élèves ainsi que les modalités de répartition des élèves ;

2° *(Décr. n° 2010-99 du 27 janv. 2010, art. 1er)* « L'emploi des dotations en heures d'enseignement et, dans les lycées, d'accompagnement personnalisé mises à la disposition de l'établissement dans le respect des obligations résultant des horaires réglementaires ; »

3° L'organisation du temps scolaire et les modalités de la vie scolaire *(Décr. n° 2016-1063 du 3 août 2016, art. 2)* « , sous réserve des dispositions de l'article R. 421-2-2 » ;

4° La préparation de l'orientation ainsi que de l'insertion sociale et professionnelle des élèves ;

5° La définition, compte tenu des schémas régionaux, des actions de formation complémentaire et de formation continue destinées aux jeunes et aux adultes ;

6° L'ouverture de l'établissement sur son environnement social, culturel, économique ;

7° Le choix de sujets d'études spécifiques à l'établissement, en particulier pour compléter ceux qui figurent aux programmes nationaux ;

8° Sous réserve de l'accord des familles pour les élèves mineurs, les activités facultatives qui concourent à l'action éducative organisées à l'initiative de l'établissement à l'intention des élèves ainsi que les actions d'accompagnement pour la mise en œuvre des dispositifs de réussite éducative définis par l'article 128 de la loi n° 2005-32 du 18 janvier 2005 de programmation pour la cohésion sociale.

Art. D. 421-2-1 *(Décr. n° 2010-99 du 27 janv. 2010, art. 2)* Dans les lycées, les échanges linguistiques et culturels prévus à l'article L. 421-7 sont organisés en partenariat avec des établissements d'enseignement européens ou étrangers. Ces échanges peuvent se faire dans le cadre d'une mobilité d'élèves ou d'enseignants, individuelle ou collective, ou à distance, par des outils de communication adaptés. Ils sont mentionnés au projet d'établissement.

Art. R. 421-2-2 *(Décr. n° 2016-1063 du 3 août 2016, art. 1er)* Dans les collèges, la pause méridienne des élèves ne peut être inférieure à une heure trente et, pour les élèves de sixième, la durée des enseignements qui leur sont dispensés ne peut dépasser six heures par jour, sauf dérogation accordée par le recteur d'académie ou par le directeur régional de l'alimentation, de l'agriculture et de la forêt pour l'enseignement agricole, en cas de contraintes spécifiques.

Art. R. 421-3 Le projet d'établissement prévu à l'article L. 401-1 définit sous forme d'objectifs et de programmes d'action, en prenant en compte les prévisions relatives aux dotations d'équipement, les modalités propres à chaque établissement de mise en œuvre des programmes nationaux et des orientations nationales et académiques.

Le projet d'établissement assure la cohérence des différentes activités de formation initiale, d'insertion sociale et professionnelle et de formation continue des adultes dans l'établissement.

En matière de formation professionnelle continue des adultes, le projet d'établissement, l'organisation et le fonctionnement de l'établissement intègrent les objectifs liés à l'exercice de cette mission, notamment dans l'utilisation des moyens de l'établissement en locaux et équipements.

Le projet d'établissement fait l'objet d'un examen par *(Décr. n° 2019-1554 du 30 déc. 2019, art. 1er)* « le recteur d'académie » et peut prévoir le recours à des procédures contractuelles ; il peut donner lieu à l'attribution de moyens spécifiques.

Lorsqu'un établissement est associé à d'autres au sein de réseaux, conformément à l'article L. 421-7, pour mettre en œuvre des projets communs, ces projets sont mentionnés dans le projet d'établissement.

Ce projet peut prévoir, pour une durée maximale de cinq ans, la réalisation d'expérimentations dans les domaines *(Décr. n° 2019-1404 du 18 déc. 2019, art. 1er)* « définis par l'article L. 314-2 ». En cas d'incidences de ces actions sur son budget, celles-ci sont subordonnées à l'accord de la collectivité territoriale de rattachement.

Art. R. 421-4 Le contrat d'objectifs conclu avec *(Décr. n° 2019-1554 du 30 déc. 2019, art. 1er)* « le recteur d'académie » *(Décr. n° 2013-895 du 4 oct. 2013, art. 1er)* « et, lorsqu'elle souhaite y être partie, avec la collectivité territoriale de rattachement » définit les objectifs à atteindre par l'établissement pour satisfaire aux orientations nationales et académiques et mentionne les indicateurs qui permettront d'apprécier la réalisation de ces objectifs.

Art. R. 421-5 Le règlement intérieur, adopté par le conseil d'administration, définit les droits et les devoirs de chacun des membres de la communauté éducative. *(Décr. n° 2011-728 du 24 juin 2011, art. 1er)* « Il rappelle les règles de civilité et de comportement. »

Il détermine notamment les modalités selon lesquelles sont mis en application :

1° La liberté d'information et la liberté d'expression dont disposent les élèves, dans le respect du pluralisme et du principe de neutralité ;

2° Le respect des principes de laïcité et de pluralisme ;

3° Le devoir de tolérance et de respect d'autrui dans sa personnalité et dans ses convictions ;

4° Les garanties de protection contre toute agression physique ou morale et le devoir qui en découle pour chacun de n'user d'aucune violence ;

5° La prise en charge progressive par les élèves eux-mêmes de la responsabilité de certaines de leurs activités.

Il détermine également les modalités :

6° D'exercice de la liberté de réunion ;

7° D'application de l'obligation d'assiduité mentionnée à l'article L. 511-1 *(Décr. n° 2019-906 du 30 août 2019, art. 1er)* « et à l'article R. 511-11.

« Le règlement intérieur comporte un chapitre consacré à la discipline des élèves. Il reproduit l'échelle des sanctions prévues à l'article R. 511-13 et prévoit les modalités de mise en œuvre des mesures de prévention, de responsabilisation et d'accompagnement, notamment lorsqu'elles font suite à la réintégration d'un élève exclu temporairement pour des faits de violence. »

Le règlement intérieur est porté à la connaissance des membres de la communauté éducative. Tout manquement au règlement intérieur justifie la mise en œuvre d'une procédure disciplinaire ou de poursuites appropriées.

Art. R. 421-6 Le conseil d'administration et le chef d'établissement donnent leur accord aux activités complémentaires organisées au sein de l'établissement en application des dispositions de l'article L. 216-1. – *[Décr. nº 85-924 du 30 août 1985, art. 5.]*

Art. R. 421-7 Plusieurs collèges, lycées, écoles régionales du premier degré ou établissements régionaux d'enseignement adapté peuvent, par convention, instituer des groupements de services ou une gestion commune. – *[Décr. nº 85-924 du 30 août 1985, art. 6.]*

SECTION II ORGANISATION ADMINISTRATIVE

SOUS-SECTION 1 LE CHEF D'ÉTABLISSEMENT

Art. R. 421-8 Les collèges, les lycées, les écoles régionales du premier degré et les établissements régionaux d'enseignement adapté sont dirigés par un chef d'établissement nommé par le ministre chargé de l'éducation.

Le chef d'établissement représente l'État au sein de l'établissement. Il est l'organe exécutif de l'établissement. – *[Décr. nº 85-924 du 30 août 1985, art. 7 et 8, al. 1er (en partie).]*

Art. R. 421-9 En qualité d'organe exécutif de l'établissement, le chef d'établissement : *(Décr. nº 2012-1193 du 26 oct. 2012, art. 2)* « 1º Représente l'établissement en justice et dans tous les actes de la vie civile. Après avoir recueilli l'autorisation du conseil d'administration, il conclut les transactions ; »

2º A autorité sur le personnel n'ayant pas le statut de fonctionnaire de l'État, recruté par l'établissement ;

(Décr. nº 2011-728 du 24 juin 2011, art. 2) « 3º Préside le conseil d'administration, la commission permanente *(Décr. nº 2020-1632 du 21 déc. 2020, art. 1er)* « lorsqu'elle a été créée en application de l'article R. 421-22 », le conseil pédagogique, le conseil de discipline, la commission éducative *(Décr. nº 2016-1631 du 29 nov. 2016, art. 1er)* « ainsi que, dans les collèges, le conseil de la vie collégienne et, dans les lycées, » l'assemblée générale des délégués des élèves et le conseil des délégués pour la vie lycéenne ; »

4º Est ordonnateur des recettes et des dépenses de l'établissement ;

5º Prépare les travaux du conseil d'administration et notamment, en fonction des orientations relatives à l'équipement et au fonctionnement matériel fixées par la collectivité territoriale de rattachement et dans la limite des ressources dont dispose l'établissement, le projet de budget ;

6º Exécute les délibérations du conseil d'administration et notamment le budget adopté par le conseil ;

7º *(Décr. nº 2020-1632 du 21 déc. 2020, art. 1er)* « Soumet au conseil d'administration les mesures à prendre dans les domaines définis à l'article R. 421-2 et exécute les décisions adoptées par le conseil. Dans l'hypothèse où la proposition relative à l'emploi des dotations en heures est rejetée par le conseil d'administration, une nouvelle proposition lui est soumise. » *(Décr. nº 2010-99 du 27 janv. 2010, art. 3)* « Le second vote du conseil doit intervenir dans un délai de dix jours suivant son premier vote. En cas de rejet de cette seconde proposition, le chef d'établissement en qualité de représentant de l'État arrête l'emploi des dotations en heures ; »

8º Conclut tout contrat ou convention après avoir recueilli, sous réserve des dispositions de l'article R. 421-20, l'autorisation du conseil d'administration.

Lorsqu'il est fait application des dispositions du *(Décr. nº 2014-1236 du 24 oct. 2014, art. 9)* « *d* du 6º de l'article R. 421-20 », le chef d'établissement informe le conseil d'administration le plus proche des marchés conclus sans autorisation préalable et tient à disposition des membres de ce dernier les documents y afférents ;

9º Transmet les actes de l'établissement dans les conditions fixées aux articles L. 421-11 et L. 421-14, conformément aux dispositions des articles R. 421-54 et R. 421-55 ;

10° Organise les élections des instances énumérées au 3°, veille à leur bon déroulement et en proclame les résultats ;

(Décr. n° 2010-99 du 27 janv. 2010, art. 3) « 11° Désigne les membres du conseil pédagogique, après consultation des équipes pédagogiques intéressées. »

Lorsque l'établissement est associé, pour la mise en œuvre de ses missions de formation continue, à un groupement d'établissements n'ayant pas le caractère de groupement d'intérêt public, le chef d'établissement vise les conventions s'inscrivant dans le programme des actions de formation continue de son établissement, qui ont été signées par l'ordonnateur de l'établissement, dit "établissement support", auquel a été confiée la gestion du groupement. Il soumet ces conventions à l'approbation du conseil d'administration lorsqu'elles engagent les finances de l'établissement ou sont susceptibles d'entraîner des conséquences sur la formation initiale et la vie scolaire.

Art. R. 421-10 En qualité de représentant de l'État au sein de l'établissement, le chef d'établissement :

1° A autorité sur l'ensemble des personnels affectés ou mis à disposition de l'établissement. Il désigne à toutes les fonctions au sein de l'établissement pour lesquelles aucune autre autorité administrative n'a reçu de pouvoir de nomination. Il fixe le service des personnels dans le respect du statut de ces derniers ;

2° Veille au bon déroulement des enseignements, de l'information, de l'orientation et du contrôle des connaissances des élèves ;

3° Prend toutes dispositions, en liaison avec les autorités administratives compétentes, pour assurer la sécurité des personnes et des biens, l'hygiène et la salubrité de l'établissement ;

4° Est responsable de l'ordre dans l'établissement. Il veille au respect des droits et des devoirs de tous les membres de la communauté scolaire et assure l'application du règlement intérieur ;

(Décr. n° 2011-728 du 24 juin 2011, art. 3) « 5° Engage les actions disciplinaires et intente les poursuites devant les juridictions compétentes.

« A l'égard des élèves, il est tenu, dans les cas suivants, d'engager une procédure disciplinaire, soit dans les conditions prévues à l'article R. 421-10-1, soit en saisissant le conseil de discipline :

« *a)* Lorsque l'élève est l'auteur de violence verbale à l'égard d'un membre du personnel de l'établissement ;

« *b)* Lorsque l'élève commet un acte grave à l'égard d'un membre du personnel ou d'un autre élève.

« Il peut prononcer sans saisir le conseil de discipline les sanctions mentionnées à l'article R. 511-14 ainsi que les mesures de prévention, d'accompagnement et les mesures alternatives aux sanctions prévues au règlement intérieur.

« Il est tenu de saisir le conseil de discipline lorsqu'un membre du personnel de l'établissement a été victime de violence physique. »

Art. R. 421-10-1 *(Décr. n° 2011-728 du 24 juin 2011, art. 4)* Lorsqu'il se prononce seul sur les faits qui ont justifié l'engagement de la procédure disciplinaire, le chef d'établissement informe sans délai l'élève des faits qui lui sont reprochés et *(Décr. n° 2019-906 du 30 août 2019, art. 2)* « du délai dont il dispose pour présenter sa défense oralement ou par écrit ou en se faisant assister par une personne de son choix. Ce délai, fixé par le chef d'établissement, est d'au moins deux jours ouvrables ».

Si l'élève est mineur, cette communication est également faite à son représentant légal afin que ce dernier produise ses observations éventuelles. Dans tous les cas, l'élève, son représentant légal et la personne éventuellement chargée de l'assister pour présenter sa défense peuvent prendre connaissance du dossier auprès du chef d'établissement.

(Décr. n° 2014-522 du 22 mai 2014, art. 1er) « En cas de nécessité, le chef d'établissement peut interdire, à titre conservatoire, l'accès de l'établissement à l'élève pendant le délai mentionné au premier alinéa. Cette mesure ne présente pas le caractère d'une sanction. »

Art. R. 421-11 Le chef d'établissement rend compte de sa gestion au conseil d'administration et en informe *(Décr. n° 2019-1554 du 30 déc. 2019, art. 1er)* « le recteur d'académie » et la collectivité locale de rattachement.

Art. R. 421-12 En cas de difficultés graves dans le fonctionnement d'un établissement, le chef d'établissement peut prendre toutes dispositions nécessaires pour assurer le bon fonctionnement du service public.

S'il y a urgence, et notamment en cas de menace ou d'action contre l'ordre dans les enceintes et locaux scolaires de l'établissement, le chef d'établissement, sans préjudice des dispositions générales réglementant l'accès aux établissements, peut :

1° Interdire l'accès de ces enceintes ou locaux à toute personne relevant ou non de l'établissement ;

2° Suspendre des enseignements ou autres activités au sein de l'établissement.

Le chef d'établissement informe le conseil d'administration des décisions prises et en rend compte *(Décr. n° 2019-1554 du 30 déc. 2019, art. 1er)* « au recteur d'académie », au maire, au président du conseil départemental ou du conseil régional et au représentant de l'État dans le département.

Art. R. 421-13 *(Décr. n° 2011-1716 du 1er déc. 2011, art. 1er)* I. – Le chef d'établissement est secondé dans ses missions par un chef d'établissement adjoint, membre de l'équipe de direction, nommé par le ministre chargé de l'éducation ou l'autorité académique habilitée à cet effet ainsi que, le cas échéant, par le directeur adjoint de la section d'enseignement général et professionnel adapté. Un professeur ou un conseiller principal d'éducation peut assurer à temps partiel ces fonctions d'adjoint. Dans une école régionale du premier degré ou un établissement régional d'enseignement adapté, cette fonction peut être assurée par un enseignant du premier degré titulaire du certificat d'aptitude professionnelle pour les aides spécialisées, les enseignements adaptés et la scolarisation des élèves en situation de handicap, ou de l'un des diplômes auquel il se substitue, ou par un enseignant du second degré titulaire du certificat complémentaire pour les enseignements adaptés et la scolarisation des élèves en situation de handicap.

II. – Dans ses fonctions de gestion matérielle, financière et administrative, le chef d'établissement est secondé par un adjoint gestionnaire, membre de l'équipe de direction, nommé par le ministre chargé de l'éducation ou l'autorité académique habilitée à cet effet, parmi les personnels de l'administration scolaire et universitaire. L'adjoint gestionnaire est chargé, sous l'autorité du chef d'établissement et dans son champ de compétence, des relations avec les collectivités territoriales et il organise le travail des personnels administratifs et techniques affectés ou mis à disposition de l'établissement.

III. – Le chef d'établissement peut déléguer sa signature à chacun de ses adjoints.

En cas d'absence ou d'empêchement, le chef d'établissement est suppléé par le chef d'établissement adjoint, notamment pour la présidence des instances de l'établissement.

En cas d'absence ou d'empêchement du chef d'établissement, lorsque celui-ci n'a donné aucune délégation à cet effet, *(Décr. n° 2019-1554 du 30 déc. 2019, art. 1er)* « le recteur d'académie » nomme un ordonnateur suppléant qui peut être le chef d'établissement adjoint ou l'adjoint gestionnaire, sous réserve que celui-ci ne soit pas l'agent comptable de l'établissement, ou le chef d'un autre établissement.

SOUS-SECTION 2 LE CONSEIL D'ADMINISTRATION

§ 1er COMPOSITION

Art. R. 421-14 *(Décr. n° 2013-895 du 4 oct. 2013, art. 2)* « I. – Sous réserve des dispositions du II du présent article et de celles de l'article R. 421-16, le conseil d'administration des collèges et des lycées comprend : »

1° Le chef d'établissement, président ;

2° *(Décr. n° 2011-1716 du 1er déc. 2011, art. 2)* « Le chef d'établissement adjoint » ou, le cas échéant, l'adjoint désigné par le chef d'établissement en cas de pluralité d'adjoints ;

3° *(Décr. n° 2011-1716 du 1er déc. 2011, art. 2)* « L'adjoint gestionnaire » ;

4° Le conseiller principal d'éducation le plus ancien ;

5° Le directeur adjoint chargé de la section d'éducation spécialisée dans les collèges, le chef des travaux dans les lycées ;

(Décr. n° 2014-1236 du 24 oct. 2014, art. 2) « 6° Deux représentants de la collectivité territoriale de rattachement ou, lorsque les compétences de celle-ci en matière de

construction, de reconstruction, d'aménagement, d'entretien et de fonctionnement des collèges ou des lycées sont exercées, en application du 3° de l'article L. 3211-1-1 ou du 1° de l'article L. 4221-1-1 du code général des collectivités territoriales, par une métropole ou, en application de l'article L. 1111-8 du même code, par une autre collectivité territoriale ou un établissement public de coopération intercommunale à fiscalité propre, un représentant de la métropole, ou de la collectivité territoriale ou de l'établissement public délégataire, et un représentant de la collectivité territoriale de rattachement ;

« 7° Deux représentants de la commune siège de l'établissement ou, lorsqu'il existe un établissement public de coopération intercommunale, un représentant de cet établissement public et un représentant de la commune ; »

8° Une personnalité qualifiée, ou deux personnalités qualifiées lorsque les membres de l'administration de l'établissement désignés en raison de leur fonction sont en nombre inférieur à cinq. *(Décr. n° 2013-895 du 4 oct. 2013, art. 2)* « Les personnalités qualifiées sont désignées selon les modalités fixées à l'article R. 421-15 ; »

9° Dix représentants élus des personnels de l'établissement, dont sept au titre des personnels d'enseignement et d'éducation et trois au titre des personnels administratifs, sociaux et de santé, techniques, ouvriers et de service ;

10° Dix représentants élus des parents d'élèves et des élèves, dont, dans les collèges, sept représentants des parents d'élèves et trois représentants des élèves et, dans les lycées, cinq représentants des parents d'élèves *(Décr. n° 2016-1228 du 16 sept. 2016, art. 1er)* « et cinq représentants des élèves, dont un au moins représente les élèves des classes post-baccalauréat si elles existent ».

(Décr. n° 2013-895 du 4 oct. 2013, art. 2) « II. — Dans les lycées professionnels, le conseil d'administration comprend, outre les membres mentionnés aux 1°, 2°, 3°, 5°, 6°, 7°, 9° et 10° du I, deux personnalités qualifiées représentant le monde économique, désignées selon les modalités fixées aux alinéas 2 à 5 de l'article R. 421-15.

« Le conseiller principal d'éducation le plus ancien en fonctions dans l'établissement siège au conseil d'administration si l'établissement n'a pas de chef d'établissement adjoint. *(Décr. n° 2013-895 du 4 oct. 2013, rect. JO 12 oct.)* « Lorsqu'il n'y siège ni dans ce cas ni au titre du 9° du I, » il y assiste à titre consultatif. »

Représentant de l'administration. CPE. Le Conseil d'État juge que la disposition qui prévoit que le CPE le plus ancien siège de droit au conseil d'administration comme représentant de l'administration et n'y est donc pas éligible « est sans incidence sur la liberté syndicale » dont disposent les CPE. Cette disposition ne les prive pas davantage de leur qualité d'électeur, ni de leur droit à participer à la désignation des représentants des personnels, ni enfin de leur droit à siéger au conseil d'administration. • CE 13 avr. 2018, n° 404783 : *LIJ 2018, n° 203, p. 12.*

Art. R. 421-15 Lorsque le conseil d'administration comprend une personnalité qualifiée, elle est désignée par *(Décr. n° 2012-16 du 5 janv. 2012, art. 7)* « le directeur académique des services de l'éducation nationale agissant sur délégation du recteur d'académie » sur proposition du chef d'établissement, après avis de la collectivité territoriale de rattachement.

Lorsque le conseil d'administration comprend deux personnalités qualifiées, la première est désignée par *(Décr. n° 2012-16 du 5 janv. 2012, art. 7)* « le directeur académique des services de l'éducation nationale agissant sur délégation du recteur d'académie » sur proposition du chef d'établissement, la seconde est désignée par la collectivité de rattachement.

Si la personnalité qualifiée désignée par *(Décr. n° 2012-16 du 5 janv. 2012, art. 7)* « le directeur académique des services de l'éducation nationale agissant sur délégation du recteur d'académie » représente les organisations syndicales des salariés ou les organisations syndicales des employeurs, celle désignée par la collectivité de rattachement doit représenter les organisations syndicales des employeurs ou les organisations syndicales des salariés.

Si la personnalité qualifiée désignée par *(Décr. n° 2012-16 du 5 janv. 2012, art. 7)* « le directeur académique des services de l'éducation nationale agissant sur délégation du recteur d'académie » ne représente ni les organisations syndicales des salariés ni les organisations syndicales d'employeurs, celle désignée par la collectivité ne peut représenter ni les organisations syndicales d'employeurs ni les organisations syndicales de salariés.

Pour la désignation de représentants des organisations syndicales de salariés ou d'employeurs, la représentativité au plan départemental des organisations doit être prise en compte.

Art. R. 421-16 Dans les collèges accueillant moins de 600 élèves et ne comportant pas une section d'éducation spécialisée, la composition du conseil d'administration est ainsi fixée :

1° Le chef d'établissement, président ;

2° *(Décr. n° 2011-1716 du 1er déc. 2011, art. 2)* « Le chef d'établissement adjoint » ou, le cas échéant, l'adjoint désigné par le chef d'établissement en cas de pluralité d'adjoints ;

3° *(Décr. n° 2011-1716 du 1er déc. 2011, art. 2)* « L'adjoint gestionnaire » ;

4° Le conseiller principal d'éducation le plus ancien ;

(Décr. n° 2014-1236 du 24 oct. 2014, art. 3) « 5° Deux représentants de la collectivité territoriale de rattachement ou, lorsque les compétences de celle-ci en matière de construction, de reconstruction, d'aménagement, d'entretien et de fonctionnement des collèges sont exercées, en application du 3° de l'article L. 3211-1-1 du code général des collectivités territoriales, par une métropole, ou, en application de l'article L. 1111-8 du même code, par une autre collectivité territoriale ou un établissement public de coopération intercommunale à fiscalité propre, un représentant de la métropole, ou de la collectivité territoriale ou de l'établissement public délégataire, et un représentant de la collectivité territoriale de rattachement ;

« 6° Un représentant de la commune siège de l'établissement. Lorsqu'il existe un établissement public de coopération intercommunale, un représentant de cet établissement public assiste au conseil d'administration à titre consultatif ; »

7° Une personnalité qualifiée, ou deux personnalités qualifiées lorsque les membres de l'administration de l'établissement désignés en raison de leurs fonctions sont en nombre inférieur à quatre. Les personnalités qualifiées sont désignées selon les modalités fixées à l'article R. 421-15 ;

8° Huit représentants élus des personnels, dont six au titre des personnels d'enseignement et d'éducation et deux au titre des personnels administratifs, sociaux et de santé, techniques, ouvriers et de service ;

9° Huit représentants des parents d'élèves et des élèves, dont six représentants élus des parents d'élèves et deux représentants élus des élèves.

Art. R. 421-17 Le conseil d'administration des établissements régionaux d'enseignement adapté comprend :

1° Le chef d'établissement, président ;

2° *(Décr. n° 2011-1716 du 1er déc. 2011, art. 2)* « Le chef d'établissement adjoint » ;

3° *(Décr. n° 2011-1716 du 1er déc. 2011, art. 2)* « L'adjoint gestionnaire » ;

4° Le conseiller principal d'éducation le plus ancien ou le chef des travaux ;

(Décr. n° 2014-1236 du 24 oct. 2014, art. 4) « 5° Deux représentants de la région ou, lorsque les compétences de celle-ci en matière de construction, de reconstruction, d'aménagement, d'entretien et de fonctionnement des établissements régionaux d'enseignement adapté sont, en application de l'article L. 1111-8 du même code, exercées par une autre collectivité territoriale ou un établissement public de coopération intercommunale à fiscalité propre, un représentant de la collectivité territoriale ou de l'établissement public délégataire et un représentant de la région ;

« 6° Un représentant de la commune siège de l'établissement. Lorsqu'il existe un établissement public de coopération intercommunale, un représentant de cet établissement public assiste au conseil d'administration à titre consultatif ; »

7° Une personnalité qualifiée, ou deux personnalités qualifiées lorsque les membres de l'administration de l'établissement désignés en raison de leurs fonctions sont en nombre inférieur à quatre. Les personnalités qualifiées sont désignées selon les modalités fixées à l'article R. 421-15 ;

8° Huit représentants élus des personnels de l'établissement, dont quatre au titre des personnels d'enseignement et d'éducation, deux au titre des personnels administratifs, techniques, ouvriers et de service et deux au titre des personnels sociaux et de santé ;

9° Huit représentants élus des parents d'élèves et des élèves, dont cinq représentants des parents d'élèves *(Décr. n° 2016-1228 du 16 sept. 2016, art. 2)* « et trois représentants des élèves ».

Art. R. 421-18 La composition des conseils d'administration prévue aux articles R. 421-14, R. 421-16 et R. 421-17 n'est pas modifiée en cas d'application des articles L. 216-5 et L. 216-6. – *[Décr. n° 85-924 du 30 août 1985, art. 14.]*

Art. R. 421-19 *(Décr. n° 2019-1554 du 30 déc. 2019, art. 1er)* « Le recteur d'académie », ou son représentant, peut assister aux réunions du conseil d'administration. Le président du conseil d'administration peut inviter aux séances du conseil, à titre consultatif, toute personne dont la présence paraîtrait utile.

Les séances du conseil d'administration ne sont pas publiques.

§ 2 COMPÉTENCES

Art. R. 421-20 En qualité d'organe délibérant de l'établissement, le conseil d'administration, sur le rapport du chef d'établissement, exerce notamment les attributions suivantes :

1° Il fixe les principes de mise en œuvre de l'autonomie pédagogique et éducative dont disposent les établissements dans les domaines définis à l'article R. 421-2 et, en particulier, les règles d'organisation de l'établissement ;

(Décr. n° 2013-895 du 4 oct. 2013, art. 3) « 2° Il adopte le projet d'établissement et approuve le contrat d'objectifs. Lorsque la collectivité territoriale de rattachement n'a pas souhaité y être partie, ce contrat doit lui avoir été communiqué au moins un mois avant la réunion du conseil ; »

(Décr. n° 2010-99 du 27 janv. 2010, art. 4) « 3° Il délibère chaque année sur le rapport relatif au fonctionnement pédagogique de l'établissement et à ses conditions matérielles de fonctionnement. » Ce rapport rend compte notamment de la mise en œuvre du projet d'établissement, des expérimentations menées par l'établissement et du contrat d'objectifs. *(Décr. n° 2019-906 du 30 août 2019, art. 3)* « Il comporte également une partie relative à la vie scolaire qui présente un bilan des décisions rendues en matière disciplinaire, élaboré notamment à partir du registre des sanctions de l'établissement, et des suites données par le chef d'établissement aux demandes écrites de saisine du conseil de discipline émanant d'un membre de la communauté éducative ; »

4° Il adopte :

a) Le budget et le compte financier de l'établissement ;

b) Les tarifs des ventes des produits et des prestations de services réalisés par l'établissement *(Décr. n° 2012-1193 du 26 oct. 2012, art. 3)* « , sous réserve des compétences réservées à la collectivité territoriale de rattachement en vertu du II de l'article L. 421-23 ; »

5° Il adopte le règlement intérieur de l'établissement ;

6° Il donne son accord sur :

a) Les orientations relatives à la conduite du dialogue avec les parents d'élèves ;

b) Le programme de l'association sportive fonctionnant au sein de l'établissement ;

(Décr. n° 2012-1193 du 26 oct. 2012, art. 3) « *c)* L'adhésion à tout groupement d'établissements ;

« *d)* La passation des marchés, contrats et conventions dont l'établissement est signataire, à l'exception :

« – des marchés qui s'inscrivent dans le cadre d'une décision modificative adoptée conformément au 2° de l'article R. 421-60 ;

« – en cas d'urgence, des marchés qui se rattachent à des opérations de gestion courante dont le montant est inférieur à 5 000 euros hors taxes pour les services et 15 000 euros hors taxes pour les travaux et équipements ;

« – des marchés dont l'incidence financière est annuelle et pour *(Décr. n° 2014-1236 du 24 oct. 2014, art. 9)* « lesquels » il a donné délégation au chef d'établissement ; »

(Décr. n° 2012-1193 du 26 oct. 2012, art. 3) « *e)* » Les modalités de participation au plan d'action du groupement d'établissements pour la formation des adultes auquel l'établissement adhère, le programme annuel des activités de formation continue et l'adhésion de l'établissement à un groupement d'intérêt public ;

(Décr. n° 2012-1193 du 26 oct. 2012, art. 3) « *f)* » **La programmation et les modalités de financement des voyages scolaires ;**

(Décr. n° 2013-895 du 4 oct. 2013, art. 3) « *g)* **Le programme d'actions établi chaque année par le conseil école-collège ;** »

7° Il délibère sur :

a) **Toute question dont il a à connaître en vertu des lois et règlements en vigueur ainsi que celles ayant trait à l'information des membres de la communauté éducative et à la création de groupes de travail au sein de l'établissement ;**

b) **Les questions relatives à l'accueil et à l'information des parents d'élèves, les modalités générales de leur participation à la vie scolaire** *(Décr. n° 2013-895 du 4 oct. 2013, art. 3)* « **et le bilan annuel des actions menées dans ces domaines** » ;

c) **Les questions relatives à l'hygiène, à la santé, à la sécurité : le conseil d'administration peut décider la création d'un organe compétent composé notamment de représentants de l'ensemble des personnels de l'établissement pour proposer les mesures à prendre en ce domaine au sein de l'établissement ;**

8° Il peut définir, dans le cadre du projet d'établissement et, le cas échéant, des orientations de la collectivité territoriale de rattachement en matière de fonctionnement matériel, toutes actions particulières propres à assurer une meilleure utilisation des moyens alloués à l'établissement et une bonne adaptation à son environnement ;

(Décr. n° 2012-1193 du 26 oct. 2012, art. 3) « **9° Il autorise l'acceptation des dons et legs, l'acquisition ou l'aliénation des biens, ainsi que les actions à intenter ou à défendre en justice et la conclusion de transactions ;** »

10° Il peut décider la création d'un organe de concertation et de proposition sur les questions ayant trait aux relations de l'établissement avec le monde social, économique et professionnel ainsi que sur le programme de formation continue des adultes. Dans le cas où cet organe comprendrait des personnalités représentant le monde économique, il sera fait appel, à parité, à des représentants des organisations représentatives au plan départemental des employeurs et des salariés ;

11° Il adopte son règlement intérieur ;

12° Il adopte un plan de prévention de la violence *(Décr. n° 2013-895 du 4 oct. 2013, art. 3)* « **, qui inclut notamment un programme d'action contre toutes les formes de harcèlement** ».

Art. R. 421-21 **Conformément à l'article 39 de la loi n° 2005-380 du 23 avril 2005 d'orientation et de programme pour l'avenir de l'école, dans les lycées d'enseignement technologique ou professionnel, le conseil d'administration peut, sur proposition du chef d'établissement, à titre expérimental et pour une durée maximale de cinq ans, décider que son président peut être désigné parmi les personnalités extérieures à l'établissement siégeant en son sein.**

Dans ce cas, le conseil d'administration procède à l'élection de son président, pour une durée d'un an, par une délibération distincte.

Le président élu exerce les compétences dévolues au président du conseil d'administration. Le chef d'établissement reste membre du conseil d'administration avec voix délibérative et conserve la présidence des autres instances de l'établissement. — *[Décr. n° 85-924 du 30 août 1985, art. 16, al. 26 à 28.]*

Art. R. 421-22 *(Décr. n° 2020-1632 du 21 déc. 2020, art. 1er)* **Le conseil d'administration se prononce, lors de la première réunion qui suit le renouvellement de ses membres élus, sur la création d'une commission permanente et sur les compétences qu'il décide, en application du dernier alinéa de l'article L. 421-4, de lui déléguer parmi celles mentionnées aux 6°, 7°, 8°, 9°, 10° et 12° de l'article R. 421-20.**

Lorsqu'elle a été créée, il peut soumettre à la commission permanente toute question sur laquelle il souhaite recueillir son avis.

Art. R. 421-23 **Le conseil d'administration, sur saisine du chef d'établissement, donne son avis sur :**

1° Les mesures annuelles de créations et de suppressions de sections, d'options et de formations complémentaires d'initiative locale dans l'établissement ;

2° Les principes de choix des manuels scolaires, des logiciels et des outils pédagogiques ;

3° La modification, par le maire, des heures d'entrée et de sortie de l'établissement prévue à l'article L. 521-3.

Il peut être consulté par le chef d'établissement sur les questions ayant trait au fonctionnement administratif général de l'établissement.

Le conseil d'administration peut, à son initiative, adopter tous vœux sur les questions intéressant la vie de l'établissement. – *[Décr. n° 85-924 du 30 août 1985, art. 16-1.]*

Art. R. 421-24 Les avis émis et les décisions prises en application des articles R. 421-20, R. 421-21, R. 421-22 et R. 421-23 résultent de votes personnels. Le vote secret est de droit si un membre du conseil le demande ; en cas de partage des voix, celle du président est prépondérante. – *[Décr. n° 85-924 du 30 août 1985, art. 16-2 et 15, al. 3.]*

§ 3 FONCTIONNEMENT

Art. R. 421-25 Le conseil d'administration se réunit en séance ordinaire à l'initiative du chef d'établissement au moins trois fois par an. Il est, en outre, réuni en séance extraordinaire à la demande *(Décr. n° 2019-1554 du 30 déc. 2019, art. 1er)* « du recteur d'académie », de la collectivité territoriale de rattachement, du chef d'établissement ou de la moitié au moins de ses membres sur un ordre du jour déterminé. Une séance est consacrée à l'examen du budget, dans le délai de trente jours suivant la notification de la participation de la collectivité territoriale de rattachement.

(Décr. n° 2020-1632 du 21 déc. 2020, art. 1er) « Le chef d'établissement fixe l'ordre du jour, les dates et heures des séances du conseil d'administration en tenant compte, au titre des questions diverses, des demandes d'inscription que lui ont adressées les membres du conseil. Il envoie les convocations, accompagnées de l'ordre du jour et des documents préparatoires, au moins huit jours à l'avance, ce délai pouvant être réduit à un jour en cas d'urgence. »

Le conseil d'administration ne peut siéger valablement que si le nombre des membres présents, en début de séance, est égal à la majorité des membres *(Décr. n° 2012-1193 du 26 oct. 2012, art. 4)* « en exercice » composant le conseil. Si ce quorum n'est pas atteint, le conseil d'administration est convoqué en vue d'une nouvelle réunion, qui doit se tenir dans un délai minimum de *(Décr. n° 2019-838 du 19 août 2019, art. 3)* « cinq » jours et maximum de *(Décr. n° 2019-838 du 19 août 2019, art. 3)* « huit » jours ; il délibère alors valablement, quel que soit le nombre des membres présents. En cas d'urgence, ce délai peut être réduit à trois jours.

Ordre du jour de la séance. Refus d'approbation. Interrogée, la DAJ répond que lorsque le conseil d'administration se réunit en séance ordinaire, un projet d'ordre du jour est adressé par le chef d'établissement aux membres en même temps que leur convocation. L'ordre du jour doit ensuite être adopté en début de séance à la majorité des suffrages. Les membres peuvent donc refuser d'adopter le projet d'ordre du jour proposé par le chef d'établissement. Dans cette hypothèse, il n'est pas possible de poursuivre la séance qui devrait être levée. En effet, dès lors qu'un point n'est pas inscrit à l'ordre du jour de la séance, il ne peut valablement être soumis au vote durant cette séance. Cependant, afin d'éviter un blocage, il peut être envisagé de voter point par point les différents éléments du projet d'ordre du jour, car si un seul point est contesté par la majorité des membres du conseil d'administration, les autres points pourront ainsi être adoptés, discutés puis soumis au vote lors de la séance. * Courriel DAJ A1 du 4 avr. 2014 : *LIJ 2014, n° 184, p. 22.*

§ 4 ÉLECTION ET DÉSIGNATION

Art. R. 421-26 Les représentants des personnels et des parents d'élèves sont élus au scrutin de liste à la représentation proportionnelle au plus fort reste. En cas d'égalité des restes, le siège restant à pourvoir est attribué à la liste qui a obtenu le plus grand nombre de suffrages et, en cas d'égalité du nombre de suffrages, au candidat le plus âgé. Pour l'élection des représentants des personnels, les électeurs sont répartis en deux collèges dans les collèges et les lycées et en trois collèges dans les écoles régionales du premier degré et les établissements régionaux d'enseignement adapté.

Le premier collège comprend les personnels titulaires ou non titulaires exerçant des fonctions d'enseignement, de direction, d'éducation, de surveillance, d'assistance éducative ou pédagogique et de documentation. Dans les collèges et les lycées, le second collège comprend les personnels titulaires ou non titulaires d'administration, de santé, sociaux, techniques, ouvriers, de service et de laboratoire. Dans les écoles régionales du premier degré et les établissements régionaux d'enseignement adapté, le deuxième collège comprend les personnels titulaires ou non titulaires d'administration, techniques, ouvriers, de service et de laboratoire, le troisième collège comprend les personnels titulaires ou non titulaires sociaux et de santé.

Les titulaires exerçant à temps complet ou partiel sont électeurs ; ils sont aussi éligibles lorsqu'ils n'ont pas la qualité de membre de droit.

Les non-titulaires ne sont électeurs que s'ils sont employés par l'établissement pour une durée au moins égale à cent cinquante heures annuelles. Ils ne sont éligibles que s'ils sont nommés pour l'année scolaire.

Les personnels votent dans l'établissement où ils ont été affectés ou par lequel ils ont été recrutés. Ceux qui exercent dans plusieurs établissements votent dans l'établissement où ils effectuent la partie la plus importante de leur service ; en cas de répartition égale de celui-ci entre deux établissements, ils votent dans l'établissement de leur choix. Les personnels remplaçants votent dans l'établissement où ils exercent leurs fonctions au moment des élections à la condition d'y être affectés pour une durée supérieure à trente jours.

Les fonctionnaires stagiaires régis par le décret n° 94-874 du 7 octobre 1994 fixant les dispositions communes applicables aux stagiaires de l'État et de ses établissements publics *[V. C. **fonct. publ.**]* sont électeurs et éligibles.

Chaque parent est électeur et éligible sous réserve pour les parents d'enfant mineur de ne pas s'être vu retirer l'autorité parentale. Il ne dispose que d'une voix quel que soit le nombre de ses enfants inscrits dans le même établissement.

Lorsque l'enfant a été confié à un tiers qui accomplit tous les actes usuels relatifs à la surveillance et à l'éducation de l'enfant, ce tiers exerce à la place des parents le droit de voter et de se porter candidat.

Ce droit de suffrage est non cumulatif avec celui dont il disposerait déjà au titre de parent d'un ou plusieurs élèves inscrits dans l'établissement. – *[Décr. n° 85-924 du 30 août 1985, art. 18.]*

Art. R. 421-27 Les délégués des élèves peuvent recueillir les avis et les propositions des élèves et les exprimer auprès du chef d'établissement et du conseil d'administration. – *[Décr. n° 85-924 du 30 août 1985, art. 18-1.]*

Art. R. 421-28 L'élection des représentants des élèves se fait à deux degrés. Deux délégués d'élèves sont élus au scrutin uninominal à deux tours dans chaque classe ou, dans le cas d'une organisation différente, dans les groupes définis à cet effet par le ministre chargé de l'éducation. Le nom de chaque candidat est accompagné de celui de son suppléant. Tous les élèves sont électeurs et éligibles.

Dans les établissements comportant un internat, l'ensemble des élèves internes est assimilé à une classe pour l'élection de ses représentants.

(Décr. n° 2016-1228 du 16 sept. 2016, art. 3) « Dans les collèges, les » délégués d'élèves élisent en leur sein au scrutin plurinominal à un tour les représentants des élèves au conseil d'administration. Le nom de chaque candidat est accompagné de celui de son suppléant. Sont seuls éligibles les élèves des classes d'un niveau égal ou supérieur à la classe de cinquième.

(Décr. n° 2016-1228 du 16 sept. 2016, art. 3) « Dans les lycées et les classes des niveaux correspondant à ceux des lycées des établissements régionaux d'enseignement adapté, les délégués des élèves et les délégués pour la vie lycéenne élisent au scrutin plurinominal à un tour, au sein des membres titulaires et suppléants du conseil des délégués pour la vie lycéenne de l'établissement, les représentants des élèves au conseil d'administration. Sont déclarés élus les candidats ayant obtenu le plus grand nombre de voix. Le nombre d'élus suppléants est au plus égal au nombre de titulaires.

« En cas d'empêchement d'un ou de plusieurs titulaires, les suppléants siègent dans l'ordre dans lequel ils ont été élus, qui est fonction du nombre de voix qu'ils ont recueillies.

« Lors de l'élection des représentants des élèves au conseil d'administration, il est également procédé à l'élection du vice-président du conseil des délégués pour la vie lycéenne parmi les candidats à ces fonctions. Celui ayant obtenu le plus grand nombre de voix est élu.

« Lorsque des classes post-baccalauréat existent au sein de l'établissement, les délégués des élèves de ces classes élisent en leur sein, au scrutin plurinominal à un tour*[,]* au moins un représentant au conseil d'administration. Le chef d'établissement détermine préalablement au scrutin le nombre de sièges à pourvoir pour les représentants de ces élèves en tenant compte de leur part dans les effectifs de l'établissement. »

Dans les scrutins prévus au présent article, en cas d'égalité des voix, le plus jeune des candidats est déclaré élu.

Art. R. 421-29 Les articles R. 421-26 à R. 421-28 s'appliquent aux personnels de toute catégorie, aux parents d'élèves et aux élèves sans condition de nationalité.

Les mandats des membres élus du conseil d'administration sont d'une année. Ils expirent le jour de la première réunion du conseil qui suit leur renouvellement.

Un membre élu ne peut siéger au conseil d'administration qu'au titre d'une seule catégorie. — *[Décr. nº 85-924 du 30 août 1985, art. 20.]*

Art. R. 421-30 L'élection des représentants des personnels, celle des représentants des parents d'élèves et celle des élèves comme délégués de classe sont effectuées au plus tard avant la fin de la septième semaine de l'année scolaire.

Le chef d'établissement dresse, pour chacun des collèges définis à l'article R. 421-26, la liste électorale, vingt jours avant l'élection. Les déclarations de candidature signées par les candidats lui sont remises dix jours francs avant l'ouverture du scrutin. Ces différents documents sont affichés dans un lieu facilement accessible aux personnels et aux parents.

Pour les élections des représentants des personnels et des parents d'élèves, les listes peuvent comporter au plus un nombre égal au double du nombre des sièges à pourvoir. Ce nombre ne peut être inférieur à deux noms. Les candidats sont inscrits sans mention de la qualité de titulaire et de suppléant. Les électeurs votent pour une liste sans panachage ni radiation. Les élus sont désignés selon l'ordre de présentation de la liste. Il est désigné au maximum autant de suppléants que de titulaires. En cas d'empêchement provisoire de membres titulaires, il est fait appel aux suppléants dans l'ordre de la liste.

Si un candidat se désiste moins de huit jours francs avant l'ouverture du scrutin, il ne peut être remplacé.

Lorsque le scrutin est uninominal, le nom de chaque candidat est accompagné de celui de son suppléant.

Le matériel de vote est envoyé aux électeurs six jours au moins avant la date du scrutin. *(Décr. nº 2019-838 du 19 août 2019, art. 4)* « Le vote a lieu à l'urne et par correspondance ou, pour l'élection des représentants des parents d'élèves, exclusivement par correspondance sur décision du chef d'établissement, après consultation du conseil d'administration. » Les votes sont personnels et secrets.

Le chef d'établissement fixe la date du scrutin et les heures d'ouverture du bureau de vote sans que celles-ci puissent être inférieures à quatre heures consécutives pour les parents d'élèves et à huit heures consécutives pour les personnels. Il reçoit pour le vote par correspondance les bulletins sous double enveloppe, organise le dépouillement public et en publie les résultats.

Les contestations sur la validité des opérations électorales sont portées dans un délai de cinq jours ouvrables à compter de la proclamation des résultats devant le recteur d'académie. Celui-ci statue dans un délai de huit jours à l'issue duquel, à défaut de décision, la demande est réputée rejetée. — *[Décr. nº 85-924 du 30 août 1985, art. 21.]*

Contestation des résultats. Délais. Le juge a précisé que les contestations formées devant le recteur d'académie contre les résultats des élections des représentants de parents d'élèves, qui font partie des recours administratifs dont l'exercice est un préalable obligatoire au recours contentieux, constituent des demandes dont la présentation est soumise au respect d'un délai, au sens de l'art. 16 de la L. du 12 avr. 2000, entrant dès lors dans le champ d'application de ce texte ; par suite, l'auteur d'une telle contestation peut satisfaire à cette obligation en adressant sa réclamation au recteur d'académie au plus tard cinq jours ouvrables à compter de la proclamation des résultats, quand bien même sa réclamation ne parviendrait au recteur qu'après l'expiration de ce délai. • CE 30 mars 2011, nº 344811 B : *AJDA 2011. 715*.

Art. D. 421-31 Les membres du corps des tribunaux administratifs et des cours administratives d'appel affectés en tribunal administratif sont autorisés, par le président du tribunal administratif intéressé, à participer aux travaux de contrôle et d'établissement des résultats définitifs des élections des représentants des parents d'élèves aux conseils d'école des écoles maternelles et élémentaires et aux conseils d'administration ou d'établissement des lycées, des collèges, des écoles régionales du premier degré et des établissements régionaux d'enseignement adapté. – *[Décr. n° 86-1054 du 23 sept. 1986, art. 1er.]*

Art. D. 421-32 Ces opérations sont effectuées sous la responsabilité du ministre chargé de l'éducation et ont lieu auprès des recteurs d'académie ou des *(Décr. n° 2012-16 du 5 janv. 2012, art. 7)* « directeurs académiques des services de l'éducation nationale agissant sur délégation du recteur d'académie ».

Art. R. 421-33 *(Décr. n° 2014-1236 du 24 oct. 2014, art. 5)* « Les représentants des collectivités territoriales et des établissements publics de coopération intercommunale mentionnés aux 6° et 7° du I de l'article R. 421-14, aux 5° et 6° de l'article R. 421-16 et aux 5° et 6° de l'article R. 421-17 sont désignés par l'assemblée délibérante.

« Lorsque les représentants d'une même collectivité territoriale sont au nombre de deux, le président de l'assemblée délibérante peut proposer la désignation d'une personne n'appartenant pas à l'assemblée délibérante comme l'un de ses deux représentants. »

Il est procédé à une nouvelle désignation à la suite de chaque renouvellement partiel ou total de l'assemblée délibérante de la collectivité.

Pour chaque représentant titulaire, un représentant suppléant est désigné dans les mêmes conditions. Celui-ci siège au conseil d'administration en cas d'empêchement du représentant titulaire.

Art. R. 421-34 Les personnalités qualifiées siégeant au conseil d'administration sont désignées pour une durée de trois ans. – *[Décr. n° 85-924 du 30 août 1985, art. 23.]*

Art. R. 421-35 *(Décr. n° 2016-1228 du 16 sept. 2016, art. 4)* « Lorsqu'un membre du conseil d'administration élu au scrutin de liste » perd la qualité au titre de laquelle il a été désigné ou quand une vacance survient par décès, mutation, démission ou empêchement définitif constaté par le chef d'établissement, il est remplacé, selon le cas, par son suppléant ou par le premier suppléant dans l'ordre de la liste, pour la durée du mandat restant à courir.

(Décr. n° 2016-1228 du 16 sept. 2016, art. 4) « Lorsqu'un représentant titulaire des élèves du conseil d'administration perd la qualité au titre de laquelle il a été élu ou quand une vacance survient par décès, changement d'établissement, démission ou empêchement définitif constaté par le chef d'établissement, il est remplacé par un des suppléants, pris dans l'ordre dans lequel ils ont été élus, qui est fonction du nombre de voix qu'ils ont recueillies. »

Lorsqu'un représentant titulaire de l'une des collectivités visées à l'article R. 421-33 perd la qualité au titre de laquelle il a été désigné, ou en cas de décès, de démission ou d'empêchement définitif de l'intéressé constaté par l'exécutif de la collectivité, il est procédé à une nouvelle désignation du représentant titulaire ainsi que du représentant suppléant.

En cas de décès, de démission ou d'empêchement définitif constaté par le chef d'établissement d'une personnalité qualifiée, une nouvelle personnalité qualifiée est désignée, pour la durée du mandat restant à courir, dans les conditions fixées à l'article R. 421-15.

Perte de la qualité de parent d'élève. Interrogée sur ce point, la DAJ indique que si un parent a perdu cette qualité, les dispositions de l'art. R. 421-35 (al. 1er) s'appliquent. Le parent dont l'enfant n'est plus élève au sein de l'établissement perd donc la qualité requise et son mandat prend fin automatiquement. * Courriel DAJ A1 du 4 avr. 2014 : *LIJ 2014, n° 184, p. 22.*

Art. R. 421-36 Nul ne peut être membre du conseil d'administration s'il a été privé par jugement de tout ou partie des droits civils, civiques ou de famille mentionnés à l'article 131-26 du code pénal. – *[Décr. n° 85-924 du 30 août 1985, art. 25.]*

SOUS-SECTION 3 LA COMMISSION PERMANENTE

§ 1er COMPOSITION

Art. R. 421-37 *(Décr. nº 2020-1632 du 21 déc. 2020, art. 1er)* « Lorsqu'elle a été créée en application de l'article R. 421-22, la commission » permanente dans les collèges et lycées comprend les membres suivants :

1° Le chef d'établissement, président ;

2° *(Décr. nº 2011-1716 du 1er déc. 2011, art. 2)* « Le chef d'établissement adjoint » ou, le cas échéant, l'adjoint désigné par le chef d'établissement en cas de pluralité d'adjoints ;

3° *(Décr. nº 2011-1716 du 1er déc. 2011, art. 2)* « L'adjoint gestionnaire » ;

(Décr. nº 2014-1236 du 24 oct. 2014, art. 6) « 4° Un représentant de la collectivité territoriale de rattachement ou, lorsque celle-ci n'exerce pas les compétences en matière de construction, de reconstruction, d'aménagement, d'entretien et de fonctionnement de l'établissement, un représentant de la personne publique exerçant ces compétences ; »

5° Quatre représentants élus des personnels, dont trois au titre des personnels d'enseignement et d'éducation et un au titre des personnels administratifs, techniques, ouvriers, de service, sociaux et de santé ;

(Décr. nº 2009-553 du 15 mai 2009, art. 6) « 6° Trois représentants élus des parents d'élèves dans les collèges et deux dans les lycées ; »

7° Un représentant élu des élèves dans les collèges et deux dans les lycées.

Art. R. 421-38 Les membres de la commission permanente dans les collèges et les lycées sont élus ou désignés dans les conditions suivantes :

1° Les représentants des personnels, des parents d'élèves et des élèves sont élus chaque année en leur sein par les membres titulaires et suppléants du conseil d'administration appartenant à leurs catégories respectives. Cette élection est organisée à l'occasion de la première réunion du conseil d'administration qui suit les élections à ce conseil ;

2° Les représentants des personnels d'enseignement et d'éducation, les représentants des parents d'élèves et les représentants des élèves dans les lycées sont élus au scrutin proportionnel au plus fort reste. Le représentant des personnels administratifs, sociaux et de santé, techniques, ouvriers et de service et le représentant des élèves dans les collèges sont élus au scrutin uninominal à un tour ;

(Décr. nº 2014-1236 du 24 oct. 2014, art. 6) « 3° Le représentant mentionné au 4° de l'article R. 421-37 est désigné par les représentants de la collectivité territoriale de rattachement au conseil d'administration parmi les représentants titulaires ou suppléants de celle-ci. Lorsque la collectivité de rattachement n'exerce pas les compétences en matière de construction, de reconstruction, d'aménagement, d'entretien et de fonctionnement de l'établissement, le représentant au conseil d'administration de la personne publique exerçant ces compétences, ou à défaut son suppléant, siège à la commission permanente ; »

Pour chaque membre élu de la commission permanente, un suppléant est élu dans les mêmes conditions.

Art. R. 421-39 *(Décr. nº 2020-1632 du 21 déc. 2020, art. 1er)* « Lorsqu'elle a été créée en application de l'article R. 421-22, la commission » permanente dans les établissements régionaux d'enseignement adapté comprend les membres suivants :

1° Le chef d'établissement, président ;

2° *(Décr. nº 2011-1716 du 1er déc. 2011, art. 2)* « Le chef d'établissement adjoint » ou, le cas échéant, l'adjoint désigné par le chef d'établissement en cas de pluralité d'adjoints ;

3° *(Décr. nº 2011-1716 du 1er déc. 2011, art. 2)* « L'adjoint gestionnaire » ;

(Décr. nº 2014-1236 du 24 oct. 2014, art. 7) « 4° Un représentant de la région ou, lorsque celle-ci n'exerce pas les compétences en matière de construction, de reconstruction, d'aménagement, d'entretien et de fonctionnement de l'établissement, un représentant de la personne publique exerçant ces compétences ; »

5° Quatre représentants élus des personnels d'enseignement et d'éducation, dont deux au titre des personnels d'enseignement et d'éducation, un au titre des personnels administratifs, techniques, ouvriers, de service, et un au titre des personnels sociaux et de santé ;

6° Trois représentants élus des parents d'élèves ;

7° Un représentant élu des élèves.

Art. R. 421-40 Les membres de la commission permanente dans les établissements régionaux d'enseignement adapté sont élus ou désignés dans les conditions suivantes :

1° Les représentants des personnels, des parents d'élèves et des élèves sont élus dans les conditions prévues au 1° de l'article R. 421-38 ;

2° Les représentants des personnels d'enseignement et d'éducation et les représentants des parents d'élèves sont élus au scrutin proportionnel au plus fort reste. Le représentant des personnels administratifs, techniques, ouvriers et de service, le représentant des personnels sociaux et de santé et le représentant des élèves sont élus au scrutin uninominal à un tour ;

(Décr. n° 2014-1236 du 24 oct. 2014, art. 7) « 3° Le représentant mentionné au 4° de l'article R. 421-39 est désigné par les représentants de la région au conseil d'administration parmi les représentants titulaires ou suppléants de celle-ci. Lorsque la région n'exerce pas les compétences en matière de construction, de reconstruction, d'aménagement, d'entretien et de fonctionnement de l'établissement, le représentant au conseil d'administration de la personne publique exerçant ces compétences, ou à défaut son suppléant, siège à la commission permanente ; »

Pour chaque membre titulaire élu de la commission permanente, un suppléant est élu dans les mêmes conditions.

§ 2 COMPÉTENCES

Art. R. 421-41 *(Décr. n° 2020-1632 du 21 déc. 2020, art. 1er)* « La commission permanente exerce les compétences que le conseil d'administration lui a déléguées en application de l'article R. 421-22. Le chef d'établissement rend compte au conseil d'administration, lors de sa plus prochaine séance, des décisions prises par la commission permanente. »

La commission permanente peut inviter d'autres membres de la communauté éducative à participer à ses travaux.

Le vote secret est de droit si un membre de la commission permanente le demande. En cas de partage des voix, celle du président est prépondérante. Les règles fixées à l'article R. 421-25 en matière *(Décr. n° 2020-1632 du 21 déc. 2020, art. 1er)* « d'ordre du jour, » de convocation et de quorum pour le conseil d'administration sont applicables à la commission permanente ; les règles fixées au premier alinéa de l'article R. 421-35, en ce qui concerne le remplacement des membres du conseil d'administration, sont applicables aux membres de la commission permanente.

SOUS-SECTION 4 LE CONSEIL PÉDAGOGIQUE

(Décr. n° 2010-99 du 27 janv. 2010, art. 6)

§ 1er COMPOSITION

Art. R. 421-41-1 Le conseil pédagogique comprend les membres mentionnés au deuxième alinéa de l'article L. 421-5. Le nombre des professeurs s'ajoutant à ceux prévus par cette disposition est arrêté par le conseil d'administration.

(Décr. n° 2014-1231 du 22 oct. 2014, art. 5) « Le chef d'établissement désigne les membres du conseil pédagogique ainsi que leurs suppléants éventuels. Les équipes pédagogiques mentionnées à l'article R. 421-49 ont quinze jours après la rentrée scolaire pour proposer, parmi les personnels volontaires, les enseignants susceptibles d'être désignés à ce titre. A défaut de proposition dans ce délai, le chef d'établissement choisit les membres du conseil pédagogique parmi les enseignants de l'établissement.

« Le chef d'établissement informe de cette désignation le conseil d'administration lors de la réunion qui suit. Il porte la composition du conseil pédagogique à la connaissance de la communauté éducative par voie d'affichage.

« Lors de sa première réunion, le conseil pédagogique établit son règlement intérieur. »

En cas d'absence ou d'empêchement du chef d'établissement, le conseil pédagogique est présidé par *(Décr. n° 2011-1716 du 1er déc. 2011, art. 2)* « le chef d'établissement adjoint ».

Art. R. 421-41-2 *(Décr. n° 2014-1231 du 22 oct. 2014, art. 6)* « Le conseil pédagogique peut s'adjoindre, s'il le juge utile, des commissions pédagogiques dont il définit la composition, les objectifs et les modalités de travail. »

Le conseil pédagogique peut entendre toute personne dont la consultation est jugée utile en fonction des sujets traités et des caractéristiques de l'établissement.

§ 2 COMPÉTENCES

Art. R. 421-41-3 *(Décr. n° 2014-1231 du 22 oct. 2014, art. 7)* Le conseil pédagogique :

1° Dans les collèges, fait toute suggestion au chef d'établissement en vue de la désignation par ce dernier des enseignants :

– qui participeront au conseil école-collège ;

– qui, enseignant en classe de sixième, participeront au conseil du cycle 3 dans les écoles scolarisant les élèves du secteur de recrutement du collège ;

2° Est consulté sur :

– l'organisation et la coordination des enseignements ;

– la coordination relative au suivi des élèves et notamment aux modalités d'évaluation des acquis scolaires ;

– les modalités des liaisons entre les différents degrés d'enseignement ;

– les modalités générales d'accompagnement des changements d'orientation ;

– les modalités des échanges linguistiques et culturels en partenariat avec les établissements d'enseignement européens et étrangers ;

3° Formule des propositions quant aux modalités de l'accompagnement pédagogique des élèves, que le chef d'établissement soumet ensuite au conseil d'administration. Ces propositions portent plus particulièrement sur la différenciation des approches pédagogiques, notamment les aides pour les élèves rencontrant des difficultés dans les apprentissages scolaires ;

4° Prépare, en liaison avec les équipes pédagogiques et, le cas échéant, avec le conseil école-collège :

– la partie pédagogique du projet d'établissement, en vue de son adoption par le conseil d'administration ;

– les propositions d'expérimentation pédagogique, dans les domaines définis par l'article *(Décr. n° 2019-1404 du 18 déc. 2019, art. 2)* « L. 314-2 » du code de l'éducation ;

5° Contribue à l'organisation pédagogique des cycles, y compris le suivi et l'évaluation de leur mise en œuvre ;

6° Assiste le chef d'établissement pour l'élaboration du rapport sur le fonctionnement pédagogique de l'établissement mentionné au 3° de l'article R. 421-20 ;

7° Peut être saisi, pour avis, de toute question d'ordre pédagogique par le chef d'établissement, le conseil d'administration ou la commission permanente.

§ 3 FONCTIONNEMENT

Art. R. 421-41-4 Le président fixe l'ordre du jour, les dates et heures des séances du conseil. Il convoque les membres du conseil pédagogique au moins huit jours avant la séance, ce délai pouvant être ramené à trois jours en cas d'urgence.

Art. R. 421-41-5 Le conseil pédagogique se réunit au moins trois fois par an et en tant que de besoin à l'initiative de son président ou à la demande de la majorité de ses membres. Il établit son règlement intérieur.

Art. R. 421-41-6 Le conseil pédagogique ne peut valablement siéger que si le nombre des membres présents, en début de séance, est égal à la majorité des membres composant le conseil. Si ce quorum n'est pas atteint, le conseil pédagogique est convoqué, au plus tôt le jour suivant celui de sa première convocation et au plus tard avant la tenue du conseil d'administration le plus proche, en vue d'une nouvelle réunion ; il se prononce alors valablement, quel que soit le nombre des membres présents.

SOUS-SECTION 5 LES INSTANCES REPRÉSENTATIVES DES ÉLÈVES ET LE COMITÉ D'ÉDUCATION À LA SANTÉ ET À LA CITOYENNETÉ *(Décr. n° 2010-99 du 27 janv. 2010, art. 6).*

§ 1er L'ASSEMBLÉE GÉNÉRALE DES DÉLÉGUÉS DES ÉLÈVES

Art. R. 421-42 Dans les lycées, l'ensemble des délégués des élèves est réuni en assemblée générale sous la présidence du chef d'établissement au moins deux fois par an, dont une fois avant la fin de la septième semaine de l'année scolaire. *(Décr. n° 2011-1716 du 1er déc. 2011, art. 2)* « Le chef d'établissement adjoint, le cas échéant le directeur adjoint de la section d'enseignement général et professionnel adapté » et les conseillers principaux d'éducation assistent aux réunions.

(Décr. n° 2016-1228 du 16 sept. 2016, art. 5) « Au cours de la première réunion de l'assemblée générale des délégués de classe, il est procédé à l'élection des représentants des délégués des élèves au conseil de discipline. »

L'assemblée générale des délégués des élèves constitue un lieu d'échanges sur les questions relatives à la vie et au travail scolaires.

§ 2 LE CONSEIL DES DÉLÉGUÉS POUR LA VIE LYCÉENNE

Art. R. 421-43 *(Décr. n° 2010-99 du 27 janv. 2010, art. 8)* « Dans les lycées, un conseil des délégués pour la vie lycéenne est composé de dix lycéens élus pour deux ans par l'ensemble des élèves de l'établissement, au scrutin plurinominal à un tour. » En cas d'égalité des voix, le plus jeune des candidats est déclaré élu.

Pour chaque titulaire, un suppléant est élu dans les mêmes conditions. Lorsque le titulaire élu par l'ensemble des élèves de l'établissement est en dernière année de cycle d'études, son suppléant doit être inscrit dans une classe de niveau inférieur. Un membre suppléant ne peut siéger qu'en l'absence du titulaire. Lorsqu'un membre titulaire cesse d'être élève de l'établissement ou démissionne, il est remplacé par son suppléant pour la durée du mandat restant à courir.

Le mandat des membres du conseil expire le jour de la première réunion qui suit l'élection de la catégorie à laquelle ils appartiennent.

(Décr. n° 2010-99 du 27 janv. 2010, art. 8) « Les membres du conseil des délégués à la vie lycéenne sont renouvelés par moitié tous les ans. »

Assistent, à titre consultatif, aux réunions du conseil des délégués pour la vie lycéenne des représentants des personnels et des parents d'élèves dont le nombre est égal à celui des membres. Les représentants des personnels sont désignés chaque année, pour cinq d'entre eux, parmi les membres volontaires des personnels d'enseignement, d'éducation et d'assistance éducative ou pédagogique et, pour trois d'entre eux, parmi les membres volontaires des personnels administratifs, sociaux et de santé, techniques, ouvriers et de service de l'établissement, par le conseil d'administration du lycée, sur proposition des représentants de leur catégorie au sein de ce conseil. Deux représentants des parents d'élèves sont élus, en leur sein, par les représentants des parents d'élèves au conseil d'administration.

Le conseil est présidé par le chef d'établissement.

Le président peut, à son initiative ou à la demande de la moitié des membres du conseil, inviter à participer à la séance toute personne dont la consultation est jugée utile.

Art. R. 421-44 Le conseil des délégués pour la vie lycéenne exerce les attributions suivantes :

1° Il formule des propositions sur la formation des représentants des élèves et les conditions d'utilisation des fonds lycéens ;

2° Il est obligatoirement consulté :

a) *(Décr. n° 2010-99 du 27 janv. 2010, art. 9)* « Sur les questions relatives aux principes généraux de l'organisation des études, sur l'organisation du temps scolaire, sur l'élaboration du projet d'établissement et du règlement intérieur, ainsi que sur les questions de restauration et d'internat ; »

b) *(Décr. nº 2010-99 du 27 janv. 2010, art. 9)* « Sur les modalités générales de l'organisation du travail personnel, de l'accompagnement personnalisé, des dispositifs d'accompagnement des changements d'orientation, du soutien et de l'aide aux élèves, des échanges linguistiques et culturels en partenariat avec les établissements d'enseignement européens et étrangers et sur l'information relative à l'orientation, aux études scolaires et universitaires et aux carrières professionnelles ; »

c) Sur la santé, l'hygiène et la sécurité, sur l'aménagement des espaces destinés à la vie lycéenne et sur l'organisation des activités sportives, culturelles et périscolaires.

(Décr. nº 2010-99 du 27 janv. 2010, art. 9) « Le vice-président du conseil des délégués pour la vie lycéenne présente au conseil d'administration les avis et les propositions, ainsi que les comptes rendus de séance du conseil des délégués de la vie lycéenne, qui sont, le cas échéant, inscrits à l'ordre du jour et peuvent faire l'objet d'un affichage dans les conditions prévues à l'article R. 511-7. »

Le conseil des délégués pour la vie lycéenne se réunit, sur convocation du chef d'établissement, avant chaque séance ordinaire du conseil d'administration. Il est, en outre, réuni en séance extraordinaire, à la demande de la moitié de ses membres. L'ordre du jour est arrêté par le chef d'établissement. Sont inscrites à l'ordre du jour toutes les questions ayant trait aux domaines définis ci-dessus, dont l'inscription est demandée par au moins la moitié des membres du conseil.

Le conseil ne peut siéger valablement que si la majorité des lycéens est présente. Si le quorum n'est pas atteint, le chef d'établissement doit procéder à une nouvelle convocation du conseil dans un délai de trois jours au minimum et de huit jours au maximum. Le conseil délibère alors valablement quel que soit le nombre des membres présents.

Art. R. 421-45 Les élections de l'ensemble des représentants lycéens au conseil des délégués pour la vie lycéenne ont lieu au plus tard avant la fin de la septième semaine de l'année scolaire.

Le chef d'établissement recueille les candidatures qui lui parviennent dix jours au moins avant la date du scrutin. Chaque candidature comporte le nom d'un titulaire et d'un suppléant. Les élèves dont la scolarité se déroule en dehors de l'établissement peuvent voter par correspondance selon des modalités fixées par le règlement intérieur de l'établissement.

Les contestations sur la validité des opérations électorales sont portées dans un délai de cinq jours ouvrables à compter de la proclamation des résultats devant le chef d'établissement, qui statue dans un délai de huit jours.

§ 2 *BIS* LE CONSEIL DE LA VIE COLLÉGIENNE

(Décr. nº 2016-1631 du 29 nov. 2016, art. 2)

Art. R. 421-45-1 Dans les collèges, un conseil de la vie collégienne est composé de représentants des élèves, d'au moins deux représentants des personnels dont un personnel enseignant et d'au moins un représentant des parents d'élèves.

Le conseil est présidé par le chef d'établissement.

Le conseil d'administration fixe par une délibération la composition, les modalités d'élection ou de désignation des membres, les modalités de fonctionnement du conseil ainsi que les conditions dans lesquelles les propositions de celui-ci lui sont présentées.

Les membres du conseil de la vie collégienne sont élus ou désignés au plus tard à la fin de l'année civile suivant la rentrée scolaire.

Art. R. 421-45-2 Le conseil de la vie collégienne formule des propositions :

a) Sur les questions relatives aux principes généraux de l'organisation de la scolarité, à l'organisation du temps scolaire, à l'élaboration du projet d'établissement et du règlement intérieur, ainsi que sur les questions relatives aux équipements, à la restauration et à l'internat ;

b) Sur les modalités d'organisation du travail personnel et de l'accompagnement des élèves ainsi que sur les échanges linguistiques et culturels en partenariat avec les établissements d'enseignement étrangers ;

c) Sur les actions ayant pour objet d'améliorer le bien-être des élèves et le climat scolaire et de promouvoir les pratiques participatives ;

d) Sur la mise en œuvre du parcours d'éducation artistique et culturelle prévu par l'article L. 121-6, des actions concourant à l'apprentissage et l'exercice de la citoyenneté dans le cadre de l'enseignement moral et civique prévu à l'article L. 312-15, du parcours individuel d'information, d'orientation et de découverte du monde économique et professionnel prévu par l'article L. 331-7 et du parcours éducatif de santé prévu par l'article L. 541-1 ;

e) Sur la formation des représentants des élèves.

§ 3 LE COMITÉ D'ÉDUCATION À LA SANTÉ ET À LA CITOYENNETÉ

Art. R. 421-46 Le comité d'éducation à la santé et à la citoyenneté réunit, sous la présidence du chef d'établissement, les personnels d'éducation, sociaux et de santé de l'établissement et des représentants des personnels enseignants, des parents et des élèves, désignés par le chef d'établissement sur proposition des membres du conseil d'administration appartenant à leurs catégories respectives, ainsi que les représentants de la commune et de la collectivité territoriale de rattachement au sein de ce conseil. En fonction des sujets traités, il peut associer à ses travaux toute personne dont il estime l'avis utile. – *[Décr. n° 85-924 du 30 août 1985, art. 30-3.]*

Art. R. 421-47 Le comité d'éducation à la santé et à la citoyenneté exerce les missions suivantes :

1° Il contribue à l'éducation à la citoyenneté ;

2° Il prépare le plan de prévention de la violence ;

3° Il propose des actions pour aider les parents en difficulté et lutter contre l'exclusion ;

4° Il définit un programme d'éducation à la santé et à la sexualité et de prévention des comportements à risques.

Le comité d'éducation à la santé et à la citoyenneté est réuni à l'initiative du chef d'établissement ou à la demande du conseil d'administration. – *[Décr. n° 85-924 du 30 août 1985, art. 30-4.]*

SOUS-SECTION 6 AUTRES CONSEILS COMPÉTENTS EN MATIÈRE DE SCOLARITÉ

(Décr. n° 2010-99 du 27 janv. 2010, art. 6).

Art. R. 421-48 Les dispositions relatives à la procédure disciplinaire à l'encontre des élèves des établissements publics locaux d'enseignement, la composition et les compétences du conseil de discipline de l'établissement, la composition du conseil de discipline départemental et les modalités d'appel de leurs décisions sont fixées *(Décr. n° 2013-756 du 19 août 2013, art. 10)* « par les sous-sections 3 à 6 de la section II du chapitre unique du titre Ier de la partie réglementaire du livre V, à l'exception des articles D. 511-23, R. 511-24, R. 511-29, D. 511-54, D. 511-55, R. 511-57 et D. 511-58 ».

Ces dispositions ne sont pas applicables aux classes élémentaires des établissements régionaux d'enseignement adapté qui sont soumises aux mêmes règles disciplinaires que celles des écoles élémentaires.

Art. R. 421-49 Les équipes pédagogiques constituées par classe, ou groupe d'élèves éventuellement regroupés par cycles, favorisent la concertation entre les enseignants, en particulier en ce qui concerne l'élaboration et la mise en œuvre du projet d'établissement et la coordination des enseignements et des méthodes d'enseignement. Elles assurent le suivi et l'évaluation des élèves et organisent l'aide à leur travail personnel. Elles conseillent les élèves pour le bon déroulement de leur scolarité et le choix de leur orientation. Dans le cadre de ces missions, les équipes pédagogiques sont chargées des relations avec les familles et les élèves et travaillent en collaboration avec d'autres personnels, notamment les personnels d'éducation et d'orientation.

Les équipes pédagogiques constituées par discipline ou spécialité favorisent les coordinations nécessaires entre les enseignants, en particulier pour le choix des matériels techniques, des manuels et des supports pédagogiques.

Les équipes pédagogiques sont réunies sous la présidence du chef d'établissement. – *[Décr. n° 85-924 du 30 août 1985, art. 32, sauf dernier al.]*

Art. D. 421-49-1 *(Décr. nº 2021-954 du 19 juill. 2021, art. 5)* En application de l'article R. 421-10, le chef d'établissement désigne les professeurs principaux des classes et, le cas échéant, en classe de première ou de terminale de la voie générale et technologique, les professeurs référents de groupes d'élèves, avec l'accord des intéressés.

Le professeur principal d'une classe ou le professeur référent de groupe d'élèves assure une tâche de coordination tant du suivi des élèves que de la préparation de leur orientation, en liaison avec les psychologues de l'éducation nationale, et en concertation avec les parents d'élèves.

Le professeur référent de groupe d'élèves assure un suivi individualisé renforcé des élèves dont il a la charge.

Les personnels enseignants désignés perçoivent une indemnité pour ces tâches, dont les modalités sont fixées par l'arrêté prévu par l'article 4 du décret nº 93-55 du 15 janvier 1993 instituant une indemnité de suivi et d'orientation des élèves.

En l'absence de professeur principal dans les classes de première ou de terminale de la voie générale et technologique, un professeur référent de groupe d'élèves assure les missions de professeur principal.

Art. R. 421-50 Dans les collèges, les lycées et les établissements régionaux d'enseignement adapté, pour chaque classe ou groupe d'élèves, un conseil de classe, présidé par le chef d'établissement ou son représentant, comprend les membres suivants :

1º Les personnels enseignants de la classe ou du groupe de classes ;

2º Les deux délégués des parents d'élèves de la classe ou du groupe de classes ;

3º Les deux délégués d'élèves de la classe ou du groupe de classes ;

4º Le conseiller principal d'éducation ;

5º Le conseiller d'orientation-psychologue.

Sont également membres du conseil de classe lorsqu'ils ont eu à connaître du cas personnel d'un ou de plusieurs élèves de la classe :

6º Le médecin de santé scolaire ou le médecin d'orientation scolaire et professionnelle ou, à défaut, le médecin de l'établissement ;

7º L'assistant de service social ;

8º L'infirmier ou l'infirmière.

(Décr. nº 2014-1231 du 22 oct. 2014, art. 8) « Des professeurs volontaires des écoles situées dans le secteur de recrutement du collège peuvent participer aux conseils de classe de sixième. »

Le chef d'établissement réunit, au cours du premier trimestre, les responsables des listes de candidats qui ont obtenu des voix lors de l'élection des représentants de parents d'élèves au conseil d'administration, pour désigner les deux délégués titulaires et les deux délégués suppléants des parents d'élèves de chaque classe, à partir des listes qu'ils présentent à cette fin. Le chef d'établissement répartit les sièges compte tenu des suffrages obtenus lors de cette élection.

Dans le cas où, pour une classe, il s'avérerait impossible de désigner des parents d'élèves de la classe, les sièges des délégués pourraient être attribués à des parents d'élèves d'autres classes volontaires.

Les parents d'élèves ne sont pas représentés dans le conseil de classe pour les formations postérieures au baccalauréat de l'enseignement secondaire.

Art. R. 421-51 *(Décr. nº 2014-1377 du 18 nov. 2014, art. 51)* « Le conseil de classe est chargé du suivi des élèves, il examine toutes les questions pédagogiques intéressant le suivi des acquis des élèves et la vie de la classe, notamment les modalités d'organisation du travail personnel des élèves et de l'évaluation progressive de leurs acquis, en cohérence avec le volet pédagogique du projet d'établissement. Il se réunit au moins trois fois par an, et chaque fois que le chef d'établissement le juge utile. A titre dérogatoire, les lycées professionnels peuvent limiter à deux fois par an le nombre de réunions du conseil de classe. »

(Décr. nº 2014-1377 du 18 nov. 2014, art. 51) « Le professeur principal qui exerce les activités de coordination et de suivi mentionnées à l'article 3 du décret nº 93-55 du 15 janvier 1993 instituant une indemnité de suivi et d'orientation des élèves, ou un représentant de l'équipe pédagogique, expose au conseil de classe les résultats obtenus par les élèves et présente ses observations sur les conseils en orientation formulés par

l'équipe. Sur ces bases et en prenant en compte l'ensemble des éléments d'ordre éducatif, médical et social apportés par ses membres, le conseil de classe examine le déroulement de la scolarité de chaque élève afin de mieux l'accompagner dans son parcours scolaire, à la fois dans la progression de ses apprentissages à l'intérieur d'un cycle, dans son passage d'un cycle à l'autre et dans la construction de son projet personnel. »

(Décr. nº 2018-120 du 20 févr. 2018, art. 3) **« En classe terminale des lycées, le conseil de classe se prononce sur les vœux de poursuite d'études de l'élève dans l'enseignement supérieur afin d'éclairer le chef d'établissement appelé à émettre un avis sur chacun de ces vœux conformément à l'article D. 331-64-1. »**

Art. D. 421-51-1 *(Décr. nº 2021-954 du 19 juill. 2021, art. 6)* **En l'absence du professeur principal mentionné au** *[à l'article]* **R. 421-51, le professeur référent de groupe d'élèves expose au conseil de classe les résultats obtenus par les élèves dont il a la charge et présente ses observations sur les conseils en orientation formulés par l'équipe en ce qui les concerne.**

En l'absence du professeur référent de groupe d'élèves au conseil de classe, ce dernier transmet ses observations au professeur principal mentionné au R. 421-51.

Art. R. 421-52 **Les dispositions des articles R. 421-50 et R. 421-51 ne s'appliquent pas aux classes élémentaires des établissements régionaux d'enseignement adapté qui sont soumises aux mêmes règles de fonctionnement pédagogique que celles des écoles élémentaires.** – *[Décr. nº 85-924 du 30 août 1985, art. 33, al. 19, en ce qui concerne les établissements régionaux d'enseignement adapté.]*

Art. R. 421-53 **Des relations d'information mutuelle sont établies à l'initiative du chef d'établissement entre les enseignants, les élèves et les parents d'un même groupe, d'une même classe ou d'un même niveau, en particulier au moment de la rentrée scolaire.** – *[Décr. nº 85-924 du 30 août 1985, art. 33, al. 20.]*

SOUS-SECTION 7 **RELATIONS AVEC LES AUTORITÉS DE TUTELLE** *(Décr. nº 2010-99 du 27 janv. 2010, art. 6).*

Art. R. 421-54 *(Décr. nº 2019-838 du 19 août 2019, art. 5)* **Les actes relatifs au fonctionnement de l'établissement qui, pour devenir exécutoires en application du I de l'article L. 421-14, sont transmis au représentant de l'État ou, par délégation de ce dernier, à l'autorité académique sont les délibérations du conseil d'administration relatives :**

a) **A la passation des conventions et contrats, et notamment des marchés ;**

b) **Au recrutement de personnels ;**

c) **Au financement des voyages scolaires.**

Ces délibérations sont exécutoires quinze jours après leur transmission.

Art. R. 421-55 **Les délibérations du conseil d'administration portant sur le contenu ou l'organisation de l'action éducatrice dont le caractère exécutoire est, en application du II de l'article L. 421-14, subordonné à leur transmission** *(Décr. nº 2019-1554 du 30 déc. 2019, art. 1er)* **« au recteur d'académie » sont celles relatives :**

1º Au règlement intérieur de l'établissement ;

2º A l'organisation de la structure pédagogique ;

3º A l'emploi de la dotation horaire globalisée ;

4º A l'organisation du temps scolaire ;

5º Au projet d'établissement.

6º et 7º *Abrogés par Décr. nº 2019-838 du 19 août 2019, art. 6.*

Ces délibérations deviennent exécutoires quinze jours après leur transmission.

Art. R. 421-56 **Le représentant de l'État,** *(Décr. nº 2019-1554 du 30 déc. 2019, art. 1er)* **« le recteur d'académie » et la collectivité territoriale de rattachement ont accès, sur leur demande, à l'ensemble des actes et documents relatifs au fonctionnement de l'établissement.**

SECTION III ORGANISATION FINANCIÈRE

Art. R. 421-57 Sous réserve des dispositions des articles R. 421-58 à R. 421-78, les collèges, les lycées, les écoles régionales du premier degré et les établissements régionaux d'enseignement adapté sont soumis au régime financier résultant des dispositions de l'article 60 de la loi n° 63-156 du 23 février 1963 de finances pour 1963 et *(Décr. n° 2012-1247 du 7 nov. 2012, art. 8)* « du titre Ier du décret n° 2012-1246 du 7 novembre 2012 relatif à la gestion budgétaire et comptable publique ».

Art. R. 421-58 *(Décr. n° 2012-1193 du 26 oct. 2012, art. 5)* I. — Le budget des établissements, qui comprend une section de fonctionnement et une section d'investissement, est établi dans le respect de la nomenclature fixée par le ministre chargé du budget, le ministre de l'intérieur et le ministre chargé de l'éducation *(Décr. n° 2019-1554 du 30 déc. 2019, art. 1er)* « nationale ». Le budget est élaboré en tenant compte notamment du projet d'établissement, du contrat d'objectifs conclu avec *(Décr. n° 2019-1554 du 30 déc. 2019, art. 1er)* « le recteur d'académie » en application de l'article R. 421-4, ainsi que des orientations et objectifs fixés par la collectivité territoriale de rattachement.

II. — Les ressources comprennent :

1° Des subventions de la collectivité de rattachement et de l'État, versées en application des articles L. 211-8, L. 213-2, L. 214-6, L. 216-6 à L. 216-6 et L. 421-11 ou, dans la *(Décr. n° 2017-1777 du 27 déc. 2017, art. 1er)* « collectivité de Corse », en application de l'article L. 4424-2 du code général des collectivités territoriales ;

2° Toute autre contribution d'une collectivité publique ;

3° Des ressources propres, notamment les dons et legs, le produit de la vente des objets confectionnés dans les ateliers, de la taxe d'apprentissage, des conventions de formation professionnelle et des conventions d'occupation des logements et locaux et le produit de l'aliénation des biens propres, ainsi que les ressources provenant des prestations du service de restauration et d'hébergement, lorsque la collectivité territoriale de rattachement en a confié la gestion et l'exploitation à l'établissement public local d'enseignement.

III. — La section de fonctionnement retrace les ressources et les dépenses de fonctionnement du service général et des services spéciaux.

Au titre du service général, elle individualise :

— les activités pédagogiques ;

— les actions éducatives liées à la vie scolaire, l'éducation à la santé et à la citoyenneté, la qualité de vie et les aides diverses des élèves et étudiants, à l'exception des bourses nationales ;

— la viabilisation, l'entretien et le fonctionnement général de l'établissement.

Au titre des services spéciaux, elle individualise notamment :

— *(Abrogé par Décr. n° 2020-939 du 29 juill. 2020, art. 1er) « les dépenses de bourses nationales effectuées par l'établissement pour le compte de l'État ; »*

— les missions de restauration et d'hébergement ;

— les groupements de service créés en application de l'article L. 421-10.

Le budget comporte en annexe un récapitulatif faisant apparaître les emplois dont l'établissement dispose à quelque titre que ce soit.

IV. — La section d'investissement retrace les ressources et les dépenses d'investissement du service général et des services spéciaux.

V. — L'établissement peut se doter d'un budget annexe pour tout service spécial comportant des dépenses d'investissement. Lorsqu'un centre de formation des apprentis au sens de l'article R. 431-1 est créé au sein de l'établissement, les ressources et les dépenses de ce centre sont retracées dans un budget annexe.

Les dispositions issues du Décr. n° 2020-939 du 29 juill. 2020 sont applicables aux établissements publics locaux d'enseignement relevant du ministère de l'éducation nationale et de la jeunesse, au plus tard au 1er janv. 2025, selon un échéancier fixé par arrêté conjoint des ministres chargés de l'éducation nationale et du budget (Décr. préc., art. 2).

Art. R. 421-59 Le projet de budget est préparé par le chef d'établissement. Il doit être soumis au vote du conseil d'administration et adopté en équilibre réel dans le délai de trente jours suivant la notification de la participation de la collectivité territoriale de rattachement.

Il est transmis à la collectivité de rattachement ainsi qu'*(Décr. nº 2019-1554 du 30 déc. 2019, art. 1er)* « au recteur d'académie » dans les cinq jours suivant le vote.

Il devient exécutoire dans un délai de trente jours à compter de la dernière date de réception par les autorités mentionnées ci-dessus, sauf si la collectivité de rattachement ou *(Décr. nº 2019-1554 du 30 déc. 2019, art. 1er)* « le recteur d'académie » a fait connaître son désaccord motivé sur le budget. Dans ce cas ou lorsque le budget n'est pas adopté dans les trente jours suivant la notification de la participation de la collectivité de rattachement, il est fait application de la procédure prévue aux *e* et *f* de l'article L. 421-11.

Le budget est transmis à l'agent comptable dès qu'il est adopté ou réglé.

Art. R. 421-60 Les modifications apportées au budget initial en cours d'exercice sont adoptées dans les mêmes conditions que le budget. Elles deviennent exécutoires dans le délai de quinze jours à compter de la dernière date de réception par les autorités de tutelle, sauf si l'une ou l'autre fait connaître son désaccord motivé.

Par dérogation aux dispositions du premier alinéa, le chef d'établissement peut directement porter au budget les modifications suivantes :

1º Les augmentations de crédits provenant de l'encaissement de ressources liées à des activités spécifiques de l'établissement dont le montant ne peut être arrêté avec exactitude lors de l'élaboration du budget ;

2º Dans la mesure où elles n'ont pas pu faire l'objet d'une inscription au budget initial, les augmentations de crédits, suivies en ressources affectées, relatives à des recettes encaissées par l'établissement mais qui ne lui sont définitivement acquises qu'à concurrence du montant des dépenses constatées pour l'exécution des charges précisées lors du versement des fonds ;

(Décr. nº 2012-1193 du 26 oct. 2012, art. 6) « 3º Les augmentations de crédits nécessaires aux opérations d'ordre définies par les instructions budgétaires et comptables. »

(Décr. nº 2020-1632 du 21 déc. 2020, art. 1er) « Le chef d'établissement rend compte au conseil d'administration, lors de sa plus prochaine séance, des modifications qu'il a apportées au budget de l'établissement. »

Toutes les décisions budgétaires modificatives précitées donnent lieu à l'élaboration d'un document budgétaire actualisé.

Art. R. 421-61 Lorsqu'il est fait application des dispositions combinées de l'article L. 1612-1 du code général des collectivités territoriales et du II de l'article L. 421-13 du présent code, il peut, en cas de nécessité, être tenu compte, après accord de la collectivité territoriale de rattachement et *(Décr. nº 2019-1554 du 30 déc. 2019, art. 1er)* « du recteur d'académie », de l'incidence des mesures prises au titre de la dernière rentrée scolaire, pour la détermination des limites d'engagement des dépenses.

Art. R. 421-62 La création des groupements comptables est arrêtée par le recteur de l'académie après avis des conseils d'administration des établissements publics locaux d'enseignement intéressés et des collectivités territoriales de rattachement. Chacun des établissements appartenant à un groupement comptable conserve sa personnalité morale et son autonomie financière. Une convention entre les établissements membres précise les modalités de fonctionnement du groupement. *(Décr. nº 2012-1193 du 26 oct. 2012, art. 7)* « Le directeur départemental des finances publiques territorialement compétent est celui de la circonscription dans laquelle est situé le siège du groupement comptable. »

Art. R. 421-63 Un poste comptable est créé dans l'établissement siège du groupement. L'agent comptable de cet établissement, agent comptable du groupement, est chargé de la tenue de la comptabilité générale de chaque établissement membre du groupement.

Lorsque le conseil d'administration d'un établissement membre d'un groupement est appelé à examiner une question relative à l'organisation financière, l'agent comptable *(Décr. nº 2012-1193 du 26 oct. 2012, art. 8)* « ou son représentant » assiste aux travaux du conseil avec voix consultative.

Art. R. 421-64 L'agent comptable tient la comptabilité générale dans les conditions définies par le plan comptable applicable à l'établissement, approuvé *(Décr. n° 2020-939 du 29 juill. 2020, art. 1er)* « par les ministres chargés du budget et de l'éducation nationale après avis du conseil de normalisation des comptes publics ».

Lorsque l'agent comptable ne peut tenir lui-même la comptabilité matière, il en exerce le contrôle. Les instructions données à ce sujet au préposé doivent avoir recueilli l'accord de l'agent comptable, qui demande qu'il soit procédé à l'inventaire annuel des stocks.

En cas de perte, de destruction ou vol des justifications remises à l'agent comptable, le chef d'établissement pourvoit à leur remplacement en établissant un certificat visé par le *(Décr. n° 2014-551 du 27 mai 2014, art. 10)* « directeur départemental ou, le cas échéant, régional des finances publiques » territorialement compétent.

Art. R. 421-65 Les agents comptables sont nommés, après information préalable de la collectivité territoriale de rattachement, par le ministre chargé de l'éducation parmi les personnels de l'administration scolaire et universitaire, conformément aux dispositions de *(Décr. n° 2012-1247 du 7 nov. 2012, art. 8)* « l'article 14 du décret n° 2012-1246 du 7 novembre 2012 relatif à la gestion budgétaire et comptable publique ».

Statut. Le statut des agents comptables des établissements publics locaux d'enseignement ne relève pas de dispositions législatives et ne peut, en conséquence, faire l'objet d'une question prioritaire de constitutionnalité. • C. comptes, 28 oct. 2010, *Lycée Georges-Clémenceau de Sartène (Corse-du-Sud),* n° 59244 : *AJDA 2010. 2491, chron. Groper et Michaut.*

Art. R. 421-66 Les recettes de l'établissement sont liquidées par l'ordonnateur sur les bases fixées par la loi, les règlements, les décisions de justice et les conventions.

Les produits attribués à l'établissement avec une destination déterminée, les subventions des organismes publics et privés, les dons et legs doivent conserver leur affectation.

Toutefois, la réduction ou la modification de l'affectation des charges résultant de dons et legs peut être prononcée dans les conditions prévues par le code du domaine de l'État, les lois et règlements.

Dans les mêmes conditions, la périodicité des attributions prévues par le disposant ou le groupement en une seule attribution des revenus provenant de libéralités assorties de charges analogues peut être autorisée. — *[Décr. n° 85-924 du 30 août 1985, art. 44.]*

Art. R. 421-67 Les ordres de recettes sont établis par l'ordonnateur et remis à l'agent comptable qui les prend en charge et les notifie aux débiteurs.

Tous les droits acquis au cours d'un exercice doivent faire l'objet d'un ordre de recettes au titre de cet exercice.

(Décr. n° 2012-1247 du 7 nov. 2012, art. 8) « Les ordonnateurs sont autorisés, dans les conditions prévues à l'article L. 1611-5 du code général des collectivités territoriales, à ne pas émettre les ordres de recettes correspondant aux créances dont le montant initial en principal est inférieur au minimum fixé par l'article D. 1611-1 du même code. »

Art. R. 421-68 Les créances de l'établissement qui n'ont pu être recouvrées à l'amiable font l'objet d'états rendus exécutoires par l'ordonnateur.

Les états exécutoires peuvent être notifiés aux débiteurs par lettre recommandée avec demande d'avis de réception. Leur recouvrement est poursuivi jusqu'à opposition devant la juridiction compétente.

(Décr. n° 2012-1193 du 26 oct. 2012, art. 9) « L'agent comptable procède aux mesures d'exécution forcée dans les conditions prévues par l'article R. 1617-24 du code général des collectivités territoriales. » Celles-ci peuvent à tout moment être suspendues sur un ordre écrit de l'ordonnateur si la créance est l'objet d'un litige.

Art. R. 421-69 Les créances de l'établissement peuvent faire l'objet :

1° Soit d'une remise gracieuse, en cas de gêne des débiteurs ;

2° Soit d'une admission en non-valeur, en cas d'insolvabilité des débiteurs.

La décision de remise est prise par le conseil d'administration après avis conforme de l'agent comptable, sauf lorsqu'elle concerne une dette de l'agent comptable, ou par l'ordonnateur, dans le cas où la créance est inférieure à un seuil fixé par le conseil d'administration. – *[Décr. n° 85-924 du 30 août 1985, art. 47.]*

Art. R. 421-70 Les régisseurs de recettes et d'avances sont nommés par le chef d'établissement avec l'agrément de l'agent comptable. – *[Décr. n° 85-924 du 30 août 1985, art. 48.]*

Art. R. 421-71 L'ordonnateur de l'établissement et ses délégués ont seuls qualité pour procéder à l'engagement des dépenses de l'établissement. – *[Décr. n° 85-924 du 30 août 1985, art. 49.]*

Art. R. 421-72 Les marchés de travaux, de fournitures et de services sont passés conformément aux dispositions du code des marchés publics applicables aux collectivités territoriales et aux établissements publics locaux. – *[Décr. n° 85-924 du 30 août 1985, art. 50.]*

Art. R. 421-73 Toutes les dépenses doivent être liquidées et ordonnancées au cours de l'exercice auquel elles se rattachent.

(Décr. n° 2020-939 du 29 juill. 2020, art. 1er) « Le recteur d'académie peut confier la gestion et la liquidation des rémunérations des personnels recrutés et payés par les établissements publics locaux d'enseignement à un ou plusieurs de ces établissements. Il établit la liste des établissements bénéficiaires de ce service mutualisé. Ce service utilise une application informatique nationale dédiée, accessible par le réseau internet. »

Art. R. 421-74 Les ordres de dépenses, établis par l'ordonnateur dans les conditions prévues à *(Décr. n° 2012-1247 du 7 nov. 2012, art. 8)* « l'article 32 du décret n° 2012-1246 du 7 novembre 2012 relatif à la gestion budgétaire et comptable publique », sont transmis, accompagnés des pièces justificatives, à l'agent comptable qui les prend en charge et procède à leur règlement.

La liste des pièces justificatives que l'agent comptable peut exiger est celle prévue par l'article D. 1617-19 du code général des collectivités territoriales.

Art. R. 421-75 Les fonds de l'établissement sont déposés chez un *(Décr. n° 2014-551 du 27 mai 2014, art. 10)* « comptable de la direction générale des finances publiques ».

Lorsque les fonds d'un établissement proviennent d'excédents d'exercices antérieurs, de libéralités, du produit de l'aliénation d'un élément du patrimoine ou d'emprunts et d'annuités d'amortissement momentanément inutilisés, ils peuvent être placés en valeurs d'État ou en valeurs garanties par l'État.

Ces placements font l'objet de prévisions ou d'autorisations budgétaires.

Toutefois, les placements en valeurs du Trésor à court terme peuvent être autorisés par décision de l'ordonnateur visée par le *(Décr. n° 2014-551 du 27 mai 2014, art. 10)* « directeur départemental ou, le cas échéant, régional des finances publiques » territorialement compétent.

Art. R. 421-76 *Abrogé par Décr. n° 2020-939 du 29 juill. 2020, art. 1er.*

Art. R. 421-77 A la fin de chaque exercice, l'agent comptable en fonctions prépare le compte financier de l'établissement pour l'exercice écoulé.

Le compte financier comprend :

1° La balance définitive des comptes ;

2° Le développement, par chapitre, des dépenses et des recettes budgétaires ;

3° Le tableau récapitulatif de l'exécution du budget ;

4° Les documents de synthèse comptable ;

5° La balance des comptes des valeurs inactives.

Le compte financier est visé par l'ordonnateur, qui certifie que le montant des ordres de dépenses et des ordres de recettes est conforme à ses écritures.

(Décr. n° 2012-1193 du 26 oct. 2012, art. 10) « Avant l'expiration du quatrième mois suivant la clôture de l'exercice, le conseil d'administration arrête le compte financier après avoir entendu l'agent comptable ou son représentant et affecte le résultat. »

Le compte financier accompagné éventuellement des observations du conseil d'administration et de celles de l'agent comptable est transmis à la collectivité territoriale de rattachement et *(Décr. n° 2019-1554 du 30 déc. 2019, art. 1er)* « au recteur d'académie » dans les trente jours suivant son adoption.

(Décr. nº 2012-1193 du 26 oct. 2012, art. 10) « Avant l'expiration du sixième mois suivant la clôture de l'exercice, l'agent comptable adresse le compte financier et les pièces annexes nécessaires au directeur départemental des finances publiques. Sauf si le compte financier de l'établissement relève du 4° de l'article L. 211-2 du code des juridictions financières, il est transmis à la chambre régionale des comptes territorialement compétente » *(Décr. nº 2014-1093 du 26 sept. 2014, art. 1er)* « au plus tard le 31 décembre qui suit la clôture de l'exercice auquel il se rapporte ».

Nouvel art. R. 421-77 *A la fin de chaque exercice, l'agent comptable en fonctions prépare le compte financier de l'établissement pour l'exercice écoulé.*

Le compte financier comprend :

(Décr. nº 2020-939 du 29 juill. 2020, art. 1er) « 1° Le bilan, le compte de résultat et l'annexe ;

« 2° La balance définitive des comptes ;

« 3° Le développement des dépenses et des recettes budgétaires ;

« 4° La balance des comptes des valeurs inactives.

« Le compte financier est visé par l'ordonnateur, qui certifie que le montant des ordres de dépenses et des ordres de recettes est conforme à ses écritures. Il est accompagné d'un rapport de gestion rédigé par l'ordonnateur.

« Avant l'expiration du sixième mois suivant la clôture de l'exercice, le compte financier et les pièces annexes, dont la liste est arrêtée par les ministres chargés du budget et de l'éducation nationale, sont transmis par voie électronique à la chambre régionale des comptes territorialement compétente ou, dans le cas prévu au 4° de l'article L. 211-2 du code des juridictions financières, à l'autorité de l'État compétente en matière d'apurement administratif.

« Pendant la période au cours de laquelle la responsabilité de l'agent comptable peut être mise en jeu, l'établissement assure la conservation des pièces justificatives et les transmet, à leur demande, à l'autorité chargée de l'apurement administratif et au juge des comptes. »

Le nouvel art. est applicable aux établissements publics locaux d'enseignement relevant du ministère de l'éducation nationale et de la jeunesse, au plus tard au 1er janv. 2025, selon un échéancier fixé par arrêté conjoint des ministres chargés de l'éducation nationale et du budget (Décr. nº 2020-939 du 29 juill. 2020, art. 2).

Art. R. 421-78 Le contrôle de la gestion des agents comptables est assuré par le *(Décr. nº 2014-551 du 27 mai 2014, art. 10)* « directeur départemental ou, le cas échéant, régional des finances publiques » territorialement compétent.

Les agents comptables sont, en outre, soumis aux vérifications de l'inspection générale des finances et éventuellement des corps de contrôle compétents.

SECTION III *BIS* ÉDICTION, SIGNATURE ET TRANSMISSION D'ACTES DES ÉTABLISSEMENTS PUBLICS LOCAUX D'ENSEIGNEMENT DU MINISTÈRE DE L'ÉDUCATION NATIONALE, AU FORMAT DÉMATÉRIALISÉ, AU MOYEN D'UNE APPLICATION INFORMATIQUE

(Décr. nº 2015-750 du 24 juin 2015, art. 1er)

Art. R. 421-78-1 I. — Les actes des établissements publics locaux d'enseignement relevant du ministère de l'éducation nationale, relatifs à l'organisation ou au contenu de l'action éducatrice et au fonctionnement de l'établissement mentionnés aux articles L. 421-4 et L. 421-14 du code de l'éducation, ainsi que ceux relatifs à l'organisation financière de l'établissement mentionnés au *d* de l'article L. 421-11, y compris lorsque l'article L. 421-12 y renvoie, et au III de l'article L. 421-13 du même code, sont, dans les conditions prévues aux alinéas suivants, édictés sous un format dématérialisé et transmis aux autorités de contrôle par voie électronique, au moyen d'une application informatique dédiée, accessible par le réseau internet. Ces actes font l'objet d'une signature électronique.

II. — La transmission à l'autorité académique, prévue à l'article R. 421-54 en cas de délégation du représentant de l'État à cette autorité, et celle prévue à l'article R. 421-55, au deuxième alinéa de l'article R. 421-59, au premier alinéa de l'article R. 421-60 et au dixième alinéa de l'article R. 421-77, s'effectuent par voie électronique sous un format dématérialisé au moyen de l'application informatique mentionnée au I.

III. — La transmission obligatoire à la collectivité territoriale de rattachement prévue au deuxième alinéa de l'article R. 421-59, au premier alinéa de l'article R. 421-60 et au dixième alinéa de l'article R. 421-77, ainsi que la transmission à la demande de la collectivité prévue à l'article R. 421-56, s'effectuent dans les mêmes conditions dès lors que la collectivité de rattachement a signifié son accord à l'autorité académique. La collectivité de rattachement peut à tout moment retirer son accord.

IV. – En cas d'impossibilité technique constatée par l'établissement et confirmée par l'autorité académique ou si l'utilisation de l'application informatique mentionnée au I ne présente plus les garanties de sécurité et de confidentialité requises, l'établissement recourt à un autre mode d'édiction, de signature et de transmission des actes. Il en informe préalablement, le cas échéant, la collectivité territoriale de rattachement.

V. – Les dispositions des alinéas précédents ne s'appliquent ni aux actes de l'École européenne de Strasbourg, ni à la procédure de décision conjointe prévue aux *e* et *f* de l'article L. 421-11 et au deuxième alinéa du II de l'article L. 421-13 du code de l'éducation, ni aux décisions du chef d'établissement relatives aux mesures disciplinaires prises à l'encontre des personnels liés par contrat à l'établissement mentionnées au 2° de l'article R. 421-54 du code de l'éducation.

Art. R. 421-78-2 Les caractéristiques techniques de l'application mentionnée à l'article R. 421-78-1 sont définies par arrêté du ministre chargé de l'éducation. Elles garantissent la fiabilité de l'identification des signataires des actes de l'établissement, l'intégrité des documents adressés ainsi que la sécurité et la confidentialité des échanges entre l'établissement et les autorités de contrôle. Elles permettent également d'établir de manière certaine la date et l'heure de la transmission ou de la réception d'un document.

SECTION IV DISPOSITIONS APPLICABLES AU PATRIMOINE MOBILIER DES ÉTABLISSEMENTS PUBLICS LOCAUX D'ENSEIGNEMENT

La présente section ne comprend pas de dispositions réglementaires.

SECTION V DISPOSITIONS APPLICABLES AUX LYCÉES PROFESSIONNELS MARITIMES

SOUS-SECTION 1 DISPOSITIONS GÉNÉRALES

Art. R. 421-79 Les dispositions des articles R. 421-80 à R. 421-129 s'appliquent aux lycées professionnels maritimes relevant du ministre chargé de la mer qui ont été érigés en établissements publics locaux d'enseignement dans les conditions prévues à l'article L. 421-20.

(Décr. n° 2009-553 du 15 mai 2009, art. 6) « Les conditions d'admission dans ces lycées sont définies par arrêtés du ministre chargé de la mer. Ces arrêtés sont pris conjointement avec le ministre chargé de l'éducation lorsque ces conditions d'admission concernent l'un des diplômes nationaux sanctionnant une formation professionnelle du second degré mentionnée à l'article L. 337-1. »

Art. R. 421-80 Le ministre chargé de la mer ou le directeur interrégional de la mer autorise la conduite de recherches et d'expériences pédagogiques par les établissements. En cas d'incidences de ces actions sur son budget, celles-ci sont subordonnées à l'accord de la région. – *[Décr. n° 85-1242 du 25 nov. 1985, art. 2.]*

Art. R. 421-81 Le conseil d'administration et le chef d'établissement donnent leur accord aux activités complémentaires organisées au sein de l'établissement en application des dispositions de l'article L. 216-1. – *[Décr. n° 85-1242 du 25 nov. 1985, art. 3.]*

Art. R. 421-82 Les lycées peuvent, par convention, adhérer à des groupements de service ou à des organismes de gestion commune. – *[Décr. n° 85-1242 du 25 nov. 1985, art. 4.]*

SOUS-SECTION 2 ORGANISATION ADMINISTRATIVE

§ 1er LE CHEF D'ÉTABLISSEMENT

Art. R. 421-83 Les lycées professionnels maritimes sont dirigés par un chef d'établissement nommé par arrêté du ministre chargé de la mer.

Le chef d'établissement représente l'État au sein de l'établissement. Il est l'organe exécutif de l'établissement. – *[Décr. n° 85-1242 du 25 nov. 1985, art. 5 et 6, al. 1er (en partie).]*

Art. R. 421-84 En qualité d'organe exécutif de l'établissement, le chef d'établissement :

1° Représente l'établissement en justice et dans tous les actes de la vie civile ;

2° A autorité sur le personnel recruté par l'établissement ;

(Décr. n° 2011-728 du 24 juin 2011, art. 2) « 3° Préside le conseil d'administration, le conseil de perfectionnement et de la formation professionnelle, le conseil de discipline et la commission éducative ; »

4° Est ordonnateur des recettes et des dépenses de l'établissement ;

5° Prépare les travaux du conseil d'administration, et notamment, en fonction des orientations relatives à l'équipement et au fonctionnement fixées par la région et dans la limite des ressources dont dispose l'établissement, le projet de budget ;

6° Exécute les délibérations du conseil d'administration, et notamment le budget adopté par le conseil ;

7° Soumet au conseil d'administration les mesures à prendre dans les domaines définis à l'article R. 421-92 et exécute les décisions adoptées par le conseil ;

8° Après accord du conseil d'administration, conclut tout contrat ou convention au nom de l'établissement, et notamment tout contrat relatif aux actions de formation continue ;

9° Transmet les actes de l'établissement dans les conditions fixées aux articles L. 421-11, L. 421-14 et L. 421-20, conformément aux dispositions des articles R. 421-54 et R. 421-55.

Art. R. 421-85 En qualité de représentant de l'État au sein de l'établissement, le chef d'établissement :

1° A autorité sur l'ensemble des personnels affectés ou mis à disposition de l'établissement ; il désigne à toutes les fonctions au sein de l'établissement ; il fixe le service des personnels ;

2° Veille au bon déroulement des enseignements ainsi que du contrôle continu des aptitudes et des connaissances ;

3° Prend toutes dispositions, en liaison avec les autorités administratives compétentes, pour assurer la sécurité des personnes et des biens, l'hygiène et la salubrité de l'établissement ;

4° Est responsable de l'ordre dans l'établissement. Il veille au respect des droits et des devoirs de tous les membres de la communauté scolaire et assure l'application du règlement intérieur ;

(Décr. n° 2011-728 du 24 juin 2011, art. 3) « 5° Engage les actions disciplinaires et intente les poursuites devant les juridictions compétentes.

« A l'égard des élèves, il est tenu, dans les cas suivants, d'engager une procédure disciplinaire, soit dans les conditions prévues à l'article R. 421-85-1, soit en saisissant le conseil de discipline :

« *a)* Lorsque l'élève est l'auteur de violence verbale à l'égard d'un membre du personnel de l'établissement ;

« *b)* Lorsque l'élève commet un acte grave à l'égard d'un membre du personnel ou d'un autre élève.

« Il peut prononcer sans saisir le conseil de discipline les sanctions mentionnées à l'article *(Décr. n° 2019-906 du 30 août 2019, art. 4)* « R. 511-14 » ainsi que les mesures de prévention, d'accompagnement et les mesures alternatives aux sanctions prévues au règlement intérieur.

« Il est tenu de saisir le conseil de discipline lorsqu'un membre du personnel de l'établissement a été victime de violence physique. »

Art. R. 421-85-1 *(Décr. n° 2011-728 du 24 juin 2011, art. 4)* Lorsqu'il se prononce seul sur les faits qui ont justifié l'engagement de la procédure disciplinaire, le chef d'établissement informe sans délai l'élève des faits qui lui sont reprochés et *(Décr. n° 2019-906 du 30 août 2019, art. 2)* « du délai dont il dispose pour présenter sa défense oralement ou par écrit ou en se faisant assister par une personne de son choix. Ce délai, fixé par le chef d'établissement, est d'au moins deux jours ouvrables ».

Si l'élève est mineur, cette communication est également faite à son représentant légal afin que ce dernier produise ses observations éventuelles. Dans tous les cas, l'élève, son représentant légal et la personne éventuellement chargée de l'assister pour présenter sa défense peuvent prendre connaissance du dossier auprès du chef d'établissement.

(Décr. n° 2014-522 du 22 mai 2014, art. 1er) « En cas de nécessité, le chef d'établissement peut interdire, à titre conservatoire, l'accès de l'établissement à l'élève pendant le délai mentionné au premier alinéa. Cette mesure ne présente pas le caractère d'une sanction. »

Art. R. 421-86 Le chef d'établissement rend compte de sa gestion au conseil d'administration et en informe le directeur interrégional de la mer et le conseil régional. – *[Décr. n° 85-1242 du 25 nov. 1985, art. 6, al. 18.]*

Art. R. 421-87 En cas de difficultés graves dans le fonctionnement d'un établissement, le chef d'établissement peut prendre toutes dispositions nécessaires pour assurer le bon fonctionnement du service public.

S'il y a urgence, et notamment en cas de menace ou d'action contre l'ordre dans les enceintes et locaux scolaires de l'établissement, le chef d'établissement, sans préjudice des dispositions générales réglementant l'accès aux établissements, peut :

1° Interdire l'accès à ces enceintes ou locaux à toute personne relevant ou non de l'établissement ;

2° Suspendre des enseignements ou autres activités au sein de l'établissement.

Le chef d'établissement informe le conseil d'administration des décisions prises et en rend compte au chef de quartier des affaires maritimes, au maire de la commune siège de l'établissement et au président du conseil régional. – *[Décr. n° 85-1242 du 25 nov. 1985, art. 7.]*

Art. R. 421-88 Le chef d'établissement peut être secondé dans ses tâches de gestion matérielle et financière par un agent nommé par le ministre chargé de la mer ou par le directeur interrégional de la mer.

Le chef d'établissement peut déléguer sa signature et une partie de ses attributions.

En cas d'absence ou d'empêchement, le chef d'établissement est suppléé par son adjoint s'il en existe un, notamment pour la présidence du conseil d'administration, du conseil de perfectionnement et de la formation professionnelle et du conseil de discipline. Toutefois, la suppléance n'a pas d'effet sur l'exercice des fonctions d'ordonnateur.

En cas d'absence ou d'empêchement du chef d'établissement, le directeur interrégional de la mer nomme un ordonnateur suppléant. – *[Décr. n° 85-1242 du 25 nov. 1985, art. 8.]*

§ 2 LE CONSEIL D'ADMINISTRATION

SOUS-§ 1er COMPOSITION

Art. R. 421-89 Le conseil d'administration des lycées professionnels maritimes comprend :

1° Le chef d'établissement, président ;

(Décr. n° 2014-1236 du 24 oct. 2014, art. 8) « 2° Deux représentants de la région ou, lorsque les compétences de celle-ci en matière de construction, de reconstruction, d'aménagement, d'entretien et de fonctionnement des lycées sont exercées, en application du 1° de l'article L. 4221-1-1 du code général des collectivités territoriales, par une métropole ou, en application de l'article L. 1111-8 du même code, exercées par une autre collectivité territoriale ou un établissement public de coopération intercommunale à fiscalité propre, un représentant de la métropole, ou de la collectivité territoriale ou de l'établissement public délégataire, et un représentant de la région ;

« 3° Un représentant de la commune siège de l'établissement. Lorsqu'il existe un établissement public de coopération intercommunale, un représentant de cet établissement public assiste au conseil d'administration à titre consultatif ; »

4° Quatre personnalités qualifiées, dont deux désignées par le conseil régional et deux par le directeur interrégional de la mer ;

5° Huit représentants élus des personnels de l'établissement ;

6° Huit représentants des parents d'élèves et des élèves, dont six représentants élus des parents d'élèves et deux représentants élus des élèves.

Art. R. 421-90 Si les personnalités qualifiées désignées par le directeur interrégional de la mer ou au moins l'une d'entre elles représentent les organisations syndicales des salariés ou les organisations syndicales des employeurs, celles désignées par la région doivent représenter les organisations syndicales des employeurs ou les organisations syndicales des salariés.

Si les personnalités qualifiées désignées par le directeur interrégional de la mer ou au moins l'une d'entre elles ne représentent ni les organisations syndicales des salariés ni les organisations syndicales d'employeurs, celles désignées par la région ne peuvent représenter ni les organisations syndicales d'employeurs ni les organisations syndicales de salariés. – *[Décr. n° 85-1242 du 25 nov. 1985, art. 9, al. 5 (en partie).]*

Art. R. 421-91 Le directeur interrégional de la mer, l'agent comptable de l'établissement ainsi qu'un représentant du département désigné en son sein par le conseil départemental peuvent assister aux réunions du conseil d'administration. Le président du conseil d'administration peut inviter aux séances du conseil, à titre consultatif, toute personne dont la présence paraîtrait utile.

Les séances du conseil d'administration ne sont pas publiques.

En cas de partage des voix, celle du président est prépondérante. – *[Décr. n° 85-1242 du 25 nov. 1985, art. 10.]*

SOUS-§ 2 COMPÉTENCES

Art. R. 421-92 Le conseil d'administration, sur le rapport du chef d'établissement, délibère sur :

1° L'organisation de l'établissement en classes et en groupes d'élèves ainsi que les modalités de répartition des élèves ;

2° L'organisation du temps scolaire ;

3° La définition, en tenant compte des schémas régionaux, des actions de formation complémentaire et de formation continue destinées aux jeunes et aux adultes ;

4° L'ouverture de l'établissement sur son environnement social, culturel et économique ;

5° Le choix de sujets d'études spécifiques à l'établissement, en particulier pour compléter ceux qui figurent aux programmes nationaux ;

6° Sous réserve de l'accord des familles pour les élèves mineurs, les activités facultatives qui concourent à l'action éducative organisées à l'initiative de l'établissement à l'intention des élèves. – *[Décr. n° 85-1242 du 25 nov. 1985, art. 11.]*

Art. R. 421-93 *(Décr. n° 2019-906 du 30 août 2019, art. 5)* Le règlement intérieur, adopté par le conseil d'administration, définit les droits et les devoirs de chacun des membres de la communauté éducative. Il rappelle les règles de civilité et de comportement.

Il détermine notamment les modalités selon lesquelles sont mis en application :

1° La liberté d'information et la liberté d'expression dont disposent les élèves, dans le respect du pluralisme et du principe de neutralité ;

2° Le respect des principes de laïcité et de pluralisme ;

3° Le devoir de tolérance et de respect d'autrui dans sa personnalité et dans ses convictions ;

4° Les garanties de protection contre toute agression physique ou morale et le devoir qui en découle pour chacun de n'user d'aucune violence ;

5° La prise en charge progressive par les élèves eux-mêmes de la responsabilité de certaines de leurs activités.

Il détermine également les modalités :

6° D'exercice de la liberté de réunion ;

7° D'application de l'obligation d'assiduité mentionnée à l'article L. 511-1 et à l'article R. 511-11.

Le règlement intérieur comporte un chapitre consacré à la discipline des élèves. Il reproduit l'échelle des sanctions prévues à l'article R. 511-13 et prévoit les modalités de mise en œuvre des mesures de prévention, de responsabilisation et d'accompagnement, notamment lorsqu'elles font suite à la réintégration d'un élève exclu temporairement pour des faits de violence.

Le règlement intérieur est porté à la connaissance des membres de la communauté éducative. Tout manquement au règlement intérieur justifie la mise en œuvre d'une procédure disciplinaire ou de poursuites appropriées.

Art. R. 421-94 En qualité d'organe délibérant de l'établissement, le conseil d'administration, sur le rapport du chef d'établissement, exerce notamment les attributions suivantes :

1° Il fixe, dans le respect des dispositions législatives et réglementaires en vigueur et des objectifs définis par les autorités compétentes de l'État, les règles d'organisation et de fonctionnement de l'établissement dans les domaines définis aux articles R. 421-92 et R. 421-93 ;

2° Il établit chaque année un rapport sur le fonctionnement pédagogique de l'établissement, les résultats obtenus et les objectifs à atteindre. *(Décr. n° 2019-906 du 30 août 2019, art. 3)* « Ce rapport comporte également une partie relative à la vie scolaire qui présente un bilan des décisions rendues en matière disciplinaire, élaboré notamment à partir du registre des sanctions de l'établissement, et des suites données par le chef d'établissement aux demandes écrites de saisine du conseil de discipline émanant d'un membre de la communauté éducative ; »

3° Il adopte le budget et le compte financier de l'établissement ;

4° Il donne son accord sur :

a) Le programme des associations fonctionnant au sein de l'établissement ;

b) La passation des contrats, conventions et marchés dont l'établissement est signataire ou l'adhésion à tout groupement d'établissements ;

c) Les modalités de participation de l'établissement aux actions de formation continue ;

5° Il délibère sur les questions qui relèvent de sa compétence ainsi que sur celles ayant trait aux domaines sanitaire et social et à la sécurité, à l'information des membres de la communauté scolaire, à la constitution au sein de l'établissement de groupes de travail ;

6° Il peut définir un plan d'actions particulières qui seront entreprises pour permettre, dans le cadre des objectifs et des programmes nationaux du service public et, le cas échéant, des orientations de la région en matière de fonctionnement matériel, une meilleure utilisation des moyens alloués à l'établissement et une bonne adaptation à son environnement ;

7° Il autorise l'acceptation des dons et legs, l'acquisition et l'aliénation des biens, ainsi que les actions à intenter ou à défendre en justice ;

8° Il peut donner délégation au chef d'établissement pour passer des conventions et contrats sous réserve que leur incidence financière ne dépasse pas les limites fixées à l'article 28 du code des marchés publics.

Art. R. 421-95 Le conseil d'administration, sur saisine du chef d'établissement, donne son avis sur :

1° Les mesures annuelles de créations et de suppressions de sections et options dans l'établissement ;

2° Les modalités d'information des personnels, des parents et des élèves ;

3° L'utilisation des locaux scolaires par le maire de la commune pour l'organisation d'activités à caractère culturel, sportif, social ou socio-éducatif prévue par l'article L. 212-15 ;

4° La modification, par le maire, des heures d'entrée et de sortie de l'établissement prévue à l'article L. 521-3.

Il peut être consulté par le chef d'établissement sur les questions ayant trait au fonctionnement administratif général de l'établissement.

Le conseil d'administration peut, à son initiative, adopter tous vœux sur les questions intéressant la vie de l'établissement. – *[Décr. n° 85-1242 du 25 nov. 1985, art. 13, al. 14 à 21.]*

SOUS-§ 3 FONCTIONNEMENT

Art. R. 421-96 Le conseil d'administration se réunit en séance ordinaire à l'initiative du chef d'établissement au moins deux fois par an. Il est en outre réuni en séance extraordinaire à la demande du directeur interrégional de la mer, de la collectivité territoriale de rattachement, du chef d'établissement ou de la moitié au moins de ses membres sur un ordre du jour déterminé.

(Décr. nº 2020-1632 du 21 déc. 2020, art. 1er) « Le chef d'établissement fixe l'ordre du jour, les dates et heures des séances du conseil d'administration en tenant compte, au titre des questions diverses, des demandes d'inscription que lui ont adressées les membres du conseil. Il envoie les convocations, accompagnées de l'ordre du jour et des documents préparatoires, au moins huit jours à l'avance, ce délai pouvant être réduit à un jour en cas d'urgence. »

Le conseil d'administration ne peut siéger valablement que si le nombre des membres présents est égal à la majorité des membres en exercice composant le conseil. Si ce quorum n'est pas atteint, le conseil d'administration est convoqué en vue d'une nouvelle réunion, qui doit se tenir dans un délai minimum de *(Décr. nº 2019-838 du 19 août 2019, art. 3)* « cinq » jours et maximum de *(Décr. nº 2019-838 du 19 août 2019, art. 3)* « huit » jours ; il délibère alors valablement, quel que soit le nombre des membres présents. En cas d'urgence, le délai minimum peut être réduit à trois jours.

SOUS-§ 4 ÉLECTION ET DÉSIGNATION

Art. R. 421-97 *(Décr. nº 2019-838 du 19 août 2019, art. 4)* Les représentants des personnels et des parents d'élèves au conseil d'administration sont élus au scrutin de liste à la représentation proportionnelle au plus fort reste. Les listes peuvent ne pas être complètes. Les non-titulaires ne sont électeurs que s'ils sont employés par l'établissement pour une durée au moins égale à cent cinquante heures annuelles. Ils ne sont éligibles que s'ils sont nommés pour l'année scolaire.

Les personnels titulaires exerçant à temps complet ou partiel sont électeurs et éligibles.

Chaque parent est électeur et éligible sous réserve pour les parents d'enfant mineur de ne pas s'être vu retirer l'autorité parentale. Il ne dispose que d'une voix quel que soit le nombre de ses enfants inscrits dans le même établissement.

Lorsque l'enfant a été confié à un tiers qui accomplit tous les actes usuels relatifs à la surveillance et à l'éducation de l'enfant, ce tiers exerce à la place des parents le droit de voter et de se porter candidat.

Ce droit de suffrage est non cumulatif avec celui dont il disposerait déjà au titre de parent d'un ou plusieurs élèves inscrits dans l'établissement.

Art. R. 421-98 L'élection des représentants des élèves se fait à deux degrés. Deux délégués d'élèves sont élus au scrutin uninominal à deux tours dans chaque classe ou, dans le cas d'une organisation différente, dans les groupes définis à cet effet par le ministre chargé de la mer. Tous les élèves sont électeurs et éligibles.

Les délégués d'élèves élisent selon les mêmes modalités en leur sein les représentants des élèves au conseil d'administration. – *[Décr. nº 85-1242 du 25 nov. 1985, art. 16.]*

Art. R. 421-99 Les articles R. 421-97 et R. 421-98 s'appliquent aux personnels de toute*[s]* catégorie*[s]*, aux parents d'élèves et aux élèves sans condition de nationalité.

Les mandats des membres élus du conseil d'administration sont d'une année. Ils expirent le jour de la première réunion du conseil qui suit leur renouvellement.

Un membre élu ne peut siéger au conseil d'administration qu'au titre d'une seule catégorie. – *[Décr. nº 85-1242 du 25 nov. 1985, art. 17.]*

Art. R. 421-100 *(Décr. nº 2019-838 du 19 août 2019, art. 4)* L'élection des représentants des personnels, celle des représentants des parents d'élèves et celle des élèves comme délégués de classe sont effectuées au plus tard avant la fin de la septième semaine de l'année scolaire.

Le chef d'établissement dresse, pour élire les représentants des personnels et ceux des parents d'élèves définis à l'article R. 421-97, la liste électorale, vingt jours avant l'élection. Les déclarations de candidature signées par les candidats lui sont remises dix jours francs avant l'ouverture du scrutin. Ces différents documents sont affichés dans un lieu facilement accessible aux personnels et aux parents.

Pour les élections des représentants des personnels et des parents d'élèves, les listes peuvent comporter au plus un nombre égal au double du nombre des sièges à pourvoir. Ce nombre ne peut être inférieur à deux noms. Les candidats sont inscrits sans mention de la qualité de titulaire et de suppléant. Les électeurs votent pour une liste sans panachage ni radiation. Les élus sont désignés selon l'ordre de présentation de la liste. Il est désigné au maximum autant de suppléants que de titulaires. En cas d'empêchement provisoire de membres titulaires, il est fait appel aux suppléants dans l'ordre de la liste.

Si un candidat se désiste moins de huit jours francs avant l'ouverture du scrutin, il ne peut être remplacé.

Lorsque le scrutin est uninominal, le nom de chaque candidat est accompagné de celui de son suppléant.

Le matériel de vote est envoyé aux électeurs six jours au moins avant la date du scrutin. Le vote a lieu à l'urne et par correspondance ou, pour l'élection des représentants des parents d'élèves, exclusivement par correspondance sur décision du chef d'établissement, après consultation du conseil d'administration. Les votes sont personnels et secrets.

Le chef d'établissement fixe la date du scrutin et les heures d'ouverture du bureau de vote sans que celles-ci puissent être inférieures à quatre heures consécutives pour les parents d'élèves et à huit heures consécutives pour les personnels. Il reçoit pour le vote par correspondance les bulletins sous double enveloppe, organise le dépouillement public et en publie les résultats.

Les contestations sur la validité des opérations électorales sont portées dans un délai de cinq jours ouvrables à compter de la proclamation des résultats devant le directeur interrégional de la mer. Celui-ci statue dans un délai de huit jours à l'issue duquel, à défaut de décision, la demande est réputée rejetée.

Art. R. 421-101 *(Décr. nº 2014-1236 du 24 oct. 2014, art. 8)* « Les représentants des collectivités territoriales et des établissements publics de coopération intercommunale mentionnés aux 2º et 3º de l'article R. 421-89 sont désignés par l'assemblée délibérante.

« Lorsque les représentants de la région sont au nombre de deux, le président du conseil régional peut proposer la désignation d'une personne n'appartenant pas à l'assemblée délibérante comme l'un de ses deux représentants. »

Il est procédé à une nouvelle désignation à la suite de chaque renouvellement partiel ou total de l'assemblée délibérante de la collectivité.

Pour chaque représentant titulaire, un représentant suppléant est désigné dans les mêmes conditions. Celui-ci siège au conseil d'administration en cas d'empêchement du représentant titulaire.

Art. R. 421-102 Les personnalités qualifiées siégeant au conseil d'administration sont désignées pour une durée de trois ans. – *[Décr. nº 85-1242 du 25 nov. 1985, art. 20.]*

Art. R. 421-103 Lorsqu'un membre du conseil d'administration perd la qualité au titre de laquelle il a été désigné, ou quand une vacance survient par décès, mutation, démission ou empêchement définitif constaté par le chef d'établissement, il est remplacé par le suivant de la liste dans l'ordre de présentation pour les membres élus au scrutin de liste.

Lorsqu'un représentant titulaire de l'une des collectivités visées à l'article R. 421-101 perd la qualité au titre de laquelle il a été désigné, ou en cas de décès, de démission ou d'empêchement définitif de l'intéressé constaté par l'exécutif de la collectivité, il est procédé à une nouvelle désignation du représentant titulaire ainsi que du représentant suppléant. – *[Décr. nº 85-1242 du 25 nov. 1985, art. 21.]*

Art. R. 421-104 Nul ne peut être membre du conseil d'administration, s'il a été privé par jugement de tout ou partie des droits civils, civiques ou de famille mentionnés à l'article 131-26 du code pénal. – *[Décr. nº 85-1242 du 25 nov. 1985, art. 22.]*

§ 3 AUTRES CONSEILS

Art. R. 421-105 et R. 421-106 *Abrogés par Décr. n° 2006-672 du 8 juin 2006, art. 17.*

Art. R. 421-107 *(Décr. n° 2019-906 du 30 août 2019, art. 6)* **En matière disciplinaire, sont applicables aux élèves des lycées professionnels maritimes les dispositions des sous-sections 1 à 3 et 5 de la section II du chapitre unique du titre Ier de la partie réglementaire du livre V, à l'exception des articles R. 511-15, R. 511-17 à R. 511-19, R. 511-20, R. 511-23 et R. 511-29.**

SOUS-SECTION 3 ORGANISATION FINANCIÈRE

§ UNIQUE DISPOSITIONS GÉNÉRALES

Art. R. 421-108 Sous réserve des dispositions des articles R. 421-109 à R. 421-128, les lycées professionnels maritimes érigés en établissements publics locaux d'enseignement sont soumis au régime financier résultant des dispositions de l'article 60 de la loi n° 63-156 du 23 février 1963 de finances pour 1963 et *(Décr. n° 2012-1247 du 7 nov. 2012, art. 8)* « du titre Ier du décret n° 2012-1246 du 7 novembre 2012 relatif à la gestion budgétaire et comptable publique ».

Art. R. 421-109 Le budget des lycées professionnels maritimes, qui comprend une section de fonctionnement et une section d'investissement, est établi dans la limite des ressources des établissements, dans le respect de la nomenclature fixée conjointement par le ministre chargé du budget, le ministre de l'intérieur et le ministre chargé de la mer et en fonction des orientations fixées par la collectivité territoriale de rattachement.

Ces ressources comprennent notamment :

1° Des subventions de la collectivité de rattachement et de l'État, versées en application des articles L. 211-8, L. 213-2, L. 214-6, L. 216-4 à L. 216-6 et L. 421-11 ;

2° Toute autre contribution d'une collectivité publique ou privée ;

3° Des ressources propres, notamment les dons et legs, les ressources provenant des prestations de restauration et d'hébergement et, d'une manière générale, toute contribution des élèves, les produits de la vente des objets confectionnés dans les ateliers, la taxe d'apprentissage, les conventions de formation professionnelle et les conventions d'occupation des logements et locaux.

Les dépenses de la section de fonctionnement prévues au budget pour le service général ont notamment pour objet les activités pédagogiques et éducatives, le chauffage et l'éclairage, l'entretien des matériels et des locaux, les charges générales, les missions de restauration et d'hébergement, les aides aux élèves ainsi que les dépenses de personnel à la charge de l'établissement.

En outre, des services spéciaux permettent de distinguer notamment la formation continue, les activités périscolaires et parascolaires.

Le budget des lycées professionnels maritimes comporte en annexe un état récapitulatif faisant apparaître les emplois dont l'établissement dispose à quelque titre que ce soit. – *[Décr. n° 85-1242 du 25 nov. 1985, art. 27.]*

Art. R. 421-110 Le projet de budget est préparé par le chef d'établissement. Il doit être soumis au vote du conseil d'administration et adopté en équilibre réel dans le délai de trente jours suivant la notification de la participation de la collectivité territoriale de rattachement. Il est transmis à la collectivité de rattachement ainsi qu'au directeur interrégional de la mer dans les cinq jours suivant le vote. Il devient exécutoire dans un délai de trente jours à compter de la dernière date de réception par les autorités mentionnées ci-dessus, sauf si la collectivité de rattachement ou le directeur interrégional de la mer a fait connaître son désaccord motivé sur le budget. Dans ce cas ou lorsque le budget n'est pas adopté dans les trente jours suivant la notification de la participation de la collectivité de rattachement, il est fait application de la procédure prévue aux paragraphes *e* et *f* de l'article L. 421-11.

Le budget est transmis à l'agent comptable dès qu'il est adopté ou réglé.

Art. R. 421-111 Les modifications apportées au budget initial en cours d'exercice sont adoptées et deviennent exécutoires dans les mêmes conditions que le budget.

Par exception aux dispositions du premier alinéa, le chef d'établissement inscrit au budget les augmentations de crédits provenant de ressources affectées. Le chef d'établissement peut également, à charge d'en rendre compte au conseil d'administration, procéder à tout virement à l'intérieur d'un chapitre. – *[Décr. n° 85-1242 du 25 nov. 1985, art. 29.]*

Art. R. 421-112 Lorsqu'il est fait application des dispositions combinées de l'article L. 1612-1 du code général des collectivités territoriales et du II de l'article L. 421-13 du présent code, il peut, en cas de nécessité, être tenu compte, après accord de la collectivité territoriale de rattachement et du directeur interrégional de la mer, de l'incidence des mesures prises au titre de la dernière rentrée scolaire pour la détermination des limites d'engagement des dépenses. – *[Décr. n° 85-1242 du 25 nov. 1985, art. 30.]*

Art. R. 421-113 Les fonctions d'agent comptable sont confiées soit à un agent des *(Décr. n° 2014-551 du 27 mai 2014, art. 10)* « services déconcentrés de la direction générale des finances publiques », soit à un fonctionnaire du ministère chargé de la mer.

Un même agent comptable peut se voir confier les postes comptables de plusieurs établissements publics locaux d'enseignement ou d'un établissement public national et d'un ou de plusieurs établissements publics locaux d'enseignement.

Les agents comptables sont nommés par le préfet de région après information préalable de la collectivité territoriale de rattachement et pour les agents des *(Décr. n° 2014-551 du 27 mai 2014, art. 10)* « services déconcentrés de la direction générale des finances publiques », sur proposition du *(Décr. n° 2014-551 du 27 mai 2014, art. 10)* « directeur départemental ou, le cas échéant, régional des finances publiques » territorialement compétent. Ils prêtent serment devant la chambre régionale des comptes.

Art. R. 421-114 L'agent comptable tient la comptabilité générale dans les conditions définies par le plan comptable applicable à l'établissement, approuvé par arrêté interministériel pris après avis du Conseil national de la comptabilité.

Lorsque l'agent comptable ne peut tenir lui-même la comptabilité matière, il en exerce le contrôle. Les instructions données à ce sujet au préposé doivent avoir recueilli l'accord de l'agent comptable qui demande qu'il soit procédé à l'inventaire annuel des stocks.

En cas de perte, destruction ou vol des justifications remises à l'agent comptable, le chef d'établissement pourvoit à leur remplacement en établissant un certificat visé par le *(Décr. n° 2014-551 du 27 mai 2014, art. 10)* « directeur départemental ou, le cas échéant, régional des finances publiques » territorialement compétent.

Art. R. 421-115 Lorsqu'il est fait application des dispositions combinées de l'article L. 1617-3 du code général des collectivités territoriales et de l'*(Décr. n° 2017-671 du 28 avr. 2017, art. 183)* « article L. 233-1 » du code des juridictions financières, et que l'agent comptable a été requis de payer par le chef d'établissement, celui-ci en rend compte à la collectivité territoriale de rattachement, au directeur interrégional de la mer et au conseil d'administration. L'agent comptable en rend compte au *(Décr. n° 2014-551 du 27 mai 2014, art. 10)* « directeur départemental ou, le cas échéant, régional des finances publiques » qui transmet l'ordre de réquisition à la chambre régionale des comptes.

Art. R. 421-116 Les recettes de l'établissement sont liquidées par l'ordonnateur sur les bases fixées par la loi, les règlements, les décisions de justice et les conventions.

Les produits attribués à l'établissement avec une destination déterminée, les subventions des organismes publics et privés, les dons et legs doivent conserver leur affectation.

Toutefois, la réduction ou la modification de l'affectation des charges résultant de dons et legs peut être prononcée dans les conditions prévues par le code du domaine de l'État, les lois et règlements.

Dans les mêmes conditions, la périodicité des attributions prévues par le disposant en une seule attribution des revenus provenant de libéralités assorties de charges analogues peut être autorisée. – *[Décr. n° 85-1242 du 25 nov. 1985, art. 34.]*

Art. R. 421-117 Les ordres de recettes sont établis par l'ordonnateur et remis à l'agent comptable qui les prend en charge et les notifie aux débiteurs.

Tous les droits acquis au cours d'un exercice doivent faire l'objet d'un ordre de recette au titre de cet exercice.

Les ordonnateurs sont autorisés, dans les conditions et limites fixées par arrêté du ministre chargé du budget, à ne pas émettre les ordres de recettes correspondant aux créances dont le montant initial en principal est inférieur à un minimum fixé par décret. – *[Décr. n° 85-1242 du 25 nov. 1985, art. 35.]*

Art. R. 421-118 Les créances de l'établissement qui n'ont pu être recouvrées à l'amiable font l'objet d'états rendus exécutoires par l'ordonnateur.

Les états exécutoires peuvent être notifiés aux débiteurs par lettre recommandée avec accusé de réception. Leur recouvrement est poursuivi jusqu'à opposition devant la juridiction compétente.

L'agent comptable procède aux poursuites. Celles-ci peuvent à tout moment être suspendues sur ordre écrit de l'ordonnateur si la créance est l'objet d'un litige. – *[Décr. n° 85-1242 du 25 nov. 1985, art. 36.]*

Art. R. 421-119 Les créances de l'établissement peuvent faire l'objet :

1° Soit d'une remise gracieuse, en cas de gêne des débiteurs ;

2° Soit d'une admission en non-valeur en cas d'insolvabilité des débiteurs.

La décision de remise est prise après avis conforme de l'agent comptable, sauf lorsqu'elle concerne une dette de l'agent comptable, par le conseil d'administration ou par l'ordonnateur, dans le cas où la créance est inférieure à un seuil fixé par le conseil d'administration. – *[Décr. n° 85-1242 du 25 nov. 1985, art. 37.]*

Art. R. 421-120 Les régisseurs de recette et d'avance sont nommés par le chef d'établissement avec l'agrément de l'agent comptable. – *[Décr. n° 85-1242 du 25 nov. 1985, art. 38.]*

Art. R. 421-121 L'ordonnateur de l'établissement et ses délégués ont seuls qualité pour procéder à l'engagement des dépenses de l'établissement. – *[Décr. n° 85-1242 du 25 nov. 1985, art. 39.]*

Art. R. 421-122 Les marchés de travaux, de fournitures et de services sont passés conformément aux dispositions du code des marchés publics applicables aux collectivités territoriales et aux établissements publics locaux. Ils sont transmis au représentant de l'État, dans les conditions fixées à l'article L. 421-14. – *[Décr. n° 85-1242 du 25 nov. 1985, art. 40.]*

Art. R. 421-123 Toutes les dépenses doivent être liquidées et ordonnancées au cours de l'exercice auquel elles se rattachent. – *[Décr. n° 85-1242 du 25 nov. 1985, art. 41.]*

Art. R. 421-124 Les ordres de dépenses, établis par l'ordonnateur dans les conditions prévues à *(Décr. n° 2012-1247 du 7 nov. 2012, art. 8)* « l'article 32 du décret n° 2012-1246 du 7 novembre 2012 relatif à la gestion budgétaire et comptable publique », sont transmis, accompagnés des pièces justificatives, à l'agent comptable qui les prend en charge et procède à leur règlement.

La liste des pièces justificatives que l'agent comptable peut exiger est celle prévue par l'article D. 1617-19 du code général des collectivités territoriales.

Art. R. 421-125 Les fonds de l'établissement sont déposés chez un *(Décr. n° 2014-551 du 27 mai 2014, art. 10)* « comptable de la direction générale des finances publiques ».

Lorsque les fonds d'un établissement proviennent d'excédents d'exercices antérieurs, de libéralités, du produit de l'aliénation d'un élément du patrimoine ou d'emprunts et d'annuités d'amortissement momentanément inutilisés, ils peuvent être placés en valeurs d'État.

Ces placements font l'objet de prévisions ou d'autorisations budgétaires.

Toutefois, les placements en valeurs du Trésor à court terme peuvent être autorisés par décision de l'ordonnateur visée par le *(Décr. n° 2014-551 du 27 mai 2014, art. 10)* « directeur départemental ou, le cas échéant, régional des finances publiques » chargé, aux termes de l'article R. 421-128, du contrôle de la gestion de l'agent comptable.

Art. R. 421-126 Le ministre chargé du budget, le ministre de l'intérieur et le ministre chargé de la mer fixent le plan comptable des établissements ainsi que la présentation de leur compte financier. – *[Décr. n° 85-1242 du 25 nov. 1985, art. 44.]*

Art. R. 421-127 A la fin de chaque exercice, l'agent comptable en fonctions prépare le compte financier de l'établissement pour l'exercice écoulé.

Le compte financier comprend :

1° La balance définitive des comptes ;

2° Le développement, par chapitre, des dépenses et des recettes budgétaires ;

3° Le tableau récapitulatif de l'exécution du budget ;

4° Les documents de synthèse comptable ;

5° La balance des comptes des valeurs inactives.

Le compte financier est visé par l'ordonnateur qui certifie que le montant des ordres de dépenses et des ordres de recettes est conforme à ses écritures.

Avant l'expiration du quatrième mois suivant la clôture de l'exercice, le conseil d'administration arrête le compte financier après avoir entendu l'agent comptable.

Le compte financier accompagné éventuellement des observations du conseil d'administration et de celles de l'agent comptable est transmis à la région et au directeur interrégional de la mer, dans les trente jours suivant son adoption.

(Décr. n° 2014-1093 du 26 sept. 2014, art. 2) « Avant l'expiration du sixième mois suivant la clôture de l'exercice, l'agent comptable adresse le compte financier et les pièces annexes nécessaires au directeur départemental des finances publiques. Sauf si le compte financier de l'établissement relève du 4° de l'article L. 211-2 du code des juridictions financières, il est transmis à la chambre régionale des comptes territorialement compétente au plus tard le 31 décembre qui suit la clôture de l'exercice auquel il se rapporte. »

Faute de présentation dans le délai prescrit, le représentant de l'État peut, après avis du *(Décr. n° 2014-1093 du 26 sept. 2014, art. 2)* « directeur départemental des finances publiques », et sur proposition du directeur interrégional de la mer, désigner d'office un agent chargé de la reddition des comptes.

Art. R. 421-128 Le contrôle de la gestion des agents comptables est assuré par le *(Décr. n° 2014-551 du 27 mai 2014, art. 10)* « directeur départemental ou, le cas échéant, régional des finances publiques » territorialement compétent.

Les agents comptables sont, en outre, soumis aux vérifications de l'inspection générale des finances et éventuellement des corps de contrôle compétents.

Art. R. 421-129 Le représentant de l'État, le directeur interrégional de la mer et le conseil régional ont accès, sur leur demande, à l'ensemble des actes et documents relatifs au fonctionnement des lycées professionnels maritimes.

SECTION VI DISPOSITIONS APPLICABLES AUX LYCÉES D'ENSEIGNEMENT GÉNÉRAL, TECHNOLOGIQUE ET PROFESSIONNEL AGRICOLES

Art. R. 421-130 Les règles relatives aux établissements publics locaux d'enseignement et de formation professionnelle agricoles, et notamment leurs missions et leur organisation administrative et financière, sont fixées par la section III du chapitre Ier du titre Ier du livre VIII de la partie réglementaire du code rural et de la pêche maritime.

SECTION VII DISPOSITIONS DIVERSES

SOUS-SECTION 1 LES SECTIONS INTERNATIONALES

A compter de la rentrée scolaire 2022-2023 pour les classes de première et de la rentrée scolaire 2023-2024 pour les classes de terminale, le titre de la sous-section 1 est remplacé par le titre ainsi rédigé : « Les sections internationales et les classes menant à l'option internationale du baccalauréat, intitulée baccalauréat français international » (Décr. n° 2021-1054 du 6 août 2021, art. 5 et 22).

Art. D. 421-131 Des sections internationales *(Décr. n° 2021-1054 du 6 août 2021, art. 6)* « et, pour le cycle terminal, des classes menant au baccalauréat français international » scolarisant des élèves français et des élèves étrangers peuvent être créées par arrêté du ministre chargé de l'éducation dans les écoles, les collèges et les lycées

pour permettre à des élèves étrangers et à des élèves français d'acquérir ensemble une formation impliquant l'utilisation progressive d'une langue étrangère dans certaines disciplines.

Les dispositions issues du Décr. n° 2021-1054 du 6 août 2021 sont applicables à compter de la rentrée scolaire 2022-2023 pour les classes de première et de la rentrée scolaire 2023-2024 pour les classes de terminale (Décr. préc., art. 22).

Art. D. 421-132 **La formation dispensée dans les sections internationales** *(Décr. n° 2021-1054 du 6 août 2021, art. 7)* **« et dans les classes menant au baccalauréat français international » a pour objet de faciliter l'intégration et l'accueil d'élèves étrangers dans le système éducatif français et de former des élèves français à la pratique approfondie d'une langue étrangère, en particulier par l'utilisation de cette langue dans certaines disciplines.**

Les dispositions issues du Décr. n° 2021-1054 du 6 août 2021 sont applicables à compter de la rentrée scolaire 2022-2023 pour les classes de première et de la rentrée scolaire 2023-2024 pour les classes de terminale (Décr. préc., art. 22).

Art. D. 421-133 **L'admission des élèves dans les sections internationales** *(Décr. n° 2021-1054 du 6 août 2021, art. 8)* **« et dans les classes menant au baccalauréat français international » est prononcée, dans les conditions fixées par le ministre chargé de l'éducation, par** *(Décr. n° 2012-16 du 5 janv. 2012, art. 7)* **« le directeur académique des services de l'éducation nationale agissant sur délégation du recteur d'académie » sur proposition du directeur d'école et du chef d'établissement qui aura vérifié au préalable l'aptitude des enfants français et étrangers à suivre le type d'enseignement dispensé dans ces sections** *(Décr. n° 2021-1054 du 6 août 2021, art. 8)* **« et classes ».**

(Décr. n° 2014-1377 du 18 nov. 2014, art. 52) **« Les dispositions des articles D. 321-6, D. 331-23 à D. 331-44 et D. 331-62 à D. 331-64 relatives au suivi des acquis des élèves, à l'orientation et au redoublement des élèves s'appliquent aux sections internationales** *(Décr. n° 2021-1054 du 6 août 2021, art. 8)* **« et aux classes menant au baccalauréat français international ». »**

Les dispositions issues du Décr. n° 2021-1054 du 6 août 2021 sont applicables à compter de la rentrée scolaire 2022-2023 pour les classes de première et de la rentrée scolaire 2023-2024 pour les classes de terminale (Décr. préc., art. 22).

Sections internationales. Critères d'admission. Critère reposant sur la nationalité des parents. Illégalité. Dans une affaire où des parents demandaient l'annulation du rejet de la demande d'admission de leur fille en section internationale au motif que l'aptitude de leur fille à suivre l'enseignement dispensé dans la section n'avait pas été vérifiée, le tribunal annule la décision contestée, l'administration s'étant fondée sur un critère tenant à la nationalité des parents non prévu par l'art. D. 421-133 et n'ayant pas procédé à l'évaluation de l'aptitude linguistique de l'élève préalablement à l'admission. • TA Strasbourg, 8 déc. 2016, n° 1604449 : *LIJ 2017, n° 197, p. 5.*

Art. D. 421-134 **Dans les sections internationales, les enseignements sont dispensés conformément aux horaires et programmes en vigueur dans les classes considérées, sous réserve des aménagements nécessaires à la réalisation des objectifs définis à l'article D. 421-132.**

Dans les écoles, ces aménagements peuvent porter sur l'ensemble des disciplines à la condition que les horaires minimaux de chaque domaine d'enseignement soient respectés.

(Décr. n° 2008-1012 du 1er oct. 2008, art. 3) **« Dans les collèges, ces aménagements portent sur une discipline non linguistique dont l'enseignement est assuré partiellement en français et partiellement en langue étrangère. » Un enseignement complémentaire de lettres étrangères s'ajoute, à raison de quatre heures par semaine, aux horaires normaux d'enseignement.**

Dans les lycées, ces aménagements portent sur les programmes d'une ou deux disciplines non linguistiques dont les enseignements sont assurés partiellement ou en totalité en langue étrangère. *(Décr. n° 2008-1012 du 1er oct. 2008, art. 3)* **« Dans les collèges et les lycées, la ou les disciplines concernées et les modalités de leur enseigne-**

ment (horaire, quotité horaire enseignée en langue étrangère) sont fixées par arrêté du ministre chargé de l'éducation, après concertation avec le pays partenaire. »

Un enseignement complémentaire de lettres étrangères d'une durée d'au moins quatre heures par semaine s'ajoute aux horaires normaux d'enseignement, sous réserve d'aménagements à prévoir dans les lycées professionnels.

En outre, le chef d'établissement ou le directeur d'école peut organiser des enseignements particuliers destinés à réaliser la mise à niveau en français des élèves étrangers et en langues étrangères des élèves français.

Nouvel art. D. 421-134 *Dans les sections internationales (Décr. n° 2021-1054 du 6 août 2021, art. 9)* ***« et dans les classes menant au baccalauréat français international », les enseignements sont dispensés conformément aux horaires et programmes en vigueur dans les classes considérées, sous réserve des aménagements nécessaires à la réalisation des objectifs définis à l'article D. 421-132.***

Dans les écoles, ces aménagements peuvent porter sur l'ensemble des disciplines à la condition que les horaires minimaux de chaque domaine d'enseignement soient respectés.

(Décr. n° 2008-1012 du 1er oct. 2008, art. 3) ***« Dans les collèges, ces aménagements portent sur une discipline non linguistique dont l'enseignement est assuré partiellement en français et partiellement en langue étrangère. » Un enseignement complémentaire de lettres étrangères s'ajoute, à raison de quatre heures par semaine, aux horaires normaux d'enseignement.***

Dans les lycées, ces aménagements portent sur les programmes d'une ou deux disciplines non linguistiques dont les enseignements sont assurés partiellement ou en totalité en langue étrangère. *(Décr. n° 2021-1054 du 6 août 2021, art. 9)* ***« Des enseignements complémentaires de langue vivante étrangère s'ajoutent aux horaires normaux d'enseignement, sous réserve d'aménagements à prévoir dans les lycées professionnels.***

« Dans les collèges et les lycées, la ou les disciplines ou enseignements complémentaires concernés et les modalités de leur enseignement (horaire, quotité horaire enseignée en langue étrangère) sont fixés par arrêté du ministre chargé de l'éducation, après concertation avec le pays partenaire. »

En outre, le chef d'établissement ou le directeur d'école peut organiser des enseignements particuliers destinés à réaliser la mise à niveau en français des élèves étrangers et en langues étrangères des élèves français.

Le nouvel art. est applicable à compter de la rentrée scolaire 2022-2023 pour les classes de première et de la rentrée scolaire 2023-2024 pour les classes de terminale (Décr. n° 2021-1054 du 6 août 2021, art. 22).

Art. D. 421-135 Les enseignements particuliers dispensés dans les sections internationales sont pris en compte pour l'attribution *(Décr. n° 2015-1929 du 31 déc. 2015, art. 24)* « de l'option "internationale" » du diplôme national du brevet. Une attestation de scolarité effectuée dans la section comportant notamment le bilan des compétences acquises dans la langue de la section, appréciées au regard du cadre commun de référence pour les langues prévu à l'article D. 312-16, est délivrée aux élèves qui en font la demande, s'ils quittent le collège avant la fin de leur scolarité.

(Décr. n° 2008-1012 du 1er oct. 2008, art. 4) « En fonction des accords conclus avec les pays partenaires, les enseignements spécifiques dispensés dans les sections internationales sont pris en compte pour le baccalauréat général *(Décr. n° 2010-592 du 2 juin 2010, art. 4)* « sous la forme d'une option internationale ».

« Pour l'option internationale du baccalauréat, ces enseignements spécifiques peuvent être pris en compte dans le cadre de modalités dérogatoires prévues au dernier alinéa de l'article D. 334-6 et aux articles D. 334-8, D. 334-10, D. 334-14 et D. 334-19, précisées par arrêté du ministre. Les épreuves du baccalauréat option internationale sont fixées par arrêté du ministre chargé de l'éducation. »

Nouvel art. D. 421-135 *Les enseignements particuliers dispensés dans les sections internationales sont pris en compte pour l'attribution (Décr. n° 2015-1929 du 31 déc. 2015, art. 24) « de l'option "internationale" » du diplôme national du brevet. Une attestation de scolarité effectuée dans la section comportant notamment le bilan des compétences acquises dans la langue de la section, appréciées au regard du cadre commun de référence pour les langues prévu à l'article D. 312-16, est délivrée aux élèves qui en font la demande, s'ils quittent le collège avant la fin de leur scolarité.*

(Décr. n° 2021-1054 du 6 août 2021, art. 10) « En fonction des accords conclus avec les pays partenaires, les enseignements spécifiques dispensés dans les classes menant au baccalauréat fran-

çais international sont pris en compte pour le baccalauréat général sous la forme d'une option internationale, intitulée "baccalauréat français international".

« Pour le baccalauréat français international, ces enseignements spécifiques peuvent être pris en compte dans le cadre de modalités dérogatoires prévues aux derniers alinéas des articles D. 334-6 et D. 334-8 et aux articles D. 334-10, D. 334-14 et D. 334-19, précisées par arrêté du ministre chargé de l'éducation. Les épreuves du baccalauréat français international sont fixées par arrêté du ministre chargé de l'éducation. »

Le nouvel art. est applicable à compter de la rentrée scolaire 2022-2023 pour les classes de première et de la rentrée scolaire 2023-2024 pour les classes de terminale (Décr. n° 2021-1054 du 6 août 2021, art. 22).

Art. D. 421-136 **Les dispositions relatives à l'organisation générale des établissements, au déroulement de la scolarité, notamment en ce qui concerne la répartition des élèves dans les classes ou les groupes, au règlement intérieur et à la participation des parents d'élèves s'appliquent aux sections internationales** *(Décr. n° 2021-1054 du 6 août 2021, art. 11)* **« et aux classes menant au baccalauréat français international ». L'organisation des emplois du temps de l'ensemble des classes de l'établissement permet de regrouper les élèves des sections internationales** *(Décr. n° 2021-1054 du 6 août 2021, art. 11)* **« et des classes menant au baccalauréat français international » pour les enseignements qui leur sont propres.**

Les dispositions issues du Décr. n° 2021-1054 du 6 août 2021 sont applicables à compter de la rentrée scolaire 2022-2023 pour les classes de première et de la rentrée scolaire 2023-2024 pour les classes de terminale (Décr. préc., art. 22).

Art. D. 421-137 **Dans les écoles ou établissements comportant une ou plusieurs sections internationales, un conseil de section internationale donne un avis sur toutes les questions intéressant la vie de la ou des sections internationales et, notamment, sur :**

1° Les principes d'élaboration de l'emploi du temps ;

2° Le choix des manuels scolaires ;

3° L'information des élèves, des parents et des personnels enseignants ;

4° L'organisation d'activités complémentaires de formation. — *[Décr. n° 81-594 du 11 mai 1981, art. 8, al. 1er à 5.]*

Nouvel art. D. 421-137 *(Décr. n° 2021-1054 du 6 août 2021, art. 12)* ***« Dans les écoles ou établissements comportant une ou plusieurs sections internationales ou classes menant au baccalauréat français international, un conseil de section internationale et de parcours international donne un avis sur toutes les questions intéressant la vie de la ou des sections internationales et de la ou des classes menant au baccalauréat français international et, notamment, sur : »***

1° Les principes d'élaboration de l'emploi du temps ;

2° Le choix des manuels scolaires ;

3° L'information des élèves, des parents et des personnels enseignants ;

4° L'organisation d'activités complémentaires de formation.

Le nouvel art. est applicable à compter de la rentrée scolaire 2022-2023 pour les classes de première et de la rentrée scolaire 2023-2024 pour les classes de terminale (Décr. n° 2021-1054 du 6 août 2021, art. 22).

Art. D. 421-138 **Dans les écoles, le conseil est composé des membres suivants :**

1° Le directeur d'école, président ;

2° Les enseignants français et étrangers exerçant dans la section ;

3° Trois représentants élus des parents d'élèves de la section ;

4° Un représentant de la commune siège de l'école ;

5° Deux personnalités choisies par le recteur d'académie en fonction de l'intérêt qu'elles portent au fonctionnement de la section internationale. — *[Décr. n° 81-594 du 11 mai 1981, art. 8, al. 6 à 11.]*

Art. D. 421-139 **Dans les collèges et les lycées, le conseil est composé des membres suivants :**

1° Le chef d'établissement ou son adjoint, président ;

2° Trois membres désignés parmi les personnels d'éducation, d'administration et des services ;

3° Quatre représentants élus des personnels enseignants exerçant dans la section internationale *(Décr. n° 2021-1054 du 6 août 2021, art. 13)* **« ou dans les classes menant au baccalauréat français international » ;**

4° Trois représentants élus des parents d'élèves de la section internationale *(Décr. n° 2021-1054 du 6 août 2021, art. 13)* « ou des classes menant au baccalauréat français international » ;

5° Deux représentants élus des élèves de la section internationale *(Décr. n° 2021-1054 du 6 août 2021, art. 13)* « ou des classes menant au baccalauréat français international » ;

6° Quatre personnalités locales, dont :

a) Un représentant de la collectivité territoriale de rattachement ;

b) Un représentant de la commune ou du groupement de communes siège de l'établissement ;

c) Deux personnalités choisies par le recteur d'académie en fonction de l'intérêt qu'elles portent au fonctionnement de la section internationale *(Décr. n° 2021-1054 du 6 août 2021, art. 13)* « ou des classes menant au baccalauréat français international ».

Les dispositions issues du Décr. n° 2021-1054 du 6 août 2021 sont applicables à compter de la rentrée scolaire 2022-2023 pour les classes de première et de la rentrée scolaire 2023-2024 pour les classes de terminale (Décr. préc., art. 22).

Art. D. 421-140 Les représentants élus le sont en même temps et dans les mêmes conditions que les membres élus du conseil d'école ou du conseil d'administration.

La qualité de membre du conseil d'école ou du conseil d'administration ne fait pas obstacle à celle de membre du conseil de section internationale *(Décr. n° 2021-1054 du 6 août 2021, art. 14)* « et de parcours international ».

Les dispositions issues du Décr. n° 2021-1054 du 6 août 2021 sont applicables à compter de la rentrée scolaire 2022-2023 pour les classes de première et de la rentrée scolaire 2023-2024 pour les classes de terminale (Décr. préc., art. 22).

Art. D. 421-141 Le conseil de section internationale *(Décr. n° 2021-1054 du 6 août 2021, art. 15)* « et de parcours international » est réuni au moins une fois par an à l'initiative du directeur d'école ou du chef d'établissement.

Les avis du conseil de section internationale *(Décr. n° 2021-1054 du 6 août 2021, art. 15)* « et de parcours international » sont soumis au conseil d'école ou au conseil d'administration par le directeur d'école ou le chef d'établissement.

Les dispositions issues du Décr. n° 2021-1054 du 6 août 2021 sont applicables à compter de la rentrée scolaire 2022-2023 pour les classes de première et de la rentrée scolaire 2023-2024 pour les classes de terminale (Décr. préc., art. 22).

Art. D. 421-142 Dans chaque école et établissement d'enseignement scolaire public, le contenu du projet d'école et du projet d'établissement prévus aux articles D. 411-8 et R. 421-3 est, en ce qui concerne les sections internationales *(Décr. n° 2021-1054 du 6 août 2021, art. 16)* « et les classes menant au baccalauréat français international », proposé par le conseil de section internationale *(Décr. n° 2021-1054 du 6 août 2021, art. 16)* « et de parcours international ».

Les dispositions issues du Décr. n° 2021-1054 du 6 août 2021 sont applicables à compter de la rentrée scolaire 2022-2023 pour les classes de première et de la rentrée scolaire 2023-2024 pour les classes de terminale (Décr. préc., art. 22).

Art. D. 421-143 *(Abrogé par Décr. n° 2021-1054 du 6 août 2021, art. 17, à compter de la rentrée scolaire 2022-2023 pour les classes de première et de la rentrée scolaire 2023-2024 pour les classes de terminale)* ***Pour assurer la cohérence entre les formations propres aux sections internationales des écoles, des collèges et des lycées d'une même académie et procéder notamment aux aménagements éventuels concernant l'organisation pédagogique, un conseil académique des sections internationales peut être institué par le*** *(Décr. n° 2019-1558 du 30 déc. 2019, art. 9)* ***« recteur d'académie ».***

Ce conseil comporte les membres suivants :

1° Le recteur d'académie ou son représentant, président ;

2° Un *(Décr. n° 2012-16 du 5 janv. 2012, art. 7)* ***« directeur académique des services de l'éducation nationale agissant sur délégation du recteur d'académie » ;***

3° Un inspecteur d'académie-inspecteur pédagogique régional ;

4° Un inspecteur de l'éducation nationale ;

5° Les directeurs des écoles et chefs des établissements comportant des sections internationales ;

6° Trois représentants des personnels enseignants (un pour les écoles, un pour les collèges, un pour les lycées) ;

7° Trois représentants des parents d'élèves (un pour écoles, un pour les collèges, un pour les lycées) ;

8° Deux représentants des élèves (un pour les collèges, un pour les lycées) ;

9° Sept personnalités locales, dont :

a) Un représentant du département ;

b) Un représentant de la région ;

c) Le maire d'une commune siège d'une école ou d'un établissement comportant une ou plusieurs sections internationales ;

d) Quatre personnalités choisies en fonction de l'intérêt qu'elles portent aux sections internationales.

Les représentants des personnels enseignants, des parents d'élèves et des élèves au conseil académique des sections internationales sont désignés par le (Décr. n° 2019-1558 du 30 déc. 2019, art. 9) *« recteur d'académie » parmi les membres des conseils des sections internationales d'école, de collège ou de lycée de l'académie.*

SOUS-SECTION 2 LES SECTIONS BINATIONALES

(Décr. n° 2010-592 du 2 juin 2010, art. 5)

Art. D. 421-143-1 Des sections binationales peuvent être créées dans les lycées par arrêté du ministre chargé de l'éducation.

Conformément aux accords conclus avec les pays partenaires, les enseignements spécifiques dispensés dans ces sections sont pris en compte pour la délivrance simultanée du baccalauréat et d'un diplôme de fin d'études secondaires étranger, prévue à l'article D. 334-23. L'examen subi par les candidats en vue de cette délivrance simultanée est arrêté conformément à l'article D. 334-24.

Art. D. 421-143-2 La formation dispensée dans les sections binationales a pour objet l'acquisition et l'approfondissement de l'aptitude à la communication dans la langue de la section, ainsi que l'acquisition et l'approfondissement de la connaissance de la civilisation du pays partenaire.

Art. D. 421-143-3 L'admission des élèves dans les sections binationales est prononcée, dans les conditions fixées par le ministre chargé de l'éducation, par (Décr. n° 2012-16 du 5 janv. 2012, art. 7) « le directeur académique des services de l'éducation nationale agissant sur délégation du recteur d'académie » sur proposition du chef d'établissement.

Art. D. 421-143-4 Dans les sections binationales, les enseignements sont dispensés conformément aux horaires et programmes en vigueur dans les classes considérées, sous réserve des aménagements nécessaires à la réalisation des objectifs définis à l'article D. 421-143-2.

La ou les disciplines qui font l'objet d'un aménagement, leurs programmes ainsi que les modalités de leur enseignement (horaire, quotité horaire enseignée en langue étrangère) sont fixés par arrêté du ministre chargé de l'éducation, après concertation avec le pays partenaire.

Art. D. 421-143-5 Les dispositions relatives à l'organisation générale des établissements, à l'orientation des élèves et au déroulement de la scolarité s'appliquent aux sections binationales. L'organisation des emplois du temps de l'ensemble des classes de l'établissement permet de regrouper les élèves de ces sections pour les enseignements qui leur sont propres.

SOUS-SECTION 3 DISPOSITIONS RELATIVES AUX ÉTABLISSEMENTS PUBLICS DISPENSANT UN ENSEIGNEMENT TECHNIQUE OU PROFESSIONNEL (Décr. n° 2010-592 du 2 juin 2010, art. 6).

§ 1er RÔLE DE L'INSPECTION DU TRAVAIL

Art. D. 421-144 Le rôle de l'inspecteur du travail dans les ateliers des établissements publics dispensant un enseignement technique ou professionnel, mentionnés au premier alinéa de l'article L. 4111-3 du code du travail, est défini par les articles D. 421-145 à D. 421-150. – *[Décr. nº 91-1162 du 7 nov. 1991, art. 1er.]*

Art. D. 421-145 La visite de l'inspecteur du travail dans les ateliers peut avoir lieu soit de sa propre initiative, soit à la demande du chef d'établissement.

Le chef d'établissement ne peut refuser de demander la visite de l'inspecteur du travail si un avis en ce sens lui est adressé par la commission d'hygiène et de sécurité mentionnée à l'article D. 421-151. – *[Décr. nº 91-1162 du 7 nov. 1991, art. 2.]*

Art. D. 421-146 A l'issue de ses visites, l'inspecteur du travail remet au chef d'établissement, s'il y a lieu, un rapport constatant les manquements aux règles d'hygiène et de sécurité. – *[Décr. nº 91-1162 du 7 nov. 1991, art. 3.]*

Art. D. 421-147 Dans le délai de deux mois à compter de la date de la remise du rapport par l'inspecteur du travail, le chef d'établissement peut contester tout ou partie des conclusions de ce rapport devant le *(Décr. nº 2009-1377 du 10 nov. 2009, art. 11)* « directeur régional des entreprises, de la concurrence, de la consommation, du travail et de l'emploi ».

Le *(Décr. nº 2009-1377 du 10 nov. 2009, art. 11)* « directeur régional des entreprises, de la concurrence, de la consommation, du travail et de l'emploi » se prononce dans le délai de deux mois à compter de la date de la réception de la contestation.

Art. D. 421-148 Le chef d'établissement fait connaître à l'inspecteur du travail les mesures prises ou les suites qu'il entend donner en application du rapport dans le délai de deux mois à compter de la date à laquelle le rapport est devenu définitif.

Dans ce délai, le chef d'établissement recueille l'avis du conseil d'administration et, pour les lycées, informe les membres du conseil des délégués pour la vie lycéenne et de la commission d'hygiène et de sécurité. – *[Décr. nº 91-1162 du 7 nov. 1991, art. 5.]*

Art. D. 421-149 Si l'inspecteur du travail estime que toutes les dispositions adéquates pour remédier aux manquements constatés ne sont pas prises, il en avise le *(Décr. nº 2009-1377 du 10 nov. 2009, art. 11)* « directeur régional des entreprises, de la concurrence, de la consommation, du travail et de l'emploi », qui saisit *(Décr. nº 2019-1558 du 30 déc. 2019, art. 4)* « le recteur d'académie ou le directeur académique des services de l'éducation nationale agissant sur délégation du recteur d'académie » et la collectivité territoriale de rattachement et, le cas échéant, le préfet.

(Décr. nº 2019-1558 du 30 déc. 2019, art. 4) « Le recteur d'académie ou le directeur académique des services de l'éducation nationale agissant sur délégation du recteur d'académie », la collectivité de rattachement et, le cas échéant, le préfet informent le *(Décr. nº 2009-1377 du 10 nov. 2009, art. 11)* « directeur régional des entreprises, de la concurrence, de la consommation, du travail et de l'emploi » de la suite qu'ils entendent donner à l'affaire.

Art. D. 421-150 Pour l'application de l'article L. 4221-1 du code du travail, le chef d'établissement, en sa qualité de président de la commission d'hygiène et de sécurité, propose, en tant que de besoin, à la collectivité territoriale de rattachement, un projet d'état des actions prioritaires de mise en sécurité des machines existantes. Il en informe préalablement le conseil des délégués pour la vie lycéenne.

Ce projet est soumis à l'approbation du conseil d'administration.

La collectivité de rattachement arrête l'état des actions prioritaires de mise en sécurité et le calendrier correspondant, et le communique au chef d'établissement. – *[Décr. nº 91-1162 du 7 nov. 1991, art. 7.]*

§ 2 LA COMMISSION D'HYGIÈNE ET DE SÉCURITÉ

SOUS-§ 1er COMPOSITION ET DÉSIGNATION

Art. D. 421-151 La commission d'hygiène et de sécurité prévue à l'article *(Décr. nº 2014-1237 du 24 oct. 2014, art. 1er)* « L. 421-25 » comprend :

1° Le chef d'établissement, président ;

2° Le gestionnaire de l'établissement ;

3° Le conseiller principal d'éducation siégeant au conseil d'administration ;

4° Le *(Décr. n° 2016-657 du 20 mai 2016, art. 1er)* « directeur délégué aux formations professionnelles et technologiques » ;

(Décr. n° 2014-1237 du 24 oct. 2014, art. 1er) « 5° Un représentant de la collectivité territoriale de rattachement ; »

6° Deux représentants du personnel au titre des personnels enseignants ;

7° Un représentant du personnel au titre des personnels administratifs, sociaux, de santé, techniques, ouvriers et de service. Ce nombre est porté à deux dans les établissements de plus de 600 élèves ;

8° Deux représentants des parents d'élèves ;

9° Deux représentants des élèves.

L'adjoint au chef d'établissement assiste de droit aux réunions de la commission d'hygiène et de sécurité. En cas d'empêchement du chef d'établissement, il en assure la présidence.

Le médecin de prévention, le médecin de l'éducation nationale et l'infirmier ou l'infirmière assistent de droit aux séances de la commission d'hygiène et de sécurité en qualité d'experts.

Les membres de la commission d'hygiène et de sécurité sont désignés pour l'année scolaire.

La liste des membres de la commission est affichée en permanence dans un lieu visible de tous et dans les ateliers.

Art. D. 421-152 *(Décr. n° 2014-1237 du 24 oct. 2014, art. 2)* « Le représentant mentionné au 5° de l'article D. 421-151 est désigné par les représentants de la collectivité territoriale de rattachement au conseil d'administration parmi les représentants titulaires ou suppléants de celle-ci. Lorsque la collectivité de rattachement n'exerce pas les compétences en matière de construction, de reconstruction, d'aménagement, d'entretien et de fonctionnement de l'établissement, le représentant au conseil d'administration de la personne publique exerçant ces compétences, ou à défaut son suppléant, siège à la commission d'hygiène et de sécurité. »

Les représentants du personnel sont désignés par les membres représentants des personnels au conseil d'administration, parmi les électeurs des collèges de personnel au conseil d'administration.

Les représentants des parents d'élèves membres de la commission d'hygiène et de sécurité sont désignés au sein du conseil d'administration par les représentants des parents d'élèves qui y siègent ;

Les représentants des élèves sont désignés au sein du conseil des délégués pour la vie lycéenne par ces derniers.

Il est désigné autant de membres suppléants que de membres titulaires pour les représentants du personnel, des parents d'élèves et des élèves. En cas d'empêchement des membres titulaires de ces catégories, ceux-ci sont remplacés par leurs suppléants.

SOUS-§ 2 FONCTIONNEMENT ET COMPÉTENCES

Art. D. 421-153 La commission d'hygiène et de sécurité se réunit en séance ordinaire à l'initiative du chef d'établissement au moins une fois par trimestre. Elle est réunie en séance extraordinaire, sur un ordre du jour déterminé, à la demande du chef d'établissement, du conseil d'administration, du conseil des délégués pour la vie lycéenne, du tiers au moins de ses membres ou du représentant de la collectivité territoriale de rattachement. — *[Décr. n° 91-1194 du 27 nov. 1991, art. 2.]*

Art. D. 421-154 Les membres de la commission d'hygiène et de sécurité reçoivent du chef d'établissement toutes les informations nécessaires pour l'exercice de leur mission.

Ils sont astreints à une obligation de discrétion pour toutes les informations à caractère personnel qu'ils auraient à connaître au cours de leurs travaux. — *[Décr. n° 91-1194 du 27 nov. 1991, art. 3.]*

Art. D. 421-155 La commission d'hygiène et de sécurité peut créer des groupes de travail chargés d'instruire des dossiers déterminés. Le chef d'établissement, ou le représentant qu'il désigne, est membre de droit de ces groupes de travail. — *[Décr. n° 91-1194 du 27 nov. 1991, art. 4.]*

Art. D. 421-156 Dans l'exercice de sa mission, la commission d'hygiène et de sécurité procède à des visites des locaux de l'établissement, notamment des ateliers, chaque fois qu'elle le juge utile et au moins une fois par an. – *[Décr. n° 91-1194 du 27 nov. 1991, art. 5.]*

Art. D. 421-157 Au début de chaque année scolaire, le chef d'établissement présente à la commission d'hygiène et de sécurité :

1° Un rapport d'activité de l'année passée présentant notamment les suites données aux avis de la commission ;

2° Un programme annuel de prévention des risques et d'amélioration des conditions d'hygiène et de sécurité. – *[Décr. n° 91-1194 du 27 nov. 1991, art. 6.]*

Art. D. 421-158 La commission d'hygiène et de sécurité fait toutes propositions utiles en vue de promouvoir la formation à la sécurité et de contribuer à l'amélioration des conditions d'hygiène et de sécurité dans l'établissement, et notamment dans les ateliers.

Elle délibère à la majorité des membres présents.

Lorsque la commission est saisie pour avis, en cas de partage des voix, l'avis est réputé donné. – *[Décr. n° 91-1194 du 27 nov. 1991, art. 8.]*

Art. D. 421-159 Le chef d'établissement transmet les avis de la commission d'hygiène et de sécurité, le rapport d'activité de l'année passée et le programme annuel de prévention des risques et d'amélioration des conditions d'hygiène et de sécurité, au conseil d'administration, au conseil des délégués des élèves et à l'inspection du travail.

Les avis de la commission d'hygiène et de sécurité peuvent être communiqués à tout membre de la communauté éducative qui en fait la demande. – *[Décr. n° 91-1194 du 27 nov. 1991, art. 9.]*

SECTION VIII DISPOSITIONS APPLICABLES AUX ÉTABLISSEMENTS PUBLICS LOCAUX D'ENSEIGNEMENT INTERNATIONAL

(Décr. n° 2019-887 du 23 août 2019, art. 1er)

Art. D. 421-160 Sous réserve des dispositions prévues à la présente section, l'établissement public local d'enseignement international est régi par les dispositions du titre préliminaire du présent livre et les autres dispositions du présent titre.

SOUS-SECTION 1 DISPOSITIONS COMMUNES AUX ÉTABLISSEMENTS PUBLICS LOCAUX D'ENSEIGNEMENT INTERNATIONAL

Art. D. 421-161 La proportion des élèves préparant les diplômes nationaux du brevet et du baccalauréat qui ne sont pas assortis de l'option internationale *(Décr. n° 2021-1054 du 6 août 2021, art. 18)* « intitulée "baccalauréat français international" » ni préparés dans une section binationale ne peut être supérieure au tiers des effectifs de l'établissement.

Les dispositions issues du Décr. n° 2021-1054 du 6 août 2021 sont applicables à compter de la rentrée scolaire 2022-2023 pour les classes de première et de la rentrée scolaire 2023-2024 pour les classes de terminale (Décr. préc., art. 22).

Art. D. 421-162 L'établissement public local d'enseignement international est dirigé par un chef d'établissement nommé par le recteur d'académie.

Les agents exerçant leurs fonctions au sein de l'établissement public local d'enseignement international sont placés sous l'autorité du chef d'établissement.

Art. D. 421-163 Le conseil d'administration de l'établissement public local d'enseignement international comprend :

1° Le chef d'établissement, président ;

2° Deux à quatre représentants de l'administration désignés par le chef d'établissement ;

3° De huit à dix membres comprenant des représentants des collectivités territoriales et des établissements publics de coopération intercommunale parties à la convention mentionnée à l'article L. 421-19-1 ainsi qu'une ou plusieurs personnalités qualifiées.

La ou les personnalités qualifiées sont désignées par le recteur d'académie en fonction de l'intérêt qu'elles portent au fonctionnement des sections ouvertes dans l'établissement. Au sein d'un établissement dispensant des enseignements préparant au baccalauréat européen, la ou les personnalités qualifiées représentent les institutions ou agences de l'Union européenne ;

4° De huit à dix représentants élus des personnels de l'établissement. Le nombre de représentants élus au titre des personnels d'enseignement et d'éducation et le nombre de représentants au titre des personnels administratifs, sociaux et de santé, techniques, ouvriers et de service ne peuvent être inférieurs respectivement à quatre et un ;

5° De huit à dix représentants élus des parents d'élèves et des élèves du second degré. Le nombre de représentants élus des parents d'élèves et le nombre de représentants élus des élèves ne peuvent être inférieurs à trois. Au sein d'un établissement dispensant exclusivement des enseignements préparant au baccalauréat européen, les représentants des élèves sont élus par et parmi les membres du comité des élèves mentionné à l'article D. 421-164.

Le nombre de représentants élus des parents d'élèves ainsi que le nombre et les modalités d'élection des représentants élus des élèves à la commission permanente et au conseil de discipline sont ceux prévus pour les lycées.

SOUS-SECTION 2 DISPOSITIONS PARTICULIÈRES AUX ÉTABLISSEMENTS PUBLICS LOCAUX D'ENSEIGNEMENT INTERNATIONAL DISPENSANT DES ENSEIGNEMENTS PRÉPARANT AU BACCALAURÉAT EUROPÉEN

Art. D. 421-164 Les élèves du second degré suivant les enseignements préparant au baccalauréat européen sont représentés au comité des élèves conformément à la convention portant statut des écoles européennes signée à Luxembourg le 21 juin 1994 et au règlement général des écoles européennes.

Le comité des élèves est composé de délégués élus dans chaque classe par les élèves du second degré suivant les enseignements préparant au baccalauréat européen.

Le comité des élèves d'un établissement public local d'enseignement international dispensant exclusivement des enseignements préparant au baccalauréat européen exerce les attributions dévolues au conseil des délégués pour la vie lycéenne mentionnées à l'article R. 421-44 et au conseil de la vie collégienne mentionnées à l'article R. 421-45-2.

Art. D. 421-165 Les parents des élèves suivant les enseignements préparant au baccalauréat européen peuvent constituer une association des parents d'élèves de l'établissement reconnue comme représentative par le Conseil supérieur des écoles européennes conformément à l'article 23 de la convention portant statut des écoles européennes signée à Luxembourg le 21 juin 1994.

Art. D. 421-166 Le conseil pédagogique d'un établissement public local d'enseignement international dispensant des enseignements préparant au baccalauréat européen exerce les compétences dévolues aux conseils d'éducation mentionnées dans le règlement général des écoles européennes.

Art. D. 421-167 Seuls les enfants âgés d'au moins quatre ans au 31 décembre de l'année civile en cours peuvent être accueillis pour suivre le cycle de maternelle mentionné au 1° de l'article D. 421-169 dans un établissement public local d'enseignement international dispensant des enseignements préparant au baccalauréat européen.

Art. D. 421-168 L'admission des élèves dans un établissement public local d'enseignement international pour suivre les enseignements préparant au baccalauréat européen et l'organisation pédagogique de l'établissement sont régis par les conventions et les règlements suivants :

– l'accord relatif à la modification de l'annexe au statut des écoles européennes et portant règlement du baccalauréat européen, signé à Luxembourg le 11 avril 1984 ;

– la convention portant statut des écoles européennes signée à Luxembourg le 21 juin 1994 ;

– le règlement général des écoles européennes ;

– le règlement intérieur du Conseil supérieur des écoles européennes ;

– le règlement des écoles européennes agréées ;

– la décision relative à la procédure électorale pour les représentants des élèves au sein du système des écoles européennes ;

– la convention d'agrément de l'établissement.

Art. D. 421-169 La scolarité des élèves suivant des enseignements préparant au baccalauréat européen dans un établissement public local d'enseignement international est organisée en trois cycles d'enseignement conformément au règlement général des écoles européennes :

1° Un cycle de deux ans pour la maternelle ;

2° Un cycle de cinq ans pour l'élémentaire ;

3° Un cycle de sept ans pour le second degré.

CHAPITRE II ORGANISATION ET FONCTIONNEMENT DES COLLÈGES ET DES LYCÉES NE CONSTITUANT PAS DES ÉTABLISSEMENTS PUBLICS LOCAUX D'ENSEIGNEMENT

SECTION PREMIÈRE LES ÉTABLISSEMENTS D'ÉTAT

SOUS-SECTION 1 LES ÉTABLISSEMENTS RELEVANT DU MINISTÈRE DE L'ÉDUCATION NATIONALE

Art. D. 422-1 Les dispositions des articles D. 422-2 à D. 422-58 s'appliquent aux établissements d'enseignement dont la responsabilité et la charge incombent entièrement à l'État et dont la liste est fixée par l'article D. 211-12.

(Décr. nº 2019-1558 du 30 déc. 2019, art. 4) « L'autorité académique mentionnée aux articles D. 422-3, D. 422-8, D. 422-9, D. 422-10, D. 422-11, D. 422-15, D. 422-21, D. 422-31, D. 422-47 et D. 422-53-9 est le recteur d'académie ou le directeur académique des services de l'éducation nationale agissant sur délégation du recteur d'académie. »

Art. D. 422-2 Les collèges et les lycées mentionnés à l'article D. 422-1 disposent en matière pédagogique et éducative d'une autonomie qui porte sur :

1° L'organisation de l'établissement en classes et en groupes d'élèves ainsi que les modalités de répartition des élèves ;

2° L'emploi des dotations en heures d'enseignement mises à la disposition de l'établissement dans le respect des obligations résultant des horaires réglementaires ;

3° L'organisation du temps scolaire et les modalités de la vie scolaire *(Décr. nº 2016-1063 du 3 août 2016, art. 4)* « , sous réserve des dispositions de l'article D. 422-2-1 » ;

4° La préparation de l'orientation ainsi que de l'insertion sociale et professionnelle des élèves ;

5° La définition, compte tenu des schémas régionaux de formation, des actions de formation complémentaire et de formation continue destinées aux jeunes et aux adultes ;

6° L'ouverture de l'établissement sur son environnement social, culturel, économique ;

7° Le choix de sujets d'études spécifiques à l'établissement, en particulier pour compléter ceux qui figurent aux programmes nationaux ;

8° Sous réserve de l'accord des familles pour les élèves mineurs, les activités facultatives qui concourent à l'action éducative organisées à l'initiative de l'établissement à l'intention des élèves.

Art. D. 422-2-1 *(Décr. nº 2016-1063 du 3 août 2016, art. 3)* Dans les collèges, la pause méridienne des élèves ne peut être inférieure à une heure trente et, pour les élèves de sixième, la durée des enseignements qui leur sont dispensés ne peut dépasser six heures par jour, sauf dérogation accordée par le recteur d'académie, en cas de contraintes spécifiques.

Art. D. 422-3 Les collèges et les lycées dont la responsabilité et la charge incombent entièrement à l'État sont placés sous le contrôle du ministre chargé de l'éducation, qui peut déléguer ses pouvoirs en cette matière aux autorités académiques dans l'académie ou dans le département. – *[Décr. nº 86-164 du 31 janv. 1986, art. 3.]*

Art. D. 422-4 Le conseil d'administration et le chef d'établissement donnent leur accord aux activités complémentaires organisées au sein de l'établissement en application des dispositions de l'article L. 216-1. – *[Décr. nº 86-164 du 31 janv. 1986, art. 5.]*

§ 1er ORGANISATION ADMINISTRATIVE

SOUS-§ 1er LE CHEF D'ÉTABLISSEMENT

Art. D. 422-5 Les collèges et les lycées sont dirigés par un chef d'établissement nommé par le ministre chargé de l'éducation.

Le chef d'établissement représente l'État au sein de l'établissement. Il est l'organe exécutif de l'établissement. – *[Décr. nº 86-164 du 31 janv. 1986, art. 7, art. 8, al. 1er (en partie).]*

Art. D. 422-6 En qualité d'organe exécutif de l'établissement, le chef d'établissement :

1° Représente l'établissement en justice et dans tous les actes de la vie civile ;

2° A autorité sur le personnel n'ayant pas le statut de fonctionnaire de l'État, recruté par l'établissement ;

(Décr. nº 2011-729 du 24 juin 2011, art. 1er) « 3° Préside le conseil d'administration, la commission permanente, *(Décr. nº 2020-1633 du 21 déc. 2020, art. 1er)* « lorsqu'elle a été créée en application de l'article D. 422-16-1, le conseil de discipline », la commission éducative, *(Décr. nº 2016-1631 du 29 nov. 2016, art. 3)* « ainsi que, dans les collèges, le conseil de la vie collégienne, et dans les lycées » l'assemblée générale des délégués des élèves et le conseil des délégués pour la vie lycéenne ; »

4° Est ordonnateur des recettes et des dépenses de l'établissement ;

5° Prépare les travaux du conseil d'administration et notamment dans la limite des ressources dont dispose l'établissement, le projet de budget ;

6° Exécute les délibérations du conseil d'administration et notamment le budget adopté par le conseil ;

7° Soumet au conseil d'administration les mesures à prendre dans les domaines définis à l'article D. 422-2 et exécute les décisions adoptées par le conseil ;

8° Conclut tout contrat ou convention après avoir recueilli l'autorisation du conseil d'administration. Il informe le conseil d'administration dans sa séance la plus proche des marchés conclus sans autorisation préalable dans les cas prévus à l'article D. 422-16 et tient à disposition des membres de ce dernier les documents y afférents *(Décr. nº 2020-1633 du 21 déc. 2020, art. 1er)* « . »

Lorsque, pour la mise en œuvre de ses missions de formation continue, l'établissement est associé à un groupement d'établissements n'ayant pas le caractère de groupement d'intérêt public, le chef d'établissement vise les conventions s'inscrivant dans le programme des actions de formation continue de son établissement qui ont été signées par l'ordonnateur de l'établissement, dit "établissement support" auquel a été confiée la gestion du groupement. Il soumet ces conventions à l'approbation du conseil d'administration lorsqu'elles engagent les finances de l'établissement ou sont susceptibles d'entraîner des conséquences sur la formation initiale et la vie scolaire.

Art. D. 422-7 En qualité de représentant de l'État au sein de l'établissement, le chef d'établissement :

1° A autorité sur l'ensemble des personnels affectés ou mis à disposition de l'établissement. Il désigne à toutes les fonctions au sein de l'établissement pour lesquelles aucune autre autorité administrative n'a reçu de pouvoir de nomination. Il fixe le service des personnels dans le respect du statut de ces derniers ;

2° Veille au bon déroulement des enseignements, de l'information, de l'orientation et du contrôle des connaissances des élèves ;

3° Prend toutes dispositions, en liaison avec les autorités administratives compétentes, pour assurer la sécurité des personnes et des biens, l'hygiène et la salubrité de l'établissement ;

4° Est responsable de l'ordre dans l'établissement. Il veille au respect des droits et des devoirs de tous les membres de la communauté scolaire et assure l'application du règlement intérieur ;

(Décr. n° 2011-729 du 24 juin 2011, art. 2) « 5° Engage les actions disciplinaires et intente les poursuites devant les juridictions compétentes.

« A l'égard des élèves, il est tenu, dans les cas suivants, d'engager une procédure disciplinaire, soit dans les conditions prévues à l'article D. 422-7-1, soit en saisissant le conseil de discipline :

« *a)* Lorsque l'élève est l'auteur de violence verbale à l'égard d'un membre du personnel de l'établissement ;

« *b)* Lorsque l'élève commet un acte grave à l'égard d'un membre du personnel ou d'un autre élève.

« Il peut prononcer sans saisir le conseil de discipline les sanctions mentionnées à l'article R. 511-14, ainsi que les mesures de prévention, d'accompagnement et les mesures alternatives aux sanctions prévues au règlement intérieur.

« Il est tenu de saisir le conseil de discipline lorsqu'un membre du personnel de l'établissement a été victime de violence physique. »

Art. D. 422-7-1 *(Décr. n° 2011-729 du 24 juin 2011, art. 4)* Lorsqu'il se prononce seul sur les faits qui ont justifié l'engagement de la procédure disciplinaire, le chef d'établissement informe sans délai l'élève des faits qui lui sont reprochés et *(Décr. n° 2019-908 du 30 août 2019, art. 1er)* « du délai dont il dispose pour présenter sa défense oralement ou par écrit ou en se faisant assister par une personne de son choix. Ce délai, fixé par le chef d'établissement, est d'au moins deux jours ouvrables ». Si l'élève est mineur, cette communication est également faite à son représentant légal afin que ce dernier produise ses observations éventuelles. Dans tous les cas, l'élève, son représentant légal et la personne éventuellement chargée de l'assister pour présenter sa défense peuvent prendre connaissance du dossier auprès du chef d'établissement.

(Décr. n° 2014-1547 du 19 déc. 2014, art. 1er) « En cas de nécessité, le chef d'établissement peut interdire, à titre conservatoire, l'accès de l'établissement à l'élève pendant le délai mentionné au premier alinéa. Cette mesure ne présente pas le caractère d'une sanction. »

Art. D. 422-8 Le chef d'établissement rend compte de sa gestion au conseil d'administration et en informe l'autorité académique. – *[Décr. n° 86-164 du 31 janv. 1986, art. 8, al. 18.]*

Art. D. 422-9 En cas de difficultés graves dans le fonctionnement d'un établissement, le chef d'établissement peut prendre toutes dispositions nécessaires pour assurer le bon fonctionnement du service public.

S'il y a urgence, et notamment en cas de menace ou d'action contre l'ordre dans les enceintes et locaux scolaires de l'établissement, le chef d'établissement, sans préjudice des dispositions générales réglementant l'accès aux établissements, peut :

1° Interdire l'accès de ces enceintes ou locaux à toute personne relevant ou non de l'établissement ;

2° Suspendre des enseignements ou autres activités au sein de l'établissement. Le chef d'établissement expose, dans les meilleurs délais, au conseil d'administration les décisions prises et en rend compte à l'autorité académique, au maire et au représentant de l'État dans le département. – *[Décr. n° 86-164 du 31 janv. 1986, art. 9.]*

Art. D. 422-10 Le chef d'établissement est secondé dans ses tâches pédagogiques, éducatives et administratives par un adjoint nommé par le ministre chargé de l'éducation ou l'autorité académique habilitée à cet effet, ainsi que, le cas échéant, par le directeur adjoint de la section d'éducation spécialisée. Un professeur ou un conseiller principal d'éducation peut assurer à temps partiel les fonctions d'adjoint.

Le chef d'établissement est secondé dans ses tâches de gestion matérielle et financière par un gestionnaire nommé par le ministre chargé de l'éducation, ou l'autorité académique habilitée à cet effet, parmi les personnels de l'administration scolaire et universitaire.

Le chef d'établissement peut déléguer sa signature à son adjoint.

En cas d'absence ou d'empêchement, le chef d'établissement est suppléé par son adjoint, notamment pour la présidence du conseil d'administration et *(Décr. n° 2020-1633 du 21 déc. 2020, art. 1er)* **« , lorsqu'elle a été créée en application de l'article D. 422-16-1, » de la commission permanente de l'établissement.**

L'autorité académique nomme alors un ordonnateur suppléant, qui peut être soit l'adjoint, soit le chef d'un autre établissement.

Art. D. 422-11 Les actes du chef d'établissement pris pour la passation ou l'exécution de conventions et de marchés sont exécutoires dès transmission à l'autorité académique.

Les actes du chef d'établissement relatifs au contenu ou à l'organisation de l'action éducatrice ne sont pas soumis à transmission pour devenir exécutoires. – *[Décr. n° 86-164 du 31 janv. 1986, art. 11.]*

SOUS-§ 2 LE CONSEIL D'ADMINISTRATION

Art. D. 422-12 Le conseil d'administration des collèges et des lycées comporte les membres suivants :

1° Le chef d'établissement, président ;

2° L'adjoint au chef d'établissement ;

3° Le gestionnaire de l'établissement ;

4° Le conseiller principal d'éducation le plus ancien ;

5° Le directeur adjoint chargé de la section d'éducation spécialisée dans les collèges et le chef des travaux dans les lycées ;

6° Un représentant du département pour les collèges et un représentant de la région pour les lycées ;

7° Trois représentants de la commune siège de l'établissement ou, lorsqu'il existe un groupement de communes, un représentant du groupement de communes et deux représentants de la commune siège ;

8° Une personnalité qualifiée lorsque les membres de l'administration de l'établissement, désignés en raison de leur fonction, sont en nombre égal à cinq et deux personnalités qualifiées lorsque ce nombre est inférieur à cinq ;

9° Dix représentants élus des personnels de l'établissement, dont sept au titre des personnels d'enseignement et d'éducation et trois au titre des personnels administratifs, sociaux et de santé, techniques, ouvriers et de service ;

10° Dix représentants élus des parents d'élèves et des élèves, dont sept représentants des parents d'élèves et trois représentants des élèves pour les collèges et cinq représentants des parents d'élèves et cinq représentants des élèves pour les lycées, dont un au moins représentant les élèves des classes post-baccalauréat si elles existent. – *[Décr. n° 86-164 du 31 janv. 1986, art. 12, al. 1er à 9 (en partie) et 10 à 11.]*

Art. D. 422-13 Les personnalités qualifiées sont désignées par *(Décr. n° 2012-16 du 5 janv. 2012, art. 7)* **« le directeur académique des services de l'éducation nationale agissant sur délégation du recteur d'académie » sur proposition du chef d'établissement.**

Pour la désignation de représentants des organisations syndicales de salariés ou d'employeurs, la représentativité au plan départemental des organisations syndicales doit être prise en compte.

Art. D. 422-14 Dans les collèges accueillant moins de six cents élèves et ne comportant pas une section d'éducation spécialisée, la composition du conseil d'administration est ainsi fixée :

1° Le chef d'établissement, président ;

2° L'adjoint au chef d'établissement ;

3° Le gestionnaire de l'établissement ;

4° Le conseiller principal d'éducation le plus ancien ;

5° Un représentant du département ;

6° Deux représentants de la commune siège de l'établissement ou, lorsqu'il existe un groupement de communes, un représentant du groupement de communes et un représentant de la commune siège ;

7° Une personnalité qualifiée lorsque les membres de l'administration de l'établissement, désignés en raison de leur fonction, sont en nombre égal à quatre et deux

personnalités qualifiées lorsque ce nombre est inférieur à quatre. Les personnalités qualifiées sont désignées selon les modalités définies à l'article D. 422-13 ;

8° Huit représentants élus des personnels, dont six au titre des personnels d'enseignement et d'éducation et deux au titre des personnels administratifs, sociaux et de santé, techniques, ouvriers et de service ;

9° Huit représentants élus des parents d'élèves et des élèves, dont six représentants des parents d'élèves et deux représentants des élèves. – *[Décr. n° 86-164 du 31 janv. 1986, art. 13.]*

Art. D. 422-15 L'autorité académique, ou son représentant, peut assister aux réunions du conseil d'administration. Le président du conseil d'administration peut inviter aux séances du conseil, à titre consultatif, toute personne dont la présence paraîtrait utile.

Les séances du conseil d'administration ne sont pas publiques. – *[Décr. n° 86-164 du 31 janv. 1986, art. 14, al. 1er et 2.]*

Art. D. 422-16 En qualité d'organe délibérant de l'établissement, le conseil d'administration, sur le rapport du chef d'établissement, exerce notamment les attributions suivantes :

1° Il fixe les principes de mise en œuvre de l'autonomie pédagogique et éducative dont disposent les établissements dans les domaines définis à l'article D. 422-2 et, en particulier, les règles d'organisation de l'établissement ;

2° Il adopte le projet d'établissement ;

(Décr. n° 2019-908 du 30 août 2019, art. 2) « 3° Il délibère chaque année sur le rapport relatif au fonctionnement pédagogique de l'établissement et à ses conditions matérielles de fonctionnement. Ce rapport rend compte notamment de la mise en œuvre du projet d'établissement, des expérimentations menées par l'établissement et du contrat d'objectifs. Il comporte également une partie relative à la vie scolaire qui présente un bilan des décisions rendues en matière disciplinaire, élaboré notamment à partir du registre des sanctions de l'établissement, et des suites données par le chef d'établissement aux demandes écrites de saisine du conseil de discipline émanant d'un membre de la communauté éducative ; »

4° Il adopte le budget et le compte financier de l'établissement ;

5° Il adopte le règlement intérieur de l'établissement ;

6° Il donne son accord sur :

a) Les orientations relatives à la conduite du dialogue avec les parents d'élèves ;

b) Le programme de l'association sportive fonctionnant au sein de l'établissement ;

c) L'adhésion à tout groupement d'établissements ou la passation des conventions et contrats dont l'établissement est signataire, à l'exception :

– des marchés qui figurent sur un état prévisionnel de la commande publique annexé au budget ou qui s'inscrivent dans le cadre d'une décision modificative adoptée conformément au 2° de l'article R. 421-60 ;

– en cas d'urgence, des marchés qui se rattachent à des opérations de gestion courante dont le montant est inférieur à 5 000 euros hors taxes, ou à 15 000 euros hors taxes pour les travaux et les équipements ;

d) Les modalités de participation au plan d'action du groupement d'établissements pour la formation des adultes auquel l'établissement adhère, le programme annuel des activités de formation continue et l'adhésion de l'établissement à un groupement d'intérêt public ;

7° Il délibère sur :

a) Toute question dont il a à connaître en vertu des lois et règlements en vigueur ;

b) Celles ayant trait à l'information des membres de la communauté éducative et à la création de groupes de travail au sein de l'établissement ;

c) Les questions relatives à l'accueil et à l'information des parents d'élèves, les modalités générales de leur participation à la vie scolaire ;

d) Les questions relatives à l'hygiène, à la santé, à la sécurité : le conseil d'administration peut décider la création d'un organe compétent composé notamment de représentants de l'ensemble des personnels de l'établissement pour proposer les mesures à prendre en ce domaine au sein de l'établissement ;

8° Il peut définir, dans le cadre du projet d'établissement, toutes actions particulières propres à assurer une meilleure utilisation des moyens alloués à l'établissement et une bonne adaptation à son environnement ;

9° Il autorise l'acceptation des dons et legs, l'acquisition ou l'aliénation des biens ainsi que les actions à intenter ou à défendre en justice ;

10° Il peut décider la création d'un organe de concertation et de proposition sur les questions ayant trait aux relations de l'établissement avec le monde social, économique et professionnel ainsi que sur le programme de formation continue des adultes. Dans le cas où cet organe comprendrait des personnalités représentant le monde économique, il sera fait appel, à parité, à des représentants des organisations représentatives au plan départemental des employeurs et des salariés ;

11° Il adopte son règlement intérieur.

Art. D. 422-16-1 *(Décr. n° 2020-1633 du 21 déc. 2020, art. 1er)* Le conseil d'administration se prononce, lors de la première réunion qui suit le renouvellement de ses membres élus, sur la création d'une commission permanente et sur les compétences qu'il décide, en application du dernier alinéa de l'article L. 421-4, de lui déléguer parmi celles mentionnées aux 6°, 7°, 8°, 9°, 10° et 12° de l'article R. 421-20.

Lorsqu'elle a été créée, il peut soumettre à la commission permanente toute question sur laquelle il souhaite recueillir son avis.

Art. D. 422-17 Le conseil d'administration, sur saisine du chef d'établissement, donne son avis sur :

1° Les mesures annuelles de créations et de suppressions de sections, d'options et de formations complémentaires d'initiative locale dans l'établissement ;

2° Les principes de choix des manuels scolaires, des logiciels et des outils pédagogiques ;

3° La modification, par le maire, des heures d'entrée et de sortie de l'établissement prévue à l'article L. 521-3.

Il peut être consulté par le chef d'établissement sur les questions ayant trait au fonctionnement administratif général de l'établissement.

Le conseil d'administration peut, à son initiative, adopter tous vœux sur les questions intéressant la vie de l'établissement. – *[Décr. n° 86-164 du 31 janv. 1986, art. 15-1.]*

Art. D. 422-18 Le projet d'établissement est élaboré selon les modalités définies aux premier, deuxième et quatrième alinéas et à la première phrase du sixième alinéa de l'article R. 421-3. – *[Décr. n° 86-164 du 31 janv. 1986, art. 2-1.]*

Art. D. 422-19 Le règlement intérieur est établi conformément aux dispositions de l'article R. 421-5.

(Décr. n° 2019-908 du 30 août 2019, art. 3) « Les règles applicables aux sanctions qui peuvent être prononcées à l'encontre des élèves sont fixées par les articles R. 511-12 à R. 511-13-1. »

Art. D. 422-20 Les avis émis et les décisions prises en application des articles D. 422-16 et D. 422-17 résultent de votes personnels. Le vote secret est de droit si un membre du conseil le demande. En cas de partage des voix, celle du président est prépondérante. – *[Décr. n° 86-164 du 31 janv. 1986, art. 14, al. 3, et art. 15-2.]*

Art. D. 422-21 Sous réserve des dispositions particulières applicables au budget et aux décisions le modifiant, fixées aux articles D. 422-45 à D. 422-53 :

1° Les délibérations du conseil d'administration relatives au fonctionnement de l'établissement qui, pour devenir exécutoires, doivent être transmises à l'autorité académique sont celles relatives :

a) A la passation des conventions et contrats, et notamment des marchés ;

b) Au recrutement de personnels ;

c) Aux tarifs du service annexe d'hébergement ;

d) Au financement des voyages scolaires.

Les délibérations sont exécutoires quinze jours après leur transmission.

2° Les délibérations du conseil d'administration portant sur le contenu ou l'organisation de l'action éducatrice qui, pour devenir exécutoires, doivent être transmises à l'autorité académique sont celles relatives :

a) Au règlement intérieur de l'établissement ;

b) A l'organisation de la structure pédagogique ;

c) A l'emploi de la dotation horaire globalisée ;

d) A l'organisation du temps scolaire ;

e) Au projet d'établissement ;

f) Au rapport annuel sur le fonctionnement pédagogique ;

g) A la définition, compte tenu des schémas régionaux, des actions de formation complémentaire et de formation continue destinées aux jeunes et aux adultes.

Les délibérations sont exécutoires quinze jours après leur transmission.

Dans le délai prévu à l'alinéa précédent, l'autorité académique peut prononcer l'annulation des actes du conseil d'administration relatifs au contenu ou à l'organisation de l'action éducatrice lorsque ces actes sont contraires aux lois et règlements ou de nature à porter atteinte au fonctionnement du service public de l'enseignement. La décision motivée de l'autorité académique est communiquée sans délai au conseil d'administration. – *[Décr. n° 86-164 du 31 janv. 1986, art. 16.]*

Art. D. 422-22 Les représentants des personnels et des parents d'élèves sont élus au scrutin de liste à la représentation proportionnelle au plus fort reste. En cas d'égalité des restes, le siège restant à pourvoir est attribué à la liste qui a obtenu le plus grand nombre de suffrages et, en cas d'égalité du nombre de suffrages, au candidat le plus âgé. Pour l'élection des représentants des personnels, les électeurs sont répartis en deux collèges.

Le premier collège comprend les personnels titulaires ou non titulaires exerçant des fonctions d'enseignement, de direction, d'éducation, de surveillance ou de documentation. Le second collège comprend les personnels titulaires ou non titulaires d'administration, de santé scolaire, techniques, ouvriers, de service et de laboratoire.

Les instructeurs font partie du même collège électoral que celui des personnels dont les fonctions sont identiques à celles qu'ils exercent.

Les titulaires exerçant à temps complet ou partiel sont électeurs ; ils sont aussi éligibles lorsqu'ils n'ont pas la qualité de membre de droit.

Les non-titulaires ne sont électeurs que s'ils sont employés par l'établissement pour une durée au moins égale à 150 heures annuelles. Ils ne sont éligibles que s'ils sont nommés pour l'année scolaire.

Les personnels votent dans l'établissement où ils ont été affectés ou par lequel ils ont été recrutés. Ceux qui exercent dans plusieurs établissements votent dans l'établissement où ils effectuent la partie la plus importante de leur service ; en cas de répartition égale de celui-ci entre deux établissements, ils votent dans l'établissement de leur choix. Les personnels remplaçants votent dans l'établissement où ils exercent leurs fonctions au moment des élections à la condition d'y être affectés pour une durée supérieure à trente jours.

Les fonctionnaires stagiaires régis par le décret n° 94-874 du 7 octobre 1994 fixant les dispositions communes applicables aux stagiaires de l'État et de ses établissements publics sont électeurs et éligibles.

Chaque parent est électeur et éligible sous réserve pour les parents d'enfant mineur de ne s'être pas vu retirer l'autorité parentale. Il ne dispose que d'une voix quel que soit le nombre de ses enfants inscrits dans le même établissement.

Lorsque l'enfant a été confié à un tiers qui accomplit tous les actes usuels relatifs à la surveillance et à l'éducation de l'enfant, ce tiers exerce à la place des parents le droit de voter et de se porter candidat.

Ce droit de suffrage est non cumulatif avec celui dont il disposerait déjà au titre de parent d'un ou plusieurs élèves inscrits dans l'établissement. – *[Décr. n° 86-164 du 31 janv. 1986, art. 17.]*

Art. D. 422-23 L'élection des représentants des élèves se fait à deux degrés. Deux délégués d'élèves sont élus au scrutin uninominal à deux tours dans chaque classe ou, dans le cas d'une organisation différente, dans les groupes définis à cet effet par le ministre chargé de l'éducation. Le nom de chaque candidat est accompagné de celui de son suppléant. Tous les élèves sont électeurs et éligibles.

Dans les établissements comportant un internat, l'ensemble des élèves internes est assimilé à une classe pour l'élection de ses représentants.

(Décr. n° 2016-1229 du 16 sept. 2016, art. 1er) « Dans les collèges, les » délégués d'élèves élisent en leur sein au scrutin plurinominal à un tour les représentants des élèves au conseil d'administration. Le nom de chaque candidat est accompagné de celui de son suppléant. Sont seuls éligibles les élèves des classes d'un niveau égal ou supérieur à la classe de cinquième.

(Décr. n° 2016-1229 du 16 sept. 2016, art. 1er) « Dans les lycées, les délégués des élèves et les délégués pour la vie lycéenne élisent au scrutin plurinominal à un tour, au sein des membres titulaires et suppléants du conseil des délégués pour la vie lycéenne de l'établissement, les représentants des élèves au conseil d'administration. Sont déclarés élus les candidats ayant obtenu le plus grand nombre de voix. Le nombre d'élus suppléants est au plus égal au nombre de titulaires.

« En cas d'empêchement d'un ou de plusieurs titulaires, les suppléants siègent dans l'ordre dans lequel ils ont été élus, qui est fonction du nombre de voix qu'ils ont recueillies.

« Lors de l'élection des représentants des élèves au conseil d'administration, il est également procédé à l'élection du vice-président du conseil des délégués pour la vie lycéenne parmi les candidats à ces fonctions. Celui ayant obtenu le plus grand nombre de voix est élu.

« Lorsque des classes post-baccalauréat existent au sein de l'établissement, les délégués des élèves de ces classes élisent en leur sein, au scrutin plurinominal à un tour au moins, un représentant au conseil d'administration. Le chef d'établissement détermine préalablement au scrutin le nombre de sièges à pourvoir pour les représentants de ces élèves en tenant compte de leur part dans les effectifs de l'établissement. »

Dans les scrutins prévus au présent article, en cas d'égalité des voix, le plus jeune des candidats est déclaré élu.

Art. D. 422-24 Les délégués des élèves peuvent recueillir les avis et les propositions des élèves et les exprimer auprès du chef d'établissement et du conseil d'administration. – *[Décr. n° 86-164 du 31 janv. 1986, art. 18-1.]*

Art. D. 422-25 Les articles D. 422-22 et D. 422-23 s'appliquent aux personnels de toute catégorie, aux parents d'élèves et aux élèves sans condition de nationalité.

Les mandats des membres élus du conseil d'administration sont d'une année. Ils expirent le jour de la première réunion du conseil qui suit leur renouvellement.

Un membre élu ne peut siéger au conseil d'administration qu'au titre d'une seule catégorie. – *[Décr. n° 86-164 du 31 janv. 1986, art. 19.]*

Art. D. 422-26 Le chef d'établissement assure l'organisation et veille au bon déroulement des élections. L'élection des représentants des personnels, celle des représentants des parents d'élèves et celle des élèves comme délégués de classe sont effectuées au plus tard avant la fin de la septième semaine de l'année scolaire.

Le chef d'établissement dresse, pour chacun des collèges définis à l'article D. 422-22, la liste électorale vingt jours avant l'élection. Les déclarations de candidature signées par les candidats lui sont remises dix jours francs avant l'ouverture du scrutin. Ces différents documents sont affichés dans un lieu facilement accessible aux personnels et aux parents.

Pour les élections des représentants des personnels et des parents d'élèves, les listes peuvent comporter au plus un nombre égal au double du nombre des sièges à pourvoir. Ce nombre ne peut être inférieur à deux noms. Les candidats sont inscrits sans mention de la qualité de titulaire et de suppléant. Les électeurs votent pour une liste sans panachage ni radiation. Les élus sont désignés selon l'ordre de présentation de la liste. Il est désigné au maximum autant de suppléants que de titulaires. En cas d'empêchement provisoire de membres titulaires, il est fait appel aux suppléants dans l'ordre de la liste.

Si un candidat se désiste moins de huit jours francs avant l'ouverture du scrutin, il ne peut être remplacé.

Lorsque le scrutin est uninominal, le nom de chaque candidat est accompagné de celui de son suppléant.

Le matériel de vote est envoyé aux électeurs six jours au moins avant la date du scrutin. *(Décr. nº 2019-918 du 30 août 2019, art. 10)* « Le vote a lieu à l'urne et par correspondance ou, pour l'élection des représentants des parents d'élèves, exclusivement par correspondance sur décision du chef d'établissement, après consultation du conseil d'administration ». Les votes sont personnels et secrets.

Le chef d'établissement fixe la date du scrutin et les heures d'ouverture du bureau de vote sans que celles-ci puissent être inférieures à quatre heures consécutives pour les parents d'élèves et à huit heures consécutives pour les personnels. Il reçoit pour le vote par correspondance les bulletins sous double enveloppe, organise le dépouillement public et en publie les résultats.

Les contestations sur la validité des opérations électorales sont portées dans un délai de cinq jours ouvrables à compter de la proclamation des résultats devant le recteur d'académie. Celui-ci statue dans un délai de huit jours à l'issue duquel la demande est réputée rejetée.

Art. D. 422-27 Le représentant des collectivités territoriales ou de leurs groupements mentionnés aux 6° et 7° de l'article D. 422-12 et 5° et 6° de l'article D. 422-14 sont désignés en leur sein par l'assemblée délibérante. Il est procédé à une nouvelle désignation à la suite de chaque renouvellement partiel ou total de l'assemblée délibérante de la collectivité.

Pour chaque représentant titulaire, un représentant suppléant est désigné dans les mêmes conditions. Celui-ci siège au conseil d'administration en cas d'empêchement du représentant titulaire. – *[Décr. nº 86-164 du 31 janv. 1986, art. 21.]*

Art. D. 422-28 Les personnalités qualifiées siégeant au conseil d'administration sont désignées pour une durée de trois ans. – *[Décr. nº 86-164 du 31 janv. 1986, art. 22.]*

Art. D. 422-29 *(Décr. nº 2016-1229 du 16 sept. 2016, art. 2)* « Lorsqu'un membre du conseil d'administration élu au scrutin de liste » perd la qualité au titre de laquelle il a été désigné ou quand une vacance survient par décès, mutation, démission ou empêchement définitif constaté par le chef d'établissement, il est remplacé, selon le cas, par son suppléant ou par le premier suppléant dans l'ordre de la liste, pour la durée du mandat restant à courir.

(Décr. nº 2016-1229 du 16 sept. 2016, art. 2) « Lorsqu'un représentant titulaire des élèves du conseil d'administration perd la qualité au titre de laquelle il a été élu ou quand une vacance survient par décès, changement d'établissement, démission ou empêchement définitif constaté par le chef d'établissement, il est remplacé par un des suppléants, pris dans l'ordre dans lequel ils ont été élus, qui est fonction du nombre de voix qu'ils ont recueillies. »

Lorsqu'un représentant titulaire de l'une des collectivités visées à l'article D. 422-27 perd la qualité au titre de laquelle il a été désigné, ou en cas de décès, de démission ou d'empêchement définitif de l'intéressé constaté par l'exécutif de la collectivité concernée, il est procédé à une nouvelle désignation du représentant titulaire ainsi que du représentant suppléant.

En cas de décès, de démission ou d'empêchement définitif constaté par le chef d'établissement d'une personnalité qualifiée, une nouvelle personnalité qualifiée est désignée, pour la durée du mandat restant à courir, dans les conditions fixées à l'article D. 422-13.

Art. D. 422-30 Nul ne peut être membre du conseil d'administration s'il a été privé par jugement de tout ou partie des droits civils, civiques ou de famille mentionnés à l'article 131-26 du code pénal. – *[Décr. nº 86-164 du 31 janv. 1986, art. 24.]*

Art. D. 422-31 Le conseil d'administration se réunit en séance ordinaire à l'initiative du chef d'établissement au moins une fois par an. Il est en outre réuni en séance extraordinaire à la demande de l'autorité académique, du chef d'établissement ou de la moitié au moins de ses membres sur un ordre du jour déterminé.

(Décr. nº 2020-1633 du 21 déc. 2020, art. 1er) « Le chef d'établissement fixe l'ordre du jour, les dates et heures des séances du conseil d'administration en tenant compte, au titre des questions diverses, des demandes d'inscription que lui ont adressées les

membres du conseil. Il envoie les convocations, accompagnées de l'ordre du jour et des documents préparatoires, au moins huit jours à l'avance, ce délai pouvant être réduit à un jour en cas d'urgence. »

Le conseil d'administration ne peut siéger valablement que si le nombre des membres présents en début de séance est égal à la majorité des membres composant le conseil. Si ce quorum n'est pas atteint, le conseil d'administration est convoqué en vue d'une nouvelle réunion, qui doit se tenir dans un délai minimum de *(Décr. n° 2019-918 du 30 août 2019, art. 9)* « cinq » jours et maximum de *(Décr. n° 2019-918 du 30 août 2019, art. 9)* « huit » jours ; il délibère alors valablement, quel que soit le nombre des membres présents. En cas d'urgence, ce délai peut être réduit à trois jours.

SOUS-§ 3 LA COMMISSION PERMANENTE

Art. D. 422-32 *(Décr. n° 2020-1633 du 21 déc. 2020, art. 1er)* « Lorsqu'elle a été créée en application de l'article D. 422-16-1, la commission » permanente dans les collèges et lycées comprend les membres suivants :

1° Le chef d'établissement, président ;

2° L'adjoint au chef d'établissement ;

3° Le gestionnaire de l'établissement ;

4° Le conseiller principal d'éducation le plus ancien ;

5° Le directeur adjoint chargé de la section d'éducation spécialisée dans les collèges, le *(Décr. n° 2016-657 du 20 mai 2016, art. 1er)* « directeur délégué aux formations professionnelles et technologiques » dans les lycées ;

6° Cinq représentants élus des personnels, dont quatre au titre des personnels d'enseignement, de direction, d'éducation, de surveillance ou de documentation et un au titre des personnels administratifs ou d'intendance, sociaux et de santé, techniques, ouvriers et de service ou de laboratoire ;

7° Cinq représentants des parents d'élèves et des élèves, dont quatre représentants élus des parents d'élèves et un représentant élu des élèves dans les collèges, et trois représentants élus des parents d'élèves et deux représentants élus des élèves dans les lycées ;

8° Un représentant de la commune siège de l'établissement.

Les représentants des personnels d'enseignement et d'éducation et les représentants des parents d'élèves sont élus, au scrutin proportionnel au plus fort reste, en leur sein par les membres du conseil d'administration appartenant à leurs catégories respectives. Le représentant des personnels administratifs, sociaux et de santé, techniques, ouvriers et de service et le représentant des élèves sont élus au scrutin uninominal à un tour en leur sein par les membres du conseil d'administration appartenant à leurs catégories respectives. Le représentant de la commune siège est désigné par la collectivité concernée parmi ses représentants au conseil d'administration.

Pour chaque membre élu de la commission permanente, un suppléant est élu dans les mêmes conditions.

Art. D. 422-33 *(Décr. n° 2020-1633 du 21 déc. 2020, art. 1er)* Les règles fixées au premier alinéa de l'article D. 422-29 en ce qui concerne le remplacement des membres du conseil d'administration et les règles fixées à l'article D. 422-31 en matière d'ordre du jour, de convocation et de quorum pour le conseil d'administration sont applicables à la commission permanente.

SOUS-§ 4 LE CONSEIL DE LA VIE COLLÉGIENNE, L'ASSEMBLÉE GÉNÉRALE DES DÉLÉGUÉS DES ÉLÈVES, LE CONSEIL DES DÉLÉGUÉS POUR LA VIE LYCÉENNE ET LE CONSEIL DES SECTIONS INTERNATIONALES *(Décr. n° 2016-1631 du 29 nov. 2016, art. 4)*.

Art. D. 422-33-1 *(Décr. n° 2016-1631 du 29 nov. 2016, art. 4)* Dans les collèges, un conseil de la vie collégienne est composé de représentants des élèves, d'au moins deux représentants des personnels dont un personnel enseignant et d'au moins un représentant des parents d'élèves.

Le conseil est présidé par le chef d'établissement.

Le conseil d'administration fixe par une délibération la composition, les modalités d'élection ou de désignation des membres, les modalités de fonctionnement du conseil ainsi que les conditions dans lesquelles les propositions de celui-ci lui sont présentées.

Les membres du conseil de la vie collégienne sont élus ou désignés au plus tard à la fin de l'année civile suivant la rentrée scolaire.

Art. D. 422-33-2 *(Décr. n° 2016-1631 du 29 nov. 2016, art. 4)* Le conseil de la vie collégienne formule des propositions :

a) Sur les questions relatives aux principes généraux de l'organisation de la scolarité, à l'organisation du temps scolaire, à l'élaboration du projet d'établissement et du règlement intérieur, ainsi que sur les questions relatives aux équipements, à la restauration et à l'internat ;

b) Sur les modalités d'organisation du travail personnel et de l'accompagnement des élèves ainsi que sur les échanges linguistiques et culturels en partenariat avec les établissements d'enseignement étrangers ;

c) Sur les actions ayant pour objet d'améliorer le bien-être des élèves et le climat scolaire et de promouvoir les pratiques participatives ;

d) Sur la mise en œuvre du parcours d'éducation artistique et culturelle prévu par l'article L. 121-6, des actions concourant à l'apprentissage et l'exercice de la citoyenneté dans le cadre de l'enseignement moral et civique prévu à l'article L. 312-15, du parcours individuel d'information, d'orientation et de découverte du monde économique et professionnel prévu par l'article L. 331-7 et du parcours éducatif de santé prévu par l'article L. 541-1 ;

e) Sur la formation des représentants des élèves.

Art. D. 422-34 Dans les lycées, l'ensemble des délégués des élèves est réuni en assemblée générale sous la présidence du chef d'établissement au moins deux fois par an, dont une fois avant la fin de la septième semaine de l'année scolaire. Le ou les adjoints du chef d'établissement et les conseillers principaux d'éducation assistent aux réunions.

(Décr. n° 2016-1229 du 16 sept. 2016, art. 3) « Au cours de la première réunion de l'assemblée générale des délégués de classe, il est procédé à l'élection des représentants des élèves au conseil de discipline. »

L'assemblée générale des délégués des élèves constitue un lieu d'échanges sur les questions relatives à la vie et au travail scolaires.

Art. D. 422-35 *(Décr. n° 2016-1229 du 16 sept. 2016, art. 4)* « Dans les lycées, un conseil des délégués pour la vie lycéenne est composé de dix lycéens élus pour deux ans par l'ensemble des élèves de l'établissement, au scrutin plurinominal à un tour. » En cas d'égalité des voix, le plus jeune des candidats est déclaré élu.

Pour chaque titulaire, un suppléant est élu dans les mêmes conditions. Lorsque le titulaire élu par l'ensemble des élèves de l'établissement est en dernière année de cycle d'études, son suppléant doit être inscrit dans une classe de niveau inférieur. Un membre suppléant ne peut siéger qu'en l'absence du titulaire. Lorsqu'un membre titulaire cesse d'être élève de l'établissement ou démissionne, il est remplacé par son suppléant pour la durée du mandat restant à courir.

Le mandat des membres du conseil expire le jour de la première réunion qui suit l'élection de la catégorie à laquelle ils appartiennent.

(Décr. n° 2016-1229 du 16 sept. 2016, art. 4) « Les membres du conseil des délégués à la vie lycéenne sont renouvelés par moitié tous les ans. »

Le conseil est présidé par le chef d'établissement.

Art. D. 422-36 Assistent, à titre consultatif, aux réunions du conseil des délégués des élèves pour la vie lycéenne des représentants des personnels et des parents d'élèves dont le nombre est égal à celui des membres. Les représentants des personnels sont désignés chaque année, pour cinq d'entre eux, parmi les membres volontaires des personnels d'enseignement et d'éducation et, pour trois d'entre eux, parmi les membres volontaires des personnels administratifs, sociaux et de santé, techniques, ouvriers et de service de l'établissement, par le conseil d'administration du lycée, sur proposition des représentants de leur catégorie au sein de ce conseil. Deux représentants des parents d'élèves sont élus, en leur sein, par les représentants des parents d'élèves au conseil d'administration.

Le président peut, à son initiative ou à la demande de la moitié des membres du conseil, inviter à participer à la séance toute personne dont la consultation est jugée utile. — *[Décr. n° 86-164 du 31 janv. 1986, art. 29, al. 4 et 6.]*

Art. D. 422-37 Le chef d'établissement assure l'organisation et veille au bon déroulement des élections de l'ensemble des représentants lycéens au conseil des délégués pour la vie lycéenne. Celles-ci ont lieu au plus tard avant la fin de la septième semaine de l'année scolaire. Le vote par correspondance est autorisé, dans les conditions définies par le conseil d'administration.

Pour les sièges à pourvoir au suffrage direct, le chef d'établissement recueille les candidatures qui lui parviennent dix jours au moins avant la date du scrutin. Chaque candidature comporte le nom d'un titulaire et d'un suppléant. Les élèves dont la scolarité se déroule en dehors de l'établissement peuvent voter par correspondance selon des modalités fixées par le règlement intérieur de l'établissement.

Les contestations sur la validité des opérations électorales sont portées dans un délai de cinq jours ouvrables, à compter de la proclamation des résultats, devant le chef d'établissement, qui statue dans un délai de huit jours. — *[Décr. n° 86-164 du 31 janv. 1986, art. 29-2.]*

Art. D. 422-38 Le conseil des délégués pour la vie lycéenne exerce les attributions suivantes :

1° Il formule des propositions sur la formation des représentants des élèves et les conditions d'utilisation des fonds lycéens ;

2° Il est obligatoirement consulté :

(Décr. n° 2016-1229 du 16 sept. 2016, art. 5) « *a)* Sur les questions relatives aux principes généraux de l'organisation des études, sur l'organisation du temps scolaire, sur l'élaboration du projet d'établissement et du règlement intérieur, ainsi que sur les questions de restauration et d'internat ;

« *b)* Sur les modalités générales de l'organisation du travail personnel, de l'accompagnement personnalisé, des dispositifs d'accompagnement des changements d'orientation, du soutien et de l'aide aux élèves, des échanges linguistiques et culturels en partenariat avec les établissements d'enseignement européens et étrangers et sur l'information relative à l'orientation, aux études scolaires et universitaires et aux carrières professionnelles ; »

c) Sur la santé, l'hygiène et la sécurité, sur l'aménagement des espaces destinés à la vie lycéenne et sur l'organisation des activités sportives, culturelles et périscolaires.

(Décr. n° 2016-1229 du 16 sept. 2016, art. 5) « Le vice-président du conseil des délégués pour la vie lycéenne présente au conseil d'administration les avis et les propositions, ainsi que les comptes rendus de séance du conseil des délégués pour la vie lycéenne, qui sont, le cas échéant, inscrits à l'ordre du jour et peuvent faire l'objet d'un affichage dans les conditions prévues à l'article R. 511-7. »

Le conseil des délégués pour la vie lycéenne se réunit, sur convocation du chef d'établissement, avant chaque séance ordinaire du conseil d'administration. Il est, en outre, réuni en séance extraordinaire, à la demande de la moitié de ses membres. L'ordre du jour est arrêté par le chef d'établissement. Sont inscrites à l'ordre du jour toutes les questions ayant trait aux domaines définis ci-dessus, dont l'inscription est demandée par au moins la moitié des membres du conseil.

Le conseil ne peut siéger valablement que si la majorité des lycéens est présente. Si le quorum n'est pas atteint, le chef d'établissement convoque à nouveau le conseil dans un délai de trois jours au minimum et de huit jours au maximum. Le conseil délibère alors valablement quel que soit le nombre des membres présents.

Art. D. 422-39 Dans les collèges et les lycées comportant une ou plusieurs sections internationales *(Décr. n° 2021-1054 du 6 août 2021, art. 19)* « ou une ou plusieurs classes menant au baccalauréat français international », un conseil de section internationale *(Décr. n° 2021-1054 du 6 août 2021, art. 19)* « et de parcours international » exerce les compétences consultatives prévues à l'article D. 421-137 et est composé conformément aux dispositions de l'article D. 421-139. Toutefois, la représentation des collectivités territoriales au sein de cette instance comprendra, tant pour les collèges que pour les lycées, un représentant de la commune siège ou du groupement de communes concernées siégeant au conseil d'administration et, respectivement pour les

collèges et pour les lycées, le représentant du conseil départemental ou le représentant du conseil régional siégeant au conseil d'administration.

Les dispositions issues du Décr. nº 2021-1054 du 6 août 2021 sont applicables à compter de la rentrée scolaire 2022-2023 pour les classes de première et de la rentrée scolaire 2023-2024 pour les classes de terminale (Décr. préc., art. 22).

SOUS-§ 5 AUTRES CONSEILS COMPÉTENTS EN MATIÈRE DE SCOLARITÉ

Art. D. 422-40 **Les règles relatives au conseil de discipline des établissements d'enseignement relevant de la présente sous-section, aux modalités d'appel de ses décisions et à la procédure disciplinaire sont fixées** *(Décr. nº 2013-756 du 19 août 2013, art. 10)* **« par les sous-sections 3 à 6 de la section II du chapitre unique du titre Ier de la partie réglementaire du livre V, à l'exception des articles R. 511-22 à R. 511-24, R. 511-29 et R. 511-53 à D. 511-58 ».**

Art. D. 422-41 **Les équipes pédagogiques constituées par classe, ou groupe d'élèves éventuellement regroupés par cycles favorisent la concertation entre les enseignants, en particulier en ce qui concerne l'élaboration et la mise en œuvre du projet d'établissement et la coordination des enseignements et des méthodes d'enseignement. Elles assurent le suivi et l'évaluation des élèves et organisent l'aide à leur travail personnel. Elles conseillent les élèves pour le bon déroulement de leur scolarité et le choix de leur orientation. Dans le cadre de ces missions, les équipes pédagogiques sont chargées des relations avec les familles et les élèves et travaillent en collaboration avec d'autres personnels, notamment les personnels d'éducation et d'orientation.**

Les équipes pédagogiques constituées par discipline ou spécialité favorisent les coordinations nécessaires entre les enseignants, en particulier pour le choix des matériels techniques, des manuels et des supports pédagogiques.

Les équipes pédagogiques peuvent être réunies à l'initiative du chef d'établissement sous sa présidence. – *[Décr. nº 86-164 du 31 janv. 1986, art. 32.]*

Art. D. 422-41-1 *(Décr. nº 2021-954 du 19 juill. 2021, art. 7)* **En application de l'article R. 421-10, le chef d'établissement désigne les professeurs principaux des classes et, le cas échéant, en classe de première ou de terminale de la voie générale et technologique, les professeurs référents de groupes d'élèves, avec l'accord des intéressés.**

Le professeur principal d'une classe ou le professeur référent de groupe d'élèves assure une tâche de coordination tant du suivi des élèves que de la préparation de leur orientation, en liaison avec les psychologues de l'éducation nationale, et en concertation avec les parents d'élèves.

Le professeur référent de groupe d'élèves assure un suivi individualisé renforcé des élèves dont il a la charge.

Pour ces missions, les personnels enseignants désignés perçoivent une indemnité, dont les modalités sont fixées par l'arrêté prévu par l'article 4 du décret nº 93-55 du 15 janvier 1993 instituant une indemnité de suivi et d'orientation des élèves.

En l'absence de professeur principal dans les classes de première ou de terminale de la voie générale et technologique, un professeur référent de groupe d'élèves assure les missions de professeur principal.

Art. D. 422-42 **Dans les collèges et les lycées, pour chaque classe ou groupe d'élèves, un conseil de classe, présidé par le chef d'établissement ou son représentant, comprend les membres suivants :**

1º Les personnels enseignants de la classe ou du groupe de classes ;

2º Les deux délégués des parents d'élèves de la classe ou du groupe de classes ;

3º Les deux délégués d'élèves de la classe ou du groupe de classes ;

4º Le conseiller principal d'éducation ;

5º Le *(Décr. nº 2019-218 du 21 mars 2019, art. 4)* **« psychologue de l'éducation nationale ».**

Sont également membres du conseil de classe lorsqu'ils ont eu à connaître du cas personnel d'un ou de plusieurs élèves de la classe :

6º Le médecin de santé scolaire ou le médecin d'orientation scolaire et professionnelle ou, à défaut, le médecin de l'établissement ;

7° L'assistant de service social ;

8° L'infirmier ou l'infirmière.

Le chef d'établissement réunit, au cours du premier trimestre, les responsables des listes de candidats qui ont obtenu des voix lors de l'élection des représentants de parents d'élèves au conseil d'administration, pour désigner les deux délégués titulaires et les deux délégués suppléants des parents d'élèves de chaque classe, à partir des listes qu'ils présentent à cette fin. Le chef d'établissement répartit les sièges compte tenu des suffrages obtenus lors de cette élection.

Dans le cas où, pour une classe, il s'avérerait impossible de désigner des parents d'élèves de la classe, les sièges des délégués pourraient être attribués à des parents d'élèves d'autres classes volontaires.

Les parents d'élèves ne sont pas représentés dans le conseil de classe pour les formations postérieures au baccalauréat de l'enseignement secondaire.

Art. D. 422-43 *(Décr. n° 2014-1377 du 18 nov. 2014, art. 53)* « Le conseil de classe est chargé du suivi des élèves ; il examine toutes les questions pédagogiques intéressant le suivi des acquis des élèves et la vie de la classe, notamment les modalités d'organisation du travail personnel des élèves et de l'évaluation progressive de leurs acquis. Il se réunit au moins trois fois par an et chaque fois que le chef d'établissement le juge utile. A titre dérogatoire, les lycées professionnels peuvent limiter à deux fois par an le nombre de réunions du conseil de classe. »

(Décr. n° 2014-1377 du 18 nov. 2014, art. 53) « Le professeur principal qui exerce les activités de coordination et de suivi mentionnées à l'article 3 du décret n° 93-55 du 15 janvier 1993 instituant une indemnité de suivi et d'orientation des élèves ou un représentant de l'équipe pédagogique expose au conseil de classe les résultats obtenus par les élèves et présente ses observations sur les conseils en orientation formulés par l'équipe. Sur ces bases et en prenant en compte l'ensemble des éléments d'ordre éducatif, médical et social apportés par ses membres, le conseil de classe examine le déroulement de la scolarité de chaque élève afin de mieux l'accompagner dans son parcours scolaire, à la fois dans la progression de ses apprentissages à l'intérieur d'un cycle, dans son passage d'un cycle à l'autre et dans la construction de son projet personnel. »

Dans les mêmes conditions et compte tenu des éléments d'information complémentaire recueillis à la demande, ou avec l'accord de la famille ou de l'élève majeur, le conseil de classe émet des propositions d'orientation dans les conditions définies à l'article D. 331-32.

(Décr. n° 2018-120 du 20 févr. 2018, art. 4) « En classe terminale des lycées, le conseil de classe se prononce sur les vœux de poursuite d'études de l'élève dans l'enseignement supérieur afin d'éclairer le chef d'établissement appelé à émettre un avis sur chacun de ces vœux. »

Art. D. 422-43-1 *(Décr. n° 2021-954 du 19 juill. 2021, art. 8)* En l'absence du professeur principal mentionné au D. 422-43, le professeur référent de groupe d'élèves expose au conseil de classe les résultats obtenus par les élèves dont il a la charge et présente ses observations sur les conseils en orientation formulés par l'équipe en ce qui les concerne.

En l'absence du professeur référent de groupe d'élèves au conseil de classe, ce dernier transmet ses observations au professeur principal mentionné au D. 422-43.

Art. D. 422-44 Des relations d'information mutuelle sont établies à l'initiative du chef d'établissement entre les enseignants, les élèves et les parents d'un même groupe, d'une même classe ou d'un même niveau, en particulier au moment de la rentrée scolaire. — *[Décr. n° 86-164 du 31 janv. 1986, art. 33, al. 19.]*

§ 2 ORGANISATION FINANCIÈRE

SOUS-§ 1er DISPOSITIONS GÉNÉRALES

Art. D. 422-45 *(Décr. n° 2012-1247 du 7 nov. 2012, art. 29)* Sous réserve des dispositions des articles D. 422-46 à *(Décr. n° 2017-1882 du 29 déc. 2017, art. 1er)* « D. 422-53-10 », les établissements d'enseignement visés à l'article D. 422-1 sont soumis aux

dispositions *(Décr. n° 2017-1882 du 29 déc. 2017, art. 1er)* **« du titre Ier » du décret n° 2012-1246 du 7 novembre 2012 relatif à la gestion budgétaire et comptable publique.**

Art. D. 422-46 *(Décr. n° 2017-1882 du 29 déc. 2017, art. 2)* **I. — Le budget de ces établissements, qui comprend une section de fonctionnement et une section d'investissement, est établi dans la limite de leurs recettes et dans le respect de la nomenclature fixée conjointement par le ministre chargé du budget et le ministre chargé de l'éducation prévue au I de l'article R. 421-58.**

II. — Les recettes comprennent :

1° Des subventions de l'État ;

2° Toute autre contribution d'une collectivité publique ;

3° Des recettes propres, notamment les dons et legs, les recettes de pension et de demi-pension, le produit de la vente des objets confectionnés dans les ateliers, de la taxe d'apprentissage, des conventions de formation professionnelle et des conventions d'occupation des logements et locaux et le produit de l'aliénation des biens propres.

III. — La section de fonctionnement retrace les recettes et les dépenses de fonctionnement du service général et des services spéciaux.

Au titre du service général, elle individualise :

— les activités pédagogiques ;

— les actions éducatives liées à la vie scolaire, l'éducation à la santé et à la citoyenneté, la qualité de vie et les aides diverses des élèves et étudiants, à l'exception des bourses nationales ;

— la viabilisation, l'entretien et le fonctionnement général de l'établissement.

Au titre des services spéciaux, elle individualise notamment :

— les dépenses de bourses nationales effectuées par l'établissement pour le compte de l'État ;

— les missions de restauration et d'hébergement ;

— les groupements de service créés en application de l'article L. 421-10.

Le budget des établissements comporte en annexe un état récapitulatif faisant apparaître les emplois dont ils disposent à quelque titre que ce soit.

IV. — L'établissement peut se doter d'un budget annexe pour tout service spécial comportant des dépenses d'investissement.

Lorsqu'un centre de formation des apprentis au sens de l'article R. 431-1 est créé au sein de l'établissement, les recettes et les dépenses de ce centre sont retracées dans un budget annexe.

Art. D. 422-47 Le projet de budget est préparé par le chef d'établissement. Il doit être soumis au vote du conseil d'administration et adopté en équilibre réel dans le délai de trente jours suivant la notification de la subvention de l'État. Il est transmis à l'autorité académique dans les cinq jours suivant le vote. Il devient exécutoire dans un délai de trente jours à compter de la date de réception par l'autorité de tutelle, sauf si elle a fait connaître son désaccord motivé sur le budget. Dans ce cas ou lorsque le budget n'est pas adopté dans les trente jours suivant la notification de la subvention de l'État, il est réglé par l'autorité de tutelle.

Le budget des établissements est transmis à l'agent comptable dès qu'il est adopté ou réglé. — *[Décr. n° 86-164 du 31 janv. 1986, art. 36.]*

Art. D. 422-48 Les modifications apportées au budget initial en cours d'exercice sont adoptées et deviennent exécutoires dans les mêmes conditions que le budget. Par dérogation aux dispositions du *(Décr. n° 2017-1882 du 29 déc. 2017, art. 3)* **« premier » alinéa, le chef d'établissement peut directement porter au budget les modifications suivantes :**

1° Les augmentations de crédits provenant de *(Décr. n° 2017-1882 du 29 déc. 2017, art. 3)* **« prévisions de recettes » liées à des activités spécifiques de l'établissement dont le montant ne peut être arrêté avec exactitude lors de l'élaboration du budget ;**

2° Dans la mesure où elles n'ont pas pu faire l'objet d'une inscription au budget initial, les augmentations de crédits, *(Décr. n° 2017-1882 du 29 déc. 2017, art. 3)* **« liées aux prévisions de recettes attribuées par convention sous condition d'emploi. Ces recettes » ne lui sont définitivement acquises qu'à concurrence du montant des dépenses constatées pour l'exécution des charges précisées lors du versement des fonds ;**

(Décr. n° 2017-1882 du 29 déc. 2017, art. 3) « 3° Les augmentations de crédits nécessaires aux opérations d'ordre définies par les instructions budgétaires et comptables. »

(Décr. n° 2020-1633 du 21 déc. 2020, art. 1er) « Le chef d'établissement rend compte au conseil d'administration, lors de sa plus prochaine séance, des modifications qu'il a apportées au budget de l'établissement. »

Toutes les décisions budgétaires modificatives précitées donnent lieu à l'élaboration d'un document budgétaire actualisé.

Art. D. 422-49 Si le budget de l'établissement n'est pas exécutoire au début de l'exercice budgétaire, les opérations de recettes et de dépenses sont effectuées temporairement sur la base des prévisions de l'exercice précédent, dans la limite des crédits ouverts et déduction faite, le cas échéant, des crédits affectés à des dépenses non renouvelables.

Toutefois, en cas de nécessité, il peut être tenu compte, après accord de l'autorité de tutelle, de l'incidence de la reconduction des mesures prises dans le budget de l'exercice précédent au titre de la rentrée scolaire, pour la détermination des limites d'engagement des dépenses. — *[Décr. n° 86-164 du 31 janv. 1986, art. 38.]*

Art. D. 422-50 *(Décr. n° 2017-1882 du 29 déc. 2017, art. 4)* Après avis de leur conseil d'administration, les établissements peuvent être intégrés par arrêté du *(Décr. n° 2019-1558 du 30 déc. 2019, art. 9)* « recteur d'académie » aux groupements comptables prévus à l'article R. 421-62.

Art. D. 422-51 Un poste comptable est créé dans l'établissement siège du groupement. L'agent comptable de cet établissement, agent comptable du groupement, est chargé de la tenue de la comptabilité générale de chaque établissement membre du groupement.

Lorsque le conseil d'administration d'un établissement membre d'un groupement est appelé à examiner une question relative à l'organisation financière, l'agent comptable assiste aux travaux du conseil avec voix consultative. — *[Décr. n° 86-164 du 31 janv. 1986, art. 40.]*

Art. D. 422-52 L'agent comptable tient la comptabilité générale dans les conditions définies par le plan comptable applicable à l'établissement, *(Décr. n° 2017-1882 du 29 déc. 2017, art. 5)* « par instruction interministérielle prise après avis de l'autorité des normes comptables compétente ».

Lorsque l'agent comptable ne peut tenir lui-même la comptabilité matière, il en exerce le contrôle. Les instructions données à ce sujet au préposé doivent avoir recueilli l'accord de l'agent comptable qui demande qu'il soit procédé à l'inventaire annuel des stocks.

En cas de perte, destruction ou vol des justifications remises à l'agent comptable, le chef d'établissement pourvoit à leur remplacement en établissant un certificat visé par le *(Décr. n° 2014-552 du 27 mai 2014, art. 7)* « directeur départemental ou, le cas échéant, régional des finances publiques » territorialement compétent.

Art. D. 422-53 *(Décr. n° 2017-1882 du 29 déc. 2017, art. 6)* Les agents comptables sont nommés par le ministre chargé de l'éducation parmi les personnels de l'administration scolaire et universitaire.

Art. D. 422-53-1 *(Décr. n° 2017-1882 du 29 déc. 2017, art. 6)* En matière de recettes, les dispositions de l'article R. 421-66 du code l'éducation s'appliquent.

Art. D. 422-53-2 *(Décr. n° 2017-1882 du 29 déc. 2017, art. 6)* En matière d'ordre de recettes, les dispositions des deux premiers alinéas de l'article R. 421-67 du code de l'éducation s'appliquent.

Art. D. 422-53-3 *(Décr. n° 2017-1882 du 29 déc. 2017, art. 6)* Les créances de l'établissement qui n'ont pu être recouvrées à l'amiable font l'objet d'états rendus exécutoires par l'ordonnateur.

Les états exécutoires peuvent être notifiés aux débiteurs par lettre recommandée avec demande d'avis de réception. Leur recouvrement est poursuivi jusqu'à opposition devant la juridiction compétente.

L'agent comptable procède aux mesures d'exécution forcée dans les conditions prévues par l'article 28 du décret n° 2012-1246 du 7 novembre 2012 relatif à la gestion budgétaire et comptable publique.

Celles-ci peuvent à tout moment être suspendues sur un ordre écrit de l'ordonnateur si la créance est l'objet d'un litige.

Art. D. 422-53-4 *(Décr. n° 2017-1882 du 29 déc. 2017, art. 6)* En matière de créances, les dispositions de l'article R. 421-69 du code de l'éducation s'appliquent.

Art. D. 422-53-5 *(Décr. n° 2017-1882 du 29 déc. 2017, art. 6)* Les nominations des régisseurs d'avances et de recettes sont effectuées en application de l'article R. 421-70 du code de l'éducation.

Art. D. 422-53-6 *(Décr. n° 2017-1882 du 29 déc. 2017, art. 6)* En matière de dépenses, les dispositions de l'article R. 421-73 du code de l'éducation s'appliquent.

Art. D. 422-53-7 *(Décr. n° 2017-1882 du 29 déc. 2017, art. 6)* En matière d'ordres de dépenses et de pièces justificatives, les dispositions de l'article R. 421-74 du code de l'éducation s'appliquent.

Art. D. 422-53-8 *(Décr. n° 2017-1882 du 29 déc. 2017, art. 6)* Le plan comptable et la présentation du compte financier des établissements d'enseignement visés à l'article D. 422-1 sont ceux définis l'article R. 421-76 pour les établissements publics locaux d'enseignement.

Art. D. 422-53-9 *(Décr. n° 2017-1882 du 29 déc. 2017, art. 6)* A la fin de chaque exercice, l'agent comptable en fonctions prépare le compte financier de l'établissement pour l'exercice écoulé.

Le compte financier comprend :

1° La balance définitive des comptes ;

2° Le développement des dépenses et des recettes budgétaires ;

3° Le tableau récapitulatif de l'exécution du budget ;

4° Les documents de synthèse comptable ;

5° La balance des comptes des valeurs inactives.

Le compte financier est visé par l'ordonnateur, qui certifie que le montant des ordres de dépenses et des ordres de recettes est conforme à ses écritures.

Avant l'expiration du quatrième mois suivant la clôture de l'exercice, le conseil d'administration arrête le compte financier après avoir entendu l'agent comptable ou son représentant et affecte le résultat.

Le compte financier accompagné éventuellement des observations du conseil d'administration et de celles de l'agent comptable est transmis à l'autorité académique dans les trente jours suivant son adoption.

Avant l'expiration du sixième mois suivant la clôture de l'exercice, l'agent comptable adresse le compte financier et les pièces annexes nécessaires au juge des comptes.

Art. D. 422-53-10 *(Décr. n° 2017-1882 du 29 déc. 2017, art. 6)* Le contrôle de la gestion des agents comptables est assuré en application de l'article R. 421-78 du code de l'éducation.

SOUS-§ 2 LE SERVICE ANNEXE D'HÉBERGEMENT

Art. D. 422-54 Un service d'hébergement peut être créé dans l'établissement. Ce service accueille, dans le cadre de l'établissement, des élèves internes ou demi-pensionnaires. Les élèves d'un établissement d'enseignement peuvent être hébergés dans un service annexé à un autre établissement. – *[Décr. n° 86-164 du 31 janv. 1986, art. 43.]*

Art. D. 422-55 Les dépenses de fonctionnement du service annexe d'hébergement sont entièrement supportées par les familles et par l'État.

L'État a en totalité la charge de la rémunération des personnels de direction, de gestion, d'éducation et de surveillance du service d'hébergement, sauf les charges résultant de l'emploi des maîtres d'internat au pair. La rémunération des personnels soignants, ouvriers et de service est partagée entre l'État et les familles. Le ministre chargé de l'éducation fixe, par arrêté, la participation que les familles apportent à ce titre pour chaque élève interne et demi-pensionnaire. – *[Décr. n° 86-164 du 31 janv. 1986, art. 44.]*

Art. D. 422-56 Une délibération du conseil d'administration de l'établissement fixe les tarifs des frais d'hébergement.

Ces tarifs comprennent le coût direct des prestations et une participation aux charges générales de fonctionnement qui ne peut être inférieure à 30 % du tarif de demi-pension ou du tarif appliqué aux commensaux et hôtes prévus à l'article D. 422-58, ni être supérieure à 35 et 25 % des mêmes tarifs.

Des tarifs d'hébergement différents peuvent être pratiqués selon les prestations servies en fonction des niveaux ou de la nature des formations, notamment pour les élèves des classes de sixième et cinquième, pour ceux des classes préparatoires aux grandes écoles, sections de techniciens supérieurs, sections sport-études et sections hôtelières. – *[Décr. n° 86-164 du 31 janv. 1986, art. 45.]*

Art. D. 422-57 Les frais d'hébergement sont forfaitaires, payables par trimestre et d'avance.

Lorsque, au cours d'un trimestre, l'hébergement n'est pas assuré, lorsqu'un élève hébergé est absent pendant plus de deux semaines pour raison médicale ou familiale dûment justifiée, des remises d'ordre peuvent être demandées par les familles, en remboursement des frais versés.

Pour les demi-pensionnaires, le conseil d'administration, sur proposition du chef d'établissement, peut autoriser le paiement " au ticket ". Le prix des repas payés " au ticket " peut être supérieur à celui qui résulte de l'application du forfait.

En cas de défaut de paiement des frais scolaires, le chef d'établissement peut prononcer l'exclusion de l'élève du service d'hébergement. Toutefois, dans les établissements où cette mesure pourrait entraîner l'exclusion totale de l'élève, et notamment dans les établissements qui reçoivent des pensionnaires, la décision est prise par l'autorité de tutelle sur rapport du chef d'établissement, après avis du conseil d'administration. – *[Décr. n° 86-164 du 31 janv. 1986, art. 46.]*

Art. D. 422-58 Parmi les personnels des établissements, les catégories d'agents suivantes sont commensales de droit :

1° Les maîtres d'internat et les surveillants d'externat à service complet ou partiel et tout personnel assimilé ;

2° Les assistants étrangers ;

3° Les infirmiers et les infirmières ;

4° Les agents de service et les personnels de laboratoire des catégories C et D de la fonction publique.

Les commensaux de droit paient pour trois repas quotidiens 1/270 du tarif annuel de pension des élèves des classes de quatrième à terminale ; un abattement de 20 % est de plus consenti aux agents de service et de laboratoire. Le déjeuner et le dîner représentent chacun 45 % de ce tarif et le petit déjeuner 10 %.

Les chefs de cuisine ou leurs remplaçants effectifs lorsqu'ils sont en congé régulier sont dispensés de tout reversement.

Tous les autres personnels des établissements visés ci-dessus peuvent être admis à titre d'hôtes permanents ou de passage, sur décision du chef d'établissement prise après avis du conseil d'administration.

En deçà de l'indice des traitements de la fonction publique limitant le droit à prestations interministérielles, ces personnels paient le tarif des élèves de quatrième à terminale, majoré de 15 %. Au-delà de l'indice plafond, le tarif applicable aux personnels visés au précédent alinéa est majoré de 25 %. Lorsque les tarifs sont payés " au ticket " par les élèves, le pourcentage d'augmentation est déterminé par le conseil d'administration de l'établissement.

L'admission peut être étendue, dès lors que les capacités d'hébergement le permettent, aux élèves de passage, au tarif des classes correspondantes et au tarif majoré des personnels visés au huitième alinéa du présent article, aux auditeurs des cours de toute nature organisés dans l'établissement, aux membres des conseils d'administration des établissements dont les élèves sont nourris à ladite table, enfin à des personnes étrangères au service. – *[Décr. n° 86-164 du 31 janv. 1986, art. 47.]*

Art. D. 422-59 Pour l'application au lycée polyvalent et lycée professionnel de Saint-Pierre-et-Miquelon des dispositions des articles D. 422-8, D. 422-9, D. 422-10, D. 422-11, D. 422-13, D. 422-15, D. 422-18, D. 422-21, D. 422-26, D. 422-31 et D. 422-47, les mots : "autorité académique", *(Décr. n° 2012-16 du 5 janv. 2012, art. 7)* « directeur académique des services de l'éducation nationale agissant sur délégation du recteur d'académie » et "recteur d'académie" sont remplacés par les mots : "chef du service de l'éducation nationale". A l'article D. 422-9, les mots : "représentant de l'État dans le département" sont remplacés par les mots : "le préfet ou son représentant".

SOUS-SECTION 2 LES ÉTABLISSEMENTS RELEVANT DU MINISTÈRE DE L'AGRICULTURE

Art. R. 422-60 Les règles relatives aux établissements publics nationaux d'enseignement et de formation professionnelle agricoles mentionnés à l'article D. 211-12 du code de l'éducation sont fixées par les dispositions de la section IV du chapitre Ier du titre Ier du livre VIII de la partie réglementaire du code rural et de la pêche maritime et par le décret n° 99-298 du 16 avril 1999 relatif à l'organisation administrative et financière des établissements d'enseignement dont la responsabilité et la charge incombent entièrement à l'État.

SECTION II LES ÉTABLISSEMENTS MUNICIPAUX OU DÉPARTEMENTAUX

Art. D. 422-61 Sont applicables aux collèges et aux lycées visés à l'article L. 422-2 les articles D. 422-2, D. 422-4, D. 422-5, D. 422-15, D. 422-18, D. 422-19, la dernière phrase de l'article D. 422-20, les articles D. 422-34 à D. 422-38, et D. 422-40 à D. 422-44.

Les règles relatives aux libertés d'expression, d'association, de réunion et de publication dont disposent les élèves de ces établissements, à l'obligation d'assiduité à laquelle ils sont soumis ainsi qu'au conseil de discipline de l'établissement et à l'appel de ses décisions sont celles mentionnées *(Décr. n° 2013-756 du 19 août 2013, art. 10)* « aux articles R. 511-2, R. 511-6 à R. 511-11, R. 511-20, R. 511-21, R. 511-26, R. 511-27 et R. 511-49 ».

(Décr. n° 2019-1558 du 30 déc. 2019, art. 4) « L'autorité académique mentionnée aux articles D. 422-62 et D. 422-66 est le recteur d'académie ou le directeur académique des services de l'éducation nationale agissant sur délégation du recteur d'académie. »

Art. D. 422-62 Le chef d'établissement des collèges et des lycées mentionnés à l'article D. 422-61 représente l'État au sein de l'établissement.

En cette qualité, le chef d'établissement exerce les compétences prévues à l'article D. 422-7.

Par ailleurs, il exerce les compétences suivantes :

1° Il préside le conseil d'établissement et les différentes instances de l'établissement ;

2° Il prépare les travaux du conseil d'établissement et exécute ses délibérations ;

3° Il soumet au conseil d'établissement les mesures à prendre dans les domaines définis à l'article D. 422-2.

En cas de difficultés graves dans le fonctionnement de l'établissement et s'il y a urgence, le chef d'établissement exerce les compétences prévues à l'article D. 422-9. Dans ce cas, il expose, dans les meilleurs délais, au conseil d'établissement les décisions prises et en rend compte à l'autorité académique et à la collectivité locale.

En cas d'empêchement ou d'absence du chef d'établissement, sa suppléance est assurée dans les conditions prévues à l'article D. 422-10, exceptées celles fixées aux deuxième et cinquième alinéas. – *[Décr. n° 86-164 du 31 janv. 1986, art. 49.]*

Art. D. 422-63 Le conseil d'établissement des collèges et des lycées mentionnés à l'article D. 422-61 est composé conformément aux dispositions des articles D. 422-12 à D. 422-14. Toutefois, la représentation des collectivités locales concerne exclusivement la collectivité qui assure la gestion financière de l'établissement. Cette représentation est fixée par la collectivité locale et est au plus égale à quatre ou trois membres, selon que le conseil d'établissement doit comprendre 30 ou 24 membres.

En outre, lorsque le conseil d'établissement comprend une personnalité qualifiée, celle-ci est désignée par la collectivité qui assure la gestion financière de l'établissement. Si le conseil d'établissement comprend deux personnalités qualifiées, l'une est désignée, sur proposition du chef d'établissement, par *(Décr. nº 2012-16 du 5 janv. 2012, art. 7)* « le directeur académique des services de l'éducation nationale agissant sur délégation du recteur d'académie », l'autre par la collectivité qui assure la gestion financière de l'établissement.

Les membres du conseil d'établissement sont désignés conformément aux dispositions des articles D. 422-22 à D. 422-30.

Les dispositions de l'article D. 422-31 relatives *(Décr. nº 2020-1633 du 21 déc. 2020, art. 1er)* « à l'ordre du jour, » à la convocation et à la réunion du conseil d'administration sont applicables au conseil d'établissement des établissements municipaux ou départementaux.

(Décr. nº 2020-1633 du 21 déc. 2020, art. 1er) « La commission permanente, lorsqu'elle a été créée par le conseil d'établissement dans les conditions fixées par l'article D. 422-16-1, et le conseil des délégués des élèves sont composés conformément aux articles D. 422-32 et D. 422-35 et exercent les compétences prévues aux articles D. 422-16-1 et D. 422-38. L'article D. 422-33 est applicable à la commission permanente lorsqu'elle existe. »

Art. D. 422-64 Dans les établissements mentionnés à l'article D. 422-61, le conseil d'établissement, sur le rapport du chef d'établissement, exerce les compétences prévues aux 1°, 2°, 3° et aux *a*, *b*, *d*, du 6° de l'article D. 422-16 ainsi qu'au 8° de l'article D. 422-16 en tant qu'elles ne concernent pas le fonctionnement matériel de l'établissement. Sur la saisine du chef d'établissement, le conseil d'établissement émet un avis sur les questions prévues aux 1°, 2°, 3° de l'article D. 422-17. Le conseil d'établissement peut, à son initiative, adopter tous vœux sur les questions intéressant la vie de l'établissement.

Le conseil d'établissement est tenu informé chaque année du montant des crédits prévus pour le fonctionnement de l'établissement, ainsi que des dépenses effectuées au cours de l'exercice écoulé. — *[Décr. nº 86-164 du 31 janv. 1986, art. 51.]*

Art. D. 422-65 En cas d'incidences des actions d'expérimentations pédagogiques prévues au troisième alinéa de l'article *(Décr. nº 2019-1403 du 18 déc. 2019, art. 3)* « L. 314-2 » sur son budget, celles-ci sont subordonnées à l'accord de la collectivité de rattachement.

Art. D. 422-66 Les délibérations du conseil d'établissement des établissements visés à l'article D. 422-61 sont exécutoires quinze jours après leur transmission à l'autorité académique par le chef d'établissement. Celui-ci transmet également à l'autorité académique ses actes relatifs au contenu ou à l'organisation de l'action éducatrice.

Dans le délai prévu au premier alinéa, l'autorité académique peut prononcer l'annulation des délibérations du conseil d'établissement relatives au contenu ou à l'organisation de l'action éducatrice s'ils sont contraires aux lois et règlements ou de nature à porter atteinte au fonctionnement du service public. — *[Décr. nº 86-164 du 31 janv. 1986, art. 53.]*

CHAPITRE III LES GROUPEMENTS D'ÉTABLISSEMENTS SCOLAIRES PUBLICS

SECTION PREMIÈRE LA FORMATION PROFESSIONNELLE TOUT AU LONG DE LA VIE

SOUS-SECTION 1 LES GROUPEMENTS D'ÉTABLISSEMENTS

§ 1er LES GROUPEMENTS D'ÉTABLISSEMENTS RELEVANT DU MINISTÈRE DE L'ÉDUCATION NATIONALE

(Décr. nº 2013-852 du 24 sept. 2013, art. 1er)

Art. D. 423-1 I. — Sont soumis aux dispositions de la présente section les groupements d'établissements *(Décr. nº 2019-317 du 12 avr. 2019, art. 1er)* « (GRETA) » mentionnés à l'article L. 423-1 du code de l'éducation, constitués entre les établissements scolaires publics d'enseignement relevant du ministère de l'éducation nationale pour exercer *(Décr. n° 2019-317 du 12 avr. 2019, art. 1er)* « des missions d'apprentissage et de formation continue » dans le cadre de l'éducation et la formation tout au long de la vie.

Ils sont créés par une convention conclue entre les établissements.

II. – Les groupements d'établissements s'intègrent dans le réseau d'offre nationale et académique *(Décr. n° 2019-317 du 12 avr. 2019, art. 1er)* « d'apprentissage et de formation continue » organisé par le ministère de l'éducation nationale au bénéfice des *(Décr. n° 2019-317 du 12 avr. 2019, art. 1er)* « publics concernés ».

Dans le cadre des orientations nationales déterminées par le ministre chargé de l'éducation *(Décr. n° 2019-1558 du 30 déc. 2019, art. 4)* « nationale », le recteur *(Décr. n° 2019-1558 du 30 déc. 2019, art. 4)* « de région académique » définit la stratégie *(Décr. n° 2019-1558 du 30 déc. 2019, art. 4)* « régionale » de développement de ces groupements. Il arrête la carte des groupements de *(Décr. n° 2019-1558 du 30 déc. 2019, art. 4)* « la région académique » qu'il présente au conseil consultatif *(Décr. n° 2019-1558 du 30 déc. 2019, art. 4)* « régional » de la formation continue des adultes, dont la composition et le fonctionnement sont définis par arrêté du ministre chargé de l'éducation *(Décr. n° 2019-1558 du 30 déc. 2019, art. 4)* « nationale », ainsi que la liste des établissements supports de ces groupements.

Chaque groupement d'établissements élabore un plan pluriannuel de développement s'inscrivant dans la stratégie académique et tenant compte de sa propre situation.

Les établissements supports des groupements d'établissements adhèrent au groupement d'intérêt public "Formation continue et insertion professionnelle" de l'académie *(Décr. n° 2019-1558 du 30 déc. 2019, art. 4)* « ou de la région académique ».

Un contrat d'objectifs est signé entre le recteur *(Décr. n° 2019-1558 du 30 déc. 2019, art. 4)* « d'académie » et chaque établissement public local d'enseignement support d'un groupement d'établissements.

Art. D. 423-2 La convention mentionnée au I de l'article D. 423-1 est approuvée par le recteur d'académie. Elle est conclue pour une durée indéterminée.

Elle précise notamment :

1° L'objet du groupement ;

2° Les droits et obligations des établissements membres ;

3° Les règles d'organisation, de fonctionnement et de dissolution du groupement ;

4° L'établissement support du groupement ;

La convention peut être modifiée par avenant, également soumis à l'approbation du recteur.

Art. D. 423-3 I. – L'assemblée générale du groupement comprend :

1° Les chefs des établissements membres du groupement ;

2° Les représentants élus des personnels administratifs employés au titre *(Décr. n° 2019-317 du 12 avr. 2019, art. 1er)* « des missions d'apprentissage et de formation continue » par l'établissement support du groupement ;

3° Les représentants élus des autres personnels employés au titre *(Décr. n° 2019-317 du 12 avr. 2019, art. 1er)* « des missions d'apprentissage et de formation continue » par l'établissement support du groupement.

Le nombre total de représentants des personnels des deux catégories est de 20 % du nombre des établissements membres du groupement, sans toutefois pouvoir être inférieur à un par catégorie.

L'assemblée générale est présidée par le président du groupement.

Le président du groupement est un chef d'établissement, membre du groupement et élu en son sein par l'assemblée générale pour une durée de trois ans.

II. – Participent aux séances de l'assemblée générale, à titre consultatif :

1° Le recteur d'académie ou son représentant ;

2° L'agent comptable de l'établissement support ;

3° Les conseillers en formation continue ;

4° Le directeur, lorsque le groupement est doté d'un tel emploi.

L'assemblée générale peut en outre entendre toute personne dont les compétences peuvent lui être utiles.

III. – L'assemblée générale se réunit au minimum trois fois par an, sur convocation de son président ou à la demande d'au moins un quart de ses membres.

Chaque chef d'établissement membre du groupement peut être représenté par un de ses adjoints, chef d'établissement adjoint ou adjoint gestionnaire.

L'assemblée générale ne peut valablement délibérer que si au moins un quart des chefs des établissements membres sont présents ou représentés.

IV. – La participation aux instances de fonctionnement du groupement d'établissements n'ouvre pas droit à indemnité.

Art. D. 423-4 L'assemblée générale définit, dans le cadre de la politique nationale et *(Décr. n° 2019-1558 du 30 déc. 2019, art. 4)* « régionale », les orientations du groupement, son plan pluriannuel de développement ainsi que les modalités de participation de chacun des établissements membres aux activités du groupement.

Elle contribue par ses propositions à l'élaboration du contrat d'objectifs du groupement mentionné au II de l'article D. 423-1.

Avant leur adoption par le conseil d'administration de l'établissement support, l'assemblée générale examine le projet de budget et ses modifications, le compte financier ainsi que la politique d'emploi et d'équipement.

Elle arrête le règlement intérieur du groupement.

Sur proposition de l'assemblée générale, le chef de l'établissement support peut créer un emploi de directeur chargé de la direction opérationnelle du groupement. Ce dernier, personnel de catégorie A, met en œuvre la stratégie du groupement, sous l'autorité du chef de l'établissement support.

Art. D. 423-5 Le président du groupement préside les séances de l'assemblée générale et veille à l'exécution de ses délibérations.

Il organise l'animation territoriale du développement de l'activité et s'assure de l'exécution du contrat d'objectifs.

Il représente le groupement auprès des différents partenaires.

Art. D. 423-6 Le chef de l'établissement support du groupement est ordonnateur des recettes et des dépenses du groupement.

Il exerce l'autorité hiérarchique sur les personnels employés par l'établissement support pour exercer les missions *(Décr. n° 2019-317 du 12 avr. 2019, art. 1er)* « d'apprentissage et de formation continue » confiées au groupement.

Il nomme, le cas échéant, sur proposition de l'assemblée générale le directeur opérationnel du groupement.

Il met en œuvre le contrat d'objectifs du groupement mentionné au II de l'article D. 423-1.

Art. D. 423-7 Les représentants des personnels mentionnés à l'article D. 423-3 sont élus pour chacune des deux catégories au scrutin uninominal à un tour si le nombre de représentants à élire est égal à un et au scrutin de liste à la représentation proportionnelle au plus fort reste si ce nombre est supérieur à un. Leur nombre, fixé conformément aux dispositions du I de l'article D. 423-3, et les modalités d'organisation des élections sont prévus par la convention du groupement mentionnée au I de l'article D. 423-1.

L'organisation des élections est assurée par le chef de l'établissement support du groupement, qui fixe la période pendant laquelle elles se déroulent.

Art. D. 423-8 Les chefs des établissements membres du groupement informent régulièrement et au moins deux fois par an le conseil d'administration de leur établissement de l'exécution des prestations qu'ils ont réalisées dans le cadre du programme annuel ou pluriannuel d'activité du groupement. Les chefs d'établissement assurent la responsabilité des activités *(Décr. n° 2019-317 du 12 avr. 2019, art. 1er)* « d'apprentissage et de formation continue » des adultes, confiées par l'assemblée générale à leur établissement, dans le respect des clauses des contrats dont elles font l'objet. Ils sont garants de la qualité du service rendu.

Art. D. 423-9 L'agent comptable de l'établissement support est agent comptable du groupement.

Art. D. 423-10 Le groupement est géré sous forme de budget annexe au budget de l'établissement support du groupement. Il est doté d'une comptabilité distincte.

Le budget du groupement est voté par le conseil d'administration de l'établissement support du groupement, après avis de l'assemblée générale.

Conformément aux dispositions de l'article L. 421-11, les décisions relatives au budget et à la politique d'emploi et d'équipement du groupement sont transmises au *(Décr. n° 2019-1558 du 30 déc. 2019, art. 9)* « recteur d'académie » après le vote du conseil d'administration de l'établissement support. Dans un délai de trente jours courant à compter de la date de réception, le *(Décr. n° 2019-1558 du 30 déc. 2019, art. 9)* « recteur d'académie » peut s'opposer, par une décision motivée, aux décisions qui mettent en péril l'existence ou le bon fonctionnement du groupement.

Art. D. 423-11 Les équipements acquis pour le compte du groupement sont identifiés dans l'inventaire tenu par l'établissement support du groupement.

En cas de changement d'établissement support par avenant à la convention mentionnée au I de l'article D. 423-1, l'ensemble des biens, droits et obligations est transféré au nouvel établissement support.

En cas de dissolution du groupement, la dévolution des biens est réglée selon les dispositions prévues par cette même convention.

Art. D. 423-12 Un fonds est créé dans des conditions fixées par arrêté des ministres chargés de l'éducation et du budget pour couvrir les risques financiers afférents à la *(Décr. n° 2019-317 du 12 avr. 2019, art. 1er)* « gestion de l'apprentissage et de la formation continue » par les groupements d'établissements de l'académie, renforcer l'efficacité de l'activité de ces groupements et optimiser l'emploi de leurs ressources. Il est géré par le groupement d'intérêt public "Formation continue et insertion professionnelle". Il est financé par les contributions de chaque groupement d'établissements de l'académie.

§ 2 DISPOSITIONS RELATIVES AUX ÉTABLISSEMENTS D'ENSEIGNEMENT AGRICOLE

Art. D. 423-16 L'action des établissements publics locaux et nationaux d'enseignement et de formation professionnelle agricole et notamment celle, au sein de ces établissements, des centres de formation professionnelle et de promotion agricoles s'inscrivent dans le réseau d'offre de formation du ministère de l'agriculture.

Dans le cadre des orientations nationales, le directeur régional de l'alimentation, de l'agriculture et de la forêt définit une stratégie régionale de développement et favorise le développement de l'activité du réseau régional des établissements relevant de sa compétence dans une logique de cohérence et de solidarité entre ces établissements. – *[Décr. n° 93-432 du 24 mars 1993, art. 10, al. 4, sauf GIP régis par le Décr. n° 92-276 du 26 mars 1992.]*

Art. D. 423-17 Les établissements publics locaux et nationaux d'enseignement et de formation professionnelle agricole relevant du ministère de l'agriculture peuvent être membres d'un groupement d'établissements (GRETA) constitué entre les établissements scolaires publics d'enseignement relevant du ministère de l'éducation nationale en application de l'article L. 423-1. – *[Décr. n° 92-275 du 26 mars 1992, art. 1er, al. 4.]*

§ 3 DISPOSITIONS COMMUNES AUX GROUPEMENTS D'ÉTABLISSEMENTS RELEVANT DU MINISTÈRE DE L'ÉDUCATION NATIONALE ET DU MINISTÈRE DE L'AGRICULTURE

Art. D. 423-18 Le recteur *(Décr. n° 2019-1558 du 30 déc. 2019, art. 8)* « de région académique » et le directeur régional de l'alimentation, de l'agriculture et de la forêt se concertent pour coordonner les stratégies de développement de la formation continue des adultes relevant de leur champ de compétences respectif.

Ces stratégies se développent en cohérence avec la programmation régionale des interventions de l'État et le programme régional de formation professionnelle continue de la région. Le recteur *(Décr. n° 2019-1558 du 30 déc. 2019, art. 8)* « de région académique » et le directeur régional de l'alimentation, de l'agriculture et de la forêt apportent leur concours à la définition des programmes de formation décidés par l'État et les collectivités territoriales. Ils définissent les conditions dans lesquelles les réseaux qui relèvent de leur compétence participent à la mise en œuvre de ces programmes.

SOUS-SECTION 2 LES GROUPEMENTS D'INTÉRÊT PUBLIC POUR LA FORMATION PROFESSIONNELLE CONTINUE ET L'INSERTION PROFESSIONNELLE INSTITUÉS DANS L'ACADÉMIE

Art. R. 423-19 à R. 423-27 *Abrogés par Décr. nº 2012-91 du 26 janv. 2012, art. 13.*

SECTION II INNOVATION ET TRANSFERT DE TECHNOLOGIE

Art. D. 423-28 à D. 423-36 *Abrogés par Décr. nº 2012-91 du 26 janv. 2012 art. 13.*

CHAPITRE IV LES ÉCOLES DE MÉTIERS

Art. D. 424-1 Les écoles de métiers sont régies par les dispositions du décret du 12 juillet 1921 qui leur sont applicables et par l'article 47 du code de l'artisanat.

CHAPITRE V LES LYCÉES DE LA DÉFENSE

SECTION PREMIÈRE DISPOSITIONS GÉNÉRALES

Art. R. 425-1 Les lycées de la défense sont des établissements d'enseignement relevant du ministre de la défense, qui en fixe la liste et précise, par arrêté, l'armée et les autorités de tutelle dont ils dépendent. – *[Décr. nº 2006-246 du 1er mars 2006, art. 1er.]*

Art. R. 425-2 *(Décr. nº 2019-132 du 25 févr. 2019, art. 1er)* Les lycées de la défense dispensent un enseignement scolaire, notamment au profit des enfants de militaires, d'agents du ministère de la défense et de fonctionnaires, un enseignement supérieur préparant par la voie scolaire au diplôme national du brevet de technicien supérieur et un enseignement préparatoire aux concours des grandes écoles.

Ils comprennent :

1° Au titre de l'aide à la famille, des classes de l'enseignement scolaire du second degré ;

2° Au titre de l'aide au recrutement :

a) Des classes préparatoires aux écoles de formation d'officiers des forces armées et des formations rattachées ainsi que, le cas échéant, des classes préparatoires aux études supérieures ;

b) Des sections de technicien supérieur en vue d'un recrutement en qualité d'agent public civil du ministère de la défense ou d'une candidature dans les écoles de sous-officiers et d'officiers mariniers des forces armées. Les élèves admis dans un lycée de la défense peuvent suivre cet enseignement dans un lycée relevant de l'article L. 421-1 qui le dispense. Les deux établissements en fixent les modalités de mise en œuvre par convention.

La liste des classes est fixée par arrêté du ministre de la défense. La liste des sections de technicien supérieur est fixée par arrêté du même ministre, après avis des recteurs des académies concernées.

Art. R. 425-3 Les lycées de la défense sont commandés par des officiers supérieurs en activité, chefs d'établissement, qui exercent leur autorité sur l'ensemble de l'établissement.

Le commandant du lycée est assisté par au moins un membre du corps des personnels de direction d'établissement d'enseignement ou de formation, de première classe ou de seconde classe, pour les questions relatives à l'enseignement. – *[Décr. nº 2006-246 du 1er mars 2006, art. 3, al. 1er et 2.]*

Art. R. 425-4 La composition, les attributions et les modalités de fonctionnement des conseils de classe, du conseil intérieur et du conseil de discipline institués dans chacun des lycées de la défense sont fixées par arrêté du ministre de la défense. – *[Décr. nº 2006-246 du 1er mars 2006, art. 4.]*

Art. R. 425-5 Le régime des lycées de la défense est l'internat. Toutefois, la demi-pension peut être autorisée par le commandant du lycée, dans des conditions fixées par arrêté du ministre de la défense. – *[Décr. nº 2006-246 du 1er mars 2006, art. 12.]*

Art. R. 425-6 *(Décr. nº 2019-132 du 25 févr. 2019, art. 2)* Les cycles annuels d'instruction des classes mentionnées aux 1° et *a* du 2° de l'article R. 425-2 sont analogues à ceux des établissements de l'enseignement public ; les programmes sont conformes à ceux fixés par le ministre chargé de l'éducation. Les modalités d'organisation de la formation préparant au brevet de technicien supérieur sont définies conformément aux dispositions des articles D. 643-4, D. 643-6, D. 643-7, D. 643-10 et D. 643-11.

La nature des classes préparatoires est définie conformément aux dispositions de l'article D. 612-28.

Les options d'enseignement des classes du second degré et les spécialités du brevet de technicien supérieur sont déterminées par arrêté du ministre de la défense, après avis des recteurs des académies concernées.

SECTION II **MODALITÉS D'ADMISSION ET SCOLARITÉ**

Art. R. 425-7 Les lycées de la défense sont réservés aux enfants de nationalité française. Toutefois, les enfants de militaires de nationalité étrangère servant ou ayant servi dans les armées françaises peuvent demander à être admis dans les classes de l'enseignement du second degré. – *[Décr. n° 2006-246 du 1er mars 2006, art. 5.]*

Art. R. 425-8 Au titre du régime de l'aide à la famille mentionné au 1° de l'article R. 425-2, un arrêté du ministre de la défense fixe les catégories d'ayants droit et le contingent minimal d'admissions réservé aux enfants de militaires.

(Décr. n° 2019-132 du 25 févr. 2019, art. 3) « Les régimes de l'aide au recrutement mentionnés aux *a* et *b* du 2° de l'article R. 425-2 sont ouverts à tout jeune Français. »

Les limites d'âge d'accès aux différentes classes et les conditions d'aptitude à chaque niveau et classe d'admission sont fixées par arrêté du ministre de la défense.

Art. R. 425-9 Les admissions dans les lycées de la défense sont prononcées chaque année sur proposition d'une commission de classement qui tient compte :

1° Du dossier individuel des candidats ;

2° Des notes obtenues à l'examen annuel d'entrée lorsqu'il est requis ;

3° De la situation de famille dans des conditions fixées par arrêté du ministre de la défense.

(Décr. n° 2021-926 du 12 juill. 2021, art. 1er) « L'admission est également subordonnée à une visite médicale d'aptitude dont les modalités sont fixées par arrêté du ministre de la défense. »

(Décr. n° 2019-132 du 25 févr. 2019, art. 4) « L'admission dans les lycées mentionnés à l'article L. 421-1 des élèves qui suivent l'enseignement prévu au *b* du 2° de l'article R. 425-2 est prononcée conformément aux dispositions de l'article D. 612-31. »

Par dérogation à cet art., les élèves admis pour les années scolaires 2020-2021 et 2021-2022 dans un lycée de la défense au titre de l'aide au recrutement, dont l'inaptitude est constatée lors de la visite médicale prévue à cet art., s'ils n'ont pas recouvré l'aptitude requise à l'issue de leur année de scolarité, sont exclus du lycée à cette issue et définitivement exonérés des frais de trousseau et de pension dus au titre de l'année scolaire qu'ils ont accomplie (Décr. n° 2021-926 du 12 juill. 2021, art. 4).

Art. R. 425-10 *(Décr. n° 2019-1336 du 11 déc. 2019, art. 1er)* Les décisions d'admission sont prises par le commandant du lycée.

Art. R. 425-11 Par dérogation aux dispositions de l'article R. 425-9, peuvent être admis, sous réserve que leur niveau scolaire soit suffisant pour suivre l'enseignement :

1° Dans les classes de l'enseignement du second degré et dans la limite de 5 % des élèves admis chaque année, des enfants appartenant aux catégories d'ayants droit fixées par l'arrêté mentionné au premier alinéa de l'article R. 425-8 et placés dans une situation familiale particulièrement difficile ;

2° A titre exceptionnel et par dérogation aux dispositions du deuxième alinéa de l'article R. 425-8, dans les classes de l'enseignement du second degré ou dans les classes préparatoires et dans la limite de 3 % des élèves admis chaque année, des enfants de nationalité étrangère autres que ceux mentionnés à l'article R. 425-7. – *[Décr. n° 2006-246 du 1er mars 2006, art. 8, sauf ecqc le ministre de la défense.]*

Art. R. 425-12 *(Décr. n° 2019-1336 du 11 déc. 2019, art. 2)* Les décisions d'admission mentionnées à l'article R. 425-11 sont prises par le commandant du lycée.

Art. R. 425-13 *(Décr. n° 2008-803 du 20 août 2008, art. 2)* Les conditions dans lesquelles se poursuit la scolarité de l'élève sont arrêtées par le commandant du lycée de la défense, sur proposition du conseil de classe, et peuvent, à l'initiative de l'intéressé ou de son représentant légal si l'élève est mineur, faire l'objet d'un appel selon des modalités fixées par arrêté conjoint des ministres chargés de l'éducation *(Décr. nº 2019-132 du 25 févr. 2019, art. 6)* « , de l'enseignement supérieur » et de la défense.

SECTION III DROITS ET OBLIGATIONS DES ÉLÈVES

Art. R. 425-14 Les élèves sont tenus de se présenter aux examens et concours qui sanctionnent l'enseignement reçu.

Les élèves des *(Décr. nº 2008-803 du 20 août 2008, art. 3)* « classes préparatoires aux grandes écoles » admis au titre de l'aide au recrutement sont tenus de se présenter au concours militaire correspondant à leur classe particulière de préparation. Ils peuvent, en outre, se présenter à d'autres concours d'admission dans les écoles de formation d'officiers des *(Décr. nº 2019-132 du 25 févr. 2019, art. 7)* « forces » armées et des formations rattachées du ministère de la défense.

Ils peuvent également être autorisés par le commandant du lycée de la défense à se présenter, à titre individuel et à leurs frais, à un ou plusieurs concours d'admission ne relevant pas du ministère de la défense :

1º Soit à la fin de la deuxième année du cycle préparatoire et à titre exceptionnel, après avis favorable du proviseur du lycée ;

2º Soit lorsqu'ils redoublent leur deuxième année, ou se présentent pour la dernière fois en raison de leur âge à un concours d'accès aux écoles de formation d'officiers des *(Décr. nº 2019-132 du 25 févr. 2019, art. 7)* « forces » armées et des formations rattachées.

(Décr. nº 2019-132 du 25 févr. 2019, art. 7) « Les élèves admis dans les sections de technicien supérieur sont tenus de présenter une candidature à l'école de sous-officiers ou d'officiers-mariniers ou au recrutement d'agent public civil du ministère de la défense correspondant à leur formation. »

Art. R. 425-15 Le règlement intérieur établi au sein de chaque lycée de la défense détermine notamment les règles de comportement et de discipline applicables aux élèves et définit leurs droits et obligations. Il est soumis à l'approbation de l'autorité de tutelle du lycée et porté à la connaissance de l'ensemble des membres de la communauté scolaire. Tout manquement au règlement intérieur peut justifier la mise en œuvre d'une procédure disciplinaire. – *[Décr. nº 2006-246 du 1er mars 2006, art. 11.]*

Art. R. 425-16 Les sanctions applicables aux élèves des lycées de la défense sont celles prévues *(Décr. nº 2013-756 du 19 août 2013, art. 10)* « aux articles R. 511-17 à R. 511-19 et R. 511-29 ».

SECTION IV FRAIS DE TROUSSEAU, DE PENSION ET DE SCOLARITÉ *(Décr. nº 2019-132 du 25 févr. 2019, art. 8).*

Art. R. 425-17 Les enfants admis au titre de l'aide à la famille doivent acquitter les frais de trousseau et de pension dont le montant est fixé chaque année par arrêté du ministre de la défense. – *[Décr. nº 2006-246 du 1er mars 2006, art. 16, al. 1er.]*

Art. R. 425-18 *(Décr. nº 2019-1336 du 11 déc. 2019, art. 3)* Les familles dont la situation le justifie peuvent bénéficier de remises totales ou partielles du montant des frais de trousseau et de pension.

Art. R. 425-19 *(Décr. nº 2019-1336 du 11 déc. 2019, art. 4)* Les décisions de remises mentionnées à l'article R. 425-18 sont prises par le commandant du lycée.

Art. R. 425-20 L'admission au titre de l'aide au recrutement *(Décr. nº 2019-132 du 25 févr. 2019, art. 9)* « prévue aux *a* et *b* du 2° de l'article R. 425-2 » fait l'objet d'un contrat d'éducation signé par l'élève ou, s'il est mineur, par son représentant légal ; dans ce dernier cas, le contrat doit être confirmé par l'élève à sa majorité.

(Décr. nº 2019-132 du 25 févr. 2019, art. 9) « Le contrat prévoit que les élèves admis au titre de l'aide au recrutement bénéficient pendant toute la durée de leur scolarité d'une exonération provisoire des frais de trousseau et de pension.

« Les élèves qui sont admis au titre de l'aide au recrutement prévue au *b* du 2° de l'article R. 425-2, s'engagent à rembourser, s'ils ne respectent pas leur engagement, les frais de scolarité mentionnés à l'article R. 425-22-1. »

Si, en cours de scolarité, le représentant légal d'un élève mineur ou un élève majeur ne confirme pas le contrat, celui-ci est résilié et les frais de trousseau et de pension, devenus exigibles, sont mis à la charge du représentant légal. L'élève peut néanmoins, à titre onéreux, terminer l'année scolaire en cours.

Art. R. 425-21 *(Décr. n° 2020-735 du 16 juin 2020, art. 1er)* L'exonération prévue à l'article R. 425-20 devient définitive lorsque l'intéressé :

1° Ayant suivi une scolarité dans une classe préparatoire aux études supérieures ou une classe préparatoire aux grandes écoles est, dans un délai de huit ans à compter du 1er octobre de l'année d'obtention du baccalauréat :

a) Soit nommé au premier grade d'officier dans les forces armées ou les formations rattachées *(Décr. n° 2021-926 du 12 juill. 2021, art. 2)* « , au titre de l'armée active » ;

b) Soit radié de l'école de formation d'officiers des forces armées ou formations rattachées pour inaptitude physique définitive ;

c) Soit exclu de cette école pour insuffisance de résultats ;

2° Ayant suivi une scolarité dans une classe préparatoire aux études supérieures ou une classe préparatoire aux grandes écoles dans un délai maximal de six ans à compter du 31 décembre de l'année de départ du lycée, entre au service de l'État pour une durée minimale de trois années, en particulier au titre d'un contrat d'engagement dans les forces armées ou les formations rattachées. Toutefois, sauf en cas de cessation de ce service avant trois ans pour une cause non imputable à l'intéressé ou d'insuffisance de résultats en école de formation initiale, les sommes dues sont proportionnelles à la durée du service restant à accomplir pour parfaire les trois années ;

3° Ayant suivi une scolarité dans une classe préparatoire aux études supérieures d'un lycée de la défense, se porte candidat à l'admission en classe préparatoire des grandes écoles des lycées de la défense, selon la procédure nationale de préinscription définie à l'article D. 612-1-1, et ne refuse pas une proposition d'admission au sein de ces lycées ;

4° Ayant suivi au titre de l'aide au recrutement l'enseignement prévu au *b* du 2° de l'article R. 425-2 :

a) Voit sa candidature refusée par le ministre de la défense ;

b) Entre dans un délai maximal de dix-huit mois après son départ du lycée de la défense, au service du ministère de la défense pour une durée minimale de trois années, en particulier au titre d'un contrat d'engagement dans les forces armées ou les formations rattachées ;

c) Cesse le service mentionné au *b* avant trois ans pour inaptitude physique ou pour une autre cause qui ne lui est pas imputable. Pour toute autre cause, les sommes dues sont proportionnelles à la durée du service restant à accomplir pour achever les trois années ;

(Décr. n° 2021-926 du 12 juill. 2021, art. 2) « 5° Est, en cours de scolarité, déclaré définitivement inapte. »

Par dérogation à cet art., les élèves admis pour les années scolaires 2020-2021 et 2021-2022 dans un lycée de la défense au titre de l'aide au recrutement, dont l'inaptitude est constatée lors de la visite médicale prévue à l'art. R. 425-9, s'ils n'ont pas recouvré l'aptitude requise à l'issue de leur année de scolarité, sont exclus du lycée à cette issue et définitivement exonérés des frais de trousseau et de pension dus au titre de l'année scolaire qu'ils ont accomplie (Décr. n° 2021-926 du 12 juill. 2021, art. 4).

Art. D. 425-22 *(Décr. n° 2016-26 du 18 janv. 2016, art. 1er)* Le commandant du lycée de la défense constate, pour chaque élève admis au titre de l'aide au recrutement, l'exonération définitive des frais de trousseau et de pension prévue à l'article R. 425-21 ou le caractère exigible de ceux-ci.

Le commandant du lycée de la défense transmet au service du commissariat des armées les dossiers des anciens élèves dont les frais de trousseau et de pension sont devenus exigibles, à fin d'émission d'un ordre de recouvrer.

Art. R. 425-22-1 *(Décr. n° 2019-132 du 25 févr. 2019, art. 11)* L'élève ayant suivi l'enseignement prévu au *b* du 2° de l'article R. 425-2, qui ne satisfait pas à l'obligation d'engagement prévue par le contrat mentionné à l'article R. 425-20, doit acquitter des frais de scolarité liés à la formation particulière dont il a bénéficié en vue de son recrutement en qualité d'agent public, définis par arrêté du ministre de la défense :

1° Au prorata du temps passé au sein du lycée de la défense, en cas de départ au cours de la scolarité ;

2° Au prorata de la durée de service restant à accomplir, en cas de non-engagement à l'issue de la scolarité dans le délai fixé à l'article R. 425-21, ou en cas de rupture d'engagement imputable à l'intéressé.

Ces frais sont précisés dans le contrat d'éducation prévu à l'article R. 425-20 et sont mis à la charge de l'élève ou, s'il est mineur, de son représentant légal. Toutefois, l'acquittement de ces frais n'est pas dû si la rupture des engagements n'est pas imputable à l'intéressé.

SECTION V COMPTES NOMINATIFS DES ÉLÈVES

(Décr. n° 2014-222 du 24 févr. 2014, art. 1er)

Art. D. 425-23 Les valeurs pécuniaires à caractère privé librement confiées à l'État au profit des élèves sont inscrites dans un compte nominatif.

Les comptes nominatifs des élèves sont intégrés dans la comptabilité de l'État en compte de tiers selon les dispositions fixées par le ministre chargé du budget.

Art. D. 425-24 Des régies d'avances et de recettes peuvent être instituées pour la gestion des valeurs pécuniaires librement confiées à l'État au profit des élèves.

Un arrêté conjoint du ministre de la défense et du ministre chargé du budget détermine :

– la liste des valeurs pécuniaires gérées, y compris les prestations financières à caractère social délivrées dans les conditions prévues par le décret n° 2007-51 du 11 janvier 2007 relatif à l'action sociale des armées ;

– les modalités de création, d'organisation, de fonctionnement des régies, notamment les dépenses autorisées ;

– les modalités de contrôle des régies.

Les dispositions des articles 9 et 11 du *(Décr. n° 2019-798 du 26 juill. 2019, art. 20)* « décret n° 2019-798 du 26 juillet 2019 » modifié relatif aux régies de recettes et aux régies d'avances des organismes publics ne sont pas applicables aux régies ainsi instituées.

Les chèques sont comptabilisés et adressés par le régisseur au comptable public au plus tard dans les deux jours ouvrés suivant leur réception.

Art. D. 425-25 Le commandant du lycée de la défense est en charge de l'administration par procuration des valeurs pécuniaires librement confiées à l'État au profit des élèves de son établissement.

Pour l'accomplissement des mandats qu'il reçoit des personnes exerçant l'autorité parentale des élèves, le commandant du lycée de la défense peut déléguer sa signature à ses subordonnés.

CHAPITRE VI LE CENTRE NATIONAL D'ENSEIGNEMENT À DISTANCE

SECTION PREMIÈRE DISPOSITIONS GÉNÉRALES

Art. R. 426-1 Le Centre national d'enseignement à distance est un établissement public national à caractère administratif doté de la personnalité civile et de l'autonomie financière, placé sous la tutelle des ministres chargés de l'éducation et de l'enseignement supérieur. – *[Décr. n° 2002-602 du 25 avr. 2002, art. 1er.]*

Établissement public assurant un service public administratif. Saisi d'un litige concernant une inscription à une formation préparant à un certificat d'aptitude professionnelle et au concours d'accès au cadre d'emplois des agents territoriaux spécialisés des écoles maternelles proposée par le CNED, le Tribunal des conflits a jugé que la formation à laquelle s'était inscrite la requérante relevait bien de la mission de service public administratif du CNED, établissement public administratif chargé de dispenser un enseignement et des formations à distance dans le cadre de la formation initiale et de la formation professionnelle tout au long de la vie, à tous les niveaux de l'enseignement scolaire et de l'enseignement supérieur dans le cadre de formations complètes ou particulières. Le litige opposant le CNED à un usager, relevait donc de la compétence du juge administratif. • T. confl. 14 mai 2018, n° C-4120 B : *LIJ 2018, n° 203, p. 22.*

Art. R. 426-2 Le Centre national d'enseignement à distance dispense un enseignement et des formations à distance dans le cadre de la formation initiale et de la formation professionnelle tout au long de la vie.

Cet enseignement et ces formations sont assurés à tous les niveaux de l'enseignement scolaire et de l'enseignement supérieur dans le cadre de formations complètes ou particulières. En matière d'enseignement supérieur, le centre exerce ses missions en coopération avec les universités et les autres établissements d'enseignement supérieur.

Le centre favorise le développement, notamment à l'étranger, de cet enseignement et de ces formations ainsi que des techniques d'enseignement et de formation à distance. Il participe à la coopération européenne et internationale en la matière.

(Décr. n° 2009-238 du 27 févr. 2009, art. 2) « Le Centre national d'enseignement à distance assure, pour le compte de l'État, le service public de l'enseignement à distance. A ce titre, il dispense un service d'enseignement à destination des élèves, notamment ceux qui relèvent de l'instruction obligatoire, ayant vocation à être accueillis dans un des établissements mentionnés aux articles L. 132-1 et L. 132-2 et ne pouvant être scolarisés totalement ou partiellement dans un de ces établissements. »

Art. R. 426-2-1 *(Décr. n° 2009-238 du 27 févr. 2009, art. 3)* La décision d'inscription des élèves mentionnés au quatrième alinéa de l'article R. 426-2 est prise par le directeur général du centre au vu d'un dossier défini par arrêté du ministre chargé de l'éducation nationale et, en ce qui concerne les élèves relevant de l'instruction obligatoire, sur avis favorable *(Décr. n° 2012-16 du 5 janv. 2012, art. 7)* « du directeur académique des services de l'éducation nationale agissant sur délégation du recteur d'académie » du département de résidence de l'élève.

Le recours administratif contre la décision de refus d'inscription s'exerce auprès du ministre chargé de l'éducation nationale.

Sauf en ce qui concerne les élèves relevant de l'instruction obligatoire, l'inscription peut donner lieu au paiement de droits. Ceux-ci ne peuvent excéder le coût résultant des charges spécifiques à l'enseignement à distance.

Inscription. Avis. Recours. L'avis défavorable de l'inspecteur d'académie sur l'inscription d'un élève soumis à l'obligation scolaire au Centre national d'enseignement à distance (CNED) est susceptible de recours. Le juge estime qu'un avis défavorable recueilli par les demandeurs rend impossible la constitution d'un dossier susceptible d'aboutir à une décision favorable, mettant ainsi un terme à la procédure, sauf pour les intéressés à présenter néanmoins au directeur général du CNED une demande nécessairement vouée au rejet, dans le seul but de faire naître une décision susceptible d'un recours à l'occasion duquel l'avis défavorable pourrait être contesté. Dans ces conditions, l'avis défavorable de l'inspecteur d'académie doit être regardé comme faisant grief et comme étant, par suite, susceptible d'être déféré au juge de l'excès de pouvoir. • CE, avis, 16 déc. 2013, n° 366791 A : *AJDA 2014. 9 ; LIJ 2014, n° 182, p. 4.*

Art. R. 426-3 Pour l'exercice de ses missions, le Centre national d'enseignement à distance peut notamment :

1° Participer à des groupements d'intérêt public, à des groupements d'intérêt économique et à des groupements européens d'intérêt économique ;

2° Prendre des participations ou créer des filiales ;

3° Acquérir ou exploiter tout droit de propriété intellectuelle ;

4° Concevoir et distribuer des produits ou des services liés à ses activités ;

5° Délivrer des attestations ou des certificats d'établissement. – *[Décr. n° 2002-602 du 25 avr. 2002, art. 3.]*

SECTION II ORGANISATION ADMINISTRATIVE

Art. R. 426-4 Le Centre national d'enseignement à distance est administré par un conseil d'administration assisté d'un conseil d'orientation. Il est dirigé par un directeur général. – *[Décr. n° 2002-602 du 25 avr. 2002, art. 4.]*

SOUS-SECTION 1 LE CONSEIL D'ADMINISTRATION

Art. R. 426-5 Le conseil d'administration du Centre national d'enseignement à distance comprend dix-huit membres :

1° Six représentants de l'État ainsi désignés :

a) Quatre par les ministres chargés de l'éducation et de l'enseignement supérieur ;
b) Un par le ministre chargé de la recherche ;
c) Un par le ministre chargé de la formation professionnelle ;
2° Six représentants du centre élus par les personnels de l'établissement et parmi eux, dont :
a) Trois représentants des personnels enseignants ;
b) Trois représentants des personnels administratifs et techniques ;
3° Six personnalités qualifiées désignées par arrêté des ministres chargés de l'éducation et de l'enseignement supérieur, dont l'une sur proposition du ministre des affaires étrangères.

Pour chacun des membres mentionnés aux 1° et 2°, un suppléant est désigné dans les mêmes conditions que le titulaire.

Le directeur général, le secrétaire général, l'agent comptable, le *(Décr. n° 2012-1247 du 7 nov. 2012, art. 2)* « contrôleur budgétaire » ainsi que tout personne dont la présence est jugée utile par le président assistent aux séances avec voix consultative.

Art. R. 426-6 Le président du conseil d'administration du Centre national d'enseignement à distance, choisi parmi les membres du conseil d'administration désignés au titre du 3° de l'article R. 426-5, est nommé par arrêté des ministres chargés de l'éducation et de l'enseignement supérieur. – *[Décr. n° 2002-602 du 25 avr. 2002, art. 6.]*

Art. R. 426-7 Le conseil d'administration règle par ses délibérations les affaires du Centre national d'enseignement à distance. Il délibère notamment sur :
1° Les orientations et l'organisation générale de l'établissement proposées par le directeur général ;
2° Le rapport annuel d'activité ;
3° Le budget et ses modifications ;
4° Le compte financier et l'affectation du résultat de l'exercice ;
5° Le taux des redevances et rémunérations de toute nature dues au centre ;
6° Les dons et legs ;
7° Les acquisitions, aliénations et échanges d'immeubles ;
8° Les prises, extensions et cessions de participations, les créations de filiales ou de tout autre organisme mentionné à l'article R. 426-3 ;
9° L'exercice des actions en justice et les transactions ;
10° L'approbation des concessions ;
11° Les emprunts ;
12° Les conditions générales de passation des marchés.

Il est consulté sur toute question qui lui est soumise par les ministres chargés de la tutelle du centre ou par le directeur général.

Dans les limites qu'il détermine, le conseil d'administration peut déléguer au directeur général les pouvoirs prévus aux 5°, 6°, 7° et 9°. Celui-ci lui rend compte lors de sa plus prochaine séance des décisions qu'il a prises en vertu de cette délégation. – *[Décr. n° 2002-602 du 25 avr. 2002, art. 7.]*

Art. R. 426-8 Les délibérations du conseil d'administration du Centre national d'enseignement à distance autres que celles mentionnées aux 8° et 11° de l'article R. 426-7 sont exécutoires de plein droit, à défaut d'approbation expresse notifiée dans ce délai, quinze jours après leur réception par les ministres chargés de l'éducation et de l'enseignement supérieur si l'un d'eux n'y a pas fait opposition dans ce délai.

Les décisions prises par le directeur général par délégation du conseil d'administration et prises en application du dernier alinéa de l'article R. 426-7 sont exécutoires dans les mêmes conditions.

Les délibérations relatives aux 8° et 11° du même article doivent, pour devenir exécutoires, faire l'objet d'une approbation expresse des ministres chargés de l'éducation, de l'enseignement supérieur et du budget.

(Décr. n° 2012-1247 du 7 nov. 2012, art. 29) « Les délibérations portant sur le budget et le compte financier sont exécutoires dans les conditions prévues par le titre III du décret n° 2012-1246 du 7 novembre 2012 relatif à la gestion budgétaire et comptable publique » *(Décr. n° 2009-238 du 27 févr. 2009, art. 4)* « Il en est de même pour les délibérations portant sur les droits d'inscription mentionnés au troisième alinéa de l'article R. 426-2-1. »

Art. R. 426-9 Le conseil d'administration du Centre national d'enseignement à distance se réunit au moins deux fois par an sur convocation de son président. Il peut être réuni à la demande conjointe des ministres chargés de la tutelle du centre ou du directeur général ou de la majorité des membres du conseil.

Le président fixe l'ordre du jour en accord avec le directeur général.

Le conseil d'administration ne peut valablement délibérer que si la moitié au moins des membres sont présents. Si ce nombre n'est pas atteint, le conseil est à nouveau convoqué avec le même ordre du jour dans un délai de quinze jours. Il peut alors valablement délibérer quel que soit le nombre des membres présents.

Les délibérations sont prises à la majorité des suffrages exprimés. En cas de partage des voix, celle du président est prépondérante. – *[Décr. nº 2002-602 du 25 avr. 2002, art. 9.]*

SOUS-SECTION 2 LE DIRECTEUR GÉNÉRAL ET LE SECRÉTAIRE GÉNÉRAL

Art. R. 426-10 *(Décr. nº 2010-889 du 29 juill. 2010, art. 2)* « Le directeur général du Centre national d'enseignement à distance est nommé par décret pris sur proposition des ministres chargés de l'éducation et de l'enseignement supérieur. » A ce titre :

1° Il conduit la politique générale de l'établissement dans le cadre des orientations définies par le conseil d'administration ;

2° Il prépare les délibérations du conseil d'administration et en assure l'exécution ;

3° Il prépare et exécute le budget ;

4° Il est ordonnateur des recettes et des dépenses ;

5° Il représente l'établissement en justice et dans tous les actes de la vie civile ;

6° Il gère le personnel, donne un avis préalable à l'affectation à l'établissement des personnels fonctionnaires, nomme aux emplois pour lesquels aucune autre autorité n'a pouvoir de nomination et recrute les personnels contractuels. Il a autorité sur l'ensemble du personnel de l'établissement et l'affecte dans les différents services ;

7° Il conclut les conventions et marchés, sous réserve des dispositions de l'article R. 426-7.

Le directeur général est assisté d'un secrétaire général nommé sur sa proposition par les ministres chargés de l'éducation et de l'enseignement supérieur. Il peut également se faire assister de directeurs adjoints qu'il nomme. Il peut nommer des ordonnateurs secondaires et fixer leurs attributions.

Il peut déléguer sa signature.

Art. R. 426-11 Tout fonctionnaire nommé à l'emploi de secrétaire général du Centre national d'enseignement à distance peut se voir retirer cet emploi dans l'intérêt du service. – *[Décr. nº 2005-1312 du 21 oct. 2005, art. 7, en ce qui concerne le CNED.]*

SOUS-SECTION 3 LE CONSEIL D'ORIENTATION

Art. R. 426-12 Le conseil d'orientation du Centre national d'enseignement à distance est composé de deux collèges.

Le collège interne comprend douze membres, dont :

1° Neuf représentants élus des personnels du centre, parmi lesquels six représentants des personnels enseignants ;

2° Trois représentants des usagers du centre nommés par arrêté des ministres chargés de l'éducation et de l'enseignement supérieur sur proposition du directeur général.

Pour chaque titulaire, un suppléant est désigné dans les mêmes conditions.

Le collège externe comprend douze membres nommés en raison de leurs compétences par arrêté des ministres chargés de l'éducation et de l'enseignement supérieur sur proposition du directeur général, dont :

1° Six personnalités compétentes en matière d'éducation, d'enseignement supérieur ou de recherche publique ;

2° Trois personnalités du monde économique et social ;

3° Trois personnalités étrangères, dont deux au moins appartenant à un État membre de la Communauté européenne ou d'un autre État partie à l'accord sur l'Espace économique européen. – *[Décr. nº 2002-602 du 25 avr. 2002, art. 11.]*

Art. R. 426-13 Le président du conseil d'orientation du Centre national d'enseignement à distance est nommé par arrêté des ministres chargés de l'éducation et de l'enseignement supérieur parmi les membres du collège externe.

Le conseil d'orientation se réunit au moins deux fois par an en séance plénière. Le collège externe se réunit au moins une fois par an en formation restreinte.

Le conseil d'orientation donne son avis sur toutes les questions relatives à la politique de l'établissement dont il est saisi par le conseil d'administration ou par le directeur général.

Il émet un avis sur le rapport d'activité du centre. Cet avis est transmis au conseil d'administration.

Le directeur général et les membres de la direction qu'il désigne en accord avec le président assistent aux séances plénières avec voix consultative.

Le président du conseil d'orientation peut inviter à participer aux réunions toute personne dont il juge la présence utile. – *[Décr. n° 2002-602 du 25 avr. 2002, art. 12.]*

SOUS-SECTION 4 DISPOSITIONS DIVERSES

Art. R. 426-14 Les membres du conseil d'administration et du conseil d'orientation du Centre national d'enseignement à distance sont élus ou nommés pour une durée de trois ans renouvelable.

Le mandat des membres cesse lorsqu'ils perdent la qualité au titre de laquelle ils ont été élus ou nommés.

En cas de vacance de siège pour quelque cause que ce soit survenant plus de trois mois avant l'expiration du mandat, un remplaçant est désigné dans les mêmes conditions pour la durée du mandat restant à courir. – *[Décr. n° 2002-602 du 25 avr. 2002, art. 13.]*

Art. R. 426-15 Les modalités d'élection des représentants du personnel au conseil d'administration et au conseil d'orientation du Centre national d'enseignement à distance sont fixées par arrêté des ministres chargés de l'éducation et de l'enseignement supérieur. – *[Décr. n° 2002-602 du 25 avr. 2002, art. 14.]*

Art. R. 426-16 Les membres du conseil d'administration et du conseil d'orientation du Centre national d'enseignement à distance exercent leurs fonctions à titre gratuit. Toutefois, leurs frais de déplacement et de séjour sont pris en charge dans les conditions prévues par la réglementation applicable aux fonctionnaires de l'État. – *[Décr. n° 2002-602 du 25 avr. 2002, art. 15.]*

Art. R. 426-17 Outre les services rattachés à la direction générale, le Centre national d'enseignement à distance comprend des instituts, une école d'ingénierie de la formation à distance et des unités communes de services.

Les instituts et l'école d'ingénierie de la formation à distance sont créés et supprimés par le conseil d'administration sur proposition du directeur général après avis du conseil d'orientation.

Les unités communes de services sont créées par décision du directeur général et rattachées soit à la direction générale, soit à un ou plusieurs instituts.

Les directeurs des instituts et de l'école et les responsables des unités communes de services sont nommés par le directeur général. – *[Décr. n° 2002-602 du 25 avr. 2002, art. 16.]*

SECTION III ORGANISATION FINANCIÈRE

Art. R. 426-18 Les ressources du Centre national d'enseignement à distance comprennent :

1° Les subventions et les fonds de concours attribués notamment par l'État, les collectivités publiques et la Communauté européenne ;

2° Les droits, redevances et produits de toute nature résultant de ses activités ;

3° Les versements au titre de la taxe d'apprentissage ;

4° Les versements au titre de la participation des employeurs au financement de la formation professionnelle continue ;

5° Les produits des conventions ou contrats, notamment de travaux ou d'études ;

6° Les revenus des biens meubles et immeubles de l'établissement ;
7° Le produit des aliénations ;
8° Les contributions privées, les dons et legs ;
9° Les emprunts ;
10° D'une manière générale, toutes les recettes autorisées par les lois et règlements. – *[Décr. n° 2002-602 du 25 avr. 2002, art. 17.]*

Art. R. 426-19 Les dépenses du Centre national d'enseignement à distance comprennent les frais de personnel, de fonctionnement et d'équipement et, d'une manière générale, toutes les dépenses nécessaires aux activités de l'établissement. – *[Décr. n° 2002-602 du 25 avr. 2002, art. 18.]*

Art. R. 426-20 Le Centre national d'enseignement à distance met en place une comptabilité analytique qui distingue les activités commerciales des autres activités *(Décr. n° 2009-238 du 27 févr. 2009, art. 5)* « notamment celles qui sont organisées en application du quatrième alinéa de l'article R. 426-2 ».

Art. R. 426-21 L'agent comptable du Centre national d'enseignement à distance est nommé, sur proposition du directeur général, par arrêté des ministres chargés de l'éducation, de l'enseignement supérieur et du budget.

(Décr. n° 2012-1247 du 7 nov. 2012, art. 29) « Le Centre national d'enseignement à distance est soumis aux dispositions des titres Ier et III du décret n° 2012-1246 du 7 novembre 2012 relatif à la gestion budgétaire et comptable publique. »

Art. R. 426-22 Des régies d'avances et de recettes peuvent être créées auprès de l'établissement dans les conditions fixées par le *(Décr. n° 2019-798 du 26 juill. 2019, art. 20)* « décret n° 2019-798 du 26 juillet 2019 » relatif aux régies de recettes et aux régies d'avances des organismes publics.

Art. R. 426-23 et R. 426-24 *Abrogés par Décr. n° 2012-1247 du 7 nov. 2012, art. 29.*

TITRE TROISIÈME CENTRES DE FORMATION D'APPRENTIS

CHAPITRE UNIQUE CRÉATION ET FONCTIONNEMENT DES CENTRES DE FORMATION D'APPRENTIS ET DES UNITÉS DE FORMATION PAR APPRENTISSAGE *(Décr. n° 2019-1143 du 7 nov. 2019, art. 5).*

SECTION PREMIÈRE INSTITUTIONS ET PERSONNEL

Art. R. 431-1 *(Décr. n° 2015-652 du 10 juin 2015, art. 11)* Les règles relatives *(Décr. n° 2019-1143 du 7 nov. 2019, art. 5)* « à la » création de centres de formation d'apprentis et d'unités de formation par apprentissage sont fixées par les dispositions du titre III du livre II *(Décr. n° 2019-1143 du 7 nov. 2019, art. 5)* « et du titre V du livre III » de la sixième partie du code du travail.

Art. R. 431-2 Les règles relatives aux modalités d'organisation administrative et pédagogique des centres de formation d'apprentis et des unités de formation par apprentissage sont fixées par *(Décr. n° 2019-1143 du 7 nov. 2019, art. 5)* « le titre III du livre II et le titre V du livre III » *(Décr. n° 2015-652 du 10 juin 2015, art. 11)* « de la sixième partie » du code du travail.

Art. R. 431-3 *Abrogé par Décr. n° 2019-1143 du 7 nov. 2019, art. 5.*

Art. R. 431-4 Les règles relatives au recrutement et aux qualifications exigées du directeur et du personnel enseignant des centres de formation d'apprentis sont fixées par *(Décr. n° 2015-652 du 10 juin 2015, art. 11)* « le *(Décr. n° 2019-1143 du 7 nov. 2019, art. 5)* « chapitre II du titre V du livre III » de la sixième partie » du code du travail.

SECTION II CONTRÔLE

Art. R. 431-5 Les règles relatives au contrôle de l'activité et du fonctionnement administratif et financier des centres de formation d'apprentis sont fixées par *(Décr.*

n° 2019-1143 du 7 nov. 2019, art. 5) « le titre VI du livre III de la sixième partie » du code du travail.

Art. R. 431-6 Le contrôle pédagogique de la formation donnée aux apprentis, mentionné à l'article *(Décr. n° 2019-1143 du 7 nov. 2019, art. 5)* « L. 6211-2 » du code du travail, est assuré par *(Décr. n° 2019-1143 du 7 nov. 2019, art. 5)* « la mission de contrôle pédagogique des formations par apprentissage conduisant à un diplôme », dans les conditions fixées par l'article R. 241-22 du présent code.

SECTION III CENTRES DE FORMATION D'APPRENTIS AGRICOLES *(Décr. n° 2019-1143 du 7 nov. 2019, art. 5).*

Art. R. 431-7 Les règles relatives aux centres de formation d'apprentis agricoles sont fixées par l'article R. 811-46 du code rural et de la pêche maritime.

TITRE QUATRIÈME LES ÉTABLISSEMENTS D'ENSEIGNEMENT PRIVÉS

CHAPITRE PREMIER OUVERTURE DES ÉTABLISSEMENTS D'ENSEIGNEMENT SCOLAIRE PRIVÉS

(Décr. n° 2018-407 du 29 mai 2018, art. 1er)

Art. D. 441-1 La déclaration prévue par l'article L. 441-1 est faite au recteur d'académie.

(Décr. n° 2019-1558 du 30 déc. 2019, art. 4) « S'agissant des établissements d'enseignements supérieur technique privés, l'autorité compétente de l'État en matière d'éducation pour la déclaration prévue à l'article L. 441-1 est le recteur de région académique. »

Art. D. 441-2 Pour l'application du *b* du 2° du I de l'article L. 441-2, le dossier de déclaration d'ouverture comprend un état prévisionnel qui précise l'origine, la nature, et le montant des principales ressources dont disposera l'établissement pour les trois premières années de son fonctionnement.

Art. D. 441-3 Lorsque l'établissement accueille des internes, le dossier précise l'identité de la ou des personnes qui assurent la responsabilité de l'internat ; y sont jointes les pièces mentionnées aux *b* et *c* du 1° du I de l'article L. 441-2 les concernant.

Art. D. 441-4 La déclaration qui doit être faite en cas de changement de locaux ou lorsque l'établissement accueille des internes conformément au I de l'article L. 441-3 comprend les pièces mentionnées au 2° du I de l'article L. 441-2.

Art. D. 441-5 Lorsqu'une des autorités mentionnées au II de l'article L. 441-1 forme opposition à l'ouverture de l'établissement, elle en informe sans délai les autres autorités compétentes pour former opposition.

Art. D. 441-6 I. — La personne désireuse de diriger un établissement déjà ouvert en informe le recteur d'académie, en joignant les pièces mentionnées aux *b*, *c* et *d* du 1° du I de l'article L. 441-2.

Lorsque le dossier est incomplet, le recteur d'académie l'indique au demandeur dans l'accusé de réception mentionné à l'article L. 112-3 du code des relations entre le public et l'administration ou, à défaut, dans un délai au plus égal à cinq jours ouvrés à compter de sa délivrance.

Lorsqu'il s'oppose à ce changement en application du II de l'article L. 441-3, le recteur d'académie en informe sans délai les autres autorités mentionnées au II de l'article L. 441-1.

II. — La personne qui devient le représentant légal de l'établissement en informe le recteur d'académie dans les mêmes conditions que celles prévues au I en joignant, s'ils ont été modifiés, les statuts de la personne morale représentant l'établissement.

(Décr. n° 2019-1558 du 30 déc. 2019, art. 4) « III. — S'agissant des établissements d'enseignements supérieur technique privés, l'autorité compétente est le recteur de région académique. »

CHAPITRE II RAPPORTS ENTRE L'ÉTAT ET LES ÉTABLISSEMENTS D'ENSEIGNEMENT PRIVÉS

SECTION PREMIÈRE CONTRÔLE DE L'ÉTAT SUR LES ÉTABLISSEMENTS D'ENSEIGNEMENT PRIVÉS

SOUS-SECTION 1 DISPOSITIONS APPLICABLES À TOUS LES ÉTABLISSEMENTS D'ENSEIGNEMENT PRIVÉS

§ 1er ÉTABLISSEMENTS D'ENSEIGNEMENT SCOLAIRE PRIVÉS AVEC INTERNAT

(Décr. nº 2018-407 du 29 mai 2018, art. 2)

Art. R. 442-1 Tout établissement d'enseignement scolaire privé qui reçoit des élèves internes tient un registre dans lequel sont inscrites leur identité, l'adresse et l'identité des personnes qui en sont responsables, au sens de l'article L. 131-4, ainsi que la date d'inscription des élèves à l'internat et celle de leur sortie.

Ce registre est tenu en permanence à la disposition des autorités judiciaires et administratives compétentes.

Art. R. 442-1-1 I. — Lorsque, en application de l'article L. 442-2, des parents d'élèves sont mis en demeure d'inscrire leur enfant dans un autre établissement, le recteur d'académie en informe sans délai le représentant de l'État dans le département et le maire. Le préfet et le recteur prennent toutes mesures pour assurer provisoirement, s'il y a lieu, l'accueil des élèves internes.

II. — Lorsque, dans le cadre de l'application des articles L. 441-4, L. 442-2 et L. 914-5, le procureur de la République requiert la fermeture d'un établissement d'enseignement scolaire privé avec internat, il en informe le représentant de l'État dans le département, le recteur d'académie et le maire. Le préfet et le recteur en informent sans délai et par tous moyens les personnes responsables des internes au sens de l'article L. 131-4.

III. — Lorsque l'autorité judiciaire a ordonné la fermeture d'un établissement d'enseignement scolaire privé avec internat, le procureur de la République en informe le représentant de l'État dans le département, le recteur d'académie et le maire. Ces derniers en informent sans délai et par tous moyens les personnes responsables des internes au sens de l'article L. 131-4 et prennent toute mesure pour assurer provisoirement, s'il y a lieu, l'accueil des élèves internes.

§ 2 ÉTABLISSEMENTS BÉNÉFICIANT D'UNE GARANTIE D'EMPRUNT

Art. D. 442-2 Les établissements privés dont les travaux de construction ou d'aménagement sont financés par des emprunts garantis par l'État doivent préparer leurs élèves à l'obtention de diplômes délivrés ou reconnus par l'État. Ils sont soumis aux contrôles pédagogiques effectués par le ministre chargé de l'éducation ou le ministre chargé de l'agriculture. — *[Décr. nº 66-20 du 7 janv. 1966, art. 4.]*

Art. D. 442-3 Les travaux financés au moyen d'emprunts garantis par l'État ont pour objet soit l'extension, le premier équipement ou les grosses réparations de locaux d'enseignement existants, soit la construction et l'aménagement de nouveaux locaux d'enseignement.

Ces travaux correspondent à une implantation rationnelle, compte tenu de la carte scolaire, des possibilités de recrutement du personnel enseignant et des besoins scolaires à satisfaire.

Les travaux financés respectent les normes en vigueur telles qu'elles sont fixées par les ministères responsables pour les constructions scolaires des établissements d'enseignement publics qui relèvent de leur compétence. — *[Décr. nº 66-20 du 7 janv. 1966, art. 5.]*

Art. D. 442-4 Les groupements ou associations privés à caractère national auxquels peut être accordée la garantie de l'État pour les emprunts qu'ils émettent doivent être expressément autorisés par leurs statuts à effectuer au profit de leurs membres toutes les opérations financières que comportent lesdits emprunts, notamment la constitution de sûretés, le service des annuités et la répartition du produit et des charges des émissions. – *[Décr. n° 66-20 du 7 janv. 1966, art. 2.]*

Art. D. 442-5 La garantie de l'État ne peut être octroyée qu'aux emprunts pour lesquels des garanties complémentaires ont été constituées :

1° Garanties réelles apportées par les établissements bénéficiaires ;

2° Création d'un fonds de garantie mutuelle constitué par le groupement ou l'association emprunteur, et alimenté par des cotisations spéciales des établissements bénéficiaires et par un prélèvement obligatoire de 10 % des emprunts émis. – *[Décr. n° 66-20 du 7 janv. 1966, art. 3.]*

Art. D. 442-6 Les demandes de garantie de l'État sont soumises à l'instruction d'une commission interministérielle présidée par un conseiller maître ou un conseiller référendaire de la Cour des comptes et comprenant un représentant du ministre chargé du budget, du ministre chargé de l'éducation, du ministre de l'intérieur, du ministre chargé du travail, du ministre chargé de l'agriculture et du secrétariat général du Gouvernement.

La liste des travaux pouvant être financés au moyen d'emprunts garantis par l'État conformément aux dispositions des articles D. 442-2 à D. 442-5 est fixée par arrêté du Premier ministre, du ministre chargé du budget et du ministre chargé de l'éducation ou du ministre chargé de l'agriculture.

La garantie de l'État est octroyée par arrêté du ministre de l'économie et des finances. – *[Décr. n° 66-20 du 7 janv. 1966, art. 6.]*

SOUS-SECTION 2 DISPOSITIONS APPLICABLES AUX ÉTABLISSEMENTS D'ENSEIGNEMENT PRIVÉS PLACÉS SOUS CONTRAT D'ASSOCIATION OU SOUS CONTRAT SIMPLE

§ 1er ORGANISATION PÉDAGOGIQUE

Art. D. 442-7 *(Décr. n° 2014-1377 du 18 nov. 2014, art. 54)* Les règles générales d'organisation des formations et des enseignements et les programmes sont applicables aux établissements d'enseignement privés sous contrat, conformément aux articles D. 311-10 à D. 311-13, D. 321-18 à D. 321-27, D. 331-47 à *(Décr. n° 2018-120 du 20 févr. 2018, art. 5)* « D. 331-64-1 », D. 332-1 à D. 332-14 et D. 333-1 à D. 333-18.

Art. D. 442-8 Les établissements d'enseignement privés sont organisés selon les mêmes structures pédagogiques que celles des établissements d'enseignement publics. Ils sont, à cet effet, divisés en unités autonomes.

Les établissements d'enseignement privés sous contrat font figurer dans leur dénomination le terme d'école, de collège ou de lycée suivi, en application des dispositions prévues par l'article L. 471-2, du mot " privé ". – *[Décr. n° 77-521 du 18 mai 1977, art. 2.]*

§ 2 CONTRÔLE FINANCIER ET ADMINISTRATIF

Art. R. 442-9 Les préfets sont institués ordonnateurs secondaires pour le paiement des dépenses auxquelles donne lieu l'application des textes réglant les rapports entre l'État et les établissements d'enseignement privés.

Les préfets peuvent déléguer leur signature soit au recteur d'académie, soit *(Décr. n° 2012-16 du 5 janv. 2012, art. 7)* « au directeur académique des services de l'éducation nationale agissant sur délégation du recteur d'académie ».

Art. R. 442-10 Les trésoriers-payeurs généraux sont comptables assignataires des dépenses mentionnées à l'article R. 442-9. – *[Décr. n° 61-246 du 15 mars 1961, art. 2.]*

Art. R. 442-11 La rémunération des maîtres *(Décr. n° 2013-767 du 23 août 2013, art. 2)* « contractuels ou agréés et des maîtres délégués exerçant » leur enseignement dans les classes placées sous le régime de l'association ou sous le régime du contrat simple est mandatée mensuellement et à terme échu, selon les règles applicables au paiement des traitements des maîtres de l'enseignement public.

A l'appui du premier mandat de rémunération adressé au *(Décr. n° 2014-551 du 27 mai 2014, art. 10)* « directeur départemental ou, le cas échéant, régional des finances publiques » sont jointes les pièces justificatives suivantes, établies en triple exemplaire :

1° La fiche d'identification du maître comportant notamment les renseignements d'état civil et de situation de famille ainsi que les éléments de base de rémunération. Cette fiche est signée par le maître, attestée par le chef d'établissement et visée par l'ordonnateur ;

2° La copie du contrat individuel ou de la décision portant agrément du maître ou, le cas échéant, copie de la délégation rectorale s'il s'agit d'un maître *(Décr. n° 2013-767 du 23 août 2013, art. 2)* « délégué » ;

3° Le cas échéant, l'état signé par le chef d'établissement et visé par l'ordonnateur, faisant apparaître, pour chaque maître n'assurant pas un service complet, le nombre d'heures d'enseignement assuré ;

4° Le cas échéant, le relevé signé par le chef d'établissement et visé par l'ordonnateur des journées d'absence ou de congé non rémunérées.

Copie certifiée de tout acte, contrat, décision ou déclaration portant modification des documents énumérés ci-dessus est annexée, en triple exemplaire, au mandat de paiement correspondant.

En outre, la copie certifiée par l'ordonnateur du contrat simple ou du contrat d'association conclu avec l'établissement est produite par l'ordonnateur ou comptable assignataire.

Art. R. 442-12 Les heures supplémentaires de remplacement, de suppléance ou d'enseignement partiel effectuées dans les conditions prévues aux articles R. 914-3 et R. 914-85 font l'objet de mandatements distincts. A l'appui de chaque mandat sont jointes, en triple exemplaire, les pièces justificatives suivantes :

1° La décision *(Décr. n° 2019-1554 du 30 déc. 2019, art. 1er)* « du recteur d'académie » autorisant le bénéficiaire à effectuer des heures supplémentaires de remplacement, de suppléance ou d'enseignement partiel ;

2° Le décompte des heures effectuées signé par l'intéressé, attesté par le chef d'établissement et visé par l'ordonnateur.

Art. R. 442-13 Le remboursement total ou partiel des charges sociales et fiscales, prévu par l'article R. 914-90, fait l'objet d'un titre de perception établi par l'ordonnateur. Ce titre de perception est recouvré par le trésorier-payeur général assignataire des dépenses et imputé au compte " Dépenses des ministères annulées par suite de reversements de fonds ". – *[Décr. n° 61-246 du 15 mars 1961, art. 5.]*

Art. R. 442-14 Le forfait d'externat prévu au deuxième alinéa de l'article L. 442-9 est mandaté trimestriellement et à terme échu.

A l'appui du mandat afférent au premier trimestre de l'année scolaire sont jointes, en triple exemplaire, les pièces justificatives suivantes :

1° L'état nominatif des élèves inscrits au 15 novembre de chaque année dans les classes placées sous contrat. Cet état est signé par le chef d'établissement et visé par l'ordonnateur ;

2° La déclaration du chef d'établissement faisant connaître, le cas échéant, le montant de la participation allouée par les collectivités locales.

En cas de changement au cours des trimestres suivants, un état modificatif, en triple exemplaire, est joint aux mandatements ultérieurs. – *[Décr. n° 61-246 du 15 mars 1961, art. 6.]*

Art. R. 442-15 Le contrôle administratif des établissements d'enseignement placés sous le régime du contrat simple ou du contrat d'association incombe à *(Décr. n° 2020-1676 du 23 déc. 2020, art. 2)* « l'inspection générale de l'éducation, du sport et de la recherche » ainsi qu'*(Décr. n° 2019-1554 du 30 déc. 2019, art. 1er)* « au recteur d'académie » conformément aux règles applicables dans l'enseignement public.

Ce contrôle est exercé dans le secteur sous contrat de l'établissement. Il porte sur l'observation des textes législatifs et réglementaires applicables à l'établissement et sur l'accomplissement des engagements souscrits par celui-ci.

(Décr. n° 2020-1676 du 23 déc. 2020, art. 2) « Les inspecteurs généraux de l'éducation, du sport et de la recherche » disposent des pouvoirs d'investigation financière nécessaires à l'accomplissement de cette mission.

Art. R. 442-16 Le *(Décr. n° 2012-1247 du 7 nov. 2012, art. 2)* « contrôle budgétaire » des établissements d'enseignement placés sous le régime du contrat simple ou du contrat d'association incombe au *(Décr. n° 2014-551 du 27 mai 2014, art. 10)* « directeur départemental ou, le cas échéant, régional des finances publiques » du département du siège de l'établissement, en liaison avec *(Décr. n° 2020-1676 du 23 déc. 2020, art. 2)* « les inspecteurs généraux de l'éducation, du sport et de la recherche » et les services académiques. Il est exercé dans les conditions définies aux articles R. 442-17 à R. 442-21.

Les établissements mentionnés au premier alinéa sont également soumis aux vérifications de l'inspection générale des finances.

Art. R. 442-17 Le contrôle exercé par le *(Décr. n° 2014-551 du 27 mai 2014, art. 10)* « directeur départemental ou, le cas échéant, régional des finances publiques » a pour objet de :

1° Vérifier l'exactitude des divers éléments pris en compte dans les mandatements énumérés aux articles R. 442-11, R. 442-12 et R. 442-14 ;

2° S'assurer que les contributions demandées aux familles des externes simples des classes placées sous contrat d'association sont conformes aux clauses du contrat ;

3° Vérifier la conformité de l'utilisation par l'établissement de la contribution de l'État prévue aux articles L. 442-9 et R. 442-45 à R. 442-47 ;

4° Déterminer si le taux de réduction des redevances de scolarité, tel qu'il est prévu à l'article R. 442-52, correspond effectivement à la prise en charge par l'État des traitements des maîtres agréés.

Art. R. 442-18 Pour l'exercice du *(Décr. n° 2012-1247 du 7 nov. 2012, art. 2)* « contrôle budgétaire » prévu aux articles R. 442-9 à R. 442-17, les établissements sont tenus :

1° De conserver et de présenter à toute réquisition du *(Décr. n° 2014-551 du 27 mai 2014, art. 10)* « directeur départemental ou, le cas échéant, régional des finances publiques » ou de son délégué copie de toutes les pièces justificatives énumérées aux articles R. 442-11, R. 442-12 et R. 442-14 ;

2° D'adresser au *(Décr. n° 2014-551 du 27 mai 2014, art. 10)* « directeur départemental ou, le cas échéant, régional des finances publiques », dans les trois mois suivant la clôture de l'exercice, les comptes de résultats de l'exercice écoulé. Si l'établissement titulaire d'un contrat a bénéficié de ressources afférentes à la taxe d'apprentissage, l'emploi de ces ressources doit être retracé en détail sous une rubrique spéciale.

Art. R. 442-19 Les établissements placés sous contrat d'association sont tenus d'organiser leur comptabilité de manière telle que celle-ci fasse apparaître distinctement pour le secteur de l'établissement placé sous le régime du contrat :

1° Les charges et les produits de l'exercice ;

2° Les résultats ;

3° La situation des immobilisations et le tableau des amortissements correspondants.

Cette comptabilité, qui est tenue à la disposition du *(Décr. n° 2014-551 du 27 mai 2014, art. 10)* « directeur départemental ou, le cas échéant, régional des finances publiques » ou de son délégué, s'inspire du plan comptable général approuvé par arrêté du 22 juin 1999 du ministre de la justice, du ministre chargé de l'économie et du ministre chargé du budget.

Art. R. 442-20 Le rapport de vérification du *(Décr. n° 2014-551 du 27 mai 2014, art. 10)* « directeur départemental ou, le cas échéant, régional des finances publiques » est communiqué au chef de l'établissement, qui doit produire ses observations dans un délai d'un mois.

Passé ce délai, un exemplaire de ce rapport, complété le cas échéant par les observations du chef d'établissement et par les nouvelles observations du *(Décr. n° 2014-551 du 27 mai 2014, art. 10)* « directeur départemental ou, le cas échéant, régional des finances publiques », est adressé au ministre chargé de l'éducation par l'intermédiaire du recteur d'académie.

Un autre exemplaire est adressé au ministre chargé du budget.

Art. R. 442-21 Lorsque le *(Décr. n° 2014-551 du 27 mai 2014, art. 10)* « directeur départemental ou, le cas échéant, régional des finances publiques » constate des manquements graves aux clauses financières du contrat simple ou du contrat d'association, il suspend le paiement des mandats établis au bénéfice de l'établissement si la direction de celui-ci est en cause, ou le paiement des rémunérations des maîtres reconnus responsables des manquements constatés.

Le paiement ne peut ensuite intervenir que sur réquisition de l'ordonnateur.

SOUS-SECTION 3 DISPOSITIONS APPLICABLES AUX ÉTABLISSEMENTS D'ENSEIGNEMENT PRIVÉS HORS CONTRAT

Art. D. 442-22 *(Décr. n° 2018-407 du 29 mai 2018, art. 7)* Le contenu des connaissances requis des élèves des classes hors contrat des établissements d'enseignement scolaire privés est fixé par les articles *(Décr. n° 2019-823 du 2 août 2019, art. 6)* « R. 131-12 et » R. 131-13.

Art. D. 442-22-1 *(Décr. n° 2018-407 du 29 mai 2018, art. 4)* Conformément au deuxième alinéa de l'article L. 442-2, les établissements d'enseignement scolaire privés communiquent chaque année, au cours de la première quinzaine du mois de novembre, au recteur d'académie une liste des nom et prénoms des personnes exerçant des fonctions d'enseignement dans les classes de l'établissement qui ne sont pas liées à l'État par contrat. Il est joint à cette liste leur date d'entrée en fonction et tous justificatifs permettant d'établir que chacune de ces personnes remplit les conditions de diplômes et de pratique professionnelle ou de connaissances professionnelles fixées par le 3° de l'article L. 914-3 ou une copie de la dérogation qui lui a été accordée en application de l'article L. 914-4, si ces dispositions leur sont applicables.

SECTION II DEMANDES D'INTÉGRATION D'ÉTABLISSEMENTS D'ENSEIGNEMENT PRIVÉS DANS L'ENSEIGNEMENT PUBLIC

SOUS-SECTION 1 DISPOSITIONS GÉNÉRALES

Art. R. 442-23 Les demandes présentées en application de l'article L. 442-4, et tendant à obtenir l'intégration d'un établissement d'enseignement privé dans l'enseignement public, sont présentées par la personne physique ou morale qui est à la fois partie au contrat d'enseignement passé avec les parents des élèves et employeur, le cas échéant, des maîtres et du personnel d'administration et qui a la jouissance des biens meubles et immeubles affectés à l'établissement. – *[Décr. n° 60-385 du 22 avr. 1960, art. 1er, en ce qui concerne les demandes d'intégration.]*

Art. R. 442-24 Dans le cas où les droits et obligations définis à l'article R. 442-23 sont partagés entre plusieurs personnes physiques ou morales, les demandes sont présentées par l'ensemble de celles-ci agissant conjointement ou représentées par un mandataire. – *[Décr. n° 60-385 du 22 avr. 1960, art. 2, en ce qui concerne les demandes d'intégration.]*

Art. R. 442-25 Le préfet de département instruit la demande, en liaison avec le recteur d'académie et la collectivité publique intéressée. – *[Décr. n° 60-385 du 22 avr. 1960, art. 3, en ce qui concerne les demandes d'intégration.]*

Art. R. 442-26 Les établissements d'enseignement privés du premier et du second degré et les écoles privées d'enseignement technique régulièrement ouverts qui demandent à être intégrés dans l'enseignement public doivent :

1° Répondre à un besoin scolaire apprécié par le recteur de l'académie ;

2° Présenter une situation de postes d'enseignement telle que ceux-ci soient en majorité tenus, au moment de l'intégration, par des maîtres aptes à être titularisés dans les cadres de l'enseignement public.

Les demandes sont présentées conformément aux dispositions des articles R. 442-23 à R. 442-25. – *[Décr. n° 60-388 du 22 avr. 1960, art. 1er.]*

SOUS-SECTION 2 DISPOSITIONS RELATIVES AU PERSONNEL

Art. R. 442-27 Les dispositions relatives aux maîtres laïcs d'un établissement d'enseignement privé qui a été intégré dans l'enseignement public sont fixées par les articles 2 à 15 du décret n° 60-388 du 22 avril 1960 relatif à l'intégration d'établissements d'enseignement privés dans l'enseignement public.

SOUS-SECTION 3 DISPOSITIONS RELATIVES AUX IMMEUBLES ET AU MATÉRIEL

Art. R. 442-28 Tout établissement d'enseignement privé qui demande son intégration dans l'enseignement public doit disposer de locaux appropriés. Un rapport est établi conjointement par *(Décr. n° 2019-1554 du 30 déc. 2019, art. 1er)* « le recteur d'académie » et la collectivité publique de rattachement sur l'état général de ces locaux et sur leur adaptation à l'usage d'établissement d'enseignement.

Art. R. 442-29 Si l'établissement d'enseignement est propriétaire des immeubles utilisés pour son fonctionnement, l'acceptation de la demande d'intégration ne devient définitive qu'à compter de la cession à la collectivité intéressée soit de la propriété, soit de la jouissance de ces immeubles. – *[Décr. n° 60-388 du 22 avr. 1960, art. 17.]*

Art. R. 442-30 Si l'établissement est usufruitier, locataire ou occupant à un titre quelconque, l'acceptation de la demande ne devient définitive qu'à compter de la cession du droit de jouissance à la collectivité intéressée, avec l'accord du propriétaire et pour une durée maximale de neuf ans.

Un état des lieux contradictoire, auquel interviennent la collectivité, l'établissement et le propriétaire, est dressé dans le mois de la conclusion de l'acte constatant la cession de jouissance. – *[Décr. n° 60-388 du 22 avr. 1960, art. 18.]*

Art. R. 442-31 L'acceptation de la demande d'intégration peut entraîner le transfert à la collectivité intéressée des droits détenus par l'établissement sur le matériel et l'équipement des locaux.

Pour les matériels ou équipements dont l'établissement est seulement détenteur, l'accord du propriétaire au transfert prévu ci-dessus est joint à la demande d'intégration avec un inventaire évaluatif détaillé. – *[Décr. n° 60-388 du 22 avr. 1960, art. 19.]*

Art. R. 442-32 Dans les établissements d'enseignement privés du premier degré, du second degré et dans les écoles privées d'enseignement technique régulièrement ouverts qui seront intégrés dans l'enseignement public, les locaux qui sont réservés à l'exercice du culte gardent leur affectation. Les services d'aumônerie sont maintenus dans les conditions prévues par les articles R. 141-1 à R. 141-8. – *[Décr. n° 60-388 du 22 avr. 1960, art. 20.]*

SECTION III CONTRAT D'ASSOCIATION À L'ENSEIGNEMENT PUBLIC PASSÉ AVEC L'ÉTAT PAR LES ÉTABLISSEMENTS D'ENSEIGNEMENT PRIVÉS

SOUS-SECTION 1 LE CONTRAT D'ASSOCIATION

Art. R. 442-33 Peuvent demander à passer avec l'État un contrat d'association à l'enseignement public les établissements d'enseignement privés du premier degré et du second degré ouverts depuis cinq ans au moins à la date d'entrée en vigueur du contrat. Toutefois, ce délai peut être ramené, par décision du préfet du département, à un an dans les quartiers nouveaux des zones urbaines lorsque ces quartiers comprennent au moins 300 logements neufs.

Les classes des établissements faisant l'objet de la demande de contrat doivent répondre à un besoin scolaire reconnu, apprécié conformément aux dispositions de l'article L. 442-5, et en ce qui concerne les classes des établissements du second degré, en fonction des schémas prévisionnels, des plans régionaux et de la carte des formations supérieures prévus aux articles L. 214-1 et L. 214-2. Le contrat ne peut être conclu que dans les conditions fixées par l'article L. 442-14.

Les conditions fixées par l'article L. 442-13 à la conclusion des contrats s'apprécient, notamment en ce qui concerne les effectifs, dans le cadre du département pour le premier degré et le premier cycle du second degré et dans le cadre de la région pour les lycées.

Les établissements présentent leurs demandes suivant les conditions fixées par les articles R. 442-59 à R. 442-61. Pour les classes faisant l'objet de la demande de contrat, ils disposent de locaux et d'installations appropriés. – *[Décr. nº 60-389 du 22 avr. 1960, art. 1er.]*

Art. R. 442-34 Les établissements privés demandeurs justifient que leurs directeurs et leurs maîtres possèdent les titres de capacité prévus selon les dispositions de l'article R. 914-18 dont doivent justifier les directeurs et maîtres des établissements d'enseignement privés placés sous contrat. – *[Décr. nº 60-389 du 22 avr. 1960, art. 2.]*

Art. R. 442-35 Les classes sous contrat d'association respectent les programmes et les règles appliquées dans l'enseignement public en matière d'horaires sauf dérogation accordée par le recteur d'académie en considération de l'intérêt présenté par une expérience pédagogique. – *[Décr. nº 60-389 du 22 avr. 1960, art. 3.]*

Art. R. 442-36 L'organisation des services d'enseignement, dans les classes sous contrat d'association, fait l'objet d'un tableau de service soumis *(Décr. nº 2019-1554 du 30 déc. 2019, art. 1er)* « au recteur d'académie ».

L'instruction religieuse peut être dispensée soit aux heures non occupées par l'emploi du temps des classes, soit à la première ou à la dernière heure de l'emploi du temps de la matinée ou de l'après-midi.

Les autres heures d'activités spirituelles et éducatives complémentaires ne peuvent être incluses dans le tableau de service.

Art. R. 442-37 Le contrat d'association peut porter sur une partie ou sur la totalité des classes de l'établissement demandeur ; il peut porter également sur les classes préparatoires aux grandes écoles ou assimilées. – *[Décr. nº 60-389 du 22 avr. 1960, art. 6.]*

Art. R. 442-38 Les règles relatives à la nomination des maîtres titulaires, des maîtres contractuels ou des délégués nommés par le recteur d'académie dans les classes sous contrat d'association ainsi qu'aux commissions consultatives mixtes consultées à cet effet sont fixées par les articles R. 914-6, R. 914-9, R. 914-45, R. 914-46, R. 914-75 à R. 914-77 du code de l'éducation et par l'article 8-8 *[art. abrogé]* alinéa 2 du décret nº 60-389 du 22 avril 1960 relatif au contrat d'association à l'enseignement public passé par les établissements d'enseignement privés.

Art. R. 442-39 Le chef d'établissement assume la responsabilité de l'établissement et de la vie scolaire. – *[Décr. nº 60-389 du 22 avr. 1960, art. 9, al. 1er.]*

Art. R. 442-40 En matière d'accidents scolaires, la responsabilité de l'État est appréciée dans le cadre des dispositions de l'article 1242 du code civil et de l'article L. 911-4 du présent code.

Art. R. 442-41 L'enseignement dispensé dans les classes sous contrat d'association est apprécié par *(Décr. nº 2019-1554 du 30 déc. 2019, art. 1er)* « le recteur d'académie », *(Décr. nº 2019-1554 du 30 déc. 2019, art. 1er)* « qui prend » l'avis du chef d'établissement.

Art. R. 442-42 Tout établissement ayant passé avec l'État un contrat d'association à l'enseignement public peut, au cours ou au terme du contrat, demander son intégration dans cet enseignement. Dans tous les autres cas, la fin du régime du contrat a pour effet de replacer l'établissement sous le régime en vigueur pour les établissements d'enseignement privés qui ne sont pas liés à l'État par contrat ; les maîtres devenus fonctionnaires titulaires ou stagiaires, sauf démission, sont mutés dans un établissement d'enseignement public ou dans un autre établissement d'enseignement privé lié à l'État par contrat d'association. – *[Décr. nº 60-389 du 22 avr. 1960, art. 15, al. 1er.]*

Art. R. 442-43 Les conditions générales de fonctionnement financier applicables aux classes sous contrat d'association, ainsi que les modalités des contrôles administratifs et financiers qu'exercent l'État et les collectivités publiques intéressées sont fixées par l'article L. 442-9, les articles R. 442-9 à R. 442-21, R. 442-45 à R. 442-48 et R. 442-58, R. 914-3, R. 914-4, R. 914-5, R. 914-7, R. 914-8, R. 914-44, R. 914-47, R. 914-52, R. 914-84, R. 914-85 et R. 914-90. – *[Décr. nº 60-389 du 22 avr. 1960, art. 16.]*

SOUS-SECTION 2 FINANCEMENT DES DÉPENSES DES CLASSES SOUS CONTRAT D'ASSOCIATION

Art. R. 442-44 *(Décr. n° 2019-1555 du 30 déc. 2019, art. 1er)* En ce qui concerne les classes élémentaires et préélémentaires, les communes de résidence sont tenues de prendre en charge, pour les élèves domiciliés sur leur territoire et dans les mêmes conditions que pour les classes correspondantes de l'enseignement public, les dépenses de fonctionnement des classes sous contrat, sous réserve des charges afférentes aux personnels enseignants rémunérés directement par l'État.

La commune siège de l'établissement peut donner son accord à la prise en charge des dépenses de fonctionnement correspondant à la scolarisation d'enfants de moins de trois ans dans des classes maternelles sous contrat. Dans ce cas, elle est tenue de prendre en charge, pour les élèves domiciliés dans la commune et dans les mêmes conditions que pour les enfants de moins de trois ans scolarisés dans des classes maternelles publiques, les dépenses de fonctionnement de ces classes, sous réserve des charges afférentes aux personnels enseignants rémunérés directement par l'État. Pour les élèves de moins de trois ans non domiciliés dans la commune siège de l'établissement, leurs communes de résidence peuvent également participer, par convention, aux dépenses de fonctionnement de ces classes, sous réserve des dispositions de l'article R. 442-47.

V. ndlr ss. art. L. 212-4.

Art. D. 442-44-1 *(Décr. n° 2010-1348 du 9 nov. 2010, art. 1er)* Pour l'application de l'article L. 442-5-1, la capacité d'accueil des élèves dans les écoles publiques du regroupement pédagogique intercommunal dont relève la commune de résidence ne peut être opposée à la demande de prise en charge des frais de scolarisation d'un élève dans une école privée sous contrat d'association d'une commune d'accueil qu'à la condition que ce regroupement soit organisé dans le cadre d'un établissement public de coopération intercommunale auquel ont été transférées les compétences relatives au fonctionnement des écoles publiques et dont la commune de résidence est membre.

Le territoire de l'ensemble des communes constituant un tel établissement public de coopération intercommunale est assimilé, pour l'application de l'article L. 442-5-1, au territoire de la commune de résidence et le président de l'établissement public de coopération intercommunale est substitué au maire pour apprécier la capacité d'accueil des élèves dans les écoles publiques et donner l'accord à la contribution financière.

Art. R. 442-45 Les dépenses de fonctionnement relatives aux personnels non enseignants afférentes à l'externat des classes sous contrat des collèges et lycées privés sont prises en charge dans les conditions prévues à l'article L. 442-9.

Les départements, pour les classes sous contrat des collèges, les régions, pour les classes sous contrat des lycées, et la *(Décr. n° 2017-1777 du 27 déc. 2017, art. 1er)* « collectivité de Corse », pour les classes sous contrat des collèges et lycées de Corse, assument, en ce qui concerne les établissements privés, les dépenses de fonctionnement (matériel) afférentes à l'externat, calculées dans les conditions prévues à l'article L. 442-9.

Art. R. 442-46 La participation des départements ou régions autres que ceux du siège de l'établissement est réglée par les dispositions suivantes :

1° En ce qui concerne les collèges, lorsque 10 % au moins des élèves résident dans un autre département, une participation aux charges de fonctionnement peut être demandée par le département du siège de l'établissement au département de résidence. Le montant de cette participation est fixé par convention entre les départements intéressés. En cas de désaccord, le représentant de l'État dans la région fixe les modalités de cette participation ; si les départements appartiennent à des régions différentes, ces modalités sont conjointement fixées par les représentants de l'État dans les régions intéressées.

2° En ce qui concerne les lycées, lorsque 10 % au moins des élèves ou 5 % au moins des élèves, s'il s'agit d'un lycée professionnel, résident dans une autre région, une participation aux charges de fonctionnement peut être demandée à la région de résidence. Le montant de cette participation est fixé par convention entre les régions intéressées.

En cas de désaccord, les représentants de l'État dans les régions en cause fixent conjointement les modalités de cette participation. – *[Décr. n° 60-389 du 22 avr. 1960, art. 7-2.]*

Art. R. 442-47 En aucun cas, les avantages consentis par les collectivités publiques pour le fonctionnement des classes sous contrat d'association ne peuvent être proportionnellement supérieurs à ceux consentis par les mêmes collectivités et dans le même domaine aux classes des établissements d'enseignement public correspondants du même ressort territorial. – *[Décr. n° 60-389 du 22 avr. 1960, art. 7-3.]*

Art. R. 442-48 Le régime de l'externat simple pour les classes placées sous le régime de l'association est la gratuité. Toutefois, une contribution peut être demandée aux familles :

1° Pour couvrir les frais afférents à l'enseignement religieux et à l'exercice du culte ;

2° Pour le règlement des annuités correspondant à l'amortissement des bâtiments scolaires et administratifs affectés aux classes sous contrat, pour l'acquisition du matériel d'équipement scientifique, scolaire ou sportif, ainsi que pour la constitution d'une provision pour grosses réparations de ces bâtiments.

Le contrat précise le montant des redevances correspondantes ainsi que celles demandées aux familles des externes surveillés, des demi-pensionnaires et des internes. – *[Décr. n° 60-745 du 28 juill. 1960, art. 15.]*

SECTION IV CONTRAT SIMPLE PASSÉ AVEC L'ÉTAT PAR DES ÉTABLISSEMENTS D'ENSEIGNEMENT PRIVÉS

Art. R. 442-49 Peuvent demander à passer avec l'État, dans les conditions prévues aux articles R. 442-59 à R. 442-61, un contrat simple d'une durée de trois ans au moins, les établissements d'enseignement privés du premier degré ouverts depuis cinq ans au moins à la date d'entrée en vigueur du contrat.

Toutefois, ce délai peut être ramené par décision du préfet du département à un an dans les quartiers nouveaux des zones urbaines lorsque ces quartiers comprennent au moins 300 logements neufs.

Le contrat ne peut être conclu que dans les conditions fixées par l'article L. 442-14.

Les établissements disposent, pour les classes faisant l'objet de la demande de contrat, de locaux et d'installations appropriés aux exigences de la salubrité et de l'hygiène conformément aux dispositions du chapitre Ier du titre III du livre III de la partie I du code de la santé publique et de celles du livre Ier du code de la construction et de l'habitation.

Les effectifs d'élèves des classes faisant l'objet de la demande de contrat sont ceux des classes correspondantes de l'enseignement public, toutes conditions de fonctionnement étant égales. – *[Décr. n° 60-390 du 22 avr. 1960, art. 1er.]*

Art. R. 442-50 Les établissements qui ont passé avec l'État un contrat simple préparent aux examens officiels et organisent l'enseignement par référence aux programmes et aux règles générales relatives aux horaires de l'enseignement public.

L'organisation des services d'enseignement des classes sous contrat simple fait l'objet d'un tableau de service soumis à l'approbation *(Décr. n° 2019-1554 du 30 déc. 2019, art. 1er)* « du recteur d'académie ».

Art. R. 442-51 Le contrat simple peut porter sur une partie ou sur la totalité des classes de l'établissement demandeur. – *[Décr. n° 60-390 du 22 avr. 1960, art. 3.]*

Art. R. 442-52 La prise en charge par l'État des traitements des maîtres agréés a pour effet une réduction des redevances de scolarité demandées aux familles des élèves fréquentant les classes sous contrat simple.

Le contrat passé entre l'établissement et l'État prévoit le taux de cette réduction qui est portée à la connaissance des familles. Les redevances demandées aux familles permettent néanmoins d'assurer l'équilibre financier des classes sous contrat. – *[Décr. n° 60-746 du 28 juill. 1960, art. 9.]*

Art. R. 442-53 Les dépenses de fonctionnement (matériel) des classes sous contrat simple peuvent être prises en charge par les communes dans les conditions fixées par convention passée entre la collectivité et l'établissement intéressé.

En aucun cas, les avantages consentis par les collectivités publiques dans le domaine du fonctionnement matériel des classes sous contrat simple ne peuvent être proportionnellement supérieurs à ceux consentis par les mêmes collectivités et dans le même domaine aux classes des établissements d'enseignement public correspondants du même ressort territorial. – *[Décr. nº 60-390 du 22 avr. 1960, art. 7.]*

Art. R. 442-54 Les conditions dans lesquelles il est pourvu aux emplois vacants dans les établissements d'enseignement privés sous contrat simple, notamment par des maîtres agréés, sont fixés par les articles R. 914-53 et R. 914-55.

Art. R. 442-55 Le chef d'établissement assume la responsabilité de l'établissement et de la vie scolaire. – *[Décr. nº 60-390 du 22 avr. 1960, art. 10, al. 1er.]*

Art. R. 442-56 L'enseignement dispensé dans les classes sous contrat simple est apprécié par *(Décr. nº 2019-1554 du 30 déc. 2019, art. 1er)* « le recteur d'académie qui prend » l'avis du chef d'établissement.

Art. R. 442-57 Tout établissement ayant passé avec l'État un contrat simple peut, en cours ou au terme du contrat, demander à bénéficier du contrat d'association à l'enseignement public ou demander son intégration dans cet enseignement. – *[Décr. nº 60-390 du 22 avr. 1960, art. 13.]*

SECTION V DISPOSITIONS COMMUNES AUX ÉTABLISSEMENTS LIÉS À L'ÉTAT PAR CONTRAT

SOUS-SECTION 1 INSTRUCTION DES DEMANDES DE PASSATION DE CONTRAT

Art. R. 442-58 Le contrat d'association ou le contrat simple prend effet à compter du début de l'année scolaire suivant l'acceptation de la demande par l'État. – *[Décr. nº 60-745 du 28 juill. 1960, art. 16, al. 1er, et Décr. nº 60-746 du 28 juill. 1960, art. 10 bis, al. 1er.]*

Art. R. 442-59 Les demandes présentées en application des articles L. 442-5 et L. 442-12, et tendant à obtenir l'application du régime du contrat d'association ou du contrat simple à une partie ou à la totalité des classes d'un établissement d'enseignement privé, sont présentées par la personne physique ou morale qui est à la fois partie au contrat d'enseignement passé avec les parents des élèves et employeur du personnel d'administration ainsi que, le cas échéant, des maîtres et qui a la jouissance des biens meubles et immeubles affectés à l'établissement. – *[Décr. nº 60-385 du 22 avr. 1960, art. 1er, en ce qui concerne les contrats.]*

Art. R. 442-60 Dans le cas où les droits et obligations définis à l'article R. 442-59 sont partagés entre plusieurs personnes physiques ou morales, les demandes sont présentées par l'ensemble de celles-ci agissant conjointement ou représentées par un mandataire. – *[Décr. nº 60-385 du 22 avr. 1960, art. 2, en ce qui concerne les contrats.]*

Art. R. 442-61 Le préfet de département instruit la demande, en liaison avec *(Décr. nº 2019-1554 du 30 déc. 2019, art. 1er)* « le recteur d'académie », et signe le contrat.

SOUS-SECTION 2 RÉSILIATION DES CONTRATS

Art. R. 442-62 En cas de manquements graves aux dispositions légales et réglementaires ou aux stipulations du contrat, et après avis de la commission de concertation prévue par l'article L. 442-11, la résiliation du contrat d'association ou du contrat simple peut être prononcée par le préfet du département. La décision de résiliation est motivée. Elle prend effet au terme de l'année scolaire en cours.

Le contrat ne peut être résilié à la demande de l'établissement qu'avec l'accord de l'État. – *[Décr. nº 60-389 du 22 avr. 1960, art. 15, al. 2 et 3, et Décr. nº 60-390 du 22 avr. 1960, art. 12.]*

SOUS-SECTION 3 LES COMMISSIONS DE CONCERTATION

Art. R. 442-63 Les commissions de concertation mentionnées à l'article L. 442-11 sont instituées au siège de chaque académie. En outre, si le nombre des contrats simples et des contrats d'association passés dans un département le justifie, une commission de concertation peut être instituée au chef-lieu de ce département, après avis du recteur d'académie, par décision du préfet de la région dans laquelle est situé le siège de l'académie.

Lorsqu'une commission de concertation est instituée au chef-lieu d'un département, cette commission est seule consultée sur les questions relatives aux contrats passés avec des établissements situés dans le département. — *[Décr. n° 85-1204 du 13 nov. 1985, art. 1er.]*

Art. R. 442-64 La commission de concertation instituée au siège de l'académie comprend :

1° Au titre des personnes désignées par l'État :

a) Le préfet de région, président ;

b) Le recteur de l'académie ;

c) Quatre représentants des services académiques et trois personnalités qualifiées dans les domaines économique, social, éducatif ou culturel, désignés par le préfet de région sur proposition du recteur d'académie ;

2° Au titre des représentants des collectivités territoriales :

a) Trois conseillers régionaux désignés par le conseil régional ;

b) Trois conseillers départementaux désignés par accord des présidents des conseils départementaux des départements intéressés ou, à défaut, élus par le collège des conseillers départementaux de ces départements ;

c) Trois maires désignés par accord entre les associations départementales des maires ou, à défaut, élus par le collège des maires de l'ensemble des départements intéressés ;

3° Au titre des représentants des établissements d'enseignement privés :

a) Trois chefs d'établissement d'enseignement privé, parmi lesquels au moins un chef d'établissement d'enseignement primaire privé et un chef d'établissement d'enseignement secondaire ou technique privé, nommés par le préfet de région, sur proposition des organisations syndicales les plus représentatives au niveau académique, parmi les chefs d'établissement exerçant leurs fonctions depuis trois ans au moins dans un établissement ayant passé avec l'État un contrat d'association ou un contrat simple ;

b) Trois maîtres enseignant dans un établissement privé, parmi lesquels au moins un maître d'un établissement d'enseignement primaire privé et un maître d'un établissement d'enseignement secondaire ou technique privé, nommés par le préfet de région, sur proposition des organisations syndicales les plus représentatives au niveau académique, respectivement parmi les maîtres titulaires, contractuels ou agréés des établissements d'enseignement primaire privés sous contrat et parmi les maîtres titulaires ou contractuels des établissements d'enseignement secondaire ou technique privés sous contrat n'exerçant pas la fonction de chef d'établissement ;

c) Trois parents d'élèves nommés par le préfet de région sur proposition des associations de parents d'élèves les plus représentatives au niveau académique.

La répartition, entre les établissements d'enseignement primaire privés et les établissements d'enseignement secondaire ou technique privés, des sièges attribués aux chefs d'établissement et aux maîtres tient compte de l'effectif des élèves scolarisés dans les deux catégories d'établissements. Elle est arrêtée par le préfet de région, sur proposition du recteur, dans les limites fixées au *a* et au *b* du 3° du présent article. — *[Décr. n° 85-1204 du 13 nov. 1985, art. 2.]*

Art. R. 442-65 La commission de concertation instituée à Paris *(Décr. n° 2017-1881 du 29 déc. 2017, art. 7)* « et en Corse » est composée dans les conditions prévues à l'article R. 442-64 *(Décr. n° 2017-1881 du 29 déc. 2017, art. 7)* « , sous réserve des dispositions des alinéas suivants ».

Par dérogation aux dispositions du 2° de l'article R. 442-64, la commission de concertation de Paris comprend, au titre des représentants des collectivités territoriales, trois conseillers régionaux désignés par le conseil régional d'Île-de-France et six conseillers de Paris désignés par le conseil de Paris.

(Décr. n° 2017-1881 du 29 déc. 2017, art. 7) « La commission de concertation de Corse comprend, au titre des représentants des collectivités territoriales mentionnés aux *a* et *b* du 2° de l'article R. 442-64, six représentants de la collectivité de Corse,

dont cinq conseillers élus en son sein par l'Assemblée de Corse et un membre du conseil exécutif désigné par le président du conseil exécutif. »

Art. R. 442-66 La commission de concertation instituée au chef-lieu du département comprend :

1° Au titre des personnes désignées par l'État :

a) Le préfet du département, président ;

b) *(Décr. n° 2012-16 du 5 janv. 2012, art. 7)* « Le directeur académique des services de l'éducation nationale agissant sur délégation du recteur d'académie » ;

c) Deux représentants des services académiques et deux personnalités qualifiées dans les domaines économique, social, éducatif ou culturel, désignés par le préfet du département sur proposition *(Décr. n° 2012-16 du 5 janv. 2012, art. 7)* « du directeur académique des services de l'éducation nationale agissant sur délégation du recteur d'académie » ;

2° Au titre des représentants des collectivités territoriales :

a) Deux conseillers régionaux désignés par le conseil régional ;

b) Deux conseillers départementaux désignés par le conseil départemental ;

c) Deux maires désignés par l'association des maires du département ou, à défaut, par le collège des maires du département ;

3° Au titre des représentants des établissements d'enseignement privés :

a) Un chef d'établissement d'enseignement primaire privé nommé par le préfet du département, sur proposition des organisations syndicales les plus représentatives au niveau départemental, parmi les chefs d'établissement d'enseignement primaire privé exerçant leurs fonctions depuis trois ans au moins dans les établissements ayant passé avec l'État un contrat d'association ou un contrat simple ;

b) Un chef d'établissement d'enseignement secondaire ou technique privé nommé par le préfet du département, sur proposition des organisations syndicales les plus représentatives au niveau départemental, parmi les chefs d'établissement d'enseignement secondaire ou technique privé ayant passé avec l'État un contrat d'association ;

c) Un maître enseignant dans un établissement d'enseignement primaire privé, nommé par le préfet du département, sur proposition des organisations syndicales les plus représentatives au niveau départemental, parmi les maîtres titulaires, contractuels ou agréés des établissements d'enseignement primaire privés sous contrat n'exerçant pas la fonction de chef d'établissement ;

d) Un maître enseignant dans un établissement d'enseignement secondaire ou technique privé, nommé par le préfet du département, sur proposition des organisations syndicales les plus représentatives au niveau départemental, parmi les maîtres titulaires ou contractuels des établissements d'enseignement secondaire ou technique privés sous contrat n'exerçant pas la fonction de chef d'établissement ;

e) Deux parents d'élèves nommés par le préfet du département sur proposition des associations de parents d'élèves les plus représentatives au niveau départemental.

Art. R. 442-67 Lorsqu'une élection est organisée au titre du *b* ou du *c* du 2° de l'article R. 442-64, ou du *c* du 2° de l'article R. 442-66, elle a lieu à la représentation proportionnelle à la plus forte moyenne, sans adjonction ni suppression de noms et sans modification de l'ordre de présentation. Les sièges sont attribués d'après l'ordre de présentation.

Toutefois, lorsqu'il n'y a qu'un siège à pourvoir, l'élection a lieu au scrutin uninominal à un tour.

Dans l'un et l'autre cas, le vote a lieu par correspondance. Les modalités du scrutin et la date de l'élection sont fixées, pour la commission instituée au siège de l'académie, par le préfet de région et, pour les commissions instituées au chef-lieu d'un département, par le préfet du département. — *[Décr. n° 85-1204 du 13 nov. 1985, art. 5.]*

Art. R. 442-68 Des membres suppléants, en nombre égal à celui des membres titulaires, sont nommés ou élus dans les mêmes conditions que ceux-ci. Les membres suppléants ne siègent qu'en l'absence des membres titulaires qu'ils suppléent.

En cas d'empêchement du président de la commission, la présidence est assurée par le recteur de l'académie, pour la commission instituée au siège de l'académie, ou par *(Décr. n° 2012-16 du 5 janv. 2012, art. 7)* « le directeur académique des services de l'éducation nationale agissant sur délégation du recteur d'académie », pour les commissions instituées au chef-lieu d'un département.

Si le recteur ou *(Décr. nº 2012-16 du 5 janv. 2012, art. 7)* « le directeur académique des services de l'éducation nationale agissant sur délégation du recteur d'académie » est lui-même empêché, la présidence de la commission est assurée, selon le cas, par le secrétaire général pour les affaires régionales ou par le secrétaire général de la préfecture.

Art. R. 442-69 La durée du mandat des membres titulaires et suppléants des commissions de concertation est de trois ans.

Lorsqu'une vacance survient, pour quelque cause que ce soit, six mois au moins avant le renouvellement de la commission et, notamment, lorsqu'un membre titulaire ou suppléant vient à perdre la qualité en laquelle il a été nommé ou élu, il est pourvu à la vacance, pour la durée du mandat restant à courir, dans les conditions prévues pour la nomination ou l'élection du membre de la commission dont le siège est devenu vacant. – *[Décr. nº 85-1204 du 13 nov. 1985, art. 7.]*

Art. R. 442-70 Le président de la commission de concertation fixe l'ordre du jour et convoque la commission.

Il désigne un rapporteur pour chaque affaire.

La commission de concertation peut entendre toute personne dont l'audition lui paraît utile. – *[Décr. nº 85-1204 du 13 nov. 1985, art. 8.]*

Art. R. 442-71 Lorsque la résiliation d'un contrat est envisagée dans les conditions prévues par l'article L. 442-10, le préfet, président de la commission de concertation territorialement compétente, en informe le chef de l'établissement, la personne physique ou morale gestionnaire de l'établissement et le représentant légal de la collectivité intéressée par lettre recommandée avec demande d'avis de réception.

Le chef d'établissement, la personne physique ou le mandataire de la personne morale gestionnaire de l'établissement et le représentant de la collectivité intéressée sont entendus par la commission ; ils peuvent se faire assister par toute personne de leur choix. Le chef d'établissement ne peut se faire représenter. – *[Décr. nº 85-1204 du 13 nov. 1985, art. 9.]*

Art. R. 442-72 Lorsque la commission de concertation est consultée en application des dispositions du premier alinéa de l'article L. 442-11, le chef d'établissement, la personne physique ou le mandataire de la personne morale gestionnaire de l'établissement et le représentant légal de la collectivité intéressée sont entendus sur leur demande. – *[Décr. nº 85-1204 du 13 nov. 1985, art. 10.]*

Art. R. 442-73 Les recours contentieux contre les décisions administratives relatives à l'instruction, à la passation et à l'exécution des contrats, ainsi qu'à l'utilisation des fonds publics, ne peuvent être introduits qu'après un recours devant le préfet du département, qui statue après avis de la commission de concertation compétente. – *[Décr. nº 85-1204 du 13 nov. 1985, art. 11.]*

SECTION VI DISPOSITIONS RELATIVES AUX ÉTABLISSEMENTS D'ENSEIGNEMENT AGRICOLES PRIVÉS SOUS CONTRAT

Art. R. 442-74 Les règles relatives aux établissements d'enseignement agricoles privés sous contrat sont fixées par les dispositions du chapitre III du titre Ier du livre VIII de la partie réglementaire du code rural et de la pêche maritime.

SECTION VII DISPOSITIONS RELATIVES AUX ÉTABLISSEMENTS OU SERVICES SOCIAUX OU MÉDICO-SOCIAUX PRIVÉS

Art. R. 442-75 Dans la limite des moyens inscrits à cet effet dans la loi de finances, les établissements ou services sociaux ou médico-sociaux privés mentionnés au 2° et au 12° du I de l'article L. 312-1 du code de l'action sociale et des familles peuvent passer avec l'État un contrat simple dans les conditions prévues par l'article L. 442-12 du présent code.

Ce contrat peut porter sur une partie ou sur la totalité des classes de l'établissement.

Ce contrat est conclu pour un an. Il est renouvelable par tacite reconduction. Les locaux des classes faisant l'objet du contrat satisfont aux exigences de la salubrité conformément aux dispositions du chapitre Ier du titre III du livre III de la partie I du code de la santé publique et de celles du livre Ier du code de la construction et de l'habitation et comportent des installations appropriées à l'enseignement. – *[Décr. nº 78-254 du 8 mars 1978, art. 1er.]*

Art. R. 442-76 Sont applicables aux établissements ayant passé un contrat dans les conditions prévues à l'article R. 442-75 :

1º Les articles R. 442-9 à R. 442-12, R. 442-15, R. 442-16, les premier et deuxième alinéas de l'article R. 442-17, les articles R. 442-18 à R. 442-21 et R. 442-62 ;

2º Les articles R. 914-53, R. 914-59 et R. 914-113 ;

3º Les articles R. 914-3, R. 914-10, R. 914-54 et R. 914-113. – *[Décr. nº 78-254 du 8 mars 1978, art. 2.]*

Art. R. 442-77 Dans la mesure où la nature et le degré de handicap des élèves le permettent, les établissements qui ont passé avec l'État un contrat simple préparent les élèves aux examens officiels et organisent l'enseignement par référence aux programmes et aux règles générales relatives aux horaires de l'enseignement public.

Un tableau fixant pour chaque année scolaire l'organisation des services d'enseignement est soumis à l'approbation *(Décr. nº 2019-1554 du 30 déc. 2019, art. 1er)* « du recteur d'académie, qui reçoit » également communication du projet éducatif de l'établissement.

Art. R. 442-78 Les dépenses prises en charge par l'État en ce qui concerne le fonctionnement des classes sous contrat sont constituées exclusivement par la rémunération des services d'enseignement dispensés par les maîtres et le financement des charges sociales et fiscales incombant à l'employeur.

Lorsqu'un établissement bénéficie des dispositions des articles R. 442-75 à R. 442-79, ces dépenses ne sont pas prises en compte pour le calcul du prix de revient prévisionnel servant à l'établissement du prix de journée. A cet effet, *(Décr. nº 2019-1554 du 30 déc. 2019, art. 1er)* « le recteur d'académie communique » chaque année scolaire à la direction départementale des affaires sanitaires et sociales un état nominatif des personnels pris en charge en application des articles R. 442-75 à R. 442-79.

Art. R. 442-79 Un tableau répartissant les établissements et les classes entre l'enseignement préscolaire et élémentaire, d'une part, et l'enseignement secondaire, d'autre part, est dressé chaque année par *(Décr. nº 2012-16 du 5 janv. 2012, art. 7)* « le directeur académique des services de l'éducation nationale agissant sur délégation du recteur d'académie » compte tenu du projet éducatif de ces établissements ou de ces classes.

Pour l'application des articles R. 442-75 à R. 442-78 du présent code, tout établissement ou service social ou médico-social privé mentionné au 2° et au 12° du I de l'article L. 312-1 du code de l'action sociale et des familles qui a constitué des classes de niveau égal ou supérieur à la classe de sixième est assimilé, en ce qui concerne ces classes, à un établissement du second degré.

SECTION VIII DISPOSITIONS RELATIVES À SAINT-PIERRE-ET-MIQUELON

Art. R. 442-80 Sont applicables à la collectivité de Saint-Pierre-et-Miquelon dans les conditions précisées aux articles R. 442-81 à R. 442-84 les dispositions des sections 1 à 5 et 7 du présent chapitre à l'exception de l'article R. 442-14. – *[Décr. nº 72-549 du 30 juin 1972, art. 1er.]*

Art. R. 442-81 Les compétences attribuées au préfet de département ou au préfet de région sont exercées sur le territoire des îles Saint-Pierre-et-Miquelon par l'administrateur chef du territoire. – *[Décr. nº 72-549 du 30 juin 1972, art. 2.]*

Art. R. 442-82 Les compétences attribuées au recteur d'académie, *(Décr. nº 2012-16 du 5 janv. 2012, art. 7)* « au directeur académique des services de l'éducation nationale agissant sur délégation du recteur d'académie » ou aux services académiques sont exercées sur le territoire des îles Saint-Pierre-et-Miquelon par le chef du service de l'*(Décr. nº 2019-1554 du 30 déc. 2019, art. 1er)* « éducation ».

Art. R. 442-83 Les compétences attribuées au *(Décr. nº 2014-551 du 27 mai 2014, art. 10-7º)* « directeur départemental des finances publiques sont exercées sur le territoire des îles Saint-Pierre-et-Miquelon par le directeur chargé de la direction des finances publiques de Saint-Pierre-et-Miquelon ».

Art. R. 442-84 Par dérogation aux dispositions de l'article R. 442-26, le ministre chargé de l'éducation apprécie le besoin scolaire auquel doivent répondre les établissements d'enseignement privés du territoire des îles Saint-Pierre-et-Miquelon sans être tenu de prendre au préalable l'avis d'aucune commission. – *[Décr. nº 72-549 du 30 juin 1972, art. 7.]*

CHAPITRE III LES ÉTABLISSEMENTS D'ENSEIGNEMENT TECHNIQUE PRIVÉS

SECTION PREMIÈRE LES ÉCOLES DES CHAMBRES DE COMMERCE ET D'INDUSTRIE

La présente section ne comprend pas de dispositions réglementaires.

SECTION II LES ÉCOLES TECHNIQUES PRIVÉES

Art. R. 443-1 Les écoles techniques privées légalement ouvertes peuvent être reconnues par l'État.

La reconnaissance par l'État est accordée après consultation du Conseil supérieur de l'éducation et enquête administrative. Elle est prononcée par décret ou par arrêté du ministre chargé de l'éducation suivant le caractère de l'enseignement. – *[Décr. nº 61-1151 du 18 oct. 1961, art. 4.]*

Art. D. 443-1-1 *(Décr. nº 2018-407 du 29 mai 2018, art. 8)* Est école technique privée tout établissement fondé et entretenu par une personne physique ou morale, donnant un enseignement sur place, commun à un certain nombre d'élèves, constituant un cycle d'études obligatoire dans toutes ses parties et mettant l'élève dans l'impossibilité d'occuper simultanément un emploi.

Cet enseignement a pour objet la préparation en formation initiale d'un diplôme technologique ou professionnel ou d'un titre à finalité professionnelle.

SECTION III LES CENTRES D'APPRENTISSAGE PRIVÉS

Art. R. 443-2 Lorsque les centres d'apprentissage privés fonctionnent avec un équipement acquis sur les fonds de l'État ou au moyen de subventions faites par lui, il est dressé inventaire de cet équipement dans les conditions fixées par arrêté du ministre chargé de l'éducation. Cet équipement, propriété de l'État, demeure à la disposition de ces établissements autant qu'il est effectivement utilisé pour la formation professionnelle, sauf autorisation de remploi. – *[Décr. nº 56-931 du 14 sept. 1956, art. 81.]*

SECTION IV LES COURS PRIVÉS PROFESSIONNELS

Art. R. 443-3 Toute personne qui veut diriger un cours privé professionnel ou de perfectionnement adresse au recteur d'académie, en plus des pièces prescrites par *(Décr. nº 2018-407 du 29 mai 2018, art. 9)* « le I de l'article L. 441-2 », la liste des professeurs éventuels, avec l'indication justifiée pour chacun d'eux de ses date et lieu de naissance, de son casier judiciaire ayant moins de trois mois de date, des titres et références qu'il possède et des fonctions qui lui seront confiées. Elle signale dans les mêmes conditions toute modification qui serait apportée par la suite à cette liste.

CHAPITRE IV LES ÉTABLISSEMENTS PRIVÉS DISPENSANT UN ENSEIGNEMENT À DISTANCE

SECTION PREMIÈRE ORGANISMES ASSUJETTIS

Art. R. 444-1 Constitue un organisme privé d'enseignement à distance, soumis aux dispositions des articles L. 444-1 à L. 444-11 et L. 471-1 à L. 471-5, tout organisme privé qui s'engage à dispenser un enseignement, sous quelque forme que ce soit, dans les conditions définies aux articles L. 444-1 à L. 444-11.

Cet enseignement consiste à dispenser à distance, à titre principal ou en complément d'un enseignement, un service d'assistance pédagogique à une préparation ou à une formation. Le service peut consister notamment à fournir, avec ou sans échelonnement dans le temps, en vue d'une formation dans une discipline quelconque d'enseignement ou de la préparation à un concours, à un examen, à un diplôme ou à une activité professionnelle, des livres, cours ou matériels, que l'assistance pédagogique accompagne ces fournitures ou soit dispensée séparément. – *[Décr. nº 72-1218 du 22 déc. 1972, art. 1er.]*

Art. R. 444-2 Tout organisme qui assure un enseignement dans les conditions définies à l'article R. 444-1 constitue en raison de cette activité un organisme privé d'enseignement à distance, alors même qu'il dispense en outre un enseignement sur place.

Toutefois, si un établissement privé d'enseignement sur place organise, à titre accessoire et complémentaire d'un enseignement délivré au cours de l'année scolaire, un enseignement à distance, destiné à ses seuls élèves, assuré par ses enseignants et limité à la période des vacances scolaires, il ne peut être regardé comme constituant, en raison de cette activité, un établissement privé d'enseignement à distance. – *[Décr. nº 72-1218 du 22 déc. 1972, art. 2.]*

Art. R. 444-3 Les centres de formation d'apprentis prévus *(Décr. nº 2015-652 du 10 juin 2015, art. 11)* « au titre III du livre II de la sixième partie réglementaire du code du travail » ne sont pas soumis, pour leurs actions utilisant l'enseignement à distance, aux dispositions des articles R. 444-1 à R. 444-28 du présent code.

Les centres assurant les actions de formation professionnelle et de promotion sociale mentionnées aux articles L. 6111-1, L. 6311-1, L. 6411-1, L. 6422-1, L. 6422-10 et D. 6312-1 du code du travail ne sont pas soumis, pour leurs actions utilisant l'enseignement à distance et faisant l'objet de conventions conclues avec l'État en application du chapitre Ier du titre II du livre IX du code du travail, aux dispositions des articles R. 444-10 à R. 444-17 du présent code.

SECTION II CRÉATION

Art. R. 444-4 La déclaration prévue à l'article L. 444-2 est adressée en quatre exemplaires, par le représentant légal de l'organisme privé d'enseignement à distance, au recteur de l'académie dans laquelle est situé le siège de l'organisme. Le recteur en avise le préfet territorialement compétent.

Lorsque la formation ou l'une des formations que se propose de dispenser l'organisme relève d'un ministre autre que celui chargé de l'éducation, la déclaration est transmise par les soins du recteur au représentant territorialement compétent de ce ministre. – *[Décr. nº 72-1218 du 22 déc. 1972, art. 4.]*

Art. R. 444-5 La déclaration indique la dénomination et l'adresse de l'organisme, ainsi que la qualité et le domicile du signataire. Lorsqu'il s'agit d'une personne morale, la déclaration est accompagnée de la production des statuts, de la liste des personnes ayant le pouvoir d'administrer l'établissement et des personnes responsables, le cas échéant, des dettes sociales.

Sont annexées, dans tous les cas, à la déclaration les listes du personnel de direction et des enseignants, accompagnées des précisions mentionnées aux articles R. 444-10 à R. 444-12, la liste des enseignements que l'organisme se propose de dispenser, des programmes d'enseignement avec, pour chacun de ceux-ci, la description des méthodes pédagogiques prévues, des matériels et ouvrages didactiques conseillés ou fournis aux élèves ainsi que l'indication de la périodicité des enseignements. – *[Décr. nº 72-1218 du 22 déc. 1972, art. 5.]*

Art. R. 444-6 Lorsque l'organisme a prévu, à titre accessoire et pour donner son efficacité pédagogique à l'enseignement à distance, de regrouper des élèves en vue de leur dispenser des cours oraux ou de les faire participer à des travaux pratiques, la déclaration contient, en outre, la description précise des locaux et des matériels utilisés ; lorsque ces regroupements sont effectués, même partiellement, dans le ressort d'une autre académie, le représentant de l'établissement privé en avise spécialement le recteur *(Décr. nº 2019-1554 du 30 déc. 2019, art. 1er)* « d'académie » qui en informe le préfet territorialement compétent et, le cas échéant, le représentant compétent du ministre concerné par l'enseignement dispensé.

Art. R. 444-7 Le recteur d'académie délivre, dans les deux mois, récépissé de la déclaration ; si cette déclaration, ou les éléments qui y sont annexés, est incomplète, le recteur, dans le même délai, demande à l'organisme privé d'en opérer la régularisation ; le recteur dispose alors, pour délivrer le récépissé, d'un nouveau délai de deux mois à compter du jour où la régularisation a été opérée. – *[Décr. nº 72-1218 du 22 déc. 1972, art. 7.]*

Art. R. 444-8 Aucun organisme privé ne peut exercer une activité d'enseignement à distance avant d'avoir obtenu le récépissé prévu à l'article R. 444-7.

Toutefois, si le recteur *(Décr. nº 2019-1554 du 30 déc. 2019, art. 1er)* « d'académie » n'a pas délivré le récépissé ou demandé la régularisation de la déclaration dans le délai de deux mois, le récépissé est réputé délivré.

Art. R. 444-9 Toute modification affectant l'un des éléments de la déclaration est portée dans les huit jours à la connaissance du recteur *(Décr. nº 2019-1554 du 30 déc. 2019, art. 1er)* « d'académie », dans les conditions prévues à l'article R. 444-4.

SECTION III CONDITIONS EXIGÉES DES PERSONNELS ENSEIGNANT ET DE DIRECTION

Art. R. 444-10 Pour exercer une fonction quelconque de direction, dans un organisme privé d'enseignement à distance, toute personne adresse, avant son entrée en fonctions, au recteur de l'académie dans le ressort de laquelle est situé le siège de l'organisme, un dossier comportant :

1° Un bulletin nº 3 de son casier judiciaire ayant moins de trois mois de date ;

2° Les copies des diplômes, titres et références exigés dans les conditions précisées à l'article R. 444-11 pour diriger un organisme privé d'enseignement à distance ou pour y enseigner.

Le dossier ci-dessus est complété par l'indication des lieux de résidence et des activités professionnelles exercées pendant les cinq années précédentes.

L'un quelconque de ces documents, ainsi que la production d'une lettre revêtue de la signature du représentant légal ou du directeur de l'organisme privé, attestant qu'il s'engage à le recruter, peuvent être demandés par le recteur à tout membre du personnel enseignant.

Lorsque les enseignements ou les formations dispensés ne relèvent pas du seul contrôle du ministre chargé de l'éducation, le recteur en avise le représentant du ministre intéressé. – *[Décr. nº 72-1218 du 22 déc. 1972, art. 10.]*

Art. R. 444-11 Les diplômes, titres et références exigés pour enseigner dans un organisme privé d'enseignement à distance ne peuvent être inférieurs, lorsque la matière qui fait l'objet de l'enseignement à distance est dispensée dans les établissements publics d'enseignement, à ceux qui sont exigés pour être admis à enseigner dans des établissements publics de nature et de niveau correspondants. Dans les autres cas, la qualification exigée tient compte de la nature et du niveau de l'enseignement en cause.

Pour diriger un organisme privé d'enseignement à distance, il est nécessaire de justifier, outre des diplômes, titres et références exigés pour enseigner dans cet organisme, de cinq ans de fonctions d'enseignement dans un établissement quelconque d'enseignement. Toutefois, le recteur d'académie peut dispenser de cette dernière condition toute personne qui justifie de diplômes, titres et références supérieurs à ceux qui sont normalement exigés. – *[Décr. nº 72-1218 du 22 déc. 1972, art. 11.]*

En application de l'art. L. 231-5 CRPA, le silence gardé pendant 2 mois par l'administration vaut décision de rejet pour une demande de dispense de l'obligation de justifier de 5 ans d'enseignement pour diriger un organisme d'enseignement à distance (Décr. nº 2014-1274 du 23 oct. 2014, art. 1er).

Art. R. 444-12 Les étrangers ne ressortissant pas à un autre État membre de la Communauté européenne ou à un État partie à l'Espace économique européen et désireux de diriger un organisme privé d'enseignement à distance ou d'y enseigner peuvent être appelés à fournir :

1° Un bulletin n° 3 du casier judiciaire ayant moins de trois mois de date ;

2° Un document officiel dont l'équivalence avec le bulletin du casier judiciaire français est établie par un certificat administratif, délivré depuis moins de trois mois soit par les autorités compétentes de l'État dont ils sont ressortissants, soit par l'Office français de protection des réfugiés et apatrides, dans les conditions définies à l'article *(Décr. n° 2020-1734 du 16 déc. 2020, art. 6)* « L. 121-11 » du code de l'entrée et du séjour des étrangers et du droit d'asile.

En application de l'art. L. 231-5 CRPA, le silence gardé pendant 2 mois par l'administration vaut décision de rejet pour une demande d'autorisation à un ressortissant d'un État n'appartenant pas à l'Union européenne ou d'un autre État partie à l'accord sur l'Espace économique européen de diriger ou d'enseigner dans un organisme d'enseignement à distance (Décr. n° 2014-1274 du 23 oct. 2014, art. 1er).

Art. R. 444-13 Le recteur d'académie, après consultation, s'il y a lieu, du représentant du ministre dont dépend l'enseignement dispensé, examine dans chaque cas la valeur des diplômes et titres produits par tout étranger mentionné à l'article R. 444-12 et accorde, le cas échéant, des dérogations aux exigences fixées dans les conditions définies à l'article R. 444-11. — *[Décr. n° 72-1218 du 22 déc. 1972, art. 13.]*

En application de l'art. L. 231-5 CRPA, le silence gardé pendant 2 mois par l'administration vaut décision de rejet pour une demande d'autorisation à un ressortissant d'un État n'appartenant pas à l'Union européenne ou d'un autre État partie à l'accord sur l'Espace économique européen de diriger ou d'enseigner dans un organisme d'enseignement à distance (Décr. n° 2014-1274 du 23 oct. 2014, art. 1er).

SECTION IV CONTRÔLE ET INSPECTION

Art. R. 444-14 Le contrôle des organismes privés d'enseignement à distance porte sur :

1° La conformité des programmes aux documents annexés à la déclaration prévue à l'article R. 444-5 ;

2° La régularité de la situation des personnels de direction et d'enseignement au regard des exigences définies aux articles L. 444-5 et L. 444-6 et R. 444-10 à R. 444-13 ;

3° Le caractère suffisant de l'effectif des enseignants par rapport aux élèves inscrits ;

4° Les méthodes pédagogiques utilisées pour la mise en œuvre des programmes d'enseignement ;

5° Les conditions dans lesquelles sont assurés le service d'assistance pédagogique, l'envoi à l'élève de tous documents et les corrections de ses travaux de toute nature ;

6° Les locaux utilisés en cas de regroupements d'élèves, pour vérifier que ces locaux sont conformes aux règles d'hygiène et de sécurité et qu'ils comportent un matériel d'enseignement et de travaux pratiques suffisant et adapté à la matière de la formation et au nombre d'élèves accueillis.

Lorsque l'organisme bénéficie d'une aide sur fonds publics, le contrôle porte également sur les conditions de sa gestion financière. — *[Décr. n° 72-1218 du 22 déc. 1972, art. 14.]*

Art. R. 444-15 Pour faciliter l'exercice du contrôle, le directeur de l'organisme privé d'enseignement à distance tient à jour des registres où sont reportés respectivement les noms des enseignants et des élèves avec les indications pédagogiques les concernant. — *[Décr. n° 72-1218 du 22 déc. 1972, art. 15.]*

Art. R. 444-16 Le contrôle est effectué par les membres des corps d'inspection du ministère de l'éducation nationale et par les membres des corps d'inspection compétents des départements ministériels dont relèvent les enseignements dispensés par l'organisme privé d'enseignement à distance.

Pour les enseignements dont le niveau ressortit à l'enseignement supérieur, le contrôle est assuré par des enseignants de l'enseignement supérieur public accompagnés, le cas échéant, par des personnes choisies pour leur compétence. Ces enseignants sont désignés, après avis du président de l'université dont ils dépendent, par le recteur d'académie, après consultation éventuelle du représentant compétent du ministre dont relève l'enseignement dispensé. – *[Décr. n° 72-1218 du 22 déc. 1972, art. 16.]*

Art. R. 444-17 Les observations et les injonctions que peuvent formuler les inspecteurs ou les enseignants, chargés d'une mission d'inspection par application des dispositions de l'article R. 444-16, sont notifiées aux intéressés par l'intermédiaire du recteur d'académie, après accord, le cas échéant, avec le représentant du ministre dont dépend l'enseignement en cause.

Les membres des corps d'inspection compétents qui estiment que des mesures doivent être prises, ou des poursuites engagées, à l'encontre d'un organisme privé d'enseignement à distance, ou de l'un quelconque des membres de son personnel, en saisissent le recteur. Le recteur en informe, le cas échéant, le représentant du ministre dont relève l'enseignement dispensé.

SECTION V OBLIGATIONS CONTRACTUELLES DES ÉTABLISSEMENTS

Art. R. 444-18 Le contrat prévu à l'article L. 444-7 précise le caractère et la périodicité des travaux de toute nature qui sont proposés à l'élève dans chacune des disciplines faisant l'objet d'un enseignement ; il expose également la manière dont est assuré le service d'assistance pédagogique, les méthodes utilisées, les contrôles exercés, la façon dont sont communiquées les directives des enseignants et dont l'élève est mis en mesure d'apprécier le résultat d'ensemble de ses efforts ; il indique les noms, prénoms et qualités des enseignants responsables de la formation de l'élève.

Le contrat contient, s'il y a lieu, la liste des livres, cours et matériel didactiques de toute nature que l'élève sera astreint à se procurer, à titre onéreux, ainsi que l'indication du prix et des modalités de paiement. – *[Décr. n° 72-1218 du 22 déc. 1972, art. 18.]*

Art. R. 444-19 Un plan d'études, annexé au contrat, précise en outre, conformément au deuxième alinéa de l'article L. 444-7 :

1° Le programme de l'enseignement, la nature et le contenu des disciplines étudiées, le nombre minimum des travaux de toute nature demandés à l'élève, l'échelonnement des enseignements et des travaux dans le temps ;

2° Le niveau des connaissances préalables nécessaires pour entreprendre l'étude de ce programme, apprécié par référence aux diplômes et titres exigés pour suivre un enseignement de niveau équivalent dans un établissement public d'enseignement ;

3° Le niveau des études, apprécié par référence à celui de leur premier aboutissement et, le cas échéant, à celui des études correspondantes dans l'enseignement public ;

4° La durée moyenne des études, appréciées en nombre d'heures, compte tenu du niveau préalable de connaissances de l'élève tel qu'il résulte de ses déclarations écrites et des diplômes et titres qu'il détient. – *[Décr. n° 72-1218 du 22 déc. 1972, art. 19.]*

Art. R. 444-20 Les fournitures assurées, le cas échéant, aux élèves par l'organisme privé d'enseignement à distance sont adaptées aux exigences de l'enseignement dispensé et conformes aux données récentes, notamment scientifiques et techniques ; elles ne peuvent être livrées et facturées qu'au fur et à mesure des nécessités de leur utilisation : elles font l'objet d'un compte distinct et détaillé. Le titre, les noms d'auteur et d'éditeur sont précisés pour chaque livre ; l'utilité pédagogique est sommairement expliquée pour tout autre objet ou matériel. – *[Décr. n° 72-1218 du 22 déc. 1972, art. 20.]*

Art. R. 444-21 Lorsque la durée totale de l'enseignement est supérieure à douze mois, le compte relatif au prix de l'enseignement proprement dit fait apparaître le prix effectif global, toutes charges et taxes comprises, de la première année pédagogique. – *[Décr. n° 72-1218 du 22 déc. 1972, art. 21.]*

Art. R. 444-22 Le contrat est clairement divisé et rédigé en caractères facilement lisibles. Les nullités et déchéances prévues, le cas échéant, par le contrat sont mentionnées en caractères gras contrastant suffisamment avec le contexte dans lequel elles sont insérées.

Les dispositions de l'article L. 444-8 sont reproduites en caractères gras, nettement détachées des clauses contractuelles et contrastant suffisamment avec celles-ci. Elles sont placées en dernier lieu, avant l'emplacement réservé pour les signatures. – *[Décr. n° 72-1218 du 22 déc. 1972, art. 22.]*

Art. R. 444-23 Le projet de contrat, y compris le plan d'études qui lui est annexé, est adressé au souscripteur, par lettre recommandée avec demande d'avis de réception, en deux exemplaires, signés par le représentant légal de l'organisme privé d'enseignement à distance. Le contrat est retourné par le souscripteur, par lettre recommandée. – *[Décr. nº 72-1218 du 22 déc. 1972, art. 23.]*

Art. R. 444-24 La somme exigible dès la souscription du contrat ne peut excéder le montant du prix susceptible d'être payé par anticipation tel qu'il est prévu par les dispositions du cinquième alinéa de l'article L. 444-8.

Les versements subséquents ont lieu dans les conditions fixées par le contrat. Toutefois, pendant une période de trois mois à compter de la date de la conclusion du contrat, ces versements ne peuvent aboutir à constituer, au profit de l'organisme privé d'enseignement à distance, une provision supérieure au montant de l'indemnité que ledit organisme peut, en application du troisième alinéa de l'article L. 444-8, réclamer, le cas échéant, au souscripteur en cas de résiliation.

Les sommes dues au titre de contrats relatifs à des enseignements à distance dispensés pendant les vacances scolaires et limités à la durée de celles-ci peuvent faire l'objet de modalités de paiement entièrement libres, lorsque ces enseignements ne s'appliquent qu'à des élèves fréquentant, pendant l'année scolaire, des établissements d'enseignement sur place. Dans ce cas, le délai de résiliation est fixé à huit jours. – *[Décr. nº 72-1218 du 22 déc. 1972, art. 24.]*

Art. R. 444-25 Toute modification ou adjonction aux contrats déjà conclus ne peut être apportée que dans les conditions et formes prévues par les articles L. 444-7 et L. 444-8 et par les dispositions des articles R. 444-18 à R. 444-27. – *[Décr. nº 72-1218 du 22 déc. 1972, art. 25.]*

Art. R. 444-26 En cas de survenance de l'empêchement prévu au deuxième alinéa de l'article L. 444-8, à la suite d'un cas fortuit ou d'une force majeure, l'élève ou son représentant légal notifie la résiliation, en en précisant les motifs, à l'organisme privé d'enseignement à distance, par lettre recommandée avec demande d'avis de réception.

A défaut de réponse de l'organisme privé, la résiliation prend effet huit jours après la date de la réception de cette lettre. L'organisme privé restitue aussitôt les sommes versées par l'élève ou pour son compte par un tiers ou par un organisme de crédit, qu'il détiendrait à titre de provision ou d'avance et qui ne constitueraient pas la contrepartie de services effectivement rendus à la date d'effet de la résiliation.

L'estimation pécuniaire de ces services est faite à proportion du temps couru depuis la date d'entrée en vigueur du contrat. – *[Décr. nº 72-1218 du 22 déc. 1972, art. 26.]*

Art. R. 444-27 S'il entend faire usage de la faculté de résiliation prévue au troisième alinéa de l'article L. 444-8, l'élève ou son représentant légal notifie la résiliation à l'organisme privé d'enseignement à distance, sans être tenu de la motiver, par lettre recommandée avec demande d'avis de réception.

La résiliation prend effet à la date de réception de cette lettre par l'organisme privé intéressé. Celui-ci restitue aussitôt les sommes versées par l'élève ou pour son compte par un tiers ou par un organisme de crédit, qu'il détiendrait à titre de provision ou d'avance et qui excéderaient le montant du prix des services effectivement rendus augmenté, le cas échéant, de celui de l'indemnité prévue au troisième alinéa de l'article L. 444-8.

L'estimation pécuniaire des services effectivement rendus est faite comme il est dit à l'article R. 444-26. – *[Décr. nº 72-1218 du 22 déc. 1972, art. 27.]*

SECTION VI **DISPOSITIONS PÉNALES**

Art. R. 444-28 Sans préjudice des peines plus graves prévues par l'article L. 444-10, est puni de l'amende prévue pour les contraventions de la cinquième classe le fait, pour toute personne, d'enfreindre les dispositions des articles R. 444-8 et R. 444-15. Les mêmes peines s'appliquent à toute personne qui ferait obstacle à l'exercice des contrôles et inspections prévus aux articles R. 444-14 à R. 444-17. – *[Décr. nº 72-1218 du 22 déc. 1972, art. 31.]*

CHAPITRE V LES ORGANISMES DE SOUTIEN SCOLAIRE

Le présent chapitre ne comprend pas de dispositions réglementaires.

TITRE CINQUIÈME LES ÉTABLISSEMENTS FRANÇAIS D'ENSEIGNEMENT À L'ÉTRANGER

CHAPITRE PREMIER DISPOSITIONS GÉNÉRALES

Art. R. 451-1 Les dispositions des articles L. 111-1 à L. 111-3, L. 112-2, L. 113-1, L. 121-1, L. 121-3, L. 122-2 à L. 122-5, L. 131-1, *(Décr. nº 2019-1404 du 18 déc. 2019, art. 3)* « L. 231-1 à L. 231-5 », L. 241-1 à L. 241-3, L. 311-2, L. 311-4, L. 311-7, L. 313-1, L. 313-2, *(Décr. nº 2019-1404 du 18 déc. 2019, art. 3)* « L. 314-1, » L. 314-2, *(Décr. nº 2019-1404 du 18 déc. 2019, art. 3)* « L. 314-3, » L. 321-2 à L. 321-4, L. 331-1 à L. 331-3, L. 331-6 à L. 331-8, L. 332-2 à L. 332-5, *(Décr. nº 2019-1404 du 18 déc. 2019, art. 3)* « L. 333-2 », L. 334-1, L. 335-1, L. 335-2, L. 336-1, L. 337-1, L. 337-2, L. 411-1 à L. 411-3, L. 421-3, L. 421-5, L. 421-7, L. 421-9, L. 423-1, L. 511-3 à L. 511-4, L. 521-1, L. 521-4, L. 551-1, L. 911-1, L. 912-1, L. 912-3, L. 913-1 et les dispositions réglementaires prises pour leur application s'appliquent aux établissements scolaires français à l'étranger qui figurent sur la liste prévue à l'article R. 451-2.

Art. R. 451-2 La liste des établissements scolaires français à l'étranger est établie par le ministre chargé de l'éducation, en accord avec le ministre des affaires étrangères et avec le ministre chargé de la coopération. Elle est révisable annuellement.

Ne peuvent figurer sur cette liste que les établissements du premier ou du second degré qui :

1º Sont ouverts aux enfants de nationalité française résidant hors de France, auxquels ils dispensent dans le respect des principes définis à l'article L. 111-1, un enseignement conforme aux programmes, aux objectifs pédagogiques et aux règles d'organisation applicables, en France, aux établissements de l'enseignement public ;

2º Préparent les élèves aux examens et diplômes auxquels préparent ces mêmes établissements.

Les établissements scolaires français à l'étranger peuvent également accueillir des élèves de nationalité étrangère. – *[Décr. nº 93-1064 du 9 sept. 1993, art. 2.]*

Art. R. 451-3 La scolarité dans les établissements scolaires français à l'étranger est organisée en cycles, conformément à l'article L. 311-1 et aux articles D. 321-2, D. 332-3 et D. 333-2. Pour chaque cycle, ces établissements appliquent les objectifs et les programmes prévus aux articles L. 311-1, L. 311-3, L. 321-1, L. 332-1 et L. 333-1. Leur sont également applicables les dispositions de l'article L. 331-4 relatives aux périodes de formation dans des entreprises, des associations, des administrations ou des collectivités territoriales.

Toutefois, ces établissements peuvent apporter aux dispositions de l'alinéa précédent des aménagements pour tenir compte des conditions particulières dans lesquelles s'exerce leur activité et pour renforcer leur coopération avec les systèmes éducatifs étrangers. – *[Décr. nº 93-1064 du 9 sept. 1993, art. 3.]*

Art. R. 451-4 Dans les écoles maternelles et élémentaires, par dérogation aux dispositions de l'article D. 321-3, lorsque les parents contestent la proposition mentionnée au quatrième alinéa du même article, leur recours motivé est formé devant une commission constituée par le chef de poste diplomatique, présidée par celui-ci ou par une personne désignée par lui, et composée du chef d'établissement, d'un représentant des enseignants exerçant au niveau scolaire considéré et d'un représentant des parents d'élèves désigné sur proposition des associations de parents. La commission statue définitivement. – *[Décr. nº 93-1064 du 9 sept. 1993, art. 4.]*

Art. R. 451-5 Dans les établissements du second degré, pour la réalisation du projet personnel de l'élève, le chef d'établissement procède à la consultation des enseignants et facilite le dialogue entre la famille et l'équipe éducative.

En fonction de ces consultations et des demandes d'orientation de la famille ou de l'élève majeur, le conseil de classe formule des propositions d'orientation dans le cadre des voies d'orientation définies conformément à l'article D. 331-36, ou de redoublement *(Décr. nº 2014-1377 du 18 nov. 2014, art. 56)* « dans les conditions définies à l'article D. 331-62 ».

La démarche concernant la demande d'orientation d'un élève du second degré dans les établissements scolaires français à l'étranger est exclue du champ d'application du droit des usagers de saisir l'administration par voie électronique (Décr. nº 2015-1407 du 5 nov. 2015).

Art. R. 451-6 Lorsque les propositions ne sont pas conformes aux demandes, le chef d'établissement reçoit l'élève et ses parents ou l'élève majeur afin de les informer des propositions du conseil de classe et de recueillir leurs observations. Le chef d'établissement prend ensuite les décisions d'orientation *(Décr. nº 2018-119 du 20 févr. 2018, art. 4)* « ou de redoublement » dont il informe l'équipe pédagogique, et les notifie aux *(Décr. nº 2014-1377 du 18 nov. 2014, art. 57-2º)* « représentants légaux » de l'élève ou à l'élève majeur.

Art. R. 451-7 Les décisions non conformes aux demandes sont motivées. Elles sont adressées aux parents de l'élève ou à l'élève majeur qui font savoir au chef d'établissement s'ils acceptent les décisions ou s'ils en font appel, dans un délai de huit jours à compter de la réception de la notification de ces décisions. – *[Décr. nº 93-1064 du 9 sept. 1993, art. 7.]*

Art. R. 451-8 Par dérogation à l'article D. 331-35, la commission d'appel est constituée par le chef de poste diplomatique, présidée par celui-ci ou par une personne désignée par lui, et composée d'un ou plusieurs chefs d'établissements, de deux enseignants et de deux parents d'élèves désignés sur proposition des associations de parents. – *[Décr. nº 93-1064 du 9 sept. 1993, art. 8.]*

Art. R. 451-9 Les décisions relatives à la scolarité des élèves, notamment les décisions d'orientation *(Décr. nº 2018-119 du 20 févr. 2018, art. 5)* « et de redoublement », prises par les établissements scolaires français à l'étranger, s'appliquent en France dans les établissements d'enseignement publics et dans les établissements d'enseignement privés sous contrat ; elles s'appliquent également dans les autres établissements scolaires français à l'étranger.

(Décr. nº 2018-119 du 20 févr. 2018, art. 5) « Les décisions relatives à la scolarité des élèves, notamment les décisions d'orientation et de redoublement, prises par les établissements publics d'enseignement et les établissements d'enseignement privés sous contrat sont applicables dans les établissements scolaires français à l'étranger. »

Art. R. 451-10 L'organisation de l'année scolaire tient compte des conditions géographiques et de la législation de l'État dans lequel l'établissement est situé.

Toutefois, cette organisation n'a pas pour effet de réduire les volumes annuels d'heures d'enseignement et les programmes tels qu'ils résultent de la réglementation applicable en France. – *[Décr. nº 93-1064 du 9 sept. 1993, art. 10.]*

Art. R. 451-11 Les droits et obligations des élèves et les règles de participation des membres de la communauté éducative sont définis, en concertation avec les organes consultatifs de l'établissement, par le règlement intérieur de cet établissement, dans le respect des principes généraux mentionnés aux articles L. 111-4, L. 236-1, L. 511-1 et L. 511-2, ainsi que de la législation de l'État dans lequel l'établissement est situé. – *[Décr. nº 93-1064 du 9 sept. 1993, art. 11.]*

Art. R. 451-12 Les enseignants exerçant dans les établissements scolaires français à l'étranger sont responsables de l'ensemble des activités scolaires des élèves. Ils travaillent au sein d'équipes pédagogiques constituées des enseignants ayant en charge les mêmes classes ou groupes d'élèves ou intervenant dans le même champ disciplinaire. Ils apportent une aide au travail personnel des élèves et en assurent le suivi. Ils procèdent à l'évaluation des élèves et les conseillent dans le choix de leur projet d'orientation. Leur formation les prépare à l'ensemble de ces missions. – *[Décr. nº 93-1064 du 9 sept. 1993, art. 12.]*

Art. R. 451-13 Les modalités particulières de mise en œuvre des objectifs et programmes nationaux dans les établissements scolaires français à l'étranger sont définies en concertation avec les membres de la communauté éducative. Elles peuvent être

énoncées dans un projet d'établissement précisant les activités scolaires et périscolaires prévues à cette fin. Le chef de poste diplomatique est informé de ce projet, qui lui est transmis dès son adoption. – *[Décr. nº 93-1064 du 9 sept. 1993, art. 13.]*

Art. R. 451-14 Les établissements scolaires français à l'étranger et leurs personnels font l'objet des évaluations effectuées par les corps d'inspection spécialisés du ministère de l'éducation nationale. – *[Décr. nº 93-1064 du 9 sept. 1993, art. 14.]*

Art. R. 451-15 La scolarité accomplie par les élèves dans les établissements scolaires français à l'étranger est considérée, en vue de la poursuite de leurs études et de la délivrance des diplômes, comme effectuée en France dans un établissement d'enseignement public. – *[Décr. nº 93-1064 du 9 sept. 1993, art. 15.]*

CHAPITRE II L'AGENCE POUR L'ENSEIGNEMENT FRANÇAIS À L'ÉTRANGER

Art. D. 452-1 L'Agence pour l'enseignement français à l'étranger comprend en France des services centraux et à l'étranger les établissements placés en gestion directe dont la liste est prévue à l'article L. 452-3.

Il peut être constitué entre ces établissements des groupements de gestion. La composition de ces groupements figure sur la liste mentionnée à l'alinéa précédent.

L'organisation administrative, financière et comptable de ces établissements est régie par les dispositions du présent chapitre sous réserve des conventions internationales liant la France aux pays dans lesquels ils sont implantés.

Les immeubles des établissements d'enseignement français à l'étranger placés en gestion directe, appartenant à l'État et affectés au ministère des affaires étrangères, sont attribués à l'agence à titre de dotation par arrêté du ministre des affaires étrangères et du ministre chargé des domaines. L'arrêté fixe la liste des immeubles et les conditions de l'attribution à titre de dotation.

L'agence est substituée à l'État dans les droits et obligations résultant des contrats qu'il a passés, relatifs à la gestion des immeubles domaniaux. La substitution intervient à la date de leur attribution à titre de dotation. – *[Décr. nº 2003-1288 du 23 déc. 2003, art. 1er.]*

SECTION PREMIÈRE ORGANISATION ADMINISTRATIVE

Art. D. 452-2 L'Agence pour l'enseignement français à l'étranger est administrée par un conseil d'administration et dirigée par un directeur. – *[Décr. nº 2003-1288 du 23 déc. 2003, art. 2.]*

Art. D. 452-3 Le conseil d'administration de l'Agence pour l'enseignement français à l'étranger comprend vingt-six membres :

1° Un président ;

2° Deux parlementaires désignés respectivement par l'Assemblée nationale et le Sénat ;

3° Sept représentants du ministre des affaires étrangères ;

4° Trois représentants du ministre chargé de l'éducation nationale ;

5° Un représentant du ministre chargé du budget ;

6° Un représentant du ministre chargé de la fonction publique ;

7° Un représentant du ministre chargé du commerce extérieur ;

8° Un membre de l'Assemblée des Français de l'étranger ;

9° Deux représentants d'organismes gestionnaires d'établissements conventionnés, désignés par le ministre des affaires étrangères ;

10° Deux représentants des fédérations d'associations de parents d'élèves de l'enseignement français à l'étranger désignés dans des conditions définies par arrêté du ministre des affaires étrangères ;

11° Cinq représentants du personnel en service tant dans les établissements d'enseignement à l'étranger que dans les services centraux de l'agence, désignés par les organisations syndicales représentatives dans des conditions définies par arrêté du ministre des affaires étrangères. – *[Décr. nº 2003-1288 du 23 déc. 2003, art. 3.]*

Art. D. 452-4 Le président du conseil d'administration de l'Agence pour l'enseignement français à l'étranger est nommé pour trois ans par décret, sur proposition du ministre des affaires étrangères, après consultation du ministre chargé de l'éducation.

Les représentants de l'administration sont nommés par arrêté du ministre qu'ils représentent. Ils cessent d'appartenir au conseil d'administration lorsqu'ils perdent la qualité au titre de laquelle ils ont été nommés. Les autres représentants sont nommés par arrêté du ministre des affaires étrangères. En cas de vacance, le siège est pourvu dans un délai de trois mois et pour la durée du mandat restant à courir.

Le mandat des administrateurs est de trois ans ; il est renouvelable. Les fonctions sont exercées à titre gratuit. Toutefois, les frais de déplacement et de séjour des administrateurs peuvent être pris en charge dans les conditions fixées par la réglementation applicable aux fonctionnaires de l'État.

Le président du conseil d'administration peut être suppléé par l'un des représentants du ministre des affaires étrangères siégeant au conseil.

Chaque membre du conseil, à l'exception de son président, peut se faire représenter par un suppléant nommément désigné. Les suppléants sont appelés à siéger en cas d'empêchement du titulaire ou en cas de vacance en cours de mandat jusqu'au remplacement du titulaire.

En cas d'empêchement du titulaire et de son suppléant, un administrateur peut donner procuration à un autre membre du conseil. Nul ne peut être porteur de plus de deux procurations. – *[Décr. n° 2003-1288 du 23 déc. 2003, art. 4.]*

Art. D. 452-5 Le conseil d'administration de l'Agence pour l'enseignement français à l'étranger se réunit au moins trois fois par an sur convocation de son président. Le président est tenu de convoquer le conseil sur demande du ministre des affaires étrangères ou du tiers des membres du conseil d'administration.

Le président fixe l'ordre du jour du conseil. Il est tenu d'inscrire à l'ordre du jour toute question que le ministre des affaires étrangères ou le ministre chargé de l'éducation lui demande d'y faire figurer. Il en va de même des demandes présentées par le tiers des membres du conseil d'administration. – *[Décr. n° 2003-1288 du 23 déc. 2003, art. 5.]*

Art. D. 452-6 Le conseil d'administration de l'Agence pour l'enseignement français à l'étranger ne peut valablement délibérer que si la moitié au moins de ses membres est présente ou représentée. Si le quorum n'est pas atteint, le conseil d'administration se réunit à nouveau dans un délai de quinze jours et délibère valablement sur le même ordre du jour, quel que soit le nombre de ses membres présents.

Les délibérations du conseil d'administration sont adoptées à la majorité des membres présents ou représentés. En cas de partage des voix, celle du président est prépondérante.

Le conseil d'administration adopte son règlement intérieur à la majorité absolue des membres en exercice du conseil. Ce règlement est approuvé par le ministre des affaires étrangères et le ministre chargé de la coopération. – *[Décr. n° 2003-1288 du 23 déc. 2003, art. 6.]*

Art. D. 452-7 Le directeur, le *(Décr. n° 2012-1247 du 7 nov. 2012, art. 2)* « contrôleur budgétaire » et l'agent comptable de l'Agence pour l'enseignement français à l'étranger assistent avec voix consultative aux travaux du conseil d'administration.

Toute personne dont le président estime la présence utile peut également assister aux séances du conseil d'administration avec voix consultative.

Art. D. 452-8 Le conseil d'administration de l'Agence pour l'enseignement français à l'étranger délibère sur les matières suivantes :

1° La politique générale de l'établissement ;

2° Les orientations en matière de gestion des personnels ;

3° Les principes de répartition des emplois dont les titulaires sont rémunérés dans les conditions définies par le décret n° 2002-22 du 4 janvier 2002 relatif à la situation administrative et financière des personnels des établissements d'enseignement français à l'étranger ;

4° Les conventions types proposées aux établissements visés à l'article L. 452-4, et notamment destinées à déterminer les modalités dans lesquelles l'agence met ses concours en personnels et en financements à la disposition de ces établissements ; ces conventions types précisent notamment les responsabilités respectives de l'agence et des établissements quant aux modalités de financement des rémunérations des personnels tels que définis à l'article 2 du décret du 4 janvier 2002 précité ;

5° Le rapport annuel d'activité ;

(Décr. n° 2012-1247 du 7 nov. 2012, art. 29) « 6° Le budget ; »

7° Le compte financier et l'affectation des résultats ;

8° Les placements et les emprunts ;

9° Les acquisitions, aliénations, échanges, locations, baux, constructions et grosses réparations d'immeubles relevant de son domaine propre ;

10° Le programme annuel des travaux d'aménagement, d'entretien et de grosses réparations des immeubles remis en dotation ainsi que la délivrance des autorisations d'occupation temporaire de ces immeubles. Les modifications apportées au programme des travaux en cours d'année font l'objet d'une régularisation par le conseil d'administration ;

11° Les principes selon lesquels sont déterminées les redevances et rémunérations de toute nature perçues par l'agence ;

12° Les dons et legs ;

13° Les transactions ;

14° L'habilitation du directeur de l'agence à introduire les actions en justice.

Le conseil d'administration détermine les catégories de conventions qui, en raison de leur nature ou du montant financier engagé, lui sont soumises pour approbation.

Il fixe les redevances dues à raison des autorisations d'occupation temporaire des immeubles remis en dotation.

Art. D. 452-9 Le directeur de l'Agence pour l'enseignement français à l'étranger transmet les délibérations du conseil d'administration dans les dix jours qui suivent leur adoption au ministre des affaires étrangères. Lorsque la délibération présente un caractère pédagogique, elle est également transmise dans les mêmes conditions au ministre chargé de l'éducation.

Sauf opposition ou demande de surseoir à exécution adressée au directeur de l'agence par le ministre des affaires étrangères, les délibérations du conseil d'administration sont exécutoires quinze jours après leur transmission. En cas d'urgence déclarée par le conseil d'administration, le ministre peut autoriser l'exécution immédiate.

(Décr. n° 2012-1247 du 7 nov. 2012, art. 29) « Toutefois, les délibérations portant sur le budget et le compte financier sont exécutoires dans les conditions prévues par le titre III du décret n° 2012-1246 du 7 novembre 2012 relatif à la gestion budgétaire et comptable publique. »

Les délibérations relatives aux emprunts ne sont exécutoires qu'après avoir été approuvées par arrêté du ministre des affaires étrangères et du ministre chargé du budget.

Art. D. 452-10 Le directeur de l'Agence pour l'enseignement français à l'étranger est nommé pour trois ans par décret sur proposition du ministre des affaires étrangères.

Il est assisté d'un directeur adjoint et d'un secrétaire général. Le directeur adjoint assure l'intérim du directeur de l'agence en cas de vacance ou d'empêchement. – *[Décr. n° 2003-1288 du 23 déc. 2003, art. 10.]*

Art. D. 452-11 Le directeur de l'Agence pour l'enseignement français à l'étranger dirige l'établissement public national dans le cadre des orientations définies par le conseil d'administration. Il prépare et exécute les délibérations du conseil d'administration. Il assure le fonctionnement des services de l'agence. Il recrute, affecte et gère l'ensemble des personnels de l'agence sur lesquels il a autorité.

Il représente l'agence en justice et dans les actes de la vie civile.

Il est ordonnateur principal des dépenses et des recettes de l'agence.

Dans le cadre du budget de l'agence approuvé par le conseil d'administration, il notifie les budgets des établissements en gestion directe ou des groupements de gestion d'établissements.

Il arrête le montant des frais de scolarité, des frais d'examen et des autres tarifs conformément aux principes fixés par le conseil d'administration.

Il procède à l'attribution des bourses scolaires dans les conditions prévues aux articles D. 531-45 à D. 531-51 du code de l'éducation.

Il conclut les contrats et conventions sous réserve des dispositions de l'article D. 452-8.

Le directeur de l'agence définit les attributions des chefs d'établissement. Il peut déléguer aux chefs des établissements en gestion directe ou à ceux des établissements principaux des groupements de gestion définis à l'article D. 452-1 tout ou partie de ses pouvoirs dans les domaines du recrutement et de la gestion des personnels, du fonctionnement des services, de la représentation de l'agence en justice et de la conclusion de conventions.

Il peut déléguer sa signature. – *[Décr. n° 2003-1288 du 23 déc. 2003, art. 11.]*

SECTION II DISPOSITIONS D'ORDRE FINANCIER ET COMPTABLE

SOUS-SECTION 1 AGENCE POUR L'ENSEIGNEMENT FRANÇAIS À L'ÉTRANGER

Art. D. 452-12 *Abrogé par Décr. n° 2012-1247 du 7 nov. 2012, art. 29.*

Art. D. 452-13 *(Décr. n° 2012-1247 du 7 nov. 2012, art. 29)* L'Agence est soumise aux dispositions des titres Ier et III du décret n° 2012-1246 du 7 novembre 2012 relatif à la gestion budgétaire et comptable publique.

Art. D. 452-14 Le directeur de l'Agence pour l'enseignement français à l'étranger nomme ordonnateurs secondaires les chefs des établissements en gestion directe et les chefs des établissements principaux des groupements de gestion définis à l'article D. 452-1.

Il prépare et présente le budget de l'établissement public qui comporte l'ensemble des recettes et des dépenses des services centraux, des établissements en gestion directe et des groupements de gestion.

Au sein de ce budget, un tableau spécifique regroupe, par section et par nature, l'ensemble des budgets établis par les ordonnateurs secondaires des établissements en gestion directe et des groupements de gestion.

Le budget de l'agence comprend un compte de résultat prévisionnel et un tableau de financement abrégé prévisionnel. Les recettes et les dépenses y sont classées par nature selon le plan comptable de l'agence défini par le directeur de l'agence, approuvé par le ministre chargé du budget. – *[Décr. n° 2003-1288 du 23 déc. 2003, art. 14.]*

Art. D. 452-15 Les dépenses de l'Agence pour l'enseignement français à l'étranger comprennent notamment les frais de travaux d'aménagement, d'entretien et de grosses réparations afférents aux immeubles qui lui sont remis en dotation.

Les redevances dues à raison des autorisations d'occupation temporaire des biens immobiliers remis en dotation à l'agence sont perçues par cette dernière. – *[Décr. n° 2003-1288 du 23 déc. 2003, art. 14-1.]*

Art. D. 452-16 *(Décr. du 16 sept. 2010, art. 1er)* « Des agents comptables secondaires sont nommés dans les établissements en gestion directe ou dans les établissements principaux des groupements, avec l'agrément de l'agent comptable de l'agence, par décision du directeur de l'agence. Plusieurs établissements en gestion directe peuvent être dotés du même agent comptable secondaire. »

A la fin de chaque exercice, l'agent comptable prépare le compte financier de l'agence pour l'exercice écoulé. Ce compte retrace en un document unique les recettes perçues et les dépenses effectuées par les services centraux de l'agence ainsi que par les établissements d'enseignement.

Art. D. 452-17 Des régies de recettes et d'avances peuvent être instituées dans les services centraux de l'Agence pour l'enseignement français à l'étranger, dans les établissements en gestion directe et au sein des groupements de gestion, dans les conditions prévues par le *(Décr. n° 2019-798 du 26 juill. 2019, art. 20)* « décret n° 2019-798 du 26 juillet 2019 » relatif aux régies de recettes et aux régies d'avances des organismes publics.

Art. D. 452-18 L'Agence pour l'enseignement français à l'étranger exerce les droits et obligations de l'État pour les conventions en cours et contractées par lui, avant l'entrée en vigueur de la loi n° 90-588 du 6 juillet 1990 portant création de l'Agence pour l'enseignement français à l'étranger, pour remplir les missions mentionnées à l'article L. 452-2. – *[Décr. n° 2003-1288 du 23 déc. 2003, art. 20.]*

SOUS-SECTION 2 ÉTABLISSEMENTS EN GESTION DIRECTE

Art. D. 452-19 Le chef d'établissement désigné ordonnateur secondaire dans les conditions prévues à l'article D. 452-14 élabore :

1° Le budget primitif de l'établissement ou du groupement d'établissements, avec le concours des chefs d'établissement du groupement et de l'agent comptable de l'établissement en gestion directe ; lorsqu'un groupement de gestion a été constitué, il est établi un seul budget pour l'ensemble des établissements en gestion directe intégrés au groupement ;

2° Les décisions modificatives du budget de l'établissement ou du groupement de gestion, avec le concours des personnes citées ci-dessus, dans les conditions suivantes :

a) Les décisions modificatives qui ne remettent pas en cause l'équilibre global du budget primitif de l'établissement d'enseignement ou qui ne provoquent pas de modification du résultat prévisionnel ou de la variation prévisionnelle du fonds de roulement net global, ni virements de crédit entre chapitres de personnel et autres chapitres de fonctionnement, sont prises par le chef d'établissement d'enseignement avant la clôture de l'exercice et transmises pour information au directeur de l'agence ;

b) Les autres décisions modificatives sont prises avant la clôture de l'exercice, par le directeur de l'agence. En cas d'urgence liée à la situation locale et reconnue comme telle par le directeur de l'agence, ces décisions modificatives sont prises par le chef d'établissement et sont immédiatement exécutoires. Elles sont transmises au directeur de l'agence dans un délai maximum de quinze jours et en tout état de cause avant la clôture de l'exercice.

Après notification, par le directeur de l'agence, des crédits prévisionnels de recettes et de dépenses de l'établissement ou du groupement de gestion, l'ordonnateur secondaire a seul qualité pour engager, liquider et mandater les dépenses ainsi que pour constater les droits et liquider les recettes de l'établissement ou du groupement de gestion. – *[Décr. n° 2003-1288 du 23 déc. 2003, art. 17.]*

Art. D. 452-20 Les budgets primitifs de chaque établissement en gestion directe ou groupement de gestion et les budgets modificatifs sont établis en monnaie locale par le chef d'établissement ou du groupement pour chaque année civile. Ils sont transmis au directeur de l'Agence pour l'enseignement français à l'étranger avec l'avis du chef de poste diplomatique.

A titre exceptionnel, le budget primitif et les budgets modificatifs peuvent être établis en euros sur proposition du chef d'établissement ou du groupement de gestion, avec l'accord du directeur et de l'agent comptable de l'agence. – *[Décr. n° 2003-1288 du 23 déc. 2003, art. 18.]*

Art. D. 452-21 Le contrôle de la gestion des comptables secondaires des établissements en gestion directe est assuré par l'agent comptable principal de l'Agence pour l'enseignement français à l'étranger ou, pour son compte et à sa demande :

1° Par les inspecteurs de l'inspection générale des affaires étrangères ;

2° Par le trésorier-payeur général pour l'étranger et, le cas échéant, par les *(Décr. n° 2014-552 du 27 mai 2014, art. 7)* « comptables de la direction générale des finances publiques » territorialement compétents.

CHAPITRE III LES ÉTABLISSEMENTS D'ENSEIGNEMENT PLACÉS AUPRÈS DES FORCES FRANÇAISES STATIONNÉES EN ALLEMAGNE

SECTION PREMIÈRE DISPOSITIONS GÉNÉRALES

SOUS-SECTION 1 ORGANISATION GÉNÉRALE

Art. R. 453-1 Les établissements d'enseignement français des premier et second degrés placés à la suite des forces françaises et de l'élément civil stationnés en Allemagne sont sous la responsabilité du ministre de la défense. – *[Décr. n° 95-586 du 5 mai 1995, art. 1er.]*

Art. R. 453-2 Ces établissements ont pour mission de scolariser les enfants des membres militaires et civils des forces françaises et de l'élément civil stationnés en Allemagne, en leur dispensant, au titre de leur formation initiale, un enseignement conforme aux objectifs, aux programmes et aux règles d'organisation pédagogique applicables, en France, aux écoles et établissements secondaires d'enseignement public et en les préparant aux examens et diplômes français correspondant aux formations assurées.

Ils peuvent aussi accueillir, dans la limite des places disponibles, d'autres enfants français ou de nationalité étrangère, dont les parents ou responsables légaux résident en Allemagne.

La liste de ces établissements est fixée par arrêté du ministre de la défense, du ministre chargé de l'éducation et du ministre chargé du budget, valable trois ans. Elle donne lieu à réexamen annuel. – *[Décr. n° 95-586 du 5 mai 1995, art. 2.]*

Art. R. 453-3 Les établissements mentionnés au présent chapitre dépendent du service de l'enseignement des forces françaises et de l'élément civil stationnés en Allemagne, placé sous l'autorité du général commandant ces forces.

Le chef de service de l'enseignement des forces françaises et de l'élément civil stationnés en Allemagne est nommé par arrêté du ministre de la défense sur proposition du ministre chargé de l'éducation. Il est recruté dans les corps de personnels de direction d'établissement d'enseignement ou de formation relevant du ministre chargé de l'éducation ou dans un corps de fonctionnaires de catégorie A de niveau équivalent. Ce fonctionnaire agit par délégation du général commandant des forces françaises et de l'élément civil stationnés en Allemagne. – *[Décr. n° 95-586 du 5 mai 1995, art. 3.]*

Art. R. 453-4 Dans la limite de la délégation mentionnée à l'article R. 453-3, le chef du service de l'enseignement des forces françaises et de l'élément civil stationnés en Allemagne a autorité sur tous les personnels du service et des établissements en dépendant et prend toutes mesures relatives à :

1° La création, l'implantation et la structure pédagogique des établissements d'enseignement ;

2° L'organisation et le fonctionnement de son service et des établissements d'enseignement ;

3° La répartition des moyens ;

4° L'installation, l'encadrement et l'administration des personnels.

Il lui incombe également de prendre toutes dispositions relatives à :

5° La scolarisation des élèves ;

6° La mise en œuvre de l'action éducative dans les établissements scolaires ;

7° L'organisation de la concertation avec les personnels et les parents d'élèves.

En vue de la concertation avec les personnels, une instance paritaire consultative locale est placée, par arrêté du ministre de la défense, auprès du chef du service de l'enseignement des forces françaises et de l'élément civil stationnés en Allemagne. Cette instance comprend, en nombre égal, des représentants de l'administration et des représentants des personnels. Les sièges des représentants des personnels sont répartis entre les organisations syndicales selon des modalités fixées par l'arrêté précité. – *[Décr. n° 95-586 du 5 mai 1995, art. 4.]*

Art. R. 453-5 Pour exercer les fonctions d'enseignement, d'éducation et de direction dans les établissements mentionnés au présent chapitre, il est fait appel à des fonctionnaires titulaires du ministère de l'éducation nationale, placés en position de détachement auprès du ministère de la défense. Ces détachements sont prononcés après avis d'une instance consultative paritaire centrale créée, auprès du ministre de la défense, par arrêté de ce ministre et du ministre chargé de l'éducation et comprenant des représentants de l'administration de ces deux ministères et des représentants des personnels de l'éducation nationale. Les sièges des représentants des personnels sont répartis entre les organisations syndicales des personnels du ministère de l'éducation nationale selon des modalités fixées par arrêté ministériel. La répartition des sièges des représentants de l'administration entre les deux ministères est fixée par le même arrêté.

Pour exercer les fonctions administratives, techniques et de service, dans les établissements précités et à l'échelon central du service de l'enseignement des forces françaises et de l'élément civil stationnés en Allemagne, il est fait appel à des agents du ministère de l'éducation nationale ou du ministère de la défense. Les fonctionnaires titulaires du ministère de l'éducation nationale sont placés en position de détachement auprès du ministère de la défense. – *[Décr. n° 95-586 du 5 mai 1995, art. 5.]*

Art. R. 453-6 Dans les établissements mentionnés au présent chapitre, les enfants des membres militaires et civils des forces françaises et de l'élément civil stationnés en Allemagne sont accueillis dans les mêmes conditions financières que les enfants scolarisés en France dans les écoles et établissements de l'enseignement public relevant du ministère de l'éducation nationale.

Les autres enfants le sont moyennant le versement de droits dont le montant est déterminé par le commandant des forces françaises et de l'élément civil stationnés en Allemagne. – *[Décr. n° 95-586 du 5 mai 1995, art. 6.]*

SOUS-SECTION 2 ORGANISATION PÉDAGOGIQUE

Art. R. 453-7 Dans les classes du premier degré, la scolarité est organisée par cycles, dans les conditions applicables en France dans l'enseignement public. Lorsque des parents, conformément au troisième alinéa de l'article D. 321-6, contestent la proposition de réduction ou d'allongement de la durée de scolarité de leur enfant émise par le directeur d'école, leur recours motivé est formé, par dérogation aux dispositions précitées, devant le chef du service de l'enseignement des forces françaises et de l'élément civil stationnés en Allemagne. Celui-ci statue définitivement. – *[Décr. n° 95-586 du 5 mai 1995, art. 7.]*

Art. R. 453-8 Dans les établissements du second degré, pour la réalisation du projet personnel de chaque élève, le chef d'établissement procède à la consultation des enseignants et facilite le dialogue entre l'élève, sa famille et l'équipe éducative.

En fonction de ces consultations et des demandes d'orientation de la famille ou de l'élève majeur, le conseil de classe formule des propositions d'orientation dans le cadre des voies d'orientation réglementairement ouvertes, en France, aux élèves de l'enseignement public, ou une proposition de redoublement. – *[Décr. n° 95-586 du 5 mai 1995, art. 8.]*

Art. R. 453-9 Lorsque les propositions d'orientation ne sont pas conformes aux demandes, le chef d'établissement reçoit l'élève et ses parents ou l'élève majeur afin de les informer des propositions du conseil de classe et de recueillir leurs observations. Il prend ensuite les décisions d'orientation ou de redoublement, dont il informe l'équipe pédagogique et il les notifie aux parents de l'élève ou à l'élève majeur. – *[Décr. n° 95-586 du 5 mai 1995, art. 9.]*

Art. R. 453-10 Les décisions d'orientation non conformes aux demandes sont motivées. Elles sont adressées aux parents de l'élève ou à l'élève majeur qui font savoir au chef d'établissement s'ils acceptent les décisions ou s'ils en font appel, dans un délai de huit jours à compter de la réception de la notification de ces décisions. – *[Décr. n° 95-586 du 5 mai 1995, art. 10.]*

Art. R. 453-11 Par dérogation à l'article D. 331-35, la commission d'appel est présidée par *(Décr. n° 2012-16 du 5 janv. 2012, art. 7)* « le directeur académique des services de l'éducation nationale » *(Décr. n° 2020-986 du 5 août 2020, art. 3)* « du Haut-Rhin agissant sur délégation du recteur d'académie » ou son représentant, et comprend, en outre, un chef d'établissement, trois professeurs enseignant au niveau scolaire en cause, un conseiller principal d'éducation et un *(Décr. n° 2020-986 du 5 août 2020, art. 3)* « psychologue de l'éducation nationale », exerçant tous dans des établissements d'enseignement du second degré implantés à la suite des forces françaises et de l'élément civil stationnés en Allemagne, ainsi que trois représentants des parents d'élèves.

Les membres de la commission d'appel sont nommés par le chef du service de l'enseignement des forces françaises et de l'élément civil stationnés en Allemagne, pour une durée d'un an renouvelable, sur proposition des associations en ce qui concerne les représentants des parents d'élèves. Trois représentants suppléants des parents d'élèves sont également désignés dans les mêmes conditions.

Art. R. 453-12 Les décisions relatives à la scolarité des élèves, notamment les décisions d'orientation, prises par les établissements d'enseignement placés à la suite des forces françaises et de l'élément civil stationnés en Allemagne s'appliquent en France dans les établissements d'enseignement publics et dans les établissements d'enseignement privés sous contrat, ainsi que dans les établissements scolaires français à l'étranger figurant sur la liste prévue à l'article R. 451-2. – *[Décr. n° 95-586 du 5 mai 1995, art. 12.]*

Art. R. 453-13 La scolarité accomplie par les élèves dans les établissements d'enseignement placés à la suite des forces françaises et de l'élément civil stationnés en Allemagne est considérée, en vue de la poursuite de leurs études et de la délivrance des diplômes, comme effectuée en France dans un établissement d'enseignement public. – *[Décr. n° 95-586 du 5 mai 1995, art. 13.]*

Art. R. 453-14 Les enseignants exerçant dans les établissements d'enseignement placés à la suite des forces françaises et de l'élément civil stationnés en Allemagne sont responsables de l'ensemble des activités scolaires des élèves. Ils travaillent au sein d'équipes pédagogiques constituées des enseignants ayant en charge les mêmes classes ou groupes d'élèves ou intervenant dans le même champ disciplinaire. Ils apportent une aide au travail personnel des élèves et en assurent le suivi. Ils procèdent à l'évaluation des élèves et les conseillent dans le choix de leur projet d'orientation. Leur formation les prépare à l'ensemble de ces missions. Ils ont vocation à bénéficier d'actions de formation continue. – *[Décr. n° 95-586 du 5 mai 1995, art. 14.]*

Art. R. 453-15 Dans chaque établissement d'enseignement du second degré, les modalités particulières de mise en œuvre des objectifs et programmes nationaux sont définies en concertation avec les membres de la communauté éducative. Elles peuvent être énoncées dans un projet d'établissement précisant les activités scolaires et périscolaires prévues à cette fin. Le chef du service de l'enseignement des forces françaises et de l'élément civil stationnés en Allemagne est informé de ce projet, qui lui est transmis dès son adoption. – *[Décr. n° 95-586 du 5 mai 1995, art. 15.]*

Art. R. 453-16 Les établissements d'enseignement placés à la suite des forces françaises et de l'élément civil stationnés en Allemagne et leurs personnels font l'objet, en matière pédagogique, d'évaluations effectuées par les corps d'inspection spécialisés du ministère de l'éducation nationale.

En ce qui concerne l'enseignement du premier degré, ces évaluations incombent à un inspecteur de l'éducation nationale exerçant dans le département français le plus proche et désigné par le recteur d'académie, sur proposition *(Décr. n° 2012-16 du 5 janv. 2012, art. 7-I)* « du directeur académique des services de l'éducation nationale agissant sur délégation du recteur d'académie ».

SECTION II DISPOSITIONS RELATIVES AUX ÉTABLISSEMENTS DU PREMIER DEGRÉ

Art. R. 453-17 Pour leur fonctionnement matériel et leur gestion financière, les établissements d'enseignement du premier degré placés à la suite des forces françaises et de l'élément civil stationnés en Allemagne relèvent directement de l'autorité du général commandant ces forces.

Les recettes à percevoir au titre des droits versés pour les enfants autres que ceux des membres militaires et civils des forces françaises et de l'élément civil stationnés en Allemagne accueillis dans ces établissements sont affectées au budget du ministère de la défense au moyen de la procédure de rétablissement de crédit. – *[Décr. n° 95-585 du 5 mai 1995, art. 1er.]*

Art. R. 453-18 Chaque établissement est dirigé par un directeur d'école, recruté parmi les instituteurs ou professeurs des écoles déjà nommés en France sur un emploi de directeur d'école ou inscrits sur une liste départementale d'aptitude à cet emploi, établie conformément aux dispositions du décret n° 89-122 du 24 février 1989 relatif aux directeurs d'école *[V. ce Décr. ss. art. L. 411-1]*.

Le directeur d'école arrête annuellement l'organisation du service d'enseignement, après avis du conseil des maîtres. Il préside le conseil des maîtres, dont la composition et les compétences sont celles définies, pour cette instance, par la réglementation applicable en France aux écoles maternelles et élémentaires de l'enseignement public.

Il préside également le conseil d'école doté des compétences prévues, pour cet organe, par la réglementation applicable en France aux écoles maternelles et élémentaires de l'enseignement public. – *[Décr. n° 95-585 du 5 mai 1995, art. 2.]*

Art. R. 453-19 Par dérogation aux dispositions de l'article D. 411-1, le conseil d'école comprend, outre le directeur d'école :

1° Les personnels enseignants exerçant dans l'école, y compris les remplaçants en fonction lors des réunions du conseil ;

2° Le commandant d'armes de la garnison ou son représentant ;

3° Un inspecteur de l'éducation nationale exerçant dans le département français le plus proche et désigné par le recteur d'académie, sur proposition *(Décr. n° 2012-16 du 5 janv. 2012, art. 7)* « du directeur académique des services de l'éducation nationale agissant sur délégation du recteur d'académie » ;

4° Les représentants des parents d'élèves en nombre égal à celui des classes de l'école, élus selon les modalités fixées par arrêté du ministre chargé de l'éducation pour l'élection, en France, des représentants des parents d'élèves aux conseils d'école des écoles primaires publiques.

Les autres personnels prévus à l'article D. 411-1 peuvent, le cas échéant, y siéger avec voix consultative.

Art. R. 453-20 Le conseil d'école est constitué pour une année et siège valablement jusqu'à l'intervention du renouvellement de ses membres.

Il se réunit au moins une fois par trimestre, et obligatoirement, dans les quinze jours suivant la proclamation des résultats des élections, sur un ordre du jour adressé aux membres du conseil huit jours au moins avant la date des réunions. Il peut également être réuni à la demande du directeur d'école ou du représentant du général commandant les forces françaises et l'élément civil stationnés en Allemagne ou de la moitié de ses membres. – *[Décr. n° 95-585 du 5 mai 1995, art. 3, al. 7 et 8.]*

SECTION III DISPOSITIONS RELATIVES AUX ÉTABLISSEMENTS DU SECOND DEGRÉ

Art. R. 453-21 Les établissements d'enseignement du second degré placés à la suite des forces françaises et de l'élément civil stationnés en Allemagne exercent leur activité dans le domaine de la formation initiale et de la formation professionnelle tout au long de la vie. – *[Décr. n° 95-585 du 5 mai 1995, art. 4.]*

Art. R. 453-22 Les personnels des établissements d'enseignement du second degré bénéficient, dans les mêmes conditions que celles définies par les articles R. 92 à R. 104 du code du domaine de l'État et les textes pris pour leur application, sur décision du commandant des forces françaises et de l'élément civil stationnés en Allemagne, et après proposition du chef du service de l'enseignement, des mesures d'affectation de logements par nécessité absolue de service.

L'exonération des prestations et charges relatives à ces logements est accordée dans les limites fixées par les dispositions de la section II du chapitre VI du titre Ier du livre II de la partie réglementaire du présent code. – *[Décr. n° 95-585 du 5 mai 1995, art. 36.]*

SOUS-SECTION 1 ORGANISATION ADMINISTRATIVE

Art. R. 453-23 Chaque établissement est administré par un chef d'établissement nommé par arrêté du ministre de la défense, sur proposition du ministre chargé de l'éducation. Le chef d'établissement a autorité sur les personnels en fonction dans l'établissement. Il fixe leur service. – *[Décr. n° 95-585 du 5 mai 1995, art. 5.]*

Art. R. 453-24 Dans chaque établissement siège un conseil d'établissement.

Le chef d'établissement le saisit pour avis du projet de budget et du compte financier de l'établissement ainsi que des questions de fonctionnement et d'organisation pédagogique de l'établissement. Le conseil d'établissement est également consulté sur la fixation des tarifs du service annexe d'hébergement et sur les problèmes de prestations accessoires et de ventes de biens éventuelles. – *[Décr. n° 95-585 du 5 mai 1995, art. 6, al. 1er.]*

Art. R. 453-25 Le conseil d'établissement comprend :

1° Dans les établissements accueillant plus de 500 élèves :

a) Le chef d'établissement, président ;

b) L'adjoint au chef d'établissement ;

c) L'agent chargé d'assister le chef d'établissement dans la gestion matérielle et financière de l'établissement ;

d) Le conseiller principal d'éducation le plus ancien ;

e) Deux représentants des forces armées françaises et de l'élément civil stationnés en Allemagne, désignés par le général commandant ces forces ;

f) Deux personnalités qualifiées désignées par le commandant des forces françaises et de l'élément civil stationnés en Allemagne ;

g) Huit représentants élus des personnels de l'établissement, dont six au titre des personnels d'enseignement, d'éducation et de surveillance et deux au titre des personnels administratifs, sociaux et de santé, techniques, ouvriers et de service ;

h) Quatre représentants élus des parents d'élèves et quatre représentants élus des élèves.

2° Dans les établissements accueillant moins de 500 élèves :

a) Le chef d'établissement, président ;

b) L'agent chargé d'assister le chef d'établissement dans la gestion matérielle et financière de l'établissement ou l'agent comptable de l'établissement siège de l'agence comptable ;

c) Le conseiller principal d'éducation, si l'établissement en est doté ;

d) Un représentant des forces françaises et de l'élément civil stationnés en Allemagne, désigné par le commandant de ces forces ;

e) Une personnalité qualifiée désignée par le commandant des forces françaises et de l'élément civil et stationnés en Allemagne dans les établissements non dotés de conseiller principal d'éducation ;

f) Quatre représentants élus des personnels de l'établissement, dont trois au titre des personnels d'enseignement, d'éducation et de surveillance et un au titre des personnels administratifs, sociaux et de santé, techniques, ouvriers et de service ;

g) Deux représentants élus des parents d'élèves et deux représentants élus des élèves. – *[Décr. n° 95-585 du 5 mai 1995, art. 6, al. 2 à 19.]*

Art. R. 453-26 L'élection des représentants des personnels, des élèves et des parents d'élèves au conseil d'établissement se déroule dans les conditions prévues aux articles D. 422-22, D. 422-23, D. 422-25, D. 422-26, D. 422-29 et D. 422-30. – *[Décr. n° 95-585 du 5 mai 1995, art. 7, al. 1er.]*

Art. R. 453-27 Le conseil d'établissement se réunit en séance ordinaire à l'initiative du chef d'établissement au moins une fois par trimestre scolaire. Il est, en outre, réuni en séance extraordinaire à la demande du commandant des forces françaises et de l'élément civil stationnés en Allemagne ou du chef d'établissement ou de la moitié au moins de ses membres, sur un ordre du jour précis.

Le chef d'établissement fixe les dates et heures des séances ainsi que l'ordre du jour. Il envoie les convocations, accompagnées de l'ordre du jour et des documents préparatoires, au moins dix jours à l'avance, ce délai pouvant être réduit en cas d'urgence à un jour. Le conseil d'établissement ne peut siéger valablement que si le nombre des membres présents est égal à la majorité de ses membres. Si ce quorum n'est pas atteint, le conseil d'établissement est convoqué en vue d'une nouvelle réunion, qui doit se tenir dans un délai minimum de huit jours et maximum de quinze jours ; il siège alors valablement, quel que soit le nombre des membres présents. En cas d'urgence, ce délai peut être réduit à trois jours. – *[Décr. n° 95-585 du 5 mai 1995, art. 7, al. 2 et 3.]*

SOUS-SECTION 2 ORGANISATION FINANCIÈRE

Art. R. 453-28 La gestion financière et comptable des établissements est soumise aux dispositions *(Décr. n° 2012-1247 du 7 nov. 2012, art. 8)* « du titre Ier du décret n° 2012-1246 du 7 novembre 2012 relatif à la gestion budgétaire et comptable publique » ainsi qu'aux dispositions de l'article 60 de la loi n° 63-156 du 23 février 1963 de finances pour 1963.

Art. R. 453-29 Le budget des établissements comprend une section de fonctionnement et une section d'investissement.

Les recettes à percevoir au titre des droits versés pour les enfants autres que ceux des membres militaires et civils des forces françaises et de l'élément civil stationnés en Allemagne, accueillis dans ces établissements, sont enregistrées dans la comptabilité et imputées sur le budget de chacun de ces établissements, arrêté par le chef du service de l'enseignement des forces françaises et de l'élément civil stationnés en Allemagne. – *[Décr. n° 95-585 du 5 mai 1995, art. 9.]*

Art. R. 453-30 Les recettes des établissements comprennent notamment :

1° Les subventions de l'État ;

2° Les subventions attribuées par l'Office franco-allemand pour la jeunesse et toute autre contribution accordée par les autorités locales françaises et de l'élément civil ou étrangères, une collectivité publique ou une organisation internationale ;

3° Des ressources propres, à savoir :

a) Les produits des dons et legs ;

b) La taxe d'apprentissage ;

c) Les recettes de pensions et de demi-pension, les recettes à percevoir au titre des droits de scolarité acquittés par les familles des élèves n'appartenant pas aux membres des forces françaises et de l'élément civil stationnés en Allemagne ;

d) Les remboursements de trop-perçus ;

e) La participation du service d'hébergement et des autres services annexes ;

f) Les recettes diverses. – *[Décr. n° 95-585 du 5 mai 1995, art. 10.]*

Art. R. 453-31 Le commandant des forces françaises et de l'élément civil stationnés en Allemagne détermine le montant des droits acquittés par les familles des élèves n'appartenant pas aux membres des forces françaises et de l'élément civil stationnés en Allemagne. – *[Décr. n° 95-585 du 5 mai 1995, art. 11.]*

Art. R. 453-32 Les dépenses comprennent tous les frais de fonctionnement et d'entretien, qui ont notamment pour objet :

1° Les activités éducatives et pédagogiques ;

2° Le chauffage et l'éclairage ;

3° L'entretien des matériels, des locaux et des véhicules ;

4° Les charges générales ;

5° Les aides aux élèves ;

6° Les rémunérations de personnels recrutés, notamment par contrat de droit public, pour les besoins de la formation professionnelle tout au long de la vie. – *[Décr. n° 95-585 du 5 mai 1995, art. 12.]*

Art. R. 453-33 Le chef d'établissement prépare le budget. Après consultation du conseil d'établissement, il l'adresse pour approbation, sous couvert du chef du service de l'enseignement des forces françaises et de l'élément civil stationnés en Allemagne, au commandant des forces françaises et de l'élément civil stationnés en Allemagne auquel il doit parvenir avant le 1er décembre.

Le budget est présenté sous la même forme que celui des établissements d'enseignement mentionnés à l'article D. 422-1. – *[Décr. n° 95-585 du 5 mai 1995, art. 13.]*

Art. R. 453-34 Les décisions budgétaires modificatives de virement entre chapitres et de prélèvement sur le fonds de roulement sont prises dans les mêmes conditions que le budget. Le chef d'établissement porte au budget les augmentations de crédits provenant de ressources nouvelles non prévues initialement. – *[Décr. n° 95-585 du 5 mai 1995, art. 14.]*

Art. R. 453-35 Le chef d'établissement est ordonnateur des recettes et des dépenses de l'établissement.

Il veille à la bonne conservation des biens, meubles et immeubles, confiés à sa garde. A ce titre, il est tenu de faire dresser et de faire tenir à jour les registres inventaires des objets mobiliers et immobiliers. – *[Décr. n° 95-585 du 5 mai 1995, art. 15.]*

Art. R. 453-36 La gestion financière de plusieurs établissements peut être regroupée par arrêté du ministre de la défense.

Chaque établissement ou groupement d'établissements est pourvu d'un agent comptable. – *[Décr. n° 95-585 du 5 mai 1995, art. 16 et 17.]*

Art. R. 453-37 L'agent comptable est nommé par arrêté du ministre de la défense et du ministre chargé du budget.

Avant d'être installé dans son poste, il est astreint à la constitution de garanties et à la prestation de serment devant le commandant des forces françaises et de l'élément civil stationnés en Allemagne. Les modalités de fixation du cautionnement sont définies par arrêté du ministre de la défense et du ministre chargé du budget. – *[Décr. n° 95-585 du 5 mai 1995, art. 18.]*

Art. R. 453-38 Lorsque l'agent comptable a suspendu le paiement des dépenses, conformément aux dispositions de *(Décr. n° 2012-1247 du 7 nov. 2012, art. 8)* « l'article 38 du décret n° 2012-1246 du 7 novembre 2012 relatif à la gestion budgétaire et comptable publique », l'ordonnateur peut, par écrit et sous sa responsabilité, le requérir de payer. L'agent comptable défère à la réquisition, sauf dans les cas prévus à l'article 160 du même décret, et rend compte au *(Décr. n° 2014-551 du 27 mai 2014, art. 10)* « comptable de la direction générale des finances publiques » auprès de l'ambassade de France en Allemagne.

Des régies de recettes et d'avances peuvent être instituées dans les établissements conformément au *(Décr. n° 2019-798 du 26 juill. 2019, art. 20)* « décret n° 2019-798 du 26 juillet 2019 ». Les régisseurs de recettes et d'avances sont nommés par le commandant des forces françaises et de l'élément civil stationnés en Allemagne avec l'agrément de l'agent comptable de l'établissement ou, dans le cas d'un groupement comptable, avec l'agrément de l'agent comptable de l'établissement siège du groupement.

Art. R. 453-39 A la fin de chaque exercice, l'agent comptable établit le compte financier de l'établissement. Il y annexe toutes les pièces justificatives originales.

Le compte financier, arrêté au 31 décembre de chaque année, est visé par le chef d'établissement qui certifie que le montant des ordres de dépenses et de recettes est conforme à ses écritures. – *[Décr. n° 95-585 du 5 mai 1995, art. 20 et 21, al. 1er.]*

Art. R. 453-40 Avant l'expiration du quatrième mois suivant la clôture de l'exercice, le compte financier est transmis, sous couvert du chef du service de l'enseignement, au commandant des forces françaises et de l'élément civil stationnés en Allemagne.

Il est adressé par l'agent comptable avant l'expiration du sixième mois suivant la clôture de l'exercice au *(Décr. n° 2014-551 du 27 mai 2014, art. 10-8°)* « comptable de la direction générale des finances publiques » auprès de l'ambassade de France en Allemagne, afin d'être soumis au contrôle juridictionnel de la Cour des comptes.

Le *(Décr. n° 2014-551 du 27 mai 2014, art. 10-8°)* « comptable de la direction générale des finances publiques » auprès de l'ambassade de France en Allemagne est compétent pour arrêter les comptes de chaque établissement dès lors que le montant des recettes ordinaires de l'exercice, y compris les subventions, est inférieur à 3 millions d'euros. Dans le cas contraire, il met le compte des établissements en état d'examen et les transmet, pour jugement, à la Cour des comptes.

Art. R. 453-41 Faute de présentation dans le délai prescrit, le ministre de la défense propose au ministre chargé du budget la désignation d'office d'un agent chargé de la reddition des comptes. – *[Décr. n° 95-585 du 5 mai 1995, art. 22.]*

Art. R. 453-42 La comptabilité des établissements d'enseignement du second degré placés à la suite des forces françaises et de l'élément civil stationnés en Allemagne est tenue conformément au plan comptable mentionné à l'article D. 422-52. – *[Décr. n° 95-585 du 5 mai 1995, art. 23.]*

Art. R. 453-43 La gestion financière des établissements est soumise au contrôle du *(Décr. n° 2014-551 du 27 mai 2014, art. 10)* « comptable de la direction générale des finances publiques » auprès de l'ambassade de France en Allemagne. Ce contrôle porte sur la régularité des opérations budgétaires et comptables, notamment sur la tenue de la comptabilité, la disponibilité des crédits et la justification des recettes et des dépenses effectuées.

A tout instant, le *(Décr. n° 2014-551 du 27 mai 2014, art. 10)* « comptable de la direction générale des finances publiques » auprès de l'ambassade de France en Allemagne peut procéder ou faire procéder aux vérifications qu'il estime nécessaires.

Art. R. 453-44 Lors de la cessation de fonctions de l'agent comptable sortant ou de la prise de fonctions de l'agent comptable entrant, il est procédé à un arrêté des écritures comptables.

A cette occasion, le *(Décr. n° 2014-551 du 27 mai 2014, art. 10)* « comptable de la direction générale des finances publiques » auprès de l'ambassade de France en Allemagne, en présence du commandant des forces françaises et de l'élément civil stationnés en Allemagne ou de son représentant, vérifie l'existence matérielle des fonds disponibles en caisse et se fait présenter les livres comptables, le relevé arrêté à la même date du compte bancaire ou postal de l'établissement ainsi que le compte financier de l'exercice précédent.

Le procès-verbal de ces opérations, accompagné des opérations sur la régularité de la gestion financière, est adressé au commandant des forces françaises et de l'élément civil stationnés en Allemagne.

SOUS-SECTION 3 SERVICE D'HÉBERGEMENT

Art. R. 453-45 Un service d'hébergement peut être créé dans un établissement d'enseignement du second degré. Ce service accueille des élèves internes et demi-pensionnaires. Le service d'hébergement d'un établissement peut également accueillir les élèves d'un autre établissement.

Le conseil d'établissement est consulté sur l'organisation de ce service. – *[Décr. n° 95-585 du 5 mai 1995, art. 27 et 29.]*

Art. R. 453-46 Les dépenses de fonctionnement du service annexe d'hébergement sont supportées par les familles et l'État et, le cas échéant, par les personnes mentionnées à l'article R. 453-49.

L'État a en totalité la charge de la rémunération des personnels de direction, de gestion et d'éducation du service d'hébergement, des personnels soignants, ouvriers et de service, sauf les charges résultant de l'emploi des maîtres d'internat au pair. – *[Décr. n° 95-585 du 5 mai 1995, art. 28.]*

Art. R. 453-47 Le chef d'établissement, après consultation du conseil d'établissement, fixe les tarifs d'hébergement.

Ces tarifs comprennent, à l'exclusion des charges mentionnées au deuxième alinéa de l'article R. 453-46, le coût direct des prestations et une participation aux charges générales dans la limite des taux prévus par arrêté du ministre chargé de l'éducation. – *[Décr. n° 95-585 du 5 mai 1995, art. 30.]*

Art. R. 453-48 Les frais d'hébergement sont payables d'avance selon des modalités fixées par le chef d'établissement, après consultation du conseil d'établissement. Le remboursement des frais peut être accordé par le chef d'établissement sur la demande des familles dans les conditions suivantes :

1° De plein droit, lorsque l'hébergement n'est pas assuré, lorsqu'un élève est décédé ou renvoyé définitivement par mesure disciplinaire, ou lorsqu'il est absent aux repas pendant plusieurs jours consécutifs pour la pratique d'un culte ;

2° Sur justifications présentées par les familles, lorsqu'un élève est absent pendant plusieurs jours consécutifs.

En cas de défaut de paiement des frais scolaires, le chef d'établissement peut prononcer l'exclusion de l'élève du service d'hébergement. Toutefois, dans les établissements dans lesquels cette mesure pourrait entraîner l'exclusion complète de l'élève et, notamment, dans les établissements qui reçoivent des pensionnaires, la décision est prise par le commandant des forces françaises et de l'élément civil stationnés en Allemagne sur rapport du chef d'établissement, après avis du conseil d'établissement. – *[Décr. n° 95-585 du 5 mai 1995, art. 31.]*

Art. R. 453-49 Sont admis au service de restauration comme commensaux de droit les personnels suivants :

1° Les maîtres d'internat, les surveillants d'externat à service complet ou partiel, les assistants étrangers et les infirmiers et infirmières ;

2° Les personnels de service, ouvriers et de laboratoire de catégorie C de la fonction publique.

Peuvent être admis, à titre d'hôtes permanents ou de passage, sur décision du chef d'établissement prise après avis du conseil d'établissement, tous les autres personnels des établissements scolaires.

Dans les mêmes conditions, l'admission peut être étendue, dès lors que les capacités d'hébergement le permettent, à d'autres élèves, à d'autres personnels relevant du ministère de la défense et à des personnes étrangères au service. – *[Décr. n° 95-585 du 5 mai 1995, art. 32.]*

Art. R. 453-50 Le chef d'établissement, après consultation du conseil d'établissement, fixe, par référence aux tarifs de restauration des élèves, le tarif des repas des différentes catégories d'hôtes admis au service annexe de restauration et énumérés à l'article R. 453-49. – *[Décr. n° 95-585 du 5 mai 1995, art. 33.]*

Art. R. 453-51 Les recettes et les dépenses du service d'hébergement font l'objet d'une comptabilisation séparée au sein d'un service spécial.

L'utilisation des réserves de ce service spécial fait l'objet de décisions budgétaires modificatives, après avis du conseil d'établissement. – *[Décr. n° 95-585 du 5 mai 1995, art. 35.]*

CHAPITRE IV LES ÉTABLISSEMENTS D'ENSEIGNEMENT FRANÇAIS EN PRINCIPAUTÉ D'ANDORRE

Art. D. 454-1 Les dispositions des articles D. 411-1 à D. 411-9 et D. 422-2 à D. 422-58 s'appliquent aux établissements d'enseignement français en Principauté d'Andorre, sous réserve des dispositions particulières prévues par le présent chapitre. – *[Décr. n° 95-592 du 6 mai 1995, art. 1er.]*

SECTION PREMIÈRE DISPOSITIONS RELATIVES AUX ÉTABLISSEMENTS D'ENSEIGNEMENT DU PREMIER DEGRÉ

Art. D. 454-2 Le conseil d'école prévu à l'article 14 de la convention entre le Gouvernement de la République française et le Gouvernement de la Principauté d'Andorre dans le domaine de l'enseignement, signée à Andorre-la-Vieille le 24 septembre 2003, est composé des membres suivants :

1° Le directeur de l'école, président ;

2° Un représentant du Gouvernement andorran ;

3° Un représentant du conseil municipal de la paroisse intéressée ;

4° Tous les enseignants exerçant effectivement dans l'école à la date des réunions du conseil, y compris les enseignants de la langue catalane ;

5° Un des enseignants du réseau d'aides spécialisées intervenant dans l'école, choisi par le conseil des maîtres de l'école ;

6° Les représentants des parents d'élèves, en nombre égal à celui des classes de l'école, élus selon des modalités ci-après définies ; ces représentants constituent au sein du conseil d'école le comité des parents ;

7° Le conseiller pédagogique.

Le délégué à l'enseignement, prévu par la Convention du 24 septembre 2003, assiste de droit aux réunions. – *[Décr. n° 95-592 du 6 mai 1995, art. 2.]*

Art. D. 454-3 Les représentants des parents d'élèves sont élus, pour la durée d'une année, au scrutin de liste, à la représentation proportionnelle au plus fort reste. En cas d'égalité des restes, le siège à pourvoir est attribué à la liste qui a obtenu le plus grand nombre de suffrages et, en cas d'égalité du nombre de suffrages, au candidat le plus âgé.

Le vote est personnel et secret.

Les votes par correspondance sont autorisés.

Des suppléants sont élus dans les mêmes conditions que les titulaires, et en nombre au plus égal à ces derniers. A cet effet, chaque liste comporte les noms des candidats titulaires et les noms des candidats suppléants. La même personne ne peut figurer à la fois sur la liste des titulaires et des suppléants.

A la fin de l'année scolaire ou au début de l'année scolaire suivante, le conseil d'école désigne en son sein une commission composée du directeur d'école, président, d'un instituteur, de deux parents d'élèves, du conseiller pédagogique et d'un représentant de la paroisse intéressée. Cette commission est chargée d'assurer l'organisation des élections et de veiller à leur bon déroulement ; elles ont lieu entre la cinquième et la septième semaine après la rentrée à une date fixée par le délégué à l'enseignement.

Cette commission, constituée en bureau des élections présidé par le directeur d'école, établit les listes électorales, reçoit les bulletins de vote par correspondance sous double enveloppe, organise le dépouillement public et en publie les résultats.

En cas d'impossibilité de constituer cette commission ou en cas de désaccord au sein de celle-ci sur les modalités d'organisation du scrutin, constaté par le délégué à l'enseignement, les opérations décrites ci-dessus incombent au directeur d'école, qui veille à l'application de la réglementation en vigueur. – *[Décr. n° 95-592 du 6 mai 1995, art. 3.]*

Art. D. 454-4 Les parents d'élèves ou, le cas échéant, celui des parents qui a l'exercice de l'autorité parentale ou la personne à laquelle les enfants ont été confiés sont électeurs et éligibles, à raison d'un seul suffrage par famille. Dans le cas où l'autorité est exercée conjointement, le droit de vote est attribué, sauf accord écrit contraire, à celui des parents chez lequel les enfants ont leur résidence.

Les familles nourricières d'enfants placés sous la garde judiciaire d'organismes sociaux bénéficient également d'un suffrage non cumulatif avec celui dont ils disposeraient déjà au titre de parents d'élèves inscrits dans l'école. – *[Décr. n° 95-592 du 6 mai 1995, art. 4.]*

Art. D. 454-5 Tout électeur est éligible ou rééligible à raison d'une candidature par famille, sauf s'il a fait l'objet d'une condamnation pour crime ou délit contraire à la probité et aux bonnes mœurs, ou s'il a été privé par jugement de tout ou partie de ses droits civils, civiques et de famille.

Les contestations relatives à l'éligibilité des candidats sont portées par le président du bureau des élections devant le délégué à l'enseignement. Elles ne sont pas suspensives des opérations électorales.

Le directeur de l'école, les enseignants qui y sont effectivement affectés ou qui y exercent effectivement, les enseignants de la langue catalane, les personnels chargés des fonctions de psychologue scolaire et de rééducateur, le médecin chargé du contrôle médical scolaire, l'assistante sociale, l'infirmière scolaire ainsi que les personnels non enseignants des écoles maternelles exerçant à l'école pour tout ou partie de leur service ne sont pas éligibles. – *[Décr. n° 95-592 du 6 mai 1995, art. 5.]*

Art. D. 454-6 Dans le cas où aucun représentant des parents n'a été élu, ou si leur nombre est inférieur à celui prévu à l'article D. 454-2, et dans un délai de dix jours après la proclamation des résultats, le délégué à l'enseignement procède publiquement, par tirage au sort, aux désignations nécessaires parmi les parents d'élèves volontaires.

Le conseil d'école est réputé valablement constitué, même si aucun représentant des parents d'élèves n'a pu être élu ou désigné. – *[Décr. n° 95-592 du 6 mai 1995, art. 6.]*

Art. D. 454-7 Les contestations sur la validité des opérations électorales sont portées, dans un délai de cinq jours à compter de la proclamation des résultats, devant le délégué à l'enseignement ; celui-ci statue dans un délai de quinze jours. – *[Décr. n° 95-592 du 6 mai 1995, art. 7.]*

Art. D. 454-8 En cas d'empêchement d'un représentant de parents d'élèves titulaire, celui-ci est remplacé par un suppléant élu sur la même liste.

Il en est de même lorsque le représentant titulaire perd la qualité au titre de laquelle il a été élu ou que son inéligibilité est établie en application de l'article D. 454-5.

Les suppléants peuvent assister aux séances du conseil d'école. Ils n'ont voix délibérative qu'en l'absence des titulaires qu'ils remplacent. – *[Décr. n° 95-592 du 6 mai 1995, art. 8.]*

Art. D. 454-9 Le conseil d'école, sur proposition du directeur de l'école :

1° Vote le règlement intérieur de l'école ;

2° Donne tous avis et présente toutes suggestions sur le fonctionnement de l'école et sur toutes les questions intéressant la vie de l'école, dans le cadre de l'élaboration du projet d'école à laquelle il est associé, notamment sur :

a) Les actions pédagogiques qui sont entreprises pour réaliser les objectifs du service public d'enseignement ;
b) L'utilisation des moyens alloués à l'école ;
c) Les conditions de bonne intégration d'enfants handicapés ;
d) Les activités périscolaires ;
e) La restauration scolaire ;
f) L'hygiène scolaire ;
g) La protection et la sécurité des enfants dans le cadre scolaire et périscolaire ;

3° Arrête sur proposition des équipes pédagogiques la partie pédagogique du projet d'école ;

4° Adopte, en fonction de ces éléments, le projet d'école ;

5° Donne son accord pour l'organisation d'activités complémentaires éducatives, sportives et culturelles ;

6° Est informé, par la direction de l'éducation du ministère chargé de l'éducation du Gouvernement d'Andorre, sur l'utilisation des locaux scolaires en dehors des heures d'ouverture de l'école.

En outre, une information doit être donnée au conseil d'école sur :
a) Les principes de choix de manuels scolaires ou de matériels pédagogiques divers ;
b) L'organisation des aides spécialisées.

En fin d'année, le directeur de l'école établit, à l'intention des membres du conseil d'école, un bilan sur toutes les questions dont a eu à connaître le conseil d'école, notamment sur la réalisation du projet d'école, et sur toutes les suites qui ont été données aux avis qu'il a formulés.

Le conseil d'école est informé des conditions dans lesquelles les maîtres organisent les rencontres avec les parents de leurs élèves, et notamment la réunion de rentrée.

Le conseil d'école établit son règlement intérieur qui détermine notamment les modalités de ses délibérations. – *[Décr. n° 95-592 du 6 mai 1995, art. 9.]*

Art. D. 454-10 A l'issue de chaque séance du conseil d'école, un procès-verbal de la réunion est dressé par son président, signé par celui-ci et contresigné par le secrétaire de séance et consigné dans un registre spécial conservé à l'école. *(Décr. n° 2020-1633 du 21 déc. 2020, art. 1er)* « Un exemplaire du procès-verbal est transmis au délégué à l'enseignement et au maire de la paroisse intéressée par voie électronique ou, en cas d'impossibilité technique, par tout autre moyen. » Un exemplaire du procès-verbal est affiché en un lieu accessible aux parents d'élèves.

SECTION II DISPOSITIONS RELATIVES AUX ÉTABLISSEMENTS D'ENSEIGNEMENT DU SECOND DEGRÉ

Art. D. 454-11 Le lycée Comte-de-Foix est dirigé par un chef d'établissement nommé par le ministre chargé de l'éducation. – *[Décr. n° 95-592 du 6 mai 1995, art. 11.]*

Art. D. 454-12 Le chef d'établissement est l'organe exécutif de l'établissement. Il exerce les compétences suivantes :

1° Il représente l'établissement en justice et dans tous les actes de la vie civile ;

2° Il a autorité sur l'ensemble des personnels affectés ou mis à la disposition de l'établissement. Il fixe le service des personnels dans le respect du statut de ces derniers ;

(Décr. n° 2011-729 du 24 juin 2011, art. 3) « 3° Il préside le conseil d'administration, la commission permanente, le conseil de discipline, la commission éducative et le conseil des délégués des élèves ; »

4° Il est ordonnateur des recettes et des dépenses de l'établissement ;

5° Il prépare les travaux du conseil d'administration, et notamment dans la limite des ressources dont dispose l'établissement, le projet de budget ;

6° Il exécute les délibérations du conseil d'administration, et notamment le budget adopté par le conseil d'administration ;

7° Il soumet au conseil d'administration les mesures à prendre dans les domaines prévus à l'article D. 422-2 et exécute les décisions adoptées par le conseil ;

8° Il conclut tout contrat ou convention au nom de l'établissement avec l'autorisation du conseil d'administration ;

9° Il veille au bon déroulement des enseignements, de l'information, de l'orientation et du contrôle des connaissances des élèves ;

10° Il prend toutes dispositions, en liaison avec les autorités compétentes, pour assurer la sécurité des personnes et des biens, l'hygiène et la salubrité de l'établissement ;

11° Il est responsable de l'ordre dans l'établissement. Il veille au respect des droits et des devoirs de tous les membres de la communauté scolaire et assure l'application du règlement intérieur ;

(Décr. nº 2011-729 du 24 juin 2011, art. 3) « 12° Il engage les actions disciplinaires et intente les poursuites devant les juridictions compétentes.

« A l'égard des élèves, il est tenu, dans les cas suivants, d'engager une procédure disciplinaire, soit dans les conditions prévues à l'article D. 454-12-1, soit en saisissant le conseil de discipline :

« *a)* Lorsque l'élève est l'auteur de violence verbale à l'égard d'un membre du personnel de l'établissement ;

« *b)* Lorsque l'élève commet un acte grave à l'égard d'un membre du personnel ou d'un autre élève.

« Il peut prononcer sans saisir le conseil de discipline les sanctions mentionnées à l'article R. 511-15, ainsi que les mesures de prévention, d'accompagnement et les mesures alternatives aux sanctions prévues au règlement intérieur.

« Il est tenu de saisir le conseil de discipline lorsqu'un membre du personnel de l'établissement a été victime de violence physique. »

Art. D. 454-12-1 *(Décr. nº 2011-729 du 24 juin 2011, art. 4)* Lorsqu'il se prononce seul sur les faits qui ont justifié l'engagement de la procédure disciplinaire, le chef d'établissement informe sans délai l'élève des faits qui lui sont reprochés et *(Décr. nº 2019-908 du 30 août 2019, art. 1er)* « du délai dont il dispose pour présenter sa défense oralement ou par écrit ou en se faisant assister par une personne de son choix. Ce délai, fixé par le chef d'établissement, est d'au moins deux jours ouvrables ».

Si l'élève est mineur, cette communication est également faite à son représentant légal afin que ce dernier produise ses observations éventuelles. Dans tous les cas, l'élève, son représentant légal et la personne éventuellement chargée de l'assister pour présenter sa défense peuvent prendre connaissance du dossier auprès du chef d'établissement.

(Décr. nº 2014-1547 du 19 déc. 2014, art. 1er) « En cas de nécessité, le chef d'établissement peut interdire, à titre conservatoire, l'accès de l'établissement à l'élève pendant le délai mentionné au premier alinéa. Cette mesure ne présente pas le caractère d'une sanction. »

Art. D. 454-13 Le conseil d'administration du lycée Comte-de-Foix, prévu à l'article 14 de la convention entre le Gouvernement de la République française et le Gouvernement de la Principauté d'Andorre dans le domaine de l'enseignement, signée à Andorre-la-Vieille le 24 septembre 2003, comprend les membres suivants :

1° Le chef d'établissement, président ;

2° Les deux adjoints au chef d'établissement ;

3° Le gestionnaire de l'établissement ;

4° Le conseiller principal d'éducation le plus ancien ;

5° Trois représentants des autorités andorranes désignées par celles-ci ;

6° Une personnalité qualifiée désignée par le délégué à l'enseignement sur proposition du chef d'établissement et une personnalité qualifiée désignée par les autorités andorranes ;

7° Dix représentants élus des personnels de l'établissement, dont :

a) Sept représentants au titre des personnels d'enseignement, d'éducation et de surveillance, dont au moins deux de nationalité andorrane ;

b) Trois représentants au titre des personnels administratifs, sociaux et de santé, techniques, ouvriers et de service, dont au moins un personnel administratif ;

8° Cinq représentants élus des parents d'élèves ;

9° Cinq représentants élus des élèves, dont deux pour le lycée, un pour le lycée professionnel, deux pour le collège. — *[Décr. nº 95-592 du 6 mai 1995, art. 13.]*

Art. D. 454-14 Le recteur de l'académie de Montpellier et le délégué à l'enseignement assistent de droit aux réunions du conseil d'administration. Le président du conseil d'administration peut inviter aux séances du conseil, à titre consultatif, toute personne dont la présence paraîtrait utile.

Les séances du conseil d'administration ne sont pas publiques.

En cas de partage des voix, la voix du président est prépondérante. – *[Décr. nº 95-592 du 6 mai 1995, art. 14.]*

Art. D. 454-15 En qualité d'organe délibérant de l'établissement, le conseil d'administration, sur le rapport du chef d'établissement, exerce les attributions suivantes :

1° Il fixe les principes de mise en œuvre de l'autonomie pédagogique et éducative dont dispose l'établissement et, en particulier, les règles d'organisation de l'établissement ;

2° Il adopte le projet d'établissement. Le conseil d'administration statue sur proposition des équipes pédagogiques pour ce qui concerne la partie pédagogique du projet d'établissement ;

(Décr. nº 2019-908 du 30 août 2019, art. 2) « 3° Il délibère chaque année sur le rapport relatif au fonctionnement pédagogique de l'établissement et à ses conditions matérielles de fonctionnement. Ce rapport rend compte notamment de la mise en œuvre du projet d'établissement, des expérimentations menées par l'établissement et du contrat d'objectifs. Il comporte également une partie relative à la vie scolaire qui présente un bilan des décisions rendues en matière disciplinaire, élaboré notamment à partir du registre des sanctions de l'établissement, et des suites données par le chef d'établissement aux demandes écrites de saisine du conseil de discipline émanant d'un membre de la communauté éducative ; »

4° Il adopte le budget et le compte financier de l'établissement ;

5° Il adopte le règlement intérieur de l'établissement ;

6° Il donne son accord sur :

a) Les orientations relatives à la conduite du dialogue avec les parents d'élèves ;

b) Le programme de l'association sportive fonctionnant au sein de l'établissement ;

c) La passation des conventions dont l'établissement est signataire ;

d) Le programme annuel des actions de formation continue ;

7° Il délibère sur :

a) Toute question dont il a à connaître ressortissant à sa compétence, ainsi que celles ayant trait à l'information des membres de la communauté éducative et à la création de groupes de travail au sein de l'établissement ;

b) Les questions relatives à l'accueil et à l'information des parents d'élèves, les modalités générales de leur participation à la vie scolaire ;

c) Les questions relatives à l'hygiène, à la santé et à la sécurité ; à cet effet, le conseil d'administration peut décider la création d'un organe compétent composé notamment de représentants de l'ensemble des personnels de l'établissement pour proposer les mesures à prendre en ce domaine au sein de l'établissement ;

8° Il peut définir, dans le cadre du projet d'établissement, toutes actions particulières propres à assurer une meilleure utilisation des moyens alloués à l'établissement et une bonne adaptation à son environnement ;

9° Il autorise l'acceptation des dons et legs, l'acquisition des dons et legs, l'acquisition ou l'aliénation des biens ;

10° Il autorise le chef d'établissement à ester ou défendre en justice ;

11° Il peut décider la création d'un organe de concertation et de proposition sur les questions ayant trait aux relations de l'établissement avec le monde social, économique et professionnel ainsi que sur le programme de formation professionnelle continue des adultes. Dans le cas où cet organe comprendrait des personnalités représentant le monde économique, il sera fait appel à parité à des représentants des organisations représentatives des employeurs et des salariés ;

12° Il adopte son règlement intérieur.

Art. D. 454-16 Le conseil d'administration exerce, sur saisine du chef d'établissement, les attributions suivantes :

1° Il donne son avis sur les mesures annuelles de créations et de suppressions de sections, d'options et de formations complémentaires d'initiative locale dans l'établissement ;

2° Les principes de choix des manuels scolaires, des logiciels et des outils pédagogiques.

Il peut être consulté par le chef d'établissement sur les questions ayant trait au fonctionnement administratif général de l'établissement.

Le conseil d'administration peut, à son initiative, adopter tous vœux sur les questions intéressant la vie de l'établissement. – *[Décr. n° 95-592 du 6 mai 1995, art. 16.]*

Art. D. 454-17 Les avis émis et les décisions prises en application des articles D. 454-15 et D. 454-16 le sont sur la base de votes personnels. Le vote secret est de droit si un membre du conseil le demande ; en cas de partage des voix, celle du président du conseil d'administration est prépondérante. – *[Décr. n° 95-592 du 6 mai 1995, art. 17.]*

Art. D. 454-18 Sous réserve des dispositions particulières applicables au budget et aux décisions le modifiant, les actes du conseil d'administration sont exécutoires quinze jours après leur transmission au délégué à l'enseignement et au recteur de l'académie de Montpellier. Dans ce délai, le recteur, après avis du délégué à l'enseignement, peut prononcer l'annulation des actes du conseil d'administration relatifs au contenu ou à l'organisation de l'action éducative lorsque les actes sont contraires aux lois et règlements ou de nature à porter atteinte au fonctionnement du service public de l'enseignement. La décision motivée du recteur est communiquée sans délai au conseil d'administration.

Dans le délai prévu à l'alinéa précédent, le recteur peut demander au conseil d'administration une seconde délibération des actes relatifs à la passation des conventions, et notamment des marchés, ainsi que des actes relatifs au fonctionnement de l'établissement et qui n'ont pas trait au contenu ou à l'organisation de l'action éducative.

Les transmissions au délégué à l'enseignement et au recteur sont faites par le chef d'établissement. – *[Décr. n° 95-592 du 6 mai 1995, art. 18.]*

Art. D. 454-19 Les représentants des personnels et des parents d'élèves sont élus au scrutin de liste à la représentation proportionnelle au plus fort reste. Pour l'élection des représentants des personnels titulaires ou non titulaires, les électeurs sont répartis en deux collèges.

Le premier collège comprend les personnels titulaires ou non titulaires exerçant des fonctions d'enseignement, de direction, d'éducation, de surveillance ou de documentation. Le second collège comprend les personnels titulaires ou non titulaires d'administration, de santé scolaire, techniques, ouvriers, de service et de laboratoire.

Les personnels titulaires exerçant à temps complet ou partiel sont électeurs ; ils sont aussi éligibles lorsqu'ils n'ont pas la qualité de membre de droit déterminée aux 1° à 4° de l'article D. 454-13.

Les personnels non titulaires ne sont électeurs que s'ils sont employés par l'établissement pour une durée égale au moins à cent cinquante heures annuelles. Ils ne sont éligibles que s'ils sont nommés au moins pour l'année scolaire.

Les personnels remplaçants en fonction au lycée Comte-de-Foix au moment des élections votent dans l'établissement à condition d'y être affectés pour une durée supérieure à trente jours.

Les parents d'élèves ou, le cas échéant, celui des parents qui a l'exercice de l'autorité parentale ou la personne à laquelle les enfants ont été confiés sont électeurs et éligibles à raison d'un suffrage par famille. Dans le cas où l'autorité parentale est assurée conjointement, le droit de vote est attribué, sauf accord écrit contraire, à celui des parents chez lequel les enfants ont leur résidence habituelle.

Les familles nourricières d'enfants placés sous la garde judiciaire d'organismes sociaux bénéficient également d'un suffrage non cumulatif avec celui dont elles disposeraient déjà au titre de parents d'élèves inscrits dans l'établissement. – *[Décr. n° 95-592 du 6 mai 1995, art. 19.]*

Art. D. 454-20 L'élection des représentants des élèves se fait à deux degrés. Deux délégués d'élèves sont élus au scrutin uninominal à deux tours dans chaque classe. Tous les élèves sont électeurs et éligibles.

L'ensemble des élèves internes est assimilé à une classe pour l'élection de ces représentants.

Les délégués d'élèves élisent, selon les mêmes modalités, en leur sein, les représentants des élèves au conseil d'administration. Pour le collège, seuls sont éligibles les élèves de *(Décr. n° 2013-682 du 24 juill. 2013, art. 2)* « dernière année de scolarité au collège ».

Les délégués des élèves peuvent recueillir les avis et les propositions des élèves et les exprimer auprès du chef d'établissement et du conseil d'administration.

Art. D. 454-21 Les mandats des membres élus du conseil d'administration expirent le jour de la première réunion du conseil qui suit leur renouvellement.

Un membre élu ne peut siéger au conseil d'administration qu'au titre d'une seule catégorie. — *[Décr. n° 95-592 du 6 mai 1995, art. 22.]*

Art. D. 454-22 Le chef d'établissement assure l'organisation et veille au bon déroulement des élections. L'élection des représentants des personnels, celle des représentants des parents d'élèves et celle des élèves comme délégués de classe ont lieu au plus tard avant la fin de la septième semaine de l'année scolaire.

Le chef d'établissement dresse, pour chacun des collèges définis aux 7°, 8° et 9° de l'article D. 454-13, la liste électorale vingt jours avant l'élection. Les déclarations de candidature signées par les candidats lui sont remises dix jours francs avant l'ouverture du scrutin.

Ces différents documents sont affichés dans un lieu facilement accessible aux personnels et aux parents.

Pour l'élection des représentants des personnels et des parents d'élèves, les listes comportent au plus un nombre égal au double du nombre des sièges à pourvoir. Ce nombre ne peut être inférieur à deux noms. Les candidats sont inscrits sans la mention de la qualité de titulaires et de suppléants. Les électeurs votent pour une liste sans panachage ni radiation. Les élus sont désignés selon l'ordre de présentation de la liste. Il est désigné au maximum autant de suppléants que de titulaires. En cas d'empêchement provisoire de membres titulaires, il est fait appel aux suppléants dans l'ordre de la liste.

Si un candidat se désiste moins de huit jours avant l'ouverture du scrutin, il ne peut être remplacé.

Lorsque le scrutin est uninominal, le nom de chaque candidat est accompagné de celui de son suppléant.

Le matériel de vote est envoyé aux électeurs six jours au moins avant la date du scrutin. *(Décr. n° 2019-918 du 30 août 2019, art. 10)* « Le vote a lieu à l'urne et par correspondance ou, pour l'élection des représentants des parents d'élèves, exclusivement par correspondance sur décision du chef d'établissement, après consultation du conseil d'administration ». Les votes sont personnels et secrets.

Le chef d'établissement fixe la date du scrutin et les heures d'ouverture du bureau de vote sans que celles-ci puissent être inférieures à quatre heures consécutives pour les parents d'élèves et à huit heures consécutives pour les personnels. Il reçoit pour le vote par correspondance les bulletins sous double enveloppe, organise le dépouillement public et en publie les résultats.

Les contestations sur la validité des opérations électorales sont portées dans un délai de cinq jours ouvrables à compter de la proclamation des résultats devant le délégué à l'enseignement qui en informe le recteur de l'académie de Montpellier. Le délégué à l'enseignement statue dans un délai de huit jours. En l'absence de réponse dans ce délai, la demande est réputée rejetée.

Art. D. 454-23 Les représentants des autorités andorranes sont désignés par le Gouvernement andorran. Pour chaque représentant titulaire, un représentant suppléant est désigné dans les mêmes conditions. Celui-ci siège au conseil d'administration en cas d'empêchement du représentant titulaire.

Les personnalités qualifiées siégeant au conseil d'administration sont désignées pour une durée de trois ans. — *[Décr. n° 95-592 du 6 mai 1995, art. 24 et 25.]*

Art. D. 454-24 Lorsqu'un membre élu du conseil d'administration perd la qualité au titre de laquelle il a été désigné ou quand une vacance survient par décès, mutation, démission ou empêchement définitif constaté par le chef d'établissement, il est remplacé, selon le cas, par son suppléant ou par le premier suppléant dans l'ordre de la liste, pour la durée du mandat restant à courir.

Lorsqu'un représentant titulaire des autorités andorranes perd la qualité en vertu de laquelle il a été désigné, ou en cas de décès, de démission ou d'empêchement définitif de l'intéressé, il est procédé à une nouvelle désignation du représentant titulaire ainsi que du représentant suppléant.

En cas de décès, de démission ou d'empêchement définitif constaté par le chef d'établissement d'une personnalité qualifiée, une nouvelle personnalité qualifiée est désignée, pour la durée du mandat restant à courir, dans les conditions fixées à l'article D. 454-13. – *[Décr. nº 95-592 du 6 mai 1995, art. 26.]*

Art. D. 454-25 Nul ne peut être membre du conseil d'administration ou d'une instance de l'établissement s'il a fait l'objet d'une condamnation pour un crime ou un délit, ou s'il a été privé par jugement de tout ou partie des droits civils, civiques et de famille. – *[Décr. nº 95-592 du 6 mai 1995, art. 27.]*

Art. D. 454-26 Le conseil d'administration se réunit en séance ordinaire à l'initiative du chef d'établissement deux fois par an. Il est en outre réuni en séance extraordinaire à la demande du recteur de l'académie de Montpellier ou du délégué à l'enseignement, du chef d'établissement ou de la moitié au moins de ses membres sur un ordre du jour déterminé.

(Décr. nº 2020-1633 du 21 déc. 2020, art. 1er) « Le chef d'établissement fixe l'ordre du jour, les dates et heures des séances du conseil d'administration en tenant compte, au titre des questions diverses, des demandes d'inscription que lui ont adressées les membres du conseil. Il envoie les convocations, accompagnées de l'ordre du jour et des documents préparatoires, au moins huit jours à l'avance, ce délai pouvant être réduit à un jour en cas d'urgence. »

Le conseil d'administration ne peut siéger valablement que si le nombre des membres présents en début de séance est égal à la majorité des membres composant le conseil. Si ce quorum n'est pas atteint, le conseil d'administration est convoqué en vue d'une nouvelle réunion, qui doit se tenir dans un délai minimum de *(Décr. nº 2019-918 du 30 août 2019, art. 9)* « cinq » jours et maximum de *(Décr. nº 2019-918 du 30 août 2019, art. 9)* « huit » jours ; il délibère alors valablement, quel que soit le nombre des membres présents. En cas d'urgence, ce délai peut être réduit à trois jours.

Art. D. 454-27 La commission permanente comprend les membres suivants :

1º Le chef d'établissement, président ;

2º Les deux adjoints au chef d'établissement ;

3º Le gestionnaire de l'établissement ;

4º Le conseiller principal d'éducation le plus ancien ;

5º Un représentant des autorités andorranes ;

6º Six représentants élus des personnels de l'établissement, dont quatre au titre des personnels d'enseignement, d'éducation, de surveillance ou de documentation et deux au titre des personnels administratifs, sociaux et de santé, techniques, ouvriers et de service ou de laboratoire ;

7º Six représentants élus des parents d'élèves et des élèves, dont trois représentants des parents d'élèves et trois représentants des élèves.

Les représentants des personnels d'enseignement et d'éducation et les représentants des parents d'élèves sont élus, au scrutin proportionnel au plus fort reste, en leur sein par les membres du conseil d'administration appartenant à leurs catégories respectives. Le représentant des personnels administratifs, sociaux et de santé, techniques, ouvriers et de service, et les représentants des élèves sont élus au scrutin uninominal à un tour en leur sein par les membres du conseil d'administration appartenant à leurs catégories respectives. Le représentant des autorités andorranes est désigné par le Gouvernement andorran.

Des représentants suppléants des personnels, des parents et des élèves sont élus dans les mêmes conditions. – *[Décr. nº 95-592 du 6 mai 1995, art. 29.]*

Art. D. 454-28 La commission permanente est le conseil de discipline de l'établissement. – *[Décr. nº 95-592 du 6 mai 1995, art. 30.]*

Art. D. 454-29 L'organisation financière du lycée Comte-de-Foix est la même que celle fixée conformément aux articles D. 422-45 à D. 422-53 sous réserve des stipulations de l'article 8 de la convention entre le Gouvernement de la République française et le Gouvernement de la Principauté d'Andorre dans le domaine de l'enseignement, signée à Andorre-la-Vieille le 24 septembre 2003. – *[Décr. nº 95-592 du 6 mai 1995, art. 31.]*

CHAPITRE V LES ÉCOLES EUROPÉENNES

Art. D. 455-1 Le statut des écoles européennes est fixé par la convention faite à Luxembourg le 21 juin 1994 et publiée en annexe au décret nº 2004-1168 du 26 octobre 2004.

Art. D. 455-2 Le règlement du baccalauréat européen qui sanctionne le cycle complet d'études secondaires dans les écoles européennes est fixé par l'accord signé à Luxembourg le 11 avril 1984 et publié en annexe au décret nº 89-213 du 10 avril 1989.

TITRE SIXIÈME LES ÉTABLISSEMENTS POUR L'ENSEIGNEMENT DES PROFESSIONS ARTISTIQUES ET SPORTIVES

CHAPITRE PREMIER LES ÉTABLISSEMENTS D'ENSEIGNEMENT ARTISTIQUE

SECTION PREMIÈRE LES ÉTABLISSEMENTS D'ENSEIGNEMENT PUBLIC

Art. R. 461-1 Les établissements d'enseignement public de la musique, de la danse et de l'art dramatique peuvent être classés par arrêté du ministre chargé de la culture en trois catégories :

1º Conservatoires à rayonnement régional ;

2º Conservatoires à rayonnement départemental ;

3º Conservatoires à rayonnement communal ou intercommunal.

Le classement prend en compte, notamment, la nature et le niveau des enseignements dispensés, les qualifications du personnel enseignant et la participation de l'établissement à l'action éducative et culturelle locale.

Un arrêté du ministre chargé de la culture précise les critères du classement. – *[Décr. nº 2006-1248 du 12 oct. 2006, art. 1er.]*

Art. R. 461-2 La demande de classement, de renouvellement du classement ou de changement de catégorie d'un établissement d'enseignement public de la musique, de la danse et de l'art dramatique est adressée au préfet de région par la collectivité territoriale ou le groupement de collectivités responsable. – *[Décr. nº 2006-1248 du 12 oct. 2006, art. 2.]*

Art. R. 461-3 Le ministre chargé de la culture fixe par arrêté la composition du dossier de demande et les conditions de son dépôt. – *[Décr. nº 2006-1248 du 12 oct. 2006, art. 3.]*

Art. R. 461-4 Le ministre chargé de la culture notifie, trois mois au plus après le dépôt d'un dossier complet, sa décision motivée :

1º D'accueillir la demande ;

2º De diligenter une mission d'inspection chargée de poursuivre l'instruction de la demande ;

3º De refuser la demande.

A l'expiration du délai mentionné au premier alinéa, l'absence de réponse vaut décision de refus.

Lorsque le ministre chargé de la culture diligente une inspection, il dispose d'un délai supplémentaire de *(Décr. nº 2013-748 du 14 août 2013, art. 2)* « quinze mois » pour notifier sa décision. A l'expiration de ce délai, l'absence de réponse vaut décision de refus.

Art. R. 461-5 Le classement est accordé pour une durée de sept ans à compter de la notification, par le ministre chargé de la culture, de la décision de classement ou de renouvellement du classement à la collectivité territoriale ou au groupement de collectivités responsable. – *[Décr. n° 2006-1248 du 12 oct. 2006, art. 5.]*

Art. R. 461-6 Lorsqu'un établissement ne répond plus aux conditions qui ont motivé son classement dans une catégorie, le ministre chargé de la culture diligente une inspection. Le ministre met en demeure la collectivité territoriale ou le groupement de collectivités responsable de prendre les mesures nécessaires afin que soient à nouveau remplies les conditions du classement.

A l'issue du délai fixé dans la mise en demeure, si les mesures indiquées n'ont pas été prises, le ministre décide le changement de catégorie ou la radiation du classement de l'établissement. – *[Décr. n° 2006-1248 du 12 oct. 2006, art. 6.]*

Art. R. 461-7 La collectivité territoriale ou le groupement de collectivités responsable peut demander le renouvellement anticipé du classement.

SECTION II LES ÉTABLISSEMENTS D'ENSEIGNEMENT PRIVÉS

Art. R. 461-8 La reconnaissance définie à l'article L. 361-2 ne peut être accordée qu'aux établissements dont la durée d'existence, à la date du dépôt de la demande, est au moins égale à la durée d'études la plus longue conduisant aux titres et diplômes qu'ils délivrent. En outre, la durée d'existence de l'établissement ne peut, à cette même date, être inférieure à trois ans.

La durée minimale de la scolarité accomplie dans l'établissement ne peut être inférieure à deux ans. – *[Décr. n° 88-605 du 6 mai 1988, art. 1er.]*

En application de l'art. L. 231-5 CRPA, et par exception à l'application du délai de 2 mois prévu à l'art. L. 231-1 du même code, le délai à l'expiration duquel le silence gardé par l'administration vaut décision d'acceptation est fixé à 10 mois pour une demande de reconnaissance des établissements privés dispensant des enseignements artistiques (Décr. n° 2014-1305 du 23 oct. 2014, art. 1er).

Art. R. 461-9 La reconnaissance est subordonnée à l'existence d'un personnel qualifié en nombre suffisant pour la discipline enseignée. Les enseignants, permanents ou occasionnels, sont titulaires des diplômes correspondant à la discipline qu'ils enseignent ou justifient d'une compétence professionnelle confirmée dans la discipline enseignée. – *[Décr. n° 88-605 du 6 mai 1988, art. 3.]*

Art. R. 461-10 Les locaux et équipements sont adaptés aux enseignements délivrés dans l'établissement et aux effectifs des élèves ou étudiants. – *[Décr. n° 88-605 du 6 mai 1988, art. 4.]*

Art. R. 461-11 Les ressources financières de l'établissement garantissent un fonctionnement continu conforme aux objectifs pédagogiques déclarés par l'établissement et qui lui permettent d'accomplir sa mission éducative. – *[Décr. n° 88-605 du 6 mai 1988, art. 5.]*

Art. R. 461-12 *Abrogé par Décr. n° 2010-738 du 1er juill. 2010, art. 1er.*

Art. R. 461-13 *(Décr. n° 2010-738 du 1er juill. 2010, art. 2)* Le ministre chargé de la culture prend la décision de reconnaissance mentionnée à l'article L. 361-2 au vu d'un rapport d'inspection portant sur le respect des dispositions des articles R. 461-8 à R. 461-11.

Art. R. 461-14 *Abrogé par Décr. n° 2010-738 du 1er juill. 2010, art. 1er.*

Art. R. 461-15 La reconnaissance est accordée pour une durée de cinq ans ; elle est renouvelable. – *[Décr. n° 88-605 du 6 mai 1988, art. 8.]*

Art. R. 461-16 Lorsque le ministre chargé de la culture constate des manquements sérieux aux conditions définies au deuxième alinéa de l'article R. 461-8 et aux articles R. 461-9 à R. 461-11, il peut mettre en demeure l'établissement de prendre toutes les mesures de mise en conformité dans un délai fixé en fonction de la nature de ces mesures. En l'absence de mise en conformité de l'établissement au terme de ce délai, il prononce le retrait de la reconnaissance.

Art. R. 461-17 Les agents désignés par le ministre chargé de la culture peuvent se faire communiquer à tout moment toutes les pièces nécessaires à l'exercice du contrôle de l'application des conditions fixées à la présente section. Ils sont chargés de l'inspection sur place des établissements et de leur personnel enseignant. – *[Décr. n° 88-605 du 6 mai 1988, art. 10.]*

CHAPITRE II LES ÉTABLISSEMENTS D'ENSEIGNEMENT DE LA DANSE

SECTION PREMIÈRE CONDITIONS D'EXPLOITATION D'UNE SALLE DE DANSE À DES FINS D'ENSEIGNEMENT

Art. R. 462-1 Dans les salles de danse exploitées à des fins d'enseignement, l'aire d'évolution des danseurs est recouverte d'un matériau lisse, souple, résistant et posé de manière homogène la rendant peu glissante. Elle ne repose pas directement sur un sol dur tel que le béton ou le carrelage.

Lorsque l'aire d'évolution est constituée d'un parquet, les éléments utilisés sont produits à partir de bois ayant une structure et une cohésion de nature à éviter la formation d'échardes ou les ruptures.

Pendant le cours de danse, l'aire d'évolution et l'espace des salles sont libres de tout obstacle constituant une menace pour la sécurité des élèves. – *[Décr. n° 92-193 du 27 févr. 1992, art. 1er.]*

Art. R. 462-2 Les exploitants se dotent d'une trousse de secours destinée à apporter les premiers soins en cas d'accident et d'un moyen de communication permettant d'alerter rapidement les services de secours.

Un tableau d'organisation des secours est affiché dans le local en un endroit accessible aux enseignants et aux usagers. Il comporte les adresses et numéros de téléphone des services et organismes auxquels il est fait appel en cas d'urgence. – *[Décr. n° 92-193 du 27 févr. 1992, art. 2.]*

Art. R. 462-3 Les exploitants des établissements dans lesquels est dispensé un enseignement de la danse sont tenus dans un délai de huit jours d'informer le préfet du département de tout accident survenu dans leur établissement ayant nécessité une hospitalisation. – *[Décr. n° 92-193 du 27 févr. 1992, art. 3.]*

Art. R. 462-4 Les salles de danse comportent au moins un cabinet d'aisance et une douche. Lorsque les usagers admis simultanément sont plus de vingt, ces équipements hygiéniques et sanitaires sont augmentés d'une unité par vingtaine d'usagers supplémentaires ou fraction de ce nombre. – *[Décr. n° 92-193 du 27 févr. 1992, art. 4.]*

Art. R. 462-5 Une copie du récépissé de la déclaration prévue par l'article L. 462-1 est affichée dans un endroit accessible aux enseignants et aux usagers. – *[Décr. n° 92-193 du 27 févr. 1992, art. 10.]*

Art. R. 462-6 La décision administrative relative à la dispense de l'obtention du diplôme de professeur de danse prévue à l'article L. 362-4 est prise par le préfet de région. – *[Décr. n° 92-193 du 27 févr. 1992, art. 11.]*

SECTION II DISPOSITIONS PÉNALES

Art. R. 462-7 Est puni de l'amende prévue pour les contraventions de la cinquième classe le fait d'ouvrir ou de faire fonctionner un établissement dans lequel est dispensé un enseignement de la danse sans s'acquitter des obligations prévues aux articles L. 462-1, R. 462-1 à R. 462-4 et R. 362-1 et R. 362-2, relatives à la déclaration, à l'hygiène, à la sécurité, au contrôle médical, à l'âge d'admission des élèves et à l'assurance ou de maintenir en activité un établissement dans lequel est dispensé un enseignement de la danse frappé d'une décision d'interdiction en application de l'article L. 462-5. – *[Décr. n° 92-193 du 27 févr. 1992, art. 7.]*

Art. R. 462-8 Est puni de la peine mentionnée à l'article R. 462-7 le fait pour le chef d'établissement de confier l'enseignement de la danse à une personne n'ayant pas

obtenu le diplôme de professeur de danse mentionné à l'article L. 362-1 ou son équivalence ou n'ayant pas été régulièrement dispensée de ce diplôme. – *[Décr. nº 92-193 du 27 févr. 1992, art. 8.]*

Art. R. 462-9 **Est puni de la peine mentionnée à l'article R. 462-7 le fait pour toute personne d'assurer un enseignement de la danse contre rétribution sans avoir obtenu le diplôme de professeur de danse ou son équivalence ou sans avoir été régulièrement dispensée de ce diplôme.** – *[Décr. nº 92-193 du 27 févr. 1992, art. 9.]*

CHAPITRE III LES ÉTABLISSEMENTS DE FORMATION AUX PROFESSIONS DES ACTIVITÉS PHYSIQUES ET SPORTIVES

Art. R. 463-1 **Les règles relatives aux établissements de formation aux professions des activités physiques et sportives sont fixées aux sections Ire et 3 du chapitre II du titre Ier du livre Ier, à la section Ire du chapitre Ier du titre Ier du livre II et à la section Ire du chapitre II du titre II du livre III de la partie réglementaire du code du sport.**

TITRE SEPTIÈME DISPOSITIONS COMMUNES

CHAPITRE PREMIER PUBLICITÉ ET DÉMARCHAGE

SECTION PREMIÈRE DÉCLARATION DE DÉNOMINATION

Art. R. 471-1 **La déclaration de dénomination qui incombe à tout organisme d'enseignement privé, par application des dispositions de l'article L. 471-2, est adressée au recteur de l'académie où se trouve le siège de l'organisme.**

Toute modification ultérieure à la dénomination est préalablement déclarée au recteur. – *[Décr. nº 72-1219 du 22 déc. 1972, art. 1er.]*

SECTION II PUBLICITÉ

Art. R. 471-2 **Le dépôt préalable à toute publicité faite par les organismes ou établissements d'enseignement, auquel il est procédé en application des dispositions de l'article L. 471-3, est effectué par leur représentant légal, en triple exemplaire, auprès du recteur de l'académie dans laquelle est situé le siège de l'organisme ou de l'établissement ; il en est délivré récépissé.** – *[Décr. nº 72-1219 du 22 déc. 1972, art. 2.]*

Art. R. 471-3 **Les documents déposés indiquent tous les éléments de la publicité, sous toutes leurs formes, ainsi que tous les moyens de diffusion utilisés, notamment la liste complète des organes de presse destinés à servir de support.** – *[Décr. nº 72-1219 du 22 déc. 1972, art. 3.]*

Art. R. 471-4 **La publicité écrite, utilisant des supports qui excèdent les dimensions définies par arrêté du ministre chargé de l'éducation, est déposée sous forme de reproductions photographiques, dont les dimensions sont fixées par ledit arrêté.** – *[Décr. nº 72-1219 du 22 déc. 1972, art. 6.]*

Art. R. 471-5 **Les établissements privés d'enseignement sur place ne peuvent procéder au dépôt de toute publicité qu'après l'expiration du délai dont disposent les autorités compétentes pour faire opposition à la déclaration de leur ouverture conformément aux dispositions des articles L. 441-1 à L. 441-4 et L. 731-1 à L. 731-11.**

Les organismes privés d'enseignement à distance ne peuvent procéder au dépôt de toute publicité qu'après la date à laquelle ils peuvent légalement exercer leur activité.

Art. R. 471-6 **Lorsque sont confondus sous la même dénomination un établissement dispensant un enseignement sur place et un organisme dispensant un enseignement à distance, chaque forme d'enseignement fait l'objet d'une publicité distincte qui ne peut en aucune manière faire référence au caractère, aux qualités, aux succès ou à la notoriété de l'autre forme d'enseignement.** – *[Décr. nº 72-1219 du 22 déc. 1972, art. 5.]*

Art. R. 471-7 **Sans préjudice des peines plus graves prévues par l'article L. 471-5, est puni de l'amende prévue pour les contraventions de la cinquième classe le fait, pour**

toute personne, d'enfreindre les dispositions des articles R. 471-5 et R. 471-6. – *[Décr. n° 72-1219 du 22 déc. 1972, art. 7.]*

CHAPITRE II DISPOSITIONS PÉNALES

Art. R. 472-1 Les règles relatives à la contravention d'intrusion dans un établissement scolaire sont fixées par les dispositions de l'article R. 645-12 du code pénal, ci-après reproduites :

Art. R. 645-12 Le fait de pénétrer « ou de se maintenir » dans l'enceinte d'un établissement scolaire, public ou privé, sans y être habilité en vertu de dispositions législatives ou réglementaires ou y avoir été autorisé par les autorités compétentes est puni de l'amende prévue pour les contraventions de la 5e classe.

Les personnes coupables de la contravention prévue au présent article encourent également les peines complémentaires suivantes :

1° La confiscation de la chose qui a servi à commettre l'infraction ou de la chose qui en est le produit ;

2° Le travail d'intérêt général pour une durée de 20 à 120 heures.

La récidive de la contravention prévue au présent article est réprimée conformément à l'article 132-11.

TITRE HUITIÈME DISPOSITIONS APPLICABLES DANS LES DÉPARTEMENTS DU BAS-RHIN, DU HAUT-RHIN ET DE LA MOSELLE

CHAPITRE UNIQUE

Art. R. 481-1 Les dispositions réglementaires particulières régissant l'enseignement dans les départements du Haut-Rhin, du Bas-Rhin et de la Moselle, prises en application des dispositions mentionnées à l'article L. 481-1, y demeurent en vigueur.

SECTION PREMIÈRE AMÉNAGEMENT DU STATUT SCOLAIRE LOCAL EN VIGUEUR DANS LES ÉTABLISSEMENTS DU PREMIER DEGRÉ

Art. D. 481-2 La durée hebdomadaire de la scolarité des élèves dans les écoles élémentaires des départements du Haut-Rhin, du Bas-Rhin et de la Moselle est *(Décr. n° 2008-751 du 29 juill. 2008, art. 1er)* « fixée à vingt-quatre heures » et comprend obligatoirement une heure d'enseignement religieux.

Pour les trois dernières années de l'école élémentaire, *(Décr. n° 2008-751 du 29 juill. 2008, art. 1er)* « l'horaire peut être porté par décision du recteur de l'académie à vingt-cinq heures », comprenant deux heures d'enseignement religieux, lorsque sont remplies les conditions nécessaires en ce qui concerne les effectifs et les enseignants.

Art. D. 481-3 L'enseignement religieux est assuré normalement par les personnels enseignants du premier degré qui se déclarent prêts à le donner ou, à défaut, par les ministres des cultes ou par des personnes qualifiées proposées par les autorités religieuses agréés par le recteur de l'académie. – *[Décr. n° 74-763 du 3 sept. 1974, art. 2.]*

Art. D. 481-4 Les heures d'enseignement religieux assurées par les personnels enseignants du premier degré au-delà du temps de service hebdomadaire défini aux articles 1er et 2 du décret n° 91-41 du 14 janvier 1991 relatif au service hebdomadaire des enseignants du premier degré *[V. App., v° Statuts particuliers]*, ou par les personnes désignées à l'article D. 481-3, sont rétribuées par une indemnité horaire dont le taux est fixé par arrêté du ministre chargé de l'éducation et des ministres chargés du budget et de la fonction publique. Ce taux est indexé sur la valeur du point indiciaire de la fonction publique. – *[Décr. n° 74-763 du 3 sept. 1974, art. 3.]*

Art. D. 481-5 Les parents qui le désirent peuvent faire dispenser leur enfant de l'enseignement religieux, dans les conditions prévues à l'article D. 481-6. – *[Décr. n° 74-763 du 3 sept. 1974, art. 4.]*

Art. D. 481-6 Les enfants dispensés de l'enseignement religieux réglementaire par la déclaration écrite ou verbale et contresignée, faite au directeur d'école, par leur représentant légal reçoivent, aux lieu et place de l'enseignement religieux, un complément d'enseignement moral.

Le registre d'appel reçoit, par les soins du directeur d'école, la mention de l'origine et de la date des lettres ou déclarations par lesquelles les représentants légaux des enfants dispensent ceux-ci de l'enseignement religieux. – *[Décr. du 10 oct. 1936, art. 6.]*

SECTION II DISPOSITIONS DIVERSES

Art. R. 481-7 Pour l'accomplissement exclusif des missions qui leur sont attribuées par l'article L. 121-1 et les articles R. 421-2 et D. 422-2, et conformément à la loi n° 78-17 du 6 janvier 1978 relative à l'informatique, aux fichiers et aux libertés, les établissements publics d'enseignement des départements du Haut-Rhin, du Bas-Rhin et de la Moselle sont autorisés à collecter, conserver et traiter les informations nominatives relatives à l'organisation de l'enseignement religieux dispensé dans ces établissements qui, directement ou indirectement, font apparaître les opinions religieuses. – *[Décr. n° 95-1045 du 22 sept. 1995, art. 1er.]*

Art. R. 481-8 Les règles relatives aux institutions et au personnel des centres de formation d'apprentis ou de sections d'apprentissage, au contrôle de leur activité et de leur fonctionnement administratif et financier sont fixées par les articles du code du travail mentionnés aux articles R. 431-1 à R. 431-5.

Le contrôle pédagogique de la formation donnée aux apprentis est assuré par le service académique de l'inspection de l'apprentissage, dans les conditions fixées par l'article R. 241-23.

TITRE NEUVIÈME DISPOSITIONS APPLICABLES DANS LES ÎLES WALLIS-ET-FUTUNA, À MAYOTTE, EN POLYNÉSIE FRANÇAISE ET EN NOUVELLE-CALÉDONIE

CHAPITRE PREMIER DISPOSITIONS APPLICABLES DANS LES ÎLES WALLIS-ET-FUTUNA

SECTION PREMIÈRE LES ÉCOLES

Art. D. 491-1 *(Décr. n° 2015-652 du 10 juin 2015, art. 8)* « Dans leur rédaction résultant du » *(Décr. n° 2020-1633 du 21 déc. 2021, art. 2)* « décret n° 2020-1633 du 21 décembre 2020 portant diverses mesures de simplification dans le domaine de l'éducation », » les articles D. 411-1 à D. 411-8 sont applicables dans les îles Wallis-et-Futuna sous réserve des adaptations mentionnées aux articles D. 491-2 à D. 491-7.

Art. D. 491-2 Pour son application à Wallis-et-Futuna, l'article D. 411-1 est ainsi rédigé :

"Dans chaque école, le conseil d'école est composé des membres suivants :

"1° Le directeur de l'école, président ;

"2° Les maîtres de l'école et les maîtres remplaçants exerçant dans l'école au moment des réunions du conseil ;

"3° Un des maîtres du réseau d'aides spécialisées intervenant dans l'école choisi par le conseil des maîtres de l'école ;

"4° Les représentants des parents d'élèves en nombre égal à celui des classes de l'école, élus selon les modalités fixées par arrêté du ministre chargé de l'éducation.

"L'inspecteur de l'éducation nationale de la circonscription assiste de droit aux réunions.

"Le conseil d'école est constitué pour une année et siège valablement jusqu'à l'intervention du renouvellement de ses membres.

"Le conseil d'école se réunit au moins une fois par trimestre, et obligatoirement dans *(Décr. n° 2019-918 du 30 août 2019, art. 12)* « le mois » suivant la proclamation des résultats des élections, sur un ordre du jour adressé au moins huit jours avant la date des réunions aux membres du conseil. En outre, il peut également être réuni à la demande du directeur de l'école ou de la moitié de ses membres.

"Assistent avec voix consultative aux séances du conseil d'école pour les affaires les intéressant :

"1° Les personnels du réseau d'aides spécialisées *(Décr. n° 2015-652 du 10 juin 2015, art. 8)* « non mentionnés au quatrième alinéa (3°) » du présent article ainsi que les médecins chargés du contrôle médical scolaire, les infirmiers et infirmières scolaires et les agents spécialisés des écoles maternelles ; en outre, lorsque des personnels médicaux ou paramédicaux participent à des actions d'intégration d'enfants handicapés, le président peut, après avis du conseil, inviter une ou plusieurs de ces personnes à s'associer aux travaux du conseil ;

"2° Le cas échéant, les personnels chargés de l'enseignement des langues vivantes, les maîtres étrangers assurant dans les locaux scolaires des cours de langue et culture d'origine, les maîtres chargés des cours de langue et culture régionales et les représentants des activités périscolaires pour les questions relatives à leurs activités en relation avec la vie de l'école.

"Le président, après avis du conseil, peut inviter une ou plusieurs personnes dont la consultation est jugée utile en fonction de l'ordre du jour.

"Les suppléants des représentants des parents d'élèves peuvent assister aux séances du conseil d'école."

Art. D. 491-3 Pour l'application à Wallis-et-Futuna de l'article D. 411-2, les quatorzième (6°) et quinzième (7°) alinéas sont supprimés.

Art. D. 491-4 Pour l'application à Wallis-et-Futuna des articles D. 411-3, R. 411-5 et D. 411-8, les mots : "(du) *(Décr. n° 2012-16 du 5 janv. 2012, art. 7)* « directeur académique des services de l'éducation nationale agissant sur délégation du recteur d'académie »" et les mots : "des autorités académiques" sont remplacés par les mots : "du (le) vice-recteur".

Pour l'application de l'article D. 411-3, l'avis de la commission administrative paritaire départementale unique des instituteurs et professeurs des écoles est supprimé.

Art. D. 491-5 Pour l'application à Wallis-et-Futuna des articles D. 411-4 et D. 411-7, les mots : "chargé de la circonscription d'enseignement du premier degré" sont supprimés.

(Décr. n° 2020-1633 du 21 déc. 2020, art. 2) « Pour l'application de l'article D. 411-4, les mots : "et au maire" sont supprimés. »

Art. D. 491-6 Pour l'application à Wallis-et-Futuna des articles R. 411-5 et D. 411-6, les mots : "chaque (du) département" sont remplacés par les mots : "(de) la collectivité".

Pour l'application de l'article R. 411-5, l'avis du conseil départemental de l'éducation nationale est supprimé.

Art. D. 491-7 Pour l'application à Wallis-et-Futuna de l'article D. 411-7, le membre de phrase : ", conformément aux dispositions du décret n° 89-122 du 24 février 1989 relatif aux directeurs d'école" est supprimé.

SECTION II **LES COLLÈGES ET LES LYCÉES**

Art. D. 491-8 *(Décr. n° 2015-652 du 10 juin 2015, art. 8)* « Dans » *(Décr. n° 2018-120 du 20 févr. 2018, art. 6)* « sa rédaction résultant du *(Décr. n° 2020-1633 du 21 déc. 2020, art. 2)* « décret n° 2020-1633 du 21 décembre 2020 portant diverses mesures de simplification dans le domaine de l'éducation », » le chapitre II du titre II du présent livre est applicable aux collèges et aux lycées de Wallis-et-Futuna, à l'exception des articles D. 422-4, D. 422-12 à D. 422-14, du 3 de l'article D. 422-17, de l'article D. 422-27, du deuxième alinéa de l'article D. 422-29, *(Décr. n° 2016-1631 du 29 nov. 2016, art. 5)* « de l'article D. 422-32, des mots "et du parcours éducatif de santé prévu par l'article L. 541-1" du *d* de l'article D. 422-33-2, des articles D. 422-39 et D. 422-55 », du deuxième alinéa de l'article D. 422-56, de l'article D. 422-58 et des articles D. 422-61 à D. 422-66, sous réserve des adaptations et des dispositions particulières figurant aux articles D. 491-9 à D. 491-15.

(Décr. n° 2019-908 du 30 août 2019, art. 8) « Les articles D. 422-7-1, D. 422-16 et D. 422-19, dans leur rédaction issue du décret n° 2019-906 du 30 août 2019 relatif à la discipline dans les établissements d'enseignement du second degré relevant du ministère chargé de l'éducation nationale et du ministère chargé de la mer, sont applicables aux collèges et lycées de Wallis-et-Futuna. »

(Décr. n° 2021-954 du 19 juill. 2021, art. 10) « Les articles D. 422-41-1 et D. 422-43-1 sont applicables dans leur rédaction résultant du décret n° 2021-954 du 19 juillet 2021 ».

Art. R. 491-8-1 *(Décr. n° 2018-119 du 20 févr. 2018, art. 6)* L'article R. 451-9, dans sa rédaction issue du décret n° 2018-119 du 20 février 2018 relatif au redoublement, est applicable aux collèges et lycées de Wallis-et-Futuna.

Art. D. 491-9 Pour l'application des dispositions de la présente section aux collèges et aux lycées de Wallis-et-Futuna, les mots : "autorité académique", *(Décr. n° 2012-16 du 5 janv. 2012, art. 7)* « "directeur académique des services de l'éducation nationale agissant sur délégation du recteur d'académie" » et "recteur d'académie" sont remplacés par les mots : "vice-recteur des îles Wallis-et-Futuna", les mots : "commission académique d'appel" par les mots : "commission d'appel constituée auprès du vice-recteur" *(Décr. n° 2014-552 du 27 mai 2014, art. 7)* « , les mots : "directeur départemental ou, le cas échéant, régional des finances publiques" par les mots : "directeur chargé de la direction locale des finances publiques des îles Wallis-et-Futuna" » et les mots : "représentant de l'État dans le département" par les mots : "l'administrateur supérieur du territoire ou son représentant".

Art. D. 491-10 Le conseil d'administration des collèges et des lycées des îles Wallis-et-Futuna comprend les membres suivants :

1° Le chef d'établissement, président ;

2° L'adjoint au chef d'établissement ou, à défaut, pour les collèges, un personnel de l'administration désigné par le vice-recteur, sur proposition du chef d'établissement ;

3° Le gestionnaire de l'établissement ou, à défaut, pour les collèges, l'agent comptable ;

4° Le conseiller principal d'éducation ou le conseiller d'éducation le plus ancien ou, à défaut, pour les collèges, un représentant des surveillants ;

5° Le chef des travaux dans les lycées et le coordonnateur du centre d'enseignement technique adapté au développement ou, le cas échéant, le directeur adjoint chargé de la section d'enseignement général et professionnel adapté dans les collèges ;

6° Un représentant de l'assemblée territoriale et un représentant des chefs traditionnels dans l'aire coutumière où est implanté l'établissement ;

7° Deux personnalités locales choisies par le vice-recteur pour leur compétence dans le domaine social, économique et culturel, une pour les collèges de moins de six cents élèves ;

8° Une personnalité qualifiée lorsque les membres de l'administration de l'établissement désignés en raison de leur fonction sont en nombre égal à cinq et deux personnes qualifiées lorsque ce nombre est inférieur à cinq. Les personnalités qualifiées sont désignées par le vice-recteur, sur proposition du chef d'établissement ;

9° Dix représentants élus des personnels de l'établissement, dont sept au titre des personnels d'enseignement et d'éducation et trois au titre des personnels administratifs, sociaux et de santé, techniques, ouvriers et de service. Ce nombre est ramené à huit pour les collèges accueillant moins de six cents élèves et ne comportant ni un centre d'enseignement technique adapté au développement, ni une section d'enseignement général et professionnel adapté, dont six au titre des personnels d'enseignement et d'éducation et deux au titre des personnels administratifs, sociaux et de santé, techniques, ouvriers et de service ;

10° Dix représentants des parents d'élèves et des élèves, dont sept représentants élus des parents d'élèves et trois représentants élus des élèves pour les collèges, dont cinq représentants élus des parents d'élèves et cinq représentants élus des élèves pour les lycées, dont un au moins représentant les élèves des classes post-baccalauréat si elles existent. Ce nombre est ramené à huit pour les collèges accueillant moins de six cents élèves et ne comportant ni un centre d'enseignement technique adapté au développement, ni une section d'enseignement général et professionnel adapté, dont six représentants élus des parents d'élèves et deux représentants élus des élèves.

Pour la désignation de représentants des organisations syndicales de salariés et d'employeurs, la représentativité au plan territorial des organisations syndicales est prise en compte. – *[Décr. n° 86-164 du 31 janv. 1986, art. 55-15.]*

Art. D. 491-11 Le représentant de l'assemblée territoriale et le représentant des chefs traditionnels dans l'aire coutumière dans laquelle est implanté l'établissement sont désignés respectivement en son sein par l'assemblée territoriale et par les chefs traditionnels dans l'aire coutumière en cause. Il est procédé à une nouvelle désignation à la suite de chaque renouvellement partiel ou total de l'assemblée délibérante de la collectivité.

Pour chaque représentant titulaire, un représentant suppléant est désigné dans les mêmes conditions. Celui-ci siège au conseil d'administration en cas d'empêchement du représentant titulaire. — *[Décr. nº 86-164 du 31 janv. 1986, art. 55-16.]*

Art. D. 491-12 Lorsqu'un représentant titulaire de l'une des collectivités visées à l'article D. 491-11 perd la qualité en vertu de laquelle il a été désigné, ou en cas de décès, de démission ou d'empêchement définitif de l'intéressé constaté par l'exécutif de la collectivité intéressée, il est procédé à une nouvelle désignation du représentant titulaire ainsi que du représentant suppléant. — *[Décr. nº 86-164 du 31 janv. 1986, art. 55-17.]*

Art. D. 491-13 *(Décr. nº 2020-1633 du 21 déc. 2020, art. 2)* « Lorsqu'elle a été créée en application de l'article D. 422-16-1, la commission » permanente des collèges et des lycées des îles Wallis-et-Futuna comprend les membres suivants :

1º Le chef d'établissement, président ;

2º L'adjoint au chef d'établissement ou, à défaut, pour les collèges, un personnel de l'administration désigné par le vice-recteur, sur proposition du chef d'établissement ;

3º Le gestionnaire de l'établissement ou, à défaut, pour les collèges, l'agent comptable ;

4º Le conseiller principal d'éducation ou le conseiller d'éducation le plus ancien, ou, à défaut, pour les collèges, un représentant des surveillants ;

5º Le chef des travaux dans les lycées et le coordonnateur du centre d'enseignement technique adapté au développement ou, le cas échéant, le directeur adjoint chargé de la section d'enseignement général et professionnel adapté dans les collèges ;

6º Cinq représentants élus des personnels, dont quatre au titre des personnels d'enseignement, de direction, d'éducation, de surveillance ou de documentation et un au titre des personnels administratifs ou d'intendance, sociaux et de santé, techniques, ouvriers et de service ou de laboratoire ;

7º Cinq représentants des parents d'élèves et des élèves, dont quatre représentants élus des parents d'élèves et un représentant élu des élèves dans les collèges et trois représentants élus des parents d'élèves et deux représentants élus des élèves dans les lycées ;

8º Un représentant des chefs traditionnels dans l'aire coutumière, siège de l'établissement.

Les représentants des personnels d'enseignement et d'éducation et les représentants des parents d'élèves sont élus, au scrutin proportionnel au plus fort reste, en leur sein par les membres du conseil d'administration appartenant à leurs catégories respectives.

Le représentant des personnels administratifs, sociaux et de santé, techniques, ouvriers et de service et le représentant des élèves sont élus au scrutin uninominal à un tour en leur sein par les membres du conseil d'administration appartenant à leurs catégories respectives. Le représentant des chefs traditionnels dans l'aire coutumière, siège de l'établissement, est désigné par les chefs traditionnels dans l'aire coutumière concernée.

Pour chaque membre élu de la commission permanente, un suppléant est élu dans les mêmes conditions.

Art. D. 491-14 Les règles relatives au conseil de discipline des collèges et des lycées des îles Wallis-et-Futuna sont fixées *(Décr. nº 2013-756 du 19 août 2013, art. 10)* « par l'article R. 561-4 ».

Art. D. 491-15 Les dépenses de fonctionnement du service annexe d'hébergement sont entièrement supportées par les familles et par l'État.

L'État a en totalité la charge de la rémunération des personnels de direction, de gestion, d'éducation et de surveillance du service d'hébergement, ainsi que des personnels soignants, ouvriers et de service. – *[Décr. n° 86-164 du 31 janv. 1986, art. 55-20, en ce qui concerne Wallis-et-Futuna.]*

CHAPITRE II DISPOSITIONS APPLICABLES À MAYOTTE

SECTION PREMIÈRE LES ÉCOLES

Art. D. 492-1 *Abrogé par Décr. n° 2019-1553 du 30 déc. 2019, art. 1er.*

Art. D. 492-2 *(Décr. n° 2019-1553 du 30 déc. 2019, art. 1er)* Le 6° de l'article D. 411-1 n'est pas applicable à Mayotte.

Art. D. 492-3 et D. 492-4 *Abrogés par Décr. n° 2019-1553 du 30 déc. 2019, art. 1er.*

Art. D. 492-5 *(Décr. n° 2019-1553 du 30 déc. 2019, art. 1er)* Pour l'application à Mayotte de l'article R. 411-5, le conseil départemental de l'éducation nationale est remplacé par le conseil de l'éducation nationale de l'académie de Mayotte.

Art. D. 492-6 Pour l'application à Mayotte de l'article D. 411-7, le membre de phrase : ", conformément aux dispositions du décret n° 89-122 du 24 février 1989 relatif aux directeurs d'école" est supprimé.

SECTION II LES COLLÈGES ET LES LYCÉES

Art. D. 492-7 *(Décr. n° 2019-1553 du 30 déc. 2019, art. 1er)* L'article D. 422-55, le deuxième alinéa de l'article D. 422-56 et l'article D. 422-58 ne sont pas applicables à Mayotte.

Art. D. 492-8 *Abrogé par Décr. n° 2019-1553 du 30 déc. 2019, art. 1er.*

Art. D. 492-9 *(Décr. n° 2019-1553 du 30 déc. 2019, art. 1er)* Pour l'application à Mayotte de l'article D. 422-12, les 6° et 7° sont ainsi rédigés :

6° Deux représentants du conseil départemental ;

7° Deux représentants de la commune siège de l'établissement ou, lorsqu'il existe un groupement de communes, un représentant du groupement de communes et un représentant de la commune siège ;

Art. D. 492-10 à D. 492-13 *Abrogés par Décr. n° 2019-1553 du 30 déc. 2019, art. 1er.*

Art. D. 492-14 Les dépenses de fonctionnement du service annexe d'hébergement sont entièrement supportées par les familles et par l'État.

L'État a en totalité la charge de la rémunération des personnels de direction, de gestion, d'éducation et de surveillance du service d'hébergement ainsi que des personnels soignants, ouvriers et de service. – *[Décr. n° 86-164 du 31 janv. 1986, art. 55-20, en ce qui concerne Mayotte.]*

CHAPITRE III DISPOSITIONS APPLICABLES EN POLYNÉSIE FRANÇAISE

SECTION UNIQUE LES ÉTABLISSEMENTS D'ENSEIGNEMENT PRIVÉS

Art. R. 493-1 Jusqu'à l'adoption par les autorités compétentes de la Polynésie française et l'entrée en vigueur des dispositions réglementaires applicables aux établissements d'enseignement privés de la collectivité, ces établissements demeurent régis par les dispositions du décret n° 74-464 du 17 mai 1974 fixant les conditions d'application au territoire de la Polynésie française, en ce qui concerne l'enseignement du premier degré, de la loi n° 59-1557 du 31 décembre 1959 modifiée sur les rapports entre l'État et les établissements d'enseignement privés et du décret n° 75-614 du 2 juillet 1975 fixant les conditions d'application au territoire de la Polynésie française, en ce qui concerne l'enseignement du second degré, des dispositions de la loi n° 59-1557 du 31 décembre 1959 modifiée sur les rapports entre l'État et les établissements d'enseignement privés.

CHAPITRE IV **DISPOSITIONS APPLICABLES EN NOUVELLE-CALÉDONIE**

SECTION PREMIÈRE *[ABROGÉE]* **LES COLLÈGES ET LES LYCÉES**

(Abrogée par Décr. n° 2019-1558 du 30 déc. 2019, art. 4)

Art. D. 494-1 à D. 494-9 *Abrogés par Décr. n° 2019-1558 du 30 déc. 2019, art. 4.*

SECTION II **LES ÉTABLISSEMENTS D'ENSEIGNEMENT PRIVÉS**

Art. R. 494-10 *(Décr. n° 2015-652 du 10 juin 2015, art. 8)* « Dans sa rédaction résultant du décret n° 2015-652 du 10 juin 2015 relatif aux dispositions réglementaires des livres VIII et IX du code de l'éducation (décrets en Conseil d'État et décrets), » le chapitre II du titre IV du présent livre, à l'exception des articles R. 442-1, D. 442-2 à D. 442-6, R. 442-14, D. 442-22, R. 442-43, R. 442-45, R. 442-46, R. 442-49, R. 442-63 à R. 442-79, est applicable aux établissements d'enseignement privés de la Nouvelle-Calédonie dans les conditions précisées aux articles suivants.

Pour l'application à ces établissements des dispositions de l'article R. 442-33, les deuxième et troisième alinéas de cet article sont remplacés par les dispositions suivantes : "Les classes des établissements faisant l'objet de la demande de contrat doivent répondre à un besoin scolaire reconnu, apprécié conformément aux dispositions de l'article L. 442-5."

(Décr. n° 2020-1676 du 23 déc. 2020, art. 2) « Les articles R. 442-15 et R. 442-16 sont applicables dans leur rédaction résultant du décret n° 2020-1676 du 23 décembre 2020 ».

Art. R. 494-11 Pour l'application aux établissements d'enseignement privés de Nouvelle-Calédonie des dispositions de la présente section, les mots : "préfet", "préfet de département", "préfet de région", "représentant de l'État dans le département" sont remplacés par les mots : "le haut-commissaire de la République", le mot : "département" par le mot : "province" et le mot : "région" par le mot : "Nouvelle-Calédonie". – *[Décr. n° 78-860 du 9 août 1978, art. 2.]*

Art. R. 494-12 Pour l'application aux établissements d'enseignement privés de Nouvelle-Calédonie des dispositions de la présente section, les mots : "autorité académique", *(Décr. n° 2012-16 du 5 janv. 2012, art. 7)* « directeur académique des services de l'éducation nationale agissant sur délégation du recteur d'académie » et "recteur d'académie" sont remplacés par les mots : "vice-recteur de la Nouvelle-Calédonie" et les mots : "services académiques" par les mots : "services du vice-rectorat".

Art. R. 494-13 Les compétences attribuées aux commissions académiques de concertation sont exercées, en Nouvelle-Calédonie, par un comité de conciliation composé de cinq membres choisis parmi les personnes qualifiées par le haut-commissaire de la République. – *[Décr. n° 78-860 du 9 août 1978, art. 4.]*

Art. R. 494-14 Peuvent passer avec l'État, dans les conditions prévues aux articles R. 442-59 à R. 442-61, un contrat simple d'une durée de trois ans au moins les établissements d'enseignement privés du premier degré ouverts depuis cinq ans au moins à la date d'entrée en vigueur du contrat. Toutefois, ce délai peut être ramené à un an, sur décision du haut-commissaire de la République, prise après avis d'une commission mixte comprenant :

1° Trois représentants des établissements d'enseignement privés, désignés par le haut-commissaire de la République ;

2° Trois représentants de l'enseignement public, désignés par le haut-commissaire de la République, sur proposition du vice-recteur ;

3° Le vice-recteur, membre de droit de cette commission.

Le haut-commissaire en est président.

Les établissements disposent, pour les classes faisant l'objet du contrat, des locaux et des installations appropriés aux exigences de la salubrité et justifient, en raison de circonstances particulières, d'effectifs scolaires estimés suffisants par le haut-commissaire qui prend sa décision après avis de la commission mentionnée au premier alinéa. – *[Décr. n° 78-860 du 9 août 1978, art. 5.]*

LIVRE CINQUIÈME LA VIE SCOLAIRE

(Décr. n° 2009-553 du 15 mai 2009)

TITRE PREMIER LES DROITS ET OBLIGATIONS DES ÉLÈVES

CHAPITRE UNIQUE

SECTION PREMIÈRE DROITS ET OBLIGATIONS DES ÉLÈVES DES ÉTABLISSEMENTS D'ENSEIGNEMENT DU SECOND DEGRÉ

Art. R. 511-1 Les modalités d'exercice des libertés d'information, d'expression et de réunion dont disposent les élèves des établissements publics locaux d'enseignement, des établissements d'État d'enseignement du second degré relevant du ministre chargé de l'éducation et des établissements d'enseignement du second degré relevant des communes ou des départements, ainsi que les obligations qui leur sont applicables, sont déterminées par le règlement intérieur de l'établissement.

Le règlement intérieur détermine également les modalités de la prise en charge progressive par les élèves de la responsabilité de certaines de leurs activités et les modalités de l'obligation d'assiduité à laquelle ils sont soumis.

Art. R. 511-2 Dans les lycées relevant du ministre chargé de l'éducation, des communes ou des départements, le conseil des délégués pour la vie lycéenne est consulté sur les modalités d'exercice du droit de réunion avant leur insertion au règlement intérieur et formule des avis et propositions sur les questions relatives au travail et à la vie scolaire dans les conditions prévues par les articles R. 421-43, R. 421-44, D. 422-38 et D. 422-61. – *[Décr. n° 85-924 du 30 août 1985, art. 3-3, al. 4, 2e phr. et Décr. n° 86-164 du 31 janv. 1986, art. 4-3, al. 4, 2e phr., et art. 48, en ce qui concerne l'art. 4-3 : consultation conseil délégués.]*

Art. D. 511-3 Les règles relatives aux droits et obligations des élèves des établissements publics locaux d'enseignement relevant du ministre chargé de la mer sont fixées par le règlement intérieur de l'établissement conformément aux dispositions de l'article R. 421-93.

Art. D. 511-4 Les règles relatives aux droits et obligations des élèves des lycées de la défense sont fixées par le règlement intérieur de l'établissement conformément aux dispositions de l'article R. 425-15.

Art. D. 511-5 Les règles relatives aux droits et obligations des élèves des établissements publics locaux d'enseignement et de formation professionnelle agricoles sont fixées par les articles R. 811-77 à R. 811-83 du code rural et de la pêche maritime.

SOUS-SECTION 1 LIBERTÉ D'EXPRESSION

Art. R. 511-6 Le chef d'établissement et le conseil d'administration veillent, en collaboration avec le conseil des délégués pour la vie lycéenne, à ce que la liberté d'expression dont les élèves disposent individuellement et collectivement s'exerce dans les conditions définies par l'article L. 511-2. – *[Décr. n° 85-924 du 30 août 1985, art. 3-1 et Décr. n° 86-164 du 31 janv. 1986, art. 4-1 et art. 48, en ce qui concerne l'art. 4-1.]*

Art. R. 511-7 Afin de permettre l'exercice de la liberté d'expression dans les lycées, le chef d'établissement veille à ce que des panneaux d'affichage et, si possible, un local soient mis à la disposition des délégués des élèves, du conseil des délégués pour la vie lycéenne et, le cas échéant, des associations d'élèves. – *[Décr. n° 85-924 du 30 août 1985, art. 8-1 et Décr. n° 86-164 du 31 janv. 1986, art. 8-1 et art. 48, en ce qui concerne l'art. 8-1.]*

Art. R. 511-8 Les publications rédigées par des lycéens peuvent être librement diffusées dans l'établissement.

Toutefois, au cas où certains écrits présenteraient un caractère injurieux ou diffamatoire, ou en cas d'atteinte grave aux droits d'autrui ou à l'ordre public, le chef d'établissement peut suspendre ou interdire la diffusion de la publication dans l'établissement ; il en informe le conseil d'administration. Cette décision est notifiée aux élèves intéressés ou, à défaut, fait l'objet d'un affichage. – *[Décr. nº 85-924 du 30 août 1985, art. 3-4 et Décr. nº 86-164 du 31 janv. 1986, art. 4-4 et art. 48, en ce qui concerne l'art. 4-4.]*

SOUS-SECTION 2 LIBERTÉS D'ASSOCIATION ET DE RÉUNION

Art. R. 511-9 Le fonctionnement, à l'intérieur des lycées, d'associations déclarées qui sont composées d'élèves et, le cas échéant, d'autres membres de la communauté éducative de l'établissement est autorisé par le conseil d'administration, après dépôt auprès du chef d'établissement d'une copie des statuts de l'association, sous réserve que leur objet et leur activité soient compatibles avec les principes du service public de l'enseignement ; en particulier, elles ne peuvent avoir un objet ou une activité de caractère politique ou religieux.

Ces associations peuvent contribuer à l'exercice du droit d'expression collective des élèves.

Si les activités d'une telle association portent atteinte aux principes mentionnés au premier alinéa, le chef d'établissement invite le président de l'association à s'y conformer.

En cas de manquement persistant, le chef d'établissement saisit le conseil d'administration qui peut retirer l'autorisation après avis du conseil des délégués pour la vie lycéenne.

Les dispositions du présent article ne sont pas applicables aux associations créées en application de l'article L. 552-2. – *[Décr. nº 85-924 du 30 août 1985, art. 3-2 et Décr. nº 86-164 du 31 janv. 1986, art. 4-2 et art. 48, en ce qui concerne l'art. 4-2.]*

Art. R. 511-10 Dans les lycées et collèges, la liberté de réunion s'exerce à l'initiative des délégués des élèves pour l'exercice de leurs fonctions.

Dans les lycées, elle s'exerce également à l'initiative des associations mentionnées à l'article R. 511-9 ou d'un groupe d'élèves de l'établissement pour des réunions qui contribuent à l'information des élèves.

Le droit de réunion s'exerce en dehors des heures de cours prévues à l'emploi du temps des participants.

Le chef d'établissement autorise, sur demande motivée des organisateurs, la tenue des réunions en admettant, le cas échéant, l'intervention de personnalités extérieures. A cette occasion, il peut solliciter l'avis du conseil d'administration.

Il peut opposer un refus à la tenue d'une réunion ou à la participation de personnalités extérieures lorsque celles-ci sont de nature à porter atteinte au fonctionnement normal de l'établissement ou à contrevenir aux principes du service public de l'enseignement.

L'autorisation peut être assortie de conditions tendant à garantir la sécurité des personnes et des biens. – *[Décr. nº 85-924 du 30 août 1985, art. 3-3, sauf 2e phr. al. 4, et Décr. nº 86-164 du 31 janv. 1986, art. 4-3, sauf 2e phr. al. 4, et art. 48, en ce qui concerne l'art. 4-3, sauf 2e phr. al. 4.]*

SOUS-SECTION 3 OBLIGATION D'ASSIDUITÉ

Art. R. 511-11 L'obligation d'assiduité mentionnée à l'article L. 511-1 consiste, pour les élèves, à se soumettre aux horaires d'enseignement définis par l'emploi du temps de l'établissement. Elle s'impose pour les enseignements obligatoires et pour les enseignements facultatifs dès lors que les élèves se sont inscrits à ces derniers.

Les élèves doivent accomplir les travaux écrits et oraux qui leur sont demandés par les enseignants, respecter le contenu des programmes et se soumettre aux modalités de contrôle des connaissances qui leur sont imposées.

Les élèves ne peuvent se soustraire aux contrôles et examens de santé organisés à leur intention. – *[Décr. nº 85-924 du 30 août 1985, art. 3-5, al. 1er à 3, et Décr. nº 86-164 du 31 janv. 1986, art. 4-5, al. 1er à 3, et art. 48, en ce qui concerne l'art. 4-5.]*

SECTION II RÉGIME DISCIPLINAIRE

SOUS-SECTION 1 SANCTIONS APPLICABLES AUX ÉLÈVES DES ÉTABLISSEMENTS D'ENSEIGNEMENT DU SECOND DEGRÉ

Art. R. 511-12 *(Décr. n° 2011-728 du 24 juin 2011, art. 5)* **Sauf dans les cas où le chef d'établissement est tenu d'engager une procédure disciplinaire et préalablement à la mise en œuvre de celle-ci, le chef d'établissement et l'équipe éducative recherchent, dans la mesure du possible, toute mesure utile de nature éducative.**

Art. R. 511-13 *(Décr. n° 2011-728 du 24 juin 2011, art. 6)* **I. – Dans les collèges et lycées relevant du ministre chargé de l'éducation, les sanctions qui peuvent être prononcées à l'encontre des élèves sont les suivantes :**

1° L'avertissement ;

2° Le blâme ;

3° La mesure de responsabilisation ;

4° L'exclusion temporaire de la classe. Pendant l'accomplissement de la sanction, l'élève est accueilli dans l'établissement. La durée de cette exclusion ne peut excéder huit jours ;

5° L'exclusion temporaire de l'établissement ou de l'un de ses services annexes. La durée de cette exclusion ne peut excéder huit jours ;

6° L'exclusion définitive de l'établissement ou de l'un de ses services annexes.

(Décr. n° 2014-522 du 22 mai 2014, art. 2) **« Les sanctions prévues aux 3° à 6° peuvent être assorties du sursis à leur exécution dont les modalités sont définies à l'article R. 511-13-1. »**

II. – La mesure de responsabilisation prévue au 3° du I consiste à participer, en dehors des heures d'enseignement, à des activités de solidarité, culturelles ou de formation à des fins éducatives. Sa durée ne peut excéder vingt heures. Lorsqu'elle consiste en particulier en l'exécution d'une tâche, celle-ci doit respecter la dignité de l'élève, ne pas l'exposer à un danger pour sa santé et demeurer en adéquation avec son âge et ses capacités. Elle peut être exécutée au sein de l'établissement, d'une association, d'une collectivité territoriale, d'un groupement rassemblant des personnes publiques ou d'une administration de l'État. Un arrêté ministériel fixe les clauses types de la convention qui doit nécessairement être conclue entre l'établissement et la structure susceptible d'accueillir des élèves dans le cadre de mesures de responsabilisation.

L'accord de l'élève, et, lorsqu'il est mineur, celui de son représentant légal, est recueilli en cas d'exécution à l'extérieur de l'établissement. Un exemplaire de la convention est remis à l'élève ou à son représentant légal.

La mise en place d'une mesure de responsabilisation est subordonnée à la signature d'un engagement par l'élève à la réaliser.

III. – En cas de prononcé d'une sanction prévue au 4° ou au 5° du I, le chef d'établissement ou le conseil de discipline peut proposer une mesure alternative consistant en une mesure de responsabilisation.

Lorsque l'élève respecte l'engagement écrit visé au dernier alinéa du II, seule la mesure alternative est inscrite dans le dossier administratif de l'élève. Elle est effacée à l'issue de l'année scolaire *(Décr. n° 2019-906 du 30 août 2019, art. 7)* **« suivante ». Dans le cas contraire, la sanction initialement envisagée, prévue au 4° ou au 5° du I, est exécutée et inscrite au dossier.**

IV. – *(Décr. n° 2014-522 du 22 mai 2014, art. 2)* **« Sous réserve des dispositions du III, les sanctions, même assorties du sursis à leur exécution, sont inscrites au dossier administratif de l'élève. »** *(Décr. n° 2019-906 du 30 août 2019, art. 7)* **« L'avertissement est effacé du dossier administratif de l'élève à l'issue de l'année scolaire. Le blâme et la mesure de responsabilisation sont effacés du dossier administratif de l'élève à l'issue de l'année scolaire suivant celle du prononcé de la sanction. Les autres sanctions, hormis l'exclusion définitive, sont effacées du dossier administratif de l'élève à l'issue de la deuxième année scolaire suivant celle du prononcé de la sanction. »**

Toutefois, un élève peut demander l'effacement des sanctions inscrites dans son dossier administratif lorsqu'il change d'établissement.

Les sanctions sont effacées du dossier administratif de l'élève au terme de sa scolarité dans le second degré.

Les dispositions issues du Décr. n° 2019-906 du 30 août 2019 s'appliquent aux procédures disciplinaires engagées à raison de faits commis à compter de la rentrée scolaire 2019 (Décr. préc., art. 12).

Sur les clauses types de la convention, V. ci-dessous Arr. du 30 nov. 2011.

Opportunité des poursuites. Si, dans le silence des textes, l'autorité administrative compétente apprécie l'opportunité des poursuites en matière disciplinaire, aucun principe général du droit ne fait obstacle à ce qu'un texte réglementaire prévoit que, dans certaines hypothèses, des poursuites disciplinaires doivent être engagées. L'obligation faite aux chefs d'établissement secondaire par le Décr. n° 2011-728 du 24 juin 2011 d'engager des poursuites à l'encontre des élèves auteurs de violence verbale à l'égard d'un membre du personnel de l'établissement ou d'un acte grave à l'égard d'un membre du personnel ou d'un autre élève trouve sa limite dans les autres intérêts généraux dont le chef d'établissement a la charge, notamment dans les nécessités de l'ordre public. • CE, ass., 6 juin 2014, *Féd. des conseils de parents d'élèves des écoles publiques (FCPE) et Union nationale lycéenne (UNL)*, n° 351582 : *Lebon ; AJDA 2014. 1180 ; ibid. 1478, chron. Bretonneau et Lessi ; RFDA 2014. 753, concl. Keller ; LIJ 2014, n° 185, p. 6.*

Arrêté du 30 novembre 2011,

Fixant les clauses types de la convention prévue à l'article R. 511-13 du code de l'éducation.

Art. 1er Les clauses types de la convention prévue à l'article R. 511-13 du code de l'éducation sont annexées au présent arrêté.

ANNEXE

CONVENTION RELATIVE À L'ORGANISATION DE MESURES DE RESPONSABILISATION PRÉVUES À L'ARTICLE R. 511-13 DU CODE DE L'ÉDUCATION

Entre, d'une part :

L'(ou les) établissement(s) d'enseignement du second degré . (dénomination, adresse), représenté(s) par M. (MM.) . en qualité de chef(s) d'établissement, après accord du conseil d'administration de l'(ou des) établissement(s) du (date de délibération),

Et, d'autre part :

La structure d'accueil (nom, raison sociale et adresse), représentée par (nom) en qualité de responsable.

Préambule

La présente convention, prise en application de l'article R. 511-13 du code de l'éducation, est conclue entre l'établissement et la structure susceptible d'accueillir des élèves dans le cadre de mesures de responsabilisation après accord du conseil d'administration de l'établissement conformément au *c* du 6° de l'article R. 421-20 du code de l'éducation.

La mesure de responsabilisation a pour objectif de faire participer les élèves, en dehors des heures d'enseignement, à des activités de solidarité, culturelles ou de formation à des fins éducatives.

Au cours de cette mesure, les élèves peuvent découvrir les activités de la structure d'accueil, assister ou participer à l'exécution d'une tâche.

Le contenu de la mesure de responsabilisation doit respecter la dignité de l'élève, ne pas l'exposer à un danger pour sa santé, et demeurer en adéquation avec son âge et ses capacités.

La mesure de responsabilisation est mise en place pour éviter un processus de déscolarisation tout en permettant à l'élève de témoigner de sa volonté de conduire une réflexion sur la portée de son acte tant à l'égard de la victime que de la communauté éducative. Cette mesure est destinée à aider l'élève à prendre conscience de ses potentialités et à favoriser un processus de responsabilisation.

Il est convenu ce qui suit :

Art. 1er *Objet de la convention.*

La présente convention a pour objet de déterminer les règles que l'établissement scolaire et la structure susceptible d'accueillir des élèves dans le cadre de mesures de responsabilisation s'engagent à respecter pour la mise en œuvre d'une telle mesure.

Art. 2 *Modalités d'exécution.*

Préalablement à la mise en œuvre de chaque mesure de responsabilisation, un document (modèle ci-joint) détermine les modalités d'exécution de la mesure.

Il est signé par le chef d'établissement, le responsable de la structure accueillante, l'élève ou son représentant légal s'il est mineur.

Il comprend les éléments suivants :
— nom de l'élève concerné ;
— date de naissance ;
— nom du représentant légal de l'élève, s'il est mineur ;
— nom et qualité de la personne en charge de l'accueil au sein de la structure d'accueil ;
— nom du personnel de l'établissement en charge de suivre le déroulement de la mesure ;
— dates, durée et modalités d'exécution de la mesure ;
— objectifs de la mesure de responsabilisation ;
— principales activités à réaliser et lieu(x) d'exécution.

Il précise, autant que nécessaire, les conditions de transport.

Il mentionne les assurances souscrites par l'établissement et la structure d'accueil.

Le temps consacré à la mesure de responsabilisation ne peut excéder trois heures par jour, en dehors des heures d'enseignement, ni requérir la présence de l'élève plus de quatre jours par semaine.

Art. 3 *Statut de l'élève.*

L'élève demeure pendant toute la durée de la mesure de responsabilisation sous statut scolaire et reste, à ce titre, sous l'autorité du chef de son établissement.

Art. 4 *Obligations du responsable de l'organisme d'accueil.*

Les obligations du responsable de l'organisme d'accueil sont notamment de :
— présenter à l'élève la structure d'accueil ;
— faire accomplir à l'élève des activités correspondant à la fois à ses aptitudes et aux objectifs de la mesure de responsabilisation ;
— diriger, accompagner et contrôler l'exécution de l'activité ;
— faire un compte rendu évaluant le comportement de l'élève et son investissement dans l'activité réalisée.

Art. 5 *Assurances.*

Le responsable de la structure d'accueil prend les dispositions nécessaires pour garantir sa responsabilité civile chaque fois qu'elle sera engagée :
— soit en souscrivant une assurance particulière garantissant sa responsabilité civile en cas de faute imputable à la structure d'accueil à l'égard de l'élève ;
— soit en ajoutant à son contrat déjà souscrit "responsabilité civile" un avenant relatif à l'accueil des élèves.

Le chef d'établissement contracte une assurance couvrant la responsabilité civile des élèves pour les dommages qu'ils pourraient causer pendant la durée ou à l'occasion de la mesure de responsabilisation, en dehors de la structure d'accueil ou sur le trajet menant soit au lieu où se déroule la mesure de responsabilisation, soit au domicile, soit au retour vers l'établissement.

Art. 6 *En cas d'accident.*

En cas d'accident survenu à l'élève soit au cours de la réalisation de la mesure de responsabilisation, soit au cours du trajet, le responsable de la structure d'accueil s'engage à informer le chef d'établissement sans délai.

Art. 7 *Suivi du dispositif.*

Le chef d'établissement et le responsable de la structure d'accueil se tiennent mutuellement informés des difficultés, notamment celles liées aux absences éventuelles de l'élève, qui pourraient naître de l'application de la présente convention et prendront d'un commun accord, avec les personnes en charge de suivre le déroulement de la mesure, les dispositions adéquates pour y mettre un terme.

Le chef d'établissement met fin à la mesure de responsabilisation à tout moment lorsque, notamment, la structure d'accueil ne satisfait plus :
— aux conditions d'hygiène, de sécurité et de moralité indispensables au bon déroulement de la mesure ;
— aux conditions d'encadrement nécessaires à la mise en œuvre des objectifs précisés dans les dispositions particulières d'ordre éducatif.

Le responsable de la structure d'accueil informe sans délai le chef d'établissement de tout manquement aux obligations par l'élève ainsi que de tout incident survenu du fait de l'élève, et notamment de son absence éventuelle.

Art. 8 *Communication.*

Un exemplaire de la présente convention est remis à l'élève ou à son représentant légal, s'il est mineur, ainsi qu'au personnel de l'établissement et de la structure d'accueil en charge de suivre la réalisation de la mesure.

Art. 9 *Durée de la convention, modification et renouvellement.*

La présente convention est signée pour une durée de . ans à compter de la date de sa signature. Elle est tacitement reconductible. Elle peut être modifiée par avenant à la demande de l'un ou l'autre des signataires. Avant la date d'échéance, la convention peut être dénoncée à la condition de respecter un délai de trois mois précédant la rentrée scolaire.

Elle sera résiliée de plein droit dans l'hypothèse où l'une des parties ne respecterait pas les engagements, à l'expiration d'un délai d'un mois suivant l'envoi d'une lettre recommandée avec accusé de réception valant mise en demeure.

Un rapport d'activité est établi par les signataires. Il comporte une évaluation du dispositif avec les indicateurs associés.

Fait à ……………………………………………, le ……………………………………

Le(s) chef(s) d'établissement,

Le responsable de la structure d'accueil.

Document précisant les modalités de réalisation d'une mesure de responsabilisation

L'établissement :

Nom :

N° UAI :

Adresse :

N° téléphone :

Représenté par (nom), chef d'établissement :

Mél. :

Nom de la structure d'accueil :

Adresse :

Domaine d'activité :

N° téléphone :

Représenté(e) par (nom), responsable de la structure d'accueil :

Mél. :

L'élève :

Prénom :

Nom :

Date de naissance :

Classe :

Nom du représentant légal de l'élève, s'il est mineur :

Adresse personnelle :

N° téléphone :

Annexe pédagogique

Nom de la personne en charge de l'accueil au sein de la structure d'accueil :

Fonction :

Nom du membre du personnel de l'établissement chargé de suivre le déroulement de la mesure de responsabilisation :

Fonction :

Dates du début et de fin de la mesure de responsabilisation :

Durée de la mesure de responsabilisation :

Horaires journaliers de l'élève (sous réserve de modifications liées à l'organisation du travail ou aux intérêts pédagogiques) :

	MATIN	APRÈS-MIDI
Lundi	De………… à…………	De………… à…………
Mardi	De………… à…………	De………… à…………
Mercredi	De………… à…………	De………… à…………
Jeudi	De………… à…………	De………… à…………
Vendredi	De………… à…………	De………… à…………
Samedi	De………… à…………	De………… à…………

1° Modalités d'exécution de la mesure de responsabilisation (déplacement) :

2° Objectifs de la mesure de responsabilisation :

3° Principales activités à réaliser et lieu(x) d'exécution :
Assurances :
Pour la structure d'accueil :
Nom de l'assureur :
N° du contrat :
Pour l'établissement :
Nom de l'assureur :
N° du contrat :
Fait à ...., le ....
Le chef d'établissement.
Le responsable de la structure d'accueil.
L'élève ou son représentant légal, s'il est mineur.
A notifier au responsable de la structure d'accueil et à l'élève ou, si ce dernier est mineur, à son représentant légal.

Art. R. 511-13-1 *(Décr. n° 2014-522 du 22 mai 2014, art. 3)* I. – *(Décr. n° 2019-906 du 30 août 2019, art. 8)* **« L'autorité disciplinaire qui a prononcé une sanction assortie du sursis à son exécution détermine la durée pendant laquelle le sursis peut être révoqué. Cette durée ne peut être inférieure à l'année scolaire en cours et ne peut excéder celle de l'inscription de la sanction au dossier administratif de l'élève mentionnée au IV de l'article R. 511-13.**

« Dans le cas d'une exclusion définitive de l'établissement ou de l'un de ses services annexes, la durée pendant laquelle le sursis peut être révoqué ne peut excéder la fin de la deuxième année scolaire suivant le prononcé de la sanction.

« Le chef d'établissement avertit l'élève et, si celui-ci est mineur, son représentant légal, des conséquences qu'entraînerait un nouveau manquement au règlement intérieur de l'établissement pendant la durée fixée aux alinéas précédents. »

II. – *(Décr. n° 2019-906 du 30 août 2019, art. 8)* **« Lorsque des faits pouvant entraîner l'une des sanctions prévues à l'article R. 511-13 d'un niveau égal ou supérieur à celui d'une précédente sanction assortie d'un sursis sont commis au cours de la durée prévue au I, l'autorité disciplinaire prononce :**

« 1° Soit la seule révocation de ce sursis ;

« 2° Soit la révocation de ce sursis et une nouvelle sanction qui peut être assortie du sursis. »

Seul le conseil de discipline peut prononcer la révocation du sursis s'appliquant à une exclusion définitive de l'établissement ou de l'un de ses services annexes.

III. – La révocation du sursis entraîne la mise en œuvre de la sanction à laquelle il s'applique.

Dans le cas mentionné au *(Décr. n° 2019-906 du 30 août 2019, art. 8)* **« 2° » du II, les deux sanctions sont exécutées cumulativement si la nouvelle sanction n'est pas assortie du sursis. L'exécution cumulative de ces deux sanctions ne peut avoir pour effet d'exclure l'élève plus de huit jours de sa classe ou de son établissement.**

Les dispositions issues du Décr. n° 2019-906 du 30 août 2019 s'appliquent aux procédures disciplinaires engagées à raison de faits commis à compter de la rentrée scolaire 2019 (Décr. préc., art. 12).

Art. R. 511-14 *(Décr. n° 2011-728 du 24 juin 2011, art. 7)* **Dans les collèges et lycées relevant du ministre chargé de l'éducation, le chef d'établissement peut prononcer seul les sanctions énumérées du 1° au 5° du I de l'article R. 511-13.**

Art. R. 511-15 *(Décr. n° 2019-906 du 30 août 2019, art. 9)* **Sont applicables aux établissements d'enseignement français en Principauté d'Andorre les articles R. 511-12 à R. 511-14.**

Les dispositions issues du Décr. n° 2019-906 du 30 août 2019 s'appliquent aux procédures disciplinaires engagées à raison de faits commis à compter de la rentrée scolaire 2019 (Décr. préc., art. 12).

Art. R. 511-16 *Abrogé par Décr. n° 2019-906 du 30 août 2019, art. 10.*

Art. R. 511-17 **Dans les lycées de la défense, les sanctions applicables aux élèves sont les suivantes :**

1° L'avertissement ;
2° La réprimande ;
3° La retenue ;
(Décr. n° 2020-735 du 16 juin 2020, art. 2) « 4° La mesure de responsabilisation. Cette mesure est mise en œuvre dans les conditions prévues au II de l'article R. 511-13 ; »
5° L'exclusion temporaire de huit jours au plus, assortie ou non d'un sursis ;
6° L'exclusion temporaire d'une durée supérieure à huit jours et inférieure à quinze jours, assortie ou non d'un sursis ;
7° L'exclusion définitive.

Des mesures de prévention, de réparation et d'accompagnement peuvent également être prévues par le règlement intérieur.

Art. R. 511-18 Dans les lycées de la défense, le commandant du lycée prononce les sanctions *(Décr. n° 2021-926 du 12 juill. 2021, art. 3)* « mentionnées aux 1° à 6° » de l'article R. 511-17.

L'autorité de tutelle dont dépend le lycée prononce *(Décr. n° 2021-926 du 12 juill. 2021, art. 3)* « la sanction mentionnée au 7° » du même article.

Toute décision d'exclusion définitive est susceptible d'appel à l'initiative de l'intéressé ou de son représentant légal, si l'élève est mineur.

Art. R. 511-19 Les conditions d'application des articles R. 511-17 et R. 511-18 sont fixées par arrêté du ministre de la défense. – *[Décr. n° 2006-246 du 1er mars 2006, art. 15, al. 13.]*

SOUS-SECTION 2 LA COMMISSION ÉDUCATIVE

(Décr. n° 2011-728 du 24 juin 2011, art. 9)

Art. R. 511-19-1 Dans les collèges et les lycées relevant du ministre chargé de l'éducation et dans les établissements publics locaux d'enseignement relevant du ministre chargé de la mer est instituée une commission éducative.

Cette commission, qui est présidée par le chef d'établissement ou son représentant, comprend notamment des personnels de l'établissement, dont au moins un professeur, et au moins un parent d'élève. Sa composition est arrêtée par le conseil d'administration et inscrite dans le règlement intérieur de l'établissement qui fixe les modalités de son fonctionnement. Elle associe, en tant que de besoin, toute personne susceptible d'apporter des éléments permettant de mieux appréhender la situation de l'élève concerné.

Elle a pour mission d'examiner la situation d'un élève dont le comportement est inadapté aux règles de vie dans l'établissement et de favoriser la recherche d'une réponse éducative personnalisée. Elle est également consultée en cas d'incidents impliquant plusieurs élèves.

La commission éducative assure le suivi de l'application des mesures de prévention et d'accompagnement, des mesures de responsabilisation ainsi que des mesures alternatives aux sanctions.

SOUS-SECTION 3 LE CONSEIL DE DISCIPLINE DE L'ÉTABLISSEMENT *(Décr. n° 2011-728 du 24 juin 2011, art. 9)*.

§ 1er COMPOSITION

Art. R. 511-20 Le conseil de discipline de l'établissement comprend quatorze membres :

1° Le chef d'établissement ;
2° L'adjoint au chef d'établissement ou, dans les établissements publics locaux d'enseignement, le cas échéant, l'adjoint désigné par le chef d'établissement en cas de pluralité d'adjoints ;
3° Un conseiller principal d'éducation désigné par le conseil d'administration, sur proposition du chef d'établissement ;
4° Le gestionnaire de l'établissement ;

5° Cinq représentants des personnels dont quatre représentants des personnels d'enseignement et d'éducation et un représentant des personnels administratifs, sociaux et de santé, techniques, ouvriers et de service ;

6° Trois représentants des parents d'élèves dans les collèges et deux dans les lycées ;

7° Deux représentants des élèves dans les collèges et trois dans les lycées.

Le conseil de discipline est présidé par le chef d'établissement ou, en cas d'absence de celui-ci, par son adjoint. – *[Décr. n° 85-924 du 30 août 1985, art. 31, al. 1er à 9 ; Décr. n° 86-164 du 31 janv. 1986, art. 31, al. 1er à 9 et Décr. n° 85-1348 du 18 déc. 1985, art. 1er, en ce qui concerne la composition du conseil de discipline.]*

Art. R. 511-21 Les représentants des personnels sont élus chaque année en leur sein par les membres titulaires et suppléants du conseil d'administration appartenant à leurs catégories respectives. Cette élection a lieu, pour les représentants des personnels d'enseignement et d'éducation, au scrutin proportionnel au plus fort reste, pour le représentant des personnels administratifs, sociaux et de santé, techniques, ouvriers et de service, au scrutin uninominal à un tour.

Les représentants des parents d'élèves et des élèves *(Décr. n° 2016-1228 du 16 sept. 2016, art. 7)* « des collèges » sont élus chaque année en leur sein par les membres titulaires et suppléants du conseil d'administration appartenant respectivement à chacune de ces catégories au scrutin proportionnel au plus fort reste.

(Décr. n° 2016-1228 du 16 sept. 2016, art. 7-2°) « Les représentants des élèves des lycées et des établissements régionaux d'enseignement adapté fréquentant les classes des niveaux correspondant à ceux des lycéens sont élus chaque année en leur sein par les délégués des élèves lors de leur première réunion en assemblée générale au scrutin plurinominal à un tour. Sont déclarés élus les candidats ayant obtenu le plus grand nombre de voix.

« En cas d'égalité des voix, le plus jeune des candidats est déclaré élu. »

Pour chaque membre élu du conseil de discipline, un suppléant est désigné dans les mêmes conditions.

Art. R. 511-22 Les élections des représentants au conseil de discipline sont organisées à l'occasion de la première réunion du conseil d'administration qui suit les élections à ce conseil *(Décr. n° 2016-1228 du 16 sept. 2016, art. 8)* « sous réserve des dispositions applicables à l'élection des représentants des élèves dans les lycées et dans les établissements régionaux d'enseignement adapté fréquentant les classes des niveaux correspondant à ceux des lycéens ».

Art. D. 511-23 Dans les établissements d'enseignement français en Principauté d'Andorre, la commission permanente siégeant en conseil de discipline s'adjoint un représentant supplémentaire des élèves élus au scrutin uninominal à un tour par les représentants des élèves au conseil d'administration et parmi ceux-ci. – *[Décr. n° 95-592 du 6 mai 1995, art. 30, al. 1er.]*

Art. R. 511-24 Dans les établissements publics locaux d'enseignement relevant du ministre chargé de la mer, le conseil de discipline comprend, sous la présidence du chef d'établissement, les huit membres du conseil d'administration suivants :

1° *(Décr. n° 2019-906 du 30 août 2019, art. 11)* « L'adjoint au chef d'établissement » ;

2° *(Décr. n° 2019-906 du 30 août 2019, art. 11)* « Le conseiller principal d'éducation » ;

3° Deux représentants des personnels élus par les membres du conseil d'administration appartenant à cette catégorie ;

4° Deux représentants des parents d'élèves élus par les membres du conseil d'administration appartenant à cette catégorie ;

5° Les deux représentants des élèves au conseil d'administration.

Les dispositions issues du Décr. n° 2019-906 du 30 août 2019 s'appliquent aux procédures disciplinaires engagées à raison de faits commis à compter de la rentrée scolaire 2019 (Décr. préc., art. 12).

§ 2 COMPÉTENCE

Art. D. 511-25 Le conseil de discipline compétent à l'égard d'un élève est celui de l'établissement dans lequel cet élève est inscrit, quel que soit le lieu où la faute susceptible de justifier une action disciplinaire a été commise.

Le conseil de discipline peut, sur décision de son président, être réuni dans un autre établissement scolaire ou dans les locaux *(Décr. n° 2012-16 du 5 janv. 2012, art. 7)* « du service départemental de l'éducation nationale ».

Art. R. 511-26 Les modalités de fonctionnement du conseil de discipline de l'établissement et du conseil de discipline départemental, les modalités de la procédure disciplinaire, ainsi que la composition et les modalités de fonctionnement de la commission académique d'appel sont fixées par les articles R. 511-27, D. 511-30 à R. 511-44, D. 511-46 à D. 511-52. – *[Décr. n° 85-924 du 30 août 1985, art. 31-2, et Décr. n° 86-164 du 31 janv. 1986, art. 31-2.]*

Art. R. 511-27 Dans les lycées et collèges relevant du ministre chargé de l'éducation, le conseil de discipline est saisi par le chef d'établissement. Il a compétence pour prononcer à l'encontre des élèves l'ensemble des sanctions et des mesures mentionnées à l'article R. 511-13 dans les conditions fixées par ce même article.

En cas de partage égal des voix, le président a voix prépondérante. – *[Décr. n° 85-924 du 30 août 1985, art. 31, al. 14 et 15, Décr. n° 86-164 du 31 janv. 1986, art. 31, al. 13 et 14, et Décr. n° 85-1348 du 18 déc. 1985, art. 6, al. 1er, et art. 1er, en ce qui concerne les compétences du conseil de discipline.]*

Art. R. 511-28 *Abrogé par Décr. n° 2011-728 du 24 juin 2011, art. 10.*

Art. R. 511-29 Dans les lycées de la défense, le conseil de discipline est saisi par le commandant du lycée et donne son avis sur toute demande de sanction relevant des sixième et septième alinéas de l'article R. 511-17, dans les conditions définies par arrêté du ministre de la défense. – *[Décr. n° 2006-246 du 1er mars 2006, art. 15, al. 9.]*

§ 3 PROCÉDURE DISCIPLINAIRE

Art. D. 511-30 Lorsque le chef d'établissement, saisi par écrit d'une demande de saisine du conseil de discipline émanant d'un membre de la communauté éducative, décide de ne pas engager de procédure disciplinaire, il lui notifie sa décision motivée. *(Décr. n° 2011-729 du 24 juin 2011, art. 5)* « Lorsque le chef d'établissement décide de saisir le conseil de discipline, il en informe préalablement *(Décr. n° 2012-16 du 5 janv. 2012, art. 7)* « le directeur académique des services de l'éducation nationale agissant sur délégation du recteur d'académie » si l'élève a déjà fait l'objet, au cours de l'année scolaire, de la sanction prévue au 6° du I de l'article R. 511-13. »

Art. D. 511-31 *(Décr. n° 2019-908 du 30 août 2019, art. 4)* Le chef d'établissement convoque par pli recommandé ou remis en main propre contre signature, au moins cinq jours avant la séance, dont il fixe la date :

1° L'élève en cause ;

2° S'il est mineur, son représentant légal ;

3° La personne éventuellement chargée d'assister l'élève pour présenter sa défense.

Il convoque par tout moyen, y compris par télécopie ou par courrier électronique, au moins cinq jours avant la séance, les membres du conseil de discipline ainsi que :

1° La personne ayant demandé au chef d'établissement la comparution de l'élève ;

2° Les témoins ou les personnes et, s'ils sont mineurs, leur représentant légal susceptibles d'éclairer le conseil de discipline sur les faits motivant la comparution de l'élève.

Art. D. 511-32 Le chef d'établissement précise à l'élève cité à comparaître les faits qui lui sont reprochés et lui fait savoir qu'il peut présenter sa défense oralement ou par écrit ou en se faisant assister par une personne de son choix. Si l'élève est mineur, cette communication est également faite à son représentant légal afin qu'il puisse produire ses observations.

Les membres du conseil de discipline, l'élève cité à comparaître, son représentant légal et la personne éventuellement chargée de l'assister pour présenter sa défense peuvent prendre connaissance du dossier auprès du chef d'établissement.

Le représentant légal de l'élève et, le cas échéant, la personne chargée de l'assister sont informés de leur droit d'être entendus, sur leur demande, par le chef d'établissement et par le conseil de discipline. – *[Décr. nº 85-1348 du 18 déc. 1985, art. 6, al. 11, sauf dernière phr., et 12.]*

Art. D. 511-33 En cas de nécessité, le chef d'établissement peut, à titre conservatoire, interdire l'accès de l'établissement à un élève en attendant la comparution de celui-ci devant le conseil de discipline. S'il est mineur, l'élève est remis à son représentant légal. Cette mesure ne présente pas le caractère de sanction. – *[Décr. nº 85-1348 du 18 déc. 1985, art. 6, al. 13.]*

Art. D. 511-34 Un parent d'élève, membre du conseil de discipline, dont l'enfant est traduit devant celui-ci, est remplacé par un suppléant pour la réunion au cours de laquelle l'élève doit comparaître.

Un élève faisant l'objet d'une procédure disciplinaire en cours ne peut siéger dans un conseil de discipline, ni en qualité de membre de celui-ci, ni en qualité de délégué de classe, jusqu'à l'intervention de la décision définitive.

Un élève ayant fait l'objet d'une sanction disciplinaire d'exclusion temporaire ne peut plus siéger à un conseil de discipline, ni en qualité de membre de celui-ci, ni en qualité de délégué de classe, jusqu'à la fin de l'année scolaire.

Dans les cas mentionnés aux deuxième et troisième alinéas, l'élève est remplacé, le cas échéant, par son suppléant.

Lorsqu'un membre du conseil de discipline a demandé au chef d'établissement la comparution d'un élève devant ce conseil, il est remplacé par un suppléant pour la réunion au cours de laquelle l'élève doit comparaître. – *[Décr. nº 85-1348 du 18 déc. 1985, art. 4.]*

Art. D. 511-35 Au jour fixé pour la séance, le chef d'établissement vérifie que le conseil de discipline peut siéger valablement. Le nombre des membres présents doit être égal à la majorité des membres composant le conseil. Si ce quorum n'est pas atteint, le conseil de discipline est convoqué en vue d'une nouvelle réunion, qui se tient dans un délai minimum de *(Décr. nº 2019-908 du 30 août 2019, art. 5)* « cinq » jours et maximum de *(Décr. nº 2019-908 du 30 août 2019, art. 5)* « dix » jours ; il délibère alors valablement, quel que soit le nombre des membres présents. En cas d'urgence, ce délai peut être réduit.

Quorum. Interrogée sur les règles de quorum qu'il convient d'appliquer au conseil de discipline, la direction des affaires juridiques a précisé que le quorum est calculé à partir du nombre des membres qui composent le conseil de discipline, tel que fixé par l'art. R. 511-20 * DAJ A1, nº 13-085, 22 mars 2013 : *LIJ 2013, nº 179, p. 15.*

Art. D. 511-36 Le président ouvre la séance et désigne un secrétaire de séance parmi les membres du conseil de discipline. – *[Décr. nº 85-1348 du 18 déc. 1985, art. 7, al. 2.]*

Art. D. 511-37 Avant l'examen d'une affaire déterminée, si la nature des accusations le justifie et que les deux tiers au moins des membres du conseil le demandent, les délégués de classe qui ne sont pas majeurs se retirent du conseil. – *[Décr. nº 85-1348 du 18 déc. 1985, art. 3.]*

Art. D. 511-38 L'élève, son représentant légal, le cas échéant, la personne chargée d'assister l'élève sont introduits.

Le président donne lecture du rapport motivant la proposition de sanction. – *[Décr. nº 85-1348 du 18 déc. 1985, art. 7, al. 3 et 4.]*

Art. D. 511-39 Le conseil de discipline entend l'élève et, sur leur demande, son représentant légal et la personne chargée d'assister l'élève. Il entend également :

1º Deux professeurs de la classe de l'élève en cause, désignés par le chef d'établissement qui peut à cet effet consulter l'équipe pédagogique ;

2º Les deux délégués d'élèves de la classe de l'élève en cause ;

3º Toute personne de l'établissement susceptible de fournir des éléments d'information sur l'élève de nature à éclairer les débats ;

4° Les autres personnes convoquées par le chef d'établissement, mentionnées à l'article D. 511-31 *(Décr. n° 2019-908 du 30 août 2019, art. 6)* « et, si elles sont mineures, en présence de leur représentant légal ».

Art. D. 511-40 Le président conduit la procédure et les débats dans le respect du contradictoire, avec le souci de donner à l'intervention du conseil de discipline une portée éducative. – *[Décr. n° 85-1348 du 18 déc. 1985, art. 7, al. 6.]*

Art. D. 511-41 La décision du conseil de discipline est prise en présence des seuls membres du conseil ayant voix délibérative.

Tous les votes interviennent à bulletins secrets, à la majorité des suffrages exprimés. Les abstentions, les bulletins blancs et nuls ne sont pas comptés.

Les membres du conseil de discipline et les personnes ayant pris part aux délibérations de celui-ci sont soumis à l'obligation du secret en ce qui concerne tous les faits et documents dont ils ont eu connaissance. – *[Décr. n° 85-1348 du 18 déc. 1985, art. 7, al. 7 à 9.]*

Art. D. 511-42 Le président notifie aussitôt à l'élève et à son représentant légal la décision du conseil de discipline. Cette décision est confirmée par pli recommandé le jour même. La notification mentionne les voies et délais d'appel fixés à l'article R. 511-49.

Le procès-verbal du conseil de discipline mentionne les noms du président, du secrétaire de séance, des membres du conseil et des autres personnes qui ont assisté à la réunion. Il rappelle succinctement les griefs invoqués à l'encontre de l'élève en cause, les réponses qu'il a fournies aux questions posées au cours de la séance, les observations présentées par la personne chargée de l'assister et la décision prise par les membres du conseil après délibération. Le procès-verbal, signé du président et du secrétaire de séance, demeure aux archives de l'établissement. Une copie en est adressée au *(Décr. n° 2019-1558 du 30 déc. 2019, art. 9)* « recteur d'académie » dans les cinq jours suivant la séance.

Art. D. 511-43 Lorsqu'une sanction d'exclusion définitive est prononcée par le conseil de discipline à l'encontre d'un élève soumis à l'obligation scolaire, le recteur *(Décr. n° 2019-1558 du 30 déc. 2019, art. 4)* « d'académie » ou *(Décr. n° 2012-16 du 5 janv. 2012, art. 7)* « le directeur académique des services de l'éducation nationale agissant sur délégation du recteur d'académie », selon le cas, en est immédiatement informé et pourvoit aussitôt à son inscription dans un autre établissement ou centre public d'enseignement par correspondance.

(Décr. n° 2019-909 du 30 août 2019, art. 1er) « En outre, il peut, compte tenu des circonstances ayant conduit à l'exclusion définitive de l'élève et des besoins spécifiques de ce dernier, procéder à son inscription, à titre transitoire et dans la limite d'une année scolaire, dans une classe relais de cet établissement ou d'un établissement tiers. Les classes relais, dont l'encadrement peut inclure des éducateurs spécialisés, comprennent des élèves présentant des problèmes de comportement et rencontrant des difficultés d'apprentissage. Elles sont créées par le recteur *(Décr. n° 2019-1558 du 30 déc. 2019, art. 4)* « d'académie » et favorisent la réintégration dans le cursus de formation. Leurs modalités de fonctionnement sont fixées par le ministre chargé de l'éducation et le ministre de la justice. »

SOUS-SECTION 4 LE CONSEIL DE DISCIPLINE DÉPARTEMENTAL *(Décr. n° 2011-728 du 24 juin 2011, art. 9).*

Art. R. 511-44 Lorsque, pour des faits d'atteinte grave aux personnes ou aux biens, un chef d'établissement public local d'enseignement engage une action disciplinaire à l'encontre d'un élève qui a déjà fait l'objet d'une sanction d'exclusion définitive de son précédent établissement ou est l'objet de poursuites pénales, il peut, s'il estime que la sérénité du conseil de discipline n'est pas assurée ou que l'ordre et la sécurité dans l'établissement seraient compromis, saisir le conseil de discipline départemental. – *[Décr. n° 85-924 du 30 août 1985, art. 31, al. 16 et Décr. n° 85-1348 du 18 déc. 1985, art. 7-1, al. 1er, en ce qui concerne la saisine du conseil de discipline départemental.]*

Art. R. 511-45 Le conseil de discipline départemental est présidé par *(Décr. n° 2012-16 du 5 janv. 2012, art. 7)* « le directeur académique des services de l'éducation nationale agissant sur délégation du recteur d'académie », ou son représentant.

Ce conseil comprend en outre dix membres :

1° Deux représentants des personnels de direction ;

2° Deux représentants des personnels d'enseignement ;

3° Un représentant des personnels administratifs, sociaux et de santé, techniques, ouvriers et de service ;

4° Un conseiller principal d'éducation ;

5° Deux représentants des parents d'élèves ;

6° Deux représentants des élèves.

Les membres autres que le président ont la qualité de membre d'un conseil de discipline d'établissement. Ils sont nommés pour un an par le recteur d'académie.

Art. D. 511-46 Sont applicables au conseil de discipline départemental les dispositions des articles D. 511-31 à D. 511-43. Pour l'application des articles D. 511-31, D. 511-32, D. 511-35, D. 511-36, D. 511-38, D. 511-40 et D. 511-42, *(Décr. n° 2012-16 du 5 janv. 2012, art. 7)* « le directeur académique des services de l'éducation nationale, agissant sur délégation du recteur d'académie », exerce les compétences du chef d'établissement.

SOUS-SECTION 5 DISPOSITIONS COMMUNES AU CONSEIL DE DISCIPLINE DE L'ÉTABLISSEMENT ET AU CONSEIL DE DISCIPLINE DÉPARTEMENTAL *(Décr. n° 2011-728 du 24 juin 2011, art. 9).*

Art. D. 511-47 Lorsqu'un élève est traduit devant le conseil de discipline de l'établissement ou le conseil de discipline départemental et fait l'objet de poursuites pénales en raison des mêmes faits, l'action disciplinaire peut, en cas de contestation sérieuse sur la matérialité de ces faits ou sur leur imputation à l'élève en cause, être suspendue jusqu'à ce que la juridiction saisie se soit prononcée. – *[Décr. n° 85-1348 du 18 déc. 1985, art. 9.]*

Art. D. 511-48 Lorsqu'un élève ayant fait l'objet de la mesure prévue à l'article D. 511-33 commet une infraction à l'égard de cette mesure, l'action disciplinaire afférente à cette faute est jointe à l'action en cours et le conseil de discipline de l'établissement ou le conseil de discipline départemental est appelé à statuer par une seule décision.

Lorsqu'un élève fait l'objet de poursuites disciplinaires pour des faits distincts, les deux procédures peuvent être jointes et le conseil de discipline de l'établissement ou le conseil de discipline départemental peut statuer par une seule décision, à l'initiative du chef d'établissement ou *(Décr. n° 2012-16 du 5 janv. 2012, art. 7)* « du directeur académique des services de l'éducation nationale agissant sur délégation du recteur d'académie ».

SOUS-SECTION 6 APPEL DES DÉCISIONS DU CONSEIL DE DISCIPLINE DE L'ÉTABLISSEMENT OU DU CONSEIL DE DISCIPLINE DÉPARTEMENTAL *(Décr. n° 2011-728 du 24 juin 2011, art. 9).*

Art. R. 511-49 Toute décision du conseil de discipline de l'établissement ou du conseil de discipline départemental peut être déférée au recteur de l'académie, dans un délai de huit jours à compter de sa notification écrite, soit par le représentant légal de l'élève, ou par ce dernier s'il est majeur, soit par le chef d'établissement.

Le recteur d'académie décide après avis d'une commission académique. – *[Décr. n° 85-924 du 30 août 1985, art. 31-1, al. 1er, et Décr. n° 86-164 du 31 janv. 1986, art. 31-1.]*

Les commissions académiques d'appel (procédure disciplinaire) sont renouvelées pour une durée de 5 ans à compter du 8 juin 2020 (Décr. n° 2020-631 du 25 mai 2020, art. 1er).

Art. D. 511-50 Lorsque la décision du conseil de discipline ou du conseil de discipline départemental est déférée au recteur d'académie en application de l'article R. 511-49, elle est néanmoins immédiatement exécutoire.

Le chef d'établissement peut faire application des dispositions de l'article D. 511-33 jusqu'à l'expiration du délai mentionné à l'article R. 511-49 ou jusqu'à décision du recteur si celui-ci a été saisi. — *[Décr. n° 85-1348 du 18 déc. 1985, art. 8, al. 1er, sauf art. 31, al. 4, du Décr. n° 85-924 du 31 août 1985.]*

Art. D. 511-51 La commission académique est présidée par le *(Décr. n° 2019-1558 du 30 déc. 2019, art. 9)* « recteur d'académie » ou son représentant.

Elle comprend en outre cinq membres :

1° Un *(Décr. n° 2012-16 du 5 janv. 2012, art. 7)* « directeur académique des services de l'éducation nationale agissant sur délégation du recteur d'académie » ;

2° Un chef d'établissement ;

3° Un professeur ;

4° Deux représentants des parents d'élèves.

Les membres autres que le président sont nommés pour deux ans par le *(Décr. n° 2019-1558 du 30 déc. 2019, art. 9)* « recteur d'académie » ou son représentant.

Un suppléant est nommé dans les mêmes conditions pour chacun des membres de la commission, à l'exception de son président.

Pour la désignation des représentants des parents d'élèves, le *(Décr. n° 2019-1558 du 30 déc. 2019, art. 9)* « recteur d'académie » recueille les propositions des associations représentées au conseil académique de l'éducation nationale.

Art. D. 511-52 Les modalités prévues pour le conseil de discipline de l'établissement ou le conseil de discipline départemental en matière d'exercice des droits de la défense par les articles D. 511-31, D. 511-32 et D. 511-38 à D. 511-40 sont applicables à la commission ainsi que les dispositions du deuxième alinéa de l'article D. 511-42, à l'exception de sa dernière phrase.

La commission émet son avis à la majorité de ses membres.

La décision du *(Décr. n° 2019-1558 du 30 déc. 2019, art. 9)* « recteur d'académie » intervient dans un délai d'un mois à compter de la date de réception de l'appel.

Art. R. 511-53 La juridiction administrative ne peut être saisie qu'après mise en œuvre des dispositions de l'article R. 511-49. — *[Décr. n° 85-924 du 30 août 1985, art. 31-1, al. 2.]*

Art. D. 511-54 Dans les établissements d'enseignement français en Principauté d'Andorre, toute décision prise par le conseil de discipline peut être déférée, dans un délai de huit jours, au délégué à l'enseignement, qui la transmet au recteur de l'académie de Montpellier, soit par la famille ou l'élève s'il est majeur, soit par le chef d'établissement. Le recteur arrête sa décision après avis de la commission académique réunie sous sa présidence. — *[Décr. n° 95-592 du 6 mai 1995, art. 30, al. 2.]*

Art. D. 511-55 I. — Sont applicables aux établissements d'enseignement français en Principauté d'Andorre le premier alinéa de l'article D. 511-25, les articles R. 511-26, R. 511-27, D. 511-30 à D. 511-43, D. 511-47, D. 511-48 et D. 511-50 à D. 511-52, sous réserve des dispositions des II, III et IV du présent article.

II. — Pour l'application des articles R. 511-26, D. 511-47, D. 511-48, D. 511-50 et D. 511-52, les mots : "conseil de discipline départemental" sont supprimés.

III. — Pour l'application de la troisième phrase du premier alinéa de l'article D. 511-42, la notification de la décision du conseil de discipline mentionne les voies et délais d'appel fixés à l'article D. 511-54. Pour l'application des articles D. 511-42 et D. 511-50 à D. 511-52, les mots : "recteur de l'académie" sont remplacés par les mots : "recteur de l'académie de Montpellier". Pour l'application de l'article D. 511-48, les mots : "ou *(Décr. n° 2012-16 du 5 janv. 2012, art. 7)* « du directeur académique des services de l'éducation nationale agissant sur délégation du recteur d'académie »" sont supprimés.

IV. — Pour l'application de l'article D. 511-43, les mots : "le recteur ou *(Décr. n° 2012-16 du 5 janv. 2012, art. 7)* « le directeur académique des services de l'éducation nationale agissant sur délégation du recteur d'académie » selon le cas, en est immédiatement informé et pourvoit aussitôt à son inscription dans un autre établissement ou centre public d'enseignement par correspondance" sont remplacés par les mots : "le délégué à l'enseignement et le recteur de l'académie de Montpellier en sont immédiatement informés. Le recteur pourvoit sans délai à l'inscription de l'élève dans un autre établissement ou centre public d'enseignement par correspondance".

Art. D. 511-56 Pour leur application à Saint-Pierre-et-Miquelon, les dispositions des articles D. 511-42, D. 511-43, R. 511-45 et D. 511-48 à D. 511-52 sont ainsi adaptées :

1° Les mots : "recteur d'académie" sont remplacés par les mots : "recteur de l'académie de *(Décr. n° 2019-1056 du 15 oct. 2019, art. 3)* « Normandie »" ;

2° Les mots : *(Décr. n° 2012-16 du 5 janv. 2012, art. 7-I)* "directeur académique des services de l'éducation nationale agissant sur délégation du recteur d'académie" sont remplacés par les mots : "chef du service de l'éducation nationale" et les mots : "inspection académique" par les mots : "service de l'éducation" ;

3° Les mots : "commission académique" d'appel sont remplacés par les mots : "commission d'appel de l'académie de *(Décr. n° 2019-1056 du 15 oct. 2019, art. 3)* « Normandie »".

Art. R. 511-57 Dans les établissements publics locaux d'enseignement relevant du ministre chargé de la mer, toute décision prise par le conseil de discipline peut être déférée, dans un délai de huit jours, au directeur interrégional de la mer soit par la famille ou l'élève s'il est majeur, soit par le chef d'établissement. — *[Décr. n° 85-1242 du 25 nov. 1985, art. 25, al. 8.]*

Art. D. 511-58 Les dispositions de la présente section, à l'exception des articles R. 511-15 à R. 511-19, D. 511-23, R. 511-24, R. 511-28, R. 511-29 et D. 511-54 à R. 511-57 sont applicables aux collèges et aux lycées municipaux ou départementaux. — *[Décr. n° 86-164 du 31 janv. 1986, art. 48, en ce qui concerne les art. 31, 31-1 et 31-2.]*

SECTION III CONSEIL NATIONAL ET CONSEIL ACADÉMIQUE DE LA VIE LYCÉENNE

SOUS-SECTION 1 LE CONSEIL NATIONAL DE LA VIE LYCÉENNE

Art. D. 511-59 Le Conseil national de la vie lycéenne peut être consulté par le ministre chargé de l'éducation sur les questions relatives à la vie matérielle, sociale, culturelle et sportive et au travail scolaire dans les lycées publics et dans les établissements régionaux d'enseignement adapté.

Il est tenu informé des grandes orientations de la politique éducative dans les lycées. — *[Décr. n° 95-1293 du 18 déc. 1995, art. 1er et 2.]*

Le Conseil national de la vie lycéenne est renouvelé pour une durée de 5 ans à compter du 8 juin 2020 (Décr. n° 2020-631 du 25 mai 2020, art. 1er).

Art. D. 511-60 Le Conseil national de la vie lycéenne est présidé par le ministre chargé de l'éducation ou son représentant, nommé par arrêté du ministre.

Il se compose de *(Décr. n° 2017-642 du 26 avr. 2017, art. 1er)* « soixante-quatre » membres répartis de la manière suivante :

(Décr. n° 2017-642 du 26 avr. 2017, art. 1er) « 1° Soixante membres élus, en leur sein, pour deux ans, par les représentants lycéens aux conseils académiques de la vie lycéenne, à raison de deux titulaires et de deux suppléants par académie ; »

2° Les *(Décr. n° 2017-642 du 26 avr. 2017, art. 1er)* « quatre » représentants des lycéens au sein du Conseil supérieur de l'éducation ou leurs suppléants, pour la durée de leur mandat au titre de ce conseil.

(Décr. n° 2017-642 du 26 avr. 2017, art. 1er) « Pour l'application du 1°, les déclarations de candidature comportent le nom de deux candidats titulaires et, pour chacun d'entre eux, d'un suppléant. Les candidats se présentent en binôme et sont de sexe différent. Le candidat et son suppléant sont de même sexe. Lorsque le titulaire est en dernière année de cycle d'études, le suppléant doit être inscrit dans une classe de niveau inférieur.

« Les membres de chaque binôme élu siègent alternativement au Conseil national de la vie lycéenne. Sont appelés à siéger à la première réunion du Conseil national de la vie lycéenne suivant son renouvellement les membres titulaires de sexe féminin pour les académies mentionnées *(Décr. n° 2019-1553 du 30 déc. 2019, art. 1er)* « aux 1° à

9° » de l'article R. 222-2 du code de l'éducation et les membres titulaires de sexe masculin pour les autres académies mentionnées à cet article. »

Art. D. 511-61 *(Décr. n° 2017-642 du 26 avr. 2017, art. 2)* En cas d'absence de celui des deux membres titulaires du binôme appelé à siéger, il est fait appel à l'autre membre titulaire.

Lorsque ni l'un ni l'autre des membres titulaires d'un binôme ne peuvent participer à une séance, il est fait appel au suppléant du membre titulaire convoqué pour siéger ou, à défaut, au suppléant de l'autre membre titulaire du binôme.

Art. D. 511-61-1 *(Décr. n° 2017-642 du 26 avr. 2017, art. 3)* Lorsqu'un membre titulaire perd la qualité au titre de laquelle il a été élu ou lorsqu'une vacance survient par suite de décès, démission ou empêchement définitif, le membre titulaire est remplacé par son suppléant pour la durée du mandat restant à courir.

Si, avant l'expiration de leur mandat, l'un des membres titulaires et son suppléant se trouvent dans l'impossibilité d'exercer leurs fonctions pour l'un des motifs énumérés à l'alinéa précédent, il est fait appel au suppléant de l'autre membre titulaire du binôme pour la durée du mandat restant à courir. A défaut de suppléant, l'autre membre titulaire siège continûment au Conseil national de la vie lycéenne.

Lorsqu'il n'est pas possible d'assurer la représentation d'une académie dans les conditions prévues aux alinéas précédents, il est procédé à un renouvellement partiel du Conseil national de la vie lycéenne pour la durée du mandat restant à courir.

Art. D. 511-62 Le Conseil national de la vie lycéenne se réunit au moins deux fois par an. Ses séances ne sont pas publiques.

Le Conseil national de la vie lycéenne peut entendre, en fonction des thèmes inscrits à l'ordre du jour et avec l'accord de son président, toute personne dont le concours est jugé utile à ses travaux. — *[Décr. n° 95-1293 du 18 déc. 1995, art. 5 et 6.]*

SOUS-SECTION 2 LE CONSEIL ACADÉMIQUE DE LA VIE LYCÉENNE

Art. D. 511-63 Dans chaque académie, un conseil académique de la vie lycéenne, présidé par le *(Décr. n° 2019-1558 du 30 déc. 2019, art. 9)* « recteur d'académie », formule des avis sur les questions relatives à la vie scolaire et au travail scolaire dans les lycées et les établissements régionaux d'enseignement adapté.

Les conseils académiques de la vie lycéenne sont renouvelés pour une durée de 5 ans à compter du 8 juin 2020 (Décr. n° 2020-631 du 25 mai 2020, art. 1er).

Art. D. 511-64 Le *(Décr. n° 2019-1558 du 30 déc. 2019, art. 9)* « recteur d'académie » fixe la composition du conseil académique de la vie lycéenne. Ce conseil se compose au maximum de quarante membres. La moitié au moins sont des lycéens ou des élèves des établissements régionaux d'enseignement adapté, *(Décr. n° 2017-642 du 26 avr. 2017, art. 3)* « représentants titulaires et suppléants des élèves siégeant au conseil des délégués pour la vie lycéenne » des établissements de l'académie.

Art. D. 511-65 Le conseil académique de la vie lycéenne comprend des représentants de l'éducation nationale nommés par le *(Décr. n° 2019-1558 du 30 déc. 2019, art. 9)* « recteur d'académie » et des conseillers régionaux nommés par le *(Décr. n° 2019-1558 du 30 déc. 2019, art. 9)* « recteur d'académie » sur proposition du président du conseil régional.

Il peut comprendre également :

a) Des représentants des autres administrations de l'État ;

b) Des représentants des départements et des communes ;

c) Des représentants des parents d'élèves ;

d) Des représentants du monde associatif, périscolaire, culturel ou économique.

Ces membres sont désignés par le *(Décr. n° 2019-1558 du 30 déc. 2019, art. 9)* « recteur d'académie » respectivement après consultation des collectivités territoriales, des associations ou des organisations représentatives concernées.

Dans le cas où le conseil comprend des personnalités représentant le monde économique, il est fait appel, à parité, à des représentants des organisations d'employeurs et de salariés.

Art. D. 511-65-1 *(Décr. n° 2017-1883 du 29 déc. 2017, art. 3)* En Corse, les conseillers régionaux et les représentants des départements mentionnés à l'article D. 511-65 sont des conseillers de la collectivité de Corse. Ils sont nommés par le recteur de l'académie de Corse, sur proposition de la collectivité de Corse. Un de ces conseillers est un membre du conseil exécutif désigné par le président du conseil exécutif, les autres conseillers sont élus en son sein par l'Assemblée de Corse.

Art. D. 511-66 Les membres du conseil académique de la vie lycéenne sont désignés pour trois ans. Toutefois, les membres lycéens sont élus pour deux ans. – *[Décr. n° 91-916 du 16 sept. 1991, art. 5.]*

Art. D. 511-67 Les représentants des lycéens au conseil académique de la vie lycéenne sont élus au scrutin plurinominal majoritaire à un tour.

Le vote est personnel et secret.

Le vote par correspondance est autorisé.

Les électeurs sont répartis en trois collèges :

a) Le premier collège comprend les représentants des lycéens, titulaires et suppléants, aux conseils des délégués pour la vie lycéenne des lycées d'enseignement général et technologique ;

b) Le deuxième collège comprend les représentants des lycéens, titulaires et suppléants, aux conseils des délégués pour la vie lycéenne des lycées professionnels ;

c) Le troisième collège comprend les représentants des élèves, titulaires et suppléants, aux conseils des délégués pour la vie lycéenne des établissements régionaux d'enseignement adapté.

Le collège mentionné au *c* n'est créé que lorsqu'un ou plusieurs établissements régionaux d'enseignement adapté accueillant des élèves de niveau lycée sont implantés dans la circonscription électorale. – *[Décr. n° 91-916 du 16 sept. 1991, art. 6.]*

Art. D. 511-68 L'élection des représentants des lycéens aux conseils académiques de la vie lycéenne se déroule suivant les dispositions ci-après.

Le *(Décr. n° 2019-1558 du 30 déc. 2019, art. 9)* « recteur d'académie » répartit le nombre de sièges à pourvoir à l'intérieur de son académie entre les représentants des trois collèges mentionnés à l'article D. 511-67. Pour chacun des collèges, les sièges sont répartis sur une base qui peut être infradépartementale, départementale, interdépartementale ou académique.

Le recteur d'académie assure l'organisation des élections. Il dresse la liste électorale par collège et par circonscription.

Tout électeur est éligible. Toutefois, la perte ultérieure de la qualité de membre d'un conseil de la vie lycéenne ne remet pas en cause le mandat d'élu au conseil académique de la vie lycéenne, sous réserve des dispositions de l'article D. 511-71.

(Décr. n° 2017-642 du 26 avr. 2017, art. 3) « Les déclarations de candidature comportent le nom de deux candidats à l'élection de membre titulaire et, pour chacun d'entre eux, de deux suppléants. Les deux candidats titulaires sont de sexe différent. Chaque candidat titulaire et ses deux suppléants sont du même sexe. Parmi eux, au moins un élève est inscrit en classe de seconde ou de niveau équivalent. Une déclaration incomplète n'est toutefois pas irrecevable dès lors qu'elle comprend, outre le nom d'un candidat, le nom d'un suppléant et que l'un des deux au moins est inscrit en classe de seconde ou de niveau équivalent. »

Les suppléants sont désignés selon l'ordre de présentation sur la déclaration de candidature. Lorsque le titulaire est en dernière année de cycle d'études, les suppléants sont inscrits dans une classe de niveau inférieur.

Les modalités d'organisation du scrutin sont fixées par arrêté ministériel.

Art. D. 511-69 Les contestations sur la validité des opérations électorales sont portées, dans un délai de cinq jours ouvrables à compter de l'affichage des résultats, devant le recteur d'académie. Celui-ci statue dans un délai de huit jours. – *[Décr. n° 91-916 du 16 sept. 1991, art. 7-1.]*

Art. D. 511-70 Le conseil académique de la vie lycéenne se réunit à l'initiative du *(Décr. n° 2019-1558 du 30 déc. 2019, art. 9)* « recteur d'académie » au moins trois fois par année scolaire. Des séances supplémentaires peuvent également être organisées lorsque plus de la moitié des membres du conseil en font la demande.

Art. D. 511-71 Un membre suppléant ne peut siéger au conseil académique de la vie lycéenne qu'en l'absence du titulaire.

Le titulaire est remplacé jusqu'à l'expiration de son mandat par le premier suppléant lorsqu'il perd la qualité de lycéen, démissionne de son mandat, change de collège électoral ou quitte l'académie.

Dans l'hypothèse où le premier suppléant se trouve dans l'un des cas prévus à l'alinéa précédent, il est remplacé par le second suppléant jusqu'à l'expiration du mandat.

Lorsqu'il n'est pas possible de pourvoir dans les conditions requises aux alinéas précédents aux sièges des membres titulaires, il est procédé à un renouvellement partiel du conseil académique de la vie lycéenne pour la durée du mandat restant à courir. — *[Décr. nº 91-916 du 16 sept. 1991, art. 8-1.]*

Art. D. 511-72 Le conseil académique de la vie lycéenne adopte un règlement intérieur. — *[Décr. nº 91-916 du 16 sept. 1991, art. 9.]*

Art. D. 511-73 Le compte rendu des réunions du conseil académique de la vie lycéenne est adressé à chacun des membres ainsi qu'à tous les lycées et les établissements régionaux d'enseignement adapté de l'académie. — *[Décr. nº 91-916 du 16 sept. 1991, art. 10.]*

SECTION IV INFORMATION EN MATIÈRE DE DROIT DE LA NATIONALITÉ

Art. R. 511-74 L'enseignement de l'éducation civique dans les établissements du second degré publics et privés sous contrat inclut l'exposé des principes fondamentaux qui régissent la nationalité française. Les règles concernant la situation des enfants nés en France de parents étrangers y sont mentionnées et expliquées. — *[Décr. nº 98-719 du 20 août 1998, art. 8.]*

Art. R. 511-75 Les établissements du second degré publics et privés sous contrat assurent, pour les élèves âgés de onze à seize ans et pour leurs parents, une information personnalisée sur l'acquisition anticipée de la nationalité française, sur la faculté de décliner celle-ci et sur les démarches et formalités nécessaires. — *[Décr. nº 98-719 du 20 août 1998, art. 9.]*

TITRE DEUXIÈME L'ORGANISATION DU TEMPS ET DE L'ESPACE SCOLAIRES

CHAPITRE UNIQUE

SECTION PREMIÈRE AMÉNAGEMENT DU TEMPS SCOLAIRE

SOUS-SECTION 1 DISPOSITIONS COMMUNES À L'ENSEMBLE DES ACADÉMIES

Art. D. 521-1 Les recteurs d'académie ont compétence pour procéder, par arrêté, à des adaptations du calendrier scolaire national rendues nécessaires soit par la situation géographique particulière d'un établissement scolaire ou la nature des formations qu'il dispense, soit par des circonstances susceptibles de mettre en difficulté, dans un établissement, dans un département ou dans l'académie, le fonctionnement du service public d'enseignement. — *[Décr. nº 90-236 du 14 mars 1990, art. 1er, al. 1er.]*

Art. D. 521-2 Les adaptations du calendrier scolaire national prévues à l'article D. 521-1 ne peuvent avoir pour effet de modifier le nombre ou la durée effective totale des périodes de travail et de vacance des classes de l'année scolaire ni l'équilibre entre ces périodes.

Elles ne peuvent entraîner une modification de la répartition des académies en zones de vacances fixée par le ministre chargé de l'éducation. Toutefois, les dates de vacances des écoles maternelles et élémentaires peuvent être alignées sur celles du collège du secteur auquel elles sont rattachées lorsque ce collège est implanté sur le territoire d'une académie appartenant à une zone de vacances différente.

Peuvent être modifiées soit la durée, soit seulement les dates d'une période de vacances incluse dans l'année scolaire. La date de la rentrée scolaire peut également être retardée. Ces modifications ne peuvent excéder trois jours consécutifs, ni réduire à moins de huit jours la durée d'une période de vacances. – *[Décr. n° 90-236 du 14 mars 1990, art. 1er, al. 2 à 4.]*

Art. D. 521-3 Lorsque des établissements scolaires sont appelés à participer à une expérimentation pédagogique s'inscrivant dans le cadre d'une recherche nationale ou académique, les dispositions de l'arrêté fixant le calendrier scolaire national peuvent être adaptées par le recteur d'académie, dans la mesure nécessaire à la conduite de cette expérimentation et pour la durée de celle-ci.

Lorsqu'une expérimentation, conduite à l'initiative ou avec l'approbation du ministre chargé de l'éducation et sous son contrôle, porte sur de nouveaux modes d'organisation des rythmes scolaires annuels, les adaptations arrêtées par le recteur d'académie peuvent déroger aux dispositions du premier alinéa de l'article D. 521-2.

Le Conseil supérieur de l'éducation est tenu informé de la mise en place de ces expérimentations et des résultats de leur évaluation. – *[Décr. n° 90-236 du 14 mars 1990, art. 2.]*

Art. D. 521-4 Le recteur d'académie arrête sa décision dans les conditions suivantes :

1° Lorsque la mesure d'adaptation envisagée intéresse l'ensemble de l'académie, après consultation du conseil académique de l'éducation nationale ;

2° Lorsque la mesure d'adaptation envisagée intéresse l'ensemble d'un département, après consultation du conseil départemental de l'éducation nationale ;

3° Lorsque la mesure d'adaptation envisagée intéresse un seul ou un nombre limité d'établissements scolaires, après consultation du conseil de l'école ou des écoles, du conseil d'administration du ou des établissements d'enseignement du second degré concernés.

Pour les décisions prises en application des 2° et 3°, le recteur d'académie peut déléguer sa signature *(Décr. n° 2012-16 du 5 janv. 2012, art. 7)* « au directeur académique des services de l'éducation nationale agissant sur délégation du recteur d'académie ».

Art. D. 521-5 Sauf dans les cas où elles sont motivées par des circonstances non prévisibles, les décisions résultant de l'application des articles D. 521-1 à D. 521-4 sont arrêtées et rendues publiques un an au moins avant la date d'effet prévue quand elles concernent l'ensemble d'un département ou de l'académie.

Les dates des vacances scolaires, résultant le cas échéant de ces décisions, sont affichées dans les établissements scolaires *(Décr. n° 2019-918 du 30 août 2019, art. 2)* « et publiées sur les sites internet de l'académie et des directions des services départementaux de l'éducation nationale concernées ».

SOUS-SECTION 2 DISPOSITIONS PARTICULIÈRES AUX ACADÉMIES DE CORSE ET D'OUTRE-MER ET À SAINT-PIERRE-ET-MIQUELON

Art. D. 521-6 Les recteurs des académies de Corse, de la Guadeloupe, de la Guyane, de la Martinique *(Décr. n° 2019-1553 du 30 déc. 2019, art. 1er)* « , de Mayotte » et de La Réunion peuvent adapter le calendrier national en fixant, par arrêté, pour une période de trois années, des calendriers scolaires tenant compte des caractères particuliers de chacune des régions concernées.

Ces calendriers sont établis sur la base d'une année scolaire comportant trente-six semaines réparties en cinq périodes de travail, de durée comparable, séparées par quatre périodes de vacance des classes.

Les conseils de l'éducation nationale des *(Décr. n° 2019-1553 du 30 déc. 2019, art. 1er)* « six » académies, ainsi que l'Assemblée de Corse *(Décr. n° 2019-1553 du 30 déc. 2019, art. 1er)* « , l'Assemblée de Guyane, l'Assemblée de Martinique, le conseil départemental de Mayotte et les conseils régionaux de la Guadeloupe » et de La Réunion, sont consultés, chacun en ce qui le concerne, pour l'établissement de ces calendriers triennaux.

Ceux-ci peuvent faire l'objet d'adaptations localisées et circonstancielles dans les conditions prévues à la sous-section 1 de la présente section.

Art. D. 521-7 Les compétences conférées aux recteurs d'académie par l'article D. 521-6 sont exercées, après consultation des assemblées locales, à Saint-Pierre-et-

Miquelon par le recteur de l'académie de *(Décr. n° 2019-1056 du 15 oct. 2019, art. 3)* « Normandie », et à Saint-Barthélemy et Saint-Martin par le recteur de l'académie de la Guadeloupe.

SOUS-SECTION 3 DISPOSITIONS PARTICULIÈRES À L'ENSEIGNEMENT ET À LA FORMATION PROFESSIONNELLE AUX MÉTIERS DE L'AGRICULTURE, DE LA FORÊT, DE LA NATURE ET DES TERRITOIRES *(Décr. n° 2011-191 du 17 févr. 2011, art. 3).*

Art. D. 521-8 Les compétences conférées aux recteurs d'académie par la sous-section 1 de la présente section pour l'adaptation du calendrier scolaire mentionné à l'article L. 521-1 sont exercées par les directeurs régionaux de l'alimentation, de l'agriculture et de la forêt lorsque la mesure d'adaptation envisagée intéresse un seul ou un nombre limité d'établissements d'enseignement et de formation professionnelle agricoles.

Lorsque la mesure d'adaptation envisagée intéresse l'ensemble de l'académie, les dispositions prises par le recteur d'académie sont rendues applicables aux établissements d'enseignement et de formation professionnelle agricoles par décision du directeur régional de l'alimentation, de l'agriculture et de la forêt. — *[Décr. n° 90-236 du 14 mars 1990, art. 8 et 9.]*

Art. D. 521-9 Les dispositions de l'article D. 521-6 sont applicables aux établissements d'enseignement et de formation professionnelle agricoles de la Corse, de la Guadeloupe, de la Guyane, de la Martinique *(Décr. n° 2019-1553 du 30 déc. 2019, art. 1er)* « , de Mayotte » et de La Réunion.

Les mesures d'adaptation envisagées en application de ces mêmes dispositions sont décidées par les directeurs de l'alimentation, de l'agriculture et de la forêt.

SOUS-SECTION 4 DISPOSITIONS PARTICULIÈRES AUX ÉCOLES MATERNELLES ET ÉLÉMENTAIRES

Art. D. 521-10 *(Décr. n° 2013-77 du 24 janv. 2013, art. 2)* La semaine scolaire comporte pour tous les élèves vingt-quatre heures d'enseignement, réparties sur neuf demi-journées.

Les heures d'enseignement sont organisées les lundi, mardi, jeudi et vendredi et le mercredi matin, à raison de cinq heures trente maximum par jour et de trois heures trente maximum par demi-journée.

La durée de la pause méridienne ne peut être inférieure à une heure trente.

L'organisation de la semaine scolaire est fixée conformément aux dispositions des articles D. 521-11 et D. 521-12, dans le respect du calendrier scolaire national prévu à l'article L. 521-1 et sans que puissent être réduit ou augmenté sur une année scolaire le nombre d'heures d'enseignement ni modifiée leur répartition.

Les élèves peuvent en outre bénéficier chaque semaine d'activités pédagogiques complémentaires dans les conditions fixées par l'article D. 521-13.

Sur l'organisation des rythmes scolaires dans les écoles maternelles et élémentaires, V. Circ. n° 2013-017 du 6 févr. 2013, ss. art. L. 521-1.

Sur le fonds de soutien au développement des activités périscolaires en faveur des communes ayant opté pour la semaine de 4 jours et demi, V. L. n° 2013-595 du 8 juill. 2013, art. 67, et Décr. n° 2015-996 du 17 août 2015, ss. art. L. 521-1.

Art. D. 521-11 *(Décr. n° 2013-77 du 24 janv. 2013, art. 2)* Le conseil d'école intéressé ou la commune ou l'établissement public de coopération intercommunale intéressé peut transmettre un projet d'organisation de la semaine scolaire au directeur académique des services de l'éducation nationale, après avis de l'inspecteur de l'éducation nationale chargé de la circonscription d'enseignement du premier degré.

Le directeur académique des services de l'éducation nationale agissant par délégation du recteur d'académie arrête l'organisation de la semaine scolaire de chaque école du département dont il a la charge, après examen des projets d'organisation qui lui ont été transmis et après avis du maire ou du président de l'établissement public de coopération intercommunal intéressé. Cet avis est réputé acquis en l'absence de notification au directeur académique des services de l'éducation nationale d'un avis exprès dans un délai de quinze jours à compter de la saisine.

Art. D. 521-12 *(Décr. n° 2016-1049 du 1er août 2016, art. 1er)* I. — Lorsqu'il arrête l'organisation de la semaine scolaire d'une école, le directeur académique des services de l'éducation nationale agissant par délégation du recteur d'académie veille au respect des conditions mentionnées aux articles D. 521-10 et D. 521-11. Il s'assure de la compatibilité de cette organisation avec l'intérêt du service et, le cas échéant, de sa cohérence avec le projet éducatif territorial mentionné à l'article L. 551-1 du code de l'éducation. Il s'assure également que cette organisation ne porte pas atteinte à l'exercice de la liberté de l'instruction religieuse mentionnée au second alinéa de l'article L. 141-2.

(Décr. n° 2017-1108 du 27 juin 2017, art. 1er) « II. — Saisi d'une proposition conjointe d'une commune ou d'un établissement public de coopération intercommunale et d'un ou plusieurs conseils d'école, le directeur académique des services de l'éducation nationale, agissant par délégation du recteur d'académie, peut autoriser des adaptations à l'organisation de la semaine scolaire définie par l'article D. 521-10.

« Ces adaptations peuvent prendre l'une ou l'autre des formes suivantes :

« 1° Des dérogations aux seules dispositions du deuxième alinéa de l'article D. 521-10 lorsque l'organisation proposée présente des garanties pédagogiques suffisantes ;

« 2° Des dérogations aux dispositions des premier, deuxième et quatrième alinéas de l'article D. 521-10, sous réserve qu'elles n'aient pas pour effet de répartir les enseignements sur moins de huit demi-journées par semaine, ni d'organiser les heures d'enseignement sur plus de vingt-quatre heures hebdomadaires, ni sur plus de six heures par jour et trois heures trente par demi-journée, ni de réduire ou d'augmenter sur une année scolaire le nombre d'heures d'enseignement ni de modifier leur répartition. Ces dérogations peuvent s'accompagner d'une adaptation du calendrier scolaire national dans des conditions dérogeant à l'article D. 521-2, accordée par le recteur d'académie.

« Les adaptations prévues au 1° et, lorsqu'elles ont pour effet de répartir les enseignements sur huit demi-journées par semaine comprenant au moins cinq matinées ou sur moins de vingt-quatre heures hebdomadaires, les adaptations prévues au 2° sont justifiées par les particularités du projet éducatif territorial.

« Avant d'accorder les dérogations prévues au 2°, le directeur académique des services de l'éducation nationale s'assure de leur cohérence avec les objectifs poursuivis par le service public de l'éducation et avec le projet d'école, il veille à ce qu'elles tiennent compte des élèves en situation de handicap et, lorsque les adaptations doivent être justifiées par les particularités du projet éducatif territorial, il s'assure de la qualité éducative des activités périscolaires proposées. Il vérifie également que l'organisation envisagée permet de garantir la régularité et la continuité des temps d'apprentissage et qu'elle prend en compte la globalité du temps de l'enfant, particulièrement lorsqu'il est en situation de handicap.

« Lorsqu'il autorise une adaptation à l'organisation de la semaine scolaire dans les conditions prévues au 1° ou au 2°, le directeur académique des services de l'éducation nationale peut décider qu'elle s'applique dans toutes les écoles de la commune ou de l'établissement public de coopération intercommunale quand une majorité des conseils d'école s'est exprimée en sa faveur. »

III. — Avant de prendre sa décision, le directeur académique des services de l'éducation nationale consulte, dans les formes prévues par les articles D. 213-29 et D. 213-30 du code de l'éducation, la collectivité territoriale compétente en matière d'organisation et de financement des transports scolaires ou l'autorité compétente pour l'organisation des transports urbains.

La décision d'organisation de la semaine scolaire prise par le directeur académique des services de l'éducation nationale ne peut porter sur une durée supérieure à trois ans. A l'issue de cette période, cette décision peut être renouvelée tous les trois ans après un nouvel examen, en respectant la même procédure.

Les décisions prises par le directeur académique des services de l'éducation nationale pour fixer les heures d'entrée et de sortie de chaque école sont annexées au règlement type départemental mentionné à l'article R. 411-5, après consultation du conseil départemental de l'éducation nationale.

Sauf demande contraire de la commune ou de l'établissement public de coopération intercommunale intéressé, les autorisations de dérogation à l'organisation de la semaine scolaire accordées sur le fondement de cet art. et arrivant à échéance au terme de l'année scolaire 2019-2020 sont prolongées pour une durée d'un an (Décr. n° 2020-632 du 25 mai 2020, art. 1er).

Art. D. 521-13 *(Décr. n° 2013-77 du 24 janv. 2013, art. 2)* **Des activités pédagogiques complémentaires sont organisées par groupes restreints d'élèves :**

1° Pour l'aide aux élèves rencontrant des difficultés dans leurs apprentissages.

2° Pour une aide au travail personnel ou pour une activité prévue par le projet d'école, le cas échéant en lien avec le projet éducatif territorial.

L'organisation générale de ces activités pédagogiques complémentaires est arrêtée par l'inspecteur de l'éducation nationale de la circonscription, sur proposition du conseil des maîtres. Les dispositions retenues à ce titre sont inscrites dans le projet d'école. Le maître de chaque classe dresse, après avoir recueilli l'accord des parents ou du représentant légal, la liste des élèves qui bénéficient des activités pédagogiques complémentaires.

Art. D. 521-14 et D. 521-15 *Abrogés par Décr. n° 2013-77 du 24 janv. 2013, art. 3.*

SECTION II AMÉNAGEMENT DE L'ESPACE SCOLAIRE

Art. D. 521-16 Les dispositions du décret n° 2002-677 du 29 avril 2002 relatif à l'obligation de décoration des constructions publiques et précisant les conditions de passation des marchés ayant pour objet de satisfaire à cette obligation s'appliquent aux constructions scolaires relevant du ministère de l'éducation nationale.

SECTION III INTERDICTION DE FUMER DANS LES LIEUX AFFECTÉS À UN USAGE SCOLAIRE

Art. D. 521-17 L'interdiction de fumer dans les écoles, collèges, lycées publics et privés, ainsi que dans les établissements destinés à l'accueil, à la formation ou à l'hébergement des mineurs, édictée par l'article L. 3511-7 du code de la santé publique, est régie par les dispositions du chapitre Ier du titre Ier du livre V de la troisième partie du même code (dispositions réglementaires).

Art. D. 521-18 Les sanctions pénales des infractions à l'interdiction de fumer dans les écoles et établissements mentionnés à l'article D. 521-17 du présent code sont fixées par les dispositions du chapitre II du titre Ier du livre V de la troisième partie du code de la santé publique (dispositions réglementaires).

TITRE TROISIÈME LES AIDES À LA SCOLARITÉ

CHAPITRE PREMIER L'AIDE À LA SCOLARITÉ ET LES BOURSES NATIONALES

SECTION PREMIÈRE BOURSES NATIONALES D'ENSEIGNEMENT DU SECOND DEGRÉ

Art. D. 530-1 *(Décr. n° 2019-918 du 30 août 2019, art. 4)* **La date limite de dépôt des dossiers de demande de bourses nationales de collège et de bourses nationales d'études du second degré de lycée est fixée au troisième jeudi d'octobre.**

SOUS-SECTION 1 BOURSES NATIONALES DE COLLÈGE

§ 1er ÉTABLISSEMENTS HABILITÉS À RECEVOIR DES BOURSIERS DE COLLÈGE

Art. R. 531-1 Les bourses nationales de collège sont destinées à favoriser la scolarité des élèves inscrits dans les établissements suivants :

1° Collèges d'enseignement public ;

2° Collèges d'enseignement privés ayant passé un contrat avec l'État ;

3° Établissements privés hors contrat habilités par le recteur d'académie, après avis du conseil académique de l'éducation nationale siégeant *(Décr. n° 2015-856 du 13 juill. 2015, art. 8)* **« dans la formation prévue à l'article L. 234-2 ».**

Les établissements mentionnés au 3° doivent remplir les conditions exigées des établissements d'enseignement public du second degré relatives à l'installation matérielle, au respect des programmes d'enseignement et à la qualification des personnels. Ces établissements sont soumis à l'inspection de l'État.

En application de l'art. L. 231-5 CRPA, le silence gardé pendant 6 mois par l'administration vaut décision de rejet pour une demande d'habilitation d'un collège privé hors contrat à recevoir des boursiers nationaux (Décr. n° 2014-1274 du 23 oct. 2014, art. 1er).

Art. R. 531-2 Les élèves des classes sous contrat simple des établissements ou services sociaux ou médico-sociaux privés mentionnés au 2° et au 12° du I de l'article L. 312-1 du code de l'action sociale et des familles peuvent recevoir des bourses de collège, dans les mêmes conditions que les élèves des établissements publics, si le statut de l'établissement ou du service qui les accueille ne leur permet pas de bénéficier de la prise en charge prévue à l'article L. 242-10 du même code. – *[Décr. n° 78-254 du 8 mars 1978, art. 5, en ce qui concerne les bourses de collège.]*

Art. D. 531-3 Les élèves inscrits dans une classe de niveau collège du Centre national d'enseignement à distance peuvent également bénéficier de bourses de collège selon des conditions et modalités fixées par arrêté du ministre chargé de l'éducation. – *[Décr. n° 98-762 du 28 août 1998, art. 2.]*

§ 2 CRITÈRES D'ATTRIBUTION DES BOURSES DE COLLÈGE

Art. D. 531-4 *(Décr. n° 2016-328 du 16 mars 2016, art. 3)* « La bourse nationale de collège peut être demandée par la ou les personnes physiques qui, au sens de la législation sur les prestations familiales, assument la charge effective et permanente de l'élève. Elle est attribuée pour une année scolaire sous conditions de ressources en fonction des charges des personnes présentant la demande, appréciées selon les modalités ci-après. »

(Décr. n° 2019-918 du 30 août 2019, art. 3) « La bourse nationale de collège est attribuée pour la durée de la scolarité au collège, si les personnes présentant la demande ont donné leur consentement pour l'actualisation de leurs données fiscales issues du téléservice, mentionné à l'article D. 531-6, et sous réserve du respect des conditions de ressources examinées chaque année selon les modalités figurant au présent article ».

Les ressources et le nombre d'enfants à charge sont justifiés par l'avis d'imposition à l'impôt sur le revenu.

(Décr. n° 2016-328 du 16 mars 2016, art. 3) « Le revenu fiscal de référence, tel qu'il figure sur l'avis d'imposition à l'impôt sur le revenu de la ou des personnes mentionnées au premier alinéa, est retenu pour apprécier les ressources. »

Les enfants à charge considérés pour l'étude du droit à bourse sont *(Décr. n° 2016-328 du 16 mars 2016, art. 3)* « les enfants mineurs, les enfants majeurs célibataires et les enfants handicapés » tels qu'ils figurent sur l'avis d'imposition.

(Décr. n° 2016-328 du 16 mars 2016, art. 3) « En cas de concubinage, il est tenu compte du total des ressources perçues par chacun des concubins durant l'année de référence ; ces ressources sont déterminées dans les conditions prévues aux alinéas précédents. »

Art. D. 531-5 *(Décr. n° 2016-328 du 16 mars 2016, art. 4)* La ou les personnes mentionnées à l'article D. 531-4 peuvent bénéficier de la bourse de collège au titre d'une année scolaire si le montant des ressources dont elles ont disposé *(Décr. n° 2019-918 du 30 août 2019, art. 4)* « au cours de la dernière année civile » par rapport à celle du dépôt de la demande de bourse *(Décr. n° 2019-918 du 30 août 2019, art. 3)* « ou du réexamen de la demande » n'excède pas les plafonds annuels fixés par un barème national comprenant trois échelons. Ce barème est déterminé par un arrêté du ministre chargé du budget et du ministre de l'éducation nationale qui précise, pour chaque échelon, le plafond de ressources selon le nombre d'enfants à charge et les conditions de revalorisation de ces plafonds conformément à l'article L. 531-1.

Art. D. 531-6 Le dossier de demande de bourse de collège comprend une fiche de renseignements concernant l'élève et *(Décr. n° 2016-328 du 16 mars 2016, art. 5)* « la ou les personnes mentionnées à l'article D. 531-4 » assumant sa charge effective ainsi que l'avis d'imposition à l'impôt sur le revenu *(Décr. n° 2016-328 du 16 mars 2016, art. 5)* « du ou des foyers fiscaux de ces dernières ».

Le dossier de demande de bourse est remis, dûment complété par *(Décr. n° 2016-328 du 16 mars 2016, art. 5)* « la ou les personnes mentionnées à l'article D. 531-4 » assumant la charge effective de l'élève, au chef de l'établissement où est inscrit l'élève.

(Décr. n° 2016-328 du 16 mars 2016, art. 5) « Le dossier peut également être renseigné et transmis par l'intermédiaire d'un téléservice, dans des conditions précisées par arrêté du ministre chargé de l'éducation nationale. »

Lorsque l'élève boursier poursuit sa scolarité dans un établissement autre que celui dont il relevait précédemment, le dossier de bourse est transféré avec le dossier de l'élève.

Il ne peut être déposé qu'une seule demande de bourse par élève.

§ 3 MONTANT ET PAIEMENT DES BOURSES DE COLLÈGE

Art. D. 531-7 *(Décr. n° 2016-328 du 16 mars 2016, art. 6-1°)* « Chacun des trois échelons fixant forfaitairement le montant de la bourse de collège est déterminé » en pourcentage de la base mensuelle de calcul des prestations familiales en vigueur au 1er janvier de l'année de la rentrée scolaire. Le montant annuel de la bourse est, s'il y a lieu, arrondi au multiple entier de trois le plus proche, en vue de chaque versement trimestriel.

(Décr. n° 2017-792 du 5 mai 2017, art. 1er) « Les pourcentages applicables selon les échelons sont les suivants :

« 1° 25,60 % (premier échelon) ;

« 2° 70,91 % (deuxième échelon) ;

« 3° 110,75 % (troisième échelon). »

Art. D. 531-8 Pour les élèves inscrits dans un établissement d'enseignement public, le chef d'établissement arrête la liste des boursiers ainsi que le montant attribué à chacun et notifie les décisions *(Décr. n° 2016-328 du 16 mars 2016, art. 7)* « aux personnes mentionnées à l'article D. 531-4 ». Il adresse, trimestriellement, un récapitulatif certifié des montants dus aux élèves boursiers de son établissement *(Décr. n° 2012-16 du 5 janv. 2012, art. 7)* « au directeur académique des services de l'éducation nationale agissant sur délégation du recteur d'académie ».

(Décr. n° 2012-16 du 5 janv. 2012, art. 7) « Le directeur académique des services de l'éducation nationale agissant sur délégation du recteur d'académie », délègue à chaque établissement le montant des crédits nécessaires au paiement des bourses de collège.

Art. D. 531-9 Dans les établissements d'enseignement public, la bourse de collège est versée *(Décr. n° 2016-328 du 16 mars 2016, art. 8)* « aux personnes mentionnées à l'article D. 531-4 » par l'intermédiaire du comptable de l'établissement où est scolarisé l'élève, *(Décr. n° 2016-328 du 16 mars 2016, art. 8)* « après déduction » des frais de pension ou de demi-pension pour les élèves ayant la qualité d'interne ou de demi-pensionnaire.

Art. D. 531-10 Pour les élèves inscrits dans un établissement d'enseignement privé, le chef d'établissement adresse, au cours du premier trimestre de l'année scolaire, *(Décr. n° 2016-328 du 16 mars 2016, art. 9)* « à l'autorité académique chargée de la gestion des bourses nationales » dont il dépend la liste des demandeurs de bourse de collège, le montant proposé pour chacun ainsi que les pièces justificatives afférentes. Sur la base de ces éléments, *(Décr. n° 2012-16 du 5 janv. 2012, art. 7)* « le directeur académique des services de l'éducation nationale[,] agissant sur délégation du recteur d'académie », arrête la liste des boursiers ainsi que le montant attribué à chacun et notifie les décisions *(Décr. n° 2016-328 du 16 mars 2016, art. 9)* « aux personnes mentionnées à l'article D. 531-4 ».

(Décr. n° 2012-16 du 5 janv. 2012, art. 7) « Le directeur académique des services de l'éducation nationale[,] agissant sur délégation du recteur d'académie », est tenu informé par le chef d'établissement des modifications intervenues pour la mise à jour trimestrielle de la liste nominative des élèves boursiers.

Art. D. 531-11 Dans l'enseignement privé, la bourse de collège est versée par *(Décr. n° 2012-16 du 5 janv. 2012, art. 7)* « le directeur académique des services de l'éducation nationale agissant sur délégation du recteur d'académie » *(Décr. n° 2016-328 du 16 mars 2016, art. 10)* « aux personnes mentionnées à l'article D. 531-4 ».

(Décr. n° 2016-328 du 16 mars 2016, art. 10) « Dans le cas où les personnes mentionnées au premier alinéa auraient donné procuration sous seing privé au représentant légal de l'établissement, la bourse leur est versée par l'intermédiaire de ce dernier après déduction des frais de pension ou de demi-pension. »

Art. D. 531-12 En cas d'absences injustifiées et répétées d'un élève, la bourse peut donner lieu à retenue.

Cette retenue est opérée lorsque la durée cumulée de ces absences excède quinze jours, dans la proportion d'un deux cent soixante-dixième par jour d'absence.

(Décr. n° 2016-328 du 16 mars 2016, art. 11) « Les absences constatées sont imputées sur le trimestre au cours duquel les quinze journées cumulées d'absence depuis le début de l'année scolaire ont été dépassées. Les absences suivantes sont imputées sur le trimestre en cours. Si des absences n'ont pas fait l'objet d'une retenue, elles donnent lieu à l'établissement d'un ordre de reversement. »

La décision, motivée, est prise par le chef d'établissement s'agissant des élèves des établissements d'enseignement public. Elle est de la compétence *(Décr. n° 2012-16 du 5 janv. 2012, art. 7)* « du directeur académique des services de l'éducation nationale agissant sur délégation du recteur d'académie » sur proposition du chef d'établissement, s'agissant des élèves des établissements d'enseignement privés.

SOUS-SECTION 2 BOURSES NATIONALES D'ÉTUDES DU SECOND DEGRÉ DE LYCÉE

§ 1er FORMATIONS ET ÉTABLISSEMENTS HABILITÉS À RECEVOIR DES BOURSIERS NATIONAUX DU SECOND DEGRÉ DE LYCÉE

Art. R. 531-13 Les bourses nationales d'études du second degré de lycée sont destinées à favoriser la scolarité des élèves qui suivent des enseignements généraux, technologiques ou professionnels dans les classes ou établissements mentionnés aux articles L. 531-4 et L. 531-5 ainsi que dans les écoles de métiers. – *[Décr. 12 juill. 1921, art. 52 ; Décr. 8 avr. 1931, art. 4, en ce qui concerne les bourses du second degré de lycée ; Décr. n° 59-38 du 2 janv. 1959, art. 1er, al. 1er, sauf nationalité, aptitude et préparation concours entrée CPGE, et art. 5, al. 1er et 2, sauf collèges ; Décr. n° 59-1422 du 18 déc. 1959, art. 1er, al. 1er, sauf nationalité et aptitude, et art. 2, al. 1er à 6 ; Décr. n° 60-389 du 22 avr. 1960, art. 4, en ce qui concerne les bourses du second degré de lycée, et Décr. n° 60-746 du 28 juill. 1960, art. 10, en ce qui concerne les bourses du second degré de lycée.]*

Art. R. 531-14 Pour recevoir des élèves boursiers nationaux, les établissements d'enseignement privés hors contrat doivent remplir l'une des deux conditions suivantes :

1° Avoir été habilités avant le 1er juillet 1951 ;

2° Être habilités par le recteur d'académie, après avis du conseil académique de l'éducation nationale siégeant *(Décr. n° 2015-856 du 13 juill. 2015, art. 8-I)* « dans la formation prévue à l'article L. 234-2 ».

En application de l'art. L. 231-5 CRPA, le silence gardé pendant 6 mois par l'administration vaut décision de rejet pour une demande d'habilitation d'un lycée privé hors contrat à recevoir des boursiers nationaux (Décr. n° 2014-1274 du 23 oct. 2014, art. 1er).

Art. D. 531-15 Les établissements mentionnés au 2° de l'article R. 531-14 doivent remplir les conditions exigées des établissements d'enseignement public du second degré relatives à l'installation matérielle, au respect des programmes d'enseignement et à la qualification des personnels. Ces établissements sont soumis à l'inspection de l'État.

Les demandes d'habilitation à recevoir des boursiers nationaux du second degré de lycée sont déposées avant le 31 décembre au rectorat d'académie. Les décisions du *(Décr. n° 2019-1558 du 30 déc. 2019, art. 9)* « recteur d'académie » d'octroi ou de rejet de l'habilitation sont motivées et interviennent avant le 1er juin pour prendre effet à la rentrée scolaire suivante.

Les retraits d'habilitation sont soumis à l'avis du conseil académique de l'éducation nationale siégeant *(Décr. n° 2015-856 du 13 juill. 2015, art. 8)* « dans la formation prévue à l'article L. 234-2 ». Ils font l'objet d'une décision du *(Décr. n° 2019-1558 du*

30 déc. 2019, art. 9) **« recteur d'académie » motivée qui peut intervenir à toute époque. Cette décision n'est opposable aux boursiers, avec effet à compter de la rentrée scolaire suivante, que si cette décision est intervenue avant le 1er juin.**

En application de l'art. L. 231-5 CRPA, le silence gardé pendant 6 mois par l'administration vaut décision de rejet pour une demande d'habilitation d'un lycée privé hors contrat à recevoir des boursiers nationaux (Décr. nº 2014-1274 du 23 oct. 2014, art. 1er).

Art. R. 531-16 Les élèves des classes sous contrat simple des établissements ou services sociaux ou médico-sociaux privés mentionnés au 2° et au 12° du I de l'article L. 312-1 du code de l'action sociale et des familles peuvent recevoir des bourses de second degré de lycée, dans les mêmes conditions que les élèves des établissements publics, si le statut de l'établissement ou du service qui les accueille ne leur permet pas de bénéficier de la prise en charge prévue à l'article L. 242-10 du même code. – *[Décr. nº 78-254 du 8 mars 1978, art. 5, en ce qui concerne les bourses du second degré de lycées.]*

Art. D. 531-17 Les élèves inscrits dans une classe de niveau second degré de lycée du Centre national d'enseignement à distance peuvent également bénéficier de bourses de lycée selon des conditions et modalités fixées par arrêté du ministre chargé de l'éducation.

§ 2 CRITÈRES D'ATTRIBUTION

Art. R. 531-18 *Abrogé par Décr. nº 2016-328 du 16 mars 2016, art. 12.*

Art. R. 531-19 *(Décr. nº 2016-328 du 16 mars 2016, art. 12)* **La bourse nationale d'études du second degré de lycée peut être demandée par la ou les personnes physiques qui, au sens de la législation sur les prestations familiales, assument la charge effective et permanente de l'élève, ou par l'élève majeur s'il a personnellement la qualité de contribuable.**

Art. D. 531-20 *(Décr. nº 2016-328 du 16 mars 2016, art. 12)* **Les personnes mentionnées à l'article R. 531-19 peuvent bénéficier de la bourse nationale d'études du second degré de lycée si le montant des ressources dont elles ont disposé** *(Décr. nº 2019-918 du 30 août 2019, art. 4)* **« au cours de la dernière année civile » par rapport à celle du dépôt de la demande n'excède pas les plafonds annuels fixés par un barème national comprenant six échelons. Ce barème est déterminé par un arrêté du ministre chargé du budget et du ministre de l'éducation nationale qui précise, pour chaque échelon, le plafond de ressources selon le nombre d'enfants à charge et les conditions dans lesquelles ces plafonds sont revalorisés.**

Sur les modalités de détermination des plafonds de ressources ouvrant droit à l'attribution d'une bourse nationale d'études du second degré de lycée et leur mode de revalorisation, V. Arr. du 22 mars 2016.

Art. D. 531-21 *(Décr. nº 2016-328 du 16 mars 2016, art. 12)* **Le barème national mentionné à l'article D. 531-20 prend en considération les ressources en fonction des charges du foyer fiscal de la ou des personnes présentant la demande de bourse.**

Les enfants à charge considérés pour l'étude du droit à bourse sont les enfants mineurs, les enfants majeurs célibataires et les enfants handicapés tels qu'ils figurent sur l'avis d'imposition à l'impôt sur le revenu.

Le revenu fiscal de référence, tel qu'il figure sur l'avis d'imposition à l'impôt sur le revenu, est retenu pour apprécier les ressources de la ou des personnes mentionnées à l'article R. 531-19.

En cas de concubinage, il est tenu compte du total des ressources perçues par chacun des concubins durant l'année de référence ; ces ressources sont déterminées dans les conditions prévues aux alinéas précédents.

Art. D. 531-22 *(Décr. nº 2016-328 du 16 mars 2016, art. 12)* **La vérification des ressources et des charges des personnes mentionnées à l'article R. 531-19 est effectuée lors de la première demande de bourse et en cas de redoublement ou de changement d'orientation de l'élève.**

Elle intervient également lors d'une rentrée scolaire suivante en cas de modification substantielle de la situation des personnes mentionnées à l'article R. 531-19 depuis

l'année de référence entraînant une diminution ou une augmentation des ressources. Celles-ci informent le recteur d'académie de toute modification de leur situation.

La diminution ou, éventuellement, la suppression de la bourse peut être prononcée par décision motivée du recteur.

§ 3 MODALITÉS D'ATTRIBUTION

Art. D. 531-23 **Les bourses nationales d'études du second degré de lycée sont accordées pour la durée de la scolarité au niveau du lycée ou de la période de scolarité restant à accomplir à ce niveau d'études.** – *[Décr. n° 59-39 du 2 janv. 1959, art. 12, al. 1er, sauf normale, et Décr. n° 59-1422 du 18 déc. 1959, art. 6, al. 1er, sauf normale.]*

Art. D. 531-24 *(Décr. n° 2016-328 du 16 mars 2016, art. 13)* **« Le dossier de demande de bourse nationale d'études du second degré de lycée » comporte le formulaire ainsi que l'avis d'imposition à l'impôt sur le revenu du foyer fiscal dont dépend l'élève.**

Le dossier est remis, dûment complété par *(Décr. n° 2016-328 du 16 mars 2016, art. 13)* **« la ou les personnes mentionnées à l'article R. 531-19 », au chef** *(Décr. n° 2016-328 du 16 mars 2016, art. 13)* **« de l'établissement fréquenté par l'élève ».**

(Décr. n° 2016-328 du 16 mars 2016, art. 13) **« Le dossier peut également être renseigné et transmis par l'intermédiaire d'un téléservice, dans des conditions précisées par arrêté du ministre chargé de l'éducation nationale. »**

Un accusé de réception de la demande de bourse est délivré *(Décr. n° 2016-328 du 16 mars 2016, art. 13)* **« aux personnes présentant la demande ».**

Il ne peut être déposé qu'une seule demande de bourse par élève.

Date limite. Circonstances indépendantes de la volonté du demandeur. Tardiveté (absence). Un parent d'élève qui avait complété son dossier après la date limite demandait l'annulation du rejet de sa demande au motif qu'il s'était manifesté à plusieurs reprises auprès de l'établissement scolaire durant le délai fixé afin de signaler l'indisponibilité du document justificatif nécessaire en provenance de la CAF et avait expressément demandé la prise en compte de son dossier en attendant qu'il puisse être complété. Le juge estime que, compte tenu des éléments d'explication circonstanciés présentés par l'intéressé, étayés par une attestation de la CAF et non contestés par le recteur, le non-respect de la date limite de dépôt du dossier résultait de circonstances indépendantes de la volonté du demandeur. Il en déduit que le motif de la tardiveté du dépôt de son dossier ne pouvait être opposé à ce parent d'élève. • TA La Réunion, 18 janv. 2018, n° 1700366 : *LIJ 203, juill. 2018. 9.*

Art. R. 531-25 *(Décr. n° 2016-328 du 16 mars 2016, art. 14)* **La décision accordant ou refusant la bourse nationale d'études du second degré de lycée est prise par le directeur académique des services de l'éducation nationale agissant sur délégation du recteur d'académie.**

Ces décisions sont notifiées aux personnes ayant présenté la demande et mentionnent les voies et délais de recours.

En cas de rejet, le demandeur de la bourse peut, dans le délai de quinze jours qui suit la notification de la décision, former un recours auprès du recteur d'académie.

Art. D. 531-26 *(Décr. n° 2016-328 du 16 mars 2016, art. 14)* **Le recteur d'académie statue dans un délai de deux mois sur les recours qui lui sont présentés à la suite de refus de bourses nationales d'études de second degré de lycée.**

Les décisions sont notifiées aux demandeurs de bourses.

Art. D. 531-27 *(Décr. n° 2016-328 du 16 mars 2016, art. 14)* **Après la rentrée scolaire et dès qu'il a connaissance de l'établissement dans lequel est inscrit l'élève qui s'est vu reconnaître le droit à bénéficier d'une bourse d'études, le** *(Décr. n° 2019-1558 du 30 déc. 2019, art. 9)* **« recteur d'académie » notifie les attributions de bourses d'études du second degré de lycée. Ces notifications précisent pour chaque boursier l'échelon de bourse qui résulte du barème ainsi que les primes et avantages complémentaires éventuellement accordés.**

Art. D. 531-28 *(Décr. n° 2016-328 du 16 mars 2016, art. 14)* **Les transferts de bourses d'études du second degré de lycée entre établissements mentionnés aux articles L. 531-4 et L. 531-5 sont de droit.**

Lorsque l'élève boursier ou l'élève qui s'est vu reconnaître le droit de bénéficier d'une bourse d'études change d'académie, la ou les personnes mentionnées à l'article R. 531-19 en informe le service académique des bourses par l'intermédiaire de son établissement d'accueil.

§ 4 MONTANT ET PAIEMENT

Art. D. 531-29 *(Décr. n° 2016-328 du 16 mars 2016, art. 14)* Chacun des six échelons fixant forfaitairement le montant de la bourse de lycée est déterminé en pourcentage de la base mensuelle de calcul des prestations familiales en vigueur au 1er janvier de l'année de la rentrée scolaire. Le montant annuel de la bourse pour chaque échelon est, s'il y a lieu, arrondi au multiple entier de trois le plus proche en vue de chaque versement trimestriel.

(Décr. n° 2016-1136 du 19 août 2016, art. 1er) « Les pourcentages applicables selon les échelons sont les suivants :

« 1° 106,42 % (premier échelon) ;

« 2° 130,79 % (deuxième échelon) ;

« 3° 154,35 % (troisième échelon) ;

« 4° 177,91 % (quatrième échelon) ;

« 5° 201,47 % (cinquième échelon) ;

« 6° 225,84 % (sixième échelon).

« Des primes sont par ailleurs allouées à certains boursiers pour tenir compte de la spécificité de leur scolarité ou pour accompagner leur retour en formation après une période d'interruption de leur scolarité. »

Les filières de formation ouvrant droit aux primes mentionnées à l'alinéa précédent ainsi que leurs montants sont déterminés par arrêté du ministre chargé du budget et du ministre chargé de l'éducation.

Art. R. 531-30 *(Décr. n° 2016-328 du 16 mars 2016, art. 14)* Le directeur académique des services de l'éducation nationale agissant sur délégation du recteur d'académie délègue à chaque établissement le montant des crédits nécessaires au paiement des bourses d'études de second degré de lycée.

Les bourses nationales d'études du second degré de lycée sont payables aux bénéficiaires à la fin de chaque trimestre de scolarité.

Art. R. 531-31 Le paiement des bourses nationales d'études de second degré de lycée est subordonné à l'assiduité aux enseignements.

L'assiduité du boursier est certifiée par le chef d'établissement *(Décr. n° 2016-328 du 16 mars 2016, art. 15)* « lorsqu'il valide la liste des boursiers pour le trimestre, reçue du service académique des bourses ».

En cas d'absences injustifiées et répétées d'un élève, la bourse peut donner lieu à retenue.

Cette retenue est opérée lorsque la durée cumulée de ces absences excède quinze jours, dans la proportion d'un deux cent soixante-dixième par jour d'absence.

(Décr. n° 2016-328 du 16 mars 2016, art. 15) « Les absences constatées sont imputées sur le trimestre au cours duquel les quinze journées cumulées d'absence depuis le début de l'année scolaire ont été dépassées. Les absences suivantes sont imputées sur le trimestre en cours. Si des absences n'ont pas fait l'objet d'une retenue, elles donnent lieu à l'établissement d'un ordre de reversement. »

Art. D. 531-32 *Abrogé par Décr. n° 2016-328 du 16 mars 2016, art. 16.*

Art. R. 531-33 *(Décr. n° 2016-328 du 16 mars 2016, art. 17)* Dans les établissements publics d'enseignement, la bourse nationale d'études du second degré de lycée est versée aux personnes mentionnées à l'article R. 531-19 par l'intermédiaire du comptable de l'établissement où est scolarisé l'élève, après déduction des frais de pension ou de demi-pension pour les élèves ayant la qualité d'interne ou de demi-pensionnaire.

Art. R. 531-34 *(Décr. n° 2016-328 du 16 mars 2016, art. 17)* Dans les établissements d'enseignement privés habilités à recevoir des boursiers nationaux du second degré de lycée, la bourse nationale est payable aux personnes mentionnées à l'article R. 531-19. Dans le cas où ces personnes auraient donné procuration sous seing privé au repré-

sentant légal de l'établissement, la bourse leur est versée par l'intermédiaire de ce dernier après déduction des frais de pension ou de demi-pension.

Art. R. 531-35 **La bourse peut être payée au boursier majeur ou émancipé qui n'est à la charge d'aucune personne.** – *[Décr. n° 59-38 du 2 janv. 1959, art. 11, al. 9 et Décr. n° 59-1422 du 18 déc. 1959, art. 3, en ce qui concerne l'al. 9 de l'art. 11 du Décr. n° 59-38 du 2 janv. 1959.]*

Art. D. 531-36 **Les bourses nationales d'études du second degré de lycée peuvent être cumulées avec les bourses fondées et entretenues par les collectivités territoriales, établissements publics ou organismes soumis au** *(Décr. n° 2012-1247 du 7 nov. 2012, art. 2)* **« contrôle budgétaire » ou bénéficiant d'une subvention de l'État.**

SOUS-SECTION 3 BOURSES AU MÉRITE

Art. D. 531-37 *(Décr. n° 2016-328 du 16 mars 2016, art. 18)* **Des bourses au mérite sont attribuées de plein droit aux élèves boursiers ayant obtenu une mention bien ou très bien au diplôme national du brevet qui s'engagent, à l'issue de la classe de troisième, dans un cycle d'enseignement conduisant** *(Décr. n° 2021-924 du 13 juill. 2021, art. 1er)* **« au certificat d'aptitude professionnelle ou » au baccalauréat général, technologique ou professionnel dans un établissement ou dans une classe habilité à recevoir des boursiers nationaux du second degré.**

Le tribunal estime « qu'il résulte de ces dispositions, dont l'objet est d'inciter les bons élèves finissant le collège à poursuivre leurs études jusqu'au baccalauréat, que le bénéfice des bourses au mérite qu'elles visent sont exclusivement réservées aux élèves entrant en classe de seconde et qui en font, à ce moment, la demande ». En l'espèce, le juge constate que l'intéressée, « quand bien même elle s'était vu octroyer une bourse nationale d'études et avait, notamment, obtenu une mention bien au brevet des collèges, ne pouvait prétendre au bénéfice de la bourse au mérite prévue par l'article D. 531-7 du code de l'éducation dès lors qu'elle n'en a formulé la demande pour la première fois qu'alors qu'elle était en classe de terminale ». • TA Besançon, 28 nov. 2017, n° 1700276.

Art. D. 531-38 et D. 531-39 *Abrogés par Décr. n° 2016-328 du 16 mars 2016, art. 19.*

Art. D. 531-40 *(Décr. n° 2016-328 du 16 mars 2016, art. 20)* **« Pour chaque échelon de la bourse mentionnée à l'article D. 531-29, le montant annuel de la bourse au mérite est fixé par arrêté du ministre chargé de l'éducation et du ministre chargé du budget. Le complément de bourse que constitue la bourse au mérite est versé trimestriellement dans les mêmes conditions que la bourse. »**

Le paiement de ce complément de bourse est subordonné à l'engagement écrit de l'élève et de la personne assumant sa charge effective à poursuivre sa scolarité avec assiduité jusqu'au *(Décr. n° 2021-924 du 13 juill. 2021, art. 2)* **« certificat d'aptitude professionnelle ou au » baccalauréat général, technologique ou professionnel.**

Les élèves qui ne satisfont pas à l'obligation d'assiduité ou dont les efforts fournis et les résultats scolaires sont jugés très insuffisants par le conseil de classe peuvent se voir suspendre le bénéfice de ce complément de bourse par *(Décr. n° 2012-16 du 5 janv. 2012, art. 7)* **« le directeur académique des services de l'éducation nationale agissant sur délégation du recteur d'académie » au vu des éléments fournis par l'établissement d'accueil.**

Art. D. 531-41 **Les élèves attributaires d'une bourse au mérite scolarisés dans un établissement d'enseignement relevant du ministre chargé de l'agriculture qui poursuivent leur scolarité dans un lycée relevant du ministre chargé de l'éducation conservent le bénéfice de cette bourse.** *(Décr. n° 2016-328 du 16 mars 2016, art. 21)* **« Il en va de même des élèves scolarisés dans un lycée relevant du ministre chargé de l'éducation bénéficiaires d'une bourse au mérite qui poursuivent leur scolarité dans un établissement d'enseignement relevant du ministre chargé de l'agriculture. »**

SOUS-SECTION 4 PRIME À L'INTERNAT

Art. D. 531-42 **Les élèves internes attributaires d'une bourse nationale de collège ou d'une bourse de second degré de lycée bénéficient d'une prime à l'internat.**

Cette prime est soumise aux mêmes règles de gestion que la bourse. Son versement est effectué trimestriellement. – *[Décr. nº 2001-1137 du 28 nov. 2001, art. 1er.]*

Art. D. 531-43 *(Décr. nº 2020-1011 du 7 août 2020, art. 1er)* Pour chaque échelon de la bourse de collège ou de second degré de lycée, le montant annuel de la prime à l'internat est fixé par arrêté des ministres chargés de l'éducation et du budget.

Sur le montant de la prime à l'internat à compter de l'année scolaire 2021-2022, V. Arr. du 13 juill. 2020.

SECTION II BOURSES DE L'ENSEIGNEMENT AGRICOLE

Art. D. 531-44 *(Décr. nº 2016-328 du 16 mars 2016, art. 22)* Pour les élèves inscrits dans les établissements d'enseignement agricole, les règles relatives aux bourses nationales mentionnées au 3° de l'article L. 531-4 du présent code sont fixées par l'article R. 810-1 du code rural et de la pêche maritime et au titre III du livre V du présent code.

SECTION III BOURSES SCOLAIRES À L'ÉTRANGER

Art. D. 531-45 Les bourses accordées par l'Agence pour l'enseignement français à l'étranger en application des dispositions du 5° de l'article L. 452-2 sont proposées par des commissions locales instituées auprès des postes diplomatiques ou consulaires et attribuées après avis d'une commission nationale instituée auprès du directeur de l'agence. – *[Décr. nº 91-833 du 30 août 1991, art. 1er.]*

La Commission nationale des bourses instituée auprès du directeur de l'Agence pour l'enseignement français à l'étranger est renouvelée pour une durée de 5 ans à compter du 8 juin 2020 (Décr. nº 2020-631 du 25 mai 2020, art. 1er).

La démarche concernant la demande d'attribution d'une bourse scolaire à l'étranger est exclue du champ d'application du droit des usagers de saisir l'administration par voie électronique (Décr. nº 2015-1407 du 5 nov. 2015).

Art. D. 531-46 Pour bénéficier des bourses scolaires à l'étranger, les élèves doivent :

1° Être de nationalité française et inscrits ou en cours d'inscription au registre des Français établis hors de France de la circonscription consulaire dans laquelle ils ont leur résidence ;

2° Fréquenter un des établissements figurant sur la liste arrêtée chaque année par le ministre chargé de l'éducation, le ministre des affaires étrangères et le ministre chargé de la coopération en application du 5° de l'article L. 452-2 ;

3° Résider avec leur famille dans le pays où est situé l'établissement scolaire fréquenté.

A titre dérogatoire, sur proposition des commissions locales et après avis conforme de la commission nationale, des bourses peuvent être accordées à des enfants scolarisés dans d'autres établissements dispensant au moins la moitié de leur enseignement en français ou inscrits au Centre national d'enseignement à distance. Les seuls motifs de dérogation concernent l'absence, l'éloignement, la capacité d'accueil insuffisante ou l'impossibilité de fréquentation d'un établissement répondant aux conditions du 2° du présent article. – *[Décr. nº 91-833 du 30 août 1991, art. 2.]*

Art. D. 531-47 *(Décr. nº 2014-671 du 24 juin 2014, art. 1er)* Les conseils consulaires institués par l'article 3 de la loi nº 2013-659 du 22 juillet 2013 relative à la représentation des Français établis hors de France exercent les attributions des commissions locales, dans les conditions prévues par le décret nº 2014-144 du 18 février 2014 relatif aux conseils consulaires, à l'Assemblée des Français de l'étranger et à leurs membres.

Art. D. 531-48 Les commissions locales examinent et présentent à la commission nationale les demandes de bourses scolaires dont peuvent bénéficier les élèves français établis hors de France dans les conditions définies aux articles D. 531-45 et D. 531-46. Elles répartissent entre les bénéficiaires les crédits délégués par l'agence, dans le respect des critères généraux définis par des instructions spécifiques. – *[Décr. nº 91-833 du 30 août 1991, art. 3.]*

Art. D. 531-49 La commission locale peut demander à l'agence d'écarter un dossier de demande ou de suspendre le bénéfice d'une bourse en présence d'une déclaration inexacte de ressources des parents ou d'une fréquentation scolaire irrégulière injustifiée. – *[Décr. n° 91-833 du 30 août 1991, art. 5.]*

Art. D. 531-50 *(Décr. n° 2019-91 du 13 févr. 2019, art. 1er)* La commission nationale est présidée par le directeur de l'agence. Elle comprend en outre dix-neuf membres :

1° Le délégué aux relations européennes et internationales et à la coopération au ministère chargé de l'éducation ou son représentant ;

2° Le directeur général de la mondialisation, du développement et du partenariat au ministère chargé des affaires étrangères ou son représentant ;

3° Le directeur général de l'administration au ministère chargé des affaires étrangères ou son représentant ;

4° Un *(Décr. n° 2020-1677 du 23 déc. 2020, art. 1er)* « inspecteur général de l'éducation, du sport et de la recherche », désigné par le ministre chargé de l'éducation ;

5° L'inspecteur général des affaires étrangères ou son représentant ;

6° Le directeur des Français à l'étranger et de l'administration consulaire au ministère chargé des affaires étrangères ou son représentant ;

7° Deux conseillers de l'Assemblée des Français de l'étranger pour la durée de leur mandat ;

8° Trois représentants des organisations syndicales représentatives des personnels enseignants français ;

9° Quatre représentants des associations de parents d'élèves ;

10° Deux représentants des organismes gestionnaires d'établissements scolaires français à l'étranger ;

11° Deux représentants des associations de Français établis hors de France.

Les représentants mentionnés aux 8° à 11° sont nommés par le ministre des affaires étrangères pour une durée d'un an renouvelable dans la limite de six ans.

Le service de l'aide à la scolarité de l'Agence pour l'enseignement français à l'étranger assure l'organisation et le secrétariat de la commission nationale.

Les parlementaires, membres de la commission au 30 juin 2018, peuvent continuer à siéger en cette qualité jusqu'au terme de leur mandat en cours de député ou de sénateur (Décr. n° 2019-91 du 13 févr. 2019, art. 2).

Art. D. 531-51 La commission nationale est réunie deux fois par an. Elle est consultée sur toutes les questions relatives aux bourses scolaires ; elle examine les critères d'attribution et donne son avis sur les propositions de bourses des commissions locales. Elle propose à l'agence la répartition entre ces dernières de l'enveloppe annuelle des crédits alloués. – *[Décr. n° 91-833 du 30 août 1991, art. 6.]*

SECTION IV **TARIFS DE LA RESTAURATION SCOLAIRE**

Art. R. 531-52 Les tarifs de la restauration scolaire fournie aux élèves des écoles maternelles, des écoles élémentaires, des collèges et des lycées de l'enseignement public sont fixés par la collectivité territoriale qui en a la charge. – *[Décr. n° 2006-753 du 29 juin 2006, art. 1er.]*

1. Détermination du tarif. Compétence. Même si une caisse des écoles s'est vu confier par une commune la gestion de la restauration scolaire, le conseil municipal reste seul compétent pour en fixer les tarifs. En l'espèce, le conseil de Paris siégeant en qualité de conseil municipal était seul compétent pour déterminer les tarifs de la restauration scolaire dans les écoles maternelles, les écoles élémentaires et les lycées municipaux de la Ville de Paris. • CE 11 juin 2014, n° 359931 A : *AJDA 2014. 1231 ; ibid. 2137, note Long.*

2. Détermination du tarif. Modalités. Sur la question de la détermination des revenus à prendre en considération ou de la notion de foyer, les contestations contentieuses ont permis au juge d'apporter des précisions. Il a ainsi pu rappeler que l'administration communale dispose d'un pouvoir discrétionnaire qui s'exerce pleinement, aucun texte ne réglant ces questions, les règles applicables en matière fiscale ou pour la détermination des droits à prestations versées par les organismes de sécurité sociale n'étant pas applicables. Il est donc confirmé que la commune est libre de déterminer les règles en la matière et ne saurait être liée par l'appréciation d'une autre administration. Le juge administratif a pourtant établi une limite : si l'autorité administrative compétente exerce en opportunité ses attributions lorsqu'elle dispose du pouvoir discrétionnaire, la décision qu'elle prend ne doit pas reposer sur des faits matériellement inexacts, sur une erreur de droit, sur une erreur manifeste d'appréciation ou être entachée de détournement de pouvoir. • TA Rouen, 5 nov. 2008, n° 0702011. ♦ Les taux fixés ne doivent, en tout état de cause, pas faire obstacle à l'égal accès de tous les usagers au service. • TA Melun, 14 févr. 2002 ♦ Si la commune calcule le tarif à partir du quotient familial déterminé en fonction des revenus du foyer, elle ne peut prendre en compte les revenus de son hébergeant pour déterminer le quotient familial applicable aux tarifs de restauration scolaire de ses deux enfants. • TA Rouen, 5 nov. 2008, n° 0702011 : *AJDA 2009. 206, concl. Bailly*.

3. Tarifs préférentiels. Conditions de légalité. Contrôle du juge. Les conditions de légalité des tarifs préférentiels sont donc étroitement contrôlées par le juge administratif. De manière générale, le juge administratif est amené à trancher des litiges relatifs aux tarifs applicables à la cantine scolaire. • TA Versailles, 21 juin 2012, n° 1003902. ♦ La L. n° 98-657 du 29 juill. 1998 (art. 147) d'orientation relative à la lutte contre les exclusions précise que les tarifs des services publics administratifs à caractère facultatif peuvent être fixés en fonction du niveau de revenus des usagers et du nombre de personnes vivant au foyer. Les droits les plus élevés ainsi fixés ne peuvent être supérieurs au coût par usager de la prestation concernée. Les taux ainsi fixés ne font pas obstacle à l'égal accès de tous les usagers au service. • TA Melun, 14 févr. 2002, n° 975464 : *Vie cnale et dptale, n° 984, nov. 2010. 299.*

4. Tarifs préférentiels. Conditions de légalité. Principes. De manière générale, les tarifs peuvent être modulés suivant les revenus des familles et le nombre d'enfants. • CE 10 févr. 1993, n° 95863. ♦ Ils peuvent être différenciés selon le domicile, qu'il se situe dans ou hors de la commune. • CE 5 oct. 1984, n° 478875. ♦ Ou encore selon que les enfants sont inscrits à l'avance à la cantine ou s'y présentent inopinément. • CE 9 mars 1998, n° 158334 B.

5. Tarifs préférentiels. Conditions de légalité. Fixation des tarifs et bénéficiaires. La fixation des différents tarifs applicables, pour un même service rendu, à diverses catégories d'usagers d'un service public implique, à moins qu'elle ne soit la conséquence d'une loi, soit qu'il existe entre les usagers des différences de situation appréciables, soit qu'une nécessité d'intérêt général en rapport avec les conditions d'exploitation du service ou de l'ouvrage commande cette mesure. En l'espèce, des tarifs préférentiels consentis au personnel municipal pour l'usage d'une salle de sport qui ne pouvaient être justifiés, ni par une différence de situation entre le personnel communal et les autres usagers, ni par l'intérêt général en rapport avec les modalités d'exploitation du service. • TA Melun, 14 févr. 2002, n° 975464 : *préc. note 4.*

Art. R. 531-53 Les tarifs mentionnés à l'article R. 531-52 ne peuvent, y compris lorsqu'une modulation est appliquée, être supérieurs au coût par usager résultant des charges supportées au titre du service de restauration, après déduction des subventions de toute nature bénéficiant à ce service. – *[Décr. n° 2006-753 du 29 juin 2006, art. 2.]*

CHAPITRE II L'ALLOCATION DE RENTRÉE SCOLAIRE

Art. D. 532-1 Les règles relatives aux conditions d'attribution de l'allocation de rentrée scolaire prévue à l'article L. 543-1 du code de la sécurité sociale sont fixées au chapitre III du titre IV du livre V (partie réglementaire) et à l'article R. 755-14 du même code.

TITRE QUATRIÈME LA SANTÉ SCOLAIRE

CHAPITRE PREMIER LA PROTECTION DE LA SANTÉ

SECTION PREMIÈRE ORGANISATION

Art. D. 541-1 En cas de changement d'établissement scolaire, les informations concernant la santé de l'élève suivent ce dernier.

Tout au long de la scolarité, l'intéressé ou ses représentants légaux ont accès à ces informations, dans les conditions prévues par l'article R. 4127-45 du code de la santé publique. – *[Décr. n° 46-2698 du 26 nov. 1946, art. 7.]*

Art. D. 541-2 Les missions des médecins de l'éducation nationale sont fixées à l'article 2 du décret n° 91-1195 du 27 novembre 1991 portant dispositions statutaires applicables au corps des médecins de l'éducation nationale et à l'emploi de médecin de l'éducation nationale-conseiller technique.

Les missions des infirmiers et infirmières de l'éducation nationale sont fixées à l'article L. 4311-1 du code de la santé publique et au chapitre Ier du titre Ier du livre III de la quatrième partie réglementaire de ce code.

Art. D. 541-3 Le centre médico-social scolaire constitue un ensemble de locaux aménagés et équipés pour permettre d'effectuer :

1° Les visites et examens médicaux des élèves ;

2° Les examens médicaux du personnel des écoles et établissements d'enseignement publics et privés et des personnes se trouvant en contact habituel avec les élèves dans l'enceinte de ces écoles et établissements ;

3° Toutes autres visites et tous examens utiles ainsi que le dépistage des affections bucco-dentaires. – *[Décr. n° 46-2698 du 26 nov. 1946, art. 18.]*

Art. D. 541-4 Les communes mentionnées à l'article L. 541-3 organisent les centres médico-sociaux scolaires. Elles mettent les locaux nécessaires à la disposition des services de l'éducation nationale chargés du suivi de la santé des élèves. – *[Décr. n° 46-2698 du 26 nov. 1946, art. 19, al. 1er.]*

Centre médico-social scolaire. Local loué ou mis à disposition. Assurances. La DAJ a été saisie de la question de la validité d'une convention que souhaitait établir une commune avec une DSDEN, afin de préciser les obligations respectives de chacune des parties dans le cadre de la mise à disposition de bâtiments destinés à abriter un centre médico-social scolaire. Selon la commune, la convention devait comprendre une clause stipulant que l'État s'engageait à garantir les dommages qui pourraient résulter de l'utilisation de ces locaux. La DAJ a rappelé que, même si l'affirmation selon laquelle l'État est son propre assureur ne repose sur aucun principe général du droit, celui-ci n'a jamais l'obligation de s'assurer, notamment pour les locaux qui abritent ses services. L'État a ainsi toujours le choix de recourir à un assureur privé ou de se constituer comme son propre assureur. Lorsqu'il est son propre assureur, l'État prend à sa charge la réparation des dommages qui engagent sa responsabilité. Toutefois, pour certains services ou pour certains matériels, des contrats d'assurance peuvent néanmoins être souscrits. Ce choix repose alors sur l'examen comparé entre la probabilité qu'un dommage se produise et le coût résultant de la souscription d'un contrat d'assurance. * Note DAJ A1 n° 15-103,10 avr. 2015 : *LIJ 2015, n° 189, p. 17.*

Art. R. 541-5 Les modalités d'organisation des soins et des urgences dans les établissements publics d'enseignement du second degré relevant du ministre chargé de l'éducation, des communes et des départements relèvent de la compétence et de la responsabilité de ces établissements. – *[Décr. n° 85-924 du 30 août 1985, art. 57 et Décr. n° 86-164 du 31 janv. 1986, art. 55.]*

SECTION II PRÉVENTION DANS LES ACTIVITÉS PHYSIQUES ET SPORTIVES

Art. R. 541-6 Une surveillance médicale particulière est organisée au bénéfice des élèves inscrits dans des unités pédagogiques scolaires spécialement aménagées en vue de la pratique des sports. La surveillance médicale particulière de ces élèves comprend au moins un examen médico-sportif par trimestre. Elle est assurée sous la responsabilité du médecin inspecteur régional de la jeunesse et des sports. Le médecin de la fédération intéressée et le service de santé de l'établissement scolaire sont associés à cette surveillance médicale. – *[Décr. n° 87-473 du 1er juill. 1987, art. 7, sauf en ce qui concerne l'enseignement supérieur.]*

SECTION III PRÉVENTION DES RISQUES PROFESSIONNELS

Art. D. 541-7 Les règles relatives à la santé et à la sécurité au travail pendant la scolarité des élèves préparant un diplôme de l'enseignement technologique ou professionnel sont fixées par les dispositions du chapitre III du titre V du livre Ier de la quatrième partie réglementaire du code du travail.

Art. D. 541-8 Les règles relatives à la protection contre les accidents du travail des élèves des établissements d'enseignement du second degré mentionnés au *a* et au *b* du 2° de l'article L. 412-8 du code de la sécurité sociale sont fixées par *(Décr. n° 2013-756 du 19 août 2013, art. 11)* « les dispositions des articles R. 412-4, R. 444-7 et D. 412-2 à D. 412-6 du même code ».

Art. D. 541-9 Les règles relatives à la protection contre les accidents du travail des élèves des établissements d'enseignement technique et de formation professionnelle agricoles mentionnés au 1° du II de l'article L. 751-1 du code rural et de la pêche maritime sont fixées par les dispositions des articles D. 751-2 à D. 751-4 du même code.

SECTION IV CONTRACEPTION D'URGENCE

Art. D. 541-10 Les règles relatives au protocole d'administration d'une contraception d'urgence dans les établissements d'enseignement du second degré sont fixées par les dispositions des articles D. 5134-5 à D. 5134-10 du code de la santé publique.

BIBL. ▸ GOSSELIN, La responsabilité des personnels de l'Éducation nationale accompagnant des mineures dans des démarches relatives à une contraception d'urgence ou à une intervention volontaire de grossesse, *LIJ 2008, n° 128, p. 36.*

CHAPITRE II LA PRÉVENTION DES MAUVAIS TRAITEMENTS

Art. D. 542-1 *(Décr. n° 2009-765 du 23 juin 2009, art. 1er)* I. — Sans préjudice des autres dispositions réglementaires relatives à la formation des personnes mentionnées à l'article L. 542-1, la formation initiale et continue des intéressés dans le domaine de la protection de l'enfance en danger est mise en œuvre dans le cadre de programmes qui traitent des thèmes suivants :

1° L'évolution et la mise en perspective de la politique de protection de l'enfance en France, notamment au regard de la Convention internationale des droits de l'enfant ;

2° La connaissance du dispositif de protection de l'enfance, de la prévention à la prise en charge, en particulier celle de son cadre juridique, de son organisation et de ses acteurs, de ses stratégies et de ses types d'interventions, ainsi que des partenariats auxquels il donne lieu ;

3° La connaissance de l'enfant et des situations familiales, notamment celle des étapes du développement de l'enfant et de ses troubles, de l'évolution des familles, des dysfonctionnements familiaux, des moyens de repérer et d'évaluer les situations d'enfants en danger ou risquant de l'être ;

4° Le positionnement professionnel, en particulier en matière d'éthique, de responsabilité, de secret professionnel et de partage d'informations.

La formation continue a plus particulièrement pour objectifs la sensibilisation au repérage de signaux d'alerte, la connaissance du fonctionnement des dispositifs départementaux de protection de l'enfance ainsi que l'acquisition de compétences pour protéger les enfants en danger ou susceptibles de l'être.

La formation initiale et continue est adaptée en fonction des responsabilités, des connaissances et des besoins respectifs des différentes personnes mentionnées à l'article L. 542-1 en matière de protection de l'enfance.

II. — La formation initiale et continue est organisée pour partie dans le cadre de sessions partagées réunissant :

1° Pour la formation initiale, les étudiants au plan national, interrégional, régional ou départemental ;

2° Pour la formation continue, les différents professionnels intervenant notamment sur un même territoire, afin de favoriser leurs connaissances mutuelles, leur coordination et la mise en œuvre de la protection de l'enfance sur le territoire concerné.

Le cadre général des sessions partagées, leurs objectifs ainsi que leurs modalités de mise en œuvre et d'évaluation font l'objet de conventions entre l'ensemble des institutions, services et organismes concernés.

TITRE CINQUIÈME LES ACTIVITÉS PÉRISCOLAIRES, SPORTIVES ET CULTURELLES

CHAPITRE PREMIER LES ACTIVITÉS PÉRISCOLAIRES

SECTION PREMIÈRE AGRÉMENT DES ASSOCIATIONS ÉDUCATIVES COMPLÉMENTAIRES DE L'ENSEIGNEMENT PUBLIC

Art. D. 551-1 Les associations qui apportent leur concours à l'enseignement public peuvent faire l'objet d'un agrément lorsque ce concours prend l'une des formes suivantes :

1° Interventions pendant le temps scolaire, en appui aux activités d'enseignement conduites par les établissements ;

2° Organisation d'activités éducatives complémentaires en dehors du temps scolaire ;

3° Contribution au développement de la recherche pédagogique, à la formation des équipes pédagogiques et des autres membres de la communauté éducative. – *[Décr. nº 92-1200 du 6 nov. 1992, art. 1er.]*

Art. D. 551-2 L'agrément est accordé après vérification du caractère d'intérêt général, du caractère non lucratif et de la qualité des services proposés par ces associations, de leur compatibilité avec les activités du service public de l'éducation, de leur complémentarité avec les instructions et programmes d'enseignement ainsi que de leur respect des principes de laïcité et d'ouverture à tous sans discrimination. – *[Décr. nº 92-1200 du 6 nov. 1992, art. 2.]*

Art. D. 551-3 L'agrément est accordé pour une durée de cinq ans. Il est renouvelable pour la même durée suivant la même procédure.

L'agrément accordé à une association nationale ou à une fédération d'associations peut être étendu, sur sa demande, à ses structures régionales, départementales et locales qui remplissent les conditions fixées aux articles D. 551-1 et D. 551-2.

La liste des associations agréées fait l'objet d'une publication au *Bulletin officiel* de l'éducation nationale. – *[Décr. nº 92-1200 du 6 nov. 1992, art. 3.]*

Art. D. 551-4 Les demandes d'agrément présentées par les associations dont l'action revêt une dimension nationale sont adressées au ministre chargé de l'éducation.

Les demandes d'agrément des associations dont les activités s'exercent au niveau local, départemental ou académique sont adressées au recteur d'académie. – *[Décr. nº 92-1200 du 6 nov. 1992, art. 4.]*

En application de l'art. L. 231-5 CRPA, et par exception à l'application du délai de 2 mois prévu à l'art. L. 231-1 du même code, le délai à l'expiration duquel le silence gardé par l'administration vaut décision d'acceptation est fixé à 6 mois pour une demande d'agrément académique d'une association éducative complémentaire de l'enseignement public et pour une demande d'agrément national d'une association éducative complémentaire de l'enseignement public (Décr. nº 2014-1275 du 23 oct. 2014, art. 1er).

Art. D. 551-5 Les demandes d'agrément sont accompagnées d'un dossier dont la composition est fixée par arrêté.

Ce dossier est soumis pour avis, selon le cas, au Conseil national des associations éducatives complémentaires de l'enseignement public ou au conseil académique des associations éducatives complémentaires de l'enseignement public mentionnés à la section II du présent chapitre.

La décision accordant l'agrément est prise, selon le niveau d'intervention de l'association, par arrêté du ministre chargé de l'éducation ou du recteur d'académie et notifiée à l'association concernée.

L'agrément peut être retiré dans les mêmes formes. – *[Décr. nº 92-1200 du 6 nov. 1992, art. 5.]*

Art. D. 551-6 Les associations agréées peuvent intervenir pendant le temps scolaire en appui aux activités d'enseignement, sans toutefois se substituer à elles.

L'autorisation est délivrée par le directeur d'école ou le chef d'établissement, dans le cadre des principes et des orientations définis par le conseil d'école ou le conseil d'administration, à la demande ou avec l'accord des équipes pédagogiques concernées et dans le respect de la responsabilité pédagogique des enseignants.

Le directeur d'école ou le chef d'établissement peut, pour une intervention exceptionnelle, autoriser dans les mêmes conditions l'intervention d'une association non agréée s'il a auparavant informé du projet d'intervention le recteur *(Décr. nº 2019-1558 du 30 déc. 2019, art. 4)* « d'académie » ou *(Décr. nº 2012-16 du 5 janv. 2012, art. 7)* « le directeur académique des services de l'éducation nationale agissant sur délégation du recteur d'académie » dans le cas où celui-ci a reçu délégation de signature.

Après avoir pris connaissance de ce projet, l'autorité académique peut notifier au directeur d'école ou au chef d'établissement son opposition à l'action projetée.

SECTION II LE CONSEIL NATIONAL ET LES CONSEILS ACADÉMIQUES DES ASSOCIATIONS ÉDUCATIVES COMPLÉMENTAIRES DE L'ENSEIGNEMENT PUBLIC

Art. D. 551-7 Le Conseil national des associations éducatives complémentaires de l'enseignement public et les conseils académiques des associations éducatives complémentaires de l'enseignement public sont chargés de favoriser la concertation entre l'administration de l'éducation nationale et ses partenaires. — *[Décr. nº 92-1200 du 6 nov. 1992, art. 7.]*

Le Conseil national des associations éducatives complémentaires de l'enseignement public et les conseils académiques des associations éducatives complémentaires de l'enseignement public sont renouvelés pour une durée de 5 ans à compter du 8 juin 2020 (Décr. nº 2020-631 du 25 mai 2020, art. 1er).

Art. D. 551-8 Le Conseil national des associations éducatives complémentaires de l'enseignement public est présidé par le ministre chargé de l'éducation ou son représentant. Il est, en outre, composé de vingt-quatre membres :

1° Huit représentants des associations agréées ;

2° Six représentants des organisations représentatives des personnels de direction, d'éducation et d'enseignement ;

3° Cinq représentants des organisations représentatives de parents d'élèves ;

4° Quatre représentants du ministre chargé de l'éducation ;

5° Un représentant des ministres chargés de la jeunesse et des sports. — *[Décr. nº 92-1200 du 6 nov. 1992, art. 8.]*

Art. D. 551-9 Le Conseil national des associations éducatives complémentaires de l'enseignement public :

1° Donne son avis sur les demandes d'agrément et sur les propositions de retrait d'agrément des associations dont l'action revêt une dimension nationale ;

2° Examine les résultats de l'évaluation des activités complémentaires de l'enseignement public ;

3° Est consulté sur les critères de répartition de l'aide du ministère de l'éducation nationale réservée aux activités complémentaires de l'enseignement public. — *[Décr. nº 92-1200 du 6 nov. 1992, art. 9.]*

Art. D. 551-9-1 *(Décr. nº 2019-918 du 30 août 2019, art. 5)* Le Conseil national des associations éducatives complémentaires de l'enseignement public comprend une section permanente. Cette section permanente est composée de douze membres du conseil national des associations éducatives complémentaires de l'enseignement public, ainsi répartis :

1° Quatre représentants des associations agréées ;

2° Trois représentants des organisations représentatives des personnels de direction, d'éducation et d'enseignement ;

3° Deux représentants des organisations représentatives des parents d'élèves ;

4° Trois représentants des ministères chargés de l'éducation et de la jeunesse ; chacun des sièges prévus aux 1°, 2° et 3° est occupé par un membre titulaire et un membre suppléant. Les membres titulaires de la section permanente sont élus parmi les membres titulaires du conseil national des associations éducatives complémentaires de l'enseignement public. Les membres suppléants sont élus parmi les membres titulaires ou suppléants du même conseil.

Le ministre chargé de l'éducation ou son représentant préside la section permanente du Conseil national des associations éducatives complémentaires de l'enseignement public.

En dehors des sessions plénières, la section permanente exerce l'ensemble des attributions dévolues au Conseil national des associations éducatives complémentaires de l'enseignement public.

Art. D. 551-10 Le conseil académique des associations éducatives complémentaires de l'enseignement public est présidé par le recteur d'académie ou son représentant. Il est, en outre, composé de quatorze membres :

1° Cinq représentants des associations agréées ;

2° Trois représentants des organisations représentatives des personnels de direction, d'éducation et d'enseignement ;

3° Trois représentants des organisations représentatives de parents d'élèves ;

4° Deux représentants du ministre chargé de l'éducation ;

5° Un représentant des ministres chargés de la jeunesse et des sports. – *[Décr. n° 92-1200 du 6 nov. 1992, art. 10.]*

Art. D. 551-11 Le conseil académique des associations éducatives complémentaires de l'enseignement public :

1° Donne son avis sur les demandes d'agrément et sur les propositions de retrait concernant les associations dont les activités s'exercent au niveau local, départemental ou académique ;

2° Examine les résultats de l'évaluation des activités complémentaires de l'enseignement public conduites dans l'académie. – *[Décr. n° 92-1200 du 6 nov. 1992, art. 11.]*

Art. D. 551-11-1 *(Décr. n° 2019-918 du 30 août 2019, art. 6)* Le conseil académique des associations éducatives complémentaires de l'enseignement public comprend une section permanente. Huit des membres du conseil académique des associations éducatives complémentaires de l'enseignement public composent cette section permanente, avec la répartition suivante :

1° Deux représentants des associations agréées ;

2° Deux représentants des organisations représentatives des personnels de direction, d'éducation et d'enseignement ;

3° Deux représentants des organisations représentatives des parents d'élèves ;

4° Un représentant du ministre chargé de l'éducation ;

5° Un représentant des ministres chargés de la jeunesse et des sports.

Chacun des sièges prévus aux 1°, 2° et 3° est occupé par un membre titulaire et un membre suppléant. Les membres titulaires de la section permanente sont élus parmi les membres titulaires du conseil académique des associations éducatives complémentaires de l'enseignement public. Les membres suppléants sont élus parmi les membres titulaires ou suppléants du même conseil.

Le recteur d'académie ou son représentant préside la section permanente du conseil académique des associations éducatives complémentaires de l'enseignement public.

En dehors des sessions plénières, la section permanente exerce l'ensemble des attributions dévolues au conseil académique des associations éducatives complémentaires de l'enseignement public.

Art. D. 551-12 Les membres du conseil national et des conseils académiques des associations éducatives complémentaires de l'enseignement public sont désignés pour trois ans par arrêté, respectivement, du ministre chargé de l'éducation et des recteurs d'académie, chacun en ce qui le concerne.

Le conseil national et les conseils académiques des associations éducatives complémentaires de l'enseignement public se réunissent au moins une fois par an. Ils peuvent, en outre, être réunis sur convocation de leur président ou à la demande du tiers au moins de leurs membres.

Ils fixent leurs règles internes de fonctionnement.

Des représentants suppléants sont désignés en nombre égal à celui des membres titulaires du conseil national et des conseils académiques des associations éducatives complémentaires de l'enseignement public représentant les associations, les personnels de direction, d'éducation et d'enseignement et les parents d'élèves. Un représentant suppléant siège au conseil national ou au conseil académique des associations éducatives complémentaires de l'enseignement public en cas d'empêchement d'un membre titulaire. – *[Décr. n° 92-1200 du 6 nov. 1992, art. 12.]*

SECTION III PROJET ÉDUCATIF TERRITORIAL

(Décr. n° 2016-1051 du 1er août 2016, art. 1er)

Art. R. 551-13 Le projet éducatif territorial dans le cadre duquel peuvent être organisées, en application de l'article L. 551-1 du code de l'éducation, des activités périscolaires pour les enfants scolarisés dans les écoles maternelles ou élémentaires, dans le prolongement du service public de l'éducation et en complémentarité avec lui, est

élaboré conjointement par la commune, siège de ces écoles ou, lorsque les dépenses relatives à l'organisation des activités périscolaires des écoles lui ont été transférées, par l'établissement public de coopération intercommunale, par les services de l'État et les autres partenaires locaux, notamment associatifs ou autres collectivités territoriales.

Le projet éducatif territorial prend la forme d'une convention conclue entre le maire ou le président de l'établissement public de coopération intercommunale, le préfet, le directeur académique des services de l'éducation nationale, agissant sur délégation du recteur d'académie, et, le cas échéant, les autres partenaires signataires, qui coordonnent leurs interventions pour organiser, dans l'enceinte de l'école ou dans les locaux de l'un des signataires, des activités périscolaires répondant aux besoins des enfants et dont la liste est annexée à la convention.

Préalablement à la conclusion du projet éducatif territorial, les services de l'État s'assurent que les modalités d'organisation retenues pour l'accueil des enfants sont propres à garantir leur sécurité. Ils s'assurent également de la qualité éducative des activités périscolaires proposées, de leur cohérence avec le projet d'école et les objectifs poursuivis par le service public de l'éducation.

Décret organisant une expérimentation. Le Décr. du 2 août 2013 relatif au projet éducatif territorial et portant expérimentation relative à l'encadrement des enfants scolarisés bénéficiant d'activités périscolaires dans ce cadre a, en premier lieu, précisé le régime juridique des projets éducatifs territoriaux et, en second lieu, prévu, à titre expérimental et pour une durée de trois ans, des taux d'encadrement réduits par rapport aux normes fixées à l'art. R. 227-16 CASF pour l'accueil de loisirs périscolaire organisé dans le cadre des projets éducatifs territoriaux. A l'issue de cette expérimentation, le décret attaqué, du 1er août 2016, qui avait notamment pour objet de pérenniser cette dernière, a inséré au CSAF les dispositions relatives aux projets éducatifs territoriaux, pérennisé les taux d'encadrement dérogatoires dont les projets éducatifs territoriaux bénéficiaient et abrogé le Décr. du 2 août 2013. Le Conseil d'État estime qu'il ressort des pièces du dossier que, préalablement à l'édiction du Décr. du 1er août 2016, des « fiches de synthèse » évaluant l'impact des mesures prévues dans le Décr. du 2 août 2013 ont été réalisées par les services déconcentrés de l'État, s'appuyant sur les rapports des comités de pilotage des projets éducatifs territoriaux, sur des contrôles d'accueils effectués par ces services et sur des entretiens avec les publics et les collectivités concernés, et transmises aux ministres concernés. Il observe en outre que les résultats de ces évaluations ont été synthétisés dans un document du ministère intitulé « Rapport – Évaluation de l'impact des mesures expérimentales » prévues par le Décr. n° 2013-707 du 2 août 2013. Les conclusions aux fins d'annulation sont rejetées. • CE 11 oct. 2017, n° 403855 B : *LIJ 2018, n° 201, p. 5.*

CHAPITRE II LES ACTIVITÉS PHYSIQUES ET SPORTIVES

Art. R. 552-1 **Les statuts des associations sportives scolaires des établissements d'enseignement du premier degré comportent les dispositions ci-après.**

1° Les associations sont affiliées à des fédérations sportives scolaires de l'enseignement du premier degré dont les statuts sont approuvés par décret en Conseil d'État.

Elles participent aux rencontres, épreuves et manifestations organisées ou contrôlées par ces fédérations.

2° Chaque association comprend :

***a)* Le directeur de l'école, membre de droit ;**

***b)* Des membres actifs volontaires : enseignants et membres de l'équipe éducative, parents des élèves de l'école, professeurs des écoles stagiaires, élèves des différentes classes ainsi que les personnels et animateurs de l'école agréés par le bureau de l'association.**

3° L'association est administrée par un comité directeur élu chaque année par une assemblée générale. Il comprend deux tiers d'adultes, dont au moins un parent d'élèves, et un tiers d'élèves élus respectivement par le collège des adultes et le collège des élèves.

4° Le comité directeur désigne, parmi ses membres adultes, un bureau composé d'un président, d'un secrétaire et d'un trésorier. Dans le cas où le directeur de l'école n'est pas membre du bureau, il assiste de plein droit aux réunions de celui-ci avec voix consultative. – *[Décr. n° 86-495 du 14 mars 1986, art. 1er.]*

Art. R. 552-2 **Les statuts des associations sportives des établissements d'enseignement du second degré comportent les dispositions ci-après.**

1° L'association est affiliée à l'Union nationale du sport scolaire (UNSS).

2° L'association se compose :

a) Du chef d'établissement ;

b) Des enseignants d'éducation physique et sportive participant à l'animation de l'association dans le cadre du forfait horaire réservé à cet effet dans leurs obligations de service ;

c) Des présidents des associations de parents d'élèves de l'établissement ou de leur représentant ;

d) Des élèves inscrits dans l'établissement et titulaires de la licence délivrée par l'Union nationale du sport scolaire ;

e) De tous les autres partenaires de la communauté éducative à jour de leur cotisation.

3° L'association est administrée par un comité directeur présidé par le chef d'établissement, président de l'association.

Le comité directeur élit parmi ses membres un trésorier, un secrétaire et un secrétaire adjoint. Le secrétaire est élu parmi les enseignants d'éducation physique et sportive, le secrétaire adjoint parmi les autres catégories de membres du comité directeur. Le trésorier doit être majeur.

Le nombre de membres du comité directeur est fixé par l'assemblée générale. Il se répartit de la façon suivante :

a) Dans les collèges et lycées professionnels, le comité directeur se compose pour un tiers du chef d'établissement et des enseignants d'éducation physique et sportive animateurs de l'association, pour un tiers de parents d'élèves et autres membres de la communauté éducative, dont au moins un parent, pour un tiers d'élèves ;

b) Dans les lycées, le comité directeur se compose pour un quart du chef d'établissement et des enseignants d'éducation physique et sportive animateurs de l'association, pour un quart de parents d'élèves et autres membres de la communauté éducative, dont au moins un parent d'élève, pour la moitié d'élèves.

4° L'animation de l'association est assurée par les enseignants d'éducation physique et sportive de l'établissement. Un personnel qualifié peut assister l'équipe pédagogique, à la demande et sous la responsabilité de cette dernière. Il doit recevoir l'agrément du comité directeur. – *[Décr. n° 86-495 du 14 mars 1986, art. 2.]*

TITRE SIXIÈME DISPOSITIONS APPLICABLES DANS LES ÎLES WALLIS-ET-FUTUNA, À MAYOTTE, EN POLYNÉSIE FRANÇAISE ET EN NOUVELLE-CALÉDONIE

CHAPITRE PREMIER DISPOSITIONS APPLICABLES DANS LES ÎLES WALLIS-ET-FUTUNA

Art. R. 561-1 *(Décr. n° 2015-652 du 10 juin 2015, art. 8)* « Dans leur rédaction résultant du » *(Décr. n° 2016-1228 du 16 sept. 2016, art. 10)* « décret n° 2016-1228 du 16 septembre 2016 relatif aux modalités d'élection des représentants des lycéens au sein du conseil d'administration et du conseil de discipline des établissements publics locaux d'enseignement relevant du ministre chargé de l'éducation », les dispositions du présent livre sont applicables dans les îles Wallis-et-Futuna, à l'exception des articles R. 511-15 à R. 511-19, R. 511-24, R. 511-28, R. 511-29, R. 511-44, R. 511-45, R. 511-57, R. 531-1, R. 531-2, R. 531-13, R. 531-14, R. 531-16, R. 531-18 à R. 531-20, R. 531-25, R. 531-30, R. 531-31, R. 531-33 à R. 531-35, R. 531-44, R. 531-52, R. 531-53, R. 541-6, R. 552-1 et R. 552-2, sous réserve des adaptations et des dispositions particulières figurant aux articles D. 561-3 et R. 561-8.

(Décr. n° 2019-906 du 30 août 2019, art. 13) « Les articles R. 511-13 et R. 511-13-1, dans leur rédaction issue du décret n° 2019-906 du 30 août 2019 relatif à la discipline dans les établissements d'enseignement du second degré relevant du ministère chargé de l'éducation nationale et du ministère chargé de la mer, sont applicables aux collèges et lycées de Wallis-et-Futuna. »

Art. D. 561-2 *(Décr. n° 2019-918 du 30 août 2019, art. 12)* Dans leur rédaction résultant du décret n° 2019-918 du 30 août 2019 portant diverses mesures de simplification pour le ministère de l'éducation nationale et de la jeunesse, les dispositions du présent livre sont applicables dans les îles Wallis-et-Futuna, à l'exception des articles D. 511-3 à D. 511-5, D. 511-23, D. 511-46, D. 511-54 à D. 511-56, D. 511-58 à D. 511-73, D. 521-1 à D. 521-9, D. 521-18, D. 530-1, D. 531-3 à D. 531-12, D. 531-15, D. 531-17, D. 531-20, D. 531-21 à D. 531-24, D. 531-26 à D. 531-29, D. 531-32, D. 531-36, D. 531-42 à D. 531-51, D. 532-1, D. 541-1, D. 541-3, D. 541-4, D. 541-7 à D. 541-9, du deuxième alinéa de l'article D. 551-4, des articles D. 551-10, D. 551-11 et D. 551-11-1 sous réserve des adaptations et des dispositions particulières figurant aux articles D. 561-3 à D. 561-7 et D. 561-9 à D. 561-12.

Art. D. 561-3 Pour l'application des articles D. 511-25, D. 511-42, D. 511-43, D. 511-48, R. 511-49, D. 511-52, D. 521-11, D. 521-13, D. 521-14, D. 531-38 à D. 531-40 et D. 551-6 dans les îles Wallis-et-Futuna, les mots : "recteur d'académie", "recteur", "*(Décr. n° 2012-16 du 5 janv. 2012, art. 7)* « directeur académique des services de l'éducation nationale agissant sur délégation du recteur d'académie »", "directeur des services départementaux de l'éducation nationale" et "autorité académique" sont remplacés par les mots : "vice-recteur" ; les mots : "inspection académique" par les mots : "vice-rectorat", et les mots : "commission académique d'appel" par les mots : "commission d'appel" constituée auprès du vice-recteur.

Art. R. 561-4 Pour l'application de l'article R. 511-20 dans les collèges et lycées de Wallis-et-Futuna, les mots : "ou, dans les établissements publics locaux d'enseignement, le cas échéant, l'adjoint désigné par le chef d'établissement en cas de pluralité d'adjoints" mentionnés au troisième alinéa (2°) sont supprimés.

Le quatrième alinéa du même article (3°) est remplacé par les dispositions suivantes : "3° Un conseiller principal d'éducation ou un conseiller d'éducation désigné par le conseil d'administration, sur proposition du chef d'établissement ou, à défaut, pour les collèges, un représentant des surveillants désignés dans les mêmes conditions ;".

Le cinquième alinéa (4°) est complété par les mots : "ou, à défaut, pour les collèges, l'agent comptable". – *[Décr. n° 86-164 du 31 janv. 1986, art. 55-19.]*

Art. D. 561-5 Pour l'application de l'article D. 511-42 dans les établissements d'enseignement du second degré des îles Wallis-et-Futuna, la troisième phrase du premier alinéa de cet article est remplacée par la phrase suivante :

"La notification de la décision du conseil de discipline mentionne les voies et délais d'appel auprès du vice-recteur selon les modalités fixées à l'article R. 511-49". – *[Décr. n° 85-1348 du 18 déc. 1985, art. 11-1, al. 4, en ce qui concerne Wallis-et-Futuna.]*

Art. D. 561-6 Dans les îles Wallis-et-Futuna, l'article D. 511-50 est remplacé par les dispositions suivantes :

"Lorsque la décision du conseil de discipline est déférée au vice-recteur, elle est néanmoins immédiatement exécutoire. Par ailleurs, le chef d'établissement peut faire application des dispositions de l'article D. 511-33 jusqu'à l'expiration du délai de huit jours prévu à l'article R. 511-49 ou jusqu'à décision du vice-recteur si celui-ci a été saisi.

"Le vice-recteur décide après avis de la commission d'appel constituée auprès de lui, réunie sous sa présidence ou celle de son représentant". – *[Décr. n° 85-1348 du 18 déc. 1985, art. 11-1, al. 5 à 7, en ce qui concerne Wallis-et-Futuna.]*

Les commissions académiques d'appel (procédure disciplinaire) sont renouvelées pour une durée de 5 ans à compter du 8 juin 2020 (Décr. n° 2020-631 du 25 mai 2020, art. 1er).

Art. D. 561-7 La commission d'appel constituée auprès du vice-recteur de Wallis-et-Futuna comprend, outre le vice-recteur ou son représentant, deux chefs d'établissement, un professeur et deux représentants des parents d'élèves, nommés pour deux ans par le vice-recteur.

Un suppléant est nommé dans les mêmes conditions pour chacun des membres de la commission, à l'exclusion de son président. Pour la désignation des représentants des parents d'élèves, le vice-recteur recueille les propositions des associations représentatives. – *[Décr. n° 85-1348 du 18 déc. 1985, art. 11-1, al. 8 et 10, en ce qui concerne Wallis-et-Futuna.]*

Les commissions académiques d'appel (procédure disciplinaire) sont renouvelées pour une durée de 5 ans à compter du 8 juin 2020 (Décr. n° 2020-631 du 25 mai 2020, art. 1er).

Art. R. 561-8 L'organisation de l'année scolaire définie à l'article L. 521-1 peut comporter, dans les îles Wallis-et-Futuna, six périodes de travail de durée comparable, séparées par cinq périodes de vacance des classes.

Le calendrier scolaire est établi dans les îles Wallis-et-Futuna par le préfet, administrateur supérieur du territoire, sur proposition du vice-recteur.

Pour tenir compte de circonstances particulières locales susceptibles de mettre en difficulté le bon fonctionnement du service public de l'enseignement dans un établissement, une circonscription ou un secteur de la collectivité, des adaptations peuvent être apportées à ce calendrier par le vice-recteur.

Ces adaptations ne peuvent porter sur le nombre et la durée effective totale des périodes de travail et des périodes de vacance des classes, ni sur l'équilibre entre ces périodes. – *[Décr. n° 91-116 du 28 janv. 1991, art. 3, en ce qui concerne Wallis-et-Futuna.]*

Art. D. 561-9 Pour l'application de l'article D. 521-11 dans les îles Wallis-et-Futuna, les mots : "et de la commune dans laquelle est située l'école" sont supprimés. Il en est de même des mots : "après consultation du conseil départemental de l'éducation nationale et de la ou des communes intéressées, sous réserve de la compétence du maire de la commune en application des dispositions de l'article L. 521-3" pour l'application de l'article D. 521-14.

Art. D. 561-10 I. – Pour l'application de l'article D. 531-38 dans les îles Wallis-et-Futuna, les mots : "commission départementale" sont remplacés par les mots : "commission des bourses au mérite à Wallis-et-Futuna".

II. – Le neuvième alinéa (7°) du même article est remplacé par les dispositions suivantes :

"7° Deux représentants des lycéens". Le onzième alinéa (9°) est supprimé et au douzième alinéa (10°), les mots : "des collectivités territoriales" sont remplacés par les mots : "de la collectivité territoriale".

III. – Pour l'application de l'article D. 531-39 à Wallis-et-Futuna, les mots : "commission départementale" sont remplacés par les mots : "commission mentionnée à l'article D. 531-38".

Art. D. 561-11 Pour l'application de l'article D. 542-1 dans les îles Wallis-et-Futuna, les mots : "en France" sont remplacés par les mots : "à Wallis-et-Futuna".

Art. D. 561-12 Pour l'application de l'article D. 551-5 dans les îles-Wallis-et-Futuna, le dossier de demande d'agrément est soumis au Conseil national des associations éducatives complémentaires de l'enseignement public. La décision d'agrément ou de retrait d'agrément est prise par arrêté du ministre chargé de l'éducation.

Pour l'application de l'article D. 551-12, les mots : "conseils académiques" et "recteurs d'académie" sont supprimés.

CHAPITRE II DISPOSITIONS APPLICABLES À MAYOTTE

Art. D. 562-1 *Abrogé par Décr. n° 2019-1553 du 30 déc. 2019, art. 1er.*

Art. D. 562-2 *(Décr. n° 2019-1553 du 30 déc. 2019, art. 1er)* « I. – Pour l'application de l'article D. 511-65, les mots : "conseillers régionaux nommés par le recteur sur proposition du président du conseil régional" sont remplacés par les mots : "conseillers départementaux de Mayotte nommés par le recteur d'académie sur proposition du président du conseil départemental."

« II. » – Pour l'application des articles R. 531-1 et R. 531-14, les mots : "conseil départemental de l'éducation nationale" et "conseil académique de l'éducation nationale siégeant *(Décr. n° 2015-856 du 13 juill. 2015, art. 8)* « dans la formation prévue à l'article L. 234-2 »" sont remplacés par les mots : "conseil de l'éducation nationale de *(Décr. n° 2019-1553 du 30 déc. 2019, art. 1er)* « l'académie de » Mayotte".

Art. R. 562-3 à R. 562-8 *Abrogés par Décr. n° 2019-1553 du 30 déc. 2019, art. 1er.*

Art. D. 562-8-1 et R. 562-9 *Abrogés par Décr. n° 2016-328 du 16 mars 2016, art. 25 et 26.*

Art. D. 562-10 *Abrogé par Décr. n° 2018-1337 du 28 déc. 2018, art. 3.*

Art. D. 562-11 et D. 562-12 *Abrogés par Décr. n° 2019-1553 du 30 déc. 2019, art. 1er.*

CHAPITRE III DISPOSITIONS APPLICABLES EN POLYNÉSIE FRANÇAISE

Art. R. 563-1 *(Décr. n° 2015-652 du 10 juin 2015, art. 8)* « Dans leur rédaction résultant du décret n° 2015-652 du 10 juin 2015 relatif aux dispositions réglementaires des livres VIII et IX du code de l'éducation (décrets en Conseil d'État et décrets), » les articles R. 511-74 et R. 511-75 sont applicables en Polynésie française.

Art. D. 563-2 *(Décr. n° 2015-652 du 10 juin 2015, art. 8)* « Dans leur rédaction résultant du décret n° 2015-652 du 10 juin 2015 relatif aux dispositions réglementaires des livres VIII et IX du code de l'éducation (décrets en Conseil d'État et décrets), » les articles D. 531-37 à D. 531-41 et D. 542-1 sont applicables en Polynésie française, sous réserve des adaptations figurant aux articles D. 563-3 et D. 563-4.

Art. D. 563-3 Pour l'application des articles D. 531-38 à D. 531-40 en Polynésie française, les mots : *(Décr. n° 2012-16 du 5 janv. 2012, art. 7)* « "directeur académique des services de l'éducation nationale agissant sur délégation du recteur d'académie » et "commission départementale" sont respectivement remplacés par les mots : "vice-recteur" et "commission des bourses au mérite en Polynésie française".

Pour l'application de l'article D. 531-38, le neuvième alinéa (7°) est remplacé par les dispositions suivantes :

"7° Deux représentants des lycéens" et les mots : "représentants des collectivités territoriales" sont remplacés par les mots : représentants de l'assemblée de la Polynésie française.

Art. D. 563-4 Pour l'application de l'article D. 542-1 en Polynésie française, les mots : "en France" sont remplacés par les mots : "en Polynésie française".

CHAPITRE IV DISPOSITIONS APPLICABLES EN NOUVELLE-CALÉDONIE

Art. R. 564-1 *(Décr. n° 2015-652 du 10 juin 2015, art. 8)* « Dans leur rédaction résultant du décret n° 2015-652 du 10 juin 2015 relatif aux dispositions réglementaires des livres VIII et IX du code de l'éducation (décrets en Conseil d'État et décrets), » les dispositions du présent livre sont applicables en Nouvelle-Calédonie, à l'exception des articles R. 511-15 à R. 511-19, R. 511-24, R. 511-28, R. 511-29, R. 511-44, R. 511-45, R. 511-57, R. 531-1, R. 531-2, R. 531-13, R. 531-14, R. 531-16, R. 531-18 à R. 531-20, R. 531-25, R. 531-30, R. 531-31, R. 531-33 à R. 531-35, R. 531-52, R. 531-53, R. 541-6, R. 552-1 et R. 552-2, sous réserve des adaptations et des dispositions particulières figurant aux articles D. 564-3 et R. 564-8.

Art. D. 564-2 *(Décr. n° 2015-652 du 10 juin 2015, art. 8)* « Dans leur rédaction résultant du décret n° 2015-652 du 10 juin 2015 relatif aux dispositions réglementaires des livres VIII et IX du code de l'éducation (décrets en Conseil d'État et décrets), » les dispositions du présent livre sont applicables en Nouvelle-Calédonie, à l'exception des articles D. 511-3 à D. 511-5, D. 511-23, D. 511-46, D. 511-54 à D. 511-56, D. 511-58 à D. 511-73, D. 521-1 à D. 521-9, D. 521-16 sauf en ce qui concerne les lycées, D. 521-18, D. 531-3 à D. 531-12, D. 531-15, D. 531-17, D. 531-21 à D. 531-24, D. 531-26 à D. 531-29, D. 531-32, D. 531-36, D. 531-42 à D. 531-51, D. 532-1, D. 541-1, D. 541-3, D. 541-4, D. 541-7 à D. 541-9 du deuxième alinéa de l'article D. 551-4 et des articles D. 551-10 et D. 551-11, sous réserve des adaptations et des dispositions particulières figurant aux articles D. 564-3 à D. 564-7 et D. 564-9 à D. 564-11.

Toutefois, les articles D. 521-10 à D. 521-15 ne sont applicables qu'aux établissements d'enseignement privés du premier degré.

Art. D. 564-3 Pour l'application des articles D. 511-25, D. 511-42, D. 511-43, D. 511-48, R. 511-49, D. 511-52, D. 521-11, D. 521-13, D. 521-14, D. 531-38 à D. 531-40 et D. 551-6 en Nouvelle-Calédonie, les mots : "recteur d'académie", "recteur", *(Décr. n° 2012-16 du 5 janv. 2012, art. 7)* « directeur académique des services de l'éducation nationale agissant sur délégation du recteur d'académie » et "autorité académique" sont remplacés par les mots : "vice-recteur", les mots : "inspection académique" par les mots : "vice-rectorat", et les mots : "commission académique d'appel" par les mots : "commission d'appel constituée auprès du vice-recteur".

Art. R. 564-4 Pour l'application de l'article R. 511-20 dans les collèges et lycées de Nouvelle-Calédonie, les mots : "ou, dans les établissements publics locaux d'enseignement, le cas échéant, l'adjoint désigné par le chef d'établissement en cas de pluralité d'adjoints" mentionnés au troisième alinéa (2°) sont supprimés.

Le quatrième alinéa du même article (3°) est remplacé par les dispositions suivantes :

"3° Un conseiller principal d'éducation ou un conseiller d'éducation désigné par le conseil d'administration, sur proposition du chef d'établissement ou, à défaut, pour les collèges, un représentant des surveillants désignés dans les mêmes conditions ;".

Le cinquième alinéa (4°) est complété par les mots : "ou, à défaut, pour les collèges, l'agent comptable" ». – *[Décr. n° 86-164 du 31 janv. 1986, art. 55-13.]*

Art. D. 564-5 Pour l'application de l'article D. 511-42 dans les établissements d'enseignement du second degré de Nouvelle-Calédonie, la troisième phrase du premier alinéa de cet article est remplacée par la phrase suivante : « La notification de la décision du conseil de discipline mentionne les voies et délais d'appel auprès du vice-recteur selon les modalités fixées à l'article R. 511-49 ». – *[Décr. n° 85-1348 du 18 déc. 1985, art. 11-1, al. 4, en ce qui concerne la Nouvelle-Calédonie.]*

Art. D. 564-6 En Nouvelle-Calédonie, l'article D. 511-50 est remplacé par les dispositions suivantes :

"Lorsque la décision du conseil de discipline est déférée au vice-recteur, elle est néanmoins immédiatement exécutoire. Par ailleurs, le chef d'établissement peut faire application des dispositions de l'article D. 511-33 jusqu'à l'expiration du délai de huit jours prévu à l'article R. 511-49 ou jusqu'à décision du vice-recteur si celui-ci a été saisi.

"Le vice-recteur décide après avis de la commission d'appel constituée auprès de lui, réunie sous sa présidence ou celle de son représentant." – *[Décr. n° 85-1348 du 18 déc. 1985, art. 11-1, al. 5 à 7, en ce qui concerne la Nouvelle-Calédonie.]*

Les commissions académiques d'appel (procédure disciplinaire) sont renouvelées pour une durée de 5 ans à compter du 8 juin 2020 (Décr. n° 2020-631 du 25 mai 2020, art. 1er).

Art. D. 564-7 La commission d'appel constituée auprès du vice-recteur de Nouvelle-Calédonie comprend, outre le vice-recteur ou son représentant, deux chefs d'établissement, un professeur et deux représentants des parents d'élèves, nommés pour deux ans par le vice-recteur.

Un suppléant est nommé dans les mêmes conditions pour chacun des membres de la commission, à l'exclusion de son président. Pour la désignation des représentants des parents d'élèves, le vice-recteur recueille les propositions des associations représentatives. – *[Décr. n° 85-1348 du 18 déc. 1985, art. 11-1, al. 8 et 10, en ce qui concerne la Nouvelle-Calédonie.]*

Les commissions académiques d'appel (procédure disciplinaire) sont renouvelées pour une durée de 5 ans à compter du 8 juin 2020 (Décr. n° 2020-631 du 25 mai 2020, art. 1er).

Art. R. 564-8 L'organisation de l'année scolaire définie à l'article L. 521-1 peut comporter, en Nouvelle-Calédonie, six périodes de travail de durée comparable, séparées par cinq périodes de vacance des classes.

Le calendrier scolaire est établi par le vice-recteur.

Pour tenir compte de circonstances particulières locales susceptibles de mettre en difficulté le bon fonctionnement du service public de l'enseignement dans un établissement, une commune ou une province, le vice-recteur peut apporter des adaptations à ce calendrier.

Ces adaptations ne peuvent porter sur le nombre et la durée effective totale des périodes de travail et des périodes de vacance des classes, ni sur l'équilibre entre ces périodes. – *[Décr. n° 91-116 du 28 janv. 1991, art. 3, en ce qui concerne la Nouvelle-Calédonie.]*

Art. D. 564-9 Pour l'application de l'article D. 521-14 en Nouvelle-Calédonie, les mots : "après consultation du conseil départemental de l'éducation nationale" sont supprimés.

Pour l'application de l'article D. 531-38, les mots : "commission départementale" sont remplacés par les mots : "commission des bourses au mérite en Nouvelle Calédonie" et pour l'application de l'article D. 531-39, les mots : "commission départementale" sont remplacés par les mots : "commission mentionnée à l'article D. 531-38".

Art. D. 564-10 Pour l'application de l'article D. 542-1 en Nouvelle-Calédonie, les mots : "en France" sont remplacés par les mots : "en Nouvelle-Calédonie".

Art. D. 564-11 Pour l'application de l'article D. 551-5 en Nouvelle-Calédonie, le dossier de demande d'agrément est soumis au Conseil national des associations éducatives complémentaires de l'enseignement public. La décision d'agrément ou de retrait d'agrément est prise par arrêté du ministre chargé de l'éducation.

Pour l'application de l'article D. 551-12, les mots : "conseils académiques" et "recteurs d'académie" sont supprimés.

LIVRE SIXIÈME L'ORGANISATION DES ENSEIGNEMENTS SUPÉRIEURS

(Décr. nº 2013-756 du 19 août 2013)

TITRE PREMIER L'ORGANISATION GÉNÉRALE DES ENSEIGNEMENTS

CHAPITRE PREMIER DISPOSITIONS COMMUNES

SECTION PREMIÈRE INSERTION DANS L'ESPACE EUROPÉEN DE L'ENSEIGNEMENT SUPÉRIEUR

Art. D. 611-1 Les parcours types de formation mentionnés à l'article D. 123-14 sont des ensembles cohérents d'unités d'enseignement, organisant des progressions pédagogiques adaptées. Ils visent à l'acquisition d'un ou plusieurs diplômes nationaux et sont proposés par les établissements d'enseignement supérieur dans le cadre de la procédure mentionnée à l'article D. 613-4. – *[Décr. nº 2002-482 du 8 avr. 2002, art. 4.]*

Art. D. 611-2 Chaque unité d'enseignement a une valeur définie en crédits européens, au niveau d'études concerné.

Le nombre de crédits par unité d'enseignement est défini sur la base de la charge totale de travail requise de la part de l'étudiant pour obtenir l'unité. La charge totale de travail tient compte de l'ensemble de l'activité exigée de l'étudiant et, notamment, du volume et de la nature des enseignements dispensés, du travail personnel requis, des stages, mémoires, projets et autres activités.

Afin d'assurer la comparaison et le transfert des parcours de formation dans l'espace européen, une référence commune est fixée correspondant à l'acquisition de 180 crédits pour le niveau licence et de 300 crédits pour le niveau master. Cette référence permet de définir la valeur en crédits de l'ensemble des diplômes. Les crédits sont obtenus lorsque les conditions de validation définies par les modalités de contrôle de connaissances et aptitudes propres à chaque type d'études sont satisfaites. – *[Décr. nº 2002-482 du 8 avr. 2002, art. 5.]*

Art. D. 611-3 Les conditions d'acquisition des crédits européens au sein d'un parcours type de formation et les règles de prise en compte des crédits antérieurement acquis sont fixées de manière à assurer la cohérence des formations, à garantir la validation par le diplôme national concerné et à favoriser les réorientations. – *[Décr. nº 2002-482 du 8 avr. 2002, art. 6.]*

Art. D. 611-4 Le ou les ministres intéressés peuvent fixer, après avis des instances consultatives compétentes, les modalités d'application des articles D. 123-13, D. 123-14 et D. 611-1 à D. 611-3 à des domaines d'études particuliers et aux diplômes nationaux correspondants. – *[Décr. nº 2002-482 du 8 avr. 2002, art. 7.]*

Art. D. 611-5 Dans le cadre des dispositions mentionnées à l'article D. 611-4, il peut être également prévu un régime transitoire permettant aux établissements d'enseignement supérieur d'organiser tout ou partie de leurs formations soit dans le cadre réglementaire en vigueur à la date du 10 avril 2002, soit dans le cadre des articles D. 123-12 à D. 123-14 et D. 611-1 à D. 611-3. – *[Décr. nº 2002-482 du 8 avr. 2002, art. 8.]*

Art. D. 611-6 L'application des articles D. 123-12 à D. 123-14 et D. 611-1 à D. 611-5 fait l'objet d'un dispositif de suivi destiné à étudier toute question relative à l'organisation des parcours types de formation, à leur lisibilité, à leur publicité ainsi qu'aux conditions de leur généralisation. – *[Décr. nº 2002-482 du 8 avr. 2002, art. 9.]*

SECTION II LA RECONNAISSANCE DE L'ENGAGEMENT DES ÉTUDIANTS DANS LA VIE ASSOCIATIVE, SOCIALE OU PROFESSIONNELLE

(Décr. nº 2017-962 du 10 mai 2017, art. 1er)

Art. D. 611-7 Les établissements d'enseignement supérieur dispensant des formations sanctionnées par un diplôme d'enseignement supérieur valident, au titre de la formation suivie par l'étudiant et sur sa demande, les compétences, connaissances et aptitudes qu'il a acquises dans l'exercice des activités mentionnées à l'article L. 611-9 et qui relèvent de celles attendues dans son cursus d'études.

Cette validation prend la forme notamment de l'attribution d'éléments constitutifs d'une unité d'enseignement, de crédits du système européen d'unités d'enseignement capitalisables et transférables ("système européen de crédits – ECTS"), d'une dispense, totale ou partielle, de certains enseignements ou stages relevant du cursus de l'étudiant.

Les modalités de demande et de validation prévues au deuxième alinéa sont définies au plus tard dans les deux mois qui suivent le début de l'année universitaire par la commission de la formation et de la vie universitaire du conseil académique de l'université ou, à défaut, par l'instance en tenant lieu.

Les mêmes activités ne peuvent donner lieu qu'à une seule validation des compétences, connaissances et aptitudes acquises.

Art. D. 611-8 La validation s'accompagne d'une inscription dans l'annexe descriptive au diplôme ou de toute autre modalité déterminée par l'instance compétente en matière d'organisation des formations définie à l'article D. 611-7.

Art. D. 611-9 Sur demande de l'étudiant, les établissements d'enseignement supérieur prévoient les aménagements dans l'organisation et le déroulement des études et des examens ainsi que les droits spécifiques, qui permettent de concilier l'exercice des activités mentionnées à l'article L. 611-11 avec la poursuite de ses études. Ces aménagements et ces droits spécifiques sont définis, après évaluation des besoins, par la commission de la formation et de la vie universitaire du conseil académique de l'université ou, à défaut, par l'instance en tenant lieu.

Les aménagements portent, en fonction des besoins, sur l'emploi du temps, les modalités de contrôle des connaissances, la durée du cursus d'études ou peuvent prendre toute autre forme définie par les établissements qui peuvent s'appuyer sur le développement de l'enseignement à distance et le recours aux technologies numériques. Ils sont formalisés dans un document écrit signé par l'étudiant et le chef d'établissement.

Les droits spécifiques peuvent comprendre des actions d'information et de formation, des moyens matériels, des aides financières et, pour les étudiants élus dans les conseils des établissements et des centres régionaux des œuvres universitaires et scolaires, des dispositions destinées à faciliter l'exercice de leur mandat.

SECTION III LES FORMES D'ENSEIGNEMENT

(Décr. n° 2017-619 du 24 avr. 2017, art. 1er)

Art. D. 611-10 Les enseignements délivrés dans le cadre des formations des établissements d'enseignement supérieur peuvent être dispensées *[dispensés]* soit en présence des usagers, soit à distance, le cas échéant, sous forme numérique, soit selon des dispositifs associant les deux formes.

Un volume minimal d'enseignement pédagogique, fixé par voie réglementaire, peut être assuré en présence des étudiants.

Art. D. 611-11 Constitue un enseignement de l'enseignement supérieur à distance un enseignement délivré en dehors de la présence physique dans un même lieu que l'étudiant de l'enseignant qui le dispense. Cet enseignement est totalement ou majoritairement conçu et organisé par des enseignants de l'établissement qui le propose.

Un enseignement à distance est assorti d'un accompagnement personnalisé des étudiants.

Art. D. 611-12 Les conditions de la validation des enseignements, dispensés en présence des usagers ou à distance, le cas échéant sous forme numérique, sont arrêtées dans chaque établissement d'enseignement supérieur au plus tard à la fin du premier mois de l'année d'enseignement et elles ne peuvent être modifiées en cours d'année.

La validation des enseignements*[,]* contrôlée par des épreuves organisées à distance sous forme numérique, doit être garantie par :

1° La vérification que le candidat dispose des moyens techniques lui permettant le passage effectif des épreuves ;

2° La vérification de l'identité du candidat ;

3° La surveillance de l'épreuve et le respect des règles applicables aux examens.

SECTION IV PÉRIODE DE CÉSURE

(Décr. n° 2018-372 du 18 mai 2018, art. 1er)

Art. D. 611-13 La période pendant laquelle un étudiant, inscrit dans une formation initiale d'enseignement supérieur, suspend temporairement ses études dans le but d'acquérir une expérience personnelle ou professionnelle, soit en autonomie, soit encadré dans un organisme d'accueil en France ou à l'étranger, est dénommée "période de césure".

Art. D. 611-14 La période de césure intervient à l'initiative de l'étudiant et ne peut être rendue obligatoire dans le cursus dans lequel l'étudiant est engagé.

La période de césure ne peut se substituer aux modalités d'acquisition des compétences prévues dans le cadre de la formation, telles que le projet de fin d'études, les stages en milieu professionnel ou l'enseignement en langue étrangère.

Art. D. 611-15 Le début d'une période de césure coïncide nécessairement avec celui d'un semestre universitaire. Sa durée ne peut être inférieure à celle d'un semestre universitaire, ni supérieure à deux semestres consécutifs.

Chaque cycle d'études ouvre droit à une seule période de césure. Elle peut débuter dès l'inscription dans la formation et s'achève au plus tard avant le dernier semestre de la fin de cette formation quelle que soit la durée du cycle d'études.

Le télé-service défini par l'article D. 612-1 qui gère la procédure nationale de préinscription dans une formation initiale du premier cycle mentionnée à l'article L. 612-3 permet au candidat qui souhaite débuter une césure dès l'entrée dans l'enseignement supérieur de transmettre sa demande une fois qu'il a accepté la proposition d'inscription faite par l'établissement.

Art. D. 611-16 La césure peut prendre notamment l'une des formes suivantes :

1° Une formation dans un domaine différent de celui de la formation dans laquelle l'étudiant est inscrit ;

2° Une expérience en milieu professionnel en France ou à l'étranger *(Décr. n° 2021-1154 du 3 sept. 2021, art. 1er)* « , notamment sous forme de stage » ;

3° Un engagement de service civique en France ou à l'étranger, qui peut notamment prendre la forme d'un volontariat de solidarité internationale, d'un volontariat international en administration ou en entreprise ou d'un service volontaire européen ;

4° Un projet de création d'activité en qualité d'étudiant-entrepreneur.

(Décr. n° 2021-1154 du 3 sept. 2021, art. 1er) « Le chapitre IV du titre II du livre Ier du présent code est applicable à la césure sous forme de stage à l'exception des articles D. 124-1 et D. 124-2 et du 1° de l'article D. 124-4. »

Art. D. 611-17 Les établissements fixent le calendrier et la procédure applicables aux demandes de césure et précisent les pièces que l'étudiant produit à l'appui de sa demande, les modalités d'organisation de l'encadrement pédagogique et de l'accompagnement de l'étudiant mentionnés à l'article D. 611-20, ainsi que les modalités d'association de représentants des étudiants à la procédure.

Pour les étudiants qui demandent à effectuer une période de césure dès leur inscription dans une formation du premier cycle de l'enseignement supérieur, le calendrier fixé en application de l'alinéa précédent tient compte du calendrier de la procédure nationale de préinscription prévue à l'article D. 612-1.

Tout étudiant désirant effectuer une période de césure soumet son projet au président ou au directeur de l'établissement dans lequel il est inscrit en indiquant la nature, les modalités de mise en œuvre et les objectifs de son projet, conformément à la procédure prévue par l'établissement en application du premier alinéa du présent article.

Lorsque l'étudiant souhaite interrompre la période de césure avant le terme prévu dans la convention mentionnée à l'article D. 611-18, la réintégration dans la formation ne peut intervenir sans l'accord du président ou du directeur de l'établissement.

Art. D. 611-18 Lorsque le président ou le directeur de l'établissement donne son accord à la demande de césure, compte tenu de la qualité et de la cohérence du projet présenté par l'étudiant, il signe avec ce dernier une convention qui comporte les mentions obligatoires suivantes :

1° Les modalités de la réintégration de l'étudiant dans la formation dans laquelle il est inscrit pour effectuer le semestre ou l'année suivant ceux qu'il a validés avant la suspension de sa formation. Cette garantie est valable quelles que soient les modalités d'accès à la formation ;

2° Le dispositif d'accompagnement pédagogique ;

3° Les modalités de validation de la période de césure soit par l'attribution de crédits du système européen d'unités d'enseignement capitalisables et transférables, soit par la mise en œuvre de l'une des modalités prévues à l'article D. 611-7.

Art. D. 611-19 Pendant toute la période de césure, l'étudiant demeure inscrit dans l'établissement qui lui délivre une carte d'étudiant.

Lorsque le diplôme préparé dans l'établissement d'inscription est un diplôme national, l'étudiant acquitte des droits de scolarité au taux réduit prévu dans l'annexe de l'arrêté fixant les droits de scolarité d'établissements publics d'enseignement supérieur relevant du ministre chargé de l'enseignement supérieur.

Art. D. 611-20 L'établissement assure un encadrement pédagogique lors de la période de césure et accompagne l'étudiant dans la préparation de cette période et pour l'établissement de son bilan.

En fonction de la nature du projet, cet accompagnement pédagogique est renforcé afin de permettre d'évaluer les compétences acquises et de délivrer le cas échéant des crédits du système européen d'unités d'enseignement capitalisables et transférables.

Lorsque la césure donne lieu à l'attribution de crédits du système européen d'unités d'enseignement capitalisables et transférables, ceux-ci s'ajoutent au nombre total de crédits européens délivrés à l'issue de la formation.

Ces crédits peuvent faciliter, si nécessaire, la réorientation de l'étudiant vers un cursus de formation différent de celui qu'il suivait avant sa césure.

CHAPITRE II ACCÈS AUX ÉTUDES SUPÉRIEURES

(Décr. n° 2018-172 du 9 mars 2018, art. 2)

SECTION PREMIÈRE DISPOSITIONS GÉNÉRALES *(Décr. n° 2018-369 du 18 mai 2018, art. 3).*

(Décr. n° 2018-172 du 9 mars 2018, art. 2)

Art. D. 612-1 *(Décr. n° 2020-181 du 28 févr. 2020, art. 2)* « I. – » La procédure nationale de préinscription dans une formation initiale du premier cycle de l'enseignement supérieur mentionnée à l'article L. 612-3 est dématérialisée et gérée par un téléservice national, dénommé Parcoursup, placé sous la responsabilité du ministre chargé de l'enseignement supérieur.

La plateforme Parcoursup a pour objet :

– de délivrer aux candidats des informations sur les formations initiales du premier cycle de l'enseignement supérieur proposées par les établissements publics d'enseignement supérieur ainsi que par les établissements privés d'enseignement supérieur mentionnés au premier alinéa de l'article L. 612-3-2, notamment sur les caractéristiques de ces formations, de nature à aider ces candidats à faire leurs choix d'orientation ;

– de permettre à ces mêmes candidats de formuler des vœux d'inscription dans une ou plusieurs de ces formations pour l'année suivante ;

– de permettre aux établissements mentionnés aux articles L. 612-3 et L. 612-3-2 dispensant ces formations de recueillir les vœux d'inscription des candidats, de procéder à leur examen et d'organiser l'année universitaire suivante en préparant les inscriptions dans chaque formation qu'ils proposent.

(Décr. n° 2018-369 du 18 mai 2018, art. 4) « Le ministre chargé de l'enseignement supérieur détermine les règles de fonctionnement de la plateforme qu'implique la mise en œuvre des dispositions légales et réglementaires encadrant la procédure nationale de préinscription. » *(Décr. n° 2020-181 du 28 févr. 2020, art. 2)* « Il définit notamment les conditions dans lesquelles les établissements et les formations qui ne sont pas mentionnés aux articles L. 612-3 et L. 612-3-2 peuvent participer à la procédure nationale

de préinscription ainsi que les conditions dans lesquelles des formations peuvent, à titre exceptionnel, en raison de leurs caractéristiques ou des conditions particulières dans lesquelles sont admis les candidats, faire l'objet de règles adaptées.

« II. – La plateforme Parcoursup assure aux candidats déjà titulaires du baccalauréat ou d'un diplôme équivalent et qui s'inscrivent sur la plateforme Parcoursup pour reprendre des études, une information sur l'offre de formation professionnelle tout au long de la vie et le conseil en évolution professionnelle. »

Art. D. 612-1-1 La procédure nationale de préinscription comporte une phase principale et une phase complémentaire.

La phase principale permet aux candidats de formuler des vœux d'inscription dans une ou plusieurs des formations initiales du premier cycle de l'enseignement supérieur proposées sur la plateforme Parcoursup, lesquels seront examinés dans les conditions fixées à l'article *(Décr. n° 2018-369 du 18 mai 2018, art. 5)* « D. 612-1-13 ».

La phase complémentaire permet aux candidats, à partir d'une date fixée par le calendrier mentionné à l'article D. 612-1-2, de se porter candidat, à titre subsidiaire, dans les formations au sein desquelles des places sont restées vacantes à partir de la date d'ouverture de cette phase ou le deviennent du fait des réponses des candidats.

Art. D. 612-1-2 Le calendrier de la procédure nationale de préinscription est défini annuellement par le ministre chargé de l'enseignement supérieur. Ce calendrier précise notamment les dates d'ouverture et de clôture des phases principale et complémentaire ainsi que les dates et échéances opposables aux candidats ainsi qu'aux établissements dispensant des formations initiales du premier cycle de l'enseignement supérieur qui sont proposées sur la plateforme Parcoursup.

(Décr. n° 2018-369 du 18 mai 2018, art. 6) « Le candidat est averti via la plateforme Parcoursup de la fin du délai pouvant entraîner l'annulation de ses vœux et des propositions d'admission reçues via la plateforme. » *(Décr. n° 2019-231 du 26 mars 2019, art. 2)* « Il est également informé via cette plateforme des périodes au cours desquelles il doit confirmer la proposition d'admission qu'il a acceptée ou les placements sur liste d'attente dont il bénéficie, sous peine d'être réputé y avoir renoncé. »

Art. D. 612-1-3 *(Décr. n° 2019-231 du 26 mars 2019, art. 3)* I. – L'autorité académique mentionnée aux VIII et IX de l'article L. 612-3 est le recteur *(Décr. n° 2019-1558 du 30 déc. 2019, art. 5)* « de région académique ». L'autorité académique mentionnée aux III, V, VI et VII de l'article L. 612-3 est également le recteur *(Décr. n° 2019-1558 du 30 déc. 2019, art. 5)* « de région académique » pour ce qui concerne les formations initiales du premier cycle de l'enseignement supérieur dispensées par les établissements relevant des ministres chargés de l'éducation nationale et de l'enseignement supérieur.

II. – Pour les formations initiales du premier cycle de l'enseignement supérieur dispensées par les établissements relevant du ministre chargé de l'agriculture, l'autorité académique mentionnée aux VI et VII de l'article L. 612-3 est le directeur régional de l'alimentation, de l'agriculture et de la forêt.

Pour les formations initiales du premier cycle de l'enseignement supérieur autres que celles dispensées par les établissements relevant des ministres chargés de l'éducation nationale, de l'enseignement supérieur et de l'agriculture, le recteur *(Décr. n° 2019-1558 du 30 déc. 2019, art. 5)* « de région académique » fixe, en lien avec l'autorité dont relève l'établissement dispensant la formation, le pourcentage minimal de bacheliers retenus bénéficiaires d'une bourse nationale de lycée mentionné au second alinéa du VI de l'article L. 612-3.

Art. D. 612-1-4 I. – Les capacités d'accueil des formations initiales du premier cycle de l'enseignement supérieur des établissements relevant des ministres chargés de l'éducation nationale et de l'enseignement supérieur, arrêtées chaque année par le *(Décr. n° 2019-1558 du 30 déc. 2019, art. 9)* « recteur de région académique » après dialogue avec chaque établissement, sont portées à la connaissance des candidats sur la plateforme Parcoursup.

Ces capacités d'accueil sont actualisées, si nécessaire, au plus tard au terme de la phase principale de la procédure de préinscription.

II. — Pour déterminer chaque année les capacités d'accueil de chaque formation du premier cycle, le *(Décr. nº 2019-1558 du 30 déc. 2019, art. 9)* « recteur de région académique » tient compte :

— de l'évolution des projets de formation des candidats, appréciée au regard des vœux d'inscription formulés dans le cadre de la procédure nationale de préinscription les trois années précédentes ;

— du projet de formation et de recherche de l'établissement, tel qu'inscrit dans le projet stratégique validé lors de la contractualisation de l'établissement avec l'État, conformément à l'article L. 711-1 du code de l'éducation ;

— des perspectives d'insertion professionnelle des formations dont il a connaissance.

Lorsque l'analyse de ces informations ne conduit pas à un diagnostic partagé entre le *(Décr. nº 2019-1558 du 30 déc. 2019, art. 9)* « recteur de région académique » et l'établissement concerné, le *(Décr. nº 2019-1558 du 30 déc. 2019, art. 9)* « recteur de région académique » tient prioritairement compte de l'évolution des projets de formation exprimés par les candidats constatée les trois années précédentes.

(Décr. nº 2019-231 du 26 mars 2019, art. 4) « III. — Les capacités d'accueil des formations initiales du premier cycle de l'enseignement supérieur autres que celles dispensées par les établissements relevant des ministres chargés de l'éducation nationale et de l'enseignement supérieur sont arrêtées par l'autorité dont relève l'établissement dispensant la formation dans le respect des instructions préalables à l'ouverture de la plateforme Parcoursup fixées, notamment en termes de calendrier, par le ministre chargé de l'enseignement supérieur. Elles sont portées à la connaissance des candidats sur la plateforme Parcoursup. Le deuxième alinéa du I et le II sont applicables à ces formations. »

Art. D. 612-1-5 Les caractéristiques des formations proposées sur la plateforme Parcoursup sont portées à la connaissance des candidats. Elles comprennent notamment : *(Décr. nº 2020-181 du 28 févr. 2020, art. 3)* « — le statut de l'établissement, »

— les modalités d'organisation de la formation,

— les contenus de la formation et les modalités pédagogiques de leur mise en œuvre, incluant les stages,

— l'utilisation éventuelle d'outils numériques pour tout ou partie de la formation,

— une information sur les spécificités de la formation, en particulier lorsqu'il s'agit d'une formation dispensée, partiellement ou en totalité, à distance ou lorsqu'il s'agit d'une formation dispensée par la voie de l'apprentissage,

— les différentes possibilités de poursuite d'études à l'issue de la formation, les métiers auxquels elle conduit,

— les informations statistiques sur la réussite des étudiants notamment au cours du parcours de formation, à l'issue de celui-ci et, le cas échéant, après l'obtention de la certification à laquelle il prépare,

— les capacités d'accueil dans la formation pour l'année à venir, ainsi que, le cas échéant, le nombre de vœux d'inscription enregistrés l'année précédente,

— les connaissances et compétences attendues pour la réussite dans la formation,

(Décr. nº 2019-231 du 26 mars 2019, art. 5) « — les critères généraux encadrant l'examen des candidatures par les commissions d'examen des vœux mentionnées à l'article D. 612-1-13, » *(Décr. nº 2021-226 du 26 févr. 2021, art. 2)* « ainsi que les éventuelles recommandations relatives aux parcours antérieurs permettant de réussir dans la formation, »

— les éléments, pièces et documents *(Décr. nº 2019-231 du 26 mars 2019, art. 5)* « qui sont demandés pour l'analyse » des candidatures,

(Décr. nº 2021-226 du 26 févr. 2021, art. 2) « — la publication, sous la forme de rapport, des critères en fonction desquels les candidatures ont été examinées l'année précédente et précisant, le cas échéant, dans quelle mesure des traitements algorithmiques ont été utilisés pour procéder à cet examen. »

Art. D. 612-1-6 Les connaissances et compétences attendues pour la réussite dans chacune des formations proposées sur la plateforme Parcoursup font l'objet d'un cadrage national arrêté par le ministre compétent et mis en ligne sur la plateforme Parcoursup.

Ces éléments de cadrage national peuvent être complétés par les établissements dispensant des formations initiales du premier cycle de l'enseignement supérieur pour prendre en compte les spécificités de leurs formations.

Il n'est pas établi de cadrage national pour les formations initiales qui, à l'exception des classes préparatoires aux grandes écoles, ne conduisent pas à la délivrance d'un diplôme national, ou dont les caractéristiques, compte tenu de la spécificité de ces formations, notamment en ce qui concerne les formations qui ne sont dispensées que par un seul établissement, ne peuvent être fixées que par l'établissement.

Art. D. 612-1-7 Les formations initiales du premier cycle de l'enseignement supérieur entièrement dispensées à distance sont des formations dont le bassin de recrutement est constitué de l'ensemble du territoire national au sens du dernier alinéa du V de l'article L. 612-3.

Art. D. 612-1-8 *(Décr. nº 2018-172 du 9 mars 2018, art. 2 ; Décr. nº 2018-369 du 18 mai 2018, art. 2)* A partir de l'inscription sur la plateforme Parcoursup et pendant tout le déroulement de la procédure nationale de préinscription, l'adresse de référence du candidat lycéen scolarisé dans un établissement français est, par défaut, l'adresse du domicile de ses représentants légaux.

Le changement de domicile du candidat peut être pris en compte :

– en cas de déménagement familial, prévu pour la rentrée en raison d'un changement de situation professionnelle de l'un des représentants légaux ;

– pour les sportifs de haut niveau, en cas de recrutement par un club de *(Décr. nº 2019-1558 du 30 déc. 2019, art. 8)* « la région académique » dans laquelle sont dispensées les formations demandées ;

– lorsque la situation d'un candidat le justifie, eu égard à des circonstances exceptionnelles tenant notamment à son état de santé, à son handicap ou à ses charges de famille.

Cette demande doit être faite via la plateforme Parcoursup selon le calendrier défini en application de l'article D. 612-1-2. Lorsque la demande de changement de domicile est acceptée par le recteur de *(Décr. nº 2019-1558 du 30 déc. 2019, art. 8)* « la région académique » dont relève la nouvelle résidence du candidat, le nouveau domicile de ce dernier est pris en compte au même titre que celui initialement renseigné.

Le candidat qui a connaissance tardivement d'un changement de domicile et n'est pas en mesure de le communiquer dans le délai fixé par le calendrier défini en application de l'article D. 612-1-2, se rapproche directement du recteur de *(Décr. nº 2019-1558 du 30 déc. 2019, art. 8)* « la région académique » dont relève sa nouvelle résidence via la plateforme Parcoursup.

Art. D. 612-1-9 *(Décr. nº 2020-181 du 28 févr. 2020, art. 4)* « I. – » *(Décr. nº 2019-231 du 26 mars 2019, art. 6)* « Le candidat est informé via la plateforme Parcoursup des périodes et modalités d'inscription administrative dans la formation, proposée par la plateforme, dans laquelle il a été admis. Ces dates sont fixées par chaque chef d'établissement dispensant des formations du premier cycle de l'enseignement supérieur en *(Décr. nº 2020-181 du 28 févr. 2020, art. 4)* « respectant » les prescriptions posées en la matière par le calendrier de la procédure nationale de préinscription mentionné à l'article D. 612-1-2. »

(Décr. nº 2018-172 du 9 mars 2018, art. 2 ; Décr. nº 2018-369 du 18 mai 2018, art. 2) « Le candidat qui ne respecte pas le délai d'inscription *(Décr. nº 2019-231 du 26 mars 2019, art. 6)* « administrative » ou ne se présente pas, sans justification valable, le jour de la rentrée fixé par l'établissement est réputé avoir renoncé à la proposition d'admission. L'établissement signale sur la plateforme Parcoursup, *(Décr. nº 2019-231 du 26 mars 2019, art. 6)* « aux dates mentionnées » dans le calendrier prévu à l'article D. 612-1-2 du code de l'éducation, les places qui sont ainsi laissées vacantes.

« *(Décr. nº 2020-181 du 28 févr. 2020, art. 4)* « II. – » Pour l'inscription définitive dans une formation initiale du premier cycle de l'enseignement supérieur qui n'est pas proposée sur la plateforme Parcoursup, tout candidat inscrit sur la plateforme Parcoursup produit l'attestation délivrée par ladite plateforme confirmant qu'il a renoncé à tous ses vœux acceptés ou en attente d'une réponse de sa part ou de la part d'un établissement de formation. » *(Décr. nº 2018-369 du 18 mai 2018, art. 8)* « Une attestation de non-inscription sur la plateforme Parcoursup peut également être fournie sur demande. » *(Décr. n° 2019-231 du 26 mars 2019, art. 6)* « Les établissements dispensant des formations initiales du premier cycle de l'enseignement supérieur qui ne sont pas proposées sur la plateforme Parcoursup s'assurent du respect de ces formalités par leurs étudiants.

« Les obligations mentionnées à l'alinéa précédent sont également applicables aux candidats relevant de la formation professionnelle continue, pour leur inscription dans les établissements dispensant la formation préparant au diplôme d'État d'infirmier » *(Décr. n° 2020-181 du 28 févr. 2020, art. 4)* « ainsi qu'aux diplômes de travail social.

« III. – Les établissements dispensant des formations du premier cycle de l'enseignement supérieur assurent auprès de leurs propres étudiants qui se sont inscrits sur la plateforme Parcoursup, l'information sur les dates d'inscription à respecter pour poursuivre leur cursus ou pour redoubler au sein de l'établissement. Ils veillent aussi à ce que ces étudiants renoncent à leurs vœux acceptés ou en attente d'une réponse sur Parcoursup, lorsqu'ils procèdent à leur inscription administrative pour poursuivre leur cursus ou pour redoubler au sein de l'établissement. »

Art. D. 612-1-9-1 *(Décr. n° 2019-231 du 26 mars 2019, art. 7)* I. – Pour améliorer les conditions d'accès des candidats en situation de handicap ou présentant un trouble de santé invalidant aux formations initiales du premier cycle de l'enseignement supérieur et faciliter leur accueil dans la formation choisie, une fiche de liaison est mise à la disposition de ceux d'entre eux qui le souhaitent par la plateforme Parcoursup.

Cette fiche de liaison est également prise en compte par l'autorité académique lorsqu'elle est saisie par un candidat d'une demande de réexamen de sa candidature sur le fondement du IX de l'article L. 612-3.

II. – Pour tenir compte de la situation particulière des candidats inscrits sur la plateforme Parcoursup dans le cadre d'une réorientation ou d'une reprise d'études, une fiche de suivi est mise à la disposition de ceux d'entre eux qui le souhaitent par la plateforme Parcoursup. Cette fiche de suivi a pour objet de valoriser auprès d'un service d'orientation la démarche de réflexion dans laquelle le candidat s'est engagé afin que ce service l'accompagne dans sa démarche et formule un avis sur son projet de réorientation ou de reprise d'études.

SECTION II **PHASE PRINCIPALE DE LA PROCÉDURE NATIONALE DE PRÉINSCRIPTION** *(Décr. n° 2018-369 du 18 mai 2018, art. 9).*

Art. D. 612-1-10 *(Décr. n° 2018-172 du 9 mars 2018, art. 2 ; Décr. n° 2018-369 du 18 mai 2018, art. 2)* Le nombre total de vœux d'inscription est limité à dix par candidat lors de la phase principale. *(Décr. n° 2020-181 du 28 févr. 2020, art. 5)* « Toutefois, un arrêté du ministre chargé de l'enseignement supérieur peut, pour assurer le bon déroulement de la procédure, limiter compte tenu des caractéristiques des formations et de leurs capacités d'accueil, le nombre de vœux d'inscription dans certaines formations. Ce nombre de vœux ne peut alors être inférieur à cinq par candidat. »

Le candidat ne peut formuler qu'un vœu pour une même formation.

Il dispose de dix vœux supplémentaires au plus lorsqu'il se porte candidat à des formations dispensées par la voie de l'apprentissage et auxquelles l'accès est conditionné à la signature d'un contrat d'apprentissage.

A défaut d'avoir confirmé ses vœux dans les délais figurant dans le calendrier prévu à l'article D. 612-1-2, les vœux d'inscription formulés par le candidat sont annulés.

(Décr. n° 2019-231 du 26 mars 2019, art. 8) « Le candidat peut supprimer tout ou partie de ses vœux à tout moment de la procédure. »

Art. D. 612-1-11 *(Décr. n° 2018-172 du 9 mars 2018, art. 2 ; Décr. n° 2018-369 du 18 mai 2018, art. 2)* A l'initiative des établissements concernés, plusieurs formations dont l'objet est similaire peuvent être regroupées en vue de faire l'objet d'un même vœu.

Ces vœux, dits multiples, qui comptent pour un seul vœu parmi les dix mentionnés à l'article *(Décr. n° 2018-369 du 18 mai 2018, art. 11)* « D. 612-1-10 », sont composés de sous-vœux qui correspondent chacun à une formation dispensée par l'un des établissements qui ont choisi de regrouper leurs formations similaires en application du premier alinéa.

Pour chaque vœu multiple, le candidat est autorisé à sélectionner une ou plusieurs formations dans la limite de dix sous-vœux par vœu multiple et de vingt sous-vœux pour l'ensemble des vœux multiples qu'il aura formulés. *(Décr. n° 2020-181 du 28 févr. 2020, art. 6)* « Toutefois, un arrêté du ministre chargé de l'enseignement supérieur détermine les catégories de formations pour lesquelles les sous-vœux qui composent un vœu multiple ne sont pas comptabilisés pour le calcul du nombre total de sous-vœux. »

Lorsque le vœu multiple porte sur une formation initiale du premier cycle de l'enseignement supérieur dispensée dans un lycée, la demande de la même formation, avec ou sans hébergement en internat, compte pour un seul sous-vœu.

(Décr. n° 2019-231 du 26 mars 2019, art. 9) « Pour chaque vœu multiple à dossier unique donnant lieu à un classement commun, le nombre de sous-vœux peut être modifié au plus tard jusqu'à la date fixée par le calendrier mentionné à l'article D. 612-1-2. »

Art. D. 612-1-12 *Abrogé par Décr. n° 2019-1126 du 4 nov. 2019, art. 1er.*

Art. D. 612-1-13 *(Décr. n° 2018-172 du 9 mars 2018, art. 2 ; Décr. n° 2018-369 du 18 mai 2018, art. 2) (Décr. n° 2020-181 du 28 févr. 2020, art. 7)* « I. — » Les établissements dispensant des formations initiales du premier cycle de l'enseignement supérieur proposées sur la plateforme Parcoursup examinent les dossiers de candidature des candidats selon le calendrier défini en application de l'article D. 612-1-2.

(Décr. n° 2020-181 du 28 févr. 2020, art. 7) « Les dossiers de candidature ne mentionnent pas le nom, le prénom, l'adresse du domicile et l'âge du candidat, sauf si ces renseignements figurent dans des documents produits par le candidat ou par l'établissement scolaire dans lequel il est inscrit et s'ils ne peuvent être supprimés par les moyens techniques mis en œuvre par la plateforme.

« Toutefois, les informations nominatives mentionnées au précédent alinéa sont communiquées aux établissements lorsque cette communication est nécessaire pour l'attribution d'une place d'hébergement en internat, pour la convocation du candidat aux épreuves d'entretiens ou de concours ou pour l'accompagnement du candidat dans la signature d'un contrat d'apprentissage.

(Décr. n° 2021-226 du 26 févr. 2021, art. 3) « Pour la mise en œuvre du troisième alinéa du I de l'article L. 612-3 et si le candidat en a exprimé le souhait, les établissements sont informés de la participation du bachelier aux dispositifs d'accompagnement mis en place entre les établissements d'enseignement pour garantir l'égalité des chances. »

« II. — » Pour procéder à *(Décr. n° 2020-181 du 28 févr. 2020, art. 7)* « l'examen mentionné au premier alinéa du I », *(Décr. n° 2018-369 du 18 mai 2018, art. 13)* « les établissements dont les formations ne relèvent pas du VI de l'article L. 612-3 réunissent », pour chaque formation ayant enregistré des vœux, une commission d'examen des vœux dont la composition est arrêtée par le chef d'établissement. Cette commission définit *(Décr. n° 2019-231 du 26 mars 2019, art. 10)* « , dans le respect des critères généraux fixés en application de l'article D. 612-1-5, » les modalités et les critères d'examen des candidatures et propose au chef d'établissement les réponses à faire aux candidats. Lorsque le nombre de candidatures excède les capacités d'accueil de la formation à la date de confirmation des vœux prévue par le calendrier mentionné à l'article D. 612-1-2, elle ordonne également les candidatures. *(Décr. n° 2018-369 du 18 mai 2018, art. 13)* « Toutefois, lorsque les statistiques des années précédentes permettent d'estimer que le nombre d'étudiants finalement inscrits dans une formation sera inférieur à la capacité d'accueil de cette formation, le *(Décr. n° 2019-1558 du 30 déc. 2019, art. 9)* « recteur de région académique » peut répondre favorablement à la demande du chef d'établissement de ne pas ordonner les candidatures sous réserve que ce dernier s'engage en conséquence à accueillir effectivement la totalité des candidats.

« Pour procéder à l'examen des dossiers de candidature pour l'accès aux formations relevant du VI de l'article L. 612-3, les établissements mettent en œuvre les modalités d'examen des candidatures prévues par les dispositions législatives et réglementaires les concernant. »

(Décr. n° 2020-181 du 28 févr. 2020, art. 7) « III. — » Le délai de transmission par l'établissement du résultat de l'examen des vœux est précisé par le calendrier prévu à l'article D. 612-1-2.

(Décr. n° 2020-181 du 28 févr. 2020, art. 7) « Avant la phase de réponse des établissements et de choix des candidats fixée par le calendrier prévu à l'article D. 612-1-2, une vérification du résultat de l'examen des vœux et des données d'appel saisis par chaque établissement dispensant des formations initiales du premier cycle de l'enseignement supérieur proposées sur la plateforme Parcoursup est assurée par chaque établissement. Cette vérification est organisée aux dates mentionnées par le calendrier prévu à l'article D. 612-1-2. »

Art. D. 612-1-14 *(Décr. n° 2018-172 du 9 mars 2018, art. 2 ; Décr. n° 2018-369 du 18 mai 2018, art. 2)* I. — Les candidats reçoivent, via la plateforme Parcoursup, le résultat de l'examen de leurs vœux d'inscription dans chaque formation, sélective ou non sélective.

A l'initiative des établissements concernés, une réponse unique peut être apportée aux candidats ayant présenté des vœux multiples en application de l'article *(Décr. n° 2018-369 du 18 mai 2018, art. 14)* « D. 612-1-11 ».

Lorsque la formation demandée est sélective, la décision du chef d'établissement dispensant cette formation peut être négative.

La proposition d'admission dans la formation sollicitée peut être subordonnée à l'acceptation par le candidat d'un dispositif d'accompagnement pédagogique ou d'un parcours de formation personnalisé proposé par l'établissement pour favoriser sa réussite. Le refus par le candidat de cette proposition de l'établissement vaut renonciation à l'inscription dans la formation sollicitée.

Ces dispositifs d'accompagnement pédagogique ou parcours de formation personnalisés proposés pour favoriser la réussite de l'étudiant dans la formation sollicitée sont classés en deux catégories selon l'intensité de l'accompagnement mis en place à son bénéfice.

Relèvent de la catégorie 1 les dispositifs d'accompagnement pédagogique ou parcours de formation personnalisés qui prévoient une consolidation des acquis des étudiants sans incidence sur la durée de la période d'études conduisant à la certification ou au diplôme auquel la formation prépare.

Relèvent de la catégorie 2 les dispositifs d'accompagnement pédagogique ou parcours de formation personnalisés qui, afin de favoriser la réussite du candidat, conduisent à un allongement de la durée de la période d'études conduisant à la certification ou au diplôme auquel la formation prépare.

Lorsqu'il constate que le bénéfice de dispositifs d'accompagnement pédagogique ou d'un parcours de formation personnalisé est nécessaire afin de favoriser la réussite de l'étudiant, l'établissement précise sur la plateforme Parcoursup la catégorie dont relève le dispositif auquel est subordonnée l'inscription. Cette information est portée à la connaissance du candidat sur la plateforme Parcoursup pour lui permettre de faire son choix.

II. — Lorsque le nombre de candidatures excède les capacités d'accueil de la formation, les candidats dont le rang de classement se situe au-delà de cette capacité d'accueil sont placés sur liste d'attente. *(Décr. n° 2018-369 du 18 mai 2018, art. 14)* « Il est tenu compte, pour la constitution de cette liste d'attente comme pour celle de la liste principale établie dans les limites des capacités d'accueil, des pourcentages prévus au V, VI et VII de l'article L. 612-3 ou par d'autres dispositions réglementaires. Les candidats » se voient proposer une admission dans cette formation, en fonction de leur rang de classement sur la liste d'attente, au fur et à mesure des places qui se libèrent pour cette formation au cours de la procédure nationale de préinscription.

(Décr. n° 2019-231 du 26 mars 2019, art. 11) « Le candidat est informé via la plateforme Parcoursup de son rang de classement sur la liste d'attente ainsi que du rang de classement du dernier candidat auquel une proposition d'admission dans la formation a été faite l'année précédente, lorsque cette dernière information est disponible. »

Pour les formations sélectives, seuls sont placés sur liste d'attente les candidats retenus par l'établissement

III. — Lorsqu'un candidat reçoit une proposition d'admission, qu'elle soit subordonnée ou non à l'acceptation d'un dispositif d'accompagnement pédagogique ou d'un parcours de formation personnalisé, il indique, via la plateforme Parcoursup, s'il l'accepte ou la refuse, dans un délai précisé dans le calendrier prévu à l'article D. 612-1-2.

A défaut de réponse dans ce délai, le candidat perd le bénéfice de la proposition d'admission qui lui a été faite. Si, à l'issue d'un nouveau délai précisé par le même calendrier, le candidat n'a pas confirmé, via la plateforme, le maintien des autres vœux d'inscription qu'il a formulés dans le cadre de la procédure nationale de préinscription et des placements sur liste d'attente dont il bénéficie en application du II, il est réputé y avoir renoncé.

Lorsqu'il accepte une proposition d'admission qui lui a été faite, le candidat conserve, s'il le demande, le maintien des vœux d'inscription qu'il a formulés dans le cadre de la procédure et des placements sur liste d'attente dont il bénéficie en application du II *(Décr. nº 2019-231 du 26 mars 2019, art. 11)* « , » et ce, tout au long du déroulement de la procédure nationale de préinscription, jusqu'à ce que ces placements en liste d'attente se traduisent par une proposition d'inscription. *(Décr. nº 2019-231 du 26 mars 2019, art. 11)* « Toutefois, le candidat doit confirmer, lors *(Décr. nº 2020-181 du 28 févr. 2020, art. 8)* « de la période de confirmation prévue » par le calendrier mentionné à l'article D. 612-1-2, qu'il maintient *(Décr. nº 2020-181 du 28 févr. 2020, art. 8)* « tout ou partie » des placements en liste d'attente dont il bénéficie, sous peine d'être réputé y avoir renoncé. »

Tout au long de la procédure nationale de préinscription, un candidat ne peut conserver qu'une seule proposition d'admission. Lorsqu'un candidat *(Décr. nº 2018-369 du 18 mai 2018, art. 14)* « a déjà accepté une proposition d'admission et » en reçoit une nouvelle, il indique, *(Décr. nº 2018-369 du 18 mai 2018, art. 14)* « dans le délai mentionné » au premier alinéa *(Décr. nº 2019-231 du 26 mars 2019, art. 11)* « du présent III », laquelle des propositions il conserve et s'il souhaite le maintien des autres vœux d'inscription qu'il a formulés dans le cadre de la procédure ainsi que des placements sur liste d'attente dont il bénéficie en application du II. A défaut de choix effectué au terme de ce délai, il est réputé avoir choisi de conserver la proposition qu'il a déjà acceptée *(Décr. nº 2019-231 du 26 mars 2019, art. 11)* « . » Il est également réputé avoir renoncé au maintien des autres vœux d'inscription qu'il a formulés dans le cadre de la procédure et des placements sur liste d'attente dont il bénéficie en application du II s'il ne les confirme pas dans le délai et selon les modalités prévus dans la deuxième phrase du deuxième alinéa *(Décr. nº 2019-231 du 26 mars 2019, art. 11)* « du présent III ».

Si un candidat fait valoir, via la plateforme Parcoursup, des circonstances particulières de nature à justifier la modification des décisions prises en application du présent III, il peut se voir réattribuer les propositions d'admission qui lui avaient été faites dans le cadre du I du présent article, au fur et à mesure des places qui se libèrent dans les formations qu'il avait sollicitées et en fonction de sa position dans l'ordonnancement initial des dossiers de candidature.

(Décr. nº 2019-231 du 26 mars 2019, art. 11) « IV. — Le candidat qui le souhaite peut choisir, à compter d'une date prévue par le calendrier mentionné à l'article D. 612-1-2, d'ordonner sur la plateforme Parcoursup les placements sur liste d'attente qu'il a maintenus au titre de la phase principale afin que toute proposition d'admission qu'il reçoit pour l'un d'eux, qu'elle soit subordonnée ou non à l'acceptation d'un dispositif d'accompagnement pédagogique ou d'un parcours de formation personnalisé, soit automatiquement acceptée. L'acceptation automatique d'une proposition d'admission entraine la suppression des placements sur liste d'attente que le candidat a moins bien classés dans sa liste établie par ordre de priorité.

(Décr. nº 2020-181 du 28 févr. 2020, art. 8) « V. — Lors de la période de confirmation des vœux en attente fixée par le calendrier mentionné à l'article D. 612-1-2, tout candidat bénéficiant de placements sur liste d'attente qu'il a maintenus est tenu de confirmer le maintien de tout ou partie de ces placements dans le délai prescrit par le même calendrier. A défaut de réponse, le candidat perd le bénéfice du maintien de ses placements sur liste d'attente. »

« *(Décr. nº 2020-181 du 28 févr. 2020, art. 8)* « VI. » — Au terme de la phase principale de la procédure nationale de préinscription, telle que prévue par le calendrier mentionné à l'article D. 612-1-2, les placements sur liste d'attente dont bénéficient les candidats en application du II et qu'ils ont maintenus sont archivés par la plateforme

Parcoursup. Ils peuvent, à titre exceptionnel, être utilisés pour adresser des propositions d'admission aux candidats concernés, si d'autres candidats dans la formation correspondante n'ont pas respecté les délais d'inscription administrative mentionnés à l'article D. 612-1-9, se sont désistés ou ont démissionné de la plateforme Parcoursup.

(Décr. nº 2020-181 du 28 févr. 2020, art. 8) « Les propositions d'admission formulées dans le cadre du présent VI sont portées à la connaissance des candidats, jusqu'à une date prévue par le calendrier mentionné à l'article D. 612-1-2, dès que la plateforme Parcoursup est informée de l'absence d'inscription, du désistement ou de la démission d'un candidat pour la formation correspondante. Au-delà de cette date, les propositions d'admission éventuellement formulées via la plateforme Parcoursup le sont sur décision du chef d'établissement *(Décr. nº 2021-226 du 26 févr. 2021, art. 4)* « , sans préjudice des propositions formulées par le recteur de région académique dans le cadre de la procédure d'accompagnement prévue au VIII de l'article L. 612-3 ». »

« VIII ». – Au terme de la phase principale de la procédure nationale de préinscription, les candidats qui n'ont pas reçu de proposition d'admission dans une formation qu'ils ont sollicitée sont informés qu'il n'a pu être donné une suite favorable à leur candidature compte tenu du nombre de places disponibles dans la formation et de leur rang de classement parmi les candidats retenus conformément au I du présent article. Ces décisions sont notifiées aux candidats par les chefs des établissements concernés, par voie électronique, via la plateforme Parcoursup.

Les informations relatives aux critères et modalités d'examen de leur candidature ainsi que les motifs pédagogiques qui justifient la décision prise sont communiqués par le chef d'établissement aux candidats qui lui en font la demande dans le délai d'un mois qui suit la notification de la décision de refus.

Art. D. 612-1-14-1 *(Décr. nº 2020-181 du 28 févr. 2020, art. 9)* Lorsque le service à compétence nationale Parcoursup constate ou est averti d'une erreur matérielle dans le résultat de l'examen des vœux produit par un établissement après le début de la phase de réponse des établissements et de choix des candidats fixé par le calendrier prévu à l'article D. 612-1-2, la procédure de propositions d'admission peut être interrompue. Il procède alors, en lien avec l'établissement concerné, à une rectification de manière à garantir un résultat établi conformément à l'examen des vœux arrêté en application de l'article D. 612-1-13.

La procédure de rectification est conduite par le service à compétence nationale en lien avec le responsable de l'établissement concerné. Elle garantit l'information des candidats par l'établissement de formation concerné.

Art. D. 612-1-15 *(Décr. nº 2018-172 du 9 mars 2018, art. 2 ; Décr. nº 2018-369 du 18 mai 2018, art. 2)* Afin de faciliter le respect des obligations *(Décr. nº 2018-369 du 18 mai 2018, art. 15)* « prévues aux V, VI et VII » de l'article L. 612-3 ou par d'autres dispositions réglementaires propres à certains publics ou à certaines formations, les commissions d'examen des vœux des établissements concernés peuvent établir un classement distinct par groupes de candidats.

Art. D. 612-1-16 *(Décr. nº 2018-172 du 9 mars 2018, art. 2 ; Décr. nº 2018-369 du 18 mai 2018, art. 2)* Pour l'attribution des places d'hébergement en internat accueillant les élèves des formations de l'enseignement supérieur dispensées dans un lycée, il est tenu compte de la situation sociale des candidats appréciée sur la base des ressources de leurs représentants légaux, de la distance entre leur domicile et l'établissement de formation, de leur âge et d'une situation familiale particulière susceptible de compromettre leur scolarité.

(Décr. nº 2020-181 du 28 févr. 2020, art. 10) « Le candidat qui a formulé, pour une même formation initiale du premier cycle de l'enseignement supérieur dispensée dans un lycée, un vœu multiple, avec ou sans hébergement en internat, peut conserver le placement en liste d'attente de son sous-vœu portant sur la demande de formation avec hébergement en internat, y compris lorsqu'il a renoncé à tous les autres placements en liste d'attente dont il bénéficie. »

Pour les places labellisées "internat de la réussite", il est tenu compte de la situation sociale appréciée sur la base des ressources des représentants légaux du candidat, de sa résidence dans un quartier relevant de la politique de la ville ou en zone rurale, de sa

scolarisation dans un établissement de l'éducation prioritaire, d'une situation familiale particulière susceptible de compromettre la scolarité.

SECTION III **PHASE COMPLÉMENTAIRE DE LA PROCÉDURE NATIONALE DE PRÉINSCRIPTION**

(Décr. n° 2018-369 du 18 mai 2018, art. 16)

Art. D. 612-1-17 **La phase complémentaire, qui débute à partir de la date mentionnée dans le calendrier prévu à l'article D. 612-1-2, permet au candidat qui remplit les conditions fixées au premier alinéa du I de l'article L. 612-3, qu'il ait ou non formulé des vœux d'inscription ou accepté une proposition d'admission dans le cadre de la phase principale de la procédure nationale de préinscription, de se porter candidat dans des formations qui disposent de places vacantes.**

(Décr. n° 2018-563 du 29 juin 2018, art. 2) **« Par exception au premier alinéa, le candidat dont les études en France sont soumises à l'obtention d'un visa en raison de sa nationalité ne peut présenter de candidature dans le cadre de la phase complémentaire s'il ne dispose pas de ce visa à la date à laquelle il présente un vœu. Ces dispositions ne s'appliquent pas au candidat qui a obtenu ou prépare le baccalauréat français. »**

Art. D. 612-1-18 **Les formations qui ne relèvent pas du VI de l'article L. 612-3 sont proposées aux candidats lors de la phase complémentaire uniquement lorsqu'elles disposent de places vacantes.**

Art. D. 612-1-19 **Le nombre total de vœux d'inscription est limité à dix par candidat. Ces vœux s'ajoutent à ceux qui, le cas échéant, ont été formulés dans le cadre de la phase principale.** *(Décr. n° 2019-231 du 26 mars 2019, art. 13)* **« Aucun vœu formulé en phase complémentaire ne peut porter sur une formation sélective pour laquelle le candidat a déjà formulé un vœu en phase principale et n'a été ni retenu ni placé sur liste d'attente. »**

L'avis mentionné aux articles D. 331-64-1, R. 421-51 et D. 422-43 n'est pas requis pour l'enregistrement des vœux d'inscription formulés lors de la phase complémentaire.

Art. D. 612-1-20 **Pour l'accès à une formation ne relevant pas du VI de l'article L. 612-3, le candidat qui a formulé un vœu en phase complémentaire reçoit, via la plateforme Parcoursup, une proposition d'admission dans le délai prévu par le calendrier mentionné à l'article D. 612-1-2.**

Lorsque cette proposition est subordonnée à l'acceptation, par le candidat, d'un dispositif d'accompagnement pédagogique ou d'un parcours de formation personnalisé en application du troisième alinéa du I de l'article L. 612-3, l'établissement en informe le candidat, dans le même délai, en précisant la nature du dispositif d'accompagnement prévu conformément au dernier alinéa du I de l'article D. 612-1-14.

Lorsque la formation demandée est sélective, la décision du chef d'établissement, qui peut être négative, est communiquée au candidat dans le même délai que celui prévu aux deux alinéas précédents. En l'absence de décision du chef d'établissement à l'expiration de ce délai, la demande du candidat qui remplit les conditions posées à l'article D. 612-1-23 est transmise au *(Décr. n° 2019-1558 du 30 déc. 2019, art. 9)* **« recteur de région académique » qui peut prononcer son inscription en application des dispositions du VIII de l'article L. 612-3.**

Les propositions d'admission faites au candidat sont soumises aux modalités et délais d'acceptation prévus au III de l'article D. 612-1-14, y compris ceux relatifs au maintien, sur demande du candidat, des vœux placés sur liste d'attente.

SECTION IV **INTERVENTIONS DU RECTEUR DE RÉGION ACADÉMIQUE SUR LE FONDEMENT DES VIII ET IX DE L'ARTICLE L. 612-3** *(Décr. n° 2018-369 du 18 mai 2018, art. 17 ; Décr. n° 2019-1558 du 30 déc. 2019, art. 9).*

SOUS-SECTION 1 **DISPOSITIONS COMMUNES** *(Décr. n° 2018-369 du 18 mai 2018, art. 17).*

Art. D. 612-1-21 *(Décr. n° 2018-172 du 9 mars 2018, art. 2 ; Décr. n° 2018-369 du 18 mai 2018, art. 2)* **Pour remplir la mission qui lui incombe en application des VIII et**

IX de l'article L. 612-3, le recteur *(Décr. n° 2019-1558 du 30 déc. 2019, art. 5)* « de région académique » met en place une commission *(Décr. n° 2019-1558 du 30 déc. 2019, art. 5)* « régionale » d'accès à l'enseignement supérieur. Elle a pour fonction de le conseiller pour l'instruction des dossiers des candidats ayant obtenu, au cours de l'année scolaire ou dans les quatre années scolaires précédant la procédure de préinscription en cours, le baccalauréat ou un diplôme équivalent et qui sont domiciliés dans *(Décr. n° 2019-1558 du 30 déc. 2019, art. 5)* « sa région académique » ou assimilés à des candidats résidant dans son académie en application de l'article *(Décr. n° 2018-369 du 18 mai 2018, art. 18)* « D. 612-1-8 ».

Cette commission associe, sous la présidence du recteur *(Décr. n° 2019-1558 du 30 déc. 2019, art. 5)* « de région académique », *(Décr. n° 2019-231 du 26 mars 2019, art. 14)* « des représentants des services déconcentrés de l'État concernés par les questions de formation du premier cycle de l'enseignement supérieur, en particulier des représentants de ceux qui ont la qualité d'autorité académique, un représentant du président du conseil régional, ainsi que » des représentants *(Décr. n° 2018-369 du 18 mai 2018, art. 18)* « des différentes catégories d'établissements » *(Décr. n° 2019-1558 du 30 déc. 2019, art. 5)* « de la région académique » qui dispensent des formations initiales d'enseignement supérieur inscrites sur la plateforme Parcoursup.

Par dérogation aux premier et *(Décr. n° 2018-369 du 18 mai 2018, art. 18)* « deuxième » alinéas, la commission d'accès à l'enseignement supérieur peut être instituée au niveau de *(Décr. n° 2019-1558 du 30 déc. 2019, art. 5)* « l'académie, par délégation du recteur de région académique au recteur d'académie concerné ».

Art. D. 612-1-22 *(Décr. n° 2018-172 du 9 mars 2018, art. 2 ; Décr. n° 2018-369 du 18 mai 2018, art. 2)* Pour l'application des VIII et IX de l'article L. 612-3, les candidats ressortissants français ou d'un État membre de l'Union européenne qui sont établis hors de France et les candidats préparant ou ayant obtenu le baccalauréat français dans un centre d'examen à l'étranger saisissent via la plateforme le recteur de *(Décr. n° 2019-1558 du 30 déc. 2019, art. 8)* « la région académique » de leur choix.

SOUS-SECTION 2 MISE EN ŒUVRE DE LA PROCÉDURE PRÉVUE AU VIII DE L'ARTICLE L. 612-3

(Décr. n° 2018-369 du 18 mai 2018, art. 19)

Art. D. 612-1-23 I. — Sont informés, via la plateforme Parcoursup, qu'ils peuvent demander la mise en œuvre de la procédure *(Décr. n° 2019-231 du 26 mars 2019, art. 15)* « d'accompagnement » prévue au VIII de l'article L. 612-3 :

— les candidats qui, à une date mentionnée dans le calendrier prévu à l'article D. 612-1-2, n'ont reçu que des réponses négatives à leurs demandes d'inscription formulées dans le cadre de la phase principale de la procédure nationale de préinscription ;

— les candidats qui, à une date mentionnée dans le calendrier prévu à l'article D. 612-1-2, *(Décr. n° 2021-226 du 26 févr. 2021, art. 5)* « sont inscrits en phase complémentaire pour y formuler des vœux et » n'ont reçu aucune proposition d'admission à leurs demandes d'inscription *(Décr. n° 2021-226 du 26 févr. 2021, art. 5)* « en formations sélectives ou non sélectives » formulées dans le cadre de la phase principale ou de la phase complémentaire de la procédure nationale de préinscription ;

— *(Décr. n° 2019-231 du 26 mars 2019, art. 15)* « les » candidats qui, n'ayant pas participé à la phase principale de la procédure nationale de préinscription, se sont inscrits sur la plateforme Parcoursup *(Décr. n° 2019-231 du 26 mars 2019, art. 15)* « au cours de la phase complémentaire », dès qu'ils reçoivent au moins une réponse négative.

(Décr. n° 2019-231 du 26 mars 2019, art. 15) « II. — L'accompagnement prévu au bénéfice des candidats mentionnés au deuxième alinéa du I peut prendre la forme d'entretiens individuels ou collectifs, proposés pour préparer la phase » complémentaire.

(Décr. n° 2021-226 du 26 févr. 2021, art. 5) « III. — Pour tenir compte de la diversité des projets des candidats, l'accompagnement des candidats mentionnés au I est conduit par le recteur de région académique en associant en tant que de besoin les services de l'État, des collectivités territoriales et des autres personnes compétentes sur le terri-

toire de la région académique en matière de conseil en évolution professionnelle, de formation initiale et continue, d'orientation et d'emploi, y compris par l'apprentissage.

« IV ». – Ne peut prétendre au bénéfice de l'accompagnement prévu au VIII de l'article L. 612-3 le candidat qui a renoncé à ses vœux d'inscription formulés sur la plateforme Parcoursup, y compris lorsque cette renonciation répond aux obligations prévues au *(Décr. n° 2020-181 du 28 févr. 2020, art. 11)* « II » de l'article D. 612-1-9.

Art. D. 612-1-24 Lorsque le *(Décr. n° 2019-1558 du 30 déc. 2019, art. 9)* « recteur de région académique » fait au candidat *(Décr. n° 2019-231 du 26 mars 2019, art. 16)* « qui le saisit conformément aux dispositions de l'article D. 612-1-23 » une proposition d'inscription dans une formation, il tient compte de son projet de formation, des acquis de sa formation, de ses compétences et de ses préférences ainsi que des caractéristiques des formations restant disponibles compte tenu des capacités d'accueil prévues au III de l'article L. 612-3.

A compter de la date à laquelle cette proposition lui est faite, le candidat dispose d'un délai précisé dans le calendrier prévu à l'article D. 612-1-2 pour faire part de son accord. A défaut de réponse dans ce délai, le candidat est réputé avoir refusé cette proposition d'inscription.

(Décr. n° 2019-231 du 26 mars 2019, art. 16) « Si le candidat accepte la proposition qui lui est faite par le *(Décr. n° 2019-1558 du 30 déc. 2019, art. 9)* « recteur de région académique », ce dernier procède à son inscription dans la formation retenue. Le *(Décr. n° 2019-1558 du 30 déc. 2019, art. 9)* « recteur de région académique » procède à cette inscription en lien avec l'autorité dont relève l'établissement lorsque la formation retenue est dispensée par un établissement ne relevant pas des ministres chargés de l'éducation nationale, de l'enseignement supérieur ou de l'agriculture. Lorsque la formation retenue est dispensée par un établissement relevant du ministre chargé de l'agriculture, le directeur régional de l'alimentation, de l'agriculture et de la forêt procède à l'inscription du candidat. »

Le candidat qui a saisi le *(Décr. n° 2019-1558 du 30 déc. 2019, art. 9)* « recteur de région académique » sur le fondement du VIII de l'article L. 612-3 est réputé avoir renoncé au bénéfice de ce dispositif d'accompagnement lorsqu'il reçoit une proposition d'admission qui lui est faite via la plateforme Parcoursup.

SOUS-SECTION 3 MISE EN ŒUVRE DE LA PROCÉDURE PRÉVUE AU IX DE L'ARTICLE L. 612-3

(Décr. n° 2018-370 du 18 mai 2018, art. 2)

Art. D. 612-1-25 Le candidat inscrit sur la plateforme Parcoursup qui, justifiant de circonstances exceptionnelles au sens du IX de l'article L. 612-3, souhaite obtenir le réexamen de sa candidature adresse sa demande au recteur de *(Décr. n° 2019-1558 du 30 déc. 2019, art. 5)* « la région académique » dont il relève en application de l'article D. 612-1-8."

Lorsque le candidat sollicite son inscription dans un établissement situé dans une *(Décr. n° 2019-1558 du 30 déc. 2019, art. 5)* « région académique » ou collectivité d'outre-mer différente de son lieu de résidence, le recteur de *(Décr. n° 2019-1558 du 30 déc. 2019, art. 5)* « sa région académique » de résidence peut, s'il le juge utile pour l'examen de la demande, la transmettre à l'autorité académique dont relève l'établissement demandé. Le candidat en est alors informé.

Art. D. 612-1-26 La demande peut être présentée, tout au long de la procédure nationale de préinscription, par le candidat qui a confirmé au moins un vœu en phase principale ou, à défaut, a formulé au moins un vœu en phase complémentaire, et qui remplit l'une au moins des quatre conditions suivantes :

– le candidat remplit les conditions posées au troisième alinéa de l'article D. 612-1-23 pour solliciter l'intervention de la commission *(Décr. n° 2019-1558 du 30 déc. 2019, art. 5)* « régionale » d'accès à l'enseignement supérieur en application du VIII de l'article L. 612-3 ;

– le candidat a été refusé dans toutes les formations pour lesquelles il avait formulé des vœux et il n'envisage pas de se porter candidat à d'autres formations eu égard à ses besoins spécifiques ;

— le candidat a accepté une proposition d'admission mais fait valoir que les conditions d'accueil ne lui permettent pas, eu égard à ses besoins spécifiques, de suivre la formation dans des conditions satisfaisantes et de procéder à son inscription administrative ;

— le candidat a reçu une ou plusieurs propositions d'admission mais un changement dans sa situation, intervenu après la date de confirmation des vœux, ne lui permet plus, eu égard à ses besoins spécifiques, de suivre la ou les formations proposées dans des conditions satisfaisantes et de procéder à son inscription administrative.

Art. D. 612-1-27 Le candidat transmet à l'appui de sa demande motivée les pièces justificatives nécessaires. Pour les seuls besoins de l'évaluation de sa situation, il peut être invité à produire, dans un délai fixé par le recteur *(Décr. n° 2019-1558 du 30 déc. 2019, art. 5)* « de région académique », tout document complémentaire nécessaire à l'appréciation de sa situation.

(Décr. n° 2019-231 du 26 mars 2019, art. 17) « Lorsque le candidat a choisi de la produire, la fiche de liaison mentionnée à l'article D. 612-1-9-1 est adressée au recteur *(Décr. n° 2019-1558 du 30 déc. 2019, art. 5)* « de région académique ». »

Lorsque les pièces justificatives transmises par le candidat, à son initiative ou sur demande du recteur *(Décr. n° 2019-1558 du 30 déc. 2019, art. 5)* « de région académique », comportent des informations relatives à une situation médicale ou de handicap, elles sont adressées sous pli confidentiel à l'attention du médecin, conseiller technique du recteur *(Décr. n° 2019-1558 du 30 déc. 2019, art. 5)* « de région académique ».

Art. D. 612-1-28 La commission *(Décr. n° 2019-1558 du 30 déc. 2019, art. 5)* « régionale » d'accès à l'enseignement supérieur est chargée de l'examen des demandes présentées au recteur *(Décr. n° 2019-1558 du 30 déc. 2019, art. 5)* « de région académique » sur le fondement du IX de l'article L. 612-3.

La commission s'assure, en premier lieu, de la recevabilité de la demande au regard de la qualité dont se prévaut le demandeur et des conditions posées à l'article D. 612-1-26.

Si la demande est recevable, la commission apprécie son bien-fondé sur la base des éléments produits par le candidat pour justifier son inscription dans un établissement situé dans une zone géographique déterminée.

Lorsque la commission *(Décr. n° 2019-1558 du 30 déc. 2019, art. 5)* « régionale » d'accès à l'enseignement supérieur considère que la demande du candidat est justifiée, elle soumet, le cas échéant, au recteur *(Décr. n° 2019-1558 du 30 déc. 2019, art. 5)* « de région académique » une ou plusieurs propositions d'inscription qui tiennent compte des acquis de la formation antérieure du candidat, de ses compétences et de son projet ainsi que des caractéristiques des formations souhaitées par le candidat.

Pour les besoins de l'instruction de la demande, la commission peut solliciter l'avis du responsable de l'établissement d'origine du candidat et des responsables des établissements délivrant les formations demandées par ce dernier. Elle peut également solliciter toute personne susceptible d'apporter une expertise sur le bien-fondé de la demande de réexamen ou sur l'adaptation des formations aux besoins spécifiques du candidat.

Art. D. 612-1-29 Lorsque la demande est présentée en raison de la situation de handicap du candidat ou de son état de santé, la commission *(Décr. n° 2019-1558 du 30 déc. 2019, art. 5)* « régionale » d'accès à l'enseignement supérieur tient notamment compte, pour l'examen de cette demande, des besoins d'accompagnement, de compensation, de soins, de transport du candidat, de la situation de l'élève ou de l'étudiant, d'une reconnaissance, le cas échéant, de sa situation de handicap et des modalités de prise en compte de sa situation en matière d'accessibilité par les établissements qui délivrent les formations souhaitées.

Art. D. 612-1-30 A l'issue de l'instruction, le *(Décr. n° 2019-1558 du 30 déc. 2019, art. 9)* « recteur de région académique » propose au candidat dont la demande est justifiée une inscription dans une ou plusieurs des formations demandées, ou dans une autre formation tenant compte des acquis de sa formation antérieure, de ses compétences et de son projet et permettant de répondre à ses besoins spécifiques.

(Décr. n° 2019-231 du 26 mars 2019, art. 18) « Après accord du candidat dans les mêmes conditions que celles prévues à l'article D. 612-1-24, le *(Décr. n° 2019-1558 du*

30 déc. 2019, art. 9) « recteur de région académique » prononce son inscription dans une formation du premier cycle. Le *(Décr. n° 2019-1558 du 30 déc. 2019, art. 9)* « recteur de région académique » procède à cette inscription en lien avec l'autorité dont relève l'établissement lorsque la formation retenue est dispensée par un établissement ne relevant pas des ministres chargés de l'éducation nationale, de l'enseignement supérieur ou de l'agriculture. Lorsque la formation retenue est dispensée par un établissement relevant du ministre chargé de l'agriculture, le directeur régional de l'alimentation, de l'agriculture et de la forêt procède à l'inscription du candidat. »

SECTION V *[ABROGÉE]* ACCÈS PRIORITAIRE DES MEILLEURS BACHELIERS AUX FORMATIONS INITIALES DU PREMIER CYCLE DE L'ENSEIGNEMENT SUPÉRIEUR PUBLIC

(Abrogée par Décr. n° 2021-226 du 26 févr. 2021, art. 9) (Décr. n° 2018-563 du 29 juin 2018, art. 3)

Art. D. 612-1-31 à D. 612-1-35 *Abrogés par Décr. n° 2021-226 du 26 févr. 2021, art. 9.*

SECTION VI RÉGIME DISCIPLINAIRE APPLICABLE AUX CANDIDATS À UNE PRÉINSCRIPTION DANS UNE FORMATION INITIALE DU PREMIER CYCLE DE L'ENSEIGNEMENT SUPÉRIEUR MENTIONNÉE À L'ARTICLE L. 612-3

(Décr. n° 2020-181 du 28 févr. 2020, art. 12)

Art. D. 612-1-36 Toute fraude ou tentative de fraude d'un candidat commise à l'occasion de la procédure de préinscription dans une formation initiale du premier cycle de l'enseignement supérieur mentionnée à l'article L. 612-3 peut entraîner l'annulation de tout ou partie des vœux et, le cas échéant, le retrait des propositions d'admission faites par les établissements.

Les décisions mentionnées au premier alinéa sont prononcées par l'autorité académique mentionnée à l'article D. 612-1-3 territorialement compétente dans le ressort du domicile du candidat ou, en l'absence d'autorité académique territorialement compétente dans le ressort du domicile du candidat, par le ministre chargé de l'enseignement supérieur. Les faits sont portés à sa connaissance par l'établissement dans lequel le candidat est inscrit, par les établissements dispensant des formations figurant sur la plateforme Parcoursup ou par le service à compétence nationale Parcoursup.

Les décisions mentionnées au premier alinéa n'interviennent qu'après que le candidat ou son représentant légal s'il est mineur, a été mis à même, par l'autorité mentionnée au précédent alinéa, de présenter des observations. A cette fin, il est informé des faits qui lui sont reprochés, de la possibilité de prendre connaissance de son dossier et de formuler, dans un délai de cinq jours ouvrables, des observations écrites et, le cas échéant, sur sa demande, des observations orales. Il peut se faire assister par un conseil ou représenter par un mandataire de son choix. Au regard des observations éventuellement produites et des éléments recueillis, l'autorité mentionnée au précédent alinéa peut décider de ne pas donner suite aux poursuites. Elle en informe l'intéressé et, le cas échéant, son représentant légal.

Les décisions mentionnées au premier alinéa sont notifiées à l'intéressé et, le cas échéant, à son représentant légal. Elles mentionnent les voies et les délais de recours. Elles sont transmises au ministre chargé de l'enseignement supérieur. Une copie est adressée au service à compétence nationale Parcoursup et aux établissements concernés.

CHAPITRE II *BIS* DÉROULEMENT DES ÉTUDES SUPÉRIEURES

SECTION PREMIÈRE LE PREMIER CYCLE

SOUS-SECTION 1 INSCRIPTION DES ÉTUDIANTS À L'UNIVERSITÉ

§ 1er DISPOSITIONS COMMUNES

Art. D. 612-2 *(Décr. n° 2018-172 du 9 mars 2018, art. 3)* « Nul ne peut être admis à participer en qualité d'étudiant aux activités d'enseignement et de recherche d'un établissement d'enseignement supérieur s'il n'est régulièrement inscrit dans cet établissement. »

L'inscription est annuelle. Elle est renouvelée au début de chaque année universitaire. Toutefois, des dispositions particulières peuvent être arrêtées par le ministre chargé de l'enseignement supérieur en vue de favoriser la formation professionnelle continue dans le cadre de la formation tout au long de la vie.

L'inscription est personnelle. Elle peut être obtenue par correspondance. Nul ne peut se faire inscrire par un tiers, sauf dans le cas d'inscriptions collectives résultant d'une convention de coopération entre un établissement d'enseignement supérieur et un établissement public ou privé.

Art. D. 612-3 Toute personne *(Décr. n° 2018-172 du 9 mars 2018, art. 3)* « qui s'inscrit dans » un établissement d'enseignement supérieur en qualité d'étudiant doit satisfaire aux conditions particulières exigées à cet effet par la réglementation nationale, complétées, s'il y a lieu, par les règlements de l'établissement.

Le choix initial de l'étudiant peut être modifié conformément aux règles éventuellement posées à cette fin par l'établissement.

Art. D. 612-4 L'inscription est subordonnée à la production, par l'intéressé, d'un dossier personnel dont la composition est définie par le chef d'établissement en application des dispositions générales arrêtées par le ministre chargé de l'enseignement supérieur, ainsi qu'à l'accomplissement des formalités prévues par la réglementation des droits universitaires.

(Décr. n° 2019-345 du 19 avr. 2019, art. 1er) « L'acquittement de la totalité du montant des droits d'inscription conditionne la délivrance du diplôme et de tout ou partie des crédits européens validés en vue de son obtention. »

Art. D. 612-5 Il est délivré à tout étudiant régulièrement inscrit une carte d'étudiant.

Cette carte donne accès aux enceintes et locaux de l'établissement. Elle doit être présentée aux autorités de l'établissement ou aux agents qu'elles désignent chaque fois que ceux-ci le demandent. — *[Décr. n° 71-376 du 13 mai 1971, art. 6.]*

Art. D. 612-6 *(Décr. n° 2019-231 du 26 mars 2019, art. 21)* « Sous réserve des dispositions de l'article D. 612-1-9, les périodes » et modalités des opérations d'inscription *(Décr. n° 2018-172 du 9 mars 2018, art. 3)* « administrative » sont fixées par le chef d'établissement.

Art. D. 612-7 Un étudiant régulièrement inscrit dans un établissement d'enseignement supérieur peut obtenir son inscription dans un autre établissement public d'enseignement supérieur pour y acquérir une formation différente. Il est soumis pour cette deuxième inscription aux dispositions prévues aux articles *(Décr. n° 2018-172 du 9 mars 2018, art. 3)* « D. 612-2 et » D. 612-3.

Nul ne peut s'inscrire dans deux établissements publics d'enseignement supérieur en vue de préparer un même diplôme.

Art. D. 612-8 Un étudiant régulièrement inscrit dans un établissement d'enseignement supérieur et désirant obtenir son transfert dans un autre établissement public d'enseignement supérieur doit en faire la demande à son chef d'établissement ainsi que, sous son couvert, au chef de l'établissement dans lequel il désire poursuivre ses études. Le transfert est subordonné à l'accord des deux chefs d'établissement. Dans ce cas, l'inscription annuelle prise dans l'établissement de départ est valable dans l'établissement d'accueil. Le chef de l'établissement de départ transmet le dossier de l'intéressé au chef de l'établissement d'accueil.

Lorsqu'un étudiant change d'établissement, les études qu'il a effectuées sont prises en considération dans les conditions déterminées par l'établissement d'accueil, au vu de la scolarité déjà accomplie. — *[Décr. n° 71-376 du 13 mai 1971, art. 13.]*

§ 2 ADMISSION À L'UNIVERSITÉ

Art. D. 612-9 et D. 612-10 *Abrogés par Décr. n° 2018-172 du 9 mars 2018, art. 3.*

§ 3 DISPOSITIONS APPLICABLES AUX ÉTUDIANTS ÉTRANGERS NON RESSORTISSANTS D'UN ÉTAT MEMBRE DE L'UNION EUROPÉENNE, D'UN ÉTAT PARTIE À L'ACCORD SUR L'ESPACE ÉCONOMIQUE EUROPÉEN OU DE LA CONFÉDÉRATION HELVÉTIQUE

Art. D. 612-11 Outre les dispositions *(Décr. n° 2018-172 du 9 mars 2018, art. 4)* « du paragraphe 1er » de la présente sous-section, celles du présent paragraphe sont applicables aux étudiants étrangers non ressortissants d'un État membre de l'Union européenne, d'un État partie à l'accord sur l'Espace économique européen ou de la Confédération helvétique.

Art. D. 612-12 Les ressortissants étrangers mentionnés à l'article D. 612-11, candidats à une première inscription en première année de licence, doivent :

1° Justifier, dans le pays où ils ont été obtenus, des titres ouvrant droit aux études envisagées ;

2° Déposer une demande d'admission dans les conditions prévues à l'article D. 612-16 ;

3° Justifier d'un niveau de compréhension de la langue française adapté à la formation envisagée. Ce niveau est vérifié au moyen d'un examen. – *[Décr. n° 71-376 du 13 mai 1971, art. 16.]*

Art. D. 612-13 Sont dispensés des obligations prévues aux troisième (2°) et quatrième (3°) alinéas de l'article D. 612-12 les candidats étrangers pouvant justifier d'une inscription dans une formation post-baccalauréat dispensée par un établissement français d'enseignement l'année précédant l'année universitaire pour laquelle ils présentent leur demande d'admission ainsi que les étrangers titulaires du baccalauréat français, d'un titre français admis en dispense du baccalauréat par une réglementation nationale ou du baccalauréat européen.

En sont également dispensés les ressortissants étrangers venus effectuer en France des études dans le cadre d'un programme arrêté par accord entre les gouvernements ou d'actions de coopération internationale organisées par les établissements en application des articles D. 123-15 à D. 123-21. – *[Décr. n° 71-376 du 13 mai 1971, art. 17.]*

Art. D. 612-14 Outre les étrangers mentionnés à l'article D. 612-13, sont également dispensés des obligations prévues aux troisième (2°) et quatrième (3°) alinéas de l'article D. 612-12 :

1° Les boursiers étrangers du Gouvernement français ;

2° Les boursiers étrangers d'organismes internationaux ou de gouvernements étrangers dont les bourses sont gérées par un organisme français agréé ;

3° Les apatrides, les réfugiés et les bénéficiaires de la protection subsidiaire ;

4° Les enfants de diplomates en poste en France et y résidant eux-mêmes.

Les universités vérifient que les candidats relevant des catégories prévues au présent article sont titulaires d'un diplôme ouvrant l'accès à l'enseignement supérieur dans le pays où il a été obtenu et que leur niveau de compréhension de la langue française est compatible avec la formation envisagée. – *[Décr. n° 71-376 du 13 mai 1971, art. 18.]*

Art. D. 612-15 Sont dispensés de l'examen de vérification du niveau de compréhension de la langue française prévu à l'article D. 612-12 :

1° Les ressortissants des États où le français est langue officielle à titre exclusif ;

2° Les candidats résidant dans un pays où le français est langue officielle à titre exclusif et titulaires d'un diplôme de fin d'études secondaires d'un pays où le français est langue officielle à titre exclusif ;

3° Les candidats, qu'ils soient ressortissants d'un pays ou résidents dans un pays où le français n'est pas la seule langue officielle, dont les études secondaires se sont déroulées, en majeure partie, en français.

Dans les autres États, peuvent bénéficier de cette dispense les candidats ayant suivi un enseignement en langue française dans des établissements du second degré dont la liste est établie conjointement par le ministre chargé de l'enseignement supérieur et le ministre des affaires étrangères.

Sont également dispensés de cet examen les titulaires de l'un des diplômes de connaissance de langue française du ministère chargé de l'éducation nationale d'un niveau égal ou supérieur au niveau B2 du cadre européen commun de référence pour les langues.

De même peuvent être dispensés de cet examen les ressortissants étrangers candidats à une première inscription en première année de licence qui ont satisfait à des dispositions d'évaluation linguistique reconnues par arrêté du ministre chargé de l'enseignement supérieur. – *[Décr. n° 71-376 du 13 mai 1971, art. 19.]*

Art. D. 612-16 La demande d'admission prévue à l'article D. 612-12 est présentée sur le formulaire établi par le ministre en charge de l'enseignement supérieur.

(Décr. n° 2019-318 du 12 avr. 2019, art. 1er) « Le candidat peut porter son choix sur trois universités dans les conditions fixées par arrêté du ministre des affaires étrangères et du ministre chargé de l'enseignement supérieur. »

En application de l'art. L. 231-5 CRPA, et par exception à l'application du délai de 2 mois prévu à l'art. L. 231-1 du même code, le délai à l'expiration duquel le silence gardé par l'administration vaut décision d'acceptation est fixé à 7 mois pour une demande de première inscription d'étudiants étrangers non ressortissants de l'Union européenne ou de l'Espace économique européen ou de la Confédération helvétique en 1re année de licence (Décr. n° 2014-1275 du 23 oct. 2014, art. 1er).

Art. D. 612-17 Les ressortissants étrangers sont soumis aux mêmes règles que les étudiants français pour une deuxième inscription en première année de licence et pour l'inscription en deuxième ou troisième année de licence, en master, en doctorat ou dans tout établissement pratiquant une admission sur concours ou sur titres. Il appartient aux établissements de décider si leur niveau de compréhension de la langue française est compatible avec la formation envisagée. – *[Décr. n° 71-376 du 13 mai 1971, art. 21.]*

Art. D. 612-18 Les modalités de préparation et d'organisation de l'examen prévu à l'article D. 612-12 sont déterminées par arrêté du ministre des affaires étrangères, du ministre chargé de l'outre-mer et du ministre chargé de l'enseignement supérieur.

Les conditions de retrait, de dépôt du formulaire et les modalités de sa transmission sont déterminées dans les mêmes conditions. – *[Décr. n° 71-376 du 13 mai 1971, art. 22.]*

SOUS-SECTION 2 LES CLASSES PRÉPARATOIRES AUX GRANDES ÉCOLES

BIBL. ▶ BECHICHI et BLUNTZ, Les déterminants de la poursuite d'études en classe préparatoire aux grandes écoles : les enseignements de la procédure APB 2016, *MESRI-SIES, Note d'information n° 19.04, mars 2019.*

§ 1er ADMISSION

Art. D. 612-19 Les classes préparatoires aux grandes écoles sont accessibles aux titulaires du baccalauréat ou d'un titre admis en équivalence et à ceux qui ont obtenu la dispense de ce diplôme dans les conditions suivantes :

1° Pour les lycées relevant de la compétence du ministre chargé de l'éducation, sur décision du chef d'établissement *(Décr. n° 2018-172 du 9 mars 2018, art. 5)* « prise après avis de la commission d'examen des vœux mentionnée » à l'article D. 612-20 ;

2° Pour les lycées relevant de la compétence du ministre chargé de l'agriculture, *(Décr. n° 2021-226 du 26 févr. 2021, art. 7)* « sur décision du chef d'établissement prise après avis de la commission d'examen des vœux mentionnée au troisième alinéa de l'article D. 612-20 » ;

3° Pour les lycées relevant de la compétence du ministre de la défense, en application des dispositions des articles R. 425-2 et R. 425-8 à R. 425-12 en ce qui concerne l'admission dans les classes préparatoires aux écoles de formation d'officiers des armées et des formations rattachées.

Toutefois, certaines classes préparatoires sont accessibles aux titulaires de diplômes obtenus après deux années d'études supérieures dont la liste est fixée respectivement par arrêté des ministres chargés de l'éducation et de l'enseignement supérieur et par arrêté du ministre chargé de l'agriculture.

En application de l'art. L. 231-5 CRPA, le silence gardé pendant 2 mois par l'administration vaut décision de rejet pour une demande d'admission dans une formation sélective (classes préparatoires aux grandes écoles) (Décr. n° 2014-1274 du 23 oct. 2014, art. 1er).

Art. D. 612-20 Le ministre chargé de l'enseignement supérieur, d'une part, et le ministre chargé de l'agriculture, d'autre part, définissent respectivement par arrêté les conditions d'admission dans les classes préparatoires aux grandes écoles établies dans les lycées relevant de leur compétence.

Dans chaque lycée relevant de la compétence du ministre chargé de l'éducation comportant une ou plusieurs classes préparatoires aux grandes écoles, et pour chaque catégorie mentionnée à l'article D. 612-22, *(Décr. n° 2018-172 du 9 mars 2018, art. 5)* « une commission d'examen des vœux » donne un avis sur l'admission des étudiants dans les différentes classes. L'arrêté prévu au premier alinéa du présent article fixe la composition et le fonctionnement de cette commission. Une commission d'évaluation est en outre constituée dans chaque établissement comportant une ou plusieurs classes préparatoires aux grandes écoles. L'arrêté prévu au premier alinéa fixe la composition de cette commission qui prévoit la participation à titre consultatif d'un enseignant-chercheur.

(Décr. n° 2021-226 du 26 févr. 2021, art. 8) « Pour les lycées relevant de la compétence du ministre chargé de l'agriculture comportant une ou plusieurs classes préparatoires aux grandes écoles, une commission d'examen des vœux donne un avis sur l'admission des étudiants dans les différentes classes. L'admission des étudiants en classe préparatoire aux grandes écoles accessibles aux titulaires d'un diplôme obtenu après deux années d'études supérieures est prononcée par une commission nationale. L'arrêté prévu au premier alinéa du présent article fixe la composition et le fonctionnement de ces commissions. »

Pour les lycées relevant de la compétence du ministre de la défense, les dispositions concernant l'admission et l'évaluation des étudiants sont prises en application des dispositions des articles R. 425-2 et R. 425-8 à R. 425-12 en ce qui concerne l'admission dans les classes préparatoires aux écoles de formation d'officiers des armées et des formations rattachées.

§ 2 ORGANISATION

Art. D. 612-21 Les classes préparatoires aux grandes écoles établies dans les lycées dispensent des formations de l'enseignement supérieur qui s'inscrivent, dans le cadre de l'architecture européenne des études mentionnée à l'article D. 123-13 et fondée principalement sur les trois grades de licence, master et doctorat, au sein des études conduisant au grade de licence.

Elles forment les étudiants pour les différents secteurs économiques, l'enseignement, la recherche, l'administration et la défense en les préparant notamment aux concours d'accès aux grandes écoles.

A ce titre, la formation dispensée dans ces classes a pour objet de donner aux étudiants une compréhension approfondie des disciplines enseignées et une appréhension de leurs caractéristiques générales. Elle prend en compte leurs évolutions, leurs applications et la préparation à des démarches de recherche. Elle est définie par des programmes nationaux. — *[Décr. n° 94-1015 du 23 nov. 1994, art. 1er.]*

Art. D. 612-22 Les classes préparatoires aux grandes écoles sont réparties en trois catégories :

1° Les classes préparatoires économiques et commerciales, qui préparent notamment aux écoles supérieures de commerce et de gestion et aux écoles normales supérieures ;

2° Les classes préparatoires littéraires, qui préparent notamment aux écoles normales supérieures, à l'École nationale des chartes, aux écoles supérieures de commerce et de gestion et aux instituts d'études politiques ;

3° Les classes préparatoires scientifiques, qui préparent notamment aux écoles d'ingénieurs, aux écoles normales supérieures et aux écoles nationales vétérinaires.

Les classes préparatoires aux grandes écoles préparent aussi aux grandes écoles relevant de la compétence du ministre de la défense. — *[Décr. n° 94-1015 du 23 nov. 1994, art. 2.]*

Art. D. 612-23 Les classes préparatoires aux grandes écoles sont organisées en deux ans.

Peuvent être organisées en une année, par arrêtés des ministres chargés de l'enseignement supérieur et de l'agriculture, les classes préparatoires accessibles aux titulaires de diplômes obtenus après deux années d'études supérieures.

Le ministre chargé de l'enseignement supérieur, d'une part, et le ministre chargé de l'agriculture, d'autre part, définissent par arrêté le régime des études dans ces classes. – *[Décr. n° 94-1015 du 23 nov. 1994, art. 3 et art. 7, al. 1er, en ce qui concerne le régime des études.]*

Art. D. 612-24 Pour chacune des catégories mentionnées à l'article D. 612-22, le ministre chargé de l'enseignement supérieur définit, après avis, d'une part, du ministre chargé de l'agriculture et du ministre de la défense et, d'autre part, du Conseil national de l'enseignement supérieur et de la recherche et du Conseil supérieur de l'éducation, les objectifs nationaux relatifs à la régulation et à l'évolution des flux d'entrée, les lignes directrices de la carte scolaire ainsi que les règles générales pour les capacités d'accueil d'une division. Ces dispositions ne s'appliquent pas aux classes préparatoires aux grandes écoles établies dans les lycées relevant du ministre de la défense.

Les ministres chargés de l'éducation et de l'agriculture et le ministre de la défense décident respectivement de la création et de la suppression des divisions destinées à accueillir les étudiants de classes préparatoires aux grandes écoles dans les lycées relevant de leur compétence.

Pour les lycées relevant de la compétence du ministre chargé de l'éducation, ces décisions interviennent sur proposition des recteurs *(Décr. n° 2019-1558 du 30 déc. 2019, art. 5)* « de région académique après avis du comité régional académique prévu à l'article R. 222-16, » au vu des projets présentés par les établissements après avis des régions, du comité technique académique et du conseil académique de l'éducation nationale.

Pour les lycées relevant de la compétence du ministre chargé de l'agriculture, ces décisions interviennent sur proposition des directeurs régionaux de l'alimentation, de l'agriculture et de la forêt au vu des projets présentés par les établissements après avis des régions et du Conseil national de l'enseignement agricole.

Pour les lycées relevant de la compétence du ministre de la défense, ces dispositions sont prises conformément aux dispositions des articles R. 425-1 à R. 425-13.

La liste des divisions de classes préparatoires aux grandes écoles implantées dans les lycées fait chaque année l'objet d'une publication.

Art. D. 612-25 Sur proposition de la commission d'admission et d'évaluation prévue à l'article D. 612-20 siégeant au titre de l'évaluation, le chef d'établissement délivre aux étudiants des classes préparatoires mentionnées à l'article D. 612-23 à l'issue de chaque année d'études, une attestation descriptive du parcours de formation suivi par l'étudiant.

Pour les étudiants des classes préparatoires organisées en deux ans, cette attestation, établie sur la base d'une grille nationale de référence, porte, en fin de cursus, sur l'ensemble du parcours de deux ans. Elle mentionne pour chaque élément constitutif du parcours de formation correspondant à des acquisitions attestées de connaissances et d'aptitudes une valeur définie en crédits européens dans la limite de 60 crédits pour la première année d'études et de 120 crédits pour le parcours de formation complet en classe préparatoire. – *[Décr. n° 94-1015 du 23 nov. 1994, art. 8.]*

Art. D. 612-26 L'entrée par concours dans un établissement figurant sur une liste fixée par arrêté emporte la validation par l'établissement de 60 crédits européens lorsque le concours a lieu à l'issue de la première année et de 120 crédits lorsqu'il a lieu à l'issue d'un parcours complet.

Art. D. 612-27 Afin d'assurer à chaque élève admis en deuxième année de classe préparatoire la possibilité de poursuivre sa formation, les lycées ne disposant pas de la classe préparatoire correspondante peuvent passer convention avec d'autres établissements. – *[Décr. n° 94-1015 du 23 nov. 1994, art. 10.]*

Art. D. 612-28 La nature des classes composant les catégories mentionnées à l'article D. 612-22 est définie par arrêtés du ministre chargé de l'enseignement supérieur après avis, le cas échéant, du ministre chargé de l'agriculture et du ministre de la défense.

L'organisation générale des études, les objectifs de formation, les horaires et les programmes ainsi que les contenus des attestations descriptives mentionnées à l'article D. 612-25 sont déterminés par arrêtés du ministre chargé de l'enseignement supé-

rieur, après avis, le cas échéant, du ministre chargé de l'agriculture et du ministre de la défense.

L'application de la présente sous-section fait l'objet d'un dispositif de concertation et de suivi. – *[Décr. n° 94-1015 du 23 nov. 1994, art. 11.]*

§ 3 INSCRIPTION DES ÉTUDIANTS DANS UN ÉTABLISSEMENT PUBLIC D'ENSEIGNEMENT SUPÉRIEUR

(Décr. n° 2014-1073 du 22 sept. 2014, art. 2)

Art. D. 612-29 *(Décr. n° 2014-1073 du 22 sept. 2014, art. 3)* **L'inscription des étudiants des classes préparatoires aux grandes écoles des lycées publics dans un établissement public à caractère scientifique, culturel et professionnel s'effectue dans les conditions prévues aux articles D. 612-2 à D. 612-8 du code de l'éducation, notamment** *(Décr. n° 2018-172 du 9 mars 2018, art. 5)* **« le troisième alinéa » de l'article D. 612-2.**

Le chef d'établissement du lycée public s'assure de l'inscription de ces étudiants au 15 janvier de l'année en cours.

Art. D. 612-29-1 *(Décr. n° 2014-1073 du 22 sept. 2014, art. 4)* **Outre les conventions** *(Décr. n° 2018-172 du 9 mars 2018, art. 6)* **« prévues au deuxième alinéa du XIII de » l'article L. 612-3, et en vue de faciliter la poursuite d'études des étudiants des classes préparatoires aux grandes écoles qui souhaitent accéder à une formation supérieure dispensée par un autre type d'établissement, une convention de coopération pédagogique peut être conclue entre un lycée public et un autre établissement d'enseignement supérieur, français ou étranger. Cette convention précise notamment, en fonction du type d'études envisagées par l'étudiant et de la cohérence de son parcours de formation, les modalités de validation, par l'établissement d'accueil, des parcours et des crédits mentionnés dans l'attestation descriptive prévue à l'article D. 612-25. Elle prévoit, pour l'examen des dossiers individuels, l'organisation de commissions associant des représentants du lycée et de l'établissement d'accueil, présidées par un enseignant-chercheur désigné par le président ou le directeur de l'établissement d'enseignement supérieur.**

§ 4 CLASSES PRÉPARATOIRES AUX GRANDES ÉCOLES ORGANISÉES DANS LES ÉTABLISSEMENTS PRIVÉS ET PLACÉES SOUS CONTRAT D'ASSOCIATION

(Décr. n° 2014-1073 du 22 sept. 2014, art. 5)

Art. D. 612-29-2 Les dispositions des paragraphes 1 et 2 de la présente sous-section sont applicables aux classes préparatoires aux grandes écoles organisées dans les établissements privés et placées sous contrat d'association.

Ces établissements concluent, en vue de faciliter la poursuite d'études des étudiants des classes préparatoires aux grandes écoles qui souhaitent accéder à une formation supérieure dispensée par un autre type d'établissement, une ou plusieurs conventions selon les dispositions de l'article D. 612-29-1.

SOUS-SECTION 3 ADMISSION EN SECTION DE TECHNICIENS SUPÉRIEURS ET EN INSTITUT UNIVERSITAIRE DE TECHNOLOGIE

Art. D. 612-30 *(Décr. n° 2014-791 du 9 juill. 2014, art. 2)* **La préparation du brevet de technicien supérieur par la voie scolaire et par la voie de l'apprentissage est ouverte aux candidats qui :**

1° Soit sont titulaires du baccalauréat professionnel ;

2° Soit sont titulaires du baccalauréat technologique ;

3° Soit sont titulaires du baccalauréat général ou du diplôme d'accès aux études universitaires ;

4° Soit sont titulaires d'un titre ou diplôme classé dans le répertoire national des certifications professionnelles au niveau IV par la Commission nationale de la certification professionnelle, ou d'un diplôme reconnu conjointement par la France et un État partenaire ;

5° *Abrogé par Décr. n° 2019-215 du 21 mars 2019, art. 1er.*

Peuvent par ailleurs être admis les candidats ayant suivi une formation à l'étranger autre que celles mentionnées aux alinéas précédents, par décision du *(Décr. n° 2019-1558 du 30 déc. 2019, art. 9)* « recteur de région académique » prise après avis de l'équipe pédagogique.

Art. D. 612-31 L'admission dans une section de techniciens supérieurs de l'enseignement public est organisée sous l'autorité du recteur *(Décr. n° 2019-1558 du 30 déc. 2019, art. 5)* « de région académique » qui définit, avec les chefs d'établissements d'accueil, les conditions de la mise en place et du déroulement de la procédure d'admission. *(Décr. n° 2019-1558 du 30 déc. 2019, art. 5)* « Le recteur de région académique associe les recteurs d'académie de la région à la définition de cette organisation. »

Elle est prononcée par le chef de l'établissement d'accueil, après qu'une commission d'admission formée principalement des professeurs de la section demandée a apprécié la candidature de chaque étudiant postulant.

L'admission des bacheliers *(Décr. n° 2014-791 du 9 juill. 2014, art. 3)* « professionnels » dans une section de techniciens supérieurs fait l'objet d'un examen prioritaire. Lorsque le dossier d'un bachelier *(Décr. n° 2014-791 du 9 juill. 2014, art. 3)* « professionnel ou » technologique est en cohérence avec la spécialité demandée et n'a pas fait l'objet d'une proposition d'admission, le recteur peut, à la demande du candidat, prononcer son affectation dans la section demandée ou dans une autre section du même champ professionnel ou d'un champ professionnel voisin.

L'admission est de droit pour les élèves et les apprentis qui, ayant préalablement fait acte de candidature dans les formes et délais prévus par le recteur, obtiennent la même année une mention "très bien" ou "bien" au baccalauréat professionnel ou technologique dont le champ professionnel correspond à celui de la section de techniciens supérieurs demandée. Pour les élèves ou les apprentis qui obtiennent une mention "très bien" ou "bien" au baccalauréat professionnel ou technologique et qui ont été préalablement inscrits en liste supplémentaire ou refusés dans la section de techniciens supérieurs demandée, le recteur prononce l'affectation dans la section demandée ou dans une autre section du même champ professionnel.

L'admission des bacheliers généraux est prononcée sous réserve de l'application des dispositions des alinéas précédents.

(Décr. n° 2019-215 du 21 mars 2019, art. 1er) « Par dérogation au deuxième alinéa, l'admission des bacheliers professionnels ou technologiques ayant suivi une formation complémentaire leur permettant d'acquérir les connaissances et compétences attendues pour la réussite dans la spécialité de section de techniciens supérieurs demandée par le candidat est de droit si, sur proposition de l'équipe pédagogique, l'avis du chef de l'établissement où cette formation a été suivie est favorable. *(Décr. n° 2021-227 du 26 févr. 2021, art. 2)* « Toutefois, à titre exceptionnel, lorsque l'avis ne tient pas compte des caractéristiques de la formation demandée ou ne permet pas d'apprécier les acquis et compétences du bachelier, le recteur de région académique peut ne pas en tenir compte. Lorsqu'il est procédé à cette admission, celle-ci » peut être prononcée au cours du premier trimestre de l'année de formation complémentaire, lorsque l'équipe pédagogique de celle-ci considère que l'élève a atteint le niveau lui permettant de réussir en section de techniciens supérieurs. »

En application de l'art. L. 231-5 CRPA, le silence gardé pendant 2 mois par l'administration vaut décision de rejet pour une demande d'admission dans une formation sélective (accès aux sections de technicien supérieur, instituts universitaires de technologie) (Décr. n° 2014-1274 du 23 oct. 2014, art. 1er).

Art. D. 612-32 L'admission à la préparation du diplôme universitaire de technologie est de droit pour les élèves qui, ayant préalablement fait acte de candidature dans les formes et les délais prévus, obtiennent la même année une mention "bien" ou "très bien" au baccalauréat technologique dont le champ professionnel est en cohérence avec le département d'institut universitaire de technologie demandé.

En outre, après vérification du niveau des candidats, dans des conditions fixées par arrêté du ministre chargé de l'enseignement supérieur après avis du Conseil national de l'enseignement supérieur et de la recherche, peuvent être admis :

1° Les titulaires du baccalauréat ou d'une équivalence ou dispense de ce grade, ainsi que les candidats reçus à un examen spécial d'entrée ;

2° Les étudiants ayant suivi un enseignement supérieur de deux ans qu'ils souhaitent compléter par une formation technologique courte ;

3° Après validation de leurs études, expériences professionnelles ou acquis personnels, des personnes engagées ou non dans la vie active. – *[Décr. n° 84-1004 du 12 nov. 1984, art. 4, al. 1er à 5.]*

En application de l'art. L. 231-5 CRPA, le silence gardé pendant 2 mois par l'administration vaut décision de rejet pour une demande d'admission dans une formation sélective (accès aux sections de technicien supérieur, instituts universitaires de technologie) (Décr. n° 2014-1274 du 23 oct. 2014, art. 1er).

SOUS-SECTION 4 LE GRADE DE LICENCE

(Décr. n° 2015-1168 du 21 sept. 2015, art. 1er)

Art. D. 612-32-1 **Les diplômes sanctionnant une formation de premier cycle de l'enseignement supérieur conduisent à l'attribution du grade de licence dans les conditions prévues aux articles D. 612-32-2** *(Décr. n° 2017-83 du 25 janv. 2017, art. 1er)* **« à D. 612-32-5 ».**

Art. D. 612-32-2 **Le grade de licence est conféré de plein droit aux titulaires :**

1° D'un diplôme de licence ;

2° D'un diplôme de licence professionnelle ;

(Décr. n° 2018-367 du 18 mai 2018, art. 1er) **« 2°** ***bis*** **Du diplôme national des métiers d'art et du design mentionné à l'article D. 642-34 ; »**

3° Des diplômes de formation générale en sciences médicales, en sciences pharmaceutiques, en sciences odontologiques et en sciences maïeutiques ;

4° Des diplômes relevant du code de la santé publique mentionnés à l'article D. 636-69 dans les conditions fixées par les articles D. 636-70 à D. 636-72 ;

(Décr. n° 2016-21 du 14 janv. 2016, art. 1er) **« 4-1° Du diplôme de technicien supérieur en imagerie médicale et radiologie thérapeutique ; »**

5° Du diplôme d'études en architecture mentionné à l'article R. 672-5 dans les conditions fixées par les articles R. 672-7 et R. 672-14 ;

6° Du diplôme de l'École militaire interarmes dans les conditions fixées par les articles D. 675-19 et D. 675-20 ;

7° Du diplôme d'élève pilote de ligne *(Décr. n° 2017-641 du 26 avr. 2017, art. 1er)* **« et du diplôme de gestion de la sécurité et exploitation aéronautique » de l'École nationale de l'aviation civile ;**

(Décr. n° 2018-368 du 18 mai 2018, art. 1er) **« 8° Des diplômes délivrés par l'université Paris-Dauphine** *(Décr. n° 2019-1130 du 5 nov. 2019, art. 21)* **« par délégation et au nom de l'Université Paris sciences et lettres » et figurant sur une liste arrêtée par le ministre chargé de l'enseignement supérieur ; »**

(Décr. n° 2017-641 du 26 avr. 2017, art. 1er) **« 9° Du diplôme d'officier chef de quart machine et du diplôme de chef mécanicien 8 000 kW obtenus à l'issue du cursus de formation initiale des officiers mécaniciens de l'École nationale supérieure maritime ; »**

(Décr. n° 2017-1691 du 13 déc. 2017, art. 1er) **« 10° Du certificat de capacité d'orthoptiste à l'issue de l'année universitaire 2016-2017 ; »**

(Décr. n° 2018-231 du 29 mars 2018, art. 1er) **« 11° Du diplôme national d'art mentionné à l'article D. 759-5 ; »**

(Décr. n° 2018-368 du 18 mai 2018, art. 1er) **« 12° Du diplôme de premier cycle de l'institut d'études politiques de Paris ;**

« 13° Du diplôme "Enseigner dans le premier degré" de l'université de la Nouvelle-Calédonie ;

« 14° Du diplôme du cycle pluridisciplinaire d'études supérieures de » *(Décr. n° 2019-1130 du 5 nov. 2019, art. 21)* **« l'Université Paris sciences et lettres » ;**

(Décr. n° 2018-726 du 3 août 2018, art. 1er) **« 15° Du diplôme de premier cycle de l'école polytechnique ; »**

(Décr. n° 2018-734 du 22 août 2018, art. 2) **« 16° Des diplômes du travail social mentionnés aux articles D. 451-29, D. 451-41, D. 451-47, D. 451-52 et D. 451-57-1 du code de l'action sociale et des familles ; »**

(Décr. n° 2018-1360 du 28 déc. 2018, art. 2) « 17° D'un diplôme de comptabilité et de gestion ; »

(Décr. n° 2020-1204 du 29 sept. 2020, art. 1er) « 18° Du diplôme de premier cycle de l'École nationale supérieure des arts décoratifs à l'issue de l'année universitaire 2022-2023 ;

« 19° Du diplôme de premier cycle de l'École nationale supérieure des beaux-arts à l'issue de l'année universitaire 2022-2023 ; »

(Décr. n° 2021-405 du 7 avr. 2021, art. 1er) « 20° Des diplômes de premier cycle délivrés par les établissements publics dispensant une formation d'ingénieur et de gestionnaires en application de l'article L. 642-1, et figurant sur une liste arrêtée par le ministre chargé de l'enseignement supérieur pris après avis du Conseil national de l'enseignement supérieur et de la recherche. Lorsque l'établissement ne relève pas de la tutelle exclusive du ministre chargé de l'enseignement supérieur, l'avis conforme du ou des ministres dont il relève est requis ;

« 21° Des diplômes de premier cycle délivrés par les établissements d'enseignement supérieur privés mentionnés à l'article L. 641-3 et les écoles supérieures de commerce relevant de l'article L. 753-1 et figurant sur une liste arrêtée par le ministre chargé de l'enseignement supérieur pris après avis du Conseil national de l'enseignement supérieur et de la recherche. »

Ces diplômes font l'objet d'une évaluation nationale périodique.

Art. D. 612-32-3 Les diplômes et titres mentionnés à l'article D. 612-32-2 conduisent à conférer le grade de licence, y compris lorsqu'il a été fait application de la procédure de validation des acquis de l'expérience.

Art. D. 612-32-4 Le grade de licence est délivré au nom de l'État en même temps que le diplôme qui y ouvre droit.

Art. D. 612-32-5 *(Décr. n° 2017-83 du 25 janv. 2017, art. 1er)* La licence est un diplôme national de l'enseignement supérieur sanctionnant des études de premier cycle et conférant à son titulaire le grade de licence.

Le diplôme national de licence sanctionne un niveau correspondant à l'obtention de 180 crédits européens au-delà du baccalauréat. Les parcours types des formations préparant au diplôme sont organisés sur trois années.

L'intitulé de chaque diplôme de licence est défini par un nom de mention.

Art. R. 612-32-6 *(Décr. n° 2017-851 du 6 mai 2017, art. 1er)* Les titulaires du diplôme national de licence qui ne poursuivent pas une formation du deuxième cycle reçoivent, dans les conditions définies par le président de l'université qui leur a délivré le diplôme et au plus tard dans le délai de six mois qui suit sa date d'obtention, l'information prévue au dernier alinéa de l'article L. 612-6. Cette information peut être assurée par les services universitaires chargés de l'information, de l'orientation et de l'insertion professionnelle des étudiants, notamment le bureau d'aide à l'insertion professionnelle mentionné à l'article L. 611-5. L'université peut associer des institutions partenaires compétentes en matière d'insertion professionnelle ou d'orientation.

Cette information, délivrée de manière collective ou individuelle, le cas échéant par des moyens numériques, porte sur les métiers et les professions auxquels ces titulaires du diplôme national de licence sont susceptibles d'accéder à raison des compétences et des connaissances qu'ils ont acquises, ainsi que sur les outils et techniques de recherche d'emploi.

Elle porte également sur les formations qui peuvent leur être proposées par l'université ou par d'autres établissements.

SECTION II LE DEUXIÈME CYCLE

SOUS-SECTION UNIQUE LE GRADE DE MASTER

Art. D. 612-33 Les diplômes sanctionnant une formation de deuxième cycle de l'enseignement supérieur conduisent à l'attribution du grade de master dans les conditions prévues par les articles D. 612-34 *(Décr. n° 2017-83 du 25 janv. 2017, art. 1er)* « à D. 612-36-4 ».

Art. D. 612-34 Le grade de master est conféré de plein droit aux titulaires :

1° D'un diplôme de master ;

2° D'un diplôme d'études approfondies ou d'un diplôme d'études supérieures spécialisées ;

3° D'un diplôme d'ingénieur ;

4° Des diplômes délivrés :

(Décr. n° 2016-24 du 18 janv. 2016, art. 34) « *a)* Par l'Institut d'études politiques de Paris, en application de l'article 2 du décret 2016-24 du 18 janvier 2016 relatif à l'Institut d'études politiques de Paris et figurant sur une liste arrêtée par le ministre chargé de l'enseignement supérieur ; »

(Décr. n° 2017-959 du 10 mai 2017, art. 1er) « *b)* Par les instituts d'études politiques, en application de l'article D. 741-10 et figurant sur une liste arrêtée par le ministre chargé de l'enseignement supérieur ; »

c) Par l'université Paris-Dauphine *(Décr. n° 2019-1130 du 5 nov. 2019, art. 21)* « par délégation et au nom de l'Université Paris sciences et lettres » et figurant sur une liste arrêtée par le ministre chargé de l'enseignement supérieur ;

(Décr. n° 2018-562 du 29 juin 2018, art. 2) « *d)* Par les écoles normales supérieures et figurant sur une liste arrêtée par le ministre chargé de l'enseignement supérieur ;

« *e)* Par l'École nationale supérieure des arts et techniques du théâtre et figurant sur une liste arrêtée par le ministre chargé de l'enseignement supérieur ;

« *f)* Par l'École nationale supérieure Louis Lumière et figurant sur une liste arrêtée par le ministre chargé de l'enseignement supérieur » ;

(Décr. n° 2020-271 du 17 mars 2020, art. 1er) « *g)* Par l'Université Côte d'Azur et figurant sur une liste arrêtée par le ministre chargé de l'enseignement supérieur. »

(Décr. n° 2021-377 du 1er avr. 2021, art. 1er) « *h)* Par l'université de Montpellier et figurant sur une liste arrêtée par le ministre chargé de l'enseignement supérieur. »

Ces diplômes font l'objet d'une évaluation nationale périodique.

En outre, le grade de master est également conféré de plein droit aux titulaires des diplômes délivrés au nom de l'État, de niveau analogue, figurant sur une liste établie après une évaluation nationale périodique de ces diplômes, par arrêté du ministre chargé de l'enseignement supérieur après avis conforme du ou des ministres dont relèvent les établissements concernés et après avis du Conseil national de l'enseignement supérieur et de la recherche.

(Décr. n° 2014-1511 du 15 déc. 2014, art. 2) « 5° Des diplômes de santé suivants :

« *a)* D'un diplôme de formation approfondie en sciences médicales à l'issue de l'année universitaire 2015-2016 ;

« *b)* D'un diplôme de formation approfondie en sciences pharmaceutiques à l'issue de l'année universitaire 2014-2015 ;

« *c)* D'un diplôme de formation approfondie en sciences odontologiques à l'issue de l'année universitaire 2014-2015 ;

« *d)* D'un diplôme d'État de sage-femme à l'issue de l'année universitaire 2014-2015 ;

« *e)* Du certificat de capacité d'orthophoniste à l'issue de l'année universitaire 2017-2018 ; »

(Décr. n° 2018-633 du 18 juill. 2018, art. 2) « *f)* Du diplôme d'État d'infirmier en pratique avancée. »

(Décr. n° 2018-1360 du 28 déc. 2018, art. 2) « 6° D'un diplôme supérieur de comptabilité et de gestion ;

« Ce diplôme fait l'objet d'une évaluation nationale périodique. »

(Décr. n° 2020-1520 du 3 déc. 2020, art. 4) « 7° D'un diplôme d'études fondamentales vétérinaires délivré par les écoles nationales vétérinaires ; »

(Décr. n° 2021-1147 du 2 sept. 2021, art. 1er) « 8° D'un diplôme national d'œnologue à l'issue de l'année universitaire 2022-2023. »

Art. D. 612-35 Les diplômes et titres mentionnés à l'article D. 612-34 conduisent à conférer le grade de master, y compris lorsqu'il a été fait application de la procédure de validation des acquis de l'expérience. – *[Décr. n° 99-747 du 30 août 1999, art. 3.]*

Art. D. 612-36 Le grade de master est conféré par les présidents ou directeurs des établissements publics à caractère scientifique, culturel et professionnel et, le cas échéant, des autres établissements de l'enseignement supérieur public, autorisés, seuls ou conjointement avec d'autres établissements d'enseignement supérieur public français ou d'autres établissements d'enseignement supérieur étrangers, à délivrer les diplômes et titres mentionnés à l'article D. 612-34.

Le grade de master est délivré au nom de l'État en même temps que le titre ou diplôme qui y ouvre droit. – *[Décr. n° 99-747 du 30 août 1999, art. 4.]*

Art. D. 612-36-1 *(Décr. n° 2016-672 du 25 mai 2016, art. 1er)* Le master est un diplôme national de l'enseignement supérieur conférant à son titulaire le grade de master.

Le diplôme de master sanctionne un niveau correspondant à l'obtention de 120 crédits européens au-delà du grade de licence. Les parcours types de formation visant à l'acquisition du diplôme de master sont organisés sur deux années.

L'intitulé de chaque diplôme de master est défini par un nom de mention.

Art. D. 612-36-2 *(Décr. n° 2017-83 du 25 janv. 2017, art. 1er)* Les établissements autorisés par l'État à délivrer le diplôme national de master peuvent organiser un processus de recrutement conformément aux dispositions de l'article L. 612-6. Les refus d'admission sont notifiés. Les motifs pour lesquels l'admission est refusée sont communiqués aux candidats qui en font la demande dans le mois qui suit la notification de ce refus.

Art. R. 612-36-3 *(Décr. n° 2017-83 du 25 janv. 2017, art. 2) (Décr. n° 2021-629 du 19 mai 2021, art. 1er)* « I. – Un étudiant titulaire du diplôme national de licence qui, au titre d'une année universitaire, n'a reçu aucune réponse positive à ses demandes d'admission en première année d'une formation conduisant au diplôme national de master peut saisir le recteur de la région académique dans laquelle il a obtenu son diplôme national de licence en vue de la mise en œuvre du troisième alinéa de l'article L. 612-6. A la condition qu'il existe au moins deux universités dans cette région, l'étudiant doit justifier que ces demandes d'admission sont au moins au nombre de cinq, qu'elles portent sur des mentions définies par arrêté du ministre chargé de l'enseignement supérieur comme compatibles avec la mention du diplôme national de licence qu'il a obtenu, qu'elles concernent au moins deux mentions de master distinctes et qu'elles ont été adressées à au moins deux établissements d'enseignement supérieur.

« L'étudiant saisit le recteur de région académique, par l'intermédiaire d'un téléservice national créé à cet effet par arrêté du ministre chargé de l'enseignement supérieur, dans un délai de quinze jours :

« 1° A compter de la date d'obtention de son diplôme national de licence dans le cas où, à cette date, il a reçu notification de l'ensemble des décisions de refus opposées à ses candidatures à une inscription dans une formation conduisant au diplôme national de master ;

« 2° A compter de la notification de la dernière décision de refus opposée à ses candidatures à une inscription dans une formation conduisant au diplôme national de master dans le cas où celle-ci intervient postérieurement à la date d'obtention de son diplôme national de licence.

« Le recteur de région académique présente à l'étudiant qui a satisfait aux conditions mentionnées au premier alinéa, après accord des chefs d'établissement concernés, au moins trois propositions d'admission dans une formation conduisant au diplôme national de master.

« Ces propositions tiennent compte du projet personnel et professionnel de l'étudiant, de l'offre de formation existante, des capacités d'accueil telles que définies à l'article L. 612-6 et de la compatibilité de la mention du diplôme national de licence obtenu par l'étudiant avec les mentions de master existantes, telle que définie par arrêté du ministre chargé de l'enseignement supérieur.

« Le recteur de région académique veille à ce que l'une au moins des trois propositions d'inscription faites à l'étudiant concerne l'établissement dans lequel il a obtenu sa licence lorsque l'offre de formation dans cet établissement le permet et, à défaut, un établissement de la région académique dans laquelle l'étudiant a obtenu sa licence.

« L'acceptation par l'étudiant d'une proposition met fin au traitement de la saisine par le recteur de région académique. Son inscription dans la formation concernée est de droit dès lors qu'il en fait la demande auprès du chef d'établissement et qu'il remplit les autres conditions d'inscription fixées par ce dernier.

« Si l'étudiant n'a pas donné de réponse aux propositions du recteur dans un délai de huit jours suivant la notification de la troisième proposition d'admission, il est réputé les avoir refusées. »

II. — Les dispositions du I sont applicables aux titulaires du diplôme national de licence candidats à une inscription en première année de formation conduisant au diplôme national de master pour les trois années universitaires qui suivent l'obtention de la licence.

(Décr. nº 2021-629 du 19 mai 2021, art. 1er) « III. — Lorsque l'application des dispositions du I n'a pas permis de proposer à l'étudiant une admission dans une formation conduisant au diplôme national de master, sa situation est examinée par une commission d'accès au deuxième cycle de l'enseignement supérieur présidée par le recteur de région académique. Cette commission, qui se réunit selon un calendrier fixé par le ministre chargé de l'enseignement supérieur et sur convocation du recteur de région académique, associe le recteur délégué à l'enseignement supérieur, à la recherche et à l'innovation dans les régions académiques concernées, des représentants des services académiques ainsi que des représentants de chacun des établissements de la région académique qui dispensent des formations d'enseignement supérieur conduisant à la délivrance d'un diplôme national de master. »

Art. D. 612-36-3-1 *(Décr. nº 2021-752 du 11 juin 2021, art. 1er)* Lorsqu'il saisit le recteur de région académique conformément à l'article R. 612-36-3, l'étudiant qui justifie de circonstances exceptionnelles tenant à son état de santé ou à son handicap peut demander le réexamen de ses candidatures.

Il produit, à son initiative ou sur demande du recteur de région académique, tout document complémentaire utile à l'appréciation de sa situation médicale ou de son handicap. Ces pièces sont adressées sous pli confidentiel à l'attention du médecin conseiller technique du recteur.

Le recteur de région académique s'assure de la recevabilité des pièces justificatives produites par l'étudiant et apprécie le bien-fondé de la demande de réexamen au vu de ces pièces. Dans le respect des exigences de protection du secret médical, il peut solliciter toute personne susceptible d'apporter une expertise sur le bien-fondé de cette demande de réexamen, notamment le médecin conseiller technique du recteur.

S'il estime la demande fondée, le recteur de région académique fait à l'étudiant au moins trois propositions d'admission dans des formations pour lesquelles l'étudiant a déposé une candidature ou dans une autre formation conduisant au diplôme national de master, en tenant compte de la situation particulière que l'étudiant fait valoir, de son projet personnel et professionnel, de l'établissement dans lequel il a obtenu son diplôme national de licence, des candidatures qu'il a déposées ainsi que des caractéristiques des formations. Le recteur tient notamment compte, pour l'examen de cette demande, des besoins d'accompagnement, de compensation, de soins, de transport de l'étudiant et, le cas échéant, des modalités de prise en compte de sa situation par les établissements en matière d'accessibilité.

Pour les besoins de l'instruction de la demande, le recteur peut solliciter l'avis du responsable de l'établissement dans lequel l'étudiant a obtenu son diplôme national de licence et des responsables des établissements auprès desquels il a déposé ses demandes d'admission. Il peut également solliciter toute personne susceptible d'apporter une expertise sur l'adaptation des formations aux besoins spécifiques de l'étudiant.

A compter de la notification de ces propositions, l'étudiant dispose d'un délai de huit jours pour donner son accord à l'une de ces propositions. A défaut de réponse dans ce délai, l'étudiant est réputé refuser l'ensemble des propositions d'admission. Si l'étudiant accepte une proposition, le recteur de région académique prononce son inscription dans la formation concernée, en lien avec l'autorité dont relève l'établissement lorsque la formation retenue est dispensée par un établissement ne relevant pas des ministres chargés de l'éducation nationale, de l'enseignement supérieur ou de l'agriculture. Cette inscription est de droit dès lors que l'étudiant en fait la demande auprès du chef d'établissement concerné et qu'il remplit les autres conditions d'inscription fixées par ce dernier.

Art. D. 612-36-4 *(Décr. n° 2016-672 du 25 mai 2016, art. 1er)* L'inscription d'un étudiant qui souhaite poursuivre sa formation dans une autre mention de master proposée par l'établissement dans lequel il a débuté sa formation en deuxième cycle est subordonnée à la vérification par le responsable de la formation dans laquelle l'inscription est demandée que les unités d'enseignement déjà acquises sont de nature à lui permettre de poursuivre sa formation en vue de l'obtention du master.

L'inscription d'un étudiant désirant poursuivre sa formation de master à l'issue d'une année universitaire dans un établissement d'enseignement supérieur autre que celui dans lequel il était inscrit est subordonnée à la vérification, par le responsable de la formation de l'établissement d'accueil, que les unités d'enseignement déjà acquises dans son établissement d'origine sont de nature à lui permettre de poursuivre sa formation en vue de l'obtention du diplôme de master.

Sur la liste par établissement des intitulés des mentions du diplôme national de master pour lesquelles l'admission en seconde année peut dépendre des capacités d'accueil de l'établissement d'enseignement supérieur telles qu'il les a fixées et, éventuellement, être subordonnée au succès à un concours ou à l'examen du dossier du candidat, selon des modalités définies par l'établissement, V. l'annexe du Décr. n° 2016-672 du 25 mai 2016.

SECTION III LE TROISIÈME CYCLE

SOUS-SECTION 1 LE TITRE DE DOCTEUR *"HONORIS CAUSA"*

Art. D. 612-37 Les universités et les autres établissements publics à caractère scientifique, culturel et professionnel peuvent décerner le titre de docteur *honoris causa* à des personnalités de nationalité étrangère en raison de services éminents rendus aux arts, aux lettres, aux sciences et techniques, à la France ou à l'établissement qui décerne le titre. – *[Décr. n° 2002-417 du 21 mars 2002, art. 1er.]*

Art. D. 612-38 Le titre de docteur *honoris causa* est conféré par le président de l'université ou par le directeur de l'établissement public à caractère scientifique, culturel et professionnel, après avis du ministre des affaires étrangères, sur proposition du conseil d'administration. – *[Décr. n° 2002-417 du 21 mars 2002, art. 2.]*

Art. D. 612-39 Le conseil d'administration des établissements délibère sur l'attribution du titre de docteur *honoris causa*. Cette délibération intervient sur avis favorable du conseil de l'institut, ou de l'école, ou de l'unité de formation et de recherche compétente si le titre est proposé pour une personne dont les travaux ou l'action entrent dans le domaine propre de cette composante.

Les conseils siègent en formation restreinte aux enseignants-chercheurs. Les délibérations sont prises à la majorité des deux tiers des suffrages exprimés. Les conseils ne délibèrent valablement que si la majorité des membres composant la formation restreinte est présente. – *[Décr. n° 2002-417 du 21 mars 2002, art. 3.]*

Art. D. 612-40 Le diplôme est établi et signé par le président de l'université ou par le directeur de l'établissement public à caractère scientifique, culturel et professionnel. Il est remis au titulaire dans les formes établies par chaque établissement. – *[Décr. n° 2002-417 du 21 mars 2002, art. 4.]*

Art. D. 612-41 Le titre de docteur *honoris causa* ne peut conférer à son titulaire les droits attachés à la possession du diplôme national de doctorat. – *[Décr. n° 2002-417 du 21 mars 2002, art. 5.]*

SOUS-SECTION 2 LE MÉCÉNAT DE DOCTORAT DES ENTREPRISES

Art. D. 612-42 Les articles D. 612-43 à D. 612-47 du présent code fixent les conditions dans lesquelles les écoles doctorales proposent des projets de thèse, ci-après désignés projets de recherche doctorale, au mécénat de doctorat des entreprises conformément aux dispositions du *e bis* du 1 de l'article 238 *bis* du code général des impôts. – *[Décr. n° 2008-390 du 24 avr. 2008, art. 1er.]*

Art. D. 612-43 Les projets de recherche doctorale proposés au mécénat de doctorat des entreprises sont choisis et rendus publics par les écoles doctorales mentionnées au deuxième alinéa de l'article L. 612-7. – *[Décr. n° 2008-390 du 24 avr. 2008, art. 2.]*

Art. D. 612-44 Peuvent prétendre au mécénat de doctorat des entreprises les projets de recherche doctorale conduits par des personnes régulièrement inscrites en vue de la préparation d'un doctorat dans un établissement d'enseignement supérieur autorisé à délivrer le diplôme national de doctorat ou associé à l'école doctorale et préparés au sein d'une unité ou équipe de recherche reconnue à la suite d'une évaluation nationale, dans les conditions fixées par l'arrêté pris en application de l'article L. 612-7. – *[Décr. n° 2008-390 du 24 avr. 2008, art. 3.]*

Art. D. 612-45 L'entreprise contribue au financement de la recherche doctorale par un versement effectué, pour le compte de l'école doctorale, soit auprès de l'établissement autorisé à délivrer le diplôme national de doctorat ou de l'établissement associé à l'école doctorale dans lequel est inscrit le doctorant dont le projet de recherche doctorale, choisi par l'école doctorale, fait l'objet du mécénat de doctorat, soit auprès de la fondation universitaire créée au sein de cet établissement. – *[Décr. n° 2008-390 du 24 avr. 2008, art. 4.]*

Art. D. 612-46 La contribution versée par l'entreprise a pour objet exclusif la réalisation du projet de recherche doctorale. – *[Décr. n° 2008-390 du 24 avr. 2008, art. 5.]*

Art. D. 612-47 L'établissement définit les modalités d'utilisation de la contribution versée par l'entreprise après avis du directeur de thèse, du ou des responsables de la ou des unités de recherche concernés, du conseil de l'école doctorale et du doctorant concerné.

La contribution de l'entreprise peut constituer tout ou partie de la rémunération perçue par le doctorant au titre d'un contrat conclu avec une personne publique ou un établissement associé à l'école doctorale dans les conditions fixées par l'arrêté pris en application de l'article L. 612-7. Celle-ci est versée dans la limite de la durée du contrat et ne peut, en tout état de cause, excéder la durée prévue par l'arrêté susmentionné.

Lorsque le doctorant bénéficie d'un revenu pour l'accomplissement de son projet de recherche doctorale aux termes d'un contrat conclu dans les conditions fixées à l'alinéa précédent, la contribution de l'entreprise peut, en outre, être utilisée sous la forme de moyens mis à sa disposition pour la réalisation de ses travaux de recherche. – *[Décr. n° 2008-390 du 24 avr. 2008, art. 6.]*

SECTION IV *[ABROGÉE]* STAGES

(Abrogée par Décr. n° 2014-1420 du 27 nov. 2014, art. 2)

SOUS-SECTION 1 *[ABROGÉE]* STAGES EN ENTREPRISE

Art. D. 612-48 à D. 612-55 *Abrogés par Décr. n° 2014-1420 du 27 nov. 2014, art. 2.*

SOUS-SECTION 2 *[ABROGÉE]* STAGES DANS LES ADMINISTRATIONS ET LES ÉTABLISSEMENTS PUBLICS DE L'ÉTAT À CARACTÈRE NON INDUSTRIEL OU COMMERCIAL

Art. D. 612-56 à D. 612-60 *Abrogés par Décr. n° 2014-1420 du 27 nov. 2014, art. 2.*

CHAPITRE III COLLATION DES GRADES ET TITRES UNIVERSITAIRES

SECTION PREMIÈRE RÈGLES GÉNÉRALES DE DÉLIVRANCE DES DIPLÔMES

SOUS-SECTION 1 DIPLÔMES NATIONAUX

§ 1er GRADES, TITRES ET DIPLÔMES

Art. D. 613-1 Les grades et titres universitaires sanctionnent les divers niveaux de l'enseignement supérieur communs à tous les domaines de formation.

Les grades correspondent aux principaux niveaux de référence définis dans l'Espace européen de l'enseignement supérieur. Les titres correspondent aux niveaux intermédiaires. – *[Décr. n° 2002-481 du 8 avr. 2002, art. 1er.]*

Art. D. 613-2 Les grades et titres sont conférés aux titulaires de diplômes nationaux de l'enseignement supérieur délivrés sous l'autorité de l'État selon la réglementation propre à chacun d'eux.

Les diplômes nationaux sanctionnent chaque étape du déroulement des études supérieures dans un domaine de formation particulier mentionné dans l'intitulé du diplôme. Ils confèrent les mêmes droits à tous les titulaires, quels que soient les établissements qui les ont délivrés et les modes d'acquisition. – *[Décr. n° 2002-481 du 8 avr. 2002, art. 2.]*

Art. D. 613-3 Les grades sont le baccalauréat, la licence, le master et le doctorat.

Les diplômes nationaux conférant ces grades sont fixés par voie réglementaire. Seuls ces diplômes nationaux peuvent porter le nom de baccalauréat, de licence, de master ou de doctorat. – *[Décr. n° 2002-481 du 8 avr. 2002, art. 3.]*

Art. D. 613-4 Les établissements qui jouissent de l'autonomie pédagogique et scientifique, y compris les établissements publics de coopération scientifique mentionnés à l'article L. 344-4 du code de la recherche, sont autorisés à délivrer, au nom de l'État, les diplômes nationaux par une décision d'habilitation prise dans les conditions fixées par la réglementation propre à chacun d'eux.

Sauf dispositions réglementaires particulières, ces décisions sont prises pour une durée limitée et à l'issue d'une évaluation nationale des établissements et des dispositifs de formation et de certification. Cette évaluation nationale prend en compte les résultats obtenus par les établissements et la qualité de leurs projets. – *[Décr. n° 2002-481 du 8 avr. 2002, art. 4.]*

Art. D. 613-5 Dans le cadre des dispositions des articles D. 613-1 à D. 613-4, le ministre chargé de l'enseignement supérieur assure, en liaison avec les autres ministres concernés ayant en charge des formations et des certifications supérieures, la cohérence et la lisibilité, aux plans national et international, du dispositif national des grades et titres et des diplômes nationaux qui les confèrent. – *[Décr. n° 2002-481 du 8 avr. 2002, art. 5.]*

Art. D. 613-6 Les grades ou titres universitaires des disciplines autres que celles relevant de la santé sont conférés par les diplômes nationaux suivants :

1° Certificat de capacité en droit ;
2° Diplôme d'accès aux études universitaires (DAEU) ;
3° Baccalauréat ;
4° Brevet de technicien supérieur ;
5° Diplôme universitaire de technologie ;
6° Diplôme d'études universitaires scientifiques et techniques ;
7° Diplôme d'études universitaires générales ;
8° Diplôme national de technologie spécialisé *(Décr. n° 2020-1180 du 25 sept. 2020, art. 1er)* « délivré jusqu'au 31 août 2021 » ;
(Décr. n° 2018-367 du 18 mai 2018, art. 1er) « 8° *bis* Diplôme national des métiers d'art et du design ; »
9° Licence ;
(Décr. n° 2020-1180 du 25 sept. 2020, art. 1er) « 9° *bis* Licence professionnelle ; »
10° Diplôme national de guide interprète national ;
11° Maîtrise ;
12° Master ;
13° Diplôme de recherche technologique ;
14° Doctorat ;
15° Habilitation à diriger des recherches.

Art. D. 613-7 Les grades ou titres universitaires des disciplines de santé sont conférés par les diplômes nationaux suivants :

1° Certificat de capacité d'orthoptiste ;
2° Certificat de capacité d'orthophoniste ;
3° Diplôme d'État d'audioprothésiste ;
4° Diplôme de technicien supérieur en imagerie médicale et radiologie thérapeutique ;
5° Diplôme de formation générale en sciences médicales ;
6° Diplôme de formation générale en sciences pharmaceutiques ;

7° Diplôme de formation générale en sciences odontologiques ;
8° Diplôme de formation générale en sciences maïeutiques ;
9° Diplôme d'État de sage-femme ;
10° Diplôme de fin de deuxième cycle des études médicales ;
(Décr. n° 2014-1511 du 15 déc. 2014, art. 1er) « 10° *bis* Diplôme de formation approfondie en sciences médicales ; »
11° Diplôme de fin de deuxième cycle des études pharmaceutiques ;
(Décr. n° 2014-1511 du 15 déc. 2014, art. 1er) « 11° *bis* Diplôme de formation approfondie en sciences pharmaceutiques ; »
12° Diplôme de fin de deuxième cycle des études odontologiques ;
(Décr. n° 2014-1511 du 15 déc. 2014, art. 1er) « 12° *bis* Diplôme de formation approfondie en sciences odontologiques ; »
13° Diplôme d'État de docteur en médecine ;
14° Diplôme d'État de docteur en chirurgie dentaire ;
15° Diplôme d'État de docteur en pharmacie ;
16° Certificat d'études supérieures de chirurgie dentaire ;
17° Certificat d'études cliniques spéciales ;
18° Diplôme d'études supérieures ;
19° Attestation d'études approfondies en chirurgie dentaire ;
20° Diplôme d'études spécialisées ;
21° Diplôme d'études spécialisées complémentaires ;
22° Capacité de médecine ;
23° Doctorat ;
(Décr. n° 2018-633 du 18 juill. 2018, art. 3) « 24° Diplôme d'État d'infirmier en pratique avancée. »

Art. D. 613-8 Les diplômes nationaux préparés au sein des instituts universitaires professionnalisés sont délivrés par les établissements publics à caractère scientifique, culturel et professionnel, habilités à cet effet par arrêté du ministre chargé de l'enseignement supérieur. L'habilitation est accordée pour une durée de quatre ans renouvelable, dans les conditions prévues aux articles L. 613-1, L. 613-3 et L. 613-4, après avis d'une commission nationale composée notamment d'enseignants-chercheurs et de personnalités qualifiées en raison de leur activité professionnelle. – *[Décr. n° 94-1204 du 29 déc. 1994, art. 2.]*

Art. D. 613-9 Les formations assurées au sein des instituts universitaires professionnalisés sont organisées en trois années d'études. Le cursus comprend une formation de base à caractère scientifique et technique dans la spécialité concernée, une formation complémentaire préparant à la vie professionnelle et des stages dans le secteur d'activité correspondant. – *[Décr. n° 94-1204 du 29 déc. 1994, art. 3.]*

Art. D. 613-10 Les étudiants sont admis dans un institut universitaire professionnalisé, en première année d'études de l'institut, à l'issue d'une procédure d'orientation organisée par l'établissement sous l'autorité du directeur de l'institut universitaire professionnalisé ; certains étudiants peuvent toutefois être admis directement en deuxième année d'études à l'issue d'une procédure d'orientation identique. Un arrêté du ministre chargé de l'enseignement supérieur précise les conditions d'application du présent alinéa.

En formation professionnelle continue, les candidats à l'entrée en institut universitaire professionnalisé peuvent être admis dans les conditions prévues à la sous-section 3 de la section II du présent chapitre. – *[Décr. n° 94-1204 du 29 déc. 1994, art. 5.]*

Art. D. 613-11 Les diplômes nationaux portent la mention du ou des établissements publics à caractère scientifique, culturel et professionnel qui les ont délivrés. – *[Décr. n° 84-573 du 5 juill. 1984, art. 2.]*

Art. D. 613-12 Les diplômes propres aux universités et autres établissements publics d'enseignement supérieur ainsi que les diplômes délivrés par les établissements privés d'enseignement supérieur ne peuvent porter la même dénomination que les diplômes énumérés aux articles D. 613-6 et D. 613-7. – *[Décr. n° 84-573 du 5 juill. 1984, art. 3 ; Décr. n° 84-932 du 17 oct. 1984, art. 2.]*

Art. D. 613-13 *Abrogé par Décr. n° 2015-1168 du 21 sept. 2015, art. 2.*

§ 2 DIPLÔMES DU PREMIER CYCLE OU PERMETTANT D'Y ACCÉDER

SOUS-§ 1er LE DIPLÔME D'ACCÈS AUX ÉTUDES UNIVERSITAIRES

Art. D. 613-14 Le diplôme d'accès aux études universitaires confère les mêmes droits que ceux qui s'attachent au succès au baccalauréat. – *[Décr. n° 94-684 du 3 août 1994, art. 2.]*

SOUS-§ 2 LA LICENCE

Le présent sous-paragraphe ne comprend pas de dispositions prises par décret.

SOUS-§ 3 LA LICENCE PROFESSIONNELLE

Le présent sous-paragraphe ne comprend pas de dispositions prises par décret.

§ 3 DIPLÔMES DU DEUXIÈME CYCLE

SOUS-§ 1er LE DIPLÔME NATIONAL DE MASTER

Le présent sous-paragraphe ne comprend pas de dispositions prises par décret.

SOUS-§ 2 LES FORMATIONS DANS LES INSTITUTS DE PRÉPARATION À L'ADMINISTRATION GÉNÉRALE

Art. D. 613-15 Les instituts de préparation à l'administration générale contribuent à l'information, l'orientation, la formation et la préparation des candidats aux concours d'accès aux corps de catégorie A de la fonction publique de l'État ainsi qu'à la formation générale initiale et continue des agents de l'État.

Ils peuvent participer également à la préparation des candidats aux concours d'accès à la fonction publique territoriale ainsi qu'à la formation générale initiale et continue des fonctionnaires territoriaux. – *[Décr. n° 85-368 du 22 mars 1985, art. 2.]*

Art. D. 613-16 Pour l'accomplissement des missions prévues à l'article D. 613-15, les instituts de préparation à l'administration générale dispensent des enseignements de deuxième cycle universitaire correspondant à une année d'études et sanctionnés par des diplômes nationaux délivrés par l'université dont ils font partie.

Des certificats sanctionnant des formations particulières peuvent être également délivrés. – *[Décr. n° 85-368 du 22 mars 1985, art. 3.]*

§ 4 DIPLÔMES DU TROISIÈME CYCLE

SOUS-§ 1er FORMATION DOCTORALE

Le présent sous-paragraphe ne comprend pas de dispositions prises par décret.

SOUS-§ 2 CHARTE DES THÈSES

Le présent sous-paragraphe ne comprend pas de dispositions prises par décret.

SOUS-§ 3 COTUTELLE INTERNATIONALE DE THÈSE

Le présent sous-paragraphe ne comprend pas de dispositions prises par décret.

SOUS-§ 4 DÉPÔT, SIGNALEMENT, REPRODUCTION, DIFFUSION ET CONSERVATION DES THÈSES OU TRAVAUX EN VUE DU DOCTORAT

Le présent sous-paragraphe ne comprend pas de dispositions prises par décret.

SOUS-§ 5 L'HABILITATION À DIRIGER DES RECHERCHES

Le présent sous-paragraphe ne comprend pas de dispositions prises par décret.

SOUS-SECTION 2 DIPLÔMES EN PARTENARIAT INTERNATIONAL

Art. D. 613-17 Les diplômes mentionnés aux articles D. 613-2 et D. 613-4 peuvent être délivrés dans le cadre de partenariats internationaux, dans les conditions définies par la présente sous-section. – *[Décr. n° 2005-450 du 11 mai 2005, art. 1er.]*

Art. D. 613-18 Le partenariat international est organisé par une convention conclue entre un ou plusieurs établissements d'enseignement supérieur français et un ou plusieurs établissements d'enseignement supérieur étrangers.

Les établissements français doivent avoir été habilités par l'État à délivrer le diplôme concerné par le partenariat international. Lorsque la délivrance de ce diplôme a fait l'objet d'une habilitation conjointe entre plusieurs établissements français, la convention de partenariat est conclue par chacun de ces établissements.

Le ou les établissements étrangers contractants doivent avoir la capacité de délivrer, au même niveau et dans le même champ de formation, un diplôme reconnu par les autorités compétentes de leur pays. – *[Décr. n° 2005-450 du 11 mai 2005, art. 2.]*

Art. D. 613-19 La convention mentionnée à l'article D. 613-18 définit notamment les modalités de formation, de constitution des équipes pédagogiques, de contrôle des connaissances et des aptitudes et les modalités de certification, dans le respect des exigences de qualité requises par la procédure française d'habilitation à délivrer le diplôme concerné.

Elle fixe les modalités d'inscription des étudiants. Elle précise les conditions de l'alternance équilibrée des périodes de formation dans les pays concernés. Elle détermine les modalités de constitution du jury, de délivrance des crédits européens et d'accompagnement matériel, pédagogique et linguistique des étudiants.

Elle est conclue pour une durée maximale correspondant à la durée restant à courir de l'habilitation mentionnée au deuxième alinéa de l'article D. 613-18. – *[Décr. n° 2005-450 du 11 mai 2005, art. 3.]*

Art. D. 613-20 Dans le cadre du partenariat international, les établissements partenaires peuvent :

1° Soit délivrer conjointement un même diplôme ;

2° Soit délivrer simultanément un diplôme propre à chacun d'eux.

Le diplôme délivré conjointement est reconnu de plein droit en France à condition d'être également reconnu dans le ou les pays partenaires. La convention mentionnée à l'article D. 613-18 mentionne les modalités de cette reconnaissance. – *[Décr. n° 2005-450 du 11 mai 2005, art. 4.]*

Art. D. 613-21 Les établissements français bénéficiant de l'habilitation mentionnée à l'article D. 613-18 peuvent mettre en œuvre le partenariat international défini par la présente sous-section sur déclaration adressée aux ministres concernés ainsi qu'à l'instance d'évaluation compétente pour le diplôme faisant l'objet du partenariat international. – *[Décr. n° 2005-450 du 11 mai 2005, art. 5.]*

Art. D. 613-22 Lors de l'évaluation nationale périodique qui suit la mise en œuvre du partenariat international, un rapport, adressé aux ministres concernés ainsi qu'à l'instance d'évaluation compétente, précise l'objet des conventions conclues, les adaptations en matière de pédagogie réalisées et les résultats obtenus. L'instance d'évaluation se prononce au vu de ce rapport sur la poursuite du partenariat. Elle émet des recommandations prises en compte par la décision de renouvellement. – *[Décr. n° 2005-450 du 11 mai 2005, art. 6.]*

Art. D. 613-23 Des arrêtés précisent, en tant que de besoin, les conditions d'application de la présente sous-section à certains diplômes particuliers. – *[Décr. n° 2005-450 du 11 mai 2005, art. 7.]*

Art. D. 613-24 Les dispositions de la présente sous-section sont applicables à un partenariat international conclu avec un organisme créé dans le cadre d'un accord international auquel la France est partie et ayant une mission d'enseignement supérieur. – *[Décr. n° 2005-450 du 11 mai 2005, art. 8.]*

Art. D. 613-25 Un bilan de l'application des dispositions de la présente sous-section est présenté au Conseil national de l'enseignement supérieur et de la recherche. – *[Décr. n° 2005-450 du 11 mai 2005, art. 9.]*

SOUS-SECTION 2-1 DIPLÔMES PROPRES

(Décr. n° 2020-1273 du 20 oct. 2020, art. 1er)

Art. D. 613-25-1 Le label "Formation supérieure de spécialisation" identifie les formations conduisant à un diplôme d'établissement, notamment conçues dans un objectif d'insertion professionnelle et définies en lien avec les acteurs du monde professionnel et associatif et les administrations publiques.

Il est attribué aux formations qui remplissent les conditions suivantes :

1° Les formations représentent pendant une année d'études supérieures un volume horaire de quatre cents heures minimum d'enseignement ;

2° Elles comprennent un tronc commun d'enseignements permettant l'acquisition d'une culture générale et des unités d'enseignement de spécialité correspondant à un parcours professionnel organisé dans un secteur d'activité ou une branche professionnelle ;

3° Elles intègrent, au moins pour moitié du temps de formation, une période de formation en milieu professionnel de douze à seize semaines permettant l'acquisition de compétences techniques et professionnelles spécifiques ; cette période fait l'objet d'un rapport évalué par l'équipe pédagogique ;

4° Les formations peuvent être préparées par la voie de l'apprentissage ;

5° Le diplôme d'établissement répond aux exigences de l'article L. 6113-1 du code du travail.

La spécialisation suivie figure sur le parchemin du diplôme.

Art. D. 613-25-2 Le label "Passeport pour réussir et s'orienter" (PaRéO) identifie les formations conduisant à un diplôme d'établissement permettant aux bacheliers de préciser leur projet d'études ou d'orientation professionnelle en découvrant plusieurs disciplines, plusieurs cursus universitaires ou autres formations du premier cycle de l'enseignement supérieur, notamment celles préparant au brevet de technicien supérieur, ainsi que plusieurs environnements professionnels et en renforçant certaines connaissances et compétences.

Il est attribué aux formations qui remplissent les conditions suivantes :

1° Les formations représentent pendant une année d'études supérieures un volume horaire de deux cents heures minimum d'enseignement ;

2° Elles comprennent un tronc commun d'enseignements composé de matières transversales et destiné à renforcer les compétences et des parcours disciplinaires d'un volume horaire compris entre cent et cent vingt heures et comprenant de quatre à cinq matières minimum ;

3° Elles intègrent la découverte du monde professionnel par des périodes d'immersion en entreprise d'une durée de quatre semaines minimum à moduler en fonction des projets pédagogiques ; ces périodes font l'objet d'une convention de stage et donnent lieu à un retour d'expérience lors d'une soutenance d'orientation.

Art. D. 613-25-3 Les labels mentionnés aux articles D. 613-25-1 et D. 613-25-2 doivent également satisfaire à la condition suivante : les étudiants acquittent des droits d'inscription équivalents ou raisonnablement proches des montants annuels acquittés par les usagers préparant un diplôme national relevant du premier cycle.

Art. D. 613-25-4 Le ministre chargé de l'enseignement supérieur attribue pour une durée maximale de cinq ans, après évaluation, les labels mentionnés aux articles D. 613-25-1 et D. 613-25-2. Il recueille à cet effet l'avis de personnalités choisies en raison de leurs compétences professionnelles et scientifiques.

Le label est renouvelé dans les mêmes conditions. Il peut être retiré dans les mêmes formes si les conditions au vu desquelles il a été délivré ne sont plus remplies.

La formation labellisée "Formation supérieure de spécialisation" sanctionne un niveau correspondant à soixante crédits européens à l'issue d'un parcours validé.

Art. D. 613-25-5 Pour obtenir un label, les établissements adressent au ministre chargé de l'enseignement supérieur la maquette des enseignements dispensés, les noms et qualifications des enseignants et du responsable de la formation ainsi que toute information utile sur le contenu de la formation, ses modalités d'évaluation et de validation, les partenariats conclus avec d'autres établissements d'enseignement supérieur et des acteurs du monde professionnel dans un objectif de poursuite d'études et d'insertion professionnelle des diplômés.

Le calendrier de dépôt des demandes de labellisation des formations dispensées par les établissements d'enseignement supérieur est compatible avec la procédure nationale de préinscription dans une formation initiale de premier cycle de l'enseignement supérieur.

SOUS-SECTION 3 ÉTUDIANTS HANDICAPÉS

Art. D. 613-26 Les candidats aux examens ou concours de l'enseignement supérieur organisés par le ministre chargé de l'enseignement supérieur ou par le ministre chargé de la culture qui présentent un handicap peuvent bénéficier d'aménagements portant sur :

1° Les conditions de déroulement des épreuves, de nature à leur permettre de bénéficier des conditions matérielles ainsi que des aides techniques et humaines appropriées à leur situation ;

2° Une majoration du temps imparti pour une ou plusieurs épreuves, qui ne peut excéder le tiers du temps normalement prévu pour chacune d'elles. Toutefois, cette majoration peut être allongée, eu égard à la situation exceptionnelle du candidat, sur demande motivée du médecin et portée dans l'avis mentionné à l'article D. 613-27 ;

3° La conservation, durant cinq ans, des notes à des épreuves ou des unités obtenues à l'examen ou au concours ainsi que, le cas échéant, le bénéfice d'acquis obtenus dans le cadre de la procédure de validation des acquis de l'expérience fixée à la section II du présent chapitre ;

4° L'étalement sur plusieurs sessions du passage des épreuves ;

5° Des adaptations ou des dispenses d'épreuves, rendues nécessaires par certaines situations de handicap, dans les conditions prévues par arrêté du ministre chargé de l'enseignement supérieur, du ministre chargé de la culture ou du président ou directeur de l'établissement. – *[Décr. n° 2005-1617 du 21 déc. 2005, art. 3, en ce qui concerne l'enseignement supérieur ; Décr. n° 2009-1246 du 15 oct. 2009, art. 1er, sauf premier al. de l'art. 6 du Décr. n° 2005-1617 du 21 déc. 2005.]*

En application de l'art. L. 231-5 CRPA, le silence gardé pendant 2 mois par l'administration vaut décision de rejet pour une demande d'aménagement des conditions d'examens pour un candidat présentant un handicap (enseignement supérieur) (Décr. n° 2014-1274 du 23 oct. 2014, art. 1er).

Art. D. 613-27 Les candidats sollicitant un aménagement des conditions d'examen ou de concours adressent leur demande à l'un des médecins désignés par la Commission des droits et de l'autonomie des personnes handicapées.

Le médecin rend un avis, qui est adressé au candidat et à l'autorité administrative compétente pour organiser l'examen ou le concours, dans lequel il propose des aménagements. L'autorité administrative décide des aménagements accordés et notifie sa décision au candidat. – *[Décr. n° 2005-1617 du 21 déc. 2005, art. 4, en ce qui concerne l'enseignement supérieur.]*

En application de l'art. L. 231-5 CRPA, le silence gardé pendant 2 mois par l'administration vaut décision de rejet pour une demande d'aménagement des conditions d'examens pour un candidat présentant un handicap (enseignement supérieur) (Décr. n° 2014-1274 du 23 oct. 2014, art. 1er).

Art. D. 613-28 L'autorité administrative mentionnée à l'article D. 613-27 s'assure de l'accessibilité aux personnes handicapées des locaux prévus pour le déroulement des épreuves. Elle fait mettre en place les aménagements autorisés pour chaque candidat. – *[Décr. n° 2005-1617 du 21 déc. 2005, art. 5, en ce qui concerne l'enseignement supérieur.]*

Art. D. 613-29 Le président ou le directeur de l'établissement d'enseignement supérieur prend toutes les mesures permettant aux étudiants handicapés, qui sont hospitalisés au moment des sessions de l'examen ou du concours, de composer dans des conditions définies en accord avec le chef de pôle d'activité hospitalier dont dépend l'étudiant. – *[Décr. n° 2005-1617 du 21 déc. 2005, art. 6, al. 2.]*

Art. D. 613-30 Le président du jury de l'examen ou du concours est informé par le service organisateur de ce dernier des aménagements dont ont bénéficié les candidats concernés, dans le respect de la règle d'anonymat des candidats. Il informe, le cas échéant, les membres du jury des aménagements mis en œuvre. – *[Décr. n° 2005-1617 du 21 déc. 2005, art. 7, en ce qui concerne l'enseignement supérieur.]*

SECTION II DIPLÔMES SANCTIONNANT CERTAINES FORMATIONS PROFESSIONNALISÉES

Art. D. 613-31 Les dispositions relatives aux diplômes sanctionnant des formations professionnalisées sont fixées par les textes suivants :

1° Administrateur, mandataire judiciaire et expert en diagnostic d'entreprise : articles L. 811-1 à L. 811-5 et R. 811-1 à R. 811-39 du code de commerce pour les administrateurs judiciaires, L. 812-1 à L. 812-8 et R. 812-1 à R. 812-20 du même code pour les mandataires judiciaires et L. 813-1 du même code pour les experts en diagnostic d'entreprise ;

2° Agent immobilier : décret n° 72-678 du 20 juillet 1972 fixant les conditions d'application de la loi n° 70-9 du 2 janvier 1970 réglementant les conditions d'exercice des activités relatives à certaines opérations portant sur les immeubles et fonds de commerce ;

3° Avocat : décret n° 91-1197 du 27 novembre 1991 organisant la profession d'avocat ;

4° Commissaire-priseur : articles L. 321-4, R. 321-18 et R. 321-20 à R. 321-31 du code de commerce et articles 2 et 4 à 6 du décret n° 73-541 du 19 juin 1973 relatif à la formation professionnelle des commissaires-priseurs judiciaires et aux conditions d'accès à cette profession ;

5° Commissaire aux comptes : articles L. 822-1 à *(Décr. n° 2016-1026 du 26 juill. 2016, art. 91)* « L. 822-4 » et R. 822-1 à *(Décr. n° 2016-1026 du 26 juill. 2016, art. 91)* « R. 822-19 » du code de commerce ;

6° Comptable : articles 45 à 83 du décret n° 2012-432 du 30 mars 2012 relatif à l'exercice de l'activité d'expertise comptable ;

7° Expert en automobile : décret n° 95-493 du 25 avril 1993 portant création et règlement général du diplôme d'expert en automobile ;

8° Géomètre-expert : décret n° 2010-1406 du 10 novembre 2010 relatif au diplôme de géomètre-expert foncier délivré par le Gouvernement ;

9° Guide interprète national : articles D. 221-19 à D. 221-24 du code du tourisme ;

10° Huissier de justice : décret n° 75-770 du 14 août 1975 relatif aux conditions d'accès à la profession d'huissier de justice ainsi qu'aux modalités des créations, transferts et suppressions d'offices d'huissier de justice et concernant certains officiers ministériels et auxiliaires de justice ;

11° Notaire : décret n° 73-609 du 5 juillet 1973 relatif à la formation professionnelle dans le notariat et aux conditions d'accès aux fonctions de notaire ;

12° Œnologue : arrêté du 5 juin 2007 portant organisation des études en vue de l'obtention du diplôme national d'œnologue ;

13° Psychologue : décret n° 90-255 du 22 mars 1990 fixant la liste des diplômes permettant de faire usage professionnel du titre de psychologue, décret n° 2003-1073 du 14 novembre 2003 relatif aux conditions de délivrance de l'autorisation de faire usage professionnel du titre de psychologue prévue à l'article 44-II de la loi n° 85-772 du 25 juillet 1985 modifiée.

SECTION III VALIDATION DES ACQUIS POUR LA DÉLIVRANCE DE DIPLÔMES

(Décr. n° 2019-1119 du 31 oct. 2019, art. 2).

SOUS-SECTION 1 VALIDATION DES ÉTUDES SUPÉRIEURES ANTÉRIEURES ET VALIDATION DES ACQUIS DE L'EXPÉRIENCE

Art. R. 613-32 Les articles R. 613-33 à R. 613-37 fixent, en application des articles L. 613-3 et L. 613-4, les conditions de validation des études supérieures antérieures suivies par un étudiant ou de validation des acquis de l'expérience de l'intéressé en vue de l'obtention d'un diplôme délivré, au nom de l'État, par un établissement d'enseignement supérieur. – *[Décr. nº 2002-529 du 16 avr. 2002, art. 1er ; Décr. nº 2002-590 du 24 avr. 2002, art. 1er.]*

Art. R. 613-33 Peuvent donner lieu à validation toutes études supérieures suivies par le candidat dans un établissement ou un organisme de formation public ou privé, en France ou à l'étranger, quelles qu'en aient été les modalités et la durée.

(Décr. nº 2017-1135 du 4 juill. 2017, art. 5) « Peuvent également donner lieu à validation, les acquis de l'expérience correspondant à l'exercice d'activités dont la nature et la durée sont définis à l'article R. 335-6. »

Art. R. 613-34 *(Décr. nº 2017-1135 du 4 juill. 2017, art. 5)* « Le candidat adresse un dossier de recevabilité de sa demande *(Décr. nº 2019-1119 du 31 oct. 2019, art. 2)* « au ministère ou à l'organisme certificateur », dans les conditions qu'il a préalablement fixées et rendues publiques, notamment sur son site internet ou sur le portail gouvernemental dématérialisé dédié à la validation des acquis de l'expérience. »

Un candidat ne peut déposer, au cours de la même année civile et pour un même diplôme, qu'une seule demande et ne peut en saisir qu'un seul établissement. La demande précise le diplôme postulé. S'il postule des diplômes différents, le candidat ne peut au total déposer plus de trois demandes de validation au cours de la même année civile.

La demande est accompagnée d'un dossier dans les conditions prévues à l'article R. 613-35.

Art. R. 613-35 *(Décr. nº 2017-1135 du 4 juill. 2017, art. 5)* Pour la validation des études supérieures, le formulaire de candidature est accompagné d'un dossier comprenant les diplômes, certificats et toutes autres pièces permettant au jury de validation d'apprécier la nature et le niveau de ces études. Il comprend l'annexe descriptive du diplôme et les attestations certifiant les crédits européens obtenus représentatifs des études suivies lorsque celles-ci l'ont été dans le cadre défini par l'Union européenne pour favoriser la mobilité, dans un autre État européen.

Pour la validation des acquis de l'expérience, l'étape de recevabilité de la demande est régie par les dispositions de l'article R. 335-7.

Le candidat, ayant reçu une décision favorable à sa demande de recevabilité, constitue son dossier de validation dans les conditions prévues à l'article R. 335-8.

Art. R. 613-36 Le conseil d'administration ou l'instance qui en tient lieu définit les règles communes de validation des études ou des acquis de l'expérience par l'établissement et de constitution des jurys de validation ainsi que, le cas échéant, les modalités particulières applicables aux divers types de diplômes dans le cadre de la réglementation propre à chacun d'eux.

Pour la validation des études, les jurys sont soit les jurys des diplômes concernés, soit une émanation de ceux-ci, sous leur contrôle.

Pour la validation des acquis de l'expérience, le jury comprend une majorité d'enseignants-chercheurs ainsi que des personnes ayant une activité principale autre que l'enseignement et compétentes pour apprécier la nature des acquis, notamment professionnels, dont la validation est sollicitée.

Lorsque des personnes appartenant à l'entreprise ou à l'organisme où le candidat a exercé son activité sont membres du jury, elles ne peuvent participer aux délibérations concernant ce candidat.

Les membres des jurys sont nommés par le chef d'établissement en considération de leurs compétences, aptitudes et qualifications, en s'efforçant en outre d'assurer une représentation équilibrée entre les femmes et les hommes. – *[Décr. nº 2002-529 du 16 avr. 2002, art. 5 ; Décr. nº 2002-590 du 24 avr. 2002, art. 5.]*

Art. R. 613-37 *(Décr. nº 2017-1135 du 4 juill. 2017, art. 5)* I. – Le dossier de validation des acquis de l'expérience ou le dossier de la demande de validation des études supérieures est soumis au jury constitué et présidé conformément au règlement et aux dispositions régissant le diplôme ou le titre à finalité professionnelle auquel il est postulé.

Le jury de validation procède à l'examen du dossier du candidat et s'entretient avec lui au regard de ce dossier.

Pour la validation des acquis de l'expérience et lorsque le référentiel de la certification ciblée l'a prévu, une mise en situation professionnelle réelle ou reconstituée du candidat est organisée.

Les procédures d'évaluation permettent au jury de vérifier si les acquis dont fait état le candidat correspondent aux aptitudes, compétences et connaissances exigées par le règlement du diplôme ou du titre postulé.

II. — Par sa délibération, le jury décide de l'attribution ou de la non-attribution du diplôme ou du titre visé. Il peut néanmoins délivrer une ou plusieurs parties identifiées de certification professionnelle *(Décr. n° 2019-1119 du 31 oct. 2019, art. 2)* « enregistrée au répertoire national prévu à l'article L. 6113-1, attestant de » l'acquisition d'un ou plusieurs blocs de compétences. Dans ce cas, il se prononce sur les aptitudes, compétences et connaissances qui doivent faire l'objet de l'évaluation complémentaire nécessaire à l'obtention du diplôme ou du titre postulé.

Le président du jury adresse *(Décr. n° 2019-1119 du 31 oct. 2019, art. 2)* « au ministère ou à l'organisme certificateur » un rapport précisant l'étendue de la validation accordée ainsi que la nature des aptitudes, compétences et connaissances que le candidat doit acquérir et qui doivent faire l'objet d'une évaluation complémentaire en cas d'attribution d'une ou plusieurs parties de certification. *(Décr. n° 2019-1119 du 31 oct. 2019, art. 2)* « Le ministère ou l'organisme certificateur » notifie cette décision au candidat.

Les parties de certification obtenues font l'objet d'attestations de compétences *(Décr. n° 2019-1119 du 31 oct. 2019, art. 2)* « remises » au candidat, mentionnant les blocs de compétences acquis définitivement.

(Décr. n° 2019-1119 du 31 oct. 2019, art. 2) « Le ministère ou l'organisme certificateur prend les mesures nécessaires pour satisfaire toute demande de duplicata de ces attestations ou de la certification obtenue.

« Un arrêté du ministère chargé de la formation professionnelle fixe les règles de conservation des documents relatifs à la procédure de validation des acquis de l'expérience. »

SOUS-SECTION 2 VALIDATION DES ÉTUDES, EXPÉRIENCES PROFESSIONNELLES OU ACQUIS PERSONNELS POUR L'ACCÈS AUX DIFFÉRENTS NIVEAUX DE L'ENSEIGNEMENT SUPÉRIEUR

Art. D. 613-38 Les études, les expériences professionnelles et les acquis personnels peuvent être validés en vue de l'accès aux différents niveaux des formations post-baccalauréat dispensées par un établissement relevant du ministre chargé de l'enseignement supérieur, dans les conditions fixées par les articles D. 613-39 à D. 613-50, sous réserve de dispositions législatives ou réglementaires particulières. — *[Décr. n° 85-906 du 23 août 1985, art. 1er.]*

Art. D. 613-39 La validation permet soit d'accéder directement à une formation dispensée par l'établissement et conduisant à la délivrance d'un diplôme national ou d'un titre dont l'obtention est réglementée par l'État, soit de faire acte de candidature au concours d'entrée dans un établissement. Un candidat ne peut être admis que dans l'établissement qui a contrôlé, dans les conditions prévues à l'article D. 613-44, son aptitude à suivre une des formations qu'il dispense.

Dans les formations, dont le nombre d'étudiants est limité par voie législative ou réglementaire, la validation ne peut dispenser les candidats de satisfaire aux épreuves organisées en vue de limiter les effectifs. — *[Décr. n° 85-906 du 23 août 1985, art. 2.]*

Art. D. 613-40 A l'exception des sportifs de haut niveau, mentionnés à l'article L. 611-4, les candidats non titulaires du baccalauréat ou d'un titre admis en dispense doivent avoir interrompu leurs études initiales depuis au moins deux ans et être âgés de vingt ans au moins à la date prévue pour la reprise de leurs études.

Les candidats, qui ont été inscrits dans une formation et qui n'auraient pas satisfait aux épreuves de contrôle des connaissances permettant d'accéder à l'année d'études suivante, ne peuvent déposer une demande de validation pour être admis dans cette année d'études, avant un délai de trois ans. Cette condition de délai n'est pas applicable aux élèves des classes préparatoires qui demandent à bénéficier de la procédure

de validation définie par la présente sous-section en vue d'accéder à une formation de premier ou de second cycle. – *[Décr. nº 85-906 du 23 août 1985, art. 3.]*

Art. D. 613-41 Les titulaires de titres ou diplômes étrangers peuvent demander à bénéficier d'une validation selon les modalités fixées par la présente sous-section et conformément aux accords internationaux et aux dispositions réglementaires en vigueur, notamment celles des articles D. 123-22 et D. 612-14 à D. 612-18. – *[Décr. nº 85-906 du 23 août 1985, art. 4.]*

Art. D. 613-42 Peuvent donner lieu à validation :

1° Toute formation suivie par le candidat dans un établissement ou une structure de formation publique ou privée, quels qu'en aient été les modalités, la durée et le mode de sanction ;

2° L'expérience professionnelle acquise au cours d'une activité salariée ou non salariée, ou d'un stage ;

3° Les connaissances et les aptitudes acquises hors de tout système de formation. – *[Décr. nº 85-906 du 23 août 1985, art. 5.]*

Art. D. 613-43 Un dossier de demande de validation est présenté par chaque candidat auprès de l'établissement ou des établissements dispensant la formation qu'il souhaite suivre.

La liste des pièces à fournir et la date limite du dépôt des candidatures sont fixées annuellement, pour chaque formation ou concours, par l'établissement de telle sorte que les inscriptions des candidats, après validation de leurs acquis, puissent être faites aux dates normales. – *[Décr. nº 85-906 du 23 août 1985, art. 6.]*

Art. D. 613-44 La procédure de validation permet d'apprécier les connaissances, les méthodes et le savoir-faire du candidat en fonction de la formation qu'il souhaite suivre.

Lorsque la demande de validation a pour objet l'admission directe dans une formation, les candidats peuvent, après examen de leur dossier, éventuellement assorti d'un entretien, être autorisés à passer les épreuves de vérification des connaissances. A titre dérogatoire, des dispenses, totales ou partielles, de ces épreuves peuvent être accordées.

En cas de demande de dispense des titres requis pour faire acte de candidature à un concours, la procédure de validation comporte un examen du dossier des candidats, éventuellement assorti d'un entretien. – *[Décr. nº 85-906 du 23 août 1985, art. 7.]*

Art. D. 613-45 La décision de validation est prise par le président de l'université ou le directeur de l'établissement sur proposition d'une commission pédagogique. La décision motivée, accompagnée éventuellement de propositions ou de conseils, est transmise au candidat.

Le président de l'université ou le directeur de l'établissement fixe le nombre et les modalités de fonctionnement des commissions pédagogiques, après avis *(Décr. nº 2015-652 du 10 juin 2015, art. 9)* **« de la commission de la formation et de la vie universitaire du conseil académique » ou de l'instance pédagogique compétente.**

Il fixe la composition des commissions pédagogiques et en désigne les membres, sur proposition, le cas échéant, du directeur de l'école ou de l'institut qui dispense la formation.

Chaque commission pédagogique est présidée par un professeur des universités sauf dérogation décidée après avis conforme *(Décr. nº 2015-652 du 10 juin 2015, art. 9)* **« du conseil académique ou du conseil scientifique ou de l'organe en tenant lieu ». Elle comprend au moins deux enseignants-chercheurs de la formation concernée et un enseignant-chercheur ayant des activités en matière de formation continue. Elle peut comprendre des professionnels extérieurs à l'établissement. La participation d'au moins un de ces derniers est obligatoire pour l'accès aux formations où ils assurent au moins 30 % des enseignements.**

1. Refus d'admission en L3. Absence de mention des textes législatifs et réglementaires fondant cette décision. Insuffisance de motivation. Une décision d'un président d'université rejetant une demande d'admission en L3 « Information-communication, parcours Communication » au motif que le projet professionnel présenté par un étudiant était en inadéquation avec la formation sollicitée, énonce ainsi avec suffisamment de précisions les circonstances de fait qui en constituent le fondement. En revanche, en ne visant pas les dispositions législatives et réglementaires dont elle fait application et en n'en mentionnant pas le contenu dans ses motifs, cette décision, qui doit être motivée en vertu de l'art. D. 613-45, ne comporte pas les considérations de droit qui en constituent le fondement et encourt l'annulation. • TA Lille, 19 juin 2020, n° 1808751.

2. Accès aux grandes écoles. Validation des études effectuées dans un établissement équivalent à l'étranger. Un requérant ayant effectué plusieurs années d'études supérieures en médecine vétérinaire à l'université de Liège sans avoir obtenu le diplôme final a demandé au directeur de l'école nationale vétérinaire d'Alfort (ENVA) la validation des études effectuées en Belgique en vue de permettre son inscription directe en 5e année d'études vétérinaires dans cette école. Cette demande a été refusée par le directeur de l'ENVA. Le tribunal a annulé cette décision au motif que la seule consultation du collège des directeurs de l'ensemble des écoles vétérinaires, dont l'existence légale ou réglementaire n'est pas établie, effectuée lors d'une précédente demande, ne peut dès lors se substituer à la proposition de cette commission pédagogique prévue. Ce vice de procédure constituant une garantie pour le requérant, le juge estime qu'il est fondé à demander l'annulation pour ce motif du refus qui lui est opposé. Le tribunal a également considéré que la procédure de validation ne dispensait pas toutefois le requérant de se soumettre aux épreuves du concours commun d'accès auxdites écoles en application du principe posé par les dispositions du second al. de l'art. D. 613-39 relatif aux formations dont le nombre d'étudiants est limité par voie législative ou réglementaire, ce qui est le cas en l'espèce pour les écoles vétérinaires. • TA Melun, 14 mars 2019, n° 1510321.

Art. D. 613-46 Les candidats admis dans une formation peuvent être tenus de suivre des enseignements complémentaires ou être dispensés de certains enseignements.

Dans tous les cas, ils procèdent aux formalités normales d'inscription et bénéficient pendant leur scolarité d'un suivi pédagogique assuré par les enseignants chargés de la formation. — *[Décr. n° 85-906 du 23 août 1985, art. 9.]*

Art. D. 613-47 Le président peut, sur proposition de la commission, orienter un candidat qui ne serait pas admis à suivre la formation demandée :

1° Soit vers une autre formation dispensée par l'établissement ;

2° Soit vers une mise à niveau sanctionnée par un examen lorsque le candidat souhaite s'inscrire en première année du premier cycle. — *[Décr. n° 85-906 du 23 août 1985, art. 10.]*

Art. D. 613-48 Lorsque la demande de validation a pour objet une dispense des titres requis pour faire acte de candidature à un concours commun à plusieurs établissements, la décision de validation est prise par le directeur de l'établissement chargé de l'organisation du concours, sur proposition d'une commission commune. — *[Décr. n° 85-906 du 23 août 1985, art. 11.]*

Art. D. 613-49 Les établissements dressent chaque année un bilan indiquant, par formation, le nombre de demandes examinées, le nombre de demandes ayant donné lieu à décision favorable et la part des étudiants admis par cette procédure rapportée au nombre total d'étudiants. — *[Décr. n° 85-906 du 23 août 1985, art. 12.]*

Art. D. 613-50 Les dispositions de la présente sous-section sont applicables aux formations supérieures dispensées par les établissements relevant du ministre chargé de l'agriculture. — *[Décr. n° 85-906 du 23 août 1985, art. 13.]*

CHAPITRE IV PROGRAMMATION ET DÉVELOPPEMENT DES FORMATIONS SUPÉRIEURES

Art. D. 614-1 Le schéma de services collectifs de l'enseignement supérieur et de la recherche est annexé au décret n° 2002-560 du 18 avril 2002.

TITRE DEUXIÈME LES FORMATIONS UNIVERSITAIRES GÉNÉRALES ET LA FORMATION DES MAÎTRES

CHAPITRE PREMIER DROIT, SCIENCES POLITIQUES, ÉCONOMIE ET ADMINISTRATION

Le présent chapitre ne comprend pas de dispositions prises par décret.

CHAPITRE II SCIENCES ET TECHNOLOGIE

Le présent chapitre ne comprend pas de dispositions prises par décret.

CHAPITRE III LETTRES, LANGUES, ARTS ET SCIENCES HUMAINES ET SOCIALES

Le présent chapitre ne comprend pas de dispositions prises par décret.

CHAPITRE IV ÉDUCATION PHYSIQUE ET SPORTIVE

Le présent chapitre ne comprend pas de dispositions prises par décret.

CHAPITRE V FORMATION DES MAÎTRES

Le présent chapitre ne comprend pas de dispositions prises par décret.

TITRE TROISIÈME LES FORMATIONS DE SANTÉ

CHAPITRE PREMIER DISPOSITIONS COMMUNES

SECTION PREMIÈRE MODALITÉS D'ACCÈS AUX FORMATIONS DE MÉDECINE, DE PHARMACIE, D'ODONTOLOGIE ET DE MAÏEUTIQUE

(Décr. n° 2019-1125 du 4 nov. 2019, art. 1er)

SOUS-SECTION 1 PARCOURS DE FORMATION ANTÉRIEURS DANS L'ENSEIGNEMENT SUPÉRIEUR

Art. R. 631-1 I. – Les catégories de parcours de formation permettant d'accéder aux formations de médecine, de pharmacie, d'odontologie ou de maïeutique sur le fondement du troisième alinéa de l'article L. 631-1 sont les suivantes :

1° Une formation du premier cycle de l'enseignement supérieur dans les conditions prévues au I de l'article R. 631-1-1 et de l'article R. 631-1-2 et conduisant à un diplôme national de licence dispensée dans une université comportant ou non une unité de formation et de recherche de médecine, de pharmacie, d'odontologie, une structure de formation en maïeutique ou une composante qui assure ces formations au sens de l'article L. 713-4 ;

2° Une année de formation du premier cycle de l'enseignement supérieur spécialement proposée par les universités comportant une unité de formation et de recherche de médecine, de pharmacie, d'odontologie, une structure de formation en maïeutique ou une composante qui assure ces formations au sens de l'article L. 713-4. Cette année permet aux étudiants d'accéder soit aux formations de médecine, de pharmacie, d'odontologie ou de maïeutique, soit à d'autres formations conduisant à la délivrance de diplômes permettant l'exercice des professions d'auxiliaire médical mentionnées dans le livre III de la quatrième partie du code de la santé publique, soit à des formations conduisant à un diplôme national de licence. Les modalités d'organisation de cette année de formation sont fixées par arrêté des ministres chargés de l'enseignement supérieur et de la santé ;

3° Une formation conduisant à un titre ou diplôme d'État d'auxiliaire médical mentionné au livre III de la quatrième partie du code de la santé publique d'une durée de trois années minimum.

Les étudiants qui souhaitent accéder aux formations de médecine, de pharmacie, d'odontologie ou de maïeutique s'inscrivent dans l'une des formations mentionnées aux 1°, 2° et 3° dans les conditions prévues aux articles L. 612-3 et L. 612-4.

Chaque université dispensant des formations de médecine, de pharmacie, d'odontologie ou de maïeutique doit proposer pour chacune d'elles un accès par au moins deux formations, dont au moins une formation mentionnée au 1°.

Ces parcours de formation sont recensés et portés à la connaissance des étudiants dans le cadre de la procédure nationale de préinscription mentionnée au I de l'article L. 612-3.

Les universités proposent aux candidats ayant validé le parcours de formation mentionné au 2°, mais ne poursuivant pas en deuxième année d'une formation de médecine, de pharmacie, d'odontologie ou de maïeutique, une poursuite d'études dans un ou plusieurs parcours de formation relevant du 1°.

Les candidats n'ayant pas validé ou n'ayant validé que partiellement le parcours de formation mentionné au 2° participent à la procédure nationale de préinscription mentionnée au I de l'article L. 612-3.

II. — Les titulaires des grades, titres ou diplômes, dont la liste est établie par un arrêté des ministres chargés de l'enseignement supérieur et de la santé, peuvent être admis en deuxième ou troisième année de premier cycle des formations de médecine, de pharmacie, d'odontologie ou de maïeutique, sur le fondement du quatrième alinéa de l'article L. 631-1 dans les conditions prévues à l'article R. 631-1-3.

La liste des grades, titres ou diplômes permettant à leurs titulaires de déposer leur candidature à l'accès à ces formations est fixée en fonction de la date d'obtention de ces grades, titres ou diplômes et du pays dans lequel ils ont été obtenus, et mentionne, le cas échéant, l'exigence d'une expérience professionnelle.

Les étudiants ayant validé le diplôme de formation générale en sciences médicales, pharmaceutiques, odontologiques ou maïeutiques à l'issue de leur parcours de formation antérieur et souhaitant se réorienter vers une formation différente de celle d'origine peuvent également être admis dans une des formations de médecine, de pharmacie, d'odontologie ou de maïeutique dans les conditions prévues à l'article R. 631-1-3.

Sur les conditions d'application de cet art., V. ci-dessous, Décr. n° 2019-1125 du 4 nov. 2019, art. 6.

Décret n° 2019-1125 du 4 novembre 2019,

Relatif à l'accès aux formations de médecine, de pharmacie, d'odontologie et de maïeutique.

Art. 6 I. — Les dispositions du présent décret sont applicables à compter de la rentrée universitaire 2020.

II. — Pendant une durée de trois ans à compter de l'entrée en vigueur du présent décret, la condition de validation de 60 ou 120 crédits du système européen d'unités d'enseignement capitalisables et transférables ("crédits-ECTS") mentionnée au I de l'article R. 631-1-1 du code de l'éducation dans sa rédaction résultant du présent décret ne s'applique pas aux formations conduisant aux diplômes d'État de psychomotricien, d'audioprothésiste et de technicien de laboratoire médical.

Les étudiants ayant validé une ou deux années de ces formations peuvent présenter leur candidature à l'admission en deuxième ou troisième année du premier cycle des formations de médecine, de pharmacie, d'odontologie ou de maïeutique.

III. — Les étudiants ayant suivi une première année commune aux études de santé régie par l'arrêté du 28 octobre 2009 relatif à la première année commune aux études de santé au cours de l'année universitaire précédant celle de l'application des dispositions du présent décret et qui sont autorisés à redoubler cette première année commune, ainsi que les étudiants qui, après avoir suivi une première année commune aux études de santé régie par le même arrêté du 28 octobre 2009, ont bénéficié du dispositif de réorientation prévu aux articles 5 et 9 de cet arrêté et qui ont validé 60 ou 90 crédits du système européen d'unités d'enseignement capitalisables et transférables ("système européen de crédits-ECTS") au cours de l'année universitaire précédant celle de l'application des dispositions du présent décret peuvent s'inscrire une nouvelle et dernière fois en première année commune aux études de santé régie par l'arrêté du 28 octobre 2009 relatif à la première année commune aux études de santé, que les universités qui la proposaient sont tenues de maintenir au cours de la première année universitaire pendant laquelle elles mettent en œuvre les dispositions du présent décret.

Pour chaque université concernée par ces dispositions transitoires, les ministres chargés de l'enseignement supérieur et de la santé fixent par arrêté le nombre de places attribuées au titre de cette première année commune aux études de santé. Le nombre de places attribuées aux élèves des écoles du service de santé des armées est fixé par arrêté du ministre de la défense et des ministres chargés de l'enseignement supérieur et de la santé.

Les étudiants ayant suivi deux fois une première année commune aux études de santé régie par l'arrêté du 28 octobre 2009 relatif à la première année commune aux études de santé au cours des années universitaires précédant celle de l'application des dispositions du présent décret et qui n'ont pas été admis en deuxième année de médecine, de pharmacie, d'odontologie ou de maïeutique ne sont pas autorisés à candidater à nouveau à l'accès à ces formations au titre des 1°, 2° et 3° de l'article R. 631-1 du code de l'éducation dans sa rédaction résultant du présent décret.

Les étudiants ayant suivi une première année commune aux études de santé adaptée régie par le chapitre II du décret du 20 février 2014 au cours de l'année universitaire précédant celle de l'application des dispositions du présent décret et qui n'ont pas été admis en deuxième année de ces formations peuvent s'inscrire, s'ils ont validé cette première année, dans un parcours de formation mentionné au 1° de l'article R. 631-1 du code de l'éducation dans sa rédaction résultant du présent décret. Les étudiants n'ayant pas validé cette première année doivent à nouveau participer à la procédure nationale de préinscription mentionnée au I de l'article L. 612-3 du même code.

Les étudiants ayant suivi une à trois années d'un premier cycle universitaire adapté régi par le chapitre III du décret du 20 février 2014 susvisé et ayant déjà présenté une fois sans succès leur candidature au cours de l'année universitaire précédant celle de l'application des dispositions du présent décret peuvent poursuivre leur cursus dans un parcours de formation mentionné au 1° de l'article R. 631-1 du code de l'éducation dans sa rédaction résultant du présent décret.

IV. — Pendant une durée de deux ans à compter de la rentrée universitaire 2020, les universités peuvent, sur demande motivée, être autorisées à déroger au pourcentage mentionné au premier alinéa du III de l'article R. 631-1-1 du code de l'éducation dans sa rédaction résultant du présent décret, dans la limite de 70 % du nombre total de places proposées. Un arrêté des ministres chargés de la santé et de l'enseignement supérieur dresse la liste des universités autorisées à déroger ainsi que le pourcentage appliqué pour chacune d'elles.

(Décr. n° 2021-934 du 13 juill. 2021, art. 1er) « V. — Pour la seule année universitaire 2020/2021, les universités peuvent, sur demande motivée auprès du ministre en charge de l'enseignement supérieur, être autorisées à reporter les places non pourvues au titre d'un ou plusieurs parcours ou groupes de parcours mentionnés à l'article R. 631-1 du code de l'éducation vers un ou plusieurs parcours ou groupes de parcours mentionnés au même article, sous réserve que le nombre de places attribuées à un même parcours ou groupe de parcours ne puisse atteindre 100 % du nombre total de places proposées.

« Cette demande ne peut porter sur un nombre de places excédant le nombre de places ne pouvant être pourvues au titre d'un ou plusieurs parcours ou groupes de parcours de formation, au vu de la délibération du jury prévu à l'article R. 631-1-2 du code de l'éducation concernant les admissions en deuxième année du premier cycle des formations de médecine, de pharmacie, d'odontologie ou de maïeutique au titre de la rentrée universitaire 2021.

« L'autorisation est accordée par arrêté des ministres chargés de la santé et de l'enseignement supérieur. »

Art. 6 *bis* *(Décr. n° 2021-934 du 13 juill. 2021, art. 2)* Pour la seule année universitaire 2020-2021, les modalités d'admission en deuxième année du premier cycle des formations de médecine, de pharmacie, d'odontologie et de maïeutique, ainsi que les modalités de réorientation et de poursuite d'études pour les étudiants n'ayant pas été admis dans l'une de ces formations sont complétées par les dispositions suivantes :

I. — A titre dérogatoire et exceptionnel, le président de l'université dans laquelle se déroulent les épreuves mentionnées à l'article R. 631-1-2 du code de l'éducation met en place une commission d'examen des situations individuelles exceptionnelles dans le cadre de l'accès en deuxième année du premier cycle des formations de médecine, de pharmacie, d'odontologie et de maïeutique.

Cette commission a pour objet de permettre, postérieurement à la délibération du ou des jurys prévus à l'article R. 631-1-2 du même code et sur demande d'un étudiant, un réexamen de situations individuelles lorsque des circonstances exceptionnelles, liées notamment à son état de santé, à ses conditions matérielles d'études ou à sa situation personnelle dûment justifiés, ont affecté les chances réelles et sérieuses dont disposait un étudiant d'accéder en deuxième année du premier cycle des formations de médecine, de pharmacie, d'odontologie ou de maïeutique.

II. — Cette commission comprend :

1° Le vice-président de la commission de la formation et de la vie universitaire du conseil académique de l'université, ou son représentant ;

2° Le président du jury mentionné à l'article R. 631-1-2 du code de l'éducation, ou son représentant ;

3° Le directeur de chacune des unités de formation et de recherche de médecine, de pharmacie, d'odontologie concernées et le directeur de la structure de formation en maïeutique concernée ou le directeur de la composante qui assure ces formations au sens de l'article L. 713-4 du même code, ou leur représentant ;

4° Un enseignant-chercheur ou un enseignant siégeant à la commission de la formation et de la vie universitaire désigné par le président de l'université ;

5° Au moins un responsable des formations de licence mentionnées au 1° du I de l'article R. 631-1 du même code permettant d'accéder en premier cycle des formations de médecine, de pharmacie, d'odontologie et de maïeutique ;

6° Le responsable de l'année de formation mentionnée au 2° du I de l'article R. 631-1 du même code permettant d'accéder en premier cycle des formations de médecine, de pharmacie, d'odontologie et de maïeutique et spécialement proposée par les universités comportant une unité de formation et de recherche de médecine, de pharmacie, d'odontologie, une structure de formation en maïeutique ou une composante qui assure ces formations au sens de l'article L. 713-4 de ce code.

S'il n'est pas membre de la commission au titre des 1° à 6°, le président du jury de validation de la formation suivie par l'étudiant au cours de l'année universitaire 2020-2021, ou son représentant, participe aux travaux de la commission pour l'examen de la situation de l'étudiant concerné.

L'un des membres mentionnés au 1° et au 4° du présent II est un enseignant-chercheur ou un enseignant d'une discipline autre que celles de santé.

La commission, dont la composition est fixée par décision du président de l'université, est présidée par le membre mentionné au 1° du présent II.

En cas de partage égal des voix au sein de la commission, la voix de son président est prépondérante.

III. — En tenant compte de la situation particulière et exceptionnelle que l'étudiant fait valoir dans sa demande, des notes obtenues aux épreuves mentionnées à l'article R. 631-1-2 du code de l'éducation, des acquis de sa formation, ainsi que des attendus des formations de médecine, de pharmacie, d'odontologie ou de maïeutique, et sur proposition de la commission mentionnée au II, le président de l'université peut décider de :

1° Permettre à un étudiant inscrit dans une formation mentionnée au 2° du I de l'article R. 631-1 du même code de s'inscrire une nouvelle fois à la rentrée universitaire 2021 dans une formation relevant du 2° du I de l'article R. 631-1 de ce code par dérogation au dernier alinéa du I de ce même article R. 631-1 ;

2° Permettre à un étudiant inscrit dans une formation mentionnée au 1° ou au 2° du I de l'article R. 631-1 du même code, une inscription dans l'une des formations mentionnées au 1° du I de ce même article R. 631-1 et une présentation dès l'année universitaire 2021-2022 d'une seconde candidature pour une admission dans les formations de médecine, de pharmacie, d'odontologie ou de maïeutique sans que la condition relative à la validation d'au moins 60 crédits ECTS supplémentaires lors de sa seconde candidature, mentionnée au quatrième alinéa du I de l'article R. 631-1-1 de ce code, puisse être opposée ;

3° Annuler, pour les étudiants ayant validé la formation mentionnée aux 1° et 2° de l'article R. 631-1 du code de l'éducation, le décompte de l'utilisation d'une des deux possibilités de candidature mentionnée à l'article R. 631-1-1 du même code pour une admission dans les formations de médecine, de pharmacie, d'odontologie ou de maïeutique par dérogation au quatrième alinéa du I de l'article R. 631-1-1 de ce code.

Les décisions prévues aux 1° et 2° du présent II s'accompagnent de l'annulation du décompte de l'utilisation d'une des deux possibilités de candidature mentionnée au quatrième alinéa du I de l'article R. 631-1-1 du code de l'éducation pour une admission dans les formations de médecine, de pharmacie, d'odontologie ou de maïeutique.

L'ensemble des décisions prises au titre des 1° et 2° du présent II est accordé dans la limite de 8 % du nombre total de places offertes pour l'accès dans les formations de médecine, de pharmacie, d'odontologie ou de maïeutique hors effectifs réservés au dispositif issu des dispositions du II de l'article R. 631-1 du code de l'éducation et hors effectifs attribués aux étudiants inscrits en première année commune aux études de santé au titre de l'année universitaire 2020-2021.

IV. — L'étudiant saisit la commission mentionnée au I au plus tard le 23 août 2021, dans les limites et conditions préalablement définies par le président de l'université en application du présent décret.

Les universités informent sans délai les étudiants concernés des conditions mentionnées à l'alinéa précédent, et des modalités pratiques de saisine de la commission précitée par affichage au sein des locaux ainsi que sur leur site internet.

V. — Pour l'application du présent article aux élèves des écoles du service de santé des armées régis par les articles R. 631-1-7 à R. 631-1-12 du code de l'éducation :

1° La commission mentionnée au I ne peut être saisie par les élèves des écoles du service de santé des armées qu'après accord de l'autorité militaire ;

2° Un praticien des armées, nommé par décision de l'autorité militaire, assiste aux réunions de la commission mentionnée aux I et II lorsque cette commission examine les situations des élèves des écoles du service de santé des armées ;

3° Les élèves des écoles du service de santé des armées ne sont pas pris en compte dans les nombres et les pourcentages prévus au III.

SOUS-SECTION 2 CONDITIONS ET MODALITÉS D'ADMISSION

Art. R. 631-1-1 **I. — Peuvent présenter leur candidature à l'admission en deuxième ou troisième année du premier cycle des formations de médecine, de pharmacie, d'odontologie ou de maïeutique au titre des dispositions du I de l'article R. 631-1, les étudiants ayant respectivement validé au moins 60 ou 120 crédits du système européen d'unités d'enseignement capitalisables et transférables ("crédits-ECTS") au cours d'un des parcours de formation antérieurs définis aux 1°, 2° et 3° du I du même article.**

Les candidats doivent avoir obtenu au moins 10 crédits ECTS dans des unités d'enseignement relevant du domaine de la santé, définies par un arrêté des ministres chargés de l'enseignement supérieur et de la santé.

Les étudiants peuvent présenter leur candidature à une ou plusieurs des formations de médecine, de pharmacie, d'odontologie ou de maïeutique.

Tout candidat peut présenter deux fois sa candidature pour une admission dans les formations de médecine, de pharmacie, d'odontologie ou de maïeutique sous réserve d'avoir validé au moins 60 crédits ECTS supplémentaires lors de sa seconde candidature.

La condition requise de validation des 60 crédits ECTS supplémentaires lors de la seconde candidature ne s'applique pas aux étudiants ayant déjà préalablement validé 180 crédits ECTS.

L'inscription dans un parcours relevant de la catégorie mentionnée au 2° du I de l'article R. 631-1 épuise une des possibilités de candidature, que l'étudiant ait ou non obtenu 60 crédits ECTS et qu'il ait ou non eu la possibilité de déposer sa candidature pour une admission dans les formations de médecine, de pharmacie, d'odontologie ou de maïeutique.

II. — Pour les candidats ayant validé au moins 120 crédits ECTS, chaque président d'université procède, après avis des directeurs concernés des unités de formation et de recherche de médecine, de pharmacie, d'odontologie, du directeur de la structure de formation en maïeutique ou du directeur de la composante concernée, à la répartition des candidats admis entre la deuxième ou la troisième année de premier cycle des formations de médecine, de pharmacie, d'odontologie et de maïeutique en fonction du parcours de formation antérieur de l'étudiant et des compétences acquises.

III. — Pour chaque formation de médecine, de pharmacie, d'odontologie et de maïeutique, le nombre de places en deuxième ou troisième année du premier cycle est réparti entre les parcours de formation mentionnés à l'article R. 631-1 de façon à garantir la diversification des voies d'accès. Cette répartition est effectuée en précisant le nombre de places proposées pour chaque parcours, ou pour des groupes de parcours. Un arrêté des ministres en charge de la santé et de l'enseignement supérieur fixe le nombre de places proposées pour chaque formation de médecine, de pharmacie, d'odontologie et de maïeutique, pour un parcours ou un groupe de parcours qui ne peut excéder 50 % du nombre total de places proposées.

Le nombre de places ainsi réparti est porté à la connaissance des candidats dans le cadre de la procédure nationale de préinscription prévue à l'article L. 612-3.

IV. – Des conventions sont conclues entre les universités comportant une unité de formation et de recherche de médecine, de pharmacie, d'odontologie, une structure de formation en maïeutique ou une composante assurant ces formations au sens de l'article L. 713-4 et celles qui sont dépourvues de ces unités de formation et de recherche, de ces structures de formations ou de ces composantes ou qui ne comportent pas l'ensemble de celles-ci.

Ces conventions précisent les modalités d'admission en deuxième ou troisième année du premier cycle d'étudiants ayant effectué leur parcours de formation antérieur tel que défini à l'article R. 631-1 dans une université ne proposant pas l'ensemble de ces formations ou dans une université ne proposant aucune de ces formations.

Ces conventions déterminent également le nombre de places proposées pour un parcours ou un groupe de parcours de formation antérieur tel que défini au I de l'article R. 631-1 conformément aux conditions et critères de répartition géographiques fixés par arrêté des ministres chargés de l'enseignement supérieur et de la santé ainsi que les conditions dans lesquelles les modules de préparation au deuxième groupe d'épreuves d'admission en deuxième ou troisième année du premier cycle de ces formations sont organisés entre les universités.

Le pourcentage maximum d'admissions en deuxième ou troisième année du premier cycle dans une université dispensant des formations de médecine, de pharmacie, d'odontologie ou de maïeutique d'étudiants ayant effectué leur parcours de formation antérieur tel que défini au I de l'article R. 631-1 dans un établissement n'ayant pas conclu de conventions prévues aux alinéas précédents est fixé par arrêté des ministres chargés de l'enseignement supérieur et de la santé.

Sur les conditions d'application de cet art., V. Décr. n° 2019-1125 du 4 nov. 2019, art. 6, ss. art. R. 631-1.

Art. R. 631-1-2 L'admission en deuxième ou en troisième année du premier cycle des formations de médecine, de pharmacie, d'odontologie ou de maïeutique, au titre des dispositions du I de l'article R. 631-1, est subordonnée à la réussite à des épreuves organisées selon les deux groupes suivants :

1° Un premier groupe d'épreuves est défini par les universités pour chaque parcours de formation antérieur mentionné au I de l'article R. 631-1. Chaque université dans laquelle seront inscrits les étudiants en deuxième ou en troisième année du premier cycle des formations de médecine, de pharmacie, d'odontologie ou de maïeutique détermine les épreuves des unités d'enseignements du parcours de formation antérieur tel que défini à l'article R. 631-1 dont les résultats sont pris en compte pour l'admission dans chacune des formations.

Le nombre maximum d'étudiants admis à l'issue de ce premier groupe d'épreuves dans chacune des formations de médecine, pharmacie, odontologie et maïeutique, doit, pour chaque parcours ou groupe de parcours de formation antérieur être inférieur à un pourcentage du total des places proposées pour ce parcours de formation ou ce groupe de parcours déterminé par arrêté des ministres chargés de l'enseignement supérieur et de la santé.

Les candidatures sont examinées par un jury dans les conditions fixées par arrêté des ministres chargés de l'enseignement supérieur et de la santé. Cet arrêté fixe également les règles de composition du jury dont les membres sont nommés par le président de l'université.

Le jury fixe les notes minimales permettant aux candidats d'être admis en deuxième ou en troisième année du premier cycle des formations de médecine, de pharmacie, d'odontologie ou de maïeutique immédiatement après le premier groupe d'épreuves, ainsi que les notes minimales autorisant les autres candidats à se présenter au second groupe d'épreuves ;

2° Un second groupe d'épreuves évalue des compétences transversales. Il comporte une ou plusieurs épreuves orales et peut comporter une ou plusieurs épreuves écrites majoritairement rédactionnelles.

Les épreuves peuvent être communes à plusieurs parcours de formation antérieurs pour l'accès à chacune des formations de médecine, pharmacie, odontologie et maïeutique, et peuvent être communes à plusieurs de ces formations.

Un module de préparation au second groupe d'épreuves est obligatoirement proposé à tout candidat par les universités admettant des étudiants dans les formations de médecine, de pharmacie, d'odontologie ou de maïeutique. Les conditions d'organisation et d'inscription à ce module sont régies par les conventions mentionnées au IV de l'article R. 631-1-1.

L'université détermine pour chaque formation de médecine, pharmacie, odontologie et maïeutique, et pour chaque parcours ou groupe de parcours de formation antérieurs les modalités selon lesquelles les résultats aux deux groupes d'épreuves sont pris en compte pour établir les listes d'admission.

Le jury établit pour l'admission dans les formations de médecine, de pharmacie, d'odontologie ou de maïeutique, par ordre de mérite, une liste principale et le cas échéant, une liste complémentaire, pour le cas où des vacances viendraient à se produire sur la liste principale. L'université organisatrice assure la publicité des listes principale et complémentaire d'admission, pour chacune des formations par voie électronique sur son site internet.

Les étudiants sont admis conformément aux capacités d'accueil fixées par l'université en fonction de leur parcours ou groupe de parcours de formation antérieur.

S'il le juge nécessaire, le président de l'université peut nommer des examinateurs adjoints pour participer, avec les membres du jury, à l'évaluation des épreuves du second groupe. Les examinateurs adjoints peuvent participer aux délibérations du jury avec voix consultative pour l'attribution de notes se rapportant aux épreuves qu'ils ont évaluées.

Sur les conditions d'application de cet art., V. Décr. nº 2019-1125 du 4 nov. 2019, art. 6, ss. art. R. 631-1.

Art. R. 631-1-3 **Les étudiants qui souhaitent présenter leur candidature dans le cadre de la procédure d'admission en deuxième ou en troisième année mentionnée au II de l'article R. 631-1 déposent un dossier dont le contenu, le calendrier et les conditions de dépôt sont définis par arrêté des ministres chargés de l'enseignement supérieur et de la santé.**

Tout étudiant peut présenter à deux reprises sa candidature pour une admission dans les formations de médecine, de pharmacie, d'odontologie ou de maïeutique.

Les candidatures déposées dans le cadre de cette procédure ne s'imputent pas sur le nombre de candidatures défini au I de l'article R. 631-1-1.

Les dossiers recevables au regard des conditions mentionnées au II de l'article R. 631-1 sont examinés par un jury d'admission désigné par le président de l'université. Les règles de sa composition sont fixées par arrêté des ministres chargés de l'enseignement supérieur et de la santé. Les candidats dont le dossier est retenu par le jury sont auditionnés par celui-ci. Une liste de candidats admis est établie par le jury à la suite de l'audition.

La répartition entre la deuxième ou la troisième année du premier cycle des formations de médecine, de pharmacie, d'odontologie ou de maïeutique des candidats admis en fonction de leurs compétences acquises et de la nature de leurs grades, titres ou diplômes est établie par le jury.

Sur les conditions d'application de cet art., V. Décr. nº 2019-1125 du 4 nov. 2019, art. 6, ss. art. R. 631-1.

SOUS-SECTION 3 ACCÈS AUX FORMATIONS DE MÉDECINE, DE PHARMACIE, D'ODONTOLOGIE ET DE MAÏEUTIQUE POUR LES PERSONNES TITULAIRES DE TITRES OU DIPLÔMES VALIDÉS À L'ÉTRANGER OU POUR LES PERSONNES AYANT ACCOMPLI DES ÉTUDES EN VUE DE CES DIPLÔMES

Art. R. 631-1-4 **Les titulaires de certains grades, titres ou diplômes d'un État membre de l'Union européenne, d'un autre État partie à l'accord sur l'Espace économique européen, de la Confédération suisse ou de la Principauté d'Andorre, dont la liste est fixée par arrêté des ministres en charge de l'enseignement supérieur et de la santé, peuvent accéder en deuxième ou en troisième année du premier cycle des formations de médecine, de pharmacie, d'odontologie ou de maïeutique dans les conditions prévues au II de l'article R. 631-1.**

Sur les conditions d'application de cet art., V. Décr. n° 2019-1125 du 4 nov. 2019, art. 6, ss. art. R. 631-1.

Art. R. 631-1-5 I. — Les titulaires de certains titres ou diplômes d'un pays autre que ceux mentionnés à l'article R. 631-1-4 d'un niveau équivalent au doctorat, dont la liste est fixée par arrêté des ministres en charge de l'enseignement supérieur et de la santé, peuvent également accéder aux formations de médecine, de pharmacie, d'odontologie ou de maïeutique dans les conditions prévues II de l'article R. 631-1.

II. — Les titulaires d'un diplôme de santé validé dans un pays autre que ceux mentionnés à l'article R. 631-1-4 et permettant d'exercer dans le pays de délivrance ainsi que les candidats ayant accompli tout ou partie des études qui y conduisent accèdent aux formations de médecine, de pharmacie, d'odontologie ou de maïeutique dans les conditions prévues à l'article R. 631-1-2.

Les candidats ayant satisfait aux épreuves dans les conditions prévues à l'article R. 631-1-2 sont admis en premier cycle des formations de médecine, de pharmacie, d'odontologie ou de maïeutique dans le cadre des capacités d'accueil fixées par l'université.

Le président de l'université peut permettre à ces candidats d'accéder directement jusqu'à l'avant-dernière année du deuxième cycle des formations lorsque la nature de leur diplôme ou de leur parcours le justifie. Pour accéder en première année du troisième cycle des formations de médecine, de pharmacie ou d'odontologie, ou en première année du deuxième cycle de formation de maïeutique, ils doivent réussir les épreuves d'un examen de vérification des connaissances et compétences correspondant aux années d'études qu'ils n'ont pas suivies.

Un arrêté des ministres chargés de l'enseignement supérieur et de la santé détermine les conditions et modalités de cet accès ainsi que les modalités d'organisation de l'examen de vérification des connaissances et compétences.

III. — Les candidats titulaires d'un diplôme de docteur d'une université française mention "médecine" ou mention "chirurgie dentaire", ou ayant accompli des études en vue de ce diplôme ou d'un diplôme de chirurgien-dentiste d'une université française, sont autorisés à postuler le diplôme d'État de docteur en médecine ou le diplôme d'État de docteur en chirurgie-dentaire dans des conditions prévues par arrêté du ministre chargé de l'enseignement supérieur et du ministre chargé de la santé.

Les candidats titulaires d'un diplôme d'université de pharmacien obtenu sous le régime du décret du 4 mai 1937 relatif au régime des études afférentes au diplôme de pharmacien et les candidats titulaires d'un diplôme d'université de pharmacien obtenu sous le régime du décret du 26 novembre 1962 modifiant le régime des études et des examens en vue du diplôme de pharmacien peuvent bénéficier de dispenses d'études et d'examen dans des conditions prévues par arrêté du ministre chargé de l'enseignement supérieur et du ministre chargé de la santé.

Sur les conditions d'application de cet art., V. Décr. n° 2019-1125 du 4 nov. 2019, art. 6, ss. art. R. 631-1.

SOUS-SECTION 4 MODALITÉS DE LA RÉGULATION

Art. R. 631-1-6 I. — Les objectifs nationaux pluriannuels de professionnels de santé à former mentionnés à l'article L. 631-1 sont définis pour répondre aux besoins du système de santé, réduire les inégalités d'accès aux soins et permettre l'insertion professionnelle des étudiants par arrêté des ministres chargés de l'enseignement supérieur et de la santé, sur proposition d'une conférence nationale réunissant des représentants des acteurs du système de santé et des organismes et institutions de formation des professionnels de santé. La composition de la conférence nationale et les modalités de désignation de ses membres sont fixées par arrêté des ministres chargés de l'enseignement supérieur et de la santé.

La conférence nationale est présidée conjointement par les ministres chargés de l'enseignement supérieur et de la santé. L'Observatoire national de la démographie des professions de santé est chargé du secrétariat de cette conférence.

Les objectifs nationaux pluriannuels sont définis par université, pour chacune des formations de médecine, de pharmacie, d'odontologie ou de maïeutique, pour une durée de cinq ans. Les ministres chargés de l'enseignement supérieur et de la santé peuvent, avant l'échéance des cinq ans, saisir la conférence nationale pour actualiser les objectifs nationaux pluriannuels.

Pour proposer aux ministres chargés de l'enseignement supérieur et de la santé les objectifs nationaux pluriannuels, la conférence nationale prend en compte les éléments d'appréciation suivants :

1° Des propositions établies, au niveau régional, par l'agence régionale de santé ou les agences régionales de santé concernées, en lien avec les acteurs régionaux du système de santé, relatives au nombre de professionnels de santé à former, par région pour chaque formation et subdivision de formation, en considérant :

a) Les besoins de santé et d'accès aux soins, prenant en compte notamment, les spécificités territoriales telles qu'elles découlent des caractéristiques géographiques ou d'aménagement de ce territoire ainsi que de la prévalence de zones identifiées au titre de l'article L. 1434-4 du code de la santé publique ;

b) Les capacités de formation tant pour la formation théorique que pour la formation pratique et la formation en stage des étudiants, en veillant à prendre en compte les objectifs nationaux de diversification des lieux de stages et en prenant en compte les différentes modalités d'encadrement susceptibles d'être mises en œuvre ;

2° Des données nationales relatives, notamment, à :

a) La démographie des professionnels de santé prenant en compte, le nombre de professionnels de santé en exercice, les cessations d'activité, les évolutions des formes d'activité et les mobilités internationales et au sein de l'Union européenne ;

b) L'organisation de l'offre de soin sur le territoire national ;

c) L'évolution des progrès techniques, de la recherche et de l'innovation ;

d) L'insertion professionnelle des étudiants dans le tissu économique.

Un arrêté des ministres chargés de la santé et de l'enseignement supérieur définit les modalités selon lesquelles la conférence nationale propose des orientations ainsi que les modalités de suivi par l'Observatoire national de la démographie des professions de santé de ces recommandations.

II. — Les objectifs pluriannuels d'admission en première année du deuxième cycle des formations de médecine, de pharmacie, d'odontologie et de maïeutique sont déterminés pour une durée de cinq ans par chaque université, sur avis conforme de l'agence régionale de santé ou des agences régionales de santé concernées. Ces dernières émettent leur avis après consultation de la conférence régionale de la santé et de l'autonomie ou des conférences régionales de la santé et de l'autonomie concernées.

Les objectifs pluriannuels d'admission en première année du deuxième cycle de ces formations sont établis sur la base des objectifs nationaux pluriannuels définis conformément au I et des capacités d'accueil en deuxième cycle. Ils prennent en compte les éléments d'appréciation suivants :

1° Les besoins de santé et l'accès aux soins, notamment les spécificités territoriales, résultant des caractéristiques géographiques ou d'aménagement du territoire ainsi que de la prévalence de zones identifiées au titre de l'article L. 1434-4 du code de la santé publique ;

2° Les capacités de formation, tant pour la formation théorique que pour la formation pratique et la formation en stage des étudiants en veillant à prendre en compte les objectifs nationaux de diversification des lieux de stages et toutes les modalités d'encadrement susceptibles d'être mises en œuvre.

III. — Au regard des objectifs mentionnés au I et au II, et de leurs capacités de formation, les universités fixent annuellement, pour chacune des formations de médecine, de pharmacie, d'odontologie et de maïeutique, leur capacité d'accueil d'étudiants en deuxième et troisième années du premier cycle.

Ces capacités d'accueil prennent en compte la situation des étudiants issus de l'ensemble des parcours de formation antérieurs mentionnés au I de l'article R. 631-1 du présent code ou des dispositifs d'accès mentionnés au II de ce même article et des étudiants mentionnés à la sous-section 3 de la présente section.

Pour les universités organisant un premier cycle d'une des formations de médecine, de pharmacie, d'odontologie ou de maïeutique, mais qui ne dispensent pas de formations de deuxième cycle, les capacités d'accueil en deuxième et en troisième années du premier cycle sont fixées avec les universités avec lesquelles elles ont établi des conventions mentionnées au IV de l'article R. 631-1-1. Les objectifs nationaux pluriannuels de professionnels de santé à former définis par les universités n'organisant pas le deuxième cycle sont pris en compte dans les objectifs pluriannuels d'admission en première année du deuxième cycle qui sont fixés aux universités avec lesquelles elles ont conclu une convention. Ces objectifs pluriannuels prennent en compte les besoins de santé et l'accès aux soins ainsi que les capacités de formation du territoire de l'université organisant le premier cycle.

IV. — Les universités fixent les capacités d'accueil en deuxième ou en troisième année du premier cycle pour l'année universitaire suivante, ainsi que leur prospective de capacité d'accueil pour les cinq années suivantes. Ces propositions sont transmises à l'Observatoire national de la démographie des professions de santé.

Sur les conditions d'application de cet art., V. Décr. n° 2019-1125 du 4 nov. 2019, art. 6, ss. art. R. 631-1.

SOUS-SECTION 5 DISPOSITIONS APPLICABLES AUX ÉLÈVES DES ÉCOLES DU SERVICE DE SANTÉ DES ARMÉES

Art. R. 631-1-7 Les dispositions des sous-sections 1 à 4 sont applicables aux élèves des écoles du service de santé des armées sous réserve des dispositions particulières prévues à la présente sous-section.

Sur les conditions d'application de cet art., V. Décr. n° 2019-1125 du 4 nov. 2019, art. 6, ss. art. R. 631-1.

Art. R. 631-1-8 I. — Lorsqu'ils ne sont pas déjà orientés en formation de médecine, de pharmacie ou d'odontologie, les élèves des écoles du service de santé des armées sont inscrits dans les universités mentionnées à l'article R. 631-1-11 selon les modalités suivantes :

1° Ils sont inscrits dans une formation prévue au 2° du I de l'article R. 631-1 lorsqu'ils n'ont pas déjà réalisé une année dans une formation relevant de cette catégorie ;

2° Dans les autres cas, ils sont inscrits dans une formation relevant du 1° du I du même article.

Un arrêté du ministre de la défense et des ministres chargés de l'enseignement supérieur et de la santé précise en tant que de besoin les modalités d'application du présent article.

II. — La réussite à un concours d'admission en tant qu'élève médecin, pharmacien ou chirurgien-dentiste dans les conditions prévues à l'article R. 631-1-9 entraîne l'inscription dans la formation concernée dans l'une des universités mentionnées à l'article R. 631-1-11.

Sur les conditions d'application de cet art., V. Décr. n° 2019-1125 du 4 nov. 2019, art. 6, ss. art. R. 631-1.

Art. R. 631-1-9 I. — Lorsqu'ils ne sont pas déjà orientés en formation de médecine, de pharmacie ou d'odontologie, les candidats aux concours d'admission en tant qu'élèves médecins, pharmaciens ou chirurgiens-dentistes présentent une candidature à l'admission en deuxième ou troisième année de premier cycle des formations de médecine, de pharmacie ou d'odontologie. Les candidatures déposées dans ce cadre ne sont pas imputées sur les nombres de candidatures mentionnés aux articles R. 631-1-1 et R. 631-1-3.

Un jury, dont les règles de composition sont prévues par l'arrêté mentionné au III, examine les candidatures et établit une liste des candidats susceptibles d'être admis dans les formations de médecine, de pharmacie ou d'odontologie par ordre de mérite. Le jury procède sur la même liste à la répartition des candidats entre la deuxième ou la troisième année des formations de médecine, de pharmacie ou d'odontologie en fonction de leurs compétences acquises et de la nature de leurs grades, titres ou diplômes. Cette liste est transmise à l'autorité militaire qui en assure la diffusion auprès des candidats.

II. — L'inscription sur cette liste ne permet l'admission en deuxième ou troisième année de premier cycle des formations de médecine, de pharmacie ou d'odontologie qu'en cas d'admission en tant qu'élève médecin, pharmacien ou chirurgien-dentiste, conformément au nombre de postes ouverts par le ministre de la défense.

III. – Un arrêté du ministre de la défense et des ministres chargés de l'enseignement supérieur et de la santé détermine les modalités d'application du présent article, notamment :

1° La ou les procédures d'examen des candidatures, parmi celles prévues à l'article R. 631-1-2 ;

2° La ou les universités dans lesquelles sont déposées les candidatures.

IV. – Un arrêté du ministre de la défense détermine annuellement le calendrier de dépôt et d'examen des candidatures.

Sur les conditions d'application de cet art., V. Décr. n° 2019-1125 du 4 nov. 2019, art. 6, ss. art. R. 631-1.

Art. R. 631-1-10 I. – Sous réserve des dispositions du quatrième alinéa du I de l'article R. 631-1-1, les élèves des écoles du service de santé des armées ne peuvent présenter leur candidature à l'admission en deuxième ou troisième année de premier cycle des formations de médecine, de pharmacie ou d'odontologie, après accord de l'autorité militaire, que dans l'université dans laquelle ils sont inscrits.

Leur candidature est étudiée selon les procédures prévues à l'article R. 631-1-2 en fonction de leur situation personnelle.

Le jury prévu à ce même article examine les candidatures et établit une liste des candidats susceptibles d'être admis dans les formations de médecine, de pharmacie ou d'odontologie par ordre de mérite. Le jury procède sur la même liste à la répartition des candidats entre la deuxième ou la troisième année des formations de médecine, de pharmacie ou d'odontologie. Cette liste est transmise à l'autorité militaire qui en assure la diffusion auprès des élèves.

L'inscription sur cette liste ne permet l'admission en deuxième ou troisième année de premier cycle des formations de médecine, de pharmacie ou d'odontologie qu'en cas d'admission en tant qu'élève médecin, pharmacien ou chirurgien-dentiste, conformément au nombre de postes ouverts par le ministre de la défense.

II. – Lorsqu'ils sont exclus des écoles du service de santé des armées après l'établissement de la liste mentionnée au I et avant leur admission en formation de médecine, de pharmacie ou d'odontologie, les élèves figurant sur cette liste peuvent demander le réexamen de leur dossier selon les procédures prévues à l'article R. 631-1-2, en fonction de leur situation personnelle, en vue de leur admission en deuxième ou troisième année de premier cycle des formations de médecine, de pharmacie, d'odontologie ou de maïeutique. Ce réexamen et l'éventuelle admission de ces anciens élèves ne sont pas pris en compte dans les nombres et pourcentages prévus à l'article R. 631-1-1.

Sur les conditions d'application de cet art., V. Décr. n° 2019-1125 du 4 nov. 2019, art. 6, ss. art. R. 631-1.

Art. R. 631-1-11 I. – Le nombre d'élèves des écoles du service de santé des armées pouvant être accueillis en deuxième et troisième années de premier cycle des formations de médecine, de pharmacie et d'odontologie, les objectifs d'admission de ces élèves en première année du deuxième cycle de ces mêmes formations et leur répartition par université sont fixés par arrêté du ministre de la défense et des ministres chargés de l'enseignement supérieur et de la santé, pris après avis des universités et agences régionales de santé concernées.

Ces nombres d'élèves apparaissent dans les objectifs pluriannuels d'admission en première année du deuxième cycle des formations de médecine, de pharmacie et d'odontologie, mentionnés à l'article R. 631-1-6, des universités concernées, séparément du nombre d'étudiants nécessaires pour répondre aux besoins de santé du territoire. Ils sont fixés de sorte que les capacités de formation, tenant compte le cas échéant des terrains de stage proposés par le service de santé des armées sur l'ensemble du territoire national, permettent d'assurer la qualité des formations pour l'ensemble des étudiants.

Quel que soit leur mode d'admission, les élèves des écoles du service de santé des armées sont pris en compte dans les nombres mentionnés au premier alinéa.

II. – Les propositions des objectifs nationaux pluriannuels mentionnés à l'article R. 631-1-6, en ce qu'ils concernent les universités mentionnées au I, prennent en compte, pour l'évaluation de leurs capacités de formation, les besoins de formation des élèves des écoles du service de santé des armées devant être accueillis par ces universités.

Sur les conditions d'application de cet art., V. Décr. n° 2019-1125 du 4 nov. 2019, art. 6, ss. art. R. 631-1.

Art. R. 631-1-12 Les élèves des écoles du service de santé des armées ne sont pas pris en compte dans les nombres et les pourcentages prévus aux III et IV de l'article R. 631-1-1 et aux articles R. 631-1-2 et R. 631-21-1.

Lorsqu'ils sont exclus des écoles du service de santé des armées, les élèves de ces écoles peuvent demander à poursuivre leurs études dans une autre université que celle dans laquelle ils ont été inscrits jusque-là. Ils ne sont pas pris en compte pour apprécier le respect du pourcentage prévu à l'article R. 631-21-1.

Sur les conditions d'application de cet art., V. Décr. n° 2019-1125 du 4 nov. 2019, art. 6, ss. art. R. 631-1.

SECTION II FORMATIONS COMMUNES À PLUSIEURS FILIÈRES ET ACCÈS AU DEUXIÈME CYCLE DES ÉTUDES DE SANTÉ *(Décr. n° 2019-1125 du 4 nov. 2019, art. 2)*.

SOUS-SECTION 1 LE DIPLÔME D'ÉTUDES SPÉCIALISÉES DE BIOLOGIE MÉDICALE

Art. D. 631-1 *Abrogé par Décr. n° 2019-1126 du 4 nov. 2019, art. 1er.*

Art. D. 631-2 *(Décr. n° 2019-1126 du 4 nov. 2019, art. 1er)* « I. — Les études en vue du diplôme d'études spécialisées de biologie médicale durent quatre ans. Elles comportent deux parties nommées respectivement niveau 1 et niveau 2.

« Le niveau 1 correspond aux quatre premiers semestres de l'internat et le niveau 2 aux quatre autres semestres.

« Ce diplôme est délivré par les universités habilitées à cet effet par arrêté du ministre chargé de l'enseignement supérieur et du ministre chargé de la santé.

« Le diplôme comporte deux options :

« 1° Biologie polyvalente ;

« 2° Biologie orientée vers une spécialisation ;

« II. — » Sont admis à s'inscrire en vue de la préparation du diplôme d'études spécialisées de biologie médicale :

1° Les internes en médecine et en pharmacie classés en rang utile aux concours prévus respectivement aux articles L. 632-2 et L. 633-2 ;

2° Les internes en médecine et en pharmacie classés en rang utile aux concours prévus respectivement aux articles L. 632-12 et L. 633-4, organisés pour les médecins et pharmaciens français ou ressortissants d'un autre État membre de l'Union européenne, d'un autre État partie à l'accord sur l'Espace économique européen, de la Confédération helvétique ou de la Principauté d'Andorre ;

3° Les internes en médecine et en pharmacie classés en rang utile aux concours organisés pour les étudiants étrangers autres que les ressortissants des États membres de l'Union européenne, de la Principauté d'Andorre, des États parties à l'accord sur l'Espace économique européen ou de la Confédération helvétique, en application des articles L. 632-12 et L. 633-4 ;

4° Les assistants des hôpitaux des armées reçus aux concours particuliers prévus respectivement à l'article R. 632-48 et aux articles D. 633-23 et R. 633-25. Pour l'application des dispositions de la présente section, les intéressés sont regardés comme des internes.

Art. D. 631-3 Les étudiants mentionnés à l'article D. 631-2 prennent annuellement une inscription administrative auprès d'une des universités de l'interrégion dans laquelle ils sont affectés en vue de la préparation du diplôme d'études spécialisées de biologie médicale, selon les règles établies conjointement par les conseils des unités de formation et de recherche de médecine et de pharmacie de l'interrégion et approuvées par les présidents des universités concernées. — *[Décr. n° 2003-76 du 23 janv. 2003, art. 3.]*

Art. D. 631-4 La préparation du diplôme d'études spécialisées de biologie médicale est placée, dans chaque interrégion, sous la responsabilité d'un enseignant chargé de coordonner l'organisation de la formation générale et de la formation pratique.

Il est désigné pour une période de trois ans par les directeurs d'unité de formation et de recherche (UFR) de médecine et de pharmacie, sur proposition des enseignants de la spécialité.

Cette responsabilité est assurée alternativement par un enseignant des UFR de médecine et un enseignant des UFR de pharmacie. – *[Décr. nº 2003-76 du 23 janv. 2003, art. 4, al. 1er.]*

Art. D. 631-5 L'enseignant responsable de la préparation du diplôme d'études spécialisées de biologie médicale est assisté par une commission pédagogique interrégionale.

Cette commission, dont les membres sont désignés par les directeurs des unités de formation et de recherche (UFR) de médecine et de pharmacie de l'interrégion, après accord des présidents d'université, comprend :

1º L'enseignant coordonnateur du diplôme, président ;

2º Au moins six enseignants appartenant à différentes UFR de l'interrégion. La parité est assurée entre les enseignants des UFR de médecine et ceux des UFR de pharmacie.

Un membre de la commission, élu par celle-ci, exerce les fonctions de vice-président ; il est médecin si l'enseignant coordonnateur est pharmacien et inversement. – *[Décr. nº 2003-76 du 23 janv. 2003, art. 4, al. 2 à 5.]*

Art. D. 631-6 La commission pédagogique interrégionale se réunit au moins deux fois par an sur convocation de l'enseignant coordonnateur.

Elle est consultée sur tous les problèmes pédagogiques liés à l'application de la présente section, notamment sur la validation du niveau 1 et le projet professionnel de chaque interne mentionné à l'article D. 631-8. Elle oriente l'interne pour la validation du niveau 2 en tenant compte du projet professionnel. Elle entend également, à titre consultatif, un représentant des internes en médecine et un représentant des internes en pharmacie préparant le diplôme d'études spécialisées de biologie médicale dans l'interrégion, désignés par l'enseignant coordonnateur sur proposition des organisations syndicales représentatives. – *[Décr. nº 2003-76 du 23 janv. 2003, art. 4, al. 6.]*

Art. D. 631-7 Au cours du niveau 1, l'interne valide un semestre dans des services agréés pour ce niveau, dans chacune des spécialités suivantes :

1º Bactériologie et virologie ;

2º Biochimie ;

3º Hématologie.

Un autre semestre est validé soit en immunologie, soit en parasitologie et mycologie.

Les formations sont organisées dans chaque interrégion et pour chaque spécialité selon les modalités fixées par les conseils des unités de formation et de recherche de médecine et de pharmacie de l'interrégion, sur proposition de l'enseignant coordonnateur, et approuvées par les présidents d'université concernés. – *[Décr. nº 2003-76 du 23 janv. 2003, art. 5.]*

Art. D. 631-8 La validation de ces formations est prononcée par le responsable du service dans lequel le candidat a été affecté. La décision est motivée et comporte un document attestant que l'interne a atteint les objectifs de la spécialité fixés dans l'arrêté mentionné au premier alinéa de l'article D. 631-12.

A la fin du quatrième semestre, l'interne présente à la commission pédagogique interrégionale mentionnée à l'article D. 631-5 un projet professionnel. Il y indique son souhait de s'orienter soit vers la biologie polyvalente, soit vers la biologie spécialisée.

En fonction de ce projet, la commission émet des recommandations sur l'organisation du niveau 2 à valider. Il est tenu compte du suivi de ces recommandations pour l'obtention du diplôme. – *[Décr. nº 2003-76 du 23 janv. 2003, art. 6.]*

Art. D. 631-9 Au cours du niveau 2, l'interne s'oriente soit vers la biologie polyvalente, soit vers la biologie spécialisée. – *[Décr. nº 2003-76 du 23 janv. 2003, art. 7.]*

Art. D. 631-10 Pour la validation en biologie polyvalente, les quatre semestres sont libres. Toutefois, l'interne ne peut valider plus de deux semestres dans une même spécialité. L'un de ces semestres peut être validé dans un service clinique agréé. Il valide en outre les enseignements correspondant à l'assurance qualité, à l'organisation, gestion et droit appliqués à la biologie.

La formation peut également être effectuée dans des services agréés pour un diplôme d'études spécialisées ou pour un diplôme d'études spécialisées complémentaires en cas d'inscription à ce dernier ou dans un service clinique agréé. – *[Décr. n° 2003-76 du 23 janv. 2003, art. 8.]*

Art. D. 631-11 L'interne en biologie spécialisée opte pour une formation spécialisée correspondant soit à l'une des spécialités mentionnées à l'article D. 631-7, soit à une autre spécialité biologique conformément à son projet professionnel et selon les modalités définies par arrêté du ministre chargé de l'enseignement supérieur et du ministre chargé de la santé.

La formation est effectuée dans des services agréés pour le niveau 2, pour un diplôme d'études spécialisées ou pour un diplôme d'études spécialisées complémentaires. Un semestre peut être validé dans un service clinique agréé.

L'interne peut également suivre un cursus orienté vers la recherche conformément à son projet professionnel. – *[Décr. n° 2003-76 du 23 janv. 2003, art. 9.]*

Art. D. 631-12 Les objectifs pédagogiques de cette formation ainsi que la liste des spécialités biologiques mentionnées à l'article D. 631-11 sont fixés par arrêté du ministre chargé de l'enseignement supérieur et du ministre chargé de la santé. – *[Décr. n° 2003-76 du 23 janv. 2003, art. 10.]*

Art. D. 631-13 La formation du diplôme d'études spécialisées de biologie médicale est suivie dans des services hospitaliers, extrahospitaliers ou des laboratoires de recherche agréés conformément aux dispositions du décret n° 2012-257 du 22 février 2012 relatif à la commission d'interrégion des études spécialisées de pharmacie et de biologie médicale. – *[Décr. n° 2003-76 du 23 janv. 2003, art. 11.]*

Art. D. 631-14 La validation de la formation est prononcée à la fin de chaque semestre par le responsable du service dans lequel le candidat a été affecté. La décision est motivée et comporte une appréciation formulée à partir du rapport établi par le candidat sur ses activités durant le semestre et un document attestant que l'interne a acquis les objectifs de la spécialité fixés dans l'arrêté mentionné au premier alinéa de l'article D. 631-12.

La décision de validation ou de non-validation du stage est transmise par le responsable du service, dans le délai d'un mois, au coordonnateur interrégional prévu à l'article D. 631-4 et au service de la scolarité de l'unité de formation et de recherche dans laquelle le candidat est inscrit.

Elle est immédiatement communiquée par le service de la scolarité aux agences régionales de santé responsables du choix dans l'interrégion. – *[Décr. n° 2003-76 du 23 janv. 2003, art. 12.]*

Art. D. 631-15 Les internes peuvent, après autorisation annuelle de la commission prévue à l'article D. 631-5, accomplir une partie de leur formation à l'étranger, dans les conditions fixées à l'article R. 632-20 et à l'article D. 633-15. – *[Décr. n° 2003-76 du 23 janv. 2003, art. 13.]*

Art. D. 631-16 Le diplôme d'études spécialisées de biologie médicale, comportant une option biologie polyvalente ou une option biologie spécialisée, est délivré aux candidats mentionnés à l'article D. 631-2 du présent code ayant :

1° Effectué la durée totale d'internat ou, pour les assistants des hôpitaux des armées, la durée totale d'assistanat ;

2° Accompli et validé la formation conformément au projet professionnel ;

3° Obtenu pour les internes en pharmacie, avant la fin du niveau 1, les attestations de capacité correspondant aux différents actes de prélèvement en vue d'analyses de biologie ;

4° Soutenu un mémoire devant un jury composé d'au moins quatre membres, dont au moins un professeur de médecine et un professeur de pharmacie, désignés par le ou les présidents d'université sur proposition des directeurs des unités de formation et de recherche de médecine et de pharmacie de l'interrégion et de la commission mentionnée à l'article D. 631-5 du présent code.

Ce mémoire peut tenir lieu, pour tout ou partie, de thèse en vue du diplôme d'État de docteur en médecine ou du diplôme d'État de docteur en pharmacie.

SOUS-SECTION 2 ACCÈS AU DIPLÔME DE PRATICIEN SPÉCIALISTE EN MÉDECINE OU EN CHIRURGIE DENTAIRE POUR LES RESSORTISSANTS DES ÉTATS MEMBRES DE L'UNION EUROPÉENNE, DES AUTRES ÉTATS PARTIES À L'ACCORD SUR L'ESPACE ÉCONOMIQUE EUROPÉEN OU DE LA CONFÉDÉRATION HELVÉTIQUE

Art. R. 631-17 La personne qui demande le bénéfice des dispositions des articles L. 632-13 ou L. 634-1 dépose un dossier de demande de validation de sa formation et de son expérience professionnelle antérieures auprès de l'université dont relève le diplôme, certificat ou titre de spécialiste en médecine ou en chirurgie dentaire.

Ce dossier comporte, avec les justificatifs correspondants :

1° Une liste des diplômes, certificats ou titres obtenus ;

2° Une description de l'expérience professionnelle dont il peut se prévaloir ;

3° Une description de la formation complémentaire et continue suivie.

A la réception du dossier complet du demandeur, un récépissé de sa demande lui est délivré. – *[Décr. n° 2005-541 du 25 mai 2005, art. 1er.]*

Art. R. 631-18 Un jury est chargé d'apprécier les connaissances et les aptitudes acquises par le candidat.

Dans le cas où l'intéressé souhaite poursuivre une formation conduisant à l'obtention d'un diplôme de praticien spécialiste en médecine, le jury est composé des membres de la commission interrégionale de coordination du diplôme d'études spécialisées ou du diplôme d'études spécialisées complémentaires recherché.

Dans le cas où l'intéressé souhaite poursuivre une formation conduisant à l'obtention d'un diplôme de praticien spécialiste en chirurgie dentaire, le jury est composé du directeur de l'unité de formation et de recherche d'odontologie concernée, du chef du service accueillant les étudiants en formation clinique et du responsable de la formation recherchée. – *[Décr. n° 2005-541 du 25 mai 2005, art. 2.]*

Art. R. 631-19 Le jury procède à l'examen du dossier du candidat, s'entretient avec lui et peut le soumettre à une épreuve de mise en situation.

A l'issue de cette évaluation, le jury propose au président de l'université dans laquelle est inscrit l'intéressé le contenu de la formation spécialisée dont ce dernier peut être dispensé et le complément de formation à accomplir en vue du diplôme recherché. – *[Décr. n° 2005-541 du 25 mai 2005, art. 3.]*

Art. R. 631-20 Le président de l'université notifie au demandeur, par décision motivée, les dispenses d'études dont il bénéficie ainsi que la durée et le contenu de la formation complémentaire qu'il lui reste à accomplir.

La décision du président intervient dans un délai de quatre mois à compter de la date de dépôt du dossier complet du candidat auprès de l'université concernée. Le silence gardé pendant plus de quatre mois vaut décision de rejet. – *[Décr. n° 2005-541 du 25 mai 2005, art. 4.]*

En application de l'art. L. 231-5 CRPA, le silence gardé pendant 4 mois par l'administration vaut décision de rejet pour une demande de dispense d'études, de fixation de la durée et du contenu de la formation complémentaire restant à accomplir pour un praticien en médecine ou en chirurgie dentaire ressortissant d'un État membre de l'Union européenne ou d'un autre État partie à l'accord sur l'Espace économique européen ou de la Confédération helvétique pour lequel la formation n'existe pas dans son pays de provenance ou d'origine (Décr. n° 2014-1274 du 23 oct. 2014, art. 1er).

Art. R. 631-21 La formation se déroule dans les conditions prévues par la réglementation relative au diplôme que l'intéressé souhaite obtenir. Le diplôme lui est délivré après validation de la formation complémentaire indiquée dans la décision mentionnée à l'article R. 631-20. – *[Décr. n° 2005-541 du 25 mai 2005, art. 5.]*

SOUS-SECTION 3 ACCÈS AU DEUXIÈME CYCLE DES ÉTUDES DE SANTÉ

(Décr. n° 2019-1125 du 4 nov. 2019, art. 2)

Art. R. 631-21-1 Des étudiants ayant validé en France le premier cycle des formations de médecine, de pharmacie, d'odontologie et de maïeutique dans une université peuvent être admis à poursuivre en deuxième cycle dans une autre université sur décision du président de l'université d'accueil après avis du directeur de l'unité de formation et de recherche de médecine, de pharmacie, d'odontologie, ou de la structure de formation en maïeutique ou de la composante qui assure ces formations au sens de l'article L. 713-4. Cette possibilité d'admission est accordée en priorité aux étudiants ayant été dans l'obligation de changer de domicile pour des raisons familiales.

Des étudiants justifiant de grades, titres ou diplômes validés dans un État membre de l'Union européenne, dans un autre État partie à l'accord sur l'Espace économique européen, dans la Confédération suisse ou la Principauté d'Andorre et permettant d'attester de l'acquisition de compétences et connaissances comparables à celles acquises en premier cycle des formations de médecine, de pharmacie, d'odontologie et de maïeutique en France peuvent être admis à poursuivre leurs études en deuxième cycle de ces mêmes formations en France sur décision du président de l'université d'accueil après avis du directeur de l'unité de formation et de recherche de médecine, de pharmacie, d'odontologie, de la structure de formation en maïeutique ou de la composante qui assure ces formations au sens de l'article L. 713-4.

Ces deux catégories d'admissions cumulées ne peuvent excéder un nombre d'étudiants supérieur à un pourcentage des admissions en première année de deuxième cycle des formations de médecine, de pharmacie, d'odontologie et de maïeutique fixé par arrêté des ministres en charge de l'enseignement supérieur et de la santé.

Sur les conditions d'application de cet art., V. Décr. n° 2019-1125 du 4 nov. 2019, art. 6, ss. art. R. 631-1.

SECTION III ACCOMPAGNEMENT DES ÉTUDIANTS EN SITUATION DE HANDICAP AU COURS DE LEUR FORMATION UNIVERSITAIRE

(Décr. n° 2016-1008 du 21 juill. 2016, art. 1er)

Art. D. 631-22 Un étudiant inscrit en deuxième ou en troisième cycle des études de santé, présentant un handicap tel que défini à l'article L. 114 du code de l'action sociale et des familles, peut demander à bénéficier d'un accompagnement en vue de l'accomplissement des stages dans le cadre de sa formation universitaire.

A cet effet, l'étudiant concerné prend l'attache des personnes référentes au sein de la structure d'accueil et d'accompagnement des étudiants en situation de handicap de l'université auprès de laquelle il est inscrit.

Cette structure initie le processus d'aide et d'accompagnement de l'étudiant concerné en lien avec le directeur de l'unité de formation et de recherche, le service de santé au travail du centre hospitalier universitaire de rattachement, le responsable de stage ou le coordonnateur local, le service universitaire de médecine préventive et de la promotion de la santé (SUMPPS) ou toute structure d'accueil et d'accompagnement des étudiants en situation de handicap des universités, afin de mettre en œuvre les mesures nécessaires au bon déroulement de la formation universitaire en stage de l'étudiant.

Le cas échéant et en concertation avec les services de scolarité de l'université, cette structure peut proposer à l'étudiant des mesures de réorientation.

SECTION IV SERVICE SANITAIRE

(Décr. n° 2018-472 du 12 juin 2018, art. 2)

Art. D. 631-23 Les étudiants en santé effectuent un service sanitaire dans les conditions prévues par les dispositions des articles D. 4071-1 et suivants du code de la santé publique.

SECTION V LE CONTRAT D'ENGAGEMENT DE SERVICE PUBLIC

(Décr. n° 2020-268 du 17 mars 2020, art. 1er)

Les art. R. 631-24 à R. 631-24-17 sont applicables aux médecins ou chirurgiens-dentistes détenteurs d'un diplôme étranger obtenu hors de l'Union européenne autorisés à poursuivre un parcours de consolidation des compétences en médecine ou en odontologie dans le cadre du IV de l'art. 83 de la L. du 21 déc. 2006 de financement de la sécurité sociale pour 2007 (Décr. n° 2020-268 du 17 mars 2020, art. 3).

Les dispositions des art. R. 631-24 à R. 631-24-17 sont applicables aux contrats d'engagement de service public conclus à compter de son entrée en vigueur. Les contrats conclus avant cette date restent soumis aux dispositions réglementaires qui leur étaient applicables avant l'entrée en vigueur du Décr. n° 2020-268 du 17 mars 2020 (Décr. préc., art. 5).

Art. R. 631-24 **I. – Le contrat d'engagement de service public mentionné à l'article L. 632-6 peut être conclu, dans les conditions définies par la présente section :**

1° Par des étudiants de deuxième cycle des études de médecine et d'odontologie ;

2° Par des étudiants de troisième cycle des études de médecine et d'odontologie ;

3° Par des praticiens titulaires d'un diplôme, certificat ou autre titre obtenu dans un État non membre de l'Union européenne ou non partie à l'accord sur l'Espace économique européen et permettant l'exercice de la profession dans le pays d'obtention de ce diplôme, certificat ou titre autorisés à poursuivre un parcours de consolidation des compétences en médecine ou en odontologie en application de l'article L. 4111-2 du code de la santé publique.

II. – Les dispositions de la présente section ne sont pas applicables aux internes des hôpitaux des armées et assistants des hôpitaux des armées.

Art. R. 631-24-1 **L'arrêté mentionné au premier alinéa de l'article L. 632-6 est signé par les ministres chargés de la santé, de la sécurité sociale et de l'enseignement supérieur. Il détermine, pour chaque année universitaire, le nombre de contrats d'engagement de service public proposés par chaque unité de formation et de recherche de médecine ou d'odontologie et chaque composante universitaire au sens de l'article L. 713-4 assurant l'une de ces formations, à chacune des catégories mentionnées au I de l'article R. 631-24.**

Cet arrêté précise la date à partir de laquelle les unités de formation et de recherche et les composantes peuvent au sein de la même université procéder à une nouvelle répartition, entre la médecine et l'odontologie et entre les catégories mentionnées à l'article R. 631-24, des contrats non conclus, ainsi que la date postérieure à partir de laquelle les contrats non conclus font l'objet, par arrêté des mêmes ministres, d'une nouvelle répartition entre unités de formation et de recherche et composantes.

Art. R. 631-24-2 **Les candidats mentionnés aux 1° et 2° de l'article R. 631-24 souhaitant signer un contrat d'engagement de service public en font la demande auprès du directeur de l'unité de formation et de recherche de médecine ou d'odontologie ou de la composante universitaire dont ils relèvent. Les praticiens mentionnés au 3° de l'article R. 631-24 déposent leur demande auprès du directeur général de l'agence régionale de santé dont relève l'établissement dans lequel ils sont affectés et précisent dans cette demande à quelle unité de formation et de recherche en médecine ou en odontologie ou à quelle composante universitaire assurant l'une de ces formations ils souhaitent être rattachés.**

La demande est accompagnée d'un dossier, dont la composition est fixée par arrêté des ministres chargés de la santé et de l'enseignement supérieur.

Art. R. 631-24-3 Une commission de sélection des candidatures est instituée dans chaque unité de formation et de recherche et chaque composante universitaire concernée. Elle comprend les membres suivants, ou leurs représentants :

1° Pour l'unité de formation et de recherche de médecine ou la composante assurant cette formation :

a) Le directeur de l'unité de formation et de recherche ou de la composante, président de la commission ;

b) Le directeur général de l'agence régionale de santé ;

c) Le président du conseil régional de l'ordre des médecins ;

d) Le président de l'union régionale des professionnels de santé compétente pour les médecins libéraux ;

e) Un directeur d'établissement public de santé de la région désigné par la Fédération hospitalière de France ;

f) Un étudiant de deuxième cycle en médecine désigné par les organisations d'étudiants représentées au sein des conseils de faculté ;

g) Un étudiant de troisième cycle des études de médecine inscrit en médecine générale et un étudiant de troisième cycle des études de médecine inscrit dans une autre spécialité, désignés par les organisations d'étudiants représentées au sein des conseils de faculté ;

2° Pour l'unité de formation et de recherche d'odontologie ou la composante assurant cette formation :

a) Le directeur de l'unité de formation et de recherche ou de la composante, président de la commission ;

b) Les directeurs généraux des agences régionales de santé de l'inter-région ;

c) Le président du conseil régional de l'ordre des chirurgiens-dentistes de la région de l'unité de formation et de recherche ou de la composante ;

d) Le président de l'union régionale des professionnels de santé compétente pour les chirurgiens-dentistes libéraux de la région de l'unité de formation et de recherche ou de la composante ;

e) Un directeur d'un établissement public de santé de la région désigné par la Fédération hospitalière de France ;

f) Un étudiant de deuxième cycle en odontologie désigné par les organisations d'étudiants représentées au sein des conseils de faculté ;

g) Un étudiant de troisième cycle des études d'odontologie inscrit en cycle court et un étudiant de troisième cycle des études odontologiques inscrit en cycle long, désignés par les organisations d'étudiants représentées au sein des conseils de faculté.

Art. R. 631-24-4 Les commissions mentionnées aux 1° et 2° de l'article R. 631-24-3 procèdent à un premier examen sur dossier. Les candidats retenus après cet examen sont convoqués pour un entretien individuel permettant d'apprécier leur projet professionnel. Les commissions se prononcent en fonction des résultats universitaires et des projets professionnels pour l'ensemble des candidats. Pour chaque catégorie de candidats mentionnée à l'article R. 631-24, elles procèdent au classement des candidats par ordre de mérite dans la limite du nombre de contrats ouverts pour cette catégorie.

Les commissions établissent également une liste complémentaire pour chaque catégorie de candidats, pouvant compter un nombre d'inscrits au plus égal à quatre fois le nombre des contrats proposés pour cette catégorie.

Le directeur de l'unité de formation et de recherche de médecine ou d'odontologie ou de la composante assurant l'une de ces formations rend ces listes publiques par tout moyen et les communique au directeur général du Centre national de gestion. Elles sont valables pendant l'année universitaire au titre de laquelle elles ont été établies.

Un arrêté des ministres chargés de la santé et de l'enseignement supérieur précise les modalités d'examen des demandes par les commissions.

Art. R. 631-24-5 Dès réception des listes mentionnées à l'article R. 631-24-4, le directeur général du Centre national de gestion propose aux candidats retenus, selon leur classement et jusqu'à épuisement du nombre de contrats ouverts, la signature d'un contrat d'engagement de service public.

Lorsqu'il a été procédé à une nouvelle répartition des contrats non conclus selon les modalités prévues au deuxième alinéa de l'article R. 631-24-1, le directeur général du Centre national de gestion propose la signature de ces contrats selon les modalités définies à l'alinéa précédent.

Le candidat auquel un contrat est proposé dispose d'un délai de trente jours pour faire parvenir le contrat signé, par tout moyen donnant date certaine à sa réception, au directeur général du Centre national de gestion.

Art. R. 631-24-6 Le signataire du contrat d'engagement de service public s'engage à poursuivre ses études dans la formation choisie et à respecter ses obligations d'assiduité et, à compter de la fin de sa formation ou de son parcours de consolidation des compétences, à exercer son activité de soins :

1° Dans un ou plusieurs lieux d'exercice situés dans une zone caractérisée par une offre médicale insuffisante ou par des difficultés dans l'accès aux soins mentionnée au 1° de l'article L. 1434-4 du code de la santé publique ;

2° Pour une durée égale à celle pendant laquelle lui aura été versée l'allocation mensuelle mentionnée au troisième alinéa de l'article L. 632-6 du présent code et ne pouvant être inférieure à deux ans.

Lorsqu'un praticien n'exerce qu'une partie, qui ne peut être inférieure au mi-temps, de son temps plein dans un ou plusieurs lieux d'exercice situés dans une zone mentionnée au 1° du présent article, la durée de son engagement est augmentée au prorata du temps non réalisé ;

3° A exercer pendant la durée de son engagement de service public :

a) Dans le cadre de la convention mentionnée aux articles L. 162-5, L. 162-9 et L. 162-14-1 du code de la sécurité sociale s'il choisit l'exercice libéral ;

b) Dans le cadre des tarifs résultant de la convention mentionnée à l'article L. 162-32-1 du même code s'il choisit l'exercice en centre de santé.

Art. R. 631-24-7 Le contrat d'engagement de service public précise :

1° La durée prévisionnelle de l'engagement de service public, exprimée en mois à compter de la prise d'effet du contrat ;

2° Le montant et les modalités de versement de l'allocation mensuelle mentionnée au troisième alinéa de l'article L. 632-6.

Un arrêté des ministres chargés de la santé et de l'enseignement supérieur détermine les modalités d'application du présent article. Il fixe un modèle type de contrat d'engagement de service public et précise les cas et conditions dans lesquels le contrat peut être suspendu ou résilié.

Art. R. 631-24-8 Le montant et les modalités de versement de l'allocation mensuelle mentionnée au troisième alinéa de l'article L. 632-6 sont définis par arrêté conjoint des ministres chargés de la santé et de la sécurité sociale.

Art. R. 631-24-9 Le versement de l'allocation cesse à la date à laquelle le signataire obtient son diplôme d'études spécialisées ou son diplôme d'État de docteur en chirurgie-dentaire ou à la date à laquelle s'achève le parcours de consolidation des compétences. L'exercice professionnel est considéré comme débutant à compter de cette même date. Le directeur général du Centre national de gestion établit le nombre de mois d'engagement restants à compter de cette date.

Pour la mise en œuvre de l'alinéa précédent, le directeur de l'unité de formation et de recherche ou de la composante informe le directeur général du Centre national de gestion de la date d'obtention du diplôme d'études spécialisées ou de la validation du troisième cycle d'odontologie dans les deux mois suivant la fin du cursus de formation.

Art. R. 631-24-10 Les signataires d'un contrat d'engagement de service public qui souhaitent bénéficier, à la fin de leur formation ou de leur parcours de consolidation des compétences, d'un report de l'installation ou de la prise de fonctions en font la demande au directeur général de l'agence régionale de santé.

Le directeur général de l'agence régionale de santé communique son avis sur la demande de report au directeur général du Centre national de gestion. Lorsque cette demande est justifiée par le projet professionnel ou universitaire du demandeur, le directeur général de l'agence régionale de santé recueille l'avis du directeur de l'unité de formation et de recherche de médecine ou d'odontologie ou de la composante assurant l'une de ces formations.

Tout report accordé donne lieu à une modification du contrat de l'intéressé et proroge le contrat d'engagement de service public d'une durée équivalente à celle de ce report.

Art. R. 631-24-11 Aux fins d'établissement de la liste mentionnée au cinquième alinéa de l'article L. 632-6, les directeurs généraux des agences régionales de santé communiquent au directeur général du Centre national de gestion les lieux d'exercice de leur ressort susceptibles d'être proposés aux signataires de contrats d'engagement de service public.

Chaque lieu d'exercice figurant sur la liste est défini par sa délimitation géographique, la description précise des fonctions à exercer et, le cas échéant, la désignation de l'employeur et ces indications sont accompagnées d'informations sur ses caractéristiques démographiques, sanitaires et sociales. La liste, accompagnée de ces informations, est mise en ligne sur le site internet du Centre national de gestion.

Les lieux d'exercice des activités de soins ne peuvent pas se situer au sein d'un centre hospitalier universitaire mentionné à l'article L. 6141-2 du code de la santé publique, sauf si le directeur général de l'agence régionale de santé soumet au Centre national de gestion une proposition motivée en ce sens au vu des besoins en offre de soins.

Art. R. 631-24-12 Dans une période d'un an précédant la date de fin de leurs études ou de leur parcours de consolidation des compétences, les signataires d'un contrat d'engagement de service public choisissent leur futur lieu d'exercice au sein de la liste mentionnée à l'article R. 631-24-11. Ils communiquent ce choix, par tout moyen donnant date certaine à sa réception, au directeur général du Centre national de gestion, au directeur général de l'agence régionale de santé concernée et, le cas échéant, à l'employeur. Ils peuvent se porter candidats simultanément à cinq lieux d'exercice, qu'ils classent par ordre de préférence.

Les signataires qui ont bénéficié d'un report en application de l'article R. 631-24-10 choisissent leur futur lieu d'exercice, selon les modalités définies à l'alinéa précédent, au cours de la dernière année de la période de report.

Art. R. 631-24-13 I. — Sous réserve des dispositions du II, le silence gardé par l'administration sur le choix du signataire pendant un délai de deux mois vaut acceptation du premier choix formulé par celui-ci. Dans un tel cas, le lieu d'exercice ne peut plus être choisi par un autre signataire et est retiré de la liste prévue à l'article R. 631-24-11.

II. — Lorsque, moins de deux mois après qu'un premier signataire a exprimé son choix, et si l'administration n'a pris aucune décision expresse sur sa demande, le même lieu d'exercice est choisi comme premier choix par un ou plusieurs autres signataires en fin de formation ou ayant bénéficié d'un report, ces signataires sont départagés selon les modalités suivantes dans un délai de trois mois à compter de la date de réception de la première candidature :

1° S'il s'agit d'un exercice libéral, par décision du directeur général de l'agence régionale de santé concernée, en fonction de leurs projets professionnels ;

2° S'il s'agit d'un exercice salarié, par décision de l'autorité compétente conformément aux modalités de recrutement en vigueur dans le secteur concerné ;

3° S'il s'agit d'un exercice mixte, par décision conjointe du directeur général de l'agence régionale de santé et de l'autorité compétente conformément aux modalités de recrutement en vigueur dans le secteur concerné.

Pour l'application des alinéas précédents, les signataires en fin de formation qui ont demandé au directeur général de l'agence régionale de santé de pouvoir exercer dans la région où se situe l'unité de formation et de recherche ou la composante dans laquelle ils étaient inscrits bénéficient, à projet professionnel présentant un intérêt égal, d'une priorité de choix de leur lieu d'exercice dans cette région.

Les autorités mentionnées aux 1° à 3° informent par écrit le directeur général du Centre national de gestion de leurs décisions.

Art. R. 631-24-14 I. — Tout médecin ou chirurgien-dentiste ayant signé un contrat d'engagement de service public et exerçant sa spécialité dans un lieu d'exercice tel que mentionné au cinquième alinéa de l'article L. 632-6 peut solliciter :

1° Auprès du directeur général de l'agence régionale de santé, une proposition de changement de son lieu d'exercice au sein de la même région, parmi ceux figurant dans la liste mentionnée à l'article R. 631-24-11 ;

2° Auprès du directeur général du Centre national de gestion, un changement de région d'exercice, après avis du directeur général de l'agence régionale de santé de la région dans laquelle il exerce et de celui de la région dans laquelle il souhaite exercer, sous réserve de postuler pour un autre des lieux d'exercice mentionnés à l'article R. 631-24-11.

II. — En cas de changement de lieu d'exercice au sein d'une même région autorisé dans les conditions mentionnées au I du présent article, le directeur général de l'agence régionale de santé concernée en informe par écrit le directeur général du Centre national de gestion.

Art. R. 631-24-15 *(Décr. nº 2020-1057 du 14 août 2020, art. 1er)* I. – Le directeur général de l'agence régionale de santé s'assure, dans son territoire de compétence, du respect des engagements souscrits par les signataires d'un contrat d'engagement de service public au regard :

1° De leurs obligations de formation, en lien avec le directeur de l'unité de formation et de recherche de médecine ou d'odontologie ou de la composante dans laquelle ils sont inscrits, lequel l'informe de tout manquement de leur part aux conditions générales de scolarité et d'assiduité ou de tout arrêt de scolarité ;

2° De leur obligation de suivre leur parcours de consolidation des compétences, pour les praticiens mentionnés au 3° de l'article R. 631-24 ;

3° De leur obligation de se présenter aux convocations de l'agence régionale de santé pour préciser leur projet professionnel ;

4° De leur installation dans des lieux d'exercice mentionnés au cinquième alinéa de l'article L. 632-6 ;

5° Du respect de la durée d'exercice définie au 2° de l'article R. 631-24-6.

II. – Le directeur général s'assure également, à l'égard des mêmes personnes :

1° De l'absence d'interdiction permanente sans sursis prononcée par la juridiction ordinale compétente en application du 3° des articles L. 4124-6 du code de la santé publique et L. 145-2 du code de la sécurité sociale ;

2° De l'absence d'interdiction d'exercice prononcée dans le cadre d'une procédure pénale ;

3° De l'absence de leur radiation du tableau de l'ordre dans les conditions prévues au 5° de l'article L. 4124-6 du code de la santé publique.

III. – Il signale au Centre national de gestion les situations pour lesquelles les engagements n'ont pas été respectés et celles pour lesquelles les signataires d'un contrat d'engagement de service public ne sont pas en capacité d'exercer.

Art. R. 631-24-16 I. – Le directeur général du Centre national de gestion instruit, selon une procédure contradictoire, les situations dans lesquelles les engagements contractuels n'ont pas été respectés, à la suite d'une dénonciation de contrat par un signataire ou d'un signalement d'une agence régionale de santé.

II. – Tout défaut total ou partiel d'exécution du contrat, constaté dans les conditions fixées à l'alinéa précédent, donne lieu au règlement par le signataire au Centre national de gestion :

1° D'une indemnité égale au produit du dernier montant d'allocation mensuelle perçu par la durée pendant laquelle l'engagement n'a pas été respecté ;

2° D'une pénalité calculée proportionnellement au nombre de mois de perception de l'allocation, dans la limite de deux cents euros par mois, lorsque le manquement est antérieur à la fin de la formation et ayant un caractère forfaitaire, dans la limite de vingt mille euros, lorsqu'il lui est postérieur.

Les modalités de calcul, de notification et de perception de l'indemnité et de la pénalité sont fixées par arrêté du ministre de la santé. Leur recouvrement est assuré par le Centre national de gestion.

Art. R. 631-24-17 L'indemnité et la pénalité mentionnées à l'article R. 631-24-16 ne sont pas dues :

1° Lorsque le signataire décède pendant la durée du contrat d'engagement de service public ;

2° Lorsque le signataire est atteint d'une affection ou d'un handicap rendant dangereux ou impossible l'exercice de la profession ou la poursuite des études, constatés, pour les étudiants, par le médecin-conseil de la sécurité sociale et, en cas de handicap, après avoir recueilli l'avis du médecin désigné par la commission prévue à l'article L. 146-9 du code de l'action sociale et des familles et, pour les étudiants de troisième cycle internes, par le comité médical en application de l'article R. 6153-19 du code de la santé publique.

Les dispositions de l'article R. 631-24-16 du présent code ne sont pas applicables lorsque la zone où est située le lieu d'exercice choisi par le signataire, non modifié depuis trois ans au moins, cesse d'être une zone caractérisée par une offre médicale insuffisante ou par des difficultés dans l'accès aux soins mentionnée au 1° de l'article L. 1434-4 du code de la santé publique. Le directeur général de l'agence régionale de santé informe par écrit le directeur général du Centre national de gestion de cette circonstance.

CHAPITRE II LES ÉTUDES MÉDICALES

SECTION PREMIÈRE LE DIPLÔME DE FORMATION GÉNÉRALE EN SCIENCES MÉDICALES

La présente section ne comprend pas de dispositions prises par décret.

SECTION II LE DEUXIÈME CYCLE DES ÉTUDES DE MÉDECINE *(Décr. nº 2020-951 du 30 juill. 2020, art. 1er).*

SOUS-SECTION 1 LES MODALITÉS DE FORMATION DU DEUXIÈME CYCLE DES ÉTUDES DE MÉDECINE

(Décr. nº 2020-951 du 30 juill. 2020, art. 1er)

§ UNIQUE STAGES AUPRÈS D'UN PRATICIEN AGRÉÉ MAÎTRE DE STAGE DES UNIVERSITÉS

Art. R. 632-1 L'agrément d'un praticien comme maître de stage des universités pour l'accueil en stage des étudiants de deuxième cycle des études de médecine atteste des compétences de formateur du praticien.

Afin d'être agréé pour l'accueil d'un étudiant de deuxième cycle des études de médecine, le praticien-maître de stage des universités doit :

1° Attester avoir suivi une formation à l'accueil, à l'encadrement et à l'évaluation d'un étudiant ;

2° Proposer des activités de soins en adéquation avec les objectifs de la formation poursuivie dispensée ;

3° Justifier d'un niveau d'encadrement et des moyens pédagogiques mis en œuvre pour assurer la qualité de la formation.

Art. R. 632-1-1 La formation à l'accueil, à l'encadrement et à l'évaluation d'un étudiant mentionnée à l'article R. 632-1 est suivie par le praticien-maître de stage des universités auprès de l'université de son choix ou auprès d'un organisme habilité.

Les objectifs pédagogiques de cette formation sont fixés par arrêté des ministres chargés de la santé et de l'enseignement supérieur et du ministre de la défense.

Est considéré comme organisme habilité toute structure, enregistrée auprès de l'Agence nationale de développement professionnel continu mentionnée à l'article L. 4021-6 du code de la santé publique, délivrant la formation à la maîtrise de stage.

Art. R. 632-1-2 L'agrément est délivré par le directeur de l'unité de formation et de recherche de médecine ou de la composante au sens de l'article L. 713-4 qui assure la formation médicale dont relève l'étudiant. L'agrément peut être refusé, suspendu ou retiré si le praticien ne remplit pas ou plus les conditions définis *[définies]* aux articles R. 632-1 et R. 632-1-1.

Art. R. 632-1-3 Les modalités de délivrance de l'agrément, la durée de l'agrément, qui ne peut être supérieure à cinq ans, ainsi que la composition du dossier de demande ou de renouvellement d'un agrément sont précisées par arrêté des ministres chargés de l'enseignement supérieur et de la santé et du ministre de la défense. Ce même arrêté prévoit les modalités d'examen, de refus, de suspension, de retrait, de renouvellement et de réexamen de l'agrément.

Art. R. 632-1-4 I. — Les lieux de stages des hôpitaux des armées agréés pour la formation des étudiants de deuxième cycle des études de médecine le sont pour l'ensemble des unités de formation et de recherche de médecine des universités ou des composantes qui assurent cette formation au sens de l'article L. 713-4.

II. — Lorsqu'il concerne un praticien des armées, l'agrément est délivré par un directeur d'unité de formation et de recherche de médecine ou de la composante au sens de l'article L. 713-4 qui assure la formation médicale dont relève au moins un élève d'une école du service de santé des armées. Pour être agréés, les praticiens des armées doivent remplir les conditions mentionnées à l'article R. 632-1.

Les praticiens des armées agréés pour la formation des étudiants de deuxième cycle des études de médecine le sont pour l'ensemble des unités de formation et de recherche de médecine des universités.

III. – Le ministre de la défense désigne les organismes habilités auprès desquels les praticiens des armées suivent la formation mentionnée à l'article R. 632-1-1.

SECTION III LE TROISIÈME CYCLE DES ÉTUDES DE MÉDECINE

(Décr. nº 2016-1597 du 25 nov. 2016, art. 1er)

SOUS-SECTION 1 LES CONDITIONS D'ACCÈS PAR LES ÉPREUVES CLASSANTES NATIONALES ET LES MODALITÉS D'INTÉGRATION DANS LE TROISIÈME CYCLE DES ÉTUDES DE MÉDECINE

Art. R. 632-2 Peuvent accéder au troisième cycle des études de médecine par les épreuves classantes nationales :

1° Les étudiants ayant validé le deuxième cycle des études de médecine en France ;

2° Les étudiants ressortissants des États membres de l'Union européenne ou des autres États parties à l'accord sur l'Espace économique européen, de la Confédération helvétique ou de la Principauté d'Andorre ayant validé une formation médicale de base mentionnée à l'article 24 de la directive 2005/36/CE modifiée du Parlement européen et du Conseil de l'Europe du 7 septembre 2005 relative à la reconnaissance des qualifications professionnelles. – *[anc. art. R. 632-1 (Décr. nº 2020-951 du 30 juill. 2020).]*

Art. R. 632-2-1 Des épreuves classantes nationales anonymes permettent aux candidats mentionnés à l'article R. 632-1 de participer à la procédure nationale de choix mentionnée à l'article R. 632-7.

Un arrêté des ministres chargés de l'enseignement supérieur et de la santé fixe le programme, les conditions d'organisation, le déroulement, la nature et la pondération de ces épreuves. – *[anc. art. R. 632-2 (Décr. nº 2020-951 du 30 juill. 2020).]*

Art. R. 632-3 Le conseil scientifique de médecine, placé auprès du ministre chargé de l'enseignement supérieur, prépare et vérifie les sujets relatifs aux épreuves classantes nationales mentionnées à l'article R. 632-2 et aux concours mentionnés au deuxième alinéa de l'article R. 632-61 et à l'article R. 632-64.

Il est composé de personnels enseignants et hospitaliers titulaires appartenant aux collèges électoraux des sections et sous-sections médicales du Conseil national des universités.

Un arrêté des ministres chargés de l'enseignement supérieur et de la santé précise la composition du conseil scientifique de médecine ainsi que ses missions et ses modalités d'organisation et de fonctionnement.

Art. R. 632-4 La composition, les modalités de désignation et les missions du jury des épreuves classantes nationales sont fixées par arrêté des ministres chargés de la santé et de l'enseignement supérieur.

Le jury comprend des membres désignés par tirage au sort effectué dans chaque université comportant une unité de formation et de recherche (UFR) de médecine parmi les personnels enseignants et hospitaliers titulaires rattachés à ces UFR et appartenant aux collèges électoraux des sections et sous-sections médicales du Conseil national des universités.

Art. R. 632-5 Les étudiants ne peuvent se présenter que deux fois aux épreuves classantes nationales et effectuer le choix prévu à l'article R. 632-7, sauf empêchement prévu à l'article R. 632-8 :

1° La première fois durant l'année universitaire au cours de laquelle ils remplissent les conditions prévues à l'article R. 632-1, qui sont appréciées au plus tard à la date de la délibération du jury des épreuves classantes nationales ;

2° La deuxième fois l'année universitaire suivante, dans les seuls cas et conditions précisés ci-après :

a) L'interne qui a obtenu une première affectation à l'issue des épreuves classantes nationales et désire bénéficier d'un deuxième choix doit avoir engagé sa formation dans le cadre de la spécialité acquise à l'issue du premier choix.

Pour être inscrit une deuxième fois aux épreuves classantes nationales, il fait connaître, par écrit, avant la fin du premier stage, à son unité de formation et de recherche (UFR), à son centre hospitalier universitaire (CHU) de rattachement et à l'agence régionale de santé dont il relève, son intention de renoncer au bénéfice de l'affectation prononcée à l'issue des premières épreuves classantes nationales. Dans l'attente de sa seconde affectation, il poursuit la formation engagée à l'issue du premier choix. Une fois sa seconde affectation effective, il ne peut poursuivre la formation engagée dans le cadre de sa première affectation.

Les stages validés au cours de sa première affectation peuvent être pris en compte au titre de sa seconde affectation, selon des modalités fixées par les conseils des UFR concernées, sur proposition du coordonnateur local, mentionné à l'article R. 632-14. L'étudiant est alors réputé avoir une ancienneté tenant compte du nombre de semestres validés ;

b) Un étudiant qui s'est présenté aux épreuves classantes nationales peut demander, à titre dérogatoire et exceptionnel et pour des motifs sérieux dûment justifiés, à renoncer à la procédure nationale de choix prévue à l'article R. 632-7 et à se présenter une seconde fois à ces épreuves l'année universitaire suivante. Il adresse sa demande à cette fin au directeur de l'UFR. Une commission réunie par le directeur de l'UFR statue sur cette demande. Elle se prononce également sur les formations en stage auxquelles le candidat participe et sur la formation hors stage qu'il est autorisé à suivre en tant qu'auditeur, au sens de l'article L. 811-1, en vue de cette seconde et dernière tentative. La composition et les modalités de fonctionnement de cette commission, ainsi que le nombre maximum d'étudiants susceptibles de bénéficier d'une dérogation, sont fixés par arrêté des ministres chargés de l'enseignement supérieur et de la santé.

Dans les situations décrites aux *a* et *b* du 2° du présent article, le classement et l'affectation obtenus à l'issue de la seconde présentation aux épreuves classantes nationales se substituent à ceux obtenus à l'issue de la première.

Art. R. 632-6 En fonction de la situation de la démographie médicale dans les différentes spécialités et de son évolution au regard des besoins de prise en charge spécialisée, les ministres chargés de la santé et de l'enseignement supérieur fixent, chaque année, par arrêté :

1° Le nombre d'étudiants de troisième cycle des études de médecine à former, par spécialité et par centre hospitalier universitaire, par année et sur une période de cinq ans ;

2° Le nombre d'étudiants de troisième cycle des études de médecine susceptibles d'être affectés par spécialité et par centre hospitalier universitaire au titre de l'année ;

3° La liste mentionnée au troisième alinéa de l'article L. 632-6 établie par spécialité et par centre hospitalier universitaire.

Art. R. 632-7 La procédure nationale de choix de la spécialité de médecine et du centre hospitalier universitaire de rattachement est organisée selon les modalités fixées par arrêté des ministres chargés de la santé et de l'enseignement supérieur.

Les affectations dans un centre hospitalier universitaire et dans une spécialité à l'issue de la procédure nationale de choix sont prononcées par arrêté du directeur général du Centre national de gestion des praticiens hospitaliers et des personnels de la fonction publique hospitalière publié au *Journal officiel* de la République française.

Art. R. 632-8 Le droit de l'étudiant à effectuer deux fois le choix prévu à l'article R. 632-7 est maintenu en cas d'empêchement à participer aux épreuves classantes nationales résultant d'un congé de maternité, de paternité ou d'adoption, d'un cas de force majeure ou pour raison médicale dûment justifiée auprès de son université d'inscription.

Art. R. 632-9 Si, lors de la procédure nationale de choix, l'étudiant est dans l'impossibilité d'exprimer sa volonté pour des raisons de force majeure ou pour une raison médicale dûment justifiée, il participe à la procédure nationale de choix organisée au titre de l'année universitaire suivante, selon des modalités fixées par arrêté des ministres chargés de l'enseignement supérieur et de la santé.

SOUS-SECTION 1 *[NOUVELLE]* L'ACCÈS AU TROISIÈME CYCLE DES ÉTUDES DE MÉDECINE

(Décr. nº 2021-1156 du 7 sept. 2021, art. 1er)

Les dispositions du Décr. nº 2021-1156 du 7 sept. 2021 sont applicables : I. 1º Aux étudiants accédant à la 1re année du 2e cycle des études de médecine à compter de la rentrée universitaire 2021, y compris les étudiants qui avaient suivi cette 1re année sans l'avoir validée au cours d'années universitaires précédentes / 2º Aux étudiants ayant validé à partir de l'année 2022-2023 l'avant[-]dernière année d'une formation médicale de base au sens de l'art. 24 de la Dir. nº 2005/36/CE du Parlement européen et du Conseil du 7 sept. 2005 relative à la reconnaissance des qualifications professionnelles dans un État membre de l'Union européenne, un État partie à l'accord sur l'Espace économique européen, la Confédération suisse ou la Principauté d'Andorre. / II. — Les étudiants qui ne répondent pas aux conditions mentionnées au I se présentent aux épreuves classantes nationales organisées conformément aux dispositions du C. éduc., dans leur rédaction issue du Décr. nº 2016-1597 du 25 nov. 2016. / Le programme et les modalités de ces épreuves au titre des années universitaires 2022-2023 et 2023-2024, sont définis par arrêté conjoint des ministres chargés de l'enseignement supérieur et de la santé et du ministre de la défense./ La procédure nationale de choix de la spécialité de médecine et du centre hospitalier universitaire de rattachement prévue par les dispositions du code de l'éducation issues du Décr. nº 2016-1597 du 25 nov. 2016 demeure applicable à ces étudiants jusqu'à la fin de l'année universitaire 2023-2024. / A compter de l'année universitaire 2024-2025, des mesures spécifiques définies par arrêté conjoint des ministres chargés de l'enseignement supérieur et de la santé et du ministre de la défense pour l'accès au 3e cycle des études de médecine sont prises pour les étudiants n'ayant pas épuisé à l'issue de l'année universitaire 2023-2024 toutes leurs possibilités de se présenter aux épreuves classantes nationales (Décr. nº 2021-1156 du 7 sept. 2021, art. 4).

Nouvel art. R. 632-2 *(Décr. nº 2021-1156 du 7 sept. 2021, art. 1er)* ***I. — Les épreuves nationales prévues à l'article L. 632-2 permettent d'évaluer que l'étudiant a acquis les connaissances et compétences suffisantes au regard des exigences de la formation de troisième cycle. Elles comprennent :***

1º Des épreuves nationales d'évaluation des connaissances, qui se déroulent sous forme d'épreuves dématérialisées ;

2º Des épreuves nationales d'évaluation des compétences, qui prennent la forme d'examens dénommés examens cliniques objectifs structurés.

II. — Peuvent participer à ces épreuves, sous réserve de la condition mentionnée au premier alinéa de l'article R. 632-2-2 :

1º Les étudiants ayant validé la deuxième année du deuxième cycle des études de médecine en France ;

2º Les étudiants ayant validé l'avant-dernière année d'une formation médicale de base au sens de l'article 24 de la directive nº 2005/36/CE du Parlement européen et du Conseil du 7 septembre 2005 relative à la reconnaissance des qualifications professionnelles dans un État membre de l'Union européenne, un État partie à l'accord sur l'Espace économique européen, la Confédération suisse ou la Principauté d'Andorre.

Nouvel art. R. 632-2-1 *(Décr. nº 2021-1156 du 7 sept. 2021, art. 1er)* ***I. — Les épreuves dématérialisées ont pour objet de vérifier que l'étudiant a acquis, au cours des premier et deuxième cycles, un niveau de connaissances en lien avec les compétences que celui-ci doit maîtriser permettant notamment de diagnostiquer et prendre en charge une situation clinique. Le niveau de connaissances doit être suffisant pour être admis en troisième cycle des études de médecine ainsi que répondre aux exigences de la formation de ce cycle.***

Les résultats obtenus à ces épreuves déterminent la possibilité, pour les étudiants, de participer aux examens cliniques objectifs structurés mentionnés au 2º du I de l'article R. 632-2-2 et constituent un des éléments du dossier de l'étudiant mentionné à l'article R. 632-2-7 déposé lors de sa participation à la procédure nationale fondée sur un appariement entre les vœux de l'étudiant et les postes ouverts dans une spécialité et dans une subdivision territoriale prévue au même article.

II. — Une session d'épreuves dématérialisées est organisée, en début de troisième année du deuxième cycle des études de médecine, et de manière simultanée au sein des universités désignées comme centres d'examen.

Les épreuves dématérialisées sont anonymes. Elles donnent lieu à l'obtention d'une note qui doit dépasser un seuil minimal défini au IV du présent article pour permettre d'établir que l'étudiant détient les connaissances suffisantes au regard des exigences du troisième cycle des études de médecine.

Une seconde session est organisée au titre de la même année universitaire et avant les examens cliniques objectifs structurés mentionnés à l'article R. 632-2-2 pour les étudiants qui n'ont pas obtenu la note minimale requise à l'issue de la première session.

Les étudiants qui n'ont pas pu se présenter à la première session des épreuves dématérialisées pour des raisons de force majeure ou pour une raison médicale[,] dûment justifiées, sont autorisés à participer à la première et, le cas échéant, à la seconde session de ces épreuves organisées l'année universitaire suivante.

Les conditions dans lesquelles un étudiant est autorisé à renouveler sa participation aux épreuves dématérialisées au-delà de ces deux sessions sont fixées par arrêté conjoint des ministres chargés de l'enseignement supérieur et de la santé et du ministre de la défense.

La liste des centres d'examen, les modalités d'inscription, le calendrier des épreuves ainsi que des sessions et leurs modalités d'organisation, les modalités de prise en compte de la note minimale obtenue aux épreuves dématérialisées pour participer à l'appariement mentionné à l'article R. 632-27 ainsi que son niveau, sont définis par arrêté conjoint des ministres chargés de l'enseignement supérieur et de la santé et du ministre de la défense.

III. — Les connaissances que les épreuves dématérialisées permettent d'évaluer sont réparties en deux groupes :

1° Les connaissances dites de rang A, qui constituent un socle de base à toute pratique médicale et qui doivent être maîtrisées par l'étudiant pour accéder au troisième cycle des études de médecine ;

2° Les connaissances dites de rang B, qui correspondent aux connaissances plus approfondies et plus spécifiques à chaque discipline.

Ces deux groupes de connaissances sont évalués dans le cadre d'épreuves dématérialisées, selon des modalités diversifiées faisant intervenir des contextes cliniques différents.

Le programme, la durée et le contenu des épreuves dématérialisées, la définition et la répartition des connaissances en fonction des groupes mentionnés ci-dessus, ainsi que les modalités d'évaluation sont précisés par arrêté conjoint des ministres chargés de l'enseignement supérieur et de la santé et du ministre de la défense.

IV. — Les épreuves dématérialisées donnent lieu à l'obtention d'une note globale qui comprend :

1° La note attribuée aux connaissances dites de rang A. Cette note doit être supérieure ou égale à une valeur fixée par l'arrêté mentionné au III permettant d'attester que l'étudiant détient les connaissances suffisantes au regard des exigences de la formation de troisième cycle des études de médecine. Cette note minimale permet à l'étudiant de participer aux examens cliniques objectifs structurés mentionnés à l'article R. 632-2-2. Elle est également prise en compte pour la procédure nationale d'appariement ;

2° La note attribuée aux connaissances dites de rang B. Cette note est également prise en compte pour la procédure nationale d'appariement en complément de la note de rang A.

Les conditions dans lesquelles sont attribuées les notes correspondant aux connaissances de rang A et B sont fixées par arrêté conjoint des ministres chargés de l'enseignement supérieur et de la santé et du ministre de la défense.

V. — Les étudiants mentionnés au II de l'article R. 632-2 qui ont obtenu la note minimale requise pour la validation des connaissances de rang A et qui n'ont pu se présenter pour des raisons dûment justifiées aux examens cliniques objectifs structurés mentionnés à l'article R. 632-2-2 organisés au titre de l'année universitaire en cours conservent le bénéfice des notes des épreuves dématérialisées pour se présenter aux examens cliniques objectifs structurés organisés au titre de l'année universitaire suivante.

VI. — Les étudiants mentionnés au II de l'article R. 632-2 qui n'obtiennent à aucune des deux sessions d'épreuves dématérialisées au cours d'un même année universitaire la note minimale requise pour la validation des connaissances de rang A ne peuvent pas participer aux examens cliniques objectifs structurés.

Toutefois, les conditions dans lesquelles un étudiant est autorisé à renouveler sa participation aux épreuves dématérialisées l'année universitaire suivante sont fixées par arrêté conjoint des ministres chargés de l'enseignement supérieur et de la santé et du ministre de la défense.

Nouvel art. R. 632-2-2 (*Décr. n° 2021-1156 du 7 sept. 2021, art. 1er*) *I. — Peuvent participer aux examens cliniques objectifs structurés, les étudiants mentionnés au II de l'article R. 632-2 ayant obtenu à l'issue de l'une ou l'autre des sessions annuelles des épreuves dématérialisées une note supérieure ou égale à la note minimale requise pour valider le groupe de connaissances de rang A mentionnée au IV de l'article R. 632-2-1.*

II. — Les examens cliniques objectifs structurés ont pour objet de vérifier que l'étudiant a acquis un niveau de compétences suffisant dans les situations mentionnées au II de l'article R. 632-2-3 et précisées par arrêté conjoint des ministres chargés de l'enseignement supérieur et de la santé et du ministre de la défense pour être admis en troisième cycle des études de médecine et répondre aux exigences de la formation pour le futur exercice professionnel.

Les résultats obtenus à ces examens cliniques objectifs structurés constituent un des éléments du dossier de l'étudiant mentionné à l'article R. 632-2-7 déposé lors de sa participation à la procédure nationale d'appariement prévue au même article.

III. — La procédure d'inscription et le calendrier des examens cliniques objectifs structurés sont fixés par arrêté conjoint des ministres chargés de l'enseignement supérieur et de la santé et du ministre de la défense.

Nouvel art. R. 632-2-3 (Décr. n° 2021-1156 du 7 sept. 2021, art. 1er) *I. — Les examens cliniques objectifs structurés sont des épreuves nationales organisées au cours de la troisième année de deuxième cycle des études de médecine au sein des universités dans les conditions définies par arrêté conjoint des ministres chargés de l'enseignement supérieur et de la santé et du ministre de la défense.*

II. — Les examens cliniques objectifs structurés permettent d'évaluer la capacité de l'étudiant à mobiliser et à mettre en œuvre ses connaissances ainsi que ses aptitudes comportementales pour répondre à des situations cliniques contextualisées. Ces situations sont déterminées sur la base d'un référentiel national de situations précisé par arrêté conjoint des ministres chargés de l'enseignement supérieur et de la santé et du ministre de la défense.

Les examens cliniques objectifs structurés correspondent à une succession de mises en situations mises en œuvre à partir d'une liste définie nationalement.

III. — Ils donnent lieu à l'obtention d'une note qui doit atteindre une valeur minimale et constitue un des éléments du dossier mentionné à l'article R. 632-2-7 permettant de participer à la procédure nationale d'appariement mentionnée à l'article R. 632-2-1.

IV. — Les étudiants mentionnés au II de l'article R. 632-2 qui n'obtiennent pas une note supérieure ou égale à la note minimale requise ne sont pas autorisés à accéder au troisième cycle des études de médecine.

Les étudiants qui n'ont pas pu se présenter aux examens cliniques objectifs structurés pour des raisons de force majeure ou pour une raison médicale dûment justifiées, sont autorisés à renouveler leur participation à la session de ces examens organisée l'année universitaire suivante.

La succession de mises en situations, leur nature et leur durée identique, le déroulement du parcours et le nombre d'étapes composant les examens cliniques objectifs structurés, la liste des situations liées à la pratique médicale de base validée par le conseil scientifique de médecine mentionné à l'article R. 632-2-4, la valeur et les modalités de détermination de la note minimale ainsi que les conditions dans lesquelles un étudiant est autorisé à renouveler sa participation aux examens cliniques objectifs structurés sont fixés par arrêté conjoint des ministres chargés de l'enseignement supérieur et de la santé et du ministre de la défense.

Nouvel art. R. 632-2-4 (Décr. n° 2021-1156 du 7 sept. 2021, art. 1er) *Le conseil scientifique de médecine, placé auprès du ministre chargé de l'enseignement supérieur, prépare et vérifie les sujets des épreuves dématérialisées mentionnées à l'article R. 632-2-1.*

Il sélectionne les situations cliniques qui figurent dans les parcours des examens cliniques objectifs structurés mentionnés à l'article R. 632-2-3. Il prépare et vérifie les sujets des épreuves des concours mentionnés au second alinéa de l'article R. 632-61 et à l'article R. 632-64.

Il définit et élabore une grille standardisée permettant l'évaluation de chaque étudiant aux examens cliniques objectifs structurés.

Il est composé de personnels enseignants et hospitaliers titulaires appartenant aux collèges électoraux des sections et sous-sections médicales du Conseil national des universités.

Un arrêté conjoint des ministres chargés de l'enseignement supérieur et de la santé et du ministre de la défense précise la composition du conseil scientifique de médecine, ses missions et ses modalités d'organisation et de fonctionnement.

Nouvel art. R. 632-2-5 (Décr. n° 2021-1156 du 7 sept. 2021, art. 1er) *I. — Le jury national présidant aux épreuves dématérialisées et aux examens cliniques objectifs structurés comprend des membres désignés par tirage au sort effectué dans chaque université comportant une unité de formation et de recherche (UFR) de médecine ou une composante qui assure cette formation au sens de l'article L. 713-4, parmi les personnels enseignants et hospitaliers titulaires rattachés à ces UFR ou à ces composantes et appartenant aux collèges électoraux des sections et sous-sections médicales du Conseil national des universités.*

La composition, les modalités de désignation ainsi que les conditions d'organisation et de fonctionnement du jury national présidant aux épreuves dématérialisées et aux épreuves d'évaluation des compétences sous forme d'examens cliniques objectifs structurés sont fixées par arrêté conjoint des ministres chargés de l'enseignement supérieur et de la santé et du ministre de la défense.

II. — Les examens cliniques objectifs structurés sont organisés dans chaque université sous la responsabilité d'un coordonnateur local, membre du jury national désigné par le président de ce jury et extérieur à l'université. Le coordonnateur local a pour mission d'assurer le respect par le comité d'examinateurs local de la grille standardisée d'évaluation mentionnée à l'article R. 632-2-4, de vérifier et collecter les notations attribuées par le comité et de contribuer, lors de la délibération du jury national, à l'harmonisation des notations des comités.

Chaque président d'université mentionné au premier alinéa du I désigne, dans des conditions définies par arrêté conjoint des ministres chargés de l'enseignement supérieur et de la santé et du ministre de la défense, un nombre de personnes, fixé par le même arrêté, appelées à siéger dans les comités d'examinateurs locaux parmi les personnels enseignants et hospitaliers titulaires rattachés à ces UFR ou à ces composantes et appartenant aux collèges électoraux des sections et sous-sections médicales du Conseil national des universités. Chaque comité d'examinateurs comprend des membres d'au moins deux universités différentes de celle auprès de laquelle ce comité est placé. La composition du comité d'examinateurs doit permettre que l'évaluation de l'étudiant lors de chacune des mises en situations mentionnées à l'article R. 632-2-3 soit effectuée au moins pour moitié par des membres extérieurs à l'université auprès de laquelle ce comité est placé.

La composition ainsi que les conditions d'organisation et de fonctionnement des comités d'examinateurs sont fixées par arrêté conjoint des ministres chargés de l'enseignement supérieur et de la santé et du ministre de la défense.

Nouvel art. R. 632-2-6 (Décr. n° 2021-1156 du 7 sept. 2021, art. 1er) *En fonction de la situation de la démographie médicale dans les différentes spécialités, des besoins de santé des territoires et des besoins prévisionnels du système de santé ainsi que des capacités de formation en stage et hors stage, les ministres chargés de l'enseignement supérieur et de la santé fixent, chaque année, par arrêté :*

1° Le nombre d'étudiants de troisième cycle des études de médecine susceptibles d'être affectés par spécialité et par subdivision territoriale au titre de l'année universitaire suivante ;

2° La liste mentionnée au quatrième alinéa de l'article L. 632-6 établie par spécialité et par subdivision territoriale.

Nouvel art. R. 632-2-7 (Décr. n° 2021-1156 du 7 sept. 2021, art. 1er) *I. — L'affectation dans une spécialité et une subdivision territoriale des étudiants ayant validé le deuxième cycle des études de médecine en France ou des étudiants ayant validé une formation médicale de base au sens de l'article 24 de la directive 2005/36/ CE du Parlement européen et du Conseil du 7 septembre 2005 relative à la reconnaissance des qualifications professionnelles dans un État membre de l'Union européenne, un État partie à l'accord sur l'Espace économique européen, la Confédération suisse ou la Principauté d'Andorre et, ayant obtenu les notes minimales mentionnées aux articles R. 632-2-1 et R. 632-2-3, est effectuée après une procédure nationale d'appariement dématérialisée.*

Les modalités de recueil des éléments permettant de constituer le dossier d'appariement des étudiants mentionnés au II du présent article sont fixées par arrêté conjoint des ministres chargés de l'enseignement supérieur et de la santé.

II. — Les vœux des étudiants portent sur des spécialités et des subdivisions territoriales. Ces vœux sont accompagnés des éléments constitutifs du dossier d'appariement. Ce dossier comprend les notes obtenues aux épreuves dématérialisées et aux examens cliniques objectifs structurés, ainsi que les points de valorisation attribués respectivement au parcours de formation et au projet professionnel de l'étudiant.

Les résultats obtenus aux épreuves dématérialisées et aux examens cliniques objectifs structurés se voient appliquer une pondération différente en fonction des vœux de spécialités de l'étudiant. Cette pondération permet de l'orienter vers une spécialité en adéquation avec les compétences acquises, ses aptitudes pour cette spécialité ou un groupe de spécialités et les vœux de spécialités formulés. La pondération affectée aux examens cliniques objectifs structurés ne peut être inférieure à 30 % de la note globale. L'affectation par spécialité et par subdivision territoriale prend en compte, le cas échéant, la situation de handicap de l'étudiant et les besoins particuliers liés à cette situation.

Les modalités d'organisation et le calendrier de la procédure nationale d'appariement, les modalités d'expression des vœux, les pondérations respectives attribuées aux épreuves dématérialisées, aux examens cliniques objectifs structurés, au parcours de formation et au projet professionnel, les coefficients de pondération des résultats obtenus aux épreuves dématérialisées et aux examens cliniques objectifs structurés en fonction des vœux de spécialités, les conditions d'attribution des points de valorisation du parcours de formation et du projet professionnel de l'étudiant et, le cas échéant, les modalités de prise en compte de sa situation de handicap, les modalités de recueil standardisé des notes et des points de valorisation par chaque université et leur transmission au jury mentionné à l'article R. 632-2-5 en vue de la mise en œuvre du classement et de la procédure nationale d'appariement sont fixés par arrêté conjoint des ministres chargés de l'enseignement supérieur et de la santé et du ministre de la défense.

Nouvel art. R. 632-2-8 (*Décr. n° 2021-1156 du 7 sept. 2021, art. 1er*) *Les affectations dans une spécialité et dans une subdivision territoriale à l'issue de la procédure nationale d'appariement sont prononcées par arrêté du directeur général du Centre national de gestion des praticiens hospitaliers et des personnels de la fonction publique hospitalière publié au Journal officiel de la République française.*

Nouvel art. R. 632-2-9 (*Décr. n° 2021-1156 du 7 sept. 2021, art. 1er*) *Si, lors de la procédure nationale d'appariement, l'étudiant est dans l'impossibilité de formuler ses vœux pour des raisons de force majeure ou pour une raison médicale dûment justifiées, il participe à la procédure nationale d'appariement organisée au titre de l'année universitaire suivante, selon des modalités fixées par arrêté conjoint des ministres chargés de l'enseignement supérieur et de la santé et du ministre de la défense.*

Nouvel art. R. 632-2-10 (*Décr. n° 2021-1156 du 7 sept. 2021, art. 1er*) *Un étudiant qui s'est présenté aux épreuves mentionnées à l'article R. 632-2 peut demander, à titre dérogatoire et exceptionnel et pour des motifs sérieux dûment justifiés, à renoncer à la procédure nationale d'appariement prévue à l'article R. 632-2-7 et à se présenter une seconde fois à ces épreuves l'année universitaire suivante. Il adresse sa demande avant ladite procédure à cette fin au directeur de l'UFR. Une commission réunie par le directeur de l'UFR statue sur l'ensemble des demandes et les classe par ordre de priorité. Elle se prononce également sur les formations en stage auxquelles le candidat participe et sur la formation hors stage qu'il est autorisé à suivre en tant qu'auditeur, au sens de l'article L. 8111, en vue de cette seconde et dernière tentative. La composition et les modalités de fonctionnement de cette commission, ainsi que le nombre maximum d'étudiants par UFR susceptibles de bénéficier d'une dérogation, sont fixés par arrêté conjoint des ministres chargés de l'enseignement supérieur et de la santé et du ministre de la défense.*

Les éléments constitutifs du dossier mentionné à l'article R. 632-2-7 et les résultats obtenus à l'issue de la seconde présentation aux épreuves se substituent à ceux obtenus à l'issue de la première présentation.

SOUS-SECTION 2 L'INSCRIPTION À LA SPÉCIALITÉ

Art. R. 632-10 Après l'affectation mentionnée au dernier alinéa de l'article R. 632-7, l'étudiant s'inscrit à l'université liée par convention à son centre hospitalier universitaire (CHU) de rattachement et comportant une unité de formation et de recherche (UFR) de médecine.

Cette inscription lui confère le statut d'étudiant de troisième cycle des études de médecine.

L'étudiant relève pour sa formation de l'UFR où il prend son inscription annuelle.

Nouvel art. R. 632-10 (*Décr. n° 2016-1597 du 25 nov. 2016, art. 1er*) *Après l'affectation mentionnée au* (*Décr. n° 2021-1156 du 7 sept. 2021, art. 2*) *« premier alinéa de l'article R. 632-2-7 », l'étudiant s'inscrit à l'université liée par convention à son centre hospitalier universitaire (CHU) de rattachement et comportant une unité de formation et de recherche (UFR) de médecine.*

Cette inscription lui confère le statut d'étudiant de troisième cycle des études de médecine.

L'étudiant relève pour sa formation de l'UFR où il prend son inscription annuelle.

Sur l'application du nouvel art., V. ndlr ss. l'intitulé de la sous-section 1 de la section III du chapitre II du titre III du livre VI.

Art. R. 632-11 En application du sixième alinéa de l'article L. 632-2, les étudiants de troisième cycle des études de médecine, non signataires d'un contrat d'engagement de service public au moment de la procédure nationale de choix mentionnée à l'article R. 632-7, peuvent demander au plus tard au cours du deuxième semestre de la phase 2 dite d'approfondissement, définie à l'article R. 632-20, à changer de spécialité dans la subdivision dans laquelle ils ont été affectés à l'issue de cette procédure. Cette possibilité ne s'exerce qu'une seule fois.

Les étudiants de troisième cycle des études de médecine, signataires au moment de la procédure nationale de choix mentionnée à l'article R. 632-7 d'un contrat d'engage-

ment de service public, peuvent demander au plus tard au cours du deuxième semestre de la phase 2, à changer de spécialité au sein de la subdivision dans laquelle ils ont été affectés à l'issue de cette procédure, vers les spécialités offertes sur la liste visée au 3° de l'article R. 632-6 et établie au titre de l'année universitaire durant laquelle ils ont été affectés. Cette possibilité ne s'exerce qu'une seule fois.

(Décr. n° 2020-1057 du 14 août 2020, art. 1er) **« Les changements de subdivision ne sont pas autorisés, sauf en cas de motif impérieux dûment justifié par l'étudiant.**

« Les modalités d'application du présent article sont définies par arrêté des ministres chargés de l'enseignement supérieur et de la santé. »

Nouvel art. R. 632-11 *(Décr. n° 2016-1597 du 25 nov. 2016, art. 1er) **En application du** (Décr. n° 2021-1156 du 7 sept. 2021, art. 2) **« III de l'article L. 632-2 », les étudiants de troisième cycle des études de médecine, non signataires d'un contrat d'engagement de service public au moment de** (Décr. n° 2021-1156 du 7 sept. 2021, art. 2) **« la procédure nationale d'appariement mentionnée à l'article R. 632-2-7 », peuvent demander au plus tard au cours du deuxième semestre de la phase 2 dite d'approfondissement, définie à l'article R. 632-20, à changer de spécialité dans la subdivision dans laquelle ils ont été affectés à l'issue de cette procédure. Cette possibilité ne s'exerce qu'une seule fois.***

Les étudiants de troisième cycle des études de médecine, signataires au moment de** (Décr. n° 2021-1156 du 7 sept. 2021, art. 2) **« la procédure nationale d'appariement mentionnée à l'article R. 632-2-7 » d'un contrat d'engagement de service public, peuvent demander au plus tard au cours du deuxième semestre de la phase 2, à changer de spécialité au sein de la subdivision dans laquelle ils ont été affectés à l'issue de cette procédure, vers les spécialités offertes sur la liste visée au** (Décr. n° 2021-1156 du 7 sept. 2021, art. 2) **« 2° de l'article R. 632-2-6 » et établie au titre de l'année universitaire durant laquelle ils ont été affectés. Cette possibilité ne s'exerce qu'une seule fois.

*(Décr. n° 2020-1057 du 14 août 2020, art. 1er) **« Les changements de subdivision ne sont pas autorisés, sauf en cas de motif impérieux dûment justifié par l'étudiant.***

« Les modalités d'application du présent article sont définies par arrêté des ministres chargés de l'enseignement supérieur et de la santé. »

Sur l'application du nouvel art., V. ndlr ss. l'intitulé de la sous-section 1 de la section III du chapitre II du titre III du livre VI.

SOUS-SECTION 3 L'ORGANISATION GÉOGRAPHIQUE DE LA FORMATION DU TROISIÈME CYCLE DES ÉTUDES DE MÉDECINE

Art. R. 632-12 **Le troisième cycle des études de médecine est organisé dans des circonscriptions géographiques dénommées "régions". Chaque région comprend une ou plusieurs subdivisions qui constituent un espace géographique comportant un ou plusieurs centres hospitaliers universitaires (CHU).**

La liste des régions et des subdivisions est arrêtée par les ministres chargés de la santé et de l'enseignement supérieur.

La subdivision de l'océan Indien comprend le département de La Réunion et le département de Mayotte. Elle est rattachée au CHU de La Réunion et à un ou plusieurs CHU métropolitains dans des conditions définies par arrêté des ministres chargés de l'enseignement supérieur, de la santé et des outre-mer.

Art. R. 632-13 **Il est institué pour chaque spécialité mentionnée à l'article R. 632-17 au niveau de la région :**

1° Une commission régionale de coordination de la spécialité chargée de s'assurer du respect de la mise en œuvre de la formation.

Elle est présidée par un coordonnateur régional et comprend, notamment, les coordonnateurs locaux mentionnés à l'article R. 632-14 et des représentants étudiants. Sa composition, les modalités de désignation de ses membres ainsi que son fonctionnement sont définis par arrêté des ministres chargés de l'enseignement supérieur et de la santé.

Elle a notamment pour mission, avec l'assistance d'un département de formation créé en application de l'article L. 713-3 ou d'une commission particulière au sein de l'université, de donner des avis aux directeurs des unités de formation et de recherche (UFR) sur le déroulement des études menant à la délivrance du diplôme d'études spécialisées et du diplôme d'État de docteur en médecine mentionnés aux articles

R. 632-24 et R. 632-25. A cet effet, elle recueille les propositions relatives à l'organisation des enseignements et à l'évaluation de la formation de la spécialité concernée auprès des commissions locales de coordination de la spécialité de la région mentionnées à l'article R. 632-14 et les transmet pour avis au collège des directeurs des UFR qui les soumet au conseil des UFR concernées. Chaque conseil d'UFR délibère dans les conditions prévues à l'article L. 713-4 ;

2° Un coordonnateur régional élu parmi les coordonnateurs locaux de la spécialité et par l'ensemble des membres de la commission régionale de coordination de la spécialité.

Les missions des commissions et des coordonnateurs mentionnés aux 1° et 2° sont définies par arrêté des ministres chargés de l'enseignement supérieur et de la santé.

Art. R. 632-14 Il est institué pour chaque spécialité mentionnée à l'article R. 632-17 au niveau de la subdivision :

1° Une commission locale de coordination de la spécialité chargée de s'assurer du respect de la formation suivie par l'étudiant et de son accompagnement à l'appui, notamment, du contrat de formation mentionné à l'article R. 632-26.

Elle assure la coordination des enseignements et le contrôle des connaissances avec le collège des directeurs des unités de formation et de recherche (UFR) qui comprend, le cas échéant, le collège des directeurs d'UFR de pharmacie.

Elle élabore des propositions relatives à l'organisation des enseignements et à l'évaluation de la formation de la spécialité concernée et les transmet à la commission régionale de coordination de la spécialité mentionnée à l'article R. 632-13.

Elle est présidée par un coordonnateur local et comprend, notamment, des représentants étudiants. Sa composition, les modalités de désignation de ses membres ainsi que son fonctionnement sont définis par arrêté des ministres chargés de l'enseignement supérieur et de la santé ;

2° Un coordonnateur local dont la désignation et les missions sont définies par arrêté des ministres chargés de l'enseignement supérieur et de la santé.

Les missions des commissions et des coordonnateurs mentionnés aux 1° et 2° sont définies par arrêté des ministres chargés de l'enseignement supérieur et de la santé.

Art. R. 632-15 En cas de différends ou de difficultés rencontrés au cours de la formation, la commission régionale peut être saisie par le coordonnateur local, le directeur de l'unité de formation et de recherche (UFR) ou l'étudiant concerné. La commission régionale réexamine la situation en cause.

Art. R. 632-16 Les dispositions des articles R. 632-13, R. 632-14 et R. 632-15 ne sont pas applicables aux spécialités communes à la médecine et à l'odontologie.

SOUS-SECTION 4 L'ORGANISATION PÉDAGOGIQUE DE LA FORMATION DU TROISIÈME CYCLE DES ÉTUDES DE MÉDECINE

Art. R. 632-17 La liste des disciplines et des spécialités de troisième cycle des études de médecine est fixée par arrêté des ministres chargés de l'enseignement supérieur et de la santé compte tenu des besoins de santé de la population et des progrès de la recherche.

Une discipline comporte une ou plusieurs spécialités.

Certaines spécialités peuvent être communes à la médecine et à la pharmacie ou à la médecine et à l'odontologie.

Art. R. 632-18 Les étudiants de troisième cycle des études de médecine reçoivent à temps plein une formation en stage et hors stage organisée en phases définies à l'article R. 632-20.

Pour chaque diplôme d'études spécialisées, la maquette de formation comprend, notamment, la durée de la formation, le programme des enseignements, la durée et la nature des stages à accomplir, ainsi que les compétences et les connaissances à acquérir.

Pour les spécialités communes à la médecine et à l'odontologie, ces modalités pédagogiques sont précisées par arrêté pris en application de l'article R. 634-11.

Art. R. 632-19 Nul ne peut poursuivre le troisième cycle des études de médecine dès lors qu'il n'a pas validé *(Décr. n° 2019-1331 du 9 déc. 2019, art. 1er)* « chacune des phases prévues à l'article R. 632-20 composant sa formation, dans un délai correspondant à deux fois la durée réglementaire de chacune de ces phases prévue dans la maquette de formation suivie ».

Le délai mentionné à l'alinéa précédent est allongé de la durée des congés prévus aux 2° et 3° de l'article R. 632-32, de la durée de l'année de recherche prévue à l'article R. 632-42 et de la durée d'une thèse de doctorat mentionnée au 2° de l'article R. 6153-26 du code de la santé publique, les cas échéants.

Toutefois une dérogation exceptionnelle, en raison de la situation particulière de l'étudiant de troisième cycle des études de médecine, peut être accordée par le président de l'université sur proposition du directeur de l'unité de formation et de recherche.

Art. R. 632-20 La durée du troisième cycle des études de médecine est comprise entre trois et six ans. Elle est fixée, pour chaque spécialité, par les maquettes de formation définies par arrêté des ministres chargés de l'enseignement supérieur et de la santé et du ministre de la défense.

Le troisième cycle est organisé en trois phases à l'exception des spécialités dont la durée est de trois ans et qui comprennent deux phases, les phases 1 et 2. Chaque phase comprend une formation en stage et une formation hors stage.

La phase 1 dite phase socle correspond à l'acquisition des connaissances de base de la spécialité et des compétences transversales nécessaires à l'exercice de la profession.

La phase 2 dite phase d'approfondissement correspond à l'acquisition approfondie des connaissances et des compétences nécessaires à l'exercice de la spécialité suivie.

La phase 3 dite phase de consolidation correspond à la consolidation de l'ensemble des connaissances et des compétences professionnelles nécessaires à l'exercice de la spécialité.

Les durées des phases de formation sont définies par arrêté des ministres chargés de l'enseignement supérieur et de la santé et du ministre de la défense.

L'ensemble des connaissances et des compétences acquises, nécessaires à l'exercice de la spécialité suivie est mentionné dans le cadre du contrat de formation défini à l'article R. 632-26.

Art. R. 632-21 Les étudiants de troisième cycle des études de médecine peuvent être autorisés à suivre une option qui permet l'acquisition de compétences particulières au sein de la spécialité suivie.

L'option ouvre droit à un exercice complémentaire de cette surspécialité au sein de la spécialité, selon des modalités définies par arrêté du ministre chargé de la santé.

Un arrêté des ministres chargés de l'enseignement supérieur et de la santé fixe les modalités d'accès à une option.

Un arrêté des ministres chargés de l'enseignement supérieur et de la santé fixe chaque année, par centre hospitalier universitaire, le nombre d'étudiants de troisième cycle des études de médecine, autorisés à suivre une option.

Art. R. 632-22 Les étudiants de troisième cycle des études de médecine peuvent être autorisés à suivre une formation spécialisée transversale qui est une option commune à plusieurs spécialités.

La formation spécialisée transversale ouvre droit à un exercice complémentaire d'une surspécialité au sein de la spécialité suivie, selon des modalités définies par arrêté du ministre chargé de la santé.

Un arrêté des ministres chargés de l'enseignement supérieur et de la santé fixe les modalités d'accès à une formation spécialisée transversale dans le cadre de la spécialité suivie.

Un arrêté des ministres chargés de l'enseignement supérieur et de la santé fixe chaque année, par centre hospitalier universitaire, le nombre d'étudiants de troisième cycle des études de médecine, autorisés à suivre une formation spécialisée transversale.

Art. R. 632-23 La thèse nécessaire à l'obtention du diplôme d'État de docteur en médecine mentionné à l'article R. 632-24 se réfère à la spécialité suivie et porte sur un travail de recherche. Elle est soutenue devant un jury dont la composition est définie par arrêté des ministres chargés de l'enseignement supérieur et de la santé et du ministre de la défense.

Pour les spécialités dont la durée de la formation est supérieure à trois ans, la thèse est soutenue avant la fin de la phase 2. Pour les spécialités dont la durée de formation est de trois ans, la thèse peut être soutenue avant la fin de la phase 2 et au plus tard trois ans après la validation de la dernière phase et dans le délai défini à l'article R. 632-19.

Si la thèse n'a pu être soutenue dans les délais impartis, une dérogation exceptionnelle peut être accordée par le président de l'université sur proposition du directeur de l'UFR, pour un motif dûment justifié par l'étudiant.

Art. R. 632-24 Le diplôme d'État de docteur en médecine mentionné à l'article L. 632-4 est délivré, par les universités accréditées à cet effet, aux étudiants ayant soutenu avec succès la thèse mentionnée à l'article R. 632-23.

Les ressortissants d'un des États mentionnés à l'article R. 632-1, ayant validé en France le deuxième cycle des études médicales et inscrits dans un de ces États dans une formation médicale spécialisée mentionnée à l'article 25 de la directive 2005/36/CE modifiée du Parlement européen et du Conseil de l'Europe du 7 septembre 2005 relative à la reconnaissance des qualification professionnelles, peuvent se voir délivrer le diplôme d'État de docteur en médecine après avoir obtenu le titre de médecin spécialiste mentionné à l'article 26 de cette même directive et soutenu avec succès leur thèse, dans les conditions définies à l'article R. 632-23.

Nouvel art. R. 632-24 *(Décr. n° 2016-1597 du 25 nov. 2016, art. 1er)* ***Le diplôme d'État de docteur en médecine mentionné à l'article L. 632-4 est délivré, par les universités accréditées à cet effet, aux étudiants ayant soutenu avec succès la thèse mentionnée à l'article R. 632-23.***

Les ressortissants d'un des États mentionnés *(Décr. n° 2021-1156 du 7 sept. 2021, art. 2)* ***« au II de l'article R. 632-2 », ayant validé en France le deuxième cycle des études médicales et inscrits dans un de ces États dans une formation médicale spécialisée mentionnée à l'article 25 de la directive 2005/36/CE modifiée du Parlement européen et du Conseil de l'Europe du 7 septembre 2005 relative à la reconnaissance des qualification professionnelles, peuvent se voir délivrer le diplôme d'État de docteur en médecine après avoir obtenu le titre de médecin spécialiste mentionné à l'article 26 de cette même directive et soutenu avec succès leur thèse, dans les conditions définies à l'article R. 632-23.***

Sur l'application du nouvel art., V. ndlr ss. l'intitulé de la sous-section 1 de la section III du chapitre II du titre III du livre VI.

Art. R. 632-25 La formation de troisième cycle des études de médecine est organisée sous la responsabilité de l'unité de formation et de recherche de l'université auprès de laquelle l'étudiant est inscrit.

Elle conduit à la délivrance, par les universités accréditées à cet effet, d'un diplôme d'études spécialisées mentionnant la spécialité dans laquelle son titulaire est qualifié.

Le diplôme d'études spécialisées est délivré aux étudiants ayant validé l'ensemble de la formation de la spécialité suivie conformément à la maquette de formation prévue au dernier alinéa.

Un arrêté des ministres chargés de l'enseignement supérieur et de la santé et du ministre de la défense fixe les modalités d'organisation et de validation des acquisitions des connaissances et des compétences en vue de l'obtention du diplôme d'études spécialisées et précise les maquettes de formation pour chaque spécialité.

SOUS-SECTION 5 LES MODALITÉS DE LA FORMATION DU TROISIÈME CYCLE DES ÉTUDES DE MÉDECINE

Art. R. 632-26 Chaque étudiant de troisième cycle des études de médecine conclut un contrat de formation *(Décr. n° 2019-1331 du 9 déc. 2019, art. 1er)* « au cours » de la phase 1, dite phase socle définie à l'article R. 632-20.

Ce contrat définit les objectifs pédagogiques et le parcours de formation suivi au sein de la spécialité. Il peut faire l'objet d'évolutions, notamment pour y inclure une option ou une formation spécialisée transversale que l'étudiant est autorisé à suivre et le cas échéant, le parcours recherche dans lequel il est engagé.

Il est établi entre l'étudiant de troisième cycle des études de médecine, le directeur de l'unité de formation et de recherche de médecine et la commission locale de coordination de la spécialité définie à l'article R. 632-14.

Un arrêté des ministres chargés de l'enseignement supérieur et de la santé et du ministre de la défense fixe les modalités d'élaboration et de suivi du contrat de formation et en définit un modèle type.

Art. R. 632-27 La formation en stage est accomplie en milieu hospitalier ou extra-hospitalier, dans des lieux de stages agréés conformément aux dispositions des articles R. 632-28 et R. 632-30 au sein de structures ou auprès de praticiens liés par convention avec un centre hospitalier universitaire (CHU).

Les stages peuvent être accomplis :

1° Dans des CHU ;

2° Dans d'autres établissements de santé, publics ou privés, ou des hôpitaux des armées ;

3° Auprès de praticiens agréés-maîtres de stage des universités exerçant en centre de santé, en cabinet libéral, en maison de santé ou au sein d'un centre médical du service de santé des armées ;

4° Au sein, notamment, d'organismes extrahospitaliers, de laboratoires de recherche, de structures de soins alternatives à l'hospitalisation, de centres de protection maternelle et infantile, d'associations, d'administrations, d'établissements publics, d'entreprises.

L'étudiant de troisième cycle des études de médecine en stage est placé sous l'autorité du responsable médical du lieu de stage agréé dans lequel il est affecté ou du praticien agréé-maître de stage des universités.

Un arrêté des ministres chargés de l'enseignement supérieur et de la santé et le cas échéant, du ministre de la défense, précise les conditions d'organisation de ces stages et le contenu des conventions prévues aux alinéas précédents.

Art. R. 632-28 Les lieux de stages ou les praticiens maîtres de stage des universités mentionnés à l'article R. 632-27 sont agréés au titre d'une ou de plusieurs spécialités mentionnées à l'article R. 632-17 *(Décr. nº 2019-1331 du 9 déc. 2019, art. 1er)* « ou au titre d'une ou de plusieurs options ou formations spécialisées transversales mentionnées aux articles R. 632-21 et R. 632-22 ».

Les agréments sont délivrés au titre d'une ou de plusieurs phases mentionnées à l'article R. 632-20.

Art. R. 632-28-1 *(Décr. nº 2020-951 du 30 juill. 2020, art. 1er)* L'agrément d'un praticien comme maître de stage des universités pour l'accueil en stage des étudiants de troisième cycle des études de médecine, tel que prévu par les maquettes de formation, atteste des compétences de formateur du praticien dans les spécialités pour lesquelles il est accordé.

Pour être agréé à l'accueil d'un étudiant de troisième cycle des études de médecine, le praticien-maître de stage des universités doit :

1° Attester avoir suivi une formation à l'accueil, à l'encadrement et à l'évaluation d'un étudiant ;

2° Proposer des activités médicales adaptées à chaque phase de formation mentionnée à l'article R. 632-20, le cas échéant à chaque option mentionnée à l'article R. 632-21 ou formation spécialisée transversale mentionnée à l'article R. 632-22 ;

3° Justifier d'un niveau d'encadrement et des moyens pédagogiques mis en œuvre pour assurer la qualité de la formation dispensée.

Art. R. 632-28-2 *(Décr. nº 2020-951 du 30 juill. 2020, art. 1er)* La formation à l'accueil, à l'encadrement et à l'évaluation d'un étudiant mentionnée à l'article R. 632-28-1 est suivie par le praticien-maître de stage des universités auprès d'une université ou auprès d'un organisme habilité.

Les objectifs pédagogiques de cette formation sont fixés par arrêté des ministres chargés de la santé et de l'enseignement supérieur et du ministre de la défense.

Est considéré comme organisme habilité toute structure, enregistrée auprès de l'Agence nationale de développement professionnel continu mentionnée à l'article L. 4021-6 du code de la santé publique, délivrant la formation à la maîtrise de stage.

Art. R. 632-28-3 *(Décr. nº 2020-951 du 30 juill. 2020, art. 1er)* L'agrément est délivré par le directeur général de l'agence régionale de santé après avis de la commission de subdivision mentionnée à l'article R. 632-30 qui formule des propositions dans sa formation réunie en vue de l'agrément. L'agrément peut être refusé, suspendu ou retiré si le praticien ne remplit pas ou plus les conditions définies aux articles R. 632-28-1 et R. 632-28-2.

Art. R. 632-28-4 *(Décr. n° 2020-951 du 30 juill. 2020, art. 1er)* La durée de l'agrément, qui ne peut être supérieure à cinq ans, ainsi que la composition du dossier de demande ou de renouvellement d'un agrément sont déterminées par arrêté des ministres chargés de la santé et de l'enseignement supérieur et du ministre de la défense. Ce même arrêté prévoit les modalités d'examen, de refus, de suspension, de retrait, de renouvellement et de réexamen de l'agrément.

Art. R. 632-29 Les stages, mentionnés à l'article R. 632-27, accomplis par les étudiants de troisième cycle des études de médecine sont d'une durée d'un semestre chacun, à l'exception de ceux de la phase 3 qui sont annuels, sauf dispositions particulières prévues par les maquettes de formation.

Art. R. 632-30 I. — Il est institué, dans chaque subdivision, deux commissions :

1° Une commission d'évaluation des besoins de formation ;

2° Une commission de subdivision qui se réunit en deux formations : une formation en vue de l'agrément et une formation en vue de la répartition.

Les missions de ces commissions, leur composition, la procédure de désignation de leurs membres et la durée de leurs fonctions sont fixées par arrêté des ministres chargés de la santé et de l'enseignement supérieur et du ministre de la défense.

II. — La commission d'évaluation des besoins de formation est chargée de donner un avis au directeur général de l'agence régionale de santé sur le nombre minimum de lieux de stage agréés et de praticiens agréés-maîtres de stage des universités nécessaire chaque semestre, pour chacune des phases mentionnées à l'article R. 632-20, par discipline et par spécialité, compte tenu du nombre d'étudiants de troisième cycle des études de médecine à former.

La liste des lieux de stage agréés et des praticiens agréés-maîtres de stage des universités est arrêtée dans chaque subdivision par le directeur général de l'agence régionale de santé après avis de la commission de subdivision qui formule ses propositions dans sa formation réunie en vue de l'agrément.

Les modalités d'agrément sont déterminées par arrêté des ministres chargés de l'enseignement supérieur et de la santé.

Pour les spécialités communes à la médecine et à l'odontologie, les modalités d'agrément des lieux de stages ou des praticiens-maîtres de stage sont fixées par le décret n° 2011-957 du 10 août 2011 relatif à la commission d'interrégion du troisième cycle long des études odontologiques et aux modalités d'agrément des stages.

III. — La commission de subdivision, dans sa formation réunie en vue de la répartition, formule chaque semestre, des propositions de lieux de stage agréés et de stages auprès de praticiens agréés-maîtres de stage des universités à ouvrir au choix en vue de l'affectation en stage des étudiants de troisième cycle des études de médecine. Ses propositions sont formulées au plus tard une semaine avant la date d'ouverture de la procédure de choix mentionnée à l'article R. 632-7, à l'exception de la formation commune à la médecine et à l'odontologie.

La liste des lieux de stage agréés et des praticiens agréés-maîtres de stage des universités proposés pour l'affectation en stage des étudiants de troisième cycle des études de médecine est arrêtée chaque semestre par subdivision par le directeur général de l'agence régionale de santé, après avis de la commission de subdivision dans sa formation en vue de la répartition.

Pour les formations communes à la médecine *[et]* à l'odontologie *[,]* la liste des lieux de stage agréés et des praticiens agréés-maîtres de stage des universités pour les formations en stage, ainsi que les modalités de répartition des postes d'internes sont fixées par arrêté pris en application de l'article R. 634-15 pour les spécialités communes à la médecine et à l'odontologie.

IV. — Lorsque le choix des postes en médecine s'effectue au sein de la région comprenant la Provence-Alpes-Côte d'Azur-Corse et de la région comprenant les Antilles-Guyane, les attributions confiées par la présente section aux directeurs généraux des agences régionales de santé sont exercées conjointement par le directeur général de l'agence régionale de santé Provence-Alpes-Côte d'Azur et par le directeur général de l'agence régionale de santé de la région comprenant la Corse, d'une part, et par les directeurs généraux de l'agence de santé de Guadeloupe, Saint-Barthélemy et Saint-Martin et des agences régionales de santé de la Guyane et de la Martinique, d'autre part.

Nouvel art. R. 632-30 *(Décr. n° 2016-1597 du 25 nov. 2016, art. 1er) I. — Il est institué, dans chaque subdivision, deux commissions :*

1° Une commission d'évaluation des besoins de formation ;

2° Une commission de subdivision qui se réunit en deux formations : une formation en vue de l'agrément et une formation en vue de la répartition.

Les missions de ces commissions, leur composition, la procédure de désignation de leurs membres et la durée de leurs fonctions sont fixées par arrêté des ministres chargés de la santé et de l'enseignement supérieur et du ministre de la défense.

II. — La commission d'évaluation des besoins de formation est chargée de donner un avis au directeur général de l'agence régionale de santé sur le nombre minimum de lieux de stage agréés et de praticiens agréés-maîtres de stage des universités nécessaire chaque semestre, pour chacune des phases mentionnées à l'article R. 632-20, par discipline et par spécialité, compte tenu du nombre d'étudiants de troisième cycle des études de médecine à former.

La liste des lieux de stage agréés et des praticiens agréés-maîtres de stage des universités est arrêtée dans chaque subdivision par le directeur général de l'agence régionale de santé après avis de la commission de subdivision qui formule ses propositions dans sa formation réunie en vue de l'agrément.

Les modalités d'agrément sont déterminées par arrêté des ministres chargés de l'enseignement supérieur et de la santé.

Pour les spécialités communes à la médecine et à l'odontologie, les modalités d'agrément des lieux de stages ou des praticiens-maîtres de stage sont fixées par le décret n° 2011-957 du 10 août 2011 relatif à la commission d'interrégion du troisième cycle long des études odontologiques et aux modalités d'agrément des stages.

III. — La commission de subdivision, dans sa formation réunie en vue de la répartition, formule chaque semestre, des propositions de lieux de stage agréés et de stages auprès de praticiens agréés-maîtres de stage des universités à ouvrir au choix en vue de l'affectation en stage des étudiants de troisième cycle des études de médecine. Ses propositions sont formulées au plus tard une semaine avant la date d'ouverture de la procédure de choix mentionnée (Décr. n° 2021-1156 du 7 sept. 2021, art. 2) « à l'article R. 632-31 », à l'exception de la formation commune à la médecine et à l'odontologie.

La liste des lieux de stage agréés et des praticiens agréés-maîtres de stage des universités proposés pour l'affectation en stage des étudiants de troisième cycle des études de médecine est arrêtée chaque semestre par subdivision par le directeur général de l'agence régionale de santé, après avis de la commission de subdivision dans sa formation en vue de la répartition.

Pour les formations communes à la médecine et à l'odontologie, la liste des lieux de stage agréés et des praticiens agréés-maîtres de stage des universités pour les formations en stage, ainsi que les modalités de répartition des postes d'internes sont fixées par arrêté pris en application de l'article R. 634-15 pour les spécialités communes à la médecine et à l'odontologie.

IV. — Lorsque le choix des postes en médecine s'effectue au sein de la région comprenant la Provence-Alpes-Côte d'Azur-Corse et de la région comprenant les Antilles-Guyane, les attributions confiées par la présente section aux directeurs généraux des agences régionales de santé sont exercées conjointement par le directeur général de l'agence régionale de santé Provence-Alpes-Côte d'Azur et par le directeur général de l'agence régionale de santé de la région comprenant la Corse, d'une part, et par les directeurs généraux de l'agence de santé de Guadeloupe, Saint-Barthélemy et Saint-Martin et des agences régionales de santé de la Guyane et de la Martinique, d'autre part.

Sur l'application du nouvel art., V. ndlr ss. l'intitulé de la sous-section 1 de la section III du chapitre II du titre III du livre VI.

Art. R. 632-31 Le choix des stages est organisé dans le cadre de chaque subdivision *(Décr. n° 2019-1331 du 9 déc. 2019, art. 1er)* « pour les phases socle et d'approfondissement et dans le cadre de chaque région mentionnée à l'article R. 632-12 pour la phase de consolidation, » par le directeur général de l'agence régionale de santé, selon des modalités précisées par arrêté des ministres chargés de l'enseignement supérieur et de la santé.

Les affectations en stage sont prononcées par arrêté du directeur général de l'agence régionale de la santé.

Les étudiants de troisième cycle des études de médecine qui ne participent pas à un choix des postes en raison de l'interruption de leur formation pour un motif autre que la mise en disponibilité prévue à l'article R. 6153-26 du code de la santé publique et dûment justifié auprès du directeur général de l'agence régionale de santé et du directeur de leur unité de formation et de recherche médicale d'inscription sont, à leur demande, affectés en stage, dans l'attente du choix suivant. Ils accomplissent leur stage en surnombre sur un poste agréé de leur subdivision, proposé au choix et auquel ils auraient eu accès au regard de leur ancienneté de fonctions validées et de leur rang de classement. Ce poste est arrêté par le directeur général de l'agence régionale de santé en lien avec le directeur de leur unité de formation et de recherche.

Art. R. 632-32 *(Décr. n° 2019-1331 du 9 déc. 2019, art. 1er)* « I. – » Les stages non validés sont pris en compte dans le calcul de l'ancienneté lorsque le motif d'invalidation est lié à l'une des situations suivantes :

1° État de grossesse ;

2° Congé de maternité *(Décr. n° 2019-1331 du 9 déc. 2019, art. 1er)* « , congé d'adoption et congé de paternité et d'accueil de l'enfant » ;

3° Affection pouvant donner lieu à un congé de longue durée prévu à l'article R. 6153-15 du code de la santé publique ou à un congé de longue maladie prévu à l'article R. 6153-16 du même code.

Les stages non validés ne sont pas pris en compte dans les obligations de formation universitaire prévues pour chaque diplôme postulé. Dans ce cas, l'étudiant de troisième cycle des études de médecine concerné accomplit un stage complémentaire.

L'étudiant qui se trouve dans l'une des situations mentionnées aux 1°, 2° et 3° consulte, par dérogation à l'article R. 6153-7 du code de la santé publique, le service de santé au travail de son centre hospitalier universitaire de rattachement. Ce service se rapproche du service de santé au travail de l'entité où l'étudiant accomplit son stage. L'étudiant transmet au directeur général de l'agence régionale de santé dont il relève les justificatifs nécessaires dont les avis médicaux et l'avis du médecin du service de santé au travail.

(Décr. n° 2019-1331 du 9 déc. 2019, art. 1er) « II. – L'année de recherche prévue à l'article R. 632-42 » *(Décr. n° 2020-1057 du 14 août 2020, art. 1er)* « ainsi que la disponibilité prévue au 2° de l'article R. 6153-26 du code de la santé publique sont prises en compte dans le calcul de l'ancienneté dans la limite de deux années. »

Art. R. 632-33 I. – Lorsque l'étudiant de troisième cycle des études de médecine prend part à la procédure de choix de stage et qu'il est dans l'une des situations citées aux 1°, 2° et 3° *(Décr. n° 2019-1331 du 9 déc. 2019, art. 1er)* « du I » de l'article R. 632-32, il peut demander à accomplir son stage en surnombre. Dans ce cas, la validation du stage est soumise aux dispositions de l'article R. 6153-20 du code de la santé publique.

A titre alternatif, cet étudiant peut, par dérogation aux dispositions de l'alinéa précédent, opter pour un stage en surnombre choisi indépendamment de son rang de classement. Ce stage n'est pas validé quelle que soit sa durée.

Dans les cas prévus aux deux alinéas précédents, l'étudiant consulte, par dérogation à l'article R. 6153-7 du code de la santé publique, le service de santé au travail de son centre hospitalier universitaire de rattachement. Ce service se rapproche du service de santé au travail de l'entité où l'étudiant accomplit son stage. L'étudiant transmet au directeur général de l'agence régionale de santé dont il relève les justificatifs nécessaires dont les avis médicaux et l'avis du médecin du service de santé au travail.

II. – Lorsque l'étudiant de troisième cycle des études de médecine prend part à la procédure de choix de stage et qu'il présente un handicap tel que défini à l'article L. 114 du code de l'action sociale et des familles, il bénéficie d'un accompagnement prévu par décret, en vue d'un aménagement de ses conditions de travail en stage.

Cet étudiant peut demander à accomplir son stage en surnombre. Dans ce cas, la validation du stage est soumise aux dispositions de l'article R. 6153-20 du code de la santé publique.

(Décr. n° 2019-1331 du 9 déc. 2019, art. 1er) « A titre alternatif, il peut, par dérogation aux dispositions de l'alinéa précédent, opter pour un stage en surnombre choisi indépendamment de son rang de classement après accord conjoint du coordonnateur

local de la spécialité suivie et du service universitaire de médecine préventive et de promotion de la santé. Dans ce cas, la validation du stage est soumise aux dispositions de l'article R. 6153-20 du code de la santé publique. »

Pour toute demande de stage en surnombre, cet étudiant consulte, par dérogation à l'article R. 6153-7 du code de la santé publique, le service de santé au travail de son centre hospitalier universitaire de rattachement. Ce service se rapproche du service de santé au travail de l'entité où l'étudiant accomplit son stage. L'étudiant transmet au directeur général de l'agence régionale de santé dont il relève les justificatifs nécessaires dont les avis médicaux et l'avis du médecin du service de santé au travail.

III. — Lorsque, en application des dispositions des I et II du présent article, l'étudiant de troisième cycle des études de médecine demande à accomplir un stage en surnombre, il choisit à la fin de la procédure de choix tout en conservant son rang de classement.

Art. R. 632-34 Un arrêté des ministres chargés de l'enseignement supérieur et de la santé fixe les conditions dans lesquelles l'étudiant en médecine peut être autorisé :

1° A accomplir des stages dans une subdivision autre que celle dans laquelle ils ont été affectés, ou à l'étranger ;

2° A accomplir des stages dans des lieux de stage ou auprès de praticiens maîtres de stage des universités qui sont agréés au titre d'une autre spécialité.

Art. R. 632-35 Les étudiants de troisième cycle des études de médecine accomplissent des gardes dont les modalités sont définies par arrêté des ministres chargés de l'enseignement supérieur et de la santé.

Art. R. 632-36 La formation de troisième cycle des études de médecine comprend également des enseignements hors stages et hors gardes dont les modalités sont précisées dans les maquettes de formation des spécialités.

SOUS-SECTION 6 LES MODALITÉS D'ÉVALUATION DE LA FORMATION DE TROISIÈME CYCLE DES ÉTUDES DE MÉDECINE

Art. R. 632-37 L'étudiant de troisième cycle des études de médecine est évalué progressivement tout au long de sa formation, à l'issue de chaque stage ainsi qu'à l'issue de chaque phase, conformément à la maquette de formation de la spécialité suivie et des objectifs associés aux différentes phases mentionnés à l'article R. 632-20.

Les modalités d'évaluation du troisième cycle des études de médecine sont précisées par arrêté des ministres chargés de l'enseignement supérieur et de la santé et s'appuient, notamment, sur le contrat de formation défini à l'article R. 632-26.

Art. R. 632-38 Les stages font l'objet d'une validation dans des conditions fixées par arrêté des ministres chargés de l'enseignement supérieur et de la santé.

L'évaluation de la phase 1 dite socle correspond à la validation de la maîtrise des connaissances de base de la spécialité suivie ainsi que de la maîtrise des compétences transversales nécessaires à l'exercice de la profession. Elle valide la capacité de l'étudiant de troisième cycle des études de médecine à poursuivre sa formation en phase 2 dans la spécialité suivie.

L'évaluation de la phase 2 dite d'approfondissement correspond à la validation de la maîtrise des connaissances approfondies et des connaissances nécessaires à l'exercice de la spécialité suivie pour accéder à la phase 3.

L'évaluation de la phase 3 dite de consolidation correspond à la validation de la maîtrise de l'ensemble des connaissances et des compétences professionnelles nécessaires à l'exercice de la spécialité suivie.

Art. R. 632-39 La commission locale de coordination de la spécialité, mentionnée à l'article R. 632-14, vérifie que l'étudiant a acquis les connaissances et les compétences nécessaires à la validation de chaque phase telles que définies dans le contrat de formation. Il transmet son avis au directeur de l'unité de formation et de recherche qui décide de la validation de la phase. Si la phase est validée, l'étudiant accède à la phase suivante.

Au terme de la validation de la dernière phase prévue par la maquette de formation, telle que définie à l'article R. 632-20, la commission régionale de coordination de la spécialité donne son avis sur la délivrance du diplôme d'études spécialisées selon les modalités prévues par arrêté des ministres chargés de l'enseignement supérieur et de la santé et du ministre de la défense.

SOUS-SECTION 7 LA RÉORIENTATION

Art. R. 632-40 Lorsque le coordonnateur local ou le directeur de l'unité de formation et de recherche (UFR) constate que l'étudiant n'est pas en mesure de mener à son terme la formation de la spécialité choisie, il peut saisir la commission locale de coordination de la spécialité, mentionnée à l'article R. 632-14, afin qu'elle émette un avis sur les possibilités de réorientation de l'étudiant concerné. Ce dernier peut saisir lui-même la commission locale de coordination de la spécialité.

Le directeur de l'UFR peut prendre, après avis de la commission locale et après consultation du directeur général de l'agence régionale de santé, et le cas échéant du comité médical dont relève l'étudiant, une décision de réorientation qui s'effectue dans le troisième cycle de médecine.

Art. R. 632-41 L'étudiant de troisième cycle des études de médecine qui est reconnu en situation de handicap peut demander à bénéficier d'un accompagnement prévu à l'article D. 631-22, en vue de l'accomplissement de sa formation ou en vue d'une réorientation éventuelle.

SOUS-SECTION 8 LA RECHERCHE

Art. R. 632-42 Les étudiants de troisième cycle des études de médecine peuvent bénéficier d'une année de recherche dont les modalités d'organisation ainsi que le nombre de postes proposés chaque année sont fixés par arrêté des ministres chargés de l'enseignement supérieur et de la santé.

L'année de recherche est attribuée en tenant compte de la qualité du projet de recherche présenté par l'étudiant.

Pendant le contrat d'année de recherche mentionnée à l'article R. 6153-11 du code de la santé publique, l'étudiant en année de recherche est un étudiant de troisième cycle des études de médecine.

Les stages ou les gardes accomplis au cours de l'année de recherche ne sont pas pris en compte dans les obligations de formation universitaire prévues pour l'obtention du diplôme postulé dans le cadre du troisième cycle des études de médecine.

Art. R. 632-43 L'étudiant de troisième cycle des études de médecine peut demander à préparer une formation doctorale dans une école doctorale en vue de l'obtention du diplôme national de doctorat. Si sa candidature est retenue, il peut bénéficier d'une mise en disponibilité d'une durée de trois ans, conformément à l'article R. 6153-26 du code de la santé publique.

Les gardes accomplies au cours de sa formation doctorale ne sont pas prises en compte dans les obligations de formation universitaire prévues pour l'obtention du diplôme postulé dans le cadre du troisième cycle des études de médecine.

SOUS-SECTION 9 LES DISPOSITIONS APPLICABLES AUX ÉLÈVES MÉDECINS DES ÉCOLES DU SERVICE DE SANTÉ DES ARMÉES ET AUX INTERNES DES HÔPITAUX DES ARMÉES *(Décr. n° 2021-1156 du 7 sept. 2021, art. 2).*

Pour la date d'entrée en vigueur des mots « aux élèves médecins des écoles du service de santé des armées et », V. ndlr ss. l'intitulé de la sous-section 1 de la section III du chapitre II du titre III du livre VI.

§ 1er LES DISPOSITIONS APPLICABLES AUX ÉLÈVES MÉDECINS DES ÉCOLES DU SERVICE DE SANTÉ DES ARMÉES *(Décr. n° 2021-1156 du 7 sept. 2021, art. 2).*

Pour la date d'entrée en vigueur du § 1er, V. ndlr ss. l'intitulé de la sous-section 1 de la section III du chapitre II du titre III du livre VI.

Art. R. 632-44 Les dispositions des sous-sections 1 à 7 sont applicables aux internes des hôpitaux des armées, à l'exception de celles du II de l'article R. 632-33 et de l'article R. 632-41 et sous réserve des dispositions particulières prévues à la présente sous-section.

Nouvel art. R. 632-44 *(Décr. nº 2021-1156 du 7 sept. 2021, art. 2)* ***Les dispositions de la sous-section 1 sont applicables aux élèves médecins des écoles du service de santé des armées, sous réserve des dispositions particulières prévues au présent paragraphe.***

Sur l'application du nouvel art., V. ndlr ss. l'intitulé de la sous-section 1 de la section III du chapitre II du titre III du livre VI.

Art. R. 632-44-1 *(Décr. nº 2021-1156 du 7 sept. 2021, art. 2)* **I. — Dans le cadre de la procédure nationale d'appariement mentionnée à l'article R. 632-2-7, les élèves médecins des écoles du service de santé des armées classent par ordre de préférence l'ensemble des spécialités et subdivisions territoriales figurant sur la liste prévue à l'article L. 632-3.**

II. — Pour ces élèves, la procédure nationale d'appariement est mise en œuvre par une commission dont les règles de composition sont prévues par arrêté conjoint des ministres chargés de l'enseignement supérieur et de la santé et du ministre de la défense.

Au vu des résultats pondérés obtenus aux épreuves dématérialisées et aux examens cliniques objectifs structurés et des points de valorisation attribués au parcours de formation et au projet professionnel, cette commission établit la liste des spécialités, parmi celles figurant sur la liste prévue à l'article L. 632-3, dans lesquelles chaque élève médecin des écoles du service de santé des armées est susceptible d'effectuer un troisième cycle des études de médecine. La commission transmet la liste qu'elle a établie à l'autorité militaire qui en assure la diffusion auprès des élèves médecins des écoles du service de santé des armées.

III. — Les élèves médecins du service de santé des armées font l'objet d'un classement commun tenant compte de l'ensemble des résultats obtenus. Les modalités de ce classement, notamment la pondération des résultats tant universitaires que militaires, sont fixées par arrêté des ministres chargés de l'enseignement supérieur et de la santé et du ministre de la défense.

Une décision du ministre de la défense répartit les élèves médecins du service de santé des armées par spécialité et subdivision territoriale :

1º Parmi les spécialités dans lesquelles chaque élève est susceptible d'effectuer un troisième cycle des études de médecine ;

2º En fonction de leur ordre de préférence et de leur rang de classement.

IV. — Un arrêté conjoint des ministres chargés de l'enseignement supérieur et de la santé et du ministre de la défense fixe :

1º Les modalités d'organisation et le calendrier de la procédure nationale d'appariement ;

2º Les coefficients de pondération des résultats obtenus aux épreuves dématérialisées et aux examens cliniques objectifs structurés ;

3º Les conditions d'attribution des points de valorisation attribués au parcours de formation et au projet professionnel des élèves médecins des écoles du service de santé des armées.

V. ndlr ss. nouv. art. R. 632-44.

Art. R. 632-44-2 *(Décr. nº 2021-1156 du 7 sept. 2021, art. 2)* **Les élèves médecins des écoles du service de santé des armées sont affectés par décision du ministre de la défense dans un hôpital des armées implanté dans le ressort de la subdivision territoriale dans laquelle ils ont été répartis en application du III de l'article R. 632-44-1.**

Le ministre de la défense informe le directeur général de l'agence régionale de santé concernée des affectations des élèves médecins des écoles du service de santé des armées.

V. ndlr ss. nouv. art. R. 632-44.

Art. R. 632-44-3 *(Décr. nº 2021-1156 du 7 sept. 2021, art. 2)* **Les situations prévues à l'article R. 632-2-9 sont dûment justifiées auprès du commandant de formation administrative et auprès du président de l'université d'inscription.**

V. ndlr ss. nouv. art. R. 632-44.

§ 2 LES DISPOSITIONS APPLICABLES AUX INTERNES DES HÔPITAUX DES ARMÉES *(Décr. n° 2021-1156 du 7 sept. 2021, art. 2).*

Art. R. 632-45 Pour l'obtention du diplôme d'État de docteur en médecine prévu à l'article R. 632-24, les internes des hôpitaux des armées qui réunissent les conditions fixées au 1° de l'article R. 632-1 effectuent le troisième cycle des études de médecine dans les conditions prévues par la présente sous-section.

Nouvel art. R. 632-45 *(Décr. n° 2021-1156 du 7 sept. 2021, art. 2)* ***Les dispositions des sous[-] sections 3 à 7 sont applicables aux internes des hôpitaux des armées, à l'exception de celles du II de l'article R. 632-33 et de l'article R. 632-41 et sous réserve des dispositions particulières prévues au présent paragraphe.***

V. ndlr ss. nouv. art. R. 632-44.

Art. R. 632-46 Les internes des hôpitaux des armées exercent le choix de la spécialité de médecine et du centre hospitalier universitaire (CHU) de rattachement au sein de la liste arrêtée par le ministre de la défense et les ministres chargés de l'enseignement supérieur et de la santé, selon leur rang de classement aux épreuves mentionnées à l'article R. 632-2.

Les CHU de rattachement figurant sur la liste mentionnée au premier alinéa sont choisis parmi ceux auprès desquels sont établis des hôpitaux des armées.

Les hôpitaux des armées sont regardés comme relevant de la subdivision d'internat attachée à chacun des CHU figurant sur la liste précitée.

Nouvel art. R. 632-46 *(Décr. n° 2021-1156 du 7 sept. 2021, art. 2)* ***Pour l'obtention du diplôme d'État de docteur en médecine prévu à l'article R. 632-24, les internes des hôpitaux des armées qui ont participé à la procédure nationale d'appariement prévue à l'article R. 632-44-1 accomplissent le troisième cycle des études de médecine dans les conditions prévues par le présent paragraphe.***

V. ndlr ss. nouv. art. R. 632-44.

Art. R. 632-46-1 *(Décr. n° 2021-1156 du 7 sept. 2021, art. 2)* Après l'affectation mentionnée à l'article R. 632-44-2, les internes des hôpitaux des armées sont inscrits à une université comportant une unité de formation et de recherche (UFR) de médecine de la subdivision territoriale dans laquelle ils ont été répartis en application du III de l'article R. 632-44-1.

Les internes des hôpitaux des armées relèvent pour leur formation de l'UFR où a été prise leur inscription annuelle.

V. ndlr ss. nouv. art. R. 632-44.

Art. R. 632-46-2 *(Décr. n° 2021-1156 du 7 sept. 2021, art. 2)* Après accord de l'autorité militaire, les internes des hôpitaux des armées peuvent demander au plus tard au cours du deuxième semestre de la phase 2 dite d'approfondissement, définie à l'article R. 632-20, à changer de spécialité dans la subdivision dans laquelle ils ont été affectés. Cette possibilité ne s'exerce qu'une seule fois.

Les changements de subdivision ne sont autorisés que sur demande de l'autorité militaire.

Les modalités d'application du présent article sont définies par arrêté conjoint des ministres chargés de l'enseignement supérieur et de la santé et du ministre de la défense.

V. ndlr ss. nouv. art. R. 632-44.

Art. R. 632-47 Pour les internes des hôpitaux des armées, le délai prévu au premier alinéa de l'article R. 632-19 est allongé de la durée des congés de maternité *(Décr. n° 2019-1331 du 9 déc. 2019, art. 1er)* « , d'adoption et de paternité et d'accueil de l'enfant » et des congés prévus à l'article L. 4138-3-1 et aux 1° et 2° de l'article L. 4138-11 du code de la défense.

Art. R. 632-48 *(Décr. n° 2020-951 du 30 juill. 2020, art. 1er)* « I. — » Les lieux de stage des hôpitaux des armées *(Abrogé par Décr. n° 2020-951 du 30 juill. 2020, art. 1er)* ***« ou des autres éléments du service de santé des armées mentionnés à l'article L. 6147-7 du code de la santé publique, »*** agréés pour la formation des étudiants de troisième cycle des études de médecine, le sont pour l'ensemble des unités de formation et de recherche *(Décr. n° 2020-951 du 30 juill. 2020, art. 1er)* « de médecine des universités ou de la composante au sens de l'article L. 713-4 qui assure la formation médicale ».

« II. — Lorsqu'il concerne un praticien des armées, l'agrément mentionné à l'article R. 632-28 est délivré par le directeur général de l'agence régionale de santé auquel la demande a été adressée par le ministre de la défense, après avis de la commission de subdivision prévue à l'article R. 632-28-3. Pour être agréés, les praticiens des armées doivent remplir les conditions mentionnées à l'article R. 632-28-1.

« Les praticiens des armées agréés pour la formation des étudiants de troisième cycle des études de médecine le sont pour l'ensemble des agences régionales de santé.

« III. — Le ministre de la défense désigne les organismes habilités auprès desquels les praticiens des armées suivent la formation mentionnée à l'article R. 632-28-2. »

Art. R. 632-49 I. — Les stages prévus à la sous-section 5 sont proposés par les directeurs généraux de l'agence régionale de santé dont relèvent les centres hospitaliers universitaires mentionnés à l'article R. 632-46 et attribués nominativement aux internes des hôpitaux des armées par le ministre de la défense.

II. — Pour l'application des dispositions de l'article R. 632-32, sont pris en compte dans le calcul de l'ancienneté pour le choix de stage les stages non validés par les internes des hôpitaux des armées pour raisons d'absence liée à l'une des situations suivantes :

1° État de grossesse ;

2° Congé de maternité *(Décr. n° 2019-1331 du 9 déc. 2019, art. 1er)* « , congé d'adoption et congé de paternité et d'accueil de l'enfant » ;

3° Affection pouvant donner lieu à l'un des congés prévus aux 1° et 2° de l'article L. 4138-11 du code de la défense.

L'interne des hôpitaux des armées qui se trouve dans l'une des situations citées aux 1°, 2° et 3° consulte le service de médecine de prévention de l'organisme du service de santé des armées dans lequel il est affecté. Ce service se rapproche du service de santé au travail de l'entité où l'interne des hôpitaux des armées accomplit son stage. L'interne des hôpitaux des armées transmet au commandant de sa formation administrative d'affectation les justificatifs nécessaires dont les avis médicaux. Le directeur général de l'agence régionale de santé est informé de la situation.

Les avis médicaux relatifs au 3° ne peuvent émaner que des médecins compétents pour donner un avis sur l'attribution de l'un des congés prévus aux 1° et 2° de l'article L. 4138-11 du code de la défense.

III. — Pour l'application du I de l'article R. 632-33, lorsque l'interne des hôpitaux des armées prend part à la procédure de choix de stage et qu'il est dans l'une des situations citées aux 1°, 2° et 3° du présent article, il peut, après autorisation du ministre de la défense, demander à accomplir son stage en surnombre. Dans ce cas, la validation du stage est soumise aux dispositions de l'article R. 6153-20 du code de la santé publique.

A titre alternatif, cet interne peut, après autorisation du ministre de la défense, opter pour un stage en surnombre choisi indépendamment de son rang de classement. Ce stage n'est pas validé quelle que soit sa durée.

Dans les cas prévus aux deux alinéas précédents, l'interne des hôpitaux des armées consulte le service de médecine de prévention de l'organisme du service de santé des armées dans lequel il est affecté. Ce service se rapproche du service de santé au travail de l'entité où l'interne accomplit son stage. L'interne des hôpitaux des armées transmet au commandant de sa formation administrative d'affectation les justificatifs nécessaires dont les avis médicaux. Le directeur général de l'agence régionale de santé est informé de la situation.

IV. — Lorsque, en application des dispositions des II et III du présent article, l'interne des hôpitaux des armées demande à accomplir un stage en surnombre, il choisit à la fin de la procédure de choix tout en conservant son rang de classement.

V. — Les internes des hôpitaux des armées qui ne participent pas à un choix des postes en raison de l'interruption de leur formation pour un motif autre que les congés prévus aux articles L. 4138-6, L. 4138-7 et L. 4138-11 du code de la défense et dûment justifié auprès de leur commandant de formation administrative, du directeur général de l'agence régionale de santé et du directeur de leur unité de formation et de recherche médicale d'inscription sont, à leur demande, affectés en stage, dans l'attente du choix suivant. Ils accomplissent leur stage en surnombre sur un poste agréé de leur subdivision *(Décr. n° 2019-1331 du 9 déc. 2019, art. 1er)* « ou de leur région », proposé au choix et auquel ils auraient eu accès au regard de leur ancienneté de fonctions validées et de leur rang de classement. Ce poste est arrêté par le ministre de la défense, sur proposition du directeur général de l'agence régionale de santé et en lien avec le directeur de l'unité de formation et de recherche de l'interne des hôpitaux des armées.

Nouvel art. R. 632-49 *(Décr. n° 2016-1597 du 25 nov. 2016, art. 1er) I. — (Décr. n° 2021-1156 du 7 sept. 2021, art. 2) « Les stages prévus à la sous-section 5 sont proposés par les directeurs généraux des agences régionales de santé dans le ressort desquelles sont affectés les internes des hôpitaux des armées. »*

II. — Pour l'application des dispositions de l'article R. 632-32, sont pris en compte dans le calcul de l'ancienneté pour le choix de stage les stages non validés par les internes des hôpitaux des armées pour raisons d'absence liée à l'une des situations suivantes :

1° État de grossesse ;

2° Congé de maternité (Décr. n° 2019-1331 du 9 déc. 2019, art. 1er) « , congé d'adoption et congé de paternité et d'accueil de l'enfant » ;

3° Affection pouvant donner lieu à l'un des congés prévus aux 1° et 2° de l'article L. 4138-11 du code de la défense.

L'interne des hôpitaux des armées qui se trouve dans l'une des situations citées aux 1°, 2° et 3° consulte le service de médecine de prévention de l'organisme du service de santé des armées dans lequel il est affecté. Ce service se rapproche du service de santé au travail de l'entité où l'interne des hôpitaux des armées accomplit son stage. L'interne des hôpitaux des armées transmet au commandant de sa formation administrative d'affectation les justificatifs nécessaires dont les avis médicaux. Le directeur général de l'agence régionale de santé est informé de la situation.

Les avis médicaux relatifs au 3° ne peuvent émaner que des médecins compétents pour donner un avis sur l'attribution de l'un des congés prévus aux 1° et 2° de l'article L. 4138-11 du code de la défense.

III. — Pour l'application du I de l'article R. 632-33, lorsque l'interne des hôpitaux des armées prend part à la procédure de choix de stage et qu'il est dans l'une des situations citées aux 1°, 2° et 3° du présent article, il peut, après autorisation du ministre de la défense, demander à accomplir son stage en surnombre. Dans ce cas, la validation du stage est soumise aux dispositions de l'article R. 6153-20 du code de la santé publique.

A titre alternatif, cet interne peut, après autorisation du ministre de la défense, opter pour un stage en surnombre choisi indépendamment de son rang de classement. Ce stage n'est pas validé quelle que soit sa durée.

Dans les cas prévus aux deux alinéas précédents, l'interne des hôpitaux des armées consulte le service de médecine de prévention de l'organisme du service de santé des armées dans lequel il est affecté. Ce service se rapproche du service de santé au travail de l'entité où l'interne accomplit son stage. L'interne des hôpitaux des armées transmet au commandant de sa formation administrative d'affectation les justificatifs nécessaires dont les avis médicaux. Le directeur général de l'agence régionale de santé est informé de la situation.

IV. — Lorsque, en application des dispositions des II et III du présent article, l'interne des hôpitaux des armées demande à accomplir un stage en surnombre, il choisit à la fin de la procédure de choix tout en conservant son rang de classement.

V. — Les internes des hôpitaux des armées qui ne participent pas à un choix des postes en raison de l'interruption de leur formation pour un motif autre que les congés prévus aux articles L. 4138-6, L. 4138-7 et L. 4138-11 du code de la défense et dûment justifié auprès de leur commandant de formation administrative, du directeur général de l'agence régionale de santé et du directeur de leur unité de formation et de recherche médicale d'inscription sont, à leur demande, affectés en stage, dans l'attente du choix suivant. Ils accomplissent leur stage en surnombre sur un poste agréé de leur subdivision (Décr. n° 2019-1331 du 9 déc. 2019, art. 1er) « ou de leur région », proposé au choix et auquel ils auraient eu accès au regard de leur ancienneté de fonctions validées et de leur rang de classement. Ce poste est arrêté par le ministre de la défense, sur proposition du directeur général de l'agence régionale de santé et en lien avec le directeur de l'unité de formation et de recherche de l'interne des hôpitaux des armées.

V. ndlr ss. nouv. art. R. 632-44.

Art. R. 632-50 Un enseignant, membre du corps des médecins des armées, désigné à cet effet par le ministre de la défense, est chargé de suivre la préparation de chaque interne des hôpitaux des armées inscrit en troisième cycle des études de médecine, en liaison avec le coordonnateur local de la spécialité mentionné à l'article R. 632-14.

Art. R. 632-51 Les stages auprès de praticiens agréés-maîtres de stage des universités, mentionnés à l'article R. 632-27, peuvent être effectués par les internes des hôpitaux des armées dans les centres médicaux du service de santé des armées.

Art. R. 632-52 Pour la durée de leur formation, les internes des hôpitaux des armées restent soumis à leur statut militaire, sans préjudice du pouvoir disciplinaire des juridictions universitaires dont ils relèvent au titre de leur accès au troisième cycle des études de médecine.

Art. R. 632-53 Les possibilités de changement de spécialité *(Décr. n° 2020-1057 du 14 août 2020, art. 1er)* « ou de subdivision prévues » à l'article R. 632-11 et de réorientation *(Décr. n° 2020-1057 du 14 août 2020, art. 1er)* « prévue » à l'article R. 632-40 sont soumises à autorisation du ministre de la défense.

Nouvel art. R. 632-53 *(Décr. n° 2021-1156 du 7 sept. 2021, art. 2)* ***La possibilité de renoncement à la procédure nationale d'appariement prévue à l'article R. 632-2-10 et les possibilités de réorientation prévues à l'article R. 632-40 sont soumises à autorisation du ministre de la défense.***

V. ndlr ss. nouv. art. R. 632-44.

SOUS-SECTION 10 LES DISPOSITIONS APPLICABLES AUX ASSISTANTS DES HÔPITAUX DES ARMÉES

Art. R. 632-54 Les dispositions des sous-sections 9 et 14 et celles relatives à la prise en compte des compétences acquises sont applicables aux assistants des hôpitaux des armées, sous réserve des dispositions particulières prévues à la présente sous-section.

Art. R. 632-55 Les médecins des armées ayant exercé pendant au moins trois ans leur activité professionnelle peuvent, dans les conditions fixées par la présente sous-section, accéder à une spécialité de troisième cycle des études de médecine différente de leur spécialité initiale.

Les dispositions de la sous-section 12 ne leur sont pas applicables.

Nouvel art. R. 632-55 *(Décr. n° 2016-1597 du 25 nov. 2016, art. 1er)* ***Les médecins des armées ayant exercé*** *(Décr. n° 2021-1156 du 7 sept. 2021, art. 2)* ***« leur activité professionnelle pendant une durée minimale fixée par arrêté du ministre de la défense » peuvent, dans les conditions fixées par la présente sous-section, accéder à une spécialité de troisième cycle des études de médecine différente de leur spécialité initiale.***

Les dispositions de la sous-section 12 ne leur sont pas applicables.

V. ndlr ss. nouv. art. R. 632-44.

Art. R. 632-56 Un concours de l'assistanat des hôpitaux des armées est organisé annuellement dans chacune des spécialités répondant aux besoins des armées.

Un arrêté du ministre de la défense et des ministres chargés de l'enseignement supérieur et de la santé fixe la composition des jurys, la nature, la durée et les coefficients respectifs des épreuves de ces concours.

Art. R. 632-57 Le nombre de postes offerts aux concours de l'assistanat des hôpitaux des armées ainsi que leur répartition par spécialité et par centre hospitalier universitaire (CHU) de rattachement sont fixés chaque année par arrêté des ministres mentionné à l'article R. 632-56. Ces postes viennent en sus de ceux ouverts au titre des choix prévus aux articles R. 632-7 et R. 632-46.

Les candidats reçus à ces concours choisissent, selon leur rang de classement, le CHU mentionné au premier alinéa du présent article dans des conditions fixées par arrêté des ministres mentionné à l'article R. 632-56.

Nouvel art. R. 632-57 *(Décr. n° 2016-1597 du 25 nov. 2016, art. 1er) (Décr. n° 2021-1156 du 7 sept. 2021, art. 2)* ***« Le nombre de postes offerts aux concours de l'assistanat des hôpitaux des armées ainsi que leur répartition par spécialité et par subdivision territoriale sont fixés chaque année par arrêté des ministres mentionné à l'article R. 632-56. Ces postes viennent en sus de ceux ouverts au titre de la procédure nationale d'appariement prévue aux articles R. 632-2-7 et R. 632-44-1. »***

Les candidats reçus à ces concours choisissent, selon leur rang de classement, le CHU mentionné au premier alinéa du présent article dans des conditions fixées par arrêté des ministres mentionné à l'article R. 632-56.

V. ndlr ss. nouv. art. R. 632-44.

SOUS-SECTION 11 LES DISPOSITIONS APPLICABLES AUX COLLECTIVITÉS ULTRAMARINES DE DROIT COMMUN

Art. R. 632-58 Dans la région comprenant les Antilles-Guyane, les attributions confiées au directeur général de l'agence régionale de santé par les articles R. 632-7 et R. 632-31 sont exercées conjointement par les directeurs généraux des agences régionales de santé de Guyane et Martinique et de l'agence de Guadeloupe, Saint-Barthélemy et Saint-Martin.

Nouvel art. R. 632-58 *(Décr. nº 2016-1597 du 25 nov. 2016, art. 1er) Dans la région comprenant les Antilles-Guyane, les attributions confiées au directeur général de l'agence régionale de santé par (Décr. nº 2021-1156 du 7 sept. 2021, art. 2) « l'article R. 632-31 » sont exercées conjointement par les directeurs généraux des agences régionales de santé de Guyane et Martinique et de l'agence de Guadeloupe, Saint-Barthélemy et Saint-Martin.*

V. ndlr ss. nouv. art. R. 632-44.

Art. R. 632-59 Pour l'application des dispositions prévues à l'article R. 632-34, les étudiants de troisième cycle des études de médecine inscrits en médecine générale peuvent accomplir des stages dans la région, telle que définie à l'article R. 632-12, comprenant les Antilles-Guyane et dans la subdivision de l'océan Indien. La durée des stages ne peut pas dans ce cas être inférieure à deux semestres.

Pour l'application de ces dispositions, les étudiants de troisième cycle des études de médecine autres que ceux inscrits en médecine générale peuvent accomplir des stages dans cette région et dans cette subdivision. La durée des stages ne peut pas dans ce cas être supérieure à deux semestres.

Art. R. 632-60 Pour la subdivision de la région comprenant les Antilles-Guyane et la subdivision de l'océan Indien, la composition de la commission de subdivision prévue au 2º de l'article R. 632-30 est fixée par arrêté des ministres chargés de l'enseignement supérieur, de la santé et des outre-mer.

SOUS-SECTION 12 L'ACCÈS AUX FORMATIONS DU TROISIÈME CYCLE DE MÉDECINE POUR LES MÉDECINS FRANÇAIS OU RESSORTISSANTS DES AUTRES ÉTATS MEMBRES DE L'UNION EUROPÉENNE, DES AUTRES ÉTATS PARTIES À L'ACCORD SUR L'ESPACE ÉCONOMIQUE EUROPÉEN, DE LA CONFÉDÉRATION HELVÉTIQUE OU DE LA PRINCIPAUTÉ D'ANDORRE

Art. R. 632-61 Les médecins français ou ressortissants d'un autre État membre de l'Union européenne, d'un autre État partie à l'accord sur l'Espace économique européen, de la Confédération helvétique ou de la Principauté d'Andorre peuvent accéder, en application de l'article L. 632-2, au troisième cycle des études de médecine.

Pour la spécialité de médecine du travail, l'accès au troisième cycle des études de médecine est subordonné à la réussite des épreuves d'un concours national spécial d'accès à la spécialité de médecine du travail dont le programme est différent de celui défini à l'article R. 632-2.

Art. R. 632-62 Les modalités d'organisation et d'inscription, le programme, le déroulement, la nature, la pondération des épreuves, la composition et les missions du jury ainsi que les procédures d'affectation sont fixés, pour la spécialité médecine du travail par arrêté des ministres chargés de l'enseignement supérieur et de la santé.

Le nombre de postes ouverts à ce concours ainsi que leur répartition par centre hospitalier universitaire est fixé chaque année par arrêté de ces ministres.

Art. R. 632-63 Les médecins admis en troisième cycle des études de médecine en application de l'article R. 632-61 sont soumis aux dispositions pédagogiques prévues à la présente section.

Les médecins admis sont soumis aux mêmes dispositions que celles applicables aux autres étudiants.

Il est tenu compte des compétences acquises et des fonctions de troisième cycle déjà accomplies ainsi que de la formation déjà suivie dans le cadre de la formation médicale continue selon des règles fixées par les conseils des unités de formation et de recherche médicale de la région, après approbation par les présidents d'université.

Les médecins bénéficiant, pour la durée de leur formation en stage, des dispositions prévues au troisième alinéa du présent article sont réputés avoir une ancienneté augmentée du nombre de semestres admis en équivalence.

SOUS-SECTION 13 L'ACCÈS AUX FORMATIONS DU TROISIÈME CYCLE DE MÉDECINE POUR LES MÉDECINS ÉTRANGERS AUTRES QUE LES RESSORTISSANTS DES ÉTATS MEMBRES DE L'UNION EUROPÉENNE, DES AUTRES ÉTATS PARTIES À L'ACCORD SUR L'ESPACE ÉCONOMIQUE EUROPÉEN, DE LA CONFÉDÉRATION HELVÉTIQUE OU DE LA PRINCIPAUTÉ D'ANDORRE

Art. R. 632-64 Un concours national d'internat en médecine est organisé chaque année, par spécialité, à titre étranger. Ce concours est ouvert aux candidats étrangers autres que les ressortissants des États membres de l'Union européenne, des autres États parties à l'accord sur l'Espace économique européen, de la Confédération helvétique ou de la Principauté d'Andorre et titulaires d'un diplôme de médecin leur permettant d'exercer dans le pays d'origine ou le pays de délivrance.

Toutefois, ne sont pas autorisés à s'inscrire à ce concours les titulaires d'un diplôme interuniversitaire de spécialisation délivré par la France ou d'un titre équivalent délivré par un autre État membre de l'Union européenne, la Principauté d'Andorre, un autre État partie à l'Espace économique européen ou la Confédération helvétique.

Art. R. 632-65 Nul candidat au concours organisé dans le cadre de la présente section ne peut concourir plus de deux fois. Les épreuves classantes nationales mentionnées à l'article R. 632-2 auxquelles un candidat s'est présenté le cas échéant sont prises en compte dans l'appréciation des droits à concourir.

Les candidats font connaître, lors de leur inscription au concours, la spécialité médicale au titre de laquelle ils concourent.

Nouvel art. R. 632-65 (*Décr. n° 2016-1597 du 25 nov. 2016, art. 1er*) *Nul candidat au concours organisé dans le cadre de la présente section ne peut concourir plus de deux fois.* (*Décr. n° 2021-1156 du 7 sept. 2021, art. 2*) *« Les épreuves nationales prévues à l'article L. 632-2 » auxquelles un candidat s'est présenté le cas échéant sont prises en compte dans l'appréciation des droits à concourir.*

Les candidats font connaître, lors de leur inscription au concours, la spécialité médicale au titre de laquelle ils concourent.

V. ndlr ss. nouv. art. R. 632-44.

Art. R. 632-66 Le directeur général du Centre national de gestion des praticiens hospitaliers et des personnels de direction de la fonction publique hospitalière régi par le décret n° 2007-704 du 4 mai 2007 relatif à l'organisation et au fonctionnement du Centre national de gestion des praticiens hospitaliers et des personnels de la fonction publique hospitalière et modifiant le code de la santé publique (partie réglementaire) :

1° Assure l'organisation et le déroulement des épreuves du concours ;

2° Met en œuvre la procédure nationale de choix de la subdivision et de la spécialité.

Un arrêté des ministres chargés de l'enseignement supérieur et de la santé fixe, chaque année, le nombre de postes ouverts au concours et leur répartition par spécialité et par subdivision.

Toutefois, dans la limite des postes ouverts, ne peuvent être déclarés reçus au concours que les candidats dont la note est au moins égale à la note minimale fixée par le jury.

Art. R. 632-67 Le jury du concours est constitué en sections correspondant à chacune des spécialités dans lesquelles des postes sont ouverts au concours.

Le jury établit, par spécialité, un classement des candidats admis dans la limite du nombre de postes ouverts en application de l'article R. 632-66. Toutefois, lorsque le nombre de candidats admis est inférieur au nombre de postes ouverts dans une spécialité, le jury peut, dans la limite de la moitié des postes ouverts au titre de cette spécialité, reporter les postes non pourvus sur une ou plusieurs autres spécialités.

Un arrêté des ministres chargés de l'enseignement supérieur et de la santé et du ministre des affaires étrangères fixe les règles d'organisation du concours, notamment la liste des spécialités pour lesquelles des postes sont ouverts, les modalités d'inscription, les programmes, la durée, la nature et la cotation des épreuves, la composition et les missions du jury.

Art. R. 632-68 Après proclamation des résultats, les candidats classés font connaître, par ordre de préférence, le choix des subdivisions en médecine où ils souhaitent être affectés ainsi que des centres hospitaliers universitaires auxquels ils souhaitent être rattachés.

Une procédure nationale permet d'affecter dans les subdivisions les candidats reçus au concours, en fonction de leur rang de classement dans la spécialité pour laquelle ils se sont inscrits, et conformément à la répartition des postes fixée par l'arrêté prévu à l'article R. 632-66.

Une fois effectuées les opérations prévues aux alinéas précédents, les directeurs généraux des agences régionales de santé répartissent et affectent les étudiants dans les subdivisions mentionnées à l'article R. 632-12, en fonction du souhait exprimé par les intéressés, de leur rang de classement dans la spécialité et des postes disponibles.

Art. R. 632-69 Les étudiants admis à poursuivre le troisième cycle des études de médecine à l'issue du concours mentionné à l'article R. 632-64 choisissent leur poste dans les lieux de stage agréés pour la formation suivant les modalités fixées par les articles R. 632-7 et R. 632-33. A ancienneté égale avec celle des étudiants issus des épreuves classantes nationales mentionnées à l'article R. 632-2 et du concours mentionné à l'article R. 632-61, leur choix intervient en dernier lieu.

Nouvel art. R. 632-69 *(Décr. n° 2016-1597 du 25 nov. 2016, art. 1er)* ***Les étudiants admis à poursuivre le troisième cycle des études de médecine à l'issue du concours mentionné à l'article R. 632-64 choisissent leur poste dans les lieux de stage agréés pour la formation suivant les modalités fixées par les articles*** *(Décr. n° 2021-1156 du 7 sept. 2021, art. 2)* ***« R. 632-2-7 » et R. 632-33. A ancienneté égale avec celle des étudiants issus*** *(Décr. n° 2021-1156 du 7 sept. 2021, art. 2)* ***« des épreuves nationales prévues à l'article L. 632-2 » et du concours mentionné à l'article R. 632-61, leur choix intervient en dernier lieu.***

V. ndlr ss. nouv. art. R. 632-44.

Art. R. 632-70 Au cours du troisième cycle des études de médecine, les étudiants admis à l'issue du concours mentionné à l'article R. 632-64, reçoivent une formation à temps plein et préparent une spécialité du diplôme d'études spécialisées pour laquelle ils se sont inscrits au concours. Ils prennent une inscription universitaire auprès de l'une des unités de formation et de recherche médicale de la subdivision où ils sont affectés.

Art. R. 632-71 Les dispositions des articles R. 632-7, R. 632-9, R. 632-10, la sous-section 4 à l'exception des articles R. 632-23 et R. 632-24 et les sous-sections 5 et 6 sont applicables aux étudiants admis à l'issue du concours mentionné à l'article R. 632-64. Ils ne soutiennent pas la thèse mentionnée à l'article R. 632-23 et ne peuvent prétendre à la délivrance du diplôme d'État de docteur en médecine.

Nouvel art. R. 632-71 *(Décr. n° 2016-1597 du 25 nov. 2016, art. 1er) (Décr. n° 2021-1156 du 7 sept. 2021, art. 2)* ***« Les dispositions des articles R. 632-2-7, R. 632-2-9 et R. 632-10 », la sous-section 4 à l'exception des articles R. 632-23 et R. 632-24 et les sous-sections 5 et 6 sont applicables aux étudiants admis à l'issue du concours mentionné à l'article R. 632-64. Ils ne soutiennent pas la thèse mentionnée à l'article R. 632-23 et ne peuvent prétendre à la délivrance du diplôme d'État de docteur en médecine.***

V. ndlr ss. nouv. art. R. 632-44.

Art. R. 632-72 Les médecins militaires étrangers autres que les ressortissants des États membres de l'Union européenne, de la Principauté d'Andorre, des États parties à l'accord sur l'Espace économique européen ou de la Confédération helvétique peuvent, après avoir subi les épreuves du concours de l'assistanat des hôpitaux des armées organisé en application de l'article R. 632-56, accéder à la préparation d'un diplôme d'études spécialisées. Le nombre de postes à titre étranger ouverts au concours de l'assistanat des hôpitaux des armées est fixé chaque année par spécialité ou regroupement de spécialités et par centre hospitalier universitaire de rattachement par arrêté du ministre de la défense et des ministres chargés de l'enseignement supérieur et de la santé, en fonction des besoins exprimés par les États d'appartenance des candidats. Ces postes viennent en sus de ceux ouverts au titre du concours prévu à l'article R. 632-64 et de ceux ouverts au titre de l'article R. 632-57.

SOUS-SECTION 14 LES FORMATIONS COMMUNES

Art. R. 632-73 Certaines spécialités peuvent être communes à la médecine et à la pharmacie conformément à l'article L. 633-2.

Art. R. 632-74 Les dispositions des sous-sections 2 à 8 sont applicables aux étudiants de troisième cycle spécialisé de pharmacie inscrits dans une formation commune à la médecine et à la pharmacie, à l'exception du deuxième alinéa de l'article R. 632-10, des dispositions des articles R. 632-11, R. 632-30, et le 2° de l'article R. 632-34 et sous réserve des dispositions particulières prévues à la présente sous-section.

Les modalités d'agrément, la liste des lieux de stage agréés et les modalités de répartition des postes d'internes sont déterminées conformément à l'article R. 632-77.

Art. R. 632-75 Sont admis à s'inscrire en vue de la préparation de la spécialité commune à la médecine et à la pharmacie :

1° Les internes en médecine et en pharmacie classés en rang utile aux concours prévus respectivement aux articles L. 632-2 et L. 633-2 ;

2° Les internes en médecine et en pharmacie classés en rang utile aux concours prévus respectivement aux articles L. 632-12 et L. 633-4, organisés pour les médecins et pharmaciens français ou ressortissants d'un autre État membre de l'Union européenne, d'un autre État partie à l'accord sur l'Espace économique européen, de la Confédération helvétique ou de la Principauté d'Andorre ;

3° Les internes en médecine et en pharmacie classés en rang utile aux concours organisés pour les étudiants étrangers autres que les ressortissants des États membres de l'Union européenne, de la Principauté d'Andorre, des États parties à l'accord sur l'Espace économique européen ou de la Confédération helvétique, en application des articles L. 632-12 et L. 633-4 ;

4° Les assistants des hôpitaux des armées reçus aux concours prévus respectivement à l'article R. 632-56 et aux articles D. 633-23 et R. 633-25.

Les étudiants en pharmacie prennent annuellement une inscription administrative auprès d'une des universités de l'interrégion dans laquelle ils sont affectés.

Art. R. 632-76 Le diplôme d'État de docteur en pharmacie prévu à l'article L. 633-2 est délivré par les universités accréditées à cet effet aux étudiants issus de la filière pharmacie ayant soutenu avec succès leur thèse dans les conditions fixées par arrêté des ministres chargés de l'enseignement supérieur et de la santé et du ministre de la défense.

Art. R. 632-77 Les formations communes à la médecine et à la pharmacie sont organisées dans des circonscriptions géographiques dénommées "interrégions".

La liste des interrégions est arrêtée par les ministres chargés de la santé et de l'enseignement supérieur.

Les modalités d'agrément des lieux de stages ou des praticiens-maîtres de stage ainsi que la liste des lieux de stage agréé et les modalités de répartition des postes d'internes sont fixées par le décret n° 2012-257 du 22 février 2012 relatif à la commission d'interrégion du troisième cycle des études spécialisées pharmaceutiques et de biologie médicale.

Art. R. 632-78 La commission prévue à l'article R. 632-13 est instituée au niveau interrégional.

Elle est présidée par un coordonnateur interrégional.

Les dispositions du décret n° 2012-257 du 22 février 2012 relatif à la commission d'interrégion du troisième cycle des études spécialisées pharmaceutiques et de biologie médicale s'appliquent aux étudiants en pharmacie inscrits dans les formations communes à la médecine et à la pharmacie.

Les étudiants de troisième cycle des études spécialisées de pharmacie inscrits dans une formation commune à la médecine et à la pharmacie bénéficient de l'application des dispositions des articles R. 632-14, R. 632-15, R. 632-26, R. 632-39 et R. 632-40.

Art. R. 632-79 **La réorientation prévue à l'article R. 632-41 d'un étudiant issu de la filière pharmaceutique s'effectue vers le troisième cycle des études de pharmacie.**

SECTION IV *[ABROGÉE]* LE CONTRAT D'ENGAGEMENT DE SERVICE PUBLIC

(Abrogée par Décr. n° 2020-268 du 17 mars 2020, art. 1er)

Art. R. 632-80 à R. 632-87 *Abrogés par Décr. n° 2020-268 du 17 mars 2020, art. 1er.*

CHAPITRE III LES ÉTUDES PHARMACEUTIQUES

SECTION PREMIÈRE LE DIPLÔME DE FORMATION GÉNÉRALE EN SCIENCES PHARMACEUTIQUES

La présente section ne comprend pas de dispositions prises par décret.

SECTION II LE DIPLÔME DE FORMATION APPROFONDIE EN SCIENCES PHARMACEUTIQUES

La présente section ne comprend pas de dispositions prises par décret.

SECTION III LE TROISIÈME CYCLE COURT ET L'OBTENTION DU DIPLÔME D'ÉTAT DE DOCTEUR EN PHARMACIE

La présente section ne comprend pas de dispositions prises par décret.

SECTION IV LE TROISIÈME CYCLE LONG

SOUS-SECTION 1 DIPLÔMES D'ÉTUDES SPÉCIALISÉES

§ 1er ACCÈS

Art. D. 633-1 **Peuvent accéder au troisième cycle spécialisé des études pharmaceutiques, en vue de l'obtention d'un diplôme d'études spécialisées, sous réserve de réussite aux épreuves d'un concours national d'internat en pharmacie :**

(Décr. n° 2019-863 du 20 août 2019, art. 1er) **« 1° Les étudiants ayant validé le deuxième cycle des études pharmaceutiques en France ; »**

2° Les ressortissants d'un État membre de l'Union européenne ou d'un autre État partie à l'accord sur l'Espace économique européen, de la Confédération helvétique ou de la Principauté d'Andorre, ayant validé une formation de pharmacien telle que définie au 2 et au 3 de l'article 44 de la directive 2005/36/CE du Parlement européen et du Conseil du 7 septembre 2005 relative à la reconnaissance des qualifications professionnelles.

Art. D. 633-2 **Un conseil scientifique en pharmacie, placé auprès du ministre chargé de l'enseignement supérieur, prépare et vérifie les sujets susceptibles de faire l'objet des épreuves du concours de l'internat mentionné à l'article D. 633-1. Il est composé de** *(Décr. n° 2017-213 du 20 févr. 2017, art. 1er)* **« personnels » choisis parmi les enseignants titulaires des universités relevant du groupe des disciplines pharmaceutiques du Conseil national des universités pour les disciplines de santé et nommés par arrêté des ministres chargés de l'enseignement supérieur et de la santé.**

Un arrêté des ministres chargés de l'enseignement supérieur et de la santé précise *(Décr. n° 2017-213 du 20 févr. 2017, art. 1er)* **« la composition, les missions ainsi que les modalités d'organisation et » de fonctionnement du conseil scientifique en pharmacie.**

Art. D. 633-3 Un arrêté des ministres chargés de l'enseignement supérieur et de la santé fixe le programme, les modalités d'organisation et d'inscription, le déroulement, la nature et la pondération des épreuves du concours d'internat en pharmacie ainsi que les règles d'organisation du jury composé d'enseignants titulaires relevant des disciplines pharmaceutiques du Conseil national des universités pour les disciplines de santé.

Art. D. 633-4 Le troisième cycle spécialisé des études pharmaceutiques est organisé dans des circonscriptions géographiques dénommées "interrégions" dont la liste est définie par arrêté des ministres chargés de la santé et de l'enseignement supérieur. – *[Décr. n° 2012-172 du 3 févr. 2012, art. 4.]*

Art. D. 633-5 Le nombre de postes mis au concours d'internat en pharmacie ainsi que leur répartition par spécialité, par interrégion et par centre hospitalier universitaire sont fixés chaque année, par arrêté des ministres chargés de la santé et de l'enseignement supérieur, en tenant compte des besoins et des capacités de formation. – *[Décr. n° 2012-172 du 3 févr. 2012, art. 5.]*

Art. D. 633-6 Le concours d'internat en pharmacie est organisé au niveau national par le directeur général du Centre national de gestion des praticiens hospitaliers et des personnels de direction de la fonction publique hospitalière.

Un arrêté fixant l'ouverture des épreuves est pris annuellement par le ministre chargé de la santé. – *[Décr. n° 2012-172 du 3 févr. 2012, art. 6.]*

Art. D. 633-7 Les candidats peuvent concourir au titre de deux années parmi les trois années qui suivent celle pendant laquelle ils ont subi avec succès les épreuves sanctionnant soit la quatrième année d'études pharmaceutiques en France, soit la formation de pharmacien mentionnée au troisième alinéa de l'article D. 633-1.

Toutefois, en cas d'empêchement de participer aux épreuves résultant d'un congé de maternité, de paternité, d'adoption ou d'un cas de force majeure à caractère individuel ou collectif, ou s'expliquant par une raison médicale dûment justifiée, la période durant laquelle peut être exercé le droit à concourir est prolongée de la durée nécessaire pour préserver le droit des candidats.

Un candidat reçu au concours d'internat en pharmacie ne peut être nommé interne que s'il a validé intégralement l'année hospitalo-universitaire prévue par l'article L. 633-2. – *[Décr. n° 2012-172 du 3 févr. 2012, art. 7.]*

Art. D. 633-8 A l'issue du concours d'internat en pharmacie, la procédure nationale de choix de la spécialité, de l'interrégion et du centre hospitalier universitaire (CHU) de rattachement est organisée par le directeur général du Centre national de gestion des praticiens hospitaliers et des personnels de direction de la fonction publique hospitalière.

Les lauréats sont appelés à formuler leur choix, selon leur rang de classement et dans la limite du nombre de postes ouverts au concours, dans des conditions fixées par arrêté des ministres chargés de la santé et de l'enseignement supérieur.

A l'issue de la procédure nationale de choix, la liste des lauréats, comprenant les affectations dans une spécialité, une interrégion et un CHU de rattachement, est publiée par arrêté du directeur général du Centre national de gestion des praticiens hospitaliers et des personnels de direction de la fonction publique hospitalière.

L'interne ayant obtenu une première affectation et désirant bénéficier d'un deuxième choix d'affectation doit avoir exercé ses fonctions dans la discipline acquise à l'issue du premier choix. Pour être inscrit une deuxième fois au concours, l'interne fait connaître, par écrit, avant la fin du premier semestre de fonctions, à son unité de formation et de recherche (UFR), à son CHU de rattachement et à l'agence régionale de santé dont il relève son intention de renoncer au bénéfice du premier concours. Les résultats obtenus au cours de la deuxième tentative se substituent alors à ceux obtenus au cours de la première et en aucun cas l'interne ne peut poursuivre ses fonctions dans le cadre de sa première affectation.

Les fonctions d'interne validées à la suite d'un précédent concours sont prises en compte, en cas de réussite à un nouveau concours, selon des modalités fixées par les conseils des UFR. – *[Décr. n° 2012-172 du 3 févr. 2012, art. 8.]*

§ 1er *[NOUVEAU]* ACCÈS

(Décr. no 2019-1022 du 4 oct. 2019, art. 1er)

Les dispositions issues du Décr. no 2019-1022 du 4 oct. 2019 s'appliquent :

1o Aux étudiants ayant réussi le concours national d'internat en pharmacie à compter de la session au titre de l'année universitaire 2019-2020 ;

2o Aux étudiants inscrits pour la 1re fois en 3e cycle des études de pharmacie dans la spécialité de pharmacie hospitalière à compter de la rentrée universitaire 2019-2020 ;

3o Aux assistants des hôpitaux des armées ayant réussi le concours de l'assistanat des hôpitaux des armées à compter de la session au titre de 2019 ;

4o Aux lauréats des concours d'internat de pharmacie à titre européen et à titre étranger affectés dans la spécialité de pharmacie hospitalière à compter de la rentrée universitaire 2019-2020.

Pour les étudiants inscrits dans les diplômes d'études spécialisées de pharmacie et d'innovation pharmaceutique et recherche, les dispositions du code de l'éducation dans sa rédaction antérieure au présent décret s'appliquent, ainsi que les dispositions du Décr. no 2012-257 du 22 févr. 2012 relatif à la commission d'interrégion du 3e cycle des études spécialisées pharmaceutique et de biologie médicale.

Pour la formation commune à la médecine et à la pharmacie, les étudiants de 3e cycle inscrits dans la spécialité de biologie médicale bénéficient des dispositions relatives à la réorientation prévues aux art. R. 632-78 et R. 632-79, sous réserve, pour les assistants des hôpitaux des armées, des dispositions de l'art. R. 632-53 (Décr. no 2019-1022 du 4 oct. 2019, art. 2).

Nouvel art. D. 633-1 ***Peuvent accéder au troisième cycle spécialisé des études pharmaceutiques, en vue de l'obtention d'un diplôme d'études spécialisées, sous réserve de réussite aux épreuves d'un concours national d'internat en pharmacie :***

1o Les étudiants ayant validé le deuxième cycle des études pharmaceutiques en France ;

2o Les ressortissants d'un État membre de l'Union européenne ou d'un autre État partie à l'accord sur l'Espace économique européen, de la Confédération helvétique ou de la Principauté d'Andorre, ayant validé une formation de pharmacien telle que définie au 2 et au 3 de l'article 44 de la directive 2005/36/CE du Parlement européen et du Conseil du 7 septembre 2005 relative à la reconnaissance des qualifications professionnelles.

V. ndlr ss. § 1er nouv.

Nouvel art. D. 633-2 ***Un conseil scientifique en pharmacie, placé auprès du ministre chargé de l'enseignement supérieur, prépare et vérifie les sujets susceptibles de faire l'objet des épreuves du concours de l'internat mentionné à l'article D. 633-1. Il est composé de personnels, choisis parmi les enseignants titulaires des universités relevant du groupe des disciplines pharmaceutiques du Conseil national des universités pour les disciplines médicales, odontologiques et pharmaceutiques et nommés par arrêté des ministres chargés de l'enseignement supérieur et de la santé.***

Un arrêté des ministres chargés de l'enseignement supérieur et de la santé précise la composition, les missions ainsi que les modalités d'organisation et de fonctionnement du conseil scientifique en pharmacie.

V. ndlr ss. § 1er nouv.

Nouvel art. D. 633-3 ***Un arrêté des ministres chargés de l'enseignement supérieur et de la santé fixe le programme, les modalités d'organisation et d'inscription, le déroulement, la nature et la pondération des épreuves du concours d'internat en pharmacie ainsi que les règles d'organisation du jury composé d'enseignants titulaires relevant des disciplines pharmaceutiques du Conseil national des universités pour les disciplines médicales, odontologiques et pharmaceutiques.***

V. ndlr ss. § 1er nouv.

Nouvel art. D. 633-4 ***Le troisième cycle spécialisé des études pharmaceutiques est organisé dans des circonscriptions géographiques dénommées "régions" dont la liste est définie par arrêté des ministres chargés de la santé et de l'enseignement supérieur.***

Les dispositions du nouvel art. sont applicables à compter de la rentrée universitaire 2020-2021.

Nouvel art. D. 633-5 ***Le nombre de postes mis au concours d'internat en pharmacie ainsi que leur répartition par spécialité, par région et par centre hospitalier universitaire lié par convention à une unité de formation et de recherche dispensant des formations pharmaceutiques sont fixés chaque année, par arrêté des ministres chargés de la santé et de l'enseignement supérieur, en tenant compte des besoins et des capacités de formation.***

Les dispositions du nouvel art. sont applicables à compter de la rentrée universitaire 2020-2021.

Nouvel art. D. 633-6 *Le concours d'internat en pharmacie est organisé au niveau national par le directeur général du Centre national de gestion des praticiens hospitaliers et des personnels de direction de la fonction publique hospitalière.*

Un arrêté fixant l'ouverture des épreuves est pris annuellement par le ministre chargé de la santé.

V. ndlr ss. § 1er nouv.

Nouvel art. D. 633-7 *Les candidats peuvent concourir au titre de deux années parmi les trois années qui suivent celle pendant laquelle ils ont subi avec succès les épreuves sanctionnant soit la quatrième année d'études pharmaceutiques en France, soit la formation de pharmacien mentionnée au troisième alinéa de l'article D. 633-1.*

Toutefois, en cas d'empêchement de participer aux épreuves résultant d'un congé de maternité, de paternité, d'adoption ou d'un cas de force majeure à caractère individuel ou collectif, ou s'expliquant par une raison médicale dûment justifiée, la période durant laquelle peut être exercé le droit à concourir est prolongée de la durée nécessaire pour préserver le droit des candidats.

Un candidat reçu au concours d'internat en pharmacie ne peut être nommé interne que s'il a validé intégralement l'année hospitalo-universitaire prévue par l'article L. 633-2.

V. ndlr ss. § 1er nouv.

Nouvel art. D. 633-8 *A l'issue du concours d'internat en pharmacie, la procédure nationale de choix de la spécialité, de la région et du centre hospitalier universitaire de rattachement est organisée par le directeur général du Centre national de gestion des praticiens hospitaliers et des personnels de direction de la fonction publique hospitalière.*

Les lauréats sont appelés à formuler leur choix, selon leur rang de classement et dans la limite du nombre de postes ouverts au concours, dans des conditions fixées par arrêté des ministres chargés de la santé et de l'enseignement supérieur.

A l'issue de la procédure nationale de choix, la liste des lauréats, comprenant les affectations dans une spécialité, une région et un centre hospitalier universitaire de rattachement, est publiée par arrêté du directeur général du Centre national de gestion des praticiens hospitaliers et des personnels de direction de la fonction publique hospitalière.

Après l'affectation mentionnée ci-dessus, l'étudiant s'inscrit à l'université liée par convention à son centre hospitalier universitaire de rattachement et comportant une unité de formation et de recherche (UFR) dispensant des formations pharmaceutiques.

Cette inscription lui confère le statut d'étudiant de troisième cycle des études pharmaceutiques.

L'étudiant relève pour sa formation de l'unité de formation et de recherche où il prend son inscription annuelle.

L'étudiant ayant obtenu une première affectation et désirant bénéficier d'un deuxième choix d'affectation doit avoir exercé ses fonctions dans la discipline acquise à l'issue du premier choix. Pour être inscrit une deuxième fois au concours, l'étudiant fait connaître, par écrit, avant la fin du premier semestre de fonctions, à son unité de formation et de recherche, à son centre hospitalier universitaire de rattachement et à l'agence régionale de santé dont il relève son intention de renoncer au bénéfice du premier concours. Les résultats obtenus au cours de la deuxième tentative se substituent alors à ceux obtenus au cours de la première et en aucun cas l'étudiant ne peut poursuivre ses fonctions dans le cadre de sa première affectation. Les fonctions d'interne validées à la suite d'un précédent concours sont prises en compte, en cas de réussite à un nouveau concours, selon des modalités fixées par les conseils des UFR.

Les dispositions du nouvel art. sont applicables à compter de la rentrée universitaire 2020-2021.

§ 2 FORMATION

Art. D. 633-9 Les diplômes d'études spécialisées du troisième cycle spécialisé des études pharmaceutiques sont délivrés par les universités habilitées à cet effet par arrêté des ministres chargés de l'enseignement supérieur et de la santé.

La liste des diplômes d'études spécialisées du troisième cycle spécialisé des études pharmaceutiques est fixée par arrêté des ministres chargés de l'enseignement supérieur et de la santé.

Le diplôme d'études spécialisées de biologie médicale est régi par les articles *(Décr. no 2019-1126 du 4 nov. 2019, art. 1er)* « D. 631-2 » à D. 631-16.

Art. D. 633-10 Les étudiants, nommés internes à l'issue des épreuves du concours prévu à l'article D. 633-6, prennent annuellement une inscription administrative auprès de l'université liée par convention avec leur centre hospitalier universitaire de

rattachement. Ils relèvent de l'université pour leur formation pédagogique, dont les modalités sont définies par l'unité de formation et de recherche de pharmacie et approuvées par le président d'université. – *[Décr. n° 2012-172 du 3 févr. 2012, art. 10.]*

Art. D. 633-11 **Les** *(Décr. n° 2016-1008 du 21 juill. 2016, art. 6)* **« étudiants de troisième cycle spécialisé des études pharmaceutiques » reçoivent, à temps plein, une formation théorique et pratique. Un arrêté des ministres chargés de l'enseignement supérieur et de la santé fixe, pour chaque diplôme d'études spécialisées, la durée des études, le programme des enseignements, la durée et la nature des fonctions pratiques qui sont exercées dans les services hospitaliers ou extrahospitaliers, ainsi que les règles de validation applicables.**

Art. D. 633-12 **La préparation de chaque diplôme d'études spécialisées est placée, dans chaque interrégion, sous la responsabilité d'un enseignant-chercheur chargé de coordonner l'organisation de l'enseignement théorique et des formations pratiques. Ce coordonnateur est désigné, pour une période de trois ans renouvelable une fois, par les directeurs d'unité de formation et de recherche de pharmacie de l'interrégion.** – *[Décr. n° 2012-172 du 3 févr. 2012, art. 12.]*

Art. D. 633-13 *(Décr. n° 2016-1008 du 21 juill. 2016, art. 2)* **Les étudiants de troisième cycle spécialisé des études pharmaceutiques peuvent bénéficier d'une année de recherche dont les modalités d'organisation ainsi que le nombre de postes proposés chaque année sont fixés par arrêté des ministres chargés de l'enseignement supérieur et de la santé.**

L'année de recherche est attribuée en tenant compte de la qualité du projet de recherche présenté par l'étudiant.

Pendant la durée du contrat d'année de recherche mentionné à l'article R. 6153-11 du code de la santé publique, l'étudiant en année de recherche est un étudiant de troisième cycle spécialisé des études pharmaceutiques.

Les stages ou les gardes accomplis au cours de l'année de recherche ne sont pas pris en compte dans les obligations de formation universitaire prévues pour l'obtention du ou des diplômes postulés dans le cadre du troisième cycle spécialisé des études pharmaceutiques.

Art. D. 633-14 **Les** *(Décr. n° 2016-1008 du 21 juill. 2016, art. 6)* **« étudiants de troisième cycle spécialisé des études pharmaceutiques » accomplissent leur formation pratique dans les lieux de stage agréés, selon des modalités prévues par le décret n° 2012-257 du 22 février 2012 relatif à la commission d'interrégion des études spécialisées pharmaceutiques et de biologie médicale, au sein des centres hospitaliers universitaires et des autres établissements de santé, organismes extrahospitaliers et laboratoires de recherche, liés par convention à ces centres.**

Art. D. 633-15 **Les stages, d'une durée d'un semestre, sont** *(Décr. n° 2016-1008 du 21 juill. 2016, art. 3)* **« proposés » tous les six mois au choix des** *(Décr. n° 2016-133 du 9 févr. 2016, art. 1er)* **« étudiants de troisième cycle spécialisé des études pharmaceutiques ».** *(Décr. n° 2016-133 du 9 févr. 2016, art. 1er)* **« Ils » choisissent par ancienneté de fonctions validées pour un nombre entier de semestres. A ancienneté égale, le choix s'effectue selon le rang de classement au concours.**

Le directeur général de l'agence régionale de santé procède aux affectations semestrielles dans les conditions fixées par arrêté des ministres chargés de la santé et de l'enseignement supérieur.

Sont exclus de cette répartition les laboratoires industriels et les laboratoires agréés au titre de l'*(Décr. n° 2016-133 du 9 févr. 2016, art. 1er)* **« année de recherche ». La liste des postes effectivement accessibles aux** *(Décr. n° 2016-133 du 9 févr. 2016, art. 1er)* **« étudiants » pour un stage semestriel est déterminée en fonction du nombre prévisible d'internes appelés à choisir, déduction faite de ceux qui, effectuant un stage dans un laboratoire industriel ou une année-recherche, en ont prévenu les autorités compétentes au moins deux mois à l'avance.**

(Décr. n° 2016-133 du 9 févr. 2016, art. 1er) **« Les ministres chargés de l'enseignement supérieur et de la santé fixent, par arrêté, les conditions dans lesquelles les étudiants peuvent être autorisés à accomplir des stages semestriels à l'étranger ou dans une**

interrégion autre que celle dans laquelle ils ont été affectés à l'issue de la procédure nationale de choix mentionnée à l'article D. 633-8. »

Les stages dans les laboratoires industriels sont offerts au choix des *(Décr. n° 2016-133 du 9 févr. 2016, art. 1er)* « étudiants » de toutes les interrégions. Ceux-ci doivent obtenir l'accord écrit du responsable du stage préalablement aux opérations de choix. Ils peuvent, à leur demande, effectuer deux semestres consécutifs dans le même laboratoire industriel.

Nul ne peut poursuivre le troisième cycle spécialisé des études pharmaceutiques dès lors qu'il n'a pas validé ses semestres de formation dans un délai correspondant à deux fois la durée réglementaire prévue par la maquette du diplôme d'études spécialisées postulé. Toutefois, une dérogation exceptionnelle, en raison de la situation particulière de l'*(Décr. n° 2016-133 du 9 févr. 2016, art. 1er)* « étudiant », peut être accordée par le président de l'université après avis du directeur de l'unité de formation et de recherche.

(Décr. n° 2016-1008 du 21 juill. 2016, art. 3) « Le délai mentionné à l'alinéa précédent est allongé de la durée des congés prévus aux 2° et 3° de l'article D. 633-16 du présent code, de la durée de l'année de recherche prévue à l'article D. 633-13 du présent code et de la durée d'une thèse de doctorat mentionnée au 2° de l'article R. 6153-26 du code de la santé publique, les cas échéants.

« Pour les assistants des hôpitaux des armées, le délai prévu au sixième alinéa est allongé de la durée des congés de maternité et des congés prévus à l'article L. 4138-3-1 et aux 1° et 2° de l'article L. 4138-11 du code de la défense. »

Art. D. 633-16 *(Décr. n° 2016-1008 du 21 juill. 2016, art. 4)* « I. – Par dérogation au premier alinéa de l'article D. 633-15, les stages non validés sont pris en compte dans le calcul de l'ancienneté lorsque le motif d'invalidation est lié à l'une des situations suivantes :

« 1° État de grossesse ;

« 2° Congé de maternité ;

« 3° Affection pouvant donner lieu à un congé de longue durée prévu à l'article R. 6153-15 du code de la santé publique ou à un congé de longue maladie prévu à l'article R. 6153-16 du même code.

« Les stages non validés ne sont pas pris en compte dans les obligations de formation universitaire prévues pour chaque diplôme postulé. Dans ce cas, l'étudiant de troisième cycle spécialisé des études pharmaceutiques concerné accomplit un stage complémentaire.

« L'étudiant qui se trouve dans l'une des situations mentionnées aux 1° à 3° du présent I consulte le service de santé au travail de l'entité où il effectue son stage, conformément à l'article R. 6153-7 du code de la santé publique. Il transmet au directeur général de l'agence régionale de santé dont il relève les justificatifs nécessaires dont les avis médicaux et l'avis du médecin du service de santé au travail.

« II. – Lorsque l'étudiant de troisième cycle spécialisé des études pharmaceutiques prend part à la procédure de choix de stage et qu'il est dans l'une des situations mentionnées aux 1° à 3° du I, il peut accomplir son stage en surnombre. Dans ce cas, la validation du stage est soumise aux dispositions de l'article R. 6153-20 du code de la santé publique. »

A titre alternatif, *(Décr. n° 2016-1008 du 21 juill. 2016, art. 4)* « cet étudiant » peut, par dérogation aux dispositions de l'alinéa précédent, opter pour un stage en surnombre choisi indépendamment de son rang de classement. Ce stage *(Décr. n° 2016-1008 du 21 juill. 2016, art. 4)* « n'est pas » validé, quelle que soit sa durée.

(Décr. n° 2016-1008 du 21 juill. 2016, art. 4) « Dans les cas prévus aux deux alinéas précédents, l'étudiant consulte le service de santé au travail de l'entité où il effectue son stage conformément à l'article R. 6153-7 du code de la santé publique. Il transmet au directeur général de l'agence régionale de santé dont il relève les justificatifs nécessaires dont les avis médicaux et l'avis du médecin du service de santé au travail.

« III. – Lorsque l'étudiant de troisième cycle spécialisé des études pharmaceutiques présente un handicap tel que défini à l'article L. 114 du code de l'action sociale et des familles, il bénéficie d'un accompagnement mentionné à l'article D. 631-22, en vue d'un aménagement de ses conditions de travail en stage.

« L'étudiant mentionné au premier alinéa peut également demander à accomplir son stage en surnombre. Dans ce cas, la validation du stage est soumise aux dispositions de l'article R. 6153-20 du code de la santé publique.

« A titre alternatif, il peut, par dérogation aux dispositions de l'alinéa précédent, opter pour un stage en surnombre choisi indépendamment de son rang de classement. Ce stage n'est alors pas validé, quelle que soit sa durée.

« Pour toute demande de stage en surnombre, cet étudiant consulte, par dérogation à l'article R. 6153-7 du code de la santé publique, le service de santé au travail de son centre hospitalier universitaire de rattachement. Ce service se rapproche du service de santé au travail de l'entité où l'étudiant accomplit son stage. L'étudiant transmet au directeur général de l'agence régionale de santé dont il relève les justificatifs nécessaires dont les avis médicaux et l'avis du médecin du service de santé au travail.

« IV. – Les étudiants de troisième cycle spécialisé des études pharmaceutiques qui ne participent pas à un choix semestriel des postes en raison de l'interruption de leur formation pour un motif autre que la mise en disponibilité prévue à l'article R. 6153-26 du code de la santé publique et dûment justifié auprès du directeur général de l'agence régionale de santé pilote et du directeur de leur unité de formation et de recherche de pharmacie d'inscription sont, à leur demande, affectés en stage, dans l'attente du choix semestriel suivant. Ils accomplissent leur stage en surnombre, sur un poste agréé de leur interrégion, proposé au choix semestriel et auquel ils auraient eu accès au regard de leur ancienneté de fonctions validées et de leur rang de classement. Ce poste est arrêté par le directeur général de l'agence régionale de santé pilote, en lien avec le directeur de l'unité de formation et de recherche.

« V. – Lorsque, en application des dispositions des II et III du présent article, l'étudiant de troisième cycle spécialisé des études pharmaceutiques demande à accomplir un stage en surnombre, il choisit à la fin de la procédure de choix, tout en conservant son rang de classement. »

§ 2 *[NOUVEAU]* FORMATION

(Décr. n° 2019-1022 du 4 oct. 2019, art. 1er)

V. ndlr ss. § 1er nouv.

Nouvel art. D. 633-9 *Les diplômes d'études spécialisées du troisième cycle spécialisé des études pharmaceutiques sont délivrés par les universités accréditées à cet effet par arrêté des ministres chargés de l'enseignement supérieur et de la santé.*

La liste des diplômes d'études spécialisées (DES) du troisième cycle spécialisé des études pharmaceutiques est fixée par arrêté des ministres chargés de l'enseignement supérieur et de la santé.

Les étudiants de troisième cycle des études de pharmacie inscrits au DES de pharmacie hospitalière choisissent une option dite précoce qui permet l'acquisition de compétences particulières au sein de la spécialité suivie. Un arrêté des ministres chargés de l'enseignement supérieur et de la santé et du ministre de la défense fixe les modalités d'accès à ces options.

Les étudiants de troisième cycle des études de pharmacie peuvent être autorisés à suivre une formation spécialisée transversale telle que définie à l'article R. 632-22 du code de l'éducation. Elle ouvre droit à un exercice complémentaire d'une surspécialité au sein de la spécialité suivie, selon des modalités définies par arrêté du ministre chargé de la santé.

Un arrêté des ministres chargés de l'enseignement supérieur et de la santé et du ministre de la défense fixe les modalités d'accès à une formation spécialisée transversale dans le cadre de la spécialité suivie.

Un arrêté des ministres chargés de l'enseignement supérieur et de la santé et du ministre de la défense fixe chaque année, par centre hospitalier universitaire, le nombre d'étudiants de troisième cycle des études de pharmacie, autorisés à suivre une formation spécialisée transversale.

V. ndlr ss. § 1er nouv.

Nouvel art. D. 633-10 *Les étudiants, nommés internes à l'issue des épreuves du concours prévu à l'article D. 633-6, prennent annuellement une inscription administrative auprès de l'université liée par convention avec leur centre hospitalier universitaire de rattachement. Ils relèvent de l'université pour leur formation pédagogique, dont les modalités sont définies par l'unité de formation et de recherche dispensant des formations pharmaceutiques et approuvées par le président d'université.*

V. ndlr ss. § 1er nouv.

Nouvel art. D. 633-11 *Les étudiants de troisième cycle spécialisé des études pharmaceutiques reçoivent, à temps plein, une formation en stage et hors stage. Le troisième cycle est organisé en trois phases.*

La phase 1 dite phase socle, correspond à l'acquisition des connaissances de base de la spécialité et des compétences transversales nécessaires à l'exercice de la profession.

La phase 2 dite phase d'approfondissement, correspond à l'acquisition approfondie des connaissances et des compétences nécessaires à l'exercice de la profession.

La phase 3 dite phase de consolidation, correspond à la consolidation de l'ensemble des connaissances et des compétences professionnelles nécessaires à l'exercice de la profession.

L'ensemble des connaissances et des compétences acquises nécessaires à l'exercice de l'option précoce suivie est mentionné dans le contrat de formation défini à l'article D. 633-11-1.

Pour chaque diplôme d'études spécialisées, la maquette de formation, annexée à un arrêté des ministres chargés de l'enseignement supérieur et de la santé et du ministre de la défense comprend, notamment, la durée de la formation et des phases, le programme des enseignements, la durée et la nature des stages à accomplir, ainsi que les compétences et les connaissances à acquérir et les règles de validation applicables.

V. ndlr ss. § 1er nouv.

Nouvel art. D. 633-11-1 *Chaque étudiant inscrit au diplôme d'études spécialisées conclut un contrat de formation au cours de la phase 1 dite phase socle. Ce contrat définit les objectifs pédagogiques et le parcours de formation suivi au sein de l'option précoce. Il peut faire l'objet d'évolutions, notamment pour y inclure une formation spécialisée transversale que l'étudiant est autorisé à suivre. Il est signé entre l'étudiant de troisième cycle des études pharmaceutiques, le directeur de son unité de formation et de recherche d'inscription et le coordonnateur régional de la spécialité après avis du coordonnateur local.*

Un arrêté des ministres chargés de l'enseignement supérieur et de la santé et du ministre de la défense fixe les modalités d'élaboration et de suivi du contrat de formation.

V. ndlr ss. § 1er nouv.

Nouvel art. D. 633-12 *Il est institué au niveau régional une commission régionale de coordination de la spécialité chargée de s'assurer du respect de la mise en œuvre de la formation.*

Outre son président dénommé coordonnateur régional de la spécialité, elle comprend, notamment, les coordonnateurs locaux et des représentants étudiants. Sa composition, les modalités de désignation de ses membres ainsi que son fonctionnement sont définis par arrêté des ministres chargés de l'enseignement supérieur et de la santé et du ministre de la défense.

Elle a notamment pour mission, avec le cas échéant l'assistance d'un département de formation créé en application de l'article L. 713-3 ou d'une commission particulière au sein de l'université, de donner des avis aux directeurs des unités de formation et de recherche dispensant des formations pharmaceutiques sur le déroulement des études menant à la délivrance du diplôme d'études spécialisées et du diplôme d'État de docteur en pharmacie. A cet effet, elle recueille les propositions relatives à l'organisation des enseignements et à l'évaluation de la formation de la spécialité auprès des coordonnateurs locaux de la spécialité de la région et les transmet pour avis aux directeurs des unités de formation et de recherche dispensant des formations pharmaceutiques qui les soumettent au conseil des UFR concernées. Chaque conseil d'UFR délibère dans les conditions prévues à l'article L. 713-4.

Les missions de la commission régionale sont définies par arrêté des ministres chargés de l'enseignement supérieur et de la santé et du ministre de la défense.

Il est institué au niveau local un coordonnateur local de la spécialité dont la désignation et les missions sont définies par arrêté des ministres chargés de l'enseignement supérieur et de la santé.

Il est institué un collège national d'enseignants de la spécialité de pharmacie hospitalière dont la composition et les missions sont définies par arrêté des ministres chargés de l'enseignement supérieur et de la santé et du ministre de la défense.

Il élit son président.

V. ndlr ss. § 1er nouv.

Nouvel art. D. 633-13 (*Décr. n° 2020-1308 du 29 oct. 2020, art. 1er*) « I. – » *Les étudiants de troisième cycle spécialisé des études pharmaceutiques peuvent bénéficier d'une année de recherche dont les modalités d'organisation ainsi que le nombre de postes proposés chaque année sont fixés par arrêté des ministres chargés de l'enseignement supérieur et de la santé.*

L'année de recherche est accordée en tenant compte de la qualité du projet de recherche présenté par l'étudiant.

Pendant la durée du contrat d'année de recherche mentionné à l'article R. 6153-11 du code de la santé publique, l'étudiant en année de recherche est un étudiant de troisième cycle spécialisé des études pharmaceutiques.

Les stages ou les gardes accomplis au cours de l'année de recherche ne sont pas pris en compte dans les obligations de formation universitaire prévues pour l'obtention du ou des diplômes postulés dans le cadre du troisième cycle spécialisé des études pharmaceutiques.

(*Décr. n° 2020-1308 du 29 oct. 2020, art. 1er*) *« II. — L'année de recherche prévue au I ainsi que la disponibilité prévue au 2° de l'article R. 6153-26 du code de la santé publique sont prises en compte dans le calcul de l'ancienneté mentionnée à l'article D. 633-15 dans la limite de deux années. »*

V. ndlr ss. § 1er nouv.

Nouvel art. D. 633-14 *Il est institué, au niveau de chaque région :*

1° Une commission régionale chargée d'évaluer les besoins de formation.

2° Une commission régionale qui se réunit en deux formations : une en vue de l'agrément et une en vue de la répartition.

Les missions de ces commissions, leur composition, la procédure de désignation de ses membres et la durée de ses fonctions sont fixées par arrêté des ministres chargés de la santé et de l'enseignement supérieur et du ministre de la défense.

Les dispositions du nouvel art. sont applicables à compter de la rentrée universitaire 2020-2021.

Nouvel art. D. 633-15 *Les stages, d'une durée d'un semestre, sont proposés tous les six mois au choix des étudiants de troisième cycle spécialisé des études pharmaceutiques. Pour la phase socle, ils choisissent par ancienneté de fonctions validées pour un nombre entier de semestres. A ancienneté égale, le choix s'effectue selon le rang de classement au concours. Pour la phase d'approfondissement, le choix se fait par ancienneté et en fonction du projet professionnel mentionné dans le contrat de formation. Pour la phase de consolidation, les étudiants établissent une liste de vœux de lieux de stages agréés selon une procédure prévue par arrêté des ministres chargés de la santé et de l'enseignement supérieur et du ministre de la défense.*

Le directeur général de l'agence régionale de santé procède aux affectations semestrielles dans les conditions fixées par arrêté des ministres chargés de la santé et de l'enseignement supérieur.

Sont notamment exclus de cette répartition, les laboratoires industriels, les organismes de santé et les laboratoires agréés au titre de l'année de recherche.

Pour effectuer un stage dans des laboratoires industriels ou des organismes de santé, l'étudiant doit obtenir l'accord écrit du responsable du stage préalablement aux opérations de choix et de manière indépendante à celles-ci ainsi que, pour les assistants des hôpitaux des armées, l'accord écrit de l'autorité militaire.

La liste des postes effectivement accessibles aux étudiants pour un stage semestriel est déterminée en fonction du nombre prévisible d'internes appelés à choisir, déduction faite de ceux qui, effectuant un stage dans un laboratoire industriel, un organisme de santé ou une année de recherche, en ont prévenu les autorités compétentes au moins deux mois à l'avance.

Les ministres chargés de l'enseignement supérieur et de la santé et le ministre de la défense fixent, par arrêté, les conditions dans lesquelles les étudiants peuvent être autorisés à accomplir des stages semestriels à l'étranger ou dans une région autre que celle dans laquelle ils ont été affectés à l'issue de la procédure nationale de choix mentionnée à l'article D. 633-8.

Nul ne peut poursuivre le troisième cycle spécialisé des études pharmaceutiques dès lors qu'il n'a pas validé ses semestres de formation ou une des phases prévues à l'article D. 633-11 la composant dans un délai correspondant à deux fois la durée réglementaire de la formation ou de la phase telle que prévue par la maquette de la spécialité suivie. Toutefois, une dérogation exceptionnelle, en raison de la situation particulière de l'étudiant, peut être accordée par le président de l'université après avis du directeur de l'unité de formation et de recherche dispensant des formations pharmaceutiques.

Le délai mentionné à l'alinéa précédent est allongé de la durée des congés prévus aux 2° et 3° de l'article D. 633-16 du présent code, de la durée de l'année de recherche prévue à l'article D. 633-13 du présent code et de la durée d'une thèse de doctorat mentionnée au 2° de l'article R. 6153-26 du code de la santé publique, les cas échéants.

Pour les assistants des hôpitaux des armées, le délai prévu au sixième alinéa est allongé de la durée des congés prévus aux 2° et 3° du II de l'article D. 633-30.

Les dispositions du nouvel art. sont applicables à compter de la rentrée universitaire 2020-2021.

Nouvel art. D. 633-16 *I. — Par dérogation au premier alinéa de l'article D. 633-15, les stages non validés sont pris en compte dans le calcul de l'ancienneté lorsque le motif d'invalidation est lié à l'une des situations suivantes :*

1° État de grossesse ;

2° Congé de maternité, congé de paternité ou congé pour adoption ;

3° Affection pouvant donner lieu à un congé de longue durée prévu à l'article R. 6153-15 du code de la santé publique ou à un congé de longue maladie prévu à l'article R. 6153-16 du même code.

Les stages non validés ne sont pas pris en compte dans les obligations de formation universitaire prévues pour chaque diplôme postulé. Dans ce cas, l'étudiant de troisième cycle spécialisé des études pharmaceutiques concerné accomplit un stage complémentaire.

L'étudiant qui se trouve dans l'une des situations mentionnées aux 1° à 3° du présent I consulte le service de santé au travail de l'entité où il effectue son stage, conformément à l'article R. 6153-7 du code de la santé publique. Il transmet au directeur général de l'agence régionale de santé dont il relève les justificatifs nécessaires dont les avis médicaux et l'avis du médecin du service de santé au travail.

L'année de recherche prévue par l'article D. 633-13 du code de l'éducation est prise en compte dans le calcul de l'ancienneté.

II. — Lorsque l'étudiant de troisième cycle spécialisé des études pharmaceutiques prend part à la procédure de choix de stage et qu'il est dans l'une des situations mentionnées aux 1° à 3° du I, il peut accomplir son stage en surnombre. Dans ce cas, la validation du stage est soumise aux dispositions de l'article R. 6153-20 du code de la santé publique.

A titre alternatif, cet étudiant peut, par dérogation aux dispositions de l'alinéa précédent, opter pour un stage en surnombre choisi indépendamment de son rang de classement. Ce stage n'est pas validé, quelle que soit sa durée.

Dans les cas prévus aux deux alinéas précédents, l'étudiant consulte le service de santé au travail de l'entité où il effectue son stage conformément à l'article R. 6153-7 du code de la santé publique. Il transmet au directeur général de l'agence régionale de santé dont il relève les justificatifs nécessaires dont les avis médicaux et l'avis du médecin du service de santé au travail.

III. — Lorsque l'étudiant de troisième cycle spécialisé des études pharmaceutiques présente un handicap tel que défini à l'article L. 114 du code de l'action sociale et des familles, il bénéficie d'un accompagnement mentionné à l'article D. 631-22, en vue de l'accomplissement de sa formation ou en vue d'une réorientation éventuelle.

L'étudiant mentionné au premier alinéa peut également demander à accomplir son stage en surnombre. Dans ce cas, la validation du stage est soumise aux dispositions de l'article R. 6153-20 du code de la santé publique.

A titre alternatif, il peut, par dérogation aux dispositions de l'alinéa précédent, opter pour un stage en surnombre choisi indépendamment de son rang de classement. Ce stage peut être validé par le directeur de l'unité de formation et de recherche dispensant des formations pharmaceutiques après avis du coordonnateur local.

Pour toute demande de stage en surnombre, cet étudiant consulte, par dérogation à l'article R. 6153-7 du code de la santé publique, le service de santé au travail de son centre hospitalier universitaire de rattachement. Ce service se rapproche du service de santé au travail de l'entité où l'étudiant accomplit son stage. L'étudiant transmet au directeur général de l'agence régionale de santé dont il relève les justificatifs nécessaires dont les avis médicaux et l'avis du médecin du service de santé au travail.

IV. — Les étudiants de troisième cycle spécialisé des études pharmaceutiques qui ne participent pas à un choix semestriel des postes en raison de l'interruption de leur formation pour un motif autre que la mise en disponibilité prévue à l'article R. 6153-26 du code de la santé publique et dûment justifié auprès du directeur général de l'agence régionale de santé pilote et du directeur de leur unité de formation et de recherche dispensant des formations pharmaceutiques d'inscription sont, à leur demande, affectés en stage, dans l'attente du choix semestriel suivant. Ils accomplissent leur stage en surnombre, sur un poste agréé de leur région, proposé au choix semestriel et auquel ils auraient eu accès au regard de leur ancienneté de fonctions validées et de leur rang de classement. Ce poste est arrêté par le directeur général de l'agence régionale de santé pilote, en lien avec le directeur de l'unité de formation et de recherche dispensant des formations pharmaceutiques.

V. — Lorsque, en application des dispositions des II et III du présent article, l'étudiant de troisième cycle spécialisé des études pharmaceutiques demande à accomplir un stage en surnombre, il choisit à la fin de la procédure de choix, tout en conservant son rang de classement.

V. ndlr ss. § 1er nouv.

Les dispositions du IV du nouvel art. sont applicables à compter de la rentrée universitaire 2020-2021.

Nouvel art. D. 633-17 *L'étudiant de troisième cycle spécialisé des études pharmaceutiques est évalué progressivement tout au long de sa formation, à l'issue de chaque stage ainsi qu'à l'issue de chaque phase, conformément à la maquette de formation de la spécialité suivie et des objectifs associés aux différentes phases mentionnées à l'article D. 633-11.*

Les modalités d'évaluation du troisième cycle des études pharmaceutiques sont précisées par arrêté des ministres chargés de l'enseignement supérieur et de la santé et du ministre de la défense et s'appuient, notamment, sur le contrat de formation défini à l'article D. 633-11-1.

V. ndlr ss. § 1er nouv.

Nouvel art. D. 633-17-1 *Les stages font l'objet d'une validation dans des conditions fixées par arrêté des ministres chargés de l'enseignement supérieur et de la santé.*

L'évaluation de la phase socle correspond à la validation de la maîtrise des connaissances de base de la spécialité suivie ainsi que de la maîtrise des compétences transversales nécessaires à l'exercice de la profession. Elle valide la capacité de l'étudiant de troisième cycle des études pharmaceutiques à poursuivre sa formation en phase 2 dans la spécialité suivie.

L'évaluation de la phase d'approfondissement correspond à la validation de la maîtrise des connaissances approfondies et des connaissances nécessaires à l'exercice de la spécialité suivie pour accéder à la phase 3.

L'évaluation de la phase de consolidation correspond à la validation de la maîtrise de l'ensemble des connaissances et des compétences professionnelles nécessaires à l'exercice de la spécialité suivie.

V. ndlr ss. § 1er nouv.

Nouvel art. D. 633-17-2 *La commission régionale de coordination de la spécialité, mentionnée à l'article D. 633-12, vérifie que l'étudiant a acquis les connaissances et les compétences nécessaires à la validation de chaque phase telles que définies dans le contrat de formation. Elle transmet son avis au directeur de l'unité de formation et de recherche dispensant des formations pharmaceutiques qui décide de la validation de la phase. Si la phase est validée, l'étudiant accède à la phase suivante.*

Au terme de la validation de la dernière phase prévue par la maquette de formation, telle que définie à l'article D. 633-11, la commission régionale de coordination de la spécialité donne son avis sur la délivrance du diplôme d'études spécialisées selon les modalités prévues par arrêté des ministres chargés de l'enseignement supérieur et de la santé et du ministre de la défense.

V. ndlr ss. § 1er nouv.

§ 3 CHANGEMENT D'ORIENTATION

Art. R. 633-17 Tout interne en pharmacie inscrit à un diplôme d'études spécialisées peut, avant la fin du quatrième semestre d'internat, demander à changer d'orientation au sein de *(Décr. nº 2019-1331 du 9 déc. 2019, art. 1er)* « la région » où il a été affecté. Il ne peut alors s'inscrire qu'à un diplôme d'études spécialisées auquel son rang de classement au concours de l'internat lui aurait permis d'accéder lors de son choix initial.

L'intéressé dépose sa demande de changement d'orientation auprès du directeur général de l'agence régionale de santé dont il relève, au moins deux mois avant la date du choix des postes.

Cette possibilité de changement ne peut s'exercer qu'une seule fois.

Art. R. 633-18 Lors du changement d'orientation, les stages déjà effectués dans le cadre de la première affectation peuvent être validés au titre de la nouvelle formation choisie selon des modalités fixées par les conseils des unités de formation et de recherche de pharmacie concernées, sur proposition *(Décr. nº 2019-1331 du 9 déc. 2019, art. 1er)* « du coordonnateur régional de la spécialité » du diplôme d'études spécialisées auquel est inscrit l'interne. L'interne est alors réputé avoir une ancienneté augmentée du nombre de semestres validés.

Les dispositions issues du Décr. nº 2019-1331 du 9 déc. 2019 s'appliquent aux étudiants ayant réussi le concours national d'internat en pharmacie au titre de l'année universitaire 2019-2020 ainsi qu'aux étudiants inscrits dans un cycle conduisant au diplôme d'études spécialisées de pharmacie hospitalière à compter de la rentrée universitaire 2019-2020 (Décr. préc., art. 3).

§ 4 DÉLIVRANCE

Art. D. 633-19 Le diplôme d'études spécialisées de pharmacie est délivré aux *(Décr. nº 2016-1008 du 21 juill. 2016, art. 7)* « étudiants de troisième cycle spécialisé des études pharmaceutiques » ayant :

1º Effectué la durée totale d'internat ;

2º Satisfait au contrôle des connaissances théoriques ;

3º Accompli et validé la formation pratique ;

4º Soutenu, à partir du cinquième semestre d'internat, un mémoire devant un jury composé d'au moins quatre membres désignés par le président d'université sur proposition des directeurs des unités de formation et de recherche (UFR) pharmaceutiques de l'interrégion. Ce jury comprend au moins deux enseignants titulaires du groupe des disciplines pharmaceutiques du Conseil national des universités pour les disciplines médicales, odontologiques et pharmaceutiques appartenant à des UFR de pharmacie différentes et deux membres n'exerçant pas leurs fonctions dans une UFR de pharmacie, dont au moins un praticien hospitalier pharmacien ou un pharmacien résident.

§ 4 *[NOUVEAU]* DÉLIVRANCE

(Décr. nº 2019-1022 du 4 oct. 2019, art. 1er)

Nouvel art. D. 633-19 *Le diplôme d'études spécialisées est délivré par les universités accréditées à cet effet. Il mentionne l'option précoce suivie et le cas échéant la formation spécialisée transversale suivie. Il est délivré aux étudiants de troisième cycle spécialisé des études pharmaceutiques ayant :*

1º Validé l'ensemble de la formation hors stage et soutenu avec succès le mémoire avant la fin de la phase de consolidation, devant un jury dont la composition est définie par arrêté des ministres chargés de l'enseignement supérieur et de la santé et du ministre de la défense ;

2º Validé tous les stages prévus dans la maquette et en fonction de l'option précoce suivie ;

3º Validé les trois phases de formation.

Les modalités d'évaluation et de délivrance du diplôme d'études spécialisées sont précisées par arrêté des ministres en charge de l'enseignement supérieur et de la santé et du ministre de la défense.

V. ndlr ss. § 1er nouv.

SOUS-SECTION 2 DIPLÔMES D'ÉTUDES SPÉCIALISÉES COMPLÉMENTAIRES

Cette sous-section est abrogée pour les étudiants cités à la ndlr du nouv. § 1er de la sous-section 1 (Décr. nº 2019-1022 du 4 oct. 2019, art. 1er)

Art. D. 633-20 La liste des diplômes d'études spécialisées complémentaires de pharmacie est fixée par arrêté des ministres chargés de l'enseignement supérieur et de la santé.

Pour chaque diplôme d'études spécialisées complémentaires, le temps de préparation, le programme des enseignements, la durée et la nature des fonctions pratiques, notamment le nombre de semestres à valider par spécialité ainsi que la liste des diplômes d'études spécialisées permettant d'y accéder constituent la maquette de formation. Ces maquettes sont fixées par arrêté des ministres chargés de l'enseignement supérieur et de la santé. — *[Décr. nº 2012-172 du 3 févr. 2012, art. 18.]*

Art. D. 633-21 La formation en vue des diplômes d'études spécialisées complémentaires de pharmacie est dispensée à temps plein. Elle comporte un enseignement théorique et une formation pratique accomplie dans des lieux de stage agréés dans les mêmes conditions que celles qui s'appliquent à la formation en vue des diplômes d'études spécialisées.

Les dispositions de l'article D. 633-13 sont applicables aux diplômes d'études spécialisées complémentaires. — *[Décr. nº 2012-172 du 3 févr. 2012, art. 19.]*

Art. D. 633-22 Pour pouvoir s'inscrire en vue de la préparation d'un diplôme d'études spécialisées complémentaires de pharmacie, les anciens internes doivent :

1º Être titulaires d'un diplôme d'études spécialisées donnant accès au diplôme d'études spécialisées complémentaires postulé ;

2º Avoir effectué quatre semestres de fonctions dans des lieux de stage agréés pour la préparation du diplôme d'études spécialisées complémentaires, dont deux au cours de l'internat, sauf dérogation accordée par le coordonnateur du diplôme ;

3° Avoir satisfait à l'ensemble des conditions fixées par arrêté des ministres chargés de l'enseignement supérieur et de la santé. – *[Décr. n° 2012-172 du 3 févr. 2012, art. 20.]*

SOUS-SECTION 3 DISPOSITIONS APPLICABLES AUX PHARMACIENS DES ARMÉES

Cette sous-section devient la sous-section 2 pour les étudiants cités à la ndlr du nouv. § 1er de la sous-section 1 (Décr. n° 2019-1022 du 4 oct. 2019, art. 1er).

Art. D. 633-23 Les pharmaciens des armées accèdent à la préparation d'un diplôme d'études spécialisées de pharmacie dans les conditions fixées par les articles R. 633-24 à R. 633-27, après avoir subi avec succès les épreuves du concours de l'assistanat des hôpitaux des armées. – *[Décr. n° 2012-172 du 3 févr. 2012, art. 21.]*

Art. R. 633-24 Les pharmaciens des armées ayant exercé pendant au moins trois ans leur activité professionnelle peuvent, dans les conditions fixées par les articles R. 633-25 à R. 633-27, accéder à une formation de troisième cycle des études pharmaceutiques différente de leur formation initiale. – *[Décr. n° 2012-173 du 3 févr. 2012, art. 8.]*

Nouvel art. R. 633-24 *(Décr. n° 2021-1156 du 7 sept. 2021, art. 2)* ***Les pharmaciens des armées ayant exercé leur activité professionnelle pendant une durée minimale fixée par arrêté du ministre de la défense peuvent, dans les conditions fixées par les articles R. 633-25 à R. 633-27, accéder à une spécialité de troisième cycle des études pharmaceutiques différente de leur spécialité initiale.***

Sur l'application du nouvel art., issu du Décr. n° 2021-1156 du 7 sept. 2021, V. ndlr ss. l'intitulé de la sous-section 1 de la section III du chapitre II du titre III du livre VI.

Art. R. 633-25 Un concours de l'assistanat des hôpitaux des armées est organisé annuellement dans chacune des disciplines répondant aux besoins des armées.

Un arrêté du ministre de la défense et des ministres chargés de l'enseignement supérieur et de la santé fixe la composition des jurys, la nature, la durée et les coefficients respectifs des épreuves de ce concours. – *[Décr. n° 2012-1732 du 3 févr. 2012, art. 9.]*

Art. R. 633-26 Le nombre de postes offerts aux concours de l'assistanat des hôpitaux des armées ainsi que leur répartition par spécialité et par université de rattachement sont fixés chaque année par arrêté des ministres chargés de la défense, de l'enseignement supérieur et de la santé. Ces postes viennent en sus de ceux ouverts au titre de l'article L. 633-3.

Les candidats reçus à ce concours choisissent, selon leur rang de classement, leur université de rattachement, dans des conditions fixées par arrêté du ministre de la défense et des ministres chargés de l'enseignement supérieur et de la santé. – *[Décr. n° 2012-173 du 3 févr. 2012, art. 10.]*

Art. R. 633-27 Les candidats nommés assistants à l'issue de ce concours sont soumis aux dispositions des articles *(Décr. n° 2019-1331 du 9 déc. 2019, art. 1er)* « D. 633-9 à D. 633-17-2 », à l'exception de l'article D. 633-13, des articles D. 633-19, *(Abrogé par Décr. n° 2019-1331 du 9 déc. 2019, art. 1er) « D. 633-20 à D. 633-22 »* et D. 633-23 à D. 633-31 du présent code ainsi que de l'article R. 6153-45 du code de la santé publique. Les dispositions des articles R. 633-35 à R. 633-39, R. 633-17 et R. 633-18 du présent code ne leur sont pas applicables.

Les dispositions issues du Décr. n° 2019-1331 du 9 déc. 2019 s'appliquent aux étudiants ayant réussi le concours national d'internat en pharmacie au titre de l'année universitaire 2019-2020 ainsi qu'aux étudiants inscrits dans un cycle conduisant au diplôme d'études spécialisées de pharmacie hospitalière à compter de la rentrée universitaire 2019-2020 (Décr. préc., art. 3).

Art. R. 633-28 Les pharmaciens militaires étrangers autres que ressortissants des États membres de l'Union européenne, d'un autre État partie à l'accord sur l'Espace économique européen, de la Principauté d'Andorre ou de la Confédération helvétique peuvent accéder à la préparation d'un diplôme d'études spécialisées, après avoir subi les épreuves du concours de l'assistanat des hôpitaux des armées organisé en application des articles R. 633-24 à R. 633-27.

Le nombre de postes à titre étranger offerts au concours de l'assistanat des hôpitaux des armées est fixé chaque année, par diplôme d'études spécialisées ou regroupement de diplômes d'études spécialisées et par université de rattachement, par arrêté du ministre de la défense et des ministres chargés de l'enseignement supérieur et de la santé en fonction des besoins exprimés par les États d'appartenance des candidats. – *[Décr. nº 2012-173 du 3 févr. 2012, art. 20.]*

Art. D. 633-29 Pour la durée de leur formation, les assistants des hôpitaux des armées restent soumis à leur statut militaire, sans préjudice du pouvoir disciplinaire des juridictions universitaires dont ils relèvent au titre de leur accès au troisième cycle spécialisé des études pharmaceutiques. – *[Décr. nº 2012-172 du 3 févr. 2012, art. 22.]*

Art. D. 633-30 *(Décr. nº 2016-1008 du 21 juill. 2016, art. 5)* « I. – » Les stages prévus à l'article D. 633-15 sont proposés par le directeur général de l'agence régionale de santé dont relève chacune des universités et attribués nominativement, tous les six mois, aux assistants des hôpitaux des armées par le ministre de la défense.

(Décr. nº 2016-1008 du 21 juill. 2016, art. 5) « II. – Pour l'application du I de l'article D. 633-16, sont pris en compte dans le calcul de l'ancienneté pour le choix de stage les stages non validés par les assistants des hôpitaux des armées, pour raisons d'absence liée à l'une des situations suivantes :

« 1° État de grossesse ;

« 2° Congé de maternité ;

« 3° Affection pouvant donner lieu à l'un des congés prévus aux 1° et 2° de l'article L. 4138-11 du code de la défense.

« L'assistant des hôpitaux des armées qui se trouve dans l'une des situations mentionnées aux 1° à 3° du présent II consulte le service de médecine de prévention de l'organisme du service de santé des armées dans lequel il est affecté. Ce service se rapproche du service de santé au travail de l'entité où l'assistant des hôpitaux des armées accomplit son stage. L'assistant des hôpitaux des armées transmet au commandant de sa formation administrative d'affectation les justificatifs nécessaires dont les avis médicaux. Le directeur général de l'agence régionale de santé est informé de la situation.

« Les avis médicaux relatifs au 3° ne peuvent émaner que des médecins compétents pour donner un avis sur l'attribution de l'un des congés prévus aux 1° et 2° de l'article L. 4138-11 du code de la défense.

« III. – Pour l'application du II de l'article D. 633-16, lorsque l'assistant des hôpitaux des armées prend part à la procédure de choix de stage et qu'il est dans l'une des situations mentionnées aux 1° à 3° du II du présent article, il peut, après autorisation du ministre de la défense, demander à accomplir son stage en surnombre. Dans ce cas, la validation du stage est soumise aux dispositions de l'article R. 6153-20 du code de la santé publique.

« A titre alternatif, cet assistant peut, après autorisation du ministre de la défense, opter pour un stage en surnombre choisi indépendamment de son rang de classement. Ce stage n'est pas validé, quelle que soit sa durée.

« Dans les cas prévus aux deux alinéas précédents, l'assistant des hôpitaux des armées consulte le service de médecine de prévention de l'organisme du service de santé des armées dans lequel il est affecté. Ce service se rapproche du service de santé au travail de l'entité où l'interne accomplit son stage. L'assistant des hôpitaux des armées transmet au commandant de sa formation administrative d'affectation les justificatifs nécessaires dont les avis médicaux. Le directeur général de l'agence régionale de santé est informé de la situation.

« IV. – Lorsque, en application des dispositions des II et III du présent article, l'assistant des hôpitaux des armées demande à accomplir un stage en surnombre, il choisit à la fin de la procédure de choix, tout en conservant son rang de classement.

« V. – Les assistants des hôpitaux des armées qui ne participent pas à un choix semestriel des postes en raison de l'interruption de leur formation pour un motif autre que les congés prévus aux articles L. 4138-6, L. 4138-7 et L. 4138-11 du code de la défense et dûment justifié auprès de leur commandant de formation administrative, du directeur général de l'agence régionale de santé et du directeur de leur unité de formation et de recherche médicale d'inscription sont, à leur demande, affectés en stage, dans l'attente du choix semestriel suivant. Ils accomplissent leur stage en surnombre sur un poste agréé de leur interrégion, proposé au choix semestriel et auquel ils auraient eu accès au regard de leur ancienneté de fonctions validées et de leur rang

de classement. Ce poste est arrêté par le directeur général de l'agence régionale de santé en lien avec le directeur de leur unité de formation et de recherche. »

Pour les étudiants cités en ndlr ss. le § 1er nouv., au II du 2°, après les mots : « Congé de maternité », sont insérés les mots : « de paternité ou d'adoption » et à compter de la rentrée universitaire 2020-2021 au V, le mot : « interrégion » est remplacé par le mot : « région » (Décr. n° 2019-1022 du 4 oct. 2019, art. 1er).

Art. D. 633-31 **Un enseignant, membre du corps des pharmaciens des armées, est chargé de suivre la préparation de chaque assistant des hôpitaux des armées inscrit à la préparation d'un diplôme d'études spécialisées de pharmacie, en liaison avec l'enseignant-coordonnateur mentionné à l'article D. 633-12.** – *[Décr. n° 2012-172 du 3 févr. 2012, art. 24.]*

Pour les étudiants cités en ndlr ss. le § 1er nouv., les mots : « l'enseignant-coordonnateur » sont remplacés par les mots : « le coordonnateur local de la spécialité » (Décr. n° 2019-1022 du 4 oct. 2019, art. 1er).

SOUS-SECTION 4 DISPOSITIONS DIVERSES

Cette sous-section est abrogée pour les étudiants cités à la ndlr du nouv. § 1er de la sous-section 1 (Décr. n° 2019-1022 du 4 oct. 2019, art. 1er).

Art. D. 633-32 **Pour l'application du quatrième alinéa de l'article D. 633-15, les stages effectués avant le 5 février 2012 sont pris en compte.** – *[Décr. n° 2012-172 du 3 févr. 2012, art. 25.]*

Art. D. 633-33 **Les coordonnateurs interrégionaux en fonctions à la date du 5 février 2012 terminent le mandat pour lequel ils ont été désignés. Leur mandat peut être renouvelé, le cas échéant, dans les conditions de l'article D. 633-12.** – *[Décr. n° 2012-172 du 3 févr. 2012, art. 26.]*

Art. D. 633-34 **Les arrêtés pris en application des articles D. 633-1 à D. 633-16, D. 633-19 à D. 633-23 et D. 633-29 à D. 633-33 font l'objet d'une publication au *Journal officiel* de la République française.** – *[Décr. n° 2012-172 du 3 févr. 2012, art. 28.]*

SOUS-SECTION 5 ACCÈS AUX FORMATIONS DU TROISIÈME CYCLE SPÉCIALISÉ POUR LES RESSORTISSANTS FRANÇAIS OU DES AUTRES ÉTATS MEMBRES DE L'UNION EUROPÉENNE, DES AUTRES ÉTATS PARTIES À L'ACCORD SUR L'ESPACE ÉCONOMIQUE EUROPÉEN, DE LA CONFÉDÉRATION HELVÉTIQUE OU DE LA PRINCIPAUTÉ D'ANDORRE

Cette sous-section devient la sous-section 3 pour les étudiants cités à la ndlr du nouv. § 1er de la sous-section 1 (Décr. n° 2019-1022 du 4 oct. 2019, art. 1er).

Art. R. 633-35 **Les pharmaciens français ou ressortissants d'un autre État membre de l'Union européenne ou d'un autre État partie à l'accord sur l'Espace économique européen ainsi que les pharmaciens suisses et andorrans, titulaires d'un diplôme ouvrant droit à l'exercice de la pharmacie, peuvent accéder à une des formations du troisième cycle spécialisé des études pharmaceutiques, différente de leur formation initiale, s'ils ont satisfait aux épreuves d'un concours spécial dénommé "concours d'internat à titre européen".**

Les candidats qui se présentent à ce concours justifient d'au moins trois années d'activité professionnelle en qualité de pharmacien dans l'un des États mentionnés au premier alinéa du présent article. – *[Décr. n° 2012-173 du 3 févr. 2012, art. 1er.]*

Art. R. 633-36 **Les dispositions des articles D. 633-2, D. 633-3 et D. 633-8 sont applicables au concours de l'internat en pharmacie à titre européen.**

Le concours d'internat à titre européen est organisé par le directeur général du Centre national de gestion des praticiens hospitaliers et des personnels de direction de la fonction publique hospitalière.

Un arrêté fixant l'ouverture des épreuves est pris annuellement par le ministre chargé de la santé.

Les candidats peuvent se présenter deux fois à ce concours. – *[Décr. n° 2012-173 du 3 févr. 2012, art. 2.]*

Art. R. 633-37 Le nombre de postes mis au concours de l'internat en pharmacie à titre européen ainsi que leur répartition par spécialité, par *(Décr. n° 2019-1331 du 9 déc. 2019, art. 1er)* « région » et par centre hospitalier universitaire sont fixés chaque année par arrêté des ministres chargés de la santé et de l'enseignement supérieur.

Art. R. 633-38 Les candidats nommés internes à l'issue de ce concours sont soumis aux dispositions des articles *(Décr. n° 2019-1331 du 9 déc. 2019, art. 1er)* « D. 633-9 à D. 633-19 » du présent code et aux articles R. 6153-41 à R. 6153-44 du code de la santé publique. Les dispositions des articles R. 633-17 et R. 633-18 du présent code ne leur sont pas applicables.

Art. R. 633-39 Il est tenu compte, au cours de la formation du troisième cycle, des compétences acquises, des fonctions de troisième cycle déjà accomplies ainsi que de la formation déjà suivie dans le cadre de la formation pharmaceutique continue par les internes, selon des modalités déterminées par l'unité de formation et de recherche de pharmacie dont dépend l'interne et approuvées par le président d'université. Les internes qui bénéficient, de ce fait, d'une réduction de la durée de leur formation sont réputés avoir une ancienneté augmentée du nombre de semestres pris en compte. – *[Décr. n° 2012-173 du 3 févr. 2012, art. 5.]*

SOUS-SECTION 6 ACCÈS AUX FORMATIONS DU TROISIÈME CYCLE SPÉCIALISÉ POUR LES PHARMACIENS AUTRES QUE LES RESSORTISSANTS DES ÉTATS MEMBRES DE L'UNION EUROPÉENNE, DES AUTRES ÉTATS PARTIES À L'ACCORD SUR L'ESPACE ÉCONOMIQUE EUROPÉEN, DE LA CONFÉDÉRATION HELVÉTIQUE OU DE LA PRINCIPAUTÉ D'ANDORRE

Cette sous-section devient la sous-section 4 pour les étudiants cités à la ndlr du nouv. § 1er de la sous-section 1 (Décr. n° 2019-1022 du 4 oct. 2019, art. 1er).

Art. R. 633-40 Un concours d'internat en pharmacie à titre étranger est organisé chaque année. Ce concours, dénommé "internat à titre étranger", est ouvert aux étrangers autres que ressortissants d'États membres de l'Union européenne, d'un autre État partie à l'accord sur l'Espace économique européen, de la Confédération suisse ou de la Principauté d'Andorre, titulaires d'un diplôme de pharmacien permettant l'exercice de la pharmacie dans le pays d'obtention ou d'origine. – *[Décr. n° 2012-173 du 3 févr. 2012, art. 12.]*

Art. R. 633-41 Les candidats peuvent se présenter deux fois au concours d'internat en pharmacie à titre étranger. La ou les présentations du candidat à des sessions du concours organisé en application des articles D. 633-1 à D. 633-7 sont, le cas échéant, prises en compte dans l'appréciation des droits à concourir. – *[Décr. n° 2012-173 du 3 févr. 2012, art. 13.]*

Art. R. 633-42 Le concours d'internat en pharmacie à titre étranger est organisé par le directeur général du Centre national de gestion des praticiens hospitaliers et des personnels de direction de la fonction publique hospitalière.

Un arrêté des ministres chargés de l'enseignement supérieur et de la santé fixe, chaque année, le nombre de postes offerts au concours et leur répartition, par diplôme d'études spécialisées, *(Décr. n° 2019-1331 du 9 déc. 2019, art. 1er)* « région » et centre hospitalier universitaire.

Art. R. 633-43 L'article D. 633-3 est applicable au concours d'internat en pharmacie à titre étranger.

Un arrêté des ministres chargés de la santé et de l'enseignement supérieur précise les documents particuliers qui figurent au dossier d'inscription. – *[Décr. n° 2012-173 du 3 févr. 2012, art. 15.]*

Art. R. 633-44 Après la publication des résultats du concours d'internat en pharmacie à titre étranger par le Centre national de gestion des praticiens hospitaliers et des personnels de direction de la fonction publique hospitalière, les candidats classés com-

muniquent par écrit à ce centre la liste, par ordre préférentiel, des *(Décr. n° 2019-1331 du 9 déc. 2019, art. 1er)* « région », spécialités et centres hospitaliers universitaires de rattachement qu'ils souhaitent choisir.

En fonction de leur rang de classement et compte tenu des possibilités d'accueil dans chaque *(Décr. n° 2019-1331 du 9 déc. 2019, art. 1er)* « région » et spécialité, les internes sont affectés, selon leurs souhaits et conformément à la répartition des postes fixée par l'arrêté prévu à l'article R. 633-42.

Le Centre national de gestion des praticiens hospitaliers et des personnels de direction de la fonction publique hospitalière informe chaque interne de son affectation.

Art. R. 633-45 Le rang de classement obtenu par le candidat à l'issue des épreuves est également pris en compte pour le choix des stages. Les internes en pharmacie recrutés au titre de la présente sous-section sont interclassés avec les internes issus des concours organisés en application des articles D. 633-1 à D. 633-7 et R. 633-35 à R. 633-39 et sans que le stage choisi soit retiré du choix ouvert aux internes classés ensuite. Il ne peut cependant pas y avoir plus d'un interne nommé en application des dispositions de la présente sous-section dans le même lieu de stage agréé. — *[Décr. n° 2012-173 du 3 févr. 2012, art. 17.]*

Art. R. 633-46 Les dispositions prévues aux articles *(Décr. n° 2019-1331 du 9 déc. 2019, art. 1er)* « D. 633-9 à D. 633-17-2 », à l'exception de l'article D. 633-13, aux articles D. 633-19 et D. 633-23 à D. 633-31 du présent code ainsi qu'aux articles R. 6153-41 à R. 6153-44 du code de la santé publique sont applicables aux internes recrutés au titre de la présente sous-section.

Art. R. 633-47 Les internes nommés en application de la présente sous-section ne peuvent prétendre à la délivrance du diplôme d'État de docteur en pharmacie. — *[Décr. n° 2012-173 du 3 févr. 2012, art. 19.]*

SOUS-SECTION 7 DISPOSITIONS DIVERSES

Cette sous-section devient la sous-section 5 pour les étudiants cités à la ndlr du nouv. § 1er de la sous-section 1 (Décr. n° 2019-1022 du 4 oct. 2019, art. 1er).

Art. R. 633-48 Les arrêtés pris en application des articles R. 633-17, R. 633-18, R. 633-24 à R. 633-28 et R. 633-35 à R. 633-47 font l'objet d'une publication au *Journal officiel* de la République française. — *[Décr. n° 2012-173 du 3 févr. 2012, art. 22.]*

CHAPITRE IV LES ÉTUDES ODONTOLOGIQUES

SECTION PREMIÈRE LE DIPLÔME DE FORMATION GÉNÉRALE EN SCIENCES ODONTOLOGIQUES

La présente section ne comprend pas de dispositions prises par décret.

SECTION II LE DIPLÔME DE FORMATION APPROFONDIE EN SCIENCES ODONTOLOGIQUES

La présente section ne comprend pas de dispositions prises par décret.

SECTION III LE TROISIÈME CYCLE COURT ET L'OBTENTION DU DIPLÔME D'ÉTAT DE DOCTEUR EN CHIRURGIE DENTAIRE

La présente section ne comprend pas de dispositions prises par décret.

SECTION IV LE TROISIÈME CYCLE LONG

SOUS-SECTION 1 ORGANISATION

§ 1er ACCÈS AU TROISIÈME CYCLE LONG

Art. R. 634-1 Peuvent accéder au troisième cycle long des études odontologiques, en vue d'une formation qualifiante, sous réserve de réussite aux épreuves d'un concours national d'internat en odontologie :

1° Les étudiants ayant validé le deuxième cycle des études odontologiques en France ;

2° Les ressortissants d'un État membre de l'Union européenne ou d'un autre État partie à l'accord sur l'Espace économique européen, de la Confédération helvétique ou de la Principauté d'Andorre ayant validé une formation de base de praticien de l'art dentaire telle que définie au 2 et au 3 de l'article 34 de la directive 2005/36/CE du Parlement européen et du Conseil du 7 septembre 2005 relative à la reconnaissance des qualifications professionnelles. – *[Décr. n° 2011-22 du 5 janv. 2011, art. 1er.]*

Art. R. 634-2 Un conseil scientifique pour les études en odontologie, placé auprès du ministre chargé de l'enseignement supérieur, prépare et vérifie les sujets susceptibles de faire l'objet des épreuves des concours d'internat mentionnés aux articles R. 634-1 et R. 634-19. Il est composé de huit membres, choisis parmi les personnels enseignants et hospitaliers titulaires des centres hospitaliers et universitaires et nommés par arrêté des ministres chargés de l'enseignement supérieur et de la santé. Il désigne en son sein un président et un secrétaire général.

Le président désigne des experts chargés de proposer ces sujets au conseil scientifique.

Les sujets des épreuves sont tirés au sort par le président du conseil scientifique en odontologie, à partir d'une banque de sujets constituée par ce conseil.

Un arrêté des ministres chargés de l'enseignement supérieur et de la santé précise les modalités de fonctionnement du conseil scientifique en odontologie. – *[Décr. n° 2011-22 du 5 janv. 2011, art. 2.]*

Art. R. 634-3 Un arrêté des ministres chargés de la santé et de l'enseignement supérieur fixe le programme, les modalités d'organisation et d'inscription, le déroulement, la nature, la pondération des épreuves ainsi que les règles d'organisation du jury composé de professeurs des universités-praticiens hospitaliers et maîtres de conférences des universités-praticiens hospitaliers relevant du groupe des disciplines odontologiques du Conseil national des universités pour les disciplines de santé.

Art. R. 634-4 Le troisième cycle long des études odontologiques est organisé dans des circonscriptions géographiques dénommées "interrégions" dont la liste est définie par arrêté des ministres chargés de la santé et de l'enseignement supérieur. – *[Décr. n° 2011-22 du 5 janv. 2011, art. 4.]*

Art. R. 634-5 Le nombre de postes mis au concours ainsi que leur répartition par spécialité, par interrégion et par centre hospitalier universitaire sont fixés chaque année par arrêté des ministres chargés de la santé et de l'enseignement supérieur, en tenant compte des besoins et des capacités de formation. – *[Décr. n° 2011-22 du 5 janv. 2011, art. 5.]*

Art. R. 634-6 Le concours d'internat en odontologie est organisé au niveau national par le directeur général du Centre national de gestion des praticiens hospitaliers et des personnels de direction de la fonction publique hospitalière.

Un arrêté fixant l'ouverture des épreuves est pris annuellement par le ministre chargé de la santé. – *[Décr. n° 2011-22 du 5 janv. 2011, art. 6.]*

Art. R. 634-7 Les étudiants peuvent se présenter au concours de l'internat à deux reprises :

1° La première fois au cours de l'année universitaire au terme de laquelle ils remplissent les conditions prévues à l'article R. 634-1 ;

2° La deuxième fois au cours de l'année universitaire suivante.

Toutefois, en cas d'empêchement de participer aux épreuves résultant d'un congé de maternité, de paternité, d'adoption, d'un cas de force majeure à caractère individuel

ou collectif ou pour raison médicale dûment justifiée, la période durant laquelle peut être exercé le droit à concourir est prolongée de la durée nécessaire pour préserver le droit des candidats. – *[Décr. n° 2011-22 du 5 janv. 2011, art. 7.]*

Art. R. 634-8 **A l'issue du concours, la procédure nationale de choix de la spécialité, de l'interrégion et du centre hospitalier universitaire de rattachement est organisée par le Centre national de gestion des praticiens hospitaliers et des personnels de direction de la fonction publique hospitalière.**

Les lauréats sont appelés à formuler leur choix, selon leur rang de classement et dans la limite du nombre de postes ouverts au concours, dans des conditions fixées par arrêté des ministres chargés de la santé et de l'enseignement supérieur.

A l'issue de la procédure nationale de choix, la liste des lauréats, comprenant les affectations dans une spécialité, une interrégion et un centre hospitalier universitaire de rattachement, est publiée par arrêté du directeur général du Centre national de gestion des praticiens hospitaliers et des personnels de direction de la fonction publique hospitalière.

Un candidat peut renoncer au bénéfice du concours. Il en informe le Centre national de gestion, par écrit, dans un délai de quinze jours à compter de la notification de son affectation. A cette condition, il conserve le droit de se présenter une deuxième fois au concours. – *[Décr. n° 2011-22 du 5 janv. 2011, art. 8.]*

§ 2 FORMATION

Art. R. 634-9 **La liste des formations qualifiantes du troisième cycle long des études odontologiques est fixée par arrêté des ministres chargés de l'enseignement supérieur et de la santé. Certaines formations peuvent être communes à la médecine et à l'odontologie.** – *[Décr. n° 2011-22 du 5 janv. 2011, art. 9.]*

Art. R. 634-10 **Les étudiants nommés internes à l'issue des épreuves du concours prévu à l'article R. 634-6 prennent annuellement une inscription administrative auprès de l'université liée par convention avec leur centre hospitalier universitaire de rattachement. Ils relèvent de l'université pour leur formation pédagogique, dont les modalités sont déterminées par** *(Décr. n° 2015-652 du 10 juin 2015, art. 9)* **« la commission de la formation et de la vie universitaire du conseil académique » après avis du conseil de l'unité de formation et de recherche d'odontologie.**

Art. R. 634-11 **Les** *(Décr. n° 2016-675 du 25 mai 2016, art. 9)* **« étudiants de troisième cycle long des études odontologiques » reçoivent, à temps plein, une formation théorique et pratique. Un arrêté des ministres chargés de l'enseignement supérieur et de la santé fixe, pour chaque formation qualifiante, la durée des études, le programme des enseignements, la durée et la nature des fonctions pratiques qui sont exercées au cours des stages hospitaliers ou extrahospitaliers ainsi que les règles de validation applicables.**

Art. R. 634-12 **Pour chaque formation qualifiante, l'organisation des enseignements théoriques et de la formation pratique est placée, dans chaque interrégion, sous la responsabilité d'un enseignant coordonnateur, désigné pour une période de quatre ans par les directeurs d'unité de formation et de recherche (UFR) d'odontologie de l'interrégion.**

Pour les formations communes à la médecine et à l'odontologie, l'enseignant coordonnateur est désigné par les directeurs d'UFR de médecine et d'odontologie de l'interrégion. Cette responsabilité est assurée alternativement par un enseignant des UFR de médecine et un enseignant des UFR d'odontologie. – *[Décr. n° 2011-22 du 5 janv. 2011, art. 12.]*

Art. R. 634-13 *(Décr. n° 2020-1057 du 14 août 2020, art. 1er)* **« I. – »** *(Décr. n° 2016-675 du 25 mai 2016, art. 5)* **« Les étudiants de troisième cycle long des études odontologiques peuvent bénéficier d'une année de recherche dont les modalités d'organisation ainsi que le nombre de postes proposés chaque année sont fixés par arrêté des ministres chargés de l'enseignement supérieur et de la santé.**

« L'année de recherche est attribuée en tenant compte de la qualité du projet de recherche présenté par l'étudiant.

« Pendant le contrat d'année de recherche cité à l'article R. 6153-11 du code de la santé publique, l'étudiant en année de recherche est un étudiant de troisième cycle long des études odontologiques. »

Les stages *(Décr. n° 2016-675 du 25 mai 2016, art. 5-2°)* « ou les gardes accomplis au cours de l'année de recherche » ne sont pas pris en compte dans les obligations de formation prévues pour l'obtention du diplôme postulé dans le cadre *(Décr. n° 2016-675 du 25 mai 2016, art. 5)* « du troisième cycle long des études odontologiques ».

(Décr. n° 2020-1057 du 14 août 2020, art. 1er) « II. — L'année de recherche prévue au présent article ainsi que la disponibilité prévue au 2° de l'article R. 6153-26 du code de la santé publique sont prises en compte dans le calcul de l'ancienneté dans la limite de deux années. »

Art. R. 634-14 Les *(Décr. n° 2016-675 du 25 mai 2016, art. 9)* « étudiants de troisième cycle long des études odontologiques » accomplissent leur formation pratique dans des lieux de stage agréés au sein de centres hospitaliers universitaires et des établissements de santé liés par convention avec leur centre hospitalier universitaire de rattachement, selon des modalités prévues par décret. Ils peuvent également accomplir une partie de cette formation auprès d'un praticien agréé-maître de stage. Ils sont placés sous l'autorité du responsable médical ou du praticien agréé-maître de stage du lieu de stage où ils sont affectés.

Art. R. 634-15 Les stages, d'une durée d'un semestre, sont *(Décr. n° 2016-675 du 25 mai 2016, art. 6)* « proposés » tous les six mois au choix des *(Décr. n° 2016-675 du 25 mai 2016, art. 6)* « étudiants de troisième cycle long des études odontologiques. Ils » choisissent par ancienneté de fonctions validées pour un nombre entier de semestres ; à ancienneté égale, le choix s'effectue selon le rang de classement au concours.

Le directeur général de l'agence régionale de santé procède aux affectations semestrielles dans les conditions fixées par arrêté des ministres chargés de la santé et de l'enseignement supérieur.

Les *(Décr. n° 2016-675 du 25 mai 2016, art. 9)* « étudiants de troisième cycle long des études odontologiques » peuvent, selon des modalités fixées par arrêté des ministres chargés de l'enseignement supérieur et de la santé, effectuer, sous réserve de l'accord des autorités universitaires et hospitalières concernées, des semestres de formation dans un lieu de stage agréé d'une autre interrégion ou à l'étranger, dans la limite de trois semestres.

Nul ne peut poursuivre le troisième cycle long des études odontologiques dès lors qu'il n'a pas validé ses semestres de formation dans un délai correspondant à deux fois la durée réglementaire prévue par la maquette du diplôme postulé. Toutefois, une dérogation exceptionnelle, en raison de la situation particulière de l'*(Décr. n° 2016-675 du 25 mai 2016, art. 9)* « étudiant », peut être accordée par le président de l'université après avis du directeur de l'unité de formation et de recherche.

(Décr. n° 2016-675 du 25 mai 2016, art. 6) « Le délai mentionné à l'alinéa précédent est allongé de la durée des congés prévus aux 2° et 3° de l'article R. 634-15 *bis*, de la durée de l'année de recherche prévue à l'article R. 634-13 et de la durée d'une thèse de doctorat citée au 2° de l'article R. 6153-26 du code de la santé publique, les cas échéants. »

Art. R. 634-15-1 *(Décr. n° 2016-675 du 25 mai 2016, art. 7)* I. — Par dérogation au premier alinéa de l'article R. 634-15, les stages non validés sont pris en compte dans le calcul de l'ancienneté lorsque le motif d'invalidation est lié à l'une des situations suivantes :

1° État de grossesse ;

2° Congé de maternité ;

3° Affection pouvant donner lieu à un congé de longue durée prévu à l'article R. 6153-15 du code de la santé publique ou à un congé de longue maladie prévu à l'article R. 6153-16 du même code.

Les stages non validés ne sont pas pris en compte dans les obligations de formation universitaire prévues pour chaque diplôme postulé. Dans ce cas, l'étudiant de troisième cycle long des études odontologiques concerné accomplit un stage complémentaire.

L'étudiant qui se trouve dans l'une de ces trois situations consulte, par dérogation à l'article R. 6153-7 du code de la santé publique, le service de santé au travail de son centre hospitalier universitaire de rattachement. Ce service se rapproche du service de santé au travail de l'entité où l'étudiant accomplit son stage. L'étudiant transmet au directeur général de l'agence régionale de santé dont il relève les justificatifs nécessaires dont les avis médicaux et l'avis du médecin du service de santé au travail.

II. – Lorsque l'étudiant de troisième cycle long des études odontologiques prend part à la procédure de choix de stage et qu'il est dans l'une des situations mentionnées aux 1°, 2° et 3° du présent article, il peut accomplir son stage en surnombre. Dans ce cas, la validation du stage est soumise aux dispositions de l'article R. 6153-20 du code de la santé publique.

A titre alternatif, cet étudiant peut, par dérogation aux dispositions de l'alinéa précédent, opter pour un stage en surnombre choisi indépendamment de son rang de classement. Ce stage n'est pas validé, quelle que soit sa durée.

Dans les cas prévus aux deux alinéas précédents, l'étudiant consulte, par dérogation à l'article R. 6153-7 du code de la santé publique, le service de santé au travail de son centre hospitalier universitaire de rattachement. Ce service se rapproche du service de santé au travail de l'entité où l'étudiant accomplit son stage. L'étudiant transmet au directeur général de l'agence régionale de santé dont il relève les justificatifs nécessaires dont les avis médicaux et l'avis du médecin du service de santé au travail.

III. – Lorsque l'étudiant de troisième cycle long des études odontologiques présente un handicap tel que défini à l'article L. 114 du code de l'action sociale et des familles, il bénéficie d'un accompagnement prévu par décret, en vue d'un aménagement de ses conditions de travail en stage.

Cet étudiant peut demander à accomplir son stage en surnombre. Dans ce cas, la validation du stage est soumise aux dispositions de l'article R. 6153-20 du code de la santé publique.

A titre alternatif, il peut, par dérogation aux dispositions de l'alinéa précédent, opter pour un stage en surnombre choisi indépendamment de son rang de classement. Ce stage n'est pas validé quelle que soit sa durée.

Pour toute demande de stage en surnombre, cet étudiant consulte, par dérogation à l'article R. 6153-7 du code de la santé publique, le service de santé au travail de son centre hospitalier universitaire de rattachement. Ce service se rapproche du service de santé au travail de l'entité où l'étudiant accomplit son stage. L'étudiant transmet au directeur général de l'agence régionale de santé dont il relève les justificatifs nécessaires dont les avis médicaux et l'avis du médecin du service de santé au travail.

IV. – Les étudiants de troisième cycle long des études odontologiques qui ne participent pas à un choix semestriel des postes en raison de l'interruption de leur formation pour un motif autre que la mise en disponibilité prévue à l'article R. 6153-26 du code de la santé publique et dûment justifié auprès du directeur général de l'agence régionale de santé pilote et du directeur de leur unité de formation et de recherche en odontologie d'inscription sont, à leur demande, affectés en stage, dans l'attente du choix semestriel suivant. Ils accomplissent leur stage en surnombre, sur un poste agréé de leur interrégion, proposé au choix semestriel et auquel ils auraient eu accès au regard de leur ancienneté de fonctions validées et de leur rang de classement. Ce poste est arrêté par le directeur général de l'agence régionale de santé pilote en lien avec le directeur de leur unité de formation et de recherche.

V. – Lorsque, en application des dispositions des II et III du présent article, l'étudiant de troisième cycle long des études odontologiques demande à accomplir un stage en surnombre, il choisit à la fin de la procédure de choix tout en conservant son rang de classement.

§ 3 OBTENTION ET DÉLIVRANCE DES DIPLÔMES

Art. R. 634-16 Les *(Décr. n° 2016-675 du 25 mai 2016, art. 9)* « étudiants de troisième cycle long des études odontologiques » qui ont validé l'ensemble de la formation théorique et pratique obtiennent, à l'issue de leur internat, un diplôme d'études spécialisées correspondant à la formation suivie.

Ce diplôme est délivré par les universités habilitées à cet effet par arrêté des ministres chargés de l'enseignement supérieur et de la santé.

Art. R. 634-17 *(Décr. nº 2020-1057 du 14 août 2020, art. 1er)* « I. – » Pour les *(Décr. nº 2016-675 du 25 mai 2016, art. 9)* « étudiants de troisième cycle long des études odontologiques » ayant accompli le deuxième cycle d'études en France, la thèse conduisant au diplôme d'État de docteur en chirurgie dentaire est soutenue devant un jury désigné par le président d'université sur proposition du directeur de l'unité de formation et de recherche. Ce jury comprend au moins quatre membres :

1º Un professeur des universités-praticien hospitalier des centres de soins, d'enseignement et de recherche dentaires, président ;

2º Trois autres membres, dont deux au moins choisis parmi les personnels enseignants et hospitaliers titulaires des centres de soins, d'enseignement et de recherche dentaires ; l'un de ces membres peut être un assistant hospitalier universitaire.

(Décr. nº 2020-1057 du 14 août 2020, art. 1er) « II. – Pour les étudiants en troisième cycle des études odontologiques inscrits dans les spécialités d'orthopédie dento-faciale et de médecine bucco-dentaire, la thèse peut être soutenue après validation du deuxième semestre de formation du troisième cycle long des études odontologiques et jusqu'à la fin de l'année civile suivant celle au cours de laquelle ils obtiennent leur diplôme d'études spécialisées. Pour les étudiants en troisième cycle des études odontologiques inscrits dans la spécialité de chirurgie orale, la thèse est soutenue avant la fin de la phase d'approfondissement. »

Art. R. 634-18 La délivrance du diplôme d'État de docteur en chirurgie dentaire ne peut intervenir qu'au terme de la validation totale du troisième cycle long, en même temps que celle du diplôme d'études spécialisées obtenu. – *[Décr. nº 2011-22 du 5 janv. 2011, art. 18.]*

§ 4 ACCÈS AU TROISIÈME CYCLE LONG POUR LES PRATICIENS FRANÇAIS OU RESSORTISSANTS DES AUTRES ÉTATS MEMBRES DE L'UNION EUROPÉENNE, DES AUTRES ÉTATS PARTIES À L'ACCORD SUR L'ESPACE ÉCONOMIQUE EUROPÉEN, DE LA CONFÉDÉRATION HELVÉTIQUE OU DE LA PRINCIPAUTÉ D'ANDORRE

Art. R. 634-19 Les praticiens français ou ressortissants d'un autre État membre de l'Union européenne ou d'un autre État partie à l'accord sur l'Espace économique européen, ainsi que les praticiens suisses ou andorrans, titulaires d'un diplôme ouvrant droit à l'exercice de la chirurgie dentaire, peuvent accéder au troisième cycle long des études odontologiques après avoir satisfait aux épreuves d'un concours spécial dénommé "concours d'internat à titre européen".

Pour pouvoir se présenter à ce concours, les candidats doivent justifier d'au moins trois années d'activité professionnelle en qualité de chirurgien-dentiste dans l'un des États mentionnés au premier alinéa du présent article. – *[Décr. nº 2011-22 du 5 janv. 2011, art. 19.]*

Art. R. 634-20 Les dispositions des articles R. 634-2, R. 634-3, R. 634-4 et R. 634-8 sont applicables au concours d'internat à titre européen.

Le concours est organisé par le Centre national de gestion des praticiens hospitaliers et des personnels de direction de la fonction publique hospitalière. Un arrêté du ministre chargé de la santé fixe la date de l'ouverture des épreuves.

Les candidats peuvent se présenter deux fois à ce concours. – *[Décr. nº 2011-22 du 5 janv. 2011, art. 20.]*

Art. R. 634-21 Le nombre de postes mis au concours d'internat à titre européen ainsi que leur répartition par spécialité, par interrégion et par centre hospitalier universitaire de rattachement sont fixés par arrêté des ministres chargés de la santé et de l'enseignement supérieur. – *[Décr. nº 2011-22 du 5 janv. 2011, art. 21.]*

Art. R. 634-22 Les *(Décr. nº 2016-675 du 25 mai 2016, art. 9)* « étudiants de troisième cycle long des études odontologiques » nommés à l'issue du concours d'internat à titre européen sont soumis aux dispositions pédagogiques prévues à la présente sous-section et à l'ensemble des dispositions applicables aux *(Décr. nº 2016-675 du 25 mai 2016, art. 9)* « étudiants de troisième cycle long des études odontologiques ».

Il est tenu compte des compétences acquises, des fonctions de troisième cycle déjà accomplies ainsi que de la formation déjà suivie dans le cadre de la formation odontologique continue, selon des modalités déterminées par *(Décr. nº 2015-652 du 10 juin*

2015, art. 9) « la commission de la formation et de la vie universitaire du conseil académique » après avis du conseil de l'unité de formation et de recherche d'odontologie.

Les *(Décr. n° 2016-675 du 25 mai 2016, art. 9)* « étudiants visés au premier alinéa » bénéficiant, pour la durée de leur formation pratique, des dispositions prévues au deuxième alinéa du présent article sont réputés avoir une ancienneté augmentée du nombre de semestres admis en équivalence.

Art. R. 634-23 Les arrêtés pris en application de la présente sous-section font l'objet d'une publication au *Journal officiel* de la République française. – *[Décr. n° 2011-22 du 5 janv. 2011, art. 27.]*

SOUS-SECTION 2 *[ABROGÉE]* DISPOSITIONS APPLICABLES JUSQU'À LA FIN DE L'ANNÉE UNIVERSITAIRE 2015-2016

(Abrogée par Décr. n° 2013-756 du 19 août 2013, art. 5)

Art. R. 634-24 à R. 634-31 *Abrogés par Décr. n° 2013-756 du 19 août 2013, art. 5.*

CHAPITRE V LES ÉTUDES DE MAÏEUTIQUE

SECTION UNIQUE LE DIPLÔME D'ÉTAT DE SAGE-FEMME

SOUS-SECTION 1 DISPOSITIONS COMMUNES

Art. D. 635-1 Le diplôme d'État de sage-femme est délivré par les universités habilitées à cet effet, après avis du Conseil national de l'enseignement supérieur et de la recherche, par arrêté des ministres chargés de l'enseignement supérieur et de la santé, aux étudiants qui ont validé l'ensemble de la formation théorique, clinique et pratique correspondant aux deux cycles de formation.

Les habilitations à délivrer le diplôme d'État de sage-femme accordées avant le 29 septembre 1985 demeurent valides. – *[CSP, art. D. 4151-1.]*

Art. D. 635-2 *(Décr. n° 2019-1126 du 4 nov. 2019, art. 1er)* Les étudiants souhaitant suivre une formation de maïeutique doivent avoir validé un parcours de formation antérieur mentionné au I de l'article R. 631-1 et subi avec succès les épreuves mentionnées à l'article R. 631-1-2.

Art. D. 635-3 En cas de convention passée entre une université comportant une ou plusieurs unités de formation et de recherche médicales et plusieurs écoles de sages-femmes, les étudiants qui s'inscrivent *(Décr. n° 2019-1126 du 4 nov. 2019, art. 1er)* « dans un des parcours de formation mentionné au I de l'article R. 631-1 et présentent leur candidature pour suivre une formation de maïeutique » sont répartis entre les différentes écoles selon les modalités fixées par *(Décr. n° 2019-1126 du 4 nov. 2019, art. 1er)* « le I de l'article L. 631-1 du code de l'éducation ».

Art. D. 635-4 Chaque école de sages-femmes ou université organisant la formation initiale des sages-femmes assure la couverture des besoins de formation de plusieurs départements. Un arrêté en détermine la liste. – *[CSP, art. D. 4151-4.]*

Art. D. 635-5 Le montant des droits annuels d'inscription exigés des candidats au diplôme d'État de sage-femme est fixé par arrêté des ministres chargés de l'enseignement supérieur et de la santé.

Les étudiants poursuivant leurs études dans les écoles de sages-femmes ne prennent d'inscription à l'université que pour le passage des examens. – *[CSP, art. D. 4151-8.]*

Art. D. 635-6 *Abrogé par Décr. n° 2016-1335 du 7 oct. 2016, art. 4.*

Art. D. 635-7 Les règles relatives à l'agrément et à la nomination de certains directeurs des écoles de sages-femmes ainsi qu'à la nomination des directeurs techniques des enseignements sont fixées par les articles R. 4151-9 à R. 4151-13 du code de la santé publique.

SOUS-SECTION 2 LE DIPLÔME DE FORMATION GÉNÉRALE EN SCIENCES MAÏEUTIQUES

La présente sous-section ne comprend pas de dispositions prises par décret.

SOUS-SECTION 3 LE DEUXIÈME CYCLE DES ÉTUDES EN SCIENCES MAÏEUTIQUES

La présente sous-section ne comprend pas de dispositions prises par décret.

CHAPITRE VI LES AUTRES FORMATIONS DE SANTÉ

SECTION PREMIÈRE LES ÉTUDES D'AUDIOPROTHÈSE

Art. D. 636-1 Les établissements d'enseignement supérieur publics habilités à délivrer le diplôme d'État d'audioprothésiste sont désignés, après avis du Conseil national de l'enseignement supérieur et de la recherche, par arrêté des ministres chargés de l'enseignement supérieur et de la santé.

Ces arrêtés mentionnent, le cas échéant, l'unité de formation et de recherche responsable de la préparation habilitée, au vu d'un dossier précisant les modalités d'organisation du diplôme.

L'habilitation peut être retirée selon la même procédure. – *[CSP, art. D. 4361-12.]*

Art. D. 636-2 Les études en vue du diplôme d'État d'audioprothésiste sont ouvertes aux titulaires du baccalauréat de l'enseignement du second degré ou d'un titre admis en dispense ou en équivalence du baccalauréat en vue de la poursuite d'études dans les universités.

Art. D. 636-3 *(Décr. nº 2020-579 du 14 mai 2020, art. 1er)* I. – L'admission des candidats est précédée de la procédure de préinscription prévue aux articles L. 612-3 et L. 612-3-2 du code de l'éducation et organisée selon les dispositions du chapitre II du titre Ier du livre VI du même code.

La candidature à l'admission à la formation est soumise à l'acquittement de droits dont le montant est fixé par un arrêté conjoint des ministres chargés du budget et de l'enseignement supérieur.

II. – Les capacités d'accueil équivalent au nombre des étudiants admis à entreprendre des études d'audioprothèse, fixé chaque année en application de l'article L. 4383-2 du code de la santé publique et par arrêté des ministres chargés de la santé et de l'enseignement supérieur. Le nombre de places ouvertes ne peut excéder la capacité d'accueil autorisée par établissement de formation. Les capacités d'accueil sont actualisées, si nécessaire, au plus tard au terme de la phase principale de la procédure de préinscription.

III. – Conformément à l'article D. 612-1-11 du code de l'éducation, plusieurs établissements proposant la formation d'audioprothésiste peuvent se regrouper en vue de faire l'objet d'un même vœu, dit multiple, et constituent une commission d'examen des vœux. Le nombre total de vœux d'inscription pour le diplôme d'État d'audioprothésiste est limité à 5 par candidat.

La commission d'examen des vœux formée au sein de chaque établissement ou au sein du regroupement examine les dossiers selon les modalités définies aux articles D. 612-1-13 et D. 612-1-14 du code de l'éducation. Après examen des dossiers de candidature, la commission d'examen des vœux ordonne les candidatures retenues et établit une liste de candidats admis. Ces candidats admis sont autorisés à intégrer la première année de formation en vue du diplôme d'État d'audioprothésiste.

Toutefois, la commission d'examen des vœux peut prévoir, après l'examen des dossiers de candidature, l'organisation d'un entretien des candidats figurant sur une liste qu'elle aura préalablement établie. Dans ce cas, à l'issue de cet entretien, la commission ordonne les candidatures retenues et établit la liste des candidats admis qui sont autorisés à intégrer la première année de formation en vue du diplôme d'État d'audioprothésiste.

Art. D. 636-4 Les études en vue du diplôme d'État d'audioprothésiste ont une durée de trois ans. Elles comportent des enseignements théoriques, des enseignements dirigés, des enseignements pratiques, des stages et la soutenance d'un mémoire de recherche.

Les orientations thématiques et les volumes horaires des enseignements théoriques et pratiques sont fixés conformément à l'annexe du décret nº 2001-620 du 10 juillet

2001 relatif au programme d'enseignement, à l'organisation du stage en audioprothèse et aux épreuves de l'examen en vue du diplôme d'État d'audioprothésiste publiée au *Bulletin officiel* du ministère de l'enseignement supérieur et de la recherche.

Les professionnels de l'audioprothèse participent aux enseignements en tant que de besoin. – *[CSP, art. D. 4361-3.]*

Art. D. 636-5 Chacune des trois années d'études d'audioprothèse fait l'objet d'un examen terminal portant sur l'ensemble des matières enseignées dans l'année. Une seule session est organisée annuellement.

L'obtention d'une note moyenne égale ou supérieure à 10 sur 20 pour l'ensemble des travaux pratiques et des stages conditionne chaque année l'autorisation de se présenter aux examens.

Art. D. 636-6 L'examen mentionné à l'article D. 636-5 comprend des épreuves écrites et des travaux pratiques ainsi que, en troisième année, une épreuve orale. Toute note inférieure ou égale à 5 sur 20 est éliminatoire. Les étudiants doivent avoir obtenu à l'examen une moyenne générale de 10 sur 20 sans note éliminatoire pour passer dans l'année supérieure ou être admis à subir l'épreuve orale de fin de troisième année. La nature et la durée des épreuves ainsi que les coefficients qui leur sont attribués sont fixés chaque année par le conseil de l'unité de formation et de recherche, sur proposition de l'enseignant responsable de la formation.

L'épreuve orale d'admission porte sur l'ensemble des enseignements des trois années d'études. Sont déclarés admis les étudiants ayant obtenu au moins 10 sur 20 à cette épreuve.

Aucun étudiant ne peut redoubler plus de deux des trois années d'études. Nul ne peut être autorisé à tripler une année d'études, sauf autorisation exceptionnelle accordée par le président de l'université sur proposition de l'enseignant responsable de la formation.

Art. D. 636-7 Les jurys des examens terminaux de chacune des trois années d'études d'audioprothèse sont désignés par le président de l'université, après avis du directeur de l'unité de formation et de recherche, sur proposition de l'enseignant responsable de la formation. Ils comprennent chacun cinq membres, dont au moins deux enseignants et un audioprothésiste ayant participé à l'enseignement. Ils sont présidés par l'enseignant responsable de la formation.

Art. D. 636-8 Les stages d'audiologie sont accomplis dans des pôles d'activité hospitaliers d'oto-rhino-laryngologie ou dans des établissements agréés par le conseil de l'unité de formation et de recherche (UFR), sur proposition de l'enseignant responsable de la formation d'audioprothésiste.

Les stages d'audioprothèse sont accomplis auprès de maîtres de stages, dans les laboratoires d'audioprothèse agréés par le conseil de l'UFR, sur proposition de l'enseignant responsable de la formation.

Les étudiants en audioprothèse effectuent leur stage pratique auprès d'un audioprothésiste, appelé maître de stage.

Lorsque ce stage s'effectue dans un établissement de santé, il se déroule sous la responsabilité du chef de pôle d'activité ou du président de la commission médicale de l'établissement au sein duquel exerce le maître de stage.

Chaque stage est noté sur 20 par l'enseignant responsable de la formation, sur proposition du maître de stage. – *[CSP, art. D. 4361-4.]*

Art. D. 636-9 Le maître de stage doit exercer son activité professionnelle depuis trois ans au moins et être agréé par une commission d'agrément que préside le directeur de l'unité de formation et de recherche (UFR) dont relève l'étudiant, suivant des modalités définies par un arrêté du ministre chargé de l'enseignement supérieur et du ministre chargé de la santé.

Le directeur de l'UFR dresse la liste des maîtres de stage et prononce l'affectation des étudiants. – *[CSP, art. D. 4361-5.]*

Art. D. 636-10 Le nombre maximum de stagiaires que le maître de stage peut accueillir ne peut excéder trois. Il est fixé par accord entre le maître de stage et le responsable de l'enseignement du diplôme d'État d'audioprothésiste et, le cas échéant, du chef de pôle d'activité ou du président de la commission médicale d'établissement. – *[CSP, art. D. 4361-6.]*

Art. D. 636-11 Le stagiaire, après consentement du patient, assiste aux activités du maître de stage et participe, sous la responsabilité et en présence du maître de stage, aux actes professionnels que ce dernier accomplit habituellement.

L'étudiant ne peut recevoir de rémunération ni de son maître de stage ni des patients au titre de ses activités de stagiaire. – *[CSP, art. D. 4361-7.]*

Art. D. 636-12 Le directeur de l'unité de formation et de recherche peut mettre fin au stage ou le suspendre de sa propre initiative ou sur la demande soit du maître de stage, soit de l'étudiant, soit, le cas échéant, du chef de pôle d'activité ou du président de la commission médicale d'établissement. Le stagiaire est pourvu, le cas échéant, d'une autre affectation. – *[CSP, art. D. 4361-8.]*

Art. D. 636-13 Le stage donne lieu à un rapport de stage rédigé par le stagiaire ainsi qu'à un rapport adressé par le maître de stage au directeur de l'unité de formation et de recherche (UFR) et portant sur le déroulement du stage et les aptitudes du stagiaire.

La validation du stage est prononcée, au vu de ces rapports, par le directeur de l'UFR dont relève l'étudiant. – *[CSP, art. D. 4361-9.]*

Art. D. 636-14 Le stage auprès d'un audioprothésiste fait l'objet d'une convention entre le directeur de l'unité de formation et de recherche dont relève l'étudiant, le maître de stage et, le cas échéant, le directeur de l'établissement.

Cette convention fixe notamment les modalités du stage ainsi que les conditions de réparation et d'assurance des éventuels dommages causés par le stagiaire ou subis par lui durant le stage. – *[CSP, art. D. 4361-10.]*

Art. D. 636-15 La soutenance du mémoire de recherche ne peut avoir lieu qu'après la validation de la troisième année d'études. Elle est publique. Le président du jury établit un procès-verbal de soutenance contresigné par l'ensemble des membres du jury.

Le jury, présidé par l'enseignant responsable de la formation, est désigné dans les conditions fixées à l'article D. 636-7. Il comprend au moins :

1° Un médecin oto-rhino-laryngologiste (professeur des universités-praticien-hospitalier ou maître de conférences des universités-praticien-hospitalier) ;

2° Un physicien (enseignant ou enseignant-chercheur) ;

3° Un audioprothésiste (enseignant ou maître de stage).

Les étudiants peuvent s'inscrire pour une année supplémentaire en vue de la soutenance de leur mémoire de recherche. Ils ne peuvent le présenter plus de deux fois.

Art. D. 636-16 Le diplôme d'État d'audioprothésiste est délivré aux étudiants ayant satisfait avec succès aux épreuves des examens de fin de première, de deuxième et de troisième années et ayant soutenu avec succès leur mémoire de recherche. – *[CSP, art. D. 4361-1.]*

Art. D. 636-17 Le montant des droits annuels exigés des candidats au diplôme d'État d'audioprothésiste est fixé par arrêté du ministre chargé de l'enseignement supérieur. – *[CSP, art. D. 4361-11.]*

SECTION II LES ÉTUDES D'ORTHOPHONIE

SOUS-SECTION 1 DISPOSITIONS GÉNÉRALES

(Décr. nº 2020-579 du 14 mai 2020, art. 2)

Art. D. 636-18 Les études en vue du certificat de capacité d'orthophoniste comportent dix semestres de formation et se composent de deux cycles :

1° Le premier cycle, défini à la sous-section 2, comprend six semestres de formation validés par l'obtention de 180 crédits européens correspondant au niveau licence ;

2° Le deuxième cycle, défini à la sous-section 3, comprend quatre semestres de formation validés par l'obtention de 120 crédits européens correspondant au niveau master.

Art. D. 636-18-1 Les universités sont habilitées à délivrer le certificat de capacité d'orthophoniste par arrêté conjoint des ministres chargés de l'enseignement supérieur et de la santé, après avis du Conseil national de l'enseignement supérieur et de la recherche.

La formation dispensée fait l'objet d'une évaluation périodique en vue du renouvellement de l'habilitation à délivrer le certificat de capacité d'orthophoniste.

Art. D. 636-18-2 Les candidats à une inscription en vue du certificat de capacité d'orthophoniste justifient :

– soit du baccalauréat ;

– soit du diplôme d'accès aux études universitaires ;

– soit d'un diplôme français ou étranger admis en dispense ou équivalence du baccalauréat en application de la réglementation nationale ;

– soit d'une qualification ou d'une expérience jugées suffisantes, conformément aux dispositions de l'article L. 613-5 du code de l'éducation.

Art. D. 636-18-3 La candidature à l'admission à la formation est soumise à l'acquittement de droits dont le montant est fixé par un arrêté conjoint des ministres chargés du budget et de l'enseignement supérieur.

L'admission des candidats est précédée de la procédure de préinscription prévue aux articles L. 612-3 et L. 612-3-2 du code de l'éducation et organisée selon les dispositions du chapitre II du titre Ier du livre VI du même code.

Les capacités d'accueil équivalent au nombre des étudiants admis à entreprendre des études en vue du certificat de capacité d'orthophoniste, fixé chaque année en application de l'article L. 4383-2 du code de la santé publique et par arrêté des ministres chargés de la santé et de l'enseignement supérieur. Le nombre de places ouvertes ne peut excéder la capacité d'accueil autorisée par établissement de formation. Les capacités d'accueil sont actualisées, si nécessaire, au plus tard au terme de la phase principale de la procédure de préinscription.

Conformément à l'article D. 612-1-11 du code de l'éducation, plusieurs établissements proposant la formation d'orthophoniste peuvent se regrouper en vue de faire l'objet d'un même vœu, dit multiple, et constituent une commission d'examen des vœux. Le nombre total de vœux d'inscription pour les études en vue du certificat de capacité d'orthophoniste est limité à 5 par candidat.

La commission d'examen des vœux formée au sein de chaque établissement ou au sein du regroupement examine les dossiers selon les modalités définies aux articles D. 612-1-13 et D. 612-1-14 du code de l'éducation. Après examen des dossiers de candidature, la commission d'examen des vœux établit une liste de candidats soumis à un entretien. A l'issue de ces entretiens, elle ordonne les candidatures retenues et établit une liste de candidats admis.

Les étudiants admis produisent, au plus tard le premier jour de la rentrée, un certificat établi par un médecin agréé attestant que l'étudiant ne présente pas de contre-indication physique et psychologique à l'exercice de la profession d'orthophoniste.

Ces candidats admis sont autorisés à intégrer la première année de formation en vue du certificat de capacité d'orthophoniste.

Au titre de l'année universitaire 2020-2021, les dispositions du 6e al., sont les suivantes :

« La commission d'examen des vœux formée au sein de chaque établissement ou au sein du regroupement examine les dossiers selon les modalités définies aux articles D. 612-1-13 et D. 612-1-14 du code de l'éducation. Après examen des dossiers de candidature, la commission d'examen des vœux ordonne les candidatures retenues et établit une liste de candidats admis. » (Décr. n° 2020-579 du 14 mai 2020, art. 5).

Art. D. 636-18-4 Les étudiants s'inscrivent au début de chaque année universitaire.

SOUS-SECTION 2 PREMIER CYCLE DES ÉTUDES D'ORTHOPHONIE

(Décr. n° 2020-579 du 14 mai 2020, art. 2)

Art. D. 636-19 La formation a pour objectifs :

1° L'acquisition d'un socle de connaissances en sciences de la vie, en sciences physiques et en sciences humaines et sociales indispensables à l'appropriation progressive des compétences nécessaires à l'exercice du métier d'orthophoniste ;

2° L'approche fondamentale de l'être humain, la recherche du maintien de la santé ou la prise en charge du patient, par des connaissances en santé publique ;

3° L'acquisition de connaissances de pathologie et de physiopathologie nécessaires à la pratique de l'orthophonie.

L'apport théorique est complété par des activités de raisonnement clinique et des activités d'apprentissage pratique en milieu clinique permettant à l'étudiant de commencer à construire les compétences nécessaires à l'exercice du métier d'orthophoniste.

Trois principes régissent l'acquisition de ces connaissances :

– la non-exhaustivité : la progression très rapide des connaissances impose des choix et conduit à rejeter toute idée d'exhaustivité. L'enjeu est d'acquérir des concepts qui permettront à l'étudiant, au cours de ses études ultérieures et de sa vie professionnelle, de disposer des outils pour faire évoluer ses savoirs et ses savoir-faire ;

– la participation active de l'étudiant : chaque fois que cela est possible, l'acquisition des connaissances est envisagée au travers de la participation active de l'étudiant sous forme de travaux dirigés, d'exposés, d'approches par problèmes, de stages pour lesquels un tutorat et un contrôle des connaissances adaptés sont mis en place ;

– l'interdisciplinarité : les professions de santé s'appuient sur de nombreux champs disciplinaires. L'apprentissage de l'interdisciplinarité prépare à la collaboration entre futurs professionnels de la santé. Elle s'établit autour de la mise en place d'unités d'enseignement faisant appel à l'intégration de différentes disciplines autour de l'étude de situations cliniques clés ou de problèmes de santé.

Art. D. 636-19-1 La validation des unités d'enseignement ou des éléments constitutifs des unités d'enseignement et des stages permet l'acquisition des 180 crédits européens correspondant au premier cycle.

SOUS-SECTION 3 DEUXIÈME CYCLE DES ÉTUDES D'ORTHOPHONIE

(Décr. n° 2020-579 du 14 mai 2020, art. 2)

Art. D. 636-20 Peuvent s'inscrire en deuxième cycle des études d'orthophonie les étudiants qui ont acquis les 180 crédits européens correspondant au premier cycle.

Art. D. 636-20-1 I. – La formation a pour objectifs :

1° L'acquisition des connaissances scientifiques et techniques indispensables à la maîtrise des savoirs et des savoir-faire nécessaires à l'exercice de la profession d'orthophoniste complétant et approfondissant celles acquises au cours du cycle précédent ;

2° L'apprentissage du raisonnement clinique et de l'intervention thérapeutique ;

3° Une formation à la démarche scientifique rendue nécessaire par la progression rapide des connaissances qui est la conséquence directe des progrès de la recherche faisant évoluer régulièrement les pratiques professionnelles ;

4° L'acquisition des compétences génériques nécessaires à la communication de l'orthophoniste avec le patient et son entourage, à sa coopération avec les membres de l'équipe soignante pluriprofessionnelle, à sa réflexivité et à son respect des règles de l'éthique et de la déontologie.

L'apport théorique est complété par des activités de raisonnement clinique et des activités d'apprentissage pratique en milieu clinique permettant à l'étudiant de maîtriser les compétences nécessaires à l'exercice du métier d'orthophoniste. Ces compétences sont détaillées dans l'annexe 2 du décret n° 2013-798 du 30 août 2013 relatif au régime des études en vue du certificat de capacité d'orthophoniste.

II. – L'enseignement comprend :

1° Un tronc commun ;

2° Un parcours personnalisé au cours duquel l'étudiant pourra choisir :

– d'approfondir ou de compléter ses connaissances dans un domaine de l'orthophonie ;

– d'approfondir ou de compléter ses connaissances favorisant une orientation vers la recherche, dans le cadre d'un parcours recherche. Les étudiants suivant un parcours recherche effectuent un stage de quatre semaines minimum dans une structure de recherche ;

– d'approfondir ou de compléter ses connaissances dans un domaine particulier autre que l'orthophonie.

Ce parcours personnalisé comprend des unités d'enseignement librement choisies parmi les formations dispensées à l'université. Des parcours types peuvent être proposés par la composante assurant la formation en orthophonie.

Les annexes du Décr. n° 2013-798 du 30 août 2013 sont consultables au BOEN.

Art. D. 636-20-2 Au cours du dernier semestre, les étudiants soutiennent un mémoire sous la responsabilité d'un directeur de mémoire, désigné par le directeur de la composante assurant la formation en orthophonie sur proposition de l'équipe pédagogique. En fonction de leur projet professionnel, ce mémoire est soit à orientation professionnelle, soit à orientation recherche dans le cadre du parcours recherche ; dans ce dernier cas le directeur du mémoire est un enseignant-chercheur, un chercheur ou un orthophoniste titulaire d'un doctorat.

Les objectifs de ce mémoire et l'encadrement prévu pour sa réalisation sont précisés à l'annexe 6 du décret n° 2013-798 du 30 août 2013 relatif au régime des études en vue du certificat de capacité d'orthophoniste.

Art. D. 636-20-3 Les membres du jury du mémoire sont désignés par le président de l'université sur proposition du directeur de la composante assurant la formation en orthophonie, après avis de l'équipe pédagogique.

Le jury comprend au moins trois membres dont l'un est extérieur à la structure de formation :

– un orthophoniste de l'équipe pédagogique ;
– le directeur du mémoire ;
– un expert du domaine concerné.

Art. D. 636-20-4 Un certificat de compétences cliniques est organisé au cours du dernier semestre de formation. Ce certificat est destiné à valider les compétences cliniques acquises lors du second cycle.

Art. D. 636-20-5 La validation des unités d'enseignement ou des éléments constitutifs des unités d'enseignement et des stages et la soutenance du mémoire permettent l'acquisition des 120 crédits européens correspondant au deuxième cycle.

Art. D. 636-20-6 Aucun étudiant ne peut être autorisé à prendre plus de trois inscriptions au cours du deuxième cycle des études en orthophonie. Une de ces deux années ne peut faire l'objet de plus de deux inscriptions, sauf dérogation exceptionnelle accordée par le directeur de la composante assurant la formation en orthophonie.

SOUS-SECTION 4 DISPOSITIONS COMMUNES AUX DEUX CYCLES D'ÉTUDES

(*Décr. n° 2020-579 du 14 mai 2020, art. 2*)

Art. D. 636-21 Les enseignements en vue du certificat de capacité d'orthophoniste comprennent des enseignements théoriques, méthodologiques, appliqués et pratiques ainsi que l'accomplissement de stages. Ces enseignements tiennent compte des priorités de santé publique.

Parmi ces enseignements sont notamment prévus :

1° Un enseignement de langue vivante étrangère ;

2° Un enseignement conforme aux référentiels nationaux des certificats informatiques et internet de l'enseignement supérieur : C2i¢ niveau 1 et C2i¢ niveau 2 "métiers de la santé" ;

3° Une formation aux gestes et soins d'urgence.

Art. D. 636-21-1 L'organisation des enseignements est définie par les instances de l'université après avis de la composante assurant la formation.

Les enseignements sont organisés par discipline et en partie de façon intégrée, sous forme d'unités d'enseignement articulées entre elles en cohérence avec les objectifs de la formation et les compétences à acquérir. Ils comprennent les unités d'enseignement du tronc commun et des unités d'enseignement librement choisies par l'étudiant.

La mutualisation des enseignements entre les filières peut être mise en place.

La formation fait appel aux technologies de l'information et de la communication appliquées à l'enseignement et aux différentes approches de simulation ; elle est dispensée sur site ou en partie à distance.

Art. D. 636-21-2 Le contenu des enseignements de la formation conduisant au certificat de capacité d'orthophoniste ainsi que les recommandations pédagogiques qui s'y rapportent sont développés dans le référentiel de formation prévu à l'annexe 3 du décret n° 2013-798 du 30 août 2013 relatif au régime des études en vue du certificat de capacité d'orthophoniste.

Art. D. 636-21-3 La composante assurant la formation en orthophonie élabore un projet pédagogique et veille à l'articulation entre les enseignements théoriques, pratiques et les stages en vue de l'acquisition des compétences professionnelles décrites à l'annexe 2 du décret n° 2013-798 du 30 août 2013 relatif au régime des études en vue du certificat de capacité d'orthophoniste.

Art. D. 636-21-4 Sans préjudice des dispositions relatives au stage pratique des étudiants en orthophonie auprès d'un orthophoniste prévues aux articles D. 4341-6 à D. 4341-10 du code de la santé publique, les stages prévus au cours de la formation conduisant au certificat de capacité d'orthophoniste, ainsi que leur contenu, sont précisés dans le référentiel de formation et dans le cahier des charges des stages mentionnés respectivement aux annexes 3 et 5 du décret n° 2013-798 du 30 août 2013 relatif au régime des études en vue du certificat de capacité d'orthophoniste.

Art. D. 636-21-5 Un carnet de stage identifie les objectifs pédagogiques transversaux et spécifiques de chaque stage. Il permet le suivi de la progression de l'étudiant et son évaluation ; celle-ci porte notamment sur des activités adaptées aux compétences transversales et spécifiques à acquérir.

Art. D. 636-21-6 Les stages font l'objet d'une convention entre le directeur de la composante assurant la formation en orthophonie et le responsable de la structure accueillant le stagiaire. Ces conventions précisent les modalités d'organisation, d'encadrement et de déroulement des stages, que les conditions de réparation et d'assurance des éventuels dommages causés par le stagiaire ou subis par lui durant le stage.

Art. D. 636-21-7 Les étudiants en orthophonie sont soumis au règlement intérieur de la structure d'accueil et sont informés de leurs obligations de présence par le responsable de celle-ci.

Art. D. 636-21-8 La validation des stages est prononcée, au vu du carnet de stage, complété par le maître de stage et du rapport de stage, par le directeur de la composante assurant la formation en orthophonie ou son représentant.

L'absence de validation d'un ou de plusieurs stages au titre d'une année donnée entraîne le redoublement de l'étudiant.

Art. D. 636-21-9 Les modalités de contrôle des connaissances sont arrêtées dans les conditions prévues au premier alinéa de l'article D. 636-21-1, notamment en ce qui concerne l'acquisition, la compensation et la capitalisation des unités d'enseignement. Les modalités de contrôle des connaissances permettent de vérifier l'acquisition de l'ensemble des connaissances et des compétences constitutives du diplôme.

Les aptitudes et l'acquisition des connaissances et des compétences sont appréciées soit par un contrôle continu et régulier soit par un examen terminal, soit par ces deux modes de contrôle combinés. Une session de rattrapage intervient dans un délai qui ne peut être inférieur à deux semaines après la publication des résultats semestriels.

Dans le respect du délai fixé à l'article L. 613-1 du code de l'éducation, les établissements publient l'indication du nombre des épreuves, de leur nature, de leur durée, de leur coefficient ainsi que la répartition éventuelle entre le contrôle continu et le contrôle terminal et la place respective des épreuves écrites, orales, pratiques et cliniques. Le président de l'université nomme le président et les membres des jurys d'examen.

Art. D. 636-21-10 Après accord du responsable pédagogique et sous réserve d'une cohérence pédagogique avec le déroulement de la formation, un étudiant peut effectuer une période d'études à l'étranger dans la limite de trois semestres au cours des dix semestres de formation conduisant au certificat de capacité d'orthophoniste. La période d'études, validée par l'établissement étranger, permet à l'étudiant d'acquérir les crédits européens correspondants.

Art. D. 636-21-11 Des dispenses partielles de scolarité, de stages ou d'épreuves peuvent être accordées aux personnes admises à poursuivre des études en vue du certificat de capacité d'orthophoniste et justifiant de titres ou de diplômes reconnus par le ministre chargé de l'éducation ou le ministre chargé de la santé les autorisant à enseigner aux enfants atteints de déficience auditive.

Ces dispenses peuvent porter sur les enseignements suivants, détaillés dans l'annexe 3 du décret n° 2013-798 du 30 août 2013 relatif au régime des études en vue du certificat de capacité d'orthophoniste :

– l'unité d'enseignement 1.2.1 Psychologie générale et psychologie du développement ;
– l'unité d'enseignement 1.3 Sciences de l'éducation ;
– l'unité d'enseignement 2.3 Etude de l'audition ;
– l'unité d'enseignement 6.1 Stage en milieu scolaire.

Art. D. 636-21-12 Des dispositifs d'évaluation des enseignements et des stages par les étudiants sont mis en place dans chaque établissement habilité à dispenser cette formation.

Ces dispositifs contribuent au dialogue entre l'équipe pédagogique et les étudiants en vue de faire évoluer le contenu de la formation ainsi que les méthodes d'enseignement afin de favoriser l'appropriation des savoirs, des connaissances et des compétences et d'améliorer la qualité de la formation.

Les résultats de ces évaluations font l'objet d'un échange entre les étudiants et l'équipe pédagogique.

SOUS-SECTION 5 DÉLIVRANCE DU CERTIFICAT DE CAPACITÉ D'ORTHOPHONISTE

(Décr. n° 2020-579 du 14 mai 2020, art. 2)

Art. D. 636-22 Le certificat de capacité d'orthophoniste est délivré aux étudiants ayant :

– validé l'ensemble des enseignements et des stages correspondant aux deux cycles de formation ;
– obtenu le certificat de compétences cliniques ;
– et soutenu leur mémoire avec succès.

La délivrance du certificat de capacité d'orthophoniste est accompagnée de l'annexe descriptive dite "supplément au diplôme".

SECTION III LES ÉTUDES D'ORTHOPTIE

La présente section ne comprend pas de dispositions prises par décret.

SECTION IV LES ÉTUDES DE TECHNICIEN SUPÉRIEUR EN IMAGERIE MÉDICALE ET RADIOLOGIE THÉRAPEUTIQUE

Les dispositions du Décr. n° 2020-1163 du 23 sept. 2020 qui modifient les art. D. 636-48 à D. 636-67 sont applicables à compter de la rentrée universitaire 2020. Elles ne s'appliquent pas aux étudiants inscrits antérieurement à cette date dans la formation au diplôme de technicien supérieur en imagerie médicale et radiologie thérapeutique, qui demeurent régis par les dispositions des art. D. 636-48 à D. 636-67 dans leur rédaction antérieure au Décr. préc. (Décr. préc., art. 8).

SOUS-SECTION 1 DISPOSITIONS GÉNÉRALES

Art. D. 636-48 Le diplôme de technicien supérieur en imagerie médicale et radiologie thérapeutique est un diplôme national de l'enseignement supérieur *(Décr. n° 2020-1163 du 23 sept. 2020, art. 1er)* « conférant à son titulaire le grade de licence ». Il atteste des compétences scientifiques et professionnelles pour exercer les activités du métier de manipulateur d'électroradiologie médicale.

(Décr. n° 2020-1163 du 23 sept. 2020, art. 1er) « La formation » préparant au diplôme de technicien supérieur en imagerie médicale et radiologie thérapeutique *(Décr. n° 2020-1163 du 23 sept. 2020, art. 1er)* « s'inscrit » dans le cadre de l'architecture européenne des études définie par l'article D. 123-13.

(Décr. n° 2020-1163 du 23 sept. 2020, art. 1er) « La formation est organisée en six semestres validés par l'obtention de 180 crédits du système européen d'unités d'enseignement capitalisables et transférables (ECTS). »

Art. D. 636-49 Un arrêté *(Décr. nº 2020-1163 du 23 sept. 2020, art. 2)* « conjoint des ministres chargés de l'enseignement supérieur et de la santé » publié au *Journal officiel* de la République française établit les référentiels d'activités professionnelles, de compétences et de formation *(Décr. nº 2020-1163 du 23 sept. 2020, art. 2)* « ainsi que les modalités d'accès à la formation, d'évaluation et de délivrance du diplôme. »

SOUS-SECTION 2 ACCÈS À LA FORMATION

Art. D. 636-50 Le diplôme de technicien supérieur en imagerie médicale et radiologie thérapeutique est préparé :

1º *(Décr. nº 2020-1163 du 23 sept. 2020, art. 3)* « Par la voie de la formation initiale sous statut étudiant », dans les lycées publics et privés sous contrat ;

2º Par voie de la formation professionnelle continue, dans les centres de formation professionnelle déclarés conformément aux dispositions du livre III de la sixième partie du code du travail ;

3º Par la voie de l'apprentissage définie au livre II de la sixième partie du même code.

(Décr. nº 2020-1163 du 23 sept. 2020, art. 3) « Une validation partielle du diplôme de technicien supérieur en imagerie médicale et radiologie thérapeutique peut être obtenue par la voie de la validation des études supérieures.

« Le diplôme de technicien supérieur en imagerie médicale et radiologie thérapeutique ne peut être obtenu, totalement ou partiellement, par la voie de la validation d'acquis personnels ou d'acquis de l'expérience. »

Art. D. 636-51 *(Décr. nº 2020-1163 du 23 sept. 2020, art. 4)* Pour accéder à la formation, les étudiants doivent justifier :

1º Soit du baccalauréat, du diplôme d'accès aux études universitaires ou d'un diplôme français ou étranger admis en dispense ou en équivalence du baccalauréat ;

2º Soit d'un diplôme classé au niveau 4 du répertoire national des certifications professionnelles.

Art. D. 636-52 *(Décr. nº 2020-1163 du 23 sept. 2020, art. 5)* La durée de la formation est de trois années, soit six semestres.

Les modalités d'évaluation des connaissances et des compétences sont fixées par un arrêté conjoint des ministres chargés de l'enseignement supérieur et de la santé.

SOUS-SECTION 3 ORGANISATION DE LA FORMATION

Art. D. 636-53 *(Décr. nº 2020-1163 du 23 sept. 2020, art. 6)* Le diplôme de technicien supérieur en imagerie médicale et radiologie thérapeutique est délivré, après délibération du jury, par le recteur de région académique. Il est accompagné du supplément au diplôme prévu au *d* de l'article D. 123-13.

La composition du jury est fixée par un arrêté conjoint des ministres chargés de l'enseignement supérieur et de la santé.

Art. D. 636-54 à D. 636-67 *Abrogés par Décr. nº 2020-1163 du 23 sept. 2020, art. 7.*

SECTION V LES FORMATIONS RELEVANT DU MINISTRE CHARGÉ DE LA SANTÉ

SOUS-SECTION 1 DISPOSITIONS RELATIVES AUX FORMATIONS

Art. D. 636-68 Les règles relatives aux formations conduisant aux diplômes des disciplines de santé suivantes sont fixées :

1º Pour le diplôme d'État d'infirmier ou d'infirmière, par les articles D. 4311-16 à D. 4311-23 du code de la santé publique ;

2º Pour le diplôme d'État d'infirmier ou d'infirmière de bloc opératoire, par les articles D. 4311-42 à D. 4311-44 du même code ;

3º Pour le diplôme d'État d'infirmier ou d'infirmière anesthésiste, par les articles D. 4311-45 à D. 4311-48 du même code ;

4º Pour le diplôme d'État de puériculteur ou de puéricultrice, par les articles D. 4311-49 à D. 4311-51 du même code ;

5° Pour le diplôme d'État de masseur-kinésithérapeute, par les articles D. 4321-14 à R. 4321-26 du même code ;

6° Pour le diplôme d'État de pédicure-podologue, par les articles D. 4322-2 à R. 4322-13 du même code ;

7° Pour le diplôme d'État d'ergothérapeute, par les articles D. 4331-2 à R. 4331-8 du même code ;

8° Pour le diplôme d'État de psychomotricien, par les articles D. 4332-2 à R. 4332-8 du même code ;

9° Pour le diplôme d'État de manipulateur d'électroradiologie médicale, par les articles D. 4351-7 à R. 4351-13 du même code ;

10° Pour le diplôme d'État de technicien de laboratoire médical, par les articles D. 4352-1 à D. 4352-6 du même code ;

11° Pour les diplômes d'État de d'orthoprothésiste, podo-orthésiste, d'oculariste, d'épithésiste et d'orthopédiste-orthésiste, par les articles D. 4364-7 à D. 4364-10 du même code.

SOUS-SECTION 2 DÉLIVRANCE DU GRADE DE LICENCE ET DE MASTER *(Décr. nº 2014-1511 du 15 déc. 2014, art. 3).*

Art. D. 636-69 Le grade de licence est conféré de plein droit aux titulaires des titres ou diplômes relevant du livre III de la quatrième partie du code de la santé publique délivrés au nom de l'État et dont la liste est la suivante :

1° Diplôme d'État d'infirmier (disposition applicable aux étudiants ayant accompli leurs études conformément aux règles régissant l'obtention du diplôme d'État d'infirmier à compter de la rentrée de septembre 2009) ;

2° Diplôme d'État d'ergothérapeute (disposition applicable aux étudiants ayant entrepris leurs études à compter de la rentrée de septembre 2011) ;

(Décr. nº 2016-21 du 14 janv. 2016, art. 1er) « 3° Diplôme d'État de manipulateur d'électroradiologie médicale (disposition applicable aux étudiants ayant entrepris leurs études à compter de la rentrée de septembre 2012). »

Art. D. 636-69-1 *(Décr. nº 2014-1511 du 15 déc. 2014, art. 3)* Le grade de master est conféré de plein droit aux titulaires des titres ou diplômes de santé suivants :

1° Diplôme d'État d'infirmier anesthésiste à compter de septembre 2014 ;

(Décr. nº 2021-1085 du 13 août 2021, art. 1er) « 2° Diplôme d'État de masseur kinésithérapeute obtenu à compter de juin 2021. »

Art. D. 636-70 L'organisme chargé d'assurer la formation menant aux titres ou diplômes mentionnés à l'article D. 636-69 *(Décr. nº 2014-1511 du 15 déc. 2014, art. 3)* « et à l'article D. 636-69-1 », ou une personne morale mandatée par lui à cet effet, conclut une convention avec une ou plusieurs universités de *(Décr. nº 2019-1558 du 30 déc. 2019, art. 8)* « la région académique » et la région.

Lorsqu'il n'y a qu'une université dans *(Décr. nº 2019-1558 du 30 déc. 2019, art. 8)* « la région académique », la convention est signée avec cette université.

Lorsqu'il existe plusieurs universités dans *(Décr. nº 2019-1558 du 30 déc. 2019, art. 8)* « la région académique », la convention est signée par les universités appelées à intervenir dans la formation, coordonnées par une université ayant une composante de formation en santé.

Cette convention précise, notamment, les conditions dans lesquelles la ou les universités contribuent aux enseignements délivrés dans les structures de formation et les modalités de participation des enseignants-chercheurs aux jurys d'examens. Elle détermine également les conditions de la participation de la ou des universités aux dispositifs internes d'évaluation conduits par l'organisme chargé d'assurer la formation et les modalités de constitution d'une instance mixte chargée du suivi de l'application de la convention.

Art. D. 636-71 Les formations conduisant aux titres ou diplômes mentionnés à l'article D. 636-69 *(Décr. nº 2014-1511 du 15 déc. 2014, art. 3)* « et à l'article D. 636-69-1 » font l'objet d'une évaluation nationale périodique à l'occasion de l'évaluation, par *(Décr. nº 2015-652 du 10 juin 2015, art. 9)* « le Haut Conseil de l'évaluation de la recherche et de l'enseignement supérieur », de l'université ayant signé la convention.

Art. D. 636-72 Le grade de licence *(Décr. n° 2014-1511 du 15 déc. 2014, art. 3)* « et de master » est conféré *[sont conférés]* au nom de l'État par le recteur, chancelier des universités de *(Décr. n° 2019-1558 du 30 déc. 2019, art. 8)* « la région académique » dans le ressort de laquelle est délivré le titre ou diplôme y donnant droit, concomitamment à cette délivrance.

SECTION VI LES FORMATIONS D'AUXILIAIRE MÉDICAL EN PRATIQUE AVANCÉE

(Décr. n° 2018-633 du 18 juill. 2018, art. 1er)

SOUS-SECTION 1 LE DIPLÔME D'ÉTAT D'INFIRMIER EN PRATIQUE AVANCÉE

Sur le régime des études en vue du diplôme d'État d'infirmier en pratique avancée, V. Arr. du 18 juill. 2018.

§ 1er DISPOSITIONS GÉNÉRALES

Art. D. 636-73 Le diplôme d'État d'infirmier en pratique avancée est délivré par les établissements d'enseignement supérieur accrédités ou co-accrédités à cet effet par arrêté des ministres chargés de l'enseignement supérieur et de la santé dans les conditions prévues par arrêté du ministre en charge de l'enseignement supérieur.

La formation dispensée est évaluée dans le cadre de l'évaluation périodique des établissements d'enseignement supérieur.

Art. D. 636-74 La formation conduisant au diplôme d'État d'infirmier en pratique avancée vise à l'acquisition des connaissances et compétences nécessaires à l'exercice infirmier en pratique avancée défini aux articles R. 4301-1 à D. 4301-8 du code de la santé publique ainsi qu'à la maîtrise des attendus pédagogiques correspondant au grade universitaire délivré.

Le référentiel des activités et compétences correspondant à cet exercice est établi par le ministre en charge de la santé et fixé par arrêté des ministres en charge de l'enseignement supérieur et de la santé.

Art. D. 636-75 La formation conduisant au diplôme d'État d'infirmier en pratique avancée est structurée en quatre semestres validés par l'obtention de 120 crédits européens. Le diplôme d'État d'infirmier en pratique avancée précise la mention acquise correspondant au domaine d'intervention de l'infirmier en pratique avancée, prévue à l'article R. 4301-2 du code de la santé publique.

Il confère à son titulaire le grade de master.

Art. D. 636-76 Les enseignements conduisant au diplôme d'État d'infirmier en pratique avancée comprennent des enseignements théoriques, méthodologiques, appliqués, pratiques et cliniques ainsi que l'accomplissement de stages. Ces enseignements comportent un adossement et une initiation à la recherche. Ils tiennent compte des priorités de santé publique.

Parmi ces enseignements sont également prévus :

1° Un enseignement de langue vivante étrangère ;

2° Un enseignement conforme aux référentiels nationaux de compétences numériques en vigueur.

L'organisation et le déroulement de la formation sont fixés par un arrêté des ministres en charge de l'enseignement supérieur et de la santé.

§ 2 ACCÈS À LA FORMATION

Art. D. 636-77 Peuvent prétendre à la formation conduisant au diplôme d'État d'infirmier en pratique avancée les candidats justifiant soit du diplôme d'État d'infirmier ou d'un diplôme, certificat ou autre titre mentionné aux articles L. 4311-3 ou L. 4311-12 du code de la santé publique leur permettant d'exercer la profession d'infirmier, soit d'un diplôme ou d'une autorisation d'exercice délivrée par l'autorité compétente en application de l'article L. 4311-4 du code de la santé publique.

(Décr. n° 2019-836 du 12 août 2019, art. 1er) « Peuvent prétendre à la formation conduisant au diplôme d'État d'infirmier en pratique avancée, et exclusivement en vue

de l'obtention de la mention psychiatrie et santé mentale, les titulaires du diplôme d'État d'infirmier de secteur psychiatrique tel que défini par l'article L. 4311-5 du code de la santé publique. »

Pour accéder à la formation, des modalités d'admission sont définies et organisées par chaque établissement d'enseignement supérieur accrédité ou co-accrédité à délivrer le diplôme d'État d'infirmier en pratique avancée dans des conditions définies par arrêté des ministres en charge de l'enseignement supérieur et de la santé.

Art. D. 636-78 Le diplôme d'État d'infirmier en pratique avancée est ouvert en formation initiale et en formation professionnelle continue dans des conditions définies par arrêté des ministres en charge de l'enseignement supérieur et de la santé.

Art. D. 636-79 Les étudiants admis en formation initiale s'acquittent des droits de scolarité dont le montant est fixé par un arrêté des ministres en charge du budget et de l'enseignement supérieur.

§ 3 OBTENTION DU DIPLÔME PAR VALIDATION DES ACQUIS DE L'EXPÉRIENCE OU D'ÉTUDES SUPÉRIEURES

Art. D. 636-80 Le diplôme d'État d'infirmier en pratique avancée peut être obtenu par la voie de la validation des acquis de l'expérience ou d'études supérieures dans les conditions prévues à la section III du chapitre III du titre Ier du livre VI du présent code.

Un candidat ne peut être admis que dans l'établissement d'enseignement supérieur qui a contrôlé son aptitude à suivre la première ou la deuxième année du diplôme d'État infirmier en pratique avancée qu'il dispense.

§ 4 MODALITÉS D'OBTENTION DU DIPLÔME

Art. D. 636-81 Le diplôme d'État d'infirmier en pratique avancée est délivré aux étudiants qui ont validé l'ensemble des enseignements, des stages et soutenu avec succès le mémoire de fin de formation.

TITRE QUATRIÈME LES FORMATIONS TECHNOLOGIQUES

CHAPITRE PREMIER DISPOSITIONS COMMUNES

SECTION PREMIÈRE DIPLÔMES DÉLIVRÉS PAR LES ÉTABLISSEMENTS D'ENSEIGNEMENT SUPÉRIEUR TECHNIQUE PRIVÉS ET CONSULAIRES

La présente section ne comprend pas de dispositions prises par décret.

SECTION II DIPLÔME D'INGÉNIEUR AU TITRE DE LA FORMATION PROFESSIONNELLE TOUT AU LONG DE LA VIE

La présente section ne comprend pas de dispositions prises par décret.

CHAPITRE II LES FORMATIONS TECHNOLOGIQUES LONGUES

SECTION PREMIÈRE HABILITATION À DÉLIVRER LE TITRE D'INGÉNIEUR DIPLÔMÉ

Art. D. 642-1 L'habilitation à délivrer le titre d'ingénieur diplômé est accordée pour une durée maximale de six ans, par arrêté du ministre chargé de l'enseignement supérieur et, le cas échéant, du ou des ministres concernés, après évaluation des formations assortie d'un avis de la commission des titres d'ingénieur. – *[Décr. n° 2001-242 du 22 mars 2001, art. 1er.]*

En application de l'art. L. 231-5 CRPA, le silence gardé pendant 2 mois par l'administration vaut décision de rejet pour une demande d'accréditation d'un établissement d'enseignement supérieur privé à délivrer le titre d'ingénieur diplômé (Décr. n° 2014-1274 du 23 oct. 2014, art. 1er).

Art. D. 642-2 Les formations pour lesquelles une habilitation à délivrer un titre d'ingénieur diplômé a été accordée sans limitation de durée sont évaluées par la commission des titres d'ingénieur.

A l'issue de la procédure d'évaluation, l'habilitation à délivrer le titre d'ingénieur diplômé fait l'objet d'une décision dans les conditions fixées à l'article D. 642-1. – *[Décr. n° 2001-242 du 22 mars 2001, art. 2.]*

Art. D. 642-3 La liste des écoles habilitées à délivrer un titre d'ingénieur diplômé est publiée une fois par an au *Journal officiel* de la République française. – *[Décr. n° 2001-242 du 22 mars 2001, art. 3 ; Décr. n° 56-931 du 14 sept. 1956, art. 162.]*

Art. D. 642-4 Le titre d'ingénieur diplômé est désigné en entier ou à l'aide d'abréviations officiellement admises. – *[Décr. n° 56-931 du 14 sept. 1956, art. 153.]*

SECTION II LA COMMISSION DES TITRES D'INGÉNIEUR

Art. R. 642-5 La commission des titres d'ingénieur est composée de trente-deux membres :

1° Quatre membres choisis dans le personnel des établissements publics à caractère scientifique, culturel et professionnel relevant du ministre chargé de l'enseignement supérieur et dans lesquels est délivré le titre d'ingénieur diplômé, à raison de deux représentants des universités, dont un représentant des instituts nationaux polytechniques, un représentant des instituts et écoles extérieurs aux universités et un représentant des grands établissements ;

2° Quatre membres choisis dans le personnel des écoles et instituts relevant du ministre chargé de l'enseignement supérieur et délivrant le titre d'ingénieur diplômé ;

3° Huit membres choisis en raison de leur compétence scientifique et technique, dont cinq au moins pris dans le personnel des établissements délivrant le titre d'ingénieur diplômé autres que les établissements publics relevant du ministre chargé de l'enseignement supérieur ;

4° Huit membres choisis par les organisations d'employeurs les plus représentatives ;

5° Huit membres choisis par les associations et les organisations professionnelles d'ingénieurs les plus représentatives.

Les membres de la commission mentionnés au 1° sont choisis par le ministre chargé de l'enseignement supérieur sur une liste proposée par la Conférence des chefs d'établissements de l'enseignement supérieur mentionnée à l'article L. 233-1, siégeant en formation restreinte aux chefs des établissements qui sont habilités à délivrer le titre d'ingénieur diplômé. Cette liste doit comporter deux fois plus de noms que de membres à désigner pour chacun des types d'établissements publics mentionnés au 1°.

Les membres de la commission mentionnés aux 2° et 3° sont désignés par le ministre chargé de l'enseignement supérieur.

Un arrêté du ministre chargé de l'enseignement supérieur et du ministre chargé du travail fixe le nombre des sièges attribués à chacune des organisations et associations mentionnées aux 4° et 5°.

Le directeur général pour l'enseignement supérieur et l'insertion professionnelle au ministère de l'enseignement supérieur et de la recherche ou son suppléant assiste aux séances de la commission avec voix consultative, sauf dans le cas où il remplit les fonctions qui lui sont attribuées par l'article R. 642-10. – *[Décr. n° 85-685 du 5 juill. 1985, art. 1er.]*

Art. R. 642-6 Les membres de la commission des titres d'ingénieur sont nommés par arrêté du ministre chargé de l'enseignement supérieur, pour une durée de quatre années.

Ils sont renouvelables par moitié tous les deux ans.

Nul ne peut être membre de la commission durant plus de huit années consécutives. – *[Décr. n° 85-685 du 5 juill. 1985, art. 2.]*

Art. R. 642-7 Tout membre de la commission des titres d'ingénieur cesse d'en faire partie s'il perd la qualité en raison de laquelle il y a été appelé.

En cas de vacance d'un siège, pour quelque cause que ce soit, le ministre chargé de l'enseignement supérieur procède, dans un délai de trois mois et selon les modalités prévues à l'article R. 642-5, à la nomination d'un membre pour la durée du mandat restant à courir. – *[Décr. n° 85-685 du 5 juill. 1985, art. 3.]*

Art. R. 642-8 La commission des titres d'ingénieur, réunie sous la présidence du doyen d'âge, élit parmi ses membres un président et deux vice-présidents.

Le président, en cas d'empêchement, est remplacé par l'un des vice-présidents.

Le président et les vice-présidents sont élus à la majorité absolue aux deux premiers tours, à la majorité relative au troisième tour. Si, au troisième tour, il y a partage égal des voix, le plus âgé des candidats est considéré comme élu. Le vote se fait à bulletins secrets.

Le président et les vice-présidents sont élus pour deux ans. Ils sont rééligibles.

Un secrétaire-greffier auprès de la commission est nommé par le directeur général pour l'enseignement supérieur et l'insertion professionnelle au ministère de l'enseignement supérieur et de la recherche parmi les fonctionnaires de l'administration centrale. – *[Décr. n° 85-685 du 5 juill. 1985, art. 4.]*

Art. R. 642-9 Lorsqu'elle exerce une compétence consultative, la commission des titres d'ingénieur remplit ses fonctions dans les conditions prévues par les articles R. 133-1 à R. 133-15 du code des relations entre le public et l'administration et par les deuxième et troisième alinéas du présent article.

Les délibérations sont prises à la majorité absolue des votants. En cas de partage des voix, la voix du président est prépondérante.

Tout membre de la commission empêché d'assister à tout ou partie d'une séance peut donner par écrit procuration à un autre membre. La procuration est remise au secrétaire-greffier de la commission avant le premier des votes pour lesquels elle prend effet. Nul ne peut détenir plus d'une procuration.

Art. R. 642-10 Lorsque la commission des titres d'ingénieur exerce un pouvoir de décision en matière administrative ou juridictionnelle, elle ne peut délibérer que si le nombre des présents dépasse la moitié de ses membres. Les délibérations sont prises à la majorité absolue des votants. Aucun membre ne peut voter par procuration. En cas de partage des voix, la voix du président est prépondérante.

Lorsque la commission exerce les fonctions juridictionnelles qu'elle tient des articles L. 642-4 et L. 642-6, elle statue sur le rapport de l'un des membres désigné par le président, après avoir entendu les observations du directeur général pour l'enseignement supérieur et l'insertion professionnelle ou de son suppléant et celles des parties ou de leur mandataire. Ce rapport consiste en un exposé objectif des faits et moyens.

La décision de la commission est motivée. Elle est lue en séance publique, transcrite sur le procès-verbal des délibérations et signée par le président, le rapporteur et le secrétaire-greffier. Il est fait mention dans la décision des membres ayant délibéré. – *[Décr. n° 85-685 du 5 juill. 1985, art. 5, al. 4 et art. 6.]*

SECTION III LE TITRE D'INGÉNIEUR DIPLÔMÉ PAR L'ÉTAT

Art. D. 642-11 Le diplôme d'ingénieur délivré en application de l'article L. 642-9 confère à ses titulaires le titre d'ingénieur diplômé par l'État.

Il porte mention d'une spécialité. – *[Décr. n° 2001-274 du 30 mars 2001, art. 1er.]*

Art. D. 642-12 Les candidats au titre d'ingénieur diplômé par l'État doivent :

1° Justifier de cinq années de pratique professionnelle dans des fonctions communément confiées à des ingénieurs ;

2° Avoir satisfait à des épreuves organisées conformément à l'article D. 642-13. – *[Décr. n° 2001-274 du 30 mars 2001, art. 2.]*

Art. D. 642-13 Les épreuves sont organisées par les établissements habilités à délivrer un titre d'ingénieur diplômé qui y sont autorisés suivant les modalités fixées par arrêté du ministre chargé de l'enseignement supérieur, après avis de la commission des titres d'ingénieur.

La liste des spécialités dans lesquelles peut être délivré le titre d'ingénieur diplômé par l'État ainsi que les modalités de l'examen conduisant à la délivrance de ce titre sont fixées par arrêté du même ministre, après avis de la commission mentionnée au premier alinéa du présent article. – *[Décr. n° 2001-274 du 30 mars 2001, art. 3, 4 et 5.]*

SECTION IV LE DIPLÔME SUPÉRIEUR D'ARTS APPLIQUÉS

SOUS-SECTION 1 DISPOSITIONS GÉNÉRALES

Art. D. 642-14 Le diplôme supérieur d'arts appliqués est un diplôme à finalité professionnelle délivré au nom de l'État. Il porte mention d'une spécialité.

Il atteste que son titulaire maîtrise les savoirs technologiques, artistiques et généraux, les techniques et savoir-faire relevant de la spécialité et permettant d'exercer des fonctions requérant une haute compétence en matière de conception.

Les formations préparant au diplôme supérieur d'arts appliqués s'inscrivent dans le cadre de l'architecture européenne des études définie par l'article D. 123-13.

Le diplôme supérieur d'arts appliqués est inscrit au niveau I dans la nomenclature interministérielle des niveaux de formation. – *[Décr. n° 2011-995 du 23 août 2011, art. 1er.]*

Art. D. 642-15 Un arrêté du ministre chargé de l'enseignement supérieur, publié au *Journal officiel* de la République française, établit, pour chaque spécialité, le référentiel d'activités professionnelles, le référentiel des compétences, des capacités et des connaissances et leur niveau d'exigence, définit les domaines de formation et les unités d'enseignement qui les constituent. Il fixe également la durée et les finalités du stage en milieu professionnel.

Chaque spécialité comporte au moins un domaine de formation générale, un domaine de formation artistique et un domaine de formation professionnelle. Chaque domaine de formation est constitué d'au moins deux unités d'enseignement. Certaines unités d'enseignement peuvent être communes à plusieurs spécialités.

Cet arrêté fixe la durée et l'ordre d'acquisition des unités d'enseignement ainsi que leur valeur en crédits européens dans le respect des dispositions pédagogiques définies aux articles D. 611-1 et D. 611-2. – *[Décr. n° 2011-995 du 23 août 2011, art. 2.]*

SOUS-SECTION 2 MODALITÉS DE PRÉPARATION

Art. R. 642-16 Les formations conduisant au diplôme supérieur d'arts appliqués font l'objet d'une autorisation d'ouverture par le *(Décr. n° 2020-56 du 28 janv. 2020, art. 1er)* « recteur de région académique ».

L'autorisation d'ouverture est accordée ou renouvelée pour une *(Décr. n° 2020-56 du 28 janv. 2020, art. 1er)* « durée maximale de six ans ».

La procédure de présentation et la description du dossier de demande d'ouverture sont établies par le ministre chargé de l'enseignement supérieur.

En application de l'art. L. 231-5 CRPA, le silence gardé pendant 2 mois par l'administration vaut décision de rejet pour une demande d'autorisation d'ouverture de formation conduisant au diplôme supérieur d'arts appliqués (Décr. n° 2014-1274 du 23 oct. 2014, art. 1er).

Art. D. 642-17 Le diplôme supérieur d'arts appliqués est obtenu :

1° Par la voie scolaire dans un cycle d'études de deux années ;

2° Par la voie de l'apprentissage ;

3° Par la voie de la formation professionnelle continue ;

4° Ou au titre de la validation des acquis de l'expérience. – *[Décr. n° 2011-995 du 23 août 2011, art. 4.]*

Art. D. 642-18 Par la voie scolaire et par la voie de l'apprentissage, peuvent déposer leur candidature en vue de la préparation au diplôme supérieur d'arts appliqués :

1° Les titulaires d'un brevet de technicien supérieur du secteur du design et des arts appliqués ;

2° Les titulaires d'une certification relevant du même secteur que la spécialité du diplôme supérieur d'arts appliqués postulée et inscrit au moins au niveau III dans le répertoire national des certifications professionnelles ;

3° Les titulaires d'un diplôme des métiers d'art ;

(Décr. n° 2020-56 du 28 janv. 2020, art. 1er) « 3° *bis* Les titulaires du diplôme national des métiers d'art et du design ; »

4° Les candidats ayant accompli la scolarité complète conduisant à l'un des diplômes cités ci-dessus ;

5° Les candidats justifiant d'expériences professionnelles et d'acquis personnels permettant de préparer le diplôme supérieur d'arts appliqués.

Les candidats au titre de la voie de la formation professionnelle continue peuvent également déposer leur candidature en vue de la préparation au diplôme supérieur d'arts appliqués s'ils justifient de trois ans d'exercice professionnel effectif dans un emploi de niveau au moins égal à celui occupé par un titulaire du diplôme supérieur d'arts appliqués et dans un domaine d'activité correspondant au diplôme postulé.

Art. D. 642-19 L'admission dans la formation conduisant au diplôme supérieur d'arts appliqués est organisée par le recteur *(Décr. n° 2020-56 du 28 janv. 2020, art. 1er)* « de région académique » qui définit, avec les chefs d'établissements d'accueil, les conditions de la mise en place et du déroulement de la procédure d'admission.

Elle est prononcée par le chef d'établissement d'accueil, sur proposition d'une commission qu'il constitue et préside, formée de professeurs enseignant dans le cycle d'études et d'au moins un professionnel. Cette commission prend en compte les éléments figurant au dossier de candidature complété par un dossier de travaux et, éventuellement, par un entretien.

Art. D. 642-20 Le passage en deuxième année est acquis lorsque l'étudiant a obtenu, à l'issue de la première année, à la fois une moyenne égale ou supérieure à 10 sur 20 à chaque domaine de formation et une note égale ou supérieure à 8 sur 20 à chacun des modules de connaissances qui le constituent. Un étudiant qui ne remplit pas ces conditions peut être autorisé par le chef d'établissement, conformément aux limites prescrites par l'arrêté mentionné à l'article D. 642-15 et après avis du conseil de classe, à poursuivre en deuxième année. L'étudiant doit alors présenter les contrôles afférents aux modules de connaissances manquants selon les modalités prévues par l'arrêté précité. — *[Décr. n° 2011-995 du 23 août 2011, art. 7.]*

Art. D. 642-21 L'étudiant peut être autorisé à redoubler la première ou la deuxième année, par décision du chef d'établissement après avis du conseil de classe.

Cette possibilité de redoublement n'est valable qu'une fois au cours de la formation, sauf cas de force majeure dûment justifié et apprécié par le chef d'établissement.

La décision refusant l'autorisation de redoublement est motivée et assortie de conseils d'orientation.

Dans chaque *(Décr. n° 2020-56 du 28 janv. 2020, art. 1er)* « région académique », une commission de recours est organisée, sous l'autorité du recteur *(Décr. n° 2020-56 du 28 janv. 2020, art. 1er)* « de région académique » ou de son représentant devant laquelle les étudiants non admis en deuxième année peuvent faire appel de la décision de redoublement. Cette commission comprend au moins un chef d'établissement ainsi qu'un enseignant de la spécialité du diplôme supérieur d'arts appliqués préparée par l'étudiant. Sur proposition de cette commission, le recteur *(Décr. n° 2020-56 du 28 janv. 2020, art. 1er)* « de région académique » confirme, au besoin en la complétant, ou infirme la décision du chef d'établissement.

Art. D. 642-22 Sous réserve des dispositions de l'article D. 642-23, le volume horaire de la formation conduisant au diplôme supérieur d'arts appliqués est fixé comme suit :

1° Pour la voie scolaire, par l'arrêté prévu à l'article D. 642-15 ;

2° Pour la voie de l'apprentissage, au moins égal à 1 350 heures ;

3° En formation continue, au moins égal à 1 350 heures, compte non tenu des stages de formation prévus à l'article D. 642-15. — *[Décr. n° 2011-995 du 23 août 2011, art. 9.]*

Art. D. 642-23 Des dispenses d'unités peuvent être accordées par la commission mentionnée à l'article D. 642-19 du présent code aux candidats justifiant de titres ou diplômes ou d'études supérieures dépassant le niveau exigé pour l'inscription.

Dans le cas de dispenses d'unités, la durée de formation peut être réduite par décision du recteur *(Décr. n° 2020-56 du 28 janv. 2020, art. 1er)* « de région académique » sur proposition de la commission précitée.

Pour les apprentis, la réduction de la durée du contrat d'apprentissage est fixée conformément aux dispositions de l'article L. 6222-8 du code du travail. Dans le cas d'une réduction à un an, cette durée de formation ne peut être inférieure à 675 heures.

Les modalités de réduction de la durée de formation et de la durée des stages de formation sont prévues par l'arrêté mentionné à l'article D. 642-15 du présent code.

SOUS-SECTION 3 CONDITIONS DE DÉLIVRANCE

Art. D. 642-24 Les candidats à l'obtention du diplôme supérieur d'arts appliqués s'inscrivent auprès du service académique chargé de l'organisation de l'examen. – *[Décr. n° 2011-995 du 23 août 2011, art. 12.]*

Art. D. 642-25 Les unités sanctionnent les connaissances, compétences et capacités évaluées sous la forme soit d'un contrôle en cours de formation, soit d'un contrôle ponctuel terminal, soit de ces deux modes de contrôle combinés. – *[Décr. n° 2011-995 du 23 août 2011, art. 13.]*

Art. D. 642-26 Le diplôme supérieur d'arts appliqués est attribué aux candidats ayant obtenu à la fois une moyenne égale ou supérieure à 10 sur 20 à chaque domaine de formation et une note égale ou supérieure à 8 sur 20 à chacune des unités qui le constituent.

Le diplôme est délivré par le *(Décr. n° 2019-1558 du 30 déc. 2019, art. 9)* « recteur de région académique » après délibération du jury prévu à l'article D. 642-27.

Il sanctionne un niveau correspondant à l'obtention de 120 crédits européens.

Art. D. 642-27 Le jury est nommé par le *(Décr. n° 2019-1558 du 30 déc. 2019, art. 9)* « recteur de région académique » pour chaque session et chaque spécialité du diplôme supérieur d'arts appliqués. Il est présidé par un inspecteur d'académie-inspecteur pédagogique régional de sciences et techniques industrielles du secteur "arts appliqués" ou un enseignant-chercheur.

Il est composé, outre son président, d'au maximum dix personnes réparties à parité :

1° Professeurs enseignant dans le cadre de la spécialité du diplôme supérieur d'arts appliqués considérée ;

2° Et membres de la profession concernée.

Le jury peut s'adjoindre deux personnes qualifiées, dont il propose la nomination au *(Décr. n° 2019-1558 du 30 déc. 2019, art. 9)* « recteur de région académique ».

Le jury se réunit deux fois au cours du cycle d'études pour valider les acquis de chaque candidat.

Art. D. 642-28 Le chef d'établissement délivre aux étudiants, après consultation du conseil de classe, une attestation descriptive du parcours de formation qu'ils ont suivi et des connaissances et aptitudes qu'ils ont acquises. Cette attestation est établie conformément au référentiel de la spécialité du diplôme. Lorsqu'une ou plusieurs unités constitutives du diplôme ont été validées sans que le diplôme ait été obtenu, l'attestation descriptive mentionne pour chaque unité les crédits correspondants figurant au référentiel.

La poursuite d'études et l'orientation des étudiants dans une autre formation de l'enseignement supérieur sont facilitées par des conventions de coopération pédagogique entre les établissements préparant au diplôme supérieur d'arts appliqués et des établissements, français ou étrangers, dispensant cette formation.

Ces conventions précisent sur la base de l'attestation descriptive prévue au premier alinéa du présent article et en fonction des divers types d'études auxquelles peuvent postuler les étudiants issus des formations conduisant au diplôme supérieur d'arts appliqués les conditions de validation des acquis de ces étudiants dans le cadre des cursus de formation de l'établissement d'accueil.

Elles prévoient, pour l'examen des dossiers individuels, l'organisation de commissions associant des représentants de l'établissement d'origine et de l'établissement d'accueil et présidées par le chef de l'établissement d'enseignement supérieur d'accueil ou un enseignant-chercheur qu'il désigne. – *[Décr. n° 2011-995 du 23 août 2011, art. 16.]*

Art. D. 642-29 Le bénéfice d'une note égale ou supérieure à 10 sur 20 obtenue à une unité ou à un domaine de formation peut être conservé pendant cinq ans à compter de la date d'obtention. Cette durée de validité peut toutefois être modifiée en cas de rénovation ou de suppression de la spécialité.

Ces unités peuvent donner lieu à la délivrance d'attestations de réussite valables cinq ans à compter de leur date d'obtention. – *[Décr. n° 2011-995 du 23 août 2011, art. 17.]*

Art. D. 642-30 Le ministre chargé de l'enseignement supérieur désigne un *(Décr. n° 2020-1677 du 23 déc. 2020, art. 1er)* « inspecteur général de l'éducation, du sport et de la recherche » chargé de veiller, sur le plan pédagogique, au bon déroulement de la session et d'assurer la coordination de l'action des différents jurys.

SOUS-SECTION 4 DISPOSITIONS DIVERSES

Art. D. 642-31 Les candidats qui n'ont pas obtenu le diplôme supérieur d'arts appliqués régi par le décret n° 83-913 du 14 octobre 1983 portant création et fixant les conditions de délivrance des diplômes supérieurs d'arts appliqués présentent les unités non obtenues dans les conditions définies par l'arrêté mentionné à l'article D. 642-15. – *[Décr. n° 2011-995 du 23 août 2011, art. 19.]*

Art. D. 642-32 Les établissements dispensant la formation conduisant au diplôme supérieur d'arts appliqués au titre de l'article 2 du décret n° 83-913 du 14 octobre 1983 portant création et fixant les conditions de délivrance des diplômes supérieurs d'arts appliqués bénéficient de l'autorisation d'ouverture mentionnée à l'article R. 642-16 pendant une durée maximale de deux ans à compter de la rentrée 2011.

Durant ce délai, ces établissements présentent un dossier de demande d'autorisation d'ouverture dans les conditions fixées à l'article R. 642-16. – *[Décr. n° 2011-995 du 23 août 2011, art. 20.]*

Art. D. 642-33 Les arrêtés pris en application de l'article 8 du décret n° 83-913 du 14 octobre 1983 portant création et fixant les conditions de délivrance des diplômes supérieurs d'arts appliqués sont réputés pris en application de l'article D. 642-15. – *[Décr. n° 2011-995 du 23 août 2011, art. 21.]*

SECTION V DIPLÔME NATIONAL DES MÉTIERS D'ART ET DU DESIGN

(Décr. n° 2018-367 du 18 mai 2018, art. 1er)

SOUS-SECTION 1 DISPOSITIONS GÉNÉRALES

(Décr. n° 2018-367 du 18 mai 2018, art. 1er)

Art. D. 642-34 Le diplôme national des métiers d'art et du design est un diplôme national de l'enseignement supérieur conférant à son titulaire le grade de licence.

Les formations préparant au diplôme national des métiers d'art et du design s'inscrivent dans le cadre de l'architecture européenne des études définie à l'article D. 123-13. Le diplôme national des métiers d'art et du design sanctionne un niveau correspondant à l'obtention de 180 crédits européens au-delà du baccalauréat. Il est inscrit au *(Décr. n° 2020-1692 du 22 déc. 2020, art. 1er)* « niveau 6 du cadre national des certifications professionnelles ».

Art. D. 642-35 La formation a pour objectifs :

1° La maîtrise des savoirs artistiques et généraux, les techniques et savoir-faire dans les domaines des métiers d'art et du design ;

2° L'approche fondamentale du design, des métiers d'art et de la recherche dans ces domaines.

Art. D. 642-36 L'enseignement comprend un tronc commun et un parcours personnalisé.

Les enseignements sont organisés par discipline sous forme d'unités d'enseignement.

Art. D. 642-37 Les enseignements comprennent des enseignements théoriques, méthodologiques, appliqués et pratiques, un enseignement de langue vivante étrangère et un enseignement conforme aux référentiels nationaux des certificats informatiques et internet de l'enseignement supérieur ainsi que l'accomplissement de stages.

Art. D. 642-38 Des enseignants-chercheurs et des professionnels associés interviennent dans la formation.

Art. D. 642-39 La formation fait appel aux technologies de l'information et de la communication appliquées à l'enseignement. Elle est dispensée sur site ou en partie à distance.

Art. R. 642-40 Les formations préparant au diplôme national des métiers d'art et du design font l'objet d'une autorisation d'ouverture par le *(Décr. n° 2020-56 du 28 janv. 2020, art. 1er)* « recteur de région académique.

« Cette autorisation est accordée ou renouvelée pour une durée maximale de six ans.

« La procédure de présentation et la description du dossier de demande d'ouverture sont établies par le ministre chargé de l'enseignement supérieur. »

Art. D. 642-41 Chaque établissement qui prépare au diplôme national des métiers d'art et du design signe une convention avec un établissement public à caractère scientifique, culturel et professionnel offrant des formations en art, sciences humaines ou techniques.

Art. D. 642-42 Un arrêté du ministre chargé de l'enseignement supérieur établit les référentiels *(Décr. n° 2020-1692 du 22 déc. 2020, art. 1er)* « d'activités, de compétences, de formation et d'évaluation ».

Il précise également la durée et le contenu des stages prévus au cours de la formation ainsi que ses modalités d'organisation, d'encadrement, de déroulement et de validation.

Art. D. 642-43 Des dispositifs d'évaluation des enseignements et des stages, par les étudiants, sont mis en place dans chaque établissement dispensant la formation.

Ils contribuent au dialogue entre l'équipe pédagogique et les étudiants en vue de faire évoluer le contenu de la formation et les méthodes d'enseignement, de favoriser l'appropriation des savoirs, des connaissances et des compétences et d'améliorer la qualité de la formation.

SOUS-SECTION 2 ACCÈS À LA FORMATION

(Décr. n° 2018-367 du 18 mai 2018, art. 1er)

Art. D. 642-44 Le diplôme national des métiers d'art et du design est préparé :

1° Par la voie de la formation initiale sous statut étudiant, dans les lycées publics et privés sous contrat ainsi que dans les écoles techniques privées mentionnées aux articles L. 443-2 et R. 443-1 ;

2° Par la voie de l'apprentissage ;

3° Par la voie de la formation professionnelle continue.

Il peut également être obtenu, totalement ou partiellement, par la voie de la validation d'acquis personnels, d'acquis de l'expérience ou d'études supérieures, conformément aux articles L. 611-9 et L. 613-3.

Art. D. 642-45 Pour accéder à la formation, les étudiants doivent justifier :

1° Soit du baccalauréat, du diplôme d'accès aux études universitaires ou d'un diplôme français ou étranger admis en dispense ou en équivalence du baccalauréat ;

2° Soit d'un diplôme classé au *(Décr. n° 2020-1692 du 22 déc. 2020, art. 1er)* « niveau 4 du cadre » national des certifications professionnelles ;

3° Soit qu'ils remplissent les conditions fixées par l'article D. 613-40.

Art. D. 642-46 L'admission dans une formation conduisant au diplôme national des métiers d'art et du design est organisée sous l'autorité du *(Décr. n° 2019-1558 du 30 déc. 2019, art. 9)* « recteur de région académique ». Elle est prononcée par le chef d'établissement sur avis de la commission d'examen des vœux mentionnée à *(Décr. n° 2020-1692 du 22 déc. 2020, art. 1er)* « l'article D. 612-1-13 ». Cette commission prend en compte les éléments figurant dans le dossier de candidature. Elle précise le cas échéant les semestres de formation dont sont dispensés les étudiants.

SOUS-SECTION 3 ORGANISATION ET DÉROULEMENT DE LA FORMATION

(Décr. n° 2018-367 du 18 mai 2018, art. 1er)

Art. D. 642-47 La durée de la formation est de trois années, soit six semestres.

Chaque étudiant bénéficie d'un suivi personnalisé. Des actions d'accompagnement et de soutien peuvent être mises en place.

Art. D. 642-48 Une commission pédagogique de la formation est placée auprès du chef d'établissement.

Elle se prononce sur l'organisation de la formation et les modalités d'évaluation des étudiants. Les décisions relatives au passage des étudiants dans l'année supérieure, aux redoublements et aux dispenses de scolarité, de stages ou d'épreuves lui sont également soumises pour avis. Les dispenses peuvent porter sur les enseignements détaillés dans l'arrêté mentionné à l'article D. 642-42.

Les membres de la commission sont désignés par le *(Décr. n° 2019-1558 du 30 déc. 2019, art. 9)* « recteur de région académique ». La commission comprend :

1° Des enseignants-chercheurs exerçant leurs fonctions dans l'établissement public à caractère scientifique, culturel et professionnel ayant conclu une convention de partenariat ;

2° Un inspecteur d'académie-inspecteur pédagogique régional ;

3° Des enseignants intervenant dans la formation ;

4° Au moins un étudiant suivant la formation ;

5° Un designer et un professionnel des métiers d'art, en exercice depuis au moins trois ans ;

6° Le chef de l'établissement dispensant la formation.

Le président de la commission est choisi par le *(Décr. n° 2019-1558 du 30 déc. 2019, art. 9)* « recteur de région académique » parmi les membres mentionnés au 1° du présent article.

Art. D. 642-49 Les étudiants ayant validé les deux premiers semestres sont autorisés à passer en deuxième année.

Les étudiants ayant validé les quatre premiers semestres sont autorisés à passer en troisième année.

Le chef d'établissement, après consultation de la commission pédagogique :

1° Prononce, pour les étudiants de première année ayant validé entre 48 et 59 crédits européens, ou pour les étudiants de deuxième année ayant validé entre 108 et 119 crédits européens, soit le redoublement, soit le passage dans l'année supérieure. Dans ce dernier cas, les unités d'enseignement non validées en première année sont préparées l'année suivante ;

2° Prononce, pour les étudiants ayant validé moins de 48 crédits en fin de première année, ou moins de 108 crédits en fin de deuxième année, soit le redoublement, soit l'exclusion de la formation. Les étudiants autorisés à redoubler conservent le bénéfice des unités d'enseignement validées ;

3° Autorise à redoubler les étudiants qui, à l'issue de la troisième année, n'ont pas obtenu leur diplôme. Ceux-ci ne préparent que les unités d'enseignement non validées.

Art. D. 642-50 Après accord du chef d'établissement et sous réserve d'une cohérence pédagogique avec le déroulement de la formation, des périodes d'études peuvent être effectuées à l'étranger, dans des conditions définies par convention entre l'établissement d'origine de l'étudiant et l'établissement d'accueil. La convention précise notamment la reconnaissance mutuelle des connaissances et compétences acquises, leur validation ainsi que l'acquisition de crédits européens dans la formation d'origine.

SOUS-SECTION 4 ÉVALUATION DES ÉTUDIANTS ET DÉLIVRANCE DU DIPLÔME

(Décr. n° 2018-367 du 18 mai 2018, art. 1er)

Art. D. 642-51 Les candidats à l'obtention du diplôme national des métiers d'art et du design s'inscrivent auprès du service académique chargé de l'organisation de l'examen.

Art. D. 642-52 Les modalités du contrôle des connaissances, de la validation, de la capitalisation et de la compensation des unités d'enseignement sont fixées par l'arrêté mentionné à l'article D. 642-42.

Les étudiants sont régulièrement informés de leurs *(Décr. n° 2020-1692 du 22 déc. 2020, art. 1er)* « résultats obtenus » en contrôle continu.

(Décr. n° 2020-1692 du 22 déc. 2020, art. 1er) « Des examinateurs sont désignés par le recteur de région académique pour participer, avec au moins un membre du jury, à l'évaluation des épreuves ponctuelles dont les modalités sont définies par l'arrêté mentionné à l'article D. 642-42. »

Une session de rattrapage intervient dans un délai qui ne peut être inférieur à deux semaines après la publication des résultats semestriels.

La commission pédagogique mentionnée à l'article D. 642-48 se réunit en jury afin de valider les unités d'enseignement, les stages et les résultats de chaque semestre des étudiants. Dans ce cas, elle se réunit hors de la présence des membres mentionnés au 4° de l'article D. 642-48.

Art. D. 642-53 Le diplôme national des métiers d'art et du design est délivré, après délibération du jury, par le *(Décr. n° 2019-1558 du 30 déc. 2019, art. 9)* « recteur de région académique ». Il est accompagné du supplément au diplôme prévu au *d* de l'article D. 123-13.

Art. D. 642-54 Le chef d'établissement délivre à tout étudiant non diplômé qui en fait la demande une annexe descriptive du parcours de formation, précisant les crédits européens correspondant aux unités d'enseignement validées.

CHAPITRE III LES FORMATIONS TECHNOLOGIQUES COURTES

SECTION PREMIÈRE LE BREVET DE TECHNICIEN SUPÉRIEUR

SOUS-SECTION 1 DISPOSITIONS GÉNÉRALES

Art. D. 643-1 Le brevet de technicien supérieur est un diplôme national de l'enseignement supérieur qui confère à ses titulaires le titre de technicien supérieur breveté.

Les formations préparant au brevet de technicien supérieur s'inscrivent dans le cadre de l'architecture européenne des études définie par l'article D. 123-13.

Il atteste que ses titulaires ont acquis une qualification professionnelle, sont aptes à tenir les emplois de technicien supérieur dans les professions industrielles et commerciales, dans les activités de service ou celles relevant des arts appliqués et capables de mobiliser leurs connaissances et leurs aptitudes pour se perfectionner et s'adapter au cours de leur vie professionnelle et pour valoriser et valider leurs acquis pour des poursuites ou des reprises d'études éventuelles.

Le brevet de technicien supérieur est délivré au titre d'une spécialité professionnelle. – *[Décr. n° 95-665 du 9 mai 1995, art. 1er.]*

Art. D. 643-2 Les spécialités du brevet de technicien supérieur sont créées par arrêté du ministre chargé de l'enseignement supérieur, après avis des commissions professionnelles consultatives compétentes.

Pour chaque spécialité, cet arrêté établit le référentiel de certification ainsi que le règlement particulier qui fixe les conditions de délivrance de ce diplôme. – *[Décr. n° 95-665 du 9 mai 1995, art. 2.]*

Art. D. 643-3 Le référentiel de *(Décr. n° 2020-1167 du 23 sept. 2020, art. 1er)* « compétences » de chaque spécialité énumère les capacités, savoir-faire, compétences professionnelles, technologiques et générales et savoirs que les titulaires du diplôme doivent posséder et détermine les niveaux d'exigence requis pour l'obtention du diplôme.

Le référentiel *(Décr. n° 2020-1167 du 23 sept. 2020, art. 1er)* « d'évaluation » est organisé en unités constituées d'un ensemble, cohérent au regard de la finalité du diplôme, de capacités, savoir-faire, compétences et savoirs. *(Décr. n° 2016-1037 du 28 juill. 2016, art. 1er)* « Une unité correspond à un bloc de compétences mentionné au 1° du II de l'article L. 6323-6 du code du travail. » Certaines unités peuvent être communes à plusieurs diplômes. *(Décr. n° 2020-1167 du 23 sept. 2020, art. 1er)* « Outre l'unité mentionnée à l'article D. 643-15-1, le diplôme peut comporter des unités, dans la limite de trois, dont l'obtention est facultative. Le référentiel d'évaluation précise en particulier le règlement d'examen et la définition des épreuves. »

Art. D. 643-4 La formation préparant au brevet de technicien supérieur comporte, en application de l'article L. 331-4, des stages de formation organisés sous la responsabilité des établissements de formation.

Les modalités d'organisation de la formation et des stages en milieu professionnel sont précisées par arrêté du ministre chargé de l'enseignement supérieur. – *[Décr. n° 95-665 du 9 mai 1995, art. 4.]*

SOUS-SECTION 2 MODALITÉS DE PRÉPARATION

Art. D. 643-5 Le brevet de technicien supérieur est préparé :

1° Par la voie scolaire, dans les lycées ainsi que dans les écoles d'enseignement technique privées mentionnées aux articles L. 443-2 et R. 443-1 du présent code ;

2° Par la voie de l'apprentissage définie au livre II de la sixième partie du code du travail ;

3° Par la voie de la formation professionnelle continue, définie au livre III de la sixième partie du même code.

Le brevet de technicien supérieur peut également être préparé par des établissements d'enseignement à distance dans les conditions fixées par arrêté du ministre chargé de l'enseignement supérieur. – *[Décr. nº 95-665 du 9 mai 1995, art. 5.]*

Art. D. 643-6 La formation dispensée au titre de la préparation du brevet de technicien supérieur par la voie scolaire est organisée en un cycle d'études, au sens de l'article L. 612-2, d'une durée de deux ans. Le passage des étudiants en deuxième année est prononcé par le chef d'établissement après avis du conseil de classe.

Dans chaque *(Décr. nº 2019-1558 du 30 déc. 2019, art. 5)* « région académique », sous l'autorité du recteur *(Décr. nº 2019-1558 du 30 déc. 2019, art. 5)* « de région académique » ou de son représentant, une commission de recours est organisée devant laquelle les étudiants non admis en deuxième année peuvent faire appel de la décision de redoublement. Cette commission comprend au moins un chef d'établissement ainsi qu'un enseignant de la spécialité ou d'une spécialité proche du brevet de technicien supérieur préparé par l'étudiant. Selon l'avis de cette commission, le recteur *(Décr. nº 2019-1558 du 30 déc. 2019, art. 5)* « de région académique » confirme, au besoin en la complétant, ou infirme la décision du chef d'établissement.

A titre dérogatoire, pour les candidats justifiant de certains titres ou diplômes ou ayant suivi des études supérieures, ainsi que pour certains brevets de technicien supérieur, la durée et l'organisation de ce cycle de formation de deux ans peuvent être modifiées par arrêté du ministre chargé de l'enseignement supérieur.

Pour chaque brevet de technicien supérieur, un arrêté fixe la durée hebdomadaire des enseignements en formation initiale sous statut scolaire.

Art. D. 643-7 Les candidats, qui ont suivi un premier cycle de l'enseignement supérieur ou des classes préparatoires aux grandes écoles, peuvent, en fonction de leurs acquis et du brevet de technicien supérieur préparé, accéder à des formations aménagées.

L'accès des candidats à ces formations est décidé par le *(Décr. nº 2019-1558 du 30 déc. 2019, art. 9)* « recteur de région académique » après examen de leur dossier et avis de l'équipe pédagogique de l'établissement.

Cette décision ne peut avoir pour effet de ramener la durée de la formation à moins d'une année scolaire.

Art. D. 643-8 La durée de la formation dispensée en centre de formation d'apprentis, nécessaire à la préparation du brevet de technicien supérieur par la voie de l'apprentissage, est au moins égale à 1 350 heures *(Décr. nº 2020-624 du 22 mai 2020, art. 6)* « conformément aux dispositions prévues au cinquième alinéa de l'article L. 6211-2 du code du travail ». En cas de réduction de la durée du contrat d'apprentissage *(Décr. nº 2020-624 du 22 mai 2020, art. 6)* « dans les conditions prévues au troisième alinéa de l'article L. 6222-7-1 du code du travail » à un an, cette durée de formation ne peut être inférieure à 675 heures.

(Décr. nº 2020-624 du 22 mai 2020, art. 6) « En cas de réduction de la durée du contrat d'apprentissage s'étendant de six mois à deux ans, la durée de formation en centre de formation d'apprentis prévue pour le cas de réduction de la durée du contrat à un an s'applique *prorata temporis*. »

Art. D. 643-9 *(Décr. nº 2016-1037 du 28 juill. 2016, art. 1er-II)* A l'exception des périodes de stage, dont la durée peut être réduite dans les conditions prévues à l'article D. 643-12, aucune durée de formation n'est exigée pour les candidats préparant le brevet de technicien supérieur dans le cadre de la formation professionnelle continue ou de la validation des acquis de l'expérience.

Art. D. 643-10 *(Décr. nº 2016-1037 du 28 juill. 2016, art. 1er)* « Pour les candidats autres que ceux qui préparent le brevet de technicien supérieur dans le cadre de la formation professionnelle continue ou de la validation des acquis de l'expérience, la durée de formation requise peut être réduite par une décision de positionnement, dès lors qu'ils justifient d'études ou d'activités professionnelles ou de dispenses d'épreuves ou d'unités constitutives du diplôme.

« La décision de positionnement fixe, lors de l'inscription à la formation, la durée de formation requise. » Elle est prononcée par le *(Décr. nº 2019-1558 du 30 déc. 2019, art. 9)* « recteur de région académique », à la demande du candidat, après son admission dans un établissement et selon des modalités fixées par arrêté du ministre chargé de l'enseignement supérieur.

Elle est prise au titre du brevet de technicien supérieur que le candidat souhaite préparer et vaut jusqu'à l'obtention de ce diplôme.

Art. D. 643-11 La décision de positionnement prend en compte les études suivies en France ou à l'étranger par le candidat, les titres ou diplômes français ou étrangers possédés, les compétences professionnelles qu'il peut faire valoir ainsi que les dispenses d'épreuves ou d'unités dont il bénéficie au titre de l'article D. 643-17 ou au titre de la validation des acquis de l'expérience. – *[Décr. nº 95-665 du 9 mai 1995, art. 13.]*

Art. D. 643-12 *(Décr. nº 2016-1037 du 28 juill. 2016, art. 1er-IV)* La durée des stages peut être réduite pour les candidats préparant le brevet de technicien supérieur dans le cadre de la formation professionnelle continue ou de la validation des acquis de l'expérience dans les conditions fixées par le règlement particulier du diplôme.

SOUS-SECTION 3 CONDITIONS DE DÉLIVRANCE

Art. D. 643-13 Le brevet de technicien supérieur est délivré au vu des résultats obtenus à un examen sanctionnant l'acquisition par le candidat des capacités, compétences et savoirs et savoir-faire constitutifs des unités prévues par le référentiel *(Décr. nº 2020-1167 du 23 sept. 2020, art. 1er)* « d'évaluation » de chaque spécialité du diplôme *(Décr. nº 2020-398 du 3 avr. 2020, art. 1er)* « et après passation de la certification en langue anglaise mentionnée à l'article D. 643-13-1 ».

(Décr. nº 2020-1167 du 23 sept. 2020, art. 1er) « Outre l'unité mentionnée à l'article D. 643-15-1, » tout candidat peut présenter à titre facultatif une ou deux unités choisies parmi celles proposées, le cas échéant, par le référentiel.

Art. D. 643-13-1 *(Décr. nº 2020-398 du 3 avr. 2020, art. 1er)* Les candidats au brevet de technicien supérieur se présentent au moins à une certification en langue anglaise faisant l'objet d'une évaluation externe et étant reconnue au niveau international et par le monde socio-économique.

Art. D. 643-14 L'examen conduisant à la délivrance du diplôme peut prendre deux formes :

1° Une forme globale dans laquelle le candidat présente l'ensemble des unités constitutives du diplôme au cours d'une même session, sous réserve des dispositions du premier alinéa de l'article D. 643-23.

(Décr. nº 2016-1037 du 28 juill. 2016, art. 1er) « 2° Une forme progressive dans laquelle le candidat choisit de ne présenter que certaines unités constitutives du diplôme, dans les conditions prévues au deuxième alinéa de l'article D. 643-22 ; dans ce cas, il choisit de ne présenter que certaines unités constitutives du diplôme au cours d'une même session. Le règlement particulier du diplôme peut prévoir un ordre de présentation ou d'obtention des unités. »

Art. D. 643-15 *(Décr. nº 2016-1037 du 28 juill. 2016, art. 1er)* « L'examen est constitué d'au plus six épreuves obligatoires ; il est organisé dans les conditions fixées aux articles D. 643-19, D. 643-20 et D. 643-23. »

L'obtention d'une note supérieure ou égale à 10 sur 20 à une épreuve de l'examen donne lieu à la délivrance d'une ou plusieurs unités. Les notes et unités correspondantes sont valables cinq ans à compter de leur date d'obtention. Elles peuvent donner lieu à délivrance par le *(Décr. nº 2019-1558 du 30 déc. 2019, art. 9)* « recteur de région académique » d'attestations de réussite valables pour cette durée.

(Décr. n° 2016-1037 du 28 juill. 2016, art. 1er) « Quelle que soit la forme d'examen choisie, les candidats préparant le brevet de technicien supérieur dans le cadre de la formation professionnelle continue ou dans le cadre de la validation des acquis de l'expérience reçoivent, pour les unités du diplôme préparé qui ont fait l'objet, au titre de la session en cours ou dans les cinq années précédentes, d'une note égale ou supérieure à 10 sur 20 ou d'une validation des acquis de l'expérience, y compris si elles ont été obtenues par la voie scolaire ou par la voie de l'apprentissage, une attestation délivrée par le *(Décr. n° 2019-1558 du 30 déc. 2019, art. 9)* « recteur de région académique » reconnaissant l'acquisition des compétences constitutives de ces unités du diplôme. »

Art. D. 643-15-1 *(Décr. n° 2020-1167 du 23 sept. 2020, art. 1er)* Les compétences, connaissances et aptitudes que le candidat a acquises dans l'exercice des activités mentionnées à l'article L. 611-9 et qui relèvent de celles prévues par le référentiel d'évaluation de chaque spécialité de brevet de technicien supérieur sont validées à l'examen, à la demande du candidat.

La demande de validation est formulée par le candidat au plus tard à la date limite d'inscription à l'examen.

La validation prend la forme d'une unité que le candidat présente à titre facultatif à la suite de l'épreuve obligatoire mentionnée par le référentiel d'évaluation de chaque spécialité du diplôme.

Les mêmes activités ne peuvent donner lieu qu'à une seule validation des compétences, connaissances et aptitudes acquises.

Art. D. 643-16 Pour se présenter à l'examen, les candidats doivent :

1° Soit avoir suivi une préparation au diplôme par la voie scolaire, de l'apprentissage ou de la formation professionnelle continue dont la durée est fixée conformément aux dispositions des articles D. 643-5 à D. 643-12 ;

2° Soit avoir accompli trois ans d'activités professionnelles effectives dans un emploi de niveau au moins égal à celui de technicien et dans un domaine professionnel en rapport avec la finalité du diplôme postulé.

Ils doivent, en outre, être inscrits en vue de l'obtention du diplôme.

Les candidats mentionnés au 1° qui, au cours de leur préparation au diplôme, ont changé de voie de préparation s'inscrivent à l'examen au titre de celle dans laquelle ils achèvent leur formation.

Le *(Décr. n° 2019-1558 du 30 déc. 2019, art. 9)* « recteur de région académique », en fonction de la situation personnelle exceptionnelle d'un candidat résultant notamment d'une formation incomplète pour raisons de force majeure, de maladie, d'accident ou de maternité, peut accorder une dérogation aux conditions de durée de formation énoncées au 1°.

Les conditions de titre ou d'exercice professionnel sont exigibles à la date à laquelle le candidat se présente à la dernière unité ouvrant droit à la délivrance du diplôme ou à l'ensemble du diplôme.

Art. D. 643-17 Dans les conditions fixées par arrêté du ministre chargé de l'enseignement supérieur, les candidats titulaires de certains titres ou diplômes français peuvent être dispensés de l'obtention d'une ou plusieurs unités constitutives d'un brevet de technicien supérieur. Cet arrêté peut également prévoir qu'une dispense peut être accordée aux candidats justifiant de l'obtention de certaines unités ou du bénéfice de certaines épreuves d'un diplôme dans la limite de leur validité.

(Décr. n° 2016-1037 du 28 juill. 2016, art. 1er) « Au-delà de la durée de cinq ans pendant laquelle ils peuvent demander à conserver les notes obtenues, les candidats titulaires de l'attestation mentionnée à l'article D. 643-15 peuvent être dispensés à leur demande de l'obtention des unités constitutives du brevet de technicien supérieur correspondantes, sous réserve du maintien de ces unités dans le règlement d'examen de la spécialité du diplôme. En cas de modification de celle-ci, il est tenu compte d'un tableau de correspondance entre anciennes et nouvelles unités. »

Sur décision du ministre prise dans des conditions fixées par arrêté, des dispenses d'unités peuvent également être accordées à des candidats titulaires de diplômes étrangers.

Art. D. 643-18 Lorsqu'un candidat justifie de dispenses au titre de la validation des acquis de l'expérience définie aux articles R. 335-5 et R. 613-33 à R. 613-38, l'appréciation du jury de validation de ces acquis est transmise au jury de délivrance du diplôme. – *[Décr. nº 95-665 du 9 mai 1995, art. 20.]*

Art. D. 643-19 Passent l'examen sous forme d'au moins trois épreuves ponctuelles et, le cas échéant, d'épreuves qui peuvent être validées totalement ou partiellement par contrôle en cours de formation, dans les conditions fixées par le règlement particulier du diplôme :

1° Les candidats ayant préparé le brevet de technicien supérieur par la voie scolaire dans un établissement public ou privé sous contrat ;

2° Ceux qui l'ont préparé par la voie de la formation professionnelle continue dans un établissement public habilité ;

3° Ceux qui l'ont préparé par la voie de l'apprentissage dans un centre de formation d'apprentis habilité ou une section d'apprentissage habilitée.

Passent l'examen sous forme d'épreuves ponctuelles, dans les conditions fixées par le règlement particulier du diplôme :

1° Les candidats ayant préparé un brevet de technicien supérieur par la voie scolaire dans un établissement privé hors contrat ;

2° Ceux qui l'ont préparé par la voie de la formation professionnelle continue dans un établissement non habilité ;

3° Ceux qui l'ont préparé par la voie de l'apprentissage dans un centre de formation d'apprentis non habilité ou une section d'apprentissage non habilitée ;

4° Les candidats ayant suivi une préparation par la voie de l'enseignement à distance, quel que soit leur statut, ainsi que les candidats qui se présentent au titre de leur expérience professionnelle en application du troisième alinéa (2°) de l'article D. 643-16. – *[Décr. nº 95-665 du 9 mai 1995, art. 22.]*

Art. D. 643-20 *(Décr. nº 2016-1037 du 28 juill. 2016, art. 1er)* « Les candidats ayant préparé le diplôme par la voie de la formation professionnelle continue dans un établissement public habilité peuvent passer l'examen, dans les conditions fixées par le règlement particulier du diplôme, en faisant l'objet d'une évaluation en cours de formation validée par le jury. » La demande d'habilitation précise les conditions de cette évaluation.

Art. R. 643-20-1 *(Décr. nº 2015-652 du 10 juin 2015, art. 9)* L'habilitation mentionnée à l'article D. 643-20 est réputée acquise si, dans un délai de trois mois, aucune décision de refus n'a été notifiée aux établissements intéressés.

Art. D. 643-21 Les conditions relatives à l'octroi et au retrait de l'habilitation des centres de formation d'apprentis et des sections d'apprentissage à pratiquer le contrôle en cours de formation prévu à l'article D. 643-19 sont précisées par arrêté du ministre chargé de l'enseignement supérieur.

Art. R. 643-21-1 *(Décr. nº 2015-652 du 10 juin 2015, art. 9)* L'habilitation mentionnée à l'article D. 643-21 est réputée acquise si, dans un délai de trois mois, aucune décision de refus n'a été notifiée aux établissements intéressés.

Art. D. 643-22 Les candidats ayant préparé le brevet de technicien supérieur par la voie scolaire ou par la voie de l'apprentissage présentent obligatoirement l'examen sous la forme globale à l'issue de leur formation, sauf dérogation qui peut être accordée par le *(Décr. nº 2019-1558 du 30 déc. 2019, art. 9)* « recteur de région académique » pour les candidats bénéficiant des dispositions du troisième alinéa de l'article D. 643-6, de l'article D. 643-7 ou de l'article D. 643-8.

Les candidats ayant préparé le brevet de technicien supérieur par la voie de la formation professionnelle continue, ceux ayant suivi une préparation par la voie de l'enseignement à distance, quel que soit leur statut, ainsi que ceux qui se présentent au titre de leur expérience professionnelle en application du troisième alinéa (2°) de l'article D. 643-16 optent, lors de leur inscription à l'examen, soit pour la forme globale, soit pour la forme progressive, sous réserve des dispositions de l'article D. 643-20. Le choix pour l'une ou l'autre de ces modalités est définitif.

Le diplôme est délivré aux candidats qui ont obtenu une moyenne générale supérieure ou égale à 10 sur 20 à l'ensemble des évaluations affectées de leur coefficient.

Les notes obtenues aux épreuves facultatives ne sont prises en compte que pour leur part excédant la note 10 sur 20. Les points supplémentaires sont ajoutés au total des points obtenus aux épreuves obligatoires en vue de la délivrance du diplôme.

Art. D. 643-23 Les candidats ajournés, ayant présenté l'examen sous la forme globale, conservent, à leur demande et dans les conditions précisées à l'article D. 643-15, le bénéfice des notes obtenues lorsqu'elles sont supérieures ou égales à 10 sur 20 et présentent alors l'ensemble des unités non détenues.

Les candidats ayant opté pour la forme progressive conservent, à leur demande et dans les conditions précisées à l'article D. 643-15, le bénéfice des notes supérieures ou égales à 10 sur 20 en vue des sessions ultérieures.

Les candidats ayant opté pour la forme progressive peuvent à chaque session soit conserver et reporter, dans la limite de cinq ans à compter de leur obtention, les notes inférieures à 10 sur 20, soit se soumettre à une nouvelle évaluation. Dans ce dernier cas, c'est la dernière note obtenue qui est prise en compte.

Le calcul de la moyenne générale s'effectue sur la base des notes conservées et des notes obtenues aux évaluations à nouveau subies affectées de leur coefficient. – *[Décr. n° 95-665 du 9 mai 1995, art. 25.]*

Art. D. 643-24 Lorsqu'un candidat est déclaré absent à une épreuve obligatoire, le diplôme ne peut lui être délivré.

Toutefois, l'absence d'un candidat à une épreuve pour une cause de force majeure dûment constatée est sanctionnée par la note zéro. – *[Décr. n° 95-665 du 9 mai 1995, art. 26.]*

Art. D. 643-25 Le règlement particulier de chaque spécialité de brevet de technicien supérieur fixe la liste, la nature et le coefficient des évaluations sanctionnant l'acquisition des unités et, pour les épreuves ponctuelles, leur durée. Il fixe, le cas échéant, la ou les épreuves totalement ou partiellement évaluées par contrôle en cours de formation pour les candidats mentionnés au premier alinéa de l'article D. 643-19. *(Décr. n° 2016-1037 du 28 juill. 2016, art. 1er)* « Il précise la durée des stages de formation exigés pour se présenter à l'examen. »

Art. D. 643-26 Les résultats définitifs des évaluations résultent de la délibération souveraine du jury.

Aucun candidat ayant fourni un livret scolaire ou de formation ne peut être ajourné sans que le jury ait examiné celui-ci. La mention de cet examen est portée au livret scolaire ou de formation sous la signature du président du jury. – *[Décr. n° 95-665 du 9 mai 1995, art. 28.]*

SOUS-SECTION 4 ORGANISATION DES EXAMENS ET DÉLIVRANCE DU DIPLÔME

Art. D. 643-27 Le ministre chargé de l'enseignement supérieur désigne, pour chaque spécialité du brevet de technicien supérieur, un *(Décr. n° 2020-1677 du 23 déc. 2020, art. 1er)* « inspecteur général de l'éducation, du sport et de la recherche » chargé de veiller, sur le plan pédagogique, au bon déroulement de l'examen et d'assurer l'harmonisation des délibérations des jurys.

Art. D. 643-28 Une session d'examen au moins est organisée chaque année scolaire dans le cadre d'une académie *(Décr. n° 2019-1558 du 30 déc. 2019, art. 5)* « , d'une région académique » ou d'un groupement d'académies, selon des modalités fixées par arrêté du ministre chargé de l'enseignement supérieur.

Art. D. 643-28-1 *(Décr. n° 2015-121 du 4 févr. 2015, art. 1er)* Des épreuves ou parties d'épreuve des différentes spécialités de brevet de technicien supérieur peuvent, lorsque les circonstances le justifient, être organisées par des moyens de communication audiovisuelle pour la totalité des candidats ou pour une partie d'entre eux, sous réserve que l'organisation matérielle de l'épreuve assure :

1° La vérification de l'identité du candidat qui subit l'épreuve ;

2° La présence dans la salle où se déroule l'épreuve des seules personnes autorisées.

Un arrêté du ministre chargé de l'enseignement supérieur détermine les épreuves qui peuvent être organisées par des moyens de communication audiovisuelle, les conditions dans lesquelles il peut être recouru à ces modalités techniques et les précautions à prendre pour garantir le bon déroulement de l'épreuve.

Art. D. 643-29 A chaque session, les candidats ne peuvent s'inscrire qu'en vue de l'obtention d'une seule spécialité du brevet de technicien supérieur. – *[Décr. n° 95-665 du 9 mai 1995, art. 31.]*

Art. D. 643-30 Les sujets des épreuves sont choisis par le ministre chargé de l'enseignement supérieur ou, par délégation de celui-ci, par les *(Décr. n° 2019-1558 du 30 déc. 2019, art. 9)* « recteurs de région académique ».

Art. D. 643-31 Le brevet de technicien supérieur est délivré après délibération d'un jury.

Le jury est nommé, pour chaque session, par arrêté du recteur *(Décr. n° 2019-1558 du 30 déc. 2019, art. 5)* « de région académique ». Il est présidé par un enseignant-chercheur ou par un inspecteur d'académie-inspecteur pédagogique régional de la spécialité du diplôme.

Il est composé à parts égales :

1° De professeurs appartenant à l'enseignement public, dont un enseignant-chercheur, et, s'il y a lieu, de professeurs appartenant à l'enseignement privé sous contrat ou exerçant en centre de formation d'apprentis ou en section d'apprentissage, les professeurs appartenant à l'enseignement public devant représenter la majorité des personnels enseignants ;

2° De membres de la profession intéressée par le diplôme, employeurs et salariés.

Si la parité n'est pas atteinte en raison de la défection d'un ou plusieurs membres avant le début de ses travaux, le jury peut néanmoins délibérer valablement.

Le jury ainsi constitué peut s'adjoindre une ou deux personnes qualifiées étrangères ayant participé à la formation dont il propose la nomination au recteur *(Décr. n° 2019-1558 du 30 déc. 2019, art. 5)* « de région académique ».

Si le nombre des candidats ayant composé dans l'académie *(Décr. n° 2019-1558 du 30 déc. 2019, art. 5)* « , dans la région académique » ou le groupement d'académies constitué pour organiser l'examen le justifie, le recteur *(Décr. n° 2019-1558 du 30 déc. 2019, art. 5)* « de région académique » peut constituer plusieurs jurys. Dans ce cas, la présidence de ces jurys peut être assurée par la même personne. Des professeurs ou des membres de la profession peuvent participer à plusieurs jurys.

Art. D. 643-31-1 *(Décr. n° 2015-121 du 4 févr. 2015, art. 2)* A l'exception du président, les membres du jury ainsi que les personnalités qualifiées mentionnées à l'article D. 643-31 qui prennent part aux délibérations peuvent participer aux réunions et délibérations par tous moyens de communication audiovisuelle permettant leur identification et garantissant leur participation effective selon des modalités précisées par arrêté du ministre chargé de l'enseignement supérieur.

Art. D. 643-32 Le diplôme du brevet de technicien supérieur est délivré par le *(Décr. n° 2019-1558 du 30 déc. 2019, art. 9)* « recteur de région académique » sur proposition du jury.

SOUS-SECTION 4-1 PROCÉDURE DISCIPLINAIRE APPLICABLE AUX CANDIDATS AU BREVET DE TECHNICIEN SUPERIEUR

(Décr. n° 2020-652 du 28 mai 2020, art. 1er)

Art. D. 643-32-1 Dans chaque région académique, une commission de discipline du brevet de technicien supérieur est compétente pour prononcer des sanctions disciplinaires à l'égard des candidats auteurs ou complices d'une fraude ou d'une tentative de fraude commise à l'occasion des épreuves de l'examen du brevet de technicien supérieur.

Art. D. 643-32-2 La commission de discipline du brevet de technicien supérieur est présidée par un enseignant-chercheur ou par un inspecteur d'académie-inspecteur pédagogique régional qui a été nommé en qualité de président du jury du brevet de technicien supérieur, désigné par le recteur de région académique, chancelier des universités. Le président ne peut siéger au sein de la commission lorsque le candidat qui fait l'objet d'une procédure disciplinaire a été évalué par le jury qu'il a présidé.

Cette commission comprend, outre son président, les personnes suivantes nommées par le recteur :

1° Un inspecteur d'académie-inspecteur pédagogique régional désigné comme vice-président ;

2° Un chef de centre des épreuves du brevet de technicien supérieur ;

3° Un enseignant membre de jury du brevet de technicien supérieur ;

4° Un étudiant désigné, sur proposition du président de l'établissement, parmi les représentants des étudiants au conseil d'administration d'un établissement public à caractère scientifique, culturel et professionnel, désigné par le recteur de région académique et dont le siège est situé dans le ressort de la région académique où la fraude ou la tentative de fraude a été commise ;

5° Un étudiant inscrit en section de technicien supérieur au titre de l'année au cours de laquelle est organisée la session. Celui-ci est désigné sur proposition du conseil académique de la vie lycéenne, parmi les élus de ce conseil. Le candidat qui fait l'objet d'une procédure disciplinaire à raison d'un soupçon de fraude au brevet de technicien supérieur ne peut siéger au sein de la commission.

Pour chaque membre de la commission, un suppléant est désigné dans les mêmes conditions.

En l'absence de son président et du suppléant de ce dernier, la commission est présidée par son vice-président.

La commission de discipline du brevet de technicien supérieur est assistée d'un secrétaire mis à sa disposition par le recteur de région académique.

Art. D. 643-32-3 En cas de fraude ou de tentative de fraude flagrante commise à l'occasion du brevet de technicien supérieur, le surveillant responsable de la salle prend toutes mesures pour faire cesser la fraude ou la tentative de fraude, sans interrompre la participation à l'épreuve du ou des candidats. Il saisit les pièces ou matériels permettant d'établir la réalité des faits.

En cas de substitution de personne ou de troubles affectant le déroulement des épreuves, l'expulsion de la salle des examens peut être prononcée par le chef de centre des épreuves du brevet de technicien supérieur.

Dans tous les cas, le surveillant responsable de la salle dresse un procès-verbal contresigné par le ou les autres surveillants, le chef de centre ou son représentant et par le ou les auteurs des faits. En cas de refus de contresigner, mention est portée au procès-verbal.

Le recteur est saisi sans délai des procès-verbaux correspondants.

Art. D. 643-32-4 Les poursuites devant la commission de discipline du brevet de technicien supérieur sont engagées par le recteur de région académique.

Dix jours au moins avant la date de réunion de la commission de discipline du brevet de technicien supérieur, le recteur de région académique convoque le candidat poursuivi et, le cas échéant, son représentant légal par lettre recommandée avec demande d'avis de réception.

La convocation comporte l'énoncé des faits reprochés et précise à l'intéressé sous quel délai et dans quel lieu il peut prendre connaissance de son dossier.

Elle mentionne le droit pour l'intéressé de présenter des observations écrites et orales et de se faire assister d'un conseil de son choix ou, le cas échéant, de se faire représenter par ce dernier.

Art. D. 643-32-5 Au regard des observations éventuellement produites et des éléments recueillis, le recteur de région académique peut décider de ne pas donner suite aux poursuites. Il en informe l'intéressé et, le cas échéant, son représentant légal.

Art. D. 643-32-6 Dans le cas contraire, le recteur de région académique saisit la commission de discipline du brevet de technicien supérieur par écrit. Ce document mentionne le nom et l'adresse du candidat poursuivi ainsi que les faits qui lui sont reprochés. Il est accompagné de toutes pièces justificatives.

La séance de la commission de discipline du brevet de technicien supérieur n'est pas publique. Elle se tient valablement même en l'absence du candidat poursuivi.

Lorsque la commission de discipline du brevet de technicien supérieur examine l'affaire au fond, son président expose les faits et donne lecture, le cas échéant, des observations écrites produites par l'intéressé. Celui-ci est entendu dans ses explications. Il peut à tout moment, ainsi que son représentant légal s'il est mineur et éventuellement son conseil, demander l'autorisation au président de présenter des observations orales.

La commission peut entendre des témoins. Cette audition a lieu contradictoirement en présence du candidat poursuivi, sauf s'il est absent, le cas échéant, de son représentant légal et éventuellement de son conseil.

Le recteur de région académique, ou toute personne désignée par lui à cet effet, peut assister à la séance de la commission de discipline du brevet de technicien supérieur et présenter des observations.

Le candidat est invité à présenter ses ultimes observations avant que la commission ne commence à délibérer.

Si elle se juge insuffisamment éclairée, la commission de discipline du brevet de technicien supérieur peut décider de reporter l'affaire à une séance ultérieure. Il en est de même si le candidat, pour des motifs impérieux, n'est ni présent ni représenté et n'a pas fait parvenir d'observation.

Art. D. 643-32-7 Seules les personnes composant la commission de discipline du brevet de technicien supérieur et celle qui en assure le secrétariat ont accès à la salle des délibérations. Aucun des membres de la commission ne peut délibérer s'il n'a assisté à la totalité de la séance.

La commission ne peut valablement délibérer que si quatre membres au moins sont présents. Le vote a lieu à bulletin secret.

La décision prise à la majorité des membres présents est motivée. Elle est signée par le président. En cas de partage égal des voix, la voix du président est prépondérante.

Elle est notifiée à l'intéressé et, le cas échéant, à son représentant légal, par lettre recommandée avec demande d'avis de réception. Elle mentionne les voies et les délais de recours.

La commission de discipline du brevet de technicien supérieur statue dans un délai de deux mois suivant la proclamation des résultats de la session à laquelle se rattachent les faits ayant donné lieu aux poursuites.

Le recteur de région académique informe le ministre chargé de l'enseignement supérieur de la décision de la commission de discipline.

Art. D. 643-32-8 Les sanctions disciplinaires qui peuvent être prononcées par la commission de discipline du brevet de technicien supérieur sont :

1° Le blâme ;

2° L'interdiction de subir tout examen conduisant à l'obtention du brevet de technicien supérieur pour une durée maximum de cinq ans ou d'un titre ou diplôme délivré par un établissement public dispensant des formations post-baccalauréat pour une durée maximum de cinq ans. Cette sanction peut être prononcée avec sursis si l'interdiction n'excède pas deux ans ;

3° L'interdiction de prendre toute inscription dans un établissement public dispensant des formations post-baccalauréat pour une durée maximum de cinq ans.

Dans le cas du blâme, cette inscription est effacée au terme d'une période d'un an après son prononcé. Dans le cas des autres sanctions, l'effacement intervient au terme de la période d'interdiction qui est prononcée.

Art. D. 643-32-9 Toute sanction prononcée entraîne, pour l'intéressé, la nullité de l'épreuve au cours de laquelle la fraude ou la tentative de fraude a été commise. L'intéressé est réputé avoir été présent sans l'avoir subie. La commission de discipline du brevet de technicien supérieur peut en outre décider de prononcer à l'égard de l'intéressé la nullité de la session d'examen.

Art. D. 643-32-10 Lorsqu'un candidat fait l'objet de poursuites disciplinaires dans le cas de fraude ou de tentative de fraude flagrante commise à l'occasion du brevet de technicien supérieur, il ne peut lui être délivré un relevé de notes ou un certificat de réussite avant que la commission de discipline du brevet de technicien supérieur ait statué. En cas de nullité de l'épreuve ou de la session d'examen prononcée par la commission de discipline du brevet de technicien supérieur dans les conditions prévues par l'article D. 643-32-9, le recteur de région académique saisit le jury pour une nouvelle délibération sur les résultats obtenus par l'intéressé.

Lorsqu'une fraude est découverte postérieurement à la délivrance du brevet de technicien supérieur, le recteur de région académique engage les poursuites devant la commission de discipline du brevet de technicien supérieur dans les conditions prévues par les articles D. 643-32-4 à D. 643-32-6. Si la sanction prononcée en application de l'article D. 643-32-8 et D. 643-32-9 implique que le jury se prononce à nouveau, le recteur de région académique retire le diplôme du brevet de technicien supérieur et saisit le jury pour une nouvelle délibération sur les résultats obtenus par l'intéressé.

Art. R. 643-32-11 Toute sanction prononcée en application des dispositions de la présente sous-section peut faire l'objet d'un recours de plein contentieux devant le tribunal administratif territorialement compétent.

SOUS-SECTION 5 INSCRIPTION DU BREVET DE TECHNICIEN SUPÉRIEUR DANS LE DISPOSITIF EUROPÉEN D'ENSEIGNEMENT SUPÉRIEUR

Art. D. 643-33 L'obtention du brevet de technicien supérieur emporte l'acquisition de 120 crédits européens. – *[Décr. nº 95-665 du 9 mai 1995, art. 35.]*

Art. D. 643-34 Lorsque la section de technicien supérieur est implantée dans un établissement public ou privé sous contrat, le chef d'établissement délivre aux étudiants, après consultation du conseil de classe, une attestation descriptive du parcours de formation qu'ils ont suivi et des connaissances et aptitudes qu'ils ont acquises.

L'attestation descriptive est établie conformément au référentiel de certification de la spécialité mentionné à l'article D. 643-3, dans le respect des conditions prévues pour la description des parcours de formation dans la mise en œuvre du système de crédits européens définie à l'article D. 611-2.

En outre, lorsqu'une ou plusieurs unités constitutives du référentiel de certification ont été validées sous forme ponctuelle ou par contrôle en cours de formation, l'attestation descriptive mentionne pour chaque épreuve les crédits définis en fonction de leur coefficient à l'examen. – *[Décr. nº 95-665 du 9 mai 1995, art. 36.]*

Art. D. 643-35 *(Décr. nº 2014-791 du 9 juill. 2014, art. 4)* « Outre les conventions *(Décr. nº 2018-172 du 9 mars 2018, art. 6)* « prévues au deuxième alinéa du XIII de » l'article L. 612-3, et en vue de faciliter la poursuite d'études et l'orientation des étudiants dans une autre formation de l'enseignement supérieur, des conventions de coopération pédagogique peuvent être conclues entre les lycées publics préparant au brevet de technicien supérieur et des établissements, français ou étrangers, dispensant cette formation. » Ces conventions précisent, sur la base de l'attestation descriptive prévue à l'article D. 643-34 et en fonction des divers types d'études auxquelles peuvent postuler les étudiants issus des sections de techniciens supérieurs, les conditions de validation des acquis de ces étudiants dans le cadre des cursus de formation de l'établissement d'accueil. Elles prévoient, pour l'examen des dossiers individuels, l'organisation de commissions associant des représentants du lycée et de l'établissement d'accueil, présidées par un enseignant-chercheur désigné par le chef de l'établissement d'enseignement supérieur.

Art. D. 643-35-1 *(Décr. nº 2014-791 du 9 juill. 2014, art. 5)* En vue de faciliter la poursuite d'études et l'orientation des étudiants dans une autre formation de l'enseignement supérieur, les organismes de formation préparant au brevet de technicien supérieur ne relevant pas de l'article D. 643-35 concluent des conventions de coopération pédagogique avec des établissements, français ou étrangers, dispensant cette formation. Ces conventions sont conclues selon les dispositions du même article.

SECTION II LE DIPLÔME NATIONAL DES MÉTIERS D'ART

SOUS-SECTION 1 DISPOSITIONS GÉNÉRALES

Art. D. 643-36 Le diplôme national des métiers d'art, portant la mention d'une spécialité, atteste que son titulaire maîtrise les savoirs technologiques, artistiques et généraux, les techniques et savoir-faire relevant de la spécialité et est apte à exercer des fonctions d'encadrement technique et professionnel.

Les formations préparant au diplôme des métiers d'art s'inscrivent, dans le cadre de l'architecture européenne des études définie par l'article D. 123-13 et fondée principalement sur les trois grades de licence, master et doctorat, au sein des études conduisant au grade de licence.

Ce diplôme est inscrit au niveau III dans le répertoire national des certifications professionnelles. – *[Décr. n° 87-347 du 21 mai 1987, art. 1er.]*

Art. D. 643-37 Pour chaque spécialité du diplôme des métiers d'art, un arrêté du ministre chargé de l'enseignement supérieur établit le référentiel d'activités professionnelles, le répertoire des capacités, connaissances et savoir-faire et leur niveau d'exigence, définit les domaines de formation et les unités d'enseignement qui les constituent ainsi que leur ordre d'acquisition et fixe la durée et les finalités du stage en milieu professionnel.

Chaque unité d'enseignement est dotée d'une valeur en crédits européens définie dans le respect des conditions fixées à l'article D. 611-2. Cet arrêté prévoit, le cas échéant, les unités d'enseignement communes à plusieurs diplômes.

Chaque spécialité de diplôme des métiers d'art comporte au moins trois domaines de formation : un domaine de formation générale, un domaine de formation artistique et un domaine de formation professionnelle. Chaque domaine de formation est constitué d'au moins deux unités d'enseignement. – *[Décr. n° 87-347 du 21 mai 1987, art. 2.]*

Art. D. 643-38 Les formations conduisant au diplôme des métiers d'art sont dispensées par les établissements habilités par le ministre chargé de l'enseignement supérieur.

L'habilitation est accordée ou renouvelée pour une durée maximum de quatre ans.

La procédure de présentation et la description du dossier sont définies par le ministre chargé de l'enseignement supérieur.

Art. R. 643-38-1 *(Décr. n° 2015-652 du 10 juin 2015, art. 9)* L'habilitation prévue à l'article D. 643-38 est réputée acquise si, au terme d'un délai de deux mois, aucune décision de refus n'a été notifiée aux établissements intéressés.

Art. D. 643-39 Le diplôme des métiers d'art est préparé :

1° Par la voie scolaire ;

2° Par la voie de l'apprentissage ;

3° Par la voie de la formation professionnelle continue ;

4° Au titre de la validation des acquis de l'expérience. – *[Décr. n° 87-347 du 21 mai 1987, art. 4.]*

SOUS-SECTION 2 ADMISSION

Art. D. 643-40 Peuvent déposer leur candidature en vue de la préparation au diplôme des métiers d'art par la voie scolaire et par la voie de l'apprentissage :

1° Les titulaires d'un brevet des métiers d'art ;

2° Les titulaires du baccalauréat technologique sciences et technologies industrielles, spécialité arts appliqués ;

3° Les titulaires d'un brevet de technicien dans une spécialité du secteur des arts appliqués ;

4° Les étudiants issus des classes de mise à niveau des arts appliqués ;

5° Les titulaires d'un diplôme d'art, professionnel ou technologique relevant du même secteur que la spécialité du diplôme des métiers d'art postulée et inscrit au moins au niveau IV dans le répertoire national des certifications professionnelles ;

6° Les candidats ayant accompli la scolarité complète conduisant à l'un des diplômes cités aux 1°, 2°, 3° et 5° du présent article. – *[Décr. n° 87-347 du 21 mai 1987, art. 5.]*

Art. D. 643-41 La préparation du diplôme des métiers d'art par la voie de la formation professionnelle continue est ouverte :

1° Aux titulaires d'un diplôme relevant du même secteur que la spécialité du diplôme des métiers d'art postulée et inscrit au moins au niveau IV dans le répertoire national des certifications professionnelles ou ayant accompli la scolarité complète y conduisant ;

2° Aux candidats justifiant de trois ans d'exercice professionnel dans le domaine d'activité correspondant au diplôme postulé. – *[Décr. n° 87-347 du 21 mai 1987, art. 6.]*

Art. D. 643-42 L'admission dans une section de diplôme des métiers d'art de l'enseignement public est organisée par le recteur de *(Décr. n° 2019-1558 du 30 déc. 2019, art. 8)* « la région académique » dans laquelle l'établissement demandé a son siège. Le recteur définit, en concertation avec les chefs d'établissements d'accueil, les modalités de mise en place et de déroulement de la procédure.

Le candidat à l'admission dépose un dossier auprès de l'établissement dans lequel il souhaite s'inscrire comportant la justification de l'une des conditions mentionnées aux articles D. 643-40 et D. 643-41 et des travaux personnels. Ce dossier peut être complété par un entretien.

Le dossier est soumis à l'appréciation d'une commission présidée par le chef de l'établissement ou son représentant et composée de professeurs enseignant dans ce cycle d'études et d'un ou plusieurs professionnels.

La décision d'admission est prononcée par le chef d'établissement d'accueil sur proposition de la commission.

Art. D. 643-43 Les candidats justifiant d'expériences professionnelles, d'acquis personnels ou ayant suivi une formation en France ou à l'étranger en relation avec la spécialité du diplôme des métiers d'art postulée peuvent être admis à préparer le diplôme des métiers d'art par décision du *(Décr. n° 2019-1558 du 30 déc. 2019, art. 9)* « recteur de région académique » après avis de la commission définie à l'article D. 643-42.

SOUS-SECTION 3 SCOLARITÉ

Art. D. 643-44 La formation conduisant à l'obtention du diplôme des métiers d'art par la voie scolaire est organisée en un cycle d'études d'une durée de deux ans faisant suite au cycle terminal des lycées. – *[Décr. n° 87-347 du 21 mai 1987, art. 9.]*

Art. D. 643-45 Le passage en deuxième année est de droit lorsque l'étudiant a obtenu, à l'issue de la première année, à la fois une moyenne égale ou supérieure à 10 sur 20 à chaque domaine de formation et une note égale ou supérieure à 8 sur 20 à chacune des unités d'enseignement qui le constituent. Toutefois, un étudiant qui ne remplit pas ces conditions peut être autorisé par le chef d'établissement, conformément aux limites prescrites par l'arrêté mentionné à l'article D. 643-37 et après avis du conseil de classe, à poursuivre en deuxième année. Dans cette hypothèse, l'étudiant présente les contrôles afférents aux unités d'enseignement qu'il n'a pas obtenues selon les modalités prévues par l'arrêté précité. – *[Décr. n° 87-347 du 21 mai 1987, art. 10.]*

Art. D. 643-46 L'étudiant peut être autorisé à redoubler la première ou la deuxième année, par décision du chef d'établissement après avis du conseil de classe.

Cette possibilité de redoublement n'est valable qu'une fois au cours de la formation, sauf cas de force majeure dûment justifié et apprécié par le chef d'établissement.

La décision refusant l'autorisation de redoublement est motivée et assortie de conseils d'orientation.

Dans chaque *(Décr. n° 2019-1558 du 30 déc. 2019, art. 5)* « région académique », une commission de recours est organisée, sous l'autorité du recteur *(Décr. n° 2019-1558 du 30 déc. 2019, art. 5)* « de région académique » ou de son représentant, devant laquelle les étudiants non admis en deuxième année peuvent faire appel de la décision de redoublement. Cette commission comprend au moins un chef d'établissement ainsi qu'un enseignant de la spécialité du diplôme des métiers d'art préparée par l'étudiant. Après avis de cette commission, le recteur *(Décr. n° 2019-1558 du 30 déc. 2019, art. 5)* « de région académique » confirme, au besoin en la complétant, ou infirme la décision du chef d'établissement.

Art. D. 643-47 La durée hebdomadaire des enseignements par la voie scolaire est fixée par l'arrêté prévu à l'article D. 643-37 sous réserve des dispositions de l'article D. 643-50. – *[Décr. n° 87-347 du 21 mai 1987, art. 12.]*

Art. D. 643-48 La durée de la formation par la voie de l'apprentissage est au moins égale à 1 350 heures, sous réserve des dispositions de l'article D. 643-50. – *[Décr. n° 87-347 du 21 mai 1987, art. 13.]*

Art. D. 643-49 La durée de la formation par la voie de la formation continue est fixée, compte non tenu des stages de formation prévus à l'article D. 643-37, à 1 350 heures au moins, sous réserve des dispositions de l'article D. 643-50. – *[Décr. n° 87-347 du 21 mai 1987, art. 14.]*

Art. D. 643-50 Des dispenses d'unités peuvent être accordées aux candidats justifiant de certains titres ou diplômes français ou étrangers ou d'études supérieures en France ou à l'étranger. Ces dispenses sont accordées par la commission mentionnée à l'article D. 643-42 du présent code.

Dans le cas de dispenses d'unités, les durées de formation indiquées aux articles D. 643-47 et D. 643-49 du présent code peuvent être réduites sur décision du *(Décr. n° 2019-1558 du 30 déc. 2019, art. 9)* « recteur de région académique » après avis de la commission précitée.

Dans le cas de dispenses d'unités au titre de la validation des acquis de l'expérience, la durée de la formation peut être réduite dans les mêmes conditions.

Pour les candidats mentionnés à l'article D. 643-48 du présent code, la réduction de la durée du contrat d'apprentissage est fixée, conformément aux dispositions des articles L. 6222-2 et L. 6222-7 à L. 6222-10 du code du travail. Dans le cas d'une réduction à un an, cette durée de formation ne peut être inférieure à 675 heures.

Art. D. 643-51 Dans le cas d'une réduction de la durée de formation, la durée des stages de formation peut être réduite dans les conditions prévues par l'arrêté mentionné à l'article D. 643-37. – *[Décr. n° 87-347 du 21 mai 1987, art. 16.]*

SOUS-SECTION 4 ORGANISATION DE L'EXAMEN ET DÉLIVRANCE DU DIPLÔME

Art. D. 643-52 Les unités d'enseignement sanctionnent :

1° D'une part, les connaissances et savoir-faire évalués soit par la voie du contrôle en cours de formation, soit par la voie du contrôle ponctuel ;

2° D'autre part, la présentation devant le jury d'un projet ayant un caractère de synthèse significatif de la démarche de projet, caractéristique de la vocation du diplôme des métiers d'art. – *[Décr. n° 87-347 du 21 mai 1987, art. 17.]*

Art. D. 643-53 Le candidat s'inscrit auprès du service chargé de l'organisation de l'examen en précisant la ou les unités d'enseignement qu'il souhaite faire valider.

Les conditions de titre ou d'exercice professionnel mentionnées aux articles D. 643-40, D. 643-41 et D. 643-43 sont exigibles à la date à laquelle le candidat se présente à la dernière unité d'enseignement ouvrant droit à la délivrance du diplôme. – *[Décr. n° 87-347 du 21 mai 1987, art. 18.]*

Art. D. 643-54 Le diplôme des métiers d'art est attribué aux candidats ayant obtenu à la fois une moyenne égale ou supérieure à 10 sur 20 à chaque domaine de formation et une note égale ou supérieure à 8 sur 20 à chacune des unités d'enseignement qui le constituent. Les notes définitives résultent de la délibération du jury.

Le diplôme est délivré par le *(Décr. n° 2019-1558 du 30 déc. 2019, art. 9)* « recteur de région académique » après délibération du jury.

L'obtention du diplôme des métiers d'art emporte l'acquisition de 120 crédits européens.

Le chef d'établissement délivre aux étudiants, après consultation du conseil de classe, une attestation descriptive du parcours de formation qu'ils ont suivi et des connaissances et aptitudes qu'ils ont acquises. Cette attestation est établie conformément au référentiel de la spécialité du diplôme. Lorsqu'une ou plusieurs unités d'enseignement constitutives du diplôme ont été validées sans que le diplôme ait été obtenu, l'attestation descriptive mentionne pour chaque unité les crédits correspondants figurant au référentiel.

Art. D. 643-55 Le bénéfice d'une note égale ou supérieure à 10 sur 20 obtenue à une unité d'enseignement ou à un domaine de formation peut être conservé pendant cinq ans à compter de la date d'obtention. Cette durée de validité peut toutefois être modifiée dans le cas de la rénovation ou de la suppression de la spécialité.

Les unités d'enseignement dont la note est égale ou supérieure à 10 sur 20 peuvent donner lieu à la délivrance d'attestations de réussite valables cinq ans à compter de leur date d'obtention. – *[Décr. n° 87-347 du 21 mai 1987, art. 20.]*

Art. D. 643-56 Le jury est nommé par le *(Décr. n° 2019-1558 du 30 déc. 2019, art. 9)* « recteur de région académique » pour chaque session et chaque spécialité de diplôme des métiers d'art. Il est présidé par un enseignant-chercheur ou par un inspecteur d'académie-inspecteur pédagogique régional de sciences et techniques industrielles du secteur "arts appliqués".

Il est composé à parts égales :

1° De professeurs de l'enseignement public enseignant dans le cadre de la spécialité du diplôme des métiers d'art considérée et, s'il y a lieu, de professeurs appartenant à l'enseignement privé sous contrat ou exerçant en centre de formation d'apprentis ou en section d'apprentissage ainsi que, le cas échéant, de professeurs d'arts appliqués enseignant dans des diplômes du même domaine de spécialité inscrits au moins au niveau III dans le répertoire national des certifications professionnelles. Les professeurs issus de l'enseignement public représentent la majorité des personnels enseignants ;

2° De membres de la profession intéressée.

Si la parité n'est pas respectée en raison de la défection d'un ou de plusieurs membres avant le début de ses travaux, le jury peut néanmoins délibérer valablement.

Le jury ainsi constitué peut s'adjoindre deux personnes qualifiées, dont il propose la nomination au *(Décr. n° 2019-1558 du 30 déc. 2019, art. 9)* « recteur de région académique ».

Le jury se réunit deux fois au cours du cycle d'études pour valider les acquis de chaque candidat. Il est également chargé de valider le choix des thèmes des projets prévus à l'article D. 643-52.

Des membres du jury peuvent être associés aux contrôles des connaissances et savoir-faire ainsi qu'au choix des thèmes des projets.

Art. D. 643-57 Le ministre chargé de l'enseignement supérieur désigne un *(Décr. n° 2020-1677 du 23 déc. 2020, art. 1er)* « inspecteur général de l'éducation, du sport et de la recherche » chargé de veiller, sur le plan pédagogique, au bon déroulement de la session et d'assurer la coordination de l'action des différents jurys.

Art. D. 643-58 Le ministre chargé de l'enseignement supérieur définit le cadre territorial dans lequel les opérations liées à l'organisation de l'évaluation d'une spécialité de diplôme des métiers d'art sont effectuées. Ce cadre peut être *(Abrogé par Décr. n° 2019-1558 du 30 déc. 2019, art. 5)* ***« limité à »*** une académie *(Décr. n° 2019-1558 du 30 déc. 2019, art. 5)* « , une région académique » ou regrouper plusieurs académies sous la direction de l'une d'entre elles désignée par le ministre chargé de l'enseignement supérieur.

SECTION III LE DIPLÔME UNIVERSITAIRE DE TECHNOLOGIE

Art. D. 643-59 Les instituts universitaires de technologie dispensent en formation initiale et en formation professionnelle continue un enseignement supérieur destiné à préparer aux fonctions d'encadrement technique et professionnel dans certains secteurs de la production, de la recherche appliquée et des services. – *[Décr. n° 84-1004 du 12 nov. 1984, art. 2.]*

Art. D. 643-60 Un arrêté du ministre chargé de l'enseignement supérieur détermine, après avis de la Commission consultative nationale des instituts universitaires de technologie et des instituts universitaires professionnalisés, sous-commission relative aux instituts universitaires de technologie, des commissions pédagogiques nationales et du Conseil national de l'enseignement supérieur et de la recherche, les spécialités enseignées dans les instituts universitaires de technologie ainsi que les options auxquelles elles peuvent donner lieu. – *[Décr. n° 84-1004 du 12 nov. 1984, art. 3.]*

Art. D. 643-60-1 *(Décr. n° 2014-825 du 21 juill. 2014, art. 1er)* Un contrat d'objectifs et de moyens pluriannuel, modifiable chaque année par avenant en cohérence avec le dialogue de gestion et les grandes orientations budgétaires de l'établissement, est passé entre chaque établissement public d'enseignement supérieur et chacun de ses instituts universitaires de technologie ; il concourt notamment à la réalisation des programmes pédagogiques nationaux du diplôme universitaire de technologie.

Ce contrat porte notamment sur les éléments mentionnés à l'article R. 719-64. Il est joint, revêtu d'un avis du conseil de l'institut universitaire de technologie, à la demande d'accréditation prévue à l'article L. 613-1.

Art. D. 643-61 La durée des études est de quatre semestres à temps plein pour les étudiants mentionnés au troisième alinéa (1°) de l'article D. 612-32, d'un an à temps plein pour ceux mentionnés au quatrième alinéa (2°) du même article. Pour ceux mentionnés au cinquième alinéa (3°) du même article, la formation est organisée à temps plein, à temps partiel ou en alternance.

Dans les trois cas, la formation est sanctionnée par un diplôme national appelé diplôme universitaire de technologie, portant mention de la spécialité correspondante et, s'il y a lieu, de l'option suivie.

L'organisation des études est fixée par arrêté du ministre chargé de l'enseignement supérieur, après avis du Conseil national de l'enseignement supérieur et de la recherche. – *[Décr. n° 84-1004 du 12 nov. 1984, art. 4, al. 6 à 8.]*

Art. D. 643-62-1 *(Décr. n° 2017-411 du 27 mars 2017, art. 1er)* Des commissions pédagogiques nationales sont créées auprès du ministre chargé de l'enseignement supérieur, par groupe de spécialités de diplôme universitaire de technologie enseignées dans les instituts universitaires de technologie.

Les commissions mentionnées à cet art., dans sa rédaction issue de l'art. 1er du Décr. n° 2017-411 du 27 mars 2017, sont instituées pour une durée de 5 ans à compter de l'entrée en vigueur du Décr. préc. (Décr. préc., art. 3).

Art. D. 643-62-2 *(Décr. n° 2017-411 du 27 mars 2017, art. 1er)* Les commissions pédagogiques nationales émettent des avis sur les projets de développement des spécialités de diplôme universitaire de technologie sur le territoire. Elles évaluent les formations préparant au diplôme universitaire de technologie délivrées dans les départements des instituts universitaires de technologie proposant les spécialités concernées. Elles formulent des propositions sur les programmes conduisant à la délivrance du diplôme universitaire de technologie et sur leurs évolutions, le cas échéant dans le cadre d'un cadrage national par la commission consultative nationale chargée des instituts universitaires de technologie.

Pour mener à bien ses missions, chaque commission pédagogique nationale suit l'évolution des activités économiques, des technologies et de l'organisation du travail dans les secteurs professionnels relevant des spécialités dont elle a la charge. Elle peut être chargée de :

– réaliser des expertises sur le fonctionnement des départements d'institut universitaire de technologie relevant de sa compétence ;

– conduire des études sur l'insertion et le devenir professionnel des diplômés, en liaison, en tant que de besoin, avec tous organismes ou personnes susceptibles de l'éclairer.

Art. D. 643-62-3 *(Décr. n° 2017-411 du 27 mars 2017, art. 1er)* La composition de chaque commission pédagogique nationale est fixée comme suit :

a) Dix enseignants-chercheurs ou enseignants, dont au moins trois exerçant ou ayant exercé la fonction de chef de département d'institut universitaire de technologie dans les spécialités concernées et dont au moins un pour chacune d'entre elles ;

b) Cinq représentants des employeurs intéressés par les spécialités concernées, nommés parmi les personnes proposées par les organisations les plus représentatives ;

c) Cinq représentants des salariés des professions concernées par les spécialités, nommés parmi les personnes proposées par les organisations les plus représentatives ;

d) Cinq représentants des étudiants des instituts universitaires de technologie dans les spécialités de diplôme universitaire de technologie concernées ou des titulaires du diplôme universitaire de technologie de ces spécialités depuis moins de trois ans, dont au moins un pour chacune des spécialités. Ces représentants sont nommés parmi ceux qui sont proposés par les organisations d'étudiants représentées à la sous-commission relative aux instituts universitaires de technologie de la commission consultative nationale des instituts universitaires de technologie et des instituts universitaires professionnalisés ;

e) Six représentants au plus des pouvoirs publics, dont au moins deux *(Décr. nº 2020-1677 du 23 déc. 2020, art. 1er)* « inspecteurs généraux de l'éducation, du sport et de la recherche nommés parmi les personnes proposées par le chef de l'inspection générale de l'éducation du sport et de la recherche » et deux membres du centre d'études et de recherches sur les qualifications nommés parmi les personnes proposées par son directeur ;

f) Six personnalités qualifiées appartenant au secteur public ou au secteur privé, dont les activités professionnelles, les travaux, études ou recherches dans le domaine technologique présentent un intérêt pour les spécialités concernées.

En même temps que les membres titulaires mentionnés aux *a* à *d*, sont désignés des suppléants chargés de les remplacer en cas d'absence.

Art. D. 643-62-4 *(Décr. nº 2017-411 du 27 mars 2017, art. 1er)* Les membres des commissions pédagogiques nationales sont nommés par le ministre chargé de l'enseignement supérieur pour une durée de cinq ans, à l'exception des représentants des usagers mentionnés au *d)* de l'article D. 643-62-3 qui sont nommés pour deux ans. Le nombre de mandats est limité à deux consécutifs.

Art. D. 643-62-5 *(Décr. nº 2017-411 du 27 mars 2017, art. 1er)* Chaque commission pédagogique nationale est présidée par l'un de ses membres, choisi alternativement dans le collège des employeurs et dans celui des salariés. La première présidence est déterminée par tirage au sort.

Le président est assisté d'un vice-président appartenant à l'autre collège.

Chaque commission désigne un ou plusieurs secrétaires parmi les membres des autres collèges.

Art. D. 643-62-6 *(Décr. nº 2017-411 du 27 mars 2017, art. 1er)* Les commissions pédagogiques nationales se réunissent au moins deux fois par an.

Le directeur général de l'enseignement supérieur et de l'insertion professionnelle convoque chaque commission et établit à cet effet, après avis de son président, l'ordre du jour des réunions.

TITRE CINQUIÈME LES FORMATIONS DANS LES INSTITUTS ET ÉCOLES EXTÉRIEURS AUX UNIVERSITÉS, LES ÉCOLES NORMALES SUPÉRIEURES ET LES GRANDS ÉTABLISSEMENTS

CHAPITRE PREMIER LES FORMATIONS DANS LES ÉCOLES ET INSTITUTS EXTÉRIEURS AUX UNIVERSITÉS

Art. D. 651-1 Les dispositions relatives aux formations dispensées dans les instituts et écoles extérieurs aux universités sont fixées par :

1º Le décret nº 93-1144 du 29 septembre 1993 relatif à *(Décr. nº 2019-1075 du 21 oct. 2019, art. 4)* « Centrale Lille Institut » ;

2º Le décret nº 92-378 du 1er avril 1992 relatif à l'École centrale de Lyon ;

3º Le décret nº 2003-929 du 29 septembre 2003 relatif à l'École centrale de Marseille ;

4º Le décret nº 93-1143 du 29 septembre 1993 relatif à l'École centrale de Nantes ;

5º Les articles R. 715-4 et R. 715-6 relatifs aux instituts nationaux des sciences appliquées ;

(Décr. nº 2018-1189 du 19 déc. 2018, art. 1er) « 6º Les articles R. 715-9-2 et R. 715-9-4 relatifs aux universités de technologie » ;

7º et 8º *Abrogés par Décr. nº 2018-1189 du 19 déc. 2018, art. 1er* ;

9º Le décret nº 90-928 du 10 octobre 1990 relatif à l'Institut supérieur de mécanique de Paris ;

10º Le décret nº 2003-1089 du 13 novembre 2003 relatif à l'École nationale supérieure des arts et industries textiles ;

11º *Abrogé par Décr. nº 2020-159 du 24 févr. 2020, art. 3* ;

12º Le décret nº 2006-1545 du 7 décembre 2006 relatif à l'École nationale des travaux publics de l'État ;

(Décr. nº 2015-1286 du 14 oct. 2015, art. 8) « 13º Le décret nº 2015-1286 du 14 octobre 2015 relatif à l'École nationale supérieure de chimie de Paris ; »

(Décr. n° 2015-1496 du 18 nov. 2015, art. 11) « 14° Le décret n° 2015-1496 du 18 novembre 2015 relatif à l'Institut national universitaire Jean-François Champollion ; »

(Décr. n° 2015-1760 du 24 déc. 2015, art. 11) « 15° Le décret n° 2015-1760 du 24 décembre 2015 portant création de l' *(Décr. n° 2020-1527 du 7 déc. 2020, art. 14)* « Institut national polytechnique Clermont Auvergne » ; »

(Décr. n° 2016-1782 du 19 déc. 2016, art. 8) « 16° Le décret n° 2016-1782 du 19 décembre 2016 relatif à l'École nationale supérieure de mécanique et d'aérotechnique de Poitiers ; »

(Décr. n° 2017-135 du 6 févr. 2017, art. 9) « 17° Le décret n° 2017-135 du 6 février 2017 relatif à l'École nationale supérieure d'ingénieurs de Caen ; »

(Décr. n° 2018-285 du 18 avr. 2018, art. 10) « 18° Le décret n° 2018-285 du 18 avril 2018 relatif à l'École nationale supérieure de mécanique et des microtechniques ; »

(Décr. n° 2021-441 du 13 avr. 2021, art. 8) « 19° Le décret n° 2021-441 du 13 avril 2021 relatif à l'École nationale supérieure de chimie de Montpellier. »

CHAPITRE II LES FORMATIONS DANS LES ÉCOLES NORMALES SUPÉRIEURES

Art. D. 652-1 Les dispositions relatives à la scolarité des élèves des écoles normales supérieures sont fixées par :

(Décr. n° 2013-1140 du 9 déc. 2013, art. 28) « 1° Le décret n° 2013-1140 du 9 décembre 2013 relatif à l'École normale supérieure ; »

2° Le décret n° 2011-21 du 5 janvier 2011 relatif à l'École normale supérieure *(Décr. n° 2019-77 du 5 févr. 2019, art. 2)* « Paris-Saclay » ;

3° Le décret n° 2012-715 du 7 mai 2012 fixant les règles d'organisation et de fonctionnement de l'École normale supérieure de Lyon ;

(Décr. n° 2013-924 du 17 oct. 2013, art. 29) « 4° Le décret n° 2013-924 du 17 octobre 2013 portant création de l'École normale supérieure de Rennes. »

CHAPITRE III LES FORMATIONS DANS LES GRANDS ÉTABLISSEMENTS

Art. D. 653-1 Les dispositions relatives aux formations dispensées dans les grands établissements sont fixées par :

1° Le décret n° 90-909 du 5 octobre 1990 portant organisation du Collège de France ;

2° Le décret n° 88-413 du 2 avril 1988 relatif au Conservatoire national des arts et métiers ;

(Décr. n° 2014-1679 du 30 déc. 2014, art. 36) « 3° Le décret n° 2014-1679 du 30 décembre 2014 portant création de CentraleSupélec ; »

4° Le décret n° 2006-1546 du 7 décembre 2006 relatif à l'École des hautes études en santé publique ;

5° Le décret n° 85-427 du 12 avril 1985 relatif à l'École des hautes études en sciences sociales ;

6° Le décret n° 87-832 du 8 octobre 1987 relatif à l'École nationale des chartes ;

7° Le décret n° 93-1289 du 8 décembre 1993 relatif à l'École nationale des ponts et chaussées ;

8° Le décret n° 2012-1223 du 2 novembre 2012 relatif à l'École nationale supérieure d'arts et métiers ;

9° Le décret n° 92-25 du 9 janvier 1992 relatif à l'organisation de l'École nationale supérieure des sciences de l'information et des bibliothèques ;

(Décr. n° 2015-1176 du 24 sept. 2015, art. 45) « 9-1° Le décret n° 2015-1176 du 24 septembre 2015 relatif à l'organisation et au régime administratif et financier de l'École polytechnique ; »

10° Le décret n° 2005-1444 du 245 novembre 2005 relatif à l'École pratique des hautes études ;

(Décr. n° 2016-24 du 18 janv. 2016, art. 34) « 11° Le décret n° 2016-24 du 18 janvier 2016 relatif à l'Institut d'études politiques de Paris ; »

12° Le décret n° 2001-621 du 12 juillet 2001 portant création de l'Institut national d'histoire de l'art ;

13° Le décret n° 90-414 du 14 mai 1990 relatif à l'Institut national des langues et civilisations orientales ;

14° L'article R. 211-2 du code du sport en ce qui concerne l'Institut national des sports, de l'expertise et de la performance ;

15° Le décret n° 90-269 du 21 mars 1990 relatif à l'Institut de physique du Globe de Paris ;

16° Le décret n° 2009-329 du 25 mars 2009 créant l'Institut polytechnique de Bordeaux ;

17° Le décret n° 2007-317 du 8 mars 2007 relatif à l'Institut polytechnique de Grenoble ;

18° Le décret n° 2001-916 du 3 octobre 2001 relatif au Muséum national d'histoire naturelle ;

19° Le décret n° 85-715 du 10 juillet 1985 relatif à l'Observatoire de Paris ;

(Décr. n° 2015-530 du 13 mai 2015, art. 24) « 20° Le décret n° 2004-186 du 26 février 2004 portant création de l'université Paris-Dauphine » ;

(Décr. n° 2016-1427 du 21 oct. 2016, art. 6) « 21° L'article R. 3411-89 du code de la défense en ce qui concerne l'École navale ; »

(Décr. n° 2018-249 du 5 avr. 2018, art. 33) « 22° Le décret n° 2018-249 du 5 avril 2018 relatif à l'École nationale de l'aviation civile ; »

(Décr. n° 2018-1158 du 14 déc. 2018, art. 5) « 23° Les articles R. 3411-120 et R. 3411-121 du code de la défense en ce qui concerne l'École de l'air et de l'espace. »

TITRE SIXIÈME LA RECHERCHE UNIVERSITAIRE

CHAPITRE UNIQUE

Le présent chapitre ne comprend pas de dispositions prises par décret.

TITRE SEPTIÈME LES FORMATIONS DANS LES AUTRES ÉTABLISSEMENTS D'ENSEIGNEMENT SUPÉRIEUR

CHAPITRE PREMIER L'ENSEIGNEMENT SUPÉRIEUR AGRICOLE ET VÉTÉRINAIRE PUBLIC

Art. D. 671-1 Les règles relatives à la formation des techniciens supérieurs agricoles et aux formations de l'enseignement supérieur agricole et vétérinaire public sont respectivement fixées par les articles D. 811-137 à D. 811-143, R. 812-25 et D. 812-27 à R. 812-56 du code rural et de la pêche maritime.

CHAPITRE II L'ENSEIGNEMENT DE L'ARCHITECTURE

BIBL. ▶ Bloche, Rapp. d'information sur la création architecturale, *Ass. nat., Rapp. n° 2070, 2 juill. 2014.* – Feltesse, Concertation sur l'enseignement supérieur et la recherche en architecture, *Rapp., 12 avr. 2013.* – Flamand et Delpech de Saint Guilhem, Design et métiers d'art, *Rapp. IGAENR-IGEN, n° 2015-071, oct. 2015.* – Gallot, de Canchy, Roussel, Quenet, Une nouvelle ambition pour la recherche dans les écoles d'architecture. Propositions pour un statut d'enseignant-chercheur, *MENESR - MCC, Rapp. IGAENR - IGAC, n° 2014-074, nov. 2014.* – Min. culture et comm., Stratégie nationale pour l'architecture. *Rapp. des groupes de réflexion, 7 juill. 2015.*

SECTION PREMIÈRE LES ÉTUDES D'ARCHITECTURE

Art. R. 672-1 L'enseignement de l'architecture en France répond aux exigences d'intérêt général, définies notamment à l'article 1er de la loi n° 77-2 du 3 janvier 1977 sur l'architecture. Il prépare l'architecte à l'exercice de son rôle dans la société, en ses divers domaines de compétence.

Cet enseignement contribue à la diversification des pratiques professionnelles des architectes, y compris dans leurs dimensions scientifique et de recherche.

L'enseignement du projet est au cœur de la formation et intègre l'apport des autres disciplines qui concourent à sa réalisation. – *[Décr. n° 2005-734 du 30 juin 2005, art. 1er.]*

Art. R. 672-2 Dans le cadre de l'Espace européen de l'enseignement supérieur, l'enseignement de l'architecture favorise la mobilité et les programmes de coopération des écoles nationales supérieures d'architecture avec les autres établissements d'enseignement supérieur français et étrangers.

Il permet aux étudiants et aux architectes d'élaborer un parcours personnel de formation répondant à leurs aspirations et à leurs capacités. — *[Décr. n° 2005-734 du 30 juin 2005, art. 2.]*

Art. R. 672-3 Les articles L. 612-1 et L. 612-2, le premier alinéa et les deux premières phrases du deuxième alinéa de l'article L. 612-3, les articles L. 612-5, L. 612-6, L. 612-7, L. 613-1, L. 613-2 et L. 613-5 sont applicables aux études d'architecture sous réserve des adaptations prévues par la présente section. — *[Décr. n° 2005-734 du 30 juin 2005, art. 3.]*

Art. R. 672-4 Pour l'application de la présente section, l'organisation et le contenu des études d'architecture en formation initiale et en formation professionnelle continue au sens des dispositions de l'article R. 672-10, ainsi que les conditions d'obtention des différents diplômes auxquels elles mènent, sont fixés par arrêté des ministres chargés de l'architecture et de l'enseignement supérieur. Les conditions d'obtention de l'habilitation de l'architecte diplômé d'État à l'exercice de la maîtrise d'œuvre en son nom propre sont fixées par arrêté du ministre chargé de l'architecture. — *[Décr. n° 2005-734 du 30 juin 2005, art. 4.]*

Art. R. 672-5 Les études d'architecture mènent aux diplômes nationaux d'enseignement supérieur dénommés diplôme d'études en architecture et diplôme d'État d'architecte, conférant respectivement les grades de licence et de master, ainsi qu'à l'habilitation de l'architecte diplômé d'État à l'exercice de la maîtrise d'œuvre en son nom propre.

Elles peuvent également mener à des diplômes de spécialisation et d'approfondissement en architecture dans les établissements habilités à cet effet. — *[Décr. n° 2005-734 du 30 juin 2005, art. 5.]*

Art. R. 672-6 Les études d'architecture peuvent en outre comporter des formations conduisant à d'autres diplômes nationaux de l'enseignement supérieur en architecture ou dans les domaines proches de l'architecture, dans les conditions définies par la réglementation propre à ces diplômes. — *[Décr. n° 2005-734 du 30 juin 2005, art. 6.]*

Art. R. 672-7 Les études d'architecture sont organisées dans les écoles nationales supérieures d'architecture placées sous la tutelle du ministre chargé de l'architecture et, le cas échéant, dans d'autres établissements publics à caractère scientifique, culturel et professionnel, habilités, seuls ou conjointement, à délivrer les diplômes. Cette habilitation est prononcée après une évaluation nationale périodique, dans le cadre d'un contrat passé avec l'État. — *[Décr. n° 2005-734 du 30 juin 2005, art. 7.]*

Art. R. 672-8 Les diplômes délivrés par l'Institut national des sciences appliquées de Strasbourg ainsi que par l'École spéciale d'architecture peuvent être reconnus dans les conditions définies à l'article R. 672-14.

Les diplômes de spécialisation et d'approfondissement en architecture mentionnés à l'article R. 672-5 peuvent être délivrés par la Cité de l'architecture et du patrimoine, habilitée à cet effet dans les conditions fixées au deuxième alinéa de l'article R. 672-14. — *[Décr. n° 2005-734 du 30 juin 2005, art. 8.]*

Art. R. 672-9 En vue de préparer le diplôme d'études en architecture, le diplôme d'État d'architecte, l'habilitation de l'architecte diplômé d'État à l'exercice de la maîtrise d'œuvre en son nom propre et les diplômes de spécialisation et d'approfondissement en architecture, tout étudiant ou architecte remplissant les conditions requises peut s'inscrire dans l'établissement de son choix, dans la limite des capacités d'accueil de celui-ci, telle que constatée par le ministre chargé de l'architecture ou par le ministère de tutelle de l'établissement, après avis du conseil d'administration de l'établissement. — *[Décr. n° 2005-734 du 30 juin 2005, art. 9.]*

En application de l'art. L. 231-5 CRPA, le silence gardé pendant 2 mois par l'administration vaut décision de rejet pour une demande d'inscription en école nationale supérieure d'architecture (Décr. n° 2014-1304 du 23 oct. 2014, art. 1er).

Art. R. 672-10 Dans le cadre de la validation des acquis, l'inscription aux cycles de formation professionnelle continue menant au diplôme d'études en architecture et au diplôme d'État d'architecte est subordonnée à des durées d'activité professionnelle antérieure dans les domaines de l'architecture, de la construction ou de l'aménagement de l'espace, à une activité professionnelle exercée pendant la formation sous l'autorité d'un architecte ou d'un bureau d'architectes et à la réussite à des épreuves destinées à évaluer les aptitudes des candidats, définies par arrêté des ministres chargés de l'architecture et de l'enseignement supérieur. – *[Décr. nº 2005-734 du 30 juin 2005, art. 10.]*

En application de l'art. L. 231-5 CRPA, le silence gardé pendant 2 mois par l'administration vaut décision de rejet pour une demande d'inscription aux cycles de formation professionnelle continue en architecture (Décr. nº 2014-1304 du 23 oct. 2014, art. 1er).

Art. R. 672-11 Les études d'architecture comportent une formation doctorale. Les écoles nationales supérieures d'architecture et les autres établissements publics mentionnés à l'article R. 672-7 qui sont membres d'écoles doctorales accréditées à cet effet peuvent être autorisés à délivrer le doctorat en architecture. – *[Décr. nº 2005-734 du 30 juin 2005, art. 11.]*

Art. R. 672-12 L'inscription au doctorat est décidée par le directeur de l'École nationale supérieure d'architecture ou le responsable de l'établissement habilité, sur proposition du directeur de l'école doctorale, après avis du directeur de thèse, en application des dispositions réglementant les études doctorales. – *[Décr. nº 2005-734 du 30 juin 2005, art. 12.]*

En application de l'art. L. 231-5 CRPA, le silence gardé pendant 2 mois par l'administration vaut décision de rejet pour une demande d'inscription au doctorat d'architecture (Décr. nº 2014-1304 du 23 oct. 2014, art. 1er).

Art. R. 672-13 Les propositions d'habilitation relatives aux diplômes mentionnés aux articles R. 672-5 et R. 672-6 et les propositions d'autorisation relatives au diplôme mentionné à l'article R. 672-11 sont soumises pour avis au Conseil national de l'enseignement supérieur et de la recherche, à l'exception de celles relatives à l'habilitation de l'architecte diplômé d'État à l'exercice de la maîtrise d'œuvre en son nom propre. – *[Décr. nº 2005-734 du 30 juin 2005, art. 13.]*

Art. R. 672-14 Les décisions d'habilitation relatives aux diplômes mentionnés au premier alinéa de l'article R. 672-5 sont prises par arrêté des ministres chargés de l'architecture et de l'enseignement supérieur, à l'exception de celles relatives à l'habilitation de l'architecte diplômé d'État à l'exercice de la maîtrise d'œuvre en son nom propre, qui sont prises par arrêté du ministre chargé de l'architecture.

Les décisions d'habilitation relatives aux diplômes mentionnés au second alinéa de l'article R. 672-5 sont prises par arrêté du ministre chargé de l'architecture après avis conforme du ministre chargé de l'enseignement supérieur.

Les décisions d'habilitation relatives aux diplômes mentionnés à l'article R. 672-6 et les décisions d'autorisation relatives au diplôme mentionné à l'article R. 672-11 sont prises par arrêté du ministre chargé de l'enseignement supérieur après avis conforme du ministre chargé de l'architecture.

La reconnaissance des différents diplômes, définie au premier alinéa de l'article R. 672-8, est instruite et décidée selon la même procédure que les habilitations correspondantes. – *[Décr. nº 2005-734 du 30 juin 2005, art. 14.]*

Le ministre de la culture est compétent pour les décisions administratives individuelles concernant l'habilitation des écoles d'architecture à organiser un troisième cycle d'études conduisant au diplôme d'architecte DPLG (Décr. nº 2020-733 du 15 juin, annexe).

SECTION II VALIDATION DES ÉTUDES, EXPÉRIENCES PROFESSIONNELLES OU ACQUIS PERSONNELS POUR L'ACCÈS AUX ÉTUDES D'ARCHITECTURE

Art. D. 672-15 Les études, les expériences professionnelles ou les acquis personnels peuvent être validés en vue de l'accès en début ou en cours des cycles de formation conduisant au diplôme d'études en architecture, au diplôme d'État d'architecte, à l'habilitation de l'architecte diplômé d'État à l'exercice de la maîtrise d'œuvre en son nom propre ainsi qu'aux diplômes de spécialisation et d'approfondissement en architecture, dans les conditions fixées par la présente section.

La procédure de validation permet d'apprécier les connaissances, les méthodes et le savoir-faire du candidat en fonction du cycle d'études qu'il souhaite suivre au sein de l'École nationale supérieure d'architecture. – *[Décr. n° 98-2 du 2 janv. 1998, art. 1er et 6.]*

Art. D. 672-16 Un candidat ne peut être admis que dans l'école nationale supérieure d'architecture qui a contrôlé son aptitude à suivre un des cycles d'études d'architecture qu'elle dispense. – *[Décr. n° 98-2 du 2 janv. 1998, art. 2.]*

Art. D. 672-17 A l'exception des sportifs de haut niveau, mentionnés aux articles L. 221-3 et L. 221-5 du code du sport, les candidats non titulaires du baccalauréat ou d'un titre admis en équivalence doivent avoir interrompu leurs études initiales depuis au moins deux ans et être âgés de vingt ans au moins à la date prévue pour la reprise de leurs études.

Les candidats qui ont été inscrits dans un cycle des études d'architecture et qui n'auraient pas satisfait aux épreuves de contrôle des connaissances permettant d'accéder à l'année d'études suivante ne peuvent déposer une demande de validation pour être admis dans cette année d'études avant un délai de trois ans. – *[Décr. n° 98-2 du 2 janv. 1998, art. 3.]*

Art. D. 672-18 Les candidats titulaires de titres ou diplômes étrangers peuvent demander à bénéficier d'une validation selon les modalités fixées par les dispositions de la présente section et conformément aux accords internationaux et aux dispositions relatives aux conditions et aux modalités d'inscription des étudiants dans les écoles nationales supérieures d'architecture fixées par arrêté du ministre chargé de l'architecture. – *[Décr. n° 98-2 du 2 janv. 1998, art. 4.]*

Art. D. 672-19 Peuvent donner lieu à validation :

1° Toute formation suivie par le candidat dans un établissement ou une structure de formation publique ou privée, quels qu'en aient été les modalités, la durée et le mode de sanction ;

2° L'expérience professionnelle acquise au cours d'une activité salariée ou non salariée, ou d'un stage ;

3° Les connaissances et les aptitudes acquises hors de tout système de formation. – *[Décr. n° 98-2 du 2 janv. 1998, art. 5.]*

Art. D. 672-20 La commission de validation des études, expériences professionnelles ou acquis personnels existant au sein de chaque école nationale supérieure d'architecture est composée de cinq enseignants au moins, désignés pour deux ans par le collège enseignant et chercheur du conseil d'administration et, lorsque la commission statue sur les entrées aux différents niveaux de la formation professionnelle continue diplômante en architecture, d'un nombre équivalent de professionnels extérieurs à l'établissement. – *[Décr. n° 98-2 du 2 janv. 1998, art. 7.]*

Art. D. 672-21 Une demande de validation peut être déposée par un candidat auprès d'une ou de plusieurs écoles nationales supérieures d'architecture. Dans ce dernier cas, le candidat joint à son dossier une déclaration sur l'honneur faisant état de ses inscriptions multiples avec leur ordre de priorité.

Le candidat fournit un dossier personnel dont le contenu est fixé par la commission de validation des études, expériences professionnelles ou acquis personnels. Il peut en outre être soumis à un entretien et à des épreuves de vérification des connaissances.

La date limite de dépôt des candidatures est fixée annuellement par l'établissement, de telle sorte que les inscriptions des candidats après validation de leurs acquis puissent intervenir aux dates normales. – *[Décr. n° 98-2 du 2 janv. 1998, art. 8.]*

Art. D. 672-22 La décision de validation est prise par le directeur de l'école sur proposition de la commission de validation des études, expériences professionnelles ou acquis personnels. La décision motivée, accompagnée, éventuellement, de propositions ou de conseils, est transmise au candidat. – *[Décr. n° 98-2 du 2 janv. 1998, art. 9.]*

Art. D. 672-23 Les candidats admis dans une formation peuvent être tenus de suivre des enseignements complémentaires ou être dispensés de certains enseignements. Dans tous les cas, ils doivent procéder aux formalités normales d'inscription. – *[Décr. n° 98-2 du 2 janv. 1998, art. 10.]*

Art. D. 672-24 Les écoles nationales supérieures d'architecture dressent chaque année un bilan indiquant, par formation, le nombre de demandes examinées, le nombre de demandes ayant donné lieu à décision favorable, l'origine des étudiants et le niveau de formation auquel ils ont été admis ou le motif de la décision défavorable.

Ce bilan est communiqué au ministre chargé de l'architecture. – *[Décr. n° 98-2 du 2 janv. 1998, art. 12.]*

CHAPITRE III L'ENSEIGNEMENT DANS LES ÉCOLES DE COMMERCE

Le présent chapitre ne comprend pas de dispositions prises par décret.

CHAPITRE IV L'ENSEIGNEMENT DANS LES ÉCOLES NATIONALES DES MINES

Art. D. 674-1 Les dispositions relatives à l'enseignement dispensé dans les écoles nationales des mines sont fixées par :

1° Le décret n° 91-1033 du 8 octobre 1991 relatif à l'École nationale supérieure des mines de Paris (Mines ParisTech) ;

2° à 6° *Abrogés par Décr. n° 2017-959 du 10 mai 2017, art. 1er ;*

7° Le décret n° 2012-279 du 28 février 2012 relatif à l'Institut Mines-Télécom.

CHAPITRE V L'ENSEIGNEMENT DANS LES ÉCOLES SUPÉRIEURES MILITAIRES

SECTION PREMIÈRE LES FORMATIONS À L'ÉCOLE POLYTECHNIQUE

Art. D. 675-1 Pour l'accomplissement de sa mission définie à l'article L. 675-1, l'École polytechnique dispense les formations supérieures suivantes :

1° La formation polytechnicienne, qui fait l'objet des articles D. 675-3 à D. 675-18 ;

2° La formation par la recherche, organisée par l'École polytechnique seule ou en partenariat avec d'autres organismes d'enseignement supérieur français ou étrangers, afin de former des chercheurs des secteurs public et privé et de donner à des futurs cadres une expérience de recherche ;

3° Des formations spécialisées de troisième cycle, organisées par l'École polytechnique seule ou en partenariat avec d'autres organismes d'enseignement supérieur français ou étrangers. – *[Décr. n° 2001-622 du 12 juill. 2001, art. 1er.]*

En application de l'art. L. 231-5 CRPA, le silence gardé pendant 2 mois par l'administration vaut décision de rejet pour une demande d'admission à l'École polytechnique : dans les formations par la recherche ; dans les formations spécialisées de troisième cycle ; en qualité d'élève étranger ; en qualité d'auditeur libre externe ; en qualité d'étudiant en master (Décr. n° 2014-1283 du 23 oct. 2014, art. 1er).

Art. D. 675-2 L'École polytechnique accueille dans les formations qu'elle dispense des étudiants français et étrangers.

Parmi ces étudiants, sont qualifiés d'élèves :

1° Les élèves officiers de l'École polytechnique recrutés par la voie du concours défini à l'article 2 du décret n° 95-728 du 9 mai 1995 relatif aux conditions d'admission à l'École polytechnique ;

2° Les étudiants étrangers admis à l'école au titre de la catégorie particulière en application de l'article 5 de ce même décret.

Les étudiants qui ne suivent qu'une partie d'un cycle diplômant sont qualifiés d'auditeurs libres externes.

Les dispositions de la présente section ne s'appliquent qu'aux élèves de l'École polytechnique. – *[Décr. n° 2001-622 du 12 juill. 2001, art. 2.]*

Art. D. 675-3 La formation des élèves admis à l'École polytechnique est composée de deux phases continues :

1° La première phase, commune à tous les élèves, correspond à une formation généraliste de deux ans associant formation militaire, formation à l'exercice des responsabilités et formation scientifique multidisciplinaire ;

2° La seconde phase débute par une période d'approfondissement scientifique et technique et d'initiation à la vie professionnelle d'un an, commune à tous les élèves.

Elle se poursuit dans les conditions définies aux articles D. 675-4 et D. 675-5. – *[Décr. n° 2001-622 du 12 juill. 2001, art. 3.]*

Art. D. 675-4 Les élèves admis dans un corps civil ou militaire de l'État terminent leur scolarité à l'École polytechnique à l'issue de l'année d'approfondissement scientifique et technique et d'initiation à la vie professionnelle de la seconde phase de la formation. La durée de leur scolarité à l'école est de trois ans.

Leur formation est complétée, le cas échéant, par une formation spécialisée à finalité professionnelle organisée par l'État dans les conditions définies par les dispositions réglementaires régissant chacun des corps de fonctionnaires ou d'officiers de carrière concernés. – *[Décr. n° 2001-622 du 12 juill. 2001, art. 4.]*

Art. D. 675-5 Les élèves qui n'intègrent pas les corps civils et militaires de l'État poursuivent la seconde phase de la formation par un cursus de spécialisation professionnelle dans les matières scientifiques, techniques et de sciences économiques, prenant l'une des formes suivantes :

1° Une formation diplômante propre à l'École polytechnique ou organisée dans le cadre d'accords bilatéraux avec des organismes partenaires ;

2° Une formation diplômante d'université ou d'école française ou étrangère conférant au minimum le grade de master ou son équivalent étranger ;

3° Une formation diplômante par la recherche.

Les modalités d'exécution des différentes formations à finalité professionnelle sont définies par le conseil d'administration de l'École polytechnique.

La durée de la scolarité à l'École polytechnique de ces élèves est de quatre ans.

Néanmoins, ils peuvent être autorisés à poursuivre la seconde phase au-delà de la durée de la scolarité en qualité d'étudiant afin de terminer le cursus diplômant dans lequel ils sont inscrits. Les élèves français ne peuvent bénéficier d'une prolongation de leur engagement spécial en qualité d'élève officier de l'École polytechnique pour un tel complément de formation. – *[Décr. n° 2001-622 du 12 juill. 2001, art. 5.]*

Art. D. 675-6 Les diplômes qui sont délivrés aux élèves de l'École polytechnique sanctionnent tout ou partie du cursus de la formation polytechnicienne :

1° Le titre d'ingénieur diplômé de l'École polytechnique est délivré à l'issue de la troisième année de scolarité aux élèves ayant suivi avec succès les trois premières années de la formation polytechnicienne. Sous certaines conditions, fixées par le conseil d'administration, les élèves qui n'auraient pas suivi tout ou partie de la première année de scolarité peuvent se voir attribuer le titre d'ingénieur diplômé de l'École polytechnique ;

2° Un diplôme sanctionnant la fin de la formation polytechnicienne est délivré aux élèves ayant achevé avec succès les deux phases de la scolarité et ayant obtenu le diplôme de la formation à finalité professionnelle choisie conformément aux articles D. 675-4 et D. 675-5. Les titres correspondant à ce diplôme sont définis par le conseil d'administration de l'École polytechnique. – *[Décr. n° 2001-622 du 12 juill. 2001, art. 6.]*

Art. D. 675-7 La liste des ingénieurs diplômés de l'École polytechnique et la liste des élèves diplômés à l'issue de la formation polytechnicienne sont publiées au *Journal officiel* de la République française. – *[Décr. n° 2001-622 du 12 juill. 2001, art. 7.]*

Art. D. 675-8 Un jury de passage en troisième année sanctionne les études de la première phase de la formation polytechnicienne. Ce jury délibère sur l'ensemble des résultats obtenus par les élèves dans chaque enseignement ou type d'activités de cette première phase.

Il décide d'inscrire sur la liste des élèves admis en troisième année de la formation polytechnicienne ceux dont les résultats sont jugés suffisants. – *[Décr. n° 2001-622 du 12 juill. 2001, art. 8.]*

Art. D. 675-9 Un jury de passage en quatrième année délibère sur l'ensemble des résultats obtenus par les élèves dans chaque enseignement ou type d'activités depuis le début de leur scolarité à l'École polytechnique.

Il établit la liste de sortie des élèves qui ont posé leur candidature à l'admission dans un corps civil ou militaire de l'État, en y inscrivant ceux dont les résultats sont jugés suffisants.

Il décide d'admettre en quatrième année de formation polytechnicienne les élèves dont les résultats sont jugés suffisants et qui sont inscrits à l'une des formations diplômantes définies à l'article D. 675-5.

Il établit la liste des ingénieurs diplômés de l'École polytechnique. – *[Décr. n° 2001-622 du 12 juill. 2001, art. 9.]*

Art. D. 675-10 L'élève dont les résultats n'auraient pas été jugés suffisants pour poursuivre sa scolarité peut être autorisé à redoubler une année d'études par le ministre de la défense, sur proposition du jury concerné, notamment si l'insuffisance de ses résultats est imputable à des raisons de santé.

Pour chaque élève autorisé à redoubler, le programme de l'année de redoublement est fixé, suivant les recommandations du jury, par le directeur général de l'École polytechnique sur proposition du directeur général adjoint chargé de l'enseignement. Le jury concerné examine à la fin de l'année scolaire de redoublement les résultats obtenus par l'élève dans le cadre du programme qui lui a été fixé. Après délibération, il décide en fonction de ces résultats de l'inscrire ou non sur la liste de passage. – *[Décr. n° 2001-622 du 12 juill. 2001, art. 10.]*

Art. D. 675-11 L'autorisation de redoublement éventuel d'un élève en quatrième année de scolarité est accordée par le ministre de la défense sur proposition du directeur général de l'École polytechnique. – *[Décr. n° 2001-622 du 12 juill. 2001, art. 11.]*

Art. D. 675-12 Sauf au cas où l'insuffisance des résultats est imputable à des raisons de santé, l'autorisation de redoubler une année de scolarité ne peut être accordée qu'une fois pour l'ensemble de la formation polytechnicienne. – *[Décr. n° 2001-622 du 12 juill. 2001, art. 12.]*

Art. D. 675-13 Les élèves dont les résultats n'auraient pas été jugés suffisants pour poursuivre la scolarité et qui ne sont pas autorisés à redoubler sont rayés des listes de l'École polytechnique par décision du ministre de la défense.

Ils ne peuvent être réadmis dans la formation polytechnicienne que par la voie du concours, sous réserve de remplir les conditions exigées pour l'admission. – *[Décr. n° 2001-622 du 12 juill. 2001, art. 13.]*

Art. D. 675-14 Un jury de validation de la formation polytechnicienne établit une liste des élèves ou anciens élèves auxquels est délivré le diplôme terminal défini à l'article D. 675-6, au vu des documents attestant pour chaque élève ou ancien élève la réussite à la formation à finalité professionnelle qu'il a choisie. – *[Décr. n° 2001-622 du 12 juill. 2001, art. 14.]*

Art. D. 675-15 La composition et les modalités de fonctionnement des jurys prévus aux articles D. 675-8, D. 675-9 et D. 675-14 sont fixées par arrêté du ministre de la défense. – *[Décr. n° 2001-622 du 12 juill. 2001, art. 15.]*

Art. D. 675-16 Les élèves de l'École polytechnique candidats à l'admission dans un corps civil ou militaire de l'État à l'issue de la troisième année de scolarité sont inscrits au tableau de classement de sortie prévu à l'article 2 de l'ordonnance n° 58-1136 du 28 novembre 1958 portant loi organique concernant les nominations aux emplois civils et militaires de l'État. Le classement des élèves dans ce tableau est effectué sur la base des résultats obtenus pendant les trois premières années de leur formation polytechnicienne. – *[Décr. n° 2001-622 du 12 juill. 2001, art. 16.]*

Art. D. 675-17 Parmi les épreuves de contrôle de connaissances subies par les élèves au cours de leur formation polytechnicienne et les notes de formation à l'exercice de responsabilités et de formation militaire et sportive, certaines épreuves ou notes, dites de classement, sont utilisées pour établir le classement défini à l'article D. 675-16. Les disciplines donnant lieu à ces épreuves et notes et les coefficients attribués à chacune d'elles sont arrêtés par le ministre de la défense sur proposition du conseil d'administration de l'École polytechnique.

En cas d'égalité dans le total des points, l'élève ayant obtenu le meilleur total dans la ou les disciplines affectées du coefficient le plus élevé est classé en premier. S'il y a encore égalité, et autant de fois que nécessaire, le classement est fixé en fonction des points obtenus dans la ou les disciplines affectées du coefficient immédiatement inférieur. – *[Décr. n° 2001-622 du 12 juill. 2001, art. 17.]*

Art. D. 675-18 Pour les élèves qui ont été autorisés à redoubler, sont pris en compte pour leur classement les résultats obtenus pendant les années non redoublées et les résultats obtenus pendant l'année ayant donné lieu à redoublement.

Si le redoublement a été décidé pour des raisons de santé, sont alors pris en compte les résultats obtenus lors de l'année redoublée. – *[Décr. n° 2001-622 du 12 juill. 2001, art. 18.]*

SECTION II LE DIPLÔME DE L'ÉCOLE MILITAIRE INTERARMES

Art. D. 675-19 Le diplôme de l'École militaire interarmes délivré au nom de l'État, sanctionnant une formation de premier cycle d'enseignement supérieur, confère, de plein droit, à ses titulaires le grade de licence dans les conditions prévues à l'article D. 675-20. – *[Décr. n° 2010-386 du 15 avr. 2010, art. 1er.]*

Art. D. 675-20 Le diplôme de l'École militaire interarmes fait l'objet d'une évaluation nationale périodique.

SECTION III LES FORMATIONS DANS LES AUTRES ÉCOLES

Art. D. 675-21 Les dispositions relatives aux formations dispensées dans les autres écoles supérieures militaires sont fixées par :

1° Les articles R. 3411-1 à R. 3411-3 et R. 3411-5 du code de la défense en ce qui concerne l'Institut supérieur de l'aéronautique et de l'espace ;

2° Les articles R. 3411-29 à R. 3411-31 du même code en ce qui concerne l'École nationale supérieure de techniques avancées ;

3° Les articles R. 3411-57 à R. 3411-59 du même code en ce qui concerne l'École nationale supérieure de techniques avancées Bretagne ;

4° Le décret n° 2008-429 du 2 mai 2008 relatif aux écoles et à la formation du service de santé des armées.

CHAPITRE VI L'ENSEIGNEMENT DANS LES ÉCOLES SANITAIRES ET SOCIALES

Art. D. 676-1 *(Décr. n° 2018-734 du 22 août 2018, art. 2)* « Les règles relatives aux formations conduisant au diplôme d'État d'éducateur spécialisé, au diplôme d'État d'éducateur technique spécialisé, au diplôme d'État de conseiller en économie sociale familiale et au diplôme d'État de moniteur éducateur, délivrés par les *(Décr. n° 2019-1558 du 30 déc. 2019, art. 9)* « recteurs de région académique » sont respectivement fixées par les articles D. 451-41, D. 451-52, D. 451-57-1 et D. 451-73 à D. 451-78 du code de l'action sociale et des familles.

« Les règles relatives aux formations conduisant au diplôme d'État d'ingénierie sociale, au diplôme d'État d'assistant de service social et au diplôme d'État d'éducateur de jeunes enfants délivrés conjointement par les *(Décr. n° 2019-1558 du 30 déc. 2019, art. 9)* « recteurs de région académique » et les préfets de région sont fixées par les articles D. 451-17 à D. 451-19-1, D. 451-29 et D. 451-47 du même code.

« Les règles relatives aux formations conduisant au certificat d'aptitude aux fonctions d'encadrement et de responsable d'unité d'intervention sociale, au diplôme d'État de médiateur familial, au diplôme d'État de technicien de l'intervention sociale et familiale, au diplôme d'État d'accompagnement éducatif et social et au diplôme d'État d'assistant familial délivrés par les préfets de région, sont respectivement fixées par les articles R. 451-20 à R. 451-28, R. 451-66 à R. 451-72, D. 451-81 à D. 451-87, D. 451-88 à D. 451-93 et D. 451-100 à D. 451-104 du même code. »

Les règles relatives à la formation conduisant au certificat d'aptitude aux fonctions de directeur d'établissement ou de service d'intervention sociale, délivré par le directeur de l'École des hautes études en santé publique au nom de l'État, sont fixées par les articles D. 451-11 à D. 451-16 du même code.

CHAPITRE VII L'ENSEIGNEMENT DANS LES ÉCOLES DE LA MARINE MARCHANDE

Art. D. 677-1 Les dispositions relatives à l'enseignement dispensé dans les écoles de la marine marchande sont fixées par le décret n° 2010-1129 du 28 septembre 2010 portant création de l'École nationale supérieure maritime.

CHAPITRE VIII L'ENSEIGNEMENT À L'ÉCOLE NATIONALE DE L'AVIATION CIVILE

(Décr. n° 2015-1168 du 21 sept. 2015, art. 2)

Art. D. 678-1 Le diplôme d'élève pilote de ligne délivré par l'École nationale de l'aviation civile et mentionné au 7° de l'article D. 612-32-2 fait l'objet d'une évaluation nationale périodique.

TITRE HUITIÈME DISPOSITIONS APPLICABLES DANS LES ÎLES WALLIS-ET-FUTUNA, À MAYOTTE, EN POLYNÉSIE FRANÇAISE ET EN NOUVELLE-CALÉDONIE

CHAPITRE PREMIER DISPOSITIONS APPLICABLES DANS LES ÎLES WALLIS-ET-FUTUNA

Art. R. 681-1 *(Décr. n° 2020-651 du 28 mai 2020, art. 2)* Sont applicables dans les îles Wallis-et-Futuna, sous réserve des dispositions particulières et des adaptations prévues par le présent chapitre, les dispositions mentionnées dans la colonne de gauche du tableau ci-après, dans leur rédaction indiquée dans la colonne de droite du même tableau :

DISPOSITIONS APPLICABLES		DANS LEUR RÉDACTION RÉSULTANT DU
Titre IV Chapitre II	Articles R. 642-5 à R. 642-10	Décret n° 2013-756 du 19 août 2013
Titre IV Chapitre III	Articles R. 643-20-1 et R. 643-21-1	Décret n° 2015-652 du 10 juin 2015
	Article R. 643-32-11	Décret n° 2020-651 du 28 mai 2020
	Article R. 643-38-1	Décret n° 2015-652 du 10 juin 2015

Art. D. 681-2 *(Décr. n° 2017-410 du 27 mars 2017, art. 12)* Sont applicables dans les îles Wallis-et-Futuna, sous réserve des dispositions particulières et des adaptations prévues par le présent chapitre, les dispositions mentionnées dans la colonne de gauche du tableau ci-après, dans leur rédaction indiquée dans la colonne de droite du même tableau : — *Tableau mod. par Décr. n° 2018-172 du 9 mars 2018, art. 7 ; Décr. n° 2018-369 du 18 mai 2018, art. 20 ; Décr. n° 2018-370 du 18 mai 2018, art. 3 ; Décr. n° 2018-372 du 18 mai 2018, art. 2 ; Décr. n° 2018-563 du 29 juin 2018, art. 4 ; Décr. n° 2019-215 du 21 mars 2019, art. 1er ; Décr. n° 2019-231 du 26 mars 2019, art. 22 ; Décr. n° 2019-318 du 12 avr. 2019, art. 1er ; Décr. n° 2019-345 du 19 avr. 2019, art. 2 ; Décr. n° 2019-1126 du 4 nov. 2019, art. 3 ; Décr. n° 2020-181 du 28 févr. 2020, art. 13 ; Décr. n° 2020-652 du 28 mai 2020, art. 2 ; Décr. n° 2020-1273 du 20 oct. 2020, art. 2 ; Décr. n° 2020-1273 du 20 oct. 2020, art. 2 ; Décr. n° 2020-1677 du 23 déc. 2020, art. 1er ; Décr. n° 2021-226 du 26 févr. 2021, art. 10 ; Décr. n° 2021-227 du 26 févr. 2021, art. 3.*

DISPOSITIONS APPLICABLES		DANS LEUR RÉDACTION RÉSULTANT DU
Titre Ier Chapitre Ier	Articles D. 611-1 à D. 611-6, D. 611-9	Décret nº 2013-756 du 19 août 2013
	Articles D. 611-7 et D. 611-8	Décret nº 2015-652 du 10 juin 2015
	Articles D. 611-13 à D. 611-20	Décret nº 2018-372 du 18 mai 2018
Titre Ier Chapitre II	Article D. 612-1	Décret nº 2020-181 du 28 février 2020
	Article D. 612-1-1	Décret nº 2018-369 du 18 mai 2018
	Articles D. 612-1-2 à D. 612-1-4	Décret nº 2019-231 du 26 mars 2019
	Article D. 612-1-5	Décret nº 2021-226 du 26 février 2021
	Articles D. 612-1-9 à D. 612-1-11	Décret nº 2020-181 du 28 février 2020
	Articles D. 612-1-13 à D. 612-1-14	Décret nº 2021-226 du 26 février 2021
	Article D. 612-1-14-1	Décret nº 2020-181 du 28 février 2020
	Article D. 612-1-15	Décret nº 2018-369 du 18 mai 2018
	Article D. 612-1-16	Décret nº 2020-181 du 28 février 2020
	Articles D. 612-1-23 et D. 612-1-24	Décret nº 2021-226 du 26 février 2021
	Articles D. 612-1-25 et D. 612-1-26	Décret nº 2018-370 du 18 mai 2018
	Article D. 612-1-27	Décret nº 2019-231 du 26 mars 2019
	Articles D. 612-1-28 et D. 612-1-29	Décret nº 2018-370 du 18 mai 2018
	Article D. 612-1-30	Décret nº 2019-231 du 26 mars 2019

DISPOSITIONS APPLICABLES		DANS LEUR RÉDACTION RÉSULTANT DU
	Article D. 612-1-36	Décret nº 2020-181 du 28 février 2020
	Articles D. 612-2 et D. 612-3	Décret nº 2018-172 du 9 mars 2018
	Article D. 612-4	Décret nº 2019-345 du 19 avril 2019
	Article D. 612-5	Décret nº 2013-756 du 19 août 2013
	Article D. 612-6	Décret nº 2019-231 du 26 mars 2019
	Article D. 612-7	Décret nº 2018-172 du 9 mars 2018
	Article D. 612-8	Décret nº 2013-756 du 19 août 2013
	Article D. 612-11	Décret nº 2018-172 du 9 mars 2018
	Articles D. 612-12 à D. 612-15	Décret nº 2013-756 du 19 août 2013
	Article D. 612-16	Décret nº 2019-318 du 12 avril 2019
	Articles D. 612-17 et D. 612-18	Décret nº 2013-756 du 19 août 2013
	Articles D. 612-19 et D. 612-20	Décret nº 2021-226 du 26 février 2021
	Articles D. 612-21 à D. 612-25	Décret nº 2013-756 du 19 août 2013
	Article D. 612-26	Décret nº 2014-1073 du 22 septembre 2014
	Articles D. 612-27 et D. 612-28	Décret nº 2013-756 du 19 août 2013
	Articles D. 612-29 et D. 612-29-1	Décret nº 2018-172 du 9 mars 2018
	Article D. 612-29-2	Décret nº 2014-1073 du 22 septembre 2014
	Article D. 612-30	Décret nº 2019-215 du 21 mars 2019
	Article D. 612-31	Décret nº 2021-227 du 26 février 2021
	Article D. 612-32	Décret nº 2013-756 du 19 août 2013

DISPOSITIONS APPLICABLES		DANS LEUR RÉDACTION RÉSULTANT DU
	Articles D. 612-32-1, les 1° et 2° de l'article D. 612-32-2, D. 612-32-3 et D. 612-32-4	Décret n° 2015-1168 du 21 septembre 2015
	Article D. 612-33	Décret n° 2016-672 du 25 mai 2016
	Article D. 612-34	Décret n° 2014-1511 du 15 décembre 2014
	Articles D. 612-35 et D. 612-36	Décret n° 2013-756 du 19 août 2013
	Articles D. 612-36-1 et D. 612-36-2	Décret n° 2016-672 du 25 mai 2016
	Articles D. 612-37 à D. 612-41	Décret n° 2013-756 du 19 août 2013
Titre Ier Chapitre IV	Article D. 614-1	Décret n° 2013-756 du 19 août 2013
Titre IV Chapitre II	Articles D. 642-1 à D. 642-4, D. 642-11 à D. 642-13	Décret n° 2013-756 du 19 août 2013
Titre IV Chapitre III	Articles D. 643-1 et D. 643-2	Décret n° 2013-756 du 19 août 2013
	Articles D. 643-4 à D. 643-8	Décret n° 2013-756 du 19 août 2013
	Articles D. 643-9 et D. 643-10	Décret n° 2016-1037 du 28 juillet 2016
	Article D. 643-11	Décret n° 2013-756 du 19 août 2013
	Article D. 643-12	Décret n° 2016-1037 du 28 juillet 2016
	Article D. 643-3	Décret n° 2016-1037 du 28 juillet 2016
	Articles D. 643-13 et D. 643-13-1	Décret n° 2020-398 du 3 avril 2020
	Articles D. 643-14 et D. 643-15	Décret n° 2016-1037 du 28 juillet 2016
	Article D. 643-16	Décret n° 2013-756 du 19 août 2013
	Article D. 643-17	Décret n° 2016-1037 du 28 juillet 2016

DISPOSITIONS APPLICABLES	DANS LEUR RÉDACTION RÉSULTANT DU
Articles D. 643-18 et D. 643-19	Décret n° 2013-756 du 19 août 2013
Article D. 643-20	Décret n° 2016-1037 du 28 juillet 2016
Article D. 643-21	Décret n° 2015-652 du 10 juin 2015
Article D. 643-27	Décret n° 2020-1677 du 23 décembre 2020
Articles D. 643-22 à D. 643-24	Décret n° 2013-756 du 19 août 2013
Article D. 643-25	Décret n° 2016-1037 du 28 juillet 2016
Articles D. 643-26 à D. 643-28	Décret n° 2013-756 du 19 août 2013
Article D. 643-28-1	Décret n° 2015-121 du 4 février 2015
Articles D. 643-29 à D. 643-31	Décret n° 2013-756 du 19 août 2013
Article D. 643-31-1	Décret n° 2015-121 du 4 février 2015
Article D. 643-32	Décret n° 2013-756 du 19 août 2013
Articles D. 643-32-1 à D. 643-32-10	Décret n° 2020-652 du 28 mai 2020
Articles D. 643-33 et D. 643-34	Décret n° 2013-756 du 19 août 2013
Article D. 643-35	Décret n° 2018-172 du 9 mars 2018
Article D. 643-35-1	Décret n° 2014-791 du 9 juillet 2014
Articles D. 643-59 et D. 643-60	Décret n° 2013-756 du 19 août 2013
Article D. 643-60-1	Décret n° 2014-825 du 21 juillet 2014
Article D. 643-61	Décret n° 2013-756 du 19 août 2013

DISPOSITIONS APPLICABLES	DANS LEUR RÉDACTION
Articles D. 643-62-1 et D. 643-62-2	Décret n° 2017-411 du 27 mars 2017
Article D. 643-62-3	Décret n° 2020-1677 du 23 décembre 2020
Articles D. 643-62-4 à D. 643-62-6	Décret n° 2017-411 du 27 mars 2017

Art. D. 681-3 Pour l'application des articles *(Décr. n° 2018-172 du 9 mars 2018, art. 7)* « D. 612-1-3, D. 612-1-4, *(Décr. n° 2018-369 du 18 mai 2018, art. 20)* « D. 612-1-8, D. 612-1-13, *(Décr. n° 2021-226 du 26 févr. 2021, art. 10)* « D. 612-1-14, » D. 612-1-20, D. 612-1-21, *(Décr. n° 2021-226 du 26 févr. 2021, art. 10)* « D. 612-1-23, » D. 612-1-24 » *(Décr. n° 2018-370 du 18 mai 2018, art. 3)* « D. 612-1-25, D. 612-1-27, D. 612-1-28, D. 612-1-30 », » *(Décr. n° 2018-563 du 29 juin 2018, art. 4)* « D. 612-1-32, D. 612-1-33, » D. 612-24, D. 612-30, D. 612-31, D. 643-6, D. 643-7, D. 643-10, D. 643-15, D. 643-16, D. 643-22 *(Décr. n° 2017-410 du 27 mars 2017, art. 13)* « , D. 643-30, D. 643-31 » *(Décr. n° 2020-652 du 28 mai 2020, art. 2)* « , D. 643-32, D. 643-32-2 à D. 643-32-7 et D. 643-32-10 » dans les îles Wallis-et-Futuna, les mots : *(Décr. n° 2019-1558 du 30 déc. 2019, art. 5)* « "recteur de région académique", "recteur de la région académique", "recteur de sa région académique" » et "recteur" » sont remplacés par les mots : "vice-recteur".

Pour l'application des troisième et quatrième alinéas de l'article D. 612-24 et des articles D. 643-6, D. 643-28 *(Décr. n° 2020-652 du 28 mai 2020, art. 2)* « , D. 643-31 et D. 643-32-1 », les mots : *(Décr. n° 2019-1558 du 30 déc. 2019, art. 5)* « "la région académique" », "des régions, du comité technique académique et du conseil académique de l'éducation nationale", *(Décr. n° 2019-1558 du 30 déc. 2019, art. 5)* « "chaque région académique" » et "le cadre d'une académie ou d'un groupement d'académies" sont remplacés par les mots : "la collectivité" ou "de la collectivité".

(Décr. n° 2018-369 du 18 mai 2018, art. 20) « Pour l'application *(Décr. n° 2019-231 du 26 mars 2019, art. 22)* « du premier alinéa du II de l'article D. 612-1-3, du troisième alinéa de l'article D. 612-1-24, du second alinéa de l'article D. 612-1-30, du second alinéa de l'article D. 612-1-32, et du quatrième alinéa de l'article D. 612-24 », les mots : "directeur régional de l'agriculture, l'alimentation et la forêt" et "des directeurs régionaux de l'alimentation, de l'agriculture et de la forêt" sont remplacés par les mots : "du directeur de l'agriculture, de la forêt et de la pêche" ».

(Décr. n° 2019-231 du 26 mars 2019, art. 22) « Pour l'application de l'article D. 612-1-21, les mots : "un représentant du président du conseil régional" sont supprimés. »

(Décr. n° 2019-1558 du 30 déc. 2019, art. 5) « Le dernier alinéa de l'article D. 612-1-21 n'est pas applicable. »

(Décr. n° 2020-652 du 28 mai 2020, art. 2) « Pour l'application du 4° de l'article D. 643-32-2, les mots : "dans le ressort de la région académique" sont remplacés par les mots : "dans le ressort de la collectivité de Wallis-et-Futuna ou de la Polynésie française ou de la Nouvelle-Calédonie".

« Pour l'application du 5° de l'article D. 643-32-2, la phrase : "Celui-ci est désigné sur proposition du conseil académique de la vie lycéenne, parmi les élus de ce conseil" est remplacée par la phrase : "Celui-ci est désigné par le vice-recteur." »

Art. D. 681-4 *(Décr. n° 2017-410 du 27 mars 2017, art. 14)* Pour l'application de l'article D. 643-3, la deuxième phrase du second alinéa est remplacée par les mots suivants : "Une unité correspond, soit à une formation sanctionnée par une certification enregistrée dans le répertoire national des certifications professionnelles prévu à l'article *(Décr. n° 2020-652 du 28 mai 2020, art. 2)* « L. 6113-1 du code du travail », soit à l'acquisition d'un bloc de compétences permettant d'obtenir une partie identifiée de certification professionnelle, classée au sein du même répertoire."

Art. R. 681-5 *(Décr. n° 2019-1125 du 4 nov. 2019, art. 3)* Pour l'application de l'article R. 631-1-6, les mots : "agence régionale de santé" sont remplacés par les mots : "agence de santé de Wallis-et-Futuna".

CHAPITRE II DISPOSITIONS APPLICABLES À MAYOTTE

Art. R. 682-1 *et* D. 682-2 *Abrogés par Décr. n° 2019-1553 du 30 déc. 2019, art. 1er.*

Art. D. 682-3 Pour l'application des troisième et quatrième alinéas de l'article D. 612-24, les mots : "des régions" et "du comité technique académique et du conseil académique de l'éducation nationale" sont remplacés par les mots : "du département" et "du conseil de l'éducation nationale *(Décr. n° 2019-1553 du 30 déc. 2019, art. 1er)* « de l'académie » de Mayotte".

(Décr. n° 2018-369 du 18 mai 2018, art. 20) « Pour l'application *(Décr. n° 2019-231 du 26 mars 2019, art. 22)* « du premier alinéa du II de l'article D. 612-1-3, du troisième alinéa de l'article D. 612-1-24, du second alinéa de l'article D. 612-1-30, du second alinéa de l'article D. 612-1-32 » et du quatrième alinéa de l'article D. 612-24, les mots : "directeur régional de l'agriculture, l'alimentation et la forêt" et "des directeurs régionaux de l'alimentation, de l'agriculture et de la forêt" sont remplacés par les mots : "du directeur de l'alimentation, de l'agriculture et de la forêt" ».

Art. D. 682-4 *Abrogé par Décr. n° 2019-1553 du 30 déc. 2019, art. 1er.*

CHAPITRE III DISPOSITIONS APPLICABLES EN POLYNÉSIE FRANÇAISE

Art. R. 683-1 *(Décr. n° 2020-651 du 28 mai 2020, art. 2)* Sont applicables en Polynésie française, sous réserve des dispositions particulières et des adaptations prévues par le présent chapitre, les dispositions mentionnées dans la colonne de gauche du tableau ci-après, dans leur rédaction indiquée dans la colonne de droite du même tableau :

Tableau mod. par Décr. n° 2021-629 du 19 mai 2021, art. 4.

DISPOSITIONS APPLICABLES		DANS LEUR RÉDACTION RÉSULTANT DU
Titre IV Chapitre II	Articles R. 642-5 à R. 642-10	Décret n° 2013-756 du 19 août 2013
Titre Ier Chapitre II *bis*	Article R. 612-36-3	Décret n° 2017-83 du 25 janvier 2017
Titre IV Chapitre III	Articles R. 643-20-1 et R. 643-21-1	Décret n° 2015-652 du 10 juin 2015
	Article R. 643-32-11	Décret n° 2020-651 du 28 mai 2020
	Article R. 643-38-1	Décret n° 2015-652 du 10 juin 2015

Art. D. 683-2 *(Décr. n° 2017-410 du 27 mars 2017, art. 17)* Sont applicables en Polynésie française, sous réserve des dispositions particulières et des adaptations prévues par le présent chapitre, les dispositions mentionnées dans la colonne de gauche du tableau ci-après, dans leur rédaction indiquée dans la colonne de droite du même tableau : – *Tableau mod. par Décr. n° 2018-172 du 9 mars 2018, art. 7 ; Décr. n° 2018-369 du 18 mai 2018, art. 20 ; Décr. n° 2018-370 du 18 mai 2018, art. 3 ; Décr. n° 2018-372 du 18 mai 2018, art. 2 ; Décr. n° 2018-563 du 29 juin 2018, art. 4 ; Décr. n° 2018-726 du 3 août 2018, art. 3 ; Décr. n° 2019-215 du 21 mars 2019, art. 1er ; Décr. n° 2019-231 du 26 mars 2019, art. 22 ; Décr. n° 2019-318 du 12 avr. 2019, art. 1er ; Décr. n° 2019-345 du 19 avr. 2019, art. 2 ; Décr. n° 2019-1126 du 4 nov. 2019, art. 3 ; Décr. n° 2020-181 du 28 févr. 2020, art. 13 ; Décr. n° 2020-652 du 28 mai 2020, art. 3 ; Décr. n° 2020-1273 du 20 oct. 2020, art. 2 ; Décr. n° 2020-1677 du 23 déc. 2020, art. 1er ; Décr. n° 2021-226 du 26 févr. 2021, art. 10 ; Décr. n° 2021-227 du 26 févr. 2021, art. 3.*

DISPOSITIONS APPLICABLES		DANS LEUR RÉDACTION RÉSULTANT DU
Titre Ier Chapitre Ier	Articles D. 611-1 à D. 611-6, D. 611-9	Décret nº 2013-756 du 19 août 2013
	Articles D. 611-7 et D. 611-8	Décret nº 2015-652 du 10 juin 2015
	Articles D. 611-13 à D. 611-20	Décret nº 2018-372 du 18 mai 2018
Titre Ier Chapitre II	Article D. 612-1	Décret nº 2020-181 du 28 février 2020
	Article D. 612-1-1	Décret nº 2018-369 du 18 mai 2018
	Articles D. 612-1-2 à D. 612-1-4	Décret nº 2019-231 du 26 mars 2019
	Article D. 612-1-5	Décret nº 2021-226 du 26 février 2021
	Articles D. 612-1-9 à D. 612-1-11	Décret nº 2020-181 du 28 février 2020
	Articles D. 612-1-13 à D. 612-1-14	Décret nº 2021-226 du 26 février 2021
	Article D. 612-1-14-1	Décret nº 2020-181 du 28 février 2020
	Article D. 612-1-15	Décret nº 2018-369 du 18 mai 2018
	Article D. 612-1-16	Décret nº 2020-181 du 28 février 2020
	Articles D. 612-1-23 et D. 612-1-24	Décret nº 2021-226 du 26 février 2021
	Articles D. 612-1-25 et D. 612-1-26	Décret nº 2018-370 du 18 mai 2018
	Article D. 612-1-27	Décret nº 2019-231 du 26 mars 2019
	Articles D. 612-1-28 et D. 612-1-29	Décret nº 2018-370 du 18 mai 2018
	Article D. 612-1-30	Décret nº 2019-231 du 26 mars 2019
	Article D. 612-1-36	Décret nº 2020-181 du 28 février 2020

DISPOSITIONS APPLICABLES		DANS LEUR RÉDACTION RÉSULTANT DU
	Articles D. 612-2 et D. 612-3	Décret n° 2018-172 du 9 mars 2018
	Article D. 612-4	Décret n° 2019-345 du 19 avril 2019
	Article D. 612-5	Décret n° 2013-756 du 19 août 2013
	Article D. 612-6	Décret n° 2019-231 du 26 mars 2019
	Article D. 612-7	Décret n° 2018-172 du 9 mars 2018
	Article D. 612-8	Décret n° 2013-756 du 19 août 2013
	Article D. 612-11	Décret n° 2018-172 du 9 mars 2018
	Articles D. 612-12 à D. 612-15	Décret n° 2013-756 du 19 août 2013
	Article D. 612-16	Décret n° 2019-318 du 12 avril 2019
	Articles D. 612-17 et D. 612-18	Décret n° 2013-756 du 19 août 2013
	Article D. 612-30	Décret n° 2019-215 du 21 mars 2019
	Article D. 612-31	Décret n° 2021-227 du 26 février 2021
	Article D. 612-32	Décret n° 2013-756 du 19 août 2013
	Articles D. 612-32-1, les 1° et 2° de l'article D. 612-32-2, D. 612-32-3 et D. 612-32-4	Décret n° 2015-1168 du 21 septembre 2015
	Article D. 612-33	Décret n° 2016-672 du 25 mai 2016
	Article D. 612-34	Décret n° 2014-1511 du 15 décembre 2014
	Articles D. 612-35 et D. 612-36	Décret n° 2013-756 du 19 août 2013
	Articles D. 612-36-1 et D. 612-36-2	Décret n° 2016-672 du 25 mai 2016
	Articles D. 612-37 à D. 612-41	Décret n° 2013-756 du 19 août 2013

DISPOSITIONS APPLICABLES		DANS LEUR RÉDACTION RÉSULTANT DU
Titre Ier Chapitre III	Articles D. 613-1 à D. 613-6	Décret n° 2013-756 du 19 août 2013
	Article D. 613-7	Décret n° 2014-1511 du 15 décembre 2014
	Articles D. 613-8 à D. 613-25	Décret n° 2013-756 du 19 août 2013
	Articles D. 613-25-1 à D. 613-25-5	Décret n° 2020-1273 du 20 octobre 2020
	Articles D. 613-38 à D. 613-44	Décret n° 2013-756 du 19 août 2013
	Article D. 613-45	Décret n° 2015-652 du 10 juin 2015
	Articles D. 613-46 à D. 613-50	Décret n° 2013-756 du 19 août 2013
Titre Ier Chapitre IV	Article D. 614-1	Décret n° 2013-756 du 19 août 2013
Titre III Chapitre V	Article D. 635-1	Décret n° 2013-756 du 19 août 2013
	Articles D. 635-2 à D. 635-3	Décret n° 2019-1126 du 4 novembre 2019
	Articles D. 635-4 à D. 635-7	Décret n° 2013-756 du 19 août 2013
Titre III Chapitre VI	Le premier et le deuxième alinéa de l'article D. 636-68	Décret n° 2013-756 du 19 août 2013
	Article D. 636-69	Décret n° 2016-21 du 14 janvier 2016
	Articles D. 636-69-1, D. 636-70, D. 636-72	Décret n° 2014-1511 du 15 décembre 2014
	Article D. 636-71	Décret n° 2015-652 du 10 juin 2015
Titre IV Chapitre II	Articles D. 642-1 à D. 642-4, D. 642-11 à D. 642-13	Décret n° 2013-756 du 19 août 2013

DISPOSITIONS APPLICABLES		DANS LEUR RÉDACTION RÉSULTANT DU
Titre IV Chapitre III	Articles D. 643-1 et D. 643-2	Décret n° 2013-756 du 19 août 2013
	Article D. 643-3	Décret n° 2016-1037 du 28 juillet 2016
	Articles D. 643-13 et D. 643-13-1	Décret n° 2020-398 du 3 avril 2020
	Articles D. 643-14 et D. 643-15	Décret n° 2016-1037 du 28 juillet 2016
	Article D. 643-16	Décret n° 2013-756 du 19 août 2013
	Article D. 643-17	Décret n° 2016-1037 du 28 juillet 2016
	Articles D. 643-18 et D. 643-19	Décret n° 2013-756 du 19 août 2013
	Article D. 643-20	Décret n° 2016-1037 du 28 juillet 2016
	Article D. 643-21	Décret n° 2015-652 du 10 juin 2015
	Article D. 643-27	Décret n° 2020-1677 du 23 décembre 2020
	Articles D. 643-22 à D. 643-24	Décret n° 2013-756 du 19 août 2013
	Article D. 643-25	Décret n° 2016-1037 du 28 juillet 2016
	Article D. 643-26 à D. 643-28	Décret n° 2013-756 du 19 août 2013
	Article D. 643-28-1	Décret n° 2015-121 du 4 février 2015
	Articles D. 643-29 à D. 643-31	Décret n° 2013-756 du 19 août 2013
	Article D. 643-31-1	Décret n° 2015-121 du 4 février 2015
	Article D. 643-32	Décret n° 2013-756 du 19 août 2013
	Articles D. 643-32-1 à D. 643-32-10	Décret n° 2020-652 du 28 mai 2020
	Articles D. 643-33 et D. 643-34	Décret n° 2013-756 du 19 août 2013
	Article D. 643-35	Décret n° 2018-172 du 9 mars 2018

DISPOSITIONS APPLICABLES		DANS LEUR RÉDACTION RÉSULTANT DU
	Article D. 643-35-1	Décret n° 2014-791 du 9 juillet 2014
	Articles D. 643-59 et D. 643-60	Décret n° 2013-756 du 19 août 2013
	Article D. 643-60-1	Décret n° 2014-825 du 21 juillet 2014
	Article D. 643-61	Décret n° 2013-756 du 19 août 2013
	Articles D. 643-62-1 et D. 643-62-2	Décret n° 2017-411 du 27 mars 2017
	Article D. 643-62-3	Décret n° 2020-1677 du 23 décembre 2020
	Articles D. 643-62-4 à D. 643-62-6	Décret n° 2017-411 du 27 mars 2017

Art. D. 683-3 Pour l'application des articles *(Décr. n° 2018-172 du 9 mars 2018, art. 7)* « D. 612-1-3, D. 612-1-4, » *(Décr. n° 2018-369 du 18 mai 2018, art. 20)* « D. 612-1-8, D. 612-1-13, *(Décr. n° 2021-226 du 26 févr. 2021, art. 10)* « D. 612-1-14, » D. 612-1-20, D. 612-1-21, *(Décr. n° 2021-226 du 26 févr. 2021, art. 10)* « D. 612-1-23, » D. 612-1-24 » *(Décr. n° 2018-370 du 18 mai 2018, art. 3)* « D. 612-1-25, D. 612-1-27, D. 612-1-28, D. 612-1-30, » *(Décr. n° 2018-563 du 29 juin 2018, art. 4)* « D. 612-1-32, D. 612-1-33, » D. 612-30, D. 612-31, D. 643-15, D. 643-16, D. 643-22 *(Décr. n° 2017-410 du 27 mars 2017, art. 18)* « , D. 643-30, D. 643-31 » *(Décr. n° 2020-651 du 28 mai 2020, art. 3)* « , D. 643-32, D. 643-32-2 à D. 643-32-7 et D. 643-32-10 » en Polynésie française, les mots : *(Décr. n° 2019-1558 du 30 déc. 2019, art. 5)* « "recteur de région académique", "recteur de la région académique", "recteur de sa région académique" » *(Décr. n° 2020-651 du 28 mai 2020, art. 3)* « , "recteur de région académique" » et "recteur" » sont remplacés par les mots : *(Décr. n° 2017-410 du 27 mars 2017, art. 18)* « vice-recteur ».

Pour l'application des articles D. 643-28 *(Décr. n° 2020-651 du 28 mai 2020, art. 3)* « , D. 643-31, D. 643-32-1 et D. 643-32-2 », les mots : *(Décr. n° 2019-1558 du 30 déc. 2019, art. 5)* « "la région académique" » *(Décr. n° 2020-651 du 28 mai 2020, art. 3)* « , "chaque région académique" » ; et "d'une académie ou d'un groupement d'académie" sont remplacés par les mots : "la collectivité".

(Décr. n° 2019-231 du 26 mars 2019, art. 22) « Pour l'application de l'article D. 612-1-21, les mots : "un représentant du président du conseil régional" sont supprimés ».

(Décr. n° 2019-1558 du 30 déc. 2019, art. 5) « Le dernier alinéa de l'article D. 612-1-21 n'est pas applicable. »

(Décr. n° 2020-651 du 28 mai 2020, art. 3) « Pour l'application de l'article D. 643-32-2 :

« *a)* Au 5°, la phrase : "Celui-ci est désigné sur proposition du conseil académique de la vie lycéenne, parmi les élus de ce conseil" est remplacée par la phrase : "Celui-ci est désigné sur proposition du ministre chargé de l'éducation au sein du gouvernement de la Polynésie française." ;

« *b)* Après le 5°, il est inséré un alinéa ainsi rédigé :

« 6° Le ministre chargé de l'éducation au sein du gouvernement de la Polynésie française ou son représentant. »

Art. D. 683-3-1 *(Décr. n° 2020-1273 du 20 oct. 2020, art. 3)* Les articles D. 613-25-1 à D. 613-25-5 sont applicables en Polynésie française uniquement pour ce qui concerne l'enseignement universitaire.

Art. R. 683-4 La convention prévue à l'article L. 683-3 fixe notamment les règles de choix des lieux de stage agréés et des praticiens agréés-maîtres de stage des universités proposés aux internes ainsi que les modalités de leur affectation. – *[Décr. n° 2004-67 du 16 janv. 2004, art. 47, en ce qui concerne la Polynésie française.]*

Art. D. 683-5 Les articles D. 636-69 à D. 636-72 sont applicables en Polynésie française, sous réserve des adaptations suivantes :

1° La convention prévue à l'article D. 636-70 est conclue avec l'université située sur le territoire de la Polynésie française par les autorités compétentes de cette collectivité ;

2° Le grade de licence est conféré au nom de l'État par le ministre chargé de l'enseignement supérieur, qui peut déléguer sa signature au vice-recteur. – *[Décr. n° 2010-1123 du 23 sept. 2010, art. 5, en ce qui concerne la Polynésie française.]*

Art. D. 683-6 *(Décr. n° 2017-410 du 27 mars 2017, art. 19)* Pour l'application de l'article D. 643-3, la deuxième phrase du second alinéa est remplacée par les mots suivants : "Une unité correspond, soit à une formation sanctionnée par une certification enregistrée dans le répertoire national des certifications professionnelles prévu à l'article *(Décr. n° 2020-652 du 28 mai 2020, art. 3)* « L. 6113-1 du code du travail », soit à l'acquisition d'un bloc de compétences permettant d'obtenir une partie identifiée de certification professionnelle, classée au sein du même répertoire."

Art. R. 683-7 *(Décr. n° 2019-1125 du 4 nov. 2019, art. 3)* Pour l'application de l'article R. 631-1-6, les mots : "agence régionale de santé" sont remplacés par les mots : "autorité compétente en matière de santé".

Art. R. 683-8 *(Décr. n° 2021-629 du 19 mai 2021, art. 5)* Pour l'application du I de l'article R. 612-36-3, les mots : "recteur de la région académique dans laquelle il a obtenu son diplôme national de licence" sont remplacés par les mots : "vice-recteur de la Polynésie française" et les mots : "recteur de région académique" et "recteur" sont remplacés par les mots : "vice-recteur".

CHAPITRE IV DISPOSITIONS APPLICABLES EN NOUVELLE-CALÉDONIE

Art. R. 684-1 *(Décr. n° 2020-651 du 28 mai 2020, art. 2)* Sont applicables en Nouvelle-Calédonie, sous réserve des dispositions particulières et des adaptations prévues par le présent chapitre, les dispositions mentionnées dans la colonne de gauche du tableau ci-après, dans leur rédaction indiquée dans la colonne de droite du même tableau :

Tableau mod. par Décr. n° 2021-629 du 19 mai 2021, art. 4.

DISPOSITIONS APPLICABLES		DANS LEUR RÉDACTION RÉSULTANT DU
Titre Ier Chapitre II *bis*	Article R. 612-36-3	Décret n° 2017-83 du 25 janvier 2017
Titre IV Chapitre II	Articles R. 642-5 à R. 642-10	Décret n° 2013-756 du 19 août 2013
Titre IV Chapitre III	Articles R. 643-20-1 et R. 643-21-1	Décret n° 2015-652 du 10 juin 2015
	Article R. 643-32-11	Décret n°2020-651 du 28 mai 2020
	Article R. 643-38-1	Décret n° 2015-652 du 10 juin 2015

Art. D. 684-2 *(Décr. n° 2017-410 du 27 mars 2017, art. 20)* **Sont applicables en Nouvelle-Calédonie, sous réserve des dispositions particulières et des adaptations prévues par le présent chapitre, les dispositions mentionnées dans la colonne de gauche du tableau ci-après, dans leur rédaction indiquée dans la colonne de droite du même tableau :**

Tableau mod. par Décr. n° 2018-172 du 9 mars 2018, art. 7 ; Décr. n° 2018-369 du 18 mai 2018, art. 20 ; Décr. n° 2018-370 du 18 mai 2018, art. 3 ; Décr. n° 2018-372 du 18 mai 2018, art. 2 ; Décr. n° 2018-563 du 29 juin 2018, art. 4 ; Décr. n° 2018-726 du 3 août 2018, art. 3 ; Décr. n° 2019-215 du 21 mars 2019, art. 1er ; Décr. n° 2019-231 du 26 mars 2019, art. 22 ; Décr. n° 2019-318 du 12 avr. 2019, art. 1er ; Décr. n° 2019-345 du 19 avr. 2019, art. 2 ; Décr. n° 2019-1126 du 4 nov. 2019, art. 3 ; Décr. n° 2020-181 du 28 févr. 2020, art. 13 ; Décr. n° 2020-652 du 28 mai 2020, art. 4 ; Décr. n° 2020-1273 du 20 oct. 2020, art. 2 ; Décr. n° 2020-1677 du 23 déc. 2020, art. 1er ; Décr. n° 2021-226 du 26 févr. 2021, art. 10 ; Décr. n° 2021-227 du 26 févr. 2021, art. 3.

DISPOSITIONS APPLICABLES		**DANS LEUR RÉDACTION RÉSULTANT DU**
Titre Ier Chapitre Ier	**Articles D. 611-1 à D. 611-6, D. 611-9**	**Décret n° 2013-756 du 19 août 2013**
	Articles D. 611-7 et D. 611-8	**Décret n° 2015-652 du 10 juin 2015**
	Articles D. 611-13 à D. 611-20	**Décret n° 2018-372 du 18 mai 2018**
Titre Ier Chapitre II	**Article D. 612-1**	**Décret n° 2020-181 du 28 février 2020**
	Article D. 612-1-1	**Décret n° 2018-369 du 18 mai 2018**
	Articles D. 612-1-2 à D. 612-1-4	**Décret n° 2019-231 du 26 mars 2019**
	Article D. 612-1-5	**Décret n° 2021-226 du 26 février 2021**
	Articles D. 612-1-9 à D. 612-1-11	**Décret n° 2020-181 du 28 février 2020**
	Articles D. 612-1-13 à D. 612-1-14	**Décret n° 2021-226 du 26 février 2021**
	Article D. 612-1-14-1	**Décret n° 2020-181 du 28 février 2020**
	Article D. 612-1-15	**Décret n° 2018-369 du 18 mai 2018**
	Article D. 612-1-16	**Décret n° 2020-181 du 28 février 2020**
	Articles D. 612-1-23 et D. 612-1-24	**Décret n° 2021-226 du 26 février 2021**
	Articles D. 612-1-25 et D. 612-1-26	**Décret n° 2018-370 du 18 mai 2018**
	Article D. 612-1-27	**Décret n° 2019-231 du 26 mars 2019**
	Articles D. 612-1-28 et D. 612-1-29	**Décret n° 2018-370 du 18 mai 2018**
	Article D. 612-1-30	**Décret n° 2019-231 du 26 mars 2019**

DISPOSITIONS APPLICABLES		DANS LEUR RÉDACTION RÉSULTANT DU
	Article D. 612-1-36	Décret n° 2020-181 du 28 février 2020
	Articles D. 612-2 et D. 612-3	Décret n° 2018-172 du 9 mars 2018
	Article D. 612-4	Décret n° 2019-345 du 19 avril 2019
	Article D. 612-5	Décret n° 2013-756 du 19 août 2013
	Article D. 612-6	Décret n° 2019-231 du 26 mars 2019
	Article D. 612-7	Décret n° 2018-172 du 9 mars 2018
	Article D. 612-8	Décret n° 2013-756 du 19 août 2013
	Article D. 612-11	Décret n° 2018-172 du 9 mars 2018
	Articles D. 612-12 à D. 612-15	Décret n° 2013-756 du 19 août 2013
	Article D. 612-16	Décret n° 2019-318 du 12 avril 2019
	Articles D. 612-17 et D. 612-18	Décret n° 2013-756 du 19 août 2013
	Articles D. 612-19 et D. 612-20	Décret n° 2021-226 du 26 février 2021
	Articles D. 612-21 à D. 612-25	Décret n° 2013-756 du 19 août 2013
	Article D. 612-26	Décret n° 2014-1073 du 22 septembre 2014
	Articles D. 612-27 et D. 612-28	Décret n° 2013-756 du 19 août 2013
	Articles D. 612-29 et D. 612-29-1	Décret n° 2018-172 du 9 mars 2018
	Article D. 612-29-2	Décret n° 2014-1073 du 22 septembre 2014
	Article D. 612-30	Décret n° 2019-215 du 21 mars 2019
	Article D. 612-31	Décret n° 2021-227 du 26 février 2021
	Article D. 612-32	Décret n° 2013-756 du 19 août 2013

DISPOSITIONS APPLICABLES		DANS LEUR RÉDACTION RÉSULTANT DU
	Articles D. 612-32-1, les 1° et 2° de l'article D. 612-32-2, D. 612-32-3 et D. 612-32-4	Décret n° 2015-1168 du 21 septembre 2015
	Article D. 612-33	Décret n° 2016-672 du 25 mai 2016
	Article D. 612-34	Décret n° 2014-1511 du 15 décembre 2014
	Articles D. 612-35 et D. 612-36	Décret n° 2013-756 du 19 août 2013
	Articles D. 612-36-1 et D. 612-36-2	Décret n° 2016-672 du 25 mai 2013
	Articles D. 612-37 à D. 612-41	Décret n° 2013-756 du 19 août 2013
	Articles D. 612-35 et D. 612-36	Décret n° 2013-756 du 19 août 2013
	Articles D. 612-36-1 et D. 612-36-2	Décret n° 2016-672 du 25 mai 2016
	Articles D. 612-37 à D. 612-41	Décret n° 2013-756 du 19 août 2013
Titre Ier Chapitre III	Articles D. 613-1 à D. 613-6	Décret n° 2013-756 du 19 août 2013
	Article D. 613-7	Décret n° 2014-1511 du 15 décembre 2014
	Articles D. 613-8 à D. 613-25	Décret n° 2013-756 du 19 août 2013
	Articles D. 613-25-1 à D. 613-25-5	Décret n° 2020-1273 du 20 octobre 2020
	Articles D. 613-38 à D. 613-44	Décret n° 2013-756 du 19 août 2013
	Article D. 613-45	Décret n° 2015-652 du 10 juin 2015
	Articles D. 613-46 à D. 613-50	Décret n° 2013-756 du 19 août 2013
Titre Ier Chapitre IV	Article D. 614-1	Décret n° 2013-756 du 19 août 2013
Titre III Chapitre VI	Le premier et le deuxième alinéa de l'article D. 636-68	Décret n° 2013-756 du 19 août 2013
	Article D. 636-69	Décret n° 2016-21 du 14 janvier 2016
	Articles D. 636-69-1, D. 636-70, D. 636-72	Décret n° 2014-1511 du 15 décembre 2014
	Article D. 636-71	Décret n° 2015-652 du 10 juin 2015
Titre IV Chapitre II	Articles D. 642-1 à D. 642-4, D. 642-11 à D. 642-13	Décret n° 2013-756 du 19 août 2013

DISPOSITIONS APPLICABLES		DANS LEUR RÉDACTION RÉSULTANT DU
Titre IV Chapitre III	Articles D. 643-1 et D. 643-2	Décret nº 2013-756 du 19 août 2013
	Article D. 643-3	Décret nº 2016-1037 du 28 juillet 2016
	Articles D. 643-4 à D. 643-8	Décret nº 2013-756 du 19 août 2013
	Articles D. 643-9 et D. 643-10	Décret nº 2016-1037 du 28 juillet 2016
	Article D. 643-11	Décret nº 2013-756 du 19 août 2013
	Article D. 643-12	Décret nº 2016-1037 du 28 juillet 2016
	Articles D. 643-13 et D. 643-13-1	Décret nº 2020-398 du 3 avril 2020
	Articles D. 643-14 et D. 643-15	Décret nº 2016-1037 du 28 juillet 2016
	Article D. 643-16	Décret nº 2013-756 du 19 août 2013
	Article D. 643-17	Décret nº 2016-1037 du 28 juillet 2016
	Articles D. 643-18 et D. 643-19	Décret nº 2013-756 du 19 août 2013
	Article D. 643-20	Décret nº 2016-1037 du 28 juillet 2016
	Article D. 643-21	Décret nº 2015-652 du 10 juin 2015
	Article D. 643-27	Décret nº 2020-1677 du 23 décembre 2020
	Articles D. 643-22 à D. 643-24	Décret nº 2013-756 du 19 août 2013
	Article D. 643-25	Décret nº 2016-1037 du 28 juillet 2016
	Articles D. 643-26 à D. 643-28	Décret nº 2013-756 du 19 août 2013
	Article D. 643-28-1	Décret nº 2015-121 du 4 février 2015
	Articles D. 643-29 à D. 643-31	Décret nº 2013-756 du 19 août 2013
	Article D. 643-31-1	Décret nº 2015-121 du 4 février 2015
	Article D. 643-32	Décret nº 2013-756 du 19 août 2013

DISPOSITIONS APPLICABLES		DANS LEUR RÉDACTION RÉSULTANT DU
	Articles D. 643-32-1 à D. 643-32-10	Décret n° 2020-652 du 28 mai 2020
	Articles D. 643-33 et D. 643-34	Décret n° 2013-756 du 19 août 2013
	Article D. 643-35	Décret n° 2018-172 du 9 mars 2018
	Article D. 643-35-1	Décret n° 2014-791 du 9 juillet 2014
	Articles D. 643-59 et D. 643-60	Décret n° 2013-756 du 19 août 2013
	Article D. 643-60-1	Décret n° 2014-825 du 21 juillet 2014
	Article D. 643-61	Décret n° 2013-756 du 19 août 2013
	Articles D. 643-62-1 et D. 643-62-2	Décret n° 2017-411 du 27 mars 2017
	Article D. 643-62-3	Décret n° 2020-1677 du 23 décembre 2020
	Articles D. 643-62-4 a D. 643-62-6	Décret n° 2017-411 du 27 mars 2017

Art. D. 684-3 Pour l'application des articles *(Décr. n° 2018-172 du 9 mars 2018, art. 7)* « D. 612-1-3, D. 612-1-4, *(Décr. n° 2018-369 du 18 mai 2018, art. 20)* « D. 612-1-8, D. 612-1-13, *(Décr. n° 2021-226 du 26 févr. 2021, art. 10)* « D. 612-1-14, » D. 612-1-20, D. 612-1-21, *(Décr. n° 2021-226 du 26 févr. 2021, art. 10)* « D. 612-1-23, » D. 612-1-24 » *(Décr. n° 2018-370 du 18 mai 2018, art. 3)* « , D. 612-1-25, D. 612-1-27, D. 612-1-28, D. 612-1-30 », » *(Décr. n° 2018-563 du 29 juin 2018, art. 4)* « D. 612-1-32, D. 612-1-33, » D. 612-24, D. 612-30, D. 612-31, D. 643-6, D. 643-7, D. 643-10, D. 643-15, D. 643-16, D. 643-22 *(Décr. n° 2017-410 du 27 mars 2017, art. 21)* « , D. 643-30, D. 643-31 » *(Décr. n° 2020-652 du 28 mai 2020, art. 4)* « , D. 643-32, D. 643-32-2 à D. 643-32-7 et D. 643-32-10 » en Nouvelle-Calédonie, les mots : *(Décr. n° 2019-1558 du 30 déc. 2019, art. 5)* « "recteur de région académique", "recteur de la région académique", "recteur de sa région académique" » et "recteur" » sont remplacés par les mots : *(Décr. n° 2017-410 du 27 mars 2017, art. 21)* « "vice-recteur" ».

Pour l'application des troisième et quatrième alinéas de l'article D. 612-24 et des articles D. 643-6, D. 643-28 *(Décr. n° 2020-652 du 28 mai 2020, art. 4)* « , D. 643-31, D. 643-32-1 et D. 643-32-2 », les mots : *(Décr. n° 2019-1558 du 30 déc. 2019, art. 5)* « "la région académique" », "des régions", "du comité technique académique et du conseil académique de l'éducation nationale", *(Décr. n° 2019-1558 du 30 déc. 2019, art. 5)* « "chaque région académique" » et "le cadre d'une académie ou d'un groupement d'académies" sont remplacés par les mots : "la collectivité" ou "de la collectivité".

(Décr. n° 2018-369 du 18 mai 2018, art. 20) « Pour l'application *(Décr. n° 2019-231 du 26 mars 2019, art. 22)* « du premier alinéa du II de l'article D. 612-1-3, du troisième alinéa de l'article D. 612-1-24, du second alinéa de l'article D. 612-1-30, du second alinéa de l'article D. 612-1-32 et du quatrième alinéa de l'article D. 612-24 », les mots : "directeur régional de l'agriculture, l'alimentation et la forêt" et "des directeurs régionaux de l'alimentation, de l'agriculture et de la forêt" sont remplacés par les mots : "du directeur de l'agriculture, de la forêt et de l'environnement" ».

(Décr. n° 2019-231 du 26 mars 2019, art. 22) « Pour l'application de l'article D. 612-1-21, les mots : "un représentant du président du conseil régional" sont supprimés. »

(Décr. n° 2019-1558 du 30 déc. 2019, art. 5) « Le dernier alinéa de l'article D. 612-1-21 n'est pas applicable. »

(Décr. n° 2020-652 du 28 mai 2020, art. 4) « Pour l'application du 5° de l'article D. 643-32-2, la phrase : "Celui-ci est désigné sur proposition du conseil académique de la vie lycéenne, parmi les élus de ce conseil" est remplacée par la phrase : "Celui-ci est désigné par le vice-recteur." »

Art. R. 684-4 La convention prévue à l'article L. 684-3 fixe notamment les règles de choix des lieux de stage agréés et des praticiens agréés-maîtres de stage des universités proposés aux internes ainsi que les modalités de leur affectation. – *[Décr. n° 2004-67 du 16 janv. 2004, art. 47, en ce qui concerne la Nouvelle-Calédonie.]*

Art. D. 684-5 Les articles D. 636-69 à D. 636-72 sont applicables en Nouvelle-Calédonie, sous réserve des adaptations suivantes :

1° La convention prévue à l'article D. 636-70 est conclue avec l'université située sur le territoire de la Nouvelle-Calédonie par les autorités compétentes de cette collectivité ;

2° Le grade de licence est conféré au nom de l'État par le ministre chargé de l'enseignement supérieur, qui peut déléguer sa signature au vice-recteur. – *[Décr. n° 2010-1123 du 23 sept. 2010, art. 5, en ce qui concerne la Nouvelle-Calédonie.]*

Art. D. 684-6 *(Décr. n° 2017-410 du 27 mars 2017, art. 22)* Pour l'application de l'article D. 643-3, la deuxième phrase du second alinéa est remplacée par les mots suivants : "Une unité correspond, soit à une formation sanctionnée par une certification enregistrée dans le répertoire national des certifications professionnelles prévu à l'article *(Décr. n° 2020-652 du 28 mai 2020, art. 4)* « L. 6113-1 du code du travail », soit à l'acquisition d'un bloc de compétences permettant d'obtenir une partie identifiée de certification professionnelle, classée au sein du même répertoire."

Art. R. 684-7 *(Décr. n° 2019-1125 du 4 nov. 2019, art. 3)* Pour l'application de l'article R. 631-1-6, les mots : "agence régionale de santé" sont remplacés par les mots : "autorité compétente en matière de santé".

Art. R. 684-8 *(Décr. n° 2021-629 du 19 mai 2021, art. 6)* Pour l'application du I de l'article R. 612-36-3, les mots : "recteur de la région académique dans laquelle il a obtenu son diplôme national de licence" sont remplacés par les mots : "vice-recteur de Nouvelle-Calédonie" et les mots : "recteur de région académique" et "recteur" sont remplacés par le mot : "vice-recteur".

LIVRE SEPTIÈME LES ÉTABLISSEMENTS D'ENSEIGNEMENT SUPÉRIEUR

(Décr. n° 2013-756 du 19 août 2013)

TITRE PREMIER LES ÉTABLISSEMENTS PUBLICS À CARACTÈRE SCIENTIFIQUE, CULTUREL ET PROFESSIONNEL

CHAPITRE PREMIER PRINCIPES RELATIFS À LA CRÉATION ET À L'AUTONOMIE DES ÉTABLISSEMENTS PUBLICS À CARACTÈRE SCIENTIFIQUE, CULTUREL ET PROFESSIONNEL

SECTION PREMIÈRE CLASSIFICATION DES ÉTABLISSEMENTS PUBLICS À CARACTÈRE SCIENTIFIQUE, CULTUREL ET PROFESSIONNEL

Art. D. 711-1 Le statut d'université fixé par les articles L. 712-1 à L. 712-10 s'applique aux établissements publics à caractère scientifique, culturel et professionnel suivants :

I. – Universités :

1° Aix-Marseille ;
2° Amiens ;
3° Angers ;
4° Antilles ;
5° Artois ;
6° Avignon ;
7° Besançon ;
(Décr. n° 2013-805 du 3 sept. 2013, art. 8) « 8° Bordeaux ; »
9° *Abrogé par Décr. n° 2013-805 du 3 sept. 2013, art. 8* ;
10° Bordeaux-III ;
11° *Abrogé par Décr. n° 2013-805 du 3 sept. 2013, art. 8* ;
12° Brest ;
13° Bretagne-Sud ;
14° Caen ;
15° *Abrogé par Décr. n° 2019-1095 du 28 oct. 2019, art. 14* ;
16° Chambéry ;
17° *Abrogé par Décr. n° 2020-1527 du 7 déc. 2020, art. 14* ;
18° *Abrogé par Décr. n° 2016-1217 du 13 sept. 2016, art. 12* ;
19° Corse ;
20° Dijon ;
21° Évry-Val d'Essonne ;
22° *Abrogé par Décr. n° 2019-1123 du 31 oct. 2019, art. 15* ;
23° et 24° *Abrogés par Décr. n° 2015-1132 du 11 sept. 2015, art. 11* ;
(Décr. n° 2014-851 du 30 juill. 2014, art. 12) « 24-1° La Guyane ; »
25° La Réunion ;
26° La Rochelle ;
27° Le Havre ;
28° Le Mans ;
29° *Abrogé par Décr. n° 2021-1206 du 20 sept. 2021, art. 14* ;
30° et 31° *Abrogés par Décr. n° 2017-1329 du 11 sept. 2017, art. 11* ;
32° Limoges ;
33° Littoral ;
34° Lyon-I ;
35° Lyon-II ;
36° Lyon-III ;
37° *Abrogé par Décr. n° 2019-1360 du 13 déc. 2019, art. 20* ;
38° *Abrogé par Décr. n° 2021-1207 du 20 sept. 2021, art. 11* ;
39° *Abrogé par Décr. n° 2014-1038 du 11 sept. 2014, art. 8* ;
40° Montpellier-III ;

41° Mulhouse ;
42° *Abrogé par Décr. n° 2021-1290 du 1er oct. 2021, art. 5.*
43° *Abrogé par Décr. n° 2019-785 du 25 juill. 2019, art. 12 ;*
44° Nîmes ;
45° Nouvelle-Calédonie ;
46° Orléans ;
47° Paris-I ;
48° Paris-II ;
49° Paris-III ;
(Décr. n° 2017-596 du 21 avr. 2017, art. 10)« 50° Université Sorbonne Université ; »
51° *Abrogé par Décr. n° 2019-209 du 20 mars 2019, art. 11 ;*
52° *Abrogé par Décr. n° 2017-596 du 21 avr. 2017, art. 10 ;*
53° *Abrogé par Décr. n° 2019-209 du 20 mars 2019, art. 11 ;*
54° Paris-VIII ;
55° Paris-X ;
56° *Abrogé par Décr. n° 2019-1131 du 5 nov. 2019, art. 15 ;*
57° Paris-XII ;
58° Paris-XIII ;
59° Pau ;
60° Perpignan ;
61° Poitiers ;
62° Polynésie française ;
63° Reims ;
64° Rennes-I ;
65° Rennes-II ;
66° Rouen ;
67° Saint-Étienne ;
68° Strasbourg ;
69° Toulon ;
70° Toulouse-I ;
71° Toulouse-II ;
72° Toulouse-III ;
73° Tours ;
74° *Abrogé par Décr. n° 2019-942 du 9 sept. 2019, art. 20 ;*
75° Versailles – Saint-Quentin-en-Yvelines.
II. — Instituts nationaux polytechniques :
1° Toulouse.

Art. D. 711-2 Le statut d'institut et d'école extérieurs aux universités fixé par les articles L. 715-1, L. 715-2 et L. 715-3 s'applique aux établissements publics à caractère scientifique, culturel et professionnel suivants :

1° *(Décr. n° 2019-1075 du 21 oct. 2019, art. 4)* « Centrale Lille Institut » ;
2° École centrale de Lyon ;
3° École centrale de Marseille ;
4° École centrale de Nantes ;
(Décr. n° 2015-1760 du 24 déc. 2015, art. 11) « 4-1° *(Décr. n° 2020-1527 du 7 déc. 2020, art. 14)* « Institut national polytechnique Clermont Auvergne » ; »
5° École nationale des travaux publics de l'État ;
(Décr. n° 2021-441 du 13 avr. 2021, art. 8) « 6° École nationale supérieure de chimie de Montpellier ; »
(Décr. n° 2015-1286 du 14 oct. 2015, art. 8) « 6-1° École nationale supérieure de chimie de Paris ; »
(Décr. n° 2016-1782 du 19 déc. 2016, art. 8) « 6-2° École nationale supérieure de mécanique et d'aérotechnique de Poitiers ; »
(Décr. n° 2017-135 du 6 févr. 2017, art. 9) « 6-3° École nationale supérieure d'ingénieurs de Caen ; »
(Décr. n° 2018-285 du 18 avr. 2018, art. 10) « 6-4° École nationale supérieure de mécanique et des microtechniques » ;
7° École nationale supérieure des arts et industries textiles ;

8° Institut national des sciences appliquées de Lyon ;
9° Institut national des sciences appliquées de Rennes ;
10° Institut national des sciences appliquées de Toulouse ;
11° Institut national des sciences appliquées de Rouen ;
12° Institut national des sciences appliquées de Strasbourg ;
(Décr. n° 2015-652 du 10 juin 2015, art. 10) « 12-1° Institut national des sciences appliquées Centre Val de Loire ; »
(Décr. n° 2019-942 du 9 sept. 2019, art. 20) « 12-2° Institut national des sciences appliquées Hauts-de-France, dans les conditions prévues par le décret n° 2019-942 du 9 septembre 2019 ; »
(Décr. n° 2015-1496 du 18 nov. 2015, art. 11 ; Décr. n° 2019-942 du 9 sept. 2019, art. 20) « 12-3° Institut national universitaire Jean-François Champollion ; »
13° Institut supérieur de mécanique de Paris ;
14° Université de technologie de Compiègne ;
15° Université de technologie de Belfort-Montbéliard ;
16° Université de technologie de Troyes.

Art. D. 711-3 Le statut de grand établissement fixé par l'article L. 717-1 s'applique aux établissements publics à caractère scientifique, culturel et professionnel suivants :
(Décr. n° 2019-1459 du 26 déc. 2019, art. 33) « 1° Institut national d'enseignement supérieur pour l'agriculture, l'alimentation et l'environnement ; »
2° Collège de France ;
3° Conservatoire national des arts et métiers ;
4° *(Décr. n° 2014-1679 du 30 déc. 2014, art. 36)* « CentraleSupélec » ;
(Décr. n° 2018-1158 du 14 déc. 2018, art. 5) « 4-1° École de l'air et de l'espace ; »
5° École des hautes études en santé publique ;
6° École des hautes études en sciences sociales ;
(Décr. n° 2018-249 du 5 avr. 2018, art. 33) « 6-1° École nationale de l'aviation civile ; »
7° École nationale des chartes ;
8° École nationale des ponts et chaussées ;
9° École nationale supérieure d'arts et métiers ;
10° École nationale supérieure des sciences de l'information et des bibliothèques ;
11° École nationale supérieure maritime ;
12° École nationale vétérinaire, agroalimentaire et de l'alimentation, Nantes-Atlantique ;
(Décr. n° 2016-1427 du 21 oct. 2016, art. 6) « 12-1° École navale ;
« 12-2° École polytechnique ; »
13° École pratique des hautes études ;
14° Groupe des écoles nationales d'économie et statistique ;
15° Institut d'enseignement supérieur et de recherche en alimentation, santé animale, sciences agronomiques et de l'environnement ;
16° Institut de physique du Globe de Paris ;
17° Institut *(Décr. n° 2020-1748 du 28 déc. 2020, art. 23)* « national » des sciences et industries du vivant et de l'environnement ;
18° Institut d'études politiques de Paris ;
19° Institut Mines-Télécom ;
20° Institut national des langues et civilisations orientales ;
21° Institut national d'histoire de l'art ;
22° Institut national du sport, de l'expertise et de la performance ;
23° Institut national supérieur des sciences agronomiques, de l'alimentation et de l'environnement ;
24° Institut polytechnique de Bordeaux ;
25° Institut polytechnique de Grenoble ;
26° Institut supérieur de l'aéronautique et de l'espace ;
27° *Abrogé par Décr. n° 2019-1459 du 26 déc. 2019, art. 33 ;*
28° Muséum national d'histoire naturelle ;
29° Observatoire de Paris ;
30° Université de Lorraine ;

(Décr. nº 2015-530 du 13 mai 2015, art. 24) « 31° Université Paris-Dauphine ».

Art. D. 711-4 Le statut d'école française à l'étranger fixé par l'article L. 718-1 s'applique aux établissements publics à caractère scientifique, culturel et professionnel suivants :

1° Casa de Velázquez de Madrid ;
2° École française d'Athènes ;
3° École française d'Extrême-Orient ;
4° École française de Rome ;
5° Institut français d'archéologie orientale du Caire. – *[Décr. nº 2000-250 du 15 mars 2000, art. 4.]*

Art. D. 711-5 Le statut d'école normale supérieure fixé par l'article L. 716-1 s'applique aux établissements publics à caractère scientifique, culturel et professionnel suivants :

1° École normale supérieure ;
2° École normale supérieure *(Décr. nº 2019-77 du 5 févr. 2019, art. 2)* « Paris-Saclay » ;
3° École normale supérieure de Lyon ;
(Décr. nº 2013-924 du 17 oct. 2013, art. 29) « 4° École normale supérieure de Rennes. »

Art. D. 711-6 *(Décr. nº 2016-8 du 6 janv. 2016, art. 8)* Le statut de communauté d'universités et établissements prévu par les articles L. 718-7 à L. 718-15 du code de l'éducation s'applique aux établissements suivants :

1° *Abrogé par Décr. nº 2020-239 du 12 mars 2020, art. 5 ;*
1-1° *Abrogé par Décr. nº 2019-1598 du 31 déc. 2019, art. 5 ;*
2° *Abrogé par Décr. nº 2019-1477 du 26 déc. 2019, art. 5 ;*
3° *Abrogé par Décr. nº 2019-1123 du 31 oct. 2019, art. 15 ;*
4° HESAM université ;
5° *Abrogé par Décr. nº 2018-111 du 15 févr. 2018, art. 5 ;*
6° *Abrogé par Décr. nº 2019-1599 du 31 déc. 2019, art. 6 ;*
7° Normandie Université ;
8° *Abrogé par Décr. nº 2017-1710 du 18 déc. 2017, art. 2 ;*
9° Université de Bourgogne Franche-Comté ;
10° *Abrogé par Décr. nº 2019-1597 du 31 déc. 2019, art. 5 ;*
11° *Abrogé par Décr. nº 2017-1830 du 27 déc. 2017, art. 5 ;*
12° Université confédérale Léonard de Vinci ;
13° *Abrogé par Décr. nº 2019-785 du 25 juill. 2019, art. 12 ;*
14° Université fédérale de Toulouse Midi-Pyrénées ;
15° Université de Lyon ;
16° *Abrogé par Décr. nº 2020-1506 du 1er déc. 2020, art. 5 ;*
17° Université Paris Lumières ;
18° *Abrogé par Décr. nº 2019-1131 du 5 nov. 2019, art. 15 ;*
19° *Abrogé par Décr. nº 2019-1095 du 28 oct. 2019, art. 14 ;*
20° *Abrogé par Décr. nº 2019-1130 du 5 nov. 2019, art. 21 ;*
21° *Abrogé par Décr. nº 2019-1476 du 26 déc. 2019, art. 5.*

Art. D. 711-6-1 *(Décr. nº 2019-209 du 20 mars 2019, art. 11)* Le statut d'établissement public à caractère scientifique, culturel et professionnel expérimental prévu à l'article 1er de l'ordonnance nº 2018-1131 du 12 décembre 2018 relative à l'expérimentation de nouvelles formes de rapprochement, de regroupement ou de fusion des établissements d'enseignement supérieur et de recherche s'applique aux établissements dont les statuts ont été approuvés par les décrets suivants :

1° Université de Paris : décret nº 2019-209 du 20 mars 2019 ;
(Décr. nº 2019-549 du 31 mai 2019, art. 8) « 2° L'Institut polytechnique de Paris : décret nº 2019-549 du 31 mai 2019 ; »
(Décr. nº 2019-785 du 25 juill. 2019, art. 12) « 3° Université Côte d'Azur : décret nº 2019-785 du 25 juillet 2019 ; »
(Décr. nº 2019-942 du 9 sept. 2019, art. 20) « 4° L'Université Polytechnique Hauts-de-France : décret nº 2019-942 du 9 septembre 2019 ; »

(*Décr. nº 2019-1095 du 28 oct. 2019, art. 14*) **« 5º CY Cergy Paris Université : décret nº 2019-1095 du 28 octobre 2019 ; »**

(*Décr. nº 2019-1131 du 5 nov. 2019, art. 15*) **« 6º Université Paris-Saclay : décret nº 2019-1131 du 5 novembre 2019 ; »**

(*Décr. nº 2019-1123 du 31 oct. 2019, art. 15*) **« 7º Université Grenoble Alpes : décret nº 2019-1123 du 31 octobre 2019 » ;**

(*Décr. nº 2019-1130 du 5 nov. 2019, art. 21*) **« 8º Université Paris sciences et lettres (PSL) : décret nº 2019-1130 du 5 novembre 2019 » ;**

(*Décr. nº 2019-1360 du 13 déc. 2019, art. 20*) **« 9º Université Gustave Eiffel : décret nº 2019-1360 du 13 décembre 2019 » ;**

(*Décr. nº 2020-1527 du 7 déc. 2020, art. 14*) **« 10º Université Clermont Auvergne : décret nº 2020-1527 du 7 décembre 2020 » ;**

(*Décr. nº 2021-1206 du 20 sept. 2021, art. 14*) **« 11º Université de Lille : décret nº 2021-1206 du 20 septembre 2021 ; »**

(*Décr. nº 2021-1207 du 20 sept. 2021, art. 11*) **« 12º Université de Montpellier : décret nº 2021-1207 du 20 septembre 2021 ; »**

(*Décr. nº 2021-1290 du 1er oct. 2021, art. 11*) **« 13º Nantes Université : décret nº 2021-1290 du 1er octobre 2021. »**

Art. D. 711-6-2 (*Décr. nº 2020-1506 du 1er déc. 2020, art. 5*) **Le statut d'établissement public à caractère scientifique, culturel et professionnel constitué sous la forme d'une communauté d'universités et établissements expérimentale prévue à l'article 16 de l'ordonnance nº 2018-1131 du 12 décembre 2018 relative à l'expérimentation de nouvelles formes de rapprochement, de regroupement ou de fusion des établissements d'enseignement supérieur et de recherche, s'applique aux établissements dont les statuts ont été approuvés par les décrets suivants :**

1º Université Paris-Est : décret nº 2020-1506 du 1er décembre 2020 ;

(*Décr. nº 2020-1811 du 30 déc. 2020, art. 5*) **« 2º COMUE Angers-Le Mans : décret nº 2020-1811 du 30 décembre 2020 ».**

SECTION II RESPONSABILITÉS ET COMPÉTENCES ÉLARGIES DE CERTAINS ÉTABLISSEMENTS PUBLICS ADMINISTRATIFS EXERÇANT DES MISSIONS D'ENSEIGNEMENT SUPÉRIEUR ET DE RECHERCHE

Art. R. 711-7 Les établissements publics administratifs exerçant des missions d'enseignement supérieur et de recherche, notamment les établissements publics de coopération scientifique, peuvent, par délibération de leur conseil d'administration adoptée dans les conditions prévues à l'article L. 711-7, demander à bénéficier des responsabilités et des compétences élargies en matière budgétaire et de gestion des ressources humaines mentionnées aux articles L. 712-9, L. 712-10 et L. 954-1 à L. 954-3 dans les conditions fixées par le présent article.

Ces établissements doivent remplir les deux conditions suivantes :

1º Dispenser des formations conduisant à la délivrance d'un diplôme conférant le grade de master ou de doctorat ou délivrer l'un de ces diplômes ;

2º Disposer d'une école doctorale ou d'au moins une unité de recherche reconnue par l'État ou être associés à l'une de celles-ci.

Sans préjudice des dispositions particulières régissant la tutelle sur les actes de l'établissement en cause, la délibération du conseil d'administration est approuvée par arrêté du ministre chargé de l'enseignement supérieur, du ministre chargé du budget et du ou des ministres de tutelle de l'établissement.

L'arrêté est pris après un audit destiné à s'assurer de la capacité de l'établissement à assumer les nouvelles responsabilités et compétences qui lui sont conférées. – [*Décr. nº 2008-606 du 26 juin 2008, art. 1er.*]

Art. R. 711-8 Seuls peuvent créer une fondation partenariale, dans les conditions définies à l'article L. 719-13, les établissements publics administratifs disposant, conformément aux dispositions de l'article R. 711-7, des responsabilités et compétences élargies en matière budgétaire et de gestion des ressources humaines. – [*Décr. nº 2008-606 du 26 juin 2008, art. 2.*]

Art. R. 711-9 Le transfert des biens mobiliers et immobiliers prévu à l'article L. 719-14 peut bénéficier aux établissements publics administratifs disposant, conformément aux dispositions de l'article R. 711-7, des responsabilités et compétences élargies en matière budgétaire et de gestion des ressources humaines.

Il est opéré conjointement par le ou les ministres de tutelle de l'établissement, le ministre chargé des domaines et, le cas échéant, le ministre affectataire du bien transféré. – *[Décr. nº 2008-606 du 26 juin 2008, art. 3.]*

SECTION III PRISES DE PARTICIPATIONS ET CRÉATIONS DE FILIALES DES ÉTABLISSEMENTS PUBLICS À CARACTÈRE SCIENTIFIQUE, CULTUREL ET PROFESSIONNEL

Art. R. 711-10 Les établissements publics à caractère scientifique, culturel et professionnel peuvent, en application de l'article L. 711-1, créer des filiales et prendre des participations dans des sociétés ou groupements de droit privé.

Lorsqu'un établissement détient plus de la moitié des actions ou des parts sociales de la personne morale mentionnée à l'alinéa précédent, celle-ci est dénommée filiale de cet établissement. – *[Décr. nº 2000-1264 du 26 déc. 2000, art. 1er ; Décr. nº 2008-618 du 27 juin 2008, art. 57.]*

Art. R. 711-11 La délibération du conseil d'administration autorisant la création de la filiale ou la prise de participations est soumise à l'approbation du recteur *(Décr. nº 2019-1554 du 30 déc. 2019, art. 1er)* « de région académique », chancelier des universités, et du directeur régional des finances publiques ou, pour les établissements qui lui sont directement rattachés, du ministre chargé de l'enseignement supérieur et du contrôleur budgétaire et comptable ministériel.

Art. R. 711-12 La délibération du conseil d'administration de l'établissement et ses annexes, dont la liste et le contenu sont déterminés conjointement par le ministre chargé de l'enseignement supérieur et le ministre chargé du budget, sont transmises au recteur *(Décr. nº 2019-1554 du 30 déc. 2019, art. 1er)* « de région académique », chancelier des universités, et au directeur régional des finances publiques ou, pour les établissements qui lui sont directement rattachés, au ministre chargé de l'enseignement supérieur et au contrôleur budgétaire et comptable ministériel. Les destinataires en accusent réception.

A l'expiration d'un délai de deux mois à compter de la date de la réception de la délibération, celle-ci est réputée approuvée, sauf si le recteur *(Décr. nº 2019-1554 du 30 déc. 2019, art. 1er)* « de région académique », chancelier des universités, ou le directeur régional des finances publiques ou, pour les établissements qui lui sont directement rattachés, le ministre chargé de l'enseignement supérieur ou le contrôleur budgétaire et comptable ministériel fait connaître, pendant ce délai, son opposition.

Lorsqu'un destinataire demande, par écrit, des informations ou documents complémentaires, il dispose d'un délai d'un mois à compter de la date de réception de ces informations ou documents pour faire connaître, le cas échéant, son opposition.

Art. R. 711-13 Après approbation de la délibération mentionnée à l'article R. 711-12, une convention est conclue entre l'établissement et la personne morale mentionnée à l'article R. 711-10. Elle est approuvée par le conseil d'administration de l'établissement.

Cette convention précise notamment :

1º Les apports de toute nature effectués par l'établissement ;

2º La mise à disposition, la délégation ou le détachement éventuels de personnels de l'établissement ;

3º Le cas échéant, les locaux mis par l'établissement à la disposition de la personne morale mentionnée à l'article R. 711-10. – *[Décr. nº 2000-1264 du 26 déc. 2000, art. 4 ; Décr. nº 2008-618 du 27 juin 2008, art. 60.]*

Art. R. 711-14 Dans la limite des ressources disponibles dégagées par les activités définies au huitième alinéa de l'article L. 711-1 et par dérogation à l'article R. 719-94 pour les établissements bénéficiant des responsabilités et compétences élargies, ou à l'article R. 719-154 pour les établissements ne bénéficiant pas des responsabilités et compétences élargies, l'établissement peut, sous réserve d'avoir obtenu l'autorisation du ministre chargé du budget, ouvrir un compte courant d'associé auprès de sa filiale ou de la personne morale dans laquelle il détient une participation. Le conseil d'administration de l'établissement délibère sur toutes les décisions relatives à ce compte courant d'associé. – *[Décr. n° 2000-1264 du 26 déc. 2000, art. 5 ; Décr. n° 2008-618 du 27 juin 2008, art. 61.]*

Art. R. 711-15 Le conseil d'administration de l'établissement désigne une ou plusieurs personnes physiques pour représenter l'établissement au sein des organes dirigeants de chacune des personnes morales mentionnées à l'article R. 711-10.

Ce ou ces représentants adressent chaque année à l'établissement un rapport sur l'activité et la gestion de cette personne morale, qui précise notamment les conditions dans lesquelles sont exécutées les obligations prévues par la convention mentionnée à l'article R. 711-13 et auquel est annexé, s'il y a lieu, le rapport du commissaire aux comptes. Ce rapport fait l'objet d'une délibération du conseil d'administration de l'établissement. Le recteur *(Décr. n° 2019-1554 du 30 déc. 2019, art. 1er)* « de région académique », chancelier des universités, et le directeur régional des finances publiques ou, pour les établissements qui lui sont directement rattachés, le ministre chargé de l'enseignement supérieur et le contrôleur budgétaire et comptable ministériel peuvent se faire communiquer ce rapport.

Le ou les représentants de l'établissement informent le conseil d'administration de celui-ci de toutes les modifications affectant la situation juridique ou financière de la personne morale.

Art. R. 711-16 Aucune prise de participation ou création de filiale ne peut avoir lieu si le budget de l'établissement public à caractère scientifique, culturel et professionnel est soumis à approbation, en application des articles R. 719-69 et R. 719-71 pour les établissements bénéficiant des responsabilités et compétences élargies, ou en application des articles R. 719-135 et R. 719-137 pour les établissements ne bénéficiant pas des responsabilités et compétences élargies, ou si le compte de résultat se trouve dans une situation de déficit mentionnée à l'article R. 719-109 pour les établissements bénéficiant des responsabilités et compétences élargies, ou à l'article R. 719-155 pour les établissements ne bénéficiant pas des responsabilités et compétences élargies. – *[Décr. n° 2000-1264 du 26 déc. 2000, art. 7 ; Décr. n° 2008-618 du 27 juin 2008, art. 63.]*

CHAPITRE II LES UNIVERSITÉS

SECTION PREMIÈRE GOUVERNANCE

SOUS-SECTION 1 SÉCURITÉ DES BIENS ET DES PERSONNES

Art. R. 712-1 Le président d'université est responsable de l'ordre et de la sécurité dans les enceintes et locaux affectés à titre principal à l'établissement dont il a la charge. Sa responsabilité s'étend aux locaux mis à la disposition des usagers en application de l'article L. 811-1 et à ceux qui sont mis à la disposition des personnels, conformément à l'article 3 du décret n° 82-447 du 28 mai 1982 relatif à l'exercice du droit syndical dans la fonction publique. Elle s'exerce à l'égard de tous les services et organismes publics ou privés installés dans les enceintes et locaux précités. – *[Décr. n° 85-827 du 31 juill. 1985, art. 1er, al. 1er.]*

Art. R. 712-2 Les dispositions de la présente sous-section ne font pas obstacle à l'application de l'article R. 6142-17 du code de la santé publique. – *[Décr. n° 85-827 du 31 juill. 1985, art. 1er, al. 2.]*

Art. R. 712-3 La délimitation des enceintes et locaux affectés à titre principal à un établissement fait l'objet d'un arrêté du recteur, chancelier des universités. Lorsque plusieurs universités ont leur siège à l'intérieur d'une même enceinte ou utilisent en commun des locaux, cet arrêté détermine le partage des responsabilités entre les présidents. Il peut déterminer celui d'entre eux qui a la charge du maintien de l'ordre. – *[Décr. n° 85-827 du 31 juill. 1985, art. 2.]*

Art. R. 712-4 L'autorité responsable désignée à l'article R. 712-1 peut déléguer les pouvoirs qui lui sont attribués pour le maintien de l'ordre dans des enceintes et locaux, distincts ou non du siège de l'établissement, soit à un vice-président non étudiant, soit à un directeur d'unité de formation et de recherche, d'école ou d'institut internes, soit au responsable d'un service de l'établissement ou d'un organisme public installé dans ces enceintes et locaux.

L'arrêté de délégation désigne la personne qui exerce les pouvoirs du bénéficiaire de la délégation en cas d'absence ou d'empêchement de celui-ci.

Lorsque les statuts de l'établissement n'organisent pas la suppléance de l'autorité responsable, celle-ci est tenue de prendre, dès son entrée en fonctions, une décision déléguant les pouvoirs qui lui sont attribués pour le maintien de l'ordre au cas où elle serait absente ou empêchée.

Les pouvoirs attribués au président pour le maintien de l'ordre ne peuvent être exercés que par un suppléant ou un délégataire de nationalité française. – *[Décr. nº 85-827 du 31 juill. 1985, art. 3.]*

Art. R. 712-5 S'il n'y est pourvu par le règlement intérieur de l'établissement, l'autorité responsable désignée à l'article R. 712-1 détermine les locaux dans le périmètre desquels les directeurs d'unité de formation et de recherche, d'école ou d'institut internes sont chargés d'exécuter les mesures arrêtées en application des articles R. 712-2 à R. 712-8.

Le règlement intérieur ou, à défaut, l'autorité responsable désignée à l'article R. 712-1 fixe les règles relatives à l'accès dans les enceintes et locaux de l'établissement et dresse la liste des locaux mis à la disposition des usagers ou des personnels dans les conditions prévues à l'article R. 712-1. Les conditions d'utilisation de ces locaux, les conditions d'affichage et de distribution de documents dans l'établissement ainsi que les conditions d'organisation de réunions sont fixées par l'autorité responsable de l'ordre, après consultation du *(Décr. nº 2015-652 du 10 juin 2015, art. 10-2º)* « conseil académique », et dans le respect des libertés garanties par les articles L. 811-1 et L. 952-2, et par le décret nº 82-447 du 28 mai 1982 relatif à l'exercice du droit syndical dans la fonction publique.

Les règlements intérieurs et les décisions prises en application des alinéas précédents et de l'article R. 712-4 font l'objet d'une publicité dans l'établissement.

Art. R. 712-6 L'autorité responsable désignée à l'article R. 712-1 est compétente pour prendre toute mesure utile pour assurer le maintien de l'ordre et peut en cas de nécessité faire appel à la force publique.

Elle peut recourir à des personnels chargés d'assurer le respect des règlements et de constater les éventuels manquements à la discipline universitaire. Ces personnels prêtent devant l'autorité prévue à l'article R. 712-1 le serment d'exercer fidèlement leurs fonctions. – *[Décr. nº 85-827 du 31 juill. 1985, art. 5.]*

Art. R. 712-7 L'autorité prévue à l'article R. 712-1 est compétente pour intenter, de sa propre initiative ou à la demande d'un directeur d'unité de formation et de recherche ou d'institut ou école internes, une action disciplinaire contre les membres du personnel ou les usagers qui auraient contrevenu aux dispositions législatives et réglementaires, aux règlements intérieurs ou aux décisions prises en application des articles R. 712-2 à R. 712-8, ou qui se seraient livrés à des actions ou des provocations contraires à l'ordre public. – *[Décr. nº 85-827 du 31 juill. 1985, art. 6.]*

Art. R. 712-8 En cas de désordre ou de menace de désordre dans les enceintes et locaux définis à l'article R. 712-1, l'autorité responsable désignée à cet article en informe immédiatement le recteur chancelier.

Dans les cas mentionnés au premier alinéa :

1º La même autorité peut interdire à toute personne et, notamment, à des membres du personnel et à des usagers de l'établissement ou des autres services ou organismes qui y sont installés l'accès de ces enceintes et locaux.

Cette interdiction ne peut être décidée pour une durée supérieure à trente jours. Toutefois, au cas où des poursuites disciplinaires ou judiciaires seraient engagées, elle peut être prolongée jusqu'à la décision définitive de la juridiction saisie ;

2º Elle peut suspendre des enseignements, quelle que soit la forme dans laquelle ils sont dispensés. Cette suspension ne peut être prononcée pour une durée excédant trente jours.

Le recteur chancelier, le *(Décr. n° 2015-652 du 10 juin 2015, art. 10-2°)* « conseil académique » et le conseil d'administration ainsi que les responsables des organismes ou services installés dans les locaux sont informés des décisions prises en application du présent article.

SOUS-SECTION 2 DISCIPLINE DES ENSEIGNANTS-CHERCHEURS ET DES PERSONNELS EXERÇANT DES FONCTIONS D'ENSEIGNEMENT *(Décr. n° 2020-785 du 26 juin 2020, art. 2).*

Art. R. 712-9 Le pouvoir disciplinaire prévu à l'article *(Décr. n° 2015-79 du 28 janv. 2015, art. 6)* « L. 712-6-2 » est exercé en premier ressort par le conseil *(Décr. n° 2015-79 du 28 janv. 2015, art. 6)* « académique » de l'université, constitué en *(Décr. n° 2020-785 du 26 juin 2020, art. 2)* « section disciplinaire » dans les conditions et selon la procédure prévues aux articles R. 712-10 à R. 712-46, sous réserve des dispositions prévues à l'article R. 232-31.

Art. R. 712-10 *(Décr. n° 2020-785 du 26 juin 2020, art. 2)* Relèvent du régime disciplinaire prévu aux articles R. 712-9 à R. 712-46 les enseignants-chercheurs et les personnels exerçant des fonctions d'enseignement dans l'université, à l'exception des membres du personnel médical et scientifique des centres hospitaliers et universitaires, soumis aux dispositions des articles L. 952-21 et L. 952-22.

Étudiant en master MEEF placé sous contrôle judiciaire. Une université avait sollicité l'avis de la DAJ sur les suites susceptibles d'être réservées au placement sous contrôle judiciaire d'un étudiant inscrit dans l'établissement en vue de la préparation d'un master des métiers de l'enseignement, de l'éducation et de la formation (MEEF). Cet étudiant avait été mis en examen pour détention d'images à caractère pédopornographique, sur le fondement des dispositions de l'art. 227-23 C. pén., et placé sous contrôle judiciaire notifié par le ministère public à l'université. En raison de la nature des faits à l'origine des poursuites pénales et du diplôme préparé par l'étudiant, l'établissement souhaitait notamment savoir s'il pouvait lui interdire l'accès à ses locaux en application des dispositions du 1° de l'art. R. 712-8 et engager une procédure disciplinaire à son encontre. La DAJ précise que si l'existence de poursuites judiciaires offre la possibilité d'interdire, jusqu'à l'achèvement de la procédure, l'accès aux locaux à un tel étudiant, la décision doit toutefois être fondée sur le constat, exigé par le 1° de l'art. R. 712-8, que sa présence dans les locaux de l'établissement est à l'origine d'un désordre ou constitue une menace de désordre. La DAJ poursuit en précisant que les poursuites disciplinaires ne peuvent toutefois être valablement engagées que s'il est établi que les faits reprochés à l'étudiant sont, ainsi que l'exigent les dispositions du *b)* du 2° de l'art. R. 712-10, de nature à porter atteinte à l'ordre ou au bon fonctionnement de l'université. A cet égard, l'atteinte portée à l'image de l'établissement par le comportement d'un usager se destinant à une carrière dans l'enseignement et qui se trouve mis en examen pour détention d'images à caractère pédopornographique entre dans le champ d'application de ces dispositions.* Note DAJ B1 16 févr. 2017, n° 2017-22 : *LIJ 2017, n° 198, p. 20.*

§ 1er COMPÉTENCE ET COMPOSITION DE LA JURIDICTION DISCIPLINAIRE

Art. R. 712-11 *(Décr. n° 2015-79 du 28 janv. 2015, art. 7)* « Les enseignants-chercheurs et enseignants » relèvent de la section disciplinaire de l'établissement où les faits donnant lieu à des poursuites ont été commis. *(Décr. n° 2015-79 du 28 janv. 2015, art. 7)* « Si l'établissement concerné est distinct de l'établissement dans lequel l'enseignant-chercheur ou l'enseignant exerce ses fonctions, ce dernier établissement est tenu informé de la procédure.

« Dans les cas où les faits donnant lieu à des poursuites ont été commis dans les enceintes et locaux d'une communauté d'universités et d'établissements, la section disciplinaire compétente est celle de l'établissement public d'enseignement supérieur, membre de la communauté, désigné à cet effet par le conseil d'administration de la communauté. Le président ou le directeur de l'établissement ainsi désigné est compétent pour engager les poursuites dans les conditions prévues à l'article R. 712-29. »

Dans les cas où les faits donnant lieu à des poursuites n'ont pas été commis dans un établissement public d'enseignement supérieur, la section disciplinaire compétente est celle de l'établissement dans lequel l'enseignant-chercheur ou l'enseignant est affecté ou, à défaut, où il exerce principalement ses fonctions.

Art. R. 712-12 *Abrogé par Décr. n° 2020-785 du 26 juin 2020, art. 2.*

Art. R. 712-13 La section disciplinaire du conseil *(Décr. n° 2015-79 du 28 janv. 2015, art. 8)* « académique » compétente à l'égard des enseignants-chercheurs et des enseignants comprend :

1° *(Décr. n° 2015-79 du 28 janv. 2015, art. 8)* « Quatre » professeurs des universités ou personnels assimilés en application de l'article 5 du décret n° 87-31 du 20 janvier 1987 relatif au Conseil national des universités pour les disciplines médicales, ondotologiques et pharmaceutiques ou de l'article 6 du décret n° 92-70 du 16 janvier 1992 relatif au Conseil national des universités *[V. cet art. ss. art. L. 952-1]*, dont au moins un membre du corps des professeurs des universités ;

2° *(Décr. n° 2015-79 du 28 janv. 2015, art. 8)* « Quatre » maîtres de conférences ou personnels assimilés titulaires, en application de l'article 5 du décret n° 87-31 du 20 janvier 1987 relatif au Conseil national des universités pour les disciplines médicales, ondotologiques et pharmaceutiques ou de l'article 6 du décret n° 92-70 du 16 janvier 1992 relatif au Conseil national des universités ;

3° *(Décr. n° 2015-79 du 28 janv. 2015, art. 8)* « Deux » représentants des personnels titulaires, exerçant des fonctions d'enseignement, appartenant à un autre corps de fonctionnaires.

Art. R. 712-14 *Abrogé par Décr. n° 2020-785 du 26 juin 2020, art. 2.*

§ 2 MODALITÉS DE DÉSIGNATION DES MEMBRES

Art. R. 712-15 *(Décr. n° 2015-79 du 28 janv. 2015, art. 10)* Les membres *(Décr. n° 2020-785 du 26 juin 2020, art. 2)* « de la section disciplinaire mentionnée à l'article R. 712-13 » sont élus au sein de la commission de la recherche et de la commission de la formation et de la vie universitaire du conseil académique par et parmi les représentants élus relevant du collège auquel ils appartiennent.

Chacun des collèges prévus *(Décr. n° 2020-785 du 26 juin 2020, art. 2)* « à l'article R. 712-13 » est composé à parité d'hommes et de femmes. A cet effet, la moitié des sièges au sein de chaque collège est à pourvoir par des femmes, l'autre moitié par des hommes.

L'élection des membres de chaque sexe au sein de chaque collège a lieu au scrutin plurinominal majoritaire à deux tours ou, lorsqu'un seul siège est à pourvoir, au scrutin uninominal majoritaire à deux tours. Le vote est secret.

L'élection de chacun des membres est acquise à la majorité absolue des suffrages exprimés au premier tour, à la majorité relative au second tour. En cas d'égalité des voix, le membre le plus âgé est désigné.

Art. R. 712-16 *(Décr. n° 2020-785 du 26 juin 2020, art. 2)* « Le président de la section disciplinaire est un professeur des universités élu en leur sein par l'ensemble des membres de la section au scrutin majoritaire à deux tours. » Le scrutin est secret.

Dans le cas où les membres de la section disciplinaire appelés à élire le président ne sont pas tous présents, il ne peut être procédé à cette élection que si la moitié au moins des enseignants-chercheurs membres de la section disciplinaire participent à l'élection.

L'élection est acquise à la majorité absolue des suffrages exprimés au premier tour, à la majorité relative au second tour. En cas d'égalité des voix, le membre le plus âgé est désigné.

Lorsqu'une section disciplinaire ne comprend qu'un seul professeur des universités, celui-ci la préside sans qu'il y ait lieu à élection.

En cas d'empêchement provisoire du président de *(Décr. n° 2020-785 du 26 juin 2020, art. 2)* « la » section disciplinaire, celui-ci est remplacé par un suppléant élu en même temps que lui et dans les mêmes conditions.

Art. R. 712-17 *(Décr. n° 2015-79 du 28 janv. 2015, art. 11)* Le président de l'université ne peut être membre *(Décr. n° 2020-785 du 26 juin 2020, art. 2)* « de la » section disciplinaire.

Art. R. 712-18 *(Décr. n° 2015-79 du 28 janv. 2015, art. 12)* Quand les membres élus du conseil académique appartenant à un ou plusieurs des collèges définis aux 1° à 3°

de l'article R. 712-13 sont en nombre inférieur ou égal au nombre de sièges à pourvoir pour chaque sexe, ils sont d'office membres de la section disciplinaire. L'ordre dans lequel ils sont appelés à siéger dans les formations de jugement est déterminé par tirage au sort effectué au moment de leur désignation, respectivement pour les femmes et pour les hommes.

Lorsque, après application des dispositions de l'alinéa précédent, l'effectif de la section disciplinaire est incomplet pour un sexe et un collège, les membres élus du conseil académique appartenant au collège électoral correspondant complètent l'effectif de la section disciplinaire en élisant au scrutin majoritaire à deux tours les membres appelés à compléter la section parmi les personnels de ce sexe relevant du même collège et exerçant dans l'établissement.

Lorsque, pour un sexe et un collège, il n'existe au sein du conseil académique aucun membre élu, les représentants élus du conseil académique appartenant aux collèges de rang supérieur le plus proche élisent au scrutin majoritaire à deux tours les membres appelés à compléter la section disciplinaire parmi les personnels de ce sexe exerçant dans l'établissement et relevant du collège incomplet ou, à défaut, de leur propre collège.

Lorsque, pour un sexe et un collège, un établissement ne peut pas compléter sa section disciplinaire en application des dispositions précédentes, les membres élus du conseil académique appartenant au collège incomplet ou, à défaut, ceux du collège de rang supérieur le plus proche élisent au scrutin majoritaire à deux tours les membres appelés à compléter la section disciplinaire parmi les personnes de ce sexe élues au conseil académique d'autres établissements publics d'enseignement supérieur et appartenant au collège incomplet.

Art. R. 712-19 *Abrogé par Décr. n° 2020-785 du 26 juin 2020, art. 2.*

Art. R. 712-20 *(Décr. n° 2015-79 du 28 janv. 2015, art. 14)* « Les représentants élus des enseignants-chercheurs et enseignants au conseil académique procèdent également à l'élection, selon leurs collèges électoraux respectifs ou à défaut par les membres du collège de rang supérieur le plus proche, au scrutin uninominal majoritaire à deux tours d'un représentant de chaque sexe de chacun des corps ou catégories de personnels d'enseignement de même niveau présents au sein de l'établissement, qui ne sont pas représentés à la section disciplinaire, parmi les représentants élus de ces personnels au conseil académique, ou, à défaut, parmi les personnels en fonctions dans l'établissement, ou, à défaut, dans un autre établissement public d'enseignement supérieur. »

Les personnes ainsi désignées ne siègent que dans les cas prévus aux deuxièmes alinéas des articles R. 712-23, R. 712-24 et R. 712-25.

Art. R. 712-21 *(Décr. n° 2015-79 du 28 janv. 2015, art. 15) (Décr. n° 2020-785 du 26 juin 2020, art. 2)* « Les membres élus au conseil académique sont élus membres de la section disciplinaire pour la durée de leur mandat. Le mandat des personnes désignées en dehors du conseil académique prend fin à la date d'expiration des mandats des représentants des personnels enseignants au conseil académique. » Ces membres et ces personnes demeurent en fonctions jusqu'à la désignation de leurs successeurs. Leur mandat est renouvelable.

Les personnels enseignants membres *(Décr. n° 2020-785 du 26 juin 2020, art. 2)* « de la section disciplinaire » qui perdent la qualité au titre de laquelle ils ont été élus ou qui cessent de faire partie de la section disciplinaire pour quelque cause que ce soit sont remplacés, par une personne du même sexe, pour la durée du mandat restant à courir, dans les conditions prévues pour leur désignation.

Il en va de même des personnes désignées en application de l'article R. 712-20 qui sont remplacées, par une personne du même sexe, pour la durée du mandat restant à courir, dans les conditions fixées pour leur désignation.

§ 3 FORMATIONS DE JUGEMENT

Art. R. 712-22 *(Décr. n° 2015-79 du 28 janv. 2015, art. 16)* « A l'exception du cas prévu au premier alinéa de l'article R. 712-18, les membres d'une formation de jugement sont appelés à siéger dans un ordre déterminé par le nombre de voix recueillies

aux élections à la section disciplinaire. En cas d'égalité des voix, le membre le plus âgé est désigné. Les membres désignés en application du deuxième alinéa de l'article R. 712-21 sont appelés à siéger après ceux qui ont été désignés en application de l'article R. 712-18. »

Toutefois, lorsque, dans les formations de jugement compétentes à l'égard des personnels mentionnés *(Décr. n° 2020-785 du 26 juin 2020, art. 2)* **« à » l'article R. 712-10, il n'existe pas de membre appartenant au même corps ou à la même catégorie que la personne déférée, le dernier membre élu de ce collège, appelé à siéger selon l'ordre de désignation défini à l'alinéa précédent, est remplacé par un membre appartenant à ce corps ou à cette catégorie, selon l'ordre de désignation précité.**

Art. R. 712-23 **La formation de la section disciplinaire appelée à connaître des poursuites engagées contre un professeur des universités ou un membre d'un personnel assimilé ou un enseignant associé de même niveau est composée de** *(Décr. n° 2015-79 du 28 janv. 2015, art. 17)* **« quatre » membres, à savoir le président et les** *(Décr. n° 2015-79 du 28 janv. 2015, art. 17)* **« trois » autres membres mentionnés au 1° de l'article R. 712-13.**

(Décr. n° 2015-79 du 28 janv. 2015, art. 17) **« Un représentant » du corps ou de la catégorie,** *(Décr. n° 2015-79 du 28 janv. 2015, art. 17)* **« tiré au sort pour chaque instance parmi les membres élus » en application de l'article R. 712-20, siège à la place de l'un des membres mentionnés au 1° de l'article R. 712-13 lorsque la section disciplinaire connaît des poursuites engagées contre une personne relevant de ce corps ou de cette catégorie.**

Art. R. 712-24 **La formation de la section disciplinaire appelée à connaître des poursuites engagées contre un maître de conférences, un membre d'un personnel assimilé ou un enseignant associé de même niveau est composée de** *(Décr. n° 2015-79 du 28 janv. 2015, art. 18)* **« quatre » membres, à savoir le président,** *(Décr. n° 2015-79 du 28 janv. 2015, art. 18)* **« un autre membre mentionné » au 1° de l'article R. 712-13 et** *(Décr. n° 2015-79 du 28 janv. 2015, art. 18)* **« deux » membres désignés au 2° de l'article R. 712-13.**

(Décr. n° 2015-79 du 28 janv. 2015, art. 18) **« Un représentant » du corps ou de la catégorie,** *(Décr. n° 2015-79 du 28 janv. 2015, art. 18)* **« tiré au sort pour chaque instance parmi les membres élus » en application de l'article R. 712-20, siège à la place de l'un des membres mentionnés au 2° de l'article R. 712-13 lorsque la section disciplinaire connaît des poursuites engagées contre une personne relevant de ce corps ou de cette catégorie.**

Art. R. 712-25 *(Décr. n° 2015-79 du 28 janv. 2015, art. 19)* **« La formation de la section disciplinaire appelée à connaître des poursuites engagées contre un autre enseignant est composée de quatre membres, à savoir le président, un membre mentionné au 2° de l'article R. 712-13 et deux membres mentionnés au 3° de l'article R. 712-13. »**

(Décr. n° 2015-79 du 28 janv. 2015, art. 19) **« Un représentant » du corps ou de la catégorie,** *(Décr. n° 2015-79 du 28 janv. 2015, art. 19)* **« tiré au sort pour chaque instance parmi les membres élus » en application de l'article R. 712-20, siège à la place de l'un des membres mentionnés au 3° de l'article R. 712-13 lorsque la section disciplinaire connaît des poursuites engagées contre une personne relevant de ce corps ou de cette catégorie.**

Art. R. 712-25-1 *Abrogé par Décr. n° 2020-785 du 26 juin 2020, art. 2.*

Art. R. 712-26 **Nul ne peut siéger dans la formation s'il existe une raison** *(Décr. n° 2015-79 du 28 janv. 2015, art. 21)* **« objective » de mettre en doute son impartialité.**

Les personnels membres de la section disciplinaire qui sont déférés devant la formation compétente ou qui sont auteurs des plaintes ou témoins des faits ayant donné lieu aux poursuites ne peuvent siéger dans les formations *(Décr. n° 2015-79 du 28 janv. 2015, art. 21)* **« prévues aux articles R. 712-23 à** *(Décr. n° 2020-785 du 26 juin 2020, art. 2)* **« R. 712-25 ».**

Art. R. 712-26-1 *(Décr. n° 2015-79du 28 janv. 2015, art. 22)* **Le membre de la section disciplinaire qui suppose en sa personne une cause de récusation ou estime en**

conscience devoir s'abstenir se fait remplacer dans les conditions prévues à l'article R. 712-27.

La personne qui veut récuser un membre de la section disciplinaire doit, à peine d'irrecevabilité, le faire dès qu'elle a connaissance de la cause de la récusation. En aucun cas, la demande de récusation ne peut être formée après la fin de l'audience.

La demande de récusation est adressée par lettre recommandée, avec demande d'avis de réception, au président de la section disciplinaire ou remise au secrétariat de la juridiction. Dans ce dernier cas, il est délivré récépissé de la demande. La demande doit, à peine d'irrecevabilité, indiquer avec précision les motifs de la récusation et être accompagnée de tous les éléments utiles permettant de la justifier.

Le secrétariat communique au membre de la section copie de la demande de récusation dont il est l'objet. Dès qu'il a communication de la demande, le membre récusé doit s'abstenir jusqu'à ce qu'il ait été statué sur la demande de récusation. En cas d'urgence, il est procédé à son remplacement, dans les conditions prévues à l'article R. 712-27. Dans les huit jours de cette communication, le membre récusé fait connaître par écrit soit son acquiescement à la récusation, soit les motifs pour lesquels il s'y oppose.

Les actes accomplis par le membre récusé avant qu'il ait eu connaissance de la demande de récusation ne peuvent être remis en cause.

Si le membre récusé acquiesce à la demande de récusation, il est aussitôt remplacé dans les conditions prévues à l'article R. 712-27. Dans le cas contraire, la section disciplinaire se prononce, par une décision non motivée, sur la demande de récusation. Elle statue sans la participation de celui de ses membres dont la récusation est demandée. La décision rendue ne peut être contestée par la voie de l'appel devant le Conseil national de l'enseignement supérieur et de la recherche statuant en matière disciplinaire, dans les conditions prévues à l'article R. 712-43, qu'avec le jugement rendu ultérieurement par la section disciplinaire.

Art. R. 712-27 Tout membre d'une section disciplinaire empêché d'exercer ses fonctions par application de l'article précédent est provisoirement remplacé par le membre du même collège qui a obtenu le plus grand nombre de voix lors de son élection à la section disciplinaire. En cas d'égalité des voix, le membre le plus âgé est désigné.

Art. R. 712-27-1 *(Décr. nº 2015-79 du 28 janv. 2015, art. 23)* S'il existe une raison objective de mettre en doute l'impartialité de la section disciplinaire initialement saisie dans son ensemble, l'examen des poursuites peut être attribué à la section disciplinaire d'un autre établissement.

La demande de renvoi à une autre section disciplinaire peut être formée par la personne poursuivie, par le président de l'université, par le recteur *(Décr. nº 2019-1554 du 30 déc. 2019, art. 1er)* « de région académique » ou par le médiateur académique dans le délai de quinze jours à compter de la date de réception par ceux-ci du document mentionné au premier alinéa de l'article R. 712-31. Elle est adressée par lettre recommandée, avec demande d'avis de réception, au Conseil national de l'enseignement supérieur et de la recherche statuant en matière disciplinaire. Elle doit, à peine d'irrecevabilité, indiquer avec précision les motifs du renvoi et être accompagnée de tous les éléments utiles permettant de le justifier.

Le Conseil national de l'enseignement supérieur et de la recherche statuant en matière disciplinaire se prononce dans les conditions prévues à l'article R. 232-31-1.

Art. R. 712-28 La section disciplinaire est assistée d'un secrétaire mis à sa disposition par le président de l'université. — *[Décr. nº 92-657 du 13 juill. 1992, art. 21.]*

§ 4 PROCÉDURE

SOUS-§ 1er RÈGLES RELATIVES À LA SAISINE

Art. R. 712-29 Les poursuites sont engagées devant la section disciplinaire compétente :

1º Par le président de l'université dans les cas prévus à l'article R. 712-11.

En cas de défaillance, le recteur *(Décr. nº 2019-1554 du 30 déc. 2019, art. 1er)* « de région académique », chancelier des universités, engage la procédure, à l'expiration d'un délai d'un mois à compter de la notification d'une demande expresse à l'autorité compétente à cette fin ;

(Décr. nº 2020-785 du 26 juin 2020, art. 2) « 2° » Par le ministre chargé de l'enseignement supérieur lorsque les poursuites sont engagées à l'encontre du président de l'université.

Art. R. 712-30 La section disciplinaire est saisie par une lettre adressée à son président. Ce document mentionne le nom, l'adresse et la qualité des personnes faisant l'objet des poursuites ainsi que les faits qui leur sont reprochés. Il est accompagné de toutes pièces justificatives. – *[Décr. nº 92-657 du 13 juill. 1992, art. 24.]*

SOUS-§ 2 RÈGLES RELATIVES À L'INSTRUCTION ET AU JUGEMENT

Art. R. 712-31 Dès réception du document mentionné à l'article R. 712-30 et des pièces jointes, le président de la section disciplinaire en transmet copie par lettre recommandée, avec demande d'avis de réception, à chacune des personnes poursuivies *(Décr. nº 2015-79 du 28 janv. 2015, art. 24)* « ainsi qu'au président ou au directeur de l'établissement, au recteur *(Décr. nº 2019-1554 du 30 déc. 2019, art. 1er)* « de région académique » et au médiateur » *(Décr. nº 2015-652 du 10 juin 2015, art. 10)* « académique ».

Le président fait savoir aux intéressés qu'ils peuvent se faire assister d'un conseil de leur choix et qu'ils peuvent prendre connaissance du dossier pendant le déroulement de l'instruction.

Art. R. 712-32 Le président de la section disciplinaire désigne, pour chaque affaire, une commission d'instruction composée de deux membres mentionnés aux 1° et 2° de l'article R. 712-13, dont l'un est désigné en tant que rapporteur.

Si les poursuites concernent un professeur des universités ou un enseignant de même niveau, la commission d'instruction comprend exclusivement deux membres mentionnés au 1° de l'article R. 712-13.

(Décr. nº 2015-79 du 28 janv. 2015, art. 25) « Le président de la section disciplinaire ne peut être membre de la commission d'instruction. »

Art. R. 712-33 La commission d'instruction instruit l'affaire par tous les moyens qu'elle juge propres à l'éclairer. Elle doit convoquer l'intéressé, qui peut se faire accompagner de son défenseur, afin d'entendre ses observations. Le président fixe un délai pour le dépôt du rapport d'instruction, qui ne doit comporter que l'exposé des faits ainsi que les observations présentées par l'autorité qui a engagé la poursuite et celles présentées par la personne déférée. Ce rapport est transmis au président dans un délai qu'il a préalablement fixé et qui ne peut être supérieur à deux mois. Toutefois, le président peut ordonner un supplément d'instruction s'il estime que l'affaire n'est pas en état d'être jugée. Le rapport et les pièces des dossiers sont tenus à la disposition de la personne déférée et de l'autorité qui a engagé les poursuites, de leur conseil et des membres de la formation appelée à juger dans le délai fixé au troisième alinéa de l'article R. 712-35.

Dans le cas où la juridiction est saisie de nouveaux éléments, le président ordonne la réouverture de l'instruction qui se déroule selon les formes prescrites au premier alinéa du présent article.

Art. R. 712-34 Le président de la section disciplinaire fixe la date de la séance de jugement et convoque la formation compétente. – *[Décr. nº 92-657 du 13 juill. 1992, art. 28.]*

Art. R. 712-35 Le président de la section disciplinaire convoque chacune des personnes déférées devant la formation de jugement, par lettre recommandée avec demande d'avis de réception, quinze jours au moins avant la date de la séance.

La convocation mentionne le droit pour les intéressés de présenter leur défense oralement, par écrit et par le conseil de leur choix.

Elle indique les conditions de lieu et d'heure dans lesquelles les intéressés peuvent prendre ou faire prendre par leur conseil connaissance du rapport d'instruction et des pièces du dossier dix jours francs avant la date de comparution devant la formation de jugement.

En l'absence de la personne déférée, la formation de jugement apprécie, le cas échéant, les motifs invoqués pour expliquer cette absence et, si elle les juge injustifiés, continue à siéger. En cas d'absence non justifiée, la procédure est réputée contradictoire. – *[Décr. n° 92-657 du 13 juill. 1992, art. 29.]*

Art. R. 712-36 L'instruction et les séances des formations de jugement ne sont pas publiques.

(Décr. n° 2015-79 du 28 janv. 2015, art. 26) « Les formations ne peuvent valablement délibérer que si la moitié au moins des membres appelés à siéger sont présents, leur nombre ne pouvant être inférieur à trois. »

Art. R. 712-37 Au jour fixé pour la séance de jugement, le rapporteur ou, en cas d'absence de celui-ci, un membre de la formation de jugement désigné par le président parmi les enseignants-chercheurs donne lecture du rapport. L'intéressé et, s'il en fait la demande, son conseil sont ensuite entendus dans leurs observations.

Si le président estime nécessaire d'entendre des témoins, cette audition a lieu contradictoirement en présence de l'intéressé et, éventuellement, de son conseil.

Peuvent également être entendues, à leur demande et dans les conditions fixées à l'alinéa précédent, les personnes qui ont engagé les poursuites en application de l'article R. 712-29, ou leur représentant.

La personne déférée a la parole en dernier.

Après que l'intéressé et son conseil se sont retirés, le président met l'affaire en délibéré. Seules les personnes composant la formation de jugement et le secrétaire ont accès à la salle des délibérations. Nul ne peut délibérer s'il n'a assisté à la totalité de la séance. – *[Décr. n° 92-657 du 13 juill. 1992, art. 31.]*

Art. R. 712-38 Les membres de la section disciplinaire et le secrétaire sont tenus de respecter le secret sur l'ensemble des opérations d'instruction et de jugement, et notamment sur les opinions exprimées lors des délibérations. – *[Décr. n° 92-657 du 13 juill. 1992, art. 32.]*

Art. R. 712-39 Il est tenu procès-verbal des séances de jugement. Le procès-verbal ne doit pas faire mention des opinions exprimées pendant les délibérations. – *[Décr. n° 92-657 du 13 juill. 1992, art. 33.]*

Art. R. 712-40 Si plusieurs sanctions sont proposées au cours des délibérations, la plus forte est mise aux voix la première.

Toutes les décisions sont prises au scrutin secret à la majorité des présents.

Si aucune sanction ne recueille la majorité des voix, la poursuite est considérée comme rejetée.

Art. R. 712-41 La décision doit être motivée et la sanction ne prend effet qu'à compter du jour de sa notification. Elle est signée par le président de la séance et par le secrétaire.

La décision est affichée à l'intérieur de l'établissement. La section disciplinaire peut décider que cet affichage ne comprendra pas l'identité et, le cas échéant, la date de naissance de la personne sanctionnée.

Elle est notifiée par le président de la section disciplinaire à la personne contre laquelle les poursuites ont été intentées, au président de l'université et au recteur *(Décr. n° 2019-1554 du 30 déc. 2019, art. 1er)* « de région académique ». *(Décr. n° 2015-79 du 28 janv. 2015, art. 27)* « En cas de poursuites engagées à l'encontre du président de l'université, la décision est également notifiée au ministre chargé de l'enseignement supérieur. »

La notification doit mentionner les voies de recours et les délais selon lesquels la décision peut être contestée.

La notification à l'intéressé a lieu par lettre recommandée avec demande d'avis de réception.

Art. R. 712-42 Les sanctions disciplinaires prononcées à l'égard de personnels enseignants sont inscrites au dossier des intéressés. Le blâme et le rappel à l'ordre sont effacés automatiquement du dossier au bout de trois ans si aucune autre sanction n'est intervenue pendant cette période.

SOUS-§ 3 VOIES DE RECOURS

Art. R. 712-43 L'appel et l'appel incident peuvent être formés devant le Conseil national de l'enseignement supérieur et de la recherche, statuant en matière disciplinaire contre les décisions des sections disciplinaires des universités, par les personnes à l'encontre desquelles ces décisions ont été rendues *(Décr. n° 2015-79 du 28 janv. 2015, art. 28)* « par le président de l'université, par le recteur *(Décr. n° 2019-1554 du 30 déc. 2019, art. 1er)* « de région académique » ou par le ministre chargé de l'enseignement supérieur lorsque les poursuites concernent le président de l'université ».

L'appel est formé dans le délai de deux mois à compter de la notification de la décision.

Art. R. 712-44 L'appel est adressé au président de la section disciplinaire. Celui-ci en informe par écrit les personnes mentionnées au troisième alinéa de l'article R. 712-41 et transmet immédiatement l'ensemble du dossier au secrétariat du Conseil national de l'enseignement supérieur et de la recherche. – *[Décr. n° 92-657 du 13 juill. 1992, art. 38.]*

Art. R. 712-45 L'appel est suspensif sauf si la section disciplinaire a décidé que sa décision serait immédiatement exécutoire nonobstant appel. – *[Décr. n° 92-657 du 13 juill. 1992, art. 39.]*

§ 5 SECTION DISCIPLINAIRE COMMUNE À PLUSIEURS ÉTABLISSEMENTS

Art. R. 712-46 *(Décr. n° 2015-79 du 28 janv. 2015, art. 29)* Il peut être institué, par arrêté du ministre chargé de l'enseignement supérieur, une section disciplinaire commune à plusieurs établissements conformément aux dispositions de l'article L. 712-6-2. Les membres de cette section sont considérés, pour l'application des articles R. 712-9 à R. 712-45, comme appartenant à un même établissement. Toutefois, chacun des présidents ou directeurs des établissements concernés exerce le pouvoir prévu à l'article R. 712-29 et peut faire appel des décisions prononcées à l'égard des personnels relevant de son établissement. Ces établissements sont considérés comme établissements distincts pour l'application des sanctions.

SECTION II RESPONSABILITÉS ET COMPÉTENCES ÉLARGIES

La présente section ne comprend pas de dispositions prises par décret.

CHAPITRE III LES COMPOSANTES DES UNIVERSITÉS

SECTION PREMIÈRE LES UNITÉS DE FORMATION ET DE RECHERCHE

La présente section ne comprend pas de dispositions prises par décret.

SECTION II DISPOSITIONS PROPRES AUX UNITÉS DE FORMATION ET DE RECHERCHE DE MÉDECINE, PHARMACIE ET ODONTOLOGIE

La présente section ne comprend pas de dispositions prises par décret.

SECTION III LES INSTITUTS ET LES ÉCOLES

SOUS-SECTION 1 LES INSTITUTS UNIVERSITAIRES DE TECHNOLOGIE

Art. D. 713-1 Les instituts universitaires de technologie constituent des instituts au sens de l'article L. 713-1, organisés dans les conditions définies à l'article L. 713-9.

Le directeur est élu à la majorité absolue des membres composant le conseil.

La répartition des sièges réservés aux enseignants au sein du conseil est fixée par les statuts de l'institut dans le respect des règles suivantes.

Les trois catégories de personnels ayant vocation à enseigner dans les instituts universitaires de technologie qui doivent être représentées sont les enseignants-chercheurs et assimilés au sens de l'article 5 du décret n° 87-31 du 20 janvier 1987 relatif au Conseil national des universités pour les disciplines médicales, odontologiques et pharmaceutiques, ou de l'article 6 du décret n° 92-70 du 16 janvier 1992 relatif au Conseil national des universités *[V. cet art. ss. art. L. 952-1]*, les autres enseignants et les chargés d'enseignement. Le nombre de sièges réservés aux enseignants-chercheurs doit être au moins égal au tiers du total des sièges attribués aux personnels enseignants. Le nombre de sièges réservés aux chargés d'enseignement doit être au plus égal à ce tiers.

L'élection des représentants enseignants s'effectue par collèges distincts, le premier regroupant les professeurs des universités, le deuxième les autres enseignants-chercheurs et assimilés au sens de l'article 5 du décret n° 87-31 du 20 janvier 1987 relatif au Conseil national des universités pour les disciplines médicales, odontologiques et pharmaceutiques, ou de l'article 6 du décret n° 92-70 du 16 janvier 1992 relatif au Conseil national des universités, le troisième les autres enseignants et le quatrième les chargés d'enseignement.

Art. D. 713-2 Les personnalités extérieures du conseil sont choisies conformément aux dispositions de l'article L. 719-3 et dans le respect des règles ci-après.

Les statuts de l'institut, adoptés à la majorité des deux tiers des membres en exercice, élus et nommés, du conseil fixent le nombre et la répartition des sièges réservés aux personnalités extérieures ainsi que la durée, qui ne peut être supérieure à quatre ans, du mandat de ces personnalités. Le conseil doit comprendre au moins un représentant des collectivités territoriales. Lorsque les statuts prévoient la représentation d'organisations syndicales, les représentants des organisations syndicales d'employeurs et de salariés doivent être en nombre égal.

La liste des collectivités, institutions et organismes, publics ou privés, appelés à être représentés au conseil de l'institut est fixée par délibération prise à la majorité des deux tiers des membres en exercice, élus et nommés, du conseil. Elle peut être modifiée, avant chaque renouvellement, dans les mêmes formes.

Les collectivités, institutions et organismes retenus désignent nommément la ou les personnes qui les représentent ainsi que les suppléants appelés à les remplacer en cas d'empêchement. Les représentants titulaires des collectivités territoriales doivent être membres de leurs organes délibérants.

Les personnalités extérieures siégeant à titre personnel sont désignées à la majorité absolue des membres en exercice, élus et nommés, du conseil.

Les personnalités extérieures, qu'elles soient désignées par des institutions, collectivités ou organismes ou cooptées à titre personnel par le conseil, sont choisies en raison de leur compétence et, notamment, de leur rôle dans les activités correspondant aux spécialités enseignées à l'institut. — *[Décr. n° 84-1004 du 12 nov. 1984, art. 5 bis.]*

Art. D. 713-3 Les instituts universitaires de technologie regroupent des départements correspondant aux spécialités enseignées dans chacun d'entre eux. L'organisation de ces départements est fixée par les statuts de l'institut universitaire de technologie.

Chaque département est dirigé, sous l'autorité du directeur de l'institut, par un chef de département choisi dans l'une des catégories de personnels ayant vocation à enseigner dans les instituts universitaires de technologie.

Le chef de département est assisté d'un conseil dont la composition est fixée statutairement.

La nomination du chef de département est prononcée par le directeur de l'institut après avis favorable du conseil.

La délibération du conseil de l'institut est précédée, dans des conditions prévues statutairement, d'une consultation du conseil de département.

La nomination est prononcée pour une durée de trois ans, immédiatement renouvelable une fois. — *[Décr. n° 84-1004 du 12 nov. 1984, art. 6.]*

Art. D. 713-4 Lorsqu'il est consulté sur les recrutements, le conseil siège en formation restreinte aux enseignants, éventuellement complétée, selon des règles fixées statutairement, par d'autres enseignants de l'institut relevant des diverses spécialités enseignées dans l'établissement ou, en cas de nécessité, par des enseignants d'autres établissements. Le président du conseil assiste alors aux délibérations avec voix consultative. — *[Décr. n° 84-1004 du 12 nov. 1984, art. 7.]*

SOUS-SECTION 2 LES INSTITUTS DE PRÉPARATION À L'ADMINISTRATION GÉNÉRALE

Art. D. 713-5 Les instituts de préparation à l'administration générale constituent des instituts au sens de l'article L. 713-1, organisés dans les conditions prévues à l'article L. 713-9.

Parmi les personnalités extérieures siégeant aux conseils des instituts figurent le directeur général de l'administration et de la fonction publique, le préfet de la région ainsi qu'un directeur d'institut régional d'administration nommé par le ministre chargé de la fonction publique, ou leurs représentants, et des représentants des collectivités territoriales. – *[Décr. n° 85-368 du 22 mars 1985, art. 4.]*

Art. D. 713-6 La répartition des sièges réservés au personnel enseignant au sein du conseil est fixée par les statuts dans le respect de l'article L. 719-2 et des règles suivantes :

Sont électeurs et éligibles les personnels ayant vocation à enseigner dans les instituts de préparation à l'administration générale, enseignants-chercheurs et intervenants extérieurs non universitaires dès lors qu'ils effectuent un enseignement effectif d'au moins vingt-cinq heures annuelles.

Pour l'élection des membres du conseil, les électeurs sont répartis en trois collèges électoraux distincts :

1° Collège des professeurs et personnels assimilés ;

2° Collège des autres enseignants-chercheurs et assimilés ;

3° Collège des intervenants extérieurs non universitaires. – *[Décr. n° 85-368 du 22 mars 1985, art. 4 bis.]*

Art. D. 713-7 Pour la mise en œuvre des actions correspondant aux missions confiées aux instituts de préparation à l'administration générale, des crédits et des emplois peuvent leur être affectés directement. Ces moyens font l'objet de conventions conclues par le ministre chargé de l'enseignement supérieur et le ministre chargé de la fonction publique avec l'université.

Les administrations et les établissements publics de l'État, les collectivités territoriales et leurs établissements publics peuvent en outre passer des conventions avec les universités en vue de réaliser des actions de formation particulière au bénéfice de leurs personnels. – *[Décr. n° 85-368 du 22 mars 1985, art. 5.]*

Art. D. 713-8 Chaque institut transmet au ministre chargé de l'enseignement supérieur et au ministre chargé de la fonction publique, au plus tard le 1er octobre de chaque année, un rapport sur ses activités. – *[Décr. n° 85-368 du 22 mars 1985, art. 6.]*

SOUS-SECTION 3 LES OBSERVATOIRES DES SCIENCES DE L'UNIVERS

Art. D. 713-9 Les observatoires des sciences de l'Univers constituent des écoles, au sens de l'article L. 713-1, organisées dans les conditions définies par l'article L. 713-9.

Parmi les personnalités extérieures siégeant aux conseils des observatoires des sciences de l'Univers figurent le directeur de l'Institut national des sciences de l'Univers ou son représentant et un représentant de la région dans laquelle est situé l'observatoire. – *[Décr. n° 85-657 du 27 juin 1985, art. 3.]*

Art. D. 713-10 Les observatoires des sciences de l'Univers assurent des missions spécifiques et des missions communes.

1° Les missions spécifiques sont :

a) Dans le domaine de l'astronomie, de contribuer au progrès de la connaissance de l'Univers par l'acquisition de données d'observation, le développement et l'exploitation de moyens appropriés, l'élaboration des outils théoriques nécessaires, dans la continuité requise pour satisfaire aux besoins de l'astronomie et de ses applications ;

b) Dans le domaine de la géophysique, de contribuer au progrès de la connaissance de la Terre dans les mêmes conditions que ci-dessus, ainsi qu'aux tâches de surveillance et de prévision des phénomènes naturels liés à la physique du globe ;

c) Dans le domaine de l'océanographie, de contribuer dans les mêmes conditions que ci-dessus au progrès des connaissances ainsi qu'aux programmes de recherche en vue de l'exploitation et de la protection du milieu océanique, dans une perspective pluridisciplinaire.

2° Les missions communes sont :

a) De fournir à la communauté nationale et internationale des services liés à leurs activités de recherche ;

b) De contribuer, dans le cadre de l'établissement public à caractère scientifique, culturel et professionnel dont ils font partie, à la formation initiale et continue des étudiants ainsi qu'à la formation de l'ensemble des personnels de recherche ;

c) De concourir à la diffusion des connaissances, en particulier auprès des personnels enseignants et des usagers du service public de l'enseignement ;

d) De mettre en œuvre des activités de coopération internationale. – *[Décr. n° 85-657 du 27 juin 1985, art. 2.]*

Art. D. 713-11 Pour la mise en œuvre des actions correspondant aux missions qui sont confiées aux observatoires des sciences de l'Univers et dans le cadre des responsabilités de l'Institut national des sciences de l'Univers, des crédits et des emplois attribués à l'université leur sont affectés directement. – *[Décr. n° 85-657 du 27 juin 1985, art. 4.]*

SOUS-SECTION 4 LES INSTITUTS DU TRAVAIL

Art. D. 713-12 Les instituts du travail constituent des instituts au sens de l'article L. 713-1, organisés dans les conditions définies à l'article L. 713-9. Ils assurent une mission de formation et de recherche en sciences sociales du travail. Dans ce cadre, ils contribuent à la formation des membres des organisations syndicales, des organismes du secteur de l'économie sociale et des associations. – *[Décr. n° 89-266 du 25 avr. 1989, art. 2.]*

Art. D. 713-13 Les instituts du travail sont dirigés par un directeur élu à la majorité des membres composant le conseil.

En qualité d'ordonnateur secondaire de droit, le directeur d'institut passe, au nom de l'établissement et pour le compte de son unité, tout contrat ou convention dont l'exécution est prévue dans le budget de l'institut. Il peut, par délégation du président de l'université, signer les contrats et conventions n'entrant pas dans ce cadre. – *[Décr. n° 89-266 du 25 avr. 1989, art. 3.]*

Art. D. 713-14 Les personnalités extérieures siégeant au sein des conseils des instituts du travail comprennent des représentants d'organismes intéressés au développement des activités de ces instituts, notamment des responsables des services d'éducation ouvrière des organisations syndicales, et des personnalités désignées à titre personnel.

Les statuts des instituts fixent le nombre et la répartition des sièges attribués aux personnalités extérieures, la liste des organismes appelés à désigner leurs représentants ainsi que les modalités de désignation et la durée du mandat des personnalités siégeant à titre personnel. – *[Décr. n° 89-266 du 25 avr. 1989, art. 4.]*

Art. D. 713-15 L'élection des représentants enseignants aux conseils des instituts s'effectue par collèges distincts dans les conditions ci-après :

1° Collège des professeurs et assimilés au sens de l'article 5 du décret n° 87-31 du 20 janvier 1987 relatif au Conseil national des universités pour les disciplines de santé et de l'article 6 du décret n° 92-70 du 16 janvier 1992 relatif au Conseil national des universités, et des enseignants associés ou invités de même niveau régis par le décret n° 91-267 du 6 mars 1991 relatif aux enseignants associés ou invités dans certains établissements d'enseignement supérieur relevant du ministre chargé de l'enseignement supérieur ;

2° Collège des autres enseignants-chercheurs, assimilés et enseignants ;

3° Collège des chargés d'enseignement.

Les représentants des deux premiers collèges forment la moitié au moins du nombre total des sièges attribués aux personnels enseignants par les statuts.

Pour chacun des collèges, sont électeurs et éligibles les personnels assurant au moins seize heures annuelles d'enseignement dans l'institut.

Art. D. 713-16 Lorsqu'il est consulté sur les recrutements, le conseil de l'institut siège en formation restreinte aux enseignants, éventuellement complétée, selon les règles fixées statutairement, par des personnels de l'établissement enseignant ou non à l'institut ou, en cas de nécessité, par des enseignants d'autres établissements.

Les personnels enseignants ne relevant pas du décret n° 84-431 du 6 juin 1984 fixant les dispositions statutaires communes applicables aux enseignants-chercheurs et portant statut particulier du corps des professeurs des universités et du corps des maîtres de conférences sont nommés, conformément à la réglementation en vigueur, après consultation d'une commission désignée par le conseil de l'institut et composée d'enseignants et de personnalités extérieures. – *[Décr. n° 89-266 du 25 avr. 1989, art. 6.]*

SOUS-SECTION 5 LES INSTITUTS UNIVERSITAIRES PROFESSIONNALISÉS

Art. D. 713-17 Les instituts universitaires professionnalisés constituent des instituts au sens de l'article L. 713-1, organisés dans les conditions définies à l'article L. 713-9. Ils assurent une formation à caractère technologique et professionnel au sein des établissements publics à caractère scientifique, culturel et professionnel.

Les établissements habilités à délivrer les diplômes correspondant à ces formations fixent les statuts des instituts universitaires professionnalisés dans les conditions prévues aux articles L. 711-1 à L. 711-9. – *[Décr. n° 94-1204 du 29 déc. 1994, art. 1er.]*

Art. D. 713-18 Le directeur de l'institut universitaire professionnalisé est désigné dans les conditions prévues aux articles L. 712-2 et suivants. Lorsque l'institut n'est pas une composante de l'établissement, le directeur est nommé par le chef d'établissement parmi les professeurs des universités ou les maîtres de conférences.

Le directeur de l'institut universitaire professionnalisé est assisté d'un conseil de perfectionnement chargé notamment du suivi des formations. Ce conseil est composé, à parité, d'enseignants-chercheurs ou d'enseignants, d'une part, de personnalités qualifiées en raison de leur activité professionnelle, d'autre part. Le chef d'établissement désigne le président de ce conseil parmi les personnalités qualifiées. – *[Décr. n° 94-1204 du 29 déc. 1994, art. 4.]*

SOUS-SECTION 6 LES ÉCOLES ET INSTITUTS INTERNES DE FORMATION D'INGÉNIEURS

La présente sous-section ne comprend pas de dispositions prises par décret.

SOUS-SECTION 7 LES ÉCOLES POLYTECHNIQUES UNIVERSITAIRES

Art. D. 713-19 Les écoles polytechniques universitaires ont pour missions :

1° La formation initiale d'ingénieurs, y compris en alternance ou par apprentissage ;
2° La formation continue ;
3° La formation à la recherche ;
4° Le développement de la recherche et de l'innovation technologique ;
5° La valorisation des résultats obtenus au plan national et international ;
6° L'aide au développement durable, économique et industriel.

Ces écoles contribuent à la politique internationale de leur université et au développement des sciences et technologies de l'information et de la communication, y compris appliquées à la formation. – *[Décr. n° 2002-468 du 4 avr. 2002, art. 2 ; Décr. n° 2003-1031 du 23 oct. 2003, art. 2 ; Décr. n° 99-1225 du 21 déc. 1999, art. 2 ; Décr. n° 2005-219 du 2 mars 2005, art. 2 ; Décr. n° 2002-555 du 16 avr. 2002, art. 2 ; Décr. n° 2005-1033 du 24 août 2005, art. 2 ; Décr. n° 2002-964 du 2 juill. 2002, art. 2 ; Décr. n° 2002-1145 du 4 sept. 2002, art. 2 ; Décr. n° 2006-801 du 5 juill. 2006, art. 2 ; Décr. n° 2001-428 du 14 mai 2001, art. 2.]*

Art. D. 713-20 Pour la mise en œuvre des actions correspondant aux missions qui sont confiées aux centres polytechniques universitaires, des crédits et des emplois peuvent être affectés directement à une école. – *[Décr. n° 2002-468 du 4 avr. 2002, art. 3 ; Décr. n° 2003-1031 du 23 oct. 2003, art. 3 ; Décr. n° 99-1225 du 21 déc. 1999, art. 3 ; Décr. n° 2005-219 du 2 mars 2005, art. 3 ; Décr. n° 2002-555 du 16 avr. 2002, art. 3 ; Décr. n° 2005-1033 du 24 août 2005, art. 3 ; Décr. n° 2002-964 du 2 juill. 2002, art. 3 ; Décr.*

nº 2002-1145 du 4 sept. 2002, art. 3 ; Décr. nº 2006-801 du 5 juill. 2006, art. 3 ; Décr. nº 2001-428 du 14 mai 2001, art. 3.]

SOUS-SECTION 8 LES INSTITUTS D'ÉTUDES POLITIQUES

Art. D. 713-21 Sous réserve des dispositions du 8° de l'article D. 717-1, les instituts d'études politiques qui ne constituent pas des établissements publics administratifs *(Décr. nº 2017-959 du 10 mai 2017, art. 1er)* « associés » mentionnés à *(Décr. nº 2017-959 du 10 mai 2017, art. 1er)* « l'article D. 741-9 » sont des instituts internes, au sens de l'article L. 713-1, organisés dans les conditions définies à l'article L. 713-9.

Art. D. 713-22 Les dispositions relatives aux missions des instituts d'études politiques sont fixées à *(Décr. nº 2017-1341 du 15 sept. 2017, art. 1er)* « l'article D. 741-10 ».

SOUS-SECTION 9 LES INSTITUTS D'ADMINISTRATION DES ENTREPRISES

La présente sous-section ne comprend pas de dispositions prises par décret.

SOUS-SECTION 10 LES INSTITUTS ET LES ÉCOLES DE GESTION

La présente sous-section ne comprend pas de dispositions prises par décret.

SOUS-SECTION 11 LES INSTITUTS ET ÉCOLES INTERNES AUX UNIVERSITÉS AYANT POUR MISSION LA FORMATION INITIALE DE SAGES-FEMMES

La présente sous-section ne comprend pas de dispositions prises par décret.

SOUS-SECTION 12 AUTRES INSTITUTS INTERNES

La présente sous-section ne comprend pas de dispositions prises par décret.

SOUS-SECTION 13 AUTRES ÉCOLES INTERNES

La présente sous-section ne comprend pas de dispositions prises par décret.

CHAPITRE IV LES SERVICES COMMUNS

SECTION PREMIÈRE LES SERVICES COMMUNS UNIVERSITAIRES D'ACCUEIL, D'ORIENTATION ET D'INSERTION PROFESSIONNELLE DES ÉTUDIANTS

Art. D. 714-1 Afin d'assurer l'accueil, l'orientation et l'insertion professionnelle des étudiants, les universités peuvent procéder, conformément à l'article L. 714-1, à la création de services communs à leurs diverses composantes.

Elles peuvent également, conformément à l'article L. 714-2, créer des services communs à plusieurs d'entre elles.

Ces services prennent respectivement le nom de services universitaires d'accueil, d'orientation et d'insertion professionnelle ou de services interuniversitaires d'accueil, d'orientation et d'insertion professionnelle. — *[Décr. nº 86-195 du 6 févr. 1986, art. 1er.]*

Art. D. 714-2 Le service commun universitaire a pour mission d'organiser l'accueil, l'information et l'orientation des étudiants à leur entrée à l'université et tout au long du cursus universitaire. Il assure ultérieurement avec les enseignants le suivi de leur insertion professionnelle.

A cet effet, le service commun universitaire conduit les actions suivantes :

1° Il contribue, en liaison avec les *(Décr. nº 2019-218 du 21 mars 2019, art. 12)* « régions et » l'ONISEP, à l'information des futurs bacheliers sur les formations universitaires ;

(Décr. nº 2019-218 du 21 mars 2019, art. 12) « 1°– 1° Il concourt, conformément au cadre national de référence établi conjointement entre l'État et les régions, aux actions d'information sur les métiers et les formations organisées par les régions en direction des étudiants ».

2° Il participe à l'élaboration de la politique d'information de l'université et constitue à cette fin une documentation sur les formations dispensées par l'université. Il rassemble, en liaison avec les services et établissements compétents, une documentation sur les études, les professions et l'insertion professionnelle ;

3° Il favorise la réalisation de la mission d'orientation confiée aux enseignants-chercheurs du service public de l'enseignement supérieur par le présent code et le décret n° 84-431 du 6 juin 1984 relatif au statut des enseignants-chercheurs de l'enseignement supérieur et collabore à des travaux d'enquête, d'étude et de recherche documentaires et bibliographiques ;

4° Il développe, notamment dans le cadre des programmes universités-industries, toute action destinée à favoriser l'insertion professionnelle des étudiants et établit les relations nécessaires avec le monde des professions et les services de l'emploi. Il élabore annuellement un rapport sur l'insertion professionnelle des anciens étudiants.

Ce rapport, après avoir été soumis au conseil d'administration, est transmis par ce dernier *(Décr. n° 2015-652 du 10 juin 2015, art. 10)* « au Haut Conseil de l'évaluation de la recherche et de l'enseignement supérieur ».

Art. D. 714-3 Le service universitaire d'accueil, d'orientation et d'insertion professionnelle est créé par décision du conseil d'administration de l'université après avis *(Décr. n° 2015-652 du 10 juin 2015, art. 10)* « de la commission de la formation et de la vie universitaire du conseil académique ».

Le conseil d'administration de l'université, compte tenu des missions des autres composantes de l'université, détermine conformément aux dispositions de l'article D. 714-2 les missions du service commun et arrête les statuts du service.

En l'absence de ce service, le conseil d'administration est responsable de l'élaboration du rapport, mentionné à l'article D. 714-2, relatif à l'insertion professionnelle des étudiants et de la transmission de ce dernier *(Décr. n° 2015-652 du 10 juin 2015, art. 10)* « au Haut Conseil de l'évaluation de la recherche et de l'enseignement supérieur ».

Art. D. 714-4 Le service universitaire d'accueil, d'orientation et d'insertion professionnelle est dirigé par un directeur choisi parmi les enseignants-chercheurs en exercice dans l'université et nommé par le président de l'université, après avis du conseil d'administration de l'université. Les statuts du service précisent la durée du mandat du directeur.

Le directeur du service est consulté et peut être entendu, sur sa demande, par les instances délibérantes et consultatives de l'établissement sur toute question concernant les missions du service. – *[Décr. n° 86-195 du 6 févr. 1986, art. 4.]*

Art. D. 714-5 Le service commun dispose d'un budget propre intégré au budget de l'établissement dont il fait partie. Le budget du service est préparé par le directeur, qui le soumet à l'approbation du conseil d'administration de l'université.

Le service est doté par l'université des moyens nécessaires en personnels, locaux et équipements.

Une convention peut être conclue entre l'État et l'université pour attribuer au service commun des moyens spécifiques en crédits de fonctionnement et en emplois destinés à permettre l'accomplissement de ses missions.

A la demande de l'université et sur décision du recteur *(Décr. n° 2019-1558 du 30 déc. 2019, art. 6)* « de région académique, après avis du recteur d'académie concerné », des *(Décr. n° 2019-1558 du 30 déc. 2019, art. 6)* « psychologues de l'éducation nationale » peuvent, dans la limite de la moitié de leur temps de service, contribuer au fonctionnement du service commun universitaire.

Les emplois attribués par l'État à l'université et affectés par convention à la cellule universitaire d'information et d'orientation sont transférés au service commun prévu par la présente section dès sa constitution.

Art. D. 714-6 La création, par délibération statutaire d'un service commun interuniversitaire d'accueil, d'orientation et d'insertion professionnelle des étudiants, est décidée par les conseils d'administration des établissements concernés, après avis *(Décr. n° 2015-652 du 10 juin 2015, art. 10)* « de leur commission de la formation et de la vie universitaire du conseil académique ».

La mise en place du service est subordonnée à la conclusion d'une convention passée entre les établissements.

Le service est dirigé par un directeur qui doit appartenir à un corps d'enseignants-chercheurs et être en exercice dans l'un des établissements parties à la convention.

Ce service exerce notamment tout ou partie des missions énumérées à l'article D. 714-2, à l'exception de l'élaboration du rapport visé au 4° de cet article, lequel est de la responsabilité de chaque établissement.

Une convention peut être conclue entre l'État et l'établissement de rattachement pour attribuer au service commun des moyens spécifiques en crédits de fonctionnement et en emplois destinés à permettre l'accomplissement de ses missions.

A la demande des universités concernées et sur décision du recteur *(Décr. n° 2019-1558 du 30 déc. 2019, art. 6)* « de région académique, après avis du recteur d'académie concerné », des *(Décr. n° 2019-1558 du 30 déc. 2019, art. 6)* « psychologues de l'éducation nationale » peuvent, dans la limite de la moitié de leur temps de service, contribuer au fonctionnement du service commun interuniversitaire.

SECTION II LES SERVICES COMMUNS UNIVERSITAIRES ET INTERUNIVERSITAIRES DES ÉTUDIANTS ÉTRANGERS

SOUS-SECTION 1 LE SERVICE UNIVERSITAIRE DES ÉTUDIANTS ÉTRANGERS

Art. D. 714-7 Au sein de chaque université, l'accueil des étudiants étrangers est assuré par un service commun aux unités de formation et de recherche de cette université. Lorsqu'une agglomération urbaine comporte plusieurs universités, cet accueil est assuré par un service commun à l'ensemble de ces universités. Ces services prennent respectivement le nom de service universitaire des étudiants étrangers ou de service interuniversitaire des étudiants étrangers.

Les dispositions de la présente section sont applicables aux centres universitaires. – *[Décr. n° 71-928 du 15 nov. 1971, art. 1er.]*

Art. D. 714-8 Les missions du service universitaire ou du service interuniversitaire des étudiants étrangers sont notamment :

1° Informer les étudiants étrangers des programmes d'études et de recherche et des possibilités d'accueil pédagogique de l'université ou du groupement d'universités ;

2° Examiner la connaissance de la langue française des étudiants étrangers et leur aptitude à suivre les enseignements qu'ils choisissent ;

3° Vérifier si les diplômes étrangers en vertu desquels ils demandent leur inscription dans une ou plusieurs unités de formation et de recherche peuvent faire l'objet d'une équivalence en vue de la poursuite des études envisagées ;

4° Assurer la mise en œuvre, en liaison avec les unités de formation et de recherche éventuellement concernées, de cours spéciaux d'initiation, destinés à mettre les étudiants étrangers au niveau des enseignements choisis, ainsi que des cours de langue et de civilisation françaises destinés aux étudiants étrangers. Ces cours seront organisés dans le cadre de conventions passées conjointement avec le ministère de l'enseignement supérieur et le ministère des affaires étrangères ;

5° Assurer la mise en œuvre de cours destinés à la formation de professeurs étrangers de langue et de civilisation françaises. Ces cours seront organisés dans le cadre de conventions passées conjointement avec le ministère de l'enseignement supérieur et le ministère des affaires étrangères. – *[Décr. n° 71-928 du 15 nov. 1971, art. 2.]*

Art. D. 714-9 Lorsqu'un service universitaire des étudiants étrangers est créé conformément aux dispositions de la présente section, au sein d'une université, son organisation et son fonctionnement sont fixés par un statut approuvé par le conseil d'administration et annexé au statut de l'université, dans le respect des dispositions prévues par la présente section. – *[Décr. n° 71-928 du 15 nov. 1971, art. 3.]*

Art. D. 714-10 Le service universitaire des étudiants étrangers est administré par un conseil et dirigé par un directeur appartenant à l'une des catégories de personnel de l'enseignement supérieur.

Le directeur est désigné par le président de l'université, sur proposition du conseil du service universitaire des étudiants étrangers. S'il n'est déjà membre du conseil du service, le directeur le devient de droit. – *[Décr. n° 71-928 du 15 nov. 1971, art. 4.]*

Art. D. 714-11 Le conseil du service universitaire des étudiants étrangers comprend :

1° Le président de l'université ou son représentant, président ;

2° Le directeur du service universitaire des étudiants étrangers ;

3° Le directeur du centre régional des œuvres universitaires et scolaires ou son représentant ;

4° Le représentant dans *(Décr. n° 2019-1558 du 30 déc. 2019, art. 8)* « la région académique » de l'organisme, chargé de la gestion des bourses aux étudiants étrangers ;

5° Des représentants élus du conseil d'administration dont le nombre est fixé par le statut visé à l'article D. 714-9 ; les représentants des enseignants et des étudiants doivent être en nombre égal ;

6° Des personnalités extérieures désignées en raison de leur compétence par le président de l'université, sur proposition des autres membres du conseil du service ; leur nombre ne peut être supérieur au cinquième de l'effectif du conseil.

Art. D. 714-12 Les dépenses en personnel et en matériel du service universitaire des étudiants étrangers sont imputées sur le budget de l'université. — *[Décr. n° 71-928 du 15 nov. 1971, art. 6.]*

SOUS-SECTION 2 LE SERVICE INTERUNIVERSITAIRE DES ÉTUDIANTS ÉTRANGERS

Art. D. 714-13 Lorsqu'un service interuniversitaire des étudiants étrangers est créé conformément aux dispositions de la présente section, les universités intéressées établissent un projet de convention pour régler l'organisation et le fonctionnement de ce service commun. — *[Décr. n° 71-928 du 15 nov. 1971, art. 7.]*

Art. D. 714-14 La convention fixe l'organisation, le fonctionnement et les missions du service interuniversitaire des étudiants étrangers dans le respect des dispositions de la présente section. Elle fait mention de l'université au sein de laquelle le service établit son siège ainsi que des droits et obligations des universités cocontractantes. — *[Décr. n° 71-928 du 15 nov. 1971, art. 8.]*

Art. D. 714-15 Le service interuniversitaire des étudiants étrangers est administré par un conseil et dirigé par un directeur appartenant à l'une des catégories de personnel de l'enseignement supérieur.

Le directeur est désigné par le président du conseil, sur proposition dudit conseil. S'il n'est déjà membre du conseil du service, le directeur le devient de droit. — *[Décr. n° 71-928 du 15 nov. 1971, art. 9.]*

Art. D. 714-16 Le conseil du service interuniversitaire des étudiants étrangers comprend :

1° Les présidents des universités intéressées ou leurs représentants ;

2° Le directeur du service interuniversitaire des étudiants étrangers ;

3° Le directeur du centre régional des œuvres universitaires et scolaires ou son représentant ;

4° Le représentant dans *(Décr. n° 2019-1558 du 30 déc. 2019, art. 8)* « la région académique » de l'organisme chargé de la gestion des bourses aux étudiants étrangers ;

5° Des représentants élus par les conseils des universités intéressées et dont le nombre est fixé par la convention visée à l'article D. 714-13 ; les représentants des enseignants et des étudiants doivent être en nombre égal ;

6° Des personnalités extérieures désignées en raison de leur compétence par le président du conseil, sur proposition dudit conseil ; leur nombre ne peut être supérieur au cinquième de l'effectif du conseil.

Le président de l'université dans le budget de laquelle figurent les recettes et les dépenses du service interuniversitaire des étudiants étrangers est président du conseil.

Art. D. 714-17 Les moyens en personnel et les crédits en matériel du service interuniversitaire des étudiants étrangers sont imputés sur les budgets des universités. La convention arrête la répartition des crédits correspondants entre les budgets des universités cocontractantes. Les recettes et les dépenses du service figurent dans le budget de l'université siège qui les approuve. — *[Décr. n° 71-928 du 15 nov. 1971, art. 11.]*

Art. D. 714-18 Un arrêté fixe les conditions d'application des articles de la présente section dans *(Décr. n° 2019-1558 du 30 déc. 2019, art. 6)* « la région académique Île-de-France » et les dérogations qui pourront être apportées à cet effet.

Art. D. 714-19 Les dispositions des articles D. 714-7 à D. 714-17 ne modifient pas les missions du centre national et des centres régionaux des œuvres universitaires et scolaires, telles qu'elles sont définies par les articles L. 822-1 et L. 822-2. – *[Décr. nº 71-928 du 15 nov. 1971, art. 13.]*

SECTION III LES SERVICES UNIVERSITAIRES ET INTERUNIVERSITAIRES DE MÉDECINE PRÉVENTIVE ET DE PROMOTION DE LA SANTÉ

Art. D. 714-20 Chaque université organise, conformément aux dispositions de l'article L. 831-1, une protection médicale au bénéfice de ses étudiants. Elle crée, à cet effet, un service universitaire de médecine préventive et de promotion de la santé par délibération statutaire du conseil d'administration qui en adopte les statuts dans les conditions fixées par la présente section.

Plusieurs universités peuvent avoir en commun un même service, appelé service interuniversitaire de médecine préventive et de promotion de la santé.

(Décr. nº 2019-112 du 18 févr. 2019, art. 1er) « Les missions mentionnées à l'article D. 714-21 peuvent être exercées dans le cadre d'une communauté d'universités et établissements. Le service chargé de la médecine préventive et de la promotion de la santé est organisé et fonctionne comme un service universitaire. Pour l'application des articles D. 714-24 à D. 714-27, la communauté d'universités et établissements est substituée à l'université. »

Les autres établissements publics d'enseignement supérieur assurent également à leurs étudiants les prestations correspondant aux missions indiquées à l'article D. 714-21. L'exécution de ces prestations peut être confiée par voie contractuelle à un service universitaire de médecine préventive et de promotion de la santé de leur choix, moyennant une contribution aux frais de fonctionnement fixée par le directeur du service.

Art. D. 714-21 Dans le cadre de la mise en œuvre de la politique d'établissement, les services universitaires ou interuniversitaires de médecine préventive et de promotion de la santé sont chargés, dans la continuité de la politique de santé en faveur des élèves, d'organiser une veille sanitaire pour l'ensemble de la population étudiante :

(Décr. nº 2019-112 du 18 févr. 2019, art. 1er) « 1º En effectuant au moins un examen de santé intégrant une dimension médicale, psychologique et sociale au cours de la scolarité de l'étudiant dans l'enseignement supérieur ; »

2º En assurant une visite médicale à tous les étudiants exposés à des risques particuliers durant leur cursus ;

(Décr. nº 2019-112 du 18 févr. 2019, art. 1er) « 3º En assurant le suivi sanitaire préventif des étudiants étrangers conformément à l'article *(Décr. nº 2020-1734 du 16 déc. 2020, art. 6)* « L. 422-3 » du code de l'entrée et du séjour des étrangers et du droit d'asile » ;

4º En contribuant au dispositif d'accompagnement et d'intégration des étudiants handicapés dans l'établissement ;

5º En participant aux instances de régulation de l'hygiène et sécurité ;

6º En impulsant et en coordonnant des programmes de prévention et des actions d'éducation à la santé, en jouant un rôle de conseil et de relais avec les partenaires, notamment dans le cadre du plan régional défini à l'article L. 1411-11 du code de la santé publique ;

7º En développant des programmes d'études et de recherches sur la santé des étudiants avec les différents acteurs de la vie universitaire et notamment des études épidémiologiques.

8º *(Décr. nº 2019-112 du 18 févr. 2019, art. 1er)* « En assurant » la délivrance de médicaments ayant pour but la contraception d'urgence auprès des étudiantes.

(Décr. nº 2019-112 du 18 févr. 2019, art. 1er) « 9º En assurant la prévention des risques liés à la sexualité dans une approche globale de santé sexuelle ; à ce titre, il peut prescrire des moyens de contraception, un dépistage de l'infection par les virus de l'immunodéficience humaine et des hépatites, orienter vers des professionnels de santé pour une prise en charge adaptée, prescrire un dépistage des infections sexuellement transmissibles et, le cas échéant, leur traitement ambulatoire ;

« 10º En assurant la prescription et la réalisation de la vaccination dans le respect du calendrier des vaccinations en vigueur ;

« 11° En assurant la prescription d'un traitement de substitution nicotinique ;
« 12° En assurant la prescription d'une radiographie du thorax. »

En outre, les services peuvent, à l'initiative de l'université ou des universités cocontractantes :

1° Se constituer en centre de santé conformément aux dispositions prévues à cet effet ;

2° Contribuer, lorsque les moyens appropriés sont mis à leur disposition, aux actions de médecine du sport et à la médecine de prévention des personnels.

Ils peuvent également contribuer à l'organisation de la gestion de dispositifs d'urgence et d'alerte sanitaire.

Art. D. 714-22 Lorsqu'un service interuniversitaire de médecine préventive et de promotion de la santé est créé, conformément aux dispositions prévues par la présente section, les universités intéressées règlent par convention l'organisation et les modalités de gestion de ce service. Cette convention mentionne l'université au sein de laquelle le service établit son siège, appelée université de rattachement, ainsi que les droits et obligations des universités cocontractantes. – *[Décr. n° 2008-1026 du 7 oct. 2008, art. 3.]*

Art. D. 714-23 Le service universitaire ou interuniversitaire de médecine préventive et de promotion de la santé est dirigé par un directeur assisté d'un conseil du service. – *[Décr. n° 2008-1026 du 7 oct. 2008, art. 4.]*

Art. D. 714-24 Le directeur du service universitaire ou interuniversitaire de médecine préventive et de promotion de la santé est un médecin. Il est nommé par le président de l'université après avis du conseil d'administration ou par le président de l'université de rattachement du service, après avis des conseils d'administration des universités cocontractantes. Il est choisi parmi les médecins titulaires d'un diplôme de spécialité en santé publique et médecine sociale, ou du certificat d'études spéciales de santé publique ou possédant une qualification en santé publique. En l'absence de candidat possédant de tels diplômes ou qualifications, il pourra être fait appel à un médecin du secteur libéral. – *[Décr. n° 2008-1026 du 7 oct. 2008, art. 5.]*

Art. D. 714-25 Sous l'autorité du président de l'université ou du président de l'université de rattachement, le directeur du service met en œuvre les missions définies à l'article D. 714-21 et administre le service.

Le directeur du service est consulté et peut être entendu sur sa demande, par les instances délibérantes et consultatives de l'établissement ou des établissements cocontractants, sur toute question concernant la protection de la santé des étudiants.

Il rédige le rapport annuel d'activité du service qui sera présenté au conseil du service et *(Décr. n° 2015-652 du 10 juin 2015, art. 10)* « à la commission de la formation et de la vie universitaire du conseil académique » et transmis au président de l'université et, le cas échéant, aux présidents des autres universités cocontractantes.

Art. D. 714-26 Le conseil du service universitaire ou interuniversitaire de médecine préventive et de promotion de la santé est présidé par le président de l'université ou son représentant, ou par le président de l'université de rattachement ou son représentant, assisté du directeur du service et du vice-président étudiant du *(Décr. n° 2015-652 du 10 juin 2015, art. 10)* « conseil académique » de l'université ou de l'université de rattachement.

Le conseil d'administration de l'université ou les conseils d'administration des universités cocontractantes fixent le mode de désignation, la durée du mandat et le nombre des membres du conseil du service. Lorsqu'un membre du conseil vient à perdre la qualité au titre de laquelle il a été désigné, il est procédé à son remplacement selon les mêmes modalités pour la durée du mandat restant à courir.

Le conseil comprend, outre un médecin et un membre du personnel infirmier exerçant des fonctions dans le service, des membres désignés parmi les représentants des personnels administratifs techniques ou sociaux, des personnels enseignants et des étudiant élus aux conseils de l'université ou des universités cocontractantes. Il comprend également des personnalités extérieures désignées en raison de leurs compétences.

Le conseil peut, sur proposition de son président, inviter toute personne dont il juge la présence utile à assister à ses séances.

Art. D. 714-27 Le conseil du service est consulté sur :

1° La politique de santé de l'établissement ou des établissements associés au service ;

2° Les moyens mis à disposition du service, préalablement à leur adoption par le conseil d'administration de l'université ou par le conseil d'administration de l'université de rattachement du service ;

3° Le rapport annuel d'activité du service ;

4° Le cas échéant, les conventions liant le service à d'autres organismes extérieurs à l'université, préalablement à leur adoption par le conseil d'administration de l'université ou par le conseil d'administration de l'université de rattachement.

Le conseil approuve le règlement intérieur du service. – *[Décr. n° 2008-1026 du 7 oct. 2008, art. 8.]*

SECTION IV LES BIBLIOTHÈQUES ET AUTRES STRUCTURES DE DOCUMENTATION DES ÉTABLISSEMENTS D'ENSEIGNEMENT SUPÉRIEUR CRÉÉES SOUS FORME DE SERVICES COMMUNS

Art. D. 714-28 Les services communs de la documentation sont créés, en application de l'article L. 714-1, par délibération statutaire du conseil d'administration.

Plusieurs établissements publics à caractère scientifique, culturel et professionnel peuvent confier, par convention, en application de l'article L. 714-2, à un même service, la gestion de bibliothèques ou d'activités techniques et documentaires d'intérêt commun. La création de ce service interétablissement est décidée par délibération statutaire des conseils d'administration ou des organes en tenant lieu des établissements concernés.

Tous les services qui accueillent du public sont dénommés bibliothèques.

Par décision des établissements contractants et dans le respect de la réglementation en vigueur, des services dotés de la personnalité morale, notamment sous la forme d'un groupement d'intérêt public ou d'un établissement public, ou des services internes d'une autre personne morale, notamment sous la forme d'un service d'une fondation ou d'un département de pôle de recherche et d'enseignement supérieur, peuvent être substitués au service interétablissement. – *[Décr. n° 2011-996 du 23 août 2011, art. 1er.]*

Art. D. 714-29 Les bibliothèques contribuent aux activités de formation et de recherche des établissements.

Elles assurent notamment les missions suivantes :

1° Mettre en œuvre la politique documentaire de l'université, ou des établissements contractants, coordonner les moyens correspondants et évaluer les services offerts aux usagers ;

2° Accueillir les usagers et les personnels exerçant leurs activités dans l'université, ou dans les établissements contractants, ainsi que tout autre public dans des conditions précisées par le conseil d'administration de l'université ou la convention pour un service interétablissement, et organiser les espaces de travail et de consultation ;

3° Acquérir, signaler, gérer et communiquer les documents et ressources d'informations sur tout support ;

4° Développer les ressources documentaires numériques, contribuer à leur production et favoriser leur usage ; participer au développement de l'information scientifique et technique notamment par la production, le signalement et la diffusion de documents numériques ;

5° Participer, à l'intention des utilisateurs, à la recherche sur ces différentes ressources ainsi qu'aux activités d'animation culturelle, scientifique et technique de l'université, ou des établissements contractants ;

6° Favoriser par l'action documentaire et l'adaptation des services toute initiative dans le domaine de la formation initiale et continue et de la recherche ;

7° Coopérer avec les bibliothèques qui concourent aux mêmes objectifs, quels que soient leurs statuts, notamment par la participation à des catalogues collectifs ;

8° Former les utilisateurs à un emploi aussi large que possible des techniques nouvelles d'accès à l'information scientifique et technique. – *[Décr. n° 2011-996 du 23 août 2011, art. 2.]*

Art. D. 714-30 Le service interétablissement exerce tout ou partie des missions définies à l'article D. 714-29, en coordination avec les services communs de la documentation des établissements contractants s'ils existent, et en liaison avec les réseaux de coopération régionaux et nationaux.

Lorsque des services ont pour objet d'assurer la gestion, le développement et la conservation des collections indivises entre plusieurs établissements publics, ainsi que certaines activités documentaires d'intérêt commun, ces services respectent le caractère particulier et les obligations résultant des conditions dans lesquelles ils ont été constitués. – *[Décr. n° 2011-996 du 23 août 2011, art. 3.]*

Art. D. 714-31 Toute bibliothèque ou tout centre de documentation de l'université a vocation à être intégré dans un service commun. Cette décision est prise par le conseil d'administration après avis du conseil du service commun et du conseil de la composante dont relève la bibliothèque ou le centre de documentation.

Les autres centres documentaires de l'université sont associés au service commun.

Les responsables des composantes de l'université transmettent au directeur toute information sur les acquisitions documentaires et sur les moyens d'accès à l'information financés par le budget de l'université.

Les services documentaires appartenant à des composantes et services liés conventionnellement à l'université peuvent, selon les mêmes modalités, être associés au service commun. – *[Décr. n° 2011-996 du 23 août 2011, art. 4.]*

Art. D. 714-32 Chaque service est dirigé par un directeur et administré par un conseil documentaire. – *[Décr. n° 2011-996 du 23 août 2011, art. 5.]*

Art. D. 714-33 Le ministre chargé de l'enseignement supérieur nomme le directeur du service sur proposition du président de l'université ou des présidents et directeurs des établissements contractants.

Le directeur est placé sous l'autorité du président de l'université, ou de l'établissement de rattachement.

Il n'est pas éligible au conseil du service.

Les fonctions de directeur de service interétablissement sont compatibles entre elles et avec celles de directeur de service commun d'une université contractante. – *[Décr. n° 2011-996 du 23 août 2011, art. 6.]*

Art. D. 714-34 Le directeur dirige le service et les personnels qui y sont affectés.

Il élabore le règlement intérieur du service qui est approuvé par le conseil d'administration de l'université, ou l'établissement de rattachement.

Il prépare les délibérations du conseil documentaire, notamment en matière budgétaire.

Il organise les relations documentaires avec les partenaires extérieurs à l'université, ou aux établissements contractants, et prépare en tant que de besoin les dossiers concernant la documentation pour les différentes instances ayant à traiter de problèmes documentaires.

Il est consulté et peut être entendu, à sa demande, par les instances délibérantes et consultatives de l'université, ou des établissements contractants, sur toute question concernant la documentation. Le directeur d'un service interétablissement participe aux séances des conseils des services communs de documentation des établissements contractants avec voix consultative. Il propose toute mesure favorisant la coopération documentaire entre établissements.

Il présente au conseil d'administration de l'université, ou de l'établissement de rattachement, un rapport annuel sur la politique documentaire du service. – *[Décr. n° 2011-996 du 23 août 2011, art. 7.]*

Art. D. 714-35 Le conseil documentaire d'un service commun de la documentation comprend au maximum vingt membres. Le conseil documentaire d'un service interétablissement comprend au maximum trente membres.

Chaque conseil est constitué :

1° Du président de l'université, ou des présidents ou directeurs des établissements contractants, ou leurs représentants ;

2° D'enseignants-chercheurs, enseignants ou chercheurs de l'université ou des établissements contractants ;

3° D'étudiants de l'université ou des établissements contractants ;

4° De personnels du service ;

5° De personnels des organismes documentaires associés de l'université ou des établissements contractants ;

6° De personnalités extérieures désignées par le président de l'université, ou conjointement par les présidents ou directeurs des établissements contractants, après avis du directeur du service.

Il peut également comprendre des représentants de tout autre public du service dans les conditions fixées par le règlement intérieur du service pour un service commun de la documentation, par la convention pour un service interétablissement.

Le conseil documentaire est présidé par le président de l'université ou son représentant. Celui d'un service interétablissement est présidé par le chef de l'un des établissements cocontractants selon des modalités fixées par la convention.

Le mandat des membres du conseil documentaire est d'une durée de quatre ans, sauf pour les membres mentionnés au 3° dont le mandat est de deux ans. Il est renouvelable une fois.

Les membres mentionnés aux 2° et 3° sont désignés par leurs représentants respectifs au conseil d'administration de l'université ou aux conseils d'administration des établissements contractants.

Le règlement intérieur du service pour un service commun de la documentation, ou la convention pour un service interétablissement, fixe la composition du conseil documentaire et les modalités de désignation des membres mentionnés aux 4° et 5°.

Le directeur du service, le secrétaire général et l'agent comptable de l'université ou de l'établissement de rattachement participent, avec voix consultative, aux séances du conseil documentaire.

Toute personne dont la présence est jugée utile par le président ainsi que les directeurs des services communs des établissements contractants, s'ils existent, participent, avec voix consultative, aux séances du conseil documentaire.

Le règlement intérieur du service définit les règles d'organisation et de fonctionnement du conseil documentaire, et notamment la périodicité de ses réunions, les règles de *quorum*, les modalités de délibérations et de représentation de ses membres, les modalités de convocation, d'établissement et d'envoi de l'ordre du jour. – *[Décr. n° 2011-996 du 23 août 2011, art. 8.]*

Art. D. 714-36 Le conseil documentaire se prononce sur les modifications à apporter au règlement intérieur.

Il vote le projet de budget du service.

Il est tenu informé des crédits documentaires des organismes documentaires associés et de leur utilisation.

Il est consulté sur les projets de conventions avec des organismes extérieurs relatives à la documentation et à l'information scientifique et technique.

Il élabore des propositions en ce qui concerne la politique documentaire commune de l'université, ou des établissements contractants, en particulier pour ses aspects régionaux.

Le conseil documentaire peut créer toute commission scientifique consultative de la documentation. Il en fixe ses missions, les modalités de désignation de ses membres et de fonctionnement. – *[Décr. n° 2011-996 du 23 août 2011, art. 9.]*

Art. D. 714-37 Ces services sont soumis au contrôle de *(Décr. n° 2020-1677 du 23 déc. 2020, art. 1er)* « l'inspection générale de l'éducation, du sport et de la recherche. »

Art. D. 714-38 Une part des droits annuels de scolarité payés par les étudiants est affectée au budget propre du service, selon des modalités fixées par arrêté conjoint du ministre chargé de l'enseignement supérieur et du ministre chargé du budget.

Le service peut bénéficier de toute autre ressource allouée par l'université, ou par les établissements contractants, ou par toute autre personne publique ou privée. Ces dotations peuvent comprendre des moyens de recherche. – *[Décr. n° 2011-996 du 23 août 2011, art. 11.]*

Art. D. 714-39 Les personnels recrutés dans les corps de personnel scientifique, technique et de service des bibliothèques ont vocation à mettre en œuvre la politique documentaire dans l'ensemble des bibliothèques de l'établissement.

Les personnels des bibliothèques associées collaborent à la mise en œuvre de la politique documentaire. – *[Décr. n° 2011-996 du 23 août 2011, art. 12.]*

Art. D. 714-40 Lorsqu'un service interétablissement est créé, les établissements intéressés règlent par convention, sans préjudice des dispositions des articles D. 714-35 et D. 714-37, les modalités de gestion de ce service.

Cette convention fixe le champ d'activités du service ainsi que l'établissement au sein duquel le service établit son siège, appelé établissement de rattachement.

Elle prévoit en outre les locaux et les moyens nécessaires à son fonctionnement, et notamment les contributions aux dépenses du service et les autres droits et obligations des établissements contractants ainsi que la révision périodique des parts des droits annuels de scolarité prévus à l'article D. 714-38.

Elle prévoit enfin les modalités d'adhésion d'un autre établissement d'enseignement supérieur ou de recherche, sa durée, les modalités de sa reconduction expresse et de sa dénonciation.

En cas de non-reconduction ou de dénonciation de la convention, une convention particulière entre les établissements concernés et l'État fixe les modalités d'attribution des collections.

La convention est transmise à l'autorité de tutelle de l'établissement de rattachement dans les conditions prévues à l'article L. 719-7. – *[Décr. n° 2011-996 du 23 août 2011, art. 13.]*

SECTION V L'ORGANISATION DES ACTIVITÉS PHYSIQUES ET SPORTIVES DANS L'ENSEIGNEMENT SUPÉRIEUR

(Décr. n° 2018-792 du 13 sept. 2018, art. 1er)

Art. D. 714-41 Chaque université élabore et met en œuvre une offre de formation et de pratique pour les étudiants et les personnels dans le domaine des activités physiques et sportives. Les dispositions de la présente section fixent les conditions de création d'un service commun chargé de l'organisation des activités physiques et sportives dans l'enseignement supérieur conformément à l'article L. 714-1.

Plusieurs universités situées dans la même métropole peuvent gérer en commun ces activités. Elles créent à cet effet un service interuniversitaire chargé des activités physiques et sportives, conformément à l'article L. 714-2.

Art. D. 714-42 Le service universitaire ou interuniversitaire participe à la définition et à la mise en œuvre de la politique des universités dans le domaine des activités physiques et sportives, en liaison avec les associations sportives universitaires, les composantes et les autres services communs des établissements.

A ce titre, il exerce principalement les missions suivantes :

1° Il organise, développe et encadre les activités physiques et sportives des étudiants. Ces activités sont proposées aux personnels ;

2° Il contribue par ses enseignements à la formation des étudiants dans le domaine des activités physiques et sportives. Les personnels peuvent participer à ces enseignements ;

3° Il promeut les activités physiques et sportives comme facteur d'animation de la vie de campus et favorise la participation des étudiants à la vie associative et à la compétition sportive ;

4° Il coordonne le dispositif d'accueil et d'accompagnement des étudiants ayant une pratique sportive d'excellence ou d'accession au haut niveau, afin de concilier leurs études et leur activité sportive ;

5° Il favorise la pratique des activités physiques et sportives des étudiants en situation de handicap en relation avec la structure universitaire chargée d'accompagner les étudiants en situation de handicap ;

6° Il promeut la pratique des activités physiques et sportives comme facteur de santé et de bien-être des étudiants, en favorisant une pratique régulière et adaptée à leurs besoins, en relation avec le service universitaire ou interuniversitaire chargé de la santé des étudiants ;

7° Il valorise la dimension artistique des activités physiques et sportives, en relation avec le service universitaire chargé de l'action culturelle ;

8° Il assure la gestion des équipements sportifs affectés à l'université. Ces équipements peuvent être ouverts à d'autres utilisateurs que les étudiants et les personnels des établissements.

Art. D. 714-43 Lorsqu'un service interuniversitaire des activités physiques et sportives est créé, conformément aux dispositions prévues par la présente section, les établissements partenaires règlent par convention l'organisation et les modalités de gestion de ce service ainsi que les modalités d'adhésion de toute autre université.

Cette convention mentionne l'université au sein de laquelle le service établit son siège, appelée université de rattachement, ainsi que les droits et obligations des établissements cocontractants.

Elle est transmise à l'autorité de tutelle de l'établissement de rattachement dans les conditions prévues à l'article L. 719-7.

Art. D. 714-44 Une université et d'autres établissements d'enseignement supérieur peuvent coordonner, par convention, des actions en vue notamment de l'accès à leurs installations sportives et d'une meilleure utilisation des équipements sportifs, en application de l'article L. 718-16.

Une université peut également conclure une convention de même nature avec une collectivité territoriale ou un groupement de collectivités territoriales.

Art. D. 714-45 Le service universitaire ou interuniversitaire des activités physiques et sportives est dirigé par un directeur assisté d'un conseil des sports.

Art. D. 714-46 Le directeur est nommé sur proposition du conseil des sports, par le président de l'université ou le président de l'université de rattachement du service, parmi les professeurs d'éducation physique et sportive en fonction dans le service universitaire ou interuniversitaire des activités physiques et sportives.

Art. D. 714-47 Sous l'autorité du président de l'université ou du président de l'université de rattachement du service, le directeur du service met en œuvre les missions définies à l'article D. 714-42 et dirige le service et les personnels qui y sont affectés.

Il prépare les délibérations du conseil des sports.

Il élabore et exécute le budget.

Il élabore les statuts et le règlement intérieur du service.

Il propose toute mesure favorisant la politique des établissements participant à un regroupement territorial au sens de l'article L. 718-3 dans le domaine des activités physiques et sportives.

Il est consulté et peut être entendu, à sa demande, par les instances délibérantes et consultatives de l'université ou des établissements partenaires, sur toutes questions concernant les activités physiques et sportives.

Il rédige et présente le rapport annuel d'activité du service au conseil des sports et à la commission de la formation et de la vie universitaire du conseil académique. Ce rapport est transmis au président d'université ou aux présidents des établissements partenaires.

Art. D. 714-48 Le conseil des sports est présidé par le président de l'université ou le président de l'université de rattachement du service ou leur représentant respectif.

Le conseil comprend, outre son président :

1° Des étudiants participant à la vie sportive de l'université ou des universités cocontractantes ;

2° Des personnels, dont des représentants des enseignants d'éducation physique et sportive affectés à l'université ou aux universités cocontractantes et des représentants des services administratifs de l'université ;

3° Des personnalités qualifiées désignées en raison de leurs compétences.

Il peut également comprendre des représentants d'institutions partenaires.

Le directeur du service assiste avec voix consultative aux séances du conseil.

Le conseil peut, sur proposition de son président, inviter toute personne dont il juge la présence utile à assister à ses séances.

Art. D. 714-49 Le conseil des sports élabore des propositions en ce qui concerne la politique de l'université ou des établissements partenaires dans le domaine des activités physiques et sportives.

Il adopte le budget du service.

Il adopte les statuts et le règlement intérieur du service.

Il est consulté sur les moyens mis à disposition du service, préalablement à leur adoption par le conseil d'administration de l'université ou par le conseil d'administration de l'université de rattachement du service.

Il peut être consulté par les instances délibérantes de l'université ou des établissements partenaires sur toute question relative au service ou à la politique sportive.

Art. D. 714-50 **Les statuts du service universitaire des activités physiques et sportives, approuvés par le conseil d'administration de l'université, ou la convention du service interuniversitaire fixent la durée du mandat du directeur ainsi que la composition du conseil des sports, les modalités de désignation de ses membres et la durée de leurs mandats.**

Art. D. 714-51 **Le règlement intérieur du service fixe les règles d'organisation et de fonctionnement du conseil des sports, et notamment la périodicité de ses réunions, les règles de quorum, les modalités de délibérations et de représentation de ses membres, les modalités de convocation, d'établissement et d'envoi de l'ordre du jour.**

Art. D. 714-52 **Le service bénéficie des ressources allouées par l'université ou les établissements partenaires ou par toute autre personne publique ou privée.**

Le budget du service universitaire est élaboré et voté dans les conditions fixées aux articles L. 719-5 et R. 719-64.

Le budget du service interuniversitaire est élaboré et voté dans les conditions fixées à l'article R. 719-110.

Art. D. 714-53 **Les missions mentionnées à l'article D. 714-42 peuvent être exercées dans le cadre d'une communauté d'universités et établissements. Le service chargé des activités physiques et sportives est organisé et fonctionne comme un service universitaire conformément aux dispositions de la présente section. Pour l'application des articles D. 714-44, D. 714-46 à D. 714-50 et D. 714-52, la communauté d'universités et établissements est substituée à l'université.**

Il n'existe plus d'article D. 714-54 dans la section V.

SECTION VI LES ACTIVITÉS DE FORMATION CONTINUE DANS LES ÉTABLISSEMENTS PUBLICS D'ENSEIGNEMENT SUPÉRIEUR

Art. D. 714-55 **Les dispositions de la présente section fixent, d'une part, les dispositions générales permettant à l'enseignement supérieur d'assurer la mission de formation continue définie par l'article L. 123-3 et, d'autre part, les dispositions spécifiques applicables aux universités conformément à l'article L. 714-1. Ces dispositions précisent les modalités de coopération entre les établissements.**

Les dispositions de la présente section ont pour objet de permettre aux établissements d'assurer les missions de formation professionnelle continue définies au livre III de la 6e partie du code du travail et de favoriser la participation de leurs diverses composantes à ces missions, dans le cadre des orientations arrêtées par le conseil d'administration.

Les conventions auxquelles ces établissements sont parties prennent en compte les orientations prioritaires de l'État et des régions et les besoins des entreprises.

Elles sont conclues en application du livre III de la 6e partie du code du travail. – *[Décr. n° 85-1118 du 18 oct. 1985, art. 1er.]*

SOUS-SECTION 1 DISPOSITIONS GÉNÉRALES

Art. D. 714-56 **Les dispositions de la présente sous-section sont applicables à l'ensemble des activités de formation continue des établissements publics d'enseignement supérieur relevant du ministre chargé de l'enseignement supérieur sous réserve de dispositions réglementaires spécifiques.** – *[Décr. n° 85-1118 du 18 oct. 1985, art. 2.]*

Art. D. 714-57 **Les actions de formation continue relèvent soit de la responsabilité de chaque composante de l'établissement, soit d'un service spécifique, soit de l'une et de l'autre.**

A défaut d'un service spécifique elles peuvent relever des responsables des études.

Toute action ou groupe d'actions de formation continue a un responsable pédagogique qui est un enseignant ou un chercheur de l'établissement. – *[Décr. n° 85-1118 du 18 oct. 1985, art. 3.]*

Art. D. 714-58 Les moyens dont dispose l'établissement pour mener à bien ses activités de formation continue comprennent les personnels, les équipements et crédits mis à sa disposition. Des emplois gagés sur les ressources de la formation continue, ouverts en loi de finances, peuvent lui être attribués.

Il dispose du produit des conventions de formation professionnelle, des droits d'inscription payés par les bénéficiaires de la formation continue et des subventions destinées au développement de la formation professionnelle. – *[Décr. n° 85-1118 du 18 oct. 1985, art. 4.]*

Art. D. 714-59 Le conseil d'administration, sur proposition du président ou directeur de l'établissement, affecte au minimum à l'activité de formation continue le potentiel équivalent d'une part aux emplois attribués par l'État à ce titre, d'autre part à l'effectif des personnels rémunérés sur les ressources de la formation professionnelle, ainsi que les moyens prévus dans les contrats pluriannuels d'établissement pour l'exécution des activités de formation continue et les autres ressources propres de la formation continue. – *[Décr. n° 85-1118 du 18 oct. 1985, art. 5.]*

Art. D. 714-60 Les enseignants-chercheurs sont, pour ce qui concerne les activités qu'ils effectuent en formation continue, soumis aux dispositions du décret n° 84-431 du 6 juin 1984 fixant les dispositions statutaires communes applicables aux enseignants-chercheurs et portant statut particulier du corps des professeurs des universités et du corps des maîtres de conférences, notamment aux articles 3, 7 et 8.

Les heures d'enseignement de formation continue effectuées au titre de l'obligation réglementaire de service des personnels d'État, à l'exception de celles correspondant aux moyens attribués par l'État à la formation continue, donnent lieu à un versement compensatoire au profit de l'établissement, imputé sur les ressources de la formation continue.

Cette compensation s'effectue dans le respect des dispositions de l'article L. 713-9.

Les personnels qui participent, au-delà de leurs obligations statutaires de service, à la conclusion et à la réalisation des contrats de formation professionnelle avec d'autres personnes morales peuvent percevoir une rémunération dans une limite arrêtée conjointement par le ministre chargé du budget et le ministre chargé de l'enseignement supérieur. Ces rémunérations sont réparties par l'ordonnateur sur proposition des responsables des formations. Leur coût est imputé sur le produit des contrats correspondants. Ces rémunérations sont exclusives de l'attribution d'indemnités pour des enseignements complémentaires correspondant à l'exécution des mêmes contrats. – *[Décr. n° 85-1118 du 18 oct. 1985, art. 6.]*

Art. D. 714-61 Les personnels qui, en dehors de leur activité principale, sont soit responsables de l'organisation des actions de formation continue, soit chargés de la gestion financière et comptable de ces actions peuvent être rémunérés au moyen d'indemnités pour travaux supplémentaires établies annuellement et calculées en fonction du volume des activités de formation continue de l'établissement, selon des modalités arrêtées par le ministre chargé du budget et le ministre chargé de l'enseignement supérieur.

Le coût de ces indemnités est imputé sur les ressources de la formation continue de l'établissement.

Le bénéfice d'indemnités exclusives d'autres avantages de rémunération n'exclut pas l'allocation des indemnités mentionnées au présent article. – *[Décr. n° 85-1118 du 18 oct. 1985, art. 7.]*

Art. D. 714-62 Sur proposition du président ou du directeur de l'établissement, le conseil d'administration définit la politique générale de tarification des actions de formation continue, compte tenu du coût global de la formation continue évalué chaque année.

S'agissant des cycles de formation initiale ouverts au public de la formation continue, la tarification doit être déterminée de telle sorte que les ressources supplémentaires obtenues par conventions de formation professionnelle couvrent les coûts additionnels de structure et de gestion et les coûts pédagogiques dus à des aménagements particuliers d'enseignement.

Des exonérations peuvent être accordées par le président ou le directeur de l'établissement aux stagiaires dont les frais de formation ne sont pas pris en charge au titre de la formation professionnelle. Dans ce cas, le stagiaire concerné doit acquitter une redevance minimale fixée par le conseil d'administration. – *[Décr. n° 85-1118 du 18 oct. 1985, art. 8.]*

Art. D. 714-63 L'ensemble des prévisions de recettes et de dépenses de formation continue de l'établissement est récapitulé dans un état présenté en équilibre réel, annexé au budget de l'établissement et soumis à l'approbation du conseil d'administration qui se prononce, par ailleurs, sur le compte financier de la formation continue relatif à l'exercice précédent. – *[Décr. n° 85-1118 du 18 oct. 1985, art. 9.]*

Art. D. 714-64 Le conseil d'administration détermine les charges communes que supporte l'établissement au titre de la formation continue et les modalités de leur financement par les ressources de la formation professionnelle.

Dans le respect des dispositions de l'alinéa précédent, la gestion et l'emploi des ressources de la formation continue afférentes aux actions organisées par les instituts et écoles prévus à l'article L. 713-9 relèvent de droit du directeur de l'institut ou de l'école. La gestion et l'emploi des ressources liées aux autres actions peuvent, selon les cas, être centralisés ou relever des diverses unités de l'établissement ayant en charge des actions de formation continue. – *[Décr. n° 85-1118 du 18 oct. 1985, art. 10.]*

Art. D. 714-65 Lorsque, sur un exercice, les ressources de la formation continue sont supérieures aux dépenses directes et indirectes afférentes à l'activité de formation permanente, le reliquat ne peut être affecté qu'au développement des activités de formation continue au cours des trois exercices suivants. – *[Décr. n° 85-1118 du 18 oct. 1985, art. 11.]*

SOUS-SECTION 2 LE SERVICE COMMUN CHARGÉ DU DÉVELOPPEMENT DE LA FORMATION CONTINUE

Art. D. 714-66 Conformément à l'article L. 714-1, les dispositions de la présente sous-section fixent les conditions dans lesquelles les universités peuvent créer un service commun chargé d'assurer le développement de la formation continue et de favoriser la réalisation des missions prévues à l'article D. 714-55.

Les dispositions de la présente sous-section peuvent être étendues, avec, le cas échéant, les adaptations nécessaires, aux établissements d'enseignement supérieur relevant du ministre chargé de l'enseignement supérieur autres que les universités par délibération du conseil d'administration de ces établissements. – *[Décr. n° 85-1118 du 18 oct. 1985, art. 12.]*

Art. D. 714-67 Le service commun de la formation continue est créé par délibération du conseil d'administration. Il a pour objet d'assurer, dans le cadre des orientations définies par le conseil d'administration de l'université, les fonctions d'intérêt commun nécessaires à la cohérence de l'intervention de l'établissement dans le domaine de la formation continue.

Sa dénomination et ses statuts sont arrêtés par le conseil d'administration.

Le service commun est chargé, d'une part, d'une action interne d'impulsion, de conseil et d'organisation et, d'autre part, d'une action externe de relations avec les partenaires et les publics de la formation continue.

Le service commun constitue pour les universités le service spécifique mentionné à l'article D. 714-57. – *[Décr. n° 85-1118 du 18 oct. 1985, art. 13.]*

Art. D. 714-68 L'établissement dote le service commun de la formation continue, pour l'accomplissement des missions qui lui sont confiées, d'un budget et des moyens nécessaires en personnels, locaux et équipements.

Le budget du service commun est un des éléments de l'état visé à l'article D. 714-63. Les charges que l'établissement supporte au titre du service commun font partie des charges communes de la formation continue. – *[Décr. n° 85-1118 du 18 oct. 1985, art. 14.]*

Art. D. 714-69 Le service commun de la formation continue est dirigé par un directeur nommé par le président de l'université après avis du conseil d'administration. Le directeur peut être assisté d'un conseil consultatif.

Les statuts du service commun précisent la durée du mandat du directeur. Celui-ci est renouvelable dans ses fonctions.

Le directeur est chargé de conduire l'action de service commun.

Il exerce notamment les compétences suivantes :

1° Il prépare le budget du service de la formation continue, qu'il soumet à l'approbation du conseil d'administration ;

2° Il instruit les conventions de formation professionnelle soumises à la signature du président de l'université ;

3° Il peut recevoir du président de l'université mission de représenter l'université auprès des instances et des partenaires extérieurs de la formation professionnelle ;

4° Sous l'autorité du président de l'université, il organise et développe les relations de l'université avec ces instances et partenaires extérieurs en liaison avec les diverses composantes de l'établissement ;

5° Il rend compte au conseil d'administration de l'action du service commun de la formation continue et prépare les documents qu'il y a lieu d'adresser chaque année aux différentes autorités administratives. – *[Décr. nº 85-1118 du 18 oct. 1985, art. 15.]*

SOUS-SECTION 3 COOPÉRATION ENTRE ÉTABLISSEMENTS

Art. D. 714-70 Les établissements d'enseignement supérieur coordonnent leurs actions en matière de formation continue au niveau académique et au niveau régional.

Les centres régionaux du Conservatoire national des arts et métiers sont associés à cette coordination dans des conditions fixées par décret.

Les présidents et directeurs des établissements peuvent désigner d'un commun accord un représentant chargé de promouvoir les activités de formation continue de l'enseignement supérieur auprès des instances compétentes en matière de formation professionnelle au niveau académique et au niveau régional. – *[Décr. nº 85-1118 du 18 oct. 1985, art. 16.]*

Art. D. 714-71 En application de l'article L. 714-2, il peut être créé en matière de formation continue un service commun à plusieurs établissements publics à caractère scientifique, culturel et professionnel.

La décision de création d'un service commun à plusieurs établissements est soumise à la conclusion, par les conseils d'administration des établissements concernés, d'une convention à durée limitée, tacitement renouvelable, fixant les conditions de fonctionnement du service commun. – *[Décr. nº 85-1118 du 18 oct. 1985, art. 17.]*

Art. D. 714-72 La convention prévue à l'article précédent précise notamment les missions dévolues au service commun, l'établissement de rattachement, la contribution de chaque établissement au fonctionnement, les règles d'organisation et de fonctionnement, les conditions de nomination du directeur ou responsable du service commun, et le cas échéant les instances, à mettre en place. – *[Décr. nº 85-1118 du 18 oct. 1985, art. 18.]*

SECTION VII LES SERVICES COMMUNS UNIVERSITAIRES DE FORMATION DES FORMATEURS

Art. D. 714-73 En application de l'article L. 714-1, les dispositions de la présente section fixent les conditions de création par les universités d'un service commun chargé du développement de la formation des enseignants et des autres formateurs.

Ces dispositions peuvent être étendues, avec, le cas échéant, les adaptations nécessaires, aux établissements publics à caractère scientifique, culturel et professionnel autres que les universités par délibération du conseil d'administration de ces établissements. – *[Décr. nº 86-599 du 14 mars 1986, art. 1er.]*

Art. D. 714-74 Le service commun universitaire de la formation des formateurs est créé par délibération du conseil d'administration de l'université qui arrête sa dénomination et ses statuts.

Il a pour objet d'assurer, dans le cadre des orientations définies par le conseil d'administration, l'organisation et la coordination des interventions de l'établissement dans les domaines de la formation initiale et continue de tous les maîtres de l'éducation nationale et de celle des autres formateurs. Il favorise le développement et la promotion de la recherche en éducation, en formation et en didactique des disciplines. Il contribue à la diffusion de ses résultats.

Le service commun est chargé :

1° D'une action d'impulsion, de conseil et d'organisation à l'intérieur de l'établissement ;

2° D'une action de relations avec les partenaires et les instances extérieures, notamment dans le ressort de *(Décr. n° 2019-1558 du 30 déc. 2019, art. 8)* « la région académique », concernés par l'évolution de la formation des formateurs et de la recherche en éducation, en formation et en didactique des disciplines.

Art. D. 714-75 Le service commun universitaire de la formation des formateurs est dirigé par un directeur, enseignant-chercheur, nommé par le président après avis du conseil d'administration. Le directeur peut être assisté d'un conseil d'orientation selon des modalités fixées par les statuts.

Les statuts du service commun précisent la durée du mandat du directeur.

Le directeur est chargé de conduire l'action du service commun.

Il exerce notamment les compétences suivantes :

1° Il est responsable de la présentation et de l'élaboration des interventions de l'établissement pour les missions prévues à l'article D. 714-74, en liaison avec les diverses composantes de l'établissement ;

2° Il prépare le budget du service commun qu'il soumet à l'approbation du conseil d'administration ;

3° Il peut recevoir du président de l'université mission de représenter l'université auprès des instances concernées par la formation des formateurs et la recherche en éducation, en formation et en didactique des disciplines, notamment auprès des missions académiques à la formation des personnels de l'éducation nationale ;

4° Le directeur du service commun prépare un rapport annuel qu'il présente au conseil d'administration sur les activités organisées par l'université dans le cadre des missions prévues à l'article D. 714-74. Ce rapport est transmis au ministre chargé de l'enseignement supérieur. – *[Décr. n° 86-599 du 14 mars 1986, art. 3.]*

Art. D. 714-76 En application de l'article L. 714-2, il peut être créé un service de la formation des formateurs commun à plusieurs établissements publics à caractère scientifique, culturel et professionnel.

La décision de création d'un service commun à plusieurs établissements est soumise à la conclusion, par les établissements concernés, d'une convention à durée limitée, tacitement renouvelable, fixant les conditions de fonctionnement du service commun.

Cette convention précise notamment les missions dévolues au service commun, l'établissement de rattachement, la contribution de chaque établissement au fonctionnement du service, les règles d'organisation et de fonctionnement, les conditions de nomination du directeur du service commun et, le cas échéant, les instances à mettre en place. – *[Décr. n° 86-599 du 14 mars 1986, art. 4.]*

SECTION VIII LES SERVICES GÉNÉRAUX DES UNIVERSITÉS

Art. D. 714-77 Les services généraux régis par la présente section exercent des activités ne pouvant être assurées ni par les composantes énumérées à l'article L. 713-1, ni par les autres services communs. – *[Décr. n° 95-550 du 4 mai 1995, art. 1er.]*

Art. D. 714-78 Les services généraux de l'université sont dirigés par un directeur. Le directeur peut être assisté d'une instance consultative. – *[Décr. n° 95-550 du 4 mai 1995, art. 2.]*

Art. D. 714-79 Les services généraux de l'université sont créés par délibération du conseil d'administration de l'université, qui en adopte les statuts.

Les statuts des services généraux de l'université déterminent les activités de ceux-ci, les conditions de désignation et la durée du mandat du directeur ainsi que, le cas échéant, la composition, les attributions et les modalités de fonctionnement de l'instance consultative. – *[Décr. n° 95-550 du 4 mai 1995, art. 3.]*

Art. D. 714-80 Plusieurs universités peuvent, dans les conditions fixées par l'article L. 714-2, avoir en commun un même service général. Les universités intéressées règlent par convention l'organisation et les modalités de gestion de ce service.

Cette convention mentionne les missions dévolues au service, l'université au sein de laquelle le service établit son siège, appelée université de rattachement, ainsi que les droits et obligations des universités contractantes. Elle précise en outre les conditions de nomination du directeur de ce service, la durée de son mandat ainsi que, le cas échéant, la composition, les attributions et les modalités de fonctionnement de l'instance consultative. – *[Décr. n° 95-550 du 4 mai 1995, art. 3-1.]*

Art. D. 714-81 Le directeur prépare le projet de budget des services généraux de l'université. – *[Décr. n° 95-550 du 4 mai 1995, art. 4.]*

Art. D. 714-82 Lorsque les statuts des services généraux prévoient qu'ils sont dotés d'un organe consultatif, celui-ci délibère sur leur budget. – *[Décr. n° 95-550 du 4 mai 1995, art. 5.]*

SECTION IX LES SERVICES D'ACTIVITÉS INDUSTRIELLES ET COMMERCIALES DES ÉTABLISSEMENTS PUBLICS À CARACTÈRE SCIENTIFIQUE, CULTUREL ET PROFESSIONNEL

SOUS-SECTION 1 LES SERVICES D'ACTIVITÉS INDUSTRIELLES ET COMMERCIALES DES UNIVERSITÉS

Art. D. 714-83 Les dispositions de la présente sous-section fixent les conditions de création, d'organisation et de fonctionnement du service commun chargé d'assurer, au sein de chaque université, l'exploitation de ses activités industrielles et commerciales.

Le service commun régi par les dispositions de la présente section est dénommé "service d'activités industrielles et commerciales". – *[Décr. n° 2002-549 du 19 avr. 2002, art. 1er.]*

Art. D. 714-84 Le service commun est chargé de gérer toutes les activités industrielles et commerciales de l'université qui ne sont pas assurées par une société ou un groupement, et notamment de :

1° Négocier et assurer l'exécution des accords et conventions à caractère industriel et commercial ;

2° Valoriser et exploiter les brevets, les licences, les droits de propriété intellectuelle ou industrielle et les travaux de recherche ;

3° Mettre à la disposition des créateurs d'entreprises ou des jeunes entreprises des locaux, matériels et moyens dans les conditions fixées par les articles D. 123-2 à D. 123-7 ;

4° Gérer des activités d'édition ;

5° Gérer les baux et locations commerciales ;

6° Gérer les autres activités commerciales de l'université.

Ce service propose également au président de l'université, dans le cadre de ses relations avec le monde économique et industriel, une politique de développement. A cet effet, il élabore un projet de tarification des prestations à caractère industriel et commercial. – *[Décr. n° 2002-549 du 19 avr. 2002, art. 2.]*

Art. D. 714-85 Le service d'activités industrielles et commerciales est créé par délibération du conseil d'administration de l'université, conformément à l'article L. 711-7.

Les statuts de ce service sont adoptés par délibération du conseil d'administration prise à la majorité des membres composant le conseil. Ils définissent notamment la durée du mandat du directeur ainsi que la composition, les compétences et les modalités de fonctionnement du conseil du service lorsque celui-ci est créé. – *[Décr. n° 2002-549 du 19 avr. 2002, art. 3.]*

Art. D. 714-86 Le service est dirigé par un directeur. Le directeur peut être assisté, le cas échéant, d'un conseil. – *[Décr. n° 2002-549 du 19 avr. 2002, art. 4.]*

Art. D. 714-87 Le directeur du service est nommé par le président de l'université, après avis du conseil d'administration. Sous l'autorité du président de l'université, le directeur administre le service.

Dans ce cadre, il exerce notamment les compétences suivantes :

1° Il a autorité sur les personnels affectés dans le service ;

2° Il prépare le projet de budget annexe du service, ses modifications et rend compte de son exécution au conseil d'administration ;

3° Il établit un rapport annuel sur la politique industrielle et commerciale de l'université, qui est présenté au conseil d'administration. – *[Décr. nº 2002-549 du 19 avr. 2002, art. 5.]*

Art. D. 714-88 Pour l'exercice des missions et des activités dévolues au service, l'université dote ce service d'un budget annexe au budget de l'université et de moyens en personnels, locaux, crédits et équipements. – *[Décr. nº 2002-549 du 19 avr. 2002, art. 6.]*

SOUS-SECTION 2 LES SERVICES D'ACTIVITÉS INDUSTRIELLES ET COMMERCIALES COMMUNS À PLUSIEURS ÉTABLISSEMENTS PUBLICS À CARACTÈRE SCIENTIFIQUE, CULTUREL ET PROFESSIONNEL

Art. D. 714-89 Un service commun à plusieurs établissements publics à caractère scientifique, culturel et professionnel, créé en application de l'article L. 714-2, peut être chargé d'assurer l'exploitation d'activités industrielles et commerciales, lorsque ces établissements n'ont pas confié l'exploitation de celles-ci à leurs propres services d'activités industrielles et commerciales. – *[Décr. nº 2002-549 du 19 avr. 2002, art. 7.]*

Art. D. 714-90 Le service d'activités industrielles et commerciales commun à plusieurs établissements est créé par délibération du conseil d'administration de chaque établissement concerné, conformément à l'article L. 714-2.

La décision de création de ce service est soumise à la conclusion préalable, par les établissements, d'une convention à durée limitée, tacitement renouvelable.

La convention, soumise pour approbation au conseil d'administration de chaque établissement, précise notamment les activités confiées par les établissements au service, l'établissement de rattachement du service, la contribution de chaque établissement au fonctionnement du service et les modalités de répartition du résultat de ce service entre les établissements participants. – *[Décr. nº 2002-549 du 19 avr. 2002, art. 8.]*

Art. D. 714-91 Le service est dirigé par un directeur. Le directeur peut être assisté, le cas échéant, d'un conseil.

Les conditions de désignation du directeur, les modalités de fonctionnement du service, la composition, les compétences et les modalités de fonctionnement du conseil du service, lorsque celui-ci est créé, sont définies par la convention mentionnée à l'article D. 714-90. – *[Décr. nº 2002-549 du 19 avr. 2002, art. 9.]*

Art. D. 714-92 Le directeur exerce notamment les compétences suivantes :

1° Il a autorité sur les personnels affectés dans le service ;

2° Il prépare le projet de budget annexe du service, ses modifications. Il rend compte de son exécution aux conseils d'administration ;

3° Il établit un rapport annuel sur la politique industrielle et commerciale du service, qui est présenté aux conseils d'administration. – *[Décr. nº 2002-549 du 19 avr. 2002, art. 10.]*

SECTION X L'ORGANISATION DE L'ACTION CULTURELLE ET ARTISTIQUE ET DE LA DIFFUSION DE LA CULTURE SCIENTIFIQUE, TECHNIQUE ET INDUSTRIELLE DANS L'ENSEIGNEMENT SUPÉRIEUR

(Décr. nº 2018-792 du 13 sept. 2018, art. 2)

SOUS-SECTION 1 LE SERVICE UNIVERSITAIRE CHARGÉ DE L'ACTION CULTURELLE ET ARTISTIQUE

Art. D. 714-93 Chaque université assure le développement de l'action culturelle et artistique à destination des étudiants et des personnels. A cet effet, elle peut créer, par décision du conseil d'administration après avis du conseil académique, un service universitaire chargé de l'action culturelle et artistique.

Art. D. 714-94 Le service universitaire participe à la définition et à la mise en œuvre de la politique culturelle et artistique de l'université. A cet effet, il organise des actions destinées aux étudiants et proposées à l'ensemble des personnels de l'université et à un public extérieur à l'établissement.

Il assure notamment les missions suivantes :

1° Favoriser l'accès à la culture et à l'art dans l'ensemble des domaines culturels et artistiques ;

2° Développer les pratiques culturelles et artistiques encadrées des étudiants ;

3° Soutenir les pratiques culturelles et artistiques autonomes de la communauté universitaire ;

4° Favoriser la présence des artistes dans l'université ;

5° Développer des partenariats avec les acteurs culturels et artistiques ;

6° Participer à l'offre de formation et à la politique de recherche de l'université ;

7° Assurer la production et la diffusion de manifestations culturelles et artistiques ;

8° Valoriser le patrimoine architectural, artistique et paysager du campus ;

9° Renforcer les échanges entre l'université et son territoire.

SOUS-SECTION 2 LE SERVICE UNIVERSITAIRE CHARGÉ DE LA DIFFUSION DE LA CULTURE SCIENTIFIQUE, TECHNIQUE ET INDUSTRIELLE

Art. D. 714-95 Chaque université assure le développement de la diffusion de la culture scientifique, technique et industrielle à destination des étudiants et des personnels. A cet effet, elle peut créer, par décision du conseil d'administration après avis du conseil académique, un service universitaire chargé de la diffusion de la culture scientifique, technique et industrielle.

Art. D. 714-96 Le service universitaire participe à la définition et à la mise en œuvre de la politique en matière de diffusion de la culture scientifique, technique et industrielle technique en cohérence avec la stratégie nationale de la culture scientifique, technique et industrielle. A cet effet, il organise des actions destinées aux étudiants et proposées à l'ensemble des personnels de l'université et à un public extérieur à l'établissement.

Il assure notamment les missions suivantes :

1° Participer à l'offre de formation et à la politique de recherche de l'université ;

2° Assurer la production et la diffusion de manifestations scientifiques et techniques ;

3° Valoriser le patrimoine scientifique et technique du campus ;

4° Renforcer les échanges entre l'université et son territoire dans ce champ ;

5° Élaborer des projets de partage de la culture scientifique, technique et industrielle à destination de tous les publics.

SOUS-SECTION 3 LE SERVICE UNIVERSITAIRE CHARGÉ DE L'ACTION CULTURELLE ET ARTISTIQUE ET DE LA DIFFUSION DE LA CULTURE SCIENTIFIQUE, TECHNIQUE ET INDUSTRIELLE

Art. D. 714-97 Chaque université peut créer, par décision du conseil d'administration après avis du conseil académique, à la place des services prévus aux articles D. 714-93 et D. 714-95, un service universitaire chargé de l'action culturelle et artistique et de la diffusion de la culture scientifique, technique et industrielle.

Art. D. 714-98 Le service universitaire participe à la définition et à la mise en œuvre par l'université de la politique culturelle et artistique et de la politique de diffusion de la culture scientifique, technique et industrielle en référence à la stratégie nationale de culture scientifique, technique et industrielle. Il développe des actions relevant des domaines de la culture, de l'art et de la diffusion de la culture scientifique, technique et industrielle destinées aux étudiants et proposées à l'ensemble des personnels de l'université et à un public extérieur à l'établissement.

Il exerce notamment les missions définies aux articles D. 714-94 et D. 714-96.

SOUS-SECTION 4 DISPOSITIONS COMMUNES

Art. D. 714-99 Le service universitaire est dirigé par un directeur assisté d'un conseil culturel.

Art. D. 714-100 Le directeur est nommé sur proposition du conseil culturel par le président d'université.

Sous l'autorité du président de l'université, le directeur du service universitaire met en œuvre les missions définies, selon les cas, aux articles D. 714-94 et D. 714-96 et dirige le service et les personnels qui y sont affectés.

Il élabore les statuts et le règlement intérieur du service.

Il prépare les délibérations du conseil culturel.

Il élabore et exécute le budget.

Il rédige le rapport annuel d'activité du service qui est présenté au conseil culturel et au conseil académique et transmis au président de l'université.

Il est consulté et peut être entendu, à sa demande, par les instances délibérantes et consultatives de l'université, sur toute question concernant, selon les cas, l'action culturelle, artistique et la diffusion de la culture scientifique, technique et industrielle.

Art. D. 714-101 Le conseil culturel est présidé par le président de l'université ou son représentant. Il comprend outre son président :

1° Des étudiants ;

2° Le vice-président étudiant ;

3° Des enseignants de l'université ;

4° Des personnels des bibliothèques de l'université ;

5° Des représentants des services administratifs de l'université ;

6° Le directeur régional ou territorialement compétent des affaires culturelles ou son représentant ;

7° Des représentants des collectivités territoriales ;

8° Le *(Décr. n° 2020-1555 du 9 déc. 2020, art. 9)* « délégué régional académique à la recherche et à l'innovation ou, en Guyane, le délégué régional à la recherche et à la technologie » ou son adjoint ;

9° Des personnalités qualifiées désignées, en raison de leurs compétences, par le président de l'université sur proposition du directeur du service, après avis des autres membres du conseil culturel.

Le conseil culturel peut également comprendre des représentants d'institutions culturelles et artistiques, d'organismes en charge de la culture scientifique, technique et industrielle. Il peut, sur proposition de son président, inviter toute personne dont il juge la présence utile à assister à ses séances.

Lorsqu'il est institué deux services au sens des articles D. 714-93 et D. 714-95, leurs statuts précisent si la composition de leur conseil culturel est commune ou distincte.

Le directeur du service assiste avec voix consultative aux séances du conseil.

Art. D. 714-102 Le conseil culturel élabore des propositions en ce qui concerne la politique culturelle, artistique et de diffusion de culture scientifique, technique et industrielle en cohérence avec la stratégie nationale de culture scientifique, technique et industrielle.

Il formule une proposition pour la nomination du directeur du service.

Il adopte les statuts et le règlement intérieur du service.

Il vote le projet de budget du service.

Il peut être consulté par les instances délibérantes de l'université sur toute question relevant de sa compétence.

Art. D. 714-103 Les statuts du service universitaire, approuvés par le conseil d'administration de l'université, fixent la composition du conseil culturel, les modalités de désignation de ses membres et la durée de leurs mandats.

Art. D. 714-104 Le règlement intérieur du service fixe les règles d'organisation et de fonctionnement du conseil culturel, et notamment la périodicité de ses réunions, les règles de quorum, les modalités de délibérations et de représentation de ses membres, les modalités de convocation, d'établissement et d'envoi de l'ordre du jour.

Art. D. 714-105 Le service universitaire bénéficie des ressources allouées par l'université. Il peut également bénéficier d'apport de toute autre personne publique ou privée.

Le budget du service universitaire est élaboré et voté dans les conditions fixées aux articles L. 719-5 et R. 719-64.

Art. D. 714-106 Les missions mentionnées aux articles D. 714-94 et D. 714-96 peuvent être exercées dans le cadre d'une communauté d'universités et établissements. Le service est organisé et fonctionne comme un service universitaire conformément aux dispositions de la présente section. Pour l'application des articles D. 714-93 à 714-105, la communauté d'universités et établissements est substituée à l'université.

CHAPITRE V LES INSTITUTS ET LES ÉCOLES NE FAISANT PAS PARTIE DES UNIVERSITÉS

SECTION PREMIÈRE LISTE DES INSTITUTS ET ÉCOLES NE FAISANT PAS PARTIE DES UNIVERSITÉS

SOUS-SECTION 1 LES ÉCOLES CENTRALES

Art. D. 715-1 Les dispositions relatives aux écoles centrales mentionnées à l'article L. 715-1 sont fixées par les décrets suivants :

(Décr. nº 2019-1075 du 21 oct. 2019, art. 4) « 1º Centrale Lille Institut : décret nº 93-1144 du 29 septembre 1993 relatif à Centrale Lille Institut ; »

2º École centrale de Lyon : décret nº 92-378 du 1er avril 1992 relatif à l'École centrale de Lyon ;

3º École centrale de Marseille : décret nº 2003-929 du 29 septembre 2003 relatif à l'École centrale de Marseille ;

4º École centrale de Nantes : décret nº 93-1143 du 29 septembre 1993 relatif à l'École centrale de Nantes.

SOUS-SECTION 2 LES INSTITUTS NATIONAUX DES SCIENCES APPLIQUÉES

Art. R. 715-2 Les instituts nationaux des sciences appliquées, ci-dessous dénommés INSA, sont des établissements publics à caractère scientifique, culturel et professionnel auxquels s'applique le statut d'institut extérieur aux universités défini à l'article L. 715-1. – *[Décr. nº 90-219 du 9 mars 1990, art. 1er.]*

Art. D. 715-3 Les instituts nationaux des sciences appliquées sont les suivants :

1º Institut national des sciences appliquées de Lyon créé par la loi nº 57-320 du 18 mars 1957 créant à Lyon un institut national des sciences appliquées ;

2º Institut national des sciences appliquées de Rennes créé par le décret nº 61-1302 du 29 novembre 1961 portant création des instituts nationaux des sciences appliquées à Rennes et à Toulouse ;

3º Institut national des sciences appliquées de Toulouse créé par le décret nº 61-1302 du 29 novembre 1961 portant création des instituts nationaux des sciences appliquées à Rennes et à Toulouse ;

4º Institut national des sciences appliquées de Rouen créé par le décret nº 85-719 du 16 juillet 1985 portant création d'un institut national des sciences appliquées à Rouen ;

5º Institut national des sciences appliquées de Strasbourg créé par le décret nº 2003-191 du 5 mars 2003 portant création de l'Institut national des sciences appliquées de Strasbourg ;

(Décr. nº 2015-652 du 10 juin 2015, art. 10) « 6º Institut national des sciences appliquées Centre Val de Loire créé par le décret nº 2013-521 du 19 juin 2013 portant création de l'Institut national des sciences appliquées Centre Val de Loire ; »

(Décr. nº 2019-942 du 9 sept. 2019, art. 20) « 7º Institut national des sciences appliquées Hauts-de-France créé par le décret nº 2019-942 du 9 septembre 2019. »

Art. R. 715-4 Les INSA ont pour mission la formation initiale et continue d'ingénieurs de haute qualification pour toutes les branches de l'industrie, les laboratoires de recherche scientifique et industrielle ainsi que les services publics. Ils contribuent à la formation de formateurs et dans le cadre de la formation continue à la formation des techniciens supérieurs. Ils dispensent des formations à la recherche qui sont sanctionnées par des diplômes propres ou par des doctorats et d'autres diplômes nationaux de *(Décr. n° 2018-1189 du 19 déc. 2018, art. 1er)* « deuxième » cycle qu'ils sont habilités à délivrer.

Les INSA conduisent des activités de recherche fondamentale et appliquée dans les domaines scientifique et technique. Ils contribuent à la valorisation des résultats obtenus, à la diffusion de l'information scientifique et technique et à la coopération internationale dans le domaine de leur compétence.

Art. R. 715-5 Le directeur d'un INSA peut déléguer sa signature au secrétaire général, aux membres du comité de direction et aux chefs de services et de centres. – *[Décr. n° 90-219 du 9 mars 1990, art. 3.]*

Art. R. 715-6 Les modalités d'admission des étudiants aux INSA ainsi que les conditions communes de scolarité et de délivrance du diplôme d'ingénieur sont fixées par les articles L. 613-1 à L. 613-4, par le ministre chargé de l'enseignement supérieur, après consultation du conseil d'administration des établissements. – *[Décr. n° 90-219 du 9 mars 1990, art. 4.]*

Art. R. 715-7 Un service commun d'admission aux INSA, géré par une commission inter-INSA des admissions, peut être créé par délibération des conseils d'administration de ces établissements.

La commission inter-INSA des admissions définit l'organisation et les modalités de fonctionnement du service commun.

Elle prépare également les modalités de fonctionnement des jurys de l'admission.

Elle comprend, pour chaque INSA, le directeur et quatre représentants enseignants nommés pour trois ans par le conseil d'administration après avis du conseil des études.

Elle désigne son président pour une durée de trois ans, renouvelable.

Elle est convoquée par son président au moins une fois par an ou à la demande du quart de ses membres ou du directeur d'un INSA.

Le secrétaire général, le responsable du service de la scolarité de chacun des INSA et le chef du service commun des admissions assistent aux réunions de la commission inter-INSA. – *[Décr. n° 90-219 du 9 mars 1990, art. 5.]*

Art. R. 715-8 Il est créé une commission de coordination des INSA ayant pour mission de proposer des actions communes et d'en assurer le suivi et l'évaluation. Elle comprend le président du conseil d'administration, le directeur et un représentant des trois conseils de chacun des établissements. Elle est présidée par chacun des présidents des INSA, désignés par roulement selon un ordre défini par tirage au sort, pour un mandat de deux ans.

Elle se réunit sur convocation de son président. Les secrétaires généraux assistent aux réunions. – *[Décr. n° 90-219 du 9 mars 1990, art. 6.]*

SOUS-SECTION 3 LES UNIVERSITÉS DE TECHNOLOGIE

Art. R. 715-9 *(Décr. n° 2018-1189 du 19 déc. 2018, art. 1er)* Les universités de technologie régies par la présente sous-section sont des établissements publics à caractère scientifique, culturel et professionnel auxquels s'applique le statut d'école extérieure aux universités défini à l'article L. 715-1.

Art. D. 715-9-1 *(Décr. n° 2018-1189 du 19 déc. 2018, art. 1er)* Les universités de technologie relevant de l'article R. 715-9 sont les suivantes :

1° Université de technologie de Belfort-Montbéliard ;

2° Université de technologie de Compiègne ;

3° Université de technologie de Troyes.

Art. R. 715-9-2 *(Décr. n° 2018-1189 du 19 déc. 2018, art. 1er)* Les universités de technologie ont pour mission la formation initiale et continue d'ingénieurs et de cadres, recrutés par concours ou sur dossier, dans les domaines scientifiques et technologiques, des sciences humaines et sociales.

Elles concourent aux missions du service public de l'enseignement supérieur définies aux articles L. 123-1 à L. 123-9, notamment en matière de formation initiale et continue tout au long de la vie, d'insertion professionnelle, de recherche scientifique et technologique et de diffusion de la culture humaniste, scientifique, technique et industrielle, de transfert de technologie et d'innovation, et de coopération internationale et européenne.

Elles délivrent un titre d'ingénieur diplômé dans les conditions prévues à l'article L. 642-1. Elles peuvent être accréditées pour la délivrance de diplômes nationaux dans les conditions fixées par la réglementation de chaque diplôme. En outre, elles dispensent des formations sanctionnées par des diplômes propres.

Art. R. 715-9-3 *(Décr. n° 2018-1189 du 19 déc. 2018, art. 1er)* Le directeur de chacune des universités de technologie, nommé dans les conditions prévues par l'article L. 715-3, peut déléguer sa signature aux autres agents de catégorie A de l'établissement ainsi que, pour les affaires intéressant les unités de recherche constituées avec d'autres établissements publics d'enseignement supérieur ou de recherche, à leurs responsables.

Art. R. 715-9-4 *(Décr. n° 2018-1189 du 19 déc. 2018, art. 1er)* Les conditions d'admission des élèves et les modalités générales de la scolarité et du contrôle des connaissances en vue de la délivrance du titre d'ingénieur diplômé sont fixées par arrêté du ministre chargé de l'enseignement supérieur, après avis du conseil d'administration des établissements.

Art. R. 715-9-5 *(Décr. n° 2018-1189 du 19 déc. 2018, art. 1er)* Pour les élections au conseil d'administration et au conseil des études de l'université de technologie de Belfort-Montbéliard, les personnels enseignants et assimilés des différentes catégories sont répartis en collèges électoraux sur les bases suivantes :

1° Collège des professeurs des universités et personnels assimilés au sens de l'article D. 719-4 ;

2° Collège des autres enseignants-chercheurs et personnels assimilés au sens du même article ;

3° Collège des autres personnels enseignants et autres personnels rattachés à l'établissement pour leurs activités de recherche ne relevant pas des collèges précédents.

Pour les universités de technologie de Compiègne et de Troyes, les électeurs des différentes catégories sont répartis dans les collèges électoraux conformément aux articles D. 719-5 et D. 719-6-1.

SOUS-SECTION 4 AUTRES ÉTABLISSEMENTS PLACÉS SOUS LA TUTELLE DU MINISTRE CHARGÉ DE L'ENSEIGNEMENT SUPÉRIEUR

Art. D. 715-10 Les dispositions relatives aux autres écoles ou instituts extérieurs au sens de l'article L. 715-1 sont les suivantes :

1° Institut supérieur de mécanique de Paris : décret n° 90-928 du 10 octobre 1990 relatif à l'Institut supérieur de mécanique de Paris ;

2° École nationale supérieure des arts et industries textiles : décret n° 2003-1089 du 13 novembre 2003 relatif à l'École nationale supérieure des arts et industries textiles ; *(Décr. n° 2021-441 du 13 avr. 2021, art. 8)* « 3° École nationale supérieure de chimie de Montpellier : décret n° 2021-441 du 13 avril 2021 relatif à l'École nationale supérieure de chimie de Montpellier ; »

(Décr. n° 2015-1286 du 14 oct. 2015, art. 8) « 4° École nationale supérieure de chimie de Paris : décret n° 2015-1286 du 14 octobre 2015 relatif à l'École nationale supérieure de chimie de Paris ; »

(Décr. n° 2015-1496 du 18 nov. 2015, art. 11) « 5° Institut national universitaire Jean-François Champollion : décret n° 2015-1496 du 18 novembre 2015 relatif à l'Institut national universitaire Jean-François Champollion ; »

(Décr. n° 2015-1760 du 24 déc. 2015, art. 11) « 6° *(Décr. n° 2020-1527 du 7 déc. 2020, art. 14)* « Institut national polytechnique Clermont Auvergne » : décret n° 2015-1760 du 24 décembre 2015 portant création de l' *(Décr. n° 2020-1527 du 7 déc. 2020, art. 14)* « Institut national polytechnique Clermont Auvergne » ; »

(Décr. nº 2016-1782 du 19 déc. 2016, art. 8) « 7° École nationale supérieure de mécanique et d'aérotechnique de Poitiers : décret nº 2016-1782 du 19 décembre 2016 relatif à l'École nationale supérieure de mécanique et d'aérotechnique de Poitiers » ;

(Décr. nº 2017-135 du 6 févr. 2017, art. 9) « 8° École nationale supérieure d'ingénieurs de Caen : décret nº 2017-135 du 6 février 2017 relatif à l'École nationale supérieure d'ingénieurs de Caen ; »

(Décr. nº 2018-285 du 18 avr. 2018, art. 10) « 9° École nationale supérieure de mécanique et des microtechniques : décret nº 2018-285 du 18 avril 2018 relatif à l'École nationale supérieure de mécanique et des microtechniques. »

SOUS-SECTION 5 ÉTABLISSEMENTS PLACÉS SOUS LA TUTELLE DU MINISTRE CHARGÉ DE L'ÉQUIPEMENT

Art. D. 715-11 Les dispositions relatives à l'École nationale des travaux publics de l'État sont fixées par le décret nº 2006-1545 du 7 décembre 2006 relatif à l'École nationale des travaux publics de l'État.

SECTION II GOUVERNANCE

SOUS-SECTION 1 SÉCURITÉ DES BIENS ET DES PERSONNES

Art. R. 715-12 Les dispositions des articles R. 712-1 à R. 712-8, relatives à la sécurité des biens et des personnes, sont applicables aux établissements mentionnés aux articles D. 715-1, D. 715-3, D. 715-9, D. 715-10 et D. 715-11.

Pour l'application de ces dispositions, les mots : "le président de l'université" sont remplacés par les mots : "le directeur de l'établissement". — *[Décr. nº 85-827 du 31 juill. 1985, art. 1er, en ce qui concerne les instituts et écoles extérieurs aux universités.]*

SOUS-SECTION 2 DISCIPLINE

Art. R. 715-13 *(Décr. nº 2015-79 du 28 janv. 2015, art. 30)* « Le pouvoir disciplinaire prévu *(Décr. nº 2020-785 du 26 juin 2020, art. 4)* « aux articles L. 712-6-2 et L. 811-5 » est exercé en premier ressort par le conseil académique de l'institut ou de l'école ou, à défaut de conseil académique compétent en matière disciplinaire, par le conseil d'administration, constitué en sections disciplinaires *(Décr. nº 2020-785 du 26 juin 2020, art. 4)* « , pour les personnels enseignants dans les conditions et selon la procédure prévues aux articles R. 712-10 à R. 712-46, sous réserve des dispositions prévues à l'article R. 232-31, et pour les usagers dans les conditions et selon la procédure prévues aux articles R. 811-10 à R. 811-42, sous réserve des dispositions applicables » à l'établissement mentionné à l'article D. 715-11. »

(Décr. nº 2020-785 du 26 juin 2020, art. 4) « Par dérogation à l'article R. 811-14, la section disciplinaire compétente à l'égard des usagers peut comprendre deux membres appartenant à chacun des collèges définis aux 1° et 2° de cet article et quatre membres appartenant au collège défini à son 3°. Dans ce cas, par dérogation aux articles R. 811-20 et R. 811-32, la commission de discipline comprend quatre membres, dont un membre appartenant à chacun des collèges définis aux 1° et 2° de l'article R. 811-14 et deux membres appartenant au collège défini au 3° du même article, et ne peut valablement délibérer que si les représentants des collèges définis aux 1° et 2° de l'article R. 811-14 sont présents. »

Pour l'application des articles R. 712-10 à R. 712-46 *(Décr. nº 2020-785 du 26 juin 2020, art. 4)* « et R. 811-10 à R. 811-42 », les mots : "le président de l'université" sont remplacés par les mots : "le directeur de l'établissement". Pour l'application de l'article R. 712-10, les mots : "l'université" sont remplacés par les mots : "l'établissement".

CHAPITRE VI LES ÉCOLES NORMALES SUPÉRIEURES

SECTION PREMIÈRE RÉGIME APPLICABLE AUX ÉCOLES NORMALES SUPÉRIEURES

Art. D. 716-1 Les dispositions relatives aux écoles normales supérieures mentionnées à l'article L. 716-1 sont fixées par les décrets suivants :

(*Décr. nº 2013-1140 du 9 déc. 2013, art. 28*) « 1º École normale supérieure : décret nº 2013-1140 du 9 décembre 2013 relatif à l'École normale supérieure ; »

2º École normale supérieure (*Décr. nº 2019-77 du 5 févr. 2019, art. 2*) « Paris-Saclay » : décret nº 2011-21 du 5 janvier 2011 relatif à l' (*Décr. nº 2019-77 du 5 févr. 2019, art. 2*) « École normale supérieure Paris-Saclay » ;

3º École normale supérieure de Lyon : décret nº 2012-715 du 7 mai 2012 fixant les règles d'organisation et de fonctionnement de l'École normale supérieure de Lyon ;

(*Décr. nº 2013-924 du 17 oct. 2013, art. 29*) « 4º École normale supérieure de Rennes : décret nº 2013-924 du 17 octobre 2013 portant création de l'École normale supérieure de Rennes. »

SECTION II GOUVERNANCE

SOUS-SECTION 1 SÉCURITÉ DES BIENS ET DES PERSONNES

Art. R. 716-2 Les dispositions des articles R. 712-1 à R. 712-8 sont applicables aux établissements mentionnés à l'article D. 716-1 sous réserve des dispositions réglementaires particulières à ces établissements, et sous la réserve suivante :les mots : "le président de l'université" sont remplacés par les mots : "le chef d'établissement".

Dans les établissements mentionnés à l'article L. 716-1, la consultation du (*Décr. nº 2015-652 du 10 juin 2015, art. 10*) « conseil académique » prévue au deuxième alinéa de R. 712-5 est, sauf disposition contraire des statuts, remplacée par celle du conseil d'administration.

SOUS-SECTION 2 DISCIPLINE

Art. R. 716-3 (*Décr. nº 2015-79 du 28 janv. 2015, art. 31*) « Le pouvoir disciplinaire prévu (*Décr. nº 2020-785 du 26 juin 2020, art. 5*) « aux articles L. 712-6-2 et L. 811-5 » est exercé en premier ressort par le conseil académique de l'école ou, à défaut de conseil académique compétent en matière disciplinaire, par le conseil d'administration, constitué en sections disciplinaires (*Décr. nº 2020-785 du 26 juin 2020, art. 5*) « , pour les personnels enseignants dans les conditions et selon la procédure prévues aux articles R. 712-10 à R. 712-46, sous réserve des dispositions prévues à l'article R. 232-31, et pour les usagers dans les conditions et selon la procédure prévues aux articles R. 811-10 à R. 811-42, sous réserve des dérogations prévues » à l'article R. 232-31 ainsi que des dérogations prévues par les dispositions réglementaires applicables aux établissements mentionnés à l'article D. 716-1. »

Pour l'application des articles R. 712-10 à R. 712-46 (*Décr. nº 2020-785 du 26 juin 2020, art. 5*) « et R. 811-10 à R. 811-42 », les mots : "le président de l'université" sont remplacés par les mots "le chef d'établissement". Pour l'application de l'article R. 712-10, les mots : "l'université" sont remplacés par les mots : "l'établissement".

CHAPITRE VII LES GRANDS ÉTABLISSEMENTS

SECTION PREMIÈRE CATÉGORIES DE GRANDS ÉTABLISSEMENTS

SOUS-SECTION 1 LES GRANDS ÉTABLISSEMENTS PLACÉS SOUS LA TUTELLE DU MINISTRE CHARGÉ DE L'ENSEIGNEMENT SUPÉRIEUR

Art. D. 717-1 Les dispositions relatives aux grands établissements placés sous la tutelle du ministre chargé de l'enseignement supérieur sont fixées par les décrets suivants :

(*Décr. nº 2015-652 du 10 juin 2015, art. 10*) « 1º Collège de France : décret nº 2014-838 du 24 juillet 2014 relatif au Collège de France ; »

2º Observatoire de Paris : décret nº 85-715 du 10 juillet 1985 relatif à l'Observatoire de Paris ;

3º Conservatoire national des arts et métiers : décret nº 88-413 du 22 avril 1988 relatif au Conservatoire national des arts et métiers ;

4º Institut national des langues et civilisations orientales : décret nº 90-414 du 14 mai 1990 relatif à l'Institut national des langues et civilisations orientales ;

5° École nationale des chartes : décret n° 87-832 du 8 octobre 1987 relatif à l'École nationale des chartes ;

6° *Abrogé par Décr. n° 2014-1679 du 30 déc. 2014, art. 36.*

7° École pratique des hautes études : décret n° 2005-1444 du 24 novembre 2005 relatif à l'École pratique des hautes études ;

(Décr. n° 2016-24 du 18 janv. 2016, art. 34) « 8° Le décret n° 2016-24 du 18 janvier 2016 relatif à l'Institut d'études politiques de Paris ; »

9° École nationale supérieure d'arts et métiers : décret n° 2012-1223 du 2 novembre 2012 relatif à l'École nationale supérieure d'arts et métiers ;

10° Institut de physique du Globe de Paris : décret n° 90-269 du 21 mars 1990 relatif à l'Institut de physique du Globe de Paris ;

11° École des hautes études en sciences sociales : décret n° 85-427 du 12 avril 1985 relatif à l'École des hautes études en sciences sociales ;

12° École nationale supérieure des sciences de l'information et des bibliothèques : décret n° 92-25 du 9 janvier 1992 relatif à l'organisation de l'École nationale supérieure des sciences de l'information et des bibliothèques ;

(Décr. n° 2015-530 du 13 mai 2015, art. 24) « 13° Université Paris-Dauphine : décret n° 2004-186 du 26 février 2004 portant création de l'université Paris-Dauphine » ;

14° Institut polytechnique de Grenoble : décret n° 2007-317 du 8 mars 2007 relatif à l'Institut polytechnique de Grenoble ;

15° Institut polytechnique de Bordeaux : décret n° 2009-329 du 25 mars 2009 créant l'Institut polytechnique de Bordeaux ;

16° Université de Lorraine : décret n° 2011-1169 du 22 septembre 2011 portant création de l'université de Lorraine.

SOUS-SECTION 2 LES GRANDS ÉTABLISSEMENTS PLACÉS SOUS LA TUTELLE CONJOINTE DU MINISTRE CHARGÉ DE L'ENSEIGNEMENT SUPÉRIEUR ET D'AUTRES MINISTRES

Art. D. 717-2 Les dispositions relatives aux grands établissements placés sous la tutelle conjointe des ministres chargés de l'enseignement supérieur et d'un ou plusieurs autres ministres sont fixées par les décrets suivants :

1° Muséum national d'histoire naturelle, sous la tutelle conjointe des ministres chargés de l'enseignement supérieur, de la recherche et de l'environnement : décret n° 2001-916 du 3 octobre 2001 relatif au Muséum national d'histoire naturelle ;

2° Institut national d'histoire de l'art, sous la tutelle conjointe des ministres chargés de l'enseignement supérieur, de la recherche et de la culture : décret n° 2001-621 du 12 juillet 2001 portant création de l'Institut national d'histoire de l'art ;

3° École des hautes études en santé publique, sous la tutelle conjointe des ministres chargés de l'enseignement supérieur, de la recherche, de la santé et des affaires sociales : décret n° 2006-1546 du 7 décembre 2006 relatif à l'École des hautes études en santé publique ;

4° Institut national supérieur des sciences agronomiques, de l'alimentation et de l'environnement, sous la tutelle conjointe des ministres chargés de l'enseignement supérieur et de l'agriculture : décret n° 2009-189 du 18 février 2009 portant création de l'Institut national supérieur des sciences agronomiques, de l'alimentation et de l'environnement (AgroSup Dijon) ;

(Décr. n° 2014-1679 du 30 déc. 2014, art. 36) « 5° CentraleSupélec, sous la tutelle conjointe des ministres chargés de l'enseignement supérieur et de l'industrie : décret n° 2014-1679 du 30 décembre 2014 portant création de CentraleSupélec. »

SOUS-SECTION 3 LES AUTRES GRANDS ÉTABLISSEMENTS *(Décr. n° 2015-652 du 10 juin 2015, art. 10)*

Art. D. 717-3 Les dispositions relatives aux grands établissements *(Décr. n° 2015-652 du 10 juin 2015, art. 10)* « relevant » du ministre chargé de l'agriculture sont fixées par les décrets suivants :

1° Institut *(Décr. n° 2020-1748 du 28 déc. 2020, art. 23)* « national » des sciences et industries du vivant et de l'environnement (*(Décr. n° 2020-1748 du 28 déc. 2020, art. 23)* « AgroParisTech ») : décret n° 2006-1592 du 13 décembre 2006 portant création de l'Institut des sciences et industries du vivant et de l'environnement (*(Décr. n° 2020-1748 du 28 déc. 2020, art. 23)* « AgroParisTech ») ;

(Décr. n° 2019-1459 du 26 déc. 2019, art. 33) « 2° Institut national d'enseignement supérieur pour l'agriculture, l'alimentation et l'environnement : décret n° 2019-1459 du 26 décembre 2019 relatif à l'Institut national d'enseignement supérieur pour l'agriculture, l'alimentation et l'environnement ; »

3° *Abrogé par Décr. n° 2019-1459 du 26 déc. 2019, art. 33.*

4° Institut d'enseignement supérieur et de recherche en alimentation, santé animale, sciences agronomiques et de l'environnement (Vet Agro Sup) : décret n° 2009-1641 du 24 décembre 2009 portant création de l'Institut d'enseignement supérieur et de recherche en alimentation, santé animale, sciences agronomiques et de l'environnement (Vet Agro Sup) ;

5° École nationale vétérinaire, agroalimentaire et de l'alimentation, Nantes-Atlantique (ONIRIS) : décret n° 2009-1642 du 24 décembre 2009 portant création de l'École nationale vétérinaire, agroalimentaire et de l'alimentation, Nantes-Atlantique (ONIRIS).

Art. D. 717-4 *(Décr. n° 2018-249 du 5 avr. 2018, art. 33)* Les dispositions relatives aux grands établissements placés sous la tutelle du ministre chargé de l'équipement et de l'aviation civile sont fixées par les décrets suivants :

1° École nationale des ponts et chaussées : décret n° 93-1289 du 8 décembre 1993 relatif à l'École nationale des ponts et chaussées ;

2° École nationale de l'aviation civile : décret n° 2018-249 du 5 avril 2018 relatif à l'École nationale de l'aviation civile.

Art. D. 717-5 *(Décr. n° 2015-1176 du 24 sept. 2015, art. 45)* — Les dispositions relatives aux grands établissements relevant de la tutelle du ministre de la défense sont fixées par les décrets suivants :

1° École polytechnique : décret n° 2015-1176 du 24 septembre 2015 relatif à l'organisation et au régime administratif et financier de l'École polytechnique ;

2° Institut supérieur de l'aéronautique et de l'espace : articles R. 3411-1 à R. 3411-28 du code de la défense ;

(Décr. n° 2016-1427 du 21 oct. 2016, art. 6) « 3° École navale : articles R. 3411-88 à R. 3411-118 du code de la défense ; »

(Décr. n° 2018-1158 du 14 déc. 2018, art. 5) « 4° École de l'air et de l'espace : articles R. 3411-119 à R. 3411-160 du code de la défense. »

Art. D. 717-6 Les dispositions relatives à l'École nationale supérieure maritime, grand établissement *(Décr. n° 2015-652 du 10 juin 2015, art. 10)* « relevant » du ministre chargé de la mer, sont fixées par le décret n° 2010-1129 du 28 septembre 2010 portant création de l'École nationale supérieure maritime.

Art. D. 717-7 Les dispositions relatives à l'Institut national des sports, de l'expertise et de la performance, grand établissement *(Décr. n° 2015-652 du 10 juin 2015, art. 10)* « relevant » du ministre chargé des sports, sont fixées par les articles R. 211-1 à R. 211-18-6 du code du sport.

Art. D. 717-8 Les dispositions relatives au Groupe des écoles nationales d'économie et statistique, grand établissement *(Décr. n° 2015-652 du 10 juin 2015, art. 10)* « relevant » du ministre chargé de l'économie, sont fixées par le décret n° 2010-1670 du 28 décembre 2010 relatif au Groupe des écoles nationales d'économie et statistique.

Art. D. 717-9 Les dispositions relatives à l'Institut Mines-Télécom, grand établissement *(Décr. n° 2015-652 du 10 juin 2015, art. 10)* « relevant » des ministres chargés de l'industrie et des communications électroniques, sont fixées par le décret n° 2012-279 du 28 février 2012 relatif à l'Institut Mines-Télécom.

SECTION II GOUVERNANCE

SOUS-SECTION 1 SÉCURITÉ DES BIENS ET DES PERSONNES

Art. R. 717-10 Les dispositions des articles R. 712-1 à R. 712-8 sont applicables aux grands établissements mentionnés aux articles D. 717-1 à D. 717-9, sous réserve des dispositions réglementaires particulières à ces établissements, et sous la réserve suivante :les mots : "le président de l'université" sont remplacés par les mots : "le chef d'établissement".

Dans ces établissements, la consultation du *(Décr. n° 2015-652 du 10 juin 2015, art. 10)* « conseil académique » prévue au deuxième alinéa de l'article R. 712-5 est, sauf disposition contraire des statuts, remplacée par celle du conseil d'administration.

SOUS-SECTION 2 DISCIPLINE

Art. R. 717-11 *(Décr. n° 2015-79 du 28 janv. 2015, art. 32)* « Le pouvoir disciplinaire prévu *(Décr. n° 2020-785 du 26 juin 2020, art. 6)* « aux articles L. 712-6-2 et L. 811-5 » est exercé en premier ressort par le conseil académique du grand établissement ou, à défaut de conseil académique compétent en matière disciplinaire, par le conseil d'administration, constitué en sections disciplinaires *(Décr. n° 2020-785 du 26 juin 2020, art. 6)* « , pour les personnels enseignants dans les conditions et selon la procédure prévues aux articles R. 712-10 à R. 712-46, sous réserve des dispositions prévues à l'article R. 232-31, et pour les usagers dans les conditions et selon la procédure prévues aux articles R. 811-10 à R. 811-42, sous réserve des dérogations prévues » par les dispositions réglementaires applicables aux établissements mentionnés aux articles D. 717-1 et D. 717-2, de l'extension de l'article L. 712-6-2 et, le cas échéant, de son adaptation aux établissements mentionnés aux articles D. 717-3 à D. 717-9. »

(Décr. n° 2020-785 du 26 juin 2020, art. 6) « Par dérogation à l'article R. 811-14, la section disciplinaire compétente à l'égard des usagers peut comprendre deux membres appartenant à chacun des collèges définis aux 1° et 2° de cet article et quatre membres appartenant au collège défini à son 3°. Dans ce cas, par dérogation aux articles R. 811-20 et R. 811-32, la commission de discipline comprend quatre membres, dont un membre appartenant à chacun des collèges définis aux 1° et 2° de l'article R. 811-14 et deux membres appartenant au collège défini au 3° du même article, et ne peut valablement délibérer que si les représentants des collèges définis aux 1° et 2° de cet article sont présents. »

Pour l'application des articles R. 712-10 à R. 712-46 *(Décr. n° 2020-785 du 26 juin 2020, art. 6)* « et R. 811-10 à R. 811-42 », les mots : "le président de l'université" sont remplacés par les mots : "le chef d'établissement". Pour l'application de l'article R. 712-10, les mots : "l'université" sont remplacés par les mots : "l'établissement".

CHAPITRE VIII LES ÉCOLES FRANÇAISES À L'ÉTRANGER

SECTION PREMIÈRE RÉGIME APPLICABLE AUX ÉCOLES FRANÇAISES À L'ÉTRANGER

Art. R. 718-1 Les écoles françaises à l'étranger sont des établissements publics à caractère scientifique, culturel et professionnel soumis aux dispositions du présent code et aux textes pris pour son application sous réserve des dérogations prévues par le décret n° 2011-164 du 10 février 2011 relatif aux écoles françaises à l'étranger.

Les écoles françaises à l'étranger sont placées sous la tutelle du ministre chargé de l'enseignement supérieur qui exerce, à leur égard, les compétences attribuées au recteur *(Décr. n° 2019-1554 du 30 déc. 2019, art. 1er)* « de région académique », chancelier des universités, par le présent code et les textes pris pour son application.

Les écoles françaises à l'étranger sont les suivantes :

1° École française d'Athènes ;

2° École française de Rome ;

3° École française d'Extrême-Orient ;

4° Institut français d'archéologie orientale du Caire ;

5° Casa de Velázquez de Madrid.

Art. R. 718-2 Dans les aires géographiques et les domaines scientifiques définis à l'article 3 du décret n° 2011-164 du 10 février 2011 relatif aux écoles françaises à l'étranger, les écoles françaises à l'étranger ont pour mission de développer la recherche fondamentale sur le terrain et la formation à la recherche.

Elles définissent et mettent en œuvre une politique de recherche scientifique qu'elles valorisent par la publication et la diffusion de leurs travaux.

Elles mettent à la disposition des chercheurs leurs ressources documentaires. Elles favorisent l'accès aux autres sources et archives afférant à leurs aires d'influence.

Elles sont un lieu d'échanges entre les chercheurs français et étrangers et contribuent au rayonnement de la science française. *(Décr. nº 2021-146 du 10 févr. 2021, art. 1er)* « Dans les pays où ces écoles sont actives, cette coopération se traduit notamment par la conclusion d'accords de coopération avec les universités et les institutions académiques et scientifiques de ces pays. L'ambassadeur est régulièrement informé des actions et activités des écoles. »

Elles collaborent avec des organismes de recherche ou d'enseignement supérieur français ou étrangers et contribuent à la coopération scientifique internationale.

Elles recrutent des membres dans les conditions prévues aux articles 19 à 22 du décret du 10 février 2011 susmentionné.

(Décr. nº 2021-146 du 10 févr. 2021, art. 1er) « Elles mettent en œuvre une politique de préparation à l'insertion professionnelle ou à l'évolution de carrière de leurs membres au sortir de l'école. »

Elles accueillent, pour la poursuite de leurs travaux, des étudiants ainsi que, dans le cadre des programmes scientifiques, des chercheurs, des enseignants-chercheurs et des personnalités scientifiques, dans les conditions prévues aux articles 25 et 26 du décret du 10 février 2011 susmentionné.

(Décr. nº 2021-146 du 10 févr. 2021, art. 1er) « La Casa de Velázquez de Madrid accueille également des artistes en résidence dans les conditions prévues aux articles 22-1 à 22-3 du décret du 10 février 2011 mentionné ci-dessus.

« L'École française d'Extrême-Orient dispose d'emplois permanents de directeur d'études et de maître de conférences régis par le décret nº 89-710 du 28 septembre 1989 portant statut particulier du corps des directeurs d'études et du corps des maîtres de conférences de l'École pratique des hautes études, de l'École nationale des chartes et de l'École française d'Extrême-Orient. »

SECTION II GOUVERNANCE

SOUS-SECTION 1 SÉCURITÉ DES BIENS ET DES PERSONNES

Art. R. 718-3 Les dispositions des articles R. 712-1 à R. 712-8 sont applicables aux établissements mentionnés à l'article R. 718-1, sous réserve des dispositions réglementaires particulières à ces établissements, et sous la réserve suivante : les mots : "le président de l'université" sont remplacés par les mots : "le directeur de l'école".

Dans ces établissements, la consultation du *(Décr. nº 2015-652 du 10 juin 2015, art. 10)* « conseil académique » prévue au deuxième alinéa de l'article R. 712-5 est, sauf disposition contraire des statuts, remplacée par celle du conseil d'administration.

SOUS-SECTION 2 DISCIPLINE

Art. R. 718-4 *(Décr. nº 2015-79 du 28 janv. 2015, art. 33)* « Le pouvoir disciplinaire prévu *(Décr. nº 2020-785 du 26 juin 2020, art. 6)* « aux articles L. 712-6-2 et L. 811-5 » est exercé en premier ressort par le conseil académique de l'école française à l'étranger ou, à défaut de conseil académique compétent en matière disciplinaire, par le conseil d'administration, constitué en sections disciplinaires *(Décr. nº 2020-785 du 26 juin 2020, art. 6)* « , pour les personnels enseignants dans les conditions et selon la procédure prévues aux articles R. 712-10 à R. 712-46, sous réserve des dispositions prévues à l'article R. 232-31, et pour les usagers dans les conditions et selon la procédure prévues aux articles R. 811-10 à R. 811-42, sous réserve des dérogations prévues » par les dispositions réglementaires applicables aux établissements mentionnés à l'article R. 718-1. »

(Décr. nº 2020-785 du 26 juin 2020, art. 6) « Par dérogation à l'article R. 811-14, la section disciplinaire compétente à l'égard des usagers peut comprendre deux membres appartenant à chacun des collèges définis aux 1º et 2º de cet article et quatre membres appartenant au collège défini à son 3º. Dans ce cas, par dérogation aux articles R. 811-20 et R. 811-32, la commission de discipline comprend quatre membres, dont

un membre appartenant à chacun des collèges définis aux 1° et 2° de l'article R. 811-14 et deux membres appartenant au collège défini au 3° du même article, et ne peut valablement délibérer que si les représentants des collèges définis aux 1° et 2° de cet article sont présents. »

Pour l'application des articles R. 712-10 à R. 712-46 *(Décr. nº 2020-785 du 26 juin 2020, art. 6)* « et R. 811-10 à R. 811-42 », les mots : "le président de l'université" sont remplacés par les mots : "le directeur de l'école". Pour l'application de l'article R. 712-10, les mots : "l'université" sont remplacés par les mots : "l'établissement".

CHAPITRE VIII *BIS* COOPÉRATION ET REGROUPEMENTS DES ÉTABLISSEMENTS

(Décr. nº 2014-1529 du 17 déc. 2014, art. 3)

SECTION PREMIÈRE DISPOSITIONS COMMUNES

La présente section ne comprend pas de dispositions prises par décret.

SECTION II FUSION D'ÉTABLISSEMENTS

La présente section ne comprend pas de dispositions prises par décret.

SECTION III LA COMMUNAUTÉ D'UNIVERSITÉS ET ÉTABLISSEMENTS

La présente section ne comprend pas de dispositions prises par décret.

SECTION IV CONVENTIONS ET ASSOCIATION

Art. D. 718-5 Les établissements ou organismes concourant aux missions du service public de l'enseignement supérieur et de la recherche, dont la liste figure au présent article, sont associés à un ou plusieurs établissements publics à caractère scientifique, culturel et professionnel en application de l'article L. 718-16 :

1° *Abrogé par Décr. nº 2015-1133 du 11 sept. 2015, art. 5 ;*

(Décr. nº 2014-1549 du 19 déc. 2014, art. 4) « 2° L'institut d'administration des entreprises de Paris à l'université Paris-I par le décret nº 2014-1549 du 19 décembre 2014 portant association de l'institut d'administration des entreprises de Paris à l'université Paris-I ; »

3° *Abrogé par Décr. nº 2016-1217 du 13 sept. 2016, art. 12 ;*

4° *Abrogé par Décr. nº 2020-1527 du 7 déc. 2020, art. 14 ;*

5° *Abrogé par Décr. nº 2015-1760 du 24 déc. 2015, art. 11 ;*

(Décr. nº 2015-529 du 12 mai 2015, art. 3) « 6° L'École nationale supérieure d'architecture de Clermont-Ferrand à l'université *(Décr. nº 2016-1217 du 13 sept. 2016, art. 12)* « Clermont Auvergne » par le décret nº 2015-529 du 12 mai 2015 portant association d'établissements du site clermontois ; ».

(Décr. nº 2015-528 du 12 mai 2015, art. 6) « 7° L'université de Mulhouse à l'université de Strasbourg par le décret nº 2015-528 du 12 mai 2015 portant association d'établissements du site alsacien ;

« 8° L'Institut national des sciences appliquées de Strasbourg à l'université de Strasbourg par le décret nº 2015-528 du 12 mai 2015 portant association d'établissements du site alsacien ;

« 9° La Bibliothèque nationale et universitaire de Strasbourg à l'université de Strasbourg par le décret nº 2015-528 du 12 mai 2015 portant association d'établissements du site alsacien ;

« 10° L'École nationale supérieure d'architecture de Strasbourg à l'université de Strasbourg par le décret nº 2015-528 du 12 mai 2015 portant association d'établissements du site alsacien ; »

(Décr. nº 2015-637 du 8 juin 2015, art. 3) « 11° L'École nationale du génie de l'eau et de l'environnement de Strasbourg à l'université de Strasbourg par le décret nº 2015-637 du 8 juin 2015 portant association de l'École nationale du génie de l'eau et de l'environnement de Strasbourg à l'université de Strasbourg ; »

(Décr. nº 2015-785 du 29 juin 2015, art. 4) « 12° L'Institut d'études politiques de Bordeaux à l'université de Bordeaux par le décret nº 2015-785 du 29 juin 2015 portant association d'établissements à l'université de Bordeaux ;

« 13° L'Institut polytechnique de Bordeaux à l'université de Bordeaux par le décret n° 2015-785 du 29 juin 2015 portant association d'établissements à l'université de Bordeaux » ;

(Décr. n° 2015-1008 du 18 août 2015, art. 3) « 14° L'École nationale supérieure d'ingénieurs de Caen à l'université de Caen par le décret n° 2015-1008 du 18 août 2015 portant association de l'École nationale supérieure d'ingénieurs de Caen à l'université de Caen ; »

15° *à* 17° *Abrogés par Décr. n° 2019-1123 du 31 oct. 2019, art. 15* ;

18° *Abrogé par Décr. n° 2019-549 du 31 mai 2019, art. 8* ;

(Décr. n° 2015-1594 du 7 déc. 2015, art. 3) « 19° L'université Paris-II à la communauté d'universités et établissements "Sorbonne Universités" par le décret n° 2015-1594 du 7 décembre 2015 portant association de l'université Paris-II à la communauté d'universités et établissements "Sorbonne Universités" » ;

20° *à* 23° *Abrogés par Décr. n° 2019-1130 du 5 nov. 2019, art. 21* ;

(Décr. n° 2016-180 du 23 févr. 2016, art. 6) « 24° L'École nationale supérieure des sciences de l'information et des bibliothèques à l'Université de Lyon par le décret n° 2016-180 du 23 février 2016 portant association d'établissements publics du site lyonnais ;

« 25° L'École nationale supérieure des arts et techniques du théâtre à l'Université de Lyon par le décret n° 2016-180 du 23 février 2016 portant association d'établissements publics du site lyonnais ;

26° *Abrogé par Décr. n° 2020-159 du 24 févr. 2020, art. 3* ;

« 27° L'Institut d'études politiques de Lyon à l'université Lyon-II par le décret n° 2016-180 du 23 février 2016 portant association d'établissements publics du site lyonnais ; »

(Décr. n° 2016-181 du 23 févr. 2016, art. 6) « 28° L'université d'Avignon à l'université d'Aix-Marseille par le décret n° 2016-181 du 23 février 2016 portant association d'établissements du site Aix-Marseille-Provence-Méditerranée ;

« 29° L'université de Toulon à l'université d'Aix-Marseille par le décret n° 2016-181 du 23 février 2016 portant association d'établissements du site Aix-Marseille-Provence-Méditerranée ;

« 30° L'École centrale de Marseille à l'université d'Aix-Marseille par le décret n° 2016-181 du 23 février 2016 portant association d'établissements du site Aix-Marseille-Provence-Méditerranée ;

« 31° L'Institut d'études politiques d'Aix-en-Provence à l'université d'Aix-Marseille par le décret n° 2016-181 du 23 février 2016 portant association d'établissements du site Aix-Marseille-Provence-Méditerranée ; »

(Décr. n° 2016-468 du 14 avr. 2016, art. 15) « 32° Le centre de ressources, d'expertise et de performance sportives de Toulouse Midi-Pyrénées à l'Université fédérale de Toulouse Midi-Pyrénées par le décret n° 2016-468 du 14 avril 2016 portant association d'établissements du site toulousain ;

« 33° L'École nationale de l'aviation civile à l'Université fédérale de Toulouse Midi-Pyrénées par le décret n° 2016-468 du 14 avril 2016 portant association d'établissements du site toulousain ;

« 34° L'École nationale d'ingénieurs de Tarbes à l'Université fédérale de Toulouse Midi-Pyrénées et à l'Institut national polytechnique de Toulouse par le décret n° 2016-468 du 14 avril 2016 portant association d'établissements du site toulousain ;

« 35° L'École nationale supérieure d'architecture de Toulouse à l'Université fédérale de Toulouse Midi-Pyrénées par le décret n° 2016-468 du 14 avril 2016 portant association d'établissements du site toulousain ;

« 36° L'École nationale supérieure des mines d'Albi-Carmaux à l'Université fédérale de Toulouse Midi-Pyrénées par le décret n° 2016-468 du 14 avril 2016 portant association d'établissements du site toulousain ;

« 37° L'Institut d'études politiques de Toulouse à l'Université fédérale de Toulouse Midi-Pyrénées et à l'université Toulouse-I par le décret n° 2016-468 du 14 avril 2016 portant association d'établissements du site toulousain ;

« 38° L'Institut national universitaire Jean-François Champollion à l'Université fédérale de Toulouse Midi-Pyrénées par le décret n° 2016-468 du 14 avril 2016 portant association d'établissements du site toulousain ;

« 39° L'Institut supérieur des arts de Toulouse à l'Université fédérale de Toulouse Midi-Pyrénées par le décret n° 2016-468 du 14 avril 2016 portant association d'établissements du site toulousain ;

« 40° L'Office national d'études et de recherches aérospatiales à l'Université fédérale de Toulouse Midi-Pyrénées par le décret n° 2016-468 du 14 avril 2016 portant association d'établissements du site toulousain ;

« 41° Toulouse Business School à l'Université fédérale de Toulouse Midi-Pyrénées par le décret n° 2016-468 du 14 avril 2016 portant association d'établissements du site toulousain » ;

(Décr. n° 2016-742 du 2 juin 2016, art. 4) « 42° L'université de technologie de Compiègne à l'université d'Amiens par le décret n° 2016-742 du 2 juin 2016 portant association d'établissements du site picard ;

« 43° L'École supérieure d'art et de design d'Amiens à l'université d'Amiens par le décret n° 2016-742 du 2 juin 2016 portant association d'établissements du site picard ; »

(Décr. n° 2016-826 du 22 juin 2016, art. 4) « 44° L'École nationale de formation agronomique de Toulouse à l'Université fédérale de Toulouse Midi-Pyrénées par le décret n° 2016-468 du 14 avril 2016 portant association d'établissements du site toulousain ;

« 45° L'École nationale vétérinaire de Toulouse à l'Université fédérale de Toulouse Midi-Pyrénées par le décret n° 2016-468 du 14 avril 2016 portant association d'établissements du site toulousain ; »

(Décr. n° 2016-1111 du 11 août 2016, art. 7) « 46° L'École des Ingénieurs de la Ville de Paris à l'Université Paris-Est par le décret n° 2016-1111 du 11 août 2016 portant association d'établissements à Université Paris-Est *(Décr. n° 2017-1157 du 10 juill. 2017, art. 4)* « et à l'École nationale des ponts et chaussées par le décret n° 2017-1157 du 10 juillet 2017 portant association de l'École des ingénieurs de la Ville de Paris (EIVP) – École supérieure du génie urbain à l'École nationale des ponts et chaussées (ENPC) » ;

« 47° L'École nationale supérieure d'architecture de Marne-la-Vallée à l'Université Paris-Est par le décret n° 2016-1111 du 11 août 2016 portant association d'établissements à Université Paris-Est ;

« 48° L'École nationale supérieure d'architecture de Paris-Belleville à l'Université Paris-Est par le décret n° 2016-1111 du 11 août 2016 portant association d'établissements à Université Paris-Est ;

« 49° L'École nationale supérieure d'architecture de Paris-Malaquais à l'Université Paris-Est par le décret n° 2016-1111 du 11 août 2016 portant association d'établissements à Université Paris-Est ; »

(Décr. n° 2016-1213 du 12 sept. 2016, art. 4) « 50° L'École nationale supérieure Louis Lumière à l'Université Paris Lumières par le décret n° 2016-1213 du 12 septembre 2016 portant association d'établissements à l'Université Paris Lumières ;

« 51° L'Institut national supérieur de formation et de recherche pour l'éducation des jeunes handicapés et les enseignements adaptés à l'Université Paris Lumières par le décret n° 2016-1213 du 12 septembre 2016 portant association d'établissements à l'Université Paris Lumières ; »

52° *Abrogé par Décr. n° 2021-1206 du 20 sept. 2021, art. 14* ;

(Décr. n° 2016-1112 du 11 août 2016, art. 2) « 53° La Haute École des arts du Rhin à l'université de Strasbourg par le décret n° 2015-528 du 12 mai 2015 portant association d'établissements du site alsacien ; »

(Décr. n° 2016-1113 du 11 août 2016, art. 3) « 54° École supérieure des technologies industrielles avancées à l'Université de Bordeaux par le décret n° 2015-785 du 29 juin 2015 portant association d'établissements à l'université de Bordeaux ; »

55° *Abrogé par Décr. n° 2019-1130 du 5 nov. 2019, art. 21* ;

(Décr. n° 2016-1333 du 7 oct. 2016, art. 5) « 56° L'École nationale supérieure de chimie de Rennes à l'université Rennes-I par le décret n° 2016-1333 du 7 octobre 2016 portant association d'établissements du site Bretagne Loire ;

« 57° L'Institut d'études politiques de Rennes à l'université Rennes-I par le décret n° 2016-1333 du 7 octobre 2016 portant association d'établissements du site Bretagne Loire ;

« 58° L'École nationale d'ingénieurs de Brest à l'université de Brest par le décret n° 2016-1333 du 7 octobre 2016 portant association d'établissements du site Bretagne Loire ; »

(Décr. n° 2017-387 du 23 mars 2017, art. 3) « 59° L'École nationale supérieure d'architecture de Paris-Val de Seine à *(Décr. n° 2019-209 du 20 mars 2019, art. 11)* « l'université de Paris » par le décret n° 2017-387 du 23 mars 2017 portant association de l'École nationale supérieure d'architecture de Paris-Val de Seine à l'université Paris-VII ; »

(Décr. n° 2017-388 du 23 mars 2017, art. 3) « 60° L'École nationale supérieure d'architecture de Saint-Étienne à l'université de Saint-Étienne par le décret n° 2016-180 du 23 février 2016 portant association d'établissements publics du site lyonnais ;

« 61° L'École nationale supérieure d'architecture de Lyon à l'Institut national des sciences appliquées de Lyon par le décret n° 2016-180 du 23 février 2016 portant association d'établissements publics du site lyonnais ; »

(Décr. n° 2017-598 du 21 avr. 2017, art. 4) « 62° L'École nationale supérieure d'informatique pour l'industrie et l'entreprise à l'Université Paris-Saclay et à l'Institut Mines-Télécom par le décret n° 2017-598 du 21 avril 2017 portant association d'établissements du site Paris-Saclay. »

63° *Abrogé par Décr. n° 2019-1075 du 21 oct. 2019, art. 4 ;*

« 64° L'École nationale supérieure des arts et industries textiles à *(Décr. n° 2019-1075 du 21 oct. 2019, art. 4)* « Centrale Lille Institut » par le décret n° 2017-1751 du 22 décembre 2017 portant association d'établissements à l'École centrale de Lille ; »

(Décr. n° 2017-1832 du 29 déc. 2017, art. 15) « 65° CentraleSupélec à l'université de Reims par le décret n° 2017-1832 du 29 décembre 2017 portant association d'établissements du site champenois ;

« 66° Le Centre hospitalier universitaire de Reims à l'université de Reims par le décret n° 2017-1832 du 29 décembre 2017 portant association d'établissements du site champenois ;

« 67° Le Conservatoire national des arts et métiers à l'université de Reims par le décret n° 2017-1832 du 29 décembre 2017 portant association d'établissements du site champenois ;

« 68° Le centre régional des œuvres universitaires et scolaires de Reims à l'université de Reims par le décret n° 2017-1832 du 29 décembre 2017 portant association d'établissements du site champenois ;

« 69° L'école supérieure d'arts et de design de Reims à l'université de Reims par le décret n° 2017-1832 du 29 décembre 2017 portant association d'établissements du site champenois ;

« 70° L'université de technologie de Troyes à l'université de Reims par le décret n° 2017-1832 du 29 décembre 2017 portant association d'établissements du site champenois ; »

(Décr. n° 2018-258 du 9 avr. 2018, art. 3) « 71° L'École nationale supérieure des mines de Paris à l'Institut Mines Télécom par le décret n° 2018-258 du 9 avril 2018 portant association de l'École nationale supérieure des mines de Paris à l'Institut Mines Télécom ; »

(Décr. n° 2018-265 du 11 avr. 2018, art. 3) « 72° L'université de technologie de Compiègne à l'université Sorbonne Université par le décret n° 2018-265 du 11 avril 2018 portant association d'établissements à l'université Sorbonne Université ;

« 73° Le Muséum national d'histoire naturelle à l'université Sorbonne Université par le décret n° 2018-265 du 11 avril 2018 portant association d'établissements à l'université Sorbonne Université ;

« 74° Le Pôle supérieur d'enseignement artistique de Paris-Boulogne-Billancourt à l'université Sorbonne Université par le décret n° 2018-265 du 11 avril 2018 portant association d'établissements à l'université Sorbonne Université ;

« 75° *(Décr. n° 2020-956 du 31 juill. 2020, art. 2)* « France Éducation international » à l'université Sorbonne Université par le décret n° 2018-265 du 11 avril 2018 portant association d'établissements à l'université Sorbonne Université ; »

(Décr. n° 2018-757 du 28 août 2018, art. 10) « 76° L'École supérieure d'arts et design Le Havre-Rouen à Normandie Université par le décret n° 2018-757 du 28 août 2018 ;

« 77° L'École supérieure d'arts et médias de Caen-Cherbourg à Normandie Université par le décret n° 2018-757 du 28 août 2018 ;

« 78° Le centre hospitalier universitaire de Caen Normandie à Normandie Université par le décret n° 2018-757 du 28 août 2018 ;

« 79° Le Centre de lutte contre le cancer François-Baclesse à Normandie Université par le décret n° 2018-757 du 28 août 2018 ; »

80° *Abrogé par Décr. n° 2021-1290 du 1er oct. 2021, art. 11 ;*

81° *et* 82° *Abrogés par Décr. n° 2019-1477 du 26 déc. 2019, art. 5 ;*

(Décr. n° 2019-931 du 4 sept. 2019, art. 4) **« 83° Le Centre hospitalier universitaire de Nantes à** *(Décr. n° 2021-1290 du 1er oct. 2021, art. 12)* **« Nantes Université » par le décret n° 2019-931 du 4 septembre 2019 portant association d'établissements à** *(Décr. n° 2021-1290 du 1er oct. 2021, art. 12)* **« Nantes Université ; »**

84° *Abrogé par Décr. n° 2021-1290 du 1er oct. 2021, art. 11 ;*

(Décr. n° 2020-1478 du 30 nov. 2020, art. 5) **« 85° L'École nationale supérieure d'arts de Cergy Versailles à CY Cergy Paris Université par le décret n° 2020-1478 du 30 novembre 2020 portant association d'établissements à CY Cergy Paris Université, dénommée "CY Alliance" ;**

« 86° L'École nationale supérieure d'architecture de Versailles à CY Cergy Paris Université par le décret n° 2020-1478 du 30 novembre 2020 portant association d'établissements à CY Cergy Paris Université, dénommée "CY Alliance" ;

« 87° L'École nationale supérieure de paysage de Versailles à CY Cergy Paris Université par le décret n° 2020-1478 du 30 novembre 2020 portant association d'établissements à CY Cergy Paris Université, dénommée "CY Alliance" ;

« 88° L'École nationale supérieure de l'électronique et de ses applications à CY Cergy Paris Université par le décret n° 2020-1478 du 30 novembre 2020 portant association d'établissements à CY Cergy Paris Université, dénommée "CY Alliance" ;

« 89° L'Institut supérieur de mécanique de Paris à CY Cergy Paris Université par le décret n° 2020-1478 du 30 novembre 2020 portant association d'établissements à CY Cergy Paris Université, dénommée "CY Alliance" ;

« 90° L'Institut supérieur international du parfum, de la cosmétique et de l'aromatique alimentaire, établissement de la chambre de commerce et d'industrie de région Paris Île-de-France, à CY Cergy Paris Université par le décret n° 2020-1478 du 30 novembre 2020 portant association d'établissements à CY Cergy Paris Université, dénommée "CY Alliance" ;

« 91° L'École ITESCIA, établissement de la chambre de commerce et d'industrie de région Paris Île-de-France, à CY Cergy Paris Université par le décret n° 2020-1478 du 30 novembre 2020 portant association d'établissements à CY Cergy Paris Université, dénommée "CY Alliance". »

CHAPITRE IX **DISPOSITIONS COMMUNES**

SECTION PREMIÈRE **DISPOSITIONS APPLICABLES AUX CONSEILS**

SOUS-SECTION 1 **CONDITIONS D'EXERCICE DU DROIT DE SUFFRAGE, COMPOSITION DES COLLÈGES ÉLECTORAUX ET MODALITÉS D'ASSIMILATION ET D'ÉQUIVALENCE DE NIVEAU POUR LA REPRÉSENTATION DES PERSONNELS ET DES ÉTUDIANTS AUX CONSEILS**

§ 1er COMPOSITION DES COLLÈGES ÉLECTORAUX

Art. D. 719-1 Les dispositions des articles D. 719-2 à D. 719-40 fixent les conditions d'exercice du droit de suffrage, la composition des collèges électoraux et les modalités d'assimilation et d'équivalence de niveau pour la représentation des personnels et des étudiants aux conseils des établissements publics à caractère scientifique, culturel et professionnel ainsi que les modalités de recours contre les élections. – *[Décr. n° 85-59 du 18 janv. 1985, art. 1er.]*

Art. D. 719-2 Les dispositions des articles D. 719-1 à D. 719-40 sont applicables à l'ensemble des établissements publics à caractère scientifique, culturel et professionnel soumis au présent code, *(Décr. nº 2013-1310 du 27 déc. 2013, art. 2)* « sous réserve de dispositions législatives et réglementaires particulières à certains établissements.

« Les dispositions des articles D. 719-1 à D. 719-40 sont applicables aux *(Décr. nº 2019-920 du 30 août 2019, art. 3)* « instituts nationaux supérieurs » du professorat et de l'éducation sous réserve des dispositions particulières prises en application de l'article L. 721-3 du présent code. »

Art. D. 719-3 Le président ou le directeur de l'établissement est responsable de l'organisation des élections. *(Décr. nº 2017-610 du 24 avr. 2017, art. 4)* « Il prend toutes les mesures pour faciliter la participation aux élections des personnes en situation de handicap. »

(Décr. nº 2017-610 du 24 avr. 2017, art. 4) « Pour l'ensemble des opérations d'organisation, il est assisté d'un comité électoral consultatif qui comprend notamment des représentants des personnels et des usagers, désignés par et parmi chaque liste représentée au conseil d'administration de l'établissement, ainsi qu'un représentant désigné par le *(Décr. nº 2019-1558 du 30 déc. 2019, art. 9)* « recteur de région académique ». La composition du comité est fixée par les statuts ou le règlement intérieur de l'établissement. Lorsqu'ils sont connus, les délégués des listes de candidats mentionnés à l'article D. 719-22 participent au comité.

« Les décisions du président ou du directeur de l'établissement relatives au déroulement du processus électoral sont soumises, pour avis, au comité électoral consultatif.

« Un procès-verbal est établi à l'issue de chaque réunion du comité. »

Les recours contre les élections sont formés devant la commission de contrôle des opérations électorales mentionnée à l'article D. 719-38.

SOUS-§ 1er COMPOSITION DES COLLÈGES ÉLECTORAUX POUR L'ÉLECTION DES MEMBRES DES CONSEILS D'UNITÉS DE FORMATION ET DE RECHERCHE ET DES MEMBRES DES CONSEILS DES INSTITUTS ET ÉCOLES INTERNES

Art. D. 719-4 Pour l'élection des membres des conseils d'unités de formation et de recherche et, sous réserve de dispositions réglementaires prévues au dernier alinéa de l'article L. 719-2, des membres des conseils des instituts et écoles internes, les électeurs des différentes catégories sont répartis dans les collèges électoraux sur les bases suivantes :

I. — Pour les personnels enseignants-chercheurs, enseignants et chercheurs, la composition des collèges électoraux est fixée sur les bases suivantes :

Le collège A des professeurs et personnels assimilés comprend les catégories de personnels suivantes :

1° Professeurs des universités et professeurs des universités associés ou invités ;

2° Professeurs des universités-praticiens hospitaliers et professeurs associés des universités ou invités dans les disciplines médicales ou odontologiques ;

3° Personnels d'autres corps de l'enseignement supérieur, assimilés aux professeurs par les arrêtés prévus à l'article 6 du décret nº 92-70 du 16 janvier 1992 modifié relatif au Conseil national des universités *[V. cet art. ss. art. L. 952-1]* ou à l'article 5 du décret nº 87-31 du 20 janvier 1987 modifié relatif au Conseil national des universités pour les disciplines de santé ainsi que les enseignants associés ou invités de même niveau régis par le décret nº 91-267 du 6 mars 1991 modifié relatif aux enseignants associés ou invités dans certains établissements d'enseignement supérieur relevant du ministre chargé de l'enseignement supérieur ;

4° Chercheurs du niveau des directeurs de recherche des établissements publics scientifiques et technologiques ou de tout autre établissement public ou reconnu d'utilité publique de recherche, et chercheurs remplissant des fonctions analogues ;

5° Les agents contractuels recrutés en application de l'article L. 954-3 pour assurer des fonctions d'enseignement, de recherche ou d'enseignement et de recherche du niveau des personnels mentionnés aux 1°, 2°, 3° et 4° ci-dessus.

Les chercheurs mentionnés au 4° ci-dessus peuvent constituer un collège séparé dès lors que les électeurs de cette catégorie représentent au moins 10 % de l'effectif des personnels relevant du collège A.

Le collège B des autres enseignants-chercheurs, des enseignants et personnels assimilés comprend les personnels qui ne sont pas mentionnés ci-dessus, et notamment :

1° Les enseignants-chercheurs ou assimilés et les enseignants associés ou invités qui n'appartiennent pas au collège A ;

2° Les chargés d'enseignement définis à l'article L. 952-1 ;

3° Les autres enseignants ;

4° Les chercheurs des établissements publics scientifiques et technologiques ou de tout autre établissement public, ou reconnu d'utilité publique de recherche ;

5° Les personnels scientifiques des bibliothèques ;

6° Les agents contractuels recrutés en application de l'article L. 954-3 pour assurer des fonctions d'enseignement, de recherche ou d'enseignement et de recherche qui n'appartiennent pas au collège A.

Des collèges séparés peuvent être constitués pour les chargés d'enseignement mentionnés au 2° ci-dessus, pour les chercheurs mentionnés au 4° ci-dessus ou pour les personnels scientifiques des bibliothèques mentionnés au 5° ci-dessus, lorsque les électeurs de l'une de ces trois catégories représentent au moins 10 % de l'effectif des personnels relevant du collège B.

Le collège P des personnels concourant à la formation pratique des étudiants de second et troisième cycles des études médicales comprend les praticiens hospitaliers responsables des services où une formation pratique est dispensée aux étudiants des second et troisième cycles des études médicales.

II. – Pour les usagers, le collège comprend les étudiants régulièrement inscrits dans l'établissement.

Il comprend également les personnes bénéficiant de la formation continue et les auditeurs.

III. – Pour les personnels administratifs, techniques, ouvriers et de service, le collège comprend les personnels ingénieurs, administratifs, techniques, ouvriers et de service, les personnels des bibliothèques autres que les personnels scientifiques des bibliothèques et les personnels des services sociaux et de santé.

Il comprend également les membres des corps d'ingénieurs, des personnels techniques et d'administration de la recherche.

SOUS-§ 2 COMPOSITION DES COLLÈGES ÉLECTORAUX POUR L'ÉLECTION DES MEMBRES DU CONSEIL D'ADMINISTRATION *(Décr. n° 2013-1310 du 27 déc. 2013, art. 4)*.

Art. D. 719-5 Pour l'élection des membres *(Décr. n° 2013-1310 du 27 déc. 2013, art. 4)* « du conseil d'administration », les électeurs des différentes catégories sont répartis dans les collèges électoraux sur les bases suivantes :

I. – Les personnels enseignants, les professeurs et personnels assimilés, d'une part, les autres enseignants-chercheurs, enseignants et personnels assimilés, d'autre part, sont répartis entre les collèges A et B selon les modalités définies au I de l'article D. 719-4.

II. – Pour les usagers, le collège comprend les personnes mentionnées au II de l'article D. 719-4.

III. – Pour les personnels administratifs, techniques, ouvriers et de service, le collège comprend les personnels mentionnés au III de l'article D. 719-4.

SOUS-§ 3 COMPOSITION DES COLLÈGES ÉLECTORAUX POUR L'ÉLECTION DES MEMBRES DU CONSEIL ACADÉMIQUE OU DES MEMBRES DU CONSEIL SCIENTIFIQUE ET DU CONSEIL DES ÉTUDES ET DE LA VIE UNIVERSITAIRE OU DES ORGANES EN TENANT LIEU *(Décr. n° 2013-1310 du 27 déc. 2013, art. 5)*.

Art. D. 719-6 Pour l'élection des membres *(Décr. n° 2013-1310 du 27 déc. 2013, art. 6)* « de la commission de la recherche du conseil académique ou du conseil scientifique ou de l'organe en tenant lieu », les électeurs concernés sont répartis en collèges électoraux dont la composition est fixée sur les bases suivantes.

I. – La composition des collèges électoraux des personnels est fixée sur la base suivante :

1° Collège des professeurs et personnels assimilés : ces personnels sont regroupés selon les modalités définies pour le collège A au I de l'article D. 719-4 ;

2° Collège des personnels habilités à diriger des recherches ne relevant pas des catégories précédentes ;

3° Collège des personnels pourvus d'un doctorat autre que d'université ou d'exercice n'appartenant pas aux collèges précédents ; ces personnels peuvent soit constituer un collège unique, soit être répartis en deux collèges séparés regroupant les personnels d'enseignement, d'une part, les autres personnels concernés, d'autre part, dès lors que les électeurs entrant dans chacune de ces deux catégories représentent au moins 10 % des personnels pourvus d'un tel doctorat ;

4° Collège des autres enseignants-chercheurs, enseignants, chercheurs et personnels assimilés ;

5° Collège des ingénieurs et techniciens n'appartenant pas aux collèges précédents ;

6° Collège des autres personnels : ce collège comprend tous les personnels mentionnés à l'article D. 719-4 n'appartenant pas aux collèges précédents.

II. – Pour les usagers, le collège comprend les personnes mentionnées au II de l'article D. 719-4 suivant une formation de troisième cycle relevant de l'article L. 612-7.

Art. D. 719-6-1 *(Décr. n° 2013-1310 du 27 déc. 2013, art. 7)* Pour l'élection des membres de la commission de la formation et de la vie universitaire du conseil académique ou du conseil des études et de la vie universitaire ou de l'organe en tenant lieu, les électeurs des différentes catégories sont répartis dans les collèges électoraux conformément aux dispositions de l'article D. 719-5.

§ 2 CONDITIONS D'EXERCICE DU DROIT DE SUFFRAGE

Art. D. 719-7 Nul ne peut prendre part au vote s'il ne figure sur une liste électorale.

Le président ou le directeur de l'établissement établit une liste électorale par collège. *(Décr. n° 2013-1310 du 27 déc. 2013, art. 8)* « L'inscription sur les listes électorales est faite d'office pour les étudiants et les personnes bénéficiant de la formation continue, régulièrement inscrits en vue de la préparation d'un diplôme ou d'un concours, à partir des inscriptions prises auprès des services compétents de l'établissement. »

Les personnels et les usagers dont l'inscription sur les listes électorales est subordonnée à une demande de leur part doivent avoir fait cette demande au plus tard cinq jours francs avant la date du scrutin, dans les formes fixées par le président ou le directeur de l'établissement.

Art. D. 719-8 *(Décr. n° 2020-1205 du 30 sept. 2020, art. 1er)* « Les listes électorales sont affichées, au siège de l'établissement et sur son intranet, vingt jours au moins avant la date du scrutin. »

Les demandes de rectification de ces listes sont adressées au président ou au directeur de l'établissement, qui statue sur ces réclamations.

Toute personne remplissant les conditions pour être électeur, y compris, le cas échéant, celle d'en avoir fait la demande dans les conditions prévues au dernier alinéa de l'article D. 719-7, et dont le nom ne figure pas sur la liste électorale du collège dont elle relève, peut demander au président ou au directeur de l'établissement de faire procéder à son inscription, y compris le jour de scrutin. En l'absence de demande effectuée au plus tard le jour du scrutin, elle ne peut plus contester son absence d'inscription sur la liste électorale.

La commission de contrôle des opérations électorales mentionnée à l'article D. 719-38 examine les contestations portant sur les opérations décrites au présent article.

Art. D. 719-9 Sont électeurs dans les collèges correspondants les personnels enseignants-chercheurs et enseignants titulaires qui sont affectés en position d'activité dans l'unité ou l'établissement, ou qui y sont détachés ou mis à disposition, sous réserve de ne pas être en congé de longue durée.

Les personnels enseignants-chercheurs et enseignants titulaires qui ne remplissent pas les conditions prévues à l'alinéa précédent, mais qui exercent des fonctions à la date du scrutin dans l'unité ou l'établissement, sont électeurs sous réserve qu'ils y effectuent un nombre d'heures d'enseignement au moins égal au tiers des obligations d'enseignement de référence, apprécié sur l'année universitaire telle que définie par l'établissement, et qu'ils en fassent la demande.

Les agents contractuels recrutés par l'établissement pour une durée indéterminée pour assurer des fonctions d'enseignement ou d'enseignement et de recherche sont électeurs sous réserve qu'ils effectuent dans l'unité ou l'établissement un nombre d'heures d'enseignement au moins égal au tiers des obligations d'enseignement de référence, apprécié sur l'année universitaire telle que définie par l'établissement.

Les autres personnels enseignants non titulaires sont électeurs sous réserve qu'ils soient en fonctions à la date du scrutin, qu'ils effectuent dans l'unité ou l'établissement un nombre d'heures d'enseignement au moins égal au tiers des obligations d'enseignement de référence, apprécié sur l'année universitaire telle que définie par l'établissement, et qu'ils en fassent la demande.

Les personnels enseignants visés aux trois alinéas précédents qui effectuent leurs activités d'enseignement dans plusieurs unités de formation et de recherche et qui n'accomplissent dans aucune de ces unités le nombre d'heures d'enseignement requis pour être électeurs sont autorisés à exercer leur droit de vote dans l'unité de leur choix.

Les enseignants-chercheurs et enseignants qui bénéficient d'une décharge de service d'enseignement ou d'une décharge d'activité de service ou d'un congé pour recherches ou conversions thématiques sont électeurs dans l'établissement où ils sont affectés en position d'activité ou accueillis en détachement ou mis à disposition, dans leur unité de rattachement ou, à défaut, dans l'unité de leur choix, dans les collèges correspondants.

Nul ne peut exercer plus de deux fois son droit de vote pour l'élection des conseils d'unités.

(Décr. n° 2013-1310 du 27 déc. 2013, art. 9) « Pour l'élection des membres du conseil d'administration, de la commission de la recherche et de la commission de la formation et de la vie universitaire du conseil académique, du conseil scientifique et du conseil des études et de la vie universitaire ou des organes en tenant lieu, nul ne peut disposer de plus d'un suffrage. »

Art. D. 719-10 Les personnels relevant du collège A mentionnés au 3° du I de l'article D. 719-4 sont électeurs dans l'unité ou l'établissement où ils accomplissent leurs obligations de service. – *[Décr. n° 85-59 du 18 janv. 1985, art. 10.]*

Art. D. 719-11 Les personnels du collège P défini au I de l'article D. 719-4 sont électeurs dans le collège correspondant, sous réserve qu'ils en fassent la demande. – *[Décr. n° 85-59 du 18 janv. 1985, art. 12.]*

Art. D. 719-12 Les chercheurs des établissements publics scientifiques et technologiques ou de tout autre établissement public, ou reconnu d'utilité publique, de recherche ainsi que les membres des corps d'ingénieurs, de personnels techniques et d'administration de la recherche sont électeurs dans les collèges correspondants, sous réserve qu'ils soient affectés à une unité de recherche de l'établissement public à caractère scientifique, culturel et professionnel. Est regardée comme une unité de recherche de l'établissement l'unité qui lui est rattachée à titre principal en application du contrat pluriannuel mentionné à l'article L. 711-1.

Les personnels de recherche contractuels exerçant des fonctions d'enseignement ou de recherche dans les établissements publics à caractère scientifique, culturel et professionnel sont électeurs *(Décr. n° 2013-1310 du 27 déc. 2013, art. 10)* « dès lors que leurs activités d'enseignement sont au moins égales au tiers des obligations d'enseignement de référence, ou dès lors qu'ils effectuent, en tant que docteurs, une activité de recherche à temps plein, conformément aux dispositions de l'article L. 952-24 ».

A l'exception des agents recrutés pour une durée indéterminée, les personnels visés à l'alinéa précédent doivent en outre demander leur inscription sur la liste électorale pour être électeurs.

Art. D. 719-13 Les personnels scientifiques des bibliothèques sont inscrits sur les listes électorales de leur collège, sous réserve d'être affectés en position d'activité dans l'établissement, ou d'y être détachés ou mis à disposition, et de ne pas être en congé de longue durée.

Les personnels scientifiques des bibliothèques en fonctions dans un service interétablissements de coopération documentaire votent dans l'établissement de rattachement de ce service. *(Décr. nº 2013-1310 du 27 déc. 2013, art. 11)* « Ils ne prennent part qu'aux élections au conseil d'administration et au conseil académique ou au conseil scientifique et au conseil des études et de la vie universitaire ou aux organes en tenant lieu. » Les personnels scientifiques des bibliothèques en fonctions dans un service commun de la documentation ne prennent part qu'aux élections *(Décr. nº 2013-1310 du 27 déc. 2013, art. 11)* « précitées ».

Art. D. 719-14 *(Décr. nº 2020-1467 du 27 nov. 2020, art. 1er)* Sont électeurs dans les collèges des usagers les personnes régulièrement inscrites en vue de la préparation d'un diplôme ou d'un concours, ayant la qualité d'étudiants.

Sont également électeurs dans ces collèges :

1° Les personnes bénéficiant de la formation continue, sous réserve qu'elles soient régulièrement inscrites en vue de la préparation d'un diplôme ou d'un concours ;

2° Les étudiants inscrits dans une formation d'enseignement supérieur d'une durée de trois années minimum conduisant à un titre ou diplôme d'État d'auxiliaire médical mentionné au livre III de la quatrième partie du code de la santé publique non délivrée par l'établissement et pour lequel une convention a été signée par l'établissement pour que les étudiants concernés bénéficient de ses moyens de formation ou de ses services de la vie étudiante.

Sont également électeurs, sous réserve qu'ils soient régulièrement inscrits à ce titre, et qu'ils en fassent la demande, les auditeurs suivant les mêmes formations que les étudiants.

Les étudiants recrutés en application de l'article L. 811-2 sont électeurs dans ces collèges dans l'établissement dans lequel ils sont inscrits.

Chaque usager ne peut être électeur que dans une unité de formation et de recherche, un institut ou une école interne à l'établissement.

Les étudiants mentionnés au 2° sont électeurs au conseil d'unité de formation et de recherche, d'école ou d'institut dans les conditions prévues par les statuts de la composante à laquelle ils sont rattachés au vu de la convention mentionnée au 2°.

Art. D. 719-15 Sont électeurs dans le collège des personnels administratifs, techniques, ouvriers et de service les personnels titulaires qui sont affectés en position d'activité dans l'établissement ou qui y sont détachés ou mis à disposition, sous réserve de ne pas être en congé de longue durée.

Les agents non titulaires sont électeurs sous réserve d'être affectés dans l'établissement et de ne pas être en congé non rémunéré pour raisons familiales ou personnelles. Ils doivent en outre être en fonctions dans l'établissement à la date du scrutin pour une durée minimum de dix mois et assurer un service au moins égal à un mi-temps.

Les personnels ingénieurs, administratifs, techniques, ouvriers et de service en fonctions dans un service commun interuniversitaire votent dans l'établissement de rattachement de ce service. Ils ne prennent part qu'aux élections *(Décr. nº 2013-1310 du 27 déc. 2013, art. 13)* « au conseil d'administration et au conseil académique ou au conseil scientifique et au conseil des études et de la vie universitaire ou aux organes en tenant lieu ».

Les personnels ingénieurs, administratifs, techniques, ouvriers et de service en fonctions dans les services communs internes ou dans les services centraux de *(Décr. nº 2013-1310 du 27 déc. 2013, art. 13)* « l'établissement » ne prennent part qu'aux élections *(Décr. nº 2013-1310 du 27 déc. 2013, art. 13)* « précitées ».

Art. D. 719-16 Nul ne peut être électeur ni éligible dans le collège des étudiants s'il appartient à un autre collège de l'établissement.

Les personnels qui appartiennent à deux collèges – autres que celui des étudiants – de deux unités de formation et de recherche de la même université sont autorisés à voter dans les deux unités. – *[Décr. nº 85-59 du 18 janv. 1985, art. 16.]*

Art. D. 719-17 Les électeurs qui ne peuvent voter personnellement ont la possibilité d'exercer leur droit de vote par un mandataire, en lui donnant procuration écrite pour voter en leur lieu et place. *(Décr. nº 2017-610 du 24 avr. 2017, art. 5)* « Chaque procuration est établie sur un imprimé numéroté par l'établissement. Le mandant doit justifier de son identité lors du retrait de l'imprimé *(Abrogé par Décr. nº 2020-1205 du*

30 sept. 2020, art. 2) **« *au sein des services de l'établissement* ». La procuration écrite lisiblement doit mentionner les nom et prénom du mandataire. Elle est signée par le mandant. Elle ne doit être ni raturée, ni surchargée. La procuration, qui peut être établie jusqu'à la veille du scrutin, est enregistrée par l'établissement.** *(Décr. nº 2020-1205 du 30 sept. 2020, art. 2)* **« Le retrait et la remise de l'imprimé établissant la procuration peuvent se faire par voie électronique. » L'établissement établit et tient à jour une liste des procurations précisant les mandants et les mandataires. »**

Le mandataire doit être inscrit sur la même liste électorale que le mandant. Nul ne peut être porteur de plus de deux mandats.

§ 3 CONDITIONS D'ÉLIGIBILITÉ ET MODES DE SCRUTIN

Art. D. 719-18 **Sont éligibles au sein du collège dont ils sont membres tous les électeurs régulièrement inscrits sur les listes électorales conformément aux articles D. 719-7 à D. 719-17.**

Art. D. 719-19 **Nul ne peut être élu à plus d'un conseil d'administration d'université.** – *[Décr. nº 85-59 du 18 janv. 1985, art. 19.]*

Art. D. 719-20 **Les membres des conseils sont élus au scrutin de liste à un tour à la représentation proportionnelle avec répartition des sièges restant à pourvoir selon la règle du plus fort reste, sans panachage.**

(Décr. nº 2013-1310 du 27 déc. 2013, art. 14) **« Pour l'élection des représentants des enseignants-chercheurs et des personnels assimilés au conseil d'administration de l'université, il est attribué dans chacun des collèges deux sièges à la liste qui a obtenu le plus de voix. Les autres sièges sont répartis entre toutes les listes à la représentation proportionnelle au plus fort reste. Toutefois, les listes qui n'ont pas obtenu un nombre de suffrages au moins égal à 10 % des suffrages exprimés ne sont pas admises à la répartition des sièges. »**

Pour chaque représentant des usagers, un suppléant est élu dans les mêmes conditions que le titulaire.

(Décr. nº 2013-1310 du 27 déc. 2013, art. 14) **« L'élection des membres de la commission de la recherche du conseil académique ou du conseil scientifique ou de l'organe en tenant lieu a lieu au scrutin majoritaire à un tour lorsqu'il y a un seul siège à pourvoir pour un collège déterminé. »**

Art. D. 719-21 **Le nombre de voix attribuées à chaque liste est égal au nombre de bulletins recueillis par chacune d'elles.**

Le nombre de suffrages exprimés est égal au total des voix recueillies par l'ensemble des listes.

Le quotient électoral est égal au nombre total de suffrages exprimés divisé par le nombre de sièges à pourvoir. Pour l'élection des représentants des usagers, le quotient électoral est égal au nombre total de suffrages exprimés divisé par le nombre de sièges de membres titulaires à pourvoir.

Sous réserve des dispositions prévues au deuxième alinéa de l'article D. 719-20, il est attribué à chaque liste autant de sièges que le nombre de ses suffrages contient de fois le quotient électoral.

Pour l'élection des représentants des usagers, chaque liste a droit à autant de sièges de membres titulaires que le nombre de voix recueillies par elle contient de fois le quotient électoral. Un suppléant est élu avec chaque membre titulaire élu.

Les sièges non répartis par application des dispositions précédentes sont attribués successivement aux listes qui comportent les plus forts restes.

Lorsqu'une liste a obtenu un nombre de voix inférieur au quotient électoral, ce nombre de voix tient lieu de reste.

(Décr. nº 2013-1310 du 27 déc. 2013, art. 15) **« Si plusieurs listes ont le même reste pour l'attribution du dernier siège, celui-ci revient à la liste qui a obtenu le plus grand nombre de suffrages. En cas d'égalité de suffrages, le siège est attribué au plus jeune des candidats susceptibles d'être proclamés élus. »**

Lorsque le nombre de sièges attribués à une liste dépasse le nombre de candidats présentés par cette liste, les sièges excédant ce nombre ne sont pas attribués. Il est alors procédé à une élection partielle.

Les sièges sont attribués aux candidats d'après l'ordre de présentation de la liste.

Pour l'élection des représentants des usagers, pour chaque liste, il est procédé dans la limite du nombre de sièges obtenus par celle-ci à l'élection des titulaires, et à l'élection d'un nombre égal de suppléants, dans l'ordre de présentation des candidats de la liste. Chaque membre suppléant ainsi désigné s'associe avec un membre titulaire dans l'ordre de présentation de la liste.

Lorsqu'un représentant des personnels perd la qualité au titre de laquelle il a été élu ou lorsque son siège devient vacant, il est remplacé, pour la durée du mandat restant à courir, par le candidat de la même liste venant immédiatement après le dernier candidat élu. En cas d'impossibilité, il est procédé à un renouvellement partiel.

Lorsqu'un représentant titulaire des usagers perd la qualité au titre de laquelle il a été élu ou lorsque son siège devient vacant, il est remplacé, pour la durée du mandat restant à courir, par son suppléant qui devient titulaire. Lorsque le siège d'un représentant suppléant devient vacant pour quelque cause que ce soit, il est attribué, pour la durée du mandat restant à courir, au premier des candidats non élu de la même liste. Lorsque le siège vacant d'un représentant titulaire ne peut plus être pourvu dans l'ordre de présentation de la liste par application des dispositions prévues au présent alinéa, il est procédé à un renouvellement partiel.

Lorsqu'il y a un seul siège à pourvoir pour un collège déterminé dans le cadre d'un renouvellement partiel, l'élection a lieu au scrutin majoritaire à un tour. Pour l'élection d'un représentant des usagers, la déclaration de candidature de chaque candidat à un siège de titulaire est, à peine d'irrecevabilité, accompagnée de la déclaration de candidature du candidat au siège de suppléant qui lui est associé.

§ 4 DÉROULEMENT ET RÉGULARITÉ DES SCRUTINS

Art. D. 719-22 *(Décr. nº 2013-1310 du 27 déc. 2013, art. 16)* Le dépôt des candidatures est obligatoire. Les listes de candidats sont adressées par lettre recommandée, ou déposées auprès du président ou du directeur de l'établissement, avec accusé de réception.

Les listes sont accompagnées d'une déclaration de candidature signée par chaque candidat. Les listes peuvent être incomplètes, les candidats sont rangés par ordre préférentiel. Chaque liste de candidats est composée alternativement d'un candidat de chaque sexe.

Pour les élections des représentants des enseignants-chercheurs et des personnels assimilés et des représentants des étudiants et des personnes bénéficiant de la formation continue au conseil d'administration de l'université, chaque liste assure la représentation d'au moins deux des grands secteurs de formation mentionnés à l'article L. 712-4 et d'au moins trois de ces secteurs lorsque l'université comprend les quatre secteurs de formation.

Pour l'élection des représentants des enseignants-chercheurs et des personnels assimilés au conseil d'administration de l'université, les listes peuvent être incomplètes dès lors qu'elles comportent un nombre de candidats au moins égal à la moitié des sièges à pourvoir et qu'elles sont composées alternativement d'un candidat de chaque sexe.

Pour l'élection des représentants des usagers, les candidats fournissent une photocopie de leur carte d'étudiant ou à défaut un certificat de scolarité. La liste comprend un nombre de candidats au maximum égal au double du nombre des sièges de membres titulaires à pourvoir. Les listes peuvent être incomplètes dès lors qu'elles comportent un nombre de candidats au moins égal à la moitié du nombre des sièges de membres titulaires et suppléants à pourvoir et qu'elles sont composées alternativement d'un candidat de chaque sexe.

(Décr. nº 2017-610 du 24 avr. 2017, art. 7) « Chaque liste doit comporter le nom d'un délégué, qui est également candidat, afin de représenter la liste au sein du comité électoral consultatif mentionné à l'article D. 719-3. »

Art. D. 719-23 Les candidats qui déposent les listes peuvent préciser leur appartenance ou le soutien dont ils bénéficient sur leurs déclarations de candidature et sur leurs programmes. Les mêmes précisions figurent sur les bulletins de vote. — *[Décr. nº 85-59 du 18 janv. 1985, art. 23.]*

Art. D. 719-24 La date limite pour le dépôt des listes de candidats ne peut en aucun cas être antérieure de plus de quinze jours francs ni de moins de *(Décr. n° 2017-610 du 24 avr. 2017, art. 8)* « cinq » jours francs à la date du scrutin.

(Décr. n° 2017-610 du 24 avr. 2017, art. 8) « Aucune candidature ne peut être déposée, modifiée ou retirée après la date limite prévue à l'alinéa précédent.

« Le président ou le directeur de l'établissement vérifie l'éligibilité des candidats. S'il constate l'inéligibilité d'un candidat, il réunit pour avis le comité électoral consultatif mentionné à l'article D. 719-3, dans le délai prévu dans la décision d'organisation des élections. Le cas échéant, le président ou le directeur de l'établissement demande qu'un autre candidat de même sexe soit substitué au candidat inéligible dans un délai maximum de deux jours francs à compter de l'information du délégué de la liste concernée. A l'expiration de ce délai, le président ou le directeur de l'établissement rejette, par décision motivée, les listes qui ne satisfont pas aux conditions mentionnées à l'article D. 719-22.

« La commission de contrôle des opérations électorales mentionnée à l'article D. 719-38 examine les contestations portant sur les opérations décrites à l'alinéa précédent.

« Les listes enregistrées sont immédiatement affichées à l'expiration du délai de rectification. »

Art. D. 719-25 Les établissements publics à caractère scientifique, culturel et professionnel assurent une stricte égalité entre les listes de candidats, notamment en ce qui concerne la répartition des emplacements réservés à l'affichage électoral, et, le cas échéant, des salles de réunions et de l'ensemble du matériel électoral qu'ils mettent à leur disposition. – *[Décr. n° 85-59 du 18 janv. 1985, art. 25.]*

Art. D. 719-26 Le président ou le directeur de l'établissement adresse aux électeurs du collège des usagers les professions de foi soit par voie électronique, lorsque l'ensemble des électeurs du collège dispose d'une adresse électronique attribuée par l'établissement, soit par voie postale. A cette fin, les professions de foi sont transmises par les listes de candidats qui le souhaitent au président ou au directeur de l'établissement, dans le délai et selon les modalités fixés par ce dernier.

Art. D. 719-27 *(Décr. n° 2017-610 du 24 avr. 2017, art. 9)* La décision organisant les élections prévue à l'article D. 719-3 fixe la période pendant laquelle la propagande est autorisée dans les bâtiments de l'établissement. Pendant le scrutin, la propagande est autorisée, à l'exception des salles où sont installés les bureaux de vote. Le président ou le directeur de l'établissement assure une stricte égalité entre les listes de candidats.

Art. D. 719-28 *(Décr. n° 2017-610 du 24 avr. 2017, art. 10)* « Le nombre de bureaux de vote et leurs horaires d'ouverture sont fixés par le président ou le directeur de l'établissement, après consultation du comité électoral consultatif mentionné à l'article D. 719-3. Ils tiennent compte des différentes implantations de l'établissement et du nombre d'électeurs. »

Chaque bureau de vote est composé d'un président, nommé par le président *(Décr. n° 2013-1310 du 27 déc. 2013, art. 18)* « ou le directeur » de l'établissement parmi les personnels permanents, enseignants et administratifs, techniques, ouvriers et de service de l'établissement et d'au moins deux assesseurs.

Chaque liste en présence a le droit de proposer un assesseur et un assesseur suppléant désigné parmi les électeurs du collège concerné. Si, pour une raison quelconque, le nombre d'assesseurs ainsi proposé, à l'exclusion des assesseurs suppléants, est inférieur à deux, le président *(Décr. n° 2013-1310 du 27 déc. 2013, art. 18)* « ou le directeur » de l'établissement désigne lui-même ces assesseurs parmi les électeurs du collège concerné.

Si, pour une raison quelconque, le nombre d'assesseurs ainsi proposé, à l'exclusion des assesseurs suppléants, est supérieur à six, le bureau peut être composé de six assesseurs désignés par tirage au sort parmi les assesseurs proposés.

Art. D. 719-29 Le bureau se prononce provisoirement sur les difficultés qui s'élèvent touchant les opérations électorales.

Ses décisions sont motivées et doivent être inscrites au procès-verbal. – *[Décr. n° 85-59 du 18 janv. 1985, art. 28.]*

Art. D. 719-30 Chaque bureau de vote comporte un ou plusieurs isoloirs. Il doit être prévu une urne par collège. Le bureau de vote vérifie les urnes qui doivent être fermées au commencement du scrutin et le demeurer jusqu'à sa clôture. Lorsque la durée du scrutin est supérieure à une journée, il est procédé publiquement à l'apposition de scellés sur l'urne par une personne désignée à cet effet par le président ou le directeur de l'établissement, chaque jour à la fermeture des bureaux de vote. Les scellés sont déposés dans les mêmes conditions à la réouverture des bureaux.

Art. D. 719-31 Pendant toute la durée des opérations électorales, une copie de la liste électorale reste déposée sur la table autour de laquelle siège le bureau de vote.

Cette copie constitue la liste d'émargement. — [*Décr. nº 85-59 du 18 janv. 1985, art. 30.*]

Art. D. 719-32 Les enveloppes électorales ainsi que les bulletins de vote constitués par les listes des candidats sont placés, dans chaque bureau, à la disposition des électeurs, sous la responsabilité du bureau de vote.

Les bulletins de vote doivent être de couleur identique pour un même collège. Ils peuvent être manuscrits. — [*Décr. nº 85-59 du 18 janv. 1985, art. 31.*]

Art. D. 719-33 Le vote est secret. Le passage par l'isoloir est obligatoire.

(*Décr. nº 2017-610 du 24 avr. 2017, art. 11*) « Après vérification de son identité, chaque électeur met dans l'urne son bulletin de vote préalablement introduit dans une enveloppe. »

Le vote de chaque électeur est constaté par sa signature apposée à l'encre sur la liste d'émargement en face de son nom.

Art. D. 719-34 Sous réserve des dispositions du quatorzième alinéa de l'article D. 719-21, chaque électeur vote pour une liste de candidats.

Chaque électeur ne peut voter que pour une liste, sans radiation ni adjonction de noms et sans modification de l'ordre de présentation des candidats.

Est nul tout bulletin établi en méconnaissance de l'une de ces conditions. — [*Décr. nº 85-59 du 18 janv. 1985, art. 33.*]

Art. D. 719-35 Sont considérés comme nuls :

1º Les bulletins comportant un nombre de noms supérieur à celui des sièges à pourvoir ;

2º Les bulletins blancs ;

3º Les bulletins dans lesquels les votants se sont fait reconnaître ;

4º Les bulletins trouvés dans l'urne sans enveloppe ou dans des enveloppes non réglementaires ;

5º Les bulletins écrits sur papier d'une couleur différente de celle qui a été retenue pour le collège ;

6º Les bulletins ou enveloppes portant des signes intérieurs ou extérieurs de reconnaissance ;

7º Les bulletins comprenant des noms de personnes n'ayant pas fait acte de candidature.

Si une enveloppe contient plusieurs bulletins, le vote est nul quand les bulletins comportent des listes différentes. Les bulletins multiples ne comptent que pour un seul quand ils désignent la même liste. — [*Décr. nº 85-59 du 18 janv. 1985, art. 34.*]

Art. D. 719-36 Le bureau désigne parmi les électeurs un certain nombre de scrutateurs qui doit être au moins égal à trois. Si plusieurs listes sont en présence, il leur est permis de désigner respectivement les scrutateurs.

Le dépouillement est public.

Le nombre des enveloppes est vérifié dès l'ouverture de l'urne. Si leur nombre est différent de celui des émargements, il en est fait mention au procès-verbal.

Les bulletins blancs et nuls sont annexés au procès-verbal ainsi que les enveloppes non réglementaires et contresignés par les membres du bureau. Chacun des bulletins annexés doit porter mention des causes de l'annexion.

A l'issue des opérations électorales, chaque bureau de vote dresse un procès-verbal qui est remis au président ou au directeur de l'établissement. (*Décr. nº 2017-610 du 24 avr. 2017, art. 12*) « Les réclamations éventuelles des électeurs ou des représentants des listes de candidats sur le déroulement des opérations électorales figurent en annexe du procès-verbal. »

Art. D. 719-37 Le président ou le directeur de l'établissement proclame les résultats du scrutin dans les trois jours suivant la fin des opérations électorales. Les résultats du scrutin sont immédiatement affichés dans les locaux de l'établissement.

§ 5 MODALITÉS DE RECOURS CONTRE LES ÉLECTIONS

Art. D. 719-38 Il est institué dans chaque *(Décr. n° 2019-1558 du 30 déc. 2019, art. 6)* « région académique », à l'initiative du recteur *(Décr. n° 2019-1558 du 30 déc. 2019, art. 6)* « de région académique », une ou plusieurs commissions de contrôle des opérations électorales, présidée par un membre du corps des tribunaux administratifs et des cours administratives d'appel, en activité ou honoraire, désigné par le président du tribunal administratif dans le ressort duquel se trouve l'établissement. Lorsque le magistrat est affecté dans une cour administrative d'appel, sa désignation ne peut intervenir qu'avec l'accord préalable du président de cette cour.

La commission est composée, outre son président, d'au moins deux assesseurs et d'un représentant *(Décr. n° 2020-1617 du 17 déc. 2020, art. 2)* « désignés » par le recteur *(Décr. n° 2019-1558 du 30 déc. 2019, art. 6)* « de région académique ».

Elle se réunit au siège du tribunal administratif dans le ressort duquel elle est établie, ou dans un lieu désigné par le président de la commission.

Art. D. 719-39 La commission de contrôle des opérations électorales exerce les attributions prévues par les *(Décr. n° 2017-610 du 24 avr. 2017, art. 13)* « articles D. 719-8 et D. 719-24 ».

La commission de contrôle des opérations électorales connaît de toutes les contestations présentées par les électeurs, par le président *(Décr. n° 2013-1310 du 27 déc. 2013, art. 18)* « ou le directeur » de l'établissement ou par le recteur *(Décr. n° 2019-1558 du 30 déc. 2019, art. 8)* « de région académique », sur la préparation et le déroulement des opérations de vote, ainsi que sur la proclamation des résultats du scrutin.

Elle est saisie au plus tard le cinquième jour suivant la proclamation des résultats.

Elle doit statuer dans un délai de quinze jours.

La commission de contrôle des opérations électorales peut :

1° Constater l'inéligibilité d'un candidat et substituer au candidat inéligible le candidat suivant de la même liste ;

2° Rectifier le nombre de voix obtenues par les listes ou les candidats ;

3° En cas d'irrégularité de nature à vicier le vote, annuler les opérations électorales du collège dans lequel l'irrégularité a été constatée.

L'inobservation des dispositions contenues dans les articles D. 719-22 à D. 719-36 n'entraîne la nullité des opérations électorales qu'autant qu'il est établi qu'elle a eu pour but ou conséquence de porter atteinte à la sincérité du scrutin.

Art. D. 719-40 Tout électeur ainsi que le président *(Décr. n° 2013-1310 du 27 déc. 2013, art. 18)* « ou le directeur » de l'établissement et le recteur *(Décr. n° 2019-1558 du 30 déc. 2019, art. 8)* « de région académique » ont le droit d'invoquer l'irrégularité ou la nullité des opérations électorales devant le tribunal administratif territorialement compétent.

Ce recours n'est recevable que s'il a été précédé d'un recours préalable devant la commission de contrôle des opérations électorales.

Le tribunal administratif doit être saisi au plus tard le sixième jour suivant la décision de la commission de contrôle *(Décr. n° 2015-652 du 10 juin 2015, art. 10)* « ou de l'autorité auprès de laquelle est présenté un recours préalable ».

Le tribunal administratif statue dans un délai maximum de deux mois.

SOUS-SECTION 2 PARTICIPATION DES PERSONNALITÉS EXTÉRIEURES AUX CONSEILS CONSTITUÉS AU SEIN DES ÉTABLISSEMENTS PUBLICS À CARACTÈRE SCIENTIFIQUE, CULTUREL ET PROFESSIONNEL

Art. D. 719-41 *(Décr. n° 2013-756 du 19 août 2013)* Les articles D. 719-42 à D. 719-47 fixent les modalités de désignation des personnalités extérieures *(Décr. n° 2014-336 du 13 mars 2014, art. 2)* « mentionnées à l'article L. 719-3, sous réserve de dispositions législatives ou réglementaires particulières.

« Les articles D. 719-47-1 à *(Décr. n° 2015-652 du 10 juin 2015, art. 10)* « D. 719-47-5 » déterminent les conditions dans lesquelles est assurée la parité entre les femmes et les hommes prévue par les articles L. 712-3 et L. 719-3, sous réserve de dispositions réglementaires particulières applicables aux établissements mentionnés aux articles L. 716-1, L. 717-1 et L. 718-1. »

§ 1er MODALITÉS DE DÉSIGNATION DES PERSONNALITÉS EXTÉRIEURES AUX CONSEILS *(Décr. n° 2014-336 du 13 mars 2014, art. 3).*

Art. D. 719-42 *(Décr. n° 2015-652 du 10 juin 2015, art. 10)* Sous réserve de dispositions réglementaires particulières, les statuts précisent :

1° Pour tous les conseils, la durée des mandats des personnalités extérieures qui ne peut être supérieure à quatre ans ;

2° Pour les conseils autres que celui mentionné à l'article L. 712-3 :

a) Un nombre pair de personnalités extérieures appelées à siéger dans les conseils, dans le respect des dispositions prévues aux articles D. 719-43 et D. 719-44 ;

b) La répartition des sièges entre les deux catégories de personnalités extérieures définies au 1° et au 2° de l'article L. 719-3, dans le respect des dispositions prévues aux articles D. 719-43 et D. 719-44 ;

c) En fonction de cette répartition, la liste des collectivités territoriales, institutions et organismes dont les représentants siègent aux conseils ainsi que le nombre de leurs représentants ;

d) Le mode de désignation par ces conseils des personnalités extérieures qui siègent à titre personnel.

Art. D. 719-43 *(Décr. n° 2014-336 du 13 mars 2014, art. 5)* Le nombre de personnalités extérieures est fixé dans le respect des dispositions prévues aux articles L. 712-3, L. 712-5, L. 712-6, L. 713-3, L. 713-9, L. 715-2, L. 718-11 et L. 718-12.

Les personnalités extérieures sont désignées au titre des catégories prévues respectivement au 1° et au 2° de l'article L. 719-3. Les statuts déterminent le nombre de personnalités extérieures désignées au titre de chacune de ces deux catégories et le nombre de personnalités extérieures désignées au titre d'une ou plusieurs des sous-catégories mentionnées au 1° de ce même article.

Art. D. 719-44 *(Décr. n° 2014-336 du 13 mars 2014, art. 6)* Pour les conseils autres que celui mentionné à l'article L. 712-3, le nombre de représentants d'un même organisme ou de plusieurs organismes de même nature ne peut être supérieur au tiers de l'effectif statutaire des personnalités extérieures.

Les représentants des organisations syndicales d'employeurs et de salariés, lorsqu'elles sont appelées à désigner des personnalités extérieures, sont en nombre égal.

Art. D. 719-45 *(Décr. n° 2013-756 du 19 août 2013)* Une personnalité extérieure ne peut siéger au sein d'un même établissement dans plus d'un des conseils *(Décr. n° 2014-336 du 13 mars 2014, art. 7)* « ou commissions » prévus aux articles L. 712-3, *(Décr. n° 2014-336 du 13 mars 2014, art. 7)* « L. 712-5, L. 712-6, L. 715-2, L. 718-11 et L. 718-12. »

Art. D. 719-46 *(Décr. n° 2013-756 du 19 août 2013)* Les collectivités territoriales, institutions et organismes, figurant sur la liste établie conformément aux dispositions du *(Décr. n° 2020-1205 du 30 sept. 2020, art. 3)* « *c)* du 2° de l'article D. 719-42 » désignent nommément la ou les personnes qui les représentent ainsi que *(Décr. n° 2014-336 du 13 mars 2014, art. 8)* « la ou les personnes de même sexe qui les remplacent en cas d'empêchement temporaire.

« Les représentants des collectivités territoriales ou de leurs groupements sont membres de leurs organes délibérants.

« Lorsqu'une personnalité extérieure perd la qualité au titre de laquelle elle avait été désignée, ou cesse définitivement de siéger pour quelque cause que ce soit, un représentant du même sexe est désigné pour la durée du mandat restant à courir. »

Art. D. 719-47 Les enseignants chercheurs, enseignants, chercheurs et personnels non enseignants en fonctions dans l'établissement et les étudiants inscrits dans l'établissement ne peuvent être désignés au titre de personnalités extérieures. — *[Décr. n° 85-28 du 7 janv. 1985, art. 7.]*

§ 2 MODALITÉS DESTINÉES À ASSURER LA PARITÉ ENTRE LES FEMMES ET LES HOMMES PARMI LES PERSONNALITÉS EXTÉRIEURES D'UN CONSEIL

(Décr. n° 2014-336 du 13 mars 2014, art. 9)

Art. D. 719-47-1 Le respect de l'obligation d'assurer la parité entre les femmes et les hommes s'apprécie sur l'ensemble des personnalités extérieures siégeant au sein d'un même conseil.

Art. D. 719-47-2 Lorsqu'une collectivité territoriale, une institution ou un organisme est appelé à désigner plus d'un membre du conseil, il procède à ces désignations de telle sorte que l'écart entre le nombre des femmes désignées, d'une part, et des hommes désignés, d'autre part, ne soit pas supérieur à un.

Art. D. 719-47-3 Le choix final des personnalités extérieures désignées à titre personnel des conseils autres que celui mentionné à l'article L. 712-3 tient compte de la répartition par sexe des personnalités extérieures désignées par les collectivités territoriales, institutions et organismes, appelés à nommer leurs représentants.

Art. D. 719-47-4 Si la parité n'a pu être établie après application de l'article D. 719-47-3 par la désignation des personnalités extérieures désignées à titre personnel, un tirage au sort détermine qui, parmi les collectivités territoriales, institutions et organismes ayant désigné des représentants du sexe surreprésenté, est ou sont appelés à désigner une personnalité du sexe sous-représenté.

Art. D. 719-47-5 Le choix final des personnalités extérieures du conseil d'administration des universités, désignées au 3° du II de l'article L. 712-3, intervient après un appel à candidatures dont les modalités sont fixées par les statuts. Ce choix tient compte de la répartition par sexe des personnalités mentionnées aux 1° et 2° du même II afin de garantir la parité entre les femmes et les hommes parmi les personnalités extérieures membres de ce conseil.

Si les candidatures recueillies après un premier appel à candidatures ne permettent pas de garantir la parité entre les femmes et les hommes au sein des personnalités extérieures du conseil d'administration de l'université, un nouvel appel à candidatures est organisé.

SECTION II RÉGIME FINANCIER

SOUS-SECTION 1 DROITS D'INSCRIPTION

Art. R. 719-48 Le produit des droits de scolarité versés par les étudiants est affecté en recette au budget des établissements publics à caractère scientifique, culturel et professionnel dans lesquels les intéressés s'inscrivent. — *[Décr. n° 71-794 du 24 sept. 1971, art. 1er.]*

Art. R. 719-49 Les bénéficiaires d'une bourse d'enseignement supérieur accordée par l'État et les pupilles de la Nation sont, de plein droit, exonérés du paiement des droits *(Décr. n° 2019-344 du 19 avr. 2019, art. 1er)* « d'inscription » afférents à la préparation d'un diplôme national ou du titre d'ingénieur diplômé, dans les établissements publics à caractère scientifique, culturel et professionnel relevant du ministre chargé de l'enseignement supérieur.

Art. R. 719-49-1 *(Décr. n° 2019-344 du 19 avr. 2019, art. 2)* Le ministre des affaires étrangères peut exonérer partiellement les étudiants étrangers du paiement des droits d'inscription afférents à la préparation d'un diplôme national ou du titre d'ingénieur diplômé dans les établissements mentionnés à l'article R. 719-49. La décision prend en compte la politique étrangère culturelle et scientifique de la France et la situation personnelle des usagers, y compris leur parcours de formation. L'attribution de l'exonération est notifiée par le ministre à l'étudiant et à l'établissement concernés.

Un arrêté conjoint du ministre des affaires étrangères et des ministres chargés du budget et de l'enseignement supérieur fixe le nombre maximal d'exonérations, leur durée maximale et leur montant par diplôme.

Art. R. 719-50 *(Décr. n° 2019-344 du 19 avr. 2019, art. 3)* Peuvent en outre bénéficier d'une exonération du paiement des droits d'inscription :

1° Les étudiants qui en font la demande en raison de leur situation personnelle, notamment les réfugiés et les travailleurs privés d'emploi ;

2° Les étudiants dont l'inscription répond aux orientations stratégiques de l'établissement ;

La décision est prise par le président de l'établissement en application de critères généraux et des orientations stratégiques fixés par le conseil d'administration, dans la limite de 10 % des étudiants inscrits, non comprises les personnes mentionnées à l'article R. 719-49.

L'exonération peut être totale ou partielle.

Art. R. 719-50-1 *(Décr. n° 2019-344 du 19 avr. 2019, art. 4)* Ne sont pas soumises au plafond mentionné à l'article R. 719-50 les exonérations accordées aux étudiants :

1° En application d'un accord conclu entre l'établissement concerné et un autre établissement conformément à l'article L. 123-7-1 ;

2° Dans le cadre d'un programme européen ou international d'accueil d'étudiants en mobilité internationale ;

3° Qui suivent un enseignement à distance depuis un État situé hors de l'Espace économique européen ;

4° Qui suivent un enseignement dispensé dans un établissement étranger en application d'une convention conclue avec un établissement français ;

5° Hospitalisés ou détenus dans un établissement pénitentiaire ou un établissement de santé habilité à recevoir des détenus et suivant un enseignement à distance.

SOUS-SECTION 2 BUDGET ET RÉGIME FINANCIER DES ÉTABLISSEMENTS PUBLICS À CARACTÈRE SCIENTIFIQUE, CULTUREL ET PROFESSIONNEL *(Décr. n° 2014-604 du 6 juin 2014, art. 2)*.

Art. R. 719-51 *(Décr. n° 2013-756 du 19 août 2013) (Décr. n° 2014-604 du 6 juin 2014, art. 3)* « Sous réserve des dispositions particulières propres à chacun de ces établissements, les établissements publics à caractère scientifique, culturel et professionnel » sont soumis au régime budgétaire, financier et comptable défini par les articles R. 719-52 à R. 719-112 et, dans la mesure où il n'y est pas dérogé par ce dernier, aux dispositions des titres Ier et III du décret n° 2012-1246 du 7 novembre 2012 relatif à la gestion budgétaire et comptable publique.

§ 1er ORGANISATION BUDGÉTAIRE

Art. R. 719-52 Le budget agrégé de l'établissement, désigné ci-après par "budget", est constitué du budget principal ainsi que, le cas échéant, du budget annexe du service d'activités industrielles et commerciales et d'un budget par fondation universitaire.

Il comporte en annexe un projet annuel de performances et les documents et tableaux permettant le suivi des emplois, *(Décr. n° 2014-604 du 6 juin 2014, art. 4)* « des engagements dont l'exécution est pluriannuelle ».

Art. R. 719-53 Les moyens de l'établissement affectés à l'activité des unités de recherche, complétés par les ressources extrabudgétaires apportées par des organismes partenaires, notamment dans le cadre d'unités constituées avec eux, sont retracés dans un document d'information joint au budget qui distingue :

1° Les apports de l'établissement à ses unités propres ;

2° Les apports de l'établissement à des unités constituées avec des partenaires ;

3° Les apports des partenaires. – *[Décr. n° 2008-618 du 27 juin 2008, art. 3.]*

Art. R. 719-54 *(Décr. n° 2013-756 du 19 août 2013)* I. – Le budget principal, le budget annexe et le budget de chaque fondation sont établis conformément aux dispositions de l'article 175 du décret n° 2012-1246 du 7 novembre 2012 relatif à la gestion budgétaire et comptable publique.

Les modalités d'application du premier alinéa sont définies par arrêté conjoint du ministre chargé du budget et du ministre chargé de l'enseignement supérieur.

II. – Les crédits sont présentés en croisant la destination et la nature de chaque dépense. La répartition des crédits par nature distingue :

1° L'enveloppe consacrée aux dépenses de personnel qui est assortie :

a) D'un plafond d'autorisation de l'ensemble des emplois rémunérés par l'établissement ;

(Décr. nº 2014-604 du 6 juin 2014, art. 5) « *b)* Pour les établissements publics bénéficiant des responsabilités et compétences élargies en matière budgétaire dans les conditions prévues à l'article L. 712-8, d'un plafond d'emploi fixé par l'État relatif aux emplois financés par l'État ; »

2º L'enveloppe des crédits de fonctionnement hors dépenses de personnel ;

3º L'enveloppe des crédits d'investissement.

(Décr. nº 2014-604 du 6 juin 2014, art. 5) « Avec l'accord du recteur *(Décr. nº 2019-1554 du 30 déc. 2019, art. 1er)* « de région académique » ou, pour les établissements qui lui sont directement rattachés, du ministre chargé de l'enseignement supérieur, le budget de l'établissement peut inclure, en complément des enveloppes prévues aux 1º à 3º, une ou plusieurs enveloppes destinées à des contrats de recherche. Au sein de chacune de ces enveloppes, les crédits sont présentés par nature selon les catégories suivantes :

« 1º Dépenses de personnel ;

« 2º Dépenses de fonctionnement ;

« 3º Dépenses d'investissement.

« Le montant total des crédits de chaque enveloppe est limitatif ainsi que, en leur sein, d'une part le montant des dépenses de personnel, d'autre part le montant de l'ensemble formé par les dépenses de fonctionnement et d'investissement. »

III. – Le ministre chargé de l'enseignement supérieur détermine la nomenclature des destinations de dépenses, en cohérence avec les actions des programmes ministériels qui les financent ainsi que la nomenclature de présentation des recettes. Au sein de chaque destination de dépense, des subdivisions peuvent, en tant que de besoin, être créées, ou approuvées pour les budgets des fondations, par le conseil d'administration.

Art. R. 719-55 Le projet annuel de performances de l'établissement présente les objectifs poursuivis. Il comporte des indicateurs d'efficience, d'efficacité et de qualité du service public de l'enseignement supérieur défini à l'article L. 123-3 associés à ces objectifs. Ces indicateurs, qui sont établis en cohérence avec ceux des programmes ministériels dont les établissements relèvent, concourent à l'information du conseil d'administration et des responsables des programmes ministériels ainsi qu'au suivi du contrat pluriannuel d'établissement. – *[Décr. nº 2008-618 du 27 juin 2008, art. 5.]*

Art. R. 719-56 Le budget annexe du service d'activités industrielles et commerciales retrace, en recettes et en produits, les ressources que l'établissement tire de ses activités industrielles et commerciales, et notamment :

1º Les produits et recettes des accords et conventions à caractère industriel et commercial, en particulier des contrats de recherche, d'essais, d'études, d'analyses, de conseils et d'expertises effectués pour le compte de tiers ;

2º Les produits et recettes de l'exploitation des brevets, des licences, des droits de propriété intellectuelle ou industrielle et des travaux de recherche ;

3º Les produits et recettes des prestations de services concourant à la valorisation de la recherche définis par voie réglementaire ;

4º Les produits et recettes des activités d'édition, des baux et locations commerciales et des autres activités commerciales.

Il retrace, en dépenses et en charges :

1º Les frais de personnels assurant le fonctionnement et la réalisation des activités du service ;

2º La participation aux charges communes de l'établissement ;

3º Les frais de fonctionnement et d'équipement et, de manière générale, toutes les dépenses ou charges nécessaires au fonctionnement et à la réalisation des activités du service. – *[Décr. nº 2008-618 du 27 juin 2008, art. 6.]*

Art. R. 719-57 L'exercice budgétaire correspond à l'année civile.

Les crédits ouverts au titre d'un budget ne créent aucun droit au titre du budget suivant.

L'ordonnateur peut toutefois reporter sur l'exercice budgétaire tout ou partie des crédits relatifs aux tranches annuelles non exécutées des programmes pluriannuels d'investissement et *(Décr. nº 2014-604 du 6 juin 2014, art. 6)* « des contrats de recherche, d'enseignement, ou de formation continue à exécution pluriannuelle financés par un tiers » en cours.

(Décr. n° 2014-604 du 6 juin 2014, art. 6) « Cette décision donne lieu à un budget rectificatif approuvé à l'occasion de la plus prochaine réunion du conseil d'administration. »

Art. R. 719-58 Le budget décrit l'intégralité des recettes et des dépenses et l'intégralité des charges et des produits.

Les recettes attribuées à l'établissement avec une destination déterminée conservent leur affectation. – *[Décr. n° 2008-618 du 27 juin 2008, art. 8.]*

Art. R. 719-59 L'équilibre du budget s'apprécie au regard des équilibres respectifs :

1° Du budget principal ;

2° Du budget annexe ;

3° Du budget de chaque fondation dans les conditions fixées par les articles R. 719-194 à R. 719-205. – *[Décr. n° 2008-618 du 27 juin 2008, art. 9-I.]*

Art. R. 719-60 L'équilibre du budget principal, du budget annexe et du budget de chaque fondation est réalisé au niveau :

1° Du tableau présentant l'équilibre financier qui résulte du solde budgétaire des prévisions de recettes et des crédits de paiement, et des opérations de trésorerie ;

2° Du compte de résultat prévisionnel ;

3° De l'état prévisionnel de l'évolution de la situation patrimoniale en droits constatés. – *[Décr. n° 2008-618 du 27 juin 2008, art. 9-II.]*

Art. R. 719-61 *(Décr. n° 2013-756 du 19 août 2013)* Le budget est considéré en équilibre réel lorsque les quatre conditions suivantes sont remplies :

a) Le tableau présentant l'équilibre financier, le compte de résultat prévisionnel et l'état prévisionnel de l'évolution de la situation patrimoniale sont chacun votés en équilibre ;

b) Les recettes et les dépenses ainsi que les produits et les charges sont évalués de façon sincère et soutenable ;

(Décr. n° 2014-604 du 6 juin 2014, art. 7) « *c)* Le montant des dépenses de personnel ne doit pas excéder, pour les établissements publics bénéficiant des responsabilités et compétences élargies en matière budgétaire dans les conditions prévues à l'article L. 712-8, la dotation annuelle de masse salariale notifiée par l'État majorée des ressources propres d'exploitation de l'établissement ; »

d) Les ressources du tableau présentant l'équilibre financier, hors recettes de l'emprunt, permettent de couvrir le remboursement en capital des annuités d'emprunts à échoir au cours de l'exercice.

Pour parvenir à l'équilibre réel, le conseil d'administration peut autoriser un prélèvement sur le fonds de roulement de l'établissement pour le financement d'opérations d'investissement.

Aux mêmes fins, le conseil d'administration peut être autorisé à prélever sur les réserves de l'établissement par le recteur *(Décr. n° 2019-1554 du 30 déc. 2019, art. 1er)* « de région académique », chancelier des universités, ou, pour les établissements qui lui sont directement rattachés, par le ministre chargé de l'enseignement supérieur pour le financement d'autres opérations.

Art. R. 719-62 Les modalités d'application des articles R. 719-59 à R. 719-61 peuvent être définies par arrêté conjoint du ministre chargé du budget et du ministre chargé de l'enseignement supérieur. – *[Décr. n° 2008-618 du 27 juin 2008, art. 9, al. 16.]*

Art. R. 719-63 Les crédits inscrits au budget principal sont limitatifs par enveloppe mentionnée à l'article R. 719-54.

Les crédits inscrits au sein du budget annexe et du budget d'une fondation ont un caractère évaluatif. – *[Décr. n° 2008-618 du 27 juin 2008, art. 10.]*

Art. R. 719-63-1 *(Décr. n° 2014-604 du 6 juin 2014, art. 8)* Le budget des établissements bénéficiant de la pleine propriété de leurs biens immobiliers comprend également un budget annexe immobilier, qui inclut les équipements et prestations qui sont directement rattachés à ces biens, établi conformément aux articles R. 719-54, à l'exception du 1° de son II, R. 719-59, R. 719-60 et R. 719-61.

Par arrêté conjoint des ministres de tutelle et du ministre chargé du budget, et sur proposition de leur président ou directeur, le budget des autres établissements peut également comprendre un budget annexe, établi dans les mêmes conditions, pour les biens immobiliers dont ils sont propriétaires, pour les biens immobiliers qui sont mis à leur disposition par l'État ou par un tiers et ceux qui sont pris à bail, ainsi que pour les équipements et prestations qui leur sont directement rattachés.

Les crédits inscrits au sein de ce budget annexe ont un caractère limitatif.

§ 2 PRÉPARATION, VOTE ET MODIFICATION DU BUDGET

SOUS-§ 1er PRÉPARATION ET VOTE DU BUDGET

Art. R. 719-64 Le budget est élaboré sous l'autorité du président ou du directeur de l'établissement conformément aux priorités et aux orientations définies par le conseil d'administration en cohérence avec les dispositions du contrat pluriannuel d'établissement.

A cette fin, un débat a lieu au conseil d'administration sur les orientations générales du budget de l'exercice ainsi que sur les engagements pluriannuels en cours et envisagés.

Sur proposition du président ou du directeur de l'établissement, le conseil d'administration arrête la procédure interne d'élaboration du budget, notamment les modalités d'association des différentes composantes, dans le respect des compétences attribuées *(Décr. n° 2015-652 du 10 juin 2015, art. 10)* « à la commission de la recherche du conseil académique ou au conseil scientifique ou à l'organe en tenant lieu » en matière de crédits de recherche, des dispositions de l'article L. 719-5 et de l'article L. 713-9 relatif aux instituts et écoles internes.

(Décr. n° 2014-604 du 6 juin 2014, art. 9) « Lorsqu'en application de l'article L. 713-1 un contrat d'objectifs et de moyens est conclu entre l'université et un institut ou une école interne disposant d'un budget propre intégré mentionnés aux articles L. 713-9 et L. 721-1, ce contrat porte au moins, pour l'ensemble des formations dispensées, sur les emplois alloués par l'établissement dans le cadre de son plafond d'emplois, les ressources de la composante, les dépenses de fonctionnement générées par son activité, ses charges d'enseignement et sa participation aux charges communes de l'établissement. »

Art. R. 719-65 Le projet de budget est communiqué par le président ou le directeur de l'établissement au recteur *(Décr. n° 2019-1554 du 30 déc. 2019, art. 1er)* « de région académique », chancelier des universités, ou, pour les établissements qui lui sont directement rattachés, au ministre chargé de l'enseignement supérieur, quinze jours au moins avant sa présentation au conseil d'administration de l'établissement.

Art. R. 719-66 Le budget et ses annexes sont votés par le conseil d'administration de l'établissement, ou l'organe en tenant lieu, dans les conditions prévues à l'article R. 719-68.

Le conseil d'administration vote, dans les mêmes formes, le budget principal et le budget annexe du service d'activités industrielles et commerciales et approuve le budget de chaque fondation universitaire. – *[Décr. n° 2008-618 du 27 juin 2008, art. 13.]*

Art. R. 719-67 Le conseil d'administration vote le budget en équilibre réel.

Il arrête les programmes pluriannuels d'investissement et un état prévisionnel des restes à réaliser sur les contrats de recherche. – *[Décr. n° 2008-618 du 27 juin 2008, art. 14.]*

Art. R. 719-68 En matière budgétaire, le conseil d'administration délibère valablement si la moitié des membres en exercice est présente.

Ces délibérations sont prises à la majorité des suffrages exprimés des membres présents ou représentés. Le nombre maximum de mandats de représentation qui peut être détenu par un membre présent est fixé par les statuts de l'établissement.

En cas de partage égal des voix, le président a voix prépondérante. – *[Décr. n° 2008-618 du 27 juin 2008, art. 15.]*

Art. R. 719-69 *(Décr. n° 2013-756 du 19 août 2013)* Lors de la séance du conseil d'administration, le recteur *(Décr. n° 2019-1554 du 30 déc. 2019, art. 1er)* « de région académique », chancelier des universités, ou le représentant du ministre peut décider que le budget est soumis à son approbation dans les cas suivants :

1° Le projet de budget n'a pas été communiqué dans le délai fixé à l'article R. 719-65 ;

2° Le budget principal ou le budget annexe ou le budget d'une fondation n'est pas en équilibre réel eu égard notamment aux dispositions des articles R. 719-59 à R. 719-62 relatives aux prélèvements sur le fonds de roulement ou sur les réserves ;

3° Le budget principal ne prévoit pas les crédits nécessaires au respect des obligations et des engagements de l'établissement ;

(Décr. n° 2014-604 du 6 juin 2014, art. 10) « 4° Pour les établissements publics bénéficiant des responsabilités et compétences élargies en matière budgétaire dans les conditions prévues à l'article L. 712-8, le plafond d'emplois défini au *b* du 1° du II de l'article R. 719-54 est dépassé ;

« 5° Les budgets rectificatifs de l'exercice ou le budget initial de l'exercice suivant ne respectent pas le plan de rétablissement de l'équilibre financier prévu à l'article R. 719-109. »

Art. R. 719-70 Sous réserve des dispositions des articles R. 719-71 et R. 719-75, le budget est exécutoire à compter de sa communication au recteur *(Décr. n° 2019-1554 du 30 déc. 2019, art. 1er)* « de région académique », chancelier des universités, ou, pour les établissements qui lui sont directement rattachés, au ministre chargé de l'enseignement supérieur.

Art. R. 719-71 Dans le cas où le budget est soumis à approbation, celle-ci est réputée acquise si elle n'est pas refusée dans le délai d'un mois suivant la transmission de la délibération budgétaire.

En cas de refus d'approbation, le conseil d'administration délibère à nouveau sur le budget dans le délai d'un mois suivant la notification du refus. La nouvelle délibération est soumise à approbation.

A défaut de nouvelle délibération dans le délai d'un mois, ou s'il n'a pas été remédié par la nouvelle délibération aux irrégularités ayant motivé le refus d'approbation, le budget est arrêté par le recteur *(Décr. n° 2019-1554 du 30 déc. 2019, art. 1er)* « de région académique », chancelier des universités, ou, pour les établissements qui lui sont directement rattachés, par le ministre chargé de l'enseignement supérieur.

Art. R. 719-72 Le budget est rendu public au plus tard un mois après avoir été, selon le cas, adopté, arrêté ou approuvé. Les modalités de cette publicité sont fixées par les statuts de l'établissement ou par son règlement intérieur. — *[Décr. n° 2008-618 du 27 juin 2008, art. 19.]*

SOUS-§ 2 MODIFICATIONS DU BUDGET EN COURS D'EXERCICE

Art. R. 719-73 Les modifications apportées au budget de l'établissement en cours d'exercice dans les cas suivants sont adoptées par le conseil d'administration dans les mêmes conditions que le budget initial :

1° Modification de l'équilibre du tableau présentant l'équilibre financier, de l'équilibre du compte de résultat prévisionnel ou de l'équilibre de l'état prévisionnel de l'évolution de la situation patrimoniale du budget principal ou du budget annexe ;

2° Virement de crédits entre enveloppes du budget principal ;

3° Modification du plafond d'emplois global ;

4° Augmentation des enveloppes du budget principal.

Les modifications sont rendues exécutoires selon la même procédure et dans les mêmes conditions que le budget initial auquel elles se rapportent.

Lorsque l'équilibre du budget d'une fondation est, en cours d'exercice, substantiellement affecté, le président ou le directeur de l'établissement demande au conseil de gestion de la fondation universitaire de procéder aux modifications nécessaires. — *[Décr. n° 2008-618 du 27 juin 2008, art. 20.]*

Art. R. 719-74 Le conseil d'administration peut déléguer au président ou au directeur de l'établissement, dans les conditions fixées à l'article L. 712-3, le pouvoir d'adopter des décisions modificatives du budget.

Ces décisions sont exécutoires, selon le cas, soit à compter de leur approbation par le recteur *(Décr. nº 2019-1554 du 30 déc. 2019, art. 1er)* « de région académique », chancelier des universités, ou, pour les établissements qui lui sont directement rattachés, le ministre chargé de l'enseignement supérieur dans le délai de quinze jours qui suit leur transmission à cette autorité, soit à l'expiration de ce délai à moins que l'autorité compétente n'ait, dans le même délai, refusé son approbation.

L'autorité compétente peut refuser son approbation dans les cas prévus à l'article R. 719-69.

La décision modificative du budget est portée à la connaissance du conseil d'administration lors de sa prochaine séance.

§ 3 EXÉCUTION DU BUDGET

SOUS-§ 1er DISPOSITIONS GÉNÉRALES

Art. R. 719-75 Le budget est exécutoire le 1er janvier de l'exercice à condition d'avoir été, à cette date, régulièrement adopté ou, le cas échéant, approuvé. – *[Décr. nº 2008-618 du 27 juin 2008, art. 22.]*

Art. R. 719-76 Lorsque le budget n'est pas exécutoire le 1er janvier de l'exercice, les opérations de recettes et de dépenses sont effectuées temporairement sur la base de 80 % du budget de l'exercice précédent, déduction faite, le cas échéant, pour le budget principal, des crédits affectés à des dépenses non renouvelables.

Le recteur *(Décr. nº 2019-1554 du 30 déc. 2019, art. 1er)* « de région académique », chancelier des universités, ou, pour les établissements qui lui sont directement rattachés, le ministre chargé de l'enseignement supérieur peut décider qu'une partie du budget correspondant au budget principal ou au budget annexe ou au budget d'une fondation est exécutoire.

Art. R. 719-77 Si le budget n'est pas exécutoire le 1er mars de l'exercice, il est arrêté par le recteur *(Décr. nº 2019-1554 du 30 déc. 2019, art. 1er)* « de région académique », chancelier des universités, ou, pour les établissements qui lui sont directement rattachés, par le ministre chargé de l'enseignement supérieur.

Art. R. 719-78 Le budget est exécuté par nature de dépense et de recette selon la nomenclature comptable. L'imputation par destination est restituée au plus tard pour l'établissement du compte financier. – *[Décr. nº 2008-618 du 27 juin 2008, art. 25.]*

SOUS-§ 2 ORDONNATEURS ET COMPTABLES

Art. R. 719-79 Le président ou le directeur de l'établissement est ordonnateur du budget.

Le président d'université peut déléguer sa signature dans les conditions prévues à l'article L. 712-2. Le président ou le directeur des autres établissements peut déléguer sa signature selon des modalités fixées par le décret statutaire de l'établissement. – *[Décr. nº 2008-618 du 27 juin 2008, art. 26.]*

Art. R. 719-80 Les directeurs des instituts et écoles internes des universités, le président de chaque fondation universitaire et le directeur d'un service commun à plusieurs établissements créé en vertu des dispositions de l'article L. 714-2 sont ordonnateurs secondaires pour les affaires les intéressant.

Les ordonnateurs secondaires peuvent déléguer leur signature aux agents publics placés sous leur autorité. – *[Décr. nº 2008-618 du 27 juin 2008, art. 27.]*

Art. R. 719-81 L'agent comptable exerce les fonctions de chef du service de la comptabilité de l'établissement.

Le pouvoir de suspension à l'égard des agents comptables est exercé, par le recteur *(Décr. nº 2019-1554 du 30 déc. 2019, art. 1er)* « de région académique », chancelier des universités, ou, pour les établissements qui lui sont directement rattachés, par le ministre chargé de l'enseignement supérieur. Le ministre qui a prononcé le détachement de l'intéressé est avisé de la suspension.

Art. R. 719-82 Il peut être institué, sur proposition du président ou du directeur de l'établissement, des agents comptables secondaires. Ils sont désignés par arrêté conjoint du ministre chargé de l'enseignement supérieur et du ministre chargé du budget, après agrément de l'agent comptable principal. – *[Décr. n° 2008-618 du 27 juin 2008, art. 29.]*

Art. R. 719-83 Les agents comptables peuvent déléguer leur signature. – *[Décr. n° 2008-618 du 27 juin 2008, art. 30.]*

Art. R. 719-84 Le président ou le directeur de l'établissement peut créer des régies de recettes ou d'avances dans les conditions fixées par arrêté du ministre chargé de l'enseignement supérieur et du ministre chargé du budget. – *[Décr. n° 2008-618 du 27 juin 2008, art. 31.]*

Art. R. 719-85 Lorsqu'un ordonnateur a requis un agent comptable de payer, celui-ci défère à la réquisition. Il en rend compte au ministre chargé du budget et en informe le ministre chargé de l'enseignement supérieur.

L'agent comptable doit refuser de déférer à l'ordre de réquisition lorsque la suspension du paiement est motivée par un des cas prévus à l'article 195 du décret n° 2012-1246 du 7 novembre 2012 relatif à la gestion budgétaire et comptable publique. L'agent comptable rend immédiatement compte de son refus au ministre chargé du budget et en informe le ministre chargé de l'enseignement supérieur. – *[Décr. n° 2008-618 du 27 juin 2008, art. 32.]*

SOUS-§ 3 PROCÉDURES DE RECETTES ET DE DÉPENSES

Art. R. 719-86 Les dépenses de l'établissement sont réglées par l'agent comptable au vu de l'acceptation des dépenses par l'ordonnateur. L'acceptation est matérialisée, quel que soit le support, sous forme d'une mention datée et signée apposée sur le mémoire, la facture ou toute autre pièce en tenant lieu, ou sous forme d'un certificat séparé d'exécution de service, l'un ou l'autre précisant que le règlement peut être valablement opéré pour la somme indiquée.

Les ordres de recouvrement sont transmis par l'ordonnateur à l'agent comptable, quel qu'en soit le support.

Le contrôle des dépenses exercé par l'agent comptable en application de l'article 19 du décret n° 2012-1246 du 7 novembre 2012 relatif à la gestion budgétaire et comptable publique est adapté et proportionné aux risques liés au montant et à la nature de la dépense. Les modalités de la mise en œuvre de ces procédures sont déterminées par l'agent comptable après information du président ou du directeur de l'établissement. – *[Décr. n° 2008-618 du 27 juin 2008, art. 33.]*

Art. R. 719-87 L'agent comptable peut payer sans ordonnancement préalable, sous réserve que les crédits soient disponibles au budget, certaines catégories de dépenses déterminées conjointement par le ministre chargé de l'enseignement supérieur et le ministre chargé du budget. – *[Décr. n° 2008-618 du 27 juin 2008, art. 34.]*

Art. R. 719-88 Un service facturier placé sous l'autorité de l'agent comptable peut être chargé de centraliser la réception des factures. Dans ce cas, la certification du service fait par l'ordonnateur autorise le paiement par l'agent comptable dès lors que la facture est conforme à l'engagement et au service fait. Cette certification du service fait tient lieu d'ordonnancement de la dépense. – *[Décr. n° 2008-618 du 27 juin 2008, art. 35.]*

Art. R. 719-89 Les remises gracieuses et les admissions en non-valeur des créances de l'établissement sont décidées par le président ou le directeur de l'établissement sur proposition du conseil d'administration et, pour les fondations universitaires, du conseil de gestion de la fondation, après avis de l'agent comptable principal. Les dispositions du présent article ne sont pas applicables aux dettes de l'agent comptable. – *[Décr. n° 2008-618 du 27 juin 2008, art. 36.]*

Art. R. 719-90 Les conventions relatives aux acquisitions, échanges et aliénations d'immeubles sont conclues par le président ou le directeur de l'établissement. Elles sont soumises à l'approbation du conseil d'administration.

Le conseil d'administration de l'établissement peut déléguer ses compétences au président ou au directeur de l'établissement en matière de locations d'immeubles si la durée du contrat est inférieure à neuf ans et si le montant du loyer annuel n'excède

pas une limite fixée par un arrêté conjoint du ministre chargé de l'enseignement supérieur et du ministre chargé du budget.

L'acceptation des dons et legs est autorisée par le conseil d'administration dans les conditions prévues par le code général de la propriété des personnes publiques. – *[Décr. n° 2008-618 du 27 juin 2008, art. 37.]*

Art. R. 719-91 **En cas de trop-perçu par un créancier de l'établissement, l'ordonnateur délivre un ordre de reversement.**

Tout reversement constaté avant la clôture de l'exercice donne lieu à un rétablissement de crédit.

Les reversements effectués postérieurement à la clôture de l'exercice de rattachement de la dépense sont portés en recette du budget de l'exercice en cours. – *[Décr. n° 2008-618 du 27 juin 2008, art. 38.]*

Art. R. 719-92 **Lorsque l'ordonnateur refuse d'émettre un ordre de dépense, le créancier peut se pourvoir devant le recteur** *(Décr. n° 2019-1554 du 30 déc. 2019, art. 1er)* **« de région académique », chancelier des universités, ou, pour les établissements qui lui sont directement rattachés, le ministre chargé de l'enseignement supérieur. Celui-ci procède, s'il y a lieu et après mise en demeure restée sans effet, au mandatement d'office dans la limite des crédits ouverts.**

SOUS-§ 4 OPÉRATIONS FINANCIÈRES

Art. R. 719-93 **Dans les cas prévus par les dispositions législatives et réglementaires en vigueur, le recours à l'emprunt est soumis à l'approbation du recteur** *(Décr. n° 2019-1554 du 30 déc. 2019, art. 1er)* **« de région académique », chancelier des universités, et du directeur régional des finances publiques ou, pour les établissements qui lui sont directement rattachés, du ministre chargé de l'enseignement supérieur et du contrôleur budgétaire et comptable ministériel.**

Un emprunt ne peut être souscrit pour assurer le financement du remboursement des annuités d'emprunt.

Art. R. 719-94 **Les fonds de l'établissement sont déposés et placés dans les conditions prévues à l'article 197 du décret n° 2012-1246 du 7 novembre 2012 relatif à la gestion budgétaire et comptable publique.**

Des fonds peuvent néanmoins être déposés dans des établissements bancaires ou à la Caisse des dépôts et consignations pour un usage strictement lié à un transit technique ou aux placements des libéralités reçues par l'établissement et des fonds des fondations universitaires. – *[Décr. n° 2008-618 du 27 juin 2008, art. 41.]*

SOUS-§ 5 COMPTABILITÉS

Art. R. 719-95 **L'exercice comptable correspond à l'année civile.**

Tous les droits acquis et tous les services faits au cours d'un exercice doivent être comptabilisés au titre de cet exercice. – *[Décr. n° 2008-618 du 27 juin 2008, art. 43.]*

Art. R. 719-96 **Le plan comptable des établissements publics à caractère scientifique, culturel et professionnel est établi conformément aux dispositions de l'article 54 du décret n° 2012-1246 du 7 novembre 2012 relatif à la gestion budgétaire et comptable publique. Il est approuvé conjointement par le ministre chargé de l'enseignement supérieur et le ministre chargé du budget.** – *[Décr. n° 2008-618 du 27 juin 2008, art. 44.]*

Art. R. 719-97 **L'ordonnateur tient un inventaire permanent de tous les biens mobiliers et immobiliers dont il dispose. Cet inventaire distingue les biens propres de l'établissement de ceux qui lui sont affectés ou qui sont mis à sa disposition. Il est concordant avec l'inventaire comptable.** – *[Décr. n° 2008-618 du 27 juin 2008, art. 45.]*

Art. R. 719-98 **Chaque établissement se dote d'une comptabilité analytique établie conformément aux dispositions des articles 59 et 209 du décret n° 2012-1246 du 7 novembre 2012 relatif à la gestion budgétaire et comptable publique.** – *[Décr. n° 2008-618 du 27 juin 2008, art. 46.]*

Art. R. 719-99 **Les programmes pluriannuels d'investissement font l'objet d'un suivi particulier permettant de retracer l'état des engagements pluriannuels pris par l'établissement.** – *[Décr. n° 2008-618 du 27 juin 2008, art. 47.]*

§ 4 COMPTE FINANCIER

Art. R. 719-100 Les moyens de l'établissement destinés à l'activité des unités de recherche mentionnés à l'article R. 719-53 font l'objet d'un compte rendu d'exécution. – *[Décr. n° 2008-618 du 27 juin 2008, art. 48, al. 3.]*

Art. R. 719-101 Le compte financier est accompagné d'un état retraçant les restes à réaliser sur les contrats de recherche et d'un rapport de présentation retraçant les activités de l'établissement pour l'exercice considéré s'appuyant notamment sur les résultats de la comptabilité analytique.

Le rapport annuel de performances de l'établissement, préparé par l'ordonnateur, est annexé au compte financier.

Les comptes sont réputés arrêtés à la date à laquelle l'ensemble des documents est signé et daté conjointement par l'ordonnateur et l'agent comptable. – *[Décr. n° 2008-618 du 27 juin 2008, art. 48, al. 5, 6 et 7.]*

Art. R. 719-102 Le conseil d'administration approuve le compte financier au vu du rapport du ou des commissaires aux comptes *(Décr. n° 2014-604 du 6 juin 2014, art. 11)* « pour les établissements bénéficiant des responsabilités et compétences élargies en matière budgétaire dans les conditions prévues à l'article L. 712-8 » dans les délais fixés à l'article 212 du décret n° 2012-1246 du 7 novembre 2012 relatif à la gestion budgétaire et comptable publique.

(Décr. n° 2014-604 du 6 juin 2014, art. 11) « Pour les établissements ne bénéficiant pas des responsabilités et compétences élargies qui choisissent de soumettre leurs comptes à certification, le rapport du ou des commissaires aux comptes est obligatoirement joint à la délibération relative au compte financier. »

Le compte financier approuvé est communiqué sans délai au recteur *(Décr. n° 2019-1554 du 30 déc. 2019, art. 1er)* « de région académique », chancelier des universités, ou, pour les établissements qui lui sont directement rattachés, au ministre chargé de l'enseignement supérieur.

Art. R. 719-103 Le compte financier est adressé au juge des comptes dans les conditions prévues par l'article 214 du décret n° 2012-1246 du 7 novembre 2012 relatif à la gestion budgétaire et comptable publique, quel qu'en soit le support. – *[Décr. n° 2008-618 du 27 juin 2008, art. 50.]*

Art. R. 719-104 Le conseil d'administration délibère sur l'affectation des résultats du budget principal et du budget annexe.

Il approuve l'affectation des résultats du budget de chaque fondation.

(Décr. n° 2014-604 du 6 juin 2014, art. 12) « Lorsque le compte de résultat accuse une perte, le conseil d'administration détermine par une délibération les conditions de retour à l'équilibre pour l'exercice suivant. Le projet de cette délibération est soumis à l'avis préalable du recteur *(Décr. n° 2019-1554 du 30 déc. 2019, art. 1er)* « de région académique », chancelier des universités, ou, pour les établissements qui lui sont directement rattachés, du ministre chargé de l'enseignement supérieur. Cet avis est communiqué au conseil d'administration avec le projet de délibération. »

§ 5 PILOTAGE ET PERFORMANCE

SOUS-§ 1er AUDIT INTERNE ET PILOTAGE FINANCIER ET PATRIMONIAL

Art. D. 719-105 L'établissement se dote d'instruments d'analyse rétrospective et prévisionnelle et d'outils de restitution et de valorisation de l'information financière sous la forme d'indicateurs ou de rapports d'analyse destinés au pilotage financier et patrimonial de l'établissement.

Ces instruments et outils doivent notamment permettre d'obtenir des informations selon une périodicité adaptée sur :

(Décr. n° 2017-1896 du 29 déc. 2017, art. 1er) « 1° Le suivi de la masse salariale et la consommation des emplois en équivalents temps plein et en équivalents temps plein travaillé ; à cette fin, une convention de prestation de service est conclue entre l'établissement et la direction régionale ou départementale des finances publiques compétente afin d'assurer la mise en paiement des rémunérations mensuelles des personnels

de l'établissement. Le tarif de cette prestation de service est précisé par voie d'arrêté conjoint du ministre chargé du budget et du ministre chargé de l'enseignement supérieur » ;

2° L'exécution du budget en recettes et en dépenses, ainsi que celle de son projet annuel de performances ;

3° L'équilibre financier de l'établissement ;

4° La gestion patrimoniale.

Le conseil d'administration est informé de la mise en œuvre de ces outils et instruments.

Art. D. 719-106 L'établissement transmet au ministre chargé de l'enseignement supérieur les informations nécessaires au suivi des programmes budgétaires auxquels l'établissement est rattaché et portant notamment sur la situation financière de l'établissement, le respect de ses engagements contractuels et l'évolution de sa masse salariale et de ses emplois.

Ces éléments sont transmis au ministre chargé de l'enseignement supérieur selon une périodicité et un support qu'il détermine. La transmission peut être effectuée sous forme dématérialisée.

Le budget et ses modifications ainsi que le compte financier de l'établissement sont transmis au ministre chargé du budget.

Le document prévisionnel de gestion des emplois et des crédits de personnel de l'organisme prévu à l'article 182 du décret n° 2012-1246 du 7 novembre 2012 relatif à la gestion budgétaire et comptable publique est transmis à l'autorité mentionnée à l'article R. 719-108, sans être soumis à avis. *(Décr. n° 2017-1896 du 29 déc. 2017, art. 2)* « Un arrêté du ministre chargé du budget et du ministre chargé de l'enseignement supérieur précise le contenu du document, ses conditions d'élaboration, d'actualisation et de transmission ainsi que les modalités d'information à l'autorité mentionnée à l'article R. 719-108. »

Art. R. 719-107 Pour l'exercice des compétences définies aux articles R. 719-59 à R. 719-62, R. 719-69, R. 719-71, R. 719-73, R. 719-74, R. 719-76, R. 719-77, R. 719-92 et R. 719-109, et selon des modalités établies par une convention de partenariat, le recteur, chancelier des universités, ou, pour les établissements qui lui sont directement rattachés, le ministre chargé de l'enseignement supérieur sollicite l'analyse du directeur régional des finances publiques ou celle du contrôleur budgétaire et comptable ministériel. – *[Décr. n° 2008-618 du 27 juin 2008, art. 54.]*

SOUS-§ 2 CONTRÔLE BUDGÉTAIRE

Art. R. 719-108 L'établissement communique, à sa demande, au recteur, chancelier des universités, ou, pour les établissements qui lui sont directement rattachés, au ministre chargé de l'enseignement supérieur *(Décr. n° 2014-604 du 6 juin 2014, art. 13)* « ou à l'autorité chargée du contrôle budgétaire, » tout élément nécessaire à l'exercice de son contrôle budgétaire.

Art. R. 719-109 *(Décr. n° 2014-604 du 6 juin 2014, art. 14)* I. – L'examen de tout projet de budget, présenté après l'arrêté d'un compte de résultat accusant une perte comptable faisant suite à une perte comptable au titre de l'exercice précédent, est effectué au vu d'un plan de rétablissement de l'équilibre financier.

Ce plan, établi par le président ou le directeur de l'établissement, fait l'objet d'un vote du conseil d'administration après avis conforme du recteur *(Décr. n° 2019-1554 du 30 déc. 2019, art. 1er)* « de région académique », chancelier des universités, ou, pour les établissements qui lui sont directement rattachés, du ministre chargé de l'enseignement supérieur.

II. – Le recteur *(Décr. n° 2019-1554 du 30 déc. 2019, art. 1er)* « de région académique », chancelier des universités, ou pour les établissements qui lui sont directement rattachés, le ministre chargé de l'enseignement supérieur, arrête les budgets rectificatifs ou le budget initial s'il constate que le conseil d'administration ne les vote pas conformément au plan de rétablissement de l'équilibre financier.

III. – Le président ou le directeur de l'établissement rend compte au conseil d'administration de la mise en œuvre du plan de rétablissement de l'équilibre financier.

IV. — La procédure prévue au I cesse de s'appliquer à la constatation d'un résultat excédentaire suivant la mise en œuvre du plan. Toutefois, le recteur *(Décr. n° 2019-1554 du 30 déc. 2019, art. 1er)* « de région académique », ou pour les établissements qui lui sont directement rattachés, le ministre chargé de l'enseignement supérieur, peut décider de prolonger cette procédure s'il estime que la situation de l'établissement n'est pas durablement assainie.

Art. R. 719-109-1 *(Décr. n° 2014-604 du 6 juin 2014, art. 15)* Pour les établissements dont la tutelle relève du ministre chargé de l'enseignement supérieur, un arrêté pris par ce ministre conjointement avec le ou les autres ministres de tutelle fixe la liste des établissements pour lesquels le contrôle budgétaire est effectué par le recteur *(Décr. n° 2019-1554 du 30 déc. 2019, art. 1er)* « de région académique », chancelier des universités.

§ 6 DISPOSITIONS DIVERSES

Art. R. 719-110 Les dispositions des articles R. 719-52 à R. 719-109 sont applicables aux services communs à plusieurs établissements créés en application de l'article L. 714-2.

Les compétences dévolues au conseil d'administration et à l'ordonnateur de l'établissement sont respectivement exercées par le conseil d'administration et le président ou le directeur de l'établissement de rattachement du service. L'ordonnateur secondaire du service prépare le projet de budget du service. Si le service est doté d'un conseil, celui-ci se prononce sur ce projet avant sa transmission au conseil d'administration de l'établissement de rattachement qui arrête le budget de chaque service.

Le budget du service est annexé au budget de l'établissement de rattachement.

La comptabilité du service est tenue par l'agent comptable de l'établissement de rattachement du service.

Les délibérations du conseil d'administration de l'établissement de rattachement relatives à l'activité du service commun à plusieurs établissements sont transmises pour information au président ou au directeur de chacun de ces établissements. Ces délibérations sont communiquées aux conseils d'administration de chacun des établissements concernés. — *[Décr. n° 2008-618 du 27 juin 2008, art. 64.]*

Art. R. 719-111 Les arrêtés pris en application des articles R. 719-146 et R. 719-147 sont réputés pris en application des articles R. 719-84 et R. 719-90. — *[Décr. n° 2008-618 du 27 juin 2008, art. 66.]*

Art. R. 719-112 Dans le cadre d'un regroupement d'établissements prévu à l'article L. 711-1, l'organe délibérant provisoire du nouvel établissement exerce les compétences dévolues au conseil d'administration par les articles R. 719-51 à R. 719-111. — *[Décr. n° 2008-618 du 27 juin 2008, art. 67.]*

SOUS-SECTION 3 *[ABROGÉE]* BUDGET ET RÉGIME FINANCIER DES ÉTABLISSEMENTS PUBLICS À CARACTÈRE SCIENTIFIQUE, CULTUREL ET PROFESSIONNEL NE BÉNÉFICIANT PAS DES RESPONSABILITÉS ET COMPÉTENCES ÉLARGIES

(Abrogée par Décr. n° 2014-604 du 6 juin 2014, art. 16)

Art. R. 719-113 à R. 719-180 *Abrogés par Décr. n° 2014-604 du 6 juin 2014, art. 16.*

SOUS-SECTION 4 RÉMUNÉRATION DES SERVICES DE FORMATION PROPOSÉS DANS LE CADRE DE LEUR MISSION DE COOPÉRATION INTERNATIONALE PAR LES ÉTABLISSEMENTS PUBLICS D'ENSEIGNEMENT SUPÉRIEUR

Art. D. 719-181 Les établissements publics d'enseignement supérieur peuvent, dans le cadre de leur mission de coopération internationale, offrir des formations spécifiquement adaptées, dans leurs contenus comme dans leurs modalités, à la nature des publics visés et aux objectifs qu'ils poursuivent, ainsi que les prestations de services associées à ces formations :

1° Aux étudiants étrangers qui sont accueillis en France dans le cadre de cette mission ;

2° A des étudiants étrangers demeurant dans d'autres pays, sous la forme de prestations sur place ou à distance.

Cette offre de formations et de services peut être proposée à titre collectif, dans le cadre de conventions, ou à titre individuel.

Les formations peuvent conduire à la délivrance de diplômes délivrés au nom de l'État dans le cadre des dispositions réglementaires qui les régissent ainsi qu'à la délivrance de diplômes d'établissement ou de certificats. – *[Décr. n° 2002-654 du 30 avr. 2002, art. 1er.]*

Art. D. 719-182 Sous réserve des engagements européens et internationaux de la France et dans le respect des conventions conclues, le cas échéant, par l'établissement, le conseil d'administration ou l'instance qui en tient lieu fixe les conditions de rémunération de ces services de formation.

La tarification qui en découle prend en compte, notamment, les coûts relatifs :

1° Aux aménagements spécifiques d'enseignement ;

2° Aux prestations spécifiques d'accueil, au tutorat et au soutien pédagogique ;

3° Au suivi pédagogique des stages ;

4° Aux prestations d'ingénierie de formation ;

5° Aux frais généraux liés à cette offre de formations et de services. – *[Décr. n° 2002-654 du 30 avr. 2002, art. 2.]*

Art. D. 719-183 Dans les conditions fixées par le conseil d'administration ou l'instance qui en tient lieu, le président ou le directeur de l'établissement peut exonérer les étudiants eu égard à leur situation personnelle. – *[Décr. n° 2002-654 du 30 avr. 2002, art. 3.]*

Art. D. 719-184 L'ensemble des prévisions de recettes et de dépenses, y compris les dépenses de personnel, relatives aux services de formation cités à l'article D. 719-181 est récapitulé dans un état présenté en équilibre réel, annexé au budget de l'établissement et soumis à l'approbation du conseil d'administration.

Le conseil d'administration se prononce, par ailleurs, sur le compte financier relatif à ces services de formation au titre de l'exercice précédent.

En outre, l'état prévisionnel et le compte financier doivent mentionner en annexe les effectifs d'étudiants bénéficiant, pour l'année considérée, de l'exonération prévue à l'article D. 719-183, ainsi que le montant des dépenses correspondant aux prestations servies à ces étudiants. – *[Décr. n° 2002-654 du 30 avr. 2002, art. 4.]*

SECTION III LA COOPÉRATION INTERNATIONALE DES ÉTABLISSEMENTS PUBLICS D'ENSEIGNEMENT SUPÉRIEUR

Art. D. 719-185 Les dispositions relatives à la coopération internationale des établissements publics d'enseignement supérieur relevant du ministre chargé de l'enseignement supérieur sont fixées par les articles D. 123-15 à D. 123-22.

SECTION IV *[ABROGÉE]* LES ÉTABLISSEMENTS PUBLICS À CARACTÈRE ADMINISTRATIF RATTACHÉS À UN ÉTABLISSEMENT PUBLIC À CARACTÈRE SCIENTIFIQUE, CULTUREL ET PROFESSIONNEL

(Abrogée par Décr. n° 2017-959 du 10 mai 2017, art. 1er)

SOUS-SECTION 1 *[ABROGÉE]* LES ÉCOLES NATIONALES SUPÉRIEURES D'INGÉNIEURS

Art. D. 719-186 *et* D. 719-187 *Abrogés par Décr. n° 2017-959 du 10 mai 2017, art. 1er.*

SOUS-SECTION 2 *[ABROGÉE]* LES ÉCOLES NATIONALES D'INGÉNIEURS

Art. D. 719-188 et D. 719-189 *Abrogés par Décr. n° 2017-959 du 10 mai 2017, art. 1er.*

SOUS-SECTION 3 *[ABROGÉE]* LES INSTITUTS D'ÉTUDES POLITIQUES

Art. D. 719-190 *à* D. 719-192 *Abrogés par Décr. n° 2017-959 du 10 mai 2017, art. 1er.*

SOUS-SECTION 4 *[ABROGÉE]* LES AUTRES ÉTABLISSEMENTS RATTACHÉS

(Abrogée par Décr. n° 2017-959 du 10 mai 2017, art. 1er)

Art. D. 719-193 *Abrogé par Décr. n° 2017-959 du 10 mai 2017, art. 1er.*

SECTION V LES FONDATIONS UNIVERSITAIRES

Art. R. 719-194 Les statuts des fondations universitaires, non dotées de la personnalité morale, créées au sein des établissements publics à caractère scientifique, culturel et professionnel dans les conditions prévues par l'article L. 719-12 sont approuvés par le conseil d'administration de l'établissement qui les abrite dans le respect des dispositions des articles R. 719-195 à R. 719-205. – *[Décr. n° 2008-326 du 7 avr. 2008, art. 1er.]*

Art. R. 719-195 L'administration de la fondation est confiée à un conseil de gestion.

Ce conseil comprend de douze à dix-huit membres.

Il se compose de trois collèges :

1° Le collège des représentants de l'établissement ;

2° Le collège des fondateurs représentant les personnes physiques ou morales qui ont affecté, de manière irrévocable, des biens, droits ou ressources à l'objet de la fondation ;

3° Le collège des personnalités qualifiées compétentes dans le domaine d'activité correspondant à l'objet de la fondation.

Le collège des fondateurs ne peut disposer de plus du tiers des sièges.

Les statuts de la fondation peuvent prévoir la possibilité de créer un quatrième collège représentant les donateurs.

Ils précisent les conditions de désignation des membres du conseil et la durée de leur mandat, qui ne peut excéder quatre ans. Ce mandat est renouvelable. – *[Décr. n° 2008-326 du 7 avr. 2008, art. 2.]*

Art. R. 719-196 Le président de la fondation est désigné, en son sein, par le conseil de gestion. Il assure la représentation de la fondation. Il exerce les compétences qui lui sont déléguées par le conseil de gestion dans le respect des statuts de la fondation.

Il peut recevoir délégation de signature du chef d'établissement.

Le conseil de gestion désigne également, en son sein, un bureau qui comprend au moins, outre le président, un vice-président, un trésorier et un secrétaire. – *[Décr. n° 2008-326 du 7 avr. 2008, art. 3.]*

Art. R. 719-197 Les fonctions de membre du conseil et de membre du bureau sont exercées à titre gratuit.

Les statuts déterminent les conditions de remboursement des frais de mission et des autres dépenses exposées par les membres du conseil et par toute autre personne à l'occasion de sa collaboration aux activités de la fondation. – *[Décr. n° 2008-326 du 7 avr. 2008, art. 4.]*

Art. R. 719-198 Le recteur de *(Décr. n° 2019-1554 du 30 déc. 2019, art. 1er)* « la région académique », chancelier des universités, dans le ressort de laquelle l'établissement abritant la fondation a son siège assure les fonctions de commissaire du Gouvernement auprès de la fondation.

Il participe avec voix consultative aux réunions du conseil de gestion. Il peut se faire représenter à cette occasion. Il peut obtenir communication de tout document relatif à l'activité ou à la gestion de la fondation.

Art. R. 719-199 Le conseil de gestion règle par ses délibérations les affaires de la fondation.

Il délibère notamment sur :

1° Le programme d'activité de la fondation ;

2° Le rapport d'activité présenté annuellement par le bureau sur la situation morale et financière ;

3° Le budget et les comptes de l'exercice clos, sur proposition du trésorier ;

4° L'acceptation des dons et des legs et les charges afférentes ainsi que les conditions générales de cette acceptation et, notamment, le montant minimal au-dessus duquel ces dons et legs peuvent être assortis de charges ;

5° Les décisions de recrutement et de rémunération des agents contractuels recrutés pour les activités de la fondation. – *[Décr. n° 2008-326 du 7 avr. 2008, art. 6.]*

Art. R. 719-200 Les délibérations de la fondation sont transmises au chef de l'établissement.

Le conseil d'administration de l'établissement peut s'opposer dans le délai de deux mois et par décision motivée à l'exécution d'une délibération relative à l'acceptation des dons et des legs avec les charges afférentes prise au titre du 4° de l'article R. 719-199 et à celles prises au titre du 5° du même article.

Le budget ainsi que les comptes de la fondation sont transmis au chef de l'établissement qui l'abrite et soumis, pour approbation, au conseil d'administration de celui-ci selon une périodicité prévue par les statuts de la fondation et au moins une fois par an. – *[Décr. n° 2008-326 du 7 avr. 2008, art. 7.]*

Art. R. 719-201 Le budget de la fondation est annexé au budget de l'établissement qui abrite la fondation.

Les statuts de la fondation déterminent les modalités d'établissement du budget. Ils fixent les règles particulières d'exécution des opérations de recettes et de dépenses et les dérogations aux dispositions du décret n° 2012-1246 du 7 novembre 2012 relatif à la gestion budgétaire et comptable publique nécessaires à la conduite des activités de la fondation dans le respect de ses actes constitutifs et conformément au quatrième alinéa de l'article L. 719-12.

Les statuts de la fondation déterminent également les conditions de création et les modalités de fonctionnement des régies de recettes et de dépenses.

L'agent comptable de l'établissement qui abrite la fondation établit un compte financier propre à la fondation. Ce compte financier est annexé au compte financier de l'établissement. – *[Décr. n° 2008-326 du 7 avr. 2008, art. 8.]*

Art. R. 719-202 Les ressources annuelles de la fondation se composent :

1° Du revenu de la dotation ;

2° De la fraction consomptible de la dotation qui ne peut excéder chaque année 20 % du total de la dotation, sous réserve que l'acte constitutif de la fondation ne fasse pas obstacle à une telle utilisation ;

3° Des produits financiers ;

4° Des revenus des biens meubles et immeubles appartenant à l'établissement et dévolus à la fondation ;

5° Des dons et legs qui peuvent être ou non assortis de charges ;

6° Des produits des partenariats ;

7° Des produits de ventes et des rémunérations pour services rendus ;

8° Et de tous les autres produits autorisés par les lois et règlements.

Les personnes publiques ne peuvent apporter plus de 50 % du montant de la dotation initiale. La fraction consomptible de cette part de la dotation ne peut excéder 50 %. Les dons des établissements publics sont autorisés à la condition qu'ils proviennent de leurs ressources propres.

(Décr. n° 2014-604 du 6 juin 2014, art. 17) « Le conseil d'administration de l'établissement peut autoriser un prélèvement sur les réserves constituées par la fondation à partir de ses résultats excédentaires des exercices précédents, pour le financement d'opérations qu'elle réalise sur les ressources tirées de son activité. »

Art. R. 719-203 Les dépenses et charges annuelles de la fondation se composent :

1° Des achats de biens et de services ou d'équipements nécessaires à l'activité de la fondation ;

2° Du montant des aides spécifiques attribuées en application des dispositions du deuxième alinéa de l'article L. 821-1 ;

3° Des charges découlant de l'acceptation de dons et legs qui en sont assortis ;

4° Des frais de personnel et de gestion nécessaires à la réalisation des missions de la fondation ;

5° Des frais de gestion remboursés à l'établissement qui abrite la fondation ;

6° De toute dépense concourant à l'accomplissement de ses missions.

Les décisions engageant une dépense d'un montant supérieur à 500 000 euros par opération ou, pour les opérations présentant un caractère pluriannuel, supérieur à 1 000 000 d'euros ne sont exécutoires qu'après approbation par le conseil d'administration de l'établissement qui abrite la fondation. – *[Décr. n° 2008-326 du 7 avr. 2008, art. 10.]*

Art. R. 719-204 Le budget est voté et exécuté en équilibre après utilisation, le cas échéant, de la fraction annuelle consomptible de la dotation déterminée dans les conditions prévues au 2° de l'article R. 719-202. – *[Décr. n° 2008-326 du 7 avr. 2008, art. 11.]*

Art. R. 719-205 Le président de la fondation est ordonnateur secondaire des recettes et des dépenses de la fondation. Il peut déléguer sa signature à un ou plusieurs membres du bureau. Les comptes sont tenus selon les règles applicables aux comptes des fondations.

L'agent comptable de l'établissement qui abrite la fondation recouvre les recettes et effectue les paiements relatifs aux activités de la fondation.

Le conseil d'administration de l'établissement qui abrite la fondation nomme, après avis du conseil de gestion de la fondation universitaire, au moins un commissaire aux comptes et un suppléant ; ceux-ci peuvent être également le commissaire aux comptes de l'établissement et son suppléant. – *[Décr. n° 2008-326 du 7 avr. 2008, art. 12.]*

SECTION VI LA DÉLIVRANCE DE TITRES CONSTITUTIFS DE DROITS RÉELS PAR LES ÉTABLISSEMENTS PUBLICS D'ENSEIGNEMENT SUPÉRIEUR

Art. R. 719-206 Les contrats mentionnés à l'article L. 719-14 sont conclus par l'autorité de l'établissement à laquelle la compétence en matière de passation de contrats est attribuée par le statut de l'établissement. A défaut, ces contrats sont conclus par l'organe délibérant de l'établissement ou autorisés par celui-ci. – *[Décr. n° 2012-1147 du 12 oct. 2012, art. 1er.]*

Art. R. 719-207 I. – Les projets de contrat conférant des droits réels à un tiers mentionnés à l'article L. 719-14 sont soumis par l'établissement public à caractère scientifique, culturel et professionnel à l'accord préalable :

1° Du ministre de tutelle et du ministre chargé du domaine lorsque le montant des travaux projetés est supérieur ou égal à trois millions d'euros hors taxes ;

2° Du ministre de tutelle des établissements qui lui sont directement rattachés ou, s'agissant d'autres établissements, du recteur *(Décr. n° 2019-1554 du 30 déc. 2019, art. 1er)* « de région académique », chancelier des universités lorsque le montant des travaux projetés est inférieur à trois millions d'euros hors taxes.

II. – Les ministres ou le recteur mentionnés au I se prononcent notamment sur les clauses permettant d'assurer la continuité du service public auquel le bien concerné est affecté.

III. – Le défaut d'obtention de l'accord exprès préalable mentionné au I vaut refus de cet accord préalable à compter de l'expiration d'un délai, selon le cas :

1° De deux mois à compter de la saisine des autorités mentionnées au 1° du I ;

2° D'un mois à compter de la saisine des autorités mentionnées au 2° du I.

Art. R. 719-208 Les contrats mentionnés à l'article R. 719-206 font application des articles R. 2122-17 à R. 2122-27 du code général de la propriété des personnes publiques. La durée des contrats et celle des droits réels qu'ils confèrent est fixée par ces contrats en fonction de l'objet, de la nature et de l'importance des biens et des travaux sur lesquels ils portent. – *[Décr. n° 2012-1147 du 12 oct. 2012, art. 4.]*

TITRE DEUXIÈME ÉTABLISSEMENTS DE FORMATION DES PERSONNELS ENSEIGNANTS ET D'ÉDUCATION *(Décr. n° 2019-920 du 30 août 2019, art. 1er).*

CHAPITRE PREMIER ORGANISATION DES INSTITUTS NATIONAUX SUPÉRIEURS DU PROFESSORAT ET DE L'ÉDUCATION *(Décr. n° 2013-782 du 28 août 2013, art. 1er ; Décr. n° 2019-920 du 30 août 2019, art. 1er).*

SECTION PREMIÈRE LE CONSEIL DE L'INSTITUT *(Décr. n° 2019-920 du 30 août 2019, art. 2).*

Art. D. 721-1 Le conseil de l'*(Décr. n° 2019-920 du 30 août 2019, art. 3)* « institut national supérieur » du professorat et de l'éducation comprend au maximum trente membres. Il est constitué :

1° De représentants élus des personnels enseignants et autres personnels participant aux activités de formation de l'*(Décr. n° 2019-920 du 30 août 2019, art. 3)* « institut » et des usagers qui en bénéficient :

a) Deux représentants des professeurs des universités et personnels assimilés au sens de l'article D. 719-4 ;

b) Deux représentants des maîtres de conférences et personnels assimilés au sens de l'article D. 719-4 ;

c) Deux représentants des autres enseignants et formateurs relevant d'un établissement d'enseignement supérieur ;

d) Deux représentants des personnels relevant du ministre chargé de l'éducation nationale et exerçant leurs fonctions dans les écoles, établissements ou services relevant de ce ministre ;

e) Deux représentants des autres personnels ;

f) Quatre ou six représentants des étudiants, des fonctionnaires stagiaires, des personnels enseignants et d'éducation bénéficiant d'actions de formation continue et des personnes bénéficiant d'actions de formation aux métiers de la formation et de l'éducation ;

2° Un ou plusieurs représentants de l'établissement dont relève l'*(Décr. n° 2019-920 du 30 août 2019, art. 3)* « institut » ;

3° Au moins 30 % de personnalités extérieures comprenant :

a) Au moins un représentant d'une collectivité territoriale ;

b) Au moins cinq personnalités désignées par le *(Décr. n° 2019-1558 du 30 déc. 2019, art. 9)* « recteur de région académique » ;

c) Des personnalités désignées par les établissements publics d'enseignement supérieur partenaires tels que définis à l'article L. 721-1 ;

d) Des personnalités désignées par les membres du conseil mentionnés au 1°, au 2° et au *a*, *b* et *c* du 3° ci-dessus.

Art. D. 721-2 Le président du conseil de l'*(Décr. n° 2019-920 du 30 août 2019, art. 3)* « institut » est élu parmi les personnalités extérieures désignées par le *(Décr. n° 2019-1558 du 30 déc. 2019, art. 9)* « recteur de région académique », au scrutin uninominal majoritaire à deux tours, à la majorité absolue des suffrages exprimés au premier tour, à la majorité relative au second tour. En cas d'égalité de voix à l'issue du second tour, le candidat le plus jeune est élu.

En cas de partage égal des voix lors d'une séance du conseil de l'*(Décr. n° 2019-920 du 30 août 2019, art. 3)* « institut », le président a voix prépondérante.

Art. D. 721-3 Le conseil d'orientation scientifique et pédagogique est constitué :

1° De 50 % de membres de droit représentant, en nombre égal, l'établissement dont relève l'*(Décr. n° 2019-920 du 30 août 2019, art. 3)* « institut » interne et chacun des établissements partenaires ;

2° De personnalités extérieures désignées pour moitié par le *(Décr. n° 2019-1558 du 30 déc. 2019, art. 9)* « recteur de région académique » et pour moitié par le conseil de l'*(Décr. n° 2019-920 du 30 août 2019, art. 3)* « institut ».

Le conseil élit son président dans les conditions définies par le règlement intérieur mentionné à l'article D. 721-8. En cas de partage égal des voix lors d'une séance du conseil, le président a voix prépondérante.

Art. D. 721-4 Le conseil de l'*(Décr. n° 2019-920 du 30 août 2019, art. 3)* « institut national supérieur » du professorat et de l'éducation et le conseil d'orientation scientifique et pédagogique comprennent autant de femmes que d'hommes dans les conditions suivantes :

Pour l'application du deuxième alinéa de l'article L. 721-3 et conformément aux dispositions de l'article L. 719-1, les listes de candidats pour l'élection au conseil de l'*(Décr. n° 2019-920 du 30 août 2019, art. 3)* « institut » sont composées alternativement d'un candidat de chaque sexe. Lorsque la répartition des sièges entre les listes, au sein de chaque collège mentionné à l'article D. 721-1, n'aboutit pas à l'élection d'un nombre égal de candidats de chaque sexe, il est procédé ainsi pour rétablir la parité :

1° Le dernier siège revenant à un candidat du sexe majoritairement représenté est attribué au candidat suivant de liste qui est déclaré élu ; cette opération est répétée, si nécessaire, avec le siège précédemment attribué à un candidat du même sexe, jusqu'à ce que la parité soit atteinte ;

2° Si un siège devant être attribué au suivant de liste en application du 1° revient simultanément à plusieurs listes ayant obtenu le même nombre de suffrages, il est procédé à un tirage au sort pour déterminer celle des listes dont le dernier élu est remplacé par le suivant de liste.

Si nécessaire, la parité entre les femmes et les hommes est rétablie au sein de chaque conseil par la désignation des personnalités prévues au *d* du 3° de l'article D. 721-1 pour le conseil *(Décr. n° 2019-920 du 30 août 2019, art. 3)* « de l'institut » et par la désignation des personnalités extérieures prévues au 2° de l'article D. 721-3 pour le conseil d'orientation scientifique et pédagogique.

Art. D. 721-5 Sont électeurs et éligibles dans les collèges mentionnés à l'article D. 721-1 :

1° Les enseignants-chercheurs et personnels assimilés qui participent aux activités de l'*(Décr. n° 2019-920 du 30 août 2019, art. 3)* « institut » mentionnées à l'article L. 721-2 pour une durée équivalente à au moins quarante-huit heures de leurs obligations de service annuelles de travaux dirigés ;

2° Les autres enseignants et formateurs qui participent aux activités de l'*(Décr. n° 2019-920 du 30 août 2019, art. 3)* « institut » mentionnées à l'article L. 721-2 pour une durée équivalente à au moins quarante-huit heures de leurs obligations de service annuelles d'enseignement ;

3° Les autres personnels qui participent aux activités de l'*(Décr. n° 2019-920 du 30 août 2019, art. 3)* « institut » mentionnées à l'article L. 721-2 pour au moins un quart de leurs obligations de service de référence ;

4° Les usagers dans les conditions fixées par l'article D. 719-14.

Art. D. 721-6 Les membres des conseils sont désignés pour un mandat de cinq ans, à l'exception des représentants des usagers dont le mandat est de deux ans. Le mandat des membres des conseils prend fin lorsqu'ils ont perdu la qualité au titre de laquelle ils ont été élus ou nommés.

Les membres des conseils siègent valablement jusqu'à la désignation de leurs successeurs.

Tout membre nommé qui n'est pas présent ou représenté lors de trois séances consécutives est considéré comme démissionnaire. Toute cessation de fonctions pour quelque cause que ce soit en cours de mandat donne lieu à la désignation d'une nouvelle personnalité dans les mêmes conditions, pour la durée du mandat restant à courir, sauf si la vacance intervient moins de six mois avant l'expiration du mandat.

Art. D. 721-7 Les fonctions de membre du conseil de l'*(Décr. n° 2019-920 du 30 août 2019, art. 3)* « institut » et du conseil d'orientation scientifique et pédagogique sont incompatibles entre elles.

Art. D. 721-8 Le règlement intérieur de l'*(Décr. n° 2019-920 du 30 août 2019, art. 3)* « institut » détermine les règles de quorum applicables aux conseils mentionnés aux articles D. 721-1 et D. 721-3, les modalités de leurs délibérations, les conditions de représentation de leurs membres, les modalités de convocation, d'établissement et d'envoi de l'ordre du jour des documents préparatoires. Il précise également qui remplace le président en cas d'empêchement de celui-ci.

SECTION II LE DIRECTEUR DE L'INSTITUT

(Décr. n° 2019-920 du 30 août 2019, art. 2)

Art. D. 721-9 Le directeur d'institut national supérieur du professorat et de l'éducation est nommé pour un mandat de cinq ans par arrêté conjoint des ministres chargés de l'éducation nationale et de l'enseignement supérieur.

Art. D. 721-10 Les fonctions de directeur d'institut national supérieur du professorat et de l'éducation font l'objet d'un appel à candidature établi par le président de l'établissement public à caractère scientifique, culturel et professionnel de rattachement de l'institut. Les candidats à ces fonctions doivent justifier d'une expérience avérée dans le domaine de la formation des enseignants ou de la recherche en éducation, y compris à l'international. Ils peuvent également être recrutés à raison d'une expérience avérée d'enseignement, notamment dans les premier ou second degrés, dès lors qu'ils sont titulaires d'un doctorat.

L'appel à candidature fixe la date limite de recevabilité des dossiers ainsi que leur contenu.

Art. D. 721-11 Un comité d'audition est constitué pour chaque appel à candidature aux fonctions de directeur d'institut national supérieur du professorat et de l'éducation.

Celui-ci est présidé conjointement par le recteur territorialement compétent et le président ou le directeur de l'établissement de rattachement ou leurs représentants.

Outre ses présidents, le comité est composé :

– du président du conseil de l'institut ;

– de quatre ou six personnalités extérieures à l'institut, choisies en raison de leurs compétences dans le domaine de l'éducation, de la formation des personnels enseignants du premier et du second degrés et des personnels d'éducation ou des recherches afférentes à ces questions, dont deux ou trois désignées par le recteur territorialement compétent et deux ou trois désignées par le président ou le directeur de l'établissement de rattachement. Parmi les personnalités désignées par le président ou le directeur de l'établissement, l'une au moins est rattachée à un établissement partenaire de l'institut ou en l'absence d'établissement partenaire à une unité de formation et de recherche de son établissement.

Les présidents du comité d'audition arrêtent le calendrier et les modalités de travail de celui-ci.

Après examen des dossiers de candidature transmis à chacun de ses membres par l'établissement de rattachement de l'institut, le comité auditionne les candidats. Le comité communique aux ministres chargés de l'éducation nationale et de l'enseignement supérieur un rapport écrit motivant l'avis porté sur chacun des candidats.

Les membres du comité exercent leurs fonctions à titre gratuit. Toutefois, leurs frais de déplacement et de séjour peuvent être remboursés dans les conditions prévues par la réglementation applicable aux personnels civils de l'État.

CHAPITRE II DROITS ET OBLIGATIONS DE L'ÉTAT ET DES DÉPARTEMENTS CONCERNANT LES INSTITUTS UNIVERSITAIRES DE FORMATION DES MAÎTRES

Le présent chapitre ne comprend pas de dispositions prises par décret.

CHAPITRE III MISSIONS ET ORGANISATION DE L'ÉTABLISSEMENT DE FORMATION DES PERSONNELS POUR L'ADAPTATION ET L'INTÉGRATION SCOLAIRE

SECTION UNIQUE L'INSTITUT NATIONAL SUPÉRIEUR DE FORMATION ET DE RECHERCHE POUR L'ÉDUCATION DES JEUNES HANDICAPÉS ET LES ENSEIGNEMENTS ADAPTÉS

Art. D. 723-1 Les règles d'organisation et de fonctionnement de l'Institut national supérieur de formation et de recherche pour l'éducation des jeunes handicapés et les enseignements adaptés sont fixées par le décret n° 2005-1754 du 30 décembre 2005 relatif à l'Institut national supérieur de formation et de recherche pour l'éducation des jeunes handicapés et les enseignements adaptés.

TITRE TROISIÈME LES ÉTABLISSEMENTS D'ENSEIGNEMENT SUPÉRIEUR PRIVÉS

CHAPITRE PREMIER OUVERTURE DES ÉTABLISSEMENTS D'ENSEIGNEMENT SUPÉRIEUR PRIVÉS *(Décr. nº 2014-635 du 18 juin 2014, art. 1er).*

SECTION PREMIÈRE MODALITÉS D'OUVERTURE DES ÉTABLISSEMENTS D'ENSEIGNEMENT SUPÉRIEUR PRIVÉS *(Décr. nº 2014-635 du 18 juin 2014, art. 1er).*

Art. R. 731-1 Les déclarations d'ouverture prévues aux articles L. 731-2, L. 731-3 et L. 731-4 sont accompagnées :

(Décr. nº 2020-832 du 30 juin 2020, art. 1er) « 1º Des pièces attestant de l'identité, de l'âge et de la nationalité des administrateurs ou professeurs ;

« 2º De l'original du bulletin nº 3 de leur casier judiciaire, daté de moins de trois mois lors du dépôt du dossier de déclaration d'ouverture ;

« 3º De leur titre, diplôme ou certification professionnelle d'un niveau, au sens du répertoire national des certifications professionnelles, au moins équivalent au plus haut niveau des titres, diplômes ou certifications professionnelles auxquels prépare cet établissement, ou de leur justificatif d'une pratique professionnelle correspondant à l'enseignement dispensé. »

Art. R. 731-2 Après la délivrance du récépissé, le recteur *(Décr. nº 2019-1554 du 30 déc. 2019, art. 1er)* « de région académique » transmet dans les vingt-quatre heures la déclaration reçue du procureur de la République près le tribunal dans le ressort duquel doit s'ouvrir le cours ou l'établissement projeté. Il y joint l'acte de naissance des parties intéressées. Avis de cette transmission est donné au ministre chargé de l'enseignement supérieur et au préfet du département.

La déclaration faite au recteur *(Décr. nº 2019-1554 du 30 déc. 2019, art. 1er)* « de région académique » est affichée pendant dix jours, par les soins du recteur et du maire, à la porte des bureaux académiques et à la porte de la mairie du lieu où doit s'ouvrir le cours ou l'établissement d'enseignement supérieur privé.

Art. R. 731-3 Dans les dix jours qui suivent la déclaration d'ouverture d'un établissement d'enseignement supérieur privé, le recteur *(Décr. nº 2019-1554 du 30 déc. 2019, art. 1er)* « de région académique » visite ou fait visiter les locaux, sans préjudice des dispositions relatives à la sécurité dans les immeubles accueillant du public.

Quarante-huit heures avant l'expiration du délai de dix jours fixé par le quatrième paragraphe de l'article L. 731-3, le recteur *(Décr. nº 2019-1554 du 30 déc. 2019, art. 1er)* « de région académique » communique au procureur de la République les observations auxquelles la déclaration affichée peut avoir donné lieu ou l'informe qu'il n'en a pas été reçu *(Décr. nº 2019-1554 du 30 déc. 2019, art. 1er)* « au siège de la région académique » ni à la mairie.

Art. R. 731-4 En exécution de l'article L. 731-4 et du premier paragraphe de l'article L. 731-13, il est tenu dans chaque établissement un registre contenant les noms, prénoms, date et lieu de naissance des enseignants attachés à l'établissement, avec l'indication des fonctions que chacun d'eux remplit.

Dans chaque établissement d'enseignement supérieur privé, le registre indique si les enseignants sont docteurs ou non. Ce registre doit être communiqué à toute réquisition des autorités préposées à la surveillance et à l'inspection desdits établissements.

Chaque année, dix jours au moins avant l'ouverture du premier semestre, tout établissement d'enseignement supérieur privé est tenu d'adresser *(Décr. nº 2019-1554 du 30 déc. 2019, art. 1er)* « au recteur de région académique » la liste des enseignants et le programme des cours.

La même procédure s'applique en cas de création ou de modification de programme ou de recrutement de nouveaux enseignants.

Art. R. 731-5 Lorsqu'une des conférences prévues par le quatrième alinéa de l'article L. 731-4 doit avoir lieu dans un établissement d'enseignement supérieur privé, le chef d'établissement est tenu d'en informer *(Décr. n° 2019-1554 du 30 déc. 2019, art. 1er)* « le recteur de région académique » vingt-quatre heures au moins à l'avance.

SECTION PREMIÈRE *BIS* MODALITÉS D'OUVERTURE DES ÉTABLISSEMENTS D'ENSEIGNEMENT SUPÉRIEUR TECHNIQUE PRIVÉS

(Décr. n° 2020-832 du 30 juin 2020, art. 2)

Art. R. 731-5-1 Les articles R. 731-1 à R. 731-5 ne sont pas applicables aux établissements d'enseignement supérieur technique privés. Les articles D. 441-1, D. 441-2 et D. 441-4 à D. 441-6 sont applicables à ces établissements.

SECTION PREMIÈRE *TER* RECONNAISSANCE PAR L'ÉTAT DES ÉTABLISSEMENTS D'ENSEIGNEMENT SUPÉRIEUR TECHNIQUE PRIVÉS LÉGALEMENT OUVERTS

(Décr. n° 2020-832 du 30 juin 2020, art. 2)

Art. R. 731-5-2 L'article R. 443-1 est applicable aux établissements d'enseignement supérieur technique privés légalement ouverts. Pour l'application de cet article, les mots : "après consultation du Conseil supérieur de l'éducation et enquête administrative" sont remplacés par les mots : "après évaluation nationale et avis du Conseil national de l'enseignement supérieur et de la recherche" et les mots : "ministre chargé de l'éducation suivant le caractère de l'enseignement" sont remplacés par les mots : "ministre chargé de l'enseignement supérieur".

SECTION II LES ÉTABLISSEMENTS D'ENSEIGNEMENT SUPÉRIEUR PRIVÉS ASSOCIÉS À UN ÉTABLISSEMENT PUBLIC À CARACTÈRE SCIENTIFIQUE, CULTUREL ET PROFESSIONNEL *(Décr. n° 2017-119 du 31 janv. 2017, art. 3)*.

Art. D. 731-6 Constituent des établissements d'enseignement supérieur privés *(Décr. n° 2017-119 du 31 janv. 2017, art. 3)* « associés » à un établissement public à caractère scientifique, culturel et professionnel les établissements suivants :

1° et 2° *Abrogés par Décr. n° 2016-474 du 15 avr. 2016, art. 5* ;

(Décr. n° 2016-1111 du 11 août 2016, art. 7) « 3° École spéciale des travaux publics, du bâtiment et de l'industrie associée à *[l']*Université Paris-Est par le décret n° 2016-1111 du 11 août 2016 portant association d'établissements à Université Paris-Est *(Décr. n° 2017-1832 du 29 déc. 2017, art. 15)* « et associée à l'université de Reims par le décret n° 2017-1832 du 29 décembre 2017 portant association d'établissements du site champenois » ; »

4° *Abrogé par Décr. n° 2016-474 du 15 avr. 2016, art. 5* ;

(Décr. n° 2016-474 du 15 avr. 2016, art. 5) « 5° École d'enseignement supérieur privé ICN associée à l'université de Lorraine par le décret n° 2016-474 du 15 avril 2016 portant association d'établissements privés ; »

6° *Abrogé par Décr. n° 2016-1113 du 11 août 2016, art. 3.*

7° *Abrogé par Décr. n° 2016-474 du 15 avr. 2016, art. 5* ;

(Décr. n° 2016-742 du 2 juin 2016, art. 4) « 8° École supérieure de chimie organique et minérale associée à l'université d'Amiens et à l'université de technologie de Compiègne par le décret n° 2016-742 du 2 juin 2016 portant association d'établissements du site picard ; »

(Décr. n° 2015-1007 du 18 août 2015, art. 3) « 9° École supérieure de chimie physique électronique de Lyon associée à l'université Lyon-I par le décret n° 2015-1007 du 18 août 2015 portant association de l'École supérieure de chimie physique électronique de Lyon à l'université Lyon-I ; »

(Décr. n° 2016-474 du 15 avr. 2016, art. 5) « 10° École supérieure de fonderie et de forge associée à l'École nationale supérieure d'arts et métiers par le décret n° 2016-474 du 15 avril 2016 portant association d'établissements privés ; »

(Décr. n° 2016-826 du 22 juin 2016, art. 4) « 11° L'école d'ingénieurs de Purpan associée à l'Institut national polytechnique de Toulouse par le décret n° 2016-468 du 14 avril 2016 portant association d'établissements du site toulousain ; »

12° *Abrogé par Décr. n° 2016-1113 du 11 août 2016, art. 3.*

(Décr. n° 2016-474 du 15 avr. 2016, art. 5) « 13° EPF, école d'ingénieurs associée à l'université de technologie de Troyes par le décret n° 2016-474 du 15 avril 2016 por-

tant association d'établissements privés *(Décr. n° 2017-1832 du 29 déc. 2017, art. 15)* « et à l'université de Reims par le décret n° 2017-1832 du 29 décembre 2017 portant association d'établissements du site champenois » ; »

14° *Abrogé par Décr. n° 2016-1113 du 11 août 2016, art. 3* ;

(Décr. n° 2016-468 du 14 avr. 2016, art. 15) « 15° L'Institut catholique d'arts et métiers de Toulouse associé à l'Université fédérale de Toulouse Midi-Pyrénées par le décret n° 2016-468 du 14 avril 2016 portant association d'établissements du site toulousain » ;

(Décr. n° 2016-742 du 2 juin 2016, art. 4) « 16° École supérieure d'ingénieurs en électrotechnique et électronique d'Amiens associée à l'université d'Amiens par le décret n° 2016-742 du 2 juin 2016 portant association d'établissements du site picard ;

(Décr. n° 2018-757 du 28 août 2018, art. 10) « 17° L'institut polytechnique UniLaSalle associé à l'université d'Amiens par le décret n° 2016-742 du 2 juin 2016 et à Normandie Université par le décret n° 2018-757 du 28 août 2018 ; »

(Décr. n° 2017-119 du 31 janv. 2017, art. 3) « 18° École de design Nantes Atlantique associée *(Décr. n° 2021-1290 du 1er oct. 2021, art. 12)* « Nantes Université » par le décret n° 2017-119 du 31 janvier 2017 portant association de l'École de design Nantes Atlantique *(Décr. n° 2021-1290 du 1er oct. 2021, art. 12)* « Nantes Université ; »

(Décr. n° 2018-265 du 11 avr. 2018, art. 3) « 19° Institut européen d'administration des affaires associé à l'université Sorbonne Université par le décret n° 2018-265 du 11 avril 2018 portant association d'établissements à l'université Sorbonne Université ; »

(Décr. n° 2017-1832 du 29 déc. 2017, art. 15) « 20° Le Centre national des arts du cirque associé à l'université de Reims par le décret n° 2017-1832 du 29 décembre 2017 portant association d'établissements du site champenois ;

« 21° L'École supérieure de commerce de Troyes associée à l'université de Reims par le décret n° 2017-1832 du 29 décembre 2017 portant association d'établissements du site champenois ;

« 22° L'École supérieure des métiers-CESI associée à l'université de Reims par le décret n° 2017-1832 du 29 décembre 2017 portant association d'établissements du site champenois ;

« 23° L'Institut régional de travail social de Champagne-Ardenne associé à l'université de Reims par le décret n° 2017-1832 du 29 décembre 2017 portant association d'établissements du site champenois ;

« 24° "NEOMA Business School" associée à l'université de Reims par le décret n° 2017-1832 du 29 décembre 2017 portant association d'établissements du site champenois ; »

(Décr. n° 2018-757 du 28 août 2018, art. 10) « 25° Le Centre des études supérieures industrielles associé à Normandie Université par le décret n° 2018-757 du 28 août 2018 ;

« 26° L'École de management de Normandie associée à Normandie Université par le décret n° 2018-757 du 28 août 2018 ;

« 27° L'École supérieure d'ingénieurs en génie électrique associée à Normandie Université par le décret n° 2018-757 du 28 août 2018 » ;

(Décr. n° 2020-1478 du 30 nov. 2020, art. 5) « 28° L'École de biologie industrielle à CY Cergy Paris Université par le décret n° 2020-1478 du 30 novembre 2020 portant association d'établissements à CY Cergy Paris Université, dénommée "CY Alliance" ;

« 29° L'École d'électricité, de production et management industriel à CY Cergy Paris Université par le décret n° 2020-1478 du 30 novembre 2020 portant association d'établissements à CY Cergy Paris Université, dénommée "CY Alliance" ;

« 30° L'École supérieure des sciences économiques et commerciales (ESSEC) à CY Cergy Paris Université par le décret n° 2020-1478 du 30 novembre 2020 portant association d'établissements à CY Cergy Paris Université, dénommée "CY Alliance". »

CHAPITRE II RAPPORTS ENTRE L'ÉTAT ET LES ÉTABLISSEMENTS D'ENSEIGNEMENT SUPÉRIEUR PRIVÉS À BUT NON LUCRATIF

(Décr. n° 2014-635 du 18 juin 2014, art. 1er)

SECTION PREMIÈRE LA QUALIFICATION D'ÉTABLISSEMENT D'ENSEIGNEMENT SUPÉRIEUR PRIVÉ D'INTÉRÊT GÉNÉRAL

Art. R. 732-1 La demande de qualification d'intérêt général prévue à l'article L. 732-1 est déposée par le représentant légal de la personne morale responsable de la gestion de l'établissement auprès du ministre chargé de l'enseignement supérieur.

Elle comporte un dossier indiquant :

1° Le statut, le cadre budgétaire et comptable, le caractère non lucratif, les règles substantielles de fonctionnement de l'établissement, son offre de formation et ses implantations géographiques, ces éléments devant notamment permettre d'apprécier son indépendance de gestion ;

2° Les moyens et actions mis en œuvre par l'établissement pour contribuer aux missions du service public de l'enseignement supérieur définies à l'article L. 123-3 et notamment sa politique sociale.

Toute modification affectant le contenu du dossier est immédiatement portée à la connaissance du ministre chargé de l'enseignement supérieur.

Le renouvellement de la qualification est accordé dans les mêmes conditions.

Art. R. 732-2 L'établissement d'enseignement supérieur privé ayant obtenu la qualification d'intérêt général la mentionne dans sa publicité conformément à l'article L. 731-19 et identifie clairement les filières de formation conduisant à des diplômes conférant un grade universitaire ou visés par l'État. Cette publicité est mise en œuvre dans le respect des dispositions des articles L. 471-2 à L. 471-5 et R. 471-1 à R. 471-7 relatives à la publicité et au démarchage.

La qualification d'intérêt général attribuée à un établissement d'enseignement supérieur privé est mentionnée dans les publications du ministère chargé de l'enseignement supérieur et de la recherche le concernant.

Art. D. 732-3 Le contrat pluriannuel conclu par l'État, en application de l'article L. 732-2, avec un établissement d'enseignement supérieur privé qualifié d'intérêt général détermine, sous réserve du respect des lois de finances, les modalités de soutien de l'État et les engagements de l'établissement en contrepartie.

Art. D. 732-4 Le premier contrat est conclu pour une durée comprise entre un et cinq ans.

Le contrat est renouvelé dans les mêmes conditions pour une durée de cinq ans après évaluation du Haut Conseil de l'évaluation de la recherche et de l'enseignement supérieur.

SECTION II LE COMITÉ CONSULTATIF POUR L'ENSEIGNEMENT SUPÉRIEUR PRIVÉ

Art. D. 732-5 – Le comité consultatif pour l'enseignement supérieur privé comprend quatorze membres :

1° Deux à quatre présidents d'associations regroupant des établissements d'enseignement supérieur privés ;

2° Des personnalités qualifiées ayant une connaissance des enjeux de l'enseignement supérieur et notamment des établissements d'enseignement supérieur privés, dont trois proposées par les présidents mentionnés au 1°.

Ils sont nommés pour une durée de trois ans renouvelable par arrêté du ministre chargé de l'enseignement supérieur.

Art. D. 732-6 Le président du comité consultatif pour l'enseignement supérieur privé est nommé par arrêté du ministre chargé de l'enseignement supérieur parmi les personnalités qualifiées mentionnées au 2° de l'article D. 732-5.

Art. D. 732-7 Le comité consultatif pour l'enseignement supérieur privé se réunit au moins trois fois par an sur convocation de son président. Il se réunit également sur demande d'au moins la moitié de ses membres ou du ministre chargé de l'enseignement supérieur.

Le secrétariat du comité est assuré par les services du ministre chargé de l'enseignement supérieur.

Les autres modalités de fonctionnement du comité consultatif pour l'enseignement supérieur privé sont celles fixées par les articles R. 133-1 à R. 133-15 du code des relations entre le public et l'administration.

TITRE QUATRIÈME LES ÉTABLISSEMENTS D'ENSEIGNEMENT SUPÉRIEUR À CARACTÈRE ADMINISTRATIF PLACÉS SOUS LA TUTELLE DU MINISTRE CHARGÉ DE L'ENSEIGNEMENT SUPÉRIEUR

CHAPITRE UNIQUE

SECTION PREMIÈRE DISPOSITIONS COMMUNES *(Décr. n° 2017-959 du 10 mai 2017, art. 1er).*

Art. R. 741-1 La nomination des membres des conseils des établissements publics nationaux d'enseignement supérieur à caractère administratif, effectuée en application des textes réglementaires fixant les statuts desdits établissements, est prononcée par les recteurs *(Décr. n° 2019-1554 du 30 déc. 2019, art. 1er)* « de région académique ».

Art. D. 741-2 *Abrogé par Décr. n° 2017-959 du 10 mai 2017, art. 1er.*

Art. R. 741-3 *(Décr. n° 2015-79 du 28 janv. 2015, art. 34)* « Le pouvoir disciplinaire prévu *(Décr. n° 2020-785 du 26 juin 2020, art. 6)* « aux articles L. 712-6-2 et L. 811-5 » est exercé en premier ressort par le conseil académique de l'établissement public à caractère administratif, lorsqu'il exerce des missions d'enseignement supérieur, ou, à défaut de conseil académique compétent en matière disciplinaire, par le conseil d'administration, constitué en sections disciplinaires, *(Décr. n° 2020-785 du 26 juin 2020, art. 6)* « , pour les personnels enseignants dans les conditions et selon la procédure prévues aux articles R. 712-10 à R. 712-46, sous réserve des dispositions prévues à l'article R. 232-31, et pour les usagers dans les conditions et selon la procédure prévues aux articles R. 811-10 à R. 811-42, sous réserve des dérogations prévues » par les dispositions réglementaires applicables aux établissements mentionnés aux *(Décr. n° 2018-1189 du 19 déc. 2018, art. 2)* « articles D. 723-1, D. 741-5, D. 741-7, D. 741-9 et D. 741-12 ».

(Décr. n° 2020-785 du 26 juin 2020, art. 6) « Par dérogation à l'article R. 811-14, la section disciplinaire compétente à l'égard des usagers peut comprendre deux membres appartenant à chacun des collèges définis aux 1° et 2° de cet article et quatre membres appartenant au collège défini à son 3°. Dans ce cas, par dérogation aux articles R. 811-20 et R. 811-32, la commission de discipline comprend quatre membres, dont un membre appartenant à chacun des collèges définis aux 1° et 2° de l'article R. 811-14 et deux membres appartenant au collège défini au 3° du même article, et ne peut valablement délibérer que si les représentants des collèges définis aux 1° et 2° de cet article sont présents. »

Pour l'application des articles R. 712-10 à R. 712-46 *(Décr. n° 2020-785 du 26 juin 2020, art. 6)* « et R. 811-10 à R. 811-42 », les mots : "le président de l'université" sont remplacés par les mots : "le chef d'établissement". Pour l'application de l'article R. 712-10, les mots : "l'université" sont remplacés par les mots : "l'établissement".

Art. R. 741-4 *(Décr. n° 2014-604 du 6 juin 2014, art. 18)* A l'exception de celles relatives aux modalités d'exercice du contrôle budgétaire, les dispositions des articles R. 711-10 à R. 711-16 et R. 719-51 à R. 719-112 sont applicables aux établissements publics à caractère administratif placés sous la tutelle exclusive du ministre chargé de l'enseignement supérieur et associés à un ou plusieurs établissements publics à caractère scientifique, culturel et professionnel au sens de l'article L. 718-16. En matière de contrôle budgétaire, ces établissements sont soumis aux règles prévues aux articles 220 à 228 du décret n° 2012-1246 du 7 novembre 2012 relatif à la gestion budgétaire et comptable publique.

(Décr. n° 2019-344 du 19 avr. 2019, art. 5) « Les articles R. 719-48 à R. 719-50-1 sont applicables aux établissements publics d'enseignement supérieur à caractère administratif placés sous la tutelle exclusive du ministre chargé de l'enseignement supérieur. »

SECTION II LES ÉCOLES NATIONALES SUPÉRIEURES D'INGÉNIEURS

(Décr. nº 2017-959 du 10 mai 2017, art. 1er)

Art. D. 741-5 Les écoles d'ingénieurs, dont la liste figure au présent article, constituent des établissements publics à caractère administratif associés à un établissement public à caractère scientifique, culturel et professionnel, en application de l'article L. 718-16, par le décret mentionné à l'article D. 718-5 :

1º *Abrogé par Décr. nº 2019-1075 du 21 oct. 2019, art. 4 ;*

2º École nationale supérieure de chimie de Rennes associée à l'université Rennes-I ;

3º École nationale supérieure d'informatique pour l'industrie et l'entreprise associée à l'université Paris-Saclay et à l'Institut Mines-Télécom.

Ils sont régis par le décret nº 86-640 du 14 mars 1986 fixant les règles d'organisation et de fonctionnement de certaines écoles d'ingénieurs associées à un établissement public à caractère scientifique, culturel et professionnel.

Art. D. 741-6 Les écoles mentionnées à l'article D. 741-5 ont pour missions principales :

1º La formation initiale d'ingénieurs ;

2º La formation continue des ingénieurs et cadres ;

3º La réalisation de travaux de recherche, d'études et d'essais.

SECTION III LES ÉCOLES NATIONALES D'INGÉNIEURS

(Décr. nº 2017-959 du 10 mai 2017, art. 1er)

Art. D. 741-7 Les écoles nationales d'ingénieurs, dont la liste figure au présent article, constituent des établissements publics nationaux à caractère administratif dotés de l'autonomie pédagogique, administrative et financière :

1º École nationale d'ingénieurs de Brest associée à l'université de Bretagne occidentale ;

2º École nationale d'ingénieurs de Tarbes associée à la communauté Université fédérale de Toulouse Midi-Pyrénées et à l'Institut national polytechnique de Toulouse.

Ces écoles sont placées sous la tutelle du ministre chargé de l'enseignement supérieur.

Leurs règles d'organisation et de fonctionnement sont fixées par le décret nº 2000-271 du 22 mars 2000 portant organisation des écoles nationales d'ingénieurs et par le règlement intérieur de l'établissement.

Art. D. 741-8 Les écoles nationales d'ingénieurs mentionnées à l'article D. 741-7 dispensent un enseignement supérieur théorique et pratique ayant pour objet la formation initiale d'ingénieurs généralistes dans les domaines des systèmes de production et de conception des produits. Chaque école délivre, notamment, les titres d'ingénieurs diplômés pour lesquels elle a été accréditée.

Elles participent à la formation continue des ingénieurs, cadres et techniciens supérieurs de l'industrie et à celle des formateurs. Les actions de formation continue peuvent être diplômantes.

Elles dispensent des formations à la recherche et peuvent être accréditées à cet effet à délivrer conjointement avec un établissement public à caractère scientifique, culturel et professionnel des diplômes nationaux de deuxième cycle. Les écoles nationales d'ingénieurs peuvent délivrer des diplômes propres.

Elles conduisent des activités de recherche dans les domaines scientifique et technologique. Elles contribuent à la valorisation des résultats obtenus, à la diffusion de l'information scientifique et technique et au développement industriel.

Elles développent les formations à la recherche et les activités de recherche conjointement avec un établissement public à caractère scientifique, culturel et professionnel.

Les écoles nationales d'ingénieurs exercent leurs activités en étroite collaboration et, le cas échéant, exercent leurs activités en commun avec d'autres établissements français ou étrangers.

Elles veillent à ce que leurs formations soient adaptées en permanence aux évolutions scientifiques et aux besoins des entreprises.

SECTION IV LES INSTITUTS D'ÉTUDES POLITIQUES

(Décr. nº 2017-959 du 10 mai 2017, art. 1er)

Art. D. 741-9 Les instituts d'études politiques, dont la liste figure au présent article, constituent des établissements publics à caractère administratif dotés de la personnalité morale et de l'autonomie financière associés à un établissement public à caractère scientifique, culturel et professionnel, en application de l'article L. 718-16, par le décret mentionné à l'article D. 718-5 :

1º Institut d'études politiques d'Aix-en-Provence, associé à l'université d'Aix-Marseille ;

2º Institut d'études politiques de Bordeaux, associé à l'université de Bordeaux ;

3º Institut d'études politiques de Grenoble, *(Décr. nº 2019-1123 du 31 oct. 2019, art. 12)* « établissement-composante de l'Université Grenoble Alpes » ;

4º Institut d'études politiques de Lyon, associé à l'université Lyon-II ;

5º Institut d'études politiques de Toulouse, associé à la communauté Université fédérale de Toulouse Midi-Pyrénées et à l'université Toulouse-I ;

6º Institut d'études politiques de Lille, *(Décr. nº 2021-1206 du 20 sept. 2021, art. 6)* « établissement-composante de l'Université de Lille » ;

7º Institut d'études politiques de Rennes, associé à l'université Rennes-I.

Ils sont régis par le décret nº 89-902 du 18 décembre 1989 modifié relatif aux instituts d'études politiques dotés d'un statut d'établissement public administratif associés à une université ou à une communauté d'universités et établissements.

Des conventions entre les instituts et chaque établissement auquel ils sont associés peuvent organiser la représentation mutuelle des établissements dans leurs conseils respectifs.

Les instituts d'études politiques sont placés sous la tutelle du ministre chargé de l'enseignement supérieur.

Art. D. 741-10 Les instituts d'études politiques mentionnés à l'article D. 741-9 ont pour missions :

1º De contribuer, tant en formation initiale qu'en formation continue, à la formation des cadres supérieurs des secteurs public, parapublic et privé de la nation, et notamment des fonctions publiques de l'État et des collectivités territoriales ;

2º De développer, notamment en relation avec les établissements d'enseignement supérieur, la Fondation nationale des sciences politiques et le Centre national de la recherche scientifique, la recherche en sciences politique et administrative.

A cet effet, ils délivrent des diplômes propres. Ils peuvent également participer à la préparation de diplômes nationaux et de diplômes d'université ou de communauté d'universités et établissements.

Art. D. 741-11 Le recrutement des étudiants des instituts d'études politiques s'effectue après vérification des aptitudes et des connaissances selon des modalités fixées par le conseil d'administration dans le règlement pédagogique de chaque institut.

SECTION V LES AUTRES ÉTABLISSEMENTS PUBLICS ADMINISTRATIFS

(Décr. nº 2017-959 du 10 mai 2017, art. 1er)

Art. D. 741-12 Les dispositions relatives aux établissements publics administratifs autres que ceux mentionnés aux articles *(Décr. nº 2017-1831 du 28 déc. 2017, art. 25)* « D. 723-1, » D. 741-5, D. 741-7 et D. 741-9 sont fixées par les décrets suivants :

1º Institut national des sciences et techniques nucléaires : décret nº 56-614 du 18 juin 1956 portant création d'un Institut national des sciences et techniques nucléaires ;

2º Académie des sciences d'outre-mer : décret nº 72-1038 du 16 novembre 1972 portant refonte des statuts et approbation du règlement intérieur de l'Académie des sciences d'outre-mer et décret nº 2009-200 du 18 février 2009 portant approbation du règlement intérieur de l'Académie des sciences d'outre-mer ;

3º École nationale supérieure de l'électronique et de ses applications de Cergy : décret nº 75-29 du 15 janvier 1975 portant statut de l'École nationale supérieure de l'électronique et de ses applications ;

4° Observatoire de la Côte d'Azur : décret n° 88-384 du 19 avril 1988 portant organisation de l'Observatoire de la Côte d'Azur ;

5° École nationale supérieure des arts et techniques du théâtre : décret n° 91-601 du 27 juin 1991 relatif à l'École nationale supérieure des arts et techniques du théâtre ;

6° École nationale supérieure Louis-Lumière : décret n° 91-602 du 27 juin 1991 relatif à l'École nationale supérieure Louis-Lumière ;

7° Institut d'administration des entreprises de Paris : décret n° 89-928 du 21 décembre 1989 relatif à l'Institut d'administration des entreprises de Paris ;

8° Bibliothèque nationale et universitaire de Strasbourg : décret n° 92-45 du 15 janvier 1992 portant organisation de la Bibliothèque nationale et universitaire de Strasbourg ;

9° Agence bibliographique de l'enseignement supérieur : décret n° 94-921 du 24 octobre 1994 portant création de l'Agence bibliographique de l'enseignement supérieur ;

10° Centre technique du livre de l'enseignement supérieur : décret n° 94-922 du 24 octobre 1994 portant création du Centre technique du livre de l'enseignement supérieur ;

11° Centre informatique national de l'enseignement supérieur : décret n° 99-318 du 20 avril 1999 portant création du Centre informatique national de l'enseignement supérieur ;

12° Centre national d'enseignement à distance : articles R. 426-1 à *(Décr. n° 2017-1831 du 28 déc. 2017, art. 25)* « R. 426-22 » ;

13° Établissement public du musée du quai Branly - Jacques Chirac : décret n° 2004-1350 du 9 décembre 2004 relatif au statut de l'Établissement public du musée du quai Branly - Jacques Chirac ;

14° Centre universitaire de formation et de recherche de Mayotte : décret n° 2011-1299 du 12 octobre 2011 portant création du centre universitaire de formation et de recherche de Mayotte ;

15° *Abrogé par Décr. n° 2021-441 du 13 avr. 2021, art. 8* ;

16° *Abrogé par Décr. n° 2018-285 du 18 avr. 2018, art. 10 ;*

(Décr. n° 2017-1831 du 28 déc. 2017, art. 25) « 17° Établissement public Campus Condorcet : décret n° 2017-1831 du 28 décembre 2017 relatif à l'organisation et au fonctionnement de l'établissement public Campus Condorcet. »

TITRE CINQUIÈME LES ÉTABLISSEMENTS D'ENSEIGNEMENT SUPÉRIEUR SPÉCIALISÉS

CHAPITRE PREMIER LES ÉTABLISSEMENTS D'ENSEIGNEMENT SUPÉRIEUR AGRICOLE ET VÉTÉRINAIRE

Art. D. 751-1 *(Décr. n° 2016-826 du 22 juin 2016, art. 4)* Outre les grands établissements mentionnés au 4° de l'article D. 717-2 et à l'article D. 717-3, l'enseignement supérieur agricole public relevant du ministre chargé de l'agriculture comprend les écoles suivantes, dont le régime est fixé aux articles R. 812-2 à R. 812-24 du code rural et de la pêche maritime :

1° École nationale vétérinaire d'Alfort ;

(Décr. n° 2017-959 du 10 mai 2017, art. 1er) « 2° École nationale vétérinaire de Toulouse ; »

3° École nationale supérieure de paysage de Versailles ;

(Décr. n° 2017-959 du 10 mai 2017, art. 1er) « 4° École nationale supérieure de formation de l'enseignement agricole ; »

5° École nationale supérieure des sciences agronomiques de Bordeaux Aquitaine (Bordeaux Sciences Agro) ;

6° École nationale du génie de l'eau et de l'environnement de Strasbourg.

CHAPITRE II LES ÉCOLES D'ARCHITECTURE

(Décr. n° 2018-109 du 15 févr. 2018, art. 1er)

Art. R. 752-1 Les écoles d'architecture sont les établissements mentionnés aux articles R. 672-7 et R. 672-8 et qui sont habilités à délivrer les titres mentionnés à l'article R. 672-5, ou dont les titres qu'ils délivrent sont reconnus par l'État conformément aux dispositions de l'article R. 672-8.

Les dispositions relatives aux écoles nationales supérieures d'architecture sont fixées par la section unique du présent chapitre, ainsi que par le chapitre II du décret n° 2018-109 du 15 février 2018. Les dispositions relatives à la Cité de l'architecture et du patrimoine sont fixées au chapitre II du titre IV du livre Ier de la partie réglementaire du code du patrimoine.

SECTION UNIQUE LES ÉCOLES NATIONALES SUPÉRIEURES D'ARCHITECTURE

Art. R. 752-2 Les écoles nationales supérieures d'architecture mentionnées à l'article L. 752-1 sont des établissements d'enseignement supérieur et de recherche, constitués sous la forme d'établissement public administratif qui relèvent du ministre chargé de l'architecture, et sont placés sous la tutelle conjointe de ce ministre et du ministre chargé de l'enseignement supérieur.

Ces établissements sont gérés avec le concours des personnels, des étudiants et de personnalités extérieures.

Ils disposent d'une autonomie pédagogique, scientifique, administrative et financière qui s'exerce conformément aux stratégies nationales de l'enseignement supérieur et de recherche définies aux articles L. 123-1 et suivants ainsi que des orientations fixées par le ministère chargé de l'architecture.

Art. R. 752-3 Pour l'accomplissement de leur mission prévue à l'article L. 752-2, les écoles nationales supérieures d'architecture peuvent notamment :

1° Dispenser des formations, initiale et continue, sanctionnées par des diplômes nationaux de premier, deuxième ou troisième cycles et des titres réglementés qu'elles sont accréditées ou habilitées à délivrer, ainsi que par des diplômes propres à leur établissement ;

2° Mener des programmes de recherche dans le domaine de l'architecture, du patrimoine, du paysage, de la ville et des territoires, dans leurs unités de recherche et les écoles doctorales dont elles sont membres ;

3° Permettre à leurs étudiants d'acquérir une aptitude à travailler en contexte international, notamment en favorisant la mobilité étudiante et en développant des programmes de coopération avec des institutions étrangères ;

4° Développer une capacité d'expertise et d'appui aux politiques publiques conduites dans le domaine de l'enseignement de l'architecture ou pour la mise en œuvre des missions d'intérêt public mentionnées à l'article 1er de la loi n° 77-2 du 3 janvier 1977 sur l'architecture ;

5° Concourir à l'échange des savoirs et des pratiques au sein de la communauté scientifique et culturelle internationale ;

6° Assurer la sensibilisation de tous les publics à l'architecture, notamment des jeunes en milieu scolaire, et participer à la diffusion de la culture architecturale et des enjeux de l'architecture auprès des autres établissements d'enseignement, des établissements publics culturels et des collectivités publiques ;

7° Concourir à la formation permanente de leurs personnels.

Art. R. 752-4 Les écoles nationales supérieures d'architecture coordonnent leur offre de formation et leur stratégie de recherche et de transfert des résultats de la recherche, aux plans national, européen et international, et dans le cadre des regroupements d'établissements d'enseignement supérieur mentionnés au 2° de l'article L. 718-3.

Pour l'accomplissement de leur mission, et notamment pour mener des actions de coopération avec des institutions étrangères, les écoles nationales supérieures d'architecture peuvent conclure des partenariats entre elles, et avec d'autres établissements d'enseignement, des établissements publics culturels ou des organismes de recherche.

Art. D. 752-5 Les écoles nationales supérieures d'architecture sont :

1° L'École nationale supérieure d'architecture et de paysage de Bordeaux ;

2° L'École nationale supérieure d'architecture de Bretagne ;

3° L'École nationale supérieure d'architecture de Clermont-Ferrand ;

4° L'École nationale supérieure d'architecture de Grenoble *(Décr. n° 2019-1123 du 31 oct. 2019, art. 14)* « , établissement-composante de l'Université Grenoble Alpes » ;

5° L'École nationale supérieure d'architecture et de paysage de Lille *(Décr. n° 2021-1206 du 20 sept. 2021, art. 7)* « , établissement-composante de l'Université de Lille » ;

6° L'École nationale supérieure d'architecture de Lyon ;

7° L'École nationale supérieure d'architecture de Marseille ;

8° L'École nationale supérieure d'architecture de Montpellier ;

9° L'École nationale supérieure d'architecture de Nancy ;

10° L'École nationale supérieure d'architecture de Nantes *(Décr. n° 2021-1290 du 1er oct. 2021, art. 5)* « , établissement-composante de Nantes Université » ;

11° L'École nationale supérieure d'architecture de Normandie ;

12° L'École nationale supérieure d'architecture de Paris-Belleville ;

13° L'École nationale supérieure d'architecture de Paris-Est *(Décr. n° 2019-1360 du 13 déc. 2019, art. 5)* « , établissement-composante de l'Université Gustave Eiffel » ;

14° L'École nationale supérieure d'architecture de Paris-La Villette ;

15° L'École nationale supérieure d'architecture de Paris-Malaquais ;

16° L'École nationale supérieure d'architecture de Paris-Val de Seine ;

17° L'École nationale supérieure d'architecture de Saint-Etienne ;

18° L'École nationale supérieure d'architecture de Strasbourg ;

19° L'École nationale supérieure d'architecture de Toulouse ;

20° L'École nationale supérieure d'architecture de Versailles.

CHAPITRE III LES ÉCOLES DE COMMERCE

Le présent chapitre ne comprend pas de dispositions prises par décret.

CHAPITRE IV LES ÉTABLISSEMENTS SOUS TUTELLE DES MINISTÈRES CHARGÉS DE LA JUSTICE, DE L'INTÉRIEUR, DE L'INDUSTRIE, DU DÉVELOPPEMENT DURABLE, DE L'ÉNERGIE ET DES SPORTS

(Décr. n° 2015-652 du 10 juin 2015, art. 10)

Art. D. 754-1 Les dispositions relatives aux écoles relevant du Premier ministre sont fixées par les décrets suivants :

1° École nationale d'administration (ENA) : décret n° 2002-49 du 10 janvier 2002 ;

2° Instituts régionaux d'administration de Bastia, Lille, Lyon, Metz, Nantes (IRA) : décret n° 84-588 du 10 juillet 1984.

Art. D. 754-2 Les dispositions relatives aux établissements relevant des ministères de la justice et de l'intérieur et des ministères chargés de l'industrie, du développement durable, de l'énergie et des sports sont précisées aux articles D. 754-3 à D. 754-7.

Art. D. 754-3 Les dispositions relatives aux écoles relevant du ministère de la justice sont fixées par les décrets suivants :

1° École nationale de la magistrature (ENM) : décret n° 2008-1551 du 31 décembre 2008 ;

2° École nationale d'administration pénitentiaire (ENAP) : décret n° 2000-1328 du 26 décembre 2000.

Art. D. 754-4 Les dispositions relatives aux écoles relevant du ministère de l'intérieur sont fixées par les décrets suivants :

1° École nationale supérieure de police (ENSP) : décret n° 88-379 du 20 avril 1988 ;

2° École nationale supérieure des officiers de sapeurs-pompiers (ENSOSP) : décret n° 2004-502 du 7 juin 2004.

Art. D. 754-5 Outre l'Institut Mines-Télécom (IMT), grand établissement mentionné à l'article D. 717-9, les dispositions relatives aux écoles relevant du ministère chargé de l'industrie sont fixées par les décrets suivants :

1° École nationale supérieure des mines de Paris (Mines ParisTech) : décret n° 91-1033 du 8 octobre 1991 relatif à l'École nationale supérieure des mines de Paris ;

2° à 6° *Abrogés par Décr. n° 2016-1527 du 14 nov. 2016, art. 63.*

Art. D. 754-6 *(Décr. n° 2018-249 du 5 avr. 2018, art. 33)* Les écoles relevant du ministère chargé l'équipement et de l'aviation civile sont :

1° L'École nationale des travaux publics de l'État (ENTPE), école régie par le décret mentionné à l'article D. 715-11 ;

2° L'École nationale des ponts et chaussées (ENPC) et l'École nationale de l'aviation civile (ENAC), grands établissements mentionnés à l'article D. 717-4 ;

3° L'École nationale des sciences géographiques (service de l'IGN) (ENSG), régie par les dispositions du décret n° 2011-1371 du 27 octobre 2011 relatif à l'École nationale des sciences géographiques (service de l'IGN) (ENSG).

Art. D. 754-7 Outre l'Institut national du sport, de l'expertise et de la performance (INSEP), grand établissement mentionné à l'article D. 717-7, les dispositions relatives aux écoles relevant du ministère chargé des sports sont fixées par les décrets suivants :

1° École nationale d'équitation de l'Institut français du cheval et de l'équitation (ENE) : articles R. 211-19 et R. 653-13 à R. 653-29 du code rural et de la pêche maritime ;

2° École nationale de voile et des sports nautiques (ENVSN) : articles D. 211-36 à D. 211-52 du code du sport ;

3° École nationale des sports de montagne (ENSM) : articles D. 211-53 à D. 211-68 du code du sport ;

4° Centres de ressource, d'expertise et de performances sportives (CREPS) : articles R. 211-69 à R. 211-82-4 du code du sport.

CHAPITRE V LES ÉCOLES SUPÉRIEURES MILITAIRES

Art. D. 755-1 *(Décr. n° 2015-1176 du 24 sept. 2015, art. 45)* Outre l'École polytechnique *(Décr. n° 2016-1427 du 21 oct. 2016, art. 6)* « , l'Institut supérieur de l'Aéronautique et de l'Espace » *(Décr. n° 2018-1158 du 14 déc. 2018, art. 5)* « , l'École navale et l'École de l'air », grands établissements mentionnés à l'article D. 717-5, l'enseignement supérieur public relevant de la tutelle du ministre de la défense comprend les écoles suivantes :

1° École nationale supérieure des techniques avancées : articles R. 3411-29 à R. 3411-56 du code de la défense ;

2° École nationale supérieure de techniques avancées Bretagne : articles R. 3411-57 à R. 3411-87 du code de la défense ;

3° Écoles du service de santé des armées du Val-de-Grâce et de Lyon : décret n° 2008-429 du 2 mai 2008 modifié relatif aux écoles et à la formation du service de santé des armées.

CHAPITRE VI LES ÉCOLES SANITAIRES ET SOCIALES

Art. D. 756-1 L'École des hautes études en santé publique est un établissement public à caractère scientifique, culturel et professionnel, constitué sous la forme d'un grand établissement, mentionné au 3° de l'article D. 717-2.

CHAPITRE VII L'ÉCOLE NATIONALE SUPÉRIEURE MARITIME

Art. D. 757-1 L'École nationale supérieure maritime est un établissement public à caractère scientifique, culturel et professionnel, constitué sous la forme d'un grand établissement, mentionné à l'article D. 717-6.

CHAPITRE VIII LA FONDATION NATIONALE DES SCIENCES POLITIQUES

Art. D. 758-1 Les dispositions relatives à la Fondation nationale des sciences politiques sont fixées par le décret n° 72-1266 du 28 décembre 1972 portant approbation des dispositions statutaires de la Fondation nationale des sciences politiques.

CHAPITRE IX LES ÉTABLISSEMENTS D'ENSEIGNEMENT SUPÉRIEUR DE LA CRÉATION ARTISTIQUE DANS LES DOMAINES DU SPECTACLE VIVANT ET DES ARTS PLASTIQUES

(Décr. n° 2017-718 du 2 mai 2017, art. 1er)

SECTION PREMIÈRE LES ÉTABLISSEMENTS D'ENSEIGNEMENT SUPÉRIEUR DE LA CRÉATION ARTISTIQUE DANS LE DOMAINE DU SPECTACLE VIVANT

SOUS-SECTION I ORGANISATION DE L'ENSEIGNEMENT SUPÉRIEUR DANS LE DOMAINE DU SPECTACLE VIVANT

Art. D. 759-1 L'enseignement supérieur du spectacle vivant relevant du ministère chargé de la culture conduit au diplôme national supérieur professionnel et aux diplômes nationaux d'enseignant dans les domaines de la musique, de la danse, du théâtre et des arts du cirque.

Le diplôme national supérieur professionnel d'artiste-interprète est un diplôme de premier cycle.

Les diplômes nationaux d'enseignant comprennent deux niveaux : le premier conduit au diplôme d'État (premier cycle), le second au certificat d'aptitude de professeur ou de directeur de conservatoire (second cycle).

Il comprend également des diplômes d'établissement.

Chaque diplôme précise les spécialités artistiques et le cas échéant les domaines, champs et options les concernant.

Art. D. 759-2 Les diplômes nationaux sont obtenus par la formation initiale et continue, l'apprentissage ou, en tout ou partie, par la validation des acquis de l'expérience.

Art. D. 759-3 L'organisation des études supérieures du spectacle vivant est fixée par arrêté du ministre chargé de la culture.

SOUS-SECTION 2 LISTE DES ÉTABLISSEMENTS D'ENSEIGNEMENT SUPÉRIEUR DE LA CRÉATION ARTISTIQUE RELEVANT DE L'ÉTAT DANS LE DOMAINE DU SPECTACLE VIVANT

Art. D. 759-4 Les dispositions relatives aux établissements d'enseignement supérieur de la création artistique dans le domaine du spectacle vivant dont la responsabilité et la charge incombent entièrement à l'État sont les suivantes :

1° École supérieure d'art dramatique du Théâtre national de Strasbourg : décret n° 72-461 du 31 mai 1972 portant statut du Théâtre national de Strasbourg ;

2° Conservatoires nationaux supérieurs de musique et de danse de Paris et de Lyon : décret n° 2009-201 du 18 février 2009 portant statut des conservatoires nationaux supérieurs de musique et de danse de Paris et de Lyon ;

3° École de danse de l'Opéra national de Paris : décret n° 94-111 du 5 février 1994 fixant le statut de l'Opéra national de Paris ;

4° Conservatoire national supérieur d'art dramatique : décret n° 2011-557 du 20 mai 2011 portant statut du Conservatoire national supérieur d'art dramatique.

SECTION II LES ÉTABLISSEMENTS D'ENSEIGNEMENT SUPÉRIEUR DE LA CRÉATION ARTISTIQUE DANS LE DOMAINE DES ARTS PLASTIQUES

SOUS-SECTION 1 ORGANISATION DE L'ENSEIGNEMENT SUPÉRIEUR DANS LE DOMAINE DES ARTS PLASTIQUES

Art. D. 759-5 L'enseignement supérieur d'arts plastiques relevant du ministère chargé de la culture comporte deux cycles :

1° Un premier cycle conduisant au diplôme national d'art ;

2° Un second cycle conduisant au diplôme national supérieur d'expression plastique.

Les cursus conduisant au diplôme national d'art et au diplôme national supérieur d'expression plastique proposent aux étudiants les options suivantes : option art, option "design" et option communication.

Les options de chaque diplôme peuvent être complétées par des mentions.

Il comprend également des diplômes d'établissement.

Art. D. 759-6 Les diplômes nationaux sont obtenus par la formation initiale et continue, l'apprentissage ou, en tout ou partie, par la validation des acquis de l'expérience.

Art. D. 759-7 L'organisation des études supérieures d'arts plastiques est fixée par arrêté du ministre chargé de la culture.

SOUS-SECTION 2 LISTE DES ÉTABLISSEMENTS D'ENSEIGNEMENT SUPÉRIEUR DE LA CRÉATION ARTISTIQUE RELEVANT DE L'ÉTAT DANS LE DOMAINE DES ARTS PLASTIQUES

Art. D. 759-8 Les dispositions relatives aux établissements d'enseignement supérieur d'arts plastiques dont la responsabilité et la charge incombent entièrement à l'État sont les suivantes :

1° École nationale supérieure des beaux-arts : décret n° 84-968 du 26 octobre 1984 portant organisation administrative et financière de l'École nationale supérieure des beaux-arts ;

2° École nationale supérieure de création industrielle : décret n° 2013-291 du 5 avril 2013 relatif à l'École nationale supérieure de création industrielle ;

3° École nationale supérieure des arts décoratifs : décret n° 98-981 du 30 octobre 1998 relatif à l'École nationale supérieure des arts décoratifs ;

4° École nationale supérieure d'art de Bourges : décret n° 2002-1514 du 23 décembre 2002 transformant l'École nationale supérieure d'art de Bourges en établissement public national et portant statut de cet établissement ;

5° École nationale supérieure d'art de Cergy : décret n° 2002-1515 du 23 décembre 2002 transformant l'École nationale supérieure d'art de Cergy en établissement public national et portant statut de cet établissement ;

6° École nationale supérieure d'art de Limoges-Aubusson : décret n° 2002-1516 du 23 décembre 2002 transformant l'École nationale supérieure d'art de Limoges-Aubusson en établissement public national et portant statut de cet établissement ;

7° École nationale supérieure d'art de Nancy : décret n° 2002-1517 du 23 décembre 2002 transformant l'École nationale supérieure d'art de Nancy en établissement public national et portant statut de cet établissement ;

8° École pilote internationale d'art et de recherche de la Villa Arson : décret n° 2002-1518 du 23 décembre 2002 transformant l'École pilote internationale d'art et de recherche de la Villa Arson en établissement public national et portant statut de cet établissement intitulé Villa Arson ;

9° École nationale supérieure d'art de Dijon : décret n° 2002-1519 du 23 décembre 2002 transformant l'École nationale supérieure d'art de Dijon en établissement public national et portant statut de cet établissement ;

10° École nationale de la photographie d'Arles : décret n° 2003-852 du 3 septembre 2003 érigeant l'École nationale de la photographie en établissement public national et portant statut de cet établissement.

SECTION III AGRÉMENT DES ÉTABLISSEMENTS ASSURANT UNE PRÉPARATION À L'ENTRÉE DANS LES ÉTABLISSEMENTS D'ENSEIGNEMENT SUPÉRIEUR DE LA CRÉATION ARTISTIQUE DANS LES DOMAINES DU SPECTACLE VIVANT ET DES ARTS PLASTIQUES

Art. R. 759-9 Les établissements relevant de l'initiative et de la responsabilité des collectivités territoriales qui assurent une préparation à l'entrée dans les établissements supérieurs de la création artistique dans les domaines du spectacle vivant et des arts plastiques sont agréés au sens de l'article L. 759-5 par arrêté du *(Décr. n° 2020-733 du 15 juin 2020, art. 9)* « préfet de région ».

Art. R. 759-10 Les établissements assurant une préparation à l'entrée dans les établissements supérieurs de la création artistique dans les domaines du spectacle vivant et des arts plastiques et ne relevant pas de l'initiative et de la responsabilité des collectivités territoriales peuvent également être agréés suivant les modalités prévues à l'article R. 759-9.

Art. D. 759-11 La délivrance de l'agrément est subordonnée au respect par l'établissement des conditions suivantes :

1° Proposer depuis au moins une année scolaire révolue un cursus d'enseignement spécifique de préparation à l'entrée dans les établissements d'enseignement supérieur de la création artistique offrant des enseignements dans les domaines du spectacle vivant ou des arts plastiques ; ce cursus favorise la pratique artistique et est ouvert aux formes diversifiées de la pédagogie ;

2° Organiser une procédure de sélection pour accéder au cursus d'enseignements préparant à l'entrée dans l'enseignement supérieur de la création artistique ;

3° Réunir par cursus un effectif minimal d'élèves ;

4° Dispenser, selon les domaines, un nombre minimal d'heures de cours par semaine par année scolaire ;

5° Favoriser par tout moyen, y compris tarifaire, l'accès des élèves qui pour des raisons géographiques, sociales, économiques ou de handicap, sont éloignés de l'offre d'enseignement artistique ;

6° Développer des partenariats et des collaborations avec des établissements artistiques et culturels sur le territoire local ainsi qu'avec des établissements d'enseignement supérieur de la création artistique ;

7° Disposer, pour chaque domaine et spécialité artistique faisant l'objet de la demande d'agrément, d'une équipe pédagogique comportant des enseignants fonctionnaires de catégorie A ou contractuels d'un niveau équivalent, dont un responsable pédagogique des enseignements, justifiant d'une qualification ou d'une expérience professionnelle déterminée par arrêté et associant des personnalités du milieu professionnel de la création ;

8° Disposer de locaux adaptés à l'offre d'enseignement ;

9° Offrir aux élèves scolarisés les conditions leur permettant d'achever des études secondaires ;

10° Faciliter l'accès des élèves scolarisés à des solutions d'hébergement ;

11° Délivrer une attestation de fin d'études détaillant les acquis de la formation qu'ils ont suivie ;

12° S'engager à respecter les obligations prévues à l'article D. 759-16.

Un arrêté du ministre chargé de la culture fixe les conditions particulières par domaines, spécialités ou disciplines artistiques.

Art. D. 759-12 Le *(Décr. n° 2020-733 du 15 juin 2020, art. 9)* « préfet de région » accorde l'agrément en tenant compte de l'offre de formation publique existante sur le territoire concerné. Dans le domaine du spectacle vivant, il tient compte des orientations d'organisation des enseignements préparant à l'entrée dans l'enseignement supérieur de la création artistique définies, le cas échéant, dans le cadre du contrat de plan régional de développement des formations et de l'orientation professionnelles mentionné à l'article L. 214-13 ainsi que du schéma départemental et, lorsqu'il existe, du schéma régional de développement des enseignements artistiques dans le domaine de la musique, du théâtre, du cirque et de la danse.

L'agrément peut être accordé conjointement à plusieurs établissements lorsque le cursus d'enseignement spécifique de préparation à l'entrée dans les établissements d'enseignement supérieur de la création artistique résulte d'une convention entre ces établissements.

L'agrément précise les domaines, les spécialités et disciplines pour lesquels celui-ci est accordé.

Art. R. 759-13 L'établissement qui effectue une demande d'agrément ou de renouvellement d'agrément adresse au préfet de région un dossier, par lettre recommandée avec avis de réception.

Lorsque la demande d'agrément est présentée par plusieurs établissements liés par une convention un seul dossier est présenté au préfet de région.

Le contenu et les modalités de dépôt des dossiers sont fixés par arrêté du ministre chargé de la culture.

Dans le délai de quatre mois, le *(Décr. n° 2020-733 du 15 juin 2020, art. 9)* « préfet de région » informe l'établissement demandeur de sa décision :

1° De délivrer l'agrément ;

2° De diligenter une mission d'expertise chargée de poursuivre l'instruction de la demande d'agrément ;

3° De rejeter la demande d'agrément. Dans ce dernier cas, la décision est motivée.

Lorsque le *(Décr. n° 2020-733 du 15 juin 2020, art. 9)* « préfet de région » diligente une expertise, il dispose d'un délai supplémentaire de *(Décr. n° 2020-733 du 15 juin 2020, art. 9)* « six » mois pour notifier sa décision.

L'expertise est conduite par l'inspection de la création artistique de la direction générale de la création artistique.

Art. D. 759-14 L'agrément est accordé pour une durée de cinq ans. Il est renouvelable dans les mêmes formes et conditions.

Les arrêtés d'agrément sont publiés *(Décr. n° 2020-733 du 15 juin 2020, art. 9)* « au recueil des actes administratifs de la préfecture ».

Art. D. 759-15 Si au cours de la période d'agrément, des modifications interviennent concernant les modalités d'organisation pédagogique, ou, le cas échéant, la convention liant plusieurs établissements, le ou les établissements sont tenus d'en informer, sans délai, le *(Décr. n° 2020-733 du 15 juin 2020, art. 9)* « préfet de région ».

Les agents désignés par le *(Décr. n° 2020-733 du 15 juin 2020, art. 9)* « préfet de région » pour contrôler l'application des conditions fixées par la présente section peuvent se faire communiquer toutes pièces nécessaires à ce contrôle. Ils sont chargés de l'inspection sur place des établissements et de leur organisation pédagogique. Lorsque des manquements sérieux aux obligations définies par la présente section sont constatés, le *(Décr. n° 2020-733 du 15 juin 2020, art. 9)* « préfet de région » peut mettre en demeure les établissements de prendre toutes les mesures de mise en conformité dans un délai qui est fixé en fonction de la nature de ces mesures.

En l'absence de mise en conformité de l'établissement au terme de ce délai, il prononce par arrêté le retrait de l'agrément.

Art. D. 759-16 Les établissements agréés accueillent les élèves en provenance d'établissements ayant perdu leur agrément dans la limite de leur capacité d'accueil. Ces élèves bénéficient, dans cette limite, d'une priorité sur les autres élèves souhaitant rejoindre un établissement agréé.

Les élèves en provenance d'établissements ayant perdu leur agrément et qui ne trouvent pas un nouvel établissement agréé pour les accueillir bénéficient d'un report de scolarité d'une durée maximale de trois ans.

Les modalités d'accueil et de reprise d'études sont fixées par le conseil pédagogique de l'établissement d'accueil et validées par le directeur de l'établissement.

Les élèves issus d'établissements ayant perdu leur agrément conservent le bénéfice de leurs acquis de formation.

L'établissement d'origine est tenu de remettre à l'étudiant un récapitulatif daté et signé des enseignements suivis ainsi que les résultats obtenus depuis l'entrée en formation.

CHAPITRE X LES ÉTABLISSEMENTS D'ENSEIGNEMENT SUPÉRIEUR DE LA CRÉATION ARTISTIQUE DANS LES DOMAINES DU CINÉMA ET DE LA COMMUNICATION AUDIOVISUELLE

(Décr. n° 2017-718 du 2 mai 2017, art. 1er)

SECTION UNIQUE LES ÉTABLISSEMENTS D'ENSEIGNEMENT SUPÉRIEUR DE LA CRÉATION ARTISTIQUE DANS LE DOMAINE DU CINÉMA ET DE LA COMMUNICATION AUDIOVISUELLE

Art. D. 75-10-1 Les dispositions relatives aux établissements d'enseignement supérieur de la création artistique dans le domaine du cinéma et de la communication audiovisuelle dont la responsabilité et la charge incombent entièrement à l'État sont les suivantes :

1° Institut national de l'audiovisuel : décret n° 2004-532 du 10 juin 2004 relatif à l'organisation et au fonctionnement de l'Institut national de l'audiovisuel ;

2° École nationale supérieure des métiers de l'image et du son : décret n° 98-371 du 13 mai 1998 portant statut de l'École nationale supérieure des métiers de l'image et du son.

TITRE SIXIÈME DISPOSITIONS COMMUNES

CHAPITRE PREMIER DISPOSITIONS COMMUNES AUX ÉTABLISSEMENTS PUBLICS ET PRIVÉS

Le présent chapitre ne comprend pas de dispositions prises par décret.

CHAPITRE II DISPOSITIONS COMMUNES AUX ÉTABLISSEMENTS PUBLICS

SECTION PREMIÈRE LES CHANCELLERIES

SOUS-SECTION 1 DISPOSITIONS GÉNÉRALES

Art. D. 762-1 La chancellerie, établissement public national à caractère administratif doté de la personnalité civile et de l'autonomie financière, est placée sous la tutelle du ministre chargé de l'enseignement supérieur.

Art. D. 762-2 La chancellerie assure l'administration des biens et charges indivis entre plusieurs établissements publics à caractère scientifique, culturel et professionnel et, le cas échéant, un ou plusieurs établissements publics administratifs relevant du ministre chargé de l'enseignement supérieur d'une même académie*[.]* Dans ce cadre, l'État peut également lui confier la mission d'acquérir ou de céder des biens mobiliers.

Par dérogation à l'alinéa précédent, la chancellerie de l'académie de Paris administre les biens et charges indivis entre les établissements publics à caractère scientifique, culturel et professionnel et, le cas échéant, les établissements publics administratifs relevant du ministre chargé de l'enseignement supérieur, dont la liste est fixée par un arrêté du ministre chargé de l'enseignement supérieur.

L'État peut confier à une chancellerie la mission d'assurer la location, l'adaptation et la gestion de locaux destinés à accueillir temporairement des usagers et des personnels participant à l'exécution du service public de l'enseignement supérieur pendant la réalisation de travaux immobiliers dans les locaux qu'ils occupent habituellement.

La chancellerie administre et gère les biens immobiliers qui lui sont affectés ou qui sont mis à sa disposition par l'État.

Elle peut être chargée de l'administration et de la gestion de biens mobiliers et immobiliers acquis par des établissements publics à caractère scientifique, culturel et professionnel et, le cas échéant, d'établissements publics administratifs relevant du ministre chargé de l'enseignement supérieur, ou qui sont affectés à ces établissements ou mis à leur disposition par l'État, après décision de l'instance délibérante de ces établissements.

L'État peut confier à une chancellerie la réalisation d'études préalables à des opérations de développement universitaire, de construction, d'aménagement ou de réhabilitation d'immeubles lui appartenant affectés ou mis à la disposition d'établissements publics à caractère scientifique, culturel et professionnel et, le cas échéant, d'établissements publics administratifs relevant du ministre chargé de l'enseignement supérieur.

La chancellerie assure également la gestion des moyens provenant notamment de l'État et des établissements publics à caractère scientifique, culturel et professionnel, mis à la disposition du recteur chancelier des universités pour l'exercice des missions que lui confie le présent code à l'égard de ces établissements.

La chancellerie est autorisée à transiger, au sens de l'article 2044 du code civil. – *[Décr. n° 71-1105 du 20 déc. 1971, art. 2.]*

Art. D. 762-3 Les chancelleries peuvent assurer, le cas échéant, par voie de convention conclue avec l'État ou un ou plusieurs établissements publics, des prestations de services à titre onéreux, dans le cadre des missions mentionnées à l'article D. 762-2. – *[Décr. n° 71-1105 du 20 déc. 1971, art. 2-1.]*

SOUS-SECTION 2 ORGANISATION ADMINISTRATIVE

Art. D. 762-4 *(Décr. n° 2019-1600 du 31 déc. 2019, art. 7)* « La » chancellerie est administrée par un conseil d'administration et dirigée par le recteur *(Décr. n° 2019-1600 du 31 déc. 2019, art. 7)* « de région académique ».

Art. D. 762-5 Le conseil d'administration comprend :

1° Le recteur *(Décr. n° 2019-1600 du 31 déc. 2019, art. 7)* « de région académique », chancelier des universités, président, ou son représentant ;

2° Les présidents des universités et les directeurs des instituts et écoles extérieurs aux universités dont le siège est situé dans le ressort de l'académie, ou leurs représentants. Pour l'académie de Paris, et lorsque le conseil d'administration délibère sur les matières prévues au deuxième alinéa de l'article D. 762-2, les présidents et directeurs des établissements publics d'enseignement supérieur dont la liste est fixée par l'arrêté prévu par ce même alinéa sont membres du conseil d'administration ;

3° Le directeur régional des finances publiques ou son représentant ;

4° Quatre personnalités choisies par *(Décr. n° 2015-652 du 10 juin 2015, art. 10)* « le recteur *(Décr. n° 2019-1600 du 31 déc. 2019, art. 7)* « de région académique » ; ce nombre est porté à huit pour ce qui concerne l'académie de Paris ;

5° Le contrôleur budgétaire placé auprès de l'établissement, le secrétaire général de l'académie et l'agent comptable assistent aux séances du conseil d'administration avec voix consultative.

Art. D. 762-6 Le conseil d'administration délibère sur :

1° Le budget, le ou les budgets annexes de la chancellerie, leurs modifications et le compte financier ;

2° Les acquisitions, aliénations et échanges d'immeubles et l'acceptation de dons et legs ;

3° Les accords, conventions et transactions conclus par le recteur *(Décr. n° 2019-1600 du 31 déc. 2019, art. 7)* « de région académique », directeur de la chancellerie.

Les délibérations portant sur le budget et le compte financier sont exécutoires dans les conditions prévues par le titre III du décret n° 2012-1246 du 7 novembre 2012 relatif à la gestion budgétaire et comptable publique.

Art. D. 762-7 Le conseil d'administration se réunit au moins deux fois par an, sur convocation de son président, qui en fixe l'ordre du jour.

Le conseil d'administration délibère valablement si la moitié des membres en exercice est présente. Les délibérations sont adoptées à la majorité des membres présents ou représentés. – *[Décr. n° 71-1105 du 20 déc. 1971, art. 5-1.]*

SOUS-SECTION 3 ORGANISATION FINANCIÈRE ET COMPTABLE

Art. D. 762-8 La chancellerie est dirigée par le recteur *(Décr. n° 2019-1600 du 31 déc. 2019, art. 7)* « de région académique » qui est chargé d'assurer le fonctionnement de l'établissement et de le représenter en justice ainsi que dans tous les actes de la vie civile. Aucune action ne peut être introduite sans autorisation du conseil d'administration. Le recteur *(Décr. n° 2019-1600 du 31 déc. 2019, art. 7)* « de région académique » est ordonnateur des recettes et des dépenses de l'établissement.

Art. D. 762-9 La chancellerie est soumise aux dispositions des titres Ier et III du décret n° 2012-1246 du 7 novembre 2012 relatif à la gestion budgétaire et comptable publique.

La chancellerie dispose d'un budget.

Elle peut également être dotée de budgets annexes en vue d'assurer :

1° La gestion des prestations de services à titre onéreux ;

2° L'exécution des opérations et la réalisation de prestations qui lui sont confiées par l'État, par un ou plusieurs établissements publics, conformément aux articles D. 762-2 et D. 762-3 ;

3° La gestion des dons et legs assortis de conditions, de charges ou d'affectation immobilière.

La création d'un budget annexe est décidée par délibération du conseil d'administration de la chancellerie.

Le budget annexe est soumis aux mêmes règles de préparation, de vote et d'exécution que le budget de la chancellerie. – *[Décr. nº 71-1105 du 20 déc. 1971, art. 7.]*

Art. D. 762-10 Les charges de l'établissement public comprennent les frais de personnel, de fonctionnement et éventuellement d'équipement et, d'une manière générale, toutes les dépenses nécessaires à l'activité de l'établissement. – *[Décr. nº 71-1105 du 20 déc. 1971, art. 9.]*

Art. D. 762-11 Les recettes de l'établissement comprennent notamment :

1° Les subventions de l'État et participations des autres personnes de droit public ;

2° Les dons et legs et leurs revenus ;

3° Les revenus des biens qui sont sa propriété ;

4° Les financements et les produits des opérations de gestion et des prestations de services mentionnés aux articles D. 762-2 et D. 762-3. – *[Décr. nº 71-1105 du 20 déc. 1971, art. 10.]*

Art. D. 762-12 Les formes et les conditions prescrites pour les marchés de l'État s'appliquent aux marchés passés par la chancellerie. – *[Décr. nº 71-1105 du 20 déc. 1971, art. 11.]*

Art. D. 762-13 Des régies de recettes et d'avances peuvent être instituées par le recteur *(Décr. nº 2019-1600 du 31 déc. 2019, art. 7)* « de région académique », dans les conditions fixées par le *(Décr. nº 2019-798 du 26 juill. 2019, art. 20)* « décret nº 2019-798 du 26 juillet 2019 » relatif aux régies de recettes et aux régies d'avances des organismes publics. Les régisseurs sont nommés par le recteur *(Décr. nº 2019-1600 du 31 déc. 2019, art. 7)* « de région académique », après agrément de l'agent comptable de la chancellerie.

SECTION II RÈGLEMENT DES LITIGES ET TRANSACTION

Art. D. 762-14 Les établissements publics d'enseignement supérieur relevant du ministre chargé de l'enseignement supérieur sont autorisés à transiger et à conclure des conventions d'arbitrage dans les conditions prévues aux articles D. 123-9 à D. 123-11.

SECTION III DISPOSITIONS APPLICABLES AU PATRIMOINE MOBILIER DES ÉTABLISSEMENTS PUBLICS D'ENSEIGNEMENT SUPÉRIEUR

Art. R. 762-15 Les contrats mentionnés au troisième alinéa de l'article L. 762-2 sont conclus par l'autorité de l'établissement à laquelle la compétence en matière de passation de contrats est attribuée par le statut de l'établissement. A défaut, ces contrats sont conclus par l'organe délibérant de l'établissement ou autorisés par celui-ci. – *[Décr. nº 2012-1147 du 12 oct. 2012, art. 1er.]*

Art. R. 762-16 I. – Les projets de contrat conférant des droits réels à un tiers mentionnés à L. 762-2 sont soumis par l'établissement public d'enseignement supérieur concerné à l'accord préalable :

1° Du ministre de tutelle et du ministre chargé du domaine lorsque le montant des travaux projetés est supérieur ou égal à trois millions d'euros hors taxes ;

2° Du préfet lorsque le montant des travaux projetés est inférieur à trois millions d'euros hors taxes.

II. – Les ministres ou le préfet mentionnés au I se prononcent notamment sur les clauses permettant d'assurer la continuité du service public lorsque les biens concernés sont nécessaires à l'accomplissement de ce service.

III. – Le défaut d'obtention de l'accord exprès préalable mentionné au I vaut refus de cet accord préalable à compter de l'expiration d'un délai, selon le cas :

1° De deux mois à compter de la saisine des autorités mentionnées au 1° du I ;

2° D'un mois à compter de la saisine des autorités mentionnées au 2° du I. – *[Décr. nº 2012-1147 du 12 oct. 2012, art. 3.]*

Art. R. 762-17 Les contrats mentionnés à l'article R. 762-15 font application des articles R. 2122-17 à R. 2122-27 du code général de la propriété des personnes publiques. La durée des contrats et celle des droits réels qu'ils confèrent est fixée par ces contrats en fonction de l'objet, de la nature et de l'importance des biens et des travaux sur lesquels ils portent. – *[Décr. nº 2012-1147 du 12 oct. 2012, art. 4.]*

Art. R. 762-18 Le directeur départemental des finances publiques, dont relève territorialement le bien qui fait l'objet du titre d'occupation prévu au dernier alinéa de l'article L. 762-2, est l'autorité administrative de l'État compétente pour rendre l'avis mentionné à ce même article.

Il rend cet avis dans un délai d'un mois à compter de la date de la réception de sa saisine par l'établissement public qui délivre le titre prévu à l'alinéa précédent. Son avis est réputé rendu à l'expiration de ce délai.

Par dérogation à l'alinéa précédent, si la complexité particulière de l'opération le justifie, il peut demander à cet établissement public, avant l'expiration du délai d'un mois mentionné à l'alinéa précédent, d'arrêter d'un commun accord un délai supplémentaire. Son avis est réputé rendu à l'expiration de ce délai supplémentaire. – *[Décr. nº 2012-1147 du 12 oct. 2012, art. 5.]*

Art. R. 762-19 Par dérogation aux articles R. 4111-1 à R. 4111-6 du code général de la propriété des personnes publiques, lorsque le contrat mentionné à l'article L. 762-2 n'est pas détachable d'un contrat de location, l'avis du directeur départemental des finances publiques mentionné à l'article R. 762-18 porte également sur les conditions financières de l'ensemble de l'opération et, notamment, sur la valeur locative du bien sur lequel porte ce contrat de location. Cet avis est rendu dans les conditions prévues à l'article R. 762-18. – *[Décr. nº 2012-1147 du 12 oct. 2012, art. 6.]*

Art. D. 762-20 Les dispositions du décret nº 2002-677 du 29 avril 2002 relatif à l'obligation de décoration des constructions publiques et précisant les conditions de passation des marchés ayant pour objet de satisfaire à cette obligation s'appliquent aux constructions relevant du ministère de l'enseignement supérieur et de la recherche.

SECTION IV DISPOSITIONS BUDGÉTAIRES

(Décr. nº 2014-604 du 6 juin 2014, art. 19)

Art. D. 762-21 Le 1º de l'article D. 719-105 est applicable aux seuls établissements publics bénéficiant des responsabilités et compétences élargies en matière budgétaire dans les conditions prévues à l'article L. 712-8. Les autres établissements peuvent toutefois conclure une convention de prestation de services pour leurs personnels dans les conditions fixées par le 1º de l'article D. 719-105.

TITRE SEPTIÈME DISPOSITIONS APPLICABLES DANS LES ÎLES WALLIS-ET-FUTUNA, À MAYOTTE, EN POLYNÉSIE FRANÇAISE ET EN NOUVELLE-CALÉDONIE

CHAPITRE PREMIER DISPOSITIONS APPLICABLES DANS LES ÎLES WALLIS-ET-FUTUNA

Art. R. 771-1 Les dispositions du présent livre relevant du décret en Conseil d'État sont applicables dans les îles Wallis-et-Futuna, à l'exception de l'article R. 712-2, des articles R. 715-2, R. 715-4 à R. 715-8, R. 715-12, R. 715-13, R. 716-2, R. 716-3, R. 717-10, R. 717-11, R. 718-1 à R. 718-4, R. 731-1 à R. 731-5, R. 741-1 et R. 741-3, sous réserve des dispositions particulières et des adaptations prévues par le présent chapitre.

(Décr. nº 2014-604 du 6 juin 2014, art. 20) « Ces dispositions sont applicables dans leur rédaction résultant du » *(Décr. nº 2020-785 du 26 juin 2020, art. 12)* « nº 2020-785 du 26 juin 2020 ».

Art. D. 771-2 *(Décr. nº 2017-410 du 27 mars 2017, art. 23)* Sont applicables dans les îles Wallis-et-Futuna, sous réserve des dispositions particulières et des adaptations pré-

vues par le présent chapitre, les dispositions mentionnées dans la colonne de gauche du tableau ci-après, dans leur rédaction indiquée dans la colonne de droite du même tableau :

Tableau mod. par Décr. n° 2017-610 du 24 avr. 2017, art. 14 ; Décr. n° 2017-1341 du 15 sept. 2017, art. 1er ; Décr. n° 2018-792 du 13 sept. 2018, art. 4 ; Décr. n° 2019-112 du 18 févr. 2019, art. 2 ; Décr. n° 2019-218 du 21 mars 2019, art. 13 ; Décr. n° 2020-1205 du 30 sept. 2020, art. 4 ; Décr. n° 2020-1617 du 17 déc. 2020, art. 2 ; Décr. n° 2020-1677 du 23 déc. 2020, art. 1er ; Décr. n° 2020-1734 du 16 déc. 2020, art. 6.

DISPOSITIONS APPLICABLES		DANS LEUR RÉDACTION RÉSULTANT DU
Titre Ier Chapitre III	Article D. 713-1	Décret n° 2015-652 du 10 juin 2015
	Articles D. 713-2 à D. 713-20	Décret n° 2013-756 du 19 août 2013
	Article D. 713-21	Décret n° 2017-959 du 10 mai 2017
	Article D. 713-22	Décret n° 2017-1341 du 15 septembre 2017
Titre Ier Chapitre IV	Article D. 714-1	Décret n° 2013-756 du 19 août 2013
	Article D. 714-2	Décret n° 2019-218 du 21 mars 2019
	Article D. 714-3	Décret n° 2015-652 du 10 juin 2015
	Articles D. 714-4, D. 714-5, D. 714-7 à D. 714-12	Décret n° 2013-756 du 19 août 2013
	Article D. 714-20	Décret n° 2019-112 du 18 février 2019
	Article D. 714-21	Décret n° 2020-1734 du 16 décembre 2020
	Articles D. 714-23 et D. 714-24	Décret n° 2013-756 du 19 août 2013
	Articles D. 714-25 et D. 714-26	Décret n° 2015-652 du 10 juin 2015
	Articles D. 714-27, les premier et troisième alinéas de l'article D. 714-28, articles D. 714-29, D. 714-31, D. 714-32, les premier, deuxième et troisième alinéas de l'article D. 714-33, articles D. 714-34 à D. 714-36	Décret n° 2013-756 du 19 août 2013
	Article D. 714-37	Décret n° 2020-1677 du 23 décembre 2020

DISPOSITIONS APPLICABLES		DANS LEUR RÉDACTION RÉSULTANT DU
	Articles D. 714-38 et D. 714-39	Décret n° 2013-756 du 19 août 2013
	Articles D. 714-41, D. 714-42, D. 714-44 à D. 714-53	Décret n° 2018-792 du 13 septembre 2018
	Articles D. 714-55 à D. 714-69, D. 714-73 à D. 714-88	Décret n° 2013-756 du 19 août 2013
	Articles D. 714-93 à D. 714-106	Décret n° 2018-792 du 13 septembre 2018
Titre Ier Chapitre IX	Article D. 719-1	Décret n° 2013-756 du 19 août 2013
	Article D. 719-2	Décret n° 2013-1310 du 27 décembre 2013
	Article D. 719-3	Décret n° 2019-1558 du 30 décembre 2019
	Article D. 719-4	Décret n° 2019-1108 du 30 octobre 2019
	Articles D. 719-5 à D. 719-7	Décret n° 2013-1310 du 27 décembre 2013
	Article D. 719-8	Décret n° 2020-1205 du 30 septembre 2020
	Article D. 719-9	Décret n° 2013-1310 du 27 décembre 2013
	Articles D. 719-10 et D. 719-11	Décret n° 2013-756 du 19 août 2013
	Articles D. 719-12 à D. 719-15	Décret n° 2013-1310 du 27 décembre 2013
	Article D. 719-16	Décret n° 2013-756 du 19 août 2013
	Article D. 719-17	Décret n° 2020-1205 du 30 septembre 2020
	Article D. 719-18	Décret n° 2017-610 du 24 avril 2017
	Article D. 719-19	Décret n° 2013-756 du 19 août 2013
	Articles D. 719-20 et D. 719-21	Décret n° 2013-1310 du 27 décembre 2013

DISPOSITIONS APPLICABLES		DANS LEUR RÉDACTION RÉSULTANT DU
	Article D. 719-22	Décret nº 2017-610 du 24 avril 2017
	Article D. 719-23	Décret nº 2013-756 du 19 août 2013
	Article D. 719-24	Décret nº 2017-610 du 24 avril 2017
	Article D. 719-25	Décret nº 2013-756 du 19 août 2013
	Article D. 719-26	Décret nº 2013-1310 du 27 décembre 2013
	Articles D. 719-27 et D. 719-28	Décret nº 2017-610 du 24 avril 2017
	Article D. 719-29	Décret nº 2013-756 du 19 août 2013
	Article D. 719-30	Décret nº 2013-1310 du 27 décembre 2013
	Articles D. 719-31 et D. 719-32	Décret nº 2013-756 du 19 août 2013
	Article D. 719-33	Décret nº 2017-610 du 24 avril 2017
	Articles D. 719-34 et D. 719-35	Décret nº 2013-756 du 19 août 2013
	Article D. 719-36	Décret nº 2017-610 du 24 avril 2017
	Article D. 719-37	Décret nº 2013-1310 du 27 décembre 2013
	Article D. 719-38	Décret nº 2020-1617 du 17 décembre 2020
	Articles D. 719-39 et D. 719-40	Décret nº 2019-1558 du 30 décembre 2019
	Articles D. 719-41 et D. 719-42	Décret nº 2015-652 du 10 juin 2015
	Article D. 719-44	Décret nº 2014-336 du 13 mars 2014
	Article D. 719-46 à l'exception du deuxième alinéa en tant qu'il concerne le conseil d'administration	Décret nº 2020-1205 du 30 septembre 2020
	Article D. 719-47	Décret nº 2013-756 du 19 août 2013

DISPOSITIONS APPLICABLES		DANS LEUR RÉDACTION RÉSULTANT DU
	Articles D. 719-47-1 à D. 719-47-5	Décret n° 2014-336 du 13 mars 2014
	Articles D. 719-105 à l'exception du 1° et D. 719-106	Décret n° 2017-1896 du 29 décembre 2017
	Articles D. 719-181 à D. 719-185	Décret n° 2013-756 du 19 août 2013
Titre II Chapitre Ier	Articles D. 721-1 à D. 721-6 et D. 721-8	Décret n° 2013-782 du 28 août 2013
Titre VI Chapitre II	Article D. 762-21	Décret n° 2014-604 du 6 juin 2014

Art. R. 771-3 Le ministre chargé de l'enseignement supérieur exerce les compétences dévolues au recteur *(Décr. n° 2019-1554 du 30 déc. 2019, art. 1er)* « de région académique », chancelier des universités, pour l'application des articles R. 712-1 à R. 712-46 et des articles R. 719-113 à R. 719-180.

Art. D. 771-4 Le ministre chargé de l'enseignement supérieur exerce les compétences dévolues au *(Décr. n° 2019-1558 du 30 déc. 2019, art. 9)* « recteur de région académique », chancelier des universités, pour l'application des articles D. 714-5, *(Décr. n° 2017-610 du 24 avr. 2017, art. 14)* « de l'article D. 719-3, » *(Décr. n° 2017-410 du 27 mars 2017, art. 26)* « de l'article D. 719-38 », du deuxième alinéa de l'article D. 719-39 et du premier alinéa de l'article D. 719-40.

Art. R. 771-5 *Abrogé par Décr. n° 2020-785 du 26 juin 2020, art. 13.*

Art. D. 771-6 Pour l'application dans les îles Wallis-et-Futuna du deuxième alinéa de l'article D. 713-5, les mots : "le préfet de la région" sont remplacés par les mots : "le représentant de l'État dans les îles Wallis-et-Futuna".

Art. D. 771-7 Pour l'application du deuxième alinéa de l'article D. 713-9 dans les îles Wallis-et-Futuna, les mots : "et un représentant de la région" sont remplacés par les mots : "et un représentant de l'assemblée territoriale".

Art. D. 771-8 Pour l'application du 1° de l'article D. 714-2 dans les îles Wallis-et-Futuna, les mots : "les délégations régionales de l'ONISEP" sont remplacés par les mots : "les services de l'ONISEP".

Art. D. 771-9 Pour l'application de l'article D. 714-11 dans les îles Wallis-et-Futuna :

a) Le 3° est supprimé ;

b) Au 4°, les mots : "dans *(Décr. n° 2019-1558 du 30 déc. 2019, art. 8)* « la région académique »" sont remplacés par les mots : "dans la collectivité".

Art. D. 771-10 Pour l'application de l'article D. 714-21 dans les îles Wallis-et-Futuna :

a) Au sixième alinéa, les mots : "notamment dans le cadre du plan régional défini à l'article L. 1411-11 du code de la santé publique" ne sont pas applicables ;

(Décr. n° 2019-112 du 18 févr. 2019, art. 1er) « *b)* Le quatrième alinéa est ainsi rédigé : "3° En assurant, conformément à la réglementation applicable localement, le suivi sanitaire préventif des étudiants étrangers autorisés à séjourner dans la collectivité". »

Art. D. 771-11 Pour l'application du 2° de l'article D. 714-74 dans les îles Wallis-et-Futuna, les mots : "dans le ressort de *(Décr. n° 2019-1558 du 30 déc. 2019, art. 8)* « la région académique »" sont remplacés par les mots : "dans le ressort de la collectivité".

Art. D. 771-12 Pour l'application du premier alinéa de l'article D. 719-38 dans les îles Wallis-et-Futuna, les mots : "dans chaque *(Décr. n° 2019-1558 du 30 déc. 2019, art. 6)* « région académique »" sont remplacés par les mots : "à Wallis-et-Futuna".

Art. R. 771-13 A l'article R. 719-65, les mots : "quinze jours" sont remplacés par les mots : "un mois". – *[Décr. n° 2008-618 du 27 juin 2008, art. 67-1, al. 2, en ce qui concerne WF.]*

Art. R. 771-14 A l'article R. 719-74, les mots : "le délai de quinze jours" sont remplacés par les mots : "le mois". – *[Décr. n° 2008-618 du 27 juin 2008, art. 67-1, al. 3, en ce qui concerne WF.]*

Art. R. 771-15 et R. 771-16 *Abrogés par Décr. n° 2014-604 du 6 juin 2014, art. 21.*

CHAPITRE II DISPOSITIONS APPLICABLES À MAYOTTE

Art. R. 772-1 *Abrogé par Décr. n° 2019-1553 du 30 déc. 2019, art. 1er.*

Art. D. 772-2 Pour l'application du deuxième alinéa de l'article D. 713-5 à Mayotte, les mots : "le préfet de la région" sont remplacés par les mots : "le représentant de l'État à Mayotte".

Art. D. 772-3 Pour l'application du deuxième alinéa de l'article D. 713-9 à Mayotte, les mots : "et un représentant de la région" sont remplacés par les mots : "et un représentant du conseil *(Décr. n° 2019-1553 du 30 déc. 2019, art. 1er)* « départemental »".

Art. D. 772-4 Pour l'application du 1° de l'article D. 714-2 à Mayotte, les mots : "les délégations régionales de l'ONISEP" sont remplacés par les mots : "les services de l'ONISEP".

Art. D. 772-5 Pour l'application du 3° de l'article D. 714-11 à Mayotte, les mots : "Le directeur du centre régional des œuvres universitaires et scolaires" sont remplacés par les mots : "le responsable du service en charge des œuvres universitaires et scolaires".

Art. D. 772-6 Les articles D. 762-1 à D. 762-13 ne sont pas applicables à Mayotte.

CHAPITRE III DISPOSITIONS APPLICABLES EN POLYNÉSIE FRANÇAISE

Art. R. 773-1 Les dispositions du présent livre relevant du décret en Conseil d'État sont applicables en Polynésie française, à l'exception de l'article R. 712-2, des articles R. 715-2, R. 715-4 à R. 715-8, R. 715-12, R. 715-13, R. 716-2, R. 716-3, R. 717-10, R. 717-11, R. 718-1 à R. 718-4, R. 731-1 à R. 731-5, R. 741-1 et R. 741-3, sous réserve des dispositions particulières et des adaptations prévues par le présent chapitre.

(Décr. n° 2014-604 du 6 juin 2014, art. 20) « Ces dispositions sont applicables dans leur rédaction résultant du » *(Décr. n° 2020-785 du 26 juin 2020, art. 12)* « n° 2020-785 du 26 juin 2020 ».

Art. D. 773-2 *(Décr. n° 2017-410 du 27 mars 2017, art. 24)* Sont applicables en Polynésie française, sous réserve des dispositions particulières et des adaptations prévues par le présent chapitre, les dispositions mentionnées dans la colonne de gauche du tableau ci-après, dans leur rédaction indiquée dans la colonne de droite du même tableau :

Tableau mod. par Décr. n° 2017-610 du 24 avr. 2017, art. 14 ; Décr. n° 2017-1341 du 15 sept. 2017, art. 1er ; Décr. n° 2018-792 du 13 sept. 2018, art. 4 ; Décr. n° 2019-112 du 18 févr. 2019, art. 2 ; Décr. n° 2019-218 du 21 mars 2019, art. 13 ; Décr. n° 2020-1205 du 30 sept. 2020, art. 4 ; Décr. n° 2020-1617 du 17 déc. 2020, art. 2 ; Décr. n° 2020-1677 du 23 déc. 2020, art. 1er ; Décr. n° 2020-1734 du 16 déc. 2020, art. 6.

DISPOSITIONS APPLICABLES		DANS LEUR RÉDACTION RÉSULTANT DU
Titre Ier Chapitre III	Article D. 713-1	Décret n° 2015-652 du 10 juin 2015
	Articles D. 713-2 à D. 713-20	Décret n° 2013-756 du 19 août 2013
	Article D. 713-21	Décret n° 2017-959 du 10 mai 2017
	Article D. 713-22	Décret n° 2017-1341 du 15 septembre 2017
Titre Ier Chapitre IV	Article D. 714-1	Décret n° 2013-756 du 19 août 2013
	Article D. 714-2	Décret n° 2019-218 du 21 mars 2019
	Article D. 714-3	Décret n° 2015-652 du 10 juin 2015
	Articles D. 714-4, D. 714-5, D. 714-7 à D. 714-12	Décret n° 2013-756 du 19 août 2013
	Article D. 714-20	Décret n° 2019-112 du 18 février 2019
	Article D. 714-21	Décret n° 2020-1734 du 16 décembre 2020
	Articles D. 714-23 et D. 714-24	Décret n° 2013-756 du 19 août 2013
	Articles D. 714-25 et D. 714-26	Décret n° 2015-652 du 10 juin 2015
	Articles D. 714-27, les premier et troisième alinéas de l'article D. 714-28, articles D. 714-29, D. 714-31, D. 714-32, les premier, deuxième et troisième alinéas de l'article D. 714-33, articles D. 714-34 à D. 714-36	Décret n° 2013-756 du 19 août 2013
	Article D. 714-37	Décret n° 2020-1677 du 23 décembre 2020
	Articles D. 714-38 et D. 714-39	Décret n° 2020-1677 du 23 décembre 2020
	Articles D. 714-41, D. 714-42, D. 714-44 à D. 714-53	Décret n° 2018-792 du 13 septembre 2018

DISPOSITIONS APPLICABLES		**DANS LEUR RÉDACTION RÉSULTANT DU**
	Articles D. 714-55 à D. 714-69, D. 714-73 à D. 714-88	Décret n° 2013-756 du 19 août 2013
	Articles D. 714-93 à D. 714-106	Décret n° 2018-792 du 13 septembre 2018
Titre Ier Chapitre IX	Article D. 719-1	Décret n° 2013-756 du 19 août 2013
	Article D. 719-2	Décret n° 2013-1310 du 27 décembre 2013
	Article D. 719-3	Décret n° 2019-1558 du 30 décembre 2019
	Article D. 719-4	Décret n° 2019-1108 du 30 octobre 2019
	Articles D. 719-5 à D. 719-7	Décret n° 2013-1310 du 27 décembre 2013
	Article D. 719-8	Décret n° 2020-1205 du 30 septembre 2020
	Article D. 719-9	Décret n° 2013-1310 du 27 décembre 2013
	Articles D. 719-10 et D. 719-11	Décret n° 2013-756 du 19 août 2013
	Articles D. 719-12 à D. 719-15	Décret n° 2013-1310 du 27 décembre 2013
	Article D. 719-16	Décret n° 2013-756 du 19 août 2013
	Article D. 719-17	Décret n° 2020-1205 du 30 septembre 2020
	Article D. 719-18	Décret n° 2017-610 du 24 avril 2017
	Article D. 719-19	Décret n° 2013-756 du 19 août 2013
	Articles D. 719-20 et D. 719-21	Décret n° 2013-1310 du 27 décembre 2013
	Article D. 719-22	Décret n° 2017-610 du 24 avril 2017

DISPOSITIONS APPLICABLES		DANS LEUR RÉDACTION RÉSULTANT DU
	Article D. 719-23	Décret n° 2013-756 du 19 août 2013
	Article D. 719-24	Décret n° 2017-610 du 24 avril 2017
	Article D. 719-25	Décret n° 2013-756 du 19 août 2013
	Article D. 719-26	Décret n° 2013-1310 du 27 décembre 2013
	Articles D. 719-27 et D. 719-28	Décret n° 2017-610 du 24 avril 2017
	Article D. 719-29	Décret n° 2013-756 du 19 août 2013
	Article D. 719-30	Décret n° 2013-1310 du 27 décembre 2013
	Articles D. 719-31 et D. 719-32	Décret n° 2013-756 du 19 août 2013
	Article D. 719-33	Décret n° 2017-610 du 24 avril 2017
	Articles D. 719-34 et D. 719-35	Décret n° 2013-756 du 19 août 2013
	Article D. 719-36	Décret n° 2017-610 du 24 avril 2017
	Article D. 719-37	Décret n° 2013-1310 du 27 décembre 2013
	Article D. 719-38	Décret n° 2020-1617 du 17 décembre 2020
	Articles D. 719-39 et D. 719-40	Décret n° 2019-1558 du 30 décembre 2019
	Articles D. 719-41 et D. 719-42	Décret n° 2015-652 du 10 juin 2015
	Article D. 719-44	Décret n° 2014-336 du 13 mars 2014
	Article D. 719-46 à l'exception du deuxième alinéa en tant qu'il concerne le conseil d'administration	Décret n° 2020-1205 du 30 septembre 2020
	Article D. 719-47	Décret n° 2013-756 du 19 août 2013
	Articles D. 719-47-1 à D. 719-47-5	Décret n° 2014-336 du 13 mars 2014

DISPOSITIONS APPLICABLES		DANS LEUR RÉDACTION RÉSULTANT DU
	Articles D. 719-105 à l'exception du 1° et D. 719-106	Décret n° 2017-1896 du 29 décembre 2017
	Articles D. 719-181 à D. 719-185	Décret n° 2013-756 du 19 août 2013
Titre II Chapitre Ier	Articles D. 721-1 à D. 721-6 et D. 721-8	Décret n° 2013-782 du 28 août 2013
Titre VI Chapitre II	Article D. 762-21	Décret n° 2014-604 du 6 juin 2014

Art. R. 773-3 Le ministre chargé de l'enseignement supérieur exerce les compétences dévolues au recteur *(Décr. n° 2019-1554 du 30 déc. 2019, art. 1er)* « de région académique », chancelier des universités, pour l'application des articles R. 712-1 à R. 712-46 et des articles R. 719-113 à R. 719-180.

Art. D. 773-4 Le ministre chargé de l'enseignement supérieur exerce les compétences dévolues au *(Décr. n° 2019-1558 du 30 déc. 2019, art. 9)* « recteur de région académique », chancelier des universités, pour l'application des articles D. 714-5, *(Décr. n° 2017-610 du 24 avr. 2017, art. 14)* « de l'article D. 719-3, » *(Décr. n° 2017-410 du 27 mars 2017, art. 26)* « de l'article D. 719-38 », du deuxième alinéa de l'article D. 719-39, et du premier alinéa de l'article D. 719-40.

Art. R. 773-5 *Abrogé par Décr. n° 2020-785 du 26 juin 2020, art. 13.*

Art. D. 773-6 Pour l'application en Polynésie française du deuxième alinéa de l'article D. 713-5, les mots : "le préfet de la région" sont remplacés par les mots : "le représentant de l'État en Polynésie française".

Art. D. 773-7 Pour l'application du deuxième alinéa de l'article D. 713-9 en Polynésie française, les mots : "et un représentant de la région" sont remplacés par les mots : "et un représentant de l'assemblée de la Polynésie française".

Art. D. 773-8 Pour l'application du 1° de l'article D. 714-2 en Polynésie française, les mots : "les délégations régionales de l'ONISEP" sont remplacés par les mots : "les services de l'ONISEP".

Art. D. 773-9 Pour l'application de l'article D. 714-11 en Polynésie française :

a) Le 3° est supprimé ;

b) Au 4°, les mots : "dans *(Décr. n° 2019-1558 du 30 déc. 2019, art. 8)* « la région académique »" sont remplacés par les mots : "dans la collectivité".

Art. D. 773-10 Pour l'application de l'article D. 714-21 en Polynésie française :

a) Au sixième alinéa, les mots : "notamment dans le cadre du plan régional défini à l'article L. 1411-11 du code de la santé publique" ne sont pas applicables ;

(Décr. n° 2019-112 du 18 févr. 2019, art. 1er) « *b)* Le quatrième alinéa est ainsi rédigé : "3° En assurant, conformément à la réglementation applicable localement, le suivi sanitaire préventif des étudiants étrangers autorisés à séjourner dans la collectivité". »

Art. D. 773-11 Pour l'application du 2° de l'article D. 714-74 en Polynésie française, les mots : "dans le ressort de *(Décr. n° 2019-1558 du 30 déc. 2019, art. 8)* « la région académique »" sont remplacés par les mots : "dans le ressort de la collectivité".

Art. D. 773-12 Pour l'application du premier alinéa de l'article D. 719-38 en Polynésie française, les mots : "dans chaque *(Décr. n° 2019-1558 du 30 déc. 2019, art. 6)* « région académique »" sont remplacés par les mots : "en Polynésie française".

Art. D. 773-13 Pour l'application de l'article D. 719-41 en Polynésie française, les mots : "à l'article L. 719-3" sont remplacés par les mots : "aux articles L. 719-3 et L. 773-2". – *[Décr. n° 85-28 du 7 janv. 1985, art. 8, al. 2, en ce qui concerne la PF.]*

Art. D. 773-14 Pour l'application des articles D. 719-41 à D. 719-47 en Polynésie française, une personnalité extérieure ne peut être membre que du conseil d'administration ou *(Décr. n° 2020-1205 du 30 sept. 2020, art. 5)* « de la commission de la recherche du conseil académique » constitués au sein de l'établissement créé en application de l'article L. 773-2.

Art. R. 773-15 A l'article R. 719-65, les mots : "quinze jours" sont remplacés par les mots : "un mois". – *[Décr. n° 2008-618 du 27 juin 2008, art. 67-1, al. 2, en ce qui concerne la PF.]*

Art. R. 773-16 Pour l'application du deuxième alinéa de l'article R. 719-74 en Polynésie française, les mots : "le délai de quinze jours" sont remplacés par les mots : "le mois". – *[Décr. n° 2008-618 du 27 juin 2008, art. 67-1, al. 3, en ce qui concerne la PF.]*

Art. R. 773-17 et R. 773-18 *Abrogés par Décr. n° 2014-604 du 6 juin 2014, art. 21.*

Art. D. 773-19 *(Décr. n° 2015-6 du 6 janv. 2015, art. 2)* Pour l'application de l'article D. 721-1 à la composition du conseil de l'école supérieure du professorat et de l'éducation de l'université de Polynésie française :

1° Le *f* du 1° est ainsi rédigé :

"*f)* Deux, quatre ou six représentants des étudiants, des fonctionnaires stagiaires, des personnels enseignants et d'éducation bénéficiant d'actions de formation continue et des personnes bénéficiant d'actions de formation aux métiers de la formation et de l'éducation ;"

2° Le 3° est ainsi rédigé :

"3° Au moins 30 % de personnalités extérieures comprenant :

"*a)* Au moins deux personnalités désignées par le président de la Polynésie française ;

"*b)* Au moins deux personnalités désignées par le vice-recteur de la Polynésie française ;

"*c)* Au moins deux personnalités désignées par les membres du conseil mentionnés au 1°, au 2° et aux *a* et *b* du 3° ci-dessus."

Art. D. 773-20 *(Décr. n° 2015-6 du 6 janv. 2015, art. 2)* Pour l'application de l'article D. 721-2, les mots : "par le *(Décr. n° 2019-1558 du 30 déc. 2019, art. 9)* « recteur de région académique »" sont remplacés par les mots : "par le président de la Polynésie française ou le vice-recteur de la Polynésie française".

Art. D. 773-21 *(Décr. n° 2015-6 du 6 janv. 2015, art. 3)* Pour l'application de l'article D. 721-3 relatif à la composition du conseil d'orientation scientifique et pédagogique de l'École supérieure du professorat et de l'éducation de l'université de Polynésie française, le 1° et le 2° sont ainsi rédigés :

"1° De 50 % de représentants de l'établissement et de personnalités désignées par le conseil de l'école, désignés en nombre égal ;

"2° De personnalités extérieures désignées pour moitié par le président de la Polynésie française et pour moitié par le vice-recteur de la Polynésie française."

Art. D. 773-22 *(Décr. n° 2015-6 du 6 janv. 2015, art. 3)* Pour l'application de l'article D. 721-4, au dernier alinéa, les mots : "au *d* du 3° de l'article D. 721-1" sont remplacés par les mots : "au *c* du 3° de l'article D. 721-1 dans sa rédaction issue de l'article D. 773-19".

Art. D. 773-23 *(Décr. n° 2015-6 du 6 janv. 2015, art. 3)* Pour l'application de l'article D. 721-5, au 1°, les mots : "quarante-huit" sont remplacés par les mots : "vingt-quatre".

CHAPITRE IV DISPOSITIONS APPLICABLES EN NOUVELLE-CALÉDONIE

Art. R. 774-1 Les dispositions du présent livre relevant du décret en Conseil d'État sont applicables en Nouvelle-Calédonie, à l'exception de l'article R. 712-2, des articles

R. 715-2, R. 715-4 à R. 715-8, R. 715-12, R. 715-13, R. 716-2, R. 716-3, R. 717-10, R. 717-11, R. 718-1 à R. 718-4, R. 731-1 à R. 731-5, R. 741-1 et R. 741-3, sous réserve des dispositions particulières et des adaptations prévues par le présent chapitre.

(Décr. nº 2014-604 du 6 juin 2014, art. 20) **« Ces dispositions sont applicables dans leur rédaction résultant du »** *(Décr. nº 2020-785 du 26 juin 2020, art. 12)* **« nº 2020-785 du 26 juin 2020 ».**

Art. D. 774-2 *(Décr. nº 2017-410 du 27 mars 2017, art. 25)* **Sont applicables en Nouvelle-Calédonie, sous réserve des dispositions particulières et des adaptations prévues par le présent chapitre, les dispositions mentionnées dans la colonne de gauche du tableau ci-après, dans leur rédaction indiquée dans la colonne de droite du même tableau :**

Tableau mod. par Décr. nº 2017-610 du 24 avr. 2017, art. 14 ; Décr. nº 2017-1341 du 15 sept. 2017, art. 1er ; Décr. nº 2018-792 du 13 sept. 2018, art. 4 ; Décr. nº 2019-112 du 18 févr. 2019, art. 2 ; Décr. nº 2019-218 du 21 mars 2019, art. 13 ; Décr. nº 2020-1205 du 30 sept. 2020, art. 4 ; Décr. nº 2020-1617 du 17 déc. 2020, art. 2 ; Décr. nº 2020-1677 du 23 déc. 2020, art. 1er ; Décr. nº 2020-1734 du 16 déc. 2020, art. 6.

DISPOSITIONS APPLICABLES		DANS LEUR RÉDACTION RÉSULTANT DU
Titre Ier Chapitre III	Article D. 713-1	Décret nº 2015-652 du 10 juin 2015
	Articles D. 713-2 à D. 713-20	Décret nº 2013-756 du 19 août 2013
	Article D. 713-21	Décret nº 2017-959 du 10 mai 2017
	Article D. 713-22	Décret nº 2017-1341 du 15 septembre 2017
Titre Ier Chapitre IV	Article D. 714-1	Décret nº 2013-756 du 19 août 2013
	Article D. 714-2	Décret nº 2019-218 du 21 mars 2019
	Article D. 714-3	Décret nº 2015-652 du 10 juin 2015
	Articles D. 714-4, D. 714-5, D. 714-7 à D. 714-12	Décret nº 2013-756 du 19 août 2013
	Article D. 714-20	Décret nº 2019-112 du 18 février 2019
	Article D. 714-21	Décret nº 2020-1734 du 16 décembre 2020
	Articles D. 714-23 et D. 714-24	Décret nº 2013-756 du 19 août 2013
	Articles D. 714-25 et D. 714-26	Décret nº 2015-652 du 10 juin 2015

DISPOSITIONS APPLICABLES		DANS LEUR RÉDACTION RÉSULTANT DU
	Articles D. 714-27, les premier et troisième alinéas de l'article D. 714-28, articles D. 714-29, D. 714-31, D. 714-32, les premier, deuxième et troisième alinéas de l'article D. 714-33, articles D. 714-34 à D. 714-39	Décret n° 2013-756 du 19 août 2013
	Article D. 714-37	Décret n° 2020-1677 du 23 décembre 2020
	Articles D. 714-38 et D. 714-39	Décret n° 2020-1677 du 23 décembre 2020
	Articles D. 714-41, D. 714-42, D. 714-44 à D. 714-53	Décret n° 2018-792 du 13 septembre 2018
	Articles D. 714-55 à D. 714-69, D. 714-73 à D. 714-88	Décret n° 2013-756 du 19 août 2013
	Articles D. 714-93 à D. 714-106	Décret n° 2018-792 du 13 septembre 2018
Titre Ier Chapitre IX	Article D. 719-1	Décret n° 2013-756 du 19 août 2013
	Article D. 719-2	Décret n° 2013-1310 du 27 décembre 2013
	Article D. 719-3	Décret n° 2019-1558 du 30 décembre 2019
	Article D. 719-4	Décret n° 2019-1108 du 30 octobre 2019
	Articles D. 719-5 à D. 719-7	Décret n° 2013-1310 du 27 décembre 2013
	Article D. 719-8	Décret n° 2020-1205 du 30 septembre 2020
	Article D. 719-9	Décret n° 2013-1310 du 27 décembre 2013
	Articles D. 719-10 et D. 719-11	Décret n° 2013-756 du 19 août 2013
	Articles D. 719-12 à D. 719-15	Décret n° 2013-1310 du 27 décembre 2013
	Article D. 719-16	Décret n° 2013-756 du 19 août 2013
	Article D. 719-17	Décret n° 2020-1205 du 30 septembre 2020
	Article D. 719-18	Décret n° 2017-610 du 24 avril 2017
	Article D. 719-19	Décret n° 2013-756 du 19 août 2013

DISPOSITIONS APPLICABLES		DANS LEUR RÉDACTION RÉSULTANT DU
	Articles D. 719-20 et D. 719-21	Décret n° 2013-1310 du 27 décembre 2013
	Article D. 719-22	Décret n° 2017-610 du 24 avril 2017
	Article D. 719-23	Décret n° 2013-756 du 19 août 2013
	Article D. 719-24	Décret n° 2017-610 du 24 avril 2017
	Article D. 719-25	Décret n° 2013-756 du 19 août 2013
	Article D. 719-26	Décret n° 2013-1310 du 27 décembre 2013
	Articles D. 719-27 et D. 719-28	Décret n° 2017-610 du 24 avril 2017
	Article D. 719-29	Décret n° 2013-756 du 19 août 2013
	Article D. 719-30	Décret n° 2013-1310 du 27 décembre 2013
	Articles D. 719-31 et D. 719-32	Décret n° 2013-756 du 19 août 2013
	Article D. 719-33	Décret n° 2017-610 du 24 avril 2017
	Articles D. 719-34 et D. 719-35	Décret n° 2013-756 du 19 août 2013
	Article D. 719-36	Décret n° 2017-610 du 24 avril 2017
	Article D. 719-37	Décret n° 2013-1310 du 27 décembre 2013
	Article D. 719-38	Décret n° 2020-1617 du 17 décembre 2020
	Articles D. 719-39 et D. 719-40	Décret n° 2019-1558 du 30 décembre 2019
	Articles D. 719-41 et D. 719-42	Décret n° 2015-652 du 10 juin 2015
	Article D. 719-44	Décret n° 2014-336 du 13 mars 2014
	Article D. 719-46 à l'exception du deuxième alinéa en tant qu'il concerne le conseil d'administration	Décret n° 2020-1205 du 30 septembre 2020
	Article D. 719-47	Décret n° 2013-756 du 19 août 2013

DISPOSITIONS APPLICABLES		DANS LEUR RÉDACTION RÉSULTANT DU
	Articles D. 719-47-1 à D. 719-47-5	Décret n° 2014-336 du 13 mars 2014
	Articles D. 719-105 à l'exception du 1° et D. 719-106	Décret n° 2017-1896 du 29 décembre 2017
	Articles D. 719-181 à D. 719-185	Décret n° 2013-756 du 19 août 2013
Titre II Chapitre Ier	Articles D. 721-1 à D. 721-6 et D. 721-8	Décret n° 2013-782 du 28 août 2013
Titre VI Chapitre II	Article D. 762-21	Décret n° 2014-604 du 6 juin 2014

Art. R. 774-3 Le ministre chargé de l'enseignement supérieur exerce les compétences dévolues au recteur *(Décr. n° 2019-1554 du 30 déc. 2019, art. 1er)* « de région académique », chancelier des universités, pour l'application des articles R. 712-1 à R. 712-46 et des articles R. 719-113 à R. 719-180.

Art. D. 774-4 Le ministre chargé de l'enseignement supérieur exerce les compétences dévolues au *(Décr. n° 2019-1558 du 30 déc. 2019, art. 9)* « recteur de région académique », chancelier des universités, pour l'application des articles D. 714-5, *(Décr. n° 2017-610 du 24 avr. 2017, art. 14)* « de l'article D. 719-3, » *(Décr. n° 2017-410 du 27 mars 2017, art. 26)* « de l'article D. 719-38 », du deuxième alinéa de l'article D. 719-39 et du premier alinéa de l'article D. 719-40.

Art. R. 774-5 *Abrogé par Décr. n° 2020-785 du 26 juin 2020, art. 13.*

Art. D. 774-6 Pour l'application en Nouvelle-Calédonie du deuxième alinéa de l'article D. 713-5, les mots : "le préfet de la région" sont remplacés par les mots : "le représentant de l'État en Nouvelle-Calédonie".

Art. D. 774-7 Pour l'application du deuxième alinéa de l'article D. 713-9 en Nouvelle-Calédonie, les mots : "et un représentant de la région" sont remplacés par les mots : "et un représentant du Congrès de la Nouvelle-Calédonie".

Art. D. 774-8 Pour l'application du 1° de l'article D. 714-2 en Nouvelle-Calédonie, les mots : "les délégations régionales de l'ONISEP" sont remplacés par les mots : "les services de l'ONISEP".

Art. D. 774-9 Pour l'application de l'article D. 714-11 en Nouvelle-Calédonie :

a) Le 3° est supprimé ;

b) Au 4°, les mots : "dans *(Décr. n° 2019-1558 du 30 déc. 2019, art. 8)* « la région académique »" sont remplacés par les mots : "en Nouvelle-Calédonie".

Art. D. 774-10 Pour l'application de l'article D. 714-21 en Nouvelle-Calédonie :

a) Au sixième alinéa, les mots : "notamment dans le cadre du plan régional défini à l'article L. 1411-11 du code de la santé publique" ne sont pas applicables ;

(Décr. n° 2019-112 du 18 févr. 2019, art. 1er) « *b)* Le quatrième alinéa est ainsi rédigé : "3° En assurant, conformément à la réglementation applicable localement, le suivi sanitaire préventif des étudiants étrangers autorisés à séjourner dans la collectivité". »

Art. D. 774-11 Pour l'application du 2° de l'article D. 714-74, les mots : "notamment dans le ressort de *(Décr. n° 2019-1558 du 30 déc. 2019, art. 8)* « la région académique »" sont remplacés par les mots : "en Nouvelle-Calédonie".

Art. D. 774-12 Pour l'application du premier alinéa de l'article D. 719-38 en Nouvelle-Calédonie, les mots "dans chaque *(Décr. n° 2019-1558 du 30 déc. 2019, art. 6)* « région académique »" sont remplacés par les termes : "en Nouvelle-Calédonie".

Art. D. 774-13 Pour l'application de l'article D. 719-41 en Nouvelle-Calédonie, les mots : "à l'article L. 719-3" sont remplacés par les mots : "aux articles L. 719-3 et L. 774-2". – *[Décr. nº 85-28 du 7 janv. 1985, art. 8, al. 2, en ce qui concerne la Nouvelle-Calédonie.]*

Art. D. 774-14 Pour l'application des articles D. 719-41 à D. 719-47 en Nouvelle-Calédonie, une personnalité extérieure ne peut être membre que du conseil d'administration ou *(Décr. nº 2020-1205 du 30 sept. 2020, art. 5)* « de la commission de la recherche du conseil académique » constitués au sein de l'établissement créé en application de l'article L. 774-2.

Art. R. 774-15 A l'article R. 719-65, les mots : "quinze jours" sont remplacés par les mots : "un mois". – *[Décr. nº 2008-618 du 27 juin 2008, art. 67-1, al. 2, en ce qui concerne la Nouvelle-Calédonie.]*

Art. R. 774-16 A l'article R. 719-74, les mots : "le délai de quinze jours" sont remplacés par les mots : "le mois". – *[Décr. nº 2008-618 du 27 juin 2008, art. 67-1, al. 3, en ce qui concerne la Nouvelle-Calédonie.]*

Art. R. 774-17 et R. 774-18 *Abrogés par Décr. nº 2014-604 du 6 juin 2014, art. 21.*

Art. D. 774-19 *(Décr. nº 2015-241 du 2 mars 2015, art. 2)* Pour l'application de l'article D. 721-1 à la composition du conseil de l'école supérieure du professorat et de l'éducation de l'université de la Nouvelle-Calédonie :

1º Le *f* du 1º est ainsi rédigé :

"*f)* Deux, quatre ou six représentants des étudiants, des fonctionnaires stagiaires, des personnels enseignants et d'éducation bénéficiant d'actions de formation continue et des personnes bénéficiant d'actions de formation aux métiers de la formation et de l'éducation ;"

2º Le 3º est ainsi rédigé :

"3º Au moins 30 % de personnalités extérieures comprenant :

"*a)* Au moins deux personnalités désignées par le gouvernement de la Nouvelle-Calédonie ;

"*b)* Au moins deux personnalités désignées par le haut-commissaire de la République en Nouvelle-Calédonie ;

"*c)* Au moins une personnalité désignée par l'Assemblée territoriale de Wallis-et-Futuna ;

"*d)* Au moins deux personnalités désignées par les membres du conseil mentionnés au 1º, au 2º et aux *a* et *b* du 3º ci-dessus."

Art. D. 774-20 *(Décr. nº 2015-241 du 2 mars 2015, art. 2)* Pour l'application de l'article D. 721-2, les mots : "par le *(Décr. nº 2019-1558 du 30 déc. 2019, art. 9)* « recteur de région académique »" sont remplacés par les mots : "par le gouvernement de la Nouvelle-Calédonie ou le haut-commissaire de la République en Nouvelle-Calédonie".

Art. D. 774-21 *(Décr. nº 2015-241 du 2 mars 2015, art. 3)* Pour l'application de l'article D. 721-3 relatif à la composition du conseil d'orientation scientifique et pédagogique de l'école supérieure du professorat et de l'éducation de l'université de la Nouvelle-Calédonie, le 1º et le 2º sont ainsi rédigés :

"1º De 50 % de représentants de l'établissement et de personnalités désignées par le conseil de l'école, désignés en nombre égal ;

"2º De personnalités extérieures désignées pour moitié par le gouvernement de la Nouvelle-Calédonie et pour moitié par le haut-commissaire de la République en Nouvelle-Calédonie, dont une désignée sur proposition du vice-recteur de Wallis-et-Futuna."

Art. D. 774-22 *(Décr. nº 2015-241 du 2 mars 2015, art. 3)* Pour l'application de l'article D. 721-5, au 1º, les mots : "quarante-huit" sont remplacés par les mots : "vingt-quatre".

TITRE HUITIÈME DISPOSITIONS APPLICABLES AUX UNIVERSITÉS IMPLANTÉES DANS UNE OU PLUSIEURS RÉGIONS ET DÉPARTEMENTS D'OUTRE-MER

CHAPITRE UNIQUE DISPOSITIONS APPLICABLES À L'UNIVERSITÉ DES ANTILLES

(Décr. nº 2021-783 du 17 juin 2021, art. 2)

Art. D. 781-1 En cas de vacance d'un siège au sein du conseil d'administration de l'université des Antilles, un nouveau membre est désigné pour la durée du mandat restant à courir, selon les modalités fixées par les articles D. 719-21 et D. 719-46, sauf si la vacance intervient moins de huit mois avant le terme du mandat.

LIVRE HUITIÈME LA VIE UNIVERSITAIRE

(Décr. n° 2015-652 du 10 juin 2015)

BIBL. ▶ MOREAU, Éditorial [pour la publication du décret n° 2015-652 du 10 juin 2015 relatif aux dispositions réglementaires des livres VIII et IX du code de l'éducation marquant l'achèvement de la codification du droit applicable à l'éducation et à l'enseignement Supérieur], *LIJ 2015, n° 189, p. 1.*

TITRE PREMIER LES DROITS ET OBLIGATIONS DES USAGERS DU SERVICE PUBLIC DE L'ENSEIGNEMENT SUPÉRIEUR

CHAPITRE UNIQUE

SECTION PREMIÈRE RECRUTEMENT ET EMPLOI D'ÉTUDIANTS

Art. D. 811-1 *(Décr. n° 2017-963 du 10 mai 2017, art. 1er)* « En application des dispositions de l'article L. 811-2, les étudiants sont associés à l'accueil des nouveaux étudiants, à l'animation de la vie des établissements d'enseignement supérieur et de la vie étudiante ainsi qu'aux activités d'aide à l'insertion professionnelle. A cette fin, ils peuvent être recrutés, par contrat, par les présidents, les directeurs des établissements publics d'enseignement supérieur et les directeurs généraux des centres régionaux des œuvres universitaires et scolaires pour exercer les activités suivantes : »

1° Accueil des étudiants ;

2° Assistance et accompagnement des étudiants handicapés ;

3° Tutorat ;

4° Soutien informatique et aide à l'utilisation des nouvelles technologies ;

(Décr. n° 2017-963 du 10 mai 2017, art. 1er) « 5° Appui aux personnels des bibliothèques et des autres services ;

« 6° Animations culturelles, artistiques, scientifiques, sportives et sociales ; actions dans le domaine de la promotion de la santé et du développement durable ; »

7° Aide à l'insertion professionnelle ;

8° Promotion de l'offre de formation.

Art. D. 811-2 L'établissement assure un suivi des étudiants recrutés qui peut comporter une assistance ou une formation complémentaire. La gestion des emplois étudiants est confiée à l'un des services de l'établissement.

La commission de la formation et de la vie universitaire du conseil académique, ou l'organe en tenant lieu, débat chaque année de la politique d'emploi étudiant de l'établissement. — *[Décr. n° 2007-1915 du 26 déc. 2007, art. 2.]*

Art. D. 811-3 Les contrats sont conclus pour une période maximale de douze mois entre le 1er septembre et le 31 août. La durée effective de travail ne peut excéder 670 heures entre le 1er septembre et le 30 juin et 300 heures entre le 1er juillet et le 31 août. Ces durées maximales sont réduites au prorata de la durée du contrat sur chacune des périodes considérées.

La reconduction du contrat est expresse dans la limite maximale définie à l'article 6 *bis* de la loi n° 84-16 du 11 janvier 1984 portant dispositions statutaires relatives à la fonction publique de l'État. — *[Décr. n° 2007-1915 du 26 déc. 2007, art. 3.]*

Art. D. 811-4 Les étudiants bénéficiaires des contrats poursuivent leurs études et exercent les activités prévues au contrat, en temps partagé, selon un rythme approprié. Les modalités d'exercice des activités et d'accomplissement du volume effectif de travail, prévues au contrat, sont organisées et aménagées en fonction des exigences spécifiques de la formation suivie afin de permettre la poursuite simultanée des études et l'insertion professionnelle des étudiants. Les étudiants ne peuvent être astreints à une obligation de travail pendant leurs enseignements obligatoires et pendant leurs examens *(Décr. n° 2017-963 du 10 mai 2017, art. 2)* « , à l'exception des fonctions d'appui aux étudiants handicapés assurées par un étudiant inscrit dans la même formation ».

Toutefois, pendant les périodes de congés universitaires, le travail peut être organisé dans le cadre d'un volume horaire maximal hebdomadaire de trente-cinq heures.

(Décr. n° 2017-963 du 10 mai 2017, art. 2) « Les compétences, connaissances et aptitudes acquises par les étudiants dans le cadre des contrats conclus en application des présentes dispositions sont validées au titre de leur formation dans les conditions fixées à l'article L. 611-9. »

Art. D. 811-5 Le montant de la rémunération ne peut être inférieur au produit du montant du salaire minimum de croissance par le nombre d'heures de travail effectuées. – *[Décr. n° 2007-1915 du 26 déc. 2007, art. 5.]*

Art. D. 811-6 L'étudiant recruté en application de la présente section s'engage à respecter l'ensemble des obligations liées à son inscription dans un cycle d'études. S'il interrompt ses études, manque à l'obligation d'assiduité aux enseignements obligatoires ou ne se présente pas aux épreuves de contrôle des connaissances sans motif légitime, l'établissement peut résilier son contrat après l'avoir mis en mesure de justifier de l'existence d'un motif légitime au cours d'un entretien préalable à la décision de résiliation.

L'étudiant licencié dans ces conditions a droit à un préavis de quinze jours. La décision de licenciement est notifiée à l'intéressé par une lettre recommandée avec demande d'avis de réception. Cette lettre précise le ou les motifs du licenciement et la date à laquelle celui-ci doit intervenir compte tenu des droits à congés annuels restant à courir et de la durée du préavis. – *[Décr. n° 2007-1915 du 26 déc. 2007, art. 6.]*

Art. D. 811-7 Les offres d'emploi ainsi que la procédure et les conditions de recrutement sont rendues publiques selon des modalités définies par le chef d'établissement.

Le dossier de candidature est déposé auprès du chef d'établissement. Il comprend notamment un *curriculum vitae* et une lettre de motivation pour chaque emploi auquel il postule.

La candidature est appréciée prioritairement au regard de critères académiques et sociaux. – *[Décr. n° 2007-1915 du 26 déc. 2007, art. 7.]*

Art. D. 811-8 Les étudiants recrutés doivent être inscrits, en formation initiale, à la préparation d'un diplôme délivré au nom de l'État ou à la préparation d'un concours de recrutement dans l'une des trois fonctions publiques.

(Décr. n° 2017-963 du 10 mai 2017, art. 3) « Au cours de la même année universitaire, un étudiant peut conclure plusieurs contrats en application des présentes dispositions, avec un même établissement ou avec des établissements différents, dans la limite de la durée effective de travail fixée à l'article D. 811-3. L'établissement employant un étudiant, en application des présentes dispositions, en informe l'établissement dans lequel l'étudiant est inscrit et poursuit sa formation.

« Sous réserve des dispositions prévues au deuxième alinéa, les contrats » conclus en application du présent décret sont incompatibles avec tout autre contrat de travail conclu avec un établissement d'enseignement supérieur ou un organisme de recherche et avec le bénéfice de l'allocation de recherche ou l'exercice des fonctions de doctorant contractuel dans les conditions fixées par le décret n° 2009-464 du 23 avril 2009 relatif aux doctorants contractuels des établissements publics d'enseignement supérieur ou de recherche.

Art. D. 811-8-1 *(Décr. n° 2017-963 du 10 mai 2017, art. 4)* Dans chaque établissement, une évaluation qualitative et quantitative des contrats conclus en application de l'article D. 811-1 est établie annuellement et présentée au conseil d'administration ou à l'organe en tenant lieu.

Art. D. 811-9 Sous réserve des dispositions prévues par la présente section, les dispositions des articles 1er-1, 2, 3, 4, 10, 26, des titres X, XI et XII ainsi que de l'article 56-1 du décret n° 86-83 du 17 janvier 1986 relatif aux dispositions générales applicables aux agents contractuels de l'État pris pour l'application de l'article 7 de la loi n° 84-16 du 11 janvier 1984 portant dispositions statutaires relatives à la fonction publique de l'État sont applicables aux étudiants recrutés en application de l'article L. 811-2 du code de l'éducation. – *[Décr. n° 2007-1915 du 26 déc. 2007, art. 9.]*

SECTION II DISCIPLINE

(Décr. nº 2020-785 du 26 juin 2020, art. 3)

Art. R. 811-10 Le conseil académique, constitué en section disciplinaire conformément à l'article L. 811-5, est compétent pour prononcer des sanctions à l'égard des usagers de l'université, dans les conditions et selon la procédure prévues aux articles R. 811-11 à R. 811-42.

Art. R. 811-11 Relève du régime disciplinaire prévu aux articles R. 811-10 à R. 811-42 tout usager de l'université lorsqu'il est auteur ou complice, notamment :

1º D'une fraude ou d'une tentative de fraude commise notamment à l'occasion d'une inscription, d'une épreuve de contrôle continu, d'un examen ou d'un concours ;

2º De tout fait de nature à porter atteinte à l'ordre, au bon fonctionnement ou à la réputation de l'université.

Peuvent être également sanctionnées les fraudes ou les tentatives de fraude commises à l'occasion d'une inscription dans un établissement d'enseignement supérieur privé lorsque cette inscription ouvre l'accès à un examen de l'enseignement supérieur public ou les fraudes ou tentatives de fraude commises dans cette catégorie d'établissement à l'occasion d'un examen conduisant à l'obtention d'un diplôme national.

Art. R. 811-12 En cas de flagrant délit de fraude ou tentative de fraude aux examens ou concours, le surveillant responsable de la salle prend toutes mesures pour faire cesser la fraude ou la tentative sans interrompre la participation à l'épreuve du candidat. Il saisit les pièces ou matériels permettant d'établir ultérieurement la réalité des faits. Il dresse un procès-verbal contresigné par les autres surveillants et par l'auteur de la fraude ou de la tentative de fraude. En cas de refus de contresigner, mention en est portée au procès-verbal.

Toutefois, en cas de substitution de personne ou de troubles affectant le déroulement des épreuves, l'expulsion de la salle des examens peut être prononcée par l'autorité responsable de l'ordre et de la sécurité dans les enceintes et locaux de l'établissement.

La section disciplinaire est saisie dans les conditions prévues aux articles R. 811-25 et R. 811-26.

En cas de flagrant délit de fraude ou tentative de fraude aux examens ou concours, le jury délibère sur les résultats du candidat ayant fait l'objet du procès-verbal mentionné ci-dessus, dans les mêmes conditions que pour tout autre candidat.

Si l'examen comporte un second groupe d'épreuves, le candidat est admis à y participer si ses résultats le permettent.

Aucun certificat de réussite ni relevé de notes ne peut être délivré avant que la commission de discipline ait statué.

Il en est de même lorsque le jury décide de saisir l'une des autorités mentionnées à l'article R. 811-25 des cas de fraude présumée.

En cas de nullité de l'épreuve ou du groupe d'épreuves correspondant résultant d'une sanction prononcée en application des articles R. 811-36 ou R. 811-37, l'autorité administrative saisit le jury pour une nouvelle délibération portant sur les résultats obtenus par l'intéressé.

Art. R. 811-13 Les auteurs ou complices des faits mentionnés au 1º et au 2º de l'article R. 811-11 relèvent de la section disciplinaire de l'établissement où les faits donnant lieu à des poursuites ont été commis. Si l'établissement concerné est distinct de celui dans lequel l'usager est inscrit, ce dernier établissement est tenu informé de la procédure.

Dans les cas où les faits donnant lieu à des poursuites ont été commis dans les enceintes et locaux d'une communauté d'universités et établissements, la section disciplinaire compétente est celle de l'établissement public d'enseignement supérieur, membre de la communauté, désigné à cet effet par le conseil d'administration de la communauté. Le président ou le directeur de l'établissement ainsi désigné est compétent pour engager les poursuites dans les conditions prévues à l'article R. 811-25.

Dans les cas où les faits donnant lieu à des poursuites n'ont pas été commis dans un établissement public d'enseignement supérieur, la section disciplinaire compétente est celle de l'établissement dans lequel l'usager est inscrit au moment de l'ouverture de la procédure.

Les auteurs ou complices des faits mentionnés au dernier alinéa de l'article R. 811-11 relèvent de la section disciplinaire de l'un des établissements publics d'enseignement supérieur placés sous la tutelle du ministère chargé de l'enseignement supérieur dont le siège est situé dans le ressort de l'académie où la fraude ou la tentative de fraude a été commise. Cet établissement est désigné chaque année par le recteur de région académique.

Art. R. 811-14 La section disciplinaire du conseil académique compétente à l'égard des usagers comprend :

1° Quatre professeurs des universités ou personnels assimilés au sens du collège A du I de l'article D. 719-4 ;

2° Quatre maîtres de conférences ou personnels assimilés au sens du collège B du I du même article ;

3° Huit usagers.

Pour tenir compte de l'effectif total des usagers de l'université, et le cas échéant du nombre de sites universitaires, le nombre de membres peut être porté à six pour chacun des collèges définis aux 1° et 2° et à douze pour le collège défini au 3° ou à huit pour chacun des collèges définis aux 1° et 2° et à seize pour le collège défini au 3°. Un arrêté du ministre chargé de l'enseignement supérieur précise les modalités d'application de ces dispositions.

Le président de l'université ne peut être membre de la section disciplinaire.

Art. R. 811-15 Les membres des collèges définis aux 1° et 2° de l'article R. 811-14 sont élus au sein de la commission de la recherche et de la commission de la formation et de la vie universitaire du conseil académique par et parmi les représentants élus du collège auquel ils appartiennent.

Les membres du collège défini au 3° du même article sont élus au sein de la commission de la recherche et de la commission de la formation et de la vie universitaire du conseil académique par et parmi les représentants élus titulaires et suppléants du collège auquel ils appartiennent.

La moitié des sièges au sein de chaque collège est à pourvoir par des femmes, l'autre moitié par des hommes.

L'élection des membres de chaque sexe au sein de chaque collège a lieu au scrutin plurinominal majoritaire à deux tours ou, lorsqu'un seul siège est à pourvoir, au scrutin uninominal majoritaire à deux tours. Le vote est secret.

L'élection de chacun des membres est acquise à la majorité absolue des suffrages exprimés au premier tour, à la majorité relative au second tour. En cas d'égalité des voix, le membre le plus âgé est désigné.

Art. R. 811-16 Quand les membres élus du conseil académique appartenant aux collèges définis aux 1° et 2° de l'article R. 811-14 sont en nombre inférieur ou égal au nombre de sièges à pourvoir pour chaque sexe, ils sont d'office membres de la section disciplinaire.

Lorsque, après application des dispositions de l'alinéa précédent, l'effectif de la section disciplinaire est incomplet pour un sexe et un collège, les membres élus du conseil académique appartenant au collège correspondant complètent l'effectif de la section disciplinaire en élisant au scrutin majoritaire à deux tours les membres appelés à compléter la section parmi les personnels de ce sexe du même collège exerçant dans l'établissement.

Lorsque, pour un sexe et un collège, l'établissement ne peut pas compléter la section disciplinaire en application des dispositions précédentes, les membres élus du conseil académique appartenant au collège incomplet élisent au scrutin majoritaire à deux tours les membres appelés à compléter la section disciplinaire parmi les personnes de ce sexe élues au conseil académique d'autres établissements publics d'enseignement supérieur appartenant au collège incomplet.

Art. R. 811-17 Quand les membres titulaires et suppléants du conseil académique appartenant au collège des usagers défini au 3° de l'article R. 811-14 sont en nombre inférieur ou égal au nombre de sièges à pourvoir pour chaque sexe, ils sont d'office membres de la section disciplinaire.

Lorsque, après application des dispositions de l'alinéa précédent, l'effectif du collège des usagers de la section disciplinaire est incomplet pour un sexe, les représentants titulaires et suppléants des usagers au conseil académique élisent au scrutin majoritaire à deux tours les membres appelés à compléter la section disciplinaire parmi les usagers de ce sexe inscrits dans l'établissement.

Lorsque, après application des dispositions prévues aux alinéas précédents, l'effectif du collège des usagers de la section disciplinaire est incomplet pour un sexe, les représentants titulaires et suppléants des usagers au conseil académique élisent au scrutin majoritaire à deux tours les membres appelés à compléter la section disciplinaire parmi les représentants titulaires et suppléants des usagers de ce sexe au conseil académique d'autres établissements publics d'enseignement supérieur.

Art. R. 811-18 Le président de la section disciplinaire et deux vice-présidents sont élus par et parmi les membres de la section disciplinaire appartenant aux collèges définis aux 1° et 2° de l'article R. 811-14 au scrutin majoritaire à deux tours. Le scrutin est secret.

Il ne peut être procédé à ces élections que si la moitié au moins des membres des collèges définis aux 1° et 2° sont présents.

L'élection est acquise à la majorité absolue des suffrages exprimés au premier tour, à la majorité relative au second tour. En cas d'égalité des voix, le membre le plus âgé est désigné.

En cas d'empêchement provisoire du président de la section disciplinaire, celui-ci est remplacé par le vice-président le plus âgé.

Art. R. 811-19 Les membres élus au conseil académique sont désignés membres de la section disciplinaire pour la durée de leur mandat. Le mandat des personnes désignées en dehors du conseil académique prend fin, selon qu'elles représentent les personnels ou les usagers, à la date d'expiration des mandats des représentants de ces catégories au conseil académique. Ces membres et ces personnes demeurent en fonctions jusqu'à la désignation de leurs successeurs. Leur mandat est renouvelable.

Les personnels enseignants membres de la section disciplinaire qui perdent la qualité au titre de laquelle ils ont été désignés ou qui cessent de faire partie de la section disciplinaire pour quelque cause que ce soit sont remplacés par une personne du même sexe pour la durée du mandat restant à courir, dans les conditions prévues pour leur désignation.

Les usagers membres de la section disciplinaire qui perdent la qualité au titre de laquelle ils ont été désignés ou qui cessent de faire partie de la section disciplinaire pour quelque cause que ce soit sont remplacés par une personne du même sexe pour la durée du mandat restant à courir, dans les conditions prévues pour leur désignation.

Art. R. 811-20 Les affaires sont examinées par une commission de discipline. Le président de la section disciplinaire désigne les membres de la commission de discipline selon un rôle qu'il établit. La commission comprend huit membres, dont deux membres appartenant à chacun des collèges définis aux 1° et 2° de l'article R. 811-14 et quatre membres appartenant au collège défini au 3° du même article.

Les membres désignés au titre des collèges définis aux 1° et 2° de l'article R. 811-14 incluent le président ou l'un des vice-présidents de la section disciplinaire, qui préside la commission de discipline.

Art. R. 811-21 Les membres de la section disciplinaire qui font l'objet de poursuites disciplinaires ne peuvent siéger dans une commission de discipline. Ils sont remplacés par un membre du même collège désigné par le président de la section disciplinaire.

Les membres de la section disciplinaire qui sont auteurs des plaintes ou témoins des faits ayant donné lieu aux poursuites ne peuvent siéger dans la commission de discipline appelée à se prononcer sur les faits correspondants. Ils sont remplacés par un membre du même collège désigné par le président de la section disciplinaire.

Art. R. 811-22 Nul ne peut siéger dans une commission de discipline s'il existe une raison objective de mettre en doute son impartialité. Le membre d'une commission de discipline qui estime devoir s'abstenir est remplacé par un membre du même collège désigné par le président de la section disciplinaire.

L'usager peut récuser un membre de la commission de discipline. Si celle-ci fait droit à sa demande, le membre concerné est remplacé par un membre du même collège désigné par le président de la section disciplinaire.

Art. R. 811-23 S'il existe une raison objective de mettre en doute l'impartialité de la section disciplinaire initialement saisie dans son ensemble, ou en cas de risque avéré de trouble à l'ordre public ou au bon fonctionnement de l'établissement, l'examen des poursuites peut être attribué à la section disciplinaire d'un autre établissement.

La demande de renvoi à une autre section disciplinaire peut être adressée au recteur de région académique par l'usager poursuivi, le président de l'université ou le médiateur académique dans le délai de quinze jours à compter de la date de réception par ceux-ci du document mentionné au premier alinéa de l'article R. 811-27. Lorsqu'elle est présentée par la personne poursuivie, elle doit être adressée au recteur de région académique par tout moyen permettant de conférer date certaine. Elle doit, à peine d'irrecevabilité, indiquer avec précision les motifs du renvoi et être accompagnée de tous les éléments utiles permettant de le justifier.

A la réception de la demande de renvoi, le recteur de région académique en informe le président de la section disciplinaire initialement saisie. Il se prononce, dans un délai de deux mois, sur la demande de renvoi. Sa décision est immédiatement notifiée au demandeur par tout moyen permettant de conférer date certaine. Elle est également notifiée au président de la section disciplinaire initialement saisie et, le cas échéant, à la personne poursuivie.

Le recteur de région académique peut également, sans être saisi d'une demande, prendre une décision de renvoi dans un délai de quinze jours suivant la réception du document mentionné au premier alinéa de l'article R. 811-27. Sa décision est notifiée dans les conditions fixées au précédent alinéa.

Art. R. 811-24 La section disciplinaire est assistée d'un secrétaire mis à sa disposition par le président de l'université.

Art. R. 811-25 Les poursuites sont engagées devant la section disciplinaire par le président de l'université dans les cas prévus aux 1° et 2° de l'article R. 811-11. Elles peuvent également être engagées par le recteur de région académique, à son initiative ou sur saisine de toute personne s'estimant lésée par des faits imputés à l'usager.

Art. R. 811-26 La section disciplinaire est saisie par une lettre adressée à son président. Ce document mentionne le nom, l'adresse et la qualité de la personne faisant l'objet des poursuites ainsi que les faits qui lui sont reprochés. Il est accompagné de toutes pièces justificatives.

Art. R. 811-27 Dès réception du document mentionné à l'article R. 811-26 et des pièces jointes, le président de la section disciplinaire en transmet copie, par tout moyen permettant de conférer date certaine, à la personne poursuivie ainsi que, s'il s'agit d'un mineur, aux personnes qui exercent à son égard l'autorité parentale ou la tutelle. Il en transmet une copie au président de l'université, au recteur de région académique et au médiateur académique.

La lettre mentionnée au premier alinéa indique à l'usager poursuivi le délai dont il dispose pour présenter des observations écrites. Elle lui précise qu'il peut se faire assister ou représenter par un conseil de son choix, qu'il peut demander à être entendu par les rapporteurs chargés de l'instruction de l'affaire et qu'il peut prendre connaissance du dossier pendant le déroulement de cette instruction.

Art. R. 811-28 Le président de la section disciplinaire désigne pour chaque affaire, au sein de la commission de discipline, un rapporteur, membre d'un des collèges définis aux 1° et 2° de l'article R. 811-14, et un rapporteur adjoint, membre du collège défini au 3° du même article.

Le président de la commission de discipline désigné en application de l'article R. 811-20 ne peut être rapporteur de l'affaire.

Art. R. 811-29 Les rapporteurs instruisent l'affaire, pendant un délai qui ne peut excéder deux mois, par tous les moyens qu'ils jugent propres à les éclairer. Ils recueillent les observations écrites de l'intéressé, qu'ils peuvent convoquer. Ils l'entendent sur sa demande. Ils peuvent procéder à toutes les autres auditions et consultations qu'ils estiment utiles. Toute personne ayant la qualité de témoin et qui s'estime lésée par les agissements de l'usager poursuivi peut se faire assister de la personne de son choix. En l'absence du rapporteur adjoint, le rapporteur peut procéder seul à l'ensemble de ces actes d'instruction.

Le rapport d'instruction comporte l'exposé des faits ainsi que les observations présentées, le cas échéant, par le président de l'université et par la personne poursuivie. Il est transmis au président de la commission de discipline, qui peut demander aux rapporteurs de poursuivre l'instruction s'il estime que l'affaire n'est pas en état d'être examinée par la commission de discipline, notamment en raison d'éléments nouveaux portés à la connaissance de la section disciplinaire.

Le rapport d'instruction et les pièces du dossier sont tenus à la disposition de la personne poursuivie et du président de l'université, de leur conseil et des membres de la commission de discipline pendant la période d'au moins dix jours prévue au premier alinéa de l'article R. 811-31.

Lorsque la poursuite concerne un étudiant en médecine, en odontologie ou en pharmacie dans le cadre de sa participation à l'activité hospitalière dans les conditions déterminées par les articles R. 6153-1 à R. 6153-91-1 du code de la santé publique, les rapporteurs invitent le chef du pôle ou, à défaut, le responsable du service, de l'unité fonctionnelle ou de toute autre structure interne à faire connaître ses observations. Sont également invités à faire connaître leurs observations le directeur de l'établissement public de santé dans lequel l'intéressé est affecté et, le cas échéant, le directeur de l'établissement public de santé où les faits se sont produits ou, à défaut, le responsable de l'entité de stage.

Art. R. 811-30 Le président de la commission de discipline fixe la date de la séance d'examen de l'affaire et convoque les membres de la commission.

Art. R. 811-31 Le président de la commission de discipline convoque la personne poursuivie devant la commission de discipline par tout moyen permettant de conférer date certaine, quinze jours au moins avant la date de la séance. Cette convocation mentionne le droit, pour l'intéressé ou son conseil, de consulter le rapport d'instruction et des pièces du dossier pendant une période débutant au moins dix jours avant la date de la séance. La convocation mentionne également le droit, pour l'usager, de présenter des observations orales pendant la séance, le cas échéant par le conseil de son choix.

En l'absence de la personne poursuivie dûment convoquée, la commission de discipline peut décider soit de siéger si l'intéressé n'a pas fourni de motifs justifiant son absence, soit de renvoyer l'examen de l'affaire à une date ultérieure.

Pour tenir compte de l'éloignement géographique ou de contraintes professionnelles ou médicales, et à la demande de la personne poursuivie, des moyens de conférence audiovisuelle peuvent être mis en place avec l'accord du président de la commission de discipline. Les moyens de conférence audiovisuelle doivent respecter un niveau suffisant de sécurité et de confidentialité.

Art. R. 811-32 Les séances d'instruction et d'examen de l'affaire ne sont pas publiques.

La commission de discipline ne peut valablement délibérer que si la moitié au moins de ses membres sont présents.

La commission de discipline ne peut comprendre un nombre de représentants des usagers supérieur à celui des représentants des enseignants. Le cas échéant, les représentants des usagers admis à siéger sont désignés par le président de la commission après un tirage au sort.

Art. R. 811-33 Au jour fixé pour la séance d'examen de l'affaire, le rapporteur ou, en cas d'absence de celui-ci, un membre de la commission de discipline désigné par son président parmi les enseignants donne lecture du rapport. L'intéressé ou, le cas échéant, son conseil peuvent ensuite présenter des observations.

Si le président de la commission de discipline estime nécessaire d'entendre des témoins, cette audition a lieu en présence de l'intéressé et, le cas échéant, de son conseil. Toute personne ayant la qualité de témoin et qui s'estime lésée par les agissements de l'usager poursuivi peut demander à être entendue, assistée le cas échéant de la personne de son choix.

Peuvent également être entendues à leur demande les personnes qui ont engagé les poursuites en application de l'article R. 811-25, ou leurs représentants.

La personne poursuivie a la parole en dernier.

Après la levée de la séance, la décision de sanction est prise par les membres de la commission de discipline ayant assisté à la totalité de la séance, en présence du secrétaire.

Art. R. 811-34 Les membres de la commission de discipline et le secrétaire sont tenus de respecter le secret sur l'ensemble des opérations d'instruction et sur les débats relatifs à l'affaire examinée.

Art. R. 811-35 Il est tenu procès-verbal des séances d'examen de l'affaire. Le procès-verbal ne doit pas faire mention des opinions exprimées pendant les débats.

Art. R. 811-36 I. — Les sanctions disciplinaires applicables aux usagers des établissements publics d'enseignement supérieur sont, sous réserve des dispositions de l'article R. 811-37 :

1° L'avertissement ;

2° Le blâme ;

3° La mesure de responsabilisation définie au II ;

4° L'exclusion de l'établissement pour une durée maximum de cinq ans. Cette sanction peut être prononcée avec sursis si l'exclusion n'excède pas deux ans ;

5° L'exclusion définitive de l'établissement ;

6° L'exclusion de tout établissement public d'enseignement supérieur pour une durée maximum de cinq ans ;

7° L'exclusion définitive de tout établissement public d'enseignement supérieur.

Toute sanction prévue au présent article et prononcée dans le cas d'une fraude ou d'une tentative de fraude commise à l'occasion d'une inscription entraîne la nullité de l'inscription.

Toute sanction prévue au présent article et prononcée dans le cas d'une fraude ou d'une tentative de fraude commise à l'occasion d'une épreuve de contrôle continu, d'un examen ou d'un concours entraîne, pour l'intéressé, la nullité de l'épreuve correspondante. L'intéressé est réputé avoir été présent à l'épreuve sans l'avoir subie. La commission de discipline décide s'il y a lieu de prononcer, en outre, à l'égard de l'intéressé la nullité du groupe d'épreuves ou de la session d'examen ou du concours.

Les sanctions prévues au 4° du présent article sans être assorties du sursis ainsi qu'aux 5°, 6° et 7° entraînent en outre l'interdiction de prendre toute inscription dans le ou les établissements publics dispensant des formations post-baccalauréat, de subir des examens sanctionnant ces formations ainsi que de subir tout examen conduisant à un diplôme national.

Les sanctions disciplinaires sont inscrites au dossier de l'intéressé. Celles prévues aux 1° à 3° sont effacées, au terme d'un délai de trois ans, du dossier si aucune autre sanction n'est prononcée pendant cette période.

II. — La mesure de responsabilisation prévue au 3° du I consiste à participer bénévolement, en dehors des heures d'enseignement, à des activités de solidarité, culturelles ou de formation à des fins éducatives. Sa durée ne peut excéder quarante heures. La mesure de responsabilisation doit respecter la dignité de l'usager, ne pas l'exposer à un danger pour sa santé et demeurer en adéquation avec ses capacités. Elle peut être exécutée au sein de l'établissement, d'une association, d'une collectivité territoriale, d'un groupement rassemblant des personnes publiques ou d'une administration de l'État. Un arrêté du ministre chargé de l'enseignement supérieur fixe les clauses types de la convention conclue entre l'établissement et la structure susceptible d'accueillir des usagers dans le cadre de mesures de responsabilisation.

L'accord de l'usager et, lorsqu'il est mineur, celui de son représentant légal sont recueillis en cas d'exécution de la mesure de responsabilisation à l'extérieur de l'établissement. Un exemplaire de la convention mentionnée au précédent alinéa est remis à l'usager ou à son représentant légal.

La mise en place d'une mesure de responsabilisation est subordonnée à la signature, par l'usager, d'un engagement à la réaliser.

La commission de discipline détermine la sanction applicable en cas de refus de signer l'engagement prévu ci-dessus ou en cas d'inexécution de la mesure de responsabilisation.

III. – La commission de discipline peut, lorsqu'elle envisage de prononcer une sanction d'exclusion, proposer à l'usager une mesure alternative consistant à participer bénévolement, en dehors des heures d'enseignement, à des activités de solidarité, culturelles ou de formation à des fins éducatives, d'une durée maximale de quarante heures, dans les mêmes conditions que celles prévues au II. Si l'usager accepte et respecte l'engagement écrit mentionné à l'avant-dernier alinéa du II, seule cette mesure alternative est inscrite dans son dossier et elle est effacée au bout de trois ans.

Art. R. 811-37 Les sanctions disciplinaires applicables aux usagers dans les cas mentionnés au dernier alinéa de l'article R. 811-11 sont :

1° Le blâme ;

2° L'interdiction de subir tout examen conduisant à l'obtention d'un titre ou diplôme délivré par un établissement public dispensant des formations post-baccalauréat ou tout examen conduisant à un diplôme national pour une durée maximum de cinq ans. Cette sanction peut être prononcée avec sursis si l'interdiction n'excède pas deux ans ;

3° L'interdiction de prendre toute inscription dans un établissement public dispensant des formations post-baccalauréat pour une durée maximum de cinq ans ;

4° L'interdiction définitive de prendre toute inscription dans un établissement public dispensant des formations post-baccalauréat et de passer tout examen conduisant à un titre ou diplôme délivré par un établissement public dispensant des formations post-baccalauréat ou tout examen conduisant à un diplôme national.

Les dispositions des neuvième et dixième alinéas du I de l'article R. 811-36 sont applicables aux sanctions prévues par le présent article.

Art. R. 811-38 Si plusieurs sanctions sont proposées au cours des débats suivant la séance de la commission, la plus forte est mise aux voix la première.

Toutes les décisions sont prises au scrutin secret à la majorité des présents.

Si aucune sanction ne recueille la majorité des voix, la poursuite est considérée comme rejetée.

Lorsque la sanction décidée est susceptible de rendre applicable une précédente sanction assortie du sursis, la commission de discipline se prononce sur la révocation ou non du sursis et, le cas échéant, sur le caractère partiel ou total de cette révocation. En cas de révocation, elle se prononce sur la confusion ou non des sanctions.

Art. R. 811-39 La décision doit être motivée. Elle est signée par le président de la séance et par le secrétaire. La sanction prend effet à compter du jour de sa notification.

La décision est affichée à l'intérieur de l'établissement. La commission de discipline peut décider que cet affichage ne comprendra pas l'identité de la personne sanctionnée.

Elle est notifiée par le président de la section disciplinaire, par tout moyen permettant de conférer date certaine, à la personne poursuivie. S'il s'agit d'un mineur, elle est en outre adressée, dans la même forme, aux personnes qui exercent à son égard l'autorité parentale ou la tutelle. La décision de sanction est également adressée au président de l'université et au recteur de région académique.

La notification mentionne les voies et délais de recours contentieux.

Art. R. 811-40 Dans les cas mentionnés au 1° de l'article R. 811-11, le président de l'université peut proposer une sanction à l'usager qui reconnaît les faits.

A cette fin, il convoque l'usager auquel les faits sont reprochés par tout moyen permettant de conférer date certaine, au moins huit jours avant la date fixée dans la convocation. Le courrier de convocation mentionne les faits reprochés, rappelle à l'usager la procédure applicable ainsi que les sanctions maximales encourues et lui indique qu'il peut revenir sur la reconnaissance des faits et refuser la proposition de sanction. Il précise à l'usager qu'il peut se faire assister d'un conseil de son choix.

Le président de l'université ou son représentant entend l'usager et, le cas échéant, son conseil, en présence d'un membre du collège défini au 3° de l'article R. 811-14 désigné par le président de la section disciplinaire. L'absence de ce membre dûment convoqué n'empêche pas la tenue régulière de l'entretien. Ce membre ne pourra être désigné à la commission de discipline appelée à se prononcer sur la proposition du président de l'université. Si l'usager reconnaît les faits, le président de l'université peut lui proposer l'une des sanctions prévues aux 1° à 4° du I de l'article R. 811-36. S'il s'agit d'une sanction prévue au 4°, sa durée ne peut excéder un an.

Le président de l'université informe l'usager qu'il dispose d'un délai de quinze jours pour faire connaître s'il accepte ou refuse cette proposition.

Si l'usager accepte la proposition, le président de l'université saisit le président de la section disciplinaire en vue de la réunion de la commission de discipline appelée à se prononcer sur la proposition de sanction. Les dispositions des articles R. 811-30 à R. 811-32 et des articles R. 811-34 et R. 811-35 ainsi que celles du deuxième alinéa de l'article R. 811-38 sont alors applicables.

Si la commission de discipline adopte la proposition, la sanction prévue est notifiée dans les conditions prévues à l'article R. 811-39.

Si l'usager n'a pas répondu, au terme du délai prévu au quatrième alinéa, à la proposition de sanction qui lui est faite par le président de l'université, s'il la refuse ou si la commission de discipline rejette cette proposition de sanction, le président d'université engage les poursuites devant la section disciplinaire dans les conditions prévues aux articles R. 811-25 et suivants.

Art. R. 811-41 Lorsqu'une sanction prévue aux articles R. 811-36 ou R. 811-37 est prononcée en raison d'une fraude ou tentative de fraude après l'inscription, la délivrance du diplôme ou l'admission à l'examen ou au concours, l'autorité administrative compétente retire, en conséquence de la nullité devenue définitive en résultant, l'inscription, le diplôme ou l'admission à l'examen ou au concours et saisit, le cas échéant, le jury pour une nouvelle délibération portant sur les résultats obtenus par l'intéressé.

L'inscription prise dans le cadre des examens annulés s'impute sur le nombre des inscriptions pédagogiques autorisées dans la réglementation du diplôme.

Aucun des titres acquis pendant la durée des exclusions ou des interdictions prévues aux articles R. 811-36 et R. 811-37 ne peut être pris en considération en vue de dispense partielle ou totale des enseignements ou épreuves nécessaires à l'obtention des diplômes délivrés par un établissement public d'enseignement supérieur.

Art. R. 811-42 Il peut être institué une section disciplinaire commune à plusieurs établissements, par délibération des établissements concernés. Les membres de cette section sont considérés, pour l'application de la présente section, comme appartenant à un même établissement. Toutefois, chacun des présidents ou directeurs des établissements concernés exerce le pouvoir prévu à l'article R. 811-25 et peut introduire un recours contentieux contre les décisions prononcées à l'encontre des usagers relevant de son établissement. Ces établissements sont considérés comme établissements distincts pour l'application des sanctions.

TITRE DEUXIÈME LES AIDES AUX ÉTUDIANTS ET LES ŒUVRES UNIVERSITAIRES

CHAPITRE PREMIER LES AIDES AUX ÉTUDIANTS

SECTION PREMIÈRE BOURSES D'ENSEIGNEMENT SUPÉRIEUR

Art. D. 821-1 Les bourses d'enseignement supérieur sur critères sociaux et les aides au mérite sont attribuées aux étudiants selon des conditions d'études, d'âge, de diplôme, de nationalité, de ressources ou de mérite fixées par le ministre chargé de l'enseignement supérieur.

Si l'étudiant ne remplit pas les conditions générales de scolarité et d'assiduité auxquelles est subordonné son droit à la bourse, il est tenu au reversement des sommes indûment perçues. – *[Décr. n° 2008-974 du 18 sept. 2008, art. 1er ; Décr. du 9 janv. 1925, art. 15 ; Décr. n° 51-445 du 16 avr. 1951, art. 2.]*

Art. R. 821-2 Les bourses et les aides mentionnées à l'article D. 821-1 sont attribuées aux étudiants par le recteur *(Décr. n° 2019-1554 du 30 déc. 2019, art. 1er)* « de région académique ».

Art. D. 821-3 Le ministre chargé de l'enseignement supérieur peut créer des aides financières à la mobilité internationale qui font l'objet de décisions individuelles d'attribution prises par le président d'université ou le directeur d'établissement public d'enseignement supérieur.

Les critères d'attribution de ces aides ainsi que les modalités de leur paiement sont définis par le ministre chargé de l'enseignement supérieur. – *[Décr. n° 2008-974 du 18 sept. 2008, art. 2.]*

Art. D. 821-4 Le ministre chargé de l'enseignement supérieur détermine les conditions dans lesquelles une aide d'urgence peut être allouée aux étudiants par les directeurs des centres régionaux des œuvres universitaires et scolaires. – *[Décr. n° 2008-974 du 18 sept. 2008, art. 3.]*

Art. R. 821-5 Les étudiants des classes postbaccalauréat des établissements d'enseignement privés sous contrat d'association avec l'État peuvent recevoir des bourses d'enseignement supérieur dans les mêmes conditions que les étudiants des classes postbaccalauréat des établissements d'enseignement publics. – *[Décr. n° 60-389 du 22 avr. 1960, art. 4.]*

SECTION II BOURSES DE SERVICE PUBLIC ACCORDÉES AUX ÉTUDIANTS BÉNÉFICIANT D'UN EMPLOI D'AVENIR PROFESSEUR

Art. D. 821-6 Une bourse de service public est attribuée aux étudiants bénéficiant d'un emploi d'avenir professeur.

Le taux de la bourse est fixé par arrêté du ministre de l'éducation nationale et du ministre chargé du budget. – *[Décr. n° 2013-51 du 15 janv. 2013, art. 1er.]*

Art. D. 821-7 Les bourses de service public sont attribuées par le *(Décr. n° 2019-1558 du 30 déc. 2019, art. 9)* « recteur de région académique » pour la durée du contrat de travail associé à l'emploi d'avenir professeur, prévue au II de l'article L. 5134-125 du code du travail.

Lorsque l'étudiant bénéficiaire d'un emploi d'avenir professeur est affecté dans un établissement relevant de l'enseignement agricole, la bourse de service public est attribuée par le directeur régional de l'agriculture, de l'alimentation et de la forêt.

Art. D. 821-8 Le bénéficiaire d'une bourse de service public s'engage à suivre la formation dans un établissement d'enseignement supérieur sur la base de laquelle il s'est vu attribuer un contrat de travail associé à un emploi d'avenir professeur.

Lorsqu'il remplit la condition de diplôme requise pour faire acte de candidature, le bénéficiaire s'engage à s'inscrire à un concours de recrutement d'enseignants du premier ou du second degré et à se présenter à la totalité des épreuves d'admissibilité de ce concours. – *[Décr. n° 2013-51 du 15 janv. 2013, art. 3.]*

Art. D. 821-9 Le bénéfice de la bourse de service public est interrompu :

1° En cas de rupture anticipée du contrat de travail par l'une des parties ;

2° En cas de non-respect des obligations prévues à l'article D. 821-8.

Lorsque le versement de la bourse de service public est interrompu avant le terme normal du contrat de travail, le recteur *(Décr. n° 2019-1558 du 30 déc. 2019, art. 8)* « de région académique » peut en outre ordonner le reversement total ou partiel des sommes perçues depuis la date d'effet du contrat annuel. Au préalable, il en informe le bénéficiaire et l'invite à présenter ses observations.

SECTION III BOURSES ET AIDES ATTRIBUÉES AUX ÉTUDIANTS DES ÉTABLISSEMENTS D'ENSEIGNEMENT SUPÉRIEUR RELEVANT DU MINISTÈRE DE LA CULTURE

Art. D. 821-10 Des bourses d'enseignement supérieur sur critères sociaux et des aides spécifiques peuvent être accordées aux étudiants des établissements d'enseignement supérieur relevant en tout ou partie du livre VII du code de l'éducation et placés sous la tutelle ou le contrôle pédagogique du ministère chargé de la culture. – *[Décr. n° 2009-337 du 26 mars 2009, art. 1er.]*

Art. D. 821-11 Les bourses sur critères sociaux sont attribuées aux étudiants qui remplissent les conditions d'études, d'âge, de résidence et de nationalité fixées par arrêté du ministre chargé de la culture.

(Décr. n° 2017-718 du 2 mai 2017, art. 2) « Les taux des bourses ainsi que les plafonds de ressources relatifs à l'attribution des bourses d'enseignement supérieur du ministère chargé de l'enseignement supérieur, fixés annuellement par un arrêté conjoint du ministre chargé de l'éducation nationale et du ministre chargé du budget, sont applicables aux étudiants des établissements d'enseignement supérieur relevant du ministère de la culture. »

Les bénéficiaires d'une bourse sur critères sociaux peuvent se voir allouer une aide supplémentaire selon les conditions de mérite fixées par arrêté du ministre chargé de la culture.

Art. D. 821-12 Des allocations d'études spécialisées sont instituées par un arrêté du ministre chargé de la culture qui en fixe le montant ainsi que les conditions d'études, d'âge, de diplôme, de résidence et de nationalité.

Ces aides ne sont pas cumulables avec les bourses sur critères sociaux. – *[Décr. n° 2009-337 du 26 mars 2009, art. 3.]*

Art. D. 821-13 Le ministre chargé de la culture détermine par arrêté les conditions dans lesquelles peuvent également être allouées :

1° Des aides financières à la mobilité nationale et internationale ;

2° Une aide d'urgence aux étudiants en difficulté. – *[Décr. n° 2009-337 du 26 mars 2009, art. 4.]*

Art. R. 821-14 Il est statué sur les demandes de bourses sur critères sociaux et d'aides au mérite par décision des directeurs des centres régionaux des œuvres universitaires et scolaires.

Il est statué sur les demandes d'aides spécifiques des étudiants inscrits dans les établissements publics de l'État autres que la Villa Arson, l'École nationale supérieure de la photographie et les Écoles nationales supérieures d'art de Bourges, de Cergy, de Dijon, de Limoges-Aubusson et de Nancy par décision des directeurs de ces établissements. La décision sur les autres demandes d'aides spécifiques est prise par le préfet de région après consultation du directeur de l'établissement d'enseignement. – *[Décr. n° 2009-337 du 26 mars 2009, art. 5, al. 1er et 2.]*

Art. D. 821-15 Les dispositions de l'article R. 821-14 s'appliquent aux demandes de maintien des bourses et des aides fondées sur l'article 3 de l'accord européen n° 69 du 12 décembre 1969 sur le maintien du paiement des bourses aux étudiants poursuivant leurs études à l'étranger.

Un arrêté du ministre chargé de la culture fixe la procédure d'attribution et de paiement des bourses et des aides. Une convention entre le ministre chargé de la culture et le Centre national des œuvres universitaires et scolaires mandate les centres régionaux des œuvres universitaires et scolaires pour assurer l'instruction des demandes de bourses sur critères sociaux et d'aides au mérite ainsi que leur mise en paiement. – *[Décr. n° 2009-337 du 26 mars 2009, art. 5, al. 3 et 4.]*

CHAPITRE II LES ŒUVRES UNIVERSITAIRES

SECTION PREMIÈRE LE RÉSEAU DES ŒUVRES UNIVERSITAIRES

(Décr. n° 2016-1042 du 29 juill. 2016, art. 1er)

Art. R. 822-1 Le réseau des œuvres universitaires, mentionné à l'article L. 822-1, est constitué du Centre national des œuvres universitaires et scolaires et des centres régionaux des œuvres universitaires et scolaires, définis aux articles L. 822-2 et L. 822-3.

Le réseau des œuvres universitaires participe au service public de l'enseignement supérieur et contribue à la mise en œuvre de la politique nationale de vie étudiante définie par le ministre chargé de l'enseignement supérieur.

Il a pour missions :

1° De favoriser l'amélioration des conditions de vie étudiante par ses interventions dans les domaines, notamment de l'accompagnement social des études et de leur financement, de la restauration, du logement, de la santé, de la mobilité, de l'action culturelle, des pratiques sportives et du soutien aux initiatives des étudiants ;

2° D'apporter son concours aux politiques de vie étudiante, conduites par les regroupements territoriaux d'établissements, tels que définis à l'article L. 718-3, et par les organismes de formation reconnus par l'État ou les collectivités territoriales ;

3° De favoriser l'animation des lieux de vie et d'études des étudiants et leur bonne insertion dans l'environnement territorial de leur implantation ;

4° D'effectuer ou de faire effectuer des études sur la vie étudiante au niveau national et territorial ;

5° De susciter et seconder les initiatives et l'action des organismes qui poursuivent un but analogue ou complémentaire.

Art. R. 822-2 Relèvent des interventions du réseau des œuvres universitaires :

(Décr. nº 2018-896 du 17 oct. 2018, art. 1er) « 1° Les étudiants ou élèves en formation initiale ou continue inscrits dans les établissements d'enseignement supérieur, les écoles techniques supérieures, les grandes écoles et les classes des établissements du second degré préparatoires à ces écoles ou dans lesquelles est dispensé un enseignement postbaccalauréat, qui relèvent des catégories d'établissements d'enseignement supérieur mentionnées par l'arrêté prévu au 1° du I de l'article L. 351-14-1 du code de la sécurité sociale, la carte d'étudiant délivrée par les établissements faisant foi ; »

2° Les titulaires d'une carte d'étudiants des métiers telle que définie à l'article L. 6222-36-1 du code du travail ;

3° Les personnes accomplissant un service civique tel que prévu à l'article L. 120-1 du code du service national ;

4° L'ensemble des usagers et personnels membres de la communauté universitaire telle que définie à l'article L. 111-5 du code de l'éducation ;

5° A titre secondaire, d'autres catégories de personnes déterminées par le conseil d'administration des centres régionaux, après avis du centre national. L'admission au bénéfice des prestations du centre régional est faite dans la limite des capacités d'accueil des services assurant les prestations et en tenant compte des coûts réels de fonctionnement de ces services.

SECTION II LE CENTRE NATIONAL DES ŒUVRES UNIVERSITAIRES ET SCOLAIRES

(Décr. nº 2016-1042 du 29 juill. 2016, art. 1er)

Art. R. 822-3 Le Centre national des œuvres universitaires et scolaires est l'établissement public administratif qui, dans le cadre de la mise en œuvre de la politique nationale de vie étudiante, conduit, anime et coordonne le réseau des œuvres universitaires en vue d'assurer la cohésion de celui-ci. Il assure la meilleure répartition des moyens matériels, budgétaires et humains en veillant à l'efficience de leur emploi. Il est placé sous la tutelle du ministre chargé de l'enseignement supérieur.

Il fait au ministre chargé de l'enseignement supérieur toute proposition sur l'organisation et l'adaptation territoriale.

Le centre national est chargé :

1° D'apporter son appui aux centres régionaux des œuvres universitaires et scolaires dans la définition des orientations stratégiques de développement et de diversification des œuvres universitaires ;

2° D'apporter son expertise dans les domaines technique, juridique et financier, en favorisant l'échange d'expériences et les mutualisations entre les centres régionaux ;

3° De veiller à une allocation des ressources budgétaires et financières aux centres régionaux au regard notamment de la trésorerie de chaque établissement du réseau ;

4° De contrôler la gestion des centres régionaux des œuvres universitaires et scolaires et d'établir un dialogue de gestion avec chaque centre régional, auquel il fixe des objectifs pluriannuels de performance en lien avec le ministère de tutelle ;

5° D'analyser les plans d'investissement des centres régionaux et leurs conventions immobilières à caractère financier ;

6° D'assurer le respect du plafond d'emplois du réseau des œuvres, de fixer l'autorisation d'emplois de chaque centre régional et d'analyser les schémas d'emplois des centres régionaux. Il définit les orientations de la politique de gestion des ressources humaines, élabore et met en œuvre les dispositions réglementaires applicables aux personnels ouvriers. Il organise le dialogue social dans le cadre des instances consultatives nationales et favorise son développement au niveau régional. Il évalue les dispositions en matière d'action sociale pour les personnels. Il élabore et met en œuvre un plan national de formation des personnels du réseau des œuvres universitaires ;

7° D'encourager la création de services de nature à satisfaire les besoins des étudiants, dont la gestion est assurée par les centres régionaux des œuvres universitaires et scolaires ;

8° De promouvoir aux plans européen et international les coopérations avec d'autres structures en charge de la vie étudiante ainsi que les mobilités des étudiants.

Dans le cadre de l'exercice de ses missions, le centre national peut, dans les conditions prévues par le code des marchés publics, constituer une centrale d'achats chargée de passer des marchés publics, conclure des accords-cadres ou acquérir des fournitures ou services pour le compte des centres régionaux, des établissements d'enseignement supérieur, des organismes de recherche et des autres organismes publics accueillant des publics pouvant bénéficier des prestations et services fournis par le réseau tel que défini à l'article R. 822-1.

Art. R. 822-4 Le centre national est dirigé par un président nommé par décret du Président de la République pour une période de trois ans *(Decr. n° 2019-254 du 27 mars 2019, art. 4)* « renouvelable une fois ».

Le président du centre national préside le conseil d'administration. Le conseil d'administration comprend en outre :

a) En qualité de représentants de l'État :

1° Quatre membres titulaires et quatre suppléants désignés par le ministre chargé de l'enseignement supérieur, dont le directeur chargé de l'enseignement supérieur, vice-président ;

2° Un membre titulaire et un suppléant désignés par le ministre chargé du budget ;

3° Un membre titulaire et un suppléant désignés par le ministre chargé du logement ;

4° Un membre titulaire et un suppléant désignés par le ministre chargé de la culture ;

5° Un membre titulaire et un suppléant désignés par le ministre des affaires étrangères ;

b) Huit membres titulaires et huit suppléants, élus, représentant les étudiants ;

c) Trois membres titulaires et trois suppléants représentant les personnels du centre national et des centres régionaux désignés par le ministre chargé de l'enseignement supérieur, sur proposition des organisations syndicales représentatives au plan national, à raison de deux titulaires et de deux suppléants choisis parmi les personnels ouvriers, et d'un titulaire et d'un suppléant choisis parmi les personnels administratifs ;

d) Trois membres titulaires et trois suppléants désignés par le ministre chargé de l'enseignement supérieur parmi les présidents ou directeurs d'établissements d'enseignement supérieur publics ou privés ;

e) Deux personnalités désignées par le ministre chargé de l'enseignement supérieur en considération des activités qu'elles exercent dans les domaines de l'éducation et de la culture comme de l'intérêt qu'elles portent aux activités et à la vie des étudiants ;

Ces personnalités sont choisies dans les quinze jours qui suivent la proclamation des résultats des élections prévues à l'article R. 822-4 sur une liste présentée par les étudiants siégeant au conseil d'administration du centre national. Chaque représentant étudiant titulaire propose deux noms, l'un d'un homme, l'autre d'une femme. A défaut de présentation de cette liste dans le délai mentionné, le ministre peut désigner en dehors de cette liste des personnalités de son choix ;

f) Un député et un sénateur ;

g) Un membre titulaire et un membre suppléant désignés par l'Association des maires de France et un membre titulaire et un membre suppléant désignés par l'Association des régions de France.

L'agent comptable du centre national ainsi que le contrôleur budgétaire auprès du ministre en charge de l'enseignement supérieur assistent aux réunions du conseil d'administration avec voix consultative.

Deux directeurs généraux de centre régional, désignés par le président du centre national, assistent aux réunions du conseil d'administration avec voix consultatives.

Art. R. 822-5 Les élections des représentants des étudiants au conseil d'administration du centre national sont organisées sous la responsabilité de son président.

Elles ont lieu *(Décr. n° 2021-90 du 29 janv. 2021, art. 1er)* « soit par vote électronique dans les conditions définies » *(Décr. n° 2021-458 du 15 avr. 2021, art. 23)* « par le décret n° 2021-458 du 15 avril 2021 relatif aux élections des représentants des étudiants au conseil d'administration du Centre national des œuvres universitaires et scolaires » par correspondance, au scrutin de liste à la représentation proportionnelle à la plus forte moyenne, sans panachage ni vote préférentiel. Sont électeurs et éligibles les représentants titulaires des étudiants désignés pour siéger aux conseils d'administration des centres régionaux.

Chaque liste de candidatures doit être composée alternativement d'un candidat de chaque sexe. Elle doit comporter un nombre de candidats au moins égal au nombre de sièges à pourvoir et au plus au double de celui-ci. Pour chaque liste, il est procédé dans la limite du nombre de sièges obtenus par celle-ci à la nomination des titulaires et à la nomination d'un nombre égal de suppléants, dans l'ordre de présentation des candidats de la liste. Si plusieurs listes ont la même moyenne pour l'attribution du dernier siège, celui-ci revient à la liste qui a obtenu le plus grand nombre de suffrages. En cas d'égalité de suffrages, le siège est attribué au plus jeune des candidats susceptibles d'être proclamés élus.

Les élections ont lieu dans les deux mois qui suivent le dernier arrêté pris par un recteur *(Décr. n° 2019-1554 du 30 déc. 2019, art. 1er)* « de région académique » pour proclamer les résultats des élections des représentants des étudiants au conseil d'administration des centres régionaux.

Art. R. 822-6 Pour suivre les activités du centre dans l'intervalle de ses réunions, le conseil d'administration désigne en son sein une section permanente composée du président et de cinq membres, dont deux choisis parmi les représentants des étudiants et un parmi les représentants des personnels.

Le conseil d'administration peut également constituer auprès de lui les commissions consultatives qu'il juge utiles à l'étude des questions relevant de sa compétence. Il fixe les missions et la composition de ces commissions ainsi que les délais dans lesquels leurs travaux devront lui être soumis.

Art. R. 822-7 Le président est assisté par un directeur général délégué nommé par arrêté du ministre chargé de l'enseignement supérieur, sur proposition du président, dans les conditions fixées par le décret n° 2005-1312 du 21 octobre 2005 relatif aux conditions de nomination et d'avancement dans les emplois de directeur adjoint et de secrétaire général de certains établissements publics nationaux à caractère administratif.

Il peut déléguer sa signature au directeur général délégué et aux autres agents de catégorie A de l'établissement.

Art. R. 822-8 L'agent comptable du centre national anime le réseau des agents comptables des centres régionaux. Il est garant de la qualité comptable et à ce titre participe au pilotage du dispositif de contrôle interne comptable dans le réseau des œuvres universitaires.

SECTION III LES CENTRES RÉGIONAUX DES ŒUVRES UNIVERSITAIRES ET SCOLAIRES

(Décr. n° 2016-1042 du 29 juill. 2016, art. 1er)

Art. R. 822-9 Les centres régionaux sont des établissements publics à caractère administratif chargés de remplir une mission de service public à l'égard de leurs publics bénéficiaires mentionnés à l'article R. 822-2.

Ces centres sont placés sous la tutelle du ministre chargé de l'enseignement supérieur dans le cadre d'un pilotage national assuré par le Centre national des œuvres universitaires et scolaires. *(Décr. n° 2016-1354 du 11 oct. 2016, art. 1er)* « Ils fonctionnent au siège d'une académie. Leur ressort territorial peut recouvrir plusieurs académies. »

Les centres régionaux contribuent, dans leur ressort géographique, à la mise en œuvre de la politique nationale de vie étudiante définie par le ministre de l'enseignement supérieur en proposant les prestations et les services propres à améliorer les conditions de vie et d'étude. Ils créent, dans ce but, les services leur permettant d'adapter et de diversifier les prestations qu'ils proposent aux usagers en tenant compte de leurs besoins.

Ils concourent, pour les domaines de leur compétence, à l'élaboration et la mise en œuvre des contrats de site définis à l'article L. 718-4.

Ils prennent toutes les initiatives permettant d'améliorer l'accompagnement de la communauté universitaire sur les territoires relevant de leur compétence et participent pour ce faire à l'élaboration d'actions territoriales en collaboration avec les collectivités territoriales.

Ils peuvent passer des conventions avec des organismes extérieurs de droit public ou privé pouvant apporter leur collaboration au fonctionnement des services des centres régionaux des œuvres universitaires et scolaires.

Ils peuvent également passer des conventions avec les établissements d'enseignement supérieur permettant d'y implanter leurs services pour en faciliter l'accès aux usagers.

Art. D. 822-9-1 *(Décr. n° 2016-1355 du 11 oct. 2016, art. 1er)* I. — Un centre régional des œuvres universitaires et scolaires est créé dans les académies des régions académiques suivantes :

1° Région académique Auvergne-Rhône-Alpes :

a) Clermont-Ferrand ;

b) Grenoble ;

c) Lyon.

(Décr. n° 2018-924 du 27 oct. 2018, art. 3) « 2° Région académique Bourgogne-Franche-Comté :

« Besançon. »

3° Région académique Bretagne :

Rennes.

4° Région académique Centre-Val de Loire :

Orléans-Tours.

5° Région académique de Corse :

Corse.

6° Régions académiques de la Guadeloupe, de la Guyane et de la Martinique :

Guadeloupe, Guyane et Martinique.

7° Région académique Grand Est :

a) Nancy-Metz ;

b) Reims ;

c) Strasbourg.

8° Région académique Hauts-de-France :

a) Amiens ;

b) Lille.

9° Région académique Île-de-France :

a) Créteil ;

b) Paris ;

c) Versailles.

10° Région académique de La Réunion :

La Réunion.

11° Région académique Nouvelle-Aquitaine :

a) Bordeaux ;

b) Limoges ;

c) Poitiers.

(Décr. n° 2018-925 du 27 oct. 2018, art. 3) « 12° Région académique Normandie :

(Décr. n° 2019-1056 du 15 oct. 2019, art. 3) « Normandie ». »

13° Région académique Occitanie :

a) Montpellier ;

b) Toulouse.

14° Région académique Pays de la Loire :

Nantes.

15° Région académique Provence-Alpes-Côte d'Azur :

a) Aix-Marseille ;

b) Nice.

II. – Le siège de chaque centre régional des œuvres universitaires et scolaires est fixé par le ministre chargé de l'enseignement supérieur.

Art. R. 822-10 Le conseil d'administration de chaque centre régional est présidé par le recteur *(Décr. n° 2019-1554 du 30 déc. 2019, art. 1er)* « de région académique, chancelier des universités, ou son représentant ».

Le conseil d'administration du centre régional comprend en outre de vingt-quatre à vingt-sept membres :

a) En qualité de représentants de l'État : six membres titulaires et six suppléants choisis, au sein des administrations régionales intéressées par les activités des centres régionaux, par le préfet de la région dans laquelle se situe le siège du centre, sur proposition du recteur *(Décr. n° 2019-1554 du 30 déc. 2019, art. 1er)* « de région académique » ;

b) Sept membres titulaires et sept suppléants, élus, représentant les étudiants ;

c) Trois représentants titulaires des personnels et trois suppléants, à raison de deux titulaires et deux suppléants représentant les personnels ouvriers, et un titulaire et un suppléant représentant les personnels administratifs, nommés par le recteur d'académie sur proposition des organisations syndicales représentatives dans le ressort du centre, cette représentativité étant appréciée au vu des résultats des élections aux commissions administratives paritaires dans l'académie pour les personnels administratifs et au vu des résultats des élections à la commission paritaire régionale pour les personnels ouvriers ;

d) Deux membres titulaires et deux membres suppléants représentants les établissements d'enseignement supérieur du ressort géographique du centre régional et désignés par le chef de l'établissement assurant leur coordination, suivant l'une des modalités mentionnées à l'article L. 718-3 ; dans le cas où plusieurs regroupements d'établissements coexistent sur le territoire d'exercice du centre régional, le recteur *(Décr. n° 2019-1554 du 30 déc. 2019, art. 1er)* « de région académique » assure la désignation des représentants des établissements d'enseignement supérieur ;

e) Un membre titulaire et un suppléant représentant la région dans laquelle se situe le siège du centre. Dans le cas du centre régional des œuvres universitaires et scolaires des Antilles-Guyane, les représentants de la région sont désignés successivement pour une durée d'un an pour chacune des régions concernées. L'ordre de la représentation est fait par tirage au sort. La région qui n'a pas été représentée au cours du mandat de deux ans du conseil d'administration l'est la première année du nouveau mandat ;

f) De un à quatre membres titulaires et de un à quatre membres suppléants représentant les communes et les établissements publics de coopération intercommunale, désignés par le recteur *(Décr. n° 2019-1554 du 30 déc. 2019, art. 1er)* « de région académique » sur proposition de l'Association des maires de France ;

g) Quatre personnalités désignées en raison de leur compétence par le recteur *(Décr. n° 2019-1554 du 30 déc. 2019, art. 1er)* « de région académique ».

Le conseil élit le vice-président parmi les membres titulaires mentionnés au *b* ci-dessus. En cas d'absence du recteur *(Décr. n° 2019-1554 du 30 déc. 2019, art. 1er)* « de région académique ou son représentant », le vice-président peut présider le conseil d'administration du centre régional.

Deux des personnalités mentionnées au *g* ci-dessus sont choisies dans les quinze jours qui suivent la proclamation des résultats des élections prévues à l'article R. 822-11 sur une liste présentée par les étudiants siégeant au conseil d'administration du centre régional. Chaque représentant étudiant titulaire propose deux noms, l'un d'un homme, l'autre d'une femme. A défaut de présentation de cette liste dans le délai mentionné, le recteur *(Décr. n° 2019-1554 du 30 déc. 2019, art. 1er)* « de région académique » peut désigner en dehors de cette liste des personnalités de son choix.

Le directeur général et l'agent comptable du centre régional et, le cas échéant, les directeurs des centres locaux assistent aux réunions du conseil d'administration avec voix consultative.

Art. R. 822-11 Dans le mois qui suit chaque séance du conseil d'administration, les procès-verbaux signés par le président de séance sont envoyés au ministre chargé de l'enseignement supérieur et au président du centre national.

Art. R. 822-12 *(Décr. n° 2021-90 du 29 janv. 2021, art. 2)* Les élections des représentants des étudiants au conseil d'administration du centre régional ont lieu tous les deux ans, au plus tard le 31 janvier. Le ministre chargé de l'enseignement supérieur arrête les dates du scrutin et peut, lorsque les circonstances l'exigent, notamment pour permettre l'élection simultanée de différentes instances universitaires, avancer ou reporter par arrêté ces élections dans la limite d'un an.

Les élections sont organisées sous la responsabilité du recteur de région académique qui fait procéder aux opérations par chaque centre régional selon des modalités définies par arrêté du ministre chargé de l'enseignement supérieur. Cet arrêté précise notamment les modalités selon lesquelles les électeurs sont autorisés à exprimer leur suffrage par vote électronique par internet, dans les conditions fixées *(Décr. n° 2021-457 du 15 avr. 2021, art. 23)* « par le décret n° 2021-457 du 15 avril 2021 relatif aux élections des représentants des étudiants au conseil d'administration des centres régionaux des œuvres universitaires et scolaires et aux dispositions pouvant être prises par les recteurs de région académique en cas de difficulté grave rencontrée dans le fonctionnement du conseil d'administration d'un centre régional », ou par vote à l'urne. Dans ce dernier cas, les électeurs peuvent être autorisés à exercer leur droit de vote par procuration ou par correspondance.

Le recteur de région académique arrête la liste électorale pour chacun des centres régionaux des œuvres universitaires et scolaires relevant de sa compétence. Lorsque la répartition géographique des étudiants dans le ressort du centre régional le justifie, le recteur de région académique peut instituer plusieurs collèges électoraux regroupant un ou plusieurs départements. La liste de ces collèges et le nombre de sièges attribués à chacun d'entre eux sont arrêtés par le recteur de région académique, après consultation des représentants locaux des associations étudiantes nationales représentatives.

Art. R. 822-12-1 *(Décr. n° 2021-90 du 29 janv. 2021, art. 2)* Les élections ont lieu au scrutin de liste à la représentation proportionnelle à la plus forte moyenne, sans panachage ni vote préférentiel. Sont électeurs et éligibles les étudiants ou élèves en formation initiale du ressort du centre régional répondant aux conditions suivantes :

1° Les étudiants inscrits dans un établissement d'enseignement supérieur qui soit se sont acquittés, soit sont exonérés du versement de la contribution prévue à l'article L. 841-5 ;

2° Les étudiants et les élèves inscrits dans une classe d'un établissement du second degré dans laquelle est dispensé un enseignement post baccalauréat ;

3° Les étudiants en formation initiale ne relevant pas des deux alinéas précédents inscrits dans une formation conduisant à une certification professionnelle inscrite aux niveaux 5 à 8 du cadre national des certifications professionnelles défini à l'article D. 6113-19 du code du travail.

Les étudiants remplissant les conditions prévues aux alinéas précédents et ne figurant pas sur la liste électorale arrêtée par le recteur de région académique peuvent demander leur inscription dans un délai défini par l'arrêté prévu au deuxième alinéa de l'article R. 822-12. Le cas échéant, le recteur de région académique arrête une liste électorale rectificative, au plus tard quinze jours avant le début du scrutin.

Art. R. 822-12-2 *(Décr. n° 2021-90 du 29 janv. 2021, art. 2)* Chaque liste de candidatures doit comporter un nombre de candidats égal au double du nombre de sièges à pourvoir. Chaque liste est composée alternativement d'un candidat de chaque sexe. Une liste ne peut être composée de telle sorte que, parmi les candidats figurant dans la première moitié de la liste, se trouvent :

1° Soit plus de trois candidats inscrits dans une même composante de l'université au sens de l'article L. 713-1 ;

2° Soit plus de trois candidats inscrits dans un même établissement, autre qu'une université.

Pour chaque liste, il est procédé, dans la limite du nombre des sièges obtenus par celle-ci, à la nomination des titulaires et à la nomination d'un nombre identique de suppléants, dans l'ordre de présentation des candidats de la liste.

Art. R. 822-13 Chaque centre régional est dirigé par un directeur général nommé dans les conditions prévues par le décret n° 2010-174 du 23 février 2010 relatif à l'emploi de directeur de centre régional des œuvres universitaires et scolaires.

Le directeur général peut être assisté d'un directeur adjoint, nommé par arrêté du ministre chargé de l'enseignement supérieur sur proposition du directeur général du centre régional, après avis du recteur *(Décr. n° 2019-1554 du 30 déc. 2019, art. 1er)* « de région académique » et du président du centre national.

Il peut déléguer sa signature au directeur adjoint et aux autres agents de catégorie A ou de catégorie B de l'établissement.

L'évaluation de la valeur professionnelle du directeur général est assurée par le ministre chargé de l'enseignement supérieur après avis du recteur *(Décr. n° 2019-1554 du 30 déc. 2019, art. 1er)* « de région académique » et du président du centre national. Elle se fonde sur un entretien professionnel conduit par ce dernier.

Art. R. 822-14 Les agents comptables sont nommés dans les conditions prévues par le décret n° 2004-515 du 8 juin 2004 portant statut d'emploi d'agent comptable de centre régional des œuvres universitaires et scolaires.

Les personnels ouvriers sont des agents contractuels de droit public. Ils sont recrutés, gérés et rémunérés par les centres régionaux. Les dispositions qui leur sont applicables sont fixées par le président du centre national et approuvées par le ministre chargé de la fonction publique, le ministre chargé de l'enseignement supérieur et le ministre chargé du budget. Ils participent directement à la mission de service public des centres régionaux, au même titre que l'ensemble des personnels des établissements.

Art. R. 822-15 Les conseils d'administration des centres régionaux peuvent décider par délibération de la mise en place d'une organisation territoriale propre répondant à leurs besoins, par la création et le cas échéant la suppression de services dénommés centres locaux des œuvres universitaires et scolaires.

Ces délibérations entrent en vigueur après approbation par le président du Centre national des œuvres universitaires et scolaires.

Les centres locaux sont dirigés par un directeur, fonctionnaire de catégorie A, nommé dans les conditions prévues à l'article *(Décr. n° 2021-90 du 29 janv. 2021, art. 3)* « R. 822-13 » pour le directeur adjoint de centre régional. Il agit par délégation du directeur général du centre régional.

SECTION IV DISPOSITIONS COMMUNES AU CENTRE NATIONAL ET AUX CENTRES RÉGIONAUX

(Décr. n° 2016-1042 du 29 juill. 2016, art. 1er)

Art. R. 822-16 Le conseil d'administration règle par ses délibérations les affaires du centre.

1° Il participe, par ses délibérations, à l'exercice des attributions définies à l'article R. 822-3, pour le centre national des œuvres universitaires et scolaires et à l'article R. 822-9, pour les centres régionaux des œuvres universitaires et scolaires. Il délibère notamment sur les orientations générales des modalités de mise en œuvre de la politique de vie étudiante dans le ressort de compétence de l'établissement, sur les contrats d'objectifs, les programmes généraux d'activités et le rapport annuel d'activité ;

2° Il délibère sur les questions qui sont de sa compétence mentionnées au titre III du décret n° 2012-1246 du 7 novembre 2012 relatif à la gestion budgétaire et comptable publique ;

3° Il se prononce sur la politique de tarification des prestations et produits ;

4° Il autorise l'attribution des marchés, l'acceptation des dons et legs, les actions en justice et les transactions ;

5° Il délibère sur les créations de filiales et les prises de participation avec d'autres personnes morales de droit public dans les conditions prévues au deuxième alinéa de l'article R. 822-21 ;

6° Il délibère sur les acquisitions, aliénations et échanges d'immeubles ;

7° Il arrête l'organisation des services sur proposition du responsable de la direction de l'établissement ;

8° Il arrête le règlement intérieur du conseil d'administration ;

Le conseil d'administration peut, dans les conditions et limites qu'il détermine, déléguer les attributions mentionnées aux 3° et 4° au responsable de la direction de l'établissement.

Art. R. 822-17 Le responsable de la direction de l'établissement est chargé de préparer et d'exécuter les délibérations du conseil d'administration et d'assurer le fonctionnement des services.

Il représente le centre en justice et dans tous les actes de la vie civile.

Il exerce, d'une manière générale, les attributions prévues par le décret n° 2012-1246 du 7 novembre 2012 relatif à la gestion budgétaire et comptable publique et le décret du 23 février 2010 précité.

Il signe les transactions.

Art. R. 822-18 Les membres du conseil d'administration sont élus ou désignés pour un mandat de deux ans. Ce mandat court à compter de l'installation du conseil d'administration. Il est renouvelable.

En cas de vacance pour quelque cause que ce soit, et notamment pour la perte de la qualité au titre de laquelle ils siègent, les administrateurs sont remplacés dans un délai de trois mois.

Les administrateurs étudiants sont remplacés immédiatement dans les conditions suivantes :

1° En cas de vacance d'un siège de titulaire, le premier suppléant dans l'ordre de la liste est appelé à siéger en qualité de titulaire, le premier candidat non élu de la même liste devenant suppléant ;

2° En cas de vacance d'un siège de suppléant, le premier candidat non élu dans l'ordre de la liste est proclamé élu en qualité de suppléant.

Par dérogation aux dispositions de cet art. :

1° Les mandats des membres des conseils d'administrations des centres régionaux des œuvres universitaires et scolaires en cours à la date d'entrée en vigueur du présent décret sont prorogés jusqu'à l'installation des conseils d'administration issus des prochaines élections des représentants des étudiants ;

2° Les mandats des membres du conseil d'administration du Centre national des œuvres universitaires et scolaires en cours à la date d'entrée en vigueur du présent décret sont prorogés jusqu'à l'installation du conseil d'administration issu de la prochaine élection des représentants des étudiants et au plus tard jusqu'au terme d'un délai de quatre mois après la proclamation des résultats de celle-ci (Décr. n° 2021-90 du 29 janv. 2021, art. 5).

Art. R. 822-19 Le conseil d'administration est convoqué par son président qui en fixe son ordre du jour. Il tient au moins deux séances par an. La convocation est de droit lorsqu'elle est demandée par la moitié au moins des membres du conseil.

Le conseil d'administration ne peut valablement délibérer que si le tiers au moins de ses membres en exercice assiste à la séance. Lorsque le quorum n'est pas atteint, le président convoque à nouveau le conseil dans un délai de deux à cinq semaines.

Il délibère à la majorité des membres présents et représentés. Nul ne peut être porteur de plus de deux procurations. Le président a voix prépondérante en cas de partage égal des voix.

Les administrateurs suppléants ne peuvent siéger qu'en l'absence des membres titulaires qu'ils remplacent.

Les procès-verbaux sont signés par le président de séance.

Le président du conseil peut inviter à assister à une séance toute personne dont l'audition lui paraît utile.

Art. R. 822-20 Les membres des conseils exercent leurs fonctions à titre gratuit. Toutefois, leurs frais de déplacement et de séjour sont remboursés dans les conditions prévues par la réglementation applicable aux fonctionnaires de l'État.

Art. R. 822-21 Les délibérations du conseil d'administration autres que celles mentionnées au 2° de l'article R. 822-16 sont exécutoires dès leur approbation, pour le centre national, par le ministre chargé de l'enseignement supérieur et, pour les centres régionaux, par le recteur *(Décr. n° 2019-1554 du 30 déc. 2019, art. 1er)* « de région académique » ou, à défaut d'approbation expresse, à l'expiration d'un délai d'un mois suivant leur réception par le ministre ou le recteur. Lorsque la délibération lui paraît entachée d'illégalité ou qu'elle est de nature à compromettre l'équilibre financier de l'établissement, le ministre ou le recteur peut, dans ce délai, soit refuser de l'approuver soit inviter le conseil à délibérer à nouveau.

Les délibérations du conseil d'administration concernant les emprunts, les créations de filiales, les prises de participation avec d'autres personnes morales de droit public ainsi que l'ouverture des prestations et services fournis par les centres régionaux aux catégories de personnes mentionnées au 5° du II de l'article R. 822-1, sont approuvés, pour le centre national, par le ministre chargé de l'enseignement supérieur et le ministre chargé du budget et, pour les centres régionaux, par le recteur *(Décr. n° 2019-1554 du 30 déc. 2019, art. 1er)* « de région académique » et le directeur régional des finances publiques. A l'expiration d'un délai de deux mois à compter de la date de réception de la délibération, celle-ci est réputée approuvée, sauf si le ministre chargé de l'enseignement supérieur ou le ministre chargé du budget, pour le centre national, ou le recteur *(Décr. n° 2019-1554 du 30 déc. 2019, art. 1er)* « de région académique » ou le directeur régional des finances publiques, pour le centre régional, fait connaître, pendant ce délai, son opposition. Lorsqu'un destinataire demande par écrit, des informations ou documents complémentaires, il dispose d'un délai d'un mois à compter de la date de réception de ces informations ou documents pour faire connaître, le cas échéant son opposition.

Les délibérations portant sur le budget et le compte financier sont exécutoires dans les conditions prévues par le titre III du décret n° 2012-1246 du 7 novembre 2012 relatif à la gestion budgétaire et comptable publique.

(Décr. n° 2021-457 du 15 avr. 2021, art. 23) « En cas de difficulté grave dans le fonctionnement du conseil d'administration du centre régional des œuvres universitaires et scolaires ou de défaut d'exercice de ses responsabilités, le recteur de région académique peut prendre, à titre exceptionnel, toutes dispositions imposées par les circonstances, après consultation du directeur général du centre régional. »

Art. R. 822-22 Sous réserve des dispositions du présent décret, le centre national et les centres régionaux sont soumis aux dispositions des titres Ier et III du décret n° 2012-1246 du 7 novembre 2012 relatif à la gestion budgétaire et comptable publique.

Une comptabilité analytique fait apparaître les résultats d'exploitation pour chacun des domaines d'activités spécialisées.

Art. R. 822-23 Les ressources du centre national et des centres régionaux comprennent :

1° Les subventions et les contributions des personnes morales de droit public ou privé ;

2° Les versements et contributions des étudiants ;

3° Les dons et legs ;

4° Les droits, revenus, recettes et tout autre produit autorisé par la loi.

Art. R. 822-24 Les dépenses du centre national et des centres régionaux comprennent tous les frais de fonctionnement, d'investissement et d'équipement, notamment :

1° Les traitements et indemnités du personnel ;

2° Les allocations à certains étudiants ;

3° Les dépenses de matériel de toute nature nécessitées par la gestion des services ;

4° Les travaux de constructions et de remplacement des composants ;

5° Les dépenses d'investissement, d'équipement et de première installation ;

6° Les dépenses nécessitées par le fonctionnement du conseil d'administration et, le cas échant, des commissions.

Art. R. 822-25 Les conditions dans lesquelles des régies de recettes et des régies d'avances sont instituées dans les services dépendant du Centre national et des centres régionaux sont fixées par arrêté conjoint du ministre chargé de l'enseignement supérieur et du ministre chargé du budget.

SECTION V CONVENTIONS RELATIVES AU TRANSFERT DE PROPRIÉTÉ DES BIENS AFFECTÉS AU LOGEMENT DES ÉTUDIANTS *(Décr. n° 2016-1042 du 29 juill. 2016, art. 1er)*.

Art. R. 822-26 *(Décr. n° 2016-1020 du 26 juill. 2016, art. 1er)* Le transfert de propriété mentionné à l'article L. 822-1 du code de l'éducation est effectué, au vu de la convention prévue au huitième alinéa du même article, par arrêté du représentant de l'État dans la région, qui en informe au préalable l'organisme gestionnaire concerné. Ladite convention entre en vigueur à la date du transfert fixée par l'arrêté.

Art. R. 822-27 Le diagnostic de l'état des logements établi dans le cadre de la convention prévue au huitième alinéa de l'article L. 822-1 du code de l'éducation comprend :

1° Un inventaire des locaux faisant l'objet du transfert, accompagné d'un descriptif cadastral ;

2° Les droits et obligations attachés à ces locaux ;

3° Une évaluation précise de leur état ;

4° Le diagnostic technique prévu à l'article L. 271-4 du code de la construction et de l'habitation.

Art. R. 822-28 La convention prévue au septième alinéa de l'article L. 822-1 précise les obligations respectives de ses signataires pour l'entretien courant des immeubles transférés.

Elle précise également les objectifs de gestion poursuivis et les moyens mis en œuvre par le centre régional des œuvres universitaires et scolaires pour assurer le service du logement des étudiants dans les locaux transférés.

La convention peut comporter un plan de travaux de gros entretien et, le cas échéant, de réhabilitation de tout ou partie des immeubles transférés et les modalités de son financement par les signataires. — *[Décr. nº 2006-44 du 9 janv. 2006, art. 3.]*

SECTION VI DISPOSITIONS RELATIVES À L'ATTRIBUTION DE CERTAINES CATÉGORIES DE LOGEMENTS DESTINÉS AUX ÉTUDIANTS *(Décr. nº 2016-1020 du 26 juill. 2016, art. 2 ; Décr. nº 2016-1042 du 29 juill. 2016, art. 1er).*

(Décr. nº 2016-1020 du 26 juill. 2016, art. 2)

Art. R. 822-29 La présente section définit les critères d'attribution des logements conventionnés des résidences universitaires mentionnées à l'article L. 631-12 du code de la construction et de l'habitation et des autres logements gérés par les centres régionaux des œuvres universitaires et scolaires, selon les catégories suivantes :

1° Logements non conventionnés (au sens de l'article *(Décr. nº 2019-772 du 24 juill. 2019, art. 7)* « L. 831-1 » du même code) propriété de l'État et gérés par les centres régionaux des œuvres universitaires et scolaires (parc ancien des cités universitaires) ;

2° Logements conventionnés (au sens de l'article *(Décr. nº 2019-772 du 24 juill. 2019, art. 7)* « L. 831-1 » du même code) propriété de l'État et gérés par les centres régionaux des œuvres universitaires et scolaires ;

3° Logements conventionnés (au sens de l'article *(Décr. nº 2019-772 du 24 juill. 2019, art. 7)* « L. 831-1 » et en application de l'article L. 442-8-1 du même code) propriété des bailleurs sociaux et gérés par les centres régionaux des œuvres universitaires et scolaires ;

4° Logements conventionnés (au sens de l'article *(Décr. nº 2019-772 du 24 juill. 2019, art. 7)* « L. 831-1 » du même code) propriété des bailleurs sociaux et gérés par une association autre qu'un centre régional des œuvres universitaires et scolaires (en application de l'article L. 442-8-1 du même code) ou gérés par un bailleur social (en application de l'article L. 442-8-4 du même code).

Lorsque les logements ont fait l'objet d'une convention conclue en application de l'article *(Décr. nº 2019-772 du 24 juill. 2019, art. 7)* « L. 831-1 » du code de la construction et de l'habitation, les ressources du demandeur ne doivent pas excéder un plafond tel que défini à l'article R. 441-1 du même code.

Art. R. 822-30 L'attribution d'un logement défini à l'article R. 822-29 relève de la compétence de l'organisme gestionnaire.

Les logements libérés en cours d'année peuvent être attribués, en l'absence de demandes formées par les étudiants et les catégories de personnes mentionnées à l'article L. 631-12 du code de construction de l'habitation, à d'autres personnes âgées de moins de trente ans et aux personnes mentionnées au cinquième alinéa de l'article L. 822-1 du présent code. Ces logements sont, sauf en cas d'absence de demande de logement formée par des étudiants, libérés au plus tard à la rentrée universitaire suivante.

Art. R. 822-31 Lorsque le demandeur est un étudiant, il doit, pour bénéficier d'un logement défini à l'article R. 822-29, être régulièrement inscrit à la date de la signature du bail dans un établissement d'enseignement supérieur ou dans une formation d'enseignement supérieur. Lorsque l'inscription n'est pas effective, le demandeur doit justifier des formalités qu'il a engagées en vue de cette inscription.

Les logements définis à l'article R. 822-29 sont attribués en fonction de la situation personnelle et financière des étudiants et en privilégiant des critères sociaux. Sont ainsi notamment pris en compte :

1° La qualité de boursier de l'étudiant ;

2° La composition de la famille d'origine de l'étudiant et, le cas échéant, de la sienne propre ;

3° Les revenus de l'étudiant et le rattachement ou non au foyer fiscal de ses parents ;

4° L'éloignement du lieu d'études du domicile familial ;

5° Le cas échéant, le handicap de l'étudiant rendant nécessaire l'adaptation du logement.

Art. R. 822-32 Aucune condition d'âge ne peut être opposée aux étudiants ni aux personnes titulaires d'un contrat de professionnalisation ou d'apprentissage demandeurs d'un logement défini à l'article R. 822-29.

Art. R. 822-33 Un comité d'orientation est créé par le conseil d'administration de l'organisme gestionnaire. Il est composé d'au moins deux représentants de l'organisme gestionnaire et d'un représentant du réseau des œuvres universitaires et scolaires territorialement compétent. Il peut associer des représentants des étudiants élus au conseil d'administration du centre régional des œuvres universitaires et scolaires. Le comité d'orientation est réuni au moins une fois par an. Il fixe son règlement intérieur, qui est soumis à l'approbation de l'organe délibérant.

Art. R. 822-34 Le comité d'orientation prévu à l'article R. 822-33 formule des recommandations sur la politique d'attribution aux étudiants et aux autres catégories de bénéficiaires mentionnées à l'article L. 631-12 du code de la construction et de l'habitation, des logements définis à l'article R. 822-29, selon les critères prévus à l'article R. 822-31.

Les propositions du comité d'orientation sont adressées à l'organe délibérant de l'organisme gestionnaire qui les prend en compte pour l'attribution d'un logement aux étudiants ou aux autres catégories de bénéficiaires mentionnées à l'article L. 631-12 du code de la construction et de l'habitation.

Un bilan annuel des attributions des logements définis à l'article R. 822-29 est établi par le directeur de l'organisme gestionnaire, soumis à l'organe délibérant de cet organisme et adressé pour information au comité d'orientation.

A la demande de l'organe délibérant de l'organisme gestionnaire, le comité d'orientation formule un avis sur le classement des demandes de logement.

TITRE TROISIÈME LA SANTÉ ET LA PROTECTION SOCIALE DES ÉTUDIANTS

CHAPITRE PREMIER LA SANTÉ UNIVERSITAIRE

Art. D. 831-1 Les dispositions relatives aux services universitaires et interuniversitaires de médecine préventive et de promotion de la santé sont fixées par les articles D. 714-20 à D. 714-27 du code de l'éducation.

Art. R. 831-2 Une surveillance médicale particulière est organisée au bénéfice des étudiants inscrits dans des formations spécialement aménagées en vue de la pratique sportive de ces étudiants. Cette surveillance médicale de ces étudiants comprend au moins un examen médico-sportif par trimestre. Elle est assurée sous la responsabilité du médecin inspecteur régional du ministère chargé des sports. Le médecin de la fédération intéressée et le service universitaire de médecine préventive et de promotion de la santé sont associés à cette surveillance médicale. – *[Décr. n° 87-473 du 1er juill. 1987, art. 7, en ce qui concerne l'enseignement sup.]*

CHAPITRE II LA PROTECTION SOCIALE DES ÉTUDIANTS

Le présent chapitre ne comprend pas de dispositions prises par décret.

TITRE QUATRIÈME LES ACTIVITÉS PÉRI-UNIVERSITAIRES, SPORTIVES ET CULTURELLES

CHAPITRE UNIQUE

SECTION PREMIÈRE ASSOCIATIONS SPORTIVES DES ÉTABLISSEMENTS D'ENSEIGNEMENT SUPÉRIEUR *(Décr. n° 2018-564 du 30 juin 2018, art. 1er).*

Art. R. 841-1 Les statuts des associations sportives des établissements d'enseignement supérieur doivent comporter les dispositions ci-dessous :

1° L'association est affiliée à la Fédération nationale du sport universitaire (FNSU) ;

2° Le nombre des membres du comité directeur est fixé par l'assemblée générale. Le comité se compose paritairement :

a) Du chef d'établissement, membre de droit, d'enseignants et de personnels de l'établissement ;

b) D'étudiants titulaires de la licence délivrée par la Fédération nationale du sport universitaire et à jour de leur cotisation. — *[Décr. n° 86-495 du 14 mars 1986, art. 3.]*

SECTION II CONTRIBUTION DE VIE ÉTUDIANTE ET DE CAMPUS

(Décr. n° 2018-564 du 30 juin 2018, art. 1er)

Art. D. 841-2 La contribution prévue à l'article L. 841-5 du code de l'éducation est dénommée "contribution de vie étudiante et de campus". Elle est acquittée par l'étudiant sur le portail numérique *(Décr. n° 2019-685 du 28 juin 2019, art. 1er)* « défini par arrêté du ministre chargé de l'enseignement supérieur. »

Art. D. 841-3 Lors de son inscription à une formation initiale dans un établissement d'enseignement supérieur, l'étudiant justifie qu'il s'est acquitté du paiement de la contribution de vie étudiante et de campus ou qu'il remplit l'une des conditions ouvrant droit à exonération en application du II de l'article L. 841-5 en produisant une attestation qu'il télécharge sur le portail numérique mentionné à l'article D. 841-2.

Art. D. 841-4 Lorsqu'un étudiant s'inscrit dans plusieurs formations au titre d'une même année universitaire, la contribution de vie étudiante et de campus n'est due que lors de la première inscription.

L'étudiant qui interrompt ses études en cours d'année ne peut obtenir le remboursement de cette contribution.

(Décr. n° 2019-685 du 28 juin 2019, art. 2) « L'étudiant qui remplit au cours de l'année universitaire l'une des conditions ouvrant droit à l'exonération du paiement de la contribution mentionnée au deuxième alinéa du II de l'article L. 841-5, peut en obtenir le remboursement s'il en fait la demande avant le 31 mai de l'année universitaire en cours au directeur général du centre régional des œuvres universitaires et scolaires auprès duquel il s'est précédemment acquitté de la contribution via le portail numérique défini à l'article D. 841-2. »

Art. D. 841-5 Le produit de la contribution de vie étudiante et de campus est réparti entre les catégories d'établissements de la manière suivante :

1° Établissements publics à caractère scientifique, culturel et professionnel relevant du ministère chargé de l'enseignement supérieur : 41 € par étudiant inscrit en formation initiale ;

2° Établissements publics administratifs d'enseignement supérieur relevant du ministère chargé de l'enseignement supérieur : 41 € par étudiant inscrit en formation initiale ;

3° Autres établissements publics d'enseignement supérieur : 20 € par étudiant inscrit en formation initiale ;

4° Établissements mentionnés aux articles L. 443-1 et L. 753-1 du code de l'éducation : 20 € par étudiant inscrit en formation initiale ;

5° Établissements mentionnés à l'article L. 1431-1 du code général des collectivités territoriales dispensant des formations initiales d'enseignement supérieur : 20 € par étudiant inscrit en formation initiale ;

6° Établissements d'enseignement supérieur privés d'intérêt général : 20 € par étudiant inscrit en formation initiale.

L'appartenance de l'établissement à l'une des catégories mentionnées aux 1° à 6° est constatée au 1er septembre. Les montants mentionnés aux 1° à 6° sont révisés chaque année à compter de la rentrée universitaire 2019 en fonction de l'indice des prix à la consommation hors tabac constaté par l'Institut national de la statistique et des études économiques pour la France pour l'année civile précédente. Ils sont arrondis à l'euro le plus proche. La fraction d'euro égale à 0,5 est comptée pour 1. L'indice est mesuré au mois de janvier précédant l'année universitaire concernée. L'indice de référence est celui mesuré en janvier 2018.

(Décr. n° 2019-685 du 28 juin 2019, art. 3) « Une fraction comprise entre 7,5 % et 15 % du produit total de la contribution est attribuée aux centres régionaux des œuvres universitaires et scolaires. Ce produit est réparti par le Centre national des œuvres universitaires et scolaires entre les centres régionaux des œuvres universitaires et scolaires en fonction du nombre d'étudiants inscrits en formation initiale qui ont produit l'attestation mentionnée à l'article D. 841-3 et du nombre d'établissements d'enseignement supérieur ayant leur siège dans son ressort. »

Art. D. 841-6 *(Décr. n° 2019-685 du 28 juin 2019, art. 4)* I. – Le produit définitif de la contribution de vie étudiante et de campus de l'année universitaire en cours est arrêté au 31 mai.

La répartition du produit est fonction du nombre d'étudiants inscrits en formation initiale qui ont produit l'attestation mentionnée à l'article D. 841-3. A cet effet, une liste nominative mentionnant l'effectif total des étudiants inscrits en formation initiale dans l'établissement ayant produit l'attestation, désignée ci-après par "liste", est transmise par chaque établissement d'enseignement supérieur au centre régional des œuvres universitaires et scolaires territorialement compétent.

II. – Le calcul et le versement du produit de la contribution de vie étudiante et de campus revenant à chaque établissement mentionné à l'article D. 841-5, désigné ci-après par "établissement bénéficiaire" sont effectués sur la base des listes transmises au centre régional des œuvres universitaires et scolaires territorialement compétent.

III. – Le produit de la contribution de vie étudiante et de campus est réparti entre les établissements bénéficiaires par le centre régional des œuvres universitaires et scolaires territorialement compétent selon les modalités prévues aux 1° à 6° de l'article D. 841-5.

Un premier versement de ce produit est effectué au plus tard le 15 décembre par le centre régional des œuvres universitaires et scolaires territorialement compétent aux établissements bénéficiaires sur la base de la liste transmise au plus tard le 15 octobre. Ce versement s'élève à 50 % des montants mentionnés aux 1° à 6° de l'article D. 841-5. Les établissements bénéficiaires n'ayant transmis aucune liste au 15 octobre sont réputés avoir renoncé au premier versement.

Après la transmission de sa liste par chaque établissement, bénéficiaire ou non, au plus tard le 31 mai, une péréquation est organisée au sein du réseau des œuvres universitaires par le centre national des œuvres universitaires et scolaires qui arrête les montants du second versement. Ce versement intervient au plus tard le 31 juillet. Il correspond aux montants fixés aux 1° à 6° de l'article D. 841-5 minorés du montant du premier versement et modulés, le cas échéant, selon le produit de la collecte de l'année, dans les conditions prévues aux cinquième et septième alinéas du présent III. Les établissements bénéficiaires n'ayant transmis aucune liste au 31 mai sont réputés avoir renoncé au second versement.

La péréquation consiste à répartir le produit total de la contribution de vie étudiante et de campus calculé en application du premier alinéa du III du présent article en tenant compte des étudiants mentionnés au II de l'article L. 841-5.

Si le produit total de la contribution de vie étudiante et de campus est inférieur à la somme du montant à verser à l'ensemble des établissements et de la fraction minimale attribuée aux centres régionaux des œuvres universitaires et scolaires, la différence est déduite des sommes versées aux établissements. Elle est répartie entre eux au prorata des effectifs d'étudiants inscrits en formation initiale qui ont produit, au plus tard le 31 mai, l'attestation mentionnée à l'article D. 841-3.

Si le produit total de la contribution de vie étudiante et de campus est supérieur à la somme du montant à verser à l'ensemble des établissements en application du premier alinéa du III du présent article et de la fraction minimale attribuée aux centres régionaux des œuvres universitaires et scolaires, la différence revient aux centres régionaux des œuvres universitaires et scolaires, dans la limite de 15 % du produit de la contribution.

Si le produit total de la contribution de vie étudiante et de campus est supérieur à la somme du montant à verser à l'ensemble des établissements en application du premier alinéa du III du présent article et de la fraction maximale attribuée aux centres régionaux des œuvres universitaires et scolaires, la différence est versée aux établissements. Elle est répartie entre eux au prorata des effectifs d'étudiants inscrits en formation initiale qui ont produit, au plus tard le 31 mai, l'attestation mentionnée à l'article D. 841-3.

Les effectifs d'étudiants inscrits au cours d'une année universitaire et dont la contribution de vie étudiante et de campus est recouvrée après le 31 mai d'une année universitaire sont pris en compte pour la répartition de l'année universitaire suivante.

Art. D. 841-7 Le Centre national des œuvres universitaires et scolaires présente *(Décr. nº 2019-685 du 28 juin 2019, art. 5)* « au plus tard le 15 septembre » au ministre chargé de l'enseignement supérieur un rapport annuel récapitulant le total des sommes collectées, les montants reversés à chaque catégorie d'établissement et les éventuelles opérations de péréquation auxquelles il aura été procédé *(Décr. nº 2019-685 du 28 juin 2019, art. 5)* « au cours de l'année universitaire précédente ».

Art. D. 841-8 *(Décr. nº 2019-205 du 19 mars 2019, art. 1er)* Le ministre chargé de l'enseignement supérieur fixe annuellement les orientations prioritaires des actions financées par la contribution de vie étudiante et de campus, dans le cadre de la politique nationale de la vie étudiante qu'il définit conformément à l'article R. 822-9.

Art. D. 841-9 *(Décr. nº 2019-205 du 19 mars 2019, art. 1er)* La programmation des actions financées par le produit de la contribution de vie étudiante et de campus, les projets ainsi que le bilan des actions conduites l'année précédente sont votés, chaque année, par le conseil d'administration des établissements mentionnés au premier alinéa du I de l'article L. 841-5 ou par l'organe en tenant lieu, après consultation, le cas échéant, de la commission des formations et de la vie universitaire. Ils sont transmis pour information au *(Décr. nº 2019-1558 du 30 déc. 2019, art. 9)* « recteur de région académique ».

Cette programmation tient compte des orientations prioritaires fixées par le ministre chargé de l'enseignement supérieur en application de l'article D. 841-8.

Les présidents ou directeurs des établissements d'enseignement associent les différents services chargés de la vie étudiante, les représentants des étudiants au conseil d'administration de l'établissement ou à l'organe en tenant lieu et les représentants des étudiants du conseil compétent en matière de vie étudiante, les associations d'étudiants mentionnées à l'article L. 811-3, le centre régional des œuvres universitaires et scolaires territorialement compétent ainsi que des personnalités extérieures, à l'élaboration du programme, des projets et du bilan mentionnés au premier alinéa.

Les directeurs généraux des centres régionaux des œuvres universitaires et scolaires associent à l'élaboration de ces mêmes documents les différents services chargés de la vie étudiante, les représentants des étudiants au conseil d'administration de l'établissement, les associations d'étudiants mentionnées à l'article L. 811-3, des personnalités extérieures et des représentants des établissements d'enseignement supérieur qu'ils soient destinataires ou non d'une part du produit de la contribution de vie étudiante et de campus.

Art. D. 841-10 *(Décr. nº 2019-205 du 19 mars 2019, art. 1er)* Le produit de la contribution de vie étudiante et de campus attribué aux centres régionaux des œuvres universitaires et scolaires est affecté au financement d'actions propres à améliorer les conditions de la vie étudiante conformément aux finalités mentionnées au premier alinéa du I de l'article L. 841-5. Les centres régionaux des œuvres universitaires et scolaires veillent notamment à organiser des actions spécifiques destinées aux étudiants inscrits dans un établissement d'enseignement supérieur qui n'est pas bénéficiaire du produit de la contribution vie étudiante et de campus.

Art. D. 841-11 *(Décr. n° 2019-205 du 19 mars 2019, art. 1er)* Les établissements mentionnés aux 1° et 2° de l'article D. 841-5 consacrent au minimum 30 % des montants fixés dans cet article au financement de projets portés par des associations étudiantes et aux actions sociales à destination des étudiants portées par les établissements dans les domaines énumérés au premier alinéa du I de l'article L. 841-5 et au minimum 15 % au financement de la médecine préventive.

TITRE CINQUIÈME DISPOSITIONS APPLICABLES DANS LES ÎLES WALLIS-ET-FUTUNA, À MAYOTTE, EN POLYNÉSIE FRANÇAISE ET EN NOUVELLE-CALÉDONIE

CHAPITRE PREMIER DISPOSITIONS APPLICABLES DANS LES ÎLES WALLIS-ET-FUTUNA

Art. R. 851-1 Les articles R. 811-10 à *(Décr. n° 2020-785 du 26 juin 2020, art. 14)* « R. 811-42, à l'exception du dernier alinéa de l'article R. 811-29, sont applicables dans les îles Wallis-et-Futuna dans leur rédaction résultant du décret n° 2020-785 du 26 juin 2020 et l'article R. 821-2 est applicable dans les îles Wallis-et-Futuna dans sa » rédaction résultant du décret n° 2015-652 du 10 juin 2015 relatif aux dispositions réglementaires des livres VIII et IX du code de l'éducation (décrets en Conseil d'État et décrets).

Pour l'application de ces articles, les mots : "recteur *(Décr. n° 2019-1554 du 30 déc. 2019, art. 1er)* « de région académique »" sont remplacés par le mot : "vice-recteur".

Art. R. 851-1-1 *(Décr. n° 2020-785 du 26 juin 2020, art. 14)* Pour l'application du dernier alinéa de l'article R. 811-13, les usagers relèvent, dans les îles Wallis-et-Futuna, de la section disciplinaire de l'université de la Nouvelle-Calédonie.

Art. D. 851-2 *(Décr. n° 2017-963 du 10 mai 2017, art. 5)* I. — Sont applicables dans les îles Wallis-et-Futuna les dispositions mentionnées dans la colonne de gauche du tableau ci-après, dans leur rédaction indiquée dans la colonne de droite du même tableau :

DISPOSITIONS APPLICABLES		DANS LEUR RÉDACTION RÉSULTANT DU
Titre Ier Chapitre unique Section Ire	L'article D. 811-1 à l'exception de la deuxième phrase du premier alinéa en tant qu'elle concerne les directeurs généraux des centres régionaux des œuvres universitaires et scolaires, l'article D. 811-4 à l'exception du dernier alinéa, *[les]* articles D. 811-8 et D. 811-8-1	Décret n° 2017-963 du 10 mai 2017
	Articles D. 811-2, D. 811-3, D. 811-5 à D. 811-7, D. 811-9	Décret n° 2015-652 du 10 juin 2015
Titre II Chapitre Ier	Articles D. 821-1 et D. 821-3	Décret n° 2015-652 du 10 juin 2015

II. — Pour l'application de ces articles, les mots : "*(Décr. n° 2019-1558 du 30 déc. 2019, art. 9)* « recteur de région académique »" sont remplacés par le mot : "vice-recteur".

Art. D. 851-3 Des bourses d'enseignement supérieur peuvent être accordées sur le budget du ministère chargé de l'outre-mer, dans la limite des crédits ouverts à cet effet, aux étudiants des îles Wallis-et-Futuna qui sont inscrits dans des formations d'enseignement supérieur publiques ou privées de la métropole, habilitées à recevoir des boursiers par le département ministériel dont relèvent ces formations, lorsqu'ils ne reçoivent en cette qualité ni bourse ni traitement et que les formations recherchées ne sont pas dispensées dans la collectivité d'origine. – *[Décr. n° 89-733 du 11 oct. 1989, art. 1er, en ce qui concerne Wallis-et-Futuna.]*

Art. D. 851-4 Peuvent bénéficier des bourses visées à l'article D. 851-3 les jeunes gens nés et résidant dans les îles Wallis-et-Futuna ou les jeunes gens dont les ascendants ou tuteurs légaux résident dans les îles Wallis-et-Futuna.

Les candidats doivent avoir obtenu le diplôme du baccalauréat ou un titre admis en dispense. – *[Décr. n° 89-733 du 11 oct. 1989, art. 2, en ce qui concerne Wallis-et-Futuna.]*

Art. D. 851-5 Le ministre chargé de l'outre-mer et le ministre chargé du budget fixent par arrêté conjoint le taux de ces bourses en fonction de la nature de la formation suivie. Ce taux tient compte des frais d'entretien, de trousseau, de fournitures, de congés et de vacances scolaires qu'entraîne un séjour d'un an en métropole. Le budget du ministère chargé de l'outre-mer supporte également les frais de transport des étudiants qui résident dans les îles Wallis-et-Futuna au moment de l'attribution de la bourse ainsi que les déplacements des étudiants boursiers en métropole lorsque ces déplacements sont justifiés par la poursuite des études. – *[Décr. n° 89-733 du 11 oct. 1989, art. 3, en ce qui concerne Wallis-et-Futuna.]*

Art. D. 851-6 Les bourses sont allouées à compter de la date d'arrivée en métropole pour les étudiants qui résident dans les îles Wallis-et-Futuna au moment de l'attribution de la bourse et à compter de la rentrée scolaire ou universitaire pour ceux qui résident en métropole à la même époque.

Une bourse ne peut être, sauf dérogation et rapport motivé du chef de l'établissement intéressé, renouvelée en cas de deux échecs successifs aux examens et concours de fin d'année scolaire ou universitaire. – *[Décr. n° 89-733 du 11 oct. 1989, art. 4, en ce qui concerne Wallis-et-Futuna.]*

Art. D. 851-7 L'étudiant résidant dans les îles Wallis-et-Futuna à la date de la décision lui attribuant une bourse a droit en plus de cette bourse :

1° A un voyage aller et retour, par voie aérienne et dans la classe la plus économique, de l'aéroport d'embarquement le plus proche de son domicile légal à l'aéroport du débarquement en métropole ;

2° A un voyage aller et retour, par le moyen de transport le plus économique, de son domicile légal à l'aéroport d'embarquement et de l'aéroport de débarquement en métropole à l'établissement de formation.

Cette aide est accordée pour l'ensemble de sa scolarité. Si celle-ci excède trois ans et, en cas de renouvellement de la bourse, l'étudiant boursier peut bénéficier d'un passage aller et retour supplémentaire.

Le dernier voyage de retour dans les îles Wallis-et-Futuna doit être effectué dans un délai d'un an à compter de l'achèvement des études pour lesquelles la bourse a été accordée.

Toutefois, en cas de maladie dûment constatée, l'étudiant boursier peut prétendre à son rapatriement dans les îles Wallis-et-Futuna, quelle que soit la durée de son séjour en métropole ;

3° A une indemnité de premier équipement lors de son arrivée pour la première fois en métropole. – *[Décr. n° 89-733 du 11 oct. 1989, art. 5, en ce qui concerne Wallis-et-Futuna.]*

Art. D. 851-8 Les bourses sont attribuées chaque année par décision du représentant de l'État dans les îles Wallis-et-Futuna aux étudiants remplissant les conditions requises aux articles D. 851-3 et D. 851-4 après avis d'une commission locale placée auprès du représentant de l'État.

La composition de la commission locale mentionnée à l'alinéa ci-dessus est fixée par arrêté conjoint du ministre de l'éducation nationale et du ministre chargé de l'outre-mer. – *[Décr. n° 89-733 du 11 oct. 1989, art. 6, en ce qui concerne Wallis-et-Futuna.]*

CHAPITRE II DISPOSITIONS APPLICABLES À MAYOTTE

Art. D. 852-1 Lorsque l'étudiant bénéficiaire d'un emploi d'avenir professeur est affecté dans un établissement relevant de l'enseignement agricole, la bourse de service public est attribuée par le directeur de l'agriculture, de l'alimentation et de la forêt.

Art. D. 852-2 *(Décr. nº 2018-564 du 30 juin 2018, art. 2)* A Mayotte, la contribution prévue à l'article L. 841-5 est acquittée auprès du centre régional des œuvres universitaires et scolaires de La Réunion qui procède à son versement aux établissements d'enseignement supérieur de Mayotte selon les modalités prévues aux articles D. 841-5 et D. 841-6 *(Décr. nº 2019-205 du 19 mars 2019, art. 2)* « et organise, en lien étroit avec le centre universitaire de formation et de recherche de Mayotte, les actions et prestations prévues à l'article D. 841-10. »

(Décr. nº 2019-685 du 28 juin 2019, art. 6) « Le centre régional des œuvres universitaires et scolaires de La Réunion est compétent pour l'application de l'article D. 841-10 à Mayotte. »

CHAPITRE III DISPOSITIONS APPLICABLES EN POLYNÉSIE FRANÇAISE

Art. R. 853-1 Les articles R. 811-10 à *(Décr. nº 2020-785 du 26 juin 2020, art. 14)* « R. 811-42, à l'exception du dernier alinéa de l'article R. 811-29, sont applicables en Polynésie française dans leur rédaction résultant du décret nº 2020-785 du 26 juin 2020 et l'article R. 821-2 est applicable en Polynésie française dans sa » rédaction résultant du décret nº 2015-652 du 10 juin 2015 relatif aux dispositions réglementaires des livres VIII et IX du code de l'éducation (décrets en Conseil d'État et décrets).

Pour l'application de ces articles, les mots : "recteur *(Décr. nº 2019-1554 du 30 déc. 2019, art. 1er)* « de région académique »" sont remplacés par le mot : "vice-recteur".

Art. R. 853-1-1 *(Décr. nº 2020-785 du 26 juin 2020, art. 14)* Pour l'application du dernier alinéa de l'article R. 811-13, les usagers relèvent, en Polynésie française, de la section disciplinaire de l'université de la Polynésie française.

Art. D. 853-2 *(Décr. nº 2017-963 du 10 mai 2017, art. 6)* I. – Sont applicables en Polynésie française les dispositions mentionnées dans la colonne de gauche du tableau ci-après, dans leur rédaction indiquée dans la colonne de droite du même tableau :

DISPOSITIONS APPLICABLES		DANS LEUR RÉDACTION RÉSULTANT DU
Titre Ier Chapitre unique Section Ire	L'article D. 811-1 à l'exception de la deuxième phrase du premier alinéa en tant qu'elle concerne les directeurs généraux des centres régionaux des œuvres universitaires et scolaires, l'article D. 811-4 à l'exception du dernier alinéa, *[les]* articles D. 811-8 et D. 811-8-1	Décret nº 2017-963 du 10 mai 2017
	Articles D. 811-2, D. 811-3, D. 811-5 à D. 811-7, D. 811-9	Décret nº 2015-652 du 10 juin 2015
Titre II Chapitre Ier	Articles D. 821-1 et D. 821-3	Décret nº 2015-652 du 10 juin 2015

II. – Pour l'application de ces articles, les mots : "*(Décr. nº 2019-1558 du 30 déc. 2019, art. 9)* « recteur de région académique »" sont remplacés par le mot : "vice-recteur".

Art. D. 853-3 Des bourses d'enseignement supérieur peuvent être accordées sur le budget du ministère chargé de l'outre-mer, dans la limite des crédits ouverts à cet effet, aux étudiants de la Polynésie française qui sont inscrits dans des formations d'enseignement supérieur publiques ou privées de la métropole, habilitées à recevoir des boursiers par le département ministériel dont relèvent ces formations, lorsqu'ils ne reçoivent en cette qualité ni bourse ni traitement et que les formations recherchées ne sont pas dispensées en Polynésie française. – *[Décr. n° 89-733 du 11 oct. 1989, art. 1er, en ce qui concerne la Polynésie française.]*

Art. D. 853-4 Peuvent bénéficier des bourses visées à l'article D. 853-3 les jeunes gens nés et résidant en Polynésie française ou les jeunes gens dont les ascendants ou tuteurs légaux résident en Polynésie française.

Les candidats doivent avoir obtenu le diplôme du baccalauréat ou un titre admis en dispense. – *[Décr. n° 89-733 du 11 oct. 1989, art. 2, en ce qui concerne la Polynésie française.]*

Art. D. 853-5 Le ministre chargé de l'outre-mer et le ministre chargé du budget fixent par arrêté conjoint le taux de ces bourses en fonction de la nature de la formation suivie. Ce taux tient compte des frais d'entretien, de trousseau, de fournitures, de congés et de vacances scolaires qu'entraîne un séjour d'un an en métropole. Le budget du ministère chargé de l'outre-mer supporte également les frais de transport des étudiants qui résident en Polynésie française au moment de l'attribution de la bourse ainsi que les déplacements des étudiants boursiers en métropole lorsque ces déplacements sont justifiés par la poursuite des études. – *[Décr. n° 89-733 du 11 oct. 1989, art. 3, en ce qui concerne la Polynésie française.]*

Art. D. 853-6 Les bourses sont allouées à compter de la date d'arrivée en métropole pour les étudiants qui résident en Polynésie française au moment de l'attribution de la bourse et à compter de la rentrée scolaire ou universitaire pour ceux qui résident en métropole à la même époque.

Une bourse ne peut être, sauf dérogation et rapport motivé du chef de l'établissement intéressé, renouvelée en cas de deux échecs successifs aux examens et concours de fin d'année scolaire ou universitaire. – *[Décr. n° 89-733 du 11 oct. 1989, art. 4, en ce qui concerne la Polynésie française.]*

Art. D. 853-7 L'étudiant résidant en Polynésie française à la date de la décision lui attribuant une bourse a droit en plus de cette bourse :

1° A un voyage aller et retour par voie aérienne et dans la classe la plus économique de l'aéroport d'embarquement le plus proche de son domicile légal à l'aéroport du débarquement en métropole ;

2° A un voyage aller et retour par le moyen de transport le plus économique de son domicile légal à l'aéroport d'embarquement et de l'aéroport de débarquement en métropole à l'établissement de formation.

Cette aide est accordée pour l'ensemble de sa scolarité. Si celle-ci excède trois ans et, en cas de renouvellement de la bourse, l'étudiant boursier peut bénéficier d'un passage aller et retour supplémentaire.

Le dernier voyage de retour en Polynésie française doit être effectué dans un délai d'un an à compter de l'achèvement des études pour lesquelles la bourse a été accordée.

Toutefois, en cas de maladie dûment constatée, l'étudiant boursier peut prétendre à son rapatriement en Polynésie française, quelle que soit la durée de son séjour en métropole ;

3° A une indemnité de premier équipement lors de son arrivée pour la première fois en métropole. – *[Décr. n° 89-733 du 11 oct. 1989, art. 5, en ce qui concerne la Polynésie française.]*

Art. D. 853-8 Les bourses sont attribuées chaque année par décision du représentant de l'État en Polynésie française aux étudiants remplissant les conditions requises aux articles D. 853-3 et D. 853-4 après avis d'une commission locale placée auprès du représentant de l'État.

La composition de la commission locale mentionnée à l'alinéa ci-dessus est fixée par arrêté conjoint du ministre de l'éducation nationale et du ministre chargé de l'outre-mer. – *[Décr. n° 89-733 du 11 oct. 1989, art. 6, en ce qui concerne la Polynésie française.]*

CHAPITRE IV DISPOSITIONS APPLICABLES EN NOUVELLE-CALÉDONIE

Art. R. 854-1 Les articles R. 811-10 à *(Décr. nº 2020-785 du 26 juin 2020, art. 14)* « R. 811-42, à l'exception du dernier alinéa de l'article R. 811-29, sont applicables en Nouvelle-Calédonie dans leur rédaction résultant du décret nº 2020-785 du 26 juin 2020 et l'article R. 821-2 est applicable en Nouvelle-Calédonie dans sa » rédaction résultant du décret nº 2015-652 du 10 juin 2015 relatif aux dispositions réglementaires des livres VIII et IX du code de l'éducation (décrets en Conseil d'État et décrets).

Pour l'application de ces articles, les mots : "recteur *(Décr. nº 2019-1554 du 30 déc. 2019, art. 1er)* « de région académique »" sont remplacés par le mot : "vice-recteur".

Art. R. 854-1-1 *(Décr. nº 2020-785 du 26 juin 2020, art. 14)* Pour l'application du dernier alinéa de l'article R. 811-13, les usagers relèvent, en Nouvelle-Calédonie, de la section disciplinaire de l'université de la Nouvelle-Calédonie.

Art. D. 854-2 *(Décr. nº 2017-963 du 10 mai 2017, art. 7)* I. — Sont applicables en Nouvelle-Calédonie les dispositions mentionnées dans la colonne de gauche du tableau ci-après, dans leur rédaction indiquée dans la colonne de droite du même tableau :

DISPOSITIONS APPLICABLES		DANS LEUR RÉDACTION RÉSULTANT DU
Titre Ier Chapitre unique Section Ire	L'article D. 811-1 à l'exception de la deuxième phrase du premier alinéa en tant qu'elle concerne les directeurs généraux des centres régionaux des œuvres universitaires et scolaires, l'article D. 811-4 à l'exception du dernier alinéa, *[les]* articles D. 811-8 et D. 811-8-1	Décret nº 2017-963 du 10 mai 2017
	Articles D. 811-2, D. 811-3, D. 811-5 à D. 811-7, D. 811-9	Décret nº 2015-652 du 10 juin 2015
Titre II Chapitre Ier	Articles D. 821-1 et D. 821-3	Décret nº 2015-652 du 10 juin 2015

II. — Pour l'application de ces articles, les mots : "recteur *(Décr. nº 2019-1558 du 30 déc. 2019, art. 9)* « de région académique »" sont remplacés par le mot : "vice-recteur".

Art. D. 854-3 Des bourses d'enseignement supérieur peuvent être accordées sur le budget du ministère chargé de l'outre-mer, dans la limite des crédits ouverts à cet effet, aux étudiants de la Nouvelle-Calédonie qui sont inscrits dans des formations d'enseignement supérieur publiques ou privées de la métropole, habilitées à recevoir des boursiers par le département ministériel dont relèvent ces formations, lorsqu'ils ne reçoivent en cette qualité ni bourse ni traitement et que les formations recherchées ne sont pas dispensées en Nouvelle-Calédonie. — *[Décr. nº 89-733 du 11 oct. 1989, art. 1er, en ce qui concerne la Nouvelle-Calédonie.]*

Art. D. 854-4 Peuvent bénéficier des bourses visées à l'article D. 854-3 les jeunes gens nés et résidant en Nouvelle-Calédonie ou les jeunes gens dont les ascendants ou tuteurs légaux résident en Nouvelle-Calédonie.

Les candidats doivent avoir obtenu le diplôme du baccalauréat ou un titre admis en dispense. — *[Décr. nº 89-733 du 11 oct. 1989, art. 2, en ce qui concerne la Nouvelle-Calédonie.]*

Art. D. 854-5 Le ministre chargé de l'outre-mer et le ministre chargé du budget fixent par arrêté conjoint le taux de ces bourses en fonction de la nature de la formation suivie. Ce taux tient compte des frais d'entretien, de trousseau, de fournitures, de congés et de vacances scolaires qu'entraîne un séjour d'un an en métropole. Le budget du ministère chargé de l'outre-mer supporte également les frais de transport des étudiants qui résident en Nouvelle-Calédonie au moment de l'attribution de la bourse ainsi que les déplacements des étudiants boursiers en métropole lorsque ces déplacements sont justifiés par la poursuite des études. – *[Décr. n° 89-733 du 11 oct. 1989, art. 3, en ce qui concerne la Nouvelle-Calédonie.]*

Art. D. 854-6 Les bourses sont allouées à compter de la date d'arrivée en métropole pour les étudiants qui résident en Nouvelle-Calédonie au moment de l'attribution de la bourse et à compter de la rentrée scolaire ou universitaire pour ceux qui résident en métropole à la même époque.

Une bourse ne peut être, sauf dérogation et rapport motivé du chef de l'établissement intéressé, renouvelée en cas de deux échecs successifs aux examens et concours de fin d'année scolaire ou universitaire. – *[Décr. n° 89-733 du 11 oct. 1989, art. 4, en ce qui concerne la Nouvelle-Calédonie.]*

Art. D. 854-7 L'étudiant résidant en Nouvelle-Calédonie à la date de la décision lui attribuant une bourse a droit en plus de cette bourse :

1° A un voyage aller et retour par voie aérienne et dans la classe la plus économique de l'aéroport d'embarquement le plus proche de son domicile légal à l'aéroport du débarquement en métropole ;

2° A un voyage aller et retour par le moyen de transport le plus économique de son domicile légal à l'aéroport d'embarquement et de l'aéroport de débarquement en métropole à l'établissement de formation.

Cette aide est accordée pour l'ensemble de sa scolarité. Si celle-ci excède trois ans et, en cas de renouvellement de la bourse, l'étudiant boursier peut bénéficier d'un passage aller et retour supplémentaire.

Le dernier voyage de retour en Nouvelle-Calédonie doit être effectué dans un délai d'un an à compter de l'achèvement des études pour lesquelles la bourse a été accordée.

Toutefois, en cas de maladie dûment constatée, l'étudiant boursier peut prétendre à son rapatriement en Nouvelle-Calédonie, quelle que soit la durée de son séjour en métropole ;

3° A une indemnité de premier équipement lors de son arrivée pour la première fois en métropole. – *[Décr. n° 89-733 du 11 oct. 1989, art. 5, en ce qui concerne la Nouvelle-Calédonie.]*

Art. D. 854-8 Les bourses sont attribuées chaque année par décision du représentant de l'État en Nouvelle-Calédonie aux étudiants remplissant les conditions requises aux articles D. 854-3 et D. 854-4 après avis d'une commission locale placée auprès du représentant de l'État.

La composition de la commission locale mentionnée à l'alinéa ci-dessus est fixée par arrêté conjoint du ministre de l'éducation nationale et du ministre chargé de l'outre-mer. – *[Décr. n° 89-733 du 11 oct. 1989, art. 6, en ce qui concerne la Nouvelle-Calédonie.]*

LIVRE NEUVIÈME LES PERSONNELS DE L'ÉDUCATION

(Décr. n° 2015-652 du 10 juin 2015)

BIBL. ▶ MOREAU, Éditorial [pour la publication du décret n° 2015-652 du 10 juin 2015 relatif aux dispositions réglementaires des livres VIII et IX du code de l'éducation marquant l'achèvement de la codification du droit applicable à l'éducation et à l'enseignement Supérieur], *LIJ 2015, n° 189, p. 1.*

TITRE PREMIER DISPOSITIONS GÉNÉRALES

CHAPITRE PREMIER DISPOSITIONS COMMUNES

SECTION PREMIÈRE LE RECRUTEMENT ET LE CLASSEMENT

SOUS-SECTION 1 LE RECRUTEMENT

Art. R. 911-1 Les ressortissants des États membres de l'Union européenne ou d'un autre État partie à l'accord sur l'Espace économique européen autres que la France ont accès aux corps relevant des ministres chargés de l'éducation et de l'enseignement supérieur dans les conditions prévues à l'article 5 *bis* de la loi n° 83-634 du 13 juillet 1983 portant droits et obligations des fonctionnaires conformément aux dispositions des statuts particuliers les régissant. – *[Décr. n° 92-1246 du 30 nov. 1992, art. 1er.]*

SOUS-SECTION 2 LE CLASSEMENT

Art. D. 911-2 Les dispositions relatives au classement sont déterminées par le décret n° 51-1423 du 5 décembre 1951 portant fixation des règles suivant lesquelles doit être déterminée l'ancienneté du personnel nommé dans l'un des corps de fonctionnaires de l'enseignement relevant du ministère de l'éducation nationale et l'ensemble des statuts particuliers des corps des personnels enseignants, d'éducation et d'orientation.

SECTION II LES CONDITIONS D'EXERCICE DES FONCTIONS

Art. D. 911-3 Aucun membre du personnel titulaire ou non titulaire ne peut exercer dans un établissement d'enseignement ou d'éducation public ou privé s'il n'est établi qu'il est indemne d'une affection dangereuse pour les autres personnels et les élèves. Cette constatation est apportée par un certificat médical établi par un médecin agréé. – *[Décr. n° 46-2698 du 26 nov. 1946, art. 8, al. 1er et 3.]*

SECTION III LES MODALITÉS D'EXERCICE DES FONCTIONS

SOUS-SECTION 1 LE TEMPS PARTIEL

§ 1er DISPOSITIONS COMMUNES AU TEMPS PARTIEL SUR AUTORISATION ET AU TEMPS PARTIEL DE DROIT

Art. D. 911-4 Les dispositions du décret n° 82-624 du 20 juillet 1982 fixant les modalités d'application pour les fonctionnaires de l'ordonnance n° 82-296 du 31 mars 1982 relative à l'exercice des fonctions à temps partiel sont applicables aux personnels relevant du ministre chargé de l'éducation sous réserve des dispositions des articles R. 911-5 à R. 911-9.

Art. R. 911-5 Pour les personnels enseignants, les personnels d'éducation et de documentation des écoles et des établissements d'enseignement ainsi que pour les personnels d'orientation en service dans les centres d'information et d'orientation, l'autorisation d'assurer un service à temps partiel n'est donnée que pour une période correspondant à une année scolaire. Cette autorisation est renouvelable, pour la même durée, par tacite reconduction dans la limite de trois années scolaires. Au-delà de cette période de trois années scolaires, le renouvellement de l'autorisation de travail à temps partiel doit faire l'objet d'une demande et d'une décision expresses. Les demandes d'octroi ou de renouvellement de l'autorisation d'assurer un service à temps partiel ainsi que les demandes de réintégration à temps plein prennent effet au 1er septembre. La demande des intéressés doit être présentée avant le 31 mars précédant l'ouverture de l'année scolaire, sauf dans le cas d'une réintégration à temps plein pour motif grave. – *[Décr. nº 82-624 du 20 juill. 1982, art. 2, al. 3.]*

Art. R. 911-6 Les personnels enseignants titulaires du second degré autorisés à travailler à temps partiel perçoivent des heures supplémentaires dans les conditions prévues par le décret nº 50-1253 du 6 octobre 1950 fixant les taux de rémunération des heures supplémentaires d'enseignement effectuées par les personnels enseignants des établissements d'enseignement du second degré et de l'enseignement technique, par les professeurs des écoles normales primaires et par les professeurs et les maîtres d'éducation physique et sportive lorsqu'ils effectuent exceptionnellement à leur demande, pour une période inférieure à la durée de l'année scolaire, des remplacements au-delà de la quotité de service à temps partiel qui leur est impartie.

Pour chaque mois, la rémunération de ces heures ne doit pas être supérieure au montant résultant de la différence entre le traitement mensuel net afférent à l'exercice à temps plein des fonctions et celui correspondant à la quotité de travail à temps partiel prévue à l'alinéa précédent. – *[Décr. nº 82-624 du 20 juill. 1982, art. 3 bis, al. 1er et 2.]*

§ 2 LE TEMPS PARTIEL SUR AUTORISATION

Art. R. 911-7 Les personnels relevant d'un régime d'obligations de service défini en heures hebdomadaires qui exercent dans les écoles du premier degré bénéficient du travail à temps partiel soit en accomplissant une durée hebdomadaire de service, organisée dans un cadre mensuel, égale à la moitié de la durée des obligations de service définies pour leur corps, soit en accomplissant un service hebdomadaire réduit de deux demi-journées par rapport à un service à temps complet. Ils peuvent également exercer selon une quotité de 80 % dans un cadre annuel sous réserve de l'intérêt du service.

Pour les personnels des établissements d'enseignement du second degré, qui, relevant d'un régime d'obligations de service défini en heures hebdomadaires, exercent à temps partiel, la durée du service est aménagée de façon à obtenir un nombre entier d'heures hebdomadaires, correspondant à la quotité de temps de travail choisie et qui ne peut correspondre à une quotité de travail inférieure à 50 % ou supérieure à 90 %. La durée de ce service à temps partiel peut être accomplie dans un cadre annuel sous réserve de l'intérêt du service. – *[Décr. nº 82-624 du 20 juill. 1982, art. 1er, al. 3 et 4.]*

§ 3 LE TEMPS PARTIEL DE DROIT

Art. R. 911-8 Par dérogation aux dispositions de l'article R. 911-5, pour les personnels enseignants, les personnels d'éducation et de documentation des écoles et des établissements d'enseignement ainsi que pour les personnels d'orientation en service dans les centres d'information et d'orientation, le bénéfice du temps partiel de droit pour raisons familiales peut être accordé en cours d'année scolaire à l'issue du congé de maternité, du congé d'adoption ou du congé de paternité prévus au 5º de l'article 34 de la loi nº 84-16 du 11 janvier 1984 portant dispositions statutaires relatives à la fonction publique de l'État ou du congé parental prévu à l'article 54 de la même loi, ou après la naissance ou l'arrivée au foyer de l'enfant adopté, ou lors de la survenance des événements prévus au cinquième alinéa de l'article 37 *bis* de la même loi. Sauf cas d'urgence, la demande doit être présentée au moins deux mois avant le début de la période d'exercice à temps partiel de droit. – *[Décr. nº 82-624 du 20 juill. 1982, art. 1er-3.]*

Art. R. 911-9 L'exercice d'un service à temps partiel accordé de droit est aménagé, pour les personnels relevant d'un régime d'obligations de service, dans les conditions suivantes :

1º Pour les personnels des établissements d'enseignement du second degré relevant d'un régime d'obligations de service défini en heures hebdomadaires, bénéficiant d'un temps partiel de droit, la durée du service est aménagée de façon à obtenir un nombre entier d'heures correspondant à la quotité de temps de travail choisie. La durée de ce service à temps partiel peut être accomplie dans un cadre annuel sous réserve de l'intérêt du service ;

2° Pour les personnels relevant d'un régime d'obligations de service exerçant leurs activités dans les écoles du premier degré, bénéficiant d'un temps partiel de droit, la durée du service hebdomadaire est aménagée de façon à obtenir un nombre entier de demi-journées hebdomadaires correspondant à la quotité de temps de travail choisie. Les intéressés effectuent un service réduit d'au moins deux demi-journées par rapport à un temps complet. La durée de ce service à temps partiel peut être accomplie dans un cadre annuel sous réserve de l'intérêt du service.

La rémunération est calculée dans les conditions prévues au premier alinéa de l'article 40 de la loi n° 84-16 du 11 janvier 1984 portant dispositions statutaires relatives à la fonction publique de l'État, sauf si les règles d'aménagement des horaires définies dans le présent article conduisent la quotité de temps de travail des intéressés à dépasser 80 %. La rémunération est alors calculée dans les conditions prévues à l'article 1er du décret n° 82-624 du 20 juillet 1982 fixant les modalités d'application pour les fonctionnaires de l'ordonnance n° 82-296 du 31 mars 1982 relative à l'exercice des fonctions à temps partiel. – *[Décr. n° 82-624 du 20 juill. 1982, art. 1er-5.]*

§ 4 LE TEMPS PARTIEL ANNUALISÉ

Art. D. 911-10 Les dispositions du décret n° 2002-1072 du 7 août 2002 relatif au temps partiel annualisé dans la fonction publique de l'État sont applicables aux personnels relevant du ministre chargé de l'éducation sous réserve des dispositions de l'article R. 911-11.

Art. R. 911-11 Pour les personnels exerçant leurs fonctions dans les écoles et les établissements d'enseignement, l'autorisation est donnée pour l'année scolaire.

Pour ces personnels la demande d'autorisation d'assurer un service à temps partiel annuel doit être présentée avant le 31 mars précédant l'ouverture de l'année scolaire. – *[Décr. n° 2002-1072 du 7 août 2002, art. 2, al. 3 et 4.]*

SOUS-SECTION 2 L'ADAPTATION DU POSTE DE TRAVAIL

Art. R. 911-12 Les personnels enseignants des premier et second degrés et les personnels d'éducation et d'orientation titulaires appartenant aux corps des professeurs des écoles, des instituteurs, des professeurs certifiés, des professeurs agrégés, des professeurs d'éducation physique et sportive, des chargés d'enseignement d'éducation physique et sportive, des professeurs de lycée professionnel, des adjoints d'enseignement, des professeurs d'enseignement général de collège, des conseillers d'orientation-psychologues et des conseillers principaux d'éducation, lorsqu'ils sont confrontés à une altération de leur état de santé, peuvent solliciter un aménagement de leur poste de travail ou une affectation sur un poste adapté, dans les conditions prévues aux articles R. 911-15 à R. 911-30. – *[Décr. n° 2007-632 du 27 avr. 2007, art. 1er.]*

Art. R. 911-13 Un fonctionnaire peut, sur sa demande, bénéficier de l'aménagement du poste adapté auquel il est affecté. – *[Décr. n° 2007-632 du 27 avr. 2007, art. 2.]*

Art. R. 911-14 La décision relève de la compétence du recteur pour les personnels du second degré et de celle du directeur académique des services de l'éducation nationale agissant sur délégation du recteur d'académie pour les personnels du premier degré. – *[Décr. n° 2007-632 du 27 avr. 2007, art. 3.]*

§ 1er L'AMÉNAGEMENT DU POSTE DE TRAVAIL

Art. R. 911-15 L'aménagement du poste de travail est destiné à permettre le maintien en activité des personnels mentionnés à l'article R. 911-12 dans le poste occupé ou, dans le cas d'une première affectation ou d'une mutation, à faciliter leur intégration dans un nouveau poste. – *[Décr. n° 2007-632 du 27 avr. 2007, art. 4.]*

Art. R. 911-16 Préalablement à toute décision d'aménagement du poste de travail, l'autorité compétente recueille l'avis du médecin conseiller technique ou du médecin de prévention et celui du supérieur hiérarchique du demandeur. – *[Décr. n° 2007-632 du 27 avr. 2007, art. 5.]*

Art. R. 911-17 En cas de décision favorable de l'autorité compétente, les modalités de l'aménagement du poste de travail sont mises en œuvre par le supérieur hiérarchique de ce fonctionnaire. – *[Décr. nº 2007-632 du 27 avr. 2007, art. 6.]*

Art. R. 911-18 L'aménagement du poste de travail peut consister, notamment, en une adaptation des horaires ou en un allégement de service, attribué au titre de l'année scolaire, dans la limite maximale du tiers des obligations réglementaires de service du fonctionnaire qui en bénéficie. – *[Décr. nº 2007-632 du 27 avr. 2007, art. 7.]*

§ 2 L'AFFECTATION SUR UN POSTE ADAPTÉ

Art. R. 911-19 L'affectation sur un poste adapté est destinée à permettre aux personnels mentionnés à l'article R. 911-12 de recouvrer, au besoin par l'exercice d'une activité professionnelle différente, la capacité d'assurer la plénitude des fonctions prévues par leur statut particulier ou de préparer une réorientation professionnelle.

Elle est de courte ou de longue durée en fonction de leur état de santé. – *[Décr. nº 2007-632 du 27 avr. 2007, art. 8.]*

Art. R. 911-20 La demande d'affectation sur un poste adapté s'accompagne de la présentation par le fonctionnaire, avec le concours des services académiques, d'un projet professionnel. Ce projet peut prévoir l'accomplissement d'une formation professionnelle. – *[Décr. nº 2007-632 du 27 avr. 2007, art. 9.]*

Art. R. 911-21 Préalablement à toute décision d'octroi ou de renouvellement d'affectation sur un poste adapté, l'autorité compétente recueille l'avis du médecin conseiller technique ou du médecin de prévention et consulte la commission administrative paritaire compétente. – *[Décr. nº 2007-632 du 27 avr. 2007, art. 10.]*

Art. R. 911-22 L'affectation sur un poste adapté de courte durée est prononcée pour une durée d'un an, renouvelable pour une durée égale, dans la limite maximale de trois ans.

L'affectation sur un poste adapté de longue durée est prononcée pour une durée de quatre ans renouvelable. – *[Décr. nº 2007-632 du 27 avr. 2007, art. 11.]*

Art. R. 911-23 Les décisions d'affectation sur un poste adapté sont prononcées préalablement aux opérations annuelles de mutation des personnels des corps considérés. – *[Décr. nº 2007-632 du 27 avr. 2007, art. 12.]*

Art. R. 911-24 Les personnels affectés sur un poste adapté peuvent, en fonction de leur projet professionnel, exercer leurs fonctions dans tout service ou établissement relevant des ministres chargés de l'éducation ou de l'enseignement supérieur.

Pour une affectation sur un poste adapté de courte durée, ils peuvent également exercer leurs fonctions, dans le cadre d'une mise à disposition, auprès d'un organisme ou d'une autre administration. – *[Décr. nº 2007-632 du 27 avr. 2007, art. 13.]*

Art. R. 911-25 Tout fonctionnaire affecté sur un poste adapté continue à relever de l'autorité administrative dont il dépendait avant cette affectation et bénéficie, au sein de son académie d'origine, d'un suivi professionnel et médical.

Toutefois, il est placé sous l'autorité fonctionnelle du responsable du service dans lequel il exerce ses fonctions. – *[Décr. nº 2007-632 du 27 avr. 2007, art. 14.]*

Art. R. 911-26 Le fonctionnaire affecté sur un poste adapté est soumis aux obligations réglementaires de service correspondant au nouvel emploi occupé.

Toutefois, son poste de travail peut être aménagé après exécution des formalités prévues à l'article R. 911-16.

Il peut bénéficier à ce titre d'un allégement de service, dans la limite maximale de la moitié de ses obligations réglementaires de service. – *[Décr. nº 2007-632 du 27 avr. 2007, art. 15.]*

Art. R. 911-27 En cas de renouvellement de l'affectation sur un poste adapté, le fonctionnaire peut, en fonction de sa situation et de son projet professionnel, être affecté dans un autre service dans les conditions prévues tant au premier qu'au second alinéa de l'article R. 911-24. – *[Décr. nº 2007-632 du 27 avr. 2007, art. 16.]*

Art. R. 911-28 A l'expiration de la période d'affectation sur un poste adapté, le fonctionnaire, si son état de santé le permet, reçoit une nouvelle affectation dans le cadre des opérations annuelles de mutation de son corps d'origine ou, le cas échéant, est reclassé dans les conditions prévues à l'article 63 de la loi n° 84-16 du 11 janvier 1984 modifiée portant dispositions statutaires relatives à la fonction publique de l'État. – *[Décr. n° 2007-632 du 27 avr. 2007, art. 17.]*

Art. R. 911-29 Pour les personnels qui ont bénéficié d'un emploi de réadaptation, la durée passée dans cet emploi est prise en compte pour le calcul de la durée maximale prévue au premier alinéa de l'article R. 911-22. – *[Décr. n° 2007-632 du 27 avr. 2007, art. 18, al. 1er.]*

Art. R. 911-30 Les dispositions des articles R. 911-12 à R. 911-29, à l'exception de l'article R. 911-25, ne sont pas applicables aux personnels ayant bénéficié, en raison de leur état de santé, d'un arrêté ministériel d'affectation au Centre national d'enseignement à distance prenant effet, au plus tard, au 30 octobre 2006. – *[Décr. n° 2007-632 du 27 avr. 2007, art. 19.]*

SOUS-SECTION 3 LES OBLIGATIONS

§ 1er L'OBLIGATION DE PARTICIPER AUX JURYS

Art. D. 911-31 Est considéré comme charge normale d'emploi l'obligation, pour les personnels des établissements d'enseignement relevant du ministère de l'éducation nationale, de participer aux jurys des examens et concours pour lesquels ils sont qualifiés par leurs titres ou emplois. – *[Décr. du 17 déc. 1933, art. 1er, al. 1er.]*

§ 2 LES ASTREINTES

Art. D. 911-32 L'ensemble des personnels ingénieurs, administratifs, techniques, sociaux et de santé ainsi que les personnels chargés de fonctions d'encadrement, lorsqu'ils exercent dans les services déconcentrés ou dans les établissements relevant des ministres chargés de l'éducation nationale et de l'enseignement supérieur, à l'exception des services centraux, peut être appelé à participer à un service d'astreinte. – *[Décr. n° 2002-79 du 15 janv. 2002, art. 1er.]*

Art. D. 911-33 Les personnels appelés à participer à un service d'astreinte peuvent bénéficier d'une compensation en temps. – *[Décr. n° 2002-79 du 15 janv. 2002, art. 2.]*

Art. D. 911-34 Les temps d'astreinte des personnels logés par nécessité absolue de service ne donnent pas lieu à compensation. – *[Décr. n° 2002-79 du 15 janv. 2002, art. 3.]*

Art. D. 911-35 La récupération s'opère au plus tard dans le trimestre suivant l'accomplissement du temps d'astreinte et du temps d'intervention, sous réserve des nécessités du service. Les conditions et le niveau de leur compensation sont fixés par arrêté du ministre chargé de l'éducation et du ministre chargé de la fonction publique. – *[Décr. n° 2002-79 du 15 janv. 2002, art. 4.]*

SECTION IV LE PLACEMENT EN CONGÉ D'OFFICE

Art. R. 911-36 Lorsque le directeur académique des services de l'éducation nationale agissant sur délégation du recteur d'académie estime, sur le vu d'une attestation médicale ou sur le rapport des supérieurs hiérarchiques d'un fonctionnaire, que celui-ci, par son état physique ou mental, fait courir aux enfants un danger immédiat, il peut le mettre pour un mois en congé d'office avec traitement intégral. Pendant ce délai, il réunit le comité médical en vue de provoquer son avis sur la nécessité d'un congé de plus longue durée. – *[Décr. du 29 juill. 1921, art. 4.]*

SECTION V LE DÉTACHEMENT AUPRÈS D'UNE ENTREPRISE

Art. R. 911-37 Aux fins de favoriser la mobilité vers les entreprises, les membres des corps de personnel d'éducation, d'orientation et d'enseignement en fonctions dans une école ou dans un établissement d'enseignement du second degré peuvent, sur leur demande, et après avis de la commission administrative compétente, être détachés auprès d'une entreprise publique ou privée pour exercer des activités liées à leurs compétences pédagogiques ou à la nature de leur enseignement. – *[Décr. n° 85-986 du 16 sept. 1985, art. 35.]*

Art. R. 911-38 Le détachement des fonctionnaires mentionnés à l'article R. 911-37 est prononcé par arrêté du ministre dont ils relèvent.

Le détachement ne peut intervenir qu'après signature d'une convention passée entre le ministre dont ils relèvent et l'entreprise, qui définit la nature des activités confiées aux fonctionnaires, leurs conditions d'emploi et les modalités du contrôle et de l'évaluation desdites activités. Cette convention, visée par le contrôleur budgétaire, définit la nature et le niveau des activités confiées au fonctionnaire, ses conditions d'emploi et de rémunération, les modalités d'appel de retenues pour pension ainsi que les modalités du contrôle et de l'évaluation desdites activités. – *[Décr. n° 85-986 du 16 sept. 1985, art. 36.]*

Art. R. 911-39 Sans préjudice des dispositions du code pénal relatives à la prise illégale d'intérêts, le détachement dans une entreprise ne peut être prononcé que si les intéressés n'ont pas été chargés, au cours des trois dernières années, soit d'exercer un contrôle sur cette entreprise, soit de participer à l'élaboration ou à la passation de marchés ou de contrats avec elle. – *[Décr. n° 85-986 du 16 sept. 1985, art. 37.]*

Art. R. 911-40 Le détachement des fonctionnaires mentionnés à l'article R. 911-37 est prononcé pour une période maximale de deux années renouvelables deux fois, sans que la durée de ce détachement ne puisse excéder au total six années pour l'ensemble de la carrière.

La période de détachement doit coïncider avec les limites de l'année scolaire. – *[Décr. n° 85-986 du 16 sept. 1985, art. 38.]*

Art. R. 911-41 Les dispositions des articles 22, 23, 24, 31, 32 et 34 du décret n° 85-986 du 16 septembre 1985 relatif au régime particulier de certaines positions des fonctionnaires de l'État et à certaines modalités de mise à disposition et de cessation définitive de fonctions s'appliquent aux détachements prononcés en application des articles R. 911-37 à R. 911-40. – *[Décr. n° 85-986 du 16 sept. 1985, art. 39.]*

SECTION VI LES PERSONNELS DES ÉTABLISSEMENTS D'ENSEIGNEMENT FRANÇAIS À L'ÉTRANGER

SOUS-SECTION 1 LES PERSONNELS DÉTACHÉS AUPRÈS DE L'AGENCE POUR L'ENSEIGNEMENT FRANÇAIS À L'ÉTRANGER

Art. D. 911-42 Les articles D. 911-43 à D. 911-52 fixent les modalités relatives à la situation administrative des fonctionnaires relevant de la loi n° 83-634 du 13 juillet 1983 portant droits et obligations des fonctionnaires, placés en position de détachement pour servir dans les établissements situés à l'étranger suivants :

1° Établissements d'enseignement dépendant du ministère des affaires étrangères en application des articles D. 452-1 et suivants relatifs à l'administration et au fonctionnement de l'Agence pour l'enseignement français à l'étranger et du décret n° 79-1016 du 28 novembre 1979 relatif à l'administration et au fonctionnement de l'office universitaire et culturel français pour l'Algérie ;

2° Établissements ayant passé une convention administrative, financière et pédagogique avec l'Agence pour l'enseignement français à l'étranger ;

3° Établissements dont le fonctionnement en matière administrative, financière et pédagogique a fait l'objet d'un traité ou accord international.

La liste de ces établissements est arrêtée conjointement par le ministre des affaires étrangères et le ministre chargé du budget.

Les modalités de calcul des émoluments de ces fonctionnaires sont fixées par le décret n° 2002-22 du 4 janvier 2002 relatif à la situation administrative et financière des personnels des établissements d'enseignement français à l'étranger. – *[Décr. n° 2002-22 du 4 janv. 2002, art. 1er.]*

Art. D. 911-43 Ces fonctionnaires sont détachés auprès de l'Agence pour l'enseignement français à l'étranger pour servir, à l'étranger, dans le cadre d'un contrat qui précise la qualité de résident ou d'expatrié, la nature de l'emploi et les fonctions exercées, la durée pour laquelle il est conclu et les conditions de son renouvellement. Les types de contrat sont arrêtés par le directeur de l'agence après consultation du comité technique. Pour les expatriés, le contrat est accompagné d'une lettre qui précise leur mission.

Les personnels expatriés sont recrutés par l'agence, après avis de la commission consultative paritaire centrale compétente, hors du pays d'affectation, sur des postes dont la liste limitative est fixée chaque année par le directeur de l'agence.

Les personnels résidents sont recrutés par l'agence sur proposition du chef d'établissement, le cas échéant après avis de la commission consultative paritaire locale compétente de l'agence.

Sont considérés comme personnels résidents les fonctionnaires établis dans le pays depuis trois mois au moins à la date d'effet du contrat.

Sont également considérés comme résidents les fonctionnaires qui, pour suivre leur conjoint ou leur partenaire avec lequel ils sont liés par un pacte civil de solidarité, résident dans le pays d'exercice ou de résidence de ce conjoint ou de ce partenaire. – *[Décr. n° 2002-22 du 4 janv. 2002, art. 2.]*

Art. D. 911-44 Sont également employés et rémunérés par l'Agence pour l'enseignement français à l'étranger, dans les conditions prévues par le décret n° 2000-1159 du 30 novembre 2000 pris pour l'application des dispositions du code du service national relatives aux volontariats civils et par le décret n° 2000-1161 du 30 novembre 2000 fixant le régime des congés annuels des volontaires civils, les volontaires civils exerçant leur activité auprès des établissements mentionnés à l'article D. 911-42. – *[Décr. n° 2002-22 du 4 janv. 2002, art. 3.]*

Art. D. 911-45 L'exercice de toute activité rémunérée sortant du cadre de la mission qui leur est confiée à l'étranger est interdit aux agents régis par les articles D. 911-42 à D. 911-52 et le décret n° 2002-22 du 4 janvier 2002 relatif à la situation administrative et financière des personnels des établissements d'enseignement français à l'étranger.

Des dérogations à cette règle telles que prévues par la réglementation en vigueur sur les cumuls peuvent être accordées, sur proposition motivée du chef de poste diplomatique ou consulaire, par décision du directeur de l'Agence pour l'enseignement français à l'étranger. – *[Décr. n° 2002-22 du 4 janv. 2002, art. 8.]*

Art. D. 911-46 La présence au poste est la situation de l'expatrié qui, affecté dans un établissement situé dans un pays étranger, occupe effectivement son poste à plein temps, y compris les décharges de service légales ou réglementaires. Elle est constatée par le chef de poste diplomatique ou consulaire. – *[Décr. n° 2002-22 du 4 janv. 2002, art. 10, al. 1er.]*

Art. D. 911-47 L'instance d'affectation, dont la durée maximale est de soixante jours, est la situation dans laquelle se trouve l'expatrié qui, n'étant plus présent au poste et ayant épuisé ses droits à congé, n'a pas encore pris son service à la suite d'une nouvelle décision d'affectation. Dans le cas d'une première affectation à l'étranger, l'agent est placé en instance d'affectation à compter de la date d'effet de la décision d'affectation.

La durée de l'instance d'affectation peut, pour les nécessités du service, être prolongée par décision du directeur de l'Agence pour l'enseignement français à l'étranger. – *[Décr. n° 2002-22 du 4 janv. 2002, art. 11, al. 1er et 2.]*

Art. D. 911-48 L'appel par ordre est la situation de l'agent expatrié qui, affecté dans un établissement situé dans un pays étranger, est appelé en France par décision du directeur de l'agence. – *[Décr. n° 2002-22 du 4 janv. 2002, art. 12, al. 1er.]*

Art. D. 911-49 L'appel spécial est la situation de l'agent expatrié qui, en raison de la situation politique ou des circonstances locales appréciées par le ministre des affaires étrangères, reçoit instruction de quitter le pays étranger où il est affecté ou de ne pas y retourner.

L'agent expatrié auquel le chef de mission diplomatique a donné l'ordre de quitter sans délai le pays étranger où il est affecté, en application de l'article 9 du décret n° 79-433 du 1er juin 1979 relatif aux pouvoirs des ambassadeurs et à l'organisation des services de l'État à l'étranger, peut être placé dans cette situation.

Dans la situation d'appel spécial, l'agent est à la disposition de l'administration auprès de laquelle il est détaché. Cette dernière peut mettre fin à cette situation à tout moment. – *[Décr. n° 2002-22 du 4 janv. 2002, art. 13, al. 1er, 9 et 10.]*

Art. D. 911-50 En période de congés administratifs, l'agent expatrié perçoit l'intégralité des rémunérations prévues en situation de présence au poste. Le rythme et la nature de ces congés sont fixés par arrêté du ministre des affaires étrangères et du ministre chargé du budget. – *[Décr. n° 2002-22 du 4 janv. 2002, art. 14.]*

Art. D. 911-51 L'agent peut, dans les conditions prévues par l'article 30 de la loi n° 83-634 du 13 juillet 1983 portant droits et obligations des fonctionnaires, être suspendu par le directeur de l'agence. L'agent suspendu conserve son traitement, l'indemnité prévue (expatriation ou spécifique), les majorations ou avantages familiaux. Sa situation doit être définitivement réglée dans un délai de quatre mois.

Si, à l'expiration de ce délai, aucune décision n'a été prise par le directeur de l'agence, l'intéressé, sauf s'il fait l'objet de poursuites pénales, est rétabli dans ses fonctions. L'agent qui, en raison de poursuites pénales, n'est pas rétabli dans ses fonctions est remis à disposition de son administration d'origine. – *[Décr. n° 2002-22 du 4 janv. 2002, art. 16.]*

Art. D. 911-52 Il peut être mis fin de manière anticipée au contrat d'un personnel résident ou expatrié sur décision du directeur de l'agence après consultation des commissions consultatives paritaires compétentes de l'Agence pour l'enseignement français à l'étranger. – *[Décr. n° 2002-22 du 4 janv. 2002, art. 17.]*

SOUS-SECTION 2 LES PERSONNELS DES ÉTABLISSEMENTS D'ENSEIGNEMENT FRANÇAIS EN PRINCIPAUTÉ D'ANDORRE

Art. D. 911-53 Peuvent être affectés dans les établissements d'enseignement français de la Principauté d'Andorre les personnels de l'enseignement public de toutes catégories relevant du ministre français de l'éducation nationale, de nationalité française ou andorrane, dans les conditions fixées par la convention du 24 septembre 2003 entre le Gouvernement de la République française et le Gouvernement de la Principauté d'Andorre dans le domaine de l'enseignement. – *[Décr. n° 96-751 du 14 août 1996, art. 1er.]*

Art. D. 911-54 Les nominations en Andorre des agents titulaires ou stagiaires visés à l'article D. 911-53 sont prononcées par le ministre français chargé de l'éducation, après avis de la commission nationale d'affectation prévue à l'annexe I de la convention du 24 septembre 2003 mentionnée à l'article D. 911-53, comprenant :

1° Le délégué à l'enseignement en Principauté d'Andorre ;

2° Un représentant du coprince d'Andorre ;

3° Dix représentants du ministre de la République française chargé de l'éducation nationale ;

4° Dix représentants des personnels désignés sur proposition des organisations syndicales des personnels de l'éducation nationale les plus représentatives.

Les règles relatives au fonctionnement de cette commission et à la désignation des représentants des personnels sont arrêtées par le ministre de la République française chargé de l'éducation. – *[Décr. n° 96-751 du 14 août 1996, art. 2.]*

Art. D. 911-55 Le territoire de la Principauté d'Andorre est considéré du point de vue du mouvement et de la gestion des personnels de l'éducation nationale comme une circonscription particulière.

La gestion des agents nommés en Andorre dans les conditions prévues à l'article D. 911-53 demeure assurée par l'autorité administrative qui en avait la charge avant cette nouvelle affectation.

Le remboursement des frais engagés par les personnels affectés en Andorre s'effectue selon les modalités de remboursement des frais engagés par les personnels civils de l'État à l'occasion de leurs déplacements. – *[Décr. n° 96-751 du 14 août 1996, art. 3.]*

Art. D. 911-56 Lors de la cessation des fonctions en Andorre, les agents sont remis à la disposition de leur académie ou département d'origine. – *[Décr. n° 96-751 du 14 août 1996, art. 4.]*

Art. D. 911-57 Le procès-verbal d'installation en Andorre des instituteurs et des professeurs des écoles est signé par le délégué à l'enseignement. – *[Décr. n° 96-751 du 14 août 1996, art. 5.]*

SECTION VII LES PERSONNELS APPORTANT LEUR CONCOURS À L'ENSEIGNEMENT

SOUS-SECTION 1 LES ENSEIGNEMENTS ARTISTIQUES DU PREMIER ET DU SECOND DEGRÉ

Art. R. 911-58 Les personnes mentionnées à l'article L. 911-6 peuvent, dans les conditions précisées aux articles R. 911-58 à R. 911-61, apporter leur concours aux enseignements artistiques lorsqu'ils sont dispensés dans les établissements scolaires des premier et second degrés.

Ce concours s'exerce sous la responsabilité pédagogique des personnels enseignants en ce qui concerne le contenu des enseignements artistiques, les méthodes d'enseignement et l'appréciation des travaux auxquels ils peuvent donner lieu. – *[Décr. n° 88-709 du 6 mai 1988, art. 1er et 2.]*

Art. R. 911-59 Le concours des personnes mentionnées à l'article R. 911-58 relève d'un programme d'enseignement ou d'un projet engagé par l'établissement ou l'école. Ces personnes sont associées à la conception de ce projet.

(Décr. n° 2019-838 du 19 août 2019, art. 7) « Le chef de l'établissement ou le directeur de l'école les autorise à intervenir dans l'établissement ou l'école sur la proposition de l'enseignant responsable des enseignements ou activités concernés ou après avoir recueilli son avis. »

Art. R. 911-60 Peuvent apporter leur collaboration aux enseignements et activités artistiques :

1° Les personnes qui exercent ou ont exercé une activité professionnelle pendant une durée d'au moins trois ans dans les domaines de la création ou de l'expression artistique, de l'histoire de l'art ou de la conservation du patrimoine. Le délai entre la dernière période d'exercice professionnel et le début de l'année scolaire au titre de laquelle l'intervention est envisagée ne peut être supérieur à deux ans ;

2° Les titulaires des diplômes d'enseignement supérieur dont la liste est fixée par arrêté du ministre chargé de l'éducation, du ministre chargé de la culture et du ministre chargé de l'architecture, s'ils ont exercé une activité professionnelle dans les domaines énumérés à l'alinéa précédent pendant au moins deux ans avant le début de l'année scolaire au titre de laquelle ils interviennent ;

3° Les titulaires d'un diplôme préparant directement à l'intervention en milieu scolaire dans les disciplines artistiques.

La compétence professionnelle des personnes mentionnées aux 1° et 2° est vérifiée selon des modalités fixées par arrêté du ministre chargé de l'éducation, du ministre chargé de la culture et du ministre chargé de l'architecture. – *[Décr. n° 88-709 du 6 mai 1988, art. 4.]*

Art. R. 911-61 Les personnes morales peuvent passer avec l'autorité académique des conventions aux fins définies à l'article R. 911-58.

Ces conventions mentionnent les personnes auxquelles il est fait appel, dans les conditions définies à l'article R. 911-60 et la nature des activités auxquelles elles apportent leur concours.

Les modalités de ces conventions sont fixées par arrêté du ministre chargé de l'éducation nationale, du ministre chargé de la culture et du ministre chargé de l'architecture. – *[Décr. n° 88-709 du 6 mai 1988, art. 5.]*

SOUS-SECTION 2 LES AUTRES CONCOURS

Art. D. 911-62 Les dispositions relatives aux personnels apportant leur concours à l'enseignement sont fixées par le décret n° 2004-986 du 16 septembre 2004 relatif aux vacations susceptibles d'être allouées à certains personnels non enseignants apportant leur concours au fonctionnement des groupements d'établissements, des centres de formation d'apprentis ouverts dans les établissements publics locaux d'enseignement ou à l'exécution de certaines conventions.

SECTION VIII L'ORDRE DES PALMES ACADÉMIQUES

Art. D. 911-63 L'ordre des Palmes académiques est destiné à honorer les mérites des personnels relevant du ministère de l'éducation nationale.

Parmi ceux qui n'en relèvent pas, il peut également distinguer les personnes qui rendent des services importants au titre de l'une des activités de l'éducation et les personnalités éminentes qui apportent une contribution exceptionnelle à l'enrichissement du patrimoine culturel. – *[Décr. nº 55-1323 du 4 oct. 1955, art. 1er et 2.]*

Art. D. 911-64 L'ordre des Palmes académiques comprend les trois grades suivants : chevalier, officier, commandeur. – *[Décr. nº 55-1323 du 4 oct. 1955, art. 3.]*

Art. D. 911-65 Les nominations et promotions ont lieu chaque année à l'occasion du 1er janvier et du 14 juillet par décret pris sur la proposition du ministre chargé de l'éducation, publié au *Bulletin officiel* des décorations, médailles et récompenses.

En dehors de ces nominations et promotions annuelles, il ne peut être accordé de nominations ou de promotions dans l'ordre qu'en cas de circonstances exceptionnelles ayant affecté le service public de l'éducation ou à l'occasion de cérémonies ou de manifestations concernant une activité de l'éducation et présidées par un membre du Gouvernement ou son représentant. Les décorations attribuées à cette occasion sont prélevées sur le contingent fixé à l'article D. 911-67. – *[Décr. nº 55-1323 du 4 oct. 1955, art. 4.]*

Art. D. 911-66 Un certificat est envoyé aux récipiendaires à l'occasion de leur nomination ou de leur promotion dans l'ordre des Palmes académiques.

(Décr. nº 2018-765 du 29 août 2018, art. 1er) « La décoration correspondant au grade peut être portée dès la signature du décret de nomination ou de promotion.

« Une remise de décoration peut toutefois être organisée et se dérouler dans un lieu public ou privé, au cours d'une cérémonie officielle ou dans un cercle restreint, avec la dignité qu'exige le prestige de l'ordre. Celle-ci est présidée par un membre de l'ordre des Palmes académiques, titulaire d'un grade au moins égal à celui du récipiendaire, ou par une personne titulaire des fonctions dont la liste est fixée par arrêté du ministre chargé de l'éducation nationale. La remise de décoration est faite par le président qui appelle le récipiendaire par son nom et lui remet l'insigne en disant : "Au nom du ministre de l'éducation nationale, nous vous faisons chevalier (ou officier ou commandeur) dans l'ordre des Palmes académiques." »

Art. D. 911-67 *(Décr. nº 2018-765 du 29 août 2018, art. 2)* Les nominations et promotions dans l'ordre des Palmes académiques sont prononcées dans la limite d'un contingent annuel de 4 547 chevaliers, 1 523 officiers et 280 commandeurs, soit un contingent global annuel de 6 350.

Des arrêtés du ministre chargé de l'éducation nationale fixent la répartition de ce contingent par académie et par département.

Les décorations attribuées aux membres de droit mentionnés aux articles D. 911-69 et D. 911-72 ne sont pas imputées sur ce contingent global annuel.

Art. D. 911-68 Pour être nommé chevalier, il faut jouir de ses droits civils et justifier de dix ans au moins de services ou d'activités assortis de mérites distingués. Pour être promu officier, il faut justifier de cinq ans au moins dans le grade de chevalier.

Pour être promu commandeur, il faut justifier de trois ans au moins dans le grade d'officier.

Un avancement dans l'ordre récompense des mérites nouveaux et non des mérites déjà récompensés. – *[Décr. nº 55-1323 du 4 oct. 1955, art. 6.]*

Art. D. 911-69 Il peut être dérogé, sur avis favorable du conseil de l'ordre des Palmes académiques, aux conditions de durée de services ou d'ancienneté prévues à l'article D. 911-68 pour les candidats justifiant de titres exceptionnels, s'étant illustrés de façon remarquable par les services rendus à l'enseignement, ou ayant rendu ces services dans des conditions particulièrement difficiles.

Les recteurs d'académie sont commandeurs de droit. – *[Décr. nº 55-1323 du 4 oct. 1955, art. 7.]*

Art. D. 911-70 Peuvent être nommées ou promues dans l'ordre des Palmes académiques, dans un délai d'un mois, les personnes relevant du ministère de l'éducation nationale tuées ou blessées dans l'accomplissement de leur devoir et qui sont reconnues dignes de recevoir cette distinction. – *[Décr. nº 55-1323 du 4 oct. 1955, art. 8.]*

Art. D. 911-71 Les étrangers peuvent recevoir une distinction dans l'ordre des Palmes académiques.

Les étrangers appartenant au personnel relevant du ministère de l'éducation nationale sont soumis aux conditions déterminées dans la présente sous-section. Les décorations attribuées à ce titre sont imputées sur le contingent fixé à l'article D. 911-67.

Les étrangers n'appartenant pas au personnel relevant du ministère de l'éducation nationale peuvent, sur avis favorable du conseil de l'ordre, être admis directement et sans conditions d'ancienneté à tous les grades en considération de leur personnalité et des services rendus, par dérogation aux dispositions des articles D. 911-68 et D. 911-69. *(Décr. nº 2018-765 du 29 août 2018, art. 3)* « Les décorations attribuées à ce titre relèvent d'un contingent propre qui ne doit pas, annuellement et tous grades confondus, être supérieur à 5 % du contingent global annuel fixé à l'article D. 911-67. »

Art. D. 911-72 Le conseil de l'ordre des Palmes académiques, placé auprès du ministre chargé de l'éducation et dont les membres sont commandeurs de droit, comprend :

1° Le ministre chargé de l'éducation, président ;

2° Un membre du conseil de l'ordre de la Légion d'honneur nommé par le ministre chargé de l'éducation sur la proposition du grand chancelier de la Légion d'honneur ;

(Décr. nº 2021-547 du 3 mai 2021, art. 1er) « 3° Le secrétaire général, les directeurs généraux et les directeurs de l'administration centrale du ministère chargé de l'éducation ; »

(Décr. nº 2020-1677 du 23 déc. 2020, art. 1er) « 4° Le chef de l'inspection générale de l'éducation, du sport et de la recherche ».

En l'absence du ministre chargé de l'éducation, la présidence du conseil de l'ordre est assurée par l'un de ses membres désigné par le ministre.

Les autres membres du conseil de l'ordre peuvent s'y faire représenter par un membre de l'ordre des Palmes académiques.

Les avis du conseil sont émis à la majorité. En cas de partage égal, la voix du président est prépondérante.

Le chef du bureau du cabinet du ministre chargé de l'éducation assure le secrétariat du conseil de l'ordre.

Art. D. 911-73 Le conseil de l'ordre des Palmes académiques donne son avis sur les nominations et promotions dans l'ordre. Il veille à l'observation des statuts et règlements de l'ordre. Il est consulté chaque fois que le ministre juge utile de modifier les statuts et règlements de l'ordre. – *[Décr. nº 55-1323 du 4 oct. 1955, art. 11.]*

Art. D. 911-74 Les membres de l'ordre des Palmes académiques ayant commis un acte contre l'honneur, que cet acte ait été ou non l'objet de poursuites devant les tribunaux, ou qui ont subi une condamnation définitive à une peine correctionnelle, sont passibles des peines disciplinaires suivantes :

1° La suspension ;

2° L'exclusion. – *[Décr. nº 55-1323 du 4 oct. 1955, art. 12.]*

Art. D. 911-75 Le ministre chargé de l'éducation, saisi d'une plainte ou d'un rapport contre un membre de l'ordre des Palmes académiques, fait procéder à une enquête. Il décide, s'il y a lieu, d'y donner suite.

L'intéressé est averti de l'ouverture d'une action disciplinaire à son encontre. Il lui est donné connaissance des pièces de son dossier. Il est à cette occasion invité à produire, dans un délai qui ne peut être inférieur à un mois, ses explications et sa défense au moyen d'un mémoire.

L'intéressé peut être entendu, à sa demande, par le conseil de l'ordre. Il peut être assisté par la personne de son choix. – *[Décr. nº 55-1323 du 4 oct. 1955, art. 13.]*

Art. D. 911-76 Lorsque, devant la gravité des faits reprochés au membre de l'ordre des Palmes académiques, le ministre chargé de l'éducation estime que celui-ci ne saurait profiter des délais que nécessite l'instruction de sa cause pour continuer à se prévaloir de son titre de membre de l'ordre des Palmes académiques, il propose au conseil de l'ordre la suspension provisoire immédiate du membre de l'ordre en cause, sans préjudice de la décision définitive qui sera prise à l'issue de la procédure disciplinaire. Cette mesure, prononcée à titre conservatoire, sur avis conforme du conseil de l'ordre, fait l'objet d'un arrêté du ministre chargé de l'éducation publié au *Bulletin officiel* des décorations, médailles et récompenses. – *[Décr. n° 55-1323 du 4 oct. 1955, art. 14.]*

Art. D. 911-77 Le conseil de l'ordre des Palmes académiques émet un avis sur la mesure disciplinaire à prendre. L'exclusion est valablement proposée à la majorité des deux tiers, par dérogation aux dispositions de l'article D. 911-72.

Les sanctions sont prononcées sur l'avis conforme du conseil de l'ordre par décret pris sur la proposition du ministre chargé de l'éducation, publié au *Bulletin officiel* des décorations, médailles et récompenses. – *[Décr. n° 55-1323 du 4 oct. 1955, art. 15.]*

Art. D. 911-78 Sont exclues de plein droit de l'ordre des Palmes académiques :

1° Les personnes qui ont fait l'objet d'une condamnation définitive pour crime ;

2° Celles condamnées par jugement définitif à une peine d'emprisonnement sans sursis égale ou supérieure à un an.

Mention de cette exclusion de plein droit est faite au *Bulletin officiel* des décorations, médailles et récompenses. – *[Décr. n° 55-1323 du 4 oct. 1955, art. 16.]*

Art. D. 911-79 Lorsqu'un titulaire de l'ordre souhaite renoncer à sa qualité de membre de l'ordre des Palmes académiques, il adresse une demande écrite au ministre de l'éducation nationale, en y joignant son certificat. L'enregistrement de cette lettre emporte, de droit, le retrait. – *[Décr. n° 55-1323 du 4 oct. 1955, art. 16-1.]*

Art. D. 911-80 Les autorités préfectorales et académiques qui sont informées de faits graves de nature à entraîner l'application à un membre de l'ordre des Palmes académiques des dispositions des articles D. 911-74, D. 911-76 ou D. 911-72 sont tenues d'en rendre compte au ministre chargé de l'éducation.

Les ambassadeurs, les ministres plénipotentiaires et les consuls rendent également compte au ministre chargé de l'éducation, par l'intermédiaire du ministre des affaires étrangères, des faits de cette nature qui auraient été commis en pays étranger par des membres français ou étrangers de l'ordre des Palmes académiques. – *[Décr. n° 55-1323 du 4 oct. 1955, art. 17.]*

Art. D. 911-81 *(Décr. n° 2021-547 du 3 mai 2021, art. 2)* La croix de chevalier consiste en une double palme de 35 mm en argent, émaillée de violet, suspendue à un ruban moiré violet de 37 mm de largeur.

La croix d'officier consiste en une double palme de 35 mm en or, émaillée de violet, suspendue à un ruban moiré violet de 37 mm de largeur avec rosette.

La croix de commandeur dont les palmes sont de 60 mm, en or, émaillée de violet, est suspendue à une cravate moirée violette ; les palmes sont surmontées d'une couronne formée par deux petites palmes.

Le ruban peut être porté sans décoration. Les officiers portent une rosette. Les commandeurs portent une rosette posée sur un galon d'argent.

SECTION IX LES MESURES DE DÉCONCENTRATION

Art. R. 911-82 Le ministre chargé de l'éducation peut déléguer par arrêté aux recteurs d'académie tout ou partie de ses pouvoirs en matière de recrutement et de gestion des personnels titulaires, stagiaires, élèves et non titulaires de l'État qui relèvent de son autorité.

Le pouvoir d'établir la liste des candidats autorisés à prendre part aux épreuves de certains examens professionnels et concours de recrutement de personnels administratifs et techniques relevant du ministère de l'éducation peut, en ce qui concerne les académies de Créteil, Paris et Versailles, être délégué au directeur du service interacadémique des examens et concours régi par les dispositions des articles D. 222-4 à D. 222-7. – *[Décr. n° 85-899 du 21 août 1985, art. 1er.]*

Discipline. Suspension de fonctions. Compétence. Délégation du pouvoir disciplinaire. Un professeur certifié avait été suspendu de ses fonctions de directeur d'une ESPÉ par le recteur d'académie. Il avait obtenu l'annulation de cette décision au motif que la décision avait été prise par une autorité incompétente (confirmation en appel). Saisi par le ministre dans le cadre d'un pourvoi en cassation, le Conseil d'État juge qu'il résulte des dispositions de l'art. 30 de la L. du 13 juill. 1983 et de l'art. 67 de la L. du 11 janv. 1984, que la délégation d'une partie du pouvoir disciplinaire entraîne nécessairement qu'aussi bien l'autorité délégataire que l'autorité délégante ont le pouvoir de suspendre les agents concernés. Ainsi, s'agissant des membres du corps des professeurs certifiés, les dispositions de l'Arr. du 9 août 2004, prises sur le fondement de celles du Décr. du 21 août 1985 relatif à la déconcentration de certaines opérations de gestion du personnel relevant du ministère de l'éducation nationale, codifiées aux art. R. 911-82 et R. 911-84, autorisent aussi bien les recteurs d'académie que le ministre à prononcer la suspension des professeurs certifiés. Le requérant n'est donc pas fondé à soutenir que sa suspension n'aurait pu être prononcée que par arrêté conjoint des ministres chargés de l'enseignement supérieur et de l'éducation nationale, au motif que les directeurs d'ESPÉ sont nommés par un tel arrêté conjoint en vertu de l'art. L. 721-3, dès lors que ces dispositions ne font pas obstacle à l'application des règles statutaires régissant le corps des professeurs certifiés et que cette désignation n'a pas eu pour effet de placer l'intéressé en détachement hors de ce corps. Il ne saurait davantage se prévaloir de ce qu'il était susceptible de faire l'objet d'une procédure devant la section disciplinaire du conseil académique de l'université à laquelle était rattachée l'ESPÉ, dès lors qu'aux termes de l'art. L. 952-7 les sanctions prononcées à l'encontre des enseignants par la section disciplinaire ne font pas obstacle à ce que ces enseignants soient traduits, en raison des mêmes faits, devant les instances disciplinaires prévues par les statuts qui leur sont applicables dans leur corps d'origine. • CE 12 févr. 2021, n° 436379 : *LIJ 2021, n° 215, p. 8.*

Art. R. 911-83 Ne peuvent faire l'objet de la délégation prévue à l'article R. 911-82, lorsque ces décisions ne peuvent être prises sans avis préalable du comité médical supérieur, les décisions relatives à l'octroi du bénéfice des dispositions des 3° et 4° de l'article 34 ainsi que de l'article 34 *bis* de la loi n° 84-16 du 11 janvier 1984 portant dispositions statutaires relatives à la fonction publique de l'État, des articles 24 et 24 *bis* du décret n° 94-874 du 7 octobre 1994 fixant les dispositions communes applicables aux stagiaires de l'État et de ses établissements publics ainsi que de l'article 13 du décret n° 86-83 du 17 janvier 1986 relatif aux dispositions générales applicables aux agents non titulaires de l'État pris pour l'application de l'article 7 de la loi n° 84-16 du 11 janvier 1984 mentionnée ci-dessus. – *[Décr. n° 85-899 du 21 août 1985, art. 2.]*

Art. R. 911-84 Ne peuvent faire l'objet de la délégation prévue à l'article R. 911-82, pour les personnels de la catégorie A désignée à l'article 29 de la loi n° 84-16 du 11 janvier 1984 portant dispositions statutaires relatives à la fonction publique de l'État, les décisions relatives à la nomination, à l'avancement de grade, à la mise à disposition, au détachement lorsque celui-ci nécessite un arrêté interministériel ou l'accord d'un ou de plusieurs ministres, à la mise en position hors cadres, à l'exercice du pouvoir disciplinaire et à la cessation de fonctions.

Toutefois, peuvent faire l'objet de la délégation prévue à l'article R. 911-82 :

1° Pour le corps des infirmiers de l'éducation nationale et de l'enseignement supérieur régi par le décret n° 2012-762 du 9 mai 2012 portant dispositions statutaires communes aux corps d'infirmiers de catégorie A des administrations de l'État :

a) La nomination ;

b) L'avancement de grade ;

c) L'exercice du pouvoir disciplinaire ;

d) La cessation de fonctions ;

2° Pour les membres du corps interministériel des attachés d'administration de l'État régi par le décret n° 2011-1317 du 17 octobre 2011, affectés dans les services et établissements publics relevant des ministres chargés de l'éducation, de l'enseignement supérieur et de la recherche :

a) L'établissement de la liste d'aptitude d'accès au corps ;

b) L'établissement du tableau d'avancement au choix au grade d'attaché principal ;

c) Les sanctions disciplinaires des premier et deuxième groupes citées à l'article 66 de la loi n° 84-16 du 11 janvier 1984 mentionnée ci-dessus et aux 1°, 2° et 3° de l'article 10 du décret n° 94-874 du 7 octobre 1994 mentionné à l'article R. 911-83 ;

d) Les décisions de radiation des cadres prononcées :

— soit consécutivement à une démission acceptée ;

— soit par anticipation, conformément aux articles L. 27 et L. 29 du code des pensions civiles et militaires de retraite ;

— soit en vue de l'admission à la retraite, tant à leur demande que d'office par limite d'âge ;

— soit consécutivement à un abandon de poste ;

3° Pour les personnels enseignants, d'éducation, d'information et d'orientation :

a) Le détachement dans le cas prévu au a du 4° de l'article 14 du décret n° 85-986 du 16 septembre 1985 relatif au régime particulier de certaines positions de fonctionnaires de l'État et à certaines modalités de cessation définitive de fonctions pour exercer les fonctions d'attaché temporaire d'enseignement et de recherche ;

b) Le détachement, dans le cas prévu au 10° de l'article 14 du décret n° 85-986 du 16 septembre 1985 mentionné ci-dessus ;

c) Les décisions de radiation des cadres prononcées :

— soit consécutivement à une démission acceptée ;

— soit par anticipation, conformément aux articles L. 27 et L. 29 du code des pensions civiles et militaires de retraite ;

— soit en vue de l'admission à la retraite, tant à leur demande que d'office en raison de leur âge ;

— soit consécutivement à un abandon de poste ;

d) Les sanctions disciplinaires des premier et deuxième groupes de l'article 66 de la loi n° 84-16 du 11 janvier 1984 mentionnée ci-dessus et des 1°, 2° et 3° de l'article 10 du décret n° 94-874 du 7 octobre 1994 mentionné à l'article R. 911-83 ;

4° Pour les membres du corps interministériel des conseillers techniques de service social des administrations de l'État régi par le décret n° 2012-1099 du 28 septembre 2012 portant statut particulier du corps interministériel des conseillers techniques de service social des administrations de l'État, affectés dans les services et établissements publics relevant des ministres chargés de l'éducation, de l'enseignement supérieur et de la recherche et le corps des médecins de l'éducation nationale, les décisions de radiation des cadres prononcées :

— soit consécutivement à une démission acceptée ;

— soit par anticipation, conformément aux articles L. 27 et L. 29 du code des pensions civiles et militaires de retraite ;

— soit en vue de l'admission à la retraite, tant à leur demande que d'office par limite d'âge ;

— soit consécutivement à un abandon de poste ;

5° Pour le corps des personnels de direction régis par le décret n° 2001-1174 du 11 décembre 2001 modifié portant statut particulier du corps des personnels de direction des établissements d'enseignement ou de formation relevant du ministre de l'éducation nationale :

a) La titularisation et le refus de titularisation ;

b) Abrogé par Décr. n° 2017-955 du 10 mai 2017, art. 18.

c) L'affectation et le classement des personnels accueillis en détachement au sein d'une académie ;

d) L'affectation et le classement des personnels intégrés après un détachement au sein d'une académie.

Art. R. 911-85 Pour les personnels appartenant aux corps classés par leur statut particulier dans les catégories B et C ainsi que pour les personnels appartenant au corps des instituteurs, au corps des infirmières et infirmiers du ministère de l'éducation nationale régi par le décret n° 94-1020 du 23 novembre 1994 fixant les dispositions statutaires communes applicables aux corps des infirmières et infirmiers des services médicaux des administrations de l'État, et pour les membres du corps interministériel des assistants de service social des administrations de l'État régi par le décret n° 2012-1098 du 28 septembre 2012 portant statut particulier du corps interministériel des assistants de service social des administrations de l'État, affectés dans les services et établissements publics relevant des ministres de l'éducation nationale, de l'enseignement supérieur et de la recherche, les arrêtés portant délégation de pouvoirs peuvent porter sur les décisions relatives à la nomination, à l'avancement de grade, au détachement, sauf lorsque celui-ci nécessite un arrêté interministériel ou l'accord d'un ou de plusieurs ministres, à l'exercice du pouvoir disciplinaire et à la cessation de fonctions. – *[Décr. n° 85-899 du 21 août 1985, art. 4.]*

Art. R. 911-86 Par dérogation aux dispositions des articles R. 911-84 et R. 911-85, les arrêtés portant délégation de pouvoirs peuvent porter sur les décisions de mise à disposition prévues à l'article R. 911-24. – *[Décr. n° 85-899 du 21 août 1985, art. 4-2.]*

Art. R. 911-87 Dans les cas visés aux trois premiers alinéas de l'article 25 du décret n° 82-451 du 28 mai 1982 relatif aux commissions administratives paritaires, les délégations de pouvoirs prévues par les articles R. 911-82 à R. 911-89 ou par toute autre disposition réglementaire donnant compétence aux autorités déconcentrées sont subordonnées à la mise en place de la commission administrative paritaire locale compétente auprès de ces autorités.

Pour l'application du dernier alinéa du même article, peuvent être consultées la commission administrative paritaire locale ou, à défaut de constitution de cette commission, la commission administrative paritaire nationale. – *[Décr. n° 85-899 du 21 août 1985, art. 5.]*

Art. R. 911-88 Pour tous les actes relevant de leur compétence :

Les recteurs d'académie peuvent déléguer leur signature par arrêté :

1° Au secrétaire général de l'académie et, en cas d'absence ou d'empêchement de celui-ci, *(Décr. n° 2016-1413 du 20 oct. 2016, art. 29)* « à l'adjoint au secrétaire général d'académie » et aux chefs de division du rectorat dans la limite de leurs attributions ;

2° Aux directeurs académiques des services de l'éducation nationale et, en cas d'absence ou d'empêchement de ceux-ci, aux directeurs académiques adjoints des services de l'éducation nationale et *(Décr. n° 2016-1413 du 20 oct. 2016, art. 29)* « au secrétaire général de direction du service départemental de l'éducation nationale » ;

3° Au responsable prévu à l'article R. 222-36-2 du code de l'éducation chargé d'une mission de gestion de personnels relevant du ministère de l'éducation nationale.

Ces délégations fixent les actes et les corps de fonctionnaires et agents pour lesquels elles ont été accordées. Elles entrent en vigueur le lendemain du jour de leur publication au recueil des actes administratifs de la préfecture de région et peuvent être abrogées à tout moment. Elles prennent fin en même temps que les fonctions de celui qui les a données ou en même temps que les fonctions de celui qui les a reçues. – *[Décr. n° 85-899 du 21 août 1985, art. 6.]*

Art. R. 911-89 Dans le cadre des délégations de pouvoirs qui leur sont consenties, les recteurs d'académie peuvent déléguer leur signature, par arrêté, aux chefs d'établissements publics locaux d'enseignement pour les actes de gestion ayant trait :

1° Aux congés de maladie prévus au premier alinéa du 2° de l'article 34 de la loi n° 84-16 du 11 janvier 1984 citée à l'article R. 911-83, aux congés de même nature prévus à l'article 24 du décret n° 94-874 du 7 octobre 1994 et à l'article 12 du décret n° 86-83 du 17 janvier 1986 mentionnés à l'article R. 911-85 ;

2° Aux congés pour maternité ou pour adoption et au congé de paternité prévus au 5° de l'article 34 de la loi n° 84-16 du 11 janvier 1984 précitée, à l'article 22 du décret n° 94-874 du 7 octobre 1994 et à l'article 15 du décret n° 86-83 du 17 janvier 1986 précité. – *[Décr. n° 85-899 du 21 août 1985, art. 7.]*

Art. R. 911-90 Le ministre chargé de l'éducation peut déléguer par arrêté aux recteurs d'académie, pour les commissions administratives paritaires compétentes à l'égard des inspecteurs de l'éducation nationale, des personnels de direction d'établissement d'enseignement ou de formation, ainsi que des personnels administratifs, techniques, sociaux et de santé des services déconcentrés qui relèvent de son autorité, le pouvoir :

1° De réduire ou proroger la durée du mandat des membres des commissions administratives paritaires académiques dans le cas prévu au deuxième alinéa de l'article 7 du décret n° 82-451 du 28 mai 1982 relatif aux commissions administratives paritaires, après avis du comité technique académique, et dans les cas prévus au troisième alinéa du même article ;

2° De créer les sections de vote mentionnées au premier alinéa de l'article 13 du décret du 28 mai 1982 précité, pour l'accomplissement des opérations électorales relatives aux commissions administratives paritaires nationales organisées dans leur académie ;

3° De statuer sur les réclamations formulées dans les conditions fixées au quatrième alinéa de l'article 13 du décret du 28 mai 1982 précité contre les inscriptions ou omissions sur les listes électorales établies dans leur académie pour les opérations électorales relatives aux commissions administratives paritaires nationales. — *[Décr. n° 99-715 du 3 août 1999, art. 1er.]*

SECTION X PROCÉDURE DE RELÈVEMENT DES EXCLUSIONS, DÉCHÉANCES ET INCAPACITÉS DES MEMBRES DE L'ENSEIGNEMENT PUBLIC OU PRIVÉ

(Décr. n° 2015-856 du 13 juill. 2015, art. 9)

Art. R. 911-91 Les demandes en relèvement adressées au ministre chargé de l'éducation en application de l'article L. 911-5-1 sont inscrites à la date de leur réception sur un registre tenu à cet effet, avec mention des pièces jointes à l'appui. Le ministre porte cette date à la connaissance de l'intéressé par lettre recommandée avec accusé de réception.

Les renseignements fournis par l'intéressé contiennent l'indication des communes dans lesquelles il a résidé depuis la décision prise à son encontre, avec la durée de sa résidence dans chacune d'elles, ainsi que l'indication de son domicile actuel.

Le ministre peut, à tout moment de la procédure, rejeter pour irrecevabilité les demandes en relèvement qui n'ont pas été présentées dans les délais prévus par l'article L. 911-5-1 et les demandes en relèvement dont le dossier n'est pas complet. Dans ce cas, le ministre notifie à l'intéressé l'irrecevabilité de sa demande et lui en communique le motif.

Art. R. 911-92 Dans le délai d'un mois à compter de l'enregistrement de la demande en relèvement, le ministre chargé de l'éducation transmet une copie de cette demande au recteur de l'académie dans le ressort de laquelle le demandeur est domicilié.

Dans le délai d'un mois à compter de la date de réception de la copie de la demande en relèvement, le recteur d'académie saisit le préfet du département dans lequel le demandeur est domicilié aux fins d'enquête sur la conduite de ce dernier depuis la décision dont il sollicite le relèvement.

Art. R. 911-93 Le ministre chargé de l'éducation instruit l'affaire à partir du dossier d'enquête transmis par le recteur d'académie.

La décision prise par le ministre chargé de l'éducation est notifiée à l'intéressé et, si le relèvement est accordé, elle est publiée au *Bulletin officiel* du ministère de l'éducation nationale sous forme anonyme.

La décision qui prononce le relèvement indique seulement que le ministre chargé de l'éducation relève l'intéressé de telle peine disciplinaire prévue par l'article L. 911-5-1 et prononcée antérieurement contre lui, ainsi que des incapacités et déchéances qui avaient pu en résulter.

Le silence gardé pendant six mois par le ministre chargé de l'éducation sur une demande en relèvement vaut décision de rejet.

CHAPITRE II DISPOSITIONS PROPRES AUX PERSONNELS ENSEIGNANTS

Art. D. 912-1 Des enseignants français et des enseignants étrangers exercent dans les sections internationales *(Décr. n° 2021-1054 du 6 août 2021, art. 20)* « et dans les classes menant au baccalauréat français international ». Ces enseignants sont affectés selon les procédures réglementaires en fonction de leur aptitude à dispenser un enseignement adapté aux besoins des élèves français et étrangers concernés.

Les enseignants étrangers sont mis à la disposition de l'établissement par les pays étrangers intéressés au fonctionnement de la section *(Décr. n° 2021-1054 du 6 août 2021, art. 20)* « ou de la classe menant au baccalauréat français international » ou, à défaut, recrutés et rémunérés par des associations agréées. Dans les deux cas, leur nomination est approuvée par le ministre chargé de l'éducation.

Les dispositions issues du Décr. n° 2021-1054 du 6 août 2021 sont applicables à compter de la rentrée scolaire 2022-2023 pour les classes de première et de la rentrée scolaire 2023-2024 pour les classes de terminale (Décr. préc., art. 22).

CHAPITRE III DISPOSITIONS PROPRES AUX PERSONNELS ADMINISTRATIFS, TECHNIQUES, OUVRIERS, SOCIAUX, DE SANTÉ ET DE SERVICE

Art. R. 913-1 Constituent un poste double deux postes d'accueil d'un même établissement occupés par un couple d'agents et un poste simple le poste d'accueil occupé par un seul agent. – [*Décr. n° 2002-67 du 14 janv. 2002, art. 1er.*]

Art. R. 913-2 Dans les services déconcentrés et dans les établissements d'enseignement dont la responsabilité et la charge incombent entièrement à l'État relevant du ministère de l'éducation nationale, le temps de présence des personnels d'accueil, logés par nécessité absolue de service, est :

1° De 1 903 heures par an et par agent, lorsque les agents exercent en poste double ;

2° De 1 723 heures par an et par agent, lorsque l'agent exerce en poste simple.

Ces durées sont équivalentes à une durée de travail effectif de 1 607 heures. – [*Décr. n° 2002-67 du 14 janv. 2002, art. 2.*]

Art. R. 913-3 Pendant les périodes de présence des élèves ou des étudiants, le temps de présence hebdomadaire est de 48 heures pour chaque agent exerçant en poste double et de 43 heures pour un agent exerçant en poste simple. – [*Décr. n° 2002-67 du 14 janv. 2002, art. 3.*]

CHAPITRE III *BIS* DISPOSITIONS PROPRES AUX PERSONNELS DES ÉTABLISSEMENTS D'ENSEIGNEMENT SCOLAIRE PRIVÉS

(*Décr. n° 2018-407 du 29 mai 2018, art. 3*)

Les dispositions issues du Décr. n° 2018-407 du 29 mai 2018 ne sont pas applicables aux personnes exerçant des fonctions dans un établissement d'enseignement scolaire privé à la date de son entrée en vigueur et aussi longtemps qu'elles exercent ces mêmes fonctions dans le même établissement (Décr. préc., art. 14).

SECTION PREMIÈRE CONDITIONS À REMPLIR POUR DIRIGER UN ÉTABLISSEMENT D'ENSEIGNEMENT SCOLAIRE PRIVÉ OU Y ÊTRE CHARGÉ DE FONCTIONS D'ENSEIGNEMENT

SOUS-SECTION 1 CONDITIONS DE NATIONALITÉ

Art. R. 913-4 Le recteur d'académie peut, après avis du représentant de l'État dans le département et du procureur de la République, autoriser une personne qui ne remplit pas la condition de nationalité prévue au 2° du I de l'article L. 914-3 à ouvrir ou diriger un établissement d'enseignement scolaire privé ou à y être chargée d'une fonction d'enseignement.

Il tient compte en particulier de ce que le demandeur fait preuve d'une maîtrise suffisante de la langue française au regard de la fonction qu'il postule, dans des conditions fixées par un arrêté du ministre de l'éducation nationale.

SOUS-SECTION 2 CONDITIONS D'ÂGE

Art. R. 913-5 Nul ne peut diriger un établissement d'enseignement scolaire privé s'il n'est âgé de vingt et un ans révolus. Nul ne peut être chargé d'une fonction d'enseignement dans un tel établissement s'il n'est âgé de dix-huit ans révolus.

SOUS-SECTION 3 CONDITIONS DE TITRE ET DE DIPLÔME OU DE PRATIQUE OU DE CONNAISSANCES PROFESSIONNELLES

Art. R. 913-6 Nul ne peut diriger un établissement d'enseignement scolaire privé ni y être chargé d'une fonction d'enseignement s'il ne détient un titre ou diplôme, classé dans le répertoire national des certifications professionnelles prévu par l'article L. 335-6 au moins au niveau III, ou sanctionnant au moins deux années d'études après le baccalauréat.

Toutefois, pour diriger un établissement d'enseignement scolaire privé préparant aux épreuves d'examens dans des spécialités professionnelles pour lesquelles il n'existe pas de diplôme supérieur au niveau IV, ou pour y être chargé de fonctions d'enseignement préparant à de telles épreuves, la détention du titre ou diplôme classé dans le répertoire national des certifications professionnelles au niveau le plus élevé et correspondant à ces spécialités est suffisante.

Pour les disciplines d'enseignement professionnel et technologique, une personne peut être chargée de fonctions d'enseignement si elle ne détient ni titre ni diplôme lorsqu'elle justifie d'une activité, d'une pratique ou de connaissances professionnelles telles que définies par les statuts particuliers des corps de fonctionnaires exerçant des fonctions analogues pour pouvoir se présenter au concours interne de recrutement de ces corps.

Une personne qui peut être chargée d'un enseignement sur le fondement des dispositions de l'alinéa précédent peut être chargée des fonctions de direction de l'établissement d'enseignement scolaire dans lequel cet enseignement est dispensé.

Art. R. 913-7 Le recteur d'académie peut autoriser une personne pourvue d'un titre ou diplôme étranger à diriger un établissement d'enseignement scolaire privé ou à y être chargée de fonctions d'enseignement, si ce titre ou diplôme étranger est comparable à celui prévu par les dispositions de l'article R. 913-6.

Art. R. 913-8 Le recteur d'académie peut autoriser une personne dépourvue de l'un des diplômes mentionnés à l'article R. 913-6 à diriger un établissement d'enseignement scolaire privé général ou à y être chargée de fonctions d'enseignement si elle justifie, au regard de la nature des fonctions qu'elle envisage d'assurer, de l'exercice antérieur de fonctions comparables pendant au moins cinq ans.

Art. R. 913-9 I. — Le recteur d'académie peut autoriser une personne qui ne remplit pas les conditions de l'article R. 913-6 à dispenser un enseignement dans une discipline professionnelle ou technologique si elle justifie d'une pratique professionnelle d'au moins cinq ans compatible avec l'enseignement qu'elle entend délivrer et justifie de connaissances et de compétences techniques suffisantes pour dispenser cet enseignement. Un arrêté du ministre chargé de l'éducation nationale fixe les conditions dans lesquelles sont évaluées les connaissances et les compétences techniques du demandeur.

II. — Pour dispenser un enseignement qui nécessite d'effectuer des travaux faisant l'objet des dispositions réglementaires prises en application de l'article L. 4153-9 du code du travail, des conditions de titres ou de diplômes différentes de celles mentionnées à l'article R. 913-6 ou au I du présent article peuvent être fixées par arrêté conjoint du ministre chargé de l'éducation nationale et du ministre ayant pris ces dispositions.

Art. R. 913-10 Le recteur d'académie peut autoriser une personne qui ne remplit pas les conditions fixées à l'article R. 913-6 à diriger un établissement d'enseignement scolaire privé technique si elle justifie qu'elle pourrait être autorisée à dispenser l'un des enseignements de cet établissement conformément aux dispositions de l'article R. 913-9.

SOUS-SECTION 4 CONDITIONS TENANT À L'EXERCICE ANTÉRIEUR DE FONCTIONS PROPRES À LA DIRECTION D'UN ÉTABLISSEMENT D'ENSEIGNEMENT SCOLAIRE PRIVÉ

Art. R. 913-11 Le recteur d'académie peut autoriser une personne qui ne justifie pas de la durée d'exercice antérieur des fonctions fixée au 4° du I de l'article L. 914-3 à diriger un établissement d'enseignement scolaire privé. Il tient compte, à la fois, de l'exercice antérieur par le demandeur de fonctions comparables à celles mentionnées par ces dispositions pendant au moins deux ans et de la détention de titre ou diplôme l'autorisant à diriger un établissement recevant des mineurs.

SECTION II PRÉSENTATION ET INSTRUCTION DES DEMANDES DE DÉROGATION

Art. R. 913-12 La personne qui demande une dérogation en application du présent chapitre saisit le recteur d'académie et joint à sa demande un dossier comprenant :

1° La ou les pièces attestant de son identité, de son âge et de sa nationalité ;

2° Lorsque la dérogation demandée est celle prévue par l'article R. 913-4, tous justificatifs attestant d'une maîtrise suffisante de la langue française au regard de la fonction qu'elle postule ;

3° Lorsque la dérogation demandée est celle prévue par l'article R. 913-7, tous justificatifs permettant d'établir que le titre ou diplôme étranger dont elle se prévaut est comparable à celui prévu par les dispositions de l'article R. 913-6 ;

4° Lorsque la dérogation demandée est celle prévue par l'article R. 913-8, tous justificatifs permettant d'établir l'exercice effectif et la durée des fonctions dont elle se prévaut et leur caractère comparable à celles qu'elle envisage d'assurer ;

5° Lorsque la dérogation demandée est celle prévue par l'article R. 913-9 ou par l'article R. 913-10, le justificatif permettant d'établir que ses connaissances et compétences techniques ont été jugées suffisantes dans les conditions prévues au I de l'article R. 913-9, et tous justificatifs permettant d'établir la durée de pratique professionnelle prévue par ces articles ;

6° Lorsque la dérogation demandée est celle prévue par l'article R. 913-11, tous justificatifs permettant d'établir l'exercice effectif et la durée des fonctions dont elle se prévaut et leur caractère comparable à celles mentionnées au 4° du I de l'article L. 914-3, ainsi que les titres ou diplômes l'autorisant à diriger un établissement recevant des mineurs.

Art. R. 913-13 Le recteur d'académie indique au demandeur que le dossier est incomplet dans l'accusé de réception mentionné à l'article L. 112-3 du code des relations entre le public et l'administration ou, à défaut, dans un délai au plus égal à quinze jours à compter de sa délivrance. Pour la dérogation demandée en application de l'article R. 913-4, il en informe simultanément le représentant de l'État dans le département et le procureur de la République et leur transmet les pièces requises dès leur réception.

Art. R. 913-14 Le recteur d'académie informe sans délai le représentant de l'État dans le département et le procureur de la République de la décision qu'il a prise sur la demande de dérogation. Il informe aussi le maire pour les dérogations consenties en application des articles R. 913-10 et R. 913-11.

CHAPITRE III *TER* DISPOSITIONS PROPRES AUX PERSONNELS DES ÉTABLISSEMENTS D'ENSEIGNEMENT SUPÉRIEUR TECHNIQUE PRIVÉS

(Décr. n° 2020-832 du 30 juin 2020, art. 3)

Les dispositions introduites issues du Décr. n° 2020-832 du 30 juin 2020, à l'exception de celles relatives à la communication de la liste prévue au 1er al. de l'art. R. 913-27, ne sont pas applicables aux personnes exerçant des fonctions dans un établissement d'enseignement supérieur technique privé à la date d'entrée en vigueur du Décr. préc. et aussi longtemps qu'elles exercent les mêmes fonctions dans le même établissement (Décr. préc., art. 4).

SECTION PREMIÈRE CONDITIONS À REMPLIR POUR DIRIGER UN ÉTABLISSEMENT D'ENSEIGNEMENT SUPÉRIEUR TECHNIQUE PRIVÉ

SOUS-SECTION 1 CONDITIONS DE NATIONALITÉ

Art. R. 913-15 Le recteur de région académique peut autoriser une personne qui ne remplit pas la condition de nationalité prévue au 2° du I de l'article L. 914-3 à ouvrir ou diriger un établissement d'enseignement supérieur technique privé.

SOUS-SECTION 2 CONDITION D'ÂGE

Art. R. 913-16 Nul ne peut diriger un établissement d'enseignement supérieur technique privé s'il n'est âgé de vingt-cinq ans révolus.

SOUS-SECTION 3 CONDITION DE TITRE, DIPLÔME, CERTIFICATION PROFESSIONNELLE ET EXPÉRIENCE PROFESSIONNELLE

Art. R. 913-17 Nul ne peut diriger un établissement d'enseignement supérieur technique privé :

1° S'il ne détient pas un titre, diplôme ou certification professionnelle d'un niveau, au sens du répertoire national des certifications professionnelles, au moins équivalent au plus haut niveau des titres, diplômes ou certifications professionnelles auxquels prépare cet établissement ;

2° S'il n'a pas également exercé pendant cinq ans au moins des fonctions de direction ou d'enseignement dans un établissement d'enseignement public ou privé dispensant des formations postsecondaires dans un État membre de l'Union européenne ou d'un autre État partie à l'accord sur l'Espace économique européen.

Toute personne détentrice d'un titre, diplôme ou certification professionnelle délivré dans un État membre de l'Union européenne ou partie à l'accord sur l'Espace économique européen et classé selon le cadre européen des certifications à un niveau équivalent à celui requis au 1° est réputée satisfaire aux conditions fixées par ces dispositions.

Art. R. 913-18 Par dérogation aux dispositions du 1° de l'article R. 913-17, le recteur de région académique peut autoriser une personne dépourvue du titre, diplôme ou de la certification professionnelle prévu par ces dispositions à diriger un établissement d'enseignement supérieur technique privé si elle justifie :

1° D'une part, de tout autre titre, diplôme ou certification professionnelle comparable à celui exigé par les dispositions du 1°, délivré au sein d'un État qui n'est pas membre de l'Union européenne ou partie à l'accord sur l'Espace économique européen ;

2° D'autre part :

a) Soit de l'exercice antérieur, pendant au moins cinq ans, des fonctions de directeur d'un établissement d'enseignement public ou privé dispensant des formations postsecondaires dans un État membre de l'Union européenne ou partie à l'accord sur l'Espace économique européen ;

b) Soit d'une pratique professionnelle, d'une durée d'au moins cinq ans, correspondant à l'enseignement dispensé dans l'établissement, ainsi que de compétences et de connaissances suffisantes à cet égard. Le recteur de région académique évalue ces compétences et connaissances au regard des justificatifs de toute nature transmis par le demandeur. Si le recteur l'estime utile, un entretien peut être organisé avec le demandeur.

Art. R. 913-19 Par dérogation aux dispositions du 2° de l'article R. 913-17, le recteur de région académique peut autoriser une personne dépourvue de l'expérience professionnelle requise à diriger un établissement d'enseignement supérieur technique privé, si elle justifie de l'une des deux conditions fixées respectivement au a et au b du 2° de l'article R. 913-18.

SECTION II CONDITIONS À REMPLIR POUR ÊTRE CHARGÉ DE FONCTIONS D'ENSEIGNEMENT DANS UN ÉTABLISSEMENT D'ENSEIGNEMENT SUPÉRIEUR TECHNIQUE PRIVÉ

SOUS-SECTION 1 CONDITION DE NATIONALITÉ

Art. R. 913-20 Le recteur de région académique peut autoriser une personne qui ne remplit pas la condition de nationalité prévue au 2° du I de l'article L. 914-3 à être chargée d'une fonction d'enseignement dans un établissement d'enseignement supérieur technique privé.

SOUS-SECTION 2 CONDITION D'ÂGE

Art. R. 913-21 Nul ne peut être chargé d'une fonction d'enseignement dans un établissement d'enseignement supérieur technique privé s'il n'est âgé de vingt-et-un ans révolus.

SOUS-SECTION 3 CONDITION DE TITRE, DIPLÔME, CERTIFICATION PROFESSIONNELLE ET EXPÉRIENCE PROFESSIONNELLE

Art. R. 913-22 Nul ne peut être chargé d'un enseignement dans un établissement d'enseignement supérieur technique privé s'il ne détient pas un titre, diplôme ou certification professionnelle d'un niveau, au sens du répertoire national des certifications professionnelles, au moins équivalent au niveau des titres, diplômes ou certifications professionnelles auxquels prépare la formation dans laquelle cet enseignement est dispensé.

Toute personne détentrice d'un titre, diplôme ou certification professionnelle délivré dans un État membre de l'Union européenne ou partie à l'accord sur l'Espace économique européen et classé selon le cadre européen des certifications à un niveau équivalent à celui requis à l'alinéa précédent est réputée satisfaire aux conditions fixées par ces dispositions.

Art. R. 913-23 Par dérogation aux dispositions de l'article R. 913-22, le recteur de région académique peut autoriser une personne dépourvue du titre, du diplôme ou de la certification professionnelle prévu par ces dispositions à être chargée d'un enseignement dans un établissement d'enseignement supérieur technique privé si elle justifie :

1° Soit de tout autre titre, diplôme ou certification professionnelle comparable délivré au sein d'un État qui n'est pas membre de l'Union européenne ou partie à l'accord sur l'Espace économique européen ;

2° Soit de l'exercice antérieur de fonctions comparables à celles de chargé d'enseignement, dans le cadre d'une formation postsecondaire et pendant au moins cinq ans ;

3° Soit d'une pratique professionnelle, d'une durée d'au moins cinq ans, correspondant à l'enseignement dispensé dans l'établissement, ainsi que de compétences et de connaissances suffisantes à cet égard. Le recteur de région académique évalue ces compétences et connaissances au regard des justificatifs de toute nature transmis par le demandeur. Si le recteur l'estime utile, un entretien peut être organisé avec le demandeur.

SECTION III DISPOSITIONS COMMUNES RELATIVES À LA PRÉSENTATION ET À L'INSTRUCTION DES DEMANDES DE DÉROGATION

Art. R. 913-24 La personne qui demande à bénéficier d'une dérogation en application des dispositions du présent chapitre saisit le recteur de région académique et joint à sa demande un dossier comprenant :

1° Les pièces attestant de son identité, de son âge et de sa nationalité ;

2° Les pièces justifiant du respect des conditions prévues, à titre dérogatoire, en matière de titre, de diplôme, de certification professionnelle et d'expérience professionnelle.

Art. R. 913-25 Lorsque le dossier est incomplet, le recteur de région académique en informe le demandeur dans l'accusé de réception mentionné à l'article L. 112-3 du code des relations entre le public et l'administration ou, à défaut, dans un délai au plus égal à quinze jours à compter de sa délivrance.

Art. R. 913-26 Le recteur de région académique informe sans délai le représentant de l'État dans le département et le procureur de la République de la décision qu'il a prise sur la demande de dérogation. Il informe aussi le maire de la commune d'implantation de l'établissement de toutes les dérogations consenties en application des dispositions du présent chapitre.

SECTION IV TRANSMISSION PAR LES ÉTABLISSEMENTS D'ENSEIGNEMENT SUPÉRIEUR TECHNIQUE PRIVÉS DE LA LISTE DES PERSONNES EXERÇANT DES FONCTIONS D'ENSEIGNEMENT

Art. R. 913-27 Les établissements d'enseignement supérieur technique privés adressent chaque année, dans la première quinzaine du mois de novembre, au recteur de la région académique dans laquelle l'établissement a son siège, une liste comportant les noms et prénoms des personnes qui exercent en leur sein des fonctions d'enseignement. Cette liste précise, pour chacune d'elles, l'enseignement qu'elle dispense, les formations dans lesquelles elle intervient, le volume horaire de son enseignement et la date de son entrée en fonctions dans l'établissement.

Il est joint à cette liste tous justificatifs permettant d'établir que chacune de ces personnes remplit les conditions requises, le cas échéant au bénéfice d'une dérogation, pour dispenser un enseignement dans un établissement d'enseignement supérieur technique privé.

CHAPITRE IV DISPOSITIONS PROPRES AUX PERSONNELS EXERÇANT DANS DES CLASSES SOUS CONTRAT DES ÉTABLISSEMENTS D'ENSEIGNEMENT PRIVÉS *(Décr. n° 2018-407 du 29 mai 2018, art. 3).*

(Décr. n° 2008-1429 du 19 déc. 2008)

SECTION PREMIÈRE DISPOSITIONS GÉNÉRALES

Art. R. 914-1 Pour l'application des dispositions du présent chapitre, les mots "maître" ou "maîtres" désignent également les documentalistes contractuels ou agréés, sauf dispositions contraires.

(Décr. n° 2019-1554 du 30 déc. 2019, art. 1er) « L'autorité académique mentionnée aux articles R. 914-12, R. 914-17, R. 914-44, R. 914-50, R. 914-53, R. 914-54, R. 914-57, R. 914-75, R. 914-76, R. 914-77, R. 914-85, R. 914-102, R. 914-103, R. 914-104, R. 914-112 et R. 914-113 est le recteur d'académie. »

Art. R. 914-2 Les maîtres contractuels ou agréés des établissements d'enseignement privés sous contrat auxquels un contrat ou un agrément définitif a été accordé sont soumis, pour la détermination de leurs conditions de service, aux dispositions applicables aux personnels de l'enseignement public. — *[Décr. n° 78-252 du 8 mars 1978, art. 1er.]*

Art. R. 914-3 Les maîtres contractuels ou agréés sont astreints aux obligations de service prévues par la réglementation en vigueur pour les personnels de même catégorie exerçant dans les établissements publics locaux d'enseignement. — *[Décr. n° 60-745 du 28 juill. 1960, art. 10, al. 1er et 2, et Décr. n° 60-746 du 28 juill. 1960, art. 8, al. 1er et 2.]*

SECTION II LES ORGANISMES CONSULTATIFS ET AUTRES CONDITIONS D'EXERCICE DES DROITS SYNDICAUX *(Décr. n° 2016-833 du 23 juin 2016, art. 1er).*

Art. R. 914-3-1 *(Décr. n° 2013-1231 du 23 déc. 2013, art. 1er)* Pour l'application des dispositions de la présente section, selon la commission consultative mixte considérée, les mots : "maître" ou "maîtres" désignent :

1° Pour les commissions consultatives mixtes départementales ou interdépartementales, les maîtres contractuels, agréés ou délégués des établissements d'enseignement privés du premier degré sous contrat ;

2° Pour les commissions consultatives mixtes académiques, les maîtres et les documentalistes, contractuels, agréés ou délégués des établissements d'enseignement privés du second degré sous contrat.

SOUS-SECTION 1 LA COMMISSION CONSULTATIVE MIXTE DÉPARTEMENTALE OU INTERDÉPARTEMENTALE *(Décr. n° 2013-1231 du 23 déc. 2013, art. 2).*

Art. R. 914-4 Une commission consultative mixte départementale *(Décr. n° 2013-1231 du 23 déc. 2013, art. 9)* « ou interdépartementale » est chargée de donner un avis sur les questions individuelles intéressant les maîtres, dans les cas prévus au présent chapitre. *(Décr. n° 2014-1176 du 14 oct. 2014, art. 2)* « Elle est réunie, selon la commission consultative mixte considérée, à la demande du directeur académique des services de l'éducation nationale agissant sur délégation du recteur d'académie ou du recteur d'académie au moins deux fois par an au cours de l'année scolaire. Le directeur académique des services de l'éducation nationale agissant sur délégation du recteur d'académie ou le recteur d'académie, selon la commission consultative mixte considérée, fixe son ordre du jour et convoque ses membres huit jours au moins à l'avance. »

Art. R. 914-5 *(Décr. n° 2013-1231 du 23 déc. 2013, art. 3)* La composition de la commission consultative mixte départementale est fixée en application des dispositions prévues à l'article R. 914-10-2.

Le nombre de sièges des représentants des maîtres des établissements d'enseignement privés du premier degré sous contrat est défini comme suit en référence aux effectifs constatés à une date fixée par arrêté du ministre chargé de l'éducation nationale :

1° Lorsque le nombre de maîtres est inférieur ou égal à soixante-dix, le nombre de représentants est d'un membre titulaire et d'un membre suppléant ;

2° Lorsque le nombre de maîtres est au moins égal à soixante et onze et inférieur ou égal à deux cent cinquante, le nombre de représentants des maîtres est de deux membres titulaires et de deux membres suppléants ;

3° Lorsque le nombre de maîtres est au moins égal à deux cent cinquante et un et inférieur ou égal à sept cent cinquante, le nombre de représentants des maîtres est de trois membres titulaires et de trois membres suppléants ;

4° Lorsque le nombre de maîtres est au moins égal à sept cent cinquante et un et inférieur ou égal à mille cinq cents, le nombre de représentants des maîtres est de quatre membres titulaires et de quatre membres suppléants ;

5° Lorsque le nombre de maîtres est au moins égal à mille cinq cent un et inférieur ou égal à deux mille cinq cents, le nombre de représentants des maîtres est de cinq membres titulaires et de cinq membres suppléants ;

6° Lorsque le nombre de maîtres est égal ou supérieur à deux mille cinq cent un, le nombre de représentants des maîtres est de six membres titulaires et de six membres suppléants.

(Décr. n° 2018-235 du 30 mars 2018, art. 7) « Les parts respectives de femmes et d'hommes composant les effectifs pris en compte pour la détermination du nombre de représentants du personnel au sein d'une commission consultative mixte sont indiquées par arrêté de l'autorité auprès de laquelle la commission est placée, six mois au plus tard avant la date à laquelle est organisée l'élection des représentants du personnel. Ces parts sont appréciées, pour chaque commission consultative mixte, sur l'ensemble des électeurs de cette commission définis à l'article R. 914-10-5, au 1er janvier de l'année de l'élection des représentants du personnel. Elles sont déterminées au plus tard huit mois avant la date du scrutin.

« Toutefois, si, dans les six premiers mois de cette année de référence, une mesure de réorganisation entraîne une variation d'au moins 20 % des effectifs représentés au sein de la commission, les parts respectives de femmes et d'hommes sont appréciées et fixées au plus tard quatre mois avant la date du scrutin. »

Art. R. 914-6 *(Décr. n° 2013-1231 du 23 déc. 2013, art. 3)* Lorsque le recteur *(Décr. n° 2019-1554 du 30 déc. 2019, art. 1er)* « d'académie », en application des dispositions prévues à l'article R. 222-36-2, a chargé un service *(Décr. n° 2014-1176 du 14 oct. 2014, art. 3)* « de l'académie ou un service » départemental de l'éducation nationale de la gestion des questions individuelles intéressant les maîtres mentionnés à l'article R. 914-5, il peut créer, après consultation des organisations syndicales représentatives de ces maîtres et au moins six mois avant la date du scrutin, une commission consultative mixte interdépartementale chargée de donner son avis sur ces questions.

Le nombre de sièges des représentants des maîtres au sein de cette commission consultative est fixé selon les modalités prévues à l'article R. 914-5.

Les dispositions de la sous-section 3 de la section II du chapitre IV du titre Ier du livre IX sont applicables à la commission consultative mixte interdépartementale créée en application du présent article.

SOUS-SECTION 2 LA COMMISSION CONSULTATIVE MIXTE ACADÉMIQUE

Art. R. 914-7 Une commission consultative mixte académique est chargée de donner un avis sur les questions individuelles intéressant les maîtres, dans les cas prévus au présent chapitre. Elle est réunie à la demande du recteur *(Décr. n° 2019-1554 du 30 déc. 2019, art. 1er)* « d'académie » au chef-lieu de l'académie au moins deux fois par an, *(Décr. n° 2013-1231 du 23 déc. 2013, art. 9)* « au cours » de l'année scolaire. Le recteur *(Décr. n° 2019-1554 du 30 déc. 2019, art. 1er)* « d'académie » fixe son ordre du jour et convoque ses membres huit jours au moins à l'avance.

Art. R. 914-8 *(Décr. n° 2013-1231 du 23 déc. 2013, art. 4)* La composition de la commission consultative mixte académique est fixée en application des dispositions prévues à l'article R. 914-10-2.

Le nombre de sièges des représentants des maîtres des établissements d'enseignement privés du second degré sous contrat est fixé selon les modalités prévues à l'article R. 914-5 pour la commission consultative mixte départementale.

Art. R. 914-9 *Abrogé par Décr. n° 2013-1231 du 23 déc. 2013, art. 5.*

SOUS-SECTION 3 DISPOSITIONS COMMUNES

Art. R. 914-10 Les commissions prévues aux articles *(Décr. n° 2013-1231 du 23 déc. 2013, art. 9)* « R. 914-4, R. 914-6 et R. 914-7 » sont compétentes pour les maîtres contractuels et agréés.

(Décr. n° 2014-1176 du 14 oct. 2014, art. 4) « Ces commissions sont également compétentes à l'égard des maîtres délégués :

« 1° Elles sont obligatoirement consultées sur les décisions individuelles relatives aux licenciements intervenant postérieurement à la période d'essai et aux sanctions disciplinaires autres que l'avertissement et le blâme ;

« 2° Elles peuvent en outre être consultées sur toute question d'ordre individuel relative à leur situation professionnelle. »

Art. R. 914-10-1 *(Décr. n° 2013-1231 du 23 déc. 2013, art. 6)* Les commissions prévues aux articles R. 914-4, R. 914-6 et R. 914-7 sont créées par arrêté du recteur d'académie ou, pour celle prévue à l'article R. 914-4, par le directeur académique des services de l'éducation nationale agissant sur délégation du recteur.

Les commissions prévues aux articles R. 914-6 et R. 914-7 sont présidées par le recteur ou son représentant. La commission prévue à l'article R. 914-4 est présidée par le directeur académique des services de l'éducation nationale ou son représentant.

Art. R. 914-10-2 *(Décr. n° 2013-1231 du 23 déc. 2013, art. 6)* Les commissions consultatives mixtes comprennent en nombre égal des représentants de l'administration et des représentants des maîtres. Elles comprennent un nombre égal de membres titulaires et de membres suppléants.

Art. R. 914-10-3 *(Décr. n° 2013-1231 du 23 déc. 2013, art. 6)* Les membres des commissions consultatives mixtes sont désignés ou élus pour une période de quatre ans.

Toutefois, lorsqu'une commission consultative mixte est créée ou renouvelée en cours de cycle électoral, les représentants du personnel sont élus, dans les conditions fixées par la présente sous-section, pour la durée du mandat restant à courir jusqu'au renouvellement des instances représentatives du personnel de la fonction publique de l'État mentionné à l'article R. 914-10-9.

Art. R. 914-10-4 *(Décr. n° 2013-1231 du 23 déc. 2013, art. 6)* Les représentants de l'administration membres titulaires ou suppléants des commissions consultatives mixtes venant, au cours de leur mandat, par suite de mutation, démission, mise en congé de longue durée, mise en disponibilité ou pour toute autre cause, à cesser les fonctions en raison desquelles ils ont été nommés membres d'une commission consultative mixte sont remplacés par décision du recteur d'académie ou du directeur académique des services de l'éducation nationale agissant sur délégation du recteur selon la commission consultative mixte considérée. Le mandat de leurs successeurs expire lors du renouvellement de la commission consultative mixte.

Art. R. 914-10-5 *(Décr. nº 2013-1231 du 23 déc. 2013, art. 6)* Sont électeurs pour la désignation des représentants des maîtres au sein de la commission consultative mixte compétente à leur égard :

1° Les maîtres contractuels et agréés, à titre définitif ou provisoire, en position d'activité ou de congé parental ;

2° Les maîtres délégués des établissements d'enseignement privés sous contrat, sous réserve qu'ils détiennent à la date du scrutin un contrat d'une durée au moins égale à six mois et qu'ils exercent depuis au moins deux mois ; il doivent être à cette date en activité, en congé rémunéré ou en congé parental ;

3° Les maîtres de l'enseignement public exerçant leurs fonctions dans les établissements d'enseignement privés sous contrat et remplissant les conditions pour être électeur fixées au 3° de l'article R. 914-13-9.

La qualité d'électeur s'apprécie au jour du scrutin.

Art. R. 914-10-6 *(Décr. nº 2013-1231 du 23 déc. 2013, art. 6)* Sont éligibles aux commissions consultatives mixtes les maîtres remplissant les conditions requises pour être inscrits sur la liste électorale de la commission considérée.

Toutefois, ne peuvent être élus :

1° Les maîtres en congé de longue maladie, de longue durée ou de grave maladie ;

2° Les maîtres qui ont été frappés d'une rétrogradation ou d'une exclusion temporaire de fonctions de trois mois à deux ans, à moins qu'ils n'aient été amnistiés ou qu'ils n'aient bénéficié d'une décision acceptant leur demande tendant à ce qu'aucune trace de la sanction prononcée ne subsiste à leur dossier ;

3° Les maîtres frappés de l'une des incapacités énoncées aux articles L. 5 et L. 6 du code électoral.

Art. R. 914-10-7 *(Décr. nº 2013-1231 du 23 déc. 2013, art. 6)* Si, avant l'expiration de son mandat, l'un des représentants des maîtres, membre titulaire ou suppléant de la commission consultative mixte, se trouve dans l'impossibilité d'exercer ses fonctions par suite de démission de son emploi ou de son mandat de membre de la commission, de fin de contrat, de licenciement, de mise en congé non rémunéré ou pour l'un des motifs énumérés à l'article R. 914-10-6, il est remplacé, jusqu'au renouvellement de la commission consultative mixte, dans les conditions définies ci-après.

Lorsqu'un représentant titulaire se trouve dans l'impossibilité d'exercer ses fonctions, il est remplacé par le premier suppléant pris dans l'ordre de la liste au titre de laquelle il a été élu.

Lorsqu'un représentant suppléant se trouve dans l'impossibilité d'exercer ses fonctions, il est remplacé par le premier candidat non élu restant de la même liste.

Lorsqu'il n'est plus possible de pourvoir, dans les conditions prévues aux deux alinéas précédents, aux sièges de membres titulaires ou de membres suppléants auxquels elle a droit, l'organisation syndicale ayant présenté la liste, ou les organisations syndicales dans le cas d'une liste commune, désigne son représentant parmi les maîtres exerçant leurs fonctions dans le ressort territorial de la commission consultative mixte considérée, éligibles à la date de la désignation, pour la durée du mandat restant à courir.

Art. R. 914-10-8 *(Décr. nº 2013-1231 du 23 déc. 2013, art. 6)* Les représentants de l'administration, titulaires et suppléants, au sein des commissions consultatives mixtes sont nommés, selon la commission consultative mixte considérée, par le recteur d'académie ou par le directeur académique des services de l'éducation nationale agissant sur délégation du recteur dans les quinze jours suivant la proclamation des résultats des élections prévues par la présente sous-section. Ils sont choisis parmi les fonctionnaires placés sous son autorité ou relevant des corps d'inspection.

Art. R. 914-10-9 *(Décr. nº 2013-1231 du 23 déc. 2013, art. 6)* Pour tenir compte notamment de la date fixée par arrêté conjoint du Premier ministre et du ministre chargé de la fonction publique pour le renouvellement des commissions administratives paritaires en application de l'article 34 de la loi nº 2010-751 du 5 juillet 2010 relative à la rénovation du dialogue social et comportant diverses dispositions relatives à la fonction publique, la durée du mandat des commissions consultatives mixtes peut être réduite ou prorogée.

En cas de renouvellement anticipé, la date est fixée par le recteur d'académie ou par le directeur académique des services de l'éducation nationale agissant sur délégation du recteur selon la commission consultative mixte considérée.

Sauf cas de renouvellement anticipé, la date des élections est rendue publique six mois au moins avant l'expiration du mandat en cours.

Art. R. 914-10-10 *(Décr. nº 2013-1231 du 23 déc. 2013, art. 6)* Pour l'accomplissement des opérations électorales, les électeurs peuvent être répartis en sections de vote créées par le recteur d'académie ou par le directeur académique des services de l'éducation nationale agissant sur délégation du recteur selon la commission consultative mixte considérée.

La liste des électeurs appelés à voter dans une section de vote est arrêtée par le recteur d'académie ou par le directeur académique des services de l'éducation nationale agissant sur délégation du recteur selon la commission consultative mixte considérée.

La liste est affichée dans la section de vote au moins un mois avant la date du scrutin.

Dans les huit jours qui suivent la publication, les électeurs peuvent vérifier les inscriptions et, le cas échéant, présenter des demandes d'inscription. Dans ce même délai, et pendant trois jours à compter de son expiration, des réclamations peuvent être formulées contre les inscriptions ou omissions sur la liste électorale.

L'autorité auprès de laquelle la commission consultative mixte est placée statue sans délai sur ces réclamations.

Aucune modification n'est alors admise sauf si un événement postérieur et prenant effet au plus tard la veille du scrutin entraîne, pour un maître, l'acquisition ou la perte de la qualité d'électeur au sens de l'article R. 914-10-5. Dans ce cas, l'inscription ou la radiation est prononcée au plus tard la veille du scrutin, soit à l'initiative de l'administration, soit à la demande de l'intéressé, et immédiatement portée à la connaissance des personnels par voie d'affichage.

Art. R. 914-10-11 *(Décr. nº 2013-1231 du 23 déc. 2013, art. 6)* Pour l'élection des représentants des maîtres, chaque liste comprend autant de noms qu'il y a de sièges de représentants titulaires et suppléants à pourvoir, sans qu'il soit fait mention pour chacun des candidats de la qualité de titulaire ou de suppléant. Nul ne peut être candidat sur plusieurs listes du scrutin. Des listes incomplètes de candidats ne peuvent pas être déposées.

(Décr. nº 2018-235 du 30 mars 2018, art. 8) « Chaque liste comprend un nombre de femmes et d'hommes correspondant aux parts respectives de femmes et d'hommes représentés au sein de la commission consultative mixte. Ce nombre est calculé sur l'ensemble des candidats inscrits sur la liste.

« Lorsque l'application de l'alinéa précédent n'aboutit pas à un nombre entier de candidats à désigner pour chacun des deux sexes, l'organisation syndicale procède indifféremment à l'arrondi à l'entier inférieur ou supérieur. »

Les listes doivent être déposées au moins six semaines avant la date du scrutin, par les organisations syndicales de maîtres des établissements d'enseignement privés sous contrat qui remplissent les conditions fixées par l'avant-dernier alinéa de l'article L. 914-1-2. *(Décr. nº 2018-235 du 30 mars 2018, art. 8)* « Chaque liste déposée mentionne les nom, prénom et sexe de chaque candidat et indique le nombre de femmes et d'hommes. »

Les listes peuvent être communes à plusieurs organisations syndicales.

Chaque liste doit comporter le nom d'un délégué qui peut être ou non candidat, désigné par la ou les organisations syndicales dans le cas de liste commune afin de représenter la liste dans toutes les opérations électorales. La ou les organisations syndicales peuvent désigner un délégué suppléant.

Le dépôt de chaque liste doit être accompagné d'une déclaration de candidature datée et signée par chaque candidat. Le dépôt fait l'objet d'un récépissé remis au délégué de liste ou à son suppléant.

Lorsque l'administration constate que la liste ne satisfait pas aux conditions fixées par l'avant-dernier alinéa de l'article L. 914-1-2, elle informe le délégué de liste, par décision motivée, de l'irrecevabilité de cette liste. Cette décision est remise au plus tard le jour suivant la date limite de dépôt des listes de candidatures.

Art. R. 914-10-12 *(Décr. n° 2013-1231 du 23 déc. 2013, art. 6)* I. – Aucune liste ne peut être déposée ou modifiée après la date limite prévue à l'article R. 914-10-11.

II. – Toutefois, si, dans un délai de trois jours suivant la date limite de dépôt des listes, un ou plusieurs candidats inscrits sur une liste sont reconnus inéligibles, l'administration en informe sans délai le délégué de liste. Celui-ci transmet alors, dans un délai de trois jours à compter de l'expiration du délai de trois jours susmentionné, les rectifications nécessaires.

(Décr. n° 2018-235 du 30 mars 2018, art. 9) « Le candidat inéligible est remplacé par un candidat désigné dans le respect des règles définies par l'article R. 914-10-11. A l'occasion de cette désignation, le délégué de liste peut modifier l'ordre de présentation de la liste. »

A défaut de rectification, si un ou plusieurs candidats inscrits sur une liste sont reconnus inéligibles, la liste intéressée est considérée comme n'ayant présenté aucun candidat.

Lorsque la recevabilité de candidatures ou de listes n'est pas reconnue par l'administration, le délai de rectification de trois jours prévu à la première phrase du premier alinéa du II ne court à l'égard de cette liste qu'à compter de la notification du jugement du tribunal administratif lorsqu'il est saisi d'une contestation de la décision de l'administration, en application des dispositions du dernier alinéa de l'article 9 *bis* de la loi n° 83-634 du 13 juillet 1983 portant droits et obligations des fonctionnaires sous les réserves mentionnées à l'article L. 914-1-2.

Si le fait motivant l'inéligibilité est intervenu après la date limite de dépôt des listes, le candidat inéligible peut être remplacé, sans qu'il y ait lieu de modifier la date des élections.

Les listes des candidats établies dans les conditions fixées par l'article R. 914-10-11 sont affichées dès que possible dans chaque lieu de vote.

Aucun autre retrait de candidature ne peut être opéré après le dépôt des listes de candidats.

Art. R. 914-10-13 *(Décr. n° 2013-1231 du 23 déc. 2013, art. 6)* Lorsque plusieurs organisations syndicales affiliées à une même union de syndicats ont déposé des listes concurrentes pour une même élection, l'administration en informe, dans un délai de trois jours à compter de la date limite de dépôt des listes, les délégués de chacune des listes concernées. Ces derniers disposent alors d'un délai de trois jours pour transmettre les modifications de candidats nécessaires.

Si, après l'expiration de ce dernier délai, ces modifications ne sont pas intervenues, l'administration informe dans un délai de trois jours l'union de syndicats dont les listes se réclament. Celle-ci dispose alors d'un délai de cinq jours pour indiquer à l'administration, par lettre recommandée avec demande d'avis de réception, la liste qui pourra se prévaloir de l'appartenance à l'union.

En l'absence de cette indication, les organisations syndicales ayant déposé les listes en cause ne peuvent bénéficier des dispositions prévues par l'avant-dernier alinéa de l'article L. 914-1-2 et ne peuvent se prévaloir de l'appartenance à une union pour l'application de l'article R. 914-10-22.

Lorsque la recevabilité d'une des listes n'est pas reconnue par l'administration, la procédure décrite ci-dessus est mise en œuvre dans un délai de trois jours à compter de la notification du jugement du tribunal administratif lorsque celui-ci est saisi d'une contestation de la décision de l'administration en application des dispositions du dernier alinéa *(Décr. n° 2018-235 du 30 mars 2018, art. 10)* « du I » de l'article 9 *bis* de la loi n° 83-634 du 13 juillet 1983 portant droits et obligations des fonctionnaires sous les réserves mentionnées à L. 914-1-2.

Art. R. 914-10-14 *(Décr. n° 2013-1231 du 23 déc. 2013, art. 6)* Pour chaque liste, les bulletins de vote et les enveloppes sont établis, aux frais de l'administration, d'après un modèle type fourni par celle-ci.

Il est fait mention, sur le bulletin de vote, de l'appartenance éventuelle de l'organisation syndicale, à la date du dépôt des listes, à une union de syndicats à caractère national.

Les bulletins de vote par liste et les enveloppes sont remis à l'autorité auprès de laquelle est placée le bureau de vote central ou, le cas échéant, chaque section de vote en nombre au moins égal au nombre des électeurs inscrits sur la liste électorale considérée. Ils sont transmis par les soins de l'administration aux électeurs admis à voter et mis à disposition dans les lieux de vote.

Art. R. 914-10-15 *(Décr. n° 2013-1231 du 23 déc. 2013, art. 6)* Un bureau de vote central est institué pour chacune des commissions consultatives mixtes. Il procède au dépouillement du scrutin. A l'issue du dépouillement et sans délai, le bureau de vote central procède à la proclamation des résultats.

Le recteur d'académie ou le directeur académique des services de l'éducation nationale agissant sur délégation du recteur, selon la commission consultative mixte considérée, peut également créer des bureaux de vote spéciaux par arrêté. Dans ce cas, les suffrages recueillis dans les sections de vote mentionnées à l'article R. 914-10-10 sont transmis accompagnés d'un procès-verbal de recensement, sous pli cacheté, soit à un bureau de vote spécial, soit au bureau de vote central.

Il est procédé au dépouillement du scrutin dans un délai qui ne peut être supérieur, sauf circonstances particulières, à trois jours ouvrables à compter de la date du scrutin.

Le bureau de vote central et, le cas échéant, les bureaux de vote spéciaux comprennent un président et un secrétaire désignés, selon la commission consultative mixte considérée, par le recteur d'académie ou le directeur académique des services de l'éducation nationale agissant sur délégation du recteur ainsi qu'un délégué de chaque liste en présence.

Les sections de vote comprennent un président et un secrétaire désignés, selon la commission consultative mixte considérée, par le recteur *(Décr. n° 2013-1231 du 23 déc. 2013)* « ou le directeur académique » des services de l'éducation nationale agissant sur délégation du recteur ainsi que, le cas échéant, un délégué de chaque liste en présence.

Art. R. 914-10-16 *(Décr. n° 2013-1231 du 23 déc. 2013, art. 6)* Les opérations électorales se déroulent publiquement dans les locaux du travail et pendant les heures de service.

Le vote a lieu au scrutin secret, à l'urne et sous enveloppe. Le vote par procuration n'est pas admis.

Les électeurs ne peuvent voter que pour une liste complète, sans radiation ni adjonction de noms, ni surcharge et sans modification de l'ordre de présentation des candidats. Est nul tout bulletin établi en méconnaissance de l'une de ces conditions.

Dans chaque lieu de vote est déposée une liste électorale, qui est émargée par chaque électeur votant et par un membre de la section ou du bureau de vote, ou par ce dernier seulement en cas de vote par correspondance.

Le vote peut avoir lieu par correspondance dans les conditions fixées par arrêté du ministre chargé de l'éducation nationale. Dans ce cas, les enveloppes expédiées, aux frais de l'administration, par les électeurs doivent parvenir au bureau de vote avant l'heure de la clôture du scrutin.

Art. R. 914-10-17 *(Décr. n° 2013-1231 du 23 déc. 2013, art. 6)* Il peut être recouru au vote électronique par internet selon des modalités définies par voie réglementaire pour l'élection des représentants du personnel au sein des instances de représentation du personnel relevant du ministre de l'éducation nationale.

Art. R. 914-10-18 *(Décr. n° 2013-1231 du 23 déc. 2013, art. 6)* Le bureau de vote central constate le nombre total de votants et détermine le nombre total de suffrages valablement exprimés ainsi que le nombre de voix obtenues par chaque liste.

Il détermine le quotient électoral en divisant le nombre total de suffrages valablement exprimés par le nombre de représentants titulaires à élire à la commission consultative mixte considérée.

Art. R. 914-10-19 *(Décr. n° 2013-1231 du 23 déc. 2013, art. 6)* Les représentants des maîtres au sein des commissions consultatives mixtes sont élus au scrutin de liste. Les sièges obtenus sont répartis à la représentation proportionnelle à la plus forte moyenne. La désignation des membres titulaires est effectuée comme suit :

1° Chaque liste a droit à autant de sièges de représentants titulaires que le nombre de voix recueillies par elle contient de fois le quotient électoral ;

2° Les sièges de représentants titulaires restant éventuellement à pourvoir sont attribués suivant la règle de la plus forte moyenne.

Lorsque pour l'attribution d'un siège des listes ont la même moyenne, le siège est attribué à la liste qui a recueilli le plus grand nombre de voix. Si plusieurs de ces listes ont obtenu le même nombre de voix, le siège est attribué à l'une d'entre elles par voie de tirage au sort.

Lorsqu'aucune liste n'a été présentée pour l'élection considérée, les représentants des maîtres sont désignés par voie de tirage au sort parmi les maîtres en fonctions dans les établissements d'enseignement privés du premier ou du second degré sous contrat du ressort de la commission consultative mixte considérée. Si les maîtres ainsi désignés n'acceptent pas leur désignation, les sièges vacants des représentants des maîtres sont attribués à des représentants de l'administration.

Art. R. 914-10-20 *(Décr. nº 2013-1231 du 23 déc. 2013, art. 6)* Les représentants titulaires sont désignés selon l'ordre de présentation de la liste.

Il est attribué à chaque liste un nombre de sièges de représentants suppléants égal à celui des représentants titulaires élus au titre de cette liste. Les représentants suppléants élus sont désignés selon l'ordre de présentation de la liste, après désignation des représentants titulaires.

Art. R. 914-10-21 *(Décr. nº 2013-1231 du 23 déc. 2013, art. 6)* Le bureau de vote central établit le procès-verbal des opérations électorales, sur lequel sont portés le nombre d'électeurs, le nombre de votants, le nombre de suffrages valablement exprimés, le nombre de votes nuls et le nombre de voix obtenues par chaque liste de candidats en présence. Sont annexées à ce procès-verbal les enveloppes mises à part sans être ouvertes et les bulletins blancs ou nuls.

Art. R. 914-10-22 *(Décr. nº 2013-1231 du 23 déc. 2013, art. 6)* Lorsqu'une liste commune a été établie par des organisations syndicales pour l'élection des représentants des maîtres, la répartition entre elles des suffrages exprimés se fait conformément à la règle de répartition indiquée et rendue publique par les organisations syndicales concernées lors du dépôt de leur liste commune.

A défaut d'indication, la répartition des suffrages se fait à parts égales entre les organisations concernées. Cette répartition est mentionnée sur les listes affichées dans les lieux de vote.

Art. R. 914-10-23 *(Décr. nº 2013-1231 du 23 déc. 2013, art. 6)* I. — Le recteur d'académie ou le directeur académique des services de l'éducation nationale agissant sur délégation du recteur désigne des représentants des chefs d'établissement d'enseignement privés sous contrat du premier ou du second degré sous contrat, selon la commission consultative mixte considérée, sur proposition des délégations locales des organisations professionnelles et des sections locales des organisations syndicales représentant dans le ressort de ladite commission les chefs d'établissement.

Nul ne peut être désigné s'il n'exerce pas les fonctions de chef d'établissement dans le premier ou le second degré, selon la commission consultative mixte considérée, et s'il n'exerce pas ces fonctions dans le *(Décr. nº 2013-1231 du 23 déc. 2013)* « ressort territorial de celle-ci ».

Nul ne peut être désigné en qualité de représentant des chefs d'établissement s'il figure sur une liste de candidats établie en application de l'article R. 914-10-11.

II. — Les représentants des chefs d'établissement ont voix consultative. Leur participation n'est pas prise en compte pour l'application du premier alinéa de l'article R. 914-12.

III. — Leur nombre est fixé par arrêté du recteur d'académie ou par le directeur académique des services de l'éducation nationale agissant sur délégation du recteur selon la commission consultative mixte considérée. Il est égal au minimum à la moitié du nombre de représentants titulaires des maîtres siégeant à la commission consultative mixte considérée arrondi au nombre entier supérieur et au maximum au nombre de sièges de représentants titulaires fixé pour la représentation des maîtres.

IV. — A l'occasion de la création ou du renouvellement de la commission consultative mixte considérée, une délégation locale d'une organisation professionnelle ou une section locale d'une organisation syndicale représentant dans le ressort de la commission consultative mixte considérée les chefs d'établissement du premier ou du second degré sous contrat peut demander au recteur d'académie ou au directeur académique des services de l'éducation nationale agissant sur délégation du recteur, selon la commission consultative mixte considérée, la convocation d'une élection pour déterminer les organisations professionnelles et les organisations syndicales représentant les chefs d'établissement qui peuvent proposer des représentants à désigner.

Lorsque le recteur ou le directeur académique des services de l'éducation nationale décide de convoquer une élection, cette dernière est organisée sur sigle et à la plus forte moyenne après application du quotient électoral. Les autres modalités d'organisation de l'élection sont fixées par arrêté du recteur d'académie ou du directeur académique des services de l'éducation nationale.

Sont habilitées à présenter une candidature les délégations locales des organisations professionnelles et les sections locales des organisations syndicales représentant dans le ressort de la commission consultative mixte considérée les chefs d'établissement d'enseignement privés du premier ou du second degré sous contrat.

Ces délégations locales des organisations professionnelles et ces sections locales des organisations syndicales proposent leurs représentants compte tenu du nombre de sièges qu'elles ont obtenu.

V. — A défaut de proposition de représentants des chefs d'établissement, il est procédé par voie de tirage au sort *(Décr. n° 2013-1231 du 23 déc. 2013)* « parmi les chefs d'établissement » du premier ou du second degré sous contrat en fonctions dans le ressort territorial de la commission consultative mixte considérée.

Les sièges des représentants des chefs d'établissement demeurent vacants si leur désignation est refusée par les intéressés.

Art. R. 914-10-24 *(Décr. n° 2013-1231 du 23 déc. 2013, art. 6)* Sans préjudice des dispositions du dernier alinéa de l'article 9 *bis* de la loi n° 83-634 du 13 juillet 1983 portant droits et obligations des fonctionnaires *[V. C. **fonct. publ.**]* sous les réserves mentionnées à l'article L. 914-1-2, les contestations sur la validité des opérations électorales sont portées, dans un délai de cinq jours à compter de la proclamation des résultats, devant le recteur d'académie ou le directeur académique des services de l'éducation nationale agissant sur délégation du recteur selon la commission consultative mixte considérée, puis, le cas échéant, devant la juridiction administrative.

Art. R. 914-11 La commission consultative mixte départementale ou académique élabore son règlement intérieur selon un règlement type établi par arrêté du ministre chargé de l'éducation.

En cas d'empêchement, le président désigne, pour le remplacer, un autre représentant de l'administration. Il en est fait mention au procès-verbal de la réunion.

Le secrétariat est assuré par un représentant de l'administration qui peut n'être pas membre de la commission. Un représentant des maîtres est désigné par la commission en son sein pour exercer les fonctions de secrétaire adjoint.

Les séances de la commission ne sont pas publiques.

Les suppléants peuvent assister aux séances de la commission sans pouvoir prendre part aux débats. Ils n'ont voix délibérative qu'en l'absence des titulaires qu'ils remplacent.

(Décr. n° 2013-1231 du 23 déc. 2013, art. 7) « Par dérogation aux dispositions de l'alinéa précédent, le membre suppléant élu ou désigné en application du 1° de l'article R. 914-5 ou de l'article R. 914-8 qui y renvoie, prend part aux débats et siège avec voix délibérative. »

Un maître, membre de la commission, ne peut siéger à la séance au cours de laquelle sa situation est examinée.

Le président de la commission peut convoquer des experts à la demande de l'administration ou à celles des représentants des maîtres ou des chefs d'établissement afin qu'ils soient entendus sur un point inscrit à l'ordre du jour.

Les experts ne peuvent assister qu'à la partie des débats, à l'exclusion du vote, relative aux questions pour lesquelles leur présence a été demandée.

Art. R. 914-12 La commission consultative mixte départementale ou académique ne délibère valablement que si les trois quarts au moins de ses membres sont présents lors de l'ouverture de la réunion. Lorsque ce quorum n'est pas atteint, une nouvelle convocation est envoyée dans le délai de huit jours aux membres de la commission, qui siège alors valablement si la moitié de ses membres sont présents.

La commission émet son avis à la majorité des membres présents.

S'il est procédé à un vote, celui-ci a lieu à main levée. Les abstentions sont admises. Toutefois, à la demande de l'un des membres titulaires de la commission, le vote a lieu à bulletin secret. En cas de partage égal des voix, celle du président est prépondérante.

Un procès-verbal est établi après chaque séance. Il est signé par le président et contresigné par le secrétaire et le secrétaire adjoint, et transmis, dans le délai d'un mois, aux *(Décr. n° 2013-1231 du 23 déc. 2013, art. 9)* « représentants des maîtres *(Décr. n° 2014-1176 du 14 oct. 2014, art. 5)* « , de l'administration » et des chefs d'établissement » de la commission. *(Décr. n° 2014-1176 du 14 oct. 2014, art. 5)* « Les représentants des chefs d'établissement communiquent, le cas échéant, leurs observations. » Ce procès-verbal est soumis à l'approbation des *(Décr. n° 2013-1231 du 23 déc. 2013, art. 9)* « représentants des maîtres et » *(Décr. n° 2014-1176 du 14 oct. 2014, art. 5)* « de l'administration » lors de la séance suivante.

Lorsque l'autorité académique prend une décision contraire à l'avis émis par la commission, elle doit informer la commission des motifs qui l'ont conduite à ne pas suivre l'avis.

Commission consultative mixte départementale. Fonctionnement. Visioconférence. Interrogée sur la possibilité de recourir à une telle possibilité pour réunir la CCMD chargée de donner un avis sur les questions intéressant les maîtres de l'enseignement privé sous contrat alors que cette modalité n'est pas expressément prévue par les textes, la direction des affaires juridiques a apporté les précisions suivantes. Si elles ne rentrent pas directement dans le champ d'application de l'art. 9 de la L. du 13 juill. 1983, dans la mesure où les maîtres de l'enseignement privé sous contrat ne sont pas des fonctionnaires, les CCMD sont toutefois créées pour la mise en œuvre du même droit constitutionnel de participation et de concertation que celui qui existe dans les trois fonctions publiques, de sorte que l'exclusion prévue à l'article 1er du Décr. du 8 juin 2006 peut être regardée comme devant être étendue aux organismes collégiaux créés pour l'enseignement privé sous contrat que sont les CCMD qui, comme les commissions administratives paritaires dans la fonction publique, associent des représentants du personnel à l'examen de décisions individuelles relatives à la carrière des agents. Dès lors, à l'instar des commissions administratives paritaires dans la fonction publique, le Décr. du 8 juin 2006 n'est pas applicable aux commissions consultatives mixtes départementales. Aucun autre texte ne prévoyant actuellement la possibilité pour les CCMD de recourir à la visioconférence, il n'est pas possible pour le moment de l'envisager localement. Cette modalité technique de concertation ne peut pas davantage être fondée sur l'absence de textes qui l'interdiraient. Les exigences de formalisme du fonctionnement des organismes collégiaux sont en effet souvent d'ordre substantiel. Ces règles ne peuvent pas être implicites. Un organisme collégial qui recourrait à la visioconférence pour délibérer et rendre des avis ou décisions alors que cela n'est pas prévu par le texte qui l'institue, ou par un autre texte, prendrait le risque de voir annuler son avis ou sa décision. * DAJ A2, n° 2013-0157 du 17 sept. 2013 : *LIJ 2013, n° 180, p. 19.*

Art. R. 914-12-1 *(Décr. n° 2013-1231 du 23 déc. 2013, art. 8)* Si aucun représentant des maîtres ne peut valablement siéger, il est fait application de la procédure de tirage au sort prévue à l'article R. 914-10-19.

Art. R. 914-12-2 *(Décr. n° 2013-1231 du 23 déc. 2013, art. 8)* Dans l'intérêt du service, la durée du mandat d'une commission consultative mixte peut être réduite ou prorogée, par arrêté du ministre chargé de l'éducation nationale. Cette réduction ou prorogation ne peut excéder une durée de dix-huit mois.

En cas de difficulté dans son fonctionnement, une commission consultative mixte peut être dissoute dans la forme prévue pour sa constitution après avis du comité consultatif ministériel compétent à l'égard des maîtres des établissements de l'enseignement privés sous contrat mentionné à l'article L. 914-1-2.

Il est alors procédé, dans le délai de deux mois, à la mise en place, dans les conditions fixées par la présente sous-section, d'une nouvelle commission consultative mixte.

Art. R. 914-13 Toutes facilités doivent être données par l'administration aux *(Décr. n° 2013-1231 du 23 déc. 2013, art. 9)* « représentants des maîtres et des chefs d'établissement » de la commission consultative mixte départementale ou académique pour leur permettre de remplir leurs attributions. En outre, communication doit leur être donnée de tous documents et pièces nécessaires à l'accomplissement de leur mission huit jours au moins avant la date de la séance.

Une autorisation d'absence est accordée aux maîtres pour leur permettre de participer aux réunions de la commission, sur simple présentation de leur convocation. La durée de cette autorisation est calculée en tenant compte des délais de route, de la durée prévisible de la réunion, et augmentée d'un temps égal à cette durée afin de mettre les intéressés en mesure d'assurer la préparation et le compte rendu des travaux de la commission, sans que ce temps puisse excéder deux journées.

Les *(Décr. n° 2013-1231 du 23 déc. 2013, art. 9)* « représentants des maîtres et des chefs d'établissement » de la commission sont soumis à l'obligation de discrétion professionnelle en ce qui concerne tous les faits et documents dont ils ont eu connaissance en cette qualité.

Les *(Décr. n° 2013-1231 du 23 déc. 2013, art. 9)* « représentants des maîtres et des chefs d'établissement » de la commission ne perçoivent aucune indemnité du fait de ces fonctions. Ils sont toutefois indemnisés de leurs frais de déplacement et de séjour dans les conditions fixées par le décret n° 2006-781 du 3 juillet 2006 fixant les conditions et les modalités de règlement des frais occasionnés par les déplacements temporaires des personnels civils de l'État *[V.* ***C. fonct. publ.****]*.

SOUS-SECTION 4 COMITÉ CONSULTATIF MINISTÉRIEL DES MAÎTRES DE L'ENSEIGNEMENT PRIVÉ SOUS CONTRAT

(Décr. n° 2013-1230 du 23 déc. 2013, art. 1er)

Art. R. 914-13-1 Le comité consultatif ministériel des maîtres de l'enseignement privé sous contrat institué par l'article L. 914-1-2 assure la représentation des maîtres et des documentalistes des établissements d'enseignement privés du premier et du second degré sous contrat et relevant du ministre chargé de l'éducation nationale. Il est présidé par le ministre chargé de l'éducation nationale ou son représentant.

Art. R. 914-13-2 L'organisation générale du comité consultatif ministériel des maîtres de l'enseignement privé sous contrat et le mode de désignation des représentants du personnel sont fixés par la présente sous-section.

Art. R. 914-13-3 Le comité consultatif ministériel des maîtres de l'enseignement privé sous contrat est dénommé dans les dispositions réglementaires de la présente sous-section "le comité consultatif".

Art. R. 914-13-4 Le comité consultatif comprend le responsable de la gestion des ressources humaines de l'enseignement privé sous contrat du ministère de l'éducation nationale ou son représentant ainsi que les représentants du personnel.

(Décr. n° 2018-235 du 30 mars 2018, art. 1er) « Le nombre des représentants du personnel titulaires ne peut être supérieur à dix. Ces représentants titulaires ont un nombre égal de suppléants. Le nombre des représentants du personnel est fixé par arrêté du ministre chargé de l'éducation nationale au plus tard six mois avant la date du scrutin. Cet arrêté indique les parts respectives de femmes et d'hommes composant les effectifs représentés au sein du comité consultatif. »

Lors de chaque réunion du comité consultatif, le président est assisté en tant que de besoin par les personnels de l'administration concernés par les questions ou projets de textes soumis à l'avis du comité consultatif.

Art. R. 914-13-5 La durée du mandat des représentants du personnel est fixée à quatre ans.

Toutefois, lorsque le comité consultatif est renouvelé en cours de cycle électoral dans les conditions fixées à l'article R. 914-13-7, les représentants du personnel sont élus ou désignés dans les conditions fixées par la présente sous-section pour la durée du mandat restant à courir jusqu'au renouvellement des instances représentatives du personnel de la fonction publique de l'État mentionné à l'article R. 914-13-6.

Art. R. 914-13-6 Pour tenir compte notamment de la date fixée par arrêté conjoint du Premier ministre et du ministre chargé de la fonction publique pour le renouvellement des comités techniques des administrations et établissements publics de l'État, en application de l'article 34 de la loi n° 2010-751 du 5 juillet 2010 relative à la rénovation du dialogue social et comportant diverses dispositions relatives à la fonction publique, la durée du mandat du comité consultatif peut être réduite ou prorogée.

Sauf cas de renouvellement anticipé, la date des élections est rendue publique six mois au moins avant l'expiration du mandat en cours.

Art. R. 914-13-7 Les représentants du personnel au comité consultatif mentionnés à l'article R. 914-13-4 sont élus au scrutin de liste.

Les sièges obtenus sont répartis à la représentation proportionnelle à la plus forte moyenne.

Art. R. 914-13-8 Il est obligatoirement mis fin au mandat d'un représentant du personnel lorsqu'il démissionne de son mandat ou lorsqu'il ne remplit plus les conditions fixées par l'article R. 914-13-9 ou lorsqu'il est placé dans une des situations prévues à l'article R. 914-13-11 lui faisant perdre sa qualité de représentant.

Le remplaçant est nommé pour la durée du mandat restant à courir.

Les modalités de remplacement sont les suivantes :

1° Lorsqu'un représentant titulaire élu du personnel se trouve dans l'impossibilité d'exercer ses fonctions, il est, sur désignation de la ou des organisations syndicales ayant présenté la liste, remplacé par un des suppléants élus au titre de la même liste ;

2° Lorsqu'un représentant suppléant se trouve dans l'impossibilité d'exercer ses fonctions, il est remplacé par un des candidats non élus restant de la même liste désigné par la ou les organisations syndicales ayant présenté la liste ;

3° Lorsque l'organisation syndicale ayant présenté une liste, ou les organisations syndicales dans le cas d'une liste commune, se trouve dans l'impossibilité de pourvoir, dans les conditions prévues aux deux alinéas précédents, les sièges de titulaires ou de suppléants auxquels elle a droit, elle désigne son ou ses représentants, pour la durée du mandat restant à courir, parmi les maîtres éligibles à la date de la désignation.

Art. R. 914-13-9 *(Décr. nº 2018-235 du 30 mars 2018, art. 2)* « I. — » Sont électeurs pour la désignation des représentants du personnel au sein du comité consultatif :

1° Les maîtres contractuels et agréés, à titre définitif ou provisoire, en position d'activité ou de congé parental ;

2° Les maîtres délégués des établissements d'enseignement privés sous contrat, sous réserve qu'ils détiennent à la date du scrutin un contrat d'une durée au moins égale à six mois et qu'ils exercent depuis au moins deux mois ; ils doivent être à cette date en activité, en congé rémunéré ou en congé parental ;

3° Les maîtres de l'enseignement public exerçant leurs fonctions dans les établissements d'enseignement privés sous contrat et remplissant les conditions pour être électeur fixées au I de l'article 18 du décret nº 2011-184 du 15 février 2011 relatif aux comités techniques dans les administrations et les établissements publics de l'État *[V. **C. fonct. publ.**]*.

La qualité d'électeur s'apprécie au jour du scrutin.

(Décr. nº 2018-235 du 30 mars 2018, art. 2) « II. — Pour le calcul des effectifs mentionnés à l'article R. 914-13-4, sont pris en compte l'ensemble des électeurs désignés au I. L'effectif à retenir, comprenant les parts respectives de femmes et d'hommes, est apprécié au 1er janvier de l'année de l'élection des représentants du personnel. Il est déterminé au plus tard huit mois avant la date du scrutin. »

Art. R. 914-13-10 Pour l'accomplissement des opérations électorales, les électeurs peuvent être répartis en sections de vote créées par arrêté du ministre chargé de l'éducation nationale.

La liste des électeurs appelés à voter dans une section de vote est arrêtée par l'autorité auprès de laquelle est placée cette section.

La liste est affichée dans la section de vote au moins un mois avant la date du scrutin.

Dans les huit jours qui suivent la publication, les électeurs peuvent vérifier les inscriptions et, le cas échéant, présenter des demandes d'inscription. Dans ce même délai, et pendant trois jours à compter de son expiration, des réclamations peuvent être formulées contre les inscriptions ou omissions sur la liste électorale.

Le ministre chargé de l'éducation nationale statue sans délai sur ces réclamations.

Aucune modification n'est alors admise sauf si un événement postérieur et prenant effet au plus tard la veille du scrutin entraîne, pour un maître, l'acquisition ou la perte de la qualité d'électeur. Dans ce cas, l'inscription ou la radiation est prononcée au plus tard la veille du scrutin soit à l'initiative de l'administration, soit à la demande de l'intéressé, et immédiatement portée à la connaissance des personnels par voie d'affichage.

Art. R. 914-13-11 Sont éligibles au comité consultatif les maîtres remplissant les conditions requises pour être inscrits sur la liste électorale de ce comité.

Toutefois, ne peuvent être élus :

1° Les maîtres en congé de longue maladie, de longue durée ou de grave maladie ;

2° Les maîtres qui ont été frappés d'une rétrogradation ou d'une exclusion temporaire de fonctions de trois mois à deux ans, à moins qu'ils n'aient été amnistiés ou qu'ils n'aient bénéficié d'une décision acceptant leur demande tendant à ce qu'aucune trace de la sanction prononcée ne subsiste à leur dossier ;

3° Les maîtres frappés de l'une des incapacités énoncées aux articles L. 5 et L. 6 du code électoral.

Art. R. 914-13-12 *(Décr. n° 2018-235 du 30 mars 2018, art. 3)* « I. — Les candidatures sont présentées par les organisations syndicales des maîtres des établissements d'enseignement privés des premier et second degrés sous contrat ou des unions de syndicats de ces maîtres mentionnées à l'article L. 914-1-2 qui remplissent les conditions fixées par le I de l'article 9 *bis* de la loi du 13 juillet 1983 précitée *[n° 83-634]*. »

Les listes de candidats peuvent être communes à plusieurs organisations syndicales.

Chaque liste de candidats doit comporter le nom d'un délégué qui peut être ou non candidat, désigné par la ou les organisations syndicales dans le cas de liste commune afin de représenter la liste de candidats dans toutes les opérations électorales. La ou les organisations syndicales peuvent désigner un délégué suppléant.

Les listes de candidats doivent être déposées au moins six semaines avant la date du scrutin. Le dépôt de candidatures fait l'objet d'un récépissé remis au délégué de liste ou à son suppléant.

Lorsque l'administration constate qu'une ou plusieurs listes de candidats ne satisfont pas aux conditions fixées par l'avant-dernier alinéa de l'article L. 914-1-2, elle informe le ou les délégués de liste, par décision motivée, de l'irrecevabilité de cette ou de ces candidatures.

II. — Chaque organisation syndicale ne peut présenter qu'une liste de candidats pour un même scrutin. Nul ne peut être candidat sur plusieurs listes d'un même scrutin.

Chaque liste comprend autant de noms qu'il y a de sièges de représentants titulaires et suppléants à pourvoir, sans qu'il soit fait mention pour chacun des candidats de la qualité de titulaire ou de suppléant. Des listes incomplètes de candidats ne peuvent pas être déposées.

(Décr. n° 2018-235 du 30 mars 2018, art. 3) « Chaque liste comprend un nombre de femmes et un nombre d'hommes correspondant aux parts respectives de femmes et d'hommes représentés au sein du comité consultatif telles que définies par l'arrêté prévu au deuxième alinéa de l'article R. 914-13-4. Ce nombre est calculé sur l'ensemble des candidats inscrits sur la liste.

« Lorsque l'application de l'alinéa précédent n'aboutit pas à un nombre entier de candidats à désigner pour chaque sexe, l'organisation syndicale procède indifféremment à l'arrondi à l'entier inférieur ou supérieur. »

Le dépôt de chaque liste doit être accompagné d'une déclaration de candidature signée par chaque candidat. *(Décr. n° 2018-235 du 30 mars 2018, art. 3)* « Chaque liste déposée mentionne les nom, prénom et sexe de chaque candidat et indique le nombre de femmes et d'hommes. »

Art. R. 914-13-13 I. — Aucune liste de candidats ne peut être déposée ou modifiée après la date prévue au quatrième alinéa du I de l'article R. 914-13-12. De même, aucun retrait de candidature ne peut être opéré après le dépôt des candidatures.

II. — Toutefois, si un ou plusieurs candidats inscrits sur une liste sont reconnus inéligibles dans un délai de trois jours suivant la date limite de dépôt des listes, l'administration en informe sans délai le délégué de liste. Celui-ci transmet alors à l'administration, dans un délai de trois jours à compter de l'expiration du délai de trois jours susmentionné, les rectifications nécessaires. *(Décr. n° 2018-235 du 30 mars 2018, art. 4)* « Le candidat inéligible est remplacé par un candidat désigné dans le respect des règles définies aux troisième et quatrième alinéas du II de l'article R. 914-13-

12. A l'occasion de cette désignation, le délégué de liste peut modifier l'ordre de présentation de la liste. » A défaut de rectification, l'administration raye de la liste les candidats inéligibles. Cette liste ne peut par conséquent participer aux élections.

Lorsque la recevabilité de candidatures ou de listes n'est pas reconnue par l'administration, le délai de trois jours prévu à la première phrase du II du présent article ne court à l'égard de cette liste qu'à compter de la notification du jugement du tribunal administratif lorsqu'il est saisi d'une contestation de la décision de l'administration, en application des dispositions du dernier alinéa *(Décr. n° 2018-235 du 30 mars 2018, art. 4)* « du I » de l'article 9 *bis* de la loi n° 83-634 du 13 juillet 1983 portant droits et obligations des fonctionnaires sous les réserves mentionnées à l'article L. 914-1-2.

Si le fait motivant l'inéligibilité est intervenu après la date limite de dépôt des listes, le candidat inéligible peut être remplacé sans qu'il y ait lieu de modifier la date des élections.

Art. R. 914-13-14 Les listes de candidats établies dans les conditions fixées par l'article R. 914-13-12 sont affichées dès que possible dans chaque lieu de vote.

Art. R. 914-13-15 Lorsque plusieurs organisations syndicales affiliées à une même union de syndicats ont déposé des listes de candidats concurrentes pour une même élection, l'administration en informe, dans un délai de trois jours à compter de la date limite de dépôt des candidatures, les délégués de chacune des listes concernées. Ces derniers disposent alors d'un délai de trois jours pour transmettre les modifications de candidats nécessaires.

Si, après l'expiration de ce dernier délai, ces modifications ne sont pas intervenues, l'administration informe dans un délai de trois jours l'union des syndicats dont les candidatures se réclament. Celle-ci dispose alors d'un délai de cinq jours pour indiquer à l'administration, par lettre recommandée avec demande d'avis de réception, la candidature qui pourra se prévaloir de l'appartenance à l'union.

En l'absence de cette indication, les organisations syndicales ayant déposé les candidatures en cause ne peuvent bénéficier des dispositions prévues par l'avant-dernier alinéa de l'article L. 914-1-2, et ne peuvent se prévaloir de l'appartenance à une union pour l'application du premier alinéa de l'article R. 914-13-22.

Lorsque la recevabilité d'une des listes de candidats n'est pas reconnue par l'administration, la procédure décrite ci-dessus est mise en œuvre dans un délai de trois jours à compter de la notification du jugement du tribunal administratif lorsque celui-ci est saisi d'une contestation de la décision de l'administration, en application des dispositions du dernier alinéa *(Décr. n° 2018-235 du 30 mars 2018, art. 5)* « du I » de l'article 9 *bis* de la loi n° 83-634 du 13 juillet 1983 portant droits et obligations des fonctionnaires sous les réserves mentionnés à l'article L. 914-1-2.

Art. R. 914-13-16 Pour chaque liste de candidats, les bulletins de vote et les enveloppes sont établis, aux frais de l'administration, d'après un modèle type fourni par celle-ci.

Il est fait mention, sur le bulletin de vote, de l'appartenance éventuelle de l'organisation syndicale, à la date du dépôt des candidatures, à une union de syndicats à caractère national.

Les bulletins de vote par liste de candidats et les enveloppes sont remis à l'autorité auprès de laquelle est placé le bureau de vote central ou, le cas échéant, chaque section de vote, en nombre au moins égal au nombre des électeurs inscrits sur la liste électorale considérée. Ils sont transmis par les soins de l'administration aux maîtres admis à voter et mis à disposition dans les lieux de vote.

Art. R. 914-13-17 Il est institué un bureau de vote central. Il procède au dépouillement du scrutin. A l'issue du dépouillement et sans délai, le bureau de vote central procède à la proclamation des résultats.

Il peut être créé par arrêté du ministre chargé de l'éducation des bureaux de vote spéciaux. Dans ce cas, les suffrages recueillis dans les sections de vote mentionnées à l'article R. 914-13-10 sont transmis accompagnés d'un procès-verbal de recensement, sous pli cacheté, par les soins de l'autorité auprès de laquelle est placée chaque section soit à un bureau de vote spécial, soit au bureau de vote central.

Les bureaux de vote spéciaux, lorsqu'ils sont institués, procèdent au dépouillement du scrutin et transmettent le procès-verbal de dépouillement au bureau de vote central.

Il est procédé au dépouillement du scrutin dans un délai qui ne peut être supérieur, sauf circonstances particulières, à trois jours ouvrables à compter de la date du scrutin.

Le bureau de vote central et, le cas échéant, les bureaux de vote spéciaux comprennent un président et un secrétaire désignés par le ministre chargé de l'éducation nationale ainsi qu'un délégué de chaque liste en présence.

Les sections de vote comprennent un président et un secrétaire désignés par le chef de service auprès duquel elles sont placées ainsi que, le cas échéant, un délégué de chaque liste en présence.

Art. R. 914-13-18 Les opérations électorales se déroulent publiquement dans les locaux du travail et pendant les heures de service.

Le vote a lieu au scrutin secret, à l'urne et sous enveloppe.

Le vote par procuration n'est pas admis.

Les électeurs ne peuvent voter que pour une liste complète sans radiation ni adjonction de noms, ni surcharge et sans modification de l'ordre de présentation des candidats. Est nul tout bulletin établi en méconnaissance de l'une de ces conditions.

Dans chaque lieu de vote est déposée une liste électorale, qui est émargée par chaque électeur votant et par un membre du bureau de vote, ou par ce dernier seulement en cas de vote par correspondance.

Le vote peut avoir lieu par correspondance, dans les conditions fixées par arrêté du ministre chargé de l'éducation nationale. Dans ce cas, les enveloppes expédiées, aux frais de l'administration, par les électeurs doivent parvenir au bureau de vote avant l'heure de clôture du scrutin.

Il peut être recouru au vote électronique par internet selon des modalités définies par voie réglementaire pour l'élection des représentants du personnel au sein des instances de représentation du personnel relevant du ministre de l'éducation nationale.

Art. R. 914-13-19 I. – Le bureau de vote central constate le nombre total de votants et détermine le nombre total de suffrages valablement exprimés ainsi que le nombre de voix obtenues par chaque liste de candidats en présence.

Il détermine le quotient électoral en divisant le nombre de suffrages valablement exprimés par le nombre de représentants titulaires à élire au comité consultatif.

Chaque liste de candidats a droit à autant de sièges de représentants titulaires du personnel que le nombre de voix recueillies par elle contient de fois le quotient électoral.

Les sièges de représentants titulaires restant éventuellement à pourvoir sont attribués suivant la règle de la plus forte moyenne.

II. – Lorsque pour l'attribution d'un siège des listes de candidats obtiennent la même moyenne, le siège est attribué à la liste qui a recueilli le plus grand nombre de voix. Si plusieurs de ces listes ont obtenu le même nombre de voix, le siège est attribué par voie de tirage au sort.

Les représentants titulaires sont désignés selon l'ordre de présentation de la liste.

Il est attribué à chaque liste un nombre de représentants suppléants égal à celui des représentants titulaires élus au titre de cette liste. Les représentants suppléants sont désignés selon l'ordre de présentation de la liste, après désignation des représentants titulaires.

Art. R. 914-13-20 Le bureau de vote central établit le procès-verbal des opérations électorales, sur lequel sont portés le nombre d'électeurs, le nombre de votants, le nombre de suffrages valablement exprimés, le nombre de votes nuls et le nombre de voix obtenues par chaque liste de candidats en présence. Sont annexées à ce procès-verbal les enveloppes mises à part sans être ouvertes et les bulletins blancs ou nuls.

Art. R. 914-13-21 Sans préjudice des dispositions du dernier alinéa *(Décr. n° 2018-235 du 30 mars 2018, art. 6)* « du I » de l'article 9 *bis* de la loi n° 83-634 du 13 juillet 1983 portant droits et obligations des fonctionnaires sous les réserves mentionnées à l'article L. 914-1-2, les contestations sur la validité des opérations électorales sont portées, dans un délai de cinq jours à compter de la proclamation des résultats, devant le ministre chargé de l'éducation nationale puis, le cas échéant, devant la juridiction administrative.

Art. R. 914-13-22 Lorsqu'une liste de candidats commune a été déposée par des organisations syndicales, la répartition entre elles des suffrages exprimés se fait conformément à la règle de répartition indiquée et rendue publique par les organisations syndicales concernées lors du dépôt de leur liste commune.

A défaut d'indication, la répartition des suffrages se fait à part égale entre les organisations concernées. Cette répartition est mentionnée sur les listes de candidats affichées dans les lieux de vote.

Art. R. 914-13-23 Lorsqu'aucune liste de candidats n'a été présentée par les organisations syndicales, les représentants des maîtres sont désignés par voie de tirage au sort parmi les électeurs au comité consultatif.

Art. R. 914-13-24 Le comité consultatif est consulté :

I. – Sur les questions et projets de textes concernant les maîtres et documentalistes des établissements d'enseignement privés sous contrat et relatifs :

1° A la gestion prévisionnelle des effectifs, des emplois et des compétences ;

2° Aux règles statutaires et aux règles relatives à l'échelonnement indiciaire ;

3° Aux grandes orientations en matière de politique indemnitaire et de critères de répartition y afférents ;

4° A la formation et au développement des compétences et qualifications professionnelles ;

5° A l'insertion professionnelle ;

6° A l'égalité professionnelle, à la parité et à la lutte contre toutes les discriminations.

II. – Le comité consultatif est informé des incidences sur la gestion des emplois des principales décisions à caractère budgétaire.

Art. R. 914-13-25 Le comité consultatif reçoit communication et débat du bilan social intéressant les maîtres et documentalistes des établissements d'enseignement privés sous contrat.

Ce bilan est établi annuellement. Il indique les moyens, notamment en personnels et les moyens budgétaires correspondants, alloués à l'enseignement privé sous contrat et comprend toute information utile eu égard aux compétences du comité consultatif énumérées à l'article R. 914-13-24.

Art. R. 914-13-26 Le comité consultatif est présidé par le ministre de l'éducation nationale ou son représentant.

En cas d'empêchement, le président désigne son représentant parmi les représentants de l'administration exerçant, auprès de lui, des fonctions de responsabilité. Il en est fait mention au procès-verbal de la réunion.

Art. R. 914-13-27 Le secrétariat est assuré par un agent de l'administration désigné à cet effet.

Un représentant du personnel est désigné par le comité consultatif en son sein pour assurer les fonctions de secrétaire adjoint.

Après chaque réunion, il est établi un procès-verbal comprenant le compte rendu des débats et le détail des votes. Ce document est signé par le président, contresigné par le secrétaire et le secrétaire adjoint et transmis dans le délai de deux mois aux membres du comité consultatif. Ce procès-verbal est soumis à l'approbation des membres du comité consultatif lors de la séance suivante.

Art. R. 914-13-28 Les réunions du comité consultatif peuvent, lorsque les circonstances le justifient, être organisées par visioconférence, sous réserve que le recours à cette technique permette d'assurer que, tout au long de la séance :

1° N'assistent que les personnes habilitées à siéger en application de la présente sous-section ;

2° Chaque membre siégeant avec voix délibérative ait la possibilité de participer effectivement aux débats ;

3° Le président soit en mesure d'exercer son pouvoir de police de la séance.

Art. R. 914-13-29 Le comité consultatif établit son règlement intérieur.

Art. R. 914-13-30 Le comité consultatif se réunit au moins une fois par an sur convocation de son président, à son initiative, ou dans le délai maximum de trois mois, sur demande écrite de la moitié au moins des représentants titulaires du personnel.

Art. R. 914-13-31 L'acte portant convocation du comité consultatif fixe l'ordre du jour de la séance. Les questions entrant dans la compétence du comité consultatif dont l'examen a été demandé par la moitié au moins des représentants titulaires du personnel sont inscrites à cet ordre du jour.

Les suppléants peuvent assister aux séances du comité consultatif sans pouvoir prendre part aux débats.

Le président du comité consultatif, à son initiative ou à la demande de membres titulaires du comité, peut convoquer des experts afin qu'ils soient entendus sur un point inscrit à l'ordre du jour.

Les experts ne peuvent assister, à l'exclusion du vote, qu'à la partie des débats relative aux questions pour lesquelles leur présence a été demandée.

Art. R. 914-13-32 Le comité consultatif ne délibère valablement qu'à la condition d'observer les règles de constitution et de fonctionnement définies par les dispositions de la présente sous-section ainsi que par son règlement intérieur.

En outre, la moitié des représentants du personnel doit être présente lors de l'ouverture de la réunion.

Lorsque le quorum n'est pas atteint, une nouvelle convocation est envoyée dans le délai de huit jours aux membres du comité consultatif qui siège alors valablement sur le même ordre du jour quel que soit le nombre de représentants du personnel présents. Il ne peut alors être fait application des dispositions prévues par l'article R. 914-13-34.

Art. R. 914-13-33 Seuls les représentants du personnel titulaires participent au vote. Les suppléants n'ont voix délibérative qu'en l'absence des titulaires qu'ils remplacent.

Les représentants de l'administration ainsi que les experts ne participent pas au vote.

Le comité consultatif émet ses avis à la majorité des représentants du personnel présents. S'il est procédé à un vote, celui-ci a lieu à mainlevée. Les abstentions sont admises. En cas de partage égal des voix, l'avis est réputé avoir été donné ou la proposition formulée.

Art. R. 914-13-34 Lorsqu'un projet de texte recueille un vote défavorable unanime, le projet fait l'objet d'un réexamen et une nouvelle délibération est organisée dans un délai qui ne peut être inférieur à huit jours et excéder trente jours. La nouvelle convocation est adressée dans un délai de huit jours aux membres du comité.

Le comité consultatif siège alors valablement quel que soit le nombre de représentants du personnel présents. Il ne peut être appelé à délibérer une nouvelle fois suivant cette même procédure.

Art. R. 914-13-35 Les séances du comité consultatif ne sont pas publiques.

Les personnes participant, à quelque titre que ce soit, aux travaux du comité consultatif sont tenues à l'obligation de discrétion professionnelle concernant tous les faits et documents dont elles ont connaissance à l'occasion de ces travaux.

Art. R. 914-13-36 Toutes facilités doivent être données aux membres du comité consultatif pour exercer leurs fonctions. En outre, communication doit leur être donnée de toutes pièces et documents nécessaires à l'accomplissement de leurs fonctions au plus tard huit jours avant la date de la séance.

Art. R. 914-13-37 Les membres titulaires et suppléants du comité consultatif et les experts convoqués ne perçoivent aucune indemnité du fait de leurs fonctions dans ce comité.

Les membres convoqués pour assister avec voix délibérative aux travaux du comité ainsi que les experts sont indemnisés de leurs frais de déplacement et de séjour dans les conditions fixées par le décret n° 2006-781 du 3 juillet 2006 fixant les conditions et les modalités de règlement des frais occasionnés par les déplacements temporaires des personnels civils de l'État.

Art. R. 914-13-38 Les projets élaborés et les avis émis par le comité consultatif sont portés par l'administration, par tout moyen approprié, à la connaissance des personnels relevant du périmètre du comité consultatif dans un délai de deux mois.

Le comité consultatif doit, dans un délai de deux mois, être informé, par une communication écrite du président à chacun des membres, des suites données à ses propositions et avis.

Art. R. 914-13-39 Dans l'intérêt du service, la durée du mandat des représentants du personnel du comité consultatif peut être réduite ou prorogée, par arrêté du ministre chargé de l'éducation nationale. Cette réduction ou prorogation ne peut excéder une durée de dix-huit mois.

En cas de difficulté dans son fonctionnement, le comité consultatif peut être dissout dans la forme prévue pour sa constitution après avis du Conseil supérieur de l'éducation.

Il est alors procédé, dans le délai de deux mois à la mise en place, dans les conditions fixées par le présent décret, d'un nouveau comité consultatif.

SOUS-SECTION 5 AUTORISATIONS D'ABSENCE ET CRÉDIT DE TEMPS SYNDICAL ACCORDÉS AUX ORGANISATIONS SYNDICALES REPRÉSENTATIVES

(Décr. n° 2014-1176 du 14 oct. 2014, art. 1er)

Art. R. 914-13-40 Des autorisations spéciales d'absence et un crédit de temps syndical sont accordés, dans les conditions définies aux articles R. 914-13-41 à R. 914-13-44 et sous réserve des nécessités du service, aux maîtres et documentalistes des établissements d'enseignement privés sous contrat chargés d'un mandat syndical afin de leur permettre de remplir les obligations résultant de ce mandat.

Art. R. 914-13-41 I. – Un crédit de temps syndical, utilisable sous forme de décharges de service ou de crédits d'heures selon les besoins de l'activité syndicale, est déterminé pour l'année scolaire qui suit l'installation puis le renouvellement du comité consultatif ministériel des maîtres de l'enseignement privé sous contrat prévu à l'article R. 914-13-1.

Son montant global, exprimé en effectifs décomptés en équivalents temps plein, est calculé en fonction d'un barème appliqué aux effectifs. Ce montant est reconduit chaque année scolaire jusqu'au renouvellement du comité consultatif ministériel mentionné à l'alinéa précédent.

II. – Le contingent global de crédit de temps syndical des représentants des maîtres et documentalistes des établissements d'enseignement privés sous contrat est calculé par application du barème ci-après :

1° Un équivalent temps plein par tranche de 230 maîtres jusqu'à 20 000 maîtres ;

2° Un équivalent temps plein par tranche de 650 maîtres, au-delà de 20 000 maîtres.

Les effectifs pris en compte correspondent au nombre des électeurs inscrits sur les listes électorales pour l'élection au comité consultatif ministériel des maîtres de l'enseignement privé sous contrat.

Art. R. 914-13-42 Le contingent global de crédit de temps syndical mentionné au II de l'article R. 914-13-41 est réparti entre les organisations syndicales compte tenu de leur représentativité, appréciée de la manière suivante :

1° La moitié du contingent résultant de l'application du barème est répartie entre les organisations syndicales représentées au comité consultatif ministériel des maîtres de l'enseignement privé sous contrat, en fonction du nombre de sièges qu'elles détiennent ;

2° L'autre moitié est répartie entre toutes les organisations syndicales ayant présenté leur candidature à l'élection du comité consultatif ministériel des maîtres de l'enseignement privé sous contrat, proportionnellement au nombre de voix qu'elles ont obtenues.

Art. R. 914-13-43 Les organisations syndicales désignent librement parmi leurs représentants les bénéficiaires de crédits de temps syndical.

Les décharges de service sont exprimées sous forme d'une quotité annuelle de temps de travail. Les crédits d'heures sont utilisés sous forme d'autorisations d'absence d'une demi-journée minimum.

La liste nominative des bénéficiaires des crédits de temps syndical sollicités sous forme de décharges de service est communiquée par les organisations syndicales concernées au ministre chargé de l'éducation nationale. Ces organisations lui communiquent également la part des crédits de temps syndical destinée à être utilisée sous forme de crédits d'heures.

Dans la mesure où la désignation d'un maître ou documentaliste se révèle incompatible avec la bonne marche du service, le ministre motive son refus et invite l'organisation syndicale à porter son choix sur un autre maître ou documentaliste. La commission consultative mixte compétente doit être informée de cette décision.

Art. R. 914-13-44 Des autorisations spéciales d'absence sont accordées, sous réserve des nécessités du service, aux représentants des organisations syndicales qui sont mandatés pour assister aux congrès syndicaux ou aux réunions de leurs organismes directeurs, dont ils sont membres élus ou pour lesquels ils sont nommément désignés conformément aux dispositions des statuts de l'organisation, dans les conditions suivantes :

1° La durée des autorisations spéciales d'absence accordées à un même maître ou documentaliste au cours d'une année ne peut excéder dix jours dans le cas de participations :

a) Aux congrès ou aux réunions des organismes directeurs des unions, fédérations ou confédérations de syndicats non représentés au conseil commun de la fonction publique ;

b) Aux congrès ou aux réunions des organismes directeurs des syndicats nationaux et locaux, des unions régionales et des unions départementales de syndicats, affiliés aux unions, fédérations ou confédérations mentionnées au *a* ;

2° Cette limite est portée à vingt jours par an dans le cas de participations :

a) Aux congrès ou aux réunions des organismes directeurs des organisations syndicales internationales ;

b) Aux congrès ou réunions des organismes directeurs des unions, fédérations ou confédérations de syndicats représentées au conseil commun de la fonction publique ;

c) Aux congrès ou aux réunions des organismes directeurs des syndicats nationaux et locaux, des unions régionales et des unions départementales de syndicats, affiliés aux unions, fédérations ou confédérations mentionnées au *b*.

Les refus d'autorisation d'absence opposés au titre du présent article font l'objet d'une motivation de l'administration.

Art. R. 914-13-45 I. – Sur simple présentation de leur convocation ou du document les informant de la réunion de ces instances, les représentants syndicaux des maîtres et documentalistes, titulaires et suppléants ainsi que les experts appelés à siéger au comité consultatif ministériel des maîtres de l'enseignement privé sous contrat et aux commissions consultatives mixtes départementales, interdépartementales ou académiques se voient accorder une autorisation d'absence.

II. – Les représentants syndicaux des maîtres bénéficient des mêmes droits lorsqu'ils prennent part, en cette qualité, à des réunions de travail convoquées par l'administration.

III. – La durée de l'autorisation d'absence comprend, outre les délais de route et la durée prévisible de la réunion, un temps égal à cette durée pour permettre aux intéressés d'assurer la préparation et le compte rendu des travaux.

Art. R. 914-13-46 Les droits en matière d'avancement d'un maître ou documentaliste des établissements d'enseignement privés sous contrat bénéficiaire d'une décharge totale de service pour l'exercice d'un mandat syndical sont appréciés, durant la période où l'intéressé demeure dans cette situation, par référence à ceux d'un maître ou documentaliste de la même échelle de rémunération ayant à la date de l'octroi de la décharge de service une situation équivalente à celle de l'intéressé et ayant bénéficié d'un avancement moyen depuis cette date.

SOUS-SECTION 6 AUTRES CONDITIONS D'EXERCICE DES DROITS SYNDICAUX

(Décr. n° 2016-833 du 23 juin 2016, art. 1er)

Art. R. 914-13-47 Un arrêté du ministre de l'éducation nationale, pris après avis du comité consultatif ministériel des maîtres de l'enseignement privé sous contrat, fixe le cadre général, les conditions et les modalités de l'utilisation, par les organisations syndicales représentant les maîtres des établissements d'enseignement privés sous contrat, des technologies de l'information et de la communication ainsi que de certaines données à caractère personnel contenues dans les traitements automatisés relatifs à la gestion des ressources humaines. Cet arrêté précise également les conditions dans lesquelles sont garantis la confidentialité, le libre choix et la non-discrimination auxquelles cette utilisation est subordonnée, et celles dans lesquelles cette utilisation peut être réservée aux organisations syndicales représentatives, compte tenu des nécessités du service ou de contraintes particulières liées à l'objet des facilités ainsi accordées.

Sont considérées comme représentatives pour l'application du premier alinéa, d'une part, les organisations syndicales disposant d'au moins un siège au sein de l'une des commissions consultatives mixtes mentionnées à l'article R. 914-3-1, d'autre part, les organisations syndicales disposant d'au moins un siège au sein du comité consultatif ministériel des maîtres de l'enseignement privé sous contrat. Cette représentativité est appréciée dans le ressort de chacune de ces instances.

Pendant la période de six semaines précédant le jour du scrutin organisé pour la mise en place ou le renouvellement de tout organisme consultatif au sein duquel s'exerce la participation des maîtres des établissements d'enseignement privés sous contrat, toute organisation syndicale dont la candidature a été reconnue recevable a accès à ces mêmes technologies et peut utiliser ces mêmes données en vue de ce scrutin.

Art. R. 914-13-48 Dans tous les actes autorisant la création de traitements automatisés de données à caractère personnel relatifs à la gestion des ressources humaines concernant des maîtres ou documentalistes des établissements d'enseignement privés sous contrat, peuvent être destinataires des données requises pour la constitution de listes d'adresses électroniques nominatives professionnelles, pour l'exercice de mandats ou en vue d'une candidature, et dans la limite du besoin d'en connaître, les maîtres ou documentalistes expressément désignés par une organisation syndicale dans les conditions prévues par les dispositions de l'article R. 914-13-47 pour utiliser des technologies de l'information et de la communication et certaines données à caractère personnel.

SECTION III RECRUTEMENT DES ENSEIGNANTS DES CLASSES SOUS CONTRAT

(Décr. n° 2009-920 du 28 juill. 2009, art. 2).

SOUS-SECTION PRÉLIMINAIRE DISPOSITIONS GÉNÉRALES *(Décr. n° 2009-920 du 28 juill. 2009, art. 2).*

Art. R. 914-14 Nul ne peut exercer en qualité de maître contractuel dans les établissements sous contrat d'association ou de maître agréé dans les établissements sous contrat simple :

1° S'il n'est ressortissant de l'un des États membres de la Communauté européenne ou d'un autre État partie à l'accord sur l'Espace économique européen, sauf dérogation accordée dans les conditions prévues par les dispositions applicables aux divers ordres d'enseignement ;

2° S'il ne jouit de ses droits civiques dans l'État dont il est ressortissant ;

3° S'il ne se trouve en position régulière au regard des obligations de service national de l'État dont il est ressortissant ;

4° S'il ne remplit les conditions d'aptitude physique exigées du personnel enseignant de l'enseignement public ;

5° Si, étant de nationalité française, les mentions portées au bulletin n° 2 de son casier judiciaire sont incompatibles avec les fonctions d'enseignement ou si, étant ressortissant d'un État autre que la France, il a subi une condamnation incompatible avec les fonctions d'enseignement.

Les intéressés peuvent toutefois être relevés de cette incapacité par décision du ministre chargé de l'éducation, après avis du Conseil supérieur de l'éducation délibérant en formation disciplinaire.

Les mots : « , sauf dérogation accordée dans les conditions prévues par les dispositions applicables aux divers ordres d'enseignement » étaient supprimés par l'art. 3 du Décr. n° 2013-767 du 23 août 2013 relatif à la réforme du recrutement et de la formation des maîtres des établissements d'enseignement privés sous contrat. Cet art. a ensuite été annulé par la Décis. n° 372835 du CE 16 juill. 2014, Assoc. « Sauvons l'université ! ».

Art. R. 914-15 Les maîtres qui exercent dans les classes de l'enseignement du premier degré doivent posséder soit le diplôme exigé pour l'accès définitif à l'échelle de rémunération des instituteurs, soit le certificat d'aptitude au professorat des écoles.

Art. R. 914-16 *(Décr. n° 2016-1021 du 26 juill. 2016, art. 1er)* Les maîtres qui exercent dans des classes du second degré doivent :

1° Avoir subi avec succès les épreuves d'un des concours mentionnés aux articles R. 914-20, R. 914-23, R. 914-24 et R. 914-28 et avoir obtenu le certificat d'aptitude ;

2° Ou être classés dans la 2e ou 4e catégorie des personnels enseignants contractuels de l'État des établissements d'enseignement agricole privés régis par le décret n° 89-406 du 20 juin 1989 relatif aux contrats liant l'État et les personnels enseignants et de documentation des établissements mentionnés à l'article L. 813-8 du code rural, et bénéficier d'un contrat à titre définitif.

Art. R. 914-17 L'autorité académique est compétente pour conclure le contrat des maîtres ou pour accorder l'agrément des maîtres des établissements d'enseignement privés sous contrat. – *[Décr. n° 64-217 du 10 mars 1964, art. 1er-1, al. 1er, 1re phr.]*

Art. R. 914-18 Nul ne peut diriger un établissement d'enseignement privé ayant passé l'un des contrats prévus aux articles L. 442-5 et L. 442-12 :

1° Dans le premier degré, s'il ne remplit les conditions exigées dans l'enseignement public pour être directeur d'école ;

2° Dans le second degré, s'il n'exerce dans les classes sous contrat en qualité de maître titulaire d'un contrat ou d'un agrément définitifs sur une échelle de rémunération de titulaire depuis cinq années au moins ou s'il ne possède le diplôme de licence ou un diplôme équivalent et s'il ne satisfait aux conditions mentionnées au *(Décr. n° 2018-407 du 29 mai 2018, art. 11)* « 4° du I de l'article L. 914-3 ».

Art. R. 914-19 Jusqu'au 1er septembre de l'année précédant la première session du concours institué par les articles R. 914-20 et R. 914-28, dans la section ou éventuellement l'option, les candidats justifiant de l'un des titres de capacité exigés des candidats aux concours externes correspondants de l'enseignement public peuvent bénéficier d'un contrat provisoire d'un an. Les maîtres ainsi recrutés sont classés en fonction de leurs titres et diplômes dans l'une des échelles de rémunération des maîtres auxiliaires dans les mêmes conditions que les maîtres auxiliaires de l'enseignement public.

Au cours de cette période d'un an, le maître est soumis à un contrôle d'aptitude pédagogique par inspection qui peut conclure soit à l'attribution d'un contrat définitif, soit au renouvellement du contrat provisoire, soit à l'inaptitude de l'intéressé. – *[Décr. n° 64-217 du 10 mars 1964, art. 18.]*

SOUS-SECTION 1 CONCOURS DE RECRUTEMENT DES MAÎTRES DE L'ENSEIGNEMENT PRIVÉ SOUS CONTRAT DANS LE PREMIER DEGRÉ

(Décr. n° 2009-920 du 28 juill. 2009, art. 3)

Art. R. 914-19-1 Les concours d'accès au certificat d'aptitude au professorat des écoles dans les classes du premier degré sous contrat correspondent aux concours d'accès au certificat d'aptitude au professorat des écoles dans l'enseignement public. Ils sont organisés dans des conditions fixées par arrêté du ministre chargé de l'éducation.

Art. R. 914-19-2 *(Décr. n° 2013-767 du 23 août 2013, art. 4)* I. – Les concours d'accès au certificat d'aptitude au professorat des écoles correspondant aux concours externes et au troisième concours de l'enseignement public sont ouverts aux candidats remplissant les conditions d'inscription aux concours correspondants de l'enseignement public.

Les candidats ayant subi avec succès les épreuves de ces concours sont inscrits, dans la limite du nombre de contrats offerts pour chacun de ces concours, sur une liste d'aptitude, par ordre alphabétique.

Le jury établit, pour chacun de ces concours, une liste d'aptitude complémentaire, par ordre de mérite, qui ne peut excéder 100 % des contrats offerts.

La validité de ces listes expire le 1er octobre suivant la date de proclamation des résultats, sous réserve des dispositions du dernier alinéa du I.

A l'exception de ceux qui justifient de la détention d'un master ou d'un titre ou diplôme reconnu équivalent par le ministre chargé de l'éducation et de ceux qui ne sont pas soumis à cette condition de titre ou diplôme, les candidats admis aux concours externes doivent justifier d'une inscription en dernière année d'études en vue de l'obtention, dans les conditions prévues à l'article L. 613-7 du code de l'éducation, d'un master métiers de l'enseignement, de l'éducation et de la formation.

Pour les candidats admis aux concours externes qui ne peuvent justifier de la condition d'inscription exigée à l'alinéa précédent, le bénéfice de l'admission au concours est reporté à la session de recrutement de l'année suivante. A cette date, ceux qui ne peuvent justifier de la condition d'inscription exigée à l'alinéa précédent perdent le bénéfice de l'admission au concours.

II. – Les candidats admis aux concours externes mentionnés au cinquième alinéa du I et les candidats admis au troisième concours bénéficient d'un contrat ou d'un agrément provisoire et accomplissent un stage d'une durée d'un an, avec l'accord du chef de l'établissement dans lequel ils sont affectés ou recrutés.

Au cours de leur stage, les candidats admis bénéficient d'une formation organisée, dans le cadre des orientations définies par l'État, par un établissement d'enseignement supérieur, visant l'acquisition des compétences nécessaires à l'exercice du métier. Cette formation alterne des périodes de mise en situation professionnelle dans un établissement d'enseignement privé sous contrat du premier degré et des périodes de formation au sein de l'établissement d'enseignement supérieur. Elle est accompagnée d'un tutorat. Elle peut être adaptée pour tenir compte du parcours antérieur des candidats admis.

Les modalités du stage et les conditions de son évaluation par un jury sont arrêtées par le ministre chargé de l'éducation.

III. – A l'issue du stage évalué dans les conditions prévues au II, les candidats admis qui justifient des conditions exigées pour la titularisation des lauréats des concours correspondants de l'enseignement public se voient délivrer, sur proposition d'un jury, un contrat ou un agrément définitif par un directeur académique des services de l'éducation nationale agissant sur délégation du recteur de l'académie de recrutement. La délivrance du contrat ou de l'agrément définitif confère le certificat d'aptitude au professorat des écoles.

Les candidats admis qui, à l'issue du stage, ne sont pas déclarés aptes peuvent être autorisés, sur proposition du jury et par décision du directeur académique des services de l'éducation nationale dans le ressort duquel le stage a été réalisé agissant sur délégation du recteur d'académie, à accomplir une seconde année de stage.

Pour les candidats admis déclarés aptes par le jury qui ne détiendraient pas pour la délivrance du contrat ou de l'agrément définitif un master ou un titre ou diplôme reconnu équivalent par le ministre chargé de l'éducation, à l'exception de ceux qui ne sont pas soumis à cette condition de titre ou diplôme, la durée du stage est prorogée d'une année.

Dans ces cas, le contrat provisoire est renouvelé pour une durée d'un an.

Ceux qui ne sont pas autorisés à renouveler le stage ou qui, à l'issue de la seconde année de stage ou de l'année de prorogation de stage, ne remplissent pas les conditions exigées pour la délivrance du contrat ou de l'agrément définitif perdent le bénéfice de l'admission au concours. Lorsqu'ils avaient la qualité de maître contractuel ou agréé, ils sont replacés dans leur échelle de rémunération antérieure.

L'année de renouvellement ou de prorogation n'est pas prise en compte pour la détermination de l'ancienneté de service.

Pour un motif de bonne administration, sont exclues du champ d'application du droit des usagers de saisir l'administration par voie électronique les demandes relatives aux recrutements et aux candidatures des personnels enseignants des établissements d'enseignement privés sous contrat dans le premier et le second degré aux concours de recrutement de professeur des écoles externe et troisième concours (Décr. n° 2015-1410 du 5 nov. 2015).

Art. R. 914-19-3 *(Décr. n° 2013-767 du 23 août 2013, art. 5)* I. — Les concours d'accès au certificat d'aptitude au professorat des écoles correspondant aux seconds concours internes de recrutement de l'enseignement public du premier degré sont organisés pour les maîtres des établissements d'enseignement privés sous contrat qui justifient de la durée de service exigée des candidats des concours correspondants de l'enseignement public, dont une année au minimum de service dans un ou plusieurs établissements sous contrat. Cette année de service doit avoir été accomplie pendant tout ou partie de la période comprise entre le 1er septembre de l'une des six dernières années scolaires et la date de publication des résultats d'admissibilité.

Pour l'appréciation de la durée de service exigée pour faire acte de candidature, sont pris en compte les services publics et les services d'enseignement et de documentation effectués dans les établissements d'enseignement privés sous contrat dans les mêmes conditions que pour les concours correspondants de l'enseignement public.

Les autres conditions de candidature sont les mêmes que celles qui sont requises des candidats aux concours correspondants de l'enseignement public.

Le jury établit la liste des candidats admis et la liste complémentaire selon les mêmes modalités que pour les concours correspondants de l'enseignement public.

II. — Les candidats admis qui remplissent les conditions mentionnées au I du présent article bénéficient d'un contrat ou d'un agrément provisoire et accomplissent un stage dans les mêmes conditions et selon les mêmes modalités que celles fixées au II de l'article R. 914-19-2.

III. — A l'issue du stage, les candidats admis qui justifient des conditions exigées pour la titularisation des lauréats des concours correspondants de l'enseignement public se voient délivrer un contrat ou un agrément définitif dans les mêmes conditions que celles fixées au III de l'article R. 914-19-2. La délivrance du contrat ou de l'agrément définitif confère le certificat d'aptitude au professorat des écoles.

Les candidats admis qui, à l'issue du stage, ne sont pas déclarés aptes peuvent être autorisés, dans les mêmes conditions que celles fixées au III de l'article R. 914-19-2, à accomplir une seconde année de stage.

Ceux qui ne sont pas autorisés à renouveler le stage ou qui, à l'issue de la seconde année de stage, ne remplissent pas les conditions exigées pour la délivrance du contrat ou de l'agrément définitif perdent le bénéfice de l'admission au concours. Lorsqu'ils avaient la qualité de maître contractuel ou agréé, ils sont replacés dans leur échelle de rémunération antérieure.

L'année de renouvellement n'est pas prise en compte pour la détermination de l'ancienneté de service.

Pour un motif de bonne administration, sont exclues du champ d'application du droit des usagers de saisir l'administration par voie électronique les demandes relatives aux recrutements et aux candidatures des personnels enseignants des établissements d'enseignement privés sous contrat dans le premier et le second degré aux concours de recrutement de professeurs des écoles interne (Décr. n° 2015-1410 du 5 nov. 2015).

Art. R. 914-19-4 Les candidats aux concours prévus aux articles R. 914-19-2 et R. 914-19-3 subissent les mêmes épreuves que les candidats des concours correspondants de recrutement des professeurs des écoles de l'enseignement public.

Les candidats subissent ces épreuves devant le jury des concours correspondants de l'enseignement public, auquel il est adjoint, pour ces candidats, des représentants des établissements privés associés à l'État par contrat et ayant les titres requis pour enseigner.

Art. R. 914-19-5 Le nombre de contrats offerts aux concours externes et au troisième concours est fixé par arrêté du ministre chargé de l'éducation.

Le nombre de contrats offerts au second concours interne et, le cas échéant, au second concours interne spécial est fixé par le recteur, après consultation des représentants des établissements d'enseignement privés, en fonction du nombre de services vacants à la rentrée suivante.

Le nombre de contrats offerts au troisième concours ne peut être supérieur à 10 % du nombre total des postes offerts à l'ensemble des concours externes.

Dans chaque académie, les contrats offerts à l'une ou l'autre des voies de concours mentionnées au présent article, qui ne sont pas pourvus par la nomination de candidats de la voie correspondante, peuvent être attribués, par le recteur de l'académie, aux candidats des autres voies dans la limite de 25 % du nombre total des contrats offerts à l'ensemble des concours.

Art. R. 914-19-6 Les maîtres ayant obtenu un contrat *(Décr. n° 2010-571 du 28 mai 2010, art. 3)* « ou un agrément » provisoire bénéficient des dispositions du décret n° 94-874 du 7 octobre 1994 fixant les dispositions communes applicables aux stagiaires de l'État et de ses établissements publics, à l'exception de celles relatives au détachement et à la discipline.

Pendant l'année de stage, les maîtres sont rémunérés sur l'échelle de rémunération afférente à la catégorie de maître au titre de laquelle ils ont concouru.

Art. R. 914-19-7 Des premiers concours internes pour l'accès à titre définitif à l'échelle de rémunération de professeur des écoles sont ouverts aux maîtres contractuels ou agréés à titre définitif, rémunérés sur l'échelle de rémunération des instituteurs qui justifient de trois années de services effectifs en cette qualité au 1er septembre de l'année précédant le concours.

Le nombre de contrats offerts au premier concours interne et, le cas échéant, au premier concours interne spécial est déterminé par arrêté du ministre chargé de l'éducation.

Les candidats aux concours prévus au présent article subissent les mêmes épreuves que les candidats des concours correspondants de l'enseignement public.

Les candidats subissent ces épreuves devant le jury des concours correspondants de l'enseignement public, auquel il est adjoint, pour ces candidats, des représentants des établissements privés associés à l'État par contrat et ayant les titres requis pour enseigner.

Les candidats admis à ces concours bénéficient d'un contrat ou d'un agrément définitif et sont immédiatement classés dans l'échelle de rémunération des professeurs des écoles.

Pour un motif de bonne administration, sont exclues du champ d'application du droit des usagers de saisir l'administration par voie électronique les demandes relatives aux recrutements et aux candidatures des personnels enseignants des établissements d'enseignement privés sous contrat dans le premier et le second degré aux concours de recrutement de professeurs des écoles interne (Décr. n° 2015-1410 du 5 nov. 2015).

SOUS-SECTION 2 CONCOURS DE RECRUTEMENT DE MAÎTRES DE L'ENSEIGNEMENT PRIVÉ SOUS CONTRAT DANS LE SECOND DEGRÉ *(Décr. n° 2009-920 du 28 juill. 2009, art. 4).*

§ 1er CONCOURS EXTERNES

Art. R. 914-20 Les concours organisés pour l'accès à des listes d'aptitude aux fonctions de maître dans les classes du second degré sous contrat correspondent aux concours externes suivants :

1° Certificat d'aptitude au professorat de l'enseignement du second degré ;
2° Certificat d'aptitude au professorat de l'enseignement technique ;
3° Certificat d'aptitude au professorat d'éducation physique et sportive ;
4° Certificat d'aptitude au professorat de lycée professionnel.

Ces concours sont organisés par sections, qui peuvent comprendre des options. Les sections et options sont les mêmes que celles des concours correspondants de l'enseignement public.

Sous réserve des dispositions du présent paragraphe, les modalités d'organisation des concours externes correspondants de l'enseignement public s'appliquent à ces concours. – *[Décr. n° 64-217 du 10 mars 1964, art. 4.]*

Pour un motif de bonne administration, sont exclues du champ d'application du droit des usagers de saisir l'administration par voie électronique les demandes relatives aux recrutements et aux candidatures des personnels enseignants des établissements d'enseignement privés sous contrat dans le premier et le second degré aux certificats d'aptitude aux fonctions d'enseignement : CAFEP-CAPES, CAFEP-CAPET, CAFEP-CAPLP, CAFEP-CAPEPS (Décr. n° 2015-1410 du 5 nov. 2015).

Art. R. 914-21 Les concours mentionnés à l'article R. 914-20 sont ouverts aux candidats remplissant *(Décr. n° 2013-767 du 23 août 2013, art. 8)* « les conditions exigées » pour se présenter aux concours externes correspondants de l'enseignement public.

Au titre d'une même session, un candidat ne peut s'inscrire dans une même section au concours pour l'accès à une liste d'aptitude et au concours externe correspondant de l'enseignement public.

(Décr. n° 2009-920 du 28 juill. 2009, art. 4) « Les candidats aux concours pour l'accès à une liste d'aptitude subissent les mêmes épreuves que les candidats des concours correspondants de l'enseignement public. Ils subissent ces épreuves devant le jury des concours correspondants de l'enseignement public, auquel il est adjoint, pour ces candidats, des représentants des établissements privés associés à l'État par contrat et ayant les titres requis pour enseigner. »

Art. R. 914-22 *(Décr. n° 2009-920 du 28 juill. 2009, art. 4)* Le nombre de contrats offerts pour chaque concours, répartis par sections et, éventuellement, par options, est fixé par arrêté du ministre chargé de l'éducation.

Les candidats admis à ces concours sont inscrits, dans la limite du nombre de contrats offerts pour chacun de ces concours, sur une liste d'aptitude, par ordre alphabétique.

Le jury *(Décr. n° 2013-767 du 23 août 2013, art. 9)* « établit », pour les concours correspondant aux concours externes visés aux 1°, 2°, 3° et 4° de l'article R. 914-20, une liste d'aptitude complémentaire, par ordre de mérite, qui ne peut excéder 100 % des contrats offerts pour chaque section et éventuellement chaque option.

La validité de ces listes expire le *(Décr. n° 2013-767 du 23 août 2013, art. 9)* « 1er octobre » suivant la date de proclamation des résultats, sous réserve des dispositions du *(Décr. n° 2013-767 du 23 août 2013, art. 9)* « quatrième » alinéa de l'article R. 914-32.

Art. R. 914-23 *(Décr. n° 2013-767 du 23 août 2013, art. 10)* « Les maîtres contractuels ou agréés qui remplissent les conditions exigées des candidats des concours externes du second degré de l'enseignement public peuvent se présenter à ces concours. »

Les intéressés, lauréats du concours externe de l'agrégation, peuvent, s'ils en font la demande dans un délai fixé par arrêté du ministre chargé de l'éducation, être nommés dans un établissement sous contrat d'association.

Toutefois les candidats qui s'inscrivent au titre de la même session à l'un des concours externes de l'agrégation et au concours d'accès à l'échelle de rémunération correspondante mentionné à l'article R. 914-24 ne peuvent prétendre au bénéfice des dispositions du deuxième alinéa du présent article.

§ 2 CONCOURS INTERNES

Art. R. 914-24 Des concours d'accès aux échelles de rémunération d'enseignants correspondant aux différents concours internes de recrutement de l'enseignement public sont organisés pour les maîtres des établissements d'enseignement privés sous contrat.

Les conditions de candidature sont les mêmes que celles qui sont requises des candidats aux concours internes correspondants de l'enseignement public. Pour l'appréciation de la durée de service exigée pour faire acte de candidature, sont pris en compte les services publics dans les mêmes conditions que pour les concours de recrutement de l'enseignement public et les services d'enseignement et de documentation effectués dans les établissements d'enseignement privés sous contrat.

Au titre d'une même session, un candidat ne peut s'inscrire dans une même section au concours d'accès aux échelles de rémunération d'enseignants et au concours interne correspondant de l'enseignement public.

(Décr. n° 2009-920 du 28 juill. 2009, art. 4) « Les candidats à ces concours subissent les mêmes épreuves que les candidats des concours correspondants de l'enseignement

public. Ils subissent ces épreuves devant le jury des concours correspondants de l'enseignement public, auquel il est adjoint, pour ces candidats, des représentants des établissements privés associés à l'État par contrat et ayant les titres requis pour enseigner. »

Pour un motif de bonne administration, sont exclues du champ d'application du droit des usagers de saisir l'administration par voie électronique les demandes relatives aux recrutements et aux candidatures des personnels enseignants des établissements d'enseignement privés sous contrat dans le premier et le second degré aux concours d'accès à l'échelle de rémunération des professeurs certifiés (CAER) (Décr. n° 2015-1410 du 5 nov. 2015).

Art. R. 914-25 Le nombre de promotions offertes aux concours prévus à l'article R. 914-24, réparti par sections et, éventuellement, par options, est fixé par arrêté du ministre chargé de l'éducation. – *[Décr. n° 64-217 du 10 mars 1964, art. 5-8.]*

Art. R. 914-26 Pour chaque section de concours, le jury établit la liste des candidats admis et la liste complémentaire selon les mêmes modalités que dans l'enseignement public. – *[Décr. n° 64-217 du 10 mars 1964, art. 5-9.]*

Art. R. 914-27 Les candidats déclarés admissibles à l'issue du concours d'accès à l'échelle de rémunération des professeurs agrégés organisé en application de l'article R. 914-24 peuvent, s'ils font l'objet d'une proposition du jury, dans la limite du nombre de promotions disponibles et après épuisement de la liste complémentaire, être promus, par décision ministérielle, à l'échelle de rémunération des professeurs certifiés dans la discipline correspondante, sans passer les épreuves du concours d'accès à l'échelle de rémunération des professeurs certifiés. La proposition du jury comporte un classement par ordre de mérite.

§ 3 TROISIÈME CONCOURS

Art. R. 914-28 Les concours organisés pour l'accès à des listes d'aptitude aux fonctions de maître dans les classes du second degré sous contrat correspondent aux troisièmes concours des certificats d'aptitude suivants :

1° Certificat d'aptitude au professorat de l'enseignement du second degré ;
2° Certificat d'aptitude au professorat de l'enseignement technique ;
3° Certificat d'aptitude au professorat d'éducation physique et sportive ;
4° Certificat d'aptitude au professorat de lycée professionnel.

Ces concours sont organisés par sections, qui peuvent comprendre des options. Les sections et options sont les mêmes que celles des concours correspondants de l'enseignement public.

Sous réserve des dispositions des articles R. 914-30 et R. 914-31, les modalités d'organisation des troisièmes concours correspondants de l'enseignement public s'appliquent à ces concours. – *[Décr. n° 64-217 du 10 mars 1964, art. 5-12.]*

Pour un motif de bonne administration, sont exclues du champ d'application du droit des usagers de saisir l'administration par voie électronique les demandes relatives aux recrutements et aux candidatures des personnels enseignants des établissements d'enseignement privés sous contrat dans le premier et le second degré au troisième concours du 2d degré (Décr. n° 2015-1410 du 5 nov. 2015).

Art. R. 914-29 Les troisièmes concours sont ouverts aux candidats justifiant de l'exercice pendant une durée de cinq ans d'au moins une ou plusieurs des activités professionnelles mentionnées au 3° de l'article 19 de la loi n° 84-16 du 11 janvier 1984 portant dispositions statutaires relatives à la fonction publique de l'État *[V. **C. fonct. publ.**]*. La durée de ces activités ne peut être prise en compte que si les intéressés n'avaient pas, lorsqu'ils les exerçaient, la qualité de fonctionnaire, de magistrat, de militaire, d'agent public ou de maître agréé.

Au titre d'une même session, un candidat ne peut s'inscrire dans une même section au troisième concours pour l'accès à une liste d'aptitude et au troisième concours correspondant de l'enseignement public.

(Décr. n° 2010-571 du 28 mai 2010, art. 4) « Les conditions fixées s'apprécient à la date retenue pour les concours correspondants de l'enseignement public. »

(Décr. n° 2009-920 du 28 juill. 2009, art. 4) « Les candidats aux troisièmes concours pour l'accès à une liste d'aptitude subissent les mêmes épreuves que les candidats des concours correspondants de l'enseignement public. Ils subissent ces épreuves devant le

jury des concours correspondants de l'enseignement public, auquel il est adjoint, pour ces candidats, des représentants des établissements privés associés à l'État par contrat et ayant les titres requis pour enseigner. »

Art. R. 914-30 *(Décr. nº 2009-920 du 28 juill. 2009, art. 4)* « Le nombre de contrats offerts pour chaque concours, répartis par sections et éventuellement par options, est fixé par un arrêté du ministre chargé de l'éducation. »

Le nombre de contrats offerts à chacun des concours mentionnés à l'article R. 914-28 ne peut être supérieur à 10 % du nombre total de contrats offerts pour ce concours et pour les concours externe et interne correspondants. Toutefois, les contrats offerts à ce concours, au concours externe et au concours interne et qui ne sont pas pourvus peuvent être attribués aux candidats d'un autre de ces trois concours dans la limite de 20 % du nombre total de contrats offerts.

Art. R. 914-31 Les candidats admis au concours par le jury sont inscrits, par section ou, éventuellement, par option, sur une liste d'aptitude établie par ordre alphabétique.

(Décr. nº 2009-920 du 28 juill. 2009, art. 4) « Le jury *(Décr. nº 2013-767 du 23 août 2013, art. 13)* « établit » une liste d'aptitude complémentaire, par ordre de mérite. Cette liste ne peut excéder 100 % du nombre de contrats offerts pour chaque section et éventuellement chaque option.

« La validité de ces listes expire le *(Décr. nº 2013-767 du 23 août 2013, art. 13)* « 1er octobre » suivant la date de proclamation des résultats. »

§ 4 STAGE *(Décr. nº 2009-920 du 28 juill. 2009, art. 5).*

Art. R. 914-32 *(Décr. nº 2013-767 du 23 août 2013, art. 14)* Sous réserve des dispositions prévues à l'alinéa suivant, les candidats admis qui remplissent les conditions exigées pour la nomination des lauréats des concours correspondants de l'enseignement public accomplissent un stage d'une durée d'un an, avec l'accord du chef de l'établissement dans lequel ils sont affectés.

A l'exception de ceux qui justifient de la détention d'un master ou d'un titre ou diplôme reconnu équivalent par le ministre chargé de l'éducation et de ceux qui ne sont pas soumis à cette condition de titre ou diplôme, les candidats admis aux concours externes doivent justifier d'une inscription en dernière année d'études en vue de l'obtention, dans les conditions prévues à l'article L. 613-7 du code de l'éducation, d'un master métiers de l'enseignement, de l'éducation et de la formation.

Pour les candidats admis aux concours externes qui ne peuvent justifier de la condition d'inscription exigée à l'alinéa précédent, le bénéfice de l'admission au concours est reporté à la session de recrutement de l'année suivante. A cette date, ceux qui ne peuvent justifier de la condition d'inscription exigée à l'alinéa précédent perdent le bénéfice de l'admission au concours.

Au cours de leur stage, ils bénéficient d'une formation organisée, dans le cadre des orientations définies par l'État, par un établissement d'enseignement supérieur, visant l'acquisition des compétences nécessaires à l'exercice du métier. Cette formation alterne des périodes de mise en situation professionnelle dans un établissement d'enseignement privé sous contrat du second degré et des périodes de formation au sein de l'établissement d'enseignement supérieur. Elle est accompagnée d'un tutorat. Elle peut être adaptée pour tenir compte du parcours antérieur des candidats admis.

Les modalités du stage et les conditions de son évaluation par un jury sont arrêtées par le ministre chargé de l'éducation.

Art. R. 914-33 L'année de *(Décr. nº 2009-920 du 28 juill. 2009, art. 5)* « stage » prévue à l'article R. 914-32 donne lieu à un contrat provisoire signé par le recteur *(Décr. nº 2019-1554 du 30 déc. 2019, art. 1er)* « d'académie ».

Toutefois, les maîtres qui, à la date du concours, bénéficiaient d'un contrat continuent à être régis par ce contrat pendant une période probatoire d'un an.

Pendant la période de *(Décr. nº 2009-920 du 28 juill. 2009, art. 5)* « stage », les maîtres sont rémunérés sur l'échelle de rémunération afférente à la catégorie de maître au titre de laquelle ils ont concouru.

(Décr. nº 2009-920 du 28 juill. 2009, art. 5) « Les maîtres ayant obtenu un contrat provisoire bénéficient des dispositions du décret nº 94-874 du 7 octobre 1994 fixant

les dispositions communes applicables aux stagiaires de l'État et de ses établissements publics, à l'exception de celles relatives au détachement et à la discipline. »

Art. R. 914-34 *(Décr. n° 2013-767 du 23 août 2013, art. 16)* « A l'issue du stage évalué dans les conditions prévues à l'article R. 914-32, les candidats admis qui justifient des conditions exigées pour la titularisation des lauréats » *(Décr. n° 2010-571 du 28 mai 2010, art. 6)* « des concours correspondants de l'enseignement public se voient délivrer, sur proposition d'un jury, un contrat définitif par le recteur *(Décr. n° 2019-1554 du 30 déc. 2019, art. 1er)* « d'académie ». » *(Décr. n° 2009-920 du 28 juill. 2009, art. 5)* « La délivrance du contrat définitif confère le certificat d'aptitude aux fonctions d'enseignement dans les établissements d'enseignement privés du second degré sous contrat. »

Art. R. 914-35 *(Décr. n° 2013-767 du 23 août 2013, art. 17)* Les candidats admis qui, à l'issue du stage, ne sont pas déclarés aptes peuvent être autorisés, sur proposition du jury et par décision du recteur *(Décr. n° 2019-1554 du 30 déc. 2019, art. 1er)* « d'académie », à accomplir une seconde année de stage.

Pour les candidats admis aux concours externes déclarés aptes par le jury qui ne détiendraient pas pour la délivrance du contrat ou de l'agrément définitif un master ou un titre ou diplôme reconnu équivalent par le ministre chargé de l'éducation, à l'exception de ceux qui ne sont pas soumis à cette condition de titre ou diplôme, la durée de leur stage est prorogée d'une année.

Dans ces cas, le contrat provisoire est renouvelé pour une durée d'un an.

Ceux qui ne sont pas autorisés à renouveler le stage ou qui, à l'issue de la seconde année de stage ou de l'année de prorogation de stage, ne remplissent pas les conditions exigées pour la délivrance du contrat ou de l'agrément définitif perdent le bénéfice de l'admission au concours.

L'année de renouvellement ou de prorogation n'est pas prise en compte pour la détermination de l'ancienneté de service.

Art. R. 914-36 Les maîtres qui avaient la qualité de maître contractuel et qui n'ont pas obtenu le certificat d'aptitude aux fonctions d'enseignant dans les établissements d'enseignement privés du second degré sous contrat continuent à bénéficier de leur contrat antérieur et sont replacés dans l'échelle de rémunération qu'ils détenaient. – *[Décr. n° 64-217 du 10 mars 1964, art. 4-9.]*

Art. R. 914-37 Les dispositions des articles R. 914-33, R. 914-34 et R. 914-35 sont applicables aux candidats admis aux concours prévus à l'article R. 914-28. – *[Décr. n° 64-217 du 10 mars 1964, art. 5-19.]*

§ 5 *[ABROGÉ]* CYCLE PRÉPARATOIRE *(Décr. n° 2009-920 du 28 juill. 2009, art. 6)*.

(Abrogé par Décr. n° 2013-767 du 23 août 2013, art. 18)

Art. R. 914-38 à R. 914-41 *Abrogés par Décr. n° 2013-767 du 23 août 2013, art. 18.*

SOUS-SECTION 3 NOMINATION DANS LES ÉTABLISSEMENTS D'ENSEIGNEMENT PRIVÉS *(Décr. n° 2009-920 du 28 juill. 2009, art. 8)*.

Art. R. 914-42 et R. 914-43 *Abrogés par Décr. n° 2009-920 du 28 juill. 2009, art. 7.*

§ 1er DISPOSITIONS RELATIVES AUX ENSEIGNANTS DES CLASSES SOUS CONTRAT D'ASSOCIATION

Art. R. 914-44 Des contrats peuvent être souscrits dans les classes sous contrat d'association :

1° Par des maîtres qui assurent au minimum un demi-service. Cette possibilité est ouverte à concurrence de la moitié des effectifs des *(Décr. n° 2013-767 du 23 août 2013, art. 19)* « maîtres contractuels ou délégués » qui assurent des postes à service complet. Toutefois, des dérogations à cette dernière disposition peuvent être accordées par l'autorité académique en raison de circonstances particulières ;

2° Par des maîtres qui assurent un service d'enseignement inférieur à un demi-service et qui complètent celui-ci en exerçant en outre des responsabilités et des fonctions analogues à celles qui, dans les domaines de la formation des maîtres et de la direction d'établissement, sont reconnues comme fonctions d'enseignement dans l'enseignement public.

Art. R. 914-45 Il est pourvu aux services vacants des classes sous contrat d'association, dans les conditions définies aux articles R. 914-75 à R. 914-77, par la nomination de maîtres titulaires, de maîtres contractuels ou, pour suivre l'année de stage, de lauréats de concours externe ou interne de l'enseignement privé ou bénéficiaires d'une mesure de résorption de l'emploi précaire ou, à défaut, de délégués nommés par le recteur *(Décr. n° 2019-1554 du 30 déc. 2019, art. 1er)* « d'académie ».

Il ne peut être pourvu aux services qui cessent provisoirement d'être assurés que par la nomination d'un lauréat d'un concours externe ou interne de l'enseignement privé ou bénéficiaire d'une mesure de résorption de l'emploi précaire, pour effectuer l'année de stage, ou, à défaut, d'un délégué nommé par le recteur *(Décr. n° 2019-1554 du 30 déc. 2019, art. 1er)* « d'académie ».

Art. R. 914-46 Lors de la passation d'un contrat d'association, tous les maîtres en exercice dans les classes intéressées peuvent, sous réserve de justifier des conditions exigées à l'article R. 914-15 et R. 914-16 pour exercer dans les classes des premier et second degrés des établissements sous contrat avec l'État, demander à être maintenus en fonctions en qualité de contractuels et à être soumis aux mêmes obligations de service que leurs collègues fonctionnaires titulaires. – *[Décr. n° 60-389 du 22 avr. 1960, art. 8-8, al. 1er.]*

Art. R. 914-47 La durée du contrat souscrit par le personnel enseignant ne peut excéder celle du contrat d'association passé entre l'établissement qui l'emploie et l'État.

Le contrat du maître est renouvelable de plein droit et par tacite reconduction au même titre que le contrat de l'établissement.

La résiliation totale ou partielle du contrat d'association passé entre l'établissement et l'État entraîne la résiliation des contrats souscrits par le personnel enseignant correspondant ; celui-ci a la possibilité de demander soit son intégration dans les cadres de l'enseignement public, soit la conclusion d'un nouveau contrat avec l'État en vue d'exercer des fonctions dans un autre établissement placé sous le régime de l'association.

Dans le cas où l'établissement précédemment titulaire d'un contrat d'association serait autorisé à souscrire un contrat simple ou dans le cas de mutation dans une classe sous contrat simple, les maîtres obtiennent de plein droit leur agrément.

En tout état de cause, les maîtres conservent dans leur nouvelle situation pour l'application des dispositions relatives à leur classement indiciaire le bénéfice des années d'enseignement accomplies depuis la conclusion du premier contrat. – *[Décr. n° 60-745 du 28 juill. 1960, art. 11.]*

Art. R. 914-48 Les maîtres en fonctions dans un établissement d'enseignement privé dont la demande de contrat d'association a été acceptée et qui satisfont aux conditions posées aux articles R. 914-15 et R. 914-16 déposent leur demande de contrat avant le 31 janvier. L'acceptation de leur demande par l'État prend effet à la date d'entrée en vigueur du contrat de l'établissement. – *[Décr. n° 60-745 du 28 juill. 1960, art. 16, al. 2.]*

Art. R. 914-49 Après avis de la commission consultative mixte académique et avec l'accord du chef d'établissement auquel il propose la candidature, le recteur *(Décr. n° 2019-1554 du 30 déc. 2019, art. 1er)* « d'académie » procède à l'affectation du maître du second degré qui a été admis au concours externe ou interne de l'enseignement privé ou qui a bénéficié d'une mesure de résorption de l'emploi précaire, et qui a satisfait aux obligations de son année de formation ou de stage. Un contrat définitif est accordé par le recteur *(Décr. n° 2019-1554 du 30 déc. 2019, art. 1er)* « d'académie » à l'intéressé.

Art. R. 914-50 Une commission nationale d'affectation est chargée de proposer au ministre chargé de l'éducation la désignation d'une académie :

1° Pour la nomination des maîtres auxquels un contrat définitif n'a pu être offert selon la procédure définie à l'article R. 914-49.

Les maîtres qui refusent, sans motif légitime, le service qui leur est proposé dans l'académie d'affectation perdent le bénéfice de leur admission définitive à l'échelle de rémunération à laquelle ils avaient été admis.

La nomination de maîtres délégués dans la discipline concernée ne peut intervenir qu'après affectation de l'ensemble des maîtres mentionnés à l'article R. 914-49 ;

2° Pour la nomination des maîtres dont le service a été supprimé ou réduit à la suite de la résiliation totale ou partielle d'un contrat d'association ou qui ont été autorisés définitivement, pour un motif médical, à exercer dans une échelle de rémunération ou dans une discipline autre que celle au titre de laquelle ils étaient titulaires d'un contrat définitif et auxquels l'autorité académique n'a pu proposer un contrat définitif.

La situation des maîtres mentionnés à l'alinéa précédent qui refusent, sans motif légitime, le service qui leur est proposé dans l'académie d'affectation ne peut faire l'objet d'un nouvel examen par la commission nationale d'affectation.

Celle-ci donne également son avis sur les demandes de changement présentées par des maîtres, pour un motif médical, de l'échelle de rémunération ou de la discipline au titre de laquelle ils sont titulaires d'un contrat définitif ;

(Décr. nº 2013-767 du 23 août 2013, art. 20) « 3° Pour la nomination des lauréats des concours qui n'ont pu obtenir un contrat ou un agrément provisoire. »

Art. R. 914-51 La commission nationale d'affectation est composée en nombre égal de représentants de l'État, de représentants des chefs des établissements d'enseignement privés et des représentants des organisations syndicales les plus représentatives des personnels enseignants de ces établissements.

Les modalités d'application de l'article R. 914-50 et du présent article sont fixées par un arrêté du ministre chargé de l'éducation. – *[Décr. nº 64-217 du 10 mars 1964, art. 4-8, al. 1er, 1re phr. et al. 2 à 6.]*

Art. R. 914-52 Les contrats visés à l'article R. 914-44 sont exclusifs de tout autre contrat conclu en application des articles L. 442-5 et L. 442-12. – *[Décr. nº 60-745 du 28 juill. 1960, art. 5.]*

§ 2 DISPOSITIONS RELATIVES AUX ENSEIGNANTS DES CLASSES SOUS CONTRAT SIMPLE

Art. R. 914-53 Il est pourvu aux emplois vacants des services d'enseignement des classes sous contrat simple par les soins de l'autorité privée, après agrément par les autorités académiques des maîtres qu'elle propose. Les candidats peuvent être soit des maîtres déjà en exercice dans une école ou un établissement lié à l'État par contrat, soit toute autre personne présentant les titres réglementaires. – *[Décr. nº 60-390 du 22 avr. 1960, art. 8 et 9.]*

Art. R. 914-54 L'agrément peut être accordé dans les classes sous contrat simple :

1° Aux maîtres qui assurent au minimum, dans les disciplines comprises dans les programmes de l'enseignement public, un demi-service. Cette possibilité est ouverte à concurrence de la moitié des effectifs des maîtres agréés ou auxiliaires assurant des postes à service complet. Toutefois, des dérogations à cette dernière disposition peuvent être accordées par l'autorité académique en raison des circonstances particulières ;

2° Aux maîtres qui assurent un service d'enseignement inférieur à un demi-service et qui complètent celui-ci en exerçant en outre des responsabilités et des fonctions analogues à celles qui, dans les domaines de la formation des maîtres et de la direction d'établissement, sont reconnues comme fonctions d'enseignement dans l'enseignement public. – *[Décr. nº 60-746 du 28 juill. 1960, art. 4, al. 1er à 3.]*

Art. R. 914-55 Les maîtres agréés peuvent demander à être affectés à un autre établissement lié à l'État soit par contrat d'association, soit par contrat simple. Dans le cas où ils sont affectés dans un autre établissement sous contrat simple, ils conservent de plein droit le bénéfice de l'agrément antérieurement obtenu. – *[Décr. nº 60-390 du 22 avr. 1960, art. 8.]*

Art. R. 914-56 Les maîtres en fonctions dans un établissement d'enseignement privé dont la demande de contrat simple a été acceptée et qui satisfont aux conditions posées aux articles R. 914-15 et R. 914-16 déposent leurs demandes d'agrément avant le 31 janvier. L'acceptation de leur demande par l'État prend effet à la date d'entrée en vigueur du contrat de l'établissement. – *[Décr. n° 60-746 du 28 juill. 1960, art. 10 bis, al. 2.]*

§ 3 REMPLACEMENT DES MAÎTRES CONTRACTUELS OU AGRÉÉS

Art. R. 914-57 *(Décr. n° 2015-963 du 31 juill. 2015, art. 1er)* **I. — Lorsque ni le chef d'établissement ni le recteur** *(Décr. n° 2019-1554 du 30 déc. 2019, art. 1er)* **« d'académie » ou le directeur académique des services de l'éducation nationale agissant sur délégation du recteur** *(Décr. n° 2019-1554 du 30 déc. 2019, art. 1er)* **« d'académie » ne disposent d'un candidat remplissant les conditions requises pour obtenir un contrat ou un agrément, il peut être fait appel à un maître délégué, agent temporaire recruté :**

1° Soit parmi les candidats remplissant les conditions de diplômes pour pouvoir se présenter au concours interne de recrutement des maîtres contractuels ou agréés ;

2° Soit parmi les candidats justifiant d'une activité ou d'une pratique professionnelle requise pour pouvoir se présenter au concours interne de recrutement des maîtres contractuels ou agréés.

II. — Lorsqu'un maître délégué est recruté pour faire face à un besoin couvrant l'année scolaire, la fin de l'engagement est fixée à la veille de la rentrée scolaire suivante.

Dans les autres cas, l'engagement est conclu pour la durée du besoin à couvrir.

III. — Les maîtres délégués peuvent être recrutés à temps complet ou à temps incomplet.

IV. — L'engagement précise le fondement juridique du recrutement, sa date d'effet, sa durée, les fonctions pour lesquelles le maître délégué est recruté et la catégorie hiérarchique. L'établissement dans lequel il exerce ainsi que la quotité de temps de travail associée figurent ou sont annexés au contrat.

L'engagement précise également les conditions de rémunération et les droits et obligations du maître.

L'engagement peut comporter une période d'essai déterminée selon les mêmes modalités que celles prévues pour les agents contractuels enseignants de l'enseignement public.

V. — Les maîtres délégués sont classés par les autorités académiques mentionnées au I chargées du recrutement en fonction de leurs titres ou diplômes dans l'échelle de rémunération des maîtres auxiliaires de première ou de deuxième catégorie, dans les conditions prévues pour le classement de ces derniers.

L'avancement des maîtres délégués s'effectue dans les conditions prévues pour les maîtres auxiliaires.

VI. — Par dérogation au 1° du I et au premier alinéa du V, en l'absence de candidat justifiant les conditions de diplômes fixées au 1° du I du présent article, les maîtres délégués peuvent être recrutés à titre exceptionnel parmi les candidats justifiant d'un titre ou d'un diplôme sanctionnant au moins deux années d'études après le baccalauréat ou ayant validé une deuxième année de licence, et sont classés dans l'échelle de rémunération des maîtres auxiliaires de deuxième catégorie.

Par dérogation au premier alinéa du V, les autorités académiques mentionnées au I chargées du recrutement peuvent classer un maître délégué dans l'échelle de rémunération de maître auxiliaire de première catégorie pour tenir compte de son expérience professionnelle, de la rareté des candidats dans la discipline concernée ou de la spécificité du besoin à couvrir. Cette possibilité ne s'applique pas aux maîtres mentionnés au premier alinéa du VI.

VII. — Les maîtres délégués perçoivent, dans les mêmes conditions, les primes et indemnités dont bénéficient les maîtres contractuels ou agréés exerçant les mêmes fonctions, sauf disposition législative ou réglementaire en réservant le bénéfice aux seuls maîtres contractuels et agréés en application de l'article R. 914-83 du code de l'éducation.

Pour un motif de bonne administration, sont exclues du champ d'application du droit des usagers de saisir l'administration par voie électronique les demandes relatives aux recrutements et aux candidatures des personnels enseignants des établissements d'enseignement privés sous contrat dans le premier et le second degré aux recrutements des maîtres délégués (Décr. n° 2015-1410 du 5 nov. 2015).

Art. R. 914-58 Les maîtres délégués exerçant dans les établissements d'enseignement privés sous contrat d'association sont soumis, pour la détermination de leurs conditions d'exercice et de cessation de fonctions, aux règles applicables aux *(Décr. nº 2015-963 du 31 juill. 2015, art. 2)* « agents contractuels enseignants » de l'enseignement public des premier et second degrés. Ils bénéficient, dans les mêmes conditions que ces derniers, du régime de travail à temps partiel, du régime des congés de toute nature ainsi que d'autorisations d'absence.

(Décr. nº 2015-963 du 31 juill. 2015, art. 2) « Pour l'application aux maîtres délégués de l'enseignement privé des règles prévues pour les agents contractuels enseignants de l'enseignement public, un besoin permanent correspond à un service vacant au sens de l'article R. 914-45. »

SOUS-SECTION 4 *[ABROGÉE]* STAGE PROBATOIRE

(Abrogée par Décr. nº 2009-920 du 28 juill. 2009, art. 7)

SECTION IV ACCOMPAGNEMENT, APPRÉCIATION DE LA VALEUR PROFESSIONNELLE, AVANCEMENT, MOUVEMENT ET CLASSEMENT *(Décr. nº 2017-787 du 5 mai 2017, art. 1er)*.

SOUS-SECTION 1 ACCOMPAGNEMENT DES MAÎTRES *(Décr. nº 2017-787 du 5 mai 2017, art. 2)*.

Art. R. 914-59 *(Décr. nº 2017-787 du 5 mai 2017, art. 3)* Les maîtres contractuels ou agréés bénéficient, comme les enseignants titulaires en fonction dans les établissements d'enseignement publics, d'un accompagnement dans leur parcours professionnel. Cet accompagnement peut être individuel ou collectif. Il répond soit à une demande des personnels soit à une initiative des personnels d'inspection ou du chef d'établissement.

SOUS-SECTION 2 APPRÉCIATION DE LA VALEUR PROFESSIONNELLE ET AVANCEMENT *(Décr. nº 2017-787 du 5 mai 2017, art. 4)*.

§ 1er DISPOSITIONS COMMUNES

Art. R. 914-60 *(Décr. nº 2017-787 du 5 mai 2017, art. 5)* « Les maîtres contractuels ou agréés des établissements d'enseignement privés sous contrat sont évalués dans les mêmes conditions que celles applicables aux catégories correspondantes de l'enseignement public sous réserve des dispositions des alinéas suivants.

« Lors des rendez-vous de carrière, l'appréciation de la valeur professionnelle des maîtres du premier degré comprend également un entretien professionnel avec le chef de l'établissement dans lequel ils sont affectés à titre principal.

« Lorsque le maître est aussi chef d'établissement, l'appréciation de sa valeur professionnelle est réalisée par l'inspecteur. »

L'avancement des maîtres contractuels ou agréés est prononcé après avis des commissions prévues aux articles R. 914-4 et R. 914-7 ; il est soumis aux dispositions applicables aux catégories correspondantes de l'enseignement public.

Lorsqu'un maître change d'échelle de rémunération, il est reclassé selon les mêmes modalités que les agents exerçant dans l'enseignement public.

Art. R. 914-60-1 *(Décr. nº 2021-1053 du 6 août 2021, art. 1er)* Les maîtres contractuels ou agréés des établissements d'enseignement privés sous contrat sont promus à la classe exceptionnelle dans les mêmes conditions que celles applicables aux catégories correspondantes de l'enseignement public, sous réserve des dispositions des alinéas suivants.

Ils doivent justifier des fonctions suivantes :

– fonctions particulières, notamment au regard des responsabilités exercées, de direction, de coordination, d'accompagnement ou de formation, au sein d'une ou plusieurs échelles de rémunération ;

– fonctions accomplies au sein de l'une des échelles de rémunération dans une section de technicien supérieur ou dans une formation technique supérieure assimilée ainsi que dans les classes préparatoires aux grandes écoles ou dans un territoire ou lieu d'exercice caractérisé par des difficultés éducatives, économiques et sociales.

La liste des fonctions prises en compte pour la promotion à la classe exceptionnelle des maîtres contractuels ou agréés dans les échelles de rémunération concernées est fixée par arrêté du ministre chargé de l'éducation nationale.

§ 2 DISPOSITIONS APPLICABLES AUX MAÎTRES DU PREMIER DEGRÉ

Art. R. 914-61 Les maîtres *(Décr. nº 2015-963 du 31 juill. 2015, art. 3)* « contractuels ou agréés » exerçant dans les classes de l'enseignement du premier degré bénéficient soit de l'échelle de rémunération des instituteurs, soit de celle des professeurs des écoles.

Les maîtres bénéficiant de l'échelle de rémunération des instituteurs peuvent accéder à celle des professeurs des écoles dans les conditions fixées ci-après.

Le nombre de maîtres bénéficiant de l'échelle de rémunération des instituteurs qui peuvent accéder à celle des professeurs des écoles est fixé chaque année par arrêté du ministre chargé de l'éducation et du ministre chargé du budget.

Ce nombre est réparti entre les départements par arrêté du ministre chargé de l'éducation.

Art. R. 914-62 Peuvent être inscrits sur la liste d'aptitude les maîtres contractuels ou agréés en activité, assimilés pour leur rémunération aux instituteurs, qui justifient, au 1er septembre de l'année scolaire au titre de laquelle la liste d'aptitude est établie, de cinq années de services effectifs en qualité d'instituteur et qui ont fait acte de candidature auprès *(Décr. nº 2012-16 du 5 janv. 2012, art. 7)* « du directeur académique des services de l'éducation nationale agissant sur délégation du recteur d'académie ».

Pour l'application de la condition de durée de service mentionnée ci-dessus, sont assimilées à des services effectifs d'instituteur à temps plein les années de service en qualité de chef d'établissement d'enseignement primaire sous contrat ou de formateur de maîtres de ces établissements exercées par des maîtres contractuels ou agréés.

La liste d'aptitude est arrêtée chaque année par *(Décr. nº 2012-16 du 5 janv. 2012, art. 7)* « le directeur académique des services de l'éducation nationale agissant sur délégation du recteur d'académie », après avis de la commission consultative mixte départementale *(Décr. nº 2013-1231 du 23 déc. 2013, art. 9)* « ou interdépartementale ».

Le nombre de candidats inscrits sur la liste d'aptitude départementale ne peut excéder de plus de 50 % le contingent des promotions fixé pour l'année considérée.

(Décr. nº 2012-16 du 5 janv. 2012, art. 7) « Le directeur académique des services de l'éducation nationale agissant sur délégation du recteur d'académie » prononce les admissions des maîtres inscrits sur la liste d'aptitude départementale, dans la limite du contingent précité, à l'échelle de rémunération des professeurs des écoles.

Les maîtres bénéficiant de l'échelle de rémunération des professeurs des écoles sont placés dans l'échelle de rémunération correspondant à la classe normale du corps des professeurs des écoles.

Art. R. 914-63 Les maîtres bénéficiant de l'échelle de rémunération des professeurs des écoles de classe normale peuvent accéder à l'échelle de rémunération de la hors-classe des professeurs des écoles dans les mêmes conditions et selon les mêmes proportions que les professeurs des écoles exerçant dans l'enseignement public après inscription sur un tableau d'avancement établi chaque année par *(Décr. nº 2012-16 du 5 janv. 2012, art. 7)* « le directeur académique des services de l'éducation nationale agissant sur délégation du recteur d'académie » après avis de la commission consultative mixte départementale *(Décr. nº 2013-1231 du 23 déc. 2013, art. 9)* « ou interdépartementale ».

Ils sont classés à la hors-classe conformément aux dispositions prévues à l'article 25 du décret nº 90-680 du 1er août 1990 portant statut particulier des professeurs des écoles *[V. App., vº Statuts particuliers]*.

§ 3 DISPOSITIONS APPLICABLES AUX MAÎTRES DU SECOND DEGRÉ

Art. R. 914-64 Pour chaque liste d'aptitude d'accès à un corps du second degré de l'enseignement public, et dans les mêmes conditions que celles prévues dans les statuts particuliers de chacun de ces corps, il est établi une liste annuelle d'aptitude d'accès des maîtres contractuels à l'échelle de rémunération correspondante.

Après, le cas échéant, avis *(Décr. n° 2020-1676 du 23 déc. 2020, art. 2)* « du chef de l'inspection générale de l'éducation, du sport et de la recherche », chaque liste d'aptitude est arrêtée par le ministre chargé de l'éducation sur proposition du recteur *(Décr. n° 2019-1554 du 30 déc. 2019, art. 1er)* « d'académie ».

Dans les mêmes conditions que celles prévues dans les statuts particuliers des corps de professeurs de l'enseignement public, les maîtres qui accèdent à une échelle de rémunération par leur inscription à l'une des listes d'aptitude prévues au présent article accomplissent, le cas échéant, une période probatoire et sont classés dans cette échelle de rémunération.

Art. R. 914-65 Les maîtres contractuels accédant à une échelle de rémunération correspondant à un grade de l'enseignement public sont classés à la classe normale. Ils peuvent accéder, le cas échéant, après inscription sur un tableau d'avancement, à l'échelle de rémunération correspondant à la hors-classe de ce grade, dans les mêmes conditions que les professeurs titulaires exerçant dans l'enseignement public.

Les maîtres contractuels bénéficiant de l'échelle de rémunération correspondant à la hors-classe d'un grade de l'enseignement public peuvent accéder, le cas échéant, après inscription sur un tableau d'avancement, à l'échelle de rémunération correspondant à la classe exceptionnelle, dans les mêmes conditions que les professeurs titulaires exerçant dans l'enseignement public.

Les tableaux d'avancement prévus au présent article sont arrêtés chaque année par le recteur *(Décr. n° 2019-1554 du 30 déc. 2019, art. 1er)* « d'académie », après avis de la commission consultative mixte académique. Toutefois, pour les maîtres contractuels classés à l'échelle de rémunération des professeurs agrégés, les tableaux d'avancement sont arrêtés par le ministre chargé de l'éducation, sur proposition du recteur *(Décr. n° 2019-1554 du 30 déc. 2019, art. 1er)* « d'académie » et après avis de la commission consultative mixte académique.

Les maîtres qui accèdent à une échelle de rémunération par tableau d'avancement sont classés dans cette échelle de rémunération dans les mêmes conditions que les professeurs de l'enseignement public des corps correspondants.

Art. R. 914-66 Les maîtres des établissements d'enseignement privés sous contrat bénéficiant des échelles de rémunération des adjoints d'enseignement, des chargés d'enseignement et des chargés d'enseignement d'éducation physique et sportive *(Décr. n° 2015-963 du 31 juill. 2015, art. 4)* « ainsi que les maîtres bénéficiant d'un contrat conclu à titre définitif, classés sur une échelle de rémunération de maîtres auxiliaires » peuvent accéder, par voie de liste d'aptitude, aux échelles de rémunération des professeurs certifiés, des professeurs de lycée professionnel ou des professeurs d'éducation physique et sportive.

Un arrêté du ministre chargé de l'éducation fixe, chaque année, *(Décr. n° 2015-963 du 31 juill. 2015, art. 4)* « pour chacune des listes d'aptitude mentionnées aux articles R. 914-67 à R. 914-69 », le nombre de promotions susceptibles d'être prononcées en application du présent paragraphe et répartit ce contingent par académie.

(Décr. n° 2015-963 du 31 juill. 2015, art. 4) « Pour chacune des listes d'aptitude mentionnées aux articles R. 914-67 à R. 914-69, le recteur *(Décr. n° 2019-1554 du 30 déc. 2019, art. 1er)* « d'académie » peut répartir le contingent académique de promotions entre les catégories de maîtres suivantes : les maîtres bénéficiant de l'échelle de rémunération des adjoints d'enseignement, des chargés d'enseignement ou des chargés d'enseignement d'éducation physique et sportive, d'une part, et les maîtres bénéficiant d'un contrat conclu à titre définitif, classés sur une échelle de rémunération de maîtres auxiliaires, d'autre part. »

Art. R. 914-67 Peuvent être inscrits sur la liste d'aptitude établie pour l'accès à l'échelle de rémunération des professeurs certifiés les maîtres bénéficiant de l'échelle de rémunération des adjoints d'enseignement exerçant dans une discipline autre que l'éducation physique et sportive et les maîtres bénéficiant de l'échelle de rémunération des chargés d'enseignement. *(Décr. n° 2015-963 du 31 juill. 2015, art. 5)* « Il en est de même des maîtres bénéficiant d'un contrat conclu à titre définitif, classés sur une échelle de rémunération de maîtres auxiliaires et exerçant dans une discipline autre que l'éducation physique et sportive. »

Art. R. 914-68 Peuvent être inscrits sur la liste d'aptitude établie pour l'accès à l'échelle de rémunération des professeurs de lycée professionnel les maîtres bénéficiant de l'échelle de rémunération des adjoints d'enseignement exerçant dans une discipline autre que l'éducation physique et sportive et les maîtres bénéficiant de l'échelle de rémunération des chargés d'enseignement. *(Décr. n° 2015-963 du 31 juill. 2015, art. 5)* « Il en est de même des maîtres bénéficiant d'un contrat conclu à titre définitif, classés sur une échelle de rémunération de maîtres auxiliaires et exerçant dans une discipline autre que l'éducation physique et sportive. »

Les uns et les autres doivent être en fonctions dans un lycée professionnel privé sous contrat au 30 juin de l'année scolaire précédant celle au titre de laquelle est établie la liste d'aptitude ou avoir été en fonctions dans un tel établissement avant d'être placés en position de congé en vertu des dispositions de l'article R. 914-105.

Les maîtres inscrits sur la liste d'aptitude prévue au présent article, établie au titre d'une année scolaire, ne peuvent être inscrits, au titre de la même année scolaire, sur la liste d'aptitude prévue à l'article R. 914-67.

Art. R. 914-69 Peuvent être inscrits sur la liste d'aptitude établie pour l'accès à l'échelle de rémunération des professeurs d'éducation physique et sportive les maîtres bénéficiant de l'échelle de rémunération des adjoints d'enseignement et exerçant en éducation physique et sportive *(Décr. n° 2015-963 du 31 juill. 2015, art. 6)* « , les maîtres bénéficiant d'un contrat conclu à titre définitif, classés sur une échelle de rémunération de maîtres auxiliaires et exerçant en éducation physique et sportive » et les maîtres bénéficiant de l'échelle de rémunération des chargés d'enseignement d'éducation physique et sportive. Ces derniers doivent être titulaires de la licence en sciences et techniques des activités physiques et sportives ou de l'examen probatoire du certificat d'aptitude au professorat d'éducation physique et sportive. *(Décr. n° 2015-963 du 31 juill. 2015, art. 6)* « Il en est de même des maîtres bénéficiant d'un contrat conclu à titre définitif, classés sur une échelle de rémunération de maîtres auxiliaires et exerçant en éducation physique et sportive. »

Art. R. 914-70 Les maîtres visés aux articles R. 914-67, R. 914-68 et R. 914-69 doivent justifier de cinq années de services d'enseignement ou de documentation.

Pour l'application de la condition de durée de service mentionnée ci-dessus, sont assimilées à des services d'enseignement à temps plein les années de service en qualité de chef d'établissement d'enseignement privé sous contrat ou de formateur de maîtres de ces établissements exercées par des maîtres contractuels ou agréés. – *[Décr. n° 90-1003 du 7 nov. 1990, art. 5.]*

Art. R. 914-71 Les listes d'aptitude prévues aux articles R. 914-67, R. 914-68 et R. 914-69 sont arrêtées par le recteur d'académie après avis de la commission consultative mixte académique.

Les listes d'aptitude mentionnées aux articles R. 914-67 et R. 914-68 sont établies toutes disciplines confondues.

Le nombre global des inscriptions figurant sur chaque liste d'aptitude ne peut être supérieur à une fois et demie le nombre de promotions susceptibles d'être prononcées en vertu des articles R. 914-66 à R. 914-74. – *[Décr. n° 90-1003 du 7 nov. 1990, art. 6.]*

Art. R. 914-72 *(Décr. n° 2015-963 du 31 juill. 2015, art. 7)* Pour chacune des listes d'aptitude, dans le cas où le recteur *(Décr. n° 2019-1554 du 30 déc. 2019, art. 1er)* « d'académie » a procédé à la répartition du contingent académique entre catégories de maîtres prévue au troisième alinéa de l'article R. 914-66, le nombre des promotions susceptibles d'être accordées à une catégorie de maîtres qui ne pourraient être prononcées au titre de cette catégorie peut être transféré à l'autre catégorie de maîtres.

Le nombre des promotions susceptibles d'être accordées au titre d'une liste d'aptitude conformément au deuxième alinéa de l'article R. 914-66 qui ne pourraient être prononcées au titre de cette liste d'aptitude peut être transféré dans l'une ou les deux autres listes d'aptitude et prononcées au titre de celles-ci.

Art. R. 914-73 Les maîtres bénéficiant d'une promotion en application des articles R. 914-66 à R. 914-74 accèdent définitivement à leur nouvelle échelle de rémunération après une période probatoire d'une année scolaire dont les modalités sont fixées par le ministre chargé de l'éducation.

Les maîtres dont la période probatoire n'a pas été jugée satisfaisante peuvent être autorisés à accomplir une nouvelle période probatoire d'une année scolaire, au terme de laquelle ils sont soit admis définitivement à leur nouvelle échelle de rémunération, soit replacés dans leur échelle de rémunération d'origine. La deuxième année de période probatoire n'est pas prise en compte pour l'avancement d'échelon. – *[Décr. nº 90-1003 du 7 nov. 1990, art. 8.]*

Art. R. 914-74 Par dérogation aux dispositions du deuxième alinéa de l'article R. 914-60, les maîtres bénéficiant d'une promotion en application des articles R. 914-66 à R. 914-73 sont classés *(Décr. nº 2016-1021 du 26 juill. 2016, art. 4)* « , à compter de la date d'effet du contrat définitif, » dans leur nouvelle échelle de rémunération à l'échelon comportant un indice égal ou, à défaut, immédiatement supérieur à celui qu'ils détenaient dans leur échelle de rémunération d'origine.

Dans la limite de l'ancienneté exigée pour l'accès à l'échelon supérieur dans leur nouvelle échelle de rémunération, ils conservent l'ancienneté dans l'échelon qu'ils détenaient dans leur échelle de rémunération d'origine si leur promotion leur procure une augmentation de traitement inférieure à celle qu'entraînerait dans leur ancienne échelle la promotion à l'échelon supérieur ou, dans le cas où ils sont déjà à l'échelon terminal, à celle qui résultait de leur dernière promotion.

SOUS-SECTION 3 MOUVEMENT DES MAÎTRES CONTRACTUELS

Art. R. 914-75 Aux dates fixées chaque année par un arrêté *(Décr. nº 2019-1554 du 30 déc. 2019, art. 1er)* « du recteur d'académie, les chefs d'établissement transmettent au recteur d'académie », s'il s'agit d'un établissement du second degré, ou *(Décr. nº 2012-16 du 5 janv. 2012, art. 7)* « au directeur académique des services de l'éducation nationale agissant sur délégation du recteur d'académie » s'il s'agit d'un établissement du premier degré :

1º La liste des services, complets ou incomplets, y compris les services nouveaux auxquels il y aura lieu de pourvoir à la rentrée scolaire ;

2º La liste par discipline des maîtres pour lesquels il est proposé de réduire ou supprimer le service. Pour établir la liste, le chef d'établissement prend en compte la durée des services d'enseignement, de direction ou de formation accomplis par chacun d'eux dans les établissements d'enseignement publics ou privés sous contrat.

Les vacances survenant en cours d'année scolaire sont déclarées sans délai à l'autorité académique définie au premier alinéa du présent article lorsqu'il y a lieu d'y pourvoir avant la rentrée suivante.

Recteur. Compétence. Il résulte des dispositions codifiées aux art. R. 914-75 s. que le recteur est responsable de la gestion des candidatures et du bon déroulement des opérations de mutation des personnels enseignants des établissements d'enseignement privé sous contrat d'association. • CE 30 déc. 2013, nº 347047 B : *AJDA 2014. 6 ; ibid. 645, note Toulemonde .*

Art. R. 914-76 La liste des services vacants est publiée par les soins de l'autorité académique compétente, avec l'indication du délai dans lequel les candidatures seront reçues.

Les personnes qui postulent l'un de ces services font acte de candidature auprès de l'autorité académique. Elles en informent par tous moyens le ou les chefs d'établissement intéressés.

Les maîtres titulaires qui demandent pour la première fois une nomination dans un établissement d'enseignement privé justifient, à l'appui de leur candidature, de l'accord préalable du chef de l'établissement dans lequel ils sollicitent cette nomination. – *[Décr. nº 60-389 du 22 avr. 1960, art. 8-2.]*

Art. R. 914-77 L'autorité académique soumet les candidatures, accompagnées de l'avis des chefs d'établissement ou, à défaut d'avis, de la justification qu'ils ont été informés des candidatures par les intéressés, à la commission consultative mixte compétente. Lorsque l'avis sur les candidatures est donné dans le cadre d'un accord sur l'emploi auquel l'établissement adhère, le chef d'établissement en informe la commission consultative mixte.

Sont présentées par ordre de priorité les candidatures :

1° Des maîtres titulaires d'un contrat définitif dont le service a été supprimé ou réduit à la suite de la résiliation totale ou partielle d'un contrat d'association ;

2° Des maîtres titulaires d'un contrat définitif candidats à une mutation ;

3° Des maîtres lauréats d'un concours externe de recrutement de l'enseignement privé ayant satisfait aux obligations de leur année de *(Décr. n° 2009-920 du 28 juill. 2009, art. 9)* « stage » ;

4° Des maîtres lauréats d'un concours interne de recrutement de l'enseignement privé ayant satisfait aux obligations de leur année de stage ;

5° Des maîtres qui ont été admis définitivement à une échelle de rémunération à la suite d'une mesure de résorption de l'emploi précaire ;

(Décr. n° 2016-1021 du 26 juill. 2016, art. 2) « 6° Des maîtres titulaires d'un contrat définitif recrutés en application du 2° de l'article R. 914-16. »

Au vu de l'avis émis par la commission consultative mixte, l'autorité académique notifie à chacun des chefs d'établissement la ou les candidatures qu'elle se propose de retenir pour pourvoir à chacun des services vacants dans l'établissement. En cas de pluralité de candidatures, celles-ci sont classées par l'autorité académique par ordre de priorité conformément aux alinéas précédents et, pour les candidatures de même ordre de priorité, par ordre d'ancienneté.

Le chef d'établissement dispose d'un délai de quinze jours pour faire connaître à l'autorité académique son accord ou son refus.

A défaut de réponse dans ce délai, le chef d'établissement est réputé avoir donné son accord à la candidature qui lui est soumise ou, s'il a été saisi de plusieurs candidatures pour le même service, à la première de ces candidatures.

La décision par laquelle le chef d'établissement fait connaître à l'autorité académique son refus de la ou des candidatures qui lui ont été soumises est motivée. Si le chef d'établissement refuse sans motif légitime la ou les candidatures qui lui ont été soumises, il ne peut être procédé à la nomination de maîtres délégués dans la discipline concernée au sein de l'établissement.

Les maîtres mentionnés aux 3°, 4° et 5° qui, sans motif légitime, ne se portent candidats à aucun service ou qui refusent le service qui leur est proposé perdent le bénéfice de leur admission définitive à l'échelle de rémunération à laquelle ils ont été admis.

SOUS-SECTION 4 CLASSEMENT

§ 1er CLASSEMENT DES MAÎTRES CONTRACTUELS OU AGRÉÉS

Art. R. 914-78 Les maîtres reçus aux différents concours du premier et du second degré sont classés, après avis de la commission consultative mixte compétente, dans leur échelle de rémunération dans les mêmes conditions que les enseignants reçus aux concours correspondants de l'enseignement public. – *[Décr. n° 64-217 du 10 mars 1964, art. 9.]*

Art. R. 914-78-1 *(Décr. n° 2016-1021 du 26 juill. 2016, art. 3)* Les maîtres recrutés en application du 2° de l'article R. 914-16 accèdent à l'échelle de rémunération correspondant à leur catégorie dans l'enseignement agricole privé sous contrat.

Ils sont classés à l'indice de rémunération égal à celui détenu dans l'enseignement agricole privé sous contrat et conservent leur ancienneté d'échelon.

Art. R. 914-79 Le maître dont le contrat est rompu pour exercer des fonctions soit de direction dans les établissements sous contrat, soit de formation dans les organismes ayant passé convention avec l'État pour la formation initiale et continue des maîtres contractuels ou agréés bénéficie pour son classement, lorsqu'il obtient de nouveau un contrat, de la prise en compte de la durée des services accomplis antérieurement à la rupture du contrat et de l'intégralité des périodes correspondant à l'exercice des fonctions définies ci-dessus. – *[Décr. n° 64-217 du 10 mars 1964, art. 9-1.]*

Art. R. 914-80 Le maître qui a pris un congé pour exercer des fonctions d'enseignement dans un établissement d'enseignement à l'étranger en application de l'article

R. 914-105 peut bénéficier pour son classement, lorsqu'il retrouve un service d'enseignement en France, de la prise en compte de la durée des services accomplis antérieurement au congé et de l'intégralité des périodes de services d'enseignement effectués à l'étranger sous réserve que l'enseignement ait été dispensé en français et qu'il soit conforme aux programmes officiels français ou jugé utile au rayonnement culturel de la France.

Les demandes de prise en compte sont appréciées par référence à la liste des établissements scolaires français à l'étranger établie en application des dispositions de l'article R. 451-2. Toutefois, lorsque l'établissement dans lequel le maître a exercé à l'étranger ne figure pas sur cette liste, la prise en compte des services qu'il a effectués à l'étranger est alors subordonnée à la présentation d'un certificat attestant que l'enseignement a été dispensé dans les conditions exigées au premier alinéa.

Ce certificat est délivré par la représentation française à l'étranger. – *[Décr. nº 66-665 du 3 sept. 1966, art. 1er.]*

§ 2 RECLASSEMENT POUR MOTIF MÉDICAL

Art. R. 914-81 Dans le cas où l'état physique d'un maître, sans lui interdire d'exercer toute activité, ne lui permet pas de remplir les fonctions correspondant à l'échelle de rémunération ou à la discipline qui sont les siennes, l'administration, après avis du comité médical prévu à l'article 6 du décret nº 86-442 du 14 mars 1986 *[relatif à la désignation des médecins agréés, à l'organisation des comités médicaux et des commissions de réforme, aux conditions d'aptitude physique pour l'admission, aux emplois publics et au régime de congés de maladie des fonctionnaires, V.* **C. *fonct. publ.***], invite l'intéressé à présenter une demande de reclassement dans un emploi correspondant à une autre échelle de rémunération ou lui propose une offre de reclassement dans une autre discipline.

Après avis de la commission nationale d'affectation prévue à l'article R. 914-50, l'administration autorise le maître à se porter candidat aux emplois vacants correspondant à l'échelle de rémunération qu'il a demandée ou dans la discipline qui lui a été proposée. La décision de ne pas autoriser le maître à présenter sa candidature à de tels emplois doit être motivée.

Le maître accomplit une période probatoire d'une année scolaire. Au cours de cette période probatoire, le recteur *(Décr. nº 2019-1554 du 30 déc. 2019, art. 1er)* « d'académie » se prononce sur l'aptitude du maître à exercer ses nouvelles fonctions dans les mêmes conditions que les enseignants stagiaires de l'enseignement public. Le maître dont la période probatoire n'a pas été jugée satisfaisante peut être autorisé, par décision du recteur *(Décr. nº 2019-1554 du 30 déc. 2019, art. 1er)* « d'académie », à accomplir une nouvelle période probatoire d'une année scolaire, à l'issue de laquelle il est soit définitivement admis à exercer un emploi correspondant à une échelle de rémunération ou dans une discipline autres que celles au titre desquelles il est titulaire d'un contrat définitif, soit admis au bénéfice des avantages temporaires de retraite. La nouvelle période probatoire n'est pas prise en compte pour l'avancement d'échelon.

Le maître qui bénéficie d'un contrat ou d'un agrément dans une échelle de rémunération inférieure et qui ne peut être classé à un échelon d'un grade de cette échelle de rémunération doté d'un indice égal ou immédiatement supérieur à celui qu'il détient dans son échelle de rémunération d'origine est classé à l'échelon terminal du grade le plus élevé de l'échelle de rémunération d'accueil et conserve à titre personnel l'indice détenu dans son échelle de rémunération d'origine.

Les avantages de retraite du maître qui a été reclassé dans une autre échelle de rémunération ne peuvent être inférieurs au montant des avantages de retraite rémunérant les services prévus aux articles R. 914-115 et R. 914-133 et, le cas échéant, de la rente viagère d'invalidité mentionnée à l'article R. 914-134 qui lui aurait été attribuée s'il n'avait pas été reclassé.

Art. R. 914-82 Les dispositions de l'article R. 914-81 s'appliquent aux faits générateurs survenus à compter du 1er septembre 2005. – *[Décr. nº 2005-1404 du 15 nov. 2005, art. 5.]*

SECTION V RÉMUNÉRATION

SOUS-SECTION 1 DISPOSITIONS GÉNÉRALES

Art. R. 914-83 Les maîtres contractuels ou agréés perçoivent directement de l'État, après service fait, une rémunération mensuelle qui leur est versée suivant les règles de la comptabilité publique comportant le traitement brut, les suppléments pour charges de famille et l'indemnité de résidence ainsi que tous autres avantages ou indemnités attribués par l'État aux personnels de l'enseignement public. – *[Décr. nº 78-252 du 8 mars 1978, art. 2, al. 1er.]*

Art. R. 914-84 La rémunération des personnels mentionnés à l'article R. 914-83 est décomptée au prorata des heures d'enseignement effectivement assurées, sur la base d'un traitement complet. – *[Décr. nº 60-745 du 28 juill. 1960, art. 4, al. 4.]*

Art. R. 914-85 Les heures supplémentaires assurées sur autorisation de l'autorité académique pour les enseignements compris dans les programmes de l'enseignement public sont payées au taux en vigueur pour le personnel correspondant de l'enseignement public dans les mêmes conditions que la rémunération principale.

Les autorités académiques peuvent autoriser le paiement d'heures de suppléance et, à titre exceptionnel dans la limite de 10 % des heures d'enseignement données dans l'ensemble des classes sous contrat d'un établissement, le paiement d'heures d'enseignement partiel. Les services partiels d'enseignement, inférieurs à un demi-service, assurés par les maîtres chargés des fonctions de direction d'établissement et de formation sont également inclus dans la limite de ces 10 %.

Ces heures peuvent être assurées, à la demande du chef d'établissement et sur autorisation de l'autorité académique, par des maîtres appartenant au secteur privé de l'établissement, par du personnel chargé à titre principal de fonctions de surveillance, d'administration ou de direction ou par toutes autres personnes dès lors que celles-ci possèdent les titres requis des maîtres auxiliaires des établissements d'enseignement public. Elles sont rémunérées au taux correspondant aux titres des intéressés.

Les fonctionnaires titulaires de l'enseignement public en situation d'activité ne peuvent, sauf autorisation accordée par le recteur *(Décr. nº 2019-1554 du 30 déc. 2019, art. 1er)* « d'académie », être rémunérés par l'État pour les heures d'enseignement données dans les classes sous contrat.

L'autorisation mentionnée à l'alinéa précédent n'est pas requise pour les fonctionnaires titulaires de l'enseignement public affectés dans l'établissement.

Heures supplémentaires. Prise en charge des. Conditions. Saisi d'un litige relatif au dépassement, par un enseignant d'un établissement privé sous contrat, de ses obligations de service effectué à la demande du chef de l'établissement mais sans que la réalisation de ces heures ait été autorisée par l'autorité académique, le Conseil d'État, s'appuyant sur les dispositions de l'article L. 442 et R. 914-85, a jugé que l'État n'a pas à prendre en charge ces heures dès lors qu'elles n'ont pas fait l'objet d'une autorisation de l'autorité académique. • CE 27 juill. 2018, nº 411870.

Art. R. 914-86 La rémunération des maîtres contractuels ou agréés continue d'être assurée par l'État en cas de congé de formation et de décharge d'activité de service pour l'exercice d'un mandat syndical. – *[Décr. nº 64-217 du 10 mars 1964, art. 2-5.]*

Art. R. 914-87 Les maîtres contractuels ou agréés bénéficient de l'allocation temporaire d'invalidité dans les mêmes conditions que les maîtres titulaires de l'enseignement public. – *[Décr. nº 78-252 du 8 mars 1978, art. 2, al. 2.]*

Art. R. 914-88 Les dispositions de l'article R. 914-87 s'appliquent aux faits générateurs survenus à compter du 1er septembre 2005. *[Décr. nº 2005-1404 du 15 nov. 2005, art. 5.]*

SOUS-SECTION 2 DISPOSITIONS PARTICULIÈRES

Art. R. 914-89 Les maîtres contractuels ou agréés, assimilés pour leur rémunération aux instituteurs ou aux professeurs des écoles titulaires, en fonctions dans des collèges privés sous contrat, bénéficient du régime de rémunération fixé aux articles 2 et 4 du décret nº 83-50 du 26 janvier 1983 fixant le régime de rémunération applicable aux instituteurs nommés dans certains emplois ou exerçant certaines fonctions. – *[Décr. n° 64-217 du 10 mars 1964, art. 16-1, 1re phr.]*

SECTION VI CHARGES SOCIALES

SOUS-SECTION 1 DISPOSITIONS GÉNÉRALES

Art. R. 914-90 L'État supporte les charges sociales et fiscales obligatoires incombant à l'employeur et afférentes aux rémunérations perçues par les maîtres contractuels ou agréés ainsi que par les maîtres délégués. Toutefois, il ne supporte pas les charges sociales lorsqu'il assure directement des prestations identiques à celles qu'il verse aux enseignants des catégories correspondantes de l'enseignement public. – *[Décr. n° 60-745 du 28 juill. 1960, art. 6 et Décr. n° 60-746 du 28 juill. 1960, art. 5.]*

Art. D. 914-91 Les charges sociales visées à l'article R. 914-90 et afférentes aux rémunérations perçues par les maîtres liés à l'État par contrat ou par agrément, ainsi que par les maîtres délégués, donnant leur enseignement dans les classes sous contrat, comprennent :

1° Pour les maîtres liés à l'État par contrat ou par agrément, la cotisation d'allocations familiales et la cotisation d'assurance vieillesse à la charge de l'employeur au titre du régime général, ainsi que la cotisation à la charge de l'État prévue à l'article L. 712-9 du code de la sécurité sociale ;

2° Pour les maîtres délégués, les cotisations patronales d'assurances sociales, d'accidents du travail et d'allocations familiales du régime général de sécurité sociale ;

3° Pour les maîtres liés à l'État par contrat ou par agrément et pour les maîtres délégués, les cotisations à la charge de l'employeur à une institution de retraite complémentaire fonctionnant dans les conditions prévues au livre IX du code de la sécurité sociale.

Les établissements sont autorisés à verser aux institutions de retraite une cotisation supplémentaire en vue de conserver aux intéressés des droits antérieurement acquis. Dans ce cas, une contribution particulière peut être demandée aux familles sous le contrôle de l'État, dans les conditions prévues à la section Ire du chapitre II du titre IV du livre IV du présent code. – *[Décr. n° 61-544 du 31 mai 1961, art. 1er et Décr. n° 61-545 du 31 mai 1961, art. 1er.]*

SOUS-SECTION 2 DISPOSITIONS RELATIVES AU RÉGIME DES RETRAITES COMPLÉMENTAIRES DES PERSONNELS ENSEIGNANTS

Art. R. 914-92 Les taux des cotisations acquittées au profit des institutions de retraite complémentaire fonctionnant dans les conditions fixées au livre IX du code de la sécurité sociale, au titre des rémunérations perçues par les maîtres en fonctions dans les classes des établissements d'enseignement privés sous contrat avec l'État, sont déterminés dans les conditions fixées dans la présente sous-section. – *[Décr. n° 80-6 du 2 janv. 1980, art. 1er.]*

Art. R. 914-93 Les taux des cotisations acquittées au profit des institutions affiliées au régime régi par l'accord national interprofessionnel de retraite du 8 décembre 1961 sont ceux qui résultent de cet accord et de ses avenants à compter de la date d'effet de leur extension et de leur élargissement en application des articles L. 911-3 et L. 911-4 du code de la sécurité sociale. – *[Décr. n° 80-6 du 2 janv. 1980, art. 2.]*

Art. R. 914-94 Les taux des cotisations acquittées au profit des institutions affiliées au régime régi par la convention collective nationale de retraite et de prévoyance des cadres du 14 mars 1947 sont ceux qui résultent de cette convention et de ses avenants à compter de la date d'effet de leur extension et de leur élargissement en application des articles L. 911-3 et L. 911-4 du code de la sécurité sociale. – *[Décr. n° 80-6 du 2 janv. 1980, art. 3.]*

Art. R. 914-95 Pour les maîtres contractuels, agréés ou délégués, les taux de cotisation mis à la charge de l'État par les articles R. 914-93 et R. 914-94 constituent, en matière de retraites complémentaires, les cotisations incombant à l'employeur en vertu de l'article R. 914-90.

Les établissements d'enseignement privés sous contrat demeurent tenus par les contrats souscrits auprès des institutions gestionnaires des régimes de retraite complémentaires, en application de la présente sous-section. – *[Décr. nº 80-6 du 2 janv. 1980, art. 3 bis.]*

SOUS-SECTION 3 DISPOSITIONS RELATIVES AU RÉGIME ADDITIONNEL DE RETRAITE DES PERSONNELS ENSEIGNANTS

Art. R. 914-96 **Les maîtres contractuels ou agréés bénéficient du régime de retraite institué par l'article 3 de la loi nº 2005-5 du 5 janvier 2005 relative à la situation des maîtres des établissements sous contrat** *[V. cet art. ci-dessous]* **dénommé régime additionnel de retraite des personnels enseignants et de documentation des établissements d'enseignement privés sous contrat avec l'État.** – *[Décr. nº 2005-1233 du 30 sept. 2005, art. 1er.]*

Loi nº 2005-5 du 5 janvier 2005,

Relative à la situation des maîtres des établissements d'enseignement privés sous contrat.

....

Art. 3 I. — Il est institué un régime public de retraite additionnel obligatoire ouvert :

1° Aux personnels enseignants et de documentation mentionnés aux articles L. 914-1 du code de l'éducation et L. 813-8 du code rural et de la pêche maritime *[V. cet art. reproduit par C. éduc., art. L. 961-2]* ;

2° A leurs conjoints survivants ainsi qu'à leurs orphelins.

Ce régime, par répartition provisionnée, est destiné à permettre l'acquisition de droits additionnels à la retraite.

II. — Les cotisations, dont les taux sont fixés par arrêté conjoint des ministres chargés de l'éducation, de l'agriculture et du budget, sont réparties entre l'État et les bénéficiaires. La cotisation à la charge de l'État est au moins égale à la cotisation à la charge des bénéficiaires. Les cotisations sont assises sur la totalité de la rémunération versée par l'État.

L'ouverture des droits des bénéficiaires est subordonnée à la condition :

— qu'ils justifient de *(L. nº 2010-1330 du 9 nov. 2010, art. 38-XI-1º)* « dix-sept » années de services en qualité de personnels enseignants et de documentation habilités par agrément ou par contrat à exercer leurs fonctions dans les établissements d'enseignement privés liés par contrat à l'État ;

— soit qu'ils aient atteint l'âge de *(L. nº 2010-1330 du 9 nov. 2010, art. 38-XI-2º)* « soixante-deux » ans et aient été admis à la retraite, soit qu'ils bénéficient d'un avantage temporaire de retraite servi par l'État.

La retraite additionnelle mise en paiement est servie en rente. Toutefois, lorsque la rente annuelle est inférieure à un montant fixé par arrêté conjoint des ministres chargés de l'éducation, de l'agriculture et du budget, la retraite additionnelle est servie en capital.

Les personnels enseignants et de documentation visés aux articles L. 914-1 du code de l'éducation et L. 813-8 du code rural n'ayant pas accompli quinze années de services à la date à laquelle ils sont admis à la retraite perçoivent du régime une somme égale aux cotisations acquittées au titre de ce régime.

III. — Les représentants des bénéficiaires participent à la gestion du régime.

IV. — Les dispositions du présent article sont applicables aux enseignants admis à la retraite ou au bénéfice d'un avantage temporaire de retraite servi par l'État postérieurement au 31 août 2005.

V. — Les modalités d'application du présent article sont précisées par décret en Conseil d'État *[V. ci-dessous Décr. nº 2005-1233 du 30 sept. 2005]*.

Décret nº 2005-1233 du 30 septembre 2005,

Relatif au régime additionnel de retraite des personnels enseignants et de documentation mentionnés aux articles L. 914-1 du code de l'éducation et L. 813-8 du code rural.

TITRE Ier. DROITS ET OBLIGATIONS DES BÉNÉFICIAIRES DU RÉGIME ET DE L'ÉTAT

....

CHAPITRE II. *OUVERTURE ET LIQUIDATION DES DROITS*

....

Art. 7 *(Décr. n° 2013-145 du 18 févr. 2013, art. 2)* La fraction des sommes perçues au titre des pensions de vieillesse du régime général de la sécurité sociale, du régime des assurances sociales agricoles ainsi que des régimes de retraite complémentaire obligatoires ou des avantages temporaires de retraite servis par l'État à raison des services définis à l'article R. 914-138 du code de l'éducation tels que pris en compte pour le calcul des avantages temporaires de retraite est égale :

1° A 5 % pour les maîtres admis à la retraite ou au bénéfice des avantages temporaires de retraite servis par l'État après le 31 août 2005 et avant le 1er janvier 2006 ;

2° A 7 % pour les maîtres admis à la retraite ou au bénéfice des avantages temporaires de retraite servis par l'État après le 31 décembre 2005 et avant le 1er septembre 2010 ;

3° A 8 % pour les maîtres admis à la retraite ou au bénéfice des avantages temporaires de retraite servis par l'État après le 31 août 2010 et avant la date d'entrée en vigueur du décret n° 2013-145 du 18 février 2013 ;

4° Pour les maîtres admis à la retraite ou au bénéfice des avantages temporaires de retraite servis par l'État après la date d'entrée en vigueur du décret n° 2013-145 du 18 février 2013, au résultat de l'addition des deux fractions suivantes :

a) 8 % pondéré d'un coefficient correspondant au rapport entre la durée des services effectués après le 31 août 2005 et la durée totale des services ;

b) 2 % pondéré d'un coefficient correspondant au rapport entre la durée des services effectués avant le 1er septembre 2005 et la durée totale des services.

Les durées des services mentionnées aux précédents alinéas sont déterminées dans les mêmes conditions que l'ancienneté de services définie à l'article R. 914-138 du code de l'éducation.

Les mots : "admis à la retraite" s'entendent comme la date à laquelle prend effet l'une des pensions de vieillesse mentionnées à l'article R. 914-139 du code de l'éducation.

Par dérogation aux dispositions du 4° ci-dessus, la fraction des sommes perçues au titre des pensions de vieillesse mentionnées au premier alinéa du présent article est égale à 8 % pour les maîtres mentionnés à l'article R. 914-97 du code de l'éducation qui remplissent avant la date d'entrée en vigueur du décret n° 2013-145 du 18 février 2013 les conditions d'ouverture des droits au régime additionnel de retraite prévues au II de l'article 3 de la loi du 5 janvier 2005 susvisée *[n° 2005-5, V. cet art. ci-dessus]*.

....

TITRE II. ADMINISTRATION DU RÉGIME

CHAPITRE Ier. *ORGANISME GESTIONNAIRE DU RÉGIME*

Art. 10 *(Décr. n° 2013-900 du 9 oct. 2013, art. 1er)* « La gestion administrative et financière du régime additionnel de retraite est assurée par un organisme désigné à cet effet par arrêté conjoint pris par les ministres chargés de l'éducation nationale, de l'agriculture, de la sécurité sociale et du budget.

« Les frais de gestion du régime sont prélevés sur ses ressources. »

Une convention d'objectifs et de gestion, conclue pour une durée de cinq ans, entre l'État et l'organisme gestionnaire détermine les objectifs pluriannuels et les actions mises en œuvre à ces fins par les signataires.

La convention fixe notamment :

— les objectifs liés à la performance et au coût de la gestion ainsi qu'à l'amélioration de la qualité du service rendu aux bénéficiaires ;

— la méthode d'évaluation contradictoire des résultats obtenus au regard des objectifs fixés ;

— les indicateurs quantitatifs et qualitatifs permettant de mesurer la réalisation des objectifs.

Cette convention fait partie de la délégation de gestion.

Les ministres chargés de l'éducation nationale, de l'agriculture, de la sécurité sociale et du budget ainsi que le membre du contrôle général économique et financier peuvent obtenir de l'organisme gestionnaire tous documents ou informations se rapportant à la gestion du régime.

Art. 11 L'organisme gestionnaire est soumis au contrôle économique et financier de l'État prévu par le décret n° 2012-1246 du 7 novembre 2012 dans des conditions fixées par arrêté conjoint des ministres chargés de l'éducation nationale, de l'agriculture, de la sécurité sociale et du budget. Le *(Décr. n° 2012-1247 du 7 nov. 2012, art. 49)* « contrôleur budgétaire » est assisté d'un commissaire contrôleur des assurances chargé de suivre la situation financière du régime et d'émettre un avis sur le rapport prévu à l'article 19.

CHAPITRE II. *LE COMITÉ DE PARTICIPATION À LA GESTION*

Art. 12 Il est institué un comité de participation à la gestion du régime composé de dix membres :

— *(Décr. n° 2013-145 du 18 févr. 2013, art. 3)* « *a)* » six membres représentant les bénéficiaires en activité du régime désignés par les organisations syndicales représentatives. Ils disposent chacun de deux voix ;

— *(Décr. n° 2013-145 du 18 févr. 2013, art. 3)* « *b)* » quatre membres représentant respectivement les ministres chargés de l'éducation, de l'agriculture, de la sécurité sociale et du budget. Ils disposent chacun de trois voix.

(Décr. n° 2013-145 du 18 févr. 2013, art. 3) « Les membres mentionnés au *a* du présent article sont nommés par arrêté du ministre dont le représentant a été nommé président du comité de participation dans les conditions fixées à l'article 14 du présent décret.

« Les membres mentionnés au *b* du présent article sont désignés par leur ministre de rattachement. »

Pour chaque titulaire il est nommé *(Décr. n° 2013-145 du 18 févr. 2013, art. 3)* « ou désigné », dans les mêmes conditions, un suppléant.

En cas de vacance survenant pour quelque cause que ce soit avant l'expiration du mandat d'un membre titulaire ou suppléant *(Décr. n° 2013-145 du 18 févr. 2013, art. 3)* « représentant les bénéficiaires en activité du régime », il est procédé à son remplacement pour la durée restant à courir de son mandat.

Art. 13 *(Décr. n° 2013-145 du 18 févr. 2013, art. 4°)* Les membres représentant les bénéficiaires en activité du régime sont nommés pour une durée de trois ans. Leur mandat est renouvelable une fois.

Art. 14 Le président du comité de participation à la gestion est désigné parmi les représentants de l'État *(Décr. n° 2013-145 du 18 févr. 2013, art. 5°)* « pour une durée de trois ans lors du renouvellement du comité » par arrêté conjoint des ministres chargés de l'éducation nationale, de l'agriculture, de la sécurité sociale et du budget. Les représentants des bénéficiaires du régime élisent le vice-président qui préside en cas d'absence ou d'empêchement du président.

Le président signe, au nom de l'État, la convention d'objectifs et de gestion conclue avec l'organisme gestionnaire du régime et en assure le suivi.

Il peut diligenter des missions d'expertise sur l'administration du régime par l'organisme gestionnaire.

Art. 15 Le comité de participation à la gestion se réunit au moins une fois par an sur convocation du président qui en fixe l'ordre du jour. Il est en outre convoqué lorsque la moitié au moins des membres en exprime la demande.

En cas de partage égal des voix, celle du président est prépondérante.

Sur la base des conclusions du rapport prévu à l'article 19 du présent décret, le comité de participation à la gestion donne son avis sur :

— l'évaluation annuelle des engagements du régime,

— les conditions de réalisation de son équilibre à long terme,

— les conditions de placement des actifs représentatifs de la réserve de financement prévue à l'article 17.

Il donne également son avis sur la convention d'objectifs et de gestion prévue à l'article 10. Il est informé de la signature de cette convention par son président. Celui-ci lui rend compte, au moins une fois par an, des conditions d'exécution de cette convention.

Le directeur de l'organisme gestionnaire et le membre du contrôle général économique et financier assistent aux séances du comité *[de]* participation à la gestion sans voix délibérative.

Le président peut inviter à assister au comité, sans voix délibérative, toute personne compétente sur un ou plusieurs points inscrits à l'ordre du jour.

Art. 16 Le procès-verbal établi après chaque séance est approuvé par le comité de participation à la gestion et communiqué aux ministres chargés de l'éducation nationale, de l'agriculture, de la sécurité sociale et du budget et au *(Décr. n° 2012-1247 du 7 nov. 2012, art. 49)* « contrôleur budgétaire ».

TITRE III. GESTION TECHNIQUE DU RÉGIME

CHAPITRE Ier. *RÉSERVE DE FINANCEMENT*

Art. 17 Une réserve de financement affectée exclusivement au financement du régime est constituée par les excédents de ressources dégagés par celui-ci ainsi que par les ressources diverses qui lui sont versées.

Cette réserve doit être suffisamment élevée pour concourir de manière pérenne, par les revenus financiers qu'elle dégage et avec d'autres ressources du régime, au maintien de l'équilibre financier de celui-ci.

Art. 18 La réserve de financement est placée sur un ou plusieurs comptes à terme ouvert auprès de l'État et géré par l'*(Décr. n° 2013-145 du 18 févr. 2013, art. 6)* « Agence France-Trésor ».

CHAPITRE II. *PILOTAGE FINANCIER DU RÉGIME*

Art. 19 I. — Un actuaire indépendant de l'organisme gestionnaire du régime, désigné par le président du comité de participation à la gestion, établit chaque année, avant la convocation du comité, un rapport relatif à l'équilibre financier du régime.

II. — Ce rapport présente une analyse des conditions dans lesquelles l'organisme est en mesure de faire face à ses engagements à court, moyen et long terme. Cette analyse repose notamment sur les éléments suivants :

— la situation du régime à la clôture du dernier exercice ;

— l'impact des décisions prises dans le passé sur les paramètres techniques du régime, notamment la fixation des taux de cotisation, l'encaissement de ressources nouvelles, la revalorisation et les conditions de réversibilité des pensions ;

— la rentabilité des actifs du régime ;

— les prévisions en matière d'environnement économique général et ses implications sur la population couverte ;

— une étude de sensibilité et d'équilibre à long terme du régime selon trois scénarios : pessimiste, optimiste et central.

Ce rapport est transmis aux ministres chargés de l'éducation nationale, de l'agriculture, de la sécurité sociale et du budget, après approbation par le comité de participation à la gestion.

III. — Ce rapport évalue également le ratio d'équilibre financier à long terme du régime *(Décr. n° 2013-145 du 18 févr. 2013, art. 7)* « , son ratio de couverture et le ratio d'équilibre de charges ».

1° Le ratio d'équilibre financier à long terme est défini, pour la population constituée des cotisants et bénéficiaires connus à la date de l'évaluation, comme le rapport entre :

a) La somme de la réserve de financement mentionnée à l'article 17, de la valeur actualisée des ressources diverses affectées au régime et de la valeur actuelle probable des cotisations qui lui seront versées ;

b) La valeur actuelle probable des prestations qui seront versées aux bénéficiaires du régime.

2° Le ratio de couverture est défini comme le rapport entre :

a) La réserve de financement mentionnée à l'article 17, et

b) La valeur actuelle probable des prestations qui seront versées aux bénéficiaires du régime au titre des périodes validées à la date de l'évaluation.

(Décr. n° 2013-145 du 18 févr. 2013, art. 7) « 3° Le ratio d'équilibre de charges est défini comme le rapport entre :

« *a)* La somme de la réserve de financement mentionnée à l'article 17, de la valeur actualisée des ressources diverses affectées au régime et de la valeur actuelle probable des cotisations qui lui seront versées ;

« *b)* La valeur actuelle probable des prestations qui seront versées aux bénéficiaires du régime.

« Ce ratio est calculé sur la base d'un renouvellement des effectifs et les cotisations et prestations sont estimées sur une période de vingt-cinq ans. Il est obligatoirement présenté à compter du rapport sur la situation du régime à la clôture de l'exercice 2012. »

Ces ratios sont évalués sur la base des taux de cotisation de l'année en cours.

Un arrêté conjoint des ministres chargés de l'éducation nationale, de l'agriculture, de la sécurité sociale et du budget précise les modalités techniques selon lesquelles ces ratios sont établis.

....

Art. R. 914-97 L'assiette de la cotisation est constituée des éléments de rémunération perçus de l'État par les personnels enseignants et de documentation mentionnés aux articles L. 914-1 du code de l'éducation et L. 813-8 du code rural et de la pêche maritime *[V. cet art. à l'art. L. 961-2]*. Les rémunérations versées par l'établissement dans lequel ces personnels exercent leurs fonctions n'entrent pas dans l'assiette de la cotisation. – *[Décr. nº 2005-1233 du 30 sept. 2005, art. 2.]*

Art. R. 914-98 Les cotisations prévues au II de l'article 3 de la loi nº 2005-5 du 5 janvier 2005 relative à la situation des maîtres des établissements d'enseignement privés sous contrat *[V. cet art. ss. art. R. 914-96]* sont dues dès le premier euro. Elles sont prélevées mensuellement. – *[Décr. nº 2005-1233 du 30 sept. 2005, art. 3.]*

Art. R. 914-99 L'État reverse mensuellement à l'organisme gestionnaire du régime les cotisations prélevées.

L'État adresse annuellement à l'organisme gestionnaire du régime une déclaration récapitulative de l'ensemble des cotisations versées au titre du régime additionnel de retraite pour l'ensemble des bénéficiaires qu'il rémunère. – *[Décr. nº 2005-1233 du 30 sept. 2005, art. 4.]*

SECTION VII DISCIPLINE

SOUS-SECTION 1 SANCTIONS DISCIPLINAIRES

Art. R. 914-100 Les sanctions disciplinaires applicables aux maîtres contractuels ou agréés sont réparties en quatre groupes.

1º Premier groupe :
a) L'avertissement ;
b) Le blâme.
2º Deuxième groupe :
a) La radiation du tableau d'avancement ;
b) L'abaissement d'échelon ;
c) L'exclusion temporaire de fonctions pour une durée maximale de quinze jours.
3º Troisième groupe :
a) L'abaissement de classe ou de grade dans l'échelle de rémunération ;
b) L'exclusion temporaire de fonctions pour une durée de trois mois à deux ans.
4º Quatrième groupe :
a) La résiliation du contrat ;
b) Le retrait de l'agrément.

Parmi les sanctions du premier groupe, seul le blâme est inscrit au dossier du maître. Il est effacé automatiquement du dossier au bout de trois ans, si aucune sanction n'est intervenue pendant cette période.

L'exclusion temporaire de fonctions, qui est privative de toute rémunération, peut être assortie d'un sursis total ou partiel. Celui-ci ne peut avoir pour effet, dans le cas de l'exclusion temporaire de fonctions du troisième groupe, de ramener la durée de cette exclusion à moins d'un mois. L'intervention d'une sanction disciplinaire du deuxième ou du troisième groupe pendant une période de cinq ans après le prononcé de l'exclusion temporaire entraîne la révocation du sursis. En revanche, si aucune sanction disciplinaire, autre que l'avertissement ou le blâme, n'a été prononcée durant cette période à l'encontre de l'intéressé, ce dernier est dispensé définitivement de l'accomplissement de la partie de la sanction pour laquelle il a bénéficié du sursis.

La décision prononçant la résiliation du contrat ou le retrait de l'agrément produit ses effets dans l'ensemble des établissements d'enseignement privés sous contrat. – *[Décr. nº 64-217 du 10 mars 1964, art. 11.]*

Art. R. 914-101 Les sanctions disciplinaires applicables aux maîtres contractuels ou agréés durant la période probatoire sont :

1° L'avertissement ;

2° Le blâme ;

3° L'exclusion temporaire, avec retenue de rémunération à l'exclusion du supplément familial de traitement, pour une durée maximale de deux mois ;

4° La résiliation du contrat ou le retrait de l'agrément.

Les dispositions du dernier alinéa de l'article R. 914-100 sont applicables. – *[Décr. n° 64-217 du 10 mars 1964, art. 11-1.]*

Art. R. 914-102 L'autorité académique peut, d'office ou sur saisine du chef d'établissement, en cas de comportement incompatible avec l'exercice des fonctions, prononcer, après avis motivé de la commission consultative mixte *(Décr. n° 2013-1231 du 23 déc. 2013, art. 9)* « compétente », l'une des sanctions disciplinaires prévues selon le cas à l'article R. 914-100 ou à l'article R. 914-101. La décision doit être motivée.

Toutefois, pour les sanctions du premier groupe de l'article R. 914-100 et des 1° et 2° de l'article R. 914-101, la consultation de la commission n'est pas obligatoire.

La procédure devant la commission consultative mixte se déroule selon les règles fixées par le décret n° 84-961 du 25 octobre 1984 relatif à la procédure disciplinaire concernant les fonctionnaires de l'État *[V. **C. fonct. publ.**]*, à l'exception de ses articles 10 à 17.

SOUS-SECTION 2 INSUFFISANCE PROFESSIONNELLE

Art. R. 914-103 L'autorité académique peut, d'office ou sur saisine du chef d'établissement, en cas d'insuffisance professionnelle dûment constatée, prononcer, après avis motivé de la commission consultative mixte *(Décr. n° 2013-1231 du 23 déc. 2013, art. 9)* « compétente », la résiliation du contrat ou le retrait de l'agrément. Les dispositions du troisième alinéa de l'article R. 914-102 sont applicables.

SOUS-SECTION 3 SUSPENSION À TITRE CONSERVATOIRE

Art. R. 914-104 En cas de faute grave commise par un maître contractuel ou agréé, soit pour un manquement à ses obligations professionnelles, soit pour une infraction de droit commun, son auteur peut être immédiatement suspendu, sur proposition du chef d'établissement, par l'autorité académique.

Cette décision de suspension précise si l'intéressé conserve, pendant le temps où il est suspendu, le bénéfice de sa rémunération ou détermine la quotité de la retenue qu'il subit, qui ne peut être supérieure à la moitié de la rémunération. En tout état de cause, il continue à percevoir la totalité des suppléments pour charges de famille.

L'autorité académique statue sur la situation du maître contractuel ou agréé suspendu dans un délai de quatre mois à compter du jour où la décision de suspension a pris effet. Lorsque aucune décision n'est intervenue à l'expiration de ce délai, l'intéressé reçoit à nouveau l'intégralité de sa rémunération, sauf s'il est l'objet de poursuites pénales.

Lorsque la résiliation du contrat ou le retrait de l'agrément n'ont pas été prononcés ou si, à l'expiration du délai prévu à l'alinéa précédent, l'autorité académique n'a pu statuer sur son cas, l'intéressé a droit au remboursement des retenues opérées sur sa rémunération.

Toutefois, lorsque le maître contractuel ou agréé est l'objet de poursuites pénales, sa situation n'est réglée qu'après que la décision rendue par la juridiction saisie est devenue définitive. – *[Décr. n° 78-252 du 8 mars 1978, art. 5.]*

SECTION VIII DROITS SOCIAUX ET CONGÉS

SOUS-SECTION 1 DISPOSITION GÉNÉRALES

Art. R. 914-105 Les maîtres contractuels ou agréés bénéficient du régime des congés de toute nature, des disponibilités et des autorisations d'absence dans les mêmes conditions que les maîtres titulaires de l'enseignement public. – *[Décr. n° 78-252 du 8 mars 1978, art. 3.]*

Art. R. 914-106 à R. 914-108 *Abrogés par Décr. nº 2011-1316 du 17 oct. 2011, art. 11.*

SOUS-SECTION 2 CESSATION PROGRESSIVE D'ACTIVITÉ

Art. R. 914-109 à R. 914-112 *Abrogés par Décr. nº 2011-1316 du 17 oct. 2011, art. 12.*

SECTION IX RÉSILIATION DU CONTRAT OU RETRAIT DE L'AGRÉMENT

SOUS-SECTION 1 DISPOSITIONS GÉNÉRALES

Art. R. 914-113 L'autorité académique compétente pour conclure le contrat des maîtres ou pour accorder l'agrément des maîtres des établissements d'enseignement privés sous contrat est également compétente pour prononcer la résiliation du contrat ou le retrait de l'agrément.

Le retrait de l'agrément est prononcé en cas de rupture du contrat liant les maîtres à l'établissement.

La résiliation du contrat ou le retrait de l'agrément peut être prononcé, dans le cas où l'une des conditions prévues à l'article R. 914-14 n'est plus remplie, sans consultation de la commission consultative mixte *(Décr. nº 2013-1231 du 23 déc. 2013, art. 9)* « compétente ».

La résiliation du contrat ou le retrait de l'agrément est prononcé, dans le cas où la condition prévue au 4° de l'article R. 914-14 n'est plus remplie, après examen médical par un médecin agréé dans les conditions prévues par le décret nº 86-442 du 14 mars 1986 relatif à la désignation des médecins agréés, à l'organisation des comités médicaux et des commissions de réforme, aux conditions d'aptitude physique pour l'admission aux emplois publics et au régime de congé de maladie des fonctionnaires *[V.* ***C. fonct. publ.****]*. Lorsque l'avis du médecin agréé est contesté soit par l'intéressé, soit par l'administration, le dossier est soumis pour avis au comité médical compétent dans les conditions prévues par le décret susmentionné.

SOUS-SECTION 2 INCAPACITÉ PERMANENTE

Art. R. 914-114 Le maître contractuel ou agréé qui se trouve dans l'incapacité permanente de continuer ses fonctions en raison d'infirmités résultant de blessures ou de maladie contractées ou aggravées soit en service, soit en accomplissant un acte de dévouement dans un intérêt public, soit en exposant ses jours pour sauver la vie d'une ou plusieurs personnes et qui n'a pu être reclassé en application des dispositions de l'article R. 914-81 peut voir son contrat résilié ou son agrément retiré soit sur sa demande, soit d'office à l'expiration d'un délai de douze mois à compter de sa mise en congé si cette dernière a été prononcée en application des 2° et 3° de l'article 34 de la loi nº 84-16 du 11 janvier 1984 portant dispositions statutaires relatives à la fonction publique de l'État *[V.* ***C. fonct. publ.****]* ou à la fin du congé qui lui a été accordé en application du 4° du même article. – *[Décr. nº 78-252 du 8 mars 1978, art. 4.]*

Art. R. 914-115 Le maître contractuel ou agréé qui se trouve dans l'incapacité permanente de continuer ses fonctions en raison d'une invalidité ne résultant pas du service et qui n'a pu être reclassé en application de l'article R. 914-81 peut voir son contrat résilié ou son agrément retiré soit sur sa demande, soit d'office ; dans ce dernier cas, la résiliation du contrat ou le retrait de l'agrément est prononcé sans délai si l'inaptitude résulte d'une maladie ou d'une infirmité que son caractère définitif et stabilisé ne rend pas susceptible de traitement, ou à l'expiration d'un délai de douze mois à compter de sa mise en congé si celle-ci a été prononcée en application des 2° et 3° de l'article 34 de la loi nº 84-16 du 11 janvier 1984 portant dispositions statutaires relatives à la fonction publique de l'État *[V.* ***C. fonct. publ.****]*, ou à la fin du congé qui lui a été accordé en application du 4° du même article. L'intéressé a droit aux avantages temporaires de retraite servis par l'État, sous réserve que ses blessures ou maladies aient été contractées ou aggravées au cours d'une période durant laquelle il acquérait des droits à retraite au titre des services d'enseignement effectués dans les classes sous contrat des établissements d'enseignement privés. Ces avantages de retraite sont servis jusqu'à l'âge auquel le maître a droit à une pension de vieillesse à la charge du régime général de la sécurité sociale liquidée à taux plein. – *[Décr. nº 78-252 du 8 mars 1978, art. 4-2.]*

Art. R. 914-116 La réalité des infirmités invoquées, la preuve de leur imputabilité au service, le taux d'invalidité qu'elles entraînent, l'incapacité permanente à l'exercice des fonctions sont appréciés par la commission de réforme prévue à l'article 12 du décret nº 86-442 du 14 mars 1986 relatif à la désignation de médecins agréés, à l'organisation des comités médicaux et des commissions de réforme, aux conditions d'aptitude physique pour l'admission aux emplois publics et au régime de congés de maladie des fonctionnaires *[V.* ***C. fonct. publ.****]*.

Le taux d'invalidité est déterminé compte tenu du barème indicatif prévu au quatrième alinéa de l'article L. 28 du code des pensions civiles et militaires de retraite *[V.* ***C. fonct. publ.****]*.

Le pouvoir de décision appartient, dans tous les cas, aux ministres chargés de l'éducation et du budget.

Les dispositions du troisième alinéa de l'article L. 31 du code des pensions civiles et militaires de retraite sont applicables aux procédures d'examen des droits définis à la présente section. – *[Décr. nº 78-252 du 8 mars 1978, art. 4-6.]*

Art. R. 914-117 Le maître dont le contrat a été résilié ou l'agrément retiré en application des articles R. 914-114 ou R. 914-115 et qui est reconnu, après avis de la commission de réforme, apte à reprendre l'exercice de ses fonctions, peut bénéficier, dans la limite des crédits ouverts, d'un contrat ou d'un agrément. Les avantages de retraite et, le cas échéant, la rente viagère d'invalidité prévue à l'article R. 914-133 sont supprimés à compter de la date d'effet du contrat ou de l'agrément. – *[Décr. nº 78-252 du 8 mars 1978, art. 4-5.]*

Art. R. 914-118 Les articles R. 38 à R. 45, R. 48 et R. 49 du code des pensions civiles et militaires de retraite *[V.* ***C. fonct. publ.****]* sont applicables aux maîtres admis au bénéfice du régime d'invalidité définitive en application des articles R. 914-114 ou R. 914-115 du présent code. Pour l'application de ces articles, les références faites aux articles L. 27, L. 28, L. 30 *(Décr. nº 2018-492 du 15 juin 2018, art. 1er)* « , L. 30 *bis* » et L. 31 de ce code sont remplacées par les références aux articles R. 914-114, R. 914-116, R. 914-133, R. 914-134 et R. 914-136 du présent code, et les références faites à la radiation des cadres sont remplacées par la référence à la résiliation du contrat ou au retrait de l'agrément.

Art. R. 914-119 Les dispositions de la présente sous-section s'appliquent aux faits générateurs survenus à compter du 1er septembre 2005. – *[Décr. nº 2005-1404 du 15 nov. 2005, art. 5.]*

SECTION X ADMISSION À LA RETRAITE

SOUS-SECTION 1 AVANTAGES TEMPORAIRES DE RETRAITE

Art. R. 914-120 Les maîtres mentionnés à l'article L. 914-1 du code de l'éducation peuvent, dans les conditions fixées ci-après, cesser leur activité et bénéficier d'avantages temporaires de retraite dès leur cessation d'activité.

Ces maîtres doivent, au moment où ils demandent la liquidation d'avantages temporaires de retraite, être titulaires d'un contrat ou d'un agrément accordé en application du présent chapitre. – *[Décr. nº 2006-933 du 28 juill. 2006, art. 1er.]*

§ 1er CONDITIONS REQUISES ET ÂGE D'OUVERTURE DU DROIT AUX AVANTAGES TEMPORAIRES DE RETRAITE

Art. R. 914-121 Le droit aux avantages temporaires de retraite est acquis :

(Décr. nº 2011-1316 du 17 oct. 2011, art. 1er) « 1º Aux maîtres mentionnés à l'article R. 914-120, justifiant de services énumérés à l'article R. 914-122 et dans les conditions de durée prévues à l'article R. 914-123 ; »

2º Sans condition de durée de services aux maîtres qui se trouvent dans l'incapacité permanente d'exercer leurs fonctions, sous réserve que celle-ci ait été constatée par la commission de réforme compétente à l'égard des fonctionnaires de l'État et dans les conditions applicables à ceux-ci.

Art. R. 914-122 Peuvent seuls être pris en compte, pour l'application du 1° de l'article R. 914-121 :

1° Les services accomplis au titre des fonctions de maîtres qu'ils ont exercées dans les établissements d'enseignement privés liés par contrat à l'État ou reconnus par celui-ci.

Ces services sont décomptés au prorata de leur durée effective lorsqu'ils ne correspondent pas à des services accomplis à temps complet. Toutefois, les services d'enseignement accomplis dans les conditions suivantes sont pris en compte sur la base d'un temps complet pour l'ouverture du droit à pension :

a) Services accomplis à temps partiel ;

b) Services accomplis à temps incomplet lorsque, concomitamment, a été exercée, dans un établissement d'enseignement privé sous contrat avec l'État ou reconnu par celui-ci, une activité de direction ou, dans un centre de formation des personnels mentionnés à l'article L. 914-1 du code de l'éducation ou L. 813-8 du code rural et de la pêche maritime *[V. cet art. à l'art. L. 961-2]*, une activité de direction ou de formateur, sous réserve que ces activités aient donné lieu à validation au regard du régime général de la sécurité sociale ou de la mutualité sociale agricole ;

2° Les périodes accomplies au titre du service national actif ;

3° Pour les maîtres ayant exercé dans les classes primaires la scolarité ayant donné lieu à rémunération par l'État accomplie en vue d'accéder à l'échelle de rémunération des professeurs des écoles, dans les centres de formation pédagogique privés qui ont conclu une convention avec l'État. – *[Décr. n° 2006-933 du 28 juill. 2006, art. 3.]*

Art. R. 914-123 *(Décr. n° 2011-1316 du 17 oct. 2011, art. 2)* Les maîtres mentionnés à l'article R. 914-120 bénéficient des avantages temporaires de retraite :

1° A l'âge mentionné à l'article L. 161-17-2 du code de la sécurité sociale et justifiant de quinze années de services, ou, pour les maîtres qui justifient des durées de services prévues à l'article 35 de la loi n° 2010-1330 du 9 novembre 2010 portant réforme des retraites accomplis à temps complet, à temps incomplet ou à temps partiel durant lesquelles ils ont bénéficié de l'échelle indiciaire des instituteurs titulaires de l'enseignement public, à l'âge anticipé mentionné au 1° du I de l'article L. 24 du code des pensions civiles et militaires de retraite. Les services accomplis à temps incomplet sont décomptés au prorata de leur durée effective ;

2° Sans condition d'âge pour les maîtres mentionnés au 2° de l'article R. 914-121 ;

3° Sans condition d'âge pour les maîtres contractuels ou agréés remplissant les conditions prévues aux 3° et 4° du I de l'article L. 24 du code des pensions civiles et militaires et à l'article R. 37 du même code ;

4° Sans condition d'âge pour les maîtres contractuels ou agréés à titre définitif des établissements d'enseignement privés sous contrat remplissant les conditions fixées par le III de l'article 44 de la loi n° 2010-1330 du 9 novembre 2010 portant réforme des retraites et par l'article R. 37 du code des pensions civiles et militaires de retraite.

Pour l'application des V et VI de l'article 5 et des II et III de l'article 66 de la loi n° 2003-775 du 21 août 2003 portant réforme des retraites aux maîtres mentionnés au présent paragraphe qui sollicitent le bénéfice des avantages temporaires de retraite, l'année prise en compte pour le calcul de la pension est celle au cours de laquelle ils atteignent l'âge prévu au dernier alinéa du I de l'article 5 de la loi n° 2003-775 du 21 août 2003 ou, le cas échéant, l'âge anticipé mentionné au 1° du I de l'article L. 24 du code des pensions civiles et militaires de retraite. Si cet âge est atteint après 2019, le coefficient de minoration applicable est celui prévu au I de l'article L. 24 du code des pensions civiles et militaires de retraite. Lorsque la durée de services et de bonifications correspondant à cette année n'est pas fixée, la durée exigée est celle correspondant à la dernière génération pour laquelle elle a été fixée ;

5° L'âge d'ouverture du droit aux avantages temporaires de retraite est abaissé pour les maîtres handicapés dans les conditions applicables aux fonctionnaires de l'État définies au 5° du I de l'article L. 24 du code des pensions civiles et militaires de retraite.

§ 2 LIQUIDATION DES AVANTAGES TEMPORAIRES DE RETRAITE

Art. R. 914-124 *(Décr. n° 2011-1316 du 17 oct. 2011, art. 3)* « Les maîtres mentionnés à l'article R. 914-120 satisfaisant aux conditions fixées à l'article R. 914-121 et aux 1°, 3°, 4° ou 5° de l'article R. 914-123 qui, à la date du premier jour du mois suivant leur cessation d'activité, ne remplissent pas les conditions pour obtenir du régime général de la sécurité sociale une pension de vieillesse calculée au taux plein conformément aux dispositions des 1° et 1° *ter* de l'article L. 351-8 *(Décr. n° 2012-1023 du 4 sept. 2012, art. 4)* « du code de la sécurité sociale » perçoivent, à compter de cette date :

« 1° Un avantage temporaire de retraite liquidé selon les règles suivies par le régime général de la sécurité sociale pour les assurés lorsqu'ils ont atteint les âges mentionnés aux 1° et 1° *ter* de l'article L. 351-8 du code de la sécurité sociale ;

« 2° Un avantage temporaire de retraite complémentaire liquidé selon les règles suivies par l'institution de retraite complémentaire pour les assurés lorsqu'ils ont atteint les âges mentionnés aux 1° et 1° *ter* *(Décr. n° 2012-1023 du 4 sept. 2012, art. 4)* « de l'article L. 351-8 » du code de la sécurité sociale. »

Toutefois, ces avantages temporaires de retraite sont liquidés en ne prenant en considération que la durée d'assurance dont les intéressés justifient au regard du régime général de la sécurité sociale et les droits qu'ils ont acquis auprès de la ou des institutions de retraite complémentaire au titre :

a) Des services mentionnés à l'article R. 914-122 ;

b) Des majorations de durée d'assurance prévues aux articles L. 351-4, L. 351-4-1 et L. 351-5 du code de la sécurité sociale ;

c) Des majorations pour enfants prévues par les régimes de retraite complémentaire mentionnés au livre IX du code de la sécurité sociale.

Art. R. 914-125 Lorsque l'intéressé ne justifie pas dans le régime général ou dans ce régime et un ou plusieurs autres régimes de base obligatoires de périodes d'assurance et de périodes reconnues équivalentes, au sens de l'article L. 351-1 du code de la sécurité sociale, d'une durée au moins égale à la durée requise, par application de l'article L. 13 du code des pensions civiles et militaires de retraite et du II de l'article 66 de la loi n° 2003-775 du 21 août 2003 portant réforme des retraites, pour qu'un enseignant titulaire du public né la même année et bénéficiant des mêmes conditions d'ouverture des droits à pension obtienne le pourcentage maximum de la pension civile, un coefficient de minoration s'applique au montant des avantages temporaires de retraite liquidés en application de l'article R. 914-124.

Le coefficient de minoration est calculé conformément aux dispositions du I de l'article L. 14 du code des pensions civiles et militaires de retraite et du III de l'article 66 de la loi du 21 août 2003 mentionnée ci-dessus.

La durée d'assurance ayant donné lieu à cotisations à la charge de l'assuré accomplie :

1° Après l'âge prévu au premier alinéa de l'article L. 351-1 du code de la sécurité sociale ;

2° A compter du 1er janvier 2004 ;

3° Et au-delà de la durée requise, par application de l'article L. 13 du code des pensions civiles et militaires de retraite et du II de l'article 66 de la loi du 21 août 2003 mentionnée ci-dessus, pour qu'un enseignant titulaire du public né la même année et bénéficiant des mêmes conditions d'ouverture des droits à pension obtienne le pourcentage maximum de la pension civile, donne lieu à une majoration des avantages temporaires de retraite liquidés en application de l'article R. 914-124.

Sauf dispositions contraires contenues au sixième alinéa (3°) du présent article, cette majoration est calculée conformément aux dispositions de l'article D. 351-1-4 du code de la sécurité sociale. – *[Décr. n° 2006-933 du 28 juill. 2006, art. 6.]*

Art. R. 914-126 La liquidation et le paiement des avantages temporaires de retraite servis en application de l'article R. 914-124 sont assurés par un organisme habilité à cet effet par arrêté des ministres chargés de l'éducation, du budget et de la sécurité sociale.

La charge financière en résultant est intégralement supportée par l'État. – *[Décr. n° 2006-933 du 28 juill. 2006, art. 7.]*

§ 3 CESSATION DU VERSEMENT DES AVANTAGES TEMPORAIRES DE RETRAITE

Art. R. 914-127 Les avantages temporaires de retraite cessent d'être versés aux maîtres :

1° Lorsqu'ils peuvent bénéficier d'une pension de vieillesse du régime général de sécurité sociale liquidée à taux plein dans le cas où aucun coefficient de minoration n'était applicable aux avantages temporaires de retraite liquidés en application des articles R. 914-124 et R. 914-125 ;

2° Lorsqu'ils atteignent l'âge auquel le coefficient de minoration applicable à leur pension de vieillesse du régime général de sécurité sociale conformément aux dispositions du 2° du I et du II de l'article R. 351-27 du code de la sécurité sociale est le plus proche de celui qui était appliqué aux avantages temporaires de retraite liquidés en application des articles R. 914-124 et R. 914-125. Lorsque les écarts entre le taux appliqué aux avantages temporaires de retraite et les taux de minoration immédiatement supérieur et inférieur sont identiques, c'est le taux de minoration immédiatement inférieur qui est pris en compte. — *[Décr. n° 2006-933 du 28 juill. 2006, art. 8.]*

§ 4 LIMITES D'ÂGE ET CUMUL

Art. R. 914-128 *(Décr. n° 2011-1316 du 17 oct. 2011, art. 4)* I. — La limite d'âge des maîtres qui peuvent liquider les avantages temporaires de retraite à l'âge mentionné à l'article L. 161-17-2 du code de la sécurité sociale est fixée à l'âge mentionné au premier alinéa de l'article 1er de la loi n° 84-834 du 13 septembre 1984 relative à la limite d'âge dans la fonction publique et le secteur public *[V. C. **fonct. publ.**]*. Ces maîtres peuvent être maintenus en fonctions jusqu'au terme de l'année scolaire au cours de laquelle ils atteignent cette limite d'âge.

II. — La limite d'âge des maîtres qui peuvent liquider les avantages temporaires de retraite à l'âge anticipé mentionné au 1° du I de l'article L. 24 du code des pensions civiles et militaires de retraite est fixée à la limite d'âge mentionnée au premier alinéa de l'article 1er de la loi n° 84-834 du 13 septembre 1984 relative à la limite d'âge dans la fonction publique et le secteur public, minorée de cinq années. Ces personnels peuvent être maintenus en fonctions jusqu'au terme de l'année scolaire au cours de laquelle ils atteignent cette limite d'âge. Ils peuvent ensuite être autorisés chaque année à prolonger leur activité pour la durée d'une année scolaire, au plus tard jusqu'au terme de l'année scolaire au cours de laquelle ils atteignent l'âge mentionné au premier alinéa de l'article 1er de la loi n° 84-834 du 13 septembre 1984 relative à la limite d'âge dans la fonction publique et le secteur public. Cette autorisation est accordée par le recteur *(Décr. n° 2019-1554 du 30 déc. 2019, art. 1er)* « d'académie ».

III. — La limite d'âge des maîtres handicapés qui peuvent liquider les avantages temporaires de retraite dans les conditions prévues au 5° du I de l'article L. 24 du code des pensions civiles et militaires de retraite est fixée conformément au 1° *ter* de l'article L. 351-8 du code de la sécurité sociale.

Art. R. 914-129 Sous réserve des droits au recul de la limite d'âge reconnus au titre des dispositions de la loi du 18 août 1936 concernant les mises à la retraite par ancienneté, les maîtres mentionnés à l'article R. 914-120, qui ne justifient pas, lorsqu'ils atteignent *(Décr. n° 2011-1316 du 17 oct. 2011, art. 5)* « les âges prévus au premier alinéa de l'article 1er de la loi n° 84-834 du 13 septembre 1984 relative à la limite d'âge dans la fonction publique et le secteur public *[V. C. **fonct. publ.**]* et au 1° *ter* de l'article L. 351-8 du code de la sécurité sociale », de la durée d'assurance maximale fixée à l'article L. 351-1 du code de la sécurité sociale, peuvent, sous réserve de l'intérêt du service et de leur aptitude physique, être maintenus en activité.

La prolongation d'activité prévue à l'alinéa précédent ne peut avoir pour effet de maintenir les intéressés en activité au-delà de la durée d'assurance maximale fixée à l'article L. 351-1 du code de la sécurité sociale, ni au-delà d'une durée de dix trimestres.

L'autorisation de prolongation d'activité est accordée par le recteur *(Décr. n° 2019-1554 du 30 déc. 2019, art. 1er)* « d'académie ».

Art. R. 914-130 Les avantages temporaires de retraite ne sont pas cumulables avec le revenu de remplacement mentionné à l'article *(Décr. n° 2015-652 du 10 juin 2015, art. 11)* « L. 5421-1 » du code du travail ou une pension civile ou militaire de retraite.

Art. R. 914-131 Les dispositions du deuxième alinéa de l'article L. 84 et des articles L. 85 et L. 86-1 du code des pensions civiles *[V. **C. fonct. publ.**]* et militaires de retraites sont applicables aux titulaires des avantages temporaires de retraite. Toutefois, sont seuls pris en compte pour leur application les revenus d'activité servis directement ou indirectement par l'État, les collectivités territoriales ou leurs établissements publics.

Par dérogation aux dispositions du premier alinéa du présent article, peuvent cumuler intégralement les avantages temporaires de retraite avec des revenus d'activité les personnes mentionnées au 2° de l'article R. 914-121. – *[Décr. n° 2006-933 du 28 juill. 2006, art. 12.]*

§ 5 COUVERTURE SOCIALE

Art. R. 914-132 Les titulaires des avantages temporaires de retraite ainsi que leurs ayants droit bénéficient, en application du premier alinéa de l'article L. 914-1 du code de l'éducation, des prestations en nature des assurances maladie et maternité du régime général de sécurité sociale. – *[Décr. n° 2006-933 du 28 juill. 2006, art. 13.]*

§ 6 AVANTAGES TEMPORAIRES DE RETRAITE SERVIS EN CAS D'INVALIDITÉ

Art. R. 914-133 Le maître dont le contrat a été résilié ou l'agrément retiré dans les conditions prévues à l'article R. 914-114 peut bénéficier *(Décr. n° 2011-1316 du 17 oct. 2011, art. 6)* « à compter du jour suivant la résiliation du contrat ou le retrait d'agrément » des avantages temporaires de retraite servis par l'État rémunérant les services d'enseignement effectués dans les classes sous contrat des établissements d'enseignement privés. Ces avantages de retraite sont servis jusqu'à l'âge auquel le maître a droit à une pension de vieillesse à la charge du régime général de la sécurité sociale liquidée à taux plein. Le maître a également droit à une rente viagère d'invalidité cumulable avec les avantages de retraite rémunérant les services ou avec la pension de vieillesse.

Le droit à cette rente est également ouvert au maître admis au bénéfice des avantages temporaires de retraite qui est atteint d'une maladie professionnelle consécutive à des faits postérieurs au 1er septembre 2005 dont l'imputabilité au service est reconnue par la commission de réforme postérieurement à la date de la résiliation du contrat ou du retrait de l'agrément, dans les conditions définies à l'article R. 914-116. Dans ce cas, la jouissance de la rente prend effet à la date du dépôt de la demande de l'intéressé.

Le droit à cette rente est également ouvert au maître admis au bénéfice des avantages temporaires de retraite ou d'une pension de vieillesse qui, préalablement à sa cessation d'activité, s'est vu attribuer une allocation temporaire d'invalidité au titre d'une invalidité résultant d'un accident de service ayant entraîné une incapacité permanente d'au moins 10 % ou d'une maladie professionnelle, lorsque la résiliation du contrat ou le retrait de l'agrément résulte d'une aggravation de l'invalidité ayant ouvert droit à l'allocation temporaire d'invalidité.

Art. R. 914-133-1 *(Décr. n° 2018-492 du 15 juin 2018, art. 2)* Les conjoints d'un maître contractuel ou agréé décédé ont droit à la moitié de la rente viagère d'invalidité dont celui-ci bénéficiait ou aurait pu bénéficier au jour de son décès en application de l'article R. 914-133 du présent code.

Les conjoints d'un maître contractuel ou agréé décédé par suite d'un attentat, d'une lutte dans l'exercice de ses fonctions, d'un acte de dévouement dans un intérêt public ou pour sauver la vie d'une ou plusieurs personnes, bénéficient également de la moitié de la rente viagère d'invalidité dont aurait pu bénéficier le maître.

Art. R. 914-133-2 *(Décr. n° 2018-492 du 15 juin 2018, art. 2)* Chaque orphelin a droit, dans les conditions prévues à l'article L. 40 du code des pensions civiles et militaires de retraite jusqu'à l'âge de vingt et un ans, à 10 % de la rente viagère d'invalidité, dont le maître contractuel ou agréé décédé bénéficiait ou aurait pu bénéficier au jour de son décès. En cas de décès d'un des conjoints survivant, ses droits passent aux enfants âgés de moins de vingt et un ans en sus de la rente viagère d'invalidité de 10 % déjà perçue par chaque enfant âgé de moins de vingt et un ans.

Pour l'application des dispositions de l'alinéa précédent, sont assimilés aux enfants âgés de moins de vingt et un ans les enfants qui, au jour du décès de leur auteur, se trouvaient à la charge effective de ce dernier par suite d'une infirmité permanente les mettant dans l'impossibilité de gagner leur vie. Elles sont également applicables aux enfants atteints, après le décès de leur auteur mais avant leur vingt et unième année révolue, d'une infirmité permanente les mettant dans l'impossibilité de gagner leur vie.

La réversion de la rente viagère d'invalidité attribuée aux enfants ne peut pas, pour chacun d'eux, être inférieure au montant des avantages familiaux dont aurait bénéficié le maître contractuel ou agréé en exécution des articles L. 351-4 et L. 351-12 du code de la sécurité sociale s'il avait été retraité.

Art. R. 914-133-3 *(Décr. n° 2018-492 du 15 juin 2018, art. 2)* Les droits des conjoints survivants et des orphelins sont liquidés dans les conditions prévues aux articles L. 39 à L. 46 du code des pensions civiles et militaires de retraite.

Les articles L. 39, L. 43, L. 44 et L. 46 du code des pensions civiles et militaires de retraite sont applicables aux conjoints et orphelins d'un maître contractuel ou agréé décédé.

Pour l'application de ces dispositions, les références au 1° de l'article L. 4, au 2° de l'article L. 4, aux articles L. 38 et L. 50 du même code sont respectivement remplacées par les références aux articles L. 351-1 du code de la sécurité sociale, R. 914-115 et R. 914-133, au premier alinéa de l'article R. 914-133-1 et au deuxième alinéa de l'article R. 914-133-1 du présent code.

Art. R. 914-134 Le montant de la rente d'invalidité est fixé à une fraction du traitement afférent au dernier indice détenu dans l'échelle de rémunération avant la mise en congé ou la cessation d'activité. Cette fraction est égale au pourcentage d'invalidité. Si le montant de ce traitement dépasse un montant correspondant à la valeur de l'indice majoré 681 au 1er janvier 2004, revalorisé dans les conditions prévues à l'article L. 16 du code des pensions civiles et militaires de retraite, la fraction dépassant cette limite n'est comptée que pour le tiers. Toutefois, il n'est pas tenu compte de la fraction excédant dix fois ce montant brut.

La rente d'invalidité ajoutée aux avantages temporaires de retraite ne peut faire bénéficier le titulaire d'un revenu total supérieur à celui qu'il aurait perçu sur la base du traitement afférent à l'indice détenu dans l'échelle de rémunération avant la mise en congé ou la cessation d'activité. Elle est liquidée et payée dans les mêmes conditions et suivant les mêmes modalités que les avantages de retraite.

Le total des avantages temporaires de retraite et de la rente d'invalidité est élevé au montant des avantages de retraite calculés sur la base de la durée d'assurance exigée pour bénéficier d'une pension de retraite de l'assurance vieillesse du régime général à taux plein lorsque le maître est admis au bénéfice des avantages de retraite à la suite d'un attentat ou d'une lutte dans l'exercice de ses fonctions ou d'un acte de dévouement dans un intérêt public ou pour avoir exposé ses jours pour sauver la vie d'une ou plusieurs personnes. Toutefois, le taux d'invalidité donnant lieu au versement d'une rente doit être au moins égal à 60 %. – *[Décr. n° 78-252 du 8 mars 1978, art. 4-1, al. 4 à 6.]*

Art. R. 914-135 Les avantages temporaires de retraite versés au titre des droits ouverts en application des articles R. 914-115 et R. 914-133 sont calculés selon les règles du régime de base de la sécurité sociale et des régimes de retraite complémentaire obligatoires en prenant en compte par anticipation les trimestres à échoir jusqu'à l'âge auquel le maître a droit à une pension de vieillesse à la charge du régime général de la sécurité sociale liquidée à taux plein. – *[Décr. n° 78-252 du 8 mars 1978, art. 4-3.]*

Art. R. 914-136 Lorsque le maître est atteint d'une invalidité d'un taux au moins égal à 60 %, le montant des avantages temporaires de retraite versés au titre des droits ouverts en application des articles R. 914-115 et R. 914-133 ne peut être inférieur à 50 % du traitement afférent à l'indice détenu dans l'échelle de rémunération depuis six mois au moins avant la mise en congé ou la cessation d'activité.

En outre, si le maître est dans l'obligation d'avoir recours d'une manière constante à l'assistance d'une tierce personne pour accomplir les actes ordinaires de la vie, il a droit à une majoration spéciale dont le montant est égal au traitement brut mentionné *(Décr. n° 2018-492 du 15 juin 2018, art. 3)* « à l'article L. 30 *bis* » du code des pensions civiles et militaires de retraite. Le droit à cette majoration est également ouvert au maître relevant du deuxième alinéa de l'article R. 914-133.

En aucun cas le montant total des prestations accordées au maître invalide ne peut excéder le montant du traitement afférent à l'indice détenu dans l'échelle de rémunération depuis six mois au moins avant la mise en congé ou la cessation d'activité. Exception est faite pour la majoration spéciale au titre de l'assistance d'une tierce personne qui est perçue en toutes circonstances indépendamment de ce plafond.

La condition des six mois ne sera pas opposée en cas de décès ou lorsque le maître n'est plus en service par suite, dans l'un et l'autre cas, d'un accident survenu en service ou à l'occasion du service.

Art. R. 914-137 Les dispositions de la présente sous-section s'appliquent aux faits générateurs survenus à compter du 1er septembre 2005. – *[Décr. n° 2005-1404 du 15 nov. 2005, art. 5.]*

SOUS-SECTION 2 RÉGIME ADDITIONNEL DE RETRAITE

Art. R. 914-138 Les maîtres mentionnés à l'article R. 914-97 qui ne bénéficiaient pas, au 31 août 2005, d'un avantage temporaire de retraite servi par l'État et qui justifient de *(Décr. n° 2011-620 du 31 mai 2011, art. 5)* « l'ancienneté » de services au titre des fonctions de maîtres qu'ils ont exercées dans les établissements d'enseignement privés soit liés par contrat à l'État *(Décr. n° 2011-620 du 31 mai 2011, art. 5)* « prévue à l'article 3 de la loi n° 2005-5 du 5 janvier 2005 *[relative à la situation des maîtres des établissements d'enseignement privés sous contrat, V. cet art. ss. art. R. 914-96]* », soit ayant été reconnus par celui-ci, en application de la loi n° 60-791 du 2 août 1960 relative à l'enseignement et à la formation professionnelle agricoles, bénéficient de la pension du régime additionnel de retraite à la condition :

1° Qu'ils aient atteint l'âge *(Décr. n° 2011-620 du 31 mai 2011, art. 5)* « prévu à l'article 3 de la loi n° 2005-5 du 5 janvier 2005 » et aient été admis à la retraite ;

2° Ou qu'ils bénéficient d'un avantage temporaire de retraite servi par l'État.

Art. R. 914-139 La liquidation des droits au titre du régime additionnel est subordonnée à la demande expresse du bénéficiaire.

Elle prend effet à la date à laquelle il est admis au bénéfice :

1° D'une pension de vieillesse du régime général de la sécurité sociale ;

2° Ou d'une pension de vieillesse des assurances sociales agricoles ;

3° Ou d'un avantage temporaire de retraite servi par l'État.

La pension ne peut être révisée pour tenir compte des versements afférents à une période postérieure à la date d'ouverture des droits.

Un arrêté des ministres chargés de l'éducation, de l'agriculture, de la sécurité sociale et du budget précise les modalités de présentation de cette demande.

Les maîtres qui ne bénéficiaient pas au 31 août 2005 d'un avantage temporaire de retraite servi par l'État et qui ne justifient pas de *(Décr. n° 2011-620 du 31 mai 2011, art. 5)* « l'ancienneté » de service en qualité de maître au sens de l'article R. 914-138 perçoivent, à la date à laquelle ils sont admis au bénéfice d'une pension de vieillesse du régime général de la sécurité sociale ou de celui des assurances sociales agricoles, un capital égal au montant des cotisations salariales qu'ils ont acquittées au titre de leur contribution au régime additionnel de retraite, revalorisées conformément à l'évolution de l'indice INSEE des prix à la consommation hors tabac. – *[Décr. n° 2005-1233 du 30 sept. 2005, art. 6.]*

Art. R. 914-140 Aux fins de liquidation de la pension, le montant de celle-ci est égal à une fraction des sommes perçues au titre des pensions de vieillesse du régime général de la sécurité sociale, du régime des assurances sociales agricoles ainsi que des régimes de retraite complémentaire obligatoires ou des avantages temporaires de retraite servis par l'État à raison des services définis à l'article R. 914-138 tels que pris en compte pour le calcul des avantages temporaires de retraite.

Les modalités de calcul de la pension définie au premier alinéa et le montant au-delà duquel cette pension est servie en rente dans les conditions prévues au cinquième alinéa du II de l'article 3 de la loi n° 2005-5 du 5 janvier 2005 relative à la situation des maîtres des établissements d'enseignement privés sous contrat *[V. cet art. ss. art. R. 914-96]* sont déterminés par arrêté des ministres chargés de l'éducation, de l'agriculture, de la sécurité sociale et du budget. Lorsqu'elle est servie en rente, la pension du régime additionnel de retraite est versée mensuellement à terme échu.

Les contributions et cotisations sociales applicables aux pensions de vieillesse du régime général de sécurité sociale, du régime des assurances sociales agricoles ainsi qu'aux pensions des régimes de retraite complémentaire obligatoires ou aux avantages temporaires de retraite servis par l'État sont applicables dans les mêmes conditions à la pension du régime additionnel de retraite. La pension du régime additionnel de retraite est cessible et saisissable dans les conditions prévues à l'article L. 355-2 du code de la sécurité sociale. — *[Décr. n° 2005-1233 du 30 sept. 2005, art. 7, al. 1er, 7 et 8.]*

Art. R. 914-141 *(Décr. n° 2013-145 du 18 févr. 2013, art. 1er)* Les pensions servies sont revalorisées annuellement et dans les mêmes conditions que celles mentionnées à l'article L. 161-23-1 du code de la sécurité sociale.

Par dérogation aux dispositions du précédent alinéa, les pensions ne font l'objet d'aucune revalorisation lorsque le ratio d'équilibre de charges prévu à l'article 19 du décret n° 2005-1233 du 30 septembre 2005 *[relatif au régime additionnel de retraite des personnels enseignants et de documentation mentionnés aux art. L. 914-1 du C. éduc. et L. 813-8 du C. rur., V. cet art. ss. art. R. 914-96]* est inférieur à 1 dans le dernier rapport présenté au comité de participation à la gestion du régime.

Art. R. 914-142 Les conjoints survivants ont droit à une pension de réversion égale à 50 % de la pension du régime additionnel de retraite perçue par le bénéficiaire ou qu'il aurait pu obtenir *(Décr. n° 2011-620 du 31 mai 2011, art. 5)* « à l'âge prévu à l'article 3 de la loi n° 2005-5 du 5 janvier 2005 *[relative à la situation des maîtres des établissements d'enseignement privés sous contrat, V. cette L. ss. art. R. 914-96]* » au titre des droits validés à la date de son décès. En cas d'unions successives, la pension de réversion est calculée au prorata de la durée des différentes unions. La pension de réversion peut être liquidée à partir de cinquante-cinq ans.

Chaque orphelin a droit, jusqu'à l'âge de vingt et un ans, à une pension égale à 10 % de la pension perçue par le bénéficiaire ou qu'il aurait pu obtenir *(Décr. n° 2011-620 du 31 mai 2011, art. 5)* « à l'âge prévu à l'article 3 de la loi n° 2005-5 du 5 janvier 2005 » au titre des droits acquis à la date de son décès, sans que le total des pensions attribuées au conjoint et aux orphelins puisse excéder le montant de la pension qui aurait été accordée au bénéficiaire. En cas d'excédent, il est procédé à une réduction à due concurrence des pensions servies aux orphelins.

Les pensions mentionnées aux alinéas précédents sont revalorisées dans les conditions prévues à l'article R. 914-141.

Les droits des conjoints survivants et des orphelins sont liquidés dans les conditions prévues aux articles L. 38 à L. 46 du code des pensions civiles et militaires de retraite *[V. **C. fonct. publ.**]*.

CHAPITRE V DISPOSITIONS PROPRES AUX PERSONNELS DES ÉTABLISSEMENTS PUBLICS NATIONAUX

Le présent chapitre ne comprend pas de dispositions prises par décret.

CHAPITRE VI DISPOSITIONS RELATIVES AUX ASSISTANTS D'ÉDUCATION ET AUX ACCOMPAGNANTS DES ÉLÈVES EN SITUATION DE HANDICAP

Art. D. 916-1 Les dispositions relatives aux assistants d'éducation sont fixées par le décret n° 2003-484 du 6 juin 2003 fixant les conditions de recrutement et d'emploi des assistants d'éducation.

Art. D. 916-2 Les dispositions relatives aux accompagnants des élèves en situation de handicap sont fixées par le décret n° 2014-724 du 27 juin 2014 relatif aux conditions de recrutement et d'emploi des accompagnants des élèves en situation de handicap.

TITRE DEUXIÈME LES PERSONNELS DU PREMIER DEGRÉ

CHAPITRE UNIQUE

SECTION PREMIÈRE LES MODALITÉS DE SERVICE

Art. D. 921-1 Les dispositions relatives aux obligations de service des personnels enseignants du premier degré sont fixées par le décret n° 2008-775 du 30 juillet 2008 relatif aux obligations de service des personnels enseignants du premier degré *[V. ce Décr., App., v° Statuts particuliers]*.

SECTION II LE MAÎTRE FORMATEUR

Art. D. 921-2 Les dispositions relatives aux maîtres formateurs sont fixées par le décret n° 85-88 du 22 janvier 1985 relatif aux conditions de nomination aux fonctions d'instituteur ou de professeur des écoles maître formateur.

SECTION III LE DIRECTEUR D'ÉCOLE

Art. D. 921-3 Les dispositions relatives aux directeurs d'écoles maternelles et élémentaires sont fixées par le décret n° 89-122 du 24 février 1989 modifié relatif aux directeurs d'école *[V. ce Décr. ss. art. L. 411-1]*.

SECTION IV LA MÉDAILLE D'ARGENT DES INSTITUTEURS

Art. D. 921-4 Les instituteurs bénéficiaires de la médaille d'argent reçoivent un diplôme d'honneur faisant mention de la récompense obtenue.

Les médailles d'argent sont exclusivement frappées par l'administration des Monnaies et médailles. Les instituteurs souhaitant disposer de la médaille l'acquièrent à leur charge. – *[Décr. n° 59-475 du 21 mars 1959, art. 1er, al. 2 et 3.]*

Art. D. 921-5 Les conditions d'attribution de la médaille d'argent sont fixées par arrêté du ministre chargé de l'éducation. – *[Décr. n° 59-475 du 21 mars 1959, art. 2.]*

TITRE TROISIÈME LES PERSONNELS DU SECOND DEGRÉ

CHAPITRE PREMIER DISPOSITIONS COMMUNES

SECTION PREMIÈRE LES MODALITÉS DE REMPLACEMENT

Art. D. 931-1 Les modalités du remplacement des personnels enseignants du second degré, des personnels d'éducation et d'orientation, titulaires et stagiaires, sont fixées par le décret n° 99-823 du 17 septembre 1999 relatif à l'exercice des fonctions de remplacement dans les établissements d'enseignement du second degré *[V. ce Décr., App., v° Statuts particuliers]*.

SECTION II MODALITÉS PARTICULIÈRES D'AFFECTATION

Art. R. 931-2 Les fonctionnaires appartenant aux corps des chargés d'enseignement d'éducation physique et sportive, des professeurs d'enseignement général de collège, des conseillers d'orientation et directeurs de centre d'information et d'orientation, des conseillers principaux d'éducation, des professeurs agrégés de l'enseignement du second degré, des professeurs certifiés, des chargés d'enseignement, des adjoints d'enseignement, des professeurs adjoints d'éducation physique et sportive, des professeurs de lycée professionnel, des professeurs d'éducation physique et sportive, dont le poste a été supprimé ou transformé par décision rectorale prise en application des dispositions des articles D. 222-20, D. 222-27 et D. 222-28, reçoivent une affectation dans les conditions définies aux articles R. 931-3 à R. 931-5. – *[Décr. n° 87-748 du 28 août 1987, art. 1er.]*

Art. R. 931-3 Les affectations prévues à l'article R. 931-2 sont prononcées préalablement aux opérations annuelles de mutation.

Par dérogation, le cas échéant, aux règles d'affectation et de mutation prévues par les statuts particuliers des corps visés à l'article R. 931-2, délégation de pouvoirs est donnée au recteur *(Décr. nº 2019-1554 du 30 déc. 2019, art. 1er)* « d'académie » pour prononcer ces affectations dans la même académie, après avis de la commission administrative paritaire académique compétente.

Art. R. 931-4 Les personnels qui n'auraient pu être affectés dans les conditions prévues par l'article R. 931-3 sont affectés par l'autorité compétente, conformément à leur statut particulier, dans la même académie que celle où était implanté le poste supprimé ou transformé. Cette affectation est prononcée dans le cadre des opérations annuelles de mutation des personnels appartenant au même corps. – *[Décr. nº 87-748 du 28 août 1987, art. 3.]*

Art. R. 931-5 Les dispositions des articles R. 931-3 et R. 931-4 ne font pas obstacle à l'examen des demandes de mutation présentées par les intéressés au titre des opérations annuelles de mutation. – *[Décr. nº 87-748 du 28 août 1987, art. 4.]*

SECTION III LE FORMATEUR ACADÉMIQUE

(Décr. nº 2015-885 du 20 juill. 2015, art. 8)

Art. D. 931-6 Les dispositions relatives aux formateurs académiques sont fixées par le décret nº 2015-885 du 20 juillet 2015 relatif aux conditions de nomination des personnels enseignants du second degré et des conseillers principaux d'éducation aux fonctions de formateur académique *[V. ce Décr., App., vº Statuts particuliers]*.

CHAPITRE II LES PERSONNELS ENSEIGNANTS DES LYCÉES ET COLLÈGES

SECTION PREMIÈRE LES MODALITÉS DE SERVICE

Art. D. 932-1 Les dispositions relatives aux maximums de services hebdomadaires que sont tenus de fournir les membres du personnel enseignant sont déterminées par le décret nº 2014-940 du 20 août 2014 relatif aux obligations de service et aux missions des personnels enseignants exerçant dans les établissements publics d'enseignement du second degré, le décret nº 92-1189 du 6 novembre 1992 relatif au statut particulier des professeurs de lycée professionnel, le décret nº 86-492 du 14 mars 1986 relatif au statut particulier des professeurs d'enseignement général des collèges, le décret nº 50-581 du 25 mai 1950 portant fixation des maximums de service hebdomadaire du personnel enseignant des établissements d'enseignement du second degré et le décret nº 50-582 du 25 mai 1950 portant fixation des maximums de service hebdomadaire du personnel des établissements publics d'enseignement technique *[V. ces Décr., App., vº Statuts particuliers]*.

SECTION II LE REMPLACEMENT DE COURTE DURÉE

Art. D. 932-2 Sans préjudice des dispositions du décret nº 99-823 du 17 septembre 1999 relatif à l'exercice des fonctions de remplacement dans les établissements d'enseignement du second degré *[V. ce Décr., App., vº Statuts particuliers]*, les modalités du remplacement de courte durée des personnels enseignants sont fixées par le décret nº 2005-1035 du 26 août 2005 relatif au remplacement de courte durée des personnels enseignants dans les établissements d'enseignement du second degré *[V. ce Décr. ss. art. L. 912-1]*.

SECTION III LES PERSONNELS APPORTANT LEUR CONCOURS À L'ENSEIGNEMENT

SOUS-SECTION 1 LES PROFESSEURS ASSOCIÉS

Art. D. 932-3 Les dispositions relatives aux professeurs associés sont fixées par le décret nº 2007-322 du 8 mars 2007 relatif aux professeurs associés des établissements publics locaux d'enseignement relevant du ministre chargé de l'éducation *[V. ce Décr. ss. art. L. 932-2]*.

SOUS-SECTION 2 LES PROFESSEURS CONTRACTUELS

Art. D. 932-4 Les dispositions relatives aux professeurs contractuels sont fixées par le décret n° 81-535 du 12 mai 1981 relatif au recrutement des professeurs contractuels *[V. ce Décr. App., v° Statuts particuliers]*.

SECTION IV LES PERSONNELS DES LYCÉES DE LA DÉFENSE

Art. R. 932-5 L'enseignement dans les lycées de la défense est dispensé notamment par des professeurs de l'enseignement public.

Le détachement des personnels de direction d'établissement d'enseignement ou de formation et des professeurs de l'enseignement public est prononcé par le ministre chargé de l'éducation, sur demande du ministre de la défense. – *[Décr., n° 2006-246 du 1er mars 2006, art. 3.]*

CHAPITRE III LES PERSONNELS D'ÉDUCATION

Art. D. 933-1 Les temps d'astreinte des personnels d'éducation régis par le décret n° 70-738 du 12 août 1970 relatif au statut particulier des conseillers principaux d'éducation *[V. ce Décr., App., v° Statuts particuliers]* et qui sont logés par nécessité absolue de service ne donnent pas lieu à compensation. – *[Décr. n° 2002-1146 du 4 sept. 2002, art. 1er.]*

Art. D. 933-2 Le temps d'intervention pendant l'astreinte donne lieu à récupération ; celle-ci s'opère au plus tard dans le trimestre suivant l'accomplissement de cette intervention sous réserve des nécessités du service. Les conditions et le niveau de cette récupération sont fixés par arrêté des ministres chargés de l'éducation nationale, de la fonction publique et du budget. – *[Décr. n° 2002-1146 du 4 sept. 2002, art. 2.]*

CHAPITRE IV LES PERSONNELS D'ORIENTATION

Art. D. 934-1 Les dispositions relatives aux personnels d'orientation sont fixées par le décret n° 91-290 du 20 mars 1991 relatif au statut particulier des directeurs de centre d'information et d'orientation et conseillers d'orientation-psychologues *[V. ce Décr., App., v° Statuts particuliers]*.

CHAPITRE V LES PERSONNELS DE SURVEILLANCE

SECTION UNIQUE LES PERSONNELS DE SURVEILLANCE DANS LES LYCÉES DE LA DÉFENSE

Art. D. 935-1 Les dispositions relatives aux surveillants des lycées de la défense sont fixées par le décret n° 2000-611 du 28 juin 2000 fixant les conditions de recrutement et d'emploi des surveillants des lycées militaires.

CHAPITRE VI LES PERSONNELS DES CENTRES DE FORMATION D'APPRENTIS

Art. D. 936-1 *Abrogé par Décr. n° 2019-1143 du 7 nov. 2019, art. 5.*

CHAPITRE VII LES PERSONNELS DE LA FORMATION CONTINUE

Art. D. 937-1 Les dispositions relatives aux personnels enseignants participant aux activités de formation continue sont fixées par le décret n° 91-1126 du 25 octobre 1991 relatif aux modalités de service des personnels enseignants des premier et second degrés participant aux activités de formation continue organisées par le ministère chargé de l'éducation nationale.

Art. D. 937-2 Les dispositions relatives aux personnels contractuels sont fixées par le décret n° 93-412 du 19 mars 1993 relatif aux personnels contractuels du niveau de la catégorie A exerçant en formation continue des adultes.

Art. D. 937-3 Les dispositions relatives aux conseillers en formation continue sont fixées par le décret n° 90-426 du 22 mai 1990 fixant les dispositions applicables aux conseillers en formation continue appartenant aux corps relevant du ministre chargé de l'éducation.

TITRE QUATRIÈME LES PERSONNELS D'INSPECTION ET DE DIRECTION

Art. D. 941-1 Les dispositions relatives aux personnels d'inspection et de direction sont fixées respectivement par le décret n° 90-675 du 18 juillet 1990 portant statuts particuliers des inspecteurs d'académie-inspecteurs pédagogiques régionaux et des inspecteurs de l'éducation nationale et par le décret n° 2001-1174 du 11 décembre 2001 portant statut particulier du corps des personnels de direction d'établissement d'enseignement ou de formation relevant du ministre de l'éducation nationale.

TITRE CINQUIÈME LES PERSONNELS DE L'ENSEIGNEMENT SUPÉRIEUR

CHAPITRE PREMIER DISPOSITIONS COMMUNES

Art. R. 951-1 Ne peuvent faire l'objet de la délégation du ministre chargé de l'enseignement supérieur aux présidents des universités et aux présidents ou directeurs des autres établissements publics d'enseignement supérieur, prévue à l'article L. 951-3, les décisions relevant de sa compétence relatives à :

1° La cessation de fonctions des professeurs des universités et des enseignants-chercheurs assimilés aux professeurs des universités, au sens du 1° de l'article 6 du décret n° 92-70 du 16 janvier 1992 relatif au Conseil national des universités *[V. cet art. ss. art. L. 952-1]* ;

2° La cessation de fonctions des professeurs des universités-praticiens hospitaliers des disciplines médicales, odontologiques et pharmaceutiques et des professeurs des universités de médecine générale ;

3° La nomination en qualité de stagiaire et à la cessation de fonctions des maîtres de conférences et des enseignants-chercheurs assimilés aux maîtres de conférences, au sens du 1° de l'article 6 du décret du 16 janvier 1992 précité ;

4° La nomination en qualité de stagiaire et à la cessation de fonctions des maîtres de conférences des universités-praticiens hospitaliers des disciplines médicales, odontologiques et pharmaceutiques et des maîtres de conférences des universités de médecine générale. – *[Décr. n° 93-1335 du 20 déc. 1993, art. 1er.]*

Art. R. 951-1-1 *(Décr. n° 2019-892 du 27 août 2019, art. 1er)* Les présidents des universités et les présidents et directeurs des autres établissements publics d'enseignement supérieur ont compétence pour présenter les mémoires et observations en défense au nom de l'État devant les tribunaux administratifs et les cours administratives d'appel lorsque le litige est né d'une décision qu'ils ont prise en vertu de la délégation de pouvoirs prévue à l'article L. 951-3, sous réserve des affaires dans lesquelles des conclusions d'appel incident sont présentées au nom de l'État.

Art. R. 951-2 La liste des établissements dont les présidents ou directeurs reçoivent délégation des pouvoirs du ministre chargé de l'enseignement supérieur est fixée par l'arrêté mentionné à l'article L. 951-3. – *[Décr. n° 93-1335 du 20 déc. 1993, art. 3.]*

Art. D. 951-3 Pour tous les actes relevant de leur compétence, les présidents des universités et les présidents ou directeurs des autres établissements publics d'enseignement supérieur peuvent déléguer, par arrêté, leur signature au secrétaire général de l'établissement et, en cas d'absence ou d'empêchement du secrétaire général, à un fonctionnaire de catégorie A placé directement sous l'autorité de ce dernier. Ces délégations fixent les actes et les corps auxquels elles s'appliquent.

Pour les personnels mentionnés aux 2° et 4° de l'article R. 951-1, les présidents des universités peuvent déléguer, par arrêté, leur signature au directeur de l'unité de formation et de recherche de médecine, d'odontologie ou de pharmacie concernée ou, à défaut, au directeur du département qui assure ces formations. – *[Décr. nº 93-1335 du 20 déc. 1993, art. 2.]*

Art. R. 951-4 Pour tous les actes relevant de leur compétence, les présidents des universités et les présidents ou directeurs des autres établissements publics d'enseignement supérieur peuvent déléguer, par arrêté, leur signature au secrétaire général de l'établissement et, en cas d'absence ou d'empêchement du secrétaire général, à un fonctionnaire de catégorie A placé directement sous l'autorité de ce dernier. Ces délégations fixent les actes et les catégories d'agents non titulaires auxquels elles s'appliquent. – *[Décr. nº 2001-125 du 6 févr. 2001, art. 2.]*

Art. D. 951-5 Les établissements publics à caractère scientifique, culturel et professionnel publient leur bilan social chaque année, au plus tard trois mois après sa présentation au comité technique et pendant une période de cinq ans sur leur site internet, au sein d'une rubrique dédiée. Ces bilans sociaux sont publiés accompagnés de l'extrait du procès-verbal du comité technique et, pour les universités, de celui du conseil d'administration relatif à leur examen.

Les établissements peuvent en outre recourir à d'autres modes de diffusion, notamment à l'intranet professionnel, après approbation de leur conseil d'administration – *[Décr. nº 2014-321 du 10 mars 2014, art. 1er.]*

Art. D. 951-6 Les dispositions relatives aux agents non titulaires recrutés dans les services d'activités industrielles et commerciales des établissements publics d'enseignement supérieur sont fixées par le décret nº 2002-1347 du 7 novembre 2002 portant dispositions générales applicables aux agents non titulaires recrutés dans les services d'activités industrielles et commerciales des établissements publics d'enseignement supérieur *[V. cet art. ss. art. R. 123-8]*.

CHAPITRE II LES ENSEIGNANTS-CHERCHEURS, LES ENSEIGNANTS ET LES CHERCHEURS

SECTION PREMIÈRE DISPOSITIONS GÉNÉRALES

Art. D. 952-1 Les dispositions relatives aux règles de classement sont fixées par le décret nº 2009-462 du 23 avril 2009 relatif aux règles de classement des personnes nommées dans les corps d'enseignants-chercheurs des établissements publics d'enseignement supérieur et de recherche relevant du ministre chargé de l'enseignement supérieur *[V. ce Décr., App., vº Statuts particuliers]*.

Art. D. 952-2 Les obligations de service des personnels enseignants du second degré affectés dans les établissements d'enseignement supérieur sont fixées par le décret nº 93-461 du 25 mars 1993 relatif aux obligations de service des personnels enseignants du second degré affectés dans les établissements d'enseignement supérieur.

SECTION II DISPOSITIONS PARTICULIÈRES

SOUS-SECTION 1 PARTICIPATION D'ENSEIGNANTS-CHERCHEURS À DES MISSIONS D'EXPERTISE ET DE CONSEIL

Art. D. 952-3 Lorsque les besoins du service le justifient, les administrations de l'État et de ses établissements publics à caractère administratif peuvent faire appel, pour l'accomplissement de missions d'expertise et de conseil, à des personnes appartenant à l'un des corps d'enseignants-chercheurs mentionnés dans le décret nº 84-431 du 6 juin 1984 fixant les dispositions statutaires communes aux enseignants-chercheurs et portant statut particulier du corps des professeurs des universités et du corps des maîtres de conférences *[V. ce Décr., App., vº Statuts particuliers]* et le décret nº 92-171 du 21 février 1992 portant statuts particuliers des corps d'enseignants-chercheurs des établissements d'enseignement supérieur publics relevant du ministre chargé de l'agriculture et justifiant d'une durée de trois ans de fonctions dans l'un ou plusieurs de ces corps. Ces personnes apportent leur concours en continuant d'assurer le plein exercice de leur emploi dans les conditions définies aux articles D. 952-4 et D. 952-5. – *[Décr. nº 99-343 du 4 mai 1999, art. 1er.]*

Art. D. 952-4 L'activité accessoire prévue à l'article D. 952-3 s'exerce dans les conditions prévues au chapitre Ier du décret n° 2007-658 du 2 mai 2007 relatif au cumul d'activités des fonctionnaires, des agents non titulaires de droit public et des ouvriers des établissements industriels de l'État et conformément aux dispositions statutaires qui sont applicables aux personnels à qui elle est confiée.

La décision est publiée au *Bulletin officiel* ou au recueil des actes administratifs de l'administration ou de l'établissement public pour lequel la mission est réalisée. – *[Décr. n° 99-343 du 4 mai 1999, art. 2.]*

SOUS-SECTION 2 PERSONNELS APPORTANT LEUR CONCOURS À L'ENSEIGNEMENT

Art. D. 952-5 Les dispositions relatives aux personnels apportant leur concours à l'enseignement sont fixées par les décrets suivants :

1° Décret n° 78-284 du 8 mars 1978 relatif au recrutement des personnels associés ou invités dans les établissements d'enseignement supérieur et de recherche relevant du ministère des universités ;

2° Décret n° 85-733 du 17 juillet 1985 relatif au recrutement des maîtres de conférences et professeurs des universités associés ou invités *[V. ce Décr., App., v° Statuts particuliers]* ;

3° Décret n° 92-131 du 5 février 1992 relatif au recrutement d'enseignants contractuels dans les établissements d'enseignement supérieur ;

4° Décret n° 87-889 du 29 octobre 1987 relatif aux conditions de recrutement et d'emploi de vacataires pour l'enseignement supérieur ;

5° Décret n° 88-654 du 7 mai 1988 relatif au recrutement d'attachés temporaires d'enseignement et de recherche dans les établissements publics d'enseignement supérieur ;

6° Décret n° 2009-464 du 23 avril 2009 relatif aux doctorants contractuels des établissements publics d'enseignement supérieur ou de recherche ;

7° Décret n° 87-754 du 14 septembre 1987 relatif au recrutement de lecteurs de langue étrangère et de maîtres de langue étrangère dans les établissements publics d'enseignement supérieur relevant du ministre chargé de l'enseignement supérieur.

SECTION III DISPOSITIONS PROPRES AUX PERSONNELS ENSEIGNANTS ET HOSPITALIERS

Art. D. 952-6 Les dispositions relatives aux personnels enseignants et hospitaliers apportant leur concours à l'enseignement sont fixées par les décrets suivants :

1° Décret n° 91-966 du 20 septembre 1991 relatif aux personnels associés des centres hospitaliers et universitaires dans les disciplines médicales et odontologique ;

2° Décret n° 93-128 du 27 janvier 1993 relatif aux personnels invités dans les disciplines médicales et odontologiques ;

3° Décret n° 86-655 du 14 mars 1986 relatif aux chargés d'enseignement et attachés d'enseignement dans les disciplines médicales et odontologiques ;

4° Décret n° 92-1229 du 19 novembre 1992 relatif au recrutement de moniteurs en pharmacie.

CHAPITRE III LES PERSONNELS INGÉNIEURS, ADMINISTRATIFS, TECHNIQUES, OUVRIERS ET DE SERVICE

Art. R. 953-1 Le ministre chargé de l'enseignement supérieur peut déléguer, par arrêté, aux présidents des universités et aux présidents ou directeurs des autres établissements publics d'enseignement supérieur tout ou partie de ses pouvoirs en matière de recrutement et de gestion des personnels stagiaires et titulaires des corps suivants :

1° Conservateurs généraux des bibliothèques et conservateurs des bibliothèques régis par le décret n° 92-26 du 9 janvier 1992 ;

2° Bibliothécaires régis par le décret n° 92-29 du 9 janvier 1992 ;

3° *(Décr. n° 2017-852 du 6 mai 2017, art. 165)* « Bibliothécaires assistants spécialisés régis par le décret n° 2011-1140 du 21 septembre 2011 » ;

4° *Abrogé par Décr. n° 2017-852 du 6 mai 2017, art. 165 ;*

5° Magasiniers des bibliothèques, régis par le décret n° 88-646 du 6 mai 1988 ;

6° Ingénieurs et personnels techniques et administratifs de recherche et de formation du ministère chargé de l'enseignement supérieur régis par le décret n° 85-1534 du 31 décembre 1985 fixant les dispositions statutaires applicables aux ingénieurs et aux personnels techniques et administratifs de recherche et de formation du ministère de l'éducation nationale.

Ne peuvent faire l'objet de cette délégation, en ce qui concerne les fonctionnaires, les décisions relatives à la mise à disposition, au détachement nécessitant un arrêté interministériel ou l'accord d'un ou de plusieurs ministres, à la mise en position hors cadres ainsi qu'à l'octroi, lorsque l'avis du comité médical supérieur est requis, des congés prévus au deuxième alinéa du 2°, au 3° et au 4° de l'article 34 de la loi du 11 janvier 1984 portant dispositions statutaires relatives à la fonction publique de l'État.

Le ministre chargé de l'enseignement supérieur peut également déléguer, par arrêté, aux présidents des universités et aux présidents ou directeurs des autres établissements publics d'enseignement supérieur tout ou partie de ses pouvoirs en matière de recrutement et de gestion des agents non titulaires recrutés par l'État et affectés dans ces établissements.

Toutefois, ne peuvent faire l'objet de cette délégation les décisions relatives à l'octroi, lorsque l'avis du comité médical supérieur est requis, du congé prévu à l'article 13 du décret n° 86-83 du 17 janvier 1986 relatif aux dispositions générales applicables aux agents non titulaires de l'État pris pour l'application de l'article 7 de la loi n° 84-16 du 11 janvier 1984 portant dispositions statutaires relatives à la fonction publique de l'État.

Art. R. 953-2 La liste des établissements dont les présidents ou directeurs reçoivent délégation des pouvoirs du ministre chargé de l'enseignement supérieur est fixée par l'arrêté mentionné à l'article L. 951-3. – *[Décr. n° 93-1334 du 20 déc. 1993, art. 3.]*

Art. R. 953-3 Pour tous les actes relevant de leur compétence, les présidents des universités et les présidents ou directeurs des autres établissements publics d'enseignement supérieur peuvent déléguer leur signature, par arrêté, au secrétaire général de l'établissement et, en cas d'absence ou d'empêchement du secrétaire général, à un fonctionnaire de catégorie A placé directement sous l'autorité de ce dernier.

Ces délégations précisent les actes ainsi que les corps de fonctionnaires et les agents non titulaires auxquels elles s'appliquent. – *[Décr. n° 93-1334 du 20 déc. 1993, art. 2.]*

Art. R. 953-4 Le ministre chargé de l'enseignement supérieur peut déléguer, par arrêté, aux recteurs d'académie tout ou partie de ses pouvoirs en matière de recrutement et de gestion des personnels titulaires et stagiaires des corps d'ingénieurs et de personnels techniques et administratifs de recherche et de formation du ministère chargé de l'enseignement supérieur régis par le décret n° 85-1534 du 31 décembre 1985 fixant les dispositions statutaires applicables aux ingénieurs et personnels techniques et administratifs de recherche et de formation du ministère de l'éducation nationale. – *[Décr. n° 93-1334 du 20 déc. 1993, art. 1er.]*

Art. R. 953-5 Ne peuvent faire l'objet de la délégation prévue à l'article R. 953-4 les décisions relatives à la mise à disposition, au détachement, nécessitant un arrêté interministériel ou l'accord d'un ou de plusieurs ministres, à la mise en position hors cadres ainsi que les décisions relatives à l'octroi des congés prévus à l'article 34 de la loi n° 84-16 du 11 janvier 1984 portant dispositions statutaires relatives à la fonction publique de l'État lorsque l'avis du comité médical supérieur est requis. – *[Décr. n° 2001-848 du 12 sept. 2001, art. 2.]*

Art. R. 953-6 Dans les cas mentionnés aux trois premiers alinéas de l'article 25 du décret n° 82-451 du 28 mai 1982 relatif aux commissions administratives paritaires, les délégations de pouvoirs prévues à l'article R. 953-4 sont subordonnées à la mise en place de la commission administrative paritaire compétente auprès de l'autorité délégataire. Pour l'application du dernier alinéa du même article, les commissions administratives paritaires locales en exercice peuvent être consultées ; en cas d'absence de ces commissions, la commission administrative paritaire nationale peut être consultée. – *[Décr. n° 2001-848 du 12 sept. 2001, art. 3.]*

Art. R. 953-7 Pour tous les actes relevant de leur compétence, les recteurs d'académie peuvent déléguer leur signature, par arrêté, au secrétaire général de l'académie et, en cas d'absence ou d'empêchement de celui-ci, à l'administrateur de l'éducation nationale, de l'enseignement supérieur et de la recherche chargé des fonctions d'adjoint au secrétaire général d'académie et aux chefs de division du rectorat dans la limite de leurs attributions. – *[Décr. n° 2001-848 du 12 sept. 2001, art. 4.]*

Art. R. 953-8 Les recteurs d'académie peuvent, par arrêté, pour l'exercice de leurs compétences relatives à l'organisation des concours et examens professionnels, déléguer leur signature à des fonctionnaires de l'État de catégorie A, affectés dans les établissements publics à caractère scientifique, culturel et professionnel situés dans le ressort de l'académie. Ces désignations sont subordonnées à l'avis favorable du président ou du directeur de l'établissement considéré. – *[Décr. n° 2001-848 du 12 sept. 2001, art. 5.]*

Art. R. 953-9 Les délégations de signature prévues aux articles R. 953-7 et R. 953-8 fixent les actes et les corps de fonctionnaires pour lesquels elles ont été accordées. Elles entrent en vigueur le lendemain du jour de leur publication au recueil des actes administratifs de la préfecture de région. Elles peuvent être abrogées à tout moment. Elles prennent fin en même temps que les fonctions de celui qui les a données ou en même temps que les fonctions de celui qui les a reçues. – *[Décr. n° 2001-848 du 12 sept. 2001, art. 5-1.]*

TITRE SIXIÈME LES PERSONNELS DES ÉTABLISSEMENTS D'ENSEIGNEMENT SPÉCIALISÉS

Le présent titre ne comprend pas de dispositions prises par décret.

TITRE SEPTIÈME DISPOSITIONS APPLICABLES DANS LES ÎLES WALLIS-ET-FUTUNA, À MAYOTTE, EN POLYNÉSIE FRANÇAISE ET EN NOUVELLE-CALÉDONIE

CHAPITRE PREMIER DISPOSITIONS APPLICABLES DANS LES ÎLES WALLIS-ET-FUTUNA

Art. R. 971-1 Les dispositions du présent livre relevant du décret en Conseil d'État, dans leur rédaction résultant du *(Décr. n° 2015-856 du 13 juill. 2015, art. 11)* « décret n° 2015-856 du 13 juillet 2015 pris pour l'application de l'ordonnance n° 2014-691 du 26 juin 2014 portant suppression des compétences contentieuses et disciplinaires du Conseil supérieur de l'éducation et des conseils académiques de l'éducation nationale et modifiant la durée du mandat et les modalités de désignation de certains membres du Conseil supérieur de l'éducation », à l'exception du chapitre IV du titre Ier et du titre II, sont applicables dans les îles Wallis-et-Futuna.

(Décr. n° 2019-892 du 27 août 2019, art. 1er) « L'article R. 951-1-1 est applicable dans sa rédaction résultant du décret n° 2019-892 du 27 août 2019. »

Pour leur application à Wallis-et-Futuna, les mots : "recteur d'académie" ou "directeur des services départementaux de l'éducation nationale" sont remplacés par le mot : "vice-recteur", les mots : "académie" ou "département" sont remplacés par les mots : "Wallis-et-Futuna".

Art. D. 971-2 Les dispositions du présent livre relevant du décret, dans leur rédaction résultant du décret n° 2015-652 du 10 juin 2015 relatif aux dispositions réglementaires des livres VIII et IX du code de l'éducation (décrets en Conseil d'État et décrets), à l'exception du chapitre IV du titre Ier et du titre II, sont applicables dans les îles Wallis-et-Futuna.

(Décr. n° 2018-765 du 29 août 2018, art. 4) « Les articles D. 911-66, D. 911-67 et D. 911-71 sont applicables dans leur rédaction résultant du décret n° 2018-765 du 29 août 2018 relatif à l'ordre des Palmes académiques. »

(Décr. n° 2021-547 du 3 mai 2021, art. 3) « L'article D. 911-72 est applicable dans sa rédaction résultant du décret n° 2021-547 du 3 mai 2021.

« L'article D. 911-81 est applicable dans sa rédaction résultant du décret n° 2021-547 du 3 mai 2021. »

Pour leur application à Wallis-et-Futuna, les mots : "recteur" ou "recteur d'académie" ou "directeur des services départementaux de l'éducation nationale" sont remplacés par le mot : "vice-recteur", les mots : "académie" ou "département" sont remplacés par les mots : "Wallis-et-Futuna".

Art. D. 971-3 I. – Le vice-recteur des îles Wallis-et-Futuna peut déléguer sa signature, par arrêté, pour tous les actes relevant de sa compétence relatifs aux personnels relevant du ministre chargé de l'éducation :

1° Au secrétaire général du vice-rectorat ;

2° Au fonctionnaire de catégorie A exerçant les fonctions d'adjoint au secrétaire général du vice-rectorat et aux chefs de division du vice-rectorat dans la limite de leurs attributions, en cas d'absence ou d'empêchement du secrétaire général du vice-rectorat.

II. – Le vice-recteur peut, en outre, déléguer sa signature, par arrêté, aux chefs d'établissements d'enseignement public pour les actes de gestion ayant trait :

1° Aux congés de maladie prévus au premier alinéa du 2° de l'article 34 de la loi n° 84-16 du 11 janvier 1984 portant dispositions statutaires relatives à la fonction publique de l'État, aux congés de même nature prévus à l'article 24 du décret n° 94-874 du 7 octobre 1994 fixant les dispositions communes applicables aux stagiaires de l'État et de ses établissements publics et à l'article 12 du décret n° 86-83 du 17 janvier 1986 relatif aux dispositions générales applicables aux agents contractuels de l'État pris pour l'application de l'article 7 de la loi n° 84-16 du 11 janvier 1984 portant dispositions statutaires relatives à la fonction publique de l'État ;

2° Aux congés pour maternité ou pour adoption et au congé de paternité et d'accueil de l'enfant prévus au 5° de l'article 34 de la loi du 11 janvier 1984 précitée, à l'article 22 du décret du 7 octobre 1994 précité et à l'article 15 du décret du 17 janvier 1986 précité.

III. – Les délégations de signature prévues aux I et II fixent les actes et les corps de fonctionnaires et agents pour lesquels elles ont été accordées. Elles entrent en vigueur le lendemain du jour de leur publication au recueil des actes administratifs de l'administration supérieure. Elles peuvent être abrogées à tout moment. Elles prennent fin en même temps que les fonctions de celui qui les a données ou en même temps que les fonctions de celui qui les a reçues. – *[Décr. n° 2004-269 du 19 mars 2004, art. 1er, en ce qui concerne Wallis-et-Futuna.]*

Art. R. 971-4 I. – Le vice-recteur des îles Wallis-et-Futuna peut déléguer sa signature, par arrêté, pour tous les actes relevant de sa compétence relatifs aux personnels ingénieurs, techniques et administratifs de recherche et de formation du ministère chargé de l'enseignement supérieur :

1° Au secrétaire général du vice-rectorat ;

2° En cas d'absence ou d'empêchement de celui-ci, au fonctionnaire de catégorie A exerçant les fonctions d'adjoint au secrétaire général du vice-rectorat et aux chefs de division du vice-rectorat dans la limite de leurs attributions.

II. – Le vice-recteur peut, par arrêté, pour l'exercice de ses compétences relatives à l'organisation des concours et examens professionnels, déléguer sa signature à des fonctionnaires de l'État de catégorie A, affectés dans les établissements publics à caractère scientifique, culturel et professionnel situés dans le ressort du vice-rectorat. Ces désignations sont subordonnées à l'avis favorable du président ou du directeur de l'établissement considéré.

III. – Les délégations de signature prévues aux I et II fixent les actes et les corps de fonctionnaires pour lesquels elles ont été accordées. Elles entrent en vigueur le lendemain du jour de leur publication au recueil des actes administratifs de l'administration supérieure. Elles peuvent être abrogées à tout moment. Elles prennent fin en même temps que les fonctions de celui qui les a données ou en même temps que les fonctions de celui qui les a reçues. – *[Décr. n° 2001-848 du 12 sept. 2001, art. 4, 5 et 5-1, en ce qui concerne Wallis-et-Futuna.]*

CHAPITRE II DISPOSITIONS APPLICABLES À MAYOTTE

Art. R. 972-1 à R. 972-3 *Abrogés par Décr. nº 2019-1553 du 30 déc. 2019, art. 1er.*

CHAPITRE III DISPOSITIONS APPLICABLES EN POLYNÉSIE FRANÇAISE

Art. R. 973-1 Les dispositions du présent livre relevant du décret en Conseil d'État sont applicables en Polynésie française, à l'exception des articles R. 914-18, R. 914-77, R. 914-81 et R. 914-82, R. 914-87, R. 914-88, R. 914-95 à R. 914-99, R. 914-106 à R. 914-112, R. 914-114 à R. 914-142, sans préjudice des règles relatives aux personnels relevant des corps de l'État pour l'administration de la Polynésie française et des règles relatives aux personnels de l'État mis à la disposition des autorités de la Polynésie française et sous réserve des exceptions mentionnées à l'article R. 973-3.

(Décr. nº 2016-1021 du 26 juill. 2016, art. 5) « Ces dispositions sont applicables :

« 1° Sous réserve *(Décr. nº 2018-235 du 30 mars 2018, art. 11)* « des 2°, 3° et 4° », dans leur rédaction résultant du décret nº 2015-652 du 10 juin 2015 ;

« 2° Pour les articles R. 914-57, R. 914-58, R. 914-61, R. 914-66 à R. 914-69 et R. 914-72, dans leur rédaction résultant du décret nº 2015-963 du 31 juillet 2015 ;

« 3° Pour les articles R. 914-16, R. 914-74 et R. 974-78-1, dans leur rédaction résultant du décret nº 2016-1021 du 26 juillet 2016 » ;

(Décr. nº 2018-235 du 30 mars 2018, art. 11) « 4° Pour les articles R. 914-5, R. 914-10-11 à R. 914-10-13, R. 914-13-4, R. 914-13-9 et R. 914-13-12, R. 914-13-13, R. 914-13-15 et R. 914-13-21, dans leur rédaction résultant du décret nº 2018-235 du 30 mars 2018 ; »

(Décr. nº 2020-1676 du 23 déc. 2020, art. 2) « 4° *bis* Pour l'article R. 914-64, dans sa rédaction résultant du décret nº 2020-1676 du 23 décembre 2020 ; »

(Décr. nº 2019-892 du 27 août 2019, art. 1er) « 5° Pour l'article R. 951-1-1, dans sa rédaction résultant du décret nº 2019-892 du 27 août 2019. »

Pour l'application du présent livre en Polynésie française, les mots : "recteur d'académie" ou "directeur académique des services de l'éducation nationale" sont remplacés par le mot : "vice-recteur", les mots : "académie" ou "département" sont remplacés par les mots : "Polynésie française".

Art. D. 973-2 Les dispositions du présent livre relevant du décret sont applicables en Polynésie française, à l'exception de l'article D. 914-91, sous réserve des dispositions particulières et des adaptations prévues par le présent chapitre.

Ces dispositions sont applicables dans leur rédaction résultant du décret nº 2015-652 du 10 juin 2015 relatif aux dispositions réglementaires des livres VIII et IX du code de l'éducation (décrets en Conseil d'État et décrets).

(Décr. nº 2018-765 du 29 août 2018, art. 4) « Les articles D. 911-66, D. 911-67 et D. 911-71 sont applicables dans leur rédaction résultant du décret nº 2018-765 du 29 août 2018 relatif à l'ordre des Palmes académiques. »

(Décr. nº 2021-547 du 3 mai 2021, art. 3) « L'article D. 911-72 est applicable dans sa rédaction résultant du décret nº 2021-547 du 3 mai 2021.

« L'article D. 911-81 est applicable dans sa rédaction résultant du décret nº 2021-547 du 3 mai 2021. »

Pour l'application du présent livre en Polynésie française, les mots : "recteur" ou "recteur d'académie" ou "directeur académique des services de l'éducation nationale" sont remplacés par le mot : "vice-recteur", les mots : "académie" ou "département" sont remplacés par les mots : "Polynésie française".

Art. R. 973-3 I. — Les dispositions de l'article R. 914-10-23 sont applicables en Polynésie française à l'exception, en son I, des mots : ", sur proposition des délégations locales des organisations professionnelles et des sections locales des organisations syndicales représentant dans le ressort de ladite commission les chefs d'établissement", et de ses IV et V.

II. — Pour l'application de l'article R. 973-1 et du I du présent article en Polynésie française :

1° Les compétences attribuées au recteur d'académie sont exercées par le vice-recteur ;

2° Les commissions consultatives mixtes départementale et académique sont respectivement dénommées "commission consultative mixte locale du premier degré" et "commission consultative mixte locale du second degré" et sont chargées des compétences définies par les articles R. 914-4 et R. 914-7, sans préjudice des compétences dévolues à cette collectivité.

Les représentants de l'administration dans les commissions consultatives mixtes créées auprès du vice-recteur en application de l'article R. 914-10-1 peuvent, par dérogation aux dispositions de l'article R. 914-10-8, être choisis parmi les fonctionnaires de l'État mis à disposition des services de cette collectivité en charge de l'éducation ;

3° Les concours de recrutement de l'enseignement public auxquels doivent correspondre les concours de recrutement de l'enseignement privé pour l'application du présent décret sont ceux prévus par la réglementation applicable en Polynésie française pour l'enseignement public. – *[Décr. n° 2009-920 du 28 juill. 2009, art. 12, al. 1er, 2, 4, 5 et 7.]*

Art. D. 973-4 I. – Le vice-recteur de Polynésie française peut déléguer sa signature, par arrêté, pour tous les actes relevant de sa compétence relatifs aux personnels relevant du ministre chargé de l'éducation :

1° Au secrétaire général du vice-rectorat ;

2° Au fonctionnaire de catégorie A exerçant les fonctions d'adjoint au secrétaire général du vice-rectorat et aux chefs de division du vice-rectorat dans la limite de leurs attributions, en cas d'absence ou d'empêchement du secrétaire général du vice-rectorat.

II. – Le vice-recteur peut, en outre, déléguer sa signature, par arrêté, aux chefs d'établissements d'enseignement public pour les actes de gestion ayant trait :

1° Aux congés de maladie prévus au premier alinéa du 2° de l'article 34 de la loi n° 84-16 du 11 janvier 1984 portant dispositions statutaires relatives à la fonction publique de l'État, aux congés de même nature prévus à l'article 24 du décret n° 94-874 du 7 octobre 1994 fixant les dispositions communes applicables aux stagiaires de l'État et de ses établissements publics et à l'article 12 du décret n° 86-83 du 17 janvier 1986 relatif aux dispositions générales applicables aux agents contractuels de l'État pris pour l'application de l'article 7 de la loi n° 84-16 du 11 janvier 1984 portant dispositions statutaires relatives à la fonction publique de l'État ;

2° Aux congés pour maternité ou pour adoption et au congé de paternité et d'accueil de l'enfant prévus au 5° de l'article 34 de la loi du 11 janvier 1984 précitée, à l'article 22 du décret du 7 octobre 1994 précité et à l'article 15 du décret du 17 janvier 1986 précité.

III. – Les délégations de signature prévues aux I et II fixent les actes et les corps de fonctionnaires et agents pour lesquels elles ont été accordées. Elles entrent en vigueur le lendemain du jour de leur publication au recueil des actes administratifs du haut-commissariat de la République. Elles peuvent être abrogées à tout moment. Elles prennent fin en même temps que les fonctions de celui qui les a données ou en même temps que les fonctions de celui qui les a reçues. – *[Décr. n° 2004-269 du 19 mars 2004, art. 1er, en ce qui concerne la Polynésie française.]*

Art. R. 973-5 I. – Le vice-recteur de Polynésie française peut déléguer sa signature, par arrêté, pour tous les actes relevant de sa compétence relatifs aux personnels ingénieurs, techniques et administratifs de recherche et de formation relevant du ministre chargé de l'enseignement supérieur :

1° Au secrétaire général du vice-rectorat ;

2° En cas d'absence ou d'empêchement de celui-ci, au fonctionnaire de catégorie A exerçant les fonctions d'adjoint au secrétaire général du vice-rectorat et aux chefs de division du vice-rectorat dans la limite de leurs attributions.

II. – Le vice-recteur peut, par arrêté, pour l'exercice de ses compétences relatives à l'organisation des concours et examens professionnels, déléguer sa signature à des fonctionnaires de l'État de catégorie A, affectés dans les établissements publics à caractère scientifique, culturel et professionnel situés dans le ressort du vice-rectorat. Ces désignations sont subordonnées à l'avis favorable du président ou du directeur de l'établissement considéré.

III. – Les délégations de signature prévues aux I et II fixent les actes et les corps de fonctionnaires pour lesquels elles ont été accordées. Elles entrent en vigueur le lendemain du jour de leur publication au recueil des actes administratifs du haut-commissariat de la République. Elles peuvent être abrogées à tout moment. Elles prennent fin en même temps que les fonctions de celui qui les a données ou en même temps que les fonctions de celui qui les a reçues. – *[Décr. n° 2001-848 du 12 sept. 2001, art. 4, 5 et 5-1, en ce qui concerne la Polynésie française.]*

CHAPITRE IV DISPOSITIONS APPLICABLES EN NOUVELLE-CALÉDONIE

Art. R. 974-1 Les dispositions du présent livre relevant du décret en Conseil d'État sont applicables en Nouvelle-Calédonie, à l'exception des articles R. 914-18, R. 914-81, R. 914-82, R. 914-87, R. 914-88, R. 914-95 à R. 914-99, R. 914-106 à R. 914-112, R. 914-114 à R. 914-142, sous réserve des dispositions particulières et des adaptations prévues par le présent chapitre.

(Décr. n° 2016-1021 du 26 juill. 2016, art. 5) « Ces dispositions sont applicables :

« 1° Sous réserve *(Décr. n° 2018-235 du 30 mars 2018, art. 11)* « des 2°, 3° et 4° », dans leur rédaction résultant du décret n° 2015-652 du 10 juin 2015 ;

« 2° Pour les articles R. 914-57, R. 914-58, R. 914-61, R. 914-66 à R. 914-69 et R. 914-72, dans leur rédaction résultant du décret n° 2015-963 du 31 juillet 2015 ;

« 3° Pour les articles R. 914-16, R. 914-74, R. 974-77 et R. 974-78-1, dans leur rédaction résultant du décret n° 2016-1021 du 26 juillet 2016 » ;

(Décr. n° 2018-235 du 30 mars 2018, art. 11) « 4° Pour les articles R. 914-5, R. 914-10-11 à R. 914-10-13, R. 914-13-4, R. 914-13-9 et R. 914-13-12, R. 914-13-13, R. 914-13-15 et R. 914-13-21, dans leur rédaction résultant du décret n° 2018-235 du 30 mars 2018 ; »

(Décr. n° 2020-1676 du 23 déc. 2020, art. 2) « 4° *bis* Pour l'article R. 914-64, dans sa rédaction résultant du décret n° 2020-1676 du 23 décembre 2020 ; »

(Décr. n° 2019-892 du 27 août 2019, art. 1er) « 5° Pour l'article R. 951-1-1, dans sa rédaction résultant du décret n° 2019-892 du 27 août 2019. »

Pour leur application en Nouvelle-Calédonie, les mots : "recteur d'académie" ou "directeur académique des services de l'éducation nationale" sont remplacés par le mot : "vice-recteur", les mots : "académie" ou "région" sont remplacés par le mot : "Nouvelle-Calédonie" et le mot : "département" est remplacé par le mot : "province".

Art. D. 974-2 Les dispositions du présent livre relevant du décret sont applicables en Nouvelle-Calédonie, à l'exception de l'article D. 914-91, sous réserve des dispositions particulières et des adaptations prévues par le présent chapitre.

Ces dispositions sont applicables dans leur rédaction issue du décret n° 2015-652 du 10 juin 2015 relatif aux dispositions réglementaires des livres VIII et IX du code de l'éducation (décrets en Conseil d'État et décrets).

(Décr. n° 2018-765 du 29 août 2018, art. 4) « Les articles D. 911-66, D. 911-67 et D. 911-71 sont applicables dans leur rédaction résultant du décret n° 2018-765 du 29 août 2018 relatif à l'ordre des Palmes académiques. »

(Décr. n° 2021-547 du 3 mai 2021, art. 3) « L'article D. 911-72 est applicable dans sa rédaction résultant du décret n° 2021-547 du 3 mai 2021.

« L'article D. 911-81 est applicable dans sa rédaction résultant du décret n° 2021-547 du 3 mai 2021. »

Pour leur application en Nouvelle-Calédonie, les mots : "recteur" ou "recteur d'académie" ou "directeur académique des services de l'éducation nationale" sont remplacés par le mot : "vice-recteur", les mots : "académie" ou "région" sont remplacés par le mot : "Nouvelle-Calédonie" et le mot : "département" est remplacé par le mot : "province".

Art. R. 974-3 I. – Les dispositions de l'article R. 914-10-23 sont applicables en Nouvelle-Calédonie, à l'exception, en son I, des mots : ", sur proposition des délégations locales des organisations professionnelles et des sections locales des organisations syndicales représentant dans le ressort de ladite commission les chefs d'établissement", et de ses IV et V.

II. – Pour l'application de l'article R. 974-1 et du I du présent article en Nouvelle-Calédonie :

1° Les compétences attribuées au recteur d'académie sont exercées par le vice-recteur ;

2° Les commissions consultatives mixtes départementale et académique sont respectivement dénommées "commission consultative mixte locale du premier degré" et "commission consultative mixte locale du second degré" et sont chargées des compétences définies par les articles R. 914-4 et R. 914-7, sans préjudice des compétences dévolues à cette collectivité.

Les représentants de l'administration dans les commissions consultatives mixtes créées auprès du vice-recteur en application de l'article R. 914-10-1 peuvent, par dérogation aux dispositions de l'article R. 914-10-8, être choisis parmi les fonctionnaires de l'État mis à disposition des services de cette collectivité en charge de l'éducation ;

3° Les concours de recrutement de l'enseignement public auxquels doivent correspondre les concours de recrutement de l'enseignement privé pour l'application du présent décret sont ceux prévus par la réglementation applicable en Nouvelle-Calédonie pour l'enseignement public. – *[Décr. n° 2009-920 du 28 juill. 2009, art. 12, al. 1er et 3 à 7.]*

Art. D. 974-4 I. – Le vice-recteur de Nouvelle-Calédonie peut déléguer sa signature, par arrêté, pour tous les actes relevant de sa compétence relatifs aux personnels relevant du ministre chargé de l'éducation :

1° Au secrétaire général du vice-rectorat ;

2° Au fonctionnaire de catégorie A exerçant les fonctions d'adjoint au secrétaire général du vice-rectorat et aux chefs de division du vice-rectorat dans la limite de leurs attributions, en cas d'absence ou d'empêchement du secrétaire général du vice-rectorat.

II. – Le vice-recteur peut, en outre, déléguer sa signature, par arrêté, aux chefs d'établissements d'enseignement public pour les actes de gestion ayant trait :

1° Aux congés de maladie prévus au premier alinéa du 2° de l'article 34 de la loi n° 84-16 du 11 janvier 1984 portant dispositions statutaires relatives à la fonction publique de l'État, aux congés de même nature prévus à l'article 24 du décret n° 94-874 du 7 octobre 1994 fixant les dispositions communes applicables aux stagiaires de l'État et de ses établissements publics et à l'article 12 du décret n° 86-83 du 17 janvier 1986 relatif aux dispositions générales applicables aux agents contractuels de l'État pris pour l'application de l'article 7 de la loi n° 84-16 du 11 janvier 1984 portant dispositions statutaires relatives à la fonction publique de l'État ;

2° Aux congés pour maternité ou pour adoption et au congé de paternité et d'accueil de l'enfant prévus au 5° de l'article 34 de la loi du 11 janvier 1984 précitée, à l'article 22 du décret du 7 octobre 1994 précité et à l'article 15 du décret du 17 janvier 1986 précité.

III. – Les délégations de signature prévues aux I et II fixent les actes et les corps de fonctionnaires et agents pour lesquels elles ont été accordées. Elles entrent en vigueur le lendemain du jour de leur publication au recueil des actes administratifs du haut-commissariat de la République. Elles peuvent être abrogées à tout moment. Elles prennent fin en même temps que les fonctions de celui qui les a données ou en même temps que les fonctions de celui qui les a reçues. – *[Décr. n° 2004-269 du 19 mars 2004, art. 1er, en ce qui concerne la Nouvelle-Calédonie.]*

Art. R. 974-5 I. – Le vice-recteur de Nouvelle-Calédonie peut déléguer sa signature, par arrêté, pour tous les actes relevant de sa compétence relatifs aux personnels ingénieurs, techniques et administratifs de recherche et de formation relevant du ministre chargé de l'enseignement supérieur :

1° Au secrétaire général du vice-rectorat ;

2° En cas d'absence ou d'empêchement de celui-ci, au fonctionnaire de catégorie A exerçant les fonctions d'adjoint au secrétaire général du vice-rectorat et aux chefs de division du vice-rectorat dans la limite de leurs attributions.

II. – Le vice-recteur peut, par arrêté, pour l'exercice de ses compétences relatives à l'organisation des concours et examens professionnels, déléguer sa signature à des fonctionnaires de l'État de catégorie A, affectés dans les établissements publics à carac-

tère scientifique, culturel et professionnel situés dans le ressort du vice-rectorat. Ces désignations sont subordonnées à l'avis favorable du président ou du directeur de l'établissement considéré.

III. — Les délégations de signature prévues aux I et II fixent les actes et les corps de fonctionnaires pour lesquels elles ont été accordées. Elles entrent en vigueur le lendemain du jour de leur publication au recueil des actes administratifs du haut-commissariat de la République. Elles peuvent être abrogées à tout moment. Elles prennent fin en même temps que les fonctions de celui qui les a données ou en même temps que les fonctions de celui qui les a reçues. — *[Décr. nº 2001-848 du 12 sept. 2001, art. 4, 5 et 5-1, en ce qui concerne la Nouvelle-Calédonie.]*

APPENDICE

CIRCULAIRE DE RENTRÉE 2021

Circulaire du 23 juin 2021,

Rentrée 2021, l'école de la République, notre maison commune.

L'École est la colonne vertébrale de la République, son berceau et le lieu de construction de son avenir. Elle en partage les défis, la force et les promesses. L'année scolaire 2020-2021 a vu l'École de la République être, une nouvelle fois, confrontée à deux crises majeures : la crise sanitaire et la menace terroriste, avec l'assassinat par un terroriste islamiste de Samuel Paty, professeur d'histoire-géographie.

Face à ces événements, l'École de la République a fait la preuve de son unité et de sa capacité à réagir face à l'imprévu. Incarnée par chaque personnel de l'éducation nationale, elle est restée fidèle à sa promesse : celle de permettre à chaque enfant, sur tout le territoire, de s'épanouir et de déployer toutes ses potentialités, pour qu'il soit, à l'âge adulte, un citoyen libre et éclairé, c'est-à-dire doué d'esprit critique et conscient de partager une destinée commune avec le reste de la société française. Elle a, plus que jamais, transmis à chaque enfant et jeune de notre pays savoirs, compétences et valeurs.

Alors que la situation sanitaire constitue une véritable catastrophe éducative à l'échelle mondiale, la France fait partie des pays dont les écoles ont été le moins fermées. À chaque fois que des fermetures ont dû être décidées, les équipes ont mis en place une continuité pédagogique pour la poursuite des apprentissages. La sécurité sanitaire de l'espace scolaire a été préservée grâce au respect par tous d'un protocole sanitaire exigeant et par le déploiement de la stratégie "Tester, alerter, protéger". Nous pouvons donc être fiers de cette réussite collective, et je tiens à en remercier chacun et chacune d'entre vous.

La rentrée 2021 devrait intervenir dans des conditions sanitaires plus favorables et permettre de retrouver des modalités d'enseignement dans des conditions aussi normales que possible pour tous les élèves et les professeurs. En pratique, sous réserve de la situation sanitaire locale, les cours devraient reprendre en présence pour tous les élèves. Nous devons toutefois continuer à nous préparer à toutes les éventualités à l'échelle des politiques académiques. Toutes les écoles et tous les établissements mettront donc en place un plan de continuité pédagogique sur la base des plans déjà publiés au niveau national, pour assurer la continuité des apprentissages dans l'hypothèse où la circulation particulièrement active du virus ou toute autre situation obligerait à prendre des mesures ciblées (fermeture ponctuelle ou réduction de la jauge des élèves accueillis). Ce plan devra comporter un volet organisationnel, un volet pédagogique et un volet numérique.

L'année scolaire 2021-2022 doit nous permettre de consolider quatre dimensions essentielles de notre « maison commune » :

- l'École comme lieu d'apprentissage au service de la poursuite de l'élévation du niveau général ;
- l'École comme lieu où se construisent le rapport à l'autre et la vie en société, adossés aux valeurs de la République et à une culture humaniste ;
- l'École comme lieu où chacun a sa place, en donnant plus à ceux qui ont moins pour assurer l'égalité des chances, en veillant à la pleine santé de tous et en parachevant la transformation de l'École inclusive ;
- l'École comme lieu fondé sur une équipe éducative soudée.

Cette affirmation du rôle de l'École de la République est indissociable de la poursuite de la revalorisation du service public de l'éducation nationale et de ses personnels. Ce sont ainsi 700 millions de crédits de rémunération supplémentaires qui sont attribués en 2022, après 400 millions en 2021. Elle peut aussi s'appuyer sur le nouveau périmètre de notre ministère, qui permet d'articuler les politiques publiques en matière d'éducation, de jeunesse et de sports, créant des synergies inédites pour accompagner les différents temps de l'élève. Ensemble, c'est notre École que nous rebâtissons, au service de la réussite des élèves et de l'unité de notre société.

1 L'École de la République, lieu d'apprentissage au service de la poursuite de l'élévation du niveau général

L'objectif premier de l'École est de garantir l'acquisition de savoirs fondamentaux solides pour permettre ensuite aux élèves de choisir la voie qui leur correspond le mieux.

C'est pour servir cet objectif que nous avons placé, depuis 2017, l'école primaire au cœur de notre action. Les enquêtes internationales comme nationales avaient en effet montré une baisse régulière des élèves en français, ainsi qu'en mathématiques depuis 25 ans. L'instruction obligatoire à 3 ans, instituée par la loi Pour une École de la confiance, la priorité donnée aux savoirs fondamentaux à l'école primaire, adossée aux Plans français et mathématiques, et la publication des repères et attendus de progression à destination des professeurs ont d'ores et déjà permis d'inverser cette tendance et d'engager l'élévation du niveau de connaissances et de compétences des élèves, comme en témoignent les évaluations d'entrée en 6e. Enfin, les professeurs comme les inspecteurs ont désormais à leur disposition une série de guides thématiques sur l'apprentissage des fondamentaux, élaborés en lien avec le Conseil scientifique de l'éducation nationale, sur lesquels ils peuvent s'appuyer. Ces guides seront d'ailleurs remis à tout nouveau professeur des écoles à compter de la rentrée 2021.

Le contexte sanitaire que notre pays connaît depuis plus d'un an impose de poursuivre le travail remarquable mené par les professeurs autour des axes suivants.

Adapter l'acquisition des premiers mois de l'année scolaire afin de consolider les apprentissages et de tenir compte des retards induits par la crise sanitaire

Lors de la crise sanitaire que nous avons traversée, tous les élèves n'ont pas été confrontés à la même situation : certains ont été empêchés, du fait de la covid, de se rendre en classe pendant plusieurs semaines. D'autres ont été une large partie de l'année en enseignement hybride, notamment au lycée, mais aussi au collège. Il est donc indispensable, sans perdre de vue les objectifs d'acquisition, d'adapter les parcours d'apprentissage à la situation objective des élèves. Les évaluations nationales de début CP, mi-CP, CE1, 6e, CAP et 2de constituent des points de repères inédits et permettent, grâce à quatre années de recul, de mieux identifier les forces et les fragilités des élèves. Améliorées chaque année à partir du retour des professeurs, elles constituent un point d'appui pour les échanges avec les parents. Elles sont également un appui pédagogique important pour chaque professeur comme pour les équipes pédagogiques, et leurs résultats doivent faire l'objet d'un travail d'appropriation collectif à l'échelle de l'école, du collège ou du lycée. Dans les autres niveaux, des outils de positionnement sont mis à disposition des professeurs afin de les aider à mieux cerner les besoins de leurs élèves.

En outre, une attention particulière devra être accordée aux années charnières : les dispositifs Je rentre au CP et Je rentre en 6e, qui ont porté leurs fruits, doivent désormais être systématisés.

Donner la priorité à la lecture

La période du confinement a montré l'urgence collective de la lecture, que le président de la République a retenue comme grande cause nationale : il s'agit d'un enjeu essentiel d'apprentissage, d'enrichissement du vocabulaire, de maîtrise de l'orthographe et de la syntaxe, de construction de soi, de réflexion, de développement de son imaginaire, d'épanouissement individuel et, *in fine*, d'égalité des chances. Or, 50 % des élèves entrent en 6e sans savoir lire de manière fluide à l'oral. Il nous appartient collectivement de redonner le goût de la lecture : par la lecture d'histoires quotidiennes en maternelle, et l'encouragement de la lecture par les parents à la maison (prêts de livres) ; par la pratique quotidienne de la lecture orale ou silencieuse systématique en classe à l'école élémentaire, notamment avec le Quart d'heure lecture qui doit être instauré ou développé partout où c'est possible ; par l'invitation à une pratique régulière de la lecture au collège et au lycée. Le nouveau programme d'enseignement à l'école maternelle vise également à permettre l'enrichissement du lexique, la première structuration de la syntaxe et, par conséquent, de la réflexion qui lui est associée.

Poursuivre le redressement du niveau en mathématiques

Les enquêtes Timss ont montré que les élèves français avaient, en 4e, le niveau des élèves de 5e en 1995. Cette situation a eu des répercussions sur le goût des élèves pour cette discipline. La mise en œuvre du Plan mathématiques à l'école primaire, dès 2018, puis au collège et au lycée, complétée par la réforme du lycée et la consolidation de la spécialité mathématiques, commence à porter ses fruits. Il nous appartient collectivement, en cette nouvelle année, de poursuivre cette dynamique en exposant les élèves aux quatre opérations dès les débuts de l'école élémentaire, en valorisant systématiquement la résolution de problèmes et en cultivant le goût des mathématiques par le développement des labos de maths au collège et au lycée dans l'esprit du rapport Villani-Torossian.

Parachever la réforme des lycées

Les élèves se sont massivement emparés de la réforme du lycée général et technologique, notamment de la possibilité de choisir des spécialités différentes, comme de la transformation de la voie professionnelle, dont le chef-d'œuvre constitue le point d'orgue valorisant. L'objectif de cette double réforme est de permettre aux élèves, dotés de fondements solides acquis à l'école primaire et au collège, de choisir une voie d'excellence qui leur convienne. L'année 2021-2022 sera donc l'année de la consolidation de la réforme du lycée général et technologique, qui s'enrichira d'une spécialité éducation physique, pratiques et culture sportives. Elle sera aussi l'année du parachèvement de la transformation de la voie professionnelle, avec la poursuite du déploiement des CAP en trois ans et l'évolution du baccalauréat professionnel. L'extension des familles de métiers permet ainsi aux élèves de construire progressivement leurs choix en seconde professionnelle avant de se spécialiser. La diversité des métiers est préservée, et l'excellence de la voie professionnelle, renforcée. Enfin, en terminale professionnelle, les établissements pourront notamment expérimenter un enseignement de philosophie, permettant d'ouvrir leurs élèves à de nouveaux champs disciplinaires.

Développer les compétences numériques de tous les élèves avec la généralisation de Pix

La maîtrise par chaque élève des compétences numériques est aujourd'hui devenue essentielle pour lui permettre d'agir en citoyen éclairé, d'avoir une vie sociale épanouie, comme de s'insérer professionnellement. Dans cette optique, après une adaptation en 2020-2021 rendue nécessaire par le contexte sanitaire, la généralisation du dispositif Pix sera reprise en 2021-2022, avec l'organisation :

– des parcours Pix de rentrée permettant d'identifier le niveau et les besoins en matière de compétences numériques de tous les élèves de tous les niveaux d'enseignement du cycle 4 et du lycée ;

– de la certification des compétences numériques, qui sera obligatoire pour les élèves des classes de 3ᵉ, de fin de cycle terminal des lycées généraux, technologiques ou professionnels et dans l'année d'obtention de leur CAP, ainsi que pour les étudiants en dernière année des formations de STS et CPGE dispensées en lycée public et privé sous contrat.

Inscrire les apprentissages dans une continuité avec les temps non scolaires

Les vacances, notamment l'été, constituent un indispensable temps de repos pour les élèves comme pour leurs professeurs. Elles sont aussi une période pendant laquelle les inégalités sociales se creusent. La crise sanitaire, qui a contraint de nombreux élèves à rester chez eux pendant les vacances, nous a conduits en 2020 à lancer les Vacances apprenantes. Près d'un million d'enfants ont ainsi pu bénéficier soit de dispositifs scolaires (École ouverte, Stages de réussite), soit de dispositifs d'accueil (accueil scolaire, colonies de vacances) dont la dimension pédagogique a été affirmée. Cette action est désormais pérennisée, permettant ainsi de conjuguer repos et adaptation des apprentissages et de réduire les inégalités scolaires.

Renforcer l'activité physique

La crise sanitaire a conduit de nombreux jeunes à diminuer leurs activités physiques ou à en réduire la diversité. Il est cependant essentiel, pour des raisons de santé physique et d'équilibre personnel, d'encourager les élèves à pratiquer une activité physique régulière, la perspective des Jeux olympiques de 2024 constituant un facteur de motivation pour de nombreux jeunes. Le regroupement, au sein de notre ministère, de l'éducation nationale, de la jeunesse et des sports offre des perspectives inédites. Dans le premier degré, la mise en place des 30 minutes d'activité physique quotidienne, qui se déploie dans de très nombreuses écoles, a vocation à être généralisée. Dans le second degré, l'inventivité remarquable des professeurs d'EPS a permis, en dépit des contraintes, d'offrir aux élèves une pratique sportive diversifiée. L'année qui s'ouvre devrait permettre de retrouver toutes les potentialités des installations sportives, mais aussi de redynamiser les associations sportives coordonnées par les fédérations scolaires. Enfin, la mise en place du Pass'Sport permettra aux jeunes qui le souhaitent de développer leurs aptitudes dans des conditions privilégiées, permettant ainsi d'établir une continuité dans la vie sportive de l'élève.

L'École de la République tiendra ainsi, après plusieurs années d'efforts, sa promesse, aussi bien en termes d'acquisitions de savoirs fondamentaux, que d'adaptations aux compétences exigées dans le monde contemporain.

2 L'École, lieu où se construit le respect de l'autre, fondé sur les valeurs de la République et une culture humaniste

Les élèves font, à l'École de la République, l'expérience quotidienne de l'égalité, du respect, de la possibilité d'être eux-mêmes par l'application d'une règle commune qui préserve leur liberté de conscience et celle des autres, leur garantit un égal enseignement, leur ouvre les mêmes perspectives, les prépare à exercer les mêmes droits et devoirs. Cette formation d'individus libres, éclairés, égaux et fraternels n'est pas désincarnée ou théorique : tout élève en bénéficie chaque jour dans l'espace scolaire comme public.

Ceci n'est possible que parce que les professeurs incarnent, font vivre et transmettent les principes et valeurs de la République : la liberté, l'égalité et la fraternité, ainsi que la laïcité, qui rend possible le plein déploiement des trois autres. Afin que les équipes disposent des ressources nécessaires, outre le vademecum sur la laïcité, élaboré par le Conseil des sages de la laïcité, un guide sur l'idée républicaine, rassemblant des textes fondamentaux en la matière, ainsi que des ressources pédagogiques, seront diffusés à l'ensemble des établissements à la rentrée. En outre, l'éducation aux médias et à l'information, essentielle pour permettre aux jeunes de devenir des citoyens responsables à l'ère du numérique et des réseaux sociaux, sera également renforcée, avec notamment de nouvelles ressources développées par le ministère et le Clemi.

Au-delà de ces principes, c'est en fait la culture humaniste, fondée sur l'idée que chacun doit trouver sa place dans la société, et par conséquent dans l'École, qui est au cœur de notre modèle de transmission.

C'est cette culture humaniste commune, parce qu'elle élève l'individu et l'affranchit de ses préjugés, que l'École de la République promeut. L'éducation artistique et culturelle et la promotion des langues et cultures de l'Antiquité sont au cœur de cette transmission. C'est pour cette raison que, depuis quatre ans, nous distribuons à tous les élèves de CM2, chaque année, les *Fables* de La Fontaine, afin de les accompagner pendant l'été et de préparer leur entrée au collège, mais aussi de leur permettre, par la découverte de ces textes éternels, qui pourront les marquer pour le reste de leur vie, d'enrichir leur réflexion et leur sensibilité poétique. Cette continuité école-collège par l'étude de certaines fables sera cette année renforcée. C'est également pour cette raison que j'ai décidé, à compter de cette rentrée, de conforter la promotion des langues et cultures de l'Antiquité en ouvrant l'option français et culture antique en 6ᵉ, notamment dans les collèges les plus défavorisés. C'est enfin autour de cette même volonté humaniste que le président de la République a annoncé l'extension du Pass Culture à compter de début 2022 à tous les élèves de la 4ᵉ à la terminale, à travers une double part, individuelle et collective, destinée à favoriser leur accès à la culture et à construire leur autonomie en la matière. Ainsi, pour l'année scolaire 2021-2022, les professeurs auront des moyens inédits pour permettre à leurs élèves de développer leur culture artistique. L'objectif 100 % éducation artistique et culturelle devrait, grâce à cette mobilisation sans précédent, être atteint en 2021-2022.

Dans cette perspective, chaque établissement est invité à organiser une rentrée en musique, en s'appuyant sur la chorale de l'établissement ou les actions menées avec des partenaires comme les Orchestres à l'école. Placer la rentrée sous le sceau des arts, et notamment de la musique, offre aux élèves la perspective d'une reprise collective et joyeuse.

Le rapport à l'altérité, au fondement du contrat social, implique aussi une ouverture sur l'étranger. En cette année marquée par la présidence française de l'Union européenne, je souhaite donc que l'Europe, son histoire, sa construction et ses valeurs, fassent l'objet d'actions pédagogiques renforcées. Cette présidence sera aussi l'occasion de nouer des partenariats scolaires avec les pays de l'UE et de promouvoir des actions dans les écoles et les établissements pour faire vivre et célébrer l'Europe (appel à projets PFUE 2022, célébrons l'Europe !). Un *Guide des possibles* accompagnera le déploiement de cette année scolaire européenne. Entre décembre 2021 et juin 2022, le calendrier sera jalonné d'événements qui seront aussi l'occasion de mettre en avant au niveau européen le savoir-faire de notre institution et de ses acteurs de terrain.

L'enseignement des langues poursuivra, au même titre, sa consolidation dans le cadre du Plan langues mis en place depuis 2018. Avec les collectivités territoriales, nous allons notamment encourager la découverte des langues dès le premier degré dans le cadre du Plan mercredi, avec un effort particulier sur les langues régionales qui font partie de notre patrimoine culturel vivant.

Le respect de l'autre suppose en outre de lutter ensemble, sans répit, contre toutes les formes de violences scolaires, de séparatisme ou de harcèlement. Chaque rectorat organise donc un carré régalien au sein de ses équipes pour analyser et agir en matière de sécurité et de respect des valeurs de la République. En pratique, les rectorats disposent déjà d'équipes constituées en matière de lutte contre le harcèlement, qui vont connaître une nouvelle impulsion dans le cadre de la généralisation du programme Phare ainsi que des équipes Valeurs de la République, qui devront être renforcées en tant que de besoin. Les recteurs devront également consolider, par une coordination académique renforcée, le réseau des équipes en charge de la prévention et du suivi des violences scolaires, instaurées dans les départements dans le cadre du Plan de lutte contre les violences scolaires lancé à la rentrée 2019. Enfin, les rectorats devront établir des équipes pour assurer le contrôle des établissements hors contrat, ainsi que des élèves instruits dans la famille. L'ensemble de ces quatre pôles, constitutif du carré régalien, sera coordonné et suivi par un cadre académique placé sous l'autorité directe du recteur.

Enfin, il ne saurait y avoir de respect de l'autre et de tout autre sans l'éducation au développement durable, qui permet d'appréhender la complexité des grands enjeux contemporains en partant de la transition climatique. A cet effet, depuis 2019, l'action de l'École a changé de nature et d'ampleur, notamment avec la mise en place des éco-délégués et le déploiement d'un réseau partenarial étendu. L'élection des premiers, leur accompagnement et leur implication dans les activités des établissements doivent être systématiques au collège et au lycée, et encouragés en CM1 et CM2. La structuration du second est une condition majeure de la qualité et de l'égalité d'accès à cette éducation.

Les élèves font l'expérience de ce corpus de principes et de valeurs à travers leur engagement personnel et collectif : des éco-délégués au Service national universel, qui poursuit son déploiement, des conseils de vie collégienne aux conseils de vie lycéenne, cet engagement doit être encouragé et valorisé, parce qu'il constitue un vecteur d'épanouissement et d'unité collective.

3 L'École, un lieu où chacun a sa place, en donnant plus à ceux qui ont moins pour assurer l'égalité des chances, en veillant à la pleine santé de tous et en parachevant la réalisation de l'École inclusive

Pour que l'École de la République soit notre maison commune, il faut que chacun y ait sa place, et que la destinée individuelle de nos élèves ne soit pas subordonnée à leur lieu de naissance ou de scolarisation. La promesse républicaine exige de notre part que nous poursuivions sur la voie de la réduction des inégalités et du déploiement d'une réelle égalité des chances.

Depuis 2017, beaucoup a été fait en la matière au service de l'égalité des chances, aussi bien en éducation prioritaire, qui fait pour la première fois l'objet d'un secrétariat d'État dédié, que dans les territoires ruraux : le dédoublement des CP et CE1 en REP et REP+ s'étend désormais aux grandes sections, avec une nouvelle accélération en cette rentrée, tandis qu'ailleurs, les mêmes classes seront, d'ici 2022 et sur tout le territoire, limitées à 24 élèves. L'accompagnement scolaire a également été renforcé, notamment au collège, avec le dispositif Devoirs faits, qui s'est enrichi d'une nouvelle dimension avec le développement des Devoirs faits à la maison, permettant notamment aux jeunes des milieux ruraux de bénéficier d'une aide aux devoirs à distance lorsque les transports scolaires ne leur permettent pas de rester au collège. Un collégien sur trois, et près d'un sur deux en éducation prioritaire, en bénéficie. Parallèlement, les conditions d'apprentissage ont également été améliorées, avec la distribution de petits-déjeuners dans les écoles défavorisées, qui va connaître une accélération à la rentrée, l'ouverture d'Internats d'excellence (1 500 nouvelles places d'ici la rentrée 2022) et la revalorisation des bourses. Enfin, l'ensemble des dispositifs trouvent une consolidation particulière dans les Cités éducatives, qui convoquent des moyens inédits dans le cadre d'une gouvernance renouvelée, autour du chef d'établissement, et associant l'ensemble des acteurs (éducation nationale, Agence nationale de la cohésion territoriale, autres services de l'État, collectivités territoriales, associations). Ce sont désormais 126 Cités éducatives qui bénéficient à plus de 700 000 enfants et jeunes âgés de 0 à 24 ans, soit un tiers des jeunes qui vivent dans les quartiers concernés. Leur déploiement se poursuivra en 2022 pour atteindre 200 Cités éducatives sur toute la France.

Ces mesures, si elles ont fait la preuve de leur efficacité, ne suffisent cependant pas. Il nous faut renforcer la mixité sociale des établissements pour permettre à nos élèves de faire l'expérience de leur communauté de destin. C'est pourquoi j'ai décidé de renforcer la mixité sociale des établissements les plus favorisés, en priorisant les dérogations au titre des demandes de bourses, notamment à destination des lycées les plus favorisés, et en développant la multi-sectorisation des collèges et des lycées. Parallèlement, nous poursuivrons une politique volontariste d'attractivité des établissements les moins favorisés.

L'accueil de tous les élèves implique également que notre École soit réellement inclusive. En quelques années, un chemin considérable a été parcouru, et l'École de la République a su, une nouvelle fois, se transformer au service de ses élèves, avec plus de 380 000 enfants en situation de handicap accueillis et plus de 100 000 accompagnants d'élèves en situation de handicap (AESH) désormais recrutés. Nous pouvons être fiers d'avoir fait émerger un véritable service public de l'École inclusive. Ce service public sera consolidé à la rentrée 2021 avec l'achèvement du déploiement des pôles inclusifs d'accompagnement localisés (Pial) sur 100 % du territoire et la poursuite de la revalorisation des conditions d'exercice des AESH. Une attention particulière devra être portée à la relation avec les familles, avec la mise en place systématique d'échanges avec les parents à l'occasion d'une nouvelle scolarisation, afin que la communauté éducative soit pleinement consciente des besoins de l'enfant.

Enfin, l'École se doit de veiller et de contribuer à la santé physique et psychique des élèves, grâce à l'investissement des professionnels de santé scolaire, des psychologues de l'éducation nationale, mais aussi des assistants sociaux. L'action de l'éducation nationale en la matière devra se concentrer notamment sur trois dimensions : d'une part, la réalisation des visites médicales obligatoires, afin de mieux détecter et prévenir les violences à caractère sexuel ; d'autre part, l'accompagnement et le soutien aux élèves dont la santé psychique a été fragilisée par la crise sanitaire et ses conséquences ; enfin, la réalisation de l'École promotrice de santé. Cette dernière dimension est essentielle, en ce qu'elle permet une approche globale de l'ensemble des actions menées au profit de la santé et du bien-être des élèves : conseil, visites médicales, éducation à l'alimentation, etc.

4 L'École, un lieu fondé sur un collectif soudé

L'École tient ses promesses. Mais elle ne les tient que grâce aux femmes et aux hommes qui la fondent, lui dédient leur vie professionnelle et s'y investissent avec passion pour la réussite de leurs élèves. Chaque Français et Française a été reconnaissant à l'École et à ses membres d'avoir su relever le défi de la crise sanitaire, d'avoir permis la continuité des apprentissages et l'accueil des élèves dans des conditions sanitaires optimales.

Cette réussite, la France la doit à tous les personnels qui participent au service public de l'enseignement. Je voudrais, une nouvelle fois, en remercier chacun d'entre vous au nom de tous nos concitoyens.

Nous avons tenu grâce à la solidité de nos liens et à l'unité des équipes éducatives. C'est pourquoi, dans le droit fil des 12 engagements du Grenelle de l'éducation, je souhaite que cette unité collective puisse être valorisée et renforcée, à la fois en termes d'accompagnement, avec notamment la mise en place d'une réelle politique d'action culturelle et sociale, et en termes de formation, avec l'adaptation de notre offre et le développement de la formation entre pairs, dont les Plans mathématiques et français ont montré la richesse.

Je souhaite également que les projets d'école ou d'établissement soient revitalisés, dans un contexte global de simplification de leurs modalités de pilotage. Le projet d'école ou d'établissement offre la possibilité de fédérer les élèves et la communauté éducative autour d'enjeux communs et d'inscrire l'action de l'école dans le territoire.

Enfin, l'année 2021-2022 verra une nouvelle consolidation du rôle et des conditions d'exercice des directeurs et directrices d'école. Plus de 600 équivalents temps plein seront consacrés à l'augmentation des décharges, dont le respect devra être garanti, leur autonomie sera renforcée, notamment pour le pilotage des 108 heures, et de nouveaux travaux dans le cadre du Grenelle de l'éducation permettront de mieux reconnaître leurs missions.

Au travers du Grenelle de l'éducation, c'est l'attention à chacun qui est consacrée par la personnalisation des parcours et la prise en compte de chaque situation particulière grâce au dialogue et à l'esprit d'équipe.

Telles sont les orientations pour cette nouvelle rentrée, pour que chacun, élève comme professeur, s'épanouisse à l'abri de notre maison commune. La République se consolide et prend toute sa force d'abord et avant tout par l'École.

CODE DE LA RECHERCHE

Code de la recherche

COMMENTAIRE

L'ordonnance n° 2004-545 du 11 juin 2004 adopte la partie législative du code de la recherche et abroge les dispositions législatives figurant dans neuf lois adoptées depuis 1945. Le Gouvernement avait été autorisé par la loi n° 2003-591 du 2 juillet 2003 à simplifier le droit par ordonnances, selon l'article 38 de la Constitution. Les dispositions alors regroupées sont celles qui étaient en vigueur au moment de la publication de l'ordonnance, sous réserve des modifications rendues nécessaires pour assurer le respect de la hiérarchie des normes et la cohérence rédactionnelle des textes. Comme pour le code de l'éducation, il s'agit là d'une opération de codification dite « à droit constant », dont l'objectif est d'améliorer l'accessibilité, l'intelligibilité et la lisibilité des règles de droit. Le principe de l'élaboration d'un code de la recherche avait été arrêté et inscrit au programme général de codification en 1996 ; le plan du code conçu pour rassembler et harmoniser les règles en matière de recherche a été adopté le 6 juillet 1999 par la commission supérieure de codification qui arrêta la partie législative le 27 novembre 2001. L'ordonnance a été ratifiée par l'article 78-XXI de la loi n° 2004-1343 du 9 décembre 2004 de simplification du droit.

Comparée au droit de l'éducation, la codification du droit de la recherche présente deux différences : elle porte sur un nombre très limité de textes, édictés sur une durée beaucoup plus courte.

Même si l'histoire nous enseigne que des institutions de recherche ont été créées sous l'Ancien Régime (Collège royal, Jardin royal, Académie des sciences…), pendant la Révolution (Grandes Écoles) et l'Empire (Université), le droit de la recherche est en effet un droit récent. Les textes codifiés les plus anciens datent de 1945 (institution du Commissariat à l'énergie atomique) et 1948 (statut des centres techniques industriels). Sous la Ve République, une série de décrets a d'abord mis en place des services administratifs (la DGRST, Délégation générale à la recherche scientifique et technique, en 1958) et des établissements publics (réorganisation du CNRS en 1959, du BRGM en 1959, de l'INSERM en 1964, de l'ORSTOM devenu IRD en 1998…). Puis, à partir de 1982, sont intervenues plusieurs grandes lois fixant les cadres généraux de la recherche et adoptant des programmes qui vont constituer les principes et les éléments de base à partir desquels le droit de la recherche a pu être codifié (V. Calamarte-Dogue, Le droit de la recherche publique, *Systèmes Droit, PUF, Paris, 2005*).

1981 : PLACE CENTRALE DE LA RECHERCHE DANS LA NOUVELLE POLITIQUE ÉCONOMIQUE

En 1981, le président Mitterrand lance une nouvelle politique économique dans laquelle la recherche publique tient une place centrale. Le ministre d'État, ministre de la recherche et de la technologie, Jean-Pierre Chevènement, organise les « Assises de la recherche », à l'origine des principales dispositions de la loi n° 82-610 du 15 juillet 1982, loi d'orientation et de programmation pour la recherche et le développement technologique de la France.

LA LOI N° 82-610 DU 15 JUILLET 1982, LOI D'ORIENTATION ET DE PROGRAMMATION POUR LA RECHERCHE ET LE DÉVELOPPEMENT TECHNOLOGIQUE DE LA FRANCE (1982-1985)

La loi Chevènement affirme dans son premier article que « la recherche scientifique et le développement technologique sont des priorités nationales », fixant de manière très volontariste des objectifs d'augmentation de l'effort national mesuré par sa part dans le PIB (+ 2,5 % à l'horizon 1985), en crédits du BCRDT (Budget civil de la recherche et du développement technologique, avec un rythme annuel de 17,8 % en volume) et en effectifs (+ 4,5 % par an). L'idée dominante est de promouvoir un véritable essor de la recherche industrielle reposant, avec le concours de l'État dont les établissements ont un rôle moteur, sur l'effort des entreprises, notamment de celles récemment nationalisées. Les deux titres sont consacrés à la programmation pluriannuelle des moyens et aux orientations, éléments développés dans un rapport annexé qui insiste notamment sur le développement de la coopération entre les organismes publics et privés (la formule du GIP est introduite par l'article 21) et l'amélioration des conditions de valorisation des recherches. Cette loi est à l'origine des dispositions concernant le statut des chercheurs comme celui des établissements publics de recherche (création de l'EPST) reprises aujourd'hui dans le code de la recherche. Le choix du statut de fonctionnaires pour les chercheurs, motivé par la lutte contre la précarité et par le développement des métiers de la recherche, s'accompagnait d'une approche dérogatoire devant favoriser la mobilité, l'ouverture et la liberté intellectuelle (V. Cyterman, L'administration et les politiques de recherche : quelles spécificités ?, *RFAP, 2004, n° 112, p. 625 s.*).

LA LOI N° 85-1376 DU 23 DÉCEMBRE 1985 RELATIVE À LA RECHERCHE ET AU DÉVELOPPEMENT TECHNOLOGIQUE

Trois ans plus tard, la loi n° 85-1376 du 23 décembre 1985 relative à la recherche et au développement technologique reprend les objectifs et la programmation sur une base plus réaliste tout en réaffirmant la volonté d'intensifier l'effort de recherche de la Nation. La loi Curien introduit alors une série de dispositions tendant à favoriser la recherche des entreprises et insiste sur la nécessité de l'évaluation. Elle assouplit certaines dispositions statutaires. Mais, comme la loi de 1982, elle est conçue sans liaison directe avec l'université qui fait alors l'objet d'une réflexion parallèle conclue par l'adoption de la loi Savary du 26 janvier 1984. Le Comité national d'évaluation (CNE), alors mis en place, devait toutefois recommander des mesures pour améliorer le fonctionnement des établissements et l'efficacité de l'enseignement et de la recherche.

Il faudra attendre quinze ans pour que le législateur ouvre à nouveau le dossier et prenne en compte les forces réunies de la recherche et de l'enseignement supérieur.

LA LOI N° 99-587 DU 12 JUILLET 1999 SUR L'INNOVATION ET LA RECHERCHE

La loi n° 99-587 du 12 juillet 1999 sur l'innovation et la recherche, ou loi Allègre, adoptée à l'unanimité, reprend en effet l'ensemble du dispositif avec pour objectif de permettre une meilleure participation des chercheurs et des enseignants-chercheurs à la création d'entreprise et à la valorisation des recherches. Elle modifie aussi bien les dispositions des lois sur la recherche de 1982-1985 que celles de la loi sur l'enseignement supérieur de 1984.

LE CODE DE LA RECHERCHE EN 2004

Le code de la recherche publié en 2004 est bâti à partir des lois fondatrices de 1982-1985, modifiées par la loi de 1999. On a pu regretter que la partie législative du code ainsi publiée « ne laisse malheureusement pas apparaître la cohérence des deux lois précitées » ; en effet, certaines dispositions, déclassées, figurent dans la partie réglementaire et de nombreuses autres dispositions législatives issues d'autres lois ou figurant dans d'autres codes ont pu brouiller le message fondateur (V. Théry, Les spécificités juridiques de l'administration et du pilotage de la recherche. Les lois d'orientation et de programmation de la recherche du 15 juillet 1982 et du 23 décembre 1985, *RFAP, 2004, n° 112, p. 659 s.*).

LA LOI DE PROGRAMME N° 2006-450 DU 18 AVRIL 2006 POUR LA RECHERCHE

Les dispositions de la loi de programme n° 2006-450 du 18 avril 2006 pour la recherche, dite loi Goulard, ont depuis introduit des modifications significatives tant sur le plan formel (18 % des articles ont été modifiés ; quatre chapitres nouveaux ont été introduits ; le nombre d'articles a augmenté de 25 %) que sur le fond. La nouvelle loi intervient après une forte mobilisation des chercheurs. Présentée par le Gouvernement comme un des éléments d'un Pacte pour la recherche, elle renoue avec l'idée de programmation (titre Ier) et contient une série de dispositions conçues comme autant de réponses au défi de la concurrence internationale. La loi insiste sur le pilotage global de la politique de recherche en créant auprès du Président de la République un Haut Conseil de la science et de la technologie (HCST). Elle met en place un système d'évaluation de la recherche et de l'enseignement supérieur en confiant à une nouvelle institution, l'Agence d'évaluation de l'enseignement supérieur et de la recherche (AERES), le soin d'assurer une évaluation systématique de l'ensemble des dispositifs de recherche. Pour faciliter les coopérations entre les acteurs de la recherche, elle crée de nouveaux outils, notamment les pôles de recherche et d'enseignement supérieur (PRES) pouvant prendre la forme d'établissements publics de coopération scientifique (EPCS) permettant de rassembler sur un site universités et organismes de recherche. Une série de dispositions permet d'adapter et de simplifier les règles en vigueur, transformant notamment l'Agence nationale de la recherche (ANR) créée en 2005 sous forme de GIP en établissement public.

LA LOI N° 2007-1787 DU 20 DÉCEMBRE 2007 RELATIVE À LA SIMPLIFICATION DU DROIT

La loi n° 2007-1787 du 20 décembre 2007 relative à la simplification du droit a autorisé le gouvernement à modifier par ordonnances la partie législative du code de la recherche. Il était en effet apparu nécessaire de consolider certaines dispositions adoptées en 2006, notamment en matière de santé publique. Sur cette base, l'ordonnance n° 2008-1305 du 11 décembre 2008 crée huit chapitres nouveaux. Une meilleure analyse du caractère législatif ou réglementaire de certaines dispositions a entraîné des modifications ; ainsi, l'institution du Haut Conseil de la science et de la technologie (HCST), d'abord inscrit par la loi de 2006 dans un article L. 120-1, en a été retirée en 2008 après l'avis de la commission supérieure de la codification concluant à son caractère réglementaire.

LA LOI N° 2013-660 DU 22 JUILLET 2013 RELATIVE À L'ENSEIGNEMENT SUPÉRIEUR ET À LA RECHERCHE

A la suite des Assises nationales de l'enseignement supérieur et de la recherche organisées après les élections présidentielles de 2012, le Parlement a voté la ***loi n° 2013-660 du 22 juillet 2013 relative à l'enseignement supérieur et à la recherche***. Pour la première fois, une même loi porte à la fois sur l'enseignement supérieur et la recherche. Le titre Ier consacré aux missions de l'enseignement supérieur et de la recherche comporte un chapitre II intitulé « La politique de la recherche et du développement technologique » constitué de six articles : la loi introduit ici une vision nouvelle basée sur une stratégie nationale de la recherche (art. 15, art. L. 111-6 ; V. Décr. n° 2013-943 du 21 oct. 2013 relatif au Conseil stratégique de la recherche). Le titre VI traite des personnels, notamment des enseignants-chercheurs (C. éduc.) et modifie plusieurs articles du code de la recherche, en particulier pour améliorer la situation des docteurs. Les PRES sont remplacés par les communautés d'universités et d'établissements (COMUE). Le titre VII regroupe les dispositions relatives à la recherche rassemblées en deux chapitres, l'un sur l'organisation de la recherche (avec le remplacement de l'AERES par le Haut Conseil d'évaluation de la recherche et de l'enseignement supérieur ou HCERES et la création du Conseil stratégique de la recherche), l'autre sur l'exercice des activités de transfert pour la création de valeur économique. Le dernier titre a pour objet les dispositions diverses ou transitoires.

L'article 129 de la loi du 22 juillet 2013 ratifie l'ordonnance n° 2008-1305 du 11 décembre 2008 modifiant la partie législative du code de la recherche. Son article 124 autorise le Gouvernement à modifier par ordonnance le code de la recherche pour l'adapter, à droit constant, afin d'y créer un nouveau livre relatif à la valorisation et au transfert de la recherche en direction du monde économique, des associations et fondations reconnues d'utilité publique, à remédier aux éventuelles erreurs de codification, abroger les dispositions devenues sans objet, et étendre ses dispositions, le cas échéant avec les adaptations nécessaires, en Nouvelle-Calédonie, en Polynésie française, dans les îles Wallis-et-Futuna et dans les Terres australes et antarctiques françaises, ainsi que de permettre les adaptations nécessaires à l'application de ces dispositions à Mayotte, à Saint-Barthélemy, à Saint-Martin et à Saint-Pierre-et-Miquelon. L'ordonnance n° 2014-135 du 17 février 2014 a ainsi ajouté un livre V consacré à la valorisation des résultats de la recherche et au transfert de technologie et modifié plusieurs dispositions du code de la recherche.

LA LOI N° 2020-1674 DU 24 DÉCEMBRE 2020 DE PROGRAMMATION DE LA RECHERCHE POUR LES ANNÉES 2021 À 2030

Le Premier ministre annonçait le 1er février 2019 la mise en chantier d'une nouvelle loi de programmation pour donner à la recherche « du temps, de la visibilité et des moyens ». Trois groupes de travail ont alors débattu sur les moyens de garantir un financement efficace de la recherche (recherche sur projet, financement compétitif et financement des laboratoires), d'assurer l'attractivité des emplois et des carrières scientifiques et de consolider la recherche partenariale et le modèle d'innovation français. Le président de la République, dans un discours prononcé le 26 novembre 2019 pour les 80 ans du CNRS, prenant acte de la dégradation des résultats, réaffirma l'objectif des 3 % du PIB pour les dépenses de R&D (contre 2,19 % comparés aux 2,37 % en moyenne des pays de l'OCDE et aux 3,4 % de l'Allemagne), impliquant un réinvestissement de l'État dans la recherche publique. Reprenant les conclusions des groupes de travail, un projet de loi est adopté en Conseil des ministres le 24 juillet 2020 et déposé à l'Assemblée nationale (projet de loi n° 3234) pour être examiné en procédure accélérée. Les protestations des chercheurs dénoncèrent le manque d'ambition, la précarisation et la privatisation qui trouvèrent un écho tant au CNESER (qui toutefois approuva le projet accompagné de l'ouverture d'une négociation sur un protocole « rémunération et carrières », finalement signé le 12 oct. 2020 améliorant le régime indemnitaire et prévoyant un repyramidage des corps) qu'au CESE, et plusieurs sections du CNU se mobilisèrent contre les projets de modifications statutaires des enseignants-chercheurs. À la suite d'une observation du Conseil d'État constatant que les 24 articles du projet de loi modifiaient ou complétaient tant le code de la recherche que le code de l'éducation (CE, avis, 9 juill. 2020, n° 400328), il est intitulé « projet de loi de programmation de la recherche pour les années 2021 à 2030 et portant diverses dispositions relatives à la recherche et à l'enseignement supérieur ». Une loi de 48 articles est adoptée, compte tenu notamment des amendements introduits par le Sénat (dont 3 d'entre eux ont été considérés comme dépourvus de tout lien, même indirect, avec le projet de loi par le Conseil constitutionnel qui valide toutefois l'ensemble avec une réserve d'interprétation – V. Cons. const. 21 déc. 2020, n° 2020-810 DC).

L'article 1er approuve ***le rapport annexé*** qui fixe les orientations relatives à la politique de recherche et les moyens qui lui seront consacrés au cours de la période 2021-2030, avec l'objectif de porter les dépenses intérieures de recherche et développement des administrations et des entreprises (DPRDAE) à au moins 3 % du PIB et les dépenses intérieures de recherche et développement des seules administrations à au moins 1 % ; celles-là sont financées tant par les crédits budgétaires de l'État (dont les trajectoires sont retracées par l'art. 2 pour les crédits de paiement des programmes budgétaires dont les financements des actions de recherche attribués par l'ANR) que par ceux du plan de relance (100 milliards pour 2021 et 2022 pour redresser l'économie et faire la « France de demain » privilégiant l'écologie, la compétitivité et la cohésion) mais encore par les crédits des programmes d'investissement d'avenir (PIA) auxquels s'ajoutent les crédits attribués par les collectivités territoriales et par l'Union européenne. L'évaluation des crédits et le contour du périmètre des laboratoires publics concernés sont fondés sur des concepts et définitions harmonisés, comme le prévoit le règlement d'exécution (UE) n° 995/2012 de la Commission européenne du 26 octobre 2012 établissant les modalités de mise en œuvre de la décision n° 1608/2003/CE du Parlement européen et du Conseil relative à la production et au développement de statistiques communautaires de la science et de la technologie (art. 1er, dernière phrase). Le risque inflationniste, la non-prise en compte de l'évolution de la masse salariale (GVT) et la multiplicité des procédures financières (LPR, LPFP, LFI...) amènent à s'interroger sur la réalité d'une trajectoire décennale justifiant une actualisation triennale (art. 3).

Les autres articles modifient de nombreuses dispositions du code de la recherche et du code de l'éducation (souvent dans les mêmes termes par des articles miroirs). Pour « améliorer l'attractivité des métiers scientifiques », la loi introduit une procédure d'accès rapide aux fonctions de directeur de recherche et de professeur des universités, *tenure tracks* à la française (art. 4), et allège l'exigence de qualification nationale pour accéder aux corps des enseignants-chercheurs (art. 5). Les articles suivants révèlent l'importance du recours au contrat tant pour préparer une thèse (art. 6) que pour la compléter dans le cadre de contrats postdoctoraux de droit public ou de droit privé (art. 7) ou de contrats de mission (art. 9). Pour consolider les dispositifs de financement et d'organisation de la recherche, le titre II renforce l'évaluation du HCERES (art. 6) et conforte le financement sur projet par l'ANR en définissant le *préciput* (art. 21). Elle définit les unités de recherche (art. 20) et la mission recherche des établissements privés d'enseignement supérieur (art. 22). Pour renforcer les relations entre la recherche avec l'économie et la société, la loi renforce les mécanismes de la loi Allègre du 12 juillet 1999 pour encourager les chercheurs et enseignants-chercheurs à participer à des activités économiques et favoriser la coopération avec les entreprises (art. 24, autorisation de participer à la création d'entreprises, d'apporter un concours scientifique à une entreprise existante et de participer à son capital ou aux organes de direction d'une société commerciale ; art. 25 : facilitation et élargissement du champ de la mobilité des personnels de la recherche...).

LE CONTENU DU CODE DE LA RECHERCHE

De nombreuses dispositions du code de la recherche renvoient à d'autres codes, les « codes suiveurs », mais il peut aussi se référer à un « code pilote ». Pour réunir l'ensemble des dispositions applicables dans le domaine de la recherche, il sera nécessaire de se référer au code civil, au code de commerce ou au code pénal. Il faudra aussi se reporter au code général des collectivités territoriales, au code général des impôts, au code de l'environnement, au code forestier, au code des juridictions financières, au code monétaire et financier, au code du patrimoine, au code de la propriété intellectuelle, au code rural et de la pêche maritime, au code de la santé publique, au code du travail ou au code du travail maritime. En outre, certaines dispositions renvoient à d'autres textes, non codifiés, comme la loi n° 78-17 du 6 janvier 1978 relative à l'informatique, aux fichiers et aux libertés, la loi n° 83-634 du 13 juillet 1983 portant droits et obligations des fonctionnaires, la loi n° 83-675 du 26 juillet 1983 relative à la démocratisation du secteur public, la loi n° 84-16 du 11 janvier 1984 portant dispositions statutaires relatives à la fonction publique de l'État, la loi n° 87-571 du 23 juillet 1987 sur le développement du mécénat, la loi n° 93-122 du 29 janvier 1993 relative à la prévention de la corruption et à la transparence de la vie économique et des procédures publiques ou la loi n° 2008-518 du 3 juin 2008 relative aux opérations spatiales.

LA RECHERCHE ET L'ÉDUCATION

La recherche entretient des liens étroits avec l'éducation.

C'est d'abord un ***état d'esprit*** qui fait l'objet d'une approche globale. « L'éducation scolaire, l'enseignement supérieur, la formation continue... doivent favoriser l'esprit de recherche, d'innovation et de créativité... » (C. rech., art. L. 111-5, issu de la L. de 1982).

C'est aussi une ***méthode*** : « La formation à la recherche et par la recherche intéresse, outre les travailleurs scientifiques, la société tout entière. Elle ouvre à ceux qui en bénéficient la possibilité d'exercer une activité dans la recherche comme dans l'enseignement, les administrations et les entreprises » (art. L. 412-1).

C'est enfin une des ***missions du service public de l'enseignement supérieur*** qui contribue « au développement de la recherche, support nécessaire des formations, et à l'élévation du niveau scientifique... de la nation » (C. éduc., art. L. 123-2). L'article L. 112-3 du code de la recherche reproduit les dispositions de l'article L. 123-5 du code de l'éducation sur les missions du service public de l'enseignement supérieur telles qu'elles résultent de la loi du 18 avril 2006, soulignant ainsi la convergence entre enseignement supérieur et recherche.

Le législateur a pu mettre en place des instances communes (art. L. 123-1, Conseil national de l'enseignement supérieur et de la recherche), des outils partagés (l'art. L. 111-9 du code de la recherche renvoie à l'art. L. 614-2 du code de l'éducation consacré au Schéma de services collectifs de l'enseignement supérieur et de la recherche).

Le Gouvernement présente au Parlement un rapport triennal sur l'application des dispositions concernant la valorisation et les transferts que ceux-ci aient pour cadre les établissements régis par le code de la recherche ou ceux, notamment les établissements secondaires, relevant du code de l'éducation (art. L. 114-5).

L'évaluation de la recherche et de l'enseignement supérieur est confiée au Haut Conseil d'évaluation de la recherche et de l'enseignement supérieur.

LA RÉDACTION DU CODE DE LA RECHERCHE

Partant des dispositions des lois antérieures à 2004, dont certaines avaient déjà pu être codifiées (code de l'éducation, code général des collectivités territoriales...), les rédacteurs du code, s'inspirant des divisions alors retenues, les ont à l'origine classés en quatre livres auxquels l'ordonnance n° 2014-135 du 17 février 2014 a ajouté un livre V consacré à la valorisation des résultats de la recherche et au transfert de technologie.

Le ***livre I*** est consacré à l'organisation générale de la recherche et du développement technologique. Reprenant les dispositions des lois de programmation, ses dispositions présentent les objectifs de la recherche et mettent en place les dispositifs permettant d'en évaluer les résultats.

Le ***livre II***, relatif à l'exercice des activités de recherche, aborde les questions d'éthique dans différents secteurs de la recherche.

Le ***livre III*** regroupe les diverses dispositions concernant les établissements et organismes de recherche.

Le ***livre IV*** réunit les règles applicables au personnel, notamment aux fonctionnaires.

Enfin, depuis l'ordonnance du 17 février 2014, un ***livre V*** concerne « La valorisation des résultats de la recherche et le transfert de technologie en direction du monde économique et des associations et fondations reconnues d'utilité publique ».

Pour chaque livre, un titre final précise les dispositions applicables dans les collectivités d'outre-mer soumises au régime de spécialité législative.

LE CODE DE LA RECHERCHE : UNE VISION PARTIELLE DU DROIT DE LA RECHERCHE

L'analyse des dispositions ainsi rassemblées ne donnent qu'une vision très partielle du droit de la recherche. La lecture de la partie législative doit évidemment être complétée par les dispositions réglementaires aujourd'hui encore éparpillées. Une réflexion sur le contenu et la portée du code impose en outre de se référer aux normes qui n'y figurent pas, qu'elles s'imposent ou non au législateur. Elle permet notamment de s'interroger sur la liberté du chercheur et la régulation de la recherche (V. Blaizot-Hazard, Droit de la recherche scientifique, *Thémis, PUF Droit, 2003. 21 s.*).

Le chercheur peut invoquer la « liberté de la recherche » en s'appuyant sur des instruments internationaux ou sur les principes à valeur constitutionnelle. Mais son autonomie, comme l'indépendance des enseignants-chercheurs, va se heurter à de nombreuses contraintes, financières, techniques, morales…, qui pourront notamment survenir quand il passera du projet à sa réalisation, de l'idée à l'expérimentation. Le plus souvent, il devra se référer non seulement au droit positif tel qu'il est posé par la Constitution (la Charte de l'environnement adoptée en 2004 introduit ainsi une référence au « principe de précaution » qui doit être pris en considération pour « la mise en œuvre de procédures d'évaluation des risques »), les traités, la loi et les règlements mais aussi à d'autres normes, ressortissant des registres déontologiques ou éthiques. Ainsi aura-t-il la possibilité d'adhérer à la « Charte européenne du chercheur » fixant un ensemble de principes généraux précisant le rôle, les responsabilités ou les prérogatives de ceux qui participent au processus de recherche (de Lamberterie et Vergès (sous la direction de), Quel droit pour la recherche ?, *Colloques et débats, LexisNexis, Litec, Paris 2006*). Force est alors d'admettre que la régulation passe alors par d'autres voies que celle du code de la recherche. ❑

PARTIE LÉGISLATIVE

(Ord. n° 2004-545 du 11 juin 2004)

BIB. GÉN. ▶ Blaizot-Hazard, Droit de la recherche scientifique, *PUF, 2003.* – Calamarte-Doguet, Le droit de la recherche, *LGDJ, coll. Systèmes, Droit, 2005.* – L'état de l'enseignement supérieur et de la recherche en France. 35 indicateurs, *MESR, n° 4, déc. 2010 ; www.enseignementsup-recherche.gouv.fr.*

LIVRE PREMIER L'organisation générale de la recherche et du développement technologique

COMMENTAIRE

Le livre Ier est consacré à l'organisation générale. Il est divisé en trois titres. Le titre final regroupe les dispositions relatives à l'outre-mer ; sous l'intitulé « orientation de la recherche et du développement technologique », le titre Ier regroupe les chapitres relatifs aux politiques, aux objectifs et moyens institutionnels, à la programmation des moyens et à l'évaluation de la recherche ; la loi de programmation pour la recherche (LPR) n° 2020-1674 du 24 décembre 2020 a élargi le champ du code de la recherche, notamment en modifiant l'intitulé de la section consacrée aux objectifs de l'évaluation de la recherche et, désormais, de l'enseignement supérieur. Malgré la référence aux moyens institutionnels, il ne contient aucune disposition encadrant l'organisation de l'État en matière de recherche tant au niveau central (MESRI) que pour les autorités déconcentrées qui relèvent du pouvoir réglementaire (V. C. éduc., Livre II, notamment sur le devenir des DRRT, créés par la loi de 1982 auprès des préfets, devenus DRARI par leur rattachement au recteur de région académique, Décr. n° 2020-1555 du 9 déc. 2020 relatif aux délégations régionales académiques à la recherche et à l'innovation). Le titre II consacré aux instances consultatives ne comporte qu'un article sur la Conseil stratégique de la recherche substitué au Haut Conseil de la science et de la technologie par la loi de 2013 (art. L. 210-1) et un article renvoyant au code de l'éducation pour le CNESER (art. L. 123-1).

I. LA NOTION DE RECHERCHE

Pas plus que les lois dont il codifie les dispositions, le code de la recherche ne définit la notion même de recherche. Il est toutefois possible de la cerner en comparant les diverses dispositions retenues dans le titre Ier du livre Ier intitulé « Orientation de la recherche et du développement technologique ». Il serait nécessaire de confronter cette approche fonctionnelle à l'approche organique que semble annoncer le livre en se référant à l'« organisation générale ». L'article L. 112-2 précise que « la recherche publique est organisée dans les services publics, notamment les établissements publics d'enseignement supérieur (dont la recherche constitue une des missions définies par les art. L. 123-3 et L. 123-9 C. éduc.), les établissements publics de recherche et les établissements de santé (ajoutés par la L. n° 2009-879 du 21 juill. 2009 portant réforme de l'hôpital et relative aux patients, à la santé et aux territoires), et dans les entreprises publiques ». L'article 22 de la LPR n° 2020-1674 du 24 décembre 2020 mentionne en outre « les établissements privés à but non lucratif en contrat avec l'État tels que définis à l'article L. 732 1 du code de l'éducation » précisant qu'ils participent au service public de la recherche et contribuent aux objectifs de la recherche publique (art. L. 314-1). Mais il faut alors se reporter au livre III qui traite des établissements et organismes de recherche. L'approche organique permet de distinguer la recherche de la recherche publique, même si on peut s'interroger sur le point de savoir si les entreprises publiques dont la caractéristique principale est d'être soumises au droit privé ne constituent pas là des intruses !

A. LE SENS DE LA RECHERCHE

En précisant que « la politique nationale de la recherche et du développement technologique vise à 1° accroître les connaissances ; 2° partager la culture scientifique, technique et industrielle ; 3° valoriser les résultats de la recherche au service de la société ; 4° promouvoir la langue française comme langue scientifique », l'article L. 111-1 issu de la loi n° 82-610 du 15 juillet 1982, modifié par la loi n° 2013-660 du 22 juillet 2013, présente non comme le titre de la section l'annonce la politique nationale mais la « politique globale » (expression d'ailleurs utilisée par l'art. L. 111-3), qui se décline tant en politique nationale qu'en politiques régionales. L'article L. 111-2 précise que cette politique concerne le « long terme », la situant au-delà de l'horizon de la programmation 1982-1985. Le terme « recherche », alors employé seul, sans adjectif, vise tant la recherche privée que la recherche publique. Cette dernière est introduite plus loin, par l'article L. 112-1, lui aussi issu de la loi de 1982 et modifié par la loi de 2013, qui précise ses objectifs : le développement et le progrès de la recherche dans tous les domaines de la connaissance ; la valorisation des résultats de la recherche au service de la société, qui s'appuie sur l'innovation et le transfert de technologie (l'art. 14 de la loi ESR de 2013 a auparavant ajouté à l'art. L. 111-1 une phrase mentionnant le développement de l'innovation et le transfert de technologie) ; le partage et la diffusion des résultats et des connaissances scientifiques en donnant, la priorité aux formats libre accès, sans restriction d'accès et de mise en œuvre) ; le développement des capacités d'expertise et celles d'appui aux organismes et aux politiques répondant aux besoins sociaux. Un alinéa supplémentaire dispose que les établissements publics de recherche et d'enseignement supérieur favorisent le développement des travaux en coopération avec les associations et fondations reconnues d'utilité publique, en promouvant la recherche participative (art. L. 112-1), notion qui vise les travaux menés en partenariat entre des chercheurs et des membres d'une « communauté », d'associations ou d'organisations non gouvernementales (association de malades ou d'usagers, collectivités locales, groupes ethniques, praticiens, etc.).

Ces éléments permettent d'esquisser une définition matérielle de la recherche. Mais celle-ci peut être plus ou moins large. L'opposition entre « recherche » et « développement technologique », ou entre « recherche » et « valorisation des recherches » laisse entendre que la recherche se distingue de l'un et de l'autre. Le fait que les uns et les autres soient traités dans un même « code de la recherche » donne au contraire une vision large, englobante de la notion de recherche. Au sens strict, il est donc possible de définir la « recherche » comme l'ensemble des opérations visant à l'« accroissement des connaissances » ; au sens large, ce premier cercle apparaît indissociable des opérations de « valorisation des résultats » qui permettent aux entreprises de tirer profit des progrès scientifiques et des avancées technologiques et de la « diffusion de l'information scientifique » tant aux professionnels qu'au public scolaire ou non scolaire dont la culture scientifique doit être développée. A noter que la promotion du français mentionnée par l'article liminaire ne constitue pas un élément de définition de la recherche mais un objectif de la politique nationale, écho de la loi Toubon du 4 août 1994 précisant que la langue française, « langue de l'enseignement… et des services publics » (art. 1er), doit être utilisée dans les colloques (art. 6) et pour la rédaction des mémoires et des thèses (art. 11 repris par le code de l'éducation à l'art. L. 121-3, II).

La LPR n° 2020-1674 du 24 décembre 2020 souligne l'importance de la culture scientifique et technique (CST). Son article 48 donne un délai de six mois au Gouvernement pour remettre au Parlement un rapport qui dresse un état des lieux exhaustif des politiques menées en faveur de la culture scientifique, technique et industrielle ainsi qu'un premier bilan de la stratégie nationale de culture scientifique, technique et industrielle établie en 2017.

B. LES RECHERCHES FONDAMENTALES, APPLIQUÉES ET FINALISÉES

Quel que soit le sens retenu, il est toujours possible d'opposer la « recherche fondamentale » (art. L. 111-2 ; au pluriel dans l'art. L. 113-2) à la « recherche appliquée » (par exemple sur la forêt et le bois, art. L. 112-5), elles-mêmes à distinguer de la « recherche finalisée » (art. L. 113-2).

La première vise à produire des connaissances ; l'expression est alors synonyme de « recherche » *stricto sensu*. L'article L. 111-2 reprenant la loi de 1982 précise qu'elle concerne tous les domaines et vise en particulier les SHS, les sciences humaines et sociales.

La « recherche appliquée » vise à mettre en œuvre les connaissances, ce qui peut recouvrir tant le « développement technologique » que la « valorisation des résultats ».

Quant à la « recherche finalisée » qui fait l'objet d'un projet fixant les objectifs à atteindre et disposant des moyens programmés, elle peut être tant appliquée (même si la rubrique *b* semble les assimiler) que fondamentale ; en effet celle-ci peut aussi répondre à des besoins culturels, sociaux et économiques qui justifient qu'elle soit soutenue par les pouvoirs publics, même si sa rentabilité n'est pas immédiate. La recherche est aussi présentée comme une approche intellectuelle, un « esprit » fait d'« innovation » et de « créativité » (art. L. 111-5).

C. DU DISCOURS À LA STRATÉGIE NATIONALE DE RECHERCHE

En présentant, d'une part, les politiques de recherche et de développement technologique, d'autre part, les objectifs et les moyens institutionnels de la recherche, le titre premier est essentiellement d'ordre proclamatoire. On retrouve à l'article L. 113-1 l'affirmation qui ouvrait l'article 1er de la loi Chevènement selon lequel « la recherche scientifique et le développement technologique sont des priorités nationales » ; les lois de 1982, 1985 et 2006 dont les dispositions sont regroupées dans le code prévoyaient une programmation des moyens et des emplois ; les objectifs posés par le législateur sont divers et variés : il s'agit de restaurer le dialogue entre science et société (art. L. 111-2), de développer les échanges et la coopération scientifiques, notamment en Europe, d'instaurer des liens mutuellement bénéfiques avec les pays en voie de développement (art. L. 111-3 mod. par la loi de 2006 qui vise à créer dans ces pays des « centres d'excellence » dans une perspective de « développement durable »), de renforcer la capacité et l'autonomie de l'Europe (art. L. 111-4).

Après les Assises de l'enseignement supérieur et de la recherche de l'automne 2012 qui avaient souligné les insuffisances du pilotage de la recherche, l'article 15 de la loi du 22 juillet 2013 met en place une ***stratégie nationale de recherche*** (SNR) qui comporte une ***programmation pluriannuelle des moyens*** (art. L. 111-6). Comme la stratégie de l'enseignement supérieur prévue par l'article L. 123-1 du code de l'éducation (présentées toutes deux par le Gouvernement au Parlement sous la forme d'un livre blanc, art. 17 de la L. du 22 juill. 2013), elle est élaborée et révisée tous les cinq ans. Le ministre chargé de la recherche assure la coordination des travaux en concertation avec la société civile. La SNR vise à répondre aux défis scientifiques, technologiques, environnementaux et sociétaux en maintenant une recherche fondamentale de haut niveau et en s'attachant à la valorisation des résultats de la recherche au service de la société et au développement de l'innovation, du transfert de technologie, de la capacité d'expertise et d'appui aux politiques publiques et aux associations et fondations, reconnues d'utilité publique. Elle doit prendre en compte la culture scientifique, technique et industrielle. Les priorités stratégiques sont arrêtées après une concertation avec la communauté scientifique et universitaire, les partenaires sociaux et économiques, des représentants des associations et fondations, reconnues d'utilité publique, les ministères concernés et les collectivités territoriales, en particulier les régions. Le ministre chargé de la recherche veille à la cohérence de la stratégie nationale avec celle élaborée dans le cadre de l'Union européenne tout en veillant à préserver la défense des intérêts nationaux. Un rapport biennal de l'office parlementaire d'évaluation des choix scientifiques et technologiques fait le point sur la mise en œuvre de la stratégie ; il comporte une analyse de l'efficacité des aides publiques à la recherche privée. Les financements publics de la recherche (contrats pluriannuels conclus avec les organismes de recherche et les établissements d'enseignement supérieur, programmation de l'Agence nationale de la recherche) concourent à la mise en œuvre de la stratégie nationale de recherche.

Comme la stratégie nationale de l'enseignement supérieur, la stratégie nationale de la recherche conçue en 2013 comme un document formel, revêt aussi un sens matériel. La détermination des objectifs stratégiques de la recherche comme la prévision et la programmation des moyens peuvent ressortir d'autres exercices, relevant ainsi des lois de finances dans le cadre de la mission enseignement supérieur et recherche (MESR) ou des lois de programmation. Ainsi, en 2020, la SNR non révisée au terme de la période quinquennale qui lui était fixée, semble relayée par la LPR et son rapport annexé (qui comprend à seize reprises le mot stratégie sans correspondre à l'expression de 2013) et les lois de finances.

D. L'INTERVENTION DE L'ÉTAT DANS LA RECHERCHE

Au confluent de la recherche privée et de la recherche publique, l'État agit, intervient, soit directement (en programmant des actions de recherche), soit indirectement [en fixant des orientations, en incitant, en accordant des aides directes, notamment à l'innovation (art. L. 133-1), ou indirectes par le biais d'un crédit d'impôt (V. art. L. 131-1 et L. 131-2), qui renvoient au code général des impôts et au livre des procédures fiscales ou en mobilisant les fonds communs, de placement dans l'innovation (art. L. 132-1). Les choix faits doivent être éclairés par une « concertation étroite » avec les communautés scientifiques et les partenaires sociaux et économiques (art. L. 111-6) et ont désormais pour cadre la stratégie nationale de recherche (SNR). Depuis la loi du 4 février 1995 d'orientation pour l'aménagement et le développement du territoire, l'État incite les laboratoires privés à choisir une localisation conforme aux schémas de services collectifs pour réaliser une répartition équilibrée de la recherche sur le territoire national (art. L. 111-7 renvoyant à C. éduc., art. L. 614-2, visant le SCESR, Schéma collectif enseignement supérieur et recherche).

La même mention est reproduite par l'article L. 111-9 au titre des politiques régionales qui reposent sur les attributions de la région rappelées par l'article L. 111-8 qui renvoie au code général des collectivités territoriales qui fixe leurs compétences (CGCT, art. L. 4252-1, définition et développement des pôles technologiques régionaux) ; veille à la diffusion des nouvelles technologies, à la formation et à l'information scientifiques et techniques, au décloisonnement de la recherche) et précise leur organisation [CGCT, art. L. 4252-3 : un comité consultatif régional de recherche et de développement technologique (CCRDT) placé auprès du conseil régional, CGCT, art. R. 4252-1 à R. 4252-4]. L'article 20 de la loi du 20 juillet 2013 prévoit que la région coordonne, sous réserve des missions de l'État et dans le cadre de la stratégie nationale de recherche, les initiatives territoriales visant à développer et diffuser la culture scientifique, technique et industrielle, notamment auprès des jeunes publics, et participe à leur financement. Aussi, l'État transfère aux régions les crédits qu'il accordait à ces initiatives. La politique régionale doit être cohérente avec les stratégies nationales de l'enseignement supérieur et de la recherche, la région doit désormais définir un schéma régional de l'enseignement supérieur, de la recherche et de l'innovation (SRESRI) qui détermine les principes et les priorités de ses interventions (V. comm. C. éduc., livre II, la région).

La proposition 133 du rapport des Assises nationales de l'enseignement supérieur et de la recherche proposait de regrouper le Haut Conseil de la science et de la technologie (HCST) et le Conseil supérieur de la recherche et de la technologie (CSRT) dont les fondements législatifs avaient été abrogés par l'ordonnance n° 2008-1305 du 11 décembre 2008. Dans son rapport remis au Premier ministre, Jean-Yves Le Déaut considère plus opportun, pour que le Gouvernement puisse disposer d'un organisme consultatif de haut niveau, de remplacer le HCST par un nouveau Conseil stratégique restreint de la science et de la technologie, placé auprès du Premier ministre.

L'article 95 de la loi du 22 juillet 2003 crée un ***Conseil stratégique de la recherche***, placé auprès du Premier ministre qui le préside (ou, par délégation, le ministre chargé de la recherche) et comprenant autant de femmes que d'hommes (art. L. 120-1, al. 1er). Il propose les grandes orientations de la stratégie nationale de recherche (art. L. 111-6) et participe à l'évaluation de leur mise en œuvre (art. L. 120-1, al. 2). Il comprend notamment un député et un sénateur désignés par l'office parlementaire d'évaluation des choix scientifiques et technologiques et un représentant des régions.

E. L'IMPORTANCE DU RÔLE DES CONVENTIONS

La loi insiste sur le rôle des conventions. Ainsi la région peut passer des conventions pour des actions de durée limitée avec l'État, les organismes de recherche et les établissements d'enseignement supérieur (art. L. 452-2). Si la loi de 1982 mentionnait les contrats conclus entre les entreprises et l'État en imposant qu'ils prévoient un volet recherche (art. L. 113-3), le contrat est aujourd'hui utilisé comme un dispositif de pilotage de la recherche publique, veillant à ce que les opérateurs de l'État que sont les divers organismes publics et établissements de recherche contribuent aux objectifs fixés par la loi, notamment par les lois de finances. La loi n° 99-587 du 12 juillet 1999 sur l'innovation et la recherche a ainsi précisé que tout établissement public de recherche conclut avec l'État des contrats pluriannuels qui définissent ses objectifs (art. L. 311-2), formule similaire à celle prévue pour les universités par le code de l'éducation auquel renvoie l'article L. 312-1. L'article 16 de la LPR 2020 précise que le contrat porte sur l'ensemble des activités de l'établissement et prévoit notamment ses objectifs relatifs à ses coopérations avec les établissements publics d'enseignement supérieur et à l'inscription de ses activités dans les sites universitaires. Des « contrats d'objectifs et de moyens » sont proposés aux organismes et établissements, opérateurs de l'État. Les établissements rendent compte de l'exécution de leurs engagements et de l'atteinte des objectifs prévus dans le contrat au moins une fois tous les deux ans. A noter, que la loi de 2020 ajoute que les organismes nationaux de recherche partenaires des établissements d'enseignement supérieurs sont associés à leurs contrats pluriannuels (C. éduc., art. L. 718-5, al. 4 nouveau). Le législateur a ainsi voulu renforcer le dialogue de l'État avec les établissements, pour leur permettre d'affirmer leur stratégie et de renforcer leur engagement sur les priorités scientifiques et le politiques de site en liaison avec les universités. Le renforcement de ce dialogue contractuel, tous les cinq ans, s'accompagne de la mise en place d'un « dialogue stratégique et de gestion » annuel avec les établissements (voir rapport annexé).

En effet, au-delà des objectifs de la politique de recherche contenus dans le code, la loi de finances, désormais présentée selon les règles contenues dans la loi organique relative aux lois de finances du 1er août 2001, ou LOLF, fixe des objectifs stratégiques accompagnés d'indicateurs. Ils sont prévus dans les projets annuels de performance (PAP) annexés à chacun des programmes de la mission interministérielle « recherche et enseignement supérieur » (MIRES) qui permet la mise en œuvre de quatre catégories d'actions : recherches fondamentales, recherches appliquées et recherches finalisées, programmes de développement technologique et projets mobilisateurs pluriannuels arrêtés par le Gouvernement en concertation avec l'ensemble des parties intéressées (art. L. 113-2).

II. L'ÉVALUATION DE LA RECHERCHE

L'évaluation est consubstantielle de la recherche. Le chercheur qui mène une expérience en évalue les résultats. L'évaluation peut porter sur l'acte de recherche lui-même mais aussi sur les activités de recherche, les personnels de recherche, les organismes de recherche ou les politiques de recherche.

Dès 1985, la loi prévoit que les activités de recherche financées en tout ou en partie sur fonds publics, qu'elles soient réalisées par des acteurs publics ou privés, doivent être évaluées (art. L. 114-1). Les organismes de recherche font l'objet d'une évaluation périodique (art. L. 114-6). L'évaluation porte sur les personnels, les équipes, les programmes, les résultats (art. L. 114-3). L'exécution des contrats conclus par l'État avec les établissements doit faire l'objet d'une évaluation (art. L. 311-2 pour les EPR ; art. L. 312-1 pour les EPSCP). Le contrôle de l'application des lois en matière de recherche et de technologie est confié à l'IGAENR (désormais à l'IGENJS) qui au-delà des vérifications auxquelles ses membres procèdent (art. L. 241-2 C. éduc.) réalise des évaluations (art. L. 241-1 C. éduc.). Le Gouvernement doit présenter au Parlement un rapport triennal sur les résultats des établissements de recherche et d'enseignement supérieur et de recherche, la participation des personnels de la recherche à la création des entreprises, la valorisation en s'appuyant sur un avis du CNESER (art. L. 114-5, CNESER dont les compétences en matière de recherche ont été mieux marquées par la L. du 22 juill. 2013, art. L. 232-1), et peut alors se référer aux travaux du Haut Conseil d'évaluation de la recherche et de l'enseignement supérieur (HCERES) créé par l'article 90 de la loi du 22 juillet 2013 pour remplacer l'Agence d'évaluation de la recherche et de l'enseignement supérieur (AERES).

Plusieurs agences (ANR) et organismes de recherche (INSERM...) ont souscrit à la déclaration de San Francisco sur l'évaluation de la recherche (*San Francisco Declaration on Research Assessment* ; DORA) ou « Déclaration de San Francisco » adoptée en 2013 à l'initiative des chercheurs de l'*American Society for Cell Biology* (ASCB) et d'un groupe d'éditeurs de journaux scientifiques ; une nouvelle feuille de route, adoptée le 27 juin 2018, a pour objectif de « renforcer la prise de conscience du besoin de développement des alternatives crédibles à l'usage inapproprié de la bibliométrie ; promouvoir activement des outils et processus incarnant les meilleures pratiques d'évaluation de la recherche... ».

Le rapport annexé à la LPR n° 2020-1674 du 24 décembre 2020 **souhaitant renouveler les orientations pour une évaluation efficiente et adaptée** fixe une feuille de route visant à simplifier les procédures en veillant à articuler au mieux le rôle des différentes instances (HCERES, organes d'évaluation des organismes, Conseil national des universités (CNU), et à renforcer la crédibilité et la cohérence des évaluations, notamment en ce qui concerne les laboratoires de recherche, en se concentrant sur la science, ses résultats et son impact sur la production de connaissances et la société.

La LPR n° 2020-1674 du 20 décembre 2020 modifie en outre les dispositions de l'ordonnance n° 58-1100 du 17 novembre 1958 relative au fonctionnement des assemblées parlementaires concernant l'Office parlementaire d'évaluation des choix scientifiques et technologiques (OPECST) ; inversant la règle antérieure, son article 30 dispose que les travaux de cette délégation parlementaire commune à l'Assemblée nationale et au Sénat comme ses résultats sont désormais publics sans restreindre le motifs invoqués pour prendre une décision contraire de sa part.

III. LE HAUT CONSEIL DE L'ÉVALUATION DE LA RECHERCHE ET DE L'ENSEIGNEMENT SUPÉRIEUR

En 2006, la loi de programmation de la recherche (loi Goulard) adoptait une approche intégrée de l'évaluation des unités de recherche, visant à apprécier, à l'aune internationale, la qualité des projets, des bilans et des résultats en créant l'Agence d'évaluation de la recherche et de l'enseignement supérieur (AERES). Cette autorité administrative indépendante succédait à plusieurs institutions d'évaluation, le comité national d'évaluation (CNE) créé par la loi de 1984 sur l'enseignement supérieur (art. 65) pour évaluer les EPSCP, mais aussi la Mission scientifique, technique et pédagogique (MSTP) au sein du ministère de l'enseignement supérieur et ses dix départements et le comité national d'évaluation de la recherche (CNER) créé en 1989 pour évaluer les EPST. Par ailleurs, le CNRS disposait de son propre système d'évaluation. L'un des objectifs de la loi de 2006 était d'unifier les évaluations, élément essentiel du pilotage du système. Malgré un assez large consensus sur la nécessité de l'évaluation, de nombreuses critiques avaient été adressées à l'Agence (multiplication des formalités, démarches itératives, aspect chronophage). En réponse, la loi ESR du 22 juillet 2013 la remplace par une autre autorité administrative indépendante dénommée ***Haut Conseil de l'évaluation de la recherche et de l'enseignement supérieur*** (HCERES). Souhaitant accroitre son efficience, l'article 16 de la LPR n° 2020-1674 du 24 décembre 2020 élargit ses compétences, redéfinit son organisation en le transformant en Autorité publique indépendante (API) dotée de la personnalité morale (art. L. 114-3-1, al. 1er), et apporte des précisions sur ses objectifs et ses méthodes.

Les compétences du HCERES portent les activités de recherche et d'enseignement supérieur (formations et diplômes) financées en tout ou partie sur fonds publics, réalisées par des opérateurs publics ou privés (art. L. 114-1). Il conduit directement les évaluations et, pour assurer la cohérence du système d'évaluation mais peut aussi valider les procédures d'évaluation mises en œuvre par d'autres instances (à l'exception de celles permettant l'évaluation des personnels, CNU) en s'assurant de leur qualité. La LPR n° 2020-1674 du 24 décembre 2020 élargit leur champ tant sur le plan organique (établissements et structures concernées) que sur le plan matériel (missions de ces organismes).

Le HCERES est chargé d'évaluer les établissements d'enseignement supérieur et leurs regroupements (dont les EPSCP), les organismes de recherche (EPST), les fondations de coopération scientifique ainsi que l'Agence nationale de la recherche (ANR). Plus généralement, la loi vise les structures et unités de recherche dans la mesure où les établissements le souhaitent dont les unités mixtes de recherche mises en place par plusieurs établissements mais qui sont alors soumises à une seule évaluation. La LPR n° 2020-1674 du 24 décembre 2020 ajoute les grandes infrastructures de recherche nationales, ainsi que les structures de droit privé recevant des fonds publics destinés à la recherche ou à l'enseignement supérieur. À leur demande, elle peut en outre évaluer les activités des « établissements publics dont les statuts prévoient une mission de recherche » ; à celle des autorités compétentes elle peut enfin évaluer les activités de recherche d'autres établissements dont les statuts prévoient une mission de recherche dont un décret doit fixer la liste (art. L. 112-6) et des organismes étrangers ou internationaux de recherche et d'enseignement supérieur (art. L. 114-3-1, al. 3, 1°).

L'évaluation ne porte pas uniquement sur la recherche, mais sur l'ensemble des missions du service public de la recherche et du service de l'enseignement supérieur, prenant en compte les divers objectifs législatifs (C. éduc., art. L. 114-2). Ainsi, le Haut Conseil s'assure que l'offre de formation proposée par l'établissement est adaptée à l'orientation et à la réussite des étudiants et tient compte de l'insertion professionnelle des diplômés. Il doit s'assurer de la prise en compte, dans les évaluations des personnels de l'enseignement supérieur et de la recherche, de l'ensemble de leurs missions (notamment la valorisation, la diffusion de la culture scientifique et technique, expertise scientifique auprès des pouvoirs publics et du Parlement). Il veille au respect de l'intégrité scientifique ; il évalue la mise en œuvre des mesures visant à favoriser l'égalité entre les femmes et les hommes dans les établissements contribuant au service public de l'enseignement supérieur et au service public de la recherche (art. L. 114-3-2).

Pour réaffirmer ***l'indépendance du Haut conseil,*** le législateur a modifié son statut et son organisation. À la suite d'un amendement déposé à l'Assemblée nationale, le HCERES qui était une autorité administrative indépendante (AAI) devient à partir du

1er janvier 2022 ***autorité publique indépendante*** (API) (art. L. 114-3-1). En elle-même, cette nouvelle qualification ne peut renforcer l'indépendance fonctionnelle de l'institution ; par contre, en lui conférant la personnalité juridique, la loi lui donne la possibilité d'assurer son autonomie administrative et budgétaire ; les biens mobiliers mis à sa disposition par l'État sont transférés à titre gratuit dans son patrimoine ; en lui permettant de recruter directement des personnels contractuels, elle lui donne un levier de gestion des ressources humaines ; en la dotant d'un budget, elle lui permet de percevoir des ressources propres, lui facilitant ainsi l'action dans le domaine de ses relations européennes et internationales. Comme les autres autorités indépendantes le HCERES doit présenter un rapport d'activité incluant une synthèse annuelle de l'ensemble des données fournies par les établissements d'enseignement supérieur dans le rapport adopté par leur conseil d'administration (art. L. 114-3-5-1).

S'agissant du conseil du HCERES, garant de la qualité de ses travaux (art. L. 114-3-3, I), la loi introduit deux modifications à l'article L. 114-3-3. Dorénavant, son président est nommé par décret du Président de la République « après appel public à candidatures et examen de ces candidatures par une commission dont les membres sont désignés par le Premier ministre sur proposition des ministres chargés de la recherche et de l'enseignement supérieur » (art. L. 114-3-3, II, al. 2). Le nombre de ses membres du collège est réduit de 30 à 23 (6 chercheurs ou enseignants-chercheurs dont 2 désignés par le CNU ; 6 autres dont deux désignés par la CPU ; 2 représentants des étudiants ; 7 personnalités qualifiées ; 2 parlementaires). Le collège arrête le programme annuel d'évaluation du Haut Conseil ; il adopte une ***charte de l'évaluation*** définissant les mesures propres à garantir la qualité et la transparence des évaluations ; il précise les référentiels des évaluations et valide l'ensemble des procédures des évaluations ; enfin, il arrête le programme pluriannuel des évaluations.

Le HCERES est structuré en départements : le DECT (département d'évaluation des coordinations territoriales), au départ compétent pour les seuls groupements, prend en charge l'évaluation des universités, le DEE (département d'évaluation des établissements) gardant les écoles et les organismes de recherche La création en 2017, préconisée par le rapport de Pierre Corvol (2016) de l'***Office français de l'intégrité scientifique*** sous la forme d'un département du HCERES (Haut Conseil d'évaluation de la recherche et de l'enseignement supérieur) animé par un conseil de l'intégrité scientifique composé de douze membres, a pour objectif d'assurer un changement des pratiques et une appropriation culturelle en matière d'intégrité scientifique (garantissant l'honnêteté et la rigueur scientifique des activités de recherche) au sein de la communauté de l'enseignement supérieur et de la recherche. La démarche s'attache tant à la conduite des projets de recherche, la diffusion des connaissances et la communication scientifique, l'encadrement des étudiant qu'à la réalisation d'expertises et l'évaluation. Les manquements à l'intégrité scientifique (falsification, plagiat, rétention de données, signature de complaisance, conflit d'intérêts) sont susceptibles de donner lieu à des poursuites disciplinaires (devant la juridiction universitaire pour les enseignants-chercheurs, devant l'autorité hiérarchique après consultation pour les chercheurs des organismes publics).

S'agissant du rôle du HCERES, la loi apporte des précisions méthodologiques sur ses activités et sur ses objectifs (art. L. 114-3-1).

« Par ses ***rapports d'évaluation*** le Haut Conseil émet, à l'attention des acteurs publics, de leurs partenaires et des publics intéressés, des appréciations motivées sur la qualité des résultats obtenus par les établissements et les structures évalués. Ces appréciations précisent leurs points forts et faibles, et s'accompagnent de recommandations » (art. L. 114-3-1). L'évaluation ainsi réalisée présente plusieurs caractéristiques ; c'est une évaluation périodique ; c'est une évaluation par les pairs ; elle porte sur la qualité scientifique de la recherche et de l'enseignement ; elle se fait par une examen contradictoire et ouvrent la possibilité de recours devant l'autorité administrative ; elle s'inspire des meilleures pratiques internationales, se fondant sur les principes d'objectivité, de transparence et d'égalité de traitement entre les structures examinées. Elle doit respecter les exigences de l'intégrité scientifique pour garantir leur honnêteté et et leur rigueur scientifique et consolider le lien de confiance avec la société. Si le HCERES conduit directement les évaluations, il peut, le cas échéant, valider les procédures d'évaluation mises en œuvre par d'autres instances ; lorsque l'établissement décide de recourir à une autre instance, le Haut Conseil doit en effet valider au préalable les procédures d'évaluation de cette instance. En outre, il assure, dans des conditions fixées par décret, une coordination de l'action des instances d'évaluation nationales dans les domaines de la recherche et de l'enseignement supérieur, à l'exception des instances chargées de l'évaluation des personnels, dans le respect des caractéristiques particulières des missions exercées par ces instances nationales (art. L. 114-3-1).

Le HCERES produit des rapports qui contribuent à la réflexion stratégique des acteurs de l'enseignement supérieur, de la recherche et de l'innovation ainsi qu'à la conception et à l'évaluation des politiques publiques. Il contribue à la définition d'une politique nationale de l'intégrité scientifique et favorise l'harmonisation et la mutualisation des pratiques des établissements d'enseignement supérieur et de recherche dans ce domaine. En fait, ces rapports d'évaluation fournissent des avis destinés à aider les acteurs de la recherche et de l'enseignement supérieur. Il s'agit d'une part, d'apporter une aide aux établissements contribuant au service public de l'enseignement supérieur et au service public de la recherche pour l'élaboration et la mise en œuvre de leur politique d'établissement et pour l'allocation des moyens à leurs composantes internes. D'autre part, cette aide permet à l'État d'assurer la préparation des contrats pluriannuels définis à l'article L. 311 2 du présent code et à l'article L. 711 1 du code de l'éducation et pour l'allocation des moyens aux établissements. L'évaluation est préalable à l'accréditation prévue à l'article L. 613 1 du code de l'éducation ou à son renouvellement. L'exécution du contrat fait l'objet d'une évaluation. Les établissements rendent compte de l'exécution de leurs engagements et de l'atteinte des objectifs prévus dans le contrat au moins une fois tous les deux ans.

A propos de l'Agence d'évaluation de la recherche et de l'enseignement supérieur (AERES) (mais la solution serait la même pour le HCERES), il a été jugé qu'il ne s'agissait pas d'un organe décisionnel. Les décisions de reconnaissance des unités de recherche et de financement de leurs activités, ainsi que les démarches de contractualisation des établissements, demeurent pleinement de la compétence des autorités de l'État ou des responsables des établissements. Un rapport d'évaluation est dépourvu de tout caractère décisoire, et constitue seulement un avis, une opinion, sur une activité scientifique. Aussi, la requête d'un chercheur demandant l'annulation d'une partie d'un rapport d'évaluation de son laboratoire ne pouvait-elle qu'être rejetée (TA Toulouse, 22 janv. 2015, n° 1104020 : *AJFP 2015. 305, concl. Dubois* ; V. aussi CE 18 avr. 2008, *M. Poiraudeau*, n° 202295 : le ministre compétent pour signer les contrats n'est pas lié par ces avis qui constituent par eux-mêmes des actes préparatoires non susceptibles de recours pour excès de pouvoir, V. note ss. C. éduc., art. L. 711-1).

TITRE PREMIER **Orientation de la recherche et du développement technologique**

CHAPITRE PREMIER ***Politiques de la recherche et du développement technologique***

BIBL. GÉN. ▶ Beffa, Recherche publique, recherche privée, *in* Administration et politiques de la recherche, *RFFP, n° 112, 2005. 697.* – Bonhotal, La loi de programme pour la recherche : un an après, *LIJ n° 114, avr. 2007. 27.* – Brondel, Les réformes de la recherche et de l'université dévoilées, *AJDA 2005. 1868*. – Campillo, Cinquin, Cotton, Monin *et a.*, Politiques de recherche : éloge de la simplicité, *Le Monde, Science & techno, 25 août 2012. 8.* – Charlier et Moens, Vers une concentration de la recherche ? Construction européenne et gestion nationale de la recherche universitaire, *in* Administration et politiques de la recherche, *RFFP, n° 112, 2005. 687.* – Cytermann, L'administration et les politiques de recherche : quelles spécificités ?, *in* Administration et politiques de la recherche, *RFFP, n° 112, 2005. 625.* – Devaquet, L'amibe et l'étudiant. Université et recherche : l'état d'urgence, *Éd. Odile Jacob, 1988.* – Filatre, Politiques publiques de recherche et gouvernance régionale, *in* Administration et politiques de la recherche, *RFFP, n° 112, 2005. 719.* – Forgeron, Lanapats, Kallenbach, Cervel, Champion et Saint-Guilhem, La coordination de l'action internationale en matière d'enseignement supérieur et de recherche, *Rapp. IGAENR-IGAE, n° 2014-003, janv. 2014.* – Harfi, Étudiants et chercheurs à l'horizon 2020 : enjeux de la mobilité internationale et de l'attractivité de la France, *Rapport Commissariat général du plan, sept. 2005.* – Khan, Recherche et développement : l'Europe à la traîne, *Le Monde, 6 déc. 2006. 13* ; Un rapport officiel dénonce l'inefficacité économique de la recherche publique, *Le Monde, 16 janv. 2007. 13.* – le Deaut et Sido, Évaluation de la stratégie nationale de recherche « France Europe 2020 », *Rapp. au nom de l'Office parlementaire d'évaluation des choix scientifiques et technologiques, Sénat, n° 451, Ass. Nat., n° 4574, tome I (2016-2017), 6 mars 2017.* –

Le Hir et Rollot, Université et recherche. La guerre des promesses, *Le Monde, 12 avr. 2007. 22.* – Le Hir, (propos recueillis par), Valérie Pécresse : « La science est au service de la société », *Le Monde, 18 oct. 2007. 7.* – Lesourne et Randet, (dir.), La recherche et l'innovation en France, *éd. Odile Jacob, t. 1, 2006, t. 2 2007.* – Maisl, Enseignement supérieur, université, recherche : la nouvelle donne, *in Terres du Droit, Dalloz, 2009.* – Piganiol, Pour une politique de la recherche, *Futuribles, déc. 2004.* – Ramunni, Les liens entre le CNRS et l'Université, *in* Administration et politiques de la recherche, *RFFP n° 112, 2005. 637.* – Srodogora, Cytermann, Lesage, Tyvaert et Chalon, Le réseau national des Maisons des sciences de l'homme (MSH), *MEN, Rapport IGAENR, n° 327, oct. 2004.* – Théry, Les lois d'orientation et de programmation de la recherche du 15 juillet 1982 et du 28 décembre 1985, *in* Administration et politiques de la recherche, *RFFP n° 112, 2005. 659.* – Toussain, Bonhotal, Vanderheyden, Kallenbach et Bisagni-Faure, Implantation territoriale des organismes de recherche et perspectives de mutualisation entre organismes et universités, *Rapp. IGF-IGAENR, n° 2014-024, mai 2014.* – Van Lerberghe, Balme, Berthe, Choisnard, Cytermann, Mazodier et Srodogora, Recherche et territoire, *Rapport IGAEN, n° 2005-103, nov. 2005.* – La loi de programme pour la recherche, *AJDA 2006. 1654* . – Un autre regard sur la recherche, *Comité national d'évaluation de la recherche, 1994.* – Pacte pour la recherche : le bilan, deux ans après, *La synthèse de l'ORS, n° 25, avr.-mai-juin 2008. 16.* – L'état de l'enseignement supérieur et de la recherche en France. 35 indicateurs, *MESR, n° 4, déc. 2010 ; www.enseignementsup-recherche.gouv.fr.* – La position scientifique de la France dans le monde 2000-2015, *Hcéres, OST - Observatoire des Sciences et Techniques, mars 2018 : http://www.hceres.fr/content/download/32260/492585/file/rappScien_interieur_VF_BAT_web2b.pdf> www.enseignementsup-recherche.gouv.fr.*

▸ **Administration et finances** : Adnot, Les subventions d'équipement à la recherche universitaire, *Sénat, Rapport d'information 2005-2006, n° 36, oct. 2005.* – Froment, Billon, Kallenbach, Perrey, Picq et Tyvaert, Étude des mécanismes d'allocation des moyens humains et financiers aux unités de recherche par les organismes de recherche, *Rapp. IGAENR, n° 2012-072, juill. 2012.* – Théry, Les spécificités juridiques de l'administration et du pilotage de la recherche, *RFAP 2004/4. 659.* – Thiard (supervision), Kallenbach (coord.), Mission sur les dispositifs de soutien à la recherche partenariale, *Rapp. IGF-IGAENR-Conseil général de l'économie, de l'industrie, de l'énergie et des technologies, n° 2013-010, févr. 2013.* – Les collectivités territoriales dans le financement de la recherche et technologie, *MESR, Note d'information, Enseignement supérieur & Recherche, n° 12.03, mai 2012.*

▸ **Liberté** : Fortier, L'organisation de la liberté de la recherche en France. Étude de droit public, *Thèse Dijon, 2004.*

SECTION I *La politique nationale*

Art. L. 111-1 *(L. n° 2013-660 du 22 juill. 2013, art. 14)* **La politique nationale de la recherche et du développement technologique vise à :**

1° Accroître les connaissances ;

2° Partager la culture scientifique, technique et industrielle ;

3° Valoriser les résultats de la recherche au service de la société. A cet effet, elle s'attache au développement de l'innovation, du transfert de technologie lorsque celui-ci est possible, de la capacité d'expertise et d'appui aux associations et fondations, reconnues d'utilité publique, et aux politiques publiques menées pour répondre aux défis sociétaux, aux besoins sociaux, économiques et du développement durable ;

4° Promouvoir la langue française comme langue scientifique.

COMMENTAIRE

Sur la notion de recherche, voir le commentaire sous le livre premier. ❑

Art. L. 111-2 La politique de recherche à long terme repose sur le développement de la recherche fondamentale couvrant tout le champ des connaissances. En particulier, les sciences humaines et sociales sont dotées des moyens nécessaires pour leur permettre de jouer leur rôle dans la restauration du dialogue entre science et société. – *[L. n° 82-610 du 15 juill. 1982, art. 8.]*

Art. L. 111-3 Le Gouvernement définit une politique globale d'échanges et de coopération scientifiques et technologiques, notamment en Europe, avec le souci d'instaurer avec les pays en voie de développement des liens mutuellement bénéfiques. *(L. n° 2006-450 du 18 avr. 2006, art. 4)* **« Cette politique tend notamment à créer dans les pays en développement des centres d'excellence visant à renforcer leurs communautés scientifiques et à contribuer à leur développement durable. »**

BIBL. ▸ 7ᵉ PCRD. Le défi français, *ORS, Dossier du n° 15, 7 févr. 2007.*

Art. L. 111-4 La politique nationale concourt au renforcement de la capacité et de l'autonomie de l'Europe en matière de développement scientifique et technologique.

L'accent est mis en particulier sur les technologies de la production et de l'information, les grands projets technologiques d'intérêt économique et stratégique et les technologies du vivant au service du développement économique et social. – *[L. n° 85-1376 du 23 déc. 1985, art. 3.]*

Art. L. 111-5 L'éducation scolaire, l'enseignement supérieur, la formation continue à tous les niveaux et le secteur public de la radiodiffusion et de la télévision doivent favoriser l'esprit de recherche, d'innovation et de créativité et participer au développement et à la diffusion de la culture scientifique et technique. – *[L. n° 82-610 du 15 juill. 1982, art. 7.]*

Art. L. 111-6 *(L. n° 2013-660 du 22 juill. 2013, art. 15)* Une stratégie nationale de recherche, comportant une programmation pluriannuelle des moyens, est élaborée et révisée tous les cinq ans sous la coordination du ministre chargé de la recherche en concertation avec la société civile. Cette stratégie vise à répondre aux défis scientifiques, technologiques, environnementaux et sociétaux en maintenant une recherche fondamentale de haut niveau. Elle comprend la valorisation des résultats de la recherche au service de la société. A cet effet, elle veille au développement de l'innovation, du transfert de technologie, de la capacité d'expertise et d'appui aux politiques publiques et aux associations et fondations, reconnues d'utilité publique. *(L. n° 2014-1170 du 13 oct. 2014, art. 64)* « Elle comprend également un volet relatif à la recherche et à l'innovation agronomiques. » La culture scientifique, technique et industrielle fait partie de la stratégie nationale de recherche et est prise en compte dans sa mise en œuvre.

Les priorités en sont arrêtées après une concertation avec la communauté scientifique et universitaire, les partenaires sociaux et économiques et des représentants des associations et fondations, reconnues d'utilité publique, les ministères concernés et les collectivités territoriales, en particulier les régions. Le ministre chargé de la recherche veille à la cohérence de la stratégie nationale avec celle élaborée dans le cadre de l'Union européenne et à ce que des informations sensibles à caractère stratégique pour la compétitivité ou la défense des intérêts nationaux soient préservées. *(L. n° 2016-41 du 26 janv. 2016, art. 55)* « Il veille également à la cohérence de la stratégie nationale de recherche avec la stratégie nationale de santé définie à l'article L. 1411-1-1 du code de la santé publique, notamment en matière de risques pour la santé liés à l'environnement *(L. n° 2021-1104 du 22 août 2021, art. 33)* « , avec la stratégie bas-carbone mentionnée à l'article L. 222-1 B du code de l'environnement et avec la stratégie nationale pour la biodiversité mentionnée à l'article L. 110-3 du même code ». »

La stratégie nationale de recherche et les conditions de sa mise en œuvre font l'objet d'un rapport biennal de l'office parlementaire d'évaluation des choix scientifiques et technologiques, délégation mentionnée à l'article 6 *ter* de l'ordonnance n° 58-1100 du 17 novembre 1958 relative au fonctionnement des assemblées parlementaires, qui inclut l'analyse de l'efficacité des aides publiques à la recherche privée. Les éléments quantitatifs de ce rapport sont composés de données sexuées.

Les contrats pluriannuels conclus avec les organismes de recherche et les établissements d'enseignement supérieur, la programmation de l'Agence nationale de la recherche ainsi que les autres financements publics de la recherche concourent à la mise en œuvre de la stratégie nationale de recherche.

L'office parlementaire d'évaluation des choix scientifiques et technologiques, délégation mentionnée à l'article 6 *ter* de l'ordonnance n° 58-1100 du 17 novembre 1958 précitée, contribue à l'évaluation de la mise en œuvre de cette stratégie.

Art. L. 111-7 Afin de réaliser une répartition équilibrée de la recherche sur le territoire national, l'État incite, selon des modalités adaptées à la recherche scientifique, les laboratoires privés à choisir une localisation conforme aux orientations du schéma de services collectifs de l'enseignement supérieur et de la recherche défini au I de l'article L. 614-2 du code de l'éducation. – *[L. n° 95-115 du 4 févr. 1995, art. 14.]*

Art. L. 111-7-1 *(L. n° 2006-450 du 18 avr. 2008, art. 45)* Les nominations effectuées dans les comités et conseils prévus par le présent code ainsi que dans les organes de direction des établissements publics de recherche concourent à assurer une représentation équilibrée des femmes et des hommes.

(L. n° 2020-1674 du 24 déc. 2020, art. 8, en vigueur le 1er janv. 2023) « Tout candidat à la direction d'un établissement public de recherche est titulaire d'un doctorat, ou d'un diplôme universitaire, d'une qualification, d'une expérience professionnelle ou d'un titre reconnus de niveau équivalent au doctorat par décision du ministre chargé de la recherche. »

SECTION II *Les politiques régionales*

Art. L. 111-8 Les attributions de la région en matière de politique de la recherche sont fixées par les dispositions des articles L. 4252-1 à L. 4252-3 du code général des collectivités territoriales, ci-après reproduites :

Art. L. 4252-1 Dans le cadre de la planification régionalisée et des plans de localisation des établissements, la région définit et développe des pôles technologiques régionaux. Elle détermine des programmes pluriannuels d'intérêt régional.

La région est associée à l'élaboration de la politique nationale de la recherche et de la technologie ; elle participe à sa mise en œuvre.

Elle veille en particulier à la diffusion et au développement des nouvelles technologies, de la formation et de l'information scientifiques et techniques, à l'amélioration des technologies existantes, au décloisonnement de la recherche et à son intégration dans le développement économique, social et culturel de la région.

Art. L. 4252-2 Pour l'exécution des programmes pluriannuels d'intérêt régional visés à l'article L. 4252-1, la région peut passer des conventions pour des actions, de durée limitée, avec l'État, les organismes de recherche publics ou privés, les établissements d'enseignement supérieur, les établissements publics, les centres techniques, les entreprises. La région peut également engager un programme de recherche interrégional organisé par une convention la liant à une ou plusieurs autres régions.

Art. L. 4252-3 Chaque région se dote d'un comité consultatif régional de recherche et de développement technologique placé auprès du conseil régional.

Un décret en Conseil d'État détermine les groupes socioprofessionnels et les institutions dont la représentation devra être assurée au sein des comités consultatifs régionaux de recherche et de développement technologique, ainsi que les conditions dans lesquelles ces groupes et institutions sont appelés à proposer leurs candidats.

Ce comité est consulté sur toutes les questions concernant la recherche et le développement technologique.

Tout programme pluriannuel d'intérêt régional lui est obligatoirement soumis pour avis ainsi que la répartition des crédits publics de recherche ; il est informé de leur emploi.

BIBL. ► Les collectivités territoriales dans le financement de la recherche et technologie, *MESR, Note d'information, Enseignement supérieur & Recherche, n° 12.03, mai 2012.*

Art. L. 111-9 Le schéma de services collectifs de l'enseignement supérieur et de la recherche mentionné à l'article L. 111-7 est régi par les dispositions des articles L. 614-2 et L. 614-3 du code de l'éducation.

CHAPITRE II *Objectifs et moyens institutionnels de la recherche publique*

Art. L. 112-1 La recherche publique a pour objectifs :

a) Le développement et le progrès de la recherche dans tous les domaines de la connaissance ;

b) La valorisation des résultats de la recherche *(L. n° 2013-660 du 22 juill. 2013, art. 16)* « au service de la société, qui s'appuie sur l'innovation et le transfert de technologie » ;

(L. n° 2006-450 du 18 avr. 2006, art. 12) « *c)* Le partage et la diffusion » des connaissances scientifiques *(L. n° 2013-660 du 22 juill. 2013, art. 16)* « en donnant priorité aux formats libres d'accès » ;

(L. n° 2006-450 du 18 avr. 2006, art. 14) « *c bis)* Le développement d'une capacité d'expertise » *(L. n° 2013-660 du 22 juill. 2013, art. 16)* « et d'appui aux associations et fondations, reconnues d'utilité publique, et aux politiques publiques menées pour répondre aux défis sociétaux, aux besoins sociaux, économiques et du développement durable ; »

d) La formation à la recherche et par la recherche ;

(L. n° 2013-660 du 22 juill. 2013, art. 16) « *e)* L'organisation de l'accès libre aux données scientifiques.

« Les établissements publics de recherche et les établissements d'enseignement supérieur favorisent le développement des travaux de coopération avec les associations et fondations, reconnues d'utilité publique. Ils participent à la promotion de la recherche participative et au développement des capacités d'innovation technologique et sociale de la Nation. Ces coopérations s'exercent dans le respect de l'indépendance des chercheurs et, en l'absence de clauses contraires, dans un but non lucratif. Les travaux de recherche menés dans le cadre de ces coopérations sont, en l'absence de clauses contraires, rendus publics et accessibles. »

COMMENTAIRE

Voir le commentaire sous le livre premier.

Art. L. 112-2 **La recherche publique est organisée dans les services publics, notamment les** *(L. n° 2020-1674 du 24 déc. 2020, art. 19)* **« établissements publics à caractère scientifique, culturel et professionnel et les autres » établissements publics d'enseignement supérieur** *(L. n° 2009-879 du 21 juill. 2009, art. 19)* **« , les établissements publics de recherche et les établissements de santé », dans les établissements privés à but non lucratif en contrat avec l'État tels que définis à l'article L. 732-1 du code de l'éducation, et dans les entreprises publiques.**

Art. L. 112-3 **La recherche constitue une des missions du service public de l'enseignement supérieur conformément aux dispositions des articles L. 123-3 à L. 123-9 du code de l'éducation, et notamment aux dispositions de l'article L. 123-5.**

Art. L. 112-4 **La recherche agronomique et vétérinaire est régie par les dispositions de l'article L. 830-1 du code rural et de la pêche maritime, ci-après reproduites :**

Art. L. 830-1 *(L. n° 2006-11 du 5 janv. 2006, art. 43)* « La recherche agronomique et vétérinaire concourt au développement et à la compétitivité de la filière agricole et du secteur de la transformation des produits agricoles. Elle répond en priorité aux impératifs de la gestion durable de l'espace rural, de la valorisation de la biomasse, de la sécurité et de la qualité des produits alimentaires et de la préservation des ressources naturelles mondiales. Elle s'appuie sur le développement de la recherche fondamentale » *(L. n° 2014-1170 du 13 oct. 2014, art. 64)* « , sur la recherche appliquée et sur l'innovation technologique ».

Elle est conduite dans les organismes publics exerçant des missions de recherche et les établissements d'enseignement supérieur. *(L. n° 2006-11 du 5 janv. 2006, art. 91)* « Les instituts et centres techniques liés aux professions et les centres d'innovation technologique répondant à des conditions fixées par décret y concourent. Les entreprises de la filière agricole et de la transformation des produits agricoles peuvent également y concourir. » Le ministre de l'agriculture assure conjointement avec le ministre chargé de la recherche ou, le cas échéant, avec d'autres ministres intéressés, la tutelle de ces organismes publics exerçant des missions de recherche.

Le ministre de l'agriculture assure la coordination des activités de recherche agronomique *(L. n° 2014-1170 du 13 oct. 2014, art. 64)* « , agroalimentaire » et vétérinaire et veille à leur adaptation aux objectifs de la politique agricole. Les organismes publics de recherche exercent auprès des pouvoirs publics une mission d'expertise, notamment dans les domaines de la préservation de la santé publique et de l'environnement. A ce titre, ils contribuent à l'identification et à l'évaluation des risques en matière de sécurité sanitaire des produits agricoles et de protection des ressources et milieux naturels.

L'évaluation de la recherche agronomique et vétérinaire repose sur des procédures d'appréciation périodique portant à la fois sur les personnels, les équipes, les programmes et les résultats.

Art. L. 112-5 **La recherche appliquée sur la forêt et le bois est régie par les dispositions de l'article L. 152-1 du nouveau code forestier, ci-après reproduites :**

Art. L. 152-1 *(Ord. n° 2012-92 du 26 janv. 2012)* La recherche appliquée sur la forêt et le bois concourt à la gestion durable des bois et forêts, au renforcement de la compétitivité de la filière de production, de récolte, de valorisation des produits forestiers et dérivés du bois et à la satisfaction des demandes sociales. Elle s'appuie sur la recherche fondamentale.

Elle est conduite dans les organismes publics ou privés exerçant des missions de recherche et les établissements d'enseignement supérieur, et avec le concours des instituts et centres techniques. Elle fait l'objet d'évaluations périodiques mettant en regard les différents moyens engagés et les résultats.

L'autorité administrative compétente de l'État définit, après avis du Conseil supérieur de la forêt *(L. n° 2014-1170 du 13 oct. 2014, art. 67)* « et du bois », les modes de coordination des programmes de recherche concernant la forêt, le bois et les produits dérivés. Elle veille à l'adaptation des activités de recherche aux objectifs de la politique forestière et à la prise en compte des spécificités forestières, notamment au regard de la durée dans les procédures de programmation et de financement.

Les organismes publics de recherche exercent auprès des pouvoirs publics une mission d'expertise permanente, notamment dans le domaine de la gestion durable des forêts métropolitaines et d'outre-mer.

Art. L. 112-6 *(L. n° 2020-1674 du 24 déc. 2020, art. 16)* **Un décret pris sur le rapport du ministre chargé de la recherche fixe la liste des établissements publics dont les statuts prévoient une mission de recherche.**

CHAPITRE III *Programmation des moyens de la recherche publique et des actions de développement technologique*

BIBL. ▶ COUR DES COMPTES, Lancement du programme des investissements d'avenir relevant de la mission recherche et enseignement supérieur, Relevé d'observations définitives, *3e ch., n° 67350,*

19 juin 2014 ; Le financement public de la recherche, un enjeu national, Rapp. publ. thématique, juin 2013. – FROMENT, BILLON, KALLENBACH, PERREY, PICQ et TYVAERT, Étude des mécanismes d'allocation des moyens humains et financiers aux unités de recherche par les organismes de recherche, *Rapp. IGAENR, n° 2012-072, juill. 2012.* – THIARD (supervision), KALLENBACH (coord.), Mission sur les dispositifs de soutien à la recherche partenariale, *Rapp. IGF-IGAENR-Conseil général de l'économie, de l'industrie, de l'énergie et des technologies, n° 2013-010, févr. 2013.*

Art. L. 113-1 **La recherche scientifique et le développement technologique sont des priorités nationales.**

(*L. n° 2006-450 du 18 avr. 2006, art. 47*) « La politique » de la nation prend en compte, dans ses objectifs et ses stratégies, les orientations définies par le présent code.

COMMENTAIRE

Voir le commentaire sous le livre premier.

Art. L. 113-2 **(*L. n° 2006-450 du 18 avr. 2006, art. 48*) « La mission interministérielle "Recherche et enseignement supérieur" » permet la mise en œuvre des quatre catégories d'actions suivantes :**

a) Les recherches fondamentales dont le développement est garanti ;

b) Les recherches appliquées et les recherches finalisées entreprises ou soutenues par les ministères et les organismes publics de recherche en vue de répondre aux besoins culturels, sociaux et économiques ;

c) Les programmes de développement technologique ;

d) Des programmes mobilisateurs pluriannuels qui font appel à ces différentes catégories d'action. Ces programmes mobilisent autour des grands objectifs d'intérêt national retenus par le Gouvernement tant des crédits budgétaires que d'autres moyens apportés par les organismes publics de recherche, les laboratoires universitaires, les entreprises nationales, les centres de recherche et les entreprises privés.

Les programmes mobilisateurs sont arrêtés par le Gouvernement, en concertation avec l'ensemble des parties intéressées.

Art. L. 113-3 et L. 113-4 *Abrogés par Ord. n° 2014-135 du 17 févr. 2014, art. 1er.*

CHAPITRE IV *Évaluation de la recherche et de l'enseignement supérieur* (*L. n° 2020-1674 du 24 déc. 2020, art. 16*)

BIBL. GÉN. ▶ BASLE, Standards et déontologie des modes d'évaluation des Universités en France depuis 10 ans, *in Finanziamento, competizione ed accountability nel governo del università, vol. 1, La mutation de la gouvernance des universités en France et en Italie, Editoriale Scientifica, Napoli, 2013. 325.* – BILLON, Les évaluations de la recherche : tensions et unification, *in* Administration et politiques de la recherche, *RFFP, n° 112, 2005. 757.* – BOURE, De l'évaluation collégiale à l'évaluation à dominante gestionnaire : le cas de l'AERES, *Communication & Organisation, n° 30, 2011. 41.* – DODIER, Penser un régime d'évaluation de la recherche spécifique, – http://evaluation.hypotheses.org/files/2009/05/dodier-regime-devaluation.pdf, mai 2009. – HAROUEL, L'évaluation quadriennale ou le mépris envers les universitaires, *in* L'autonomie des universités : une faillite ? A propos de la loi LRU, *PUF, coll. Cités, n° 50, 2012/2.* – KERNEIS, TCHAMITCHIAN, HOUSSIN, Le recours à des experts dans l'évaluation des établissements d'enseignement supérieurs et de recherche français. Un regard externe porté par des pairs au service des établissements, *Cahiers de la fonct. publ., n° 352, févr. 2015. 69.* – OGIEN, Désacraliser le chiffre dans l'évaluation du secteur public, *Éd. Quae, coll. Sciences en questions, 2013.* – PORTIER-MAYNARD, GALLIE, DE TURCKHEIM, L'évaluation des impacts de la recherche : un questionnement en marche, *OST du HCERES, coll. Résultats et recherches, n° 4, mai 2015.* – PUMAIN et DARDEL, L'évaluation de la recherche et de l'enseignement supérieur, *Rapp. au min. enseignement supérieur et de la recherche, janv. 2014.* – REGE COLET, Encore à propos de l'évaluation !, *RIPES (Revue internationale de pédagogie de l'enseignement supérieur), n° 29-1.02013, http://ripes.revues.org/684.* – L'évaluation de la recherche : réflexions et pratiques, *Comité national d'évaluation de la recherche, 1994.* – La recherche publique en France : une évaluation, *Rapport au Président de la République, Comité national d'évaluation de la recherche, 2003.* – Évaluation de la recherche publique dans les établissements publics français, *Comité national d'évaluation de la recherche, 2003.* – La gestion de la recherche dans les universités, *Rapport Cour des comptes, oct. 2005.* – Rapport annuel d'activité remis au Président de la République, *Comité national d'évaluation de la recherche, www.ladocumentationfrancaise.fr.* – Standards and guidelines for quality assurance in the European Higher Education Area (ESG), Approved by the Ministerial Conference in May 2015, *European Association for Quality Assurance in Higher Education, 2015.*

SECTION I *Objectifs de l'évaluation* (*L. n° 2006-450 du 18 avr. 2006, art. 9*).

Art. L. 114-1 Les activités de recherche (*L. n° 2020-1674 du 24 déc. 2020, art. 16*) « et d'enseignement supérieur » financées en tout ou partie sur fonds publics, réalisées par des opérateurs publics ou privés, sont évaluées sur la base de critères objectifs adaptés à chacune d'elles et s'inspirant des meilleures pratiques internationales.

COMMENTAIRE

Sur l'évaluation de la recherche, Voir le commentaire sous le livre premier. ❑

Art. L. 114-1-1 Les procédures et résultats de l'évaluation d'une activité de recherche financée en tout ou partie sur fonds publics prévue à l'article L. 114-1 sont rendus publics dans des conditions assurant le respect des secrets protégés par la loi et des clauses de confidentialité figurant dans un contrat avec un tiers. La convention conclue entre l'autorité publique et le bénéficiaire du financement public précise les conditions dans lesquelles celle-ci contrôle les résultats de l'évaluation. Les équipes chargées de l'évaluation comptent obligatoirement des experts communautaires ou internationaux.

Art. L. 114-2 (*L. n° 2020-1674 du 24 déc. 2020, art. 16*) Les organismes publics de recherche et les établissements publics à caractère scientifique, culturel et professionnel font l'objet de procédures d'évaluation périodique, qui portent sur l'ensemble des objectifs et des missions mentionnés respectivement à l'article L. 112-1 du présent code et à l'article L. 123-3 du code de l'éducation.

Un décret en Conseil d'État détermine les règles de confidentialité et de publicité des évaluations, dans le respect des dispositions de l'article L. 114-1-1 du présent code.

Art. L. 114-3 L'appréciation de la qualité de la recherche (*L. n° 2020-1674 du 24 déc. 2020, art. 16*) « et de l'enseignement supérieur » repose sur des procédures d'(*L. n° 2020-1674 du 24 déc. 2020, art. 16*) « évaluation » périodique portant à la fois sur les personnels, les équipes, les programmes et les résultats.

Ces procédures respectent (*L. n° 2020-1674 du 24 déc. 2020, art. 16*) « le principe de l'évaluation par les pairs de la qualité scientifique de la recherche et de l'enseignement et » le principe de l'examen contradictoire et ouvrent la possibilité de recours devant l'autorité administrative.

1. Rapport d'évaluation. Recours contentieux. Nature juridique du rapport. Saisi d'une demande d'annulation de la notation prise par l'AERES concernant le laboratoire du requérant, le juge administratif précise que le rapport litigieux n'a pas le caractère d'une décision susceptible de faire l'objet d'un recours pour excès de pouvoir. Par suite, les conclusions de la requête tendant à obtenir l'annulation de la décision de notation figurant audit rapport ne peuvent être accueillies. • TA Toulouse, 22 janv. 2015, n° 1104020 : *AJFP 2015. 305, concl. Dubois*.

2. Rapport d'évaluation. Recours contentieux. Rejet de la demande indemnitaire. Saisi d'une demande indemnitaire, le juge rappelle que l'AERES est une autorité administrative indépendante dépourvue de la personnalité morale ; qu'elle engage donc, par les décisions entachées d'illégalité qu'elle est susceptible de prendre ou par le comportement fautif qu'elle adopte, la responsabilité de l'État au nom duquel elle agit ; qu'ainsi elle n'a pas qualité pour se prononcer sur les demandes de réparation des préjudices causés par l'illégalité de ses décisions ou de son comportement. En l'espèce, l'AERES était tenue de renvoyer la demande indemnitaire du requérant au ministre aux fins d'examen et de décision. • TA Toulouse, 22 janv. 2015, n° 1104020 : *préc. note 1*.

SECTION II *Le Haut Conseil de l'évaluation de la recherche et de l'enseignement supérieur* (*L. n° 2013-660 du 22 juill. 2013, art. 89*).

Art. L. 114-3-1 (*L. n° 2013-660 du 22 juill. 2013, art. 90*) Le Haut Conseil de l'évaluation de la recherche et de l'enseignement supérieur est une autorité administrative indépendante.

(*L. n° 2020-1674 du 24 déc. 2020, art. 16*) « Par ses rapports d'évaluation, le Haut Conseil émet, à l'attention des acteurs publics, de leurs partenaires et des publics intéressés, des appréciations motivées sur la qualité des résultats obtenus par les établissements et les structures évalués. Ces appréciations précisent leurs points forts et faibles, et s'accompagnent de recommandations. Les rapports d'évaluation fournissent notamment des avis destinés à aider, d'une part, les établissements contribuant au service public de l'enseignement supérieur et au service public de la recherche pour l'élaboration et la mise en œuvre de leur politique d'établissement et pour l'allocation des moyens à leurs composantes internes et, d'autre part, l'État pour la préparation des contrats pluriannuels définis à l'article L. 311-2 du présent code et à l'article L. 711-1 du code de l'éducation et pour l'allocation des moyens aux établissements.

« Il produit des rapports qui contribuent à la réflexion stratégique des acteurs de l'enseignement supérieur, de la recherche et de l'innovation ainsi qu'à la conception et à l'évaluation des politiques publiques.

« Il contribue à la définition d'une politique nationale de l'intégrité scientifique et favorise l'harmonisation et la mutualisation des pratiques des établissements d'enseignement supérieur et de recherche dans ce domaine.

« Il favorise l'usage de la langue française comme langue scientifique.

« Pour l'exercice de ses missions, le Haut Conseil s'inspire des meilleures pratiques internationales. Il fonde son action sur les principes d'objectivité, de transparence, de débat contradictoire et d'égalité de traitement entre les structures examinées. Le choix des experts chargés des évaluations est guidé par les principes de neutralité, d'expertise scientifique au meilleur niveau international, d'équilibre dans la représentation des thématiques et des expertises et avis et de l'absence de conflit d'intérêts. Les établissements et les structures évalués sont mis en mesure de présenter, à leur demande, des observations tout au long et à l'issue de la procédure d'évaluation.

« Il conduit directement les évaluations ou, le cas échéant, valide les procédures d'évaluation mises en œuvre par d'autres instances. »

Il est chargé :

1° D'évaluer les établissements d'enseignement supérieur et leurs regroupements, les organismes de recherche, les fondations de coopération scientifique et l'Agence nationale de la recherche ou, le cas échéant, de s'assurer de la qualité des évaluations conduites par d'autres instances ;

(L. nº 2020-1674 du 24 déc. 2020, art. 16) « 2° D'évaluer les structures et unités de recherche à la demande de l'établissement dont elles relèvent, en l'absence de validation de ses procédures d'évaluation ou en l'absence de décision de l'établissement dont relèvent ces structures et unités de recourir à une autre instance. Lorsque l'établissement décide de recourir à une autre instance, le Haut Conseil valide au préalable les procédures d'évaluation de cette instance. »

Lorsqu'une *(L. nº 2020-1674 du 24 déc. 2020, art. 16)* « structure et une unité relèvent » de plusieurs établissements, il n'est procédé qu'à une seule évaluation. Lorsque les établissements décident conjointement de recourir à une autre instance, le Haut Conseil valide les procédures d'évaluation mises en œuvre par cette instance. En l'absence de décision conjointe des établissements de recourir à une autre instance ou en l'absence de validation des procédures d'évaluation, le Haut Conseil évalue *(L. nº 2020-1674 du 24 déc. 2020, art. 16)* « la structure ou » l'unité de recherche ;

(L. nº 2020-1674 du 24 déc. 2020, art. 16) « 3° D'évaluer les formations et diplômes des établissements d'enseignement supérieur ou, le cas échéant, de valider les procédures d'évaluation mises en œuvre par d'autres instances. Le Haut Conseil s'assure que l'offre de formations proposée par l'établissement est adaptée à l'orientation et à la réussite des étudiants.

« L'évaluation est préalable à l'accréditation prévue à l'article L. 613-1 du code de l'éducation ou à son renouvellement. » Le Haut Conseil s'assure *(Abrogé par L. nº 2020-1674 du 24 déc. 2020, art. 16) « de la conformité de la formation au cadre national des formations et »* de l'effectivité de la participation des étudiants à l'évaluation des enseignements. *(L. nº 2020-1674 du 24 déc. 2020, art. 16)* « L'évaluation des formations et des diplômes tient compte de l'insertion professionnelle des diplômés ; »

4° De s'assurer de la prise en compte, dans les évaluations des personnels de l'enseignement supérieur et de la recherche, de l'ensemble des missions qui leur sont assignées par la loi et leurs statuts particuliers. Les missions réalisées dans le cadre des dispositifs prévus au *(L. nº 2019-486 du 22 mai 2019, art. 119)* « chapitre » *(L. nº 2019-791 du 26 juill. 2019, art. 62)* « Ier du titre III du livre V » du présent code sont intégrées à cette évaluation ;

(L. nº 2020-1674 du 24 déc. 2020, art. 16) « 4° *bis* D'évaluer les grandes infrastructures de recherche nationales, ainsi que les structures de droit privé recevant des fonds publics destinés à la recherche ou à l'enseignement supérieur ;

« 5° D'évaluer les activités de diffusion de la culture scientifique, technique et industrielle au sein des établissements, des structures et unités de recherche et des formations, et les activités d'expertise scientifique auprès des pouvoirs publics et du Parlement ;

« 6° De promouvoir l'intégrité scientifique et de veiller à sa prise en compte dans les évaluations qu'il conduit ou dont il valide les procédures ;

« 7° D'évaluer la mise en œuvre des mesures visant à favoriser l'égalité entre les femmes et les hommes dans les établissements contribuant au service public de l'enseignement supérieur et au service public de la recherche.

« Le Haut Conseil répond aux besoins d'évaluation énoncés par les ministres compétents en matière d'enseignement supérieur, de recherche et d'innovation.

« Il peut aussi évaluer, à la demande des autorités compétentes, les activités de recherche d'autres établissements mentionnés à l'article L. 112-6 du présent code dont les statuts prévoient une mission de recherche.

« Il assure, dans des conditions fixées par décret, une coordination de l'action des instances d'évaluation nationales dans les domaines de la recherche et de l'enseignement supérieur, à l'exception des instances chargées de l'évaluation des personnels, dans le respect des caractéristiques particulières des missions exercées par ces instances nationales. »

A compter du 1er janv. 2022, au 1er al., le mot : "administrative" est remplacé par le mot : "publique" (L. n° 2020-1674 du 24 déc. 2020, art. 16). Le Haut Conseil de l'évaluation de la recherche et de l'enseignement supérieur succède en tant qu'autorité publique indépendante dotée de la personnalité morale dans les droits et obligations de l'État au titre des activités du Haut Conseil en tant qu'autorité administrative indépendante. Ces dispositions s'appliquent également aux contrats de travail. / L'ensemble des biens mobiliers de l'État attachés aux services relevant du Haut Conseil sont transférés de plein droit et en pleine propriété au Haut Conseil de l'évaluation de la recherche et de l'enseignement supérieur en tant qu'autorité publique indépendante dotée de la personnalité morale. / L'ensemble des opérations liées à ces transferts de droits et obligations ou pouvant intervenir en application de la L. n° 2020-1674 du 24 déc. 2020 sont effectuées à titre gratuit et ne donnent lieu, directement ou indirectement, à aucune perception de droits, impôts ou taxes de quelque nature que ce soit (L. préc., art. 16).

Sur l'organisation et le fonctionnement du Haut Conseil de l'évaluation de la recherche et de l'enseignement supérieur, V. ci-dessous Décr. n° 2014-1365 du 14 nov. 2014.

BIBL. ▶ BRAFMAN REY-LEFEBVRE, Fin de vie pour l'AERES, *Le Monde, Sciences et techno, 3 janv. 2013*. – PUMAIN et DARDEL, L'évaluation de la recherche et de l'enseignement supérieur, *Rapp. au min. enseignement supérieur et de la recherche, janv. 2014.*

V. aussi Bibl. ss. C. éduc., art. L. 242-1 et L. 711-1.

Décret n° 2014-1365 du 14 novembre 2014,

Relatif à l'organisation et au fonctionnement du Haut Conseil de l'évaluation de la recherche et de l'enseignement supérieur.

L'organe délibérant du Haut Conseil de l'évaluation de la recherche et de l'enseignement supérieur prend l'appellation de « collège ». Cette appellation se substitue à celle de « conseil » dans l'ensemble du Décr. (Décr. n° 2019-1017 du 2 oct. 2019, art. 2).

CHAPITRE Ier. *LE COLLÈGE DU HAUT CONSEIL DE L'ÉVALUATION DE LA RECHERCHE ET DE L'ENSEIGNEMENT SUPÉRIEUR*

Art. 1er Le collège qui administre le Haut Conseil de l'évaluation de la recherche et de l'enseignement supérieur mentionné au I de l'article L. 114-3-3 du code de la recherche s'assure que les évaluations menées par le Haut Conseil ainsi que celles menées par d'autres instances dont il valide les procédures prennent en compte les dimensions nationales et territoriales de l'enseignement supérieur et de la recherche, notamment dans le cadre de la coordination territoriale et des regroupements mentionnés à l'article L. 718-2 du code de l'éducation. Il s'assure également que ces évaluations prennent en compte les liens entre la formation et la recherche.

Il précise le cadre, les objectifs, les critères et les modalités de déroulement des procédures d'évaluation, en fonction des principes énoncés au deuxième alinéa de l'article L. 114-3-1 du code de la recherche. Lorsque le Haut Conseil s'assure de la qualité des évaluations réalisées par d'autres instances en validant les procédures retenues, le collège veille également au respect de ces principes.

Le collège s'assure que les critères retenus et les procédures d'évaluation menées ou validées par le Haut Conseil prennent en compte la diversité de nature et de mission des structures et des formations évaluées ainsi que la diversité des champs disciplinaires. Il fixe également le cadre général dans lequel sont réalisées les évaluations, études ou analyses conduites à la demande des ministres compétents en matière d'enseignement supérieur et de recherche.

Il veille, en vue de l'amélioration continue des critères et procédures d'évaluation, à ce que le Haut Conseil entretienne un dialogue régulier avec les acteurs institutionnels et les instances parties prenantes aux différentes évaluations.

Art. 2 Le collège du Haut Conseil de l'évaluation de la recherche et de l'enseignement supérieur délibère sur :

1° Une charte de l'évaluation définissant les mesures propres à garantir la qualité et la transparence des procédures d'évaluation ;

2° Les référentiels des évaluations que le Haut Conseil conduit ;

3° La validation de l'ensemble des procédures d'évaluation prévues à l'article L. 114-3-1 du code de la recherche ;

4° Les conditions dans lesquelles sont nommés les experts ;

5° Un programme pluriannuel d'évaluations compatible avec les échéances des contrats pluriannuels d'établissement mentionnés au cinquième alinéa de l'article L. 711-1 du code de l'éducation et au premier alinéa de l'article L. 311-2 du code de la recherche ;

6° La politique du Haut Conseil en matière de coopération européenne et internationale ;

7° Le rapport au Gouvernement prévu à l'article L. 114-3-7 du code de la recherche ainsi que le rapport au Parlement prévu à l'article 91 de la loi du 22 juillet 2013 susvisée ;

8° Les conditions générales de recrutement, d'emploi et de rémunération du personnel contractuel du Haut Conseil ;

9° Les conditions de remboursement, dans la limite des montants réellement engagés, des frais de déplacement et de séjour exposés par l'ensemble des personnes intervenant pour le compte du Haut Conseil ;

10° Sur proposition de son président, le collège délibère sur :

a) Le règlement intérieur du Haut Conseil ;

b) L'organisation interne en départements ;

c) La désignation des responsables de département ;

d) La création d'un comité technique de proximité ;

e) La composition du conseil d'orientation scientifique de l'observatoire mentionné à l'article 9 du présent décret.

Art. 3 I. — Les membres du collège, dont son président, sont nommés par décret pris sur le rapport du ministre chargé de la recherche et du ministre chargé de l'enseignement supérieur.

II. — Les neuf membres mentionnés au 1° du II de l'article L. 114-3-3 du code de la recherche sont choisis parmi les membres élus des instances d'évaluation compétentes en matière d'enseignement supérieur et de recherche :

a) Cinq sont choisis parmi les dix candidats proposés, à raison de cinq hommes et de cinq femmes, par le Conseil national des universités ;

b) Trois sont choisis parmi les six candidats proposés, à raison de trois hommes et de trois femmes dont deux au moins ont la qualité d'ingénieur, par le Comité national de la recherche scientifique placé auprès du Centre national de la recherche scientifique ;

c) Un membre est choisi parmi les candidats proposés, à raison d'un homme et d'une femme chacune, par l'instance d'évaluation de chacun des autres établissements publics à caractère scientifique et technologique.

(Décr. nº 2019-1017 du 2 oct. 2019, art. 1er) « Parmi ces neuf membres, un au moins a été autorisé à participer à la création d'une entreprise au sens des dispositions du 1° du II de l'article L. 114-3-3 du code de la recherche. »

III. — Les huit membres mentionnés au 2° du II du même article sont quatre hommes et quatre femmes, dont au moins un ingénieur :

a) Trois membres choisis parmi les candidats proposés, à raison d'un homme et d'une femme chacun, par les présidents ou directeurs d'organisme de recherche ;

b) Trois membres choisis parmi les huit candidats proposés, à raison de deux hommes et de deux femmes chacune, par les deux conférences des chefs d'établissement mentionnées à l'article L. 233-1 du code de l'éducation ;

c) Deux autres membres ayant la qualité de chercheur, d'ingénieur ou d'enseignant-chercheur.

IV. — Les deux représentants des étudiants mentionnés au 3° du II du même article sont un homme et une femme proposés par deux associations d'étudiants différentes. Ils sont choisis parmi les quatre candidats proposés, à raison d'une femme et d'un homme chacune, par les deux associations d'étudiants ayant obtenu le plus grand nombre de voix lors de la dernière élection des représentants des étudiants au Conseil national de l'enseignement supérieur et de la recherche.

V. — Les neuf personnalités qualifiées sont désignées selon les modalités fixées au 4° du II du même article.

VI. — Pour la première désignation du député et du sénateur dans les conditions prévues au 5° du II du même article, un tirage au sort, effectué à la diligence des présidents des deux assemblées, détermine laquelle des deux chambres désigne un homme et laquelle désigne une femme. A chaque renouvellement du collège, chaque assemblée désigne un parlementaire d'un sexe différent de celui du parlementaire qu'elle avait précédemment désigné.

VII. — Lors de la première désignation des membres du collège, les membres désignés au titre du 1° du II de l'article L. 114-3-3 sont cinq hommes et quatre femmes, et les personnalités qualifiées désignées au titre du 4° du II du même article sont cinq femmes et quatre hommes. A chaque renouvellement du collège, la répartition est inversée.

Les dispositions issues du Décr. n° 2019-1017 du 2 oct. 2019 s'appliquent à compter du 1er renouvellement du collège du Haut Conseil de l'évaluation de la recherche et de l'enseignement supérieur suivant l'entrée en vigueur du Décr. préc. (Décr. préc., art. 4).

Art. 4 Le mandat de membre du collège est incompatible avec la fonction :

a) D'expert auprès du Haut Conseil ;

b) De président ou de directeur d'établissement d'enseignement supérieur ou de regroupement d'établissements ;

c) De président ou de directeur d'organisme de recherche ;

d) De président de section ou de la commission permanente du Conseil national des universités ;

e) De président de section ou de commission interdisciplinaire du Comité national de la recherche scientifique ou de président d'une instance d'évaluation mentionnée à l'article L. 321-2 du code de la recherche ;

f) De membre du Conseil national de l'enseignement supérieur et de la recherche ;

g) De membre du Conseil stratégique de la recherche.

Il est également incompatible avec l'exercice d'un emploi supérieur dont la nomination s'effectue en collège des ministres.

Les personnes exerçant l'une des fonctions mentionnées aux alinéas précédents ne peuvent être nommées en qualité de membre du collège que si elles cessent ces fonctions à compter de leur installation.

Art. 5 Les membres du collège, dont le président, sont nommés pour une durée de quatre ans renouvelable une fois. En cas de vacance d'un siège, pour quelque cause que ce soit, un autre membre, du même sexe, est nommé dans les mêmes conditions pour la durée du mandat restant à courir.

Art. 6 *Abrogé par Décr. n° 2020-173 du 27 févr. 2020, art. 22.*

Art. 7 Le collège du Haut Conseil se réunit au moins deux fois par an en séance plénière sur convocation de son président qui en fixe l'ordre du jour.

Le collège ne peut valablement délibérer que si la majorité des membres en exercice est présente ou participe à la séance par des moyens de visioconférence ou de communication électronique permettant leur identification et leur participation effective à une délibération collégiale. Si le quorum n'est pas atteint, le collège est à nouveau convoqué dans un délai de quinze jours. Il délibère alors valablement, quel que soit le nombre de membres présents.

Les délibérations sont prises à la majorité des membres présents. En cas de partage égal des voix, celle du président est prépondérante.

CHAPITRE II. *LE PRÉSIDENT DU HAUT CONSEIL DE L'ÉVALUATION DE LA RECHERCHE ET DE L'ENSEIGNEMENT SUPÉRIEUR*

Art. 8 Le président du collège dirige le Haut Conseil de l'évaluation de la recherche et de l'enseignement supérieur.

Il veille à l'impartialité, à la fiabilité et à la transparence des évaluations.

Il signe les décisions relatives à la validation des procédures d'évaluation et atteste de leur conformité aux règles de déontologie et aux règles de validation adoptées par le collège.

Il nomme les experts dans les conditions définies à l'alinéa 2 de l'article L. 114-3-1 du code de la recherche et au 4° de l'article 2 du présent décret.

Il contresigne les rapports d'évaluation établis par les comités d'experts et signés par leur président.

Le président a autorité sur les personnels du Haut Conseil. Il est ordonnateur des recettes et des dépenses.

Le président nomme le secrétaire général chargé de l'organisation administrative et du fonctionnement du Haut Conseil pour une durée de quatre ans renouvelable. Il nomme également les responsables de département ainsi que le directeur de l'observatoire des sciences et techniques mentionné à l'article 9 du présent décret.

Il peut déléguer sa signature au secrétaire général, aux responsables de département et au directeur de l'observatoire pour les affaires relevant de leurs attributions respectives ainsi qu'aux agents placés sous son autorité, pour tous les actes relatifs au fonctionnement du Haut Conseil et à l'exercice de leurs missions.

En cas d'empêchement du président ou de vacance de son emploi, le collège est présidé par son doyen d'âge et le secrétaire général assure l'intérim des autres fonctions du président.

CHAPITRE III. *L'ORGANISATION DU HAUT CONSEIL DE L'ÉVALUATION DE LA RECHERCHE ET DE L'ENSEIGNEMENT SUPÉRIEUR*

Art. 9 Le Haut Conseil peut s'organiser en départements chargés, sous la responsabilité du président, de mettre en œuvre une ou plusieurs des missions énoncées à l'article L. 114-3-1 du code de la recherche. Les responsables de ces départements sont nommés pour un mandat de quatre ans renouvelable une fois.

Le Haut Conseil comporte également un Observatoire des sciences et techniques chargé de conduire des études et analyses stratégiques, dirigé par un directeur et doté d'un conseil d'orientation scientifique. Le directeur de l'observatoire est nommé sur proposition du conseil d'orientation scientifique pour un mandat de quatre ans renouvelable une fois.

Sans préjudice du contrôle exercé par la Cour des comptes, dans les conditions prévues par le code des juridictions financières, le Haut Conseil n'est pas soumis au contrôle budgétaire prévu aux articles 87 à 106 du décret du 7 novembre 2012 susvisé. Des régies de recettes et de dépenses peuvent être créées auprès du Haut Conseil par décision du président, dans les conditions fixées par le décret du 20 juillet 1992 susvisé.

CHAPITRE IV. *LES COMITÉS D'EXPERTS ET LES RAPPORTS D'ÉVALUATION*

Art. 10 Les experts sont nommés par le président du collège du Haut Conseil selon les procédures et critères validés par le collège.

Les noms et curriculum vitae des experts français et étrangers ayant participé à des évaluations sont rendus publics.

La composition des comités d'experts, y compris la nomination de leur président, fait l'objet d'une discussion préalable avec l'entité évaluée qui fait part d'éventuels conflits d'intérêts. Lorsque l'évaluation d'une unité de recherche est conduite par le Haut Conseil, le comité d'experts comporte un représentant de l'instance d'évaluation des personnels de chacun des établissements dont relève l'unité, désigné sur proposition de cette instance.

Les comités d'experts peuvent, sur demande motivée par les nécessités de l'évaluation, se faire communiquer tout type de documents, quel qu'en soit le support, et en obtenir la copie, à l'exception de documents appartenant au dossier individuel des personnels de l'entité évaluée.

Art. 11 Les rapports d'évaluation sont élaborés collégialement par chaque comité d'experts. Ils comportent un argumentaire synthétique sans notation sur la qualité de l'entité évaluée. Ils portent une appréciation globale sur le travail collectif de l'ensemble des activités des formations, unités ou établissements évalués.

Ils sont signés par le président du comité et soumis aux responsables des entités évaluées en vue de recueillir leurs observations.

Les rapports définitifs sont adressés aux entités évaluées, à leurs instances d'évaluation interne et à leurs autorités de tutelle. Ils sont portés à la connaissance des personnels de ces entités et communiqués au Conseil national de l'enseignement supérieur et de la recherche. Pour les rapports d'évaluation des unités de recherche, seul le résumé final de l'évaluation, présentant une synthèse des avis et recommandations, est rendu public.

CHAPITRE V. *LES RÈGLES DE DÉONTOLOGIE*

Art. 12 Les membres du collège, les experts et les agents du Haut Conseil ne peuvent participer aux délibérations ni à la rédaction de rapports relatifs à l'entité évaluée lorsqu'ils appartiennent à celle-ci.

Ils déclarent les fonctions qu'ils occupent ou ont occupées pendant les cinq dernières années, les mandats et les intérêts qu'ils détiennent ou ont détenus au cours de la même période dans les établissements ou organismes qui ont vocation à faire l'objet d'évaluations conduites par le Haut Conseil. Ces déclarations sont adressées au président de son conseil.

Les dispositions des articles 1er à 4 du décret du 31 janvier 2014 susvisé sont également applicables aux membres du collège.

CHAPITRE VI. *DISPOSITIONS TRANSITOIRES ET FINALES*

Art. 13 Le Haut Conseil de l'évaluation de la recherche et de l'enseignement supérieur assure, à compter de son installation, les missions définies à l'article L. 114-3-1 du code de la recherche. La charte de l'évaluation adoptée par le conseil de l'Agence d'évaluation de la recherche et de l'enseignement supérieur reste en vigueur jusqu'à l'adoption de la charte mentionnée au 1° de l'article 2 du présent décret.

Les travaux engagés par l'Agence d'évaluation de la recherche et de l'enseignement supérieur au moment de l'installation du Haut Conseil sont, sous la responsabilité de celui-ci, menés à leur terme dans leurs conditions initiales.

Le mandat des membres du conseil de l'Agence d'évaluation de la recherche et de l'enseignement supérieur est prolongé jusqu'à la mise en place du conseil du Haut Conseil. Celui des membres du comité technique de l'Agence d'évaluation de la recherche et de l'enseignement supérieur est prolongé jusqu'à la mise en place du comité technique du Haut Conseil de l'évaluation de la recherche et de l'enseignement supérieur et, au plus tard, jusqu'au 31 mars 2015.

Le secrétaire général de l'Agence d'évaluation de la recherche et de l'enseignement supérieur reste en fonctions jusqu'à la désignation du secrétaire général du Haut Conseil de l'évaluation de la recherche et de l'enseignement supérieur.

Dans l'attente de l'installation du conseil d'orientation scientifique mentionné au deuxième alinéa de l'article 9, le directeur de l'Observatoire des sciences et techniques est désigné par le président du Haut Conseil.

Art. 14 Le décret n° 2006-1334 du 3 novembre 2006 relatif à l'organisation et au fonctionnement de l'Agence d'évaluation de la recherche et de l'enseignement supérieur est abrogé.

Art. L. 114-3-2 *(L. n° 2006-450 du 18 avr. 2006, art. 9) (L. n° 2013-660 du 22 juill. 2013, art. 93)* « Le Haut Conseil de l'évaluation » de la recherche et de l'enseignement supérieur tient compte des résultats obtenus dans le domaine de la valorisation de la recherche pour remplir sa mission d'évaluation des établissements mentionnée au 1° de l'article L. 114-3-1.

A cette fin, ces établissements communiquent *(L. n° 2013-660 du 22 juill. 2013, art. 93)* « au Haut Conseil » toutes les informations et pièces se rapportant à leurs activités de valorisation, notamment celles relatives à l'exploitation des résultats issus de leurs recherches par des entreprises employant moins de deux cent cinquante salariés domiciliées sur le territoire de l'Union européenne.

(Abrogé par L. n° 2020-1674 du 24 déc. 2020, art. 16) « Le bilan des actions des établissements en faveur de la valorisation de la recherche fait l'objet d'un développement spécifique dans les annexes générales relatives au budget coordonné de l'enseignement supérieur et au budget de la recherche et du développement technologique. »

Art. L. 114-3-3 *(L. n° 2013-660 du 22 juill. 2013, art. 92)* I. — Le Haut Conseil est administré par *(L. n° 2017-55 du 20 janv. 2017, art. 44)* « un collège » garant de la qualité de ses travaux.

II. — *(L. n° 2017-55 du 20 janv. 2017, art. 44)* « Le collège » arrête le programme annuel d'évaluation du Haut Conseil. Il définit les mesures propres à garantir la qualité, la transparence et la publicité des procédures d'évaluation.

(L. n° 2020-1674 du 24 déc. 2020, art. 16) « Le président du Haut Conseil est nommé par décret du Président de la République, après appel public à candidatures et examen de ces candidatures par une commission dont les membres sont désignés par le Premier ministre sur proposition des ministres chargés de la recherche et de l'enseignement supérieur. » Il exerce ses fonctions à temps plein.

(L. n° 2020-1674 du 24 déc. 2020, art. 16) « Outre son président, le collège est composé de vingt-trois membres » nommés par décret. Il comprend autant d'hommes que de femmes. A cette fin, le décret en Conseil d'État prévu à l'article L. 114-3-6 précise le nombre et la répartition par sexe des candidats proposés par chacune des instances, autorités et associations compétentes.

(L. n° 2020-1674 du 24 déc. 2020, art. 16) **« Outre son président, »** *(L. n° 2017-55 du 20 janv. 2017, art. 44)* **le « collège » comprend :**

1° *(L. n° 2020-1674 du 24 déc. 2020, art. 16)* **« Six » membres ayant la qualité de chercheur, d'ingénieur ou d'enseignant-chercheur, nommés sur proposition des instances d'évaluation compétentes en matière d'enseignement supérieur et de recherche parmi leurs membres élus, dont au moins** *(L. n° 2020-1674 du 24 déc. 2020, art. 16)* **« deux » sur proposition de l'instance nationale mentionnée à l'article L. 952-6 du code de l'éducation et au moins** *(L. n° 2020-1674 du 24 déc. 2020, art. 16)* **« deux » sur proposition des instances d'évaluation mentionnées à l'article L. 321-2 du présent code ;**

2° *(L. n° 2020-1674 du 24 déc. 2020, art. 16)* **« Six » membres ayant la qualité de chercheur, d'ingénieur ou d'enseignant-chercheur, dont** *(L. n° 2020-1674 du 24 déc. 2020, art. 16)* **« deux » sur proposition des présidents ou directeurs d'organismes de recherche et** *(L. n° 2020-1674 du 24 déc. 2020, art. 16)* **« deux » sur proposition des conférences des chefs d'établissements mentionnées à l'article L. 233-1 du code de l'éducation ;**

3° Deux membres représentant les étudiants, sur proposition des associations d'étudiants en fonction du nombre de voix obtenues par ces associations lors de l'élection des représentants des étudiants au Conseil national de l'enseignement supérieur et de la recherche ;

4° *(L. n° 2020-1674 du 24 déc. 2020, art. 16)* **« Sept » personnalités qualifiées, françaises et étrangères, dont au moins** *(L. n° 2020-1674 du 24 déc. 2020, art. 16)* **« deux » issues du secteur de la recherche privée et** *(L. n° 2020-1674 du 24 déc. 2020, art. 16)* **« deux » appartenant à des agences d'accréditation ou d'évaluation étrangères ;**

5° Un député et un sénateur désignés par la commission permanente compétente en matière d'enseignement supérieur et de recherche de chaque assemblée.

(L. n° 2020-1674 du 24 déc. 2020, art. 16) **« Parmi les membres ayant la qualité de chercheur, d'ingénieur ou d'enseignant-chercheur nommés au titre des 1° ou 2° du présent II figure au moins un membre ayant bénéficié de l'une des autorisations prévues au chapitre Ier du titre III du livre V du présent code. »**

(L. n° 2017-55 du 20 janv. 2017, art. 44) **« La durée du mandat des membres autres que ceux mentionnés au 5° est de quatre ans. Ce mandat est renouvelable une fois. »**

Art. L. 114-3-4 *Abrogé par L. n° 2013-660 du 22 juill. 2013, art. 93.*

Art. L. 114-3-5 *(L. n° 2013-660 du 22 juill. 2013, art. 93)* **« Le Haut Conseil de l'évaluation » de la recherche et de l'enseignement supérieur peut, sur demande motivée, exiger de la part des établissements et des** *(L. n° 2020-1674 du 24 déc. 2020, art. 16)* **« structures » qu'** *(L. n° 2013-660 du 22 juill. 2013, art. 93)* **« il » évalue, toutes informations et pièces utiles à l'exercice de sa mission.** *(L. n° 2013-660 du 22 juill. 2013, art. 93)* **« Il » dispose d'un pouvoir d'investigation sur pièces et sur place.**

Art. L. 114-3-5-1 *(L. n° 2020-1674 du 24 déc. 2020, art. 16)* **Le rapport d'activité du Haut Conseil, établi au titre des dispositions de l'article 21 de la loi n° 2017-55 du 20 janvier 2017 portant statut général des autorités administratives indépendantes et des autorités publiques indépendantes, inclut une synthèse annuelle de l'ensemble des données fournies par les établissements d'enseignement supérieur dans le rapport prévu au 10° de l'article L. 712-2 du code de l'éducation.**

Art. L. 114-3-6 Un décret en Conseil d'État précise l'organisation et le fonctionnement *(L. n° 2013-660 du 22 juill. 2013, art. 93)* **« du Haut Conseil de l'évaluation » de la recherche et de l'enseignement supérieur** *[V. Décr. n° 2014-1365 du 14 nov. 2014, ss. art. L. 114-3-1].*

Art. L. 114-3-7 *Abrogé par L. n° 2017-55 du 20 janv. 2017, art. 44.*

SECTION III *Dispositions diverses relatives à l'évaluation et au contrôle*

(L. n° 2006-450 du 18 avr. 2006, art. 10)

Art. L. 114-4 La mission de contrôle de l'application des législations en matière de recherche et de technologie est fixée par les dispositions des articles L. 241-2 et L. 241-3 du code de l'éducation.

Art. L. 114-5 Le Gouvernement présente au Parlement un rapport triennal sur l'application des dispositions des articles L. 311-2 et L. 311-3, de l'article L. 321-4, *(Ord. n° 2014-135 du 17 févr. 2014, art. 1er)* **« des articles L. 531-1 à L. 531-16 et de l'article L. 533-2 » du présent code, des deux derniers alinéas de l'article L. 123-5, du dernier alinéa de l'article L. 123-6, des articles L. 423-1 et L. 423-3, du dernier alinéa de l'article L. 711-1, des articles L. 912-2 et L. 932-4 du code de l'éducation. Ce rapport comporte notamment l'avis du**

Conseil national de l'enseignement supérieur et de la recherche sur la mise en œuvre des conventions passées entre les établissements publics et les entreprises ou les personnes physiques afin de mettre à leur disposition des locaux, des équipements et des matériels.

Art. L. 114-6 *(L. n° 2006-450 du 18 avr. 2006, art. 46)* Le Gouvernement présente chaque année au Parlement un bilan des mesures tendant à assurer l'égalité entre les femmes et les hommes dans le domaine de la recherche. Ce bilan est intégré dans l'état des crédits qui concourent aux actions en faveur des droits des femmes annexé au projet de loi de finances de l'année en vertu de l'article 132 de la loi de finances pour 2000 (n° 99-1172 du 30 décembre 1999).

TITRE II Les instances consultatives de la recherche et du développement technologique

CHAPITRE PRÉLIMINAIRE *Le Conseil stratégique de la recherche*

(L. n° 2013-660 du 22 juill. 2013, art. 95)

Art. L. 120-1 Il est créé un Conseil stratégique de la recherche placé auprès du Premier ministre et comprenant autant de femmes que d'hommes.

Le Conseil stratégique de la recherche propose les grandes orientations de la stratégie nationale de recherche définie à l'article L. 111-6 et participe à l'évaluation de leur mise en œuvre.

Le Conseil stratégique est présidé par le Premier ministre ou, par délégation, par le ministre chargé de la recherche.

Il comprend notamment un député et un sénateur désignés par l'office parlementaire d'évaluation des choix scientifiques et technologiques, délégation mentionnée à l'article 6 *ter* de l'ordonnance n° 58-1100 du 17 novembre 1958 relative au fonctionnement des assemblées parlementaires.

Il comprend un représentant des régions.

Un décret précise la composition et les missions, l'organisation et le fonctionnement du Conseil stratégique de la recherche *[V. ci-dessous Décr. n° 2013-943 du 21 oct. 2013]*.

Décret n° 2013-943 du 21 octobre 2013,

Relatif au Conseil stratégique de la recherche.

Art. 1er Le Conseil stratégique de la recherche institué à l'article L. 120-1 du code de la recherche propose les grandes orientations de la stratégie nationale de recherche définie à l'article L. 111-6 du même code et participe à l'évaluation de leur mise en œuvre.

Il peut en outre traiter de toute question relevant de son domaine de compétence qui lui est soumise par le Premier ministre ou le ministre chargé de la recherche.

Pour la mise en œuvre de sa mission, le conseil s'appuie notamment sur la direction générale pour la recherche et l'innovation, chargée de coordonner l'élaboration de la stratégie nationale de recherche en étroite concertation avec les ministères concernés et les acteurs de la recherche et du monde économique.

Art. 2 Le secrétariat permanent du Conseil stratégique de la recherche, chargé d'en préparer les séances, est assuré par la direction générale pour la recherche et l'innovation.

Art. 3 Le Conseil stratégique de la recherche comprend de seize à *(Décr. n° 2014-74 du 29 janv. 2014, art. 1er)* « vingt-six » membres, répartis à nombre égal d'hommes et de femmes de la façon suivante :

1° Treize à *(Décr. n° 2014-74 du 29 janv. 2014, art. 1er)* « vingt-trois » personnalités qualifiées représentant la recherche, l'économie et l'innovation, dont deux au moins exerçant ou ayant exercé leur activité hors de France ;

2° Un membre du bureau de l'Association des régions de France, désigné par son président ;

3° Un député et un sénateur désignés par l'office parlementaire d'évaluation des choix scientifiques et technologiques.

Les personnalités qualifiées sont nommées par décret pour un mandat de cinq ans renouvelable une fois. Le vice-président du Conseil stratégique de la recherche est désigné par décret parmi les personnalités qualifiées.

Lorsqu'un siège est vacant par suite de démission ou d'empêchement définitif d'un membre, un nouveau membre du même sexe peut être désigné pour la durée du mandat restant à accomplir.

Art. 4 Le Conseil stratégique de la recherche se réunit au moins une fois par an à l'initiative de son président, qui en arrête l'ordre du jour. Le président peut y inviter des ministres ou leurs représentants, de même que toute autre personne que le conseil souhaite entendre.

Le vice-président peut également réunir le Conseil stratégique de la recherche dans une formation limitée à tout ou partie des membres mentionnés au 1° de l'article 3, notamment lorsqu'il est saisi dans les conditions prévues au deuxième alinéa de l'article 1er.

Art. 5 Les membres du conseil ont droit au remboursement des frais de déplacement et de séjour qu'ils ont supportés, dans les conditions réglementaires prévues pour les personnels civils de l'État.

Art. 6 Le décret n° 2006-698 du 15 juin 2006 modifié relatif au Haut Conseil de la science et de la technologie est abrogé.

Art. 7 Le présent décret entre en vigueur le 1er novembre 2013.

CHAPITRE PREMIER ***Le pilotage de la recherche*** *(Ord. n° 2008-1305 du 11 déc. 2008, art. 1er).*

Le présent chapitre ne comprend pas de dispositions législatives.

CHAPITRE II *[ABROGÉ]* ***Le Conseil supérieur de la recherche et de la technologie (CSRT)***

(Abrogé par Ord. n° 2014-135 du 17 févr. 2014, art. 1er)

CHAPITRE III ***Le Conseil national de l'enseignement supérieur et de la recherche (CNESER)***

(Ord. n° 2008-1305 du 11 déc. 2008, art. 1er)

Art. L. 123-1 **Le rôle consultatif du Conseil national de l'enseignement supérieur et de la recherche est fixé par les dispositions de l'article L. 232-1 du code de l'éducation.**

CHAPITRE IV ***Autres instances consultatives*** *(Ord. n° 2008-1305 du 11 déc. 2008, art. 1er).*

Art. L. 124-1 *(L. n° 2018-699 du 3 août 2018, art. 17)* **I. – Le Conseil national de la culture scientifique, technique et industrielle comprend parmi ses membres un député et un sénateur désignés par l'Office parlementaire d'évaluation des choix scientifiques et technologiques.**

II. – Les missions, la composition, l'organisation et le fonctionnement du conseil sont précisés par décret.

TITRE III *[ABROGÉ]* **Incitations en faveur de la recherche et du développement technologique**

(Abrogé par Ord. n° 2014-135 du 17 févr. 2014, art. 1er)

CHAPITRE PREMIER *[ABROGÉ]* ***Le crédit d'impôt-recherche***

(Abrogé par Ord. n° 2014-135 du 17 févr. 2014, art. 1er)

Art. L. 131-1 à L. 131-3 *Abrogés par Ord. n° 2014-135 du 17 févr. 2014, art. 1er.*

CHAPITRE II *[ABROGÉ]* ***Les fonds communs de placement dans l'innovation (FCPI)***

(Abrogé par Ord. n° 2014-135 du 17 févr. 2014, art. 1er)

Art. L. 132-1 *Abrogé par Ord. n° 2014-135 du 17 févr. 2014, art. 1er.*

CHAPITRE III *[ABROGÉ]* ***L'aide à l'innovation*** *(Ord. n° 2008-1305 du 11 déc. 2008, art. 1er).*

(Abrogé par Ord. n° 2014-135 du 17 févr. 2014, art. 1er)

Art. L. 133-1 *Abrogé par Ord. n° 2014-135 du 17 févr. 2014, art. 1er.*

CHAPITRE IV *[ABROGÉ]* ***Les dons et legs*** *(Ord. n° 2008-1305 du 11 déc. 2008, art. 1er).*

(Abrogé par Ord. n° 2014-135 du 17 févr. 2014, art. 1er)

BIBL. ▶ Levallois-Midière et Maradeix, Stratégies pour la recherche et l'enseignement supérieur dans les secteurs public et privé, *Eyrolles, avr. 2010.* – Piovezan, Universités : les pionniers du *fundraising* se jettent à l'eau, *Le Monde, Campus, 7 nov. 2006. 30.*

TITRE IV **Dispositions relatives à l'outre-mer**

(Ord. n° 2008-1305 du 11 déc. 2008, art. 1er)

CHAPITRE PREMIER ***Dispositions relatives à Mayotte***

Le présent chapitre ne comprend pas de dispositions législatives.

CHAPITRE II ***Dispositions relatives à Saint-Barthélemy***

Le présent chapitre ne comprend pas de dispositions législatives.

CHAPITRE III ***Dispositions relatives à Saint-Martin***

Le présent chapitre ne comprend pas de dispositions législatives.

CHAPITRE IV ***Dispositions relatives à Saint-Pierre-et-Miquelon***

Le présent chapitre ne comprend pas de dispositions législatives.

CHAPITRE V ***Dispositions relatives aux îles Wallis-et-Futuna***

Art. L. 145-1 Les dispositions des articles L. 111-1, L. 111-2, L. 111-4 à L. 111-6, L. 112-1, L. 112-2, *(Ord. n° 2015-24 du 14 janv. 2015, art. 4)* « L. 112-3, » *(Ord. n° 2014-135 du 17 févr. 2014, art. 1er)* « L. 114-1 » à *(L. n° 2017-55 du 20 janv. 2017, art. 44-4°)* « L. 114-3-6 » *(Ord. n° 2015-24 du 14 janv. 2015, art. 4)* « , L. 114-5 et L. 120-1 » sont applicables dans les îles Wallis-et-Futuna *(Ord. n° 2015-24 du 14 janv. 2015, art. 4)* « , dans leur rédaction résultant de l'ordonnance n° 2015-24 du 14 janvier 2015 portant extension et adaptation dans les îles Wallis-et-Futuna, en Polynésie française et en Nouvelle-Calédonie de la loi n° 2013-660 du 22 juillet 2013 relative à l'enseignement supérieur et à la recherche ».

CHAPITRE VI ***Dispositions relatives à la Polynésie française***

Art. L. 146-1 *(Ord. n° 2015-24 du 14 janv. 2015, art. 9)* Dans leur rédaction résultant de l'ordonnance n° 2015-24 du 14 janvier 2015 portant extension et adaptation dans les îles Wallis-et-Futuna, en Polynésie française et en Nouvelle-Calédonie de la loi n° 2013-660 du 22 juillet 2013 relative à l'enseignement supérieur et à la recherche :

1° Les dispositions des articles L. 111-1, L. 111-2, L. 111-4, L. 114-1 à L. 114-3-4, L. 114-3-6 et L. 114-5 sont applicables en Polynésie française ;

2° Sous réserve des compétences de la collectivité mentionnées au chapitre Ier du titre III de la loi organique n° 2004-192 du 27 février 2004 portant statut d'autonomie de la Polynésie française, les articles L. 111-5, L. 111-6, L. 112-1, L. 112-2, L. 112-3, L. 114-3-5 et L. 120-1 y sont également applicables.

CHAPITRE VII ***Dispositions relatives à la Nouvelle-Calédonie***

Art. L. 147-1 Les dispositions des articles L. 111-1, L. 111-2, L. 111-4 à L. 111-6, L. 112-1, L. 112-2, *(Ord. n° 2015-24 du 14 janv. 2015, art. 14)* « L. 112-3, » *(Ord. n° 2014-*

135 du 17 févr. 2014, art. 1er) **« L. 114-1 » à** *(L. n° 2017-55 du 20 janv. 2017, art. 44)* **« L. 114-3-6 »** *(Ord. n° 2015-24 du 14 janv. 2015, art. 14)* **« , L. 114-5 et L. 120-1 » sont applicables en Nouvelle-Calédonie,** *(Ord. n° 2015-24 du 14 janv. 2015, art. 14)* **« dans leur rédaction résultant de l'ordonnance n° 2015-24 du 14 janvier 2015 portant extension et adaptation dans les îles Wallis-et-Futuna, en Polynésie française et en Nouvelle-Calédonie de la loi n° 2013-660 du 22 juillet 2013 relative à l'enseignement supérieur et à la recherche et » sous réserve des dispositions de l'article 38 de la loi organique n° 99-209 du 19 mai 1999 relative à la Nouvelle-Calédonie.**

CHAPITRE VIII *Dispositions relatives aux Terres australes et antarctiques françaises*

Le présent chapitre ne comprend pas de dispositions législatives.

LIVRE II L'exercice des activités de recherche

COMMENTAIRE

Le contenu du livre II est très limité dans la mesure où par principe ces activités ne relèvent pas du domaine de la loi ; en cas contraire, des règles législatives ont souvent déjà été intégrées dans d'autres codes ou édictées par des lois non codifiées.

I. TITRE PREMIER : ÉTHIQUE ET INTÉGRITÉ SCIENTIFIQUE.

La question principale relève de l'éthique. Aussi, un titre 1er très général (mais très limité puisqu'il ne contient que 2 art.) traite de l'éthique de la recherche. L'article L. 211-1 renvoie au code de la santé publique (CSP, art. L. 1412-1 s.) qui institue un comité consultatif national d'éthique pour les sciences de la vie et de la santé. L'article L. 211-2 relatif à l'intégrité scientifique a été créé par la loi LPR n° 2020-1674 du 24 décembre 2020.

La France a été le premier pays à se doter d'une telle instance aujourd'hui largement diffusée en Europe. Le Comité consultatif national d'éthique a été créé après les assises de la recherche par le décret n° 83-132 du 23 février 1983. Le Président de la République nomme son président pour deux ans renouvelables ; il réunit trente-neuf personnalités dont cinq désignées par le Président de la République pour représenter les familles religieuses et philosophiques, dix-neuf personnalités compétentes et intéressées par les problèmes d'éthique, et quinze représentants du secteur de la recherche. Reprise par la loi n° 94-654 du 29 juillet 1994 relative au don et à l'utilisation des éléments et des produits du corps humain, cette institution, saisie par les pouvoirs publics ou les institutions de recherche, est chargée de rendre des avis sur les problèmes éthiques soulevés par le progrès des connaissances dans les domaines de la biologie, de la médecine et de la santé, et de publier des recommandations sur ces sujets. La loi n° 2004-800 du 6 août 2004 relative à la bioéthique érige le Comité en « autorité indépendante » et le charge d'un rapport public annuel au président de la République et au Parlement (V. CSP, art. L. 1412-1 à L. 412-6, ss. C. rech., art. L. 211-1).

Parallèlement, la question des fraudes scientifiques (fabrication de données, falsification, plagiat…) appelle à mettre l'accent sur l'intégrité scientifique. Si les retraits de publications constituent un premier correctif, des mécanismes de signalement et de prévention ont été mis en place. Quelques EPST (CNRS, INSERM) ont créé des dispositifs repris sur le plan national. D'abord par la ***charte nationale de déontologie des métiers de la recherche*** résultant d'une réflexion commune des grands organismes de recherche et de la CPU (2015) s'appuyant sur la Déclaration de Singapour (2010) et de Montréal (2013) ; l'arrêté du 25 mai 2016 fixant le cadre national de la formation et les modalités conduisant à la délivrance du diplôme national de doctorat a prévu une formation des doctorants à l'éthique de la recherche et à l'intégrité scientifique. En 2016, à la suite du rapport P. Corvol, la lettre-circulaire n° 2017-040 du 15 mars 2017 du secrétaire d'État à l'ESR définissant l'intégrité scientifique comme « l'ensemble des règles et des valeurs qui doivent régir l'activité de recherche pour en garantir le caractère honnête et scientifiquement rigoureux » recommande la désignation dans chaque établissement d'un référent à l'intégrité scientifique (RIS), la mise en place de procédures d'accompagnement des chercheurs et le traitement des manquements à l'intégrité scientifique. Pour évaluer les dispositifs et politiques d'intégrité scientifique, le Haut Conseil de l'évaluation de la recherche et de l'enseignement supérieur (HCÉRES) a créé en son sein de l'Office français de l'intégrité scientifique (OFIS) qui propose une série d'actions ayant pour objectif un changement des pratiques et une appropriation culturelle au sein de la communauté de l'enseignement supérieur et de la recherche pour assurer la transparence, l'honnêteté et la rigueur scientifique des activités de recherche. Ces mécanismes de prévention sont confortés par le code de conduite européen pour l'intégrité en recherche (version française, ALLEA, 2018, voir IGESR, Les dispositifs de prévention en faveur de l'intégrité scientifique dans les établissements d'enseignement supérieur et de recherche, 2020-084, juin 2020).

Il était important que l'intégrité scientifique dispose d'une base législative. La loi de programmation pour la recherche (LPR) n° 2010-1674 du 24 décembre 2024 l'introduit dans le livre II du code de la recherche en soulignant « les exigences de l'intégrité scientifique visant à garantir leur caractère honnête et scientifiquement rigoureux et à consolider le lien de confiance avec la société » s'imposent aux travaux de recherche (art. L. 211-2, al. 1er). Elles contribuent « à garantir l'impartialité des recherches et l'objectivité de leurs résultats » (art. L. 211-2, al. 2). Par ailleurs, la loi modifie le code de l'éducation en imposant aux établissements publics dans leur mission de recherche de mettre en place les dispositifs nécessaires pour promouvoir les valeurs de l'intégrité scientifique et favoriser le respect de ses exigences ; ils conservent les résultats bruts des travaux scientifiques réalisés en leur sein afin de permettre leur vérification. Le rôle du HCERES dans la promotion de l'intégrité scientifique est conforté (LPR 2020, art. 16 ; art. L. 114-3-1). Enfin, il est prévu qu'à l'issue de la soutenance de thèse, les docteurs prêtent serment les engageant « à respecter les principes et les exigences de l'intégrité scientifique... » (LPR 2020, art. 8, C. éduc., art. L. 612-7, al. 3). Un décret doit fixer les conditions d'application de ces dispositions.

La juxtaposition dans le titre des notions d'éthique et d'intégrité scientifique amène à les distinguer comme à les rapprocher d'un troisième thème, la déontologie. L'éthique de la recherche soulève les questions fondamentales que posent les progrès de la science et leurs conséquences sur l'homme et la société. Elles relèvent du débat, d'une approche délibérative qui doit d'abord se dérouler dans les comités ad hoc (Comité consultatif national d'éthique, art. L. 211-1 ; CSP, art. L. 1412-1 s.). L'intégrité scientifique repose sur des valeurs essentielles caractérisant la démarche scientifique, relevant des codes de la profession (fiabilité dans la conception, la méthodologie, l'analyse et l'utilisation des ressources ; honnêteté dans l'élaboration, la réalisation, l'évaluation et la diffusion de la recherche, d'une manière transparente, juste, complète et objective ; respect envers les collègues, les participants à la recherche, la société, les écosystèmes, l'héritage culturel et l'environnement ; responsabilité pour les activités de recherche, de l'idée à la publication, leur gestion et leur organisation, pour la formation, la supervision et le mentorat, et pour les implications plus générales de la recherche). Elles peuvent être portées et éclairées par les référents chercheurs dont les missions gagneraient à être clarifiées (sensibilisation, alerte, formation...) ; le respect de l'intégrité scientifique contribue à garantir la confiance que la société accorde aux chercheurs mais aussi la confiance entre chercheurs (IGESR, 2020). Elle impose le respect des bonnes pratiques définies par la communauté scientifique et contribue, de ce fait, à la qualité des résultats. Si les dispositifs préventifs sont insuffisants, si les chercheurs n'ont pas respecté leurs obligations relevant de la déontologie professionnelle seront alors envisagées les sanctions disciplinaires (administratives pour les chercheurs relevant de l'autorité hiérarchique, juridictionnelles pour les enseignants-chercheurs) auxquelles peuvent s'ajouter des sanctions pénales (par exemple en cas de plagiat, falsification, rétention de données...).

II. TITRES II À V

Puis, une série de titres spéciaux traitent tour à tour de la recherche en médecine et sciences biologiques (titre II composé de cinq chapitres : génétique ; utilisation à des fins scientifiques d'éléments et produits du corps humain et de leurs dérivés ; recherches impliquant la personne humaine [V. CSP, art. L. 1121-1 s.] ; recherche sur l'embryon et les cellules souches embryonnaires ; traitements de données à caractère personnel), de l'expérimentation animale (titre III) et des OGM (titre IV avec un renvoi au C. envir. instituant le Haut Conseil des biotechnologies, art. L. 531-2). Si le critère ici retenu par le législateur est la dimension éthique des recherches en cause, on peut s'étonner de l'absence d'autres domaines, comme celui des nanotechnologies.

Pour les autres domaines de la recherche, un chapitre est consacré à la recherche scientifique marine, puis d'autres chapitres traitent des recherches sur les déchets radioactifs, l'utilisation de certains produits chimiques et de la recherche en archéologie.

Le plus souvent, les articles de ces chapitres renvoient à un autre code (code de la santé publique, code rural et de la pêche maritime, code de l'environnement, code de la défense) puis, pour rappeler les sanctions prévues en cas de manquement à ces règles, au code pénal.

S'agissant du traitement des données à caractère personnel, l'article L. 225-1 reproduit l'article 54 de la loi 78-17 du 6 janvier 1978. ❑

TITRE PREMIER L'éthique de la recherche

BIBL. ▶ Code de conduite européen pour l'intégrité en recherche, *ALLEA (All European Academies), Berlin, 2018* : http://www.allea.org/wp-content/uploads/2018/01/FR_ALLEA_Code_de_conduite_europeen_pour_lintegrite_en_recherche.pdf.

▶ **Éthique** : V. aussi Bibl. ss C. éduc., art. L. 123-6.

CHAPITRE UNIQUE

(Ord. nº 2008-1305 du 11 déc. 2008, art. 2)

Art. L. 211-1 Les dispositions relatives au Comité consultatif national d'éthique pour les sciences de la vie et de la santé sont fixées par le chapitre II du titre Ier du livre IV de la première partie du code de la santé publique *[V. les art. de ce chap. ci-dessous]*.

COMMENTAIRE

Sur l'éthique de la recherche, Voir le commentaire sous le livre II. ❑

Code de la santé publique

Comité consultatif national d'éthique

Art. L. 1412-1 *(L. nº 2004-800 du 6 août 2004, art. 1er)* Le Comité consultatif national d'éthique pour les sciences de la vie et de la santé a pour mission de donner des avis sur les problèmes éthiques et les questions de société soulevés par les progrès de la connaissance dans les domaines de la biologie, de la médecine et de la santé *(L. nº 2021-1017 du 2 août 2021, art. 38)* « ou par les conséquences sur la santé des progrès de la connaissance dans tout autre domaine ».

(L. nº 2017-55 du 20 janv. 2017, art. 24) « Le comité exerce sa mission en toute indépendance. »

Art. L. 1412-1-1 *(L. nº 2011-814 du 7 juill. 2011, art. 46) (L. nº 2021-1017 du 2 août 2021, art. 38)* « I.— » Tout projet de réforme sur les problèmes éthiques et les questions de société *(L. nº 2021-1017 du 2 août 2021, art. 38)* « mentionnés à l'article L. 1412-1 est » précédé d'un débat public sous forme d'états généraux. Ceux-ci sont organisés à l'initiative du Comité consultatif national d'éthique pour les sciences de la vie et de la santé, après consultation des commissions parlementaires permanentes compétentes et de l'Office parlementaire d'évaluation des choix scientifiques et technologiques. *(L. nº 2016-87 du 2 févr. 2016, art. 12)* « L'avis des commissions compétentes et de l'Office parlementaire d'évaluation des choix scientifiques et technologiques inclut une appréciation sur l'opportunité, pour le Gouvernement, de mobiliser, dans les conditions prévues à l'article L. 121-10 du code de l'environnement, le concours de la Commission nationale du débat public. »

A la suite du débat public, le comité établit un rapport qu'il présente devant l'Office parlementaire d'évaluation des choix scientifiques et technologiques, qui procède à son évaluation *(L. nº 2016-87 du 2 févr. 2016, art. 12)* « , en faisant ressortir les éléments scientifiques indispensables à la bonne compréhension des enjeux de la réforme envisagée ».

En l'absence de projet de réforme, le comité est tenu d'organiser des états généraux de la bioéthique au moins une fois tous les cinq ans.

(L. n° 2021-1017 du 2 août 2021, art. 38) « II. — Le comité anime, chaque année, des débats publics sur un ou plusieurs des problèmes éthiques et des questions de société mentionnés à l'article L. 1412-1, en lien avec les espaces de réflexion éthique mentionnés à l'article L. 1412-6. »

Art. L. 1412-2 *(Ord. n° 2015-948 du 31 juill. 2015, art. 9)* « I. — Le comité est une *(L. n° 2017-55 du 20 janv. 2017, art. 24)* « institution » indépendante qui comprend, outre son président nommé par le Président de la République, trente-neuf membres : »

1° Cinq personnalités désignées par le Président de la République et appartenant aux principales familles philosophiques et spirituelles ;

2° Dix-neuf personnalités qualifiées choisies en raison de leur compétence et de leur intérêt pour les problèmes d'éthique, soit :

— un député et un sénateur ;

— un membre du Conseil d'État désigné par le vice-président de ce conseil ;

— un conseiller à la Cour de cassation désigné par le premier président de cette cour ;

— une personnalité désignée par le Premier ministre ;

— une personnalité désignée par le garde des sceaux, ministre de la justice ;

— deux personnalités désignées par le ministre chargé de la recherche ;

— une personnalité désignée par le ministre chargé de l'industrie ;

— une personnalité désignée par le ministre chargé des affaires sociales ;

— une personnalité désignée par le ministre chargé de l'éducation ;

— une personnalité désignée par le ministre chargé du travail ;

— quatre personnalités désignées par le ministre chargé de la santé ;

— une personnalité désignée par le ministre chargé de la communication ;

— une personnalité désignée par le ministre chargé de la famille ;

— une personnalité désignée par le ministre chargé des droits de la femme ;

3° Quinze personnalités appartenant au secteur de la recherche, soit :

— un membre de l'Académie des sciences, désigné par son président ;

— un membre de l'Académie nationale de médecine, désigné par son président ;

— un représentant du Collège de France, désigné par son administrateur ;

— un représentant de l'Institut Pasteur, désigné par son directeur ;

— quatre chercheurs appartenant aux corps de chercheurs titulaires de l'institut national de la santé et de la recherche médicale ou du Centre national de la recherche scientifique et deux ingénieurs, techniciens ou administratifs dudit institut ou dudit centre relevant des statuts de personnels de ces établissements, désignés pour moitié par le directeur général de cet institut et pour moitié par le directeur général de ce centre ;

— deux enseignants-chercheurs ou membres du personnel enseignant et hospitalier des centres hospitaliers et universitaires figurant sur les listes électorales de l'Institut national de la santé et de la recherche médicale, désignés par le directeur général de cet institut ;

— deux enseignants-chercheurs ou membres du personnel enseignant et hospitalier des centres hospitaliers et universitaires, désignés par la Conférence des présidents d'université ;

— un chercheur appartenant aux corps des chercheurs titulaires de l'Institut national de la recherche agronomique, désigné par le président-directeur général de cet institut.

(Ord. n° 2015-948 du 31 juill. 2015, art. 9) « II. — Le président du comité est nommé pour une durée de deux ans renouvelable. Les autres membres du comité sont nommés pour une durée de quatre ans renouvelable une fois sous réserve des dispositions du III.

« III. — Parmi les membres du comité autres que son président, l'écart entre le nombre de femmes et le nombre d'hommes ne peut être supérieur à un.

« A cette fin, à chaque renouvellement intervenant à compter du 13 avril 2016 :

« 1° Chaque autorité amenée à désigner un nombre pair de membres désigne autant de femmes que d'hommes ;

« 2° Chaque autorité amenée à désigner un seul membre désigne alternativement une femme et un homme ;

« 3° Chaque autorité amenée à désigner un nombre impair de membres supérieur à un désigne alternativement un nombre supérieur de femmes et un nombre supérieur d'hommes, l'écart entre le nombre de femmes et le nombre d'hommes désignés par chaque autorité ne pouvant être supérieur à un.

« IV. — En cas de décès, de démission ou de cessation de fonctions pour toute autre cause, le membre désigné à la suite d'une vacance de poste pour la durée du mandat restant à courir est de même sexe que celui qu'il remplace. »

Nouvel art. L. 1412-2 (*L. nº 2021-1017 du 2 août 2021, art. 38*) *I. — Le comité est une institution indépendante qui comprend, outre son président, nommé par le Président de la République, quarante-cinq membres :*

1º Cinq personnalités désignées par le Président de la République et appartenant aux principales familles philosophiques et spirituelles ;

2º Un député et un sénateur ;

3º Un membre du Conseil d'État, désigné par le vice-président du Conseil d'État, et un membre de la Cour de cassation, désigné par le premier président de la Cour de cassation ;

4º Quinze personnalités qualifiées choisies en raison de leur compétence et de leur intérêt pour les problèmes d'éthique, sur proposition de ministres dont la liste est fixée par décret de façon à couvrir les domaines mentionnés à l'article L. 1412-1 ;

5º Quinze personnalités appartenant aux secteurs de la recherche et de la santé proposées par des organismes dont la liste est fixée par décret de façon à couvrir les domaines mentionnés au même article L. 1412-1 ;

6º Six représentants d'associations de personnes malades et d'usagers du système de santé, d'associations de personnes handicapées, d'associations familiales et d'associations œuvrant dans le domaine de la protection des droits des personnes.

Les personnes mentionnées aux 4º à 6º du présent I sont nommées par décret.

II. — Le président et les autres membres du comité mentionné au I sont nommés pour une durée de trois ans, renouvelable une fois.

III. — Parmi les membres du comité autres que son président, l'écart entre le nombre de femmes et le nombre d'hommes ne peut être supérieur à un.

IV. — En cas de décès, de démission ou de cessation de fonctions pour toute autre cause, le membre désigné à la suite d'une vacance de poste pour la durée du mandat restant à courir est du même sexe que celui qu'il remplace.

Le nouvel art. entre en vigueur le 26 déc. 2021 (L. nº 2021-1017 du 2 août 2021, art. 38).

Art. L. 1412-3 Le comité établit un rapport annuel d'activité qui est remis au Président de la République et au Parlement et rendu public. (*L. nº 2011-814 du 7 juill. 2011, art. 48*) « Ce rapport comporte une analyse des problèmes éthiques soulevés dans les domaines de compétence de l'Agence de la biomédecine et dans le domaine des neurosciences. »

Il peut publier des recommandations sur les sujets relevant de sa compétence.

Art. L. 1412-3-1 (*L. nº 2011-814 du 7 juill. 2011, art. 46*) Les états généraux mentionnés à l'article L. 1412-1-1 réunissent des conférences de citoyens choisis de manière à représenter la société dans sa diversité. Après avoir reçu une formation préalable, ceux-ci débattent et rédigent un avis ainsi que des recommandations qui sont rendus publics. Les experts participant à la formation des citoyens et aux états généraux sont choisis en fonction de critères d'indépendance, de pluralisme et de pluridisciplinarité.

Art. L. 1412-4 Les crédits nécessaires à l'accomplissement des missions du Comité consultatif national d'éthique pour les sciences de la vie et de la santé sont inscrits au (*L. nº 2008-1425 du 27 déc. 2008, art. 152*) « programme de la mission "Direction de l'action du Gouvernement" relatif à la protection des droits et des libertés fondamentales ».

Les dispositions de la loi du 10 août 1922 relative à l'organisation du contrôle des dépenses engagées ne sont pas applicables à leur gestion.

Le comité présente ses comptes au contrôle de la Cour des comptes.

Art. L. 1412-5 (*L. nº 2021-1017 du 2 août 2021, art. 38*) Un décret en Conseil d'État précise les conditions de désignation des membres du comité mentionnés aux 1º, 3º, 4º, 5º et 6º du I de l'article L. 1412-2, notamment les modalités suivant lesquelles est respecté l'écart mentionné au III du même article L. 1412-2 et celles suivant lesquelles est organisé un renouvellement par moitié de l'instance, et définit ses modalités de saisine, d'organisation et de fonctionnement.

Art. L. 1412-6 Des espaces de réflexion éthique sont créés au niveau régional ou interrégional ; ils constituent, en lien avec des centres hospitalo-universitaires, des lieux de formation, de documentation, de rencontre et d'échanges interdisciplinaires sur les questions d'éthique dans le domaine de la santé. Ils font également fonction d'observatoires régionaux ou interrégionaux des pratiques au regard de l'éthique. Ces espaces participent à l'organisation de débats publics afin de promouvoir l'information et la consultation des citoyens sur les questions de bioéthique.

(*L. nº 2011-814 du 7 juill. 2011, art. 49*) « Ils établissent chaque année un rapport d'activité qui est communiqué au Comité consultatif national d'éthique pour les sciences de la vie et de la santé ; celui-ci en fait la synthèse dans le rapport annuel mentionné à l'article L. 1412-3. »

Les règles de constitution, de composition et de fonctionnement des espaces de réflexion éthique sont définies par arrêté du ministre chargé de la santé après avis du Comité consultatif national d'éthique pour les sciences de la vie et de la santé.

Art. L. 211-2 *(L. nº 2020-1674 du 24 déc. 2020, art. 16)* Les travaux de recherche, notamment l'ensemble des activités de la recherche publique contribuant à ses objectifs mentionnés à l'article L. 112-1, respectent les exigences de l'intégrité scientifique visant à garantir leur caractère honnête et scientifiquement rigoureux et à consolider le lien de confiance avec la société.

L'intégrité scientifique contribue à garantir l'impartialité des recherches et l'objectivité de leurs résultats.

Les établissements publics contribuant au service public de la recherche et les fondations reconnues d'utilité publique ayant pour activité principale la recherche publique au sens du même article L. 112-1 offrent les conditions du respect des exigences de l'intégrité scientifique pour les activités et travaux menés en leur sein. Ils mettent en place les dispositifs nécessaires pour promouvoir les valeurs de l'intégrité scientifique et favoriser le respect de ses exigences. Sans préjudice des dispositions du code du patrimoine sur les archives publiques, ils conservent les résultats bruts des travaux scientifiques réalisés en leur sein afin de permettre leur vérification.

Les établissements et fondations mentionnés au troisième alinéa du présent article transmettent tous les deux ans au ministre chargé de la recherche et au Haut Conseil de l'évaluation de la recherche et de l'enseignement supérieur un rapport sur les actions entreprises dans le cadre des dispositions du présent article.

Un décret pris sur le rapport du ministre chargé de la recherche fixe les conditions d'application de ces dispositions.

TITRE II La recherche en médecine et biologie humaine

CHAPITRE PREMIER *La génétique*

Art. L. 221-1 *(Ord. nº 2008-1305 du 11 déc. 2008, art. 2)* L'examen des caractéristiques génétiques d'une personne ou son identification par empreintes génétiques à des fins de recherche sont effectués dans les conditions fixées par les dispositions des articles 16-10 à 16-13 du code civil et des articles L. 1131-1 et L. 1131-4 du code de la santé publique.

Art. L. 221-2 Les manquements aux obligations relatives à l'examen des caractéristiques génétiques d'une personne ou son identification par empreintes génétiques à des fins de recherche sont sanctionnés dans les conditions prévues par les dispositions des articles 226-26, *(Ord. nº 2008-1305 du 11 déc. 2008, art. 2)* « 226-27, » 226-28, 226-29 et 226-30 du code pénal.

Art. L. 221-3 Les collections d'échantillons biologiques humains ayant pour fin la recherche génétique sont constituées dans les conditions fixées par les dispositions de l'article L. 1131-4 du code de la santé publique.

CHAPITRE II *Utilisation à des fins scientifiques d'éléments et produits du corps humain et de leurs dérivés*

Art. L. 222-1 *(Ord. nº 2008-1305 du 11 déc. 2008, art. 2)* L'utilisation d'éléments et produits du corps humain à des fins scientifiques est régie par les dispositions des articles suivants du code de la santé publique :

1º S'agissant du sang, les articles L. 1221-4, L. 1221-8-1 et le deuxième alinéa de l'article L. 1221-12 ;

2º S'agissant des organes, les articles L. 1232-1 à L. 1232-3, le troisième alinéa de l'article L. 1235-1 et l'article L. 1235-2 ;

3º S'agissant des tissus et cellules, les articles L. 1241-5, L. 1243-3, L. 1243-4, L. 1245-2 et *(L. nº 2017-220 du 23 févr. 2017, art. 3)* « les articles L. 1245-5 et L. 1245-5-1 ».

CHAPITRE III *Les recherches impliquant la personne humaine* (L. nº 2012-300 du 5 mars 2012, art. 1er).

Art. L. 223-1 *(Ord. nº 2008-1305 du 11 déc. 2008, art. 2)* Les *(L. nº 2012-300 du 5 mars 2012, art. 1er)* « recherches impliquant la personne humaine » sont définies par les dispositions de l'article L. 1121-1 du code de la santé publique *[V. cet art. ci-dessous]*.

Code de la santé publique

Principes généraux relatifs aux recherches impliquant la personne humaine

Art. L. 1121-1 *(L. nº 2004-806 du 9 août 2004, art. 88)* Les recherches organisées et pratiquées sur l'être humain en vue du développement des connaissances biologiques ou médicales sont autorisées dans les conditions prévues au présent livre et sont désignées ci-après par les termes "recherche impliquant la personne humaine".

(L. nº 2012-300 du 5 mars 2012, art. 1er) « Il existe trois catégories de recherches impliquant la personne humaine :

« 1º Les recherches interventionnelles qui comportent une intervention sur la personne non justifiée par sa prise en charge habituelle ;

« 2º Les recherches interventionnelles qui ne comportent que des risques et des contraintes minimes, dont la liste est fixée par arrêté du ministre chargé de la santé, après avis du directeur général de l'Agence nationale de sécurité du médicament et des produits de santé ;

« 3º Les recherches non interventionnelles *(Ord. nº 2016-800 du 16 juin 2016, art. 1er)* « qui ne comportent aucun risque ni contrainte » dans lesquelles tous les actes sont pratiqués et les produits utilisés de manière habituelle. »

(L. nº 2012-300 du 5 mars 2012, art. 1er) « La personne physique ou la personne morale qui est responsable d'une recherche impliquant la personne humaine, en assure la gestion et vérifie que son financement est prévu, est dénommée le promoteur. » Celui-ci ou son représentant légal doit être établi dans *(Ord. nº 2010-177 du 23 févr. 2010, art. 26)* « l'Union européenne ». Lorsque plusieurs personnes prennent l'initiative d'une même recherche impliquant la personne humaine, elles désignent une personne physique ou morale qui aura la qualité de promoteur et assumera les obligations correspondantes en application du présent livre.

La ou les personnes physiques qui dirigent et surveillent la réalisation de la recherche sur un lieu sont dénommées investigateurs.

Lorsque le promoteur d'une recherche impliquant la personne humaine confie sa réalisation à plusieurs investigateurs sur plusieurs lieux en France, le promoteur désigne parmi les investigateurs un coordonnateur.

(L. nº 2012-300 du 5 mars 2012, art. 1er) « Si, sur un lieu, la recherche est réalisée par une équipe, l'investigateur est le responsable de l'équipe et est dénommé investigateur principal. »

(Ord. nº 2016-800 du 16 juin 2016, art. 1er) « Les dispositions du présent titre, à l'exception de celles mentionnées au chapitre IV, ne sont pas applicables aux essais cliniques de médicaments régis par les dispositions du règlement (UE) nº 536/2014 du Parlement européen et du Conseil du 16 avril 2014. »

Art. L. 223-2 *(Ord. nº 2008-1305 du 11 déc. 2008, art. 2)* Les principes et procédures de mise en œuvre de *(L. nº 2012-300 du 5 mars 2012, art. 1er)* « recherches impliquant la personne humaine » ainsi que les missions des comités de protection des personnes sont fixés par les dispositions du titre II du livre Ier de la première partie du code de la santé publique.

Art. L. 223-3 Les manquements à l'obligation d'obtention du consentement des personnes qui se prêtent à des *(L. nº 2012-300 du 5 mars 2012, art. 1er)* « recherches impliquant la personne humaine » sont sanctionnés dans les conditions prévues par les dispositions des articles 223-8 et 223-9 du code pénal.

CHAPITRE IV *La recherche sur l'embryon et les cellules souches embryonnaires*

(Ord. nº 2008-1305 du 11 déc. 2008, art. 2)

Art. L. 224-1 Les principes, conditions et procédures de mise en œuvre des recherches sur l'embryon et les cellules souches embryonnaires humaines sont fixés par les dispositions des articles L. 2151-2, L. 2151-5 à L. 2151-7 du code de la santé publique.

CHAPITRE V *Les traitements automatisés de données à caractère personnel*

(Ord. nº 2008-1305 du 11 déc. 2008, art. 2)

Art. L. 225-1 Les traitements de données à caractère personnel ayant pour fin la recherche dans le domaine de la santé sont régis par les dispositions *(Ord. nº 2018-1125 du 12 déc. 2018, art. 18)* « de la section III du chapitre III du titre II » de la loi nº 78-17 du 6 janvier 1978 relative à l'informatique, aux fichiers et aux libertés.

Art. L. 225-2 Les manquements aux obligations relatives à la mise en œuvre de traitements de données à caractère personnel ayant pour fin la recherche dans le domaine de la santé sont sanctionnés dans les conditions prévues par les dispositions de la section V du chapitre VI du titre II du livre II du code pénal, notamment par son article 226-19-1.

TITRE III L'expérimentation animale

CHAPITRE PREMIER *Dispositions générales*

Art. L. 231-1 L'interdiction des mauvais traitements envers les animaux notamment dans la pratique de l'expérimentation animale est prescrite par les dispositions de l'article L. 214-3 du code rural et de la pêche maritime.

Art. L. 231-2 L'article L. 5144-3 du code de la santé publique prévoit que, pour la délivrance et l'utilisation de médicaments vétérinaires employés dans le cadre des travaux de recherche des établissements autorisés à pratiquer l'expérimentation animale, peuvent être accordées, par arrêté des ministres chargés de l'agriculture et de la santé, des dérogations aux dispositions du titre IV relatif aux médicaments vétérinaires, du livre Ier, de la partie V du même code.

CHAPITRE II *Les animaux d'expérimentation et leur protection*

Le présent chapitre ne comprend pas de dispositions législatives.

CHAPITRE III *Procédures d'autorisation, d'agrément, de déclaration et de contrôle*

Le présent chapitre ne comprend pas de dispositions législatives.

CHAPITRE IV *Dérogations relatives à l'expérimentation dans le domaine de la défense*

Le présent chapitre ne comprend pas de dispositions législatives.

CHAPITRE V *La commission nationale de l'expérimentation animale*

Le présent chapitre ne comprend pas de dispositions législatives.

CHAPITRE VI *Sanctions*

Art. L. 236-1 Les manquements aux obligations relatives à l'exercice de l'expérimentation animale sont sanctionnés dans les conditions prévues par les dispositions des articles 521-1 et 521-2 du code pénal.

TITRE IV Les organismes génétiquement modifiés

CHAPITRE UNIQUE

Art. L. 241-1 *(Ord. nº 2008-1305 du 11 déc. 2008, art. 2)* La recherche publique développe les recherches consacrées à la génomique végétale, à la toxicologie, à l'épidémiologie et à l'entomologie, soutient le développement des techniques permettant de détecter les organismes génétiquement modifiés et leur traçabilité dans les produits, d'étudier leur toxicité à long terme et d'intensifier les recherches sur la précision de l'insertion du transgène et l'interaction entre l'insertion du gène et l'expression du génome. Elle encourage les coopérations scientifiques avec les pays du Sud, soutient des réseaux épidémiologiques performants et participe au développement d'un réseau européen d'allergologie.

Les pouvoirs publics favorisent la mobilité des chercheurs qui s'engagent dans cette expertise scientifique.

Art. L. 241-2 *(Ord. nº 2008-1305 du 11 déc. 2008, art. 2)* Les missions du Haut Conseil des biotechnologies sont fixées par les dispositions de l'article L. 531-3 du code de l'environnement *[V. cet art. ci-dessous]*.

Code de l'environnement

Haut Conseil des biotechnologies

Art. L. 531-3 *(L. nº 2008-595 du 25 juin 2008, art. 3)* Le Haut Conseil des biotechnologies a pour missions d'éclairer le Gouvernement sur toutes questions intéressant les organismes génétiquement modifiés ou toute autre biotechnologie et de formuler des avis en matière d'évaluation des risques pour l'environnement et la santé publique que peuvent présenter l'utilisation confinée ou la dissémination volontaire des organismes génétiquement modifiés, ainsi qu'en matière de surveillance biologique du territoire prévue à l'article L. 251-1 du code rural et de la pêche maritime, sans préjudice des compétences exercées par les agences visées aux articles *(Ord. nº 2010-18 du 7 janv. 2010, art. 3)* « L. 1313-1 » et L. 5311-1 du code de la santé publique. Ses avis et recommandations sont rendus publics.

En vue de l'accomplissement de ses missions, le haut conseil :

1º Peut se saisir, d'office, à la demande de l'Office parlementaire d'évaluation des choix scientifiques et technologiques ou à la demande d'un député ou d'un sénateur, des associations de défense des consommateurs agréées en application de l'article L. 411-1 du code de la consommation, des associations de protection de l'environnement agréées au titre de l'article L. 141-1 du présent code, des associations ayant une activité dans le domaine de la santé et de la prise en charge des malades agréées en application de l'article L. 1114-1 du code de la santé publique, des groupements de salariés et des groupements professionnels concernés, de toute question concernant son domaine de compétence et proposer, en cas de risque, toutes mesures de nature à préserver l'environnement et la santé publique ;

2º Rend un avis sur chaque demande d'agrément ou demande d'autorisation en vue de l'utilisation confinée ou de la dissémination volontaire d'organismes génétiquement modifiés, dans le respect des délais fixés par les dispositions communautaires. Il est informé de chaque déclaration d'utilisation confinée prévue au I de l'article L. 532-3 du présent code. Lorsqu'une demande en vue de la dissémination volontaire d'organismes génétiquement modifiés est susceptible de répondre à un besoin urgent de santé publique, cet avis peut, à la demande du ministre chargé de la santé, faire l'objet d'une procédure d'examen prioritaire ;

3º Procède ou fait procéder à toutes expertises, analyses ou études qu'il juge nécessaires ;

4º Met en œuvre des méthodes d'évaluation des risques pour l'environnement et la santé publique conformes aux dispositions communautaires et aux recommandations internationales en la matière ;

5º Est consulté sur les protocoles et méthodologies d'observation nécessaires à la mise en œuvre de la surveillance biologique du territoire définie à l'article L. 251-1 du code rural et de la pêche maritime, en ce qu'elle concerne les organismes génétiquement modifiés. Il est rendu destinataire du rapport annuel de surveillance visé au même article. Il peut formuler des recommandations ;

6º Peut mener des actions d'information se rapportant à ses missions ;

7º Établit un rapport annuel d'activité adressé au Gouvernement et au Parlement. Ce rapport est rendu public.

Art. L. 241-3 *(Ord. nº 2008-1305 du 11 déc. 2008, art. 2)* L'utilisation confinée et la dissémination volontaire d'organismes génétiquement modifiés sont régies par les dispositions du titre III du livre V du code de l'environnement.

TITRE V **Autres domaines de recherche**

CHAPITRE PREMIER ***La recherche scientifique marine***

Art. L. 251-1 Toute activité de recherche scientifique marine, menée dans la mer territoriale, dans la zone économique *(L. nº 2016-1087 du 8 août 2016, art. 96)* « exclusive » et dans la zone de protection écologique définies par *(Ord. nº 2016-1687 du 8 déc. 2016,* *art. 63)* « l'ordonnance n° 2016-1687 du 8 décembre 2016 relative aux espaces maritimes relevant de la souveraineté ou de la juridiction de la République française », est soumise à une autorisation assortie, le cas échéant, de prescriptions dans les conditions et selon les modalités fixées par décret en Conseil d'État.

Art. L. 251-2 *(L. n° 2016-1087 du 8 août 2016, art. 96)* Est puni de 15 000 € d'amende le fait d'entreprendre ou de poursuivre sans autorisation, lorsqu'elle y est soumise, une activité de recherche scientifique marine dans les zones mentionnées à l'article L. 251-1. *(Ord. n° 2016-1687 du 8 déc. 2016, art. 63)* « Les même peines sont applicables au fait de ne pas transmettre aux autorités compétentes les renseignements et données mentionnées à l'article L. 251-3. »

Art. L. 251-3 *(L. n° 2016-1087 du 8 août 2016, art. 96)* Toute autorisation de réaliser des recherches dans les espaces maritimes sous souveraineté ou juridiction nationale est subordonnée à l'engagement de communiquer les renseignements et données recueillis ainsi que les éléments nécessaires à leur exploitation, selon leur contenu, à l'Institut français de recherche pour l'exploitation de la mer, à l'Agence française pour la biodiversité, à Météo-France, au service hydrographique et océanographique de la marine, *(Ord. n° 2016-1687 du 8 déc. 2016, art. 63)* « au centre d'études et d'expertise sur les risques, l'environnement, la mobilité et l'aménagement » ou à tout autre organisme scientifique public, *(Ord. n° 2016-1687 du 8 déc. 2016, art. 63)* « ou administration publique » désigné par l'État.

Les renseignements et les données recueillis lors des recherches et intéressant la sécurité de la navigation ainsi que ceux concernant les propriétés physico-chimiques ou les mouvements des eaux sous-jacentes tombent immédiatement dans le domaine public. Ils sont directement communiqués, dès leur obtention, à Météo-France et au service hydrographique et océanographique de la marine à raison de leurs missions respectives.

Les agents des organismes mentionnés au premier alinéa ayant accès à ces renseignements et à ces données sont astreints au secret professionnel. Ils peuvent toutefois utiliser les renseignements et les données pour leurs travaux de recherche ou pour les expertises qui leur sont demandées en application d'une disposition législative ou réglementaire.

CHAPITRE II *Les recherches sur la gestion des déchets radioactifs*

Art. L. 252-1 Les recherches sur la gestion des déchets radioactifs sont régies par les dispositions du chapitre II du titre IV du livre V du code de l'environnement.

CHAPITRE III *Utilisation en recherche de certains produits chimiques*

Art. L. 253-1 Les modalités d'utilisation dans la recherche de substances chimiques nouvelles sont fixées par les dispositions de l'article L. 521-3 du code de l'environnement.

Art. L. 253-2 Les modalités d'utilisation dans la recherche de produits biocides sont fixées par *(L. n° 2015-1567 du 2 déc. 2015, art. 17)* « les articles L. 522-1 et L. 522-9 » du code de l'environnement.

Art. L. 253-3 L'utilisation à des fins de recherche de certains produits chimiques dangereux est autorisée dans les conditions fixées par les articles L. 2342-8 à L. 2342-11 et L. 2342-21 du code de la défense.

CHAPITRE IV *La recherche en archéologie*

(Ord. n° 2008-1305 du 11 déc. 2008, art. 2)

Art. L. 254-1 Les conditions de réalisation de la recherche en archéologie, en ce qui concerne les opérations d'archéologie préventive et les fouilles programmées, sont régies par les dispositions des titres II et III du livre V du code du patrimoine.

TITRE VI **Dispositions relatives à l'outre-mer**

(Ord. n° 2008-1305 du 11 déc. 2008, art. 2)

CHAPITRE PREMIER *Dispositions relatives à Mayotte*

Le présent chapitre ne comprend pas de dispositions législatives.

CHAPITRE II *Dispositions relatives à Saint-Barthélemy*

Le présent chapitre ne comprend pas de dispositions législatives.

CHAPITRE III *Dispositions relatives à Saint-Martin*

Le présent chapitre ne comprend pas de dispositions législatives.

CHAPITRE IV *Dispositions relatives à Saint-Pierre-et-Miquelon*

Le présent chapitre ne comprend pas de dispositions législatives.

CHAPITRE V *Dispositions relatives aux îles Wallis-et-Futuna*

Art. L. 265-1 Les *(L. nº 2016-1087 du 8 août 2016, art. 97)* « **articles L. 251-1, L. 251-2 et L. 251-3 » sont applicables dans les îles Wallis-et-Futuna** *(Ord. nº 2015-24 du 14 janv. 2015, art. 4)* « **, dans sa rédaction résultant de l'ordonnance nº 2015-24 du 14 janvier 2015 portant extension et adaptation dans les îles Wallis-et-Futuna, en Polynésie française et en Nouvelle-Calédonie de la loi nº 2013-660 du 22 juillet 2013 relative à l'enseignement supérieur et à la recherche ».**

CHAPITRE VI *Dispositions relatives à la Polynésie française*

Art. L. 266-1 Sous réserve des dispositions des articles 26 et 37 de la loi organique nº 2004-192 du 27 février 2004 portant statut d'autonomie de la Polynésie française, les *(L. nº 2016-1087 du 8 août 2016, art. 97)* « **articles L. 251-1, L. 251-2 et L. 251-3 » sont applicables en Polynésie française** *(Ord. nº 2015-24 du 14 janv. 2015, art. 9)* « **dans sa rédaction résultant de l'ordonnance nº 2015-24 du 14 janvier 2015 portant extension et adaptation dans les îles Wallis-et-Futuna, en Polynésie française et en Nouvelle-Calédonie de la loi nº 2013-660 du 22 juillet 2013 relative à l'enseignement supérieur et à la recherche ».**

CHAPITRE VII *Dispositions relatives à la Nouvelle-Calédonie*

Art. L. 267-1 Sous réserve des dispositions du 10º de l'article 22 de la loi organique nº 99-209 du 19 mai 1999 relative à la Nouvelle-Calédonie, les *(L. nº 2016-1087 du 8 août 2016, art. 97)* « **articles L. 251-1, L. 251-2 et L. 251-3 » sont applicables en Nouvelle-Calédonie** *(Ord. nº 2015-24 du 14 janv. 2015, art. 14)* « **dans sa rédaction résultant de l'ordonnance nº 2015-24 du 14 janvier 2015 portant extension et adaptation dans les îles Wallis-et-Futuna, en Polynésie française et en Nouvelle-Calédonie de la loi nº 2013-660 du 22 juillet 2013 relative à l'enseignement supérieur et à la recherche ».**

CHAPITRE VIII *Dispositions relatives aux Terres australes et antarctiques françaises*

Le présent chapitre ne comprend pas de dispositions législatives.

LIVRE III Les établissements et organismes de recherche

COMMENTAIRE

Le livre III rassemble les dispositions législatives concernant les diverses structures autonomes qui interviennent dans le domaine de la recherche, à l'exception des autorités ou autorités administratives indépendantes (Haut Conseil d'évaluation de la recherche et de l'enseignement supérieur). Elles concernent pour la plupart d'entre elles les opérateurs de recherche mais font une place aux structures de financement (ANR) et de concertation.

I. LES OPÉRATEURS PUBLICS DE RECHERCHE

Les opérateurs publics de recherche sont le plus souvent des établissements publics. La loi nº 82-610 du 15 juillet 1982 avait introduit la notion d'établissement public à caractère scientifique et technologique (EPST). L'article L. 311-1, après avoir rappelé que les établissements publics de recherche (EPR) ont soit un caractère industriel et commercial (EPIC) soit un caractère administratif (EPA), ajoute que les EPST ont un caractère administratif. L'article 14 alinéa 3 de la loi de 1982 ne le précisait pas, mais la déduction est logique si l'on part de la distinction fondamentale commandée par la dualité des régimes et des contentieux. La même remarque peut être faite pour les établissements publics d'enseignement supérieur et de recherche (EPESR), qu'il s'agisse des établissements publics à caractère scientifique, culturel et professionnel (EPSCP dont les universités) ou des autres établissements d'enseignement supérieur régis par le code de l'éducation. La loi de programmation de la recherche (LPR) n° 2020-1674 du 24 décembre 2020 souligne la mission recherche des EPSCP qui organisent leurs activités en ce domaine dans les conditions fixées par le présent code et par le code de la recherche (LPR 2020, art. 19 ; art. L. 111-2). Ne constituant pas des EPIC, ils sont des EPA. Cette qualification peut leur être reconnue en prenant en considération tant leur mission que la nature de leurs ressources ou leurs modalités de fonctionnement. Mais l'intention du législateur en 1982 pour les EPST comme en 1984 pour les EPSCP, et plus encore en 2007 avec la LRU, était d'introduire une plus grande souplesse. Si le code de la recherche est pour l'instant (dans sa partie législative) moins disert que le code de l'éducation pour les EPSCP, il contient toutefois une série de dispositions communes issues de la loi de 1982, codifiées par les articles L. 321-1 (création par décret en Conseil d'État), L. 321-2 (institution d'un conseil scientifique), L. 321-3 (régime budgétaire, financier et comptable, domaine par ailleurs en pleine évolution), L. 321-4 (prises de participation et création de filiales) qui font de ces EPA, des EPA particuliers. Ainsi les établissements publics de recherche (L. 311-3) comme les EPSCP (C. éduc., art. L. 711-1) sont autorisés à transiger au sens de l'article 2044 du code civil, pouvant ainsi conclure des contrats permettant de terminer ou de prévenir une contestation (art. L. 311-3 et L. 321-4).

A noter que la LPR n° 2020-1674 du 24 décembre 2020 assimile aux opérateurs publics de recherche les établissements privés à but non lucratif en contrat avec l'État (établissements d'enseignement supérieur privés d'intérêt général, EESPIG, C. éduc., art. L. 732-1) dans la mesure où ils participent au service public de la recherche et contribuent aux objectifs de la recherche publique et sont à ce titre évalués par le HCERES (LPR 2020, art. 2, créant l'art. L. 314-1). Par ailleurs, la loi reconnait aux associations et fondations reconnues d'utilité publique ayant pour activité principale la recherche publique la possibilité de comporter des unités de recherche, leur donnant ainsi droit à des financements ANR (art. L. 313-1).

La LPR n° 2020-1674 du 24 décembre 2020 précise que les établissements publics de recherche comme les établissements publics d'enseignement supérieur peuvent comporter des ***unités de recherche***, qui administrent les dotations globales de fonctionnement et d'équipement allouées par les organes directeurs de l'établissement (création de l'art. L. 312-1). Si elles peuvent constituer des unités propres à un organismes (UPR du CNRS), elles peuvent aussi relever d'autres établissements publics. Elle constituent alors des ***unités mixtes de recherche (UMR)*** ; issues des laboratoires associés du CNRS mis en place à partir de 1966, elles peuvent associer des universités ou autres EPSCP aux EPST (CNRS, INSERM, IFREMER, IRD…) ; créées dans le cadre des contrats pluriannuels d'établissement leur durée est quinquennale (loi ESR du 22 juill. 2013) avec possibilité de renouvellement ; lorsque l'unité relève ainsi de plusieurs établissements, son directeur est placé sous l'autorité conjointe des organes dirigeants des établissements (art. L. 321-1, al. 2) ; la loi harmonise les règles applicables aux EPST et aux EPSCP et permet notamment de préciser les pouvoirs de leurs directeurs d'unités mixtes de recherche (marchés publics, GRH).

Les dirigeants des établissements publics de recherche (présidents, directeurs et personnes qui, quel que soit leur titre, exercent la fonction de chef d'établissement). Ils doivent être choisis après un appel public à candidatures et un examen des candidatures par une commission dont la composition et le fonctionnement sont fixés par les statuts de l'établissement et dont les membres sont nommés par les ministres de tutelle (L. n° 2013-660 du 22 juill. 2013, art. 96 ; cette procédure concerne aussi le directeur général de l'Agence nationale de la recherche). En outre, leur limite d'âge est en principe fixée comme pour les présidents d'université à soixante-huit ans (art. L. 311-5, et C. éduc., art. L. 711-10) sous réserve des reculs de limite d'âge, de la possibilité pour les professeurs de rester en surnombre un an et des dispositions adoptées par la LPR n° 2020-1674 du 24 déc. 2020 pour les responsables de projet pour une durée de 5 ans (C. éduc., art. L 952-10). Reprenant la « proposition de résolution visant à ce que tout candidat à la présidence d'un établissement public de recherche soit obligatoirement titulaire d'un doctorat » déposée à l'Ass. nat. par le député Patrick Hetzel, l'article 8 de la LPR n° 2020-1674 du 24 décembre 2020, pour assurer la crédibilité des établissements publics de recherche sur la scène internationale, exige qu'à partir du 1er janvier 2023, tout candidat à la direction d'un établissement public de recherche soit titulaire d'un doctorat ; atténuant cette exigence, ce titre pourra toutefois être remplacé par un diplôme universitaire, une qualification, une expérience professionnelle ou un titre reconnus de niveau équivalent au doctorat par décision du ministre chargé de la recherche (art. L. 111-7-1).

Une série de chapitres consacrés aux établissements publics à caractère scientifique et technologique (EPCST) ne contenant aucune disposition législative, on se référera aux décrets constitutifs en attendant leur codification dans la partie réglementaire : CNRS (Centre national de la recherche scientifique créé en 1939, sous l'impulsion de Jean Zay, par fusion de la Caisse nationale de la recherche scientifique, agence de moyens, et des laboratoires du Centre national de la recherche scientifique appliquée, régi par le Décr. n° 82-993 du 24 nov. 1982, modifié par le Décr. n° 2015-1151 du 16 sept. 2015 qui lui fixe de nouvelles missions : développement de l'accès aux travaux et données de la recherche, réalisation d'évaluations et d'expertises scientifiques ; réalisation d'achats pour le compte de tiers lui conférant un rôle de centrale d'achat au sens du code des marchés publics), INRA (Institut national de la recherche agronomique, C. rur., art. R. 831-1 s.), INSERM (Institut national de la santé et de la recherche médicale, Décr. n° 83-975 du 10 nov. 1983), IRD (Institut pour la recherche et le développement, ex-ORSTOM, Décr. n° 98-995 du 5 nov. 1998, Décr. n° 84-430 du 5 juin 1984 modifié par Décr. n° 2014-1441 du 3 déc. 2014). Deux autres chapitres regroupent les dispositions concernant d'une part les établissements de recherche en sciences exactes et technologie, d'autre part les établissements en sciences humaines et sociales.

Les EPIC ne font pas ici l'objet de dispositions communes. Plusieurs chapitres traitent tour à tour des établissements de recherche dans le domaine de l'espace et de l'aéronautique (art. L. 331-1 à L. 331-8 codifiant la loi du 19 déc. 1961, modifiée notamment par la loi du 3 juin 2008 relative aux opérations spatiales, créant le Centre national d'études spatiales : CNES), ou des établissements de recherche dans le domaine de l'énergie ; pour le Commissariat à l'énergie atomique et aux énergies alternatives (CEA), les articles L. 332-1 à L. 332-7 reprennent les dispositions de l'ordonnance du 18 octobre 1945 ; pour l'Agence nationale pour la gestion des déchets radioactifs (ANDRA) et l'Agence de l'environnement pour la maîtrise de l'énergie (ADEME) les articles L. 332-8 et L. 332-9 renvoient au code de l'environnement.

Outre leurs organes de direction et d'administration, les établissements publics de recherche peuvent être dotés d'instances spécifiques : conseils scientifiques, commissions disciplinaires ou interdisciplinaires, commission d'examen des candidatures à la fonction de président (CNRS, Décr. n° 2015-1151 du 16 sept. 2015) ou « comités d'éthique » (par ex. à l'INED, Décr. n° 2015-1005 du 18 août 2015 modifiant le Décr. n° 86-382 du 12 mars 1986).

La loi de 1999 a prévu que les établissements publics de recherche, comme les EPSCP, concluent avec l'État des contrats pluriannuels qui définissent leurs objectifs et prévoient les engagements des parties. L'exécution des contrats fait l'objet d'une évaluation. La loi de 2006 précise que l'État tient alors compte des résultats de l'évaluation effectuée par le Haut Conseil de l'évaluation de la recherche et de l'enseignement supérieur (HCERES) pour déterminer les engagements financiers qu'il prend envers l'établissement (art. L. 311-2). La LPR n° 2020-1674 du 24 décembre 2020 précise que le contrat porte sur l'ensemble des activités de l'établissement et prévoit notamment ses objectifs relatifs à ses coopérations avec les établissements publics d'enseignement supérieur et à l'inscription de ses activités dans les sites universitaires (LPR 2020, art. 16). Les établissements rendent compte de l'exécution de leurs engagements et de l'atteinte des objectifs prévus dans le contrat au moins une fois tous les deux ans ; les organismes nationaux de recherche partenaires des établissements d'enseignement supérieurs sont associés à leurs contrats pluriannuels (C. éduc., art., L. 718-5, al. 4 nouveau). L'exécution du contrat fait l'objet d'une évaluation, permettant de renforcer le dialogue contractuel organisé tous les cinq ans entre l'État et les établissements, relayé chaque année par un « dialogue stratégique et de gestion » (V. rapport annexé)

Comme les contrats de plan État-régions (CE 25 oct. 1996, *Assoc. Estuaire-Écologie : Lebon 415*), les conventions ou contrats d'objectif sont des contrats administratifs. Tel est le cas du contrat d'objectif conclu en application de l'article L. 311-2 du code de la recherche entre l'État et le CNRS. Dans la mesure où il se borne à édicter des engagements entre les parties signataires, ce document ne contient pas de dispositions réglementaires. Le recours d'une organisation syndicale contre les stipulations prévoyant des mesures de réorganisation interne est donc irrecevable (CE 9 févr. 2011, *Synd. nat. Sud-Recherche : n° 334794*).

II. L'AGENCE NATIONALE DE LA RECHERCHE

Pour contribuer à un meilleur pilotage de la recherche, la loi de 2006 a créé un établissement public administratif de financement de la recherche, l'Agence nationale de la recherche (ANR) en transformant le GIP du même nom créé en 2005 par décision conjointe des ministres chargés de l'enseignement supérieur et de la recherche, et de l'économie et des finances (art. L. 329-1). L'établissement public conclut un contrat pluriannuel, désormais quinquennal (LPR 2020) qui précise ses objectifs et doit faire l'objet d'une évaluation (art. L. 329-2). Sa mission est de financer les projets de recherche, en liaison avec les programmes européens (art. L. 329-3). Le décret n° 2006-963 du 1er août 2006 (modifié par le Décr. n° 2014-365 du 24 mars 2014 qui crée notamment un comité de pilotage scientifique) a précisé son statut (établissement public à caractère administratif placé sous la tutelle du ministre chargé de la recherche), sa mission (financer et promouvoir le développement des recherches fondamentales, appliquées et finalisées, l'innovation et le transfert de technologie, et le partenariat public/privé) et ses ressources (concours de l'État, des institutions européennes et des collectivités territoriales). L'idée est de confier à une structure autonome l'allocation des aides aux équipes de recherche publiques comme privées après appel à projet et évaluation par les pairs. Après les Assises de l'enseignement supérieur et de la recherche de l'automne 2012, le rapport Le Déaut soulignait la nécessité de trouver un nouvel équilibre entre soutien de base et crédits sur projets, de simplifier les procédures de renforcer le contrôle parlementaire et de déterminer la programmation de l'ANR à partir d'un agenda stratégique en cohérence avec la stratégie nationale de la recherche.

La LPR n° 2020-1674 du 24 décembre 2020 modifie le cadre dans lequel l'Agence nationale de la recherche (ANR, art. L. 339-1 s.), établissement public administratif placé sous la tutelle du ministère chargé de la recherche, organise des appels à projets de recherche reposant sur l'évaluation par les pairs et contribue au financement de ces projets. L'ANR conclut avec l'État un contrat pluriannuel qui définit, pour l'ensemble de ses activités, les objectifs de l'établissement ainsi que les engagements réciproques des parties, pour une durée désormais quinquennale (art. L. 329-2) ; ce contrat fait l'objet d'une évaluation à laquelle participent des experts étrangers, notamment des experts issus des États membres de l'Union européenne (évalué par HCERES).

L'ANR réserve une part significative des crédits au financement de projets non plus thématiques mais « ciblés » (art. L. 329-3) ; un second alinéa est ajouté pour disposer qu'elle consacre « au moins 1 % » de son budget d'intervention « au partage de la culture scientifique » et qu'elle « favorise la publication en langue française. » (art. L. 329-3, al. 2).

La loi clarifie la disposition en vigueur depuis 2006 selon laquelle une part du financement alloué, appelée « ***préciput*** », prend en compte les coûts indirects qu'occasionnent pour les établissements la conduite des projets de recherche par les équipes lauréates. Aussi, pour tout projet de recherche financé par l'ANR dans le cadre d'une procédure d'appel à projets, un montant dénommé « préciput » est attribué à l'établissement porteur, lui permettant de financer sa stratégie scientifique ainsi que les coûts d'environnement et de gestion liés au projet (art. L. 329-5, al. 1er) ; dans le cas où le projet est mené en commun par plusieurs établissements, la répartition de ce préciput est opérée dans des conditions qui seront précisées par décret (art. L. 329-5, al. 2).

Par ailleurs, l'ANR devra obligatoirement communiquer à l'issue du processus de sélection les motifs de sa décision ainsi que la composition du comité de sélection (art. L. 329-6, et non plus les seuls motifs de refus au porteur de projet qui en fait la demande).

Le décret n° 2006-963 du 1er août 2006 a précisé son statut (établissement public à caractère administratif placé sous la tutelle du ministre chargé de la recherche), sa mission (financer et promouvoir le développement des recherches fondamentales, appliquées et finalisées, l'innovation et le transfert de technologie, et le partenariat public/privé) et ses ressources (concours de l'État, des institutions européennes et des collectivités territoriales). L'idée est de confier à une structure autonome l'allocation des aides aux équipes de recherche publiques comme privées après appel à projet et évaluation par les pairs

Le décret n° 2014-365 du 24 mars 2014 renforce les missions de l'ANR (pour contribuer à l'élaboration de la stratégie nationale de recherche, renforcer la coopération européenne et internationale, gérer et suivre les investissements d'avenir et évaluer l'impact de ses financements sur projets) et modifie sa gouvernance (fusion des fonctions de président du conseil d'administration et de directeur général de l'agence ; création d'un comité de pilotage scientifique.et de départements scientifiques).

Depuis la loi n° 2010-237 du 9 mars 2010 de finances rectificative pour 2010, l'ANR gère les crédits destinés aux investissements d'avenir reversant aux opérateurs les crédits consomptibles et gérant les crédits non consomptibles, les établissements disposant des seuls intérêts, le capital pouvant alors être placé sur un compte du Trésor.

III. LES ACADÉMIES

La loi de 2006 a aussi érigé en établissement public national à caractère administratif l'Académie des technologies (art. L. 328-1) qui, contrairement à l'Académie des sciences et aux quatre autres académies qui forment l'Institut, ne bénéficie pas du statut de « personne morale de droit public à statut particulier » introduit par les articles 35 et 38 de cette loi. Il est vrai que, contrairement à ces vénérables institutions, cette académie correspond à un besoin récent. Le décret n° 2006-1533 du 6 décembre 2006 fixe la composition et les règles de fonctionnement de cette académie qui a pour mission de conduire des réflexions, formuler des propositions et émettre des avis sur les questions relatives aux technologies et à leur interaction avec la société (art. L. 328-2).

La loi de 2013 qualifie l'Académie de médecine de personne morale de droit public à statut particulier placée sous la protection du Président de la République. S'administrant librement, ses membres sont élus. Elle répond gracieusement aux demandes du Gouvernement sur toute question concernant la santé publique (L. du 22 juill. 2013, art. 110).

La LPR n° 2020-1674 du 24 décembre 2020 modifie les dispositions non codifiées de la loi du18 avril 2006 pour la recherche. Elle précise le régime financier et comptable de l'Institut de France et de ses académies modifie la loi de programme n° 2006 450 du 18 avril 2006 pour la recherche (art. 37-1 : l'institut et les académies peuvent, après avis conforme du receveur des fondations et par convention écrite de mandat confier à un organisme public ou privé l'encaissement des recettes et le paiement des dépenses ; art. 37-2 ; les titres de perception ou de recette sont des titres exécutoires au sens de l'art. L. 252 A LPF ; art. 38 : l'Institut et les académies peuvent recevoir des dons et legs).

IV. LES FONDATIONS DE COOPÉRATION SCIENTIFIQUE

De manière générale, une fondation est le résultat d'une cession irrévocable, par une ou plusieurs personnes, de ressources, de biens ou de droits, en vue de réaliser une œuvre d'intérêt général et à but non lucratif. Si cette œuvre concerne les activités de recherche, il peut s'agir soit d'une fondation reconnue d'utilité publique (FRUP) à caractère scientifique, soit d'une fondation de coopération scientifique (FCS) régies par les articles L. 344-11 du code de la recherche, résultant de la loi de 2006, modifiée en 2013. Comme la FRUP, la FCS est une personne morale de droit privé (son personnel est soumis au code du travail), à but non lucratif (hors TVA) ; tel est par exemple le cas de l'Institut Curie et de l'Institut Pasteur. L'originalité des règles applicables à la FCS est relative dans la mesure où les règles en principe applicables sont celles applicables à la FRUP de la loi n° 87-571 du 23 juillet 1987 relative au mécénat (art. L. 344-11, al. 2). Une FCS peut être constituée par plusieurs établissements ou organismes publics ou privés, dont au moins un établissement public de recherche ou d'enseignement supérieur. La loi ESR de 2013 ajoute le cas de la COMUE qui, regroupant plusieurs établissements publics, peut constituer seule une FCS ; la même loi a ajouté que d'autres partenaires peuvent y être associés, entreprises, collectivités territoriales, associations ; l'objectif (et l'objet de la fondation) est de conduire une ou plusieurs activités relevant des missions du service public de la recherche ou de l'enseignement supérieur (art. L. 344-11, al. 1er). La

FCS peut aussi être créée par l'affectation irrévocable de leur dotation à une FRUP ; étant alors dotée, l'une et l'autre, de la personnalité morale, leurs droits et obligations respectifs doivent être fixés par une convention (art. L. 344-16).

Les statuts de la FCS, comme ceux de la FRUP, sont approuvés par décret. La dotation de la FCS peut être apportée, en tout ou en partie par des personnes publiques (art. L. 344-12) ; mais la fondation peut aussi lever des fonds privés (*fundraising*) pour financer les activités de recherche. Les statuts définissent les conditions dans lesquelles une partie de la dotation peut être affectée à l'activité de la fondation (art. L. 314-15). La FCS est administrée par un conseil d'administration composé des représentants des fondateurs mais aussi des enseignants-chercheurs, enseignants, chercheurs et autres personnels, les statuts pouvant prévoir en outre des personnalités qualifiées, des représentants des collectivités territoriales et du monde économique (art. L. 344-13). Le commissaire du Gouvernement auprès de la FCS est le recteur de région académique, chancelier des universités, ou, désormais, son représentant (LPR 2020, art. 34, III). ❑

TITRE PREMIER **Dispositions générales**

CHAPITRE PREMIER *Les établissements publics de recherche*

BIBL. ▶ De Montecler, Emmanuel Macron veut investir dans la recherche, l'évaluer et la décloisonner, *AJDA 2019. 2405* . – Lioger, Recherche et enseignement supérieur, Grands organismes de recherche, *Ass. Nat., Avis n° 1288, 3 oct. 2018.* – La contractualisation des organismes publics de recherche avec l'État, *Rapport IGAENR, 2007.*

Art. L. 311-1 Les établissements publics de recherche ont soit un caractère industriel et commercial, soit un caractère administratif. Les établissements publics à caractère scientifique et technologique ont un caractère administratif.

(L. n° 2013-660 du 22 juill. 2013, art. 96-1°) **« Les dirigeants des établissements publics à caractère scientifique et technologique et le directeur général de l'Agence nationale de la recherche sont choisis après un appel public à candidatures et l'examen de ces candidatures par une commission dont la composition et le fonctionnement sont fixés par les statuts de l'établissement et dont les membres sont nommés par les ministres de tutelle. »**

COMMENTAIRE

Sur les établissements publics de recherche, Voir le commentaire sous le livre III. ❑

1. Nomination d'un ressortissant étranger à la présidence d'un établissement public. Notion d'emploi de souveraineté. Critère pertinent. Missions de l'établissement public. ANR. Obstacle. Absence. Pour le Conseil constitutionnel, certaines fonctions ne peuvent en principe pas être exercées par des ressortissants étrangers. Le Conseil estime en effet qu'il résulte des dispositions de l'art. 3 de la Déclaration de 1789 et de l'art. 3 Const. 1958, al. 1er, qu'« en principe ne sauraient être confiées à des personnes de nationalité étrangère, ou représentant un organisme international, des fonctions inséparables de l'exercice de la souveraineté nationale ». • Cons. const. 5 mai 1998, n° 98-399 DC. ♦ En application des traités et jurisprudence européens, la loi française a ouvert l'accès aux emplois publics aux ressortissants de l'Union sauf dans le cas où ces emplois comportent des attributions soit qui ne sont pas séparables de l'exercice de la souveraineté, soit comportent une participation directe ou indirecte à l'exercice de prérogatives de puissance publique de l'État ou des autres collectivités publiques ». Le Conseil d'État a pour sa part constaté qu'« aucune disposition législative actuellement en vigueur ni aucun principe du droit public français n'interdit de façon générale de recruter un étranger comme agent de l'État en qualité de contractuel ou d'auxiliaire et qu'il appartient au Gouvernement, sous réserve des engagements internationaux souscrits par la France, d'apprécier, compte tenu notamment de la mission de chaque service et de la nature des fonctions à exercer, s'il y a lieu de recruter des étrangers en qualité de contractuels ou d'auxiliaires ». • CE, avis, 17 mai 1973, n° 310715.

2. ANR. Nature des missions confiées à l'établissement. Exercice de fonctions inséparables de l'exercice de la souveraineté nationale. Absence. Saisi d'une demande d'avis, le Conseil d'État précise que ni la circonstance qu'un dirigeant d'établissement public dispose du fait de ses fonctions, et indépendamment des prérogatives dévolues à l'établissement public pour l'exercice de ses missions, de prérogatives de puissance publique telles que le pouvoir de police, le pouvoir disciplinaire et le pouvoir d'ordonnancement, ni la circonstance qu'un emploi soit à la décision du Gouvernement ne peuvent être regardées comme caractérisant l'exercice par le titulaire de cet emploi de fonctions inséparables de la souveraineté nationale. En revanche, la nature des missions confiées à un établissement public est un critère pertinent pour apprécier si les fonctions exercées sont inséparables de la souveraineté nationale. Il en est ainsi si les missions de l'établissement public sont elles-mêmes inséparables de la souveraineté nationale. Il en va également ainsi lorsque, indépendamment des prérogatives dont dispose le président directeur général du fait de ses fonctions, ce dernier est conduit à exercer des fonctions inséparables de la souveraineté nationale, soit parce que l'établissement public est en charge d'intérêts généraux de l'État ou d'autres collectivités publiques supposant l'existence d'un rapport particulier de solidarité à l'égard de l'État, soit parce que l'établissement est doté de prérogatives de puissance publique d'une nature et d'une ampleur particulières. Il en déduit que dans le cas de l'ANR, les missions confiées à l'établissement public ne conduisent pas le président de cet établissement, qui assure la direction générale, à exercer des fonctions inséparables de la souveraineté nationale. • CE, ass., 11 sept. 2014, nº 389022 : *Rapp. activité 2015, p. 373 ; LIJ 2015, nº 190, p. 15.*

Art. L. 311-2 *(L. nº 2020-1674 du 24 déc. 2020, art. 16)* **Tout établissement public de recherche conclut avec l'État un contrat pluriannuel qui définit, pour l'ensemble de ses activités, les objectifs de l'établissement ainsi que les engagements réciproques des parties. Le contrat prévoit notamment les objectifs de l'établissement relatifs à ses coopérations avec les établissements publics d'enseignement supérieur et à l'inscription de ses activités dans les sites universitaires.**

Les établissements rendent compte de l'exécution de leurs engagements et de l'atteinte des objectifs prévus dans le contrat au moins une fois tous les deux ans.

L'exécution du contrat fait l'objet d'une évaluation. L'État tient compte des résultats de l'évaluation pour déterminer les engagements financiers qu'il prend envers l'établissement dans le cadre du contrat pluriannuel.

Art. L. 311-3 Les établissements publics de recherche sont autorisés à transiger au sens de l'article 2044 du code civil, dans des conditions fixées par décret. – *[V. **C. éduc.**, art. D. 123-9 s.] – [L. nº 82-610 du 15 juill. 1982, art. 14, al. 9.]*

Art. L. 311-4 *(L. nº 2010-1536 du 13 déc. 2010, art. 5)* **Un établissement ou un organisme public ou privé concourant aux missions du service public de la recherche peut être rattaché à un établissement public à caractère scientifique et technologique ou à un établissement public à caractère industriel ou commercial ayant une mission de recherche, par décret, sur sa demande et sur proposition du ou des établissements auxquels ce rattachement est demandé.**

En cas de rattachement, les établissements conservent leur personnalité morale et leur autonomie financière.

Art. L. 311-5 *(L. nº 2013-660 du 22 juill. 2013, art. 96)* **En l'absence de dispositions particulières prévues par les textes réglementaires régissant l'établissement ou ses personnels, la limite d'âge des présidents, des directeurs et des personnes qui, quel que soit leur titre, exercent la fonction de chef d'établissement des établissements publics de recherche est fixée à soixante-huit ans.**

CHAPITRE II *Les établissements publics d'enseignement supérieur et de recherche*

BIBL. ▸ Béréziat, L'organisation de la recherche au sein d'une université de recherche intensive, *in* Université, Universités, *Dalloz, coll. Thèmes et commentaires, 2010. 199.* – La gestion de la recherche dans les universités, *Cour des comptes, oct. 2005.* – Cytermann, La recherche universitaire, *in* Les universités en France. Fonctionnement et enjeux (dir.), *PURH (Presses des universités de Rouen et du Havre), 2012. 99.* – De Montecler, Emmanuel Macron veut investir dans la recherche, l'évaluer et la décloisonner, *AJDA 2019. 2405* . –Destot, Le rôle de l'université et de la recherche dans le développement d'une ville, *in* L'Université française : une nouvelle autonomie, un nouveau management, *Presses universitaires de Grenoble (PUG), coll. Libres cours, 2012. 139.*

Art. L. 312-1 Les établissements publics à caractère scientifique, culturel et professionnel et leurs composantes et les autres établissements publics d'enseignement supérieur participent au service public de la recherche dans les conditions fixées aux titres Ier, II et IV à VI du livre VII du code de l'éducation.

BIBL. ▸ Décryptage : Mieux gérer les unités de recherche, *ORS, Dossier du nº 38, 25 mars 2009.* – Les alliances redessinent la recherche française, *ORS, Dossier nº 56, 17 nov. 2010.*

▸ **Sur les conventions de recherche :** Favoreu, Un contrat administratif de type nouveau ? Les conventions de recherche de la DGRST et de la DRME, *AJDA 1965. 443.*

CHAPITRE III *Les unités de recherche*

(L. n° 2020-1674 du 24 déc. 2020, art. 20)

Art. L. 313-1 *(L. n° 2020-1674 du 24 déc. 2020, art. 20)* Les établissements publics de recherche, les établissements publics à caractère scientifique, culturel et professionnel et les autres établissements publics d'enseignement supérieur ainsi que les associations et fondations reconnues d'utilité publique ayant pour activité principale la recherche publique au sens de l'article L. 112-1 peuvent comporter des unités de recherche. Ces dernières administrent les dotations globales de fonctionnement et d'équipement qui leur sont allouées par les organes directeurs de l'établissement. Ces unités peuvent relever aussi d'autres établissements contribuant au service public de l'enseignement supérieur ou au service public de la recherche.

Lorsque l'unité relève de plusieurs établissements, le directeur de l'unité est placé sous l'autorité conjointe de leurs dirigeants.

CHAPITRE IV *Les établissements privés participant au service public de la recherche*

(L. n° 2020-1674 du 24 déc. 2020, art. 22)

Art. L. 314-1 *(L. n° 2020-1674 du 24 déc. 2020, art. 22)* Les établissements privés à but non lucratif en contrat avec l'État tels que définis à l'article L. 732-1 du code de l'éducation participent au service public de la recherche et contribuent aux objectifs de la recherche publique définis à l'article L. 112-1 du présent code.

Ils sont évalués par le Haut Conseil de l'évaluation de la recherche et de l'enseignement supérieur ou par d'autres instances selon des procédures qu'il a validées.

TITRE II Les établissements publics à caractère administratif

BIBL. GÉN. ► CALAMARTE-DOGUET, Les établissements publics à caractère scientifique et technologique, *AJDA 2002. 569*. – LAFFITTE, Les établissements publics à caractère scientifique et technologique : une nouvelle catégorie d'établissements publics ?, *RFDA 1988. 304*.

CHAPITRE PREMIER *Dispositions communes aux établissements publics à caractère scientifique et technologique*

Art. L. 321-1 Les établissements publics à caractère scientifique et technologique sont des personnes morales de droit public dotées de l'autonomie administrative et financière. Leur objet principal n'est ni industriel ni commercial.

La mission de ces établissements est de mettre en œuvre les objectifs définis à l'article L. 112-1.

Ils sont créés par décret en Conseil d'État. Ce décret précise les modalités d'organisation et les règles de fonctionnement de l'établissement. Il détermine le département ministériel exerçant la tutelle. – *[L. n° 82-610 du 15 juill. 1982, art. 15, al. 1er à 3 et art. 20.]*

Art. L. 321-2 Les établissements à caractère scientifique et technologique sont administrés par un conseil d'administration qui doit comprendre notamment des représentants élus du personnel et des personnalités représentant le monde du travail et de l'économie.

Ils comportent un conseil scientifique et des instances d'évaluation qui comprennent notamment des représentants élus du personnel.

Les fonctions de direction et de responsabilité sont dissociées du grade et ne sont attribuées que pour une durée déterminée. – *[L. n° 82-610 du 15 juill. 1982, art. 16.]*

Art. L. 321-3 Le régime administratif, budgétaire, financier, comptable des établissements publics à caractère administratif est applicable aux établissements publics à caractère scientifique et technologique, sous réserve des adaptations et dérogations fixées par décret.

(Abrogé par L. n° 2020-1674 du 24 déc. 2020, art. 20) « Les établissements peuvent comporter des unités de recherche administrant les dotations globales de fonctionnement et d'équipement qui leur sont allouées par les organes directeurs de l'établissement. »

Les modalités du contrôle financier sont fixées, pour les établissements publics à caractère scientifique et technologique, par décret en Conseil d'État.

Art. L. 321-4 Les établissements publics à caractère scientifique et technologique peuvent être autorisés à prendre des participations, à constituer des filiales, à participer à des groupements et à recourir à l'arbitrage en cas de litiges nés de l'exécution de contrats de recherche passés avec des organismes étrangers après approbation du conseil d'administration.

Ils peuvent également transiger. Un décret fixe les conditions d'octroi de ces autorisations et, le cas échéant, le délai à l'expiration duquel elles sont réputées accordées *[V. **C. éduc.**, art. D. 123-9 s.]. – [L. n° 82-610 du 15 juill. 1982, art. 19, al. 1er.]*

CHAPITRE II *Centre national de la recherche scientifique (CNRS)*

Le présent chapitre ne comprend pas de dispositions législatives.

CHAPITRE III *Institut national de la recherche agronomique (INRA)*

Le présent chapitre ne comprend pas de dispositions législatives.

CHAPITRE IV *Institut national de la santé et de la recherche médicale (INSERM)*

Le présent chapitre ne comprend pas de dispositions législatives.

CHAPITRE V *Institut de recherche pour le développement (IRD)*

Le présent chapitre ne comprend pas de dispositions législatives.

CHAPITRE VI *Établissements de recherche en sciences exactes et technologie*

Le présent chapitre ne comprend pas de dispositions législatives.

BIBL. ▶ Enquête L'école de l'Inserm, *ORS, Dossier du n° 2, 5 déc. 2005.*

CHAPITRE VII *Établissements de recherche en sciences humaines et sociales*

Le présent chapitre ne comprend pas de dispositions législatives.

CHAPITRE VIII *Autres établissements à caractère administratif* *(Ord. n° 2008-1305 du 11 déc. 2008, art. 3).*

(L. n° 2006-450 du 18 avr. 2006, art. 20)

SECTION UNIQUE

(Ord. n° 2008-1305 du 11 déc. 2008, art. 3)

Art. L. 328-1 **L'Académie des technologies est un établissement public national à caractère administratif** *(L. n° 2013-660 du 22 juill. 2013, art. 111)* **« placé sous la protection du Président de la République ».**

COMMENTAIRE

Sur l'Académie des technologies, Voir le commentaire sous le livre III. ❑

Art. L. 328-2 **L'Académie des technologies a pour mission de conduire des réflexions, formuler des propositions et émettre des avis sur les questions relatives aux technologies et à leur interaction avec la société.**

A cette fin, elle mène des actions d'expertise, de prospective et d'animation en faisant appel, le cas échéant, aux compétences de personnalités extérieures qualifiées.

L'Académie des technologies examine les questions qui lui sont soumises par les membres du Gouvernement. Elle peut elle-même se saisir de tout thème relevant de ses missions.

Art. L. 328-3 **Un décret en Conseil d'État fixe la composition et les règles de fonctionnement de l'Académie des technologies.**

Sur l'Académie des technologies, V. Décr. n° 2006-1533 du 6 déc. 2006.

CHAPITRE IX *L'Agence nationale de la recherche*

(L. n° 2006-450 du 18 avr. 2006, art. 16)

BIBL. ▶ Berson, L'Agence nationale de la recherche (ANR) : une ambition à retrouver pour le financement de la recherche sur projets, *Sénat, Rapp. d'information n° 684 (2016-2017), 26 juill. 2017.* – Griffon, Comment l'Agence nationale de la recherche est-elle utile aux universités ?, *in* Université, Universités, *Dalloz, coll. Thèmes et commentaires, 2010. 187.*

Art. L. 329-1 Il est créé un établissement public nommé "Agence nationale de la recherche". *(Abrogé par L. n° 2020-1674 du 24 déc. 2020, art. 21) « L'ensemble des biens, droits et obligations du groupement d'intérêt public "Agence nationale de la recherche" lui sont dévolus suivant des conditions précisées par décret. »*

COMMENTAIRE

Sur l'Agence nationale de la recherche, Voir le commentaire sous le livre III.

Direction. Nomination. Ressortissant étranger. V. notes ss. art. L. 311-1.

Art. L. 329-2 L'Agence nationale de la recherche conclut avec l'État un contrat pluriannuel qui définit, pour l'ensemble de ses activités, les objectifs de l'établissement ainsi que les engagements réciproques des parties. L'exécution du contrat fait l'objet, au moins tous les *(L. n° 2020-1674 du 24 déc. 2020, art. 21)* « cinq » ans, d'une évaluation à laquelle participent des experts étrangers, notamment des experts issus des États membres de l'Union européenne.

BIBL. ▶ HABERBUSCH, Recherche française : comment l'ANR a bouleversé la donne, *La synthèse de l'ORS, n° 36, janv.-févr.-mars 2010. 10.* – Comprendre l'ANR et ce qu'elle a changé, *ORS, Dossier n° 48, 15 févr. 2010.*

▶ **Sur le Grand Emprunt :** BÉNICHOU, Les « labex » entre bureaucratie et zizanie, *La synthèse de l'ORS, n° 39, oct.-nov.-déc. 2010. 8.*

▶ **Sur les alliances de recherche :** BÉNICHOU, Alliances de recherche : la nouvelle force des organismes, *La synthèse de l'ORS, n° 39, oct.-nov.-déc. 2010. 15.*

Art. L. 329-3 L'Agence nationale de la recherche exerce ses missions en relation avec les institutions et les programmes européens.

Art. L. 329-4 L'Agence nationale de la recherche réserve une part significative de ses crédits au financement de projets non *(L. n° 2020-1674 du 24 déc. 2020, art. 21)* « ciblés ».

(L. n° 2020-1674 du 24 déc. 2020, art. 21) « Au moins 1 % du budget d'intervention de l'Agence nationale de la recherche est consacré au partage de la culture scientifique. L'Agence nationale de la recherche favorise la publication en langue française. »

Art. L. 329-5 *(L. n° 2020-1674 du 24 déc. 2020, art. 21)* Pour tout projet de recherche financé par l'Agence nationale de la recherche dans le cadre d'une procédure d'appel à projets, un montant dénommé "préciput" est attribué aux établissements participant au service public de la recherche qui sont parties prenantes au projet de recherche, pour financer leur stratégie scientifique ainsi que les coûts d'environnement et de gestion liés au projet.

Dans le cas d'un projet mené en commun par plusieurs établissements participant au service public de la recherche, ce préciput est réparti entre ces établissements dans les conditions fixées par décret pris sur le rapport du ministre chargé de la recherche.

Les dispositions du présent article sont applicables aux associations ou fondations reconnues d'utilité publique ayant pour activité principale la recherche publique au sens de l'article L. 112-1 dans lesquelles le porteur du projet exerce ses fonctions ou qui sont parties prenantes au projet de recherche.

Art. L. 329-6 *(L. n° 2020-1674 du 24 déc. 2020, art. 21)* Au terme du processus de sélection, l'agence communique au porteur du projet les motifs de sa décision et la composition du comité de sélection.

Art. L. 329-7 *Abrogé par Ord. n° 2014-135 du 17 févr. 2014, art. 1er.*

TITRE III Les établissements publics à caractère industriel et commercial

CHAPITRE PREMIER *Établissements de recherche dans le domaine de l'espace et de l'aéronautique* *(Ord. n° 2008-1305 du 11 déc. 2008, art. 3).*

Art. L. 331-1 Le Centre national d'études spatiales est un établissement public national, scientifique et technique, à caractère industriel et commercial, doté de l'autonomie financière. – *[L. n° 61-1382 du 19 déc. 1961, art. 1er.]*

Art. L. 331-2 Le Centre national d'études spatiales a pour mission de développer et d'orienter les recherches scientifiques et techniques poursuivies en matière spatiale.

Il est notamment chargé :

a) De recueillir toutes informations sur les activités nationales et internationales relatives aux problèmes de l'espace, son exploration et son utilisation ;

b) De préparer et de proposer à l'approbation de l'autorité administrative les programmes de recherche d'intérêt national dans ce domaine ;

c) D'assurer l'exécution desdits programmes, soit dans les laboratoires et établissements techniques créés par lui, soit par le moyen de conventions de recherche passées avec d'autres organismes publics ou privés, soit par des participations financières ;

d) De suivre, en liaison avec le ministère des affaires étrangères, les problèmes de coopération internationale dans le domaine de l'espace et de veiller à l'exécution de la part des programmes internationaux confiée à la France ;

e) D'assurer soit directement, soit par des souscriptions ou l'octroi de subventions la publication de travaux scientifiques concernant les problèmes de l'espace ;

(L. n° 2008-518 du 3 juin 2008, art. 28) « *f)* D'assister l'État dans la définition de la réglementation technique relative aux opérations spatiales ;

« *g)* D'exercer, par délégation du ministre chargé de l'espace, le contrôle de la conformité des systèmes et des procédures mis en œuvre par les opérateurs spatiaux avec la réglementation technique mentionnée au *f* ;

« *h)* De tenir, pour le compte de l'État, le registre d'immatriculation des objets spatiaux. »

Art. L. 331-3 Le Centre national d'études spatiales est administré par un conseil d'administration comprenant des représentants de l'État, des personnalités choisies en raison de leur compétence dans le domaine d'activité du centre et des représentants du personnel élus dans les conditions prévues par le chapitre II du titre II de la loi n° 83-675 du 26 juillet 1983 relative à la démocratisation du secteur public.

Art. L. 331-4 Pour le financement de ses missions, le Centre national d'études spatiales dispose notamment de crédits budgétaires ouverts pour les recherches spatiales par la loi de finances, de subventions publiques ou privées, de redevances pour services rendus, de dons et legs, de produits financiers et autres produits accessoires. – *[L. n° 61-1382 du 19 déc. 1961, art. 4, al. 1er.]*

Art. L. 331-5 Le Centre national d'études spatiales assure sa gestion financière et présente sa comptabilité suivant les règles relatives aux établissements publics à caractère industriel et commercial dotés d'un agent comptable. – *[L. n° 61-1382 du 19 déc. 1961, art. 3.]*

Art. L. 331-6 *(L. n° 2008-518 du 3 juin 2008, art. 21)* I. – Le président du Centre national d'études spatiales exerce, au nom de l'État, la police spéciale de l'exploitation des installations du Centre spatial guyanais dans un périmètre délimité par l'autorité administrative compétente. A ce titre, il est chargé d'une mission générale de sauvegarde consistant à maîtriser les risques techniques liés à la préparation et à la réalisation des lancements à partir du Centre spatial guyanais afin d'assurer la protection des personnes, des biens, de la santé publique et de l'environnement, au sol et en vol, et il arrête à cette fin les règlements particuliers applicables dans les limites du périmètre mentionné ci-dessus.

II. – Le président du Centre national d'études spatiales coordonne, sous l'autorité du représentant de l'État dans le département, la mise en œuvre, par les entreprises et autres organismes installés dans le périmètre défini au I, des mesures visant à assurer la sûreté des installations et des activités qui y sont menées, et s'assure du respect, par ces entreprises et organismes, des obligations qui leur incombent à ce titre.

III. – Dans la mesure strictement nécessaire à l'accomplissement des missions prévues aux I et II, les agents que le président du Centre national d'études spatiales habilite ont accès aux terrains et locaux à usage exclusivement professionnel et occupés par les entreprises et organismes installés au Centre spatial guyanais dans le périmètre défini au I.

Art. L. 331-7 *(L. n° 2008-518 du 3 juin 2008, art. 21)* Le président du Centre national d'études spatiales peut, par délégation de l'autorité administrative mentionnée à l'article 8 de la loi n° 2008-518 du 3 juin 2008 relative aux opérations spatiales et pour toute opération spatiale, prendre les mesures nécessaires prévues au même article pour garantir la sécurité des personnes et des biens ainsi que la protection de la santé publique et de l'environnement.

Art. L. 331-8 *(L. n° 2008-518 du 3 juin 2008, art. 21)* Un décret en Conseil d'État fixe les conditions d'application du présent chapitre, notamment les conditions dans lesquelles le président du Centre national d'études spatiales peut déléguer sa compétence mentionnée à l'article L. 331-6.

CHAPITRE II *Établissements de recherche dans le domaine de l'énergie* (*Ord. n° 2008-1305 du 11 déc. 2008, art. 3*).

SECTION I *Commissariat à l'énergie atomique et aux énergies alternatives (CEA)* (*Ord. n° 2008-1305 du 11 déc. 2008, art. 3 ; L. n° 2010-237 du 9 mars 2010, art. 9*).

Art. L. 332-1 Le Commissariat à l'énergie atomique (*L. n° 2010-237 du 9 mars 2010, art. 9*) « et aux énergies alternatives » est un établissement à caractère scientifique, technique et industriel, doté de la personnalité morale ainsi que de l'autonomie administrative et financière.

Art. L. 332-2 En vue de l'utilisation de l'énergie nucléaire dans les domaines de la science, de l'industrie et de la défense, le Commissariat à l'énergie atomique (*L. n° 2010-237 du 9 mars 2010, art. 9*) « et aux énergies alternatives » a notamment pour mission de poursuivre les recherches scientifiques et techniques nécessaires, de participer à la protection des personnes et des biens contre les effets de l'énergie atomique, d'exercer des activités de recherche, de production, de stockage, de transport, de transformation et de commerce de matières premières nucléaires. Il peut également, dans des conditions fixées par voie réglementaire, prolonger certaines de ces activités de recherche et de développement dans des domaines non nucléaires.

Le Comité de l'énergie atomique, dont la composition est fixée par voie réglementaire, arrête le programme de recherche, de fabrication et de travaux du Commissariat à l'énergie atomique (*L. n° 2010-237 du 9 mars 2010, art. 9*) « et aux énergies alternatives ».

Art. L. 332-3 Le conseil d'administration comprend des représentants de l'État, dont l'administrateur général, des personnalités désignées en raison de leur compétence et des représentants du personnel élus dans les conditions prévues par le chapitre II du titre II de la loi n° 83-675 du 26 juillet 1983 relative à la démocratisation du secteur public.

La direction générale du Commissariat à l'énergie atomique (*L. n° 2010-237 du 9 mars 2010, art. 9*) « et aux énergies alternatives » est assurée par l'administrateur général nommé par décret en conseil des ministres.

Art. L. 332-4 Un haut-commissaire assume la charge de conseiller scientifique et technique auprès de l'administrateur général.

Le haut-commissaire peut saisir directement le Comité de l'énergie atomique mentionné à l'article L. 332-2 et l'autorité administrative compétente de ses propositions concernant l'orientation générale scientifique et technique qui lui paraît souhaitable. Il préside un conseil scientifique.

Art. L. 332-5 Les sommes nécessaires à l'accomplissement de la mission du Commissariat à l'énergie atomique (*L. n° 2010-237 du 9 mars 2010, art. 9*) « et aux énergies alternatives » sont inscrites chaque année au budget de l'État.

Le Commissariat à l'énergie atomique (*L. n° 2010-237 du 9 mars 2010, art. 9*) « et aux énergies alternatives » est, en outre, habilité à recevoir toutes subventions publiques ainsi que tous dons ou legs en argent ou en nature.

Art. L. 332-6 Le Commissariat à l'énergie atomique (*L. n° 2010-237 du 9 mars 2010, art. 9*) « et aux énergies alternatives » est autorisé à assurer sa gestion financière et à présenter sa comptabilité suivant les règles et usages du commerce.

Il est soumis à un contrôle financier spécifique dont les règles sont déterminées par décret en Conseil d'État.

(*Ord. n° 2020-1496 du 2 déc. 2020, art. 2*) « A l'exception des fonds issus de dons, legs ou libéralités, ses disponibilités sont déposées au Trésor et ne donnent lieu à aucune rémunération. »

Le commissariat ne peut recourir à des emprunts publics sans l'approbation préalable de l'autorité administrative compétente.

(*L. n° 2006-450 du 18 avr. 2006, art. 39*) « Afin de prendre en charge des activités nécessitant des modalités particulières de gestion, un décret en Conseil d'État peut autoriser le commissariat à créer en son sein des services dotés de l'autonomie administrative et budgétaire, dirigés par un directeur nommé par arrêté des ministres intéressés et placé sous l'autorité de l'administrateur général. Ce décret précise, le cas échéant, les modalités particulières du contrôle de l'État sur les décisions intéressant les services et les activités concernés. »

Art. L. 332-7 Un décret en Conseil d'État fixe les conditions d'application des articles L. 332-1 à L. 332-6.

SECTION II *Agence nationale pour la gestion des déchets radioactifs (ANDRA)*

(Ord. nº 2008-1305 du 11 déc. 2008, art. 3)

Art. L. 332-8 Les missions de l'Agence nationale pour la gestion des déchets radioactifs sont fixées par les dispositions de l'article L. 542-12 du code de l'environnement.

SECTION III *Agence de l'environnement pour la maîtrise de l'énergie (ADEME)*

(Ord. nº 2008-1305 du 11 déc. 2008, art. 3)

Art. L. 332-9 Les missions et l'organisation de l'Agence de l'environnement pour la maîtrise de l'énergie sont fixées par les dispositions des articles L. 131-3 à L. 131-7 du code de l'environnement.

CHAPITRE III *Établissements de recherche dans le domaine des ressources et des milieux naturels*

(Ord. nº 2008-1305 du 11 déc. 2008, art. 3)

Le présent chapitre ne comprend pas de dispositions législatives.

CHAPITRE IV *Établissements de recherche dans le domaine du développement*

(Ord. nº 2008-1305 du 11 déc. 2008, art. 3)

Le présent chapitre ne comprend pas de dispositions législatives.

CHAPITRE V *Établissements de support, de valorisation et de diffusion de la recherche*

(Ord. nº 2008-1305 du 11 déc. 2008, art. 3)

Le présent chapitre ne comprend pas de dispositions législatives.

TITRE IV Les structures de coopération

CHAPITRE PREMIER *Les groupements d'intérêt public*

BIBL. ▸ Benoît-Rohmer, L'avenir des groupements d'intérêt public : invitation à une réforme législative, *AJDA 1992. 99* . – Janicot, La rationalisation manquée des groupements d'intérêt public, *AJDA 2011. 1194* . – Jorion, les groupements d'intérêt public : un instrument de gestion du service public administratif, *AJDA 2004. 305* . – Nguyen Quoc, Muzellec et Janicot, Groupements d'intérêt public, *J.-Cl. Adm. fasc. 148-10.* – Tinière, Éléments de définition d'un standard commun aux groupements d'intérêt public, *AJDA 2007. 840* . – Conseil d'État, Les groupements d'intérêt public, *Doc. fr. 1997.*

Art. L. 341-1 à L. 341-4 *Abrogés par L. nº 2011-525 du 17 mai 2011, art. 118.*

CHAPITRE II *[ABROGÉ] Les centres techniques industriels*

(Abrogé par Ord. nº 2014-135 du 17 févr. 2014, art. 1er)

Art. L. 342-1 à L. 342-13 *Abrogés par Ord. nº 2014-135 du 17 févr. 2014, art. 1er.*

CHAPITRE III *[ABROGÉ] Dispositions générales*

(Abrogé par Ord. nº 2014-135 du 17 févr. 2014, art. 1er)

Art. L. 343-1 *Abrogé par Ord. nº 2014-135 du 17 févr. 2014, art. 1er.*

CHAPITRE IV *Les fondations de coopération scientifique* *(L. nº 2013-660 du 22 juill. 2013, art. 66).*

SECTION I *[ABROGÉE] Les pôles de recherche et d'enseignement supérieur, les réseaux thématiques de recherche avancée et les centres thématiques de recherche et de soins*

(Abrogée par L. nº 2013-660 du 22 juill. 2013, art. 66)

Art. L. 344-1 à L. 344-3 *Abrogés par L. nº 2013-660 du 22 juill. 2013, art. 66.*

SECTION II *[ABROGÉE]* ***Les établissements publics de coopération scientifique***

(Abrogée par L. n° 2013-660 du 22 juill. 2013, art. 66)

Art. L. 344-4 *à* L. 344-10 *Abrogés par L. n° 2013-660 du 22 juill. 2013, art. 66.*

SECTION III *[ABROGÉE]* ***Les fondations de coopération scientifique*** *(Abrogée par L. n° 2013-660 du 22 juill. 2013, art. 66).*

Art. L. 344-11 *(L. n° 2010-1536 du 13 déc. 2010, art. 6)* Plusieurs établissements ou organismes publics ou privés, parmi lesquels au moins un établissement public de recherche ou d'enseignement supérieur, peuvent constituer une fondation de coopération scientifique dans l'objectif de conduire, selon leur composition, une ou des activités mentionnées aux articles L. 112-1 du présent code et L. 123-3 du code de l'éducation. *(L. n° 2013-660 du 22 juill. 2013, art. 66)* « Une communauté d'universités et établissements mentionnée à l'article L. 711-2 du code de l'éducation peut constituer une fondation de coopération scientifique seule. D'autres partenaires, en particulier des entreprises, des collectivités territoriales et des associations, peuvent être associés à la fondation. »

Les fondations de coopération scientifique sont des personnes morales de droit privé à but non lucratif soumises aux règles relatives aux fondations reconnues d'utilité publique dans les conditions fixées notamment par la loi n° 87-571 du 23 juillet 1987 sur le développement du mécénat *[V. **C. assoc.**]*, sous réserve des dispositions de la présente section.

Art. L. 344-12 Les statuts des fondations de coopération scientifique sont approuvés par décret. Leur dotation peut être apportée en tout ou partie par des personnes publiques.

Art. L. 344-13 *(L. n° 2013-660 du 22 juill. 2013, art. 66)* « La fondation de coopération scientifique est administrée par un conseil d'administration composé de représentants des fondateurs. Les statuts peuvent prévoir que chaque membre fondateur y est représenté. » Il comprend en outre des représentants des enseignants-chercheurs, des enseignants et des chercheurs *(L. n° 2013-660 du 22 juill. 2013, art. 66)* « ainsi que d'autres personnels » exerçant tout ou partie de leurs fonctions au sein de la fondation. Les statuts peuvent prévoir la présence de personnalités qualifiées et de représentants de collectivités territoriales ou du monde économique.

Art. L. 344-14 Le recteur *(L. n° 2019-791 du 26 juill. 2019, art. 54)* « de région académique », chancelier des universités, *(L. n° 2020-1674 du 24 déc. 2020, art. 34)* « ou son représentant, » exerce la fonction de commissaire du Gouvernement auprès de la fondation.

Art. L. 344-15 Les statuts définissent les conditions dans lesquelles une partie de la dotation peut être affectée à l'activité de la fondation.

Art. L. 344-16 Les fondations de coopération scientifique peuvent être également créées par l'affectation irrévocable de leur dotation à une fondation d'utilité publique dans les conditions de l'article 20 de la loi n° 87-571 du 23 juillet 1987 précitée *[V. **C. assoc.**]*. Toutefois, la fondation de coopération scientifique ainsi créée est une personne morale distincte liée par convention à la fondation affectataire à laquelle elle peut confier sa gestion. Elle est soumise aux dispositions des articles L. 344-12 à L. 344-15 du présent code.

CHAPITRE V ***L'établissement public Campus Condorcet***

(L. n° 2020-1674 du 24 déc. 2020, art. 17)

Ce chapitre entre en vigueur à une date fixée par Décr., et au plus tard le 1er janv. 2022 (L. n° 2020-1674 du 24 déc. 2020, art. 17-III).

Art. L. 345-1 *(L. n° 2020-1674 du 24 déc. 2020, art. 17)* L'établissement public Campus Condorcet est un établissement public national de coopération à caractère administratif rassemblant les établissements d'enseignement supérieur et les organismes de recherche, publics et privés, qui regroupent tout ou partie de leurs activités et de leurs moyens sur le campus de sciences humaines et sociales dénommé Campus Condorcet.

L'établissement public Campus Condorcet, placé sous la tutelle conjointe des ministres chargés de l'enseignement supérieur et de la recherche, a pour mission d'assurer la réalisation et le fonctionnement du Campus Condorcet.

A cette fin, il coordonne la programmation et la réalisation du campus. Il réalise des acquisitions et opérations foncières et immobilières. Il assure pour le compte de l'État, dans le respect des règles de la commande publique, la conception et la réalisation de constructions et d'équipements nécessaires à l'exercice de ses missions. Il assure l'exploitation, la gestion, la promotion et la valorisation du Campus Condorcet.

Les articles L. 719-14 et L. 762-2 du code de l'éducation sont applicables à l'établissement public Campus Condorcet.

Art. L. 345-2 *(L. nº 2020-1674 du 24 déc. 2020, art. 17)* L'établissement public Campus Condorcet a également pour missions de :

1º Collecter, enrichir, valoriser, mettre à disposition et conserver des ressources documentaires ;

2º Soutenir et faciliter les activités de recherche et de formation de ses membres, notamment à l'échelle européenne et internationale ; soutenir et faciliter d'autres activités de recherche et de formation ;

3º Soutenir et faciliter l'innovation, notamment numérique, et la valorisation de la recherche ;

4º Contribuer à la diffusion des savoirs et de la culture scientifique ;

5º Soutenir et faciliter la vie étudiante et développer la vie de campus ;

6º Coordonner, avec tout ou partie des établissements et organismes membres, l'élaboration et la mise en œuvre de programmes de recherche et d'innovation, notamment de programmes favorisant l'interdisciplinarité entre les sciences humaines et sociales et les autres domaines scientifiques ;

7º Assurer la mise en œuvre d'activités et de projets qui lui sont confiés par tout ou partie de ses membres, notamment en matière scientifique.

Art. L. 345-3 *(L. nº 2020-1674 du 24 déc. 2020, art. 17)* L'établissement public Campus Condorcet est administré par un conseil d'administration, qui détermine sa politique, approuve son budget et en contrôle l'exécution.

Le conseil d'administration comprend :

1º Un représentant de chacun des établissements et organismes membres de l'établissement ;

2º Un représentant du ministre chargé de l'enseignement supérieur et un représentant du ministre chargé de la recherche ;

3º Des représentants des collectivités territoriales sur le territoire desquelles est implanté l'établissement ;

4º Des représentants des enseignants-chercheurs, enseignants et chercheurs exerçant leurs fonctions dans l'établissement ou dans l'un des établissements ou organismes membres ;

5º Des représentants des autres personnels exerçant leurs fonctions dans l'établissement ou dans l'un des établissements ou organismes membres ;

6º Des représentants des étudiants qui suivent une formation dans l'un des établissements membres ;

7º Des personnalités qualifiées désignées par arrêté conjoint des ministres de tutelle de l'établissement.

Les membres du conseil d'administration mentionnés aux 1º, 2º, 3º et 7º représentent au moins les deux tiers de l'effectif du conseil.

Le président de l'établissement, choisi parmi les membres du conseil d'administration sur proposition de celui-ci, est nommé par décret pris sur le rapport des ministres chargés de l'enseignement supérieur et de la recherche. Il préside le conseil d'administration et dirige l'établissement. Il est assisté par un bureau qu'il préside et qui est composé des représentants des établissements et des organismes membres de l'établissement siégeant au conseil d'administration.

Art. L. 345-4 *(L. nº 2020-1674 du 24 déc. 2020, art. 17)* Un conseil scientifique assiste le conseil d'administration et le président de l'établissement. Il est composé de représentants des établissements et organismes membres et de personnalités qualifiées françaises et étrangères.

Art. L. 345-5 *(L. nº 2020-1674 du 24 déc. 2020, art. 17)* Les ressources de l'établissement public Campus Condorcet comprennent les contributions des établissements et des organismes qui en sont membres et toutes les recettes autorisées par les lois et règlements. L'État lui attribue, pour l'accomplissement de ses missions, des équipements, des personnels et des crédits.

L'article L. 719-9 du code de l'éducation est applicable à l'établissement public Campus Condorcet.

Art. L. 345-6 *(L. n° 2020-1674 du 24 déc. 2020, art. 17)* L'établissement public Campus Condorcet conclut avec l'État un contrat pluriannuel qui définit, pour l'ensemble de ses activités, les objectifs de l'établissement et les engagements réciproques des parties. Le contrat prévoit les objectifs partagés avec les établissements et organismes membres, qui sont associés au contrat.

Le contrat pluriannuel inclut un volet territorial associant la région d'Île-de-France et les centres régionaux des œuvres universitaires et scolaires compétents. Les autres collectivités territoriales concernées peuvent être associées à ce volet territorial du contrat. Le volet territorial décrit les objectifs et les engagements des parties concernant l'insertion du campus dans l'environnement économique, social et culturel régional et local.

L'établissement rend compte de l'exécution de ses engagements et de l'atteinte des objectifs prévus dans le contrat au moins une fois tous les deux ans.

L'exécution du contrat fait l'objet d'une évaluation par le Haut Conseil de l'évaluation de la recherche et de l'enseignement supérieur ou réalisée selon des procédures qu'il a validées. L'État tient compte des résultats de l'évaluation pour déterminer les engagements financiers qu'il prend envers l'établissement dans le cadre du contrat pluriannuel.

Art. L. 345-7 *(L. n° 2020-1674 du 24 déc. 2020, art. 17)* Un décret détermine la liste des membres de l'établissement public Campus Condorcet, les modalités permettant de prononcer l'accueil d'un nouveau membre et le retrait ou l'exclusion d'un membre, les modalités de représentation des membres dans les conseils, ainsi que les conditions d'organisation et de fonctionnement de l'établissement. Il précise les compétences que celui-ci peut exercer par délégation des établissements et des organismes membres.

TITRE V Autres établissements publics ayant une activité de recherche *(Ord. n° 2008-1305 du 11 déc. 2008, art. 3).*

Le présent chapitre ne comprend pas de dispositions législatives.

TITRE VI Dispositions relatives à l'outre-mer

(Ord. n° 2008-1305 du 11 déc. 2008, art. 3)

CHAPITRE PREMIER *Dispositions relatives à Mayotte*

Art. L. 361-1 *Abrogé par L. n° 2019-791 du 26 juill. 2019, art. 36.*

CHAPITRE II *Dispositions relatives à Saint-Barthélemy*

Art. L. 362-1 Pour l'application du présent livre à Saint-Barthélemy, le ministre chargé de la recherche exerce les compétences dévolues au recteur *(L. n° 2019-791 du 26 juill. 2019, art. 54)* « de région académique ».

CHAPITRE III *Dispositions relatives à Saint-Martin*

Art. L. 363-1 Pour l'application du présent livre à Saint-Martin, le ministre chargé de la recherche exerce les compétences dévolues au recteur *(L. n° 2019-791 du 26 juill. 2019, art. 54)* « de région académique ».

CHAPITRE IV *Dispositions relatives à Saint-Pierre-et-Miquelon*

Art. L. 364-1 Pour l'application du présent livre à Saint-Pierre-et-Miquelon, le ministre chargé de la recherche exerce les compétences dévolues au recteur *(L. n° 2019-791 du 26 juill. 2019, art. 54)* « de région académique ».

CHAPITRE V *Dispositions relatives aux îles Wallis-et-Futuna*

Art. L. 365-1 Les dispositions des articles L. 311-1 à L. 311-3, *(Ord. n° 2015-24 du 14 janv. 2015, art. 4)* « L. 311-5, » L. 312-1, L. 321-1 à L. 321-4, L. 331-1 à L. 331-8, L. 332-1 à L. 332-7, *(Ord. n° 2014-135 du 17 févr. 2014, art. 1er)* « et L. 344-11 à L. 344-16 » sont applicables dans les îles Wallis-et-Futuna *(Ord. n° 2015-24 du 14 janv. 2015, art. 4)* « , dans leur rédaction résultant de l'ordonnance n° 2015-24 du 14 janvier 2015 portant extension et adaptation dans les îles Wallis-et-Futuna, en Polynésie française et en

Nouvelle-Calédonie de la loi n° 2013-660 du 22 juillet 2013 relative à l'enseignement supérieur et à la recherche ».

Pour l'application du présent livre dans les îles Wallis-et-Futuna, le ministre chargé de la recherche exerce les compétences dévolues au recteur *(L. n° 2019-791 du 26 juill. 2019, art. 54)* « de région académique ».

(Ord. n° 2015-24 du 14 janv. 2015, art. 4) « Pour l'application à Wallis-et-Futuna du premier alinéa de l'article L. 344-11, les mots : "des collectivités territoriales" sont remplacés par les mots : "du territoire et des autres circonscriptions territoriales" ».

CHAPITRE VI *Dispositions relatives à la Polynésie française*

Art. L. 366-1 Les dispositions des articles L. 311-1 à L. 311-3, *(Ord. n° 2015-24 du 14 janv. 2015, art. 9)* « L. 311-5, » L. 312-1, L. 321-1 à L. 321-4, L. 331-1 à L. 331-8, L. 332-1 à L. 332-7, *(Ord. n° 2014-135 du 17 févr. 2014, art. 1er)* « et L. 344-11 à L. 344-16 » sont applicables en Polynésie française *(Ord. n° 2015-24 du 14 janv. 2015, art. 9)* « dans leur rédaction résultant de l'ordonnance n° 2015-24 du 14 janvier 2015 portant extension et adaptation dans les îles Wallis-et-Futuna, en Polynésie française et en Nouvelle-Calédonie de la loi n° 2013-660 du 22 juillet 2013 relative à l'enseignement supérieur et à la recherche ».

Pour l'application du présent livre en Polynésie française, le ministre chargé de la recherche exerce les compétences dévolues au recteur *(L. n° 2019-791 du 26 juill. 2019, art. 54)* « de région académique ».

(Ord. n° 2015-24 du 14 janv. 2015, art. 9) « Pour l'application à la Polynésie française du premier alinéa de l'article L. 344-11, les mots : "des collectivités territoriales" sont remplacés par les mots : "de la Polynésie française et des communes". »

CHAPITRE VII *Dispositions relatives à la Nouvelle-Calédonie*

Art. L. 367-1 *(Ord. n° 2008-1305 du 11 déc. 2008, art. 3)* Les dispositions des articles L. 311-1 à L. 311-3, *(Ord. n° 2015-24 du 14 janv. 2015, art. 14)* « L. 311-5, » L. 312-1, L. 321-1 à L. 321-4, L. 331-1 à L. 331-8, L. 332-1 à L. 332-7, *(Ord. n° 2014-135 du 17 févr. 2014, art. 1er et 3)* « L. 521-1 à L. 521-13 et L. 344-11 à L. 344-16 » sont applicables en Nouvelle-Calédonie *(Ord. n° 2015-24 du 14 janv. 2015, art. 14)* « dans leur rédaction résultant de l'ordonnance n° 2015-24 du 14 janvier 2015 portant extension et adaptation dans les îles Wallis-et-Futuna, en Polynésie française et en Nouvelle-Calédonie de la loi n° 2013-660 du 22 juillet 2013 relative à l'enseignement supérieur et à la recherche ».

Pour l'application du présent livre en Nouvelle-Calédonie, le ministre chargé de la recherche exerce les compétences dévolues au recteur *(L. n° 2019-791 du 26 juill. 2019, art. 54)* « de région académique ».

(Ord. n° 2015-24 du 14 janv. 2015, art. 14) « Pour l'application à la Nouvelle-Calédonie du premier alinéa de l'article L. 344-11, les mots : "des collectivités territoriales" sont remplacés par les mots : "de la Nouvelle-Calédonie, des provinces et des communes". »

CHAPITRE VIII *Dispositions relatives aux Terres australes et antarctiques françaises*

Art. L. 368-1 Pour l'application du présent livre dans les Terres australes et antarctiques françaises, le ministre chargé de la recherche exerce les compétences dévolues au recteur *(L. n° 2019-791 du 26 juill. 2019, art. 54)* « de région académique ».

LIVRE IV **Les personnels de la recherche**

COMMENTAIRE

Le livre IV consacré aux personnels de recherche comporte une série de dispositions dont certaines ont été modifiées ou créées par les lois n° 2006-450 du 18 avril 2006, n° 2013-660 du 22 juillet 2013 (ESR), n° 2009-486 du 22 mai 2019 (PACTE) et n° 2020-16724 du 24 décembre 2020 (LPR) dont l'un des objectifs est d'améliorer l'attractivité des métiers scientifiques. L'ensemble apparait très parcellaire dans la mesure où les règles applicables relèvent des statuts particuliers réglementaires qui n'ont pas été codifiés ; il est donc nécessaire de se référer au décret n° 83-1260 du 30 décembre 1983 fixant les dispositions statutaires communes aux corps de fonctionnaires des établissements publics scientifiques et technologiques, complétés par les décrets particuliers aux différents EPST (Décr. n° 84-1185 du 27 déc. 1984 relatif aux statuts particuliers des corps de fonctionnaires du centre national de la recherche scientifique ; Décr. n° 84-1206 du 28 déc. 1984 relatif aux statuts particuliers des corps de fonctionnaires de l'Institut national de la santé et de la recherche médicale (INSERM) ; Décr. n° 85-1060 du 2 oct. 1985 relatif aux statuts particuliers des corps de fonctionnaires de l'Institut de recherche pour le développement (IRD)...). Le livre comporte des dispositions générales consacrées aux missions et garanties fondamentales (art. L. 411-1 à L. 411-5) et à la formation (art. L. 412-1, complété par l'art. L. 412-2 créé par la L. de 2006 et art. L. 412-3 à L. 412-5 créés par la loi de 2020) suivies de dispositions applicables aux personnels des EPSCT, dispositions générales (art. L. 421-1 à L. 421-4 créé par la loi de 2020), dispositions spécifiques aux chercheurs (art. L. 422-1 et L. 422-2) ; un titre relatif aux modalités particulières d'emploi scientifique regroupe les dispositions relatives aux personnels contractuels développées par la loi de 2020 (art. L. 431-1 à L. 431-6), aux chercheurs et enseignants associés (art. L. 432-1 et L. 432-2), aux personnels bénéficiant d'un congé d'enseignement ou de recherche (art. L. 433-1) auxquelles la loi de 2020 ajoute un article L. 434-1 relatif aux doctorants et chercheurs étrangers accueillis dans le cadre d'un séjour de recherche.

Les personnels de la recherche, ou « travailleurs scientifiques » (art. L. 412-1), sont employés par des personnes publiques (État, établissements publics dont les EPSCT et EPSCP) ou privées (entreprises, associations, fondations...). Reprenant les revendications des organisations syndicales la loi n° 82-610 du 15 juillet 1982, pour lutter contre la précarité et garantir l'autonomie nécessaire à la démarche scientifique, a donné aux chercheurs le statut de fonctionnaires, les rapprochant ainsi des enseignants-chercheurs ; mais subsistent toutefois des personnels contractuels (art. L. 431-1 à L. 431-3, complétés par la LPR n° 2020-1874 du 24 avr. 2020, art. L. 431-4 à L. 431-6), auxquels s'ajoutent les chercheurs associés (art. L. 432-1 et L. 432-2) et les allocataires de recherche (art. L. 412-2). Si le plus grand nombre des dispositions du livre IV concernent les règles applicables au personnel de la recherche publique, fonctionnaires ou non, l'intitulé recouvre aussi les personnels du secteur privé soumis aux conventions collectives des travailleurs scientifiques pour lesquelles les orientations contenues dans les premiers articles du livre servent de référence (art. L. 411-4).

La loi de 1982 avait introduit un élément de programmation en souhaitant qu'une politique cohérente de l'emploi scientifique s'inscrive dans le long terme, permettant ainsi une gestion rationnelle du potentiel humain de la recherche, formule accompagnée d'un engagement chiffré dans le rapport annexé. Si l'article L. 411-2 reprend ce souhait, son alinéa 2 renvoie à la loi de finances de l'année qui, depuis la LOLF, présente dans le cadre de la mission interministérielle qui regroupe des programmes budgétaires « Recherche et enseignement supérieur » (MIRES) une prévision indicative quinquennale des recrutements de personnels, statutaires et non statutaires. La Cour des comptes regrette toutefois que le recrutement des chercheurs statutaires se soit fait sans lien avec les priorités affichées par la stratégie nationale de la recherche et l'absence de gestion prévisionnelle des emplois, recommandant à chaque établissement public à caractère scientifique et technologique (EPST) de se doter d'un plan pluriannuel de recrutement (Rapport public, 2015). Le rapport annexé à la LPR n° 2020-1674 du 24 décembre 2020 affirme la volonté du gouvernement de rompre avec la tendance baissière ; traçant une perspective ambitieuse pour l'évolution des emplois de la recherche publique pour la période 2021-2030, tant pour les pour les effectifs sous plafond (V. trajectoire, cumulé à 34.000), que pour les effectifs contractuels hors plafond des établissements de l'ESRI (environ 15.000).

LES MISSIONS DES PERSONNELS DE RECHERCHE

L'article L. 411-1 dispose, de manière très générale, sans distinguer la recherche publique de la recherche privée, que les personnels de la recherche concourent à ***une mission d'intérêt national***, précisée par six rubriques qui listent les missions des chercheurs : développement des connaissances (c'est la recherche au sens strict du terme), transfert et application dans les entreprises et dans tous les domaines contribuant au progrès de la société ; diffusion de l'information et de la culture scientifique et technique (CST) ; participation à la formation initiale et à la formation continue ; administration de la recherche. La loi du 18 juin 2006 a ajouté à cette énumération issue de la loi de

1982 l'expertise scientifique. L'article 33 de la LPR n° 2020-1674 du 24 décembre 2020 complète la rubrique relative à la CST par la mention de l'information des citoyens, notamment des jeunes dans le cadre de la politique nationale de science ouverte, visant ainsi la diffusion sans entrave des publications et des données de la recherche en s'appuyant sur la mutation numérique pour développer l'accès aux publications et aux données de la recherche ; une nouvelle rubrique *d bis* est en outre ajoutée visant « la construction de l'espace européen de la recherche et la participation aux coopérations européennes et internationales en matière de recherche et d'innovation ».

Les missions des personnels de recherche ainsi définies peuvent être rapprochées des « fonctions » des enseignants-chercheurs, telles qu'elles sont précisées par l'article L. 952-3 du code de l'éducation qui, après l'enseignement auxquels professeurs et maîtres de conférences consacrent en principe 50 % de leurs activités, cite la recherche en y ajoutant la diffusion des connaissances. Si les enseignants-chercheurs doivent obligatoirement consacrer la moitié de leur temps de travail à la recherche, la participation des personnels de recherche à la formation n'est pour ces derniers qu'une possibilité.

L'AUTONOMIE DES PERSONNELS ET LIBERTÉ DE LA RECHERCHE

Les universités et les établissements d'enseignement supérieur doivent assurer aux enseignants-chercheurs et aux chercheurs les moyens d'assurer leur activité de recherche « dans les conditions d'indépendance et de sérénité indispensables à la réflexion et à la création intellectuelle » (C. éduc., art. L. 123-9 ; V. aussi art. L. 952-2). Pour les chercheurs, le code de la recherche n'utilise pas le terme « indépendance » (qui se réfère à un principe constitutionnel pour les enseignants-chercheurs et s'applique avec valeur législative aux enseignants et chercheurs qui enseignent à l'université, art. L. 952-2) mais ceux d'« autonomie » et de « liberté ». Les statuts des personnels de recherche doivent en effet « garantir l'autonomie de leur démarche scientifique » et favoriser « la libre circulation des idées » (art. L. 411-3). Ces principes s'accompagnent d'une référence à l'« évaluation des travaux » (qui doit prendre en considération l'ensemble de leurs activités du chercheur, LPR 2020, art. 33, notamment celles de valorisation, art. L. 411-3, al. 2 renvoyant aux art. L. 531-1 s.), prévue par la loi de 1982, étendue aux enseignants-chercheurs en 2009.

L'article 15 de la LPR 2020 complète l'article L. 952-2 du code de l'éducation relatif à l'indépendance des enseignants chercheurs par une formule applicable aux chercheurs voyant dans « les libertés académiques » (qui recouvrent la liberté de la recherche comme la liberté d'en publier les résultats) « le gage de l'excellence de l'enseignement supérieur et de la recherche français ».

Lorsqu'ils sont affectés dans les EPSCP, les chercheurs, membres de la communauté universitaire, sont assurés participer à la vie démocratique de l'université (art. L. 411-3, modifié LPR renvoyant aux art. L. 952-24 et L. 953-7 C. éduc.).

Comme les enseignants chercheurs, les chercheurs ont la possibilité d'exercer une *activité accessoire*, par dérogation au statut général de a fonction publique (L. du 13 juill. 1983) ; la LPR n° 2020-1674 du 24 décembre 2020 en libéralise le régime en remplaçant l'autorisation préalable par une simple déclaration à l'autorité hiérarchique, renforçant ainsi l'autonomie du chercheur. Elle précise le champ concerné, l'activité devant relever des missions du chercheur (art. L. 411-1) et être exercée auprès d'un établissement d'enseignement supérieur, d'un établissement public de recherche, d'un autre établissement public (art. L. 112-6), d'une fondation reconnue d'utilité publique ayant pour activité principale la recherche publique, du HCERES ou d'une administration de l'État ou d'une collectivité territoriale ou d'une organisation internationale intergouvernementale ou d'une institution ou d'un organe de l'Union européenne (art. L. 411-3-1 créé par LPR 2020, art. 36). S'agissant des entreprises de valorisation, restent soumises à autorisation les possibilités d'apporter un concours scientifique ou de participer à sa création ou à son fonctionnement (V. Livre V).

LA FORMATION DES PERSONNELS DE RECHERCHE

Les personnels de recherche bénéficient du ***droit à la formation permanente*** (art. L. 411-3) qui complète la formation initiale conçue comme ***une formation à la recherche par la recherche*** qui ouvre la possibilité d'exercer une activité dans le recherche comme dans l'enseignement, les administrations et les entreprises (art. L. 421-

1, al. 1er). Cette formation s'effectue dans les universités, les écoles d'ingénieurs, les instituts universitaires de technologie, les grands établissements, les services et organismes de recherche et les laboratoires d'entreprise (art. L. 421-1, al. 2) ; parmi les diplômes délivrés, le ***doctorat*** assure notamment la reconnaissance des acquis de l'expérience professionnelle résultant de la formation à la recherche par la recherche (art. L. 421, al. 3, V. C. éduc., art. L. 612-7) ; la LPR n° 2020-1674 du 24 décembre 2020 poursuit la revalorisation du doctorat ; elle confirme que « les titulaires du diplôme national de doctorat peuvent faire usage du titre dans tout emploi et en toute circonstance » (LPR, art. 32 ; art. L. 412-1, al. 7). La loi du 18 avril 2006 pour encourager l'emploi des docteurs scientifiques dans une activité couverte par une convention de branche ou un accord professionnel ou interprofessionnel avait envisagé une négociation sur les conditions de reconnaissance du titre de docteur (art. L. 411-4, al. 2, abrogé par l'art. 29 de la LPR 2020). Il est désormais prévu qu'avant le 31 décembre 2025, les organisations liées professionnelles examinent les conditions de la reconnaissance du diplôme national de doctorat à l'occasion des négociations obligatoires relatives aux classifications (C. trav., art. L. 2241-1 et L. 2241-15). Pour l'accès aux corps de fonctionnaires de catégorie A, l'article L. 412-1 prévoit en outre des dérogations aux statuts particuliers (V. commentaire ss. C. éduc., art. L. 612-7).

Pour faciliter l'accès aux formations doctorales, l'État, les établissements publics ou les organismes privés de recherche (mais aussi les collectivités territoriales, notamment les régions) peuvent attribuer des allocations individuelles spécifiques attribuées sur des critères de qualité scientifique ou technique ; conçues en 1931 par la Caisse nationale des sciences, comme des bourses de thèse, elles ont été ensuite considérées comme un premier salaire pour les attachés de recherche (CNRS, 1945). En 1976 ont été créées les allocations du ministère de la recherche dans le cadre d'un contrat de travail ; bénéficiant de la protection sociale de droit commun, les allocataires étaient alors titulaires d'un CDD couvrant la période de formation (art. L. 412-2, al. 3 et 4) ; elles ont été accompagnées de divers compléments comme le dispositif de doctorant-conseil ou le monitorat d'enseignement supérieur créé en 1989, les allocataires-moniteurs étant alors considérés comme des agents non titulaires de l'État. La loi du 18 avril 2006, concevant la formation doctorale comme « une expérience professionnelle de recherche » (C. éduc., art. L. 612-7, al. 2), ces différentes situations ont été unifiées par le décret n° 2009-464 du 23 avril 2009, relatif aux doctorants contractuels des établissements publics d'enseignement supérieur ou de recherche (EPSCP et EPST) ; recrutés par les établissements pour une durée déterminée (3 ans avec une prolongation annuelle exceptionnelle, dans la limite totale de cinq ans), ils concluent un ***contrat doctoral de droit public*** (art. L. 412-2). Les doctorants, agents non titulaires de l'État ont une obligation principale de recherche qui peut être complétée par des missions d'enseignement ou d'expertise. Le rapport annexé annonce une augmentation de 20 % du nombre de contrats doctoraux financés par le MESRI avec l'objectif, à moyen terme, de financer tous les doctorants en formation initiale.

Les contrats conclus avec les EPIC, les Fondations ou les entreprises privées sont au contraire des contrats de travail de droit privé. Tel est le cas de ceux conclus dans le cadre d'une convention industrielle de formation par la recherche (CIFRE) créé en 1981. L'État (MESRI, ANRT) verse alors une subvention à l'entité qui peut être une entreprise mais aussi une collectivité territoriale, une fondation reconnue d'utilité publique ou une association qui accueille un doctorant, en lien avec un laboratoire public. La loi n° 2020-1674 du 24 décembre 2020 institue un contrat de travail à durée déterminée dénommé ***contrat doctoral de droit privé***. Un doctorant inscrit en thèse dans un établissement d'enseignement supérieur se voit alors confier des activités de recherche en adéquation avec son sujet de thèse par un employeur qui participe à sa formation en s'engageant à limiter ses demandes complémentaires au sixième de la durée annuelle de travail effectif (LPR 2020, art. 6 ; art. L. 421-3-I). Le contrat d'une durée initiale de trois ans est renouvelable deux fois pour un an au maximum dans la limite d'un total de cinq ans (avec suspension possible pour congé de maternité, de maladie ou d'accident de travail, art. L. 421-3, II). L'employeur peut rompre le contrat dans les cas prévus par le Code du travail mais aussi lorsque l'inscription du salarié en thèse n'est pas renouvelée (art. L. 421-3-III). C'est dans ce cadre que sont menés les travaux de recherche bénéficiant de conventions CIFRE, dont le rapport annexé de la loi de 2020 annonce l'augmentation de 50 % d'ici à 2027 (avec un effort particulier pour améliorer le recours au dispositif des

CIFRE par les associations, les collectivités territoriales, le secteur marchand à but non lucratif comme l'économie sociale et solidaire).

Pour compléter le doctorat, pour fournir aux doctorants une expérience professionnelle complémentaire, s'est développé la pratique postdoctorale ; les organismes de recherche, accueillent ainsi des docteurs. Il en est de même des universités qui peuvent en outre leur confier un enseignement en les recrutant comme attaché temporaire d'enseignement et de recherche (ATER, Décr. n° 88-654 du 7 mai 1988). Pour tenir compte de la généralisation de cette pratique considérée aujourd'hui à l'échelle internationale comme l'étape standard de l'entrée dans les carrières scientifiques, l'article 7 de la LPR 2020 crée deux articles relatifs aux ***contrats postdoctoraux de droit public et de droit privé*** (art. L. 412-4 et L. 431-5). La distinction est organique : les contrats de droit public sont conclus par les établissements publics administratifs (EPSCP, EPST...art. L. 421-4, al. 1er) ; les contrats de droit privé par les entreprises privées, les établissements publics à gestion privée (EPIC), les fondations reconnues d'utilité publique, les établissements privés d'enseignement supérieur d'intérêt général (art. L. 431-5, al. 1er). Les uns et les autres permettent de recruter des chercheurs, titulaires du diplôme de doctorat (art. L. 421-4, al. 1er) dans le cadre d'un projet retenu au titre d'un appel à projets international ou national ou défini par l'établissement (art. L. 421-4, al. 2). Matériellement, les deux types de contrat sont similaires ; les uns et les autres doivent être conclus au plus tard trois ans après l'obtention du diplôme de doctorat (art. L. 421-4, al. 2 ; L. 431-5, I, al. 2). Ils permettent aux EPIC de sortir de la contrainte des CDD d'une durée maximale de dix-huit mois, trop courte par rapport à la durée réelle du projet de recherche. Ils ont une durée minimale d'un an et maximale de trois ans et sont renouvelables une fois dans la limite d'une durée totale de quatre ans (art. L. 421-4, al. 2 ; L. 431-5, II). Ils peuvent être prolongés dans la limite de la durée des congés pour maternité, adoption, paternité et accueil de l'enfant, pour maladie et pour accident du travail. Ils précisent les engagements de l'établissement concernant l'accompagnement du bénéficiaire du contrat, notamment en matière de formation professionnelle et de périodes d'insertion professionnelle en France comme à l'étranger (art. L. 421-4, al. 3 ; L. 431-5, VI, 5°). Les modalités de recrutement, les conditions de l'exercice des fonctions et les mesures d'accompagnement des bénéficiaires de ces contrats sont fixées par deux décrets en Conseil d'État (art. L. 421-4, al. 4 ; L. 431-5, II, al. 3).

LES STATUTS DÉROGATOIRES DES PERSONNELS DE RECHERCHE

Comme le code de l'éducation, le code de la recherche ne reprend pas les différents statuts particuliers des fonctionnaires de recherche. Sa partie législative s'attache toutefois aux garanties fondamentales accordées aux fonctionnaires, notamment lorsque les nécessités du service imposent des dérogations aux lois portant statut de la fonction publique en application de l'article 8 de la loi n° 84-16 du 11 janvier 1984. Il en est ainsi pour les statuts particuliers du personnel des EPSCT (art. L. 421-1) mais aussi pour les corps existant ou à créer (en vue de leur titularisation), regroupant chercheurs (chargés de recherche, directeurs de recherche) et ITAR (personnels ingénieurs, techniciens, administratifs de la recherche) exerçant leurs fonctions dans les établissements relevant des ministères de l'éducation nationale (à entendre largement, MESRI) et de l'agriculture, les services de l'État et les EPA (art. L. 141-2).

Pour ces personnels comme pour les enseignants-chercheurs (C. éduc., art. L. 952-6), les statuts particuliers peuvent permettre des déroger aux règles fixées par le statut général de la fonction publique de l'État. Leur recrutement peut ainsi déroger au principe du recrutement par concours qui pourra s'effectuer sur titres et travaux ; les procédures de notation et d'avancement peuvent être remplacées par l'évaluation des aptitudes par des instances scientifiques ou techniques (CE 5 sept. 2008, n° 306113, note ss. art. L. 421-3). Les conditions de nationalité peuvent être assouplies, permettant le recrutement de chercheurs non européens ; comme pour les enseignants-chercheurs, il est possible de renforcer l'attractivité de l'emploi en dérogeant au principe de recrutement initial au premier échelon du grade ; pour faciliter la libre circulation des personnes et des équipes entre les métiers de la recherche et les institutions qui y concourent, il est possible d'assouplir le régime des positions et les règles relatives aux mutations, possibilité élargie par la LPR n° 2020-1674 du 24 décembre 2020 aux collectivités territoriales et aux entreprises ; une dernière dérogation est prévue pour permettre à ces personnels d'exercer une activité auprès de tout employeur privé ou public (art. L. 421-3, mod. par LPR 2020, art. 25).

La LPR n° 2020-1674 du 24 décembre 2020 a créé de nouveaux articles, alignant les règles applicables aux chercheurs sur celles concernant les enseignants-chercheurs. Ainsi, comme les présidents d'université, les directeurs d'EPSCT, sont responsables de l'attribution des primes selon les principes de répartition définis par le conseil d'administration ; cet organe peut en outre créer des dispositifs d'intéressement permettant d'améliorer la rémunération des personnels en tenant compte du principe d'égalité salariale entre les femmes et les hommes sans qu'ils puissent se substituer aux régimes indemnitaires institués (LPR 2020, art. 27 ; art. L. 421-4).

Comme les professeurs des universités, les directeurs de recherche admis à la retraite peuvent se voir conférer l'éméritat, titre qui leur permet de continuer d'apporter un concours aux missions de recherche ; l'article 25 de la LPR 2020 précise que ce concours intervient à titre accessoire et gracieux, ne soumettant ses titulaires à aucun lien de subordination et ne leur permettant d'assurer ni fonctions de direction, ni responsabilité de gestion ; s'ils sont assimilés aux fonctionnaires pour les questions de propriété intellectuelle, les conditions de leur présence dans l'établissement sont fixées par une convention de collaborateur bénévole ave l'EPST (art. L. 422-2).

L'article 46 de la LPR 2020 introduit une autre dérogation, conjoncturelle, en disposant que les modifications apportées, postérieurement à la date de publication de la loi, aux règles de classement des chargés de recherche peuvent ouvrir aux agents titularisés dans ces corps avant l'entrée en vigueur de ces modifications et classés dans le premier grade de leur corps le bénéfice d'un reclassement rétroactif selon des modalités fixées par décret. La durée des services accomplis entre la date de leur recrutement et le premier jour du mois suivant celui de l'entrée en vigueur de ces modifications est prise en compte pour ce reclassement dans la limite d'un an. Toutefois, l'ancienneté de service des intéressés dans leur corps continue à être décomptée à partir de la date à laquelle ils y ont accédé.

LA MOBILITÉ DES CHERCHEURS

La mobilité des personnels de recherche (art. L. 411-3, al. 2) s'entend entre les différents métiers de recherche au sein d'un même organisme (mobilité interne) mis aussi entre les services publics de toute nature, les différents établissements publics de recherche et les établissements d'enseignement supérieur sans exclure les entreprises privées (mobilité externe). Pour faciliter la libre circulation des personnes et des équipes entre les métiers de la recherche et les institutions qui y concourent, il est possible d'assouplir le régime des positions et les règles relatives aux mutations. Pour accroitre ces mobilités qui en pratique restent limitées (Cour des comptes, rapport public 2015) alors qu'elles constituent un puissant vecteur de la collaboration entre recherche publique et recherche privée, la loi n° 2020-1674 du 24 décembre 2020 introduit plusieurs modifications introduit plusieurs éléments facilitateurs. Elle élargit tout d'abord le champ de la libre circulation des personnes et des équipes entre les métiers de la recherche aux collectivités territoriales et aux entreprises (LPR 2020, art. 25 ; art. L. 421-3, e), étendant les possibilités de mise à disposition, à temps complet ou incomplet, auprès de tout employeur public ou privé, dès lors qu'il y accomplit des activités de recherche. Pour encourager la mobilité, il était déjà prévu que les services accomplis par des fonctionnaires, chercheurs ou ingénieurs, à temps complet (ou à temps incomplet ajoute l'art. 25 de la LPR 2020) dans des fonctions au sein d'organismes privés (et EPIC), sont pris en compte, pour l'appréciation des conditions d'ouverture des droits à pension (CPCM), à concurrence de cinq ans (art. L. 422-1). Les fonctionnaires des EPST mis à disposition des organismes privés (et EPIC) peuvent percevoir un complément de rémunération soumis aux mêmes charges sociales que les autres salariés. Ces possibilités sont étendues aux enseignants-chercheurs, par modification de l'article L. 952-2-1 du code de l'éducation (LPR, art 25 ; art. L. 422-4). Enfin, les personnels de recherche, détachés ou mis à disposition auprès d'administrations, de collectivités territoriales, d'organismes ou d'établissements pour y exercer une ou plusieurs des missions de recherche, d'organisations internationales intergouvernementales ou d'une institution ou d'un organe de l'Union européenne, peuvent bénéficier d'une nomination dans un autre corps à la suite de la réussite à un concours ou examen professionnel ou au titre d'une promotion au choix, sans qu'il soit mis fin à leur mise à disposition ou à leur détachement, lorsque cette nomination n'est pas conditionnée à l'accomplissement d'une période de formation ou de stage préalable (LPR, art. 13 ; art. L. 421-5).

Parallèlement, les salariés des entreprises peuvent être encouragés à participer au service public de la recherche : aussi, l'article 26 de la LPR 2020 introduit dans le code du travail (art. L. 3142-125 s.) un droit à congé ou à temps partiel pour les salariés qui souhaitent dispenser soit en congé (temps plein), soit à temps partiel un enseignement technologique, professionnel ou supérieur en formation initiale ou continue et pour ceux qui souhaitent se livrer à une activité de recherche et d'innovation dans un établissement public de recherche, une collectivité territoriale, une entreprise publique ou privée. La mise en œuvre de ce droit est confiée à un accord collectif à intervenir (durée maximale du congé, nombre de renouvellements possibles, conditions d'ancienneté, compléments de rémunération, art. L. 3142-129).

Pour tenter d'éviter les conflits d'intérêts, l'article 23 de la loi LPR n° 2020-1674, après avoir rappelé les règles statutaires applicables aux agents publics, oblige toute personne qui participe directement au service public de la recherche à établir une déclaration d'intérêts préalablement à l'exercice d'une mission d'expertise auprès des pouvoirs publics et du Parlement. « Elle mentionne les liens d'intérêts de toute nature, directs ou par personne interposée, qu'elle a, ou qu'elle a eus pendant les cinq années précédant cette mission, avec des personnes morales de droit privé dont les activités, les techniques et les produits entrent dans le champ de l'expertise pour laquelle elle est sollicitée » (art. L. 411-5 nouveau).

LES CHERCHEURS CONTRACTUELS

Par dérogation aux dispositions de la loi n° 84-16 du 11 janvier 1984 portant dispositions statutaires relatives à la fonction publique de l'État et le cas échéant aux dispositions du code du travail, les services et établissements publics de recherche et d'enseignement supérieur peuvent recruter des personnels par contrat pour exercer temporairement leurs fonctions (fonctions techniques et administratives et fonctions de recherche, art. L. 431-2-1), à temps complet ou incomplet (art. L. 431-3).

Pour assurer un remplacement, faire face à l'accroissement temporaire de l'activité ou pour des besoins saisonniers, le code du travail autorise la conclusion de contrats à durée déterminée (CDD) ; par dérogation, le code de la recherche ne reprend pas ces conditions limitatives ; de même, là où le code du travail prévoit une durée maximale de 18 mois, renouvelable une fois, le code de la recherche autorise une durée maximale de trois ans, renouvelable une fois sauf pour les réfugiés politiques, renouvelables annuellement (art. L. 431-2). L'article 8 de la loi de 1985 avait précisé que les personnels contractuels devaient avoir exercé antérieurement une activité professionnelle effective fixée réglementairement à deux ans, cette disposition a été abrogée par l'article 7 de l'ordonnance n° 2004-545 mais de doit prendre effet qu'à compter de la publication de la partie réglementaire.

Les chercheurs peuvent aussi être embauchés par l'État ou un organisme public de recherche par contrat à durée déterminée ou indéterminée (CDI). La loi du 12 mars 2012 relative à l'accès à l'emploi titulaire et à l'amélioration des conditions d'emploi des agents contractuels dans la fonction publique prévoit la transformation en CDI du contrat d'un agent contractuel, employé par l'État, dans un de ses établissements publics quand la durée des services accomplis auprès du même employeur public est au moins égale à six années ; pour un chercheur postdoctoral employé par le CNRS en CDD, est prise en compte la période passée en postdoc auprès du même organisme même s'il était rémunéré par un autre organisme dans la mesure où il était soumis aux mêmes obligations de travail et sujétions que les chercheurs du CNRS sous la supervision directe du directeur de l'unité de recherche (CE 28 mars 2018, n° 402913 B).

Les agents d'une personne publique (de l'État ou des établissements publics administratifs, EPSCP et EPST) sont en principe des agents publics, des contractuels de droit public (T. confl. 25 mars 1996, *Berkani*, n° 3000 abandonnant le critère réducteur de la participation directe au service public, faisant prédominer le critère organique). Les agents des personnes privées (par exemple de l'Institut Pasteur) ou des établissements publics à gestion privée (EPIC) sont au contraire en principe des contractuels de droit privé, de contrats de travail.

La LPR n° 2020-1674 du 24 décembre 2020 fait une place importante au contrat, pour permettre le pré recrutement directeur de recherche (art. 5, voir ci-dessous), pour les contrats doctoraux et postdoctoraux (art. 7, voir ci-dessous) et pour s'adapter aux missions et projets temporaires. Reprenant l'idée de contrat de chantier du code du travail, la loi PACTE avait permis aux EPIC d'y recourir (contrat de droit privé de projet ou d'opération, art. L. 432-4) ; l'article 10 la modifie pour assouplir les conditions ; l'article 9 prévoit un contrat du même type pour les EPSCP et EPST, le contrat de droit public de mission (art. L. 432-6 nouveau).

Contrat de droit privé de projet ou d'opération. Créé par la loi PACTE n° 2019-486 du 22 mai 2019 pour permettre aux EPIC et aux fondations reconnues d'utilité publique ayant pour activité principale la recherche publique (dont la liste a été fixée par le **décret n° 2019-1021 du 4 octobre 2019 fixant la liste : ANDRA, BRGM, CNES, CEA, IFREMER, ONERA...)** de prévoir par accord d'entreprise la possibilité de recourir au contrat de chantier ou d'opération pour une durée indéterminée, l'article L. 431-4 modifié par l'article 10 de la LPR n° 2020-1674 du 20 décembre 2020 supprime la condition trop contraignante de l'accord d'entreprise préalable ; désormais, « un salarié peut être recruté pour contribuer à un projet (substitué à la notion de chantier, C. trav., art. L. 1223-8 s.) ou une opération de recherche par un contrat dont l'échéance est la réalisation du projet ou de l'opération » (art. L. 432-4, al. 1er). Ce contrat est conclu pour une durée indéterminée (CDI de droit privé, art. L. 432-4, al. 2). La rupture du contrat doit reposer sur une cause réelle et sérieuse dans les conditions prévues par le code du travail (art. L. 1232-2 s.). La LPR 2020 ajoute que l'employeur peut rompre le contrat pendant la première année, sauf au cours de la période d'essai, en cas d'insuffisance professionnelle, d'inaptitude physique ou de faute disciplinaire (art. L. 431-4, al. 3) et lorsque le projet ou l'opération ne peut pas se réaliser ou se termine de manière anticipée (art. L. 431-4, al. 4). Un décret en Conseil d'État précise les modalités d'application (art. L. 431-4, al. 5 : nature des projets ou des opérations de recherche, proportion maximale des salariés sous contrat de projet ou d'opération, recrutement, rupture, rémunération et d'indemnité de licenciement ...).

Contrat de droit public de mission scientifique. Pour sécuriser la situation des personnes recrutés spécifiquement pour l'accomplissement d'un projet de recherche, l'article 9 de la LPR n° 2020-1674 du 24 décembre 2020 introduit un nouvel article L. 431-6 créant un contrat de droit public à durée indéterminée (CDI) dit contrat de mission scientifique permettant de prendre en considération l'horizon temporel adapté à la recherche. Les établissements publics de recherche et d'enseignement supérieur peuvent désormais recruter des agents pour contribuer à un projet ou une opération de recherche identifiée, par un contrat de droit public dont l'échéance est la réalisation du projet ou de l'opération. (art. L. 431-6, al. 1er). Ce contrat est conclu après un appel public à candidatures et selon une procédure de recrutement permettant de garantir l'égal accès à ces emplois (art. L. 431-6, al. 2). Par dérogation aux dispositions de la loi n° 84-16 du 11 janvier 1984 portant dispositions statutaires relatives à la fonction publique de l'État, le contrat prend fin avec la réalisation du projet ou de l'opération de recherche, après un délai de prévenance (entre la notification d'un événement et sa réalisation) fixé par décret en Conseil d'État. L'établissement employeur doit alors justifier de l'arrêt effectif de l'activité de recherche associée au projet qui ne pourra être poursuivie par le recours à de nouveaux contrats portant sur des missions similaires. Les autres cas de rupture sont identiques à ceux prévus pour les contrats privés (art. L. 431-6, al. 4). Un décret en Conseil d'État doit de même fixer les modalités d'application notamment la nature des projets ou opérations de recherche pouvant bénéficier d'un tel contrat, les modalités de recrutement et de rupture du contrat, d'accompagnement des salariés dont le contrat s'est achevé ainsi que de mise en œuvre d'une indemnité de rupture lorsque le projet ou l'opération ne peut pas se réaliser (art. L. 431-6, al. 5 : nature des projets, recrutement, rupture, accompagnement post-contrat, indemnité de rupture).

UNE NOUVELLE VOIE DE RECRUTEMENT DES DIRECTEURS DE RECHERCHE.

L'article 4 de la LPR n° 2020-1674 du 24 décembre 2020 crée une nouvelle voie de recrutement, inspirée des « tenure track » (« parcours de titularisation ») en place aux États-Unis, au Royaume-Uni ou en Allemagne basée sur l'idée de pré-titularisation conditionnelle, présentée par l'étude d'impact sous le nom de « chaire de professeurs juniors » concernant tant les enseignants-chercheurs (C. éduc., art. L. 952-6-2) que les chercheurs (art. L. 442-3). Elle correspond au principal mode de recrutement sur le marché de l'emploi scientifique mondial, connu sous le nom de « tenure track ». L'objectif est double ; pour l'EPST, il s'agit de « répondre à un besoin spécifique lié à sa stratégie scientifique ou à son attractivité internationale, dans des domaines de recherche pour lesquels il justifie de cette nécessité », imposant à l'établissement de justifier la demande, confortant le plus souvent possible, des orientations scientifiques partagées entre établissements d'enseignement supérieur et organismes de recherche dans le cadre des politiques de site ; pour les jeunes chercheurs, il est ainsi possible d'accéder rapidement à l'emploi scientifique ; l'entrée dans la carrière avec un contrat avec un financement spécifique de l'ANR, doit permettre, à l'issue d'une période maximale de six ans, une titularisation dans le corps des directeurs de recherche (sans passer par le statut de chargé de recherche). Pourraient être notamment concernés des chercheurs étrangers ou des scientifiques se trouvant au croisement de divers champs disciplinaires. Ces recrutements dérogatoires doivent être ouverts chaque année par arrêté du MESRI, sur proposition du président ou directeur général de l'établissement, dans la limite de 20 % (au lieu de 15% pour le PU) des recrutements autorisés dans le corps concerné (25 % quand le nombre de recrutements est inférieur à cinq). Le dispositif comporte deux étapes. Après appel à candidature, les titulaires d'un doctorat retenus par une commission ad hoc spécifique à l'établissement sont recrutés « en qualité d'agent contractuel de droit public » ; l'établissement et l'agent s'engagent sur les objectifs à atteindre ; l'établissement précise les moyens apportés (notamment le financement ANR) ; le contrat inclue les obligations de l'agent en matière de recherche et, éventuellement, d'enseignement ; au terme de la période contractuelle qui est au maximum de 6 ans, le chercheur qui a donné satisfaction peut être titularisé ; une commission de titularisation spécifique à l'établissement doit alors examiner un rapport sur l'activité et les travaux du candidat ; elle doit ainsi apprécier sa valeur scientifique et son aptitude à exercer les missions de recherche, sans que ce dernier dispose obligatoirement de l'HDR (art. L. 411 1) ; si l'avis de cette commission est favorable, l'intéressé est ensuite titularisé par décision du chef d'établissement (par décret du président de la République pour les professeurs des universités). Comme pour le recrutement de droit commun, ces commissions spécifiques sont constituées de personnes de rang égal à celui de l'emploi à pourvoir et composée, pour moitié au moins, de chercheurs ou d'enseignants-chercheurs extérieurs à l'établissement dans lequel le recrutement est ouvert, dont au moins une personne de nationalité étrangère (sur avis du Conseil d'État) exerçant ses activités professionnelles à l'étranger ; en outre, elles ne peuvent comprendre plus de 60 % de membres du même sexe. Nommé dans un emploi de l'établissement et titularisé dans un corps national après s'être engagé à servir le chercheur ainsi recruté dispose des mêmes droits et est soumis aux mêmes obligations que les personnes recrutées par les voies traditionnelles. Dans son avis sur le projet de loi, le Conseil d'État a considéré que ce dispositif ne porte pas atteinte au principe d'égal accès aux emplois publics « dès lors que la situation des candidats aux différentes voies d'accès est objectivement différente et que le processus de titularisation propre à celle-ci garantit la sélection selon des critères objectifs de qualité professionnelle ». Le président de l'établissement présente au conseil d'administration un bilan triennal de l'emploi de ce dispositif. Au terme de la période de programmation, environ 300 chaires de professeur ou de directeur de recherche junior (dont celles mises en place pour les personnels hospitalo-universitaires) seront ouvertes chaque année en complément des recrutements de chargés de recherche et de maîtres de conférences (Rapport annexé).

L'ACCUEIL DES CHERCHEURS EXTÉRIEURS

Outre les possibilités de réserver des postes de chercheurs pour associer des enseignants chercheurs ou des chercheurs fonctionnaires pour un temps limité (art. L. 432-1) qui, pour les enseignants-chercheurs est égale à la durée de leur détachement (art. L. 432-2, dérogeant à l'art. L. 952-1 C. éduc.), la LPR n° 2020-1674 du 24 décembre 2020 introduit un dispositif pour faciliter le ***séjour de recherche des chercheurs et doctorants étrangers*** (qui représentent 42 % des doctorants, rapport annexé ; LPR, art. 12 ; art. L. 434-1). Les établissements, quel que soit leur statut (EPPSCP, EPST, EPIC, ESPIG, FRUP) peuvent accueillir pour un séjour de recherche des doctorants et chercheurs étrangers bénéficiant d'une bourse ou d'un autre financement accordés sur critères scientifiques par une institution étrangère ou le MAE (art. L. 434-1, II, al. 1er), pouvant être complétée par une activité d'enseignement (art. L. 434-1, I, al. 2). Le séjour de recherche fait l'objet d'une convention entre l'établissement d'accueil et le doctorant

(3 ans, renouvelable deux fois un an dans la limite du financement art. L. 434-1, II, al. 3) ou chercheur étranger (1 an, art. L. 434-1, II, al. 4) qui définit les modalités de prise en charge et d'accueil, ainsi que la durée du séjour de recherche et définit les règles applicables en matière de propriété intellectuelle (art. L. 434-1, II, al. 2). L'établissement peut notamment contribuer aux frais de séjour des intéressés (art. L. 434-1, III, al. 1er). L'établissement d'accueil vérifie que le doctorant ou le chercheur étranger bénéficie d'une couverture maladie, accident, responsabilité civile ; les accidents survenus au cours de leurs activités de recherche et d'enseignement sont toutefois pris en charge (mod. CSS, art. L. 412-8). ❑

TITRE PREMIER Dispositions générales

BIBL. GÉN. ► ÉGLY, Dynamique nouvelle pour les chercheurs, *Le Monde, 15 juin 2007. 22.* – HOFFMANN, Attractivité des carrières de la recherche, Rapport, *Institut de France-Académie des sciences, 9 juill. 2008, www.education.gouv.fr.* – MACHELON, Le statut des personnels de la recherche en France, *in Gli aspetti istituzionali delle ricerca scientifica in Italia e in Francia, Milan, Giuffre, 1987, 127.* – Rapport sur l'égalité professionnelle entre les femmes et les hommes dans l'enseignement supérieur et la recherche, Rapport du Comité pour l'égalité professionnelle entre les femmes et les hommes dans l'enseignement supérieur et la recherche, *www.ladocumentation-francaise.fr.* – Jeunes chercheurs et jeunes enseignants-chercheurs. Statut et conditions de travail, Rapport du Conseil supérieur de la recherche et de la technologie, *Doc. fr., sept. 2007.* – DE MONTECLER, Un rapport sur les jeunes chercheurs, *AJDA 2007. 1958* . – L'état des lieux de l'emploi scientifique en France, *Rapport de l'Observatoire de l'emploi scientifique, 2007.* – L'état de l'emploi scientifique en France. L'emploi dans la recherche : état des lieux et perspectives, *Rapp. 2016 : http://www.enseignementsup-recherche.gouv.fr/cid106375/publication-de-l-edition-2016-de-l-État-de-l-emploi-scientifique-en-france.html.* – L'emploi scientifique dans les organismes de recherche en 2015, *MENESR-SIES, Note Flash ESR, n° 13, oct. 2016 : http://www.enseignementsup-recherche.gouv.fr/cid107789/l-emploi-scientifique-dans-les-organismes-de-recherche-en-2015.html.* – Les contractuels dans l'enseignement supérieur et la recherche, *ORS, Dossier n° 12, 10 nov. 2006.*

CHAPITRE PREMIER *Missions et garanties fondamentales*

Art. L. 411-1 **Les personnels de la recherche concourent à une mission d'intérêt national. Cette mission comprend :**

***a)* Le développement des connaissances ;**

***b)* Leur transfert et leur application dans les entreprises, et dans tous les domaines contribuant au progrès de la société ;**

c) (L. n° 2020-1674 du 24 déc. 2020, art. 33) **« L'information des citoyens dans le cadre de la politique nationale de science ouverte et la diffusion de la culture » scientifique et technique dans toute la population, notamment parmi les jeunes ;**

***d)* La participation à la formation initiale et à la formation continue ;**

(L. n° 2020-1674 du 24 déc. 2020, art. 33) **« *d bis)* La construction de l'espace européen de la recherche et la participation aux coopérations européennes et internationales en matière de recherche et d'innovation ; »**

***e)* L'administration de la recherche ;**

(L. n° 2006-450 du 18 avr. 2006, art. 15) **« *f)* L'expertise scientifique. »**

Sur l'intégrité scientifique : *V. Bibl. C. éduc. ss. Livre IX, Titre V.*

COMMENTAIRE

Sur les missions des personnels de la recherche, Voir le commentaire sous le livre IV. ❑

Art. L. 411-2 **Une politique cohérente de l'emploi scientifique doit s'inscrire dans le long terme permettant ainsi une gestion rationnelle du potentiel humain de la recherche.**

(L. n° 2006-450 du 18 avr. 2006, art. 2) **« Le Gouvernement présente chaque année, dans le cadre de la mission "Recherche et enseignement supérieur", un état prévisionnel et indicatif, sur cinq ans, des recrutements de personnels, statutaires et non statutaires, dans la recherche publique. »**

Art. L. 411-3 **Pour l'accomplissement des missions de la recherche publique, les statuts des personnels de recherche ou les règles régissant leur emploi doivent garantir l'autonomie de leur démarche scientifique, leur participation à l'évaluation** *(L. n° 2020-1674 du 24 déc.*

2020, art. 33) « de leurs travaux et la prise en compte dans cette évaluation de l'ensemble de leurs activités contribuant aux missions mentionnées à l'article L. 411-1 ainsi que » le droit à la formation permanente.

Ces statuts doivent favoriser la libre circulation des idées et, sans préjudice pour leur carrière, la mobilité des personnels entre les divers métiers de la recherche au sein du même organisme, entre les services publics de toute nature, les différents établissements publics de recherche et les établissements d'enseignement supérieur, et entre ces services et établissements et les entreprises. *(L. n° 2013-660 du 22 juill. 2013, art. 81)* « Les missions réalisées dans le cadre du dispositif prévu aux articles *(Ord. n° 2014-135 du 17 févr. 2014, art. 3)* « L. 531-1 » et suivants sont intégrées à l'évaluation du personnel de recherche lors de sa réintégration au sein de son corps d'origine. »

Ces statuts doivent permettre aux chercheurs, tout en poursuivant leurs travaux au sein des établissements publics de recherche, de collaborer, pour une période déterminée, renouvelable, avec des laboratoires publics ou privés, afin d'y développer des applications spécifiques.

(Ord. n° 2008-1305 du 11 déc. 2008, art. 4) « Les personnels de recherche des organismes de recherche qui exercent leur activité dans les établissements publics à caractère scientifique, culturel et professionnel participent à la vie démocratique de ces établissements dans les conditions fixées par les articles L. 952-24 et L. 953-7 du code de l'éducation. »

Liberté d'appréciation des sections. Décr. n° 2009-1348 du 29 oct. 2009. Le syndicat requérant demandait au Conseil d'État d'annuler pour excès de pouvoir le Décr. n° 2009-1348 du 29 oct. 2009 modifiant le Décr. n° 82-993 du 24 nov.1982 portant organisation et fonctionnement du Centre national de la recherche scientifique (CNRS). Ces dispositions modifient celles de l'art. 23 du Décr. du 24 nov. 1982 en prévoyant que les sections spécialisées par discipline, qui composent le comité national de la recherche scientifique placé auprès du centre, sont consultées sur la création, le renouvellement et la suppression des unités de recherche. Pour rendre leurs avis, elles s'appuient sur les évaluations de l'Agence d'évaluation de la recherche et de l'enseignement supérieur. Le juge administratif estime que ces dispositions ne portent pas atteinte à la liberté d'appréciation des sections, lorsqu'elles sont saisies pour avis sur les mérites des projets de création, renouvellement ou suppression d'unités de recherche du CNRS, et ainsi ne méconnaissent pas l'art. L. 411-3 C. rech. • CE 9 févr. 2011, *Synd. nat. SUD-Recherche-EPST*, n° 335106.

Art. L. 411-3-1 *(L. n° 2020-1674 du 24 déc. 2020, art. 36)* Par dérogation au IV de l'article 25 *septies* de la loi n° 83-634 du 13 juillet 1983 portant droits et obligations des fonctionnaires, l'exercice d'une activité accessoire par ces personnels fait l'objet d'une déclaration à l'autorité dont ils relèvent lorsque cette activité correspond aux missions mentionnées à l'article L. 411-1 du présent code et qu'elle est exercée auprès d'un établissement d'enseignement supérieur, d'un établissement public de recherche relevant du livre III, d'un établissement public relevant du décret mentionné à l'article L. 112-6, d'une fondation reconnue d'utilité publique ayant pour activité principale la recherche publique au sens de l'article L. 112-1, du Haut Conseil d'évaluation de la recherche et de l'enseignement supérieur ou d'une administration de l'État ou d'une collectivité territoriale ou d'une organisation internationale intergouvernementale ou d'une institution ou d'un organe de l'Union européenne. Les conditions d'application de la présente dérogation sont fixées par décret en Conseil d'État.

Art. L. 411-4 Les orientations définies aux articles L. 411-1, L. 411-3 et L. 421-3 servent de référence aux dispositions des conventions collectives fixant les conditions d'emploi des travailleurs scientifiques des entreprises, afin de :

a) Assurer aux intéressés des conditions d'emploi et de déroulement de carrière comparables à celles des autres travailleurs de l'entreprise ;

b) Reconnaître les qualifications professionnelles acquises grâce à la formation par la recherche et à la pratique de ses métiers ;

c) Garantir aux intéressés de larges possibilités de mobilité à l'intérieur de l'entreprise ou hors de l'entreprise, notamment dans les laboratoires publics.

(Abrogé par L. n° 2020-1674 du 24 déc. 2020, art. 29) « *(L. n° 2006-450 du 18 avr. 2006, art. 7)* « *Afin d'encourager l'emploi des docteurs scientifiques dans une activité couverte par une convention de branche ou un accord professionnel ou interprofessionnel au sens de l'article (Ord. n° 2008-1305 du 11 déc. 2008, art. 4)* « *L. 2221-2* » *du code du travail, une commission formée de délégués des parties signataires à la convention ou à l'accord (L. n° 2013-660 du 22 juill. 2013, art. 82)* « *est* » *convoquée par un arrêté conjoint du ministre chargé de la recherche, du ministre chargé de l'industrie et du ministre chargé du travail, en vue de permettre la discussion des condi-*

tions de la reconnaissance, dans le cadre de la convention ou de l'accord, du titre de docteur (*L. n° 2013-660 du 22 juill. 2013, art. 82*) *« , avant le 1er janvier 2016 ». »*

Art. L. 411-5 (*L. n° 2020-1674 du 24 déc. 2020, art. 23*) **Sans préjudice des dispositions applicables aux agents publics, notamment celles des articles 25 *bis* et 25 *ter* de la loi n° 83-634 du 13 juillet 1983 portant droits et obligations des fonctionnaires, toute personne qui participe directement au service public de la recherche est tenue d'établir une déclaration d'intérêts préalablement à l'exercice d'une mission d'expertise auprès des pouvoirs publics et du Parlement. Elle mentionne les liens d'intérêts de toute nature, directs ou par personne interposée, qu'elle a, ou qu'elle a eus pendant les cinq années précédant cette mission, avec des personnes morales de droit privé dont les activités, les techniques et les produits entrent dans le champ de l'expertise pour laquelle elle est sollicitée.**

Cette déclaration est remise à l'autorité compétente.

Un décret en Conseil d'État fixe les conditions d'application du présent article.

CHAPITRE II *La formation*

Art. L. 412-1 La formation à la recherche et par la recherche intéresse, outre les travailleurs scientifiques, la société tout entière. Elle ouvre à ceux qui en bénéficient la possibilité d'exercer une activité dans la recherche comme dans l'enseignement, les administrations et les entreprises.

Cette formation s'effectue dans les universités, les écoles d'ingénieurs, les instituts universitaires de technologie, les grands établissements, les services et organismes de recherche et les laboratoires d'entreprise. Les diplômes et grades universitaires qui peuvent la sanctionner sont décernés dans des conditions définies par l'autorité administrative compétente.

(*L. n° 2013-660 du 22 juill. 2013, art. 78*) **« Les concours et procédures de recrutement dans les corps et cadres d'emplois de catégorie A relevant du statut général de la fonction publique sont adaptés, dans les conditions fixées par les statuts particuliers des corps et cadres d'emplois concernés, afin d'assurer la reconnaissance des acquis de l'expérience professionnelle résultant de la formation à la recherche et par la recherche lorsqu'elle a été sanctionnée par la délivrance du doctorat.**

« Les statuts particuliers de chaque corps ou cadre d'emplois prévoient les modalités de prise en compte de cette expérience professionnelle pour le classement effectué lors de la nomination ou de la titularisation en leur sein, sans distinguer les modalités contractuelles de réalisation des recherches ayant été sanctionnées par la collation du grade de docteur.

« Les périodes pendant lesquelles les titulaires d'un diplôme de doctorat mentionné à l'article L. 612-7 du code de l'éducation ont bénéficié d'un contrat doctoral sont assimilées à des services effectifs pour se présenter au concours interne d'accès à l'École nationale d'administration.

« Pour les titulaires d'un doctorat et dans la limite de trois ans, la période de préparation du doctorat est assimilée à une période d'activité professionnelle pour se présenter au troisième concours d'entrée à l'École nationale d'administration. Le second alinéa de l'article 1er de la loi n° 90-8 du 2 janvier 1990 relative à la création d'un troisième concours d'entrée à l'École nationale d'administration ne s'applique pas pour la prise en compte de cette période.

(*L. n° 2020-1674 du 24 déc. 2020, art. 33*) **« Les titulaires du diplôme national de doctorat peuvent faire usage du titre de docteur dans tout emploi et en toute circonstance. »**

« Les titulaires d'un doctorat en médecine, en chirurgie dentaire ou en pharmacie radiés du tableau de l'ordre professionnel compétent ne peuvent faire état du titre de docteur dans le cadre de leurs activités professionnelles ou associatives. »

Art. L. 412-2 (*L. n° 2006-450 du 18 avr. 2006, art. 6*) **« Afin de faciliter l'accès à la formation par la recherche, des allocations individuelles spécifiques sont attribuées sur des critères de qualité scientifique ou technique par l'État, les établissements publics d'enseignement supérieur, les établissements publics et les organismes publics et privés de recherche.**

« Les allocations de recherche sont indexées sur l'évolution des rémunérations de la fonction publique. Toute personne morale publique ou privée peut abonder ces allocations par une indemnité. »

Les bénéficiaires de ces allocations ont droit à la protection sociale de droit commun.

Nonobstant toutes dispositions contraires, ils sont titulaires de contrats à durée déterminée couvrant la période de formation.

Art. L. 412-3 (*L. n° 2020-1674 du 24 déc. 2020, art. 6*) **I. — Par dérogation à l'article L. 1221-2 du code du travail, un contrat de travail de droit privé à durée déterminée, dénommé "contrat doctoral de droit privé", peut être conclu lorsque l'employeur :**

1° Confie des activités de recherche à un salarié inscrit dans un établissement d'enseignement supérieur français en vue d'obtenir la délivrance d'un diplôme de doctorat tel que prévu à l'article L. 612-7 du code de l'éducation ;

2° Participe, en application des dispositions de l'article L. 412-1 du présent code, à la formation du salarié doctorant à la recherche et par la recherche ;

3° Et garantit que la durée totale des activités complémentaires aux activités de recherche confiées au doctorant dans le cadre de ce contrat n'excède pas un sixième de la durée annuelle de travail effectif.

Les activités de recherche mentionnées au 1° du présent I sont en adéquation avec le sujet de la thèse de doctorat préparée par le salarié et constituent l'objet principal de son contrat de travail. Les écoles doctorales mentionnées à l'article L. 612-7 du code de l'éducation s'assurent de cette adéquation au moment de l'inscription initiale du doctorant et de ses réinscriptions ultérieures.

Les conditions particulières d'exécution du contrat mentionné au premier alinéa du présent I, les conditions de rédaction de la thèse, les conditions d'échange et de partage des résultats des recherches ainsi que les modalités selon lesquelles l'employeur participe à la formation du salarié doctorant à la recherche et par la recherche sont déterminées par décret en Conseil d'État.

II. – Le terme précis du contrat de travail prévu au I est fixé dès sa conclusion en référence à une durée de contrat ou une date de fin de contrat, dans la limite d'une durée initiale de trois ans.

Le contrat est renouvelable deux fois, pour une durée maximale d'un an à chaque renouvellement et dans la limite d'une durée totale de cinq ans.

Par exception, lorsque le contrat de travail a été suspendu pour une durée d'au moins trois mois consécutifs pour un motif tenant à la maternité, à la maladie ou à un accident du travail, un avenant peut être conclu pour renouveler le contrat de travail pour une durée égale à la durée de la suspension, dans la limite de neuf mois. Dans ce cas, la durée de la prolongation et le nombre de renouvellements sont ajoutés aux limites maximales fixées au deuxième alinéa du présent II.

Les conditions de renouvellement sont stipulées dans le contrat ou font l'objet d'un avenant soumis au salarié doctorant avant le terme initialement prévu.

III. – Outre les cas de rupture anticipée du contrat de travail à durée déterminée prévus à l'article L. 1243-1 du code du travail, l'employeur peut rompre de manière anticipée le contrat de travail prévu au I du présent article lorsque l'inscription du salarié en vue d'obtenir la délivrance d'un diplôme de doctorat n'est pas renouvelée. Dans ce cas, les dommages et intérêts prévus au premier alinéa de l'article L. 1243-4 du code du travail ainsi que l'indemnité de fin de contrat prévue à l'article L. 1243-8 du même code ne sont pas dus au salarié doctorant.

A défaut pour le salarié d'être inscrit dans un nouvel établissement d'enseignement supérieur français en vue d'obtenir la délivrance d'un diplôme de doctorat dans un délai fixé par décret, le maintien du salarié dans l'entreprise est subordonné à la conclusion d'un contrat de travail dans les conditions de droit commun.

IV. – Le fait de méconnaître les dispositions du II du présent article relatives à la durée du contrat de travail à durée déterminée est puni de 3 750 € d'amende. La récidive est punie de six mois d'emprisonnement et de 7 500 € d'amende.

Le fait de conclure un contrat de travail à durée déterminée ne comportant pas un terme fixé dès sa conclusion en référence à une durée de contrat ou une date de fin de contrat, en méconnaissance des dispositions du même II, est puni de 3 750 € d'amende. La récidive est punie de six mois d'emprisonnement et de 7 500 € d'amende.

Le fait de renouveler le contrat de travail à durée déterminée en méconnaissance des dispositions dudit II est puni de 3 750 € d'amende. La récidive est punie de six mois d'emprisonnement et de 7 500 € d'amende.

Ces sanctions s'appliquent sans préjudice de celles prévues à l'article L. 1248-2 du code du travail.

Sur le contrat doctoral de droit privé, V. Décr. n° 2021-1233 du 25 sept. 2021.

Décret n° 2021-1233 du 25 septembre 2021,

Relatif au contrat doctoral de droit privé prévu par l'article L. 412-3 du code de la recherche.

Art. 1er L'employeur qui souhaite recruter un salarié doctorant par un contrat doctoral de droit privé prévu à l'article L. 412-3 du code de la recherche définit un projet de recherche et diffuse une offre d'emploi aux écoles doctorales intéressées au moins un mois, sauf cas d'urgence, avant la date limite de dépôt des candidatures.

Cette offre d'emploi précise notamment le sujet du projet doctoral, la nature des activités de recherche et des activités complémentaires confiées au salarié doctorant, les compétences attendues, les conditions de réalisation de la thèse et la rémunération envisagée.

La conclusion du contrat doctoral de droit privé est subordonnée à l'accord du directeur de l'école doctorale dans laquelle est inscrit le doctorant, qui sollicite au préalable l'avis du directeur de thèse.

Le renouvellement du contrat intervient dans les mêmes conditions, sur demande motivée du salarié doctorant.

Une convention de collaboration est conclue entre l'employeur, le salarié doctorant, l'établissement d'inscription et, le cas échéant, l'établissement hébergeant l'unité de recherche d'accueil du salarié doctorant.

Art. 2 Les travaux de recherche confiés au salarié doctorant sont réalisés, en tout ou partie, dans une unité ou une équipe de recherche rattachée à l'école doctorale ou dans une unité de recherche de l'employeur. Leur nature et leur durée peuvent être modifiées par avenant à la convention prévue à l'article 1er.

L'employeur peut, dans le cadre du contrat doctoral de droit privé, assurer la prise en charge des frais d'inscription du doctorant.

Art. 3 Le salarié doctorant remet chaque année à l'employeur une attestation d'inscription en doctorat, au plus tard le 31 décembre.

En cas de non-renouvellement de son inscription par son établissement d'origine, le salarié doctorant qui souhaite poursuivre son contrat doctoral doit s'inscrire dans un nouvel établissement d'enseignement supérieur français en vue d'obtenir la délivrance d'un diplôme de doctorat.

Dans ce cas, il transmet à l'employeur une attestation d'inscription au plus tard trois mois à compter de la notification de la décision de non-renouvellement de son inscription par son établissement d'origine.

En cas de rupture du contrat doctoral, l'employeur informe immédiatement l'école doctorale.

Art. 4 La convention prévue à l'article 1er définit notamment les modalités suivant lesquelles les parties collaborent afin de garantir l'encadrement scientifique du salarié doctorant, sa formation ainsi que la réalisation et le suivi du projet de recherche. Elle est signée par toutes les parties, au plus tard au moment de la conclusion du contrat de travail, et est annexée à celui-ci.

La convention mentionne notamment :

1° Le sujet de thèse ;

2° Le nom du ou des directeurs de thèse ;

3° Le nom et la qualité du référent prévu à l'article 5 ;

4° La ou les unités de recherche d'accueil du salarié doctorant ;

5° Les conditions matérielles de réalisation du projet de recherche et les temps de présence chez l'employeur, au sein de la ou des unités de recherche d'accueil du salarié doctorant ;

6° Les modalités de rédaction de la thèse définies conformément à l'article 6 ;

7° Le cas échéant, les activités complémentaires du salarié doctorant ;

8° Les modalités selon lesquelles le salarié doctorant participe aux échanges scientifiques et formations organisés par l'établissement d'inscription ou le cas échéant à d'autres activités, conformément aux dispositions de l'article 7 ;

9° Les conditions de collaboration, d'échange, de partage, de diffusion et d'exploitation des résultats des recherches, conformément aux dispositions de l'article 8, ainsi que les conditions relatives au dépôt et à la diffusion de la thèse ;

10° Les conditions d'échange, de partage des connaissances antérieures des parties en lien avec le sujet de thèse ;

11° Les modalités de composition, d'organisation et de fonctionnement du comité de suivi individuel du doctorant fixées par le conseil de l'école doctorale ;

12° Les modalités de rupture anticipée de la convention.

Art. 5 L'employeur désigne un référent chargé d'accompagner le salarié doctorant dans la conduite de ses travaux de recherche au sein de l'entreprise. Ce référent doit justifier de compétences professionnelles en rapport avec l'activité de recherche confiée au salarié doctorant. Il est notamment chargé de :

1° Accueillir, aider, informer et guider le salarié doctorant dans son environnement professionnel ;

2° Contribuer à l'acquisition de savoir-faire professionnels, en lien avec l'activité de recherche ;

3° Assurer le suivi technique et scientifique de l'activité de recherche au sein de l'entreprise ou de l'établissement en collaboration avec le directeur de thèse.

L'employeur laisse au référent le temps nécessaire pour exercer ses fonctions et, le cas échéant, se former.

Art. 6 L'employeur et l'établissement d'inscription veillent, en collaboration avec l'unité de recherche d'accueil du salarié doctorant, à adapter les conditions de rédaction de la thèse pour garantir le bon déroulement des travaux de recherche et de préparation de la thèse du doctorant.

L'employeur et l'établissement d'inscription s'assurent que le salarié doctorant bénéficie :

1° Du temps de travail nécessaire à la rédaction de la thèse ;

2° D'un accès aux ressources numériques ;

3° D'un environnement de travail adapté à la rédaction de la thèse ;

4° D'un calendrier prévisionnel de rédaction comportant des points d'étape réguliers avec le directeur de thèse et le référent prévu à l'article 5.

Art. 7 Le salarié doctorant participe aux échanges scientifiques et formations organisés par l'établissement d'inscription utiles à l'accomplissement de l'ensemble de ses missions et destinés à conforter sa culture scientifique et à favoriser une ouverture internationale, ainsi qu'à toute autre activité accessoire, dans le respect des stipulations du contrat de travail.

Art. 8 Dans le cas où les activités du doctorant donnent lieu à la création d'une œuvre protégée par le droit d'auteur ou la propriété industrielle, les règles applicables en matière de propriété des résultats sont celles prévues aux articles L. 111-1, L. 113-9, L. 611-7 et suivants du code de la propriété intellectuelle.

Art. 9 Le délai fixé au troisième alinéa de l'article 3 peut être modifié par décret.

Art. L. 412-4 *(L. n° 2020-1674 du 24 déc. 2020, art. 7)* **Les établissements publics d'enseignement supérieur, les établissements publics à caractère scientifique et technologique et les autres établissements publics à caractère administratif dont les statuts prévoient une mission de recherche peuvent recruter des chercheurs, titulaires du diplôme de doctorat tel que prévu à l'article L. 612-7 du code de l'éducation, par un contrat de droit public dénommé "contrat post doctoral".**

Le contrat post doctoral a pour objet l'exercice par le chercheur d'une activité de recherche dans le cadre d'un projet retenu au titre d'un appel à projets international ou national ou défini par l'établissement. L'activité proposée doit fournir au chercheur une expérience professionnelle complémentaire au doctorat lui permettant d'approfondir sa pratique de la recherche, de faciliter sa transition professionnelle vers des postes permanents en recherche publique ou privée et de prendre, le cas échéant, des responsabilités scientifiques au sein de l'établissement.

Le contrat post doctoral doit être conclu au plus tard trois ans après l'obtention du diplôme de doctorat, pour une durée minimale d'un an et maximale de trois ans. Le contrat est renouvelable une fois dans la limite d'une durée totale de quatre ans. Le contrat peut être prolongé dans la limite de la durée des congés pour maternité ou adoption et des congés de paternité et d'accueil de l'enfant, pour maladie et pour accident du travail. Il précise les engagements de l'établissement concernant l'accompagnement du bénéficiaire du contrat, notamment en matière de formation professionnelle et de périodes d'insertion professionnelle en France comme à l'étranger.

Les modalités de recrutement, les conditions de l'exercice des fonctions et les mesures d'accompagnement des bénéficiaires de ces contrats sont fixées par décret en Conseil d'État.

CHAPITRE III [ABROGÉ] *Participation des personnels de la recherche à la création d'entreprises et aux activités des entreprises existantes*

(Abrogé par Ord. nº 2014-135 du 17 févr. 2014, art. 1er)

SECTION I [ABROGÉE] *Participation des personnels de la recherche à la création d'entreprises*

Art. L. 413-1 à L. 413-7 *Abrogés par Ord. nº 2014-135 du 17 févr. 2014, art. 1er.*

SECTION II [ABROGÉE] *Apport d'un concours scientifique à une entreprise existante et participation au capital d'une entreprise existante*

Art. L. 413-8 à L. 413-11 *Abrogés par Ord. nº 2014-135 du 17 févr. 2014, art. 1er.*

SECTION III [ABROGÉE] *Participation des personnels de la recherche au conseil d'administration ou au conseil de surveillance d'une société anonyme*

Art. L. 413-12 à L. 413-14 *Abrogés par Ord. nº 2014-135 du 17 févr. 2014, art. 1er.*

SECTION IV [ABROGÉE] *Dispositions générales*

Art. L. 413-15 à L. 413-16 *Abrogés par Ord. nº 2014-135 du 17 févr. 2014, art. 1er.*

CHAPITRE IV [ABROGÉ] *L'intéressement des chercheurs*

(Abrogé par Ord. nº 2014-135 du 17 févr. 2014, art. 1er)

TITRE II **Dispositions applicables aux personnels des établissements publics à caractère scientifique et technologique**

CHAPITRE PREMIER *Dispositions générales*

Art. L. 421-1 Le personnel des établissements publics à caractère scientifique et technologique est régi par des statuts particuliers pris en application de l'article 8 de la loi nº 84-16 du 11 janvier 1984 portant dispositions statutaires relatives à la fonction publique de l'État *[V. **C. fonct. publ.**]* et par les dispositions du présent code. — *[L. nº 82-610 du 15 juill. 1982, art. 17, al. 1er.]*

Art. L. 421-2 Les dispositions de l'article L. 421-1 sont également applicables aux corps de personnels de recherche existants ou créés à cet effet dans lesquels ont vocation à être titularisés les chercheurs et les ingénieurs, techniciens et personnels administratifs concourant directement à des missions de recherche :

a) Soit lorsqu'ils exercent leurs fonctions dans des établissements relevant du ministre chargé de l'éducation nationale ou du ministre chargé de l'agriculture ;

b) Soit lorsqu'ils occupent des emplois inscrits au budget civil de recherche et de développement technologique et à condition qu'ils exercent leurs fonctions dans des services de recherche de l'État ou des établissements publics de l'État n'ayant pas le caractère industriel et commercial.

La liste des services de recherche et établissements publics dont les personnels sont admis au bénéfice des dispositions du *b* ci-dessus est fixée par décret en Conseil d'État. — *[L. nº 82-610 du 15 juill. 1982, art. 17, al. 2 à 5.]*

Art. L. 421-3 Pour certaines catégories de personnels de recherche mentionnés aux articles L. 421-1 et L. 421-2, les statuts pourront en particulier permettre :

a) Des dérogations au principe du recrutement par concours qui pourra s'effectuer sur titres et travaux ;

b) Des dérogations aux procédures de notation et d'avancement prévues par le statut général de la fonction publique, afin de permettre l'évaluation des aptitudes par des instances scientifiques ou techniques ;

c) Le recrutement de personnes qui ne sont ni de nationalité française ni ressortissantes d'un autre État membre de la Communauté européenne ou d'un autre État partie à l'accord sur l'Espace économique européen, susceptibles d'apporter un concours qualifié à l'effort de recherche et de développement technologique ;

d) Des dérogations au principe de recrutement initial au premier échelon du grade pour des personnes dont la qualification le justifie ;

e) Des adaptations au régime des positions prévues par le statut général de la fonction publique et des dérogations aux règles relatives aux mutations afin de faciliter la libre circulation des personnes et des équipes entre les métiers de la recherche et les institutions *(L. nº 2020-1674 du 24 déc. 2020, art. 25)* « , les collectivités territoriales et les entreprises » qui y concourent ;

(L. nº 2006-450 du 18 avr. 2006, art. 18) « Dans le respect des dispositions de l'article 432-12 du code pénal, et *(L. nº 2020-1674 du 24 déc. 2020, art. 25)* « , le cas échéant, » par dérogation à l'interdiction d'exercer à titre professionnel une activité privée lucrative fixée *(L. nº 2016-483 du 20 avr. 2016, art. 10)* « au I de l'article 25 *septies* » de la loi nº 83-634 du 13 juillet 1983 portant droits et obligations des fonctionnaires, les personnels de recherche mentionnés aux articles L. 421-1 et L. 421-2 autorisés à accomplir une période de service à temps partiel peuvent être autorisés à exercer, en sus de leurs fonctions » *(L. nº 2020-1674 du 24 déc. 2020, art. 25)* « et dans le cadre de leurs missions définies à l'article L. 411-1, une activité auprès de tout employeur de droit privé ou public ».

Évaluation des chercheurs. Il résulte des dispositions de l'art. 55 de la L. nº 84-16 du 11 janv. 1984, des art. 17 et 26 de la L. nº 82-610 du 15 juill. 1982 et des art. 29 et 30 du Décr. nº 83-1260 du 30 déc. 1983 que l'appréciation écrite que les sections du Comité national de la recherche scientifique (CNRS) porte, en application de l'art. 29 du Décr. du 30 déc. 1983, sur l'activité des chercheurs du CNRS constitue, en l'absence de notation des intéressés, l'unique évaluation de leur valeur professionnelle. • CE 5 sept. 2008, nº 306113 : *AJDA 2008. 1632*.

Art. L. 421-4 *(L. nº 2020-1674 du 24 déc. 2020, art. 27)* Les chefs d'établissement des établissements publics à caractère scientifique et technologique sont responsables de l'attribution des primes aux personnels qui sont affectés dans l'établissement, en application des textes applicables et selon les principes de répartition définis par le conseil d'administration.

« Le conseil d'administration peut créer des dispositifs d'intéressement permettant d'améliorer la rémunération des personnels en tenant compte du principe d'égalité salariale entre les femmes et les hommes. Un dispositif d'intéressement ne peut se substituer aux régimes indemnitaires institués en application d'un texte législatif ou réglementaire.

Art. L. 421-5 *(L. nº 2020-1674 du 24 déc. 2020, art. 13)* Les personnels de recherche mentionnés à l'article L. 411-1, détachés ou mis à disposition auprès d'administrations, de collectivités territoriales, d'organismes ou d'établissements pour y exercer une ou plusieurs des missions définies au même article L. 411-1, d'organisations internationales intergouvernementales ou d'une institution ou d'un organe de l'Union européenne, peuvent bénéficier d'une nomination dans un autre corps à la suite de la réussite à un concours ou examen professionnel ou au titre d'une promotion au choix, sans qu'il soit mis fin à leur mise à disposition ou à leur détachement, lorsque cette nomination n'est pas conditionnée à l'accomplissement d'une période de formation ou de stage préalable.

CHAPITRE II *Chercheurs*

Art. L. 422-1 Les services accomplis à temps complet *(L. nº 2020-1674 du 24 déc. 2020, art. 25)* « ou à temps incomplet dans des fonctions de chercheur ou d'ingénieur au sein des établissements publics à caractère industriel et commercial et des » organismes privés, par les fonctionnaires qui appartiennent aux corps de chercheurs, sont pris en compte, pour l'appréciation des conditions d'ouverture des droits à pension au regard du code des pensions civiles et militaires de retraite, à concurrence de cinq ans.

Art. L. 422-2 *(L. nº 2020-1674 du 24 déc. 2020, art. 14)* L'éméritat est le titre qui permet à un directeur de recherche admis à la retraite de continuer à apporter un concours aux missions prévues à l'article L. 411-1.

L'exercice de ce concours intervient à titre accessoire et gracieux. Les directeurs de recherche émérites ne peuvent être électeurs et éligibles aux élections des conseils et instances des établissements et ne peuvent être soumis à aucun lien de subordination, ni assumer aucune fonction de direction, ni disposer d'aucune autorité ni délégation de gestion sur les moyens humains, matériels et financiers de l'établissement.

Les conditions de la présence du directeur de recherche émérite au sein de l'établissement sont fixées dans une convention de collaborateur bénévole.

Les directeurs de recherche émérites sont assimilés aux fonctionnaires et agents publics pour l'application des dispositions du code de la propriété intellectuelle ; ils sont notamment soumis aux dispositions des articles L. 113-9 et L. 611-7 du même code pour les logiciels et inventions à la création ou la découverte desquels ils ont contribué dans le cadre de leur éméritat.

La durée de l'éméritat et les droits attachés à ce titre sont fixés par décret en Conseil d'État.

Art. L. 422-3 *(L. n° 2020-1674 du 24 déc. 2020, art. 4)* I. – Afin de répondre à un besoin spécifique lié à sa stratégie scientifique ou à son attractivité internationale, dans des domaines de recherche pour lesquels il justifie de cette nécessité, un établissement public de recherche ou d'enseignement supérieur peut être autorisé, par arrêté du ministre chargé de la recherche, à recruter en qualité d'agent contractuel de droit public des personnes titulaires d'un doctorat, tel que prévu à l'article L. 612-7 du code de l'éducation, ou d'un diplôme équivalent en vue de leur titularisation dans un corps de directeur de recherche.

Ces recrutements sont ouverts chaque année et pour chaque corps, sur proposition du président ou directeur général de l'établissement, par l'arrêté mentionné au premier alinéa du présent I, dans la limite de 20 % des recrutements autorisés dans le corps concerné ou de 25 % de ceux-ci lorsque le nombre de recrutements autorisés dans le corps concerné est strictement inférieur à cinq.

Le recrutement est réalisé, après appel public à candidatures, à l'issue d'une sélection par une commission constituée de personnes de rang égal à celui de l'emploi à pourvoir et composée, pour moitié au moins, d'enseignants-chercheurs et de personnels assimilés ou de chercheurs extérieurs à l'établissement dans lequel le recrutement est ouvert, dont au moins une personne de nationalité étrangère exerçant ses activités professionnelles à l'étranger. Cette commission ne peut comprendre plus de 60 % de membres du même sexe.

Le contrat a pour objet de permettre à la personne recrutée d'acquérir une qualification en rapport avec les missions du corps dans lequel elle a vocation à être titularisée, définies à l'article L. 411-1. Il est conclu par l'établissement public de recherche au sein duquel l'intéressé a vocation à être titularisé ou par un établissement public d'enseignement supérieur partenaire de celui-ci. Dans le respect des dispositions de l'article L. 411-3, il stipule les engagements des parties concernant les objectifs à atteindre par l'intéressé et les moyens qui lui sont apportés par son employeur pour l'exercice de ses fonctions. Ces engagements incluent les obligations de l'intéressé en matière d'enseignement et de recherche.

II. – La durée du contrat mentionné au I du présent article ne peut être inférieure à trois ans et ne peut être supérieure à six ans.

Le contrat peut être prolongé dans la limite de la durée des congés pour maternité ou adoption et des congés de paternité et d'accueil de l'enfant, de maladie et d'accident du travail.

Le contrat peut être renouvelé, dans la limite d'un an, sans dépasser la durée maximale de six ans prévue au premier alinéa du présent II, lorsque l'intéressé n'a pas pu atteindre les objectifs auxquels il avait initialement souscrit.

III. – Au terme de son contrat, une commission de titularisation entend le candidat au cours d'une audition et apprécie sa valeur scientifique ainsi que son aptitude à exercer les missions mentionnées à l'article L. 411-1, afin de vérifier qu'il remplit les conditions pour être titularisé dans un corps de directeur de recherche. L'intéressé est ensuite titularisé par décision du chef d'établissement après avis de la commission.

Cette commission est constituée de personnes de rang égal à celui de l'emploi à pourvoir et est composée, pour moitié au moins, d'enseignants-chercheurs et de personnels assimilés ou de chercheurs extérieurs à l'établissement, dont au moins une personne de nationalité étrangère exerçant ses activités professionnelles à l'étranger. Cette commission ne peut comprendre plus de 60 % de membres du même sexe.

Elle examine, pour chaque candidat, un rapport sur son activité et les travaux qu'il a accomplis.

La titularisation est subordonnée à un engagement de servir.

IV. – Le chef d'établissement présente devant l'instance délibérante compétente un bilan annuel de la mise en œuvre au sein de son établissement des dispositions du présent article. Ce bilan comporte notamment des données relatives aux proportions de femmes et d'hommes recrutés.

V. – Un décret en Conseil d'État fixe les modalités d'application du présent article, notamment les conditions d'équivalence de diplôme exigées pour le recrutement en qualité d'agent contractuel, les modalités de la procédure de sélection, les conditions de renouvellement du contrat, les modalités d'appréciation, avant la titularisation, de la valeur scientifique et de l'aptitude à exercer les missions mentionnées à l'article L. 411-1, les modalités de nomination des membres des commissions mentionnées au troisième alinéa du I et au premier alinéa du III du présent article et les conditions de l'engagement de servir.

Art. L. 422-4 *(L. nº 2020-1674 du 24 déc. 2020, art. 25)* Afin de favoriser l'accueil des personnels des établissements publics de recherche ou des établissements publics dont les statuts prévoient une mission de recherche mentionnés à l'article L. 112-6, dans le cadre de mises à disposition à temps complet ou incomplet par des établissements publics à caractère industriel et commercial, par des entreprises, par des associations ou des fondations reconnues d'utilité publique ayant pour activité principale la recherche publique au sens de l'article L. 112-1, ceux-ci peuvent verser à ces personnels un complément de rémunération qui est soumis aux mêmes charges sociales que les rémunérations versées à leurs salariés.

CHAPITRE III *Ingénieurs et personnels techniques de la recherche*

Le présent chapitre ne comprend pas de dispositions législatives.

CHAPITRE IV *Personnels d'administration de la recherche*

Le présent chapitre ne comprend pas de dispositions législatives.

CHAPITRE V *Dispositions communes aux ingénieurs personnels techniques et d'administration de la recherche*

Le présent chapitre ne comprend pas de dispositions législatives.

CHAPITRE VI *Dispositions communes aux fonctionnaires des établissements publics à caractère scientifique et technologique*

Le présent chapitre ne comprend pas de dispositions législatives.

TITRE III Modalités particulières d'emploi scientifique

CHAPITRE PREMIER *Les personnels contractuels*

Art. L. 431-1 Par dérogation aux principes énoncés à l'article 3 de la loi nº 83-634 du 13 juillet 1983 portant droits et obligations des fonctionnaires ou, le cas échéant, aux articles *(Ord. nº 2008-1305 du 11 déc. 2008, art. 4)* « L. 1242-1 à L. 1242-3, L. 1242-5 à *(Ord. nº 2017-1718 du 20 déc. 2017, art. 2)* « L. 1242-8-1 », L. 1243-13, *(Ord. nº 2017-1718 du 20 déc. 2017, art. 2)* « L. 1243-13-1, » L. 1244-4 *(Ord. nº 2017-1718 du 20 déc. 2017, art. 2)* « , L. 1244-4-1 » et L. 1246-1 du code du travail », peuvent être appelés à exercer temporairement par contrat leurs fonctions, à temps complet ou à temps partiel, dans les services de recherche des administrations, dans les établissements publics de recherche et dans les établissements d'enseignement supérieur :

a) Les chercheurs, ingénieurs et techniciens de recherche français appartenant au personnel d'une entreprise publique ou privée, française ou étrangère, ou d'un établissement public à caractère industriel et commercial français ou d'un organisme de recherche étranger ;

b) Les chercheurs, ingénieurs ou techniciens de recherche non titulaires qui relèvent d'un établissement public n'ayant pas le caractère industriel et commercial ou d'un service de recherche de l'État ;

c) Les chercheurs, ingénieurs et techniciens de recherche de nationalité étrangère ;

d) Les docteurs en médecine ou en pharmacie ou en odontologie ayant terminé leur internat de spécialité et n'ayant pas la qualité de fonctionnaire titulaire.

Les personnels mentionnés au présent article doivent avoir exercé antérieurement une activité professionnelle effective d'une durée fixée par voie réglementaire.

Art. L. 431-2 Un décret en Conseil d'État détermine les conditions dans lesquelles sont conclus les contrats mentionnés à l'article L. 431-1. Ces contrats ne peuvent excéder une durée de trois ans renouvelable une fois. Au-delà de cette période, les personnes mentionnées au *c* de l'article L. 431-1 ayant la qualité de réfugié politique peuvent être renouvelées annuellement dans leurs fonctions. – *[L. nº 85-1376 du 23 déc. 1985, art. 8, al. 7.]*

Art. L. 431-2-1 *(L. nº 2009-1673 du 30 déc. 2009, art. 124)* Les établissements publics à caractère scientifique et technologique peuvent recruter, pour une durée *(L. nº 2019-828 du 6 août 2019, art. 18)* « déterminée ou » indéterminée, des agents contractuels :

1° Pour occuper des fonctions techniques ou administratives correspondant à des emplois de catégorie A *(L. n° 2019-828 du 6 août 2019, art. 18)* « , B ou C » ;

2° Pour assurer des fonctions de recherche.

Pour un motif de bonne administration, sont exclues du champ d'application du droit des usagers de saisir l'administration par voie électronique les demandes relatives aux recrutements et aux candidatures des contractuels chercheurs, contractuels cadres administratifs et techniques des établissements publics à caractère scientifique et technologique (Décr. n° 2015-1410 du 5 nov. 2015).

Art. L. 431-3 *(Ord. n° 2008-1305 du 11 déc. 2008, art. 4)* Les personnels de droit privé non marins des établissements publics de recherche à caractère industriel ou commercial ou des groupements dans lesquels les établissements publics de recherche détiennent des participations majoritaires, s'il s'agit de personnels chargés d'assurer la maintenance et le fonctionnement des équipements de recherche, sont soumis aux articles 24, 25, 28, 29 et 30 du code du travail maritime pendant la durée de leurs missions temporaires à bord d'un navire de recherche océanographique ou halieutique.

Par dérogation aux dispositions des articles 24 et 25 du code du travail maritime, les mesures d'application du présent article sont prises par décrets en Conseil d'État. Ces décrets sont pris après consultation des établissements publics et groupements ainsi que des organisations les plus représentatives des personnels mentionnés au premier alinéa.

Art. L. 431-4 *(L. n° 2019-486 du 22 mai 2019, art. 120)* Dans les établissements publics de recherche à caractère industriel et commercial et les fondations reconnues d'utilité publique ayant pour activité principale la recherche publique au sens de l'article L. 112-1 du présent code, *(L. n° 2020-1674 du 24 déc. 2020, art. 10)* « un salarié peut être recruté pour contribuer à un projet ou une opération de recherche par un contrat dont l'échéance est la réalisation du projet ou de l'opération. » Un décret fixe la liste des établissements et fondations concernés.

Ce contrat est conclu pour une durée indéterminée.

(L. n° 2020-1674 du 24 déc. 2020, art. 10) « La rupture du contrat de projet ou d'opération qui intervient à la fin du projet ou une fois l'opération réalisée repose sur une cause réelle et sérieuse. Cette rupture est soumise aux dispositions des articles L. 1232-2 à L. 1232-6 ainsi que du chapitre IV, de la section 1 du chapitre V et du chapitre VIII du titre III du livre II de la première partie du code du travail.

« Sauf au cours de la période d'essai ou en cas d'insuffisance professionnelle, d'inaptitude physique ou de faute disciplinaire du salarié, l'employeur ne peut rompre le contrat pendant la première année pour quelque motif que ce soit.

« Le contrat peut également être rompu lorsque le projet ou l'opération pour lequel ce contrat a été conclu ne peut pas se réaliser ou se termine de manière anticipée.

« Un décret en Conseil d'État précise les modalités d'application du présent article, notamment la nature des projets ou des opérations de recherche pouvant bénéficier d'un tel contrat, ainsi que la proportion maximale des salariés sous contrat de projet ou d'opération par rapport à l'effectif global de l'établissement ou de la fondation. Ce décret prévoit également les modalités de recrutement et de rupture du contrat, telles que les contreparties en termes de rémunération et d'indemnité de licenciement accordées au salarié et les modalités d'accompagnement des salariés dont le contrat s'est achevé ainsi que celles de mise en œuvre d'une indemnité de rupture lorsque le projet ou l'opération ne peut pas se réaliser. »

Sur le contrat de projet ou d'opération de recherche, V. Décr. n° 2021-1299 du 5 oct. 2021.

Contrat conclu pour la durée d'un chantier ou d'une opération. Accord d'entreprise. Le Conseil constitutionnel rappelle qu'il est loisible au législateur de renvoyer au décret ou de confier à la négociation collective le soin de préciser, en matière de détermination collective des conditions de travail, les modalités d'application des règles qu'il a fixées (§ 27). Il juge que le législateur a suffisamment déterminé les règles applicables aux contrats conclus pour contribuer à un projet ou une opération de recherche et a pu, sans méconnaître ni sa compétence ni le principe de participation des travailleurs, renvoyer à un décret en Conseil d'État plutôt qu'à un accord d'entreprise les modalités d'application de ces règles (§ 28). Il juge par ailleurs qu'en se bornant à prévoir que des salariés peuvent être recrutés par certains établissements publics de recherche et fondations reconnues d'utilité publique pour la durée d'un projet ou d'une opération, les dispositions contestées ne mettent pas en cause le principe d'indépendance des enseignants-chercheurs (§ 29). Il conclut que ces dispositions sont conformes à la Constitution. • Cons. const. 21 déc. 2020, *Loi de programmation de la recherche pour les années 2021 à*

2030 et portant diverses dispositions relatives à la recherche et à l'enseignement supérieur, n° 2020-810 DC : AJDA 2020. 2533 ; ibid. 2021. 553, étude Bonnet et Gahdoun ; D. 2021. 17 ; AJFP 2021. 67.

Art. L. 431-5 *(L. n° 2020-1674 du 24 déc. 2020, art. 7)* **I. — Par dérogation à l'article L. 1221-2 du code du travail, un contrat de travail à durée déterminée peut être conclu pour recruter un chercheur, titulaire du diplôme de doctorat prévu à l'article L. 612-7 du code de l'éducation, en vue de la réalisation d'un objet défini, dans :**

1° Les entreprises de droit privé ayant une activité de recherche et développement ;

2° Les établissements publics de recherche à caractère industriel et commercial ;

3° Les fondations reconnues d'utilité publique ayant pour activité principale la recherche publique au sens de l'article L. 112-1 du présent code ;

4° Les établissements relevant de l'article L. 732-1 du code de l'éducation, dans le cadre de leurs activités de recherche.

Le contrat doit être conclu au plus tard trois ans après la date d'obtention du diplôme de doctorat par le salarié.

Un décret fixe la liste des établissements et fondations concernés.

II. — Le contrat prévu au I est conclu pour réaliser des activités de recherche dans le cadre d'un projet retenu au titre d'un appel à projets international ou national ou défini par l'établissement.

L'activité de recherche proposée doit fournir au salarié une expérience professionnelle complémentaire au doctorat.

Les mesures d'accompagnement du salarié, notamment en matière de formation aux emplois, de périodes d'insertion professionnelle et de poursuite de carrière en France comme à l'étranger, sont fixées par décret en Conseil d'État.

III. — La durée du contrat ne peut être inférieure à un an. La durée totale du contrat ne peut excéder quatre ans, compte tenu, le cas échéant, du ou des renouvellements intervenus dans les conditions prévues au IV.

Par exception, lorsque le contrat de travail a été suspendu pour une durée d'au moins trois mois consécutifs pour un motif tenant à la maternité, à la maladie ou à un accident du travail, un avenant peut être conclu pour renouveler le contrat de travail pour une durée égale à la durée de la suspension, dans la limite de neuf mois. Dans ce cas, la durée de la prolongation et le nombre de renouvellements sont ajoutés aux limites maximales fixées au même IV ainsi qu'au premier alinéa du présent III.

IV. — Le contrat prévu au I peut ne pas comporter de terme précis. Il est alors conclu pour une durée minimale et a pour terme la réalisation de l'objet pour lequel il a été conclu.

Lorsque le contrat de travail prévu au même I comporte un terme fixé dès sa conclusion en référence à une durée de contrat ou une date de fin de contrat, il est renouvelable deux fois pour une durée maximale d'un an chacune. La durée du ou, le cas échéant, des deux renouvellements, ajoutée à celle du contrat initial, ne peut excéder la durée maximale fixée au III.

Les conditions de renouvellement sont stipulées dans le contrat ou font l'objet d'un avenant soumis au salarié avant le terme initialement prévu.

V. — Outre les mentions figurant à l'article L. 1242-12 du code du travail, le contrat de travail prévu au I du présent article comporte également :

1° La mention "contrat à objet défini de recherche" ;

2° Une clause descriptive du projet et la mention de sa durée prévisible ;

3° La définition des tâches pour lesquelles le contrat est conclu ;

4° L'événement ou le résultat objectif déterminant la fin de la relation contractuelle, lorsque le contrat n'a pas de terme précis ;

5° Le délai de prévenance de l'arrivée au terme du contrat et, le cas échéant, de la proposition de poursuite de la relation de travail en contrat à durée indéterminée ;

6° Les mesures d'accompagnement, notamment en matière de formation aux emplois, de périodes d'insertion professionnelle et de poursuite de carrière en France comme à l'étranger.

VI. — Par dérogation au 1° de l'article L. 1243-10 du code du travail, les dispositions relatives à l'indemnité de fin de contrat prévue à l'article L. 1243-8 du même code sont applicables lorsque le contrat prévu au I du présent article arrive à échéance et que les relations contractuelles de travail ne se poursuivent pas par un contrat à durée indéterminée avec le même employeur ou un autre employeur public ou privé, ou par un recrutement dans un corps de la fonction publique.

VII. – Outre les cas mentionnés à l'article L. 1248-2 du code du travail, est puni :

1° De 3 750 € d'amende, le fait de méconnaître les dispositions du III du présent article relatives à la durée du contrat de travail à durée déterminée. La récidive est punie de 7 500 € d'amende et de six mois d'emprisonnement ;

2° De 3 750 € d'amende, le fait de renouveler le contrat de travail à durée déterminée en méconnaissance du IV du présent article. La récidive est punie de 7 500 € d'amende et de six mois d'emprisonnement.

Sur le contrat postdoctoral de droit privé, V. ci-dessous Décr. n° 2021-1232 du 25 sept. 2021.

Décret n° 2021-1232 du 25 septembre 2021,

Relatif au contrat postdoctoral de droit privé prévu par l'article L. 431-5 du code de la recherche.

Art. 1er Le contrat de travail mentionné à l'article L. 431-5 du code de la recherche est dénommé "contrat postdoctoral de droit privé".

Art. 2 L'employeur désigne un référent chargé d'accompagner le salarié recruté par un contrat postdoctoral de droit privé dans son parcours professionnel et dans la poursuite de sa carrière.

Ce référent doit justifier de compétences professionnelles en rapport avec l'activité de recherche confiée au salarié. Il est notamment chargé de :

1° Accueillir, aider, informer et guider le chercheur dans son environnement professionnel ;

2° Contribuer à l'acquisition de savoir-faire professionnels, en lien avec l'activité de recherche confiée au chercheur ;

3° Assurer le suivi technique et scientifique de l'activité de recherche proposée au chercheur.

L'employeur laisse au référent le temps nécessaire pour exercer ses fonctions et se former, le cas échéant.

Art. 3 A sa prise de fonction, le chercheur bénéficie d'un entretien avec l'employeur au cours duquel sont déterminés les moyens matériels mis à disposition par l'employeur, les besoins du chercheur en formation et, le cas échéant, les aménagements nécessaires de son poste de travail.

Au plus tard deux ans après sa prise de fonction, un entretien avec l'employeur est consacré au suivi des actions engagées et des formations mises en œuvre.

Durant la dernière année du contrat et au plus tard deux mois avant la fin de son contrat, le chercheur bénéficie d'un entretien organisé par l'employeur en vue de valoriser son parcours professionnel et de l'aider dans la recherche d'un nouvel emploi, complété le cas échéant d'une formation poursuivant les mêmes fins.

Au plus tard un mois avant la fin du contrat et si le salarié en fait la demande, un bilan professionnel est établi par l'employeur et remis à l'intéressé.

Le référent mentionné à l'article 2 est associé aux entretiens prévus au présent article.

Art. 4 Les résultats de la recherche réalisée dans le cadre du contrat postdoctoral de droit privé peuvent donner lieu à des publications, conformément aux règles applicables au sein de l'entreprise, de l'établissement ou de la fondation employeur et aux dispositions relatives à la propriété intellectuelle.

Art. 5 La liste des établissements et fondations pouvant recourir au contrat postdoctoral de droit privé figure en annexe du présent décret. Cette liste peut être modifiée par décret.

ANNEXE

I Établissements publics de recherche à caractère industriel et commercial (EPIC)

— Agence de l'environnement et de la maîtrise de l'énergie (ADEME).

— Agence nationale pour la gestion des déchets radioactifs (ANDRA).

— BRGM.

— Centre de coopération internationale en recherche agronomique pour le développement (CIRAD).

— Centre national d'études spatiales (CNES).

— Centre scientifique et technique du bâtiment (CSTB).

— Commissariat à l'énergie atomique et aux énergies alternatives (CEA).
— Établissement public du palais de la Découverte et de la Cité des sciences et de l'industrie (Universcience).
— IFP Énergies nouvelles (IFPEN).
— Institut français de recherche pour l'exploitation de la mer (IFREMER).
— Institut de radioprotection et de sûreté nucléaire (IRSN).
— Institut national de l'environnement et des risques (INERIS).
— Laboratoire national de métrologie et d'essais (LNE).
— Office national d'études et de recherches aérospatiales (ONERA).

II Fondations reconnues d'utilité publique ayant pour activité principale la recherche publique (FRUP)

— Institut Curie.
— Institut Pasteur de Paris.
— Institut Pasteur de Lille.
— Fondation Jean Dausset – centre d'étude du polymorphisme humain (CEPH).

III Établissements d'enseignement supérieur privé d'intérêt général (art. L. 732-1 code de l'éducation)

— Centre de formation des journalistes.
— École de biologie industrielle.
— ECAM LaSalle.
— ECAM Rennes – Louis de Broglie.
— ECAM Strasbourg-Europe.
— ECAM-EPMI.
— École d'enseignement supérieur privé ICN.
— École d'ingénieurs de Purpan.
— EMLV École de management Léonard de Vinci.
— EM Normandie (École de management de Normandie).
— École spéciale d'architecture.
— École supérieure d'agricultures.
— École supérieure angevine d'informatique et productique.
— École supérieure du bois.
— Rennes School of business (ESC Rennes).
— École supérieure de chimie organique et minérale.
— École supérieure de chimie, physique, électronique de Lyon.
— École supérieure d'électronique de l'Ouest.
— École supérieure de fonderie et de forge.
— ESIGELEC.
— École supérieure d'ingénieurs Léonard de Vinci.
— École supérieure d'ingénieurs travaux de construction de Paris.
— École supérieure d'ingénieurs travaux de construction de Metz.
— École supérieure d'ingénieurs des travaux de la construction de Caen.
— École supérieure d'informatique, électronique, automatique.
— École supérieure de journalisme de Lille.
— École spéciale des travaux publics, du bâtiment et de l'industrie.
— ESSCA École de management (École supérieure des sciences commerciales d'Angers).
— École Supérieure de Technologie et des Affaires (ESTA Belfort).
— EDHEC Business School.
— EFREI Paris.
— École d'ingénieurs généralistes – La Rochelle.
— École d'ingénieurs des sciences aérospatiales.
— EPF.
— École supérieure des techniques aéronautiques et de construction automobile.
— ESSEC (École supérieure des sciences économiques et commerciales).
— Excelia Group.
— Facultés libres de l'Ouest (FLO/UCO Angers).
— Faculté libre de philosophie comparée (IPC).
— Groupe 3IL.
— Groupe Institut catholique d'arts et métiers.
— Institut catholique d'études supérieures/ICES La Roche-sur-Yon.

— Institut catholique de Lille.
— Institut catholique de Lyon.
— Institut catholique de Paris.
— Institut catholique de Rennes.
— Institut catholique de Toulouse.
— IESEG (Institut d'économie scientifique et gestion).
— Institut Français de la Mode.
— Institut libre d'éducation physique supérieur.
— Institut de management et de communication interculturels (ISIT) Paris.
— Institut polytechnique Unilasalle.
— IPAG Business School (Institut de préparation à l'administration et à la gestion).
— Institut Protestant de théologie.
— Institut des relations publiques et de la communication.
— Institut supérieur d'agriculture Rhône-Alpes.
— Institut supérieur d'électronique de Paris.
— Institut textile et chimique de Lyon.
— ISTOM.
— JUNIA.
— Kedge Business School.
— Montpellier Business School.
— Skema Business School.
— Yncréa Méditerranée.
— Yncréa Ouest.
— Yschools.

Art. L. 431-6 *(L. n° 2020-1674 du 24 déc. 2020, art. 9)* Dans les établissements publics de recherche, dans les établissements publics d'enseignement supérieur et dans les établissements publics dont les statuts prévoient une mission de recherche mentionnés à l'article L. 112-6, un agent peut être recruté, pour contribuer à un projet ou une opération de recherche identifiée, par un contrat de droit public dont l'échéance est la réalisation du projet ou de l'opération.

Ce contrat est conclu pour une durée indéterminée après un appel public à candidatures et selon une procédure de recrutement permettant de garantir l'égal accès à ces emplois.

Par dérogation aux dispositions de la loi n° 84-16 du 11 janvier 1984 portant dispositions statutaires relatives à la fonction publique de l'État, le contrat prend fin avec la réalisation du projet ou de l'opération de recherche, après un délai de prévenance fixé par décret en Conseil d'État. Dans ce cas, l'employeur justifie de l'arrêt effectif de l'activité de recherche associée au projet. Cette dernière ne peut être poursuivie par le recours à de nouveaux contrats portant sur des missions similaires. Le contrat peut être également rompu lorsque le projet ou l'opération pour lequel ce contrat a été conclu ne peut pas se réaliser. Sauf au cours de la période d'essai ou en cas d'insuffisance professionnelle, d'inaptitude physique ou de faute disciplinaire de l'agent, l'employeur ne peut rompre le contrat pendant la première année pour quelque motif que ce soit.

Un décret en Conseil d'État fixe les modalités d'application du présent article, notamment la nature des projets ou opérations de recherche pouvant bénéficier d'un tel contrat, les modalités de recrutement et de rupture du contrat, les modalités d'accompagnement des salariés dont le contrat s'est achevé ainsi que les modalités de mise en œuvre d'une indemnité de rupture lorsque le projet ou l'opération ne peut pas se réaliser.

CHAPITRE II *Les chercheurs et enseignants associés*

Art. L. 432-1 Les services de recherche des administrations et les établissements publics de recherche n'ayant pas le caractère industriel et commercial créent parmi leurs emplois budgétaires des postes de chercheurs associés.

Ces postes sont destinés à accueillir des enseignants-chercheurs ou des chercheurs fonctionnaires appartenant à un établissement public ou à un service de recherche des administrations.

Ces postes ne peuvent être occupés par les mêmes personnes au-delà d'une période de temps limitée fixée par voie réglementaire.

Un décret en Conseil d'État détermine les conditions dans lesquelles ces dispositions sont appliquées. – *[L. n° 85-1376 du 23 déc. 1985, art. 9, al. 1er à 4.]*

Sur les enseignants associés ou invités dans certains établissements d'enseignement supérieur relevant du ministre chargé de l'enseignement supérieur, V. App., v° Statuts particuliers, Décr. n° 91-267 du 6 mars 1991.

Art. L. 432-2 Lorsque des chercheurs fonctionnaires, appartenant à un établissement public n'ayant pas le caractère industriel et commercial ou à un service de recherche des administrations, sont recrutés en qualité d'enseignants associés dans les établissements d'enseignement supérieur et de recherche relevant du ministère chargé de l'enseignement supérieur, ils sont placés en position de détachement.

Par dérogation aux dispositions de l'article L. 952-1 du code de l'éducation, la durée de leurs fonctions en qualité d'enseignants associés est égale à la durée de leur détachement et peut être prolongée dans les mêmes conditions que le renouvellement du détachement. – *[L. n° 85-1376 du 23 déc. 1985, art. 10.]*

CHAPITRE III *Les personnels bénéficiant d'un congé d'enseignement ou de recherche*

Art. L. 433-1 Les conditions d'accès au congé d'enseignement ou de recherche sont fixées par les dispositions *(L. n° 2020-1674 du 24 déc. 2020, art. 26)* « des articles **L. 3142-125** et **L. 3142-130** » du code du travail.

(L. n° 2020-1674 du 24 déc. 2020, art. 26) « Les personnels bénéficiant d'un congé d'enseignement ou de recherche peuvent être recrutés conformément au premier alinéa du présent article et au *a* de l'article L. 431-1. »

CHAPITRE IV **Doctorants et chercheurs étrangers accueillis dans le cadre d'un séjour de recherche**

(L. n° 2020-1674 du 24 déc. 2020, art. 12)

Art. L. 434-1 *(L. n° 2020-1674 du 24 déc. 2020, art. 12)* I. – Les établissements publics d'enseignement supérieur, les établissements publics à caractère scientifique et technologique, les autres établissements publics dont les statuts prévoient une mission de recherche mentionnés à l'article L. 112-6, les établissements publics à caractère industriel et commercial, les établissements relevant de l'article L. 732-1 du code de l'éducation dans le cadre de leurs activités de recherche et les fondations reconnues d'utilité publique ayant pour activité principale la recherche publique au sens de l'article L. 112-1 du présent code peuvent accueillir dans le cadre d'un séjour de recherche :

1° Des étudiants de nationalité étrangère inscrits dans un établissement d'enseignement supérieur soit en France, soit à l'étranger, dans le cadre de la préparation du doctorat ;

2° Des chercheurs de nationalité étrangère, titulaires d'un diplôme de doctorat.

Le séjour de recherche a pour objet de participer à une formation à la recherche et par la recherche, de concourir à une activité de recherche ou de développement technologique, au sein d'un établissement d'accueil. Cette activité peut être complétée par une activité d'enseignement.

II. – Pour pouvoir bénéficier d'un séjour de recherche, les doctorants et chercheurs étrangers doivent bénéficier d'une bourse ou de tout autre financement dédié à cette activité, accordé selon des critères scientifiques, après sélection par un gouvernement étranger ou une institution étrangère ou par le ministère des affaires étrangères.

Le séjour de recherche fait l'objet d'une convention entre le ou les établissements d'accueil et le doctorant ou chercheur étranger qui précise les modalités de prise en charge et d'accueil. La convention de séjour de recherche définit les règles applicables en matière de propriété intellectuelle.

Pour les doctorants mentionnés au 1° du I, la convention est conclue pour une durée maximale de trois ans. Elle peut être renouvelée deux fois pour une année, dans la limite de la durée du financement dont bénéficie l'étudiant étranger accueilli au titre du séjour de recherche.

Pour les chercheurs mentionnés au 2° du même I, la convention est conclue pour une durée maximale d'un an.

III. – L'établissement d'accueil peut décider de verser un complément de financement afin de contribuer aux frais du séjour du doctorant ou du chercheur étranger, dans la limite de 50 % du plafond annuel mentionné à l'article L. 241-3 du code de la sécurité sociale. Le financement dédié à cette activité et le complément éventuel versé par l'établissement d'accueil n'ont pas le caractère d'un salaire au sens de l'article L. 3221-3 du code du travail.

La convention de séjour de recherche mentionnée au II du présent article définit, le cas échéant, les modalités de versement du complément de financement.

L'établissement d'accueil vérifie que le doctorant ou le chercheur étranger bénéficie d'une couverture de droit commun ou d'une couverture équivalente en matière de maladie, d'accident et respecte les règles applicables en matière de responsabilité civile.

TITRE IV Dispositions relatives à l'outre-mer

(Ord. n° 2008-1305 du 11 déc. 2008, art. 4)

CHAPITRE PREMIER *Dispositions relatives à Mayotte*

Le présent chapitre ne comprend pas de dispositions législatives.

CHAPITRE II *Dispositions relatives à Saint-Barthélemy*

Le présent chapitre ne comprend pas de dispositions législatives.

CHAPITRE III *Dispositions relatives à Saint-Martin*

Le présent chapitre ne comprend pas de dispositions législatives.

CHAPITRE IV *Dispositions relatives à Saint-Pierre-et-Miquelon*

Le présent chapitre ne comprend pas de dispositions législatives.

CHAPITRE V *Dispositions relatives aux îles Wallis-et-Futuna*

Art. L. 445-1 Les dispositions des articles L. 411-3, L. 412-1, L. 421-1 à L. 421-3, L. 422-1, L. 422-2, L. 431-1, L. 431-2, L. 432-1, L. 432-2 et L. 433-1 sont applicables dans les îles Wallis-et-Futuna *(Ord. n° 2015-24 du 14 janv. 2015, art. 4)* « , dans leur rédaction résultant de l'ordonnance n° 2015-24 du 14 janvier 2015 portant extension et adaptation dans les îles Wallis-et-Futuna, en Polynésie française et en Nouvelle-Calédonie de la loi n° 2013-660 du 22 juillet 2013 relative à l'enseignement supérieur et à la recherche ».

CHAPITRE VI *Dispositions relatives à la Polynésie française*

Art. L. 446-1 *(Ord. n° 2015-24 du 14 janv. 2015, art. 9)* Dans leur rédaction résultant de l'ordonnance n° 2015-24 du 14 janvier 2015 portant extension et adaptation dans les îles Wallis-et-Futuna, en Polynésie française et en Nouvelle-Calédonie de la loi n° 2013-660 du 22 juillet 2013 relative à l'enseignement supérieur et à la recherche :

1° Les dispositions des articles L. 412-1, L. 421-1 à L. 421-3, L. 422-1, L. 422-2, L. 431-1, L. 431-2, L. 432-1, L. 432-2 et L. 433-1 sont applicables en Polynésie française ;

2° Sous réserve des compétences de la collectivité mentionnées à l'article 26 de la loi organique n° 2004-192 du 27 février 2004 portant statut d'autonomie de la Polynésie française, l'article L. 411-3 y est applicable.

CHAPITRE VII *Dispositions relatives à la Nouvelle-Calédonie*

Art. L. 447-1 Les dispositions des articles L. 411-3, L. 412-1, L. 421-1 à L. 421-3, L. 422-1, L. 422-2, L. 431-1, L. 431-2, L. 432-1, L. 432-2 et L. 433-1 sont applicables en Nouvelle-Calédonie *(Ord. n° 2015-24 du 14 janv. 2015, art. 14)* « dans leur rédaction résultant de l'ordonnance n° 2015-24 du 14 janvier 2015 portant extension et adaptation dans les îles Wallis-et-Futuna, en Polynésie française et en Nouvelle-Calédonie de la loi n° 2013-660 du 22 juillet 2013 relative à l'enseignement supérieur et à la recherche ».

CHAPITRE VIII *Dispositions relatives aux Terres australes et antarctiques françaises*

Le présent chapitre ne comprend pas de dispositions législatives.

LIVRE V La valorisation des résultats de la recherche et le transfert de technologie en direction du monde économique et des associations et fondations, reconnues d'utilité publique

(Ord. n° 2014-135 du 17 févr. 2014, art. 2)

BIBL. ▶ Adnot, Les Satt : des structures de valorisation de la recherche publique qui doivent encore faire la preuve de leur concept, *Sén., Rapp. d'information, n° 683 (2016-2017), 26 juill.*

2017. – Gallie, Mescheba et Portier-Maynard, Public-Privé : quel comportement en matière de dépôt de brevets ? Une comparaison internationale, *OST du HCERES, coll. Résultats et recherches, n° 5, mai 2015.*

COMMENTAIRE

Depuis l'ordonnance n° 2014-135 du 17 février 2014, le livre V intitulé « La valorisation des résultats de la recherche et le transfert de technologie en direction du monde économique et des associations et fondations, reconnues d'utilité publique » regroupe l'ensemble des dispositions législatives auparavant classées aux livres I, III et IV.

Par valorisation des résultats de la recherche, on entend l'ensemble des actions qui permettent de passer d'un résultat scientifique, d'une connaissance produite par la recherche, à sa mise en valeur, à son impact économique. Elle repose notamment sur le ***développement de l'innovation*** qui permet l'introduction de nouveaux produits, services ou processus de fabrication ou d'organisation dans les entreprises et la société. On inclut alors le ***transfert de technologie***, expression qui recouvre l'exploitation commerciale par les entreprises, sous forme de contrat de licence ou de création d'entreprise, de la propriété intellectuelle ou du savoir-faire développés par les laboratoires de recherche, mais qui est ici distingué de la valorisation. Celle-ci peut aussi avoir comme vecteur la capacité d'expertise (consultance, concours scientifique) et d'appui aux entreprises. La ***recherche partenariale*** entre laboratoires publics et entreprises est la modalité la plus répandue de valorisation des résultats de la recherche publique, rassemblant les financements tant publics que privés les plus importants (contrats de recherche signés par les laboratoires publics avec des entreprises, consortiums publics/privés, laboratoires de recherche mixtes publics/privés).

Le mot valorisation est d'abord introduit par la loi n° 67-7 du 3 janvier 1967 créant l'Agence nationale de valorisation et d'aide à la recherche (ANVAR), qui doit « concourir à la mise en valeur des résultats des recherches scientifiques et techniques effectuées par les entreprises et services publics », « objet analogue à celui de plusieurs autres établissements publics nationaux dont la mission porte sur la mise en valeur de recherches à caractère scientifique et technique » (Cons. const. 30 mai 1979, n° 79-107 L, qui en déduit que la matière relève du règlement).

La loi d'orientation et de programmation de la recherche n° 82-610 du 15 juillet 1982 affirme que la politique de la recherche et du développement technologique vise non seulement l'accroissement des connaissances mais aussi la valorisation des résultats de la recherche, la diffusion de l'information, etc. (art. L. 111-1 modifié par la loi ESR n° 2013-660 du 22 juill. 2013 qui précise qu'elle est « au service de la société »). Les métiers de la recherche concourent à une mission d'intérêt national qui comprend le développement des connaissances mais aussi leur transfert et leur application dans les entreprises, et dans tous les domaines contribuant au progrès de la société (art. L. 411-1) : telle est la mission des chercheurs des EPST (art. L. 411-1) et des enseignants-chercheurs (Décr. n° 84-431 du 6 juin 1984, art. 2), des EPST et des EPSCP, le service public de l'enseignement supérieur ayant pour mission non seulement la formation mais aussi la recherche scientifique et technologique et la diffusion et la valorisation de ses résultats (C. éduc., art. L. 123-3). Le Haut Conseil de l'évaluation de la recherche et de l'enseignement supérieur (HCERES) en tient compte pour évaluer les établissements (art. L. 114-3-2). L'évaluation peut être mesurée en se basant sur le nombre des contrats de recherche conclus et sur les résultats atteints en termes de brevets et de licences. La loi ESR n° 2013-660 du 22 juill. 2013 a réaffirmé que, pour assurer la valorisation des résultats de la recherche, la politique nationale s'attache au développement de l'innovation, du transfert de technologie et de la capacité d'expertise et d'appui (art. L. 111-1).

Les processus de valorisation peuvent être assurés par des moyens incitatifs (tit. I) ; structurels (tit. II) et humains (tit. III). Le système de transfert et d'innovation français s'est complexifié. La loi ESR du 22 juillet 2013 a eu notamment pour objectif de le rendre plus cohérent, plus simple, plus efficace et plus accessible ; elle comportait un chapitre consacré à l'exercice des activités de transfert pour la création de valeur économique avec pour objectif de favoriser le transfert des résultats de la recherche vers les entreprises et en priorité vers les PME de l'Union européenne. La LPR n° 2020-1674 du 24 décembre 2020 modifie plusieurs articles issus de la loi Allègre du 12 juillet 1999 pour favoriser la coopération entre les chercheurs et les entreprises. Le rapport annexé revient sur les autres éléments de la politique de valorisation. Il précise qu'une part des moyens nouveaux affichés pour la période 2021-2030 sera dédié à l'innovation et fixe comme objectif la création de cinq cents start-up de haute technologie par an à partir de 2030 ; cette politique sera combinée avec les stratégies de transition (écologique, énergétique, numérique, etc.), le Pacte Productif 2025, et les autres actions prévues dans le cadre des programmes d'investissements d'avenir (PIA) et les actions d'investissement dans le domaine de l'innovation portées par BpiFrance. La politique nationale s'appuie sur le programme-cadre de recherche et d'innovation Horizon Europe mis en place par la Commission européenne pour la période 2021-2027 incluant de nouveaux instruments dédiés à l'innovation sociétale et à la croissance des entreprises innovantes (rapport annexé).

Les incitations en faveur de la recherche et de l'innovation

Les incitations en faveur de la recherche et de l'innovation figurent au titre I, qui reprend les dispositions auparavant placées dans le livre I concernant les dispositifs fiscaux et financiers.

— ***le crédit d'impôt recherche*** (CIR, art. L. 511-1 à L. 511-3 ; renvoyant aux dispositions CGI, art. 244 ; annexe III, art. 49, et au LPF) ; pour soutenir les activités de recherche et de développement (R&D) des entreprises de tout secteur, de toute taille et de tout statut (sociétés commerciales association ayant des activités lucratives), soumises à l'IS ou à l'IR (BIC) ; les dépenses éligibles relèvent tant de la recherche fondamentale (publications, communications) que de la recherche appliquée (brevets, logiciels, enveloppe Soleau – preuve de la date et de l'idée d'une invention délivrée par l'INPI, Arr. du 9 mai 1986) et du développement expérimental ; peuvent être prises en compte les dotations aux amortissements, les dépenses de personnel (pour les chercheurs avec un régime privilégié pour les jeunes docteurs, et les techniciens de recherche) et les dépenses de fonctionnement ; depuis 1983, les lois de finances, remplaçant un système d'amortissement exceptionnel, autorisent des déductions dont le taux varie selon le montant des investissements ; la niche fiscale ainsi constituée fait l'objet de critiques récurrentes (C. comptes, 12 sept. 2015, s'interrogeant sur son efficacité et sur son ciblage). Le guide du crédit impôt recherche publié par le MESRI (éd. 2018) précise les modalités d'application du CIR, avec pour objectifs d'aider les entreprises à renseigner leur déclaration, faciliter les démarches pour les demandes de rescrit ou d'agrément et aider les entreprises à déterminer les travaux de R&D et d'innovation éligibles.

— ***les fonds communs de placement dans l'innovation*** (FCPI, art. L. 512-1, renvoyant aux dispositions du C. mon. fin., art. L. 124-30) sont des organismes de placement en valeurs mobilières (OPVM) permettant aux particuliers d'investir dans le capital-investissement, 70 % du produit devant être placés dans les PME ; ils ouvrent droit à une réduction d'impôt pour 18 % du placement avec un plafonnement.

— ***l'aide à l'innovation et les incitations en faveur de la valorisation et du transfert de technologie*** (art. L. 513-1 à L. 513-2) reposent aussi sur des allégements de charges fiscales et sociales pour les « jeunes entreprises innovantes », entreprises de valorisation constituées au sein d'un établissement d'enseignement supérieur (art. L. 513-1, mentionnant l'art. 44 *sexies* CGI). L'article L. 513-2 vise toujours une disposition de la loi du 29 juillet 1982 disposant que les contrats de plan conclus par l'État et les entreprises comportent obligatoirement des clauses sur la recherche et l'innovation technologique.

Le titre I se termine par un article concernant l'évaluation des incitations en faveur de la valorisation et du transfert de technologie reprenant l'article du livre I consacré à l'Office parlementaire des choix scientifiques et technologiques (OPCST) qui doit procéder tous les trois ans à une évaluation de l'effort de recherche fait par l'État au profit du secteur privé tenant compte des aides directes, budgétaires dont fiscales, et des mesures indirectes prises dans le cadre de la recherche partenariale associant les structures publiques et privées (art. L. 514-1). L'office parlementaire peut s'appuyer sur les évaluations du HCERES qui porte sur l'ensemble des missions des établissements et intègrent donc la valorisation (art. L. 114-3-1 ; L. 411-1, la mission des chercheurs comportant le transfert des connaissances et leur application dans les entreprises). Comme les rapports du HCERES, les travaux de l'OPCST sont désormais en principe publics (LPR 2020, art. 30).

Les structures de coopération technologique. Les structures de coopération technologique sont présentées en deux chapitres disproportionnés, le premier consacré aux centres techniques industriels, le second aux autres structures, plus nombreuses (quatre rubriques précédées de l'adverbe notamment) et plus récentes.

— ***les centres techniques industriels (CTI)***, institués par la loi n° 48-1228 du 22 juillet 1948 (codifiée aux art. L. 521-1 s.), sont des établissements d'utilité publique (avec un conseil d'administration composé de chefs d'entreprise et de représentants de fédérations professionnelles, de représentants du personnel technique et de représentants de l'enseignement technique supérieur qui désignent un directeur en présence d'un commissaire du Gouvernement) intervenant dans toute branche d'activité où l'intérêt général le commande ; ils sont créés par l'autorité administrative compétente après avis des représentants des employeurs et des salariés (art. L. 521-1) ; ils ont pour objet de promouvoir le progrès des techniques, de participer à l'amélioration du rendement et à la garantie de la qualité de l'industrie ; leur fonctionnement en réseau a été facilité par la loi ESR de 2013 ; ils coordonnent les initiatives, participent aux enquêtes sur la normalisation et ils apportent aux entreprises les moyens et compétences pour améliorer leur compétitivité : transfert de technologies issues de la recherche, innovation collaborative, maîtrise de l'élaboration des normes. Les **Comités professionnels de développement économique** (CPDE) assurent des missions de service public pour les industries d'une ou de plusieurs filières. Outils de mutualisation des secteurs professionnels, les CTI et CPDE mettent en œuvre leurs missions d'intérêt général pour leur secteur, grâce à un financement public : taxe affectée et/ou dotation budgétaire de l'État. Un contrat de performance quadriennal est conclu entre les trois parties prenantes, l'État, la profession et le CTI ou CPDE fixant la stratégie du centre, les objectifs à atteindre et les actions à mettre en œuvre (V. le rapport Clotilde Valter, 2014).

Les autres structures se caractérisent par leur diversité et leur plus ou moins grande souplesse. Outre les ***groupements d'intérêt public*** (L. n° 2011-525 du 17 mai 2011 de simplification et d'amélioration de la qualité du droit, chap. II, art. 98 : personne morale de droit public dotée de l'autonomie administrative et financière, le GIP est constitué par convention approuvée par l'État soit entre plusieurs personnes morales de droit public, soit entre l'une ou plusieurs d'entre elles et une ou plusieurs personnes morales de droit privé qui exercent ensemble des activités d'intérêt général à but non lucratif, en mettant en commun les moyens nécessaires à leur exercice), l'article L. 521-1 cite d'autres formules pouvant « notamment » contribuer à la coopération et au développement technologique : les associations de la loi de 1901, les fondations (L. n° 87-571 du 23 juill. 1987 sur le développement du mécénat) et enfin les groupements d'intérêt économique (C. com., art. L. 251-1 à L. 251-23). Doivent aussi être mentionnés les groupements européens d'intérêt économique (C. com., art. L. 252-1 à L. 252-1, 2°). Le code ne vise pas ici les filiales des EPSCP instituées par la loi Savary de 1984 en reprenant les dispositions de 1982 conçues pour les EPST, qui peuvent être créées pour gérer les contrats de recherche, ni les services d'activités industrielles et commerciales (SAIC) créés par la loi Allègre de 1999 pour assurer des prestations de services à titre onéreux, exploiter des brevets et licences et commercialiser les produits de leurs activités (C. éduc., art. L. 123-5 et L. 711-1 ; Décr. n° 2002-549 du 19 avr. 2002 pour les seuls EPSCP qui peuvent se doter d'un SAIC propre ou participer à la constitution d'un SAIC interétablissements). De même ne contient-il pas de référence aux outils qui ont pu être mis en place dans le cadre des politiques publiques, tel le label « institut Carnot » (créé en 2006, le label Carnot attribué à la suite d'un appel à candidature à des laboratoires de recherche publique par le ministère pour une durée de 5 ans renouvelable a vocation à développer la recherche partenariale par des laboratoires publics avec des entreprises avec un financement public (ANR).

À la suite du rapport Juppé-Rocard de 2009, le programme d'investissements d'avenir (PIA 1) a introduit de nouveaux dispositifs destinés à améliorer la valorisation de la recherche publique : les sociétés d'accélération du transfert de technologies (SATT), sociétés par actions simplifiées (SAS) qui peuvent être créées par plusieurs établissements publics de recherche en liaison avec la CDC pour regrouper les équipes de valorisation dans une logique de guichet unique. Disposant d'un fonds de maturation, les 14 SATT créées protègent les inventions, financent et accompagnent les projets d'innovation qui en sont issus. Si les établissements confient mandats et licences exclusifs aux SATT, ils conservent la propriété intellectuelle (notamment les brevets). Peuvent jouer un rôle comparable les consortiums de valorisation thématique (CVT), structures de coordination des actions des membres d'une alliance thématique entre établissements de recherche publique (dans le domaine de l'énergie, de la santé, des SHS, de l'environnement, les instituts de recherche technologique (IRT), les instituts hospitalo-universitaires (IHU) et les instituts pour la transition énergétique (ITE). En outre a été mis en place en 2011 France Brevets, fonds d'investissement en propriété intellectuelle créé par l'État, l'ANR et la CDC, sous la forme d'une SAS pour protéger et valoriser les sociétés innovantes françaises dont la compatibilité avec le droit européen a été mise en cause. Examinant les outils du programme d'investissements d'avenir (PIA) consacrés à la valorisation de la recherche publique, la Cour des comptes critique le fait que les objectifs initiaux assignés aux outils du PIA consacrés à la valorisation de la recherche ont été souvent mal définis, ce qui n'a pas facilité le pilotage des structures (Cour des comptes, *mars 2017*).

Pour augmenter l'efficacité du transfert des connaissances et des technologies de la recherche publique vers les entreprises le rapport annexé à la LPR du 24 décembre 2020 annonce la labellisation des « pôles universitaires d'innovation » (PUI) comme un renforcement des dispositifs contractuels (augmentation du nombre des conventions CIFRE, doublement des chaires industrielles, développement du programme « Labcom » de soutien à la création de laboratoires communs public/privé, doublement des financements incitatifs pour les instituts Carnot).

Dispositions relatives aux personnels

Les dispositions relatives aux personnels et aux établissements et organismes de recherche qui figuraient auparavant au livre IV font, depuis la restructuration du code de la recherche de 2014, l'objet du titre III du livre V. Les dispositions initialement rassemblées étaient essentiellement issues de la ***loi Allègre n° 99-587 du 12 juillet 1999 sur l'innovation et la recherche*** qui avait pour objectif de stimuler la collaboration des personnels de la recherche avec les entreprises, tout en garantissant la déontologie des fonctionnaires et la protection des droits et des intérêts des employeurs publics.

La participation des personnels de la recherche à la création d'entreprise et aux activités des entreprises existantes a imposé la mise en place de dispositifs dérogatoires au statut général de la fonction publique (L. n° 83-634 du 13 juill. 1983 portant droits et obligations des fonctionnaires, dite loi Le Pors, art. 25 : exclusivité professionnelle, désintéressement) et à la réglementation des cumuls. Les personnels de la recherche publique (fonctionnaires civils, chercheurs des EPST, enseignants-chercheurs des EPSCP, ingénieurs, techniciens et administratifs de la recherche et de l'enseignement supérieur,) bénéficient des dérogations introduites par la loi ; ils vont pouvoir procéder à la création d'entreprise, apporter leur concours scientifique et participer à la gouvernance d'une société commerciale. Les agents non titulaires employés pour ces missions de manière continue depuis au moins un an peuvent bénéficier des dispositifs relatifs à la création d'entreprise et au concours scientifique, à l'exclusion de la participation aux organes de direction (Décr. n° 2001-125 du 6 févr. 2001). Vingt ans après, le bilan quantitatif de ces mesures est décevant (depuis 2000, 231 fonctionnaires chercheurs seulement ont demandé l'autorisation de créer une entreprise, soit moins de 0,01 % des personnes travaillant dans la recherche publique chaque année ; 0,8 % seulement des chercheurs recrutés par les entreprises sont des agents de la recherche publique). Plusieurs explications ont pu être avancées, dont certaines tiennent aux dispositions en vigueur (Rapport Jean-Luc Beylat et Pierre Tambourin, La création d'entreprise par les chercheurs et l'intéressement des inventeurs, Propositions de modernisation de la loi Allègre et de simplification de l'intéressement, *févr. 2017*). L'idée est de faire évoluer les dispositions du code de la recherche pour créer un environnement de confiance vis-à-vis des chercheurs-entrepreneurs, faciliter la fluidité entre les différents dispositifs de la loi Allègre en permettant à l'établissement employeur de garder la maîtrise de la gestion de ses ressources humaines et de le responsabiliser davantage dans la procédure d'autorisation. « Acte II » de la loi Allègre (E. Philippe), la loi n° 2019-486 du 22 mai 2019 relative à la croissance et la transformation des entreprises (PACTE) modifie en ce sens les dispositions relatives à la valorisation des travaux de recherche des personnels civils de l'État affectés dans les établissements publics d'enseignement supérieur et de recherche. L'objectif est de dynamiser les liens entre la recherche publique et les entreprises ; aussi simplifie-t-elle le parcours des chercheurs souhaitant créer ou participer à la vie d'une entreprise (simplification des dispositifs, amélioration des carrières, assouplissement des règles). La

LPR n° 2020-1674 du 24 décembre 2020 la prolonge ; « en raison de l'intérêt général qui s'attache à la mission de service public de valorisation des résultats de la recherche au service de la société, qui s'appuie sur l'innovation et le transfert de technologie » (CE, avis), la loi a pu élargir la liste des chercheurs concernés (visant tous les fonctionnaires exerçant dans un établissement public dont les statuts prévoient une mission de recherche, intégrant ainsi les agents de la fonction publique hospitalière) d'accroitre les possibilités ouvertes aux chercheurs en leur permettant de participer à la vie d'une entreprise existante pour valoriser des travaux de recherche (art. L. 531-6), non seulement pour leurs propres travaux mais aussi pour ceux qu'ils n'ont pas réalisés eux-mêmes (art. L. 511-8).Les dispositions adoptées pour les fonctionnaires peuvent, sous réserve des adaptations nécessaires, bénéficier aux non fonctionnaires auxquels la LPR du 24 décembre 2020 ajoute les docteurs bénéficiant d'un contrat de droit public en post-doctorat (art. L. 531-17).

La participation des chercheurs à la création d'entreprises et aux entreprises existantes (art. L. 531-1 à L. 531-6 mod. par LPR 2020, art. 24). Les personnels de la recherche publique (intégrant désormais les personnels affectés aux établissements publics ayant une mission de recherche dont la liste doit être fixée par décret, L. 112-6, LPR 2020, art. 24) peuvent être autorisés à participer à titre personnel, en qualité d'associés ou de dirigeants, à la création d'une entreprise dont l'objet est d'assurer la valorisation des travaux de recherche et d'enseignement réalisés dans l'exercice de leurs fonctions ; possibilité désormais étendue aux entreprises existantes ayant le même objet (LPR 2020, art. 24 ; L. 531-6) ; l'entreprise doit conclure un contrat avec une personne publique (dont EPSCT, EPSCP), une entreprise publique ou, ajoute la loi PACTE, une personne morale mandatée par ces dernières, englobant ainsi les filiales de valorisation des établissements et organismes de recherche, par exemple les SATT. Avant la négociation du contrat et l'immatriculation de l'entreprise au registre du commerce et des sociétés (art. L. 531-2), le chercheur (qui ne peut pas négocier pour l'établissement, art. L. 531-5, al. 2 4) doit demander à son établissement ou à son service une autorisation qui fixe la quotité de temps de travail et la nature des fonctions qu'il peut éventuellement conserver dans l'établissement où il est affecté (art. L. 531-4) ; l'autorité dont dépend le chercheur dispose d'un délai de quatre mois pour donner l'autorisation ; à défaut de contrat conclu dans un délai fixé pour une période de trois ans maximales dans la limite d'une durée totale de dix ans par l'article 2 du décret n° 2019-1230 du 26 novembre 2019, l'autorisation donnée à l'agent devient caduque.

A défaut de contrat conclu dans un délai fixé par décret, l'autorisation donnée à l'agent devient caduque. La loi PACTE conforte la situation du chercheur-entrepreneur : auparavant, il devait cesser toute activité dans l'établissement public et s'engager à temps plein pour l'entreprise privée et était mis en disponibilité ; désormais, l'intéressé peut être détaché dans l'entreprise ou mis à sa disposition (art. L. 531-4), en poursuivant ses activités dans le secteur public, l'autorisation précisant la quotité de temps de travail et la nature des fonctions qu'il peut éventuellement conserver (art. L. 531-4) ; l'autorité est tenue informée des revenus qui lui sont versés ; le fonctionnaire ne peut alors participer à l'élaboration des contrats passés avec l'entreprise et conservant ses droits à l'avancement (art. L. 531-5). Pour éviter le risque de conflit d'intérêts, il est prévu que le chercheur ne peut participer à l'élaboration ou à la conclusion d'aucun contrat entre l'entreprise et l'établissement public et doit déclarer les intérêts financiers qu'il détient dans l'entreprise (art. L. 531-5, al. 2). L'établissement employeur est informé des revenus que le chercheur perçoit en raison de sa participation au capital de l'entreprise, des cessions de titres auxquelles il procède ainsi que, le cas échéant, des compléments de rémunération qui lui sont versés, dans la limite d'un plafond fixé par voie réglementaire (art. L. 531-5, al. 1er). Pour renforcer l'attractivité du dispositif, la loi prévoit, en reprenant les dispositions de l'article 45 de la loi n° 84-16 du 11 janvier 1984, que le chercheur, détaché ou mis à disposition dans l'entreprise qui valorise ses travaux de recherche, peut prétendre au bénéfice d'un avancement de grade dans son corps ou cadre d'emplois d'origine. En outre, après avoir réussi un concours ou un examen professionnel, bénéficié d'une promotion au choix ou d'une nomination dans un autre corps, le chercheur-entrepreneur poursuit son activité dans l'entreprise, parallèlement à son emploi public, sans qu'il soit mis fin à sa mise à disposition ou à son détachement (art. L. 531-5, al. 3).

Concours scientifique à une entreprise existante et participation au capital d'une entreprise existante (art. L. 531-8 à L. 531-11). Les chercheurs fonctionnaires peuvent être autorisés à apporter leur concours scientifique à une entreprise (art. L. 531-8, mod. par LPR 2020, art. 24) ; dans un premier temps, ne pouvaient être valorisés que les travaux des chercheurs qu'ils avaient eux-mêmes réalisés ; cette réserve a été supprimée (LPR 2020, art. 24). Ils peuvent aussi être autorisés à détenir une participation dans le capital social de l'entreprise, lors de la création de celle-ci ou ultérieurement, dans la limite de 49 % du capital donnant droit au maximum à 49 % des droits de vote (art. L. 531-9), il s'agit alors d'un apport en industrie à la société. L'article L. 531-8 reprend le dispositif prévu pour la création d'entreprise exigeant une convention entre l'établissement (personne publique ou entreprise publique) et l'entreprise à défaut duquel l'autorisation est caduque. La jurisprudence de la commission de déontologie avait fixé la limite du temps consacré à l'entreprise dans le cadre d'un concours scientifique à 20 % ; désormais, la convention conclue entre l'établissement public et l'entreprise doit fixer la quotité de temps de travail que le fonctionnaire chercheur peut consacrer à son activité dans l'entreprise. Lorsque la collaboration avec l'entreprise est incompatible avec l'exercice d'un temps plein dans l'établissement public, le fonctionnaire chercheur doit être mis à la disposition de l'entreprise. L'article L. 531-9 précise que la prise de participation du chercheur n'est envisageable que si, au cours des cinq années précédentes, il n'a pas, en qualité de fonctionnaire ou d'agent public, exercé un contrôle sur cette entreprise existante ou participé à l'élaboration ou à la passation de contrats et conventions conclus entre l'entreprise et le service public de la recherche. Le fonctionnaire ne peut participer ni à l'élaboration ni à la passation des contrats et conventions conclus entre l'entreprise et le service public de la recherche. Il peut exercer toute fonction au sein de l'entreprise à l'exception d'une fonction de dirigeant. Là aussi, l'autorité dont relève le fonctionnaire est tenue informée des revenus qu'il perçoit à raison de sa participation au capital de l'entreprise, des cessions de titres auxquelles il procède ainsi que des compléments de rémunérations.

Participation des personnels de la recherche à la gouvernance des sociétés commerciales (art. L. 531-12). La troisième rubrique prévue par la loi Allègre visait la participation au conseil d'administration et au conseil de surveillance des sociétés anonymes. La loi PACTE l'élargit à la gouvernance (aux organes de direction) des sociétés commerciales, ce qui inclut les autres formes de sociétés (SARL, SAS...). Dans sa rédaction issue de la loi PACTE, l'article L. 531-12 précise que les fonctionnaires peuvent, à titre personnel, être autorisés à être membres des organes de direction d'une société commerciale, afin de favoriser la diffusion des résultats de la recherche publique. Leur participation dans le capital social de l'entreprise qui ne pouvait excéder 20 % est portée à 32 % (de même pour les droits de vote). Ils ne peuvent percevoir de l'entreprise d'autres rémunérations que celles prévues aux articles L. 225-45 et L. 225-83 du code de commerce, dans la limite d'un plafond fixé par décret ; l'autorisation ne peut être demandée si le fonctionnaire est autorisé à apporter son concours scientifique à l'entreprise. Là aussi, le fonctionnaire intéressé ne peut participer ni à l'élaboration ni à la passation des contrats et conventions conclus entre l'entreprise et le service public de la recherche ; de même, son employeur est informé des revenus qu'il perçoit à raison de sa participation au capital de l'entreprise et en sa qualité de membre du conseil d'administration ou du conseil de surveillance ainsi que des cessions de titres auxquelles il procède. La loi PACTE innove en déclarant ces dispositions applicables aux fonctionnaires qui assurent les fonctions de président, de directeur ou, quel que soit leur titre, de chef d'établissement d'un établissement public de recherche ou d'un établissement public d'enseignement supérieur et de recherche ; ces dirigeants ne peuvent toutefois percevoir de l'entreprise de rémunération liée à l'exercice de cette activité ; lorsqu'il assure la direction d'un établissement public, l'autorité dont relève le fonctionnaire est le ou les ministres de tutelle de cet établissement (art. L. 531-12-1) ; en cas d'autorisation donnée par le ou les ministres de tutelle, la participation du fonctionnaire président ou directeur aux organes de direction d'une société commerciale et le nom de cette société sont rendus publics par l'établissement public de recherche ou l'établissement public d'enseignement supérieur et de recherche qui l'emploie (art. L. 531-12).

La loi PACTE a rapproché les trois dispositifs (V. section IV, art. L. 531-14 s.) qui peuvent, en outre, être successivement utilisés par les chercheurs. Les créations d'entreprise (art. L. 531-1), les concours scientifiques (art. L. 531-8), comme la participation à la gouvernance des sociétés commerciales (art. L. 531-12 mod. par l'Ord. n° 2020-1142 du 16 sept. 2020 introduisant dans le code du commerce des dispositions relatives aux sociétés dont les titres sont admis aux négociations sur un marché réglementé et L. 531-13 mod par la loi PACTE n° 2019-486 du 22 mai 2019, art. 119) sont soumis à une autorisation accordée par l'autorité dont relève le fonctionnaire pour une période maximale fixée par voie réglementaire (5 ans). Des conditions communes sont posées par la loi et permettent de vérifier la validité du projet au regard des exigences du bon fonctionnement du service ainsi que du risque de conflit d'intérêts. La loi fixe trois cas dans lesquels l'autorisation doit être refusée : 1° si elle est préjudiciable au fonctionnement normal du service public ; 2° si la participation du chercheur porte atteinte à la dignité des fonctions ou risque de compromettre ou mettre en cause l'indépendance ou la neutralité du service ; 3° si la prise d'intérêts dans l'entreprise est de nature à porter atteinte aux intérêts matériels et moraux du service public de la recherche ou à remettre en cause les conditions d'exercice de la mission d'expertise que le fonctionnaire exerce auprès des pouvoirs publics ou de la mission de direction qu'il assure. En cas de concours scientifique ou de participation à la gouvernance, le fonctionnaire peut être autorisé à détenir une participation au capital social de l'entreprise, sous réserve qu'au cours des trois années précédentes, il n'ait pas, en qualité de fonctionnaire ou d'agent public, exercé un contrôle sur cette entreprise ou participé à l'élaboration ou à la passation de contrats et conventions conclus entre l'entreprise et le service public de la recherche (art. L. 531-14). Contrairement à l'état antérieur du droit qui imposait l'avis préalable de la commission de déontologie de la fonction publique (L. n° 83-634 du 13 juill. 1983, art. 25 *octies*), c'est donc l'établissement public employeur qui s'assure en principe de l'absence de conflits d'intérêts. Si la procédure est ainsi simplifiée et si l'établissement garde la maîtrise de ses ressources humaines, la suppression de la saisine obligatoire de la commission de déontologie a pu être analysée comme un recul de la transparence. Pour tenir compte des difficultés que pourraient rencontrer les petits établissements dans l'appréciation des projets, les autorités de l'établissement conservent toutefois la possibilité de demander l'avis de la commission de déontologie. En cas de fin anticipée ou de non-renouvellement de l'autorisation, et le cas échéant de réintégration dans son corps d'origine, le fonctionnaire chercheur peut conserver une participation au capital de l'entreprise dans la limite de 49 % du capital sans autorisation expresse (exigée dans l'état antérieur du droit). Il informe son employeur du montant conservé et des modifications ultérieures de sa participation (art. L. 531-1 mod. par LPR 2020 et L. 531-8 mod. par LPR 2020).

La gestion, l'exploitation et la négociation des inventions brevetables

L'article L. 329-7 du code de la recherche est devenu l'article L. 533-1 du même code.

L'article L. 329-7 avait été introduit dans le code de la recherche par l'article 16 de la loi n° 2006-450 du 18 avril 2006 de programme pour la recherche. Ajouté par un amendement parlementaire aux dispositions instituant l'Agence nationale de la recherche, cet article s'inspirait de la législation américaine du "Bayh-Dole Act" qui a fortement favorisé la valorisation de la recherche aux États-Unis. Les dispositions ainsi adoptées reposaient sur deux principes : obligation pour les chercheurs dont le projet de recherche débouche sur une invention de le déclarer à la personne publique dont ils relèvent et de procéder au dépôt du brevet en vue de le faire protéger ; obligation pour l'établissement de recherche de valoriser le titre de propriété intellectuelle, de préférence en partenariat avec une entreprise de moins de 250 salariés domiciliée sur le territoire de l'Union européenne. L'article 97 de la loi du 22 juillet 2013 modifiait l'article L. 329-7 du code de la recherche en étendant l'obligation de déclaration d'une invention (CPI, art. L. 611-7) aux agents de toutes les personnes publiques investies d'une mission de recherche. Les projets de recherche sont étendus à tous ceux qui bénéficient d'un financement par des dotations de l'État et des collectivités territoriales ou des subventions d'agences de financement nationales. Le II du même article avait été modifié pour préciser que les inventions donnent lieu à un dépôt en vue de l'acquisition d'un titre de propriété industrielle (tel qu'il est défini aux art. L. 611-1 et L. 611-2 CPI) lorsqu'elles sont susceptibles d'un développement économique. Dans ce cas, ces inventions donnent lieu à un dépôt en vue de l'acquisition d'un titre de propriété industrielle. Le III pose le principe qui est l'objet essentiel de la mesure proposée : les employeurs des agents auteurs des inventions valorisent ces inventions auprès d'entreprises qui prévoient de les exploiter sous la forme d'une production industrielle ou de la création de services sur le territoire de l'Union européenne et en priorité auprès de petites et moyennes entreprises (ou des entreprises de taille intermédiaire). Deux rubriques supplémentaires avaient été introduites par le Parlement ; l'une prévoit un mandataire unique pour simplifier la gestion en cas de copropriété publique d'un titre de propriété, l'autre un délai de cinq ans pour que l'entreprise exploite l'invention.

L'article L. 533-1, issu de l'ordonnance n° 2014-135 du 17 février 2014, modifié par la loi PACTE du 22 mai 2019 précise que les chercheurs, auteurs d'une invention (CPI, art. L. 611-7, 1°), dans le cadre de recherches financées par des dotations de l'État et des collectivités territoriales ou par des subventions d'agences de financement nationales (ANR...), en font immédiatement déclaration auprès de leur employeur public. Lorsqu'elles sont susceptibles d'un développement économique, ces inventions donnent lieu à un dépôt en vue de l'acquisition d'un titre de propriété industrielle (art. L. 611-1 et L. 611-2) ; les employeurs publics valorisent l'invention objet du titre de propriété industrielle auprès d'entreprises qui prévoient son exploitation sous la forme d'une production industrielle ou de la création de services. Afin de simplifier et d'accélérer le transfert d'un titre de propriété industrielle, en cas de copropriété publique (copropriété entre personnes publiques investies d'une mission de recherche) constatée au dépôt de l'invention (une ou plusieurs inventions, connaissances techniques, logiciels, bases de données protégeables par le code de la propriété intellectuelle ou savoir-faire protégés), une convention détermine l'organisation de la copropriété, notamment la répartition des droits ; ***un mandataire unique*** chargé de la gestion et de l'exploitation des droits codétenus et de la négociation du titre est désigné par les déposants avant sa publication (art. L. 533-1, dans sa rédaction issue de l'art. 119 de la L. n° 2019-486 du 22 mai 2019 relative à la croissance et à la transformation des entreprises) ; ce mandataire peut opérer seul les actions de protection et de valorisation des résultats brevetables, en lien avec les entreprises intéressées, ce qui doit simplifier les négociations des contrats d'exploitation sur les titres de brevets délivrés et accélérer le transfert des résultats de la recherche publique vers les entreprises (V. Décr. n° 2020-24 du 13 janv. 2020 relatif à la gestion de la copropriété des résultats de recherche, au mode de désignation et aux missions du mandataire unique).

Les EPSCT peuvent assurer par convention des prestations de service, gérer des contrats de recherche, exploiter des brevets et licences et commercialiser les produits de leurs activités. En vue de la valorisation des résultats de la recherche dans leurs domaines d'activité, ils peuvent, par convention et pour une durée limitée, avec information de l'instance scientifique compétente, fournir à des entreprises ou à des personnes physiques des moyens de fonctionnement, notamment en mettant à leur disposition des locaux, des équipements et des matériels. Ces activités peuvent être gérées par des services d'activités industrielles et commerciales (SAIC) des EPSCP (V. C. éduc., Livre VII) ou des EPST. Pour le fonctionnement de ces services et la réalisation de ces activités, les établissements peuvent recruter, dans des conditions définies, en tant que de besoin, par décret en Conseil d'État, des agents non titulaires par des contrats de droit public à durée déterminée ou indéterminée (art. L. 533-2). Les EPSCT peuvent également confier par convention approuvée par le ministre les activités de valorisation à des entités de droit privé en attribuant ou en mettant à disposition des moyens matériels et financiers (art. L. 533-3).

La valorisation peut enfin être envisagée par l'ouverture des données de la recherche, le libre accès *(open access)*. La loi n° 2016-1321 du 7 octobre 2016 pour une République numérique contribuant à l'économie du savoir a introduit un article L. 533-4 prévoyant la mise à disposition gratuite dans un format ouvert par voie numérique des écrits scientifiques ayant fait l'objet d'un financement public sous réserve des droits de l'auteur et de l'éditeur dans un délai de six mois. De même, est libre la réutilisation des données issues d'une activité de recherche financée au moins pour moitié par des dotations publiques. ❑

TITRE PREMIER Incitations en faveur de la recherche et de l'innovation

BIBL. ▶ Berger, Dorman et Starbuck, Reforms in the French industrial ecosystem, Rapp. au secrétaire d'État à l'enseignement supérieur et à la recherche et au ministre de l'Économie, de l'Industrie et du Numérique, janv. 2016 : *http://cache.media.enseignementsup-recherche.gouv.fr/file/Actus/73/9/Reforms_in_the_French_Industrial_Ecosystem_(fr)_539739.pdf*. – Lhuillery et Zacharewicz, Rapport France, *Observatoire de Recherche et d'Innovation*, 2016 : *https://rio.jrc.ec.europa.eu/en/file/10968/download ?token=VKOkhRTg*.

CHAPITRE PREMIER *Le crédit d'impôt recherche*

BIBL. ▸ Gonthier-Maurin, Crédit d'impôt recherche : arme de politique industrielle ou bombe à retardement pour les finances publiques ?, *Sén., com. d'enquête (rejet), 9 juin 2016 : http://groupe-crc.org/sites/groupe-crc.org/IMG/pdf/notespersonnellescir2.pdf.* – Martel, Masse et Lustman (supervision), Mission d'évaluation sur le crédit d'impôt recherche, *Min. Éco, IGF, rapp. n° 2010-M-035-02, sept. 2010.* – Le crédit d'impôt recherche en 2013, *MENSR, DGRI, avr. 2016 : http://cache.media.enseignementsup-recherche.gouv.fr/file/guide_CIR/37/7/Le_credit_d_impot_recherche_en_2013_558377.pdf.* – La France devient grâce au CIR l'un des premiers pôles mondiaux de recherche industrielle, *in* Comparaison internationale sur le cours du chercheur comptabilisé par les groupes bénéficiaires du CIR en 2015, *ANRT, 30 sept. 2016.*

Art. L. 511-1 Le crédit d'impôt pour dépenses de recherche exposées par les entreprises industrielles et commerciales ou agricoles est régi par les dispositions des articles 244 *quater* B, 199 *ter* B et 220 B du code général des impôts.

Art. L. 511-2 Les procédures fiscales relatives au crédit d'impôt pour dépenses de recherche exposées par les entreprises industrielles et commerciales ou agricoles sont prévues par les dispositions de l'article L. 45 B du livre des procédures fiscales.

Art. L. 511-3 Les agents relevant du ministre chargé de la recherche transmettent chaque année les informations mentionnées dans la déclaration dont ils reçoivent copie en application du II de l'article 49 *septies* M de l'annexe III au code général des impôts aux agents des services chargés de la réalisation d'études économiques mentionnés dans l'arrêté prévu au II de l'article L. 135 D du livre des procédures fiscales et relevant du ministre chargé de l'économie, en vue de l'élaboration d'études relatives à l'innovation et à la compétitivité des entreprises.

CHAPITRE II *Les fonds communs de placement dans l'innovation (FCPI)*

Art. L. 512-1 Les fonds communs de placement dans l'innovation sont définis par les dispositions de l'article L. 214-30 du code monétaire et financier.

CHAPITRE III *L'aide à l'innovation et les incitations en faveur de la valorisation et du transfert de technologie*

Art. L. 513-1 L'article 44 *sexies* 0 A du code général des impôts prévoit les conditions dans lesquelles une entreprise, dont l'activité principale consiste à valoriser des travaux de recherche réalisés par ses dirigeants ou associés au sein d'un établissement d'enseignement supérieur habilité à délivrer un diplôme conférant au moins le grade de master, peut être qualifiée de jeune entreprise innovante et bénéficier, à ce titre, d'allégements de charges en matière fiscale et sociale.

Art. L. 513-2 Le contrat de plan prévu à l'article 11 de la loi n° 82-653 du 29 juillet 1982 portant réforme de la planification, conclu entre l'État et une entreprise, comporte obligatoirement des clauses tendant au développement de l'effort de recherche et d'innovation technologique, prévoyant un programme de recrutement de personnels de recherche et organisant, notamment par la sous-traitance, les transferts de technologie au profit des petites et moyennes industries.

CHAPITRE IV *L'évaluation des incitations en faveur de la valorisation et du transfert de technologie*

Art. L. 514-1 L'office parlementaire d'évaluation des choix scientifiques et technologiques, délégation mentionnée à l'article 6 *ter* de l'ordonnance n° 58-1100 du 17 novembre 1958 relative au fonctionnement des assemblées parlementaires, procède tous les trois ans à une analyse de l'efficacité de la dépense publique, budgétaire ou fiscale consentie par l'État à la recherche conduite dans le secteur privé, y compris la recherche partenariale associant des structures publiques et privées. Les résultats de cette étude font l'objet d'un rapport transmis au Gouvernement et aux commissions permanentes compétentes de l'Assemblée nationale et du Sénat.

TITRE II Les structures de coopération technologique

CHAPITRE PREMIER *Les centres techniques industriels*

Art. L. 521-1 Dans toute branche d'activité où l'intérêt général le commande, des établissements d'utilité publique dénommés centres techniques industriels sont créés par l'autorité administrative compétente après avis des organisations syndicales les plus représentatives des employeurs et des salariés de ces branches d'activité.

Art. L. 521-2 Les centres techniques industriels ont pour objet de promouvoir le progrès des techniques, de participer à l'amélioration du rendement et à la garantie de qualité dans l'industrie.

A cet effet, notamment, ils coordonnent et facilitent les initiatives. Ils exécutent ou font exécuter les travaux de laboratoires et d'ateliers expérimentaux indispensables, et en particulier, dans le cadre de la législation existante et en accord avec les organismes habilités à cette fin, ils participent aux enquêtes sur la normalisation et à l'établissement des règles permettant le contrôle de la qualité. Ils font profiter la branche d'activité intéressée des résultats de leurs travaux.

Les centres techniques industriels fonctionnent en réseau et sont tenus de communiquer à l'instance de coordination des centres, avec l'accord des entreprises concernées par une demande de recherche et d'innovation, les informations susceptibles de contribuer à l'implication de tous les centres du réseau. A ce titre, ils veillent à ce que les secrets d'affaires dont ils ont connaissance ne soient pas divulgués, sauf dans les cas où la loi en dispose autrement.

Art. L. 521-3 Les centres techniques industriels sont administrés par un conseil d'administration qui délègue, à un directeur nommé par lui, tous les pouvoirs nécessaires à la direction du centre, cette nomination devant être approuvée par l'autorité administrative compétente.

Art. L. 521-4 Le conseil d'administration comprend :

a) Des représentants des chefs d'entreprise ;

b) Des représentants du personnel technique de la branche d'activité intéressée (cadres et non-cadres) ;

c) Des représentants de l'enseignement technique supérieur ; des personnalités particulièrement compétentes soit au titre de l'industrie intéressée, soit au titre des usagers.

Art. L. 521-5 Un commissaire du Gouvernement assiste aux séances du conseil d'administration sans toutefois prendre part aux votes. Il peut faire opposition aux décisions du conseil. L'exercice du droit d'opposition a un caractère suspensif jusqu'à l'intervention de la décision de l'autorité administrative compétente, prise après consultation du conseil d'administration.

Art. L. 521-6 Les centres techniques industriels sont dotés de la personnalité morale et jouissent de l'autonomie administrative et financière.

Les centres techniques industriels sont soumis au contrôle économique et financier de l'État dans les conditions fixées par décret.

Art. L. 521-7 Le personnel des centres techniques industriels est régi par les lois, règlements et conventions applicables au personnel des industries dont relèvent ces centres.

Art. L. 521-8 Les ressources des centres techniques industriels comprennent, notamment :

a) Les crédits qui leur sont alloués ou le produit des taxes qui leur est affecté dans les conditions prévues par les lois de finances ;

b) Des subventions ;

c) Les rémunérations pour services rendus ;

d) Les revenus des biens et valeurs leur appartenant ;

e) Les dons et legs.

Art. L. 521-9 Le conseil d'administration arrête, dès sa constitution, les statuts du centre technique.

Il établit, chaque année, le budget du centre et approuve annuellement le bilan et le résultat financier de l'exercice clos arrêtés par le directeur du centre technique.

Art. L. 521-10 Dans les mêmes conditions, il peut être créé des centres techniques industriels interprofessionnels dont le financement est assuré dans les conditions prévues à l'article L. 521-8. Les ressources mentionnées au *a* de l'article L. 521-8 peuvent être remplacées par des cotisations des centres techniques industriels intéressés. Ces cotisations sont alors fixées par délibération du conseil d'administration du centre interprofessionnel approuvée par l'autorité administrative compétente.

Art. L. 521-11 Tout organisme constitué, sous quelque forme que ce soit, en vue de l'objet fixé à l'article L. 521-2 peut, sur sa demande, être transformé en centre technique industriel.

Les transformations mentionnées au présent article bénéficient des exonérations prévues par l'article 1039 du code général des impôts.

Art. L. 521-12 Les centres techniques industriels peuvent être dissous, dans les formes prévues pour leur création.

Art. L. 521-13 Un décret en Conseil d'État fixe, en tant que de besoin, les modalités d'application des dispositions des articles L. 521-1 à L. 521-12.

CHAPITRE II *Autres structures*

Art. L. 522-1 Outre les groupements d'intérêt public et les centres techniques industriels dont les statuts sont respectivement fixés par les dispositions du chapitre II de la loi nº 2011-525 du 17 mai 2011 de simplification et d'amélioration de la qualité du droit et du chapitre Ier du présent titre, peuvent notamment contribuer à la coopération et à la valorisation dans le domaine de la recherche et du développement technologique les organismes suivants :

a) Les associations prévues par la loi du 1er juillet 1901 relative au contrat d'association ou par la législation locale dans les départements du Bas-Rhin, du Haut-Rhin et de la Moselle ;

b) Les fondations prévues par la loi nº 87-571 du 23 juillet 1987 sur le développement du mécénat ;

c) Les groupements d'intérêt économique prévus par les articles L. 251-1 à L. 251-23 du code de commerce ;

d) Les groupements européens d'intérêt économique prévus par les articles L. 252-1 à L. 252-12 du code de commerce ;

(L. nº 2014-1170 du 13 oct. 2014, art. 64) « *e)* Les instituts techniques liés aux professions mentionnées à l'article L. 830-1 du code rural et de la pêche maritime ainsi que leurs structures nationales de coordination. »

TITRE III Dispositions relatives aux personnels et aux établissements et organismes de recherche

CHAPITRE PREMIER *Participation des personnels de la recherche à la création d'entreprises et aux activités des entreprises existantes*

SECTION I *Participation des personnels de la recherche à la création d'entreprises*

Art. L. 531-1 *(L. nº 2020-1674 du 24 déc. 2020, art. 24)* « Les fonctionnaires civils des services publics et des entreprises publiques définis à l'article L. 112-2 et les fonctionnaires exerçant leurs fonctions dans les établissements publics relevant du décret mentionné à l'article L. 112-6 peuvent être autorisés à participer à titre personnel, en qualité d'associé ou de dirigeant, à la création d'une entreprise dont l'objet est d'assurer, en exécution d'un contrat conclu avec une personne publique, une entreprise publique ou une personne morale mandatée par ces dernières, la valorisation de travaux de recherche et d'enseignement, que ces travaux aient été réalisés ou non par ces fonctionnaires dans l'exercice de leurs fonctions. »

Le contrat mentionné au premier alinéa est conclu dans un délai fixé par décret. A défaut, l'autorisation donnée à l'agent devient caduque.

Sur le régime d'autorisation applicable aux personnels de recherche pour créer une entreprise, apporter un concours scientifique, participer au capital d'une entreprise ou aux organes de direction d'une société commerciale, V. ci-dessous Décr. nº 2019-1230 du 26 nov. 2019.

BIBL. ▶ FORTIER, Le renforcement du dispositif de participation des chercheurs publics à l'innovation. Nouvelle étape dans la libéralisation du lien entre le service public de la recherche et le secteur marchand, *AJDA 2019. 1278*.

Décret nº 2019-1230 du 26 novembre 2019,

Portant application des articles L. 531-1 à L. 531-17 du code de la recherche.

Art. 1er Le présent décret s'applique aux personnels des services publics et entreprises publiques tels que définis par les articles L. 531-1 et L. 531-13 du code de la recherche.

Art. 2 Les autorisations mentionnées aux articles L. 531-1, L. 531-8 et L. 531-12 du code de la recherche sont accordées par périodes de trois ans maximales, dans la limite d'une durée totale de dix ans.

Art. 3 En application de l'article L. 531-14 du code de la recherche, l'autorité dont relève l'agent dispose d'un délai de quatre mois à compter de la demande de l'agent pour se prononcer sur les autorisations mentionnées à l'article 2 du présent décret.

Préalablement à la décision, la Haute Autorité pour la transparence de la vie publique peut être saisie dans un délai d'un mois à compter de la demande de l'agent.

Art. 4 Les contrats prévus aux articles L. 531-1 et L. 531-8 du code de la recherche sont conclus dans un délai d'un an après la délivrance de l'autorisation. A défaut, l'autorisation donnée à l'agent devient caduque.

Art. 5 En application de l'article L. 531-8 du code de la recherche, un agent peut apporter son concours scientifique à une entreprise dans la limite de 50 % de son temps de travail.

Art. 6 Dans les conditions déterminées par les articles L. 531-5 et L. 531-8 du code de la recherche, le montant annuel des compléments de rémunération qu'un fonctionnaire et que des personnels non-fonctionnaires peuvent percevoir d'une entreprise, à l'exception des revenus issus de la cession de parts sociales, ne peut excéder le traitement brut annuel soumis à retenue pour pension correspondant au second chevron du groupe hors échelle E.

Dans les conditions déterminées par l'article L. 531-12 du code de la recherche, le montant annuel des rémunérations qu'un fonctionnaire et que des personnels non-fonctionnaires peuvent percevoir d'une société commerciale au titre de leur participation aux organes de direction, à l'exception des revenus issus de la cession de parts sociales, ne peut excéder le traitement brut annuel soumis à retenue pour pension correspondant à l'indice brut 931.

Art. 7 Les dispositions du présent décret s'appliquent aux demandes d'autorisation formées à compter de son entrée en vigueur.

L'agent bénéficiant d'une autorisation au titre des articles L. 531-1 et L. 531-8 du code de la recherche antérieure à l'entrée en vigueur du présent décret peut demander à bénéficier d'un aménagement de la quotité de temps de travail consacrée à l'entreprise pour la durée restante de l'autorisation.

Art. 8 Pour l'application du second alinéa de l'article 3, la commission de déontologie de la fonction publique est saisie et examine les demandes faites jusqu'au 31 janvier 2020, dans les conditions fixées à l'article 25 *octies* de la loi du 13 juillet 1983 susvisée dans sa rédaction antérieure à la loi nº 2019-828 du 6 août 2019 de transformation de la fonction publique.

Art. 9 Le décret nº 99-1081 du 20 décembre 1999 fixant les plafonds de rémunérations prévus aux articles 25-2 et 25-3 de la loi nº 82-610 du 15 juillet 1982 d'orientation et de programmation pour la recherche et le développement technologique de la France et le décret nº 2006-1035 du 21 août 2006 fixant les délais de conclusion des contrats prévus aux articles L. 413-1 et L. 413-8 du code de la recherche sont abrogés.

Art. L. 531-2 **L'autorisation doit être demandée préalablement à la négociation du contrat prévu à l'article L. 531-1 et avant l'immatriculation de l'entreprise au registre du commerce et des sociétés. Le fonctionnaire intéressé ne peut pas représenter la personne publique ou l'entreprise publique dans une telle négociation.**

Art. L. 531-3 *Abrogé par L. nº 2019-486 du 22 mai 2019, art. 119.*

Art. L. 531-4 *(L. nº 2019-486 du 22 mai 2019, art. 119)* **A compter de la date d'effet de l'autorisation, le fonctionnaire est soit détaché dans l'entreprise, soit mis à disposition de celle-ci.**

L'autorisation fixe la quotité de temps de travail et la nature des fonctions que l'intéressé peut éventuellement conserver dans l'administration ou l'établissement où il est affecté.

Art. L. 531-5 *(L. nº 2019-486 du 22 mai 2019, art. 119)* L'autorité dont relève le fonctionnaire est tenue informée des revenus qu'il perçoit en raison de sa participation au capital de l'entreprise, des cessions de titres auxquelles il procède ainsi que, le cas échéant, des compléments de rémunération qui lui sont versés, dans la limite d'un plafond fixé par voie réglementaire.

Lorsque le fonctionnaire mis à disposition dans l'entreprise poursuit ses fonctions publiques, il ne peut participer ni à l'élaboration ni à la passation de contrats et conventions conclus entre l'entreprise et le service public de la recherche.

Le fonctionnaire détaché dans l'entreprise ou mis à disposition de celle-ci peut prétendre au bénéfice d'un avancement de grade dans son corps ou cadre d'emplois d'origine, à la suite de la réussite à un concours ou à un examen professionnel ou au titre de la promotion au choix, sans qu'il soit mis fin à sa mise à disposition ou à son détachement. Il peut prétendre, dans les mêmes conditions, au bénéfice d'une nomination dans un autre corps lorsque cette dernière n'est pas conditionnée à l'accomplissement d'une période de formation ou de stage préalable.

SECTION I *BIS* *Participation des personnels de la recherche en qualité d'associé ou de dirigeant à une entreprise existante*

(L. nº 2020-1674 du 24 déc. 2020, art. 24)

Art. L. 531-6 *(L. nº 2020-1674 du 24 déc. 2020, art. 24)* Les fonctionnaires mentionnés à l'article L. 531-1 peuvent être autorisés à participer à titre personnel, en qualité d'associé ou de dirigeant, à une entreprise dont l'objet est d'assurer, en exécution d'un contrat conclu avec une personne publique, une entreprise publique ou une personne morale mandatée par ces dernières, la valorisation de travaux de recherche et d'enseignement.

Le fonctionnaire ne peut pas représenter la personne publique ou l'entreprise publique dans une négociation avec l'entreprise.

Les dispositions des articles L. 531-4 et L. 531-5 s'appliquent.

SECTION II *Apport d'un concours scientifique à une entreprise existante et participation au capital d'une entreprise existante*

Art. L. 531-8 *(L. nº 2019-486 du 22 mai 2019, art. 119)* « Les fonctionnaires mentionnés à l'article L. 531-1 peuvent être autorisés à apporter leur concours scientifique à une entreprise qui assure, en exécution d'un contrat conclu avec une personne publique, une entreprise publique ou une personne morale mandatée par ces dernières, la valorisation *(L. nº 2020-1674 du 24 déc. 2020, art. 24)* « de travaux de recherche, que ces travaux aient été réalisés ou non par les intéressés » dans l'exercice de leurs fonctions. »

Le contrat mentionné au premier alinéa *(L. nº 2019-486 du 22 mai 2019, art. 119)* « du présent article » est conclu dans un délai fixé par décret. A défaut, l'autorisation donnée à l'agent devient caduque.

(L. nº 2019-486 du 22 mai 2019, art. 119) « Les conditions dans lesquelles le fonctionnaire intéressé apporte son concours scientifique à l'entreprise sont définies par une convention conclue entre l'entreprise et la personne publique mentionnée au même premier alinéa. Cette convention fixe notamment la quotité de temps de travail que l'intéressé peut consacrer à son activité dans l'entreprise, dans une limite fixée par voie réglementaire. Lorsque la collaboration avec l'entreprise n'est pas compatible avec l'exercice d'un temps plein dans les fonctions publiques exercées par l'intéressé, celui-ci est mis à disposition de l'entreprise. »

Art. L. 531-9 Le fonctionnaire peut également être autorisé à détenir une participation dans le capital social de l'entreprise *(L. nº 2019-486 du 22 mai 2019, art. 119)* « existante. »

Le fonctionnaire ne peut participer ni à l'élaboration ni à la passation des contrats et conventions conclus entre l'entreprise et le service public de la recherche. *(L. nº 2019-486 du 22 mai 2019, art. 119)* « Il peut exercer toute fonction au sein de l'entreprise à l'exception d'une fonction de dirigeant. »

L'autorité dont relève le fonctionnaire est tenue informée des revenus qu'il perçoit à raison de sa participation au capital de l'entreprise, des cessions de titres auxquelles il procède ainsi que des compléments de rémunérations, dans la limite d'un plafond fixé par décret, prévus, le cas échéant, par la convention mentionnée *(L. nº 2019-486 du 22 mai 2019, art. 119)* « au dernier alinéa de l'article L. 531-8 ».

Art. L. 531-10 et L. 531-11 *Abrogés par L. nº 2019-486 du 22 mai 2019, art. 119.*

SECTION III *Participation des personnels de la recherche aux organes de direction d'une société commerciale* (*L. n° 2019-486 du 22 mai 2019, art. 119*).

Art. L. 531-12 (*L. n° 2019-486 du 22 mai 2019, art. 119*) « Les fonctionnaires mentionnés à l'article L. 531-1 peuvent, à titre personnel, être autorisés à être membres des organes de direction d'une société commerciale, afin de favoriser la diffusion des résultats de la recherche publique.

« Leur participation dans le capital social de l'entreprise ne peut excéder 32 % de celui-ci ni donner droit à plus de 32 % des droits de vote. Ils ne peuvent percevoir de l'entreprise d'autre rémunération que celles prévues aux articles L. 225-45 (*Ord. n° 2020-1142 du 16 sept. 2020, art. 16*) « , L. 225-83, L. 22-10-14 et L. 22-10-27 » du code de commerce, dans la limite d'un plafond fixé par décret. »

Le fonctionnaire intéressé ne peut participer ni à l'élaboration ni à la passation des contrats et conventions conclus entre l'entreprise et le service public de la recherche.

L'autorité dont relève le fonctionnaire est tenue informée des revenus qu'il perçoit à raison de sa participation au capital de l'entreprise et en sa qualité de membre du conseil d'administration ou du conseil de surveillance ainsi que des cessions de titres auxquelles il procède.

Art. L. 531-13 (*L. n° 2019-486 du 22 mai 2019, art. 119*) Les dispositions de l'article L. 531-12 sont applicables aux fonctionnaires qui assurent les fonctions de président, de directeur ou, quel que soit leur titre, de chef d'établissement d'un établissement public de recherche ou d'un établissement public d'enseignement supérieur et de recherche tels que définis au titre Ier du livre III. Ces fonctionnaires ne peuvent toutefois percevoir de l'entreprise aucune rémunération liée à l'exercice de cette activité.

Pour l'application du présent article, l'autorité dont relève le fonctionnaire, lorsqu'il assure la direction d'un établissement public, est le ou les ministres de tutelle de cet établissement.

En cas d'autorisation donnée par le ou les ministres de tutelle, la participation du fonctionnaire mentionné au premier alinéa du présent article aux organes de direction d'une société commerciale et le nom de cette société sont rendus publics par l'établissement public de recherche ou l'établissement public d'enseignement supérieur et de recherche qui l'emploie.

Sur régime d'autorisation applicable aux personnels de recherche pour créer une entreprise, apporter un concours scientifique, participer au capital d'une entreprise ou aux organes de direction d'une société commerciale, V. Décr. n° 2019-1230 du 26 nov. 2019, ss. art. L. 531-1.

SECTION IV *Dispositions générales*

(*L. n° 2019-486 du 22 mai 2019, art. 119*)

Art. L. 531-14 Les autorisations mentionnées aux articles L. 531-1, (*L. n° 2020-1674 du 24 déc. 2020, art. 24*) « L. 531-6, » L. 531-8, L. 531-12 et L. 531-13 ainsi que leur renouvellement sont accordés par l'autorité dont relève le fonctionnaire dans les conditions prévues à la présente section, pour une période maximale fixée par voie réglementaire.

L'autorisation est refusée :

1° Si elle est préjudiciable au fonctionnement normal du service public ;

2° Si, par sa nature ou par ses conditions et modalités et eu égard aux fonctions précédemment exercées par le fonctionnaire, la participation de ce dernier porte atteinte à la dignité de ces fonctions ou risque de compromettre ou mettre en cause l'indépendance ou la neutralité du service ;

3° Si la prise d'intérêts dans l'entreprise est de nature à porter atteinte aux intérêts matériels et moraux du service public de la recherche ou à remettre en cause les conditions d'exercice de la mission d'expertise que le fonctionnaire exerce auprès des pouvoirs publics ou de la mission de direction qu'il assure.

Dans les cas prévus aux articles (*L. n° 2020-1674 du 24 déc. 2020, art. 24*) « L. 531-6, » L. 531-8, L. 531-12 et L. 531-13 le fonctionnaire peut être autorisé à détenir une participation au capital social de l'entreprise, sous réserve qu'au cours des trois années précédentes, il n'ait pas, en qualité de fonctionnaire ou d'agent public, exercé un contrôle sur cette entreprise ou participé à l'élaboration ou à la passation de contrats et conventions conclus entre l'entreprise et le service public de la recherche.

L'autorité peut, préalablement à sa décision, demander l'avis de la (*L. n° 2019-828 du 6 août 2019, art. 34*) « Haute Autorité pour la transparence de la vie publique » mentionnée à l'article 25 *octies* de la loi n° 83-634 du 13 juillet 1983 portant droits et obligations des fonctionnaires.

La mise à disposition prévue aux articles L. 531-4 et L. 531-8 du présent code donne lieu à remboursement par l'entreprise dans les conditions prévues par voie réglementaire.

Art. L. 531-15 I. — Au terme de l'autorisation mentionnée aux articles L. 531-1 *(L. nº 2020-1674 du 24 déc. 2020, art. 24)* « , L. 531-6 » et L. 531-8, en cas de fin anticipée de celle-ci convenue entre le fonctionnaire et l'autorité dont il relève ou de non-renouvellement, le fonctionnaire peut conserver une participation au capital de l'entreprise dans la limite de 49 % du capital. Il informe cette autorité du montant conservé et des modifications ultérieures de sa participation.

Lorsque l'autorité dont relève le fonctionnaire estime ne pas pouvoir apprécier si le fonctionnaire se trouve en situation de conflit d'intérêts, elle saisit la *(L. nº 2019-828 du 6 août 2019, art. 34)* « Haute Autorité pour la transparence de la vie publique », dans les conditions prévues à l'article L. 531-14.

II. — Au terme d'une autorisation accordée sur le fondement des dispositions régissant un des dispositifs prévus aux articles L. 531-1 *(L. nº 2020-1674 du 24 déc. 2020, art. 24)* « , L. 531-6 », L. 531-8 et L. 531-12, le fonctionnaire peut également bénéficier d'une autorisation accordée sur le fondement d'un autre de ces dispositifs, s'il remplit les conditions fixées à l'article L. 531-14.

Art. L. 531-16 L'autorisation est abrogée ou son renouvellement est refusé si les conditions qui avaient permis sa délivrance ne sont plus réunies ou si le fonctionnaire méconnaît les dispositions du présent chapitre. Il ne peut alors poursuivre son activité dans l'entreprise que dans les conditions prévues à l'article 25 *octies* de la loi nº 83-634 du 13 juillet 1983 portant droits et obligations des fonctionnaires et ne peut plus conserver directement ou indirectement un intérêt financier quelconque dans l'entreprise.

Art. L. 531-17 Les conditions dans lesquelles des agents non fonctionnaires *(L. nº 2020-1674 du 24 déc. 2020, art. 24)* « , y compris les titulaires d'un doctorat recrutés en tant qu'agents contractuels de droit public sur le fondement de l'article L. 422-3 du présent code ou de l'article L. 952-6-2 du code de l'éducation, » peuvent, sous réserve des adaptations nécessaires, bénéficier des dispositions prévues aux sections I *(L. nº 2020-1674 du 24 déc. 2020, art. 24)* « , I *bis* » et II du présent chapitre et à l'article L. 531-13 sont fixées par décret en Conseil d'État.

CHAPITRE II *L'intéressement des chercheurs*

Le présent chapitre ne comprend pas de dispositions législatives.

CHAPITRE III *La valorisation des résultats de la recherche par les établissements et organismes de recherche*

Art. L. 533-1 I. — Les agents de l'État et des personnes publiques investies d'une mission de recherche, auteurs, dans le cadre de recherches financées par des dotations de l'État et des collectivités territoriales ou par des subventions d'agences de financement nationales, d'une invention dans les conditions prévues au 1 de l'article L. 611-7 du code de la propriété intellectuelle en font immédiatement déclaration auprès de la personne publique employeur dont ils relèvent.

II. — Lorsqu'elles sont susceptibles d'un développement économique, ces inventions donnent lieu à un dépôt en vue de l'acquisition d'un titre de propriété industrielle, tel qu'il est défini aux articles L. 611-1 et L. 611-2 du même code.

III. — Les personnes publiques employeurs des personnels mentionnés au I valorisent l'invention objet du titre de propriété industrielle, acquis en application du II, dans les conditions prévues par le code de la propriété intellectuelle, auprès d'entreprises qui prévoient une exploitation de l'invention au moins en partie sous la forme d'une production industrielle ou de la création de services, de préférence sur le territoire de l'Union européenne et, parmi ces entreprises, de préférence auprès des petites et moyennes entreprises et industries et des entreprises de taille intermédiaire.

IV. — Les personnes publiques investies d'une mission de recherche autres que l'État, mentionnées au I, informent leur ministère de tutelle des titres de propriété industrielle acquis et des conditions de leur exploitation en application des II et III.

(L. nº 2019-486 du 22 mai 2019, art. 119) « V. — En cas de copropriété entre personnes publiques investies d'une mission de recherche sur une ou plusieurs inventions, connaissances techniques, logiciels, bases de données protégeables par le code de la propriété intellectuelle ou savoir-faire protégés, une convention détermine l'organisation de la copropriété, notamment la répartition des droits.

« Un mandataire unique est désigné pour exercer des missions de gestion et d'exploitation des droits co-détenus. La convention de copropriété mentionnée au premier alinéa du présent V lui est notifiée.

« Les règles de gestion de la copropriété, les modalités de désignation du mandataire unique, ses missions et ses pouvoirs sont définis par décret. Ces dispositions réglementaires valent règlement de copropriété au sens de l'article L. 613-32 du code de la propriété intellectuelle. »

VI. *Abrogé par L. nº 2019-486 du 22 mai 2019, art. 119.*

Sur la gestion de la copropriété des résultats de recherche, le mode de désignation et les missions du mandataire unique prévu par cet art., V. ci-dessous Décr. nº 2020-24 du 13 janv. 2020.

BIBL. ▶ Balme, Dupont, Cytermann et autres, Rapport sur la valorisation de la recherche, *Rapp. I-GAENR, IGF, janv. 2007, nº 2006-82 ; AJDA 2007. 337, note Biget*. – Berger, Reforms in the French Industrial Ecosystem, *Min. économie, de industrie et du numérique – secrétariat d'État ESR, janv. 2016 : http://cache.media.enseignementsup-recherche.gouv.fr/file/Actus/73/9/Reforms_in_the_French_Industrial_Ecosystem_(fr)_539739.pdf.* – Bozeman, Rimes et Youtie, The evolving state-of-the-art in technology transfer research : Revisiting the contingent effectiveness model, *Res. Policy, 2014 : http://dx.doi.org/10.1016/j.respol. 2014.06.008.* – Fort et Robin, Remarques sur le régime de gestion de la propriété industrielle entre personnes publiques, *AJDA 2010. 2292*. – Gaffard, Quelle organisation universitaire pour faire fructifier les partenariats entre science et industrie ? *in Université, Universités, Dalloz, coll. Thèmes et commentaires, 2010. 203.* – Lacour (animatrice), La fraude scientifique. Rapport d'étonnement de l'atelier, *IHEST, Cycle national de formation 2015-2016, Espaces de la science, territoires et sociétés : http://www.ihest.fr/IMG/pdf/20161103-fraudebd.pdf.* – L'évaluation de la recherche ; réflexions et pratiques du comité 1990-1993, *Comité national d'évaluation de la recherche (CNER), Doc. fr., 1994.* – Valorisation de la recherche : la France en quête de son modèle, *ORS, Dossier nº 42, 17 juill. 2009* ; Research and Innovation performance and Horizon 2020 country participation, *European Commission, Research & Innovation, nov. 2016 : http://ec.europa.eu/research/horizon2020/index_en.cfm?pg=country-profiles.*

Décret nº 2020-24 du 13 janvier 2020,

Relatif à la gestion de la copropriété des résultats de recherche, au mode de désignation et aux missions du mandataire unique prévu à l'article L. 533-1 du code de la recherche.

Art. 1er Le présent décret s'applique aux résultats mentionnés au premier alinéa du V de l'article L. 533-1 du code de la recherche, générés ou pouvant être générés par les personnes publiques investies d'une mission de recherche, telles que les établissements publics à caractère scientifique, culturel et professionnel, les établissements publics à caractère scientifique et technologique et les établissements publics à caractère industriel et commercial dans le cadre de leur activité de recherche.

Art. 2 I. — Les personnes publiques désignent, conjointement, pour chacune de leurs unités de recherche mentionnées à l'article L. 114-3-1 du code de la recherche, un mandataire unique chargé de la gestion et de la valorisation de la totalité des résultats de l'unité de recherche, au plus tard dans un délai d'un mois à compter de la décision de création administrative de l'unité de recherche ou de son renouvellement et pour la durée celle-ci.

Sauf décision contraire dans le mois qui suit la date du renouvellement de l'unité réunissant les mêmes personnes publiques, le mandataire unique préalablement désigné est tacitement reconduit.

II. — Toutefois, pour un domaine d'exploitation défini ou un périmètre de l'unité déterminé, les personnes publiques peuvent désigner un autre mandataire unique. La désignation de ce mandataire unique intervient également au plus tard dans un délai d'un mois à compter de la décision de création administrative de l'unité de recherche ou de son renouvellement et pour la durée de celle-ci.

III. — Sauf accord contraire dans un délai d'un mois à compter de la réception par les personnes publiques copropriétaires de la déclaration mentionnée à l'article 7, lorsqu'un résultat est obtenu par la mise en œuvre des moyens de plusieurs unités de recherche, le mandataire unique du résultat est celui de l'unité dont les inventeurs ou auteurs ont la contribution la plus importante.

A contributions égales, le mandataire unique est celui qui a notifié en premier aux mandataires uniques des autres unités sa décision de protéger et valoriser ce résultat.

Art. 3 Lorsque des personnes publiques mènent conjointement une activité de recherche qui n'entre pas dans le champ d'application de l'article 2, elles désignent au plus tard dans le délai d'un mois à compter du début de l'activité de recherche un mandataire unique chargé de la gestion et de la valorisation de tous les résultats.

Art. 4 Le mandataire unique peut être une des personnes publiques partie à l'activité de recherche ou une personne morale de droit privé ou de droit public tierce.

Art. 5 Faute de désignation d'un mandataire unique, tout copropriétaire, tout agent ayant contribué à l'obtention d'un résultat ou tout tiers intéressé à connaître le mandataire unique d'un résultat, notamment en vue de son exploitation, peut saisir le recteur de région académique qui, le cas échéant, sollicite l'avis du ministre chargé de la recherche, pour désigner le mandataire unique.

Le recteur de région académique compétent est celui de la région où a été généré le résultat.

Le recteur de région académique informe les personnes publiques copropriétaires de sa saisine et désigne le mandataire unique dans un délai d'un mois à compter de la saisine.

Art. 6 La convention prévue au V de l'article L. 533-1 du code de la recherche comprend notamment les noms des personnes publiques copropriétaires, le nom du mandataire unique, le nom des inventeurs ou auteurs fonctionnaires ou agents de l'État et salariés de personnes publiques ayant directement participé à l'obtention du résultat qui est également identifié.

Art. 7 Les personnes publiques informent leurs personnels de l'identité du mandataire unique.

Toute déclaration d'invention ou tout autre document présentant un résultat est adressé par les personnes publiques au mandataire unique dès sa réception.

Les personnes publiques copropriétaires répondent à toute demande du mandataire unique et lui transmettent tout document, y compris le cas échéant la convention signée visée au V de l'article L. 533-1 du code de la recherche, nécessaire à la bonne exécution de ses missions, dans le délai imparti par le mandataire unique.

Les personnes publiques copropriétaires informent le mandataire unique de tout cas de contrefaçon, d'exploitation non autorisée ou de divulgation d'un résultat protégé dont ils auraient connaissance.

Art. 8 Le mandataire unique procède, à titre exclusif, au nom et pour le compte des personnes publiques copropriétaires :

1° A la négociation et à la signature des accords de copropriété portant sur les résultats avec les tiers non soumis à l'article L. 533-1 du code de la recherche ;

2° A la réalisation des actes nécessaires à la protection juridique des résultats en France et à l'étranger, notamment :

— au dépôt de toute demande de brevet, certificat d'utilité, certificat complémentaire de protection et à toute extension sous priorité ;

— à la réponse aux éventuelles objections des offices de propriété industrielle ou aux éventuelles oppositions qui pourraient être formées à l'encontre de la demande ;

— au maintien en vigueur des titres de propriété industrielle, notamment en procédant au paiement des annuités auprès des offices concernés ;

— à tout autre acte nécessaire à la protection ou à la prise de date sur les résultats ;

3° A la négociation et à la signature d'accord de confidentialité ou toute autre formalité nécessaire pour assurer la confidentialité des résultats dans le cadre d'une action de valorisation ;

4° A la négociation et à la signature des licences, exclusives ou non exclusives, sous réserve que les personnes publiques copropriétaires conservent le droit d'utiliser les résultats à des fins de recherche, seules ou avec des tiers ;

5° A la négociation, y compris le cas échéant à la signature, des actes de cession des résultats dans les conditions expressément déterminées par les personnes publiques copropriétaires et transmises au mandataire unique dès sa désignation conformément aux articles 2 et 3 du présent décret ou au plus tard dans la convention visée au V de l'article L. 533-1 du code de la recherche ;

6° A l'encaissement et à la redistribution aux personnes publiques copropriétaires des revenus tirés de l'exploitation des résultats ;

7° Aux diligences nécessaires pour permettre aux personnes publiques copropriétaires de constater ou contester tout acte de contrefaçon ou autres litiges connus portant sur les résultats.

Si des résultats exploitables conjointement sont gérés par différents mandataires uniques, ces derniers facilitent la conclusion des contrats d'exploitation.

Toute autre mission peut être confiée par les personnes publiques copropriétaires au mandataire unique sous réserve qu'il l'accepte.

Art. 9 I. — Le mandataire unique informe les personnes publiques copropriétaires et le cas échéant, les inventeurs ou auteurs, fonctionnaires ou agents de l'État et salariés de personnes publiques ayant directement participé à l'obtention du résultat :

1° Dès leur réception, des déclarations d'inventions ou de tout autre document présentant un résultat ;

2° Dans un délai de deux mois à compter de la réception de la déclaration d'invention ou de tout autre document présentant un résultat, des décisions de procéder ou non aux actes de protection du résultat et à sa valorisation ;

3° Des décisions de procéder à des demandes d'extensions des titres de propriété industrielle ;

4° Dès l'entrée en pourparlers de la cession d'un résultat ;

5° Des décisions d'abandon des titres de propriété industrielle ou de toute autre protection au moins quatre mois avant tout abandon ;

6° Des cas d'actes de contrefaçon ou d'atteintes aux résultats dont il pourrait avoir connaissance et des diligences entreprises au sens du 7° de l'article 8.

II. — Le mandataire unique transmet :

1° Un bilan annuel aux copropriétaires présentant pour chaque résultat, les actions de protection et d'exploitation menées, les coûts associés, et les revenus financiers générés dans le cadre de l'exploitation ;

2° Un bilan ponctuel à la demande d'un copropriétaire pour répondre à ses obligations vis-à-vis d'un tiers dans un délai imparti par le copropriétaire qui ne peut être inférieur à deux semaines ;

3° Aux copropriétaires, une copie des demandes de titres déposées et des titres délivrés, de tout accord ou contrat conclu avec des tiers portant sur les résultats, ainsi que toutes informations qui leur sont nécessaires pour répondre à leurs obligations contractuelles et légales.

III. — Toute autre obligation peut être confiée par écrit par les copropriétaires au mandataire unique sous réserve qu'il l'accepte.

Art. 10 A défaut d'accord préalable à la redistribution des revenus telle que visée au 6° de l'article 8 du présent décret, les revenus financiers sont reversés à parts égales entres les personnes publiques copropriétaires.

Chaque personne publique copropriétaire peut, à tout moment, céder sa quote-part de propriété sur un résultat. Les personnes publiques copropriétaires disposent d'un droit de préemption qu'elles peuvent exercer pendant un délai de trois mois à compter de la notification du projet de cession.

Art. 11 Le mandataire unique peut confier tout ou partie de ses missions à une personne morale de droit public ou de droit privé, dans le respect des dispositions de l'article L. 533-3 du code de la recherche ou de l'article L. 762-3 du code de l'éducation.

Le mandataire unique communique, le cas échéant dès sa désignation, aux personnes publiques copropriétaires les missions confiées à ce tiers et son identité, y compris de la société qui a pour objet l'accélération du transfert. Cette dernière agit dans le respect de la convention conclue avec le mandataire unique.

Art. 12 A compter de sa désignation, et en l'absence de convention contraire antérieure conclue entre les copropriétaires et le mandataire unique, le mandataire unique supporte l'intégralité des frais associés à l'exercice de ses missions.

Le mandataire est remboursé des frais engagés pour un résultat sur les revenus issus de l'exploitation dudit résultat.

Un arrêté du ministre chargé de la recherche fixe les conditions et les modalités de prise en charge des frais engagés par le mandataire unique.

Art. 13 Pour un résultat donné, les personnes publiques copropriétaires peuvent résilier le mandat du mandataire unique en cas de manquement grave et prolongé à ses obligations, sous réserve que ces dernières désignent en même temps un nouveau mandataire unique.

Le mandataire unique peut également renoncer à son mandat.

Art. 14 A la demande du ministre chargé de la recherche, et suivant les modalités qu'il précise, toute personne publique investie d'une mission de recherche fournit une liste des mandataires uniques.

Art. 15 Le décret n° 2014-1518 du 16 décembre 2014 relatif au mode de désignation et aux missions du mandataire prévu à l'article L. 533-1 du code de la recherche est abrogé.

Art. 16 Pour les unités de recherche existantes pour lesquelles aucun mandataire unique n'a été désigné, le délai prévu au II de l'article 2 est porté à deux mois à compter de l'entrée en vigueur du présent décret.

Art. L. 533-2 Dans le cadre des objectifs définis à l'article L. 112-1, les établissements publics à caractère scientifique et technologique peuvent assurer par convention des prestations de service, gérer des contrats de recherche, exploiter des brevets et licences et commercialiser les produits de leurs activités.

En vue de la valorisation des résultats de la recherche dans leurs domaines d'activité, ils peuvent, par convention et pour une durée limitée, avec information de l'instance scientifique compétente, fournir à des entreprises ou à des personnes physiques des moyens de fonctionnement, notamment en mettant à leur disposition des locaux, des équipements et des matériels. Un décret fixe les conditions d'application du présent alinéa.

Les activités mentionnées au présent article peuvent être gérées par des services d'activités industrielles et commerciales, dont le régime financier et comptable est défini par décret. Pour le fonctionnement de ces services et la réalisation de ces activités, les établissements peuvent recruter, dans des conditions définies, en tant que de besoin, par décret en Conseil d'État, des agents non titulaires par des contrats de droit public à durée déterminée ou indéterminée.

Art. L. 533-3 Les établissements publics à caractère scientifique et technologique peuvent également confier par convention les activités mentionnées à l'article L. 533-2 à des entités de droit privé. Ces conventions sont approuvées par leur autorité de tutelle.

Il est tenu compte notamment :

1° De la capacité financière et des moyens de gestion de l'entité ;

2° De l'adéquation de l'action de l'entité avec la politique de l'établissement public ;

3° De l'équilibre des droits et obligations entre l'entité et l'établissement public.

La convention mentionnée au premier alinéa peut prévoir l'attribution ou la mise à disposition de moyens matériels et financiers par l'une à l'autre des parties.

(L. n° 2020-1674 du 24 déc. 2020, art. 34) « Cette convention est approuvée par l'autorité de tutelle dans un délai de deux mois à compter de la date de réception de la demande d'approbation. Le silence gardé par l'autorité de tutelle pendant deux mois vaut décision d'approbation. »

Art. L. 533-4 *(L. n° 2016-1321 du 7 oct. 2016, art. 30)* I. — Lorsqu'un écrit scientifique issu d'une activité de recherche financée au moins pour moitié par des dotations de l'État, des collectivités territoriales ou des établissements publics, par des subventions d'agences de financement nationales ou par des fonds de l'Union européenne est publié dans un périodique paraissant au moins une fois par an, son auteur dispose, même après avoir accordé des droits exclusifs à un éditeur, du droit de mettre à disposition gratuitement dans un format ouvert, par voie numérique, sous réserve de l'accord des éventuels coauteurs, la version finale de son manuscrit acceptée pour publication, dès lors que l'éditeur met lui-même celle-ci gratuitement à disposition par voie numérique ou, à défaut, à l'expiration d'un délai courant à compter de la date de la première publication. Ce délai est au maximum de six mois pour une publication dans le domaine des sciences, de la technique et de la médecine et de douze mois dans celui des sciences humaines et sociales.

La version mise à disposition en application du premier alinéa ne peut faire l'objet d'une exploitation dans le cadre d'une activité d'édition à caractère commercial.

II. — Dès lors que les données issues d'une activité de recherche financée au moins pour moitié par des dotations de l'État, des collectivités territoriales, des établissements publics, des subventions d'agences de financement nationales ou par des fonds de l'Union européenne ne sont pas protégées par un droit spécifique ou une réglementation particulière et qu'elles ont été rendues publiques par le chercheur, l'établissement ou l'organisme de recherche, leur réutilisation est libre.

III. — L'éditeur d'un écrit scientifique mentionné au I ne peut limiter la réutilisation des données de la recherche rendues publiques dans le cadre de sa publication.

IV. — Les dispositions du présent article sont d'ordre public et toute clause contraire à celles-ci est réputée non écrite.

TITRE IV Dispositions relatives à l'outre-mer

CHAPITRE PREMIER *Dispositions relatives à Mayotte*

Le présent chapitre ne comprend pas de dispositions législatives.

CHAPITRE II *Dispositions relatives à Saint-Barthélemy*

Le présent chapitre ne comprend pas de dispositions législatives.

CHAPITRE III *Dispositions relatives à Saint-Martin*

Le présent chapitre ne comprend pas de dispositions législatives.

CHAPITRE IV *Dispositions relatives à Saint-Pierre-et-Miquelon*

Le présent chapitre ne comprend pas de dispositions législatives.

CHAPITRE V *Dispositions relatives aux îles Wallis-et-Futuna*

Art. L. 545-1 Les dispositions des articles L. 513-2, L. 521-1 à L. 521-13, L. 533-2 et *(L. nº 2016-1321 du 7 oct. 2016, art. 112)* « L. 533-4 sont applicables dans les îles Wallis-et-Futuna, dans leur rédaction résultant de la loi nº 2016-1321 du 7 octobre 2016 pour une République numérique. »

(L. nº 2019-486 du 22 mai 2019, art. 119) « Le chapitre Ier du titre III du présent livre est applicable dans sa rédaction résultant de la loi nº 2019-486 du 22 mai 2019 relative à la croissance et la transformation des entreprises » *(Ord. nº 2020-1142 du 16 sept. 2020, art. 16)* « à l'exception de l'article L. 531-12.

« L'article L. 531-12 est applicable dans sa rédaction résultant de l'ordonnance nº 2020-1142 du 16 septembre 2020. »

Pour l'application du présent livre dans les îles Wallis-et-Futuna, le ministre chargé de la recherche exerce les compétences dévolues au recteur *(L. nº 2019-791 du 26 juill. 2019, art. 54)* « de région académique ».

CHAPITRE VI *Dispositions relatives à la Polynésie française*

Art. L. 546-1 Les dispositions des articles L. 513-2, L. 521-1 à L. 521-13 et L. 533-2 et L. 533-3 sont applicables en Polynésie française *(Ord. nº 2015-24 du 14 janv. 2015, art. 9)* « dans leur rédaction résultant de l'ordonnance nº 2015-24 du 14 janvier 2015 portant extension et adaptation dans les îles Wallis-et-Futuna, en Polynésie française et en Nouvelle-Calédonie de la loi nº 2013-660 du 22 juillet 2013 relative à l'enseignement supérieur et à la recherche ».

(L. nº 2019-486 du 22 mai 2019, art. 119) « Le chapitre Ier du titre III du présent livre est applicable dans sa rédaction résultant de la loi nº 2019-486 du 22 mai 2019 relative à la croissance et la transformation des entreprises » *(Ord. nº 2020-1142 du 16 sept. 2020, art. 16)* « à l'exception de l'article L. 531-12.

« L'article L. 531-12 est applicable dans sa rédaction résultant de l'ordonnance nº 2020-1142 du 16 septembre 2020. »

Pour l'application du présent livre en Polynésie française, le ministre chargé de la recherche exerce les compétences dévolues au recteur *(L. nº 2019-791 du 26 juill. 2019, art. 54)* « de région académique ».

CHAPITRE VII *Dispositions relatives à la Nouvelle-Calédonie*

Art. L. 547-1 Les dispositions des articles L. 513-2, L. 521-1 à L. 521-13, L. 533-2 et L. 533-3 sont applicables en Nouvelle-Calédonie *(Ord. nº 2015-24 du 14 janv. 2015, art. 14)* « dans leur rédaction résultant de l'ordonnance nº 2015-24 du 14 janvier 2015 portant extension et adaptation dans les îles Wallis-et-Futuna, en Polynésie française et en Nouvelle-Calédonie de la loi nº 2013-660 du 22 juillet 2013 relative à l'enseignement supérieur et à la recherche ».

(L. nº 2019-486 du 22 mai 2019, art. 119) « Le chapitre Ier du titre III du présent livre est applicable dans sa rédaction résultant de la loi nº 2019-486 du 22 mai 2019 relative à la croissance et la transformation des entreprises » *(Ord. nº 2020-1142 du 16 sept. 2020, art. 16)* « à l'exception de l'article L. 531-12.

« L'article L. 531-12 est applicable dans sa rédaction résultant de l'ordonnance n° 2020-1142 du 16 septembre 2020. »

Pour l'application du présent livre en Nouvelle-Calédonie, le ministre chargé de la recherche exerce les compétences dévolues au recteur *(L. n° 2019-791 du 26 juill. 2019, art. 54)* « de région académique ».

CHAPITRE VIII *Dispositions relatives aux Terres australes et antarctiques françaises*

Le présent chapitre ne comprend pas de dispositions législatives.

STATUTS PARTICULIERS

I PERSONNELS DE L'ENSEIGNEMENT DU PREMIER ET DU SECOND DEGRÉ

Décret n° 50-581 du 25 mai 1950,

Portant fixation des maximums de service hebdomadaire du personnel enseignant des établissements d'enseignement du second degré.

CHAPITRE PREMIER *Dispositions générales*

Art. 1er à 3 *Abrogés par Décr. n° 2014-940 du 20 août 2014, art. 10.*

CHAPITRE II *Dispositions particulières à certaines catégories de personnels ou à certaines disciplines*

Art. 4 et 5 *Abrogés par Décr. n° 2014-940 du 20 août 2014, art. 10.*

Art. 6 *(Décr. n° 2007-1295 du 31 août 2007 ; Décr. n° 61-1277 du 29 nov. 1961, art. 1er)* « 1° Le maximum de service des professeurs de mathématiques, de sciences physiques et de sciences naturelles qui donnent tout leur enseignement dans les classes de Mathématiques spéciales, de Mathématiques supérieures, dans les autres classes préparatoires aux grandes écoles dont la liste est fixée par décision ministérielle, est arrêté ainsi qu'il suit :

	Classes ayant un effectif		
	De plus de 35 élèves	**De 20 à 35 élèves**	**De moins de 20 élèves**
Classes de Mathématiques spéciales et classes préparatoires à l'École normale supérieure (Sciences expérimentales)	8 heures	9 heures	10 heures
Classes de Mathématiques supérieures, classes préparatoires à l'École centrale des arts et manufactures (deuxième année), à l'École navale et à l'École de l'air (deuxième année), aux écoles nationales supérieures d'ingénieurs (deuxième année A et B pour les mathématiques et les sciences physiques), à l'Institut national agronomique (agro deuxième année, pour les sciences naturelles)	9 heures	10 heures	11 heures
Classes préparatoires aux grandes écoles non désignées ci-dessus	11 heures	12 heures	13 heures

« Toutefois, le professeur de physique chargé d'une classe préparatoire à l'école supérieure d'électricité aura le même maximum de service que le professeur de mathématiques chargé d'une classe de Mathématiques spéciales. »

2° Les professeurs de mathématiques, sciences physiques et sciences naturelles dont le service est partagé entre la classe de Mathématiques spéciales ou la classe préparatoire à l'École normale supérieure (Sciences expérimentales) et les autres classes désignées ci-dessus ont le même maximum de service que s'ils donnaient tout leur enseignement dans la classe de Mathématiques spéciales ou celle de préparation à l'École normale supérieure (Sciences expérimentales).

Le maximum de service des professeurs qui n'assurent dans les classes désignées ci-dessus qu'une partie de leur service est fixé conformément *(Décr. n° 2014-941 du 20 août 2014, art. 4)* « à l'article 2 du décret n° 2014-940 du 20 août 2014 ». Toutefois chaque heure d'enseignement fait dans les classes désignées ci-dessus est comptée pour une heure et demie, sous réserve :

a) Que dans le décompte des heures faites dans lesdites classes, les heures consacrées aux mêmes enseignements dans deux divisions ou sections d'une même classe ne soient comptées qu'une fois ;

b) Que le maximum de service effectif du professeur ne deviendra pas, de ce fait, inférieur à celui prévu ci-dessus pour un professeur donnant tout son enseignement dans lesdites classes.

3° Lorsqu'un professeur fait tout son service dans deux des classes considérées dans le présent article :

Si l'une seulement compte plus de trente-cinq élèves, le maximum de service du professeur sera le même que si les deux classes comptent plus de trente-cinq élèves.

Si l'une compte entre vingt et trente-cinq élèves et l'autre moins de vingt élèves, le maximum de service du professeur sera le même que si les deux classes comptaient entre vingt et trente-cinq élèves.

Art. 7 *(Décr. n° 2007-1295 du 31 août 2007)* 1° Le maximum de service des professeurs de philosophie, lettres, histoire et géographie ou langues vivantes qui donnent tout leur enseignement dans la classe de Première supérieure, dans celle de Lettres supérieures, dans les classes préparatoires aux écoles normales supérieures (section des lettres), à l'école nationale de la France d'outre-mer, à l'école nationale des chartes, est fixé ainsi qu'il suit :

	Classes ayant un effectif		
	De plus de 35 élèves	**De 20 à 35 élèves**	**De moins de 20 élèves**
Classes de Première supérieure	8 heures	9 heures	10 heures
Classes de Lettres supérieures et classes préparatoires aux Écoles normales supérieures (section des lettres), à l'École nationale de la France d'outre-mer, à l'École nationale des chartes	9 heures	10 heures	11 heures

Les professeurs de philosophie, lettres, histoire et géographie ou langues vivantes dont le service est partagé entre la classe de Première supérieure et celle de Lettres supérieures ont le même maximum de service que s'ils donnaient tout leur enseignement en Première supérieure.

2° Le maximum de service des professeurs qui n'assurent dans la classe de Première supérieure ou dans celle de Lettres supérieures qu'une partie de leur service est fixé conformément *(Décr. n° 2014-941 du 20 août 2014, art. 4)* « à l'article 2 du décret n° 2014-940 du 20 août 2014 ». Toutefois, chaque heure d'enseignement faite soit en Première supérieure, soit en Lettres supérieures est comptée pour une heure et demie, sous réserve :

a) Que dans le décompte des heures faites dans lesdites classes, les heures consacrées au même enseignement dans deux divisions ou sections d'une même classe ne soient comptées qu'une fois ;

b) Que le maximum de service effectif du professeur ne devienne pas, de ce fait, inférieur à celui prévu au 1° ci-dessus pour un professeur donnant tout son enseignement dans lesdites classes.

(*Décr. nº 61-1277 du 29 nov. 1961, art. 2*) « La même règle est applicable aux professeurs de philosophie, lettres, histoire et géographie ou langues vivantes qui enseignent dans les classes visées à l'article 6 ci-dessus, sous réserve que le maximum de service de ces professeurs ne soit en aucun cas inférieur à celui figurant au tableau qui suit : »

	Classes ayant un effectif		
	De plus de 35 élèves	De 20 à 35 élèves	De moins de 20 élèves
Classes de Mathématiques spéciales et classes préparatoires à l'École normale supérieure	10 heures	11 heures	12 heures
Classes de Mathématiques supérieures et classes préparatoires aux grandes écoles non désignées ci-dessus	11 heures	12 heures	13 heures

3° Les dispositions du 3° de l'article 6 ci-dessus sont applicables aux professeurs et aux classes considérées dans le présent article.

Art. 8 à 12 *Abrogés par Décr. nº 2014-940 du 20 août 2014, art. 10.*

Décret nº 50-582 du 25 mai 1950,

Portant fixation des maximums de service hebdomadaire du personnel des établissements publics d'enseignement technique.

CHAPITRE PREMIER *Dispositions générales*

Art. 1er à 3 *Abrogés par Décr. nº 2014-940 du 20 août 2014, art. 10.*

CHAPITRE II *Dispositions particulières à certaines catégories de personnels ou à certaines disciplines*

Art. 4 et 5 *Abrogés par Décr. nº 2014-940 du 20 août 2014, art. 10.*

Art. 6 (*Décr. nº 2007-1295 du 31 août 2007 ; Décr. nº 61-1277 du 29 nov. 1961, art. 3*) « Le maximum de service des professeurs qui donnent tout leur enseignement dans les classes préparatoires aux grandes écoles dont la liste est déterminée par arrêté ministériel est fixé à douze heures.

« Le maximum de service des professeurs de mathématiques et sciences physiques qui donnent tout leur enseignement dans les classes préparatoires (deuxième année) au concours de recrutement spécial défini par le décret nº 59-897 du 30 juillet 1959 est fixé à dix heures. »

Le maximum de service des professeurs qui n'assurent, dans les classes désignées au paragraphe ci-dessus qu'une partie de leur service, est fixé conformément (*Décr. nº 2014-941 du 20 août 2014, art. 5*) « à l'article 2 du décret nº 2014-940 du 20 août 2014 ». Toutefois, chaque heure d'enseignement faite dans les classes préparatoires aux grandes écoles est comptée pour une heure et demie, sous réserve :

1° Que, dans le décompte des heures faites dans lesdites classes, les heures données à deux divisions ou sections parallèles d'une même classe ne soient comptées qu'une seule fois ;

2° Que le maximum effectif du professeur ne devienne pas, de ce fait, inférieur à celui prévu ci-dessus pour un professeur donnant tout son enseignement dans lesdites classes.

Art. 7 à 10 *Abrogés par Décr. nº 2014-940 du 20 août 2014, art. 10.*

Décret nº 50-1253 du 6 octobre 1950,

Fixant les taux de rémunération des heures supplémentaires d'enseignement effectuées pour les personnels enseignants des établissements d'enseignement du second degré (Décr. nº 95-999 du 25 août 1995, art. 1er).

Art. 1er (*Décr. nº 2016-1172 du 29 août 2016, art. 1er*) « Les personnels visés par les décrets nº 50-581 et nº 50-582 du 25 mai 1950 susvisés et aux 1°, 2°, 3° et 4° du I de l'article 2 du décret n° 2014-940 du 20 août 2014 relatif aux obligations de service et aux missions des personnels enseignants exerçant dans un établissement public d'enseignement du second degré dont les services hebdomadaires excèdent les maxima de services réglementaires reçoivent, par heure supplémentaire et sous réserve des dispositions légales relatives au cumul des traitements et indemnités, une indemnité non soumise à retenue pour pension civile. »

Peuvent également bénéficier de ces indemnités les professeurs adjoints, maîtres d'internat et surveillants d'externat des établissements d'enseignement du second degré, *(Décr. n° 95-999 du 25 août 1995, art. 2)* « les instituteurs et les professeurs des écoles exerçant dans les classes secondaires des lycées et collèges ou dans les établissements d'enseignement technique », ainsi que les répétiteurs exerçant dans ces derniers établissements et les instituteurs délégués dans les fonctions de professeur ou de maître d'éducation physique.

(Décr. n° 90-515 du 22 juin 1990, art. 1er) « Les indemnités prévues au paragraphe premier ci-dessus sont attribuées dans les mêmes conditions *(Décr. n° 98-681 du 30 juill. 1998, art. 1er)* « aux professeurs de lycée professionnel régis par le décret n° 92-1189 du 6 novembre 1992 modifié *[V. ce texte ci-dessous]* » susvisé et aux professeurs d'enseignement général de collège visés par le décret du 14 mars 1986 susvisé *[n° 86-492, V. ce texte ci-dessous]*. »

(Décr. n° 2016-1172 du 29 août 2016, art. 1er) « Les professeurs contractuels exerçant à temps complet et recrutés en application du décret n° 2016-1171 du 29 août 2016 peuvent bénéficier de ces indemnités dans les conditions fixées par le présent décret. »

Art. 2 *(Décr. n° 95-999 du 25 août 1995, art. 3)* Le taux annuel de l'indemnité prévue à l'article précédent est calculé en divisant le traitement moyen obtenu dans les conditions précisées ci-dessous par le maximum de service réglementaire ; *(Décr. n° 98-681 du 30 juill. 1998, art. 2)* « le résultat est multiplié par la fraction neuf treizièmes ». *(Décr. n° 99-824 du 17 sept. 1999, art. 1er)* « Dans la limite d'une heure supplémentaire excédant les maxima de services réglementaires des personnels mentionnés à l'article premier ci-dessus, ce taux est majoré de 20 %. »

Pour les personnels visés à l'article premier ci-dessus bénéficiaires d'une seule échelle de rémunération, le traitement moyen est celui correspondant à la moyenne arithmétique du traitement budgétaire de début de carrière et du traitement budgétaire de fin de carrière.

Pour les personnels enseignants appartenant à un corps ou à un grade doté d'une hors-classe ou d'une classe exceptionnelle, le traitement moyen est celui correspondant à la moyenne arithmétique du traitement budgétaire de début de carrière et du traitement budgétaire de fin de carrière de la classe normale.

Pour les personnels enseignants nommés à la hors-classe ou à la classe exceptionnelle, le montant de l'indemnité tel qu'il est défini au premier alinéa du présent article est majoré de 10 %.

(Décr. n° 2016-1172 du 29 août 2016, art. 1er) « Pour les professeurs contractuels de première et deuxième catégorie, les taux annuels de l'indemnité prévue à l'article précédent sont fixés par arrêté conjoint des ministres chargés de l'éducation nationale, du budget et de la fonction publique.

« Les taux sont indexés sur la valeur du point indiciaire de la fonction publique. »

Art. 3 Le taux des heures supplémentaires exceptionnelles d'enseignement théorique assurées par les professeurs techniques est celui applicable aux professeurs.

Le taux des heures supplémentaires exceptionnelles d'enseignement théorique assurées par des professeurs techniques adjoints est celui applicable aux chargés d'enseignement.

Pour le calcul des taux des heures supplémentaires d'enseignement pratique assurées par des professeurs techniques adjoints, le maximum de service fixé par l'article 11 du décret du 8 juillet 1949 est ramené à trente-six heures.

(Décr. n° 2016-1172 du 29 août 2016, art. 2) « Le taux des heures supplémentaires d'enseignement assurées par les professeurs autres que ceux régis par le décret n° 68-503 du 30 mai 1968 donnant tout leur enseignement dans les classes préparatoires aux grandes écoles est calculé sur la base du traitement du professeur agrégé de classe normale et du maximum de service réglementaire le concernant. Le quatrième alinéa de l'article 2 ne leur est pas applicable. »

« Les heures d'interrogation effectuées dans les classes préparatoires aux grandes écoles sont toujours décomptées à l'unité. Elles sont rétribuées à raison *(Décr. n° 98-681 du 30 juill. 1998, art. 3)* « du trente-sixième » du tarif annuel de l'heure supplémentaire, tel qu'il résulte des dispositions du présent décret, ce tarif étant réduit de 25 %. »

(Décr. n° 95-999 du 25 août 1995, art. 4) « Ces heures d'interrogation peuvent également être effectuées par des intervenants autres que ceux visés à l'article premier ci-dessus.

« Les intéressés perçoivent une rémunération calculée dans les mêmes conditions que pour les personnels enseignants autres que ceux régis par le décret n° 68-503 du 30 mai 1968 susvisé *[V. ce texte infra]*. »

Les heures supplémentaires perçues par les professeurs contractuels bénéficiant d'un contrat à durée indéterminée ainsi que ceux bénéficiant d'un contrat à durée déterminée d'un an couvrant l'année scolaire à la date de publication du Décr. n° 2016-1172 du 29 août 2016 demeurent rémunérées aux taux fixés antérieurement à l'entrée en vigueur du Décr. préc. (Décr. préc., art. 3).

Art. 4 Les indemnités pour heures supplémentaires susvisées sont payables par neuvième.

En cas d'absence ou de congé individuel, l'indemnité est fixée proportionnellement à la période de présence, le décompte s'établissant à raison de un deux cent soixante-dixième de l'indemnité annuelle pour chaque journée de présence.

Art. 5 Lorsque le service supplémentaire ne comporte pas un horaire régulier, chaque heure effectivement faite est rétribuée à raison de *(Décr. n° 98-681 du 30 juill. 1998)* « un trente-sixième de l'indemnité annuelle définie à l'article 2, le taux ainsi déterminé étant majoré de » *(Décr. n° 2008-199 du 27 févr. 2008, art. 5)* « 25 % ». *(Décr. n° 2009-81 du 21 janv. 2009, art. 1er)* « Les heures consacrées, par les personnels enseignants, aux études dirigées ou à l'accompagnement éducatif sont rétribuées selon les mêmes modalités. »

(Décr. n° 95-999 du 25 août 1995, art. 5) « Pour les personnels enseignants, les heures supplémentaires consacrées à des tâches de surveillance sont rémunérées à raison d'*(Décr. n° 98-681 du 30 juill. 1998)* « un trente-sixième » du taux annuel de l'heure supplémentaire calculé dans les conditions prévues à l'article 2 modifié, le taux obtenu étant réduit de 50 %. »

Art. 6 Il ne peut être attribué aucune indemnité pour travaux supplémentaires aux personnels logés par nécessité absolue de service.

Art. 7 Toutes dispositions contraires au présent décret sont et demeurent abrogées, et notamment l'arrêté du 10 janvier 1945 et le décret n° 47-2354 du 19 décembre 1947 relatif aux indemnités pour heures supplémentaires du personnel des lycées et collèges, l'arrêté du 22 janvier 1945 et le décret n° 47-2357 du 19 décembre 1947 relatif aux indemnités pour heures supplémentaires des personnels des établissements publics d'enseignement technique, l'arrêté du 3 février 1945 et le décret n° 47-2358 du 19 décembre 1947 relatif aux indemnités pour heures supplémentaires du personnel enseignant d'éducation physique et sportive, le décret n° 46-579 du 2 avril 1946, modifié par le décret n° 47-2356 du 19 décembre 1947 relatif aux indemnités pour heures supplémentaires du personnel enseignant des écoles normales primaires et le décret n° 48-1830 du 10 décembre 1948 majorant les indemnités allouées pour cours ou conférences ou pour heures supplémentaires effectuées par le personnel enseignant du ministère de l'éducation nationale.

Décret n° 62-379 du 3 avril 1962,

Fixant les dispositions applicables aux maîtres auxiliaires des écoles normales primaires, des lycées classiques, modernes et techniques et des collèges d'enseignement technique et aux maîtres d'éducation physique relevant du haut-commissariat à la Jeunesse et aux Sports.

Art. 1er Les dispositions du présent décret sont applicables à tous les maîtres auxiliaires en fonctions dans les établissements des enseignements classiques, modernes, techniques et professionnels, dans les écoles normales primaires, dans les centres nationaux du premier degré et dans les établissements d'enseignement et services relevant du haut-commissariat à la Jeunesse et aux Sports.

Entrent dans la catégorie des maîtres auxiliaires et sont soumis à l'ensemble des dispositions applicables à ce personnel tous les maîtres chargés par les *(Décr. n° 2019-1558 du 30 déc. 2019, art. 25)* « recteurs d'académie », et à titre essentiellement précaire, soit :

D'assurer l'intérim d'un emploi vacant de professeur titulaire ;

D'assurer la suppléance d'un professeur en congé de maladie ou de maternité ;

De donner pendant tout ou partie de l'année scolaire un enseignement constituant un service incomplet ;

Ou d'assurer un service complet d'enseignement constitué par un groupement d'heures supplémentaires.

Art. 2 Les maîtres auxiliaires sont répartis en quatre catégories bénéficiant de rémunérations fixées par référence aux indices limites ci-après :

Catégories	Indices bruts à compter du 1er août 1977	
Catégorie I	379 – 603	
Catégorie II	340 – 521	
	Indices à compter du 1er juillet 1976	
	Indices bruts	Indices majorés au 1er octobre 1972
Catégorie III	267 – 444	228 – 355
Catégorie IV..	267 – 384	228 – 315

Art. 3 Appartiennent à la catégorie I :

Les maîtres auxiliaires des enseignements artistiques ou spéciaux pourvus du certificat d'aptitude (degré supérieur) ou de titres ou diplômes équivalents fixés par décision ministérielle ;

Les maîtres auxiliaires d'éducation physique pourvus du professorat.

Appartiennent à la catégorie II :

Les maîtres auxiliaires des enseignements généraux pourvus de la licence d'enseignement ;

Les maîtres auxiliaires des enseignements artistiques ou spéciaux pourvus du certificat d'aptitude (premier degré) ou du certificat d'aptitude à l'enseignement de la couture ou de titres ou diplômes équivalents fixés par décision ministérielle ;

Les maîtres auxiliaires d'éducation physique pourvus de la première partie du professorat ou de titres ou diplômes équivalents fixés par décision ministérielle.

Appartiennent à la catégorie III :

Les maîtres auxiliaires des enseignements généraux pourvus du baccalauréat ;

Les maîtres auxiliaires des enseignements artistiques ou spéciaux non certifiés ;

Les maîtres auxiliaires d'éducation physique pourvus du baccalauréat ou du brevet supérieur ou de la première partie du diplôme de maître d'éducation physique ou de titres ou diplômes de spécialités sportives équivalents fixés par décision ministérielle.

Appartiennent à la catégorie IV :

Les maîtres auxiliaires d'éducation physique pourvus du brevet d'aide moniteur ou de titres ou diplômes de spécialités sportives équivalents fixés par décision ministérielle.

Art. 4 Les échelles de rémunération de chacune des quatre catégories comportent huit échelons.

Peuvent bénéficier d'une promotion d'échelon les agents qui justifient d'une durée de service minimum dans leur échelon égale à trois ans pour les trois premiers échelons et quatre ans pour les autres échelons.

Cette durée peut être réduite, compte tenu des mérites professionnels des intéressés et dans la limite de 20 % du nombre des promouvables, de six mois dans les trois premiers échelons et d'un an dans les autres échelons.

Les promotions d'échelon prennent effet du premier jour du mois qui suit la date à laquelle les intéressés réunissent les conditions d'ancienneté définies ci-dessus.

Art. 5 Lors de leur recrutement, les maîtres auxiliaires sont nommés au premier échelon de leur catégorie.

Lorsqu'ils changent de catégorie, les maîtres auxiliaires sont classés à l'échelon comportant un traitement égal, ou à défaut, immédiatement supérieur à celui dont ils bénéficiaient dans leur catégorie d'origine. Ils conservent l'ancienneté acquise dans leur ancien échelon si leur nomination leur procure une augmentation de traitement inférieure à celle qu'entraîne un avancement d'échelon dans leur ancienne catégorie.

Art. 5 *bis* *(Décr. n° 73-883 du 10 août 1973, art. 1er)* Les personnels enseignants auxiliaires des enseignements spéciaux de l'ex-département de la Seine ou de la ville de Paris, nommés maîtres auxiliaires de l'État dans le cadre du présent décret, sont classés à l'échelon numériquement égal à celui dans lequel ils étaient rangés dans leur ancien emploi. Ils conservent leur ancienneté d'échelon.

Ces dispositions sont également applicables :

Aux maîtres auxiliaires des lycées et collèges agricoles régis par le décret du 31 juillet 1970 susvisé ;

Aux maîtres auxiliaires des maisons d'éducation de la Légion d'honneur.

Art. 5 *ter* *(Décr. n° 73-883 du 10 août 1973, art. 1er)* Lorsqu'ils sont nommés maîtres auxiliaires de l'État dans le cadre du présent décret, les personnels non titulaires ayant dispensé à l'étranger un enseignement de second degré bénéficient, après avis du ministre des Affaires étrangères, d'une reconstitution de carrière, compte tenu des services accomplis en cette qualité.

Art. 6 Les maîtres auxiliaires à service partiel perçoivent une rémunération réduite selon le rapport de la durée effective du service hebdomadaire accompli à la durée réglementaire du maximum de services prévu par les textes en vigueur pour les enseignements considérés.

Art. 7 En cas de maladie, les maîtres auxiliaires à service complet peuvent obtenir, par période de douze mois, et sur production d'un certificat médical, des congés ainsi fixés :

Après six mois de présence effective dans les douze mois qui précèdent la mise en congé, un mois à plein traitement, un mois à demi-traitement ;

Après trois ans de présence effective, dont six mois au moins dans les douze mois qui précèdent la mise en congé, deux mois à plein traitement, deux mois à demi-traitement ;

Après cinq ans de présence effective, dont six mois au moins dans les douze mois qui précèdent la mise en congé, trois mois à plein traitement, trois mois à demi-traitement.

Art. 8 Les maîtresses auxiliaires ayant au moins six mois de services effectifs peuvent bénéficier d'un congé avec traitement pour couches et allaitement. La durée de ce congé est égale à celle prévue par la législation sur la Sécurité sociale.

Art. 9 Les prestations journalières versées aux maîtres auxiliaires par la Sécurité sociale viennent en déduction des rémunérations allouées en application des articles 7 et 8 du présent décret.

Décret n° 68-503 du 30 mai 1968,

Portant statut particulier des professeurs de chaires supérieures des établissements classiques, modernes et techniques.

Art. 1er Il est constitué un corps de professeurs de chaires supérieures. Ses membres ont vocation à être affectés, pour y assurer les enseignements prévus, dans les chaires supérieures créées, dans la limite des emplois figurant au budget, dans les classes préparatoires aux grandes écoles des établissements de second degré.

(Décr. n° 94-938 du 24 oct. 1994, art. 1er) « Un arrêté conjoint du ministre chargé de l'éducation nationale, du ministre chargé de la fonction publique et du ministre chargé du budget fixe la liste des disciplines pour lesquelles peuvent être créées des chaires supérieures. »

Art. 1er-1 *(Décr. n° 2015-884 du 20 juill. 2015, art. 10)* Les personnels enseignants mentionnés à l'article 1er du présent décret titulaires du certificat d'aptitude aux fonctions de formateur académique peuvent, avec leur accord, exercer la fonction de formateur académique.

Sous l'autorité du recteur de l'académie, les formateurs académiques participent à la formation initiale des enseignants stagiaires et des conseillers principaux d'éducation stagiaires et des étudiants se destinant aux métiers de l'enseignement et de l'éducation dans les établissements d'enseignement supérieur en charge de leur formation.

Ils participent à l'animation du réseau des personnels enseignants du second degré désignés, par l'autorité académique, pour prendre en charge le tutorat des enseignants stagiaires et des étudiants se destinant au métier de l'enseignement.

Ils contribuent également à la formation continue des personnels enseignants du second degré.

Art. 2 *(Décr. n° 79-1002 du 20 nov. 1979, art. 1er)* Les professeurs de chaires supérieures sont nommés par arrêté du ministre de l'éducation parmi les candidats inscrits sur une liste d'aptitude.

Il est établi une liste d'aptitude pour chacune des disciplines auxquelles sont réservées des chaires supérieures. Par dérogation aux dispositions de l'article 19 de l'ordonnance susvisée du 4 février 1959 [*n° 59-244 relative au statut général des fonctionnaires, V. désormais L. n° 84-16 du*

*11 janv. 1984, art. 19, **C. fonct. publ.**]*, les listes d'aptitude sont arrêtées pour chaque année scolaire par le ministre de l'éducation sur les propositions d'une commission composée :

— du directeur d'administration centrale du ministère de l'éducation chargé de la gestion du corps des professeurs agrégés ou son représentant, président ;

— du directeur d'administration centrale du ministère de l'éducation chargé des enseignements des lycées, ou son représentant ;

— *(Décr. nº 2020-1676 du 23 déc. 2020, art. 4)* « du chef de l'inspection générale de l'éducation, du sport et de la recherche ou son représentant » ;

— du représentant permanent de *(Décr. nº 2020-1676 du 23 déc. 2020, art. 4)* « l'inspection générale de l'éducation, du sport et de la recherche ou son représentant ».

La commission arrête ses propositions après examen des dossiers des candidats et au vu des rapports établis à cet effet par l'inspection générale de l'instruction publique. Le nombre des propositions ne peut excéder de plus de moitié le nombre des emplois vacants dans chaque discipline.

Art. 3 *(Décr. nº 94-938 du 24 oct. 1994, art. 2)* Peuvent être inscrits sur les listes d'aptitude mentionnées à l'article 2 ci-dessus des professeurs agrégés hors classe de l'enseignement du second degré et des professeurs agrégés de classe normale de l'enseignement du second degré. Les professeurs agrégés de classe normale de l'enseignement du second degré concernés doivent être parvenus au 6e échelon de leur grade au 1er septembre de l'année scolaire au titre de laquelle est établie la liste d'aptitude.

En outre, pour pouvoir être inscrit sur ces listes d'aptitude, tout professeur agrégé doit avoir assuré pendant au moins deux années scolaires, dans une classe préparatoire aux grandes écoles, un service hebdomadaire de cinq heures dans une même division ou de six heures réparties sur plusieurs divisions, deux de ces divisions au moins correspondant à des programmes d'enseignement différents.

Art. 3-1 *(Décr. nº 2017-957 du 10 mai 2017, art. 1er)* Tout professeur de chaires supérieures bénéficie d'un accompagnement continu dans son parcours professionnel.

Individuel ou collectif, cet accompagnement, faisant notamment intervenir *(Décr. nº 2020-1676 du 23 déc. 2020, art. 4)* « l'inspection générale de l'éducation, du sport et de la recherche », répond à une demande des personnels ou à une initiative de l'administration.

Art. 4 *(Décr. nº 2019-595 du 14 juin 2019, art. 1er)* Le corps des professeurs de chaires supérieures comporte six échelons et un échelon spécial.

La durée du temps passé dans chacun des échelons est fixée ainsi qu'il suit :

ÉCHELONS	DURÉE
Spécial	-
6e échelon	-
5e échelon	4 ans 6 mois
4e échelon	2 ans
3e échelon	2 ans
2e échelon	2 ans
1er échelon	2 ans

Art. 5 Les professeurs de chaires supérieures sont classés lors de leur première nomination à l'échelon comportant un traitement égal ou immédiatement supérieur au traitement dont ils bénéficiaient dans leur ancien corps.

Dans la limite de l'ancienneté exigée à l'article 4 ci-dessus pour une promotion à l'échelon supérieur, ils conservent l'ancienneté acquise dans leur ancien échelon si leur nomination leur procure un gain indiciaire inférieur à celui que leur aurait donné une promotion d'échelon dans leur ancien grade.

Toutefois, les professeurs qui appartenaient au 11e échelon de leur corps d'origine en ce qui concerne les professeurs agrégés de l'enseignement du second degré, ou au 6e échelon en ce qui concerne les maîtres assistants agrégés, conservent l'ancienneté qu'ils avaient acquise dans cet échelon dans la limite du temps nécessaire à une promotion d'échelon.

Art. 5-1 *(Décr. n° 2019-595 du 14 juin 2019, art. 2)* Peuvent accéder au choix à l'échelon spécial, dans la limite d'un pourcentage des effectifs du corps fixé par arrêté conjoint des ministres chargés de l'éducation nationale, de la fonction publique et du budget, les professeurs de chaires supérieures inscrits sur un tableau d'avancement justifiant d'au moins trois ans d'ancienneté dans le 6ᵉ échelon de leur grade.

Le tableau d'avancement est arrêté chaque année, selon des orientations définies par le ministre chargé de l'éducation nationale, après avis de la commission administrative paritaire compétente.

Les promotions sont prononcées par le ministre, dans l'ordre d'inscription au tableau annuel d'avancement.

Art. 6 Les professeurs de chaires supérieures sont soumis, en matière d'obligations de service, aux décrets n° 50-581 et n° 50-582 du 25 mai 1950 *[portant règlement d'administration publique pour la fixation des maximums de service hebdomadaire du personnel enseignant des établissements d'enseignement du second degré et portant règlement d'administration publique pour la fixation des maximums de service hebdomadaire du personnel des établissements publics d'enseignement technique, V. ci-dessus]*.

Ils peuvent être astreints, selon les nécessités de services, à donner une partie de leur enseignement dans les classes de second cycle long.

Art. 6 *bis* *(Décr. n° 2015-884 du 20 juill. 2015, art. 11)* I. — Les professeurs de chaires supérieures exerçant la fonction de formateur académique en application des dispositions de l'article 1ᵉʳ-1 bénéficient d'un allègement de trois à six heures de leur service hebdomadaire d'enseignement défini à l'article 6. Les conditions et modalités de détermination de cet allègement, en fonction du volume et des conditions d'exercice des activités confiées aux enseignants désignés pour exercer la fonction de formateur académique, sont fixées par le ministre chargé de l'éducation nationale.

II. — Le recteur de l'académie détermine par arrêté les allègements de service mentionnés au I du présent article attribués à chaque formateur académique.

Art. 6-1 *(Décr. n° 2002-318 du 27 févr. 2002, art. 2)* Pour l'application des dispositions de l'*(Décr. n° 2011-958 du 10 août 2011, art. 40)* « article L. 932-4 du code de l'éducation », les professeurs de chaires supérieures peuvent, à leur demande et après avis de la commission administrative paritaire compétente, être placés en délégation auprès d'une entreprise développant des activités dans le domaine éducatif pour exercer des activités liées à leurs compétences pédagogiques ou à la nature de leur enseignement.

Durant la délégation, le professeur est en position d'activité. Il perçoit un traitement afférent à l'indice correspondant à l'échelon qu'il a atteint dans son corps, ainsi que l'indemnité de résidence et, le cas échéant, le supplément familial de traitement, à l'exclusion des indemnités liées aux fonctions. Le temps passé en délégation est valable pour l'ancienneté et entre en compte lors du calcul du minimum de temps requis pour postuler à une promotion de grade ou accéder à un corps hiérarchiquement supérieur. Il compte également pour la retraite et donne lieu aux retenues pour pensions civiles dans les conditions prévues à l'article L. 9 du code des pensions civiles et militaires de retraite *[V. **C. fonct. publ.**, App., v° Pensions de retraite]*.

Art. 6-2 *(Décr. n° 2002-318 du 27 févr. 2002, art. 2)* La délégation dans une entreprise ne peut être autorisée que si l'enseignant n'a pas été chargé, au cours des *(Décr. n° 2010-1006 du 26 août 2010, art. 1ᵉʳ)* « trois » années précédentes, soit d'exercer un contrôle sur cette entreprise, soit de participer à l'élaboration ou à la passation de marchés ou contrats avec elle.

Art. 6-3 *(Décr. n° 2002-318 du 27 févr. 2002, art. 2)* La délégation est prononcée par arrêté du ministre de l'éducation nationale pour une durée maximale d'un an, renouvelable une fois, sans que sa durée ne puisse excéder au total quatre années pour l'ensemble de la carrière.

La période de délégation doit coïncider avec les limites d'une année scolaire.

La délégation ne peut intervenir qu'après signature d'une convention passée entre le ministre de l'éducation nationale et l'entreprise, qui définit la nature des activités confiées aux fonctionnaires, leurs conditions d'emploi et les modalités du contrôle et de l'évaluation desdites activités. Cette convention, visée par le *(Décr. n° 2012-1247 du 7 nov. 2012, art. 49)* « contrôleur budgétaire », prévoit le remboursement par l'entreprise de la rémunération de l'intéressé et des charges sociales y afférentes. Lorsque la délégation est accordée pour la création d'une entreprise, la convention peut toutefois prévoir l'exonération de ce remboursement pendant une période qui ne peut être supérieure à six mois.

Décret n° 72-580 du 4 juillet 1972,

Relatif au statut particulier des professeurs agrégés de l'enseignement du second degré.

Art. 1er Les professeurs agrégés forment un corps régi par *(Décr. n° 2011-958 du 10 août 2011, art. 38)* « la loi n° 83-634 du 13 juillet 1983 portant droits et obligations des fonctionnaires, par la loi n° 84-16 du 11 janvier 1984 portant dispositions statutaires relatives à la fonction publique de l'État, par les décrets pris pour leur application » et par le présent décret qui fixe leur statut particulier.

CHAPITRE PREMIER *Dispositions générales*

Art. 2 Le corps des professeurs agrégés est classé dans la catégorie A prévue *(Décr. n° 2017-786 du 5 mai 2017, art. 43)* « à l'article 13 de la loi du 13 juillet 1983 » *(Décr. n° 2011-958 du 10 août 2011, art. 39)* « susmentionnée ».

Ses membres sont nommés par arrêté du ministre de l'éducation nationale.

Art. 3 *(Décr. n° 2017-786 du 5 mai 2017, art. 44)* Le corps des professeurs agrégés comporte trois grades :

1° La classe normale qui comprend onze échelons ;

2° La hors-classe qui comprend quatre échelons ;

3° La classe exceptionnelle qui comprend trois échelons.

Art. 4 *(Décr. n° 2007-1295 du 31 août 2007 ; Décr. n° 89-669 du 18 sept. 1989, art. 1er)* Les professeurs agrégés participent aux actions d'éducation principalement en assurant un service d'enseignement. Dans ce cadre, ils assurent le suivi individuel et l'évaluation des élèves et contribuent à les conseiller dans le choix de leur projet d'orientation.

Ils assurent leur service dans les classes préparatoires aux grandes écoles, dans les classes de lycée, dans des établissements de formation et, exceptionnellement, dans les classes de collège.

(Décr. n° 90-990 du 6 nov. 1990, art. 1er) « Ils peuvent exercer les fonctions de *(Décr. n° 2016-656 du 20 mai 2016, art. 1er)* « directeur délégué aux formations professionnelles et technologiques ». Ces fonctions consistent à assurer, sous l'autorité directe du chef d'établissement, l'organisation et la coordination des enseignements technologiques et professionnels ainsi que la gestion des moyens mis en œuvre pour ces enseignements. Le *(Décr. n° 2016-656 du 20 mai 2016, art. 1er)* « directeur délégué aux formations professionnelles et technologiques » conseille le chef d'établissement pour le choix, l'installation et l'utilisation des équipements pédagogiques. Il participe aux relations extérieures de l'établissement, notamment avec les entreprises. »

Ils peuvent également être affectés dans des établissements d'enseignement supérieur.

CHAPITRE II *Recrutement*

Art. 5 *(Décr. n° 88-344 du 11 avr. 1988, art. 1er)* Les professeurs agrégés sont recrutés :

1° Parmi les candidats qui auront satisfait aux épreuves de l'agrégation ;

2° *(Décr. n° 99-579 du 9 juill. 1999, art. 1er)* « Dans la limite d'une nomination pour sept titularisations prononcées l'année précédente dans une discipline au titre du 1° ci-dessus parmi les professeurs certifiés, les professeurs de lycée professionnel et les professeurs d'éducation physique et sportive âgés de quarante ans au moins et justifiant de dix années de services effectifs d'enseignement, dont cinq ans dans leur *(Décr. n° 2016-656 du 20 mai 2016, art. 1er)* « corps », ayant répondu à un appel de candidatures dans des conditions fixées par arrêté du ministre chargé de l'éducation. Les services accomplis en qualité de *(Décr. n° 2016-656 du 20 mai 2016, art. 1er)* « directeur délégué aux formations professionnelles et technologiques » sont assimilés à des services d'enseignement.

« Les nominations prévues au titre du présent 2° sont prononcées après inscription sur une liste d'aptitude arrêtée chaque année par le ministre chargé de l'éducation, après *(Décr. n° 2020-1676 du 23 déc. 2020, art. 5)* « avis du chef de l'inspection générale de l'éducation, du sport et de la recherche » et de la commission administrative paritaire nationale du corps des professeurs agrégés, sur la proposition des recteurs d'académie.

« En ce qui concerne les personnels enseignants détachés, non affectés en académie, les propositions sont arrêtées par le directeur chargé des personnels enseignants. »

Les conditions d'âge et d'ancienneté de services s'apprécient au 1er octobre de l'année scolaire au titre de laquelle est établie la liste d'aptitude.

Le nombre des inscriptions sur la liste d'aptitude ne peut excéder de plus de 50 p. 100 celui des titularisations prévues en application du 2° du présent article.

(Décr. n° 2016-656 du 20 mai 2016, art. 1er) « Lorsque le nombre des titularisations prononcées l'année précédente parmi les candidats ayant satisfait aux épreuves de l'agrégation n'est pas un multiple de 7, les restes constatés dans chaque discipline s'additionnent pour entrer dans le calcul du nombre de nominations, toutes disciplines confondues, prononcées au titre de l'année pour laquelle est établie la liste d'aptitude. Celle-ci est soumise à l'avis de la commission administrative paritaire nationale compétente. Lorsque le nombre de nominations déterminées au titre d'une année n'est pas un nombre entier, le reste est conservé pour entrer l'année suivante dans le calcul des nominations. »

Pour l'application de l'art. 5, les services accomplis en qualité de chef de travaux sont assimilés aux services accomplis en qualité de directeur délégué aux formations professionnelles et technologiques (Décr. n° 2016-656 du 20 mai 2016, art. 4).

Art. 5-1 *(Décr. n° 2016-656 du 20 mai 2016, art. 1er)* Les épreuves de l'agrégation comprennent :

1° Les épreuves d'un concours externe, d'un concours externe spécial ou d'un concours interne ;

2° L'accomplissement d'un stage d'une durée d'une année, dans les conditions définies à l'article 6.

Le concours externe, le concours externe spécial et le concours interne sont organisés par sections qui peuvent comprendre des options. Ils comportent des épreuves d'admissibilité et des épreuves d'admission.

Un arrêté du ministre chargé de l'éducation nationale et du ministre chargé de la fonction publique fixe les sections et les modalités d'organisation des concours.

Un arrêté du ministre chargé de l'éducation nationale fixe chaque année les sections et options dans lesquelles les concours sont ouverts.

Art. 5-2 *(Décr. n° 2016-656 du 20 mai 2016, art. 1er)* Le nombre des places offertes au concours interne ne peut être inférieur à 20 %, ni supérieur à 40 % du nombre total des places mises aux trois concours.

Le nombre des places offertes au concours externe spécial ne peut être supérieur à 15 % du nombre total des places mises aux deux concours externes.

Toutefois les places qui ne sont pas pourvues par la nomination des candidats à l'un des trois concours peuvent être attribuées aux candidats des autres concours dans la limite de 20 % des emplois à pourvoir.

Art. 5-3 *(Décr. n° 2009-914 du 28 juill. 2009, art. 3)* « Peuvent se présenter au concours externe les candidats justifiant de la détention d'un master ou d'un titre ou diplôme reconnu équivalent par le ministre chargé de l'éducation. »

(Décr. n° 2016-656 du 20 mai 2016, art. 1er) « Peuvent se présenter au concours externe spécial, les candidats justifiant de la détention d'un doctorat. »

(Décr. n° 2013-768 du 23 août 2013, art. 5) « Peuvent se présenter au concours interne les fonctionnaires de l'État, des collectivités territoriales et des établissements publics qui en dépendent, y compris ceux mentionnés à l'article 2 de la loi n° 86-33 du 9 janvier 1986 portant dispositions statutaires relatives à la fonction publique hospitalière, les militaires ainsi que les personnels qui ont accompli des services dans une administration, un organisme ou un établissement dans les conditions fixées au troisième alinéa du 2° de l'article 19 de la loi n° 84-16 du 11 janvier 1984 portant dispositions statutaires relatives à la fonction publique de l'État et qui justifient d'avoir accompli ces services en qualité de fonctionnaire ou dans une position qui y est assimilée en application des dispositions de l'article 10 du décret n° 2010-311 du 22 mars 2010 relatif aux modalités de recrutements et d'accueil des ressortissants des États membres de l'Union européenne ou d'un autre État partie à l'accord sur l'Espace économique européen dans un corps, un cadre d'emplois ou un emploi de la fonction publique française. » *(Décr. n° 2010-570 du 28 mai 2010, art. 2)* « Les uns et les autres doivent justifier de l'un des titres ou diplômes requis des candidats au concours externe et de cinq années de services publics.

« L'ensemble de ces conditions s'apprécient à la date de publication des résultats d'admissibilité aux concours. »

Art. 5-4 *(Décr. n° 2016-656 du 20 mai 2016, art. 1er)* Pour chaque section de concours, le jury établit par ordre de mérite la liste des candidats admis aux épreuves du concours externe, du concours externe spécial ou du concours interne. Il établit une liste complémentaire afin de permettre le remplacement de candidats inscrits sur la liste principale d'admission qui ne peuvent pas être nommés ou, le cas échéant, de pourvoir des vacances d'emplois survenant dans l'intervalle de deux concours.

Art. 6 *(Décr. n° 2016-656 du 20 mai 2016, art. 1er)* « I. – Les candidats qui ont été admis aux concours externe ou interne sont nommés professeurs agrégés stagiaires à la rentrée scolaire de l'année au titre de laquelle est organisé le recrutement et classés, dès leur nomination, selon les dispositions du décret du 5 décembre 1951 susvisé *[n° 51-1423 portant règlement d'administration publique pour la fixation des règles suivant lesquelles doit être déterminée l'ancienneté du personnel nommé dans l'un des corps de fonctionnaires de l'enseignement relevant du ministère de l'éducation nationale]*.

« Les candidats qui ont été admis au concours externe spécial sont classés selon les dispositions du décret du 5 décembre 1951. Toutefois, ils bénéficient d'une bonification d'ancienneté de deux ans au titre de la période de préparation du doctorat. Lorsque la période de préparation du doctorat a été accomplie sous contrat de travail, les services accomplis dans ce cadre sont pris en compte, selon les modalités prévues à l'article 11-5 du même décret pour la part de leur durée excédant deux ans. Une même période ne peut être prise en compte qu'une seule fois.

« Les professeurs agrégés stagiaires sont affectés dans une académie par le ministre chargé de l'éducation nationale pour la durée du stage. »

(Décr. n° 2013-768 du 23 août 2013, art. 7) « Le stage a une durée d'un an. Au cours de leur stage, les professeurs stagiaires bénéficient d'une formation organisée, dans le cadre des orientations définies par l'État, par un établissement d'enseignement supérieur, visant l'acquisition des compétences nécessaires à l'exercice du métier. Cette formation alterne des périodes de mise en situation professionnelle dans un établissement scolaire et des périodes de formation au sein de l'établissement d'enseignement supérieur. Elle est accompagnée d'un tutorat et peut être adaptée pour tenir compte du parcours antérieur des professeurs stagiaires ;

« Les modalités du stage et les conditions de son évaluation sont arrêtées conjointement par le ministre chargé de l'éducation et par le ministre chargé de la fonction publique. »

(Décr. n° 2009-914 du 28 juill. 2009, art. 4) « A l'issue du stage, les professeurs agrégés stagiaires sont titularisés en qualité de professeur agrégé par le recteur de l'académie dans le ressort de laquelle ils ont accompli leur stage. »

(Décr. n° 2005-1009 du 22 août 2005, art. 2) « Les prolongations éventuelles du stage sont prononcées par le recteur de l'académie dans le ressort de laquelle le stage est effectué. »

(Décr. n° 98-916 du 13 oct. 1998, art. 3) « Les professeurs agrégés stagiaires qui » possédaient déjà la qualité de fonctionnaire titulaire de l'État, des collectivités territoriales et des établissements publics qui en dépendent sont placés en position de détachement pour la durée du stage.

(Décr. n° 2009-914 du 28 juill. 2009, art. 4) « Les professeurs agrégés stagiaires dont le stage n'a pas été jugé satisfaisant peuvent être autorisés par ce même recteur à effectuer une seconde année de stage qui n'est pas prise en compte pour l'ancienneté d'échelon. »

Les professeurs stagiaires qui n'ont pas été autorisés à effectuer une seconde année de stage ou dont la seconde année de stage n'a pas été jugée satisfaisante sont soit *(Décr. n° 2017-786 du 5 mai 2017, art. 45)* « licenciés par le ministre chargé de l'éducation nationale », soit réintégrés dans leur corps *(Décr. n° 2010-1006 du 26 août 2006, art. 10)* « ou cadre d'emplois » d'origine s'ils avaient la qualité de fonctionnaire.

II. – Les candidats recrutés en application de l'article 5 (2°) ci-dessus sont nommés et titularisés *(Décr. n° 98-916 du 13 oct. 1998, art. 4)* « par le ministre chargé de l'éducation » en qualité de professeur agrégé au 1er septembre de l'année au titre de laquelle est organisé le recrutement et classés, à cette date, selon les dispositions du décret du 5 décembre 1951 susvisé.

CHAPITRE III **Accompagnement des enseignants** *(Décr. n° 2017-786 du 5 mai 2017, art. 46)*.

Art. 7 *(Décr. n° 2017-786 du 5 mai 2017, art. 47)* Tout professeur agrégé bénéficie d'un accompagnement continu dans son parcours professionnel.

Individuel ou collectif, cet accompagnement répond à une demande des personnels ou à une initiative de l'administration.

CHAPITRE IV **Appréciation de la valeur professionnelle et avancement** *(Décr. n° 2017-786 du 5 mai 2017, art. 48)*.

Art. 7-1 *(Décr. n° 2017-786 du 5 mai 2017, art. 49)* Les dispositions du décret n° 2010-888 du 28 juillet 2010 relatif aux conditions générales de l'appréciation de la valeur professionnelle des fonctionnaires de l'État ne sont pas applicables aux professeurs agrégés.

Art. 8 *(Décr. n° 2017-786 du 5 mai 2017, art. 50)* Le ministre chargé de l'éducation nationale évalue les professeurs agrégés selon des modalités définies aux articles 9 à 12.

Art. 9 *(Décr. n° 2017-786 du 5 mai 2017, art. 51)* Le professeur agrégé bénéficie de trois rendez-vous de carrière dont l'objectif est d'apprécier la valeur professionnelle de l'intéressé. Ils ont lieu lorsque au 31 août de l'année scolaire en cours :

1° Pour le premier rendez-vous, le professeur agrégé est dans la deuxième année du 6e échelon de la classe normale ;

2° Pour le deuxième rendez-vous, le professeur agrégé justifie d'une ancienneté dans le 8e échelon de la classe normale comprise entre 18 et 30 mois ;

3° Pour le troisième rendez-vous, le professeur agrégé est dans la deuxième année du 9e échelon de la classe normale.

Pour les professeurs agrégés affectés dans un établissement d'enseignement du second degré, le rendez-vous de carrière comprend une inspection, un entretien avec l'inspecteur qui a conduit l'inspection et un entretien avec le chef de l'établissement dans lequel il est affecté.

Pour les professeurs agrégés affectés dans un établissement d'enseignement supérieur et pour les professeurs agrégés détachés pour exercer une fonction d'enseignement, le rendez-vous de carrière comprend un entretien avec l'autorité auprès de laquelle l'enseignant exerce ses fonctions.

Pour les professeurs agrégés n'exerçant pas une fonction d'enseignement, le rendez-vous de carrière comprend un entretien avec le supérieur hiérarchique direct de l'enseignant.

Art. 10 *(Décr. n° 2017-786 du 5 mai 2017, art. 52)* Pour les professeurs agrégés mentionnés à l'article 9, le rendez-vous de carrière donne lieu à l'établissement d'un compte rendu.

L'appréciation finale de la valeur professionnelle, qui figure au compte rendu, est arrêtée par le ministre, après *(Décr. n° 2020-1676 du 23 déc. 2020, art. 5)* « avis du chef de l'inspection générale de l'éducation, du sport et de la recherche ».

Art. 11 *(Décr. n° 2017-786 du 5 mai 2017, art. 53)* — Les modalités d'évaluation de la valeur professionnelle ainsi que les modalités d'élaboration et de communication du compte rendu sont définies par un arrêté du ministre chargé de l'éducation nationale.

Art. 12 *(Décr. n° 2017-786 du 5 mai 2017, art. 54)* Le professeur agrégé peut saisir le ministre d'une demande de révision de l'appréciation finale de la valeur professionnelle dans un délai de 30 jours francs suivant sa notification.

Le ministre dispose d'un délai de 30 jours francs pour réviser l'appréciation finale de la valeur professionnelle. L'absence de réponse équivaut à un refus de révision.

La commission administrative paritaire compétente peut, sur requête de l'intéressé et sous réserve qu'il ait au préalable exercé le recours mentionné au premier alinéa, demander au ministre chargé de l'éducation nationale la révision de l'appréciation finale de la valeur professionnelle. La commission administrative paritaire compétente doit être saisie dans un délai de 30 jours francs suivant la réponse de l'autorité hiérarchique dans le cadre du recours.

Le ministre notifie au professeur agrégé l'appréciation finale de la valeur professionnelle.

Art. 13 *(Décr. n° 2017-786 du 5 mai 2017, art. 55)* I. — La durée du temps passé dans chacun des échelons des grades du corps des professeurs agrégés est fixée, sous réserve des dispositions du II, ainsi qu'il suit :

GRADES	ÉCHELONS	DURÉE
Agrégé de classe exceptionnelle		
	3e échelon	
	2e échelon	3 ans
	1er échelon	2 ans 6 mois
Agrégé hors classe		
	4e échelon	

GRADES	ÉCHELONS	DURÉE
	3ᵉ échelon	3 ans
	2ᵉ échelon	2 ans
	1ᵉʳ échelon	2 ans
Agrégé de classe normale		
	11ᵉ échelon	
	10ᵉ échelon	4 ans
	9ᵉ échelon	4 ans
	8ᵉ échelon	3 ans 6 mois
	7ᵉ échelon	3 ans
	6ᵉ échelon	3 ans
	5ᵉ échelon	2 ans 6 mois
	4ᵉ échelon	2 ans
	3ᵉ échelon	2 ans
	2ᵉ échelon	1 an
	1ᵉʳ échelon	1 an

Le ministre prononce les promotions des professeurs agrégés.

II. — Les anciennetés détenues dans les 6ᵉ et 8ᵉ échelons de la classe normale peuvent être bonifiées d'un an.

Le ministre établit pour chaque année scolaire, dans chaque discipline, d'une part, la liste des professeurs agrégés qui sont dans la deuxième année du 6ᵉ échelon de la classe normale, d'autre part, la liste des professeurs agrégés qui justifient d'une ancienneté dans le 8ᵉ échelon de la classe normale comprise entre 18 et 30 mois.

Le ministre dresse en outre des listes propres, d'une part, aux personnels détachés pour exercer une fonction d'enseignement, d'autre part, aux personnels détachés ou affectés dans un établissement d'enseignement supérieur, enfin, aux personnels ne remplissant pas des fonctions d'enseignement.

Le ministre attribue les bonifications d'ancienneté après avis de la commission administrative paritaire compétente à hauteur de 30 % de l'effectif des professeurs inscrits sur chacune de ces listes.

(Décr. n° 2019-595 du 14 juin 2019, art. 8) « Pour chaque liste, lorsque le nombre de bonifications attribuées n'est pas un entier, la décimale est ajoutée au nombre calculé au titre de l'année suivante. Le nombre de bonifications attribuées au cours de ces deux années ne peut dépasser 30 % de l'effectif des professeurs inscrits sur la liste au cours de cette même période. »

Art. 13 *bis* et 13 *ter* *Abrogés par Décr. n° 2017-786 du 5 mai 2017, art. 56.*

Art. 13 *quater* *(Décr. n° 88-344 du 11 avr. 1988, art. 2)* Les dispositions *(Décr. n° 2017-786 du 5 mai 2017, art. 57)* « de l'article 13 » ne font pas obstacle à l'application des dispositions de l'article 9 du décret n° 73-321 du 15 mars 1973 fixant, en ce qui concerne les fonctionnaires de l'État et des établissements publics de l'État et les magistrats de l'ordre judiciaire, les modalités d'application de la loi n° 72-659 du 13 juillet 1972 relative à la situation du personnel civil de coopération culturelle, scientifique et technique auprès d'États étrangers.

Art. 13 *quinquies* *(Décr. n° 2017-786 du 5 mai 2017, art. 58)* Les professeurs agrégés peuvent être promus au grade de professeur agrégé hors classe lorsqu'ils comptent, au

31 août de l'année au titre de laquelle le tableau d'avancement est établi, au moins deux ans d'ancienneté dans le 9e échelon de la classe normale. Ils sont inscrits, après proposition des *(Décr. nº 2019-1554 du 30 déc. 2019, art. 19)* « recteurs d'académie », sur un tableau d'avancement, arrêté chaque année par le ministre sur avis de la commission administrative paritaire nationale du corps des professeurs agrégés de l'enseignement du second degré.

Le nombre maximum de professeurs agrégés pouvant être promus chaque année à la hors-classe est déterminé conformément aux dispositions du décret nº 2005-1090 du 1er septembre 2005 relatif à l'avancement de grade dans les corps des administrations de l'État.

Les promotions sont prononcées dans l'ordre d'inscription au tableau annuel d'avancement par le ministre.

Dès leur nomination, les professeurs agrégés hors classe sont classés à l'échelon comportant un traitement égal ou, à défaut, immédiatement supérieur au traitement dont ils bénéficiaient dans leur ancien grade.

Dans la limite de l'ancienneté exigée à l'article 13 pour une promotion à l'échelon supérieur, ils conservent l'ancienneté qu'ils avaient acquise dans l'échelon de leur ancien grade lorsque l'augmentation de traitement consécutive à leur nomination est inférieure à celle que leur aurait procurée un avancement d'échelon dans leur ancien grade.

Par dérogation à l'alinéa précédent, les agents situés au 9e échelon de la classe normale à la date de leur promotion sont classés au 2e échelon de leur nouveau grade, avec conservation de l'ancienneté acquise au-delà de deux ans dans leur échelon d'origine.

Toutefois, les professeurs agrégés de classe normale qui étaient classés au 11e échelon de leur grade conservent l'ancienneté qu'ils avaient acquise dans cet échelon dans la limite du temps nécessaire à une promotion d'échelon.

Art. 13 *sexies* *(Décr. nº 2017-786 du 5 mai 2017, art. 59)* I. – *(Décr. nº 2021-1053 du 6 août 2021, art. 3)* « Peuvent être promus au grade de professeur agrégé de classe exceptionnelle, au choix, par voie d'inscription à un tableau annuel d'avancement, les professeurs agrégés qui, à la date d'établissement de ce tableau, ont atteint au moins le 2e échelon de la hors-classe et justifient de huit années :

« 1º Dans des fonctions particulières, notamment au regard des responsabilités exercées, de direction, de coordination, d'accompagnement ou de formation au sein d'un ou de plusieurs corps enseignants, d'éducation ou de psychologue relevant du ministère de l'éducation nationale ;

« 2º Ou dans des fonctions accomplies au sein de l'un ou de plusieurs de ces mêmes corps dans un établissement d'enseignement supérieur ou une classe préparatoire aux grandes écoles ou dans un territoire ou lieu d'exercice caractérisé par des difficultés éducatives, économiques ou sociales. »

La liste de ces fonctions est fixée par arrêté du ministre chargé de l'éducation nationale et du ministre chargé de la fonction publique.

II. – Par dérogation aux dispositions du décret nº 2005-1090 du 1er septembre 2005 relatif à l'avancement de grade dans les corps des administrations de l'État, le nombre de promotions au grade de professeur agrégé de classe exceptionnelle est contingenté dans la limite d'un pourcentage appliqué à l'effectif du corps des professeurs agrégés considéré au 31 août de l'année au titre de laquelle sont prononcées les promotions.

Le pourcentage mentionné à l'alinéa précédent est fixé par arrêté conjoint du ministre chargé de l'éducation nationale, du ministre chargé du budget et du ministre chargé de la fonction publique.

III. – Dans la limite de 20 % du nombre des promotions annuelles mentionné au premier alinéa du II, peuvent également être promus au grade de professeur agrégé de classe exceptionnelle au choix, par voie d'inscription au tableau annuel d'avancement, les professeurs agrégés qui, comptant au moins trois ans d'ancienneté dans le 4e échelon de la hors-classe, ont fait preuve d'une valeur professionnelle exceptionnelle au regard de l'ensemble de leur carrière.

IV. – Les professeurs agrégés sont inscrits, après proposition des *(Décr. nº 2019-1554 du 30 déc. 2019, art. 19)* « recteurs d'académie », sur un tableau d'avancement, arrêté chaque année par le ministre chargé de l'éducation nationale, après avis de la commission administrative paritaire nationale du corps des professeurs agrégés de l'enseignement du second degré.

Les promotions sont prononcées dans l'ordre d'inscription au tableau annuel d'avancement par le ministre.

V. – Les professeurs agrégés promus à la classe exceptionnelle sont classés, par le ministre, dès leur nomination, à l'échelon comportant un indice égal ou à défaut immédiatement supérieur à celui dont ils bénéficiaient dans la hors-classe.

Dans la limite de l'ancienneté exigée à l'article 13 pour une promotion à l'échelon supérieur, les intéressés conservent l'ancienneté qu'ils avaient acquise dans l'échelon de leur ancien grade lorsque l'augmentation de traitement consécutive à leur promotion est inférieure à celle que leur aurait procurée un avancement d'échelon dans leur ancien grade.

Les professeurs agrégés ayant atteint le 4e échelon de la hors-classe conservent l'ancienneté qu'ils avaient acquise dans cet échelon dans la limite du temps nécessaire à une promotion d'échelon dans la classe exceptionnelle.

CHAPITRE V *Discipline* (*Décr. n° 2017-786 du 5 mai 2017, art. 60*).

Art. 14 (*Décr. n° 99-101 du 11 févr. 1999, art. 3*) Pour les professeurs agrégés de l'enseignement du second degré affectés dans des établissements ou services placés sous l'autorité du recteur d'académie, les sanctions disciplinaires définies à l'article 66 de la loi n° 84-16 du 11 janvier 1984 [*portant dispositions statutaires relatives à la fonction publique de l'État, V.* ***C. fonct. publ.***] sont prononcées, après consultation de la commission administrative paritaire académique siégeant en conseil de discipline, dans les conditions prévues à l'article 19 de la loi n° 83-634 du 13 juillet 1983 [*portant droits et obligations des fonctionnaires, V.* ***C. fonct. publ.***].

Le pouvoir de saisir la commission administrative paritaire académique siégeant en conseil de discipline est délégué au recteur d'académie.

Art. 15 (*Décr. n° 2012-1450 du 24 déc. 2012, art. 2*) Le vice-recteur de Nouvelle-Calédonie exerce à l'égard des professeurs agrégés de l'enseignement du second degré mis à disposition de la Nouvelle-Calédonie selon les modalités fixées par l'article 59-1 de la loi organique n° 99-209 du 19 mars 1999 relative à la Nouvelle-Calédonie les attributions dévolues aux recteurs d'académie par le présent décret.

(*Décr. n° 2014-299 du 6 mars 2014, art. 2*) « Le vice-recteur de Polynésie française exerce à l'égard des professeurs agrégés de l'enseignement du second degré mis à disposition de la Polynésie française selon les modalités fixées par l'article 62 de la loi organique n° 2004-192 du 27 février 2004 portant statut d'autonomie de la Polynésie française les attributions dévolues aux recteurs d'académie par le présent décret. »

CHAPITRE VI *Dispositions diverses* (*Décr. n° 2017-786 du 5 mai 2017, art. 60*).

Art. 16 (*Décr. n° 98-915 du 13 oct. 1998, art. 4*) La désignation des personnels qui doivent recevoir une première affectation à l'issue de leur titularisation et de ceux qui sont appelés à changer d'académie est prononcée par décision du ministre chargé de l'éducation, après avis des instances paritaires compétentes. Toutefois, les changements d'académie en cours d'année scolaire dans l'intérêt du service sont prononcés sous réserve d'examen ultérieur par les instances paritaires précitées.

Art. 16-1 (*Décr. n° 2018-303 du 25 avr. 2018, art. 2*) Pour prononcer les affectations, il est tenu compte, dans toute la mesure compatible avec le bon fonctionnement du service, des priorités prévues par l'article 60 de la loi du 11 janvier 1984 précitée et, en outre, des critères de priorité suivants :

1° La situation de l'agent qui sollicite un rapprochement avec le détenteur de l'autorité parentale conjointe dans l'intérêt de l'enfant ;

2° La situation de l'agent affecté dans un territoire ou une zone rencontrant des difficultés particulières de recrutement ;

3° La situation de l'agent affecté dans un emploi supprimé en raison d'une modification de la carte scolaire ;

4° Le caractère répété d'une même demande de mutation ainsi que son ancienneté ;

5° L'expérience et le parcours professionnel de l'agent.

Les demandes de mutation sont classées préalablement à l'aide d'un barème rendu public.

Art. 17 (*Décr. n° 2013-768 du 23 août 2013, art. 8*) « L'article 61 de la loi n° 84-16 du 11 janvier 1984 [*V.* ***C. fonct. publ.***] » n'est pas applicable au corps des professeurs agrégés.

Art. 17-1 (*Décr. n° 2016-656 du 20 mai 2016, art. 1er*) Par dérogation aux dispositions du décret n° 2014-940 du 20 août 2014 relatif aux obligations de service et aux missions des personnels enseignants exerçant dans un établissement public d'enseignement du second degré, les professeurs agrégés qui exercent les fonctions de directeur délégué aux formations professionnelles et technologiques sont tenus de fournir sans rémunération supplémentaire, dans l'ensemble de l'année scolaire, un maximum de service hebdomadaire de trente-neuf heures.

Ce service peut comprendre, avec accord de l'intéressé, des heures d'enseignement en formation initiale sous statut scolaire. Chaque heure d'enseignement est décomptée pour la valeur de deux heures pour l'application du maximum de service prévu à l'alinéa précédent.

Art. 18 *(Décr. n° 89-669 du 18 sept. 1989, art. 4)* « Le professeur agrégé peut être placé, sur sa demande, en position de non-activité en vue de poursuivre des études d'intérêt professionnel, pour une période d'une année scolaire renouvelable dans la limite de cinq années pendant l'ensemble de sa carrière, par arrêté du *(Décr. n° 2019-1554 du 30 déc. 2019, art. 19)* « recteur d'académie » pour le personnel placé sous son autorité ou par arrêté du ministre pour les autres personnels. Il peut aussitôt être remplacé dans son emploi. »

Le professeur agrégé, placé dans cette position, continue à bénéficier de ses droits à la retraite sous réserve de verser la retenue légale calculée d'après le dernier traitement d'activité. Ses droits à l'avancement sont interrompus.

(Décr. n° 89-669 du 18 sept. 1989, art. 4) « Le *(Décr. n° 2019-1554 du 30 déc. 2019, art. 19)* « recteur d'académie » ou le ministre » peut, à tout moment de l'année scolaire, faire procéder aux enquêtes nécessaires en vue de s'assurer que l'activité du fonctionnaire mis dans cette position de non activité correspond réellement aux motifs pour lesquels il y a été placé.

La réintégration est de droit à l'une des trois premières vacances dans la discipline de l'intéressé.

Le fonctionnaire qui, lors de sa réintégration, refuse le poste qui lui est assigné, peut être licencié après avis de la commission administrative paritaire.

Art. 18-1 *(Décr. n° 2010-1006 du 26 août 2006, art. 12)* Pour l'application de l'article 13 *bis* de la loi n° 83-634 du 13 juillet 1983 modifiée portant droits et obligations des fonctionnaires *[V. **C. fonct. publ.**]*, les candidats au détachement dans le corps des professeurs agrégés doivent justifier de l'un des titres ou diplômes requis des candidats au concours externe.

(Décr. n° 2013-768 du 23 août 2013, art. 9) « Les fonctionnaires dont le détachement dans le corps des professeurs agrégés de l'enseignement du second degré a été accepté peuvent être tenus de suivre une formation organisée dans les mêmes conditions que celles prévues à l'article 6 du présent décret. »

Les fonctionnaires admis à poursuivre leur détachement au-delà d'une période de deux ans se voient proposer l'intégration dans le corps des professeurs agrégés. L'intégration peut intervenir avant cette échéance sur demande de l'intéressé et après accord de l'administration.

Les services accomplis dans le corps ou cadre d'emplois d'origine sont assimilés à des services accomplis dans le corps des professeurs agrégés.

Art. 18-2 *(Décr. n° 2002-318 du 27 févr. 2002, art. 4)* Pour l'application des dispositions de l'*(Décr. n° 2011-958 du 10 août 2011, art. 40)* « article L. 932-4 du code de l'éducation », les professeurs agrégés de l'enseignement du second degré peuvent, à leur demande et après avis de la commission administrative paritaire compétente, être placés en délégation auprès d'une entreprise développant des activités dans le domaine éducatif pour exercer des activités liées à leurs compétences pédagogiques ou à la nature de leur enseignement.

Durant la délégation, le professeur est en position d'activité. Il perçoit un traitement afférent à l'indice correspondant à l'échelon qu'il a atteint dans son corps, ainsi que l'indemnité de résidence et, le cas échéant, le supplément familial de traitement, à l'exclusion des indemnités liées aux fonctions. Le temps passé en délégation est valable pour l'ancienneté et entre en compte lors du calcul du minimum de temps requis pour postuler à une promotion de grade ou accéder à un corps hiérarchiquement supérieur. Il compte également pour la retraite et donne lieu aux retenues pour pensions civiles dans les conditions prévues à l'article L. 9 du code des pensions civiles et militaires de retraite *[V. **C. fonct. publ.**]*.

Art. 18-3 *(Décr. n° 2002-318 du 27 févr. 2002, art. 4)* La délégation dans une entreprise ne peut être autorisée que si l'enseignant n'a pas été chargé, au cours des *(Décr. n° 2010-1006 du 26 août 2006, art. 13)* « trois » années précédentes, soit d'exercer un contrôle sur cette entreprise, soit de participer à l'élaboration ou à la passation de marchés ou de contrats avec elle.

Art. 18-4 *(Décr. n° 2002-318 du 27 févr. 2002, art. 4)* La délégation est prononcée par arrêté du ministre de l'éducation nationale pour une durée maximale d'un an, renouvelable une fois, sans que sa durée ne puisse excéder au total quatre années pour l'ensemble de la carrière.

La période de délégation doit coïncider avec les limites d'une année scolaire.

La délégation ne peut intervenir qu'après signature d'une convention passée entre le ministre de l'éducation nationale et l'entreprise, qui définit la nature des activités confiées aux fonctionnaires, leurs conditions d'emploi et les modalités du contrôle et de l'évaluation desdites activités. Cette convention, visée par le *(Décr. n° 2012-1247 du 7 nov. 2012, art. 49)* « contrôleur budgétaire », prévoit le remboursement par l'entreprise de la rémunération de l'intéressé et des charges sociales y afférentes. Lorsque la délégation est accordée pour la création d'une entreprise, la convention peut toutefois prévoir l'exonération de ce remboursement pendant une période qui ne peut être supérieure à six mois.

....

Décret n° 72-581 du 4 juillet 1972,

Relatif au statut particulier des professeurs certifiés.

Art. 1er Les professeurs certifiés forment un corps régi par *(Décr. n° 2011-958 du 10 août 2011, art. 38)* « la loi n° 83-634 du 13 juillet 1983 portant droits et obligations des fonctionnaires, par la loi n° 84-16 du 11 janvier 1984 portant dispositions statutaires relatives à la fonction publique de l'État, par les décrets pris pour leur application » et par le présent décret qui fixe leur statut particulier.

CHAPITRE PREMIER *Dispositions générales*

Art. 2 Le corps des professeurs certifiés est classé dans la catégorie A prévue *(Décr. n° 2017-786 du 5 mai 2017, art. 65)* « à l'article 13 de la loi du 13 juillet 1983 » *(Décr. n° 2011-958 du 10 août 2011, art. 39)* « susmentionnée ».

Ses membres sont nommés par arrêté du ministre de l'éducation nationale.

Art. 3 *(Décr. n° 2017-786 du 5 mai 2017, art. 66)* Le corps des professeurs certifiés comporte trois grades :

1° La classe normale qui comprend onze échelons ;

2° La hors-classe qui comprend *(Décr. n° 2017-786 du 5 mai 2017, art. 84 et Décr. n° 2017-1736 du 21 déc. 2017, art. 11)* « sept échelons » ;

3° La classe exceptionnelle qui comprend quatre échelons et un échelon spécial.

Art. 4 *(Décr. n° 2007-1295 du 31 août 2007) (Décr. n° 89-670 du 18 sept. 1989, art. 2)* « Les professeurs certifiés participent aux actions d'éducation, principalement en assurant un service d'enseignement dans les établissements du second degré et dans les établissements de formation. Dans ce cadre, ils assurent le suivi individuel et l'évaluation des élèves et contribuent à les conseiller dans le choix de leur projet d'orientation. »

(Décr. n° 2003-268 du 19 mars 2003, art. 1er) « Ils peuvent exercer les fonctions de *(Décr. n° 2016-656 du 20 mai 2016, art. 2)* « directeur délégué aux formations professionnelles et technologiques ». Ces fonctions consistent à assurer, sous l'autorité directe du chef d'établissement, l'organisation et la coordination des enseignements technologiques et professionnels ainsi que la gestion des moyens mis en œuvre pour ces enseignements. Le *(Décr. n° 2016-656 du 20 mai 2016, art. 2)* « directeur délégué aux formations professionnelles et technologiques » conseille le chef d'établissement pour le choix, l'installation et l'utilisation des équipements pédagogiques. Il participe aux relations extérieures de l'établissement, notamment avec les entreprises. »

(Décr. n° 89-670 du 18 sept. 1989, art. 2) « Ils peuvent également assurer certains enseignements dans des établissements d'enseignement supérieur. »

CHAPITRE II *Recrutement*

Art. 5 *(Décr. n° 86-488 du 14 mars 1986, art. 1er)* Les professeurs certifiés sont recrutés :

1° Parmi les candidats qui ont satisfait aux épreuves du certificat d'aptitude au professorat de l'enseignement du second degré ou du certificat d'aptitude au professorat de l'enseignement technique ;

2° *Abrogé par Décr. n° 2019-1043 du 10 oct. 2019, art. 1er.*

SECTION I *Dispositions relatives au certificat d'aptitude au professorat de l'enseignement du second degré* *(Décr. n° 86-488 du 14 mars 1986, art. 1er)*.

Art. 6 *(Décr. n° 86-488 du 14 mars 1986, art. 1er)* Le certificat d'aptitude au professorat de l'enseignement du second degré est délivré aux candidats qui, ayant subi avec succès les épreuves d'un concours externe *(Décr. nº 2019-595 du 14 juin 2019, art. 10)* « ou d'un concours externe spécial » ou d'un concours interne *(Décr. nº 2002-436 du 29 mars 2002, art. 3)* « ou d'un troisième concours », ont accompli un stage d'une durée d'une année *(Décr. nº 2010-1006 du 26 août 2006, art. 15)* « évalué dans les conditions prévues à l'article 24 ».

(Décr. nº 2021-93 du 30 janv. 2021, art. 1er) « Ces concours peuvent être ouverts pour une affectation locale en Guyane lorsque des difficultés particulières sont constatées pour pourvoir les emplois dans cette académie. Lorsqu'un concours à affectation locale est ouvert simultanément à un concours à affectation nationale, les candidats doivent opter pour l'un ou l'autre dès leur inscription. »

Art. 7 *(Décr. nº 2019-595 du 14 juin 2019, art. 11)* « Le nombre des emplois offerts au concours externe spécial ne peut être supérieur à 10 % du nombre total des emplois mis aux deux concours externes. » *(Décr. nº 2002-436 du 29 mars 2002, art. 4)* « Le nombre des emplois offerts au concours interne ne peut être ni inférieur à 10 % ni supérieur à 30 % du nombre total des emplois mis *(Décr. nº 2019-595 du 14 juin 2019, art. 11)* « aux concours externes » et au concours interne. Le nombre des emplois offerts au troisième concours ne peut être supérieur à 10 % du nombre total des emplois mis aux *(Décr. nº 2019-595 du 14 juin 2019, art. 11)* « quatre » concours. Toutefois, les emplois mis aux concours qui ne sont pas pourvus par la nomination de candidats de la catégorie correspondante peuvent être attribués aux candidats des autres concours, dans la limite de 20 % du total des places mises à ces concours. » *(Décr. nº 2021-93 du 30 janv. 2021, art. 2)* « Lorsqu'un concours a été ouvert pour une affectation locale en Guyane simultanément à un concours à affectation nationale, les emplois non pourvus au titre de l'un de ces concours peuvent être reportés sur l'autre concours dans la même limite. »

Art. 8 *(Décr. nº 2013-768 du 23 août 2013, art. 10)* I. — Peuvent se présenter au concours externe :

1° Les candidats justifiant, à la date de publication des résultats d'admissibilité, d'une inscription en première année d'études en vue de l'obtention d'un master ou d'un titre ou diplôme reconnu équivalent par le ministre chargé de l'éducation ;

2° Les candidats remplissant, à la date de publication des résultats d'admissibilité, les conditions pour s'inscrire en dernière année d'études en vue de l'obtention d'un master ou d'un titre ou diplôme reconnu équivalent par le ministre chargé de l'éducation ;

3° Les candidats justifiant, à la date de publication des résultats d'admissibilité, d'une inscription en dernière année d'études en vue de l'obtention d'un master ou d'un titre ou diplôme reconnu équivalent par le ministre chargé de l'éducation ;

4° Les candidats justifiant, à la date de publication des résultats d'admissibilité, de la détention d'un master ou d'un titre ou diplôme reconnu équivalent par le ministre chargé de l'éducation.

II. — Pour être nommés dans le corps des professeurs certifiés, les candidats ayant subi avec succès les épreuves du concours externe prévu au I doivent justifier d'une inscription en dernière année d'études en vue de l'obtention d'un master métiers de l'enseignement, de l'éducation et de la formation.

Les candidats reçus au concours et qui ne peuvent justifier d'une telle inscription lors de la rentrée suivant leur réussite au concours gardent le bénéfice de celui-ci jusqu'à la rentrée scolaire suivante. S'ils justifient alors d'une telle inscription, ils peuvent être nommés en qualité de fonctionnaires stagiaires. Dans le cas contraire, ils perdent le bénéfice du concours et ne peuvent être nommés.

Toutefois, les candidats ayant subi avec succès les épreuves du concours externe prévu au I qui justifient de la détention d'un master ou d'un titre ou diplôme reconnu équivalent par le ministre chargé de l'éducation sont nommés sans avoir à remplir la condition mentionnée au sixième alinéa du présent article. Ils suivent la formation mentionnée au troisième alinéa de l'article 24 du présent décret.

III. — Pour être titularisés dans le corps des professeurs certifiés, dans les conditions prévues à l'article 26 du présent décret, les candidats ayant subi avec succès les épreuves du concours externe prévu au I doivent justifier de la détention d'un master ou d'un titre ou diplôme reconnu équivalent par le ministre chargé de l'éducation. Pour ceux estimés aptes à être titularisés qui ne détiendraient pas au moment de leur titularisation un master ou un titre ou diplôme reconnu équivalent par le ministre chargé de l'éducation, la durée de leur stage est prorogée d'une année. S'ils justifient à l'issue de cette prolongation de la détention d'un tel titre ou diplôme, ils sont titularisés. Dans le cas contraire, ils sont licenciés ou réintégrés dans leur corps, cadre d'emplois ou emploi d'origine s'ils avaient déjà la qualité de fonctionnaire.

Art. 8-1 *(Décr. n° 2019-595 du 14 juin 2019, art. 12)* Peuvent se présenter au concours externe spécial les candidats justifiant, à la date de publication des résultats d'admissibilité, de la détention du diplôme de doctorat défini à l'article L. 612-7 du code de l'éducation.

Art. 9 *(Décr. n° 98-986 du 4 nov. 1998, art. 3)* « Peuvent se présenter au concours interne : »

(Décr. n° 2013-768 du 23 août 2013, art. 11) « 1° Les fonctionnaires de l'État, des collectivités territoriales et des établissements publics qui en dépendent, y compris ceux mentionnés à l'article 2 de la loi n° 86-33 du 9 janvier 1986 portant dispositions statutaires relatives à la fonction publique hospitalière *[V. **C. fonct. publ.**]*, et les militaires justifiant, les uns et les autres, de trois années de services publics » ;

(Décr. n° 2005-1279 du 13 oct. 2005, art. 2) « 2° Les enseignants non titulaires des établissements d'enseignement publics *(Décr. n° 2010-570 du 28 mai 2010, art. 4)* « ou privés sous contrat d'association », les candidats ayant eu cette même qualité pendant tout ou partie de la période comprise entre le 1er septembre de l'une des six dernières années scolaires et *(Décr. n° 2010-570 du 28 mai 2010, art. 4)* « la date de publication des résultats d'admissibilité » au concours, ainsi que les enseignants non titulaires assurant un enseignement du second degré dans les établissements scolaires français à l'étranger définis à *(Décr. n° 2010-1006 du 26 août 2010, art. 43)* « l'article R. 451-2 du code de l'éducation ». L'ensemble des candidats doit justifier de trois années de services publics ou de services d'enseignement dans les établissements scolaires français à l'étranger ; »

(Décr. n° 2010-570 du 28 mai 2010, art. 4) « 3° Les assistants d'éducation recrutés en application de l'article L. 916-1 du code de l'éducation, les maîtres d'internat et surveillants d'externat des établissements d'enseignement publics relevant du ministre chargé de l'éducation nationale et les candidats ayant eu l'une de ces qualités pendant tout ou partie de la période comprise entre le 1er septembre de l'une des six dernières années scolaires et la date de publication des résultats d'admissibilité au concours. L'ensemble des candidats doit justifier de trois années de services publics ;

« 4° Les candidats ayant accompli des services dans une administration, un organisme ou un établissement dans les conditions fixées au troisième alinéa du 2° de l'article 19 de la loi n° 84-16 du 11 janvier 1984 portant dispositions statutaires relatives à la fonction publique de l'État, et qui justifient, selon la nature juridique du lien qui les unit à leur employeur dans leur État membre d'origine, telle que définie par le décret n° 2010-311 du 22 mars 2010 relatif aux modalités de recrutements et d'accueil des ressortissants des États membres de l'Union européenne ou d'un autre État partie à l'accord sur l'Espace économique européen dans un corps, un cadre d'emplois ou un emploi de la fonction publique française, des conditions prévues soit au 1° du présent article, pour les agents que ledit décret assimile à des fonctionnaires, soit au 2° du présent article pour les autres agents. »

(Décr. n° 2013-768 du 23 août 2013, art. 11) « Pour se présenter au concours interne, les candidats doivent justifier de la détention d'une licence ou d'un titre ou diplôme reconnu équivalent par le ministre chargé de l'éducation. »

(Décr. n° 2010-570 du 28 mai 2010, art. 4) « Les conditions fixées au présent article s'apprécient à la date de publication des résultats d'admissibilité au concours. »

Art. 10 *(Décr. n° 2005-1279 du 13 oct. 2005, art. 3)* Peuvent se présenter au troisième concours les candidats justifiant de l'exercice, pendant une durée de cinq ans au moins, d'une ou de plusieurs des activités professionnelles mentionnées au 3° de l'article 19 de la loi n° 84-16 du 11 janvier 1984 portant dispositions statutaires relatives à la fonction publique de l'État *[V. **C. fonct. publ.**]*. Les conditions fixées au présent article s'apprécient *(Décr. n° 2010-570 du 28 mai 2010, art. 5)* « à la date de publication des résultats d'admissibilité » aux concours ouverts par arrêté du ministre chargé de l'éducation pris après avis conforme du ministre chargé de la fonction publique dans les conditions fixées par l'article 2 du décret n° 2004-1105 du 19 octobre 2004 relatif à l'ouverture des procédures de recrutement dans la fonction publique de l'État *[V. **C. fonct. publ.**]*.

Art. 10-1 *Abrogé par Décr. n° 2013-768 du 23 août 2013, art. 14.*

SECTION II ***Dispositions relatives au certificat d'aptitude au professorat de l'enseignement technique*** *(Décr. n° 86-488 du 14 mars 1986, art. 1er)*.

Art. 11 *(Décr. n° 86-488 du 14 mars 1986, art. 1er)* Le certificat d'aptitude au professorat de l'enseignement technique est délivré aux candidats qui, ayant subi avec succès les épreuves *(Décr. n° 89-572 du 16 août 1989, art. 8)* « d'un concours externe *(Décr. n° 2019-595 du 14 juin 2019, art. 13)* « ou d'un concours externe spécial » ou d'un concours interne »

(Décr. n° 2002-436 du 29 mars 2002, art. 7) « ou d'un troisième concours », ont accompli un stage d'une durée d'une année *(Décr. n° 2010-1006 du 26 août 2006, art. 16)* « évalué dans les conditions prévues à l'article 24 ».

Art. 12 *(Décr. n° 2019-595 du 14 juin 2019, art. 14)* « Le nombre des emplois offerts au concours externe spécial ne peut être supérieur à 10 % du nombre total des emplois mis aux deux concours externes. » *(Décr. n° 2002-436 du 29 mars 2002, art. 8)* « Le nombre des emplois offerts au concours interne ne peut être supérieur à 50 % du nombre total des emplois mis *(Décr. n° 2019-595 du 14 juin 2019, art. 14)* « aux concours externes » et au concours interne. Le nombre des emplois offerts aux candidats au troisième concours ne peut être supérieur à 10 % du nombre total des emplois mis aux *(Décr. n° 2019-595 du 14 juin 2019, art. 14)* « quatre » concours.

Toutefois, les emplois mis aux concours qui ne sont pas pourvus par la nomination de candidats de la catégorie correspondante peuvent être attribués aux candidats des autres concours, dans la limite de 20 % du total des emplois mis à ces concours.

Art. 13 *(Décr. n° 2013-768 du 23 août 2013, art. 12)* I. – Peuvent se présenter au concours externe :

1° Les candidats justifiant, à la date de publication des résultats d'admissibilité, d'une inscription en première année d'études en vue de l'obtention d'un master ou d'un titre ou diplôme reconnu équivalent par le ministre chargé de l'éducation ;

2° Les candidats remplissant, à la date de publication des résultats d'admissibilité, les conditions pour s'inscrire en dernière année d'études en vue de l'obtention d'un master ou d'un titre ou diplôme reconnu équivalent par le ministre chargé de l'éducation ;

3° Les candidats justifiant, à la date de publication des résultats d'admissibilité, d'une inscription en dernière année d'études en vue de l'obtention d'un master ou d'un titre ou diplôme reconnu équivalent par le ministre chargé de l'éducation ;

4° Les candidats justifiant, à la date de publication des résultats d'admissibilité, de la détention d'un master ou d'un titre ou diplôme reconnu équivalent par le ministre chargé de l'éducation ;

5° Les candidats ayant ou ayant eu la qualité de cadre au sens de la convention collective du travail dont ils relèvent ou dont ils relevaient, justifiant, à la date de publication des résultats d'admissibilité, de cinq années de pratique professionnelle effectuées en leur qualité de cadre.

II. – Pour être nommés dans le corps des professeurs certifiés, les candidats ayant subi avec succès les épreuves du concours externe prévu au I doivent justifier d'une inscription en dernière année d'études en vue de l'obtention d'un master métiers de l'enseignement, de l'éducation et de la formation.

Les candidats reçus au concours et qui ne peuvent justifier d'une telle inscription lors de la rentrée suivant leur réussite au concours gardent le bénéfice de celui-ci jusqu'à la rentrée scolaire suivante. S'ils justifient alors d'une telle inscription, ils peuvent être nommés en qualité de fonctionnaires stagiaires. Dans le cas contraire, ils perdent le bénéfice du concours et ne peuvent être nommés.

Toutefois, les candidats ayant subi avec succès les épreuves du concours externe prévu au I qui justifient de la détention d'un master ou d'un titre ou diplôme reconnu équivalent par le ministre chargé de l'éducation sont nommés sans avoir à remplir la condition mentionnée au septième alinéa. Ils suivent la formation mentionnée au troisième alinéa de l'article 24 du présent décret.

III. – Pour être titularisés dans le corps des professeurs certifiés, dans les conditions prévues à l'article 26 du présent décret, les candidats ayant subi avec succès les épreuves du concours externe prévu au I doivent justifier de la détention d'un master ou d'un titre ou diplôme reconnu équivalent par le ministre chargé de l'éducation. Pour ceux estimés aptes à être titularisés qui ne détiendraient pas au moment de leur titularisation un master ou un titre ou diplôme reconnu équivalent par le ministre chargé de l'éducation, la durée de leur stage est prorogée d'une année. S'ils justifient à l'issue de cette prolongation de la détention d'un tel titre ou diplôme, ils sont titularisés. Dans le cas contraire, ils sont licenciés ou réintégrés dans leur corps, cadre d'emplois ou emploi d'origine s'ils avaient déjà la qualité de fonctionnaire.

IV. – Les candidats mentionnés au 5° du I du présent article ne sont pas soumis aux obligations mentionnées au II et au III.

Art. 13-1 *(Décr. n° 2019-595 du 14 juin 2019, art. 15)* Peuvent se présenter au concours externe spécial les candidats justifiant, à la date de publication des résultats d'admissibilité, de la détention du diplôme de doctorat défini à l'article L. 612-7 du code de l'éducation.

Art. 14 *(Décr. n° 2013-768 du 23 août 2013, art. 13)* I. – Peuvent se présenter au concours interne :

1° Les fonctionnaires de l'État, des collectivités territoriales et des établissements publics qui en dépendent, y compris ceux mentionnés à l'article 2 de la loi n° 86-33 du 9 janvier 1986 portant dispositions statutaires relatives à la fonction publique hospitalière, et les militaires justifiant, les uns et les autres, de trois années de services publics ;

2° Les enseignants non titulaires des établissements d'enseignement publics ou privés sous contrat d'association, les candidats ayant eu cette même qualité pendant tout ou partie de la période comprise entre le 1er septembre de l'une des six dernières années scolaires et la date de publication des résultats d'admissibilité au concours ainsi que les enseignants non titulaires assurant un enseignement du second degré dans les établissements scolaires français à l'étranger définis à l'article R. 451-2 du code de l'éducation. L'ensemble des candidats doit justifier de trois années de services publics ou de services d'enseignement dans les établissements scolaires français à l'étranger ;

3° Les assistants d'éducation recrutés en application de l'article L. 916-1 du code de l'éducation, les maîtres d'internat et surveillants d'externat des établissements d'enseignement publics relevant du ministre chargé de l'éducation et les candidats ayant eu l'une de ces qualités pendant tout ou partie de la période comprise entre le 1er septembre de l'une des six dernières années scolaires et la date de publication des résultats d'admissibilité au concours. L'ensemble des candidats doit justifier de trois années de services publics ;

4° Les candidats ayant accompli des services dans une administration, un organisme ou un établissement dans les conditions fixées au troisième alinéa du 2° de l'article 19 de la loi n° 84-16 du 11 janvier 1984 portant dispositions statutaires relatives à la fonction publique de l'État et qui justifient, selon la nature juridique du lien qui les unit à leur employeur dans leur État membre d'origine, telle que définie par le décret n° 2010-311 du 22 mars 2010 relatif aux modalités de recrutements et d'accueil des ressortissants des États membres de l'Union européenne ou d'un autre État partie à l'accord sur l'Espace économique européen dans un corps, un cadre d'emplois ou un emploi de la fonction publique française, des conditions prévues soit au 1° du présent article, pour les agents que ledit décret assimile à des fonctionnaires, soit au 2° du présent article pour les autres agents.

II. – Les candidats mentionnés au I du présent article doivent remplir l'une des deux conditions suivantes :

– soit justifier de la détention d'une licence ou d'un titre ou diplôme reconnu équivalent par le ministre chargé de l'éducation ;

– soit avoir eu la qualité de cadre au sens de la convention collective du travail dont ils relevaient et justifier de cinq années de pratique professionnelle effectuées en cette qualité de cadre.

III. – Les conditions fixées au I et au II du présent article s'apprécient à la date de publication des résultats d'admissibilité au concours.

Art. 15 *(Décr. n° 2005-1279 du 13 oct. 2005, art. 5)* « Peuvent se présenter au troisième concours les candidats justifiant de l'exercice, pendant une durée de cinq ans au moins, d'une ou de plusieurs activités professionnelles mentionnées au 3° de l'article 19 de la loi du 11 janvier 1984 précitée *[n° 84-16 portant dispositions statutaires relatives à la fonction publique de l'État, V.* ***C. fonct. publ.****]* ».

(Décr. n° 2010-570 du 28 mai 2010, art. 9) « Les conditions fixées au présent article s'apprécient à la date de publication des résultats d'admissibilité au concours. »

Art. 15-1 à 20 *Abrogés par Décr. n° 2013-768 du 23 août 2013, art. 14.*

SECTION III ***Dispositions communes au certificat d'aptitude au professorat de l'enseignement du second degré et au certificat d'aptitude au professorat de l'enseignement technique*** *(Décr. n° 86-488 du 14 mars 1986, art. 1er).*

Art. 21 *(Décr. n° 86-488 du 14 mars 1986, art. 1er)* Les concours prévus aux articles *(Décr. n° 2013-768 du 23 août 2013, art. 15)* « 6 et 11 » ci-dessus sont organisés par sections, qui peuvent comprendre des options ; ils comporteront des épreuves d'admissibilité et des épreuves d'admission.

Des arrêtés conjoints du ministre de l'éducation nationale et du ministre chargé de la fonction publique fixent les sections et les modalités des concours prévus aux articles *(Décr. n° 2013-768 du 23 août 2013, art. 15)* « 6 et 11 » ci-dessus.

Des arrêtés du ministre de l'éducation nationale fixent chaque année les sections et les options dans lesquelles les concours sont ouverts.

Art. 21-1 *Abrogé par Décr. n° 2007-1295 du 31 août 2007.*

Art. 22 *(Décr. n° 2013-768 du 23 août 2013, art. 16)* Pour chaque section des concours, le jury établit par ordre de mérite la liste des candidats admis. Il établit une liste complémentaire afin de permettre le remplacement de candidats inscrits sur la liste principale d'admission qui ne peuvent être nommés ou, éventuellement, de pourvoir des vacances d'emplois survenant dans l'intervalle de deux concours.

Art. 23 *(Décr. n° 92-130 du 5 févr. 1992, art. 1er)* « Dans la limite des places disponibles, après épuisement de la liste complémentaire, les candidats admissibles aux concours externe ou interne de l'agrégation peuvent, par décision ministérielle, être recrutés, dans la discipline correspondante, sans avoir à passer les concours externe ou interne du certificat d'aptitude au professorat de l'enseignement du second degré ou du certificat d'aptitude au professorat de l'enseignement technique s'ils sont l'objet, à l'issue du concours de l'agrégation, d'une proposition du jury. Cette proposition comporte un classement par ordre de mérite. »

(Décr. n° 86-488 du 14 mars 1986, art. 1er) « Le ministre de l'éducation nationale peut dispenser, sur leur demande, les élèves des écoles normales supérieures, titulaires de l'un des titres ou diplômes requis des candidats à la section du concours externe du certificat d'aptitude au professorat de l'enseignement du second degré ou au *(Décr. n° 89-572 du 16 août 1989, art. 8)* « concours externe » du certificat d'aptitude au professorat de l'enseignement technique, des épreuves d'admissibilité du concours correspondant. Ces candidats doivent subir les épreuves d'admission. »

Art. 24 *(Décr. n° 2009-915 du 28 juill. 2009, art. 6)* Les candidats reçus aux concours prévus aux articles 6 et 11 ou ayant bénéficié d'une dispense en application du premier alinéa de l'article 23, et remplissant les conditions de nomination dans le corps, sont nommés fonctionnaires stagiaires et affectés pour la durée du stage dans une académie par le ministre chargé de l'éducation. *(Décr. n° 2021-93 du 30 janv. 2021, art. 3)* « Toutefois, les candidats reçus aux concours prévus au deuxième alinéa de l'article 6 et remplissant les conditions de nomination dans le corps sont nommés fonctionnaires stagiaires et affectés pour la durée du stage dans l'académie de Guyane par le même ministre. »

Le stage a une durée d'un an. Ses prolongations éventuelles sont prononcées par le recteur de l'académie dans le ressort de laquelle il est accompli.

(Décr. n° 2013-768 du 23 août 2013, art. 18) « Au cours de leur stage, les professeurs stagiaires bénéficient d'une formation organisée, dans le cadre des orientations définies par l'État, par un établissement d'enseignement supérieur, visant l'acquisition des compétences nécessaires à l'exercice du métier. Cette formation alterne des périodes de mise en situation professionnelle dans un établissement scolaire et des périodes de formation au sein de l'établissement d'enseignement supérieur. Elle est accompagnée d'un tutorat et peut être adaptée pour tenir compte du parcours antérieur des professeurs stagiaires.

« Les modalités du stage et les conditions de son évaluation par un jury sont arrêtées conjointement par le ministre chargé de l'éducation et par le ministre chargé de la fonction publique. »

Art. 25 *(Décr. n° 89-572 du 16 août 1989, art. 15)* Les professeurs stagiaires possédant déjà la qualité de fonctionnaire titulaire sont placés en position de détachement pour la durée du stage.

Art. 26 *(Décr. n° 2009-915 du 28 juill. 2009, art. 7)* A l'issue du stage, la titularisation est prononcée par le recteur de l'académie dans le ressort de laquelle le stage est accompli, sur proposition du jury mentionné à l'article 24. La titularisation confère le certificat d'aptitude au professorat de l'enseignement du second degré ou le certificat d'aptitude au professorat de l'enseignement technique.

Les stagiaires qui n'ont pas été titularisés peuvent être autorisés par le recteur de l'académie dans le ressort de laquelle ils ont accompli leur stage à effectuer une seconde année de stage ; celle-ci n'est pas prise en compte dans l'ancienneté d'échelon. A l'issue de cette année, ils sont titularisés dans les conditions fixées au premier alinéa.

Les stagiaires qui n'ont pas été autorisés à accomplir une seconde année de stage ou qui, à l'issue de la seconde année de stage, n'ont pas été titularisés sont soit *(Décr. n° 2017-786 du 5 mai 2017, art. 67)* « licenciés par le ministre chargé de l'éducation nationale », soit réintégrés dans leur corps *(Décr. n° 2010-1006 du 26 août 2006, art. 17)* « ou cadre d'emplois » d'origine s'ils avaient la qualité de fonctionnaire.

(Décr. n° 2021-93 du 30 janv. 2021, art. 4) « Les stagiaires issus des concours prévus au deuxième alinéa de l'article 6 qui ont été titularisés sont affectés dans l'académie de Guyane. »

SECTION IV *Dispositions relatives au recrutement par voie d'inscription sur listes d'aptitude* (*Décr. n° 86-488 du 14 mars 1986, art. 1er*).

Art. 27 et 28 *Abrogés par Décr. n° 2019-1043 du 10 oct. 2019, art. 1er.*

SECTION V *Reclassement* (*Décr. n° 86-488 du 14 mars 1986, art. 1er*).

Art. 29 (*Décr. n° 93-76 du 18 janv. 1993, art. 2*) « Les professeurs certifiés stagiaires recrutés par concours sont classés, à la date de leur nomination en qualité de stagiaire, selon les dispositions du décret du 5 décembre 1951 susvisé *[n° 51-1423 portant règlement d'administration publique pour la fixation des règles suivant lesquelles doit être déterminée l'ancienneté du personnel nommé dans l'un des corps de fonctionnaires de l'enseignement relevant du ministère de l'éducation nationale]*. »

(*Décr. n° 2019-595 du 14 juin 2019, art. 16*) « Ceux recrutés en application des articles 8-1 et 13-1 du présent décret bénéficient d'une bonification d'ancienneté de deux ans au titre de la période de préparation du doctorat. Lorsque la période de préparation du doctorat a été accomplie sous contrat de travail, les services accomplis dans ce cadre sont pris en compte, selon les modalités prévues à l'article 11-5 du décret du 5 décembre 1951 précité pour la part de leur durée excédant deux ans. Une même période ne peut être prise en compte qu'une seule fois.

« Ceux recrutés en application de l'article 13 et des 1°, 2° et du 4° de l'article 14 du présent décret » (*Décr. n° 93-76 du 18 janv. 1993, art. 2*) « , justifiant d'au moins cinq années de pratique professionnelle en qualité de cadre, sont classés dans le corps des professeurs certifiés à un échelon déterminé en prenant en compte les années d'activité professionnelle qu'ils ont accomplies, en cette qualité, avant leur nomination comme stagiaire, conformément aux dispositions du premier alinéa de l'article 7 du décret du 5 décembre 1951 susvisé *[n° 51-1423 portant règlement d'administration publique pour la fixation des règles suivant lesquelles doit être déterminée l'ancienneté du personnel nommé dans l'un des corps de fonctionnaires de l'enseignement relevant du ministère de l'éducation nationale]*. »

(*Décr. n° 2019-595 du 14 juin 2019, art. 16*) « Ceux recrutés en application des articles 10 et 15 » (*Décr. n° 2002-436 du 29 mars 2002, art. 11*) « du présent décret bénéficient, sur leur demande, d'une bonification d'ancienneté d'une durée :

« – d'un an, lorsque la durée des activités professionnelles définies aux articles 10 et 15 dont ils justifient, est inférieure à six ans ;

« – de deux ans, lorsque cette durée est comprise entre six ans et neuf ans ;

« – de trois ans, lorsqu'elle est de neuf ans et plus.

« Ceux des agents issus du troisième concours qui avaient la qualité de fonctionnaire ou d'agent non titulaire préalablement à leur nomination, peuvent opter entre la bonification prévue au (*Décr. n° 2011-958 du 10 août 2011, art. 29*) « cinquième alinéa » du présent article et la prise en compte de l'ancienneté acquise au titre des services antérieurs, en application des dispositions du premier alinéa du présent article.

« Ceux des agents issus du concours prévu à l'article 15 du présent décret peuvent opter entre la bonification (*Décr. n° 2013-768 du 23 août 2013, art. 19*) « prévue au troisième alinéa » du présent article et la prise en compte des années d'activité professionnelle qu'ils ont accomplies avant leur nomination comme stagiaire, conformément aux dispositions du premier alinéa de l'article 7 du décret du 5 décembre 1951 susvisé *[n° 51-1423 portant fixation des règles suivant lesquelles doit être déterminée l'ancienneté du personnel nommé dans l'un des corps de fonctionnaires de l'enseignement relevant du ministère de l'éducation nationale]*. »

« Les professeurs certifiés affectés dans un établissement ou un service placé sous l'autorité d'un recteur d'académie ou affectés dans un établissement d'enseignement supérieur sont classés par ledit recteur. »

CHAPITRE III *Accompagnement des enseignants* (*Décr. n° 2017-786 du 5 mai 2017, art. 68*).

Art. 30 (*Décr. n° 2017-786 du 5 mai 2017, art. 69*) Tout professeur certifié bénéficie d'un accompagnement continu dans son parcours professionnel.

Individuel ou collectif, cet accompagnement répond à une demande des personnels ou à une initiative de l'administration.

CHAPITRE IV *Appréciation de la valeur professionnelle et avancement* (*Décr. n° 2017-786 du 5 mai 2017, art. 70*).

Art. 30-1 (*Décr. n° 2017-786 du 5 mai 2017, art. 71*) Les dispositions du décret n° 2010-888 du 28 juillet 2010 relatif aux conditions générales de l'appréciation de la valeur professionnelle des fonctionnaires de l'État ne sont pas applicables aux professeurs certifiés.

Art. 30-2 *(Décr. n° 2017-786 du 5 mai 2017, art. 71)* I. – Le recteur d'académie est l'autorité compétente pour évaluer, examiner les demandes de révision de l'appréciation finale de la valeur professionnelle, prononcer les promotions, attribuer les bonifications d'ancienneté, arrêter les tableaux d'avancement et classer :

1° Les professeurs certifiés affectés dans un établissement d'enseignement du second degré ;

2° Les professeurs certifiés affectés dans un établissement d'enseignement supérieur ;

3° Les professeurs certifiés exerçant dans un service ou établissement non mentionnés au 1° ou au 2° et placés sous l'autorité d'un *(Décr. n° 2019-1554 du 30 déc. 2019, art. 19)* « recteur d'académie ».

II. – Le ministre chargé de l'éducation nationale est l'autorité compétente pour évaluer, examiner les demandes de révision de l'appréciation finale de la valeur professionnelle, prononcer les promotions, attribuer les bonifications d'ancienneté, arrêter les tableaux d'avancement et classer les professeurs certifiés en position de détachement, mis à disposition ou exerçant dans un service ou établissement non mentionnés au I du présent article et non placés sous l'autorité d'un *(Décr. n° 2019-1554 du 30 déc. 2019, art. 19)* « recteur d'académie ».

Art. 30-3 *(Décr. n° 2017-786 du 5 mai 2017, art. 71)* Le professeur certifié bénéficie de trois rendez-vous de carrière dont l'objectif est d'apprécier la valeur professionnelle de l'intéressé. Ils ont lieu lorsque au 31 août de l'année scolaire en cours :

1° Pour le premier rendez-vous, le professeur certifié est dans la deuxième année du 6e échelon de la classe normale ;

2° Pour le deuxième rendez-vous, le professeur certifié justifie d'une ancienneté comprise entre 18 et 30 mois dans le 8e échelon de la classe normale ;

3° Pour le troisième rendez-vous, le professeur certifié est dans la deuxième année du 9e échelon de la classe normale.

Art. 30-4 *(Décr. n° 2017-786 du 5 mai 2017, art. 71)* Le rendez-vous de carrière comprend :

1° Une inspection, un entretien avec l'inspecteur qui a conduit l'inspection et un entretien avec le chef de l'établissement pour les professeurs certifiés mentionnés au 1° du I de l'article 30-2 ;

2° Un entretien avec l'autorité auprès de laquelle l'enseignant exerce ses fonctions pour les professeurs certifiés mentionnés au 2° du I ainsi que ceux mentionnés au II du même article et exerçant une fonction d'enseignement ;

3° Un entretien avec leur supérieur hiérarchique direct pour les professeurs certifiés mentionnés au 3° du I ainsi que pour ceux mentionnés au II du même article n'exerçant pas une fonction d'enseignement.

Art. 30-5 *(Décr. n° 2017-786 du 5 mai 2017, art. 71)* Le rendez-vous de carrière donne lieu à l'établissement d'un compte rendu.

L'appréciation finale de la valeur professionnelle qui figure au compte rendu est arrêtée par l'autorité compétente mentionnée à l'article 30-2.

Art. 30-6 *(Décr. n° 2017-786 du 5 mai 2017, art. 71)* Les modalités d'évaluation de la valeur professionnelle ainsi que les modalités d'élaboration et de communication du compte rendu sont définies par un arrêté du ministre chargé de l'éducation nationale.

Art. 30-7 *(Décr. n° 2017-786 du 5 mai 2017, art. 71)* Le professeur certifié peut saisir l'autorité compétente d'une demande de révision de l'appréciation finale de la valeur professionnelle dans un délai de 30 jours francs suivant sa notification.

L'autorité compétente dispose d'un délai de 30 jours francs pour réviser l'appréciation finale de la valeur professionnelle. L'absence de réponse équivaut à un refus de révision.

La commission administrative paritaire compétente peut, sur requête de l'intéressé et sous réserve qu'il ait au préalable exercé le recours mentionné au premier alinéa, demander à l'autorité compétente la révision de l'appréciation finale de la valeur professionnelle. La commission administrative paritaire compétente doit être saisie dans un délai de 30 jours francs suivant la réponse de l'autorité hiérarchique dans le cadre du recours.

L'autorité compétente notifie au professeur certifié l'appréciation finale définitive de la valeur professionnelle.

Art. 31 *Abrogé par Décr. n° 2017-786 du 5 mai 2017, art. 72.*

Art. 32 *(Décr. n° 2017-786 du 5 mai 2017, art. 73)* I. – La durée du temps passé dans chacun des échelons des grades du corps des professeurs certifiés est fixée, sous réserve des dispositions du II, ainsi qu'il suit :

Tableau mod. par Décr. n° 2017-1736 du 21 déc. 2017, art. 11.

GRADES	ÉCHELONS	DURÉE
Certifié de classe exceptionnelle		
	Spécial	
	4e échelon	–
	3e échelon	2 ans 6 mois
	2e échelon	2 ans
	1er échelon	2 ans
Certifié hors classe		
	7e échelon	
	6e échelon	3 ans
	5e échelon	3 ans
	4e échelon	2 ans 6 mois
	3e échelon	2 ans 6 mois
	2e échelon	2 ans
	1er échelon	2 ans
Certifié de classe normale		
	11e échelon	–
	10e échelon	4 ans
	9e échelon	4 ans
	8e échelon	3 ans 6 mois
	7e échelon	3 ans
	6e échelon	3 ans
	5e échelon	2 ans 6 mois
	4e échelon	2 ans
	3e échelon	2 ans
	2e échelon	1 an
	1er échelon	1 an

L'autorité compétente mentionnée à l'article 30-2 prononce, pour chaque année scolaire, les promotions des professeurs certifiés.

II. — Les anciennetés détenues dans les 6e et 8e échelons de la classe normale peuvent être bonifiées d'un an.

L'autorité compétente établit, pour chaque année scolaire, d'une part, la liste des professeurs certifiés qui sont dans la deuxième année du 6e échelon de la classe normale, d'autre part, la liste des professeurs certifiés qui justifient d'une ancienneté dans le 8e échelon de la classe normale comprise entre 18 et 30 mois.

L'autorité compétente attribue les bonifications d'ancienneté après avis de la commission administrative paritaire compétente à hauteur de 30 % de l'effectif des professeurs inscrits sur chacune de ces deux listes.

(Décr. n° 2019-595 du 14 juin 2019, art. 17) « Pour chaque liste, lorsque le nombre de bonifications attribuées n'est pas un entier, la décimale est ajoutée au nombre calculé au titre de l'année suivante. Le nombre de bonifications attribuées au cours de ces deux années ne peut dépasser 30 % de l'effectif des professeurs certifiés inscrits sur la liste au cours de cette même période. »

III. – Peuvent accéder au choix à l'échelon spécial du grade de professeur certifié de classe exceptionnelle, dans la limite d'un pourcentage des effectifs de ce grade fixé par arrêté conjoint du ministre chargé de l'éducation nationale, du ministre chargé de la fonction publique et du ministre chargé du budget, les professeurs certifiés inscrits sur un tableau d'avancement ayant au moins trois ans d'ancienneté au 4e échelon de leur grade.

Le tableau d'avancement est arrêté chaque année, selon des orientations définies par le ministre chargé de l'éducation nationale :

1° Par le *(Décr. n° 2019-1554 du 30 déc. 2019, art. 19)* « recteur d'académie », après avis de la commission administrative paritaire compétente, pour les professeurs certifiés mentionnés au I de l'article 30-2 ;

2° Par le ministre, après avis de la commission administrative paritaire compétente, pour les professeurs certifiés mentionnés au II du même article.

Les promotions sont prononcées, dans l'ordre d'inscription au tableau annuel d'avancement, par le *(Décr. n° 2019-1554 du 30 déc. 2019, art. 19)* « recteur d'académie » pour les personnels mentionnés au I de l'article 30-2 et par le ministre pour les personnels mentionnés au II du même article.

Art. 33 *Abrogé par Décr. n° 2017-786 du 5 mai 2017, art. 74.*

Art. 34 *(Décr. n° 2017-786 du 5 mai 2017, art. 75)* Les professeurs certifiés peuvent être promus au grade de professeur certifié hors classe lorsqu'ils comptent, au 31 août de l'année au titre de laquelle le tableau d'avancement est établi, au moins 2 ans d'ancienneté dans le 9e échelon de la classe normale.

Pour les professeurs certifiés mentionnés au I de l'article 30-2, le tableau d'avancement est arrêté chaque année par le *(Décr. n° 2019-1554 du 30 déc. 2019, art. 19)* « recteur d'académie », après avis de la commission administrative paritaire compétente, selon des orientations définies par le ministre chargé de l'éducation nationale.

Pour les professeurs certifiés mentionnés au II de l'article 30-2, le tableau d'avancement est arrêté chaque année par le ministre, après avis de la commission administrative paritaire compétente.

Le nombre maximum de professeurs certifiés pouvant être promus chaque année à la hors-classe est déterminé conformément aux dispositions du décret n° 2005-1090 du 1er septembre 2005 relatif à l'avancement de grade dans les corps des administrations de l'État.

Les promotions sont prononcées, dans l'ordre d'inscription au tableau annuel d'avancement, par le *(Décr. n° 2019-1554 du 30 déc. 2019, art. 19)* « recteur d'académie » pour les personnels mentionnés au I de l'article 30-2 et par le ministre pour les personnels mentionnés au II du même article.

Art. 35 *(Décr. n° 2017-786 du 5 mai 2017, art. 76)* Les professeurs certifiés promus à la hors-classe sont classés, dès leur nomination, à l'échelon comportant un indice égal ou à défaut immédiatement supérieur à celui dont ils bénéficiaient dans la classe normale.

Le *(Décr. n° 2019-1554 du 30 déc. 2019, art. 19)* « recteur d'académie » classe les personnels mentionnés au I de l'article 30-2.

Le ministre classe les personnels visés au II de l'article 30-2.

Dans la limite de l'ancienneté exigée à l'article 32 pour une promotion à l'échelon supérieur, les intéressés conservent l'ancienneté qu'ils avaient acquise dans l'échelon de leur ancien grade lorsque l'augmentation de traitement consécutive à leur promotion est inférieure à celle que leur aurait procurée un avancement d'échelon dans leur ancien grade.

Par dérogation à l'alinéa précédent, les agents classés au 9e échelon de la classe normale à la date de leur promotion sont classés au 2e échelon de leur nouveau grade, avec conservation de l'ancienneté acquise au-delà de 2 ans dans leur échelon d'origine.

Les professeurs certifiés ayant atteint le 11e échelon de la classe normale conservent l'ancienneté qu'ils avaient acquise dans cet échelon dans la limite du temps nécessaire à une promotion d'échelon dans la hors-classe.

Toutefois, les professeurs certifiés rangés dans le deuxième groupe mentionné à l'article 9 du décret du 5 décembre 1951 susvisé et ayant atteint le 10e ou le 11e échelon sont classés respectivement au 4e ou au 5e échelon de la hors-classe. Ils conservent l'ancienneté d'échelon qu'ils avaient acquise dans la limite du temps nécessaire à une promotion d'échelon dans la hors-classe.

Art. 36 *(Décr. n° 2017-786 du 5 mai 2017, art. 77)* I. — *(Décr. n° 2021-1053 du 6 août 2021, art. 4)* « Peuvent être promus au grade de professeur certifié de classe exceptionnelle, au choix, par voie d'inscription à un tableau annuel d'avancement, les professeurs certifiés qui, à la date d'établissement de ce tableau, ont atteint au moins le 3e échelon de la hors-classe et justifient de huit années :

« 1° Dans des fonctions particulières, notamment au regard des responsabilités exercées, de direction, de coordination, d'accompagnement ou de formation au sein d'un ou de plusieurs corps enseignants, d'éducation ou de psychologue relevant du ministère de l'éducation nationale ;

« 2° Ou dans des fonctions accomplies au sein de l'un ou de plusieurs de ces mêmes corps dans un établissement d'enseignement supérieur ou une classe préparatoire aux grandes écoles ou dans un territoire ou lieu d'exercice caractérisé par des difficultés éducatives, économiques ou sociales. »

La liste de ces fonctions est fixée par arrêté du ministre chargé de l'éducation nationale et du ministre chargé de la fonction publique.

II. — Par dérogation aux dispositions du décret n° 2005-1090 du 1er septembre 2005 relatif à l'avancement de grade dans les corps des administrations de l'État, le nombre de promotions au grade de professeur certifié de classe exceptionnelle est contingenté dans la limite d'un pourcentage appliqué à l'effectif du corps des professeurs certifiés, considéré au 31 août de l'année au titre de laquelle sont prononcées les promotions.

Le pourcentage mentionné à l'alinéa précédent est fixé par arrêté conjoint du ministre chargé de l'éducation nationale, du ministre chargé du budget et du ministre chargé de la fonction publique.

III. — Dans la limite de 20 % du nombre des promotions annuelles mentionné au premier alinéa du II, peuvent également être promus au grade de professeur certifié de classe exceptionnelle au choix, par voie d'inscription au tableau annuel d'avancement, les professeurs certifiés qui, ayant atteint le *(Décr. n° 2017-786 du 5 mai 2017, art. 86 et Décr. n° 2017-1736 du 21 déc. 2017, art. 11)* « 7e échelon » de la hors-classe, ont fait preuve d'une valeur professionnelle exceptionnelle au regard de l'ensemble de leur carrière.

IV. — Le tableau d'avancement est arrêté chaque année, selon des orientations définies par le ministre chargé de l'éducation nationale :

1° Par le *(Décr. n° 2019-1554 du 30 déc. 2019, art. 19)* « recteur d'académie », après avis de la commission administrative paritaire compétente, pour les professeurs certifiés mentionnés au I de l'article 30-2 ;

2° Par le ministre, après avis de la commission administrative paritaire compétente, pour les professeurs certifiés mentionnés au II du même article.

Les promotions sont prononcées, dans l'ordre d'inscription au tableau annuel d'avancement, par le *(Décr. n° 2019-1554 du 30 déc. 2019, art. 19)* « recteur d'académie » pour les personnels mentionnés au I de cet article et par le ministre pour les personnels mentionnés au II du même article.

Art. 36-1 *(Décr. n° 2017-786 du 5 mai 2017, art. 78)* Les professeurs certifiés promus à la classe exceptionnelle sont classés, dès leur nomination, à l'échelon comportant un indice égal ou à défaut immédiatement supérieur à celui dont ils bénéficiaient dans la hors-classe.

Le *(Décr. n° 2019-1554 du 30 déc. 2019, art. 19)* « recteur d'académie » classe les personnels mentionnés au I de l'article 30-2.

Le ministre classe les personnels mentionnés au II du même article.

Dans la limite de l'ancienneté exigée à l'article 32 pour une promotion à l'échelon supérieur, les intéressés conservent l'ancienneté qu'ils avaient acquise dans l'échelon de leur ancien grade lorsque l'augmentation de traitement consécutive à leur promotion est inférieure à celle que leur aurait procurée un avancement d'échelon dans leur ancien grade.

Les professeurs certifiés ayant atteint le *(Décr. n° 2017-786 du 5 mai 2017, art. 86 et Décr. n° 2017-1736 du 21 déc. 2017, art. 11)* « 7e échelon » de la hors-classe conservent l'ancienneté qu'ils avaient acquise dans cet échelon dans la limite du temps nécessaire à une promotion d'échelon dans la classe exceptionnelle.

CHAPITRE V *Discipline* *(Décr. n° 2017-786 du 5 mai 2017, art. 79).*

Art. 37 *(Décr. n° 99-101 du 11 févr. 1999, art. 4)* Pour les professeurs certifiés affectés dans des établissements ou services placés sous l'autorité du recteur d'académie, les sanctions disciplinaires définies à l'article 66 de la loi n° 84-16 du 11 janvier 1984 *[V. C. fonct. publ.]* sont prononcées, après consultation de la commission administrative paritaire académique siégeant en conseil de discipline, dans les conditions prévues à l'article 19 de la loi n° 83-634 du 13 juillet 1983 *[V. C. fonct. publ.]*.

Le pouvoir de saisir la commission administrative paritaire académique siégeant en conseil de discipline est délégué au recteur d'académie.

Art. 38 *Abrogé par Décr. n° 2011-958 du 10 août 2011, art. 30.*

CHAPITRE VI *Dispositions diverses* (*Décr. n° 2017-786 du 5 mai 2017, art. 79*).

Art. 39 *(Décr. n° 98-915 du 13 oct. 1998, art. 6)* La désignation des personnels qui doivent recevoir une première affectation à l'issue de leur titularisation et de ceux qui sont appelés à changer d'académie est prononcée par décision du ministre chargé de l'éducation, après avis des instances paritaires compétentes. Toutefois, les changements d'académie en cours d'année scolaire dans l'intérêt du service sont prononcés sous réserve d'examen ultérieur par les instances paritaires précitées.

Art. 39-1 *(Décr. n° 2018-303 du 25 avr. 2018, art. 2)* Pour prononcer les affectations, il est tenu compte, dans toute la mesure compatible avec le bon fonctionnement du service, des priorités prévues par l'article 60 de la loi du 11 janvier 1984 précitée et, en outre, des critères de priorité suivants :

1° La situation de l'agent qui sollicite un rapprochement avec le détenteur de l'autorité parentale conjointe dans l'intérêt de l'enfant ;

2° La situation de l'agent affecté dans un territoire ou une zone rencontrant des difficultés particulières de recrutement ;

3° La situation de l'agent affecté dans un emploi supprimé en raison d'une modification de la carte scolaire ;

4° Le caractère répété d'une même demande de mutation ainsi que son ancienneté ;

5° L'expérience et le parcours professionnel de l'agent.

Les demandes de mutation sont classées préalablement à l'aide d'un barème rendu public.

Art. 40 *(Décr. n° 86-488 du 14 mars 1986, art. 2) (Décr. n° 2013-768 du 23 août 2013, art. 20)* « L'article 61 de la loi n° 84-16 du 11 janvier 1984 *[V. C. fonct. publ.]* » n'est pas applicable au corps des professeurs certifiés.

Art. 40-1 *(Décr. n° 2016-656 du 20 mai 2016, art. 2-2°)* Par dérogation aux dispositions du décret n° 2014-940 du 20 août 2014 relatif aux obligations de service et aux missions des personnels enseignants exerçant dans un établissement public d'enseignement du second degré, les professeurs certifiés qui exercent les fonctions de directeur délégué aux formations professionnelles et technologiques sont tenus de fournir sans rémunération supplémentaire, dans l'ensemble de l'année scolaire, un maximum de service hebdomadaire de trente-neuf heures.

Ce service peut comprendre, avec accord de l'intéressé, des heures d'enseignement en formation initiale sous statut scolaire. Chaque heure d'enseignement est décomptée pour la valeur de deux heures pour l'application du maximum de service prévu à l'alinéa précédent.

Les professeurs certifiés peuvent exercer des fonctions d'assistance technique auprès des directeurs délégués aux formations professionnelles et technologiques. Ils sont alors soumis aux obligations de service prévues aux alinéas ci-dessus.

Art. 41 *(Décr. n° 89-670 du 18 sept. 1989, art. 8)* « Le professeur certifié peut être placé, sur sa demande, en position de non-activité en vue de poursuivre ou de parfaire des études d'intérêt professionnel, pour une période d'une année scolaire renouvelable dans la limite de cinq années pendant l'ensemble de sa carrière, par arrêté du *(Décr. n° 2019-1554 du 30 déc. 2019, art. 19)* « recteur d'académie » pour le personnel placé sous son autorité ou par arrêté du ministre pour les autres personnels. Il peut aussitôt être remplacé dans son emploi. »

(Décr. n° 86-488 du 14 mars 1986, art. 2) « Le professeur certifié, placé dans cette position, continue à bénéficier de ses droits à la retraite sous réserve de verser la retenue légale calculée d'après le dernier traitement d'activité. Ses droits à l'avancement sont interrompus. »

(Décr. n° 89-670 du 18 sept. 1989, art. 8) « Le *(Décr. n° 2019-1554 du 30 déc. 2019, art. 19)* « recteur d'académie » ou le ministre » peut, à tout moment de l'année scolaire, faire procéder aux enquêtes nécessaires en vue de s'assurer que l'activité du fonctionnaire

mis dans cette position de non-activité correspond réellement aux motifs pour lesquels il y a été placé.

(Décr. n° 86-488 du 14 mars 1986, art. 2) « La réintégration est de droit à l'une des trois premières vacances dans la discipline de l'intéressé.

« Le fonctionnaire qui, lors de sa réintégration, refuse le poste qui lui est assigné peut être licencié après avis de la commission administrative paritaire. »

Art. 41-1 *(Décr. n° 2002-318 du 27 févr. 2002, art. 5)* Pour l'application des dispositions de l'*(Décr. n° 2011-958 du 10 août 2011, art. 40)* « article L. 932-4 du code de l'éducation », les professeurs certifiés peuvent, à leur demande et après avis de la commission administrative paritaire compétente, être placés en délégation auprès d'une entreprise développant des activités dans le domaine éducatif pour exercer des activités liées à leurs compétences pédagogiques ou à la nature de leur enseignement.

Durant la délégation, le professeur est en position d'activité. Il perçoit un traitement afférent à l'indice correspondant à l'échelon qu'il a atteint dans son corps, ainsi que l'indemnité de résidence et, le cas échéant, le supplément familial de traitement, à l'exclusion des indemnités liées aux fonctions. Le temps passé en délégation est valable pour l'ancienneté et entre en compte lors du calcul du minimum de temps requis pour postuler à une promotion de grade ou accéder à un corps hiérarchiquement supérieur. Il compte également pour la retraite et donne lieu aux retenues pour pensions civiles dans les conditions prévues à l'article L. 9 du code des pensions civiles et militaires de retraite *[V. **C. fonct. publ.**, App., v° Pensions de retraite]*.

Art. 41-2 *(Décr. n° 2002-318 du 27 févr. 2002, art. 5)* La délégation dans une entreprise ne peut être autorisée que si l'enseignant n'a pas été chargé au cours des *(Décr. n° 2010-1006 du 26 août 2006, art. 20)* « trois » années précédentes soit d'exercer un contrôle sur cette entreprise, soit de participer à l'élaboration ou à la passation de marchés ou de contrats avec elle.

Art. 41-3 *(Décr. n° 2002-318 du 27 févr. 2002, art. 5)* La délégation est prononcée par arrêté du ministre de l'éducation nationale pour une durée maximale d'un an, renouvelable une fois, sans que sa durée ne puisse excéder au total quatre années pour l'ensemble de la carrière.

La période de délégation doit coïncider avec les limites d'une année scolaire.

La délégation ne peut intervenir qu'après signature d'une convention passée entre le ministre de l'éducation nationale et l'entreprise, qui définit la nature des activités confiées aux fonctionnaires, leurs conditions d'emploi et les modalités du contrôle et de l'évaluation desdites activités. Cette convention, visée par le *(Décr. n° 2012-1247 du 7 nov. 2012, art. 49)* « contrôleur budgétaire », prévoit le remboursement par l'entreprise de la rémunération de l'intéressé et des charges sociales y afférentes. Lorsque la délégation est accordée pour la création d'une entreprise, la convention peut toutefois prévoir l'exonération de ce remboursement pendant une période qui ne peut être supérieure à six mois.

Art. 42 *(Décr. n° 2010-1006 du 26 août 2006, art. 21)* Pour l'application de l'article 13 *bis* de la loi n° 83-634 du 13 juillet 1983 modifiée portant droits et obligations des fonctionnaires *[V. **C. fonct. publ.**]*, les candidats au détachement dans le corps des professeurs certifiés *(Décr. n° 2013-768 du 23 août 2013, art. 21)* « doivent justifier de la détention d'un master ou d'un titre ou diplôme reconnu équivalent par le ministre chargé de l'éducation. »

(Décr. n° 2013-768 du 23 août 2013, art. 21) « Les fonctionnaires dont le détachement dans le corps des professeurs certifiés a été accepté peuvent être tenus de suivre une formation organisée dans les mêmes conditions que celles prévues à l'article 24 du présent décret. »

Les fonctionnaires admis à poursuivre leur détachement au-delà d'une période de deux ans se voient proposer l'intégration dans le corps des professeurs certifiés. L'intégration peut intervenir avant cette échéance sur demande de l'intéressé et après accord de l'administration.

Les services accomplis dans le corps ou cadre d'emplois d'origine sont assimilés à des services accomplis dans le corps des professeurs certifiés.

Par dérogation aux dispositions du 1er al. de l'art. 42 du Décr. n° 72-581 du 4 juill. 1972, dans sa rédaction issue du Décr. n° 2013-768 du 23 août 2013, les personnels appartenant à un corps enseignant ou d'éducation pour l'accès auquel la détention des mêmes titres ou diplômes est exigée pour la titularisation des lauréats du concours externe peuvent être détachés dans le corps des conseillers principaux d'éducation, des professeurs certifiés ou des professeurs des écoles lorsqu'ils sont au moins titulaires d'une licence ou d'un titre ou diplôme au moins équivalent (Décr. préc., art. 61-I).

Art. 43 *(Décr. n° 2012-1450 du 24 déc. 2012, art. 3)* Le vice-recteur de Nouvelle-Calédonie exerce à l'égard des professeurs certifiés mis à disposition de la Nouvelle-Calédonie selon les modalités fixées par l'article 59-1 de la loi organique n° 99-209 du 19 mars 1999 relative à la Nouvelle-Calédonie les attributions dévolues aux recteurs d'académie.

(Décr. n° 2014-299 du 6 mars 2014, art. 3) « Le vice-recteur de Polynésie française exerce à l'égard des professeurs certifiés mis à disposition de la Polynésie française selon les modalités fixées par l'article 62 de la loi organique n° 2004-192 du 27 février 2004 portant statut d'autonomie de la Polynésie française les attributions dévolues aux recteurs d'académie. »

Décret n° 72-582 du 4 juillet 1972,

Relatif au statut particulier des chargés d'enseignement.

Art. 1er Les chargés d'enseignement forment, sous réserve des dispositions de l'article 17, un corps en voie d'extinction régi par l'ordonnance du 4 février 1959 susvisée *[n° 59-244 relative au statut général des fonctionnaires, V. désormais L. n° 84-16 du 11 janv. 1984,* ***C. fonct. publ.****]*, par les règlements d'administration publique pris pour son application et par le présent décret qui fixe leur statut particulier.

CHAPITRE PREMIER *Dispositions générales*

Art. 2 Le corps des chargés d'enseignement est classé dans la catégorie A prévue à l'article 17 de l'ordonnance susvisée du 4 février 1959 *[n° 59-244 relative au statut général des fonctionnaires, V. désormais L. n° 84-16 du 11 janv. 1984, art. 29,* ***C. fonct. publ.****]*.

Ses membres sont nommés et titularisés par arrêté du ministre de l'éducation nationale.

Art. 3 Le corps des chargés d'enseignement comprend un seul grade divisé en onze échelons.

Art. 4 Les chargés d'enseignement participent à l'éducation principalement en assurant un service d'enseignement dans les établissements de second degré.

CHAPITRE II *Notation et avancement*

Art. 5 Par dérogation aux articles 24 et 25 de l'ordonnance du 4 février 1959 susvisée *[n° 59-244 relative au statut général des fonctionnaires, V. désormais L. n° 84-16 du 11 janv. 1984, art. 55,* ***C. fonct. publ.****]* et au décret n° 59-308 du 14 février 1959 susvisé, le ministre de l'éducation nationale fixe la note des chargés d'enseignement dans les conditions prévues aux articles 6 à 10 ci-après.

Art. 6 Le recteur de l'académie dans le ressort de laquelle exerce le chargé d'enseignement attribue à celui-ci sur proposition des supérieurs hiérarchiques, une note administrative de 0 à 40 accompagnée d'une appréciation générale sur sa manière de servir.

La note chiffrée est communiquée à l'intéressé. La commission administrative paritaire académique peut, à la requête de l'intéressé, demander au *(Décr. n° 2019-1554 du 30 déc. 2019, art. 19)* « recteur d'académie » la révision de la note. Dans ce cas, communication doit être faite à la commission de tous éléments utiles d'information.

La commission administrative paritaire doit, à la requête de l'intéressé, demander au *(Décr. n° 2019-1554 du 30 déc. 2019, art. 19)* « recteur d'académie » la communication au chargé d'enseignement de l'appréciation générale mentionnée à l'alinéa 1 ci-dessus.

Art. 7 Le collège des inspecteurs généraux de la discipline du chargé d'enseignement note celui-ci selon une cotation de 0 à 60. Cette note est arrêtée compte tenu d'une appréciation pédagogique portant sur la valeur de l'action éducative et de l'enseignement donnés.

L'appréciation pédagogique est communiquée immédiatement au chargé d'enseignement.

La note et l'appréciation pédagogiques ne peuvent être révisées.

Art. 8 Les notes administratives éventuellement révisées font l'objet d'une péréquation à l'échelon national. La note globale est attribuée par le ministre de l'éducation nationale en faisant la somme de la note administrative ainsi péréquée et de la note pédagogique.

La note globale, la note administrative et la note pédagogique sont communiquées par le ministre à chaque chargé d'enseignement.

Art. 9 La notation du personnel détaché pour exercer une fonction d'enseignement est assurée, sous réserve des dispositions de l'article 10, selon les modalités prévues aux articles 7 et 8 ci-dessus. Cependant, le pouvoir de notation en matière administrative est attribué au chef de service.

Art. 10 La notation du personnel détaché ou affecté ne remplissant pas des fonctions d'enseignement, comporte une note de 0 à 100 fixée par le ministre de l'éducation nationale compte tenu des notes ou appréciations établies par l'autorité auprès de laquelle ce personnel est détaché ou affecté.

La communication et la révision de la note sont alors effectuées conformément aux dispositions des articles 4, 5 et 6 du décret n° 59-308 du 14 février 1959 susvisé *[portant règlement d'administration publique et relatif à la procédure disciplinaire concernant les fonctionnaires, V. désormais Décr. n° 2002-682 du 29 avr. 2002 relatif aux conditions générales d'évaluation, de notation et d'avancement des fonctionnaires de l'État]*.

Art. 11 Par dérogation aux dispositions de l'article 27 de l'ordonnance du 4 février 1959 susvisée *[n° 59-244 relative au statut général des fonctionnaires, V. désormais L. n° 84-16 du 11 janv. 1984, art. 57,* ***C. fonct. publ.****]* et du décret n° 59-308 du 14 février 1959 susvisé *[portant règlement d'administration publique et relatif à la procédure disciplinaire concernant les fonctionnaires, V. désormais Décr. n° 2002-682 du 29 avr. 2002 relatif aux conditions générales d'évaluation, de notation et d'avancement des fonctionnaires de l'État]*, l'avancement d'échelon des chargés d'enseignement a lieu dans chaque discipline partie au grand choix, partie au choix, partie à l'ancienneté.

Il a effet du jour où les intéressés remplissent les conditions fixées au tableau ci-dessous :

Échelons	Grand choix	Choix	Ancienneté
Du 1er au 2e échelon	-	-	1 an
Du 2e au 3e échelon	1 an	-	1 an 6 mois
Du 3e au 4e échelon	1 an	-	1 an 6 mois
Du 4e au 5e échelon	2 ans	-	2 ans 6 mois
Du 5e au 6e échelon	2 ans 6 mois	3 ans	3 ans 6 mois
Du 6e au 7e échelon	2 ans 6 mois	3 ans	3 ans 6 mois
Du 7e au 8e échelon	2 ans 6 mois	3 ans	3 ans 6 mois
Du 8e au 9e échelon	2 ans 6 mois	3 ans 6 mois	4 ans
Du 9e au 10e échelon	2 ans 6 mois	3 ans 6 mois	4 ans 6 mois
Du 10e au 11e échelon	2 ans 6 mois	3 ans 6 mois	4 ans 6 mois

Le ministre établit dans chaque discipline pour chaque année scolaire :

a) Une liste des chargés d'enseignement atteignant au cours de cette période l'ancienneté d'échelon requise pour être promus au grand choix. Les promotions sont prononcées après avis de la commission administrative paritaire nationale dans la limite de 30 p. 100 de l'effectif des professeurs inscrits sur cette liste ;

b) Une liste des chargés d'enseignement atteignant au cours de cette période l'ancienneté d'échelon requise pour être promus au choix. Les promotions sont prononcées après avis de la commission administrative paritaire nationale dans la limite des cinq septièmes de l'effectif des chargés d'enseignement inscrits sur cette liste ;

c) Les fonctionnaires qui ne bénéficient pas d'une promotion au grand choix ou au choix sont promus lorsqu'ils justifient de la durée de services prévue pour l'avancement à l'ancienneté.

En outre, il est dressé des listes propres d'une part aux personnels détachés pour exercer une fonction d'enseignement, d'autre part aux personnels ne remplissant pas des fonctions d'enseignement.

Les dispositions ci-dessus ne font pas obstacle à l'application des dispositions de l'article 10 du décret n° 61-421 du 2 mai 1961 susvisé *[portant règlement d'administration publique pour la fixation de diverses dispositions statutaires applicables aux fonctionnaires de l'État et aux magistrats de l'ordre judiciaire détachés hors du territoire européen de la France pour l'accomplissement d'une tâche de coopération technique ou culturelle]*.

CHAPITRE III *Discipline*

Art. 12 *(Décr. n° 99-101 du 11 févr. 1999, art. 5)* Pour les chargés d'enseignement affectés dans des établissements ou services placés sous l'autorité du recteur d'académie, les sanctions disciplinaires définies à l'article 66 de la loi n° 84-16 du 11 janvier 1984 *[portant dispositions statutaires relatives à la fonction publique de l'État, V.* ***C. fonct. publ.****]* sont prononcées, après consultation de la commission administrative paritaire académique siégeant en conseil de discipline, dans les conditions prévues à l'article 19 de la loi n° 83-634 du 13 juillet 1983 *[portant droits et obligations des fonctionnaires, V.* ***C. fonct. publ.****]* :

– par le *(Décr. n° 2019-1554 du 30 déc. 2019, art. 19)* « recteur d'académie », s'agissant des sanctions des premier et deuxième groupes ;

– par le ministre chargé de l'éducation, s'agissant des sanctions des troisième et quatrième groupes.

Le pouvoir de saisir la commission administrative paritaire académique siégeant en conseil de discipline est délégué au recteur d'académie.

Art. 13 *Abrogé par Décr. n° 86-642 du 19 mars 1986, art. 26.*

CHAPITRE IV *Dispositions diverses*

Art. 14 *(Décr. n° 98-915 du 13 oct. 1998, art. 8)* La désignation des personnels qui doivent recevoir une première affectation à l'issue de leur titularisation et de ceux qui sont appelés à changer d'académie est prononcée par décision du ministre chargé de l'éducation, après avis des instances paritaires compétentes. Toutefois, les changements d'académie en cours d'année scolaire dans l'intérêt du service sont prononcés sous réserve d'examen ultérieur par les instances paritaires précitées.

Art. 15 L'article 49 de l'ordonnance du 4 février 1959 susvisée *[n° 59-244 relative au statut général des fonctionnaires, V. désormais L. n° 84-16 du 11 janv. 1984, art. 61,* ***C. fonct. publ.****]* n'est pas applicable au corps des chargés d'enseignement.

Art. 16 *(Décr. n° 92-811 du 18 août 1992, art. 24)* Les chargés d'enseignement peuvent être placés, sur leur demande, en position de non-activité en vue de poursuivre ou de parfaire des études d'intérêt professionnel, pour une période d'une année scolaire renouvelable dans la limite de cinq années pendant l'ensemble de leur carrière, par arrêté du *(Décr. n° 2019-1554 du 30 déc. 2019, art. 19)* « recteur d'académie » pour les personnels affectés dans des établissements ou services placés sous son autorité ou par arrêté du ministre chargé de l'éducation pour les autres personnels. Les intéressés peuvent être aussitôt remplacés dans leur emploi.

L'enseignant placé dans cette position continue à bénéficier de ses droits à la retraite sous réserve de verser la retenue légale calculée d'après le dernier traitement d'activité. Ses droits à l'avancement sont interrompus.

Le *(Décr. n° 2019-1554 du 30 déc. 2019, art. 19)* « recteur d'académie » ou le ministre peut, à tout moment de l'année scolaire, faire procéder aux enquêtes nécessaires en vue de s'assurer que l'activité du fonctionnaire mis dans la position de non-activité correspond réellement aux motifs pour lesquels il y a été placé.

La réintégration est de droit à l'une des trois premières vacances, dans la discipline de l'intéressé.

Le fonctionnaire qui, lors de sa réintégration, refuse le poste qui lui est assigné peut être licencié après avis de la commission administrative paritaire.

CHAPITRE V *Dispositions transitoires*

Art. 17 Les dispositions du décret n° 69-1113 du 11 décembre 1969 relatif aux conditions de titularisation de certains maîtres auxiliaires des enseignements spéciaux du second degré et du décret n° 70-1031 du 30 octobre 1970 relatif aux conditions de titularisation des personnels des enseignements spéciaux de second degré en fonction à l'étranger continuent à avoir application jusqu'au 1er janvier 1973.

Des concours spéciaux de recrutement dans le corps des chargés d'enseignement pourront être organisés jusqu'au 31 décembre 1974, selon des dispositions qui seront fixées par un décret en Conseil d'État.

Les personnels recrutés en application des dispositions ci-dessus pourront être titularisés après un stage de deux ans.

Décret n° 72-583 du 4 juillet 1972,

Relatif au statut particulier des adjoints d'enseignement.

Ce corps a été mis en voie d'extinction par le Décr. n° 89-729 du 11 oct. 1989, art. 12.

Art. 1er Les adjoints d'enseignement sont régis par l'ordonnance du 4 février 1959 susvisée [*n° 59-244 relative au statut général des fonctionnaires, V. désormais L. n° 84-16 du 11 janv. 1984, **C. fonct. publ.***], par les règlements d'administration publique pris pour son application ainsi que par les dispositions du décret du 8 avril 1938 susvisé [*relatif au statut des professeurs adjoints, répétiteurs et répétitrices des lycées et collèges*] qui ne sont pas contraires à celles du présent décret.

Art. 2 Les adjoints d'enseignement sont classés dans la catégorie A prévue à l'article 17 de l'ordonnance susvisée du 4 février 1959 [*n° 59-244 relative au statut général des fonctionnaires, V. désormais L. n° 84-16 du 11 janv. 1984, art. 29, **C. fonct. publ.***].

Ils sont nommés et titularisés sur proposition des *(Décr. n° 2019-1554 du 30 déc. 2019, art. 19)* « recteurs d'académie », par arrêté du ministre de l'éducation nationale.

Art. 3 *(Décr. n° 2017-786 du 5 mai 2017, art. 87)* Tout adjoint d'enseignement bénéficie d'un accompagnement continu dans son parcours professionnel.

Individuel ou collectif, cet accompagnement répond à une demande des personnels ou à une initiative de l'administration.

Art. 4 *(Décr. n° 2017-786 du 5 mai 2017, art. 88)* Les dispositions du décret n° 2010-888 du 28 juillet 2010 relatif aux conditions générales de l'appréciation de la valeur professionnelle des fonctionnaires de l'État ne sont pas applicables aux adjoints d'enseignement.

Art. 5 *(Décr. n° 2017-786 du 5 mai 2017, art. 89)* Le recteur d'académie sous l'autorité duquel est placé l'adjoint d'enseignement évalue celui-ci selon des modalités définies ci-après.

Art. 5-1 *(Décr. n° 2017-786 du 5 mai 2017, art. 90)* L'adjoint d'enseignement bénéficie de deux rendez-vous de carrière dont l'objectif est d'apprécier la valeur professionnelle de l'intéressé. Ils ont lieu lorsque au 31 août de l'année scolaire en cours :

Pour le premier rendez-vous, l'adjoint d'enseignement est dans la deuxième année du 6e échelon de la classe normale ;

Pour le deuxième rendez-vous, l'adjoint d'enseignement justifie d'une ancienneté comprise entre 18 et 30 mois dans le 8e échelon de la classe normale.

Le rendez-vous de carrière comprend une inspection, un entretien avec l'inspecteur qui a conduit l'inspection et un entretien avec le chef de l'établissement dans lequel il est affecté.

Pour les personnels détachés, le rendez-vous de carrière comprend un entretien avec l'autorité auprès de laquelle l'enseignant exerce ses fonctions.

Art. 5-2 *(Décr. n° 2017-786 du 5 mai 2017, art. 90)* Le rendez-vous de carrière donne lieu à l'établissement d'un compte rendu.

L'appréciation finale de la valeur professionnelle qui figure au compte rendu est arrêtée par le *(Décr. n° 2019-1554 du 30 déc. 2019, art. 19)* « recteur d'académie ».

Art. 5-3 *(Décr. n° 2017-786 du 5 mai 2017, art. 90)* Les modalités d'évaluation de la valeur professionnelle ainsi que les modalités d'élaboration et de communication du compte rendu sont définies par un arrêté du ministre chargé de l'éducation nationale.

Art. 5-4 *(Décr. n° 2017-786 du 5 mai 2017, art. 90)* L'adjoint d'enseignement peut saisir le *(Décr. n° 2019-1554 du 30 déc. 2019, art. 19)* « recteur d'académie » d'une demande de révision de l'appréciation finale de la valeur professionnelle dans un délai de 30 jours francs suivant sa notification.

Le *(Décr. n° 2019-1554 du 30 déc. 2019, art. 19)* « recteur d'académie » dispose d'un délai de 30 jours francs pour réviser l'appréciation finale de la valeur professionnelle. L'absence de réponse équivaut à un refus de révision.

La commission administrative paritaire compétente peut, à la requête de l'intéressé, sous réserve qu'il ait au préalable exercé le recours mentionné au premier alinéa, demander au *(Décr. n° 2019-1554 du 30 déc. 2019, art. 19)* « recteur d'académie » la révision de l'appréciation finale de la valeur professionnelle. La commission administrative paritaire compétente doit être saisie dans un délai de 30 jours francs suivant la réponse formulée par l'autorité hiérarchique dans le cadre du recours.

Le *(Décr. n° 2019-1554 du 30 déc. 2019, art. 19)* « recteur d'académie » notifie à l'adjoint d'enseignement l'appréciation finale définitive de la valeur professionnelle.

Art. 6 *(Décr. n° 2017-786 du 5 mai 2017, art. 91)* **I. – La durée du temps passé dans chacun des échelons du corps des adjoints d'enseignement est fixée, sous réserve des dispositions du II, ainsi qu'il suit :**

ÉCHELON	DURÉE
11e échelon	–
10e échelon	4 ans 6 mois
9e échelon	3 ans 6 mois
8e échelon	3 ans 6 mois
7e échelon	3 ans
6e échelon	3 ans
5e échelon	3 ans
4e échelon	2 ans
3e échelon	1 an
2e échelon	1 an
1er échelon	1 an

II. – Les anciennetés détenues dans les 6e et 8e échelons de la classe normale peuvent être bonifiées de 9 mois.

Le *(Décr. n° 2019-1554 du 30 déc. 2019, art. 19)* **« recteur d'académie » établit, pour chaque année scolaire, d'une part, la liste des adjoints d'enseignement qui sont dans la deuxième année du 6e échelon de la classe normale et, d'autre part, la liste des adjoints d'enseignement qui justifient d'une ancienneté dans le 8e échelon de la classe normale comprise en 18 et 30 mois.**

Le *(Décr. n° 2019-1554 du 30 déc. 2019, art. 19)* **« recteur d'académie » attribue les bonifications d'ancienneté après avis de la commission administrative paritaire compétente à hauteur de 30 % de l'effectif des adjoints d'enseignement inscrits sur chacune de ces deux listes.**

(Décr. n° 2019-595 du 14 juin 2019, art. 18) **« Pour chaque liste, lorsque le nombre de bonifications attribuées n'est pas un entier, la décimale est ajoutée au nombre calculé au titre de l'année suivante. Le nombre de bonifications attribuées au cours de ces deux années ne peut dépasser 30 % de l'effectif des adjoints d'enseignement inscrits sur la liste au cours de cette même période. »**

Art. 7 *(Décr. n° 99-101 du 11 févr. 1999, art. 6)* **Pour les adjoints d'enseignement affectés dans des établissements ou services placés sous l'autorité du recteur d'académie, les sanctions disciplinaires définies à l'article 66 de la loi n° 84-16 du 11 janvier 1984** *[portant dispositions statutaires relatives à la fonction publique de l'État]* **sont prononcées, après consultation de la commission administrative paritaire académique siégeant en conseil de discipline, dans les conditions prévues à l'article 19 de la loi n° 83-634 du 13 juillet 1983** *[portant droits et obligations des fonctionnaires]*.

Le pouvoir de saisir la commission administrative paritaire académique siégeant en conseil de discipline est délégué au recteur d'académie.

Art. 8 *(Décr. n° 2012-1450 du 24 déc. 2012, art. 4)* **Le vice-recteur de Nouvelle-Calédonie exerce à l'égard des adjoints d'enseignement mis à disposition de la Nouvelle-Calédonie selon les modalités fixées par l'article 59-1 de la loi organique n° 99-209 du 19 mars 1999 relative à la Nouvelle-Calédonie les attributions dévolues aux recteurs d'académie par le présent décret.**

(Décr. n° 2014-299 du 6 mars 2014, art. 4) **« Le vice-recteur de Polynésie française exerce à l'égard des adjoints d'enseignement mis à disposition de la Polynésie française selon les modalités fixées par l'article 62 de la loi organique n° 2004-192 du 27 février 2004 portant statut d'autonomie de la Polynésie française les attributions dévolues aux recteurs d'académie par le présent décret. »**

Art. 9 *(Décr. n° 98-915 du 13 oct. 1998, art. 9)* La désignation des personnels qui doivent recevoir une première affectation à l'issue de leur titularisation et de ceux qui sont appelés à changer d'académie est prononcée par décision du ministre chargé de l'Éducation, après avis des instances paritaires compétentes. Toutefois, les changements d'académie en cours d'année scolaire dans l'intérêt du service sont prononcés sous réserve d'examen ultérieur par les instances paritaires précitées.

Art. 9-1 *(Décr. n° 2018-303 du 25 avr. 2018, art. 2)* Pour prononcer les affectations, il est tenu compte, dans toute la mesure compatible avec le bon fonctionnement du service, des priorités prévues par l'article 60 de la loi du 11 janvier 1984 précitée et, en outre, des critères de priorité suivants :

1° La situation de l'agent qui sollicite un rapprochement avec le détenteur de l'autorité parentale conjointe dans l'intérêt de l'enfant ;

2° La situation de l'agent affecté dans un territoire ou une zone rencontrant des difficultés particulières de recrutement ;

3° La situation de l'agent affecté dans un emploi supprimé en raison d'une modification de la carte scolaire ;

4° Le caractère répété d'une même demande de mutation ainsi que son ancienneté ;

5° L'expérience et le parcours professionnel de l'agent.

Les demandes de mutation sont classées préalablement à l'aide d'un barème rendu public.

Art. 10 L'article 49 de l'ordonnance du 4 février 1959 susvisée *[n° 59-244 relative au statut général des fonctionnaires, V. désormais L. n° 84-16 du 11 janv. 1984, art. 61,* ***C. fonct. publ.****]* n'est pas applicable aux adjoints d'enseignement.

Art. 11 *(Décr. n° 92-811 du 18 août 1992, art. 24)* Les adjoints d'enseignement peuvent être placés, sur leur demande, en position de non-activité en vue de poursuivre ou de parfaire des études d'intérêt professionnel, pour une période d'une année scolaire renouvelable dans la limite de cinq années pendant l'ensemble de leur carrière, par arrêté du *(Décr. n° 2019-1554 du 30 déc. 2019, art. 19)* « recteur d'académie » pour les personnels affectés dans des établissements ou services placés sous son autorité ou par arrêté du ministre chargé de l'Éducation pour les autres personnels. Les intéressés peuvent être aussitôt remplacés dans leur emploi.

L'enseignant placé dans cette position continue à bénéficier de ses droits à la retraite, sous réserve de verser la retenue légale calculée d'après le dernier traitement d'activité. Ses droits à l'avancement sont interrompus.

Le *(Décr. n° 2019-1554 du 30 déc. 2019, art. 19)* « recteur d'académie » ou le ministre peut, à tout moment de l'année scolaire, faire procéder aux enquêtes nécessaires en vue de s'assurer que l'activité du fonctionnaire mis dans la position de non-activité correspond réellement aux motifs pour lesquels il y a été placé.

La réintégration est de droit à l'une des trois premières vacances, dans la discipline de l'intéressé.

Le fonctionnaire qui, lors de sa réintégration, refuse le poste qui lui est assigné peut être licencié après avis de la commission administrative paritaire.

Art. 12 Sont abrogées toutes dispositions contraires au présent décret, et notamment, en ce qu'elles concernent les adjoints d'enseignement, celles des articles 14 à 19 du décret du 8 avril 1938.

Décret n° 72-589 du 4 juillet 1972,

Relatif à certaines dispositions statutaires concernant les instituteurs.

Art. 1er et 2 *Abrogés par Décr. n° 87-546 du 17 juill. 1987, art. 1er.*

Art. 3 *Abrogé par Décr. n° 86-642 du 14 mars 1986, art. 26.*

Art. 4 Indépendamment des mutations prononcées en cours d'année dans l'intérêt du service, le tableau des mutations est établi pour chaque année scolaire.

(Décr. n° 87-546 du 17 juill. 1987, art. 2) « Les mutations sont prononcées par *(Décr. n° 2012-16 du 5 janv. 2012, art. 7)* « le directeur académique des services de l'éducation nationale agissant sur délégation du recteur d'académie » après avis de la commission administrative paritaire départementale. Pour les changements de département, *(Décr. n° 2012-16 du 5 janv. 2012, art. 7)* « le directeur académique des services de l'éducation nationale agissant sur délégation du recteur d'académie » du département d'accueil doit s'assurer que

(Décr. n° 2012-16 du 5 janv. 2012, art. 7) **« le directeur académique des services de l'éducation nationale agissant sur délégation du recteur d'académie » du département d'origine a accordé l'exeat au postulant. »**

Art. 4-1 *(Décr. n° 2018-303 du 25 avr. 2018, art. 1er)* **Pour prononcer les affectations, il est tenu compte, dans toute la mesure compatible avec le bon fonctionnement du service, des priorités prévues par l'article 60 de la loi n° 84-16 du 11 janvier 1984 portant dispositions statutaires relatives à la fonction publique de l'État et, en outre, des critères de priorité suivants :**

1° La situation de l'agent qui sollicite un rapprochement avec le détenteur de l'autorité parentale conjointe dans l'intérêt de l'enfant ;

2° La situation de l'agent affecté dans un territoire ou une zone rencontrant des difficultés particulières de recrutement ;

3° La situation de l'agent affecté dans un emploi supprimé en raison d'une modification de la carte scolaire ;

4° Le caractère répété d'une même demande de mutation ainsi que son ancienneté ;

5° L'expérience et le parcours professionnel de l'agent.

Les demandes de mutation sont classées préalablement à l'aide d'un barème rendu public.

Art. 5 *Abrogé par Décr. n° 96-490 du 3 juin 1996, art. 1er.*

Art. 5-1 *(Décr. n° 2002-318 du 27 févr. 2002, art. 6)* **Pour l'application des dispositions de l'article 17 de la loi n° 85-1371 du 23 décembre 1985 sur l'enseignement technologique et professionnel** *[V. désormais C. éduc., art. L. 932-4]*, **les instituteurs peuvent, à leur demande et après avis de la commission administrative paritaire compétente, être placés en délégation auprès d'une entreprise développant des activités dans le domaine éducatif pour exercer des activités liées à leurs compétences pédagogiques ou à la nature de leur enseignement.**

Durant la délégation, l'enseignant est en position d'activité. Il perçoit un traitement afférent à l'indice correspondant à l'échelon qu'il a atteint dans son corps ainsi que l'indemnité de résidence et, le cas échéant, le supplément familial de traitement, à l'exclusion des indemnités liées aux fonctions. Le temps passé en délégation est valable pour l'ancienneté et entre en compte lors du calcul du minimum de temps requis pour postuler à une promotion de grade ou accéder à un corps hiérarchiquement supérieur. Il compte également pour la retraite et donne lieu aux retenues pour pensions civiles dans les conditions prévues à l'article L. 9 du code des pensions civiles et militaires de retraite *[V. **C. fonct. publ.**]*.

Art. 5-2 *(Décr. n° 2002-318 du 27 févr. 2002, art. 6)* **La délégation dans une entreprise ne peut être autorisée que si l'enseignant n'a pas été chargé au cours des cinq années précédentes soit d'exercer un contrôle sur cette entreprise, soit de participer à l'élaboration ou à la passation de marchés ou de contrats avec elle.**

Art. 5-3 *(Décr. n° 2002-318 du 27 févr. 2002, art. 6)* **La délégation est prononcée par arrêté du ministre de l'éducation nationale pour une durée maximale d'un an, renouvelable une fois, sans que sa durée ne puisse excéder au total quatre années pour l'ensemble de la carrière.**

La période de délégation doit coïncider avec les limites d'une année scolaire.

La délégation ne peut intervenir qu'après signature d'une convention passée entre le ministre de l'éducation nationale et l'entreprise, qui définit la nature des activités confiées aux fonctionnaires, leurs conditions d'emploi et les modalités du contrôle et de l'évaluation desdites activités. Cette convention, visée par le *(Décr. n° 2012-1247 du 7 nov. 2012, art. 49)* **« contrôleur budgétaire », prévoit le remboursement par l'entreprise de la rémunération de l'intéressé et des charges sociales y afférentes. Lorsque la délégation est accordée pour la création d'une entreprise, la convention peut toutefois prévoir l'exonération de ce remboursement pendant une période qui ne peut être supérieure à six mois.**

Décret n° 81-535 du 12 mai 1981,

Relatif au recrutement de professeurs contractuels.

Les dispositions du Décr. n° 81-535 du 12 mai 1981 relatif au recrutement de professeurs contractuels sont abrogées en ce qu'elles concernent les agents contractuels de la formation initiale sous statut scolaire. Toutefois, les contrats à durée indéterminée ainsi que les contrats à durée déterminée d'un an couvrant l'année scolaire en cours signés avant l'entrée en vigueur du Décr. n° 2016-1171 du 29 août 2016, font l'objet d'un avenant précisant que les dispositions dudit décret leur sont désormais applicables. Les dispositions de ce texte s'appliquent jusqu'au terme des autres contrats à durée déterminée en cours à la date d'entrée en vigueur du même décret. Les dispositions du décret n° 81-535 du 12 mai 1981 relatif au recrutement de professeurs contractuels restent en vigueur pour les personnels exerçant dans les centres de formation d'apprentis, sections d'apprentissage et unités de formation par apprentissage cités à l'art. R. 431-1 C. éduc. (Décr. n° 2016-1171 du 29 août 2016, art. 15).

Art. 1er *(Décr. n° 89-520 du 27 juill. 1989, art. 1er)* « Lorsque dans les établissements publics locaux d'enseignement et les établissements de formation relevant du ministre chargé de l'éducation nationale des emplois de professeur n'ont pu être pourvus par des maîtres titulaires de l'enseignement du second degré, les recteurs d'académie peuvent recruter des professeurs contractuels. »

De même, pour l'exécution des conventions de formation continue et des conventions portant création de centres de formation d'apprentis, les chefs d'établissement peuvent, après autorisation du recteur, recruter, par contrat et à titre temporaire, des professeurs qui sont rémunérés sur les ressources tirées de l'exécution desdites conventions.

Les professeurs contractuels mentionnés aux deux alinéas précédents sont soumis aux dispositions des articles 2 à 9 ci-dessous.

Pour un motif de bonne administration, sont exclues du champ d'application du droit des usagers de saisir l'administration par voie électronique les demandes relatives aux recrutements et aux candidatures des professeurs contractuels et vacataires temporaires pour l'enseignement secondaire (Décr. n° 2015-1410 du 5 nov. 2015).

Art. 2 Les candidats à un emploi de professeur contractuel doivent posséder l'un des titres ou justifier d'une qualification professionnelle permettant leur classement dans l'une des quatre catégories prévues à l'article 4 ci-dessous.

Ils doivent, en outre remplir les conditions d'aptitude physique exigées des candidats aux fonctions d'enseignement dans l'enseignement du second degré.

Art. 3 *(Décr. n° 89-520 du 27 juill. 1989, art. 3)* « Les contrats souscrits par des personnes qui n'exercent pas, par ailleurs, à titre principal, une activité publique rémunérée, peuvent être conclus soit pour une année scolaire, soit, s'ils sont passés pour assurer un service d'enseignement dans les disciplines d'enseignement technologique et professionnel pour une durée maximale de trois ans, renouvelable par reconduction expresse. »

Les contrats passés par des fonctionnaires, par des agents de l'État, des collectivités locales ou des établissements, entreprises ou organismes publics et par les personnes bénéficiant d'une pension de retraite servie par l'État ou une caisse publique de retraite ne peuvent être conclus pour une période supérieure à dix mois. Ils prennent fin, au plus tard, le 30 juillet de l'année scolaire au titre de laquelle ils ont été souscrits.

Toutefois, les contrats passés pour l'exécution des conventions mentionnées au deuxième alinéa de l'article 1er ci-dessus ne peuvent l'être que pour la durée de ces conventions. Ils ne peuvent ainsi excéder une année scolaire.

Art. 4 Pour l'établissement des contrats, les candidats sont classés, par l'autorité qui procède à leur engagement en fonction des titres universitaires qu'ils détiennent ou de leur qualification professionnelle antérieure, dans l'une des quatre catégories suivantes : hors catégorie, première catégorie, deuxième catégorie, troisième catégorie.

Seules les personnes appelées à dispenser la totalité de leur enseignement dans un établissement de formation ou dans des classes ouvertes aux titulaires du baccalauréat peuvent être classées hors catégorie.

Art. 5 *(Décr. n° 89-520 du 27 juill. 1989, art. 5)* Il est créé quatre catégories de rémunération de professeurs contractuels dotées chacune d'un indice minimum, moyen et maximum. Les indices bruts servant à la détermination de la rémunération selon les catégories sont fixés par un arrêté conjoint des ministres chargés de l'éducation nationale, du budget et de la fonction publique.

L'indice attribué à chaque agent est déterminé par l'autorité qui le recrute.

Art. 6 Les candidats à un emploi de professeur contractuel qui n'ont jamais enseigné auparavant peuvent, dans un premier temps, bénéficier d'un contrat spécial d'un mois en vue d'effectuer un stage d'initiation préalable à la signature de l'un des contrats prévus à l'article 3 ci-dessus.

Pendant ce stage, les intéressés sont rémunérés par référence à *(Décr. n° 89-520 du 27 juill. 1989, art. 5)* « l'indice minimum de la 3e catégorie ». Ils ont droit, le cas échéant, au remboursement de leurs frais de transport.

Art. 7 La durée moyenne du service hebdomadaire exigible des professeurs contractuels est la même que celle imposée aux professeurs titulaires occupant des emplois correspondants.

Les contrats mentionnés à l'article 3 ci-dessus peuvent, cependant, être passés pour assurer un service d'enseignement à temps partiel. Dans ce cas, la rémunération de l'agent est calculée selon le rapport existant entre la durée effective du service accompli et la durée maximum du service hebdomadaire d'enseignement exigé des membres du corps enseignant du second degré occupant un emploi analogue.

Art. 8 Les dispositions du décret susvisé du 22 juin 1972 *[n° 72-512, V. désormais, Décr. n° 86-83 du 17 janv. 1986, art. 45 s.,* ***C. fonct. publ.****]* sont applicables aux personnels contractuels recrutés en application du présent décret.

Toutefois, les deux premiers mois pendant lesquels ils exercent leurs fonctions sont considérés comme période d'essai. Tout licenciement prononcé au cours de cette dernière période ne peut donner lieu à un préavis ni au versement d'une indemnité.

Art. 9 La législation sur la sécurité sociale et les accidents du travail est applicable aux personnels régis par le présent décret. Ceux-ci bénéficient également des dispositions du décret susvisé du 15 juillet 1980 *[n° 80-552, V. désormais Décr. n° 86-83 du 17 janv. 1986,* ***C. fonct. publ.****]*.

Art. 10 Le décret n° 68-1006 du 19 novembre 1968 relatif au recrutement d'agents contractuels pour assurer l'enseignement dans les établissements d'enseignement du second degré et dans les écoles normales primaires, modifié par les décrets n° 77-761 du 6 juillet 1977 et n° 78-826 du 2 août 1978, est abrogé.

Décret n° 85-88 du 22 janvier 1985,

Relatif aux conditions de nomination aux fonctions d'instituteur ou de professeur des écoles maître formateur.

Art. 1er Il est institué un certificat d'aptitude aux fonctions d'instituteur ou de professeur des écoles maître formateur, qui est exigé des candidats aux fonctions comportant des activités d'animation, de recherche et de formation dans le cadre de la formation initiale et continue des instituteurs *(Décr. n° 91-38 du 14 janv. 1991, art. 2)* « ou des professeurs des écoles ».

Art. 2 *(Décr. n° 2015-885 du 20 juill. 2015, art. 7)* Le certificat d'aptitude défini à l'article 1er ci-dessus est délivré à l'issue d'un examen ouvert aux instituteurs et aux professeurs des écoles titulaires justifiant, au 31 décembre de l'année de l'examen, d'au moins cinq années de services dans une classe où les instituteurs et les professeurs des écoles ont vocation à exercer.

Art. 3 Un arrêté conjoint du ministre de l'éducation nationale et du secrétaire d'État auprès du Premier ministre, chargé de la fonction publique et des simplifications administratives, fixe les modalités d'organisation et la nature des épreuves de l'examen ainsi que la composition du jury.

Sur l'organisation du certificat d'aptitude aux fonctions d'instituteur ou de professeur des écoles maître formateur, V. Arr. du 4 mai 2021.

Art. 4 *(Décr. n° 2021-548 du 4 mai 2021, art. 1er)* Après trois ans d'exercice des fonctions d'instituteur ou de professeur des écoles maître formateur ou de conseiller pédagogique, les détenteurs du certificat d'aptitude aux fonctions d'instituteur ou de professeur des écoles maître formateur peuvent acquérir une spécialisation. La liste des spécialisations est établie par l'arrêté prévu à l'article 3 ci-dessus.

Sont réputés titulaires du certificat d'aptitude aux fonctions d'instituteur ou de professeur des écoles maître formateur, et confirmés dans les fonctions de maître participant à la formation des instituteurs et professeurs des écoles préparant au certificat d'aptitude professionnelle aux pratiques de l'éducation inclusive et à la formation professionnelle spécialisée, les instituteurs et professeurs des écoles nommés à ces fonctions à titre définitif à la date d'effet du Décr. n° 2021-548 du 4 mai 2021 (Décr. préc., art. 3).

Art. 5 Le certificat d'aptitude aux fonctions d'instituteur ou de professeur des écoles maître formateur se substitue au certificat d'aptitude à l'enseignement dans les écoles annexes et les classes d'application institué par le décret n° 62-791 du 10 juillet 1962 modifié dans tous les cas où ce dernier certificat est exigé.

Art. 6 Les instituteurs *(Décr. n° 91-38 du 14 janv. 1991, art. 4)* « et les professeurs des écoles » justifiant de la possession du certificat d'aptitude aux fonctions d'instituteur ou de professeur des écoles maître formateur peuvent être nommés à ces fonctions par le *(Décr. n° 2019-1558 du 30 déc. 2019, art. 25)* « recteur d'académie » *(Abrogé par Décr. n° 2021-548 du 4 mai 2021, art. 2)* « *, après avis de la (Décr. n° 91-38 du 14 janv. 1991, art. 4) « commission administrative départementale unique compétente à l'égard des instituteurs et des professeurs des écoles »* ». Toutefois, ne peuvent être nommés à celles de ces fonctions comportant une spécialisation que les candidats *(Décr. n° 2021-548 du 4 mai 2021, art. 2)* « ayant subi avec succès les épreuves de la spécialisation correspondante ».

Les instituteurs *(Décr. n° 91-38 du 14 janv. 1991, art. 4)* « et les professeurs des écoles » nommés dans les conditions prévues *(Décr. n° 2021-548 du 4 mai 2021, art. 2)* « à l'alinéa précédent » sont désignés instituteurs *(Décr. n° 91-38 du 14 janv. 1991, art. 4)* « ou professeurs des écoles » maîtres formateurs.

Art. 7 Tout instituteur *(Décr. n° 91-38 du 14 janv. 1991, art. 5)* « et professeur des écoles » maître formateur appartient à l'une des catégories de maîtres formateurs énumérées par arrêté du ministre de l'éducation nationale. Ces catégories sont établies compte tenu de la spécificité des activités exercées par ces maîtres.

Art. 8 Les instituteurs *(Décr. n° 91-38 du 14 janv. 1991, art. 6)* « et professeurs des écoles » titulaires du certificat d'aptitude aux fonctions d'instituteur ou de professeur des écoles maître formateur qui n'ont pas été nommés à des fonctions dans un délai de cinq ans à compter de la date d'obtention de ce certificat peuvent être astreints à suivre un stage d'adaptation préalable à une nomination intervenant au-delà de ce délai.

Art. 9 Les instituteurs *(Décr. n° 91-38 du 14 janv. 1991, art. 6)* « et professeurs des écoles » titulaires, à la date d'effet du présent décret, du certificat d'aptitude à l'enseignement dans les écoles annexes et les classes d'application sont réputés titulaires du certificat d'aptitude aux fonctions d'instituteur ou de professeur des écoles maître formateur.

Art. 10 Les instituteurs *(Décr. n° 91-38 du 14 janv. 1991, art. 6)* « et professeurs des écoles » non titulaires du certificat d'aptitude à l'enseignement dans les écoles annexes et les classes d'application qui ont exercé, pendant au moins cinq années à la date d'effet du présent décret, les fonctions définies à l'article premier ci-dessus sont autorisés à se présenter à l'examen du certificat d'aptitude dans les conditions fixées par arrêté conjoint du ministre de l'éducation nationale et du secrétaire d'État auprès du Premier ministre, chargé de la fonction publique et des simplifications administratives.

Art. 11 Sont réputés titulaires du certificat d'aptitude aux fonctions d'instituteur ou de professeur des écoles maître formateur et confirmés dans les fonctions de conseiller pédagogique ou de maître d'école annexe et d'école et classes d'application les instituteurs *(Décr. n° 91-38 du 14 janv. 1991, art. 6)* « et professeurs des écoles » nommés à ces fonctions à titre définitif à la date d'effet du présent décret. Un arrêté du *(Décr. n° 2019-1558 du 30 déc. 2019, art. 25)* « recteur d'académie » les classe dans l'une des catégories mentionnées dans l'arrêté prévu à l'article 7 ci-dessus.

Art. 12 Sont réputés titulaires du certificat d'aptitude aux fonctions d'instituteur ou de professeur des écoles maître formateur, et confirmés dans les fonctions de maître participant à la formation des instituteurs et professeurs des écoles destinés à l'éducation spéciale dans les centres de préparation au certificat d'aptitude à l'éducation des enfants et adolescents déficients ou inadaptés ainsi que de maître chargé des travaux pratiques dans les centres de préparation au diplôme de psychologue scolaire, les instituteurs *(Décr. n° 91-38 du 14 janv. 1991, art. 6)* « et professeurs des écoles » nommés à ces fonctions à titre définitif à la date d'effet du présent décret.

....

Décret n° 86-492 du 14 mars 1986,

Relatif au statut particulier des professeurs d'enseignement général de collège.

Art. 1er *(Décr. n° 87-548 du 17 juill. 1987, art. 1er)* Il est créé, dans chaque académie, un corps de professeurs d'enseignement général de collège, classé dans la catégorie A prévue *(Décr. n° 2017-786 du 5 mai 2017, art. 115)* « à l'article 13 de la loi du 13 juillet 1983 » susvisée.

Chacun de ces corps est régi par le présent décret qui constitue son statut particulier.

Les professeurs d'enseignement général de collège participent aux actions de formation dans les collèges, principalement en assurant un service d'enseignement. Ils assurent normalement ce service d'enseignement dans deux disciplines. *(Décr. n° 89-673 du 18 sept. 1989, art. 1er)* « Dans ce cadre, ils assurent le suivi individuel et l'évaluation des élèves et contribuent à les conseiller dans le choix de leur projet d'orientation. »

Art. 1er *bis* *(Décr. n° 2003-1262 du 23 déc. 2003, art. 3)* Les corps de professeurs d'enseignement général de collège sont placés en voie d'extinction.

Art. 1er *ter* *(Décr. n° 2015-884 du 20 juill. 2015, art. 7)* I. – Les personnels enseignants mentionnés à l'article 1er du présent décret titulaires du certificat d'aptitude aux fonctions de formateur académique peuvent, avec leur accord, exercer la fonction de formateur académique.

Sous l'autorité du recteur de l'académie, les formateurs académiques participent à la formation initiale des enseignants stagiaires et des conseillers principaux d'éducation stagiaires et des étudiants se destinant aux métiers de l'enseignement et de l'éducation dans les établissements d'enseignement supérieur en charge de leur formation.

Ils participent à l'animation du réseau des personnels enseignants du second degré désignés, par l'autorité académique, pour prendre en charge le tutorat des enseignants stagiaires et des étudiants se destinant au métier de l'enseignement.

Ils contribuent également à la formation continue des personnels enseignants du second degré.

Art. 2 *(Décr. n° 93-442 du 24 mars 1993, art. 1er)* Les corps de professeurs d'enseignement général de collège comprennent trois classes :

1. La classe normale, qui comprend onze échelons ;
2. La hors-classe, qui comprend six échelons ;

(Décr. n° 97-565 du 30 mai 1997, art. 12) « 3. La classe exceptionnelle, qui comprend *(Décr. n° 2017-786 du 5 mai 2017, art. 125 et Décr. n° 2017-1736 du 21 déc. 2017, art. 11)* « six échelons ». »

L'effectif des professeurs d'enseignement général de collège hors classe ne peut excéder 15 p. 100 des effectifs budgétaires considérés au 1er septembre 1993.

L'effectif des professeurs d'enseignement général de collège de classe exceptionnelle ne peut excéder 5 p. 100 des effectifs budgétaires considérés au 1er septembre 1993 dans la limite des contingents d'emplois transformés à cet effet chaque année en loi de finances.

A compter du 1er septembre 2000, le nombre d'emplois de professeur d'enseignement général de collège de classe exceptionnelle sera révisé chaque année par la loi de finances.

CHAPITRE PREMIER *Dispositions générales*

Art. 3 *Abrogé par Décr. n° 87-548 du 17 juill. 1987, art. 8.*

Art. 4 *(Décr. n° 2008-862 du 27 août. 2008, art. 4)* Dans chaque académie, il est créé, auprès du recteur d'académie, une commission administrative paritaire.

Par dérogation aux dispositions *(Décr. n° 2018-683 du 31 juill. 2018, art. 9)* « des cinq premiers alinéas » de l'article 6 du décret du 28 mai 1982 susvisé *[n° 82-451 relatif aux commissions administratives paritaires, V. C.* ***fonct. publ.****]*, le nombre de représentants du personnel, pour cette commission, est ainsi fixé : *(Décr. n° 2018-683 du 31 juill. 2018, art. 9)* « deux membres » titulaires et *(Décr. n° 2018-683 du 31 juill. 2018, art. 9)* « deux membres » suppléants représentant la classe normale, la hors-classe et la classe exceptionnelle, considérées comme constituant un seul et même grade.

(Décr. n° 2018-683 du 31 juill. 2018, art. 9) « Cependant, lorsque le nombre des électeurs, au 1er septembre de l'année scolaire au cours de laquelle les élections sont organisées, est inférieur à vingt dans une académie, le nombre de représentants du personnel est fixé à un membre titulaire et un membre suppléant. »

La commission comprend le même nombre de représentants de l'administration que de représentants du personnel.

Art. 4-1 *(Décr. n° 2011-958 du 10 août 2011, art. 12)* En cas de renouvellement anticipé de la commission administrative paritaire mentionnée à l'article 4, la date limite de dépôt des listes de candidats est fixée par le recteur d'académie auprès duquel est placée la commission.

La date limite de dépôt de ces listes doit être antérieure d'au moins six semaines à celle du scrutin.

Art. 4-2 *(Décr. n° 99-760 du 3 sept. 1999, art. 13)* Si, avant l'expiration de son mandat, l'un des représentants du personnel, membre titulaire ou suppléant de la commission, se trouve dans l'impossibilité d'exercer ses fonctions pour l'un des motifs énumérés à l'article 8 du décret du 28 mai 1982 susvisé *[nº 82-451 relatif aux commissions administratives paritaires]*, ou par suite de sa mise en position de non-activité, il est remplacé, jusqu'au renouvellement de la commission, dans les conditions définies aux deuxième, troisième, quatrième et cinquième alinéas de l'article 9 du décret du 28 mai 1982 précité *[nº 82-451 relatif aux commissions administratives paritaires]*.

Art. 4-3 *(Décr. nº 2006-1175 du 21 sept. 2006, art. 2)* Par dérogation aux dispositions de l'article 28 du décret du 28 mai 1982 susvisé *[nº 82-451 relatif aux commissions administratives paritaires, V. **C. fonct. publ.**]*, les commissions administratives paritaires créées par le présent décret sont présidées par le recteur de chaque académie qui, en cas d'empêchement, est remplacé par le secrétaire général de l'académie ou un représentant de l'administration chargé des fonctions d'adjoint du secrétaire général d'académie. La commission administrative paritaire de l'académie de Paris peut en outre, en cas d'empêchement du *(Décr. nº 2019-1554 du 30 déc. 2019, art. 19)* « recteur d'académie », être présidée par le directeur de l'académie de Paris.

CHAPITRE II ***Recrutement***

Art. 5 à 13 *Abrogés par Décr. nº 2003-1262 du 23 déc. 2003, art. 3.*

Art. 14 Un arrêté du ministre de l'éducation nationale fixe les conditions dans lesquelles un professeur d'enseignement général de collège peut être autorisé à changer de section postérieurement à sa titularisation.

Art. 15 *Abrogé par Décr. nº 87-548 du 17 juill. 1987, art. 8.*

CHAPITRE III ***Position de non-activité et délégation*** *(Décr. nº 2002-318 du 27 févr. 2002, art. 8).*

Art. 16 Par dérogation aux dispositions de l'article 32 de la loi du 11 janvier 1984 susvisée *[nº 84-16 portant dispositions statuaires relatives à la fonction publique de l'État, V. **C. fonct. publ.**]*, le professeur peut être placé, sur sa demande, en position de non-activité, en vue de poursuivre ou parfaire des études d'intérêt professionnel, par arrêté du recteur d'académie pour une période d'une année renouvelable, dans la limite de cinq années pendant l'ensemble de la carrière. Il peut être aussitôt remplacé dans son emploi.

Le professeur placé dans cette position continue à bénéficier de ses droits à la retraite sous réserve de verser la retenue légale calculée d'après le dernier traitement d'activité. Ses droits à l'avancement sont interrompus.

Le *(Décr. nº 2019-1554 du 30 déc. 2019, art. 19)* « recteur d'académie » peut, à tout moment de l'année scolaire, faire procéder aux enquêtes nécessaires en vue de s'assurer que l'activité du fonctionnaire mis dans cette position de non-activité correspond réellement aux motifs pour lesquels il y a été placé.

La réintégration est de droit à l'une des trois premières vacances dans la section de l'intéressé.

Le fonctionnaire qui, lors de sa réintégration, refuse le poste qui lui est assigné peut être licencié après avis de la *(Décr. nº 87-548 du 17 juill. 1987, art. 3)* « commission administrative paritaire ».

Art. 16-1 *(Décr. nº 2002-318 du 27 févr. 2002, art. 9)* Pour l'application des dispositions de l'article 17 de la loi nº 85-1371 du 23 décembre 1985 sur l'enseignement technologique et professionnel *[V. désormais C. éduc., art. L. 932-4]*, les professeurs d'enseignement général de collège peuvent, à leur demande et après avis de la commission administrative paritaire compétente, être placés en délégation auprès d'une entreprise développant des activités dans le domaine éducatif pour exercer des activités liées à leurs compétences pédagogiques ou à la nature de leur enseignement.

Durant la délégation, le professeur est en position d'activité. Il perçoit un traitement afférent à l'indice correspondant à l'échelon qu'il a atteint dans son corps, ainsi que l'indemnité de résidence et, le cas échéant, le supplément familial de traitement, à l'exclusion des indemnités liées aux fonctions. Le temps passé en délégation est valable pour l'ancienneté et entre en compte lors du calcul du minimum de temps requis pour postuler à une promotion de grade ou accéder à un corps hiérarchiquement supérieur. Il compte également pour la retraite et donne lieu aux retenues pour pensions civiles dans les conditions prévues à l'article L. 9 du code des pensions civiles et militaires de retraite *[V. **C. fonct. publ.**]*.

Art. 16-2 *(Décr. n° 2002-318 du 27 févr. 2002, art. 9)* La délégation dans une entreprise ne peut être autorisée que si l'enseignant n'a pas été chargé au cours des cinq années précédentes soit d'exercer un contrôle sur cette entreprise, soit de participer à l'élaboration ou à la passation de marchés ou de contrats avec elle.

Art. 16-3 *(Décr. n° 2002-318 du 27 févr. 2002, art. 9)* La délégation est prononcée par arrêté du ministre de l'éducation nationale pour une durée maximale d'un an, renouvelable une fois, sans que sa durée puisse excéder au total quatre années pour l'ensemble de la carrière.

La période de délégation doit coïncider avec les limites d'une année scolaire.

La délégation ne peut intervenir qu'après signature d'une convention passée entre le ministre de l'éducation nationale et l'entreprise, qui définit la nature des activités confiées aux fonctionnaires, leurs conditions d'emploi et les modalités du contrôle et de l'évaluation desdites activités. Cette convention, visée par le *(Décr. n° 2012-1247 du 7 nov. 2012, art. 49)* « contrôleur budgétaire », prévoit le remboursement par l'entreprise de la rémunération de l'intéressé et des charges sociales y afférentes. Lorsque la délégation est accordée pour la création d'une entreprise, la convention peut toutefois prévoir l'exonération de ce remboursement pendant une période qui ne peut être supérieure à six mois.

CHAPITRE IV **Accompagnement des enseignants** *(Décr. n° 2017-786 du 5 mai 2017, art. 116).*

Art. 17 *(Décr. n° 2017-786 du 5 mai 2017, art. 117)* Tout professeur d'enseignement général de collège bénéficie d'un accompagnement continu dans son parcours professionnel.

Individuel ou collectif, cet accompagnement répond à une demande des personnels ou à une initiative de l'administration.

Art. 18 *Abrogé par Décr. n° 87-548 du 17 juill. 1987, art. 8.*

Art. 19 *(Décr. n° 2017-786 du 5 mai 2017, art. 118)* I. — La durée du temps passé dans chacun des échelons des grades du corps des professeurs d'enseignement général de collège est fixée, sous réserve des dispositions du II, ainsi qu'il suit :

Tableau mod. par Décr. n° 2017-786 du 5 mai 2017, art. 126.

GRADES	ÉCHELONS	DURÉE
Professeur d'enseignement général de collège de classe exceptionnelle		
	6e échelon	–
	5e échelon	3 ans
	4e échelon	2 ans 6 mois
	3e échelon	2 ans 6 mois
	2e échelon	2 ans 6 mois
	1er échelon	1 an
Professeur d'enseignement général de collège hors classe		
	6e échelon	–
	5e échelon	3 ans
	4e échelon	3 ans
	3e échelon	3 ans
	2e échelon	3 ans

GRADES	ÉCHELONS	DURÉE
	1er échelon	2 ans
Professeur d'enseignement général de collège de classe normale		
	11e échelon	–
	10e échelon	3 ans 6 mois
	9e échelon	3 ans 6 mois
	8e échelon	3 ans 6 mois
	7e échelon	3 ans
	6e échelon	3 ans
	5e échelon	3 ans
	4e échelon	2 ans 6 mois
	3e échelon	1 an 6 mois
	2e échelon	1 an 6 mois
	1er échelon	1 an

II. – Le *(Décr. n° 2019-1554 du 30 déc. 2019, art. 19)* « recteur d'académie » prononce, pour chaque année scolaire, les promotions des professeurs d'enseignement général de collège.

Art. 19-1 à 20 *Abrogés par Décr. n° 2017-786 du 5 mai 2017, art. 119.*

Art. 21 *(Décr. n° 89-673 du 18 sept. 1989, art. 8)* Dans la limite d'un contingent budgétaire d'emplois, peuvent être promus à la hors-classe de leur corps les professeurs d'enseignement général de collège de classe normale qui, ayant atteint au moins le 7e échelon de cette classe, sont inscrits à un tableau d'avancement arrêté chaque année par le *(Décr. n° 2019-1554 du 30 déc. 2019, art. 19)* « recteur d'académie », après avis de la commission administrative paritaire du corps des professeurs d'enseignement général de collège concerné.

Le nombre des inscriptions au tableau d'avancement ne peut excéder de plus de 50 p. 100 le nombre des emplois budgétaires vacants.

Les promotions sont prononcées par arrêté du *(Décr. n° 2019-1554 du 30 déc. 2019, art. 19)* « recteur d'académie » dans l'ordre d'inscription au tableau annuel d'avancement.

Dès leur nomination, les professeurs d'enseignement général de collège hors classe sont classés à l'échelon comportant un indice égal ou, à défaut, immédiatement supérieur à l'indice dont ils bénéficiaient dans la classe normale de leur corps.

Dans la limite de l'ancienneté exigée *(Décr. n° 2017-786 du 5 mai 2017, art. 120)* « à l'article 19 » pour un avancement à l'échelon supérieur, ils conservent l'ancienneté qu'ils avaient acquise dans l'échelon de leur ancienne classe lorsque l'augmentation de traitement consécutive à leur nomination est inférieure à celle que leur aurait procurée un avancement d'échelon dans leur ancienne classe.

Toutefois, les professeurs d'enseignement général de collège qui avaient atteint le 11e échelon de la classe normale conservent l'ancienneté qu'ils avaient acquise dans cet échelon, dans la limite du temps nécessaire à un avancement d'échelon dans la hors-classe de leur corps.

Art. 21-1 *(Décr. n° 93-442 du 24 mars 1993, art. 4)* Dans la limite d'un contingent budgétaire d'emplois, peuvent être promus à la classe exceptionnelle de leur corps les professeurs d'enseignement général de collège hors classe qui, ayant atteint au moins le 5e échelon de cette classe, sont inscrits à un tableau d'avancement arrêté chaque année par le *(Décr. n° 2019-1554 du 30 déc. 2019, art. 19)* « recteur d'académie », après avis de la commission administrative paritaire du corps des professeurs d'enseignement général de collège concernée.

Le nombre des inscriptions au tableau d'avancement ne peut excéder de plus de 50 p. 100 le nombre des emplois budgétaires vacants.

Les promotions sont prononcées par arrêté du *(Décr. n° 2019-1554 du 30 déc. 2019, art. 19)* « recteur d'académie » dans l'ordre d'inscription au tableau annuel d'avancement.

Dès leur nomination, les professeurs d'enseignement général de collège de classe exceptionnelle sont classés à l'échelon comportant un indice égal ou, à défaut, immédiatement supérieur à l'indice dont ils bénéficiaient dans la hors-classe de leur corps.

Dans la limite de l'ancienneté exigée *(Décr. n° 2017-786 du 5 mai 2017, art. 121)* « à l'article 19 » pour un avancement à l'échelon supérieur, ils conservent l'ancienneté qu'ils avaient acquise dans l'échelon de leur ancienne classe lorsque l'augmentation de traitement consécutive à leur nomination est inférieure à celle que leur aurait procurée un avancement d'échelon dans leur ancienne classe.

Toutefois, les professeurs d'enseignement général de collège qui avaient atteint le sixième échelon de la hors-classe conservent l'ancienneté qu'ils avaient acquise dans cet échelon, dans la limite du temps nécessaire à un avancement d'échelon dans la classe exceptionnelle de leur corps.

Art. 22 Le *(Décr. n° 2019-1554 du 30 déc. 2019, art. 19)* « recteur d'académie » prononce les mutations des professeurs d'enseignement général de collège de son académie, après avis de la *(Décr. n° 87-548 du 17 juill. 1987, art. 3)* « commission administrative paritaire ».

Art. 23 *(Décr. n° 89-679 du 18 sept. 1989, art. 5)* Chaque année, après avis des commissions administratives paritaires académiques, la liste des professeurs d'enseignement général de collège qui sont autorisés à changer d'académie est arrêtée dans les conditions fixées par le ministre de l'éducation nationale.

Les recteurs d'académie, chacun pour ce qui le concerne, procèdent à l'affectation des personnels qui figurent sur la liste visée à l'alinéa précédent, après avis de la commission administrative paritaire académique compétente.

Les personnels bénéficiant d'un changement d'académie participent au mouvement interne de l'académie d'accueil dans les mêmes conditions que les professeurs d'enseignement général de collège déjà en fonctions dans ladite académie.

L'affectation dans leur nouveau poste des personnels bénéficiant d'un changement d'académie, prononcée par le recteur de l'académie d'accueil, entraîne la radiation du corps d'origine et l'intégration dans le corps d'accueil.

Art. 23-1 *(Décr. n° 2018-303 du 25 avr. 2018, art. 2)* Pour prononcer les affectations, il est tenu compte, dans toute la mesure compatible avec le bon fonctionnement du service, des priorités prévues par l'article 60 de la loi du 11 janvier 1984 précitée et, en outre, des critères de priorité suivants :

1° La situation de l'agent qui sollicite un rapprochement avec le détenteur de l'autorité parentale conjointe dans l'intérêt de l'enfant ;

2° La situation de l'agent affecté dans un territoire ou une zone rencontrant des difficultés particulières de recrutement ;

3° La situation de l'agent affecté dans un emploi supprimé en raison d'une modification de la carte scolaire ;

4° Le caractère répété d'une même demande de mutation ainsi que son ancienneté ;

5° L'expérience et le parcours professionnel de l'agent.

Les demandes de mutation sont classées préalablement à l'aide d'un barème rendu public.

Art. 24 Les professeurs d'enseignement général de collège sont classés dès leur titularisation selon les dispositions du décret du 5 décembre 1951 susvisé.

(Décr. n° 89-673 du 18 sept. 1989, art. 9) « Pour l'application des dispositions de ce décret, les corps des professeurs d'enseignement général de collège sont affectés du coefficient caractéristique 115. »

(Décr. n° 92-541 du 18 juin 1992, art. 3) « Toutefois, pour l'application des dispositions des articles 8 à 11 du décret modifié du 5 décembre 1951 susvisé *[n° 51-1423 portant règlement d'administration publique pour la fixation des règles suivant lesquelles doit être déterminée l'ancienneté du personnel nommé dans l'un des corps de fonctionnaires de l'enseignement relevant du ministère de l'éducation nationale]* aux personnels appartenant à un grade doté d'un coefficient caractéristique et reclassés dans l'un des corps des professeurs d'enseignement général de collège, le coefficient caractéristique de ces corps est fixé à 105. »

CHAPITRE V ***Dispositions diverses et transitoires*** *(Décr. nº 2017-786 du 5 mai 2017, art. 122).*

Art. 25 *(Décr. nº 2014-941 du 20 août 2014, art. 1er)* **Dans le cadre de la réglementation applicable à l'ensemble des fonctionnaires en matière de temps de travail, les professeurs d'enseignement général de collège sont tenus de fournir, sur l'ensemble de l'année scolaire :**

I. — Un service d'enseignement dont les maxima hebdomadaires sont les suivants :

1° Dix-huit heures pour ceux enseignant les disciplines littéraires, scientifiques, technologiques et artistiques ;

2° Vingt heures pour ceux enseignant l'éducation physique et sportive ;

3° Dix-neuf heures pour ceux assurant au moins neuf heures dans la discipline visée au 2° ci-dessus.

II. — Les missions liées au service d'enseignement qui comprennent les travaux de préparation et les recherches personnelles nécessaires à la réalisation des heures d'enseignement, l'aide et le suivi du travail personnel des élèves, leur évaluation, le conseil aux élèves dans le choix de leur projet d'orientation en collaboration avec les personnels d'éducation et d'orientation, les relations avec les parents d'élèves, le travail au sein d'équipes pédagogiques constituées d'enseignants ayant en charge les mêmes classes ou groupes d'élèves ou exerçant dans le même champ disciplinaire. Dans ce cadre, ils peuvent être appelés à travailler en équipe pluriprofessionnelle associant les personnels de santé, sociaux, d'orientation et d'éducation.

Art. 25-1 *(Décr. nº 2014-941 du 20 août 2014, art. 1er)* **Les professeurs d'enseignement général de collège peuvent, s'ils le souhaitent, au titre d'une année scolaire, exercer des missions particulières au niveau de leur établissement ou au niveau académique sous l'autorité du recteur de l'académie.**

Les professeurs d'enseignement général de collège exerçant ces missions peuvent bénéficier d'un allégement de leur service d'enseignement attribué sur décision du recteur de l'académie. Lorsque la mission est réalisée au niveau de l'établissement, la décision du *(Décr. nº 2019-1554 du 30 déc. 2019, art. 19)* **« recteur d'académie » intervient après proposition du conseil d'administration de l'établissement d'affectation de l'enseignant.**

Art. 25-1-1 *(Décr. nº 2015-884 du 20 juill. 2015, art. 8)* **I. — Les professeurs d'enseignement général de collège exerçant la fonction de formateur académique en application de l'article 1er-1 bénéficient d'un allègement de trois à six heures de leur service hebdomadaire d'enseignement défini à l'article 25. Les conditions et modalités de détermination de cet allègement, en fonction du volume et des conditions d'exercice des activités confiées aux enseignants désignés pour exercer la fonction de formateur académique, sont fixées par le ministre chargé de l'éducation nationale.**

II. — Le recteur de l'académie détermine par arrêté les allègements de service mentionnés au I du présent article attribués à chaque formateur académique.

Art. 25-2 *(Décr. nº 2014-941 du 20 août 2014, art. 1er)* **Dans les établissements relevant de l'éducation prioritaire inscrits sur une liste fixée par arrêté du ministre chargé de l'éducation nationale, afin de tenir compte spécifiquement du temps consacré au travail en équipe nécessaire à l'organisation de la prise en charge des besoins particuliers des élèves qui y sont scolarisés, aux actions correspondantes ainsi qu'aux relations avec les parents d'élèves, chaque heure d'enseignement est affectée, pour le décompte des maxima de service prévus au I de l'article 25 du présent décret, d'un coefficient de pondération de 1,1.**

Art. 26 *(Décr. nº 87-548 du 17 juill. 1987, art. 7)* **« Sont intégrés à égalité d'échelon et d'ancienneté, dans le corps des professeurs d'enseignement général de collège d'une académie, les personnels régis par les dispositions antérieures affectés en dernier lieu dans cette académie. Les élèves professeurs et les professeurs stagiaires mentionnés à l'article 29 ci-dessous seront titularisés dans le corps de l'académie au titre de laquelle ils ont été recrutés. »**

Pour l'application aux personnels mis à la retraite avant la publication du présent décret de l'article L. 16 du code des pensions civiles et militaires de retraite *[V. **C. fonct. publ.**]*, **les assimilations prévues pour fixer les nouveaux indices de traitement mentionnés à l'article L. 15 dudit code sont faites suivant les règles et les correspondances fixées pour les personnels en activité par l'alinéa précédent.**

Art. 27 *Abrogé par Décr. nº 99-760 du 3 sept. 1999, art. 14.*

Art. 28 *Abrogé par Décr. nº 87-548 du 17 juill. 1987, art. 8.*

Art. 29 Les modalités de formation et de titularisation définies en application de l'article 11 du décret n° 69-493 du 30 mai 1969 et de l'article 5 du décret n° 82-510 du 15 juin 1982, prorogées par le décret n° 85-546 du 20 mai 1985, demeurent applicables aux élèves-professeurs et aux professeurs stagiaires entrés en centre de formation antérieurement à 1986.

Art. 30 *(Décr. n° 89-673 du 18 sept. 1989, art. 10)* Les fonctionnaires placés en position de détachement concourent pour les avancements de classe et d'échelon dans le corps des professeurs d'enseignement général de collège avec l'ensemble des fonctionnaires relevant de ce corps. A l'expiration d'un délai de cinq ans à compter de leur détachement, ils peuvent, sur leur demande, et sous réserve d'une inspection pédagogique favorable, être intégrés dans le corps des professeurs d'enseignement général de collège. Toutefois, les personnels appartenant à la troisième classe de la deuxième catégorie du corps des personnels de direction d'établissement d'enseignement ou de formation relevant du ministre chargé de l'éducation nationale peuvent être intégrés, sur leur demande, à l'expiration d'un délai d'un an. Les intéressés sont nommés à la classe et à l'échelon qu'ils occupent en position de détachement et conservent l'ancienneté d'échelon acquise.

Les services accomplis dans le corps d'origine sont assimilés à des services accomplis dans le corps des professeurs d'enseignement général de collège.

Art. 30-1 *Abrogé par Décr. n° 99-760 du 3 sept. 1999, art. 14.*

Décret n° 89-729 du 11 octobre 1989,

Relatif à l'intégration des adjoints d'enseignement, des chargés d'enseignement et des chargés d'enseignement d'éducation physique et sportive dans les corps de professeurs certifiés, de professeurs de lycée professionnel, de professeurs d'éducation physique et sportive et de conseillers principaux d'éducation.

Art. 1er Les adjoints d'enseignement, les chargés d'enseignement et les chargés d'enseignement d'éducation physique et sportive peuvent être intégrés, par voie de listes d'aptitude, en qualité de professeur certifié, de professeur de lycée professionnel, de professeur d'éducation physique et sportive ou de conseiller principal d'éducation.

Un arrêté conjoint du ministre chargé de l'Éducation, du ministre chargé de la Fonction publique et du ministre délégué, chargé du budget détermine chaque année le nombre des emplois qui peuvent être pourvus, dans chacun des quatre corps, en application du présent décret.

Art. 2 Peuvent être inscrits sur la liste d'aptitude à l'emploi de professeur certifié les adjoints d'enseignement exerçant dans une discipline autre que l'éducation physique et sportive et les chargés d'enseignement.

Art. 3 Peuvent être inscrits sur la liste d'aptitude à l'emploi de professeur de lycée professionnel du deuxième grade les adjoints d'enseignement exerçant dans une discipline autre que l'éducation physique et sportive et les chargés d'enseignement.

Les uns et les autres doivent soit être affectés dans un lycée professionnel au 30 juin de l'année scolaire précédant celle au titre de laquelle est établie la liste d'aptitude, soit avoir été affectés dans un lycée professionnel avant d'être placés dans une position autre que celle d'activité prévue par l'article 32 de la loi du 11 janvier 1984 susvisée *[n° 84-16 portant dispositions statutaires relatives à la fonction publique de l'État, V. **C. fonct. publ.**]*.

Les fonctionnaires inscrits sur la liste d'aptitude à l'emploi de professeur de lycée professionnel du deuxième grade, établie au titre d'une année scolaire, ne peuvent être inscrits, au titre de la même année scolaire, sur la liste d'aptitude prévue à l'article 2 ci-dessus.

Art. 4 Peuvent être inscrits sur la liste d'aptitude à l'emploi de professeur d'éducation physique et sportive les adjoints d'enseignement exerçant en éducation physique et sportive ainsi que les chargés d'enseignement d'éducation physique et sportive. Ces derniers doivent être titulaires de la licence en sciences et techniques des activités physiques et sportives ou de l'examen probatoire du certificat d'aptitude au professorat d'éducation physique et sportive.

Art. 5 Peuvent être inscrits sur la liste d'aptitude à l'emploi de conseiller principal d'éducation les adjoints d'enseignement exerçant des fonctions d'éducation au 30 juin de l'année scolaire précédant celle au titre de laquelle est établie la liste d'aptitude.

Art. 6 Les personnels cités aux articles 2, 3, 4 et 5 doivent justifier, au 1er octobre de l'année scolaire au titre de laquelle sont établies les listes d'aptitude, de cinq ans de services publics.

Art. 7 Les listes d'aptitude sont établies sur proposition :

a) Du *(Décr. n° 2019-1554 du 30 déc. 2019, art. 19)* « recteur d'académie » pour les personnels placés sous son autorité ;

b) De l'autorité compétente en ce qui concerne les personnels détachés ou affectés dans les établissements d'enseignement supérieur, les autres personnels détachés et les personnels mis à disposition ;

c) Du chef de service pour les personnels exerçant dans un service ou un établissement non placé sous l'autorité d'un *(Décr. n° 2019-1554 du 30 déc. 2019, art. 19)* « recteur d'académie ».

Les listes d'aptitude mentionnées aux articles 2 et 3 sont établies toutes disciplines confondues.

Art. 8 Les listes d'aptitude sont arrêtées par le ministre chargé de l'Éducation après avis de la commission administrative paritaire nationale compétente.

Le nombre global des inscriptions figurant sur chaque liste ne peut être supérieur à une fois et demie le nombre des nominations susceptibles d'être prononcées dans la catégorie correspondante en vertu du présent décret.

Les emplois attribués à une catégorie de personnels conformément au deuxième alinéa de l'article premier qui ne pourraient être pourvus au titre de cette catégorie peuvent être transférés dans l'une des trois autres catégories et pourvus au titre de celles-ci.

Art. 9 Les personnels recrutés en application du présent décret sont nommés, en qualité de stagiaire, par le ministre chargé de l'éducation.

Art. 10 Les personnels stagiaires visés à l'article précédent sont placés en position de détachement dans leur corps d'origine.

(Décr. n° 98-916 du 13 oct. 1998, art. 13) « A l'issue d'un stage d'un an dont les modalités sont fixées par le ministre chargé de l'Éducation, les adjoints d'enseignement, les chargés d'enseignement et les chargés d'enseignement d'éducation physique et sportive sont, après avis des membres des corps d'inspection, titularisés dans leur corps d'accueil par le recteur de l'académie dans le ressort de laquelle ils ont effectué leur stage. Les prolongations éventuelles du stage sont prononcées par ledit recteur.

« Les personnels stagiaires dont la titularisation n'a pas été prononcée accomplissent un nouveau stage d'un an dont la durée n'est pas prise en compte dans l'ancienneté d'échelon et à l'issue duquel ils sont soit titularisés dans leur corps d'accueil par le recteur de l'académie dans le ressort de laquelle ils ont effectué leur stage, soit réintégrés dans leur corps d'origine. »

Art. 11 Par dérogation aux dispositions du décret du 5 décembre 1951 susvisé *[n° 51-1423 portant règlement d'administration publique pour la fixation des règles suivant lesquelles doit être déterminée l'ancienneté du personnel nommé dans l'un des corps de fonctionnaires de l'enseignement relevant du ministère de l'éducation nationale]*, les adjoints d'enseignement, les chargés d'enseignement et les chargés d'enseignement d'éducation physique et sportive sont, lors de leur titularisation dans les corps de professeurs certifiés, de professeurs de lycée professionnel, de professeurs d'éducation physique et sportive ou de conseillers principaux d'éducation, reclassés dans la classe normale de leur nouveau corps, à l'échelon comportant un indice égal ou à défaut immédiatement supérieur à celui détenu dans leur corps d'origine.

Dans la limite de l'ancienneté exigée pour l'accès à l'échelon supérieur, ils conservent l'ancienneté acquise dans l'échelon qu'ils détenaient dans leur corps d'origine, si leur nomination leur procure une augmentation de traitement inférieure à celle qu'entraînerait, dans leur ancien corps, la promotion à l'échelon supérieur ou, s'ils sont déjà à l'échelon terminal, à celle qui résultait de leur dernière promotion.

Art. 12 Le corps des adjoints d'enseignement est mis en voie d'extinction à compter de la date d'effet du présent décret.

(Décr. n° 90-927 du 10 oct. 1990, art. 3) « Toutefois, cette disposition ne fait pas obstacle à l'application du décret du 7 décembre 1984 susvisé *[n° 84-1111 portant application de l'art. 78 de la loi n° 84-16 du 11 janv. 1984 portant dispositions statutaires relatives à la fonction publique de l'État]*. »

Décret nº 90-680 du 1er août 1990,

Relatif au statut particulier des professeurs des écoles.

CHAPITRE PREMIER *Dispositions générales*

Art. 1er *(Décr. nº 2017-786 du 5 mai 2017, art. 127)* Il est créé un corps des professeurs des écoles qui est classé dans la catégorie A prévue à l'article 13 de la loi du 13 juillet 1983 susvisée.

Ce corps comporte trois grades :

1º La classe normale qui comprend onze échelons ;

2º La hors-classe qui comprend *(Décr. nº 2017-786 du 5 mai 2017, art. 142)* « sept échelons » ;

3º La classe exceptionnelle qui comprend quatre échelons et un échelon spécial.

Art. 2 Les professeurs des écoles participent aux actions d'éducation, principalement en assurant un service d'enseignement dans les écoles maternelles et élémentaires. Dans ce cadre, ils procèdent à une évaluation permanente du travail des élèves et apportent une aide à leur travail personnel.

Ils peuvent également être appelés à exercer leurs fonctions dans les établissements d'enseignement spécialisé, dans les établissements régionaux d'enseignement adapté, dans les écoles régionales du premier degré, dans les sections d'éducation spécialisée des collèges ainsi que dans les établissements de formation des maîtres.

Art. 3 Les dispositions de l'article 3 du décret du 21 août 1985 susvisé *[nº 85-899 relatif à la déconcentration de certaines opérations de gestion du personnel relevant du ministère de l'éducation nationale]* ne sont pas applicables au corps des professeurs des écoles régi par le présent décret.

En ce qui concerne ce corps, sont exclues du champ d'application de la délégation prévue à l'article 1er du décret du 21 août 1985 susvisé *[nº 85-899 relatif à la déconcentration de certaines opérations de gestion du personnel relevant du ministère de l'éducation nationale, V. désormais C. éduc., art. R. 911-82 s.]*, outre les décisions énoncées à l'article 2 de ce décret, les décisions relatives au détachement lorsque celui-ci nécessite un arrêté interministériel ou l'accord d'un ou de plusieurs ministres, à la mise en position hors cadre et aux mises à disposition autres que celles relevant de l'application *(Décr. nº 2011-958 du 10 août 2011, art. 32)* « des dispositions des articles L. 351-1 du code de l'éducation et L. 146-4 du code de l'action sociale et des familles ».

CHAPITRE II *Recrutement*

Art. 4 *(Décr. nº 2002-11 du 3 janv. 2002, art. 1er)* Les professeurs des écoles sont recrutés : *(Décr. nº 2019-595 du 14 juin 2019, art. 25)* « 1º Par académie, par la voie de concours externes, par la voie de concours internes dits seconds concours internes, et par la voie de troisièmes concours.

« Par ailleurs, peuvent être recrutés :

« *a)* Dans les académies dont la liste est fixée par arrêté du ministre chargé de l'éducation, des professeurs des écoles chargés d'un enseignement de et en langue régionale, dans les conditions fixées à la section I du présent chapitre, par la voie de concours externes spéciaux et dans les conditions fixées à la sous-section 2 de la section II de ce chapitre, par la voie de seconds concours internes spéciaux ;

« *b)* Par académie, des professeurs des écoles justifiant de la détention du diplôme de doctorat défini à l'article L. 612-7 du code de l'éducation, par la voie de concours externes spéciaux ; »

2º Par département, par la voie de concours internes dits premiers concours internes et par voie d'inscription sur des listes d'aptitude. Dans les départements dont la liste est fixée par arrêté du ministre chargé de l'éducation, des professeurs des écoles chargés d'un enseignement de et en langue régionale peuvent être recrutés, dans les conditions fixées à la section II, sous-section 1 ci-dessous, par la voie de premiers concours internes spéciaux et, dans les conditions fixées à la section III ci-dessous, par voie d'inscription sur des listes d'aptitude spéciales.

Art. 5 *(Décr. nº 2002-11 du 3 janv. 2002, art. 2)* I. – Les concours prévus à l'article précédent sont ouverts par arrêté conjoint du ministre chargé de l'éducation et du ministre chargé de la fonction publique. Un arrêté des mêmes ministres fixe le nombre des emplois qui peuvent être pourvus chaque année :

1° Par la voie des concours externes et des concours externes spéciaux pour l'ensemble des académies ;

2° Par la voie des seconds concours internes et des seconds concours internes spéciaux pour l'ensemble des académies ;

(Décr. n° 2002-436 du 29 mars 2002, art. 19) « 3° Par la voie des troisièmes concours pour l'ensemble des académies. »

(Décr. n° 2019-595 du 14 juin 2019, art. 26) « Le nombre des emplois offerts aux concours mentionnés au *b* du 1° de l'article 4 ne peut être supérieur à 10 % du nombre total des emplois offerts au titre des autres concours externes. »

Le nombre des emplois offerts globalement au titre des seconds concours internes et des seconds concours internes spéciaux ne peut être supérieur au nombre total des emplois offerts globalement au titre des concours externes et des concours externes spéciaux.

(Décr. n° 2002-436 du 29 mars 2002, art. 19) « Le nombre des emplois offerts au titre des troisièmes concours ne peut être supérieur à 10 % du nombre total des emplois offerts au titre des concours prévus au 1° de l'article 4 ci-dessus. »

II. — *(Décr. n° 2002-436 du 29 mars 2002, art. 19)* « Dans chaque académie, les emplois qui ne sont pas pourvus par la nomination de candidats reçus à l'un des *(Décr. n° 2019-595 du 14 juin 2019, art. 26)* « six » concours, au concours externe, *(Décr. n° 2019-595 du 14 juin 2019, art. 26)* « aux concours externes spéciaux mentionnés au *a* et au *b* du 1° de l'article 4 du présent décret », au second concours interne, au second concours interne spécial ou au troisième concours peuvent être attribués, par le recteur de l'académie considérée, aux candidats à un ou plusieurs des *(Décr. n° 2019-595 du 14 juin 2019, art. 26)* « cinq » autres concours mentionnés au présent alinéa dans la limite de 25 % du nombre total des emplois à pourvoir pour l'ensemble de ces concours. »

Les nombres des emplois qui peuvent être pourvus chaque année, pour l'ensemble des départements, d'une part, par la voie des premiers concours internes et des premiers concours internes spéciaux et, d'autre part, par la voie des listes d'aptitude et des listes d'aptitude spéciales sont fixés par arrêté conjoint du ministre chargé de l'éducation, du ministre chargé de la fonction publique et du ministre chargé du budget, sans que la proportion des emplois qui peuvent être pourvus chaque année par la voie des premiers concours internes et des premiers concours internes spéciaux puisse excéder 15 % du total des emplois à pourvoir par l'ensemble des voies mentionnées au présent alinéa.

Art. 5-1 *Abrogé par Décr. n° 2013-768 du 23 août 2013, art. 29.*

Art. 5-2 *(Décr. n° 2005-1279 du 13 oct. 2005, art. 7)* Les sujets des épreuves écrites d'admissibilité du concours externe, *(Décr. n° 2019-595 du 14 juin 2019, art. 27)* « des concours externes spéciaux », du second concours interne, du second concours interne spécial et du troisième concours sont proposés au ministre chargé de l'éducation, qui les arrête, par des commissions nationales constituées pour chaque discipline à cet effet.

La composition et les modalités de fonctionnement de ces commissions sont fixées par arrêté conjoint du ministre chargé de l'éducation et du ministre chargé de la fonction publique.

Toutefois, pour les académies au sein desquelles les concours spéciaux mentionnés *(Décr. n° 2019-595 du 14 juin 2019, art. 27)* « au *a* du 1° de l'article 4 » sont organisés, le recteur de l'académie concernée arrête, sur proposition du président de chaque jury, les sujets des épreuves écrites de langues régionales.

SECTION I *Du recrutement par concours externes et par concours externes spéciaux* (Décr. n° 2002-11, du 3 janv. 2002, art. 3).

Art. 6 *(Décr. n° 2002-11 du 3 janv. 2002, art. 4)* Pour chaque académie, le nombre des emplois à pourvoir par la voie du concours externe et, le cas échéant, par la voie *(Décr. n° 2019-595 du 14 juin 2019, art. 28)* « des concours externes spéciaux » est fixé par arrêté du ministre chargé de l'éducation.

La nature des épreuves et les modalités d'organisation du concours externe et du concours externe spécial sont fixées par arrêté conjoint du ministre chargé de l'éducation et du ministre chargé de la fonction publique.

Art. 7 *(Décr. n° 2013-768 du 23 août 2013, art. 30)* I. — Peuvent se présenter au concours externe et *(Décr. n° 2019-595 du 14 juin 2019, art. 29)* « au concours externe spécial mentionné au *a* du 1° de l'article 4 » :

1° Les candidats justifiant, à la date de publication des résultats d'admissibilité, d'une inscription en première année d'études en vue de l'obtention d'un master ou d'un titre ou diplôme reconnu équivalent par le ministre chargé de l'éducation ;

2° Les candidats remplissant, à la date de publication des résultats d'admissibilité, les conditions pour s'inscrire en dernière année d'études en vue de l'obtention d'un master ou d'un titre ou diplôme reconnu équivalent par le ministre chargé de l'éducation ;

3° Les candidats justifiant, à la date de publication des résultats d'admissibilité, d'une inscription en dernière année d'études en vue de l'obtention d'un master ou d'un titre ou diplôme reconnu équivalent par le ministre chargé de l'éducation ;

4° Les candidats justifiant, à la date de publication des résultats d'admissibilité, de la détention d'un master ou d'un titre ou diplôme reconnu équivalent par le ministre chargé de l'éducation.

Les professeurs des écoles, stagiaires et titulaires, ne peuvent pas faire acte de candidature.

II. – Pour être nommés dans le corps des professeurs des écoles, les candidats ayant subi avec succès les épreuves du concours externe ou du concours externe spécial prévus au I doivent justifier d'une inscription en dernière année d'études en vue de l'obtention d'un master métiers de l'enseignement, de l'éducation et de la formation.

Les candidats reçus au concours et qui ne peuvent justifier d'une telle inscription lors de la rentrée suivant leur réussite au concours gardent le bénéfice de celui-ci jusqu'à la rentrée scolaire suivante. S'ils justifient alors d'une telle inscription, ils peuvent être nommés en qualité de fonctionnaires stagiaires. Dans le cas contraire, ils perdent le bénéfice du concours et ne peuvent être nommés.

Toutefois, les candidats ayant subi avec succès les épreuves du concours externe ou du concours externe spécial prévu au I qui justifient de la détention d'un master ou d'un titre ou diplôme reconnu équivalent par le ministre chargé de l'éducation sont nommés sans avoir à remplir la condition mentionnée au septième alinéa du présent article. Ils suivent la formation mentionnée à l'article 10 du présent décret.

III. – Pour être titularisés dans le corps des professeurs des écoles, dans les conditions prévues à l'article 12 du présent décret, les candidats ayant subi avec succès les épreuves du concours externe ou du concours externe spécial prévus au I doivent justifier de la détention d'un master ou d'un titre ou diplôme reconnu équivalent par le ministre chargé de l'éducation. Pour ceux estimés aptes à être titularisés qui ne détiendraient pas au moment de leur titularisation un master ou un titre ou diplôme reconnu équivalent par le ministre chargé de l'éducation, la durée de leur stage est prorogée d'une année. S'ils justifient à l'issue de cette prolongation de la détention d'un tel titre ou diplôme, ils sont titularisés. Dans le cas contraire, ils sont licenciés ou réintégrés dans leur corps, cadre d'emplois ou emploi d'origine s'ils avaient déjà la qualité de fonctionnaire.

Art. 7-1 *(Décr. n° 2019-595 du 14 juin 2019, art. 30)* Peuvent se présenter aux concours mentionnés au *b* du 1° de l'article 4 les candidats justifiant, à la date de publication des résultats d'admissibilité, de la détention du diplôme de doctorat défini à l'article L. 612-7 du code de l'éducation.

Art. 8 *(Décr. n° 2009-917 du 28 juill. 2009, art. 3)* « Les candidats reçus au concours externe ou *(Décr. n° 2019-595 du 14 juin 2019, art. 31)* « aux concours externes spéciaux » et remplissant les conditions de titre ou diplôme pour être nommés dans le corps sont nommés professeurs des écoles stagiaires. »

Le jury *(Décr. n° 2013-768 du 23 août 2013, art. 31)* « établit une liste complémentaire de candidats afin de permettre le remplacement des candidats inscrits sur la liste principale qui ne peuvent pas être nommés ou, éventuellement, de pourvoir des vacances d'emplois survenant dans l'intervalle de deux concours. »

Lorsque, une fois connus les résultats de tous les concours externes qui ont été ouverts dans les académies pour une année donnée, un candidat figure sur plus d'une liste principale ou complémentaire, sa nomination en qualité de stagiaire au titre de l'une des listes entraîne sa radiation des autres listes.

Art. 9 *(Décr. n° 2002-11 du 3 janv. 2002, art. 7)* « Après épuisement des listes principale et complémentaire de chacun des deux concours établies dans une académie, un nouveau concours externe et, le cas échéant, un nouveau concours externe spécial peuvent être ouverts. » Les candidats reçus sont nommés stagiaires au fur et à mesure des vacances d'emploi.

Art. 10 *(Décr. n° 2013-768 du 23 août 2013, art. 32)* Les professeurs stagiaires accomplissent un stage d'un an. Au cours de leur stage, les professeurs stagiaires bénéficient d'une formation organisée, dans le cadre des orientations définies par l'État, par un établissement d'enseignement supérieur, visant l'acquisition des compétences nécessaires à l'exercice du métier. Cette formation alterne des périodes de mise en situation professionnelle dans une école et des périodes de formation au sein de l'établissement d'enseignement supérieur. Elle est accompagnée d'un tutorat et peut être adaptée pour tenir compte du parcours antérieur des professeurs stagiaires.

Les modalités du stage et les conditions de son évaluation par un jury sont arrêtées conjointement par le ministre chargé de l'éducation et par le ministre chargé de la fonction publique.

Le remplacement par appel à la liste complémentaire de candidats inscrits sur la liste principale qui peuvent être nommés professeurs des écoles stagiaires ne peut être effectué au-delà de la période d'un mois après le début de la formation. Toutefois, aucun remplacement de candidats inscrits sur la liste principale ne peut plus être effectué dès qu'il est fait appel à un candidat de la liste complémentaire pour pourvoir une vacance d'emploi d'instituteur ou de professeur des écoles.

Pour les stagiaires qui ont été nommés dans un emploi vacant au titre d'une liste complémentaire ou d'un concours organisé en application de l'article 9 ci-dessus le stage prévu au premier alinéa est effectué au cours de l'année scolaire suivante. Pour être nommés, ils doivent remplir les conditions pour s'inscrire en dernière année d'études en vue de l'obtention d'un master ou d'un titre ou diplôme reconnu équivalent par le ministre chargé de l'éducation. La condition d'inscription en dernière année d'études en vue de l'obtention d'un master métiers de l'enseignement, de l'éducation et de la formation mentionnée au II de l'article 7 du présent décret est appréciée au début de l'année scolaire au cours de laquelle le stage est réalisé. La période pendant laquelle ils ont exercé dans le ou les emplois qu'ils ont occupés depuis leur recrutement est prise en compte dans le calcul de l'ancienneté d'échelon.

Les professeurs des écoles stagiaires sont affectés dans un département de l'académie au titre de laquelle ils ont été recrutés. Le choix du département est effectué en fonction des vœux des intéressés et dans l'ordre de leur classement à l'un des concours prévus au 1° de l'article 4 du présent décret.

Art. 11 Les stagiaires qui ont déjà la qualité de fonctionnaire de l'État, d'une collectivité territoriale ou d'un établissement public dépendant de l'État ou d'une collectivité territoriale sont placés en position de détachement pendant la durée du stage.

Les stagiaires qui ont la qualité d'agent titulaire ou non titulaire de l'État d'une collectivité territoriale ou d'un établissement public dépendant de l'État, ou d'une collectivité territoriale peuvent opter pour le maintien du traitement indiciaire afférent à leur emploi d'origine. Toutefois, l'application de cette disposition ne peut avoir pour effet de leur procurer un traitement supérieur à celui auquel ils pourraient prétendre en qualité de titulaire dans le corps des professeurs des écoles.

Art. 12 *(Décr. n° 2009-917 du 28 juill. 2009, art. 5)* « A l'issue du stage, les professeurs des écoles stagiaires sont titularisés par *(Décr. n° 2012-16 du 5 janv. 2012, art. 7)* « le directeur académique des services de l'éducation nationale agissant sur délégation du recteur d'académie » du département dans le ressort duquel le stage est accompli, sur proposition du jury prévu à l'article 10. La titularisation confère le certificat d'aptitude au professorat des écoles. »

Lors de leur titularisation, les professeurs des écoles sont affectés dans le département dans lequel ils ont été affectés en qualité de stagiaire. S'il n'y a pas de poste vacant dans ce département, ils peuvent être affectés dans un autre département de l'académie ou, en cas d'impossibilité, dans un département d'une autre académie.

Ils sont préalablement informés des départements qui leur sont proposés.

Art. 13 *(Décr. n° 2009-917 du 28 juill. 2009, art. 6)* « Les stagiaires qui n'ont pas été titularisés peuvent être autorisés à accomplir une nouvelle année de stage. Ceux qui ne sont pas autorisés à renouveler le stage ou qui, à l'issue de la seconde année de stage, n'ont pas été titularisés, sont soit licenciés, soit réintégrés dans leur corps *(Décr. n° 2010-1006 du 26 août 2010, art. 31)* « ou cadre d'emplois » d'origine s'ils avaient la qualité de fonctionnaire. »

La seconde année de stage effectuée en application des dispositions de l'alinéa précédent n'est pas prise en compte dans le calcul de l'ancienneté d'échelon.

SECTION II *Du recrutement par concours internes et par concours internes spéciaux (Décr. n° 2002-11 du 3 janv. 2002, art. 9).*

(Décr. n° 91-1086 du 18 oct. 1991, art. 3)

SOUS-SECTION 1 *Du recrutement par les premiers concours internes et par les premiers concours internes spéciaux (Décr. n° 2002-11 du 3 janv. 2002, art. 10).*

Art. 14 Les premiers concours internes *(Décr. n° 2002-11 du 3 janv. 2002, art. 11)* « et les premiers concours internes spéciaux » de recrutement ont lieu, par département, à une même date.

La date d'ouverture *(Décr. n° 2002-11 du 3 janv. 2002, art. 11-II)* « des premiers concours internes et des premiers concours internes spéciaux » et le nombre des emplois offerts *(Décr. n° 2002-11 du 3 janv. 2002, art. 11)* « à chaque concours interne et, le cas échéant, à chaque concours interne spécial » sont fixés par arrêté du ministre chargé de l'éducation.

La nature des épreuves et les modalités d'organisation *(Décr. n° 2002-11 du 3 janv. 2002, art. 11)* « du premier concours interne et du premier concours interne spécial » sont déterminées par arrêté conjoint du ministre chargé de l'éducation et du ministre chargé de la fonction publique.

Art. 15 Peuvent se présenter *(Décr. n° 2002-11 du 3 janv. 2002, art. 12)* « au premier concours interne ou au premier concours interne spécial » les instituteurs titulaires qui justifient de trois années de services effectifs en cette qualité au 1er septembre de l'année précédant le concours.

Art. 16 *(Décr. n° 2013-768 du 23 août 2013, art. 33)* A l'issue de chaque concours, le jury établit une liste complémentaire de candidats.

Art. 17 Les candidats reçus *(Décr. n° 2002-11 du 3 janv. 2002, art. 14)* « au premier concours interne ou au premier concours interne spécial » sont immédiatement titularisés dans le corps des professeurs des écoles. *(Décr. n° 2011-958 du 10 août 2011, art. 33)* « Ils sont classés selon les dispositions du décret du 5 décembre 1951 susvisé *[n° 51-1423 portant règlement d'administration publique pour la fixation des règles suivant lesquelles doit être déterminée l'ancienneté du personnel nommé dans l'un des corps de fonctionnaires de l'enseignement relevant du ministère de l'éducation nationale]*. »

SOUS-SECTION 2 *Du recrutement par les seconds concours internes et par les seconds concours internes spéciaux (Décr. n° 2002-11 du 3 janv. 2002, art. 15).*

Art. 17-1 Pour chaque académie, le nombre des emplois à pourvoir *(Décr. n° 2002-11 du 3 janv. 2002, art. 16)* « par la voie du second concours interne et, le cas échéant, par la voie du second concours interne spécial » est fixé par arrêté du ministre chargé de l'éducation.

La nature des épreuves et les modalités d'organisation *(Décr. n° 2002-11 du 3 janv. 2002, art. 16)* « des concours mentionnés à l'alinéa ci-dessus » sont fixées par arrêté conjoint du ministre chargé de l'éducation et du ministre chargé de la fonction publique.

Art. 17-2 *(Décr. n° 2013-768 du 23 août 2013, art. 35)* Le second concours interne et le second concours interne spécial sont ouverts :

1° *a)* Aux agents titulaires et non titulaires de l'État, des collectivités territoriales et des établissements publics qui en dépendent, y compris ceux mentionnés à l'article 2 de la loi n° 86-33 du 9 janvier 1986 portant dispositions statutaires relatives à la fonction publique hospitalière, et aux militaires justifiant, les uns et les autres, de trois années de services publics ;

b) Aux agents non titulaires ayant exercé dans des établissements d'enseignement publics ou privés sous contrat d'association des fonctions d'enseignement, d'éducation ou d'information et d'orientation pendant tout ou partie de la période comprise entre le 1er septembre de l'une des six dernières années scolaires et la date de publication des résultats d'admissibilité et justifiant, les uns et les autres, de trois années de services publics ;

2° Aux enseignants non titulaires exerçant dans les établissements scolaires français à l'étranger définis à l'article R. 451-2 du code de l'éducation qui, à la date de publication des résultats d'admissibilité, justifient de trois années de services publics ou de services d'enseignement dans les établissements scolaires français à l'étranger ;

3° Aux candidats ayant accompli des services dans une administration, un organisme ou un établissement dans les conditions fixées au troisième alinéa du 2° de l'article 19 de la loi du 11 janvier 1984 portant dispositions statutaires relatives à la fonction publique de l'État, et qui justifient, selon la nature juridique du lien qui les unit à leur employeur dans leur État membre d'origine, telle que définie par le décret n° 2010-311 du 22 mars 2010 relatif aux modalités de recrutements et d'accueil des ressortissants des États membres de l'Union européenne ou d'un autre État partie à l'accord sur l'Espace économique européen dans un corps, un cadre d'emplois ou un emploi de la fonction publique française, des conditions prévues au 1° du présent article.

Pour se présenter au second concours interne et au second concours interne spécial, les candidats doivent justifier de la détention d'une licence ou d'un titre ou diplôme reconnu équivalent par le ministre chargé de l'éducation.

Les conditions fixées au présent article s'apprécient à la date de publication des résultats d'admissibilité au concours.

Ne peuvent se présenter ni au second concours interne ni au second concours interne spécial les personnels enseignants du premier degré titulaires ou stagiaires de l'État.

Art. 17-3 Les candidats reçus au second concours interne *(Décr. n° 2002-11 du 3 janv. 2002, art. 18)* « ou au second concours interne spécial » sont nommés professeurs des écoles stagiaires.

Le jury *(Décr. n° 2013-768 du 23 août 2013, art. 36)* « établit » une liste complémentaire de candidats ayant subi les épreuves.

Art. 17-4 *(Décr. n° 2009-917 du 28 juill. 2009, art. 8)* Les professeurs des écoles stagiaires sont affectés et accomplissent un stage selon les modalités prévues aux articles 10 et 12.

Art. 17-5 Les professeurs des écoles stagiaires sont soumis aux dispositions des articles 11, 12 et 13 ci-dessus.

Art. 17-6 à 17-12 *Abrogés par Décr. n° 2013-768 du 23 août 2013, art. 29.*

SECTION II *bis* *Du recrutement par troisième concours*
(Décr. n° 2002-436 du 29 mars 2002, art. 21)

Art. 17-13 Pour chaque académie, le nombre des emplois à pourvoir est fixé par arrêté du ministre chargé de l'éducation.

La nature des épreuves et les modalités d'organisation du concours sont fixées par arrêté conjoint du ministre chargé de l'éducation et du ministre chargé de la fonction publique.

Art. 17-14 *(Décr. n° 2005-1279 du 13 oct. 2005, art. 10)* « Le troisième concours est ouvert aux candidats qui, *(Décr. n° 2010-570 du 28 mai 2010, art. 16)* « à la date de publication des résultats d'admissibilité », justifient de l'exercice, pendant une durée de cinq ans au moins, d'une ou de plusieurs des activités professionnelles mentionnées au 3° de l'article 19 de la loi du 11 janvier 1984 portant dispositions statutaires relatives à la fonction publique de l'État *[n° 84-16, V. C. **fonct. publ.**]*. »

Les professeurs des écoles, stagiaires et titulaires, ne peuvent pas faire acte de candidature.

Art. 17-15 Les candidats reçus au troisième concours sont nommés professeurs des écoles stagiaires.

Le jury établit une liste complémentaire de candidats ayant subi les épreuves.

(Décr. n° 2009-917 du 28 juill. 2009, art. 9) « Les professeurs des écoles stagiaires sont affectés et accomplissent un stage selon les modalités prévues aux articles 10 et 12. Ils sont soumis aux dispositions des articles 11 et 13. »

SECTION III *Du recrutement par la voie des listes d'aptitude et des listes d'aptitude spéciales* *(Décr. n° 2002-11 du 3 janv. 2002, art. 19).*

Art. 18 Pour chaque département, le nombre des emplois qui peuvent être pourvus chaque année par voie d'inscription sur la liste d'aptitude *(Décr. n° 2002-11 du 3 janv. 2002, art. 20)* « et, le cas échéant, sur la liste d'aptitude spéciale » est fixé par arrêté du ministre chargé de l'éducation.

Art. 19 *(Décr. n° 2002-11 du 3 janv. 2002, art. 21)* Le nombre des candidats inscrits dans un département sur la liste d'aptitude ou, le cas échéant, sur la liste d'aptitude spéciale ne peut excéder de plus de 50 % le nombre des emplois à pourvoir au titre de chacune de ces listes.

Peuvent être inscrits sur l'une de ces listes les instituteurs titulaires en fonctions qui justifient de cinq années de services effectifs en cette qualité au 1er septembre de l'année au titre de laquelle ces listes sont établies ; toutefois, ceux qui sont candidats à l'inscription sur une liste d'aptitude spéciale doivent avoir assuré un enseignement de ou en langue régionale pendant au moins deux de ces cinq années.

CHAPITRE III *Dispositions relatives au classement* *(Décr. nº 2017-786 du 5 mai 2017, art. 128).*

Art. 20 *(Décr. nº 93-1228 du 5 nov. 1993, art. 1er)* « Les professeurs des écoles recrutés par la voie *(Décr. nº 2002-11 du 3 janv. 2002, art. 22)* « des concours prévus à l'article 4 ci-dessus » sont classés, lors de leur *(Décr. nº 2010-1006 du 26 août 2010, art. 33)* « nomination en qualité de stagiaire », conformément aux dispositions du décret du 5 décembre 1951 susvisé *[nº 51-1423 portant règlement d'administration publique pour la fixation des règles suivant lesquelles doit être déterminée l'ancienneté du personnel nommé dans l'un des corps de fonctionnaires de l'enseignement relevant du ministère de l'éducation nationale]* ».

Pour l'application de ces dispositions, le corps des professeurs des écoles est affecté du coefficient caractéristique 135.

(Décr. nº 2019-595 du 14 juin 2019, art. 32) « Les professeurs des écoles recrutés par la voie des concours mentionnés au *b* du 1° de l'article 4 du présent décret bénéficient d'une bonification d'ancienneté de deux ans au titre de la période de préparation du doctorat. Lorsque la période de préparation du doctorat a été accomplie sous contrat de travail, les services accomplis dans ce cadre sont pris en compte, selon les modalités prévues à l'article 11-5 du décret du 5 décembre 1951 précité pour la part de leur durée excédant deux ans. Une même période ne peut être prise en compte qu'une seule fois. »

(Décr. nº 2002-436 du 29 mars 2002, art. 22) « Les professeurs des écoles recrutés par la voie des troisièmes concours bénéficient, sur leur demande, d'une bonification d'ancienneté d'une durée :

« – d'un an, lorsque la durée des activités professionnelles définies à l'article 17-14 dont ils justifient est inférieure à six ans ;

« – de deux ans, lorsque cette durée est comprise entre six ans et neuf ans ;

« – de trois ans, lorsqu'elle est de neuf ans et plus.

« Ceux des agents issus des troisièmes concours qui avaient la qualité de fonctionnaire ou d'agent non titulaire préalablement à leur nomination, peuvent opter entre la bonification prévue au *(Décr. nº 2013-768 du 23 août 2013, art. 38)* « troisième » alinéa du présent article et la prise en compte de l'ancienneté acquise au titre des services antérieurs, en application des dispositions du décret du 5 décembre 1951 susvisé *[nº 51-1423 portant règlement d'administration publique pour la fixation des règles suivant lesquelles doit être déterminée l'ancienneté du personnel nommé dans l'un des corps de fonctionnaires de l'enseignement relevant du ministère de l'éducation nationale]*. »

Art. 21 *(Décr. nº 93-1228 du 5 nov. 1993, art. 2)* « Les professeurs des écoles recrutés par voie d'inscription sur des listes d'aptitude *(Décr. nº 2002-11 du 3 janv. 2002, art. 23)* « ou sur des listes d'aptitude spéciales » sont classés, lors de leur titularisation, à l'échelon comportant un indice égal ou, à défaut, immédiatement supérieur à celui qu'ils détenaient dans leur corps d'origine compte non tenu des bonifications indiciaires. »

Dans la limite de la durée de l'avancement à l'ancienneté exigée pour une promotion à l'échelon supérieur, ils conservent l'ancienneté d'échelon acquise dans leur précédent corps lorsque l'augmentation du traitement consécutive à leur nomination est inférieure à celle qui résulterait d'un avancement d'échelon dans leur ancienne situation.

Les agents nommés alors qu'ils avaient atteint l'échelon le plus élevé de leur corps d'origine conservent leur ancienneté d'échelon dans les mêmes conditions et limites lorsque l'augmentation de traitement consécutive à leur nomination est inférieure à celle qui résulte d'une élévation audit échelon.

Art. 22 Les professeurs des écoles qui exerçaient, lors de leur recrutement en cette qualité, des fonctions d'instituteur spécialisé, d'instituteur chargé des fonctions de psychologue scolaire ou d'instituteur maître formateur des écoles normales bénéficient en outre d'une bonification d'ancienneté égale à un an.

Bénéficient d'une bonification d'ancienneté de 2 ans 6 mois les professeurs des écoles qui exerçaient, lors de leur recrutement en cette qualité, l'une des fonctions suivantes :

1. Instituteur maître formateur auprès de l'inspecteur départemental de l'éducation nationale ;

2. Instituteur maître formateur, conseiller pédagogique départemental pour l'éducation physique et sportive ;

3. Instituteur maître formateur auprès de l'inspecteur départemental de l'éducation nationale pour l'éducation physique et sportive ;

4. Instituteur maître formateur auprès de l'inspecteur départemental de l'éducation nationale pour l'éducation musicale ;

5. Instituteur maître formateur auprès de l'inspecteur départemental de l'éducation nationale pour les arts plastiques ;

6. Instituteur maître formateur auprès de l'inspecteur départemental de l'éducation nationale pour les langues et cultures régionales ;

7. Instituteur maître formateur auprès de l'inspecteur départemental de l'éducation nationale pour les technologies et ressources éducatives.

CHAPITRE IV *Dispositions relatives à l'accompagnement des enseignants* (*Décr. nº 2017-786 du 5 mai 2017, art. 129*).

Art. 23 (*Décr. nº 2017-786 du 5 mai 2017, art. 130*) Tout professeur des écoles bénéficie d'un accompagnement continu dans son parcours professionnel.

Individuel ou collectif, cet accompagnement répond à une demande des personnels ou à une initiative de l'administration.

CHAPITRE V *Dispositions relatives à l'appréciation de la valeur professionnelle et à l'avancement* (*Décr. nº 2017-786 du 5 mai 2017, art. 131*).

Art. 23-1 (*Décr. nº 2017-786 du 5 mai 2017, art. 132*) Les dispositions du décret nº 2010-888 du 28 juillet 2010 relatif aux conditions générales de l'appréciation de la valeur professionnelle des fonctionnaires de l'État ne sont pas applicables aux professeurs des écoles.

Art. 23-2 (*Décr. nº 2017-786 du 5 mai 2017, art. 133*) Le recteur d'académie sous l'autorité duquel est placé le professeur des écoles évalue celui-ci, selon des modalités définies aux articles 23-3 à 23-6.

Art. 23-3 (*Décr. nº 2017-786 du 5 mai 2017, art. 133*) Le professeur des écoles bénéficie de trois rendez-vous de carrière dont l'objectif est d'apprécier la valeur professionnelle des intéressés. Ils ont lieu lorsque au 31 août de l'année scolaire en cours :

1º Pour le premier rendez-vous, le professeur des écoles est dans la deuxième année du 6e échelon de la classe normale ;

2º Pour le deuxième rendez-vous, le professeur des écoles justifie d'une ancienneté comprise entre 18 et 30 mois dans le 8e échelon de la classe normale ;

3º Pour le troisième rendez-vous, le professeur des écoles est dans la deuxième année du 9e échelon de la classe normale.

Pour les professeurs des écoles exerçant une fonction d'enseignement, le rendez-vous de carrière comprend une inspection, un entretien avec l'inspecteur qui a conduit l'inspection.

Pour les professeurs des écoles en position de détachement ou mis à disposition et qui exercent une fonction d'enseignement, le rendez-vous de carrière comprend un entretien avec l'autorité auprès de laquelle l'enseignant exerce ses fonctions.

Pour les professeurs des écoles n'exerçant pas une fonction d'enseignement et placés sous l'autorité d'un (*Décr. nº 2019-1554 du 30 déc. 2019, art. 19*) « recteur d'académie », le rendez-vous de carrière comprend un entretien avec leur supérieur hiérarchique direct.

Art. 23-4 (*Décr. nº 2017-786 du 5 mai 2017, art. 133*) Pour les professeurs des écoles mentionnés à l'article précédent, le rendez-vous de carrière donne lieu à l'établissement d'un compte rendu.

L'appréciation finale de la valeur professionnelle qui figure au compte rendu est arrêtée par le (*Décr. nº 2019-1554 du 30 déc. 2019, art. 19*) « recteur d'académie ».

Art. 23-5 (*Décr. nº 2017-786 du 5 mai 2017, art. 133*) Les modalités d'évaluation de la valeur professionnelle ainsi que les modalités d'élaboration et de communication du compte rendu sont définies par un arrêté du ministre chargé de l'éducation nationale.

Art. 23-6 (*Décr. nº 2017-786 du 5 mai 2017, art. 133*) L'enseignant peut saisir le (*Décr. nº 2019-1554 du 30 déc. 2019, art. 19*) « recteur d'académie » d'une demande de révision de l'appréciation finale de la valeur professionnelle dans un délai de 30 jours francs suivant sa notification.

Le (*Décr. nº 2019-1554 du 30 déc. 2019, art. 19*) « recteur d'académie » dispose d'un délai de 30 jours francs pour réviser l'appréciation finale de la valeur professionnelle. L'absence de réponse équivaut à un refus de révision.

La commission administrative paritaire compétente peut, à la requête de l'intéressé, sous réserve qu'il ait au préalable exercé le recours mentionné au premier alinéa, demander au *(Décr. nº 2019-1554 du 30 déc. 2019, art. 19)* **« recteur d'académie » la révision de l'appréciation finale de la valeur professionnelle. La commission administrative paritaire compétente doit être saisie dans un délai de 30 jours francs suivant la réponse formulée par l'autorité hiérarchique dans le cadre du recours.**

Le *(Décr. nº 2019-1554 du 30 déc. 2019, art. 19)* **« recteur d'académie » notifie au professeur des écoles l'appréciation finale définitive de la valeur professionnelle.**

Art. 24 *(Décr. nº 2017-786 du 5 mai 2017, art. 134)* **I. — La durée du temps passé dans chacun des échelons des grades du corps des professeurs des écoles est fixée, sous réserve des dispositions du II, comme suit :**

Tableau mod. par Décr. nº 2017-786 du 5 mai 2017, art. 143.

GRADES	ÉCHELONS	DURÉE
Professeur des écoles de classe exceptionnelle		
	Spécial	
	4e échelon	**—**
	3e échelon	**2 ans 6 mois**
	2e échelon	**2 ans**
	1er échelon	**2 ans**
Professeur des écoles hors classe		
	7e échelon	**—**
	6e échelon	**3 ans**
	5e échelon	**3 ans**
	4e échelon	**2 ans 6 mois**
	3e échelon	**2 ans 6 mois**
	2e échelon	**2 ans**
	1er échelon	**2 ans**
Professeur des écoles de classe normale		
	11e échelon	**—**
	10e échelon	**4 ans**
	9e échelon	**4 ans**
	8e échelon	**3 ans 6 mois**
	7e échelon	**3 ans**
	6e échelon	**3 ans**
	5e échelon	**2 ans 6 mois**
	4e échelon	**2 ans**
	3e échelon	**2 ans**

GRADES	ÉCHELONS	DURÉE
	2e échelon	1 an
	1er échelon	1 an

Le *(Décr. n° 2019-1554 du 30 déc. 2019, art. 19)* « recteur d'académie » prononce, pour chaque année scolaire, les promotions des professeurs des écoles.

II. — Les anciennetés détenues dans les 6e et 8e échelons de la classe normale peuvent être bonifiées d'un an.

Le *(Décr. n° 2019-1554 du 30 déc. 2019, art. 19)* « recteur d'académie » établit dans chaque département, pour chaque année scolaire, d'une part, la liste des professeurs des écoles qui sont dans la deuxième année du 6e échelon de la classe normale, d'autre part, la liste des professeurs des écoles qui justifient d'une ancienneté dans le 8e échelon de la classe normale comprise entre 18 et 30 mois.

Le *(Décr. n° 2019-1554 du 30 déc. 2019, art. 19)* « recteur d'académie » attribue les bonifications d'ancienneté après avis de la commission administrative paritaire compétente à hauteur de 30 % de l'effectif des professeurs des écoles inscrits sur chacune de ces deux listes.

(Décr. n° 2019-595 du 14 juin 2019, art. 33) « Pour chaque liste, lorsque le nombre de bonifications attribuées n'est pas un entier, la décimale est ajoutée au nombre calculé au titre de l'année suivante. Le nombre de bonifications attribuées au cours de ces deux années ne peut dépasser 30 % de l'effectif des professeurs des écoles inscrits sur la liste au cours de cette même période. »

III. — Peuvent accéder au choix à l'échelon spécial du grade de professeur des écoles de classe exceptionnelle, dans la limite d'un pourcentage des effectifs de ce grade fixé par arrêté conjoint du ministre chargé de l'éducation nationale, du ministre chargé de la fonction publique et du ministre chargé du budget, les professeurs des écoles inscrits sur un tableau d'avancement ayant au moins 3 ans d'ancienneté au 4e échelon de ce grade.

Le tableau d'avancement est arrêté chaque année, dans chaque département, par le *(Décr. n° 2019-1554 du 30 déc. 2019, art. 19)* « recteur d'académie », après avis de la commission administrative paritaire compétente, selon des orientations définies par le ministre chargé de l'éducation nationale.

Les promotions sont prononcées, dans l'ordre d'inscription au tableau annuel d'avancement, par le *(Décr. n° 2019-1554 du 30 déc. 2019, art. 19)* « recteur d'académie ».

Art. 25 *(Décr. n° 2017-786 du 5 mai 2017, art. 135)* Les professeurs des écoles peuvent être promus au grade de professeur des écoles hors classe lorsqu'ils comptent, au 31 août de l'année au titre de laquelle le tableau d'avancement est établi, au moins 2 ans d'ancienneté dans le 9e échelon de la classe normale.

Le tableau d'avancement est arrêté chaque année, dans chaque département, par le *(Décr. n° 2019-1554 du 30 déc. 2019, art. 19)* « recteur d'académie », après avis de la commission administrative paritaire compétente, selon des orientations définies par le ministre chargé de l'éducation nationale.

Le nombre maximum de professeurs des écoles pouvant être promus chaque année à la hors-classe est déterminé conformément aux dispositions du décret n° 2005-1090 du 1er septembre 2005 relatif à l'avancement de grade dans les corps des administrations de l'État.

Les promotions sont prononcées, dans l'ordre d'inscription au tableau annuel d'avancement, par le *(Décr. n° 2019-1554 du 30 déc. 2019, art. 19)* « recteur d'académie ».

Dès leur nomination, les intéressés sont classés à l'échelon comportant un indice égal ou, à défaut, immédiatement supérieur à celui dont ils bénéficiaient dans la classe normale.

Dans la limite de l'ancienneté exigée pour une promotion à l'échelon supérieur, ils conservent l'ancienneté qu'ils avaient acquise dans l'échelon de leur ancien grade lorsque l'augmentation de traitement consécutive à leur promotion est inférieure à celle que leur aurait procurée un avancement d'échelon dans leur ancien grade.

Par dérogation à l'alinéa précédent, les agents situés au 9e échelon de la classe normale à la date de leur promotion sont classés au 2e échelon de leur nouveau grade, avec conservation de l'ancienneté acquise au-delà de 2 ans dans leur échelon d'origine. Toutefois, les professeurs des écoles de classe normale qui étaient classés au 11e échelon de leur grade conservent l'ancienneté qu'ils avaient acquise dans cet échelon dans la limite du temps nécessaire à une promotion d'échelon dans la hors-classe.

Art. 25-1 *(Décr. n° 2017-786 du 5 mai 2017, art. 136)* I. – *(Décr. n° 2021-1053 du 6 août 2021, art. 6)* « Peuvent être promus au grade de professeur des écoles de classe exceptionnelle, au choix, par voie d'inscription à un tableau annuel d'avancement, les professeurs des écoles qui, à la date d'établissement de ce tableau, ont atteint au moins le 3e échelon de la hors-classe et justifient de huit années :

« 1° Dans des fonctions particulières, notamment au regard des responsabilités exercées, de direction, de coordination, d'accompagnement ou de formation au sein d'un ou de plusieurs corps enseignants, d'éducation ou de psychologue relevant du ministère de l'éducation nationale ;

« 2° Ou dans des fonctions accomplies au sein de l'un ou de plusieurs de ces mêmes corps dans un établissement d'enseignement supérieur ou une classe préparatoire aux grandes écoles ou dans un territoire ou lieu d'exercice caractérisé par des difficultés éducatives, économiques ou sociales. »

La liste de ces fonctions est fixée par arrêté du ministre chargé de l'éducation nationale et du ministre chargé de la fonction publique.

II. – Par dérogation aux dispositions du décret n° 2005-1090 du 1er septembre 2005 relatif à l'avancement de grade dans les corps des administrations de l'État, le nombre de promotions au grade de professeur des écoles de classe exceptionnelle est contingenté dans la limite d'un pourcentage appliqué à l'effectif du corps des professeurs des écoles considérés au 31 août de l'année au titre de laquelle sont prononcées les promotions.

Le pourcentage mentionné à l'alinéa précédent est fixé par arrêté conjoint du ministre chargé de l'éducation nationale, du ministre chargé du budget et du ministre chargé de la fonction publique.

III. – Dans la limite de 20 % du nombre des promotions annuelles mentionné au premier alinéa du II, peuvent également être promus au grade de professeur des écoles de classe exceptionnelle au choix, par voie d'inscription au tableau annuel d'avancement, les professeurs des écoles qui, ayant atteint au moins le *(Décr. n° 2017-786 du 5 mai 2017, art. 144)* « 7e échelon » de la hors-classe, ont fait preuve d'une valeur professionnelle exceptionnelle au regard de l'ensemble de leur carrière.

IV. – Le tableau d'avancement est arrêté chaque année, dans chaque département, par le *(Décr. n° 2019-1554 du 30 déc. 2019, art. 19)* « recteur d'académie », après avis de la commission administrative paritaire compétente, selon des orientations définies par le ministre chargé de l'éducation nationale.

Les promotions sont prononcées, dans l'ordre d'inscription au tableau annuel d'avancement, par le *(Décr. n° 2019-1554 du 30 déc. 2019, art. 19)* « recteur d'académie ».

Art. 25-2 *(Décr. n° 2017-786 du 5 mai 2017, art. 136)* Les professeurs des écoles promus à la classe exceptionnelle sont classés, par le *(Décr. n° 2019-1554 du 30 déc. 2019, art. 19)* « recteur d'académie », dès leur nomination, à l'échelon comportant un indice égal ou à défaut immédiatement supérieur à celui dont ils bénéficiaient dans la hors-classe.

Dans la limite de l'ancienneté exigée à l'article 24 pour une promotion à l'échelon supérieur, les intéressés conservent l'ancienneté qu'ils avaient acquise dans l'échelon de leur ancien grade lorsque l'augmentation de traitement consécutive à leur promotion est inférieure à celle que leur aurait procurée un avancement d'échelon dans leur ancien grade.

Les professeurs des écoles ayant atteint le *(Décr. n° 2017-786 du 5 mai 2017, art. 144)* « 7e échelon » de la hors-classe conservent l'ancienneté qu'ils avaient acquise dans cet échelon dans la limite du temps nécessaire à une promotion d'échelon dans la classe exceptionnelle.

Art. 25-3 *(Décr. n° 2018-303 du 25 avr. 2018, art. 2)* Pour prononcer les affectations, il est tenu compte, dans toute la mesure compatible avec le bon fonctionnement du service, des priorités prévues par l'article 60 de la loi du 11 janvier 1984 précitée et, en outre, des critères de priorité suivants :

1° La situation de l'agent qui sollicite un rapprochement avec le détenteur de l'autorité parentale conjointe dans l'intérêt de l'enfant ;

2° La situation de l'agent affecté dans un territoire ou une zone rencontrant des difficultés particulières de recrutement ;

3° La situation de l'agent affecté dans un emploi supprimé en raison d'une modification de la carte scolaire ;

4° Le caractère répété d'une même demande de mutation ainsi que son ancienneté ;

5° L'expérience et le parcours professionnel de l'agent.

Les demandes de mutation sont classées préalablement à l'aide d'un barème rendu public.

Art. 26 *Abrogé par Décr. n° 2017-786 du 5 mai 2017, art. 137.*

CHAPITRE VI ***Dispositions diverses*** *(Décr. n° 2017-786 du 5 mai 2017, art. 138).*

Art. 27 Par dérogation aux dispositions de l'article 32 de la loi du 11 janvier 1984 susvisée *[n° 84-16 portant dispositions statutaires relatives à la fonction publique de l'État, V.* ***C. fonct. publ.****]*, le professeur des écoles peut être placé, sur sa demande, en position de non-activité en vue de poursuivre ou de parfaire des études d'intérêt professionnel, pour une période d'une année scolaire renouvelable, dans la limite de cinq années pendant l'ensemble de sa carrière. Il peut être aussitôt remplacé dans son emploi.

Le professeur des écoles placé dans cette position continue à bénéficier de ses droits à la retraite sous réserve de verser la retenue légale calculée d'après le dernier traitement d'activité. Ses droits à l'avancement sont interrompus.

Il peut être procédé, à toute époque de l'année scolaire, à des vérifications sur la réalité des études pour lesquelles l'intéressé a été placé dans la position prévue au premier alinéa ci-dessus.

La réintégration est de droit à l'une des trois premières vacances d'emploi.

Art. 27-1 *(Décr. n° 2002-318 du 27 févr. 2002, art. 10)* Pour l'application des dispositions de l'*(Décr. n° 2011-958 du 10 août 2011, art. 40)* « article L. 932-4 du code de l'éducation », les professeurs des écoles peuvent, à leur demande et après avis de la commission administrative paritaire compétente, être placés en délégation auprès d'une entreprise développant des activités dans le domaine éducatif pour exercer des activités liées à leurs compétences pédagogiques ou à la nature de leur enseignement.

Durant la délégation, le professeur est en position d'activité. Il perçoit un traitement afférent à l'indice correspondant à l'échelon qu'il a atteint dans son corps, ainsi que l'indemnité de résidence et, le cas échéant, le supplément familial de traitement, à l'exclusion des indemnités liées aux fonctions. Le temps passé en délégation est valable pour l'ancienneté et entre en compte lors du calcul du minimum de temps requis pour postuler à une promotion de grade ou accéder à un corps hiérarchiquement supérieur. Il compte également pour la retraite et donne lieu aux retenues pour pensions civiles dans les conditions prévues à l'article L. 9 du code des pensions civiles et militaires de retraite *[V.* ***C. fonct. publ.****]*.

Art. 27-2 *(Décr. n° 2002-318 du 27 févr. 2002, art. 10)* La délégation dans une entreprise ne peut être autorisée que si l'enseignant n'a pas été chargé au cours des *(Décr. n° 2010-1006 du 26 août 2010, art. 36)* « trois » années précédentes soit d'exercer un contrôle sur cette entreprise, soit de participer à l'élaboration ou à la passation de marchés ou de contrats avec elle.

Art. 27-3 *(Décr. n° 2002-318 du 27 févr. 2002, art. 10)* La délégation est prononcée par arrêté du ministre de l'éducation nationale pour une durée maximale d'un an, renouvelable une fois, sans que sa durée ne puisse excéder au total quatre années pour l'ensemble de la carrière.

La période de délégation doit coïncider avec les limites d'une année scolaire.

La délégation ne peut intervenir qu'après signature d'une convention passée entre le ministre de l'éducation nationale et l'entreprise, qui définit la nature des activités confiées aux fonctionnaires, leurs conditions d'emploi et les modalités du contrôle et de l'évaluation desdites activités. Cette convention, visée par le *(Décr. n° 2012-1247 du 7 nov. 2012, art. 49)* « contrôleur budgétaire », prévoit le remboursement par l'entreprise de la rémunération de l'intéressé et des charges sociales y afférentes. Lorsque la délégation est accordée pour la création d'une entreprise, la convention peut toutefois prévoir l'exonération de ce remboursement pendant une période qui ne peut être supérieure à six mois.

Art. 28 *(Décr. n° 2010-1006 du 26 août 2010, art. 37)* Pour l'application de l'article 13 *bis* de la loi n° 83-634 du 13 juillet 1983 modifiée portant droits et obligations des fonctionnaires *[V.* ***C. fonct. publ.****]*, les candidats au détachement dans le corps des professeurs des écoles doivent justifier *(Décr. n° 2013-768 du 23 août 2013, art. 40)* « de la détention d'un master ou d'un titre ou diplôme reconnu équivalent par le ministre chargé de l'éducation. »

(Décr. n° 2013-768 du 23 août 2013, art. 40) « Les fonctionnaires dont le détachement dans le corps des professeurs des écoles a été accepté peuvent être tenus de suivre une formation organisée dans les mêmes conditions que celles prévues à l'article 10 du présent décret. »

Les fonctionnaires admis à poursuivre leur détachement au-delà d'une période de deux ans se voient proposer l'intégration dans le corps des professeurs des écoles. L'intégration peut intervenir avant cette échéance sur demande de l'intéressé et après accord de l'administration.

Les services accomplis dans le corps ou le cadre d'emplois d'origine sont assimilés à des services accomplis dans le corps des professeurs des écoles.

Décret nº 92-1189 du 6 novembre 1992,

Relatif au statut particulier des professeurs de lycée professionnel.

CHAPITRE PREMIER *Dispositions générales*

Art. 1er *(Décr. nº 2017-786 du 5 mai 2017, art. 145)* Les professeurs de lycée professionnel forment un corps classé dans la catégorie A prévue à l'article 13 de la loi du 13 juillet 1983 susvisée.

Ses membres sont nommés par arrêté du ministre chargé de l'éducation.

Le corps des professeurs de lycée professionnel comporte trois grades :

1° La classe normale qui comprend onze échelons ;

2° La hors-classe qui comprend *(Décr. nº 2017-786 du 5 mai 2017, art. 160)* « sept échelons » ;

3° La classe exceptionnelle qui comprend quatre échelons et un échelon spécial.

Art. 2 *(Décr. nº 2007-1295 du 31 août 2007)* Les professeurs de lycée professionnel participent aux actions de formation, principalement en assurant un service d'enseignement dans leurs disciplines respectives. Ils exercent principalement dans les classes ou divisions conduisant à l'acquisition des certificats d'aptitude professionnelle, des brevets d'études professionnelles et des baccalauréats professionnels. Dans ce cadre, les professeurs de lycée professionnel assurent le suivi individuel et l'évaluation des élèves qu'ils contribuent à conseiller dans le choix de leur projet d'orientation.

(Décr. nº 2009-918 du 28 juill. 2009, art. 2) « Ils peuvent également exercer dans les classes ou divisions conduisant à l'obtention de brevets de technicien supérieur et dans les formations conduisant à l'obtention de licences professionnelles quand celles-ci sont organisées par convention avec les établissements scolaires. »

Les actions de formation sont effectuées dans les établissements d'enseignement ainsi que dans les entreprises dans lesquelles sont organisées des périodes de formation sous la responsabilité du ministre chargé de l'éducation et dans les conditions définies par arrêté de ce ministre.

Elles comprennent notamment l'enseignement dispensé dans l'entreprise, la préparation et l'organisation des périodes de formation en entreprise, l'encadrement pédagogique des élèves durant ces périodes et leur évaluation.

Art. 3 Les professeurs de lycée professionnel peuvent exercer les fonctions de *(Décr. nº 2016-656 du 20 mai 2016, art. 3)* « directeur délégué aux formations professionnelles et technologiques ».

Les fonctions de *(Décr. nº 2016-656 du 20 mai 2016, art. 3)* « directeur délégué aux formations professionnelles et technologiques » consistent à assurer, sous l'autorité directe du chef d'établissement, l'organisation et la coordination des enseignements technologiques et professionnels ainsi que la gestion des moyens mis en œuvre pour ces enseignements. Le *(Décr. nº 2016-656 du 20 mai 2016, art. 3)* « directeur délégué aux formations professionnelles et technologiques » conseille le chef d'établissement pour le choix, l'installation et l'utilisation des équipements pédagogiques. Il participe aux relations extérieures de l'établissement, notamment avec les entreprises.

CHAPITRE II *Recrutement*

SECTION I *Concours de recrutement des professeurs de lycée professionnel*

Art. 4 *(Décr. nº 2013-768 du 23 août 2013, art. 43)* Les professeurs de lycée professionnel sont recrutés par concours externe, concours interne et troisième concours. Ils sont titularisés dans les conditions prévues à l'article 10 ci-dessous.

Le nombre des emplois offerts au concours interne ne peut être supérieur à 50 % du nombre total des emplois mis aux concours interne et externe. Le nombre des emplois offerts aux candidats au troisième concours ne peut être supérieur à 10 % du nombre total des emplois mis aux trois concours. Toutefois, les emplois mis à l'un des concours qui ne sont pas pourvus par la nomination de candidats de la catégorie correspondante peuvent être attribués aux candidats des autres concours, dans la limite de 20 % des emplois mis à ces concours.

Pour chaque section des concours, le jury établit par ordre de mérite la liste des candidats admis. Il établit une liste complémentaire afin de permettre le remplacement de candidats inscrits sur la liste principale d'admission qui ne peuvent pas être nommés ou, éventuellement, de pourvoir des vacances d'emplois survenant dans l'intervalle de deux concours.

Art. 5 *(Décr. n° 2013-768 du 23 août 2013, art. 44)* Lorsqu'il n'en est pas disposé autrement, les conditions requises des candidats aux concours s'apprécient à la date de publication des résultats d'admissibilité.

Art. 6 *(Décr. n° 2013-768 du 23 août 2013, art. 45)* I. – Le concours externe donnant accès au corps des professeurs de lycée professionnel est ouvert :

1° *a)* Aux candidats justifiant d'une inscription en première année d'études en vue de l'obtention d'un master ou d'un titre ou diplôme reconnu équivalent par le ministre chargé de l'éducation ;

b) Aux candidats remplissant les conditions pour s'inscrire en dernière année d'études en vue de l'obtention d'un master ou d'un titre ou diplôme reconnu équivalent par le ministre chargé de l'éducation ;

c) Aux candidats justifiant d'une inscription en dernière année d'études en vue de l'obtention d'un master ou d'un titre ou diplôme reconnu équivalent par le ministre chargé de l'éducation ;

d) Aux candidats justifiant de la détention d'un master ou d'un titre ou diplôme reconnu équivalent par le ministre chargé de l'éducation ;

2° Aux candidats ayant ou ayant eu la qualité de cadre au sens de la convention collective du travail dont ils relèvent ou relevaient et justifiant de cinq années d'activité professionnelle effectuées en leur qualité de cadre ;

3° Dans les spécialités professionnelles, aux candidats justifiant de cinq années de pratique professionnelle ou d'enseignement de cette pratique et possédant un brevet de technicien supérieur, ou un diplôme universitaire de technologie, ou un titre ou un diplôme de niveau égal ou supérieur, ou ayant bénéficié d'une action de formation continue conduisant à une qualification professionnelle de niveau III au sens de l'article L. 335-6 du code de l'éducation ;

4° Dans les spécialités pour lesquelles il n'existe pas de diplôme supérieur au niveau IV au sens de l'article L. 335-6 du code de l'éducation, aux candidats justifiant de sept années d'une pratique professionnelle ou d'enseignement d'une telle pratique et d'un diplôme de niveau IV ;

II. – Pour être nommés dans le corps des professeurs de lycée professionnel, les candidats mentionnés au 1° du I doivent justifier d'une inscription en dernière année d'études en vue de l'obtention d'un master métiers de l'enseignement, de l'éducation et de la formation.

Les candidats reçus au concours et qui ne peuvent justifier d'une telle inscription lors de la rentrée suivant leur réussite au concours gardent le bénéfice de celui-ci jusqu'à la rentrée scolaire suivante. S'ils justifient alors d'une telle inscription, ils peuvent être nommés en qualité de fonctionnaires stagiaires. Dans le cas contraire, ils perdent le bénéfice du concours et ne peuvent être nommés.

Toutefois, les candidats ayant subi avec succès les épreuves du concours externe prévu au 1° du I qui justifient de la détention d'un master ou d'un titre ou diplôme reconnu équivalent par le ministre chargé de l'éducation sont nommés sans avoir à remplir la condition mentionnée au premier alinéa du II du présent article. Ils suivent la formation mentionnée à l'article 10 du présent décret.

III. – Pour être titularisés dans le corps des professeurs de lycée professionnel, dans les conditions prévues à l'article 10 du présent décret, les candidats ayant subi avec succès les épreuves du concours externe prévu au I doivent justifier de la détention d'un master ou d'un titre ou diplôme reconnu équivalent par le ministre chargé de l'éducation. Pour ceux estimés aptes à être titularisés qui ne détiendraient pas au moment de leur titularisation un master ou un titre ou diplôme reconnu équivalent par le ministre chargé de l'éducation, la durée de leur stage est prorogée d'une année. S'ils justifient à l'issue de cette prolongation de la détention d'un tel titre ou diplôme, ils sont titularisés. Dans le cas contraire, ils sont licenciés ou réintégrés dans leur corps, cadre d'emplois ou emploi d'origine s'ils avaient déjà la qualité de fonctionnaire.

Les candidats mentionnés aux 2°, 3° et 4° du I du présent article ne sont pas soumis aux obligations mentionnées au II et au III.

Art. 7 Le concours interne donnant accès au corps des professeurs de lycée professionnel est ouvert :

(Décr. n° 2013-768 du 23 août 2013, art. 46) « 1. Aux fonctionnaires de l'État, des collectivités territoriales et des établissements publics qui en dépendent, y compris ceux mentionnés à l'article 2 de la loi n° 86-33 du 9 janvier 1986 portant dispositions statutaires relatives à la fonction publique hospitalière, aux militaires, aux enseignants non titulaires exerçant dans des établissements d'enseignement publics ou privés sous contrat d'association et aux candidats ayant eu cette même qualité pendant tout ou partie de la période comprise entre le 1er septembre de l'une des six dernières années scolaires et la date de publication des résultats d'admissibilité au concours, ainsi qu'aux enseignants non titulaires assurant un enseignement du second degré dans les établissements scolaires français à l'étranger définis à l'article R. 451-2 du code de l'éducation. » *(Décr. n° 2005-1279 du 13 oct. 2005, art. 13)* « L'ensemble des candidats doit remplir l'une des trois conditions suivantes : »

– soit justifier d'un diplôme d'études universitaires générales ou d'un brevet de technicien supérieur, ou d'un diplôme universitaire de technologie, ou d'un titre ou diplôme de niveau égal ou supérieur *(Décr. n° 2004-277 du 22 mars 2004, art. 10)* « , ou d'un autre titre ou diplôme permettant de se présenter au concours externe du certificat d'aptitude au professorat de l'enseignement technique » et de trois années de services publics ou de services d'enseignement dans les établissements scolaires français à l'étranger ;

– soit, dans les spécialités pour lesquelles il n'existe pas de diplôme supérieur au niveau IV au sens *(Décr. n° 2013-768 du 23 août 2013, art. 46)* « de l'article L. 335-6 du code de l'éducation », justifier d'un diplôme de niveau IV ou V et de quatre années de services publics ou de services d'enseignement dans les établissements scolaires français à l'étranger ;

– soit avoir eu la qualité de cadre au sens de la convention collective du travail dont ils relevaient et justifier de cinq années d'activité professionnelle effectuées en cette qualité et de trois années de services publics ou de services d'enseignement dans les établissements scolaires français à l'étranger ;

(Décr. n° 2013-768 du 23 août 2013, art. 46) « 2 ». *(Décr. n° 2010-570 du 28 mai 2010, art. 18)* « Aux assistants d'éducation recrutés en application de l'article L. 916-1 du code de l'éducation, aux maîtres d'internat et aux surveillants d'externat des établissements d'enseignement publics relevant du ministre chargé de l'éducation nationale et aux candidats ayant eu l'une de ces qualités pendant tout ou partie de la période comprise entre le 1er septembre de l'une des six dernières années scolaires et la date de publication des résultats d'admissibilité au concours et remplissant, les uns et les autres, l'une des trois conditions mentionnées au 1 » ;

(Décr. n° 2013-768 du 23 août 2013, art. 46) « 3 ». *(Décr. n° 2010-570 du 28 mai 2010, art. 18)* « Aux candidats ayant accompli des services dans une administration, un organisme ou un établissement dans les conditions fixées au troisième alinéa du 2° de l'article 19 de la loi du 11 janvier 1984, et qui justifient, selon la nature juridique du lien qui les unit à leur employeur dans leur État membre d'origine, telle que définie par le décret n° 2010-311 du 22 mars 2010 relatif aux modalités de recrutements et d'accueil des ressortissants des États membres de l'Union européenne ou d'un autre État partie à l'accord sur l'Espace économique européen dans un corps, un cadre d'emplois ou un emploi de la fonction publique française, des conditions prévues au 1° du présent article. »

Art. 7-1 *(Décr. n° 2005-1279 du 13 oct. 2005, art. 14)* Le troisième concours donnant accès au corps des professeurs de lycée professionnel est ouvert aux candidats justifiant de l'exercice, pendant une durée de cinq ans au moins, d'une ou de plusieurs des activités professionnelles mentionnées au 3° de l'article 19 de la loi du 11 janvier 1984 susvisée *[n° 84-16 portant dispositions statutaires relatives à la fonction publique de l'État, V.* ***C. fonct. publ.****]*.

Art. 7-2 *Abrogé par Décr. n° 2013-768 du 23 août 2013, art. 47.*

Art. 8 *(Décr. n° 2004-277 du 22 mars 2004, art. 12)* Les candidats aux concours externe, interne ou au troisième concours dans les sections d'enseignement professionnel pour lesquelles l'enseignement dispensé implique la conduite de véhicules poids lourds articulés ou de bateaux pour la navigation fluviale et rhénane doivent justifier, à la date de clôture des registres d'inscription, des permis ou certificats en cours de validité, prévus par la réglementation en vigueur et leur conférant le droit à la conduite.

Art. 9 Un arrêté conjoint du ministre chargé de l'éducation et du ministre chargé de la fonction publique fixe les sections et les modalités d'organisation des concours prévus à l'article 4 ci-dessus.

Art. 10 *(Décr. n° 2009-918 du 28 juill. 2009, art. 4)* « Les candidats reçus aux concours prévus à l'article 4 et remplissant les conditions de nomination dans le corps sont nommés fonctionnaires stagiaires et affectés pour la durée du stage dans une académie par le ministre chargé de l'éducation. » *(Décr. n° 98-916 du 13 oct. 1998, art. 17)* « Les prolongations éventuelles du stage sont prononcées par le recteur de l'académie dans le ressort de laquelle le stage est effectué. »

(Décr. n° 2013-768 du 23 août 2013, art. 48) « Le stage a une durée d'un an. Au cours de leur stage, les professeurs stagiaires bénéficient d'une formation organisée, dans le cadre des orientations définies par l'État, par un établissement d'enseignement supérieur, visant l'acquisition des compétences nécessaires à l'exercice du métier. Cette formation alterne des périodes de mise en situation professionnelle dans un établissement scolaire et des périodes de formation au sein de l'établissement d'enseignement supérieur. Elle est accompagnée d'un tutorat et peut être adaptée pour tenir compte du parcours antérieur des professeurs stagiaires. »

(Décr. n° 2013-768 du 23 août 2013, art. 48) « Les modalités du stage et les conditions de son évaluation par un jury sont arrêtées conjointement par le ministre chargé de l'éducation et par le ministre chargé de la fonction publique. »

(Décr. n° 2009-918 du 28 juill. 2009, art. 4) « A l'issue du stage, la titularisation est prononcée par le recteur de l'académie dans le ressort de laquelle le stage est accompli, sur proposition du jury. La titularisation confère le certificat d'aptitude au professorat de lycée professionnel. »

Le recteur de l'académie dans le ressort de laquelle le stage a été effectué peut autoriser l'accomplissement d'une seconde année de stage. A l'issue de cette période, l'intéressé est soit titularisé par le recteur de l'académie dans le ressort de laquelle il a effectué cette seconde année, soit *(Décr. n° 2017-786 du 5 mai 2017, art. 146)* « licencié par le ministre chargé de l'éducation nationale », soit réintégré dans son grade d'origine ou dans son corps, cadre d'emplois ou emploi d'origine.

La période de stage est prise en compte dans la limite d'une année pour le calcul de l'ancienneté dans le corps des professeurs de lycée professionnel.

Art. 11 *Abrogé par Décr. n° 2001-527 du 12 juin 2001, art. 5.*

SECTION II *Cycles préparatoires aux concours d'accès au corps des professeurs de lycée professionnel* *(Décr. n° 2002-735 du 2 mai 2002, art. 3).*

Art. 12 à 18 *Abrogés par Décr. n° 2013-768 du 23 août 2013, art. 47.*

CHAPITRE III *Position de non-activité et délégation* *(Décr. n° 2002-318 du 27 févr. 2002, art. 13).*

Art. 19 Le professeur de lycée professionnel peut être placé, sur sa demande, en position de non-activité en vue de poursuivre des études d'intérêt professionnel, pour une période d'une année renouvelable, dans la limite de cinq années pendant l'ensemble de sa carrière, par arrêté du *(Décr. n° 2019-1554 du 30 déc. 2019, art. 19)* « recteur d'académie » pour les professeurs affectés dans un établissement d'enseignement du second degré ou dans un établissement d'enseignement supérieur ou par arrêté du ministre pour les autres professeurs. Il peut être aussitôt remplacé dans son emploi.

Le professeur placé dans cette position continue à bénéficier de ses droits à la retraite, sous réserve de verser la retenue légale calculée d'après le dernier traitement d'activité. Ses droits à l'avancement sont interrompus.

Le *(Décr. n° 2019-1554 du 30 déc. 2019, art. 19)* « recteur d'académie » ou le ministre peut, à tout moment de l'année scolaire, faire procéder aux enquêtes nécessaires en vue de s'assurer que l'activité du professeur mis dans la position de non-activité correspond réellement aux motifs pour lesquels il y a été placé.

La réintégration est de droit à l'une des trois premières vacances dans la discipline de l'intéressé.

Le professeur qui, lors de sa réintégration, refuse le poste qui lui est assigné peut être licencié après avis de la commission administrative paritaire.

Art. 19-1 *(Décr. n° 2002-318 du 27 févr. 2002, art. 14)* Pour l'application des dispositions de l'*(Décr. n° 2011-958 du 10 août 2011, art. 40)* « article L. 932-4 du code de l'éducation », les professeurs de lycée professionnel peuvent, à leur demande et après avis de la commission administrative paritaire compétente, être placés en délégation auprès d'une entreprise développant des activités dans le domaine éducatif pour exercer des activités liées à leurs compétences pédagogiques ou à la nature de leur enseignement.

Durant la délégation, le professeur est en position d'activité. Il perçoit un traitement afférent à l'indice correspondant à l'échelon qu'il a atteint dans son corps, ainsi que l'indemnité de résidence et, le cas échéant, le supplément familial de traitement, à l'exclusion des indemnités liées aux fonctions. Le temps passé en délégation est valable pour l'ancienneté et entre en compte lors du calcul du minimum de temps requis pour postuler à une promotion de grade ou accéder à un corps hiérarchiquement supérieur. Il compte également pour la retraite et donne lieu aux retenues pour pensions civiles dans les conditions prévues à l'article L. 9 du code des pensions civiles et militaires de retraite *[V. C. **fonct. publ.**, App., v° Pensions de retraite]*.

Art. 19-2 *(Décr. n° 2002-318 du 27 févr. 2002, art. 14)* La délégation dans une entreprise ne peut être autorisée que si l'enseignant n'a pas été chargé, au cours des *(Décr. n° 2010-1006 du 26 août 2010, art. 39)* « trois » années précédentes, soit d'exercer un contrôle sur cette entreprise, soit de participer à l'élaboration ou à la passation de marchés ou de contrats avec elle.

Art. 19-3 *(Décr. n° 2002-318 du 27 févr. 2002, art. 14)* La délégation est prononcée par arrêté du ministre de l'éducation nationale pour une durée maximale d'un an, renouvelable une fois, sans que sa durée ne puisse excéder au total quatre années pour l'ensemble de la carrière.

La période de délégation doit coïncider avec les limites d'une année scolaire.

La délégation ne peut intervenir qu'après signature d'une convention passée entre le ministre de l'éducation nationale et l'entreprise, qui définit la nature des activités confiées aux fonctionnaires, leurs conditions d'emploi et les modalités du contrôle et de l'évaluation desdites activités. Cette convention, visée par le *(Décr. n° 2012-1247 du 7 nov. 2012, art. 49)* « contrôleur budgétaire », prévoit le remboursement par l'entreprise de la rémunération de l'intéressé et des charges sociales y afférentes. Lorsque la délégation est accordée pour la création d'une entreprise, la convention peut toutefois prévoir l'exonération de ce remboursement pendant une période qui ne peut être supérieure à six mois.

CHAPITRE IV ***Accompagnement des enseignants*** *(Décr. n° 2017-786 du 5 mai 2017, art. 147).*

Art. 20 *(Décr. n° 2017-786 du 5 mai 2017, art. 148)* Tout professeur de lycée professionnel bénéficie d'un accompagnement continu dans son parcours professionnel.

Individuel ou collectif, cet accompagnement répond à une demande des personnels ou à une initiative de l'administration.

CHAPITRE V ***Appréciation de la valeur professionnelle et avancement*** *(Décr. n° 2017-786 du 5 mai 2017, art. 149).*

Art. 20-1 *(Décr. n° 2017-786 du 5 mai 2017, art. 150)* Les dispositions du décret n° 2010-888 du 28 juillet 2010 relatif aux conditions générales de l'appréciation de la valeur professionnelle des fonctionnaires de l'État ne sont pas applicables aux professeurs de lycée professionnel.

Art. 20-2 *(Décr. n° 2017-786 du 5 mai 2017, art. 150)* I. — Le recteur d'académie est l'autorité compétente pour évaluer, examiner les demandes de révision de l'appréciation finale de la valeur professionnelle, prononcer les promotions, attribuer les bonifications d'ancienneté, arrêter les tableaux d'avancement et classer :

1° Les professeurs de lycée professionnel affectés dans un établissement d'enseignement du second degré ;

2° Les professeurs de lycée professionnel affectés dans un établissement d'enseignement supérieur ;

3° Les professeurs de lycée professionnel exerçant dans un service ou établissement non mentionnés au 1° ou au 2° et placés sous l'autorité d'un *(Décr. n° 2019-1554 du 30 déc. 2019, art. 19)* « recteur d'académie ».

II. — Le ministre chargé de l'éducation nationale est l'autorité compétente pour évaluer, examiner les demandes de révision de l'appréciation finale de la valeur professionnelle, prononcer les promotions, attribuer les bonifications d'ancienneté, arrêter les tableaux d'avancement et classer les professeurs de lycée professionnel en position de détachement, mis à disposition ou exerçant dans un service ou établissement non mentionnés au I du présent article et non placés sous l'autorité d'un *(Décr. nº 2019-1554 du 30 déc. 2019, art. 19)* « recteur d'académie ».

Art. 20-3 *(Décr. nº 2017-786 du 5 mai 2017, art. 150)* Le professeur de lycée professionnel bénéficie de trois rendez-vous de carrière dont l'objectif est d'apprécier la valeur professionnelle de l'intéressé. Ils ont lieu lorsque au 31 août de l'année scolaire en cours :

1° Pour le premier rendez-vous, le professeur de lycée professionnel est dans la deuxième année du 6e échelon de la classe normale ;

2° Pour le deuxième rendez-vous, le professeur de lycée professionnel justifie d'une ancienneté comprise entre 18 et 30 mois dans le 8e échelon de la classe normale ;

3° Pour le troisième rendez-vous, le professeur de lycée professionnel est dans la deuxième année du 9e échelon de la classe normale.

Art. 20-4 *(Décr. nº 2017-786 du 5 mai 2017, art. 150)* Le rendez-vous de carrière comprend :

1° Une inspection, un entretien avec l'inspecteur qui a conduit l'inspection et un entretien avec le chef de l'établissement dans lequel il est affecté pour les professeurs de lycée professionnel affectés mentionnés au 1° du I de l'article 20-2 ;

2° Un entretien avec l'autorité auprès de laquelle l'enseignant exerce ses fonctions pour les professeurs de lycée professionnel mentionnés au 2° du I de l'article 20-2 ainsi que ceux mentionnés au II de l'article 20-2 et exerçant une fonction d'enseignement ;

3° Un entretien avec le supérieur hiérarchique direct de l'enseignant pour les professeurs de lycée professionnel mentionnés au 3° du I de l'article 20-2 ainsi que ceux mentionnés au II de l'article 20-2 et n'exerçant pas une fonction d'enseignement.

Art. 20-5 *(Décr. nº 2017-786 du 5 mai 2017, art. 150)* Le rendez-vous de carrière donne lieu à l'établissement d'un compte rendu.

L'appréciation finale de la valeur professionnelle qui figure au compte rendu est arrêtée par l'autorité compétente.

Art. 20-6 *(Décr. nº 2017-786 du 5 mai 2017, art. 150)* Les modalités d'évaluation de la valeur professionnelle ainsi que les modalités d'élaboration et de communication du compte rendu sont définies par un arrêté du ministre chargé de l'éducation nationale.

Art. 20-7 *(Décr. nº 2017-786 du 5 mai 2017, art. 150)* Le professeur de lycée professionnel peut saisir l'autorité compétente d'une demande de révision de l'appréciation finale de la valeur professionnelle *(Décr. nº 2019-595 du 14 juin 2019, art. 36)* « dans un délai de 30 jours francs suivant sa notification ».

L'autorité compétente dispose d'un délai de 30 jours francs pour réviser l'appréciation finale de la valeur professionnelle. L'absence de réponse équivaut à un refus de révision.

La commission administrative paritaire compétente peut, sur requête de l'intéressé et sous réserve qu'il ait au préalable exercé le recours mentionné au premier alinéa, demander à l'autorité compétente la révision de l'appréciation finale de la valeur professionnelle. La commission administrative paritaire compétente doit être saisie dans un délai de 30 jours francs suivant la réponse de l'autorité hiérarchique dans le cadre du recours.

L'autorité compétente notifie au professeur de lycée professionnel l'appréciation finale définitive de la valeur professionnelle.

Art. 21 *Abrogé par Décr. nº 2017-786 du 5 mai 2017, art. 151.*

Art. 22 Les professeurs de lycée professionnel sont reclassés conformément aux dispositions du décret du 5 décembre 1951 susvisé *[nº 51-1423 fixant les règles suivant lesquelles doit être déterminée l'ancienneté du personnel nommé dans l'un des corps de fonctionnaires relevant du ministère de l'éducation nationale]*. *(Décr. nº 2001-527 du 12 juin 2001, art. 6)* « A cet effet, la classe normale du corps des professeurs de lycée professionnel est affectée du coefficient caractéristique 135. »

Les personnels visés à l'article 10 ci-dessus sont classés à la date de leur nomination en qualité de stagiaire.

(Décr. nº 2019-595 du 14 juin 2019, art. 37) « Les professeurs de lycée professionnel qui ont été recrutés par la voie du concours externe et ont présenté une épreuve adaptée, selon des modalités fixées par l'arrêté mentionné à l'article 9, aux titulaires d'un diplôme de doctorat, bénéficient, au titre de la préparation du doctorat, d'une bonification d'ancienneté de deux ans. Lorsque la période de préparation du doctorat a été accomplie sous contrat de travail, les services accomplis dans ce cadre sont pris en compte, selon les modalités prévues à l'article 11-5 du même décret pour la part de leur durée excédant deux ans. Une même période ne peut être prise en compte qu'une seule fois. »

(Décr. nº 2000-264 du 17 mars 2000, art. 2) « Les candidats mentionnés aux 1 et 2 de l'article 6 et » *(Décr. nº 2010-570 du 28 mai 2010, art. 20)* « aux 1 et *(Décr. nº 2013-768 du 23 août 2013, art. 49)* « 3 » de l'article 7 » ci-dessus justifiant d'au moins cinq années d'activité professionnelle en qualité de cadre, sont classés dans le corps des professeurs de lycée professionnel à un échelon déterminé en prenant en compte les années d'activité professionnelle qu'ils ont accomplies en cette qualité avant leur nomination comme stagiaire, dans les conditions prévues par le présent décret, conformément aux dispositions du premier alinéa de l'article 7 du décret du 5 décembre 1951 susvisé *[nº 51-1423 fixant les règles suivant lesquelles doit être déterminée l'ancienneté du personnel nommé dans l'un des corps de fonctionnaires relevant du ministère de l'éducation nationale]*.

Les candidats mentionnés au 3 de l'article 6 ci-dessus justifiant d'au moins cinq années de pratique professionnelle sont classés dans le corps des professeurs de lycée professionnel à un échelon déterminé en prenant en compte les années de pratique professionnelle qu'ils ont accomplies avant leur nomination en qualité de stagiaire, dans les conditions prévues par le présent décret, conformément aux dispositions du premier alinéa de l'article 7 du décret du 5 décembre 1951 susvisé *[nº 51-1423 fixant les règles suivant lesquelles doit être déterminée l'ancienneté du personnel nommé dans l'un des corps de fonctionnaires relevant du ministère de l'éducation nationale]*.

(Décr. nº 2000-264 du 17 mars 2000, art. 2) « Les candidats mentionnés au 4 de l'article 6 ci-dessus, justifiant d'au moins sept années de pratique professionnelle et d'un diplôme de niveau IV sont classés à un échelon déterminé en prenant en compte les années d'activité professionnelle qu'ils ont accomplies avant leur nomination comme stagiaire, dans la spécialité dans laquelle ils ont concouru, conformément aux dispositions du premier alinéa de l'article 7 du décret du 5 décembre 1951 susvisé *[nº 51-1423 fixant les règles suivant lesquelles doit être déterminée l'ancienneté du personnel nommé dans l'un des corps de fonctionnaires relevant du ministère de l'éducation nationale]*. »

(Décr. nº 2002-436 du 29 mars 2002, art. 26) « Les candidats mentionnés à l'article 7-1 du présent décret bénéficient, sur leur demande, d'une bonification d'ancienneté d'une durée :

« – d'un an, lorsque la durée des activités professionnelles définies à l'article 7-1 dont ils justifient est inférieure à six ans ;

« – de deux ans, lorsque cette durée est comprise entre six ans et neuf ans ;

« – de trois ans, lorsqu'elle est de neuf ans et plus.

« Ceux des agents issus du troisième concours qui avaient la qualité de fonctionnaire ou d'agent non titulaire préalablement à leur nomination, peuvent opter entre la bonification prévue au *(Décr. nº 2013-768 du 23 août 2013, art. 49)* « sixième » alinéa du présent article et la prise en compte de l'ancienneté acquise au titre des services antérieurs, en application des dispositions du premier alinéa du présent article.

« Les agents issus du troisième concours peuvent opter entre la bonification prévue au *(Décr. nº 2013-768 du 23 août 2013, art. 49)* « sixième » alinéa du présent article et la prise en compte des années d'activité professionnelle qu'ils ont accomplies avant leur nomination comme stagiaire, conformément aux dispositions du premier alinéa de l'article 7 du décret du 5 décembre 1951 susvisé *[nº 51-1423 fixant les règles suivant lesquelles doit être déterminée l'ancienneté du personnel nommé dans l'un des corps de fonctionnaires relevant du ministère de l'éducation nationale]*. »

Le *(Décr. nº 2019-1554 du 30 déc. 2019, art. 19)* « recteur d'académie » procède au reclassement des professeurs de lycée professionnel.

Art. 23 *(Décr. nº 2017-786 du 5 mai 2017, art. 152)* I. – La durée du temps passé dans chacun des échelons des grades du corps des professeurs de lycée professionnel est fixée, sous réserve des dispositions du II du présent article, ainsi qu'il suit :

Tableau mod. par Décr. nº 2017-786 du mai 2017, art. 161.

GRADES	ÉCHELONS	DURÉE
Professeur de lycée professionnel de classe exceptionnelle		
	Spécial	–
	4e échelon	–
	3e échelon	2 ans 6 mois

GRADES	ÉCHELONS	DURÉE
	2e échelon	2 ans
	1er échelon	2 ans
Professeur de lycée professionnel hors classe		
	7e échelon	–
	6e échelon	3 ans
	5e échelon	3 ans
	4e échelon	2 ans 6 mois
	3e échelon	2 ans 6 mois
	2e échelon	2 ans
	1er échelon	2 ans
Professeur de lycée professionnel de classe normale		
	11e échelon	–
	10e échelon	4 ans
	9e échelon	4 ans
	8e échelon	3 ans 6 mois
	7e échelon	3 ans
	6e échelon	3 ans
	5e échelon	2 ans 6 mois
	4e échelon	2 ans
	3e échelon	2 ans
	2e échelon	1 an
	1er échelon	1 an

L'autorité compétente mentionnée à l'article 20-2 prononce, pour chaque année scolaire, les promotions des professeurs de lycée professionnel.

II. — Les anciennetés détenues dans les 6e et 8e échelons de la classe normale peuvent être bonifiées d'un an.

L'autorité compétente établit, pour chaque année scolaire, d'une part, la liste des professeurs de lycée professionnel qui sont dans la deuxième année du 6e échelon de la classe normale et, d'autre part, la liste des professeurs de lycée professionnel qui justifient d'une ancienneté dans le 8e échelon de la classe normale comprise entre 18 et 30 mois.

L'autorité compétente attribue les bonifications d'ancienneté après avis de la commission administrative paritaire compétente à hauteur de 30 % de l'effectif des professeurs inscrits sur chacune de ces deux listes.

(Décr. n° 2019-595 du 14 juin 2019, art. 38) « Pour chaque liste, lorsque le nombre de bonifications attribuées n'est pas un entier, la décimale est ajoutée au nombre calculé au titre de l'année suivante. Le nombre de bonifications attribuées au cours de ces deux années ne peut dépasser 30 % de l'effectif des professeurs de lycée professionnel inscrits sur la liste au cours de cette même période. »

III. — Peuvent accéder au choix à l'échelon spécial du grade de professeur de lycée professionnel de classe exceptionnelle, dans la limite d'un pourcentage des effectifs de ce grade fixé par arrêté conjoint du ministre chargé de l'éducation nationale, du ministre chargé de la fonction publique et du ministre chargé du budget, les professeurs de lycée professionnel inscrits sur un tableau d'avancement ayant au moins 3 ans d'ancienneté au 4e échelon de leur grade.

Selon des orientations définies par le ministre chargé de l'éducation nationale, le tableau d'avancement est arrêté chaque année par l'autorité compétente, après avis de la commission administrative paritaire compétente.

Les promotions sont prononcées, dans l'ordre d'inscription au tableau annuel d'avancement, par cette même autorité.

Art. 24 *Abrogé par Décr. n° 2017-786 du 5 mai 2017, art. 151.*

Art. 25 *(Décr. n° 2017-786 du 5 mai 2017, art. 153)* Les professeurs de lycée professionnel peuvent être promus professeurs de lycée professionnel hors classe lorsqu'ils comptent, au 31 août de l'année au titre de laquelle le tableau d'avancement est établi, au moins 2 ans d'ancienneté dans le 9ᵉ échelon de la classe normale.

Selon des orientations définies par le ministre chargé de l'éducation nationale, le tableau d'avancement est arrêté chaque année par l'autorité compétente, après avis de la commission administrative paritaire compétente.

Le nombre maximum de professeurs de lycée professionnel pouvant être promus chaque année à la hors-classe est déterminé conformément aux dispositions du décret n° 2005-1090 du 1er septembre 2005 relatif à l'avancement de grade dans les corps des administrations de l'État.

Les promotions sont prononcées, dans l'ordre d'inscription au tableau annuel d'avancement, par l'autorité compétente.

Les professeurs de lycée professionnel nommés à la hors-classe de leur corps sont classés à l'échelon comportant un indice égal ou, à défaut, immédiatement supérieur à celui qu'ils détenaient dans la classe normale.

Lorsque l'augmentation de traitement consécutive à leur nomination est inférieure à celle que leur aurait procurée un avancement d'échelon dans la classe normale, les professeurs concernés conservent l'ancienneté d'échelon acquise dans ce grade dans la limite de l'ancienneté exigée pour une promotion à l'échelon supérieur dans la hors-classe.

Par dérogation à l'alinéa précédent, les agents situés au 9ᵉ échelon de la classe normale à la date de leur promotion sont classés au 2ᵉ échelon de leur nouveau grade, avec conservation de l'ancienneté acquise au-delà de 2 ans dans leur échelon d'origine.

Les professeurs de lycée professionnel qui avaient atteint le 11ᵉ échelon de la classe normale conservent l'ancienneté acquise dans cet échelon dans la limite de l'ancienneté exigée pour une promotion à l'échelon supérieur dans la hors-classe.

Toutefois, les professeurs de lycée professionnel rangés dans le deuxième groupe mentionné à l'article 9 du décret du 5 décembre 1951 susvisé et ayant atteint le 10ᵉ ou le 11ᵉ échelon sont classés respectivement au 4ᵉ ou au 5ᵉ échelon de la hors-classe. Ils conservent l'ancienneté d'échelon qu'ils avaient acquise dans la limite du temps nécessaire à une promotion d'échelon dans la hors-classe.

L'autorité compétente classe les professeurs de lycée professionnel mentionnés à l'article 20-2.

Art. 26 *(Décr. n° 2017-786 du 5 mai 2017, art. 154)* I. – *(Décr. n° 2021-1053 du 6 août 2021, art. 7)* « Peuvent être promus au grade de professeur de lycée professionnel de classe exceptionnelle, au choix, par voie d'inscription à un tableau annuel d'avancement, les professeurs de lycée professionnel qui, à la date d'établissement de ce tableau, ont atteint au moins le 3ᵉ échelon de la hors-classe et justifient de huit années :

« 1° Dans des fonctions particulières, notamment au regard des responsabilités exercées, de direction, de coordination, d'accompagnement ou de formation au sein d'un ou de plusieurs corps enseignants, d'éducation ou de psychologue relevant du ministère de l'éducation nationale ;

« 2° Ou dans des fonctions accomplies au sein de l'un ou de plusieurs de ces mêmes corps dans un établissement d'enseignement supérieur ou une classe préparatoire aux grandes écoles ou dans un territoire ou lieu d'exercice caractérisé par des difficultés éducatives, économiques ou sociales. »

La liste de ces fonctions est fixée par arrêté du ministre.

II. – Par dérogation aux dispositions du décret n° 2005-1090 du 1er septembre 2005 relatif à l'avancement de grade dans les corps des administrations de l'État, le nombre de promotions au grade de professeur de lycée professionnel de classe exceptionnelle est contingenté dans la limite d'un pourcentage appliqué à l'effectif des professeurs de lycée professionnel considérés au 31 août de l'année au titre de laquelle sont prononcées les promotions.

Le pourcentage mentionné à l'alinéa précédent est fixé par arrêté conjoint du ministre chargé de l'éducation nationale, du ministre chargé du budget et du ministre chargé de la fonction publique.

III. – Dans la limite de 20 % du nombre des promotions annuelles mentionné au premier alinéa du II, peuvent également être promus au grade de professeur de lycée professionnel de classe exceptionnelle, au choix, par voie d'inscription au tableau annuel d'avancement, les professeurs de lycée professionnel qui, ayant atteint au moins le *(Décr. n° 2017-786 du 5 mai 2017, art. 162)* « 7ᵉ échelon » de la hors-classe, ont fait preuve d'une valeur professionnelle exceptionnelle au regard de l'ensemble de leur carrière.

IV. – Selon des orientations définies par le ministre chargé de l'éducation nationale, le tableau d'avancement est arrêté chaque année par l'autorité compétente, après avis de la commission administrative paritaire compétente.

Art. 26-1 *(Décr. n° 2017-786 du 5 mai 2017, art. 154)* Les professeurs de lycée professionnel promus à la classe exceptionnelle sont classés, dès leur nomination, à l'échelon comportant un indice égal ou à défaut immédiatement supérieur à celui dont ils bénéficiaient dans la hors-classe.

L'autorité compétente classe les personnels mentionnés à l'article 20-2.

Dans la limite de l'ancienneté exigée à l'article 23 pour une promotion à l'échelon supérieur, les intéressés conservent l'ancienneté qu'ils avaient acquise dans l'échelon de leur ancien grade lorsque l'augmentation de traitement consécutive à leur promotion est inférieure à celle que leur aurait procurée un avancement d'échelon dans leur ancien grade.

Les professeurs de lycée professionnel ayant atteint le 6ᵉ échelon de la hors-classe conservent l'ancienneté acquise dans cet échelon dans la limite de l'ancienneté exigée pour une promotion à l'échelon supérieur dans la classe exceptionnelle.

Art. 27 *(Décr. n° 98-915 du 13 oct. 1998, art. 17)* La désignation des personnels qui doivent recevoir une première affectation à l'issue de leur titularisation et de ceux qui sont appelés à changer d'académie est prononcée par décision du ministre chargé de l'éducation, après avis des instances paritaires compétentes. Toutefois, les changements d'académie en cours d'année scolaire dans l'intérêt du service sont prononcés sous réserve d'examen ultérieur par les instances paritaires précitées.

Art. 27-1 *(Décr. n° 2018-303 du 25 avr. 2018, art. 2)* Pour prononcer les affectations, il est tenu compte, dans toute la mesure compatible avec le bon fonctionnement du service, des priorités prévues par l'article 60 de la loi du 11 janvier 1984 précitée et, en outre, des critères de priorité suivants :

1° La situation de l'agent qui sollicite un rapprochement avec le détenteur de l'autorité parentale conjointe dans l'intérêt de l'enfant ;

2° La situation de l'agent affecté dans un territoire ou une zone rencontrant des difficultés particulières de recrutement ;

3° La situation de l'agent affecté dans un emploi supprimé en raison d'une modification de la carte scolaire ;

4° Le caractère répété d'une même demande de mutation ainsi que son ancienneté ;

5° L'expérience et le parcours professionnel de l'agent.

Les demandes de mutation sont classées préalablement à l'aide d'un barème rendu public.

Art. 28 L'article 61 de la loi du 11 janvier 1984 susvisée *[n° 84-16 portant dispositions statutaires relatives à la fonction publique de l'État, V.* ***C. fonct. publ.****]* n'est pas applicable au corps des professeurs de lycée professionnel.

Art. 29 *(Décr. n° 99-101 du 11 févr. 1999, art. 9)* Pour les professeurs de lycée professionnel affectés dans des établissements ou services placés sous l'autorité du recteur d'académie, les sanctions disciplinaires définies à l'article 66 de la loi du 11 janvier 1984 susvisée *[n° 84-16 portant dispositions statutaires relatives à la fonction publique de l'État, V.* ***C. fonct. publ.****]* sont prononcées, après consultation de la commission administrative paritaire académique siégeant en conseil de discipline, dans les conditions prévues à l'article 19 de la loi n° 83-634 du 13 juillet 1983 *[portant droits et obligations des fonctionnaires, V.* ***C. fonct. publ.****]*.

Le pouvoir de saisir la commission administrative paritaire académique siégeant en conseil de discipline est délégué au recteur d'académie.

CHAPITRE VI *Obligations de service* *(Décr. n° 2017-786 du 5 mai 2017, art. 156).*

Art. 30 *Abrogé par Décr. n° 2014-941 du 20 août 2014, art. 2.*

Art. 31 *(Décr. n° 2000-753 du 1er août 2000, art. 2)* I. – Lorsqu'en raison du déroulement d'un projet pluridisciplinaire à caractère professionnel auquel participent les élèves d'une division dans laquelle il enseigne, le professeur de lycée professionnel n'est pas en mesure d'assurer la totalité de ses obligations hebdomadaires de service, les heures dues peuvent, dans la limite de trois heures, être reportées sur une autre semaine de l'année scolaire en cours pour être consacrées au projet pluridisciplinaire d'une division dans laquelle ce professeur enseigne.

II. – Pendant les périodes de formation en entreprise des élèves d'une division, chaque professeur de lycée professionnel enseignant dans cette division participe à l'encadrement pédagogique de ces élèves.

La charge de cet encadrement est répartie entre les enseignants en tenant compte, notamment, du nombre d'heures hebdomadaires d'enseignement qu'ils dispensent dans cette division.

L'encadrement pédagogique d'un élève est comptabilisé dans le service du professeur pour deux heures par semaine, dans la limite de trois semaines par séquence de stage. Lorsque ce décompte conduit un professeur de lycée professionnel à dépasser ses obligations hebdomadaires de service, il bénéficie du paiement d'heures supplémentaires effectives selon les modalités prévues au premier alinéa de l'article 5 du décret du 6 octobre 1950 susvisé *[n° 50-1253 fixant les taux de rémunération des heures supplémentaires d'enseignement effectuées par les personnels enseignants des établissements d'enseignement du second degré, V. ci-dessus]*.

III. – Lorsqu'un professeur de lycée professionnel n'accomplit pas, dans le cadre des périodes de formation en entreprise et des projets pluridisciplinaires à caractère professionnel, au cours d'une semaine, la totalité de ses obligations de service, et sous réserve des dispositions sur le report prévues au I ci-dessus, son service est complété, dans la même semaine, par une participation aux actions de soutien et d'aide aux élèves en difficulté ou, à sa demande, par un enseignement en formation continue des adultes.

IV. – Les modalités d'organisation des projets pluridisciplinaires à caractère professionnel et des périodes de formation des élèves en entreprise sont déterminées en début d'année scolaire, pour chaque division, par l'équipe pédagogique, sous l'autorité du chef d'établissement.

Art. 31-1 *(Décr. n° 2000-753 du 1er août 2000, art. 3)* Le professeur de lycée professionnel peut, au plus tard à la date de la rentrée scolaire, demander à bénéficier d'un compte formation, destiné à lui permettre d'accumuler des droits à congé de formation professionnelle en milieu professionnel. Ce droit à congé est ouvert sans préjudice des autres droits à formation auxquels peuvent prétendre les personnels enseignants du second degré.

Le compte formation est alimenté par les heures que le professeur consacre aux actions de formation dispensées dans le cadre des missions dévolues aux membres de son corps, en application de l'article 2 ci-dessus, et qui excèdent le service hebdomadaire défini au premier alinéa de l'article 30 ci-dessus. Les heures ainsi portées au crédit du compte formation n'ouvrent pas droit à l'indemnité prévue par le décret du 6 octobre 1950 susvisé *[n° 50-1253 fixant les taux de rémunération des heures supplémentaires d'enseignement effectuées par les personnels enseignants des établissements d'enseignement du second degré, V. ci-dessus]*.

Le compte formation individuel est tenu par le recteur d'académie et arrêté à la fin de chaque année scolaire après attestation du chef d'établissement. En cas de changement d'académie, le compte formation individuel est transféré dans la nouvelle académie d'affectation.

Au terme d'une période minimale de cinq ans après l'ouverture du compte formation et sous réserve qu'au moins soixante-douze heures soient inscrites à son crédit, le compte formation ouvre droit à un congé. La durée de ce congé, exprimée en semaines, est égale au crédit d'heures, majoré de 25 % et divisé par 18. La demande de congé doit être formulée avant la fin de l'année scolaire précédant celle au cours de laquelle commence la formation. La demande doit préciser la date de début, la durée et la nature de la formation ainsi que le nom de la structure d'accueil. Après acceptation de celle-ci par le recteur d'académie et établissement d'une convention entre ce dernier, la structure d'accueil et le professeur, le congé est prononcé par le recteur d'académie.

Durant le congé de formation professionnelle en milieu professionnel, le professeur est en position d'activité. Il perçoit le traitement afférent à l'indice qu'il détient dans son corps, ainsi que l'indemnité de résidence et, le cas échéant, le supplément familial de traitement, à l'exclusion des indemnités liées aux fonctions. Le temps passé en congé de formation professionnelle en milieu professionnel est pris en compte pour l'ancienneté et lors du calcul du minimum de temps requis pour postuler à une promotion de grade ou accéder à un corps hiérarchiquement supérieur. Il compte également pour la retraite et donne lieu aux retenues pour pension civile dans les conditions prévues à l'article L. 9 du code des pensions civiles et militaires de retraite *[V. C. **fonct. publ.**, App., v° Pensions de retraite]*.

A l'issue du congé, le professeur reprend de plein droit son service dans l'établissement au sein duquel il était affecté.

Art. 31-2 *(Décr. n° 2000-753 du 1er août 2000, art. 3)* Une indemnité compensatrice correspondant au paiement des heures inscrites au crédit du compte formation individuel, calculée selon les modalités prévues au premier alinéa de l'article 5 du décret du 6 octobre 1950 susvisé *[n° 50-1253 fixant les taux de rémunération des heures supplémentaires d'enseignement effectuées par les personnels enseignants des établissements d'enseignement du second degré, V. ce texte ci-dessus]*, est versée aux professeurs de lycée professionnel qui n'ont pas bénéficié du congé formation professionnelle en milieu professionnel ou à leurs ayants cause, dans les cas suivants :

– reconnaissance de l'inaptitude à exercer ses fonctions, par suite de l'altération de l'état physique, en application de l'article 63 de la loi du 11 janvier 1984 susvisée *[n° 84-16 portant dispositions statutaires relatives à la fonction publique de l'État, V. **C. fonct. publ.**]* ;

– mise à la retraite pour invalidité ;

– décès ;

– nomination dans un corps ne relevant pas du ministère chargé de l'éducation nationale, de l'enseignement supérieur ou de la recherche.

Les droits à congé de formation professionnelle en milieu professionnel sont maintenus à titre personnel en cas de nomination dans un corps relevant du ministère chargé de l'éducation nationale, de l'enseignement supérieur ou de la recherche. Toutefois, l'intéressé ne pourra plus faire valoir ses droits à un tel congé au-delà d'un délai de deux ans à compter de la date de sa titularisation dans le nouveau corps.

Art. 32 *(Décr. n° 2016-656 du 20 mai 2016, art. 3)* Par dérogation aux dispositions du décret n° 2014-940 du 20 août 2014 relatif aux obligations de service et aux missions des personnels enseignants exerçant dans un établissement public d'enseignement du second degré, les professeurs de lycée professionnel qui exercent les fonctions de directeur délégué aux formations professionnelles et technologiques sont tenus de fournir sans rémunération supplémentaire, dans l'ensemble de l'année scolaire, un maximum de service hebdomadaire de trente-neuf heures.

Ce service peut comprendre, avec accord de l'intéressé, des heures d'enseignement en formation initiale sous statut scolaire. Chaque heure d'enseignement est décomptée pour la valeur de deux heures pour l'application du maximum de service prévu à l'alinéa précédent.

Les professeurs de lycée professionnel peuvent exercer des fonctions d'assistance technique auprès des directeurs délégués aux formations professionnelles et technologiques. Ils sont alors soumis aux obligations de service prévues aux alinéas ci-dessus.

CHAPITRE VII **Détachement** *(Décr. n° 2017-786 du 5 mai 2017, art. 156)*.

Art. 33 *(Décr. n° 2014-941 du 20 août 2014, art. 3)* Pour l'application de l'article 13 *bis* de la loi n° 83-634 du 13 juillet 1983 modifiée portant droits et obligations des fonctionnaires *[V. **C. fonct. publ.**]*, les candidats au détachement dans le corps des professeurs de lycée professionnel doivent justifier de la détention d'un master ou d'un titre ou diplôme reconnu équivalent par le ministre chargé de l'éducation.

Dans les spécialités professionnelles, les candidats au détachement dans le corps des professeurs de lycée professionnel doivent justifier de cinq années de pratique professionnelle ou d'enseignement de cette pratique et d'un brevet de technicien supérieur, ou d'un diplôme universitaire de technologie, ou d'un titre ou un diplôme de niveau égal ou supérieur, ou du bénéfice d'une action de formation continue conduisant à une qualification professionnelle de niveau III au sens de l'article L. 335-6 du code de l'éducation.

Dans les spécialités pour lesquelles il n'existe pas de diplôme supérieur au niveau IV au sens de l'article L. 335-6 du code de l'éducation, les candidats au détachement dans le corps des professeurs de lycée professionnel doivent justifier de sept années d'une pratique professionnelle ou d'enseignement d'une telle pratique et d'un diplôme de niveau IV.

Les fonctionnaires dont le détachement dans le corps des professeurs de lycée professionnel a été accepté peuvent être tenus de suivre une formation organisée dans les mêmes conditions que celles prévues à l'article 10 du présent décret.

Les fonctionnaires admis à poursuivre leur détachement au-delà d'une période de deux ans se voient proposer l'intégration dans le corps des professeurs de lycée professionnel. L'intégration peut intervenir avant cette échéance sur demande de l'intéressé et après accord de l'administration.

Les services accomplis dans le corps ou cadre d'emplois d'origine sont assimilés à des services accomplis dans le corps des professeurs de lycée professionnel.

CHAPITRE VIII *Dispositions diverses* *(Décr. n° 2017-786 du 5 mai 2017, art. 156).*

Art. 34 *(Décr. n° 2012-1450 du 24 déc. 2012, art. 6)* Le vice-recteur de Nouvelle-Calédonie exerce à l'égard des professeurs de lycée professionnel mis à disposition de la Nouvelle-Calédonie selon les modalités fixées par l'article 59-1 de la loi organique n° 99-209 du 19 mars 1999 relative à la Nouvelle-Calédonie les attributions dévolues aux recteurs d'académie.

(Décr. n° 2014-299 du 6 mars 2014, art. 6) « Le vice-recteur de Polynésie française exerce à l'égard des professeurs de lycée professionnel mis à disposition de la Polynésie française selon les modalités fixées par l'article 62 de la loi organique n° 2004-192 du 27 février 2004 portant statut d'autonomie de la Polynésie française les attributions dévolues aux recteurs d'académie. »

CHAPITRE IX *Dispositions finales* *(Décr. n° 2017-786 du 5 mai 2017, art. 156).*

Art. 38 *Abrogé par Décr. n° 2009-918 du 28 juill. 2009, art. 6.*

Art. 39 *Abrogé par Décr. n° 2001-527 du 12 juin 2001, art. 15.*

Art. 40 Le décret n° 75-407 du 23 mai 1975 modifié relatif au statut particulier des professeurs et des professeurs techniques chefs de travaux des collèges d'enseignement technique est abrogé.

Pour l'application des dispositions du deuxième alinéa de l'article 20 de la loi du 20 juillet 1992 susvisée *[n° 92-678 relative à la validation d'acquis professionnels pour la délivrance de diplômes et portant diverses dispositions relatives à l'éducation nationale]*, le corps des professeurs techniques chefs de travaux des collèges d'enseignement technique est assimilé à la classe normale du 2e grade du corps des professeurs de lycée professionnel suivant les règles fixées au premier alinéa de l'article 22 ci-dessus.

Décret n° 99-823 du 17 septembre 1999,

Relatif à l'exercice des fonctions de remplacement dans les établissements d'enseignement du second degré.

Art. 1er Des personnels enseignants du second degré, des personnels d'éducation et d'orientation, titulaires et stagiaires, peuvent être chargés, dans le cadre de l'académie et conformément à leur qualification, d'assurer le remplacement des agents momentanément absents ou d'occuper un poste provisoirement vacant.

Art. 2 Pour l'application du présent décret, le *(Décr. n° 2019-1554 du 30 déc. 2019, art. 19)* « recteur d'académie » détermine au sein de l'académie, par arrêté pris après avis du *(Décr. n° 2011-184 du 15 févr. 2011, art. 55)* « comité technique » académique, les différentes zones dans lesquelles les personnels mentionnés à l'article 1er ci-dessus exercent leurs fonctions.

Art. 3 L'arrêté d'affectation dans l'une des zones prévues à l'article 2 ci-dessus des personnels mentionnés à l'article 1er indique l'établissement public local d'enseignement ou le service de rattachement de ces agents pour leur gestion. Le territoire de la commune où est implanté cet établissement ou ce service est la résidence administrative des intéressés.

Le *(Décr. n° 2019-1554 du 30 déc. 2019, art. 19)* « recteur d'académie » procède aux affectations dans les établissements ou les services d'exercice des fonctions de remplacement par arrêté qui précise également l'objet et la durée du remplacement à assurer.

Ces établissements ou services peuvent être situés, lorsque l'organisation du service l'exige, dans une zone limitrophe de celle mentionnée à l'alinéa 1er ci-dessus.

Les instances paritaires compétentes sont consultées sur les modalités d'application des dispositions du présent article.

Art. 4 Les personnels mentionnés à l'article 1er assurent le service effectif des personnels qu'ils remplacent.

Les personnels enseignants, à l'exception de ceux régis par le décret du 10 janvier 1980 susvisé *[n° 80-28 relatif à l'exercice de fonction de documentation et d'information par certains personnels relevant du ministre de l'éducation nationale]*, perçoivent une indemnité horaire calculée dans les conditions prévues par le décret du 6 octobre 1950 susvisé *[n° 50-1253 fixant les taux de rému-*

nération des heures supplémentaires d'enseignement effectuées pour les enseignants des établissements d'enseignement du second degré, V. ce texte ci-dessus] pour chaque heure excédant les obligations de service hebdomadaire auxquelles ils sont tenus en application des dispositions statutaires applicables à leur corps.

Art. 5 Entre deux remplacements, les personnels enseignants peuvent être chargés, dans la limite de leur obligation de service statutaire et conformément à leur qualification, d'assurer des activités de nature pédagogique dans leur établissement ou service de rattachement.

Pour l'application des dispositions du présent article, chaque heure consacrée aux activités mentionnées ci-dessus est décomptée comme une heure de service accomplie conformément aux dispositions réglementaires relatives aux maxima de service incombant au corps dont relève le fonctionnaire concerné.

Art. 6 Les dispositions du présent décret sont applicables aux affectations prenant effet à compter du 1er septembre 1999.

A cette même date, le décret n° 85-1059 du 30 septembre 1985 modifié relatif à l'exercice des fonctions de remplacement dans les établissements d'enseignement du second degré est abrogé.

Arrêté du 17 juillet 2006,

Fixant les conditions d'organisation d'une mention complémentaire pour certaines catégories de personnels enseignants du second degré.

Art. 1er Les candidats aux concours externes du certificat d'aptitude au professorat de l'enseignement du second degré (CAPES), du certificat d'aptitude au professorat de l'enseignement technique (CAPET), du certificat d'aptitude au professorat d'éducation physique et sportive (CAPEPS) et d'accès au corps des professeurs de lycée professionnel (CAPLP) peuvent demander à subir une épreuve permettant d'acquérir une mention complémentaire.

Art. 2 L'épreuve de la mention complémentaire est constituée d'une épreuve d'admissibilité ou d'admission d'une section du concours externe du CAPES ou du CAPLP. Elle est évaluée par le jury de ce concours.

La nature de cette épreuve ainsi que les disciplines pour lesquelles la mention complémentaire est organisée sont fixées conformément à l'annexe du présent arrêté *[V. JO 13 août]*.

Art. 3 L'épreuve de la mention complémentaire n'est pas prise en compte pour l'admissibilité ou pour l'admission au concours auquel les candidats sont inscrits.

Art. 4 Les candidats déclarés admis au concours qui ont obtenu une note égale ou supérieure à la moyenne des notes obtenues, au titre de la même session, à l'épreuve correspondante, par les candidats inscrits sur la liste principale d'admission du concours externe support de l'épreuve reçoivent une attestation spécifiant l'obtention de la mention complémentaire dans la discipline concernée.

Art. 5 Les dispositions de l'arrêté du 26 juillet 2005 fixant les conditions d'attribution d'une mention complémentaire aux lauréats de certaines sections du concours externe du certificat d'aptitude au professorat de l'enseignement du second degré (CAPES) et du concours externe du certificat d'aptitude au professorat d'éducation physique et sportive (CAPEPS) sont abrogées.

Art. 6 Les dispositions du présent arrêté prennent effet à compter de la session de l'année 2007 des concours.

Décret n° 2007-188 du 12 février 2007,

Fixant les conditions d'attribution de la prime allouée à certains personnels enseignants du second degré titulaires d'une mention complémentaire.

Art. 1er La prime mentionnée aux 5° des articles 3 des décrets n° 50-581 et n° 50-582 du 25 mai 1950 susvisés *[V. ces Décr. ci-dessus]*, au V de l'article 4 du décret n° 50-583 du 25 mai 1950 susvisé *[V. ce Décr. ci-dessus]* et au V de l'article 30 du décret n° 92-1189 du 6 novembre 1992 susvisé *[V. ce Décr. ci-dessus]* est accordée aux enseignants qui dispensent, au cours d'une même année scolaire, un service d'enseignement dans deux disciplines, dont au moins trois heures hebdomadaires dans celle dans laquelle ils sont titulaires d'une mention complémentaire.

Cette prime comporte deux montants. Le premier s'applique à un volume d'enseignement hebdomadaire de trois à six heures. Le second est accordé pour un volume d'enseignement hebdomadaire supérieur à six heures.

Art. 2 L'attribution de la prime est liée à l'exercice effectif des fonctions y ouvrant droit.

Art. 3 Un arrêté conjoint du ministre chargé de l'éducation nationale, du ministre chargé du budget et du ministre chargé de la fonction publique fixe les montants annuels de la prime.

Ces montants sont indexés sur la valeur du point indiciaire de la fonction publique.

Art. 4 La prime est versée mensuellement aux intéressés.

Décret n° 2008-775 du 30 juillet 2008,

Relatif aux obligations de service et aux missions des personnels enseignants du premier degré (Décr. n° 2017-444 du 29 mars 2017, art. 1er).

CHAPITRE PREMIER *Dispositions générales*

(Décr. n° 2015-883 du 20 juill. 2015, art. 2)

Art. 1er *(Décr. n° 2017-444 du 29 mars 2017, art. 2)* Les personnels enseignants du premier degré sont tenus d'assurer, sur l'ensemble de l'année scolaire :

1° Un service d'enseignement de vingt-quatre heures hebdomadaires ;

2° Les activités et missions définies à l'article 2, qui représentent cent huit heures annuelles, soit trois heures hebdomadaires en moyenne annuelle.

Art. 2 *(Décr. n° 2017-444 du 29 mars 2017, art. 3)* I. – Les cent huit heures annuelles mentionnées au 2° de l'article 1er sont réparties de la manière suivante :

1° Trente-six heures consacrées à des activités pédagogiques complémentaires organisées dans le projet d'école, par groupes restreints d'élèves, pour l'aide aux élèves rencontrant des difficultés dans leurs apprentissages, pour une aide au travail personnel ou pour une activité prévue par le projet d'école ;

2° Quarante-huit heures consacrées aux travaux en équipes pédagogiques, aux relations avec les parents, à l'élaboration et au suivi des projets personnalisés de scolarisation pour les élèves handicapés ;

3° Dix-huit heures consacrées à des actions de formation continue, pour au moins la moitié d'entre elles, et à de l'animation pédagogique ;

4° Six heures de participation aux conseils d'école obligatoires.

II. – Le contenu des activités et missions définies au I est adapté, par arrêté du ministre chargé de l'éducation nationale, lorsque les personnels enseignants du premier degré exercent, soit dans les écoles, dans les dispositifs adaptés pour l'accueil et le suivi des enfants présentant un handicap ou un trouble de santé invalidant mentionnés à l'article L. 351-1 du code de l'éducation, dans les réseaux d'aides spécialisées aux élèves en difficulté, soit dans les établissements ou services de santé ou médico-sociaux, mentionnés aux articles L. 351-1 et D. 351-17 du même code.

III. – Lorsque les heures mentionnées au 1° du I ne peuvent être entièrement utilisées pour les activités correspondantes, elles sont consacrées au renforcement de la formation professionnelle continue, en dehors de la présence des élèves.

Art. 3 Les cent huit heures annuelles de service prévues aux articles 1er et 2 sont réparties et effectuées sous la responsabilité de l'inspecteur de l'éducation nationale chargé de la circonscription dans le cadre de la circonscription dans laquelle exercent les enseignants concernés, sans préjudice des modalités prévues au cinquième alinéa de l'article 2 du décret du 24 février 1989 susvisé *[n° 89-122, V. ce Décr. ss. C. éduc., art. L. 411-1]*.

Art. 3-1 *(Décr. n° 2014-942 du 20 août 2014, art. 1er)* Dans les écoles relevant de l'éducation prioritaire inscrites sur une liste fixée par arrêté du ministre chargé de l'éducation nationale, le service d'enseignement des personnels enseignants qui y exercent, fixé à l'article 1er du présent décret, est réduit de 18 demi-journées par année scolaire.

La réduction mentionnée à l'alinéa précédent tient compte du temps consacré au travail en équipe nécessaire à l'organisation de la prise en charge des besoins particuliers des élèves qui y sont scolarisés, aux actions correspondantes ainsi qu'aux relations avec les parents. Ces activités sont organisées sous la responsabilité des inspecteurs de l'éducation nationale.

Art. 3-1-1 *(Décr. n° 2017-444 du 29 mars 2017, art. 4)* Les personnels enseignants du premier degré exerçant en milieu pénitentiaire sont tenus d'assurer, sur trente-six semaines :

1° Un service d'enseignement de vingt et une heures hebdomadaires ;

2° Trois heures hebdomadaires forfaitaires en moyenne annuelle, soit cent huit heures annuelles forfaitaires, notamment consacrées aux activités de coordination et de concertation ainsi qu'au suivi et à l'évaluation des personnes détenues.

Pour tenir compte des besoins du service, *(Décr. n° 2019-1554 du 30 déc. 2019, art. 9)* « le recteur d'académie » peut, avec l'accord de l'intéressé, augmenter le nombre de semaines mentionné au premier alinéa jusqu'à quarante. Dans ce cas, le nombre d'heures mentionné au 1° ne doit pas dépasser, annuellement, sept cent cinquante-six heures et, hebdomadairement, vingt et une heures.

Art. 3-2 *(Décr. n° 2014-942 du 20 août 2014, art. 1er)* I. — Les personnels enseignants du premier degré chargés soit de fonctions de remplacement soit de l'accomplissement d'un service hebdomadaire partagé entre plusieurs classes d'une même ou de différentes écoles assurent les heures d'enseignement auxquelles les élèves des classes où ils interviennent ont droit.

Leur service hebdomadaire ne peut cependant comprendre à la fois les journées du mercredi et du samedi.

II. — Les heures d'enseignement accomplies au cours de l'année scolaire en dépassement des obligations de service hebdomadaire auxquelles ils sont tenus en application de l'article 1er du présent décret donnent lieu, au cours de cette même année, à un temps de récupération égal au dépassement constaté. Les modalités qui régissent les temps de récupération sont arrêtées par *(Décr. n° 2019-1554 du 30 déc. 2019, art. 9)* « le recteur d'académie » après avis du comité technique spécial départemental et leur mise en œuvre donne lieu à un bilan annuel.

III. — *(Décr. n° 2019-1554 du 30 déc. 2019, art. 9)* « Le recteur d'académie » définit le calendrier des temps de récupération dans l'intérêt du service et après consultation de l'agent.

Art. 3-3 *(Décr. n° 2017-444 du 29 mars 2017, art. 5)* Au titre d'une année scolaire, les enseignants mentionnés à l'article 1er peuvent, pour répondre à des besoins spécifiques et avec leur accord, exercer des missions particulières à l'échelon académique ou départemental.

Les enseignants exerçant ces missions peuvent bénéficier, sur décision du recteur de l'académie, d'un allègement de la moitié à la totalité de leurs obligations de service définies à l'article 1er. Les modalités de détermination de cet allègement, en fonction des conditions d'exercice de la mission, sont fixées par le ministre chargé de l'éducation nationale.

CHAPITRE II *Missions des enseignants du premier degré exerçant la fonction de maître formateur*

(Décr. n° 2015-883 du 20 juill. 2015, art. 4)

Art. 4 I. — Les enseignants du premier degré titulaires du certificat d'aptitude aux fonctions d'instituteur ou de professeur des écoles maître formateur peuvent, avec leur accord, exercer la fonction de maître formateur.

Les maîtres formateurs participent à la formation initiale des enseignants stagiaires et des étudiants se destinant au métier de l'enseignement dans les établissements d'enseignement supérieur en charge de leur formation.

Ils participent à la prise en charge du tutorat des enseignants stagiaires du premier degré et des étudiants se destinant au métier de l'enseignement.

Ils contribuent également à la formation continue des personnels enseignants du premier degré.

II. — Les enseignants du premier degré exerçant la fonction de maître formateur bénéficient d'un allègement d'un quart à un tiers de leur service hebdomadaire d'enseignement défini à l'article 1er et d'un allègement de deux heures hebdomadaires en moyenne annuelle du service défini à l'article 2. *(Décr. n° 2017-444 du 29 mars 2017, art. 6)* « Un arrêté du ministre chargé de l'éducation nationale fixe pour les enseignants nommés pour exercer la fonction de maître formateur :

« 1° Les conditions et modalités de détermination de ces allègements, en fonction des conditions d'exercice des activités qui leur sont confiées ;

« 2° Le contenu adapté des activités et missions définies au I de l'article 2. »

III. — Le recteur d'académie détermine par arrêté les allègements de service mentionnés à l'alinéa précédent attribués à chaque maître formateur.

CHAPITRE III *Missions des enseignants du premier degré exerçant la fonction de conseiller pédagogique*

(Décr. n° 2015-883 du 20 juill. 2015, art. 4)

Art. 5 I. – Les enseignants du premier degré titulaires du certificat d'aptitude aux fonctions d'instituteur ou de professeur des écoles maître formateur peuvent exercer la fonction de conseiller pédagogique auprès d'un directeur académique des services de l'éducation nationale ou d'un inspecteur de l'éducation nationale.

Les conseillers pédagogiques assurent une mission d'animation pédagogique au niveau de la circonscription ou au niveau départemental.

Ils participent à la formation initiale et continue des personnels enseignants du premier degré. Ils peuvent intervenir dans les établissements d'enseignement supérieur en charge de la formation de ces personnels.

II. – Les enseignants exerçant la fonction de conseiller pédagogique sont déchargés du service défini aux articles 1er et 2.

Art. 6 Le décret n° 91-41 du 14 janvier 1991 relatif au service hebdomadaire des personnels enseignants du premier degré est abrogé.

Décret n° 2008-926 du 12 septembre 2008,

Instituant une prime d'entrée dans les métiers d'enseignement, d'éducation et de psychologues de l'éducation nationale (Décr. n° 2019-8 du 4 janv. 2019, art. 3).

Art. 1er Il est institué une prime d'entrée dans le métier attribuée aux personnes qui, à l'occasion de leur première titularisation dans un corps de fonctionnaires enseignants du premier ou du second degré, dans le corps des conseillers principaux d'éducation ou dans le corps des *(Décr. n° 2019-8 du 4 janv. 2019, art. 3)* « psychologues de l'éducation nationale », sont affectées dans une école, un établissement ou un service relevant du ministre chargé de l'éducation nationale *(Décr. n° 2014-1007 du 4 sept. 2014, art. 1er)* « et qui n'ont pas exercé de fonctions d'enseignement, d'éducation ou *(Décr. n° 2019-8 du 4 janv. 2019, art. 3)* « de psychologues de l'éducation nationale » préalablement à leur nomination pendant une durée supérieure à trois mois ».

(Décr. n° 2011-1204 du 27 sept. 2011, art. 1er) « Les personnes placées en position de disponibilité, de congé parental ou de non-activité pour poursuivre des études concomitamment à une première titularisation dans les corps de fonctionnaires mentionnés au premier alinéa peuvent bénéficier de la prime d'entrée dans le métier s'ils sont affectés, à l'issue de cette période de non-activité et dans un délai de trois années à compter de cette titularisation, dans une école, un établissement ou un service relevant du ministre chargé de l'éducation nationale. »

Art. 2 *(Décr. n° 2011-1204 du 27 sept. 2011, art. 2)* I. – La prime d'entrée dans le métier est versée en deux fois. Elle est attribuée au titre de la première année d'exercice décomptée à partir de la date de l'affectation ouvrant droit à son attribution en application de l'article 1er.

Les cessations de fonction et changements d'affectation intervenant au cours de cette année sont pris en compte pour le versement de la prime dans les conditions suivantes :

1° Si l'agent est placé en congé parental ou en disponibilité après le versement de la première fraction de la prime, il en conserve le bénéfice mais ne peut pas prétendre au versement de la seconde fraction.

Si ce changement de position intervient après le versement de la seconde fraction de l'indemnité, l'agent conserve l'intégralité de la prime.

L'agent peut bénéficier de la fraction de la prime qui ne lui a pas été versée s'il est réintégré sur un emploi y ouvrant droit à l'issue de cette période de non-activité, dans le délai de trois années prévu à l'article 1er ;

2° L'agent qui est détaché ou affecté sur un emploi n'ouvrant pas droit au bénéfice de la prime est tenu au reversement de l'intégralité du montant perçu ;

3° L'agent dont la démission a été régulièrement acceptée est tenu au reversement de l'intégralité du montant perçu.

II. – La prime ne peut être versée qu'une seule fois au même bénéficiaire.

Art. 3 Le montant de la prime instituée à l'article 1er est fixé par arrêté conjoint des ministres chargés de l'éducation nationale, du budget et de la fonction publique.

Décret n° 2014-940 du 20 août 2014,

Relatif aux obligations de service et aux missions des personnels enseignants exerçant dans un établissement public d'enseignement du second degré.

Ce Décr. est applicable aux maîtres des établissements d'enseignement privés du second degré sous contrat, sous réserve des dispositions particulières prévues par le Décr. n° 2015-851 du 10 juill. 2015 et concernant les art. 3 et 4 du Décr. n° 2014-940 du 20 août 2014.

Art. 1er Les dispositions du présent décret s'appliquent aux chargés d'enseignement d'éducation physique et sportive régis par le décret du 22 avril 1960 susvisé *[n° 60-403 relatif aux dispositions statutaires applicables aux chargés d'enseignement d'éducation physique et sportive, V. ce Décr. ci-dessous]*, aux professeurs agrégés régis par le décret du 4 juillet 1972 susvisé *[n° 72-580, V. ce Décr. ci-dessus]*, aux professeurs certifiés régis par le décret du 4 juillet 1972 susvisé *[n° 72-581, V. ce Décr. ci-dessus]*, aux adjoints d'enseignement régis par le décret du 4 juillet 1972 susvisé *[n° 72-583, V. ce Décr. ci-dessus]*, aux professeurs d'éducation physique et sportive régis par le décret du 4 août 1980 susvisé *[n° 80-627, V. ce Décr. ci-dessous]*, aux professeurs de lycée professionnel régis par le décret du 6 novembre 1992 susvisé *[n° 92-1189, V. ce Décr. ci-dessus]*, sans préjudice des dispositions des articles 31 à 32 de ce même décret, aux instituteurs régis par le décret du 7 septembre 1961 susvisé *[n° 61-1012]* et aux professeurs des écoles régis par le décret du 1er août 1990 susvisé *[n° 90-680, V. ce Décr. ci-dessus]* qui exercent dans un établissement public d'enseignement du second degré.

Art. 2 Dans le cadre de la réglementation applicable à l'ensemble des fonctionnaires en matière de temps de travail et dans celui de leurs statuts particuliers respectifs, les enseignants mentionnés à l'article 1er du présent décret sont tenus d'assurer, sur l'ensemble de l'année scolaire :

I. — Un service d'enseignement dont les maxima hebdomadaires sont les suivants :

1° Professeurs agrégés : quinze heures ;

2° Professeurs agrégés de la discipline d'éducation physique et sportive : dix-sept heures ;

3° Professeurs certifiés, adjoints d'enseignement et professeurs de lycée professionnel : dix-huit heures ;

4° Professeurs d'éducation physique et sportive, chargés d'enseignement d'éducation physique et sportive et adjoints d'enseignement d'éducation physique et sportive : vingt heures ;

5° Instituteurs et professeurs des écoles exerçant dans les établissements régionaux d'enseignement adapté, dans les sections d'enseignement général et professionnel adapté des collèges et dans les unités localisées pour l'inclusion scolaire : vingt et une heures.

II. — Les missions liées au service d'enseignement qui comprennent les travaux de préparation et les recherches personnelles nécessaires à la réalisation des heures d'enseignement, l'aide et le suivi du travail personnel des élèves, leur évaluation, le conseil aux élèves dans le choix de leur projet d'orientation en collaboration avec les personnels d'éducation et d'orientation, les relations avec les parents d'élèves, le travail au sein d'équipes pédagogiques constituées d'enseignants ayant en charge les mêmes classes ou groupes d'élèves ou exerçant dans le même champ disciplinaire. Dans ce cadre, ils peuvent être appelés à travailler en équipe pluriprofessionnelle associant les personnels de santé, sociaux, d'orientation et d'éducation.

III. — Par dérogation aux dispositions des I et II du présent article, les professeurs de la discipline de documentation et les professeurs exerçant dans cette discipline sont tenus d'assurer :

— un service d'information et documentation, d'un maximum de trente heures hebdomadaires.

Ce service peut comprendre, avec accord de l'intéressé, des heures d'enseignement. Chaque heure d'enseignement est décomptée pour la valeur de deux heures pour l'application du maximum de service prévu à l'alinéa précédent ;

— six heures consacrées aux relations avec l'extérieur qu'implique l'exercice de cette discipline.

Art. 3 Au titre d'une année scolaire, les enseignants mentionnés à l'article 1er du présent décret peuvent, pour répondre à des besoins spécifiques et avec leur accord, exercer des missions particulières soit au sein de leur établissement, soit à l'échelon académique sous l'autorité du recteur de l'académie.

Les enseignants exerçant ces missions peuvent bénéficier d'un allègement de leur service d'enseignement attribué sur décision du recteur de l'académie. Lorsque la mission est réalisée au sein de l'établissement, la décision du recteur intervient après proposition du conseil d'administration de l'établissement d'affectation de l'enseignant.

L'allègement de service dont peuvent bénéficier les enseignants qui exercent des missions particulières au sein d'un établissement d'enseignement privé du second degré sous contrat est attribué par le recteur sur la proposition du chef d'établissement après consultation des enseignants de l'établissement. Ces derniers sont informés par le chef d'établissement des suites de cette consultation (Décr. n° 2015-851 du 10 juill. 2015, art. 2).

Art. 3-1 *(Décr. n° 2015-884 du 20 juill. 2015, art. 2)* I. — Les personnels enseignants mentionnés à l'article 1er du présent décret titulaires du certificat d'aptitude aux fonctions de formateur académique peuvent, avec leur accord, exercer la fonction de formateur académique.

Sous l'autorité du recteur de l'académie, les formateurs académiques participent à la formation initiale des enseignants stagiaires et des conseillers principaux d'éducation stagiaires et des étudiants se destinant aux métiers de l'enseignement et de l'éducation dans les établissements d'enseignement supérieur en charge de leur formation.

Ils participent à l'animation du réseau des personnels enseignants du second degré désignés, par l'autorité académique, pour prendre en charge le tutorat des enseignants stagiaires et des étudiants se destinant au métier de l'enseignement.

Ils contribuent également à la formation continue des personnels enseignants du second degré.

II. — Les enseignants du second degré exerçant la fonction de formateur académique bénéficient d'un allègement de trois à six heures de leur service hebdomadaire d'enseignement défini au I de l'article 2. Les conditions et modalités de détermination de cet allègement, en fonction du volume et des conditions d'exercice des activités confiées aux enseignants désignés pour exercer la fonction de formateur académique, sont fixées par le ministre chargé de l'éducation nationale.

III. — Les professeurs de la discipline de documentation et les professeurs exerçant dans cette discipline assurant la fonction de formateur académique bénéficient de la libération de deux à trois demi-journées par semaine de leur obligation de service hebdomadaire définie au III de l'article 2. Les conditions et modalités de détermination de cet allègement, en fonction du volume et des conditions d'exercice des activités confiées aux professeurs désignés pour exercer la fonction de formateur académique, sont fixées par le ministre chargé de l'éducation nationale.

IV. — Le recteur de l'académie détermine par arrêté les allègements de service mentionnés aux II et III du présent article attribués à chaque formateur académique.

Art. 4 I. — Les enseignants qui ne peuvent assurer la totalité de leur service hebdomadaire dans l'établissement dans lequel ils sont affectés peuvent être appelés, par le recteur d'académie, à le compléter dans un autre établissement.

Pour les professeurs de lycée professionnel, ce complément de service ne peut être assuré que dans un établissement scolaire public dispensant un enseignement professionnel. Si ce complément de service doit être assuré dans des types de formation autres que la formation initiale, l'accord de l'intéressé est nécessaire.

Les maxima de service des enseignants appelés à compléter leur service, soit dans un établissement situé dans une commune différente de celle de leur établissement d'affectation soit dans deux autres établissements, sous réserve que ces derniers n'appartiennent pas à un même ensemble immobilier au sens de l'article L. 216-4 du code de l'éducation susvisé, sont réduits d'une heure.

II. — Les enseignants qui ne peuvent pas assurer la totalité de leur service dans l'enseignement de leur discipline, ou de leurs disciplines pour les professeurs de lycée professionnel, dans l'établissement dans lequel ils sont affectés peuvent être appelés, avec leur accord, à le compléter dans une autre discipline, sous réserve que cet enseignement corresponde à leurs compétences.

III. — Dans l'intérêt du service, les enseignants mentionnés aux 1°, 2°, 3° et 4° du I de l'article 2 du présent décret peuvent être tenus d'effectuer, sauf empêchement pour raison de santé, *(Décr. n° 2019-309 du 11 avr. 2019, art. 1er)* « deux heures supplémentaires hebdomadaires » en sus de leur maximum de service.

Les dispositions des I et II de cet art. s'appliquent aux maîtres des établissements d'enseignement privés du second degré sous contrat dans les conditions suivantes :

1° Les maxima de service des enseignants qui complètent leur service, soit dans un établissement situé dans une commune différente de celle de leur établissement d'affectation soit dans deux autres établissements, sous réserve que ces derniers n'appartiennent pas à un même ensemble immobilier au sens de l'article L. 216-4 du code de l'éducation, sont réduits d'une heure ;

2° Les enseignants qui n'assurent pas la totalité de leur service dans l'enseignement de leur discipline, ou de leurs disciplines pour les professeurs de lycée professionnel, dans l'établissement dans lequel ils sont affectés peuvent, avec leur accord, le compléter dans une autre discipline, sous réserve que cet enseignement corresponde à leurs compétence (Décr. n° 2015-851 du 10 juill. 2015, art. 3).

Art. 5 Pendant les périodes de formation en milieu professionnel des élèves d'une division, chaque enseignant de cette division participe à l'encadrement pédagogique de ces élèves.

Art. 6 Pour tenir compte des spécificités en matière de préparation et de recherches personnelles nécessaires à la réalisation des heures d'enseignement et en matière d'évaluation des élèves, chaque heure d'enseignement réalisée par les enseignants mentionnés au 1° et au 3° du I *(Décr. n° 2015-884 du 20 juill. 2015, art. 3)* « et au III » de l'article 2, du présent décret, dans le cycle terminal de la voie générale et technologique, *(Décr. n° 2015-884 du 20 juill. 2015, art. 3)* « pour le décompte des maxima de service prévus au I et au III de l'article 2 », est affectée d'un coefficient de pondération de 1,1.

Le service d'enseignement ne peut pas, du fait de cette pondération, être réduit de plus d'une heure par rapport aux maxima de service prévus au I *(Décr. n° 2015-884 du 20 juill. 2015, art. 3)* « et au III » de l'article 2 du présent décret.

Art. 7 Pour tenir compte des spécificités en matière de préparation et de recherches personnelles nécessaires à la réalisation des heures d'enseignement et en matière d'évaluation des élèves, chaque heure d'enseignement réalisée dans une section de technicien supérieur ou dans une formation technique supérieure assimilée, pour le décompte des maxima de service prévus au I *(Décr. n° 2015-884 du 20 juill. 2015, art. 4)* « et au III » de l'article 2 du présent décret, est affectée d'un coefficient de pondération de 1,25.

Art. 8 Dans les établissements relevant de l'éducation prioritaire inscrits sur une liste fixée par arrêté du ministre chargé de l'éducation nationale, afin de tenir compte du temps consacré au travail en équipe nécessaire à l'organisation de la prise en charge des besoins particuliers des élèves qui y sont scolarisés, aux actions correspondantes ainsi qu'aux relations avec les parents d'élèves, chaque heure d'enseignement, pour le décompte des maxima de service prévus au I *(Décr. n° 2015-884 du 20 juill. 2015, art. 4)* « et au III » de l'article 2 du présent décret, est affectée d'un coefficient de pondération de 1,1.

Art. 9 Dans les collèges où il n'y a pas de personnels techniques exerçant dans les laboratoires, les maxima de service des enseignants qui assurent au moins huit heures d'enseignement en sciences de la vie et de la Terre ou en sciences physiques sont réduits d'une heure.

Art. 10 Sont abrogés à la rentrée scolaire 2015 le décret n° 50-583 du 25 mai 1950 portant règlement d'administration publique pour la fixation des maximums de service des professeurs et des maîtres d'éducation physique et sportive, titulaires et délégués, le décret n° 61-1362 du 6 décembre 1961 modifiant et complétant le décret n° 50-582 du 25 mai 1950 relatif aux maximums de service hebdomadaire du personnel des établissements publics d'enseignement technique, le décret n° 80-28 du 10 janvier 1980 relatif à l'exercice de fonctions de documentation et d'information par certains personnels relevant du ministère de l'éducation nationale, les articles 1er à 5 et 8 à 16 du décret n° 50-581 du 25 mai 1950 susvisé et les articles 1er à 5 et 7 à 12 du décret n° 50-582 du 25 mai 1950 susvisé.

Art. 11 Les dispositions du présent décret entrent en vigueur à la rentrée scolaire 2015, à l'exception de celles de l'article 8 qui entrent en vigueur à la rentrée scolaire 2014.

Décret n° 2015-475 du 27 avril 2015,

Instituant une indemnité pour mission particulière allouée aux personnels enseignants et d'éducation exerçant dans un établissement public d'enseignement du second degré.

Sans préjudice des dispositions de l'art. R. 914-83 C. éduc, les dispositions de ce Décr. sont applicables aux maîtres des établissements d'enseignement privés du second degré sous contrat sous réserve des dispositions particulières prévues par le Décr. n° 2015-605 du 3 juin 2015 et concernant l'art. 8 du Décr. n° 2015-475 du 27 avr. 2015 (Décr. n° 2015-605 du 3 juin 2015, art. 1er).

CHAPITRE PREMIER *Dispositions communes*

Art. 1er Une indemnité peut être allouée aux personnels enseignants exerçant dans un établissement public d'enseignement du second degré et assurant, avec leur accord, une mission particulière soit à l'échelon académique, soit au sein de leur établissement d'exercice en application de l'article 3 du décret du 20 août 2014 susvisé *[n° 2014-940, V. ce Décr. ci-dessus]* et de l'article 25-1 du décret du 14 mars 1986 susvisé *[n° 86-492, V. ce Décr. ci-dessus]*, dans les conditions fixées par le présent décret.

Le bénéfice de l'indemnité instituée par le présent décret pour l'exercice d'une mission particulière au sein d'un établissement est exclusif du bénéfice d'un allégement du service d'enseignement en application du second alinéa de l'article 3 du décret du 20 août 2014 susvisé et du second alinéa de l'article 25-1 du décret du 14 mars 1986 susvisé au titre de la même mission particulière.

L'indemnité pour mission particulière peut également être allouée aux conseillers principaux d'éducation dans les conditions et selon les modalités prévues par le présent décret.

Art. 2 Les taux annuels de l'indemnité définie à l'article 1er sont fixés par arrêté conjoint des ministres chargés de l'éducation nationale, de la fonction publique et du budget.

Art. 3 L'attribution de l'indemnité prévue à l'article 1er est subordonnée à l'exercice effectif de la mission y ouvrant droit.

Lorsque cette mission est exercée au titre de l'ensemble de l'année scolaire, l'indemnité est versée mensuellement par neuvième. Dans les autres cas elle est versée après service fait.

Art. 4 Le versement de l'indemnité est suspendu à compter du remplacement ou de l'intérim de l'agent dans sa mission particulière. L'indemnité est versée, pendant la période correspondante, à l'agent désigné pour assurer le remplacement ou l'intérim.

CHAPITRE II *Missions particulières mises en œuvre au niveau académique ouvrant droit à l'indemnité pour mission particulière*

Art. 5 Chaque mission particulière mise en œuvre au niveau académique confiée par le recteur fait l'objet d'une lettre de mission et peut donner lieu à l'attribution de l'indemnité instituée à l'article 1er.

Le recteur d'académie détermine les décisions individuelles d'attribution de l'indemnité instituée à l'article 1er, en fonction de l'importance effective et des conditions d'exercice de la mission exercée, et sur la base des taux mentionnés à l'article 2.

CHAPITRE III *Missions particulières mises en œuvre au niveau d'un établissement public d'enseignement du second degré ouvrant droit à l'indemnité pour mission particulière*

Art. 6 Dans le cadre des orientations fixées par le ministre chargé de l'éducation nationale, les missions suivantes, mises en œuvre au niveau d'un établissement public d'enseignement du second degré, donnent lieu à l'attribution de l'indemnité instituée à l'article 1er aux personnels enseignants et d'éducation désignés, avec leur accord, par le chef d'établissement, lorsque les besoins du service le justifient, pour les assurer :

– coordonnateur de discipline, chargé en technologie de la gestion du laboratoire ;
– coordonnateur de cycle d'enseignement ;
– coordonnateur de niveau d'enseignement ;
– référent culture ;
– référent pour les ressources et usages pédagogiques numériques ;
– référent décrochage scolaire ;
– coordonnateur des activités physiques, sportives et artistiques ;
– tutorat des élèves dans les classes des lycées d'enseignement général et technologique et des lycées professionnels.

Art. 7 Peuvent également donner lieu à l'attribution de l'indemnité instituée à l'article 1er d'autres missions d'intérêt pédagogique ou éducatif définies par le chef d'établissement conformément aux orientations académiques et aux orientations du projet d'établissement.

Art. 8 Le chef d'établissement présente pour avis au conseil d'administration, après avis du conseil pédagogique, les missions particulières qu'il prévoit de confier au sein de l'établissement ainsi que leurs modalités de mise en œuvre, dans le cadre de l'enveloppe notifiée par le recteur d'académie.

Pour l'application de cet art. aux maîtres des établissements d'enseignement privés du second degré sous contrat, le chef d'établissement consulte les enseignants de l'établissement sur les missions particulières qu'il prévoit de confier au sein de l'établissement ainsi que leurs modalités de mise en œuvre, dans le cadre de l'enveloppe notifiée par le recteur d'académie. Les enseignants sont informés par le chef d'établissement des suites de la consultation (Décr. n° 2015-605 du 3 juin 2015, art. 2).

Art. 9 Sur la base des orientations définies aux articles 6 et 8 et des taux mentionnés à l'article 2 du présent décret, le chef d'établissement propose au recteur d'académie les décisions individuelles d'attribution de l'indemnité instituée à l'article 1er, en fonction de l'importance effective et des conditions d'exercice de la mission. Ces critères prennent notamment en compte les caractéristiques de l'établissement, le nombre d'enseignants qui y exercent et le nombre d'élèves concernés.

CHAPITRE IV *Dispositions finales*

Art. 10 Le décret n° 2010-1065 du 8 septembre 2010 modifié instituant une indemnité pour fonctions d'intérêt collectif est abrogé.

Art. 11 Les dispositions du présent décret sont applicables à compter du 1er septembre 2015.

Décret n° 2015-476 du 27 avril 2015,

Instituant une indemnité de sujétion allouée à certains enseignants assurant un service en classe de première, de terminale ou préparant à un certificat d'aptitude professionnelle.

Art. 1er Une indemnité de sujétion est allouée aux personnels enseignants du second degré assurant au moins six heures de service hebdomadaire d'enseignement dans les classes de première et de terminale de la voie professionnelle et dans les classes préparant à un certificat d'aptitude professionnelle.

Le bénéfice de l'indemnité est également ouvert aux personnels enseignants assurant au moins six heures de service hebdomadaire d'enseignement en éducation physique et sportive dans les classes de première et de terminale des voies générale ou technologique.

Art. 2 Le taux annuel de l'indemnité définie à l'article 1er est fixé par arrêté conjoint des ministres chargés de l'éducation nationale, de la fonction publique et du budget.

Art. 3 Le versement de l'indemnité est suspendu à compter du remplacement ou de l'intérim de l'agent dans ses fonctions. L'indemnité est versée, pendant la période correspondante, à l'agent désigné pour assurer le remplacement ou l'intérim.

Art. 4 Le décret n° 2010-1000 du 26 août 2010 instituant une indemnité au bénéfice des enseignants chargés de l'évaluation en cours de formation des épreuves de certains diplômes de la voie professionnelle est abrogé.

Art. 5 Les dispositions du présent décret sont applicables à compter du 1er septembre 2015.

Décret n° 2015-477 du 27 avril 2015,

Instituant une indemnité de sujétion allouée aux personnels enseignants du second degré assurant des enseignements devant plus de 35 élèves.

Art. 1er Une indemnité de sujétion est allouée aux personnels enseignants du second degré, dont les obligations de service sont fixées par les décrets du 14 mars 1986 *[n° 86-492, V. ce Décr. ci-dessus]* et du 20 août 2014 *[n° 2014-940, V. ce Décr. ci-dessus]* susvisés, assurant au moins six heures d'enseignement hebdomadaire devant un ou plusieurs groupes d'élèves dont l'effectif est supérieur à 35.

L'effectif à considérer est celui des élèves présents au 15 octobre de l'année scolaire en cours.

Art. 2 Le taux annuel de l'indemnité définie à l'article 1er est fixé par arrêté conjoint des ministres chargés de l'éducation nationale, de la fonction publique et du budget.

Art. 3 Le versement de l'indemnité est suspendu à compter du remplacement ou de l'intérim de l'agent dans ses fonctions. L'indemnité est versée, pendant la période correspondante, à l'agent désigné pour assurer le remplacement ou l'intérim.

Art. 4 Les dispositions du présent décret sont applicables à compter du 1er septembre 2015.

Décret n° 2015-885 du 20 juillet 2015,

Relatif aux conditions de nomination des personnels enseignants du second degré et des conseillers principaux d'éducation aux fonctions de formateur académique.

CHAPITRE PREMIER *Conditions de nomination des personnels enseignants du second degré et des conseillers principaux d'éducation aux fonctions de formateur académique*

Art. 1er Il est institué une certification d'aptitude aux fonctions de formateur académique, qui est exigée des candidats aux fonctions comportant des activités d'animation, de recherche et de formation dans le cadre de la formation initiale et continue des personnels enseignants et des personnels d'éducation de l'enseignement du second degré.

Art. 2 La certification d'aptitude définie à l'article 1er est délivrée à l'issue d'un examen ouvert aux personnels enseignants du second degré et aux conseillers principaux d'éducation titulaires justifiant, au 31 décembre de l'année de l'examen, d'au moins cinq années de services dans un établissement du second degré.

Art. 3 Un arrêté conjoint des ministres chargés de l'éducation nationale et de la fonction publique fixe les modalités d'organisation et la nature des épreuves de l'examen ainsi que la composition du jury.

Art. 4 Le certificat d'aptitude aux fonctions de formateur académique porte mention du champ professionnel du formateur conformément à la liste établie par l'arrêté prévu à l'article 3.

Art. 5 Les formateurs académiques titulaires du certificat d'aptitude aux fonctions de formateur académique qui n'ont pas été nommés à ces fonctions dans un délai de cinq ans à compter de la date d'obtention de cette certification peuvent être astreints à suivre un stage d'adaptation préalable à une nomination intervenant au-delà de ce délai.

Art. 6 Pour les années scolaires 2014-2015, 2015-2016 et 2016-2017, les personnels enseignants et d'éducation confirmés dans les fonctions de formateur d'enseignants du second degré et de formateur de conseillers principaux d'éducation, sans discontinuer pendant trois années à la date de la prise d'effet du présent décret et proposés par le recteur sur avis de l'inspecteur d'académie-inspecteur pédagogique régional ou de l'inspecteur de l'éducation nationale du second degré de l'enseignement technique et de l'enseignement général, sont dispensés de l'épreuve d'admissibilité pour l'obtention du certificat d'aptitude aux fonctions de formateur académique dans les conditions prévues à l'article 3. En sont également dispensés les enseignants du second degré exerçant la fonction de conseiller pédagogique départemental pour l'éducation physique et sportive auprès des directeurs académiques des services de l'éducation nationale.

....

Décret n° 2016-1171 du 29 août 2016,

Relatif aux agents contractuels recrutés pour exercer des fonctions d'enseignement, d'éducation et d'orientation dans les écoles, les établissements publics d'enseignement du second degré ou les services relevant du ministre chargé de l'éducation nationale.

Art. 1er Des agents contractuels peuvent être recrutés pour exercer des fonctions d'enseignement, d'éducation et d'orientation dans les écoles, les établissements publics d'enseignement du second degré ou les services relevant du ministre chargé de l'éducation nationale, en application des articles 4, 6, 6 *bis*, 6 *quater* et 6 *quinquies* de la loi du 11 janvier 1984. Sous réserve des dispositions du décret du 17 janvier 1986 susvisé, ils sont régis par celles du présent décret.

Art. 2 I. – Les agents contractuels mentionnés à l'article 1er sont recrutés selon les fonctions exercées :

a) Soit parmi les candidats remplissant les conditions de diplôme définies par les statuts particuliers des corps de fonctionnaires exerçant ces fonctions pour pouvoir se présenter aux concours internes de recrutement desdits corps ;

b) Soit, pour les disciplines d'enseignement professionnel et technologique, parmi les candidats justifiant d'une activité ou d'une pratique professionnelle telle que définie par les statuts particuliers des corps de fonctionnaires exerçant ces fonctions pour pouvoir se présenter aux concours internes de recrutement desdits corps.

II. — Toutefois, pour le premier degré et pour le second degré dans les disciplines d'enseignement général ou technologique, en l'absence de candidats justifiant des conditions de diplôme fixées au *a* du I du présent article, les agents contractuels exerçant des fonctions d'enseignement peuvent être recrutés à titre exceptionnel parmi les candidats justifiant d'un titre ou d'un diplôme sanctionnant au moins deux années d'études après le baccalauréat ou ayant validé une deuxième année de licence.

Art. 3 Les agents contractuels régis par le présent décret sont recrutés par le recteur d'académie.

Art. 4 Lorsqu'un agent contractuel est recruté dans les conditions prévues à l'article 1er du présent décret pour faire face à un besoin couvrant l'année scolaire, l'échéance du contrat est fixée à la veille de la rentrée scolaire suivante. Dans les autres cas, le contrat est conclu pour la durée du besoin à couvrir.

Art. 5 Les agents contractuels régis par le présent décret peuvent être recrutés à temps complet ou à temps incomplet.

Art. 6 Outre les mentions prévues à l'article 4 du décret du 17 janvier 1986 susvisé, le contrat précise les fonctions pour lesquelles l'agent contractuel est recruté, l'établissement, l'école ou le service dans lequel il exerce ainsi que la quotité de temps de travail.

Art. 7 Pour l'établissement des contrats, les candidats sont classés par l'autorité chargée du recrutement dans l'une des deux catégories suivantes : première catégorie, deuxième catégorie.

Les agents contractuels remplissant les conditions définies au I de l'article 2 sont classés en première catégorie.

Les agents contractuels mentionnés au II de l'article 2 sont classés en deuxième catégorie.

Art. 8 Un arrêté conjoint des ministres chargés de l'éducation nationale, du budget et de la fonction publique définit, pour chacune des deux catégories mentionnées à l'article 7, un traitement minimum et un traitement maximum.

Sans préjudice des dispositions de l'alinéa précédent, les agents contractuels appelés à dispenser la totalité de leur enseignement dans un établissement de formation ou dans une classe ouverte aux titulaires du baccalauréat peuvent bénéficier des traitements correspondant à la hors-échelle (A).

Art. 9 Lors de son premier engagement, l'agent contractuel est rémunéré conformément à l'indice minimum fixé par l'arrêté prévu à l'article 8.

Par dérogation au premier alinéa, l'autorité qui procède au recrutement peut rémunérer l'agent contractuel à un indice supérieur à l'indice minimum compte tenu de l'expérience professionnelle détenue, de la rareté de la discipline enseignée ou de la spécificité du besoin à couvrir.

L'autorité qui procède au recrutement définit les modalités de mise en œuvre de ces critères après consultation du comité technique académique.

Art. 10 La rémunération des agents contractuels régis par le présent décret fait l'objet d'une réévaluation au moins tous les trois ans au vu des résultats de l'évaluation professionnelle prévue à l'article 13 ou de l'évolution des fonctions dans les conditions fixées par l'article 1er-3 du décret du 17 janvier 1986 précité. La réévaluation peut également tenir compte de l'évolution du besoin à couvrir. Les modalités de réévaluation de la rémunération sont définies par le recteur de l'académie d'exercice après consultation du comité technique académique.

Art. 11 Les agents contractuels régis par le présent décret perçoivent, dans les mêmes conditions que les agents titulaires exerçant les mêmes fonctions, les primes et indemnités dont ces derniers bénéficient, sauf disposition réglementaire en réservant expressément le bénéfice aux seuls fonctionnaires.

Art. 12 Les agents contractuels régis par le présent décret bénéficient d'une formation d'adaptation à l'emploi selon leur parcours professionnel antérieur et, en tant que de besoin, d'un accompagnement par un tuteur.

Le recteur fixe les modalités de mise en œuvre de ces dispositions.

Art. 13 Les agents en contrat à durée indéterminée et les agents engagés depuis plus d'une année par contrat à durée déterminée bénéficient au moins tous les trois ans d'une évaluation professionnelle.

Un arrêté du ministre chargé de l'éducation nationale fixe les modalités de cette évaluation.

Art. 14 Les obligations de service exigibles des agents contractuels régis par le présent décret et recrutés pour exercer des fonctions d'enseignement sont les mêmes que celles définies pour les agents titulaires exerçant lesdites fonctions.

Le régime de temps de travail applicable aux agents contractuels régis par le présent décret recrutés pour exercer des fonctions d'éducation et d'orientation est identique à celui des agents titulaires exerçant les mêmes fonctions.

Les agents contractuels chargés de fonctions d'enseignement recrutés à temps complet pour faire face à un besoin couvrant l'année scolaire dans le second degré et exerçant soit dans deux établissements situés dans des communes différentes, soit dans au moins trois établissements, sous réserve que ces derniers n'appartiennent pas à un même ensemble immobilier au sens de l'article L. 216-4 du code de l'éducation susvisé, bénéficient d'un allégement de service d'une heure.

Art. 15 Les dispositions du décret n° 81-535 du 12 mai 1981 relatif au recrutement de professeurs contractuels sont abrogées en ce qu'elles concernent les agents contractuels de la formation initiale sous statut scolaire. Toutefois, les contrats à durée indéterminée ainsi que les contrats à durée déterminée d'un an couvrant l'année scolaire en cours signés avant l'entrée en vigueur du présent décret font l'objet d'un avenant précisant que les dispositions du présent décret leur sont désormais applicables. Les dispositions de ce texte s'appliquent jusqu'au terme des autres contrats à durée déterminée en cours à la date d'entrée en vigueur du présent décret.

Les dispositions du décret n° 81-535 du 12 mai 1981 relatif au recrutement de professeurs contractuels restent en vigueur pour les personnels exerçant dans les centres de formation d'apprentis, sections d'apprentissage et unités de formation par apprentissage cités à l'article R. 431-1 du code de l'éducation.

Art. 16 Le décret n° 89-497 du 12 juillet 1989 relatif aux conditions de recrutement et d'emploi des agents vacataires temporaires pour l'enseignement secondaire est abrogé. Les dispositions de ce texte s'appliquent jusqu'au terme des engagements en cours à la date d'entrée en vigueur du présent décret.

Art. 17 Les dispositions du présent décret sont applicables à compter du 1er septembre 2016.

II PERSONNELS DE L'ENSEIGNEMENT SUPÉRIEUR

Décret n° 84-135 du 24 février 1984,

Portant statut des personnels enseignants et hospitaliers des centres hospitaliers et universitaires.

TITRE PREMIER Dispositions générales

Art. 1er Dans les centres hospitaliers et universitaires, les fonctions universitaires et hospitalières sont exercées conjointement par un personnel médical et scientifique qui comprend : *(Décr. n° 2006-593 du 23 mai 2006, art. 1er)* « 1° Des agents titulaires groupés en quatre corps :

« *a)* Le corps des professeurs des universités-praticiens hospitaliers ;

« *b)* Le corps des professeurs des universités-praticiens hospitaliers des disciplines pharmaceutiques ;

« *c)* Le corps des maîtres de conférences des universités-praticiens hospitaliers ;

« *d)* Le corps des maîtres de conférences des universités-praticiens hospitaliers des disciplines pharmaceutiques. »

2° Les praticiens hospitaliers universitaires qui exercent leurs fonctions à titre temporaire ; *(Décr. n° 87-622 du 3 août 1987, art. 1er)* « 3° Des personnels non titulaires :

« *a)* Chefs de clinique des universités assistants des hôpitaux ;

« *b)* Assistants hospitaliers universitaires dans les disciplines biologiques » *(Décr. n° 2006-593 du 23 mai 2006, art. 1er)* « , mixtes et pharmaceutiques ».

Les disciplines dans lesquelles ces personnels exercent peuvent être différentes pour les fonctions universitaires et pour les fonctions hospitalières.

Un arrêté des ministres chargés respectivement de l'enseignement supérieur et de la santé fixe la liste des disciplines cliniques, biologiques *(Décr. n° 2006-593 du 23 mai 2006, art. 1er)* « , mixtes et pharmaceutiques ».

Pour un motif de bonne administration, sont exclues du champ d'application du droit des usagers de saisir l'administration par voie électronique les demandes relatives aux recrutements et aux candidatures des chefs de clinique des universités, praticiens hospitaliers-universitaires, assistants des hôpitaux et assistants hospitaliers universitaires (Décr. n° 2015-1410 du 5 nov. 2015).

Art. 2 Les personnels mentionnés au 1° de l'article premier *(Décr. n° 87-622 du 3 août 1987, art. 1er)* « qui constituent des corps distincts des autres corps enseignants des universités et des praticiens hospitaliers » demeurent soumis, dans la mesure où il n'y est pas dérogé par le présent décret, aux dispositions statutaires applicables au personnel titulaire des corps enseignants des universités et aux praticiens hospitaliers. Les personnels mentionnés au 2° de l'article premier demeurent soumis, dans les mêmes conditions, aux dispositions statutaires applicables aux praticiens hospitaliers.

(Décr. n° 90-134 du 13 févr. 1990, art. 1er) « Les ressortissants des États membres des Communautés européennes *(Décr. n° 99-183 du 11 mars 1999, art. 14)* « ou des autres États parties à l'accord sur l'Espace économique européen » peuvent être recrutés dans les centres hospitaliers et universitaires, en l'une des qualités mentionnées à l'article premier ci-dessus, dans les mêmes conditions et selon les mêmes modalités que les candidats de nationalité française. »

CHAPITRE PREMIER *Fonctions. – Obligations générales*

Art. 3 Les membres du personnel enseignant et hospitalier mentionnés à l'article premier assurent des fonctions d'enseignement pour la formation initiale et continue, des fonctions de recherche et des fonctions hospitalières dans le respect des dispositions réglementaires concernant l'exercice de la médecine *(Décr. n° 2006-593 du 23 mai 2006, art. 2)* « et de la pharmacie ».

Ils participent aux tâches de gestion que peuvent impliquer ces fonctions, au contrôle des connaissances, aux jurys d'examen et de concours. Ils peuvent également participer à des actions de coopération internationale.

Ils consacrent aux fonctions définies aux alinéas précédents la totalité de leur activités professionnelle sous réserve des dispositions de l'article 6.

Art. 3-1 *(Décr. n° 2006-593 du 23 mai 2006, art. 3)* Les personnels enseignants et hospitaliers sont tenus de satisfaire à l'obligation de *(Décr. n° 2016-942 du 8 juill. 2016, art. 2-VI)* « développement professionnel continu défini aux articles L. 4021-1 à L. 4021-8 » du code de la santé publique.

Art. 4 Un arrêté conjoint des ministres respectivement chargés de l'enseignement supérieur, de la santé et du budget détermine les obligations de service des personnels enseignants et hospitaliers ainsi que les conditions de la répartition de ces obligations entre les différentes fonctions, compte tenu des structures et des besoins universitaires et hospitaliers.

Art. 4-1 *(Décr. n° 2006-593 du 23 mai 2006, art. 4)* Un arrêté du ministre chargé de l'enseignement supérieur et du ministre chargé de la santé fixe le régime des autorisations d'absences applicable aux personnels enseignants et hospitaliers.

Art. 5 Les membres du personnel enseignant et hospitalier peuvent exercer tout ou partie de leurs fonctions dans un établissement lié à un centre hospitalier universitaire par une convention conclue en application de l'article 6 de l'ordonnance du 30 décembre 1958 susvisée *[n° 58-1373 relative à la création de centres hospitaliers universitaires, à la réforme de l'enseignement médical et au développement de la recherche médicale, V. désormais* **CSP**, *art. L. 6145-5]*.

Cette activité ne peut donner lieu à une rémunération supérieure à celle qui est prévue aux articles 30 et 38.

Art. 6 *(Décr. n° 87-622 du 3 août 1987, art. 1er)* « Sous réserve des dispositions des articles 25 à 25-6 de la loi du 31 décembre 1970 susvisée *[n° 70-1318 portant réforme hospitalière, V. désormais L. n° 91-1406 du 31 déc. 1991 portant diverses dispositions d'ordre social]* et des dispositions réglementaires prises pour leur application les membres » du personnel enseignant et hospitalier bénéficiant des rémunérations définies *(Décr. n° 2001-952 du 18 oct. 2001, art. 2)* « aux articles 26-6, 30 et 38 » ne peuvent recevoir aucun autre émolument tant à l'intérieur qu'en dehors du centre hospitalier et universitaire.

(*Décr. n° 99-183 du 11 mars 1999, art. 2*) « Les dispositions qui précèdent ne s'appliquent pas à la production des œuvres scientifiques, littéraires ou artistiques, aux activités présentant un caractère d'intérêt général (*Décr. n° 2001-952 du 18 oct. 2001, art. 2*) « exercées à l'intérieur ou à l'extérieur de l'établissement », conformément à l'article 11 du décret du 29 décembre 1982 susvisé [*n° 82-1149 du 29 décembre 1982 pris pour l'application de la loi du 28 octobre 1982 et portant diverses mesures statutaires en faveur des praticiens à plein temps des établissements d'hospitalisation publics*], à l'intéressement prévu par l'article R. 611-14-1 du code de la propriété intellectuelle et à l'intéressement prévu par le décret n° 96-858 du 2 octobre 1996 relatif à l'intéressement de certains fonctionnaires et agents de l'État et de ses établissements publics ayant participé directement à la création d'un logiciel, à la création ou à la découverte d'une obtention végétale ou à des travaux valorisés [*V. C. **fonct. publ.***]. »

(*Décr. n° 88-652 du 6 mai 1988, art. 1er*) « Les professeurs des universités praticiens hospitaliers peuvent cumuler leurs fonctions avec celles de professeurs du Collège de France. »

Les conditions de rémunérations des expertises et consultations que les membres du personnel enseignant et hospitalier peuvent être autorisés à effectuer ou à donner, à la demande, soit d'une autorité administrative ou judiciaire, soit d'un organisme privé, soit d'un organisme de sécurité sociale sont fixées par arrêté des ministres respectivement chargés de l'enseignement supérieur et de la santé.

Art. 6-1 (*Décr. n° 2001-952 du 18 oct. 2001, art. 3*) Les membres du personnel enseignant et hospitalier mentionnés au 3° de l'article 1er du présent décret employés de manière continue depuis au moins un an et les autres personnels mentionnés au même article peuvent bénéficier sur leur demande des dispositions de l'article 25-2 de la loi n° 82-610 du 15 juillet 1982 modifiée d'orientation et de programmation pour la recherche et le développement technologique de la France [*V. désormais, C. rech., art. L. 413-2*], pour une période de cinq ans renouvelable, s'agissant des personnels mentionnés au 1° et au 2° de l'article 1er, et pour une période n'excédant pas la durée de leur contrat, s'agissant des personnels non titulaires mentionnés au 3° du même article.

Les membres du personnel enseignant et hospitalier mentionnés au 1° de l'article 1er peuvent bénéficier sur leur demande des dispositions de l'article 25-3 de la loi, n° 82-610 du 15 juillet 1982 précitée [*V. désormais, C. rech., art. L. 413-12 à L. 413-14*].

Les autorisations prévues par les articles 25-2 et 25-3 précités [*V. désormais, C. rech.*] sont accordées dans les conditions fixées par l'article 25-1 de la même loi [*V. désormais, C. rech., art. L. 413-1*] par décision conjointe des ministres chargés de l'enseignement supérieur et de la santé, après avis du directeur général du centre hospitalier universitaire et du directeur de l'unité de formation et de recherche concernée.

CHAPITRE II *Commissions de spécialité et d'établissement*

Art. 7 à 18 *Abrogés par Décr. n° 87-622 du 3 août 1987, art. 15.*

CHAPITRE III *Discipline*

Art. 19 Les peines disciplinaires applicables aux personnels titulaires sont :

1° L'avertissement ;
2° Le blâme ;
3° La réduction d'ancienneté d'échelon ;
4° L'abaissement d'échelon ;
5° La suspension avec privation totale ou partielle de la rémunération ;
6° La mise à la retraite d'office ;
7° La révocation avec ou sans suspension des droits à pension.

Art. 20 Les peines disciplinaires applicables aux praticiens hospitaliers universitaires sont les suivantes :

1° L'avertissement ;
2° Le blâme ;
3° La réduction d'ancienneté d'échelon ;
4° L'abaissement d'échelon ;
5° La suspension avec privation totale ou partielle de la rémunération ;
6° La fin des fonctions hospitalo-universitaires.

Lorsque le licenciement d'un praticien hospitalier universitaire est envisagé, il est d'abord mis fin au détachement de ce dernier, puis l'autorité disciplinaire compétente en ce qui concerne les praticiens hospitaliers est saisie du dossier.

(Décr. nº 2006-593 du 23 mai 2006, art. 5) « Les peines disciplinaires applicables aux chefs de clinique des universités-assistants des hôpitaux, aux assistants hospitaliers universitaires et aux assistants hospitaliers universitaires des disciplines pharmaceutiques sont les suivantes : »

(Décr. nº 87-622 du 3 août 1987, art. 1er) « 1° L'avertissement ;

« 2° Le blâme ;

« 3° La suspension avec privation totale ou partielle de la rémunération ;

« 4° Le licenciement. »

Art. 21 *(Décr. nº 92-1239 du 23 nov. 1992, art. 1er)* Les peines sont prononcées par la juridiction disciplinaire instituée par *(Décr. nº 2006-593 du 23 mai 2006, art. 6)* « l'article L. 952-22 du code de l'éducation ».

Art. 22 La juridiction disciplinaire comprend :

1° Un président et un président suppléant, désignés pour trois ans par arrêté conjoint du *(Décr. nº 2001-952 du 18 oct. 2001, art. 22)* « ministre chargé de l'enseignement supérieur » et du ministre chargé de la santé choisis soit parmi les conseillers d'État, soit parmi les professeurs de l'enseignement supérieur ;

2° Trois membres titulaires et trois suppléants, nommés pour trois ans par le *(Décr. nº 2001-952 du 18 oct. 2001, art. 22)* « ministre chargé de l'enseignement supérieur » et choisis en dehors des personnels enseignants et hospitaliers, des personnels enseignants et des personnels hospitaliers des centres hospitaliers et universitaires ;

3° Trois membres titulaires et trois suppléants, nommés pour trois ans par le ministre chargé de la Santé et choisis en dehors des personnels enseignants et hospitaliers, des personnels enseignants et des personnels hospitaliers des centres hospitaliers et universitaires ;

4° Trois membres titulaires et *(Décr. nº 91-115 du 28 janv. 1991, art. 1er)* « six membres suppléants » appartenant au corps des professeurs des universités praticiens hospitaliers, élus pour trois ans par les personnels de ce corps. *(Décr. nº 91-115 du 28 janv. 1991, art. 1er)* « Les membres suppléants sont classés, selon le nombre de voix obtenu, par arrêté interministériel, sur une même liste » ;

5° Trois membres titulaires et *(Décr. nº 91-115 du 28 janv. 1991, art. 1er)* « six membres suppléants » appartenant aux corps de maîtres de conférences des universités praticiens hospitaliers et des chefs de travaux assistants des hôpitaux, élus pour trois ans par les personnels de ces corps *(Décr. nº 91-115 du 28 janv. 1991, art. 1er)* « Les membres suppléants sont classés, selon le nombre de voix obtenu, par arrêté interministériel, sur une même liste » ;

(Décr. nº 87-622 du 3 août 1987, art. 1er) « 6° Deux membres titulaires et deux membres suppléants représentant les personnels mentionnés au 2° et au 3° de l'article premier, élus pour trois ans par et parmi ces personnels. » *(Décr. nº 91-115 du 28 janv. 1991, art. 1er)* « Chacun des collèges mentionnés au cinquième alinéa ci-dessous est représenté au moins par un titulaire ou un suppléant. »

(Décr. nº 90-134 du 13 févr. 1990, art. 2) « Lorsque la juridiction disciplinaire est appelée à se prononcer sur le cas d'un professeur des universités-praticien hospitalier, la juridiction est complétée par trois membres titulaires et six membres suppléants appartenant à ce corps élus dans les mêmes conditions et pour la même durée que les membres de la juridiction mentionnés au 4° ci-dessus. Les membres suppléants sont classés, selon le nombre de voix obtenu, par arrêté interministériel, sur une même liste. »

(Décr. nº 87-622 du 3 août 1987, art. 1er) « Lorsque la juridiction disciplinaire est appelée à se prononcer sur le cas d'un membre des personnels mentionnés au 6°, elle est complétée par deux membres, l'un désigné par le *(Décr. nº 2001-952 du 18 oct. 2001, art. 22)* « ministre chargé de l'enseignement supérieur » parmi les membres suppléants nommés en application du 2°, l'autre désigné par le ministre chargé de la santé parmi les membres suppléants nommés en application du 3°. »

(Décr. nº 90-134 du 13 févr. 1990, art. 2) « Si, à l'issue du scrutin, tous les membres prévus aux 4°, 5°, 6° et les membres supplémentaires prévus aux deux alinéas précédents n'ont pas été élus, la juridiction disciplinaire est complétée successivement par les personnes inscrites sur les listes électorales qui ont la plus grande ancienneté dans le grade le plus élevé dans le corps ou la catégorie correspondante. A égalité d'ancienneté, ces personnes sont désignées au bénéfice de l'âge et, le cas échéant, il sera procédé au tirage au sort pour départager les personnes ayant la même ancienneté et le même âge. »

Les électeurs sont répartis en trois collèges : médecine, chirurgie, biologie.

(Décr. nº 2006-593 du 23 mai 2006, art. 7) « Un arrêté des ministres chargés de l'enseignement supérieur et de la santé détermine les modalités d'organisation et de déroulement des opérations électorales, ainsi que le rattachement des disciplines aux différents collèges. »

Art. 22-1 *(Décr. n° 2006-593 du 23 mai 2006, art. 8)* Lorsque la juridiction disciplinaire est appelée à se prononcer sur le cas d'un membre titulaire ou non titulaire des personnels enseignants et hospitaliers des disciplines pharmaceutiques, elle est composée comme suit :

1° Un président et un président suppléant, désignés pour trois ans par arrêté conjoint du ministre chargé de l'enseignement supérieur et du ministre chargé de la santé, choisis soit parmi les conseillers d'État, soit parmi les professeurs de l'enseignement supérieur ;

2° Trois membres titulaires et trois suppléants, nommés pour trois ans par le ministre chargé de l'enseignement supérieur et choisis en dehors des personnels enseignants et hospitaliers, des personnels enseignants et des personnels hospitaliers des centres hospitaliers et universitaires ;

3° Trois membres titulaires et trois suppléants, nommés pour trois ans par le ministre chargé de la santé et choisis en dehors des personnels enseignants et hospitaliers, des personnels enseignants et des personnels hospitaliers des centres hospitaliers et universitaires ;

4° Trois membres titulaires et trois suppléants appartenant au corps des professeurs des universités-praticiens hospitaliers des disciplines pharmaceutiques élus pour trois ans par les personnels de ce corps ;

5° Trois membres titulaires et trois suppléants appartenant au corps des maîtres de conférences des universités-praticiens hospitaliers des disciplines pharmaceutiques élus pour trois ans par les personnels de ce corps ;

6° Deux membres titulaires et deux membres suppléants représentant les assistants hospitaliers universitaires des disciplines pharmaceutiques élus pour trois ans par et parmi ces personnels.

Lorsque la juridiction disciplinaire est appelée à se prononcer sur le cas d'un professeur des universités-praticien hospitalier des disciplines pharmaceutiques, la juridiction est complétée par trois membres titulaires et trois membres suppléants appartenant à ce corps élus pour trois ans par les personnels de ce corps.

Lorsque la juridiction disciplinaire est appelée à se prononcer sur le cas d'un assistant hospitalier universitaire des disciplines pharmaceutiques, elle est complétée par deux membres, l'un désigné par le ministre chargé de l'enseignement supérieur parmi les membres suppléants nommés en application du 2° du présent article, l'autre désigné par le ministre chargé de la santé parmi les membres suppléants nommés en application du 3° du présent article.

Si, à l'issue du scrutin, tous les membres mentionnés aux 4°, 5° et 6° ci-dessus et au huitième alinéa du présent article n'ont pas été élus, la juridiction disciplinaire est complétée successivement par les personnes inscrites sur les listes électorales qui ont la plus grande ancienneté dans le grade le plus élevé dans le corps ou la catégorie correspondante. A égalité d'ancienneté, ces personnes sont désignées au bénéfice de l'âge et, le cas échéant, il sera procédé au tirage au sort pour départager les personnes ayant la même ancienneté et le même âge.

Un arrêté des ministres chargés de l'enseignement supérieur et de la santé détermine les modalités d'organisation et de déroulement des opérations électorales.

Art. 23 *(Décr. n° 91-115 du 28 janv. 1991, art. 2)* « En cas de vacance d'un siège de membre titulaire, pour quelque cause que ce soit, il est procédé au remplacement de ce membre titulaire par un suppléant. Pour les membres élus, devient titulaire le membre suppléant qui figure en tête de la liste.

« En cas de vacance d'un siège de membre suppléant, il est procédé au remplacement de ce dernier, selon le cas, par désignation du ministre compétent ou par voie d'élection complémentaire. »

Le mandat du nouveau membre prend fin à la date d'expiration du mandat des membres en exercice.

Le mandat des membres de la juridiction est renouvelable.

Art. 24 Le secrétariat de la juridiction disciplinaire est assuré sous l'autorité du président, conjointement par les services du ministère chargé de la santé et du ministère chargé de l'enseignement supérieur.

Art. 24-1 *(Décr. n° 2006-593 du 23 mai 2006, art. 9)* La compétence dévolue à la juridiction disciplinaire et les sanctions éventuellement prononcées par celle-ci à l'encontre d'un personnel enseignant et hospitalier ne font pas obstacle à l'exercice de l'action disciplinaire, en raison des mêmes faits, devant la chambre de discipline du conseil de l'ordre professionnel dont il relève.

Art. 25 Lorsque l'intérêt du service l'exige, la suspension d'un agent qui fait l'objet d'une procédure disciplinaire peut être prononcée par arrêté conjoint des ministres respectivement chargés de l'enseignement supérieur et de la santé.

La décision prononçant la suspension précise si l'intéressé conserve, pendant le temps où il est suspendu, le bénéfice de son traitement universitaire et de ses émoluments hospitaliers ou détermine la quotité de la retenue qu'il subit, qui ne peut être supérieure à la moitié du montant total du traitement universitaire et des émoluments hospitaliers. En tout état de cause, il continue à percevoir la totalité des suppléments pour charges de famille.

La juridiction disciplinaire est saisie conjointement par le *(Décr. nº 2001-952 du 18 oct. 2001, art. 22)* « ministre chargé de l'enseignement supérieur » et par le ministre chargé de la santé. Lorsque aucune décision n'est intervenue dans le délai de trois mois à compter de la suspension, l'intéressé reçoit de nouveau l'intégralité de son traitement universitaire et de ses émoluments hospitaliers, sauf s'il est l'objet de poursuites pénales.

Lorsque l'intéressé n'a subi aucune sanction ou n'a été l'objet que d'un avertissement ou d'un blâme ou si, à l'expiration du délai prévu à l'alinéa précédent, il n'a pu être statué sur son cas, il a droit au remboursement des retenues opérées sur son traitement universitaire.

Toutefois, lorsque l'intéressé est l'objet de poursuites pénales, sa situation n'est définitivement réglée qu'après que la décision rendue par juridiction saisie est devenue définitive.

TITRE II Dispositions particulières aux personnels non titulaires et aux praticiens hospitaliers universitaires *(Décr. nº 87-622 du 3 août 1987, art. 2)*.

Art. 26 *(Décr. nº 87-622 du 3 août 1987, art. 3)* « Les praticiens hospitaliers universitaires, les chefs de clinique des universités-assistants des hôpitaux et les assistants hospitaliers universitaires participent aux activités d'enseignement, de soins et de recherche dans les centres hospitaliers et universitaires. » Ils participent également au contrôle des connaissances.

(Décr. nº 88-652 du 6 mai 1988, art. 2) « La durée totale des fonctions dans un centre hospitalier et universitaire en qualité de chef de clinique des universités assistant des hôpitaux ou d'assistant hospitalier universitaire et en qualité de praticien hospitalier universitaire ne peut excéder huit ans. »

CHAPITRE PREMIER ***Dispositions particulières aux chefs de clinique des universités assistants des hôpitaux et aux assistants hospitaliers universitaires*** *(Décr. nº 87-622 du 3 août 1987, art. 4)*.

Art. 26-1 *(Décr. nº 92-133 du 11 févr. 1992, art. 1er)* Les chefs de clinique des universités-assistants des hôpitaux et les assistants hospitaliers universitaires sont recrutés par décision conjointe du *(Décr. nº 99-183 du 11 mars 1999, art. 15)* « directeur du centre hospitalier » universitaire et du directeur de l'unité de formation et de recherche concernée sur proposition du praticien hospitalier exerçant les fonctions de chef de service, après avis du conseil de l'unité de formation et de recherche et de la commission médicale d'établissement. Un arrêté conjoint des ministres chargés de l'enseignement supérieur et de la santé fixe les modalités de constitution des dossiers et de dépôt des candidatures.

Art. 26-2 *(Décr. nº 2006-593 du 23 mai 2006, art. 10)* « Peuvent faire acte de candidature aux fonctions de chef de clinique des universités-assistant des hôpitaux les titulaires d'un des diplômes, certificats ou titres mentionnés à l'article L. 4131-1 du code de la santé publique et les personnes autorisées individuellement par le ministre chargé de la santé, dans les conditions définies à l'article L. 4111-2 du code de la santé publique, à exercer la profession de médecin, remplissant l'une des conditions suivantes : »

1º Avoir obtenu un diplôme d'études spécialisées ;

2º Avoir validé la totalité de leur internat pour les internes recrutés par les concours ouverts au titre des années antérieures à 1984. En ce cas, l'internat doit avoir été accompli dans un centre hospitalier et universitaire.

Les intéressés ne peuvent présenter leur candidature que dans les trois années suivant l'obtention de leur diplôme d'études spécialisées ou la fin de leur internat.

Les diplômes, certificats ou autres titres de médecin spécialiste, délivrés par l'un des États membres des communautés européennes *(Décr. nº 99-183 du 11 mars 1999, art. 14)* « ou des autres États parties à l'accord sur l'Espace économique européen » et figurant sur une liste établie conformément aux obligations communautaires par arrêté conjoint des ministres chargés de l'enseignement supérieur et de la santé, sont admis en dispense du diplôme d'études spécialisées.

Art. 26-3 Peuvent faire acte de candidature aux fonctions d'assistant hospitalier universitaire :

a) Les candidats réunissant les conditions fixées à l'article 26-2 ;

b) Dans les trois années suivant la fin de leur internat, les titulaires du diplôme d'État de docteur en pharmacie ayant validé la totalité de leur internat ;

c) Les titulaires d'un des diplômes mentionnés au 1° du premier alinéa de l'article 48, dans les trois années suivant la date d'obtention de ce diplôme ;

(Décr. n° 92-133 du 11 févr. 1992, art. 2) « *d)* Les titulaires de l'un des diplômes, certificats ou titres mentionnés à l'article L. 356-2 (1°) du code de la santé publique *[V. désormais,* ***CSP****, art. L. 4131-1]* et d'une maîtrise figurant sur une liste fixée par arrêté du *(Décr. n° 2001-952 du 18 oct. 2001, art. 22)* « ministre chargé de l'enseignement supérieur », dans les trois années suivant la date à laquelle ils remplissent ces conditions. »

Les candidats non médecins ne peuvent exercer de fonctions hospitalières que dans les disciplines mentionnées à l'article 49.

Art. 26-4 Le délai de trois ans mentionné aux articles 26-2 et 26-3 est prorogé d'une durée égale à la durée du service national accompli soit après la fin de l'internat soit après la date à laquelle les intéressés justifient d'un diplôme mentionné au *c* ou les diplômes mentionnés au *d* de l'article 26-3.

Les candidatures présentées au titre des articles 26-2 et 26-3 par des internes accomplissant le second semestre de leur dernière année d'internat sont recevables si les intéressés justifient des conditions de diplôme exigées. Ils ne peuvent être nommés chefs de clinique des universités assistants des hôpitaux ou assistants hospitaliers universitaires qu'après validation d'au moins quatre années d'internat.

Art. 26-5 *(Décr. n° 95-986 du 31 août 1995, art. 2)* Les chefs de clinique des universités-assistants des hôpitaux et les assistants hospitaliers universitaires sont nommés pour une période de deux ans avec possibilité de deux renouvellements d'une année chacun. La décision de renouvellement est prise conjointement par le directeur général du centre hospitalier universitaire et le directeur de l'unité de formation et de recherche concernés sur proposition du praticien exerçant les fonctions de chef de service.

Pour porter le titre d'ancien chef de clinique des universités-assistant des hôpitaux ou d'ancien assistant hospitalier universitaire, il est nécessaire de justifier de deux ans de fonctions effectives en cette qualité. Toutefois, le total des congés de maladie rémunérés accordés aux chefs de clinique des universités-assistants des hôpitaux et aux assistants hospitaliers universitaires est pris en compte dans les deux ans de fonctions effectives requises dans la limite maximale de trente jours.

Lorsque les chefs de clinique des universités-assistants des hôpitaux et les assistants hospitaliers universitaires ont bénéficié d'un congé de maternité, *(Décr. n° 2003-142 du 21 févr. 2003, art. 1er)* « d'un congé d'adoption, d'un congé de paternité » ou d'un congé de maladie rémunéré dans les conditions prévues à l'article 26-7 ci-dessous et ne peuvent, compte tenu de l'alinéa précédent, justifier des deux ans de fonctions effectives requises pour porter le titre d'ancien chef de clinique des universités-assistant des hôpitaux ou d'ancien assistant hospitalier universitaire, ils sont, sur leur demande, maintenus en fonctions en surnombre pour la durée du congé ainsi obtenu.

Art. 26-6 *(Décr. n° 2008-308 du 2 avr. 2008, art. 1er)* La rémunération des personnels mentionnés au 3° de l'article 1er est fixée selon les modalités définies par arrêté des ministres chargés de l'enseignement supérieur, de la santé et du budget. Cette rémunération suit l'évolution des traitements de la fonction publique et peut être accrue, le cas échéant, des indemnités suivantes :

1° Des indemnités de participation à la permanence des soins ;

2° Des indemnités visant à développer le travail en réseau ;

3° Une indemnité correspondant à une part complémentaire variable des émoluments hospitaliers et subordonnée au respect d'un engagement contractuel déterminant, dans le respect des dispositions des articles R. 4127-5, R. 4127-95, R. 4127-97, R. 4127-249 et R. 4235-18 du code de la santé publique, des objectifs de qualité et d'activité mesurés par des indicateurs définis par arrêté des ministres chargés de la santé et du budget ;

4° Une indemnité d'engagement de service public exclusif versée aux chefs de clinique des universités-assistants des hôpitaux et aux assistants hospitaliers universitaires qui s'engagent, pendant la durée de leurs fonctions en qualité de chef de clinique des universités-assistant des hôpitaux ou d'assistant hospitalier universitaire, à ne pas exercer une activité libérale telle que prévue à l'article L. 6154-1 du code de la santé publique.

Le montant, les conditions d'attribution et les modalités de versement des indemnités mentionnées au présent article sont fixés par arrêté des ministres chargés de l'enseignement supérieur, de la santé et du budget.

Art. 26-7 Les personnels mentionnés au présent chapitre ont droit à :

1° Un congé annuel de trente jours ouvrables, le samedi étant décompté comme jour ouvrable, au cours duquel les intéressés perçoivent la totalité de leur rémunération universitaire et de leurs émoluments hospitaliers ; la durée des congés pouvant être prise en une seule fois ne peut excéder vingt-quatre jours ouvrables ;

2° En cas *(Décr. n° 2003-142 du 21 févr. 2003, art. 3)* « de maternité, de paternité ou d'adoption », un congé de même durée que celle prévue par la législation de sécurité sociale, pendant lequel l'intéressée continue de percevoir sa rémunération universitaire et ses émoluments hospitaliers ; si, à l'expiration du congé de maternité, l'intéressée ne peut reprendre ses fonctions en raison d'une maladie survenue au cours de ce congé, le point de départ du congé de maladie auquel elle a droit est la date de l'acte médical qui a constaté cette maladie ;

(Décr. n° 2020-1557 du 8 déc. 2020, art. 15) « 2° ***bis*** Un congé de proche aidant dans les conditions prévues par les dispositions de l'article 14 du décret n° 2020-1557 du 8 décembre 2020 relatif au congé de proche aidant dans la fonction publique ; »

3° En cas de maladie, un congé comportant, pendant les trois premiers mois, le maintien des deux tiers de la rémunération universitaire et des émoluments hospitaliers et, pendant les six mois suivants, le maintien de la moitié de cette rémunération et de ces émoluments ; si, à l'expiration d'un congé de maladie de neuf mois consécutifs, l'intéressé ne peut reprendre ses activités, un congé sans rémunération de douze mois au maximum peut lui être accordé, sur sa demande, après avis du comité médical prévu à l'article 36 du décret n° 84-131 du 24 février 1984 *[portant statut des praticiens hospitaliers, V. désormais* ***CSP****, art. R. 6152-36]* ; si, à l'issue de ce nouveau congé, le comité estime que l'intéressé ne peut reprendre ses fonctions, il est mis fin à celles-ci ;

4° En cas de tuberculose, de maladie mentale, de poliomyélite ou d'affection cancéreuse constatée par le comité mentionné ci-dessus, un congé de douze mois qui peut être prolongé de six mois sur avis du comité ; pendant ce congé, l'intéressé perçoit les deux tiers de sa rémunération universitaire et de ses émoluments hospitaliers ; si, à l'issue de ce congé, il ne peut reprendre ses activités, il lui est accordé sur sa demande un congé sans rémunération d'une durée maximum de dix-huit mois ; si, à l'issue de ce dernier congé, il ne peut reprendre ses fonctions, il est mis fin à celles-ci ;

5° En cas d'affection dûment constatée par le comité mentionné ci-dessus mettant l'intéressé dans l'impossibilité d'exercer ses fonctions et rendant nécessaires un traitement et des soins prolongés et qui figure sur la liste établie en application de l'article 28 du décret n° 86-442 du 14 mars 1986 *[relatif à la désignation des médecins agréés, à l'organisation des comités médicaux et des commissions de réforme, aux conditions d'aptitude physique pour l'admission aux emplois publics et au régime de congés de maladie des fonctionnaires, V. cet art. au* ***C. fonct. publ.****]*, un congé de longue maladie d'une durée maximum de trente mois par périodes ne pouvant excéder six mois ; l'intéressé perçoit pendant les six premiers mois de ce congé les deux tiers de sa rémunération universitaire et de ses émoluments hospitaliers et le tiers pendant les vingt-quatre mois suivants ; si, à l'issue d'un congé de longue maladie, l'intéressé ne peut reprendre ses fonctions, il est mis fin à celles-ci ;

6° En cas de maladie ou d'accident imputable à l'exercice des fonctions hospitalières, ou en cas de maladie contractée ou d'accident survenu à l'occasion de l'exercice des fonctions, un congé maximum de douze mois pendant lequel l'intéressé perçoit la totalité de sa rémunération universitaire et de ses émoluments hospitaliers ; à l'issue de ce congé, l'intéressé est examiné par le comité médical mentionné ci-dessus qui, suivant le cas, propose la reprise de l'activité, la prolongation du congé avec maintien des deux tiers de la rémunération par périodes ne pouvant excéder six mois dans la limite d'une durée totale de vingt-quatre mois, ou la cessation des fonctions.

L'État et l'établissement public hospitalier sont, chacun en ce qui le concerne, subrogés dans les droits de l'assuré aux prestations en espèces de la sécurité sociale dans les conditions prévues aux articles R. 323-11 et R. 433-12 du code de la sécurité sociale ;

(Décr. n° 2001-952 du 18 oct. 2001, art. 4) « 7° Aux autorisations spéciales d'absence prévues par le 6° de l'article 35 du décret n° 84-131 du 24 février 1984 susvisé *[portant statut des praticiens hospitaliers, V. désormais* ***CSP****, art. R. 6152-35]*. »

Art. 26-8 Les personnels mentionnés au présent chapitre peuvent, à titre exceptionnel, être placés en position de délégation *(Décr. n° 88-652 du 6 mai 1988, art. 3)* « pour une période de un an au plus en vue de remplir une mission d'étude. »

L'arrêté qui prononce la délégation précise le montant de la rémunération qui peut leur être maintenue et qui ne peut en aucun cas être supérieur à celui de la rémunération universitaire de l'intéressé.

(Décr. nº 88-652 du 6 mai 1988, art. 3) « Cette délégation peut être exceptionnellement prolongée lorsque les intéressés ont accompli deux ans de fonctions effectives dans un centre hospitalier et universitaire, pour une période maximum d'un an, non renouvelable, pendant laquelle ils ne perçoivent aucune rémunération. »

Art. 26-8-1 *(Décr. nº 2001-952 du 18 oct. 2001, art. 5)* Les personnels mentionnés au présent chapitre employés de manière continue depuis au moins un an peuvent également être placés en position de délégation, pour une période d'un an au plus, afin de bénéficier des dispositions de l'article 25-1 de la loi nº 82-610 du 15 juillet 1982 modifiée précitée *[d'orientation et de programmation pour la recherche et le développement technologique de la France, V. désormais C. rech., art. L. 413-1]*.

Cette délégation s'impute sur le contrat de ces personnels et n'en prolonge pas la durée.

Cette délégation est décidée conjointement par le directeur général du centre hospitalier universitaire et le directeur de l'unité de formation et de recherche concernée, après autorisation délivrée dans les conditions prévues à l'article 25-1 de la loi nº 82-610 du 15 juillet 1982 précitée par les ministres chargés de l'enseignement supérieur et de la santé et après conclusion entre l'unité de formation et de recherche, le centre hospitalier universitaire et l'entreprise concernés d'une convention qui en fixe l'objet et en détermine les modalités.

Les intéressés conservent leur rémunération universitaire.

L'entreprise verse au profit de l'unité de formation et de recherche concernée :

a) Soit une contribution permettant d'assurer le service d'enseignement incombant antérieurement à l'intéressé ;

b) Soit une contribution au moins équivalente à la rémunération universitaire de l'intéressé et aux charges sociales qui y sont afférentes.

Toutefois le directeur de l'unité de formation et de recherche peut décider de dispenser totalement ou partiellement l'entreprise de sa contribution, après avis du conseil de l'unité de formation et de recherche.

Art. 26-9 Pendant leur première année de fonctions, les personnels mentionnés au présent chapitre peuvent, sur leur demande et sous réserve de l'avis favorable du praticien hospitalier exerçant les fonctions de chef de service, être mis en congé sans rémunération hospitalo-universitaire dans la limite de trente jours par an en vue d'assurer des remplacements de médecins, chirurgiens, spécialistes *(Décr. nº 2006-593 du 23 mai 2006, art. 11)* « , biologistes ou pharmaciens » exerçant soit dans des établissements d'hospitalisation publics ou privés, soit en clientèle de ville.

A partir de la deuxième année de leurs fonctions, ils peuvent, sur leur demande et sous réserve de l'avis mentionné à l'alinéa précédent, être mis en congé sans rémunération dans la limite de quarante-cinq jours par an en vue d'exercer une activité hors de leur établissement d'affectation.

Les mises en congé prévues par le présent article sont prononcées conjointement par le directeur de l'unité de formation et de recherche médicale *(Décr. nº 2006-593 du 23 mai 2006, art. 11)* « , pharmaceutique, ou mixte, médicale et pharmaceutique, » et le *(Décr. nº 99-183 du 11 mars 1999, art. 15)* « directeur du centre hospitalier universitaire » dont relèvent les intéressés.

La durée des congés accordés dans les conditions définies par le présent article est prise en considération pour la détermination de l'ancienneté des intéressés en vue de l'acquisition du titre d'ancien chef de clinique des universités-assistant des hôpitaux ou d'ancien assistant hospitalier universitaire et en vue de l'accès aux recrutements hospitaliers et hospitalo-universitaires.

Art. 26-10 *(Décr. nº 2001-952 du 18 oct. 2001, art. 6)* Les personnels mentionnés au présent chapitre bénéficient d'un repos de sécurité à l'issue d'une garde, selon les conditions fixées par arrêté des ministres chargés de l'enseignement supérieur, de la santé et du budget.

(Décr. nº 2015-1260 du 9 oct. 2015, art. 6) « Le repos de sécurité après la fin du dernier déplacement survenu au cours d'une astreinte est garanti au praticien.

« Le temps d'intervention sur place et le temps de trajet réalisés lors d'un déplacement survenu au cours d'une astreinte constituent du temps de travail effectif et sont pris en compte pour l'attribution du repos de sécurité. »

Art. 26-11 *(Décr. nº 2001-952 du 18 oct. 2001, art. 6)* Si l'intérêt du service l'exige, le préfet du département, sur proposition du médecin inspecteur de la santé publique du département *(Décr. nº 2006-593 du 23 mai 2006, art. 12)* « ou du pharmacien inspecteur de santé publique de la région » ou du directeur d'établissement et après avis motivé de la commission médicale d'établissement, peut décider qu'un membre des personnels mentionnés au présent chapitre cesse de participer au service de gardes pour une durée maximale de trois mois. Si, à l'issue de cette période de trois mois, l'intéressé n'est pas autorisé à figurer à nouveau au tableau des gardes, sa situation doit être examinée dans le cadre, selon le cas, des dispositions prévues par l'article 36 du décret nº 84-131 du 24 février 1984 susvisé *[portant statut des praticiens hospitaliers, V. désormais **CSP**, art. R. 6152-36]* ou par le chapitre III du titre Ier ci-dessus.

CHAPITRE II *Dispositions particulières aux praticiens hospitaliers universitaires*

(Décr. nº 87-622 du 3 août 1987, art. 5).

Art. 27 *(Décr. nº 88-652 du 6 mai 1988, art. 4)* Les emplois vacants de praticien hospitalier universitaire sont pourvus dans les conditions suivantes :

I. — Les candidats doivent réunir les conditions suivantes à la date limite de dépôt des candidatures :

(Décr. nº 95-986 du 31 août 1995, art. 3) « 1. Compter au moins deux ans de services effectifs en qualité de chef de clinique des universités — assistant des hôpitaux ou d'assistant hospitalier universitaire et exercer ces fonctions ou avoir cessé de les exercer depuis moins de deux ans ; »

(Décr. nº 2001-952 du 18 oct. 2001, art. 7) « 2. Être inscrits sur la liste d'aptitude établie à l'issue du concours national de praticien des établissements publics de santé mentionné à l'article 1er du décret nº 99-517 du 25 juin 1999 organisant le concours national de praticien des établissements publics de santé, au titre des épreuves de type I mentionnées à l'article 3 du même décret.

« 3. Postuler une nomination à titre permanent dans le corps des praticiens hospitaliers à temps plein relevant du décret nº 84-131 du 24 février 1984 *[portant statut des praticiens hospitaliers, V. désormais **CSP**]* susvisé. »

II. — Les candidats peuvent postuler les emplois vacants de praticien hospitalier universitaire en indiquant un ordre de préférence. Un premier examen de ces candidatures est effectué par le conseil de l'unité de formation et de recherche qui procède à l'audition des candidats, et par la commission médicale d'établissement.

Ces instances procèdent chacune au classement des candidats qu'elles retiennent.

III. — Les dossiers des candidats retenus par l'une au moins de ces instances sont ensuite examinés par une commission composée du président de la sous-section concernée du *(Décr. nº 2019-1108 du 30 oct. 2019, art. 9)* « Conseil national des universités pour les disciplines de santé », président de la commission, et de deux rapporteurs désignés par le président de la section concernée parmi les membres des sections du groupe des disciplines médicales. Un au moins des deux rapporteurs doit être membre de la sous-section concernée.

Pour chaque emploi vacant, la commission propose un candidat.

IV. — Les praticiens hospitaliers universitaires sont nommés par décision conjointe du *(Décr. nº 99-183 du 11 mars 1999, art. 15)* « directeur du centre hospitalier universitaire » et du directeur de l'unité de formation et de recherche concernée.

V. — Un arrêté du *(Décr. nº 2001-952 du 18 oct. 2001, art. 22)* « ministre chargé de l'enseignement supérieur » fixe les conditions de dépôt des candidatures et les modalités de constitution et de fonctionnement de la commission mentionnée au III ci-dessus.

Art. 28 *Abrogé par Décr. nº 88-652 du 6 mai 1988, art. 2-II.*

Art. 29 L'emploi de praticien hospitalier universitaire comporte les mêmes échelons de rémunération que ceux qui sont définis pour les praticiens hospitaliers aux articles 26 et 27 du décret du 24 février 1984 susvisé *[nº 84-131, V. désormais, **CSP**, art. R. 6152-20 et R. 6152-21]*.

L'avancement d'échelon est prononcé par l'autorité investie du pouvoir de nomination.

Art. 30 *(Décr. nº 2008-308 du 2 avr. 2008, art. 2)* Les praticiens hospitaliers universitaires perçoivent une rémunération égale à celle des praticiens hospitaliers qui ont atteint le même échelon. Cette rémunération est à la charge de l'État pour la moitié et à la charge du centre hospitalier universitaire pour l'autre moitié. Elle peut être accrue, le cas échéant, des indemnités suivantes, également à la charge du centre hospitalier universitaire :

1° Des indemnités de participation à la permanence des soins ;

2° Des indemnités visant à développer le travail en réseau ;

3° Une indemnité correspondant à une part complémentaire variable des émoluments hospitaliers, et subordonnée au respect d'un engagement contractuel déterminant, dans le respect des dispositions des articles R. 4127-5, R. 4127-95, R. 4127-97, R. 4127-249 et R. 4235-18 du code de la santé publique, des objectifs de qualité et d'activité mesurés par des indicateurs définis par arrêté des ministres chargés de la santé et du budget ;

4° Une indemnité d'engagement de service public exclusif versée aux praticiens hospitaliers universitaires qui s'engagent, pendant la durée de leur détachement en qualité de praticien hospitalier universitaire, à ne pas exercer une activité libérale telle que prévue à l'article L. 6154-1 du code de la santé publique.

Le montant, les conditions d'attribution et les modalités de versement des indemnités mentionnées au présent article sont fixés par arrêté des ministres chargés de l'enseignement supérieur, de la santé et du budget.

Art. 31 *(Décr. n° 2003-142 du 21 févr. 2003, art. 5)* Les dispositions des articles 35 à 41 du décret n° 84-131 du 24 février 1984 susvisé *[portant statut des praticiens hospitaliers, V. désormais* ***CSP****, art. R. 6152-35 à R. 6152-42]* sont applicables aux praticiens hospitaliers universitaires, à l'exception des 2° et 3° de l'article 35.

Art. 31-1 *(Décr. n° 2001-952 du 18 oct. 2001, art. 8)* Les praticiens hospitaliers universitaires bénéficient d'un repos de sécurité à l'issue d'une garde, selon les conditions fixées par arrêté des ministres chargés de l'enseignement supérieur, de la santé et du budget.

(Décr. n° 2015-1260 du 9 oct. 2015, art. 6) « Le repos de sécurité après la fin du dernier déplacement survenu au cours d'une astreinte est garanti au praticien.

« Le temps d'intervention sur place et le temps de trajet réalisés lors d'un déplacement survenu au cours d'une astreinte constituent du temps de travail effectif et sont pris en compte pour l'attribution du repos de sécurité. »

Art. 31-2 *(Décr. n° 2001-952 du 18 oct. 2001, art. 8)* Si l'intérêt du service l'exige, le préfet du département, sur proposition du médecin inspecteur de la santé publique du département ou du directeur d'établissement et après avis motivé de la commission médicale d'établissement, peut décider qu'un praticien hospitalier universitaire cesse de participer au service de gardes pour une durée maximale de trois mois. Si, à l'issue de cette période de trois mois, l'intéressé n'est pas autorisé à figurer à nouveau au tableau des gardes, sa situation doit être examinée dans le cadre, selon le cas, des dispositions prévues par l'article 36 du décret n° 84-131 du 24 février 1984 susvisé *[portant statut des praticiens hospitaliers, V. désormais* ***CSP****, art. R. 6152-36]* ou par le chapitre III du titre Ier ci-dessus.

Art. 32 Un praticien hospitalier universitaire peut, à titre exceptionnel, être placé en position de délégation pour une période de six mois au plus en vue de remplir une mission d'étude.

La décision qui prononce la délégation précise le montant de la rémunération qui peut lui être maintenue et qui ne peut être supérieure à la rémunération universitaire de l'intéressé.

Cette délégation peut être exceptionnellement prolongée pour une période maximum de six mois, non renouvelable, pendant laquelle l'intéressé ne perçoit aucune rémunération.

Art. 32-1 *(Décr. n° 2001-952 du 18 oct. 2001, art. 9)* Les praticiens hospitaliers universitaires peuvent également être placés en position de délégation, pour une période de deux ans renouvelable deux fois, afin de bénéficier des dispositions de l'article 25-1 de la loi n° 82-610 du 15 juillet 1982 modifiée précitée *[d'orientation et de programmation pour la recherche et le développement technologique de la France, V. désormais C. rech., art. L. 413-1]*. Cette délégation ne prolonge pas la période de détachement.

Les intéressés conservent leur rémunération universitaire.

Cette délégation est décidée conjointement par le directeur général du centre hospitalier universitaire et le directeur de l'unité de formation et de recherche concernée, après autorisation délivrée dans les conditions prévues à l'article 25-1 de la loi n° 82-610 du 15 juillet 1982 précitée par les ministres chargés de l'enseignement supérieur et de la santé, et après conclusion entre l'unité de formation et de recherche, le centre hospitalier universitaire et l'entreprise concernés d'une convention qui en fixe l'objet et en détermine les modalités.

L'entreprise verse au profit de l'unité de formation et de recherche concernée :

a) Soit une contribution permettant d'assurer le service d'enseignement incombant antérieurement à l'intéressé ;

b) Soit une contribution au moins équivalente à la rémunération universitaire de l'intéressé et aux charges sociales qui y sont afférentes.

La contribution prévue au *b* ci-dessus est obligatoire au-delà d'un an.

Toutefois, le directeur de l'unité de formation et de recherche concernée peut décider de dispenser totalement ou partiellement l'entreprise de sa contribution, après avis du conseil de l'unité de formation et de recherche.

TITRE III Personnels titulaires

CHAPITRE PREMIER *Dispositions communes*

Art. 33 Les membres du personnel titulaire mentionné au 1° de l'article premier du présent décret ont droit :

a) A un congé annuel d'une durée égale à celle qui est fixée pour les praticiens hospitaliers ;

b) Aux autres congés et dispenses d'enseignement dans les conditions applicables aux personnels enseignants titulaires des universités.

(Décr. n° 2001-952 du 18 oct. 2001, art. 10) « *c)* Aux autorisations spéciales d'absence prévues par le *(Décr. n° 2003-142 du 21 févr. 2003, art. 6)* « 8° de l'article 35 » du décret n° 84-131 du 24 février 1984 susvisé *[portant statut des praticiens hospitaliers, V. désormais* **CSP**, *art. R. 6152-35]*. »

Art. 34 Les membres du personnel titulaire relevant du présent chapitre peuvent être placés sur leur demande en position de mission temporaire pour une durée maximum de trois mois par période de deux ans. Ils conservent, dans cette position, la totalité de leur rémunération universitaire et hospitalière.

(Décr. n° 87-622 du 3 août 1987, art. 7) « Les intéressés sont placés dans cette position par décision conjointe du préfet, commissaire de la République du département, et du recteur chancelier, agissant par délégation des ministres chargés de la santé et de l'enseignement supérieur. »

(Décr. n° 2006-593 du 23 mai 2006, art. 13) « Après une période de huit années, les membres du personnel titulaires qui n'ont pas utilisé tout ou partie des périodes de mission temporaire telles que définies au premier alinéa ci-dessus peuvent être placés en position de mission temporaire pour une durée égale au nombre de mois, semaines et jours non utilisés à ce titre. Cette modalité d'utilisation de la position de mission temporaire doit faire l'objet d'un projet présenté par les personnels qui en bénéficient et d'un rapport d'activité remis à l'issue de la période mentionnée à l'article 44 ci-après. Tout refus opposé à une demande doit être motivé par décision conjointe du préfet de département et du recteur chancelier concernés. »

Art. 35 *(Décr. n° 2001-952 du 18 oct. 2001, art. 11)* 1° Ils peuvent, sur leur demande et pour une période de deux ans au plus, être placés en position de délégation afin de remplir une mission d'étude ou d'exercer un enseignement en dehors des centres hospitaliers et universitaires.

L'arrêté prononçant la délégation précise le montant de la rémunération qui continue d'être servie à l'intéressé. Cette rémunération ne peut en aucun cas être supérieure à la rémunération universitaire de celui-ci ni inférieure aux retenues pour pension civile.

Les intéressés ne peuvent être admis à bénéficier à nouveau des dispositions du premier alinéa du présent article qu'après avoir repris effectivement leurs fonctions pendant trois ans au moins.

2° Ils peuvent également être placés en position de délégation, pour une période de deux ans renouvelable deux fois, afin de bénéficier des dispositions de l'article 25-1 de la loi n° 82-610 du 15 juillet 1982 modifiée précitée *[d'orientation et de programmation pour la recherche et le développement technologique de la France, V. désormais C. rech., art. L. 413-1]*.

Les intéressés conservent leur rémunération universitaire.

Cette délégation est décidée conjointement par le directeur général du centre hospitalier universitaire et le directeur de l'unité de formation et de recherche concernée, après autorisation délivrée dans les conditions prévues à l'article 25-1 de la loi n° 82-610 du 15 juillet 1982 précitée *[d'orientation et de programmation pour la recherche et le développement technologique de la France, V. désormais C. rech., art. L. 413-1]* par les ministres chargés de l'enseignement supérieur et de la santé, et après conclusion entre l'unité de formation et de recherche, le centre hospitalier universitaire et l'entreprise concernés d'une convention qui en fixe l'objet et en détermine les modalités.

L'entreprise verse au profit de l'unité de formation et de recherche concernée :

a) Soit une contribution permettant d'assurer le service d'enseignement incombant antérieurement à l'intéressé ;

b) Soit une contribution au moins équivalente à la rémunération universitaire de l'intéressé et aux charges sociales qui y sont afférentes.

La contribution prévue au *b* ci-dessus est obligatoire au-delà d'un an.

Toutefois le directeur de l'unité de formation et de recherche concernée peut décider de dispenser totalement ou partiellement l'entreprise de sa contribution, après avis du conseil de l'unité de formation et de recherche ;

3° Pendant ces périodes de délégation, ils ne peuvent être remplacés dans leur emploi qu'à titre temporaire. Les intéressés conservent le droit à l'emploi qu'ils occupent même si les nécessités du service conduisent à confier tout ou partie de leurs fonctions à un intérimaire. Le temps de la délégation est pris en compte pour l'avancement et pour la constitution du droit à pension ;

(Décr. n° 92-133 du 11 févr. 1992, art. 3) « 4° La délégation peut en outre être prononcée auprès de l'Institut universitaire de France, en vue de l'exercice de fonctions de recherche, pour une période de deux ans renouvelable. L'intéressé conserve sa rémunération universitaire et, selon le service fait, sa rémunération hospitalière. »

Art. 36 Ils peuvent être placés sur leur demande en position de détachement conformément aux dispositions applicables aux personnels enseignants titulaires de statut universitaire.

(Décr. n° 2001-952 du 18 oct. 2001, art. 12) « Ils peuvent également, sur leur demande, être placés en position de détachement afin de bénéficier des dispositions de l'article 25-1 de la loi n° 82-610 du 15 juillet 1982 modifiée précitée *[d'orientation et de programmation pour la recherche et le développement technologique de la France, V. désormais C. rech., art. L. 413-1]*.

« Un arrêté conjoint des ministres chargés de l'enseignement supérieur et de la santé prononce ce détachement, pour une période de deux ans renouvelable deux fois, après autorisation délivrée dans les conditions prévues à l'article 25-1 de la loi n° 82-610 du 15 juillet 1982 précitée *[d'orientation et de programmation pour la recherche et le développement technologique de la France, V. désormais C. rech., art. L. 413-1]* et après avis du conseil de l'unité de formation et de recherche médicale, *(Décr. n° 2006-593 du 23 mai 2006, art. 14)* « pharmaceutique, ou mixte, médicale et pharmaceutique, » de la commission médicale d'établissement, du directeur général du centre hospitalier universitaire et du directeur de l'unité de formation et de recherche concernés.

« Ils peuvent également, sur leur demande, être détachés auprès d'un groupement d'intérêt public entrant dans l'un des cas prévus au 2° du quatrième alinéa de l'article L. 668-1 et aux articles L. 710-17 et L. 713-2 du code de la santé publique *[V. désormais,* **CSP**, *art. L. 1223-1, L. 6115-2, L. 6115-6 et L. 6131-1]*, après avis du conseil de l'unité de formation et de recherche médicale, *(Décr. n° 2006-593 du 23 mai 2006, art. 14)* « pharmaceutique, ou mixte, médicale et pharmaceutique, » et de la commission médicale d'établissement concernés. »

Les intéressés peuvent être remplacés dans leurs fonctions après une période d'un an passée en position de détachement, sous réserve des dispositions de l'article 5 de la loi du 13 juillet 1972 susvisée *[n° 72-659 relative à la situation du personnel civil de coopération culturelle, scientifique et technique auprès d'états étrangers, V. désormais C. éduc., art. L. 952-12]*.

Art. 36-1 *(Décr. n° 95-986 du 31 août 1995, art. 5)* Les membres titulaires du personnel enseignant et hospitalier en position d'activité peuvent bénéficier d'une mise à disposition dans les conditions applicables aux personnels enseignants titulaires de statut universitaire. Lorsque la mise à disposition est prononcée auprès d'un groupement d'intérêt public, elle est régie par les dispositions applicables à la situation prévue au 2° de l'article 1er du décret n° 85-986 du 16 septembre 1985 modifié relatif au régime particulier de certaines positions des fonctionnaires de l'État et à certaines modalités de cessation définitive de fonctions *[V.* ***C. fonct. publ.****]*.

Dans tous les cas, la mise à disposition est prononcée après avis du conseil de l'unité de formation et de recherche médicale et de la commission médicale d'établissement concernés.

Art. 37 Ils peuvent être mis en disponibilité conformément aux dispositions applicables aux enseignants titulaires de statut universitaire, sous les réserves suivantes :

a) Ils peuvent être remplacés dans leurs fonctions après une période d'un an passée dans cette position ;

b) La mise en disponibilité pour convenances personnelles ne peut être accordée que pour une période de deux années au maximum, non renouvelable.

Art. 38 *(Décr. n° 2006-593 du 23 mai 2006, art. 15)* Les membres titulaires du personnel enseignant et hospitalier en activité de service, mentionnés aux *a, b, c* et *d* du 1° de l'article 1er du présent décret perçoivent :

1° Une rémunération universitaire fixée selon les modalités définies par arrêté conjoint des ministres chargés de l'enseignement supérieur, de la santé, du budget et de la fonction publique, accrue, le cas échéant, de la prime d'administration, de la prime de charges administratives, de la prime d'encadrement doctoral et de recherche et de la prime de responsabilités pédagogiques, dans des conditions prévues par décret ;

(Décr. n° 2008-308 du 2 avr. 2008, art. 3) « 2° Des émoluments hospitaliers non soumis à d'autres retenues pour pension que celles opérées au titre du régime public de retraite additionnel institué par la loi n° 2003-775 du 21 août 2003 portant réforme des retraites, dus au titre des activités exercées pour le compte de l'établissement hospitalier et variables selon l'ancienneté de service. Le montant de ces émoluments est fixé par arrêté des ministres chargés de l'enseignement supérieur, de la santé et du budget et suit l'évolution des traitements de la fonction publique. Ces émoluments peuvent être accrus, le cas échéant, des indemnités suivantes :

« *a)* Des indemnités de participation à la permanence des soins ;

« *b)* Des indemnités visant à développer le travail en réseau ;

« *c)* Une indemnité correspondant à une part complémentaire variable des émoluments hospitaliers, subordonnée au respect d'un engagement contractuel déterminant, dans le respect des dispositions des articles R. 4127-5, R. 4127-95, R. 4127-97, R. 4127-249 et R. 4235-18 du code de la santé publique, des objectifs de qualité et d'activité mesurés par des indicateurs définis par arrêté des ministres chargés de la santé et du budget ;

« *d)* Une indemnité d'engagement de service public exclusif versée aux personnels titulaires qui s'engagent, pour une période de trois ans renouvelable, à ne pas exercer une activité libérale telle que prévue à l'article L. 6154-1 du code de la santé publique.

« Le montant, les conditions d'attribution et les modalités de versement des indemnités mentionnées au présent article sont fixés par arrêté des ministres chargés de l'enseignement supérieur, de la santé et du budget. »

Lorsqu'un maître de conférences des universités-praticien hospitalier ou un maître de conférences des universités-praticien hospitalier des disciplines pharmaceutiques est nommé professeur des universités-praticien hospitalier ou professeur des universités-praticien hospitalier des disciplines pharmaceutiques à un niveau d'émoluments hospitaliers inférieur à celui qu'il percevait dans son précédent corps, il conserve, à titre personnel, le bénéfice de son ancienne rémunération hospitalière aussi longtemps qu'elle est plus favorable.

Art. 39 En matière de réparation des accidents du travail et des maladies professionnelles, les membres titulaires du personnel enseignant et hospitalier ont, pour l'ensemble de leurs activités hospitalières et universitaires, les mêmes droits que les membres du personnel universitaire.

Art. 40 *(Décr. n° 2008-308 du 2 avr. 2008, art. 4)* Les changements de discipline sont prononcés par arrêté des ministres chargés de l'enseignement supérieur et de la santé, après avis favorable, selon le cas, de la sous-section ou de la section du *(Décr. n° 2019-1108 du 30 oct. 2019, art. 9)* « Conseil national des universités pour les disciplines de santé » compétente pour la nouvelle discipline.

Art. 41 La cessation définitive de fonctions des membres du personnel titulaire résulte :

1° De la démission régulièrement acceptée ;

2° De l'admission à la retraite ;

3° Du licenciement ;

4° De la révocation ;

5° De la perte des droits civiques.

Art. 42 *Abrogé par Décr. n° 87-622 du 3 août 1987, art. 15.*

Art. 43 En cas d'insuffisance professionnelle, l'intéressé est soit admis à faire valoir ses droits à la retraite, soit licencié s'il ne remplit pas les conditions requises pour avoir droit à une pension de retraite.

L'insuffisance professionnelle consiste en une incapacité à accomplir les travaux ou à assumer les responsabilités relevant normalement des fonctions de l'intéressé. Elle résulte de l'inaptitude à l'exercice des fonctions, du fait de l'état physique, psychique ou des capacités intellectuelles.

La décision est prise conjointement par les ministres respectivement chargés de l'enseignement supérieur et de la santé ou sur le rapport desdits ministres, sur avis conforme de l'organisme institué au quatrième alinéa de l'article 5 de l'ordonnance du 30 décembre 1958 susvisée *[nº 58-1373 relative à la création de centres hospitaliers universitaires, à la réforme de l'enseignement médical et au développement de la recherche médicale, V. désormais C. éduc., art. L. 952-21]* siégeant en formation administrative sans caractère juridictionnel, après observation des formalités prescrites en matière disciplinaire.

Le membre du personnel titulaire licencié pour insuffisance professionnelle, qui ne satisfait pas aux conditions requises pour être admis à la retraite, perçoit une indemnité égale aux trois quarts de la rémunération universitaire et des émoluments hospitaliers afférents au dernier mois d'activité multipliés par le nombre d'années de service validées pour la retraite. Cette indemnité est versée par mensualités qui ne peuvent dépasser le montant des derniers émoluments perçus par l'intéressé.

Art. 43-1 *(Décr. nº 2001-952 du 18 oct. 2001, art. 15)* Les membres du personnel titulaire bénéficient d'un repos de sécurité à l'issue d'une garde, selon les conditions fixées par arrêté des ministres chargés de l'enseignement supérieur, de la santé et du budget.

(Décr. nº 2015-1260 du 9 oct. 2015, art. 6) « Le repos de sécurité après la fin du dernier déplacement survenu au cours d'une astreinte est garanti au praticien.

« Le temps d'intervention sur place et le temps de trajet réalisés lors d'un déplacement survenu au cours d'une astreinte constituent du temps de travail effectif et sont pris en compte pour l'attribution du repos de sécurité. »

Art. 43-2 *(Décr. nº 2001-952 du 18 oct. 2001, art. 15)* Si l'intérêt du service l'exige, le préfet du département, sur proposition du médecin inspecteur de la santé publique du département *(Décr. nº 2006-593 du 23 mai 2006, art. 16)* « ou du pharmacien inspecteur de santé publique de la région » ou du directeur d'établissement et après avis motivé de la commission médicale d'établissement, peut décider qu'un membre du personnel titulaire cesse de participer au service de gardes pour une durée maximale de trois mois. Si, à l'issue de cette période de trois mois, l'intéressé n'est pas autorisé à figurer à nouveau au tableau des gardes, sa situation doit être examinée dans le cadre, selon le cas, des dispositions prévues par l'article 7 du décret nº 86-442 du 14 mars 1986 modifié relatif à la désignation des médecins agréés, à l'organisation des comités médicaux et des commissions de réforme, aux conditions d'aptitude physique pour l'admission aux emplois publics et au régime de congés de maladie des fonctionnaires, par le chapitre III du titre Ier ci-dessus ou par l'article 43 ci-dessus.

Art. 44 *(Décr. nº 99-183 du 11 mars 1999, art. 4)* Les membres du personnel titulaire sont tenus d'établir tous les quatre ans un rapport sur l'ensemble de leurs activités.

Ces rapports sont adressés au directeur de l'unité de formation et de recherche et au directeur général du centre hospitalier universitaire.

Art. 45 Un arrêté conjoint des ministres respectivement chargés de la santé et de l'enseignement supérieur détermine les conditions dans lesquelles des candidats de nationalité étrangère peuvent être autorisés à participer aux concours mentionnés aux articles 48 et 61 sans que les intéressés puissent accéder aux emplois régis par le présent décret et précise les titres qui peuvent être attribués aux candidats reçus à ces concours.

CHAPITRE II *Dispositions particulières aux maîtres de conférences des universités-praticiens hospitaliers*

Art. 46 *(Décr. nº 2019-541 du 29 mai 2019, art. 2)* « Le corps des maîtres de conférences des universités-praticiens hospitaliers et le corps des maîtres de conférences des universités-praticiens hospitaliers des disciplines pharmaceutiques comportent trois grades :

« 1° Le grade de 2e classe qui comprend trois échelons ;

« 2° Le grade de 1re classe qui comprend six échelons ;

« 3° Le grade de la hors-classe qui comprend six échelons et un échelon exceptionnel. »

(Décr. nº 90-134 du 13 févr. 1990, art. 3) « Les maîtres de conférences hors classe sont chargés de fonctions particulières attachées à l'encadrement et à l'orientation des étudiants, à la coordination pédagogique ainsi qu'aux relations avec les établissements d'enseignement supérieur et les établissements de recherche français ou étrangers. »

Les maîtres de conférences des universités-praticiens hospitaliers *(Décr. nº 2006-593 du 23 mai 2006, art. 17)* « et les maîtres de conférences des universités-praticiens hospitaliers des disciplines pharmaceutiques » sont recrutés et promus selon les procédures définies au présent chapitre.

Art. 47 *(Décr. nº 2006-593 du 23 mai 2006, art. 18)* Les ministres chargés de l'enseignement supérieur et de la santé publient les vacances d'emplois de maîtres de conférences des universités-praticiens hospitaliers et de maîtres de conférences des universités-praticiens hospitaliers des disciplines pharmaceutiques.

Ces emplois sont offerts aux maîtres de conférences des universités-praticiens hospitaliers et aux maîtres de conférences des universités-praticiens hospitaliers des disciplines pharmaceutiques candidats à une mutation. Les mutations sont prononcées par les ministres précités, après avis du conseil de l'unité de formation et de recherche et de la commission médicale d'établissement.

Les changements d'unité de formation et de recherche, les changements de centre hospitalier et universitaire et les affectations à un emploi dont l'intitulé soit hospitalier, soit universitaire est différent sont effectués par voie de mutation.

S'ils ne justifient pas de trois ans de fonctions en position d'activité dans un même centre hospitalier et universitaire, les maîtres de conférences des universités-praticiens hospitaliers et les maîtres de conférences des universités-praticiens hospitaliers des disciplines pharmaceutiques ne peuvent obtenir une mutation dans un autre centre hospitalier et universitaire qu'avec l'accord du directeur de l'unité de formation et de recherche et du directeur général du centre hospitalier universitaire où ils sont affectés, donné après avis favorable du conseil de l'unité de formation et de recherche et de la commission médicale d'établissement concernés.

Art. 48 *(Décr. n° 92-133 du 11 févr. 1992, art. 4)* Des concours nationaux sont organisés pour chaque discipline par arrêté conjoint des ministres chargés de l'enseignement supérieur et de la santé :

(Décr. n° 2008-308 du 2 avr. 2008, art. 5) « 1° Un premier concours est ouvert, dans les disciplines cliniques et mixtes, aux chefs de clinique des universités-assistants des hôpitaux et aux anciens chefs de clinique des universités-assistants des hôpitaux, et dans les disciplines biologiques et mixtes, aux assistants hospitaliers universitaires et aux anciens assistants hospitaliers universitaires. Ce premier concours est également ouvert, pour l'ensemble des disciplines, aux praticiens hospitaliers universitaires et aux praticiens hospitaliers. Les candidats doivent justifier d'au moins un an d'exercice effectif de fonctions en l'une ou l'autre de ces qualités et être titulaires du diplôme d'études et de recherches en biologie humaine ou du doctorat d'État en biologie humaine ou de diplôme admis en équivalence et dont la liste est fixée par arrêté du ministre chargé de l'enseignement supérieur ; »

2° Un second concours portant sur un tiers au plus des emplois mis au recrutement est ouvert aux candidats *(Décr. n° 2003-142 du 21 févr. 2003, art. 8)* « qui ne remplissent pas les conditions fixées » au 1° ci-dessus et sont titulaires *(Décr. n° 95-986 du 31 août 1995, art. 6)* « de l'habilitation à diriger des recherches ou » du doctorat d'État ou du doctorat prévu par le décret n° 84-573 du 5 juillet 1984 *[V. désormais C. éduc., art. D. 613-6 s.]*, ou du doctorat de troisième cycle ou du diplôme de docteur ingénieur. Les diplômes et titres étrangers de niveau équivalent peuvent être admis en dispense des diplômes précités dans des conditions fixées par arrêté du *(Décr. n° 2001-952 du 18 oct. 2001, art. 22)* « ministre chargé de l'enseignement supérieur ».

Le pourcentage des postes ainsi mis au recrutement est défini pour chaque concours par discipline par les ministres chargés de l'enseignement supérieur et de la santé.

(Décr. n° 2003-142 du 21 févr. 2003, art. 8) « Les conditions de candidature mentionnées au présent article s'apprécient à la date limite d'envoi des dossiers de candidature fixée par arrêté des ministres chargés de l'enseignement supérieur et de la santé. »

Art. 48-1 *(Décr. n° 2006-593 du 23 mai 2006, art. 19)* Un concours national est organisé pour chaque discipline pharmaceutique par arrêté du ministre chargé de l'enseignement supérieur et du ministre chargé de la santé.

Les candidats à ce concours doivent, à la date de clôture de dépôt des candidatures, remplir les conditions suivantes :

1° Être titulaires d'un doctorat d'État ès sciences pharmaceutiques, d'un doctorat d'État en sciences, d'un doctorat ou d'un diplôme admis en équivalence et dont la liste est fixée par arrêté du ministre chargé de l'enseignement supérieur ;

2° Avoir exercé pendant au moins deux ans des fonctions de praticien hospitalier à temps plein ou à temps partiel, de maître de conférences, de professeur des universités, ou d'assistant hospitalier universitaire des disciplines pharmaceutiques.

Art. 49 *(Décr. n° 92-1239 du 23 nov. 1992, art. 2)* Les candidats non médecins reçus aux concours mentionnés à *(Décr. n° 2006-593 du 23 mai 2006, art. 20)* « l'article 48 du présent décret » peuvent exercer des fonctions hospitalières ne nécessitant pas d'actes médicaux dans les disciplines suivantes :

1° *(Décr. n° 2001-952 du 18 oct. 2001, art. 17)* « Cytologie et histologie ; »

2° *(Décr. n° 2001-952 du 18 oct. 2001, art. 17)* « Biophysique et médecine nucléaire » ; radiologie et imagerie médicale ;

3° Biochimie et biologie moléculaire ; biologie cellulaire ; nutrition ;

4° *(Décr. n° 2001-952 du 18 oct. 2001, art. 17)* « Bactériologie-virologie ; hygiène hospitalière ; parasitologie et mycologie ; »

5° *(Décr. n° 2001-952 du 18 oct. 2001, art. 17)* « Épidémiologie, économie de la santé et prévention ; biostatistiques, informatique médicale et technologies de communication ; »

6° *(Décr. n° 2001-952 du 18 oct. 2001, art. 17)* « Hématologie ; transfusion ; immunologie ; génétique ; »

7° *(Décr. n° 99-183 du 11 mars 1999, art. 6)* « Pharmacologie fondamentale-pharmacologie clinique ; »

8° *(Décr. n° 2001-952 du 18 oct. 2001, art. 17)* « Biologie et médecine du développement et de la reproduction ».

Art. 49-1 *(Décr. n° 2006-593 du 23 mai 2006, art. 21)* Les candidats non pharmaciens reçus au concours mentionné à l'article 48-1 peuvent exercer des fonctions hospitalières ne nécessitant pas d'accomplir d'actes pharmaceutiques ou de biologie médicale dans les disciplines suivantes :

1° Biochimie, biologie cellulaire et moléculaire ; génétique moléculaire, génomique et protéomique ;

2° Physiologie et physiopathologie, biologie du développement et de la reproduction ;

3° Biotechnologies ;

4° Pharmacochimie des produits naturels, synthétiques et biosynthétiques ;

5° Droit pharmaceutique, économie de la santé ;

6° Instrumentation analytique ;

7° Chimie physique appliquée à la technologie pharmaceutique et au médicament ;

8° Biostatistiques et bioinformatique ; biophysique ; protéomique structurale ;

9° Santé publique, environnement, hygiène ;

10° Nutrition ;

11° Bactériologie-virologie ; parasitologie-mycologie ; immunologie ;

12° Pharmacologie ; toxicologie.

Art. 50 Chaque candidat peut se présenter à trois concours.

(Décr. n° 87-622 du 3 août 1987, art. 8) « Toute candidature retirée avant le début des épreuves n'est pas prise en compte pour l'application du présent article. »

Un arrêté conjoint des ministres respectivement chargés de l'enseignement supérieur et de la santé fixe les modalités de dépôt des candidatures et de constitution des dossiers.

Art. 51 *(Décr. n° 2008-308 du 2 avr. 2008, art. 7)* « Les candidatures sont examinées par des jurys formés des membres, selon le cas, de la sous-section, de la section ou de l'intersection du *(Décr. n° 2019-1108 du 30 oct. 2019, art. 9)* « Conseil national des universités pour les disciplines de santé » dont l'emploi relève. Ils sont présidés par le président de la sous-section, de la section ou de l'intersection. »

(Décr. n° 87-622 du 3 août 1987, art. 8) « Les conditions de fonctionnement de ces jurys sont fixées par arrêté des ministres chargés de l'enseignement supérieur et de la santé.

« Les membres des jurys qui perdent la qualité de membre du *(Décr. n° 2019-1108 du 30 oct. 2019, art. 9)* « Conseil national des universités pour les disciplines de santé » après la date fixée pour le début des épreuves continuent à siéger au sein du jury jusqu'à la fin des opérations du concours. »

Art. 52 *(Décr. n° 87-622 du 3 août 1987, art. 8)* « Le jury » apprécie les titres universitaires, les travaux de recherche *(Décr. n° 2001-952 du 18 oct. 2001, art. 18)* « , d'expertise » et, le cas échéant, les fonctions enseignantes et les services hospitaliers de chaque candidat. Celui-ci présente un exposé écrit de ses titres et travaux accompagné de toutes pièces justificatives.

Pour chaque dossier le président désigne deux rapporteurs qui déposent chacun un rapport écrit. *(Décr. n° 87-622 du 3 août 1987, art. 8)* « Le jury » examine les rapports et entend les rapporteurs.

(Décr. n° 92-1239 du 23 nov. 1992, art. 3) « Chaque candidat fait ensuite devant le jury une présentation orale de ses travaux, suivie d'une discussion avec les membres du jury et d'un exposé destiné à évaluer ses aptitudes didactiques et dont le thème est fixé par le jury en rapport avec ses travaux personnels.

« Dans certaines disciplines dont la liste est fixée par arrêté conjoint des ministres chargés de l'enseignement supérieur et de la santé, le candidat doit également satisfaire à une épreuve pédagogique pratique adaptée à la discipline dans laquelle il concourt.

« Les modalités d'organisation et la durée des épreuves mentionnées aux deux alinéas précédents sont fixées par arrêté conjoint des ministres chargés de l'enseignement supérieur et de la santé. »

(Décr. n° 99-183 du 11 mars 1999, art. 7) « Le jury arrête par ordre alphabétique la liste des candidats admis. »

La liste est publiée au *Journal officiel* de la République française.

(Décr. n° 2008-308 du 2 avr. 2008, art. 8) « Dans le cas où la discipline hospitalière de l'emploi diffère de la discipline universitaire, un candidat ne peut être inscrit sur la liste d'admission qu'avec l'accord, selon le cas, de la sous-section ou de la section du *(Décr. n° 2019-1108 du 30 oct. 2019, art. 9)* « Conseil national des universités pour les disciplines de santé » compétente pour la discipline hospitalière. »

Art. 53 Chaque candidat inscrit sur la liste d'admission peut postuler à un ou plusieurs des emplois mis au concours. *(Décr. n° 87-622 du 3 août 1987, art. 8)* « Les candidatures sont soumises au conseil de l'unité de formation et de recherche et à la commission médicale d'établissement. »

Le directeur de l'unité de formation et de recherche transmet les différents avis au *(Décr. n° 2001-952 du 18 oct. 2001, art. 22)* « ministre chargé de l'enseignement supérieur » et le *(Décr. n° 99-183 du 11 mars 1999, art. 15)* « directeur du centre hospitalier universitaire » les transmet au ministre chargé de la Santé.

Les deux ministres procèdent conjointement aux nominations.

(Décr. n° 87-622 du 3 août 1987, art. 8) « Si, après un premier tour de candidatures et de nominations, tous les emplois n'ont pas été pourvus, il est procédé à un deuxième tour. »

Art. 54 Les maîtres de conférences des universités-praticiens hospitaliers *(Décr. n° 2006-593 du 23 mai 2006, art. 22)* « et les maîtres de conférences des universités-praticiens hospitaliers des disciplines pharmaceutiques » sont nommés en qualité de stagiaires.

Après un stage d'un an, ils sont *(Décr. n° 87-622 du 3 août 1987, art. 8)* « après avis du conseil de l'unité de formation et de recherche et de la commission médicale d'établissement », soit titularisés, soit admis à effectuer une dernière année de stage, soit réintégrés dans leur corps d'origine, soit licenciés.

Lors de la titularisation, le stage est pris en considération pour l'avancement dans la limite d'un an.

Art. 54-1 *Abrogé par Décr. n° 2009-462 du 23 avr. 2009, art. 18.*

Art. 54-2 *(Décr. n° 2008-308 du 2 avr. 2008, art. 9)* I. — Lors de leur titularisation, les maîtres de conférences des universités-praticiens hospitaliers et les maîtres de conférences des universités-praticiens hospitaliers des disciplines pharmaceutiques bénéficient d'un classement hospitalier prenant en compte la durée des fonctions ci-dessous énumérées :

1° Fonctions de chef de clinique des universités-assistant des hôpitaux, assistant hospitalier universitaire, assistant hospitalier universitaire des disciplines pharmaceutiques, praticien hospitalier universitaire, praticien hospitalier à temps plein et à temps partiel, médecin, biologiste ou pharmacien du service de santé des armées ;

2° Fonctions de médecin, biologiste ou pharmacien dans des *(Décr. n° 2016-1645 du 1er déc. 2016, art. 4)* « établissements de santé privés habilités à assurer le service public hospitalier » et dans des organismes ou établissement de transfusion sanguine ;

3° Fonctions hospitalières équivalentes à celles mentionnées au 1° du présent article, exercées dans des établissements d'un État membre de la Communauté européenne ou d'un État partie à l'accord sur l'Espace économique européen, autre que la France, dont les missions sont comparables à celles des établissements assurant le service public hospitalier.

II. — Ces fonctions sont retenues à raison de la moitié de leur durée jusqu'à douze ans et à raison du quart au-delà de cette durée et à la condition qu'elles aient été accomplies à raison d'une quotité de temps de travail équivalente à au moins la moitié d'un temps plein.

Art. 55 L'inscription sur la liste d'admission mentionnée à l'article 52 non suivie d'une nomination ne confère aucun droit à l'intéressé.

Art. 56 *(Décr. n° 2019-541 du 29 mai 2019, art. 3)* « L'avancement d'échelon des maîtres de conférences des universités-praticiens hospitaliers et des maîtres de conférences des universités-praticiens hospitaliers des disciplines pharmaceutiques est prononcé par arrêté des ministres chargés de l'enseignement supérieur et de la santé, selon les durées de service figurant dans le tableau suivant : »

Tableau issu du Décr. n° 2019-541 du 29 mai 2019, art. 3.

Grades et échelons	Durée
Hors classe	
Échelon exceptionnel	-
6e échelon	-
5e échelon	5 ans
4e échelon	1 an
3e échelon	1 an
2e échelon	1 an
1e échelon	1 an
1re classe	
6e échelon	-
5e échelon	2 ans 10 mois
4e échelon	2 ans 10 mois
3e échelon	3 ans 6 mois
2e échelon	2 ans 10 mois
1re échelon	2 ans 10 mois
2e classe	
3e échelon	-
2e échelon	2 ans 10 mois
1er échelon	2 ans

(Décr. n° 2006-593 du 23 mai 2006, art. 24) « Les maîtres de conférences des universités-praticiens hospitaliers et les maîtres de conférences des universités-praticiens hospitaliers des disciplines pharmaceutiques qui ont exercé, pendant une durée d'au moins trois ans, un mandat de président ou de directeur d'établissement public d'enseignement supérieur bénéficient, sur leur demande, d'une bonification d'ancienneté d'une durée égale à 60 % de la durée effective d'un seul mandat. Cette bonification est prise en compte pour l'avancement d'échelon. Elle ne peut être accordée à un maître de conférences des universités-praticien hospitalier ou à un maître de conférences des universités-praticien hospitalier des disciplines pharmaceutiques qu'une seule fois.

« La bonification prend effet le premier jour du mois suivant la demande. »

Art. 57 Peuvent être promus à la première classe les maîtres de conférences des universités-praticiens hospitaliers de deuxième classe qui ont atteint au moins le deuxième échelon de leur classe.

L'avancement à la première classe est prononcé par les ministres respectivement chargés de l'enseignement supérieur et de la santé sur proposition de la section compétente du *(Décr. n° 2019-1108 du 30 oct. 2019, art. 9)* « Conseil national des universités pour les disciplines de santé ».

(Décr. n° 99-183 du 11 mars 1999, art. 8) « Cette proposition est formulée après avis du conseil de l'unité de formation et de recherche médicale sur l'ensemble des membres du corps remplissant, dans chaque section, les conditions nécessaires pour être promus. »

(Décr. n° 2019-541 du 29 mai 2019, art. 4) « Le nombre maximum de fonctionnaires pouvant être promus chaque année dans chacun des grades d'avancement du corps est déterminé conformément aux dispositions du décret n° 2005-1090 du 1er septembre 2005 relatif à l'avancement de grade dans les corps des administrations de l'État. »

Art. 57-1 *(Décr. n° 90-134 du 13 févr. 1990, art. 7)* L'avancement de la première classe à la hors-classe du corps des maîtres de conférences des universités-praticiens hospitaliers est prononcé dans les conditions prévues à l'article 57.

Peuvent seuls être promus à la hors-classe les maîtres de conférences des universités-praticiens hospitaliers parvenus au 4e échelon de la première classe et ayant accompli au moins cinq ans de services en position d'activité dans ce corps ou en position de détachement pour exercer des fonctions d'enseignant-chercheur.

Les maîtres de conférences des universités-praticiens hospitaliers de la première classe promus à la hors-classe sont classés à l'échelon comportant un indice de rémunération égal ou, à défaut, immédiatement supérieur à celui qu'ils détenaient dans leur grade d'origine.

Lorsque l'application des dispositions du présent article n'entraîne pas d'augmentation de traitement, les intéressés conservent l'ancienneté qu'ils avaient acquise dans la limite de l'ancienneté exigée pour une promotion à l'échelon supérieur dans leur nouveau grade.

Art. 57-1-1 *(Décr. n° 2019-541 du 29 mai 2019, art. 6)* Peuvent accéder au choix à l'échelon exceptionnel de la hors-classe, dans la limite d'un pourcentage des effectifs du corps des maîtres de conférences des universités-praticiens hospitaliers fixé par arrêté conjoint des ministres chargés de l'enseignement supérieur, de la santé, de la fonction publique et du budget, les maîtres de conférences des universités-praticiens hospitaliers hors classe justifiant d'au moins trois ans de services effectifs dans le 6e échelon de ce même grade. L'avancement est prononcé dans les conditions prévues aux deuxième et troisième alinéas de l'article 57.

Art. 57-2 *(Décr. n° 2008-308 du 2 avr. 2008, art. 10)* Les dispositions *(Décr. n° 2019-541 du 29 mai 2019, art. 7)* « des articles 57, 57-1 et 57-1-1 » du présent décret sont applicables aux maîtres de conférences des universités-praticiens hospitaliers des disciplines pharmaceutiques. Toutefois, la section et l'unité de formation et de recherche compétentes sont celles de la discipline pharmaceutique dont relèvent les intéressés.

CHAPITRE III *Dispositions particulières aux professeurs des universités-praticiens hospitaliers*

Art. 58 *(Décr. n° 2006-593 du 23 mai 2006, art. 25)* « Le corps des professeurs des universités-praticiens hospitaliers et le corps des professeurs des universités-praticiens hospitaliers des disciplines pharmaceutiques comprennent : »

(Décr. n° 2019-541 du 29 mai 2019, art. 8) « Une deuxième classe comportant sept échelons ; »

Une première classe comportant trois échelons ;

Une classe exceptionnelle comportant deux échelons.

Art. 59 Les professeurs des universités-praticiens hospitaliers *(Décr. n° 2006-593 du 23 mai 2006, art. 26)* « et les professeurs des universités-praticiens hospitaliers des disciplines pharmaceutiques » sont recrutés et promus selon les procédures définies au présent chapitre.

Art. 60 *(Décr. n° 2006-593 du 23 mai 2006, art. 27)* Les ministres chargés de l'enseignement supérieur et de la santé publient les vacances d'emploi de professeurs des universités-praticiens hospitaliers et de professeurs des universités-praticiens hospitaliers des disciplines pharmaceutiques.

Ces emplois sont offerts aux professeurs des universités-praticiens hospitaliers et aux professeurs des universités-praticiens hospitaliers des disciplines pharmaceutiques candidats à une mutation. Les mutations sont prononcées par les ministres précités, après avis du conseil de l'unité de formation et de recherche et de la commission médicale d'établissement.

Les changements d'unité de formation et de recherche, les changements de centre hospitalier et universitaire et les affectations à un emploi dont l'intitulé soit hospitalier, soit universitaire est différent, sont effectués par voie de mutation.

S'ils ne justifient pas de trois ans de fonctions en position d'activité dans un même centre hospitalier et universitaire, les professeurs des universités-praticiens hospitaliers et les professeurs des universités-praticiens hospitaliers des disciplines pharmaceutiques ne peuvent obtenir une mutation dans un autre centre hospitalier et universitaire qu'avec l'accord du directeur de l'unité de formation et de recherche et du directeur général du centre hospitalier universitaire où ils sont affectés, donné après avis favorables du conseil de l'unité de formation et de recherche et de la commission médicale d'établissement concernés.

Art. 61 *(Décr. n° 92-133 du 11 févr. 1992, art. 6)* Des concours nationaux sont organisés pour chaque discipline par arrêté conjoint des ministres chargés de l'enseignement supérieur et de la santé.

Peuvent faire acte de candidature :

1° Dans les disciplines biologiques et mixtes, les maîtres de conférences des universités-praticiens hospitaliers justifiant d'au moins deux ans de fonctions effectives en cette qualité ;

2° Dans les disciplines cliniques et dans les disciplines mixtes figurant sur une liste fixée par arrêté du *(Décr. n° 2001-952 du 18 oct. 2001, art. 22)* « ministre chargé de l'enseignement supérieur » et du ministre chargé de la santé, les chefs de clinique des universités-assistants des hôpitaux, les anciens chefs de clinique des universités-assistants des hôpitaux, *(Décr. n° 2001-952 du 18 oct. 2001, art. 19)* « les praticiens hospitaliers universitaires, les anciens praticiens hospitaliers universitaires et les maîtres de conférences des universités-praticiens hospitaliers », ayant au moins deux ans de fonctions effectives en l'une ou l'autre de ces qualités.

(Décr. n° 99-183 du 11 mars 1999, art. 10) « Ces concours sont ouverts aux candidats titulaires de l'habilitation à diriger des recherches ou du doctorat d'État. Ils doivent, en outre, avoir satisfait à l'obligation de mobilité définie à l'article 61-1. »

Les diplômes et titres étrangers de niveau équivalent peuvent être admis en dispense des diplômes mentionnés à l'alinéa précédent dans des conditions fixées par arrêté du *(Décr. n° 2001-952 du 18 oct. 2001, art. 22)* « ministre chargé de l'enseignement supérieur ».

(Décr. n° 2003-142 du 21 févr. 2003, art. 10) « Les conditions de candidature mentionnées au présent article s'apprécient à la date limite d'envoi des dossiers de candidature fixée par arrêté des ministres chargés de l'enseignement supérieur et de la santé. »

Art. 61-1 *(Décr. n° 99-183 du 11 mars 1999, art. 11)* Pour satisfaire à l'obligation de mobilité mentionnée à l'article 61, les candidats doivent avoir exercé pendant un an au moins des activités de soins, d'enseignement ou de recherche, en France ou à l'étranger, en dehors du centre hospitalier et universitaire dans lequel ils sont affectés ou, pour les anciens chefs de cliniques des universités-assistants des hôpitaux et les anciens praticiens hospitaliers universitaires, dans lequel ils ont été affectés en dernier lieu. Les activités de soins dans des *(Décr. n° 2016-1645 du 1er déc. 2016, art. 4)* « établissements de santé privés qui ne sont pas habilités à assurer le service public hospitalier » ou en clientèle de ville ne sont pas prises en compte.

(Décr. n° 2003-142 du 21 févr. 2003, art. 11) « Les conditions dans lesquelles s'applique cette obligation de mobilité sont fixées par arrêté des ministres chargés de l'enseignement supérieur et de la santé. »

Art. 61-2 *(Décr. n° 2006-593 du 23 mai 2006, art. 28)* Un concours national est organisé pour chaque discipline pharmaceutique par arrêté du ministre chargé de l'enseignement supérieur et du ministre chargé de la santé.

Les candidats à ce concours doivent, à la date de dépôt des candidatures :

1° Être titulaires de l'habilitation à diriger des recherches, du doctorat d'État *ès* sciences pharmaceutiques ou du doctorat d'État en sciences. Les diplômes et titres étrangers de niveau équivalent peuvent, pour l'accès à ce concours, être admis en dispense de ces diplômes dans des conditions fixées par arrêté du ministre chargé de l'enseignement supérieur ;

2° Avoir la qualité de maître de conférences des universités-praticiens hospitaliers des disciplines pharmaceutiques et justifier d'au moins trois années de fonctions en position d'activité, de détachement ou de délégation dans ce corps ;

(Décr. n° 2008-308 du 2 avr. 2008, art. 12) « 3° Avoir satisfait à l'obligation de mobilité définie à l'article 61-1 du présent décret. »

Les candidats non pharmaciens, reçus à ce même concours, peuvent exercer des fonctions hospitalières ne nécessitant pas d'actes pharmaceutiques dans les disciplines énumérées à l'article 49-1 du présent décret.

Art. 62 *(Décr. n° 99-183 du 11 mars 1999, art. 12)* « Par dérogation aux dispositions des articles 61 » *(Décr. n° 2006-593 du 23 mai 2006, art. 29)* « et 61-2 » deux concours spéciaux sont réservés :

(Décr. n° 99-183 du 11 mars 1999, art. 12) « *a)* Le premier :

« Aux chercheurs titulaires et anciens chercheurs d'organismes publics à caractère scientifique, aux chercheurs et anciens chercheurs de l'Institut Pasteur et des centres de lutte contre le cancer ainsi que des centres ou établissements de transfusion sanguine des villes sièges de centres hospitaliers et universitaires et aux enseignants-chercheurs ne relevant pas du présent décret, justifiant de deux ans de fonctions effectives en l'une ou l'autre de ces qualités ; »

(Décr. n° 92-1239 du 23 nov. 1992, art. 4) « Aux candidats ayant exercé, durant au moins deux ans, dans un établissement étranger d'enseignement supérieur ou de recherche, des fonctions d'enseignement ou de recherche d'un niveau au moins équivalent à celles confiées aux maîtres de conférences.

« Les candidats à ce concours doivent être titulaires de l'habilitation à diriger des recherches ou du doctorat d'État. Les diplômes et titres étrangers de niveau équivalent peuvent être admis en dispense des diplômes précités dans des conditions fixées par arrêté du *(Décr. n° 2001-952 du 18 oct. 2001, art. 22)* « ministre chargé de l'enseignement supérieur ». Cet arrêté fixe également les conditions dans lesquelles est appréciée l'équivalence de fonctions mentionnée à l'alinéa précédent. »

(Décr. n° 2003-142 du 21 févr. 2003, art. 12) « *b)* Le second, aux praticiens hospitaliers régis par le décret n° 84-131 du 24 février 1984 susvisé *[portant statut des praticiens hospitaliers, V. désormais* ***CSP****]*, classés au moins au 6e échelon de leur corps au 1er janvier de l'année du concours, ayant exercé une activité enseignante universitaire dans les conditions prévues par leur statut particulier. »

(Décr. n° 87-622 du 3 août 1987, art. 9) « Pour l'ensemble des disciplines, le nombre total des emplois offerts à ces deux concours, fixé par arrêté conjoint des ministres chargés de l'enseignement supérieur et de la santé, ne peut être supérieur à un sixième des emplois mis aux concours. »

Les candidats non médecins, reçus aux concours mentionnés au *a* ne peuvent exercer de fonctions hospitalières que dans les disciplines énumérées à l'article 49.

(Décr. n° 2006-593 du 23 mai 2006, art. 29) « Les candidats non pharmaciens, reçus à ce même concours, peuvent exercer des fonctions hospitalières mentionnées à l'article 49-1 du présent décret. »

(Décr. n° 2003-142 du 21 févr. 2003, art. 12) « Les conditions de candidature mentionnées au présent article s'apprécient à la date limite d'envoi des dossiers de candidature fixée par arrêté des ministres chargés de l'enseignement supérieur et de la santé. »

Art. 63 Indépendamment des concours prévus aux articles 61 et 62 ci-dessus, un concours est réservé aux maîtres de conférences des universités-praticiens hospitaliers ayant dix ans d'ancienneté en cette qualité et titulaires de l'habilitation à diriger des recherches ou du doctorat d'État. Les diplômes et titres étrangers de niveau équivalent peuvent être admis en dispense des diplômes précités dans des conditions fixées par arrêté du *(Décr. n° 2001-952 du 18 oct. 2001, art. 22)* « ministre chargé de l'enseignement supérieur ».

Le nombre total des emplois offerts à ce concours est fixé par arrêté conjoint des ministres chargés de l'enseignement supérieur et de la santé et ne peut être supérieur au neuvième des emplois mis aux concours, pour l'ensemble des disciplines.

(Décr. n° 2003-142 du 21 févr. 2003, art. 13) « Les conditions de candidature mentionnées au présent article s'apprécient à la date limite d'envoi des dossiers de candidature fixée par arrêté des ministres chargés de l'enseignement supérieur et de la santé. »

Art. 63-1 *(Décr. n° 2008-308 du 2 avr. 2008, art. 13)* I. — Dans la limite de 5 % des recrutements dans les corps de professeurs des universités-praticiens hospitaliers et de professeurs des universités-praticiens hospitaliers des disciplines pharmaceutiques, des concours d'accès direct au grade de professeur des universités-praticien hospitalier de 1re classe ou au grade de professeur des universités-praticien hospitalier de 1re classe des disciplines pharmaceutiques peuvent être ouverts aux candidats n'ayant pas la qualité de membre du personnel enseignant et hospitalier titulaire ou non titulaire, de fonctionnaire ou d'agent public et ayant exercé pendant cinq ans au moins des fonctions soit d'enseignement, soit de recherche, soit de soins.

La durée de ces fonctions ne peut être prise en compte que si les intéressés n'avaient pas, lorsqu'ils les exerçaient, la qualité de membre du personnel enseignant et hospitalier titulaire ou non titulaire, de fonctionnaire ou d'agent public.

II. — Dans la limite de 2 % des recrutements dans les corps de professeurs des universités-praticiens hospitaliers et de professeurs des universités-praticiens hospitaliers des disciplines pharmaceutiques, des concours d'accès direct au grade de professeur des universités-praticien hospitalier de classe exceptionnelle ou au grade de professeur des universités-praticien hospitalier de classe exceptionnelle des disciplines pharmaceutiques peuvent être ouverts aux candidats n'ayant pas la qualité de membre du personnel enseignant et hospitalier titulaire ou non titulaire, de fonctionnaire ou d'agent public et ayant exercé pendant huit ans au moins des fonctions soit d'enseignement, soit de recherche, soit de soins.

La durée de ces fonctions ne peut être prise en compte que si les intéressés n'avaient pas, lorsqu'ils les exerçaient, la qualité de membre du personnel enseignant et hospitalier titulaire ou non titulaire, de fonctionnaire ou d'agent public.

III. – Les candidats aux concours prévus aux I et II du présent article doivent être titulaires, au 1er janvier de l'année du concours, de l'un des diplômes ou titres mentionnés, selon le cas, aux articles 61 et 61-2 du présent décret.

Les diplômes ou titres étrangers de niveau équivalent peuvent, pour l'accès à ces concours, être admis en dispense de ces diplômes dans des conditions fixées par arrêté du ministre chargé de l'enseignement supérieur.

Art. 64 Chaque candidat peut se présenter à quatre concours. *(Décr. nº 87-622 du 3 août 1987, art. 9)* « Toute candidature retirée avant le début des épreuves n'est pas prise en compte pour l'application du présent article. »

Art. 65 Un arrêté conjoint des ministres respectivement chargés de l'enseignement supérieur et de la santé fixe les modalités de dépôt des candidatures et de constitution des dossiers.

Art. 66 *(Décr. nº 2008-308 du 2 avr. 2008, art. 14)* « Les candidatures sont examinées par des jurys formés des membres, selon le cas, de la sous-section, de la section ou de l'intersection du *(Décr. nº 2019-1108 du 30 oct. 2019, art. 9)* « Conseil national des universités pour les disciplines de santé » dont l'emploi relève. Ils sont présidés, selon le cas, par le président de la sous-section, de la section ou de l'intersection. »

(Décr. nº 87-622 du 3 août 1987, art. 9) « Les conditions de fonctionnement de ces jurys sont fixées par arrêté des ministres respectivement chargés de l'enseignement supérieur et de la santé.

« Les membres des jurys qui perdent la qualité de membre du *(Décr. nº 2019-1108 du 30 oct. 2019, art. 9)* « Conseil national des universités pour les disciplines de santé » après la date fixée pour le début des épreuves continuent à siéger au sein du jury jusqu'à la fin des opérations du concours. »

Art. 67 *(Décr. nº 87-622 du 3 août 1987, art. 9)* « Le jury » examine les candidatures et arrête la liste d'admission aux emplois de professeur des universités-praticien hospitalier *(Décr. nº 2006-593 du 23 mai 2006, art. 30)* « ou de professeur des universités-praticien hospitalier des disciplines pharmaceutiques » selon la procédure définie à l'article 52.

Art. 68 Les professeurs des universités-praticiens hospitaliers *(Décr. nº 2006-593 du 23 mai 2006, art. 31)* « et les professeurs des universités-praticiens hospitaliers des disciplines pharmaceutiques » sont nommés par décret du Président de la République.

Les emplois sont pourvus suivant la procédure définie à l'article 53.

Art. 69 L'inscription sur la liste d'admission mentionnée à l'article 67 non suivie d'une nomination ne confère aucun droit à l'intéressé.

Art. 69-1 *(Décr. nº 2008-308 du 2 avr. 2008, art. 15)* Lors de leur nomination, les professeurs des universités-praticiens hospitaliers et les professeurs des universités-praticiens hospitaliers des disciplines pharmaceutiques bénéficient d'un classement hospitalier prenant en compte la durée des fonctions ci-dessous énumérées :

1° Fonctions de maître de conférences des universités-praticien hospitalier, maître de conférences des universités-praticien hospitalier des disciplines pharmaceutiques, praticien hospitalier universitaire, praticien hospitalier à temps plein et à temps partiel, médecin, biologiste ou pharmacien du service de santé des armées ;

2° Fonctions de médecin, biologiste ou pharmacien dans des *(Décr. nº 2016-1645 du 1er déc. 2016, art. 4)* « établissements de santé privés habilités à assurer le service public hospitalier » et dans des organismes ou établissement de transfusion sanguine ;

3° Fonctions hospitalières équivalentes à celles mentionnées au 1° du présent article, exercées dans des établissements d'un État membre de la Communauté européenne ou d'un État partie à l'accord sur l'Espace économique européen, autre que la France, dont les missions sont comparables à celles des établissements assurant le service public hospitalier.

Ces fonctions sont retenues à raison de la moitié de leur durée jusqu'à douze ans et à raison du quart au-delà de cette durée, à la condition qu'elles aient été accomplies à raison d'une quotité de temps de travail équivalente à au moins la moitié d'un temps plein.

Art. 70 *(Décr. nº 92-298 du 30 mars 1992, art. 1er)* L'avancement d'échelon dans la première et la deuxième classe du corps des professeurs des universités-praticiens hospitaliers *(Décr. nº 2006-593 du 23 mai 2006, art. 32)* « et du corps des professeurs des universités-praticiens hospitaliers des disciplines pharmaceutiques » est prononcé par arrêté des ministres respectivement chargés de l'enseignement supérieur et de la santé, à l'ancienneté, selon les durées de service figurant dans le tableau suivant :

Tableau issu du Décr. nº 2019-541 du 29 mai 2019, art. 9.

Grades et échelons	Durée
1re classe	
3e échelon	-
2e échelon	4 ans 4 mois
1er échelon	4 ans 4 mois
2e classe	
7e échelon	-
6e échelon	3 ans 6 mois
5e échelon	5 ans
4e échelon	1 an
3e échelon	1 an
2e échelon	1 an
1er échelon	1 an

(Décr. nº 2006-593 du 23 mai 2006, art. 32) « Les professeurs des universités-praticiens hospitaliers et les professeurs des universités-praticiens hospitaliers des disciplines pharmaceutiques qui ont exercé, pendant une durée d'au moins trois ans, un mandat de président ou de directeur d'établissement public d'enseignement supérieur bénéficient, sur leur demande, d'une bonification d'ancienneté d'une durée égale à 60 % de la durée effective d'un seul mandat. Cette bonification est prise en compte pour l'avancement d'échelon. Elle ne peut être accordée à un professeur des universités-praticien hospitalier ou à un professeur des universités-praticien hospitalier des disciplines pharmaceutiques qu'une seule fois. »

(Décr. nº 2003-142 du 21 févr. 2003, art. 14) « La bonification prend effet le premier jour du mois suivant la demande. »

Art. 70-1 *(Décr. nº 92-298 du 30 mars 1992, art. 2)* L'avancement de la deuxième classe à la première classe des professeurs des universités-praticiens hospitaliers est prononcé par arrêté des ministres respectivement chargés de l'enseignement supérieur et de la santé, après avis du conseil de l'unité de formation et de recherche médicale, sur proposition de la section compétente du *(Décr. nº 2019-1108 du 30 oct. 2019, art. 9)* « Conseil national des universités pour les disciplines de santé ».

Les professeurs des universités-praticiens hospitaliers de deuxième classe promus en première classe sont classés à l'échelon comportant un indice de rémunération égal ou, à défaut, immédiatement supérieur à celui qu'ils détenaient dans leur grade d'origine.

Lorsque l'application des dispositions du présent article n'entraîne pas d'augmentation de traitement, les intéressés conservent l'ancienneté d'échelon qu'ils avaient acquise dans la limite de l'ancienneté exigée pour une promotion à l'échelon supérieur dans leur nouveau grade.

La rémunération universitaire des professeurs des universités-praticiens hospitaliers classés au deuxième échelon de la première classe est fixée conformément à la réglementation applicable aux emplois de l'État classés hors échelles.

(Décr. n° 2019-541 du 29 mai 2019, art. 10) « Le nombre maximum de fonctionnaires pouvant être promus chaque année dans chacun des grades d'avancement du corps est déterminé conformément aux dispositions du décret du 1er septembre 2005 précité. »

Art. 70-2 *(Décr. n° 92-298 du 30 mars 1992, art. 2)* L'effectif de chacun des échelons de la classe exceptionnelle du corps des professeurs des universités-praticiens hospitaliers ne peut être supérieur à 10 % de l'effectif total de ce corps.

L'avancement de la première classe à la classe exceptionnelle des professeurs des universités-praticiens hospitaliers et l'avancement du premier au deuxième échelon de la classe exceptionnelle sont prononcés dans les conditions prévues au premier alinéa de l'article 70-1 ci-dessus.

Peuvent seuls être promus au premier échelon de la classe exceptionnelle les professeurs des universités-praticiens hospitaliers de la première classe qui justifient d'au moins dix-huit mois d'ancienneté dans celle-ci.

Peuvent seuls être promus au deuxième échelon de la classe exceptionnelle les professeurs des universités-praticiens hospitaliers justifiant d'au moins dix-huit mois d'ancienneté dans le premier échelon de cette classe.

Toutefois, par dérogation aux dispositions des alinéas précédents, les professeurs des universités-praticiens hospitaliers ayant obtenu au titre de leur spécialité une des distinctions scientifiques dont la liste est fixée par arrêté conjoint des ministres chargés de l'enseignement supérieur, de la Santé et du budget peuvent être nommés hors contingent par arrêté des ministres respectivement chargés de l'enseignement supérieur et de la santé à l'un des deux échelons de la classe exceptionnelle, sur proposition du groupe de sections compétent du *(Décr. n° 2019-1108 du 30 oct. 2019, art. 9)* « Conseil national des universités pour les disciplines de santé », siégeant en formation restreinte aux présidents et premiers vice-présidents de section.

Art. 70-3 *(Décr. n° 2008-308 du 2 avr. 2008, art. 16)* Les dispositions des articles 70-1 et 70-2 du présent décret sont applicables aux professeurs des universités-praticiens hospitaliers des disciplines pharmaceutiques. Toutefois, la section, le groupe de sections et l'unité de formation et de recherche compétents sont ceux de la discipline pharmaceutique dont relèvent les intéressés.

Art. 71 Les professeurs associés de nationalité française *(Décr. n° 90-134 du 13 févr. 1990, art. 10)* « ou ressortissant de l'un des États membres des Communautés européennes » *(Décr. n° 99-183 du 11 mars 1999, art. 14)* « ou des autres États parties à l'accord sur l'Espace économique européen » qui ont accompli en cette qualité au moins *(Décr. n° 2001-952 du 18 oct. 2001, art. 20)* « trois ans » de services effectifs soit à temps plein, soit à temps partiel *(Décr. n° 87-622 du 3 août 1987, art. 9)* « peuvent faire acte de candidature aux concours mentionnés à l'article 61 *(Décr. n° 2006-593 du 23 mai 2006, art. 3)* « et à l'article 61-2 du présent décret ».

« Les candidats non médecins reçus aux concours précités ne peuvent exercer de fonctions hospitalières que dans les disciplines mentionnées à l'article 49. »

(Décr. n° 2006-593 du 23 mai 2006, art. 33) « Les candidats non pharmaciens reçus au concours mentionné à l'article 61-2 peuvent exercer des fonctions hospitalières dans les disciplines mentionnées à l'article 49-1 du présent décret. »

Art. 71-1 *(Décr. n° 2006-593 du 23 mai 2006, art. 34)* Les professeurs des universités-praticiens hospitaliers et les professeurs des universités-praticiens hospitaliers des disciplines pharmaceutiques admis à la retraite peuvent recevoir le titre de professeur émérite pour leurs fonctions universitaires par décision du conseil de l'unité de formation et de recherche en formation restreinte aux professeurs, prise à la majorité absolue des membres composant cette formation. Cette décision fixe la durée de l'éméritat. Les professeurs émérites peuvent diriger des séminaires, des thèses et participer à des jurys de thèse ou d'habilitation.

TITRE IV Dispositions diverses et transitoires

Art. 72 Les professeurs et les maîtres de conférences agrégés, médecins, chirurgiens, spécialistes ou biologistes des hôpitaux régis par le décret du 24 septembre 1960 susvisé *[n° 60-1030 portant statut du personnel enseignant et hospitalier des centres hospitaliers et universitaires, V.*

désormais ***CSP]***, en fonctions à la date d'effet du présent décret, sont intégrés dans le corps des professeurs des universités-praticiens hospitaliers selon le tableau de correspondance suivant :

Ancienne situation	**Nouvelle situation**
Professeur titulaire et professeur titulaire à titre personnel, médecin, chirurgien, spécialiste ou biologiste des hôpitaux :	Professeurs des universités-praticiens hospitaliers :
Classe exceptionnelle :	Classe exceptionnelle :
1er échelon	1er échelon.
2e échelon	2e échelon.
Classe normale	1re classe :
1er échelon	1er échelon.
2e échelon	2e échelon.
3e échelon	3e échelon.
Maître de conférences ou professeur sans chaire, médecin, chirurgien, spécialiste ou biologiste des hôpitaux :	2e classe :
1er échelon	1er échelon.
2e échelon	2e échelon.
3e échelon	3e échelon.
4e échelon	4e échelon.
5e échelon	5e échelon.
6e échelon	6e échelon.

Ils conservent l'ancienneté d'échelon acquise dans leur corps d'origine.

Art. 73 Pendant une durée de cinq ans à partir du 1er octobre 1985, les chefs de travaux des universités assistants des hôpitaux, nommés en application du décret du 24 septembre 1960 susvisé *[nº 60-1030 portant statut du personnel enseignant et hospitalier des centres hospitaliers et universitaires, V. désormais CSP]*, sont intégrés, sur leur demande, dans le corps des maîtres de conférences des universités praticiens hospitaliers à la deuxième classe ou à la première classe et à un échelon comportant un indice égal ou à défaut immédiatement supérieur à celui détenu dans leur corps d'origine. L'ancienneté d'échelon acquise dans le corps d'origine est maintenue lorsque le reclassement se fait à indice égal. Les intégrations sont prononcées dans la limite des emplois budgétaires et en fonction de l'ancienneté d'échelon.

Les chefs de travaux des universités assistants des hôpitaux, non intégrés dans le corps de maîtres de conférences des universités praticiens hospitaliers en application des dispositions de l'alinéa précédent constituent un corps en voie d'extinction. Ils prennent l'appellation de chefs de travaux des universités praticiens hospitaliers. Ils demeurent régis par les dispositions réglementaires en vigueur à la date de publication du présent décret, sous réserve, en ce qui concerne les obligations de service, de l'application des dispositions de l'article 4. Le régime disciplinaire des intéressés est fixé par les dispositions des articles 19 à 25.

Pendant six ans à compter de la date d'effet du présent décret, les maîtres de conférences des universités praticiens hospitaliers et les chefs de travaux des universités praticiens hospitaliers peuvent se présenter aux concours de professeur des universités praticien hospitalier mentionnés à l'article 61, sans remplir les conditions fixées audit article.

Art. 74 Les membres des personnels intégrés en qualité de professeur des universités praticiens hospitaliers ou en qualité de maître de conférences des universités par application des articles 72 et 73, sont reclassés dans les échelles de rémunération hospitalière dans des conditions fixées par arrêté conjoint des ministres chargés de la santé, de la sécurité sociale, du budget et de l'enseignement supérieur.

Art. 75 Les membres des personnels qui, à la date d'effet du présent décret, sont inscrits sur une des listes d'aptitudes aux fonctions de maître de conférences agrégé médecin, chirurgien, spécialiste ou biologiste des hôpitaux prévues à l'article 67-1 du décret du 24 septembre 1960 susvisé *[nº 60-1030 portant statut du personnel enseignant et hospitalier des centres hospitaliers et universitaires]*, demeurent inscrits sur cette liste jusqu'à l'expiration du délai de trois ans mentionné à l'avant-dernier alinéa de l'article 67-5 dudit décret.

Pendant ce délai, et à condition d'être âgés de moins de quarante-cinq ans au 1er janvier de l'année, ils peuvent être nommés en qualité de professeur des universités praticien hospitalier, dans les conditions déterminées à l'article 68, concurremment avec les candidats reçus aux concours prévus à l'article 61.

Art. 76 Pendant une durée de six ans à compter de la date d'effet du présent décret, les chefs de clinique des universités assistants des hôpitaux et les anciens chefs de clinique des universités assistants des hôpitaux ayant exercé pendant deux ans au moins en cette qualité et âgés de moins de quarante-cinq ans au 1er janvier de l'année du concours peuvent se présenter aux concours organisés en application de l'article 61 pour le recrutement de professeurs des universités praticiens hospitaliers, sans remplir les conditions fixées audit article.

Art. 77 Les assistants des universités assistants des hôpitaux en fonctions à la date d'effet du présent décret demeurent régis par les dispositions du décret du 24 septembre 1960 susvisé *[nº 60-1030 portant statut du personnel enseignant et hospitalier des centres hospitaliers et universitaires, V. désormais* ***CSP****]*.

(Décr. nº 87-622 du 3 août 1987, art. 10) « Toutefois les dispositions des articles 20 à 25, 26-7, 26-8 et 26-9 leur sont applicables en tant qu'elles concernent les assistants hospitaliers universitaires. Les assistants des universités assistants des hôpitaux participent à l'élection des membres de la juridiction disciplinaire mentionnée au 6° de l'article 22. »

Il ne sera plus procédé au recrutement d'assistants des universités assistants des hôpitaux à compter de la date d'effet du présent décret.

Pendant trois ans à compter de la date d'effet du présent décret, les assistants des universités, assistants des hôpitaux, inscrits sur la liste d'aptitude aux fonctions de chefs de travaux au 1er octobre 1983, peuvent être nommés dans le corps des maîtres de conférences praticiens hospitaliers après avis de la commission de spécialité et d'établissement sur des emplois réservés à cet effet. Ils sont maintenus dans leurs emplois d'assistants des universités assistants des hôpitaux, en attendant leur nomination de maître de conférences des universités praticien hospitalier.

Art. 78 et 79 *Abrogés par Décr. nº 87-622 du 3 août 1987, art. 15.*

Art. 80 Les assistants des universités assistants des hôpitaux en fonctions à la date d'effet du présent décret, titulaires de l'un des diplômes mentionnés au 1° de l'article 48, peuvent être recrutés dans le corps des maîtres de conférences praticiens hospitaliers, dans la limite des emplois créés à cet effet, après inscription sur une liste d'aptitude dressée par la sous-section compétente du Conseil supérieur des universités. Le nombre total des inscrits sur cette liste, quelle que soit la date de leur inscription, ne peut excéder 110 % du nombre des emplois à pourvoir au cours de l'année universitaire suivante.

Ils sont maintenus dans leur emploi en attendant leur nomination dans le corps des maîtres de conférences des universités praticiens hospitaliers.

Les diplômes requis au 1° de l'article 48 ne sont pas exigés des assistants des universités assistants des hôpitaux ayant plus de quatre ans d'ancienneté à la date d'effet du présent décret.

(Décr. nº 87-622 du 3 août 1987, art. 10) « Pendant une période de six ans à compter de la même date les assistants des universités assistants des hôpitaux mentionnés au premier alinéa peuvent se présenter aux concours organisés par application de l'article 61 sans justifier des titres requis audit article dans les disciplines cliniques figurant sur une liste fixée par arrêté du *(Décr. nº 2001-952 du 18 oct. 2001, art. 22)* « ministre chargé de l'enseignement supérieur » et du ministre chargé de la Santé et dans les disciplines biologiques et mixtes. »

Art. 81 *Abrogé par Décr. nº 87-622 du 3 août 1987, art. 15.*

Art. 82 Pendant une période de six ans à compter de la date d'effet du présent décret :

1° Les praticiens du cadre hospitalier et les adjoints nommés en application du décret du 8 mars 1978 susvisé *[nº 78-257 portant statut des praticiens à plein temps des établissements d'hospitalisation publics autres que les hôpitaux locaux, V. désormais* ***CSP****]*, intégrés en qualité de praticien hospitalier par application de l'article 78 du décret du 24 février 1984 susvisé *[nº 84-131 portant statut des praticiens hospitaliers, V. désormais* ***CSP****]* et exerçant leurs fonctions dans un centre hospitalier et universitaire et les spécialistes du premier grade du cadre hospitalier d'anesthésie réanimation et d'hémobiologie transfusion des centres hospitaliers régionaux faisant partie des centres hospitaliers et universitaires, justifiant de quatre années au moins de fonctions en cette qualité, peuvent se présenter aux concours mentionnés à l'article 61 sans justifier des titres requis audit article ;

2° Les praticiens du cadre hospitalier et les adjoints mentionnés à l'alinéa précédent et les spécialistes des cadres hospitaliers temporaires d'anesthésiologie et d'hémobiologie peuvent se présenter aux concours de maîtres de conférences des universités praticiens hospitaliers mentionnés au 1° de l'article 48, sans justifier des titres requis audit article ;

3° Les membres des personnels mentionnés aux alinéas précédents qui ont achevé leur internat depuis dix ans au moins, et qui ont été précédemment inscrits sur la liste d'aptitude aux fonctions de maître de conférence agrégé, médecin, chirurgien, spécialiste ou biologiste des hôpitaux peuvent se présenter aux concours de professeur des universités praticien hospitalier prévus à l'article 61 sans justifier des titres requis audit article.

Art. 83 *(Décr. nº 2008-308 du 2 avr. 2008, art. 17)* Les directeurs de recherche régis par le décret nº 83-1260 du 30 décembre 1983 fixant les dispositions statutaires communes aux corps de fonctionnaires des établissements publics, scientifiques et technologiques, remplissant les conditions de fonctions, d'exercice, de diplômes et de titres prévues au *a* de l'article 62 du présent décret, peuvent être placés en position de détachement dans le corps des professeurs des universités-praticiens hospitaliers ou dans le corps des professeurs des universités-praticiens hospitaliers des disciplines pharmaceutiques, dans la limite de 10 % de l'effectif de chacun de ces corps. Le détachement est prononcé par le directeur général de l'établissement public scientifique et technologique concerné, après avis favorable, selon le cas, de la sous-section, de la section ou de l'intersection compétente du *(Décr. nº 2019-1108 du 30 oct. 2019, art. 9)* « Conseil national des universités pour les disciplines de santé », du conseil de l'unité de formation et de recherche médicale, pharmaceutique, ou mixte, médicale et pharmaceutique, et de la commission médicale d'établissement.

Le détachement s'effectue à équivalence de grade et à l'échelon comportant un indice égal ou, à défaut, immédiatement supérieur à celui dont l'intéressé bénéficiait dans son corps d'origine. Les directeurs de recherche détachés conservent, dans les limites de l'ancienneté exigée pour accéder à l'échelon supérieur, l'ancienneté d'échelon qu'ils avaient acquise et, le cas échéant, le bénéfice, à titre personnel, de leur indice antérieur.

Les directeurs de recherche détachés concourent pour les avancements de grade et d'échelon dans le corps des professeurs des universités-praticiens hospitaliers ou dans le corps des professeurs des universités-praticiens hospitaliers des disciplines pharmaceutiques avec l'ensemble des membres de chacun de ces corps.

Il ne peut être mis fin avant son terme à un détachement dans le corps des professeurs des universités-praticiens hospitaliers ou dans le corps des professeurs des universités-praticiens hospitaliers des disciplines pharmaceutiques qu'à la demande de l'intéressé ou après avis favorable des instances mentionnées ci-dessus.

Les directeurs de recherche placés en position de détachement en qualité de professeur des universités-praticien hospitalier ou de professeur des universités-praticien hospitalier des disciplines pharmaceutiques peuvent être intégrés sur leur demande dans l'un de ces corps à l'issue d'un délai d'un an. L'intégration est prononcée après avis du conseil de l'unité de formation et de recherche médicale, pharmaceutique, ou mixte, médicale et pharmaceutique, et de la commission médicale d'établissement.

Les bénéficiaires des dispositions prévues à l'alinéa précédent sont nommés soit au grade et à l'échelon occupés par eux en position de détachement, soit, si cette situation leur est plus favorable, au grade et à l'échelon comportant un indice égal ou, à défaut, immédiatement supérieur à celui qu'ils avaient atteint dans leurs corps d'origine au moment de leur intégration. Ils conservent l'ancienneté d'échelon qu'ils ont acquise et, le cas échéant, le bénéfice, à titre personnel, de l'indice antérieur mentionné ci-dessus. Les services effectifs accomplis dans le corps d'origine sont assimilés à des services effectifs accomplis dans le corps d'intégration.

Les directeurs de recherche non médecins détachés ou intégrés peuvent exercer des fonctions hospitalières ne nécessitant pas d'actes médicaux dans les disciplines visées à l'article 49 du présent décret.

Les directeurs de recherche non pharmaciens détachés ou intégrés peuvent exercer des fonctions hospitalières ne nécessitant pas d'actes pharmaceutiques dans les disciplines mentionnées à l'article 49-1 du présent décret.

Art. 84 *(Décr. n° 88-652 du 6 mai 1988, art. 9)* Pour l'application du deuxième alinéa de l'article 26 ci-dessus, les fonctions d'assistant des universités assistant des hôpitaux sont assimilées aux fonctions d'assistant hospitalier universitaire.

Art. 85 Les recrutements de maîtres de conférences agrégés, médecins, chirurgiens, spécialistes ou biologistes des hôpitaux, organisés au cours de l'année 1984 restent régis par les dispositions réglementaires en vigueur à la date d'ouverture des recrutements. Les candidats admis sont nommés en qualité de professeur des universités praticiens hospitaliers.

Art. 86 Les membres du personnel enseignant et hospitalier des centres hospitaliers et universitaires qui, à la date de publication du présent décret, ont la qualité de chef de service continuent à exercer les responsabilités afférentes à ce titre jusqu'à la mise en place dans leur établissement des départements institués par la loi du 31 décembre 1970 susvisée *[n° 70-1318 portant réforme hospitalière, V. désormais L. n° 91-1406 du 31 déc. 1991 portant diverses dispositions d'ordre social]*.

Art. 87 Pour l'application des dispositions de l'article L. 16 du code des pensions civiles et militaires de retraite *[V.* ***C. fonct. publ.****]*, les assimilations servant à la détermination des nouveaux indices de traitement mentionnés à l'article L. 15 dudit code *[V.* ***C. fonct. publ.****]* sont opérées conformément au tableau figurant à l'article 72.

Art. 88 Les membres du personnel hospitalier et enseignant qui ont fait l'objet d'une mesure d'intégration avec effet différé dans l'un des corps régis par le décret du 24 septembre 1960 susvisé *[n° 60-1030 portant statut du personnel enseignant et hospitalier des centres hospitaliers et universitaires, V. désormais* ***CSP****]* par application des dispositions du chapitre II du titre III dudit décret, et qui, à la date d'effet du présent décret, n'ont pas demandé leur intégration effective, perdent le bénéfice de cette mesure.

Art. 89 Il est mis fin au recrutement des attachés assistants de sciences fondamentales régi par le décret du 2 décembre 1963 à compter de la date d'effet du présent décret.

Les attachés assistants en fonction à la date d'effet du présent décret et ne bénéficiant d'aucune autre activité rémunérée à l'exception des vacations hospitalières et d'enseignement sont maintenus en fonction.

Art. 90 Sont abrogés à compter de la date d'effet du présent décret :

1° Le chapitre III du titre Ier ainsi que les titres III et IV du décret du 24 septembre 1960 susvisé *[n° 60-1030 portant statut du personnel enseignant et hospitalier des centres hospitaliers et universitaires, V. désormais* ***CSP****]* ;

2° Les autres dispositions du décret du 24 septembre 1960 susvisé *[n° 60-1030 portant statut du personnel enseignant et hospitalier des centres hospitaliers et universitaires]* en tant qu'elles concernent les professeurs titulaires et les professeurs titulaires à titre personnel médecins, chirurgiens, spécialistes ou biologistes des hôpitaux, les professeurs sans chaire et les maîtres de conférences agrégés médecins, chirurgiens, spécialistes ou biologistes des hôpitaux ;

3° Les dispositions du décret du 7 septembre 1961 susvisé *[n° 61-1005 relatif à la fixation des conditions d'accès à la classe exceptionnelle de certains fonctionnaires relevant de la direction de l'enseignement supérieur]*, en tant qu'elles concernent les personnels relevant du présent décret.

Art. 91 Les dispositions du présent décret prennent effet à compter du 1er janvier 1985, à l'exception des dispositions des articles 80 et 86 qui prennent effet à la date de publication du présent décret.

Art. 91-1 *(Décr. n° 87-622 du 3 août 1987, art. 11)* Lorsque, pour l'application du présent décret, est demandé l'avis du conseil de l'unité de formation et de recherche et que ce conseil n'a pas été mis en place, cet avis est donné par le conseil de l'unité d'enseignement et de recherche ou l'organe qui en tient lieu.

Art. 91-2 *(Décr. n° 2008-308 du 2 avr. 2008, art. 19)* Les dispositions *(Décr. n° 2019-541 du 29 mai 2019, art. 11)* « du présent décret » peuvent être modifiées par décret en Conseil d'État.

Décret n° 84-431 du 6 juin 1984,

Fixant les dispositions statutaires communes applicables aux enseignants-chercheurs et portant statut particulier du corps des professeurs des universités et du corps des maîtres de conférences (Décr. n° 92-71 du 16 janv. 1992, art. 1er).

Art. 1er *(Décr. n° 92-71 du 16 janv. 1992, art. 2)* « Le présent décret fixe les dispositions statutaires communes applicables aux enseignants-chercheurs et constitue le statut particulier du corps des professeurs des universités et celui du corps des maîtres de conférences. »

(Décr. n° 2009-460 du 23 avr. 2009, art. 1er) « Les corps d'enseignants-chercheurs régis par le présent décret sont soumis aux dispositions du titre V du livre IX du code de l'éducation et, pour celles de leurs dispositions n'y dérogeant pas, aux dispositions de la loi du 13 juillet 1983 et de la loi du 11 janvier 1984 susvisées *[nos 83-634 et 84-16, V.* ***C. fonct. publ.****]* et des décrets pris pour leur application.

« Aucune distinction, directe ou indirecte, ne peut être faite entre les enseignants-chercheurs en raison de leur sexe.

« Toutefois des distinctions peuvent être faites entre les femmes et les hommes en vue de la désignation par les autorités qui en sont chargées des membres des jurys et des comités de sélection ou instances constituées pour le recrutement, la carrière *(Décr. n° 2014-997 du 2 sept. 2014, art. 1er)* « ou le suivi de carrière » des enseignants-chercheurs, afin de concourir à une représentation équilibrée des femmes et des hommes dans ces organes. »

(Décr. n° 2008-308 du 2 avr. 2008, art. 20) « Les personnels enseignants et hospitaliers des centres hospitaliers et universitaires restent régis par les dispositions statutaires prises en application des articles L. 952-21 à L. 952-23 du code de l'éducation. » Les enseignants chercheurs des corps des établissements d'enseignement supérieur dont la liste figure en annexe du présent texte demeurent soumis aux dispositions statutaires de ces corps.

Art. 2 *(Décr. n° 2009-460 du 23 avr. 2009, art. 2)* Les enseignants-chercheurs ont une double mission d'enseignement et de recherche. Ils concourent à l'accomplissement des missions du service public de l'enseignement supérieur prévues par l'article L. 123-3 du code de l'éducation ainsi qu'à l'accomplissement des missions de la recherche publique mentionnées à l'article L. 112-1 du code de la recherche.

Dans l'accomplissement des missions relatives à l'enseignement et à la recherche, ils jouissent, conformément aux dispositions de l'article L. 952-2 du code de l'éducation, d'une pleine indépendance et d'une entière liberté d'expression, sous les réserves que leur imposent, conformément aux traditions universitaires et aux dispositions du code de l'éducation, les principes de tolérance et d'objectivité.

Les enseignants-chercheurs ne peuvent être mutés que sur leur demande.

TITRE PREMIER Dispositions communes

CHAPITRE PREMIER *Droits et obligations*

Art. 3 *(Décr. n° 2009-460 du 23 avr. 2009, art. 3)* Les enseignants-chercheurs participent à l'élaboration, par leur recherche, et assurent la transmission, par leur enseignement, des connaissances au titre de la formation initiale et continue incluant, le cas échéant, l'utilisation des technologies de l'information et de la communication. Ils assurent la direction, le conseil, le tutorat et l'orientation des étudiants et contribuent à leur insertion professionnelle. Ils organisent leurs enseignements au sein d'équipes pédagogiques dans tous les cursus universitaires et en liaison avec les milieux professionnels. Ils établissent à cet effet une coopération avec les entreprises publiques ou privées.

Ils concourent à la formation des maîtres et à la formation tout au long de la vie.

Ils ont également pour mission le développement, l'expertise et la coordination de la recherche fondamentale, appliquée, pédagogique ou technologique ainsi que la valorisation de ses résultats. Ils participent au développement scientifique et technologique en liaison avec les grands organismes de recherche et avec les secteurs sociaux et économiques concernés. Ils contribuent à la coopération entre la recherche universitaire, la recherche industrielle et l'ensemble des secteurs de production.

Ils participent aux jurys d'examen et de concours.

Ils contribuent au dialogue entre sciences et sociétés, notamment par la diffusion de la culture et de l'information scientifique et technique. Ils peuvent concourir à la conservation et l'enrichissement des collections et archives confiées aux établissements et peuvent être chargés d'activités documentaires.

Ils contribuent au sein de la communauté scientifique et culturelle internationale à la transmission des connaissances et à la formation à la recherche et par la recherche. Ils contribuent également au progrès de la recherche internationale. Ils peuvent se voir confier des missions de coopération internationale.

Ils concourent à la vie collective des établissements et participent aux conseils et instances prévus par le code de l'éducation et le code de la recherche ou par les statuts des établissements.

Les professeurs des universités ont vocation prioritaire à assurer leur service d'enseignement sous forme de cours ainsi que la direction des unités de recherche.

Art. 4 *(Décr. nº 2009-460 du 23 avr. 2009, art. 4)* Les enseignants-chercheurs titulaires sont répartis entre le corps des maîtres de conférences et le corps des professeurs des universités, sous réserve des dispositions prévues aux articles 59 et 61 ci-après.

Tout enseignant-chercheur doit avoir la possibilité de participer aux travaux d'une équipe de recherche dans des conditions fixées par le conseil d'administration, le cas échéant, dans un établissement autre que son établissement d'affectation.

(Décr. nº 2014-997 du 2 sept. 2014, art. 2) « Tout enseignant-chercheur peut demander le réexamen d'un refus opposé par son établissement d'affectation à sa demande de participation aux travaux d'une équipe de recherche auprès du conseil d'administration, après avis du conseil académique, siégeant tous les deux en formation restreinte aux enseignants-chercheurs. »

Art. 4-1 *(Décr. nº 2014-997 du 2 sept. 2014, art. 3)* Tout enseignant-chercheur peut bénéficier, sur son temps de travail, d'une formation continue concernant les différentes missions qu'il exerce, notamment dans le cadre de l'article L. 721-2 du code de l'éducation.

Art. 5 Les enseignants-chercheurs sont astreints à résider au lieu d'exercice de leurs fonctions. Des dérogations individuelles peuvent être accordées par le président ou le directeur de l'établissement dans les limites compatibles avec les besoins du service.

Art. 6 Les obligations de service des enseignants-chercheurs sont celles définies par la réglementation applicable à l'ensemble de la fonction publique.

Art. 7 *(Décr. nº 2009-460 du 23 avr. 2009, art. 5)* Les fonctions des enseignants-chercheurs s'exercent dans les domaines énumérés aux articles L. 123-3 et L. 952-3 du code de l'éducation et L. 112-1 du code de la recherche *[V. cet art. App., vº Code de la recherche]*.

I. – Le temps de travail de référence, correspondant au temps de travail arrêté dans la fonction publique, est constitué pour les enseignants-chercheurs :

1° Pour moitié, par les services d'enseignement déterminés par rapport à une durée annuelle de référence égale à 128 heures de cours ou 192 heures de travaux dirigés ou pratiques ou toute combinaison équivalente en formation initiale, continue ou à distance. Ces services d'enseignement s'accompagnent de la préparation et du contrôle des connaissances y afférents. Ils sont *(Décr. nº 2014-997 du 2 sept. 2014, art. 4)* « pris en compte pour le suivi de carrière réalisé » dans les conditions prévues à *(Décr. nº 2014-997 du 2 sept. 2014, art. 4)* « l'article 18-1 » du présent décret ;

2° Pour moitié, par une activité de recherche *(Décr. nº 2014-997 du 2 sept. 2014, art. 4)* « prise en compte pour le suivi de carrière réalisé » dans les conditions prévues à *(Décr. nº 2014-997 du 2 sept. 2014, art. 4)* « l'article 18-1 » du présent décret.

Lorsqu'ils accomplissent des enseignements complémentaires au-delà de leur temps de travail tel qu'il est défini au présent article, les enseignants-chercheurs perçoivent une rémunération complémentaire dans les conditions prévues par décret.

II. – *(Décr. nº 2014-997 du 2 sept. 2014, art. 4)* « Dans l'ensemble des établissements d'enseignement supérieur, » dans le respect des dispositions de l'article L. 952-4 du code de l'éducation et compte tenu des priorités scientifiques et pédagogiques, le conseil d'administration en formation restreinte ou l'organe en tenant lieu définit les principes généraux de répartition des services entre les différentes fonctions des enseignants-chercheurs telles que mentionnées aux articles L. 123-3 et L. 952-3 du code de l'éducation et L. 112-1 du code de la recherche. Il fixe également les équivalences horaires applicables à chacune des activités correspondant à ces fonctions, ainsi que leurs modalités pratiques de décompte.

Ces équivalences horaires font l'objet d'un référentiel national approuvé par arrêté du ministre chargé de l'enseignement supérieur.

III. – Dans le respect des principes généraux de répartition des services définis par le conseil d'administration en formation restreinte ou par l'organe en tenant lieu, le président ou le directeur de l'établissement arrête les décisions individuelles d'attribution de services des enseignants-chercheurs dans l'intérêt du service, après avis motivé, du directeur de l'unité de recherche de rattachement et du directeur de la composante formulé après consultation du conseil de la composante, réuni en formation restreinte aux enseignants.

Ces décisions prennent en considération l'ensemble des activités des enseignants-chercheurs.

(Décr. n° 2014-997 du 2 sept. 2014, art. 4) « Les enseignants-chercheurs peuvent en outre accomplir une partie de leur service dans un établissement public d'enseignement supérieur distinct de leur établissement d'affectation, notamment dans le cadre d'un regroupement prévu au 2° de l'article L. 718-3 du code de l'éducation, ou dans un établissement public dispensant un enseignement d'un niveau supérieur à celui correspondant au baccalauréat, dans le cadre d'un service partagé. La mise en œuvre de ce service partagé est subordonnée à la conclusion entre les établissements concernés d'une convention qui en fixe l'objet et en détermine les modalités. Ce service ne peut se faire sans l'accord écrit de l'intéressé. »

Le tableau de service de chaque enseignant-chercheur lui est transmis en début d'année universitaire et peut être adapté pour chaque semestre d'enseignement.

Le service d'un enseignant-chercheur peut être modulé pour comporter un nombre d'heures d'enseignement inférieur ou supérieur au nombre d'heures de référence mentionné au I.

Cette modulation *(Décr. n° 2014-997 du 2 sept. 2014, art. 4)* « est facultative et » ne peut se faire sans l'accord écrit de l'intéressé.

La modulation peut s'inscrire dans le cadre d'un projet individuel ou collectif, scientifique, pédagogique ou lié à des tâches d'intérêt général. Elle tient compte du caractère annuel ou pluriannuel de ce projet.

La modulation de service ne peut aboutir *(Décr. n° 2014-997 du 2 sept. 2014, art. 4)* « à ce qu'un enseignant-chercheur n'exerce qu'une mission d'enseignement ou qu'une mission de recherche et » à ce que le service d'enseignement soit inférieur à 42 heures de cours magistral ou à 64 heures de travaux pratiques ou dirigés, ou toute combinaison équivalente. Elle doit en outre laisser à chaque enseignant-chercheur un temps significatif pour ses activités de recherche.

Tout enseignant-chercheur peut demander le réexamen d'un refus opposé à sa demande de modulation après consultation d'une commission, composée d'enseignants-chercheurs d'un rang au moins égal à celui de l'intéressé, désignés *(Décr. n° 2014-997 du 2 sept. 2014, art. 4)* « par le conseil académique ou l'organe compétent pour exercer les attributions mentionnées au IV de l'article L. 712-6-1 » *(Décr. n° 2017-854 du 9 mai 2017, art. 1er)* « du code de l'éducation ». Pour les maîtres de conférences, cette commission est composée à parité de maîtres de conférences et de professeurs.

Les principes généraux de répartition des obligations de service et les décisions individuelles d'attribution de services ne peuvent avoir pour effet de compromettre la réalisation des engagements de formation prévus dans le cadre du contrat pluriannuel entre l'établissement et l'État.

Dans le cas où il apparaît impossible d'attribuer le service de référence à ces personnels, le président ou le directeur de l'établissement leur demande de compléter leur service dans un autre établissement public d'enseignement supérieur de la même académie sans paiement d'heures complémentaires. La région d'Île-de-France est, pour l'application des dispositions du présent alinéa, considérée comme une seule et même académie.

IV. — Les enseignants-chercheurs qui exercent les fonctions de président d'université, ou de vice-président *(Décr. n° 2014-997 du 2 sept. 2014, art. 4)* « du conseil d'administration ou de président du conseil académique d'une université, de président » ou de directeur d'un établissement public d'enseignement supérieur *(Décr. n° 2014-997 du 2 sept. 2014, art. 4)* « , ainsi que de président du conseil académique d'une communauté d'universités et d'établissements » sont, de plein droit, déchargés du service d'enseignement mentionné au troisième alinéa du présent article sauf s'ils souhaitent conserver tout ou partie de ce service. *(Décr. n° 2014-997 du 2 sept. 2014, art. 4)* « De plus, les vice-présidents désignés par les statuts des universités, dans la limite de deux, bénéficient de plein droit de la même décharge de service d'enseignement, sauf s'ils souhaitent conserver tout ou partie de ce service. »

Les enseignants-chercheurs qui exercent les fonctions de directeur d'un institut ou école relevant de l'article L. 713-9 du code de l'éducation *(Décr. n° 2014-997 du 2 sept. 2014, art. 4)* « ou de directeur d'une école supérieure du professorat et de l'éducation relevant de l'article L. 721-1 du même code ainsi que ceux qui sont placés en délégation auprès de l'Institut universitaire de France » sont, sur leur demande, déchargés de plein droit des deux tiers du service d'enseignement mentionné au troisième alinéa du présent article sauf s'ils souhaitent ne bénéficier d'aucune décharge ou bénéficier d'une décharge inférieure.

Les enseignants-chercheurs qui exercent les fonctions de directeur d'unité de formation et de recherche peuvent, sur leur demande, être déchargés au plus des deux tiers du service mentionné au troisième alinéa du présent article.

Les enseignants-chercheurs qui exercent auprès des ministres chargés de l'enseignement supérieur et de la recherche des fonctions notamment d'expertise et de conseil, dont la liste est fixée par arrêté conjoint de ces ministres, peuvent, sur leur demande, être déchargés des deux tiers du service mentionné au troisième alinéa du présent article, sauf s'ils souhaitent ne bénéficier d'aucune décharge ou bénéficier d'une décharge inférieure.

Les enseignants-chercheurs qui exercent les fonctions de président de section du Conseil national des universités ou du *(Décr. n° 2019-1108 du 30 oct. 2019, art. 2)* « Conseil national des universités pour les disciplines de santé » *(Décr. n° 2014-997 du 2 sept. 2014, art. 4)* « ou de président de la commission permanente du Conseil national des universités » peuvent, sur leur demande, être déchargés au plus d'un tiers du service mentionné au troisième alinéa du présent article. *(Décr. n° 2014-997 du 2 sept. 2014, art. 4)* « La décharge accordée au titre de président de la commission permanente du Conseil national des universités ne peut être cumulée avec celle de président de section. »

Les enseignants-chercheurs qui bénéficient des dispositions du présent IV ne peuvent pas être rémunérés pour des enseignements complémentaires.

Les enseignants-chercheurs qui exercent les fonctions de membre du Conseil national des universités peuvent demander à convertir les indemnités de fonction dont ils bénéficient en décharge de service d'enseignement selon des modalités déterminées par décret.

Art. 7-1 *(Décr. n° 2009-460 du 23 avr. 2009, art. 6)* Chaque enseignant-chercheur établit, au moins tous les *(Décr. n° 2014-997 du 2 sept. 2014, art. 5)* « cinq » ans, et à chaque fois qu'il est candidat à une promotion, un rapport mentionnant l'ensemble de ses activités et leurs évolutions éventuelles. Ce rapport est remis au président ou directeur de l'établissement qui en assure la transmission au Conseil national des universités ou au *(Décr. n° 2019-1108 du 30 oct. 2019, art. 2)* « Conseil national des universités pour les disciplines de santé ». L'avis émis par le *(Décr. n° 2014-997 du 2 sept. 2014, art. 5)* « conseil académique ou l'organe compétent pour exercer les attributions mentionnées au IV de l'article L. 712-6-1 *(Décr. n° 2017-854 du 9 mai 2017, art. 1er)* « du code de l'éducation », siégeant en formation restreinte, » sur les activités pédagogiques et les tâches d'intérêt général, qui figurent dans le rapport d'activité de l'intéressé, est joint à cette transmission et communiqué à l'intéressé *(Décr. n° 2014-997 du 2 sept. 2014, art. 5)* « , à qui est donnée la possibilité de faire des observations sur l'avis de l'établissement ».

Art. 8 Les enseignants chercheurs doivent la totalité de leur temps de service à la réalisation des différentes activités qu'impliquent leurs fonctions.

(Décr. n° 2008-308 du 2 avr. 2008, art. 21) « En matière de cumul d'activité, ils sont soumis aux dispositions législatives et réglementaires applicables à l'ensemble des agents de la fonction publique, notamment au statut général des fonctionnaires et au *(Décr. n° 2020-69 du 30 janv. 2020, art. 29)* « décret n° 2020-69 du 30 janvier 2020 relatif aux contrôles déontologiques dans la fonction publique » *[V. **C. fonct. publ.**]*. » Ils sont également soumis au décret n° 71-715 du 2 septembre 1971 relatif à certaines modalités de rémunérations de personnels enseignants occupant un emploi dans un établissement d'enseignement supérieur.

(Décr. n° 2001-429 du 16 mai 2001, art. 2) « Ils bénéficient des dispositions des » *(Décr. n° 2014-997 du 2 sept. 2014, art. 6)* « articles L. 531-8 à L. 531-11 et L. 531-12 à L. 531-14 du code de la recherche ».

CHAPITRE II ***Les comités de sélection*** (*Décr. n° 2008-333 du 10 avr. 2008, art. 2*).

Art. 9 *(Décr. n° 2014-997 du 2 sept. 2014, art. 7)* « Des comités de sélection sont institués en vue des concours de recrutement des professeurs et maîtres de conférences, de la nomination de fonctionnaires d'autres corps en position de détachement dans ces corps et des mutations prévues aux articles 33 et 51.

« Sous réserve des articles 46-1 et 49-2, » un comité de sélection est constitué pour pourvoir chaque emploi d'enseignant-chercheur créé ou déclaré vacant dans les établissements publics à caractère scientifique, culturel et professionnel et dans les autres établissements publics relevant du ministre chargé de l'enseignement supérieur auxquels sont affectés des enseignants-chercheurs.

(Décr. n° 2014-997 du 2 sept. 2014, art. 7) « Toutefois, un même comité de sélection peut être constitué pour pourvoir plusieurs emplois d'enseignant-chercheur lorsque ces emplois relèvent d'une même discipline. »

Le comité de sélection est créé par délibération du *(Décr. n° 2014-997 du 2 sept. 2014, art. 7)* « conseil académique ou *(Décr. n° 2017-854 du 9 mai 2017, art. 2)* « , pour les établissements qui n'en disposent pas, du conseil d'administration », siégeant en formation restreinte aux représentants élus des enseignants-chercheurs, des chercheurs et des personnels assimilés. Cette délibération précise le nombre de membres du comité, compris entre huit et *(Décr. nº 2014-997 du 2 sept. 2014, art. 7)* « vingt », et, conformément aux dispositions de l'article L. 952-6-1 du code de l'éducation, le nombre de ceux choisis hors de l'établissement et le nombre de ceux choisis parmi les membres de la discipline en cause.

Les membres du comité de sélection sont proposés par le président ou le directeur de l'établissement au *(Décr. nº 2014-997 du 2 sept. 2014, art. 7)* « conseil académique ou » *(Décr. nº 2017-854 du 9 mai 2017, art. 2)* « , pour les établissements qui n'en disposent pas, au conseil d'administration », siégeant en formation restreinte aux représentants élus des enseignants-chercheurs et personnels assimilés.

Le *(Décr. nº 2014-997 du 2 sept. 2014, art. 7)* « conseil académique ou » *(Décr. nº 2017-854 du 9 mai 2017, art. 2)* « , pour les établissements qui n'en disposent pas, le conseil d'administration » en formation restreinte statue par un vote sur la liste des noms qui lui sont proposés par le président ou le directeur. Ce vote est émis par les seuls professeurs et personnels assimilés pour les membres du comité relevant de ce grade.

Sont considérés comme membres extérieurs à l'établissement les enseignants-chercheurs et personnels assimilés qui n'ont pas la qualité d'électeur pour les élections au conseil d'administration de l'établissement dans lequel l'emploi est à pourvoir.

Peuvent être choisis pour siéger dans les comités de sélection des universitaires et des chercheurs appartenant à des institutions étrangères, d'un rang au moins égal à celui auquel postulent les candidats.

(Décr. nº 2014-997 du 2 sept. 2014, art. 7) « Les comités de sélection comprennent une proportion minimale de 40 % de personnes de chaque sexe et au moins deux personnes de chaque sexe.

« Un décret en Conseil d'État fixe la liste des disciplines, dans lesquelles, compte tenu de la répartition entre les sexes des enseignants-chercheurs, il peut être dérogé à la proportion minimale de 40 %, ainsi que la proportion minimale dérogatoire que doit respecter chacune de ces disciplines. »

(Décr. nº 2017-854 du 9 mai 2017, art. 2) « Le conseil académique ou, pour les établissements qui n'en disposent pas, le conseil d'administration, siégeant en formation restreinte, désigne parmi les membres du comité de sélection celui qui exercera les fonctions de président ainsi qu'un vice-président appelé à le suppléer en cas d'absence. »

Le *(Décr. nº 2014-997 du 2 sept. 2014, art. 7)* « conseil académique ou l'organe compétent pour exercer les attributions mentionnées au IV de l'article L. 712-6-1 *(Décr. nº 2017-854 du 9 mai 2017, art. 1er)* « du code de l'éducation », » siégeant en formation restreinte, désigne parmi les membres du comité de sélection celui qui exercera les fonctions de président.

La composition du comité de sélection est rendue publique avant le début de ses travaux.

Art. 9-1 *(Décr. nº 2008-333 du 10 avr. 2008, art. 3)* Un comité de sélection peut être commun à plusieurs établissements associés à cette fin, notamment dans le cadre *(Décr. nº 2014-997 du 2 sept. 2014, art. 8)* « des regroupements prévus au 2° de l'article L. 718-3 du code de l'éducation ». Il est créé par une délibération adoptée en termes identiques par les *(Décr. nº 2014-997 du 2 sept. 2014, art. 8)* « conseils académiques ou *(Décr. nº 2017-854 du 9 mai 2017, art. 3)* « , pour les établissements qui n'en disposent pas, les conseils d'administration » de chaque établissement concerné siégeant en formation restreinte aux représentants élus des enseignants-chercheurs, des chercheurs et des personnels assimilés.

(Décr. nº 2014-997 du 2 sept. 2014, art. 8) « Ce comité de sélection peut être constitué pour pourvoir un ou plusieurs emplois d'enseignant-chercheur lorsque ces emplois relèvent d'une même discipline. »

Cette délibération précise le nombre de membres du comité, compris entre huit et *(Décr. nº 2014-997 du 2 sept. 2014, art. 8)* « vingt », ainsi que, conformément aux dispositions de l'article L. 952-6-1 du code de l'éducation, le nombre de ceux choisis hors des établissements associés et le nombre de ceux choisis parmi les membres de la discipline en cause.

(Décr. nº 2014-997 du 2 sept. 2014, art. 8) « Ces comités de sélection comprennent une proportion minimale de 40 % de personnes de chaque sexe et au moins deux personnes de chaque sexe.

« Pour les disciplines dans lesquelles il n'est pas possible de respecter la proportion minimale de 40 % compte tenu de la répartition entre les sexes des enseignants de ces disciplines, un décret en Conseil d'État détermine le seuil minimal dérogatoire devant être respecté. »

(Décr. nº 2017-854 du 9 mai 2017, art. 3) « Les membres du comité de sélection sont proposés en commun par les présidents ou directeurs des établissements associés à chacun des conseils académiques ou, pour les établissements qui n'en disposent pas, des conseils d'administration siégeant en formation restreinte aux représentants élus des enseignants-chercheurs

et personnels assimilés. Les conseils académiques ou, pour les établissements qui n'en disposent pas, les conseils d'administration statuent par un vote sur la liste des noms qui leur sont proposés par le président ou le directeur, selon les modalités définies au cinquième alinéa de l'article 9. »

Dans les comités de sélection communs créés par des établissements membres *(Décr. n° 2014-997 du 2 sept. 2014, art. 8)* « des regroupements prévus au 2° de l'article L. 718-3 du code de l'éducation », sont considérés comme membres extérieurs les enseignants-chercheurs et personnels assimilés qui n'ont pas la qualité d'électeur pour les élections au conseil d'administration de l'établissement dans lequel l'emploi est à pourvoir.

Art. 9-2 *(Décr. n° 2008-333 du 10 avr. 2008, art. 4)* Le comité de sélection examine les dossiers des maîtres de conférences ou professeurs postulant à la nomination dans l'emploi par mutation et des candidats à cette nomination par détachement et par recrutement au concours parmi les personnes inscrites sur la liste de qualification aux fonctions, selon le cas, de maître de conférences ou de professeur des universités. Au vu de rapports pour chaque candidat présentés par deux de ses membres, le comité établit la liste des candidats qu'il souhaite entendre. Les motifs pour lesquels leur candidature n'a pas été retenue sont communiqués aux candidats qui en font la demande.

Le président du comité de sélection convoque les candidats et fixe l'ordre du jour de la réunion.

Le comité de sélection siège valablement si la moitié de ses membres sont présents à la séance, parmi lesquels une moitié au moins de membres extérieurs à l'établissement.

Les membres du comité de sélection peuvent participer aux réunions par tous moyens de télécommunication permettant leur identification et garantissant leur participation effective selon des modalités précisées par arrêté du ministre chargé de l'enseignement supérieur. Les membres qui participent par ces moyens aux séances du comité sont réputés présents pour le calcul du quorum et de la majorité mentionnés à l'alinéa précédent. Toutefois, le comité ne peut siéger valablement si le nombre des membres physiquement présents est inférieur à quatre.

Les candidats figurant sur la liste établie en application du premier alinéa peuvent, à leur demande, être entendus par le comité de sélection dans les mêmes formes.

(Décr. n° 2014-997 du 2 sept. 2014, art. 9) « L'audition des candidats par le comité de sélection peut comprendre une mise en situation professionnelle, sous forme notamment de leçon ou de séminaire de présentation des travaux de recherche. Cette mise en situation peut être publique. Préalablement à l'ouverture du concours, pour chaque poste ouvert, le conseil académique en formation restreinte ou l'organe compétent pour exercer les attributions mentionnées au IV de l'article L. 712-6-1 *(Décr. n° 2017-854 du 9 mai 2017, art. 1er)* « du code de l'éducation » décide s'il y a lieu de recourir à une mise en situation et en définit les modalités. Les candidats en sont informés lors de la publication des postes.

« Après avoir procédé aux auditions, le comité de sélection délibère sur les candidatures et, par un avis motivé unique portant sur l'ensemble des candidats, arrête la liste, classée par ordre de préférence, de ceux qu'il retient. Le comité de sélection se prononce à la majorité des voix des membres présents. En cas de partage des voix, le président du comité a voix prépondérante.

« Le comité de sélection émet un avis motivé unique portant sur l'ensemble des candidats ainsi qu'un avis motivé sur chaque candidature. Ces deux avis sont communiqués aux candidats sur leur demande.

« Dès lors que le comité de sélection a rendu un avis sur le ou les emplois pour lesquels il a été constitué, il met fin à son activité.

« L'avis du comité de sélection est transmis au conseil académique ou à l'organe compétent pour exercer les attributions mentionnées au IV de l'article L. 712-6-1 *(Décr. n° 2017-854 du 9 mai 2017, art. 1er)* « du code de l'éducation ».

« Au vu de l'avis motivé émis par le comité de sélection, le conseil académique ou l'organe compétent pour exercer les attributions mentionnées au IV de l'article L. 712-6-1 *(Décr. n° 2017-854 du 9 mai 2017, art. 1er)* « du code de l'éducation », siégeant en formation restreinte aux enseignants-chercheurs et personnels assimilés de rang au moins égal à celui postulé, propose le nom du candidat sélectionné ou, le cas échéant, une liste de candidats classés par ordre de préférence. Il ne peut proposer que les candidats retenus par le comité de sélection. En aucun cas, il ne peut modifier l'ordre de la liste de classement.

« Le conseil d'administration, siégeant en formation restreinte aux enseignants-chercheurs et personnels assimilés de rang au moins égal à celui postulé, prend connaissance du nom du candidat sélectionné ou, le cas échéant, de la liste des candidats proposée par le conseil académique ou l'organe compétent pour exercer les attributions mentionnées au IV de l'article L. 712-6-1 *(Décr. nº 2017-854 du 9 mai 2017, art. 1er)* « du code de l'éducation ». »

Au vu de l'avis motivé émis par le comité de sélection et, le cas échéant, de l'avis émis par le conseil scientifique ou par l'organe en tenant lieu, le conseil d'administration siégeant en formation restreinte aux enseignants-chercheurs et personnels assimilés, de rang au moins égal à celui auquel il est postulé, propose le nom du candidat sélectionné ou, le cas échéant, une liste de candidats classés par ordre de préférence.

Sauf dans le cas où *(Décr. nº 2014-997 du 2 sept. 2014, art. 9)* « le conseil d'administration » émet un avis défavorable motivé, le président ou directeur de l'établissement communique au ministre chargé de l'enseignement supérieur le nom du candidat sélectionné ou, le cas échéant, une liste de candidats classés par ordre de préférence. En aucun cas, il ne peut modifier l'ordre de la liste de classement.

Dans le cas où l'emploi à pourvoir relève d'un institut ou d'une école faisant partie de l'université au sens de l'article L. 713-9 du code de l'éducation, le président ou le directeur de l'établissement ne peut pas transmettre au ministre chargé de l'enseignement supérieur le nom du candidat sélectionné ou, le cas échéant, une liste de candidats classés par ordre de préférence si le directeur de l'institut ou de l'école a émis dans les quinze jours suivant la réunion du *(Décr. nº 2014-997 du 2 sept. 2014, art. 9)* « conseil académique ou de l'organe compétent pour exercer les attributions mentionnées au IV de l'article L. 712-6-1 *(Décr. nº 2017-854 du 9 mai 2017, art. 1er)* « du code de l'éducation », » siégeant en formation restreinte, un avis défavorable motivé sur ce recrutement ou, le cas échéant, sur la mutation.

Art. 9-3 *(Décr. nº 2014-997 du 2 sept. 2014, art. 10)* Par dérogation à l'article 9-2, le conseil académique ou l'organe compétent pour exercer les attributions mentionnées au IV de l'article L. 712-6-1 *(Décr. nº 2017-854 du 9 mai 2017, art. 1er)* « du code de l'éducation », en formation restreinte, examine les candidatures à la mutation et au détachement des personnes qui remplissent les conditions prévues aux articles 60 et 62 de la loi du 11 janvier 1984 susvisée, sans examen par le comité de sélection. Si le conseil académique retient une candidature, il transmet le nom du candidat sélectionné au conseil d'administration. Lorsque l'examen de la candidature ainsi transmise conduit le conseil d'administration à émettre un avis favorable sur cette candidature, le nom du candidat retenu est communiqué au ministre chargé de l'enseignement supérieur. L'avis défavorable du conseil d'administration est motivé.

Lorsque la procédure prévue au premier alinéa n'a pas permis de communiquer un nom au ministre chargé de l'enseignement supérieur, les candidatures qui n'ont pas été retenues par le conseil académique ou qui ont fait l'objet d'un avis défavorable du conseil d'administration sont examinées avec les autres candidatures par le comité de sélection selon la procédure prévue à l'article 9-2.

CHAPITRE III ***Positions*** *(Décr. nº 2008-333 du 10 avr. 2008, art. 2-I).*

Art. 10 Les enseignants-chercheurs régis par le présent décret sont assujettis aux règles générales concernant les positions des fonctionnaires fixées par la loi du 11 janvier 1984 susvisée *[nº 84-16 portant dispositions statutaires relatives à la fonction publique de l'État, V.* ***C. fonct. publ.****]* et ses décrets d'application sous réserve des dispositions ci-après. *(Décr. nº 2001-429 du 16 mai 2001, art. 3)* « Ils sont également régis par les dispositions *(Décr. nº 2014-997 du 2 sept. 2014, art. 11)* « des articles L. 531-1 à L. 531-7 du code de la recherche *[V. App., vº Code de la recherche]* », selon les modalités précisées aux articles 11, 14 et 14-2 ci-après. »

Les décisions individuelles prises à leur égard, en matière de position, interviennent sans consultation d'une commission administrative paritaire.

SECTION I ***Délégation***

Art. 11 Les enseignants-chercheurs titulaires peuvent être placés, à des fins d'intérêt général, en délégation.

Ils continuent à percevoir leur rémunération et à bénéficier de l'ensemble des droits attachés à la position d'activité.

La délégation peut être prononcée auprès :

a) D'une institution internationale ou d'un établissement étranger d'enseignement supérieur et de recherche ;

b) D'un établissement français d'enseignement supérieur, de recherche ou d'information scientifique et technique ;

c) D'une entreprise ou de tout autre organisme public ou privé.

Un enseignant-chercheur peut également être placé en délégation pour créer une entreprise.

(Décr. n° 2009-460 du 23 avr. 2009, art. 7) « La délégation peut être prononcée pour l'application des dispositions des *(Décr. n° 2017-854 du 9 mai 2017, art. 4)* « articles L. 531-1 à L. 531-7 » du code de la recherche.

« Par exception au premier alinéa du présent article, les maîtres de conférences stagiaires peuvent être placés en délégation si l'établissement d'accueil est un établissement ou un organisme de recherche mentionné au livre III du code de la recherche et si l'intéressé assure au moins le tiers du service d'enseignement.

« En vue de la titularisation de l'intéressé, l'établissement ou l'organisme de recherche mentionné à l'alinéa précédent formule un avis sur l'activité du maître de conférences placé en délégation. Cet avis est pris en compte par *(Décr. n° 2014-997 du 2 sept. 2014, art. 12)* « le conseil académique ou l'organe compétent pour exercer les attributions mentionnées au IV de l'article L. 712-6-1 » *(Décr. n° 2017-854 du 9 mai 2017, art. 1er)* « du code de l'éducation », dans le cadre de la procédure prévue à l'article 32. »

Art. 12 *(Décr. n° 2014-997 du 2 sept. 2014, art. 13)* La délégation auprès d'une entreprise ou de tout autre organisme de droit privé ne peut être prononcée que si l'intéressé n'a pas, dans le cadre des fonctions publiques qu'il a effectivement exercées, au cours des cinq dernières années précédant la mise en délégation, soit exercé la surveillance ou le contrôle de cet organisme ou de cette entreprise, soit conclu des contrats de toute nature avec cet organisme ou cette entreprise, ou formulé un avis sur de tels contrats, soit proposé des décisions relatives à des opérations réalisées par cet organisme ou cette entreprise, ou formulé un avis sur de telles décisions.

Art. 13 *(Décr. n° 2009-460 du 23 avr. 2009, art. 8)* La délégation est prononcée par arrêté du président ou du directeur de l'établissement après avis du *(Décr. n° 2014-997 du 2 sept. 2014, art. 14)* « conseil académique » ou de l'organe *(Décr. n° 2014-997 du 2 sept. 2014, art. 14)* « compétent pour exercer les attributions mentionnées au IV de l'article L. 712-6-1 » *(Décr. n° 2017-854 du 9 mai 2017, art. 1er)* « du code de l'éducation », siégeant en formation restreinte.

Art. 14 *(Décr. n° 2009-460 du 23 avr. 2009, art. 9)* « La délégation peut être prononcée pour une durée maximale de cinq ans, renouvelable. Toutefois, pour l'application des articles *(Décr. n° 2014-997 du 2 sept. 2014, art. 15)* « L. 531-1 à L. 531-7 » du code de la recherche, elle peut être prononcée pour une durée de deux ans renouvelable deux fois. Elle est subordonnée à la conclusion entre l'établissement d'origine et l'institution, l'établissement, l'entreprise ou l'organisme d'accueil, d'une convention qui en fixe l'objet et en détermine les modalités.

Ces modalités peuvent être les suivantes :

(Décr. n° 2017-854 du 9 mai 2017, art. 5) « 1° » L'enseignant-chercheur délégué continue à assurer dans son établissement d'origine le service d'enseignement exigé par son statut ;

(Décr. n° 2017-854 du 9 mai 2017, art. 5) « 2° » L'enseignant-chercheur délégué est remplacé par un ou plusieurs enseignants ou chercheurs qui assurent l'ensemble des services d'enseignement et de recherche du bénéficiaire ;

(Décr. n° 2017-854 du 9 mai 2017, art. 5) « 3° » Une contribution permettant d'assurer le service d'enseignement de l'intéressé est versée au profit de l'établissement d'origine ;

(Décr. n° 2017-854 du 9 mai 2017, art. 5) « 4° » Une contribution au moins équivalente à l'ensemble de la rémunération de l'intéressé et des charges sociales qui y sont afférentes est versée au profit de l'établissement d'origine.

La convention peut prévoir l'utilisation successive de plusieurs des modalités ci-dessus énumérées au cours d'une même période de délégation.

(Décr. n° 2014-997 du 2 sept. 2014, art. 15) « Dans le cas d'une délégation auprès d'une entreprise ou d'un organisme privé, le recours à la modalité prévue au *(Décr. n° 2017-854 du 9 mai 2017, art. 5)* « 4° » ci-dessus est obligatoire au-delà des six premiers mois. Toutefois, lorsque cette délégation est prononcée sur le fondement des articles L. 531-1 à L. 531-7 du code de la recherche, cette contribution est obligatoire au-delà d'un an, sauf si le conseil d'administration de l'établissement d'origine décide d'en dispenser totalement ou partiellement l'entreprise après l'expiration de ce délai. »

(Décr. n° 2017-854 du 9 mai 2017, art. 5) « Les enseignants-chercheurs délégués demeurent soumis à l'obligation d'établir le rapport d'activité prévu à l'article 7-1.

« Ils ne peuvent pas accomplir d'enseignements complémentaires, sauf en cas de recours à la modalité prévue au 1°. »

Art. 14-1 *(Décr. n° 2001-429 du 16 mai 2001, art. 7)* Sauf lorsqu'elle est sollicitée en application des dispositions *(Décr. n° 2014-997 du 2 sept. 2014, art. 16)* « des articles L. 531-1 à

L. 531-7 du code de la recherche », la délégation peut s'effectuer à temps incomplet. Les dispositions de l'article 14 sont alors adaptées à la quotité de la délégation.

Art. 14-2 *Abrogé par Décr. n° 2014-997 du 2 sept. 2014, art. 17.*

Art. 14-3 *(Décr. n° 2009-460 du 23 avr. 2009, art. 10)* Les enseignants-chercheurs peuvent être placés en délégation auprès de l'Institut universitaire de France. La liste de ces enseignants-chercheurs est établie par le ministre chargé de l'enseignement supérieur. Les modalités de la délégation sont fixées par arrêté du ministre chargé de l'enseignement supérieur. La délégation est alors prononcée par le président ou le directeur de l'établissement pour une durée de cinq ans renouvelable *(Décr. n° 2014-997 du 2 sept. 2014, art. 18)* « , qui peut être renouvelée dans des conditions fixées par arrêté du ministre chargé de l'enseignement supérieur ». Les dispositions de l'article 13 ne s'appliquent pas à ces délégations.

SECTION II *Détachement*

Art. 15 *(Décr. n° 2009-460 du 23 avr. 2009, art. 11)* Les enseignants-chercheurs peuvent être détachés dans des entreprises, des organismes privés ou des groupements d'intérêt public pour y exercer des fonctions de formation, de recherche, de valorisation de la recherche et de diffusion de l'information scientifique et technique.

Dans ce cas, le détachement est prononcé par arrêté du président ou du directeur de l'établissement après avis du *(Décr. n° 2014-997 du 2 sept. 2014, art. 19)* « conseil académique ou de l'organe compétent pour exercer les attributions mentionnées au IV de l'article L. 712-6-1 *(Décr. n° 2017-854 du 9 mai 2017, art. 1er)* « du code de l'éducation », » siégeant en formation restreinte aux enseignants-chercheurs et assimilés.

Le détachement auprès d'une entreprise *(Décr. n° 2014-997 du 2 sept. 2014, art. 19)* « ou de tout autre organisme de droit privé » ne peut être prononcé que si l'intéressé n'a pas eu, au cours des trois dernières années, *(Décr. n° 2014-997 du 2 sept. 2014, art. 19)* « dans le cadre des fonctions publiques qu'il a effectivement exercées », soit à exercer la surveillance ou le contrôle de cette entreprise *(Décr. n° 2014-997 du 2 sept. 2014, art. 19)* « ou de cet organisme », soit à conclure des contrats de toute nature avec *(Décr. n° 2014-997 du 2 sept. 2014, art. 19)* « l'un ou l'autre », ou à formuler un avis sur de tels contrats, soit à proposer des décisions relatives à des opérations *(Décr. n° 2014-997 du 2 sept. 2014, art. 19)* « réalisées par cette entreprise ou cet organisme », ou à formuler un avis sur de telles décisions.

Art. 16 *(Décr. n° 2009-460 du 23 avr. 2009, art. 12)* Le détachement est prononcé par arrêté du président ou du directeur de l'établissement pour une durée maximale de cinq ans, renouvelable.

Art. 17 *(Décr. n° 2009-460 du 23 avr. 2009, art. 13)* A l'expiration du détachement, la réintégration d'un enseignant-chercheur dans son corps d'origine et dans le même établissement s'effectue de plein droit dans les conditions fixées par les dispositions du décret n° 85-986 du 16 septembre 1985 modifié relatif au régime particulier de certaines positions des fonctionnaires de l'État et à certaines modalités de mise à disposition et de cessation définitive de fonctions *[V. **C. fonct. publ.**]*. Elle est prononcée par le président ou le directeur de l'établissement dans lequel l'intéressé était précédemment affecté.

SECTION III *[ABROGÉE]* *Position hors cadres*

(Abrogée par Décr. n° 2017-854 du 9 mai 2017, art. 7)

Art. 18 *Abrogé par Décr. n° 2017-854 du 9 mai 2017, art. 7.*

SECTION IV *Suivi de carrière et congé pour recherches ou conversions thématiques* *(Décr. n° 2014-997 du 2 sept. 2014, art. 21).*

Art. 18-1 *(Décr. n° 2014-997 du 2 sept. 2014, art. 21)* Le rapport d'activité mentionné à l'article 7-1 sert de base au suivi de carrière de l'enseignant-chercheur, réalisé par la section dont il relève au sein des instances mentionnées au même article.

Le suivi de carrière est réalisé cinq ans après la première nomination dans un corps d'enseignant-chercheur ou après un changement de corps, puis tous les cinq ans. Toutefois, un enseignant-chercheur peut demander un suivi de carrière à tout moment, dans le respect de la procédure prévue au présent article.

Le suivi de carrière prend en compte l'ensemble des activités de l'enseignant-chercheur. Les établissements prennent en considération ce suivi de carrière en matière d'accompagnement professionnel.

Art. 19 *(Décr. n° 2009-460 du 23 avr. 2009, art. 14)* Les enseignants-chercheurs titulaires en position d'activité régis par le présent décret peuvent bénéficier d'un congé pour recherches ou conversions thématiques, d'une durée de six *(Décr. n° 2014-997 du 2 sept. 2014, art. 22)* « mois par période de trois ans passée en position d'activité ou de détachement, » ou douze mois par période de six ans passée en position d'activité ou de détachement. Toutefois, les enseignants-chercheurs nommés depuis au moins trois ans peuvent bénéficier d'un premier congé de *(Décr. n° 2014-997 du 2 sept. 2014, art. 22)* « douze mois ». Un congé pour recherches ou conversions thématiques, d'une durée de six mois, peut être accordé après un congé maternité ou un congé parental, à la demande de l'enseignant-chercheur.

(Décr. n° 2014-997 du 2 sept. 2014, art. 22) « La périodicité entre chaque congé intervient par intervalles de trois années à l'échéance d'un congé de six mois et par intervalles de six années à l'échéance d'un congé de douze mois. »

Les bénéficiaires de ce congé demeurent en position d'activité. Ils conservent la rémunération correspondant à leur grade. Par dérogation aux dispositions du *(Décr. n° 2020-69 du 30 janv. 2020, art. 29)* « décret n° 2020-69 du 30 janvier 2020 relatif aux contrôles déontologiques dans la fonction publique » *[V. C. **fonct. publ.**]*, ils ne peuvent cumuler cette rémunération avec une rémunération publique ou privée.

Le congé pour recherches ou conversions thématiques est accordé par le président ou le directeur de l'établissement, au vu d'un projet présenté par le candidat, après avis *(Décr. n° 2014-997 du 2 sept. 2014, art. 22)* « du conseil académique ou de l'organe compétent pour exercer les attributions mentionnées au IV de l'article L. 712-6-1 *(Décr. n° 2017-854 du 9 mai 2017, art. 1er)* « du code de l'éducation ». L'avis du conseil académique ou de l'organe compétent est émis en formation restreinte aux enseignants-chercheurs et personnels assimilés d'un rang au moins égal à celui détenu par l'intéressé. »

Des congés pour recherches ou conversions thématiques sont également accordés par le président ou le directeur de l'établissement, sur proposition des sections compétentes du Conseil national des universités dont relève l'enseignant-chercheur ou, *(Décr. n° 2019-1108 du 30 oct. 2019, art. 4)* « dans les disciplines maïeutique, pharmaceutiques, des sciences de la rééducation et de la réadaptation et des sciences infirmières », sur proposition des sections compétentes du *(Décr. n° 2019-1108 du 30 oct. 2019, art. 2)* « Conseil national des universités pour les disciplines de santé », dans le cadre d'un contingent annuel fixé par arrêté. Ce contingent représente 40 % du nombre de congés accordés par les établissements l'année précédente.

Une fraction des congés pour recherches ou conversions thématiques est attribuée en priorité aux enseignants-chercheurs qui ont effectué pendant au moins quatre ans des tâches d'intérêt général ou qui ont conçu ou développé des enseignements nouveaux ou des pratiques pédagogiques innovantes.

Les enseignants-chercheurs qui ont exercé les fonctions de président ou de directeur d'établissement public d'enseignement supérieur ou de recteur d'académie bénéficient à l'issue de leur mandat, sur leur demande, d'un congé pour recherches ou conversions thématiques d'une durée d'un an au plus.

Lorsqu'un enseignant-chercheur effectue ses activités de recherche au sein d'un établissement autre que son établissement d'affectation, l'avis prévu au quatrième alinéa est rendu *(Décr. n° 2014-997 du 2 sept. 2014, art. 22)* « par le conseil académique ou par l'organe compétent pour exercer les attributions mentionnées au IV de l'article L. 712-6-1 *(Décr. n° 2017-854 du 9 mai 2017, art. 1er)* « du code de l'éducation » de l'établissement au sein duquel sont effectuées les activités de recherche. Les modalités de déroulement du congé sont fixées dans le cadre d'une convention entre les deux établissements.

A l'issue du congé, le bénéficiaire adresse au président ou au directeur de son établissement un rapport sur ses activités pendant cette période. Le rapport est transmis *(Décr. n° 2014-997 du 2 sept. 2014, art. 22)* « au conseil académique ou à l'organe compétent pour exercer les attributions mentionnées au IV de l'article L. 712-6-1 » *(Décr. n° 2017-854 du 9 mai 2017, art. 1er)* « du code de l'éducation » de l'établissement.

SECTION V *Dispositions particulières concernant les remplacements*

Art. 20 Lorsqu'un enseignant-chercheur est placé dans la position "accomplissement du service *(Décr. n° 2014-997 du 2 sept. 2014, art. 23)* « civil ou » national", ou bénéficie d'un congé pour recherches ou conversions thématiques ou d'un congé parental, il ne peut être remplacé qu'à titre temporaire, par des enseignants associés ou invités, par des fonctionnaires détachés de leur corps d'origine, par des personnes mises à la disposition de l'établissement ou rémunérées sous forme de cours complémentaires, ou par des agents contractuels relevant des dispositions des articles 4 et 6 de la loi du 11 janvier 1984 susvisée *[n° 84-16 portant dispositions statutaires relatives à la fonction publique de l'État, V. ces art. ss. art. L. 951-2]*.

SECTION VI *Mise à disposition*

(Décr. n° 92-71 du 16 janv. 1992, art. 5)

Art. 20-1 Les enseignants-chercheurs peuvent être mis à disposition d'un établissement ou d'un service relevant du ministre chargé de l'éducation ou du ministre chargé de l'enseignement supérieur pour exercer des fonctions de direction, s'il n'existe aucun emploi correspondant à la fonction à remplir.

Ils peuvent également être mis à disposition des écoles normales supérieures, des grands établissements ou des écoles françaises à l'étranger s'il n'existe aucun emploi correspondant à la fonction à remplir.

(Décr. n° 2009-460 du 23 avr. 2009, art. 15) « Sans préjudice des dispositions des alinéas qui précèdent, la mise à disposition est prononcée par arrêté du président ou du directeur de l'établissement. Sa durée ne peut excéder cinq ans ; elle peut être renouvelée. »

SECTION VII *Dispositions diverses*

(Décr. n° 92-71 du 16 janv. 1992, art. 5)

Art. 20-2 Les enseignants-chercheurs titulaires et stagiaires de nationalité étrangère qui accomplissent les obligations de service national de l'État dont ils sont ressortissants sont placés, sur leur demande, en position de disponibilité. Les dispositions de l'article 20 ci-dessus sont applicables en ce qui concerne leur remplacement. Celles du *b* de l'article 44 du décret n° 85-986 du 16 septembre 1985 relatif au régime particulier de certaines positions des fonctionnaires et à certaines modalités de cessation définitive de fonctions *[V. C. **fonct. publ.**]* ne sont pas applicables à la disponibilité prévue au présent article.

Art. 20-3 *(Décr. n° 2017-854 du 9 mai 2017, art. 8)* Par dérogation au 3 de l'article 12 du décret n° 86-442 du 14 mars 1986 relatif à la désignation des médecins agréés, à l'organisation des comités médicaux et des commissions de réforme, aux conditions d'aptitude physique pour l'admission aux emplois publics et au régime de congés de maladie des fonctionnaires, l'enseignant-chercheur dont la situation est examinée par la commission de réforme départementale est représenté par deux enseignants-chercheurs de son établissement d'affectation appartenant au même grade ou, à défaut, au même corps, désignés par les enseignants-chercheurs et personnels assimilés représentants titulaires et suppléants du comité technique de l'établissement.

CHAPITRE IV *Accès aux zones à régime restrictif*

(Décr. n° 2017-854 du 9 mai 2017, art. 9)

Art. 20-4 Nul ne peut être nommé ni affecté dans un emploi d'enseignant-chercheur impliquant l'accès à une zone à régime restrictif au sens de l'article R. 413-5-1 du code pénal s'il n'a pas préalablement été autorisé à y accéder.

Une information adaptée est donnée à tous les candidats à un emploi d'enseignant-chercheur quant à la condition posée au présent article.

TITRE II Dispositions relatives aux maîtres de conférences

Art. 21 Il est créé un corps de maîtres de conférences classé dans la catégorie A prévue *(Décr. n° 2017-854 du 9 mai 2017, art. 10)* « à l'article 13 de la loi du 13 juillet 1983 susvisée *[n° 83-634]* ».

(Décr. n° 2001-429 du 16 mai 2001, art. 8) « Ce corps comporte une classe normale comportant neuf échelons et une hors-classe comportant six échelons *(Décr. n° 2017-854 du 9 mai 2017, art. 10)* « et un échelon exceptionnel ». »

(Décr. n° 89-708 du 28 sept. 1989, art. 1er) « Les maîtres de conférences hors classe sont chargés de fonctions particulières attachées à l'encadrement, à l'orientation et au suivi des étudiants, à la coordination pédagogique, ainsi qu'aux relations avec les milieux professionnels ou avec les établissements d'enseignement supérieur et les établissements de recherche français ou étrangers. »

CHAPITRE PREMIER *Recrutement*

Art. 22 *(Décr. n° 2008-308 du 2 avr. 2008, art. 23)* « Les maîtres de conférences sont recrutés par concours ouverts par établissement en vue de pourvoir un ou plusieurs emplois d'une même discipline parmi les candidats inscrits sur une liste de qualification aux fonctions de maître de conférences établie par le Conseil national des universités ou, *(Décr. n° 2019-1108 du 30 oct. 2019, art. 4)* « dans les disciplines maïeutique, pharmaceutiques, des sciences de la rééducation et de la réadaptation et des sciences infirmières », par le *(Décr. n° 2019-1108 du 30 oct. 2019, art. 2)* « Conseil national des universités pour les disciplines de santé ». » *(Décr. n° 2001-429 du 16 mai 2001, art. 9)* « Les candidats inscrits sur la liste de qualification aux fonctions de professeur des universités prévue à l'article 43 ci-après sont dispensés d'une inscription sur la liste de qualification aux fonctions de maître de conférences. »

(Décr. n° 2009-460 du 23 avr. 2009, art. 16) « Toutefois, les candidats exerçant *(Décr. n° 2017-854 du 9 mai 2017, art. 11)* « ou ayant cessé d'exercer depuis moins de dix-huit mois » une fonction d'enseignant-chercheur, d'un niveau équivalent à celui de l'emploi à pourvoir, dans un établissement d'enseignement supérieur d'un État autre que la France, sont dispensés de l'inscription sur la liste de qualification aux fonctions de maître de conférences. *(Décr. n° 2014-997 du 2 sept. 2014, art. 24)* « Le conseil académique ou, dans les établissements non dotés d'un conseil académique, le conseil scientifique ou l'organe en tenant lieu » de l'établissement se prononce sur le rapport de deux spécialistes de la discipline concernée de niveau au moins équivalent à celui de l'emploi à pourvoir, dont un extérieur à l'établissement, sur les titres et travaux des intéressés, ainsi que sur le niveau des fonctions sur la base de la grille d'équivalence établie par le ministre chargé de l'enseignement supérieur, et transmet les dossiers de candidatures recevables au comité de sélection. » *(Décr. n° 2014-997 du 2 sept. 2014, art. 24)* « Le conseil académique, ou le conseil scientifique ou l'organe en tenant lieu, se prononce en formation restreinte aux enseignants-chercheurs et personnels assimilés d'un rang au moins égal à celui postulé par l'intéressé. »

Art. 23 *(Décr. n° 97-1121 du 4 déc. 1997, art. 2)* Les candidats à une inscription sur la liste de qualification aux fonctions de maître de conférences doivent remplir l'une des conditions suivantes :

1° Être titulaire, au plus tard *(Décr. n° 2001-429 du 16 mai 2001, art. 10)* « à la date limite fixée, par arrêté du ministre chargé de l'enseignement supérieur, pour l'envoi du dossier aux rapporteurs prévus au deuxième alinéa de l'article 24, du doctorat ou de l'habilitation à diriger des recherches. »

Le doctorat d'État, le doctorat de troisième cycle et le diplôme de docteur ingénieur sont admis en équivalence du doctorat.

(Décr. n° 2008-308 du 2 avr. 2008, art. 24) « Les titulaires de diplômes universitaires, qualifications et titres de niveau équivalent peuvent être dispensés de la possession du doctorat par le Conseil national des universités ou, *(Décr. n° 2019-1108 du 30 oct. 2019, art. 4)* « dans les disciplines maïeutique, pharmaceutiques, des sciences de la rééducation et de la réadaptation et des sciences infirmières », par le *(Décr. n° 2019-1108 du 30 oct. 2019, art. 2)* « Conseil national des universités pour les disciplines de santé », siégeant en application de l'article 24 du présent décret. »

(Décr. n° 2008-308 du 2 avr. 2008, art. 24) « 2° Justifier, au 1er janvier de l'année d'inscription, d'au moins trois ans d'activité professionnelle effective dans les six ans qui précèdent. Ne sont pas prises en compte les activités d'enseignant, les activités de chercheur dans les établissements publics à caractère scientifique et technologique » *(Décr. n° 2017-854 du 9 mai 2017, art. 12)* « , les activités exercées à titre accessoire en application du IV de l'article 25 *septies* de la loi du 13 juillet 1983 susvisée et les activités mentionnées au V du même article ».

3° Être enseignant associé à temps plein ;

4° Être détaché dans le corps des maîtres de conférences ;

5° Appartenir à un corps de chercheurs relevant du décret du 30 décembre 1983 susvisé.

Art. 24 *(Décr. n° 2008-308 du 2 avr. 2008, art. 25)* « Les demandes d'inscription sur la liste de qualification aux fonctions de maître de conférences, assorties d'un dossier individuel de qualification, sont examinées par la section compétente du Conseil national des universités ou, *(Décr. n° 2019-1108 du 30 oct. 2019, art. 4)* « dans les disciplines maïeutique, pharmaceutiques, des sciences de la rééducation et de la réadaptation et des sciences infirmières », par la section compétente du *(Décr. n° 2019-1108 du 30 oct. 2019, art. 2)* « Conseil national des universités pour les disciplines de santé ». La qualification est appréciée par rapport aux différentes fonctions des enseignants-chercheurs mentionnées à l'article L. 952-3 du code de l'éducation et compte tenu des diverses activités des candidats.

« Après avoir entendu deux rapporteurs désignés par son bureau pour chaque candidat, la section compétente du Conseil national des universités ou la section compétente du *(Décr. n° 2019-1108 du 30 oct. 2019, art. 2)* « Conseil national des universités pour les disciplines de santé » arrête, par ordre alphabétique, la liste de qualification aux fonctions de maître de conférences. »

(Décr. n° 97-1121 du 4 déc. 1997, art. 2) « Les rapporteurs, qui peuvent recueillir sur les dossiers des candidats l'avis écrit d'experts extérieurs, établissent des rapports écrits.

« Le bureau communique par écrit à chaque candidat non inscrit sur la liste les motifs pour lesquels sa candidature a été écartée. »

(Décr. n° 2019-1108 du 30 oct. 2019, art. 6) « Lorsqu'un candidat a déposé une candidature dans plusieurs sections et que chacune de ces sections estime que la candidature ne relève pas de son champ disciplinaire, les bureaux des groupes des sections concernées du Conseil national des universités et, pour les sections concernées du Conseil national des universités pour les disciplines de santé, le bureau de l'instance mentionnée au sixième alinéa du présent article examinent, en formation interdisciplinaire, le dossier du candidat. Cette formation interdisciplinaire entend les rapporteurs désignés par les sections concernées et peut recueillir l'avis d'experts extérieurs.

« Les candidats dont la qualification a fait l'objet de deux refus consécutifs de la part d'une section du Conseil national des universités peuvent saisir de leur candidature le groupe compétent du Conseil national des universités en formation restreinte aux bureaux de section. Les candidats dont la qualification a fait l'objet de deux refus consécutifs de la part d'une section universitaire du Conseil national des universités pour les disciplines de santé peuvent saisir de leur candidature une instance constituée des bureaux des sections universitaires maïeutique, pharmaceutiques, des sciences de la rééducation et de la réadaptation et des sciences infirmières du Conseil national des universités pour les disciplines de santé. Ces formations siègent selon les dispositions prévues par le présent article. Elles procèdent en outre à l'audition des candidats. Les candidats dont la qualification a fait l'objet d'un refus de la part de l'une de ces formations peuvent à nouveau la saisir lorsque leur candidature a fait l'objet de deux nouveaux refus consécutifs de la part d'une section. »

(Décr. n° 97-1121 du 4 déc. 1997, art. 2) « La liste de qualification aux fonctions de maître de conférences est rendue publique. »

(Décr. n° 2009-460 du 23 avr. 2009, art. 17) « La liste de qualification cesse d'être valable à l'expiration d'une période de quatre années à compter du 31 décembre de l'année de l'inscription sur la liste de qualification. »

(Décr. n° 97-1121 du 4 déc. 1997, art. 2) « Les modalités d'application du présent article sont fixées par arrêté du ministre chargé de l'enseignement supérieur. »

Art. 25 *(Décr. n° 2009-460 du 23 avr. 2009, art. 18)* Les conditions de recevabilité aux concours de recrutement prévus à l'article 22, la procédure et le nombre maximum d'emplois sont fixés par arrêté du ministre chargé de l'enseignement supérieur.

Ces concours de recrutement sont ouverts par les établissements.

Les caractéristiques et la localisation des emplois à pourvoir font l'objet d'une publication par voie électronique dans des conditions fixées par arrêté.

Art. 26 *(Décr. n° 97-1121 du 4 déc. 1997, art. 2)* I. – Le recrutement des maîtres de conférences est assuré par un premier concours et, dans la limite du tiers des emplois mis aux concours dans l'ensemble des disciplines, par un deuxième *(Décr. n° 2001-429 du 16 mai 2001, art. 11)* « , un troisième et un quatrième concours » :

(Décr. n° 2009-460 du 23 avr. 2009, art. 19) « 1° Le premier concours est ouvert aux candidats titulaires, à la date de clôture des inscriptions, du doctorat ou de l'habilitation à diriger des recherches. Le doctorat d'État, le doctorat de troisième cycle et le diplôme de docteur ingénieur sont admis en équivalence du doctorat. Les titulaires de diplômes universitaires, qualifications et titres de niveau équivalent peuvent être dispensés de la possession du doctorat par le Conseil national des universités ou, *(Décr. n° 2019-1108 du 30 oct. 2019, art. 4)* « dans les disciplines maïeutique, pharmaceutiques, des sciences de la rééducation et de la réadaptation et des sciences infirmières », par le *(Décr. n° 2019-1108 du 30 oct. 2019, art. 2)* « Conseil national des universités pour les disciplines de santé », siégeant en application de l'article 24 du présent décret. Les candidats exerçant une fonction d'enseignant-chercheur, d'un niveau équivalent à celui de l'emploi à pourvoir, dans un établissement d'enseignement supérieur d'un État autre que la France, titulaires de diplômes universitaires, qualifications et titres de niveau équivalent peuvent être dispensés de la possession du doctorat par *(Décr. n° 2014-997 du 2 sept. 2014, art. 26)* « le conseil académique ou, dans les établissements non dotés d'un conseil académique, par le conseil scientifique ou l'organe en tenant lieu » de l'établissement dans lequel ils postulent dans les conditions prévues à l'article 22. »

2° Le deuxième concours est ouvert aux personnels enseignants titulaires de l'enseignement du second degré exerçant leurs fonctions en cette qualité dans un établissement d'enseignement supérieur depuis au moins trois ans au 1er janvier de l'année du concours et remplissant les conditions mentionnées au 1° de l'article 23.

Ce concours est également ouvert aux pensionnaires des écoles françaises à l'étranger et anciens pensionnaires de ces écoles ayant terminé leur scolarité depuis moins de deux ans au 1er janvier de l'année du concours, comptant, à cette même date, au moins trois ans d'ancienneté en qualité de pensionnaire et remplissant les conditions mentionnées au 1° de l'article 23 ;

3° Le troisième concours est ouvert aux candidats entrant dans l'une des catégories suivantes :

(Décr. n° 2008-308 du 2 avr. 2008, art. 27) « *a)* Candidats comptant, au 1er janvier de l'année du concours, au moins quatre années d'activité professionnelle effective dans les sept ans qui précèdent. Ne sont pas prises en compte les activités d'enseignant, les activités de chercheur dans les établissements publics à caractère scientifique et technologique, *(Décr. n° 2017-854 du 9 mai 2017, art. 12)* « les activités exercées à titre accessoire en application du IV de l'article 25 *septies* de la loi du 13 juillet 1983 susvisée et les activités mentionnées au V du même article ».

b) Enseignants associés à temps plein en fonction au 1er janvier de l'année du concours ou ayant cessé d'exercer leurs fonctions depuis moins d'un an à cette même date.

(Décr. n° 2001-429 du 16 mai 2001, art. 11) « 4° Le quatrième concours est ouvert aux personnels enseignants titulaires de l'école nationale supérieure d'arts et métiers exerçant leurs fonctions en cette qualité dans un établissement d'enseignement supérieur depuis au moins trois ans au 1er janvier de l'année du concours et remplissant les conditions mentionnées au 1° de l'article 23. »

II. – Les proportions mentionnées au présent article sont calculées au niveau national.

Art. 27 *(Décr. n° 97-1121 du 4 déc. 1997, art. 2)* Les candidats ne possédant pas la nationalité française peuvent, en application des dispositions de *(Décr. n° 2014-997 du 2 sept. 2014, art. 27)* « l'article L. 952-6 du code de l'éducation », se présenter aux concours de recrutement de maîtres de conférences dans les conditions prévues au présent chapitre.

Art. 28 *(Décr. n° 2008-333 du 10 avr. 2008, art. 5)* Le recrutement par concours des maîtres de conférences s'effectue au sein de chaque établissement en application des articles 9, 9-1 et 9-2.

Art. 29 *(Décr. n° 2014-997 du 2 sept. 2014, art. 28)* Les bénéficiaires de l'obligation d'emploi instituée par l'article L. 5212-2 du code du travail peuvent, en application de l'article 27 de la loi du 11 janvier 1984 susvisée, être recrutés en qualité d'agent contractuel lorsque leur handicap a été jugé compatible avec l'emploi postulé en application des dispositions du 5° de l'article 5 de la loi du 13 juillet 1983 susvisée et des articles 20 à 23 du décret n° 86-442 du 14 mars 1986 relatif à la désignation des médecins agréés, à l'organisation des comités médicaux et des commissions de réforme, aux conditions d'aptitude physique pour l'admission aux emplois publics et au régime de congés de maladie des fonctionnaires.

Les candidats aux emplois à pourvoir doivent justifier des diplômes ou du niveau d'études mentionnés au 1° de l'article 26 et être inscrits sur une liste de qualification aux fonctions de maître de conférences. Ils peuvent être dispensés d'une inscription sur la liste de qualification dans les conditions mentionnées à l'article 22. Ils sont sélectionnés selon la procédure définie aux articles 9, 9-1 et 9-2. Les candidats retenus sont recrutés par un contrat d'une durée égale à celle du stage mentionné à l'article 32, conclu par le président ou le directeur de l'établissement.

Le II de l'article 1er, les articles 5, 6, 7-1 et 7-2, le dernier alinéa de l'article 9 et l'article 9-1 du décret n° 95-979 du 25 août 1995 relatif au recrutement des travailleurs handicapés dans la fonction publique pris pour l'application de l'article 27 de la loi n° 84-16 du 11 janvier 1984 portant dispositions statutaires relatives à la fonction publique de l'État sont applicables aux personnels régis par le présent article.

Art. 29-1 *Abrogé par Décr. n° 2008-333 du 10 avr. 2008, art. 16.*

Art. 30 *(Décr. n° 97-1121 du 4 déc. 1997, art. 2)* Il peut être procédé à des recrutements par voie de concours plusieurs fois par an afin de pourvoir soit l'ensemble des postes vacants, soit une partie d'entre eux.

Art. 31 *(Décr. n° 92-71 du 16 janv. 1992, art. 6)* Les modalités d'application du présent chapitre sont fixées par arrêté du ministre chargé de l'enseignement supérieur.

CHAPITRE II *Nomination et mutation*

Art. 32 *(Décr. n° 2017-854 du 9 mai 2017, art. 13)* « Les maîtres de conférences sont nommés en qualité de stagiaire pour une durée d'un an par arrêté du ministre chargé de l'enseignement supérieur. Ils bénéficient, au cours de cette période de stage, d'une formation visant l'approfondissement des compétences pédagogiques nécessaires à l'exercice du métier, dans des conditions fixées par arrêté du ministre chargé de l'enseignement supérieur. Cette formation peut tenir compte de leur parcours antérieur et être accompagnée d'un tutorat. Le directeur de chaque service ou composante délivrant la formation du stagiaire établit un avis sur le suivi de la formation, transmis au conseil académique ou à l'organe compétent pour exercer les attributions mentionnées au IV de l'article L. 712-6-1 du code de l'éducation préalablement à la délivrance de l'avis conforme mentionné au cinquième alinéa du présent article.

« Au cours de leur formation, les maîtres de conférences sont déchargés d'un sixième du service d'enseignement mentionné au troisième alinéa de l'article 7. Ils ne peuvent pas effectuer d'enseignements complémentaires pendant cette période. »

(Décr. n° 95-490 du 27 avr. 1995, art. 3) « A l'issue du stage prévu *(Décr. n° 2017-854 du 9 mai 2017, art. 13)* « au premier alinéa », les maîtres de conférences stagiaires sont soit titularisés, soit maintenus en qualité de stagiaires pour une période d'un an, soit réintégrés dans leur corps d'origine, soit licenciés s'ils n'ont pas la qualité de fonctionnaire. »

(Décr. n° 2017-854 du 9 mai 2017, art. 13) « A l'issue du contrat prévu à l'article 29, les agents contractuels sont soit titularisés dans le corps des maîtres de conférences, soit renouvelés dans leurs fonctions pour la période prévue au II de l'article 27 de la loi du 11 janvier 1984 susvisée, soit licenciés. »

« Les maîtres de conférences mentionnés aux premier, deuxième et troisième alinéas sont classés par arrêté du président ou du directeur de l'établissement. »

(Décr. n° 2008-333 du 10 avr. 2008, art. 6) « Dans les instituts ou écoles faisant partie d'une université au sens de l'article L. 713-9 du code de l'éducation, la proposition du président ou du directeur relative à la titularisation doit recueillir l'avis du directeur de cet institut ou école. Cet avis est transmis au président ou au directeur dans un délai de quinze jours suivant sa demande *(Décr. n° 2017-854 du 9 mai 2017, art. 13)* « en application des dispositions du décret n° 2009-462 du 23 avril 2009 relatif aux règles de classement des personnes nommées dans les corps d'enseignants-chercheurs des établissements publics d'enseignement supérieur et de recherche relevant du ministre chargé de l'enseignement supérieur ».

« L'avis défavorable du *(Décr. n° 2014-997 du 2 sept. 2014, art. 29)* « conseil académique ou de l'organe compétent pour exercer les attributions mentionnées au IV de l'article L. 712-6-1 » *(Décr. n° 2017-854 du 9 mai 2017, art. 1er)* « du code de l'éducation » est communiqué dans les huit jours de son adoption au maître de conférences stagiaire *(Décr. n° 2014-997 du 2 sept. 2014, art. 29)* « ou à l'agent contractuel » qui peut, dans un délai d'un mois à compter de la date à laquelle il en a reçu notification, saisir le conseil d'administration siégeant en formation restreinte aux enseignants-chercheurs d'un rang au moins égal *(Abrogé par Décr. n° 2014-997 du 2 sept. 2014, art. 29) « au sien »*. Le conseil d'administration entend l'intéressé à sa demande.

« L'avis du conseil d'administration ainsi saisi se substitue à celui du *(Décr. n° 2014-997 du 2 sept. 2014, art. 29)* « conseil académique ou de l'organe compétent pour exercer les attributions mentionnées au IV de l'article L. 712-6-1 » *(Décr. n° 2017-854 du 9 mai 2017, art. 1er)* « du code de l'éducation ».

« Tout avis défavorable est motivé. »

(Décr. n° 2014-997 du 2 sept. 2014, art. 29) « Les décisions de titularisation ou de maintien en qualité de stagiaire sont prononcées par arrêté du président ou du directeur de l'établissement. Le licenciement des maîtres de conférences stagiaires est prononcé par arrêté du ministre chargé de l'enseignement supérieur.

« Les décisions de titularisation des agents contractuels sont prononcées par arrêté du ministre chargé de l'enseignement supérieur. Le licenciement des agents contractuels est prononcé par arrêté du président ou du directeur de l'établissement.

« Les décisions mentionnées aux deux alinéas précédents sont prononcées conformément à l'avis du conseil académique ou, dans les établissements non dotés d'un conseil académique, de l'organe en tenant lieu, siégeant dans tous les cas en formation restreinte aux enseignants-chercheurs et personnels assimilés. »

(Décr. n° 2009-460 du 23 avr. 2009, art. 20) La durée du stage prévu au premier alinéa du présent article est prise en considération pour l'avancement. Il n'est pas tenu compte de la

prolongation de stage prévue au *(Décr. n° 2017-854 du 9 mai 2017, art. 13)* « troisième alinéa ». »

(Décr. n° 2014-997 du 2 sept. 2014, art. 29) « Les services accomplis en qualité d'agent contractuel mentionnés au *(Décr. n° 2017-854 du 9 mai 2017, art. 13)* « quatrième alinéa » du présent article sont pris en compte en totalité lors du classement de ces agents. Il n'est pas tenu compte du renouvellement dans ces fonctions prévu dans ce même alinéa. »

(Décr. n° 89-708 du 28 sept. 1989, art. 3) « Les enseignants-chercheurs et les enseignants associés ayant exercé pendant au moins deux années universitaires des fonctions en ces qualités, recrutés comme maîtres de conférences, sont dispensés de stage. Bénéficient des mêmes dispositions les anciens enseignants associés ayant les mêmes durées de service qui ont cessé leur fonctions trois ans au plus avant leur nomination en qualité de maître de conférences. »

Les maîtres de conférences stagiaires ne peuvent être autorisés à prendre part aux épreuves de concours de recrutement prévus au présent titre.

Art. 32-1 *(Décr. n° 2017-854 du 9 mai 2017, art. 14)* Au cours des cinq années suivant leur titularisation, les maîtres de conférences bénéficient, sur leur demande, d'une formation complémentaire à celle mentionnée au premier alinéa de l'article 32, visant à l'approfondissement des compétences pédagogiques nécessaires à l'exercice du métier. A ce titre, ils bénéficient, sur leur demande, d'une décharge d'activité d'enseignement.

Le volume total cumulé de cette décharge sur l'ensemble de la période de cinq ans mentionnée à l'alinéa précédent ne peut excéder le sixième d'un service d'enseignement annuel.

Art. 33 *(Décr. n° 2008-333 du 10 avr. 2008, art. 7)* « Les mutations des maîtres de conférences d'un établissement à l'autre s'effectuent conformément à la procédure définie aux articles 9, 9-1 et 9-2 » *(Décr. n° 2014-997 du 2 sept. 2014, art. 30)* « ainsi qu'à celle définie à l'article 9-3. Elles sont prononcées par le président ou le directeur de l'établissement d'accueil.

« Le président ou le directeur de l'établissement fixe le nombre d'emplois de maîtres de conférences à pourvoir exclusivement par la voie de la mutation, après avis du conseil académique en formation plénière. »

(Décr. n° 92-71 du 16 janv. 1992, art. 8) « S'ils ne justifient pas de trois ans de fonctions d'enseignant-chercheur en position d'activité dans l'établissement où ils sont affectés, les maîtres de conférences ne peuvent déposer une demande de mutation dans les conditions précisées *(Décr. n° 2008-333 du 10 avr. 2008, art. 7)* « à l'alinéa précédent » qu'avec l'accord de leur chef d'établissement d'affectation, donné après avis favorable du *(Décr. n° 2014-997 du 2 sept. 2014, art. 30)* « conseil académique ou de l'organe compétent pour exercer les attributions mentionnées au IV de l'article L. 712-6-1 *(Décr. n° 2017-854 du 9 mai 2017, art. 1er)* « du code de l'éducation », » en formation restreinte aux enseignants-chercheurs et assimilés de rang au moins égal, ainsi que, le cas échéant, du directeur de l'institut ou de l'école. »

Art. 34 *(Décr. n° 2008-333 du 10 avr. 2008, art. 8)* Les changements de discipline à l'intérieur d'un établissement doivent faire l'objet d'un avis favorable *(Décr. n° 2014-997 du 2 sept. 2014, art. 31)* « du conseil académique ou de l'organe compétent pour exercer les attributions mentionnées au IV de l'article L. 712-6-1 *(Décr. n° 2017-854 du 9 mai 2017, art. 1er)* « du code de l'éducation », » siégeant en formation restreinte aux enseignants d'un rang au moins égal.

Art. 35 *Abrogé par Décr. n° 2008-333 du 10 avr. 2008, art. 16.*

CHAPITRE III *Avancement*

Art. 36 Les dispositions de l'article 55 de la loi du 11 janvier 1984 susvisée *[n° 84-16 portant dispositions statutaires relatives à la fonction publique de l'État, V.* ***C. fonct. publ.****]* ne sont pas applicables aux maîtres de conférences.

Art. 37 L'avancement des maîtres de conférences comprend l'avancement d'échelon et l'avancement de classe. Il ne donne pas lieu à l'établissement de tableaux d'avancement.

Art. 38 *Abrogé par Décr. n° 89-708 du 28 sept. 1989, art. 22.*

Art. 39 *(Décr. n° 89-708 du 28 sept. 1989, art. 5)* « L'avancement d'échelon des maîtres de conférences a lieu à l'ancienneté. Il est prononcé par arrêté *(Décr. n° 2009-460 du 23 avr. 2009, art. 21)* « du président ou du directeur de l'établissement ». L'ancienneté requise pour accéder aux divers échelons des *(Décr. n° 2001-429 du 16 mai 2001, art. 14)* « deux classes » du corps des maîtres de conférences est fixée ainsi qu'il suit : »

(Décr. n° 2001-429 du 16 mai 2001, art. 14)

CLASSES et avancement d'échelon	ANCIENNETÉ REQUISE pour l'accès à l'échelon supérieur
	Hors-classe
Du 5ᵉ échelon au 6ᵉ échelon	5 ans
Du 4ᵉ échelon au 5ᵉ échelon	1 an
Du 3ᵉ échelon au 4ᵉ échelon	1 an
Du 2ᵉ échelon au 3ᵉ échelon	1 an
Du 1ᵉʳ échelon au 2ᵉ échelon	1 an
	Classe normale
Du 8ᵉ échelon au 9ᵉ échelon	2 ans 10 mois
Du 7ᵉ échelon au 8ᵉ échelon	2 ans 10 mois
Du 6ᵉ échelon au 7ᵉ échelon	3 ans 6 mois
Du 5ᵉ échelon au 6ᵉ échelon	2 ans 10 mois
Du 4ᵉ échelon au 5ᵉ échelon	2 ans 10 mois
Du 3ᵉ échelon au 4ᵉ échelon	2 ans 10 mois
Du 2ᵉ échelon au 3ᵉ échelon	2 ans 10 mois
Du 1ᵉʳ échelon au 2ᵉ échelon	*(Décr. n° 2009-460 du 23 avr. 2009, art. 21-II)* « 1 an »
Les maîtres de conférences et les professeurs des universités en fonctions à la date de publication du Décr. n° 2009-460 du 23 avr. 2009 sont reclassés à identité de classe et d'échelon, avec conservation de l'ancienneté d'échelon acquise dans la limite de la durée du nouvel échelon (Décr. préc., art. 41).	

(Décr. n° 2002-295 du 28 févr. 2002, art. 2) « Les maîtres de conférences qui ont exercé un mandat, pendant une durée d'au moins trois ans, de président ou de directeur d'établissement public d'enseignement supérieur bénéficient, sur leur demande, d'une bonification d'ancienneté d'une durée égale à 60 % de la durée effective d'un seul mandat. Cette bonification est prise en compte pour l'avancement d'échelon. Elle ne peut être accordée à un maître de conférences qu'une seule fois. »

(Décr. n° 87-555 du 17 juill. 1987, art. 8) « Une bonification d'ancienneté d'un an prise en compte pour l'avancement d'échelon est accordée, sur leur demande, aux maîtres de conférences qui ont accompli en cette qualité ou en qualité de maître assistant une mobilité au moins égale à deux ans *(Décr. n° 2001-429 du 16 mai 2001, art. 14)* « ou à un an si la mobilité est effectuée dans un organisme d'enseignement supérieur ou de recherche d'un État *(Décr. n° 2017-854 du 9 mai 2017, art. 15)* « membre de l'Union » européenne ou d'un État partie à l'accord sur l'Espace économique européen autre que la France ». Cette bonification ne peut être accordée aux maîtres de conférences qui ont déjà bénéficié d'une bonification d'ancienneté au titre de la mobilité.

« Sont seuls considérés comme ayant satisfait à la mobilité les maîtres de conférence qui ont exercé *(Décr. n° 2001-429 du 16 mai 2001, art. 14)* « des fonctions d'enseignant-chercheur ou une activité de recherche ou une autre activité professionnelle à temps plein » après mutation dans un autre établissement ou mise en congé pour recherches ou conventions thématiques ou mise en position de détachement de disponibilité ou de délégation selon les modalités prévues aux *b*, *c* et *d* de l'article 14 ci-dessus. »

(Décr. n° 2001-429 du 16 mai 2001, art. 14) « Les bonifications mentionnées au présent article prennent effet le premier jour du mois suivant la demande.

« N'est pas considérée comme une mobilité au sens du présent article la mutation d'un établissement d'enseignement supérieur situé hors de l'académie de Paris vers un établissement d'enseignement supérieur situé dans cette académie ou la mutation d'un établissement situé dans l'académie de Paris vers un autre établissement situé dans cette même académie. »

Art. 40 *(Décr. n° 2017-854 du 9 mai 2017, art. 16)* « I. — » *(Décr. n° 2009-460 du 23 avr. 2009, art. 22)* L'avancement de la classe normale à la hors-classe des maîtres de conférences a lieu au choix parmi les maîtres de conférences remplissant les conditions prévues à l'article 40-1 ci-après. Il est prononcé selon *(Décr. n° 2017-854 du 9 mai 2017, art. 16)* « les modalités suivantes : »

(Décr. n° 2017-854 du 9 mai 2017, art. 16) « 1° » L'avancement a lieu, pour moitié, sur proposition de la section compétente du Conseil national des universités ou de la section compétente du *(Décr. n° 2019-1108 du 30 oct. 2019, art. 2)* « Conseil national des universités pour les disciplines de santé », dans la limite des promotions offertes par discipline au plan national et pour moitié sur proposition du *(Décr. n° 2014-997 du 2 sept. 2014, art. 32)* « conseil académique ou de l'organe compétent pour exercer les attributions mentionnées au IV de l'article L. 712-6-1 *(Décr. n° 2017-854 du 9 mai 2017, art. 1er)* « du code de l'éducation », siégeant en formation restreinte, » dans la limite des promotions offertes dans l'établissement, toutes disciplines confondues. Toutefois, lorsque le nombre des enseignants-chercheurs affectés à un établissement est inférieur à cinquante, l'ensemble des avancements est prononcé sur proposition de la section compétente du Conseil national des universités ou de la section compétente du *(Décr. n° 2019-1108 du 30 oct. 2019, art. 2)* « Conseil national des universités pour les disciplines de santé » après avis du *(Décr. n° 2014-997 du 2 sept. 2014, art. 32)* « conseil académique ou de l'organe compétent pour exercer les attributions mentionnées au IV de l'article L. 712-6-1 *(Décr. n° 2017-854 du 9 mai 2017, art. 1er)* « du code de l'éducation », siégeant en formation restreinte, » de l'établissement.

Cet avancement a lieu sur la base de critères rendus publics *(Décr. n° 2014-997 du 2 sept. 2014, art. 32)* « , d'une part, par les sections du Conseil national des universités et, d'autre part, par les établissements ».

Le nombre maximum de promotions susceptibles d'être prononcées au titre du *(Décr. n° 2017-854 du 9 mai 2017, art. 16)* « 1° » est notifié aux établissements chaque année par arrêté du ministre chargé de l'enseignement supérieur.

(Décr. n° 2019-1108 du 30 oct. 2019, art. 7) « 2° Les maîtres de conférences qui exercent des fonctions qui ne sont pas principalement d'enseignement et de recherche dont la liste est fixée par arrêté du ministre chargé de l'enseignement supérieur peuvent demander, chaque année, à bénéficier de la procédure d'avancement définie ci-après. Ils ne peuvent bénéficier en ce cas de la procédure d'avancement définie au 1°.

« Le conseil académique ou l'organe compétent pour exercer les attributions mentionnées au IV de l'article L. 712-6-1 du code de l'éducation, siégeant en formation restreinte, de chaque établissement rend un avis sur les maîtres de conférences qui ont demandé à bénéficier de cette procédure. Cet avis est transmis à une instance composée de dix-neuf professeurs des universités et dix-neuf maîtres de conférences ainsi répartis :

« *a)* Onze présidents de section tirés au sort et relevant chacun d'un groupe différent du Conseil national des universités ;

« *b)* Un président de section tiré au sort et relevant de l'une des sections compétentes à l'égard des enseignants-chercheurs du groupe des disciplines pharmaceutiques du Conseil national des universités pour les disciplines de santé ;

« *c)* Un président de section tiré au sort et relevant de l'une des sections compétentes à l'égard des enseignants-chercheurs des sections des disciplines maïeutique, des sciences de la rééducation et de la réadaptation et des sciences infirmières du Conseil national des universités pour les disciplines de santé ;

« *d)* Onze deuxièmes vice-présidents de section tirés au sort relevant chacun d'un groupe différent du Conseil national des universités ;

« *e)* Un deuxième vice-président tiré au sort et relevant de l'une des sections compétentes à l'égard des enseignants-chercheurs du groupe des disciplines pharmaceutiques du Conseil national des universités pour les disciplines de santé ;

« *f)* Un deuxième vice-président de section tiré au sort et relevant de l'une des sections compétentes à l'égard des enseignants-chercheurs des sections des disciplines maïeutique, des sciences de la rééducation et de la réadaptation ou des sciences infirmières du Conseil national des universités pour les disciplines de santé ;

« *g)* Six professeurs des universités et six maîtres de conférences nommés par le ministre chargé de l'enseignement supérieur parmi les enseignants-chercheurs exerçant ou ayant exercé les fonctions particulières mentionnées au cinquième alinéa du présent article.

« Les membres de cette instance élisent au scrutin majoritaire uninominal à deux tours un bureau composé d'un président et d'un vice-président qui sont choisis parmi les professeurs des universités, d'un deuxième vice-président et d'un assesseur qui sont choisis parmi les maîtres de conférences.

« Après avoir entendu deux rapporteurs désignés par son bureau pour chaque maître de conférences promouvable, l'instance établit les propositions d'avancement qu'elle adresse au président ou directeur de l'établissement.

« Les modalités de fonctionnement de l'instance sont fixées par arrêté du ministre chargé de l'enseignement supérieur. Le mandat de ses membres prend fin à chaque renouvellement du Conseil national des universités ou, dans les disciplines maïeutique, pharmaceutiques, des sciences de la rééducation et de la réadaptation et des sciences infirmières, à chaque renouvellement du groupe des disciplines concernées du Conseil national des universités pour les disciplines de santé. »

(Décr. nº 2017-854 du 9 mai 2017, art. 16) « 3° » *(Décr. nº 2014-997 du 2 sept. 2014, art. 32)* « Les candidatures à l'avancement établies au titre du *(Décr. nº 2017-854 du 9 mai 2017, art. 16)* « 1° et du 2° » pour les maîtres de conférences qui exercent les fonctions de président ou de directeur d'établissement sont directement adressées au Conseil national des universités ou à l'instance prévue au deuxième alinéa du » *(Décr. nº 2017-854 du 9 mai 2017, art. 16)* « 2° ».

(Décr. nº 2017-854 du 9 mai 2017, art. 16) « 4° » Les présidents et directeurs d'établissements prononcent avant la fin de l'année en cours les promotions attribuées aux maîtres de conférences affectés dans leur établissement dans les conditions prévues au présent article. Les promotions prononcées sont rendues publiques.

(Décr. nº 2017-854 du 9 mai 2017, art. 16) « II. – L'avancement à l'échelon exceptionnel de la hors-classe des maîtres de conférences a lieu au choix.

« Il a lieu, pour moitié, sur proposition de la section compétente du Conseil national des universités ou de la section compétente du *(Décr. nº 2019-1108 du 30 oct. 2019, art. 2)* « Conseil national des universités pour les disciplines de santé », dans la limite des promotions offertes par discipline au plan national et, pour moitié, sur proposition du conseil académique ou de l'organe compétent pour exercer les attributions mentionnées au IV de l'article L. 712-6-1 du code de l'éducation, siégeant en formation restreinte, dans la limite des promotions offertes dans l'établissement, toutes disciplines confondues. Toutefois, lorsque le nombre des enseignants-chercheurs affectés à un établissement est inférieur à cinquante, l'ensemble des avancements est prononcé sur proposition de la section compétente du Conseil national des universités ou de la section compétente du *(Décr. nº 2019-1108 du 30 oct. 2019, art. 2)* « Conseil national des universités pour les disciplines de santé » après avis du conseil académique ou de l'organe compétent pour exercer les attributions mentionnées au IV de l'article L. 712-6-1 du code de l'éducation, siégeant en formation restreinte, de l'établissement.

« Cet avancement a lieu sur la base de critères rendus publics, d'une part, par les sections du Conseil national des universités *(Décr. nº 2019-1108 du 30 oct. 2019, art. 7)* « et du Conseil national des universités pour les disciplines de santé » et, d'autre part, par les établissements. Parmi ces critères, l'investissement des maîtres de conférences dans leur mission d'enseignement doit être particulièrement pris en compte.

« Le nombre maximum de promotions susceptibles d'être prononcées est notifié aux établissements chaque année par arrêté du ministre chargé de l'enseignement supérieur.

« Peuvent seuls être promus à l'échelon exceptionnel de la hors-classe les maîtres de conférences justifiant d'au moins trois ans de services effectifs dans le 6ᵉ échelon de cette même classe.

« Le nombre de maîtres de conférences hors classe à l'échelon exceptionnel ne peut excéder celui résultant d'un pourcentage des effectifs du corps considérés au 31 décembre de l'année précédant celle au titre de laquelle sont prononcées les promotions. Ce pourcentage est fixé par arrêté conjoint des ministres chargés de l'enseignement supérieur, du budget et de la fonction publique. »

Art. 40-1 *(Décr. nº 2009-460 du 23 avr. 2009, art. 23)* « Le nombre maximum de maîtres de conférences de classe normale pouvant être promus chaque année au grade de maître de conférences hors classe est déterminé conformément aux dispositions du décret nº 2005-

1090 du 1er septembre 2005 relatif à l'avancement de grade dans les corps des administrations de l'État *[V. C. **fonct. publ.**].* »

Peuvent seuls être promus à la hors-classe les maîtres de conférences parvenus au *(Décr. nº 2001-429 du 16 mai 2001, art. 16)* « 7e échelon de la classe normale » et ayant accompli au moins cinq ans de services en qualité de maître de conférences ou de maître assistant en position d'activité ou en position de détachement.

(Décr. nº 90-894 du 1er oct. 1990, art. 2) « Les services d'enseignements effectués dans des établissements d'enseignement supérieur par des chercheurs titulaires relevant du décret du 30 décembre 1983 susvisé *[nº 83-1260 fixant les dispositions statutaires communes aux corps de fonctionnaires des établissements publics scientifiques et technologiques]* sont pris en compte dans les cinq ans d'ancienneté de services mentionnés à l'alinéa précédent. Ces enseignements sont décomptés au prorata de leur durée, sur la base de la durée annuelle de référence fixée au troisième alinéa de l'article 7 du présent décret. »

(Décr. nº 2001-429 du 16 mai 2001, art. 16) « Les maîtres de conférences de classe normale » promus à la hors-classe sont classés à l'échelon comportant un indice de rémunération égal ou, à défaut, immédiatement supérieur à celui qu'ils détenaient dans leur grade d'origine.

Lorsque l'application des dispositions du présent article n'entraîne pas d'augmentation de traitement, les intéressés conservent l'ancienneté qu'ils avaient acquise dans la limite de l'ancienneté exigée pour une promotion à l'échelon supérieur dans leur nouveau grade.

Art. 40-1-1 *(Décr. nº 2014-997 du 2 sept. 2014, art. 34)* Les maîtres de conférences admis à la retraite et qui sont habilités à diriger des travaux de recherche peuvent pour une durée déterminée par l'établissement recevoir le titre de maître de conférences émérite. Ce titre est délivré par le président ou le directeur de l'établissement sur proposition de la commission de la recherche du conseil académique ou, dans les établissements non dotés d'un conseil académique, du conseil scientifique ou de l'organe en tenant lieu, en formation restreinte aux personnes qui sont habilitées à diriger des travaux de recherche. Les maîtres de conférences émérites peuvent continuer à apporter un concours, à titre accessoire et gracieux, aux activités de recherche.

CHAPITRE IV *Détachement de fonctionnaires d'autres corps*

(Décr. nº 90-894 du 1er oct. 1990, art. 3)

Art. 40-2 *(Décr. nº 92-71 du 16 janv. 1992, art. 13 ; Décr. nº 2008-333 du 10 avr. 2008, art. 9)* « Peuvent être placés en position de détachement dans le corps des maîtres de conférences, au terme de la procédure fixée par les articles 9, 9-1 et 9-2, sous réserve qu'ils soient titulaires dans leur corps ou cadre d'emplois d'origine depuis trois ans au moins : »

1° Les fonctionnaires appartenant à un corps assimilé aux maîtres de conférences pour la désignation des membres du Conseil national des universités ;

2° Les conservateurs des bibliothèques, des musées et du patrimoine ;

3° Les membres des corps recrutés par la voie de l'école nationale d'administration ou de l'École polytechnique ;

4° Les fonctionnaires anciens élèves des écoles normales supérieures ;

5° Les magistrats de l'ordre judiciaire ;

6° Les membres des corps d'ingénieurs de recherche et les membres du corps des ingénieurs de recherche et de formation ;

7° *(Décr. nº 95-490 du 27 avr. 1995, art. 6)* « Les fonctionnaires » appartenant à un corps ou cadre d'emplois de la catégorie A dont l'indice terminal est au moins égal à l'indice terminal des maîtres de conférences, titulaires de l'habilitation à diriger des recherches, du doctorat, du doctorat d'État, du doctorat de troisième cycle ou du diplôme de docteur ingénieur.

Art. 40-2-1 *(Décr. nº 2009-460 du 23 avr. 2009, art. 24)* Les agents relevant d'une administration, d'un organisme ou d'un établissement public, dont les missions sont comparables à celles des fonctionnaires mentionnés à l'article 2 de la loi du 13 juillet 1983 susvisée *[nº 83-634, V. C. **fonct. publ.**]*, d'un État membre de *(Décr. nº 2017-854 du 9 mai 2017, art. 17)* « l'Union » européenne ou d'un autre État partie à l'accord sur l'Espace économique européen autre que la France et occupant un emploi d'un niveau équivalent à celui de maître de conférences, peuvent être accueillis en détachement dans le corps des maîtres de conférences.

(Décr. nº 2014-997 du 2 sept. 2014, art. 35) « Le conseil académique ou, dans les établissements non dotés d'un conseil académique, le conseil scientifique ou l'organe en tenant lieu statue et émet un avis sur la demande de l'agent dans les conditions et selon les modalités prévues par le décret du 22 mars 2010 ci-dessus cité. »

Le détachement est prononcé par arrêté du président ou du directeur de l'établissement.

Art. 40-3 Le détachement s'effectue à équivalence de grade et à l'échelon comportant un indice égal ou, à défaut, immédiatement supérieur à celui dont l'intéressé bénéficiait *(Décr. n° 95-490 du 27 avr. 1995, art. 6)* « dans son corps ou cadre d'emplois d'origine ». Le fonctionnaire détaché conserve, dans les conditions et limites fixées *(Décr. n° 2014-997 du 2 sept. 2014, art. 36)* « aux deuxième, troisième et quatrième alinéas de l'article 3 du décret n° 2009-462 du 23 avril 2009 relatif aux règles de classement des personnes nommées dans les corps d'enseignants-chercheurs des établissements publics d'enseignement supérieur et de recherche relevant du ministre chargé de l'enseignement supérieur », l'ancienneté d'échelon qu'il avait acquise et, le cas échéant, le bénéfice, à titre personnel, de son indice antérieur. Le fonctionnaire détaché concourt pour les avancements de grade et d'échelon dans le corps des maîtres de conférence avec l'ensemble des fonctionnaires de ce corps.

(Décr. n° 2014-997 du 2 sept. 2014, art. 36) « Toutefois, les chargés de recherche régis par le décret du 30 décembre 1983 déjà mentionné peuvent, lorsqu'ils ont atteint le *(Décr. n° 2017-854 du 9 mai 2017, art. 18)* « 8e échelon de la classe normale » et qu'ils ont accompli au moins cinq ans de services en qualité de chargé de recherche en position d'activité ou en position de détachement, être placés en position de détachement à la hors-classe du corps des maîtres de conférences à un indice égal ou, à défaut, immédiatement supérieur à celui dont l'intéressé bénéficiait dans son corps ou cadre d'emplois d'origine, après avis du conseil académique ou, dans les établissements non dotés d'un conseil académique, du conseil scientifique ou de l'organe en tenant lieu, siégeant en formation restreinte aux enseignants-chercheurs et personnels assimilés d'un rang au moins égal à celui postulé par l'intéressé. »

Art. 40-4 Il ne peut être mis fin avant son terme à un détachement dans le corps des maîtres de conférences qu'à la demande de l'intéressé ou après avis favorable des instances mentionnées à l'article 40-2.

Art. 40-5 *(Décr. n° 2014-997 du 2 sept. 2014, art. 37)* « Les fonctionnaires placés en position de détachement dans le corps des maîtres de conférences peuvent, à l'issue d'un délai d'un an, être intégrés sur leur demande dans ce corps, sous réserve, pour ceux qui n'appartiennent pas à un corps d'enseignants-chercheurs assimilé au corps des maîtres de conférences, d'être inscrits sur la liste de qualification aux fonctions de maître de conférences.

« Les agents mentionnés au premier alinéa de l'article 40-2-1 du présent décret, accueillis en détachement dans le corps des maîtres de conférences, sont dispensés de l'inscription sur la liste de qualification aux fonctions de maître de conférences, dès lors qu'ils ont exercé une fonction d'enseignant-chercheur, d'un niveau équivalent à celui de maître de conférences, dans un établissement d'enseignement supérieur d'un État autre que la France. Le conseil académique ou, dans les établissements non dotés d'un conseil académique, le conseil scientifique ou l'organe en tenant lieu, se prononce sur le rapport de deux spécialistes de la discipline concernée de niveau au moins équivalent à celui de maître de conférences, dont un extérieur à l'établissement, sur les titres et travaux des intéressés ainsi que sur le niveau des fonctions sur la base de la grille d'équivalence établie par le ministre chargé de l'enseignement supérieur.

« L'intégration est prononcée par arrêté du ministre chargé de l'enseignement supérieur après avis favorable du conseil académique ou de l'organe compétent pour exercer les attributions mentionnées au IV de l'article L. 712-6-1 *(Décr. n° 2017-854 du 9 mai 2017, art. 1er)* « du code de l'éducation », siégeant en formation restreinte aux enseignants-chercheurs et assimilés. »

(Décr. n° 2008-333 du 10 avr. 2008, art. 10) « Dans les instituts ou écoles faisant partie d'une université au sens de l'article L. 713-9 du code de l'éducation, l'intégration est prononcée sur proposition du directeur de l'institut ou de l'école, établie après consultation du conseil mentionné aux deuxième et troisième alinéas de cet article. Cette proposition doit recueillir l'avis favorable » *(Décr. n° 2014-997 du 2 sept. 2014, art. 37)* « du conseil académique ou de l'organe compétent pour exercer les attributions mentionnées au IV de l'article L. 712-6-1 *(Décr. n° 2017-854 du 9 mai 2017, art. 1er)* « du code de l'éducation », siégeant en formation restreinte aux enseignants-chercheurs et personnels assimilés. »

Les bénéficiaires du présent article sont nommés soit au grade et à l'échelon occupés par eux en position de détachement, soit, si cette situation leur est plus favorable, au grade et à l'échelon comportant un indice égal ou, à défaut, immédiatement supérieur à celui qu'ils avaient atteint dans leur *(Décr. n° 95-490 du 27 avr. 1995, art. 8)* « corps ou cadre d'emplois d'origine » au moment de leur intégration. Ils conservent l'ancienneté d'échelon qu'ils ont acquise et, le cas échéant, le bénéfice, à titre personnel, de l'indice antérieur mentionné à l'article 40-3 ci-dessus. Les *(Décr. n° 95-490 du 27 avr. 1995, art. 8)* « services effectifs accomplis » dans le corps d'origine sont assimilés à des services effectifs accomplis dans le corps d'intégration. Il n'est pas tenu compte de la bonification d'ancienneté mentionnée à l'article 39 ci-dessus.

TITRE III Dispositions relatives aux professeurs des universités

Art. 41 Il est créé un corps de professeurs des universités classé dans la catégorie A prévue *(Décr. n° 2017-854 du 9 mai 2017, art. 19)* « à l'article 13 de la loi du 13 juillet 1983 susvisée ».

Ce corps comporte une *(Décr. n° 2017-854 du 9 mai 2017, art. 19)* « deuxième classe comprenant sept échelons », une première classe comprenant trois échelons et une classe exceptionnelle comprenant deux échelons.

Les professeurs des universités ont, dans les enseignements auxquels ils participent, la responsabilité principale de la préparation des programmes, de l'orientation des étudiants, de la coordination des équipes pédagogiques.

Ils assurent leur service d'enseignement en présence des étudiants sous forme de cours, de travaux dirigés ou de travaux pratiques. Ils ont une vocation prioritaire à assurer ce service sous forme de cours.

Ils assurent la direction des travaux de recherche menés dans l'établissement, concurremment avec les autres enseignants ou chercheurs habilités à diriger ces travaux.

CHAPITRE PREMIER *Recrutement*

Art. 42 *(Décr. n° 97-1121 du 4 déc. 1997, art. 5)* Les professeurs des universités sont recrutés :

1° Dans toutes les disciplines, par concours ouverts par établissement en vue de pourvoir un ou plusieurs emplois d'une même discipline ;

2° En outre, dans les disciplines juridiques, politiques, économiques et de gestion, par des concours nationaux d'agrégation de l'enseignement supérieur.

Les candidats ne possédant pas la nationalité française peuvent, en application des dispositions de *(Décr. n° 2014-997 du 2 sept. 2014, art. 38)* « l'article L. 952-6 du code de l'éducation », se présenter aux concours organisés en application du présent article.

Art. 43 *(Décr. n° 2008-308 du 2 avr. 2008, art. 29)* Pour pouvoir se présenter aux concours prévus aux 1°, 2° et 4° de l'article 46 du présent décret, les candidats doivent être inscrits sur une liste de qualification aux fonctions de professeur des universités établie par le Conseil national des universités ou, *(Décr. n° 2019-1108 du 30 oct. 2019, art. 4)* « dans les disciplines maïeutique, pharmaceutiques, des sciences de la rééducation et de la réadaptation et des sciences infirmières », par le *(Décr. n° 2019-1108 du 30 oct. 2019, art. 2)* « Conseil national des universités pour les disciplines de santé ».

(Décr. n° 2009-460 du 23 avr. 2009, art. 26) « Toutefois, les candidats exerçant *(Décr. n° 2017-854 du 9 mai 2017, art. 20)* « ou ayant cessé d'exercer depuis moins de dix-huit mois » une fonction d'enseignant-chercheur, d'un niveau équivalent à celui de l'emploi à pourvoir, dans un établissement d'enseignement supérieur d'un État autre que la France sont dispensés de l'inscription sur la liste de qualification aux fonctions de professeurs. Le *(Décr. n° 2014-997 du 2 sept. 2014, art. 39)* « conseil académique ou, dans les établissements non dotés d'un conseil académique, le conseil scientifique ou l'organe en tenant lieu » de l'établissement se prononce sur le rapport de deux spécialistes de la discipline concernée de niveau au moins équivalent à celui de l'emploi à pourvoir, dont un extérieur à l'établissement, sur les titres et travaux des intéressés, ainsi que sur le niveau des fonctions sur la base de la grille d'équivalence établie par le ministre chargé de l'enseignement supérieur, et transmet les dossiers de candidatures recevables au comité de sélection. » *(Décr. n° 2014-997 du 2 sept. 2014, art. 39)* « Le conseil académique, ou le conseil scientifique ou l'organe en tenant lieu, se prononce en formation restreinte aux professeurs des universités et personnels assimilés d'un rang au moins égal à celui postulé par l'intéressé. »

Art. 44 *(Décr. n° 97-1121 du 4 déc. 1997, art. 5)* Les candidats à une inscription sur la liste de qualification aux fonctions de professeur des universités doivent remplir l'une des conditions suivantes :

1° Être titulaire, au plus tard *(Décr. n° 2001-429 du 16 mai 2001, art. 17)* « à la date limite fixée par arrêté du ministre chargé de l'enseignement supérieur, pour l'envoi du dossier aux rapporteurs prévus au deuxième alinéa du I de l'article 45 », d'une habilitation à diriger des recherches.

(Décr. n° 2008-308 du 2 avr. 2008, art. 30) « Les titulaires de diplômes universitaires, qualifications et titres de niveau équivalent peuvent être dispensés de la possession de l'habilitation à diriger des recherches par le Conseil national des universités ou, *(Décr. n° 2019-1108 du 30 oct. 2019, art. 4)* « dans les disciplines maïeutique, pharmaceutiques, des sciences de la rééducation et de la réadaptation et des sciences infirmières », par le *(Décr. n° 2019-1108 du 30 oct. 2019, art. 2)* « Conseil national des universités pour les disciplines de santé », siégeant en application des dispositions de l'article 45. »

Le doctorat d'État est admis en équivalence de l'habilitation à diriger des recherches.

(Décr. n° 2008-308 du 2 avr. 2008, art. 30) « 2° Justifier, au 1er janvier de l'année d'inscription, d'au moins cinq ans d'activité professionnelle effective dans les huit ans qui précèdent. Ne sont pas prises en compte les activités d'enseignant, les activités de chercheur dans les établissements publics à caractère scientifique et technologique, *(Décr. n° 2017-854 du 9 mai 2017, art. 21)* « les activités exercées à titre accessoire en application du IV de l'article 25 *septies* de la loi du 13 juillet 1983 susvisée et les activités mentionnées au V du même article ». »

3° Être enseignant associé à temps plein.

4° Être détaché dans le corps des professeurs des universités.

5° Appartenir à un corps de chercheurs assimilé aux professeurs des universités.

Art. 45 *(Décr. n° 97-1121 du 4 déc. 1997, art. 5)* I. — *(Décr. n° 2008-308 du 2 avr. 2008, art. 31)* « Les demandes d'inscription sur la liste de qualification aux fonctions de professeur des universités, assorties d'un dossier individuel de qualification, sont examinées par la section compétente du Conseil national des universités ou, *(Décr. n° 2019-1108 du 30 oct. 2019, art. 4)* « dans les disciplines maïeutique, pharmaceutiques, des sciences de la rééducation et de la réadaptation et des sciences infirmières », par la section compétente du *(Décr. n° 2019-1108 du 30 oct. 2019, art. 2)* « Conseil national des universités pour les disciplines de santé ». La qualification est appréciée par rapport aux différentes fonctions des enseignants-chercheurs mentionnées à l'article L. 952-3 du code de l'éducation et compte tenu des diverses activités des candidats. »

Après avoir entendu deux rapporteurs désignés par son bureau pour chaque candidat, la section compétente du Conseil national des universités arrête, par ordre alphabétique, la liste de qualification aux fonctions de professeur des universités.

Les rapporteurs, qui peuvent recueillir, sur les dossiers des candidats, l'avis écrit d'experts extérieurs, établissent des rapports écrits.

II. — *(Décr. n° 2008-308 du 2 avr. 2008, art. 31)* « Toutefois, *(Décr. n° 2019-1108 du 30 oct. 2019, art. 4)* « dans les disciplines maïeutique, pharmaceutiques, des sciences de la rééducation et de la réadaptation et des sciences infirmières », après avoir entendu les deux rapporteurs désignés par son bureau pour chaque candidat, la section compétente du *(Décr. n° 2019-1108 du 30 oct. 2019, art. 2)* « Conseil national des universités pour les disciplines de santé » dresse la liste par ordre alphabétique des candidats autorisés à participer à une audition, qui comporte une épreuve pédagogique. Les modalités d'organisation et la durée de l'audition et de l'épreuve pédagogique sont fixées par arrêté du ministre chargé de l'enseignement supérieur. A l'issue de l'épreuve pédagogique, la section *(Décr. n° 2019-1108 du 30 oct. 2019, art. 5)* « compétente » du *(Décr. n° 2019-1108 du 30 oct. 2019, art. 2)* « Conseil national des universités pour les disciplines de santé » arrête, par ordre alphabétique, la liste de qualification aux fonctions de professeur des universités. »

III. — Le bureau communique par écrit à chaque candidat non inscrit sur la liste les motifs pour lesquels sa candidature a été écartée.

(Décr. n° 2019-1108 du 30 oct. 2019, art. 8) « Lorsqu'un candidat a déposé une candidature dans plusieurs sections et que chacune de ces sections estime que la candidature ne relève pas de son champ disciplinaire, les bureaux des groupes des sections concernées du Conseil national des universités et, pour les sections concernées du Conseil national des universités pour les disciplines de santé, le bureau de l'instance mentionnée au troisième alinéa du présent III examinent, en formation interdisciplinaire, le dossier du candidat. Cette formation interdisciplinaire entend les rapporteurs désignés par les sections concernées et peut recueillir l'avis d'experts extérieurs.

« Les candidats dont la qualification a fait l'objet de deux refus consécutifs de la part d'une section du Conseil national des universités peuvent saisir de leur candidature le groupe compétent du Conseil national des universités en formation restreinte aux bureaux de section. Les candidats dont la qualification a fait l'objet de deux refus consécutifs de la part d'une section universitaire du Conseil national des universités pour les disciplines de santé peuvent saisir de leur candidature une instance constituée des bureaux des sections universitaires maïeutique, pharmaceutiques, des sciences de la rééducation et de la réadaptation et des sciences infirmières du Conseil national des universités pour les disciplines de santé. Ces formations siègent selon les dispositions prévues par le présent article. Elles procèdent en outre à l'audition des candidats. Les candidats dont la qualification a fait l'objet d'un refus de la part de l'une de ces formations peuvent à nouveau la saisir lorsque leur candidature a fait l'objet de deux nouveaux refus consécutifs de la part d'une section ».

IV. — La liste de qualification aux fonctions de professeur des universités est rendue publique.

(Décr. nº 2009-460 du 23 avr. 2009, art. 27) « La liste de qualification cesse d'être valable à l'expiration d'une période de quatre années à compter du 31 décembre de l'année de l'inscription sur la liste de qualification. »

Les modalités d'application du présent article sont fixées par arrêté du ministre chargé de l'enseignement supérieur.

Art. 46 *(Décr. nº 97-1121 du 4 déc. 1997, art. 5)* Les concours par établissement mentionnés au 1º de l'article 42 sont organisés selon les modalités suivantes :

(Décr. nº 2009-460 du 23 avr. 2009, art. 28) « 1º Des concours sont ouverts aux candidats titulaires, à la date de clôture des inscriptions, d'une habilitation à diriger des recherches. Le doctorat d'État est admis en équivalence de l'habilitation à diriger des recherches. Les titulaires de diplômes universitaires, qualifications et titres de niveau équivalent peuvent être dispensés de la possession de l'habilitation à diriger des recherches par le Conseil national des universités ou, *(Décr. nº 2019-1108 du 30 oct. 2019, art. 4)* « dans les disciplines maïeutique, pharmaceutiques, des sciences de la rééducation et de la réadaptation et des sciences infirmières », par le *(Décr. nº 2019-1108 du 30 oct. 2019, art. 2)* « Conseil national des universités pour les disciplines de santé », siégeant en application des dispositions de l'article 45. Les candidats exerçant une fonction d'enseignant-chercheur, d'un niveau équivalent à celui de l'emploi à pourvoir, dans un établissement d'enseignement supérieur d'un État autre que la France, titulaires de diplômes universitaires, qualifications et titres de niveau équivalent peuvent être dispensés de la possession de l'habilitation à diriger des recherches par *(Décr. nº 2014-997 du 2 sept. 2014, art. 41)* « le conseil académique ou, dans les établissements non dotés d'un conseil académique, le conseil scientifique ou l'organe en tenant lieu » de l'établissement dans les conditions prévues à l'article 43 ; »

2º Dans la limite du neuvième des emplois mis aux concours dans l'ensemble des disciplines, des concours sont réservés aux maîtres de conférences remplissant les conditions définies au 1º de l'article 44, qui ont accompli, au 1er janvier de l'année du concours, cinq années de service dans l'enseignement supérieur ou ont été chargés, depuis au moins quatre ans au 1er janvier de l'année du concours, d'une mission de coopération culturelle, scientifique et technique en application de la loi nº 72-659 du 13 juillet 1972. En outre, les intéressés doivent soit être affectés dans un établissement d'enseignement supérieur autre que celui où est ouvert l'emploi, soit avoir accompli en qualité de maître de conférences ou de maître assistant une mobilité au moins égale à deux ans dans les conditions prévues au troisième alinéa de l'article 39 ;

(Décr. nº 2008-308 du 2 avr. 2008, art. 32) « 3º Dans la limite du neuvième des emplois mis aux concours dans l'ensemble des disciplines, des concours sont réservés aux maîtres de conférences titulaires, à la date de clôture des inscriptions, de l'habilitation à diriger des recherches. Le doctorat d'État est admis en équivalence de l'habilitation à diriger des recherches.

« Les titulaires de diplômes universitaires, qualifications et titres de niveau équivalent peuvent être dispensés de la possession de l'habilitation à diriger des recherches par le Conseil national des universités ou, *(Décr. nº 2019-1108 du 30 oct. 2019, art. 4)* « dans les disciplines maïeutique, pharmaceutiques, des sciences de la rééducation et de la réadaptation et des sciences infirmières », par le *(Décr. nº 2019-1108 du 30 oct. 2019, art. 2)* « Conseil national des universités pour les disciplines de santé ». Ces deux instances siègent en application des dispositions de l'article 49-3 du présent décret.

« Les candidats doivent en outre avoir accompli, au 1er janvier de l'année du concours, dix années de service dans un établissement d'enseignement supérieur d'un État membre de *(Décr. nº 2017-854 du 9 mai 2017, art. 22)* « l'Union » européenne, d'un État partie à l'accord sur l'Espace économique européen ou dans un autre établissement d'enseignement supérieur au titre d'une mission de coopération culturelle, scientifique et technique en application de la loi nº 72-659 du 13 juillet 1972 relative à la situation du personnel civil de coopération culturelle, scientifique et technique auprès d'États étrangers, ou dans un établissement public à caractère scientifique et technologique, dont cinq années en qualité de maître de conférences titulaire ou stagiaire ; »

4° Dans la limite des deux neuvièmes des emplois mis aux concours dans l'ensemble des disciplines, des concours sont réservés :

(Décr. n° 2008-308 du 2 avr. 2008, art. 32) « *a)* Aux candidats comptant, au 1er janvier de l'année du concours, au moins six ans d'activité professionnelle effective dans les neuf ans qui précèdent. Ne sont pas prises en compte les activités d'enseignant, les activités de chercheur dans les établissements publics à caractère scientifique et technologique, *(Décr. n° 2017-854 du 9 mai 2017, art. 22)* « les activités exercées à titre accessoire en application du IV de l'article 25 *septies* de la loi du 13 juillet 1983 susvisée et les activités mentionnées au V du même article » ; »

b) Aux enseignants associés à temps plein en fonction au 1er janvier de l'année du concours ou ayant cessé d'exercer leurs fonctions depuis moins d'un an, à cette même date ;

c) Aux maîtres de conférences membres de l'Institut universitaire de France ;

(Décr. n° 2014-997 du 2 sept. 2014, art. 41) « *d)* A des directeurs de recherche *(Décr. n° 2017-854 du 9 mai 2017, art. 22)* « relevant du décret n° 83-1260 du 30 décembre 1983 », pour des nominations comme professeur des universités de première classe, qui ont accompli pendant au moins deux ans au 1er janvier de l'année du concours un service d'enseignement dans un établissement d'enseignement supérieur ;

« 5° Dans la limite du neuvième des emplois mis aux concours dans l'ensemble des disciplines, des concours sont réservés aux maîtres de conférences et enseignants-chercheurs assimilés ayant exercé, au 1er janvier de l'année du concours, pendant au moins quatre ans dans les neuf ans qui précèdent, des responsabilités importantes dans un établissement public à caractère scientifique, culturel et professionnel, dans les domaines de l'orientation, de la promotion sociale et de l'insertion professionnelle, de la formation continue, du transfert et de la valorisation des résultats de la recherche, de l'innovation pédagogique, de la gouvernance des établissements, du développement des ressources numériques, des partenariats internationaux, de la diffusion culturelle, scientifique et technique et de la liaison avec l'environnement économique, social et culturel, au titre des fonctions de directeur de composante mentionnée à l'article L. 713-1 du code de l'éducation ou de service commun dans les universités ou de toute autre structure interne équivalente dans les autres établissements.

« Ces concours sont ouverts aux candidats titulaires, à la date de clôture des inscriptions, d'une habilitation à diriger des recherches. Le doctorat d'État est admis en équivalence de l'habilitation à diriger des recherches. Les titulaires de diplômes universitaires, qualifications et titres de niveau équivalent peuvent être dispensés de la possession de l'habilitation à diriger des recherches par le Conseil national des universités ou, *(Décr. n° 2019-1108 du 30 oct. 2019, art. 4)* « dans les disciplines maïeutique, pharmaceutiques, des sciences de la rééducation et de la réadaptation et des sciences infirmières », par le *(Décr. n° 2019-1108 du 30 oct. 2019, art. 2)* « Conseil national des universités pour les disciplines de santé », siégeant en application des dispositions de l'article 45.

« Les candidats exerçant une fonction d'enseignant-chercheur, d'un niveau équivalent à celui de l'emploi à pourvoir, dans un établissement d'enseignement supérieur d'un État autre que la France, titulaires de diplômes universitaires, qualifications et titres de niveau équivalent peuvent être dispensés de la possession de l'habilitation à diriger des recherches par le conseil académique ou, dans les établissements non dotés d'un conseil académique, le conseil scientifique de l'établissement ou l'organe en tenant lieu dans les conditions prévues à l'article 43.

« Les candidats doivent en outre être inscrits sur une liste de qualification, établie par une commission nationale composée de membres nommés par le ministre chargé de l'enseignement supérieur parmi les professeurs des universités et les enseignants-chercheurs assimilés, dont la moitié parmi les membres élus du Conseil national des universités de rang égal à celui de l'emploi postulé ou parmi les membres élus des sections *(Décr. n° 2019-1108 du 30 oct. 2019, art. 5)* « universitaires » du *(Décr. n° 2019-1108 du 30 oct. 2019, art. 2)* « Conseil national des universités pour les disciplines de santé », de rang égal à celui de l'emploi postulé. En outre, cette commission est complétée par deux membres du Conseil national des universités de la discipline dans laquelle l'intéressé présente sa candidature, de rang égal à celui de l'emploi postulé. La commission apprécie l'ensemble des activités exercées par l'intéressé. Sa décision est motivée.

« La composition et les modalités de fonctionnement de cette commission sont fixées par arrêté du ministre chargé de l'enseignement supérieur. »

(Décr. n° 2009-460 du 23 avr. 2009, art. 28) « En application des dispositions de l'article L. 952-6 du code de l'éducation, les concours prévus au présent article peuvent être ouverts soit pour des nominations comme professeur de 1re classe, soit pour des nominations comme professeur de classe exceptionnelle aux candidats ne possédant pas la qualité de fonctionnaire. »

Les proportions mentionnées au présent article sont calculées au niveau national. »

Art. 46-1 *(Décr. n° 2017-854 du 9 mai 2017, art. 23)* Des concours sont réservés aux maîtres de conférences et enseignants-chercheurs assimilés ayant achevé depuis moins de cinq ans, au 1er janvier de l'année du concours, un mandat de quatre ans en qualité de chef d'un établissement public à caractère scientifique, culturel et professionnel, de président ou de vice-président mentionné dans les statuts de l'établissement public à caractère scientifique, culturel et professionnel.

Les candidats doivent être habilités à diriger des recherches à la date de clôture des inscriptions. Les titulaires de diplômes universitaires, qualifications et titres de niveau équivalent peuvent être dispensés de la possession de l'habilitation à diriger des recherches par le Conseil national des universités ou, *(Décr. n° 2019-1108 du 30 oct. 2019, art. 4)* « dans les disciplines maïeutique, pharmaceutiques, des sciences de la rééducation et de la réadaptation et des sciences infirmières », par le *(Décr. n° 2019-1108 du 30 oct. 2019, art. 2)* « Conseil national des universités pour les disciplines de santé », siégeant en application des dispositions de l'article 45.

Les candidats qui ont exercé un mandat de quatre ans en qualité de président d'université, de président du conseil académique, de vice-président du conseil d'administration, de vice-président du conseil des études et de la vie universitaire ou de vice-président en charge des questions de formation d'une université sont dispensés de la possession de l'habilitation à diriger des recherches.

La liste des emplois à pourvoir est publiée par arrêté du ministre chargé de l'enseignement supérieur. Pour chaque emploi, les candidatures sont examinées par un jury composé de membres nommés par le ministre chargé de l'enseignement supérieur parmi les professeurs des universités et les enseignants-chercheurs assimilés dont la moitié parmi les membres élus du Conseil national des universités de rang égal à celui de l'emploi postulé ou parmi les membres élus des sections *(Décr. n° 2019-1108 du 30 oct. 2019, art. 5)* « universitaires » du *(Décr. n° 2019-1108 du 30 oct. 2019, art. 2)* « Conseil national des universités pour les disciplines de santé », de rang égal à celui de l'emploi postulé. Le jury comprend au moins deux membres du Conseil national des universités de la discipline du poste auquel se présente le candidat. Les membres du jury élisent en leur sein, au scrutin uninominal majoritaire à deux tours, un bureau composé d'un président du jury qui a voix prépondérante en cas de partage égal des voix, d'un vice-président et d'un assesseur.

La composition et les modalités de fonctionnement du jury sont fixées par arrêté du ministre chargé de l'enseignement supérieur.

Le jury se prononce au vu de l'ensemble des activités de chaque candidat. Il arrête la liste des candidats retenus dans la limite d'un candidat au maximum pour chacun des emplois.

La nomination et l'affectation de chaque candidat retenu sont prononcées sous réserve d'un avis défavorable prévu au douzième alinéa du IV de l'article L. 712-3 du code de l'éducation.

Art. 47 *(Décr. n° 2009-460 du 23 avr. 2009, art. 29)* La procédure, les conditions de recevabilité aux concours de recrutement prévus à l'article 42 et le nombre maximum d'emplois sont fixés par arrêté du ministre chargé de l'enseignement supérieur.

Ces concours de recrutement sont ouverts par les établissements.

Les caractéristiques et la localisation des emplois à pourvoir font l'objet d'une publication par voie électronique dans des conditions fixées par arrêté.

Art. 48 *(Décr. n° 2014-997 du 2 sept. 2014, art. 43)* Dans les disciplines juridiques, politiques, économiques et de gestion, les professeurs des universités sont recrutés par la voie du concours national d'agrégation de l'enseignement supérieur et par des concours organisés en application des dispositions du 1°, du 3°, du 4° et du 5° de l'article 46.

Art. 49 *(Décr. n° 2008-333 du 10 avr. 2008, art. 11)* Sans préjudice des dispositions de l'article 48, qui s'appliquent pour la première affectation des personnels recrutés par concours national d'agrégation de l'enseignement supérieur, le recrutement par concours des professeurs des universités s'effectue au sein de chaque établissement en application des articles 9, 9-1 et 9-2.

Art. 49-1 *Abrogé par Décr. n° 2008-333 du 10 avr. 2008, art. 16.*

Art. 49-2 *(Décr. n° 97-1121 du 4 déc. 1997, art. 5) (Décr. n° 2014-997 du 2 sept. 2014, art. 44)* « Dans chacune des disciplines juridiques, politiques, économiques et de gestion, le concours national d'agrégation est ouvert aux candidats titulaires à la date de clôture des inscriptions du doctorat ou de l'habilitation à diriger des recherches. » Les titulaires de diplômes universitaires, qualifications et titres de niveau équivalent peuvent être dispensés du doctorat par décision du jury mentionné au présent article. Ces dispenses sont accordées pour l'année et le concours au titre desquels la candidature est présentée ; le doctorat d'État, le doctorat de troisième cycle et le diplôme de docteur ingénieur sont admis en équivalence du doctorat.

(Décr. nº 2014-997 du 2 sept. 2014, art. 44) « Le ministre chargé de l'enseignement supérieur fixe, pour chaque discipline, le nombre des emplois offerts au concours d'agrégation. Le nombre total des emplois mis aux concours dans la discipline ouverts en application de l'article 46 ne peut être supérieur au nombre des emplois offerts au concours d'agrégation. Le respect de cette proportion s'apprécie sur la période allant jusqu'à l'ouverture du concours d'agrégation suivant.

« Un arrêté du ministre chargé de l'enseignement supérieur fixe l'organisation des concours et le contenu des épreuves. Ces épreuves doivent comporter une discussion des travaux des candidats et au plus trois leçons. L'admissibilité est prononcée après la discussion des travaux et une leçon. »

Le jury *(Décr. nº 2014-997 du 2 sept. 2014, art. 44)* « du » concours d'agrégation comprend le président, nommé par le ministre chargé de l'enseignement supérieur parmi les professeurs de la discipline considérée, et six autres membres nommés par le ministre chargé de l'enseignement supérieur sur proposition du président du jury ; quatre de ces membres sont des professeurs de la discipline concernée. Les deux autres membres du jury sont choisis parmi les professeurs d'une autre discipline ou parmi les personnalités françaises ou étrangères du secteur public ou du secteur privé connues pour leurs compétences ou leurs travaux dans des domaines liés à la discipline considérée.

Nul ne peut être membre d'un des jurys prévus au présent article et exercer, la même année, les fonctions de membre du Conseil national des universités ou du Comité national de la recherche scientifique.

Les candidats déclarés reçus, nommés dans le corps des professeurs des universités, sont affectés à un établissement, compte tenu, dans la mesure où les besoins du service le permettent, de leur rang de classement au concours et y sont installés.

Sans préjudice des dispositions de l'article 42, les candidats de nationalité étrangère peuvent être autorisés à participer, à titre étranger, aux épreuves du concours d'agrégation sans que leur admission confère aux intéressés le droit à l'attribution de fonctions dans un établissement d'enseignement supérieur et de recherche français.

Art. 49-3 *(Décr. nº 2001-429 du 16 mai 2001, art. 20 ; Décr. nº 2008-333 du 10 avr. 2008, art. 12)* « Les concours prévus au 3° de l'article 46 se déroulent conformément aux dispositions des articles 9, 9-1 et 9-2. Toutefois, les candidats à ces concours sont dispensés de l'inscription préalable sur la liste de qualification prévue au premier alinéa de l'article 9-2. »

(Décr. nº 2008-308 du 2 avr. 2008, art. 35) « La section compétente du Conseil national des universités ou la section compétente du *(Décr. nº 2019-1108 du 30 oct. 2019, art. 2)* « Conseil national des universités pour les disciplines de santé » prend connaissance de la liste de classement établie par l'établissement et examine *(Décr. nº 2014-997 du 2 sept. 2014, art. 45)* « les » candidatures qui lui sont proposées. » Après avoir entendu deux rapporteurs désignés par son bureau pour chaque candidature, elle émet un avis sur chacune d'elles. *(Décr. nº 2014-997 du 2 sept. 2014, art. 45)* « Lorsqu'un concours est ouvert dans plusieurs sections, le candidat choisit la section qui examine sa candidature. Les candidats inscrits sur une liste de qualification aux fonctions de professeur des universités prévue à l'article 43 sont dispensés de l'examen de leur candidature par la section compétente du Conseil national des universités ou la section compétente du *(Décr. nº 2019-1108 du 30 oct. 2019, art. 2)* « Conseil national des universités pour les disciplines de santé ». »

(Décr. nº 2008-308 du 2 avr. 2008, art. 35) « Lorsque, dans l'ordre de la liste de classement proposée par l'établissement, un candidat recevant un avis défavorable de la section compétente du Conseil national des universités ou de la section compétente du *(Décr. nº 2019-1108 du 30 oct. 2019, art. 2)* « Conseil national des universités pour les disciplines de santé » est mieux classé qu'un candidat recevant un avis favorable de celle-ci, la section établit un rapport motivé.

« Dans l'ordre de la liste de classement proposée par l'établissement, le candidat le mieux classé qui a reçu un avis favorable de la section compétente du Conseil national des universités ou de la section compétente du *(Décr. nº 2019-1108 du 30 oct. 2019, art. 2)* « Conseil national des universités pour les disciplines de santé » est nommé. »

Art. 49-4 *Abrogé par Décr. nº 2009-460 du 23 avr. 2009, art. 30.*

CHAPITRE II *Nomination et mutation*

Art. 50 Les professeurs des universités sont nommés par décret du Président de la République.

(*Décr. n° 2009-460 du 23 avr. 2009, art. 31*) « Ils sont classés dans le corps (*Décr. n° 2017-854 du 9 mai 2017, art. 24*) « en application des dispositions du décret n° 2009-462 du 23 avril 2009 relatif aux règles de classement des personnes nommées dans les corps d'enseignants-chercheurs des établissements publics d'enseignement supérieur et de recherche relevant du ministre chargé de l'enseignement supérieur, » par arrêté du président ou du directeur de l'établissement. »

Art. 51 (*Décr. n° 2009-460 du 23 avr. 2009, art. 32*) « Les mutations des professeurs des universités sont prononcées par arrêté du président ou du directeur de l'établissement d'accueil après application de la procédure prévue aux articles » (*Décr. n° 2014-997 du 2 sept. 2014, art. 46*) « 9, 9-1, 9-2 et 9-3.

« Le président ou le directeur de l'établissement fixe le nombre d'emplois de professeur des universités à pourvoir exclusivement par la voie de la mutation, après avis du conseil académique en formation plénière. »

(*Décr. n° 2008-333 du 10 avr. 2008, art. 13*) « La condition de durée de service prévue au dernier alinéa de l'article 33 est applicable aux demandes de mutations présentées par les professeurs des universités. »

Art. 51-1 (*Décr. n° 2008-333 du 10 avr. 2008, art. 13*) Les changements de discipline des professeurs des universités à l'intérieur d'un établissement s'effectuent conformément à la procédure fixée à l'article 34.

CHAPITRE III *Avancement*

Art. 52 Les dispositions de l'article 55 de la loi du 11 janvier 1984 susvisée ne sont pas applicables aux professeurs des universités.

Art. 53 L'avancement des professeurs des universités comprend l'avancement d'échelon et l'avancement de classe. Il ne donne pas lieu à l'établissement de tableaux d'avancement.

Art. 54 *Abrogé par Décr. n° 89-708 du 28 sept. 1989, art. 22.*

Art. 55 L'avancement d'échelon dans la 1re et la 2e classe du corps des professeurs des universités a lieu à l'ancienneté. Il est prononcé par arrêté (*Décr. n° 2009-460 du 23 avr. 2009, art. 33*) « du président ou du directeur de l'établissement » à l'ancienneté. L'ancienneté requise pour accéder aux divers échelons de ces deux classes est fixée ainsi qu'il suit :

(*Décr. n° 2017-854 du 9 mai 2017, art. 25*)

CLASSES (ET AVANCEMENT D'ÉCHELON)	ANCIENNETÉ REQUISE (pour l'accès à l'échelon supérieur)
1re classe	
Du 2e au 3e échelon	3 ans
Du 1er au 2e échelon	3 ans
2e classe	
Du 6e au 7e échelon	3 ans 6 mois
Du 5e au 6e échelon	3 ans 6 mois
Du 4e au 5e échelon	1 an
Du 3e au 4e échelon	1 an
Du 2e au 3e échelon	1 an
Du 1er au 2e échelon	1 an

(Décr. n° 2002-295 du 28 févr. 2002, art. 4) « Les professeurs des universités qui ont exercé, pendant une durée d'au moins trois ans, un mandat de président ou de directeur d'établissement public d'enseignement supérieur bénéficient, sur leur demande, d'une bonification d'ancienneté d'une durée égale à 60 % de la durée effective d'un seul mandat. Cette bonification est prise en compte pour l'avancement d'échelon. Elle ne peut être accordée à un professeur des universités qu'une seule fois. »

(Décr. n° 2001-429 du 16 mai 2001, art. 21) « Une bonification d'ancienneté d'un an prise en compte pour l'avancement d'échelon est accordée, sur leur demande, aux professeurs des universités qui ont accompli en cette qualité une mobilité au moins égale à deux ans ou à un an si la mobilité est effectuée dans un organisme d'enseignement supérieur ou de recherche d'un État *(Décr. n° 2017-854 du 9 mai 2017, art. 25)* « membre de l'Union » européenne ou d'un État partie à l'accord sur l'Espace économique européen autre que la France. Cette bonification ne peut être accordée aux professeurs des universités qui ont déjà bénéficié d'une bonification d'ancienneté au titre de la mobilité.

« Sont seuls considérés comme ayant satisfait à la mobilité les professeurs des universités qui ont exercé des fonctions d'enseignant-chercheur ou une activité de recherche ou une autre activité professionnelle à temps plein après mutation dans un autre établissement ou bénéficié d'une mise en congé pour recherches ou conversions thématiques ou d'une mise en position de détachement, de disponibilité ou de délégation selon les modalités prévues aux *b*, *c* et *d* de l'article 14 ci-dessus.

« Les bonifications mentionnées au présent article prennent effet le premier jour du mois suivant la demande.

« N'est pas considérée comme une mobilité au sens du présent article la mutation d'un établissement d'enseignement supérieur situé hors de l'académie de Paris vers un établissement d'enseignement supérieur situé dans cette académie ou la mutation d'un établissement situé dans l'académie de Paris vers un autre établissement situé dans cette même académie. »

Art. 56 *(Décr. n° 2009-460 du 23 avr. 2009, art. 34)* L'avancement de la 2e classe à la 1re classe des professeurs des universités a lieu au choix. Il est prononcé selon les modalités suivantes :

I. — L'avancement a lieu, pour moitié, sur proposition de la section compétente du Conseil national des universités ou, *(Décr. n° 2019-1108 du 30 oct. 2019, art. 4)* « dans les disciplines maïeutique, pharmaceutiques, des sciences de la rééducation et de la réadaptation et des sciences infirmières », sur proposition de la section compétente du *(Décr. n° 2019-1108 du 30 oct. 2019, art. 2)* « Conseil national des universités pour les disciplines de santé », dans la limite des promotions offertes par discipline au plan national et pour moitié, sur proposition du *(Décr. n° 2014-997 du 2 sept. 2014, art. 47)* « conseil académique ou de l'organe compétent pour exercer les attributions mentionnées au IV de l'article L. 712-6-1 *(Décr. n° 2017-854 du 9 mai 2017, art. 1er)* « du code de l'éducation », siégeant en formation restreinte, » dans la limite des promotions offertes dans l'établissement, toutes disciplines confondues. Toutefois, lorsque le nombre des professeurs des universités affectés à un établissement est inférieur à trente, l'ensemble des avancements est prononcé sur proposition de la section compétente du Conseil national des universités ou de la section compétente du *(Décr. n° 2019-1108 du 30 oct. 2019, art. 2)* « Conseil national des universités pour les disciplines de santé » après avis du *(Décr. n° 2014-997 du 2 sept. 2014, art. 47)* « conseil académique ou de l'organe compétent pour exercer les attributions mentionnées au IV de l'article L. 712-6-1 *(Décr. n° 2017-854 du 9 mai 2017, art. 1er)* « du code de l'éducation », siégeant en formation restreinte, » de l'établissement.

Cet avancement a lieu sur la base de critères rendus publics *(Décr. n° 2014-997 du 2 sept. 2014, art. 47)* « , d'une part, par les sections du Conseil national des universités et d'autre part, par les établissements ».

Le nombre maximum de promotions susceptibles d'être prononcées au titre du I est notifié aux établissements chaque année par arrêté du ministre chargé de l'enseignement supérieur.

II. — Les professeurs des universités qui exercent des fonctions qui ne sont pas principalement d'enseignement et de recherche dont la liste est fixée par arrêté du ministre chargé de l'enseignement supérieur peuvent demander, chaque année, à bénéficier de la procédure d'avancement définie ci-après. *(Décr. n° 2014-997 du 2 sept. 2014, art. 47)* « Ils ne peuvent bénéficier en ce cas de la procédure d'avancement définie au I. »

Le *(Décr. n° 2014-997 du 2 sept. 2014, art. 47)* « conseil académique ou l'organe compétent pour exercer les attributions mentionnées au IV de l'article L. 712-6-1 *(Décr. n° 2017-854 du 9 mai 2017, art. 1er)* « du code de l'éducation », siégeant en formation restreinte, » de chaque établissement rend un avis sur les professeurs des universités qui ont demandé à bénéficier de cette procédure. Cet avis est transmis à l'instance mentionnée à l'article 40, siégeant en formation restreinte aux professeurs des universités.

Après avoir entendu deux rapporteurs désignés par son bureau mentionné à l'article 40 ci-dessus pour chaque professeur des universités promouvable, l'instance établit les propositions d'avancement qu'elle adresse au président ou directeur de l'établissement.

(Décr. n° 2014-997 du 2 sept. 2014, art. 47) « III. – Les candidatures à l'avancement établies au titre du I et du II pour des professeurs des universités qui exercent les fonctions de président ou de directeur d'établissement sont directement adressées au Conseil national des universités ou à l'instance prévue au II du présent article.

« Les présidents et directeurs d'établissement prononcent avant la fin de l'année en cours les promotions attribuées aux professeurs des universités affectés dans leur établissement dans les conditions prévues au présent article. »

Les promotions prononcées sont rendues publiques.

Art. 56-1 *(Décr. n° 2001-429 du 16 mai 2001, art. 22)* « Les professeurs des universités de deuxième classe promus en première classe sont classés à l'échelon comportant un indice de rémunération égal ou, à défaut, immédiatement supérieur à celui qu'ils détenaient dans leur grade d'origine.

« Lorsque l'application des dispositions *(Décr. n° 2009-460 du 23 avr. 2009, art. 35)* « de l'article 56 » n'entraîne pas d'augmentation de traitement, les intéressés conservent l'ancienneté d'échelon qu'ils avaient acquise dans la limite de l'ancienneté exigée pour une promotion à l'échelon supérieur dans leur nouveau grade. »

Art. 57 *(Décr. n° 2009-460 du 23 avr. 2009, art. 36)* « Le nombre maximum de professeurs des universités de 2e classe pouvant être promus chaque année à la 1re classe est déterminé conformément aux dispositions du décret du 1er septembre 2005 susmentionné. Le nombre maximum de professeurs des universités de 1re classe pouvant être promus chaque année à la classe exceptionnelle est déterminé de la même façon.

« Le nombre de professeurs des universités du 1er échelon de la classe exceptionnelle pouvant être promus au 2e échelon de cette classe est déterminé chaque année par application à l'effectif des professeurs des universités réunissant les conditions pour être promus d'un taux fixé par arrêté du ministre chargé de l'enseignement supérieur.

« Avant sa signature par le ministre chargé de l'enseignement supérieur, le projet d'arrêté portant fixation du taux de promotion est transmis pour avis conforme au ministre chargé de la fonction publique et au ministre chargé du budget. Cet avis est réputé acquis en l'absence d'observation dans un délai de dix jours ouvrés à compter de la réception de la saisine. Cet arrêté est transmis pour publication au *Journal officiel* de la République française accompagné de l'avis conforme du ministre chargé de la fonction publique et du ministre chargé du budget. »

L'avancement de la première classe à la classe exceptionnelle des professeurs des universités et l'avancement du premier au deuxième échelon de la classe exceptionnelle se fait au choix parmi les professeurs exerçant les responsabilités énumérées à l'article 41, notamment dans les *(Décr. n° 2017-854 du 9 mai 2017, art. 26)* « enseignements » du premier cycle.

(Décr. n° 97-1121 du 4 déc. 1997, art. 7) « Il est prononcé dans les conditions de procédure prévues *(Décr. n° 2001-429 du 16 mai 2001, art. 22)* « à l'article 56 » ci-dessus, par arrêté » *(Décr. n° 2009-460 du 23 avr. 2009, art. 36)* « du président ou du directeur de l'établissement.

« Peuvent seuls être promus au 1er échelon de la classe exceptionnelle les professeurs de 1re classe qui justifient d'au moins dix-huit mois d'ancienneté dans celle-ci.

« Peuvent seuls être promus au 2e échelon de la classe exceptionnelle les professeurs des universités justifiant d'au moins dix-huit mois d'ancienneté dans le 1er échelon de cette classe. »

CHAPITRE IV *Éméritat*

Art. 58 *(Décr. n° 2009-460 du 23 avr. 2009, art. 37)* Les professeurs des universités admis à la retraite peuvent pour une durée déterminée par l'établissement recevoir le titre de professeur émérite. Ce titre est délivré par le président ou le directeur de l'établissement sur proposition *(Décr. n° 2014-997 du 2 sept. 2014, art. 48)* « de la commission de la recherche du conseil académique ou, dans les établissements non dotés d'un conseil académique, du conseil scientifique ou de l'organe en tenant lieu, » en formation restreinte aux personnes qui sont habilitées à diriger des travaux de recherche. Les professeurs émérites peuvent continuer à apporter un concours, à titre accessoire et gracieux, aux missions prévues à l'article 3, et notamment peuvent diriger des séminaires, des thèses et participer à des jurys de thèse ou d'habilitation.

(Décr. n° 2014-997 du 2 sept. 2014, art. 48) « La liste des distinctions scientifiques mentionnée à l'article L. 952-11 du code de l'éducation, conférant de plein droit le titre de professeur émérite dès l'admission à la retraite, est fixée ainsi qu'il suit :

« 1. Prix Nobel ;

« 2. Médaille Fields ;

« 3. Prix Crafoord ;

« 4. Prix Turing ;

« 5. Prix Albert Lasker ;

« 6. Prix Wolf ;

« 7. Médaille d'or du CNRS ;

« 8. Médaille d'argent du CNRS ;

« 9. Lauriers de l'INRA ;

« 10. Grand Prix de l'INSERM ;

« 11. Prix Balzan ;

« 12. Prix Abel ;

« 13. Les prix scientifiques attribués par l'Institut de France et ses académies ;

« 14. Japan Prize ;

« 15. Prix Gairdner ;

« 16. Prix Claude Lévi-Strauss ;

« 17. Prix Holberg ;

« 18. Membre senior de l'Institut universitaire de France. »

CHAPITRE V *Détachement de fonctionnaires d'autres corps*

(Décr. n° 90-894 du 1er oct. 1990, art. 4)

Art. 58-1 *(Décr. n° 92-71 du 16 janv. 1992, art. 19 ; Décr. n° 2008-333 du 10 avr. 2008, art. 14)* « Peuvent être placés en position de détachement dans le corps des professeurs des universités, selon les modalités prévues par les articles 9, 9-1 et 9-2, sous réserve qu'ils soient titulaires dans leur corps ou cadre d'emplois d'origine depuis trois ans au moins : »

1° Les fonctionnaires appartenant à un corps assimilé aux professeurs des universités pour la désignation des membres du Conseil national des universités ;

2° Les fonctionnaires appartenant à un grade ou nommés dans un emploi dont l'indice terminal est supérieur à l'indice terminal des professeurs des universités de 2e classe ;

3° Les magistrats de l'ordre judiciaire appartenant au 1er grade ou placés hors hiérarchie ;

Art. 58-1-1 *(Décr. n° 2009-460 du 23 avr. 2009, art. 38)* Les agents relevant d'une administration, d'un organisme ou d'un établissement public dont les missions sont comparables à celles des fonctionnaires mentionnés à l'article 2 de la loi du 13 juillet 1983 susvisée *[n° 83-634, V. **C. fonct. publ.**]* d'un État membre de *(Décr. n° 2017-854 du 9 mai 2017, art. 27)* « l'Union » européenne ou d'un autre État partie à l'accord sur l'Espace économique européen autre que la France, et occupant un emploi d'un niveau équivalent à celui de professeur des universités, peuvent être accueillis en détachement dans le corps des professeurs des universités.

(Décr. n° 2014-997 du 2 sept. 2014, art. 49) « Le conseil académique ou, dans les établissements non dotés d'un conseil académique, le conseil scientifique de l'établissement ou l'organe en tenant lieu statue et émet un avis sur la demande de l'agent dans les conditions et selon les modalités prévues par le décret du 22 mars 2010 déjà mentionné. »

Le détachement est prononcé par arrêté du président ou du directeur de l'établissement.

Art. 58-2 Le détachement s'effectue à équivalence de grade et à l'échelon comportant un indice égal ou, à défaut, immédiatement supérieur à celui dont l'intéressé bénéficiait *(Décr. n° 95-490 du 27 avr. 1995, art. 14)* « dans son corps ou cadre d'emplois d'origine ». Le fonctionnaire détaché conserve, dans les conditions et limites fixées *(Décr. n° 2014-997 du 2 sept. 2014, art. 50)* « aux deuxième, troisième et quatrième alinéas de l'article 3 du décret n° 2009-462 du 23 avril 2009 relatif aux règles de classement des personnes nommées dans les corps d'enseignants-chercheurs des établissements publics d'enseignement supérieur et de recherche relevant du ministre chargé de l'enseignement supérieur » *[V. ce Décr. ci-dessous]*, l'ancienneté d'échelon qu'il avait acquise et, le cas échéant, le bénéfice, à titre personnel, de son indice antérieur.

Le fonctionnaire détaché concourt pour les avancements de grade et d'échelon dans le corps des professeurs des universités avec l'ensemble des fonctionnaires de ce corps.

Art. 58-3 Il ne peut être mis fin avant son terme à un détachement dans le corps des professeurs des universités qu'à la demande de l'intéressé ou après avis favorable des instances mentionnées à l'article 58-1.

Art. 58-4 *(Décr. n° 2014-997 du 2 sept. 2014, art. 51)* « Les fonctionnaires placés en position de détachement dans le corps des professeurs des universités peuvent être intégrés sur leur demande dans ce corps à l'issue d'un délai d'un an, sous réserve, pour ceux qui n'appartiennent pas à un corps d'enseignants-chercheurs assimilé aux professeurs des universités, d'être inscrits sur la liste de qualification aux fonctions de professeur des universités.

« Les agents mentionnés au premier alinéa de l'article 58-1-1 du présent décret, détachés dans le corps des professeurs des universités, sont dispensés de l'inscription sur la liste de qualification aux fonctions de professeur des universités, dès lors qu'ils ont exercé une fonction d'enseignant-chercheur, d'un niveau équivalent à celui de professeur des universités, dans un établissement d'enseignement supérieur d'un État autre que la France. Le conseil académique ou, dans les établissements non dotés d'un conseil académique, le conseil scientifique ou l'organe en tenant lieu se prononce sur le rapport de deux spécialistes de la discipline concernée de niveau au moins équivalent à celui de professeur des universités, dont un extérieur à l'établissement, sur les titres et travaux des intéressés, ainsi que sur le niveau des fonctions sur la base de la grille d'équivalence établie par le ministre chargé de l'enseignement supérieur.

« L'intégration est prononcée après avis favorable du conseil académique ou de l'organe compétent pour exercer les attributions mentionnées au IV de l'article L. 712-6-1 *(Décr. n° 2017-854 du 9 mai 2017, art. 1er)* « du code de l'éducation », siégeant en formation restreinte aux professeurs des universités et personnels assimilés. »

(Décr. n° 2008-333 du 10 avr. 2008, art. 15) « Dans les instituts ou écoles faisant partie d'une université au sens de l'article L. 713-9 du code de l'éducation, l'intégration est prononcée sur proposition du directeur de l'institut ou de l'école, établie après consultation du conseil mentionné aux deuxième et troisième alinéas de cet article. Cette proposition doit recueillir l'avis favorable du » *(Décr. n° 2014-997 du 2 sept. 2014, art. 51)* « conseil académique ou de l'organe compétent pour exercer les attributions mentionnées au IV de l'article L. 712-6-1 *(Décr. n° 2017-854 du 9 mai 2017, art. 1er)* « du code de l'éducation », siégeant en formation restreinte aux professeurs des universités et personnels assimilés. »

Les bénéficiaires du présent article sont nommés soit au grade et à l'échelon occupés par eux en position de détachement, soit, si cette situation leur est plus favorable, au grade ou à l'échelon comportant un indice égal ou, à défaut, immédiatement supérieur à celui qu'ils avaient atteint dans leur *(Décr. n° 95-490 du 27 avr. 1995, art. 15)* « corps ou cadre d'emploi d'origine » au moment de leur intégration. Ils conservent l'ancienneté d'échelon qu'ils ont acquise et, le cas échéant, le bénéficiaire, à titre personnel, de l'indice antérieur mentionné à l'article 58-2 ci-dessus. Les *(Décr. n° 95-490 du 27 avr. 1995, art. 15)* « services effectifs accomplis » dans le corps d'origine sont assimilés à des services accomplis dans le corps d'intégration.

TITRE III *BIS* Dispositions relatives aux nominations à l'issue des concours de recrutement

(Décr. n° 92-708 du 23 juill. 1992, art. 2)

Art. 58-5 La nomination des candidats admis à un ou plusieurs concours de recrutement, soit de professeur des universités, soit de maître de conférences, est subordonnée à leur engagement exprès d'occuper l'emploi ou l'un des emplois correspondants.

Pour les candidats admis à plusieurs concours, soit de professeur des universités, soit de maître de conférences, cet engagement comporte l'expression de vœux d'affectation par ordre décroissant de préférence. Ces vœux restent confidentiels jusqu'à la fin des procédures de recrutement.

La date limite de réception de ces engagements et vœux est fixé par arrêté du ministre chargé de l'enseignement supérieur. Au-delà de cette date, aucune modification des vœux d'affectation ou de l'ordre de préférence ne sera reçue.

Toutefois, la nomination de candidats admis n'ayant pas satisfait aux obligations prévues aux trois alinéas précédents peut être prononcée, dans l'intérêt du service, sur les emplois restés vacants à l'issue des affectations des autres candidats.

Art. 58-6 Pour l'expression par voie télématique de leur engagement et de leurs vœux, les candidats reçoivent un code d'accès personnel et confidentiel assurant l'authenticité de l'engagement.

Art. 58-7 Les nominations sont faites en fonction du classement des candidats admis sur chacun des emplois correspondants et de l'ordre de préférence qu'ils ont fait connaître.

Art. 58-8 Un arrêté du ministre chargé de l'enseignement supérieur fixe les modalités de mise en œuvre du présent titre, qui est applicable à l'ensemble des concours de recrutement de professeur des universités ou de maître de conférences.

Art. 58-9 *(Décr. n° 95-490 du 27 avr. 1995, art. 16)* Les dispositions du présent titre ne sont pas applicables aux recrutements organisés en application des articles 49-2 et 49-3 du présent décret.

TITRE IV Dispositions diverses et transitoires

Art. 59 Les maîtres assistants titulaires nommés en application des décrets n° 60-1027 du 26 septembre 1960 modifié, n° 62-114 du 27 janvier 1962 modifié et les charges de fonctions de maîtres de conférences des disciplines juridiques, politiques, économiques et de gestion, sont intégrés, sur leur demande, dans le corps des maîtres de conférences. Ils sont reclassés à la 2e classe ou le cas échéant à la 1re classe du corps des maîtres de conférences, à un échelon correspondant à l'indice qu'ils détenaient dans leur ancien corps avec maintien de l'ancienneté d'échelon acquise dans ce corps. Les maîtres assistants parvenus à l'échelon spécial sont reclassés au 3e échelon de la 2e classe des maîtres de conférences et conservent à titre personnel le bénéfice de la rémunération afférente à l'échelon spécial. Les maîtres assistants qui n'ont pas sollicité leur intégration dans le corps des maîtres de conférences sont maintenus dans le corps des maîtres-assistants, qui est mis en extinction. Ils demeurent régis par les dispositions statutaires en vigueur à la date de publication du présent décret. *(Décr. n° 89-708 du 28 sept. 1989, art. 12)* « Les dispositions des articles 3, 5, 6, 7 et 9 à 20 de ce décret leur sont, en outre, applicables. » Les intéressés peuvent, pendant une période de 6 ans à compter de la publication du présent décret, demander leur intégration dans le corps des maîtres de conférences.

Les maîtres assistants en cours de stage à la date de publication du présent texte sont maintenus en qualité de maîtres assistants stagiaires jusqu'au terme de leur stage.

Ils peuvent, s'ils sont titularisés, demander leur intégration dans le corps des maîtres de conférences selon les modalités prévues au 1er alinéa ci-dessus.

Les maîtres-assistants stagiaires, agrégés de l'enseignement du second degré et qui ne détiennent pas, à la date de publication du présent décret, l'un des titres prévus à l'article 5-1 du décret n° 60-1027 du 26 septembre 1960 modifié, peuvent être titularisés dans le corps des maîtres-assistants correspondant à leur discipline sur proposition du conseil scientifique de l'établissement, siégeant en formation restreinte, acquise à la majorité absolue des membres de cette formation.

Art. 60 *(Décr. n° 92-71 du 16 janv. 1992, art. 21)* Les dispositions des articles 40-3, 40-5, 58-2 et 58-4 du présent décret, en tant qu'elles sont applicables aux fonctionnaires, sont également applicables aux magistrats de l'ordre judiciaire.

Art. 61 Par dérogation aux dispositions de l'article 2 ci-dessus, les assistants qui ont qualité de fonctionnaire demeurent régis par les dispositions statutaires en vigueur à la date de publication du présent décret. Les dispositions des articles 3, 5, 6, 7, 9 à 20, 67 et 68 de ce décret leur sont, en outre applicables.

A titre transitoire, les assistants qui ont qualité de fonctionnaire, qui justifient du doctorat d'État ou du doctorat prévu à l'article L. 612-7 du code de l'éducation, ou du doctorat de 3e cycle ou d'un titre équivalent figurant sur une liste fixée par arrêté du ministre de l'éducation nationale et qui comptent au moins six ans d'ancienneté dans l'enseignement supérieur au 1er octobre de chacune des années considérées, peuvent être recrutés *(Décr. n° 2001-429 du 16 mai 2001, art. 24)* « selon les modalités prévues à l'article 29-1 ci-dessus » en qualité de maîtres de conférences de *(Décr. n° 2001-429 du 16 mai 2001, art. 24)* « classe normale », dans la limite des emplois créés à cet effet par les lois de finances. Un arrêté des ministres chargés de la fonction publique, du budget et de l'éducation nationale fixe chaque année le nombre des emplois ouverts en vue de permettre ces recrutements de maîtres de conférences de classe normale parmi les assistants.

Art. 62 *(Décr. n° 2002-295 du 28 févr. 2002, art. 6)* Les assistants de l'enseignement supérieur sont intégrés dans le corps des maîtres de conférences, sur leur demande, après inscription sur une liste d'aptitude, dans la limite des emplois créés à cet effet en loi de finances. Ce nombre peut être augmenté du nombre des emplois non pourvus à la suite des sessions de concours organisées la même année en application de l'article 61 ci-dessus. Les intéressés doivent justifier d'au moins huit années d'ancienneté dans l'enseignement supérieur au 1er janvier de l'année au titre de laquelle est établie la liste d'aptitude.

La liste d'aptitude est arrêtée par le ministre chargé de l'enseignement supérieur sur proposition d'une commission nationale. Cette commission est composée d'enseignants-chercheurs nommés par le ministre chargé de l'enseignement supérieur dont la moitié parmi les membres élus du Conseil national des universités. Elle comporte un nombre égal de professeurs des universités ou enseignants-chercheurs assimilés et de maîtres de conférences ou enseignants-chercheurs assimilés titulaires. Elle désigne parmi ses membres, au scrutin uninominal majoritaire à deux tours, un président. Sa composition et ses modalités de fonctionnement sont fixées par arrêté du ministre chargé de l'enseignement supérieur.

La commission se prononce au vu de l'ensemble des activités du candidat et après avoir pris connaissance des avis motivés du président ou du directeur de l'établissement d'affectation et de la section compétente du Conseil national des universités.

Le nombre global des inscriptions sur la liste ne peut être supérieur à une fois et demie le nombre des nominations susceptibles d'être prononcées. La validité de la liste d'aptitude prend fin au 31 décembre de l'année au titre de laquelle elle est établie.

Art. 63 *(Décr. nº 2001-429 du 16 mai 2001, art. 25)* « Les dispositions du deuxième alinéa de l'article 61 ci-dessus s'appliquent » *(Décr. nº 89-708 du 28 sept. 1989, art. 13)* « aux enseignants titulaires relevant du ministère de l'éducation nationale, justifiant de la possession du doctorat prévu à l'article L. 612-7 du code de l'éducation, du doctorat de troisième cycle ou du diplôme de docteur-ingénieur, qui servaient à la date d'effet du présent décret en coopération dans un établissement d'enseignement supérieur. »

La durée de leurs fonctions en cette qualité doit être au moins égale à quatre ans au 1er octobre de chacune des années considérées.

Art. 64 *(Décr. nº 88-445 du 22 avr. 1988, art. 3)* Pendant une période de deux ans à compter du 1er juin 1988, les professeurs de l'Institut national des langues et civilisations orientales régis par le décret du 8 juin 1914 modifié portant réorganisation de l'enseignement à l'école nationale des langues orientales vivantes, en fonctions au 1er juin 1988, peuvent être intégrés en qualité de professeur des universités de 2e classe dans le corps des professeurs des universités dans la limite des emplois créés à cet effet.

Les intéressés doivent justifier du doctorat d'État ou de l'habilitation à diriger des recherches ou de titres ou travaux jugés équivalents par la section compétente du Conseil national des universités siégeant dans la formation mentionnée à l'alinéa suivant.

Chaque section siège en formation restreinte aux professeurs des universités et personnels assimilés, à l'exclusion des professeurs de l'Institut national des langues et civilisations orientales régis par le décret du 8 juin 1917 susvisé. Les sections transmettent au ministre chargé de l'enseignement supérieur les propositions qu'elles formulent dans la limite des emplois offerts.

Art. 65 A titre transitoire et pendant une période de cinq ans, les candidats inscrits sur la liste d'aptitude aux fonctions de maître assistant à la date du 15 août 1979 sont considérés comme remplissant les conditions prévues à l'article 22 du présent décret.

Art. 66 A titre transitoire pendant une période de cinq ans, sont considérés comme remplissant les conditions de titre prévues à l'article 42 du présent décret les candidats inscrits sur la liste d'aptitude aux fonctions de maîtres de conférences à la date du 15 août 1979.

....

Art. 68 Les dispositions de l'article 5 du décret du 8 avril 1983 dans la rédaction qui lui a été donnée par l'article précédent et les dispositions des articles 6, 7 et 10 de ce même décret sont applicables aux assistants titulaires des disciplines scientifiques et pharmaceutiques.

....

Art. 73 Le décret nº 79-683 du 9 août 1979 relatif au statut particulier des professeurs des universités est abrogé.

Art. 74 Les dispositions du présent décret prendront effet à compter du 1er octobre 1984.

ANNEXE

LISTE DES ÉTABLISSEMENTS D'ENSEIGNEMENT SUPÉRIEUR DONT LES ENSEIGNANTS CHERCHEURS APPARTENANT À DES CORPS PROPRES À CES ÉTABLISSEMENTS RESTENT SOUMIS AUX STATUTS DE CES CORPS

Bureau des longitudes ;
Collège de France ;

Conservatoire national des arts et métiers ;
École centrale des arts et des manufactures ;
(Décr. n° 2009-460 du 23 avr. 2009, art. 39) « École française d'Extrême-Orient » ;
École des hautes études en sciences sociales ;
École nationale des chartes ;
Écoles normales supérieures ;
École pratique des hautes études ;
Institut national d'hydrologie et de climatologie ;
Institut national des langues et des civilisations orientales ;
Muséum national d'histoire naturelle ;
Observatoires astronomiques ;
Instituts et Observatoires de physique du Globe.

Décret n° 85-733 du 17 juillet 1985,

Relatif aux maîtres de conférences et professeurs des universités associés ou invités (Décr. n° 92-709 du 23 juill. 1992, art. 1er).

TITRE PREMIER Professeurs des universités et maîtres de conférences associés ou invités à temps plein *(Décr. n° 91-266 du 6 mars 1991, art. 1er).*

Art. 1er Dans les établissements d'enseignement supérieur et de recherche relevant *(Décr. n° 2008-669 du 4 juill. 2008, art. 1er)* « du ministre chargé de l'enseignement supérieur », peuvent être recrutées en qualité de professeur des universités ou de maîtres de conférences associés des personnalités françaises ou étrangères remplissant l'une des conditions suivantes :

(Décr. n° 2002-1069 du 6 août 2002, art. 1er) « 1° Justifier d'une expérience professionnelle directement en rapport avec la spécialité enseignée autre qu'une activité d'enseignement, d'au moins sept ans dans les neuf ans qui précèdent le 1er janvier de l'année du recrutement pour un maître de conférences associé et, d'au moins neuf ans dans les onze ans qui précèdent le 1er janvier de l'année du recrutement pour un professeur des universités associé ; »

(Décr. n° 92-709 du 23 juill. 1992, art. 2) « 2° Justifier de l'un des diplômes mentionnés au 1° de l'article 23 du décret du 6 juin 1984 susvisé *[n° 84-431 fixant les dispositions statutaires communes applicables aux enseignants-chercheurs et portant statut particulier des corps des professeurs des universités et du corps de maîtres de conférences, V. ci-dessus]* ou de diplômes universitaires, qualifications ou titres étrangers, estimés équivalents *(Décr. n° 2015-407 du 10 avr. 2015, art. 1er)* « par le conseil académique ou, dans les établissements non dotés d'un conseil académique, » par *(Décr. n° 2008-669 du 4 juill. 2008, art. 1er)* « le conseil scientifique de l'établissement ou l'organe en tenant lieu » *(Décr. n° 2015-407 du 10 avr. 2015, art. 1er)* « , siégeant en formation restreinte aux enseignants-chercheurs et personnels assimilés » et exercer des fonctions d'enseignement ou de recherche dans un établissement étranger d'enseignement supérieur ou de recherche, ou avoir exercé de telles fonctions si le candidat a la qualité de réfugié politique. »

Pour un motif de bonne administration, sont exclues du champ d'application du droit des usagers de saisir l'administration par voie électronique les demandes relatives aux recrutements et aux candidatures des professeurs associés, maîtres de conférences associés ou invités (Décr. n° 2015-1410 du 5 nov. 2015).

Art. 2 *(Décr. n° 2012-96 du 26 janv. 2012, art. 1er)* « Les nominations des professeurs des universités associés sont prononcées par décret du Président de la République, sur proposition du président ou du directeur de l'établissement après avis *(Décr. n° 2015-407 du 10 avr. 2015, art. 2)* « du conseil académique ou de l'organe compétent pour exercer les attributions mentionnées au IV de l'article L. 712-6-1 du code de l'éducation ».

« Les nominations des maîtres de conférences associés sont prononcées par arrêté du président ou du directeur de l'établissement, après avis *(Décr. n° 2015-407 du 10 avr. 2015, art. 2-1°)* « du conseil académique ou de l'organe compétent pour exercer les attributions mentionnées au IV de l'article L. 712-6-1 du code de l'éducation ». »

(Décr. n° 2015-407 du 10 avr. 2015, art. 2) « L'avis du conseil académique ou de l'organe compétent pour exercer les attributions mentionnées au IV de l'article L. 712-6-1 du code de l'éducation est » *(Décr. n° 2008-669 du 4 juill. 2008, art. 2)* « émis en formation restreinte aux enseignants-chercheurs et personnels assimilés d'un rang au moins égal à celui correspondant aux fonctions auxquelles il est postulé. »

(Décr. n° 2015-407 du 10 avr. 2015, art. 2) « Dans les écoles et instituts faisant partie des universités, les nominations sont prononcées sur proposition du directeur de l'école ou de

l'institut, après avis du conseil académique de l'université émis dans les conditions prévues à l'alinéa précédent. »

Art. 3 Les enseignants à temps plein ne peuvent exercer simultanément une activité professionnelle d'agent public.

Art. 4 *(Décr. n° 2002-1069 du 6 août 2002, art. 2)* Les maîtres de conférences associés à temps plein sont nommés pour une durée qui ne peut être inférieure à six mois, ni supérieure à trois ans. Cette nomination peut être renouvelée, pour une durée qui ne peut être supérieure à trois ans, au vu d'un rapport d'activité et dans les conditions prévues à l'article 2 du présent décret.

Les professeurs associés à temps plein sont nommés pour une durée qui ne peut être inférieure à six mois, ni supérieure à trois ans. Le décret de nomination peut prévoir qu'au terme de la durée de l'engagement qu'il fixe, l'intéressé peut, sur sa demande, être maintenu une ou plusieurs fois dans ses fonctions, *(Décr. n° 2012-96 du 26 janv. 2012, art. 2)* « par arrêté du président ou du directeur de l'établissement », au vu d'un rapport d'activité et dans les conditions prévues à l'article 2 du présent décret. Toute cessation de fonctions anticipée intervenant à la demande de l'intéressé est prononcée *(Décr. n° 2012-96 du 26 janv. 2012, art. 2)* « par arrêté du président ou du directeur de l'établissement ».

La durée totale des fonctions d'enseignant associé à temps plein ne peut en aucun cas excéder six ans.

(Décr. n° 2012-96 du 26 janv. 2002, art. 2) « Toutefois, en application de l'article L. 952-13 du code de l'éducation, les fonctions des professeurs associés auxquels est reconnue la qualité de réfugié peuvent être renouvelées annuellement, sans limitation de durée. »

Art. 5 *(Décr. n° 2002-1069 du 6 août 2002, art. 3)* I. — Sous réserve d'être employés de manière continue depuis au moins un an, les enseignants associés à temps plein relevant du ministre chargé de l'enseignement supérieur peuvent être autorisés, dans les conditions prévues aux *(Décr. n° 2012-96 du 26 janv. 2012, art. 3)* « articles L. 413-1 à L. 413-3 du code de la recherche *[V. App., v° Code de la recherche]* », par le chef d'établissement, à participer, en qualité d'associé ou de dirigeant, à la création d'une entreprise dont l'objet est la valorisation des travaux de recherche qu'ils ont réalisés dans l'exercice de leurs fonctions.

A compter de la date d'effet de l'autorisation, l'administration met fin aux fonctions de l'enseignant associé.

(Décr. n° 2012-96 du 26 janv. 2012, art. 3) « Les articles L. 413-5 et L. 413-7 du code de la recherche » sont applicables aux agents mentionnés aux alinéas précédents. Lorsque l'autorisation est retirée ou n'est pas renouvelée, les intéressés ne peuvent continuer à exercer leurs fonctions dans l'entreprise que dans les conditions prévues *(Décr. n° 2012-96 du 26 janv. 2012, art. 3)* « par les titres Ier et III du décret n° 2007-611 du 26 avril 2007 relatif à l'exercice d'activités privées par des fonctionnaires ou agents non titulaires ayant cessé temporairement ou définitivement leurs fonctions et à la commission de déontologie *[V. C. fonct. publ.]* ».

II. — Sous réserve d'être employés de manière continue depuis au moins un an, les enseignants associés à temps plein peuvent être autorisés, par le chef d'établissement, dans la limite de la durée de leur engagement, dans les conditions et selon les modalités fixées *(Décr. n° 2012-96 du 26 janv. 2012, art. 3)* « aux articles L. 413-8 à L. 413-11 du code de la recherche », à apporter leur concours scientifique à une entreprise qui assure la valorisation des travaux de recherche qu'ils ont réalisés dans l'exercice de leurs fonctions et à prendre une participation dans le capital social de l'entreprise *(Décr. n° 2012-96 du 26 janv. 2012, art. 3)* « dans la limite de 49 % ».

Lorsque l'autorisation est retirée, les intéressés ne peuvent continuer à exercer leurs fonctions dans l'entreprise que dans les conditions prévues *(Décr. n° 2012-96 du 26 janv. 2012, art. 3)* « par les titres Ier et III du décret du 26 avril 2007 précité ».

Art. 6 *(Décr. n° 92-709 du 23 juill. 1992, art. 4)* « Les chercheurs titulaires relevant du décret du 30 décembre 1983 susvisé *[n° 83-1260 fixant les dispositions statutaires communes aux corps de fonctionnaires des établissements publics scientifiques et technologiques]* justifiant d'une ancienneté de trois ans en cette qualité peuvent être détachés pour exercer des fonctions d'enseignant associé à temps plein s'ils sont en possession d'un des diplômes mentionnés au 1° de l'article 23 du décret du 6 juin 1984 susvisé *[n° 84-431 fixant les dispositions statutaires communes applicables aux enseignants-chercheurs et portant statut particulier des corps des professeurs des universités et du corps de maîtres de conférences, V. ci-dessus]* ou de diplômes universitaires, qualifications ou titres étrangers estimés équivalents *(Décr. n° 2015-407 du 10 avr. 2015, art. 3)* « par le conseil académique ou, dans les établissements non dotés d'un conseil académique, » par »

(Décr. n° 2008-669 du 4 juill. 2008, art. 3) « le conseil scientifique de l'établissement ou l'organe en tenant lieu » *(Décr. n° 2015-407 du 10 avr. 2015, art. 3)* « , siégeant en formation restreinte aux enseignants-chercheurs et personnels assimilés ». Les chercheurs détachés sont nommés en qualité d'enseignant associé conformément aux règles prévues à l'article 2 ci-dessus. *(Décr. n° 91-266 du 6 mars 1991, art. 1er)* « La durée de leurs fonctions en qualité d'enseignant associé est égale à la durée de leur détachement et peut être prolongée, s'il est renouvelé, dans les conditions prévues à l'article 4 ci-dessus. »

Art. 7 *(Décr. n° 2008-669 du 4 juill. 2008, art. 4)* Le président ou le directeur de l'établissement intéressé nomme, par arrêté et pour une durée qui ne peut être inférieure à *(Décr. n° 2020-589 du 18 mai 2020, art. 1er)* « une semaine » dans l'année universitaire, les enseignants invités parmi des personnalités de nationalité française ou étrangère qui exercent des fonctions d'enseignement ou de recherche dans un établissement étranger d'enseignement supérieur ou de recherche. Cet arrêté est pris après avis *(Décr. n° 2015-407 du 10 avr. 2015, art. 4)* « du conseil académique ou de l'organe compétent pour exercer les attributions mentionnées au IV de l'article L. 712-6-1 du code de l'éducation ».

(Décr. n° 2015-407 du 10 avr. 2015, art. 4) « L'avis du conseil académique ou de l'organe compétent pour exercer les attributions mentionnées au IV de l'article L. 712-6-1 du code de l'éducation est » émis en formation restreinte aux enseignants-chercheurs et personnels assimilés d'un rang au moins égal à celui correspondant aux fonctions auxquelles il est postulé.

(Décr. n° 2015-407 du 10 avr. 2015, art. 4) « Dans les écoles et instituts faisant partie des universités, les nominations sont prononcées sur proposition du directeur de l'école ou de l'institut, après avis du conseil académique de l'université émis dans les conditions prévues à l'alinéa précédent. »

L'arrêté de nomination peut, dans les conditions prévues aux alinéas précédents, être reconduit pour les années universitaires suivantes. Dans ce cas, la durée de l'invitation est, pour chaque année concernée, comprise *(Décr. n° 2020-589 du 18 mai 2020, art. 1er)* « entre une semaine et six mois ».

Art. 8 Les enseignants associés et invités à temps plein ont les mêmes obligations de service que celles qui sont applicables aux enseignants-chercheurs titulaires de même catégorie.

TITRE II Professeurs des universités et maîtres de conférences associés ou invités à mi-temps

(Décr. n° 91-266 du 6 mars 1991, art. 2)

Art. 9 *(Décr. n° 2002-1069 du 6 août 2002, art. 5)* I. – Des personnalités françaises ou étrangères justifiant depuis au moins trois ans d'une activité professionnelle principale, autre que d'enseignement, et d'une expérience professionnelle directement en rapport avec la spécialité enseignée peuvent être recrutées en qualité de professeur des universités ou de maître de conférences associés à mi-temps.

II. – Les intéressés sont tenus d'effectuer un service d'enseignement et de recherche d'une durée égale à la moitié de celle qui s'applique aux personnels titulaires de même catégorie.

La cessation de leur activité principale entraîne de plein droit la cessation *(Décr. n° 2012-96 du 26 janv. 2012, art. 4)* « de leurs fonctions d'associé » au terme de l'année universitaire en cours. Toute cessation de fonction anticipée intervenant à la demande de l'intéressé est prononcée *(Décr. n° 2012-96 du 26 janv. 2012, art. 4)* « par arrêté du président ou du directeur de l'établissement ».

III. – Les agents publics postulant des fonctions d'enseignant associé à mi-temps doivent obtenir une autorisation de l'autorité hiérarchique dont ils relèvent. Celle-ci est réputée acquise à l'expiration d'un délai de deux mois suivant la réception de la demande.

Les agents publics exerçant dans un établissement d'enseignement ou de recherche ne peuvent être nommés enseignants associés à mi-temps.

Art. 9-1 *(Décr. n° 2012-96 du 26 janv. 2012, art. 5)* « Les maîtres de conférences associés à mi-temps sont nommés pour une période de trois ans par arrêté du président ou du directeur de l'établissement selon la procédure prévue à l'article 2 du présent décret pour les maîtres de conférences associés à temps plein. » *(Décr. n° 2002-1069 du 6 août 2002, art. 6)* « Cette nomination peut être renouvelée dans les mêmes conditions, pour une durée qui ne peut être supérieure à trois ans, au vu d'un rapport d'activité et selon les modalités prévues à l'article 2 du présent décret. Les agents publics souhaitant être renouvelés dans leurs fonctions de maître de conférences associé à mi-temps doivent obtenir une autorisation de l'autorité hiérarchique dont ils relèvent dans les conditions prévues au III de l'article 9 du présent décret. »

(Décr. n° 2012-96 du 26 janv. 2012, art. 5) « Toutefois, en application de l'article L. 952-13 du code de l'éducation, les fonctions des maîtres de conférences associés auxquels est reconnue la qualité de réfugié peuvent être renouvelées annuellement, sans limitation de durée. »

Art. 9-2 *(Décr. n° 2002-1069 du 6 août 2002, art. 7)* Les professeurs associés à mi-temps sont nommés pour une période qui ne peut être inférieure à trois ans ni supérieure à neuf ans suivant la procédure prévue à l'article 2 pour *(Décr. n° 2012-96 du 26 janv. 2012, art. 6)* « les professeurs des universités associés à temps plein ». Dans cette dernière limite, le décret de nomination peut prévoir que, au terme d'une période de trois ans, l'intéressé peut, sur sa demande, être maintenu une ou plusieurs fois dans ses fonctions, *(Décr. n° 2012-96 du 26 janv. 2012, art. 6)* « par arrêté du président ou du directeur de l'établissement », au vu d'un rapport d'activité et dans les conditions prévues à l'article 2 du présent décret. Toute cessation anticipée de fonctions intervenant à la demande de l'intéressé est prononcée *(Décr. n° 2012-96 du 26 janv. 2012, art. 6)* « par arrêté du président ou du directeur de l'établissement ».

Les nominations faites dans les conditions définies à l'alinéa qui précède peuvent être renouvelées. Les agents publics souhaitant être renouvelés dans leurs fonctions de professeur associé à mi-temps doivent obtenir une autorisation auprès de l'autorité hiérarchique dont ils relèvent dans les conditions prévues au III de l'article 9 du présent décret.

(Décr. n° 2012-96 du 26 janv. 2012, art. 6) « Toutefois, en application de l'article L. 952-13 du code de l'éducation, les fonctions des professeurs associés auxquels est reconnue la qualité de réfugié peuvent être renouvelées annuellement, sans limitation de durée. »

Art. 10 Les enseignants invités à mi-temps sont nommés dans les mêmes conditions que les enseignants invités à temps plein pour une durée qui ne peut être inférieure à *(Décr. n° 2020-589 du 18 mai 2020, art. 1er)* « une semaine » sans pouvoir excéder un an. Leurs obligations de service sont égales à la moitié de celles des enseignants associés à temps plein.

TITRE III Dispositions communes

(Décr. n° 91-266 du 6 mars 1991, art. 2)

Art. 11 *(Décr. n° 2008-669 du 4 juill. 2008, art. 5)* Les dispositions de l'article 1er-2 des titres IX, IX *bis*, IX *ter* et X du décret n° 86-83 du 17 janvier 1986 relatif aux dispositions générales applicables aux agents non titulaires de l'État pris pour l'application de l'article 7 de la loi n° 84-16 du 11 janvier 1984 portant dispositions statutaires relatives à la fonction publique de l'État *[V. C. **fonct. publ.**]* ne sont pas applicables aux enseignants associés et invités.

TITRE IV Dispositions transitoires et dispositions diverses

(Décr. n° 91-266 du 6 mars 1991, art. 2)

Art. 12 Par dérogation à l'article premier du présent décret, il pourra être procédé au recrutement d'assistants associés pendant l'année universitaire 1985-1986.

Ces assistants associés sont nommés pour une durée au plus égale à deux ans selon les modalités prévues pour la nomination des assistants titulaires.

Les dispositions de l'article 3 (deuxième et troisième alinéas) et des articles 5, 6 et 7 du décret n° 78-284 du 8 mars 1978 susvisé *[relatif au recrutement de personnels associés ou invités dans les établissements d'enseignement supérieur et de recherche relevant du ministère des universités]* leur sont applicables.

Art. 13 Les assistants non titulaires de nationalité étrangère régis par les dispositions du titre II du décret n° 82-862 du 6 octobre 1982 relatif aux conditions de recrutement, d'emploi et de rémunération des vacataires et des assistants non titulaires auxquels les établissements publics à caractère scientifique et culturel peuvent faire appel pour l'enseignement, qui ont été nommés assistants associés, peuvent, sur leur demande, être titularisés dans les conditions prévues à l'article 11 du décret du 8 avril 1983 susvisé *[n° 83-287 portant statut particulier du corps des assistants des disciplines juridiques, politiques, économiques et de gestion et des disciplines littéraires et de sciences humaines, V. désormais Décr. n° 99-170]*.

Art. 14 Les dispositions du présent décret ne s'appliquent pas au personnel enseignant et hospitalier relevant de l'ordonnance n° 58-1373 du 30 décembre 1958 portant création des centres hospitaliers et universitaires, réforme de l'enseignement médical et développement de la recherche médicale *[V. désormais C. éduc.]*.

(Décr. nº 91-266 du 6 mars 1991, art. 3) « Ces dispositions ne sont pas, non plus, applicables aux personnels des corps propres des établissements d'enseignement supérieur figurant sur la liste annexée au décret du 6 juin 1984 susvisé *[nº 84-431 fixant les dispositions statutaires communes applicables aux enseignants-chercheurs et portant statut particulier des corps des professeurs des universités et du corps de maîtres de conférence, V. ci-dessus]*. »

Art. 14-1 *Abrogé par Décr. nº 91-266 du 6 mars 1991, art. 4.*

Art. 15 Sont abrogés :

Le décret nº 69-543 du 6 juin 1969 relatif au recrutement de personnels associés dans les établissements d'enseignement supérieur relevant du ministère de l'éducation nationale ;

Les articles 1er et 2, le premier alinéa de l'article 3 et les articles 8, 9 et 10 du décret du 8 mars 1978 susvisé. Toutefois, les dispositions de l'article 1er dudit décret ne sont abrogées qu'à compter du 1er octobre 1986 en tant qu'elles concernent le recrutement d'assistants associés.

Art. 15-1 *(Décr. nº 2020-589 du 18 mai 2020, art. 1er)* Conformément à l'article 15 du décret nº 2012-96 du 26 janvier 2012 relatif à la déconcentration de certaines mesures de nomination et de gestion des enseignants associés des établissements d'enseignement supérieur et de recherche relevant du ministre chargé de l'enseignement supérieur, le présent décret peut être modifié par décret en Conseil d'État.

Décret nº 90-92 du 24 janvier 1990,

Portant statut des personnels enseignants et hospitaliers des centres de soins, d'enseignement et de recherche dentaires des centres hospitaliers et universitaires.

Art. 1er Dans les centres de soins, d'enseignement et de recherche dentaires des centres hospitaliers et universitaires, les fonctions universitaires et hospitalières sont exercées conjointement par des personnels qui comprennent les deux catégories suivantes :

A) Des personnels titulaires répartis entre :

a) Le corps des professeurs des universités-praticiens hospitaliers des centres de soins, d'enseignement et de recherche dentaires ;

b) Le corps des maîtres de conférences des universités-praticiens hospitaliers des centres de soins, d'enseignement et de recherche dentaires.

B) Des personnels non titulaires :

Les assistants hospitaliers universitaires des centres de soins, d'enseignement et de recherche dentaires.

Art. 2 Dans la mesure où il n'y est pas dérogé par le présent décret, les personnels titulaires visés à l'article premier ci-dessus, qui constituent des corps distincts des autres corps enseignants des universités et des praticiens hospitaliers, sont soumis aux dispositions statutaires applicables aux personnels titulaires des corps enseignants des universités et aux praticiens hospitaliers.

Les ressortissants des États membres des communautés européennes *(Décr. nº 99-378 du 17 mai 1999, art. 11)* « ou des autres États parties à l'accord sur l'Espace économique européen » peuvent être recrutés dans les centres de soins, d'enseignement et de recherche dentaires, en l'une des qualités mentionnées à l'article premier, dans les mêmes conditions que les candidats de nationalité française.

Art. 3 Les membres des personnels enseignants et hospitaliers mentionnés à l'article premier ci-dessus assurent des fonctions d'enseignement pour la formation initiale et continue, des fonctions de recherche et des fonctions hospitalières dans le respect des dispositions réglementaires concernant l'exercice de la chirurgie dentaire.

Ils participent aux tâches de gestion que peuvent impliquer ces fonctions, au contrôle des connaissances, aux jurys d'examen et de concours. Ils peuvent également participer à des actions de coopération internationale.

TITRE PREMIER Recrutement et avancement

CHAPITRE PREMIER *Assistants hospitaliers universitaires des centres de soins, d'enseignement et de recherche dentaires*

Art. 4 Les assistants hospitaliers universitaires des centres de soins, d'enseignement et de recherche dentaires sont recrutés par concours selon des modalités fixées par arrêté du ministre chargé de l'enseignement supérieur et du ministre chargé de la santé.

Art. 5 *(Décr. nº 92-1226 du 16 nov. 1992, art. 1er)* Peuvent faire acte de candidature au concours prévu à l'article 4 ci-dessus :

1° Les titulaires de l'un des diplômes, certificats ou titres mentionnés à l'article L. 356-2 (2°) du code de la santé publique *[V. désormais,* **CSP***, art. L. 4131-1]*, justifiant de la maîtrise de sciences biologiques et médicales, du diplôme d'études approfondies ou de diplômes admis en équivalence pour l'accès à ce concours et dont la liste est fixée par arrêté du ministre chargé de l'enseignement supérieur ;

2° Les internes ayant exercé leurs fonctions pendant au moins trois ans, dont au moins deux ans dans un service de stomatologie ou de chirurgie maxillo-faciale ; les internes recrutés par les concours ouverts au titre des années antérieures à 1984 doivent avoir accompli leur internat dans un centre hospitalier et universitaire ;

3° Les titulaires de l'un des diplômes, certificats ou titres mentionnés à l'article L. 356-2 (1°) du code de la santé publique *[V. désormais,* **CSP***, art. L. 4131-1]* justifiant du certificat d'études spéciales ou du diplôme d'études spécialisées de stomatologie. Les diplômes, certificats ou autres titres de médecin spécialiste en stomatologie, délivrés par l'un des États membres des Communautés européennes *(Décr. nº 99-378 du 17 mai 1999, art. 11)* « ou des autres États parties à l'accord sur l'Espace économique européen » et figurant sur une liste établie conformément aux obligations communautaires par arrêté conjoint des ministres chargés de l'enseignement supérieur et de la santé, sont admis en dispense du diplôme d'études spécialisées de stomatologie susmentionné ;

(Décr. nº 99-378 du 17 mai 1999, art. 1er) « 4° Les internes en odontologie ayant validé la totalité de leur internat. »

Art. 6 Les assistants hospitaliers universitaires des centres de soins, d'enseignement et de recherche dentaires sont nommés pour deux ans par décision conjointe du directeur de l'unité de formation et de recherche d'odontologie et du directeur général du *(Décr. nº 99-378 du 17 mai 1999, art. 2)* « centre hospitalier et universitaire.

« Ils peuvent être maintenus en fonctions pour une période d'un an, renouvelable une fois pour une durée égale, si l'état d'avancement de leurs travaux de recherche le justifie, par décision prise conjointement, sur proposition du praticien exerçant les fonctions de chef de service, par le directeur de l'unité de formation et de recherche d'odontologie et le directeur général du centre hospitalier universitaire concernés. »

Lorsque le renouvellement dans leurs fonctions n'a pas été accordé à l'issue de l'une des périodes prévues aux premier et deuxième alinéas ci-dessus, ou lorsqu'ils ont accompli quatre ans de fonctions, ils ne peuvent faire acte de candidature à un autre emploi d'assistant hospitalier universitaire des centres de soins, d'enseignement et de recherche dentaires.

La durée totale des fonctions d'un assistant hospitalier universitaire des centres de soins, d'enseignement et de recherche dentaires nommé dans un autre emploi du même établissement ou d'un autre établissement ne peut dépasser les limites fixées aux premier et deuxième alinéas ci-dessus.

(Décr. nº 96-560 du 18 juin 1996, art. 1er) « Pour porter le titre d'ancien assistant hospitalier universitaire des centres de soins, d'enseignement et de recherche dentaires, il est nécessaire de justifier d'au moins deux ans de fonctions effectives en cette qualité. Toutefois, le total des congés de maladie rémunérés accordés aux assistants hospitaliers universitaires des centres de soins, d'enseignement et de recherche dentaires est pris en compte dans les deux ans de fonctions effectives requises dans la limite maximale de trente jours.

« Lorsque les assistants hospitaliers universitaires des centres de soins, d'enseignement et de recherche dentaires ont bénéficié d'un congé de maternité ou d'adoption ou d'un congé de maladie rémunéré dans les conditions prévues à l'article 46 ci-dessous et ne peuvent, compte tenu de l'alinéa précédent, justifier des deux ans de fonctions effectives requis pour porter le titre d'ancien assistant hospitalier universitaire des centres de soins, d'enseignement et de recherche dentaires, ils sont, sur leur demande, maintenus en fonctions en surnombre pour la durée du congé ainsi obtenu. »

CHAPITRE II *Maîtres de conférences des universités-praticiens hospitaliers des centres de soins, d'enseignement et de recherche dentaires*

Art. 7 Le corps des maîtres de conférences des universités-praticiens hospitaliers des centres de soins, d'enseignement et de recherche dentaires comprend une deuxième classe comportant trois échelons, une première classe comportant six échelons et une hors-classe comportant six échelons *(Décr. n° 2019-542 du 29 mai 2019, art. 2, en vigueur le 1er sept. 2017)* « et un échelon exceptionnel ».

Les maîtres de conférences des universités-praticiens des centres de soins, d'enseignement et de recherche dentaires hors classe peuvent être chargés de fonctions particulières attachées à l'encadrement et à l'orientation des étudiants, à la coordination pédagogique ainsi qu'aux relations avec les établissements d'enseignement supérieur et les établissements de recherche français ou étrangers.

Art. 8 Les ministres respectivement chargés de l'enseignement supérieur et de la santé publient les vacances d'emplois de maîtres de conférences des universités-praticiens hospitaliers des centres de soins, d'enseignement et de recherche dentaires.

Ces emplois sont offerts aux maîtres de conférences des universités-praticiens hospitaliers des centres de soins, d'enseignement et de recherche dentaires candidats à une mutation. Les mutations sont prononcées par les ministres précités après avis du conseil de l'unité de formation et de recherche d'odontologie et de la commission médicale d'établissement.

S'ils ne justifient pas de trois ans de fonctions dans un même centre hospitalier et universitaire, les maîtres de conférences des universités-praticiens hospitaliers des centres de soins, d'enseignement et de recherche dentaires ne peuvent obtenir une mutation dans un autre centre hospitalier et universitaire qu'avec l'accord du directeur de l'unité de formation et de recherche d'odontologie et du *(Décr. n° 99-378 du 17 mai 1999, art. 12)* « directeur général du centre hospitalier et universitaire » où ils sont affectés, donné après avis favorables du conseil de l'unité de formation et de recherche et de la commission médicale d'établissement concernés.

Art. 9 Des concours nationaux sont organisés pour chaque discipline par arrêté conjoint des ministres chargés de l'enseignement supérieur et de la santé.

Les candidats à ces concours doivent être âgés de quarante-cinq ans au plus tard au 1er janvier de l'année au cours de laquelle est organisée la session du concours et, à la date de clôture de dépôt des candidatures, remplir les conditions suivantes :

1° Être titulaires du doctorat prévu par l'article 16 de la loi du 26 janvier 1984 susvisée *[n° 84-52 sur l'enseignement supérieur, V. désormais C. éduc., art. L. 612-7]*, du diplôme d'études approfondies ou de diplômes admis en équivalence pour l'accès à ces concours et dont la liste est fixée par arrêté du ministre chargé de l'enseignement supérieur ;

2° Avoir exercé pendant au moins deux ans des fonctions d'assistant hospitalier universitaire des centres de soins, d'enseignement et de recherche dentaires ou d'assistant des universités odontologiste assistant des services de consultations et de traitements dentaires.

Art. 10 Chaque candidat peut se présenter à trois concours. Toute candidature retirée avant le début des épreuves n'est pas prise en compte pour l'application du présent article.

Art. 11 Les candidatures sont examinées par des jurys formés des membres de la sous-section du Conseil national des universités dont l'emploi relève. Ils sont présidés par le président de la sous-section.

Les membres des jurys qui perdent la qualité de membre du Conseil national des universités après la date fixée pour le début des épreuves continuent à siéger au sein du jury jusqu'à la fin des opérations du concours.

Un arrêté conjoint des ministres respectivement chargés de l'enseignement supérieur et de la santé fixe les modalités de dépôt des candidatures et de constitution des dossiers, les conditions de fonctionnement des jurys et la date de début des épreuves.

Art. 12 Le jury apprécie les titres universitaires, les travaux de recherche *(Décr. n° 2003-845 du 2 sept. 2003, art. 1er)* « , d'expertise », les fonctions enseignantes et les services hospitaliers de chaque candidat. Celui-ci présente un exposé écrit de ses titres et travaux accompagné de toutes pièces justificatives.

Pour chaque dossier, le président désigne deux rapporteurs qui déposent chacun un rapport écrit. Le jury examine les rapports et entend les rapporteurs.

(Décr. n° 99-378 du 17 mai 1999, art. 3) « Chaque candidat fait ensuite devant le jury une présentation orale de ses travaux, suivie d'une discussion avec les membres du jury et d'un

exposé destiné à apprécier ses aptitudes didactiques dont le thème, fixé par le jury, est en rapport avec ses travaux personnels.

« Dans certaines disciplines dont la liste est fixée par arrêté conjoint des ministres chargés de l'enseignement supérieur et de la santé, le candidat doit également satisfaire à une épreuve pédagogique pratique adaptée à la discipline dans laquelle il concourt.

« Les modalités d'organisation et la durée des épreuves mentionnées aux deux alinéas précédents sont fixées par arrêté conjoint des ministres chargés de l'enseignement supérieur et de la santé.

« Dans le cas où la discipline hospitalière de l'emploi diffère de la discipline universitaire, un candidat ne peut être inscrit sur la liste d'admission qu'avec l'accord de la sous-section du Conseil national des universités compétente pour la discipline hospitalière.

« Le jury arrête par ordre alphabétique la liste des candidats admis. »

La liste est publiée au *Journal officiel* de la République française.

Art. 13 Chaque candidat inscrit sur la liste d'admission peut postuler à un ou plusieurs des emplois mis au concours. Les candidatures sont soumises au conseil de l'unité de formation et de recherche d'odontologie et à la commission médicale d'établissement.

Le directeur de l'unité de formation et de recherche d'odontologie transmet les différents avis au ministre chargé de l'enseignement supérieur et le *(Décr. n° 99-378 du 17 mai 1999, art. 12)* « directeur général du centre hospitalier et universitaire » les transmet au ministre chargé de la santé.

Les deux ministres procèdent conjointement aux nominations.

Si, après un premier tour de candidatures et de nominations, tous les emplois n'ont pas été pourvus, il est procédé à un deuxième tour.

Art. 14 L'inscription sur la liste d'admission mentionnée à l'article 12 non suivie d'une nomination ne confère aucun droit à l'intéressé.

Art. 15 Les maîtres de conférences des universités-praticiens hospitaliers des centres de soins, d'enseignement et de recherche dentaires sont nommés en qualité de stagiaires.

Après un stage d'un an, ils sont, après avis du conseil de l'unité de formation et de recherche et de la commission médicale d'établissement, soit titularisés, soit admis à effectuer une dernière année de stage, soit réintégrés dans leur corps d'origine, soit licenciés.

Lors de la titularisation, le stage est pris en considération pour l'avancement dans la limite d'un an.

Art. 16 *(Décr. n° 2019-542 du 29 mai 2019, art. 3, en vigueur le 1er sept. 2017)* L'avancement d'échelon des maîtres de conférences des universités-praticiens hospitaliers des centres de soins, d'enseignement et de recherche dentaires est prononcé par arrêté des ministres chargés de l'enseignement supérieur et de la santé, selon les durées de service figurant dans le tableau suivant :

Grades et échelons	Durée
Hors classe	
Échelon exceptionnel	-
6e échelon	-
5e échelon	5 ans
4e échelon	1 an
3e échelon	1 an
2e échelon	1 an
1er échelon	1 an
1re classe	
6e échelon	-

Grades et échelons	Durée
5e échelon	2 ans 10 mois
4e échelon	2 ans 10 mois
3e échelon	3 ans 6 mois
2e échelon	2 ans 10 mois
1er échelon	2 ans 10 mois
2e classe	
3e échelon	-
2e échelon	2 ans 10 mois
1er échelon	2 ans

Art. 17 Peuvent être promus à la première classe les maîtres de conférences des universités-praticiens hospitaliers des centres de soins d'enseignement et de recherche dentaires de deuxième classe qui ont atteint au moins le deuxième échelon de leur classe.

L'avancement à la première classe est prononcé par les ministres respectivement chargés de l'enseignement supérieur et de la santé, sur proposition de la section compétente du Conseil national des universités.

(Décr. n° 99-378 du 17 mai 1999, art. 4) « Cette proposition est formulée après avis du conseil de l'unité de formation et de recherche d'odontologie sur l'ensemble des membres du corps remplissant, dans chaque section, les conditions nécessaires pour être promus. »

(Décr. n° 2019-542 du 29 mai 2019, art. 4) « Le nombre maximum de fonctionnaires pouvant être promus chaque année dans chacun des grades d'avancement du corps est déterminé conformément aux dispositions du décret n° 2005-1090 du 1er septembre 2005 relatif à l'avancement de grade dans les corps des administrations de l'État. »

Art. 18 L'avancement de la première classe à la hors-classe du corps des maîtres de conférences des universités-praticiens hospitaliers des centres de soins, d'enseignement et de recherche dentaires est prononcé, dans les conditions prévues aux troisième et quatrième alinéas de l'article 17 ci-dessus, par les ministres respectivement chargés de l'enseignement supérieur et de la santé, sur proposition de la section compétente du Conseil national des universités.

Peuvent seuls être promus à la hors-classe les maîtres de conférences des universités-praticiens hospitaliers des centres de soins, d'enseignement et de recherche dentaires parvenus au quatrième échelon de la première classe et ayant accompli au moins cinq ans de services en position d'activité dans ce corps ou en position de détachement pour exercer des fonctions d'enseignant-chercheur.

Les maîtres de conférences des universités-praticiens hospitaliers des centres de soins, d'enseignement et de recherche dentaires de première classe promus à la hors-classe sont classés à l'échelon comportant un indice de rémunération égal ou, à défaut, immédiatement supérieur à celui qu'ils détenaient dans leur grade d'origine.

Lorsque l'application des dispositions du présent article n'entraîne pas d'augmentation de traitement, les intéressés conservent l'ancienneté qu'ils avaient acquise dans la limite de l'ancienneté exigée pour une promotion à l'échelon supérieur dans leur nouveau grade.

Art. 18-1 *(Décr. n° 2019-542 du 29 mai 2019, art. 6, en vigueur le 1er sept. 2017)* Peuvent accéder au choix à l'échelon exceptionnel de la hors-classe, dans la limite d'un pourcentage des effectifs du corps fixé par arrêté conjoint des ministres chargés de l'enseignement supérieur, de la santé, de la fonction publique et du budget, les maîtres de conférences des universités-praticiens hospitaliers des centres de soins, d'enseignement et de recherche dentaires hors classe justifiant d'au moins trois ans de services effectifs dans le 6e échelon de cette même classe. L'avancement est prononcé dans les conditions prévues aux deuxième et troisième alinéas de l'article 17.

CHAPITRE III *Professeurs des universités-praticiens hospitaliers des centres de soins, d'enseignement et de recherche dentaires*

Art. 19 Le corps des professeurs des universités-praticiens hospitaliers des centres de soins, d'enseignement et de recherche dentaires comprend : *(Décr. n° 2019-542 du 29 mai 2019, art. 7, en vigueur le 1er sept. 2017)* « une deuxième classe comportant sept échelons » ; une première classe comportant trois échelons ; une classe exceptionnelle comportant deux échelons.

Art. 20 Les ministres respectivement chargés de l'enseignement supérieur et de la santé publient les vacances d'emplois de professeurs des universités-praticiens hospitaliers des centres de soins, d'enseignement et de recherche dentaires.

Ces emplois sont offerts aux professeurs des universités-praticiens hospitaliers des centres de soins, d'enseignement et de recherche dentaires candidats à une mutation. Les mutations sont prononcées par les ministres précités après avis du conseil de l'unité de formation et de recherche d'odontologie et de la commission médicale d'établissement.

S'ils ne justifient pas de trois ans de fonctions dans un même centre hospitalier et universitaire, les professeurs des universités-praticiens hospitaliers des centres de soins, d'enseignement et de recherche dentaires ne peuvent obtenir une mutation dans un autre centre hospitalier et universitaire qu'avec l'accord du directeur de l'unité de formation et de recherche d'odontologie et du *(Décr. n° 99-378 du 17 mai 1999, art. 12)* « directeur général du centre hospitalier et universitaire » où ils sont affectés, donné après avis favorables du conseil de l'unité de formation et de recherche d'odontologie et de la commission médicale d'établissement concernés.

Art. 21 Des concours nationaux sont organisés pour chaque discipline par arrêté conjoint des ministres chargés de l'enseignement supérieur et de la santé.

Les candidats aux concours doivent, à la date de dépôt des candidatures :

(Décr. n° 92-1226 du 16 nov. 1992, art. 2) « 1° Être titulaires de l'habilitation à diriger des recherches ou du doctorat d'État. Les diplômes et titres étrangers de niveau équivalent peuvent, pour l'accès à ces concours, être admis en dispense de cette habilitation ou de ce doctorat dans des conditions fixées par arrêté du ministre chargé de l'enseignement supérieur ; »

2° Être maîtres de conférences des universités-praticiens hospitaliers des centres de soins, d'enseignement et de recherche dentaires ou professeurs du premier ou du deuxième grade de chirurgie dentaire-odontologistes des services de consultations et de traitements dentaires et justifier d'au moins trois années de fonctions en position d'activité, de détachement ou de délégation dans l'un de ces corps ;

3° Être âgés de cinquante-cinq ans au plus au 1er janvier de l'année au cours de laquelle est organisée la session du concours ou avoir exercé à temps plein pendant au moins cinq ans les fonctions de maître de conférences des universités-praticien hospitalier des centres de soin, d'enseignement et de recherche dentaires ou de professeur du premier ou du deuxième grade de chirurgie dentaire-odontologiste des services de consultations et de traitements dentaires ;

(Décr. n° 99-378 du 17 mai 1999, art. 5) « 4° Avoir satisfait à l'obligation de mobilité définie à l'article 21-1. Toutefois, cette condition ne sera requise qu'à compter du 1er mai 2005. »

Art. 21-1 *(Décr. n° 99-378 du 17 mai 1999, art. 6)* Pour satisfaire à l'obligation de mobilité mentionnée à l'article 21, les candidats doivent avoir exercé pendant un an au moins, en dehors du centre hospitalier et universitaire dans lequel ils sont affectés, des activités de soins ou d'enseignement ou de recherche en France ou à l'étranger, à l'exclusion des activités de soins dentaires dans des établissements de santé privés *(Décr. n° 2016-1645 du 1er déc. 2016, art. 4-VI)* « qui ne participaient pas au service public hospitalier ou n'étaient pas habilités à assurer le » service public hospitalier ou en clientèle de ville.

Art. 21-2 *(Décr. n° 99-378 du 17 mai 1999, art. 6)* Par dérogation aux dispositions de l'article 21, un concours spécial est réservé aux candidats ayant exercé, durant au moins deux ans, dans un établissement étranger d'enseignement supérieur ou de recherche des fonctions d'enseignement ou de recherche d'un niveau au moins équivalent à celles confiées aux maîtres de conférences.

Les candidats à ce concours doivent être titulaires de l'habilitation à diriger des recherches ou du doctorat d'État. Les titres et diplômes étrangers de niveau équivalent peuvent être admis en dispense des diplômes précités dans des conditions fixées par arrêté du ministre chargé de l'enseignement supérieur. Cet arrêté fixe également les conditions dans lesquelles est appréciée l'équivalence de fonctions.

Art. 22 Chaque candidat peut se présenter à quatre concours. Toute candidature retirée avant le début des épreuves n'est pas prise en compte pour l'application du présent article.

Art. 23 Les candidatures sont examinées par des jurys formés par les membres de la sous-section du Conseil national des universités dont l'emploi relève. Ils sont présidés par le président de la sous-section.

Les membres des jurys qui perdent la qualité de membre du Conseil national des universités après la date fixée pour le début des épreuves continuent à siéger au sein du jury jusqu'à la fin des opérations du concours.

Art. 24 Un arrêté conjoint des ministres respectivement chargés de l'enseignement supérieur et de la santé fixe les modalités de dépôt des candidatures et de constitution des dossiers, les conditions de fonctionnement des jurys et la date de début des épreuves.

Art. 25 Le jury examine les candidatures et arrête la liste d'admission aux emplois de professeurs des universités-praticiens hospitaliers des centres de soins, d'enseignement et de recherche dentaires selon la procédure définie à l'article 12.

Art. 26 Les professeurs des universités-praticiens hospitaliers des centres de soins, d'enseignement et de recherche dentaires sont nommés par décret du Président de la République.

Les emplois sont pourvus suivant la procédure définie à l'article 13.

Art. 27 L'inscription sur la liste d'admission mentionnée à l'article 25 non suivie d'une nomination ne confère aucun droit à l'intéressé.

Art. 28 *(Décr. nº 92-298 du 30 mars 1992, art. 3)* L'avancement d'échelon dans la première et la deuxième classe du corps des professeurs des universités-praticiens hospitaliers est prononcé par arrêté des ministres respectivement chargés de l'enseignement supérieur et de la santé, à l'ancienneté, selon les durées de service figurant dans le tableau suivant :

Tableau issu du Décr. nº 2019-542 du 29 mai 2019, art. 8.

Grades et échelons	Durée
1re classe	
3e échelon	-
2e échelon	4 ans 4 mois
1er échelon	4 ans 4 mois
2e classe	
7e échelon	-
6e échelon	3 ans 6 mois
5e échelon	5 ans
4e échelon	1 an
3e échelon	1 an
2e échelon	1 an
1er échelon	1 an

Art. 28-1 *(Décr. nº 92-298 du 30 mars 1992, art. 4)* L'avancement de la deuxième classe à la première classe des professeurs des universités-praticiens hospitaliers des centres de soins, d'enseignement et de recherche dentaires est prononcé par arrêté des ministres respectivement chargés de l'enseignement supérieur et de la santé, après avis du conseil de l'unité de formation et de recherche d'odontologie, sur proposition de la section compétente du Conseil national des universités pour les disciplines médicales et odontologiques.

Les professeurs des universités-praticiens hospitaliers des centres de soins, d'enseignement et de recherche dentaires de deuxième classe promus en première classe sont classés à l'échelon comportant un indice de rémunération égal ou, à défaut, immédiatement supérieur à celui qu'ils détenaient dans leur grade d'origine.

Lorsque l'application des dispositions du présent article n'entraîne pas d'augmentation de traitement, les intéressés conservent l'ancienneté d'échelon qu'ils avaient acquise dans la limite de l'ancienneté exigée pour une promotion à l'échelon supérieur dans leur nouveau grade.

La rémunération universitaire des professeurs des universités-praticiens hospitaliers des centres de soins, d'enseignement et de recherche dentaires classés au deuxième échelon de la première classe est fixée conformément à la réglementation applicable aux emplois de l'État classés hors échelles.

(Décr. n° 2019-542 du 29 mai 2019, art. 9) « Le nombre maximum de fonctionnaires pouvant être promus chaque année dans chacun des grades d'avancement du corps est déterminé conformément aux dispositions du décret du 1er septembre 2005 précité. »

Jusqu'au 31 déc. 2019, les promotions de grade au titre de 2019 dans les corps des professeurs des universités-praticiens hospitaliers des centres de soins, d'enseignement et de recherche dentaires et des maîtres de conférences des universités-praticiens hospitaliers des centres de soins, d'enseignement et de recherche dentaires sont prononcées dans les conditions et suivant les modalités applicables avant l'entrée en vigueur du Décr. n° 2019-542 du 29 mai 2019 (Décr. préc., art. 10).

Art. 28-2 *(Décr. n° 92-298 du 30 mars 1992, art. 4)* L'effectif de chacun des échelons de la classe exceptionnelle du corps des professeurs des universités-praticiens hospitaliers des centres de soins, d'enseignement et de recherche dentaires ne peut être supérieur à 10 % de l'effectif total de ce corps.

L'avancement de la première classe à la classe exceptionnelle des professeurs des universités-praticiens hospitaliers des centres de soins, d'enseignement et de recherche dentaires et l'avancement du premier au deuxième échelon de la classe exceptionnelle sont prononcés dans les conditions prévues au premier alinéa de l'article 28-1 ci-dessus.

Peuvent seuls être promus au premier échelon de la classe exceptionnelle les professeurs des universités-praticiens hospitaliers des centres de soins, d'enseignement et de recherche dentaires de première classe qui justifient d'au moins dix-huit mois d'ancienneté dans celle-ci.

Peuvent seuls être promus au deuxième échelon de la classe exceptionnelle les professeurs des universités-praticiens hospitaliers des centres de soins, d'enseignement et de recherche dentaires justifiant d'au moins dix-huit mois d'ancienneté dans le premier échelon de cette classe.

Toutefois, par dérogation aux dispositions des alinéas précédents, les professeurs des universités-praticiens hospitaliers des centres de soins, d'enseignement et de recherche dentaires ayant obtenu au titre de leur spécialité une des distinctions scientifiques dont la liste est fixée par arrêté conjoint des ministres chargés de l'enseignement supérieur, de la Santé et du budget peuvent être nommés hors contingent par arrêté des ministres respectivement chargés de l'enseignement supérieur et de la santé à l'un des deux échelons de la classe exceptionnelle, sur proposition du groupe de sections compétent du Conseil national des universités pour les disciplines médicales et odontologiques, siégeant en formation restreinte aux présidents et premiers vice-présidents de section.

Art. 29 Les professeurs associés de nationalité française ou ressortissants de l'un des États membres des communautés européennes *(Décr. n° 99-378 du 17 mai 1999, art. 11)* « ou des autres États parties à l'accord sur l'Espace économique européen » qui ont accompli en cette qualité au moins *(Décr. n° 2003-845 du 2 sept. 2003, art. 2-I)* « trois ans » de services effectifs soit à temps plein, soit à temps partiel peuvent faire acte de candidature aux concours mentionnés à l'article 21.

Art. 30 Les professeurs des universités-praticiens hospitaliers des centres de soins, d'enseignement et de recherche dentaires admis à la retraite peuvent recevoir le titre de professeur émérite pour leurs fonctions universitaires par décision du conseil de l'unité de formation et de recherche d'odontologie en formation restreinte aux professeurs, prise à la majorité absolue des membres composant cette formation.

Cette décision fixe la durée de l'éméritat. Les professeurs émérites peuvent diriger des séminaires, des thèses et participer à des jurys de thèse ou d'habilitation.

CHAPITRE IV *Dispositions communes aux personnels régis par les chapitres II et III*

Art. 31 Un arrêté du ministre chargé de l'enseignement supérieur et du ministre chargé de la santé détermine les conditions dans lesquelles les candidats de nationalité étrangère qui ne sont pas ressortissants de l'un des États membres des communautés européennes *(Décr. nº 99-378 du 17 mai 1999, art. 11)* « ou des autres États parties à l'accord sur l'Espace économique européen » peuvent être autorisés à participer aux concours mentionnés aux articles 9 et 21 du présent décret, sans que cette faculté confère aux intéressés le droit d'accéder aux emplois régis par le présent décret. Le même arrêté fixe les titres qui peuvent leur être attribués ainsi que les conditions de cette attribution.

Art. 32 *(Décr. nº 2003-845 du 2 sept. 2003, art. 3)* Les changements de discipline sont prononcés par arrêté du ministre chargé de l'enseignement supérieur et du ministre chargé de la santé après avis favorable de la sous-section du Conseil national des universités compétente pour la nouvelle discipline.

Art. 32-1 *(Décr. nº 99-378 du 17 mai 1999, art. 7)* Les personnels titulaires sont tenus d'établir tous les quatre ans un rapport sur l'ensemble de leurs activités.

Ces rapports sont adressés au directeur de l'unité de formation et de recherche d'odontologie et au directeur général du centre hospitalier universitaire.

TITRE II Régime des fonctions et rémunération

CHAPITRE PREMIER *Dispositions générales*

Art. 33 Les professeurs des universités-praticiens hospitaliers des centres de soins, d'enseignement et de recherche dentaires exercent leurs fonctions hospitalo-universitaires à plein temps.

Les maîtres de conférence des universités-praticiens hospitaliers des centres de soins, d'enseignement et de recherche dentaires peuvent exercer leurs fonctions hospitalières à temps partiel.

Les assistants hospitaliers universitaires des centres de soins, d'enseignement et de recherche dentaires exercent leurs fonctions hospitalières à temps partiel.

Art. 34 Les personnels des centres de soins, d'enseignement et de recherche dentaires relevant du présent décret peuvent être appelés, dans des conditions qui seront fixées par décret, à exercer tout ou partie de leurs fonctions dans un établissement lié au centre hospitalier et universitaire par une convention conclue en application de l'article 6 de l'ordonnance du 30 décembre 1958 susvisée *[nº 58-1373 relative à la création de centres hospitaliers universitaires, à la réforme de l'enseignement médical et au développement de la recherche médicale, V. désormais* ***CSP****, art. L. 6142-5]*.

Cette activité ne peut donner lieu à une rémunération supérieure à celle prévue aux articles 35 et 37 du présent décret.

Art. 34-1 *(Décr. nº 2003-845 du 2 sept. 2003, art. 4)* Les membres du personnel enseignant et hospitalier peuvent bénéficier sur leur demande des dispositions de l'article 25-2 de la loi nº 82-610 modifiée du 15 juillet 1982 d'orientation et de programmation pour la recherche et le développement technologique de la France *[nº 82-610, V. désormais, C. rech., art. L. 413-2]* pour une période de cinq ans renouvelable, s'agissant des personnels titulaires régis par le présent décret, et pour une période n'excédant pas la durée de leur contrat, s'agissant des personnels non titulaires employés de manière continue depuis au moins un an.

Les membres du personnel enseignant et hospitalier titulaires peuvent bénéficier sur leur demande des dispositions de l'article 25-3 de la loi nº 82-610 du 15 juillet 1982 précitée *[V. désormais, C. rech., art. L. 413-12 à L. 413-14]*.

Les autorisations prévues par les articles 25-2 et 25-3 *[V. désormais, C. rech., art. L. 413-2 et L. 413-12 à L. 413-14]* précités sont accordées dans les conditions fixées par l'article 25-1 de la même loi *[V. désormais C. rech., art. L. 413-1]* par décision conjointe des ministres chargés de l'enseignement supérieur et de la santé, après avis du directeur général du centre hospitalier universitaire et du directeur de l'unité de formation et de recherche d'odontologie.

CHAPITRE II *Personnels exerçant leurs fonctions hospitalo-universitaires à plein temps*

Art. 35 Les personnels exerçant leurs fonctions hospitalo-universitaires à plein temps consacrent obligatoirement la totalité de leur activité professionnelle à ces fonctions de soins, d'enseignement et de recherche, sous réserve des dispositions de l'article 36 ci-dessous. Leurs obligations de service sont fixées par arrêté conjoint des ministres chargés de l'enseignement supérieur, de la santé et du budget.

Ces personnels, en activité de service, perçoivent :

(Décr. n° 2003-845 du 2 sept. 2003, art. 5) « 1° La rémunération universitaire de professeur des universités-praticien hospitalier, ou de maître de conférences des universités-praticien hospitalier des centres de soins, d'enseignement ou de recherche dentaires fixée selon les modalités définies par arrêté conjoint des ministres chargés de l'enseignement supérieur, de la santé, du budget et de la fonction publique, accrue, le cas échéant, de l'indemnité de charges administratives de directeur d'unité de formation et de recherche ou de président d'université ; »

2° Des émoluments hospitaliers non soumis à retenue pour pension, dus au titre des activités exercées dans le service de consultation et de traitement dentaires ou dans un organisme lié par une convention passée dans les conditions prévues à l'article 6 de l'ordonnance du 30 décembre 1958 susvisée *[n° 58-1373 relative à la création de centres hospitaliers universitaires, à la réforme de l'enseignement médical et au développement de la recherche médicale, V. désormais* **CSP**, *art. L. 6142-5]*.

Ces émoluments hospitaliers sont fixés par arrêté conjoint des ministres chargés de l'enseignement supérieur, de la santé et du budget. Ils suivent l'évolution des traitements de la fonction publique.

(Décr. n° 2003-845 du 2 sept. 2003, art. 5) « Ces émoluments peuvent être accrus, le cas échéant, de l'indemnité pour activité dans plusieurs établissements, prévue par le 7° de l'article 28 du décret n° 84-131 du 24 février 1984 susvisé *[portant statut des praticiens hospitaliers, V. désormais* **CSP**, *art. R. 6152-23 s.]*, dans les conditions prévues aux deuxième et troisième alinéas de l'article 4 de ce même décret *[portant statut des praticiens hospitaliers, V. désormais* **CSP**, *art. L. 713-12]*. Un arrêté conjoint des ministres chargés de l'enseignement supérieur et de la santé précise les conditions d'application du présent alinéa. »

Lorsqu'un maître de conférences des universités-praticien hospitalier des centres de soins, d'enseignement et de recherche dentaires est nommé professeur des universités-praticien hospitalier des centres de soins, d'enseignement et de recherche dentaires à un niveau d'émoluments hospitaliers inférieur à celui qu'il percevait dans son précédent corps, il conserve, à titre personnel, le bénéfice de son ancienne rémunération hospitalière aussi longtemps qu'elle est plus favorable.

Art. 36 Sous réserve des dispositions des articles 25-1 à 25-6 de la loi du 31 décembre 1970 susvisée *[n° 70-1318 portant réforme hospitalière, V. désormais L. n° 91-1406 du 31 déc. 1991 portant diverses dispositions d'ordre social]* et des dispositions réglementaires prises pour leur application, les membres du personnel exerçant leurs fonctions hospitalo-universitaires à plein temps ne peuvent recevoir aucun émolument au titre d'autres activités exercées tant à l'intérieur qu'en dehors des centres de soins, d'enseignement et de recherche dentaires ou des établissements liés par convention dans les conditions prévues à l'article 6 de l'ordonnance du 30 décembre 1958 susvisée *[n° 70-1318 portant réforme hospitalière, V. désormais L. n° 91-1406 du 31 déc. 1991 portant diverses dispositions d'ordre social]*.

(Décr. n° 99-378 du 17 mai 1999, art. 9) « Les dispositions qui précèdent ne s'appliquent pas à la production des œuvres scientifiques, littéraires ou artistiques et aux activités présentant un caractère d'intérêt général *(Décr. n° 2003-845 du 2 sept. 2003, art. 6)* « exercées à l'intérieur ou à l'extérieur de l'établissement », conformément à l'article 11 du décret du 29 décembre 1982 susvisé *[n° 82-1149 du 29 déc. 1982 pris pour l'application de la loi du 28 oct. 1982 et portant diverses mesures statutaires en faveur des praticiens à plein temps des établissements d'hospitalisation publics]*, à l'intéressement prévu par l'article R. 611-14-1 du code de la propriété intellectuelle et à l'intéressement prévu par le décret n° 96-858 du 2 octobre 1996 relatif à l'intéressement de certains fonctionnaires et agents de l'État et de ses établissements publics ayant participé directement à la création d'un logiciel, à la création ou à la découverte d'une obtention végétale ou à des travaux valorisés *[V.* **C. fonct. publ.***]*. »

Les conditions de rémunérations des expertises et consultations que les membres du personnel enseignant et hospitalier peuvent être autorisés à effectuer ou à donner à la demande soit d'une autorité administrative ou judiciaire, soit d'un organisme privé, soit d'un organisme de Sécurité sociale sont fixées par arrêté des ministres respectivement chargés de l'enseignement supérieur et de la santé.

CHAPITRE III *Personnels exerçant leurs fonctions hospitalières à temps partiel*

Art. 37 Ces personnels sont tenus d'effectuer un service d'enseignement et de recherche égal à celui qui est exigé des personnels à temps plein de leur catégorie. Leurs activités hospitalo-universitaires dans les centres de soins, d'enseignement et de recherche dentaires des centres hospitaliers et universitaires sont au moins égales à vingt heures hebdomadaires. Leurs obligations de service sont fixées par arrêté du ministre chargé de la Santé et du ministre chargé du budget.

Ils reçoivent le traitement correspondant à leurs fonctions universitaires à temps plein. Pour la détermination des droits à pension, il est tenu compte de l'exercice à temps plein des fonctions universitaires. Ils reçoivent en outre des émoluments dont le montant est déterminé par arrêté du ministre chargé de l'enseignement supérieur, du ministre chargé de la Santé et du ministre chargé du budget. En ce qui concerne les personnels titulaires, ces émoluments ne sont pas soumis à retenues pour pension.

Les dispositions du présent décret leur sont applicables à l'exception de celles qui, en vertu d'une mention expresse, concernent exclusivement les personnels exerçant leurs fonctions hospitalo-universitaires à plein temps.

Art. 38 La rémunération universitaire des assistants hospitaliers universitaires des centres de soins, d'enseignement et de recherche dentaires est fixée par arrêté du ministre chargé de l'enseignement supérieur et du ministre chargé du budget. Cette rémunération suit l'évolution des traitements de la fonction publique.

Art. 39 Les maîtres de conférences des universités-praticiens hospitaliers des centres de soins, d'enseignement et de recherche dentaires exerçant leurs fonctions hospitalières à temps partiel *(Décr. nº 99-378 du 17 mai 1999, art. 10)* « ainsi que les assistants hospitaliers universitaires des centres de soins, d'enseignement et de recherche dentaires anciens internes » peuvent demander à exercer ces fonctions à plein temps.

Il est statué sur cette demande par décision conjointe du ministre chargé de l'enseignement supérieur et du ministre chargé de la Santé.

Les intéressés ne peuvent être nommés à un emploi comportant l'exercice d'une fonction hospitalo-universitaire à plein temps que s'ils s'engagent à consacrer la totalité de leur activité professionnelle au centre de soins, d'enseignement et de recherche dentaires.

Les maîtres de conférences des universités-praticiens hospitaliers des centres de soins, d'enseignement et de recherche dentaires *(Décr. nº 99-378 du 17 mai 1999, art. 10)* « et les assistants hospitaliers universitaires des centres de soins, d'enseignement et de recherche dentaires » qui exercent leurs fonctions à plein temps ne peuvent en aucun cas demander à exercer à temps partiel.

Art. 39-1 *(Décr. nº 2003-845 du 2 sept. 2003, art. 7)* Les maîtres de conférences des universités-praticiens hospitaliers des centres de soins, d'enseignement et de recherche dentaires exerçant leurs fonctions hospitalières à temps partiel peuvent bénéficier de l'indemnité pour activité dans plusieurs établissements, prévue par le 7° de l'article 28 du décret nº 84-131 du 24 février 1984 susvisé *[portant statut des praticiens hospitaliers, V. désormais **CSP**, art. R. 6152-23 s.]*, dans les conditions prévues au sixième alinéa de l'article 35 du présent décret.

TITRE III Positions

CHAPITRE PREMIER *Dispositions applicables aux personnels titulaires*

Art. 40 Les personnels titulaires mentionnés à l'article premier ci-dessus ont droit :

1° A un congé annuel d'une durée égale à celle qui est fixée pour les praticiens exerçant à temps plein dans les centres hospitaliers par l'article 35 (1°) du décret nº 84-131 du 24 février 1984 susvisé *[portant statut des praticiens hospitaliers, V. désormais **CSP**, art. R. 6152-35]* ;

2° Aux autres congés et dispenses d'enseignement, dans les conditions applicables aux personnels enseignants titulaires de statut universitaire ;

(Décr. nº 2003-845 du 2 sept. 2003, art. 8) « 3° Aux autorisations spéciales d'absence prévues par le 8° de l'article 35 du décret nº 84-131 du 24 février 1984 susvisé *[portant statut des praticiens hospitaliers, V. désormais **CSP**, art. R. 6152-35]*. »

Art. 41 Les membres du personnel titulaire relevant du présent chapitre peuvent être placés sur leur demande en position de mission temporaire pour une durée maximum de trois mois par période de deux ans. Ils conservent, dans cette position, la totalité de leur rémunération universitaire et hospitalière.

Les intéressés sont placés dans cette position par décision conjointe du directeur d'unité de formation et de recherche d'odontologie et du *(Décr. nº 99-378 du 17 mai 1999, art. 12)* « directeur général du centre hospitalier et universitaire ».

Art. 42 *(Décr. n° 2003-845 du 2 sept. 2003, art. 9)* I. — Les personnels titulaires peuvent, sur leur demande et pour une période de deux ans au plus, être placés en position de délégation afin de remplir une mission d'étude ou d'exercer un enseignement en dehors des centres de soins, d'enseignement et de recherche dentaires.

L'arrêté prononçant la délégation précise le montant de la rémunération qui continue d'être servie à l'intéressé. Cette rémunération ne peut en aucun cas être supérieure à la rémunération universitaire de celui-ci ni inférieure aux retenues pour pension civile.

Les intéressés ne peuvent être admis à bénéficier à nouveau des dispositions du premier alinéa du présent article qu'après avoir repris effectivement leurs fonctions pendant trois ans au moins.

II. — Ils peuvent également être placés en position de délégation, pour une période de deux ans renouvelable deux fois, afin de bénéficier des dispositions de l'article 25-1 de la loi n° 82-610 du 15 juillet 1982 modifiée précitée *[d'orientation et de programmation pour la recherche et le développement technologique de la France, V. désormais C. rech., art. L. 413-1]*.

Les intéressés conservent leur rémunération universitaire.

Cette délégation est décidée conjointement par le directeur général du centre hospitalier universitaire et le directeur de l'unité de formation et de recherche d'odontologie concernée, après autorisation délivrée dans les conditions prévues à l'article 25-1 de la loi n° 82-610 du 15 juillet 1982 précitée *[d'orientation et de programmation pour la recherche et le développement technologique de la France, V. désormais C. rech., art. L. 413-1]* par les ministres de l'enseignement supérieur et de la santé et après conclusion entre l'unité de formation et de recherche d'odontologie, le centre hospitalier universitaire et l'entreprise concernés d'une convention qui en fixe l'objet et en détermine les modalités.

L'entreprise verse au profit de l'unité de formation et de recherche d'odontologie concernée :

a) Soit une contribution permettant d'assurer le service d'enseignement incombant antérieurement à l'intéressé ;

b) Soit une contribution au moins équivalente à la rémunération de l'intéressé et aux charges sociales qui y sont afférentes.

La contribution prévue au *b* ci-dessus est obligatoire au-delà d'un an.

Toutefois, le directeur de l'unité de formation et de recherche d'odontologie concernée peut décider de dispenser totalement ou partiellement l'entreprise de sa contribution, après avis du conseil de l'unité de formation et de recherche d'odontologie.

III. — Pendant ces périodes de délégation, les intéressés ne peuvent être remplacés dans leur emploi qu'à titre temporaire. Ils conservent le droit à l'emploi qu'ils occupent même si les nécessités du service conduisent à confier tout ou partie de leurs fonctions à un intérimaire. Le temps de la délégation est pris en compte pour l'avancement et pour la constitution du droit à pension.

IV. — Les personnels intéressés peuvent en outre être placés en position de délégation auprès de l'Institut universitaire de France, en vue de l'exercice de fonctions de recherche, pour une période de deux ans renouvelable. Ils conservent leur rémunération universitaire et, selon le service fait, leur rémunération hospitalière.

Art. 43 Les personnels titulaires peuvent être placés en position de détachement sur leur demande, conformément aux dispositions applicables aux personnels enseignants titulaires de statut universitaire.

(Décr. n° 2003-845 du 2 sept. 2003, art. 10) « Ils peuvent également sur leur demande être placés en position de détachement afin de bénéficier des dispositions de l'article 25-1 de la loi n° 82-610 du 15 juillet 1982 modifiée *[d'orientation et de programmation pour la recherche et le développement technologique de la France, V. désormais C. rech., art. L. 413-1]*.

« Un arrêté conjoint des ministres chargés de l'enseignement supérieur et de la santé prononce ce détachement, pour une période de deux ans renouvelable deux fois, après autorisation délivrée dans les conditions prévues à l'article 25-1 de la loi n° 82-610 du 15 juillet 1982 précitée *[d'orientation et de programmation pour la recherche et le développement technologique de la France, V. désormais C. rech., art. L. 413-1]* et après avis du conseil de l'unité de formation et de recherche d'odontologie, de la commission médicale d'établissement, du directeur général du centre hospitalier universitaire et du directeur de l'unité de formation et de recherche d'odontologie concernés. »

(Décr. n° 96-560 du 18 juin 1996, art. 2) « Ils peuvent également, sur leur demande, être détachés auprès d'un groupement d'intérêt public entrant dans l'un des cas prévus aux articles L. 668-1 (4e alinéa, 2°) et L. 713-12 du code de la santé publique *[V. désormais,* ***CSP****, art. L. 1223-1 et L. 6134-1]*, après avis du conseil de l'unité de formation et de recherche d'odontologie et de la commission médicale d'établissement.

« Les intéressés peuvent être remplacés dans leurs fonctions après une période d'un an passée en position de détachement, sous réserve des dispositions de l'article 5 de la loi du 13 juillet 1972 susvisée *[nº 72-659 relative à la situation du personnel civil de coopération culturelle, scientifique et technique auprès d'états étrangers, V. désormais C. éduc., art. L. 952-12]*. »

Art. 43-1 *(Décr. nº 96-560 du 18 juin 1996, art. 3)* Les personnels titulaires relevant du présent chapitre en position d'activité peuvent bénéficier d'une mise à disposition dans les conditions applicables aux personnels enseignants titulaires de statut universitaire. Lorsque la mise à disposition est prononcée auprès d'un groupement d'intérêt public, elle est régie par les dispositions applicables à la situation prévue au 2° de l'article premier du décret nº 85-986 du 16 septembre 1985 modifié relatif au régime particulier de certaines positions des fonctionnaires de l'État et à certaines modalités de cessation définitive de fonctions *[V. **C. fonct. publ.**]*.

Dans tous les cas, la mise à disposition est prononcée après avis du conseil de l'unité de formation et de recherche d'odontologie et de la commission médicale d'établissement.

Art. 44 Les personnels titulaires peuvent être admis en disponibilité conformément aux dispositions applicables aux personnels enseignants titulaires de statut universitaire, sous réserve des dispositions suivantes :

a) Ils peuvent être remplacés dans leurs fonctions après une période d'un an passée dans cette position ;

b) La mise en disponibilité pour convenances personnelles ne peut être accordée que pour une période de deux années au maximum, non renouvelable.

Art. 45 En cas d'insuffisance professionnelle, tout membre du personnel titulaire est soit admis à faire valoir ses droits à la retraite, soit licencié s'il ne remplit pas les conditions requises pour avoir droit à une pension de retraite.

La décision est prise conjointement par les ministres respectivement chargés de l'enseignement supérieur et de la santé ou sur le rapport desdits ministres, sur avis conforme de l'organisme institué au quatrième alinéa de l'article 5 de l'ordonnance du 30 décembre 1958 susvisée *[nº 58-1373 relative à la création de centres hospitaliers universitaires, à la réforme de l'enseignement médical et au développement de la recherche médicale, V. désormais C. éduc., art. L. 952-21]* siégeant en formation administrative sans caractère juridictionnel, après observation des formalités prescrites en matière disciplinaire.

Le membre du personnel titulaire licencié pour insuffisance professionnelle, qui ne satisfait pas aux conditions requises pour être admis à la retraite, perçoit une indemnité égale aux trois quarts de la rémunération universitaire et des émoluments hospitaliers afférents au dernier mois d'activité multiplié par le nombre d'années de service validées pour la retraite. Cette indemnité est versée par mensualités qui ne peuvent dépasser le montant des derniers émoluments perçus par l'intéressé.

Art. 45-1 *(Décr. nº 2003-845 du 2 sept. 2003, art. 11)* Les membres du personnel titulaire bénéficient d'un repos de sécurité à l'issue d'une garde, selon les conditions fixées par arrêté des ministres chargés de l'enseignement supérieur, de la santé et du budget.

(Décr. nº 2015-1260 du 9 oct. 2015, art. 7) « Le repos de sécurité après la fin du dernier déplacement survenu au cours d'une astreinte est garanti au praticien.

« Le temps d'intervention sur place et le temps de trajet réalisés lors d'un déplacement survenu au cours d'une astreinte constituent du temps de travail effectif et sont pris en compte pour l'attribution du repos de sécurité. »

Art. 45-2 *(Décr. nº 2003-845 du 2 sept. 2003, art. 11)* Si l'intérêt du service l'exige, le préfet du département, sur proposition du médecin inspecteur de la santé publique du département ou du directeur d'établissement et après avis motivé de la commission médicale d'établissement, peut décider qu'un membre du personnel titulaire cesse de participer au service de gardes pour une durée maximale de trois mois. Si, à l'issue de cette période de trois mois, l'intéressé n'est pas autorisé à figurer à nouveau au tableau des gardes, sa situation doit être examinée dans le cadre, selon le cas, des dispositions prévues par l'article 7 du décret nº 86-442 du 14 mars 1986 relatif à la désignation des médecins agréés, à l'organisation des comités médicaux et des commissions de réforme, aux conditions d'aptitude physique pour l'admission aux emplois publics et au régime de congés de maladie des fonctionnaires, par le titre IV ci-dessus ou par l'article 45 du présent décret.

CHAPITRE II ***Dispositions applicables aux personnels non titulaires***

Art. 46 Les personnels non titulaires mentionnés à l'article premier ci-dessus ont droit aux congés mentionnés à l'article 26-7 du décret n° 84-135 du 24 février 1984 susvisé *[portant statut des personnels enseignants et hospitaliers des centres hospitaliers et universitaires, V. supra]*.

Les services accomplis en qualité d'interne sont pris en compte pour le calcul de la durée du service ouvrant droit aux congés précités.

Art. 47 Les personnels non titulaires peuvent à titre exceptionnel, sur leur demande, être placés en position de délégation pour une période d'un an au plus en vue de remplir une mission d'étude.

L'arrêté qui prononce la délégation précise le montant de la rémunération qui peut être maintenue et qui ne peut en aucun cas être supérieur à celui de la rémunération universitaire de l'intéressé.

Cette délégation peut être exceptionnellement prolongée lorsque les intéressés ont accompli deux ans de fonctions effectives dans un centre de soins, d'enseignement et de recherche dentaires, pour une période maximale de six mois non renouvelable, pendant laquelle l'intéressé ne perçoit aucune rémunération.

(Décr. n° 2003-845 du 2 sept. 2003, art. 12) « Les personnels non titulaires employés de manière continue depuis au moins un an peuvent également être placés en position de délégation, pour une période d'un an au plus, afin de bénéficier des dispositions de l'article 25-1 de la loi n° 82-610 du 15 juillet 1982 précitée *[d'orientation et de programmation pour la recherche et le développement technologique de la France, V. désormais C. rech., art. L. 413-1]*.

« Cette délégation s'impute sur leur contrat et n'en prolonge pas la durée.

« Elle est décidée conjointement par le directeur général du centre hospitalier universitaire et le directeur de l'unité de formation et de recherche d'odontologie, après autorisation délivrée dans les conditions prévues à l'article 25-1 de la loi n° 82-610 du 15 juillet 1982 précitée *[d'orientation et de programmation pour la recherche et le développement technologique de la France, V. désormais C. rech., art. L. 413-1]* par les ministres chargés de l'enseignement supérieur et de la santé, et après conclusion entre l'unité de formation et de recherche d'odontologie, le centre hospitalier universitaire et l'entreprise concernés d'une convention qui en fixe l'objet et en détermine les modalités.

« Les intéressés conservent leur rémunération universitaire.

« L'entreprise verse au profit de l'unité de formation et de recherche d'odontologie concernée :

« *a)* Soit une contribution permettant d'assurer le service d'enseignement incombant antérieurement à l'intéressé ;

« *b)* Soit une contribution au moins équivalente à la rémunération universitaire de l'intéressé et aux charges sociales qui y sont afférentes. »

Toutefois le directeur de l'unité de formation et de recherche peut décider de dispenser totalement ou partiellement l'entreprise de sa contribution, après avis du conseil de l'unité de formation et de recherche d'odontologie.

Art. 47-1 *(Décr. n° 2003-845 du 2 sept. 2003, art. 13)* Les personnels mentionnés au présent chapitre bénéficient d'un repos de sécurité à l'issue d'une garde, selon les conditions fixées par arrêté des ministres chargés de l'enseignement supérieur, de la santé et du budget.

(Décr. n° 2015-1260 du 9 oct. 2015, art. 7) « Le repos de sécurité après la fin du dernier déplacement survenu au cours d'une astreinte est garanti au praticien.

« Le temps d'intervention sur place et le temps de trajet réalisés lors d'un déplacement survenu au cours d'une astreinte constituent du temps de travail effectif et sont pris en compte pour l'attribution du repos de sécurité. »

Art. 47-2 *(Décr. n° 2003-845 du 2 sept. 2003, art. 13)* Si l'intérêt du service l'exige, le préfet du département, sur proposition du médecin inspecteur de la santé publique du département ou du directeur d'établissement et après avis motivé de la commission médicale d'établissement, peut décider qu'un membre des personnels mentionnés au présent chapitre cesse de participer au service de gardes pour une durée maximale de trois mois. Si, à l'issue de cette période de trois mois, l'intéressé n'est pas autorisé à figurer à nouveau au tableau des gardes, sa situation doit être examinée dans le cadre, selon le cas, des dispositions prévues par l'article 36 du décret n° 84-131 du 24 février 1984 susvisé *[portant statut des praticiens hospitaliers, V. désormais* ***CSP****, art. R. 6152-36]* ou par le titre IV du présent décret.

TITRE IV **Régime disciplinaire**

Art. 48 Les peines disciplinaires applicables aux personnels titulaires mentionnés à l'article premier ci-dessus sont :

1° L'avertissement ;

2° Le blâme ;

3° La réduction d'ancienneté d'échelon ;

4° L'abaissement d'échelon ;

5° La suspension avec privation totale ou partielle de la rémunération ;

6° La mise à la retraite d'office ;

7° La révocation avec ou sans suspension des droits à pension.

Art. 49 Les peines disciplinaires applicables aux personnels non titulaires mentionnés à l'article premier ci-dessus sont :

1° L'avertissement ;

2° Le blâme ;

3° La suspension avec privation totale ou partielle de la rémunération ;

4° Le licenciement.

Art. 50 *(Décr. n° 92-1226 du 16 nov. 1992, art. 4)* « Les peines » sont prononcées par la juridiction disciplinaire prévue à l'article 5 de l'ordonnance du 30 décembre 1958 susvisée *[n° 58-1373 relative à la création de centres hospitaliers universitaires, à la réforme de l'enseignement médical et au développement de la recherche médicale, V. désormais C. éduc., art. L. 952-21]* et dont les modalités de fonctionnement sont fixées respectivement par les articles 22, 23 et 24 du décret n° 84-135 du 24 février 1984 susvisé *[portant statut des personnels enseignants et hospitaliers des centres hospitaliers et universitaires, V. ci-dessus]*.

Art. 51 En ce qui concerne les membres élus de la juridiction disciplinaire, les personnels ci-dessous désignés se substituent aux personnels mentionnés à l'article 22 (4°, 5° et 6°) du décret n° 84-135 du 24 février 1984 susvisé *[portant statut des personnels enseignants et hospitaliers des centres hospitaliers et universitaires, V. ci-dessus]* :

1° Trois membres titulaires et trois membres suppléants appartenant au corps des professeurs des universités-praticiens hospitaliers des centres de soins, d'enseignement et de recherche dentaires élus pour trois ans par les personnels de ce corps ;

2° Trois membres titulaires et trois membres suppléants appartenant au corps des maîtres de conférences des universités-praticiens hospitaliers des centres de soins, d'enseignement et de recherche dentaires élus pour trois ans par les personnels de ce corps ;

3° Deux membres titulaires et deux membres suppléants représentant les personnels non titulaires mentionnés au B de l'article premier, élus pour trois ans par et parmi ces personnels.

Lorsque la personne déférée soit au titre de l'article 45, soit à un titre disciplinaire, appartient au corps des professeurs des universités-praticiens hospitaliers des centres de soins, d'enseignement et de recherche dentaires, les membres visés à l'alinéa précédent sont complétés par trois membres titulaires et trois membres suppléants appartenant au corps des professeurs des universités-praticiens hospitaliers des centres de soins, d'enseignement et de recherche dentaires élus pour trois ans par les personnels de ce corps.

Lorsque la juridiction disciplinaire est appelée à se prononcer sur le cas d'un membre des personnels non titulaires, elle est complétée par deux membres, l'un désigné par le ministre chargé de l'enseignement supérieur parmi les membres suppléants nommés en application de l'article 22 (2°) du décret n° 84-135 du 24 février 1984 susvisé *[portant statut des personnels enseignants et hospitaliers des centres hospitaliers et universitaires, V. ci-dessus]*, l'autre désigné par le ministre chargé de la santé parmi les membres suppléants nommés en application de l'article 22 (3°) du décret n° 84-135 du 24 février 1984 susvisé.

Un arrêté du ministre chargé de l'enseignement supérieur et du ministre chargé de la Santé détermine l'organisation et le déroulement des opérations électorales.

Si, à l'issue du scrutin, les représentants mentionnés aux 1°, 2° et 3° du premier alinéa et au deuxième alinéa ci-dessus n'ont pas été élus, la juridiction disciplinaire est complétée successivement par les personnes inscrites sur les listes électorales qui ont la plus grande ancienneté dans le grade le plus élevé dans le corps ou la catégorie concernée. A égalité d'ancienneté, ces personnes sont désignées au bénéfice de l'âge et, le cas échéant, il sera procédé à un tirage au sort pour départager les personnes ayant la même ancienneté et le même âge.

Art. 52 La compétence dévolue à la juridiction disciplinaire et les sanctions éventuellement prononcées par celle-ci ne font pas obstacle à la traduction des intéressés, en raison des mêmes faits, devant les conseils des ordres professionnels dont ils relèvent.

Art. 53 Les dispositions de l'article 25 du décret n° 84-135 du 24 février 1984 susvisé *[portant statut des personnels enseignants et hospitaliers des centres hospitaliers et universitaires, V. ci-dessus]* sont applicables aux personnels régis par le présent décret.

TITRE V Dispositions transitoires et diverses

Art. 54 Les dispositions des chapitres premier et III du titre II, du chapitre II du titre III et du titre IV du présent décret sont applicables aux assistants des universités-odontologistes assistants des services de consultations et de traitements dentaires en fonctions à la date de sa publication. Ils participent au collège électoral prévu au 3° de l'article 51.

Art. 55 Pour la constitution initiale du corps des maîtres de conférences des universités-praticiens hospitaliers des centres de soins, d'enseignement et de recherche dentaires, les chefs de travaux des universités-odontologistes adjoints des services de consultations et de traitements dentaires régis par le décret n° 81-61 du 27 janvier 1981 relatif au statut du personnel enseignant et hospitalier des centres de soins, d'enseignement et de recherche dentaires des centres hospitaliers et universitaires, en fonctions à la date d'effet du présent décret, sont intégrés à cette date dans le corps considéré.

Ils sont classés, par arrêté du ministre chargé de l'enseignement supérieur et du ministre chargé de la Santé, à la deuxième classe et, le cas échéant, à la première classe, à l'échelon comportant un indice égal ou, à défaut, immédiatement supérieur à celui détenu dans leur corps d'origine.

Dans la limite des anciennetés d'échelon exigées à l'article 16 ci-dessus, ils conservent l'ancienneté d'échelon qu'ils avaient acquise dans leur ancien corps lorsque l'application des dispositions du précédent alinéa conduit soit à ne pas leur accorder d'augmentation de traitement, soit à leur accorder une augmentation de traitement inférieure à celle que leur aurait procurée un avancement d'échelon dans leur ancien corps.

Les services accomplis dans le corps des chefs de travaux des universités-odontologistes adjoints des services de consultations et de traitements dentaires sont assimilés à des services accomplis dans le corps des maîtres de conférences des universités-praticiens hospitaliers des centres de soins, d'enseignement et de recherche dentaires pour l'application des dispositions du présent décret et notamment son article 21.

Les maîtres de conférences des universités-praticiens hospitaliers des centres de soins, d'enseignement et de recherche dentaires se substituent aux chefs de travaux-odontologistes adjoints des services de consultations et de traitements dentaires dans toutes les instances auxquelles ceux-ci participaient.

Art. 56 Les professeurs des universités-odontologistes des services de consultations et de traitements dentaires de première classe et de classe exceptionnelle nommés en application du décret n° 81-61 du 27 janvier 1981 précité en fonctions à la date d'effet du présent décret sont intégrés à cette date dans le corps des professeurs des universités-praticiens hospitaliers des centres de soins, d'enseignement et de recherche dentaires à égalité de classe et à égalité d'échelon. Ils conservent l'ancienneté d'échelon acquise dans leur ancien corps.

Les professeurs des universités-odontologistes des services de consultations et de traitements dentaires de deuxième classe, en fonctions à la date d'effet du présent décret, sont intégrés à cette date dans le corps des professeurs des universités-praticiens hospitaliers des centres de soins et de recherche dentaires conformément au tableau ci-dessous :

Situation ancienne	Situation nouvelle	
Classe et échelons	Classe et échelons	Ancienneté conservée dans l'échelon
	2e classe	
6e échelon	6e échelon	Ancienneté maintenue.
5e échelon	5e échelon	Ancienneté maintenue majorée de 4 mois.

Situation ancienne	Situation nouvelle	
4e échelon après 1 an	5e échelon	Ancienneté maintenue au-delà d'un an dans la limite de 4 mois.
4e échelon avant 1 an	4e échelon	Ancienneté maintenue majorée de 4 mois.
3e échelon après 1 an	4e échelon	Ancienneté maintenue au-delà d'un an dans la limite de 4 mois.
3e échelon avant 1 an	3e échelon	Ancienneté maintenue majorée de 3 mois.
2e échelon après 1 an	3e échelon	Ancienneté maintenue au-delà d'un an dans la limite de 3 mois.
2e échelon avant 1 an	2e échelon	Ancienneté maintenue majorée de 3 mois.
1er échelon après 1 an	2e échelon	Ancienneté maintenue au-delà d'un an dans la limite de 3 mois.
1er échelon avant 1 an	1er échelon	Ancienneté maintenue.

Art. 57 Pour l'application, aux personnels admis à la retraite avant la publication du présent décret, de l'article L. 16 du code des pensions civiles et militaires de retraite *[V. C. fonct. publ.]*, les assimilations prévues pour fixer les nouveaux indices de traitement mentionnés à l'article L. 15 dudit code *[V. C. fonct. publ.]* sont faites suivant les règles de classement fixées aux articles 55 et 56 ci-dessus pour les personnels en fonctions.

Art. 58 Les membres du personnel titulaire relevant antérieurement du statut défini par le décret n° 81-61 du 27 janvier 1981 précité sont reclassés dans les échelles de rémunération hospitalières dans des conditions fixées par arrêté conjoint des ministres chargés de l'enseignement supérieur, du budget et de la santé.

Art. 59 Les personnes inscrites sur la liste d'aptitude aux fonctions de chefs de travaux des universités-odontologistes adjoints des services de consultations et de traitements dentaires prévue à l'article 7 du décret n° 81-61 du 27 janvier 1981 précité demeurent inscrites sur cette liste jusqu'à l'expiration du délai de cinq ans prévu à l'article 10 dudit décret. En aucun cas leur inscription ne peut être prolongée au-delà de ces cinq ans.

Pendant ce délai et à condition d'être âgés de moins de quarante-cinq ans au 1er janvier de l'année, ils peuvent être nommés en qualité de maîtres de conférences des universités-praticiens hospitaliers des centres de soins, d'enseignement et de recherche dentaires dans les conditions déterminées à l'article 13 du présent décret, concurremment avec les candidats inscrits sur la liste d'admission prévue à l'article 12.

Art. 60 Les personnes inscrites sur la liste d'aptitude aux fonctions de professeurs des universités-odontologistes des services de consultations et de traitements dentaires prévue à l'article 17 du décret n° 81-61 du 27 janvier 1981 précité demeurent inscrites sur cette liste jusqu'à l'expiration du délai de cinq ans prévu à l'article 20 dudit décret. En aucun cas leur inscription ne peut être prolongée au-delà de cinq ans.

Pendant ce délai, ils peuvent être nommés en qualité de professeurs des universités-praticiens hospitaliers des centres de soins, d'enseignement et de recherche dentaires dans les conditions déterminées à l'article 26 du présent décret, concurremment avec les candidats inscrits sur la liste d'admission prévue à l'article 25.

Art. 61 Pendant quatre ans à compter de la date de publication du présent décret, les conditions prévues au 3° de l'article 21 ne sont pas opposables aux candidats aux concours de professeurs des universités-praticiens hospitaliers des centres de soin, d'enseignement et de recherche dentaires organisés au titre dudit article 21.

Art. 62 Les dispositions relatives à la composition de la juridiction disciplinaire ne prendront effet qu'à l'occasion du renouvellement de la juridiction actuellement en fonction.

Art. 63 Les dispositions des articles 3, 45, 48, 50, 52 et 53 du présent décret sont applicables aux professeurs du premier et du deuxième grade de chirurgie dentaire-odontologistes des services de consultations et de traitements dentaires.

Jusqu'à l'extinction de ce corps, la juridiction disciplinaire prévue à l'article 51 comprend, lorsqu'elle doit statuer sur le cas d'un membre du corps précité, à la place des membres élus énumérés au 2° de l'article 51, suivant le cas, trois représentants titulaires des professeurs du premier grade et trois suppléants élus pour trois ans par leurs collègues ou trois représentants titulaires des professeurs du deuxième grade et trois suppléants élus pour trois ans par leurs collègues.

Art. 64 Le corps des professeurs du premier et du deuxième grade de chirurgie dentaire-odontologistes des services de consultations et de traitements dentaires demeure un corps en voie d'extinction auquel continuent d'être applicables les dispositions du décret n° 65-803 du 22 septembre 1965 modifié relatif au statut du personnel particulier des centres de soins, d'enseignement et de recherche dentaires des centres hospitaliers et universitaires. Pour l'application des dispositions du premier alinéa de l'article 34 de ce décret, les attributions confiées au conseil d'administration de l'École nationale de chirurgie dentaire et à la commission consultative prévue à l'article 14 du décret n° 65-801 du 22 septembre 1965 susvisé sont exercées respectivement par le conseil de l'unité de formation et de recherche odontologique et par les sections odontologiques du Conseil national des universités.

Art. 65 Les termes "professeurs des universités-praticiens hospitaliers des centres de soins, d'enseignement et de recherche dentaires" et "maîtres de conférences des universités-praticiens hospitaliers des centres de soins, d'enseignement et de recherche dentaires" sont substitués à ceux de "professeurs des universités-odontologistes adjoints des services de consultations ou de traitements dentaires" et de "chefs de travaux des universités-odontologistes adjoints des services de consultations et de traitements dentaires" dans tous les textes où figurent ces derniers termes.

Art. 66 Le décret n° 81-61 du 27 janvier 1981 relatif au statut du personnel enseignant et hospitalier des centres de soins, d'enseignement et de recherche dentaires des centres hospitaliers et universitaires est abrogé.

Art. 67 Les dispositions du présent décret prendront effet à compter du 1er janvier 1990.

Décret n° 91-267 du 6 mars 1991,

Relatif aux enseignants associés ou invités dans certains établissements d'enseignement supérieur relevant du ministre chargé de l'enseignement supérieur.

Art. 1er Sans préjudice des dispositions du décret du 17 juillet 1985 modifié susvisé *[n° 85-733, relatif aux maîtres de conférences et professeurs des universités associés ou invités, V. ci-dessus]*, dans les établissements d'enseignement supérieur figurant sur la liste annexée au décret du 6 juin 1984 susvisé *[n° 84-431 fixant les dispositions statutaires communes applicables aux enseignants-chercheurs et portant statut particulier des corps des professeurs des universités et du corps de maîtres de conférences, V. ci-dessus]*, des personnalités de nationalité française ou étrangère peuvent être recrutées dans les conditions fixées par le présent décret, en qualité d'enseignant associé ou d'enseignant invité, à temps plein ou à mi-temps, pour exercer des fonctions d'enseignement et de recherche correspondant à celles qui sont confiées aux membres titulaires des corps propres à ces établissements.

TITRE PREMIER Enseignants associés à temps plein

Art. 2 Les enseignants associés à temps plein doivent remplir l'une des conditions suivantes :

(Décr. n° 2002-1069 du 6 août 2002, art. 8) « 1° Justifier d'une expérience professionnelle directement en rapport avec la spécialité enseignée, autre qu'une activité d'enseignement, d'au moins neuf ans dans les onze ans qui précèdent le 1er janvier de l'année du recrutement pour la nomination aux fonctions qui correspondent, dans l'établissement, à celles de professeur des universités ou d'au moins sept ans dans les neuf ans qui précèdent le 1er janvier de l'année du recrutement pour la nomination aux fonctions qui correspondent, dans l'établissement, à celles de maître de conférences ; »

2° Justifier soit du doctorat prévu à l'*(Décr. n° 2012-96 du 26 janv. 2012, art. 7)* « article L. 612-7 du code de l'éducation », du doctorat de troisième cycle ou du diplôme de docteur ingénieur, soit de travaux de recherche en France ou à l'étranger ou de titres universitaires étrangers reconnus équivalents par l'instance de l'établissement appelée à se prononcer sur le recrutement et exercer en outre des fonctions d'enseignement ou de recherche dans un établissement étranger d'enseignement supérieur ou de recherche ou avoir exercé des fonctions de cette nature si le candidat a la qualité de réfugié politique.

Art. 3 *(Décr. n° 2012-96 du 26 janv. 2012, art. 8)* « Les nominations des enseignants associés à temps plein dont les fonctions correspondent, dans l'établissement, à celles de professeur des universités sont prononcées par décret du Président de la République, sur proposition des instances de l'établissement statutairement consultées pour la nomination des personnels titulaires de même catégorie.

« Les nominations des enseignants associés à temps plein dont les fonctions correspondent, dans l'établissement, à celles de maître de conférences sont prononcées par arrêté du président ou du directeur de l'établissement, sur proposition des instances de l'établissement statutairement consultées pour la nomination des personnels titulaires de même catégorie. »

(Décr. n° 2002-1069 du 6 août 2002, art. 9) « Ces instances siègent en formation restreinte aux enseignants-chercheurs et personnels assimilés d'un rang au moins égal à celui correspondant aux fonctions postulées. »

Art. 4 *(Décr. n° 2002-1069 du 6 août 2002, art. 10)* Les enseignants associés à temps plein dont les fonctions correspondent, dans l'établissement, à celles de maître de conférences sont nommés pour une durée qui ne peut être inférieure à six mois ni supérieure à trois ans. Cette nomination peut être renouvelée, pour une durée qui ne peut être supérieure à trois ans, au vu d'un rapport d'activité et dans les conditions prévues à l'article 3 du présent décret.

Les enseignants associés à temps plein dont les fonctions correspondent, dans l'établissement, à celles de professeur d'université sont nommés pour une durée qui ne peut être inférieure à six mois ni supérieure à trois ans. Le décret de nomination peut prévoir qu'au terme de la durée de l'engagement qu'il fixe l'intéressé peut être maintenu une ou plusieurs fois dans ses fonctions, sur sa demande, *(Décr. n° 2012-96 du 26 janv. 2012, art. 9)* « par arrêté du président ou du directeur de l'établissement », au vu d'un rapport d'activité et dans les conditions prévues à l'article 3 du présent décret. Toute cessation anticipée de fonctions intervenant à la demande de l'intéressé est prononcée *(Décr. n° 2012-96 du 26 janv. 2012, art. 9)* « par arrêté du président ou du directeur de l'établissement ».

La durée totale des fonctions des enseignants associés à temps plein ne peut en aucun cas excéder six ans.

(Décr. n° 2012-96 du 26 janv. 2012, art. 9) « Toutefois, en application de l'article L. 952-13 du code de l'éducation, les fonctions des enseignants associés auxquels est reconnue la qualité de réfugié peuvent être renouvelées annuellement, sans limitation de durée. »

Art. 5 Les enseignants associés à temps plein ont les mêmes obligations de service que celles qui sont applicables aux enseignants chercheurs de même catégorie.

Ils ne peuvent exercer simultanément une activité d'agent public.

Art. 6 Les chercheurs titulaires relevant du décret du 30 décembre 1983 susvisé *[n° 83-1260 fixant les dispositions statutaires communes aux corps de fonctionnaires des établissements publics scientifiques et technologiques]* justifiant d'une ancienneté de trois ans en cette qualité peuvent être détachés pour exercer des fonctions d'enseignant associé à temps plein s'ils sont en possession d'un des titres ou diplômes mentionnés au 2° de l'article 2 ci-dessus. Les chercheurs détachés sont nommés en qualité d'enseignant associé conformément aux règles prévues à l'article 3 ci-dessus. La durée de leurs fonctions en qualité d'enseignant associé est égale à la durée de leur détachement et peut être prolongée, s'il est renouvelé, dans les conditions prévues à l'article 4 ci-dessus.

Art. 6-1 *(Décr. n° 2002-1069 du 6 août 2002, art. 11)* I. – Sous réserve d'être employés de manière continue depuis au moins un an, les enseignants associés à temps plein relevant du ministre chargé de l'enseignement supérieur peuvent être autorisés, dans les conditions prévues aux *(Décr. n° 2012-96 du 26 janv. 2012, art. 10)* « articles L. 413-1 à L. 413-3 du code de la recherche *[V. App., v° Code de la recherche]* », par le chef d'établissement, à participer, en qualité d'associé ou de dirigeant, à la création d'une entreprise dont l'objet est la valorisation des travaux de recherche qu'ils ont réalisés dans l'exercice de leurs fonctions.

A compter de la date d'effet de l'autorisation, l'administration met fin aux fonctions de l'enseignant associé.

(Décr. n° 2012-96 du 26 janv. 2012, art. 10) « Les articles L. 413-5 et L. 413-7 du code de la recherche » sont applicables aux agents mentionnés aux alinéas précédents. Lorsque l'autorisation est retirée ou n'est pas renouvelée, les intéressés ne peuvent continuer à exercer leurs fonctions dans l'entreprise que dans les conditions prévues *(Décr. n° 2012-96 du 26 janv. 2012, art. 10)* « par les titres Ier et III du décret n° 2007-611 du 26 avril 2007 relatif à l'exercice d'activités privées par des fonctionnaires ou agents non titulaires ayant

cessé temporairement ou définitivement leurs fonctions et à la commission de déontologie *[V. C. fonct. publ.]* ».

II. – Sous réserve d'être employés de manière continue depuis au moins un an, les enseignants associés à temps plein peuvent être autorisés, par le chef d'établissement, dans la limite de la durée de leur engagement, dans les conditions et selon les modalités fixées *(Décr. n° 2012-96 du 26 janv. 2012, art. 10)* « aux articles L. 413-8 à L. 413-11 du code de la recherche », à apporter leur concours scientifique à une entreprise qui assure la valorisation des travaux de recherche qu'ils ont réalisés dans l'exercice de leurs fonctions et à prendre une participation dans le capital social de l'entreprise *(Décr. n° 2012-96 du 26 janv. 2012, art. 10-3°)* « dans la limite de 49 % ».

Lorsque l'autorisation est retirée, les intéressés ne peuvent continuer à exercer leurs fonctions dans l'entreprise que dans les conditions prévues *(Décr. n° 2012-96 du 26 janv. 2012, art. 10-4°)* « par les titres Ier et III du décret du 26 avril 2007 précité ».

TITRE II **Enseignants associés à mi-temps**

Art. 7 *(Décr. n° 2002-1069 du 6 août 2002, art. 12)* Des personnalités françaises ou étrangères justifiant depuis au moins trois ans d'une activité professionnelle principale, autre que d'enseignement, et d'une expérience professionnelle directement en rapport avec la spécialité enseignée peuvent être recrutées en qualité d'enseignants associés à mi-temps.

Les agents publics postulant des fonctions d'enseignant associé à mi-temps doivent obtenir une autorisation de l'autorité hiérarchique dont ils relèvent. Celle-ci est réputée acquise à l'expiration d'un délai de deux mois suivant la réception de la demande.

Art. 8 *(Décr. n° 2012-96 du 26 janv. 2012, art. 11)* « Les nominations des enseignants associés à *(Décr. n° 2015-407 du 10 avr. 2015, art. 5)* « mi-temps » dont les fonctions correspondent, dans l'établissement, à celles de professeur des universités sont prononcées par décret du Président de la République, sur proposition des instances de l'établissement statutairement consultées pour la nomination des personnels titulaires de même catégorie.

« Les nominations des enseignants associés à mi-temps dont les fonctions correspondent, dans l'établissement, à celles de maître de conférences sont prononcées par arrêté du président ou du directeur de l'établissement, sur proposition des instances de l'établissement statutairement consultées pour la nomination des personnels titulaires de même catégorie. »

(Décr. n° 2002-1069 du 6 août 2002, art. 13) « Ces instances siègent en formation restreinte aux enseignants-chercheurs et personnels assimilés d'un rang au moins égal à celui correspondant aux fonctions postulées. »

Art. 9 *(Décr. n° 2002-1069 du 6 août 2002, art. 14)* Les enseignants associés à mi-temps dont les fonctions correspondent, dans l'établissement, à celles des maîtres de conférences sont nommés pour une période de trois ans. Cette nomination peut être renouvelée, pour une période qui ne peut être supérieure à trois ans, *(Décr. n° 2012-96 du 26 janv. 2012, art. 12)* « par arrêté du président ou du directeur de l'établissement », au vu d'un rapport d'activité et dans les conditions prévues à l'article 8 du présent décret.

Les enseignants associés à mi-temps dont les fonctions correspondent, dans l'établissement, à celles des professeurs d'universités sont nommés pour une période qui ne peut être inférieure à trois ans ni supérieure à neuf ans. Dans cette dernière limite, le décret de nomination peut prévoir que, au terme d'une période de trois ans, l'intéressé peut, sur sa demande, être maintenu une ou plusieurs fois dans ses fonctions, *(Décr. n° 2012-96 du 26 janv. 2012, art. 12)* « par arrêté du président ou du directeur de l'établissement », au vu d'un rapport d'activité et dans les conditions prévues à l'article 8 du présent décret. Toute cessation de fonctions anticipée intervenant à la demande de l'intéressé est prononcée *(Décr. n° 2012-96 du 26 janv. 2012, art. 12)* « par arrêté du président ou du directeur de l'établissement ».

Les nominations faites dans les conditions définies à l'alinéa qui précède peuvent être renouvelées. Les agents publics souhaitant être renouvelés dans leurs fonctions d'enseignant associé à mi-temps doivent obtenir une autorisation de l'autorité hiérarchique dont ils relèvent dans les conditions définies à l'article 7 du présent décret.

(Décr. n° 2012-96 du 26 janv. 2012, art. 12) « Toutefois, en application de l'article L. 952-13 du code de l'éducation, les fonctions des enseignants associés auxquels est reconnue la qualité de réfugié peuvent être renouvelées annuellement, sans limitation de durée. »

Art. 10 Les enseignants associés à mi-temps sont tenus d'effectuer un service d'enseignement et de recherche égal à la moitié de celui des personnels titulaires de catégorie correspondante.

Art. 11 Les enseignants associés à mi-temps sont tenus d'exercer une activité professionnelle principale en dehors de leur activité d'enseignement. La cessation de cette activité entraîne *(Décr. n° 2012-96 du 26 janv. 2012, art. 13)* « la cessation des fonctions d'associé » à la fin de l'année universitaire en cours.

Les agents publics exerçant dans un établissement d'enseignement ou de recherche ne peuvent être nommés enseignants associés à mi-temps.

TITRE III Enseignants invités

Art. 12 *(Décr. n° 2002-1069 du 6 août 2002, art. 15)* Le titre d'enseignant invité peut être conféré par arrêté du président ou du directeur de l'établissement pris après avis de l'instance de l'établissement compétente pour le recrutement des enseignants-chercheurs de même catégorie à des personnalités de nationalité française ou étrangère exerçant des fonctions d'enseignement ou de recherche dans un établissement étranger d'enseignement supérieur ou de recherche.

L'arrêté de nomination peut, après avis de l'instance mentionnée ci-dessus, valoir pour plusieurs années universitaires consécutives, dans la limite de trois années. Dans ce cas, la durée de l'invitation doit, pour chaque année concernée, être comprise *(Décr. n° 2020-589 du 18 mai 2020, art. 2)* « entre une semaine et six mois ». Cette nomination peut être renouvelée.

Art. 13 Les enseignants invités exercent des fonctions à temps plein ou à mi-temps. Ils ont les mêmes obligations d'enseignement que les personnels associés à temps plein ou à mi-temps.

Art. 14 *(Décr. n° 2002-1069 du 6 août 2002, art. 16)* La durée des fonctions en qualité d'enseignant invité ne peut être inférieure à *(Décr. n° 2020-589 du 18 mai 2020, art. 2)* « une semaine » ni supérieure à un an.

TITRE IV Dispositions communes et transitoires

Art. 15 Les dispositions des titres IX et X du décret du 17 janvier 1986 susvisé *[n° 86-83 relatif aux dispositions générales applicables aux agents non titulaires de l'État pris pour l'application de l'art. 7 de la loi n° 84-16 du 11 janv. 1984 portant dispositions statutaires relatives à la fonction publique de l'État, V.* ***C. fonct. publ.****]* ne sont pas applicables aux personnels régis par le présent décret.

Art. 16 La rémunération des personnels régis par le présent décret est fixée dans les mêmes conditions que celles des personnels enseignants associés ou invités régis par le décret du 17 juillet 1985 susvisé *[n° 85-733, relatif aux maîtres de conférences et professeurs des universités associés ou invités, V. ci-dessous]*.

Art. 17 Les dispositions des articles 5, 10, 13, 15 et 16 du présent décret s'appliquent aux personnels recrutés selon la réglementation applicable antérieurement.

Les enseignants qui, antérieurement à l'entrée en vigueur du présent décret, exercent en tant qu'associés, auprès d'un des établissements définis à l'article premier, des fonctions à plein temps peuvent faire l'objet d'une nomination selon les règles définies aux articles 3 et 4.

Art. 17-1 *(Décr. n° 2020-589 du 18 mai 2020, art. 2)* Conformément à l'article 15 du décret n° 2012-96 du 26 janvier 2012 relatif à la déconcentration de certaines mesures de nomination et de gestion des enseignants associés des établissements d'enseignement supérieur et de recherche relevant du ministre chargé de l'enseignement supérieur, le présent décret peut être modifié par décret en Conseil d'État.

Décret n° 99-170 du 8 mars 1999,

Portant statut particulier du corps des assistants de l'enseignement supérieur.

Art. 1er Les assistants de l'enseignement supérieur constituent un corps de fonctionnaires classé dans la catégorie A prévue à l'article 29 de la loi du 11 janvier 1984 susvisée *[n° 84-16, portant dispositions statutaires relatives à la fonction publique de l'État, V.* ***C. fonct. publ.****]*.

Il comporte un grade unique comprenant sept échelons à compter du 1er janvier 1999, huit échelons à compter du 1er janvier 2000 et neuf échelons à compter du 1er janvier 2001.

Ce corps est constitué dans les conditions fixées aux articles 5 et 6 ci-après. Il est mis en voie d'extinction.

Art. 2 Les dispositions de l'article 55 de la loi du 11 janvier 1984 susvisée *[n° 84-16, portant dispositions statutaires relatives à la fonction publique de l'État, V.* ***C. fonct. publ.****]* ne sont pas applicables aux personnels régis par le présent décret.

Art. 3 Les dispositions des chapitres 1er et II du titre Ier du décret du 6 juin 1984 susvisé *[n° 84-431, fixant les dispositions statutaires communes applicables aux enseignants-chercheurs et portant statut particulier du corps des professeurs des universités et du corps des maîtres de conférences, V. ci-dessous]* sont applicables aux personnels régis par le présent décret.

Art. 4 L'avancement d'échelon dans le grade mentionné à l'article 1er ci-dessus a lieu à l'ancienneté conformément au tableau ci-dessous :

ÉCHELON	ANCIENNETÉ REQUISE pour l'accès à l'échelon supérieur
8e	1 an
7e	1 an
6e	1 an
5e	1 an 6 mois
4e	1 an 5 mois
3e	1 an 5 mois
2e	1 an 5 mois
1er	1 an

Art. 5 Les assistants et les membres des corps assimilés régis par le décret du 7 septembre 1961 susvisé *[n° 61-1007, relatif au régime d'avancement de certains personnels de l'enseignement supérieur, chefs de travaux et assistants]*, par les décrets n° 62-380 et n° 62-382 du 3 avril 1962 susvisés *[relatif aux conditions d'avancement de certains personnels du Conservatoire national des arts et métiers et relatif aux dispositions statutaires concernant les aides-astronomes des observatoires et aides-physiciens des instituts de physique du globe et les assistants des observatoires et des instituts de physique du globe]*, par le décret n° 83-287 du 8 avril 1983 modifié portant statut particulier du corps des assistants des disciplines juridiques, politiques, économiques et de gestion et des disciplines littéraires et de sciences humaines et par le décret n° 86-380 du 11 mars 1986 modifié portant statut des assistants des disciplines médicales biologiques et mixtes, en fonctions à la date d'effet du présent décret, sont intégrés, par arrêté du recteur d'académie, dans le corps des assistants de l'enseignement supérieur à cette même date.

Ils sont classés dans le grade défini à l'article précédent à l'échelon comportant un indice égal ou, à défaut, immédiatement supérieur à celui qu'ils détenaient dans leur ancienne situation.

Dans la limite de l'ancienneté exigée pour une promotion à l'échelon supérieur, ils conservent l'ancienneté d'échelon acquise dans leur précédent grade lorsque l'augmentation de traitement consécutive au classement prévu au présent article est inférieure à celle qui résulterait d'un avancement d'échelon dans leur ancienne situation.

Les assistants qui avaient atteint l'échelon le plus élevé de leur précédent grade conservent leur ancienneté d'échelon dans les mêmes conditions et limites, lorsque l'augmentation de traitement dont ils bénéficient en application du présent article est inférieure à celle résultant de leur élévation audit échelon.

Art. 6 Les lecteurs de langue étrangère mentionnés à l'article 8 du décret n° 87-754 du 14 septembre 1987 susvisé *[relatif au recrutement de lecteurs de langue étrangère et de maîtres de langue étrangère dans les établissements publics d'enseignement supérieur relevant du ministre chargé de l'enseignement supérieur]*, les répétiteurs et les maîtres de langue étrangère de l'Institut national des langues et civilisations orientales mentionnés à l'article 9 du décret n° 87-755 du 14 septembre 1987 susvisé *[relatif au recrutement des répétiteurs de langue étrangère et des maîtres de langue étrangère de l'Institut national des langues et civilisations orientales]*, en fonctions à la date de publication du présent décret, peuvent, dans un délai d'un an à compter de cette date, demander à être nommés dans le corps des assistants de l'enseignement supérieur régi par les dispositions du présent décret.

Les enseignants contractuels des instituts nationaux des sciences appliquées qui justifient, au 1er janvier 1999, de dix années de service en cette qualité peuvent également bénéficier des dispositions prévues à l'alinéa précédent.

La nomination en qualité d'assistant de l'enseignement supérieur est prononcée, à la date d'effet du présent décret, par décision du recteur d'académie après avis de la commission de spécialistes compétente.

Art. 7 L'échelon auquel les agents mentionnés au premier alinéa de l'article précédent sont classés et l'ancienneté dans cet échelon sont déterminés en prenant en compte les trois quarts de leur ancienneté en qualité de lecteur de langue étrangère, de maître de langue ou de répétiteur de l'Institut national des langues et civilisations orientales : ce report d'ancienneté ne peut toutefois avoir pour effet de permettre le classement des intéressés à un échelon supérieur à celui qui confère un traitement égal ou, à défaut, immédiatement supérieur à la rémunération de base perçue dans leur ancien emploi.

Les enseignants contractuels des instituts nationaux des sciences appliquées nommés dans le corps des assistants de l'enseignement supérieur sont classés dans ce corps à l'échelon comportant un indice de rémunération égal ou, à défaut, immédiatement supérieur à celui qu'ils détenaient dans leur ancienne situation.

Art. 8 Pour l'application des dispositions de l'article L. 16 du code des pensions civiles et militaires de retraite *[V. C. fonct. publ.]*, les assimilations prévues pour fixer les nouveaux indices de traitement mentionnés à l'article L. 15 dudit code *[V. C. fonct. publ.]* sont effectuées ainsi qu'il suit :

I. — A égalité d'échelon pour les assistants régis par le décret n° 93-94 du 19 janvier 1993 relatif aux conditions d'avancement dans les corps des assistants de l'enseignement supérieur ;

II. — Selon le tableau de correspondance ci-dessous pour les assistants régis par le décret n° 62-380 du 3 avril 1962 susvisé *[relatif aux conditions d'avancement de certains personnels du Conservatoire national des arts et métiers]* :

ANCIENNE SITUATION	NOUVELLE SITUATION
7e échelon	7e échelon
6e échelon	5e échelon
5e échelon	4e échelon
4e échelon	4e échelon
3e échelon	3e échelon
2e échelon	2e échelon
1er échelon	1er échelon

III. — Selon le tableau de correspondance ci-dessous pour les assistants régis par le décret n° 62-382 du 3 avril 1962 susvisé *[relatif aux dispositions statutaires concernant les aides-astronomes des observatoires et aides-physiciens des instituts de physique du globe et les assistants des observatoires et des instituts de physique du globe]* :

ANCIENNE SITUATION	NOUVELLE SITUATION
8e échelon	6e échelon
7e échelon	5e échelon
6e échelon	4e échelon

ANCIENNE SITUATION	NOUVELLE SITUATION
5e échelon	3e échelon
4e échelon	2e échelon
3e échelon	1er échelon
2e échelon	1er échelon
1er échelon	1er échelon

....

Art. 12 Le décret n° 86-380 du 11 mars 1986 portant statut des assistants des disciplines médicales biologiques et mixtes est abrogé.

Art. 13 Le décret n° 83-287 du 8 avril 1983 portant statut particulier du corps des assistants des disciplines juridiques, politiques, économiques et de gestion et des disciplines littéraires et de sciences humaines est abrogé. Toutefois, les fonctionnaires d'autres corps enseignants occupant, à la date de publication du présent décret, des emplois d'assistant régis par le décret du 8 avril 1983 conservent les droits et restent tenus des obligations prévus aux alinéas deuxième et troisième de l'article 10 de ce dernier texte.

Art. 14 Le décret n° 93-94 du 19 janvier 1993 relatif aux conditions d'avancement dans les corps des assistants de l'enseignement supérieur est abrogé.

Art. 15 Le présent décret prend effet au 1er janvier 1999 sous réserve des dispositions du deuxième alinéa de l'article 1er.

Décret n° 2008-744 du 28 juillet 2008,

Portant dispositions relatives aux personnels enseignants des universités, titulaires et non titulaires de médecine générale.

TITRE PREMIER Dispositions générales

Art. 1er Les membres du personnel enseignant de médecine générale comprennent :

1° Des personnels titulaires répartis entre le corps des professeurs des universités de médecine générale et le corps des maîtres de conférences des universités de médecine générale ;

2° Des personnels non titulaires constitués des chefs de clinique des universités de médecine générale.

Art. 2 Les personnels enseignants de médecine générale assurent conjointement, d'une part, dans les unités de formation et de recherche de médecine ou dans les départements qui assurent les formations médicales, des fonctions d'enseignement de formation initiale et continue et des fonctions de recherche et, d'autre part, des fonctions de soins, exercées en médecine générale et ambulatoire, dans le respect des dispositions législatives et réglementaires concernant l'exercice de la médecine générale.

Ils participent aux tâches de gestion que peuvent impliquer ces fonctions, au contrôle des connaissances, aux jurys d'examen et de concours. Ils peuvent également participer à des actions de coopération internationale.

Ils consacrent aux fonctions définies au présent article la totalité de leur activité professionnelle, sous réserve des dispositions de l'article 3 du présent décret.

L'exécution de ces tâches ne donne lieu ni à une rémunération supplémentaire ni à une réduction de leurs obligations de service.

Art. 3 L'obligation mentionnée au troisième alinéa de l'article 2 du présent décret ne s'applique pas :

1° Aux intéressements prévus par l'article R. 611-14-1 du code de la propriété intellectuelle et par le décret n° 96-858 du 2 octobre 1996 susvisé *[V. **C. fonct. publ.**]* ;

2° A l'exercice des fonctions de professeur au Collège de France.

Les conditions de rémunération des expertises et avis que les personnels enseignants de médecine générale peuvent être autorisés par le président de l'université à effectuer ou à donner à la demande soit d'une autorité administrative ou judiciaire, soit d'un organisme privé, soit d'un organisme de sécurité sociale sont fixées par arrêté du ministre chargé de l'enseignement supérieur.

Art. 4 Sans préjudice des dispositions de l'article L. 954-1 du code de l'éducation applicables aux universités bénéficiant de responsabilités et de compétences élargies, un arrêté du ministre chargé de l'enseignement supérieur précise les obligations de service d'enseignement en présence d'étudiants des personnels enseignants de médecine générale. Ces obligations sont fixées par référence aux obligations statutaires de service des enseignants-chercheurs, compte tenu des autres fonctions mentionnées à l'article 2 du présent décret. L'arrêté précise également les modalités de répartition des obligations de service entre ces différentes fonctions.

TITRE II Dispositions applicables aux personnels enseignants titulaires de médecine générale

CHAPITRE PREMIER *Dispositions générales*

Art. 5 Les professeurs des universités de médecine générale et les maîtres de conférences des universités de médecine générale sont soumis, dans la mesure où il n'y est pas dérogé par le présent décret, aux dispositions statutaires applicables aux enseignants-chercheurs relevant du décret du 6 juin 1984 susvisé *[nº 84-431, V. ce Décr. ci-dessus]*.

Art. 6 Les professeurs des universités de médecine générale et les maîtres de conférences des universités de médecine générale sont classés dans la catégorie A prévue *(Décr. nº 2017-852 du 6 mai 2017, art. 154)* « à l'article 13 de la loi du 13 juillet 1983 susvisée *[nº 83-634, V.* ***C. fonct. publ.****]* ».

La gestion de ces corps relève du ministre chargé de l'enseignement supérieur.

Le corps des professeurs des universités de médecine générale comporte *(Décr. nº 2017-852 du 6 mai 2017, art. 154)* « une deuxième classe comportant sept échelons », une 1re classe comprenant trois échelons et une classe exceptionnelle comprenant deux échelons.

Le corps des maîtres de conférences des universités de médecine générale comprend une 2e classe comportant trois échelons, une 1re classe comportant six échelons et une hors-classe comportant six échelons *(Décr. nº 2017-852 du 6 mai 2017, art. 154)* « et un échelon exceptionnel ».

Art. 7 Les autorisations prévues *(Décr. nº 2017-852 du 6 mai 2017, art. 155)* « aux articles L. 531-3, L. 531-11 et L. 531-14 du code de la recherche *[V. App., vº Code de la recherche]* » sont délivrées par le ministre chargé de l'enseignement supérieur, après avis du directeur de l'unité de formation et de recherche concernée.

Art. 8 Les attributions des commissions administratives paritaires mentionnées à l'article 9 de la loi du 13 juillet 1983 susvisée *[nº 83-634, V.* ***C. fonct. publ.****]* et à l'article 14 de la loi du 11 janvier 1984 susvisée *[nº 84-16, V.* ***C. fonct. publ.****]* sont exercées par le Conseil national des universités pour les disciplines médicales, odontologiques et pharmaceutiques, selon les modalités définies par le présent décret.

CHAPITRE II *Recrutement*

Art. 9 Les professeurs des universités de médecine générale et les maîtres de conférences des universités de médecine générale sont recrutés par la voie de concours nationaux. Ces concours sont ouverts par un arrêté du ministre chargé de l'enseignement supérieur et du ministre chargé de la santé, qui fixe le ou les emplois à pourvoir.

Les candidats ne possédant pas la nationalité française peuvent se présenter aux concours de recrutement de professeur des universités de médecine générale et de maître de conférences des universités de médecine générale dans les conditions prévues par le présent titre.

Pour un motif de bonne administration, sont exclues du champ d'application du droit des usagers de saisir l'administration par voie électronique les demandes relatives aux recrutements et aux candidatures des chefs de clinique des universités de médecine générale (Décr. nº 2015-1410 du 5 nov. 2015).

Art. 10 Pour pouvoir postuler un emploi de professeur des universités de médecine générale, les candidats à ces concours doivent, au plus tard à la date de clôture des inscriptions, remplir les conditions suivantes :

1° Être titulaires de l'habilitation à diriger des recherches ou du doctorat d'État, de diplômes universitaires, qualifications ou titres équivalents, dont la liste est fixée par arrêté du ministre chargé de l'enseignement supérieur ;

2° Avoir exercé pendant au moins deux ans soit des fonctions de maître de conférences des universités de médecine générale en position d'activité, de détachement ou de délégation, soit des fonctions de maître de conférences associé à mi-temps de médecine générale, soit des fonctions de professeur associé à mi-temps de médecine générale ;

3° Exercer une activité de soins en médecine générale et ambulatoire, selon des modalités précisées par arrêté conjoint du ministre chargé de l'enseignement supérieur et du ministre chargé de la santé.

Art. 11 Pour pouvoir postuler un emploi de maître de conférences des universités de médecine générale, les candidats à ces concours doivent, au plus tard à la date de clôture des inscriptions, remplir les conditions suivantes :

1° Être titulaires du doctorat ou de diplômes équivalents dont la liste est fixée par arrêté du ministre chargé de l'enseignement supérieur ;

2° Avoir exercé pendant au moins deux ans soit des fonctions de chef de clinique des universités de médecine générale, soit des fonctions de chef de clinique associé des universités dans la discipline médecine générale, soit des fonctions de maître de conférences associé à mi-temps de médecine générale ;

3° Exercer une activité de soins en médecine générale et ambulatoire, selon des modalités précisées par arrêté conjoint du ministre chargé de l'enseignement supérieur et du ministre chargé de la santé.

Art. 12 *Abrogé par Décr. n° 2021-334 du 24 mars 2021, art. 18.*

Art. 13 Les candidatures sont examinées par des jurys formés des membres de la sous-section compétente pour la médecine générale du Conseil national des universités pour les disciplines de santé. Ils sont présidés par le président de la sous-section.

Les membres des jurys qui perdent la qualité de membre du Conseil national des universités pour les disciplines de santé après la date fixée pour le début des épreuves continuent à siéger au sein du jury jusqu'à la fin des opérations du concours.

Le jury arrête par ordre alphabétique la liste des candidats admis. La liste est publiée au *Journal officiel* de la République française.

Un arrêté du ministre chargé de l'enseignement supérieur fixe les modalités d'application du présent article.

Art. 14 Chaque candidat inscrit sur la liste d'admission peut postuler un ou plusieurs des emplois mis au concours. Les candidatures sont soumises au conseil de l'unité de formation et de recherche concernée.

Sauf dans le cas où il émet un avis défavorable motivé, le président de l'université communique au ministre chargé de l'enseignement supérieur l'avis du directeur et du conseil de l'unité de formation et de recherche concernée.

Si, après un premier tour de candidatures et de nominations, tous les emplois n'ont pas été pourvus, il est procédé à un nouveau tour.

L'inscription sur la liste d'admission ne confère à l'intéressé aucun droit à nomination.

Art. 15 Les professeurs des universités de médecine générale sont nommés par décret du Président de la République.

Ils sont classés par arrêté du ministre chargé de l'enseignement supérieur selon les modalités fixées par les dispositions *(Décr. n° 2017-852 du 6 mai 2017, art. 156)* « du décret n° 2009-462 du 23 avril 2009 relatif aux règles de classement des personnes nommées dans les corps d'enseignants-chercheurs des établissements publics d'enseignement supérieur et de recherche relevant du ministre chargé de l'enseignement supérieur ».

Art. 16 Les maîtres de conférences des universités de médecine générale sont nommés en qualité de stagiaires par arrêté du ministre chargé de l'enseignement supérieur.

Après un stage d'un an, ils sont, après avis du directeur et du conseil de l'unité de formation et de recherche concernée, soit titularisés, soit admis à effectuer une dernière année de stage, soit réintégrés dans leur corps d'origine, soit licenciés.

Ils sont classés par arrêté du ministre chargé de l'enseignement supérieur selon les modalités fixées par les dispositions *(Décr. n° 2017-852 du 6 mai 2017, art. 156)* « du décret n° 2009-462 du 23 avril 2009 relatif aux règles de classement des personnes nommées dans les corps d'enseignants-chercheurs des établissements publics d'enseignement supérieur et de recherche relevant du ministre chargé de l'enseignement supérieur ».

Lors de la titularisation, le stage est pris en considération pour l'avancement dans la limite d'un an.

Art. 17 *Abrogé par Décr. n° 2009-462 du 23 avr. 2009, art. 18.*

CHAPITRE III *Carrière*

Art. 18 Les dispositions de l'article 55 de la loi du 11 janvier 1984 susvisée *[n° 84-16, V. C. fonct. publ.]* ne sont pas applicables aux maîtres de conférences des universités de médecine générale et aux professeurs des universités de médecine générale.

SECTION I *Professeurs des universités de médecine générale*

Art. 19 L'avancement des professeurs des universités de médecine générale comprend l'avancement d'échelon et l'avancement de classe. Il ne donne pas lieu à l'établissement de tableaux d'avancement.

Art. 20 L'avancement d'échelon dans la 1re et la 2e classe du corps des professeurs des universités de médecine générale est prononcé par arrêté du ministre chargé de l'enseignement supérieur, à l'ancienneté, selon les durées de service figurant dans le tableau suivant :

Tableau modifié par Décr. n° 2017-852 du 6 mai 2017, art. 157.

CLASSES ET AVANCEMENT D'ÉCHELON	ANCIENNETÉ REQUISE pour l'accès a l'échelon supérieur
1re classe	
3e échelon	-
2e échelon	4 ans 4 mois
1er échelon	4 ans 4 mois
2e classe	
7e échelon	-
6e échelon	3 ans 6 mois
5e échelon	5 ans
4e échelon	1 an
3e échelon	1 an
2e échelon	1 an
1er échelon	1 an

Art. 21 Le nombre maximum de professeurs des universités de médecine générale de 2e classe pouvant être promus chaque année au grade de professeur des universités de médecine générale de 1re classe est déterminé conformément aux dispositions du décret du 1er septembre 2005 susvisé *[n° 2005-1090, V. C. fonct. publ.]*.

L'avancement de la 2e classe à la 1re classe des professeurs des universités de médecine générale a lieu au choix. Il est prononcé par arrêté du ministre chargé de l'enseignement supérieur, après avis du conseil de l'unité de formation et de recherche concernée, sur proposition de la sous-section compétente pour la médecine générale du Conseil national des universités pour les disciplines médicales, odontologiques et pharmaceutiques.

Les professeurs des universités de médecine générale de 2e classe promus en 1re classe sont classés à l'échelon comportant un indice de rémunération égal ou, à défaut, immédiatement supérieur à celui qu'ils détenaient dans leur grade d'origine.

Lorsque l'application des dispositions du présent article n'entraîne pas d'augmentation de traitement, les intéressés conservent l'ancienneté d'échelon qu'ils avaient acquise dans la limite de l'ancienneté exigée pour une promotion à l'échelon supérieur dans leur nouveau grade.

Art. 22 Le nombre maximum de professeurs des universités de médecine générale de 1re classe pouvant être promus chaque année au grade de professeur des universités de médecine générale de classe exceptionnelle est déterminé conformément aux dispositions du décret du 1er septembre 2005 susvisé [*nº 2005-1090, V.* ***C. fonct. publ.***].

L'avancement de la 1re classe à la classe exceptionnelle des professeurs des universités de médecine générale et l'avancement du 1er au 2e échelon de la classe exceptionnelle ont lieu au choix. Ils sont prononcés par arrêté du ministre chargé de l'enseignement supérieur après avis du conseil de l'unité de formation et de recherche concernée, sur proposition de la sous-section compétente pour la médecine générale du Conseil national des universités pour les disciplines médicales, odontologiques et pharmaceutiques.

Peuvent seuls être promus au 1er échelon de la classe exceptionnelle les professeurs des universités de médecine générale de 1re classe qui justifient d'au moins dix-huit mois d'ancienneté dans celle-ci.

Peuvent seuls être promus au 2e échelon de la classe exceptionnelle les professeurs des universités de médecine générale justifiant d'au moins dix-huit mois d'ancienneté dans le 1er échelon de celle-ci.

SECTION II *Maîtres de conférences des universités de médecine générale*

Art. 23 L'avancement des maîtres de conférences des universités de médecine générale comprend l'avancement d'échelon et l'avancement de classe. Il ne donne pas lieu à l'établissement de tableaux d'avancement.

Art. 24 L'avancement d'échelon des maîtres de conférences des universités de médecine générale est prononcé par arrêté du ministre chargé de l'enseignement supérieur, à l'ancienneté, selon les durées de service figurant dans le tableau suivant :

Tableau modifié par Décr. nº 2017-852 du 6 mai 2017, art. 158.

CLASSES ET AVANCEMENT D'ÉCHELON	ANCIENNETÉ REQUISE pour l'accès à l'échelon supérieur
Hors classe	
Échelon exceptionnel	-
6e échelon	-
5e échelon	5 ans
4e échelon	1 an
3e échelon	1 an
2e échelon	1 an
1er échelon	1 an
1re classe	
6e échelon	-
5e échelon	2 ans 10 mois
4e échelon	2 ans 10 mois
3e échelon	3 ans 6 mois
2e échelon	2 ans 10 mois
1er échelon	2 ans 10 mois

CLASSES ET AVANCEMENT D'ÉCHELON	ANCIENNETÉ REQUISE pour l'accès à l'échelon supérieur
2e classe	
3e échelon	-
2e échelon	2 ans 10 mois
1er échelon	2 ans

Art. 25 Le nombre maximum de maîtres de conférences des universités de médecine générale de 2e classe pouvant être promus à la 1re classe chaque année est déterminé conformément aux dispositions du décret du 1er septembre 2005 susvisé *[n° 2005-1090, V.* ***C. fonct. publ.****]*.

L'avancement de la 2e classe à la 1re classe des maîtres de conférences des universités de médecine générale a lieu au choix. Il est prononcé par arrêté du ministre chargé de l'enseignement supérieur, après avis du conseil de l'unité de formation et de recherche concernée, sur proposition de la sous-section compétente pour la médecine générale du Conseil national des universités pour les disciplines médicales, odontologiques et pharmaceutiques.

Seuls peuvent être promus à la 1re classe les maîtres de conférences des universités de médecine générale de 2e classe qui ont atteint au moins le 2e échelon de leur classe.

Art. 26 Le nombre maximum de maîtres de conférences des universités de médecine générale de 1re classe pouvant être promus à la hors-classe chaque année est déterminé conformément aux dispositions du décret du 1er septembre 2005 susvisé *[n° 2005-1090, V.* ***C. fonct. publ.****]*.

L'avancement de la 1re classe à la hors-classe du corps des maîtres de conférences des universités de médecine générale a lieu au choix. Il est prononcé par arrêté du ministre chargé de l'enseignement supérieur, après avis du conseil de l'unité de formation et de recherche concernée, sur proposition de la sous-section compétente pour la médecine générale du Conseil national des universités pour les disciplines médicales, odontologiques et pharmaceutiques.

Seuls peuvent être promus à la hors-classe les maîtres de conférences des universités de médecine générale parvenus au 4e échelon de la 1re classe et ayant accompli au moins cinq ans de services en position d'activité dans ce corps ou en position de détachement pour exercer des fonctions d'enseignant-chercheur.

Les maîtres de conférences des universités de médecine générale de 1re classe promus à la hors-classe sont classés à l'échelon comportant un indice de rémunération égal ou, à défaut, immédiatement supérieur à celui qu'ils détenaient dans leur grade d'origine.

Lorsque l'application des dispositions du présent article n'entraîne pas d'augmentation de traitement, les intéressés conservent l'ancienneté qu'ils avaient acquise dans la limite de l'ancienneté exigée pour une promotion à l'échelon supérieur dans leur nouveau grade.

Art. 26 *bis* *(Décr. n° 2017-852 du 6 mai 2017, art. 159)* Peuvent accéder au choix à l'échelon exceptionnel de la hors classe, dans la limite d'un pourcentage des effectifs du corps des maîtres de conférences des universités de médecine générale fixé par arrêté conjoint du ministre chargé de l'enseignement supérieur, du ministre chargé de la fonction publique et du ministre chargé du budget, les maîtres de conférences des universités de médecine générale justifiant d'au moins trois ans de services effectifs dans le 6e échelon de cette même classe.

L'avancement à l'échelon exceptionnel de la hors classe a lieu sur la base de critères définis par les sections du Conseil national des universités pour les disciplines médicales, odontologiques et pharmaceutiques. Parmi ces critères, l'investissement des maîtres de conférences dans leur mission d'enseignement doit être particulièrement pris en compte.

Il est prononcé par arrêté du ministre chargé de l'enseignement supérieur, après avis du conseil de l'unité de formation et de recherche concernée, sur proposition de la sous-section compétente pour la médecine générale du Conseil national des universités pour les disciplines médicales, odontologiques et pharmaceutiques.

CHAPITRE IV *Mutations*

Art. 27 Les personnels enseignants titulaires de médecine générale ne peuvent être mutés que sur leur demande.

Les mutations des personnels enseignants titulaires de médecine générale sont prononcées par arrêté du ministre chargé de l'enseignement supérieur, après avis du conseil de l'unité de formation et de recherche d'accueil et après avis favorable du président de l'université.

CHAPITRE V *Éméritat*

Art. 28 Les professeurs des universités de médecine générale admis à la retraite peuvent recevoir le titre de professeur émérite par décision du conseil de l'unité de formation et de recherche concernée siégeant en formation restreinte aux personnes qui sont habilitées à diriger des travaux de recherche dans l'établissement, prise à la majorité absolue des membres composant cette formation et après avis favorable du président de l'université.

Cette décision fixe la durée de l'éméritat. Les professeurs émérites peuvent diriger des séminaires, des thèses et participer à des jurys de thèse ou d'habilitation.

CHAPITRE VI *Positions*

Art. 29 Les personnels titulaires régis par le présent titre peuvent être placés sur leur demande en position de mission temporaire pour une durée maximum de trois mois par période de deux ans. Ils conservent, dans cette position, la totalité de leur rémunération.

Les intéressés sont placés dans cette position par décision du président de l'université, après avis du directeur de l'unité de formation et de recherche concernée.

Après une période de huit années, les personnels qui n'ont pas utilisé tout ou partie des périodes de mission temporaire telles que définies au premier alinéa ci-dessus peuvent être placés en position de mission temporaire pour une durée égale au nombre de mois, semaines et jours non utilisés à ce titre. Cette modalité d'utilisation de la position de mission temporaire doit faire l'objet d'un projet présenté par les personnels qui en bénéficient et d'un rapport d'activité remis à l'issue de la mission temporaire. Tout refus opposé à une demande doit être motivé par décision du président de l'université.

Art. 30 1° Les personnels titulaires régis par le présent titre peuvent, sur leur demande et pour une période de deux ans au plus, être placés en délégation afin de remplir une mission d'étude ou d'exercer un enseignement en dehors de leur établissement d'affectation.

Les intéressés ne peuvent être admis à bénéficier à nouveau des dispositions du premier alinéa du présent article qu'après avoir repris effectivement leurs fonctions pendant trois ans au moins.

L'arrêté prononçant la délégation précise le montant de la rémunération qui continue d'être servie à l'intéressé. Cette rémunération ne peut en aucun cas être supérieure à la rémunération universitaire de celui-ci ni inférieure aux retenues pour pension civile ;

2° Ils peuvent également être placés en délégation, pour une période de deux ans renouvelable deux fois, afin de bénéficier des dispositions *(Décr. n° 2017-852 du 6 mai 2017, art. 160)* « des articles L. 531-1 à L. 531-7 du code de la recherche *[V. App., v° Code de la recherche]* ».

Les intéressés conservent leur rémunération.

Cette délégation est décidée par le président de l'université, après avis du directeur de l'unité de formation et de recherche concernée, après autorisation délivrée dans les conditions prévues à l'article 7 du présent décret. L'entreprise verse au profit de l'université :

a) Soit une contribution permettant d'assurer le service d'enseignement incombant antérieurement à l'intéressé ;

b) Soit une contribution au moins équivalente à la rémunération universitaire de l'intéressé et aux charges sociales qui y sont afférentes.

La contribution prévue au *b* du présent article est obligatoire au-delà d'un an.

Toutefois, le président de l'université peut décider de dispenser totalement ou partiellement l'entreprise de sa contribution, après avis du conseil d'administration ;

3° Pendant ces périodes de délégation, ils ne peuvent être remplacés dans leur emploi qu'à titre temporaire. Les intéressés conservent le droit à l'emploi qu'ils occupent même si les nécessités du service conduisent à confier tout ou partie de leurs fonctions à un intérimaire. Le temps de la délégation est pris en compte pour l'avancement et pour la constitution du droit à pension ;

4° La délégation peut en outre être prononcée auprès de l'Institut universitaire de France, en vue de l'exercice de fonctions de recherche, pour une période de deux ans renouvelable. L'intéressé conserve sa rémunération.

TITRE III Dispositions applicables aux chefs de clinique des universités de médecine générale

Art. 31 Le présent titre fixe les conditions dans lesquelles les universités peuvent faire appel à des chefs de clinique des universités de médecine générale pour exercer des fonctions dans les unités de formation et de recherche de médecine ou, le cas échéant, dans les départements qui assurent les formations médicales.

Art. 32 Peuvent être recrutés en qualité de chef de clinique des universités de médecine générale les personnes remplissant les deux conditions suivantes :

1° Être titulaire d'un des titres de formation mentionnés à l'article L. 4131-1 du code de la santé publique ou être autorisé individuellement à exercer la médecine en application des articles L. 4111-2 et L. 4131-1-1 du code de la santé publique ;

2° Être titulaire du diplôme d'études spécialisées de médecine générale. Les diplômes, certificats ou autres titres de formation de médecine générale délivrés par un État membre *(Décr. n° 2017-852 du 6 mai 2017, art. 161)* « de l'Union » européenne ou partie à l'accord sur l'Espace économique européen, autre que la France, et figurant sur une liste établie par arrêté des ministres chargés de l'enseignement supérieur et de la santé sont admis en dispense du diplôme d'études spécialisées de médecine générale.

Les intéressés peuvent présenter leur candidature dans les quatre années suivant l'obtention de leur diplôme d'études spécialisées de médecine générale ou du diplôme, certificat ou titre de médecin généraliste admis en dispense.

Art. 33 Les chefs de clinique des universités de médecine générale sont recrutés par contrat par le président de l'université, après avis du directeur de l'unité de formation et de recherche concernée.

(Décr. n° 2020-619 du 19 mai 2020, art. 1er) « Ils sont nommés pour une période de deux ans avec possibilité de renouvellements d'un an. La durée des fonctions ne peut en aucun cas excéder huit ans dans une ou plusieurs universités.

« Pour exercer leurs fonctions au-delà de la quatrième année, les chefs de clinique des universités de médecine générale présentent leur candidature devant le conseil de l'unité de formation et de recherche concerné qui procède à leur audition. Le conseil établit une liste, classée par ordre de mérite, des candidats retenus. Le dossier des candidats proposés par le conseil est ensuite transmis à une commission composée du président de la sous-section du Conseil national des universités pour les disciplines de santé compétente pour la médecine générale, qui préside cette commission, et de deux rapporteurs désignés par le président de la section compétente pour la médecine générale parmi les membres des sections du groupe des disciplines médicales. Un au moins des deux rapporteurs est membre de la sous-section compétente pour la médecine générale. L'exercice des fonctions au-delà de la quatrième année est subordonné à l'avis favorable de cette commission.

« Un arrêté du ministre chargé de l'enseignement supérieur fixe les modalités de constitution des dossiers et de dépôt des candidatures pour le recrutement et pour l'exercice des fonctions au-delà de la quatrième année. »

Au terme de leur première année de fonctions, il peut être mis fin au contrat par décision du président de l'université, sur proposition du directeur de l'unité de formation et de recherche concernée.

Les anciens chefs de clinique des universités de médecine générale justifiant d'une période continue de 4 ans de services, achevée entre le 1er sept. 2016 et la date de publication du Décr. n° 2020-619 du 19 mai 2020, peuvent être à nouveau recrutés pour une période de 1 an, renouvelable 3 fois, par le président de l'université, après avis du directeur de l'unité de formation et de recherche concernée et sur l'avis favorable de la commission mentionnée au 3e de cet art. Ils ne peuvent exercer ces fonctions, dans une ou plusieurs universités, que pour une durée supplémentaire de 4 ans (Décr. préc., art. 2).

Art. 34 La rémunération des chefs de clinique des universités de médecine générale est fixée selon les modalités définies par arrêté du ministre chargé de l'enseignement supérieur et du ministre chargé du budget. Cette rémunération suit l'évolution des traitements de la fonction publique.

Art. 35 Les dispositions du décret du 17 janvier 1986 susvisé *[n° 86-83, V. **C. fonct. publ.**]* sont applicables aux chefs de clinique des universités de médecine générale, à l'exception du titre IX et du titre X de ce même décret.

TITRE IV **Discipline**

Art. 36 Les peines disciplinaires applicables aux professeurs des universités de médecine générale et aux maîtres de conférences des universités de médecine générale pour ce qui concerne leur activité d'enseignement et de recherche sont :

1° L'avertissement ;
2° Le blâme ;
3° La réduction d'ancienneté d'échelon ;
4° L'abaissement d'échelon ;
5° La suspension avec privation totale ou partielle de la rémunération ;
6° La mise à la retraite d'office ;
7° La révocation.

Art. 37 Les peines disciplinaires applicables aux chefs de clinique des universités de médecine générale pour ce qui concerne leur activité d'enseignement et de recherche sont :

1° L'avertissement ;
2° Le blâme ;
3° La suspension avec privation totale ou partielle de la rémunération ;
4° Le licenciement sans préavis ni indemnité de licenciement.

Art. 38 Les peines sont prononcées par la juridiction disciplinaire mentionnée à l'article L. 952-22 du code de l'éducation, dans la composition prévue par l'article 39 du présent décret. La juridiction disciplinaire est notamment compétente pour sanctionner le non-respect par le personnel enseignant de médecine générale de l'ensemble des obligations de service correspondant aux activités mentionnées à l'article 2 du présent décret.

Art. 39 La juridiction disciplinaire comprend :

1° Un président et un président suppléant, désignés pour trois ans par arrêté du ministre chargé de l'enseignement supérieur et du ministre chargé de la santé, choisis soit parmi les conseillers d'État, soit parmi les professeurs de l'enseignement supérieur ;

2° Trois membres titulaires et trois suppléants, nommés pour trois ans par le ministre chargé de l'enseignement supérieur et choisis en dehors des personnels enseignants de médecine générale ;

3° Trois membres titulaires et trois suppléants, nommés pour trois ans par le ministre chargé de la santé et choisis en dehors des personnels enseignants de médecine générale ;

4° Trois membres titulaires et trois suppléants appartenant au corps des professeurs des universités de médecine générale, élus pour trois ans par les personnels de ce corps ;

5° Trois membres titulaires et trois suppléants appartenant au corps des maîtres de conférences des universités de médecine générale, élus pour trois ans par les personnels de ce corps ;

6° Deux membres titulaires et deux membres suppléants représentant les chefs de clinique des universités de médecine générale, élus pour trois ans par et parmi ces personnels.

Lorsque la juridiction disciplinaire est appelée à se prononcer sur le cas d'un professeur des universités de médecine générale, la juridiction est complétée par trois membres titulaires et trois membres suppléants appartenant à ce corps, élus pour trois ans par les personnels de ce corps.

Lorsque la juridiction disciplinaire est appelée à se prononcer sur le cas d'un chef de clinique des universités de médecine générale, elle est complétée par deux membres, l'un désigné par le ministre chargé de l'enseignement supérieur parmi les membres suppléants nommés en application du 2° du présent article, l'autre désigné par le ministre chargé de la santé parmi les membres suppléants nommés en application du 3° du présent article.

Si, à l'issue du scrutin, tous les membres mentionnés aux 4°, 5° et 6° et au huitième alinéa du présent article n'ont pas été élus, la juridiction disciplinaire est complétée successivement par les personnes inscrites sur les listes électorales qui ont la plus grande ancienneté dans le grade le plus élevé dans le corps ou la catégorie correspondante. A égalité d'ancienneté, ces personnes sont désignées au bénéfice de l'âge et, le cas échéant, il est procédé au tirage au sort pour départager les personnes ayant la même ancienneté et le même âge.

En cas de vacance d'un siège de membre titulaire, pour quelque cause que ce soit, il est procédé au remplacement de ce membre titulaire par un suppléant. Pour les membres élus, devient titulaire le membre suppléant qui figure en tête de la liste.

En cas de vacance d'un siège de membre suppléant, il est procédé au remplacement de ce dernier, selon le cas, par désignation du ministre compétent ou par voie d'élection complémentaire.

Le mandat du nouveau membre prend fin à la date d'expiration du mandat des membres en exercice.

Le mandat des membres de la juridiction est renouvelable.

Un arrêté du ministre chargé de l'enseignement supérieur et du ministre chargé de la santé détermine les modalités d'organisation et de déroulement des opérations électorales.

Art. 40 En application des dispositions de l'article L. 951-4 du code de l'éducation, et lorsque l'intérêt du service l'exige, le ministre chargé de l'enseignement supérieur peut prononcer la suspension d'un personnel enseignant titulaire ou non titulaire de médecine générale pour une durée n'excédant pas un an, sans privation de traitement.

TITRE V Dispositif transitoire d'intégration

Art. 41 Pendant une période de huit ans à compter de la publication du présent décret, peuvent être intégrés, sur leur demande et après avis d'une Commission nationale d'intégration :

1° Dans le corps des maîtres de conférences des universités de médecine générale, les maîtres de conférences associés des universités de médecine générale et les chefs de clinique associés de médecine générale des universités régis par les dispositions du décret du 20 septembre 1991 susvisé *[nº 91-966]* ;

2° Dans le corps des professeurs des universités de médecine générale, les professeurs associés de médecine générale régis par les dispositions du décret du 20 septembre 1991 susvisé.

Art. 42 Les demandes d'intégration des agents mentionnés à l'article 41 du présent décret sont présentées dans le délai de sept ans à compter de la publication du présent décret.

Art. 43 La composition, les attributions et les règles de fonctionnement de la Commission nationale d'intégration sont fixées par arrêté du ministre chargé de l'enseignement supérieur.

Art. 44 Un arrêté du ministre chargé de l'enseignement supérieur, du ministre chargé de la santé et du ministre chargé du budget détermine, chaque année, le nombre et la localisation des emplois qui peuvent être pourvus en application de l'article 41 du présent décret.

Art. 45 Les personnes intégrées en application des dispositions de l'article 41 du présent décret sont classées dans leur nouveau corps dans les conditions fixées par le décret du 23 avril 2009 *[nº 2009-462 relatif aux règles de classement des personnes nommées dans les corps d'enseignants-chercheurs des établissements publics d'enseignement supérieur et de recherche relevant du ministre chargé de l'enseignement supérieur, V. ce Décr. ci-dessous]*.

Art. 46 Les personnels susceptibles d'être intégrés en application des dispositions de l'article 41 du présent décret reçoivent une proposition de classement. A compter de la date de réception de celle-ci, ils disposent d'un délai de deux mois pour accepter leur classement et leur nomination dans les corps créés par le présent décret.

Art. 47 Les intégrations dans le corps des professeurs des universités de médecine générale et dans le corps des maîtres de conférences de médecine générale sont prononcées dans un délai de dix-huit mois à compter de la date d'acceptation de la proposition de reclassement.

TITRE VI Dispositions diverses

....

Art. 50 Les dispositions des articles 31, 32, 33, 34, 35 et 48 du présent décret peuvent être modifiées par décret en Conseil d'État.

Décret nº 2009-462 du 23 avril 2009,

Relatif aux règles de classement des personnes nommées dans les corps d'enseignants-chercheurs des établissements publics d'enseignement supérieur et de recherche relevant du ministre chargé de l'enseignement supérieur.

CHAPITRE PREMIER *Dispositions permanentes*

Art. 1er Les dispositions du présent décret s'appliquent aux membres des corps figurant sur la liste annexée au présent décret.

Art. 2 Les personnes nommées dans l'un des corps mentionnés à l'article 1er du présent décret sont classées à un échelon déterminé en application des articles qui suivent, à l'échelon de la classe de début de ce corps ou éventuellement de la classe du corps au titre duquel le recrutement a été ouvert. Ce classement se fait sur la base des durées de service ou, le cas échéant, des durées moyennes de service fixées par les statuts particuliers pour l'avancement à l'ancienneté dans chacun des échelons du corps.

Les personnes nommées dans l'un des corps mentionnés à l'article 1er du présent décret dont le statut particulier prévoit l'accomplissement d'un stage sont classées dès leur nomination en qualité de stagiaire.

Art. 3 I. – Les agents qui, antérieurement à leur nomination dans l'un des corps mentionnés à l'article 1er du présent décret, avaient la qualité de fonctionnaire civil, de militaire ou de magistrat sont classés à l'échelon de la classe de début de ce corps ou éventuellement de la classe de ce corps au titre duquel un recrutement a été ouvert, comportant un indice égal ou, à défaut, immédiatement supérieur à celui dont ils bénéficiaient dans leur corps, grade, classe ou cadre d'emploi d'origine.

Lorsque l'application de ces dispositions conduit à accorder au fonctionnaire une augmentation de traitement inférieure à celle qui résulterait d'un avancement d'échelon dans son ancienne situation, ce fonctionnaire conserve l'ancienneté d'échelon qu'il avait acquise, dans la limite de l'ancienneté exigée pour une promotion à l'échelon supérieur dans sa nouvelle situation.

Lorsque l'application de ces mêmes dispositions à un fonctionnaire ayant atteint l'échelon terminal de son ancien grade conduit soit à ne pas lui accorder d'augmentation de traitement, soit à lui accorder une augmentation de traitement inférieure à celle résultant de son dernier avancement dans son ancienne situation, l'intéressé conserve l'ancienneté d'échelon qu'il avait acquise, dans la limite de l'ancienneté exigée pour une promotion à l'échelon supérieur du nouveau grade dans sa nouvelle situation.

Dans le cas où l'application des dispositions du présent article aboutirait à classer le fonctionnaire intéressé à un échelon doté d'un indice inférieur à celui qu'il détenait dans son ancienne situation, l'intéressé conserve, à titre personnel, le bénéfice de son indice antérieur jusqu'au jour où il bénéficie dans sa nouvelle situation d'un indice au moins égal.

II. – Les personnes nommées, selon le cas, en qualité de maître de conférences des universités-praticien hospitalier, de maître de conférences des universités-praticien hospitalier des disciplines pharmaceutiques, de maître de conférences des universités-praticien hospitalier des centres de soins, d'enseignement et de recherche dentaires ou de maître de conférences des universités de médecine générale, qui antérieurement avaient la qualité de maître de conférences ou de personnel assimilé, en application de l'arrêté prévu à l'article 6 du décret du 16 janvier 1992 susvisé *[nº 92-70, V. cet art. ss. art. L. 952-1]*, ayant atteint au moins le quatrième échelon de la classe normale de leur corps, sont classées, à l'indice égal ou à défaut immédiatement supérieur à celui qu'elles détenaient dans leur ancienne situation, dans la première classe du corps des maîtres de conférences des universités-praticiens hospitaliers ou du corps des maîtres de conférences des universités-praticiens hospitaliers des disciplines pharmaceutiques ou du corps des maîtres de conférences des universités-praticiens hospitaliers des centres de soins, d'enseignement et de recherche dentaires ou du corps des maîtres de conférences des universités de médecine générale.

Art. 4 Les recherches effectuées en vue de la préparation du doctorat, dans le cadre d'un contrat de travail ayant fait l'objet d'une convention avec une personne publique, par les personnels nommés, d'une part, dans le corps des professeurs des universités ou dans l'un des corps assimilés à celui des professeurs des universités et qui n'avaient pas antérieurement la qualité de fonctionnaire, et, d'autre part, dans le corps des maîtres de conférences ou dans l'un des corps assimilés à celui des maîtres de conférences, en application de l'arrêté prévu à l'article 6 du décret du 16 janvier 1992 susvisé *[nº 92-70, V. cet art. ss. art. L. 952-1]*, sont retenues, dans les conditions suivantes :

1° Pour l'accès au corps des maîtres de conférences ou à l'un des corps assimilés, le conseil scientifique de l'établissement, ou l'organe en tenant lieu, vérifie si les tâches réalisées dans le cadre du contrat de travail mentionné à l'alinéa précédent correspondent aux travaux de recherche accomplis en vue de la thèse de doctorat. Le temps consacré à la recherche est pris en compte dans sa totalité dans la limite de trois ans ;

2° Pour l'accès au corps des professeurs des universités ou à l'un des corps assimilés, le conseil scientifique de l'établissement ou l'organe en tenant lieu détermine la durée prise en compte pour le classement dans le corps, dans la limite de trois ans, en fonction du niveau, de la nature et de la durée des recherches effectuées au titre du premier alinéa du présent article.

Art. 5 Les recherches effectuées après l'obtention du doctorat, dans le cadre d'un contrat de travail, par les personnels nommés, d'une part, dans le corps des professeurs des universités ou dans l'un des corps assimilés à celui des professeurs des universités et qui n'avaient pas antérieurement la qualité de fonctionnaire, et, d'autre part, dans le corps des maîtres de conférences ou dans l'un des corps assimilés à celui des maîtres de conférences, en application de l'arrêté prévu à l'article 6 du décret du 16 janvier 1992 susvisé *[nº 92-70, V. cet art. ss. art. L. 952-1]*, et d'un niveau au moins équivalent à celui des fonctions exercées par les membres du corps d'accueil sont retenues, dans les conditions suivantes :

1° Pour l'accès au corps des maîtres de conférences ou à l'un des corps assimilés, le niveau des fonctions est apprécié par le conseil scientifique de l'établissement, ou l'organe en tenant lieu. Le temps consacré à la recherche est pris en compte en totalité dans la limite de quatre ans ;

2° Pour l'accès au corps des professeurs des universités ou à l'un des corps assimilés, le conseil scientifique de l'établissement ou l'organe en tenant lieu détermine la durée prise en compte pour le classement dans le corps, dans la limite de quatre ans, en fonction du niveau, de la nature et de la durée des recherches effectuées au titre du premier alinéa du présent article.

Art. 6 Les personnes qui, antérieurement à leur nomination dans l'un des corps mentionnés à l'article 1er du présent décret, avaient la qualité de praticien hospitalier sont reclassées à un échelon déterminé en prenant en compte, sur la base des durées de service fixées pour l'avancement à l'ancienneté pour chacun des échelons de ce corps, une fraction de leur ancienneté. Les services accomplis sont retenus à raison de la moitié de leur durée jusqu'à douze ans et à raison des trois quarts au-delà de cette même durée de douze ans.

Art. 7 Les services accomplis en qualité de chef de clinique des universités-assistant des hôpitaux, de chef de clinique des universités de médecine générale, d'assistant hospitalier universitaire de médecine ou de pharmacie, d'assistant hospitalier universitaire des centres de soins, d'enseignement et de recherche dentaires ou de praticien hospitalier universitaire par les personnels nommés maîtres de conférences des universités-praticiens hospitaliers, maîtres de conférences des universités-praticiens hospitaliers des disciplines pharmaceutiques, maîtres de conférences des universités-praticiens hospitaliers des centres de soins, d'enseignement et de recherche dentaires ou maîtres de conférences des universités de médecine générale sont pris en compte lors de leur nomination dans le corps d'accueil en qualité de stagiaire, dans les conditions suivantes :

1° Pour les personnes justifiant d'au moins quatre ans de fonctions en ces qualités, les services accomplis sont retenus à raison de trois ans ;

2° Pour les personnes ayant exercé des fonctions en ces qualités pendant moins de quatre ans, les services accomplis sont retenus à raison de la moitié de leur durée.

Les personnes mentionnées au premier alinéa du présent article sont classées, selon le cas, à un échelon de la deuxième classe du corps des maîtres de conférences des universités-praticiens hospitaliers ou du corps des maîtres de conférences des universités-praticiens hospitaliers des disciplines pharmaceutiques ou du corps des maîtres de conférences des universités-praticiens hospitaliers des centres de soins, d'enseignement et de recherche dentaires ou du corps des maîtres de conférences des universités de médecine générale, déterminé sur la base des durées de service fixées pour l'avancement à l'ancienneté pour chacun des échelons de ces corps.

Art. 8 Les personnes recrutées dans le corps des maîtres de conférences ou dans l'un des corps assimilés à celui des maîtres de conférences, en application de l'arrêté prévu par l'article 6 du décret du 16 janvier 1992 susvisé *[nº 92-70, V. cet art. ss. art. L. 952-1]*, sont classées dans la classe de début de ce corps à un échelon déterminé en prenant en compte la totalité des services effectués en qualité :

1° D'attaché temporaire d'enseignement et de recherche, régi par le décret nº 88-654 du 7 mai 1988 ;

2° D'allocataire de recherche, régi par le décret nº 85-402 du 3 avril 1985 ;

3° De moniteur, régi par le décret nº 89-794 du 30 octobre 1989 ;

4° De doctorant contractuel des établissements publics d'enseignement supérieur ou de recherche, régi par le décret nº 2009-462 du 23 avril 2009.

Les personnes sont classées à un échelon de la classe de début du corps, sur la base des durées de services fixées pour l'avancement à l'ancienneté dans chacun des échelons du corps.

Les services retenus au titre des deuxième, troisième, quatrième et cinquième alinéas du présent article sont cumulables, à l'exception de ceux effectués simultanément en qualité de moniteur régi par le décret du 30 octobre 1989 précité et d'allocataire de recherche régi par le décret du 3 avril 1985 précité.

Art. 9 Lorsque des personnes ont exercé antérieurement à leur nomination dans l'un des corps mentionnés à l'article 1er du présent décret des fonctions en qualité d'enseignant associé en application du décret du 17 juillet 1985 susvisé *[nº 85-733, V. ci-dessus]*, du décret du 6 mars 1991 susvisé *[nº 91-267, V. ci-dessus]* et du décret du 20 septembre 1991 susvisé *[nº 91-966]*, la durée de ces fonctions est prise en compte en totalité pour le classement dans le corps de niveau correspondant.

Art. 10 Les personnes nommées dans l'un des corps mentionnés à l'article 1er du présent décret qui antérieurement à leur nomination avaient la qualité d'agent non titulaire de l'État, des collectivités locales ou de leurs établissements publics, autres que celles mentionnées aux articles 4, 5, 6, 7, 8 et 9 ci-dessus, sont classées à l'échelon de la classe de début de ce corps ou éventuellement de la classe de ce corps au titre duquel un recrutement a été ouvert. Ce classement est déterminé en prenant en compte, sur la base des durées de service fixées pour l'avancement à l'ancienneté dans chacun des échelons de ce corps, une fraction de l'ancienneté de service dans les conditions prévues aux 1°, 2° et 3° du I et au II de l'article 7 du décret du 23 décembre 2006 susvisé *[nº 2006-1827]*.

Art. 11 Par dérogation aux dispositions des articles 3, 4, 5, 10 et 12 du présent décret, les chercheurs régis par le décret du 30 décembre 1983 susvisé *[nº 83-1260]*, les personnels scientifiques contractuels des établissements publics de recherche et des groupements d'intérêt public, nommés dans l'un des corps mentionnés à l'article 1er du présent décret, sont classés à un échelon déterminé en tenant compte du temps qu'ils ont passé dans une fonction de niveau au moins équivalent à celui des fonctions exercées par les membres du corps d'accueil.

La durée des services dans des fonctions d'un niveau au moins équivalent à celui des fonctions auxquelles il est postulé est prise en compte pour les deux tiers des services effectifs. Si le niveau et la nature des activités le justifient, cette durée peut être prise en compte en totalité après avis du conseil scientifique de l'établissement ou de l'organe en tenant lieu.

Les dispositions du présent article ne peuvent avoir pour effet de procurer aux chercheurs un classement moins favorable que celui qui résulterait de l'application des articles 3, 10 et 12 du présent décret.

Art. 12 Les personnes qui justifient de l'exercice d'une ou plusieurs activités professionnelles accomplies sous un régime juridique autre que celui d'agent public, dans des fonctions et domaines d'activité de niveau et de nature comparables à ceux dans lesquels exercent les membres du corps d'accueil, sont classées lors de leur nomination à un échelon déterminé en prenant en compte ces activités, à raison de la moitié de leur durée jusqu'à douze ans et des deux tiers au-delà de douze ans.

Le niveau des fonctions et le domaine d'activité sont appréciés par le conseil scientifique de l'établissement ou l'organe en tenant lieu.

Art. 13 Les agents qui justifient de services accomplis dans une administration ou un organisme ou un établissement d'un État membre de la Communauté européenne, autre que la France, ou d'un autre État partie à l'accord sur l'Espace économique européen au sens de l'article 4 du décret du 24 octobre 2002 susvisé *[nº 2002-1294]*, nommés dans l'un des corps mentionnés à l'article 1er du présent décret, sont classés dans les conditions suivantes :

1° Les compétences dévolues à la commission d'équivalence instituée par le décret du 2 mai 2002 susvisé *[nº 2002-759]*, telles qu'elles résultent des dispositions de l'article 8 du décret du 24 octobre 2002 précité, sont exercées par le conseil scientifique de l'établissement ou l'organe en tenant lieu ;

2° Les services sont pris en compte, selon les modalités fixées par le décret du 24 octobre 2002 précité, sur proposition du conseil scientifique de l'établissement ou de l'organe en tenant lieu, qui statue également sur le niveau des fonctions exercées par les intéressés.

Art. 14 Les agents qui justifient de services accomplis dans une administration ou un organisme ou un établissement d'un État non membre de la Communauté européenne, ou non partie à l'accord sur l'Espace économique européen, dans des fonctions d'un niveau au moins équivalent à celui des fonctions exercées par les membres du corps d'accueil, sont classés dans les conditions suivantes :

Les services sont pris en compte, selon les modalités fixées par le présent décret, sur proposition du conseil scientifique de l'établissement ou de l'organe en tenant lieu, qui statue également sur le niveau des fonctions exercées.

Les conditions de cette prise en compte sont déterminées par assimilation aux modalités prévues aux articles 10 et 12 ci-dessus selon que les intéressés ont exercé une activité publique ou assimilée ou une activité privée.

Art. 15 I. – Lorsque les personnes nommées en application des articles ci-dessus peuvent se prévaloir des dispositions des articles 4 à 12 du présent décret, ces dispositions sont cumulables, sous réserve que ces services n'aient pas déjà été pris en compte lors de l'accès initial à un corps de fonctionnaire.

Pour l'application du présent décret :

1° Les fonctions qui ne sont pas exercées à temps plein sont prises en compte à concurrence des services réellement effectués ;

2° Une même période ne peut donner lieu à prise en compte qu'une seule fois ;

3° Les demandes de classement en application du présent décret sont présentées dans un délai d'un an à compter de la nomination des intéressés dans l'un des corps mentionnés à l'article 1er.

Le classement s'effectue à la date de nomination ou, le cas échéant, à la date de nomination en qualité de stagiaire.

II. – Lorsque la période de préparation du doctorat, du doctorat d'État, du doctorat de troisième cycle, du diplôme de docteur ingénieur ou de diplômes universitaires, qualifications et titres français ou étrangers de niveau jugé équivalent par le conseil scientifique de l'établissement, ou l'organe en tenant lieu, n'a pas été accomplie sous contrat de travail et qu'elle n'a pas été prise en compte en application des dispositions du présent décret, elle ouvre droit à une bonification d'ancienneté de deux ans pour l'accès au corps des maîtres de conférences ou pour l'accès à l'un des corps assimilés à celui des maîtres de conférences, en application de l'arrêté prévu par l'article 6 du décret du 16 janvier 1992 susvisé *[nº 92-70, V. cet art. ss. art. L. 952-1]*.

CHAPITRE II *Dispositions transitoires et finales*

Art. 16 Le présent décret entre en vigueur le 1er septembre 2009.

Art. 17 Les dispositions du présent décret s'appliquent aux stagiaires en fonction à la date de publication du présent décret. Ils disposent d'un délai d'un an pour présenter leur demande de classement en application des articles 4 à 12 du présent décret.

Art. 18 I. – Dans tous les textes où il est fait référence au décret nº 85-465 du 26 avril 1985, la référence au présent décret lui est substituée.

II. – Sont abrogés :

1° Le décret nº 85-465 du 26 avril 1985 relatif aux règles de classement des personnes nommées dans les corps d'enseignants-chercheurs des établissements d'enseignement supérieur et de la recherche relevant du ministère de l'éducation nationale ;

2° L'article 54-1 du décret nº 84-135 du 24 février 1984 susvisé portant statut des personnels enseignants et hospitaliers des centres hospitaliers et universitaires ;

3° L'article 17 du décret nº 2008-744 du 28 juillet 2008 portant dispositions relatives aux personnels enseignants des universités, titulaires et non titulaires de médecine générale.

ANNEXE

LISTE DES CORPS DE FONCTIONNAIRES CLASSÉS EN APPLICATION DES DISPOSITIONS DU PRÉSENT DÉCRET

Professeurs des universités et maîtres de conférences régis par le décret nº 84-431 du 6 juin 1984 *[V. ce Décr. ci-dessus]*.

Professeurs de l'école des arts et manufactures régis par le décret nº 50-1370 du 2 novembre 1950 relatif au statut particulier des fonctionnaires de l'école centrale des arts et manufactures.

Professeurs du Conservatoire national des arts et métiers régis par le décret nº 53-566 du 15 juin 1953 concernant le règlement d'administration publique pour la fixation des règles d'avancement applicables aux professeurs du Conservatoire national des arts et métiers.

Professeurs du Collège de France régis par le décret nº 67-955 du 24 octobre 1967 fixant les conditions d'avancement des professeurs du Collège de France.

Professeurs des universités-praticiens hospitaliers et maîtres de conférences des universités-praticiens hospitaliers régis par le décret nº 84-135 du 24 février 1984 *[V. ce Décr. ci-dessus]*.

Professeurs des universités-praticiens hospitaliers des disciplines pharmaceutiques et maîtres de conférences des universités-praticiens hospitaliers des disciplines pharmaceutiques régis par le décret nº 84-135 du 24 février 1984 *[V. ce Décr. ci-dessus]*.

Professeurs des universités-praticiens hospitaliers des centres de soins, d'enseignement et de recherche dentaires et maîtres de conférences des universités-praticiens hospitaliers des centres de soins, d'enseignement et de recherche dentaires régis par le décret n° 90-92 du 24 janvier 1990 portant statut des personnels enseignants et hospitaliers des centres de soins, d'enseignement et de recherche dentaires des centres hospitaliers et universitaires *[V. ce Décr. ci-dessus]*.

Professeurs des universités de médecine générale et maîtres de conférences des universités de médecine générale régis par le décret n° 2008-744 du 28 juillet 2008 portant dispositions relatives aux personnels enseignants des universités, titulaires et non titulaires de médecine générale *[V. ce Décr. ci-dessus]*.

Astronomes et physiciens et astronomes adjoints et physiciens adjoints régis par le décret n° 86-434 du 12 mars 1986 portant statuts du corps des astronomes et physiciens et du corps des astronomes adjoints et physiciens adjoints.

Directeurs d'études et maîtres de conférences de l'école des hautes études en sciences sociales régis par le décret n° 89-709 du 28 septembre 1989 portant statut du corps des directeurs d'études de l'école des hautes études en sciences sociales et du corps des maîtres de conférences de l'école des hautes études en sciences sociales.

Directeurs d'études et maîtres de conférences de l'école pratique des hautes études, de l'école nationale des chartes et de l'école française d'Extrême-Orient régis par le décret n° 89-710 du 28 septembre 1989 portant statut du corps des directeurs d'études de l'école pratique des hautes études et du corps des maîtres de conférences de l'école pratique des hautes études, de l'école nationale des chartes et de l'école française d'Extrême-Orient.

Professeurs et maîtres de conférences du Muséum national d'histoire naturelle régis par le décret n° 92-1178 du 2 novembre 1992 portant statut du corps des professeurs du Muséum national d'histoire naturelle et du corps des maîtres de conférences du Muséum national d'histoire naturelle.

Loi n° 2009-1673 du 30 décembre 2009,

De finances pour 2010.

Art. 125 Les maîtres de conférences régis par le décret n° 84-431 du 6 juin 1984 relatif au statut des enseignants-chercheurs de l'enseignement supérieur *[V. ce Décr. ci-dessus]* et les agents appartenant à l'un des corps assimilés à celui des maîtres de conférences en application de l'annexe du décret n° 2009-462 du 23 avril 2009 relatif aux règles de classement des personnes nommées dans les corps d'enseignants-chercheurs des établissements publics d'enseignement supérieur et de recherche relevant du ministre chargé de l'enseignement supérieur *[V. ce Décr. ci-dessus]*, titularisés dans leur corps avant le 1er septembre 2009, classés dans le premier grade et en fonctions à la date de publication de la présente loi, peuvent bénéficier, sur leur demande, d'une proposition de reclassement établie par application du décret n° 2009-462 du 23 avril 2009 précité, la durée des services accomplis depuis la date de leur recrutement et jusqu'au 31 août 2009 étant prise en compte dans la limite d'un an. Toutefois, l'ancienneté de service des intéressés dans leur corps continue à être décomptée à partir de la date à laquelle ils y ont accédé.

La demande doit être présentée dans un délai de six mois à compter de la date de publication de la présente loi. Les demandeurs doivent justifier, par tout moyen approprié, de la nature et de la durée des services à prendre en compte.

L'administration leur communique une proposition de nouveau classement. Ils disposent alors d'un délai de deux mois pour faire connaître leur décision.

....

Décret n° 2018-107 du 15 février 2018,

Relatif aux maîtres de conférences et professeurs associés ou invités des écoles nationales supérieures d'architecture.

CHAPITRE PREMIER *Professeurs et maîtres de conférences associés à temps plein*

Art. 1er Dans les écoles nationales supérieures d'architecture, peuvent être recrutées en qualité de professeur ou de maître de conférences associé des personnalités françaises ou étrangères remplissant l'une des conditions suivantes :

1° Justifier d'une expérience professionnelle en lien avec les disciplines enseignées dans les écoles d'architecture autre qu'une activité d'enseignement, d'une durée d'au moins trois ans dans les cinq années qui précèdent le 1er janvier de l'année du recrutement pour les fonctions de maître de conférences associé et d'au moins sept ans dans les neuf années qui précèdent le 1er janvier de l'année du recrutement pour les fonctions de professeur associé ;

2° Détenir l'un des diplômes mentionnés, pour les maîtres de conférences associés, au 1° de l'article 31 du décret n° 2018-105 du 15 février 2018 susvisé portant statut particulier du corps des professeurs et du corps des maîtres de conférences des écoles nationales supérieures d'architecture et, pour les professeurs associés, au 1° de l'article 48 du même décret ;

3° Détenir un diplôme universitaire, une qualification ou un titre étranger estimé équivalent par le conseil scientifique et pédagogique de l'établissement, mentionné aux articles 14 à 22 du décret n° 2018-109 du 15 février 2018 susvisé relatif aux écoles nationales supérieures d'architecture et modifiant le code de l'éducation, réuni en formation restreinte, et exercer ou avoir exercé des fonctions d'enseignement ou de recherche dans un établissement étranger d'enseignement supérieur ou de recherche.

Art. 2 Les nominations des professeurs et des maîtres de conférences associés des écoles d'architecture sont prononcées par le ministre chargé de l'architecture, à la demande du directeur de l'établissement et après avis favorable du conseil scientifique et pédagogique de l'établissement réuni en formation restreinte.

Art. 3 Les professeurs et maîtres de conférences associés recrutés à temps plein ne peuvent exercer simultanément une activité d'agent public.

Art. 4 Les professeurs et les maîtres de conférences associés à temps plein sont nommés pour une durée pouvant varier de six mois à trois ans. Cette nomination peut être renouvelée, dans un même établissement, dans les conditions prévues à l'article 2, pour une durée ne pouvant excéder trois ans.

Art. 5 Les obligations de service prévues au 1° du I de l'article 7 du décret n° 2018-105 du 15 février 2018 précité sont applicables aux professeurs et maîtres de conférences associés à temps plein.

Art. 6 La rémunération des professeurs et des maîtres de conférences associés à temps plein est fixée, par référence à celle des enseignants titulaires de niveau équivalent régis par le décret n° 2018-105 du 15 février 2018 précité, par arrêté du ministre chargé de l'architecture.

CHAPITRE II *Professeurs et maîtres de conférences associés à mi-temps*

Art. 7 Des personnalités françaises ou étrangères peuvent être recrutées dans les écoles nationales supérieures d'architecture en qualité de professeur ou de maître de conférences associé à mi-temps, lorsqu'elles remplissent l'une des conditions fixées à l'article 1er et exercent une activité professionnelle principale hors enseignement.

Art. 8 Les professeurs et maîtres de conférences associés à mi-temps sont nommés, selon la procédure prévue à l'article 2, pour une période pouvant varier de six mois à trois ans et qui peut être renouvelée, sans que la durée totale des fonctions ne puisse excéder neuf ans dans un même établissement.

Au terme d'une période de trois ans, la nomination peut être renouvelée au vu d'un rapport d'activité et dans les conditions prévues à l'article 2.

La durée d'emploi totale des fonctions de professeur et de maître de conférences associés à mi-temps ne peut excéder neuf années dans un même établissement.

Les professeurs et maîtres de conférences associés à mi-temps ne peuvent être nommés que dans un seul établissement.

Art. 9 Les obligations de service prévues au 1° du I de l'article 7 du décret n° 2018-105 du 15 février 2018 précité sont applicables aux professeurs et aux maîtres de conférences associés à mi-temps.

Art. 10 La rémunération des professeurs et des maîtres de conférences associés à mi-temps est fixée au prorata du volume horaire effectué et par référence à celle des enseignants titulaires de niveau équivalent régis par le décret n° 2018-105 du 15 février 2018 précité, par arrêté du ministre chargé de l'architecture.

CHAPITRE III *Professeurs et maîtres de conférences invités*

Art. 11 Dans les écoles nationales supérieures d'architecture, peuvent être recrutées à temps plein ou incomplet, en qualité de professeur ou de maître de conférences invité, des personnalités françaises ou étrangères qui exercent une activité professionnelle en lien avec les disciplines enseignées dans les écoles d'architecture ou des fonctions d'enseignement ou de recherche dans un établissement étranger d'enseignement supérieur ou de recherche.

Art. 12 Les professeurs et maîtres de conférences invités sont nommés, selon la procédure prévue à l'article 2, pour une durée pouvant varier de un mois à un an.

Art. 13 Les obligations de service prévues au 1° du I de l'article 7 du décret n° 2018-105 du 15 février 2018 précité sont applicables aux professeurs et aux maîtres de conférences invités, au prorata du volume horaire effectué pour les enseignants invités recrutés à temps incomplet.

Art. 14 La rémunération des professeurs et des maîtres de conférences invités est fixée par référence à celle des enseignants titulaires de niveau équivalent régis par le décret n° 2018-105 du 15 février 2018 précité et au prorata du volume horaire effectué pour les enseignants invités recrutés à temps incomplet, par arrêté du ministre chargé de l'architecture.

CHAPITRE IV *Dispositions transitoires et finales*

Art. 15 A titre transitoire, les enseignants associés ou invités dans les écoles d'architecture recrutés avant l'entrée en vigueur du présent décret restent régis par les dispositions du décret n° 93-368 du 12 mars 1993 relatif aux personnels enseignants associés ou invités dans les écoles d'architecture jusqu'à la fin de leur contrat de recrutement.

Les périodes d'enseignement effectuées dans le cadre d'un contrat régi par le décret du 12 mars 1993 précité sont prises en compte pour l'application des dispositions des articles 4 et 8 du présent décret relatives au renouvellement du recrutement des professeurs et maîtres de conférences associés ou invités.

Art. 16 Le décret n° 93-368 du 12 mars 1993 relatif aux personnels enseignants associés ou invités dans les écoles d'architecture est abrogé.

Art. 17 Le présent décret entre en vigueur le premier jour du mois qui suit celui de sa publication.

III PERSONNELS DE L'ENSEIGNEMENT DE L'ÉDUCATION PHYSIQUE ET SPORTIVE

Décret n° 60-403 du 22 avril 1960,

Relatif aux dispositions statutaires applicables aux chargés d'enseignement de l'éducation physique et sportive.

Art. 1er Un corps de chargés d'enseignement d'éducation physique et sportive est créé au ministère de l'éducation nationale.

CHAPITRE PREMIER *Dispositions générales*

(*Décr. n° 89-731 du 11 oct. 1989, art. 1er*)

Art. 2 Le corps des chargés d'enseignement d'éducation physique et sportive créé par l'article premier du décret du 22 avril 1960 susvisé *[n° 60-403]* est classé dans la catégorie A prévue (*Décr. n° 2017-786 du 5 mai 2017, art. 1er*) « à l'article 13 de la loi du 13 juillet 1983 » susvisée *[n° 84-16 portant dispositions relatives à la fonction publique de l'État, V.* ***C. fonct. publ.****]* et constitue un corps en voie d'extinction.

Art. 3 (*Décr. n° 93-444 du 24 mars 1993, art. 1er*) Le corps des chargés d'enseignement d'éducation physique et sportive comporte trois classes :

1. La classe normale, qui comprend onze échelons ;
2. La hors-classe, qui comprend six échelons ;
3. (*Décr. n° 97-565 du 30 mai 1997, art. 2*) « La classe exceptionnelle, qui comprend (*Décr. n° 2017-786 du 5 mai 2017, art. 14*) « six échelons ». »

L'effectif des chargés d'enseignement d'éducation physique et sportive hors classe ne peut excéder 15 p. 100 des effectifs budgétaires considérés au 1er septembre 1993.

L'effectif des chargés d'enseignement d'éducation physique et sportive de classe exceptionnelle ne peut excéder 5 p. 100 des effectifs budgétaires considérés au 1er septembre 1993 dans la limite des contingents d'emplois transformés à cet effet chaque année en loi de finances.

A compter du 1er septembre 2000, le nombre d'emplois de chargés d'enseignement d'éducation physique et sportive de classe exceptionnelle sera révisé chaque année par la loi de finances.

CHAPITRE II *Accompagnement des enseignants* (*Décr. nº 2017-786 du 5 mai 2017, art. 2*).

Art. 4 (*Décr. nº 2017-786 du 5 mai 2017, art. 3*) **Tout chargé d'enseignement d'éducation physique et sportive bénéficie d'un accompagnement continu dans son parcours professionnel.**

Individuel ou collectif, cet accompagnement répond à une demande des personnels ou à une initiative de l'administration.

CHAPITRE III *Avancement des enseignants* (*Décr. nº 2017-786 du 5 mai 2017, art. 4*).

Art. 5 *Abrogé par Décr. nº 2017-786 du 5 mai 2017, art. 6.*

Art. 6 (*Décr. nº 2017-786 du 5 mai 2017, art. 5*) **La durée du temps passé dans chacun des échelons des grades du corps des chargés d'enseignement d'éducation physique et sportive est fixée ainsi qu'il suit :**

Tableau mod. par Décr. nº 2017-786 du 5 mai 2017, art. 15.

GRADES	ÉCHELONS	DURÉE
Chargé d'enseignement d'éducation physique et sportive de classe exceptionnelle		
	6e échelon	–
	5e échelon	3 ans
	4e échelon	2 ans 6 mois
	3e échelon	2 ans 6 mois
	2e échelon	2 ans 6 mois
	1er échelon	1 an
Chargé d'enseignement d'éducation physique et sportive hors classe		
	6e échelon	–
	5e échelon	3 ans
	4e échelon	3 ans
	3e échelon	3 ans
	2e échelon	3 ans
	1er échelon	2 ans
Chargé d'enseignement d'éducation physique et sportive de classe normale		
	11e échelon	
	10e échelon	3 ans 6 mois
	9e échelon	3 ans 6 mois

GRADES	ÉCHELONS	DURÉE
	8e échelon	3 ans 6 mois
	7e échelon	3 ans
	6e échelon	3 ans
	5e échelon	3 ans
	4e échelon	2 ans 6 mois
	3e échelon	1 an 6 mois
	2e échelon	1 an 6 mois
	1er échelon	1 an

Le *(Décr. nº 2019-1554 du 30 déc. 2019, art. 19)* « recteur d'académie » prononce, pour chaque année scolaire, les promotions des chargés d'éducation physique et sportive affectés dans un établissement du second degré ou dans un établissement d'enseignement supérieur.

Le ministre prononce, pour chaque année scolaire, les promotions des chargés d'éducation physique et sportive en position de détachement, mis à disposition ou exerçant dans un service ou un établissement non placé sous l'autorité d'un recteur d'académie.

Art. 7 et 7-1 *Abrogés par Décr. nº 2017-786 du 5 mai 2017, art. 6.*

Art. 8 Dans la limite d'un contingent budgétaire d'emplois, peuvent être promus à la hors-classe des chargés d'enseignement d'éducation physique et sportive, les chargés d'enseignement d'éducation physique et sportive de classe normale ayant atteint au moins le septième échelon de leur classe.

(Décr. nº 92-811 du 18 août 1992, art. 21) « Pour les chargés d'enseignement d'éducation physique et sportive *(Décr. nº 2017-786 du 5 mai 2017, art. 7)* « affectés dans un établissement du second degré ou dans un établissement d'enseignement supérieur », le tableau d'avancement est arrêté chaque année par le *(Décr. nº 2019-1554 du 30 déc. 2019, art. 19)* « recteur d'académie » après avis de la commission administrative paritaire académique.

« Pour les chargés d'enseignement d'éducation physique et sportive *(Décr. nº 2017-786 du 5 mai 2017, art. 7)* « en position de détachement, mis à disposition ou exerçant dans un service ou un établissement non placé sous l'autorité d'un recteur d'académie », le tableau d'avancement est arrêté chaque année par le ministre chargé de l'éducation, après avis de la commission administrative paritaire nationale. »

Les promotions sont prononcées, dans l'ordre d'inscription au tableau annuel d'avancement, par le *(Décr. nº 2019-1554 du 30 déc. 2019, art. 19)* « recteur d'académie » pour les personnels *(Décr. nº 2017-786 du 5 mai 2017, art. 7)* « affectés dans un établissement du second degré ou dans un établissement d'enseignement supérieur », par le ministre pour les personnels *(Décr. nº 2017-786 du 5 mai 2017, art. 7)* « en position de détachement, mis à disposition ou exerçant dans un service ou un établissement non placé sous l'autorité d'un recteur d'académie ».

Le nombre des inscriptions sur chaque tableau d'avancement ne peut excéder de plus de 50 p. 100 le nombre des emplois budgétaires vacants.

Art. 8-1 *(Décr. nº 93-444 du 24 mars 1993, art. 3)* Dans la limite d'un contingent budgétaire d'emplois, peuvent être promus à la classe exceptionnelle de leur corps les chargés d'enseignement d'éducation physique et sportive hors-classe qui ont atteint au moins le cinquième échelon de cette classe. Le tableau d'avancement est arrêté chaque année par le *(Décr. nº 2019-1554 du 30 déc. 2019, art. 19)* « recteur d'académie », pour les personnels placés sous son autorité, après avis de la commission administrative paritaire du corps des chargés d'enseignement d'éducation physique et sportive concernée.

Pour les chargés d'enseignement d'éducation physique et sportive non placés sous l'autorité du *(Décr. nº 2019-1554 du 30 déc. 2019, art. 19)* « recteur d'académie », le tableau d'avancement est arrêté chaque année par le ministre chargé de l'éducation après avis de la commission administrative paritaire nationale.

Le nombre des inscriptions au tableau d'avancement ne peut excéder de plus de 50 p. 100 le nombre des emplois budgétaires vacants.

Dès leur nomination, les chargés d'enseignement d'éducation physique et sportive de classe exceptionnelle sont classés à l'échelon comportant un indice égal ou, à défaut, immédiatement supérieur à l'indice dont ils bénéficiaient dans la hors-classe de leur corps.

Dans la limite de l'ancienneté exigée *(Décr. n° 2017-786 du 5 mai 2017, art. 8)* « à l'article 6 » pour un avancement à l'échelon supérieur, ils conservent l'ancienneté qu'ils avaient acquise dans l'échelon de leur ancienne classe lorsque l'augmentation de traitement consécutive à leur nomination est inférieure à celle que leur aurait procurée un avancement d'échelon dans leur ancienne classe.

Toutefois, les chargés d'enseignement d'éducation physique et sportive qui avaient atteint le sixième échelon de la hors-classe conservent l'ancienneté qu'ils avaient acquise dans cet échelon, dans la limite du temps nécessaire à un avancement d'échelon dans la classe exceptionnelle de leur corps.

Art. 9 Les chargés d'enseignement d'éducation physique et sportive promus à la hors-classe sont classés, dès leur nomination, à l'échelon comportant un indice égal ou à défaut immédiatement supérieur à celui dont ils bénéficiaient dans la classe normale.

(Décr. n° 92-811 du 18 août 1992, art. 22) « Le *(Décr. n° 2019-1554 du 30 déc. 2019, art. 19)* « recteur d'académie » classe les personnels *(Décr. n° 2017-786 du 5 mai 2017, art. 9)* « affectés dans un établissement du second degré ou dans un établissement d'enseignement supérieur. »

« Le ministre classe les personnels » *(Décr. n° 2017-786 du 5 mai 2017, art. 9)* « en position de détachement, mis à disposition ou exerçant dans un service ou un établissement non placé sous l'autorité d'un recteur d'académie ».

Dans la limite de l'ancienneté exigée *(Décr. n° 2017-786 du 5 mai 2017, art. 9)* « à l'article 6 » ci-dessus pour une promotion à l'échelon supérieur, ils conservent l'ancienneté qu'ils avaient acquise dans l'échelon de leur ancienne classe lorsque l'augmentation de traitement consécutive à leur promotion est inférieure à celle que leur aurait procurée un avancement d'échelon dans leur ancienne classe.

Toutefois, les chargés d'enseignement d'éducation physique et sportive ayant atteint le onzième échelon de la classe normale conservent l'ancienneté qu'ils avaient acquise dans cet échelon dans la limite du temps nécessaire à une promotion d'échelon dans la hors-classe.

CHAPITRE IV ***Dispositions diverses*** *(Décr. n° 2017-786 du 5 mai 2017, art. 11).*

(Décr. n° 89-731 du 11 oct. 1989, art. 1er)

Art. 10 *(Décr. n° 98-915 du 13 oct. 1998, art. 1er)* La désignation des personnels qui doivent recevoir une première affectation à l'issue de leur titularisation et de ceux qui sont appelés à changer d'académie est prononcée par décision du ministre chargé de l'éducation, après avis des instances paritaires compétentes. Toutefois, les changements d'académie en cours d'année scolaire dans l'intérêt du service sont prononcés sous réserve d'examen ultérieur par les instances paritaires précitées.

Art. 10-1 *(Décr. n° 2018-303 du 25 avr. 2018, art. 1er)* Pour prononcer les affectations, il est tenu compte, dans toute la mesure compatible avec le bon fonctionnement du service, des priorités prévues par l'article 60 de la loi n° 84-16 du 11 janvier 1984 portant dispositions statutaires relatives à la fonction publique de l'État et, en outre, des critères de priorité suivants :

1° La situation de l'agent qui sollicite un rapprochement avec le détenteur de l'autorité parentale conjointe dans l'intérêt de l'enfant ;

2° La situation de l'agent affecté dans un territoire ou une zone rencontrant des difficultés particulières de recrutement ;

3° La situation de l'agent affecté dans un emploi supprimé en raison d'une modification de la carte scolaire ;

4° Le caractère répété d'une même demande de mutation ainsi que son ancienneté ;

5° L'expérience et le parcours professionnel de l'agent.

Les demandes de mutation sont classées préalablement à l'aide d'un barème rendu public.

Art. 11 L'article 61 de la loi du 11 janvier 1984 susvisée *[n° 84-16 portant dispositions relatives à la fonction publique de l'État, V. **C. fonct. publ.**]* n'est pas applicable aux chargés d'enseignement d'éducation physique et sportive.

Art. 12 Le chargé d'enseignement d'éducation physique et sportive peut être placé, sur sa demande, en position de non-activité en vue de poursuivre des études d'intérêt professionnel, pour une période d'une année scolaire renouvelable dans la limite de cinq années pendant l'ensemble de sa carrière, par arrêté du *(Décr. n° 2019-1554 du 30 déc. 2019, art. 19)* « recteur d'académie » pour le personnel placé sous son autorité ou par arrêté du ministre pour les autres personnels. Il peut aussitôt être remplacé dans son emploi.

L'enseignant placé dans cette position continue à bénéficier de ses droits à la retraite sous réserve de verser la retenue légale calculée d'après le dernier traitement d'activité. Ses droits à l'avancement sont interrompus.

Le *(Décr. n° 2019-1554 du 30 déc. 2019, art. 19)* « recteur d'académie » ou le ministre peut, à tout moment de l'année scolaire, faire procéder aux enquêtes nécessaires en vue de s'assurer que l'activité du fonctionnaire mis dans cette position de non-activité correspond réellement aux motifs pour lesquels il y a été placé.

La réintégration est de droit à l'une des trois premières vacances dans la discipline de l'intéressé.

Le fonctionnaire qui, lors de sa réintégration, refuse le poste qui lui est assigné peut être licencié après avis de la commission administrative paritaire.

Art. 12-1 *(Décr. n° 99-101 du 11 févr. 1999, art. 1er)* Pour les chargés d'enseignement d'éducation physique et sportive affectés dans des établissements ou services placés sous l'autorité du recteur d'académie, les sanctions disciplinaires définies à l'article 66 de la loi n° 84-16 du 11 janvier 1984 *[portant dispositions relatives à la fonction publique de l'État, V.* ***C. fonct. publ.****]* sont prononcées, après consultation de la commission administrative paritaire académique siégeant en conseil de discipline, dans les conditions prévues à l'article 19 de la loi n° 83-634 du 13 juillet 1983 *[portant droits et obligations des fonctionnaires, V.* ***C. fonct. publ.****]*.

Al. 2 et 3 abrogés par Décr. n° 2005-998 du 22 août 2005, art. 1er.

Le pouvoir de saisir la commission administrative paritaire académique siégeant en conseil de discipline est délégué au recteur d'académie.

Art. 12-2 *(Décr. n° 2002-318 du 27 févr. 2002, art. 1er)* Pour l'application des dispositions de l'article 17 de la loi n° 85-1371 du 23 décembre 1985 sur l'enseignement technologique et professionnel *[V. désormais C. éduc., art. L. 932-4]*, les chargés d'enseignement d'éducation physique et sportive peuvent, à leur demande et après avis de la commission administrative paritaire compétente, être placés en délégation auprès d'une entreprise développant des activités dans le domaine éducatif pour exercer des activités liées à leurs compétences pédagogiques ou à la nature de leur enseignement.

Durant la délégation, le professeur est en position d'activité. Il perçoit un traitement afférent à l'indice correspondant à l'échelon qu'il a atteint dans son corps, ainsi que l'indemnité de résidence et, le cas échéant, le supplément familial de traitement, à l'exclusion des indemnités liées aux fonctions. Le temps passé en délégation est valable pour l'ancienneté et entre en compte lors du calcul du minimum de temps requis pour postuler à une promotion de grade ou accéder à un corps hiérarchiquement supérieur. Il compte également pour la retraite et donne lieu aux retenues pour pensions civiles dans les conditions prévues à l'article L. 9 du code des pensions civiles et militaires de retraite *[V.* ***C. fonct. publ.****]*.

Art. 12-3 *(Décr. n° 2002-318 du 27 févr. 2002, art. 1er)* La délégation dans une entreprise ne peut être autorisée que si l'enseignant n'a pas été chargé au cours des cinq années précédentes soit d'exercer un contrôle sur cette entreprise, soit de participer à l'élaboration ou à la passation de marchés ou de contrats avec elle.

Art. 12-4 *(Décr. n° 2002-318 du 27 févr. 2002, art. 1er)* La délégation est prononcée par arrêté du ministre de l'éducation nationale pour une durée maximale d'un an, renouvelable une fois, sans que sa durée ne puisse excéder au total quatre années pour l'ensemble de la carrière.

La période de délégation doit coïncider avec les limites d'une année scolaire.

La délégation ne peut intervenir qu'après signature d'une convention passée entre le ministre de l'éducation nationale et l'entreprise, qui définit la nature des activités confiées aux fonctionnaires, leurs conditions d'emploi et les modalités du contrôle et de l'évaluation desdites activités. Cette convention, visée par le *(Décr. n° 2012-1247 du 7 nov. 2012, art. 49)* « contrôleur budgétaire », prévoit le remboursement par l'entreprise de la rémunération de l'intéressé et des charges sociales y afférentes. Lorsque la délégation est accordée pour la création d'une entreprise, la convention peut toutefois prévoir l'exonération de ce remboursement pendant une période qui ne peut être supérieure à six mois.

Art. 12-5 Le vice-recteur de Nouvelle-Calédonie exerce à l'égard des chargés d'enseignement d'éducation physique et sportive mis à disposition de la Nouvelle-Calédonie selon les modalités fixées par l'article 59-1 de la loi organique n° 99-209 du 19 mars 1999 relative à la Nouvelle-Calédonie les attributions dévolues aux recteurs d'académie.
(Décr. n° 2014-299 du 6 mars 2014, art. 1er) « Le vice-recteur de Polynésie française exerce à l'égard des chargés d'enseignement d'éducation physique et sportive mis à disposition de la Polynésie française selon les modalités fixées par l'article 62 de la loi organique n° 2004-192 du 27 février 2004 portant statut d'autonomie de la Polynésie française les attributions dévolues aux recteurs d'académie. »

CHAPITRE V *Dispositions transitoires* *(Décr. n° 2017-786 du 5 mai 2017, art. 11).*

(Décr. n° 89-731 du 11 oct. 1989, art. 1er)

Art. 13 Les commissions administratives paritaires du corps des chargés d'enseignement d'éducation physique et sportive, instituées par le décret du 10 octobre 1984 susvisé *[n° 84-914 relatif aux commissions administratives paritaires (CAP) de certains personnels enseignants relevant du ministère de l'éducation nationale]*, sont compétentes, jusqu'à expiration du mandat de leurs membres, pour l'examen des questions concernant les chargés d'enseignement d'éducation physique et sportive hors classe.

Art. 14 L'article 2 du décret n° 63-21 du 11 janvier 1963 relatif au concours d'accès dans le corps des chargés d'enseignement de l'éducation physique et sportive et le décret n° 68-145 du 7 février 1968 relatif aux modalités de concours pour le recrutement de chargés d'enseignement d'éducation physique et sportive sont abrogés.

Décret n° 80-627 du 4 août 1980,

Relatif au statut particulier des professeurs d'éducation physique et sportive.

Art. 1er Les professeurs d'éducation physique et sportive forment un corps régi par *(Décr. n° 2011-958 du 10 août 2011, art. 38)* « la loi n° 83-634 du 13 juillet 1983 portant droits et obligations des fonctionnaires, par la loi n° 84-16 du 11 janvier 1984 portant dispositions statutaires relatives à la fonction publique de l'État, par les décrets pris pour leur application » et par le présent décret qui fixe leur statut particulier.

CHAPITRE PREMIER *Dispositions générales*

Art. 2 Le corps des professeurs d'éducation physique et sportive est classé dans la catégorie A prévue *(Décr. n° 2017-786 du 5 mai 2017, art. 95)* « à l'article 13 de la loi du 13 juillet 1983 » susmentionnée.
(Décr. n° 98-916 du 13 oct. 1998, art. 9) Ses membres sont nommés par arrêté du ministre chargé de l'éducation.

Art. 3 *(Décr. n° 2017-786 du 5 mai 2017, art. 96)* Le corps des professeurs d'éducation physique et sportive comporte trois grades :
1° La classe normale qui comprend onze échelons ;
2° La hors-classe qui comprend *(Décr. n° 2017-786 du 5 mai 2017, art. 112)* « sept échelons » ;
3° La classe exceptionnelle qui comprend quatre échelons et un échelon spécial.

Art. 4 *(Décr. n° 2007-1295 du 31 août 2007 ; Décr. n° 89-671 du 18 sept. 1989, art. 2)* Les professeurs d'éducation physique et sportive participent aux actions d'éducation, principalement en assurant l'enseignement de leur discipline dans les établissements du second degré, dans les établissements d'enseignement supérieur et dans les établissements de formation du ministère de l'éducation nationale. Dans ce cadre, ils assurent le suivi individuel et l'évaluation des élèves et contribuent à les conseiller dans le choix de leur projet d'orientation. Les professeurs d'éducation physique et sportive peuvent exercer une mission de conseiller auprès des maîtres du premier degré. Ils participent à la formation, l'entraînement et l'animation sportifs.

CHAPITRE II *Recrutement*

Art. 5 *(Décr. n° 89-573 du 16 août 1989, art. 1er)* Les professeurs d'éducation physique et sportive sont recrutés :

1° Parmi les candidats qui ont satisfait aux épreuves du certificat d'aptitude au professorat d'éducation physique et sportive ;

2° *Abrogé par Décr. n° 2019-1043 du 10 oct. 2019, art. 2.*

Art. 5-1 *Abrogé par Décr. n° 2009-916 du 28 juill. 2009, art. 2.*

Art. 5-2 *(Décr. n° 2019-595 du 14 juin 2019, art. 19)* « Le nombre des emplois offerts au concours externe spécial ne peut être supérieur à 10 % du nombre total des emplois mis aux deux concours externes. » *(Décr. n° 2002-436 du 29 mars 2002, art. 13)* Le nombre des emplois offerts au concours interne ne peut être supérieur à 50 p. 100 du nombre total des emplois mis *(Décr. n° 2019-595 du 14 juin 2019, art. 19)* « aux concours externes » et au concours interne. Le nombre des emplois offerts aux candidats au troisième concours ne peut être supérieur à 10 p. 100 du nombre total des emplois mis aux *(Décr. n° 2019-595 du 14 juin 2019, art. 19)* « quatre » concours. Toutefois, les emplois mis aux concours qui ne sont pas pourvus par la nomination de candidats de la catégorie correspondante peuvent être attribués aux candidats des autres concours, dans la limite de 20 p. 100 du total des places mises à ces concours.

Art. 5-3 *(Décr. n° 2013-768 du 23 août 2013, art. 22)* I. — Peuvent se présenter au concours externe :

1° Les candidats justifiant de la détention de la licence en sciences et techniques des activités physiques et sportives ou d'un titre ou diplôme reconnu équivalent par le ministre chargé de l'éducation, et d'une inscription en première année d'études en vue de l'obtention d'un master ou d'un titre ou diplôme reconnu équivalent par le ministre chargé de l'éducation ;

2° Les candidats justifiant de la détention de la licence en sciences et techniques des activités physiques et sportives ou d'un titre ou diplôme reconnu équivalent par le ministre chargé de l'éducation, et remplissant les conditions pour s'inscrire en dernière année d'études en vue de l'obtention d'un master ou d'un titre ou diplôme reconnu équivalent par le ministre chargé de l'éducation ;

3° Les candidats justifiant de la détention de la licence en sciences et techniques des activités physiques et sportives ou d'un titre ou diplôme reconnu équivalent par le ministre chargé de l'éducation, et d'une inscription en dernière année d'études en vue de l'obtention d'un master ou d'un titre ou diplôme reconnu équivalent par le ministre chargé de l'éducation ;

4° Les candidats justifiant de la détention de la licence en sciences et techniques des activités physiques et sportives ou d'un titre ou diplôme reconnu équivalent par le ministre chargé de l'éducation, et d'un master ou d'un titre ou diplôme reconnu équivalent par le ministre chargé de l'éducation.

Pour être nommés dans le corps des professeurs d'éducation physique et sportive, les candidats ayant subi avec succès les épreuves du concours externe doivent justifier d'une inscription en dernière année d'études en vue de l'obtention d'un master métiers de l'enseignement, de l'éducation et de la formation.

Les candidats reçus au concours et qui ne peuvent justifier d'une telle inscription lors de la rentrée suivant leur réussite au concours gardent le bénéfice de celui-ci jusqu'à la rentrée scolaire suivante. S'ils justifient alors d'une telle inscription, ils peuvent être nommés en qualité de fonctionnaires stagiaires. Dans le cas contraire, ils perdent le bénéfice du concours et ne peuvent être nommés.

Toutefois, les candidats ayant subi avec succès les épreuves du concours externe prévu au I qui justifient de la détention d'un master ou d'un titre ou diplôme reconnu équivalent par le ministre chargé de l'éducation sont nommés sans avoir à remplir la condition mentionnée au sixième alinéa du présent article. Ils suivent la formation mentionnée à l'article 5-7 du présent décret.

Pour être titularisés dans le corps des professeurs d'éducation physique et sportive dans les conditions prévues à l'article 5-7 du présent décret, les candidats ayant subi avec succès les épreuves du concours externe doivent justifier de la détention d'un master ou d'un titre ou diplôme reconnu équivalent par le ministre chargé de l'éducation. Pour ceux estimés aptes à être titularisés qui ne détiendraient pas au moment de leur titularisation un master ou un titre ou diplôme reconnu équivalent par le ministre chargé de l'éducation, la durée de leur stage est prorogée d'une année. S'ils justifient à l'issue de cette prolongation de la détention d'un tel titre ou diplôme, ils sont titularisés. Dans le cas contraire, ils sont licenciés ou réintégrés dans leur corps, cadre d'emplois ou emploi d'origine s'ils avaient déjà la qualité de fonctionnaire.

(Décr. n° 2019-595 du 14 juin 2019, art. 20) « I *bis.* — Peuvent se présenter au concours externe spécial les candidats justifiant de la détention de la licence en sciences et techniques des activités physiques et sportives ou d'un titre ou diplôme reconnu équivalent par le ministre chargé de l'éducation et justifiant de la détention du diplôme de doctorat défini à l'article L. 612-7 du code de l'éducation. »

II. — Peuvent se présenter au concours interne :

1° Les fonctionnaires de l'État, des collectivités territoriales et des établissements publics qui en dépendent, y compris ceux mentionnés à l'article 2 de la loi n° 86-33 du 9 janvier 1986 portant dispositions statutaires relatives à la fonction publique hospitalière, et les militaires justifiant, les uns et les autres, de trois années de services publics ;

2° Les enseignants titulaires justifiant de trois années de services publics ;

3° Les enseignants non titulaires des établissements d'enseignement publics ou privés sous contrat d'association ainsi que les candidats ayant eu cette même qualité pendant tout ou partie de la période comprise entre le 1er septembre de l'une des six dernières années scolaires et la date de publication des résultats d'admissibilité au concours et les enseignants non titulaires assurant un enseignement du second degré dans les établissements scolaires français à l'étranger définis à l'article R. 451-2 du code de l'éducation. L'ensemble des candidats doit justifier de trois années de services publics ou de services d'enseignement dans les établissements scolaires français à l'étranger ;

4° Les assistants d'éducation recrutés en application de l'article L. 916-1 du code de l'éducation, les maîtres d'internat et surveillants d'externat des établissements d'enseignement publics relevant du ministre chargé de l'éducation et les candidats ayant eu l'une de ces qualités pendant tout ou partie de la période comprise entre le 1er septembre de l'une des six dernières années scolaires et la date de publication des résultats d'admissibilité au concours. L'ensemble des candidats doit justifier de trois années de services publics ;

5° Les candidats ayant accompli des services dans une administration, un organisme ou un établissement dans les conditions fixées au troisième alinéa du 2° de l'article 19 de la loi n° 84-16 du 11 janvier 1984 portant dispositions statutaires relatives à la fonction publique de l'État et qui justifient, selon la nature juridique du lien qui les unit à leur employeur dans leur État membre d'origine, telle que définie par le décret n° 2010-311 du 22 mars 2010 relatif aux modalités de recrutements et d'accueil des ressortissants des États membres de l'Union européenne ou d'un autre État partie à l'accord sur l'Espace économique européen dans un corps, un cadre d'emplois ou un emploi de la fonction publique française, des conditions prévues soit au 1° ou au 2° du II du présent article, pour les agents que ledit décret assimile à des fonctionnaires, soit au 3° du II du présent article pour les autres agents.

Pour se présenter au concours interne, les candidats doivent justifier de la détention d'une licence en sciences et techniques des activités physiques et sportives ou d'un titre ou diplôme reconnu équivalent par le ministre chargé de l'éducation.

Les candidats mentionnés au 2° du II du présent article ne sont pas soumis à l'obligation mentionnée au septième alinéa du II du présent article.

III. — Peuvent se présenter au troisième concours les candidats justifiant de l'exercice, pendant une durée de cinq ans au moins, d'une ou de plusieurs des activités professionnelles mentionnées au 3° de l'article 19 de la loi n° 84-16 du 11 janvier 1984 portant dispositions statutaires relatives à la fonction publique de l'État.

IV. — Lorsqu'il n'en est pas disposé autrement, les conditions requises des candidats aux concours *(Décr. n° 2019-595 du 14 juin 2019, art. 20)* « mentionnés aux I, I *bis,* » II et III du présent article s'apprécient à la date de publication des résultats d'admissibilité aux concours.

Art. 5-4 *Abrogé par Décr. n° 2002-436 du 29 mars 2002, art. 15.*

Art. 5-5 *(Décr. n° 2007-187 du 12 févr. 2007, art. 34)* Le concours externe *(Décr. n° 2019-595 du 14 juin 2019, art. 21)* « , concours externe spécial », le concours interne et le troisième concours comportent des épreuves d'admissibilité et des épreuves d'admission dont les modalités sont fixées par arrêté conjoint du ministre chargé de l'éducation et du ministre chargé de la fonction publique.

Art. 5-6 *(Décr. n° 2013-768 du 23 août 2013, art. 23)* Pour chaque concours le jury établit par ordre de mérite la liste des candidats admis. Il établit une liste complémentaire afin de permettre le remplacement des candidats inscrits sur la liste principale qui ne peuvent pas être nommés ou, éventuellement, de pourvoir des vacances d'emplois survenant dans l'intervalle de deux concours. Le nombre des nominations de candidats inscrits sur les listes complémentaires ne peut excéder le nombre total des emplois offerts.

Art. 5-7 *(Décr. n° 2009-916 du 28 juill. 2009, art. 4)* Les candidats reçus aux concours prévus à l'article 5-5 et remplissant les conditions de nomination dans le corps sont nommés fonctionnaires stagiaires et affectés pour la durée du stage dans une académie par le ministre chargé de l'éducation.

(Décr. n° 2013-768 du 23 août 2013, art. 24) « Le stage a une durée d'un an. Au cours de leur stage, les professeurs stagiaires bénéficient d'une formation organisée, dans le cadre des orientations définies par l'État, par un établissement d'enseignement supérieur, visant l'acquisition des compétences nécessaires à l'exercice du métier. Cette formation alterne des périodes de mise en situation professionnelle dans un établissement scolaire et des périodes de formation au sein de l'établissement d'enseignement supérieur. Elle est accompagnée d'un tutorat et peut être adaptée pour tenir compte du parcours antérieur des professeurs stagiaires.

« Les modalités du stage et les conditions de son évaluation par un jury sont arrêtées conjointement par le ministre chargé de l'éducation et par le ministre chargé de la fonction publique. »

A l'issue du stage, la titularisation est prononcée par le recteur de l'académie dans le ressort de laquelle le stage est accompli, sur proposition du jury. La titularisation confère le certificat d'aptitude au professorat d'éducation physique et sportive.

Les prolongations éventuelles du stage sont prononcées par le recteur de l'académie dans le ressort de laquelle le stage est effectué.

Les stagiaires qui n'ont pas été titularisés peuvent être autorisés par le recteur de l'académie dans le ressort de laquelle ils ont effectué leur stage à effectuer une seconde année de stage à l'issue de laquelle ils sont titularisés dans les conditions fixées au *(Décr. n° 2013-768 du 23 août 2013, art. 24-3°)* « quatrième » alinéa.

Les stagiaires qui n'ont pas été autorisés à effectuer une seconde année de stage ou qui, à l'issue de la seconde année de stage, n'ont pas été titularisés sont soit *(Décr. n° 2017-786 du 5 mai 2017, art. 97)* « licenciés par le ministre chargé de l'éducation nationale », soit réintégrés dans leur corps *(Décr. n° 2010-1006 du 26 août 2006, art. 23-2°)* « ou cadre d'emplois » d'origine s'ils avaient la qualité de fonctionnaire.

Art. 6 à 6-3 *Abrogés par Décr. n° 2019-1043 du 10 oct. 2019, art. 2.*

Art. 7 *(Décr. n° 89-573 du 16 août 1989, art. 4)* Les professeurs d'éducation physique et sportive stagiaires possédant déjà la qualité de fonctionnaire titulaire de l'État, des collectivités territoriales ou des établissements publics qui en dépendent sont placés en position de détachement pour la durée du stage.

Art. 7-1 *(Décr. n° 89-573 du 16 août 1989, art. 5)* Le temps accompli en qualité de stagiaire dans les conditions prévues *(Décr. n° 2019-1043 du 10 oct. 2019, art. 2)* « à l'article 5-7 » du présent décret est pris en compte dans la limite d'une année pour le calcul de l'ancienneté dans le corps des professeurs d'éducation physique et sportive.

Art. 8 *(Décr. n° 93-76 du 18 janv. 1993, art. 5)* Les professeurs d'éducation physique et sportive stagiaires recrutés par concours sont classés, à la date de leur nomination en qualité de stagiaire, selon les dispositions du décret du 5 décembre 1951 susvisé *[n° 51-1423 fixant les règles suivant lesquelles doit être déterminée l'ancienneté du personnel nommé dans l'un des corps de fonctionnaires de l'enseignement relevant du ministère de l'éducation nationale]*.

(Décr. n° 2019-595 du 14 juin 2019, art. 22) « Les professeurs d'éducation physique et sportive recrutés en application des dispositions du I *bis* de l'article 5-3 du présent décret bénéficient d'une bonification d'ancienneté de deux ans au titre de la période de préparation du doctorat. Lorsque la période de préparation du doctorat a été accomplie sous contrat de travail, les services accomplis dans ce cadre sont pris en compte, selon les modalités prévues à l'article 11-5 du décret du 5 décembre 1951 précité pour la part de leur durée excédant deux ans. Une même période ne peut être prise en compte qu'une seule fois. »

(Décr. n° 2002-436 du 29 mars 2002, art. 17) « Les professeurs d'éducation physique et sportive recrutés en application des dispositions du *(Décr. n° 2013-768 du 23 août 2013, art. 25)* « III » de l'article 5-3 du présent décret bénéficient, sur leur demande, d'une bonification d'ancienneté d'une durée :

« – d'un an, lorsque la durée des activités professionnelles définies *(Décr. n° 2009-916 du 28 juill. 2009, art. 5)* « au 4° du II et au III » de l'article 5-3 dont ils justifient, est inférieure à six ans ;

« – de deux ans, lorsque cette durée est comprise entre six ans et neuf ans ;

« – de trois ans, lorsqu'elle est de neuf ans et plus.

« Ceux des agents issus du troisième concours qui avaient la qualité de fonctionnaire ou d'agent non titulaire préalablement à leur nomination, peuvent opter entre la bonification prévue au *(Décr. nº 2013-768 du 23 août 2013, art. 25)* « deuxième » alinéa du présent article et la prise en compte de l'ancienneté acquise au titre des services antérieurs, en application des dispositions du premier alinéa du présent article. »

Art. 8-1 *Abrogé par Décr. nº 2019-1043 du 10 oct. 2019, art. 2.*

Art. 8-2 *(Décr. nº 93-76 du 18 janv. 1993, art. 6)* Pour l'application des dispositions *(Décr. nº 2019-1043 du 10 oct. 2019, art. 2)* « de l'article 8 » ci-dessus, les professeurs d'éducation physique et sportive affectés dans un établissement ou un service placé sous l'autorité d'un recteur d'académie ou affectés dans un établissement d'enseignement supérieur sont classés par ledit recteur.

Le coefficient caractéristique 135 est attribué au corps des professeurs d'éducation physique et sportive.

CHAPITRE III ***Accompagnement des enseignants*** *(Décr. nº 2017-786 du 5 mai 2017, art. 98).*

Art. 9 *(Décr. nº 2017-786 du 5 mai 2017, art. 99)* Tout professeur d'éducation physique et sportive bénéficie d'un accompagnement continu dans son parcours professionnel.

Individuel ou collectif, cet accompagnement répond à une demande des personnels ou à une initiative de l'administration.

CHAPITRE IV ***Appréciation de la valeur professionnelle et avancement*** *(Décr. nº 2017-786 du 5 mai 2017, art. 100).*

Art. 9-1 *(Décr. nº 2017-786 du 5 mai 2017, art. 101)* Les dispositions du décret nº 2010-888 du 28 juillet 2010 relatif aux conditions générales de l'appréciation de la valeur professionnelle des fonctionnaires de l'État ne sont pas applicables aux professeurs d'éducation physique et sportive.

Art. 9-2 *(Décr. nº 2017-786 du 5 mai 2017, art. 101)* I. – Le recteur d'académie est l'autorité compétente pour évaluer, examiner les demandes de révision de l'appréciation finale de la valeur professionnelle, prononcer les promotions, attribuer les bonifications d'ancienneté, arrêter les tableaux d'avancement et classer :

1° Les professeurs d'éducation physique et sportive affectés dans un établissement d'enseignement du second degré ;

2° Les professeurs d'éducation physique et sportive affectés dans un établissement d'enseignement supérieur ;

3° Les professeurs d'éducation physique et sportive exerçant dans un service ou établissement non mentionnés au 1° ou au 2° et placés sous l'autorité d'un *(Décr. nº 2019-1554 du 30 déc. 2019, art. 19)* « recteur d'académie ».

II. – Le ministre chargé de l'éducation nationale est l'autorité compétente pour évaluer, examiner les demandes de révision de l'appréciation finale de la valeur professionnelle, prononcer les promotions, attribuer les bonifications d'ancienneté, arrêter les tableaux d'avancement et classer les professeurs d'éducation physique et sportive en position de détachement, mis à disposition ou exerçant dans un service ou établissement non mentionnés au I du présent article et non placés sous l'autorité d'un *(Décr. nº 2019-1554 du 30 déc. 2019, art. 19)* « recteur d'académie ».

Art. 9-3 *(Décr. nº 2017-786 du 5 mai 2017, art. 101)* Le professeur d'éducation physique et sportive bénéficie de trois rendez-vous de carrière dont l'objectif est d'apprécier la valeur professionnelle de l'intéressé. Ils ont lieu lorsque au 31 août de l'année scolaire en cours :

1° Pour le premier rendez-vous, le professeur d'éducation physique et sportive est dans la deuxième année du 6e échelon de la classe normale ;

2° Pour le deuxième rendez-vous, le professeur d'éducation physique et sportive justifie d'une ancienneté comprise entre 18 et 30 mois dans le 8e échelon de la classe normale ;

3° Pour le troisième rendez-vous, le professeur d'éducation physique et sportive est dans la deuxième année du 9e échelon de la classe normale.

Art. 9-4 *(Décr. nº 2017-786 du 5 mai 2017, art. 101)* Le rendez-vous de carrière comprend :

1° Une inspection, un entretien avec l'inspecteur qui a conduit l'inspection et un entretien avec le chef de l'établissement dans lequel il est affecté pour les professeurs d'éducation physique et sportive affectés mentionnés au 1° du I de l'article 9-2 ;

2° Un entretien avec l'autorité auprès de laquelle l'enseignant exerce ses fonctions pour les professeurs d'éducation physique et sportive mentionnés au 2° du I de l'article 9-2 ainsi que ceux mentionnés au II de l'article 9-2 et exerçant une fonction d'enseignement ;

3° Un entretien avec le supérieur hiérarchique direct de l'enseignant pour les professeurs d'éducation physique et sportive mentionnés au 3° du I de l'article 9-2 ainsi que ceux mentionnés au II de l'article 9-2 et n'exerçant pas une fonction d'enseignement.

Art. 9-5 *(Décr. n° 2017-786 du 5 mai 2017, art. 101)* Le rendez-vous de carrière donne lieu à l'établissement d'un compte rendu.

L'appréciation finale de la valeur professionnelle qui figure au compte rendu est arrêtée par l'autorité compétente mentionnée à l'article 9-2.

Art. 9-6 *(Décr. n° 2017-786 du 5 mai 2017, art. 101)* Les modalités d'évaluation de la valeur professionnelle ainsi que les modalités d'élaboration et de communication du compte rendu sont définies par un arrêté du ministre chargé de l'éducation nationale.

Art. 9-7 *(Décr. n° 2017-786 du 5 mai 2017, art. 101)* Le professeur d'éducation physique et sportive peut saisir l'autorité compétente d'une demande de révision de l'appréciation finale de la valeur professionnelle *(Décr. n° 2019-595 du 14 juin 2019, art. 23)* « dans un délai de 30 jours francs suivant sa notification ».

L'autorité compétente dispose d'un délai de 30 jours francs pour réviser l'appréciation finale de la valeur professionnelle. L'absence de réponse équivaut à un refus de révision.

La commission administrative paritaire compétente peut, sur requête de l'intéressé et sous réserve qu'il ait au préalable exercé le recours mentionné au premier alinéa, demander à l'autorité compétente la révision de l'appréciation finale de la valeur professionnelle. La commission administrative paritaire compétente doit être saisie dans un délai de 30 jours francs suivant la réponse de l'autorité hiérarchique dans le cadre du recours.

L'autorité compétente notifie au professeur d'éducation physique et sportive l'appréciation finale définitive de la valeur professionnelle.

Art. 10 *Abrogé par Décr. n° 2017-786 du 5 mai 2017, art. 102.*

Art. 11 *(Décr. n° 2017-786 du 5 mai 2017, art. 103)* I. — La durée du temps passé dans chacun des échelons des grades du corps des professeurs d'éducation physique et sportive est fixée, sous réserve des dispositions du II, ainsi qu'il suit :

Tableau mod. par Décr. n° 2017-786 du 5 mai 2017, art. 113.

GRADES	ÉCHELONS	DURÉE
Professeurs d'éducation physique et sportive de classe exceptionnelle		
	Spécial	—
	4e échelon	—
	3e échelon	2 ans 6 mois
	2e échelon	2 ans
	1er échelon	2 ans
Professeurs d'éducation physique et sportive hors classe		
	7e échelon	—
	6e échelon	3 ans
	5e échelon	3 ans
	4e échelon	2 ans 6 mois
	3e échelon	2 ans 6 mois
	2e échelon	2 ans
	1er échelon	2 ans

GRADES	ÉCHELONS	DURÉE
Professeurs d'éducation physique et sportive de classe normale		
	11e échelon	–
	10e échelon	4 ans
	9e échelon	4 ans
	8e échelon	3 ans 6 mois
	7e échelon	3 ans
	6e échelon	3 ans
	5e échelon	2 ans 6 mois
	4e échelon	2 ans
	3e échelon	2 ans
	2e échelon	1 an
	1er échelon	1 an

L'autorité compétente mentionnée à l'article 9-2 prononce, pour chaque année scolaire, les promotions des professeurs d'éducation physique et sportive.

II. — Les anciennetés détenues dans les 6e et 8e échelons de la classe normale peuvent être bonifiées d'un an.

L'autorité compétente établit, pour chaque année scolaire, d'une part, la liste des professeurs d'éducation physique et sportive qui sont dans la deuxième année du 6e échelon de la classe normale et, d'autre part, la liste des professeurs d'éducation physique et sportive qui justifient d'une ancienneté dans le 8e échelon de la classe normale comprise entre 18 et 30 mois.

L'autorité compétente attribue les bonifications d'ancienneté après avis de la commission administrative paritaire compétente à hauteur de 30 % de l'effectif des professeurs inscrits sur chacune de ces deux listes.

(Décr. n° 2019-595 du 14 juin 2019, art. 24) « Pour chaque liste, lorsque le nombre de bonifications attribuées n'est pas un entier, la décimale est ajoutée au nombre calculé au titre de l'année suivante. Le nombre de bonifications attribuées au cours de ces deux années ne peut dépasser 30 % de l'effectif des professeurs d'éducation physique et sportive inscrits sur la liste au cours de cette même période. »

III. — Peuvent accéder au choix à l'échelon spécial du grade de professeur d'éducation physique et sportive de classe exceptionnelle, dans la limite d'un pourcentage des effectifs de ce grade fixé par arrêté conjoint du ministre chargé de l'éducation nationale, du ministre chargé de la fonction publique et du ministre chargé du budget, les professeurs d'éducation physique et sportive inscrits sur un tableau d'avancement ayant au moins 3 ans d'ancienneté au 4e échelon de leur grade.

Selon des orientations définies par le ministre chargé de l'éducation nationale, le tableau d'avancement est arrêté chaque année par l'autorité compétente.

Les promotions sont prononcées, dans l'ordre d'inscription au tableau annuel d'avancement, par cette même autorité.

Art. 12 *Abrogé par Décr. n° 2017-786 du 5 mai 2017, art. 102.*

Art. 13 *(Décr. n° 2017-786 du 5 mai 2017, art. 104)* Les professeurs d'éducation physique et sportive peuvent être promus professeurs d'éducation physique et sportive hors classe lorsqu'ils comptent, au 31 août de l'année au titre de laquelle le tableau d'avancement est établi, au moins 2 ans d'ancienneté dans le 9e échelon de la classe normale.

Selon des orientations définies par le ministre chargé de l'éducation nationale, le tableau d'avancement est arrêté chaque année par l'autorité compétente, après avis de la commission administrative paritaire compétente.

Le nombre maximum de professeurs d'éducation physique et sportive pouvant être promus chaque année à la hors-classe est déterminé conformément aux dispositions du décret n° 2005-1090 du 1er septembre 2005 relatif à l'avancement de grade dans les corps des administrations de l'État.

Les promotions sont prononcées, dans l'ordre d'inscription au tableau annuel d'avancement, par l'autorité compétente.

Art. 14 *(Décr. n° 2017-786 du 5 mai 2017, art. 105)* Les professeurs d'éducation physique et sportive promus à la hors-classe sont classés, dès leur nomination, à l'échelon comportant un indice égal ou à défaut immédiatement supérieur à celui dont ils bénéficiaient dans la classe normale.

L'autorité compétente classe les personnels mentionnés à l'article 9-2.

Dans la limite de l'ancienneté exigée à l'article 11 pour une promotion à l'échelon supérieur, les intéressés conservent l'ancienneté qu'ils avaient acquise dans l'échelon de leur ancien grade lorsque l'augmentation de traitement consécutive à leur promotion est inférieure à celle que leur aurait procurée un avancement d'échelon dans leur ancien grade.

Par dérogation à l'alinéa précédent, les agents situés au 9e échelon de la classe normale à la date de leur promotion sont classés au 2e échelon de leur nouveau grade, avec conservation de l'ancienneté acquise au-delà de 2 ans dans leur échelon d'origine.

Les professeurs d'éducation physique et sportive ayant atteint le 11e échelon de la classe normale conservent l'ancienneté qu'ils avaient acquise dans cet échelon dans la limite du temps nécessaire à une promotion d'échelon dans la hors-classe.

Toutefois, les professeurs d'éducation physique et sportive rangés dans le deuxième groupe mentionné à l'article 9 du décret du 5 décembre 1951 susvisé et ayant atteint le 10e ou le 11e échelon sont classés respectivement au 4e ou au 5e échelon de la hors-classe. Ils conservent l'ancienneté d'échelon qu'ils avaient acquise dans la limite du temps nécessaire à une promotion d'échelon dans la hors-classe.

Art. 15 *(Décr. n° 2017-786 du 5 mai 2017, art. 106)* I. – *(Décr. n° 2021-1053 du 6 août 2021, art. 5)* « Peuvent être promus au grade de professeur d'éducation physique et sportive de classe exceptionnelle, au choix, par voie d'inscription à un tableau annuel d'avancement, les professeurs d'éducation physique et sportive qui, à la date d'établissement de ce tableau, ont atteint au moins le 3e échelon de la hors-classe et justifient de huit années :

« 1° Dans des fonctions particulières, notamment au regard des responsabilités exercées, de direction, de coordination, d'accompagnement ou de formation au sein d'un ou de plusieurs corps enseignants, d'éducation ou de psychologue relevant du ministère de l'éducation nationale ;

« 2° Ou dans des fonctions accomplies au sein de l'un ou de plusieurs de ces mêmes corps dans un établissement d'enseignement supérieur ou une classe préparatoire aux grandes écoles ou dans un territoire ou lieu d'exercice caractérisé par des difficultés éducatives, économiques ou sociales. »

La liste de ces fonctions est fixée par arrêté du ministre chargé de l'éducation nationale et du ministre chargé de la fonction publique.

II. – Par dérogation aux dispositions du décret n° 2005-1090 du 1er septembre 2005 relatif à l'avancement de grade dans les corps des administrations de l'État, le nombre de promotions au grade de professeur d'éducation physique et sportive de classe exceptionnelle est contingenté dans la limite d'un pourcentage appliqué à l'effectif du corps des professeurs d'éducation physique et sportive considérés au 31 août de l'année au titre de laquelle sont prononcées les promotions.

Le pourcentage mentionné à l'alinéa précédent est fixé par arrêté conjoint du ministre chargé de l'éducation nationale, du ministre chargé du budget et du ministre chargé de la fonction publique.

III. – Dans la limite de 20 % du nombre des promotions annuelles mentionné au II, peuvent également être promus au grade de professeur d'éducation physique et sportive de classe exceptionnelle au choix, par voie d'inscription au tableau annuel d'avancement, les professeurs d'éducation physique et sportive qui, ayant atteint au moins le *(Décr. n° 2017-786 du 5 mai 2017, art. 114)* « 7e échelon » de la hors-classe, ont fait preuve d'une valeur professionnelle exceptionnelle au regard de l'ensemble de leur carrière.

IV. – Selon des orientations définies par le ministre chargé de l'éducation nationale, le tableau d'avancement est arrêté chaque année par l'autorité compétente.

Les promotions sont prononcées, dans l'ordre d'inscription au tableau annuel d'avancement, par cette même autorité.

Art. 15-1 *(Décr. n° 2017-786 du 5 mai 2017, art. 106)* Les professeurs d'éducation physique et sportive promus à la classe exceptionnelle sont classés, dès leur nomination, à l'échelon comportant un indice égal ou à défaut immédiatement supérieur à celui dont ils bénéficiaient dans la hors-classe.

L'autorité compétente classe les personnels mentionnés à l'article 9-2.

Dans la limite de l'ancienneté exigée à l'article 11 pour une promotion à l'échelon supérieur, les intéressés conservent l'ancienneté qu'ils avaient acquise dans l'échelon de leur ancien grade lorsque l'augmentation de traitement consécutive à leur promotion est inférieure à celle que leur aurait procurée un avancement d'échelon dans leur ancien grade.

Les professeurs d'éducation physique et sportive ayant atteint le *(Décr. n° 2017-786 du 5 mai 2017, art. 114)* « 7e échelon » de la hors-classe conservent l'ancienneté qu'ils avaient acquise dans cet échelon dans la limite du temps nécessaire à une promotion d'échelon dans la classe exceptionnelle.

CHAPITRE V *Discipline* *(Décr. n° 2017-786 du 5 mai 2017, art. 107).*

Art. 16 *(Décr. n° 99-101 du 11 févr. 1999, art. 7)* Pour les professeurs d'éducation physique et sportive affectés dans des établissements ou services placés sous l'autorité du recteur d'académie, les sanctions disciplinaires définies à l'article 66 de la loi n° 84-16 du 11 janvier 1984 *[portant dispositions statutaires relatives à la fonction publique de l'État, V.* **C. fonct. publ.***]* sont prononcées, après consultation de la commission administrative paritaire académique siégeant en conseil de discipline, dans les conditions prévues à l'article 19 de la loi n° 83-634 du 13 juillet 1983 *[portant droits et obligations des fonctionnaires, V.* **C. fonct. publ.***]* :

Le pouvoir de saisir la commission administrative paritaire académique siégeant en conseil de discipline est délégué au recteur d'académie.

CHAPITRE VI *Dispositions diverses* *(Décr. n° 2017-786 du 5 mai 2017, art. 107).*

Art. 17 *(Décr. n° 98-915 du 13 oct. 1998, art. 11)* La désignation des personnels qui doivent recevoir une première affectation à l'issue de leur titularisation et de ceux qui sont appelés à changer d'académie est prononcée par décision du ministre chargé de l'éducation, après avis des instances paritaires compétentes. Toutefois, les changements d'académie en cours d'année scolaire dans l'intérêt du service sont prononcés sous réserve d'examen ultérieur par les instances paritaires précitées.

Art. 17-1 *(Décr. n° 2018-303 du 25 avr. 2018, art. 2)* Pour prononcer les affectations, il est tenu compte, dans toute la mesure compatible avec le bon fonctionnement du service, des priorités prévues par l'article 60 de la loi du 11 janvier 1984 précitée et, en outre, des critères de priorité suivants :

1° La situation de l'agent qui sollicite un rapprochement avec le détenteur de l'autorité parentale conjointe dans l'intérêt de l'enfant ;

2° La situation de l'agent affecté dans un territoire ou une zone rencontrant des difficultés particulières de recrutement ;

3° La situation de l'agent affecté dans un emploi supprimé en raison d'une modification de la carte scolaire ;

4° Le caractère répété d'une même demande de mutation ainsi que son ancienneté ;

5° L'expérience et le parcours professionnel de l'agent.

Les demandes de mutation sont classées préalablement à l'aide d'un barème rendu public.

Art. 18 *(Décr. n° 2013-768 du 23 août 2013, art. 27)* « L'article 61 de la loi du 11 janvier 1984 » n'est pas applicable au corps des professeurs d'éducation physique et sportive.

Art. 19 *(Décr. n° 89-671 du 18 sept. 1989, art. 5)* « Le professeur d'éducation physique et sportive peut être placé, sur sa demande, en position de non-activité en vue de poursuivre ou de parfaire des études d'intérêt professionnel, pour une période d'une année scolaire renouvelable dans la limite de cinq années pendant l'ensemble de sa carrière, par arrêté du *(Décr. n° 2019-1554 du 30 déc. 2019, art. 19)* « recteur d'académie » pour le personnel placé sous son autorité ou par arrêté du ministre pour les autres personnels. Il peut aussitôt être remplacé dans son emploi.

« Le professeur d'éducation physique et sportive, placé dans cette position, continue à bénéficier de ses droits à la retraite sous réserve de verser la retenue légale calculée d'après le dernier traitement d'activité. Ses droits à l'avancement sont interrompus.

« Le *(Décr. n° 2019-1554 du 30 déc. 2019, art. 19)* « recteur d'académie » ou le ministre peut, à tout moment de l'année scolaire, faire procéder aux enquêtes nécessaires en vue de s'assurer que l'activité du fonctionnaire mis dans cette position de non-activité correspond réellement aux motifs pour lesquels il y a été placé. »

La réintégration est de droit à l'une des trois premières vacances.

Le fonctionnaire qui, lors de sa réintégration, refuse le poste qui lui est assigné, peut être licencié après avis de la commission administrative paritaire nationale.

Art. 19-1 *(Décr. n° 2002-318 du 27 févr. 2002, art. 7)* Pour l'application des dispositions de l'*(Décr. n° 2011-958 du 10 août 2011, art. 39)* « article L. 932-4 du code de l'éducation », les professeurs d'éducation physique et sportive peuvent, à leur demande et après avis de la commission administrative paritaire compétente, être placés en délégation auprès d'une entreprise développant des activités dans le domaine éducatif pour exercer des activités liées à leurs compétences pédagogiques ou à la nature de leur enseignement.

Durant la délégation, le professeur est en position d'activité. Il perçoit un traitement afférent à l'indice correspondant à l'échelon qu'il a atteint dans son corps, ainsi que l'indemnité de résidence et, le cas échéant, le supplément familial de traitement, à l'exclusion des indemnités liées aux fonctions. Le temps passé en délégation est valable pour l'ancienneté et entre en compte lors du calcul du minimum de temps requis pour postuler à une promotion de grade ou accéder à un corps hiérarchiquement supérieur. Il compte également pour la retraite et donne lieu aux retenues pour pensions civiles dans les conditions prévues à l'article L. 9 du code des pensions civiles et militaires de retraite.

Art. 19-2 *(Décr. n° 2002-318 du 27 févr. 2002, art. 7)* La délégation dans une entreprise ne peut être autorisée que si l'enseignant n'a pas été chargé au cours des *(Décr. n° 2010-1006 du 26 août 2010, art. 27)* « trois » années précédentes soit d'exercer un contrôle sur cette entreprise, soit de participer à l'élaboration ou à la passation de marchés ou de contrats avec elle.

Art. 19-3 *(Décr. n° 2002-318 du 27 févr. 2002, art. 7)* La délégation est prononcée par arrêté du ministre de l'éducation nationale pour une durée maximale d'un an, renouvelable une fois, sans que sa durée ne puisse excéder au total quatre années pour l'ensemble de la carrière.

La période de délégation doit coïncider avec les limites d'une année scolaire.

La délégation ne peut intervenir qu'après signature d'une convention passée entre le ministre de l'éducation nationale et l'entreprise, qui définit la nature des activités confiées aux fonctionnaires, leurs conditions d'emploi et les modalités du contrôle et de l'évaluation desdites activités. Cette convention, visée par le *(Décr. n° 2012-1247 du 7 nov. 2012, art. 49)* « contrôleur budgétaire », prévoit le remboursement par l'entreprise de la rémunération de l'intéressé et des charges sociales y afférentes. Lorsque la délégation est accordée pour la création d'une entreprise, la convention peut toutefois prévoir l'exonération de ce remboursement pendant une période qui ne peut être supérieure à six mois.

Art. 20 *(Décr. n° 2010-1006 du 26 août 2010, art. 28)* Pour l'application de l'article 13 *bis* de la loi n° 83-634 du 13 juillet 1983 modifiée portant droits et obligations des fonctionnaires *[V. **C. fonct. publ.**]*, les candidats au détachement dans le corps des professeurs d'éducation physique et sportive doivent justifier *(Décr. n° 2013-768 du 23 août 2013, art. 28)* « de la détention d'une licence en sciences et techniques des activités physiques et sportives ou d'un titre ou diplôme reconnu équivalent par le ministre chargé de l'éducation, et d'un master ou d'un titre ou diplôme reconnu équivalent par le ministre chargé de l'éducation ».

(Décr. n° 2013-768 du 23 août 2013, art. 28) « Les fonctionnaires dont le détachement dans le corps des professeurs d'éducation physique et sportive a été accepté, peuvent être tenus de suivre une formation organisée dans les mêmes conditions que celles prévues à l'article 5-7 du présent décret. »

Les fonctionnaires admis à poursuivre leur détachement au-delà d'une période de deux ans se voient proposer l'intégration dans le corps des professeurs d'éducation physique et sportive. L'intégration peut intervenir avant cette échéance sur demande de l'intéressé et après accord de l'administration.

Les services accomplis dans le corps ou cadre d'emplois d'origine sont assimilés à des services accomplis dans le corps des professeurs d'éducation physique et sportive.

Art. 21 *(Décr. n° 2012-1450 du 24 déc. 2012, art. 5)* Le vice-recteur de Nouvelle-Calédonie exerce à l'égard des professeurs d'éducation physique et sportive mis à disposition de la Nouvelle-Calédonie selon les modalités fixées par l'article 59-1 de la loi organique n° 99-209 du 19 mars 1999 relative à la Nouvelle-Calédonie les attributions dévolues aux recteurs d'académie.

(Décr. n° 2014-299 du 6 mars 2014, art. 5) « Le vice-recteur de Polynésie française exerce à l'égard des professeurs d'éducation physique et sportive mis à disposition de la Polynésie française selon les modalités fixées par l'article 62 de la loi organique n° 2004-192 du

27 février 2004 portant statut d'autonomie de la Polynésie française les attributions dévolues aux recteurs d'académie. »

CHAPITRE VI *[ABROGÉ]* ***Dispositions transitoires***

(Abrogé par Décr. n° 2009-916 du 28 juill. 2009, art. 7)

Décret n° 2014-460 du 7 mai 2014,

Relatif à la participation des enseignants d'éducation physique et sportive aux activités sportives scolaires volontaires des élèves.

Art. 1er Les dispositions du présent décret s'appliquent aux professeurs d'éducation physique et sportive régis par le décret du 4 août 1980 susvisé *[n° 80-627, V. ce Décr. ci-dessus]*, aux professeurs agrégés de la discipline d'éducation physique et sportive régis par le décret du 4 juillet 1972 susvisé *[n° 72-580, V. ce Décr. supra]*, aux chargés d'enseignement d'éducation physique et sportive régis par le décret du 22 avril 1960 susvisé *[n° 60-403, V. ce Décr. supra]* et aux professeurs d'enseignement général de collège enseignant l'éducation physique et sportive régis par le décret du 14 mars 1986 susvisé *[n° 86-492, V. ce Décr. supra]*.

Art. 2 Le service hebdomadaire des enseignants d'éducation physique et sportive mentionnés à l'article 1er comprend, sous réserve des dispositions de l'article 4, trois heures consacrées à l'une des activités définies à l'article 3 du présent décret.

Art. 3 Les enseignants d'éducation physique et sportive mentionnés à l'article 1er participent à l'organisation et au développement de l'association sportive de l'établissement dans lequel ils sont affectés et à l'entraînement de ses membres.

Si le volume d'activité de cette association, apprécié par *(Décr. n° 2019-1554 du 30 déc. 2019, art. 13)* « le recteur d'académie », est insuffisant, l'enseignant d'éducation physique et sportive peut participer à l'activité de l'association d'un autre établissement de l'académie.

Les enseignants d'éducation physique et sportive mentionnés à l'article 1er peuvent également participer à l'organisation, à la coordination et au développement du sport scolaire à l'échelle de plusieurs établissements du second degré ou à des actions contribuant, dans le domaine du sport scolaire, à une meilleure prise en charge pédagogique et éducative entre l'école et le collège.

Art. 4 A la demande des intéressés, et sous réserve de l'intérêt du service, les trois heures de service hebdomadaire mentionnées à l'article 2 sont remplacées par des heures d'enseignement. Cette demande est adressée *(Décr. n° 2019-1554 du 30 déc. 2019, art. 13)* « au recteur d'académie » au plus tard le 15 février précédant la rentrée scolaire.

Art. 5 Les enseignants d'éducation physique et sportive mentionnés à l'article 1er peuvent participer, sous l'autorité du *(Décr. n° 2019-1554 du 30 déc. 2019, art. 13)* « recteur d'académie » et en lien avec l'Union nationale du sport scolaire, à la définition et à la mise en œuvre de la politique de développement du sport scolaire à l'échelle départementale ou académique.

Art. 6 Les dispositions du présent décret s'appliquent, sous réserve des dispositions de l'article 7, à compter de la rentrée scolaire 2014.

Est abrogé à la même date le décret n° 73-863 du 7 septembre 1973 relatif à l'organisation des activités sportives scolaires et universitaires et à la participation des professeurs et maîtres d'éducation physique à ces activités.

Art. 7 Pour l'année 2014, la date limite de la présentation de la demande prévue à l'article 4 du présent décret est fixée au 15 mai 2014.

IV PERSONNELS D'ÉDUCATION

Décret n° 70-738 du 12 août 1970,

Relatif au statut particulier des conseillers principaux d'éducation.

CHAPITRE PREMIER ***Dispositions générales***

Art. 1er *(Décr. n° 2002-1134 du 5 sept. 2002, art. 2)* Les conseillers principaux d'éducation forment un corps classé dans la catégorie A prévue *(Décr. n° 2017-786 du 5 mai 2017,* *art. 21)* « à l'article 13 de la loi du 13 juillet 1983 » modifiée portant dispositions statutaires relatives à la fonction publique de l'État *[V. C. **fonct. publ.**]*.

Ses membres sont nommés par arrêté du ministre chargé de l'éducation.

Art. 2 *(Décr. n° 2017-786 du 5 mai 2017, art. 22)* Le corps des conseillers principaux d'éducation comporte trois grades :

1° La classe normale qui comprend onze échelons ;

2° La hors-classe qui comprend *(Décr. n° 2017-786 du 5 mai 2017, art. 40)* « sept échelons » ;

3° La classe exceptionnelle qui comprend quatre échelons et un échelon spécial.

Art. 3 *(Décr. n° 89-730 du 11 oct. 1989, art. 1er)* Les conseillers principaux d'éducation exercent leurs fonctions dans les établissements publics d'enseignement du second degré et, à titre exceptionnel, dans d'autres établissements ou services relevant du ministère de l'éducation nationale.

Art. 4 *(Décr. n° 89-730 du 11 oct. 1989, art. 2)* Sous l'autorité du chef d'établissement et éventuellement de son adjoint, les conseillers principaux d'éducation exercent leurs responsabilités éducatives dans l'organisation et l'animation de la vie scolaire, organisent le service et contrôlent les activités des personnels chargés des tâches de surveillance.

Ils sont associés aux personnels enseignants pour assurer le suivi individuel des élèves et procéder à leur évaluation. En collaboration avec les personnels enseignants et d'orientation, ils contribuent à conseiller les élèves dans le choix de leur projet d'orientation.

Art. 4-1 *(Décr. n° 2015-884 du 20 juill. 2015, art. 5)* I. — Les conseillers principaux d'éducation titulaires du certificat d'aptitude aux fonctions de formateur académique peuvent, avec leur accord, exercer la fonction de formateur académique.

Sous l'autorité du recteur de l'académie, les formateurs académiques participent à la formation initiale des enseignants stagiaires et des conseillers principaux d'éducation stagiaires et des étudiants se destinant aux métiers de l'enseignement et de l'éducation dans les établissements d'enseignement supérieur en charge de leur formation.

Ils participent à l'animation du réseau des conseillers principaux d'éducation désignés, par l'autorité académique, pour prendre en charge le tutorat des conseillers principaux d'éducation stagiaires et des étudiants se destinant aux métiers de l'éducation.

Ils contribuent également à la formation continue des conseillers principaux d'éducation.

II. — Les conseillers principaux d'éducation exerçant la fonction de formateur académique bénéficient d'un aménagement de leur temps de travail. Les conditions et modalités de cet aménagement, en fonction du volume et des conditions d'exercice des activités confiées aux conseillers principaux d'éducation nommés pour exercer la fonction de formateur académique, sont fixées par le ministre chargé de l'éducation nationale.

III. — Le recteur de l'académie détermine par arrêté les modalités d'aménagement du temps de travail des conseillers principaux d'éducation exerçant la fonction de formateur académique définie au I.

CHAPITRE II *Recrutement*

Art. 5 *(Décr. n° 2013-768 du 23 août 2013, art. 1er)* Les conseillers principaux d'éducation sont recrutés par un concours externe, *(Décr. n° 2019-595 du 14 juin 2019, art. 3)* « un concours externe spécial, » un concours interne et un troisième concours organisés dans les conditions suivantes :

1° Le concours externe est ouvert :

a) Aux candidats justifiant, à la date de publication des résultats d'admissibilité, d'une inscription en première année d'études en vue de l'obtention d'un master ou d'un titre ou diplôme reconnu équivalent par le ministre chargé de l'éducation ;

b) Aux candidats remplissant, à la date de publication des résultats d'admissibilité, les conditions pour s'inscrire en dernière année d'études en vue de l'obtention d'un master ou d'un titre ou diplôme reconnu équivalent par le ministre chargé de l'éducation ;

c) Aux candidats justifiant, à la date de publication des résultats d'admissibilité, d'une inscription en dernière année d'études en vue de l'obtention d'un master ou d'un titre ou diplôme reconnu équivalent par le ministre chargé de l'éducation ;

d) Aux candidats justifiant, à la date de publication des résultats d'admissibilité, de la détention d'un master ou d'un titre ou diplôme reconnu équivalent par le ministre chargé de l'éducation.

Pour être nommés dans le corps des conseillers principaux d'éducation les candidats ayant subi avec succès les épreuves du concours externe doivent justifier d'une inscription en dernière année d'études en vue de l'obtention d'un master métiers de l'enseignement, de l'éducation et de la formation.

Les candidats reçus au concours et qui ne peuvent justifier d'une telle inscription lors de la rentrée suivant leur réussite au concours gardent le bénéfice de celui-ci jusqu'à la rentrée scolaire suivante. S'ils justifient alors d'une telle inscription, ils peuvent être nommés en qualité de fonctionnaires stagiaires. Dans le cas contraire, ils perdent le bénéfice du concours et ne peuvent être nommés.

Toutefois, les candidats ayant subi avec succès les épreuves du concours externe qui justifient de la détention d'un master ou d'un titre ou diplôme reconnu équivalent par le ministre chargé de l'éducation sont nommés sans avoir à remplir la condition mentionnée au septième alinéa du présent article. Ils suivent la formation mentionnée à l'article 8 du présent décret.

Pour être titularisés dans le corps des conseillers principaux d'éducation dans les conditions prévues à l'article 8 du présent décret, les candidats ayant subi avec succès les épreuves du concours externe doivent justifier de la détention d'un master ou d'un titre ou diplôme reconnu équivalent par le ministre chargé de l'éducation.

Pour ceux estimés aptes à être titularisés qui ne détiendraient pas au moment de leur titularisation un master ou un titre ou diplôme reconnu équivalent par le ministre chargé de l'éducation, la durée de leur stage est prorogée d'une année. S'ils justifient à l'issue de cette prolongation de la détention d'un tel titre ou diplôme, ils sont titularisés. Dans le cas contraire, ils sont licenciés ou réintégrés dans leur corps, cadre d'emplois ou emploi d'origine s'ils avaient déjà la qualité de fonctionnaire.

(Décr. n° 2019-595 du 14 juin 2019, art. 3) « 1° *bis* Le concours externe spécial est ouvert aux candidats justifiant, à la date de publication des résultats d'admissibilité, de la détention du diplôme de doctorat défini à l'article L. 612-7 du code de l'éducation. »

2° Le concours interne est ouvert :

a) Aux fonctionnaires de l'État, des collectivités territoriales et des établissements publics qui en dépendent, y compris ceux mentionnés à l'article 2 de la loi n° 86-33 du 9 janvier 1986 portant dispositions statutaires relatives à la fonction publique hospitalière, et aux militaires justifiant de trois années de services publics ;

b) Aux personnels enseignants de catégorie A justifiant de trois années de services publics ;

c) Aux personnels non titulaires exerçant des fonctions d'éducation dans des établissements d'enseignement publics ainsi qu'aux candidats ayant exercé ces fonctions dans les mêmes établissements pendant tout ou partie de la période comprise entre le 1er septembre de l'une des six dernières années scolaires et la date de publication des résultats d'admissibilité au concours. L'ensemble des candidats doit justifier de trois années de services publics ;

d) Aux assistants d'éducation recrutés en application de l'article L. 916-1 du code de l'éducation, aux maîtres d'internat et surveillants d'externat des établissements d'enseignement publics relevant du ministre chargé de l'éducation et aux candidats ayant eu l'une de ces qualités pendant tout ou partie de la période comprise entre le 1er septembre de l'une des six dernières années scolaires et la date de publication des résultats d'admissibilité au concours. L'ensemble des candidats doit justifier de trois années de services publics ;

e) Aux candidats ayant accompli des services dans une administration, un organisme ou un établissement dans les conditions fixées au troisième alinéa du 2° de l'article 19 de la loi n° 84-16 du 11 janvier 1984 portant dispositions statutaires relatives à la fonction publique de l'État et qui justifient, selon la nature juridique du lien qui les unit à leur employeur dans leur État membre d'origine, telle que définie par le décret n° 2010-311 du 22 mars 2010 relatif aux modalités de recrutements et d'accueil des ressortissants des États membres de l'Union européenne ou d'un autre État partie à l'accord sur l'Espace économique européen dans un corps, un cadre d'emplois ou un emploi de la fonction publique française, des conditions prévues soit au deuxième ou au troisième alinéa du 2° du présent article, pour les agents que ledit décret assimile à des fonctionnaires, soit au quatrième alinéa du 2° du présent article pour les autres agents.

Pour se présenter au concours interne, les candidats doivent justifier de la détention d'une licence ou d'un titre ou diplôme reconnu équivalent par le ministre chargé de l'éducation.

Les candidats mentionnés au *b* du 2° du présent article ne sont pas soumis à l'obligation mentionnée au septième alinéa du 2° du présent article.

3° Le troisième concours est ouvert aux candidats justifiant de l'exercice, pendant une durée de cinq ans au moins, d'une ou de plusieurs des activités professionnelles mentionnées au 3° de l'article 19 de la loi n° 84-16 du 11 janvier 1984 portant dispositions statutaires relatives à la fonction publique de l'État.

(Décr. n° 2019-595 du 14 juin 2019, art. 3) « Le nombre des places réservées aux candidats mentionnés au 1° *bis* du présent article ne peut être supérieur à 10 % du nombre total des

places mises aux deux concours externes. » Le nombre des places réservées aux candidats mentionnés au 2° du présent article ne peut être supérieur au tiers du nombre total des emplois mis *(Décr. n° 2019-595 du 14 juin 2019, art. 3)* « aux concours externes » et au concours interne. Le nombre des places offertes aux candidats mentionnés au 3° du présent article ne peut être supérieur à 10 % du nombre total des places offertes aux *(Décr. n° 2019-595 du 14 juin 2019, art. 3)* « quatre » concours.

Toutefois, les emplois mis aux concours qui ne sont pas pourvus par la nomination de candidats de la catégorie correspondante peuvent être attribués aux candidats des autres concours, dans la limite de 20 % du total des places mises à ces concours.

Lorsqu'il n'en est pas disposé autrement, les conditions requises des candidats aux concours visés au présent article s'apprécient à la date de publication des résultats d'admissibilité aux concours.

Pour chaque concours, le jury établit par ordre de mérite la liste des candidats admis. Il établit une liste complémentaire afin de permettre le remplacement des candidats inscrits sur la liste principale qui ne peuvent pas être nommés ou, éventuellement, de pourvoir des vacances d'emplois survenant dans l'intervalle de deux concours.

Art. 6 *Abrogé par Décr. n° 89-730 du 11 oct. 1989, art. 4.*

Art. 7 *(Décr. n° 89-730 du 11 oct. 1989, art. 5)* Un arrêté du ministre chargé de l'éducation et du ministre chargé de la fonction publique fixe les modalités des concours mentionnés à l'article 5 ci-dessus.

Art. 8 *(Décr. n° 2013-768 du 23 août 2013, art. 2)* « Les candidats reçus aux concours prévus à l'article 5 et remplissant les conditions de nomination dans le corps sont nommés fonctionnaires stagiaires et affectés, par le ministre chargé de l'éducation, pour la durée du stage dans une académie. Cette durée est d'un an. Au cours de leur stage, les conseillers principaux d'éducation stagiaires bénéficient d'une formation organisée, dans le cadre des orientations définies par l'État, par un établissement d'enseignement supérieur, visant l'acquisition des compétences nécessaires à l'exercice du métier. Cette formation alterne des périodes de mise en situation professionnelle dans un établissement scolaire et des périodes de formation au sein de l'établissement d'enseignement supérieur. Elle est accompagnée d'un tutorat et peut être adaptée pour tenir compte du parcours antérieur des conseillers principaux d'éducation stagiaires. »

(Décr. n° 2013-768 du 23 août 2013, art. 2) « Les modalités du stage et les conditions de son évaluation par un jury sont arrêtées conjointement par le ministre chargé de l'éducation et par le ministre chargé de la fonction publique. »

A l'issue de ce stage, la titularisation est prononcée par le recteur de l'académie dans le ressort de laquelle le stage est accompli, sur proposition du jury. La titularisation confère le certificat d'aptitude aux fonctions de conseiller principal d'éducation.

Les prolongations éventuelles du stage sont prononcées par le recteur de l'académie dans le ressort de laquelle le stage est effectué.

Les stagiaires qui n'ont pas été titularisés peuvent être autorisés par le recteur de l'académie dans le ressort de laquelle ils ont accompli leur stage à effectuer une seconde année de stage à l'issue de laquelle ils sont titularisés dans les conditions fixées au *(Décr. n° 2013-768 du 23 août 2013, art. -3°)* « troisième » alinéa.

Les stagiaires qui n'ont pas été autorisés à effectuer une seconde année de stage ou qui, à l'issue de la seconde année de stage, n'ont pas été titularisés sont soit *(Décr. n° 2017-786 du 5 mai 2017, art. 23)* « licenciés par le ministre chargé de l'éducation nationale », soit réintégrés dans leur corps *(Décr. n° 2010-1006 du 26 août 2010, art. 3)* « ou cadre d'emplois » d'origine s'ils avaient la qualité de fonctionnaire.

Le temps accompli en qualité de stagiaire est pris en compte dans la limite d'une année pour le calcul de l'ancienneté dans le corps des conseillers principaux d'éducation.

Art. 9 *(Décr. n° 88-376 du 18 avr. 1988, art. 1er)* « Les conseillers principaux d'éducation sont classés dans leur grade par le *(Décr. n° 2019-1554 du 30 déc. 2019, art. 19)* « recteur d'académie » selon les dispositions du décret du 5 décembre 1951 susvisé *[n° 51-423 portant règlement d'administration publique pour la fixation des règles suivant lesquelles doit être déterminée l'ancienneté du personnel nommé dans l'un des corps de fonctionnaires de l'enseignement relevant du ministère de l'éducation nationale]*. Le classement prend effet à la date de leur nomination en qualité de stagiaire. »

(Décr. n° 2019-595 du 14 juin 2019, art. 4) « Les conseillers principaux d'éducation recrutés en application des dispositions du 1° *bis* de l'article 5 du présent décret bénéficient d'une bonification d'ancienneté de deux ans au titre de la période de préparation du doctorat.

Lorsque la période de préparation du doctorat a été accomplie sous contrat de travail, les services accomplis dans ce cadre sont pris en compte, selon les modalités prévues à l'article 11-5 du décret du 5 décembre 1951 précité pour la part de leur durée excédant deux ans. Une même période ne peut être prise en compte qu'une seule fois. »

(Décr. n° 2002-436 du 29 mars 2002, art. 2) « Les conseillers principaux d'éducation recrutés en application des dispositions du 3° de l'article 5 du présent décret bénéficient, sur leur demande, d'une bonification d'ancienneté d'une durée :

« – d'un an, lorsque la durée des activités professionnelles définies au 3° de l'article 5 dont ils justifient, est inférieure à six ans ;

« – de deux ans, lorsque cette durée est comprise entre six ans et neuf ans ;

« – de trois ans, lorsqu'elle est de neuf ans et plus.

« Ceux des agents issus du troisième concours qui avaient la qualité de fonctionnaire ou d'agent non titulaire préalablement à leur nomination, peuvent opter entre la bonification prévue au *(Décr. n° 2013-768 du 23 août 2013, art. 3)* « deuxième » alinéa du présent article et la prise en compte de l'ancienneté acquise au titre des services antérieurs, en application des dispositions *(Décr. n° 2011-958 du 10 août 2011, art. 27)* « du premier alinéa » du présent article. »

Le classement des personnels exerçant leurs fonctions dans un service ou établissement non placé sous l'autorité d'un *(Décr. n° 2019-1554 du 30 déc. 2019, art. 19)* « recteur d'académie » est effectué par le ministre de l'éducation nationale.

(Décr. n° 2002-1134 du 5 sept. 2002, art. 5) « Le corps des conseillers principaux d'éducation est affecté du coefficient caractéristique 135. »

CHAPITRE III *Accompagnement des conseillers principaux d'éducation* (*Décr. n° 2017-786 du 5 mai 2017, art. 24*).

Art. 10 *(Décr. n° 2017-786 du 5 mai 2017, art. 25)* Tout conseiller principal d'éducation bénéficie d'un accompagnement continu dans son parcours professionnel.

Individuel ou collectif, cet accompagnement répond à une demande des personnels ou à une initiative de l'administration.

CHAPITRE IV *Appréciation de la valeur professionnelle et avancement* (*Décr. n° 2017-786 du 5 mai 2017, art. 26*).

Art. 10-1 *(Décr. n° 2017-786 du 5 mai 2017, art. 27)* Les dispositions du décret n° 2010-888 du 28 juillet 2010 relatif aux conditions générales de l'appréciation de la valeur professionnelle des fonctionnaires de l'État ne sont pas applicables aux conseillers principaux d'éducation.

Art. 10-2 *(Décr. n° 2017-786 du 5 mai 2017, art. 28)* I. – Le recteur d'académie est l'autorité compétente pour évaluer, examiner les demandes de révision de l'appréciation finale de la valeur professionnelle, prononcer les promotions, attribuer les bonifications d'ancienneté, arrêter les tableaux d'avancement et classer :

1° Les conseillers principaux d'éducation affectés dans un établissement d'enseignement du second degré ;

2° Les conseillers principaux d'éducation non affectés dans un établissement du second degré et placés sous son autorité.

II. – Le ministre chargé de l'éducation nationale est l'autorité compétente pour évaluer, examiner les demandes de révision de l'appréciation finale de la valeur professionnelle, prononcer les promotions, attribuer les bonifications d'ancienneté, arrêter les tableaux d'avancement et classer les conseillers principaux d'éducation qui sont en position de détachement, mis à disposition ou qui exercent dans un service ou un établissement non mentionné à l'alinéa précédent et non placé sous l'autorité d'un *(Décr. n° 2019-1554 du 30 déc. 2019, art. 19)* « recteur d'académie ».

Art. 10-2-1 *(Décr. n° 2017-786 du 5 mai 2017, art. 29)* Le conseiller principal d'éducation bénéficie de trois rendez-vous de carrière dont l'objectif est d'apprécier la valeur professionnelle de l'intéressé. Ces rendez-vous ont lieu lorsque, au 31 août de l'année scolaire en cours :

1° Pour le premier rendez-vous, le conseiller principal d'éducation est dans la deuxième année du 6e échelon de la classe normale ;

2° Pour le deuxième rendez-vous, le conseiller principal d'éducation justifie d'une ancienneté dans le 8e échelon de la classe normale comprise entre 18 et 30 mois ;

3° Pour le troisième rendez-vous, le conseiller principal d'éducation est dans la deuxième année du 9e échelon de la classe normale.

Art. 10-2-2 *(Décr. nº 2017-786 du 5 mai 2017, art. 29)* Le rendez-vous de carrière comprend :

1° Une inspection, un entretien avec l'inspecteur qui a conduit l'inspection et un entretien avec le chef de l'établissement pour les conseillers principaux d'éducation mentionnés au 1° du I de l'article 10-2 ;

2° Un entretien avec leur supérieur hiérarchique direct pour les conseillers principaux d'éducation mentionnés au 2° du I de l'article 10-2, ainsi que pour ceux mentionnés au II du même article.

Art. 10-2-3 *(Décr. nº 2017-786 du 5 mai 2017, art. 29)* Le rendez-vous de carrière donne lieu à l'établissement d'un compte rendu.

L'appréciation finale de la valeur professionnelle qui figure dans le compte rendu est arrêtée par l'autorité compétente mentionnée à l'article 10-2.

Art. 10-2-4 *(Décr. nº 2017-786 du 5 mai 2017, art. 29)* Les modalités d'évaluation de la valeur professionnelle ainsi que les modalités d'élaboration et de communication du compte rendu sont définies par un arrêté du ministre chargé de l'éducation nationale.

Art. 10-2-5 *(Décr. nº 2017-786 du 5 mai 2017, art. 29)* Le conseiller principal d'éducation peut saisir l'autorité compétente d'une demande de révision de l'appréciation finale de la valeur professionnelle *(Décr. nº 2019-595 du 14 juin 2019, art. 5)* « dans un délai de 30 jours francs suivant sa notification ».

L'autorité compétente dispose d'un délai de 30 jours francs pour réviser l'appréciation finale de la valeur professionnelle. L'absence de réponse équivaut à un refus de révision.

La commission administrative paritaire compétente peut, à la requête de l'intéressé, sous réserve qu'il ait au préalable exercé le recours mentionné au premier alinéa, demander à l'autorité compétente la révision de l'appréciation finale de la valeur professionnelle. La commission administrative paritaire compétente doit être saisie dans un délai de 30 jours francs suivant la réponse formulée par l'autorité hiérarchique dans le cadre du recours.

L'autorité compétente notifie au conseiller principal d'éducation l'appréciation finale définitive de la valeur professionnelle.

Art. 10-3 et 10-4 *Abrogés par Décr. nº 2017-786 du 5 mai 2017, art. 35.*

Art. 10-5 *Abrogé par Décr. nº 2002-1134 du 5 sept. 2002, art. 6.*

Art. 10-6 *(Décr. nº 2017-786 du 5 mai 2017, art. 30)* I. — La durée du temps passé dans chacun des échelons des grades du corps des conseillers principaux d'éducation est fixée, sous réserve des dispositions du II, ainsi qu'il suit :

Tableau mod. par Décr. nº 2017-786 du 5 mai 2017, art. 41.

GRADES	ÉCHELONS	DURÉE
Conseiller principal d'éducation de classe exceptionnelle		
	Spécial	–
	4e échelon	–
	3e échelon	2 ans 6 mois
	2e échelon	2 ans
	1er échelon	2 ans
Conseiller principal d'éducation hors classe		
	7e échelon	–

GRADES	ÉCHELONS	DURÉE
	6e échelon	3 ans
	5e échelon	3 ans
	4e échelon	2 ans 6 mois
	3e échelon	2 ans 6 mois
	2e échelon	2 ans
	1er échelon	2 ans
Conseiller principal d'éducation de classe normale		
	11e échelon	–
	10e échelon	4 ans
	9e échelon	4 ans
	8e échelon	3 ans 6 mois
	7e échelon	3 ans
	6e échelon	3 ans
	5e échelon	2 ans 6 mois
	4e échelon	2 ans
	3e échelon	2 ans
	2e échelon	1 an
	1er échelon	1 an

L'autorité compétente mentionnée à l'article 10-2 prononce, pour chaque année scolaire, les promotions des conseillers principaux d'éducation.

II. – Les anciennetés détenues dans les 6e et 8e échelons de la classe normale peuvent être bonifiées d'un an chacune.

L'autorité compétente établit, pour chaque année scolaire, d'une part, la liste des conseillers principaux d'éducation qui sont dans la deuxième année du 6e échelon de la classe normale, d'autre part, la liste des conseillers principaux d'éducation qui justifient d'une ancienneté dans le 8e échelon de la classe normale comprise entre 18 et 30 mois.

L'autorité compétente attribue les bonifications d'ancienneté après avis de la commission administrative paritaire compétente à hauteur de 30 % de l'effectif des conseillers principaux d'éducation inscrits sur chacune de ces deux listes.

(Décr. n° 2019-595 du 14 juin 2019, art. 6) « Pour chaque liste, lorsque le nombre de bonifications attribuées n'est pas un entier, la décimale est ajoutée au nombre calculé au titre de l'année suivante. Le nombre de bonifications attribuées au cours de ces deux années ne peut dépasser 30 % de l'effectif des conseillers principaux d'éducation inscrits sur la liste au cours de cette même période. »

III. – Peuvent accéder au choix à l'échelon spécial du grade de conseiller principal d'éducation de classe exceptionnelle, dans la limite d'un pourcentage des effectifs de ce grade fixé par arrêté conjoint du ministre chargé de l'éducation nationale, du ministre chargé de la fonction publique et du ministre chargé du budget, les conseillers principaux d'éducation inscrits sur un tableau d'avancement ayant au moins trois ans d'ancienneté au 4e échelon de leur grade.

Selon des orientations définies par le ministre chargé de l'éducation nationale, le tableau d'avancement est arrêté chaque année par l'autorité compétente, après avis de la commission administrative paritaire compétente.

Les promotions sont prononcées, dans l'ordre d'inscription au tableau annuel d'avancement, par cette même autorité.

Art. 10-7 *et* 10-8 *Abrogés par Décr. n° 2017-786 du 5 mai 2017, art. 35.*

Art. 10-9 *(Décr. n° 2017-786 du 5 mai 2017, art. 31)* Les conseillers principaux d'éducation peuvent être promus au grade de conseiller principal d'éducation hors classe lorsqu'ils comptent, au 31 août de l'année au titre de laquelle le tableau d'avancement est établi, au moins 2 ans d'ancienneté dans le 9ᵉ échelon de la classe normale.

Selon des orientations définies par le ministre chargé de l'éducation nationale, le tableau d'avancement est arrêté chaque année par l'autorité compétente, après avis de la commission administrative paritaire compétente.

Le nombre maximum de conseillers principaux d'éducation pouvant être promus chaque année à la hors-classe est déterminé conformément aux dispositions du décret n° 2005-1090 du 1ᵉʳ septembre 2005 relatif à l'avancement de grade dans les corps des administrations de l'État.

Les promotions sont prononcées, dans l'ordre d'inscription au tableau annuel d'avancement, par l'autorité compétente.

Art. 10-10 *(Décr. n° 2017-786 du 5 mai 2017, art. 32)* Les conseillers principaux d'éducation de classe normale promus à la hors-classe sont classés à l'échelon comportant un indice égal ou à défaut immédiatement supérieur à celui dont ils bénéficiaient dans la classe normale. Dans la limite de l'ancienneté exigée à l'article 10-6 pour une promotion à l'échelon supérieur, ils conservent l'ancienneté qu'ils avaient acquise dans l'échelon de leur ancien grade lorsque l'augmentation de traitement consécutive à leur promotion est inférieure à celle que leur aurait procurée un avancement d'échelon dans leur ancien grade.

Par dérogation à l'alinéa précédent, les agents situés au 9ᵉ échelon de la classe normale à la date de leur promotion sont classés au 2ᵉ échelon de leur nouveau grade, avec conservation de l'ancienneté acquise au-delà de deux ans dans leur échelon d'origine.

Toutefois, les conseillers principaux d'éducation ayant atteint le 11ᵉ échelon conservent l'ancienneté qu'ils avaient acquise dans cet échelon, dans la limite du temps nécessaire à une promotion d'échelon.

L'autorité compétente classe les personnels.

Art. 10-11 *(Décr. n° 2017-786 du 5 mai 2017, art. 33)* I. — *(Décr. n° 2021-1053 du 6 août 2021, art. 2)* « Peuvent être promus au grade de conseiller principal d'éducation de classe exceptionnelle, au choix, par voie d'inscription à un tableau annuel d'avancement, les conseillers principaux d'éducation qui, à la date d'établissement de ce tableau, ont atteint au moins le 3ᵉ échelon de la hors-classe et justifient de huit années :

« 1° Dans des fonctions particulières, notamment au regard des responsabilités exercées, de direction, de coordination, d'accompagnement ou de formation au sein d'un ou de plusieurs corps enseignants, d'éducation ou de psychologue relevant du ministère de l'éducation nationale ;

« 2° Ou dans des fonctions accomplies au sein de l'un ou de plusieurs de ces mêmes corps dans un établissement d'enseignement supérieur ou une classe préparatoire aux grandes écoles ou dans un territoire ou lieu d'exercice caractérisé par des difficultés éducatives, économiques ou sociales. »

La liste de ces fonctions est fixée par arrêté du ministre chargé de l'éducation nationale et du ministre chargé de la fonction publique.

II. — Par dérogation aux dispositions du décret n° 2005-1090 précité, le nombre de promotions au grade de conseiller principal d'éducation de classe exceptionnelle est contingenté dans la limite d'un pourcentage appliqué à l'effectif du corps des conseillers principaux d'éducation considéré au 31 août de l'année au titre de laquelle sont prononcées les promotions.

Le pourcentage mentionné à l'alinéa précédent est fixé par arrêté conjoint du ministre chargé de l'éducation nationale, du ministre chargé du budget et du ministre chargé de la fonction publique.

III. — Dans la limite de 20 % du nombre des promotions annuelles mentionné au premier alinéa du II, peuvent également être promus au grade de conseiller principal d'éducation de classe exceptionnelle au choix, par voie d'inscription au tableau annuel d'avancement, les conseillers principaux d'éducation qui, ayant atteint au moins le *(Décr. n° 2017-786 du 5 mai 2017, art. 42)* « 7ᵉ échelon » de la hors-classe, ont fait preuve d'une valeur professionnelle exceptionnelle au regard de l'ensemble de leur carrière.

IV. – Selon des orientations définies par le ministre chargé de l'éducation nationale, le tableau d'avancement est arrêté chaque année par l'autorité compétente, après avis de la commission administrative paritaire compétente.

Les promotions sont prononcées, dans l'ordre d'inscription au tableau annuel d'avancement, par l'autorité compétente.

Art. 10-12 *(Décr. n° 2017-786 du 5 mai 2017, art. 33)* Les conseillers principaux d'éducation promus à la classe exceptionnelle sont classés, dès leur nomination, à l'échelon comportant un indice égal ou à défaut immédiatement supérieur à celui dont ils bénéficiaient dans la hors-classe.

L'autorité compétente classe les personnels.

Dans la limite de l'ancienneté exigée à l'article 10-6 pour une promotion à l'échelon supérieur, les intéressés conservent l'ancienneté qu'ils avaient acquise dans l'échelon de leur ancien grade lorsque l'augmentation de traitement consécutive à leur promotion est inférieure à celle que leur aurait procurée un avancement d'échelon dans leur ancien grade.

Les conseillers principaux d'éducation ayant atteint le *(Décr. n° 2017-786 du 5 mai 2017, art. 42)* « 7e échelon » de la hors-classe conservent l'ancienneté qu'ils avaient acquise dans cet échelon dans la limite du temps nécessaire à une promotion d'échelon dans la classe exceptionnelle.

CHAPITRE V ***Dispositions diverses*** *(Décr. n° 2017-786 du 5 mai 2017, art. 34).*

(Décr. n° 89-730 du 11 oct. 1989, art. 10)

Art. 11 *(Décr. n° 98-915 du 13 oct. 1998, art. 2)* La désignation des personnels qui doivent recevoir une première affectation à l'issue de leur titularisation et de ceux qui sont appelés à changer d'académie est prononcée par décision du ministre chargé de l'éducation, après avis des instances paritaires compétentes. Toutefois, les changements d'académie en cours d'année scolaire dans l'intérêt du service sont prononcés sous réserve d'examen ultérieur par les instances paritaires précitées.

Art. 12 L'article 61 de la loi du 11 janvier 1984 susvisée *[n° 84-16, portant dispositions statutaires relatives à la fonction publique de l'État, V.* ***C. fonct. publ.****]* n'est pas applicable *(Décr. n° 2002-1134 du 5 sept. 2002, art. 1er)* « au corps » des conseillers principaux d'éducation.

Art. 12-1 *(Décr. n° 99-101 du 11 févr. 1999, art. 2)* Pour les conseillers principaux d'éducation affectés dans des établissements ou services placés sous l'autorité du recteur d'académie, les sanctions disciplinaires définies à l'article 66 de la loi n° 84-16 du 11 janvier 1984 *[portant dispositions statutaires relatives à la fonction publique de l'État, V.* ***C. fonct. publ.****]* sont prononcées, après consultation de la commission administrative paritaire académique siégeant en conseil de discipline, dans les conditions prévues à l'article 19 de la loi n° 83-634 du 13 juillet 1983 *[portant droits et obligations des fonctionnaires, V.* ***C. fonct. publ.****]* :

Le pouvoir de saisir la commission administrative paritaire académique siégeant en conseil de discipline est délégué au recteur d'académie.

Art. 13 *(Décr. n° 2010-1006 du 26 août 2010, art. 6)* Pour l'application de l'article 13 *bis* de la loi n° 83-634 du 13 juillet 1983 modifiée portant droits et obligations des fonctionnaires *[V.* ***C. fonct. publ.****]*, les candidats au détachement dans le corps des conseillers principaux d'éducation doivent justifier *(Décr. n° 2013-768 du 23 août 2013, art. 4)* « de la détention d'un master ou d'un titre ou diplôme reconnu équivalent par le ministre chargé de l'éducation. ».

(Décr. n° 2013-768 du 23 août 2013, art. 4) « Les fonctionnaires dont le détachement dans le corps des conseillers principaux d'éducation a été accepté peuvent être tenus de suivre une formation organisée dans les mêmes conditions que celles prévues à l'article 8 du présent décret. »

Art. 14 *Abrogé par Décr. n° 2010-1006 du 26 août 2010, art. 7.*

Art. 15 *(Décr. n° 2010-1006 du 26 août 2010, art. 8)* Les fonctionnaires admis à poursuivre leur détachement au-delà d'une période de deux ans se voient proposer l'intégration dans le corps des conseillers principaux d'éducation. L'intégration peut intervenir avant cette échéance, sur demande de l'intéressé et après accord de l'administration.

Les services accomplis dans le corps ou cadre d'emplois d'origine sont assimilés à des services accomplis dans le corps des conseillers principaux d'éducation.

Art. 15-1 *(Décr. n° 2002-318 du 27 févr. 2002, art. 3)* Pour l'application des dispositions de l'*(Décr. n° 2011-958 du 10 août 2011, art. 40)* « article L. 932-4 du code de l'éducation », les conseillers principaux d'éducation peuvent, à leur demande et après avis de la commission administrative paritaire compétente, être placés en délégation auprès d'une entreprise développant des activités dans le domaine éducatif pour exercer des activités liées à leurs compétences pédagogiques ou à la nature de leur fonction.

Durant la délégation, le conseiller principal d'éducation est en position d'activité. Il perçoit un traitement afférent à l'indice correspondant à l'échelon qu'il a atteint dans son corps, ainsi que l'indemnité de résidence et, le cas échéant, le supplément familial de traitement, à l'exclusion des indemnités liées aux fonctions. Le temps passé en délégation est valable pour l'ancienneté et entre en compte lors du calcul du minimum de temps requis pour postuler à une promotion de grade ou accéder à un corps hiérarchiquement supérieur. Il compte également pour la retraite et donne lieu aux retenues pour pensions civiles dans les conditions prévues à l'article L. 9 du code des pensions civiles et militaires de retraite.

Art. 15-2 *(Décr. n° 2002-318 du 27 févr. 2002, art. 3)* La délégation dans une entreprise ne peut être autorisée que si le conseiller principal d'éducation n'a pas été chargé, au cours des *(Décr. n° 2010-1006 du 26 août 2010, art. 9)* « trois » années précédentes, soit d'exercer un contrôle sur cette entreprise, soit de participer à l'élaboration ou à la passation de marchés ou de contrats avec elle.

Art. 15-3 *(Décr. n° 2002-318 du 27 févr. 2002, art. 3)* La délégation est prononcée par arrêté du ministre de l'éducation nationale pour une durée maximale d'un an, renouvelable une fois, sans que sa durée ne puisse excéder au total quatre années pour l'ensemble de la carrière.

La période de délégation doit coïncider avec les limites d'une année scolaire.

La délégation ne peut intervenir qu'après signature d'une convention passée entre le ministre de l'éducation nationale et l'entreprise, qui définit la nature des activités confiées aux fonctionnaires, leurs conditions d'emploi et les modalités du contrôle et de l'évaluation desdites activités. Cette convention, visée par le *(Décr. n° 2012-1247 du 7 nov. 2012, art. 49)* « contrôleur budgétaire », prévoit le remboursement par l'entreprise de la rémunération de l'intéressé et des charges sociales y afférentes. Lorsque la délégation est accordée pour la création d'une entreprise, la convention peut toutefois prévoir l'exonération de ce remboursement pendant une période qui ne peut être supérieure à six mois.

Art. 16 *(Décr. n° 2019-595 du 14 juin 2019, art. 7)* Le vice-recteur de Polynésie française exerce à l'égard des conseillers principaux d'éducation mis à disposition selon les modalités fixées par l'article 62 de la loi organique n° 2004-192 du 27 février 2004 portant statut d'autonomie de la Polynésie française les attributions dévolues aux recteurs d'académie.

TABLE CHRONOLOGIQUE

NOTA. Avant la table chronologique proprement dite, on trouvera ci-dessous la liste des différents codes reproduits en extraits dans le présent ouvrage.

Code de l'action sociale et des familles
– Art. L. 146-3 *(maison départementale pour les personnes handicapées)*. – V. ss. C. éduc., art. L. 112-2.

Code civil
– Art. 21-7 *(enfant, nationalité française)*. – V. ss. C. éduc., art. L. 511-4.

Code de l'environnement
– Art. L. 531-3 *(Haut Conseil des biotechnologies)*. – V. App., v° *Code de la recherche*, **p. 2851.**

Code général des collectivités territoriales
– Art. L. 2121-30 *(implantation des écoles et classes élémentaires et maternelles)*, reproduit par C. éduc., art. L. 212-1.
– Art. L. 2334-26 à L. 2334-31 *(dotation spéciale, logement des instituteurs)*, reproduits par C. éduc., art. L. 212-6.
– Art. L. 3214-2 *(bourses. département)*, reproduit par C. éduc., art. L. 533-2.
– Art. L. 3334-16 *(dotation départementale d'équipement des collèges)*, reproduit par C. éduc., art. L. 213-9.
– Art. L. 4252-1 à L. 4252-3 *(recherche et développement technologique)*, reproduits par C. rech., art. L. 111-8, App., v° *Code de la recherche*, **p. 2829.**
– Art. L. 4332-1 *(formation professionnelle et apprentissage)*, reproduit par C. éduc., art. L. 214-15.
– Art. L. 4332-3 *(dotation régionale d'équipement scolaire)*, reproduit par C. éduc., art. L. 214-11.
– Art. L. 4433-25, L. 4433-26 *(éducation, outre-mer)*, reproduits par C. éduc., art. L. 214-17.
– Art. R. 4424-1 à R. 4424-5, R. 4424-31, R. 4424-32 *(éducation, formation professionnelle, culture, collectivité territoriale de Corse)*, reproduits par C. éduc., art. R. 215-1.

Code forestier
– Art. L. 152-1 *(recherche)*, reproduit par C. rech., art. L. 112-5, App., v° *Code de la recherche*, **p. 2830.**

Code pénal
– Art. 225-1-1 *(bizutage-discrimination)*, ss. C. éduc., art. L. 511-3.
– Art. 225-16-1 à 225-16-3 *(bizutage)*, reproduits par C. éduc., art. L. 511-3.
– Art. 227-17-1, 227-17-2 *(manquement à l'obligation scolaire)*, reproduits par C. éduc., art. L. 131-11.
– Art. R. 624-7 *(manquement à l'assiduité scolaire)*, reproduit par C. éduc., art. R. 131-19.

Code de la recherche – *V. App., v° Code de la recherche*, p. 2813.

Code rural et de la pêche maritime
– Art. L. 811-1, L. 811-2, L. 813-1, L. 813-2 *(enseignement et formation professionnelle agricoles)*. –V. ss. C. éduc., art. L. 341-1.

– Art. L. 811-4 *(personnels de l'enseignement agricole public)*, reproduit par C. éduc., art. L. 961-1.
– Art. L. 811-8 à L. 811-11 *(établissement d'enseignement et de formation professionnelle agricole)*, V. ss. C. éduc., art. L. 421-22.
– Art. L. 812-1 *(enseignement supérieur agricole et vétérinaire public)*, reproduit par C. éduc., art. L. 671-1.
– Art. L. 812-2 à L. 812-5 *(établissement d'enseignement supérieur agricole et vétérinaire public)*, reproduits par C. éduc., art. L. 751-1.
– Art. L. 813-3 à L. 813-7 *(rapports entre l'État et les établissements d'enseignement agricole privés)*, reproduits par C. éduc., art. L. 442-21.
– Art. L. 813-8, L. 813-9 *(personnels de l'enseignement agricole privé)*, reproduits par C. éduc., art. L. 961-2.
– Art. L. 813-10 *(rapports entre l'État et les établissements d'enseignement agricole privés)*, reproduit par C. éduc., art. L. 751-2.
– Art. L. 814-1, L. 814-2 *(conseil national de l'enseignement agricole)*, reproduits par C. éduc., art. L. 238-1.
– Art. L. 814-3 *(conseil national de l'enseignement supérieur et de la recherche agricole, agro-alimentaire et vétérinaire)*, reproduit par C. éduc., art. L. 238-2.
– Art. L. 814-4 *(conseil national de l'enseignement supérieur et de la recherche agricole, agroalimentaire et vétérinaire)*. – V. ss. C. éduc., art. L. 238-3.
– Art. L. 814-5 *(comité régional de l'enseignement agricole)*, reproduit par C. éduc., art. L. 238-3.
– Art. L. 830-1 *(recherche agronomique et vétérinaire)*, reproduit par C. rech., art. L. 112-4, V. App., v° *Code de la recherche*, **p. 2830.**

Code de la santé publique

– Art. L. 1121-1 *(recherche impliquant la personne humaine)*, App., v° *Code de la recherche*, ss. C. rech., art. L. 223-1, **p. 2849.**
– Art. L. 1412-1 à L. 1412-6 *(comité consultatif national d'éthique)*, App., v° *Code de la recherche*, ss. C. rech., art. L. 211-1, **p. 2845.**
– Art. L. 6142-1, L. 6142-3 à L. 6142-6, L. 6142-11, L. 6142-13, L. 6142-17 *(organisation des centres hospitaliers universitaires)*, reproduits par C. éduc., art. L. 713-5.
– Art. L. 6142-12 *(organisation des centres hospitaliers universitaires)*, reproduit par C. éduc., art. L. 713-8.

Code de la sécurité sociale

– Art. L. 543-1 *(allocation de rentrée scolaire)*, reproduit par C. éduc., art. L. 532-1.
– Art. L. 552-4 *(versement des prestations familiales)*, ss. C. éduc., art. L. 131-3.
– Art. R. 543-1 à R. 543-7 *(allocation de rentrée scolaire)*. – V. ss. C. éduc., art. L. 532-1.

Code du service national

– Art. L. 120-1 *(service civique)*. – V. ss. C. éduc., art. L. 613-3.

Code des transports

– Art. L. 3111-7 à L. 3111-10 *(transports scolaires, autorités organisatrices des services hors de la région Île-de-France)*. – V. ss. C. éduc., art. L. 214-18.
– Art. L. 3111-14 à L. 3111-16 *(transports scolaires. Autorités organisatrices des services en région Île-de-France)*. – V. ss. C. éduc., art. L. 214-19.
– Art. R. 3111-15 à R. 3111-29 *(transports scolaires. Autorités organisatrices des services hors de la région Île-de-France)*. – V. ss. C. éduc., art. R. 213-3.

– Art. R. 3111-31 à D. 3111-36 (*transports scolaires. Autorités organisatrices des services en région Île-de-France*). – V. ss. C. éduc., art. R. 213-3.

Code du travail

– Art. L. 4153-1 à L. 4153-3 (*formation en alternance*), reproduits par C. éduc., art. L. 331-5.

– Art. L. 5134-120 à L. 5134-129 (*emploi d'avenir professeur*). – V. ss. C. éduc., art. L. 625-1.

– Art. L. 6111-1 à L. 6111-5, L. 6311-1, L. 6411-1, L. 6422-1 (formation professionnelle tout au long de la vie). – V. ss. C. éduc., art. L. 122-7.

– Art. R. 5134-169 à R. 5134-176, D. 5134-177 et D. 5134-178 (*emploi d'avenir professeur*). – V. ss. C. éduc., art. L. 625-1.

– Art. R. 6251-1 à R. 6251-19 (*service de l'inspection de l'apprentissage*). – V. ss. C. éduc., art. R. 241-22.

1894	25 oct.	Décret. Composition du logement des instituteurs. – V. ss. C. éduc., art. D. 212-6.
1901	23 déc.	Loi. Répression des fraudes dans les examens et concours publics. – V. ss. C. éduc., art. L. 331-3, **p. 591.**
1950	25 mai	Décret n° 50-581. Maxima de service hebdomadaire du personnel enseignant des établissements d'enseignement du second degré. – V. App., v° *Statuts particuliers*, **p. 2915.**
1950	25 mai	Décret n° 50-582. Maxima de service hebdomadaire du personnel des établissements d'enseignement technique. – V. App., v° *Statuts particuliers*, **p. 2917.**
1950	6 oct.	Décret n° 50-1253. Heures supplémentaires. Enseignants du second degré. – V. App., v° *Statuts particuliers*, **p. 2917.**
1960	22 avr.	Décret n° 60-403. Statut des chargés d'enseignement de l'éducation physique et sportive. – V. App., v° *Statuts particuliers*, **p. 3105.**
1962	3 avr.	Décret n° 62-379. Maîtres auxiliaires des écoles normales primaires, des lycées classiques, modernes et techniques et des collèges d'enseignement technique et aux maîtres d'éducation physique relevant du haut-commissariat à la jeunesse et aux sports. – V. App., v° *Statuts particuliers*, **p. 2919.**
1968	30 mai	Décret n° 68-503. Statut des professeurs de chaires supérieures des établissements classiques, modernes et techniques. V. – App., v° *Statuts particuliers*, **p. 2921.**
1970	12 août	Décret n° 70-738. Statut des conseillers principaux d'éducation. – V. App., v° *Statuts particuliers*, **p. 3120.**
1972	4 juill.	Décret n° 72-580. Statut des professeurs agrégés de l'enseignement du second degré. – V. App., v° *Statuts particuliers*, **p. 2924.**
1972	4 juill.	Décret n° 72-581. Statut des professeurs certifiés. – V. App., v° *Statuts particuliers*, **p. 2932.**
1972	4 juill.	Décret n° 72-582. Statut particulier des chargés d'enseignement. – V. App., v° *Statuts particuliers*, **p. 2945.**
1972	4 juill.	Décret n° 72-583. Statut particulier des adjoints d'enseignement. – V. App., v° *Statuts particuliers*, **p. 2948.**
1972	4 juill.	Décret n° 72-589. Statut des instituteurs. – V. App., v° *Statuts particuliers*, **p. 2950.**
1980	4 août	Décret n° 80-627. Statut des professeurs d'éducation physique et sportive. – V. App., v° *Statuts particuliers*, **p. 3110.**
1981	12 mai	Décret n° 81-535. Recrutement des professeurs contractuels. – V. App., v° *Statuts particuliers*, **p. 2951.**
1983	13 juill.	Loi n° 83-634. Droits et obligations des fonctionnaires. – Art. 3. – V. ss. C. éduc., art. L. 935-1.
1984	11 janv.	Loi n° 84-16. Statut de la fonction publique de l'État. – Art. 4, 6. – V. ss. C. éduc., art. L. 951-2.

1984	24 févr.	Décret n° 84-135. Statut des personnels enseignants et hospitaliers des centres hospitaliers et universitaires. – V. App., v° *Statuts particuliers*, **p. 2999.**
1984	6 juin	Décret n° 84-431. Statut des enseignants-chercheurs, des professeurs des universités et des maîtres de conférences. – V. App., v° *Statuts particuliers*, **p. 3028.**
1985	22 janv.	Décret n° 85-88. Conditions de nomination aux fonctions d'instituteur ou de professeur des écoles maître formateur. – V. App., v° *Statuts particuliers*, **p. 2953.**
1985	17 juill.	Décret n° 85-733. Maîtres de conférences et professeurs des universités associés ou invités. – V. App., v° *Statuts particuliers*, **p. 3062.**
1986	14 mars	Décret n° 86-492. Statut des professeurs d'enseignement général de collège. – V. App., v° *Statuts particuliers*, **p. 2954.**
1989	24 févr.	Décret n° 89-122. Directeurs d'école. – V. ss. C. éduc., art. L. 411-1.
1989	3 mai	Arrêté. Durée et conditions d'éviction, mesures de prophylaxie à prendre à l'égard des élèves et du personnel dans les établissements d'enseignement et d'éducation publics et privés en cas de maladie contagieuse. – V. ss. C. éduc., art. L. 541-1.
1989	11 oct.	Décret n° 89-729. Intégration des adjoints d'enseignement, des chargés d'enseignement et des chargés d'enseignement d'éducation physique et sportive dans les corps de professeurs certifiés, de professeurs de lycée professionnel, de professeurs d'éducation physique et sportive et de conseillers principaux d'éducation. – V. App., v° *Statuts particuliers*, **p. 2961.**
1990	24 janv.	Décret n° 90-92. Statut des personnels enseignants et hospitaliers des centres de soins, d'enseignement et de recherche dentaires des centres hospitaliers et universitaires. – V. App., v° *Statuts particuliers*, **p. 3066.**
1990	1er août	Décret n° 90-680. Statut des professeurs des écoles. – V. App., v° *Statuts particuliers*, **p. 2963.**
1990	31 août	Décret n° 90-770. Commissions administratives paritaires uniques communes aux corps des instituteurs et des professeurs des écoles. – V. ss. C. éduc., art. L. 921-3.
1991	6 mars	Décret n° 91-267. Enseignants associés ou invités. – V. App., v° *Statuts particuliers*, **p. 3083.**
1992	16 janv.	Décret n° 92-70. Conseil national des universités. – V. ss. C. éduc., art. L. 952-1.
1992	6 nov.	Décret n° 92-1189. Statut des professeurs de lycée professionnel. – V. App., v° *Statuts particuliers*, **p. 2975.**
1995	9 mai	Décret n° 95-728. Conditions d'admission à l'École polytechnique. – V. ss. C. éduc., art. L. 755-2, **p. 1394.**
1998	20 août	Décret n° 98-719. Information du public en matière de droit de la nationalité. – V. ss. C. éduc., art. L. 511-4, **p. 898.**

1999	8 mars	Décret n° 99-170. Statut particulier du corps des assistants de l'enseignement supérieur. – V. App., v° *Statuts particuliers*, **p. 3086.**
1999	6 avr.	Décret n° 99-272. Commissions paritaires d'établissement des établissements publics d'enseignement supérieur. – V. ss. C. éduc., art. L. 953-6.
1999	17 sept.	Décret n° 99-823. Remplacement dans les établissements d'enseignement du second degré. – V. App., v° *Statuts particuliers*, **p. 2987.**
2000	15 juin	Ordonnance n° 2000-549. Partie Législative du code de l'éducation.
2000	13 déc.	Loi n° 2000-1207. Outre-mer. – Art. 35. – V. C. éduc., art. L. 311-6.
2001	17 juill.	Loi n° 2001-624. Dispositions d'ordre social, éducatif et culturel. – Art. 14-I. – V. C. éduc., art. L. 621-3.
2002	17 janv.	Loi n° 2002-73. Modernisation sociale. – Art. 60, 62, 64, 65, 81, 85, 134, 137, 152. – V. C. éduc., art. L. 211-3, L. 335-5, L. 335-6, L. 613-1, L. 613-3 à L. 613-6, L. 632-5, L. 632-8, L. 632-12, L. 633-1, L. 633-5, L. 641-2, L. 683-3, L. 684-3, L. 713-6.
2002	27 févr.	Loi n° 2002-276. Démocratie de proximité. – Art. 40, 108. – V. C. éduc., art. L. 211-7, L. 214-13.
2002	20 mars	Circulaire n° 2002-063. Modalités d'inscription et de scolarisation des élèves de nationalité étrangère des premier et second degrés. – V. ss. C. éduc., art. L. 131-4.
2002	7 nov.	Décret n° 2002-1347. Dispositions générales applicables aux agents non titulaires recrutés dans les services d'activités industrielles et commerciales des établissements publics d'enseignement supérieur. – V. ss. C. éduc., art. R. 123-8.
2003	14 avr.	Loi n° 2003-339. Ratification de l'ordonnance n° 2000-549 du 15 juin 2000 relative à la partie législative du code de l'éducation. – Art. 2, 4, 6. – V. C. éduc., art. L. 161-3, L. 162-4, L. 163-4, L. 212-3, L. 212-13, L. 212-14, L. 213-1, L. 312-3, L. 312-4, L. 421-15, L. 552-3, L. 552-4, L. 624-2, L. 641-4, L. 681-1, L. 713-3, L. 713-7, L. 713-8, L. 841-1, L. 911-5, L. 942-1, L. 952-6, L. 952-10.
2004	2 janv.	Loi n° 2004-1. Accueil et protection de l'enfance. – Art. 5. – V. C. éduc., art. L. 131-12.
2004	15 mars	Loi n° 2004-228. Principe de laïcité. Port de signes ou de tenues. Appartenance religieuse. – Art. 1er, 2. – V. C. éduc., art. L. 141-5-1, L. 161-1, L. 163-1, L. 164-1.
2004	19 mars	Décret n° 2004-252. Conditions dans lesquelles les docteurs en médecine peuvent obtenir une qualification de spécialiste. – V. ss. C. éduc., art. L. 632-12.
2004	18 mai	Circulaire. Principe de laïcité. Port de signes ou de tenues manifestant une appartenance religieuse dans les écoles, collèges et lycées publics. – V. ss. C. éduc., art. L. 141-5-1.
2004	11 juin	Ordonnance n° 2004-545. Partie législative du code de la recherche.

2004	1er juill.	Ordonnance n° 2004-631. Simplification. Entrée en vigueur. Transmission et contrôle des actes des autorités des établissements publics locaux d'enseignement. – Art. 1er à 5. – V. C. éduc., art. L. 421-6, L. 421-11 à L. 421-14.
2004	1er juill.	Ordonnance n° 2004-637. Simplification. Composition et fonctionnement des commissions administratives. – Art. 17, 26. – V. C. éduc., art. L. 362-4, L. 633-3.
2004	13 juill.	Décret n° 2004-701. Dispositions réglementaires du code de l'éducation (Décrets en Conseil d'État et en conseil des ministres).
2004	13 juill.	Décret n° 2004-702. Dispositions réglementaires du code de l'éducation (Décrets en conseil des ministres).
2004	13 juill.	Décret n° 2004-703. Dispositions réglementaires des livres Ier et II du code de l'éducation (Décrets en Conseil d'État et décrets).
2004	9 août	Loi n° 2004-806. Politique de santé publique. – Art. 2, 9, 48 à 51, 84, 105. – V. C. éduc., art. L. 312-16, L. 312-17, L. 312-18, L. 756-2.
2004	13 août	Loi n° 2004-809. Libertés et responsabilités locales. – Art. 8, 9, 11, 34, 41-I, 75 à 82, 85, 87, 88, 90, 91, 93, 94, 101, 102, 121. – V. C. éduc., art. L. 131-5, L. 211-1, L. 211-8, L. 212-4, L. 212-7, L. 212-8, L. 213-1, L. 213-2, L. 213-2-1, L. 213-3, L. 213-8, L. 214-1, L. 214-6, L. 214-6-1, L. 214-7, L. 214-10, L. 214-12-1, L. 214-15, L. 214-16, L. 216-2, L. 231-1, L. 234-1 à L. 234-3, L. 237-2, L. 335-8, L. 421-23, L. 422-1, L. 422-2, L. 442-9, L. 442-13-1, L. 533-1, L. 822-2.
2004	13 août	Loi n° 2004-811. Modernisation. Sécurité civile. – Art. 5. – V. C. éduc., art. L. 312-13-1.
2004	4 nov.	Ordonnance n° 2004-1174. Transposition pour certaines professions de la directive 2001/19/CE du Parlement européen et du Conseil du 14 mai 2001. Reconnaissance de diplômes et de qualifications professionnelles. – Art. 8. – V. C. éduc., art. L. 632-13, L. 634-1.
2005	5 janv.	Loi n° 2005-5. Situation des maîtres des établissements d'enseignement privés sous contrat : – Art. 1er. – V. C. éduc., art. L. 442-5, L. 914-1. – Art. 3. – V. ss. C. éduc., art. R. 914-96, **p. 2778.**
2005	18 janv.	Loi n° 2005-32. Programmation pour la cohésion sociale – Art. 14-II-2°, 32-II. – V. C. éduc., art. L. 212-10, L. 214-13.
2005	11 févr.	Loi n° 2005-102. Égalité des droits et des chances. Participation. Citoyenneté. Personnes handicapées. – Art. 19 à 22, 75, 87-II, 93. – V. C. éduc., art. L. 111-1, L. 112-1 à L. 112-5, L. 123-4-1, L. 251-1, L. 312-9-1, L. 312-15, L. 351-1, L. 351-2, L. 723-1.
2005	23 févr.	Loi n° 2005-157. Territoires ruraux. – Art. 14, 50, 113, 207. – V. C. éduc., art. L. 131-5, L. 211-2, L. 212-8, L. 212-15.
2005	30 mars	Décret n° 2005-291. Procédure de consultation en matière de transports scolaires. – Art. 1er. – V. C. éduc., art. D. 213-29, D. 213-30.

2005	23 avr.	Loi n° 2005-380. Orientation et programme pour l'avenir de l'école. – Art. 2 à 11, 13 à 38, 40 à 83. – V. C. éduc., art. L. 111-1, L. 111-3, L. 121-1, L. 122-1, L. 122-2, L. 131-10, L. 161-1, L. 163-1, L. 164-1, L. 216-4, L. 311-3-1, L. 311-5, L. 311-7, L. 312-8, L. 312-15, L. 313-1, L. 321-2, L. 321-4, L. 331-1, L. 332-4, L. 332-6, L. 371-1, L. 373-1, L. 374-1, L. 401-1, L. 401-2, L. 411-1, L. 411-2, L. 421-4, L. 421-5, L. 421-7, L. 422-3, L. 442-2, L. 442-3, L. 451-1, L. 491-1, L. 614-1, L. 681-1, L. 683-1, L. 684-1, L. 713-9, L. 771-1, L. 912-1 à L. 912-1-3, L. 913-1, L. 932-2, L. 971-1, L. 973-1, L. 974-1.
2005	13 mai	Ordonnance n° 2005-461. Français établis hors de France. – Art. 3. – V. C. éduc., art. L. 131-5, L. 452-2.
2005	26 mai	Décret n° 2005-545. Commission nationale de la certification professionnelle. – Art. 1er. – V. C. éduc., art. L. 335-6.
2005	30 mai	Décret n° 2005-637. Caisses des écoles. – Art. 1er. – V. C. éduc., art. R. 212-33-1, R. 212-33-2.
2005	10 juin	Décret n° 2005-664. Syndicat des transports d'Île-de-France. – Art. 24 à 27. – V. C. éduc., art. R. 213-20 à D. 213-28.
2005	24 août	Décret n° 2005-1014. Dispositifs d'aide et de soutien pour la réussite des élèves à l'école. – Art. 1er. – V. C. éduc., art. D. 113-1.
2005	26 août	Décret n° 2005-1035. Remplacement de courte durée du personnel enseignant dans les établissements d'enseignement du second degré. – V. ss. C. éduc., art. L. 912-1.
2005	30 sept.	Décret n° 2005-1233. Régime additionnel de retraite des personnels enseignants et de documentation mentionnés aux articles L. 914-1 du code de l'éducation et L. 813-8 du code rural. – Art. 7, 10 à 19 – V. ss. C. éduc., art. R. 914-96, **p. 2778.**
2005	30 déc.	Loi n° 2005-1720. De finances rectificative pour 2005. – Art. 72. – V. C. éduc., art. L. 213-3, L. 214-7.
2005	30 déc.	Décret n° 2005-1754. Institut national supérieur de formation et de recherche pour l'éducation des jeunes handicapés et enseignements adaptés : – Art. 1er à 32. – V. ss. C. éduc., art. L. 723-1. – Art. 30-2°. – V. C. éduc., art. D. 211-12.
2006	3 janv.	Décret n° 2006-24. Majoration de l'indemnité représentative de logement due aux instituteurs. – Art. 1er. – V. C. éduc., art. R. 212-10.
2006	5 janv.	Loi n° 2006-10. Sécurité et développement des transports. – Art. 45. – V. C. éduc., art. L. 421-21.
2006	15 févr.	Décret n° 2006-166. Comité de développement de la validation des acquis de l'expérience. – V. ss. C. éduc., art. L. 122-7, **p. 114.**
2006	15 févr.	Ordonnance n° 2006-172. Actualisation et adaptation du droit applicable en matière de sécurité civile en Nouvelle-Calédonie. – Art. 32. – V. C. éduc., art. L. 374-1, L. 374-4.

2006	31 mars	Loi n° 2006-396. Égalité des chances. – Art. 1er, 11. – V. C. éduc., art. L. 111-1, L. 611-1.
2006	11 avr.	Décret n° 2006-428. Modification de la partie réglementaire du livre II du code de l'éducation. – Art. 1er. – V. C. éduc., art. D. 233-7 à D. 233-12.
2006	18 avr.	Loi de programme n° 2006-450. Pour la recherche. – Art. 8, 11, 18-II, 21, 22, 40 à 42. – V. C. éduc., art. L. 123-2, L. 123-5, L. 261-1, L. 263-1, L. 264-1, L. 612-7, L. 711-1, L. 711-4.
2006	21 avr.	Ordonnance n° 2006-460. Partie législative du code général de la propriété des personnes publiques. – Art. 3-V. – V. C. éduc., art. L. 214-4.
2006	17 mai	Décret n° 2006-572. Organisation de l'administration centrale du ministère de l'éducation nationale, de l'enseignement supérieur et de la recherche. – Art. 17. – V. C. éduc., art. R. 221-1.
2006	23 mai	Décret n° 2006-582. Dispositions réglementaires du livre III du code de l'éducation (décrets en Conseil d'État et en conseil des ministres), Annexe. – V. C. éduc., art. R.* 338-10.
2006	23 mai	Décret n° 2006-583. Dispositions réglementaires du livre III du code de l'éducation (décrets en Conseil d'État et décrets). – Art. 3, 4, 6, 7. – V. C. éduc., art. L. 335-1, D. 112-1 à R. 112-3, R. 131-19, D. 213-29, D. 213-30, R. 215-1, R. 222-12, D. 233-1, R. 234-14, R. 241-18.
2006	23 mai	Ordonnance n° 2006-596. Partie législative du code du sport. – Art. 4. – V. C. éduc., art. L. 312-1, L. 363-1 à L. 363-4, L. 463-1 à L. 463-7, L. 552-4, L. 841-4.
2006	26 mai	Décret n° 2006-610. Intégration du centre d'étude du milieu et de pédagogie appliquée du ministère de l'agriculture de Fouesnant à l'Institut national d'enseignement supérieur et de recherche agronomique et agroalimentaire de Rennes. – Art. 4. – V. C. éduc., art. D. 211-12.
2006	1er juin	Loi n° 2006-636. Délégués départementaux de l'éducation nationale. – Art. 1er, 2. – V. C. éduc., art. L. 241-4, L. 421-10.
2006	7 juin	Décret n° 2006-665. Réduction du nombre et simplification de la composition de diverses commissions administratives. – Art. 62. – V. C. éduc., art. D. 237-13.
2006	11 juill.	Décret n° 2006-830. Socle commun de connaissances et de compétences et modification du code de l'éducation. – Art. 1er à 4. – V. C. éduc., art. D. 122-1 à D. 122-10, D. 162-1.
2006	17 juill.	Arrêté. Conditions d'organisation d'une mention complémentaire. – V. App., v° *Statuts particuliers*, **p. 2988.**
2006	28 juill.	Décret n° 2006-935. Parents d'élèves, associations de parents d'élèves et représentants des parents d'élèves. – V. C. éduc., art. D. 111-1 à D. 111-15.
2006	1er août	Décret n° 2006-978. Baccalauréat général. – Art. 1er à 5. – V. C. éduc., art. D. 334-4, D. 334-8, D. 334-11, D. 334-14.

2006	21 août	Décret. Baccalauréat technologique. – Art. 1er à 9. – V. C. éduc., art. D. 336-3 à D. 336-5, D. 336-8, D. 336-10 à D. 336-14, D. 336-21, D. 336-22.
2006	25 août	Circulaire n° 2006-137. Rôle et place des parents à l'école. – V. ss. C. éduc., art. L. 111-2.
2006	1er sept.	Décret n° 2006-1104. Contrat de responsabilité parentale. – Art. 2. – V. C. éduc., art. R. 131-8, R. 234-25, R. 235-11-1, R. 235-16, R. 235-17.
2006	14 sept.	Décret n° 2006-1149. Modification du code de l'éducation. – Art. 1er, 2. – V. C. éduc., art. L. 442-18, R. 141-1 à R. 141-8.
2006	7 déc.	Décret n° 2006-1546. École des hautes études en santé publique. – V. ss. C. éduc., art. L. 756-2.
2006	13 déc.	Décret n° 2006-1593. Création du Centre international d'études supérieures en sciences agronomiques (Montpellier Sup Agro). – Art. 30. – V. C. éduc., art. D. 211-12.
2006	19 déc.	Décret n° 2006-1626. Diplôme initial de langue française. – Art. 1er, 2. – V. C. éduc., art. D. 338-23 à D. 338-32, D. 372-6, D. 373-2-1.
2006	30 déc.	Loi n° 2006-1771. De finances rectificative pour 2006. – Art. 165. – V. ss. C. éduc., art. L. 932-2, **p. 1621.**
2007	5 janv.	Décret n° 2007-18. Permis de construire et autorisations d'urbanisme. – Art. 17. – V. C. éduc., art. R. 211-6.
2007	15 janv.	Charte nationale des examens. – V. ss. C. éduc., art. L. 331-1.
2007	2 févr.	Loi n° 2007-148. Modernisation de la fonction publique. – Art. 23. – V. C. éduc., art. L. 952-20.
2007	12 févr.	Décret n° 2007-188. Conditions d'attribution de la prime allouée à certains enseignants du second degré titulaires d'une mention complémentaire. – V. App., v° *Statuts particuliers*, **p. 2988.**
2007	5 mars	Loi n° 2007-293. Protection de l'enfance. – Art. 1er, 2, 25-I, 32 à 35. – V. C. éduc., art. L. 131-10, L. 444-5, L. 444-6, L. 445-1, L. 541-1, L. 542-1, L. 542-2.
2007	5 mars	Loi n° 2007-297. Prévention de la délinquance. – Art. 12. – V. C. éduc., art. L. 121-1, L. 131-6, L. 131-10, L. 214-14.
2007	8 mars	Décret n° 2007-322. Professeurs associés des établissements publics locaux relevant du ministre chargé de l'éducation nationale. – V. ss. C. éduc., art. L. 932-2, **p. 1621.**
2007	12 mars	Ordonnance n° 2007-329. Nouveau code du travail. – Art. 6. – V. C. éduc., art. L. 421-25, L. 731-18.
2007	25 mars	Décret n° 2007-429. Délivrance des attestations scolaires de sécurité routière de premier et second niveaux, de l'attestation de sécurité routière et de l'attestation d'éducation à la route. – Art. 1er à 4. – V. C. éduc., art. D. 312-43, D. 312-44, D. 312-47-1.

2007	25 mars	Décret n° 2007-436. Formation et accessibilité du cadre bâti aux personnes handicapées. – Art. 1er à 3. – V. C. éduc., art. R. 335-48 à R. 335-50.
2007	30 mars	Décret n° 2007-497. Mention complémentaire. – Art. 1er. – V. C. éduc., art. D. 337-144.
2007	14 mai	Décret n° 2007-860. Livret personnel de compétences. – Art. 1er. – V. C. éduc., art. D. 311-6 à D. 311-9.
2007	15 mai	Décret n° 2007-921. Diplôme national du brevet. Art. 1er, 2. – V. C. éduc., art. D. 332-17, D. 332-18.
2007	18 juill.	Décret n° 2007-1109. Exercice des fonctions de recteur d'académie. – Art. 1er. – V. C. éduc., art. R. 222-15.
2007	24 juill.	Décret n° 2007-1133. Dispositions réglementaires du code du sport. – Art. 3. – V. C. éduc., art. R. 363-1 à R. 363-3.
2007	10 août	Loi n° 2007-1199. Libertés et responsabilités des universités. – Art. 1er à 28, 33 à 37, 40, 42, 48, 50. – V. C. éduc., art. L. 23-10-1, L. 123-3, L. 232-1, L. 233-1, L. 233-2, L. 263-1, L. 264-1, L. 611-5, L. 612-1, L. 612-3, L. 711-1, L. 711-7 à L. 711-9, L. 712-1, L. 712-2, L. 712-5, L. 712-6, L. 712-8 à L. 712-10, L. 713-1, L. 719-1, L. 719-4, L. 719-8, L. 719-12 à L. 719-14, L. 811-2, L. 951-1-1, L. 951-2, L. 952-1-1, L. 952-24, L. 953-6, L. 953-7, L. 954-1 à L. 954-3, L. 973-1, L. 974-1.
2007	12 sept.	Décret n° 2007-1346. Conseil supérieur de l'éducation, Conseil national de l'enseignement supérieur et de la recherche. – Art. 1er, 2, 3, 4, 5. – V. C. éduc., art. R. 231-20, R. 231-26, R. 232-41, R. 232-43.
2007	6 déc.	Décret n° 2007-1722. Observatoire national de la sécurité et de l'accessibilité des établissements d'enseignement. – Art. 1er à 4. – V. C. éduc., art. D. 239-25 à D. 239-32.
2007	13 déc.	Décret n° 2007-1756. Écoles de la deuxième chance. – Art. 1er. – V. C. éduc., art. D. 214-9 à D. 214-12.
2007	21 déc.	Ordonnance n° 2007-1801. Adaptation à Mayotte de diverses dispositions législatives. – Art. 6. – V. C. éduc., art. L. 162-1, L. 234-1, L. 235-1, L. 262-1, L. 262-2-2, L. 372-1, L. 492-1, L. 492-1-1, L. 562-1, L. 682-1, L. 772-1, L. 972-1.
2007	24 déc.	Loi n° 2007-1822. De finances pour 2008. – Art. 41. – V. C. éduc., art. L. 216-9.
2007	25 déc.	Loi n° 2007-1824. De finances rectificative pour 2007. – Art. 81. – V. C. éduc., art. L. 213-3.
2007	26 déc.	Décret n° 2007-1855. Intégration du Centre national de promotion rurale de Marmilhat à l'Établissement national d'enseignement supérieur agronomique de Dijon. – Art. 4. – V. C. éduc., art. D. 211-12.
2008	31 janv.	Ordonnance n° 2008-97. Adaptation de la loi n° 2007-1199 du 10 août 2007. Universités implantées dans une ou plusieurs régions et départements d'outre-mer. – Art. 1er. – V. C. éduc., art. L. 781-1.

2008	8 févr.	Loi n° 2008-112. Personnel enseignant de médecine générale. – Art. 1er, 2. – V. C. éduc., art. L. 952-3, L. 952-23-1.
2008	11 févr.	Décret n° 2008-124. Diplôme national du brevet. – Art. 1er. – V. C. éduc., art. D. 332-19.
2008	13 févr.	Loi n° 2008-126. Service public de l'emploi. – Art. 14. – V. C. éduc., art. L. 214-13.
2008	14 mars	Décret n° 2008-263. Partie réglementaire. Livre IV. – Art. 3, 4. – V. C. éduc., art. R. 216-3, D. 314-99 à D. 314-101, D. 314-103 à D. 314-106, D. 336-3, D. 337-4, D. 342-7, R. 361-7 à R. 361-12, R. 362-1, R. 362-2.
2008	15 mai	Décret n° 2008-463. Organisation et fonctionnement des écoles maternelles. – Art. 4. – V. C. éduc., art. D. 411-2.
2008	30 mai	Ordonnance n° 2008-507. Transposition de la directive n° 2005/36/CE du Parlement européen et du Conseil du 7 sept. 2005 relative à la reconnaissance des qualifications professionnelles. – Art. 41. – V. C. éduc., art. L. 362-1, L. 362-1-1.
2008	5 juin	Décret n° 2008-510. Commission d'examen des conventions de valorisation de la recherche. – V. ss. C. éduc., art. L. 762-3.
2008	9 juin	Arrêté. Horaires des écoles maternelles et élémentaires. – V. ss. C. éduc., art. L. 311-2, **p. 522.**
2008	24 juill.	Ordonnance n° 2008-727. Extension et adaptation de la loi n° 2007-1199 du 10 août 2007 en Nouvelle-Calédonie et en Polynésie française. – Art. 4. – V. C. éduc., art. L. 263-1, L. 264-1, L. 684-1, L. 773-1 à L. 773-3, L. 774-1, L. 774-2, L. 774-3, L. 973-1, L. 974-1.
2008	24 juill.	Ordonnance n° 2008-728. Adaptation des dispositions du code de l'éducation dans les îles Wallis-et-Futuna. Enseignement supérieur. – Art. 3. – V. C. éduc., art. L. 161-1, L. 261-1, L. 681-1, L. 771-1, L. 971-1.
2008	28 juill.	Décret n° 2008-744. Personnels enseignants des universités, titulaires et non titulaires de médecine générale. – V. App., v° *Statuts particuliers*, **p. 3089.**
2008	29 juill.	Décret n° 2008-751. Horaires d'enseignement. – Art. 1er. – V. C. éduc., art. D. 481-2.
2008	30 juill.	Décret n° 2008-775. Obligations de service des personnels enseignants du premier degré. – V. App., v° *Statuts particuliers*, **p. 2989.**
2008	4 août	Loi n° 2008-776. Modernisation de l'économie. – Art. 138, 139, 162. – V. C. éduc., art. L. 214-14, L. 719-12, L. 719-13.
2008	20 août	Loi n° 2008-790. Droit d'accueil pour les élèves des écoles maternelles et élémentaires pendant le temps scolaire. – Art. 1er à 13. – V. C. éduc., art. L. 133-1 à L. 133-12.
2008	20 août	Décret n° 2008-803. Lycées de la défense. – Art. 1er à 6. – V. C. éduc., art. R. 425-2, R. 425-13, R. 425-14, R. 425-21, R. 425-22.

2008	25 août	Décret n° 2008-846. Composition du CNESER. – Art. 1er à 3. – V. C. éduc., art. D. 232-2, D. 232-3.
2008	26 août	Circulaire n° 2008-111. Droit d'accueil au profit des élèves des écoles maternelles et élémentaires. – V. ss. C. éduc., art. L. 133-1.
2008	4 sept.	Décret n° 2008-901. Compensation financière de l'État. Service d'accueil. – V. ss. C. éduc., art. L. 133-8.
2008	12 sept.	Décret n° 2008-926. Prime d'entrée dans les métiers d'enseignement, d'éducation et d'orientation. – V. App., v° *Statuts particuliers*, **p. 2991.**
2008	1er oct.	Décret n° 2008-1012. Baccalauréats binationaux et sections internationales. – Art. 1er à 4. – V. C. éduc., art. D. 334-21, D. 334-23, D. 334-24, D. 421-134, D. 421-135.
2008	7 oct.	Décret n° 2008-1027. Établissement d'enseignement public. Arts plastiques. Charge et responsabilité incombant entièrement à l'État. – Art. 1er. – V. C. éduc., art. D. 211-13-1.
2008	20 oct.	Arrêté. Création d'un traitement automatisé de données à caractère personnel. Pilotage et gestion des élèves de l'enseignement du premier degré. – V. ss. C. éduc., art. L. 131-6.
2008	14 nov.	Décret n° 2008-1183. Publication des décisions rendues en matière disciplinaire par le Conseil supérieur de l'éducation, le Conseil national de l'enseignement supérieur et de la recherche et les sections disciplinaires des conseils d'administration des établissements publics d'enseignement supérieur placés sous la tutelle du ministre chargé de l'enseignement supérieur. – Art. 1er à 4. – V. C. éduc., art. R. 231-26, R. 231-33, R. 232-42, R. 232-48.
2008	20 nov.	Décret n° 2008-1206. Création du conseil de l'éducation nationale de Mayotte. Art. 1er, 2. – V. C. éduc., art. R. 234-33-1 à R. 234-33-7, R. 234-44, R. 234-45.
2008	24 nov.	Circulaire n° 2008-155. Mise en œuvre du livret scolaire. – V. ss. C. éduc., art. D. 321-10.
2008	1er déc.	Décret n° 2008-1246. Règles d'organisation et de déroulement de la négociation préalable au dépôt d'un préavis de grève. – V. ss. C. éduc., art. L. 133-2, **p. 224.**
2008	11 déc.	Ordonnance n° 2008-1304. Modifications du code de l'éducation. – Art. 1er. – V. C. éduc., art. L. 122-6, L. 122-7, L. 123-7, L. 214-13, L. 237-1, L. 313-1, L. 331-5, L. 335-12, L. 335-17, L. 337-4, L. 352-1, L. 421-10, L. 431-1, L. 442-5, L. 444-11, L. 531-1, L. 552-4, L. 613-5, L. 753-1, L. 841-4, L. 911-7, L. 916-1, L. 936-1.
2008	11 déc.	Ordonnance n° 2008-1305. Modification de la partie législative du code de la recherche. – Art. 5. – V. C. éduc., art. L. 445-2.
2008	18 déc.	Décret n° 2008-1363. Organisation du service de l'éducation dans les collectivités territoriales de Saint-Pierre-et-Miquelon, de Saint-Barthélemy et de Saint-Martin. – Art. 1er, 2. – V. C. éduc., art. D. 251-1 à D. 251-7, D. 271-1, D. 271-2.

2008	19 déc.	Décret n° 2008-1400. Commission nationale pour l'éducation, la science et la culture. – Art. 1er. – V. C. éduc., art. D. 239-15 à D. 239-24.
2008	23 déc.	Circulaire n° 2009-017. Négociation préalable. Droit d'accueil des élèves. – V. ss. C. éduc., art. L. 133-2, **p. 225.**
2008	19 déc.	Décret n° 2008-1429. Dispositions réglementaires du chapitre IV du titre I du livre IX du code de l'éducation, **p. 2738.**
2008	27 déc.	Loi n° 2008-1425. De finances pour 2009. – Art. 165. – V. C. éduc., art. L. 831-3.
2009	10 févr.	Décret n° 2009-145. Baccalauréat professionnel. – Art. 2 à 22. – V. C. éduc., art. D. 337-53, D. 337-55 à D. 337-62, D. 337-64, D. 337-66, D. 337-68, D. 337-69, D. 337-74, D. 337-76 à D. 337-80, D. 337-86, D. 337-87, D. 337-91, D. 337-93, D. 337-94.
2009	10 févr.	Décret n° 2009-147. Certificat d'aptitude professionnelle. – Art. 1er à 7. – V. C. éduc., art. D. 337-2, D. 337-4, D. 337-6, D. 337-7, D. 337-9, D. 337-11, D. 337-25-1.
2009	10 févr.	Décret n° 2009-148. Voie professionnelle. – Art. 2 à 12. – V. C. éduc., art. D. 331-36, D. 331-38, D. 331-41, D. 331-59, D. 331-60, D. 333-2, D. 333-7, D. 333-8, D. 333-16 à D. 333-18-1.
2009	24 févr.	Décret n° 2009-221. Conditions de financement des écoles de la deuxième chance par la taxe d'apprentissage. – V. ss. C. éduc., art. D. 214-9.
2009	24 févr.	Décret n° 2009-224. Organisation de la voie professionnelle de l'enseignement agricole. – Art. 1er. – V. C. éduc., art. D. 341-10, D. 341-14, D. 341-16, D. 341-19, D. 341-21, D. 341-34, D. 341-36, D. 341-37.
2009	27 févr.	Décret n° 2009-238. Service public de l'enseignement à distance. – Art. 2 à 5. – V. C. éduc., art. R. 426-2, R. 426-2-1, R. 426-8, R. 426-20.
2009	5 mars	Décret n° 2009-259. Contrôle du contenu des connaissances requis des enfants instruits dans la famille ou dans les établissements d'enseignement privés hors contrat. – Art. 1er à 4. – V. C. éduc., art. D. 131-11 à D. 131-16.
2009	2 avr.	Décret n° 2009-378. Scolarisation des enfants, des adolescents et des jeunes adultes handicapés. – Art. 8 à 10. – V. C. éduc., art. D. 351-4, D. 351-12, D. 351-18.
2009	3 avr.	Décret n° 2009-380. Baccalauréat général et baccalauréat technologique. – Art. 1er à 4. – V. C. éduc., art. D. 334-8, D. 334-14, D. 336-8, D. 336-14.
2009	23 avr.	Décret n° 2009-462. Règles de classement des personnes nommées dans les corps d'enseignants-chercheurs des établissements publics d'enseignement supérieur et de recherche relevant du ministre chargé de l'enseignement. – V. App., v° *Statuts particuliers*, **p. 3098.**

2009	12 mai	Loi n° 2009-526. Simplification et clarification du droit. Allégement des procédures. – Art. 80, 97, 124. – V. C. éduc., art. L. 131-11, L. 215-1, L. 511-3.
2009	14 mai	Loi n° 2009-537. Extension et adaptation à Mayotte, dans les îles Wallis-et-Futuna, en Polynésie française, dans les Terres australes et antarctiques françaises et en Nouvelle-Calédonie de diverses dispositions de nature législative. – Art. 11. – V. C. éduc., art. L. 494-1.
2009	15 mai	Décret n° 2009-553. Dispositions réglementaires du livre V du Code de l'éducation. – Art. 4 à 6. – V. C. éduc., art. D. 239-27, D. 331-45, D. 336-3, R. 342-3, R. 342-8, R. 421-37, R. 421-77, R. 421-79.
2009	11 juin	Ordonnance n° 2009-664. Organisation du service public de l'emploi. Formation professionnelle. Mayotte. – Art. 3. – V. C. éduc., art. L. 262-3 à L. 262-5, L. 372-1-1, L. 682-2.
2009	12 juin	Loi n° 2009-669. Diffusion et protection de la création sur internet. – Art. 15. – V. C. éduc., art. L. 312-6.
2009	23 juin	Décret n° 2009-765. Formation dans le domaine de la protection de l'enfance en danger. – Art. 1er. – V. C. éduc., art. D. 542-1.
2009	23 juin	Décret n° 2009-772. Création du lycée-collège d'État de Sourdun. – Art. 9. – V. C. éduc., art. D. 211-12.
2009	7 juill.	Loi n° 2009-833. Création d'une première année commune aux études de santé et facilitant la réorientation des étudiants. – Art. 1er. – V. C. éduc., art. L. 631-1.
2009	8 juill.	Décret n° 2009-851. Prime d'excellence scientifique. – V. ss. C. éduc., art. L. 954-2.
2009	21 juill.	Loi n° 2009-879. Réforme de l'hôpital. – Art. 19-VI, 32, 34, 43, 45, 46. – V. C. éduc., art. L. 631-1, L. 632-1-1, L. 632-2, L. 632-3, L. 632-5, L. 632-6, L. 632-9 à L. 632-12, L. 634-1, L. 711-1, L. 713-5, L. 952-23.
2009	28 juill.	Décret n° 2009-920. Dispositions réglementaires du chap. IV du titre I du livre IX. – Art. 2 à 10. – V. C. éduc., art. R. 914-15, R. 914-19-1, R. 914-19-4 à R. 914-19-7, R. 914-22, R. 914-30, R. 914-33, R. 914-42, R. 914-43, R. 914-45, R. 914-77.
2009	29 juill.	Décret n° 2009-947. Composition du conseil supérieur de l'éducation. – Art. 1er. – V. C. éduc., art. R. 231-2.
2009	20 août	Décret n° 2009-993. Aide individuelle. – Art. 1er. – V. C. éduc., art. D. 351-20-1.
2009	22 sept.	Décret n° 2009-1145. Diplôme « un des meilleurs ouvriers de France ». – Art. 1er à 12. – V. C. éduc., art. D. 338-9, D. 338-12 à D. 338-21.
2009	28 oct.	Loi n° 2009-1312. Parité de financement entre les écoles élémentaires publiques et privées sous contrat d'association lorsqu'elles accueillent des élèves scolarisés hors de leur commune de résidence. – Art. 1er à 3. – V. C. éduc., art. L. 442-5-1, L. 442-9.

2009	24 nov.	Loi n° 2009-1437. Orientation et formation professionnelle tout au long de la vie. – Art. 4, 5, 15, 20, 22, 29, 36, 38, 40, 52, 57, 57. – V. C. éduc., art. L. 214-14, L. 216-2, L. 313-1, L. 313-6, L. 313-7, L. 335-5, L. 335-6, L. 337-3-1, L. 611-6.
2009	8 déc.	Loi n° 2009-1503. Organisation et régulation des transports ferroviaires. – Art. 53. – V. C. éduc., art. L. 757-1.
2009	10 déc.	Ordonnance n° 2009-1530. Modifications du CGCT. – Art. 5. – V. C. éduc., art. L. 214-15.
2009	10 déc.	Ordonnance n° 2009-1534. Conseil national de l'enseignement supérieur et de la recherche agricole, agroalimentaire et vétérinaire. – Art. 1er. – V. C. éduc., art. L. 238-2, L. 238-3, L. 671-1, L. 751-1.
2009	30 déc.	Loi n° 2009-1673. De finances pour 2010 – Art. 125. – V. App., v° *Statuts particuliers*, **p. 2915.**
2010	13 janv.	Ordonnance n° 2010-49. Biologie médicale. – Art. 5. – V. C. éduc., art. L. 633-3.
2010	18 janv.	Décret n° 2010-59. Agrément des organismes. Sessions de validation du titre professionnel. – Art. 1er. – V. C. éduc., art. R. 338-8.
2010	27 janv.	Décret n° 2010-99. Organisation et fonctionnement des EPLE. – Art. 1er à 11. – V. C. éduc., art. R. 421-2, D. 421-2-1, R. 421-9, R. 421-20, R. 421-41 à R. 421-41-2, R. 421-41-4 à R. 421-45.
2010	27 janv.	Décret n° 2010-100. Enseignement du second degré. Voies générale et technologique. Information et orientation. – Art. 1er à 22. – V. C. éduc., art. D. 312-16-1, D. 331-32, D. 331-34, D. 331-38, D. 331-41, D. 331-54, D. 331-56, D. 331-60, D. 333-2, D. 336-1, D. 341-7, D. 341-10, D. 341-12, D. 341-16, D. 341-19, D. 341-27, D. 341-30, D. 341-32, D. 341-37.
2010	8 févr.	Loi n° 2010-121. Inscription de l'inceste commis sur les mineurs dans le code pénal et amélioration de la détection et la prise en charge des victimes d'actes incestueux. – Art. 3. – V. C. éduc., art. L. 121-1, L. 542-1, L. 542-3.
2010	23 févr.	Ordonnance n° 2010-177. Réforme de l'hôpital, patients, santé, territoires. – Art. 3, 6, 8, 11, 14. – V. C. éduc., art. L. 541-3, L. 632-5, L. 632-6, L. 633-3, L. 633-5, L. 713-5, L. 831-1.
2010	10 mars	Loi n° 2010-241. Service civique. – Art. 7, 9, 10. – V. C. éduc., art. L. 312-15, L. 313-8, L. 611-7.
2010	25 mars	Ordonnance n° 2010-331. Extension et adaptation aux collectivités régies par l'article 74 Const. 58, à la Nouvelle-Calédonie, aux Terres australes et antarctiques françaises ainsi qu'à la Réunion et à la Guadeloupe de dispositions de la loi n° 2009-879 du 21 juillet 2009 portant réforme de l'hôpital et relative aux patients, à la santé et aux territoires. – Art. 39. – V. C. éduc., art. L. 681-1, L. 683-1, L. 684-1.
2010	9 avr.	Décret n° 2010-366. Maison territoriale de l'autonomie. Saint-Pierre-et-Miquelon. – Art. 2. – V. C. éduc., art. R. 351-2.

2010	7 mai	Décret n° 2010-469. Diplôme de compétence en langue. – Art. 1er, 2. – V. C. éduc., art. D. 338-33 à D. 338-42.
2010	12 mai	Décret n° 2010-485. Service civique. – Art. 4. – V. C. éduc., art. D. 312-48-1.
2010	18 mai	Loi n° 2010-500. Vote par voie électronique lors des élections des membres de conseils des établissements publics à caractère scientifique, culturel et professionnel. – Art. 1er. – V. C. éduc., art. L. 719-1.
2010	27 mai	Décret n° 2010-565. Enseignements du second degré des voies générale et technologique. – Art. 1er. – V. C. éduc., art. D. 336-3.
2010	28 mai	Décret n° 2010-571. Modification de dispositions réglementaires du code de l'éducation. – Art. 1er, 3, 4, 6. – V. C. éduc., art. R. 914-19-6, R. 914-29, R. 914-34.
2010	2 juin	Décret n° 2010-592. Réorganisation de l'offre de formation à caractère biculturel. – Art. 1er à 6. – V. C. éduc., art. D. 334-11, D. 334-23, D. 334-24, D. 421-135, D. 421-143-1 à D. 421-143-5.
2010	3 juin	Loi n° 2010-597. Grand Paris. – Art. 32. – V. C. éduc., art. L. 719-14.
2010	10 juin	Ordonnance n° 2010-638. Suppression du régime des conservateurs des hypothèques. – Art. 9. – V. C. éduc., art. L. 213-3, L. 214-7, L. 719-14.
2010	1er juill.	Décret n° 2010-738. Suppression de commissions et instances administratives. – Art. 1er, 2. – V. C. éduc., art. R. 461-12 à R. 461-14, R. 461-16.
2010	5 juill.	Loi n° 2010-751. Rénovation du dialogue social. – Art. 35. – V. C. éduc., art. L. 712-2, L. 916-1, L. 951-1-1.
2010	8 juill.	Décret n° 2010-784. Certificat de formation générale. – Art. 1er à 5. – V. C. éduc., art. D. 332-23 à D. 332-26, D. 332-28.
2010	9 juill.	Loi n° 2010-769. Violence faite spécifiquement aux femmes, violences au sein des couples et incidences de ces dernières sur les enfants. – Art. 20. – V. C. éduc., art. L. 822-1.
2010	12 juill.	Loi n° 2010-788. Engagement national pour l'environnement. – Art. 183. – V. C. éduc., art. L. 511-5.
2010	12 juill.	Décret n° 2010-795. Création de l'internat d'excellence de Montpellier. – Art. 9. – V. C. éduc., art. D. 211-12.
2010	27 juill.	Loi n° 2010-874. Modernisation de l'agriculture et de la pêche. – Art. 9. – V. C. éduc., art. L. 238-1.
2010	29 juill.	Décret n° 2010-889. Nomination des recteurs d'académie. – Art. 1er, 2. – V. C. éduc., art. R.* 222-13, R. 426-10.
2010	24 août	Circulaire n° 2010-129. Responsabilité et engagement des lycéens. – V. ss. C. éduc., art. L. 511-2.
2010	16 sept.	Décret. Modification de l'article D. 452-16 du code de l'éducation. – Art. 1er. – V. C. éduc., art. D. 452-16.

2010	28 sept.	Loi n° 2010-1127. Lutte contre l'absentéisme scolaire : – Art. 2. – V. C. éduc., art. L. 401-3. – Art. 6. – V. ss. C. éduc., art. L. 421-2.
2010	28 oct.	Ordonnance n° 2010-1307. Partie législative du code des transports. – Art. 5, 7. – V. C. éduc., art. L. 213-11, L. 821-5.
2010	9 nov.	Loi n° 2010-1330. Réforme des retraites. – Art. 38, 46. – V. C. éduc., art. L. 921-4, L. 952-10.
2010	9 nov.	Décret n° 2010-1348. Conditions de prise en charge des dépenses obligatoires des communes participant à un regroupement pédagogique intercommunal en application de l'article L. 442-5-1 du code de l'éducation. – Art. 1er. – V. C. éduc., art. D. 442-44-1.
2010	7 déc.	Loi n° 2010-1487. Département de Mayotte. – Art. 19. – V. C. éduc., art. L. 162-2-1, L. 972-3.
2010	13 déc.	Loi n° 2010-1536. Activités immobilières des établissements d'enseignement supérieur, structures interuniversitaires de coopération et conditions de recrutement et d'emploi du personnel enseignant et universitaire. – Art. 2, 4. – V. C. éduc., art. L. 719-13, L. 762-2.
2010	20 déc.	Loi n° 2010-1594. De financement de la sécurité sociale pour 2011. – Art. 55. – V. C. éduc., art. L. 632-6.
2010	28 déc.	Décret n° 2010-1649. Dissolution de l'INRP. – Art. 4. – V. C. éduc., art. D. 314-24 à D. 314-28, D. 314-31 à D. 314-50.
2010	28 déc.	Décret n° 2010-1650. CNDP. – Art. 1er, 2. – V. C. éduc., art. D. 314-71-1, D. 314-76.
2010	30 déc.	Décret n° 2010-1771. Application de la loi n° 2010-241 du 10 mars 2010 relative au service civique dans les départements et collectivités d'outre-mer, en Nouvelle-Calédonie et dans les Terres australes et antarctiques françaises. – Art. 2. – V. C. éduc., art. D. 371-3, D. 372-3, D. 374-3.
2010	31 déc.	Décret n° 2010-1781. Niveau de qualification prévu par l'article L. 313-7 C. éduc. – Art. 1er. – V. C. éduc., art. D. 313-59.
2011	17 févr.	Décret n° 2011-191. Enseignement et formation professionnelle aux métiers de l'agriculture, de la forêt, de la nature et des territoires. – Art. 3. – V. C. éduc., art. R. 341-40.
2011	22 mars	Loi n° 2011-302. Dispositions d'adaptation de la législation au droit de l'Union européenne en matière de santé, de travail et de communications électroniques. – Art. 15, 23. – V. C. éduc., art. L. 312-15, L. 362-1, L. 362-1-1.
2011	17 mai	Loi n° 2011-525. Simplification et amélioration du droit. – Art. 67, 118, 146. – V. C. éduc., art. L. 216-11, L. 362-1, L. 423-2, L. 423-3, L. 719-11, L. 912-1-2.
2011	31 mai	Décret n° 2011-620. Âge d'attribution d'une pension de retraite à taux plein. – Art. 5. – V. C. éduc., art. R. 914-138, R. 914-139, R. 914-142.

2011	24 juin	Décret n° 2011-728. Discipline dans les établissements d'enseignement du second degré. – Art. 1er à 10. – V. C. éduc., art. R. 421-5, R. 421-9, R. 421-10, R. 421-84 à R. 421-85-1, R. 511-12 à R. 511-16, R. 511-19-1, R. 511-28.
2011	24 juin	Décret n° 2011-729. Discipline dans les établissements d'enseignement du second degré et les établissements d'État relevant du ministère de l'éducation nationale. – Art. 1er à 5. – V. C. éduc., art. D. 422-6 à D. 422-7-1, D. 454-12, D. 454-12-1, D. 511-30.
2011	7 juill.	Loi n° 2011-814. Bioéthique. – Art. 17. – V. C. éduc., art. L. 312-17-2.
2011	28 juill.	Loi n° 2011-893. Développement de l'alternance et sécurisation des parcours professionnels. – Art. 15 à 18. – V. C. éduc., art. L. 331-5, L. 332-3-1, L. 337-3-1.
2011	28 juill.	Loi n° 2011-901. Amélioration du fonctionnement des maisons départementales des personnes handicapées et politique du handicap. – Art. 7. – V. CASF, art. L. 146-3, ss. C. éduc., art. L. 112-2.
2011	10 août	Circulaire n° 2011-112. Règlement intérieur dans les établissements publics locaux d'enseignement. – V. ss. C. éduc., art. L. 421-1.
2011	10 août	Loi n° 2011-940. Modifications de certaines dispositions de la loi n° 2009-879 du 21 juill. 2009 portant réforme de l'hôpital et relative aux patients, à la santé et aux territoires. – Art. 47. – V. C. éduc., art. L. 713-5.
2011	10 août	Décret n° 2011-958. Dispositions relatives aux instances représentatives et aux statuts particuliers des personnels enseignants et d'éducation relevant du ministre chargé de l'éducation nationale : – Art. 12. – V. Décr. n° 86-492 du 14 mars 1986, art. 4-1, App., v° *Statuts particuliers*, **p. 2955.** – Art. 15 à 25. – V. Décr. n° 90-770 du 31 août 1990, art. 1er, 3-1, 4 à 6-1, 10, 11, 14, 17, ss. C. éduc., art. L. 921-3. – Art. 27, 40. – V. Décr. n° 70-738 du 12 août 1970, art. 9, 15-1, App., v° *Statuts particuliers*, **p. 3123.** – Art. 28 à 30, 38, 41. – V. Décr. n° 72-581 du 4 juill. 1972, art. 1er, 25, 29, 38, 41-1, App., v° *Statuts particuliers*, **p. 2937.** – Art. 32 à 34, 40. – V. Décr. n° 90-680 du 1er août 1990, art. 3, 17, 27-1, App., v° *Statuts particuliers*, **p. 2963.** – Art. 38 à 40. – V. Décr. n° 72-580 du 4 juill. 1972, art. 1er, 2, 18-2, App., v° *Statuts particuliers*, **p. 2924.** – Art. 38, 39. – V. Décr. n° 80-627 du 4 août 1980, art. 1er, 2, App., v° *Statuts particuliers*, **p. 3110.** – Art. 40. – V. Décr. n° 68-503 du 30 mai 1968, art. 6-1, App., v° *Statuts particuliers*, **p. 2923** ; Décr. n° 80-627 du 4 août 1980, art. 19-1, App., v° *Statuts particuliers*, **p. 3119** ; Décr. n° 92-1189 du 6 nov. 1992, art. 19-1, App., v° *Statuts particuliers*, **p. 2978.** – Art. 41, 42, 46-1°. – V. C. éduc., art. R. 222-29, R. 222-30, R. 313-52.
2011	26 sept.	Décret n° 2011-1196. Épreuves facultatives du baccalauréat technologique. – Art. 1er. – V. C. éduc., art. D. 336-8.

2011	27 sept.	Décret n° 2011-1204. Prime d'entrée dans les métiers d'enseignement, d'éducation et d'orientation. – V. Décr. n° 2008-926 du 15 sept. 2008, art. 1er, 2, App., v° *Statuts particuliers*, **p. 2991.**
2011	29 sept.	Décret n° 2011-1218. Enseignements du second degré des voies générale et technologique. – V. C. éduc., art. D. 336-3.
2011	14 oct.	Décret n° 2011-1305. Modalités d'attribution et de calcul des bourses nationales de collège et retrait des demandes de bourses nationales d'études du second degré de lycée à Mayotte. – Art. 1er. – V. C. éduc., art. D. 562-8-1.
2011	17 oct.	Décret n° 2011-1316. Modification des dispositions réglementaires du chapitre IV du titre Ier du livre IX du code de l'éducation. – Art. 1er à 6, 11 à 13. – V. C. éduc., art. R. 914-109 à R. 914-112, R. 914-121, R. 914-123, R. 914-124, R. 914-128, R. 914-129, R. 914-133.
2011	14 nov.	Décret n° 2011-1503. Organisation administrative et financière de l'Office national d'information sur les enseignements et les professions. – Art. 1er à 15. – V. C. éduc., art. D. 313-14 à D. 313-18-1, D. 313-23, D. 313-25 à D. 313-27, D. 313-30 à D. 313-33.
2011	30 nov.	Arrêté. Clauses types à la convention prévue à l'article R. 511-13 du code de l'éducation. – V. ss. C. éduc., art. R. 511-13.
2011	1er déc.	Décret n° 2011-1716. Organisation et fonctionnement des EPLE. – Art. 1er, 2. – V. C. éduc., art. R. 421-13, R. 421-14, R. 421-16, R. 421-17, R. 421-37, R. 421-39, R. 421-41-1.
2011	5 déc.	Décret n° 2011-1774. Changement de nom d'un établissement d'enseignement. – Art. 1er. – V. C. éduc., art. D. 211-12.
2011	28 déc.	Loi n° 2011-1977. De finances pour 2012. – Art. 30, 128, 129. – V. C. éduc., art. L. 212-6, L. 213-9, L. 214-11, L. 351-3, L. 916-1.
2012	5 janv.	Décret n° 2012-16. Organisation académique. – Art. 1er à 4, 7. – V. C. éduc., art. L. 131-5 à L. 131-10, L. 351-3, L. 421-22, L. 442-2, L. 731-3, L. 731-4, L. 914-6, R.* 222-18 à D. 222-20, R. 222-24 à R. 222-26, D. 222-28, R. 222-36-1 à R. 222-36-3, D. 331-38, D. 341-13, D. 511-25, D. 531-27 ; V. Décr. n° 2008-1246 du 1er déc. 2008, art. 2, ss. C. éduc., art. L. 133-2, **p. 224.**
2012	26 janv.	Décret n° 2012-91. Groupement d'intérêt public. – Art. 13. – V. C. éduc., art. R. 423-19 à R. 423-36.
2012	26 janv.	Décret n° 2012-96. Déconcentration de certaines mesures de nomination et de gestion des enseignants associés des établissements d'enseignement supérieur et de recherche relevant du ministre chargé de l'enseignement supérieur. – Art. 1er à 13. – V. App., v° *Statuts particuliers*: Décr. n° 85-733 du 17 juill. 1985, art. 2, 4, 5, 9, 9-1, 9-2, **p. 2915** ; Décr. n° 91-267 du 6 mars 1991, art. 2, 3, 4, 6-1, 8, 9, 11, **p. 2915.**
2012	30 janv.	Décret n° 2012-124. Mise en œuvre de diverses dispositions de la loi n° 2010-1563 du 16 décembre 2010 de réforme des collectivités territoriales, Art. 2. – V. C. éduc., art. R. 212-28.

2012	1er févr.	Loi n° 2012-158. Éthique du sport et droits des sportifs. – Art. 12. – V. C. éduc., art. L. 331-6, L. 611-4.
2012	8 févr.	Décret n° 2012-197. Application des art. L. 6222-5-1 et L. 6325-4-1 C. trav. – Art. 1er, 2. – V. C. éduc., art. D. 337-21, D. 337-90.
2012	15 févr.	Décret n° 2012-223. Dispense des épreuves de langues vivantes pour les candidats présentant une déficience auditive. – Art. 1er. – V. C. éduc., art. D. 334-6, D. 336-6.
2012	5 mars	Loi n° 2012-300. Recherches impliquant la personne humaine. – Art. 1er. – V. CSP, art. L. 1121-1, ss. C. rech., art. L. 223-1, App., v° *Code de la recherche*, **p. 2849.**
2012	12 mars	Loi n° 2012-347. Accès à l'emploi titulaire et amélioration des conditions d'emploi des agents contractuels dans la fonction publique, lutte contre les discriminations et diverses dispositions relatives à la fonction publique : – Art. 74. – V. C. éduc., art. L. 755-1. – Art. 33, 35, 37. – V. L. n° 84-16 du 11 janv. 1984, art. 4, 6 à 6 *septies*, ss. C. éduc., art. L. 951-2.
2012	22 mars	Décret n° 2012-391. Certificat de formation générale. – Art. 1er. – V. C. éduc., art. D. 332-26.
2012	4 avr.	Charte. Déontologie des examens. – V. ss. C. éduc., art. L. 331-3, **p. 592.**
2012	3 mai	Décret n° 2012-640. Procédure disciplinaire applicable aux candidats au baccalauréat. – Art. 2 à 5. – V. C. éduc., art. D. 334-25 à D. 334-33, R. 334-35, D. 336-22-1, D. 337-94-1, R. 371-1, D. 371-3, R. 372-1, D. 372-3, R. 373-1, D. 373-2, R. 374-1, D. 374-3.
2012	27 juin	Décret n° 2012-830. Revalorisation des taux servant au calcul de l'allocation de rentrée scolaire. – V. CSS, art. D. 543-1, ss. C. éduc., art. L. 532-1.
2012	16 juill.	Décret n° 2012-880. Institut national supérieur de formation et de recherche pour l'éducation des jeunes handicapés et les enseignements adaptés. – Art. 1er. – V. Décr. n° 2005-1754 du 30 déc. 2005, art. 5, ss. C. éduc., art. L. 723-1.
2012	23 juill.	Décret n° 2012-903. Aide individuelle et à l'aide mutualisée apportées aux élèves handicapés. – Art. 1er et 2. – V. C. éduc., art. D. 351-16-1 à D. 351-16-4.
2012	27 août	Décret n° 2012-999. Abrogation du décret n° 2012-702 du 7 mai 2012 portant dispositions statutaires relatives à l'appréciation et à la reconnaissance de la valeur professionnelle de certains personnels enseignants, d'éducation et d'orientation relevant du ministre chargé de l'éducation nationale, rétablissant le régime de notation et d'avancement d'échelon des personnels enseignants, d'éducation et d'orientation, et portant modification de statuts particuliers des personnels enseignants et d'éducation relevant du ministre chargé de l'éducation nationale en ce qui concerne la justification de certificats de compétences en langue de l'enseignement supérieur et en informatique et

		internet. – V. App., v° *Statuts particuliers*, Décr. n° 60-403 du 22 avr. 1960, **p. 3105** ; Décr. n° 70-738 du 12 août 1970, **p. 3120** ; Décr. n° 72-580 du 4 juill. 1972, **p. 2924** ; Décr. n° 72-581 du 4 juill. 1972, **p. 2932** ; Décr. n° 72-583 du 4 juill. 1972, **p. 2948** ; Décr. n° 80-627 du 4 août 1980, **p. 3110** ; Décr. n° 86-492 du 14 mars 1986, **p. 2954** ; Décr. n° 90-680 du 1er août 1990, **p. 2963** ; Décr. n° 92-1189 du 6 nov. 1992, **p. 2975** ; Décr. n° 70-738 du 12 août 1970, art. 5, **p. 3120** ; Décr. n° 72-580 du 4 juill. 1972, art. 5-III, **p. 2924** ; Décr. n° 72-581 du 4 juill. 1972, art. 10-1, 15-1, **p. 2932** ; Décr. n° 80-627 du 4 août 1980, art. 5-3, **p. 3110** ; Décr. n° 92-1189 du 6 nov. 1992, art. 7-2, **p. 2975** ; Décr. n° 90-680 du 1er août 1990, art. 5-1, **p. 2963.**
2012	27 août	Décret n° 2012-1000. Conditions de recrutement et d'emploi des assistants d'éducation. – V. Décr. n° 2003-484 du 6 juin 2003, art. 1er, 3, ss. C. éduc., art. L. 916-1.
2012	4 sept.	Décret n° 2012-1023. Transposition aux maîtres des établissements d'enseignement privés sous contrat le relèvement des bornes d'âge de la retraite des fonctionnaires. – Art. 4. – V. C. éduc., art. R. 914-124.
2012	26 oct.	Décret n° 2012-1193. Modification de l'organisation administrative et financière des établissements publics locaux d'enseignement. – Art. 2 à 11. – V. C. éduc., art. R. 421-9, R. 421-20, R. 421-25, R. 421-58, R. 421-60, R. 421-62, R. 421-63, R. 421-68, R. 421-77.
2012	7 nov.	Décret n° 2012-1247. Adaptation de divers textes aux nouvelles règles de la gestion budgétaire et comptable publique : – Art. 8, 29. – V. C. éduc., art. D. 313-17, D. 313-20, D. 313-31, D. 313-32, R. 313-42, R. 313-57, R. 314-59, R. 314-61, R. 314-67, R. 314-68, D. 314-78, D. 314-84, D. 314-85, D. 314-89, R. 421-57, R. 421-65, R. 421-67, R. 421-74, R. 421-108, R. 421-124, D. 422-45, D. 422-53, R. 426-8, R. 426-10, R. 426-21, R. 426-23, R. 426-24, D. 452-8, D. 452-9, D. 452-12, D. 452-13, D. 452-16, R. 453-28, R. 453-38. – Art. 205. – V. Décr. n° 2005-1754 du 30 déc. 2005, art. 6, 20, 21, 22, ss. C. éduc., art. L. 723-1.
2012	20 nov.	Décret n° 2012-1272. Brevet professionnel. – Art. 1er, 2. – V. C. éduc., art. D. 337-101, D. 337-102.
2012	4 déc.	Décret n° 2012-1351. Diplôme national du brevet. – Art. 1er à 7. – V. C. éduc., art. D. 332-16 à D. 332-22.
2012	17 déc.	Loi n° 2012-1404. De financement de la sécurité sociale pour 2013 – Art. 47-I, 47-II. – V. C. éduc., art. L. 632-6.
2012	19 déc.	Décision CE n° 354947. – V. C. éduc., art. D. 562-8-1.
2012	24 déc.	Décret n° 2012-1450. Mesures de déconcentration pour la gestion de certains personnels enseignants du second degré mis à la disposition de la Nouvelle-Calédonie. – V. App., v° *Statuts particuliers*, Décr. n° 60-403 du 22 avr. 1960, art. 12-5, **p. 3110** ; Décr. n° 72-580 du 4 juill. 1972, art. 15, **p. 2930** ; Décr. n° 72-581 du 4 juill. 1972,

		art. 43, **p. 2945** ; Décr. n° 72-583 du 4 juill. 1972, art. 8, **p. 2949** ; Décr. n° 80-627 du 4 août 1980, art. 21, **p. 3119** ; Décr. n° 92-1189 du 6 nov. 1992, art. 34, **p. 2987.**
2012	28 déc.	Décret n° 2012-1512. Ouverture de recrutements réservés pour l'accès aux échelles de rémunération des maîtres contractuels et agréés de l'enseignement privé sous contrat relevant du ministre chargé de l'éducation nationale. – V. ss. C. éduc., art. L. 442-5, **p. 788.**
2012	28 déc.	Décret n° 2012-1513. Ouverture des recrutements réservés pour l'accès à certains corps de fonctionnaires relevant du ministre chargé de l'éducation nationale en application de la loi n° 2012-347 du 12 mars 2012 relative à l'accès à l'emploi titulaire et à l'amélioration des conditions d'emploi des agents contractuels dans la fonction publique, à la lutte contre les discriminations et portant diverses dispositions relatives à la fonction publique. – V. ss. C. éduc., art. L. 911-2.
2013	18 janv.	Arrêté. Modification de l'arrêté du 20 octobre 2008 portant création d'un traitement automatisé de données à caractère personnel relatif au pilotage et à la gestion des élèves de l'enseignement du premier degré. – V. Arr. du 20 oct. 2008, art. 6, 7, ss. C. éduc., art. L. 131-6.
2013	24 janv.	Décret n° 2013-77. Organisation du temps scolaire dans les écoles maternelles et élémentaires. – Art. 1er à 3. – V. C. éduc., art. D. 411-2, D. 521-10 à D. 521-15.
2013	31 janv.	Loi n° 2013-108. Abrogation de la loi n° 2010-1127 du 28 septembre 2010 visant à lutter contre l'absentéisme scolaire. – V. C. éduc., art. L. 131-6, L. 131-8, L. 131-9.
2013	6 févr.	Circulaire n° 2013-017. Organisation du temps scolaire dans le premier degré et des activités pédagogiques complémentaires. – V. ss. C. éduc., art. L. 521-1, **p. 908.**
2013	18 févr.	Décret n° 2013-145. Régime additionnel de retraite des personnels enseignants et de documentation mentionnés aux articles L. 914-1 du code de l'éducation et L. 813-8 du code rural : – Art. 1er. – V. C. éduc., art. R. 914-141. – Art. 2 à 8. – V. Décr. n° 2005-1233 du 30 sept. 2005, art. 7, 12 à 14, 18, 19, ss. C. éduc., art. R. 914-96, **p. 2779.**
2013	19 avr.	Décret n° 2013-328. Recrutement des professeurs contractuels. – Art. 1er. – V. Décr. n° 81-535 du 12 mai 1981, art. 2, App., v° *Statuts particuliers*, **p. 2951.**
2013	10 mai	Décret n° 2013-393. CNESER. – Art. 1er, 2. – V. C. éduc., art. D. 232-4, D. 232-10.
2013	23 mai	Décret n° 2013-420. Suppression de commissions administratives à caractère consultatif. – Art. 3 à 5. – V. C. éduc., art. D. 313-8, D. 331-45, D. 371-4, D. 372-4.
2013	7 juin	Décret n° 2013-469. Procédure disciplinaire applicable aux candidats du baccalauréat. – Art. 2 à 7. – V. C. éduc., art. D. 222-23-1, D. 334-26, D. 334-31, D. 334-32, D. 334-34.

2013	14 juin	Loi n° 2013-504. Sécurisation de l'emploi. – Art. 5. – V. C. trav., art. L. 6111-1, ss. C. éduc., art. L. 122-7.
2013	21 juin	Décret n° 2013-530. Modalités de calcul du complément familial différentiel et de l'allocation de rentrée scolaire différentielle. – Art. 2. – V. CSS, art. R. 543-6-1, ss. C. éduc., art. L. 532-1.
2013	1er juill.	Arrêté. Référentiel des compétences professionnelles des métiers du professorat et de l'éducation. – V. ss. C. éduc., art. L. 625-1.
2013	8 juill.	Loi n° 2013-595. Orientation et programmation pour la refondation de l'école de la République : – Art. 2 à 16, 18 à 30, 32 à 62, 64 à 66, 68 à 74, 75, 78 à 81, 85. – V. C. éduc., art. L. 111-1 à L. 111-3, L. 113-1, L. 121-1, L. 121-2, L. 121-4-1, L. 121-5, L. 121-6, L. 122-1-1, L. 122-2, L. 131-1-1, L. 131-2, L. 162-2, L. 211-2, L. 211-8, L. 212-15, L. 213-1, L. 213-2, L. 213-2-2, L. 214-6, L. 214-6-2, L. 214-13, L. 214-13-1, L. 216-1, L. 231-14 à L. 231-17, L. 241-10, L. 241-11, L. 241-13 à L. 241-15, L. 311-1, L. 311-3, L. 311-3-1, L. 311-4, L. 311-7, L. 312-9, L. 312-9-2, L. 312-10, L. 312-11, L. 312-15, L. 312-19, L. 313-1, L. 321-1, L. 321-2, L. 321-3, L. 321-4, L. 331-7, L. 332-1, L. 332-2, L. 332-3, L. 332-4, L. 332-5, L. 332-6, L. 333-3, L. 333-4, L. 334-1, L. 337-3, L. 337-3-1, L. 401-1, L. 401-4, L. 411-1, L. 421-2, L. 421-4, L. 421-7, L. 423-1, L. 442-9, L. 442-16, L. 442-20, L. 452-2, L. 521-4, L. 541-1, L. 551-1, L. 611-1, L. 625-1, L. 713-1, L. 721-1 à L. 721-3, L. 722-1, L. 722-16, L. 722-17, L. 912-1, L. 912-1-2, L. 914-1-2, L. 914-1-3, L. 932-3. – Art. 67. – V. ss. C. éduc., art. L. 521-1, **p. 913.** – Art. 75. – V. C. rech., art. L. 312-1, App., v° *Code de la recherche*, **p. 2859.**
2013	22 juill.	Loi n° 2013-659. Représentation des Français établis hors de France. – Art. 57. – V. C. éduc., art. L. 214-12-1.
2013	22 juill.	Loi n° 2013-660. Enseignement supérieur et recherche : – Art. 1er, 2, 4 à 13, 19 à 39, 42 à 65, 67 à 73, 75 à 77, 80, 84, 94, 100 à 107, 121, 125. – V. C. éduc., art. L. 111-5, L. 121-3, L. 123-1 à L. 123-7, L. 214-2, L. 214-3, L. 232-1, L. 233-1, L. 241-2, L. 401-2-1, L. 471-3, L. 611-2, L. 611-3, L. 611-5, L. 611-6, L. 611-8, L. 612-1 à L. 612-4, L. 612-7, L. 613-1, L. 613-7, L. 614-1, L. 614-3, L. 642-1, L. 671-1, L. 681-1, L. 683-1, L. 684-1, L. 711-1, L. 711-2, L. 711-4, L. 711-10, L. 712-1 à L. 712-6-2, L. 713-1, L. 713-4, L. 714-1, L. 715-1, L. 715-2, L. 716-1, L. 717-1, L. 718-1 à L. 718-16, L. 719-1, L. 719-3, L. 719-9 à L. 719-13, L. 721-1, L. 721-3, L. 731-1, L. 731-5 à L. 731-6-1, L. 731-9, L. 731-10, L. 731-14, L. 731-19, L. 732-1 à L. 732-3, L. 741-1, L. 751-1, L. 752-1, L. 762-2, L. 762-3, L. 811-1, L. 811-3, L. 811-5, L. 821-1, L. 822-1, L. 831-1, L. 951-1-1, L. 952-2-1, L. 952-6-1, L. 952-7, L. 952-24, L. 953-2, L. 954-2. – Art. 14 à 16, 18, 66, 78, 81, 82, 88 à 90, 92, 93, 95 à 96, 111, 129-III. – V. C. rech., art. L. 111-1, L. 111-6, L. 112-1, L. 112-3, L. 114-1, L. 114-3-1 à L. 114-3-7, L. 120-1, L. 311-1, L. 311-2, L. 311-5, L. 328-1, L. 344-1 à L. 344-15, L. 411-3, L. 411-4, L. 412-1, App., v° *Code de la recherche*, **p. 2813.**

		– Art. 110. – V. ss. C. éduc., art. L. 541-5.
2013	24 juill.	Décret n° 2013-681. Conseil supérieur des programmes. – Art. 1er, 2. – V. C. éduc., art. D. 230-1 à D. 230-7, D. 231-34 à D. 231-42.
2013	24 juill.	Décret n° 2013-682. Cycles d'enseignement à l'école primaire et au collège. – Art. 1er à 5 – V. C. éduc., art. D. 113-1, D. 311-8, D. 311-10, D. 321-24, D. 454-20.
2013	24 juill.	Décret n° 2013-683. Conseil école-collège. – Art. 1er à 3. – V. C. éduc., art. D. 211-10, D. 401-1 à D. 401-4.
2013	14 août	Décret n° 2013-748. Prolongation et renouvellement du classement des établissements d'enseignement public de la musique, de la danse et de l'art dramatique. – Art. 1er à 3. – V. C. éduc., art. R. 461-4, R. 461-7.
2013	19 août	Décret n° 2013-756. Dispositions réglementaires des livres VI et VII du code de l'éducation. – Art. 3, 7 à 11. – V. C. éduc., art. L. 756-2, D. 112-1, D. 164-1, R. 314-29, R. 314-30, D. 351-33, R. 421-48, R. 421-107, D. 422-19, D. 422-38, D. 422-40, D. 422-61, R. 425-16, D. 491-14, D. 492-13, D. 494-8, D. 541-8.
2013	23 août	Décret n° 2013-767. Réforme du recrutement et de la formation des maîtres des établissements d'enseignement privés sous contrat. – Art. 2 à 20. – V. C. éduc., art. R. 442-11, R. 914-14, R. 914-19-2 à R. 914-19-4, R. 914-19-6, R. 914-21 à R. 914-24, R. 914-27, R. 914-31, R. 914-32, R. 914-34, R. 914-35, R. 914-38 à R. 914-41, R. 914-44, R. 914-50.
2013	23 août	Décret n° 2013-768. Recrutement et formation initiale de certains personnels enseignants, d'éducation et d'orientation relevant du ministre de l'éducation nationale : – Art. 1er à 4. – V. Décr. n° 70-738 du 12 août 1970, art. 5, 8, 9, App., v° *Statuts particuliers*, **p. 3121.** – Art. 5 à 9. – V. Décr. n° 72-580 du 4 juill. 1972, art. 5-III, 5-IV, 6, 18-1, App., v° *Statuts particuliers*, **p. 2924.** – Art. 10 à 21. – V. Décr. n° 72-581 du 4 juill. 1972, art. 8, 9, 10-1, 13, 14, 15-1 à 24, 29, 40, 42, App., v° *Statuts particuliers*, **p. 2933.** – Art. 22 à 28. – V. Décr. n° 80-627 du 4 août 1980, art. 5-3, 5-6, 5-7, 8, 8-1, 18, 20, App., v° *Statuts particuliers*, **p. 3111.** – Art. 29 à 40. – V. Décr. n° 90-680 du 1er août 1990, art. 5-1, 7, 8, 10, 16, 17, 17-2, 17-3, 17-6 à 17-12, 17-15, 20, 21, 28, App., v° *Statuts particuliers*, **p. 2964.** – Art. 43 à 50. – V. Décr. n° 92-1189 du 6 nov. 1992, art. 4 à 7, 7-2, 10, 12 à 18, 22, App., v° *Statuts particuliers*, **p. 2975.**
2013	27 août	Décret n° 2013-781. Attribution des aides financières accordées aux étudiants des établissements d'enseignement supérieur relevant du ministère chargé de l'enseignement supérieur et de la recherche. – Art. 1er. – V. C. éduc., art. R. 262-3, R. 262-4, R. 263-3, R. 264-3.
2013	28 août	Décret n° 2013-782. Règles relatives à la composition et au fonctionnement des conseils des écoles supérieures du professorat et de l'éducation. – Art. 1er à 4. – V. C. éduc., art. D. 721-1 à D. 721-8, D. 773-20, D. 774-20.

2013	28 août	Décret n° 2013-783. Composition et fonctionnement du Haut Conseil de l'éducation artistique et culturelle. – Art. 1er à 6. – V. C. éduc., art. D. 312-7 à D. 312-12, D. 312-14.
2013	3 sept	Décret n° 2013-805. Création de l'Université de Bordeaux. – Art. 8. – V. C. éduc., art. D. 711-1.
2013	6 sept.	Circulaire n° 2013-144. Valeurs et symboles de la République. Charte de la laïcité. – V. ss. C. éduc., art. L. 141-1.
2013	24 sept.	Décret n° 2013-852. Groupements d'établissements (Greta) constitués en application de l'art. L. 423-1 C. éduc. – Art. 1er. – V. C. éduc., art. D. 423-1 à D. 423-12.
2013	4 oct.	Décret n° 2013-895. Composition et compétences du conseil d'administration des établissements publics locaux d'enseignement. – Art. 1er à 3. – V. C. éduc., art. R. 421-4, R. 421-14, R. 421-20.
2013	9 oct.	Décret n° 2013-900. Régime additionnel de retraite des personnels enseignants et de documentation mentionnés aux articles L. 914-1 du C. éduc. et L. 813-8 du C. rur. – Art. 1er. – V. Décr. n° 2005-1233 du 30 sept. 2005, art. 10, ss. C. éduc., art. R. 914-96, **p. 2779.**
2013	17 oct.	Décret n° 2013-924. Création de l'École normale supérieure de Rennes. – Art. 29. – V. C. éduc., art. D. 652-1, D. 711-5, D. 716-1.
2013	21 oct.	Décret n° 2013-943. Conseil stratégique de la recherche, App., v° *Code de la recherche,* **p. 2813.**
2013	22 oct.	Décret n° 2013-945. Conseil national d'évaluation du système scolaire. – Art. 1er. – V. C. éduc., art. D. 241-36 à D. 241-38.
2013	4 nov.	Décret n° 2013-983. Composition et attributions du conseil d'école. – Art. 1er, 2. – V. C. éduc., art. D. 411-1, D. 411-2.
2013	9 déc.	Décret n° 2013-1140. École normale supérieure : – Art. 1er à 27. – V. ss. C. éduc., art. L. 716-1. – Art. 28. – V. C. éduc., art. D. 652-1, D. 716-1.
2013	23 déc.	Décret n° 2013-1230. Création auprès du ministre chargé de l'éducation nationale du comité consultatif ministériel des maîtres de l'enseignement privé sous contrat. – Art. 2. – V. C. éduc., art. R. 231-1.
2013	23 déc.	Décret n° 2013-1231. Commissions consultatives mixtes des maîtres des établissements d'enseignement privés sous contrat et relevant du ministre de l'éducation nationale. – Art. 1er à 10. – V. C. éduc., art. R. 914-3-1, R. 914-9, R. 914-10-1 à R. 914-10-24, R. 914-11, R. 914-4 à R. 914-8, R. 914-10, R. 914-12-1, R. 914-12-2, R. 914-62, R. 914-63, R. 914-77, R. 914-102, R. 914-103, R. 914-113.
2013	27 déc.	Décret n° 2013-1310. Conditions d'exercice du droit de suffrage, composition des collèges électoraux et modalités d'assimilation et d'équivalence de niveau pour la représentation des personnels et des étudiants aux conseils des EPSCP. – Art. 1er à 18. – V. C. éduc., art. D. 719-2, D. 719-3, D. 719-5 à D. 719-9, D. 719-12 à D. 719-15, D. 719-18, D. 719-20 à D. 719-22, D. 719-26, D. 719-28, D. 719-30, D. 719-36, D. 719-37, D. 719-39, D. 719-40.

2013	29 déc.	Loi n° 2013-1278. De finances pour 2014 : – Art. 124. – V. C. éduc., art. L. 351-3, L. 916-1, L. 917-1. – Art. 125. – V. L. n° 2013-595 du 8 juill. 2013, art. 67, ss. C. éduc., art. L. 521-1.
2014	14 janv.	Décret n° 2014-29. Suppression de la note de vie scolaire. – V. C. éduc., art. D. 332-4-1, D. 332-17, D. 341-42, D. 341-46.
2014	20 janv.	Loi n° 2014-40. Avenir et justice du système de retraites. – Art. 12. – V. C. trav., art. L. 6111-1, ss. C. éduc., art. L. 122-7.
2014	27 janv.	Loi n° 2014-58. Modernisation de l'action publique territoriale et affirmation des métropoles. – Art. 25, 43, 90. – V. C. éduc., art. L. 421-2, L. 719-14, L. 913-1.
2014	29 janv.	Décret n° 2014-74. Modification du décret n° 2013-943 du 21 octobre 2013 relatif au Conseil stratégique de la recherche. – Art. 1er. – V. Décr. n° 2013-943 du 21 oct. 2013, art. 3, App., v° *Code de la recherche*, **p. 2840.**
2014	17 févr.	Ordonnance n° 2014-135. Modification de la partie législative du code de la recherche. – Art. 1er, 2. – V. C. rech., art. L. 113-3, L. 113-4, L. 114-5, L. 145-1, L. 146-1, L. 147-1, L. 329-7, L. 365-1, L. 366-1, L. 367-1, L. 445-1, L. 446-1, L. 447-1, L. 511-1 à L. 547-1, App., v° *Code de la recherche*, **p. 2831.**
2014	17 févr.	Décret n° 2014-133. Organisation de l'administration centrale des ministères de l'éducation nationale et de l'enseignement supérieur et de la recherche. – V. C. éduc., art. R. 221-1.
2014	21 févr.	Loi n° 2014-173 Programmation pour la ville et la cohésion urbaine. – Art. 26 – V. C. éduc., art. L. 632-6 ; C. trav., art. L. 5134-120, ss. C. éduc., art. L. 625-1.
2014	24 févr.	Décret n° 2014-222. Comptes nominatifs des élèves des lycées de la défense. – Art. 1er. – V. C. éduc., art. D. 425-23 à D. 425-25.
2014	27 févr.	Ordonnance n° 2014-238. Établissement public local d'enseignement dénommé « École européenne de Strasbourg ». – Art. 1er. – V. C. éduc., art. L. 421-19-1 à L. 421-19-13.
2014	5 mars	Loi n° 2014-288. Formation professionnelle, emploi et démocratie sociale : – Art. 5-II. – V. C. serv. nat., art. L. 120-1, ss. C. éduc., art. L. 613-3. – Art. 23-XI. – V. C. rur., art. L. 811-8, ss. C. éduc., art. L. 421-22 ; C. rur., art. L. 813-2, ss. C. éduc., art. L. 341-1. – Art. 6, 14, 19, 22, 23, 24-II. – V. C. éduc., art. L. 211-2, L. 214-2, L. 214-12 à L. 214-14, L. 214-16-1, L. 214-16-2, L. 232-1, L. 237-1, L. 238-3, L. 313-6 à L. 313-8, L. 335-5, L. 335-6, L. 337-4, L. 341-1, L. 361-5, L. 421-22, L. 613-3, L. 641-2.
2014	6 mars	Décret n° 2014-299. Diverses mesures de déconcentration pour la gestion de certains personnels enseignants du second degré mis à disposition de la Polynésie française. – Art. 1er à 6. – V. Décr. n° 60-403 du 22 avr. 1960, art. 12-5, App., v° *Statuts particuliers*, **p. 3110** ; Décr. n° 72-580 du 4 juill. 1972, art. 15, App., v° *Statuts particuliers*,

		p. 2930 ; Décr. n° 72-581 du 4 juill. 1972, art. 43, App., v° *Statuts particuliers*, **p. 2945** ; Décr. n° 72-583 du 4 juill. 1972, art. 8, App., v° *Statuts particuliers*, **p. 2949** ; Décr. n° 80-627 du 4 août 1980, art. 21, App., v° *Statuts particuliers*, **p. 3119** ; Décr. n° 92-1189 du 6 nov. 1992, art. 34, App., v° *Statuts particuliers*, **p. 2987.**
2014	10 mars	Décret n° 2014-314. Tenue à distance d'épreuves et de réunions de jurys du baccalauréat. – Art. 1er à 11. – V. C. éduc., art. D. 334-15-1, D. 334-21-1, D. 336-15-1, D. 336-20-1, D. 337-89-1, D. 337-93-1.
2014	13 mars	Décret n° 2014-336. Participation des personnalités extérieures aux conseils constitués au sein des établissements publics à caractère scientifique, culturel et professionnel. – Art. 1er à 11. – V. C. éduc., art. D. 719-47-1 à D. 719-47-5, D. 719-41 à D. 719-46.
2014	19 mars	Décret n° 2014-353. Appréciation de la valeur professionnelle des professeurs de chaires supérieures des établissements classiques, modernes et techniques. – Art. 1er. – V. Décr. n° 68-503 du 30 mai 1968, art. 3-1, App., v° *Statuts particuliers*, **p. 2922.**
2014	7 mai	Décret n° 2014-460. Participation des enseignants d'éducation physique et sportive aux activités sportives scolaires volontaires des élèves. – V. App., v° *Statuts particuliers*, **p. 3120.**
2014	22 mai	Décret n° 2014-522. Procédures disciplinaires dans les établissements d'enseignement du second degré. – Art. 1er à 3. – V. C. éduc., art. R. 421-10-1, R. 421-85-1, R. 511-13, R. 511-13-1.
2014	22 mai	Décret n° 2014-524. Règles relatives à l'organisation et au fonctionnement de Pôle emploi. – Art. 23. – V. C. éduc., art. D. 313-14, D. 313-15, R. 313-39.
2014	27 mai	Décret n° 2014-551. Adaptation de dispositions pour faire suite à la fusion de la direction générale des impôts et de la direction générale de la comptabilité publique. – Art. 10. – V. C. éduc., art. R. 237-26, R. 421-64, R. 421-75, R. 421-78, R. 421-113, R. 421-114, R. 421-115, R. 421-125, R. 421-128, R. 442-11, R. 442-16 à R. 442-21, R. 442-83, R. 453-38, R. 453-40, R. 453-43, R. 453-44.
2014	27 mai	Décret n° 2014-552. Adaptation de dispositions pour faire suite à la fusion de la direction générale des impôts et de la direction générale de la comptabilité publique. – Art. 7. – V. C. éduc., art. D. 422-52, D. 452-21, D. 491-9, D. 494-2.
2014	27 mai	Circulaire n° 2014-059. Application de la règle, mesures de prévention et sanctions dans les établissements du second degré. – V. ss. C. éduc., art. L. 511-1.
2014	28 mai	Décret n° 2014-557. Prime d'excellence scientifique attribuée à certains personnels de l'enseignement supérieur et de la recherche. – Art. 1er à 5. – V. Décr. n° 2009-851 du 8 juill. 2009, art. 1er à 6, ss. C. éduc., art. L. 954-2.
2014	6 juin	Décret n° 2014-604. Budget et régime financier des établissements publics d'enseignement supérieur et de recherche. – Art. 1er à 24. – V. C. éduc., art. R. 719-51, R. 719-52, R. 719-54, R. 719-57,

		R. 719-61, R. 719-63-1, R. 719-64, R. 719-69, R. 719-102, R. 719-104, R. 719-108 à R. 719-109-1, R. 719-202, R. 741-4, D. 762-21, R. 771-1, R. 771-15, R. 771-16, R. 773-1, R. 773-17, R. 773-18, R. 774-1, R. 774-17, R. 774-18.
2014	18 juin	Décret n° 2014-635. Établissements d'enseignement supérieur privés d'intérêt général et comité consultatif pour l'enseignement supérieur privé. – Art. 1er. – V. C. éduc., art. R. 732-1 à D. 732-7.
2014	24 juin	Décret n° 2014-671. Représentation des Français hors de France. Art. 1er. – V. C. éduc., art. D. 531-47.
2014	26 juin	Ordonnance n° 2014-691. Suppression des compétences contentieuses et disciplinaires du Conseil supérieur de l'éducation et des conseils académiques de l'éducation nationale : – Art. 1er à 5, 7 à 24. – V. C. éduc., art. L. 232-4 à L. 232-6, L. 234-2 à L. 234-5, L. 234-6, L. 234-7, L. 234-8, L. 263-1, L. 264-1, L. 444-3, L. 444-4, L. 444-9, L. 642-4, L. 642-5, L. 911-5-1, L. 914-6, L. 971-1, L. 973-1, L. 974-1. – Art. 6 – V. C. rur., art. L. 814-4, ss. C. éduc., art. L. 238-3.
2014	26 juin	Ordonnance n° 2014-692. Application à Mayotte de la L. n° 2013-595 du 8 juill. 2013 d'orientation et de programmation pour la refondation de l'école de la République. – Art. 1er à 5. – V. C. éduc., art. L. 262-1, L. 262-2-1, L. 262-4, L. 772-1.
2014	26 juin	Ordonnance n° 2014-693. Extension et adaptation dans les îles Wallis-et-Futuna, en Polynésie française et en Nouvelle-Calédonie de la loi n° 2013-595 du 8 juillet 2013 d'orientation et de programmation pour la refondation de l'école de la République. – Art. 5 à 8, 11 à 16, 19 à 27. – V. C. éduc., art. L. 161-1, L. 163-1, L. 164-1, L. 261-1, L. 263-1, L. 264-1, L. 371-1, L. 373-1, L. 374-1, L. 564-1, L. 683-2-1, L. 684-2-1, L. 771-1, L. 773-1, L. 773-3-1, L. 774-1, L. 774-3-1, L. 973-1, L. 974-1.
2014	27 juin	Décret n° 2014-724. Conditions de recrutement et d'emploi des accompagnants des élèves en situation de handicap : – Art. 1er à 12. – V. ss. C. éduc., art. L. 917-1, **p. 1578.** – Art. 13. – V. Décr. n° 2003-484 du 6 juin 2003, art. 1er, 3, 7 *bis*, ss. C. éduc., art. L. 916-1.
2014	27 juin	Décret n° 2014-725. Modification du règlement général du baccalauréat professionnel. – Art. 1er à 5. – V. C. éduc., art. D. 337-54, D. 337-55, D. 337-64, D. 337-69.
2014	7 juill.	Décret n° 2014-780. Composition de la formation restreinte du conseil académique des universités. – V. ss. C. éduc., art. L. 712-6-1, **p. 1240.**
2014	9 juill.	Décret n° 2014-791. Accès des bacheliers aux sections de techniciens supérieurs et poursuite d'études dans une autre formation d'enseignement supérieur. – Art. 2 à 5. – V. C. éduc., art. D. 612-30, D. 612-31, D. 643-35, D. 643-35-1.

2014	10 juill.	Loi n° 2014-788. Développement, encadrement des stages et amélioration du statut des stagiaires. – Art. 1er, 2. – V. C. éduc., art. L. 124-1 à L. 124-20, L. 611-5, L. 612-8 à L. 612-14, L. 811-3.
2014	15 juill.	Décret n° 2014-800. Coopération entre les services de l'État et le conseil général en vue de favoriser la mixité sociale dans les collèges publics. – Art. 1er, 2. – V. C. éduc., art. D. 211-10, D. 211-11-1.
2014	17 juill.	Ordonnance n° 2014-806. Modifications du chapitre unique du titre VIII du livre VII de la troisième partie du code de l'éducation relatif aux dispositions applicables à l'université des Antilles et de la Guyane pour y adapter le titre V de la loi n° 2013-660 du 22 juillet 2013 relative à l'enseignement supérieur et à la recherche. – Art. 1er, 2. – V. C. éduc., art. L. 781-1 à L. 781-6.
2014	17 juill.	Ordonnance n° 2014-807. Modifications de la partie législative du code de l'éducation. – Art. 1er à 3. – V. C. éduc., art. L. 123-7-1, L. 242-1, L. 711-11, L. 713-1, L. 713-4, L. 715-2, L. 716-1, L. 717-1, L. 718-1, L. 718-13, L. 741-1, L. 773-2, L. 952-6-1.
2014	21 juill.	Décret n° 2014-825. Contrats d'objectifs et de moyens des IUT. – Art. 1er. – V. C. éduc., art. D. 643-60-1.
2014	30 juill.	Décret n° 2014-851. Création et organisation provisoire de l'université de Guyane. – Art. 12. – V. C. éduc., art. D. 711-1.
2014	1er août	Loi n° 2014-856. Économie sociale et solidaire : – Art. 64-I-7°. – V. CSN, art. L. 120-1, ss. C. éduc., art. L. 613-3. – Art. 65, 69. – V. C. éduc., art. L. 335-5, L. 732-1.
2014	1er août	Décret n° 2014-886. Simplification de la procédure relative au versement de l'allocation de rentrée scolaire. – Art. 1er. – V. CSS, art. R. 543-4, ss. C. éduc., art. L. 532-1.
2014	4 août	Loi n° 2014-873. Égalité réelle entre les hommes et les femmes. – Art. 53. – V. C. éduc., art. L. 232-3, L. 712-6-2.
2014	20 août	Décret n° 2014-940. Obligations de service et missions des personnels enseignants exerçant dans un établissement public d'enseignement du second degré. – V., App., *v° Statuts particuliers*, **p. 2992.**
2014	20 août	Décret n° 2014-941. Modification de certains statuts particuliers des personnels enseignants relevant du ministre chargé de l'éducation nationale. – V. App., v° *Statuts particuliers*, Décr. n° 86-492 du 14 mars 1986, art. 25, 25-1, 25-2, **p. 2954** ; Décr. n° 92-1189 du 6 nov. 1992, art. 30, 33, **p. 2984** ; Décr. n° 50-581 du 25 mai 1950, art. 6, 7, **p. 2915** ; Décr. n° 50-582 du 25 mai 1950, art. 6, **p. 2917.**
2014	20 août	Décret n° 2014-942. Obligations de service des personnels enseignants du premier degré. – Art. 1er. – V. Décr. n° 2008-775 du 30 juill. 2008, art. 3-1, 3-2, App., v° *Statuts particuliers*, **p. 2989.**
2014	22 août	Décret n° 2014-965. Missions, composition et fonctionnement du Conseil national de l'emploi, de la formation et de l'orientation professionnelles. – Art. 3-II. – V. C. éduc., art. D. 237-9, D. 313-14.

2014	2 sept.	Décret n° 2014-997. Dispositions statutaires communes applicables aux enseignants-chercheurs et statut particulier du corps des professeurs des universités et du corps des maîtres de conférences. – Art. 1er à 53. – V. Décr. n° 84-431 du 6 juin 1984, art. 1er, 4, 4-1, 7 à 15, 18 à 20, 22, 24, 26, 27, 29, 32 à 34, 40 à 40-1-1, 40-2-1, 40-3, 40-5, 42, 43, 45 à 46-1, 48, 49-2, 49-3, 51, 56, 58, 58-1-1, 58-2, 58-4, App., v° *Statuts particuliers*, **p. 3028.**
2014	4 sept.	Décret n° 2014-1007. Prime d'entrée dans les métiers d'enseignement, d'éducation et d'orientation. – Art. 1er. – V. Décr. n° 2008-926 du 12 sept. 2008, art. 1er, App., v° *Statuts particuliers*, **p. 2991.**
2014	11 sept.	Décret n° 2014-1038. Création de l'université de Montpellier. – Art. 8. – V. C. éduc., art. D. 711-1.
2014	16 sept.	Décret n° 2014-1055. Missions, composition et fonctionnement du comité régional de l'emploi, de la formation et de l'orientation professionnelles. – Art. 5. – V. C. éduc., art. D. 214-7, D. 313-24.
2014	22 sept.	Décret n° 2014-1073. Modalités d'inscription des étudiants des classes préparatoires aux grandes écoles de lycées publics dans un établissement public à caractère scientifique, culturel et professionnel. – Art. 1er à 5. – V. C. éduc., art. D. 612-26, D. 612-29, D. 612-29-1, D. 612-29-2.
2014	26 sept.	Ordonnance n° 2014-1090. Mise en accessibilité des établissements recevant du public, des transports publics, des bâtiments d'habitation et de la voirie pour les personnes handicapées. – Art. 6. – V. C. transp., art. L. 3111-7-1, ss. C. éduc., art. L. 213-11.
2014	26 sept.	Décret n° 2014-1093. Modalités de reddition des comptes financiers des établissements publics locaux d'enseignement, des établissements publics locaux d'enseignement et de formation professionnelle agricoles et des établissements publics locaux d'enseignement maritime et aquacole. – Art. 1er, 2. – V. C. éduc., art. R. 421-77, R. 421-127.
2014	29 sept.	Décret n° 2014-1100. Création du label « campus des métiers et des qualifications ». – Art. 1er. – V. C. éduc., art. D. 335-33 à D. 335-35.
2014	13 oct.	Loi n° 2014-1170. Avenir pour l'agriculture, l'alimentation et la forêt : – Art. 40, 60-I-13°, 63-I, 64-I-2°, 3°, 64-II, 65. – V. C. éduc., art. L. 238-1, L. 312-9, L. 312-17-3, L. 671-1, L. 718-7, L. 718-11, L. 718-12, L. 751-2. – Art. 60-I-3°, 10°, 11°, 63-II. – V. C. rur., art. L. 811-1, L. 811-2, L. 813-1, L. 813-2, ss. C. éduc., art. L. 341-1. – Art. 60-I-8°. – V. C. rur., art. L. 811-8, ss. C. éduc., art. L. 421-22. – Art. 64-IV, V, VI, 67-I-17°. – V. C. rech., art. L. 111-6, L. 112-4, L. 112-5, L. 522-1, App., v° *Code de la recherche*, **p. 2828.**
2014	14 oct.	Décret n° 2014-1176. Autorisations d'absence et crédit de temps syndical accordés aux organisations syndicales représentatives des maîtres et documentalistes des établissements d'enseignement privés sous contrat relevant du ministre chargé de l'éducation nationale. – Art. 1er à 7. – V. C. éduc., art. R. 914-4, R. 914-6, R. 914-10, R. 914-12, R. 914-13-40 à R. 914-13-46.

2014	14 oct.	Décret n° 2014-1177. Commissions administratives paritaires de certains personnels enseignants relevant du ministre chargé de l'éducation nationale : – Art. 5. – V. Décr. n° 86-492 du 14 mars 1986, art. 4, App., v° *Statuts particuliers*, **p. 2955.** – Art. 6, 7. – V. Décr. n° 90-770 du 31 août 1990, art. 4, 5-1, 6, ss. C. éduc., art. L. 921-3.
2014	22 oct.	Décret n° 2014-1231. Organisation d'instances pédagogiques dans les écoles et les collèges. – Art. 1er à 6, 8 à 10, 12. – V. C. éduc., art. D. 321-14, D. 321-15, D. 321-20, D. 321-21, D. 371-3, R. 421-41-1, R. 421-41-2, R. 421-50.
2014	24 oct.	Décret n° 2014-1236. Composition du conseil d'administration des EPLE. – Art. 1er à 9. – V. C. éduc., art. R. 421-9, R. 421-14, R. 421-16, R. 421-17, R. 421-20, R. 421-33, R. 421-37 à R. 421-40, R. 421-89, R. 421-101.
2014	24 oct.	Décret n° 2014-1237. Composition de la commission d'hygiène et de sécurité des EPLE. – Art. 1er, 2. – V. C. éduc., art. D. 421-151, D. 421-152.
2014	14 nov.	Décret n° 2014-1365. Organisation et fonctionnement du Haut Conseil de l'évaluation de la recherche et de l'enseignement supérieur. – V. App., v° *Code de la recherche*, **p. 2834.**
2014	18 nov.	Décret n° 2014-1376. Prévention de l'absentéisme scolaire. – Art. 1er à 5. – V. C. éduc., art. R. 131-7, R. 131-10-1, R. 131-10-2, R. 131-10-4, R. 222-24-1.
2014	18 nov.	Décret n° 2014-1377. Suivi et accompagnement pédagogique des élèves. – Art. 1er à 57. – V. C. éduc., art. D. 311-11 à D. 311-13, D. 321-3, D. 321-6, D. 321-7, D. 321-8, D. 321-22, D. 331-23, D. 331-24, D. 331-25, D. 331-29 à D. 331-32, D. 331-34, D. 331-35, D. 331-39, D. 331-47 à D. 331-49, D. 331-51 à D. 331-54, D. 331-56, D. 331-57, D. 331-62 à D. 331-64, D. 332-3, D. 332-4, D. 332-5, D. 332-6, D. 332-13, D. 341-1 à D. 341-3, D. 341-7, D. 341-9, D. 341-10, D. 341-12, D. 341-13, D. 341-17, D. 341-23 à D. 341-25, D. 341-27, D. 341-29, D. 341-30, D. 341-32, D. 341-33, D. 341-38, R. 421-51, D. 421-133, D. 422-43, D. 442-7, R. 451-1, R. 451-5, R. 451-6.
2014	26 nov.	Décret n° 2014-1407. Extension et adaptation du CASF au Département de Mayotte. – Art. 4. – V. C. éduc., art. D. 372-3, R. 372-7, R. 372-8.
2014	27 nov.	Décret n° 2014-1420. Encadrement des périodes de formation en milieu professionnel et stages. – Art. 1er, 2. – V. C. éduc., art. D. 124-1 à D. 124-9, D. 331-15, D. 612-48 à D. 612-60.
2014	27 nov.	Décret n° 2014-1421. CNESER. – Art. 1er à 23. – V. C. éduc., art. D. 232-1 à D. 232-22.
2014	5 déc.	Décret n° 2014-1453. Durée complémentaire de formation qualifiante. – Art. 1er. – V. C. éduc., art. D. 122-3-1 à D. 122-3-5.

2014	5 déc.	Décret n° 2014-1454. Formation professionnelle des jeunes sortant sans qualification professionnelle du système éducatif. – Art. 1er. – V. C. éduc., art. D. 122-3-6 à D. 122-3-8.
2014	11 déc.	Décret n° 2014-1484. Aide mutualisée aux élèves en situation de handicap. – Art. 1er. – V. C. éduc., art. D. 351-16-3.
2014	11 déc.	Décret n° 2014-1485. Scolarisation des élèves en situation de handicap. – Art. 1er à 9. – V. C. éduc., art. D. 112-1-1, D. 351-4 à D. 351-11.
2014	15 déc.	Décret n° 2014-1511. Diplôme de santé conférant le grade de master. – Art. 1er à 3. – V. C. éduc., art. D. 612-34, D. 613-7, D. 636-69-1, D. 636-70 à D. 636-72.
2014	17 déc.	Décret n° 2014-1529. Association de l'École nationale d'ingénieurs de Metz à l'université de Lorraine. – Art. 3, 4. – V. C. éduc., art. D. 718-5, D. 719-188.
2014	19 déc.	Ordonnance n° 2014-1543. Diverses mesures relatives à la création de la métropole de Lyon. – Art. 37. – V. C. éduc., art. L. 217-1, L. 234-1, L. 235-1.
2014	19 déc.	Décret n° 2014-1547. Procédures disciplinaires dans les établissements d'État et le lycée Comte de Foix en Principauté d'Andorre. – Art. 1er. – V. C. éduc., art. D. 422-7-1, D. 454-12-1.
2014	19 déc.	Décret n° 2014-1548. Liste des établissements d'enseignement dont la responsabilité et la charge incombent à l'État. – Art. 1er. – V. C. éduc., art. D. 211-12.
2014	19 déc.	Décret n° 2014-1549. Association de l'institut d'administration des entreprises de Paris à l'université Paris-I. – Art. 4, 5. – V. C. éduc., art. D. 718-5, D. 719-193.
2014	20 déc.	Loi n° 2014-1545. Simplification de la vie des entreprises. – Art. 43-II. – V. C. éduc., art. L. 443-1, L. 753-1.
2014	26 déc.	Décret n° 2014-1631. Organisation administrative, financière et territoriale de l'Établissement public de création et d'accompagnement pédagogiques dénommé « Réseau Canopé ». – Art. 1er à 15. – V. C. éduc., art. D. 314-70 à D. 314-72, D. 314-74 à D. 314-79, D. 314-82, R. 314-83, D. 314-91 à D. 314-98, D. 314-106 à D. 314-127.
2014	29 déc.	Loi n° 2014-1654. De finances pour 2015. – Art. 96. – V. L. n° 2013-595 du 8 juill. 2013, art. 67, ss. C. éduc., art. L. 521-1.
2014	30 déc.	Décret n° 2014-1679. Création de CentraleSupélec. – Art. 36. – V. C. éduc., art. D. 653-1, D. 711-3, D. 717-1, D. 717-2.
2015	6 janv.	Décret n° 2015-6. Règles relatives à la composition et au fonctionnement des conseils de l'École supérieure du professorat et de l'éducation de l'université de Polynésie française. – Art. 1er à 3. – V. C. éduc., art. D. 773-19 à D. 773-23.

2015	14 janv.	Ordonnance n° 2015-24. Extension et adaptation dans les îles Wallis-et-Futuna, en Polynésie française et en Nouvelle-Calédonie de la loi n° 2013-660 du 22 juillet 2013 relative à l'enseignement supérieur et à la recherche : – Art. 1er, 6, 11. – V. C. éduc., art. L. 491-1, L. 493-1, L. 494-1, L. 681-1, L. 683-1, L. 684-1, L. 771-1, L. 771-2, L. 773-1 à L. 773-3, L. 774-1 à L. 774-3, L. 851-1, L. 853-1, L. 853-2, L. 854-1, L. 854-2, L. 971-1, L. 973-1, L. 974-1. – Art. 4, 9, 14. – V. C. rech., art. L. 145-1, L. 146-1, L. 147-1, L. 265-1, L. 266-1, L. 267-1, L. 365-1, L. 366-1, L. 367-1, L. 445-1, L. 446-1, L. 447-1, L. 546-1, L. 547-1, App., v° *Code de la recherche*, **p. 2842.**
2015	14 janv.	Ordonnance n° 2015-25. Application à Mayotte de la loi n° 2013-660 du 22 juillet 2013 relative à l'enseignement supérieur et à la recherche et de l'article 23 de la loi n° 2014-288 du 5 mars 2014 relative à la formation professionnelle, à l'emploi et à la démocratie sociale. – Art. 2. – V. C. éduc., art. L. 262-1, L. 262-3, L. 682-1, L. 682-3, L. 772-2.
2015	28 janv.	Décret n° 2015-79. Procédure disciplinaire applicable dans les établissements publics d'enseignement supérieur placés sous la tutelle du ministère chargé de l'enseignement supérieur et devant le Conseil national de l'enseignement supérieur et de la recherche statuant en matière disciplinaire : – Art. 1er à 34. – V. C. éduc., art. R. 232-30, R. 232-31-1, R. 232-33, R. 232-38, R. 232-45, R. 232-48, R. 712-9, R. 712-11, R. 712-13 à R. 712-15, R. 712-17 à R. 712-26-1, R. 712-27-1, R. 712-31, R. 712-32, R. 712-36, R. 712-41, R. 712-43, R. 712-46, R. 715-13, R. 716-3, R. 717-11, R. 718-4, R. 741-3. – Art. 39. – V. Décr. n° 2013-1140 du 9 déc. 2013, art. 22, ss. C. éduc., art. L. 716-1.
2015	4 févr.	Décret n° 2015-121. Tenue à distance d'épreuves et de réunions de jurys du brevet de technicien supérieur. – Art. 1er, 2. – V. C. éduc., art. D. 643-28-1, D. 643-31-1.
2015	6 févr.	Décret n° 2015-132. Création du Centre international d'études supérieures en sciences agronomiques (Montpellier Sup Agro). – Art. 3. – V. C. éduc., art. D. 711-3, D. 717-3.
2015	16 févr.	Loi n° 2015-177. Modernisation et simplification du droit et des procédures dans les domaines de la justice et des affaires intérieures. – Art. 15. – V. C. éduc., art. L. 421-11, L. 911-4, L. 971-2, L. 972-2, L. 973-2, L. 974-2.
2015	19 févr.	Décret n° 2015-193. Formations d'initiation aux activités aéronautiques et spatiales. – Art. 1er, 2. – V. C. éduc., art. D. 338-43 à D. 338-47, D. 371-3, D. 373-2, D. 374-3.
2015	27 févr.	Décret n° 2015-232. Organisation et fonctionnement de l'École européenne de Strasbourg. – Art. 1er. – V. C. éduc., art. D. 421-160 à D. 421-167.

2015	2 mars	Décret n° 2015-241. Fixation des règles relatives à la composition et au fonctionnement des conseils de l'École supérieure du professorat et de l'éducation de l'université de la Nouvelle-Calédonie et extension et adaptation dans les îles Wallis-et-Futuna des art. D. 721-1 à D. 721-8 C. éduc. – Art. 1er à 3. – V. C. éduc., art. D. 774-19 à D. 774-22.
2015	11 mars	Décret n° 2015-270. Baccalauréat technologique série sciences et technologies de l'hôtellerie et de la restauration. – Art. 1er à 3. – V. C. éduc., art. D. 336-3, D. 336-13, D. 336-23 à D. 336-38-1.
2015	25 mars	Décret n° 2015-335. Dispenses d'épreuves aux baccalauréats général et technologique pour les candidats déjà titulaires d'un baccalauréat. – Art. 1er à 4. – V. C. éduc., art. D. 334-7, D. 334-11, D. 336-7, D. 336-11.
2015	31 mars	Loi n° 2015-366. Facilitation de l'exercice, par les élus locaux, de leur mandat. – Art. 14. – V. C. éduc., art. L. 335-5, L. 613-3.
2015	31 mars	Décret n° 2015-372. Socle commun de connaissances, de compétences et de culture. – Art. 1er à 3. – V. C. éduc., art. D. 122-1 à D. 122-3, Annexe ss. C. éduc., art. D. 122-3, D. 131-11.
2015	3 avr.	Décret n° 2015-384. Fonds académique de mutualisation des ressources de la formation continue des adultes. – Art. 1er. – V. C. éduc., art. D. 423-12.
2015	7 avr.	Décret n° 2015-396. Composition du conseil d'administration de la Fondation nationale des sciences politiques. – Art. 1er. – V. C. éduc., art. L. 758-1.
2015	10 avr.	Décret n° 2015-407. Recrutement et aménagements de service de certains personnels enseignants dans les établissements d'enseignement supérieur relevant du ministre chargé de l'enseignement supérieur. – Art. 1er à 5. – V. Décr. n° 85-733 du 17 juill. 1985, art. 1er, 2, 6, 7 ; Décr. n° 91-267 du 6 mars 1991, art. 8, App., v° *Statuts particuliers*, **p. 3085.**
2015	15 avr.	Décret n° 2015-425. Conseil de l'éducation nationale de l'académie de Lyon et conseil départemental de l'éducation nationale de la circonscription départementale du Rhône. – Art. 1er, 2. – V. C. éduc., art. R. 234-33-8, R. 235-18 à R. 235-30.
2015	17 avr.	Décret n° 2015-443. Procédure de dérogation prévue à l'art. L. 4153-9 C. trav. pour les jeunes âgés de moins de dix-huit ans. – Art. 3. – V. C. éduc., art. D. 331-15.
2015	27 avr.	Décret n° 2015-475. Indemnité pour mission particulière allouée aux personnels enseignants et d'éducation exerçant dans un établissement public d'enseignement du second degré. – V., App., v° *Statuts particuliers*, **p. 2994.**
2015	27 avr.	Décret n° 2015-476. Indemnité de sujétion allouée à certains enseignants assurant un service en classe de première, de terminale ou préparant à un certificat d'aptitude professionnelle. – V., App., v° *Statuts particuliers*, **p. 2996.**

2015	27 avr.	Décret n° 2015-477. Indemnité de sujétion allouée aux personnels enseignants du second degré assurant des enseignements devant plus de 35 élèves. – V., App., v° *Statuts particuliers*, **p. 2996.**
2015	11 mai	Décret n° 2015-520. Autorisation de la tenue à distance d'épreuves et de réunions de jurys du certificat d'aptitude professionnelle, du brevet d'études professionnelles, du brevet professionnel, du brevet des métiers d'art et des mentions complémentaires des niveaux V et IV et modification du code de l'éducation (partie réglementaire). – Art. 1er à 10. – V. C. éduc., art. D. 337-21-1, D. 337-23-1, D. 337-119-1, D. 337-123-1, D. 337-137-1, D. 337-138-1, D. 337-154-1, D. 337-158-1.
2015	12 mai	Décret n° 2015-528. Association d'établissements du site alsacien. – Art. 6, 7. – V. C. éduc., art. D. 718-5, D. 719-193.
2015	12 mai	Décret n° 2015-529. Association d'établissements du site clermontois. – Art. 3. – V. C. éduc., art. D. 718-5.
2015	13 mai	Décret n° 2015-530. Modification du Décr. n° 2004-186 du 26 févr. 2004 portant création de l'université de technologie en sciences des organisations et de la décision de Paris-Dauphine. – Art. 24. – V. C. éduc., art. D. 653-1, D. 711-3, D. 717-1.
2015	15 mai	Décret n° 2015-536. Substitution de la dénomination « CCI France » à la dénomination « assemblée des chambres françaises de commerce et d'industrie ». – Art. 3. – V. C. éduc., art. D. 313-18-1, R. 313-39.
2015	19 mai	Décret n° 2015-544. Organisation des enseignements au collège. – Art. 1er, 2. – V. C. éduc., art. D. 332-2, D. 332-4.
2015	19 mai	Arrêté. Organisation des enseignements au collège. – V. ss. C. éduc., art. D. 332-4.
2015	20 mai	Décret n° 2015-566. Remboursement des frais d'entretien et d'études par certains élèves de l'École polytechnique. – V. ss. C. éduc., art. L. 755-2, **p. 1395.**
2015	8 juin	Décret n° 2015-637. Association de l'École nationale du génie de l'eau et de l'environnement de Strasbourg à l'université de Strasbourg. – Art. 3. – V. C. éduc., art. D. 718-5, D. 719-193.
2015	10 juin	Décret n° 2015-652. Dispositions réglementaires des livres VIII et IX du code de l'éducation (décrets en Conseil d'État et décrets). – Art. 6, 7, 8, 9, 10, 11, 13. – V. C. éduc., art. D. 122-5, D. 123-6, D. 123-12, D. 163-1, D. 164-1, R. 234-33-2, R. 234-33-3, R. 234-33-4, R. 234-33-5, R. 234-33-7, R. 237-10, D. 237-11, D. 237-12, D. 237-14, R. 242-1, D. 251-8, R. 261-4, R. 263-5, R. 264-5, R. 313-38, R. 313-49, D. 333-5, D. 337-99, D. 337-142, D. 372-3, R. 371-1, D. 371-3, R. 373-1, D. 373-2, D. 373-2-1, R. 374-1, D. 374-3, D. 411-1, D. 411-9, R. 431-1 à R. 431-6, R. 444-3, D. 491-1, D. 491-2, D. 491-8, D. 494-1, R. 494-10, R. 561-1, D. 561-2, R. 562-8, R. 563-1, D. 563-2, R. 564-1, D. 564-2, D. 611-7, D. 611-8, D. 613-45, R. 632-18, R. 634-10, R. 634-22, R. 634-25, D. 636-71, D. 643-20, R. 643-20-1, D. 643-21, R. 643-21-1,

		D. 643-38, R. 643-38-1, R. 681-1, D. 681-2, R. 683-1, R. 684-1, D. 711-2, R. 712-5, R. 712-8, R. 712-31, D. 714-2, D. 714-3, D. 714-6, D. 714-25, D. 714-26, D. 715-3, R. 716-2, D. 717-1, D. 713-3 à D. 717-9, R. 717-10, R. 718-3, D. 719-22, D. 719-40, D. 719-41, D. 719-42, D. 719-64, D. 719-188, D. 719-193, D. 741-2, D. 754-1 à D. 754-7, D. 762-5, R. 771-1, R. 773-1, R. 774-14, R. 914-130.
2015	15 juin	Décret n° 2015-668. Coopération internationale des établissements publics à caractère scientifique, culturel et professionnel. – Art. 1er à 4. – V. C. éduc., art. D. 123-15, D. 123-17 à D. 123-19.
2015	15 juin	Décret n° 2015-723. Délivrance des titres de formation professionnelle maritime et conditions d'exercice de fonctions à bord des navires armés au commerce, à la plaisance, à la pêche et aux cultures marines. – Art. 44. – V. C. éduc., art. D. 342-7, R. 342-8.
2015	24 juin	Décret n° 2015-749. Modalités de transmission du budget des EPLE. – Art. 1er. – V. C. éduc., art. R. 421-59, R. 421-110.
2015	24 juin	Décret n° 2015-750. Traitement dématérialisé d'actes des EPLE du ministère de l'éducation nationale. – Art. 1er, 2. – V. C. éduc., art. R. 421-1, R. 421-78-1, R. 421-78-2.
2015	25 juin	Loi n° 2015-737. Transformation de l'université des Antilles et de la Guyane en université des Antilles, ratification de diverses ordonnances relatives à l'enseignement supérieur et à la recherche et dispositions relatives à l'enseignement supérieur. – Art. 1er, 5. – V. C. éduc., art. L. 214-17, L. 781-1, L. 781-3 à L. 781-6, L. 762-2, L. 762-3.
2015	29 juin	Décret n° 2015-785. Association d'établissements à l'université de Bordeaux. – Art. 4, 5. – V. C. éduc., art. D. 718-5, D. 719-190.
2015	29 juin	Décret n° 2015-786. École nationale supérieure de chimie de Montpellier. – Art. 2, 3. – V. C. éduc., art. D. 719-186, D. 741-2.
2015	9 juill.	Décret n° 2015-846. Conditions d'évaluation des épreuves du baccalauréat professionnel. – Art. 1er à 5. – V. C. éduc., art. D. 337-69, D. 337-74, D. 337-77, D. 337-82, D. 371-3.
2015	9 juill.	Décret n° 2015-847. Attestation scolaire « savoir-nager ». – Art. 1er. – V. C. éduc., art. D. 312-47-2.
2015	9 juill.	Arrêté. Attestation scolaire « savoir-nager ». – V. ss. C. éduc., art. D. 312-47-2.
2015	13 juill.	Décret n° 2015-856. Application de l'Ord. n° 2014-691 du 26 juin 2014 portant suppression des compétences contentieuses et disciplinaires du Conseil supérieur de l'éducation et des conseils académiques de l'éducation nationale et modifiant la durée du mandat et les modalités de désignation de certains membres du Conseil supérieur de l'éducation. – Art. 1er à 11. – V. C. éduc., art. R. 131-17, R. 231-2, R. 231-10, R. 231-17 à R. 231-33, R. 234-34, R. 234-35, R. 234-37 à R. 234-43, D. 237-12 à D. 237-14, R. 237-15 à R. 237-27, R. 261-4, R. 263-5, R. 264-5, R. 444-17, R. 531-1, R. 531-14, D. 531-15, R. 562-2, R. 911-91 à R. 911-93, R. 971-1, R. 973-1, R. 974-1.

2015	20 juill.	Décret n° 2015-883. Maître formateur et conseiller pédagogique dans le premier degré. – Art. 1er à 5. – V. Décr. n° 2008-775 du 30 juill. 2008, art. 1er à 6, App., v° *Statuts particuliers*, **p. 2989.**
2015	20 juill.	Décret n° 2015-884. Fonction de formateur académique exercée par des personnels enseignants ou d'éducation du second degré. – Art. 1er à 11. – V. App., v° *Statuts particuliers* Décr. n° 2014-940 du 20 août 2014, art. 3-1, 6 à 8, **p. 2993** ; Décr. n° 70-738 du 12 août 1970, art. 4-1, **p. 3121** ; Décr. n° 86-492 du 14 mars 1986, art. 1er *ter*, 25-1-1, **p. 2960** ; Décr. n° 68-503 du 30 mai 1968, art. 1er-1, 6 *bis*, **p. 2921.**
2015	20 juill.	Décret n° 2015-885. Conditions de nomination des personnels enseignants du second degré et des conseillers principaux d'éducation aux fonctions de formateur académique : – Art. 1er à 6. – V. App., v° *Statuts particuliers*, **p. 2997.** – Art. 7. – V. Décr. n° 85-88 du 22 janv. 1985, art. 2, App., v° *Statuts particuliers*, **p. 914.** – Art. 8. – V. C. éduc., art. D. 931-6.
2015	21 juill.	Arrêté. Organisation des enseignements au collège. – Art. 1er. – V. Arr. du 19 mai 2015, art. 8, ss. C. éduc., art. D. 332-4.
2015	28 juill.	Loi n° 2015-917. Programmation militaire pour les années 2015 à 2019. – Art. 25. – V. C. serv. nat., art. L. 120-1, ss. C. éduc., art. L. 613-3.
2015	31 juill.	Ordonnance n° 2015-948. Égal accès des femmes et des hommes au sein des autorités administratives indépendantes et des autorités publiques indépendantes. – Art. 9. – V. CSP, art. L. 1412-2, ss. C. rech., art. L. 211-1, App., v° *Code de la recherche*, **p. 2845.**
2015	31 juill.	Décret n° 2015-963. Maîtres délégués des établissements d'enseignement privés sous contrat et relevant du ministre chargé de l'éducation nationale. – Art. 1er à 10. – V. C. éduc., art. R. 914-57, R. 914-58, R. 914-61, R. 914-66, R. 914-67 à R. 914-69, R. 914-72, R. 973-1, R. 974-1.
2015	5 août	Loi n° 2015-988. Ratification de l'ordonnance n° 2014-1090 du 26 septembre 2014 relative à la mise en accessibilité des établissements recevant du public, des transports publics, des bâtiments d'habitation et de la voirie pour les personnes handicapées et visant à favoriser l'accès au service civique pour les jeunes en situation de handicap. – Art. 8. – V. C. transp., art. L. 3111-7-1, ss. C. éduc., art. L. 214-18.
2015	6 août	Loi n° 2015-990. Croissance, activité et égalité des chances économiques. – Art. 28. – V. C. éduc., art. L. 312-13.
2015	7 août	Loi n° 2015-991. Nouvelle organisation territoriale de la République : – Art. 6-II, 18-III, 24 à 27, 44-VI, 90-II, 101. – V. C. éduc., art. L. 212-8, L. 213-1, L. 214-2, L. 214-5, L. 214-13, L. 216-7, L. 216-11, L. 216-12, L. 421-2. – Art. 15-I-5° à 8°, 18-I-26°. – V. C. transp., art. L. 3111-7 à L. 3111-10, ss. C. éduc., art. L. 214-18.

2015	17 août	Loi n° 2015-992. Transition énergétique pour la croissance verte. – Art. 181. – V. C. éduc., art. L. 312-19.
2015	17 août	Loi n° 2015-994. Dialogue social et emploi. – Art. 18. – V. C. éduc., art. L. 916-1, L. 917-1.
2015	17 août	Décret n° 2015-996. Application de l'article 67 de la loi n° 2013-595 du 8 juillet 2013 d'orientation et de programmation pour la refondation de l'école de la République et relatif au fonds de soutien au développement des activités périscolaires. – V. ss. C. éduc., art. L. 521-1, **p. 914.**
2015	18 août	Décret n° 2015-1007. Association de l'École supérieure de chimie physique électronique de Lyon à l'université Lyon-I. – Art. 3. – V. C. éduc., art. D. 731-6.
2015	18 août	Décret n° 2015-1008. Association de l'École nationale supérieure d'ingénieurs de Caen à l'université de Caen. – Art. 3. – V. C. éduc., art. D. 718-5, D. 719-186.
2015	25 août	Décret n° 2015-1051. Aménagement des épreuves des examens et concours de l'enseignement scolaire pour les élèves en situation de handicap. – Art. 1er, 2. – V. C. éduc., art. D. 351-28, D. 351-32.
2015	26 août	Décret n° 2015-1066. Épreuves de remplacement et conditions de délibération des jurys des baccalauréats général et technologique. – Art. 1er à 14. – V. C. éduc., art. D. 334-9, D. 334-15, D. 334-16, D. 334-19, D. 334-24, D. 336-9, D. 336-15, D. 336-18, D. 336-39.
2015	31 août	Décret n° 2015-1102. Conseil national des universités. – Art. 1er à 10. – V. Décr. n° 92-70 du 16 janv. 1992, art. 1er, 2, 3, 4, 6, 9, 12-1, 14, 15, ss. C. éduc., art. L. 952-1.
2015	11 sept.	Décret n° 2015-1131. Association d'établissements du site grenoblois. – Art. 5. – V. C. éduc., art. D. 718-5.
2015	11 sept.	Décret n° 2015-1132. Création de l'université Grenoble Alpes. – Art. 11. – V. C. éduc., art. D. 711-1.
2015	11 sept.	Décret n° 2015-1133. Intégration de l'École nationale d'ingénieurs de Metz à l'université de Lorraine. – Art. 5. – V. C. éduc., art. D. 718-5.
2015	21 sept.	Décret n° 2015-1168. Grade de licence. – Art. 1er à 3. – V. C. éduc., art. D. 612-32-1 à D. 612-32-3, D. 613-13, D. 675-20, D. 678-1, D. 683-2, D. 684-2.
2015	24 sept.	Décret n° 2015-1176. Organisation et régime administratif et financier de l'École polytechnique : – Art. 1er à 44, 46 à 48. – V. ss. C. éduc., art. L. 755-1. – Art. 45-I. – V. C. éduc., art. D. 653-1, D. 711-3, D. 717-5, D. 755-1. – Art. 45-II. – V. Décr. n° 2015-566 du 20 mai 2015, art. 1er, ss. C. éduc., art. L. 755-2.
2015	2 oct.	Décret n° 2015-1227. Diplôme d'État de professeur de théâtre. – Art. 1er. – V. C. éduc., art. D. 361-3 à D. 361-6.

2015	9 oct.	Décret n° 2015-1260. Temps de travail des médecins, pharmaciens et odontologistes des établissements publics de santé. – Art. 7, 8. – V. App., v° *Statuts particuliers*, Décr. n° 84-135 du 24 févr. 1984, art. 26-10, 31-1, 43-1, **p. 2985** ; Décr. n° 90-92 du 24 janv. 1990, art. 45-1, 47-2, App., v° *Statuts particuliers*, **p. 3078.**
2015	13 oct.	Décret n° 2015-1280. Allocation personnalisée d'autonomie et prestation de compensation du handicap. – Art. 5, 11. – V. C. éduc., art. D. 372-3, R. 372-7, R. 372-8.
2015	14 oct.	Décret n° 2015-1286. École nationale supérieure de chimie de Paris. – Art. 8. – V. C. éduc., art. D. 651-1, D. 711-2, D. 715-10, D. 719-186.
2015	26 oct.	Décret n° 2015-1351. Préparation aux examens des voies générale, professionnelle et technologique des lycées et délivrance du baccalauréat. – Art. 1er à 8. – V. C. éduc., art. D. 331-42, D. 331-61, D. 341-20, D. 341-39, D. 334-11, D. 334-13, D. 336-11, D. 336-13.
2015	26 oct.	Décret n° 2015-1355. Modernisation et simplification du droit et des procédures dans les domaines de la justice et des affaires intérieures. – Art. 1er. – V. C. éduc., art. D. 222-35.
2015	26 oct.	Décret n° 2015-1559. Encadrement du recours aux stagiaires par les organismes d'accueil. – Art. 1er. – V. C. éduc., art. R. 124-10 à R. 123-13.
2015	30 oct.	Décret n° 2015-1387. École nationale supérieure de mécanique et des microtechniques. – Art. 2, 3. – V. C. éduc., art. D. 719-186, D. 741-2.
2015	9 nov.	Arrêté. Horaires d'enseignement des écoles maternelles et élémentaires – V. ss. C. éduc., art. L. 311-2, **p. 522.**
2015	18 nov.	Décret n° 2015-1496. Institut national universitaire Jean-François Champollion. – Art. 11. – V. C. éduc., art. D. 651-1, D. 711-2, D. 715-10, D. 741-2.
2015	27 nov.	Loi n° 2015-1541. Protection des sportifs de haut niveau et professionnels et sécurisation de leur situation juridique et sociale. – Art. 6-I, 9. – V. C. éduc., art. L. 331-6, L. 335-5, L. 611-4, L. 613-3.
2015	1er déc.	Décret n° 2015-1569. Modification de l'art. D. 911-81 C. éduc. – Art. 1er. – V. C. éduc., art. D. 911-81.
2015	2 déc.	Loi n° 2015-1567. Adaptation au droit de l'Union européenne dans le domaine de la prévention des risques. – Art. 17. – V. C. rech., art. L. 253-2, App., v° *Code de la recherche*, **p. 2852.**
2015	7 déc.	Décret n° 2015-1594. Association de l'université Paris-II à la communauté d'universités et établissements « Sorbonne Universités ». – Art. 3. – V. C. éduc., art. D. 718-5.
2015	10 déc.	Décret n° 2015-1616. Régions académiques. – Art. 1er à 9. – V. C. éduc., art. L. 222-1, R. 222-1, D. 222-4, R.* 222-25, R. 222-36-1, D. 313-1, D. 313-4, D. 313-24.
2015	14 déc.	Décret n° 2015-1668. Calendrier de dépôt des demandes de dérogation au secteur ou au district scolaire. – Art. 1er. – V. C. éduc., art. D. 211-11.

2015	21 déc.	Loi n° 2015-1702. De financement de la sécurité sociale pour 2016. – Art. 32 et 59. – V. C. éduc., art. L. 832-1.
2015	24 déc.	Décret n° 2015-1760. Création de l'École d'ingénieurs SIGMA Clermont. – Art. 11. – V. C. éduc., art. D. 651-1, D. 711-2, D. 715-10, D. 718-5, D. 719-186, D. 741-2.
2015	28 déc.	Loi n° 2015-1776. – Art. 75. – V. CASF, art. L. 146-3, ss. C. éduc., art. L. 112-2.
2015	28 déc.	Décret n° 2015-1783. Partie réglementaire du livre Ier du code de l'urbanisme et modernisation du contenu du plan local d'urbanisme. – Art. 9. – V. C. éduc., art. R. 211-5.
2015	31 déc.	Décret n° 2015-1929. Évaluation des acquis scolaires des élèves et livret scolaire, à l'école et au collège. – Art. 1er à 25. – V. C. éduc., art. D. 111-3, D. 122-3, D. 161-1, D. 311-6, D. 311-7, D. 311-8, D. 311-9, D. 321-10, D. 321-23, D. 331-25, D. 331-49, D. 332-17, D. 332-20, D. 332-23, D. 332-24, D. 332-29, D. 341-3, D. 341-25, D. 341-42, D. 341-43, D. 341-44, D. 371-3, D. 373-2, D. 374-3, D. 421-135.
2015	31 déc.	Arrêté. Modalités d'attribution du diplôme national du brevet. – V. ss. C. éduc., art. L. 332-6.
2015	31 déc.	Arrêté. Contenu du livret scolaire de l'école élémentaire et du collège. – V. ss. C. éduc., art. D. 311-7.
2016	6 janv.	Décret n° 2016-8. Création de la communauté d'universités et établissements « Université Bretagne Loire » et approbation de ses statuts. – Art. 8. – V. C. éduc., art. D. 711-6.
2016	14 janv.	Décret n° 2016-21. Attribution du grade de licence aux titulaires du diplôme de technicien supérieur en imagerie médicale et radiologie thérapeutique et aux titulaires du diplôme d'État de manipulateur d'électroradiologie médicale. – Art. 1er. – V. C. éduc., art. D. 612-32-2, D. 636-69.
2016	18 janv.	Décret n° 2016-24. IEP de Paris. – Art. 34. – V. C. éduc., art. D. 612-34, D. 653-1, D. 717-1.
2016	18 janv.	Décret n° 2016-25. Association d'établissements à l'Université de recherche Paris sciences et lettres – PSL Research University. – Art. 6. – V. C. éduc., art. D. 718-5.
2016	18 janv.	Décret n° 2016-26. Frais de trousseau et de pension des élèves des lycées de la défense admis au titre de l'aide au recrutement. – Art. 1er. – V. C. éduc., art. D. 425-22.
2016	19 janv.	Décret n° 2016-31. Association de l'École nationale supérieure de techniques avancées à l'École polytechnique. – Art. 3. – V. C. éduc., art. D. 718-5.
2016	26 janv.	Loi n° 2016-41. Modernisation du système de santé – Art. 3, 4, 5, 12, 76, 116, 117, 158, 220 : – V. C. éduc., art. L. 121-4-1, L. 511-3, L. 541-1, L. 552-1, L. 552-4, L. 632-2, L. 632-4, L. 632-6, L. 811-1, L. 831-1.

		– Art. 55, 193-IX. – V. C. rech., art. L. 111-6, L. 225-1, App., v° *Code de la recherche*, **p. 2828.**
2016	27 janv.	Décret n° 2016-48. Label « Lycée des métiers ». – Art. 1er à 3. – V. C. éduc., art. D. 335-1, D. 335-3, D. 335-4.
2016	1er févr.	Décret n° 2016-86. Contrats de concession. – Art. 50. – V. C. éduc., art. D. 213-30.
2016	2 févr.	Loi n° 2016-87. Nouveaux droits en faveur des malades et des personnes en fin de vie. – Art. 12. – V. CSP, art. L. 1412-1-1, V. ss. C. rech., art. L. 211-1, App., v° *Code de la recherche*, **p. 2845.**
2016	9 févr.	Décret n° 2016-133. Suspension et retrait des agréments des stages accomplis au cours du troisième cycle long des études odontologiques et du troisième cycle spécialisé des études pharmaceutiques. – Art. 1er. – V. C. éduc., art. D. 633-15.
2016	11 févr.	Loi n° 2016-138. Lutte contre le gaspillage alimentaire. – Art. 3. – V. C. éduc., art. L. 312-17-3.
2016	16 févr.	Arrêté. Modalités d'attribution du diplôme national du brevet. – Art. 1er à 4. – V. Arr. du 31 déc. 2015, ss. C. éduc., art. D. 332-17.
2016	23 févr.	Décret n° 2016-180. Association d'établissements publics du site lyonnais. – Art. 6 et 7. – V. C. éduc., art. D. 718-5 et D. 719-190.
2016	23 févr.	Décret n° 2016-181. Association d'établissements du site Aix-Marseille-Provence-Méditerranée. – Art. 6. – V. C. éduc., art. D. 718-5 et D. 719-190.
2016	4 mars	Décret n° 2016-269. Application de l'article 67 de la loi n° 2013-595 du 8 juillet 2013 d'orientation et de programmation pour la refondation de l'école de la République et relatif au fonds de soutien au développement des activités périscolaires. – Art. 1er. – V. Décr. n° 2015-996 du 17 août 2015, art. 3, ss. C. éduc., art. L. 521-1, **p. 915.**
2016	14 mars	Loi n° 2016-297. Protection de l'enfant. – Art. 5. – V. C. éduc., art. L. 131-8.
2016	16 mars	Décret n° 2016-318. Modification du Décr. n° 2008-616 du 27 juin 2008 portant création de l'Institut supérieur des sciences agronomiques, agroalimentaires, horticoles et du paysage (Agro campus Ouest). – Art. 2. – V. C. éduc., art. D. 711-3 et D. 717-3.
2016	16 mars	Décret n° 2016-328. Bourses nationales de collège et bourses nationales d'études du second degré de lycée. – Art. 1er à 26. – V. C. éduc., art. D. 412-4, D. 531-4 à D. 531-12, R. 531-18 à D. 531-22, D. 531-24 à R. 531-34, R. 531-37 à D. 531-41, D. 531-44, D. 562-2, D. 562-8-1, R. 562-9.
2016	13 avr.	Loi n° 2016-444. Lutte contre le système prostitutionnel et accompagnement des personnes prostituées. – Art. 18, 19. – V. C. éduc., art. L. 312-16, L. 312-17-1-1.

2016	14 avr.	Loi n° 2016-457. Information de l'administration par l'autorité judiciaire et protection des mineurs. – V. C. éduc., art. L. 914-6.
2016	14 avr.	Décret n° 2016-468. Association d'établissements du site toulousain. – Art. 15. – V. C. éduc., art. D. 718-5, D. 719-188, D. 719-190, D. 731-6.
2016	15 avr.	Décret n° 2016-474. Association d'établissements privés. – Art. 5. – V. C. éduc., art. D. 731-6.
2016	20 avr.	Loi n° 2016-483. Déontologie, droits et obligations des fonctionnaires : – Art. 10-II-E à G. – V. C. rech., art. L. 421-3, L. 531-3, L. 531-7, App., v° *Code de la recherche*, **p. 2884.** – Art. 10-II-K et L. – V. C. éduc., art. L. 952-14-1, L. 952-20. – Art. 44-I et 45. – V. L. n° 84-16 du 11 janv. 1984, art. 6 *bis*, ss. C. éduc., art. L. 951-2.
2016	20 mai	Décret n° 2016-656. Modifications de certains statuts particuliers des personnels enseignants relevant du ministre chargé de l'éducation nationale. – Art. 1er à 3. – V. App., v° *Statuts particuliers*, Décr. n° 72-580 du 4 juill. 1972, art. 4, 5 à 6, 17-1, **p. 2924** ; Décr. n° 72-581 du 4 juill. 1972, art. 4, 40-1, **p. 2932** ; Décr. n° 92-1189 du 6 nov. 1992, art. 3, 32, **p. 2975.**
2016	20 mai	Décret n° 2016-657. Modifications de diverses dispositions relatives au changement de dénomination des chefs de travaux en directeurs délégués aux formations professionnelles et technologiques. – Art. 1er. – V. C. éduc., art. D. 421-151, D. 422-32.
2016	25 mai	Arrêté. Formation et modalités conduisant à la délivrance du diplôme national de doctorat. – V. ss. C. éduc., art. L. 612-7.
2016	25 mai	Décret n° 2016-672. Diplôme national de master. – V. C. éduc., art. D. 612-36-1.
2016	25 mai	Décret n° 2016-675. Prise en compte de la situation particulière de certains étudiants inscrits en troisième cycle des études de médecine et en troisième cycle long des études odontologiques dans le déroulement de leur formation universitaire en stage. – Art. 1er à 7, 9. – V. C. éduc., art. R. 632-8 à R. 632-10, R. 632-13 à R. 632-21, R. 632-24, R. 632-27, R. 632-32, R. 632-35, R. 632-41, R. 632-51, R. 632-55, R. 632-68, R. 634-11, R. 634-13 à R. 634-17, R. 634-22.
2016	1er juin	CE nos 390956 et 390958. – V. C. éduc., art. D. 332-4.
2016	2 juin	Décret n° 2016-742. Association d'établissements du site picard. – Art. 4. – V. C. éduc., art. D. 718-5, D. 731-6.
2016	10 juin	Décret n° 2016-771. Reconnaissance de l'acquisition de blocs de compétences par les candidats préparant l'examen du baccalauréat professionnel dans le cadre de la formation professionnelle continue ou de la validation des acquis de l'expérience. – Art. 1er à 4. – V. C. éduc., art. D. 337-52, D. 337-61, D. 337-62, D. 337-65, D. 337-71, D. 337-79, D. 337-94, D. 371-3, D. 373-2, D. 374-3.

2016	10 juin	Décret n° 2016-772. Reconnaissance de l'acquisition de blocs de compétences par les candidats préparant l'examen du certificat d'aptitude professionnelle dans le cadre de la formation professionnelle continue ou de la validation des acquis de l'expérience. – Art. 1er, 2. – V. C. éduc., art. D. 337-2, D. 337-4, D. 337-16, D. 337-18, D. 337-25-1, D. 371-3, D. 373-2, D. 374-3.
2016	10 juin	Décret n° 2016-782. Acquisition progressive du baccalauréat professionnel pour les spécialités relevant du 2e al. de l'art. D. 337-53 C. éduc. – Art. 1er, 2. – V. C. éduc., art. D. 337-78, D. 371-3, D. 372-3, D. 373-2.
2016	16 juin	Ordonnance n° 2016-800. Recherches impliquant la personne humaine. – Art. 1er. – V. CSP, art. L. 1121-1, App., v° *Code de la recherche*, **p. 2849.**
2016	22 juin	Décret n° 2016-826. Association d'établissements du site toulousain. – Art. 4. – V. C. éduc., art. D. 718-5, D. 719-193, D. 731-6, D. 751-1.
2016	23 juin	Décret n° 2016-833. Conditions d'utilisation des technologies de l'information et de la communication par les organisations syndicales représentant les maîtres et documentalistes des établissements d'enseignement privés sous contrat. – Art. 1er. – V. C. éduc., art. R. 914-13-47, R. 914-13-48.
2016	24 juin	Décret n° 2016-839. Conditions et modalités d'exercice des biologistes médicaux et création de la Commission nationale de biologie médicale. – Art. 3. – V. C. éduc., art. D. 631-16.
2016	27 juin	Décret n° 2016-854. Missions de l'École nationale supérieure de formation de l'enseignement agricole. – Art. 3. – V. C. éduc., art. D. 751-1.
2016	7 juill.	Loi n° 2016-925. Liberté de création, architecture et patrimoine. – Art. 51 à 54. – V. C. éduc., art. L. 214-13, L. 216-2, L. 216-2-1, L. 232-1, L. 239-1, L. 752-1, L. 752-2, L. 759-1 à L. 75-10-1.
2016	8 juill.	Décret n° 2016-942. Organisation du développement professionnel continu des professionnels de santé. – Art. 2. – V. Décr. n° 84-135 du 24 févr. 1984, art. 3-1, App., v° *Statuts particuliers*, **p. 3000.**
2016	11 juill.	Décret n° 2016-954. Titre professionnel délivré par le ministre chargé de l'emploi. – Art. 1er. – V. C. éduc., art. R. 338-1, R. 338-3 à R. 338-6.
2016	20 juill.	Décret n° 2016-990. Association d'établissements du site grenoblois. – Art. 2. – V. C. éduc., art. D. 718-5, D. 719-190.
2016	21 juill.	Décret n° 2016-1008. Accompagnement des étudiants inscrits en deuxième et troisième cycles des études de santé en situation de handicap et prise en compte de la situation particulière de certains étudiants de troisième cycle spécialisé des études pharmaceutiques dans le déroulement de leur formation universitaire en stage. – Art. 1er à 7. – V. C. éduc., art. D. 631-22, D. 633-11, D. 633-13 à D. 633-16, D. 633-19, D. 633-30.

2016	26 juill.	Décret n° 2016-1020. Conventions conclues en application de l'art. L. 822-1, al. 8 C. éduc., et fixant les critères d'attribution de certaines catégories de logements destinés aux étudiants. – Art. 1er, 2. – V. C. éduc., art. R. 822-26, R. 822-27, R. 822-29 à R. 822-34.
2016	26 juill.	Décret n° 2016-1021. Recrutement des personnels enseignants et de documentation issus de l'enseignement agricole privé dans les établissements d'enseignement privés sous contrat. – Art. 1er à 5. – V. C. éduc., art. R. 914-16, R. 914-74, R. 914-77, R. 914-78-1, R. 973-1, R. 974-1.
2016	26 juill.	Décret n° 2016-1026. Application de l'Ord. n° 2016-315 du 17 mars 2016 relative au commissariat aux comptes. – Art. 91. – V. C. éduc., art. D. 613-31.
2016	28 juill.	Décret n° 2016-1037. Reconnaissance de l'acquisition des blocs de compétences par les candidats préparant l'examen du brevet de technicien supérieur dans le cadre de la formation professionnelle continue ou de la validation des acquis de l'expérience. – Art. 1er. – V. C. éduc., art. D. 643-3, D. 643-9, D. 643-10, D. 643-12, D. 643-14, D. 643-15, D. 643-17, D. 643-20, D. 643-25.
2016	29 juill.	Décret n° 2016-1042. Missions et organisation des œuvres universitaires. – Art. 1er. – V. C. éduc., art. R. 822-1 à R. 822-34.
2016	1er août	Décret n° 2016-1049. Autorisation des dérogations à l'organisation de la semaine scolaire dans les écoles maternelles et élémentaires publiques. – Art. 1er. – V. C. éduc., art. D. 521-12.
2016	1er août	Décret n° 2016-1051. Projet éducatif territorial et encadrement des enfants scolarisés bénéficiant d'activités périscolaires dans ce cadre. – Art. 1er. – V. C. éduc., art. R. 551-13.
2016	3 août	Décret n° 2016-1063. Organisation de la journée scolaire au collège. – Art. 1er à 5. – V. C. éduc., art. R. 421-2, R. 421-2-2, D. 422-2, D. 422-2-1, D. 491-8.
2016	3 août	Décret n° 2016-1077. Prolongation des recrutements réservés pour l'accès aux échelles de rémunération des maîtres contractuels et agréés de l'enseignement privé sous contrat relevant du ministre chargé de l'éducation nationale. – Art. 1er. – V. Décr. n° 2012-1512 du 28 déc. 2012, art. 2, ss. C. éduc., art. L. 442-5.
2016	8 août	Loi n° 2016-1087. Reconquête de la biodiversité, de la nature et des paysages. – Art. 96, 97. – V. C. rech., art. L. 251-1 à L. 251-3, L. 265-1, L. 266-1, L. 267-1, App., v° *Code de la recherche*, **p. 2851.**
2016	8 août	Loi n° 2016-1088. Travail, modernisation du dialogue social et sécurisation des parcours professionnels : – Art. 8. – V. C. trav., art. L. 5134-126, ss. C. éduc., art. L. 625-1, **p. 1105.** – Art. 47, 78, 81, 84. – V. C. éduc., art. L. 335-5, L. 401-2-1, L. 613-3, L. 613-4, L. 641-2, L. 822-1, L. 937-1, L. 953-3-1, L. 971-1, L. 973-1, L. 974-1. – Art. 78. – V. C. trav., art. L. 6111-1, ss. C. éduc., art. L. 122-7.

		– Art. 84. – V. L. n° 84-16, art. 6 *bis*, ss. C. éduc., art. L. 951-2.
2016	11 août	Décret n° 2016-1111. Association d'établissements à Université Paris-Est. – Art. 7. – V. C. éduc., art. D. 718-5, D. 731-6.
2016	11 août	Décret n° 2016-1112. Association d'établissements du site alsacien. – Art. 2. – V. C. éduc., art. D. 718-5.
2016	11 août	Décret n° 2016-1113. Association d'établissements à l'université de Bordeaux. – Art. 3. – V. C. éduc., art. D. 718-5, D. 731-6.
2016	11 août	Décret n° 2016-1114. Association de l'Institut d'études politiques de Lille à l'université Lille-II. – Art. 3. – V. C. éduc., art. D. 718-5, D. 719-190.
2016	19 août	Décret n° 2016-1136. – Art. 1er. – V. C. éduc., art. D. 531-29.
2016	29 août	Décret n° 2016-1171. Agents contractuels recrutés pour exercer des fonctions d'enseignement, d'éducation et d'orientation dans les écoles, les établissements publics d'enseignement du second degré ou les services relevant du ministre chargé de l'éducation nationale. – V. App., v° *Statuts particuliers*, **p. 2997.**
2016	29 août	Décret n° 2016-1172. Fixation des taux de rémunération des heures supplémentaires d'enseignement effectuées pour les personnels enseignants des établissements d'enseignement du second degré. – Art. 1er, 2. – V. Décr. n° 50-1253 du 6 oct. 1950, art. 1er à 3, App., v° *Statuts particuliers*, **p. 2917.**
2016	2 sept.	Décret n° 2016-1194. Association d'établissements à l'Université de recherche Paris sciences et lettres - PSL Research University. – Art. 2. – V. C. éduc., art. D. 718-5.
2016	12 sept.	Décret n° 2016-1213. Association d'établissements à l'Université Paris Lumières. – Art. 4. – V. C. éduc., art. D. 718-5.
2016	13 sept.	Décret n° 2016-1217. Création de l'université Clermont Auvergne. – Art. 12. – V. C. éduc., art. D. 711-1, D. 718-5.
2016	16 sept.	Décret n° 2016-1228. Modalités d'élection des représentants des lycéens au sein du conseil d'administration et du conseil de discipline des établissements publics locaux d'enseignement relevant du ministre chargé de l'éducation. – Art. 1er à 10. – V. C éduc., art. R. 421-14, R. 421-17, R. 421-28, R. 421-35, R. 421-42, R. 421-43, R. 511-21, R. 511-22, R. 561-1.
2016	16 sept.	Décret n° 2016-1229. Modalités d'élection des représentants des lycéens au sein du conseil d'administration et du conseil des délégués pour la vie lycéenne des établissements d'État, et compétences du conseil des délégués pour la vie lycéenne des établissements d'État. – Art. 1er à 7. – V. C. éduc., art. D. 422-23, D. 422-29, D. 422-34, D. 422-35, D. 422-38, D. 491-8.
2016	7 oct.	Loi n° 2016-1321. Pour une République numérique : – Art. 31, 32-I, 112-V. – V. C. éduc., art. L. 611-8, L. 681-1, L. 683-1, L. 684-1, L. 822-1.

		– Art. 107-I-1°. – V. CASF, art. L. 146-3, ss. C. éduc., art. L. 112-2. – Art. 30, 112-I. – V. C. rech., art. L. 533-4, L. 545-1, App., v° *Code de la recherche*, **p. 2913.**
2016	7 oct.	Décret n° 2016-1333. Association d'établissements du site Bretagne Loire. – Art. 5. – V. C. éduc., art. D. 718-5, D. 719-186, D. 719-188, D. 719-190.
2016	7 oct.	Décret n° 2016-1335. Fonctions en milieux hospitalier et extrahospitalier des étudiants en maïeutique. – Art. 4. – V. C. éduc., art. D. 635-6.
2016	11 oct.	Décret n° 2016-1354. Ressort territorial des centres régionaux des œuvres universitaires et scolaires. – Art. 1er, 2. – V. C. éduc., art. L. 822-3, R. 822-9, R. 822-12.
2016	11 oct.	Décret n° 2016-1355. Ressort territorial des centres régionaux des œuvres universitaires et scolaires. – Art. 1er. – V. C. éduc., art. D. 822-9-1.
2016	20 oct.	Décret n° 2016-1413. Emplois fonctionnels des services déconcentrés de l'éducation nationale. – Art. 14, 29. – V. C. éduc., art. D. 222-20, R. 261-1, R. 262-1, R. 263-1, R. 264-1, R. 911-88.
2016	21 oct.	Décret n° 2016-1427. École navale. – Art. 6. – V. C. éduc., art. D. 653-1, D. 711-3, D. 717-5, D. 755-1.
2016	28 oct.	Décret n° 2016-1452. Contrôle de l'instruction dans la famille ou des établissements d'enseignement privés hors contrat. – Art. 1er, 2. – V. C. éduc., art. D. 131-12, R. 131-13, R. 131-14.
2016	10 nov.	Ordonnance n° 2016-1519. Création au sein du service public de l'emploi de l'établissement public chargé de la formation professionnelle des adultes. – Art. 7. – V. C. éduc., art. L. 214-13.
2016	10 nov.	Décret n° 2016-1522. Composition du Conseil supérieur de l'éducation et modalités d'élection des représentants des lycéens en son sein. – V. C. éduc., art. R. 231-2, R. 261-4, R. 263-5, R. 264-5.
2016	14 nov.	Décret n° 2016-1527. Institut Mines-Télécom. – Art. 63. – V. C. éduc., art. D. 754-5.
2016	17 nov.	Décret n° 2016-1550. Partie réglementaire du code des transports. – Art. 4. – V. C. éduc., art. R. 213-3 à R. 213-20, D. 213-22 à D. 213-26.
2016	17 nov.	Décret n° 2016-1551. Mesures relatives à la durée du travail, aux repos et aux congés. – V. C. trav., art. R. 5134-175, ss. C. éduc., art. L. 625-1.
2016	21 nov.	Ordonnance n° 2016-1562. Mesures institutionnelles relatives à la collectivité de Corse. – Art. 10. – V. C. éduc., art. L. 722-17.
2016	23 nov.	Décret n° 2016-1574. Représentants des parents d'élèves siégeant dans les conseils départementaux, régionaux, académiques et nationaux. – Art. 1er et 2. – V. C. éduc., art. R. 236-1 à R. 236-4, R. 261-4, R. 263-5, R. 264-5.

2016	25 nov.	Décret n° 2016-1597. Organisation du troisième cycle des études de médecine. – Art. 1er. – V. C. éduc., art. R. 632-1 à R. 632-87.
2016	29 nov.	Décret n° 2016-1631. Conseil de la vie collégienne. – Art. 1er à 5. – V. C. éduc., art. R. 421-9, R. 421-45-1 et R. 421-45-2, D. 422-6, D. 422-33-1, D. 422-33-2, D. 491-8.
2016	1er déc.	Décret n° 2016-1545. Permanence des soins et diverses modifications de dispositions réglementaires applicables au service public hospitalier. – Art. 4. – V. Décr. n° 90-92 du 24 janv. 1990, art. 21-1, App., v° *Statuts particuliers*, **p. 3071.**
2016	8 déc.	Ordonnance n° 2016-1687. Espaces maritimes relevant de la souveraineté ou de la juridiction de la République française. – Art. 63. – V. C. rech., art. L. 251-1 à L. 251-3, App., v° *Code de la recherche*, **p. 2851.**
2016	9 déc.	Loi n° 2016-1691. Transparence, lutte contre la corruption et modernisation de la vie économique. – Art. 131. – V. C. éduc., art. L. 335-5.
2016	15 déc.	Décret n° 2016-1741. Intégration de l'École nationale supérieure de céramique industrielle à l'université de Limoges. – Art. 5. – V. C. éduc., art. D. 719-193.
2016	19 déc.	Décret n° 2016-1782. École nationale supérieure de mécanique et d'aérotechnique de Poitiers. – Art. 8. – V. C. éduc., art. D. 651-1, D. 711-2, D. 715-10, D. 719-186.
2016	22 déc.	Ordonnance n° 2016-1809. Reconnaissance des qualifications professionnelles de professions réglementées. – Art. 21. – V. C. éduc., art. L. 362-1-1.
2016	23 déc.	Loi n° 2016-1828. Adaptation du deuxième cycle de l'enseignement supérieur français au système Licence-Master-Doctorat. – Art. 1er et 2. – V. C. éduc., art. L. 612-6, L. 612-6-1, L. 681-1, L. 683-1, L. 684-1.
2016	28 déc.	Loi n° 2016-1888. Modernisation, développement et protection des territoires de montagne. – Art. 15 et 93. – V. C. éduc., art. L. 212-3, L. 632-4.
2016	29 déc.	Loi n° 2016-1917. Finances pour 2017. – Art. 128, 138. – V. L. n° 2013-595 du 8 juill. 2013, art. 67, ss. C. éduc., art. L. 521-1, **p. 913.**
2016	30 déc.	Décret n° 2016-1982. – Art. 1er. – V. C. éduc., art. D. 313-20, D. 313-34, D. 313-36.
2017	12 janv.	Ordonnance n° 2017-31. – Art. 3. – V. C. éduc., art. L. 633-2, L. 633-5, L. 731-6-1.
2017	13 janv.	Arrêté. Modification de l'Arr. du 20 oct. 2008 portant création d'un traitement automatisé de données à caractère personnel relatif au pilotage et à la gestion des élèves de l'enseignement du premier degré. – V. Arr. du 20 oct. 2008, art. 1er à 3, 9, ss. C. éduc., art. L. 131-6.
2017	19 janv.	Ordonnance n° 2017-50. Reconnaissance des qualifications professionnelles dans le domaine de la santé. – Art. 13. – V. C. éduc., art. L. 632-12, L. 633-4.

2017	20 janv.	Loi n° 2017-55. Statut général des autorités administratives indépendantes et des autorités publiques indépendantes : – Art. 24. – V. CSP, art. L. 1412-1, L. 1412-2, App., v° *Code de la recherche*, ss. C. rech., art. L. 211-1, **p. 2845.** – Art. 44. – V. C. rech., art. L. 114-3-3, L. 114-3-6, L. 114-3-7, L. 145-1, L. 146-1, L. 147-1, App., v° *Code de la recherche*, **p. 2838.**
2017	25 janv.	Décret n° 2017-83. Conditions dans lesquelles les titulaires du diplôme national de licence non admis en première année d'une formation de leur choix conduisant au diplôme national de master se voient proposer l'inscription dans une formation du deuxième cycle. – Art. 1er, 2. – V. C. éduc., art. D. 612-32-1, D. 612-32-5, D. 612-33, D. 612-36-2 à D. 612-36-4.
2017	26 janv.	Décret n° 2017-87. Diplôme national « un des meilleurs ouvriers de France ». – Art. 2 à 11. – V. C. éduc., art. D. 338-9, D. 338-14 à D. 338-21-1.
2017	27 janv.	Loi n° 2017-86. Égalité et citoyenneté : – Art. 6, 29, 32 à 37, 160, 177, 186 à 189, 193, 224. – V. C. éduc., art. L. 124-2-1, L. 131-3, L. 131-5, L. 131-13, L. 231-3, L. 261-1, L. 263-1, L. 264-1, L. 312-15, L. 332-3-1, L. 332-3-2, L. 511-2-1, L. 511-3, L. 611-5, L. 611-9 à L. 611-11, L. 650-1, L. 714-1, L. 771-1, L. 773-1, L. 774-1, L. 811-2, L. 971-1, L. 973-1, L. 974-1. – Art. 30, 54, 157. – V. C. trav., art. L. 6111-2, L. 6111-3, L. 6111-5, ss. C. éduc., art. L. 122-7. – Art. 177. – V. C. pén., art. 225-1-2, ss. C. éduc., art. L. 511-3.
2017	31 janv.	Décret n° 2017-119. Association de l'École de design Nantes Atlantique à l'université de Nantes. – Art. 3. – V. C. éduc., art. D. 731-6.
2017	1er févr.	Décret n° 2017-120. Dispositions statutaires relatives aux psychologues de l'éducation nationale. – Art. 48. – V. Décr. n° 2012-1513 du 28 déc. 2012, art. 4, Annexe I, ss. C. éduc., art. L. 911-2.
2017	6 févr.	Décret n° 2017-135. École nationale supérieure d'ingénieurs de Caen. – Art. 9. – V. C. éduc., art. D. 651-1, D. 711-2, D. 715-10 et D. 719-186.
2017	20 févr.	Décret n° 2017-213. Composition du conseil scientifique en pharmacie. – Art. 1er. – V. C. éduc., art. D. 633-2.
2017	23 févr.	Loi n° 2017-220. Ratification de l'ordonnance n° 2016-966 du 15 juillet 2016 portant simplification de procédures mises en œuvre par l'Agence nationale de sécurité du médicament et des produits de santé et comportant diverses dispositions relatives aux produits de santé. – Art. 3. – V. C. rech., art. L. 222-1, App., v° *Code de la recherche*, **p. 2848.**
2017	24 févr.	Décret n° 2017-239. Création du label qualité « EDUFORM ». – Art. 1er. – V. C. éduc., art. D. 122-9-2.
2017	28 févr.	Loi n° 2017-256. De programmation relative à l'égalité réelle outremer et autres dispositions en matière sociale et économique. – Art. 57. – V. C. éduc., art. L. 234-1.

2017	28 févr.	Loi n° 2017-257. Statut de Paris et aménagement métropolitain. – Art. 45. – V. C. éduc., art. L. 711-4.
2017	1er mars	Loi n° 2017-261. Préservation de l'éthique du sport, renforcement de la régulation et la transparence du sport professionnel et amélioration de la compétitivité des clubs. – Art. 27. – V. C. éduc., art. L. 331-6.
2017	23 mars	Décret n° 2017-387. Association de l'École nationale supérieure d'architecture de Paris-Val de Seine à l'université Paris-VII. – Art. 3. – V. C. éduc., art. D. 718-5.
2017	23 mars	Décret n° 2017-388. Association d'établissements publics du site lyonnais. – Art. 3. – V. C. éduc., art. D. 718-5.
2017	23 mars	Décret n° 2017-410. Extension et adaptation à Mayotte, dans les îles Wallis-et-Futuna, en Polynésie française et en Nouvelle-Calédonie de dispositions réglementaires des livres Ier, II, VI et VII C. éduc. – Art. 2 à 27. – V. C. éduc., art. D. 161-1, D. 161-2, D. 163-1, D. 163-2, D. 164-1, D. 164-2, D. 263-4, D. 263-7, D. 263-11, D. 264-4, D. 264-7, D. 264-11, D. 681-2, D. 681-3, D. 681-4, D. 682-3, D. 682-4, D. 683-2, D. 683-3, D. 683-6, D. 684-2, D. 684-3, D. 684-6, D. 771-2, D. 771-4, D. 773-2, D. 773-4, D. 774-2, D. 774-4.
2017	23 mars	Décret n° 2017-411. Commissions pédagogiques nationales des diplômes universitaires de technologie. – Art. 1er. – V. C. éduc., art. D. 643-62-1 à D. 643-62-6.
2017	29 mars	Décret n° 2017-444. Obligations de service et missions des personnels enseignants du premier degré. – Art. 1er à 6. – V. Décr. n° 2008-775 du 30 juill. 2008, art. 1er, 2, 3-1-1, 3-3, 4, App., v° *Statuts particuliers*, **p. 2989.**
2017	31 mars	Conseil d'État, n° 395506. – Art. 1er. – V. C. éduc., art. D. 334-13, D. 336-11, D. 336-13.
2017	21 avr.	Décret n° 2017-596. Création de l'université Sorbonne Université. – Art. 10. – V. C. éduc., art. D. 711-1.
2017	21 avr.	Décret no 2017-597. Expérimentation d'une procédure d'orientation des élèves dérogeant à l'article L. 331-8 du code de l'éducation. – V. ss. C. éduc., art. L. 331-8.
2017	21 avr.	Décret n° 2017-598. Association d'établissements du site Paris-Saclay. – Art. 4. – V. C. éduc., art. D. 718-5.
2017	24 avr.	Décret n° 2017-610. Médiateurs, conditions d'exercice du droit de suffrage, composition des collèges électoraux, modalités d'assimilation et d'équivalence de niveau pour la représentation des personnels et des étudiants aux conseils des établissements publics à caractère scientifique, culturel et professionnel. – Art. 1er à 14. – V. C. éduc., art. D. 222-37 à D. 222-40, D. 222-42-1, D. 719-3, D. 719-17, D. 719-18, D. 719-22, D. 719-24, D. 719-27, D. 719-28, D. 719-33, D. 719-36, D. 719-39, D. 771-2, D. 771-4, D. 773-2, D. 773-4, D. 774-2, D. 774-4.

2017	24 avr.	Décret n° 2017-619. Mise à disposition d'enseignements à distance dans les établissements d'enseignement supérieur. – Art. 1er. – V. C. éduc., art. D. 611-10 à D. 611-12.
2017	24 avr.	Décret n° 2017-620. Fonctionnement des établissements et services médico-sociaux en dispositif intégré prévu à l'article 91 de la L. n° 2016-41 du 26 janvier 2016 relative à la modernisation de notre système de santé. – Art. 2. – V. C. éduc., art. D. 351-10-1 à D. 351-10-3.
2017	26 avr.	Décret n° 2017-641. Grade de licence. – Art. 1er. – V. C. éduc., art. D. 612-32-2.
2017	26 avr.	Décret n° 2017-642. Parité femmes/hommes parmi les représentants des lycéens au Conseil national de la vie lycéenne et aux conseils académiques de la vie lycéenne. – Art. 1er à 5. – V. C. éduc., art. D. 511-60 à D. 511-61-1, D. 511-64, D. 511-68.
2017	28 avr.	Décret n° 2017-671. Partie réglementaire du CJF. – Art. 183-I. – V. C. éduc., art. R. 421-115.
2017	2 mai	Décret n° 2017-718. Établissements d'enseignement de la création artistique. – Art. 1er, 2 – V. C. éduc., art. D. 759-1 à D. 75-10-1, D. 821-11.
2017	4 mai	Décret n° 2017-766. Agrément des intervenants extérieurs apportant leur concours aux activités physiques et sportives dans les écoles maternelles et élémentaires publiques. – Art. 1er. – V. C. éduc., art. D. 312-1-1 à D. 312-1-3.
2017	4 mai	Décret n° 2017-778. Conseil national de l'enseignement supérieur et de la recherche artistiques et culturels. – Art. 1er. – V. C. éduc., art. D. 239-1 à D. 239-18 *[D. 239-14-4]*.
2017	5 mai	Décret n° 2017-786. Modification de divers décrets portant statut particulier des personnels enseignants et d'éducation du ministère chargé de l'éducation nationale. – Art. 1er à 15, 21 à 162. – V. App., v° *Statuts particuliers*, Décr. n° 60-403 du 22 avr. 1960, art. 3 à 9, 12-5, **p. 3105** ; Décr. n° 70-738 du 12 août 1970, art. 1er, 2, 8 à 10-2-5, 10-3, 10-4, 10-6 à 10-12, **p. 3120** ; Décr. n° 72-580 du 4 juill. 1972, art. 2, 3, 6 à 13 *sexies*, **p. 2924** ; Décr. n° 72-581 du 4 juill. 1972, art. 2, 3, 26, 30 à 36-1, 43, **p. 2932** ; Décr. n° 72-583 du 4 juill. 1972, art. 3 à 6, **p. 2948** ; Décr. n° 80-627 du 4 août 1980, art. 2, 3, 5-7, 9 à 15-1, 21, **p. 3110** ; Décr. n° 86-492 du 14 mars 1986, art. 1er, 2, 17, 19 à 21-1, **p. 2954** ; Décr. n° 90-680 du 1er août 1990, art. 1er, 22 à 26, **p. 2963** ; Décr. n° 92-1189 du 6 nov. 1992, art. 1er, 10, 20, 21, 23 à 26-1, 34, **p. 2975.**
2017	5 mai	Décret n° 2017-787. Nouvelles modalités d'accompagnement, d'appréciation de la valeur professionnelle et d'avancement des personnels enseignants exerçant dans un établissement d'enseignement privé sous contrat. – Art. 1er à 6. – V. C. éduc., art. R. 914-59 à R. 914-60-1.
2017	5 mai	Décret n° 2017-790. Reconnaissance de l'acquisition de blocs de compétences par les candidats préparant l'examen du brevet professionnel,

		du brevet des métiers d'art ou de la mention complémentaire dans le cadre de la formation professionnelle continue ou de la validation des acquis de l'expérience. – Art. 1er à 22. – V. C. éduc., art. D. 337-97, D. 337-101, D. 337-103, D. 337-104, D. 337-107, D. 337-108, D. 337-111, D. 337-115, D. 337-126, D. 337-129, D. 337-130, D. 337-132, D. 337-133, D. 337-134, D. 337-140, D. 337-144, D. 337-145, D. 337-149, D. 337-150, D. 337-152, D. 371-3, D. 373-2, D. 374-3.
2017	5 mai	Décret n° 2017-792. Modification de l'art. D. 531 C. éduc. – V. C. éduc., art. D. 531-7.
2017	5 mai	Décret n° 2017-793. Épreuve facultative de langue vivante du brevet des métiers d'art pour les candidats des sections européennes. – Art. 1er. – V. C. éduc., art. D. 337-136.
2017	6 mai	Décret n° 2017-851. Modalités d'information des titulaires du diplôme national de licence sur les perspectives qui leur sont offertes en matière d'insertion professionnelle ou de poursuite de formation. – Art. 1er. – V. C. éduc., art. R. 612-32-6.
2017	6 mai	Décret n° 2017-852. Diverses dispositions statutaires relatives aux directeurs de recherche, chargés de recherche, ingénieurs de recherche, ingénieurs d'études et assistants ingénieurs relevant du décret n° 83-1260 du 30 décembre 1983 et du décret n° 85-1534 du 31 décembre 1985 et aux personnels des bibliothèques, corps assimilés aux corps d'enseignants-chercheurs et professeurs de l'École nationale supérieure d'arts et métiers. – Art. 154 à 165. – V. C. éduc., art. R. 953-1 ; Décr. n° 2008-744 du 28 juill. 2008, art. 6, 7, 15, 16, 20, 24, 26, 30, 32, 35, 36, App., v° *Statuts particuliers*, **p. 3090.**
2017	9 mai	Décret n° 2017-854. Dispositions statutaires communes applicables aux enseignants-chercheurs et portant statut particulier du corps des professeurs des universités et du corps des maîtres de conférences. – Art. 1er à 27. – V. Décr. n° 84-431 du 6 juin 1984, art. 7, 7-1, 9, 9-1, 9-2, 9-3, 11, 13, 14, 14-1, 15, 19, 20-2, 20-3, 20-4, 21, 22, 23, 26, 32, 32-1, 33, 34, 39, 40, 40-2-1, 40-3, 40-5, 41, 43, 44, 46, 46-1, 50, 55, 56, 57, 58-1-1, 58-4. – App., v° *Statuts particuliers*, **p. 3029.**
2017	9 mai	Décret n° 2017-908. Diverses dispositions relatives au régime juridique des associations, des fondations, des fonds de dotation et des organismes faisant appel public à la générosité. – Art. 22. – V. C. éduc., art. R. 241-8, R. 241-11.
2017	10 mai	Décret n° 2017-955. Statut particulier du corps des personnels de direction d'établissement d'enseignement ou de formation relevant du ministre de l'éducation nationale. – Art. 18. – V. C. éduc., art. R. 911-84.
2017	10 mai	Décret n° 2017-957. Professeurs de chaires supérieures des établissements classiques, modernes et techniques. – Art. 1er, 2, 4. – V. Décr. n° 68-503 du 30 mai 1968, art. 3-1, 4 ; Décr. n° 72-580 du 4 juill. 1972, art. 18-4, App., v° *Statuts particuliers*, **p. 2931.**

2017	10 mai	Décret n° 2017-959. Établissements publics administratifs. – Art. 1er. – V. C. éduc., art. D. 612-34, D. 674-1, D. 713-21, R. 741-1, D. 741-2, D. 741-5 à D. 741-12, D. 751-1.
2017	10 mai	Décret n° 2017-960. Conseillers entreprises pour l'école. – Art. 1er à 8, 10. – V. C. éduc., art. D. 331-65 à D. 331-67, D. 335-38 à D. 335-47, D. 337-23, D. 337-123, D. 337-128-1, D. 337-138, D. 337-158, D. 371-3, D. 373-2, D. 374-4.
2017	10 mai	Décret n° 2017-961. Possibilités de conservation des notes pour les candidats au certificat d'aptitude professionnelle et pour les candidats au brevet d'études professionnelles – Art. 1er à 4. – V. C. éduc., art. D. 337-3, D. 337-17, D. 371-3, D. 373-2, D. 374-4.
2017	10 mai	Décret n° 2017-962. Reconnaissance de l'engagement des étudiants dans la vie associative, sociale ou professionnelle. – Art. 1er. – V. C. éduc., art. D. 611-7 à D. 611-9.
2017	10 mai	Décret n° 2017-963. Recrutement et emploi des étudiants. – Art. 1er à 7. – V. C. éduc., art. D. 811-1, D. 811-4, D. 811-8, D. 811-8-1, D. 851-2, D. 853-2, D. 854-2.
2017	10 mai	Décret n° 2017-1045. Composition et fonctionnement du Haut Conseil de l'éducation artistique et culturelle. – Art. 2, 3. – V. C. éduc., art. D. 312-9, D. 312-14.
2017	16 juin	Arrêté. Organisation des enseignements dans les classes de collège. – Art. 1er à 9. – V. Arr. 19 mai 2015, art. 3 à 10, ss. C. éduc., art. D. 332-4.
2017	27 juin	Décret n° 2017-1108. Dérogations à l'organisation de la semaine scolaire dans les écoles maternelles et élémentaires publiques. – Art. 1er. – V. C. éduc., art. D. 521-12.
2017	4 juill.	Décret n° 2017-1135. Mise en œuvre de la validation des acquis de l'expérience. – Art. 1er à 5. – V. C. éduc., art. R. 335-6 à R. 335-10, R. 613-33 à R. 613-35, R. 613-37.
2017	10 juill.	Décret n° 2017-1157. Association de l'École des ingénieurs de la Ville de Paris (EIVP) – l'École supérieure du génie urbain à l'École nationale des ponts et chaussées (ENPC). – Art. 4. – V. C. éduc., art. D. 718-5.
2017	11 sept.	Décret n° 2017-1329. Création de l'université de Lille. – Art. 11. – V. C. éduc., art. D. 711-1, D. 718-5, D. 741-9.
2017	15 sept.	Décret n° 2017-1341. Établissements publics administratifs associés. – Art. 1er. – V. C. éduc., art. D. 713-22, D. 741-7, D. 771-2, D. 773-2, D. 774-2.
2017	10 oct.	Décret n° 2017-1461. École polytechnique. – Art. 2 à 11. – V. Décr. n° 95-728 du 9 mai 1995, art. 1er à 9, ss. C. éduc., art. L. 755-2.
2017	13 oct.	Décret n° 2017-1469. Orientation et programmation pour la refondation de l'école de la République et fonds de soutien au développement des activités périscolaires. – Art. 1er. – V. Décr. n° 2015-996 du 17 août 2015, art. 1er à 6, ss. C. éduc., art. L. 521-1.

2017	25 oct.	Ordonnance n° 2017-1491. Extension et adaptation de la partie législative du C. trav., et de diverses dispositions relatives au travail, à l'emploi et à la formation professionnelle à Mayotte : – Art. 6-1°. – V. C. trav., art. L. 5134-120, ss. C. éduc., art. L. 625-1. – Art. 16-I. – V. C. éduc., art. L. 262-4.
2017	6 nov.	Décret n° 2017-1543. Attributions des recteurs de région académique. – Art. 1er. – V. C. éduc., art. R. 222-1.
2017	27 nov.	Arrêté. Attribution du diplôme national du brevet. – V. Arr. du 31 déc. 2015, art. 7 à 10, 12, 17, ss. C. éduc., art. D. 332-17.
2017	30 nov.	Décret n° 2017-1652. Stages et périodes de formation en milieu professionnel. – Art. 1er. – V. C. éduc., art. D. 124-2, D. 124-3.
2017	13 déc.	Décret n° 2017-1691. Attribution du grade de licence aux titulaires du certificat de capacité d'orthoptiste. – Art. 1er. – V. C. éduc., art. D. 612-32-2.
2017	18 déc.	Décret n° 2017-1710. Dissolution de la communauté d'universités et établissements « Sorbonne Universités ». – Art. 2. – V. C. éduc., art. D. 711-6.
2017	20 déc.	Ordonnance n° 2017-1718. Complément et mise en cohérence des dispositions prises en application de la loi n° 2017-1340 du 15 septembre 2017 d'habilitation à prendre par ordonnances les mesures pour le renforcement du dialogue social. – Art. 2. – V. C. éduc., art. L. 961-2 ; C. rech., art. L. 431-1, App., v° *Code de la recherche*, **p. 2887.**
2017	22 déc.	Décret n° 2017-1751. Association d'établissements à l'École centrale de Lille. – Art. 4. – V. C. éduc., art. D. 718-5, D. 741-5.
2017	27 déc.	Loi n° 2017-1775. De finances rectificative pour 2017. – Art. 87. – V. L. n° 2013-595 du 8 juill. 2013, art. 67, ss. C. éduc., art. L. 521-1.
2017	27 déc.	Décret n° 2017-1830. Dissolution de la communauté d'universités et établissements « Université de Champagne ». – Art. 5. – V. C. éduc., art. D. 711-6.
2017	28 déc.	Décret n° 2017-1831. Organisation et fonctionnement de l'établissement public Campus Condorcet. – Art. 25. – V. C. éduc., art. D. 741-12.
2017	29 déc.	Décret n° 2017-1832. Association d'établissements du site champenois. – Art. 15. – V. C. éduc., art. D. 718-5, D. 731-6.
2017	29 déc.	Décret n° 2017-1881. Conséquences de la création de la collectivité de Corse en ce qui concerne des commissions administratives consultatives figurant dans la partie réglementaire du code de l'éducation. – Art. 1er à 7. – V. C. éduc., art. R. 234-22 à R. 234-22-3, R. 234-24 à R. 234-24-2, R. 235-17 à R. 235-17-3, R. 442-65.
2017	29 déc.	Décret n° 2017-1882. Modification de l'organisation financière des établissements d'enseignement relevant du ministère de l'Éducation

		nationale dont la responsabilité et la charge incombent entièrement à l'État. – Art. 1er à 6. – V. C. éduc., art. D. 442-45, D. 442-46, D. 442-50, D. 442-52 à D. 442-53-10.
2017	29 déc.	Décret n° 2017-1883. Prise en compte de la création de la collectivité de Corse concernant la composition de la commission sur l'enseignement des langues vivantes étrangères, du conseil académique des langues régionales et du conseil académique de la vie lycéenne. – Art. 1er à 3. – V. C. éduc., art. D. 312-26-1, D. 312-37-1, D. 511-65-1.
2017	29 déc.	Décret n° 2017-1896. Budget et régime financier des établissements publics à caractère scientifique, culturel et professionnel. – Art. 1er, 2. – V. C. éduc., art. D. 719-105, D. 719-106.
2017	30 déc.	Loi n° 2017-1837. De finances pour 2018. – Art. 154. – V. C. éduc., art. L. 711-1, L. 719-14, L. 762-2.
2018	9 janv.	Arrêté. Organisation des enseignements au collège. – Art. 1er. – V. Arr. du 19 mai 2015, art. 7, ss. C. éduc., art. D. 332-4.
2018	14 févr.	Décret n° 2018-100. Création de la communauté d'universités et établissements « université Bourgogne-Franche-Comté ». – Art. 2. – V. C. éduc., art. D. 711-6.
2018	15 févr.	Décret n° 2018-107. Maîtres de conférences et professeurs associés ou invités des écoles nationales supérieures d'architecture. – V. App., v° *Statuts particuliers*, **p. 3103**.
2018	15 févr.	Décret n° 2018-109. Écoles nationales supérieures d'architecture. – Art. 1er. – V. C. éduc., art. R. 752-1 à D. 752-5.
2018	15 févr.	Décret n° 2018-111. Dissolution de la communauté d'universités et établissements « Institut polytechnique du Grand Paris ». – Art. 5. – V. C. éduc., art. D. 711-6.
2018	20 févr.	Décret n° 2018-119. Redoublement. – Art. 1er à 6. – V. C. éduc., art. D. 321-1, D. 321-22, D. 331-62, R. 451-6, R. 451-9, D. 491-8.
2018	20 févr.	Décret n° 2018-120. Rôles du conseil de classe et du chef d'établissement en matière d'orientation et autres dispositions. – Art. 1er à 6. – V. C. éduc., art. D. 331-38, D. 331-64-1, R. 421-51, D. 422-43, D. 442-7, D. 371-3, D. 491-8.
2018	23 févr.	Décret n° 2018-124. Diplôme d'État du certificat d'aptitude au professorat de l'enseignement des jeunes sourds. – Art. 7. – V. C. éduc., art. D. 351-12.
2018	8 mars	Loi n° 2018-166. Orientation et réussite des étudiants. – Art. 1er à 15. – V. C. éduc., art. L. 611-3, L. 611-5, L. 611-12, L. 612-1, L. 612-1-1, L. 612-2, L. 612-3, L. 612-3-1, L. 612-3-2, L. 613-5, L. 621-3, L. 681-1, L. 683-2, L. 684-1, L. 684-2, L. 711-1, L. 832-1, L. 831-3, L. 841-5.
2018	9 mars	Décret n° 2018-172. Procédure nationale de préinscription pour l'accès aux formations initiales du premier cycle de l'enseignement supérieur. – Art. 2 à 8. – V. C. éduc., art. D. 371-3, D. 612-1 à

		D. 612-1-20, D. 612-2, D. 612-3, D. 612-6, D. 612-7, D. 612-9, D. 612-10, D. 612-16, D. 612-19, D. 612-20, D. 612-29, D. 612-29-1, D. 331-64-1, D. 643-35, D. 681-2, D. 682-2, D. 682-3, D. 683-2, D. 683-3, D. 684-2, D. 684-3.
2018	29 mars	Loi n° 2018-217. Ratification de diverses ordonnances prises sur le fondement de la loi n° 2017-1340 du 15 septembre 2017 d'habilitation à prendre par ordonnances les mesures pour le renforcement du dialogue social. – Art. 23. – V. C. éduc., art. L. 337-4 ; C. rur., art. L. 811-2, L. 813-2, ss. C. éduc., art. L. 341-1.
2018	29 mars	Décret n° 2018-231. Attribution du grade de licence aux titulaires du diplôme national d'art délivré par les établissements d'enseignement supérieur d'arts plastiques. – Art. 1er. – V. C. éduc. D. 612-32-2.
2018	30 mars	Décret n° 2018-235. Représentation des femmes et des hommes au sein des organismes consultatifs des maîtres des établissements d'enseignement privés sous contrat. – Art. 1er à 11. – V. C. éduc., art. R. 914-5, R. 914-10-11, R. 914-10-12, R. 914-10-13, R. 914-13-4, R. 914-13-9, R. 914-13-12, R. 914-13-13, R. 914-13-15, R. 914-13-21, R. 973-1, R. 974-1.
2018	5 avr.	Décret n° 2018-249. École nationale de l'aviation civile. Art. 33. – V. C. éduc., art. D. 653-1, D. 711-3, D. 717-4, D. 754-6.
2018	9 avr.	Décret n° 2018-258. Association de l'École nationale supérieure des mines de Paris à l'Institut Mines-Télécom. – Art. 3. – V. C. éduc., art. D. 718-5.
2018	11 avr.	Décret n° 2018-265. Association d'établissements à l'université Sorbonne Université. – Art. 3. – V. C. éduc., art. D. 718-5, D. 731-6.
2018	13 avr.	Loi n° 2018-266. Simplification et meilleur encadrement du régime d'ouverture et de contrôle des établissements privés hors contrat. – Art. 1er à 4. – V. C. éduc., art. L. 131-11, L. 234-6, L. 441-1 à L. 441-4, L. 442-2, L. 731-8, L. 731-17, L. 914-3 à L. 914-5.
2018	13 avr.	Décret n° 2018-272. Création de spécialités du diplôme « mention complémentaire » conjointement arrêtées par le ministre chargé de l'éducation nationale et le ministre chargé des sports. – Art. 3. – V. C. éduc., art. D. 371-3, D. 373-2, D. 374-3.
2018	18 avr.	Décret n° 2018-285. École nationale supérieure de mécanique et des microtechniques. – Art. 10. – V. C. éduc., art. D. 651-1, D. 711-2, D. 715-10, D. 741-12.
2018	25 avr.	Décret n° 2018-303. Priorités d'affectation des membres de certains corps mentionnés à l'article 10 de la loi n° 84-16 du 11 janvier 1984 portant dispositions statutaires relatives à la fonction publique de l'État. – Art. 1er, 2. – V. Décr. n° 60-403 du 22 avr. 1960, art. 10-1 ; Décr. n° 72-580 du 4 juill. 1972, art. 16-1 ; Décr. n° 72-581 du 4 juill. 1972, art. 39-1 ; Décr. n° 72-583 du 4 juill. 1972, art. 9-1 ; Décr. n° 72-589 du 4 juill. 1972, art. 4-1 ; Décr. n° 80-627 du 4 août 1980, art. 17-1 ; Décr. n° 86-492 du 14 mars 1986, art. 23-1 ; Décr. n° 90-680 du 1er août 1990, art. 25-3 ; Décr. n° 92-1189 du 6 nov. 1992, art. 27-1, App., v° *Statuts particuliers*, **p. 2915.**

2018	18 mai	Décret n° 2018-367. Diplôme national des métiers d'art et du design. – Art. 1er. – V. C. éduc., art. D. 612-32-2, D. 613-6, D. 642-34 à D. 642-54.
2018	18 mai	Décret n° 2018-368. Attribution du grade de licence au diplôme de premier cycle de l'institut d'études politiques de Paris, au diplôme « Enseigner dans le premier degré » de l'université de la Nouvelle-Calédonie, au diplôme du cycle pluridisciplinaire d'études supérieures de l'Université de recherche Paris sciences et lettres-PSL Research University. – Art. 1er. – V. C. éduc., art. D. 612-32-2.
2018	18 mai	Décret n° 2018-369. Procédure nationale de préinscription pour l'accès aux formations initiales du premier cycle de l'enseignement supérieur. – Art. 2 à 20. – V. C. éduc., art. D. 612-1 à D. 612-1-3, D. 612-1-8 à D. 612-1-24, D. 681-2, D. 681-3, D. 682-3, D. 683-2, D. 683-3, D. 684-2, D. 684-3.
2018	18 mai	Décret n° 2018-370. Conditions du réexamen des candidatures prévu par le IX de l'art. L. 612-3 C. éduc. – Art. 2 et 3. – V. C. éduc., art. D. 612-1-25 à D. 612-1-30, D. 681-2, D. 681-3, D. 682-3, D. 683-2, D. 683-3, D. 684-2, D. 684-3.
2018	18 mai	Décret n° 2018-372. Suspension temporaire des études dans les établissements publics dispensant des formations initiales d'enseignement supérieur. – Art. 1er et 2. – V. C. éduc., art. D. 611-13 à D. 611-20, D. 681-2, D. 683-2, D. 684-2.
2018	29 mai	Décret n° 2018-407. Simplification et et meilleur encadrement du régime d'ouverture et de contrôle des établissements d'enseignement scolaire privés hors contrat. – Art. 1er à 11. – V. C. éduc., art. R. 131-3, R. 222-24-1, D. 441-1 à D. 441-6, R. 442-1, R. 442-1-1, D. 442-22, D. 442-22-1, D. 443-1-1, R. 443-3, R. 471-5, R. 913-4 à R. 913-14, R. 914-18.
2018	12 juin	Décret n° 2018-472. Service sanitaire des étudiants en santé. – Art. 2. – V. C. éduc., art. D. 631-23.
2018	15 juin	Décret n° 2018-492. Droits des ayants cause des maîtres contractuels ou agréés des établissements d'enseignement privés sous contrat bénéficiaires d'une rente viagère d'invalidité. – Art. 1er à 3. – V. C. éduc., art. R. 914-118, R. 914-133-1 à R. 914-133-3, R. 914-136.
2018	19 juin	Décret n° 2018-496. Organisation de l'administration centrale des ministères de l'éducation nationale et de l'enseignement supérieur et de la recherche. – Art. 2 à 6. – V. Décr. n° 2014-133 du 17 févr. 2014, art. 8, 10, 12 à 14, ss. C. éduc., art. R. 221-1.
2018	20 juin	Loi n° 2018-493. Protection des données personnelles. – Art. 17, 22. – V. C. éduc., art. L. 121-4-2, L. 312-9.
2018	26 juin	Décret n° 2018-526. Parité entre les femmes et les hommes parmi les représentants des lycéens au Conseil supérieur de l'éducation. – Art. 1er, 2. – V. C. éduc., art. R. 231-2, R. 261-4, R. 263-5, R. 264-5.
2018	29 juin	Décret n° 2018-562. Diplômes conférant grade de master. – Art. 1er, 2. – V. C. éduc., art. D. 612-34.

2018	29 juin	Décret n° 2018-563. Modalités d'accès prioritaire dans les formations initiales de l'enseignement supérieur public des meilleurs bacheliers dans chaque série et spécialité de l'examen. – Art. 2 à 4. – V. C. éduc., art. D. 612-1-17, D. 612-1-31 à D. 612-1-35, D. 681-2, D. 681-3, D. 683-2, D. 683-3, D. 684-2, D. 684-3.
2018	30 juin	Décret n° 2018-564. Contribution prévue à l'article L. 841-5 du code de l'éducation. – Art. 1er, 2. – V. C. éduc., art. D. 841-2 à D. 841-7, D. 852-2.
2018	16 juill.	Décret n° 2018-614. Enseignements conduisant au baccalauréat général et formations technologiques conduisant au baccalauréat technologique. – Art. 1er à 33. – V. C. éduc., art. D. 333-3, D. 334-3, D. 334-4, D. 334-4-1, D. 334-5, D. 334-6, D. 334-7, D. 334-7-1, D. 334-8, D. 334-9, D. 334-10, D. 334-11, D. 334-12, D. 334-13, D. 334-14, D. 334-15, D. 334-15-1, D. 334-16, D. 334-17, D. 334-18, D. 334-19, D. 334-21-1, D. 334-22, D. 336-3, D. 336-4, D. 336-4-1, D. 336-5, D. 336-6, D. 336-7, D. 336-7-1, D. 336-8, D. 336-9, D. 336-10, D. 336-11, D. 336-12, D. 336-13, D. 336-14, D. 336-15, D. 336-15-1, D. 336-17, D. 336-18, D. 336-20-1, D. 336-21, D. 336-39, D. 336-50, D. 336-53, D. 336-56, D. 371-3, D. 373-2, D. 374-3.
2018	16 juill.	Arrêté. Organisation et volumes horaires de la classe de seconde des lycées d'enseignement général et technologique et des lycées d'enseignement général et technologique agricole. – V. ss. C. éduc., art. D. 333-3.
2018	16 juill.	Arrêté. Organisation et aux volumes horaires des enseignements du cycle terminal des lycées, sanctionnés par le baccalauréat général. – V. ss. C. éduc., art. D. 333-3.
2018	16 juill.	Arrêté. Épreuves anticipées du baccalauréat général et du baccalauréat technologique. – V. ss. C. éduc., art. D. 334-5.
2018	16 juill.	Arrêté. Épreuves du baccalauréat général à compter de la session de 2021. – V. ss. C. éduc., art. D. 334-3.
2018	16 juill.	Arrêté. Modalités d'organisation du contrôle continu pour l'évaluation des enseignements dispensés dans les classes conduisant au baccalauréat général et au baccalauréat technologique, ss. C. éduc., art. D. 334-4.
2018	16 juill.	Arrêté. Épreuves du baccalauréat technologique à compter de la session de 2021, ss. C. éduc., art. D. 336-3.
2018	16 juill.	Arrêté. Organisation et volumes horaires des enseignements des classes de première et terminale des lycées sanctionnés par le baccalauréat technologique, séries « sciences et technologies de la santé et du social (ST2S) », « sciences et technologies de laboratoire (STL) » « sciences et technologies du design et des arts appliqués (STD2A) », « sciences et technologies de l'industrie et du développement durable (STI2D) », « sciences et technologies du management et de la gestion (STMG) », « sciences et technologies de l'hôtellerie et de la restauration (STHR) ». – V. ss. C. éduc., art. D. 336-3.

2018	18 juill.	Décret n° 2018-633. Diplôme d'État d'infirmier en pratique avancée. – Art. 1er à 3. – V. C. éduc., art. D. 612-34, D. 613-7, D. 636-73 à D. 636-81.
2018	31 juill.	Décret n° 2018-683. Commissions administratives paritaires de certains personnels enseignants relevant du ministre chargé de l'éducation nationale : – Art. 10 à 14. – Décr. n° 90-770 du 31 août 1990, art. 3, 5, 5-1, 6, 19, ss. C. éduc., art. L. 921-3. – Art. 9. – Décr. n° 86-492 du 14 mars 1986, art. 4, App., v° *Statuts particuliers*, **p. 2955.**
2018	3 août	Loi n° 2018-698. Encadrement de l'utilisation du téléphone portable dans les établissements d'enseignement scolaire. Art. 1er à 4. – V. C. éduc., art. L. 121-1, L. 312-9, L. 371-1, L. 401-1, L. 511-5.
2018	3 août	Loi n° 2018-699. Garantie de la présence des parlementaires dans certains organismes extérieurs au Parlement et simplification des modalités de leur nomination : – Art. 50 à 52, 74. – V. C. éduc., art. L. 232-1, L. 239-1, L. 239-2, L. 261-1, L. 263-1, L. 264-1, L. 452-6, L. 822-2. – Art. 17. – C. rech., art. L. 124-1, App., v° *Code de la recherche*, **p. 2841.** – Art. 75. – CSP, art. L. 1412-2, ss. C. rech., art. L. 211-1, App., v° *Code de la recherche*, **p. 2846.**
2018	3 août	Loi n° 2018-703. Lutte contre les violences sexuelles et sexistes. – Art. 10, 12. – V. C. éduc., art. L. 121-1, L. 312-9.
2018	3 août	Décret n° 2018-726. Grade de licence au diplôme de premier cycle de l'École polytechnique. – Art. 1er à 3. – V. C. éduc., art. D. 612-32-2, D. 683-2, D. 684-2.
2018	10 août	Loi n° 2018-727. Pour un État au service d'une société de confiance. – Art. 21. – V. C. éduc., art. L. 124-8-1.
2018	22 août	Décret n° 2018-734. Formations et diplômes du travail social. – Art. 2. – V. C. éduc., art. D. 612-32-2, D. 676-1.
2018	28 août	Décret n° 2018-757. Association d'établissements à Normandie Université. – Art. 10. – V. C. éduc., art. D. 718-5, D. 731-6.
2018	29 août	Décret n° 2018-765. Ordre des Palmes académiques. – Art. 1er à 4. – V. C. éduc., art. D. 911-66, D. 911-67, D. 911-71, D. 971-2, D. 973-2, D. 974-2.
2018	5 sept.	Loi n° 2018-771. Liberté de choisir son avenir professionnel. – Art. 3, 4, 9, 13, 14, 18, 19, 24, 25, 26, 31, 32, 34, 37. – V. C. éduc., art. L. 112-2, L. 214-12, L. 214-12-1, L. 214-13, L. 214-13-1, L. 214-15, L. 214-15, L. 234-2, L. 241-9, L. 313-6, L. 313-7, L. 331-5, L. 331-7, L. 332-3-1, L. 335-5, L. 335-6, L. 337-3-1, L. 352-1, L. 361-4, L. 421-3, L. 421-6, L. 431-1, L. 443-5, L. 443-6, L. 711-1, L. 936-1 ; C. trav., art. L. 6111-3, L. 6411-1, L. 6422-1, L. 6422-2, ss. C. éduc., art. L. 122-7 ; C. trav., art. L. 6211-2, ss. C. éduc., art. L. 241-9.

2018	10 sept.	Loi n° 2018-778. Pour une immigration maîtrisée, un droit d'asile effectif et une intégration réussie. – Art. 61. – V. C. éduc., art. L. 131-5.
2018	13 sept.	Décret n° 2018-792. Services communs universitaires. – Art. 1er à 5. – V. C. éduc., art. D. 714-41 à D. 714-53, D. 714-93 à D. 714-106, D. 771-2, D. 773-2, D. 773-4, D. 774-2, D. 774-4.
2018	26 sept.	Circulaire. Interdiction de l'utilisation du téléphone portable à l'école et au collège, ss. C. éduc., art. L. 511-5.
2018	3 oct.	Décret n° 2018-838. Modification des modalités de nomination des recteurs. – Art. 1er. – V. C. éduc., art. R.* 222-13.
2018	17 oct.	Décret n° 2018-896. Modification de l'article R. 822-2 du code de l'éducation. – Art. 1er. – V. C. éduc., art. R. 822-2.
2018	23 oct.	Décret n° 2018-907. Fonds de soutien au développement des activités périscolaires. – Art. 1er. – V. Décr. n° 2015-996 du 17 août 2015, art. 2, 3, 7, ss. C. éduc., art. L. 521-1.
2018	27 oct.	Décret n° 2018-924. Création du centre régional des œuvres universitaires et scolaires de Bourgogne-Franche-Comté. – Art. 3. – V. C. éduc., art. D. 822-9-1.
2018	27 oct.	Décret n° 2018-925. Création du centre régional des œuvres universitaires et scolaires de Normandie. – Art. 3. – V. C. éduc., art. D. 822-9-1.
2018	30 oct.	Loi n° 2018-938. Équilibre des relations commerciales dans le secteur agricole et alimentaire et alimentation saine, durable et accessible à tous : – Art. 72. – V. C. rur., art. L. 811-1, ss. C. éduc., art. L. 341-1. – Art. 90. – V. C. éduc., art. L. 312-17-3.
2018	19 nov.	Décret n° 2018-1005. Association de l'École centrale de Nantes à l'université de Nantes. – Art. 3. – V. C. éduc., art. D. 718-5.
2018	12 déc.	Ordonnance n° 2018-1125. Protection des données personnelles : – Art. 7. – V. C. éduc., art. L. 312-15. – Art. 18. – V. C. rech., art. L. 225-1, App., v° *Code de la recherche*, **p. 2850.**
2018	12 déc.	Ordonnance n° 2018-1131. Expérimentation de nouvelles formes de rapprochement, de regroupement ou de fusion des établissements d'enseignement supérieur et de recherche, ss. C. éduc., art. L. 718-3.
2018	14 déc.	Décret n° 2018-1158. École de l'air. – Art. 5. – V. C. éduc., art. D. 653-1, D. 711-3, D. 717-5, D. 755-1.
2018	18 déc.	Décret n° 2018-1172. Conditions d'enregistrement des certifications professionnelles et des certifications et habilitations dans les répertoires nationaux. – V. C. éduc., art. R. 335-12 à R. 335-32.
2018	19 déc.	Décret n° 2018-1189. Universités de technologie. – Art. 1er, 2. – V. C. éduc., art. D. 651-1, R. 715-4, D. 715-9, R. 741-3.

2018	20 déc.	Décret n° 2018-1199. Création d'une indication « discipline non linguistique ayant fait l'objet d'un enseignement en langue vivante » sur le diplôme du baccalauréat général et du baccalauréat technologique. – Art. 1er à 3. – V. C. éduc., art. D. 334-11, D. 336-11, D. 371-3, D. 373-2, D. 374-3.
2018	21 déc.	Décret n° 2018-1210. Contrôle pédagogique des formations par apprentissage conduisant à l'obtention d'un diplôme. – Art. 2. – V. C. éduc., art. R. 241-19, R. 241-22, R. 241-23.
2018	21 déc.	Décret n° 2018-1212. Association d'établissements à la Communauté d'universités et établissements Lille Nord-de-France. – Art. 7. – V. C. éduc., art. D. 718-5, D. 731-6.
2018	22 déc.	Loi n° 2018-1202. Lutte contre la manipulation de l'information. – Art. 16, 20. – V. C. éduc., art. L. 312-15, L. 332-5, L. 371-1, L. 721-2, L. 771-1, L. 773-1, L. 774-1.
2018	22 déc.	Loi n° 2018-1203. De financement de la sécurité sociale pour 2019. – Art. 28. – V. C. éduc., art. L. 421-1, L. 757-1.
2018	24 déc.	Décret n° 2018-1227. Application des articles 21 et 22 de la loi n° 2018-727 du 10 août 2018 pour un État au service d'une société de confiance. – Art. 3. – V. C. éduc., art. R. 124-12-1.
2018	28 déc.	Loi n° 2018-1317. De finances pour 2019. – Art. 219. – V. C.éduc., art. L. 452-8.
2018	28 déc.	Décret n° 2018-1337. Extension et adaptation de la partie réglementaire du code du travail et de diverses dispositions relatives au travail, à l'emploi et à la formation professionnelle à Mayotte. – Art. 3. – V. C. éduc., art. D. 562-10, D. 852-1.
2018	28 déc.	Décret n° 2018-1360. Aménagement des dispositions relatives au diplôme de comptabilité et de gestion, au diplôme supérieur de comptabilité et de gestion et au diplôme d'expertise comptable. – Art. 2. – V. C. éduc., art. D. 612-32-2, D. 612-34.
2018	31 déc.	Arrêté. Épreuves du baccalauréat général à compter de la session de 2021. – Art. 1er. – V. Arr. du 16 juill. 2018, ss. C. éduc., art. D. 334-3.
2019	4 janv.	Décret n° 2019-8. Psychologues de l'éducation nationale. – Art. 3. – V. n° 2008-926 du 12 sept. 2008, art. 1er, V. App., v° *Statuts particuliers*, **p. 2991**.
2019	30 janv.	Décret n° 2019-56. Substitution de la dénomination « CMA France » à la dénomination « assemblée permanente des chambres de métiers et de l'artisanat ». – Art. 4. – V. C. éduc., art. D. 313-18-1, R. 313-39.
2019	5 févr.	Décret n° 2019-77. Changement de dénomination de l'École normale supérieure de Cachan. – Art. 2. – V. C. éduc., art. D. 652-1, D. 711-5, D. 716-1.
2019	13 févr.	Décret n° 2019-91. Modification de l'article D. 531-50 du code de l'éducation. – Art. 1er. – V. C. éduc., art. D. 531-50.

2019	18 févr.	Décret n° 2019-112. Services universitaires et interuniversitaires de médecine préventive et de promotion de la santé. – Art. 1er. – V. C. éduc., art. D. 714-20, D. 714-21, D. 771-2, D. 771-10, D. 773-2, D. 773-10, D. 774-2, D. 774-10.
2019	22 févr.	Arrêté. Organisation et volumes horaires des enseignements du cycle terminal des lycées, sanctionnés par le baccalauréat général. – V. Arr. du 16 juill. 2018, Annexe, ss. C. éduc., art. D. 333-3, **p. 2060.**
2019	25 févr.	Décret n° 2019-132. Lycées de la défense. – Art. 1er à 11. – V. C. éduc., art. R. 425-2, R. 425-6, R. 425-8, R. 425-9, R. 425-13, R. 425-14, R. 425-20, R. 425-21, R. 425-22-1.
2019	7 mars	Décret n° 2019-176. Classe de troisième dite « prépa-métiers ». – Art. 1er, 2. – V. C. éduc., art. D. 337-172 à D. 337-175, D. 371-3.
2019	19 mars	Décret n° 2019-205. Modalités de programmation et de suivi des actions financées par la contribution de vie étudiante et de campus prévue à l'art. L. 841-5 C. éduc. – V. C. éduc., art. D. 841-8 à D. 841-11, D. 852-2.
2019	20 mars	Décret n° 2019-209. Création de l'université de Paris et approbation de ses statuts. – V. C. éduc., art. D. 711-1, D. 711-6-1, D. 718-5.
2019	21 mars	Décret n° 2019-215. Modalités d'admission en section de techniciens supérieurs. – V. C. éduc., art. D. 612-30, D. 612-31, D. 681-2, D. 683-2, D. 684-2.
2019	21 mars	Décret n° 2019-218. Nouvelles compétences des régions en matière d'information sur les métiers et les formations. – Art. 1er à 13. – V. C. éduc., art. D. 313-1, D. 313-9, D. 331-23, D. 331-24, D. 331-26, D. 331-28, D. 331-50, D. 332-7, D. 341-4, D. 341-6, D. 341-26, D. 351-11, D. 371-3, D. 422-42, D. 491-8, D. 714-2, D. 771-2, D. 773-2, D. 774-2.
2019	23 mars	Loi n° 2019-222. Programmation 2018-2022 et réforme pour la justice. – Art. 96. – V. C. éduc., art. L. 532-2.
2019	26 mars	Décret n° 2019-231. Procédure nationale de préinscription pour l'accès aux formations initiales du premier cycle de l'enseignement supérieur. – V. C. éduc., art. D. 612-1-2, D. 612-1-3, D. 612-1-4, D. 612-1-5, D. 612-1-9, D. 612-1-10, D. 612-1-11, D. 612-1-13, D. 612-1-14, D. 612-1-17, D. 612-1-19, D. 612-1-21, D. 612-1-23, D. 612-1-24, D. 612-1-27, D. 612-1-30, D. 612-1-32, D. 612-1-34, D. 681-2, D. 682-3, D. 683-2, D. 683-3, D. 684-2, D. 684-3.
2019	26 mars	Arrêté. Modalités d'organisation du contrôle continu pour l'évaluation des enseignements dispensés dans les classes conduisant au baccalauréat général et au baccalauréat technologique. – V. Arr. du 16 juill. 2018, art. 9, ss. C. éduc., art. D. 334-4.
2019	27 mars	Décret n° 2019-254. Conditions de nomination des personnels dirigeants de certains établissements publics nationaux à caractère administratif. – Art. 4. – V. C. éduc., art. R. 313-19, R. 313-43, R. 314-60, R. 822-4.

2019	9 avr.	Arrêté. Modification des Arr. du 16 juill. 2018 relatif à l'organisation et aux volumes horaires de la classe de seconde des lycées d'enseignement général et technologique et des lycées d'enseignement général et technologique agricole, relatif à l'organisation et aux volumes horaires des enseignements du cycle terminal des lycées, sanctionnés par le baccalauréat général, et portant organisation et volumes horaires de la classe de première et terminale des lycées sanctionnés par le baccalauréat technologique, pour ajouter l'enseignement optionnel de langue des signes française. – V. les Arr. du 16 juill. 2018, ss. C. éduc., art. D. 333-3, D. 336-3.
2019	10 avr.	Arrêté. Organisation des enseignements dans les classes de collège. – Art. 1er. – V. Arr. 19 mai 2015, art. 8 et annexe, ss. C. éduc., art. D. 332-4.
2019	11 avr.	Décret n° 2019-309. Création d'une seconde heure supplémentaire hebdomadaire non refusable par les enseignants du second degré. – Art. 1er. – V. Décr. n° 2014-940 du 20 août 2014, art. 4, App., v° *Statuts particuliers*, **p. 2993.**
2019	12 avr.	Décret n° 2019-317. Intégration de l'apprentissage aux missions des groupements d'établissements (GRETA) constitués en application de l'art. L. 423-1 C. éduc. – Art. 1er. – V. C. éduc., art. D. 423-1, D. 423-3, D. 423-6, D. 423-8, D. 423-12.
2019	12 avr.	Décret n° 2019-318. Procédure d'admission des ressortissants étrangers candidats à une première inscription en première année de licence. – Art. 1er. – V. C. éduc., art. D. 612-16, D. 681-2, D. 683-2, D. 684-2.
2019	19 avr.	Décret n° 2019-344. Modalités d'exonération des droits d'inscription des étudiants étrangers suivant une formation dans les établissements publics d'enseignement supérieur relevant du ministre chargé de l'enseignement supérieur. – Art. 1er à 6. – V. C. éduc., art. R. 719-49 à R. 719-50-1, R. 741-4, R. 771-1, R. 773-1, R. 774-1.
2019	19 avr.	Décret n° 2019-345. Délivrance des diplômes nationaux en cas d'étalement du versement du montant des droits d'inscription. – Art. 1er, 2. – V. C. éduc., art. D. 612-4, D. 681-2, D. 683-2, D. 684-2.
2019	29 avr.	Arrêté. Épreuves du baccalauréat général et technologique à compter de la session de 2021. Dispositions transitoires – Art. 1er, 2 – V. Arr. du 16 juill. 2018 (épreuves du baccalauréat général à compter de la session 2021) et Arr. du 16 juill. 2018 (épreuves du baccalauréat technologique à compter de la session de 2021), ss. C. éduc., art. D. 336-3.
2019	25 avr.	Décret n° 2019-370. Création des familles de métiers en seconde professionnelle et les mentionnant dans la procédure d'orientation. – Art. 1er à 4. – V. C. éduc., art. D. 331-36, D. 331-38, D. 331-59, D. 333-2, D. 341-14, D. 341-16, D. 341-34, D. 341-36, D. 371-3, D. 374-3.
2019	29 avr.	Décret n° 2019-391. Session de remplacement à l'examen du brevet professionnel et procédure de rectification d'erreur matérielle par le recteur préalablement à la délivrance des diplômes professionnels de

		l'éducation nationale. – Art. 1er à 9. – V. C. éduc., art. D. 337-24, D. 337-94, D. 337-116, D. 337-124, D. 337-138, D. 337-159, D. 371-3, D. 373-2, D. 374-3.
2019	22 mai	Loi n° 2019-486. Croissance et transformation des entreprises. – Art. 119, 120. – V. C. rech., art. L. 114-1, L. 114-3-1, L. 114-3-3, L. 431-4, L. 531-1, L. 531-3 à L. 531-17, L. 533-1, L. 545-1, L. 546-1, L. 547-1, App., v° *Code de la recherche*, **p. 2832.**
2019	28 mai	Convention-cadre. Compétences de l'État et des régions en matière d'information et d'orientation pour les publics scolaire, étudiant et apprenti. – V. ss. C. éduc., art. L. 313-1.
2019	29 mai	Décret n° 2019-541. Statut des personnels enseignants et hospitaliers des centres hospitaliers et universitaires. – Art. 2 à 11. – V. Décr. n° 84-135 du 24 févr. 1984, art. 46, 56, 57 à 58, 70, 70-1, 91-2, App., v° *Statuts particuliers*, **p. 3013.**
2019	29 mai	Décret n° 2019-542. Statut des personnels enseignants et hospitaliers des centres de soins, d'enseignement et de recherche dentaires des centres hospitaliers et universitaires. – Art. 2 à 9. – V. Décr. n° 90-92 du 24 janv. 1990, art. 7, 16, 18 à 19, 28, 28-1, App., v° *Statuts particuliers*, **p. 3068.**
2019	31 mai	Décret n° 2019-549. Création de l'établissement public expérimental Institut polytechnique de Paris et approbation de ses statuts. – Art. 8. – V. C. éduc., art. D. 711-6-1, D. 718-5.
2019	14 juin	Décret n° 2019-595. Statuts particuliers des personnels enseignants et d'éducation du ministère chargé de l'éducation nationale. – Art. 1er à 33, 36 à 38. – V. Décr. n° 68-503 du 30 mai 1968, art. 4, 5, App., v° *Statuts particuliers*, **p. 2922** ; Décr. n° 70-738 du 12 août 1970, art. 5, 9, 10-2-5°, 10-6, 15-3, App., v° *Statuts particuliers*, **p. 3121** ; Décr. n° 72-580 du 4 juill. 1972, art. 13, App., v° *Statuts particuliers*, **p. 2927** ; Décr. n° 72-581 du 4 juill. 1972, art. 6, 7, 8, 11, 12, 13, 29, 32, App., v° *Statuts particuliers*, **p. 2932** ; Décr. n° 72-583 du 4 juill. 1972, art. 6, App., v° *Statuts particuliers*, **p. 2949** ; Décr. n° 80-627 du 4 août 1980, art. 5-2, 5-3, 5-5, 8, 9-7, 11, App., v° *Statuts particuliers*, **p. 3111** ; Décr. n° 90-680 du 1er août 1990, art. 4, 5, 5-2, 6, 7, 8, 20, 24, App., v° *Statuts particuliers*, **p. 2963.**
2019	24 juin	Décret n° 2019-636. Séquences d'observation. – Art. 1er. – V. C. éduc., art. D. 331-6.
2019	25 juin	Décret n° 2019-640. Agrément des organismes de formation professionnelle maritime. – Art. 14. – V. C éduc., art. D. 337-2, D. 337-53, R. 342-2, R. 342-4, R. 342-6.
2019	28 juin	Décret n° 2019-682. Organisation des ministères chargés de l'éducation nationale, de l'enseignement supérieur et de la recherche. – Art. 2 à 5. – V. Décr. n° 2014-133 du 17 févr. 2014, art. 2, 3, 10, 11, ss. C. éduc., art. R. 221-1.
2019	28 juin	Décret n° 2019-685. Modification du régime de la contribution de vie étudiante et de campus. – Art. 1er à 7. – V. C. éduc., art. D. 841-2, D. 841-4 à D. 841-7, D. 852-2.

2019	19 juill.	Décret n° 2019-750. Rénovation du baccalauréat technologique série « techniques de la musique et de la danse ». – Art. 1er à 3. – V. C. éduc., art. D. 336-3, D. 336-39 à D. 336-48, D. 371-3, D. 373-2, D. 374-3.
2019	19 juill.	Arrêté. Modification des arrêtés relatifs aux organisations, volumes horaires et épreuves du baccalauréat technologique pour rénover la série technologique « techniques de la musique et de la danse ». – Art. 1er à 3. – V. Arr. du 16 juill. 2018, organisation et aux volumes horaires de la classe de seconde des lycées d'enseignement général et technologique et des lycées d'enseignement général et technologique agricole, annexe 1, ss. C. éduc., art. D. 333-3 ; Arr. du 16 juill. 2018, épreuves du baccalauréat technologique à compter de la session de 2021, art. 2, 3, 4, 9, annexe, ss. C. éduc., art. D. 336-3 ; Arr. du 16 juill. 2018, organisation et volumes horaires des enseignements des classes de première et terminale des lycées sanctionnés par le baccalauréat technologique, séries « sciences et technologies de la santé et du social (ST2S) », « sciences et technologies de laboratoire (STL) » « sciences et technologies du design et des arts appliqués (STD2A) », « sciences et technologies de l'industrie et du développement durable (STI2D) », « sciences et technologies du management et de la gestion (STMG) », « sciences et technologies de l'hôtellerie et de la restauration (STHR) », « sciences et techniques du théâtre, de la musique et de la danse (S2TMD) », art. 1er, ss. C. éduc., art. D. 336-3.
2019	19 juill.	Arrêté. Voies d'orientation. – Art. 1er. – V. ss. C. éduc., art. D. 331-36.
2019	24 juill.	Décret n° 2019-772. Partie réglementaire du livre VIII du code de la construction et de l'habitation. – Art. 7. – V. C. éduc., art. R. 822-29.
2019	25 juill.	Loi n° 2019-774. Organisation et transformation du système de santé. – Art. 1er à 3, 8. – V. C. éduc., art. L. 612-3, L. 631-1, L. 631-2, L. 632-1, L. 632-2, L. 632-3, L. 632-6, L. 632-6 nouv., L. 681-1, L. 683-1, L. 683-2, L. 684-1, L. 684-2, L. 713-4.
2019	25 juill.	Décret n° 2019-785. Création d'Université Côte d'Azur et approbation de ses statuts. – V. C. éduc, art. D. 711-1, D. 711-6, D. 711-6-1.
2019	26 juill.	Loi n° 2019-791. Pour une école de la confiance : – Art. 1er à 32, 34 à 50, 52, 54 à 56, 58, 60 à 62. – V. C. éduc., art. L. 111-1 à L. 111-4, L. 112-1 à L. 112-2-1, L. 112-5, L. 113-1, L. 114-1, L. 121-4, L. 122-2, L. 123-4-2, L. 131-1, L. 131-2, L. 131-5, L. 131-6, L. 131-8, L. 131-9, L. 131-10, L. 132-1, L. 141-5-2, L. 162-2-1, L. 212-2-1, L. 212-4, L. 212-5, L. 212-8, L. 213-2, L. 214-5, L. 214-6, L. 214-13-1, L. 222-1, L. 222-2, L. 232-3, L. 241-4, L. 241-12, L. 251-1, L. 261-1, L. 262-5, L. 311-1, L. 311-4, L. 312-1, L. 312-4, L. 312-5, L. 312-9-2, L. 312-15, L. 312-19, L. 314-1, L. 314-2, L. 321-2, L. 321-4, L. 332-4, L. 335-1, L. 351-1 à L. 351-4, L. 352-1, L. 361-1, L. 372-1-1, L. 401-1, L. 401-2, L. 421-10, L. 421-16, L. 421-19-1 à L. 421-19-16, L. 441-2, L. 441-3, L. 442-2, L. 442-3, L. 442-5 à L. 442-5-2, L. 442-20, L. 444-6, L. 452-2, L. 452-3-1, L. 471-2, L. 492-1-1, L. 493-1, L. 494-1, L. 511-2-2, L. 511-3-1, L. 531-4, L. 533-2, L. 541-1, L. 612-3-2, L. 613-7, L. 624-2, L. 625-1, L. 682-1, L. 682-2, L. 683-2, L. 683-2-1, L. 684-2,

		L. 711-8, L. 712-2, L. 712-6-2, L. 713-1, L. 718-8, L. 719-7, L. 719-8, L. 719-13, L. 721-1 à L. 721-3, L. 722-1, L. 722-16, L. 722-17, L. 723-1, L. 731-2, L. 731-3, L. 731-7, L. 762-1, L. 772-1, L. 773-2, L. 773-3, L. 773-3-1, L. 774-3, L. 774-3-1, L. 822-1, L. 911-5, L. 912-1-2, L. 916-1, L. 917-1, L. 932-3, L. 952-6, L. 953-2, L. 971-3, L. 973-1, L. 973-3. – Art. 36, 55, 62. – V. C. rech., art. L. 114-3-1, L. 344-15, L. 361-1, L. 362-1, L. 363-1, L. 364-1, L. 365-1, L. 366-1, L. 367-1, L. 368-1, L. 545-1, L. 546-1, L. 547-1, App., v° *Code de la recherche*, **p. 2832.**
2019	2 août	Décret n° 2019-823. Contrôle de l'instruction dispensée dans la famille ou dans les établissements d'enseignement privés hors contrat et sanctions des manquements aux obligations relatives au contrôle de l'inscription ou de l'assiduité dans les établissements d'enseignement privés. – Art. 1er à 6. – V. C. éduc., art. D. 131-11, R. 131-12, R. 131-14 à R. 131-16-4, R. 131-17, D. 442-22.
2019	2 août	Décret n° 2019-824. Mesures tirant les conséquences de l'extension de l'instruction obligatoire aux plus jeunes. – Art. 1er à 4. – V. C. éduc., art. D. 113-1, Annexe ss. D. 122-3, D. 311-6.
2019	2 août	Décret n° 2019-826. Modalités d'aménagement de l'obligation d'assiduité en petite section d'école maternelle. – V. C. éduc., art. R. 131-1-1, R. 211-1.
2019	6 août	Loi n° 2019-828. Transformation de la fonction publique : – Art. 4, 11, 20, 33, 90. – V. C. éduc., art. L. 232-2, L. 232-3, L. 232-7, L. 261-1, L. 263-1, L. 264-1, L. 671-1, L. 712-6-1, L. 712-6-2, L. 771-1, L. 773-1, L. 774-1, L. 811-5, L. 851-1, L. 853-1, L. 854-1, L. 951-1-1, L. 952-2-2, L. 953-6 ; C. rur., art. L. 811-9-2, ss. C. éduc., art. L. 421-22. – Art. 18, 22, 71. – V. L. n° 84-16 du 11 janv. 1984, art. 4, 6, 6 *bis*, 6 *ter*, 6 *quater*, ss. C. éduc., art. L. 951-2. – Art. 18, 34. – V. C. rech., art. L. 431-2-1, L. 531-14, L. 531-15, App., v° *Code de la recherche*, **p. 2887.**
2019	12 août	Décret n° 2019-836. Diplôme d'État d'infirmier en pratique avancée mention psychiatrie et santé mentale. – Art. 1er. – V. C. éduc., art. D. 636-77.
2019	19 août	Décret n° 2019-838. Mesures de simplification pour le ministère de l'éducation nationale et de la jeunesse. – Art. 1er, 3 à 8. – V. C. éduc., art. R. 131-3, R. 351-24, R. 421-30, R. 421-5, R. 421-54, R. 421-55, R. 421-96, R. 421-97, R. 421-100, R. 911-59.
2019	20 août	Décret n° 2019-863. Études pharmaceutiques. – Art. 1er. – V. C. éduc., art. D. 633-1.
2019	21 août	Ordonnance n° 2019-861. Cohérence de diverses dispositions législatives avec la loi n° 2018-771 du 5 sept. 2018 pour la liberté de choisir son avenir professionnel. – Art. 2. – V. C. éduc., art. L. 122-2, L. 361-3, L. 372-1-1, L. 641-2, L. 914-1.
2019	23 août	Décret n° 2019-887. Organisation et fonctionnement des établissements publics locaux d'enseignement international. – Art. 1er. – V. C. éduc., art. D. 421-160 à D. 421-169.

2019	27 août	Décret n° 2019-889. Compétences des recteurs en matière de règlement juridictionnel et transactionnel des litiges. – Art. 2. – V. C. éduc., art. R. 222-36.
2019	27 août	Décret n° 2019-890. Compétences des recteurs pour le règlement juridictionnel des litiges. – Art. 1er.– V. C. éduc., art. D. 222-35.
2019	27 août	Décret n° 2019-892. Compétences des présidents des universités et des présidents et directeurs des autres établissements publics d'enseignement supérieur pour assurer la défense de l'État dans les litiges relatifs aux décisions prises en son nom. – Art. 1er. – V. C. éduc., art. R. 951-1-1, R. 971-1, R. 973-1, R. 974-1.
2019	30 août	Décret n° 2019-906. Discipline dans les établissements d'enseignement du second degré relevant du ministère chargé de l'éducation nationale et du ministère chargé de la mer. – Art. 1er à 13. – V. C. éduc., art. R. 421-5, R. 421-10-1, R. 421-20, R. 421-85, R. 421-85-1, R. 421-93, R. 421-94, R. 421-107, R. 511-13, R. 511-13-1, R. 511-15, R. 511-16, R. 511-24, R. 561-1.
2019	30 août	Décret n° 2019-907. Formation et préparation des diplômes professionnels. – Art. 1er à 16. – V. C. éduc., art. D. 337-3, D. 337-4, D. 337-6, D. 337-54, D. 337-55, D. 337-64, D. 337-99, D. 337-105, D. 337-107, D. 337-127, D. 337-130, D. 337-132, D. 337-142, D. 337-146, D. 371-3, D. 373-2, D. 374-3.
2019	30 août	Décret n° 2019-908. Discipline dans les établissements d'enseignement du second degré et les établissements d'État relevant du ministère chargé de l'éducation nationale. – Art. 1er à 8. – V. C. éduc., art. D. 422-7-1, D. 422-16, D. 422-19, D. 454-12-1, D. 454-15, D. 491-8, D. 511-31, D. 511-35, D. 511-39, D. 561-2.
2019	30 août	Décret n° 2019-909. Faculté pour l'autorité académique d'inscrire dans une classe relais un élève ayant fait l'objet d'une exclusion définitive d'un établissement scolaire du second degré relevant du ministère chargé de l'éducation nationale. – Art. 1er. – V. C. éduc., art. D. 511-43.
2019	30 août	Décret n° 2019-918. Mesures de simplification pour le ministère de l'éducation nationale et de la jeunesse. – Art. 2 à 12. – V. C. éduc., art. D. 222-40, D. 338-25, D. 338-26, D. 338-27, D. 338-28, D. 338-30, D. 338-32, D. 411-1, D. 422-26, D. 422-31, D. 454-22, D. 454-26, D. 491-2, D. 491-8, D. 492-2, D. 521-5, D. 530-1, D. 531-4, D. 531-5, D. 531-20, D. 531-24, D. 551-9-1, D. 551-11-1, D. 561-2.
2019	30 août	Décret n° 2019-919. Développement des compétences numériques dans l'enseignement scolaire, dans l'enseignement supérieur et par la formation continue, et cadre de référence des compétences numériques. – Art. 1er à 4. – V. C. éduc., art. D. 121-1, D. 161-2, D. 163-2, D. 164-2.
2019	30 août	Décret n° 2019-920. Conditions de désignation des directeurs des instituts nationaux supérieurs du professorat et de l'éducation. – Art. 1er à 3. – V. C. éduc., art. D. 314-71, D. 314-74, D. 719-2, D. 721-1 à D. 721-5, D. 721-7, D. 721-8, D. 721-9 à D. 721-11.

2019	4 sept.	Décret n° 2019-931. Association d'établissements à l'université de Nantes. – Art. 4. – V. C. éduc., art. D. 718-5.
2019	9 sept.	Décret n° 2019-942. Création de l'Université Polytechnique Hauts-de-France et de l'Institut national des sciences appliquées Hauts-de-France. – Art. 20. – V. C. éduc., art. D. 711-1, D. 711-2, D. 715-3, D. 711-6-1.
2019	16 sept.	Décret n° 2019-962. Label campus des métiers et des qualifications. – Art. 1er à 3. – V. C. éduc., art. D. 335-33 à D. 335-35.
2019	24 sept.	Décret n° 2019-981. Création des contrats de préprofessionnalisation au bénéfice des assistants d'éducation. – Art. 1er à 3. – V. Décr. n° 2003-484 du 6 juin 2003, art. 5, 7 *bis*, 7 *ter*, ss. C. éduc., art. L. 916-1.
2019	30 sept.	Décret n° 2019-1008. Substitution de la dénomination « inspection générale de l'éducation, du sport et de la recherche » aux dénominations « inspection générale de l'administration de l'éducation nationale et de la recherche », « inspection générale de l'éducation nationale » et « inspection générale de la jeunesse et des sports ». – Art. 1er et 4. – V. C. éduc., art. L. 241-1 à L. 241-4, L. 261-1, L. 261-2, L. 262-5, L. 263-1, L. 263-2, L. 264-1, L. 264-3, L. 719-9, L. 771-1, L. 773-1, L. 774-1.
2019	2 oct.	Décret n° 2019-1017. Conseil et président du Haut Conseil de l'évaluation de la recherche et de l'enseignement supérieur. – Art. 1er à 4. – V. Décr. n° 2014-1365 du 14 nov. 2014, art. 3 et 5, App., v° *Code de la recherche*, **p. 2835**.
2019	4 oct.	Décret n° 2019-1022. Modification du troisième cycle long des études pharmaceutiques. – Art. 1er. – V. C. éduc., art. D. 633-1 nouv. à D. 633-17-2 nouv., D. 633-19 nouv., D. 633-30, D. 633-31.
2019	10 oct.	Décret n° 2019-1043. Suppression de l'accès aux corps des professeurs certifiés et des professeurs d'éducation physique et sportive par liste d'aptitude. – Art. 1er et 2. – V. Décr. n° 72-581 du 4 juill. 1972, art. 5, 27 à 28, App., v° *Statuts particuliers*, **p. 2932** ; Décr. n° 80-627 du 4 août 1980, art. 5, 6 à 6-3, 7-1, 8-1, 8-2, App., v° *Statuts particuliers*, **p. 3110**.
2019	11 oct.	Arrêté. Modalités d'organisation du contrôle continu pour l'évaluation des enseignements dispensés dans les classes conduisant au baccalauréat général et au baccalauréat technologique. – V. Arr. du 16 juill. 2018, art. 2, 9, ss. C. éduc., art. D. 334-4.
2019	15 oct.	Décret n° 2019-1056. Création de l'académie de Normandie. –Art. 1er à 3. – V. C. éduc., art. D. 251-2, D. 511-56.
2019	17 oct.	Décret n° 2019-1058. Conseil d'évaluation de l'école. – Art. 1er. – V. C. éduc., art. D. 241-36 à D. 241-38.
2019	21 oct.	Décret n° 2019-1075. Centrale Lille Institut. – Art. 4. – V. C. éduc., art. D. 651-1, D. 711-2, D. 715-1, D. 718-5, D. 741-5.
2019	25 oct.	Décret n° 2019-1090. Jurys du baccalauréat général et technologique. – Art. 1er à 3. – V. C. éduc., art. D. 334-10, D. 336-10, D. 371-3, D. 373-2, D. 374-3.

2019	28 oct.	Décret n° 2019-1095. Création de CY Cergy Paris Université et approbation de ses statuts. – V. C. éduc., art. D. 711-1, D. 711-6, D. 711-6-1.
2019	30 oct.	Décret n° 2019-1108. Dispositions statutaires communes applicables aux enseignants-chercheurs et portant statut particulier du corps des professeurs des universités et du corps des maîtres de conférences. – Art. 1er à 10. – V. Décr. n° 84-431 du 6 juin 1984, art. 7, 7-1, 8, 19, 22, 23, 24, 26, 40, 43, 44, 45, 46, 46-1, 49-3, 56, App., v° *Statuts particuliers*, **p. 3029.**
2019	31 oct.	Décret n° 2019-1119. Mise en œuvre de la validation des acquis et de l'expérience et autres dispositions relatives aux commissions professionnelles consultatives en matière de certification professionnelle et aux organismes financeurs du projet de transition professionnelle. – Art. 1er, 2. – V. C. éduc., art. R. 335-5 à R. 335-11, R. 613-34, R. 613-37.
2019	31 oct.	Décret n° 2019-1123. Création de l'Université Grenoble Alpes. – Art. 12, 14, 15. – V. C. éduc., art. D. 741-9, D. 752-5, D. 711-1, D. 711-6, D. 711-6-1, D. 718-5.
2019	4 nov.	Décret n° 2019-1125. Accès aux formations de médecine, de pharmacie, d'odontologie et de maïeutique : – Art. 1er à 3. – V. C. éduc., art. R. 631-1 à R. 631-1-12, R. 631-21-1, R. 681-1, R. 681-5, R. 683-1, R. 683-7, R. 684-1, R. 684-7. – Art. 6, ss. C. éduc., art. R. 631-1.
2019	4 nov.	Décret n° 2019-1126. Accès au premier cycle des formations de médecine, de pharmacie, d'odontologie et de maïeutique. – Art. 1er, 3. – V. C. éduc., art. D. 612-1-12, D. 631-1, D. 631-2, D. 633-9, D. 635-2, D. 635-3, D. 681-2, D. 683-2, D. 684-2.
2019	5 nov.	Décret n° 2019-1130. Création de l'Université Paris sciences et lettres (Université PSL) et approbation de ses statuts : – Art. 19. – V. Décr. n° 2013-1140 du 9 déc. 2013, art. 2, 3, 5, 8, 9, ss. C. éduc., art. L. 716-1. – Art. 21. – V. C. éduc., art. D. 612-32-2, D. 612-34, D. 711-6, D. 711-6-1, D. 718-5.
2019	5 nov.	Décret n° 2019-1131. Création de l'université Paris-Saclay et approbation de ses statuts. – Art. 15. – V. C. éduc., art. D. 711-1, D. 711-6, D. 711-6-1.
2019	6 nov.	Décret n° 2019-1145. Création d'un emploi de vice-recteur chef du service de l'éducation nationale de Saint-Barthélemy et de Saint-Martin, adjoint du recteur de l'académie de la Guadeloupe. – Art. 1er. – V. C. éduc., art. D. 271-1, D. 271-2.
2019	7 nov.	Décret n° 2019-1143. Dispositions spécifiques applicables aux centres de formation d'apprentis et aux obligations des organismes prestataires d'actions de développement des compétences. – Art. 5. – V. C. éduc., art. R. 431-1 à R. 431-6, D. 936-1.
2019	20 nov.	Décret n° 2019-1200. Organisation des services déconcentrés des ministres chargés de l'éducation nationale et de l'enseignement supérieur, de la recherche et de l'innovation. – Art. 1er à 9. – V. C. éduc.,

		art. R. 222-1 à R. 222-2-2, D. 222-9, D. 222-10-1, R.* 222-15, R. 222-16 à R. 222-17-2, R.* 222-18, R.* 222-19 à D. 222-24-6, R.* 222-25, D. 222-27, R. 222-36-1 à R. 222-36-5.
2019	26 nov.	Décret n° 2019-1230. Application des articles L. 531-1 à L. 531-17 du code de la recherche. – V. ss. C. rech., art. L. 531-1, App., v° *Code de la recherche*, **p. 2905.**
2019	26 nov.	Décret n° 2019-1236. Évaluation du chef-d'œuvre pour l'examen du certificat d'aptitude professionnelle. – Art. 1er, 2. – V. C. éduc., art. D. 337-3-1, D. 371-3, D. 373-2, D. 374-3.
2019	9 déc.	Décret n° 2019-1331. Organisation du troisième cycle des études de médecine et de pharmacie. – Art. 1er. – C. éduc., art. R. 632-19, R. 632-26, R. 632-28, R. 632-31 à R. 632-33, R. 632-47 à R. 632-49, R. 633-17, R. 633-18, R. 633-27, R. 633-37, R. 633-38, R. 633-42, R. 633-44, R. 633-46.
2019	11 déc.	Décret n° 2019-1336. Déconcentration des décisions administratives individuelles dans le domaine de la défense. – Art. 1er à 4. – V. C. éduc., art. R. 425-10, R. 425-12, R. 425-18, R. 425-19.
2019	13 déc.	Décret n° 2019-1360. Création de l'Université Gustave Eiffel et approbation de ses statuts. – Art. 5, 20. – V. C. éduc., art. D. 711-1, D. 711-6-1, D. 752-5.
2019	18 déc.	Décret n° 2019-1389. Portant à trois ans la durée du contrat de recrutement des accompagnants d'élèves en situation de handicap. – Art. 1er. – V. Décr. n° 2014-724 du 27 juin 2014, art. 3, ss. C. éduc., art. L. 917-1.
2019	18 déc.	Décret n° 2019-1390. Modification du label qualité « EDUFORM ». – Art. 1er. – V. C. éduc., art. D. 122-9-1, D. 122-9-2.
2019	18 déc.	Décret n° 2019-1403. Recherches et expérimentations menées dans les écoles et établissements d'enseignement publics et privés sous contrat et dans les établissements français d'enseignement à l'étranger. – Art. 1er à 3. – V. C. éduc., art. D. 314-1 à D. 314-7, D. 411-8, D. 422-65.
2019	18 déc.	Décret n° 2019-1404. Recherches et expérimentations. – V. C. éduc., art. R. 421-3, R. 421-41-3, R. 451-1.
2019	24 déc.	Loi n° 2019-1428. Orientation des mobilités : – Art. 8. – V. C. transp., art. L. 3111-7, L. 3111-8, ss. C. éduc., art. L. 214-8 ; C. transp., art. L. 3111-14, L. 3111-15, ss. C. éduc., art. L. 214-9. – Art. 57. – V. C. éduc., art. L. 312-13-2.
2019	24 déc.	Décret n° 2019-1458. Incompatibilités applicables aux membres du Conseil national des universités. – Art. 1er. – V. Décr. n° 92-70 du 16 janv. 1992, art. 3, ss. C. éduc., art. L. 952-1.
2019	26 déc.	Décret n° 2019-1459. Institut national d'enseignement supérieur pour l'agriculture, l'alimentation et l'environnement. – Art. 33. – V. C. éduc., art. D. 711-3, D. 717-3.

2019	26 déc.	Décret n° 2019-1476. Dissolution de l'établissement public à caractère scientifique, culturel et professionnel « Université Sorbonne Paris Cité ». – Art. 5. – V. C. éduc., art. D. 711-6.
2019	26 déc.	Décret n° 2019-1477. Dissolution de l'établissement public à caractère scientifique, culturel et professionnel « Lille Nord de France ». – Art. 5. – V. C. éduc., art. D. 711-6, D. 718-5, D. 731-6.
2019	27 déc.	Loi n° 2019-1461. Engagement dans la vie locale et proximité de l'action publique : – Art. 105, 108. – V. C. éduc., art. L. 613-5, L. 952-1. – Art. 110. – V. C. trav., art. L. 6111-1, ss. C. éduc., art. L. 122-7.
2019	28 déc.	Loi n° 2019-1479. Finances pour 2020. – Art. 17. – V. C. éduc., art. L. 719-14.
2019	30 déc.	Décret n° 2019-1553. Conséquences de la création de l'académie de Mayotte : – Art. 1er. – V. C. éduc., art. D. 162-1, R. 234-33-2, R. 234-33-4, R. 234-44, R. 262-1 à R. 262-3, D. 334-4-1, D. 336-4-1, R. 372-1, D. 372-3 à D. 372-6, D. 492-1 à D. 492-5, D. 492-8 à D. 492-13, D. 511-60, D. 521-6, D. 521-9, D. 562-1 à R. 562-9, D. 562-11, D. 562-12, R. 682-1 à D. 682-4, R. 772-1, D. 772-3, R. 972-1 à R. 972-3. – Art. 5. – V. Décr. n° 90-770 du 31 août 1990, art. 2, 5, ss. C. éduc., art. L. 921-3.
2019	30 déc.	Décret n° 2019-1554. Attributions des recteurs de région académique et des recteurs d'académie : – Art. 1er. – V. C. éduc., art. R. 124-11, R. 141-4, R. 141-6, R. 211-3, R. 211-6, R. 216-4, R. 222-16-4, R. 232-38, R. 232-41, R. 263-6, R. 241-20, R. 264-6, R. 337-31, R. 371-1, R. 373-1, R. 374-1, R. 421-3, R. 421-4, R. 421-11 à R. 421-13, R. 421-19, R. 421-25, R. 421-55, R. 421-56, R. 421-58, R. 421-59, R. 421-61, R. 421-77, R. 442-12, R. 442-15, R. 442-28, R. 442-36, R. 442-41, R. 442-50, R. 442-56, R. 442-61, R. 442-77, R. 442-78, R. 442-82, R. 444-6, R. 711-11, R. 711-12, R. 711-15, R. 712-12, R. 712-27-1, R. 712-29, R. 712-31, R. 712-41, R. 712-43, R. 718-1, R. 719-54, R. 719-61, R. 719-65, R. 719-69, R. 719-70, R. 719-71, R. 719-74, R. 719-76, R. 719-77, R. 719-81, R. 719-92, R. 719-93, R. 719-102, R. 719-104, R. 719-109, R. 719-109-1, R. 719-198, R. 719-207, R. 741-1, R. 771-3, R. 773-3, R. 774-3, R. 731-2 à R. 731-5, R. 821-2, R. 822-5, R. 822-10, R. 822-12, R. 822-13, R. 822-21, R. 851-1, R. 853-1, R. 854-1, R. 914-1, R. 914-34, R. 914-35, R. 914-45, R. 914-49, R. 914-57, R. 914-64 à R. 914-66, R. 914-72, R. 914-75, R. 914-81, R. 914-85, R. 914-128, R. 914-129, R. 931-3, R. 971-1, R. 973-1, R. 974-1. – Art. 2, 15, 18. – V. Décr. n° 2015-996 du 17 août 2015, art. 2, ss. C. éduc., art. L. 521 ; C. trav., art. R. 5134-171, R. 5134-172, ss. C. éduc., art. L. 625-1 ; Décr. n° 2013-1140 du 9 déc. 2013, art. 2, ss. C. éduc., art. L. 716-1 ; Décr. n° 2015-1176 du 24 sept. 2015, art. 4, ss. C. éduc., art. L. 755-1 ; Décr. n° 2006-1546 du 7 déc. 2006, art. 2, ss. C. éduc., art. L. 756-2.

		– Art. 9, 13, 19. –V. Décr. n° 2008-775 du 30 juill. 2008, art. 3-1-1, 3-2, App., v° *Statuts particuliers,* **p. 2990** ; Décr. n° 2014-460 du 7 mai 2014, art. 3 à 4, App., v° *Statuts particuliers,* **p. 3120** ; Décr. n° 60-403 du 22 avr. 1960, art. 6, 8, 8-1, 9, 12, App., v° Statuts particuliers, **p. 3106** ; Décr. n° 70-738 du 12 août 1970, art. 9, 10-2, App., v° *Statuts particuliers,* **p. 3123** ; Décr. n° 72-580 du 4 juill. 1972, art. 13 *quinquies,* 13 *sexies,* 18, App., v° *Statuts particuliers,* **p. 2928** ; Décr. n° 72-581 du 4 juill. 1972, art. 30-2, 32, 34 à 36-1, 41, App., v° *Statuts particuliers,* **p. 2939** ; Décr. n° 72-582 du 4 juill. 1972, art. 12, App., v° *Statuts particuliers,* **p. 2947** ; Décr. n° 72-583 du 4 juill. 1972, art. 2, 5-2, 5-4, 6, 11, App., v° *Statuts particuliers,* **p. 2948** ; Décr. n° 80-627 du 4 août 1980, art. 9-2, 19, App., v° *Statuts particuliers,* **p. 3114** ; Décr. n° 86-492 du 14 mars 1986, art. 4-2, 16, 19, 21 à 22, 25-1, App., v° *Statuts particuliers,* **p. 2955** ; Décr. n° 90-680 du 1er août 1990, art. 23-3, 23-4, 23-6, 24 à 25-2, App., v° *Statuts particuliers,* **p. 2970** ; Décr. n° 92-1189 du 6 nov. 1992, art. 19, 20-2, 22, App., v° *Statuts particuliers,* **p. 2978** ; Décr. n° 99-823 du 17 sept. 1999, art. 2, 3, App., v° *Statuts particuliers,* **p. 2987.**
2019	30 déc.	Décret n° 2019-1555. Modalités d'attribution des ressources dues aux communes au titre de l'abaissement de l'âge de l'instruction obligatoire. – Art. 1er. – V. C. éduc., art. R. 442-44.
2019	30 déc.	Décret n° 2019-1556. Organisation de l'administration centrale des ministères de l'éducation nationale et de l'enseignement supérieur et de la recherche. – Art. 1er. – V. Décr. n° 2014-133 du 17 févr. 2014, art. 1er, ss. C. éduc., art. R. 221-1.
2019	30 déc.	Décret n° 2019-1558. Attributions des recteurs de région académique et des recteurs d'académie : – Art. 2 à 9. – V. C. éduc., art. D. 213-29, D. 213-30, D. 214-7, D. 312-20, D. 312-35, D. 312-37, D. 313-5, D. 314-74, D. 314-92, D. 314-93, D. 333-18, D. 334-15, D. 334-18, D. 334-19, D. 334-21, D. 334-26, D. 334-27, D. 334-30, D. 334-34, D. 335-2, D. 335-3, D. 335-33 à D. 335-35, D. 336-2, D. 336-15, D. 336-17, D. 336-18, D. 336-20, D. 336-39, D. 336-52, D. 336-53, D. 336-58, D. 337-1, D. 337-4, D. 337-6, D. 337-9, D. 337-21, D. 337-22, D. 337-24, D. 337-25-1, D. 337-58, D. 337-62, D. 337-69, D. 337-74, D. 337-78, D. 337-79, D. 337-91 à D. 337-94, D. 337-114 à D. 337-116, D. 337-119, D. 337-120, D. 337-122 à D. 337-124, D. 337-130, D. 337-132, D. 337-134, D. 337-137, D. 337-138, D. 337-144 à D. 337-146, D. 337-149, D. 337-150, D. 337-154, D. 337-159, D. 338-39, D. 338-42, D. 338-46, D. 341-13, D. 351-10-3, D. 351-30, D. 351-33, D. 421-143, D. 421-149, D. 422-1, D. 422-61, D. 423-1, D. 423-4, D. 423-10, D. 423-18, D. 441-1, D. 441-6, D. 511-42, D. 511-43, D. 511-51, D. 511-52, D. 511-63 à D. 511-65, D. 511-68, D. 511-70, D. 531-15, D. 531-27, D. 551-6, D. 612-1-3, D. 612-1-4, D. 612-1-8, D. 612-1-13, D. 612-1-20 à D. 612-1-22, D. 612-1-24 à D. 612-1-26, D. 612-1-28 à D. 612-1-30, D. 612-1-32, D. 612-1-33, D. 612-24, D. 612-30, D. 612-31, D. 636-52, D. 636-54, D. 636-65, D. 642-26, D. 642-27, D. 642-46, D. 642-48, D. 642-53, D. 643-6, D. 643-7, D. 643-10, D. 643-15, D. 643-16, D. 643-22, D. 643-28, D. 643-30, D. 643-31,

		D. 643-32, D. 643-43, D. 643-46, D. 643-50, D. 643-54, D. 643-56, D. 643-58, D. 676-1, D. 681-3, D. 683-3, D. 684-3, D. 714-5, D. 714-6, D. 714-11, D. 714-16, D. 714-18, D. 714-74, D. 719-3, D. 719-39, D. 721-1 à D. 721-3, D. 771-4, D. 771-9, D. 771-12, D. 771-12, D. 773-4, D. 773-9, D. 773-11, D. 773-12, D. 773-20, D. 774-4, D. 774-9, D. 774-11, D. 774-12, D. 774-20, D. 821-7, D. 841-9, D. 851-2, D. 853-2, D. 854-2. – Art. 18. – V. Décr. n° 2005-1754, art. 6, 19, 26, 27, 29, ss. C. éduc., art. L. 723-1. – Art. 25. – V. Décr. n° 62-379 du 3 avr. 1962, art. 1er, App., v° *Statuts particuliers*, **p. 2919** ; Décr. n° 85-88 du 22 janv. 1985, art. 6, 11, App., v° *Statuts particuliers*, **p. 2954.**
2019	31 déc.	Décret n° 2019-1597. Dissolution de l'établissement public à caractère scientifique, culturel, et professionnel « Université Bretagne Loire ». – V. C. éduc., art. D. 711-6.
2019	31 déc.	Décret n° 2019-1598. Dissolution de l'établissement public à caractère scientifique, culturel et professionnel Communauté d'universités et établissements Centre Val de Loire. – Art. 5. – V. C. éduc., art. D. 711-6.
2019	31 déc.	Décret n° 2019-1599. Dissolution de l'établissement public à caractère scientifique, culturel, et professionnel « Languedoc-Roussillon Universités ». – Art. 6. – V. C. éduc., art. D. 711-6.
2019	31 déc.	Décret n° 2019-1600. Dissolution de chancelleries. – Art. 7. – V. C. éduc., art. D. 762-1, D. 762-4 à D. 762-6, D. 762-8, D. 762-13.
2020	2 janv.	Décret n° 2020-5. Abrogation des dispositions régissant le diplôme d'État de psychologie scolaire et le diplôme d'État de conseiller d'orientation-psychologue. – Art. 2. – V. C. éduc., art. D. 613-31.
2020	13 janv.	Décret n° 2020-24. Gestion de la copropriété des résultats de recherche, mode de désignation et missions du mandataire unique prévu à l'article L. 533-1 du code de la recherche. – V. App., v° *Code de la recherche*, **p. 2910.**
2020	28 janv.	Décret n° 2020-56. Déconcentration auprès du recteur de région académique des autorisations d'ouverture des formations préparant au diplôme national des métiers d'art et du design, au diplôme supérieur d'arts appliqués et aux diplômes du travail social de premier cycle conférant le grade de licence. – Art. 1er. – V. C. éduc., art. R. 642-16, D. 642-18, D. 642-19, D. 642-21, D. 642-23, R. 642-40.
2020	29 janv.	Ordonnance n° 2020-71. Réécriture des règles de construction et recodification du livre Ier du code de la construction et de l'habitation. – Art. 4. – V. C. éduc., art. L. 441-2.
2020	30 janv.	Décret n° 2020-69. Contrôles déontologiques dans la fonction publique. – Art. 29. – V. Décr. n° 84-431 du 6 juin 1984, art. 8, 19, App., v° *Statuts particuliers*, **p. 3031.**
2020	10 févr.	Loi n° 2020-105. Lutte contre le gaspillage et économie circulaire. – Art. 24. – V. C. éduc., art. L. 312-19, L. 752-2.

2020	24 févr.	Décret n° 2020-159. Intégration de l'École nationale d'ingénieurs de Saint-Étienne à l'École centrale de Lyon. – Art. 3. – V. C. éduc., art. D. 651-1, D. 711-2, D. 715-10, D. 718-5.
2020	27 févr.	Décret n° 2020-173. Modalités de rémunération des membres des autorités administratives indépendantes et des autorités publiques indépendantes. – Art. 22. – V. Décr. n° 2014-1365 du 14 nov. 2014, art. 6, App., v° *Code de la recherche*, **p. 2836.**
2020	28 févr.	Décret n° 2020-181. Procédure nationale de préinscription pour l'accès aux formations initiales du premier cycle de l'enseignement supérieur et pourcentage des meilleurs bacheliers de chaque lycée bénéficiant d'un accès prioritaire dans les formations de l'enseignement supérieur public. – Art. 2 à 13. – V. C. éduc., art. D. 612-1, D. 612-1-5, D. 612-1-9 à D. 612-1-11, D. 612-1-13 à D. 612-1-14-1, D. 612-1-16, D. 612-1-23, D. 612-1-36, D. 681-2, D. 683-2, D. 684-2.
2020	12 mars	Décret n° 2020-239. Dissolution de l'établissement public à caractère scientifique, culturel et professionnel « Communauté d'universités et établissements d'Aquitaine ». – Art. 5. – V. C. éduc., art. D. 711-6.
2020	17 mars	Décret n° 2020-268. Contrat d'engagement de service public prévu à l'art. L. 632-6 C. éduc. – Art. 1er. – V. C. éduc., art. R. 631-24 à R. 631-24-17, R. 632-80 à R. 632-87.
2020	17 mars	Décret n° 2020-271. Diplômes conférant le grade de master. – Art. 1er. – V. C. éduc., art. D. 612-34.
2020	27 mars	Décret n° 2020-362. Commissions paritaires d'établissement des établissements publics d'enseignement supérieur. – Art. 1er à 13. – V. Décr. n° 99-272 du 6 avr. 1999, art. 1er, 2, 3, 4 nouv., 5, 6 nouv., 7, 8 nouv., 12, 13, 24, 29, 33, 35, 37, ss. C. éduc., art. L. 953-6.
2020	3 avr.	Décret n° 2020-398. Certification en langue anglaise pour les candidats à l'examen du brevet de technicien. – Art. 1er. – V. C. éduc., art. D. 643-13, D. 643-13-1.
2020	14 mai	Décret n° 2020-579. Études d'audioprothèse et études d'orthophonie. – Art. 1er, 2. – V. C. éduc., art. D. 636-2, D. 636-3, D. 636-18 à D. 636-22.
2020	18 mai	Décret n° 2020-589. Durée de fonctions des enseignants invités dans les établissements d'enseignement supérieur. – Art. 1er, 2. – V. Décr. n° 85-733 du 17 juill. 1985, art. 7, 10, 15-1 App., v° *Statuts particuliers*, **p. 3064** ; Décr. n° 91-267 du 6 mars 1991, art. 12, 14, 17-1, App., v° *Statuts particuliers*, **p. 3086.**
2020	19 mai	Décret n° 2020-619. Durée des fonctions des chefs de clinique des universités de médecine générale. – Art. 1er. – V. Décr. n° 2008-744 du 28 juill. 2008, art. 33, App., v° *Statuts particuliers*, **p. 3096.**
2020	22 mai	Décret n° 2020-624. Durées de formation en CFA pour la préparation aux diplômes du CAP, du baccalauréat professionnel, du brevet professionnel, du brevet des métiers d'art, de la mention complémentaire

		et du brevet de technicien supérieur. – Art. 1er à 6. – V. C. éduc., art. D. 337-6, D. 337-60, D. 337-101, D. 337-129, D. 337-145, D. 643-8.
2020	28 mai	Décret n° 2020-651. Procédure disciplinaire applicable aux candidats au brevet de technicien supérieur. – Art. 1er, 2. – V. C. éduc., art. R. 643-32-11, R. 681-1, R. 683-1, D. 683-3, R. 684-1.
2020	28 mai	Décret n° 2020-652. Procédure disciplinaire applicable aux candidats au brevet de technicien supérieur. – Art. 1er à 4. – V. C. éduc., art. D. 643-32-1 à D. 643-32-10, D. 681-2 à D. 681-3, D. 681-4, D. 683-2, D. 683-3, D. 683-6, D. 684-2, D. 684-3, D. 684-6.
2020	12 juin	Décret n° 2020-726. Reconnaissance de l'acquisition de blocs de compétences de cinq diplômes professionnels. – Art. 1er à 3, 5 à 22. – V. C. éduc., art. D. 337-5, D. 337-8, D. 337-16, D. 337-18, D. 337-69, D. 337-71, D. 337-79, D. 337-107 à D. 337-109, D. 337-115, D. 337-132, D. 337-133 à D. 337-135, D. 337-147, D. 337-150, D. 337-152, D. 371-3, D. 373-2, D. 374-3.
2020	15 juin	Décret n° 2020-733. Déconcentration des décisions administratives individuelles dans le domaine de la culture. – Art. 9. – V. C. éduc., art. R. 361-11, R. 759-9, D. 759-12 à D. 759-15.
2020	16 juin	Décret n° 2020-735. Remboursement des frais de trousseau et de pension et sanctions applicables aux élèves des lycées de la défense. – Art. 1er, 2. – V. C. éduc., art. R. 425-21, R. 511-17.
2020	17 juin	Loi n° 2020-734. Crise sanitaire, mesures urgentes et retrait du Royaume-Uni de l'UE. – Art. 19. – V. L. n° 84-16 du 11 janv. 1984, art. 6 *bis*, ss. C. éduc., art. L. 951-2.
2020	22 juin	Loi n° 2020-760. Sécurisation de l'organisation du second tour des élections municipales et communautaires de juin 2020 et report des élections consulaires. – Art. 15. – V. C. éduc., art. L. 613-5.
2020	24 juin	Loi n° 2020-766. Lutte contre les contenus haineux sur internet. – Art. 13 à 15, 19. – V. C. éduc., art. L. 121-1, L. 312-9, L. 721-2, L. 371-1, L. 771-1, L. 773-1, L. 774-1.
2020	26 juin	Décret n° 2020-785. Procédure disciplinaire dans les établissements publics d'enseignement supérieur : – Art. 1er à 6, 11 à 14. – V. C. éduc., art. R. 232-23, R. 232-24, R. 232-28, R. 232-29, R. 261-4, R. 263-5, R. 264-5, R. 712-9, R. 712-10, R. 712-12, R. 712-14 à R. 712-17, R. 712-19, R. 712-21, R. 712-22, R. 712-25-1, R. 712-26, R. 712-29, R. 715-13, R. 716-3, R. 717-11, R. 718-4, R. 741-3, R. 771-1, R. 771-5, R. 773-1, R. 773-5, R. 774-1, R. 774-5, R. 811-10 à R. 811-42, R. 851-1, R. 851-1-1, R. 853-1, R. 853-1-1, R. 854-1, R. 854-1-1. – Art. 15 à 19, V. ss. section 2 du chapitre II du titre III du livre II de la partie réglementaire, **p. 1925**.
2020	29 juin	Décret n° 2020-801. Versement destiné au financement des services de mobilité, aux plans de mobilité et au comité des partenaires. – Art. 3. – V. C. transp., art. R. 3111-32, ss. C. éduc., art. R. 213-3.

2020	29 juin	Décret n° 2020-811 du 29 juin 2020. Pièces pouvant être demandées à l'appui d'une demande d'inscription. – Art. 1er. – V. C. éduc., art. D. 131-3-1.
2020	30 juin	Décret n° 2020-832. Modalités d'ouverture des établissements et cours d'enseignement supérieur privés et des établissements d'enseignement supérieur technique privés. – Art. 1er à 3. – V. C. éduc., art. R. 731-1, R. 731-5-1, R. 731-5-2, R. 913-15 à R. 913-27.
2020	3 juill.	Loi n° 2020-840. Statut de citoyen sauveteur, lutte contre l'arrêt cardiaque et sensibilisation aux gestes qui sauvent. – Art. 2. – V. C. éduc., art. L. 312-13-1.
2020	29 juill.	Arrêté. Évaluations communes à compter de la session 2021 du baccalauréat général et technologique. – Art. 1er à 2. – V. Arr. du 16 juill. 2018, art. 2, 8-1, ss. C. éduc., art. D. 334-3 ; Arr. du 16 juill. 2018, art. 1er à 13, ss. C. éduc., art. D. 334-4 ; Arr. du 16 juill. 2018, art. 1er, 7-1, ss. C. éduc., art. D. 336-3.
2020	29 juill.	Décret n° 2020-939. Organisation financière des établissements publics locaux d'enseignement relevant du ministère de l'éducation nationale, de la jeunesse et des sports. – Art. 1er. – V. C. éduc., art. R. 421-58, R. 421-64, R. 421-73, R. 421-76, R. 421-77 nouv.
2020	30 juill.	Décret n° 2020-951. Conditions de l'agrément des maîtres de stage des universités accueillant des étudiants de 2e et de 3e cycle des études de médecine. – Art. 1er. – V. C. éduc., art. R. 632-1 à R. 632-2-1, R. 632-28-1 à R. 632-28-4, R. 632-48.
2020	31 juill.	Décret n° 2020-956. Procédure de nomination des représentants de l'État aux conseils d'administration du Centre d'études et de recherches sur les qualifications et du Centre international d'études pédagogiques et portant changement de nom de celui-ci. – Ar. 1er à 3. – V. C. éduc., art. D. 313-37 à D. 313-42, D. 313-44 à D. 313-58, D. 314-51 à D. 314-69, D. 338-26, D. 338-30, D. 338-32, D. 718-5.
2020	5 août	Décret n° 2020-978. Obligation de formation des jeunes de seize à dix-huit ans. – Art. 1er. – V. C. éduc., art. R. 114-1 à R. 114-7.
2020	5 août	Décret n° 2020-986. Services déconcentrés de l'éducation nationale. – Art. 1er à 3. – V. C. éduc., art. R. 222-17, R. 222-24-2, R. 453-11.
2020	7 août	Décret n° 2020-1011. Bourses nationales du second degré. – Art. 1er. – V. C. éduc., art. D. 531-43.
2020	14 août	Décret n° 2020-1057. Études médicales et odontologiques. – Art. 1er. – V. C. éduc., art. R. 631-24-15, R. 632-11, R. 632-32, R. 632-53, R. 634-13, R. 634-17.
2020	11 sept.	Décret n° 2020-1127. Diplômes dans le domaine du spectacle vivant. – Art. 5. – V. C. éduc., art. D. 361-5, D. 361-6.
2020	16 sept.	Ordonnance n° 2020-1142. Sociétés dont les titres sont admis aux négociations sur un marché réglementé ou sur un système multilatéral de négociation. – Art. 16. – V. C. rech., art. L. 531-12, L. 545-1, L. 546-1, L. 547-1, App., v° *Code de la recherche*, **p. 2908.**

2020	21 sept.	Décret n° 2020-1158. Formations d'initiation à la mer. – Art. 1er, 2. – V. C. éduc., art. D. 338-48 à D. 338-52, D. 371-3, D. 373-2, D. 374-3.
2020	23 sept.	Décret n° 2020-1163. Dispositions applicables au diplôme de technicien supérieur en imagerie médicale et radiologie thérapeutique. – Art. 1er à 7. – V. C. éduc., art. D. 636-48 à D. 636-67.
2020	23 sept.	Décret n° 2020-1167. Instauration d'une unité facultative permettant la reconnaissance des compétences, connaissances et aptitudes acquises par un candidat à l'examen du brevet de technicien supérieur. – Art. 1er. – V. C. éduc., art. D. 643-3, D. 643-13, D. 643-15-1.
2020	25 sept.	Décret n° 2020-1180. Fin de la délivrance du diplôme national de technologie spécialisé. – Art. 1er. – V. C. éduc., art. D. 613-6.
2020	29 sept.	Décret n° 2020-1204. Attribution du grade de licence aux titulaires du diplôme de 1er cycle de l'École nationale supérieure des arts décoratifs et du diplôme de 1er cycle de l'École nationale supérieure des beaux-arts. – Art. 1er. – V. C. éduc., art. D. 612-32-2.
2020	30 sept.	Décret n° 2020-1205. Élection ou désignation des membres du Conseil national de l'enseignement supérieur et de la recherche et des conseils des établissements publics d'enseignement supérieur relevant du ministre chargé de l'enseignement supérieur. – Art. 1er à 5. – V. C. éduc., art. D. 719-8, D. 719-17, D. 719-46, D. 771-2, D. 773-2, D. 773-14, D. 774-2, D. 774-14.
2020	14 oct.	Ordonnance n° 2020-1256. Extension et adaptation en Polynésie française et en Nouvelle-Calédonie des dispositions de la loi n° 2019-1461 du 27 décembre 2019 relative à l'engagement dans la vie locale et à la proximité de l'action publique. – Art. 21, 50. – V. C. éduc., art. L. 973-1, L. 974-1.
2020	16 oct.	Décret n° 2020-1263. – Art. 1er, 2. – V. C. éduc., art. D. 314-55, D. 314-56.
2020	20 oct.	Décret n° 2020-1273. Labels « Formation supérieure de spécialisation » et « Passeport pour réussir et s'orienter ». – Art. 1er à 3. – V. C. éduc., art. D. 613-25-1 à D. 613-25-5, D. 681-2, D. 683-2, D. 683-3-1, D. 684-2.
2020	20 oct.	Décret n° 2020-1277. Conditions de certification des candidats à l'examen du baccalauréat professionnel et suppression du brevet d'études professionnelles. – Art. 1er à 14. – V. C. éduc., art. D. 333-2, D. 337-7, D. 337-11, D. 337-59, D. 337-66-1, D. 371-3, D. 373-2, D. 374-3.
2020	23 oct.	Décret n° 2020-1288. Organisation de l'administration centrale des ministères de l'éducation nationale et de l'enseignement supérieur et de la recherche. – Art. 1er. – V. Décr. n° 2014-133 du 17 févr. 2014, art. 11, ss. C. éduc., art. R. 221-1.
2020	27 oct.	Arrêté. Recours à la vidéo-conférence pour la présentation des travaux dans le cadre d'une habilitation à diriger des recherches et d'une soutenance de thèse. – V. Arr. du 25 mai 2016, art. 19, ss. C. éduc., art. L. 612-7.

2020	29 oct.	Décret n° 2020-1308. 3e cycle des études médicales. – Art. 1er. – V. C. éduc., art. D. 633-13.
2020	3 nov.	Décret n° 2020-1341. Enseignement des langues vivantes étrangères et enseignement des langues et cultures régionales. – Art. 1er à 9. – V. C. éduc., art. D. 312-18 à D. 312-20, D. 312-29, D. 312-30, D. 371-3, D. 373-2, D. 374-3, D. 374-3-1.
2020	4 nov.	Décret n° 2020-1348. Fraude ou tentative de fraude aux évaluations communes du baccalauréat général et technologique. – Art. 1er à 4. – V. C. éduc., art. D. 334-27, D. 334-32-1, D. 334-34, D. 371-3, D. 373-2, D. 374-3.
2020	27 nov.	Décret n° 2020-1467. Modifications des conditions d'exercice du droit de suffrage aux conseils des établissements publics à caractère scientifique, culturel et professionnel. – Art. 1er. – V. C. éduc., art. D. 719-14.
2020	30 nov.	Décret n° 2020-1478. Association d'établissements à CY Cergy Paris Université dénommée « CY Alliance ». – Art. 5. – V. C. éduc., art. D. 718-5, D. 731-6.
2020	1er déc.	Décret n° 2020-1506. Communauté d'universités et établissements « Université Paris-Est ». – Art. 5. – V. C. éduc., art. D. 711-6, D. 711-6-2.
2020	2 déc.	Ordonnance n° 2020-1496. Centralisation des disponibilités de certains organismes au Trésor. – Art. 2. – V. C. rech., art. L. 332-6, App., v° *Code de la recherche*, **p. 2864.**
2020	3 déc.	Décret n° 2020-1520. Enseignement vétérinaire. – Art. 4. – V. C. éduc., art. R. 238-4, D. 612-34.
2020	4 déc.	Décret n° 2020-1523. Aménagement des épreuves des examens et concours de l'enseignement scolaire. – Art. 1er – V. C. éduc., art. D. 311-13-1, D. 338-32, D. 351-28-1.
2020	7 déc.	Loi n° 2020-1525. Accélération et simplification de l'action publique. – Art. 10, 25, 98. – V. C. éduc., art. L. 239-2, L. 361-2, L. 541-1, L. 542-2, L. 831-3.
2020	7 déc.	Décret n° 2020-1527. Création de l'Université Clermont Auvergne. – Art. 14. – V. C. éduc., art. D. 651-1, D. 711-1, D. 711-2, D. 711-6-1, D. 715-10, D. 718-5.
2020	8 déc.	Décret n° 2020-1557. Congé de proche aidant dans la fonction publique. – Art. 15. – V. Décr. n° 84-135 du 24 févr. 1984, art. 26-7, App., v° *Statuts particuliers*, **p. 3006.**
2020	9 déc.	Décret n° 2020-1542. Compétences des autorités académiques dans le domaine des politiques de la jeunesse, de l'éducation populaire, de la vie associative, de l'engagement civique et des sports et organisation des services chargés de leur mise en œuvre. – Art. 1er. – V. C. éduc., art. R. 222-2, R. 222-16, R. 222-16-6, R. 222-21, R. 222-24, R. 222-24-2, R.* 222-25, D. 251-1, D. 251-2.

2020	9 déc.	Décret n° 2020-1543. Services déconcentrés du ministère de l'éducation nationale, de la jeunesse et des sports et du ministère de l'enseignement supérieur, de la recherche et de l'innovation. – Art. 1er à 4. – V. C. éduc., art. R. 222-17, R. 222-19-3, D. 222-20, D. 222-22.
2020	9 déc.	Décret n° 2020-1555. Délégations régionales académiques à la recherche et à l'innovation. – Art. 1er, 9. – V. C. éduc., art. R. 222-16-6 *[7]*, R. 234-12, R. 234-21, D. 714-101 ; Décr. n° 2014-133 du 17 févr. 2014, art. 14, ss. C. éduc., art. R. 221-1.
2020	16 déc.	Ordonnance n° 2020-1733. Partie législative du code de l'entrée et du séjour des étrangers et du droit d'asile. – Art. 7. – V. C. éduc., art. L. 841-5, L. 853-1.
2020	16 déc.	Décret n° 2020-1734. Partie réglementaire du code de l'entrée et du séjour des étrangers et du droit d'asile. – Art. 6. – V. C. éduc., art. R. 444-12, D. 714-21, D. 771-2, D. 773-2, D. 774-2.
2020	17 déc.	Décret n° 2020-1617. Composition de certaines commissions administratives. – Art. 2. – V. C. éduc., art. D. 719-38, D. 771-2, D. 773-2, D. 774-2.
2020	21 déc.	Décret n° 2020-1632. Mesures de simplification dans le domaine de l'éducation. – Art. 1er. – V. C. éduc., art. R. 231-9, R. 231-16, R. 421-9, R. 421-22, R. 421-25, R. 421-37, R. 421-39, R. 421-41, R. 421-60, R. 421-96.
2020	21 déc.	Décret n° 2020-1633. Mesures de simplification dans le domaine de l'éducation. – Art. 1er. – V. C. éduc., art. D. 411-4, D. 422-6, D. 422-10, D. 422-16, D. 422-31, D. 422-32, D. 422-33, D. 422-48, D. 422-63, D. 454-10, D. 454-26, D. 491-1, D. 491-5, D. 491-8, D. 491-13.
2020	23 déc.	Décret n° 2020-1676. Adaptation de diverses dispositions relatives à l'inspection générale de l'éducation, du sport et de la recherche : – Art. 2. – V. C. éduc., art. D. 241-1, D. 241-2, R. 241-3, R. 241-7, R. 241-12, D. 261-3, R. 261-6, R. 263-5, R. 264-5, R. 264-8, R. 442-15, R. 442-16, R. 494-10, R. 914-64, R. 973-1, R. 974-1. – Art. 4, 5. – V. Décr. n° 68-503 du 30 mai 1968, art. 2, 3-1, App., v° *Statuts particuliers*, **p. 2921** ; Décr. n° 72-580 du 4 juill. 1972, art. 5, 12, App., v° *Statuts particuliers*, **p. 2924.** – Art. 12. – V. Décr. n° 2015-1176 du 24 sept. 2015, art. 4, ss. C. éduc., art. L. 755-1.
2020	23 déc.	Décret n° 2020-1677. Adaptation de diverses dispositions relatives à l'inspection générale de l'éducation, du sport et de la recherche : – Art. 1er, 4. – V. C. éduc., art. D. 312-9, D. 314-74, D. 314-91, D. 335-35, D. 337-123, D. 337-158, D. 338-20, D. 338-26, D. 338-42, D. 371-3, D. 371-6, D. 373-2, D. 373-2-1, D. 374-3, D. 374-5-1, D. 531-50, D. 642-30, D. 643-27, D. 643-57, D. 643-62-3, D. 681-2, D. 683-2, D. 684-2, D. 714-37, D. 771-2, D. 773-2, D. 774-2, D. 911-72, D. 971-2, D. 973-2, D. 974-2 ; Décr. n° 2005-1754 du 30 déc. 2005, art. 6, ss. C. éduc., art. L. 723-1.

2020	23 déc.	Décret n° 2020-1692. Diplôme national des métiers d'art et du design. – Art. 1er. – V. C. éduc., art. D. 642-34, D. 642-42, D. 642-45, D. 642-46, D. 642-52.
2020	24 déc.	Loi n° 2020-1674. Programmation de la recherche pour les années 2021 à 2030 et diverses dispositions relatives à la recherche et à l'enseignement supérieur : – Art. 4, 5, 6, 11, 13, 14 à 16, 18, 19, 25, 27, 31, 33, 34, 36, 37, 39, 40, 41, 43. – V. C. éduc., art. L. 123-2, L. 124-1-1, L. 124-3, L. 242-1, L. 611-1, L. 612-3, L. 612-3-1, L. 612-6, L. 612-7, L. 650-1, L. 661-1, L. 683-1, L. 684-1, L. 711-1, L. 711-5, L. 711-11, L. 712-2, L. 712-3, L. 712-6-1, L. 716-1, L. 717-1, L. 718-1, L. 718-3, L. 718-5, L. 719-1, L. 719-4, L. 719-13, L. 731-1, L. 773-1, L. 773-3-1, L. 774-1, L. 781-1, L. 781-2, L. 781-3, L. 951-2-1, L. 951-5, L. 952-1, L. 952-2, L. 952-2-1, L. 952-3, L. 952-6, L. 952-6-1, L. 952-6-2, L. 952-6-3, L. 952-10, L. 952-11, L. 952-14-1, L. 952-14-2, L. 952-21, L. 953-5, L. 954-2, L. 962-1, L. 973-1, L. 974-1 ; L. n° 2018-1131 du 12 déc. 2018, art. 6, 11, 16, 21, ss. C. éduc., art. L. 718-3. – Art. 4, 6 à 10, 12 à 14, 16, 17, 19, 20 à 27, 29, 32 à 34, 36. – V. C. rech., art. L. 111-7-1, L. 112-2, L. 112-6, L. 114-1, L. 114-2, L. 114-3-1, L. 114-3-2, L. 114-3-3, L. 114-3-5, L. 114-3-5-1, L. 211-2, L. 311-2, L. 313-1, L. 314-1, L. 321-3, L. 329-1, L. 329-2, L. 329-4, L. 329-5, L. 329-6, L. 344-14, L. 345-1 à L. 345-7, L. 411-1, L. 411-3, L. 411-3-1, L. 411-4, L. 411-5, L. 412-1, L. 412-3, L. 412-4, L. 421-5, L. 421-3, L. 421-4, L. 422-1, L. 422-2, L. 422-3, L. 422-4, L. 431-4, L. 431-5L. 431-6, L. 433-1, L. 434-1, L. 531-1, L. 531-6, L. 531-8, L. 531-14, L. 531-17, L. 533-3.
2020	24 déc.	Ordonnance n° 2020-1694. Organisation des examens et concours pendant la crise sanitaire née de l'épidémie de covid-19. – V. ss. C. éduc., art. L. 613-1.
2020	28 déc.	Décret n° 2020-1727. Organisation de l'administration centrale des ministères de l'éducation nationale et de l'enseignement supérieur et de la recherche. – V. Décr. n° 2014-133 du 17 févr. 2014, art. 1er à 4, 9, 10-1, 10-2, 11, ss. C. éduc., art. R. 221-1.
2020	28 déc.	Décret n° 2020-1748. Création de l'Institut des sciences et industries du vivant et de l'environnement (AgroParisTech). – C. éduc., art. D. 711-3, D. 717-3.
2020	29 déc.	Loi n° 2020-1721. De finances pour 2021. – Art. 198. – V. C. éduc., art. L. 451-2.
2020	30 déc.	Décret n° 2020-1811. Création de la communauté d'universités et établissements COMUE Angers - Le Mans. – Art. 5. – V. C. éduc., art. D. 711-6-2.
2021	25 janv.	Décret n° 2021-64. Délivrance des diplômes de l'enseignement professionnel maritime. – Art. 1er à 5. – V. C. éduc., art. D. 337-22, D. 337-23, D. 337-25-1, D. 371-3, D. 373-2.
2021	29 janv.	Décret n° 2021-90. Élections des représentants des étudiants aux conseils d'administration du CNOUS et des CROUS et prorogation des mandats des membres de ces conseils. – Art. 1er à 3. – V. C. éduc., art. R. 822-5, R. 822-12 à R. 822-12-2, R. 822-15.

2021	30 janv.	Décret n° 2021-93. Ouverture de concours de recrutement de professeurs certifiés à affectation locale en Guyane. – Art. 1er à 4. – V. Décr. n° 72-581 du 4 juill. 1972, art. 6, 7, 24, 26, App., v° *Statuts particuliers*, **p. 2932.**
2021	1er févr.	Décret n° 2021-100. Épreuves de remplacement du baccalauréat général et du baccalauréat technologique à compter de la session 2021. – Art. 1er, 2. – V. C. éduc., art. D. 334-19, D. 336-18, D. 371-3, D. 373-2, D. 374-3.
2021	10 févr.	Décret n° 2021-146. Écoles françaises à l'étranger. – Art. 1er. – V. C. éduc., art. R. 718-2.
2021	17 févr.	Décret n° 2021-183. Liste des établissements d'enseignement dont la responsabilité et la charge incombent à l'État. – Art. 1er. – V. C. éduc., art. D. 211-12.
2021	17 févr.	Arrêté. Création de l'enseignement de spécialité et de l'épreuve terminale de spécialité « Éducation physique, pratiques et culture sportives ». – Art. 1er. – V. 2e Arr. du 16 juill. 2018, Annexe, ss. C. éduc., art. D. 333-3.
2021	26 févr.	Décret n° 2021-226. Procédure nationale de préinscription pour l'accès aux formations initiales du premier cycle de l'enseignement supérieur. – Art. 2 à 10. – V.C. éduc., art. D. 612-1-5, D. 612-1-13, D. 612-1-14, D. 612-1-23, D. 612-1-24, D. 612-1-31 à D. 612-1-35, D. 612-19, D. 612-20, D. 681-2, D. 681-3, D. 683-2, D. 683-3, D. 684-2, D. 684-3.
2021	26 févr.	Décret n° 2021-227. Modalités particulières d'admission dans une section de techniciens supérieurs pour les titulaires d'un baccalauréat professionnel. – Art. 2, 3. – V. C. éduc., art. D. 612-31, D. 681-2, D. 683-2, D. 684-2.
2021	26 mars	Décret n° 2021-334. Suppression des limites au nombre de présentations aux concours et examens de la fonction publique civile et de la magistrature. – Art. 18. – V. Décr. n° 2008-744 du 28 juill. 2008, art. 12, App., v° *Statuts particuliers*, **p. 3091.**
2021	29 mars	Décret n° 2021-350. Compétences des services déconcentrés des ministres chargés de l'éducation nationale, de la jeunesse, des sports, de l'enseignement supérieur, de la recherche et de l'innovation en matière de règlement des litiges et de protection fonctionnelle. – Art. 1er, 2. – V. C. éduc., art. R. 222-24-7, R. 222-24-9, R. 263-3, R. 264-3.
2021	29 mars	Décret n° 2021-351. Compétences des recteurs en matière de règlement juridictionnel des litiges. – Art. 1er. – V. C. éduc., art. D. 222-24-8.
2021	1er avr.	Décret n° 2021-377. Diplômes conférant grade de master. – Art. 1er. – V. C. éduc., art. D. 612-34.
2021	7 avr.	Décret n° 2021-405. Grade de licence pour les titulaires de diplômes de premier cycle délivrés par les écoles et établissements d'enseignement supérieur technique. – Art. 1er. – V. C. éduc., art. D. 612-32-2.

2021	8 avr.	Ordonnance n° 2021-408. Autorité organisatrice des mobilités des territoires lyonnais. – Art. 4. – V. C. transp., art. L. 3111-7, L. 3111-8, ss. C. éduc., art. L. 214-18.
2021	13 avr.	Décret n° 2021-441. École nationale supérieure de chimie de Montpellier. – Art. 8. – V. C. éduc., art. D. 651-1, D. 711-2, D. 715-10, D. 741-12.
2021	15 avr.	Décret n° 2021-457. Élections des représentants des étudiants au conseil d'administration des CROUS et dispositions pouvant être prises par les recteurs de région académique en cas de difficulté grave rencontrée dans le fonctionnement du conseil d'administration d'un centre régional. – Art. 23, 24. – V. C. éduc., art. R. 822-12, R. 822-21.
2021	26 avr.	Loi n° 2021-502. Amélioration du système de santé par la confiance et la simplification. – Art. 2. – V. C. éduc., art. L. 121-4-1, L. 541-1.
2021	30 avr.	Décret n° 2021-533. Création de spécialités du diplôme « Mention complémentaire » délivrées par le ministre de l'éducation nationale et un ou plusieurs ministres. – Art. 1er à 5. – V. C. éduc., art. D. 337-139, D. 337-142, art. D. 337-150, D. 371-3, D. 373-2, D. 374-3.
2021	3 mai	Décret n° 2021-547. Palmes académiques. – Art. 1er à 3. – V. C. éduc., art. D. 911-72, D. 911-81, D. 971-2, D. 973-2, D. 974-2.
2021	4 mai	Décret n° 2021-548. Conditions de nomination aux fonctions d'instituteur ou de professeur des écoles maître formateur. – Art. 1er, 2. – V. Décr. n° 85-88 du 22 janv. 1985, art. 4, 6, App., v° *Statuts particuliers*, **p. 2953.**
2021	5 mai	Ordonnance n° 2021-552. Actualisation et adaptation des dispositions du code de l'éducation relatives à l'outre-mer. – Art. 1er à 10. – V. C. éduc., art. L. 161-1 nouv. à L. 167-1 nouv., L. 214-17, L. 216-9, L. 251-1 nouv. à L. 257-1 nouv., L. 311-6, L. 321-4, L. 371-1 nouv. à L. 377-1 nouv., L. 491-1 nouv. à L. 497-1 nouv., L. 561-1 nouv. à L. 567-1 nouv., L. 681-1 nouv. à L. 687-3 nouv., L. 771-1 nouv. à L. 777-2 nouv., L. 855-1 nouv. à L. 857-1 nouv., L. 975-1 nouv. à L. 977-2 nouv.
2021	19 mai	Ordonnance n° 2021-611. Services aux familles. – Art. 8. – V. C. éduc., art. L. 113-1, L. 542-1.
2021	19 mai	Décret n° 2021-629. Conditions dans lesquelles les titulaires du diplôme national de licence non admis en 1re année d'une formation de leur choix conduisant au diplôme national de master se voient proposer l'inscription dans une formation du 2e cycle. – Art. 1er à 6. – V. C. éduc., art. R. 263-3, R. 264-3, R. 612-36-3, R. 683-1, R. 683-8, R. 684-1, R. 684-8.
2021	21 mai	Loi n° 2021-641. Protection patrimoniale des langues régionales et leur promotion. – Art. 5 à 7. – V. C. éduc., art. L. 312-11-2, L. 372-1, L. 442-5-1.
2021	1er juin	Loi n° 2021-695. Prévention des usages dangereux du protoxyde d'azote. – Art. 2. – V. C. éduc., art. L. 312-18.

2021	11 juin	Décret n° 2021-752. Conditions dans lesquelles les étudiants demandent le réexamen de leurs candidatures en 1re année d'une formation conduisant au diplôme national de master en raison de leur état de santé ou de leur handicap. – Art. 1er. – V. C. éduc., art. D. 612-36-3-1.
2021	17 juin	Décret n° 2021-783. Université des Antilles et université de la Guyane. – Art. 1er, 2. – V. C. éduc., art. D. 711-1, D. 781-1.
2021	22 juin	Décret n° 2021-790. Organisation de l'administration centrale des ministères de l'éducation nationale, de la jeunesse et des sports et de l'enseignement supérieur et de la recherche. – Art. 2 à 10. – V. Décr. n° 2014-133 du 17 févr. 2014, ss. C. éduc., art. R. 221-1.
2021	23 juin	Circulaire de rentrée, App., v° *Rentrée 2021*, **p. 2807**.
2021	23 juin	Décret n° 2021-872. Recodification de la partie réglementaire du livre Ier du CCH et fixant les conditions de mise en œuvre des solutions d'effet équivalent. – Art. 7. – V. C. éduc., art. R. 665-48.
2021	1er juill.	Loi n° 2021-874. Engagement associatif. – Art. 4. – V. C. éduc., art. L. 312-15, L. 371-1, L. 373-1, L. 374-1.
2021	1er juill.	Loi n° 2021-875. Amélioration de la trésorerie des associations. – Art. 9. – V. C. éduc., art. L. 241-2, L. 719-13.
2021	12 juill.	Décret n° 2021-926. Conditions d'admission dans les lycées de la défense. – Art. 1er à 3. – V. C. éduc., art. R. 425-9, R. 425-21, R. 511-18.
2021	13 juill.	Décret n° 2021-924. Bourses nationales du second degré. – Art. 1er, 2. – V. C. éduc., art. D. 531-37, D. 531-40.
2021	13 juill.	Décret n° 2021-934. Adaptation de certaines conditions d'accès aux formations de médecine, de pharmacie, d'odontologie et de maïeutique pour l'année universitaire 2020/2021. – Art. 1er, 2. – V. Décr. n° 2019-1125 du 4 nov. 2019, art. 6, 6 *bis*, ss. C. éduc., art. R. 631-1.
2021	15 juill.	Décret n° 2021-940. Mise en œuvre du contrôle en cours de formation pour le certificat d'aptitude professionnelle, le baccalauréat professionnel, le brevet professionnel, le brevet des métiers d'art et la mention complémentaire. – Art. 1er à 9. – V. C. éduc., art. D. 337-11, D. 337-13, D. 337-14, D. 337-74, D. 337-74-1, D. 337-111, D. 337-113, D. 337-132, D. 337-149.
2021	19 juill.	Décret n° 2021-954. Définition de la fonction de professeur principal et de professeur référent de groupe d'élèves. – Art. 1er à 10. – V. C. éduc., art. D. 331-24, D. 331-25, D. 331-48, D. 331-49, D. 371-3, D. 421-49-1, D. 421-51-1, D. 491-8, D. 422-41-1, D. 422-43-1.
2021	27 juill.	Décret n° 2021-983. Baccalauréat général et baccalauréat technologique. – Art. 1er à 21. – V. C. éduc., art. D. 334-4-1, D. 334-7-1, D. 334-8, D. 334-9, D. 334-13, D. 334-14, D. 334-18, D. 334-27,

		D. 334-32-1, D. 336-3, D. 336-4, D. 336-4-1, D. 336-7-1, D. 336-8, D. 336-9, D. 336-13, D. 336-14, D. 336-17, D. 371-3, D. 373-2, D. 374-3.
2021	27 juill.	Arrêté. Adaptations des modalités d'organisation du baccalauréat général et technologique à compter de la session 2022. – Art. 1er à 4, 15. – V. Arr. du 16 juill. 2018, art. 2, 2-1, 8-1, ss. C. éduc., art. D. 334-3 ; Arr. du 16 juill. 2018, art. 1er à 14, ss. C. éduc., art. D. 334-4 ; Arr. n° 1 du 16 juill. 2018, art. 1er, 7-1 et Arr. n° 2 du 16 juill. 2018, annexe, ss. C. éduc., art. D. 336-3.
2021	2 août	Loi n° 2021-1017. Bioéthique. – Art. 38. – V. CSP, art. L. 1412-1 à L. 1412-2 nouv., L. 1412-5, ss. C. rech., art. L. 211-1, App., v° *Code de la recherche*, **p. 2845.**
2021	6 août	Décret n° 2021-1053. Conditions de promotion à la classe exceptionnelle de certains personnels enseignants, d'éducation et psychologues de l'éducation nationale relevant du ministre chargé de l'éducation nationale. – Art. 1er à 7. – V. C. éduc., art. R. 914-60-1 ; Décr. n° 70-738 du 12 août 1970, art. 10-11, App., v° *Statuts particuliers*, **p. 3127** ; Décr. n° 72-780 du 4 juill. 1972, art. 13 *sexies*, App., v° *Statuts particuliers*, **p. 2929** ; Décr. n° 72-781 du 4 juill. 1972, art. 36, App., v° *Statuts particuliers*, **p. 2942** ; Décr. n° 80-627 du 4 août 1980, art. 15, App., v° *Statuts particuliers*, **p. 3117** ; Décr. n° 90-680 du 1er août 1990, art. 25-1, App., v° *Statuts particuliers*, **p. 2973** ; Décr. n° 92-1189 du 6 nov. 1992, art. 26, App., v° *Statuts particuliers*, **p. 2983.**
2021	6 août	Décret n° 2021-1054. Mise en place des classes menant à l'option internationale du baccalauréat intitulée « baccalauréat français international ». – Art. 1er à 21. – V. C. éduc., art. D. 314-52, D. 333-11, D. 334-11, D. 371-3, D. 373-2, D. 374-3, D. 421-131 à D. 421-143, D. 421-161, D. 422-39, D. 912-1.
2021	13 août	Décret n° 2021-1085. Diplôme d'État de masseur kinésithérapeute conférant le grade de master. – Art. 1er. – V. C. éduc., art. D. 636-69-1.
2021	20 août	Décret n° 2021-1100. Organisation de l'administration centrale des ministères de l'éducation nationale, de la jeunesse et des sports et de l'enseignement supérieur et de la recherche. – Art. 1er. – V. Décr. n° 2014-133 du 17 févr. 2014, art. 9, ss. C. éduc., art. R. 221-1.
2021	22 août	Loi n° 2021-1104. Lutte contre le dérèglement climatique et renforcement de la résilience face à ses effets : – Art. 5, 6, 258. – V. C. éduc., art. L. 111-2, L. 165-1 nouv., L. 214-2, L. 312-19, L. 375-1 nouv., L. 721-2, L. 421-8, L. 421-23, L. 495-1 nouv., L. 775-1 nouv., L. 776-1 nouv., L. 777-1 nouv. – Art. 33. – V. C. rech., art. L. 111-6, App., v° *Code de la recherche*, **p. 2828.**
2021	23 août	Décret n° 2021-1106. Conditions de recrutement et d'emploi des accompagnants des élèves en situation de handicap. – Art. 1er à 3. – V. Décr. n° 2014-724 du 27 juin 2014, art. 10 à 12, ss. C. éduc., art. L. 917-1.

2021	24 août	Loi n° 2021-1109. Respect des principes de la République. – Art. 32, 33, 44, 49, 50 à 54, 56 à 59, 62, 100, 103. – V. C. éduc., art. L. 111-1-1, L. 121-1, L. 131-2 nouv., L. 131-5 nouv., L. 131-6, L. 131-10 nouv. ; L. 131-11, L. 241-5, L. 241-7, L. 255-1 nouv., L. 256-1 nouv., L. 257-1 nouv., L. 312-9, L. 312-16, L. 441-1, L. 441-3, L. 441-4, L. 442-2, L. 442-11, L. 444-6, L. 445-1, L. 481-1, L. 495-1 nouv., L. 496-1 nouv., L. 497-1 nouv., L. 721-2, L. 731-1, L. 731-7, L. 775-1 nouv., L. 776-1 nouv., L. 777-1 nouv., L. 975-1 nouv., L. 976-1 nouv., L. 977-1 nouv., L. 911-5, L. 914-5 ; CSS, art. L. 552-4 nouv. ss. C. éduc., art. L. 131-3.
2021	2 sept.	Décret n° 2021-1147. Diplômes conférant grade de master. – Art. 1er. – V. C. éduc., art. D. 612-34.
2021	3 sept.	Décret n° 2021-1154. Application des art. L. 124-1-1 et L. 124-3 C. éduc. – Art. 1er, 2. – V. C. éduc., art. D. 124-2, D. 611-16.
2021	7 sept.	Décret n° 2021-1156. Accès au 3e cycle des études de médecine. – Art. 1er, 2. – V. C. éduc., art. R. 632-2 nouv. à R. 632-2-10 nouv., R. 632-10 nouv., R. 632-24 nouv., R. 632-30 nouv., R. 632-44 nouv. à R. 632-46-2, R. 632-49 nouv., R. 632-53 nouv., R. 632-55 nouv., R. 632-57 nouv., R. 632-58 nouv., R. 632-65 nouv., R. 632-69 nouv., R. 632-71 nouv., R. 633-24 nouv.
2021	20 sept.	Décret n° 2021-1206. Création de l'Université de Lille et approbation de ses statuts. – Art. 6, 7, 14. – V. C. éduc., art. D. 711-1, D. 711-6-1, D. 718-5, D. 741-9, D. 752-5.
2021	20 sept.	Décret n° 2021-1207. Création de l'Université de Montpellier et approbation de ses statuts. – Art. 11. – V. C. éduc., art. D. 711-1, D. 711-6-1.
2021	25 sept.	Décret n° 2021-1232. Contrat postdoctoral de droit privé. – V. App., v° *Code de la recherche*, ss. C. rech., art. L. 431-5, **p. 2890.**
2021	25 sept.	Décret n° 2021-1233. Contrat doctoral de droit privé. – V. App., v° *Code de la recherche*, ss. C. rech., art. L. 412-3, **p. 2881.**

TABLE ALPHABÉTIQUE

NOTA. Les nombres renvoient aux articles du code de l'éducation, non aux pages. Les nombres précédés du mot « art. » renvoient aux articles d'un texte autre que le code de l'éducation proprement dit. Quand il est renvoyé à une page, le nombre est précédé de la lettre « p. ».
Les caractères italiques indiquent un mot de renvoi. Ceux de ces mots qui sont en caractères gras et précédés d'une flèche rouge renvoient à un autre mot en caractère gras.
La lettre « J. » entre parenthèses indique que l'on renvoie aux annotations de jurisprudence (sur deux colonnes) figurant sous l'article mentionné.
Il est rappelé qu'un tableau explicatif des abréviations utilisées figure au début de l'ouvrage.

A

C

F

G

H

J

L

M

N

O

P

S

U

V

Photocomposé, traité sur ordinateur par :
JOUVE, 1 rue du Docteur Sauvé - 53100 MAYENNE

Certifié PEFC

Ce produit est issu de forêts gérées durablement et de sources contrôlées

PEFC

PEFC/18-31-264

www.pefc-france.org

Achevé d'imprimer en octobre 2021 sur les presses de
La Tipografica Varese Srl, Varese
Dépôt légal : novembre 2021
720504 – OSB-P 31 – JOU – (HCH)

Imprimé en Italie

Codes Dalloz

Codes Dalloz	Parution
CIVIL	
Code des associations et fondations, *commenté*	août
Code de l'avocat, *commenté*	octobre
Code civil	juillet
Code du divorce	novembre
Code de l'état civil	novembre
Code de procédure civile	juillet
Code des procédures civiles d'exécution, *commenté*	juin
Mégacode civil	novembre
AFFAIRES	
Code des assurances – Code de la mutualité, *commenté*	mai
Code de commerce	juillet
Code de la consommation, *commenté*	août
Code des douanes, *commenté*	mars
Code général des impôts	avril
Code monétaire et financier, *commenté*	mai
Code des procédures collectives, *commenté*	mars
Code de la propriété intellectuelle, *commenté*	janvier
Code des sociétés, *commenté*	septembre
Code de procédure fiscale, *commenté*	avril
Code de la protection des données personnelles, *commenté*	septembre
Code des transports, *commenté*	novembre
SOCIAL	
Code de l'action sociale et des familles, *commenté*	mai
Code de la santé publique, *commenté en ligne*	mai
Code de la sécurité sociale	avril
Code du travail	mars